Matthias Schüppen/Bernhard Schaub (Hrsg.)
Münchener AnwaltsHandbuch
Aktienrecht

Münchener Anwalts Handbuch

Aktienrecht

Herausgegeben von

Prof. Dr. Matthias Schüppen
Rechtsanwalt, Wirtschaftsprüfer und Steuerberater in Stuttgart

und

Dr. Bernhard Schaub
Notar in München

Bearbeitet von:

Dr. Christoph Binge, Rechtsanwalt und Notar in Berlin; *Dr. Uwe Bohnet*, Rechtsanwalt in München; *Dr. Björn-Axel Dißars*, Rechtsanwalt in Hamburg; *Dr. Udo Henkel*, Rechtsanwalt und Steuerberater in München; Prof. *Dr. Holger Kahle*, Hochschullehrer in Stuttgart; *Dr. Stefan Kilgus*, Rechtsanwalt in Hamburg; Prof. *Dr. Heinz-Christian Knoll*, Rechtsanwalt, Wirtschaftsprüfer und Steuerberater in München; *Dr. Thorsten Kuthe*, Rechtsanwalt in Köln; *Dr. Alexander Kutsch*, Rechtsanwalt in Stuttgart; *Dr. Andreas Lönner*, Rechtsanwalt in Hamburg; *Dr. Hermann Meller*, Rechtsanwalt in Berlin; *Dr. Albrecht Nehls*, Rechtsanwalt in Hamburg; *Dr. Gerold Niggemann*, Rechtsanwalt in New York/USA; *Jan Offerhaus*, Diplom-Volkswirt in München; *Dr. Holger Peres*, Rechtsanwalt in München; *Dr. Simon Preisenberger*, Rechtsanwalt in München; *Dr. Klaus W. Riehmer*, LL.M., Rechtsanwalt in Frankfurt am Main; *Dr. Thomas Ritter*, Rechtsanwalt in Berlin; *Gundula Sandleben*, Diplom-Kauffrau in München; *Dr. Bernhard Schaub*, Notar in München; *Bernd Schlösser*, Rechtsanwalt und Steuerberater in Stuttgart; *Dr. Oliver Schröder*, LL.M., Rechtsanwalt in Frankfurt a.M.; Prof. *Dr. Matthias Schüppen*, Rechtsanwalt, Wirtschaftsprüfer und Steuerberater in Stuttgart; *Dr. Siddhartha Schwenzer*, Rechtsanwalt in Hannover; *Dr. Mirko Sickinger*, LL.M., Rechtsanwalt in Köln; *Dr. Johannes Stürner*, Rechtsanwalt in Stuttgart; *Jan Sudmeyer*, LL.M., Rechtsanwalt in Kiel; *Dr. Ulrich Thölke*, Rechtsanwalt in Berlin; *Dr. Alexandra Tretter*, Rechtsanwältin in München; *Dirk-Reiner Voß*, LL.M., Rechtsanwalt in Berlin; *Susanne Walz*, Diplom-Kaufmann, Rechtsanwalt und Steuerberater in München; *Tobias Willner*, LL.M., Wiss. Mitarbeiter in Stuttgart; *Dr. Sebastian Wulff*, Rechtsanwalt in Frankfurt a.M.; *Dr. Annette Zitzelsberger*, Steuerberaterin in München

3., überarbeitete und aktualisierte Auflage 2018

Zitiervorschlag: MAH AktienR/*Bearbeiter* § … Rn. …

www.beck.de

ISBN 978 3 406 69220 8

© 2018 Verlag C. H. Beck oHG
Wilhelmstraße 9, 80801 München
Umschlaggestaltung, Satz, Druck und Bindung: Druckerei C. H. Beck, Nördlingen
(Adresse wie Verlag)

Gedruckt auf säurefreiem, alterungsbeständigem Papier
(hergestellt aus chlorfrei gebleichtem Zellstoff)

Vorwort zur 3. Auflage

Nach acht Jahren und zwei Legislaturperioden (der 17. und 18.) des Deutschen Bundestages ist die Neuauflage überfällig. Mit ihrem Erscheinen noch in der Frühphase der 19. Legislaturperiode kann sie auf einem gesicherten Fundament aufbauen. In den seit dem Erscheinen der Vorauflage vergangenen Zeitraum fiel im Jahr 2015 auch der „50. Geburtstag" des Aktiengesetztes 1965. Nachdem auch die Herausgeber und viele Autoren das 50. Lebensjahr hinter sich gelassen haben, ist es für uns nicht überraschend, sondern sympathisch und symptomatisch, dass sich das Aktiengesetz trotz dieses Alters als vital und zukunftstauglich erweist. Die gesetzgeberischen Weiterentwicklungen, die auch in den beiden zurückliegenden Legislaturperioden zahlreich waren, betreffen bei unverändertem Grundkonzept meist Details und häufig Randbereiche wie das Kapitalmarktrecht oder die Rechnungslegung (siehe im Einzelnen § 1 Rn. 28 ff.).

Der relativ lange Zeitraum seit Erscheinen der Vorauflage und die hiermit verbundenen Veränderungen in Beruf, Familie und persönlichen Prioritäten haben es mit sich gebracht, dass Herr Volker G. Heinz, Herr Dr. Axel Pajunk, Herr Dr. Marcel Polte, Herr Winfried Ruh, Frau Dr. Beatrice Schenk (geb. Unsöld), Frau Dr. Julia Schlösser, Herr Dr. Florian Schöfer und Herr Hans Stamm aus dem Autorenkreis ausgeschieden sind. Neu in den Autorenkreis sind Herr Prof. Dr. Holger Kahle, Herr Dr. Andreas Lönner, Herr Dr. Gerold Niggemann, Herr Bernd Schlösser (mit Dr. Julia Schlösser nicht verwandt oder verschwägert), Herr Dr. Johannes Stürner, Herr Tobias Willmer und Herr Dr. Sebastian Wulff eingetreten. Darüber hinaus haben auch Stammautoren ihr Deputat erweitert. Wir danken den ausgeschiedenen Autoren für ihren Beitrag zum Erfolg und zur Etablierung der Vorauflage, den neu eingetretenen Autoren und „Mehrarbeitern" für die teilweise recht kurzfristige Übernahme von vakanten Abschnitten. Da das Handbuch unverändert Anforderungen und Sichtweisen der Praxis in besonderer Weise berücksichtigt und ganz überwiegend von Praktikern verfasst wird, ist die neben der Mandatsarbeit geleistete Arbeit aller Autoren nicht hoch genug zu schätzen: Herzlichen Dank dafür!

Das Konzept des Handbuchs ist unverändert geblieben, es behandelt neben dem Aktienrecht auch das Kapitalmarktrecht, das Steuerrecht und betriebswirtschaftliche Aspekte. Neu aufgenommen haben wir einen Abschnitt über die Aktiengesellschaft als gemeinnütziges Unternehmen (§ 55), der der steigenden Bedeutung des sogenannten „dritten Sektors" und dem auch in diesem Bereich zunehmenden Interesse an der Aktiengesellschaft Rechnung trägt. Entfallen sind die in der Vorauflage im Anhang abgedruckten Formulare, nachdem solche in einer Vielzahl von Formularbüchern und Datenbanken – auch des Verlages C. H. Beck – in großem Umfang und leicht zugänglich zur Verfügung stehen.

Ohne Verleger und juristischen Verlag sind juristische Fachbücher schwer vorstellbar. Dies gilt in besonderer Weise für die vorliegende Neuauflage unseres Handbuchs, die in erster Linie den Herren Dres. Thomas Schäfer und Burkhard Schröder vom Verlag C. H. Beck zu verdanken ist. Von der Motivation der Herausgeber und Autoren bis zur profunden lektoratsseitigen Betreuung haben sie erneut Großes leisten müssen und geleistet. Ihnen gilt unser besonderer Dank.

Stuttgart/München, im August 2018

Matthias Schüppen
Bernhard Schaub

Vorwort zur 1. Auflage

Bei einem guten Glas Rotwein auf der Terrasse sitzend spekulieren wir über die Reaktionen des geneigten Fachpublikums: „Noch ein Aktienrechtshandbuch!" – „Schon wieder aus dem Beck-Verlag!" – „Endlich ein komplettes Buch zum Aktienrecht!" Autoren, Verlag und Herausgeber hängen von Ihrem Urteil ab, um das wir Sie bitten und auf das wir gespannt sind. Denn in der Tat: für jedes der hypothetischen Statements gibt es gute Gründe.

Während das Verlagsprogramm für uns als Herausgeber natürlich tabu ist, teilen wir die Beobachtung einer geradezu explosionsartigen Zunahme der aktienrechtlichen Literatur im Allgemeinen und entsprechender Handbücher im Besonderen. Ein Grund, die Feder sinken zu lassen, war dies in der mehrjährigen Entstehungsphase des Werkes jedoch nie, denn die Ursachen für diese Entwicklung sind vielfältig. Hauptursache ist die durch die „kleine Aktiengesellschaft" ausgelöste Popularität der AG, die bis heute trotz der zwischenzeitlichen Rückschläge an den Börsen fast unvermindert anhält. Angesichts der zunehmenden volkswirtschaftlichen Bedeutung der Kapitalmärkte und der besonderen Eignung von AG und KGaA für die Nachfolgeplanung ist diese Entwicklung, die zugleich eine quantitativ und qualitativ intensivere literarische Durchdringung der Rechtsform erfordert und rechtfertigt, vorbehaltlos zu begrüßen. Im übrigen bestätigt sich wieder einmal der alte Grundsatz: „Konkurrenz belebt das Geschäft". So unangenehm Wettbewerb für die Betroffenen im konkreten Einzelfall ist, so vorteilhaft und förderlich ist er für die Entwicklung der betroffenen Bereiche insgesamt.

Idealiter wird der diskutierte „Schon wieder"-Affekt ohnehin durch den „Endlich"-Effekt überlagert. Autoren und Herausgeber haben ein einbändiges Kompendium vorgelegt, das neben dem Aktienrecht Kapitalmarktrecht, Steuerrecht und wesentliche betriebswirtschaftliche Aspekte der Aktiengesellschaft ausführlich behandelt. Dabei haben wir uns zugleich bemüht, die Anforderungen und Sichtweisen der Praxis in besonderer Weise zu berücksichtigen, was u. a. durch die eingestreuten und angehängten Musterformulierungen und Checklisten zum Ausdruck kommt. Da Bemühen alleine bekanntlich nicht reicht, sind wir, wie schon eingangs bemerkt, auf Ihre Mitarbeit in Form von Kritik und Anregungen angewiesen.

Unser Dank hierfür ist Ihnen gewiss, aber zunächst ist der Dank für die bereits geleistete (Mit-)Arbeit eine Ehrenpflicht, der wir uns gerne stellen. Zuvörderst zu nennen sind dabei die Autoren, aus deren Kreis insbesondere die Früh- und Spätstarter und -lieferer unter erheblichem Druck standen und die sich trotz der wechselvollen beruflichen Schicksale in turbulenten Zeiten nicht haben beirren lassen – vielen Dank! Zu nennen sind weiterhin die Mitarbeiterinnen und Mitarbeiter von Autoren und Herausgebern, die in diesem Buch aufgrund ihrer Vielzahl nicht namentlich auftauchen: ohne den überobligationsmäßigen Einsatz von Assistenten und Assistentinnen wären Werke wie dieses nicht möglich – to whom it may concern: vielen Dank! Last but not least sind die Mitarbeiter des Verlages zu nennen. Angefangen von der persönlichen Anteilnahme des Verlegers bis hin zur unermüdlichen Detailarbeit und dem nicht nachlassenden Einsatz von Zuckerbrot und Peitsche durch die Herren Dres. Thomas Schäfer und Burkhard Schröder sind sie es, die das vorliegende Buch ermöglicht, ja geradezu erzwungen haben – herzlichen Dank!

Stuttgart/München, im August 2004

Matthias Schüppen
Bernhard Schaub

Inhaltsübersicht

Inhaltsverzeichnis	IX
Bearbeiterverzeichnis	XXXVII
Abkürzungs- und Literaturverzeichnis	XLI

Teil A. Das Mandat im Aktienrecht – Grundlagen und Rechtsformwahl

§ 1	Die Aktiengesellschaft in der anwaltlichen Praxis *(Schüppen)*	1
§ 2	Vergleich der Aktiengesellschaft mit der GmbH *(Schüppen)*	16
§ 3	Vergleich der Aktiengesellschaft mit der Kommanditgesellschaft auf Aktien *(Schaub)*	27
§ 4	Besteuerung der Aktiengesellschaft und ihrer Aktionäre *(Kahle/Willner)*	37
§ 5	Internationale Bezüge *(Schaub)*	109
§ 6	Handelsregisteranmeldungen *(Schaub)*	168

Teil B. Satzung und Aktionärsvereinbarungen

§ 7	Obligatorische und fakultative Satzungsbestandteile *(Voß)*	179
§ 8	Firma und Unternehmensgegenstand *(Ritter)*	194
§ 9	Sitz und Zweigniederlassung *(Schaub)*	228
§ 10	Grundkapital und Aktie *(Sudmeyer)*	234
§ 11	Aktionärsvereinbarungen *(Sickinger)*	267

Teil C. Entstehung und Beendigung

§ 12	Bargründung *(Voß)*	283
§ 13	Sachgründung *(Peres)*	315
§ 14	Fehlerhafte Gründungsvorgänge und Nachgründung *(Peres)*	373
§ 15	Beendigung durch Liquidation *(Peres)*	422
§ 16	Entstehung und Beendigung durch Umwandlung *(Preisenberger)*	465

Teil D. Finanzverfassung

§ 17	Rechnungslegung *(Sandleben)*	511
§ 18	Risikomanagement und Früherkennung bestandsgefährdender Entwicklungen *(Offerhaus)*	540
§ 19	Abschlussprüfung *(Schüppen)*	555
§ 20	Unternehmensbewertung *(Zitzelsberger)*	578
§ 21	Gesellschafterdarlehen und eigenkapitalähnliche Finanzierung *(Schlösser/Schüppen)*	597

Teil E. Vorstand und Aufsichtsrat – Corporate Governance und Corporate Compliance

§ 22	Vorstand *(Ritter/Nehls)*	629
§ 23	Aufsichtsrat *(Schüppen)*	723
§ 24	Haftung von Vorstands- und Aufsichtsratsmitgliedern *(Ritter/Schüppen)*	775

Teil F. Hauptversammlung

§ 25	Stellung der Hauptversammlung im Organisationsgefüge *(Binge/Thölke)*	853
§ 26	Vorbereitung der Hauptversammlung *(Bohnet)*	895

Inhaltsübersicht

	Seite
§ 27 Durchführung der Hauptversammlung *(Bohnet)*	931
§ 28 Nachbereitung der Hauptversammlung *(Bohnet)*	962

Teil G. Hauptversammlungsthemen

§ 29 Satzungsänderungen *(Sickinger)*	965
§ 30 Gewinnverwendung *(Schüppen)*	982
§ 31 Erwerb eigener Aktien *(Schlosser/Stürner)*	996
§ 32 Vorstands- und Mitarbeiterbeteiligung *(Schüppen/Kutsch)*	1021

Teil H. Kapitalmaßnahmen

§ 33 Ordentliche Kapitalerhöhung *(Sickinger/Kuthe)*	1097
§ 34 Genehmigtes Kapital *(Sickinger/Kuthe)*	1149
§ 35 Bedingtes Kapital *(Dißars/Lönner)*	1174
§ 36 Kapitalherabsetzung *(Dißars/Lönner)*	1199
§ 37 Heilung fehlerhafter Kapitalmaßnahmen *(Dißars/Lönner)*	1227

Teil I. Aktionärsklagen

§ 38 Anfechtungsklage *(Meller)*	1239
§ 39 Nichtigkeitsklage *(Meller)*	1281
§ 40 Spruchverfahren *(Schüppen)*	1292
§ 41 Allgemeine Aktionärsklagen *(Tretter)*	1308

Teil J. Ausschluss von Gesellschaftern

§ 42 Kaduzierung *(Dißars/Lönner)*	1335
§ 43 Kapitalherabsetzung durch Einziehung *(Dißars/Lönner)*	1345
§ 44 Squeeze out *(Riehmer)*	1366
§ 45 Sonstige Ausschlusstechniken *(Schwenzer)*	1389

Teil K. Aktiengesellschaft und Kapitalmarkt

§ 46 Überblick: Grundlagen des Börsenrechts *(Schüppen)*	1403
§ 47 Going Public – Börsengang *(Sudmeyer)*	1410
§ 48 Pflichten der Gesellschaft und der Aktionäre nach der MMVO und dem WpHG *(Walz)*	1445
§ 49 Anleiheemission *(Wulff/Kilgus)*	1490
§ 50 Going Private – Rückzug von der Börse *(Walz)*	1504
§ 51 Öffentliche Übernahmeangebote *(Schröder/Niggemann)*	1515

Teil L. Konzernrecht

§ 52 Probleme im faktischen Konzern *(Knoll)*	1551
§ 53 Unternehmensverträge *(Henkel)*	1603
§ 54 Steuerliche Organschaft *(Schlösser)*	1650

Teil M. Die AG als gemeinnütziges Unternehmen

§ 55 Die gemeinnützige Aktiengesellschaft *(Ritter)*	1717

Sachverzeichnis	1737

Inhaltsverzeichnis

Teil A. Das Mandat im Aktienrecht – Grundlagen und Rechtsformwahl

§ 1 Die Aktiengesellschaft in der anwaltlichen Praxis   Seite

    I. Bedeutung der Aktiengesellschaft und des Aktienrechts für die anwaltliche
       Tätigkeit 1
       1. Beratungsbedarf im Aktienrecht 1
       2. Verbreitung der Aktiengesellschaft 2
       3. Typologie der Aktiengesellschaft 4
    II. Motive für die Wahl der Rechtsform Aktiengesellschaft 5
       1. Allgemeines 5
       2. Kapitalmarktorientierung 6
       3. Strukturvorteile 6
       4. Imagevorteile 7
   III. Entwicklung und Umfeld des Aktienrechts 7
       1. Das Aktienrecht und seine Grundlagen 7
       2. Reformgesetzgebung 9
       3. Verzahnung mit anderen Rechtsmaterien 11
       4. Tendenzen 13

§ 2 Vergleich der Aktiengesellschaft mit der GmbH

    I. Gemeinsamkeiten 16
       1. Juristische Person und Kapitalgesellschaft 16
       2. Körperschaft 17
       3. Haftungsbeschränkung 18
       4. Gleichbehandlungsgrundsatz 19
    II. Unterschiede 19
       1. Satzungsstrenge und Regelungsdichte 19
       2. Organisationsstruktur (Corporate Governance) 20
       3. Fungibilität der Beteiligung 22
       4. Kapitalaufbringung und -erhaltung 23
   III. Bewertung 24
       1. Zusammenfassung 24
       2. Ambivalenz der Unterscheidungskriterien 25
       3. Nebenwirkungen 25

§ 3 Vergleich der Aktiengesellschaft mit der Kommanditgesellschaft auf Aktien

    I. Grundlagen 28
       1. Rechtsform 28
       2. Erscheinungsformen 28
       3. Branchenspezifische Verwendbarkeit der KGaA 29
    II. Die Unterschiede der KGaA zur AG im Einzelnen 30
       1. Vermögensbeteiligung, Haftung 30
       2. Satzungsstrenge versus Gestaltungsfreiheit 30
       3. Organe der Gesellschaft 31
       4. Mitbestimmung 34
       5. Steuerrecht 34
   III. Zusammenfassung 35

Inhaltsverzeichnis

	Seite
§ 4 Besteuerung der Aktiengesellschaft und ihrer Aktionäre	
I. Typische Beratungsbereiche	39
1. Gründung	39
2. Vertragsgestaltung	40
II. Aktiengesellschaft als Steuersubjekt	41
1. Steuerpflicht	41
2. Ermittlung des zu versteuernden Einkommens und des Gewerbeertrags	44
3. Ausschüttungen und steuerliche Ergebnisverwendung	82
III. Besteuerung natürlicher Personen als Aktionäre	85
1. Steuerpflicht	85
2. Gewinnausschüttungen	85
3. Veräußerung von Anteilen	88
IV. Übergreifende Fragen	100
1. Verdeckte Gewinnausschüttungen	100
2. Verdeckte Einlagen	104
3. Disquotale Ausschüttungen	108
§ 5 Internationale Bezüge	
I. Vorbemerkung	111
II. Ausländische juristische Personen als Aktionäre	112
1. Rechtsfähigkeit	112
2. Besonderheiten innerhalb der EU	115
3. Brexit	117
III. Vertretung ausländischer juristischer Personen	117
1. Organschaftliche Vertretung – Vertretungsnachweis	117
2. Rechtsgeschäftliche Vertretung	136
IV. Ausländische natürliche Personen	138
1. Als Aktionäre	138
2. Als Vorstand	139
V. Auslandsbeurkundungen	159
1. Grundlagen	159
2. Öffentliche Urkunde	160
3. Legalisation, Apostille, Befreiung von weiteren Förmlichkeiten	160
VI. Die Sprache	164
VII. Die Europäische Aktiengesellschaft (SE)	164
1. Allgemeines	164
2. Gründungsarten	165
3. Organisationsverfassung	166
4. Finanzverfassung	166
5. Auflösung, Liquidation, Zahlungsunfähigkeit und Zahlungseinstellung	166
6. Einsatzmöglichkeiten in der Unternehmenspraxis	167
§ 6 Handelsregisteranmeldungen	
I. Anmeldungen zur Eintragung in das Handelsregister	168
1. Systematik	168
2. Begriff und Rechtsnatur der Anmeldung	169
3. Inhalt der Anmeldung	170
4. Bedingungen/Befristungen	170
II. Eintragungsfähige/nicht eintragungsfähige Tatsachen	171
1. Abgrenzung	171
2. Übersicht	172
III. Form und Rücknahme der Anmeldung	173
1. Form	173
2. Rücknahme	173

Inhaltsverzeichnis

	Seite
IV. Anmeldepflichtige Personen	173
1. Gründer	174
2. Vorstand	174
3. Abwickler	174
4. Aufsichtsrat	174
5. Prokuristen	174
6. Stellvertretung	175
7. Höchstpersönliche Erklärungen	176
V. Die Entscheidung des Registergerichts, Rechtsbehelfe	176
VI. Kosten	177
1. Kosten der Anmeldung	177
2. Kosten der Eintragung	178

Teil B. Satzung und Aktionärsvereinbarungen

§ 7 Obligatorische und fakultative Satzungsbestandteile

I. Allgemeine Funktion der Satzung	179
II. Form der Satzung	180
1. Mustersatzung	180
2. Notarielle Beurkundung	181
III. Inhalt der Satzung – materielle und formelle Satzungsbestandteile	181
1. Begriff und Bedeutung	181
2. Abgrenzungskriterien	182
IV. Obligatorischer Inhalt	183
1. Überblick	183
2. Einzelheiten	183
V. Fakultativer Inhalt/Grenzen der Gestaltungsfreiheit	187
1. Allgemein	187
2. Beispielsfälle	189
VI. Auslegung der Satzung	191
1. Notwendige Klarheit der Satzung	191
2. Auslegungskriterien	191
VII. Mängel der Satzung	192
1. Vor Eintragung	192
2. Nach Eintragung	193

§ 8 Firma und Unternehmensgegenstand

I. Firma	195
1. Allgemeines	195
2. Bildung der Firma bei der AG – Gesetzliche Regelungen	199
3. Erstmalige Firmenbildung bei der AG	200
4. Fortführung einer Firma bei der AG (§ 22 HGB)	208
5. Einzelfragen	209
6. Fehlerhafte Firma – Rechtsfolgen	212
7. Fehlerhafter Firmengebrauch – Rechtsfolgen	212
8. Firma und Schriftverkehr der AG; Unterschrift von Vorstandsmitgliedern	213
II. Unternehmensgegenstand	214
1. Bedeutung	214
2. Formulierung des Unternehmensgegenstandes in der Satzung	217
3. Zulässige Abweichung vom Unternehmensgegenstand	225
4. Rechtsfolgen eines unzulässigen Unternehmensgegenstandes	226

Inhaltsverzeichnis

	Seite
§ 9 Sitz und Zweigniederlassung	
I. Sitz	229
1. Bestimmung und Bedeutung des Sitzes	229
2. Doppelsitz	229
3. Sitzverlegung	231
4. Rechtsfolgen eines Verstoßes	232
II. Zweigniederlassung	232
1. Errichtung und Aufhebung einer Zweigniederlassung – § 13 HGB bzw. §§ 13d–13h HGB	232
2. Vertretungsbefugnis für die Zweigniederlassung	233
3. Zweigniederlassung von Gesellschaften mit Sitz im Ausland	233
4. Aufhebung und Verlegung der Zweigniederlassung	233
§ 10 Grundkapital und Aktie	
I. Das Grundkapital	235
1. Definition	235
2. Grundkapital, Eigenkapital und Gesellschaftsvermögen	236
3. Funktionen des Grundkapitals	236
4. Kapitalaufbringung und Kapitalerhaltung	237
5. Höhe des Grundkapitals	240
6. Ermittlung des „richtigen" Grundkapitals, Finanzierungsbedarf	242
II. Die Aktie	243
1. Definition der Aktie	243
2. Aktienarten	244
3. Aktiengattungen	247
4. Aktiensorten	249
5. Aktie als Wertpapier	249
6. Die Mitgliedschaft	254
7. Mitgliedschaftliche Rechte	254
8. Mitgliedschaftliche Pflichten	260
9. Übertragung der Aktie	262
10. Aktie und Satzung	265
§ 11 Aktionärsvereinbarungen	
I. Regelungsgegenstand und Form	267
1. Regelungsgegenstand	267
2. Form	268
3. Publizität	268
II. Schranken der Zulässigkeit	269
1. Zwingendes Aktienrecht	269
2. Zwingende Satzungsbestandteile	270
III. Einzelne Regelungsinhalte	270
1. Verfügungen über Aktien	270
2. Regelungen zur Stimmbindung	273
3. Einflussnahme auf Besetzung und Verhalten von Organen der Gesellschaft	274
4. Kapitalmaßnahmen	276
5. Willensbildung und Verwaltung des Aktienpools	276
6. Laufzeit	278
7. Sanktionen und Schiedsverfahren	278
IV. Typische Anwendungsfälle der Aktionärsvereinbarung	279
1. Geschlossene (Familien-)Gesellschaften	279
2. Börsennotierte Gesellschaften	279
3. Joint-Venture-Gesellschaften	280
4. Beteiligung von Venture-Capital-Gebern	280

Inhaltsverzeichnis

Teil C. Entstehung und Beendigung

§ 12 Bargründung

	Seite
I. Einleitung	284
1. Begriff	284
2. Abgrenzung zur Sachgründung	284
3. Abgrenzung zur Entstehung nach den Vorschriften des Umwandlungsrechts	285
II. Ablauf der Gründung	285
1. Errichtung des Gründungsprotokolls	285
2. Bestellung des ersten Vorstands	291
3. Gründungsbericht	291
4. Gründungsprüfung durch die Verwaltung	293
5. Externe Gründungsprüfung	294
6. Leistung der Bareinlage	296
7. Nicht mehr erforderlich: Einholung einer behördlichen Genehmigung	297
8. Anmeldung der Gesellschaft zur Eintragung in das Handelsregister	298
9. Eintragung in das Handelsregister	302
10. Nachfolgende Mitteilungspflichten	303
11. Ausgabe der Aktienurkunden	303
III. Haftung für die Ordnungsmäßigkeit der Gründung	303
1. Allgemeines	303
2. Haftender Personenkreis	303
3. Haftungstatbestand	304
4. Inhalt des Haftungsanspruchs	304
IV. Vorgründungs- und Vorgesellschaft	304
1. Vorgründungsgesellschaft	304
2. Vorgesellschaft	305
V. Erwerb einer Vorrats- oder Mantelgesellschaft als Alternative zur eigenen Gründung?	310
1. Zulässigkeit der Vorratsgründung	311
2. Erwerb und Verwendung einer Vorrats- oder Mantelgesellschaft	311
3. Entsprechende Anwendung der Gründungsvorschriften	312

§ 13 Sachgründung

I. Vorbemerkung	318
II. Sacheinlage	318
1. Begriff und Abgrenzung	318
2. Sacheinlagevereinbarung bzw. Einbringungsvertrag	319
3. Wert der Sacheinlage	331
4. Festsetzungen in der Satzung	335
5. Fehlerhafte Festsetzungen und/oder Sacheinlagevereinbarungen	337
6. Heilung fehlerhafter Festsetzungen/Änderung oder Beseitigung von Festsetzungen	339
7. Vollzug/Erfüllung der Sacheinlageverpflichtung	340
8. Leistungsstörungen	342
III. Sachübernahme	344
1. Begriff	344
2. Sachübernahmevereinbarung/Zeitpunkt der Vereinbarung/Form	344
3. Rechtsnatur der Sachübernahmevereinbarung	345
4. Gegenstand der Sachübernahme	345
5. Vergütung	346
6. Wert der Sachübernahme	346
7. Festsetzung der Sachübernahme in der Satzung	346

Inhaltsverzeichnis

	Seite
8. Rechtsfolgen unterbliebener Festsetzung in der Satzung	346
9. Leistungsstörungen	347
IV. Erster Aufsichtsrat bei Sachgründung	347
1. Vorbemerkung/Regelungsgegenstand von § 31 AktG	347
2. Zweck und Anwendungsbereich von § 31 AktG	348
3. „Unvollständiger" Gründeraufsichtsrat, § 31 Abs. 1 und 2 AktG	348
4. Ergänzung des Gründungsaufsichtsrats durch Arbeitnehmervertreter, § 31 Abs. 3 AktG	349
5. Nachträgliche Unternehmensübernahme bzw. -einbringung, § 31 Abs. 4 AktG	351
6. Amtszeit	351
V. Gründungsbericht und Gründungsprüfung	351
1. Gründungsbericht	351
2. Gründungsprüfung	353
VI. Anmeldung der Gesellschaft, Prüfung durch das Gericht und Eintragung	356
1. Leistung der Sacheinlage als Voraussetzung der Anmeldung	356
2. Verbot der Unterpariemission	357
3. Inhalt der Anmeldung	357
4. Prüfung durch das Gericht	360
5. Zusammenfassung: Ablaufplan Gründung	360
VII. Verdeckte Sachgründung und andere Umgehungsgeschäfte	360
1. Problemstellung	360
2. Gesetzliche Regelung der verdeckten Sacheinlage	361
3. Einzelne Fallgestaltungen	368
4. Hin- und Herzahlen (§ 27 Abs. 4 AktG)	370
5. Übergangsvorschriften	372

§ 14 Fehlerhafte Gründungsvorgänge und Nachgründung

I. Gründungsmängel und deren Rechtsfolgen	374
1. Allgemeines	374
2. Gründung und Vorgesellschaft	376
3. Die Fehlerhafte Vorgesellschaft	383
4. Gründungsmängel und Eintragungsverfahren	386
5. Entstehen durch Eintragung auch bei Gründungsmängeln	390
6. Beachtlichkeit von Gründungsmängeln trotz Entstehung der Aktiengesellschaft nach Eintragung	391
7. Treuepflicht zur Beseitigung von Gründungsmängeln	397
8. ABC der Gründungsmängel	398
II. Nachgründung, §§ 52 f. AktG	409
1. Vorbemerkung	409
2. Regelungsgegenstand, Zweck der Vorschrift	410
3. Der Nachgründungsvorgang	411
4. Sonderfälle	417
5. Ersatzansprüche bei Nachgründung, § 53 AktG	419

§ 15 Beendigung durch Liquidation

I. Vorbemerkung	424
II. Auflösung	424
1. Auflösungsgründe gemäß § 262	424
2. Grenzüberschreitende Sitzverlegung	433
3. Anmeldung und Eintragung der Auflösung	436
III. Abwicklung	437
1. Allgemeines	437

Inhaltsverzeichnis

	Seite
2. Abwickler	442
3. Rechnungslegung bei Abwicklung	449
4. Gläubigerbefriedigung	451
5. Vermögensverteilung	453
IV. Vollbeendigung und Löschung	456
1. Schlussrechnung	456
2. Anmeldung zum Handelsregister/Eintragung	457
3. Zeitpunkt der Vollbeendigung der Gesellschaft	457
4. Weitere Rechtsfolgen der Löschung	458
5. Zusammenfassung der Schritte zur Vollbeendigung	459
V. Nachtragsliquidation/Fortsetzung der aufgelösten Gesellschaft	459
1. Nachtragsliquidation, § 273 Abs. 4 AktG	459
2. Fortsetzung der aufgelösten Gesellschaft	462

§ 16 Entstehung und Beendigung durch Umwandlung

	Seite
I. Typische Beratungsanlässe	466
II. Entstehung und Beendigung durch formwechselnde Umwandlung	468
1. Umwandlungsbericht	468
2. Informationspflichten	469
3. Umwandlungsbeschluss	471
4. Anwendung der Gründungsvorschriften	475
5. Formwechselprüfung	478
6. Anmeldung zum Handelsregister	478
7. Wirkungen der Eintragung	480
8. Rechtsschutz	481
9. Kosten	483
III. Entstehung und Beendigung durch Verschmelzung	483
1. Verschmelzungsvertrag	484
2. Verschmelzungsbericht	486
3. Verschmelzungsprüfung, Nachgründungsprüfung	487
4. Informationspflichten	489
5. Verschmelzungsbeschluss	490
6. Anwendung der Gründungs- und Sachkapitalerhöhungsvorschriften	491
7. Anmeldung zum Handelsregister	491
8. Wirkungen der Eintragung	493
9. Rechtsschutz	494
10. Steuerliche Aspekte	494
11. Kosten	496
IV. Sonderfall: grenzüberschreitende Verschmelzung	497
1. Systematik	497
2. Verschmelzungsplan	497
3. Verschmelzungsbericht	499
4. Verschmelzungsprüfung	499
5. Informationspflichten	500
6. Verschmelzungsbeschluss	500
7. Anwendung von Gründungsvorschriften	501
8. Anmeldung zum Handelsregister	501
9. Wirkungen der Eintragung	502
10. Rechtsschutz	502
V. Sonstige Fälle der Entstehung und Beendigung durch Umwandlung	502
1. Entstehung und Beendigung durch Auf- und Abspaltung	502
2. Entstehung durch Ausgliederung	503

Inhaltsverzeichnis

	Seite
VI. Checklisten zur Vorgehensweise	504
1. Formwechsel	504
2. Verschmelzung	505
VII. Muster (Formwechsel GmbH → AG)	505
1. Umwandlungsbericht	505
2. Umwandlungsbeschluss	507
3. Handelsregisteranmeldung	509

Teil D. Finanzverfassung

§ 17 Rechnungslegung

I. Grundlagen	512
1. System des betrieblichen Rechnungswesens	512
2. Rechtsgrundlagen	512
3. Funktionen und Bestandteile des Jahresabschlusses	515
II. Aufstellung, Feststellung und Offenlegung des Jahresabschlusses	517
1. Aufstellung	517
2. Prüfung und Feststellung	520
3. Offenlegung des Jahresabschlusses nach § 325 HGB	523
III. Zwischenberichterstattung	526
IV. Mängel des festgestellten Jahresabschlusses	528
1. Änderung eines fehlerfreien Jahresabschlusses	529
2. Änderung eines fehlerhaften Jahresabschlusses	530
3. Nichtigkeit	530
4. Anfechtung des Jahresabschlusses	536
V. Sonderfragen	536
1. Bilanzierung von Aktienoptionen und anderen Formen der Mitarbeiterbeteiligung	536
2. Bilanzierung eigener Aktien	538

§ 18 Risikomanagement und Früherkennung bestandsgefährdender Entwicklungen

I. Einführung	541
1. Entstehung und Motivation des KonTraG	542
2. Risikomanagement seit KonTraG	543
II. Abgrenzung des Risikofrüherkennungssystems iSv § 91 Abs. 2 AktG vom gesamten Risikomanagement	545
III. Maßnahmen des Risikomanagements im Sinne von § 91 Abs. 2 AktG im Einzelnen	549
1. Festlegung der Risikofelder, die zu bestandsgefährdenden Entwicklungen führen können	549
2. Risikoerkennung und Risikoanalyse	549
3. Risikokommunikation und Berichterstattung	550
4. Zuordnung von Verantwortlichkeiten und Aufgaben	550
5. Einrichtung eines Überwachungssystems	551
6. Dokumentation der getroffenen Maßnahmen	551
IV. Berichtspflichten über Risiken und Risikomanagement-System	551
V. Prüfung des Risikofrüherkennungssystems	552
VI. Überwachung des Risikomanagements durch den Aufsichtsrat	553
VII. Zusammenfassung	553

§ 19 Abschlussprüfung

I. Prüfung durch den Abschlussprüfer	556
1. Grundlagen	556

	Seite
2. Prüfungspflicht	557
3. Bestellung des Abschlussprüfers	557
4. Ersetzung des Abschlussprüfers	562
5. Prüfung und Berichterstattung	563
6. Verantwortlichkeit und Haftung des Abschlussprüfers	565
II. Prüfung durch den Aufsichtsrat gem. § 171 AktG	565
1. Jahresabschluss	566
2. Lagebericht und gesonderter nichtfinanzieller Bericht	566
3. Vorschlag für die Verwendung des Bilanzgewinns	567
4. Ergebnis der Prüfung und Berichterstattung	567
5. Sonstige Unterlagen	568
III. Bilanzkontrolle (Enforcement)	568
IV. Aktienrechtliche Sonderprüfungen	569
1. Sonderprüfung nach § 142 AktG	569
2. Sonderprüfung wegen unzulässiger Unterbewertung (§§ 258–261 AktG)	572

§ 20 Unternehmensbewertung

I. Grundlagen der Unternehmensbewertung	579
1. Vorbemerkung	579
2. Bewertungsanlässe	580
3. Bewertungszwecke	581
II. Bewertungsverfahren	583
1. Kapitalwertorientierte Verfahren	583
2. Substanzwertverfahren	589
3. Vergleichsverfahren	590
4. Mischverfahren	592
5. Relevanz von Börsenkursen	592
6. Besonderheiten bei der Unternehmensbewertung	594

§ 21 Gesellschafterdarlehen und eigenkapitalähnliche Finanzierung

I. Typische Beratungssituationen	598
II. Gesellschafterdarlehen	598
1. Grundlagen	598
2. Gesellschafterdarlehen und Kapitalerhaltung	598
3. Rückzahlung von Aktionärsdarlehen	599
III. Eigenkapitalähnliche Finanzierung	611
1. Genussrechte	611
2. Stille Beteiligung	623

Teil E. Vorstand und Aufsichtsrat – Corporate Governance und Corporate Compliance

§ 22 Vorstand

I. Der Vorstand als Organ und Vertreter der Gesellschaft – Vertretung im Außenverhältnis	633
1. Grundsatz – Gesamtvertretung	633
2. Abweichende Regelungen der Vertretungsmacht	639
3. Ausschluss bzw. Einschränkung der Vertretungsmacht des Vorstands	640
II. Die Geschäftsführung und Leitung der AG durch den Vorstand	640
1. Maßnahmen der Geschäftsführung und Leitung	640
2. Inhalte der Leitung des Unternehmens	645

Inhaltsverzeichnis

	Seite
3. Delegation von Leitungs- und Geschäftsführungsaufgaben	646
4. Willensbildung im Vorstand	648
III. Organpflichten des AG-Vorstands	651
1. Systematisierung Organpflichten AG-Vorstand	652
2. Treuepflicht	653
3. Verschwiegenheitpflicht (§ 93 Abs. 1 S. 3 AktG)	654
4. Sorgfaltspflicht (§ 93 Abs. 1 S. 1 AktG)	655
5. Sorgfaltspflicht bei der Gründung der Gesellschaft	665
6. Pflichten des AG-Vorstands zur Kapitalerhaltung	665
7. Pflichten des AG-Vorstands in der Krise der AG	666
8. Berichtspflichten des AG-Vorstands	667
9. Pflichten zur ordnungsgemäßen Buchführung und Bilanzierung	669
10. Pflichten des AG-Vorstands im Rechtsverhältnis zur Hauptversammlung – Auskunftspflichten	669
11. Pflichten des AG-Vorstands im Rechtsverhältnis zum Aufsichtsrat – unbedingte Offenheit	671
IV. Muster: Geschäftsordnung für den Vorstand	672
V. Das Anstellungsverhältnis der Vorstandsmitglieder	675
1. Rechtliche Einordnung des Anstellungsverhältnisses	675
2. Begründung des Anstellungsverhältnisses	677
3. Inhalt des Anstellungsvertrags	683
4. Freistellung/Annahmeverzug	708
5. Das Anstellungsverhältnis nach Ende des Vorstandsmandats	709
6. Beendigung des Anstellungsverhältnisses	709
7. Anstellungsverhältnis als Vorstand und früheres Arbeitsverhältnis	716
8. Rechtsstreitigkeiten aus dem Anstellungsverhältnis	717
9. Das fehlerhafte Anstellungsverhältnis	719

§ 23 Aufsichtsrat

I. Rechte und Pflichten des Aufsichtsrats und seiner Mitglieder	725
1. Überblick	725
2. Rechtliche Stellung der Aufsichtsratsmitglieder	726
3. Aufgaben und Kompetenzen des Aufsichtsrats	728
4. Pflichtenkreis der Aufsichtsratsmitglieder	731
5. Klagerechte einzelner Aufsichtsratsmitglieder	734
II. Größe und Zusammensetzung des Aufsichtsrats, Modelle der Mitbestimmung der Arbeitnehmer	735
1. Überblick	735
2. Aufsichtsrat bestehend aus Aktionärsvertretern nach dem AktG	736
3. Aufsichtsrat nach dem MitbestG	737
4. Aufsichtsrat nach dem DrittelbG	744
5. Aufsichtsrat nach dem MgVG	747
6. Mitbestimmungserweiterung durch Vereinbarung	748
7. Status- oder Überleitungsverfahren	751
III. Begründung und Beendigung der Mitgliedschaft	752
1. Persönliche Voraussetzungen für die Begründung der Mitgliedschaft im Aufsichtsrat	752
2. Bestellung und gerichtliche Ernennung	754
3. Beendigung der Mitgliedschaft	756
IV. Innere Ordnung des Aufsichtsrats	761
1. Überblick	761
2. Die Geschäftsordnung des Aufsichtsrats	761
3. Der Aufsichtsratsvorsitzende und seine Stellvertreter	762

# Inhaltsverzeichnis

	Seite
4. Aufsichtsratssitzungen	763
5. Ausschüsse des Aufsichtsrats (§ 107 Abs. 3 AktG)	768
V. Muster: Geschäftsordnung für den Aufsichtsrat	770

§ 24 Haftung von Vorstands- und Aufsichtsratsmitgliedern

	Seite
I. Privatrechtliche Haftung der Vorstandsmitglieder der AG	778
1. Entwicklungslinien des Rechtsrahmens der Haftung von AG-Leitungsorganen	778
2. Allgemeines	781
3. Außenhaftung des AG-Vorstands	795
4. Innenhaftung des AG-Vorstands	811
5. Vorstandshaftung in besonderen Aktiengesellschaften	819
6. Versicherungen	820
II. Privatrechtliche Haftung der Aufsichtsratsmitglieder der AG	821
1. Grundsätzliches	821
2. Außenhaftung des Aufsichtsrats	827
3. Innenhaftung des Aufsichtsrats	835
4. Haftung des Aufsichtsrates in der Gründungsphase der AG gem. § 41 Abs. 1 S. 2 AktG und § 48 AktG	837
5. Haftung des Aufsichtsrats wegen Verstoßes gegen das VorstAG	838
6. Verschulden	839
7. Rahmenbedingungen der Haftung des Aufsichtsrats bei besonderen Aktiengesellschaften	840
8. Durchsetzung der Haftungsansprüche gegen den Aufsichtsrat	842
9. Versicherungen	843
III. Überblick über die strafrechtliche Verantwortlichkeit	844
1. Bedeutung des Strafrechts in der Beratung von Organmitgliedern	844
2. Wesentliche Tatbestandskomplexe	845
3. Typische Probleme im Allgemeinen Teil des StGB	849
4. Strafbarkeit von Aufsichtsratsmitgliedern	850

Teil F. Hauptversammlung

§ 25 Stellung der Hauptversammlung im Organisationsgefüge

	Seite
I. Beratungssituationen	856
1. Die Hauptversammlung als Organ	856
2. Mandatstypen im Zusammenhang mit der Hauptversammlung	856
II. Die Zuständigkeiten der Hauptversammlung	858
1. Enumerationsprinzip	858
2. Strukturentscheidungen	859
3. Personalentscheidungen, insbesondere Entlastungsbeschlüsse	860
4. Weitere Zuständigkeiten	861
III. Einfluss der Hauptversammlung auf Fragen der Geschäftsführung	862
1. Fragen der Geschäftsführung	862
2. Keine Möglichkeit direkter Einflussnahme	862
3. Möglichkeiten indirekter Einflussnahme	862
4. Entscheidungsverlangen nach § 119 Abs. 2 AktG	864
IV. Vorbereitung und Ausführung von Hauptversammlungsbeschlüssen, § 83 AktG	866
1. Ausführungspflicht nach § 83 Abs. 2 AktG	866
2. Vorbereitungspflicht § 83 Abs. 1 AktG	867
V. Gesetzlich geregelte Zustimmungsvorbehalte	868
1. Einleitung	868

Inhaltsverzeichnis

	Seite
2. Squeeze out	868
3. Satzungsänderungen und Kapitalmaßnahmen	869
4. Umwandlungsrecht	869
5. Eingliederung	870
6. Unternehmensverträge	870
7. § 179a AktG	871
8. Abwehrmaßnahmen gegen Übernahmeangebote	873
9. Tatsächliche Veränderung des Unternehmensgegenstandes	874
VI. Gesetzlich nicht geregelte Zustimmungsvorbehalte	875
1. Einleitung	875
2. Tatbestandliche Erfassung	876
3. Beratung des Vorstandes	885
4. Beratung der (Minderheits-)Aktionäre	893

§ 26 Vorbereitung der Hauptversammlung

I. Vorbemerkung	896
1. Aufgabe und Funktion der Hauptversammlung	896
2. Ordentliche und außerordentliche Hauptversammlung	897
3. Kompetenzen der Hauptversammlung	898
II. Organisatorische Vorbereitungen	900
1. Terminplan	900
2. Überblick	902
3. Verantwortliches Personal	902
4. Ablaufplan	903
5. Termin	903
6. Veranstaltungsort	904
7. Technik	906
8. Einlasskontrolle	906
9. Sicherheit	906
10. Abstimmung mit dem Notar	906
11. Regularien	906
12. Sprache	907
III. Einberufung	907
1. Einberufungsgründe	907
2. Zuständigkeit	910
3. Art und Weise der Einberufung	910
4. Tagesordnung	913
5. Mitteilungen und Zugänglichmachen	916
6. Gegenanträge und Wahlvorschläge der Aktionäre	916
7. Vollversammlung	918
8. Rechtsfolgen bei fehlerhafter Einberufung	918
IV. Berichts- und Mitteilungspflichten	919
1. Gesetzliche Berichtspflichten	919
2. Ungeschriebene Berichtspflichten	920
3. Anfechtungsrisiken	921
V. Jahresabschluss	922
1. Aufstellung	922
2. Prüfung	922
3. Feststellung	922
VI. Auslegung von Unterlagen, Versand an die Aktionäre und alternative Internetveröffentlichung	924
1. Gegenstand der Auslegungspflicht	924
2. Ort und Zeitpunkt der Auslegung	926

	Seite
3. Übersendung an Aktionäre	927
4. Alternative Veröffentlichung auf der Internetseite	927
5. Änderungen der ausgelegten Dokumente	927
6. Anfechtungsrisiken	927
VII. Ort der Hauptversammlung	928
1. Gesellschaftssitz	928
2. Börsensitz	928
3. Satzung	928
4. Hauptversammlung im Ausland	929
5. Abweichen von der gesetzlichen oder satzungsmäßigen Regelung	929
6. Versammlungsraum	929
7. Änderung des Versammlungsorts oder -raums	929
8. Rechtsfolgen der Einberufung an einen unzulässigen Ort	930

§ 27 Durchführung der Hauptversammlung

	Seite
I. Teilnahmerecht	932
1. Aktionäre	932
2. Aktionärsvertreter	935
3. Vorstands- und Aufsichtsratsmitglieder	937
4. Abschlussprüfer	938
5. Behördenvertreter	938
6. Notar	938
7. Medienvertreter	939
8. Gäste	939
II. Teilnahmepflicht	939
1. Vorstandsmitglieder	939
2. Aufsichtsratsmitglieder	940
3. Abschlussprüfer	940
III. Teilnehmerverzeichnis	940
1. Zweck	941
2. Inhalt	941
3. Aufstellung	941
4. Einsichtnahme	942
5. Änderungen während der Hauptversammlung	942
6. NaStraG	942
IV. Versammlungsleitung	942
1. Der Versammlungsleiter	943
2. Aufgaben und Befugnisse	943
3. Eröffnung und Beendigung der Hauptversammlung	946
4. Geschäftsordnung	947
V. Beschlussfassung	948
1. Beschlussgegenstände, Wahlen, materielle Beschlusskontrolle	948
2. Beschlussfähigkeit	949
3. Mehrheiten	949
4. Art und Weise der Abstimmung	951
VI. Rechte der Aktionäre	952
1. Rederecht	952
2. Fragerecht	953
3. Einsichtsrecht	954
4. Stimmrecht	955
5. Widerspruchsrecht	956
VII. Protokollierung	956
1. Notarielle Niederschrift	957

Inhaltsverzeichnis

	Seite
2. Einfache Niederschrift	959
3. Stenografisches Protokoll	959
4. Tonband- und Filmaufnahmen	960
5. Übertragung in Bild und Ton, Online-Hauptversammlung	960

§ 28 Nachbereitung der Hauptversammlung

I. Registergericht	962
II. Publizität des Jahresabschlusses	962
III. Ausführung der Beschlüsse	963
IV. Mitteilungspflichten nach der Hauptversammlung	964

Teil G. Hauptversammlungsthemen

§ 29 Satzungsänderungen

I. Grundlagen	966
1. Echte und unechte Satzungsbestandteile	966
2. Inhaltsänderungen und Fassungsänderungen	968
3. Grundlagenänderungen und Strukturänderungen	969
4. Satzungsdurchbrechung	970
5. Faktische Satzungsänderung	971
II. Inhalt und Schranken satzungsändernder Beschlüsse	971
1. Befristung und Bedingung	971
2. Rückwirkung	973
3. Gründung und Abwicklung	973
4. Sachliche Schranken	974
5. Auslegung als Inhalt	974
III. Zuständigkeit	974
IV. Verfahren der Hauptversammlung	975
1. Vorbereitung der Hauptversammlung	975
2. Beschlussmehrheiten	975
3. Sonderbeschlüsse	977
4. Sonstige Erfordernisse	977
5. Aufhebungs- und Änderungsbeschlüsse	978
V. Eintragungsverfahren	978
1. Anmeldung	978
2. Prüfung durch das Registergericht	979
3. Inhalt der Eintragung	980
4. Heilungswirkung	981

§ 30 Gewinnverwendung

I. Grundlagen	982
1. Praktische Bedeutung	982
2. Gewinnbegriffe	983
3. Ermittlung des ausschüttungsfähigen Gewinns	984
4. Gewinnverwendungsvorschlag	986
II. Gewinnverwendungskompetenz	986
1. Vorstand und Aufsichtsrat	986
2. Hauptversammlung	987
III. Gewinnverteilung	987
1. Gesetzliche Regelung	987
2. Gestaltungsmöglichkeiten	988
3. Dividendenverzicht und disquotale Gewinnverteilung	988

Inhaltsverzeichnis

	Seite
IV. Gewinnanspruch	989
1. Mitgliedschaftsrecht und Zahlungsanspruch	989
2. Materielle Vorgaben	991
3. Sachdividenden	992
4. Zwischendividenden	993
5. Gewinnabführungsverträge	994
V. Dividendenzahlung	994
VI. Checklisten: Anwaltliche Gestaltung und Durchsetzungsberatung	995

§ 31 Erwerb eigener Aktien

I. Einleitung	998
II. Übernahme- und Zeichnungsverbot – Originärer Erwerb	999
1. Verbot und Rechtsfolgen	999
2. Umgehungsgeschäfte	999
3. Kollisionsrecht	1000
III. Derivativer Erwerb	1000
1. Verbot	1000
2. Erlaubnistatbestände des § 71 Abs. 1 AktG	1001
3. Rechtsfolgen	1009
4. Sonderfälle	1011
5. Internationales Privatrecht	1012
IV. Kapitalmarktrecht, insbesondere Informations- und Publizitätspflichten	1012
1. Aktienrecht	1012
2. Kapitalmarktrecht	1012
V. Steuerrecht und bilanzielle Behandlung	1015
VI. Arbeitshilfen	1015
1. Beratungscheckliste	1015
2. Checkliste Verfahren und Rechtsfolgen	1016
3. Muster: (Anschluss-)Ermächtigung zum Erwerb und zur Verwendung eigener Aktien	1017

§ 32 Vorstands- und Mitarbeiterbeteiligung

I. Grundlagen	1024
1. Formen der Mitarbeiterbeteiligung	1024
2. Ziele der Mitarbeiterbeteiligung	1025
3. Verbreitung in der Praxis	1026
4. Ausblick	1026
II. Stock Options (Aktienoptionen)	1027
1. Rechtliche Ausgestaltung	1027
2. Steuerliche Behandlung	1064
3. Bilanzielle Behandlung	1070
III. Wandel- und Optionsanleihe	1072
1. Rechtliche Ausgestaltung	1072
2. Steuerliche und bilanzielle Behandlung	1076
IV. Beteiligung am Aktienkapital	1079
1. Belegschaftsaktien	1079
2. Stille Beteiligung und Unterbeteiligung	1081
V. Erfolgsorientierte Beteiligungen	1082
1. Mitarbeiterdarlehen	1082
2. Genussrechte	1083
3. Tantieme/Bonuszahlung	1084
4. Virtuelle Aktienoptionen (Phantom Stock/SAR)	1085
5. Matching-Aktien	1087

Inhaltsverzeichnis

	Seite
VI. Mitarbeiterkapitalbeteiligungsfonds	1087
VII. Exkurs: Beteiligungsmodelle für Aufsichtsratsmitglieder	1088
1. Einleitung	1088
2. Aktienoptionen	1088
3. Aktienbeteiligungen	1090
4. Optionsanleihen und Wandelschuldverschreibungen	1090
5. Virtuelle Aktienoptionen	1091
6. Tantiemen	1091
7. Angemessenheit der Vergütung	1093
VIII. Beratungscheckliste	1094

Teil H. Kapitalmaßnahmen

§ 33 Ordentliche Kapitalerhöhung

I. Zulässigkeitsvoraussetzungen	1099
1. Keine ausstehenden Einlagen	1099
2. Sonstige Zulässigkeitsvoraussetzungen	1100
II. Kapitalerhöhungsbeschluss	1100
1. Verfahren	1100
2. Inhalt	1101
3. Zusätzliche Festsetzungen bei Sacheinlagen	1113
4. Gemischte Bar-/Sachkapitalerhöhung	1116
5. Mängel	1117
6. Aufhebung und Änderung von Kapitalerhöhungsbeschlüssen	1118
III. Bezugsrecht und Bezugsrechtsausschluss	1119
1. Inhalt des Bezugsrechts	1119
2. Vereinbarung von Bezugsrechten	1119
3. Verfahren der Gewährung und Ausübung	1120
4. Bezugsrechtsausschluss	1124
5. Vereinfachter Bezugsrechtsausschluss (§ 186 Abs. 3 S. 4 AktG)	1127
6. Faktischer Bezugsrechtsausschluss	1130
IV. Zeichnung	1131
1. Ablauf der Zeichnung	1131
2. Mängel der Zeichnung	1132
V. Einlagen und Einlageleistung	1133
1. Bareinlagen	1133
2. Sacheinlagen	1136
3. Sicherung eventueller Rückzahlungsansprüche	1137
VI. Mängel der Einlageleistung und der Aktien	1137
1. Werthaltigkeit von Sacheinlagen	1137
2. Verdeckte Sacheinlagen/Schütt-Aus-Hol-Zurück-Verfahren	1138
3. Haftung der Gesellschaft für „mangelhafte" Gesellschaftsanteile	1138
VII. Eintragungsverfahren	1139
1. Antrag	1139
2. Prüfung durch das Registergericht	1142
3. Rücknahme der Handelsregisteranmeldung bei gescheiterter Kapitalerhöhung	1143
4. Inhalt der Eintragung	1143
5. Veröffentlichungspflichten nach Durchführung der Kapitalerhöhung	1143
VIII. Veröffentlichungspflichten	1143
1. Ad-hoc-Mitteilung	1144
2. Einladung zur Hauptversammlung	1144

Inhaltsverzeichnis

	Seite
3. Veröffentlichungspflichten nach der Hauptversammlung	1145
4. Bezugsangebot	1145
5. Veröffentlichung gemäß § 41 WpHG	1146
6. Mitteilungspflichten der Aktionäre	1146
7. Directors' Dealings	1147
8. Insiderrecht	1147

§ 34 Genehmigtes Kapital

I. Einführung	1150
II. Ermächtigung	1151
1. Schaffung der Ermächtigung	1151
2. Inhalt der Ermächtigung	1152
3. Keine Subsidiarität zur ordentlichen Kapitalerhöhung	1157
4. Mängel	1157
5. Aufhebung und Änderung der Ermächtigung	1158
III. Vorstands- und Aufsichtsratsbeschluss	1158
1. Vorstandsbeschluss	1158
2. Aufsichtsratsbeschluss	1159
3. Besonderheiten beim (Accelerated) Bookbuilding	1160
IV. Bezugsrecht und Bezugsrechtsausschluss	1161
1. Bezugsrecht	1161
2. Ausschluss der Bezugsrechte in der Ermächtigung oder Gründungssatzung	1161
3. Ausschluss des Bezugsrechts im Ausübungsbeschluss des Vorstands	1162
V. Weitere Durchführung der Kapitalerhöhung	1168
1. Zeichnung und Einlageleistung	1168
2. Eintragungsverfahren	1168
3. Veröffentlichungen	1169
VI. Sonderfälle	1170
1. Belegschaftsaktien	1170
2. Mitarbeiterbeteiligungsprogramme im weiteren Sinne	1172

§ 35 Bedingtes Kapital

I. Einführung	1175
II. Voraussetzungen	1176
1. Zulässige Zwecke	1176
2. Zulässiger Umfang	1179
3. Volleinzahlung bisheriger Einlagen	1180
III. Kapitalerhöhungsbeschluss	1181
1. Allgemeines	1181
2. Formelle Beschlusserfordernisse	1181
3. Inhalt des Beschlusses	1182
IV. Anmeldung und Eintragung des Kapitalerhöhungsbeschlusses	1187
V. Entstehung und Ausübung des Bezugsrechts	1188
1. Entstehung des Bezugsrechts	1188
2. Ausübung des Bezugsrechts	1190
VI. Ausgabe der Bezugsaktien	1192
1. Verbriefungserfordernis, Begebungsvertrag	1192
2. Voraussetzungen der Ausgabe	1192
3. Rechtsfolgen unzulässiger Ausgabe	1193
4. Besondere Voraussetzungen bei Umtauschrechten	1193
5. Wirksamwerden der Kapitalerhöhung	1194
VII. Anmeldung und Eintragung der Aktienausgabe	1194

Inhaltsverzeichnis

	Seite
VIII. Bedingte Kapitalerhöhung mit Sacheinlagen	1196
1. Anwendungsbereich	1196
2. Besondere Beschlusserfordernisse und Prüfungspflicht	1197
3. Verdeckte Sacheinlage	1197

§ 36 Kapitalherabsetzung

I. Grundlagen	1200
II. Arten und Durchführungswege der Kapitalherabsetzung	1200
1. Formen der Kapitalherabsetzung	1200
2. Arten der Durchführung der Kapitalherabsetzung	1201
III. Verbindung mit anderen Kapitalmaßnahmen	1203
IV. Liquidation und Insolvenz	1204
V. Ordentliche Kapitalherabsetzung	1205
1. Kapitalherabsetzungsbeschluss	1205
2. Anmeldung und Wirksamwerden der Kapitalherabsetzung	1207
3. Gläubigerschutz	1208
4. Durchführung der Kapitalherabsetzung	1210
5. Anmeldung der Durchführung der Kapitalherabsetzung	1216
VI. Vereinfachte Kapitalherabsetzung	1216
1. Allgemeines	1216
2. Voraussetzungen und Umfang	1217
3. Durchführung der vereinfachten Kapitalherabsetzung	1220
4. Verwendung des Kapitalherabsetzungsbetrags und zukünftige Gewinnausschüttungen	1221
5. Bilanzielle Rückwirkung	1223
VII. Beratungscheckliste	1238

§ 37 Heilung fehlerhafter Kapitalmaßnahmen

I. Typische Beratungssituation	1227
II. Fehlerhafte reguläre Kapitalerhöhung	1228
1. Fehler der regulären Kapitalerhöhung	1228
2. Rechtsfolgen angefochtener Kapitalerhöhung	1233
3. Rechtsfolgen endgültig unwirksamer Kapitalerhöhung	1233
III. Besondere Formen der Kapitalerhöhung	1234
1. Bedingte Kapitalerhöhung	1234
2. Genehmigtes Kapital	1235
3. Kapitalerhöhung aus Gesellschaftsmitteln	1235
IV. Fehlerhafte Kapitalherabsetzung	1236
1. Ordentliche Kapitalherabsetzung	1236
2. Vereinfachte Kapitalherabsetzung/Zwangseinziehung	1237
V. Beratungscheckliste	1238

Teil I. Aktionärsklagen

§ 38 Anfechtungsklage

I. Zulässigkeit (Prozessuale Voraussetzungen)	1241
1. Zuständigkeit	1241
2. Verfahrensbeteiligte	1242
3. Gegenstand der Anfechtung und Klageantrag	1245
II. Anfechtungsbefugnis	1247
1. Anfechtungsbefugnis des Aktionärs	1247
2. Anfechtungsbefugnis des Vorstands	1251
3. Anfechtungsbefugnis der Mitglieder des Vorstandes und des Aufsichtsrates	1251

Inhaltsverzeichnis

	Seite
III. Anfechtungsgrund	1252
1. Verletzung des Gesetzes oder der Satzung (§ 243 Abs. 1 AktG)	1252
2. Erstreben von Sondervorteilen (§ 243 Abs. 2 AktG)	1254
3. Gesetzlicher Ausschluss der Anfechtung	1256
4. Anfechtung aufgrund von Informationsmängeln	1257
5. Bestätigung anfechtbarer Hauptversammlungsbeschlüsse	1258
6. Rechtsschutzbedürfnis	1261
IV. Teilanfechtung	1261
1. Beschlusseinheit und Beschlussmehrheit	1261
2. Konsequenzen für die Beschlussanfechtung	1262
V. Anfechtungsfrist	1262
1. Grundlagen	1262
2. Klageerhebung	1263
3. Klagebegründung	1264
VI. Zustellung	1264
1. Anfechtungsklage des Aktionärs	1264
2. Anfechtungsklage des Vorstands bzw. des Vorstandsmitglieds	1266
3. Anfechtungsklage des Aufsichtsratsmitglieds	1266
4. Mehrere Kläger	1267
VII. Sonstige Verfahrensfragen	1267
1. Nebenintervention	1267
2. Darlegungs- und Beweislast	1268
3. Anerkenntnis und Prozessvergleich	1269
4. Neue Beschlüsse während des Rechtsstreits	1270
5. Konsequenzen der Klageerhebung für das Registerverfahren	1270
6. Bekanntmachungspflicht des Vorstands	1271
VIII. Urteil und Urteilswirkung	1271
1. Inhalt des Urteils	1271
2. Urteilswirkung bei erfolgreicher Anfechtungsklage	1271
3. Urteilwirkung bei Zurückweisung der Klage	1272
4. Registerrechtliche Konsequenzen	1272
IX. Streitwert der Anfechtungsklage	1273
1. Regelstreitwert	1273
2. Streitwertspaltung	1273
X. Missbrauch des Anfechtungsrechtes	1274
1. Tatbestand	1274
2. Prozessuale Konsequenzen	1275
3. Materiell-rechtliche Konsequenzen	1275
XI. Freigabeverfahren nach § 246a AktG	1276
1. Regelungsgegenstand und Wirkungen des Freigabeverfahrens	1276
2. Beschlussvoraussetzungen nach § 243a Abs. 2 AktG	1277
3. Durchführung des Eilverfahrens nach § 243a Abs. 3 AktG	1278
4. Schadensersatzpflicht nach § 243a Abs. 4 AktG	1278
5. Verhältnis zur einstweiligen Verfügung	1279
XII. Einstweiliger Rechtsschutz	1279
XIII. Amtslöschung	1279

§ 39 Nichtigkeitsklage

I. Zulässigkeit (Prozessuale Voraussetzungen)	1282
1. Zuständigkeit	1282
2. Verfahrensbeteiligte	1282
3. Klageantrag	1282
4. Rechtsschutzbedürfnis	1282

Inhaltsverzeichnis

	Seite
II. Klagebefugnis für die Nichtigkeitsklage	1282
III. Nichtigkeitsgrund	1283
1. Nichtigkeitsgründe außerhalb von § 241 AktG	1283
2. Nichtigkeitsgründe gemäß § 241 Nr. 1–6 AktG	1284
IV. Heilung und Ausschluß der Nichtigkeit	1287
1. Heilung	1287
2. Spezialgesetzlicher Ausschluß der Nichtigkeit	1288
V. Weitere Aspekte des Verfahrens	1288
1. Teilnichtigkeit	1288
2. Klagefrist	1289
3. Klageverbindung und Nebenintervention	1289
4. Sonstige Verfahrensfragen	1289
VI. Urteil und Urteilswirkung	1290
VII. Freigabeverfahren	1290
VIII. Streitwert der Nichtigkeitsklage	1290
IX. Verhältnis der Nichtigkeitsklage zur Anfechtungsklage und zur allgemeinen Feststellungsklage	1290
1. Anfechtungsklage	1290
2. Allgemeine Feststellungsklage	1291

§ 40 Spruchverfahren

I. Grundlagen	1293
1. Überblick	1293
2. Gesetzliche Regelung	1293
3. Bedeutung für die anwaltliche Beratung	1295
II. Anwendungsbereich und Verfahrenseinleitung	1295
1. Anwendungsbereich	1295
2. Antragsberechtigung, Antragsgegner und Antragsfrist	1297
3. Antragstellung, zuständiges Gericht, Antragsbegründung	1298
III. Verfahrensablauf	1301
1. Bestellung des gemeinsamen Vertreters	1301
2. Mündliche Verhandlung	1302
3. Sachverständiger Prüfer und Gerichtssachverständiger	1303
IV. Verfahrensbeendigung und Rechtsmittel	1304
1. Entscheidung durch Beschluss	1304
2. Antragsrücknahme und Vergleich	1305
3. Rechtsmittel	1305
4. „Inter-Omnes"-Wirkung und Publikation der Entscheidung	1306
V. Gerichtliche und außergerichtliche Kosten	1306
1. Gerichtsgebühren	1306
2. Kosten des Sachverständigen	1307
3. Anwaltskosten	1307

§ 41 Allgemeine Aktionärsklagen

I. Einleitung	1309
II. Grenzen des Anwendungsbereichs allgemeiner Aktionärsklagen	1310
1. Vorrang der speziellen aktienrechtlichen Rechtsbehelfe und Beachtung besonderer aktienrechtlicher Verfahrensvoraussetzungen	1310
2. Eingriff in das aktienrechtliche Kompetenzgefüge	1311
III. Rechtsgrundlagen und Fallgruppen allgemeiner Aktionärsklagen im Überblick	1313
1. Rechtsgrundlagen im Überblick	1313
2. Fallgruppen im Überblick	1313

Inhaltsverzeichnis

	Seite
IV. Unterlassungs-, Feststellungs- und Beseitigungsklagen	1317
1. Ausgliederung einer Beteiligung ohne Zustimmung der Hauptversammlung (Holzmüller/Gelatine-Fälle)	1317
2. Rechtswidriger Bezugsrechtsausschluss durch den Vorstand beim genehmigten Kapital	1320
V. Schadensersatzklagen	1323
1. Allgemeines	1323
2. Organhaftungsklage gem. §§ 147, 148 AktG	1326
3. Schadensersatz wegen rechtswidrigen Bezugsrechtsausschlusses beim genehmigten Kapital	1331
VI. Einstweiliger Rechtsschutz	1332
1. Aufklärung über das Risiko des § 945 ZPO	1332
2. Einflussnahme auf die Willensbildung	1332
3. Einstweilige Verfügung zur Sicherung des Bezugsrechts	1333

Teil J. Ausschluss von Gesellschaftern

§ 42 Kaduzierung

I. Einführung	1335
II. Geltendmachung von Einlageforderungen	1335
1. Enststehung der Einlagepflicht	1335
2. Zahlungsaufforderung	1336
III. Kaduzierung	1337
1. Voraussetzungen der Kaduzierung	1337
2. Kaduzierungsverfahren	1338
3. Rechtsfolgen der wirksamen Kaduzierung	1340
4. Fehlerhafte Kaduzierung	1341
IV. Zahlungspflicht der Vormänner und Verwertung der Mitgliedschaft	1341
1. Zahlungspflicht der Vormänner	1341
2. Verwertung der Aktie	1342
V. Arbeitshilfen	1343

§ 43 Kapitalherabsetzung durch Einziehung

I. Grundlagen	1344
II. Arten der Kapitalherabsetzung durch Einziehung	1345
1. Zwangseinziehung	1345
2. Einziehung nach Erwerb eigener Aktien	1350
III. Einziehungsverfahren	1353
1. Ordentliches Einziehungsverfahren	1353
2. Vereinfachtes Einziehungsverfahren	1356
IV. Abwicklung der Einziehung	1359
1. Anmeldung des Kapitalherabsetzungsbeschlusses	1359
2. Einziehungshandlung	1360
3. Wirksamwerden der Kapitalherabsetzung	1361
4. Anmeldung der Durchführung der Kapitalherabsetzung	1361
V. Kapitalmarktrechtliche Mitteilungs- und Veröffentlichungspflichten	1362
VI. Fehlerhafte Einziehung	1363
VII. Checklisten	1363

§ 44 Squeeze out

I. Vorbemerkung/Planung des Squeeze out	1366
II. Voraussetzung des aktienrechtlichen Squeeze out	1368
1. Erreichen der maßgeblichen Beteiligungsquote	1368
2. Keine weiteren Anforderungen	1369

Inhaltsverzeichnis

	Seite
III. Verlangen des Hauptaktionärs und Gewährleistungserklärung	1370
1. Verlangen des Hauptaktionärs	1370
2. Gewährleistungserklärung	1371
IV. Vorbereitung des Übertragungsbeschlusses	1372
1. Entwurf des Übertragungsbeschlusses	1372
2. Abzug von Dividenden- oder Ausgleichszahlungen	1372
3. Auszulegende Jahresabschlüsse und Lageberichte	1372
4. Bericht des Hauptaktionärs	1373
5. Bericht der sachverständigen Prüfer	1375
V. Beschluss der Hauptversammlung	1376
VI. Eintragung des Übertragungsbeschlusses	1378
VII. Rechtsschutz der Minderheitsaktionäre	1379
VIII. Squeeze out und Ad-hoc-Publizität	1382
IX. Übernahmerechtlicher Squeeze out gemäß §§ 39a–39c WpÜG	1382
X. Verschmelzungsrechtlicher Squeeze out gemäß § 62 Abs. 5 UmwG, §§ 327a ff. AktG	1385

§ 45 Sonstige Ausschlusstechniken

I. Eingliederung	1389
1. Allgemeines	1389
2. Planung der Eingliederung	1389
3. Voraussetzungen der Eingliederung	1390
4. Rechtsfolgen der Eintragung	1393
5. Rechtsschutz der ausgeschiedenen Aktionäre	1395
II. Übertragende Auflösung	1396
III. Ausschluss aus wichtigem Grund	1397
1. Voraussetzungen des Ausschlusses aus wichtigem Grund	1397
2. Abwicklungsmodalitäten	1401
3. Rechtsschutz der ausgeschlossenen Aktionäre	1401

Teil K. Aktiengesellschaft und Kapitalmarkt

§ 46 Überblick: Grundlagen des Börsenrechts

I. Allgemeines	1403
1. Anwaltliche Aufgaben	1403
2. Regelungsbereiche und Funktionen des Kapitalmarktrechts	1404
3. Rechtsquellen	1404
II. Organisationsrecht	1404
1. Rechtsquellen	1404
2. Grundzüge	1404
III. Going Public (Kapitalmarktzulassung)	1406
1. Rechtsquellen	1406
2. Grundzüge	1407
IV. Being Public (Verhaltens- und Transaktionsrecht)	1407
1. Rechtsquellen	1407
2. Grundzüge	1407
V. Going Private (Kapitalmarktrückzug)	1408
1. Rechtsquellen	1408
2. Grundzüge	1408
VI. Anlegerschutzrecht	1408

Inhaltsverzeichnis

	Seite
§ 47 Going Public – Börsengang	
I. Vor- und Nachteile des Börsengangs	1412
1. Gründe für eine Börseneinführung	1412
2. Gründe gegen eine Börseneinführung	1413
3. Börsenreife	1414
4. Alternativen zur Börseneinführung	1415
II. Vorbereitung des Börsengangs	1415
1. Strukturelle Überlegungen	1415
2. Wahl des Börsenplatzes und -segments	1416
3. Zusammenstellung des Emissionsteams	1417
4. Erforderliche Maßnahmen beim Emittenten	1419
III. Rechtsverhältnis zum Emissionskonsortium	1421
1. Mandatsvereinbarung	1421
2. Übernahmevertrag	1421
3. Legal Opinion	1422
4. Disclosure Opinion	1423
5. Comfort Letter	1423
IV. Börsenzulassungsverfahren	1424
1. Zulassungsvoraussetzungen	1424
2. Zulassungsantrag	1425
3. Zulassungsbeschluss	1425
V. Prospekt und Prospekthaftung	1426
1. Prospekt	1426
2. Die börsengesetzliche Prospekthaftung	1428
3. Sonstige Ansprüche gegen die Prospektverantwortlichen	1434
4. Die Expertenhaftung	1435
VI. Die Emission	1437
1. Platzierung	1437
2. Formen der Übernahme	1438
3. Preisfindung	1438
4. Zuteilung	1439
5. Börseneinführung	1441
VII. Zulassungsfolgepflichten	1442
1. Berichterstattung	1442
2. Zulassung neuer Aktien	1442
3. Weitere Zulassungsfolgepflichten	1442
4. Sanktionen	1443
VIII. Kosten der Börseneinführung	1443
1. Unmittelbare, offen ausgewiesene Kosten	1443
2. Mittelbare, verdeckte Kosten	1444
§ 48 Pflichten der Gesellschaft und der Aktionäre nach der MMVO und dem WpHG	
I. Vorbemerkung	1448
II. Verbot von Insidergeschäften	1449
1. Zweck	1449
2. Tatbestand	1449
3. Rechtsfolgen von Verstößen	1455
III. Veröffentlichung und Mitteilung kursbeeinflussender Tatsachen	1455
1. Zweck der Regelung	1456
2. Anwendungsbereich	1456
3. Verhältnis zu anderen Publizitätsbestimmungen	1456
4. Darstellung und kritische Würdigung des Tatbestandes	1457
5. Rechtsfolgen bei Verstößen gegen die Ad-hoc-Mitteilungspflicht	1459

Inhaltsverzeichnis

	Seite
IV. Pflichten von Führungskräften und mit ihnen eng verbundenen Personen – „Directors' Dealings" und Handelsverbot während der Closed Periods – und die damit im Zusammenhang stehenden Pflichten des Emittenten	1465
1. Zweck der Regelung	1465
2. Directors' Dealings	1465
3. Handelsverbot während der Closed Periods	1469
V. Pflicht zur Führung von Insiderlisten	1470
1. Zur Führung von Insiderlisten Verpflichtete	1470
2. Aufzunehmende Personen	1471
3. Inhalt und Aufbau der Liste	1472
4. Aktualisierung	1472
5. Aufklärungspflichten	1472
6. Form, Aufbewahrung und Vernichtung	1472
7. Sanktionen bei Verstößen	1472
VI. Verbot der Marktmanipulation	1473
1. Zweck der Norm	1473
2. Tatbestand	1473
3. Abgestuftes straf- und ordnungswidrigkeitsrechtliches Sanktionssystem	1474
4. Zivilrechtliche Sanktionen	1475
VII. Mitteilungs- und Veröffentlichungspflichten bei Veränderungen des Stimmrechtsanteils an börsennotierten Gesellschaften	1475
1. Zweck der Regelung	1475
2. Verhältnis zu anderen Publizitätsbestimmungen	1475
3. Darstellung des Tatbestandes des § 33 WpHG	1476
4. Mitteilungspflichten beim Halten von Instrumenten (§§ 38, 39 WpHG)	1481
5. Mitteilungspflichten für Inhaber wesentlicher Beteiligungen	1482
6. Darstellung des Tatbestandes des § 40 WpHG	1482
7. Veröffentlichung der Gesamtzahl der Stimmrechte	1483
VIII. Notwendige Informationen für die Wahrnehmung von Rechten aus Wertpapieren	1484
1. Pflichten der Emittenten gegenüber Wertpapierinhabern	1484
2. Veröffentlichung von Mitteilungen und Übermittlung im Wege der Datenfernübertragung	1485
3. Übermittlungen von Informationen an Aktionäre auf elektronischem Weg	1486
4. Veröffentlichung zusätzlicher Angaben und Übermittlung an das Unternehmensregister	1487
5. Befreiung durch die BaFin	1487
6. Rechtsfolgen von Verstößen	1487
IX. Rechnungslegungsbezogene Pflichten nach dem WpHG	1487
1. Überblick	1487
2. Geltungsbereich der Vorschriften	1487
3. Jahresfinanzbericht, Konzernjahresbericht	1488
4. Halbjahresfinanzbericht	1488
§ 49 Anleiheemission	
I. Einleitung	1490
1. Grundlagen	1490
2. Rechtsbeziehungen im Überblick	1491
3. Nachträgliche Änderung der Anleihebedingungen	1492
II. Einfache Anleihe	1494
1. Anleihebedingungen als Allgemeine Geschäftsbedingungen	1494
2. Kündigungsregelungen	1494
3. Besicherung	1495

Inhaltsverzeichnis

	Seite
4. Übernahmevertrag	1496
5. Prospekt	1497
III. Varianten von Anleihen	1498
1. Verzinsungsvarianten	1498
2. Zero-Bonds	1499
3. Tilgungsformen	1499
4. Wandel- und Optionsanleihen sowie Genussscheine	1499
5. High Yield Anleihen	1501
6. Asset-Backed Securities	1502

§ 50 Going Private – Rückzug von der Börse

I. Vorbemerkungen	1504
1. Begriff des Going Private und des Delisting	1504
2. Gründe für ein Going Private	1506
II. Die Techniken des Going Private im Einzelnen	1506
1. Allgemeines	1506
2. Das reguläre Delisting	1507
3. Maßnahmen des sog. „kalten (cold)" Delisting	1510
III. Zusammenfassung	1513

§ 51 Öffentliche Übernahmeangebote

I. Einführung	1516
II. Anwendungsbereich, Angebotstypen und Zuständigkeit der BaFin	1517
1. Anwendungsbereich	1517
2. Erwerbsangebot, Übernahmeangebot und Pflichtangebot	1519
3. Zuständigkeit der Bundesanstalt für Finanzdienstleistungsaufsicht	1521
III. Der Ablauf eines Angebotsverfahrens nach dem WpÜG	1521
1. Entscheidung zur Abgabe des Angebots	1522
2. Erstellung der Angebotsunterlage, Gestattungsverfahren und Veröffentlichung	1522
3. Annahmefrist	1522
4. Maßnahmen der Zielgesellschaft	1522
5. Nach dem Angebot	1523
IV. Einzelheiten	1523
1. Finanzierung des Angebots und Finanzierungsbestätigung	1523
2. Die Veröffentlichung nach § 10 WpÜG	1524
3. Inhalt des Angebots	1528
4. Gestattungsverfahren und Veröffentlichung	1537
5. Information der Zielgesellschaft und Stellungnahme	1540
6. Abwehrmaßnahmen der Zielgesellschaft während des Angebots	1542
7. Verhalten des Bieters während des Angebots	1545
8. Abwicklung des Angebots und Pflichten nach Ablauf der Annahmefrist	1547
V. Rechtsschutz	1548
1. Beschwerdeverfahren gegen die BaFin	1548
2. Bürgerliche Rechtsstreitigkeiten	1550

Teil L. Konzernrecht

§ 52 Probleme im faktischen Konzern

I. Überblick: Konzernleitung im Spannungsfeld von Anleger- und Gläubigerschutz	1554
II. Konzernbildungskontrolle	1554
1. Grundlagen	1554

XXXIII

Inhaltsverzeichnis

		Seite
	2. Mitteilungspflichten nach §§ 20 ff. AktG und §§ 21 ff. WpHG	1555
	3. Besonderheiten des Wertpapiererwerbs- und Übernahmegesetzes	1558
	4. Grenzen der Bildung des faktischen Aktienkonzerns und Haftung des Aktionärs	1558
	5. Konzerneingangsschutz in der Obergesellschaft	1561
	6. Konzerneingangsschutz bei der Untergesellschaft	1563
III.	Die tatbestandlichen Voraussetzungen des Nachteilsausgleichs (§ 311 AktG)	1564
	1. Abhängigkeit im Sinne des § 17 AktG	1564
	2. Kein Vertragskonzern – keine Eingliederung	1566
	3. Veranlassung durch herrschendes Unternehmen	1566
	4. Nachteil	1571
IV.	Rechtsfolgen der Nachteilszufügung	1576
	1. Ausgleichspflicht des herrschenden Unternehmens	1576
	2. Art und Weise der Ausgleichsgewährung gemäß § 311 Abs. 2 AktG	1577
	3. Unmittelbare Schadensersatzpflicht bei nicht ausgleichsfähigen Nachteilen/nicht quantifizierbaren Nachteilen	1578
V.	Rechtsfolgen des unterbliebenen Nachteilsausgleiches	1579
	1. Schadensersatzhaftung des herrschenden Unternehmens (§ 317 Abs. 1 und 2 AktG)	1579
	2. Mithaftung der gesetzlichen Vertreter des herrschenden Unternehmens (§ 317 Abs. 3 AktG)	1582
	3. Mitwirkung von Vorstand und Aufsichtsrat der abhängigen AG	1583
	4. Verzicht und Vergleich	1584
	5. Verjährung	1584
	6. Verhältnis zu anderen Vorschriften	1584
VI.	Der Abhängigkeitsbericht	1585
	1. Funktionen des Abhängigkeitsberichtes als Informationsbasis und Instrument des Präventivschutzes	1585
	2. Inhalt des Abhängigkeitsberichts	1587
	3. Grundsätze der Berichterstattung	1589
	4. Schlusserklärung des Vorstandes	1589
	5. Rechtsfolgen der Verletzung der Berichtspflicht	1591
VII.	Die Prüfung des Abhängigkeitsberichtes	1592
	1. Allgemeines	1592
	2. Prüfung durch den Abschlussprüfer (§ 313 AktG)	1593
	3. Prüfung durch den Aufsichtsrat (§ 314 AktG)	1595
	4. Sonderprüfung	1597
VIII.	Möglichkeiten und Grenzen der einheitlichen Leitung im faktischen Aktienkonzern	1600
	1. Kein Weisungsrecht des herrschenden Unternehmens	1600
	2. Pflichten des Aufsichtsrates	1601
	3. Treuepflichten des herrschenden Unternehmens bei Ausübung der Konzernherrschaft	1601
IX.	Europäische Entwicklung	1602

§ 53 Unternehmensverträge

I.	Überblick	1605
II.	Beherrschungs- und Gewinnabführungsverträge	1606
	1. Beherrschungsvertrag	1606
	2. Gewinnabführungsvertrag	1612
	3. Geschäftsführungsvertrag	1613
	4. Sicherung der Gesellschaft und der Gläubiger	1614

Inhaltsverzeichnis

	Seite
5. Sicherung der außenstehenden Aktionäre, angemessener Ausgleich	1618
6. Sicherung der außenstehenden Aktionäre, angemessene Abfindung	1622
III. Andere Unternehmensverträge, § 292 AktG	1626
1. Gewinngemeinschaft (§ 292 Abs. 1 Nr. 1 AktG)	1626
2. Teilgewinnabführungsvertrag (§ 292 Abs. 1 Nr. 2 AktG)	1627
3. Betriebspacht, Betriebsüberlassung, Betriebsführung	1629
IV. Abschluss, Änderung und Beendigung von Unternehmensverträgen	1631
1. Vertragsschluss	1631
2. Änderung von Unternehmensverträgen	1634
3. Die Beendigung von Unternehmensverträgen	1635
V. Anhang: Vertragsmuster	1639

§ 54 Steuerliche Organschaft

I. Typische Beratungsbereiche	1651
II. Körperschaftsteuerliche Organschaft	1653
1. Voraussetzungen	1653
2. Rechtsfolgen	1678
3. Verfahrensrecht	1696
4. Verunglückte Organschaft	1696
5. Exkurs: Mehrmütterorganschaft	1697
III. Gewerbesteuerliche Organschaft	1701
1. Voraussetzungen	1701
2. Rechtsfolgen	1701
IV. Umsatzsteuerliche Organschaft	1704
1. Allgemeines	1704
2. Anwendungsbereich	1705
3. Voraussetzungen	1706
4. Rechtsfolgen der umsatzsteuerlichen Organschaft	1708
5. Besonderheiten der umsatzsteuerlichen Organschaft bei Insolvenz	1709
V. Grunderwerbsteuerliche Organschaft	1710
1. Voraussetzungen	1711
2. Rechtsfolgen und Verhältnis zu anderen Vorschriften:	1712
VI. Musterverträge	1713

Teil M. Die AG als gemeinnütziges Unternehmen

§ 55 Die gemeinnützige Aktiengesellschaft

I. Allgemeines	1718
1. Rechtsform Aktiengesellschaft im Dritten Sektor	1718
2. Rechtsgrundlagen Gemeinnützigkeitsrecht	1719
3. Verhältnis Gesellschaftsrecht und Gemeinnützigkeitsrecht: AG mit steuerrechtlichem Sonderstatus	1720
4. Steuerliche Privilegierung als Rechtsfolge der Gemeinnützigkeit	1720
5. Gemeinnützige Gesellschaften und Grundrechte	1721
II. Bedingung der formellen Satzungsmäßigkeit und der Kongruenz der tatsächlichen Geschäftsführung	1723
1. Genaue Bestimmung der Satzungszwecke und der Art der Verwirklichung in der Satzung	1723
2. Notwendigkeit der Kongruenz der tatsächlichen Geschäftsführung der gAG	1724
III. Firma, Unternehmensgegenstand, Vermögensbindung und Zweckbetrieb der gemeinnützigen Aktiengesellschaft	1725
1. Firma der gAG	1725

Inhaltsverzeichnis

	Seite
2. Unternehmensgegenstand der gAG	1726
3. Vermögensbindung bei der gAG	1726
4. Zweckbetrieb und gemeinnützige AG	1729
IV. Organe der gAG	1738
1. Vorstand	1738
2. Hauptversammlung	1733
3. Aufsichtsrat	1734
Sachverzeichnis	1737

Bearbeiterverzeichnis

Dr. Christoph Binge, Rechtsanwalt
und Notar
Dentons Europe LLP
Berlin

Dr. Uwe Bohnet, Rechtsanwalt
München

Dr. Björn-Axel Dißars, Rechtsanwalt
Watson Farley & Williams
Hamburg

Dr. Udo Henkel, Rechtsanwalt und Steuerberater
Baker & McKenzie
München

Prof. Dr. Holger Kahle
*Lehrstuhl für Betriebswirtschaftliche Steuerlehre
und Rechnungswesen
Universität Hohenheim*
Stuttgart

Dr. Stefan Kilgus, Rechtsanwalt
Watson, Farley & Williams LLP
Hamburg

Prof. Dr. Heinz-Christian Knoll, Diplom-Volkswirt,
Rechtsanwalt, Wirtschaftsprüfer und Steuerberater
tgs Knoll Beck Legal GmbH
München

Dr. Thorsten Kuthe, Rechtsanwalt
Heuking Kühn Lüer Wojtek
Köln

Dr. Alexander Kutsch, Rechtsanwalt
Rödl & Partner Rechtsanwälte
Stuttgart

Dr. Andreas Lönner, Rechtsanwalt
Latham & Watkins LLP
Hamburg

Dr. Hermann Meller, Rechtsanwalt
Dentons Europe LLP
Berlin

Dr. Albrecht Nehls, Rechtsanwalt
und Fachanwalt für Arbeitsrecht
Kolaschnik Partner
Hamburg

Bearbeiterverzeichnis

Dr. Gerold Niggemann
Hughes Hubbard & Reed LLP
New York/USA

Jan Offerhaus, Diplom-Volkswirt
Offerhaus Management Consulting
München

Prof. Dr. Holger Peres, Rechtsanwalt
Beiten Burkhardt Rechtsanwaltsgesellschaft mbH
München

Dr. Simon Preisenberger, Rechtsanwalt
Watson Farley & Williams LLP
München

Dr. Klaus W. Riehmer, LL. M., Rechtsanwalt
Mayer Brown LLP
Frankfurt am Main

Dr. Thomas Ritter, Rechtsanwalt und
Fachanwalt für Arbeitsrecht
CBH Rechtsanwälte
Berlin

Gundula Sandleben, Diplom-Kauffrau
Evangelisch-Lutherische Kirche in Bayern
München

Dr. Bernhard Schaub, Notar
München

Bernd Schlösser, Rechtsanwalt und Steuerberater
Graf Kanitz Schüppen & Partner
Stuttgart

Dr. Oliver Schröder, LL. M., Rechtsanwalt
Cleary Gottlieb Steen & Hamilton LLP
Frankfurt am Main

Prof. Dr. Matthias Schüppen, Diplom-Ökonom, Rechtsanwalt,
Wirtschaftsprüfer und Steuerberater
Graf Kanitz, Schüppen & Partner
Stuttgart

Dr. Siddhartha Schwenzer, Rechtsanwalt
VHV Vereinigte Hannoversche Versicherung a. G.
Hannover

Dr. Mirko Sickinger, LL. M., Rechtsanwalt
Heuking Kühn Lüer Wojtek
Köln

Dr. Johannes Stürner, Rechtsanwalt
Graf Kanitz Schüppen & Partner
Stuttgart

Bearbeiterverzeichnis

Jan Sudmeyer LL. M., Rechtsanwalt
Einsteineins Rechtsanwälte
Kiel

Dr. Ulrich Thölke, Rechtsanwalt
und Fachanwalt für Handels- und Gesellschaftsrecht
KPMG Law Rechtsanwaltsgesellschaft mbH
Berlin

Dr. Alexandra Tretter, Rechtsanwältin
Graf Kanitz, Schüppen & Partner
München

Dirk-Reiner Voß, LL. M., Rechtsanwalt
Dentons Europe LLP
Berlin

Susanne Walz, Diplom-Kaufmann,
Rechtsanwalt und Steuerberater
Graf Kanitz, Schüppen & Partner
Stuttgart

Tobias Willner LL. M., Wissenschaftlicher Mitarbeiter
Universität Hohenheim
Stuttgart

Dr. Sebastian Wulff, Rechtsanwalt
Watson Farley & Williams LLP
Frankfurt am Main

Dr. Annette Zitzelsberger, Steuerberaterin
Schlecht & Partner
München

Abkürzungs- und Literaturverzeichnis

aA	anderer Ansicht/Auffassung
aaO	am angegebenen Ort
abgedr.	abgedruckt
abl.	ablehnend
ABl. EG	Amtsblatt der Europäischen Gemeinschaften
Abs.	Absatz (Absätze)
abw.	abweichend
AcP	Archiv für die civilistische Praxis
ADS	*Adler/Düring/Schmaltz*, Rechnungslegung und Prüfung der Unternehmen, Kommentar
aE	am Ende
aF	alte Fassung
AG	Aktiengesellschaft; Die Aktiengesellschaft (Zeitschrift); Amtsgericht, Arbeitgeber
AktG	Aktiengesetz
allg.	allgemein
allgM	allgemeine Meinung
Alt.	Alternative
amtl.	amtlich
Amtl. Begr.	Amtliche Begründung
AN	Arbeitnehmer
Anh.	Anhang
Anm.	Anmerkung(en)
AO	Abgabenordnung
AöR	Archiv des öffentlichen Rechts
AR	Aufsichtsrat
AR-Hdb	*Semler*, Arbeitshandbuch für Aufsichtsratmitglieder, 4. Aufl. 2013
ArbG	Arbeitsgericht
ArbGG	Arbeitsgerichtsgesetz
Arg.	Argumentation
Art.	Artikel
Assmann/Schneider	Wertpapierhandelsgesetz, Kommentar, 6. Aufl. 2012
Assmann/Schütze	Handbuch des Kapitalanlagerechts, 4. Aufl. 2015
AT	Allgemeiner Teil
Aufl.	Auflage
AuR	Arbeit und Recht
ausdr.	ausdrücklich
BaFin	Bundesanstalt für Finanzdienstleistungsaufsicht
BAG	Bundesarbeitsgericht
BAGE	Entscheidungen des Bundesarbeitsgerichts
BAnz.	Bundesanzeiger
Baumbach/Hefermehl/Casper	Wechselgesetz und Scheckgesetz, 23. Aufl. 2008
Baumbach/Hopt	Handelsgesetzbuch: HGB Kurzkommentar, 38. Aufl. 2018
Baumbach/Hueck AktG	Aktiengesetz, Kommentar, 13. Aufl. 1968
Baumbach/Hueck GmbH	GmbH-Gesetz, Kommentar, 21. Aufl. 2017
BLAH	*Baumbach/Lauterbach/Albers/Hartmann*, Zivilprozessordnung, 76. Aufl. 2018
BausparkG	Bausparkassengesetz
BAWe	Bundesaufsichtsamt für den Wertpapierhandel
BayObLG	Bayerisches Oberstes Landesgericht
BayObLGZ	Entscheidungen des Bayerischen Obersten Landesgerichts in Zivilsachen
BB	Betriebs-Berater
BBankG	Bundesbankgesetz

Abkürzungsverzeichnis

BBergG	Bundesberggesetz
BBG	Bundesbeamtengesetz
Bd(e).	Band (Bände)
BeckAG-HB	Beck'sches Handbuch der AG – Gesellschaftsrecht, Steuerrecht, Börsengang, Hrsg. *Müller/Rödder,* 2. Aufl. 2009
BeckBilKo	Beck'scher Bilanzkommentar, Jahresabschluss nach Handels- und Steuerrecht, 11. Aufl. 2018
BeckFormB GmbHR	Beck'sches Formularbuch GmbHR, Hrsg. *Lorz/Pfisterer/Gerber,* 2009
BeckOF	Beck'sche Online-Formulare
BeckOK	Beck'scher Online-Kommentar
Begr.	Begründung
Beil.	Beilage
Bek.	Bekanntmachung
bes.	besondere(r), besonders
betr.	betreffen(d), betrifft
BetrVG	Betriebsverfassungsgesetz
BeurkG	Beurkundungsgesetz
BewG	Bewertungsgesetz
BFH	Bundesfinanzhof
BFHE	Sammlung der Entscheidungen des Bundesfinanzhofs
BGB	Bürgerliches Gesetzbuch
BGBl.	Bundesgesetzblatt
BGH	Bundesgerichtshof
BGHZ	Entscheidungen des Bundesgerichtshofs in Zivilsachen
BHR	Bonner Handbuch Rechnungslegung, Textsammlung, Einführung, Kommentierung, 2. Aufl. 1996
BilMoG	Gesetz zur Modernisierung des Bilanzrechts (Bilanzrechtsmodernisierungsgesetz)
BiRiLiG	Bilanzrichtliniengesetz
BKR	Zeitschrift für Bank- und Kapitalmarktrecht
Blaurock StilleGes-HdB	*Blaurock* (Hrsg.), Handbuch Stille Gesellschaft, 8. Aufl. 2016
BMF	Bundesministerium der Finanzen
BMJV	Bundesministerium der Justiz und für Verbraucherschutz
BNotO	Bundesnotarordnung
BörsenZulV(O)	Börsenzulassungsverordnung
BörsG	Börsengesetz
BR	Bundesrat
BRAO	Bundesrechtsanwaltsordnung
BR-Drs.	Bundesrats-Drucksache
BRHG	Gesetz über Errichtung und Aufgaben des Bundesrechnungshofes
BSG	Bundessozialgericht
BSGE	Entscheidungen des Bundessozialgerichts
Bsp.	Beispiel(e)
BStBl.	Bundessteuerblatt
BT-Drs.	Bundestags-Drucksache
BuB	Bankrecht und Bankpraxis
Buchst.	Buchstabe
BVerfG	Bundesverfassungsgericht
BVerfGE	Entscheidungen des Bundesverfassungsgerichts
BVerwG	Bundesverwaltungsgericht
BVerwGE	Entscheidungen des Bundesverwaltungsgerichts
bzgl.	bezüglich
BZRG	Bundeszentralregistergesetz
bzw.	beziehungsweise
cic	culpa in contrahendo
DAV	Deutscher Anwaltverein
DB	Der Betrieb
DCGK	Deutscher Corporate Governance Kodex
DepG	Depotgesetz

Abkürzungsverzeichnis

dgl.	dergleichen
ders.	derselbe
dh	das heißt
dies.	dieselbe(n)
Diss.	Dissertation
DJ	Deutsche Justiz
DJT	Deutscher Juristentag
DJZ	Deutsche Juristenzeitung
DNotZ	Deutsche Notarzeitung
DR	Deutsches Recht
DRiZ	Deutsche Richterzeitung
DRS	Deutsche Rechnungslegungs-Standards
DStBl	Deutsches Steuerblatt
DStR	Deutsches Steuerrecht
DStZ	Deutsche Steuer-Zeitung
DVBl	Deutsches Verwaltungsblatt
DZWir	Deutsche Zeitschrift für Wirtschaftsrecht
EBJS	*Ebenroth/Boujong/Joost/Strohn,* Handelsgesetzbuch: HGB, Kommentar, 3. Aufl. 2014/15
EDV	elektronische Datenverarbeitung
EFG	Entscheidungen der Finanzgerichte
EG	Europäische Gemeinschaften
EGAktG	Einführungsgesetz zum Aktiengesetz
EGBGB	Einführungsgesetz zum Bürgerlichen Gesetzbuch
EGHGB	Einführungsgesetz zum Handelsgesetzbuch
EigenbetriebsVO	Eigenbetriebsverordnung
Einf.	Einführung
Einl.	Einleitung
einstw.	einstweilig(e)
Emmerich/Habersack	Konzernrecht, Lehrbuch, 10. Aufl. 2013
Emmerich/Habersack KonzernR	Aktien- und GmbH-Konzernrecht, Kommentar zu den §§ 15–22, 291–328 AktG, 8. Aufl. 2016
entspr.	entsprechen(d), entspricht
E	Entwurf
ErgBd	Ergänzungsband
Erl.	Erläuterung(en); Erlass
EStG	Einkommensteuergesetz
EU	Europäische Union
EuGH	Europäischer Gerichtshof
EuroEG	Euro-Einführungsgesetz
evtl.	eventuell
EWiR	Entscheidungen zum Wirtschaftsrecht
EWR	Europäischer Wirtschaftsraum (Abkommen)
EWS	Europäisches Wirtschafts- und Steuerrecht
EWWU	Europäische Wirtschafts- und Währungsunion
f., ff.	folgende
FESTL	*Fitting/Engels/Schmidt/Trebinger/Linsenmaier,* Betriebsverfassungsgesetz: BetrVG, 29. Aufl. 2018
FG	Finanzgericht
f.G.	freiwillige Gerichtsbarkeit
FamFG	Gesetz über das Verfahren in Familiensachen und in den Angelegenheiten der freiwilligen Gerichtsbarkeit
FGPrax	Praxis der Freiwilligen Gerichtsbarkeit. Vereinigt mit OLGZ
FinMin/FM	Finanzministerium
Fn.	Fußnote
Form	Formular
FormB RS	Formularbuch Recht und Steuern, 9. Aufl. 2018

Abkürzungsverzeichnis

FR	Finanz-Rundschau
FK-InsO	Frankfurter Kommentar zur Insolvenzordnung, Hrsg. *Wimmer*, 9. Aufl., 2018
Frank/Wachter	Handbuch Immobilienrecht in Europa, 2. Aufl. 2015
Frodermann/Jannott	Handbuch des Aktienrechts, 9. Aufl. 2017
FS	Festschrift
GBO	Grundbuchordnung
GbR	Gesellschaft bürgerlichen Rechts
Angerer/Geibel/Süßmann	Wertpapiererwerbs- und Übernahmegesetz (WpÜG), 3. Aufl. 2017
gem.	gemäß
GenG	Genossenschaftsgesetz
gerichtl.	gerichtlich
G	Gesetz(e)
ges.	gesetzlich
Geßler/Hefermehl	Aktiengesetz, 1973 ff.
GesRZ	Der Gesellschafter. Zeitschrift für Gesellschaftsrecht (Österreich)
GewO	Gewerbeordnung
GewStG	Gewerbesteuergesetz
ggf.	gegebenenfalls
GHEK	*Geßler/Hefermehl/Eckardt/Kropff*, Aktiengesetz, Kommentar, 1989
GmbH	Gesellschaft mit beschränkter Haftung
GmbHG	Gesetz betreffend die Gesellschaften mit beschränkter Haftung
GmbHR	GmbH-Rundschau
GoB	Grundsätze ordnungsmäßiger Buchführung
grds.	grundsätzlich
Grigoleit	Aktiengesetz, Kommentar, 2013
GroßkommAktG	Großkommentar zum Aktienrecht, 4. Aufl. 1992 ff.
GroßkommHGB	Großkommentar Handelsgesetzbuch, 4. Aufl. 1982 ff.
GRUR	Gewerblicher Rechtsschutz und Urheberrecht (Zeitschrift)
GS	Großer Senat
GUG	Gesamtvollstreckungs-Unterbrechungsgesetz
GuV	Gewinn- und Verlustrechnung
GVG	Gerichtsverfassungsgesetz
GWB	Gesetz gegen Wettbewerbsbeschränkungen
Haarmann/Schüppen	Frankfurter Kommentar zum WpÜG, 3. Aufl. 2008
Hachenburg	Gesetz betreffend die Gesellschaften mit beschränkter Haftung, 8. Aufl. 1989 ff.
Happ/Groß	Aktienrecht, Handbuch-Mustertexte-Kommentar, 4. Aufl. 2015
Hdb.	Handbuch
Heidel	Aktienrecht und Kapitalmarktrecht, Kommentar, 4. Aufl. 2014
HK-AktG	*Bürgers/Körber*, Heidelberger Kommentar zum Aktiengesetz, 3. Aufl. 2014
HKMS	*Hachmeister/Kahle/Moch/Schüppen*, Bilanzrecht, Kommentar, 2018
Hettler/Stratz/Hörtnagl	Beck'sches Mandatshandbuch Unternehmenskauf, 2. Aufl. 2013
Heymann	Handelsgesetzbuch (ohne Seerecht), 2. Aufl. 1995
HGB	Handelsgesetzbuch
HKWP	Handbuch der kommunalen Wissenschaft und Praxis
hL	herrschende Lehre
hM	herrschende Meinung
Hohloch	EU-Handbuch Gesellschaftsrecht, 1997
HR	Handelsregister
HRefG	Handelsrechtsreformgesetz
Hrsg.; hrsg.	Herausgeber
Hs.	Halbsatz
Hüffer/Koch	Aktiengesetz: AktG, 13. Aufl. 2018
HV	Hauptversammlung
HV-Hdb	Arbeitshandbuch für die Hauptversammlung, Hrsg. *Semler*, 4. Aufl. 2018
idF	in der Fassung
idR	in der Regel
IDW	Institut der Wirtschaftsprüfer

Abkürzungsverzeichnis

iErg	im Ergebnis
iE	im Einzelnen
ieS	im engeren Sinne
IHK	Industrie- und Handelskammer
insges.	insgesamt
InsO	Insolvenzordnung
int.	international
IPrax	Praxis des internationalen Privat- und Verfahrensrechts
iR	im Rahmen
iRd	im Rahmen des (der)
iSd	im Sinne des (der)
iS v	im Sinne von
iÜ	im Übrigen
iVm	in Verbindung mit
iwS	im weiteren Sinne
JMBl	Justizministerialblatt
JR	Juristische Rundschau
jur.	juristisch
JurBüro	Das juristische Büro
JuS	Juristische Schulung
Justiz	Die Justiz (Zeitschrift)
JW	Juristische Wochenschrift
JZ	Juristenzeitung
KAGG	Gesetz über Kapitalanlagegesellschaften
KapErhG	Kapitalerhöhungsgesetz
KapErhStG	Gesetz über steuerrechtliche Maßnahmen bei Erhöhung des Nennkapitals aus Gesellschaftsmitteln
KassKomm	Kasseler Kommentar Sozialversicherungsrecht, Hrsg. *Körner/Leitherer/ Mutschler* (Loseblatt)
KfH	Kammer für Handelssachen
KG	Kammergericht; Kommanditgesellschaft
KGaA	Kommanditgesellschaft auf Aktien
KGJ	Jahrbuch für Entscheidungen des Kammergerichts in Sachen der freiwilligen Gerichtsbarkeit in Kosten-, Stempel- und Strafsachen
KHzA	Kasseler Handbuch zum Arbeitsrecht, Hrsg. *Leinemann*, 2. Aufl. 2000
KölnKomm AktG	Kölner Kommentar zum Aktiengesetz, Hrsg. *Zöllner/Noack*, 3. Aufl. 2009
KölnKomm WpÜG	Kölner Kommentar zum WpÜG, Hrsg. *Hirte/v. Bülow*, 2. Aufl. 2010
KonTraG	Gesetz zur Kontrolle und Transparenz im Unternehmensbereich
KostO	Kostenordnung
KrG	Kreisgericht
krit.	kritisch
KStG	Körperschaftsteuergesetz
KStR	Körperschaftsteuerrichtlinien
KTS	Zeitschrift für Insolvenzrecht, Konkurs/Treuhand/Sanierung
Kübler	Gesellschaftsrecht, 5. Aufl. 1999
LAG	Landesarbeitsgericht
LBG	Landesbeamtengesetz
LG	Landgericht
LHO	Landeshaushaltsordnung
li. Sp.	linke Spalte
Lit.	Literatur
lit.	litera
LM	Nachschlagewerk des Bundesgerichtshofs, Hrsg. *Lindenmaier, Möhring* ua
LS	Leitsatz
Lücke/Schaub AG-Vorstand	Beck'sches Mandatshandbuch Vorstand der AG, 2. Aufl. 2010
Lutter UmwG	Umwandlungsgesetz, 5. Aufl. 2014
Lutter/Hommelhoff	GmbH-Gesetz, Kommentar, 19. Aufl. 2016

XLV

Abkürzungsverzeichnis

MAH GmbHR	Münchener Anwaltshandbuch GmbH-Recht, Hrsg. *Römermann*, 3. Aufl. 2014
MAH PersGesR	Münchener Anwaltshandbuch Personengesellschaftsrecht, Hrsg. *Gummert*, 2. Aufl. 2015
MarkenG	Markengesetz
Marsch-Barner/Schäfer	Handbuch börsennotierte AG, 4. Aufl. 2017
maW	mit anderen Worten
MDR	Monatsschrift für deutsches Recht
Meyer-Landrut	Gesetz betreffend die Gesellschaften mit beschränkter Haftung, Kommentar, 1987
MinBlFin	Ministerialblatt des Bundesministers der Finanzen
Mio.	Million(en)
MitbestErgG	Mitbestimmungsergänzungsgesetz
MitbestG	Mitbestimmungsgesetz
MittBayNotK	Mitteilungen der Bayerischen Notarkammer
MittRhNotK	Mitteilungen der Rheinischen Notarkammer
Mot.	Motive
Mrd.	Milliarde(n)
MHdB ArbR	Münchener Handbuch zum Arbeitsrecht, Band I–III, 3. Aufl. 2009
MHdB GesR (I–IV)	Münchener Handbuch des Gesellschaftsrechts, Band 1, 4. Aufl. 2014; Band 2, 4. Aufl. 2014; Band 3, 4. Aufl. 2012; Band 4, 4. Aufl. 2015
MüKoAktG	Kommentar zum Aktienrecht, Hrsg. *Goette/Habersack*, 4. Aufl. 2014 ff.
MüKoBGB	Münchener Kommentar zum Bürgerlichen Gesetzbuch, Hrsg. *Säcker/Rixecker/Oetker/Limperg*, 8. Aufl. 2018 ff.
MüKoBilanzR	Münchener Kommentar zum Bilanzrecht, Hrsg. *Hennrichs/Kleindiek/Watrin*, 2013 ff.
MüKoHGB	Münchener Kommentar zum Handelsgesetzbuch, Hrsg. *K. Schmidt*, 4. Aufl. 2016 ff.
MüKoZPO	Münchener Kommentar zur Zivilprozessordnung, Hrsg. *Krüger/Rauscher*, 5. Aufl. 2016 ff.
MVHdB	Münchener Vertragshandbuch, 7. Aufl. 2011 ff.
mwN	mit weiteren Nachweisen
NachhBG	Nachhaftungsbegrenzungsgesetz
Nachtr.	Nachtrag
Nachw.	Nachweis(e)
NaStraG	Namensaktiengesetz
nF	neue Fassung
NJW	Neue Juristische Wochenschrift
NJW-RR	NJW-Rechtsprechungs-Report Zivilrecht
Nr.	Nummer
NW	Nordrhein-Westfalen
NWVBl	Nordrhein-Westfälische Verwaltungsblätter
NZA	Neue Zeitschrift für Arbeitsrecht
NZG	Neue Zeitschrift für Gesellschaftsrecht
obj.	objektiv
öffentl.	öffentlich
örtl.	örtlich
OFD	Oberfinanzdirektion
OLG	Oberlandesgericht
OLGR(spr)	Die Rechtsprechung der Oberlandesgerichte auf dem Gebiet des Zivilrechts
OLGZ	Entscheidungen der Oberlandesgerichte in Zivilsachen einschließlich der freiwilligen Gerichtsbarkeit
OWiG	Gesetz über Ordnungswidrigkeiten
Palandt	Bürgerliches Gesetzbuch: BGB, Kommentar, 77. Aufl. 2018
PublG	Publizitätsgesetz
pVV	positive Vertragsverletzung
RA	Rechtsausschuss
RegBegr	Regierungsbegründung

Abkürzungsverzeichnis

RegE	Regierungsentwurf
Reitmann/Martiny	Internationales Vertragsrecht, 8. Aufl. 2015
RIW	Recht der internationalen Wirtschaft
Rn.	Randnummer(n)
Röhrich/v. Westphalen/ Haas	Handelsgesetzbuch, 4. Aufl. 2014
Roth/Altmeppen	Gesetz betreffend die Gesellschaft mit beschränkter Haftung: GmbHG, 8. Aufl. 2015
Rowedder/ Schmidt-Leithoff	Gesetz betreffend die Gesellschaft mit beschränkter Haftung, 6. Aufl. 2017
RPfl	Der deutsche Rechtspfleger
RpflAnpG	Rechtspflege-Anpassungsgesetz
RPflG	Rechtspflegergesetz
Rspr.	Rechtsprechung
S.	Satz; Seite
s.	siehe
sa	siehe auch
SAG	Die Schweizerische Aktiengesellschaft
Schanz	Börseneinführung. 4. Aufl. 2014
ScheckG	Scheckgesetz
SchiffsBG	Schiffsbankgesetz
SchlHA	Schleswig-Holsteinische Anzeigen
K. Schmidt GesR	Gesellschaftsrecht 4. Aufl. 2002
K. Schmidt HandelsR	Handelsrecht, 6. Aufl. 2014
Schmidt/Lutter	Aktiengesetz: AktG, Kommentar, 3. Aufl. 2015
Schmitt/Hörtnagl/Stratz	Umwandlungsgesetz, Umwandlungssteuergesetz, Kommentar, 7. Aufl. 2016
Scholz	Kommentar zum GmbH-Gesetz, Band 1, 12. Aufl. 2018
Schüppen APr	Abschlussprüfung, Spezialkommentar zu den §§ 316–324a HGB, Art. 4–7, 11, 12, 16–18 EU-APrVO, 2017
Schüppen Kleine AG	Satzung der kleinen AG, 2001
Schwark/Zimmer	Kapitalmarktrechts-Kommentar, 4. Aufl. 2010
Seibert/Kiem/Schüppen	Handbuch der Kleinen AG, 5. Aufl. 2008
Semler/Peltzer/Kubis	Arbeitshandbuch für die Vorstandmitglieder, 2. Aufl. 2015
Semler/v. Schenck	Arbeitshandbuch für Aufsichtsratsmitglieder, 4. Aufl. 2013
Semler/Volhard/Reichert	Arbeitshandbuch für die Hauptversammlung, 3. Aufl. 2011
SeuffArch	Seufferts Archiv für Entscheidungen der obersten Gerichte in den deutschen Staaten
Slg.	Sammlung
s. o.	siehe oben
Soergel	Kommentar zum Bürgerlichen Gesetzbuch, 13. Aufl. 2000 ff.
Spindler/Stilz	Kommentar zum Aktiengesetz, 3. Aufl. 2015
StÄndG	Steueränderungsgesetz
stat.	Statistisch
Staudinger	Kommentar zum Bürgerlichen Gesetzbuch, 15. Aufl. 1994 ff.
StBerG	Steuerberatungsgesetz; Steuerbereinigungsgesetz
StGB	Strafgesetzbuch
str.	streitig
StReformG	Steuerreformgesetz
stRspr	ständige Rechtsprechung
StückAG	Stückaktiengesetz
StuW	Steuer und Wirtschaft
s. u.	siehe unten
subj.	subjektiv
Teichmann/Koehler	Aktiengesetz Kommentar, 3. Aufl. 1950
teilw.	teilweise
Thomas/Putzo	Zivilprozessordnung mit Gerichtsverfassungsgesetz und den Einführungsgesetzen, Kommentar, 39. Aufl. 2018
TOP	Tagesordnungspunkt
TrG	Treuhandgesetz

Abkürzungsverzeichnis

u.	unten
ua	und andere; unter anderem
uÄ	und Ähnliche(s)
u. H.	unerlaubte Handlung
UHH	Mitbestimmungsrecht: MitbestG, Hrsg. *Ulmer/Habersack/Henssler*, 3. Aufl. 2013
umfangr.	umfangreich
UmwBerG	Umwandlungsbereinigungsgesetz
UmwG	Umwandlungsgesetz
UmwR	Umwandlungsrecht
UmwStG	Umwandlungssteuergesetz
uneinheitl.	uneinheitlich
unstr.	unstreitig
unzutr.	unzutreffend
UStG	Umsatzsteuergesetz
usw.	und so weiter
uU	unter Umständen
UWG	Gesetz gegen den unlauteren Wettbewerb
Var.	Variante
Verf.	Verfasser
VerkProspG	Wertpapier-Verkaufsprospektgesetz
vgl.	vergleiche
VglO	Vergleichsordnung
VO	Verordnung
Vorb.	Vorbemerkung(en)
Vortmann	Prospekthaftung und Anlageberatung, 2000
VVG	Versicherungsvertragsgesetz
VwGO	Verwaltungsgerichtsordnung
VwVfG	Verwaltungsverfahrensgesetz
WG	Wechselgesetz
WiB	Wirtschaftsrechtliche Beratung
WiGBl.	Gesetzblatt der Verwaltung des Vereinigten Wirtschaftsgebietes
WiKG	Gesetz zur Bekämpfung der Wirtschaftskriminalität
WM	Wertpapier-Mitteilungen
wN	weitere Nachweise
WPg	Die Wirtschaftsprüfung
WP-HdB	IDW, WP Handbuch – Wirtschaftsprüfung und Rechnungslegung, 15. Aufl. 2017
WpHG	Wertpapierhandelsgesetz
WPO	Wirtschaftsprüferordnung
WpÜG	Wertpapiererwerbs- und Übernahmegesetz
WRP	Wettbewerb in Recht und Praxis
WuB	Entscheidungssammlung zum Wirtschafts- und Bankrecht
zB	zum Beispiel
ZBB	Zeitschrift für Bankrecht und Bankwirtschaft
ZGR	Zeitschrift für Unternehmens- und Gesellschaftsrecht
ZHR	Zeitschrift für das gesamte Handels- und Wirtschaftsrecht
Ziff.	Ziffer(n)
ZIP	Zeitschrift für Wirtschaftsrecht
ZKW	Zeitschrift für das gesamte Kreditwesen
Zöller	Zivilprozessordnung, 32. Aufl. 2018
ZPO	Zivilprozessordnung
zT	zum Teil
zust.	zustimmend
zutr.	zutreffend
zzt.	zurzeit

Teil A. Das Mandat im Aktienrecht – Grundlagen und Rechtsformwahl

§ 1 Die Aktiengesellschaft in der anwaltlichen Praxis

Übersicht

	Rn.
I. Bedeutung der Aktiengesellschaft und des Aktienrechts für die anwaltliche Tätigkeit	1–10
1. Beratungsbedarf im Aktienrecht	1–3
2. Verbreitung der Aktiengesellschaft	4/5
3. Typologie der Aktiengesellschaft	6–10
II. Motive für die Wahl der Rechtsform Aktiengesellschaft	11–17
1. Allgemeines	11
2. Kapitalmarktorientierung	12/13
3. Strukturvorteile	14–16
a) Stückelung und Fungibilität	14
b) Trennung von Gesellschafterstellung und Management	15/16
4. Imagevorteile	17
III. Entwicklung und Umfeld des Aktienrechts	18–41
1. Das Aktiengesetz und seine Grundlagen	18–21
a) Historische Grundlagen	18
b) Verfassungsrechtliche Grundlagen	19
c) Europarechtliche Grundlagen	20
d) „Soft-law" als Rechtsquelle	21
2. Reformgesetzgebung	22–26
3. Verzahnung mit anderen Rechtsmaterien	27–35
a) Allgemeines	27/28
b) Rechnungslegung	29/30
c) Umwandlungsrecht	31
d) Mitbestimmungsrecht	32/33
e) Kapitalmarktrecht	34/35
4. Tendenzen	36–41

Schrifttum: *Bayer*, Unterschiede im Aktienrecht zwischen börsennotierten und nichtbörsennotierten Gesellschaften, in: Grundmann u. a. (Hrsg.) FS Hopt (2010), S. 373; *Bayer*, Empfehlen sich besondere Regelungen für börsennotierte und für geschlossene Gesellschaften?, in: Verhandlungen des 67. Deutschen Juristentages (2008), Bd. I, Gutachten E; *Bayer/Habersack*, Aktienrecht im Wandel, Bd. I (2007): Entwicklung des Aktienrechts, Bd. II (2007): Grundsatzfragen des Aktienrechts; *Claussen*, Der Aktionär – das unbekannte Wesen, in: FS Karsten Schmidt, (2009), S. 217; *Habersack*, Wandlungen des Aktienrechts, AG 2009, 1; *Noack*, Das Aktienrecht der Krise – das Aktienrecht in der Krise?, AG 2009, 227; *Seibert*, Die Dialektik der Frauenquote, in: Siekmann (Hrsg.), FS Baums (2017), S. 1133; *Seibert*, 50 Jahre Aktiengesetz 1965, AG 2015, 593; *Wiedemann*, Ist der Kleinaktionär kein Aktionär?, in: FS Karsten Schmidt, (2009), S. 1731; *Ziemons*, Rechtsanwälte im Aufsichtsrat, ZGR 2016, 839.

I. Bedeutung der Aktiengesellschaft und des Aktienrechts für die anwaltliche Tätigkeit

1. Beratungsbedarf im Aktienrecht

Einem überkommenen, unter Juristen verbreiteten Vorurteil entspricht es, dass es sich 1
beim Aktienrecht um eine exotische und auch für den wirtschaftsrechtlich orientierten Anwalt weniger relevante Rechtsmaterie handelt. Dieses Vorurteil kommt nicht von ungefähr, denn noch bis zum Anfang der 90er Jahre des vergangenen Jahrhunderts war mit einer gewissen Berechtigung von einer „Krise der AG" die Rede.[1] Heute hat dieses Vorurteil seine

---
[1] Ausführlich mit zahlreichen Nachweisen GroßkommAktG/*Assmann* Einleitung Rn. 291 ff.

Berechtigung verloren. Zwar handelt es sich nach wie vor um eine Spezialmaterie, die im Einzelfall abhängig von Komplexitätsgrad und wirtschaftlicher Bedeutung die Zuziehung eines „echten Spezialisten" sinnvoll erscheinen lässt – dies unterscheidet das Aktienrecht aber nicht von vielen anderen Rechtsgebieten. **Kein wirtschaftsrechtlich orientierter Rechtsanwalt kommt heute mehr ohne fundierte Grundkenntnisse des Aktienrechts aus,** salopp formuliert gehört eine aktuelle Auflage des *Hüffer*[2] und ein Aktienrechtshandbuch zwischenzeitlich in jede Handbibliothek. Begründet liegt dies in der **seit Mitte der 90er Jahre des vergangenen Jahrhunderts sprunghaft gestiegenen Zahl von Aktiengesellschaften** (hierzu → Rn. 4 ff.). Diese Zunahme der Zahl von Aktiengesellschaften führt zu einer exponentiellen Zunahme des Beratungsbedarfs, weil – anders als etwa bei der GmbH oder den Personenhandelsgesellschaften – mit der einzelnen Gesellschaft typischerweise ein größerer Kreis von Gesellschaftern ebenso verbunden ist wie eine größere Zahl von potentiellen, aktuellen und ausscheidenden Organmitgliedern in Vorstand und Aufsichtsrat. Angesichts der hohen Ausdifferenzierung und Komplexität des Aktienrechts sowie einer zunehmenden Änderungsgeschwindigkeit (hierzu → Rn. 18 ff.) besteht bei all diesen Personen ein erheblicher und tendenziell weiter steigender Beratungsbedarf, zumal auch die wirtschaftliche Bedeutung der Aktiengesellschaft weiter wächst (→ Rn. 4 und 5).

2 Häufig gefragt ist der **Rechtsanwalt** auch als **Mitglied eines Aufsichtsrats**.[3] In seinen weiteren Funktionen als **Testamentsvollstrecker** oder **Insolvenzverwalter** hat es der Rechtsanwalt auf Grund der zunehmenden praktischen Bedeutung der Aktiengesellschaft ebenfalls häufiger mit Aktien und Aktiengesellschaften zu tun.

3 Entsprechend ihrer größeren Verbreitung begegnen Aktiengesellschaften dem Rechtsanwalt als **Verhandlungs- und/oder Vertragspartner** sowie als **Prozessparteien**. Auch dabei ist es sinnvoll und gelegentlich notwendig, sich die Besonderheiten der Rechtsform insbesondere hinsichtlich Führungs- und Entscheidungsorganisation und das Vertretungsrecht vor Augen zu führen (zB § 112 AktG).

2. Verbreitung der Aktiengesellschaft

4 Die **Zahl der deutschen Aktiengesellschaften** ist seit Mitte der 90er Jahre deutlich gestiegen, gegen Ende der 90er-Jahre des vergangenen Jahrhunderts förmlich „explodiert". Seit 1990 hatte sich die Zahl der deutschen Aktiengesellschaften auf über 16.000 Gesellschaften (2003) mehr als verfünffacht. Anders als vielleicht zu erwarten war, war auch nach dem Ende des Börsenbooms in den Jahren 1999 und 2000 die Zahl der Aktiengesellschaften nicht zurückgegangen, sondern weiter gestiegen. Seit 2005 ist allerdings ein – seit 2009 (Finanzmarktkrise) sehr deutlicher – Rückgang der Zahl der in der Emissionsstatistik der Deutschen Bundesbank erfassten Gesellschaften zu konstatieren. Nimmt man das Grundkapital dieser Gesellschaften als Indikator, so ist die wirtschaftliche Bedeutung der Aktiengesellschaft gleichwohl ununterbrochen weiter angestiegen.

Deutsche Bundesbank, Kapitalmarktstatistik Februar 2018:[4]

Zeit	Anzahl der in der Aktienemissionsstatistik erfassten deutschen Gesellschaften (Stück)	Grundkapital in Mio. Euro	Steigerungsrate des Grundkapitals
1983	2.122	51.677	
1985	2.148	55.685	7,8 %

[2] Kommentar zum AktienG, 1. Aufl. 1993, 13. Aufl. 2018 (Seit der 11. Aufl. fortgeführt und bearbeitet von *Jens Koch*).

[3] Zu hierbei auftretenden aktienrechtlichen und berufsrechtlichen Problemen siehe *Müller* NZG 2002 (797) und *Ziemons* ZGR 2016 (839).

[4] Deutsche Bundesbank, Kapitalmarktstatistik, Februar 2018 S. 45, für die Jahre bis 2000 siehe Kapitalmarktstatistik Mai 2010 S. 46, für die Jahre 1983, 1985, 1990 siehe Deutsche Bundesbank, Kapitalmarktstatistik, Dez. 2001, S. 46.

§ 1 Die Aktiengesellschaft in der anwaltlichen Praxis

Zeit	Anzahl der in der Aktienemissionsstatistik erfassten deutschen Gesellschaften (Stück)	Grundkapital in Mio. Euro	Steigerungsrate des Grundkapitals
1990	2.685	73.977	32,8 %
1993	3.085	85.900	16,1 %
1994	3.527	97.152	13,1 %
1995	3.780	108.001	11,2 %
1996	4.043	110.675	2,5 %
1997	4.548	113.289	2,4 %
1998	5.468	121.767	7,5 %
1999	7.375	133.513	9,6 %
2000	10.582	147.629	10,6 %
2001	13.598	166.187	12,6 %
2002	14.814	168.716	1,5 %
2003	15.311	162.131	− 3,9 %
2004	16.002	164.802	1,6 %
2005	15.764	163.071	− 1,1 %
2006	15.242	163.764	0,4 %
2007	14.672	164.560	0,5 %
2008	14.078	168.701	− 2,5 %
2009	13.443	175.691	− 4,1 %
2010	12.962	174.596	− 0,62 %
2011	12.328	177.167	1,5 %
2012	11.805	178.617	0,8 %
2013	11.366	171.741	− 3,8 %
2014	10.950	177.097	3,1 %
2015	10.546	177.416	0,2 %
2016	10.192	176.355	− 0,6 %
2017	9.865	178.828	1,4 %

Die **Zahl der börsennotierten deutschen Aktiengesellschaften** entwickelte sich ähnlich und war seit 1999 bis 2007/2008 um fast 50 % gestiegen. Der vorübergehende Rückgang nach 2001 im Zusammenhang mit dem Niedergang des „Neuen Marktes" war bedingt auch durch die Aufwertung des Freiverkehrs („Open Market") durch dessen neues „Premiumsegment" „Entry Standard" wurde bis 2007/2008 aber wieder durch eine deutliche Zunahme abgelöst. Ausgelöst durch die globale Finanzmarktkrise ist seitdem ein fast schon dramatischer Rückgang der Zahl in Deutschland börsennotierter deutscher Gesellschaften festzustellen; 2017 waren dies (nur) noch 545. Ein wesentlicher Grund hierfür dürfte in der zunehmenden Regelungsdichte des Kapitalmarktrechts und hierdurch stark steigenden regulatorischen Anforderungen zu sehen sein. 5

Deutsche Börse, Number of quoted companies:[5]

	All German exchanges Total	
	domestic	foreign
1999	**708**	2.439
2000	**903**	4.714
2001	**912**	4.864
2002	**867**	4.901
2003	**829**	4.901
2004	**816**	5.393

---

[5] Deutsche Börse, Cash Market: Monthly Statistics Mai 2018.

	All German exchanges Total	
	domestic	foreign
2005	**835**	5.988
2006	**978**	7.054
2007	**1.045**	8.696
2008	**1.054**	9.203
2009	**1.025**	9.315
2010	**1.058**	10.171
2011	**999**	9.648
2012	**952**	9.415
2013	**753**	9.251
2014	**706**	9.789
2016	**638**	9.741
2017	**545**	9.992

3. Typologie der Aktiengesellschaft

6 Als mit der Aktiengesellschaft verwandte, aber eigenständige Rechtsformen, sind zunächst die Kommanditgesellschaft auf Aktien und die Europäische Aktiengesellschaft (SE) zu erwähnen. Beide verfügen über ein in Aktien eingeteiltes Grundkapital und sind daher in der oben zitierten Aktienemissionsstatistik enthalten. Die **Kommanditgesellschaft auf Aktien** ist im Aktiengesetz selbst geregelt (§§ 278 ff.). Sie ist eine juristische Person und Kapitalgesellschaft, bei der (mindestens) ein persönlich haftender Gesellschafter existiert, dem die Geschäftsführung und Vertretung der Gesellschaft zusteht. Die Kommanditgesellschaft auf Aktien wird **unten in § 3** ausführlicher behandelt.

7 Unter dem Schlagwort der **Europäischen Aktiengesellschaft** stand das Jahrzehnte während Gesetzgebungsprojekt einer supranationalen, europäischen Aktiengesellschafts-Rechtsform. Nachdem die europarechtlichen Grundlagen durch Verabschiedung der Rechtsverordnung[6] und einer Richtlinie[7] geschaffen worden sind, trägt diese Rechtsform nun die Bezeichnung der „**Societas Europaea**" (**SE**). Durch das nationale Ausführungsgesetz[8] und durch den subsidiären Verweis auf die nationalen Aktienrechte bleibt es im Ergebnis allerdings bei der nationalen Radizierung der Societas Europaea. Die SE hat nach dem legislativen Startschuss im Oktober 2004 relativ schnell erhebliche Bedeutung gewonnen. Ihre nicht nur, aber vornehmlich aus der Dispositivität des Mitbestimmungsregimes gespeiste Attraktivität ist so groß, dass in Seminarveranstaltungen bereits der „Abschied von der AG" beschworen wird. Das ist zwar übertrieben, aber man kann in der Tat eine erhebliche Kannibalisierung der Rechtsform AG durch die SE konstatieren. Der daraus resultierende Bedeutungsverlust der Aktien**gesellschaft** bedeutet für das Aktien**recht** allerdings eher einen Zuwachs an Relevanz und Attraktivität. Die Grundzüge des Rechts der SE mit Sitz in Deutschland sind **unten in § 5** (→ Rn. 148 ff.) dargestellt.

8 Hervorzuheben ist sodann die **so genannte „kleine AG"**, deren Bezeichnung gelegentlich zu Missverständnissen Anlass gibt. Es handelt sich nicht um eine eigene Rechtsform. Der Begriff stammt aus der offiziellen Bezeichnung des „Gesetzes für kleine Aktiengesellschaften und zur Deregulierung des Aktienrechts" vom 2.8.1994,[9] taucht aber weder in dem so überschriebenen Gesetz noch in einer anderen Rechtsnorm wieder auf. Letztlich ist der Begriff ein – erfolgreiches – gesetzgeberisches Marketing und umreißt schlagwortartig den

---

[6] Verordnung (EG) Nr. 2157/2001 v. 8.10.2001 des Rates über das Statut der Europäischen Gesellschaft (SE), ABl. 2001 L 294, 1 = NZG-Sonderbeilage zu Heft 1/2002, 3.

[7] RL 2001/06/EG des Rates v. 8.10.2001 zur Ergänzung des Statuts der Europäischen Gesellschaft hinsichtlich der Beteiligung der Arbeitnehmer, ABl. 2001 L 294, 22 = NZG Sonderbeilage zu Heft 1/2002, 16.

[8] Gesetz zur Ausführung der Verordnung (EG) Nr. 2157/2001 des Rates vom 8.10.2001 über das Statut der Europäischen Gesellschaft (SE) (SE Ausführungsgesetz – SEAG) vom 22.12.2004, BGBl. I 3675.

[9] BGBl. 1994 I 1961.

Versuch des Gesetzgebers, für die nicht börsennotierte Aktiengesellschaft mit überschaubarem Gesellschafterkreis die normativen Anforderungen des Aktiengesetzes abzusenken. Ob dieser sich im Anschluss an das Gesetz über kleine Aktiengesellschaften im Weiteren fortsetzende Trend zur Ausprägung eines fest umrissenen Typus der „kleinen Aktiengesellschaft" geführt hat, mag hier dahinstehen.[10]

Weniger mystisch und wesentlich trennschärfer ist die – im Ergebnis zum Teil deckungsgleiche – **Unterscheidung zwischen börsennotierten und nicht börsennotierten Gesellschaften**. Börsennotiert sind gem. § 3 Abs. 2 AktG Gesellschaften, deren Aktien zu einem Markt zugelassen sind, der von staatlich anerkannten Stellen geregelt und überwacht wird, regelmäßig stattfindet und für das Publikum mittelbar oder unmittelbar zugänglich ist. Dieser Begriff deckt sich mit dem Begriff des „organisierten Marktes" in § 2 Abs. 11 WpHG und umfasst an den deutschen Börsen namentlich das Segment des regulierten Marktes. Nicht erfasst wird demgegenüber – mangels staatlicher Regelungen– der privatrechtlich organisierte Freiverkehr.[11] Rechtsnormen, die auf die Börsenzulassung Bezug nehmen, erfassen gelegentlich auch zusätzlich den Fall, dass eine solche Zulassung beantragt wurde. Die Frage der Börsenzulassung ist für die Anwendung bzw. Nichtanwendung einer ganzen Reihe von Vorschriften entscheidend.

Weitere Versuche typisierender Unterscheidungen sind möglich, die an **Branchenbesonderheiten** oder Besonderheiten der **Gesellschafterstruktur** anknüpfen (etwa Publikums-AG, Familien-AG, Investment-AG, REIT-AG, etc).[12] Einen systematischen oder praktischen Mehrwert bieten sie jedoch nicht. Selbstverständlich ist in der anwaltlichen Beratung (faktischen) Besonderheiten, die sich aus der Gesellschafterstruktur ergeben, oder (rechtlichen) Besonderheiten, die sich aus der Branchenzugehörigkeit oder einem speziellen Unternehmensgegenstand der Aktiengesellschaft ergeben, Rechnung zu tragen.

II. Motive für die Wahl der Rechtsform Aktiengesellschaft

1. Allgemeines

Bei der Rechtsformwahl handelt es sich um ein außerordentlich **komplexes Thema,** bei dem **betriebswirtschaftliche, psychologische und historische Aspekte** eine durchaus gleichwertige Rolle spielen. Aus betriebswirtschaftlicher Sicht geht es dabei vor allem um die Unterschiede in der steuerlichen Behandlung und in juristischen Kernfragen. **Vorwiegend steuerlich motiviert** ist dabei die Grundentscheidung zwischen einer Personengesellschaftsform (Kommanditgesellschaft, offene Handelsgesellschaft) auf der einen und einer Kapitalgesellschaft (GmbH, AG, KGaA, SE) auf der anderen Seite.[13] Ohne dass es an dieser Stelle möglich wäre, diese Frage ausführlich darzustellen, ist festzuhalten, dass die steuerliche Gesetzgebung der vergangenen Jahre zumindest tendenziell zu einer Gewichtsverschiebung zu Gunsten der Kapitalgesellschaft geführt hatte (Körperschaftsteuerreform, Steuerbefreiung von Beteiligungsveräußerungen, § 8b KStG, Steuersatzsenkung).[14] Die 2008 und 2009 in Kraft getretenen steuerlichen Reformen sind weitgehend rechtsformneutral, benachteiligen allerdings durch die Abgeltungsteuer auf Dividenden und Kursgewinne im Vergleich zum vorherigen Zustand die private Anlage in Aktien. Im Mittelpunkt von vorwiegend steuerlich orientierten Optimierungsstrategien stehen nach wie vor hybride Rechtsformen (zB GmbH & Co. KG, GmbH und Atypisch Still, unter Umständen auch KGaA).[15] Im Ergebnis

---

[10] Ausführlicher und diese Frage bejahend *Schüppen,* Satzung der kleinen AG, Rn. 8 ff.
[11] Mit erfasst war demgegenüber der frühere Neue Markt, da es nicht auf den Handel im organisierten Markt, sondern auf die Zulassung zum organisierten Markt ankommt.
[12] Siehe zB MüKoAktG/*Habersack* Einl. Rn. 174 ff.
[13] Ausführlich zu Steuerbelastungsunterschieden zwischen AG und Personengesellschaft BeckHdBAG/*Müller* § 1 Rn. 93–102, 115, 124 ff., 135 f.; Lüdicke/Rieger/*Scheidle/Jahn* § 2 Rn. 5–107.
[14] Ausführlicher hierzu je → § 4 *(Schlösser).*
[15] Vgl. zu Optimierungsüberlegungen und aktuellen „Mischstrukturen" Lüdicke/Rieger/*Scheidle/Jahn* Rn. 83 ff., 105 ff.

ist eine Entscheidung zwischen Kapitalgesellschaft und Personenhandelsgesellschaft unter steuerlichen Gesichtspunkten nicht generell und allgemeingültig möglich. Situationsbedingt und abhängig von den (zu erwartenden) Sondervorgängen (Verkauf, Verlustsituationen) ist einmal die eine, einmal die andere Struktur günstiger.[16] Ausgehend von der Annahme, dass die Grundsatzentscheidung für die Kapitalgesellschaft bereits gefallen ist, wird in den unmittelbar nachfolgenden Kapiteln §§ 2 und 3 der Rechtsformvergleich mit der GmbH und der KGaA im Einzelnen durchgeführt.

2. Kapitalmarktorientierung

12   Ein zentrales Motiv für die Wahl der Rechtsform Aktiengesellschaft ist der Wunsch, Anteile an der Gesellschaft in den **Börsenhandel** einzuführen. Die Aktie ist die einzige Form der unmittelbaren Unternehmensbeteiligung, die börsenfähig ist,[17] so dass für den Börsengang nur die KGaA und die SE als Alternativen zur Verfügung stehen.

13   Demgegenüber ist die Frage der **Rechtsform bedeutungslos**, wenn der Zugang zum Kapitalmarkt nicht über die Notierung von Anteilen, sondern über die Ausgabe von Schuldverschreibungen zum Zwecke der **Fremdkapitalaufnahme** gesucht wird.[18]

Ebenso ist bei der mittelbaren Inanspruchnahme des Kapitalmarktes durch Einführung von Aktien einer Tochtergesellschaft in den Börsenhandel die Rechtsform der Muttergesellschaft bedeutungslos.

3. Strukturvorteile

14   a) **Stückelung und Fungibilität.** Auch ohne die Perspektive eines Börsengangs kann sich die **kleinteilige Stückelung** des Eigenkapitals (Aktien im rechnerischen Wert von 1,– EUR) sowie deren hohe Fungibilität (Übertragung durch Urkundenübertragung oder – bei nicht verbrieften Aktien – durch mündliche oder privatschriftliche Abtretung) als gewichtiger Vorteil erweisen. Dies gilt einerseits in Fällen, in denen ein sogenanntes „Private Placement", also die Platzierung des Aktienkapitals bei einem überschaubaren, aber gleichwohl im Wesentlichen durch Anlageinteressen motivierten Personenkreis, beabsichtigt ist. Andere Fälle sind die Beteiligung von Mitarbeitern und/oder Kunden und Lieferanten am Eigenkapital des Unternehmens. Im Rechtsformvergleich hat dieses Argument allerdings durch das MoMiG an Gewicht verloren, weil gem. § 5 Abs. 2 GmbHG nF der Nennbetrag eines Geschäftsanteils ebenfalls auf 1,– EUR lauten kann (oder ein beliebiges Vielfaches).

15   b) **Trennung von Gesellschafterstellung und Management.** Unter den Handelsgesellschaften bietet die Aktiengesellschaft die **beste Trennung von Gesellschafterstellung und Management.** Der Vorstand leitet die Gesellschaft unter eigener Verantwortung, er ist keinerlei Weisungen unterworfen, und zwar weder seitens der Gesellschafter (Hauptversammlung) noch seitens des Aufsichtsrats. Er ist berechtigt und verpflichtet, die Gesellschaft unabhängig und ausschließlich am Gesellschaftsinteresse orientiert zu führen (hierzu näher → 2 Rn. 16 ff.).

16   Aufgrund dieser Führungs- und Organisationsstruktur eignet sich die Aktiengesellschaft für Situationen, in denen diese Entkoppelung von herausragender Bedeutung ist, beispielsweise für verschiedene Fälle der Unternehmensnachfolge oder für kompromisshafte Lösungen bei Streitigkeiten zwischen verschiedenen Gesellschafterstämmen.

---

[16] Zutreffend Lüdicke/Rieger/*Scheidle/Jahn* Rn. 125 f.; Römermann/*Büsching* § 1 Rn. 27–36 mit tabellarischer Zusammenfassung Rn. 225.

[17] Als hybride Beteiligungsform börsenfähig sind auch Genussscheine, vgl. § 2 Abs. 1 Nr. 1 und 3 WpHG iVm § 2 Abs. 2 BörsG, § 2 Abs. 2 und 3 BörsZulV.

[18] Auch für solche Unternehmen finden jedoch – insbesondere im Bereich der Rechnungslegung – die für börsennotierte Gesellschaften geltenden Vorschriften Anwendung, insoweit ist das Tatbestandsmerkmal der „Kapitalmarktorientierung", § 264d HGB, maßgeblich.

4. Imagevorteile

Trotz der zunehmenden Zahl von Aktiengesellschaften ist unverändert zu konstatieren, dass die Aktiengesellschaft **qua Rechtsform als bedeutender und seriöser** angesehen wird als ein unter der gleichen Bezeichnung als GmbH oder GmbH & Co. KG firmierendes Unternehmen. Auch die **Titelführung als Vorstand** hat einen weit besseren Klang als die Bezeichnung als Geschäftsführer. Ihre Wurzel haben diese Vorurteile zweifellos darin, dass Aktiengesellschaften typischerweise wesentlich größer sind als GmbHs und dass sie auf Grund des wesentlich strengeren rechtlichen Rahmens und des höheren Grades an Standardisierung mehr Sicherheit und eine gewisse Seriositätsgewähr bieten. Unabhängig davon, ob diese zu Gunsten der AG positive Differenzierung im Einzelfall stets zutrifft, sind die Imagevorteile der AG gegenüber anderen Handelsgesellschaftsformen evident. 17

III. Entwicklung und Umfeld des Aktienrechts

1. Das Aktienrecht und seine Grundlagen

a) Historische Grundlagen. Das heutige Aktiengesetz datiert vom 6.9.1965.[19] Die geschichtliche Entwicklung der Aktiengesellschaft und des Aktienrechts kann und soll hier nicht behandelt werden.[20] Sie nimmt ihren Anfang im Wesentlichen bei den kolonialen Handelskompagnien des 17. Jahrhunderts. Als Beginn des deutschen Aktienrechts ist das preußische Gesetz über Aktiengesellschaften vom 9.11.1843 bezeichnet worden.[21] Von praktischer Bedeutung können für tiefschürfende Analysen gelegentlich noch die Themen und Materialien der die Erfahrungen der „Gründerjahre" verarbeitende Aktienrechtsreform von 1884[22] sowie des Aktiengesetzes 1937[23] sein. Das Aktiengesetz 1937 ist auch insoweit Vorläufer des modernen Aktienrechts, als das Aktiengesetz damit aus dem Handelsgesetzbuch herausgelöst und in einem eigenen Gesetz kodifiziert wurde. Materielle Schwerpunkte der Reform im **Aktiengesetz vom 6.9.1965** waren die erstmalige Kodifikation eines Konzernrechtes, die Stärkung des Einflusses der Hauptversammlung sowie des Individual- und Minderheitenschutzes der Aktionäre.[24] 18

b) Verfassungsrechtliche Grundlagen. Grundlegend und von praktischer Bedeutung ist die durchaus umfangreiche Rechtsprechung des Bundesverfassungsgerichts zum Aktienrecht.[25] Im Vordergrund steht dabei die **Eigentumsgarantie des Art. 14 Abs. 1 GG**. Beginnend mit der „Feldmühle"-Entscheidung aus dem Jahre 1962 hat das Gericht in ständiger Rechtsprechung entschieden, dass das in der Aktie verkörperte Anteilseigentum in den Schutzbereich der verfassungsrechtlichen Eigentumsgarantie fällt; der komplexe Charakter der Aktie als Vermögensrecht und Mitgliedschaftsrecht mache deutlich, dass es sich um gesellschaftsrechtlich vermitteltes Eigentum handele.[26] In seiner Entscheidung vom 27.4.1999 hat das BVerfG hervorgehoben, dass **auch und gerade die Verkehrsfähigkeit eine vom Schutz des Grundrechts umfasste Eigenschaft** des Aktieneigentums ist.[27] Daraus hat es sodann abgeleitet, dass in Fällen gesetzlich verpflichtender Abfindungen dem Aktionär mindestens der Börsenkurs als Abfindungsbetrag anzubieten ist. Damit konkretisierte das BVerfG die ständige Rechtsprechung, wonach Voraussetzung für gesetzgeberische Eingriffe in das Aktien- 19

---

[19] BGBl. I 1089.
[20] Ausführlicher und mwN *Karsten Schmidt*, Gesellschaftsrecht, § 26 II; MüKoAktG/*Habersack* Einleitung Rn. 12 ff.
[21] MüKoAktG/*Habersack* Einleitung Rn. 15.
[22] Aktienrechtsnovelle vom 18.7.1884, RGBl. I 213; ausführlicher beschrieben und dokumentiert von *Schubert/Hommelhoff* (Hrsg.), Hundert Jahre modernes Aktienrecht, 1985.
[23] Aktiengesetz vom 30.1.1937, RGBl. I 107, ausführlich dokumentiert von *Schubert/Hommelhoff*, Die Aktienrechtsreform am Ende der Weimarer Republik, 1987.
[24] *Claussen* AG 1990, 509 (511); *Falkenhausen* BB 1966, 337; *Stammberger* BB 1962, 457.
[25] Ausführlicher *Schön* FS Ulmer, 8, 1359 ff.
[26] BVerfGE 14, 263 (276, 278); 50, 290 (339) – Mitbestimmungsurteil; BVerfGE 100, 289 (301) – DAT/Altana; BVerfG 1 BrR 2344/11, AG 2014, 279 – Verfassungsmäßigkeit des DrittelbG.
[27] BVerfGE 100, 289 (305).

eigentum ist, dass der Minderheit wirksame Rechtsbehelfe gegen einen Missbrauch wirtschaftlicher Macht zur Verfügung stehen und Vorsorge getroffen wird, dass sie für den Verlust ihrer Rechtsposition „wirtschaftlich voll entschädigt" wird.[28] In späteren Entscheidungen hat das BVerfG allerdings klargestellt, dass der bloße Vermögenswert des Aktieneigentums und der Bestand einzelner wertbildender Faktoren (wie beispielsweise die Börsennotierung) nicht vom Schutz des Art. 14 Abs. 1 GG umfasst sind.[29] Das Gericht hat weiterhin ausdrücklich festgestellt, dass ein gesetzlich gewährleisteter Schutz des Eigentums, beispielsweise durch Abfindungsregeln und deren Überprüfbarkeit im Spruchverfahren, nicht auf der Rechtsanwendungsebene unterlaufen werden darf, so dass die Gerichte bei der Auslegung und Anwendung eigentumsbeschränkender Gesetze die Grenzen zu beachten haben, die auch dem Gesetzgeber bei der inhaltlichen Ausgestaltung der Eigentümerbefugnisse gezogen sind.[30] Der Schutzbereich der Eigentumsgarantie umfasst auch das Recht des Aktionärs, über die Angelegenheiten seiner Gesellschaft informiert zu werden. Da es sich aber um ein durch Gesetz und Satzung geprägtes, gesellschaftsrechtlich vermitteltes Eigentum handelt, können verhältnismäßige Auskunftsverweigerungsrechte, insbesondere das durch § 131 Abs. 3 S. 1 Nr. 3 AktG eingeräumte Recht, Auskunft zu stillen Reserven zu verweigern, verfassungsrechtlich gerechtfertigt sein.[31] Neben der Eigentumsgarantie können – insbesondere für die unternehmerische Betätigung der Gesellschaft – Art. 12 GG (Berufswahl) und Art. 9 Abs. 1 GG (Vereinigungsfreiheit) eine Rolle spielen.[32]

20 c) **Europarechtliche Grundlagen.** Im Wortsinne grundlegend für das Aktienrecht ist das Recht der Europäischen Gemeinschaft. Gesellschaftsrecht und Rechnungslegungsrecht beruhen zwischenzeitlich zu einem sehr hohen Teil auf Richtlinien des Rates der EU.[33] Dies gilt – in noch verstärkten Maße – für den Bereich des Kapitalmarktrechts. Für die praktische Rechtsanwendung ist dies – auch nach Umsetzung der Richtlinie in nationales Recht – insofern bedeutsam, als dass das auf einer europäischen Richtlinie beruhende Recht **richtlinienorientiert** oder – im Fall von Widersprüchen – **richtlinienkonform auszulegen** ist.[34] Ein noch direkterer Einfluss ergibt sich im Bereich des Rechnungslegungsrechts, wo mit der **IAS-Verordnung**[35] und der **EU-Abschlussprüfungs-Verordnung**[36] unmittelbar anwendbares europäisches Recht existiert. Mittelbarer europarechtlicher Einfluss ergibt sich aus der Existenz supranationaler Rechtsformen, insbesondere der so genannten **europäischen Aktiengesellschaft** („Societas Europaea"),[37] deren Normierung Rückwirkungen auf die rechtspolitische Diskussion des nationalen Aktienrechts hat (beispielsweise mit dem für die SE möglichen One-Tier Board und der Dispositivität des Mitbestimmungsregimes).

21 d) **„Soft Law" als Rechtsquelle.** Eine einschneidende und grundlegende Systemänderung hatte sich durch den **Deutschen Corporate Governance Kodex** ergeben. Eine vom Bundesjustizministerium eingesetzte so genannte „Regierungskommission Corporate Governance" unter der Leitung von *Dr. Gerhard Cromme* hat diesen erarbeitet und am 26.2.2002 veröffentlicht.[38] Der Kodex hat zwischenzeitlich verschiedene Änderungen erfahren, er gilt derzeit in der Fassung vom 7.2.2017.[39] Mit dem zuletzt durch das Zweite Finanzmarktnovellierungsgesetz[40] geänderten § 161 AktG wird eine Verpflichtung börsennotierter und

---

[28] BVerfGE 14, 263 (283).
[29] BVerfG, Erster Senat, 11.7.2012, ZIP 2012, 1402.
[30] BVerfG NJW 1999, 1699 (1700).
[31] BVerfG – 1. Kammer des 1. Senats – 20.9.1999, NJW 2000, 129.
[32] Vgl. Überblick bei *Stumpf*, Grundrechtsschutz im Aktienrecht, NJW 2003, 9.
[33] Vgl. Überblick bei MüKoAktG/*Habersack* Einl. Rn. 86 ff., 114 ff.
[34] Zur Thematik Richtlinie und Auslegung vgl. MüKoAktG/*Habersack* Einl. Rn. 91 ff.; *Schüppen*, Systematik und Auslegung des Bilanzstrafrechts, 1993, 191 ff.
[35] EG 1606/2000, betreffend die Anwendung internationaler Rechnungslegungsstandards vom 19.7.2002, ABl. 2002 L 243, 1 ff.
[36] Verordnung (EU) Nr. 537/2014, ABl. 2014 L 158, 77.
[37] Hierzu *Schaub* → § 5 Rn. 148 ff.
[38] Zum Kodex vgl. *Seibert* DB 2002, 581; *von Werder* DB 2002, 801; *Schüppen* DB 2002, 1117.
[39] Veröffentlichung im elektronischen Bundesanzeiger am 24.4.2017.
[40] Gesetz vom 23.6.2017, BGBl. I 1693.

kapitalmarktorientierter Aktiengesellschaften begründet, eine jährliche Erklärung über die Einhaltung bzw. Nichteinhaltung und die Gründe einer Nichteinhaltung dieses Kodex abzugeben. Dieser deutsche Corporate Governance Kodex, der als „offiziöses" Regelwerk an die Stelle verschiedener, zuvor aufgestellter privater Regelwerke getreten ist, hat eine **breite Akzeptanz gefunden.**[41] Damit prägt ein in seiner rechtlichen Qualität nicht ohne Weiteres einzuordnendes Regelwerk,[42] dessen Inhalt von einem durch das Bundesjustizministerium ohne jede parlamentarische Rückkopplung zusammengesetzten Gremium entschieden wird, in erheblichem Maße die praktischen Verhaltensstandards.[43] Über die in der Präambel des Kodex vorgesehene laufende (in der Regel einmal jährlich) Überprüfung und Anpassung des Kodex „vor dem Hintergrund nationaler und internationaler Entwicklungen" ist hier außerhalb der üblichen Gesetzgebungs- und Normgebungsverfahren eine relativ schnelle und flexible (faktische) Änderung des Aktienrechts möglich. Da formal allerdings kein Zwang zur Beachtung des Kodex besteht – gemäß § 161 AktG sind lediglich Abweichungen offenzulegen und zu begründen – handelt es sich um ein für das Gesellschaftsrecht neuartiges „Soft Law", dessen Funktionsbedingungen der Druck der Öffentlichkeit und der „Peers" sind[44] (zum aktuellen Bedeutungswandel noch → Rn. 37).

2. Reformgesetzgebung

Das Aktiengesetz ist seit 1965 häufig geändert worden.[45] Als besonders bedeutsame Änderung ist zunächst das Gesetz über die Mitbestimmung der Arbeitnehmer (Mitbestimmungsgesetz) vom 4.5.1976[46] zu nennen, das allerdings nur sehr große Gesellschaften betraf. Von erheblicher Bedeutung für alle Aktiengesellschaften war sodann das Gesetz zur Durchführung der 4., 7. und 8. Richtlinie des Rates der Europäischen Gemeinschaften zur Koordinierung des Gesellschaftsrecht (Bilanzrichtliniengesetz) vom 19.12.1985,[47] mit dem das Recht der Rechnungslegung vollständig neu geordnet und die einschlägigen Vorschriften – mit wenigen Ausnahmen – auch für Aktiengesellschaften aus dem Aktiengesetz in das Handelsgesetzbuch verlagert wurden.

Beginnend mit dem **Gesetz für kleine Aktiengesellschaften und zur Deregulierung des Aktienrechts**[48] hat eine beispiellose Folge von kleinen und größeren Änderungen des Aktiengesetzes eingesetzt. Mit Recht wird von einer *„Reform in Permanenz" (Zöllner, Seibert)* gesprochen. Nach dem „Gesetz für kleine Aktiengesellschaften", das den Einstieg in eine Typendifferenzierung und Deregulierung des Aktienrechts brachte, sind aus der Fülle der Änderungen[49] folgende **Meilensteine** hervorzuheben:

Mit dem Gesetz zur Kontrolle und Transparenz im Unternehmensbereich **(KonTraG)**[50] wurde eine Reihe von Vorschriften geändert, die sich im weiteren Sinne dem Komplex der Kontrolle und Führung der Gesellschaft (Corporate Governance) zuordnen lassen. Auch im

---

[41] Vgl. *von Werder* DB 2002, 801; *Talaulicar/Kolat* DB 2003, 1857.
[42] Vgl. *Ulmer* ZHR 2002, 153 (166), 150 (158).
[43] Auch in die „Verabschiedung" von Änderungen des Kodex ist nur das Bundesjustizministerium – also ein Organ der Exekutive – eingeschaltet, indem es vor der für die im Rahmen des § 161 AktG maßgeblichen Veröffentlichung im elektronischen Bundesanzeiger eine Rechtmäßigkeitskontrolle durchführt.
[44] Gerade Letzteres zeigt sich zugespitzt bei der Diskussion um einen (angeblichen) „Schweigepakt" der DAX-Vorstände hinsichtlich der individualisierten Offenlegung der Vorstandsbezüge und der hierdurch ausgelösten Diskussion über die Notwendigkeit gesetzlicher Regelung, vgl. FAZ v. 3.8.2004, S. 9: „Politiker wollen Schweigepakt brechen".
[45] Vollständige Übersicht bis Mitte 2015 bei MüKoAktG/*Habersack* Einl. Rn. 33, 53; *Habersack* weist bis Mitte 2015 siebenundsiebzig (77) Änderungen des Aktiengesetzes nach. Ausführliche Analysen und Rückblicke anlässlich des 2015 begangenen 50jährigen „Jubiläums" des AktG 1965 im von *Fleischer/Koch/Kropff/Lutter* herausgegebenen Tagungsband „50 Jahre Aktiengesetz" (Sonderheft 19 der ZGR) und in einem Themenheft 17/2015 der AG (S. 593 ff.) mit Beiträgen von *Assmann, Emmerich, Habersack, Seibert* und *U. Schneider/S. Schneider*.
[46] BGBl. I 1153.
[47] BGBl. I 2355.
[48] BGBl. 1994 I 1961.
[49] S. *Hölters/Deilmann/Buchta*, Die kleine Aktiengesellschaft.
[50] BGBl. 1998 I 590.

Bereich der **Rechnungslegung** (Pflichtangaben des Anhangs, Lagebericht/Konzernlagebericht, Gegenstand und Umfang der Abschlussprüfung wurden erweitert) wurden wesentliche Punkte neu geregelt. Kurze Zeit vorher wurde durch das Gesetz über die Zulassung von Stückaktien (**Stückaktiengesetz**)[51] die (unechte) nennwertlose Stückaktie als Alternative zur Nennwertaktie eingeführt. Von erheblicher Bedeutung für börsennotierte Gesellschaften war sodann das am 1.1.2002 in Kraft getretene **Wertpapiererwerbs- und Übernahmegesetz**[52] (WpÜG), das erstmals in Deutschland öffentliche Angebote zum Erwerb von Wertpapieren und börsennotierter Gesellschaften gesetzlich regelt und für Übernahmesituationen Eingriffe in die Stellung der Organe und ihre Pflichten enthält. Durch das gleiche Artikelgesetz wie das Wertpapiererwerbs- und Übernahmegesetz verabschiedet wurde ein neuer Abschnitt im AktG über den „**Ausschluss von Minderheitsaktionären**" (§§ 327a–327f AktG)[53]. Diese Möglichkeit des sog. „Squeeze Out" hat der Gesetzgeber nicht nur für börsennotierte Gesellschaften, sondern für alle Aktiengesellschaften eröffnet. Weitere umfangreiche Änderungen brachte das am 26.7.2002 in Kraft getretene „Gesetz zur weiteren Reform des Aktien- und Bilanzrechts, zu Transparenz und Publizität (**Transparenz- und Publizitätsgesetz**).[54] Das Gesetz enthält entsprechend seinem Titel zahlreiche Änderungen im Bereich der Corporate Governance, wobei insbesondere eine Intensivierung der Aufsichtsratsarbeit sowie mit der Entsprechenserklärung (§ 161 AktG) die Schaffung einer Schnittstelle zum Deutschen Corporate Governance Kodex hervorzuheben ist. Weitere Bereiche des Gesetzes betreffen die Weiterentwicklung der Konzernrechnungslegung und die Modernisierung und Deregulierung des Aktienrechts in Detailpunkten.[55] Von Bedeutung unter anderem für die Corporate Governance börsennotierter Gesellschaften sind sodann das **4. Finanzmarktförderungsgesetz**[56] und die hierdurch erfolgten Änderungen des WpHG, die unter anderem das sogenannte „Director's Dealing" und die Konkretisierung und Erweiterung der Vorschriften zur Ad-hoc-Publizität (einschließlich Schadensersatzpflichten) betreffen.

25 Auch in der 15. und 16. Legislaturperiode des Deutschen Bundestages blieb die Reformgeschwindigkeit im Aktienrecht hoch. Hervorzuheben sind das Gesetz zur Neuordnung des gesellschaftsrechtlichen Spruchverfahrens (**Spruchverfahrensneuordnungsgesetz**) vom 12.6.2003,[57] mit dem das Spruchverfahren insgesamt neu geregelt wurde und das bereits in der Vorauflage eingearbeitet war. Der nächste wesentliche Veränderungsschritt war das Gesetz zur Unternehmensintegrität und Modernisierung des Anfechtungsrechts (**UMAG**) vom 22.9.2005.[58] Neuregelungen zum Anfechtungsrecht, zur Geltendmachung von Schadensersatzansprüchen gegen Organwalter durch eine Aktionärsminderheit und zur Teilnahme an der Hauptversammlung (Einführung des record date) waren die Schwerpunkte dieses viel diskutierten Gesetzes. Mit dem Gesetz zur Umsetzung der Richtlinie 2004/25/EG des Europäischen Parlaments und des Rates vom 21.4.2004 betreffend Übernahmeangebote (**Übernahmerichtlinie-Umsetzungsgesetz**) vom 8.7.2006[59] wurden mit dem Europäischen Vereitelungsverbot und der Europäischen Durchbrechungsregel neue Optionen der Satzungsgestaltung geschaffen; zudem wurde dem aktienrechtlichen Squeeze-out ein sogenannter übernahmerechtlicher Squeeze-out als alternative Möglichkeit zum Ausschluss von Minderheitsaktionären zur Seite gestellt. Eine Reihe weiterer wichtiger Änderungen insbesondere für börsennotierte Gesellschaften ergaben sich durch das **Transparentrichtlinie-Umsetzungsgesetz (TUG)** vom 5.1.2007[60] und das **Finanzmarktrichtlinie-Umsetzungsgesetz**

---

[51] BGBl. 1998 I 590.
[52] BGBl. 2001 I 3822; Überblick hierzu bei *Schüppen* Wpg 2001, 958; aus der Kommentarliteratur s. zB *Haarmann/Schüppen*, in Frankfurter Kommentar zum WpÜG.
[53] Verabschiedet als Art. 7 des „Gesetzes zur Regelung von öffentlichen Angeboten zum Erwerb von Wertpapieren und von Unternehmensübernahmen", BGBl. 2001 I S. 3822.
[54] BGBl. 2002 I 2681.
[55] Ausführlich zum Inhalt des Gesetzes *Schüppen* ZIP 2002, 1269; *Hirte*, Das Transparenz- und Publizitätsgesetz, 2003, mit Beiträgen von *Hirte, Schüppen, Heckschen, Weiler/Gaube, Jänich*.
[56] BGBl. I 2010; Überblick zB bei *Fleischer* NJW 2002, 2977; *Möller* WM 2001, 2405.
[57] BGBl. I 838.
[58] BGBl. I 2802.
[59] BGBl. I 1426.
[60] BGBl. I 10.

(FRUG) vom 16.7.2007.[61] Erwähnenswert sind weiter das Gesetz zur Begrenzung der mit Finanzinvestitionen verbundenen Risiken (**Risikobegrenzungsgesetz**) vom 12.8.2008[62] und das auch für die Aktiengesellschaft einschlägige Gesetz zur Modernisierung des GmbH-Rechts und zur Bekämpfung von Missbräuchen (**MoMiG**) vom 23.10.2008.[63] Weitere erhebliche Veränderungen brachten zum Ende der 16. Legislaturperiode das **Gesetz zur Umsetzung der Aktionärsrechterichtlinie (ARUG)** vom 30.7.2009[64] und das Gesetz zur Angemessenheit der Vorstandsvergütung (**VorstAG**) vom 18.6.2009.[65] Für die Rechnungslegung der Aktiengesellschaften erwähnenswert sind das Gesetz zur Einführung internationaler Rechnungslegungsstandards und zur Sicherung der Qualität der Abschlussprüfung (**Bilanzrechtsreformgesetz – BilReG**) vom 4.12.2004,[66] das Gesetz zur Kontrolle von Unternehmensabschlüssen (**Bilanzkontrollgesetz – BilKoG**) vom 15.12.2004,[67] Vorstandsvergütungs-Offenlegungsgesetz (**VorstOG**) vom 3.8.2005[68] und das Gesetz zur Modernisierung des Bilanzrechts (**Bilanzrechtsmodernisierungsgesetz – BilMoG**) vom 25.5.2009,[69] wobei letzteres neben Änderungen der Rechnungslegungsnormen auch bedeutsame Änderungen von Corporate Governance-Regeln im Aktiengesetz selbst enthält.

Während die 17. Legislaturperiode des Deutschen Bundestages ohne größere für die Aktiengesellschaft relevante Gesetzesänderungen auskam, war die 18. Legislaturperiode wiederum von erheblicher einschlägiger Aktivität geprägt. Zu nennen sind zunächst das heftig umstrittene **Führungspositionenteilhabegesetz (FüPoTeiG)**[70] und die – eigentlich für die 17. Legislaturperiode vorgesehene[71] – **Aktienrechtsnovelle 2016**.[72] Auf dem Gebiet der Rechnungslegung kommen das **Bilanzrichtlinie-Umsetzungsgesetz** vom 17.7.2015[73], das flankierend zum Inkrafttreten **der EU Abschlussprüfungs-VO**[74] erlassene **AbschlussprüfungsreformG (AReG)** vom 10.5.2016[75] und zuletzt das – in seinen mittelbaren Auswirkungen weit über Rechnungslegung hinausgehende – **CSR-Richtlinie-Umsetzungsgesetz** vom 11.4.2017[76] hierzu. Auf dem Gebiet des Kapitalmarktrechts sind das Inkrafttreten der **EU-Marktmissbrauchs-VO**[77], die wesentliche Teile des WpHG als unmittelbar geltendes europäisches Recht ablöst, und die ua hiermit im Zusammenhang sehende Neufassung (einschließlich vollständiger Neunummerierung der Paragrafen) des **WpHG**[78] hervorzuheben. 26

3. Verzahnung mit anderen Rechtsmaterien

a) **Allgemeines.** Eine Verzahnung des Aktienrechts mit anderen Rechtsgebieten ergibt sich in doppelter Hinsicht. Zum einen sind für das „Aktienrecht im weiteren Sinne" im erheblichen Maße auch andere Gesetze als das Aktiengesetz von grundlegender Bedeutung (dazu 27

---

[61] BGBl. I 1330.
[62] BGBl. I 1666.
[63] BGBl. I 2034.
[64] BGBl. I 2479.
[65] BGBl. I 2590.
[66] BGBl. I 3166.
[67] BGBl. I 3408.
[68] BGBl. I 2267.
[69] BGBl. I 1102.
[70] Gesetz für die gleichberechtigte Teilhabe von Frauen und Männern an Führungspositionen in der Privatwirtschaft und im öffentlichen Dienst, BGBl. 2015 I S. 642; hierzu *Schüppen/Tretter* WPg 2015, 643 (651) und zum Hintergrund *Seibert* FS Baums, S. 1133.
[71] Hierzu *Seibert* FS Kübler, S. 665.
[72] Gesetz zur Änderung des Aktiengesetzes, BGBl. 2015 I 2565; hierzu *Schüppen/Tretter* WPg 2015, 643; *Harbarth/von Plettenberg* AG 2016, 145.
[73] BGBl. I 1245, hierzu *Blöink/Knoll-Biermann* Konzern 2015, 65.
[74] ABl. 2014 L 158, 77, hierzu *Naumann/Herkendehl* WPg 2014, 177.
[75] BGBl. I 1142, hierzu *Schüppen* NZG 2016, 247 und *Blöink/Walter* BB 2016, 109.
[76] Gesetz zur Stärkung der nichtfinanziellen Berichterstattung der Unternehmen in ihrer Lage- und Konzernlageberichten, BGBl. I 802; hierzu *Mock* ZIP 2017, 1195.
[77] VO (EU) Nr. 596/2014 vom 16.4.2014, ABl. EU L 173, 1.
[78] Art. 1 – Art. 3a des Gesetzes zur Novellierung von Finanzmarktvorschriften auf Grund europäischer Rechtsakte (2. Finanzmarktnovellierungsgesetz – 2. FiMaNoG) vom 23.6.2017, BGBl. I 1693.

sogleich → Rn. 28 ff.). Zum anderen hat das Aktienrecht auch erhebliche Ausstrahlwirkungen auf andere Rechtsmaterien.

28 Solche **Ausstrahlwirkungen begegnen vor allem im GmbH-Recht.** Für die GmbH hat die Rechtsprechung trotz der Rechtsform-Unterschiede in weitem Umfang das Aktionärsklagesystem des Aktiengesetzes (Anfechtungs- und Nichtigkeitsklage) und das Konzernrecht übernommen. Bei der Diskussion der gesellschaftsrechtlichen Treuepflichten der Gesellschafter gegenüber Gesellschaft und Mitgesellschaftern hat es eine sehr spannungsreiche, wechselseitige Befruchtung in der wissenschaftlichen Diskussion und in der Entwicklung durch die Rechtsprechung gegeben. Generell ist festzustellen, dass das Aktienrecht auf Grund der größeren Normendichte, aber auch auf Grund der großen wirtschaftlichen Bedeutung von Aktiengesellschaften, oft eine Art Leitbildfunktion übernimmt.[79]

29 **b) Rechnungslegung.** Ein Beispiel für eine solche **Leitbildfunktion** war bis zum Inkrafttreten des Bilanzrichtliniengesetzes am 1.1.1986[80] das Recht des Jahresabschlusses, das nur im Aktiengesetz mit einer Reihe von Einzelheiten geregelt war, während sich das HGB im Wesentlichen auf einen Blanketthinweis auf die „Grundsätze ordnungsgemäßer Buchführung" beschränkte.[81] Seit **Inkrafttreten des Bilanzrichtliniengesetzes** ist allerdings das gesamte Recht der Rechnungslegung **rechtsformübergreifend** im Handelsgesetzbuch geregelt, das damit zugleich eine wichtige Rechtsquelle für die Aktiengesellschaft geworden ist.[82] Als Teil des Rechnungslegungsrechts ebenfalls im HGB normiert ist das Recht der Abschlussprüfung (§§ 316–324 HGB), seit Juni 2016 (Inkrafttreten) ergänzt durch die EU-Abschlussprüfungs-Verordnung (VO (EU) 537/2014).[83]

30 Für börsennotierte Gesellschaften ist außerdem die EU-Verordnung vom 19.7.2002[84] zu beachten, die diese Unternehmen als unmittelbar anwendbares Recht ab dem 1.1.2005 verpflichtet, ihren Konzernabschluss nach den International Financial Reporting Standards (**IFRS**) aufzustellen. Der deutsche Gesetzgeber hat auf die EU-Verordnung und die in ihr verbleibenden Mitgliedsstaaten-Rechte mit dem Bilanzrechtsreformgesetz reagiert.[85] Danach sind kapitalmarktorientierte Unternehmen[86] verpflichtet, ihren Konzernabschluss nach IFRS aufzustellen. Die Aufstellung eines IFRS-Einzelabschlusses anstelle des HGB-Einzelabschlusses wird nicht zugelassen.[87] Grundlage für die externe Konzernrechnungslegung werden damit zugleich die IFRS, bei denen es sich um ein vom IASB aufgestelltes, letztlich privates Regelwerk handelt. Voraussetzung für die Verbindlichkeit der IFRS in der jeweiligen Fassung ist allerdings, dass diese durch die Europäische Union im so genannten Komitologie-Verfahren adaptiert werden.

31 **c) Umwandlungsrecht.** Mit dem **Umwandlungsgesetz**[88] wurde das gesamte Umwandlungsrecht einheitlich und rechtsformübergreifend kodifiziert. Sämtliche Umwandlungsarten – Verschmelzung, Spaltung, Formwechsel – werden dort rechtsformübergreifend geregelt, die früher für die Aktiengesellschaft speziell im Aktiengesetz enthaltenen Normen sind entfallen. Für Umwandlungen unter Beteiligung von Aktiengesellschaften enthält das Umwand-

---

[79] Ausführlicher zu den wechselseitigen Einflüssen von GmbH- und Aktienrecht *Hommelhoff/Freytag* DStR 1996, 1367 ff. (1409 ff.).

[80] Knapper Überblick zu dieser „einschneidenden Änderung" bei Baumbach/Hopt/*Merkt* HGB vor § 238 Rn. 1 ff.

[81] §§ 38–47b HGB aF, Baumbach/Hopt/*Merkt* HGB vor § 238 Rn. 2; „höchst rudimentär".

[82] Ausführlicher zur Rechnungslegung der AG *Fischer* unter § 19.

[83] Hierzu → § 19.

[84] Verordnung EG 1606/2002 betreffend die Anwendung internationaler Rechnungslegungsstandards, ABl. 2002 L 234, 1 ff.

[85] Referentenentwurf des Bundesministeriums der Justiz vom Dezember 2003, hierzu *Hoffmann/Ludenbach* GmbHR 2004, 145 ff.

[86] Also solche, die börsennotiert sind oder den Kapitalmarkt für Fremdkapitalaufnahme in Anspruch nehmen oder eine entsprechende Börsenzulassung beantragt haben.

[87] Ein IFRS-Einzelabschluss darf nur zusätzlich zum HGB-Einzelabschluss aufgestellt werden und kann dann im Rahmen der Offenlegung statt dessen verwendet werden, § 325 Abs. 2a HGB-E iVm § 315a HGB-E; zur Diskussion um die Anwendung von IAS (IFRS) im Einzelabschluss ausführlich in: Gesellschaftsrechtliche Vereinigung – VGR – (Hrsg.), Gesellschaftsrecht in der Diskussion 2002, S. 115 ff.

[88] Art. 1 des Gesetzes zur Bereinigung des Umwandlungsrechts vom 28.10.1994, BGBl. I 3210.

lungsgesetz bei allen Umwandlungsarten typischerweise spezielle Unterabschnitte, die dann als Sondervorschriften neben den allgemein für alle Rechtsformen geltenden Umwandlungsregulierungen zu beachten sind.[89]

d) Mitbestimmungsrecht. Zur Verwirklichung einer unternehmerischen Mitbestimmung der Arbeitnehmer im Aufsichtsrat hat das Mitbestimmungsrecht unmittelbare Relevanz für die Organisationsverfassung der Aktiengesellschaft. Auf der Grundlage des zum 1.7.2004 in Kraft getretenen **Drittelbeteiligungsgesetzes**[90] müssen Gesellschaften mit mehr als 500 Arbeitnehmern ein Drittel ihrer Aufsichtsratsitze mit durch die Arbeitnehmer zu wählenden Vertretern besetzen.

Für die Gesellschaften mit mehr als 2.000 Arbeitnehmern gilt das **Mitbestimmungsgesetz 1976**.[91] Es sieht eine sogenannte paritätische Mitbestimmung vor, wonach die Zahl der Vertreter der Anteilseignerseite und der Vertreter der Arbeitnehmerseite im Aufsichtsrat gleich ist. Allerdings ist ein leichtes Übergewicht der Anteilseignerseite dadurch sichergestellt, dass der Aufsichtsratsvorsitzende im Ergebnis durch die Anteilseignervertreter gewählt werden kann und dieser wiederum in Pattsituationen ein Doppelstimmrecht hat.[92]

e) Kapitalmarktrecht. Für börsennotierte Gesellschaften – partiell auch für durch Inanspruchnahme des Kapitalmarktes zur Fremdkapitalaufnahme kapitalmarktorientierte Gesellschaften – bestehen sehr **enge Wechselwirkungen** zwischen dem (Aktien-)Gesellschaftsrecht und dem Kapitalmarktrecht. Exemplarisch zum Ausdruck gekommen ist diese enge Verzahnung in dem durch den BGH wechselnd und zuletzt vom Gesetzgeber entschiedenen Streit über die Voraussetzung des vollständigen Delisting.[93] Nachdem zunächst der Bundesgerichtshof einen Schutz der Minderheitsaktionäre durch das Gesellschaftsrecht an die Stelle des nach seiner Auffassung nicht ausreichend ausgeprägten Schutzes durch das Kapitalmarktrecht gesetzt hatte, hat nach Aufgabe dieser Rechtsprechung der Gesetzgeber eine kapitalmarktrechtliche Lösung gefunden.

Das für die börsennotierten Aktiengesellschaften relevante Kapitalmarktrecht ist im Börsenrecht (Börsengesetz, Börsenzulassungsverordnung) sowie im Wertpapierrecht (WpHG, WpÜG) und einer Reihe europäischer Rechtsakte, hervorzuheben ist die Marktmissbrauchsverordnung (VO(EU) 569/2014) normiert. Zahlreiche wichtige Verhaltens- und Meldepflichten ergeben sich für die Aktiengesellschaften und ihre Organe aus diesen Regelungswerken und überlagern das allgemeine Aktienrecht.[94]

4. Tendenzen

Auch künftig ist mit einer **hohen Änderungsfrequenz im Aktienrecht** zu rechnen. Inhaltlich waren Gesetzesänderungen der jüngeren Vergangenheit durch eine Vielzahl von – zum Teil divergierenden – Faktoren bestimmt. Zu nennen sind vor allem: Verbesserung der Corporate Governance, Verbesserung des Anlegerschutzes, Berücksichtigung moderner technologischer Entwicklungen, Berücksichtigung der Bedürfnisse (internationaler) institutioneller Investoren, Abwehr unerwünschter Investoren, Zurückdrängung sog. „räuberischer Aktionäre", Verbesserung der Kapitalmarktakzeptanz deutscher Aktiengesellschaften, europäische Rechtsvereinheitlichung.

Ob sich dabei der mit dem Gesetz für kleine Aktiengesellschaften eingeleitete **Trend zur Typendifferenzierung** im Aktienrecht fortsetzen wird ist **offen**. Derzeit haben sich die Akzente verlagert, weil der Schwerpunkt der gesetzgeberischen Bemühungen mehr auf Themen

---

[89] S. die Darstellung des für die AG maßgeblichen Umwandlungsrechts von *Preisenberger* unten → § 16.
[90] Früher Betriebsverfassungsgesetz 1952, BGBl. I 681; §§ 76ff. BetrVG 1952 gelten auf Grund von § 129 BetrVG 1972 fort.
[91] BGBl. I 1153.
[92] Ausführlicher zur Mitbestimmung der Arbeitnehmer im Aufsichtsrat und den sich hieraus ergebenden Problemen unten § 23.
[93] Siehe hierzu ausführlicher *Walz* unten → § 50.
[94] Überblick unten in → § 46 und Einzeldarstellung der wesentlichen Themen in → §§ 47–51; grundlegend zum Verhältnis Kapitalmarktrecht und Aktienrecht *Assmann* in GroßkommAktG, Einl. Rn. 343–516.

wie Vertrauen der Kapitalmärkte und Anlegerschutz liegt, denen ein weniger flexibles Recht und die Orientierung am Leitbild der großen börsennotierten Aktiengesellschaft eher entgegenkommt. Eine intensive Diskussion über die Frage ist anlässlich des 67. Deutschen Juristentages geführt worden. Hier hatte der Gutachter eine verstärkte Typendifferenzierung einschließlich einer wesentlichen Lockerung der Satzungsstrenge für die nichtbörsennotierte AG empfohlen.[95] In diese Richtung zielende Vorschläge haben allerdings zu Recht keine Zustimmung gefunden, da hier durch der Charakter der AG als einer einheitlichen Rechtsform aufgegeben und die Trennlinie zur GmbH unscharf würde.[96] In naher Zukunft ist lediglich mit Detailkorrekturen am bestehenden Zustand zu rechnen.

38 Stark zugenommen hat in jüngster Zeit die **Bedeutung von Kodices** und mehr oder weniger privaten Regelwerken aller Art. Zu nennen sind – ohne dass Anspruch auf Vollständigkeit erhoben werden kann – namentlich der Deutsche Corporate Governance Kodex,[97] die Going Public Grundsätze der Deutschen Börse,[98] die Standards des Deutschen Rechnungslegungs- und Standardisierungsrates (vgl. § 342 HGB), die IFRS. Ob sich diese Tendenz in Zukunft fortsetzen wird, ist zwar nicht völlig sicher, insbesondere im Bereich der Rechnungslegung handelt es sich aber nicht um eine Modeerscheinung, sondern um eine erst am Anfang stehende Entwicklung. Zwei gegenläufige, für die Praxis des Aktienrechts wichtige Entwicklungen haben sich zum Deutschen Corporate Governance Kodex ergeben. Einerseits hat die Rechtsprechung diesem mittelbare Gesetzeskraft dadurch verschafft, dass sie die nicht offengelegte Abweichung von den Kodexempfehlungen zugleich als Verstoß gegen § 161 AktG und damit als Gesetzesverstoß (mit der Folge der Anfechtbarkeit und ggf. Nichtigkeit von Gremienbeschlüssen) eingestuft hat.[99] Zwar bleibt die Befolgung der Empfehlungen freiwillig, die in der Befolgungserklärung liegende Selbstbindung führt jedoch – bis zu einer anders lautenden Erklärung – zur gesetzesgleichen Geltung der befolgten Kodexempfehlung. Konträr zu dieser Entwicklung steht, dass der deutsche Gesetzgeber mehrfach Kodexempfehlungen trotz relativ hoher Befolgungsquote gesetzlich kodifiziert hat, um eine Nichtbefolgung zuverlässig zu vermeiden und „politische Stärke" zu zeigen. Es bleibt abzuwarten, ob die zu dieser Entwicklung parallele Verschärfung der BGH-Rechtssprechung und die Erweiterung des § 161 AktG durch das BilMoG solche Desavouierungen der Kodexidee durch den Gesetzgeber stoppen können.

39 Eine machtvolle, aber durchaus kritisch zu hinterfragende[100] jüngere Tendenz ist die Inanspruchnahme des Gesellschaftsrechts durch den Gesetzgeber für **gesellschaftspolitische Ziele**. Relativ weit oben auf der politischen Agenda stehen dabei „Diversität und Geschlechtergerechtigkeit", deren Erreichung Zielsetzung des **Führungspositionenteilhabe-Gesetzes** (FüPoTeiG)[101] und des **Entgelttransparenzgesetzes** (EntgTranspG)[102] ist. Mittelfristig vielleicht noch bedeutsamer ist der Versuch, durch Regulierung und staatliche Vorgaben „Rentabilität mit sozialer Gerechtigkeit und Umweltschutz" zu verbinden und Unternehmen zur Übernahme sozialer Verantwortung und nachhaltigem Wirtschaften zu zwingen.[103] Mit dem **CSR-Richtlinie-Umsetzungsgesetz**[104] setzen der europäische und ihm folgend der deutsche Gesetzgeber dabei (zunächst) auf durch Berichtspflichten erhöhte Transparenz.

---

[95] *Bayer*, Empfehlen sich besondere Regelungen für börsennotierte und für geschlossene Gesellschaften?, Gutachten E, in: Verhandlungen des 67. Deutschen Juristentages, Band I: Gutachten, 2008, S. E 1 ff.
[96] Vgl. auch *Habersack* AG 2009, 1 (6 ff.).
[97] Abdruck der am 24.4.2017 im elektronischen Bundesanzeiger veröffentlichten Fassung vom 7.2.2017 im Anhang unter V.
[98] Hierzu etwa *Meyer* WM 2002, 1864.
[99] BGH NJW 2009, 2207 = NZG 2009, 342 = WM 2009, 662; OLG München WM 2009, 658.
[100] Skeptisch zu Recht *Habersack*, Gutachten 69. DJT, 2012, Bd. I, Teil E 33 ff.
[101] Gesetz für die gleichberechtigte Teilhabe von Frauen und Männern an Führungspositionen in der Privatwirtschaft und im öffentlichen Dienst, BGBl. 2015 I 642; hierzu *Schüppen/Tretter* WPg 2015, 643 (651) und zum Hintergrund *Seibert* FS Baums, S. 1133.
[102] Gesetz zur Förderung der Transparenz von Entgeltstrukturen, BGBl. 2017 I 2152.
[103] RegBegr zum CSR-Richtlinie-Umsetzungsgesetz BT-Drs. 18/9982, 30.
[104] Gesetz zur Stärkung der nichtfinanziellen Berichterstattung der in ihren Lage- und Konzernlageberichten vom 11.4.2017, BGBl. 2017 I 802.

Die **Konkurrenz der Aktiengesellschaft mit der europäischen Rechtsform der SE** hat bisher nur geringen Reformdruck auf das deutsche Aktienrecht ausgeübt. Die vor allem diskutierte Frage, ob bei der Aktiengesellschaft ein Wahlrecht für eine monistische Organisationsverfassung eingeräumt werden solle, hat der Gesetzgeber abschlägig beschieden. Auch auf dem 67. Deutschen Juristentag haben solche Vorschläge keine Mehrheit gefunden. Der größte Reformdruck geht von der SE derzeit für das deutsche Mitbestimmungsrecht aus.[105] Dieses hat sich allerdings in der globalen Finanzmarktkrise 2008/2009 außerordentlich bewährt[106] und eine erhebliche Stabilisierung durch das Urteil des EuGH vom 18.7.2017[107] erfahren, in dem der Gerichtshof die Europarechtskonformität des deutschen Mitbestimmungsregimes zutreffend und klar bestätigt hat.

Zu den bedeutsamen Streitpunkten des Aktienrechts wird auch in den nächsten Jahren die Frage gehören, ob der nicht wesentlich beteiligte Aktionär (also insbesondere der Kleinaktionär) als **bloßer Kapitalanleger und nicht (mehr) als vollwertiges Verbandsmitglied** eingestuft werden soll, mit rechtlichen Konsequenzen insbesondere für die Berechnung von Kompensationsleistungen und die nicht vermögensrechtlichen Mitgliedschaftsrechte wie Fragerecht und Klagebefugnisse.[108] Hiermit eng im Zusammenhang steht die Frage nach einer verbesserten Abstimmung von Kapitalmarktrecht und Aktienrecht oder gar einer vollständigen Neukodifikation des Börsenaktienrechts. Es bedarf allerdings keiner prophetischen Gabe um vorauszusagen, dass jedenfalls letzteres in der begonnenen 19. Legislaturperiode des Deutschen Bundestages noch keine für die Praxis relevanten Formen annehmen wird.

---

[105] Siehe hierzu insbesondere Beilage zu Heft 48, ZIP 2009, mit Aufsätzen von *Habersack, Hanau, Teichmann, Jacobs* und *Veil*.
[106] Siehe *Sick* FS Kempen, S. 363 mit Nachw. insbes. Fn. 1–3.
[107] EuGH ZIP 2017, 1431 – Erzberger/TUI AG; hierzu *Sick* WPg 2018, 121.
[108] Ausführlich und zu Recht kritisch *Wiedemann* FS Karsten Schmidt, S. 1731 ff.; im Zusammenhang mit Barabfindungen die Bedeutung der Mitgliedschaft gegenüber dem bloßen einzelnen Anteil zu Recht betonend BGH 12.1.2016 – II ZB 25/14, BGHZ 208, 265 = ZIP 2016, 666 m. Bespr. *Schüppen* ZIP 2016, 1413.

§ 2 Vergleich der Aktiengesellschaft mit der GmbH

Übersicht

	Rn.
I. Gemeinsamkeiten	1–11
1. Juristische Person und Kapitalgesellschaft	1–3
2. Körperschaft	4/5
3. Haftungsbeschränkung	6–10
4. Gleichbehandlungsgrundsatz	11
II. Unterschiede	12–30
1. Satzungsstrenge und Regelungsdichte	12–15
2. Organisationsstruktur (Corporate Governance)	16–22
3. Fungibilität der Beteiligung	23–25
4. Kapitalaufbringung und -erhaltung	26–30
III. Bewertung	31–38
1. Zusammenfassung	31/32
2. Ambivalenz der Unterscheidungskriterien	33–35
3. Nebenwirkungen	36–38

Schrifttum: *Bayer*, Gesellschafterliste und Aktienregister, in: *Hoffmann-Becking/Hüffer/Reichert* (Hrsg.), GS M. Winter (2011), S. 9; *Böcker*, Die kleine AG als Alternative zur GmbH?, RheinNotZ 2002, 129; *Fabritius*, Vermögensbindung in AG und GmbH – tiefgreifender Unterschied oder grundsätzliche Identität?, ZHR 1980 (144) 628; *Großfeld/Leufers*, Gleichbehandlung von AG und GmbH in der Rechnungslegung?, DB 1988, 2009; *Heidinger*, Die Haftung und die Vertretung in der Gründungsphase der GmbH im Vergleich zur (kleinen) Aktiengesellschaft, GmbHR 2003, 189; *Hölters/Buchta*, Die „kleine" AG – geeignet für Mittelstand und Konzerne?, DStR 2003, 79; *Hommelhoff/Freytag*, Wechselseitige Einflüsse von GmbH- und Aktienrecht, DStR 1996, 1367 und 1409; *Kiem*, in: Seibert/Kiem/Schüppen (Hrsg.), Handbuch der kleinen AG, 5. Aufl. 2008, Teil 4 I (Rn. 4.1–4.54) Die tragenden Prinzipien des Aktienrechts; *Ludwig*, Formanforderungen an die individuell erteilte Stimmrechtsvollmacht in der AG und in der GmbH, AG 2002, 433; *Lutter*, Das System der Kapitalgesellschaften, GmbHR 1990, 337; *Meier/Pech*, Bestellung und Anstellung von Vorstandsmitgliedern in AGs und Geschäftsführern in einer GmbH, DStR 1995, 1195; *Peltzer*, Vorstand und Geschäftsführung als Leitungs- und gesetzliches Vertretungsorgan der Gesellschaft; *Schüppen*, Satzung der kleinen AG, Köln 2001.

I. Gemeinsamkeiten

1. Juristische Person und Kapitalgesellschaft

1   Aktiengesellschaft und GmbH sind juristische Personen und Kapitalgesellschaften. Als **juristische Person** hat die AG eine „eigene Rechtspersönlichkeit" (§ 1 Abs. 1 S. 1 AktG) und damit die Fähigkeit, Träger von Rechten und Pflichten zu sein (für die GmbH: § 13 Abs. 1 GmbHG).[1] Als juristische Person nimmt die Gesellschaft im Prinzip wie eine natürliche Person am Rechtsverkehr teil und wird hierbei durch ihre Organe vertreten. Nur die Gesellschaft selbst ist Zuordnungssubjekt der Rechte und Pflichten, nicht auch ihre Gesellschafter (Trennungsprinzip). Die unbeschränkte Rechtsfähigkeit hat zur Folge, dass die Aktiengesellschaft als juristische Person konto-, grundbuch- und beteiligungsfähig, auch besitzfähig ist. Selbstverständlich ist die juristische Person im Prozess aktiv und passiv parteifähig.[2]

2   Die AG erlangt die **Rechtsfähigkeit** mit der Eintragung im Handelsregister, § 41 Abs. 1 AktG (für die GmbH: § 11 Abs. 1 GmbHG). Im Zeitraum von der notariellen Beurkundung der Satzung bis zu der Eintragung im Handelsregister existiert eine sogenannte Vorgesellschaft. Diese nimmt wie eine juristische Person letztlich uneingeschränkt am Rechtsverkehr teil, insbesondere gehen mit der Eintragung im Handelsregister sämtliche Rechte und Pflich-

---

[1] Zum Themenkreis: „Verbände als Rechtsträger" und zur Theorie der juristischen Person vgl. *Karsten Schmidt* Gesellschaftsrecht S. 181 ff.; → § 8.
[2] Zum vorstehenden Hüffer/Koch/*Koch* AktG § 1 Rn. 10 ff.; für die GmbH: Baumbach/Hueck/*Fastrich* GmbHG § 13 Rn. 2; Lutter/Hommelhoff/*Bayer* GmbHG § 13 Rn. 2.

ten der Vorgesellschaft „automatisch" auf die durch die Eintragung entstandene juristische Person über.³ Besondere Problemlagen und persönliche Haftungsrisiken für die Gründungsgesellschafter ergeben sich, wenn es nicht zur Registereintragung kommt und die Gründung scheitert (hierzu → Rn. 6 ff. und *Peres* → § 14).

Die AG ist – wie die GmbH – **Kapitalgesellschaft.** Der Begriff als solcher taucht weder im AktG noch im GmbHG auf, jedoch enthalten andere Gesetze an verschiedenen Stellen eine Zusammenfassung von AG, KGaA und GmbH unter dem Oberbegriff der Kapitalgesellschaften (zB Überschrift zum zweiten Abschnitt des HGB vor § 264; § 3 Abs. 1 Nr. 2 UmwG; § 1 Abs. 1 Nr. 1 KStG). Wesensmerkmal der deutschen Kapitalgesellschaft ist die Existenz eines satzungsmäßig festgelegten Nennkapitals, das bei der Aktiengesellschaft als „Grundkapital" und bei der GmbH als „Stammkapital" bezeichnet wird. In beiden Fällen handelt es sich um eine rein nominelle Bilanzziffer, für die ein Mindestbetrag vorgeschrieben ist (Aktiengesellschaft: 50.000,– EUR, § 7 AktG; GmbH: 25.000,– EUR, § 5 Abs. 1 GmbHG). Auch bei der **Unternehmergesellschaft,** die keine eigene Rechtsform, sondern eine besondere **Ausprägung der GmbH** ist, muss ein nominelles Stammkapital festgelegt werden, das allerdings unter 25.000 EUR liegen und bis auf 1,– EUR abgesenkt werden kann (§ 5a Abs. 1 GmbHG); nach der Vorstellung des Gesetzgebers soll über eine zwingende partielle Gewinnthesaurierung sukzessive eine Auffüllung auf das Mindestkapital von 25.000 EUR stattfinden (§ 5a Abs. 3 und Abs. 5 GmbHG). Das Nennkapital hat weder für das (bilanzielle) Eigenkapital noch für die Vermögenssituation signifikante Aussagekraft. Das Nennkapital ist jedoch Bezugspunkt der Regeln der Kapitalaufbringung und Kapitalerhaltung und übernimmt damit eine wichtige Funktion für ein Minimum an Seriositätskontrolle und als „Aufgriffsschwelle" für Haftungstatbestände.⁴ Das Nennkapital ist bei der Aktiengesellschaft in Aktien, bei der GmbH in Stammeinlagen bzw. Geschäftsanteile, §§ 5, 14 GmbHG, zerlegt (hierzu → Rn. 23 ff.).

2. Körperschaft

Aktiengesellschaft und GmbH sind privatrechtliche Zweckvereinigungen und insofern **Gesellschaften im weiteren Sinne.** Im **engeren Sinne** handelt es sich jedoch um **Körperschaften,** deren Charakteristikum die überindividuelle Verselbständigung (Fortdauer bei Tod und Austritt, Vertretung durch Dritte – Fremdorganschaft, Mehrheitsentscheidungen der Gesellschafterversammlung) ist.⁵ Die Körperschaften sind im weiteren Sinne Vereine, was insofern von Bedeutung ist, als subsidiär nicht das Recht der bürgerlichen Gesellschaft (§§ 705 ff. BGB), sondern Vereinsrecht (§§ 21 ff. BGB) anwendbar ist. Die gemeinsame Grundstruktur von AG und GmbH als Körperschaft⁶ bedeutet zugleich, dass es keine grundsätzlichen Strukturunterschiede im Verhältnis der Gesellschaft zu ihren Gesellschaftern und im Verhältnis der Gesellschafter untereinander gibt.

Dies hat insbesondere die Diskussion um die **gesellschaftsrechtliche Treuepflicht** gezeigt, bei der ursprünglich die Auffassung vorherrschte, dass es eine Treuepflicht von Aktionären gegenüber der Gesellschaft und den Mitaktionären – anders als bei der GmbH – nicht oder nur in extremen Ausnahmefällen geben könne. Diese Auffassung ist jedoch inzwischen überholt, nachdem die Rechtsprechung des BGH solche Treuepflichten umfassend auch bei der Aktiengesellschaft anerkannt hat.⁷ Unterschiede können sich aus dem Realtypus ergeben, weil Grad und Umfang der Treuepflicht vom Grad der personalistischen Prägung ei-

---

³ Zur Vor-AG vgl. Hüffer/Koch/*Koch* AktG § 41 Rn. 2 ff.; *Schüppen,* Satzung der kleinen AG, S. 21 ff.; *Karsten Schmidt* Gesellschaftsrecht S. 788 ff. (§ 27 II 3.); zur Vor-GmbH: *K. Schmidt* GesR S. 1016 ff. (§ 34 III 3.), Lutter/Hommelhoff/*Bayer* GmbHG § 11 Rn. 5 ff.
⁴ Inwieweit diese Funktion in dem mit ihr einhergehenden Regelungsaufwand sinnvoll oder künftig entbehrlich sein soll, ist gegenwärtig Gegenstand einer intensiven, auf nationaler und europäischer Ebene geführten Diskussion, vgl. *Merkt* und *Micheler* ZGR 2004, 305 ff. (324 ff.).
⁵ Zur Systematik der gesellschaftsrechtlichen Rechtsformen *K. Schmidt* GesR S. 45 ff.; → § 3i.
⁶ Zweifelnd (GmbH als Gesellschaft ieS)*Raiser/Veil,* Recht der Kapitalgesellschaften, § 3 Rn. 6 f.; *Großfeld/Leufers* DB 1988, 2009.
⁷ BGHZ 129, 136 = NJW 1995, 1739 – Girmes; rechtsformvergleichender Überblick bei *Hommelhoff/Freytag* DStR 1995, 1367 (1369).

ner Gesellschaft abhängen. Bei **grundsätzlich gleichem Idealtypus** sind aber personalistische Aktiengesellschaft und kapitalistische GmbH als reale Ausprägungen ebenso gut denkbar wie der praktisch weit überwiegende umgekehrte Fall einer tendenziell stärker personalistischen Ausprägung bei der GmbH. Ein denkbares unterschiedliches Ergebnis der Rechtsanwendung ist aber dann keine Konsequenz der unterschiedlichen Rechtsform, sondern der unterschiedlichen Ausgestaltung der Rechtsform im konkreten Einzelfall (**Realtypus**).

3. Haftungsbeschränkung

6   Für **Verbindlichkeiten der Gesellschaft** haftet nur diese mit dem **Gesellschaftsvermögen** (§ 1 Abs. 1 S. 2 AktG, § 13 Abs. 2 GmbHG). Eine Haftung der Gesellschafter für Verbindlichkeiten der Gesellschaft ist grundsätzlich ausgeschlossen.[8] Das für die Zuordnung von Rechten und Pflichten maßgebliche Trennungsprinzip (siehe oben) findet damit sein für den deutschen Typus der Kapitalgesellschaften bezeichnendes Korrelat im Haftungssystem. Auch soweit Gesellschafter Einlagen, Nachschüsse, Beträge aus Gründerhaftung oder die Erstattung verbotswidrig empfangener Auszahlungen schulden, haften sie grundsätzlich nur gegenüber der Gesellschaft, nicht unmittelbar gegenüber Gläubigern der Gesellschaft.[9]

7   Es ist anerkannt, dass unter bestimmten Voraussetzungen die Beschränkung der Haftung auf das Gesellschaftsvermögen durchbrochen wird und die Gesellschafter unmittelbar für Verbindlichkeiten der Gesellschaft haften. Welche Umstände dies sind und wie dieser (nicht gesetzlich geregelte) Haftungstatbestand im Detail zu konkretisieren ist, wird in Rechtsprechung und Literatur unter dem Stichwort der „**Durchgriffshaftung**" unaufhörlich diskutiert.[10] Die auch in der Rechtsprechung immer wieder genannten Fallgruppen des objektiven Rechtsformmissbrauchs, der Vermögens- oder Sphärenvermischung und der materiellen Unterkapitalisierung haben sich in der Praxis weniger als konkrete Haftungstatbestände denn als einzelne Begründungselemente einer solchen Durchgriffshaftung erwiesen. Nachdem die Rechtsprechung des BGH den unmittelbaren Zugriff der Gläubiger auf den Gesellschafter in einem sich über Jahre hinziehenden Prozess zunächst auf konzernrechtliche Überlegungen gestützt hatte (sogenannter qualifiziert faktischer Konzern, § 302 AktG analog) ist sie hiervon zwischenzeitlich abgerückt. Wesentlicher Haftungstatbestand einer Durchgriffshaftung ist nach dem derzeit erreichten Rechtszustand der „existenzvernichtende Eingriff".[11]

8   Kein Fall des Durchgriffs, aber doch ein kapitalgesellschaftstypisches persönliches Haftungsrisiko ist die **Haftung in der Gründungsphase**. Erwähnenswert ist hier zunächst die sogenannte Handelndenhaftung (§ 41 Abs. 1 S. 2 AktG, § 11 Abs. 2 GmbHG) und sodann die unbeschränkte persönliche Haftung der Gründer nach gescheiterter Gründung. Diese ist durch die Rechtsprechung des BGH als eine einheitliche unbeschränkte Innenhaftung (Verlustdeckungshaftung) gegenüber der Gesellschaft ausgestaltet.[12] (Nur) in Sonderfällen ist auch eine unmittelbare (Außen-)Haftung anerkannt.[13] Trotz Unterschieden im Detail ist die Gesellschafterhaftung nach fehlgeschlagener Gründung bei AG und GmbH strukturell identisch.[14]

9   Das Rechtsprechungsmaterial zur Durchgriffshaftung und zur Haftung der Gründer nach gescheiterter Gründung im Kapitalgesellschaftsrecht betrifft praktisch ausschließlich die

---

[8] Diese Haftungsbeschränkung ist ein Wesensmerkmal der deutschen Kapitalgesellschaften, aber weder dogmatisch noch logisch zwingend mit dem Rechtsinstitut der juristischen Person oder der Kapitalgesellschaft verbunden. Eine akzessorische oder subsidiäre Haftung der Gesellschafter wäre denkbar, so dass die Haftungsbeschränkung auf einer selbstständigen Entscheidung des Gesetzgebers beruht, so zutreffend KölnKomm-AktG/*Kraft* § 1 Rn. 11; Hüffer/Koch/*Koch* AktG § 1 Rn. 8.
[9] Baumbach/Hueck/*Fastrich* GmbHG § 13 Rn. 7.
[10] Für einen Überblick vgl. Hüffer/Koch/*Koch* AktG § 1 Rn. 15 ff.; Baumbach/Hueck/*Fastrich* GmbHG § 13 Rn. 10 ff. und 40 ff.
[11] Ausführlich zum neuen Konzept der BGH-Rechtsprechungen Henze/Hoffmann-Becking/*Röhricht* Gesellschaftsrecht 2003.
[12] BGHZ 134, 333.
[13] Baumbach/Hueck/*Fastrich* GmbHG § 11 Rn. 27 mit Nachw.
[14] Zu den Detailunterschieden ausführlich *Heidinger* GmbHR 2003, 189.

§ 2 Vergleich der Aktiengesellschaft mit der GmbH

GmbH. Dennoch existieren ebenso wie in der Frage der Haftungsbeschränkung auch beim Haftungsdurchgriff keine strukturellen Unterschiede der Rechtsformen.[15]

Keine Frage des Trennungsprinzips und der Haftungsbeschränkung auf das Gesellschaftsvermögen ist die Thematik der **persönlichen Haftung von Organmitgliedern** (Geschäftsführern, Vorständen, Aufsichtsratsmitgliedern). Auch in soweit ist allerdings sowohl für die Aktiengesellschaft als auch für die GmbH zutreffend, dass Organmitglieder bei Pflichtverletzungen nur gegenüber der Gesellschaft haften und eine unmittelbare Außenhaftung gegenüber Dritten nur ausnahmsweise in Betracht kommt. Trotz dieser strukturellen Gemeinsamkeit ergeben sich aus der unterschiedlichen Organisationsstruktur aus der Sicht einzelner Organmitglieder durchaus relevante Rechtsformunterschiede (→ Rn. 16 ff.). 10

4. Gleichbehandlungsgrundsatz

Besonders hervorgehoben ist im AktG der **Gleichbehandlungsgrundsatz**, in dem er in § 53a AktG ausdrücklich normiert wird: Danach sind Aktionäre unter gleichen Voraussetzungen gleich zu behandeln. Als weitere, spezielle Ausprägungen des Gleichbehandlungsgrundsatzes können § 131 Abs. 4 S. 1 AktG (gleiche Behandlung bei Auskunftserteilung) und im Prinzip auch das Bezugsrecht, § 186 Abs. 1 AktG, angesehen werden. Das Bezugsrecht stellt sicher, dass Aktionäre ihre mitgliedschaftliche Stellung einschließlich ihrer vermögensmäßigen Bezüge auch bei Kapitalerhöhungen pro rata erhalten können.[16] Obwohl der Gleichbehandlungsgrundsatz im GmbHG keine vergleichbar hervorgehobene Stellung hat und insbesondere eine dem § 53a AktG entsprechende Generalklausel fehlt, ist unstreitig, dass es sich bei dem Gleichbehandlungsgrundsatz um einen **allgemeinen gesellschaftsrechtlichen Grundsatz** handelt, der für die GmbH in gleicher Weise wie für die Aktiengesellschaft gilt.[17] Auch ein (gesetzliches) Bezugsrecht der Gesellschafter bei Kapitalerhöhungen wird für die GmbH einhellig anerkannt,[18] wobei dies überwiegend trotz fehlender ausdrücklicher Normierung als gesetzliches Bezugsrecht bezeichnet und von *Ulmer* mit im Wesentlichen identischem Ergebnis aus der Anwendung des Gleichbehandlungsgrundsatzes abgeleitet wird.[19] Hinsichtlich des Bezugsrechts ist sogar festzustellen, dass dies bei der Aktiengesellschaft etwas schwächer ausgeprägt ist als bei der GmbH, weil bei der AG ein Ausschluss des Bezugsrechts unter Kapitalmarktgesichtspunkten durch den Gesetzgeber etwas erleichtert worden ist (vgl. insbesondere § 186 Abs. 3 S. 4 AktG). 11

II. Unterschiede

1. Satzungsstrenge und Regelungsdichte

Von zentraler Bedeutung für das Aktienrecht und für den Rechtsformunterschied zwischen AG und GmbH ist eine recht unscheinbar in § 23 Abs. 5 AktG „versteckte" Vorschrift. Danach kann die Satzung von den Vorschriften des Aktiengesetzes nur abweichen, wenn dies ausdrücklich zugelassen ist; zulässig sind „ergänzende Bestimmungen", aber selbst diese nur dann, wenn das Aktiengesetz keine abschließende Regelung enthält (**Prinzip der „Satzungsstrenge"**). Demgegenüber gilt im GmbH-Recht grundsätzlich das Prinzip der **Satzungsautonomie** (§ 45 Abs. 1 GmbHG); die gesetzlichen Regelungen stehen weitestgehend zur Disposition der (satzungsändernden Mehrheit der) Gesellschafter, zwingende Vorschriften sind die Ausnahme. 12

---

[15] Einerseits gibt es gerade in den Bereichen hochriskanter und gering kapitalisierter Aktivitäten eine unverhältnismäßig größere Zahl von GmbHs als AGs; andererseits führen die unterschiedlichen Organisationsstrukturen (→ II 2.) dazu, dass die GmbH für die Erfüllung des Tatbestands des existenzvernichtenden Eingriffs anfälliger ist als die AG. Aber auch bei der AG ist die Kombination von personenidentischem Hauptaktionär und Vorstand mit willfährigem Aufsichtsrat für eine Tatbestandserfüllung grundsätzlich tauglich.
[16] Hüffer/Koch/*Koch* AktG § 186 Rn. 2.
[17] Baumbach/Hueck/*Fastrich* GmbHG § 13 Rn. 31 ff.; Hüffer/Koch/*Koch* AktG § 53a Rn. 1.
[18] Baumbach/Hueck/*Zöllner*/*Fastrich* GmbHG § 55 Rn. 20; vgl. aber BGH ZIP 2005, 985 gegen undifferenzierte Übertragung aktienrechtlicher Grundsätze bei der Frage, ob Anspruch auf nur teilweiser Ausübung des Bezugsrechts besteht.
[19] Ulmer/Habersack/*Löbbe*/*Ulmer*/*Casper* GmbHG § 55 Rn. 52 ff.

13 Daraus ergibt sich in verschiedener Hinsicht eine wesentlich höhere Flexibilität des GmbH-Rechts. Zum einen können von vornherein durch die Satzung sehr unterschiedliche Realstrukturen geschaffen werden. So ist es zum Beispiel möglich durch eine entsprechende Satzungsgestaltung die GmbH weitgehend an die Aktiengesellschaft anzunähern, zum Beispiel durch Einrichtung eines Aufsichtsrats, die Installierung einer unabhängigen Geschäftsführung und die Reduzierung der Kompetenzen der Gesellschafterversammlung auf ein der Hauptversammlung entsprechendes Maß. Der umgekehrte Weg ist demgegenüber bei der Aktiengesellschaft versperrt. Gleiches gilt für Satzungsdurchbrechungen, also Situationen, in denen sich alle Gesellschafter einig sind, dass sie sich nicht an die Vorschriften der Satzung halten wollen. Dies ist bei der GmbH ohne weiteres möglich,[20] während dem bei der Aktiengesellschaft in den meisten Fällen zwingendes, auch auf Grund eines einstimmigen Beschlusses nicht abdingbares Recht entgegen steht.

14 Es kommt hinzu, dass auch die **Regelungsdichte** im Aktienrecht wesentlich höher ist als im GmbH-Gesetz. Zwar ist die Tatsache, dass die Paragraphenzählung im Aktiengesetz bei „410" endet, im GmbH-Gesetz aber schon bei „87", nur bedingt aussagekräftig, weil im Hinblick auf aufgehobene Paragraphen, mit Kleinbuchstaben versehene zwischengeschobene Paragraphen und die unterschiedliche Länge einzelner Paragraphen nur eine genaue Wörterzählung Aufschluss geben könnte und außerdem nicht übersehen werden darf, dass das Aktiengesetz im Unterschied zum GmbH-Gesetz auch Regelungen des Konzernrechts enthält. Dennoch hat das Verhältnis dieser Zahlen indizielle Bedeutung und dürfte eine gute Annäherung für die Quantifizierung der größeren Regelungsdichte im Aktienrecht sein. Die Spielräume für die Satzungsgestaltung sind eng, und es ist kein Zufall, dass Satzungen von Aktiengesellschaften jeder Größenklasse sich häufig über weite Strecken auf die Wiedergabe des Gesetzestextes beschränken.[21]

15 Die **Kombination von zwingendem Recht mit höherer Regelungsdichte** führt zwangsläufig zu einem höheren Grad an formalen Anforderungen und Detailregulierungen. Nicht denknotwendig, aber doch praktisch ist damit auch ein höherer Grad an Komplexität verbunden. Damit steigt für alle Arten von gesellschaftsrechtlichen Maßnahmen der Vorbereitungs- und Durchführungsaufwand und die Anfälligkeit gegenüber formalen und inhaltlichen Fehlern. Dem steht der durch dieses Regelungskonzept vermittelte höhere Grad an Standardisierung gegenüber.[22]

2. Organisationsstruktur (Corporate Governance)

16 Während die Aktiengesellschaft zwingend über eine **dreigliedrige** Organisationsstruktur verfügt (Vorstand, Aufsichtsrat, Hauptversammlung) existieren bei der GmbH im gesetzlichen Normalfall nur zwei Organe (Geschäftsführer, Gesellschafterversammlung). Der entscheidende Unterschied ergibt sich aber vor allem aus der unterschiedlichen Kompetenzverteilung. Auch der „Deutsche Corporate Governance Kodex" beansprucht nur für Aktiengesellschaften Geltung und ist inhaltlich an der Organisationsstruktur der AG orientiert. Er gilt obligatorisch für börsennotierte Gesellschaften (Präambel, Satz 1 und § 161 AktG), möchte fakultativ aber auch von nicht börsennotierten Gesellschaften beachtet werden (Präambel, drittletzter Absatz).

17 Sowohl der Vorstand bei der AG als auch die Geschäftsführung bei der GmbH sind das gesetzliche **Geschäftsführungs- und Vertretungsorgan**.[23] Die Vertretungskompetenz ist gesetzlich zwingend und kann weder dem Vorstand noch der Geschäftsführung entzogen werden. Der wesentliche Unterschied liegt in § 76 Abs. 1 AktG begründet, wonach der Vorstand die Gesellschaft unter eigener Verantwortung zu leiten hat. Aus dieser Vorschrift

---

[20] Soweit es nicht um Beschlüsse mit Dauerwirkungen geht, vgl. näher Lutter/Hommelhoff/*Bayer* GmbHG § 53 Rn. 27 ff.

[21] Vgl. hierzu Seibert/Kiem/Schüppen/*Schüppen*, Handbuch der kleinen AG, Rn. 2.92 ff.

[22] Im internationalen Rechtsvergleich ist der Erfolg der GmbH eine Funktion des Aktienrechts: je strenger dieses ist und desto weniger Vertragsfreiheit es bietet, desto erfolgreicher ist die GmbH: *Lutter* GmbHR 1990, 377.

[23] Vergleichender Überblick bei *Meier/Pech* DStR 1995, 1195; *Peltzer* JuS 2003, 348.

ergibt sich, dass der Vorstand nicht weisungsabhängig tätig werden darf; er ist weder Weisungen des Aufsichtsrats noch Weisungen der Hauptversammlung unterworfen. Die entsprechende Norm fehlt für die GmbH-Geschäftsführung. Diese ist Weisungen der Gesellschafterversammlung unterworfen und verpflichtet, diese auszuführen. Dieses Weisungsrecht der Gesellschafter kann durch die Satzung auch auf einen Aufsichtsrat übertragen werden.

Bei der Bewertung dieser Situation ist deren Ambivalenz zu berücksichtigen. Der gesetzlich vorgegebenen, zwingenden **Unabhängigkeit des Vorstands** korreliert dessen erhöhtes Haftungsrisiko. Während sich der GmbH-Geschäftsführer durch eine Weisung der Gesellschafterversammlung absichern und eine Haftung gegenüber der Gesellschaft ausschließen kann, ist dies für den Vorstand der Aktiengesellschaft nicht ohne weiteres möglich. Eine Billigung durch den Aufsichtsrat hilft ihm in keinem Fall (§ 93 Abs. 4 S. 2 AktG). Nur wenn die Hauptversammlung auf Verlangen des Vorstandes in gesetzmäßiger Weise entschieden hat, wird der Vorstand hierdurch von einer Haftung frei (§ 119 Abs. 2 AktG; § 93 Abs. 4 S. 1 AktG). Abgesehen davon, dass die Praktikabilität der Einholung solcher Zustimmungsbeschlüsse mit wachsendem Gesellschafterkreis schnell sinkt, ist eine Entscheidung der Hauptversammlung nur möglich, wenn der Vorstand für die Maßnahme zuständig ist; liegt die Zuständigkeit beim Aufsichtsrat, kann der Vorstand die Hauptversammlung nicht zuständig machen. Im Übrigen tritt § 119 Abs. 2 hinter anderen abschließenden Regelungen zurück.[24] 18

Von erheblicher Bedeutung ist die **Mediatisierung des Einflusses der Gesellschafter durch die Zwischenschaltung des Aufsichtsrats.** Der Aufsichtsrat ist insbesondere zwingend zuständig für die Bestellung und Anstellung der Vorstandsmitglieder, für die Vertretung der Gesellschaft gegenüber den Vorstandsmitgliedern, für die Feststellung des Jahresabschlusses bzw. die Billigung des Konzernabschlusses und die auf Grund des gesetzlich geforderten Zustimmungskatalogs erforderlichen Zustimmungen zu wichtigen Geschäftsführungsentscheidungen. Auch die Mitglieder des Aufsichtsrats sind Weisungen nicht unterworfen und üben kein imperatives Mandat aus. Dem natürlichen Bedürfnis, den Wünschen des wählenden bzw. entsendenden Aktionärs Rechnung zu tragen, sind durch die alleinige Verpflichtung auf das Gesellschaftsinteresse und drohende Schadensersatzpflichten Grenzen gezogen. Anders als bei der GmbH ist der nicht selbst im Vorstand tätige Gesellschafter daher auf eine in der einen oder anderen Form mittelbare Einflussnahme beschränkt. 19

Selbst der im Vorstand tätige Gesellschafter ist in formalrechtlicher Hinsicht davon abhängig, dass er durch den Aufsichtsrat bestellt und auch nicht später wieder abberufen wird. Hinzu kommt, dass Bestellung und Anstellungsvertrag zwingend auf höchstens fünf Jahre befristet sind; eine Verlängerung ist frühestens im letzten Jahr der Amtszeit möglich (§ 84 AktG). Eine gleichzeitige Tätigkeit als Vorstand und Aufsichtsratsmitglied ist im gegenwärtigen deutschen Aktienrecht nicht möglich.[25] 20

Aus dem zuvor Gesagten ergibt sich, dass die Hauptversammlung zwar theoretisch als „oberstes Organ" der AG anzusehen sein mag; sie kann ihre Herrschaft aber nur mittelbar über die Abberufung und Bestellung von Aufsichtsratsmitgliedern ausüben. Demgegenüber hat die **Gesellschafterversammlung der GmbH** nicht nur die Personalkompetenz gegenüber dem Geschäftsführungsorgan, sondern auch ein prinzipiell uneingeschränktes **Weisungsrecht in Geschäftsführungsfragen.** 21

Beeinflusst wird durch diese unterschiedliche Organisationsstruktur auch die Art der **Einbindung des Abschlussprüfers,** sofern es sich um eine prüfungspflichtige Gesellschaft handelt. Bei der Aktiengesellschaft wird der Abschlussprüfer durch die Hauptversammlung gewählt („bestellt"), der Prüfungsauftrag wird jedoch zwingend durch den Aufsichtsrat erteilt (§ 111 Abs. 2 S. 3 AktG). Nach der gesetzlichen Regelung unterstützt der Wirtschaftsprüfer den Aufsichtsrat bei seiner Kontrolltätigkeit, der Aufsichtsrat ist auch primär Adressat des Prüfungsberichts. Bei der GmbH erfolgt die Wahl des Abschlussprüfers im Normalfall durch die Gesellschafterversammlung, die Beauftragung durch die Geschäftsführung. Obwohl der 22

---

[24] Hüffer/Koch/*Koch* AktG § 119 Rn. 13.
[25] Für die SE ist ein One-Tier Board als Option eingeführt worden, vgl. §§ 20–49 SEAG.

Wirtschaftsprüfer eine gewisse Kontroll- und Überwachungsfunktion hat, ist Adressat seines Prüfungsberichtes bei der GmbH im Normalfall die Geschäftsführung. Eine früher herrschende Meinung ließ es sogar zu, dass durch die Satzung der Geschäftsführung auch die Aufgabe der Wahl des Abschlussprüfers übertragen wird.[26]

3. Fungibilität der Beteiligung

23   Die Fungibilität der Aktie ist zunächst geprägt durch die (mögliche) relativ **kleine Stückelung**; der Nennbetrag (bei Nennbetragsaktien) bzw. der auf die einzelne Aktie anteilige Betrag des Grundkapitals (bei Stückaktien) beträgt mindestens 1,– EUR (§ 8 Abs. 2, 3 AktG). Andererseits kann die Aktie **formlos** (durch Übergabe des Wertpapiers oder durch Abtretung des Rechts) und **grundsätzlich frei übertragen** werden; die bei Namensaktien mögliche Vinkulierung (§ 68 Abs. 2 AktG) bedarf einer gesonderten Regelung in der Satzung und stellt eher eine Ausnahme dar. Zwar ist die frühere Fungibilitätsfeindlichkeit des GmbH-Rechts durch das Gesetz zur Modernisierung des GmbH-Rechts und zur Bekämpfung von Missbräuchen (**MoMiG**) vom 23.10.2008[27] deutlich entschärft worden. Anders als vor der Reform kann nunmehr ein Gesellschafter bei der Errichtung der Gesellschaft auch mehrere Geschäftsanteile übernehmen, der Nennbetrag jedes Geschäftsanteils muss nur mehr auf volle Euro lauten, könnte also auch ein Euro betragen. Allerdings bleibt es bei einem entscheidenden Fungibilitätshindernis: Die Übertragung eines Geschäftsanteils erfordert zwingend eine notarielle Beurkundung (§ 15 Abs. 3 GmbHG). Eine Vinkulierung bedarf zwar auch bei der GmbH einer satzungsmäßigen Anordnung (§ 15 Abs. 5 GmbHG), anders als bei der AG ist aber in jedem Falle die Registrierung des Erwerbs in der ins Handelsregister aufzunehmenden **Gesellschafterliste**[28] Voraussetzung dafür, Rechte aus einem erworbenen Geschäftsanteil geltend zu machen (§ 40 iVm § 16 Abs. 1 GmbHG).

24   Aktien sind grundsätzlich **börsenfähig**, da sie als Wertpapiere (§ 2 Abs. 1 Nr. 1 WpHG) zum Handel an einer Wertpapierbörse (§ 2 Abs. 2 BörsenG) zugelassen werden können. Demgegenüber ist nach geltenden Recht ein Börsenhandel von GmbH-Beteiligungen nicht möglich und wäre angesichts der gesellschaftsrechtlichen Bestimmungen (notarielle Form) auch kaum praktikabel. Die besonders ausgeprägte **Verkehrsfähigkeit** von Aktien (nicht nur, aber vor allem bei börsennotierten Aktiengesellschaften) ist Charakteristikum des Aktieneigentums und hat Teil an der **Eigentumsgarantie** des Art. 14 Abs. 1 GG.[29]

25   Eine in der Praxis außerordentlich bedeutsame Besonderheit der Aktiengesellschaft, die sich im weiteren Sinne der Fungibilität zuordnen lässt, ist die Möglichkeit, **Aktien auch gewissermaßen „auf Vorrat" zu schaffen**. Hierzu stellt das Gesetz die Instrumente des **bedingten Kapitals** (§§ 192 ff. AktG) und des **genehmigten Kapitals** (§§ 202 ff. AktG) zur Verfügung. Während das genehmigte Kapital dem Vorstand die Möglichkeit gibt, unter bestimmten, von der Hauptversammlung beschlossenen Voraussetzungen neue Aktien auszugeben, entstehen beim bedingten Kapital die neuen Aktien quasi automatisch, wenn die bei dessen Schaffung definierten Voraussetzungen eintreten (zum Beispiel Optionsausübung, Ausübung von Wandlungsrechten. Durch das MoMiG (siehe bereits oben bei/in Fn. 27) ist das GmbH-Recht allerdings auch insofern an das Aktienrecht angenähert worden, denn § 55a GmbHG lässt nunmehr die Schaffung eines genehmigten Kapitals zu, das in seiner Ausgestaltung weitgehend dem aktienrechtlichen Vorbild entspricht. Die Durchführung einer bedingten Kapitalerhöhung ist bei der GmbH aber nach wie vor nicht möglich. Um wirtschaftlich vergleichbare Ergebnisse zu erzielen, bedarf es außerordentlich komplizierter Konstruktionen (Treuhandmodelle, Stimmrechtsbindungen etc), die auch bei hohem Regelungsaufwand nicht die gleiche Rechtssicherheit wie das bedingte Kapital des Aktienrechts bieten können.

---

[26] Vgl. Baumbach/Hueck/*Schulze-Osterloh* GmbHG, § 41 Rn. 64 mit Nachw.; heute überholt, siehe Baumbach/Hueck/*Zöllner/Noack* § 46 Rn. 86 u. 93.
[27] BGBl. I S. 2026.
[28] Ausführlich zum Vergleich der Gesellschafterliste mit dem Aktienregister *Bayer* GS M. Winter, S. 9.
[29] BVerfGE 100, 289 (305) – DAT/Altana; → 1 Rn. 19.

4. Kapitalaufbringung und -erhaltung

Kapitalaufbringung und Kapitalerhaltung dienen dem Gläubigerschutz und sollen als Korrelat der beschränkten Haftung sicherstellen, dass Dritten zumindest das satzungsmäßige Nominalkapital als Haftungssubstrat zur Verfügung steht.[30] Die Grundsätze der Kapitalaufbringung und Kapitalerhaltung beanspruchen sowohl für die AG wie auch für die GmbH Geltung; sie sind allerdings durch Gesetz und Rechtsprechung für beide Rechtsformen unterschiedlich ausgeprägt, wobei der Unterschied vor allem hinsichtlich des Prinzips der Kapitalerhaltung gravierend ist.

Durch das Verbot der Unterpariemission (§ 9 Abs. 1 AktG) und das Gründungsrecht (insbesondere §§ 26 ff. AktG) wird sichergestellt, dass das satzungsmäßige Grundkapital bei Gründung der Gesellschaft effektiv aufgebracht wird. Der eingeforderte Betrag, der bei Bareinlagen mindestens ein Viertel des geringsten Ausgabebetrages betragen muss, muss bei der Anmeldung der Gesellschaft zum Handelsregister endgültig zur freien Verfügung des Vorstands stehen. Ein eventuelles Agio muss stets vollständig geleistet werden. Für die Richtigkeit der Angaben bei der Gründung der Gesellschaft haften die Gründer und die Mitglieder des Vorstands und des Aufsichtsrats (zivilrechtliche Verantwortlichkeit der Gründer: § 46 AktG; strafrechtliche Verantwortlichkeit: § 399 Abs. 1 AktG). Die ordnungsgemäße Errichtung der Gesellschaft ist einerseits durch die Mitglieder des Vorstands und den Aufsichtsrats, andererseits in bestimmten Fällen durch Gründungsprüfer (§ 33 Abs. 2–5 AktG) zu prüfen und wird schließlich als Voraussetzung der Eintragung durch das Gericht auf seine Ordnungsmäßigkeit geprüft (§ 38 AktG). Verschärfte Anforderungen gelten im Falle der Sachgründung; Sacheinlagen sind stets vollständig zu leisten (§ 36a Abs. 2 AktG) und führen stets zu einer Gründungsprüfung durch unabhängige Prüfer (§ 33 Abs. 2 Nr. 4 AktG). Auch das Verbot, Aktionäre von ihren Leistungspflichten zu befreien (§ 66 AktG) ist Element des **Kapitalaufbringungsgebotes**. Aus dem in § 66 Abs. 1 S. 2 AktG enthaltenen Aufrechnungsverbot wird zugleich als Umgehungsschutz das Verbot verdeckter bzw. verschleierter Sacheinlagen abgeleitet. Sacheinlagen müssen als solche offen festgesetzt werden und vollwertig sein. Die Regelungen der Kapitalaufbringung bei der GmbH[31] unterscheiden sich weder im Konzept noch in den einzelnen Elementen grundsätzlich von der Aktiengesellschaft. Dennoch ist unter dem Strich das Kapitalaufbringungsrecht bei der Aktiengesellschaft deutlich strenger, was sich aus der oben bereits angesprochenen höheren Regelungsdichte im Aktienrecht und einigen Detailunterschieden (umfangreichere Gründungsprüfung, Bankbestätigung über Einzahlungen) ergibt. Das **Prinzip der Kapitalaufbringung gilt bei beiden Rechtsformen nicht nur bei der Gründung, sondern in gleicher Weise auch bei Kapitalerhöhungen**; technisch wird dies dadurch erreicht, dass die Kapitalerhöhungsvorschriften auf das Gründungsrecht verweisen (§ 188 Abs. 2 AktG; §§ 55 Abs. 4, 56 Abs. 2, 56a, 57 Abs. 2 und 4 GmbHG).

Der **Grundsatz der Kapitalerhaltung** kommt vor allem in der restriktiven Normierung von Auszahlungen und Leistungen der Gesellschaft an die Aktionäre zum Ausdruck. Jegliche Einlagenrückgewähr ist – unabhängig vom Stand des Eigenkapitals und den finanziellen Auswirkungen der Zahlung – verboten (§ 57 Abs. 1 u. 3 AktG). Den Aktionären dürfen Zinsen weder zugesagt noch ausgezahlt werden (§ 57 Abs. 2 AktG). An die Aktionäre ausgezahlt werden darf vor Auflösung der Gesellschaft nur auf Grund ordnungsgemäßer Gewinnverwendungsbeschlüsse der Bilanzgewinn (§ 57 Abs. 3, 58 AktG), auch Abschlagszahlungen auf den Bilanzgewinn sind nur unter außerordentlich restriktiven Bedingungen zulässig (erst nach Ablauf des Geschäftsjahres und nur auf der Grundlage eines vorläufigen Abschlusses, außerdem auf 50 % des niedrigeren Betrages aus Jahresüberschuss und vorjährigem Bilanzgewinn begrenzt, § 59 AktG). Ausdruck des Prinzips der Kapitalerhaltung ist auch die grundsätzliche Unzulässigkeit des Erwerbs eigener Aktien, der nur ausnahmsweise im Rahmen der in § 71 AktG normierten Ausnahmen zulässig ist.[32]

---

[30] Zu den Grundsätzen der Kapitalaufbringung und Kapitalerhaltung bei der AG vgl. *Schüppen*, Satzung der kleinen AG, Rn. 49 f. (S. 27 f.); Seibert/Kiem/Schüppen/*Kiem*, Handbuch der kleinen AG, Rn. 4.37 ff.; ausführlicher *Fabritius* ZHR 1980 144 (628).
[31] Baumbach/Hueck/*Fastrich* GmbHG Einleitung Rn. 7; *Priester* FS GmbHG, 195 ff.
[32] Hüffer/Koch/*Koch* AktG § 71 Rn. 1.

29 Demgegenüber ist der **Grundsatz der Kapitalerhaltung bei der GmbH**[33] wesentlich **schwächer ausgeprägt.** Verboten und zurückzuerstatten sind gemäß §§ 30, 31 GmbHG Auszahlungen an die Gesellschafter (nur) dann, wenn anderenfalls das zur Erhaltung des Stammkapitals erforderliche Vermögen angegriffen wird. Maßgeblich ist das nach Bilanzgrundsätzen rechnerisch ermittelte Gesellschaftsvermögen, das mit dem Stammkapital zu vergleichen ist. Ansätze und Bewertung ergeben sich nicht aus einem Vermögensstatus, sondern aus allgemeinen Bilanzgrundsätzen.[34] Auch außerhalb ordentlicher Gewinnverwendungsbeschlüsse sind also Rückzahlungen von Rücklagen oder sonstigem Vermögen im Prinzip jederzeit möglich, wenn die bilanzielle Vermögensdeckung des Stammkapitals hierdurch nicht tangiert wird. Auch hinsichtlich des Erwerbs eigener Anteile ist das GmbHG weit weniger restriktiv. Genau anders herum als bei der Aktiengesellschaft ist der Erwerb eigener Anteile grundsätzlich zulässig und nur unter den in § 33 GmbHG genannten Voraussetzungen ausnahmsweise verboten.[35]

30 Eine für die Praxis wichtige **Angleichung** von GmbH und Aktiengesellschaft hat sich durch das Gesetz zur Modernisierung des GmbH-Rechts vom 21.10.2008[36] bei der Behandlung von **Darlehensbeziehungen zwischen Gesellschaftern und Gesellschaft** ergeben. Veranlasst durch eine dies in Frage stellende BGH-Rechtssprechung[37] hat der Gesetzgeber ausdrücklich klargestellt, dass die Kapitalerhaltungsvorschrift des § 30 GmbHG auf Leistungen an die Gesellschafter, die durch einen vollwertigen Gegenleistungs- oder Rückgewähranspruch gegen die Gesellschafter gedeckt sind (**Darlehensgewährung an Gesellschafter**) nicht anzuwenden ist (§ 30 Abs. 1 S. 1 und 2 GmbHG). Eine identische Änderung wurde auch im § 57 Abs. 1 AktG vorgenommen, was im Aktienrecht eine erhebliche Auflockerung des strengen Kapitalerhaltungsgebotes darstellt. Andererseits wurden die Vorschriften über sog. kapitalersetzende Darlehen der Gesellschafter an die Gesellschaft gestrichen (§ 30 Abs. 1 S. 3 GmbHG, §§ 31a, b GmbHG) und durch einen allgemeinen Nachrang für Gesellschafterdarlehen im Insolvenzrecht (§ 39 Abs. 1 Nr. 5 InsO) sowie eine korrespondierte insolvenzrechtliche Anfechtungsregelung (§ 135 InsO) ersetzt. Insoweit sind die ehemals zugunsten der AG bestehenden Rechtsformunterschiede beseitigt worden.

III. Bewertung

1. Zusammenfassung

31 Die Grundprinzipien des Aktienrechts stimmen zu einem relativ hohen Prozentsatz mit den Grundprinzipien des GmbH-Rechts überein.[38] Bildlich gesprochen handelt es sich um **zwei sich überschneidende Kreise mit einem relativ hohen Überdeckungsgrad,** der den Bereich kennzeichnet, in dem bei der Rechtsformwahl zunächst und theoretisch echte Alternativität besteht. Als Spezifika der Aktiengesellschaft im Vergleich zur GmbH lassen sich schlagwortartig folgende Elemente identifizieren:

32
- Standardisierung (Satzungsstrenge, Regelungsdichte)
- Unabhängige, eigenverantwortliche Geschäftsführung
- Mediatisierung des Gesellschaftereinflusses durch unabhängiges Aufsichtsgremium mit Personal- und Gewinnfeststellungskompetenz
- Erhöhte Fungibilität der Beteiligung, einschließlich Börsenfähigkeit
- Vorratsanteile in Form bedingten Kapitals möglich
- Strengere Kapitalerhaltungsregeln (Verbote der Einlagenrückgewähr und des Erwerbs eigener Aktien).

---

[33] Baumbach/Hueck/*Fastrich* GmbHG Einleitung Rn. 7; *Fleck* FS GmbHG, S. 391 ff.
[34] BGHZ 109, 337 ff.; Baumbach/Hueck/*Fastrich* GmbHG § 30 Rn. 15 ff.
[35] Baumbach/Hueck/*Fastrich* GmbHG § 33 Rn. 1.
[36] BGBl. I 2026.
[37] Sog. Novemberurteil v. 24.11.2003, BGH NJW 2004, 111.
[38] AA – für „Typenwahrheit" und gegen eine „Erosion des Bilds der AG" – dagegen *Großfeld/Leufers* DB 1988, 2009 ff.; BGH Urt. v. 24.11.2003.

2. Ambivalenz der Unterscheidungskriterien

Versucht man, diese Unterscheidungskriterien in die Rubriken „Vorteile" und „Nachteile" einzuordnen, so stößt man auf Probleme. Lediglich bei der Möglichkeit der **Schaffung von bedingtem Kapital und der Börsenfähigkeit** lässt sich zumindest feststellen, dass diese nicht nachteilig sind; als vorteilhaft fallen sie allerdings auch nur dann ins Gewicht, wenn ein konkreter Bedarf für die Ausnutzung dieser Optionen besteht. 33

Für alle **anderen Differenzierungsmerkmale** gilt, dass sie **ambivalent** sind. Je nach Situation und Gegebenheiten des Einzelfalls sind strengere Kapitalerhaltungsregeln wünschenswert oder unerwünscht, ist die Unabhängigkeit der Geschäftsführung vorteilhaft oder gerade nicht interessengerecht. Im Rahmen einer solchen einzelfallabhängigen Gewichtung und Einordnung der Differenzierungsmerkmale auf der Soll- oder Haben-Seite ist dabei außerdem stets dem Befund Rechnung zu tragen, dass aus dem Bestand der situationsabhängig für die Aktiengesellschaft sprechenden Differenzierungskriterien ein großer Teil im dispositiven Satzungsrecht der GmbH im Einzelfall verankert werden kann. 34

Da – ganz allgemein gesprochen – der **Vorteil einer hohen Standardisierung dem Nachteil einer geringen Flexibilität gegenüber** steht,[39] lässt sich abstrakt feststellen, dass die Vorteile der Aktiengesellschaft vor allen Dingen für Gesellschafter mit primären Kapitalanlageinteressen zum Tragen kommen. 35

3. Nebenwirkungen

Organisationsstruktur und Standardisierung sowie die höhere Regelungsdichte des Aktienrechts führen zu einem **signifikant erhöhten Aufwand im Vergleich zur GmbH**. Hieran haben die Deregulierungstendenzen des Aktienrechts nichts geändert. Fast gilt das Gegenteil: Die Notwendigkeit der Feststellung, welche Deregulierungsmaßnahme auf die eigene Gesellschaft unter welchen Voraussetzungen inwieweit Anwendung findet, wirkt zunächst komplexitätserhöhend. Ohne die Zuweisung erheblicher Kapazitäten einer Rechtsabteilung zu eigenen gesellschaftsrechtlichen Angelegenheiten und/oder die Inanspruchnahme qualifizierten externen Rechtsrates ist es nicht möglich, den formellen Anforderungen des Aktienrechts gerecht zu werden. Dies nach dem Motto „wo kein Kläger, da kein Richter" zu ignorieren, kann sehr teuer werden, wenn später, möglicherweise nach Jahren, neu eingetretene Organmitglieder, neue Gesellschafter oder auch nur potentielle Investoren (beispielsweise im Rahmen einer Due Diligence im Vorfeld eines Paketkaufs oder des Börsengangs) formale Unregelmäßigkeiten aufdecken, die zu unabsehbaren und nur schwer heilbaren Folgefehlern geführt haben. Realistischerweise sollte man daher davon ausgehen, dass die vernünftige Führung einer „kleinen Aktiengesellschaft" auf der Basis der derzeitigen durchschnittlichen Personal- bzw. Beraterkosten ca. 30.000–100.000,– EUR im Jahr teurer ist als einer vergleichbaren GmbH. 36

Gelegentlich wird die Rechtsform der Aktiengesellschaft im Hinblick auf ihre Kapitalmarkttauglichkeit auch bereits dann gewählt, wenn es sich bei dem **künftigen Börsengang** noch um ein Ziel handelt, das zeitlich nicht kalkulierbar ist. Eine so motivierte Rechtsformwahl kann einerseits durch bestimmte Strukturunterschiede (siehe oben → II.) fundiert sein, andererseits aber auch rein um der Signalwirkung Willen sozusagen vorsorglich erfolgen. Ob dies empfehlenswert ist, lässt sich nicht allgemein beurteilen, sondern kann nur im Einzelfall entschieden werden. Richtig ist an einer solchen Überlegung jedenfalls, dass eine geraume Zeit vor dem Börsengang erfolgende Klärung der Rechtsformfrage frühzeitig wertvolle Erfahrungen vermittelt und die Vorbereitung des Börsengangs selbst von einem eher untergeordneten und technischen, aber durchaus zeitaufwändigen und lästigen Komplex entlastet wird. 37

Allein wegen ihrer Imagevorteile und des besseren Klangs der entsprechenden Titel oder eines in ferner Zukunft völlig vage ins Auge gefassten Börsengangs sollte die AG jedoch nicht gewählt werden. Vielmehr sollte die GmbH solange bevorzugt werden, als nicht be- 38

---

[39] Relativierend *Hölters/Buchta* DStR 2003, 79 (80).

stimmte Differenzierungskriterien zwingend oder quasi-zwingend für die Aktiengesellschaft sprechen. **Situationen solcher „quasi-zwingenden" Präferenzen** für die AG können allerdings relativ häufig vorliegen, da die Reduzierung von Gesellschafterinteressen auf primäre Kapitalanlageinteressen keineswegs nur in der Situation der börsennotierten AG, sondern sehr häufig auch in der Familien-AG [für die Regelung der Unternehmensnachfolge oder bei einer (sehr) großen Familie mit mehreren Familienstämmen] oder bei sonstigen Private Placements als erwünscht angesehen wird.

§ 3 Vergleich der Aktiengesellschaft mit der Kommanditgesellschaft auf Aktien

Übersicht

	Rn.
I. Grundlagen	1–8
1. Rechtsform	1–3
2. Erscheinungsformen	4–7
3. Branchenspezifische Verwendbarkeit der KGaA	8
II. Die Unterschiede der KGaA zur AG im Einzelnen	9–34
1. Vermögensbeteiligung, Haftung	10–12
2. Satzungsstrenge versus Gestaltungsfreiheit	13–15
3. Organe der Gesellschaft	16–31
a) Geschäftsführungs- und Vertretungsorgan	19–22
b) Aufsichtsrat	23–27
c) Hauptversammlung	28–31
4. Mitbestimmung	32
5. Steuerrecht	33/34
III. Zusammenfassung	35–40

Schrifttum: *Binz/Sorg,* Die KGaA mit beschränkter Haftung – quo vadis?, DB 1997, 313; *dies.,* Die GmbH & Co. KGaA, BB 1988, 2041; *Dierksen/Möhrle,* Die kapitalistische KGaA, ZIP 1998, 1377; *Fett/Förl,* Die Mitwirkung der Hauptversammlung einer KGaA bei der Veräußerung wesentlicher Vermögensteile, NZG 2004, 210; *Fischer,* Die Besteuerung der KGaA und ihrer Gesellschafter – eine steuerrechtliche Bestandsaufnahme unter Berücksichtigung des BGH-Beschlusses v. 24.2.1997, DStR 1997, 1519; *Geck,* Überlegungen zur Verwendung der GmbH & Co. KGaA in der mittelständischen Wirtschaft, NZG 1998, 586; *Gonnella/Mikic,* Die Kapitalgesellschaft & Co. KGaA als „Einheitsgesellschaft", AG 1998, 508; *Halasz/L. Kloster/A. Kloster,* Die GmbH & Co. KGaA Eine Rechtsformalternative zur GmbH & Co. KG?, GmbHR 2002, 77; *Hasselbach/Ebbinghaus,* Die KGaA als Unternehmensform für den deutschen Mittelstand, DB 2015, 1269; *Heermann,* Unentziehbare Mitwirkungsrechte der Minderheitsaktionäre bei außergewöhnlichen Geschäften in der GmbH & Co. KGaA, ZGR 2000, 61; *Hennerkes/Lorz,* Roma locuta causa finita: Die GmbH & Co. KGaA ist zulässig, DB 1997, 1388; *Hennerkes/May,* Noch einmal: Die GmbH & KG auf Aktien als Rechtsform für börsenwillige Familienunternehmen?, BB 1998, 2393; *Hölters/Buchta,* Die „kleine" AG – geeignet für den Mittelstand und Konzerne?, DStR 2003, 79; *Hommelhoff,* Anlegerschutz in der GmbH & Co. KGaA, in: Ulmer (Hrsg.), Die GmbH & Co. KGaA nach dem Beschluss BGHZ 134, 352, 1998, S. 9–31; *Ihrig/Schlitt,* Die KGaA nach dem Beschluss des BGH v. 24.2.1997, in Ulmer (Hrsg.), Die GmbH & Co. KGaA nach dem Beschluss BGHZ 134, 352, 1998, S. 33–83; *Jaques,* Börsengang und Führungskontinuität durch die kapitalistische KGaA, NZG 2000, 401; *Jäger,* Aktiengesellschaft unter besonderer Berücksichtigung der KGaA, 2004; *Kallmeyer,* Die KGaA – eine interessante Rechtsformalternative für den Mittelstand?, DStR 1994, 977; *ders.,* Rechte und Pflichten des Aufsichtsrates in der KGaA, ZGR 1983, 58; *Kessler,* Die Entwicklung des Binnenrechts der KG aA seit BGHZ 134, 392 = NJW 1997, 1923, NZG 2005, 145; *Kornblum,* Bundesweite Rechtstatsachen zum Unternehmens- und Gesellschaftsrecht (Stand 1.1.2017), GmbHR 2017, 739, 740; *Ladwig/Motte,* Die GmbH & Co. KGaA nach der Zulassung durch den BGH – die neue Rechtsform für den Mittelstand?, DStR 1997, 1539; *Lorz,* Die GmbH & Co. KGaA und ihr Weg an die Börse, in VGR (Hrsg.), Gesellschaftsrecht in der Diskussion – Jahrestagung 1998, Bd. 1, 1999, S. 57–85; *Mayer-Uellner/Otte,* Die SE & Co. KGaA als Rechtsform kapitalmarktfinanzierter Familienunternehmen, NZG 2015, 737; *Meyer,* Die GmbH und andere Handelsgesellschaften im Spiegel empirischer Forschung, GmbHR 2002, 177, 187; *Muthers,* Gemeinsame anwaltliche Berufsausübung in der Kapitalgesellschaft – Die Anwalts-AG und -KGaA, NZG 2001, 930; *Niedner/Kusterer,* Die atypisch ausgestaltete Familien-KGaA als Instrument zur Gestaltung des Generationswechsels in mittelständischen Unternehmen, DB 1997, 2010; *Niedner/Kusterer,* Die atypisch ausgestellte Familien-KGaA aus der Sicht des Kommanditaktionärs, DB 1997, 1451; *Reichert,* Wettbewerb der Gesellschaftsformen – SE oder KGaA zur Organisation großer Familiengesellschaften, ZIP 2014, 1957; *Schlitt,* Die Satzung der Kommanditgesellschaft auf Aktien, 1999; *Schrick,* Die GmbH & Co. KG in der Form der Einheitsgesellschaft als börsenwilliges Unternehmen, NZG 2000, 675; *ders.,* Überlegung zur Gründung einer kapitalistischen KGaA aus dem Blickwinkel der Unternehmerfamilie, NZG 2000, 409; *ders.,* Die GmbH & Co. KGaA in der Form der Einheitsgesellschaft als börsenwilliges Unternehmen?, NZG 2000, 673; *Bürgers/Fett,* Die Kommanditgesellschaft auf Aktien, 2. Aufl. 2015; *Sethe,* Die Besonderheiten der Rechnungslegung bei der KGaA, DB 1998, 1044; *Theisen,* Die Besteuerung der KGaA, DB 1989, 2191; *Veit,* Die Kündigung der KGaA durch persönlich haftende Gesellschafter und Kommanditaktionäre, NZG 2000, 72; *Wickert,* Die GmbH & Co. KGaA nach dem Beschluss BGHZ 134, 392, AG 2000, 268; *ders.,* Satzungsänderungen in der KGaA, AG 1999, 362; *Wiesner,* Die Enthaftung ausgeschiedener persönlich haftender Gesellschafter der KGaA, ZHR 148 (1984), 56.

I. Grundlagen

1. Rechtsform

1 Die KGaA ist nach § 278 Abs. 1 AktG eine Gesellschaft mit eigener Rechtspersönlichkeit, bei der mindestens ein Gesellschafter den Gesellschaftsgläubigern unbeschränkt haftet (persönlich haftender Gesellschafter oder Komplementär) und die übrigen Gesellschafter nicht persönlich haften (Kommanditaktionäre). Sie ist damit wie die Aktiengesellschaft eine **Gesellschaft mit eigener Rechtspersönlichkeit;** anders als die AG hat die KGaA **zwei Arten von Gesellschaftern,** nämlich wenigstens einen persönlich haftenden Gesellschafter und einen oder mehrere Kommanditaktionäre. Sie sind am Grundkapital beteiligt und haften für die Gesellschaftsverbindlichkeiten nicht persönlich. Das unterscheidet sie von den Kommanditisten, bei denen der Ausschluss der grundsätzlich gegebenen persönlichen Haftung von der Leistung und dem Verbleib der Einlage abhängt.[1] Komplementäre können zugleich Kommanditaktionäre sein.[2]

2 Die KGaA ist keine Kommanditgesellschaft,[3] aber auch keine bloße Spielart der Aktiengesellschaft,[4] sondern eine **eigenständige Gesellschaftsform,**[5] in der sich Elemente der Kommanditgesellschaft und der Aktiengesellschaft vereinen. Ihrer Struktur nach ist die KGaA eine Mischform aus Kommanditgesellschaft und Aktiengesellschaft. Sie verbindet den persönlichen Kredit und die Selbstorganschaft der Komplementäre mit der Kapitalausstattung der Aktiengesellschaft und der Börsenfähigkeit ihrer Anteile.

3 Die **hybride Struktur** der KGaA wird schon im gesetzlichen Regelungskonzept deutlich, das durch das Ineinandergreifen von drei Normengruppen gekennzeichnet ist. Hierbei gelten:
- auf Grund des Spezialitätsgrundsatzes vorrangig die §§ 278 ff. AktG;
- für das Rechtsverhältnis der Komplementäre untereinander und gegenüber der Gesamtheit der Kommanditaktionäre und gegenüber Dritten – insbesondere für Ersteres und Letzteres enthalten die §§ 278 ff. AktG praktisch keine Regelungen – die Vorschriften des HGB über die Kommanditgesellschaft;[6]
- im Übrigen und subsidiär zu den §§ 278 ff. AktG die Vorschriften des Ersten Buches über die Aktiengesellschaft entsprechend, § 278 Abs. 3 AktG iVm §§ 1–277 AktG. Dagegen spricht § 278 Abs. 2 AktG das Dritte Buch nicht an. Für das Konzernrecht finden sich jedoch ausdrücklich Gleichstellungen.[7] Für Verschmelzung und Formwechsel bestehen teilweise Sonderregelungen.[8]

2. Erscheinungsformen

4 Die KGaA klassischen Zuschnitts ist dem gesetzlichen Leitbild folgend gekennzeichnet durch das Vorhandensein einer natürlichen Person als Komplementärin. Dabei sind in der Praxis zwei Varianten zu unterscheiden: Bei der **Unternehmer-Komplementär-KGaA** wird die Komplementär-Beteiligung als echte unternehmerische Beteiligung gehalten. Der als Komplementär fungierende Unternehmer bringt sein Vermögen als Komplementäreinlage ein und übernimmt die persönliche Haftung. Demgegenüber kann die Stellung des persönlich haftenden Gesellschafters auch ähnlich der eines Vorstandsmitglieds einer AG ausgestal-

---

[1] § 161 Abs. 1, §§ 171 ff. HGB; Hüffer/Koch/*Koch* AktG § 278 Rn. 4.
[2] AllgM; Hüffer/Koch/*Koch* AktG § 278 Rn. 5.
[3] *Frodermann/Jannott* Kap. 17 Rn. 12; unter dem ADHGB wurde die KGaA noch als Personengesellschaft eingeordnet – zur geschichtlichen Entwicklung in GroßkommAktG/*Assmann/Sethe* vor § 278 Rn. 2 ff.
[4] So aber wohl *Baumbach/Hueck* AktG Vorb. § 278 Rn. 2; *Wiesner* ZHR 148 (1984), 56 (64 ff.).
[5] So BGHZ 134, 392 (398).
[6] § 278 Abs. 2 AktG iVm §§ 161 ff. HGB.
[7] ZB §§ 291, 311 AktG.
[8] Vgl. zB §§ 78, 141 ff., 229, 242, 245 UmwG.

tet werden (**Vorstands-Komplementär-KGaA**); der persönlich haftende Gesellschafter ist am Kapital der Gesellschaft nicht beteiligt und erhält regelmäßig statt der Gewinnbeteiligung eine gewinnunabhängige Tätigkeitsvergütung.[9]

Von der gesetzestypischen KGaA unterscheidet sich die **kapitalistische KGaA** (gesetzesatypische KGaA) dadurch, dass die Funktion der Komplementärin nicht von einer natürlichen, sondern von einer juristischen Person oder Personenhandelsgesellschaft übernommen wird. Diese atypische Gestaltung ist zulässig und wurde vom Gesetzgeber in des § 279 AktG[10] indirekt anerkannt.[11] Unbedenklich können demnach als Komplementäre juristische Personen (zB SE, AG, GmbH, Stiftung) oder Personenhandelsgesellschaft (zB KG) fungieren; gleiches gilt für die Außen-GbR, die taugliche Komplementärin sein kann.[12] Denkbar ist auch eine **doppelstöckige Konstruktion** (GmbH & Co. KG und sogar in Form der GmbH & Co. KGaA), bei der eine weitere KGaA als Komplementär beteiligt ist. Umgekehrt ist auch möglich die sogenannte **Einheitsgesellschaft,** die alle Anteile an ihrer eigenen Komplementärin selbst hält. Bei der Einheitsgesellschaft sollte eine Regelung aufgenommen werden, wonach die KGaA in der Gesellschafterversammlung der Komplementärgesellschaft von einem Gesellschafterausschuss oder Beirat der KGaA vertreten wird.[13] Die kapitalistische KGaA kann **unternehmerbetont** ausgeprägt sein; dann befinden sich die Anteile an der Komplementärgesellschaft in Händen des Unternehmers oder seiner Familie. Kommt dem Komplementär dagegen im Wesentlichen geschäftsleitende Funktion zu und leistet er keine Kapitaleinlage, handelt es sich um die **vorstandsorientierte** Variante der kapitalistischen KGaA.[14]

Unabhängig von der Person des Komplementärs lässt sich als weiteres Differenzierungskriterium die Ausgestaltung als **personalistische KGaA** oder als **Publikums-KGaA** anführen. Sind die Aktien der Gesellschaft nicht börsennotiert und die Aktionäre der Gesellschaft namentlich bekannt, handelt es sich um eine personalistisch strukturierte KGaA, während von einer Publikums-KGaA dort gesprochen werden kann, wo sich die Gesellschaft einem breiten, anonymen Anlegerkreis öffnet, wie dies regelmäßig bei börsennotierten KGaAs der Fall ist. Diese Differenzierung ist insoweit von Bedeutung, als die Flexibilität in der Satzungsgestaltung bei der personalistisch strukturierten KGaA in der Regel weitergehend ist als bei der Publikums-KGaA.[15] Die personalistische KGaA und die Publikums-KGaA können ihrerseits sowohl als kapitalistische KGaA als auch als gesetzestypische KGaA strukturiert sein.[16]

Ein weiterer Differenzierungsansatz orientiert sich an den Machtzentren der KGaA, die auf Grund der Gestaltungsfreiheit in Bezug auf die Führung der Geschäfte in verschiedenen Organen der Gesellschaft angesiedelt sein können. Danach wird zwischen der **hauptversammlungsdominierten**, der **aufsichts- oder beiratsdominierten** und der **komplementärorientierten** KGaA unterschieden.[17]

3. Branchenspezifische Verwendbarkeit der KGaA

Die branchenspezifische Verwendbarkeit der KGaA ist breit, aber nicht unbeschränkt: Die KGaA ist als Rechtsform für Kreditinstitute (§ 2a KWG) und Hypothekenbanken (§ 2

---

[9] *Schlitt*, Die Satzung der KGaA, S. 3 f.
[10] Neufassung des § 279 Abs. 2 AktG durch Art. 8 Nr. 5 des Handelsrechtsreformgesetzes; HRefG v. 22.6.1998 (BGBl. I 1474).
[11] BGHZ 132, 392; *Jäger*, Aktiengesellschaft unter besonderer Berücksichtigung der KGaA, 2004, § 2 Rn. 43 ff.; *Ulmer*, Die GmbH & Co. KGaA nach dem Beschluß BGHZ 134, 392, ZHR-Beiheft 67, 1998.
[12] Hierzu *Heinze* DStR 2012, 426 (430).
[13] Spindler/Stilz/*Bachmann* AktG § 278 Rn. 3, iÜ *Gonnella/Mikic* AG 1998, 508 ff.; *Schrick* NZG 2000, 675.
[14] *Schlitt* S. 4 f.
[15] Wieweit bei einer als Publikumsgesellschaft ausgestalteten Kapitalgesellschaft & Co. KGaA im Interesse des Anlegerschutzes bei Satzungsgestaltungen zu Lasten der Kommandit-Aktionäre eine Einschränkung der Satzungsautonomie geboten ist (Inhaltskontrolle der Satzung), ist strittig; vgl. Bürgers/Fett/*Fett* § 3 Rn. 11 ff.; GroßkommAktG/*Assmann/Sethe* AktG vor § 278 Rn. 58 ff.; *Schlitt*, Die Satzung der KGaA, S. 17 ff. – jeweils mwH.
[16] *Schlitt* S. 5.
[17] GroßkommAktG *Assmann/Sethe* vor § 278 Rn. 123; *Sethe* AG 1996, 289 ff.

HypBankG) zugelassen; lediglich als Rechtsform für Bausparkassen (§ 2 Abs. 1 BausparkG), Investmentfonds und Investmentaktiengesellschaften (§§ 1 Abs. 3 S. 1; 51 Abs. 2 S. 1 KAGG), Kursmakler (§ 34a Abs. 1 BörsG) und Unternehmensbeteiligungsgesellschaft (§ 2 Abs. 1 UBGG) ist sie ausgeschlossen. Daneben sind bestimmte Unternehmensgegenstände genehmigungspflichtig.[18]

II. Die Unterschiede der KGaA zur AG im Einzelnen

9   Die für die Beratungspraxis wesentliche Grundsatzfrage, ob die KGaA eine taugliche Rechtsformalternative zur AG darstellt, kann nur beantwortet werden, wenn man sich die Unterschiede beider Rechtsformen vor Augen führt. Diese liegen im Wesentlichen in der Gesellschafter- und Haftungsstruktur, der Gestaltungsmöglichkeiten in Bezug auf die Satzung, der Organisationsstruktur, der Rechnungslegung, Aspekten der Mitbestimmung und der Besteuerung. Nach Bestimmung der jeweiligen Vor- und Nachteile lassen sich die Einsatzmöglichkeiten der KGaA in der Unternehmenspraxis definieren.

1. Vermögensbeteiligung, Haftung

10   Anders als bei der Aktiengesellschaft, bei der gemäß § 29 AktG alle Aktien von den Gründern übernommen werden müssen, ist diese Verpflichtung bei der KGaA auf die Kommanditaktionäre beschränkt.[19] Die persönlich haftenden Gesellschafter können zwar ebenso Aktien bei der Errichtung der Gesellschaft übernehmen, sie müssen dies aber nicht.[20] Bei der AG sind somit sämtliche Gesellschafter am **Gesellschaftsvermögen** beteiligt, während dies für die **Komplementäre** bei der KGaA **nicht notwendig** der Fall sein muss.

11   Bei der AG haften Dritten gegenüber die Aktionäre nicht persönlich; für Verbindlichkeiten haftet allein die AG als juristische Person. Bei der KGaA haftet für Verbindlichkeiten grundsätzlich nur diese selbst als juristische Person mit ihrem Gesellschaftsvermögen. Daneben gibt es vorbehaltlich allgemeiner Durchgriffsregeln keine persönliche Gesellschafterhaftung der Kommanditaktionäre,[21] und zwar – anders als bei der Kommanditgesellschaft – auch dann nicht, wenn die Einlagen nicht geleistet oder ungedeckte Ausschüttungen vorgenommen werden. Dagegen besteht eine **persönliche Haftung der Komplementäre**,[22] die sich nach dem Recht der KG richtet.[23] Die unmittelbare Haftung der Komplementäre gegenüber den Gläubigern für die Verbindlichkeiten der Gesellschaft ist akzessorisch, unmittelbar, primär und auf das Ganze gerichtet; sie ist unbeschränkt und unbeschränkbar. Sie kann Dritten gegenüber auch durch Satzung nicht abbedungen oder beschränkt werden.[24] Mehrere Komplementäre haften als Gesamtschuldner.[25]

12   Im Wesentlichen hat der Aspekt der persönlichen und unbeschränkbaren Außenhaftung des Komplementärs zu der – atypischen – Gestaltung geführt, statt einer natürlichen Person eine juristische Person als Komplementärin an der KGaA zu beteiligen.[26]

2. Satzungsstrenge versus Gestaltungsfreiheit

13   Die Satzungsgestaltung bei der **AG** ist geprägt durch den Grundsatz der **Satzungsstrenge**; § 23 Abs. 5 AktG schränkt zum Schutz von Gläubigern und künftigen Aktionären die Satzungsautonomie stark ein. Abweichungen sind nur erlaubt, wenn das Gesetz – gemeint ist

---

[18] GroßkommAktG/*Assmann/Sethe* AktG vor § 278 Rn. 48.
[19] Vgl. § 280 Abs. 2, § 278 Abs. 3, § 29 AktG.
[20] MüKoAktG/*Perlitt* § 278 Rn. 61; § 280 Rn. 12; GroßkommAktG/*Assmann/Sethe* § 278 Rn. 70.
[21] § 278 Abs. 3 iVm § 1 S. 2 AktG.
[22] § 278 Abs. 2 AktG iVm § 171 Abs. 1 HGB.
[23] § 278 Abs. 2 AktG iVm § 161 Abs. 2, §§ 128 ff., §§ 159 f. HGB.
[24] § 278 Abs. 2 AktG iVm §§ 161 Abs. 2, 128 S. 2 HGB.
[25] Hüffer/Koch/*Koch* AktG § 278 Rn. 10.
[26] Zur Zulässigkeit BGH 24.2.1997, BGHZ 134, 392; hierzu *Hennerkes/Lorz* DB 1997, 1388; *Wichert* AG 2000, 268; eingehend GroßkommAktG/*Assmann/Sethe* AktG § 278 Rn. 30 ff. mwH.

das Aktiengesetz[27] – sie ausdrücklich zulässt; Ergänzungen nur, soweit das Gesetz nicht eine abschließende Regelung enthält.[28]

Demgegenüber ist die **KGaA** als hybride Rechtsform geprägt durch Elemente des Personengesellschaftsrechts und solche des Aktienrechts. Personengesellschaftsrecht ist dispositives Recht. Daher erlaubt es die Rechtsform der KGaA immer dann, wenn auf das Recht der Kommanditgesellschaft verwiesen wird, in der Satzung eine andere als die gesetzliche Regelung vorzusehen. Infolgedessen steht die **Organisationsverfassung** der KGaA zur **Disposition** des Rechtsanwenders, was nicht zuletzt den besonderen Reiz dieser Rechtsform in der Praxis ausmacht. Demgegenüber ist das Recht der KGaA, soweit es den Regelungen der §§ 279 ff. AktG entnommen wird, bzw. aus dem allgemeinen Recht der AG folgt, zwingend, weil hier die aktienrechtliche Satzungsstrenge wieder greift.[29]

Für die Rechtsgestaltung offen ist damit das Verhältnis der Komplementäre untereinander bzw. gegenüber der Gesamtheit der Kommanditaktionäre. Die Satzung kann je nach Zweckrichtung der Gesellschaft entweder den Komplementären oder den Kommanditaktionären eine dominierende Rolle zuweisen. Eine Dominanz der Komplementäre mag zB angezeigt sein, wenn die vormaligen Alleininhaber des Unternehmens nunmehr Dritte als Kapitalgeber gewinnen, aber ihren maßgebenden Einfluss auf die Geschäftsführung behalten wollen. Das Recht der KGaA erlaubt hier **Satzungsgestaltungen,** die den Einfluss der persönlich haftenden Gesellschafter auch gegen die Interessen der – künftigen – Kapitalmehrheit sichern. Umgekehrt sind im Rahmen der Satzungsautonomie auch Gestaltungen denkbar, in denen den Kommanditaktionären weitgehende Einflussmöglichkeiten auf die Geschäftsführung der KGaA eingeräumt werden.[30]

3. Organe der Gesellschaft

Soweit es um die Organisationsfassung der Gesellschaft geht, gilt das aktienrechtliche Prinzip der Satzungsstrenge für die **KGaA** nicht. Vielmehr besteht für den Satzungsgeber **Gestaltungsfreiheit,** weil die Verweisung des § 178 Abs. 2 AktG auf das Recht der KG auch die §§ 109, 163 HGB umfasst. Die daraus folgende Flexibilität der Rechtsform kann der Satzungsgeber nutzen, um der KGaA eine den individuellen Verhältnissen entsprechende Führungsstruktur zu geben.[31]

In gleicher Weise wie bei der AG sind bei der KGaA **Aufsichtsrat** und **Hauptversammlung** Organe der Gesellschaft. Während aber die AG durch den Vorstand vertreten wird, geschieht dies bei der KGaA durch die **persönlich haftenden Gesellschafter.** Die Satzung[32] kann einzelne Komplementäre von der Geschäftsführung und Vertretung der KGaA ausschließen. Andererseits kann, weil § 164 HGB dispositiv ist, der Gesamtheit der Kommanditaktionäre Geschäftsführungsbefugnis eingeräumt werden, besonders durch Zustimmungsvorbehalte zugunsten der Hauptversammlung. Das Rechtsverhältnis zwischen den Komplementären und dem Aufsichtsrat kann abweichend gestaltet werden, und zwar sowohl in dem Sinn, dass die Stellung der Komplementäre der eines Vorstands angenähert wird, als auch gegenläufig mit dem Ziel, die Führungsrolle der Komplementäre über das Gesetz hinaus aufzuwerten.[33]

Nachfolgend können nur die wichtigsten **Strukturunterschiede zwischen AG und KGaA** grob skizziert werden. Die Möglichkeiten der gestalterischen Feinabstimmung müssen im Einzelfall ausgelotet werden; sie lassen sich in diesem Rahmen nur allgemein andeuten.

---

[27] GroßkommAktG/*Röhricht* AktG § 23 Rn. 167 f.; Hüffer/Koch/*Koch* AktG § 23 Rn. 34; aA *Geßler* ZGR 1980, 427 (441); analog auch MitbestG.
[28] Hüffer/Koch AktG § 23 Rn. 34.
[29] Hüffer/Koch AktG § 278 Rn. 18 f.; Bürgers/Fett/*Fett* § 3 Rn. 7.
[30] Zum Ganzen Bürgers/Fett/*Fett* § 3 Rn. 9 f.; vgl. auch *Kallmeyer* DStR 1994, 977; *Ladwig/Riotte* DStR 1997, 1539; *Niedner/Kusterer* DB 1997, 2010; *Niedner/Kusterer* DB 1997, 1451; zur Einschränkung der Satzungsautonomie bei der kapitalistischen Publikums-KGaA s. die Nachweise in Fn. 13.
[31] OLG Köln AG 1978, 17 (18); *Kallmeyer* ZPR 1983, 57; Hüffer/Koch AktG § 278 Rn. 18; *Kessler* NZG 2005, 145.
[32] Der Inhalt der Satzung geht über den der AG insoweit hinaus, als besondere Angaben gemacht werden müssen, die die Komplementäre betreffen, §§ 281, 282 AktG.
[33] Hüffer/Koch AktG § 278 Rn. 19.

19 a) **Geschäftsführungs- und Vertretungsorgan.** Geschäftsführungs- und Vertretungsorgan bei der AG ist der **Vorstand**,[34] der durch den Aufsichtsrat auf die Dauer von längstens fünf Jahren bestellt wird[35] und dessen Organstellung bei Vorliegen eines wichtigen Grundes vorzeitig durch Widerruf des Aufsichtsrats beendet werden kann.[36] Die Vertretungsmacht des Vorstands kann nicht beschränkt werden.[37] Der Vorstand leitet die Geschäfte der AG eigenverantwortlich und weisungsfrei; er ist bei bestimmten Grundlagenentscheidungen an die Zustimmung der Hauptversammlung gebunden.[38] Es gilt bei der AG der Grundsatz der Gesamtgeschäftsführung und -vertretung,[39] der allerdings dispositiv ist. Somit ist bei der Geschäftsführung statt Einstimmigkeit auch die Geltung des Mehrheitsprinzips möglich; bei der Vertretung kann Einzel- statt Gesamtvertretung bestimmt werden.

20 Bei der KGaA sind zur Geschäftsführung und Vertretung grundsätzlich die **Komplementäre** befugt. Die organschaftlichen Rechte des Komplementärs zur Geschäftsführung und Vertretung stehen ihm allerdings nur zu, soweit er nicht – was möglich ist – von der Geschäftsführung bzw. Vertretung ausgeschlossen ist. Die entsprechenden Befugnisse können einem Komplementär ohne Beeinträchtigung seiner Gesellschafterstellung durch entsprechende Satzungsregelungen gewährt oder entzogen werden.[40]

21 Im Gegensatz zum Vorstand einer AG, der seine Organstellung einem gesonderten Bestellungsakt des Aufsichtsrates verdankt, handelt es sich bei den persönlich haftenden Gesellschaftern um **geborene Mitglieder der Geschäftsführungs- und Vertretungsorgane** der KGaA. In der KGaA verfügt der **Aufsichtsrat** somit über **keine Personalkompetenz** für das Geschäftsführungs- und Vertretungsorgan.[41] Die nähere Ausgestaltung der Geschäftsführung und Vertretung unterliegt der satzungsautonomen Gestaltung. Ohne abweichende Satzungsregelung ist gemäß §§ 114 Abs. 1, 115 Abs. 1 HGB jeder Komplementär einzelgeschäftsführungsbefugt sowie einzelvertretungsberechtigt.[42] Anders als bei der AG gilt bei der KGaA der **Grundsatz der Selbstorganschaft,** der es ebenso wie bei der Personenhandelsgesellschaft verbietet, sämtliche persönlich haftenden Gesellschafter von der Vertretung auszuschließen und die organschaftliche Vertretung auf Dritte oder andere Organe der Gesellschaft zu übertragen.[43]

22 Bei Vorliegen eines wichtigen Grundes kann dem Komplementär die Geschäftsführungs- und Vertretungsbefugnis nach einem übereinstimmenden Beschluss der Hauptversammlung und der übrigen persönlich haftenden Gesellschafter durch gerichtliche Entscheidung entzogen werden;[44] bei fehlender sonstiger Abhilfe ist auch die Ausschließung eines Gesellschafters nach Beschluss der Hauptversammlung und der persönlich haftenden Gesellschafter durch gerichtliche Entscheidung möglich.[45]

23 b) **Aufsichtsrat.** Bei der AG wird der Vorstand durch den Aufsichtsrat überwacht,[46] für den über § 278 Abs. 2 AktG auch in der KGaA die §§ 95 ff. AktG gelten. Gleichwohl ist der Aufsichtsrat der KGaA nur ein Schatten desselben Organs bei der AG,[47] weil sich aus der Substitution des Vorstandes durch den Komplementär entscheidende Unterschiede in den **Kompetenzen** ergeben. Dem Aufsichtsrat der KGaA **fehlt** – im Gegensatz zur AG – insbesondere die:

---

[34] § 78 AktG.
[35] § 84 AktG.
[36] § 84 Abs. 3 AktG.
[37] § 82 Abs. 1 AktG.
[38] BGHZ 83, 122 – Holzmüller; BGHZ 159, 30 – Gelatine I; BGH NZG 2004, 575 – Gelatine II.
[39] §§ 77, 78 AktG.
[40] Bürger/Fett/*Reger* § 5 Rn. 161, 179 ff.
[41] MHdB GesR IV AktG/*Herfs* § 77 Rn. 2.
[42] §§ 161 Abs. 2, 165 Abs. 1 HGB.
[43] KölnKommAktG/*Mertens/Cahn* § 278 Rn. 89; GroßkommAktG/*Assmann/Sethe* § 278 Rn. 159.
[44] § 278 Abs. 2 iVm §§ 161 Abs. 2, 117, 127 HGB.
[45] Im Einzelnen Bürgers/Fett/*Reger* § 5 Rn. 179 ff.; daneben ist sowohl bei der AG als auch der KGaA die Beendigung aus wichtigem Grund nach Vertrauensentzug durch die Hauptversammlung möglich.
[46] § 111 Abs. 1 AktG.
[47] So Seibert/Kiem/*Schüppen* Rn. 793.

- Personalkompetenz, also das Recht, die Geschäftsführung zu bestellen und abzuberufen;
- Zustimmungskompetenz des § 111 Abs. 1 AktG, dh das Recht, die Vornahme bestimmter Geschäftsführungsmaßnahmen von seiner Zustimmung abhängig zu machen;
- Bilanzfeststellungskompetenz, die der Hauptversammlung zusteht;[48]
- Geschäftsordnungskompetenz des § 77 Abs. 2 AktG, also das Recht, für die Geschäftsführung eine Geschäftsordnung zu erlassen;
- Kompetenz zur Bestellung eines Arbeitsdirektors nach § 33 Abs. 2 MitbestG.[49]

Damit ist der Aufsichtsrat der KGaA, sofern ihm die Satzung nicht freiwillig eine stärkere Stellung einräumt, kastriert[50] und auf **bloße Überwachungsbefugnisse** beschränkt. Auf die Geschäftspolitik des Unternehmens kann er weder direkt noch – mangels Personalkompetenz – indirekt Einfluss nehmen.

Dies bedeutet, dass die an sich auch für die KGaA geltende Mitbestimmung der Arbeitnehmer nicht nur nach dem DrittelbG, sondern auch nach dem MitbestG (paritätische Mitbestimmung ab 2.000 Arbeitnehmern) weitgehend ins Leere geht und genau dort entschärft ist, wo sie von vielen Familienunternehmen traditionell als besonders störend empfunden wird.[51]

Als grundsätzliche **Befugnisse** verbleiben dem Aufsichtsrat bei der KGaA damit neben der allgemeinen Überwachungs-, Prüfungs- und Informationskompetenz die **Vertretung** der Gesellschaft gegenüber dem Komplementär (§ 278 Abs. 2 AktG iVm § 112 AktG), die Vertretung der Gesamtheit der Kommanditaktionäre bei Rechtsstreitigkeiten mit dem persönlich haftenden Gesellschafter[52] sowie die Ausführung von Beschlüssen, mit denen die Hauptversammlung Rechte geltend macht, die in der Kommanditgesellschaft den Kommanditisten gegen die Gesellschaft oder gegen die Komplementäre zusteht.[53]

Persönlich haftende Gesellschafter können nicht Aufsichtsratsmitglieder sein. Damit entfällt auch ein Entsenderecht. Die **Inkompatibilitätsvorschrift** des § 287 Abs. 3 AktG entspricht § 105 AktG. Fungiert als Komplementär eine juristische Person, die selbst nach § 100 AktG nicht Aufsichtsratsmitglied sein kann, sind deren Leitungsorgane – bei der GmbH & Co. KGaA also deren Geschäftsführer – vom Aufsichtsratsamt ausgeschlossen.[54] Ob eine darüberhinausgehende Ausdehnung des § 287 Abs. 3 AktG auf Gesellschafter der Komplementär-GmbH einer KGaA in Betracht kommt, ist höchstrichterlich nicht geklärt; allenfalls wären in analoger Anwendung der Vorschrift diejenigen Gesellschafter der Komplementärgesellschaft einzubeziehen, die in ihr eine organähnliche Leitungsfunktion tatsächlich ausüben oder an der Komplementärgesellschaft maßgeblich beteiligt sind und deshalb bestimmenden Einfluss auf deren Geschäftsführung ausüben können.[55]

c) **Hauptversammlung.** Bezüglich Teilnehmerrecht, Fragerecht und der in § 119 AktG aufgeführten Kompetenzen bestehen zwischen AG und KGaA für die Hauptversammlung keine Unterschiede. Die Kommanditaktionäre haben das **Stimmrecht** nach §§ 23, 134–137 AktG iVm § 278 Abs. 3 AktG. Die Komplementäre haben als solche kein Stimmrecht. Stimmberechtigt sind sie nur, soweit sie zugleich Kommanditaktionäre sind, und zwar in dieser Eigenschaft (§ 285 Abs. 1 S. 1 AktG). Während die Aktionäre bei der AG nach Maßgabe des § 136 AktG einem Stimmverbot unterliegen, gelten bei der KGaA für die Komplementäre erweiterte Stimmverbote nach § 285 Abs. 1 S. 2 AktG.

Bei der AG bedürfen **Grundlagenentscheidungen** des Vorstandes der Zustimmung der Hauptversammlung nach den sog „Holzmüller"-Grundsätzen[56] bzw. den Grundsätzen der sog „Gelatine-Entscheidungen".[57] Bei der KGaA bestimmt § 285 Abs. 2 AktG, dass für

---

[48] → Rn. 32.
[49] Im Einzelnen *Binz/Sorg* BB 1997, 313 (315).
[50] So *Binz/Sorg* BB 1997, 313 (315); zu den eingeschränkten Befugnissen des Aufsichtsrats im Einzelnen MüKoAktG/*Perlitt* § 287 Rn. 43; Spindler/Stilz/*Bachmann* AktG § 287 Rn. 9 f.
[51] *Binz/Sorg* BB 1997, 313 (316); im Einzelnen Bürgers/Fett/*Bürgers* § 5 Rn. 477 ff.
[52] Vertretungsbefugnis auch gegenüber dem ehemaligen Komplementär, BGH DStR 2005, 432.
[53] § 287 Abs. 1 und 2 AktG; Seibert/Kiem/*Schüppen* Rn. 795.
[54] BGHZ 165, 193 (198) – Spaten.
[55] BGHZ 165, 193 (198).
[56] BGHZ 82, 177.
[57] BGHZ 159, 30; BGH NZG 2004, 575.

außergewöhnliche Geschäftsführungsmaßnahmen im Sinne der §§ 116 Abs. 2, 164 HGB die Zustimmung der Hauptversammlung erforderlich ist.[58] Dieses Zustimmungserfordernis kann in der Satzung jedoch abbedungen werden, sicherheitshalber sollte es jedoch dann auf den Aufsichtsrat übertragen werden.[59]

30 Weitergehend als bei der Aktiengesellschaft hat die Hauptversammlung der KGaA auch die zwingende Zuständigkeit zur Feststellung des Jahresabschlusses – allerdings mit Zustimmung des Komplementärs.[60] Auch für Satzungsänderungen und Kapitalmaßnahmen sowie Maßnahmen nach dem Umwandlungsgesetz und Zustimmung zu Unternehmensverträgen bedarf es bei der KGaA – anders als bei der AG – neben den entsprechenden Beschlüssen der Kommanditaktionäre auch jeweils eines Zustimmungsbeschlusses der persönlich haftenden Gesellschafter.[61]

31 Die Stellung der Hauptversammlung der KGaA ist daher scheinbar stärker als in der AG. Zu bedenken ist aber, dass die mittelbar über die Wahl der Aufsichtsratsmitglieder wahrgenommenen Mitwirkungsrechte der Gesellschafter entsprechend der schwächeren Stellung des Aufsichtsrats selbst weniger bedeutsam sind.[62]

4. Mitbestimmung

32 Das DrittelbG und das MitbestG sind bei der AG unbeschränkt anwendbar; gleiches gilt grundsätzlich auch für die KGaA. Jedoch zeigt sich die eingeschränkte Geltung des MitbestG in zweierlei Hinsicht: Zum einen hat der Aufsichtsrat keine Personalkompetenz zur Bestellung der Geschäftsführung, zum anderen ist keine Bestellung eines Arbeitsdirektors erforderlich.[63] Das MitbestErgG und das MontanMitbestG gelten für die KGaA nicht, sind dagegen bei der AG eventuell anwendbar.[64]

5. Steuerrecht

33 Die KGaA selbst unterliegt als Kapitalgesellschaft wie die AG mit ihren Einkünften vollumfänglich dem Regime des Körperschaftssteuergesetzes,[65] § 1 Abs. 1 Nr. 1 KStG. Als Handelsgesellschaft erzielt sie nach § 8 Abs. 3 KStG ausschließlich Einkünfte aus Gewerbebetrieb. Gemäß § 2 Abs. 2 S. 1 Gewerbesteuergesetz ist sie gewerbesteuerpflichtig. Kein Kapitalertragssteuereinbehalt erfolgt für Gewinnauszahlungen, die der Komplementär für nicht auf das Grundkapital geleistete Einlagen oder als Vergütung (Tantieme) für die Geschäftsführung erhält, § 9 Abs. 1 Nr. 1 KStG. Die betreffenden Gewinnanteile werden allerdings gewerbesteuerlich dem Gewinn der Gesellschaft wieder hinzugerechnet, § 8 Nr. 4 GewStG, sodass die Besteuerung der KGaA im Vergleich zur AG weniger günstig ist, da bei letzterer eine Hinzurechnung der gezahlten Vorstandsvergütungen unterbleibt.

34 Der entscheidende steuerrechtliche Vorzug der KGaA ergibt sich aus der Besteuerung der Gesellschafter. Während Gewinnanteile (Dividenden) der Kommanditaktionäre wie diejenigen von AG-Aktionären als Einkünfte aus Kapitalvermögen – vgl. § 20 Abs. 1 Nr. 1 EStG – versteuert werden, wird die Vermögenseinlage des persönlich haftenden Gesellschafters nach den Grundsätzen über die Besteuerung von Personengesellschaften behandelt. Gewinnanteile, die ein persönlich haftender Gesellschafter auf seine Vermögenseinlage erhält, gelten als Einkünfte aus Gewerbebetrieb (§ 15 Abs. 1 S. 1 Nr. 3 EStG), ohne dass der persönlich haftende Gesellschafter dadurch selbst gewerbesteuerpflichtig würde. Vorteilhaft kann sich die Beteiligung mit einer Vermögenseinlage als persönlich haftender Gesellschafter mit Blick auf die Erbschaft- und Schenkungsteuer erweisen, weil die Bewertung nicht nach einem

---

[58] GHEK/*Semler* § 285 Rn. 28; Hüffer/Koch AktG § 285 Rn. 2.
[59] Vgl. OLG Stuttgart DB 2003, 1944; *Fett/Förl* NZG 2004, 210.
[60] § 286 Abs. 1 AktG.
[61] § 285 Abs. 2 AktG; Hüffer/Koch AktG § 285 Rn. 2; *Mense* GWR 2014, 320 (321).
[62] Seibert/Kiem/*Schüppen* Rn. 796.
[63] Bürgers/Fett/*Hecht* § 5 Rn. 511 ff.
[64] Bürgers/Fett/*Göz* § 2 Rn. 5.
[65] *Bielinius* DStR 2014, 769 mit Reformvorschlägen, *Druen/van Heek* DStR 2012, 541.

etwa höheren Börsenkurs (§ 11 Abs. 1 BewG), sondern nach dem – anteiligen – Wert des Betriebsvermögens (§ 97 BewG) erfolgt.[66]

III. Zusammenfassung

Aus unternehmerischer Sicht bietet die KGaA im Vergleich zur AG eine Fülle von **Vorteilen**.[67] Anders als die AG lässt sie eine weitgehend freie Satzungsgestaltung zu und erlaubt es – den Bedürfnissen des betroffenen Unternehmen gerecht werdend – die Verfassung der Gesellschaft individuell zu formulieren.

Im Gegensatz zur AG, bei der der Aufsichtsrat den unmittelbaren Einfluss auf die Geschäftsleitung seitens des Unternehmensinhabers mediatisert, lässt sich bei der KGaA für den Inhaber der Gesellschaft eine derartige Einflussnahmemöglichkeit verwirklichen, wodurch sich insbesondere bei Familiengesellschaften und mittelständischen Unternehmen interessante und vielgestaltige Einsatzmöglichkeiten für die Rechtsform der KGaA eröffnen. Dabei kann der Unternehmer entweder als persönlich haftender Gesellschafter, wenn er ungeachtet der persönlichen Haftung selbst die Komplementärrolle übernehmen möchte, oder auf Grund einer Beteiligung an der Komplementär-Gesellschaft direkt Einfluss auf die Geschäftsführung nehmen. Die kapitalmäßige Beteiligung fremder Dritter am Unternehmen ist ohne Preisgabe der Unternehmensführung somit möglich. Bei der KGaA gelingt es auf diese Weise, eine Trennung zwischen finanzierenden und unternehmensleitenden Personen herbeizuführen.[68] Die eingeschränkte Kompetenz des Aufsichtsrates, insbesondere die fehlende Personalkompetenz und die mitbestimmungsrechtliche Privilegierung der KGaA tun ein Übriges für die Attraktivität dieser Rechtsform.

Die bei der gesetzestypischen KGaA oft ungewollten Haftungsverschärfungen auf Seiten des Komplementärs lassen sich durch die Einbindung einer juristischen Person als Komplementär abfedern. Bei der kapitalistischen KGaA können außerdem die Probleme der Nachfolgesicherung deutlich reduziert werden, weil die Kontinuität des Unternehmens bei Generationenwechsel nicht gefährdet wird, denn der Wegfall des Geschäftsführers der Komplementär-GmbH (& Co. KG) berührt den Bestand der KGaA als solcher nicht.

Die Familiensicherung kann auch im Falle eines Börsengangs, der oftmals für die Rechtsformwahl maßgebend ist, gewahrt werden. Insbesondere die Flexibilität der Satzungsgestaltung und die Zulässigkeit der Einrichtung fakultativer Organe führt – ungeachtet der kapitalmarktrechtlichen Akzeptanz dieser Gestaltungen – zu einer gewissen Übernahmeresistenz der KGaA, die sich somit auch als rechtsformspezifisches Instrument zur Abwehr feindlicher Übernahmeangebote anbietet.[69]

Der Hinweis, dass man mit der AG einen kaum mehr zu ändernden Konfektionsanzug, mit der KGaA zu nahezu gleichen Konditionen einen Maßanzug erhält,[70] macht gleichzeitig den größten **Nachteil** der KGaA deutlich. Sie gilt immer noch als Gesellschaft mit komplexer und damit komplizierter Struktur, deren Intransparenz in ihrer kapitalistischen Ausformung noch verstärkt wird. Daher ist diese Rechtform auch in der Beratungspraxis bisher weitgehend nicht genügend beachtet geworden. Als weiterer Nachteil lässt sich bei der gesetzestypischen KGaA die persönliche Haftung des Komplementärs anführen, der allerdings durch die Einschaltung einer juristischen Person als persönlich haftender Gesellschafter begrenzt werden kann. Außerdem sind vor allem bei der Publikums-KGaA die gestalterischen Möglichkeiten für Satzungsbestimmungen zu Lasten der Kommandit-Aktionäre von der Rechtsprechung noch nicht endgültig ausgelotet, wodurch sich für die Gestaltungspraxis nicht unerhebliche Unsicherheiten, einhergehend mit entsprechenden Haftungsrisiken, ergeben.

---

[66] Spindler/Stilz/*Bachmann* AktG § 278 Rn. 9 mwH.
[67] MHdB GesR IV AktG/*Herfs* § 76 Rn. 8 f.; MüKoAktG/*Perlitt* AktG § 278 Rn. 280 ff.
[68] *Schliff*, Die Satzung der KGaA, S. 14; Hasselbach/Ebbinghaus DB 2015, 1269.
[69] GroßkommAktG/*Assmann/Sethe* vor § 278 Rn. 51.
[70] GroßkommAktG/*Assmann/Sethe* vor § 278 Rn. 51.

40 Trotz ihres geringen zahlenmäßigen Aufkommens im Rechtsverkehr – die Zahl der KGaAs liegt bei ca. 322[71] – erfreut sich die KGaA insbesondere im deutschen Mittelstand steigender Beliebtheit. Die im Numerus clausus der Rechtsformen einmalige Kombinationsmöglichkeit von personen- und kapitalgesellschaftsrechtlichen Elementen lässt die KGaA als echte Gestaltungsalternative zur AG erscheinen.[72] Einige DAX-Unternehmen (Fresenius SE & Co. KGaA; Henkel AG & Co. KGaA) haben mittlerweile die Rechtsform der KGaA gewählt und auch einige „Fußballvereine" sind als KGaA organisiert (Borussia Dortmund GmbH & Co. KGaA). Zunehmend attraktiv für kapitalmarktfinanzierte Familienunternehmen ist auch die SE & Co. KGaA.[73]

---

[71] *Kornblum* GmbHR 2017, 739 (740).
[72] *Eiff/Otte* GWR 2015, 246.
[73] *Mayer-Uellner/Otte* NZG 2015, 737; *Eiff/Otte* GWR 2015, 246 (248); *Reichert* ZIP 2014, 1957.

§ 4 Besteuerung der Aktiengesellschaft und ihrer Aktionäre

Übersicht

	Rn.
I. Typische Beratungsbereiche	1–9
1. Gründung	2–5
a) Rechtsformwahl	2–4
b) Standortwahl	5
2. Vertragsgestaltung	6–9
a) Kauf/Verkauf von Anteilen an Kapitalgesellschaften	6–8
b) Verträge zwischen Kapitalgesellschaft und Gesellschafter/nahestehenden Personen	9
II. Aktiengesellschaft als Steuersubjekt	10–221
1. Steuerpflicht	10–23
a) Körperschaftsteuer	10–18
b) Gewerbesteuer	19–23
2. Ermittlung des zu versteuernden Einkommens und des Gewerbeertrags	24–204
a) Überblick	24–30
b) Beteiligung an anderen Körperschaften und Personenvereinigungen – Beteiligungsprivileg	31–87
c) Beteiligung an Personengesellschaften	88–103
d) Zinsschranke	104–135
e) Sitzverlegung	136–145
f) Steuerliche Verluste	146–204
3. Ausschüttungen und steuerliche Ergebnisverwendung	205–221
a) Überblick	205/206
b) Für Ausschüttungen zur Verfügung stehendes Eigenkapital	207–213
c) Verwendungsreihenfolge für Leistungen	214/215
d) Kapitalertragsteuer	216–221
III. Besteuerung natürlicher Personen als Aktionäre	222–310
1. Steuerpflicht	223–226
a) Unbeschränkte Steuerpflicht	223
b) Beschränkte Steuerpflicht	224–226
2. Gewinnausschüttungen	227–236
a) Gewinnanteile und ähnliche Einnahmen	227–229
b) Zurechnung	230
c) Steuerliche Behandlung	231–236
3. Veräußerung von Anteilen	237–311
a) Veräußerung von Anteilen nach § 20 Abs. 2 EStG	237–243
b) Veräußerung von Anteilen nach § 17 EStG	244–273
c) Veräußerung von Anteilen nach § 23 Abs. 1 Nr. 2 EStG aF	274–283
d) Veräußerung von einbringungsgeborenen Anteilen nach § 21 UmwStG aF	284–294
e) Wegzugsbesteuerung nach § 6 AStG	295–302
f) Veräußerung von Anteilen im Betriebsvermögen	303–305
IV. Übergreifende Fragen	306–341
1. Verdeckte Gewinnausschüttungen	306–319
a) Vorbemerkung	306
b) Kongruenz	307
c) Ebene der AG	308–316
d) Ebene der Aktionäre	317–319
2. Verdeckte Einlagen	320–336
a) Verdeckte Einlage von Wirtschaftsgütern	320–325
b) Forderungsverzicht	326–333
c) Befreiende Schuldübernahme im Konzern	334–336
3. Disquotale Ausschüttungen	337–341

Schrifttum: *Becker/Schwarz*, Steuerfolgen des identitätswahrenden Wegzugs einer Kapitalgesellschaft in einen Drittstaat, IStR 2017, 45; *Benz/Jetter*, Die Neuregelung zur Steuerpflicht von Steuerbesitzdividenden, DStR 2013, 489; *Bergmann/Süß*, Neues zum Verlustuntergang: Erste Überlegungen zum Entwurf eines § 8d KStG, DStR 2016, 2188; *Blumenberg/Kring*, Erste Umsetzung von BEPS ins nationale Recht, BB 2017, 158;

Blumers, Die Europarechtswidrigkeit der Betriebsstättenzurechnung im Betriebsstättenerlass, DB 2006, 856; *Blümich,* EStG, KStG, GewStG, Kommentar, Stand: 140. EL 2018; *Blusz,* Wegzugsbesteuerung bei vorübergehender Tätigkeit in der Schweiz, IWB 2017, 416; *Briese,* Forderungsverzicht gegen Besserungsschein sowie qualifizierter Rangrücktritt in Handels- und Steuerbilanz, DStR 2017, 799; *Brinkmann/Schmidtmann,* Gewerbesteuerliche Belastungen bei der Veräußerung von Mitunternehmeranteilen durch Kapitalgesellschaften, DStR 2003, 93; *Brinkmann/Sistermann,* Die neue Sanierungsklausel in § 8c KStG – Vorübergehende Entschärfung der Mantelkaufregelung für Unternehmen in der Krise, DStR 2009, 1453; *Ditz,* Aufgabe der finalen Entnahmetheorie – Analyse des BFH-Urteils v. 17.7.2008 und seiner Konsequenzen, IStR 2009, 115; *Dötsch/Pung,* § 8b Abs. 1–6 KStG, DB 2003, 1021; *Dötsch/Pung,* Die Änderung des § 17 des Einkommensteuergesetzes durch das Steuerentlastungsgesetz 1999/2000/2002, BB 1999, 1352; *Endert,* Direktzugriff auf das Einlagekonto beim Wiederaufleben von Verbindlichkeiten?, DStR 2016, 1009; *Finke/Schwedhelm,* Die Zinsschranke in der Beratungspraxis, GmbHR 2009, 281; *Förster/von Cölln,* Die Neuregelung des § 8d KStG beim schädlichen Beteiligungserwerb, DStR 2017, 8; *Früchtl/Prokscha,* Die einkommensteuerliche Behandlung von Erlösen aus der Liquidation von Kapitalgesellschaften nach dem SEStEG, BB 2007, 2147; *Füger/Rieger,* Verdeckte Einlage in eine Kapitalgesellschaft zu Buchwerten, DStR 2003, 628; *Füger/Rieger,* Anwendungserlass zu § 8b KStG – Ausgewählte Zweifelsfragen (Teil 1), FR 2003, 544; *Fuhrmann/Strahl,* Änderungen im Unternehmenssteuerrecht durch das JStG 2008, DStR 2008, 125; *Gebert/Fingerhuth,* Die Verlegung des Ortes der Geschäftsleitung ins Ausland – Steuerliche Fallstricke im Licht aktueller gesellschaftsrechtlicher Entwicklungen, IStR 2009, 445; *Gläser/Zöller,* Neues BMF-Schreiben zu § 8c KStG – Was lange währt, wird endlich gut?, BB 2018, 90; *Gosch,* Körperschaftsteuergesetz, 3. Aufl. 2015; *Häuselmann,* Unternehmensbesteuerung nach dem Wachstumsbeschleunigungsgesetz – Teil I: Zinsschranke und Verlustnutzung bei Kapitalgesellschaften, SteuK 2010, 1; *Häuselmann,* Das Ende des „Steuerschlupfloches" Wertpapierleihe – Die Erfassung von Aktienleihgeschäften nach § 8b Abs. 10 KStG in der Fassung des Unternehmensteuerreformgesetzes 2008, DStR 2007, 1379; *Hecht/Gallert,* Ungeklärte Rechtsfragen der Wegzugsbesteuerung gem. § 6 AStG, BB 2009, 2396; *Helios/Wiesbrock,* Der Regierungsentwurf des Gesetzes zur Förderung von Wagniskapitalbeteiligungen (Wagniskapitalbeteiligungsgesetz – WKBG), DStR 2007, 1793; *Hein/Suchan/Geeb,* MoMiG auf der Schnittstelle von Gesellschafts- und Steuerrecht, DStR 2008, 2289; *Herzberg,* Überlegungen zum Ausschluss der Escape-Klausel nach § 8a Abs. 3 KStG mit der Folge des Eingreifens der Zinsschranke bei Konzerngesellschaften, GmbHR 2009, 367; *Herzig/Förster,* Steuerentlastungsgesetz 1999/2000/2002: Die Änderungen von § 17 und § 34 EStG mit ihren Folgen, DB 1999, 711; *Hoffmann,* Zinsschranke – Gibt es die Freigrenze noch?, DStR 2009, 1461; *Jacobs/Scheffler/Spengel,* Unternehmensbesteuerung und Rechtsform, 5. Aufl. 2015; *Kahle/Braun,* Bilanzierung angeschaffter Rückstellungen in der Steuerbilanz – Zugleich Besprechung des BMF-Schreibens v. 30.11.2017, FR 2018, 100, FR 2018, 197; *Kahle/Franke,* Überführung von Wirtschaftsgütern in ausländische Betriebsstätten, IStR 2009, 406; *Kaiser,* Zur Anerkennung funktionsschwacher Gesellschaften im deutschen Steuerrecht – Directive Shopping in Luxemburg, IStR 2009, 121; *Kessler/Probst,* Die Funktionsverlagerung in das Inland, IStR 2017, 251; *Kohlhepp,* Tendenzen des BFH zur Auslegung des § 32a KStG – Besprechung des BFH-Beschlusses v. 20.3.2009 – VIII B 170/08, DStR 2009, 795, DStR 2009, 1418; *ders.,* Überblick über die Rechtsprechung zur vGA im Zeitraum 2008/2009 unter Einbeziehung wichtiger Entscheidungen der FG im Berichtszeitraum, DB 2009, 1487; *ders.,* Die Korrespondenzprinzipien der verdeckten Gewinnausschüttung, DStR 2007, 1502; *Kollruss/Weißert/Ilin,* Die KGaA im Lichte der Verlustabzugsbeschränkung des § 8c KStG und der Zinsschranke, DStR 2009, 88; *Kölpin,* Die Veräußerung von Kapitalanteilen im Rahmen des § 6b Abs. 10 EStG, StuB 2007, 740; *Körner,* Das „Bosal"-Urteil des EuGH – Vorgabe für die Abzugsfähigkeit der Finanzierungsaufwendungen aus Beteiligungserwerben, BB 2003, 2439; *Korts,* Europäische Aktiengesellschaft im Gesellschafts- und Steuerrecht, 2003; *Kramer,* Entstrickung: Entstrickungsbesteuerung, ISR 2016, 336; *Lornsen-Veit/Behrendt,* Forderungsverzicht mit Besserungsschein nach dem SEStEG – weiterhin Direktzugriff auf das Einlagekonto FR 2007, 179; *Lüdenbach/Hoffmann,* Der IFRS-Konzernabschluss als Bestandteil der Steuerbemessungsgrundlage für die Zinsschranke nach § 4h EStG-E, DStR 2007, 636; *Lüdike/Sistermann,* Unternehmenssteuerrecht, 2008; *Mensching,* Neufassung des § 49 Abs. 1 Nr. 2 lit. f EStG durch das Jahressteuergesetz 2009 – Auswirkungen auf beschränkt steuerpflichtige Investoren, DStR 2009, 96; *ders.,* Holdinggesellschaft als Finanzunternehmen iSd § 1 Abs. 3 KWG – Zur Auslegung des § 8b Abs. 7 S. 2 durch die Finanzverwaltung, DB 2002, 2347; *Mitschke,* Zum deutschen Interesse an der Entscheidung des EuGH v. 21.12.2016 – C-503/14 zur Wegzugsbesteuerung bei einer natürlichen Person nach portugiesischem Recht, IStR 2017, 75; *Mühlhäuser/Stoll,* Besteuerung von Wertpapierdarlehens- und Wertpapierpensionsgeschäften, DStR 2002, 1597; *Neumann/Stimpel,* Ausgewählte Zweifelsfragen zur neuen Verlustabzugsbeschränkung nach § 8c KStG GmbHR 2007, 1194; *Oldiges,* Wirkungen und Rechtfertigung des pauschalen Abzugsverbots gem. § 8b Abs. 5 KStG, DStR 2008, 536; *Ott,* Verzicht und Abfindung von Pensionsanwartschaften als Steuerfalle, DStR 2015, 2262; *Pohl,* Entwicklung des steuerlichen Einlagekontos beim Forderungsverzicht mit Besserungsschein – Änderung der Rechtslage durch das SEStEG?, DB 2007, 1553; *Prinz,* Tracking – Stock – Strukturen, FR 2001, 285; *Prinz/Schürner,* Tracking Stocks und Sachdividenden – ein neues Gestaltungsinstrument für spartenbezogene Gesellschaftsrechte?, DStR 2003, 181; *Prinz/Simon,* Kuriositäten und Ungereimtheiten des UntStFG: Ungewollte Abschaffung des gewerbesteuerlichen Schachtelprivilegs für Kapitalgesellschaften?, DStR 2002, 149; *Rau,* „Strukturierte Wertpapierleihe" über Aktien und Beschränkungen des Betriebsausgabenabzugs – Einfügung von § 8b Abs. 10 KStG durch das Unternehmensteuerreformgesetz 2008 und das Jahressteuergesetz 2009, DStR 2009, 548; *Rödder/Schumacher,* Das SEStEG – Überblick über die endgültige Fassung und die Änderungen gegenüber dem Regierungsentwurf, DStR 2007, 369; *Ronig,*

Einzelfragen zur Abgeltungssteuer, DB 2010, 133; *Schaumburg,* Internationales Steuerrecht, 3. Aufl. 2017; *Schlagheck,* Das steuerliche Einlagekonto nach dem SEStEG, StuB 2007, 810; *Schmidt,* Der Kirchensteuerabzug auf Dividendenausschüttungen ab 2015, NWB 2014, 922; *Schmidtmann,* Steuerplanung bei Kapitalgesellschaften mittels inkongruenter Gewinnausschüttungen nach dem BMF-Schreiben v. 17.12.2013, Ubg 2014, 502; *Schnitger,* Unionsrechtliche Würdigung der Lizenzschranke gem. § 4j EStG, DB 2018, 147; *Schulte/Behnes,* ABC der verdeckten Gewinnausschüttung, BB-Spezial 9/2007, 10; *Schwenke,* Europarechtliche Vorgaben und deren Umsetzung durch das SEStEG, DStZ 2007, 245; *Sistermann/Brinkmann,* Verlustuntergang aufgrund konzerninterner Umstrukturierungen – § 8c KStG als Umstrukturierungshindernis?, DStR 2008, 897; *Stadler/Elser,* BB-Spezial 8/2006, 19; *Stiller,* Uni- vs. bilateraler Betriebsstättenbegriff: Eine Analyse im Lichte des deutschen und polnischen Steuerrechts, IStR 2017, 180; *Tipke/Lang,* Steuerrecht, 23. Aufl. 2018; *Tippelhofer/Lohmann,* Niederlassungsfreiheit vs. Kapitalverkehrsfreiheit: Analyse der jüngeren Rechtsprechung des EuGH zu den direkten Steuern – Zugleich Anmerkung zum EuGH-Urteil in der Rs. C-284/06, IStR 2008, 857 – Burda; *Tonner,* Zulässigkeit und Gestaltungsmöglichkeiten von Tracking Stocks nach deutschem Aktienrecht, IStR 2002, 317; *Trossen,* Die Neuregelung des § 32a KStG zur Berücksichtigung von verdeckten Gewinnausschüttungen und verdeckten Einlagen, DStR 2006, 2295; *Viebrock/Stegemann,* Ertragsteuerliche Konsolidierung im Treuhandmodell, DStR 2013, 2375; *Vogel/Lehner,* Doppelbesteuerungsabkommen, 6. Aufl. 2015; *Voß,* SEStEG: Die vorgesehenen Änderungen im Einkommensteuergesetz, im Körperschaftsteuergesetz und im 1.–7. Teil des Umwandlungssteuergesetzes, BB 2006, 412; *Waclawik,* Ausgeschlossen und dennoch veräußert? – Die einkommensteuerlichen Folgen der „Steuerfalle Squeeze-out" bei Privatanlegern, DStR 2003, 447; *Wassermeyer,* Merkwürdigkeiten bei der Wegzugsbesteuerung, IStR 2007, 833; *Weiss,* Erschwerte Bedingungen beim Antrag zum Teileinkünfteverfahren – Veränderte Anforderungen an die „berufliche Tätigkeit" durch den neuen § 32d Abs. 2 Nr. 3 lit. b EStG, NWB 2017, 257; *Wenzel,* Ist der Sparer-Pauschbetrag verfassungswidrig, DStR 2009, 1182; *Werra/Teiche,* Das SEStEG aus der Sicht international tätiger Unternehmen, DB 2006, 1455; *Westphal/Lindauer,* JStG 2009: Änderungen bei inländischen Vermietungseinkünften durch ausländische Kapitalgesellschaften, BB 2009, 420; *Zerwas/Fröhlich,* § 8c KStG – Auslegung der neuen Verlustabzugsbeschränkung, DStR 2007, 1933.

I. Typische Beratungsbereiche

Steuerrechtliche Überlegungen spielen bei der Gründung oder Auflösung einer Aktiengesellschaft und beim Kauf/Verkauf von Anteilen ebenso eine Rolle wie bei der vertraglichen Gestaltung von laufenden Rechtsgeschäften der Aktiengesellschaft (AG).

1. Gründung

a) Rechtsformwahl. In steuerlicher Hinsicht werden AG und GmbH als Kapitalgesellschaften weitgehend gleichbehandelt; ihre steuerliche Behandlung unterscheidet sich von der der Personengesellschaften.[1] Die KGaA stellt eine Sonderform dar, deren Besteuerung sowohl Elemente von Kapitalgesellschaften als auch Personengesellschaften beinhaltet.[2]

Steuerlich kennzeichnend für Kapitalgesellschaften, und damit auch für die AG, ist das sog. Trennungsprinzip. Darin kommt die Eigenschaft der Kapitalgesellschaft als eigenständiges Steuerrechtssubjekt zum Ausdruck. Gesellschaft und Gesellschafter werden demnach gesondert besteuert. Das Trennungsprinzip begründet die Existenz des durch das StSenkG[3] im Jahre 2001 eingeführten und zwischenzeitlich durch das UntStRefG[4] 2008 geänderten „Halbeinkünfteverfahrens"[5], durch das die mehrfache Besteuerung von Gewinnen auf Gesellschaftsebene einerseits und Gesellschafterebene andererseits vermieden werden soll. Das Trennungsprinzip macht es zur Vervollständigung einer steuerlichen Rechtsformanalyse erforderlich, nicht nur die Ebene der Kapitalgesellschaft zu betrachten, sondern die Ebene der Anteilseigner in den Rechtsformenvergleich einzubeziehen. Bezogen auf die Gesellschafterebene sind dabei vor allem die steuerliche Behandlung von Gewinnausschüttungen sowie die Besteuerung von Erfolgen aus der Veräußerung von Anteilen an Kapitalgesellschaften entscheidungsrelevant.

---

[1] Ausf. zB *Jacobs/Scheffler/Spengel,* Unternehmensbesteuerung und Rechtsform, 5. Aufl. 2015.
[2] Einf. Gosch/*Märtens* KStG § 9 Rn. 12–14; *Kollrus* BB 2012, 3178.
[3] G zur Senkung der Steuersätze und zur Reform der Unternehmensbesteuerung (Steuersenkungsgesetz – StSenkG) v. 23.10.2000, BGBl. 2000 I 1433.
[4] Unternehmenssteuerreformgesetz v. 14.8.2007, BGBl. 2007 I 1912.
[5] *Förster* DStR 2001, 1273; *Dötsch/Pung* GmbHR 2001, 641.

4 Im Gegensatz zu Kapitalgesellschaften greift für Personenunternehmen (Einzelunternehmen, Personengesellschaften) steuerlich – wenn auch eingeschränkt – das sog. Transparenzprinzip. Für die Einkommensteuer/Körperschaftsteuer bedeutet dies, dass die steuerlichen Ergebnisse einer Personengesellschaft nicht von der Gesellschaft selbst, sondern von ihren Gesellschaftern zu versteuern sind. Rechtsbeziehungen zwischen der Personengesellschaft und ihren Gesellschaftern werden daher steuerlich regelmäßig nicht anerkannt. Demgegenüber ist die Personengesellschaft in der Gewerbesteuer selbst Steuersubjekt gem. § 5 Abs. 1 S. 3 GewStG, wenn sie einen Gewerbebetrieb unterhält. Beziehungen zwischen Personengesellschaft und Gesellschafter können dennoch – anders als bei Kapitalgesellschaften – unmittelbar auf die Besteuerung der Gesellschaft durchschlagen.

5 **b) Standortwahl.** Aus internationaler Sicht steht Deutschland im Vergleich der Steuerrechtssysteme und Steuersätze.[6] Im internationalen Wettbewerb der Unternehmensstandorte sind die Besteuerungsmerkmale der Rechtsform der AG nicht erst mit der Einführung der Europäischen AG[7] bedeutend geworden. Für diesen internationalen Vergleich entscheidend sind sicherlich vor allem:
- Höhe der Belastung von Unternehmensgewinnen mit Körperschaftsteuer und Gewerbesteuer
- Möglichkeit der Verrechnung von Verlusten
- Behandlung von Dividenden sowie von Erfolgen aus der Veräußerung von Anteilen an Kapitalgesellschaften
- Abzug von Fremdfinanzierungsaufwendungen
- Anzahl der abgeschlossenen DBA und Quellensteuern[8]
- Anti-Missbrauchs-Gesetzgebung (general anti abuse rules „GAAR", zB § 42 AO; special anti abuse rules „SAAR", zB § 50d Abs. 3 EStG)[9]

2. Vertragsgestaltung

6 **a) Kauf/Verkauf von Anteilen an Kapitalgesellschaften.** Werden Anteile an einer AG veräußert/erworben, stehen die steuerlichen Konsequenzen für den Veräußerer im Mittelpunkt des Interesses. Diese unterscheiden sich nach der Rechtsform des Veräußerers sowie bei natürlichen Personen als Veräußerer danach, ob die Anteile zu dessen Privatvermögen oder Betriebsvermögen gehören. So greift bei Kapitalgesellschaften das Beteiligungsprivileg des § 8b Abs. 2 KStG,[10] während bei natürlichen Personen das Teileinkünfteverfahren oder die Abgeltungsteuer anzuwenden ist.[11] Selbst der Wegzug des Anteilsinhabers oder der Kapitalgesellschaft kann zur Aufdeckung stiller Reserven (Entstrickung) führen, § 4 Abs. 1 S. 3, 4, § 15 Abs. 1a, § 17 Abs. 5 EStG, § 12 Abs. 3 KStG, § 6 AStG. Darüber hinaus sind Haltefristen zu berücksichtigen, wie nach § 22 UmwStG (Einbringungsgewinn I u. II) bzw. § 21 UmwStG aF (einbringungsgeborene Anteile), deren Nichtbeachtung für den Veräußerer zu steuerlichen Nachteilen führen kann.

7 Zugleich sind bei der Gestaltung der Veräußerung die Interessen des Erwerbers der Anteile zu beachten. So eröffnet der Erwerb von Gesellschaftsrechten an einer Personengesellschaft durch die Erstellung sog. Ergänzungsbilanzen eine Verteilung des Kaufpreises auf die Wirtschaftsgüter der Gesellschaft und damit die Generierung zusätzlichen Abschreibungspotentials. Eine solche Möglichkeit besteht bei Erwerb von Anteilen an Kapitalgesellschaften nicht. Hier spiegelt sich der Kaufpreis nur in den Anschaffungskosten der Anteile wieder. Kapitalgesellschaftsanteile unterliegen keiner planmäßigen Abschreibung.

---

[6] *Schaumburg* ISR 2016, 371; *Rödi* StuW 2008, 327; *Eilers/Schmidt* FR 2001, 8.
[7] EG-Verordnung Nr. 2157/2001 v. 8.10.2001, ABl. (EU) 2001 L 294; G zur Ausführung der Verordnung (EG) Nr. 2157/2001 des Rates v. 8.10.2001 über das Statut der Europäischen Gesellschaft (SE) v. 22.12.2004; BGBl. 2004 I 3675; *Brandt* BB-Special 3/2005, 1.
[8] Eine DBA Übersicht findet sich im BMF BStBl. I 2018, 239 = BeckVerw 352800; *Vogel/Lehner*, Übersicht der DBA.
[9] Einf. *Jacobs/Endres/Spengel*, Int. Unternehmensbesteuerung, 8. Aufl. 2016, S. 1033 ff.; in Bezug auf andere Länder *Kraft* DStR-Beih. 3/2014, 14; *IFA* CDFI 2013.
[10] → Rn. 31 ff.
[11] → Rn. 222 ff.

Steuerliche Konsequenzen ergeben sich beim Erwerb vielmehr auf Ebene der Kapitalgesellschaft. Insbesondere können sich Auswirkungen auf steuerliche Verluste sowie bei Gesellschaften mit Immobilienvermögen grunderwerbsteuerliche Folgen[12] ergeben.

b) Verträge zwischen Kapitalgesellschaft und Gesellschafter/nahestehenden Personen. Schuldrechtliche Beziehungen zwischen Kapitalgesellschaft und ihren Gesellschaftern bzw. diesen nahestehenden Personen unterliegen Angemessenheitsbedingungen sowie formellen Anforderungen. Bei Nichtbeachtung dieser Bedingungen drohen verdeckte Gewinnausschüttungen und verdeckte Einlagen, die mit steuerlichen Nachteilen verbunden sein können. Bei der Fremdfinanzierung einer Kapitalgesellschaft greift die sog. Zinsschranke, durch die der Abzug von Zinsaufwendungen eingeschränkt wird, § 4h EStG, § 8a KStG. Lizenzzahlungen können aufgrund der Regelung in § 4j EStG ggf. partiell oder vollständig nicht abziehbar sein.[13] Zu den steuerlichen Konsequenzen von Unternehmensverträgen (Gewinnabführungsvertrag) wird auf die Ausführungen zur steuerlichen Organschaft verwiesen.[14]

II. Aktiengesellschaft als Steuersubjekt

1. Steuerpflicht

a) Körperschaftsteuer. *aa) Steuerpflicht. (1) Unbeschränkte Steuerpflicht.* Eine Kapitalgesellschaft mit Geschäftsleitung oder Sitz im Inland ist unbeschränkt körperschaftsteuerpflichtig, § 1 Abs. 1 Nr. 1 KStG. Unbeschränkte Steuerpflicht bedeutet, dass die Kapitalgesellschaft mit ihren sämtlichen inländischen und ausländischen Einkünften nach dem Welteinkommensprinzip der deutschen Körperschaftsteuer unterliegt, § 1 Abs. 2 KStG. Die inländische Steuerpflicht bestimmter ausländischer Einkünfte wird allerdings ggf. durch Doppelbesteuerungsabkommen (DBA) eingeschränkt.

Für die Begründung der unbeschränkten Steuerpflicht in Deutschland reicht bereits aus, dass die Kapitalgesellschaft entweder ihren satzungsmäßigen Sitz oder ihre Geschäftsleitung im Inland unterhält. Geschäftsleitung ist der Ort, an dem der für die laufende Geschäftsführung maßgebende Wille gebildet wird, § 10 AO. Entscheiden ist mithin, wo der Vorstand als Vertreter der Aktiengesellschaft die tatsächlichen und rechtsgeschäftlichen Handlungen des gewöhnlichen Tagesgeschäftes vornimmt.[15] Der steuerliche Begriff der Geschäftsleitung und der gesellschaftsrechtliche Begriff des Verwaltungssitzes sind nicht identisch, stimmen in der Auslegung aber oft überein. Aus gesellschaftsrechtlicher Sicht wurde durch das MoMiG[16] v. 23.10.2008 das bisher bestehende Verbot der Trennung von Satzungs- und Verwaltungssitz aufgehoben, § 5 AktG. Eine deutsche AG kann nunmehr ihren Verwaltungssitz unabhängig vom Satzungssitz wählen und verlegen – sowohl national als auch grenzüberschreitend. Die Gesellschaft bleibt bei inländischem Satzungssitz trotz eines ausländischen Verwaltungssitzes in Deutschland registriert und unterliegt weiterhin dem deutschen Gesellschaftsrecht. Eine Verlegung des Verwaltungssitzes vom Inland in das Ausland führt demzufolge – abhängig von der Geltung der Sitztheorie oder der Gründungstheorie im Zuzugsstaat – nicht zur Auflösung der Gesellschaft im Inland.[17] Umgekehrt können im Ausland gegründete Gesellschaften ihren Verwaltungssitz ins Inland verlegen. Steuerlich ergibt sich durch diese Konstellation zumeist eine unbeschränkte Steuerpflicht in zwei Staaten. Man spricht in diesen Fällen von doppelt ansässigen Gesellschaften. Eine doppelt ansässige Gesellschaft mit Satzungssitz oder Verwaltungssitz im Inland ist in Deutschland nach § 1 Abs. 1 KStG unbeschränkt körperschaftsteuerpflichtig. Durch das aufgrund der unbeschränkten Steuerpflicht geltende Welteinkommensprinzip kommt es zu einer doppelten Erfassung der Einkünfte in zwei Staaten. Durch ein ggf. vorhandenes DBA wird geklärt,

---

[12] ZB *Meyer-Sparenberg/Jäckle*, Beck'sches Handbuch Mergers und Acquisitions, 1. Aufl. 2013, § 28 Rn. 25 ff.
[13] *Kußmaul/Ditzler* StB 2018, 8; *Schnitger* DB 2018, 147; *Hagemann/Kahlenberg* IStR 2017, 1001.
[14] → § 54.
[15] BFH BStBl. II 1995, 175 = DStR 1995, 488.
[16] G zur Modernisierung des GmbH-Rechts und zur Bekämpfung von Missbräuchen (MoMiG) v. 23.10.2008, BGBl. 2008 I 2026.
[17] Zu den steuerlichen Folgen einer Sitzverlegung → Rn. 136 ff.

welcher Staat das unbeschränkte Besteuerungsrecht wahrnehmen darf. Die Fälle einer Doppelansässigkeit werden durch die *tie-breaker-rule* des Art. 4 Abs. 3 OECD-MA dahingehend gelöst, dass sich die Ansässigkeit der Gesellschaft nach dem Vertragsstaat richtet, in dem sich der Ort der tatsächlichen Geschäftsleitung befindet. Dieser Begriff ist abkommensspezifisch und autonom auszulegen, er ist jedoch sehr ähnlich zum nationalrechtlichen Ort der Geschäftsleitung.[18] Damit gilt eine doppelansässige AG, die lediglich über einen inländischen Satzungssitz verfügt, regelmäßig als im anderen DBA-Vertragsstaat ansässig.

12 *(2) Beschränkte Steuerpflicht.* Eine Körperschaft, die im Inland weder Sitz noch Geschäftsleitung unterhält, ist in Deutschland mit ihren inländischen Einkünften iSv § 49 EStG beschränkt steuerpflichtig, § 2 Nr. 1 KStG. Die Aufzählung der inländischen Einkünfte in § 49 EStG ist abschließend *(numerus clausus)*. Dazu gehören insbes. Einkünfte aus einer inländischen Betriebsstätte, aus inländischem Immobilienvermögen, aus der Überlassung inländischer Rechte sowie bestimmte Einkünfte aus Kapitalvermögen.[19]

13 Um festzustellen, ob ein ausländisches Rechtssubjekt der beschränkten Einkommen- oder Körperschaftsteuer unterliegt, bedarf es der Prüfung der Vergleichbarkeit zu einem Körperschaftsteuersubjekt iSd § 1 Abs. 1 Nr. 1–5 KStG. Nur wenn nach diesem Typenvergleich die wesentlichen Strukturmerkmale gegenüber einem inländischen Körperschaftsteuersubjekt gleich sind, finden die Vorschriften des KStG Anwendung.[20] Somit kommt es auf den nach ausländischem Recht geregelten Aufbau und die wirtschaftliche Stellung des Rechtsträgers an. Eine Einordnung ausländischer Rechtsgebilde im Vergleich zu deutschen Rechtsformen enthält der Betriebsstättenerlass des BMF.[21] Acht Kriterien sind von Bedeutung: Geschäftsführung und Vertretung, Haftung, Übertragbarkeit der Anteile, Gewinnzuteilung, Kapitalaufbringung, Lebensdauer der Gesellschaft, Gewinnverteilung und formale Gründungsvoraussetzungen. Die steuerliche Qualifizierung des ausländischen Rechtsträgers in seinem Ansässigkeitsstaat ist irrelevant. Auch bleiben nach dem ausländischen Recht eingeräumte steuerliche Optionsrechte bei diesem Typenvergleich außer Betracht, wie bspw. das Check-the-box-Verfahren in den USA.

14 *bb) Beginn und Ende der Steuerpflicht. (1) Beginn der Steuerpflicht.* Die Körperschaftsteuerpflicht einer im Inland gegründeten AG beginnt spätestens mit ihrer Eintragung ins Handelsregister und der damit verbundenen Erlangung der Rechtsfähigkeit, § 41 AktG.[22] Aber auch die sog. Vorgesellschaft unterliegt bereits der Körperschaftsteuer.[23] Sie wird als identisch mit der späteren rechtsfähigen juristischen Person behandelt.[24] Bei der Vorgesellschaft handelt es sich um eine Kapitalgesellschaft im Gründungsstadium. Sie entsteht mit der notariellen Feststellung der Satzung iSv § 280 Abs. 1 AktG und endet mit der Erlangung der Rechtsfähigkeit.[25] Im Gegensatz dazu ist die Vorgründungsgesellschaft selbst noch nicht Körperschaftsteuersubjekt.[26] Als Vorgründungsgesellschaften sind Gesellschaften vor Feststellung der Satzung zu qualifizieren. Sie werden als GbR[27] bzw., sofern ein Handelsgewerbe betrieben wird,[28] als OHG oder als Einzelunternehmen qualifiziert. Die Einkünfte der Vorgründungsgesellschaft sind von den Gesellschaftern zu versteuern.

---

[18] Vogel/Lehner/*Lehner* OECD-MA 2014 Art. 4 Rn. 259 ff.
[19] Instruktiv *Schaumburg*, Internationales Steuerrecht, 3. Aufl. 2017, Rn. 6.122 ff.
[20] BFH BStBl. II 1992, 972 = BeckRS 1992, 22010354 mwN.
[21] BMF BStBl. I 1999, 1076 = BeckVerw 027468, Tab. 1 u. 2; BMF BStBl. I 2004, 411 = BeckVerw 049718.
[22] BFH BStBl. II 1990, 468 = BeckRS 1989, 22009301.
[23] BFH BStBl. II 1973, 568 = BeckRS 1973, 22002100.
[24] BFH BStBl. II 1993, 352 = NJW 1993, 1222 mwN; BFH BFH/NV 1995, 28 = BeckRS 1994, 12532; H 1.1 „Beginn der Steuerpflicht" KStR; zu Einzelheiten Gosch/*Hummel* KStG § 1 Rn. 35.
[25] BFH BStBl. II 1990, 91 = BeckRS 1989, 22009243; BFH BFH/NV 1998, 1037 = DStR 1998, 804; BFH BFH/NV 2002, 158 = BeckRS 2001, 25006511; BFH BStBl. II 2005, 155 = DStR 2004, 1870.
[26] BFH BStBl. II 1990, 91 = BeckRS 1989, 22009243.
[27] BFH BStBl. II 1990, 91 = BeckRS 1989, 22009243; BFH BFH/NV 1998, 1037 = DStR 1998, 804.
[28] BGH BGHZ 91, 148 = NJW 1984, 2164; BGH DStR 1998, 821; BGH BFH/NV 2004, 396 = DStR 2004, 1094.

(2) Ende der Steuerpflicht. Die Körperschaftsteuerpflicht kann durch Liquidation iSv § 11 **15** KStG,[29] durch übertragende Umwandlung iSv §§ 3 ff., 11 ff. UmwStG, formwechselnde Umwandlung in eine Personengesellschaft iSv § 9 UmwStG oder grenzüberschreitende Sitzverlegung iSv § 12 Abs. 3 KStG enden.[30] Ein Gesellschafterwechsel beeinflusst die Körperschaftsteuerpflicht nicht.

Bei Liquidation entfällt die Steuerpflicht der Kapitalgesellschaft erst mit tatsächlichem **16** und rechtsgültigem Abschluss der Liquidation.[31] Dafür ist erforderlich, dass die AG ihre geschäftliche Tätigkeit tatsächlich beendet hat, ihr Vermögen unter den Gesellschaftern verteilt ist und darüber hinaus ein etwaiges Sperrjahr abgelaufen ist, §§ 267, 272 Abs. 1 AktG. Verfahrensrechtlich existiert sie, solange noch steuerliche Pflichten zu erfüllen sind.[32] Unbeachtlich für die Körperschaftsteuerpflicht ist hingegen die Löschung der AG im Handelsregister.

Zu den Rechtsfolgen bei Sitzverlegung wird auf die Erläuterungen unten verwiesen.[33] **17**

cc) Steuerbefreiung. In § 5 Abs. 1 KStG werden diejenigen Rechtsträger abschließend auf- **18** gezählt, die von der Körperschaftsteuer befreit sind. Diese Steuerbefreiungen gelten indes nach § 5 Abs. 2 KStG nicht für inländische Einkünfte, die dem Steuerabzug unterliegen, sowie für bestimmte beschränkt Steuerpflichtige. Die Steuerbefreiung für gemeinnützige Körperschaften findet sich in § 5 Abs. 1 Nr. 9 KStG.

b) Gewerbesteuer. aa) *Steuerpflicht.* Gegenstand der Gewerbesteuer ist der Gewerbebe- **19** trieb, soweit er im Inland betrieben wird, § 2 Abs. 1 S. 1 GewStG. Die Tätigkeit einer inländischen Kapitalgesellschaft, und damit auch einer AG, wird stets und in vollem Umfang als Gewerbebetrieb verstanden (Gewerbesteuerpflicht kraft Rechtsform), § 2 Abs. 2 S. 1 GewStG. Das gilt selbst dann, wenn die AG lediglich eine vermögensverwaltende Tätigkeit ausübt. Kapitalgesellschaften iSv § 2 Abs. 2 S. 1 GewStG sind auch ausländische Gesellschaften, sofern sie ihrem Wesen nach inländischen Kapitalgesellschaften entsprechen.[34]

Das GewStG kennt – als Ausfluss des Objektsteuercharakters – im Prinzip keine Unter- **20** scheidung zwischen unbeschränkter und beschränkter Steuerpflicht. Anknüpfungspunkt für die Gewerbesteuer ist eine inländische Betriebsstätte iSv § 12 AO.[35] Betriebsstätte ist danach jede feste Geschäftseinrichtung oder Anlage, die der Tätigkeit eines Unternehmens dient.[36] Folglich unterliegen der Gewerbesteuer auch inländische Betriebsstätten ausländischer Kapitalgesellschaften. Aufgrund der Fiktion gewerblicher Einkünfte gem. § 49 Abs. 1 Nr. 2 lit. f S. 3 EStG bei der Vermietung oder Veräußerung inländischer Immobilien durch eine ausländische Kapitalgesellschaft kann jedoch nicht davon ausgegangen werden, dass eine inländische Betriebsstätte vermittelt wird.[37]

bb) Beginn und Ende der Steuerpflicht. (1) Beginn der Steuerpflicht. Der Beginn der Ge- **21** werbesteuerpflicht einer AG hängt von der Art ihrer Tätigkeit ab. Übt die AG eine bloße vermögensverwaltende Tätigkeit aus, so wird die AG grds. erst mit der Eintragung der Gesellschaft ins Handelsregister gewerbesteuerpflichtig.[38] Jedoch unterliegt eine vermögensverwaltend tätige Kapitalgesellschaft vor der Eintragung in das Handelsregister der Gewerbesteuer, wenn sie im Zeitraum zwischen Gründung und Handelsregistereintragung vermögensverwaltende Tätigkeiten entfaltet, die über den Kreis bloßer Vorbereitungshandlungen hinausgehen.[39] Erfüllt die Tätigkeit der Vorgründungs- oder Vorgesellschaft hingegen die Anforderungen eines Gewerbebetriebs iSd § 15 Abs. 2 EStG, so kann die Gewerbe-

---
[29] BMF BStBl. I 2003, 434 = DStR 2003, 1527.
[30] *Haase* IStR 2004, 232.
[31] R 11 Abs. 2 KStR.
[32] BFH BFH/NV 2004, 670 = BeckRS 2004, 25003051.
[33] Zu Einzelheiten → Rn. 136 ff.
[34] Zum erforderlichen Typenvergleich → Rn. 13.
[35] R 2.9 Abs. 1 GewStR; allg. zum Betriebsstättenbegriff *Stiller* IStR 2017, 180.
[36] IE s. R 2.9 Abs. 1 GewStR.
[37] *Lindauer/Westphal* BB 2009, 420 (422); *Wassermeyer* IStR 2009, 238 (239); *Bron* DB 2009, 592 (594); zu Gestaltungen mit Personengesellschaften in diesem Zusammenhang BeckHdB ImmobilienStR/*Haase/Jachmann* § 8 Rn. 69 ff.
[38] R 2.5 Abs. 2 GewStR.
[39] BFH BStBl. II 2017, 1071 = DStR 2017, 1591.

steuerpflicht bereits mit Aufnahme der Tätigkeit beginnen, § 2 Abs. 1 S. 2 GewStG. Maßgebend ist dafür der Zeitpunkt, in dem alle für das Vorliegen eines Gewerbebetriebs erforderlichen Voraussetzungen erfüllt sind. Bloße Vorbereitungshandlungen reichen für die Begründung der Gewerbesteuerpflicht nicht aus. Nach § 15 Abs. 2 EStG handelt es sich um eine gewerbliche Tätigkeit, wenn die Betätigung selbstständig und nachhaltig mit der Absicht der Gewinnerzielung unternommen wird und sich als Beteiligung am allgemeinen wirtschaftlichen Verkehr dargestellt. Wird eine Kapitalgesellschaft eigens zur Übernahme eines Gewerbebetriebs gegründet, so beginnt ihre Gewerbesteuerpflicht ebenfalls nach obigen Grundsätzen mit der Eintragung ins Handelsregister und nicht erst mit dem Zeitpunkt der Fortführung des übernommenen Betriebs.[40]

22   *(2) Ende der Steuerpflicht.* Die Gewerbesteuerpflicht erlischt mit der Beendigung jeglicher Tätigkeit der Kapitalgesellschaft überhaupt.[41] Dies ist regelmäßig der Zeitpunkt, in dem das Vermögen unter den Gesellschaftern verteilt ist.[42] Die Gewerbesteuerpflicht endet nicht mit der Eröffnung eines Insolvenzverfahrens oder der Einstellung des Betriebs.

23   *cc) Steuerbefreiung.* In § 3 GewStG werden diejenigen Rechtsträger abschließend aufgezählt, die von der Gewerbesteuer befreit sind. Die Steuerbefreiung für gemeinnützige Körperschaften findet sich in § 3 Nr. 6 GewStG.

2. Ermittlung des zu versteuernden Einkommens und des Gewerbeertrags

24   a) **Überblick.** *aa) Körperschaftsteuer. (1) Ermittlung des zu versteuernden Einkommens.* Bemessungsgrundlage für die Körperschaftsteuer ist das zu versteuernde Einkommen der Kapitalgesellschaft, § 7 Abs. 1 KStG. Zu versteuerndes Einkommen ist das Einkommen iSv § 8 Abs. 1 KStG, vermindert um die Freibeträge der §§ 24, 25 KStG (Freibeträge für bestimmte Körperschaften bzw. für Erwerbs- und Wirtschaftsgenossenschaften mit land- und forstwirtschaftlicher Tätigkeit). Nach § 8 Abs. 1 S. 1 KStG bestimmt sich das Einkommen nach den Vorschriften des EStG sowie des KStG. Bei unbeschränkt steuerpflichtigen Kapitalgesellschaften sind sämtliche Einkünfte als Einkünfte aus Gewerbebetrieb zu behandeln. Beschränkt steuerpflichtige Kapitalgesellschaften können auch andere Einkunftsarten erzielen, § 49 Abs. 2 EStG (isolierende Betrachtungsweise). Nach den Änderungen durch das JStG 2009[43] sind indes mit Wirkung ab dem Veranlagungszeitraum 2009 Einkünfte aus Vermietung und Verpachtung sowie der Veräußerung von Grundvermögen als Einkünfte aus Gewerbebetrieb zu qualifizieren, § 49 Abs. 1 Nr. 2 lit. f EStG.[44]

25   Bei unbeschränkt steuerpflichtigen Kapitalgesellschaften ist das Einkommen ausgehend vom handelsrechtlichen Jahresabschluss der Kapitalgesellschaft unter Beachtung abweichender steuerlicher Vorschriften nach dem Maßgeblichkeitsgrundsatz durch Betriebsvermögensvergleich zu ermitteln, § 4 Abs. 1, § 5 Abs. 1 S. 1 EStG. Dies gilt auch für ausländische Kapitalgesellschaften mit ihren gewerblichen Einkünften, soweit eine Zweigniederlassung im Inland existiert, § 13d HGB, oder wenn eine steuerliche Buchführungspflicht gem. § 140 AO oder § 141 AO für den inländischen Unternehmensteil besteht.[45] Eine Buchführungspflicht nach § 140 AO kann sich auch aufgrund ausländischer Rechtsnormen ergeben. So sind die Einkünfte einer ausländischen Kapitalgesellschaft, die im Inland Einkünfte aus Grundvermögen gem. § 49 Abs. 1 Nr. 2 lit. f S. 3 EStG erzielt, regelmäßig durch Bestandsvergleich zu bestimmen.[46] In allen anderen Fällen können die Einkünfte gem. § 4 Abs. 3 EStG im Wege einer Einnahmen-Überschuss-Rechnung ermittelt werden.[47] Das zu versteuernde Einkommen ist schematisch nach der Vorlage in R 7.1 KStR zu ermitteln.

---

[40] BFH BStBl. II 1977, 561 = BeckRS 1977, 22003899.
[41] R 2.6 Abs. 2 S. 1 GewStR.
[42] R 2.6 Abs. 2 S. 2 GewStR.
[43] JStG 2009 v. 19.12.2008, BGBl. 2008 I 2794.
[44] *Westphal/Lindauer* BB 2009, 420; *Wassermeyer* IStR 2009, 238 (239 ff.).
[45] Blümich/*Wied/Reimer* EStG § 49 Rn. 42.
[46] BFH BStBl. II 2016, 66 = DStR 2015, 2771.
[47] *Jacobs/Endres/Spengel*, Int. Unternehmensbesteuerung, 8. Aufl. 2016, S. 345 f.

(2) Steuersatz/Steuerschuldner. Auf das steuerpflichtige Einkommen einer Kapitalgesell- 26
schaft wird Körperschaftsteuer iHv 15 % erhoben, § 23 Abs. 1 KStG. Hinzu kommt ein
Solidaritätszuschlag von 5,5 % auf die festgesetzte Körperschaftsteuer, § 4 SolZG. Die
Gesamtsteuerbelastung mit Körperschaftsteuer und Solidaritätszuschlag beträgt mithin
15,825 %. Diese Körperschaftsteuer sowie der darauf lastende Solidaritätszuschlag sind
definitiv. Steuerschuldner ist die Körperschaft, § 1 KStG.

bb) Gewerbesteuer. (1) Ermittlung des Gewerbeertrags. Bemessungsgrundlage der Ge- 27
werbesteuer ist der Gewerbeertrag, § 7 S. 1 GewStG. Dieser Gewerbeertrag ist ausgehend
vom körperschaftsteuerlichen Gewinn aus Gewerbebetrieb der Kapitalgesellschaft unter Beachtung von Hinzurechnungen und Kürzungen zu ermitteln, §§ 8–9 GewStG. Für vermögensverwaltende Aktiengesellschaften ist insbes. die erweiterte Kürzung für den auf die
Verwaltung und Nutzung des eigenen Grundbesitzes entfallenden Gewerbeertrags zu beachten, § 9 Nr. 1 S. 2 GewStG.

Die Gewerbesteuer ist nicht als Betriebsausgabe abziehbar, § 4 Abs. 5b EStG. Eine An- 28
rechnung der Gewerbesteuer auf die Körperschaftsteuer analog zu § 35 EStG ist ebenfalls
nicht möglich.

(2) Steuersatz/Steuerschuldner. Zur Berechnung der Gewerbesteuer ist der Gewerbeertrag 29
der Kapitalgesellschaft zunächst mit der Steuermesszahl von 3,5 % zu multiplizieren, § 11
Abs. 2 Nr. 2 GewStG. Auf den sich so ergebende Gewerbesteuermessbetrag ist der Gewerbesteuerhebesatz der Gemeinde anzuwenden, in der der Gewerbebetrieb besteht, § 16 Abs. 1
GewStG. Der Hebesatz beträgt 200 %, wenn die Gemeinde nicht einen höheren Hebesatz
bestimmt hat, § 16 Abs. 4 S. 2 GewStG. Aus der Multiplikation von Gewerbesteuermessbetrag und Gewerbesteuerhebesatz ergibt sich die Gewerbesteuer.

Steuerschuldner ist die Kapitalgesellschaft, § 5 Abs. 1 GewStG. 30

b) Beteiligung an anderen Körperschaften und Personenvereinigungen – Beteiligungsprivi- 31
leg. Ausschüttungen sowie Gewinne aus der Veräußerung von Anteilen an anderen Körperschaften und Personenvereinigungen können unter den Bedingungen des § 8b KStG von einer Kapitalgesellschaft zu 95 % steuerfrei vereinnahmt werden („Beteiligungsprivileg").[48]
Sinn und Zweck dieses Beteiligungsprivilegs ist die (partielle) Vermeidung einer doppelten
Besteuerung von offenen und stillen Reserven auf Ebene der Kapitalgesellschaft einerseits
sowie auf Ebene der Aktionäre andererseits. Damit werden auch Kaskadeneffekte im Rahmen von mehrstufigen Beteiligungsketten weitgehend neutralisiert. Erst die natürliche Person als Anteilseigner der obersten Gesellschaft sollte stärker belastet werden, um den Thesaurierungsvorteil der Kapitalgesellschaft auszugleichen.[49]

aa) Persönlicher Anwendungsbereich. In Anspruch genommen werden kann das Beteili- 32
gungsprivileg des § 8b KStG nicht nur durch unbeschränkt steuerpflichtige Körperschaften.
Auch bei beschränkt steuerpflichtigen Körperschaften greift § 8b KStG für Anteile an Kapitalgesellschaften, die zu einem inländischen Betriebsvermögen gehören bzw. für Anteile iSd
§§ 17, 49 Abs. 1 Nr. 2 lit. e EStG (1 %). Die beschränkte Steuerpflicht gem. § 49 Abs. 1
Nr. 2 lit. e EStG greift, wenn kein DBA abgeschlossen wurde oder wenn das Besteuerungsrecht nach dem DBA ausnahmsweise dem Ansässigkeitsstaat der Untergesellschaft zugewiesen wird.

bb) Dividenden und gleichgestellte Bezüge. (1) Körperschaftsteuer. (a) Steuerbefreiung. 33
Nach § 8b Abs. 1 S. 1 KStG bleiben Bezüge iSd § 20 Abs. 1 Nr. 1, 2, 9, 10 lit. a EStG bei der
Ermittlung des Einkommens einer Körperschaft außer Ansatz. Bei den Bezügen iSd § 20
Abs. 1 Nr. 1, 2, 9, 10 lit. a EStG handelt es sich im Wesentlichen um Gewinnanteile (Dividenden), Bezüge aus Genussrechten iSd § 8 Abs. 3 S. 2 KStG mit Beteiligung am Gewinn
und Liquidationserlös, verdeckte Gewinnausschüttungen sowie Bezüge aus der Auflösung
einer unbeschränkt steuerpflichtigen Kapitalgesellschaft iSv § 20 Abs. 1 Nr. 2 EStG, die
nicht in der Rückzahlung von Nennkapital oder Beträgen des steuerlichen Einlagekontos

---

[48] IE BMF BStBl. I 2003, 292 = DStR 2003, 881.
[49] Gosch/*Gosch* KStG § 8b Rn. 1.

gem. § 27 KStG bestehen.[50] Von der Steuerbefreiung erfasst werden ferner Einnahmen aus der Veräußerung von Dividendenscheinen und Dividendenansprüchen iSd § 20 Abs. 2 S. 1 Nr. 2 lit. a EStG, § 8b Abs. 1 S. 5 KStG.

34 Durch das EuGHUmsG v. 21.3.2013[51] wurde die Steuerbefreiung für sog. Streubesitzdividenden aus unionsrechtlichen und folgend fiskalischen Gründen abgeschafft. Die Abgeltungswirkung des Steuerabzugs gem. § 32 KStG bzgl. Dividenden von inländischen an EU-/EWR-Körperschaften wurde vom EuGH[52] als unionsrechtswidrig angesehen. Als Ausweg wurde vom Gesetzgeber – anstelle der Einführung einer Rückerstattungsmöglichkeit für ausländische Anteilseigner – in Übereinstimmung mit der Mindestbeteiligung von 10 % der Mutter-Tochter-Richtlinie die Steuerpflicht für Steuerbesitzdividenden statuiert. Demnach sind Bezüge iSd § 8b Abs. 1 S. 1 KStG nicht steuerfrei, wenn die Beteiligung zu Beginn des Kalenderjahres unmittelbar weniger als 10 % betragen hat, § 8b Abs. 4 S. 1 KStG. Dabei ist auf das Grundkapital abzustellen. Besteht keine Beteiligung am Grundkapital, sondern werden nur Genussrechte gehalten, so läuft die Regelung des § 8b Abs. 4 KStG ins Leere.[53]

Mittelbare Beteiligungen über andere Kapitalgesellschaften bleiben außer Betracht, über gewerbliche Personengesellschaften gehaltene Beteiligungen sind bei der Bestimmung der Besitzquote miteinzubeziehen, § 8b Abs. 4 S. 4 KStG. Gleiches muss auch für vermögensverwaltende Personengesellschaften gelten, denn die Wirtschaftsgüter sind den Gesellschaftern anteilig zuzurechnen, § 39 Abs. 2 AO.[54] In Organschaftssituationen verbleibt es bei der Stand-alone-Betrachtung, § 15 S. 1 Nr. 2 S. 4 KStG. Im Falle der Wertpapierleihe werden die Anteile der überlassenden Körperschaft zugerechnet, § 8b Abs. 4 S. 3 KStG. Hierdurch sollen Gestaltungen durch die Überlassung von Anteilen rund um den relevanten Stichtag verhindert werden.

35 Entscheidend ist allein die Beteiligungshöhe zu Beginn des Kalenderjahres, es handelt sich um ein strenges Stichtagsprinzip. Unterjährige Veränderungen der Quote sind im Grundsatz irrelevant.[55] Dies wird von § 8b Abs. 4 S. 6 KStG per Fiktion dahingehend durchbrochen, dass der Erwerb einer Beteiligung von mindestens 10 % als zu Beginn des Kalenderjahres erfolgt gilt. Umstritten ist, in welchem Umfang die Fiktion auch auf bestehende Anteile bzw. bei seriellem Erwerb Geltung erlangt. Soweit zu Jahresbeginn keine Beteiligung bestand und unterjährig 10 % oder mehr erworben werden, ist § 8b Abs. 1 KStG ohne Zweifel anwendbar. Erhöht sich der Anteil unterjährig auf mehr als 10 % (zB von 4 % auf 11 %), sind nach Ansicht der Finanzverwaltung die Beteiligungserträge dieses Jahres voll steuerpflichtig.[56] Werden im selben Fall unterjährig 10 % oder mehr erworben, kommt die Steuerbefreiung nur für den Erwerb, nicht aber den Bestand zum Tragen.[57] Auch tritt die Fiktion des § 8b Abs. 4 S. 6 KStG stets immer nur dann ein, wenn eine Beteiligung von 10 % oder mehr von einem Erwerber in einem Vorgang gekauft wird. Der serielle Erwerb von der gleichen Person oder der parallele Erwerb von mehreren Personen ist isoliert zu beurteilen.[58]

36 In Umwandlungsfällen[59] auf Ebene der ausschüttenden Gesellschaft ist für die Bemessung der Höhe der Beteiligung § 13 Abs. 2 S. 2 UmwStG nicht anzuwenden, § 8b Abs. 4 S. 2 KStG. Sinkt die bestehende Beteiligungsquote von den mindestens erforderlichen 10 % an der bertragenden Kapitalgesellschaft auf unter 10 % an der bernehmenden Kapitalgesell-

---

[50] BMF BStBl. I 2003, 292 Rn. 5–7 = DStR 2003, 881.
[51] G zur Umsetzung des EuGH-Urteils v. 20.10.2011 in der Rs. C-284/09 (EuGHUmsG) v. 21.3.2013, BGBl. 2013 I 2840.
[52] EuGH Slg. 2011, I-9882 = IStR 2011, 840 – Europäische Kommission/Bundesrepublik Deutschland.
[53] *Hechtner/Schnitger* Ubg 2013, 269 (272); *Schönfeld* DStR 2013, 937 (942); *Intemann* BB 2013, 1239 (1240); aA BT-Drs. 17/13046, 9; BT-Drs. 17/12646, 20.
[54] Zutr. *Schönfeld* DStR 2013, 937 (940); *Lang* StbJb 2013/2014, 129.
[55] *Benz/Jetter* DStR 2013, 489 (491); *Herlinghaus* FR 2013, 529 (534 f.); *Haisch/Helios* DB 2013, 724 (726); *Hechtner/Schnitger* Ubg 2013, 269 (271).
[56] OFD Frankfurt DStR 2014, 427 = BeckVerw 280449.
[57] OFD Frankfurt DStR 2014, 427 = BeckVerw 280449.
[58] OFD Frankfurt DStR 2014, 427 (unter 4. u. 5.) = BeckVerw 280449.
[59] ZB Blümich/*Rengers* KStG § 8b Rn. 119 f.

schaft wegen der Umwandlung, so sind die Gewinnausschüttungen demnach steuerpflichtig.[60]

Dabei setzt die Anwendung des Beteiligungsprivilegs gem. § 8b Abs. 1 S. 1 KStG voraus, dass sie das Einkommen der leistenden Körperschaft nicht gemindert haben, § 8b Abs. 1 S. 2 KStG (Korrespondenzprinzip). Dieses Verbot der Gewinnminderung bei der leistenden Gesellschaft gilt auch dann, wenn die Bezüge nach einem DBA von der Körperschaftsteuer befreit sind (DBA-Schachtelprivileg), § 8b Abs. 1 S. 3 KStG. Hauptanwendungsfälle der Korrespondenz sind verdeckte Gewinnausschüttungen und hybride Finanzinstrumente. Bei verdeckten Gewinnausschüttungen gilt die Korrespondenz jedoch nicht, wenn die verdeckte Gewinnausschüttung das Einkommen einer dem Steuerpflichtigen nahestehenden Person erhöht hat und bei dieser eine verfahrensrechtliche Änderung der Bescheide gem. § 32a KStG nicht möglich ist, § 8b Abs. 1 S. 4 KStG. 37

In den Regelungsbereich des § 8b Abs. 1 KStG fallen die erläuterten Einnahmen aus Anteilen an inländischen wie ausländischen Kapitalgesellschaften. Ebenfalls durch das Beteiligungsprivileg begünstigt sind mangels Aktivitätsbedingung Ausschüttungen ausländischer Zwischengesellschaften iSd §§ 7ff. AStG. Ob hierbei § 3 Nr. 41 lit. a EStG Vorrang genießt ist unklar, § 8b Abs. 5 KStG[61] ist jedoch in jedem Fall anzuwenden.[62] 38

Nicht durch § 8b Abs. 1 KStG begünstigt, sondern unter § 8b Abs. 2 KStG fallen Zahlungen aus dem steuerlichen Einlagekonto iSd § 27 KStG einer unbeschränkt steuerpflichtigen Kapitalgesellschaft bzw. einer EU-Kapitalgesellschaft (§ 27 Abs. 8 KStG), soweit sie den steuerlichen Buchwert der Beteiligung übersteigen.[63] Entsprechende Ausschüttungen von außerhalb der EU ansässiger Kapitalgesellschaften fallen nach Ansicht von Autoren aus der Finanzverwaltung demgegenüber unter § 8b Abs. 1 KStG.[64] Der BFH geht aber auch hier von der Möglichkeit einer Kapitalrückzahlung, die mit dem Buchwert verrechnet werden darf, aus.[65] Ebenfalls nicht in den Anwendungsbereich des § 8b Abs. 1 KStG einzubeziehen, sondern unter § 8b Abs. 2 KStG zu erfassen sind Liquidationsraten ausländischer Gesellschaften. 39

(b) Abzug von Betriebsausgaben in Zusammenhang mit steuerfreien Einnahmen. Die Regelung zum pauschalierenden Betriebsausgabenabzug nach § 8b Abs. 5 KStG aF galt zunächst lediglich für Einnahmen iSd § 8b Abs. 1 KStG aus Anteilen an ausländischen Kapitalgesellschaften. Der EuGH[66] hat diese Unterscheidung nach alter Rechtslage für europarechtswidrig erklärt. Für Veranlagungszeiträume ab 2004 wurde das pauschale Betriebsausgabenabzugsverbot nach § 8b Abs. 5 KStG auf inländische Beteiligungen ausgeweitet. 40

Von den Bezügen iSd § 8b Abs. 1 KStG, die bei der Ermittlung des Einkommens der Körperschaft außer Ansatz bleiben, gelten 5 % als nicht abzugsfähige Betriebsausgaben, § 8b Abs. 5 KStG („Schachtelstrafe"). Dieser pauschal ermittelte Betrag von 5 % der steuerfreien Einnahmen nach § 8b Abs. 1 KStG erhöht das steuerpflichtige Einkommen der Körperschaft. Faktisch bleiben damit lediglich 95 % der Einnahmen iSd § 8b Abs. 1 KStG von der Körperschaftsteuer befreit. Kommt die Steuerbefreiung gem. § 8b Abs. 1 S. 1 KStG wegen § 8b Abs. 4 KStG nicht zur Anwendung, so wird auch keine Schachtelstrafe fällig, § 8b Abs. 4 S. 7 KStG. 41

Das pauschalierende Abzugsverbot greift selbst dann ein, wenn auf der Ebene der die Bezüge iSd § 8b Abs. 1 KStG vereinnahmenden Körperschaft keine Betriebsausgaben im Zusammenhang mit den steuerfrei vereinnahmten Beteiligungserträgen angefallen sind.[67] Die Fiktion ist unwiderlegbar. Obgleich Bezüge iSd § 8b Abs. 1 S. 1 KStG steuerfrei sind, dürfen 42

---

[60] *Benz/Jetter* DStR 2013, 489; *Haisch/Helios* DB 2013, 724.
[61] → Rn. 41.
[62] BFH BFH/NV 2017, 1555 = DStR 2017, 2035.
[63] BFH BStBl. II 2011, 898 = DStR 2010, 215.
[64] DPM/*Pung* KStG § 8b Rn. 137a; *Dötsch/Pung* DB 2003, 1016 (1021).
[65] BFH BFH/NV 2016, 1831 = DStR 2016, 2395; ausf. auch in Bezug auf die Nachweiskonsequenzen Blümich/*Oellerich* KStG § 27 Rn. 81.
[66] EuGH Slg. 2006, I-2109 = DStR 2006, 414 – Keller Holding GmbH; s. entspr. BFH BStBl. II 2007, 279 = DStR 2006, 2079; BMF BStBl. I 2007, 302 = IStR 2007, 340; BMF BStBl. I 2008, 940 = DStR 2008, 2065.
[67] Blümich/*Rengers* KStG § 8b Rn. 166.

Betriebsausgaben in diesem Zusammenhang vollständig abgezogen werden, § 8b Abs. 5 S. 2 KStG iVm § 3c Abs. 1 EStG.

43 Bei ausländischen Bezügen wurde im Schrifttum eine DBA-Günstigerprüfung für die Anwendung von § 3c Abs. 1 EStG anstelle von § 8b Abs. 5 KStG vorgeschlagen, sofern ein Beteiligungsaufwand von weniger als 5 % der Auslandsdividende angefallen ist und die Dividende nicht nur nach § 8b Abs. 1 KStG, sondern auch nach dem DBA-Schachtelprivileg freigestellt wird.[68] Dieses Wahlrecht besteht nach der Rspr. des BFH nicht.[69] Die Schachtelstrafe ist wie im reinen Inlandsfall auch bei Anwendung einer DBA-Freistellung anzuwenden, da nationales und abkommensrechtliches Schachtelprivileg selbständig nebeneinander stehen und sich nicht einander ausschließen. Dies gilt auch für das DBA-Frankreich, obgleich hier Nettoeinkünfte von der Besteuerung ausgenommen werden.[70]

44 Ob das pauschale Abzugsverbot mit den Grundsätzen der Mutter-Tochter-Richtlinie bzw. dem allgemeinen EU-Recht zu vereinbaren ist, ist zweifelhaft.[71] Dies wird vorwiegend damit begründet, dass die Schachtelstrafe grenzüberschreitend nicht durch die Bildung einer Organschaft vermieden werden kann. Die Regelung sollte aber in Einklang mit der Mutter-Tochter-Richtlinie stehen, denn durch Art. 4 Abs. 3 S. 2 MTRL wird dem Gesetzgeber eingeräumt, dass Verwaltungskosten pauschal mit maximal 5 % der von der Tochtergesellschaft ausgeschütteten Gewinne angesetzt werden dürfen. Die Pauschalierung des Betriebsausgabenabzugsverbots ist auch mit dem verfassungsrechtlich garantierten Gleichheitssatz (Art. 3 Abs. 1 GG) vereinbar.[72]

45 Bei beschränkt Steuerpflichtigen läuft § 8b Abs. 5 KStG ins Leere, da die Körperschaftsteuer gem. § 32 Abs. 1 Nr. 2 KStG durch den Steuerabzug abgegolten ist und keine Grundlage für eine Erfassung der nicht abzugsfähigen Betriebsausgaben verbleibt.[73]

46 *(2) Gewerbesteuer.* Die Befreiung von Dividenden und ähnlichen Bezügen aus Anteilen an Kapitalgesellschaften nach § 8b Abs. 1 KStG von der Körperschaftsteuer wird für die Gewerbesteuer nicht uneingeschränkt anerkannt. Vielmehr sind bei der Ermittlung des Gewerbeertrags unter Anwendung des § 8b Abs. 1 KStG außer Acht gelassene Gewinnanteile und diesen gleichgestellten Bezüge dem Gewinn aus Gewerbebetrieb wieder hinzuzurechnen und somit mit Gewerbesteuer zu belasten, § 8 Nr. 5 GewStG. Diese Hinzurechnung kann indes unterbleiben, sofern die Voraussetzungen des § 9 Nr. 2a oder Nr. 7 GewStG erfüllt werden.[74] Ebenfalls muss nichts hinzugerechnet werden, falls ein DBA-Schachtelprivileg in Anspruch genommen werden kann.[75] Hierbei ist § 9 Nr. 8 GewStG zu beachten. Die Korrespondenz von § 8b Abs. 1 S. 2 KStG gilt nicht für die GewSt, eine vergleichbare Regelung ist nicht enthalten.

47 In den Anwendungsbereich des § 9 Nr. 2a GewStG fallen Gewinne aus Anteilen an nicht steuerbefreiten inländischen Kapitalgesellschaften, wenn die Beteiligung zu Beginn des Erhebungszeitraums mindestens 15 % beträgt (zeitpunktbezogene Betrachtung). Der Erhebungszeitraum ist das Kalenderjahr, § 14 S. 2 GewStG.

48 Von § 9 Nr. 7 GewStG werden Gewinne aus Anteilen an Kapitalgesellschaften mit Sitz und Geschäftsleitung im Ausland erfasst, an denen seit Beginn des Erhebungszeitraums eine mindestens 15%ige Beteiligung besteht (zeitraumbezogene Betrachtung). Dies gilt nur, wenn der Ertrag aus bestimmten Quellen stammt (§ 9 Nr. 7 S. 1 Hs. 1 GewStG). Die Bruttoerträge müssen „ausschließlich oder fast ausschließlich" aus Tätigkeiten iSv § 8 Abs. 1 Nr. 1–6 AStG stammen. „Fast ausschließlich" wird als „nicht nur geringfügig" ver-

---

[68] *Lorenz* IStR 2009, 437 (442) mit Verweis auf BFH BFH/NV 2006, 1659 = BeckRS 2006, 25010176.
[69] BFH BFH/NV 2017, 324 = IStR 2017, 194.
[70] DPM/*Pung* KStG § 8b Rn. 384 mwN.
[71] Vgl. auch etwa *Leis* FR 2004, 53 (61); *Körner* BB 2003, 2436 (2439 f.); *Wagner* DStZ 2004, 185; aA Blümich/*Rengers* KStG § 8b Rn. 167 mwN; sa BFH BStBl. II 2012, 507 = DStR 2012, 509.
[72] BVerfG BVerfGE 127, 224 = DStR 2010, 2393; *Müller* FR 2011, 309, aA *Lammers* DStZ 2011, 483; zweifelnd *Ribbrock* BB 2011, 98.
[73] Erle/Sauter/*Gröbl/Adrian* KStG § 8b Rn. 372.
[74] Ausf. zu Schwierigkeiten bei der Auslegung des § 8 Nr. 5 GewStG vgl. *Prinz/Simon* DStR 2002, 149.
[75] BFH BStBl. II 2011, 129 = DStR 2010, 1665.

standen;[76] nach der Rspr. des BFH liegt die Geringfügigkeitsgrenze bei 10%.[77] § 9 Nr. 7 GewStG findet auch dann Anwendung, wenn die ausländische Tochtergesellschaft in einem DBA-Staat ansässig ist. Das gewerbesteuerliche Schachtelprivileg des einschlägigen DBA kann engere oder weitere Voraussetzungen als § 9 Nr. 7 GewStG enthalten. Es ist jeweils die für den Steuerpflichtigen günstigere Regelung anzuwenden.[78] Besonderheiten bestehen in § 9 Nr. 7 S. 1 Hs. 2 GewStG für Gesellschaften iSv Art. 2 MTRL. Soweit sich im Inland weder die Geschäftsleitung noch der Sitz befindet, die Gesellschaft in einem EU-Staat nach dessen Steuerrecht ansässig ist, sie nicht über ein DBA in einem Drittstaat als ansässig behandelt wird, zu Beginn des Erhebungszeitraums eine Beteiligung von mindestens 10 % bestand und die Voraussetzungen der Anl. 2 zum EStG erfüllt sind, darf eine Kürzung der Gewinnanteile ohne weitere Voraussetzungen vorgenommen werden. Nach der zutreffenden hM im Schrifttum kommt es nicht darauf an, ob die ausländische Gesellschaft ihre Bruttoerträge aus aktiven Tätigkeiten nach § 8 Abs. 1 Nr. 1–6 AStG erwirtschaftet.[79] Hingegen fordert die Finanzverwaltung undifferenziert die Herkunft der Erträge aus aktiven Tätigkeiten oder qualifizierten Beteiligungen.[80] Eine Geltung des Aktivitätsvorbehalts für den Hs. 2 des § 9 Nr. 7 S. 1 GewStG ist abzulehnen; auf die eingengten Tätigkeitserfordernisse ist verzichtet worden, um die MTRL zutreffend in nationales Recht umzusetzen.

49 Keine bei der Ermittlung des Gewerbeertrags kürzungsfähigen Gewinne aus Anteilen stellen nach § 8b Abs. 5 KStG nicht abzugsfähige Betriebsausgaben (Schachtelstrafe)[81] dar, § 9 Nr. 2a S. 4 GewStG und § 9 Nr. 7 S. 3 GewStG. Insofern kann dieser Betrag bei Ermittlung des Gewerbeertrags nicht nach § 9 Nr. 2a oder Nr. 7 GewStG gekürzt werden.

50 cc) Veräußerungserfolge. (1) Körperschaftsteuer. (a) *Steuerbefreiung von Veräußerungsgewinnen.* (aa) *Anwendungsbereich.* Bei der Ermittlung des Einkommens einer Körperschaft bleiben Gewinne aus der Veräußerung von Anteilen an einer Körperschaft oder Personenvereinigung, deren Leistungen beim Empfänger zu Einnahmen iSd § 20 Abs. 1 Nr. 1, 2, 9, 10 lit. a EStG gehören, oder an einer Organgesellschaft iSd §§ 14, 17 KStG außer Ansatz, § 8b Abs. 2 S. 1 KStG. Unter die Steuerbefreiung nach § 8b Abs. 2 KStG fallen ebenfalls Gewinne aus der Veräußerung eigener Anteile.[82] Die Regelung des § 8b Abs. 2 KStG greift für Beteiligungen an inländischen sowie an ausländischen Körperschaften oder Personenvereinigungen gleichermaßen, und zwar unabhängig von Beteiligungshöhe, Beteiligungsdauer und Aktivität der Gesellschaft, deren Anteile veräußert werden.

51 Einer Veräußerung iSd § 8b Abs. 2 KStG gleichgestellt werden der Tausch sowie die verdeckte Einlage, § 8b Abs. 2 S. 6 KStG. In den Anwendungsbereich des § 8b Abs. 2 KStG fallen zudem Gewinne aus der Hingabe von Beteiligungen an Kapitalgesellschaften als Sachdividenden.[83] Steuerbegünstigt sind nach § 8b Abs. 2 KStG ebenfalls aus der Übertragung von Anteilen an anderen Körperschaften resultierende verdeckte Gewinnausschüttungen.[84]

52 Des Weiteren ist § 8b Abs. 2 S. 1 KStG auf Entstrickungsgewinne aus Beteiligungen an Kapitalgesellschaften anzuwenden, die aus dem Verlust oder der Beschränkung des deutschen Besteuerungsrecht resultieren, § 12 Abs. 1 KStG. Zu einer solchen Entstrickung kommt es ua, wenn die Beteiligung in eine ausländische Betriebsstätte überführt wird. Ob mit dem ausländischen Staat ein DBA mit Anrechnungs- oder Freistellungsmethode besteht, ist irrelevant. Auch im Nicht-DBA-Fall kommt es zur Entstrickung.[85] Entsprechendes gilt in

---

[76] Lenski/Steinberg/*Roser* GewStG § 9 Nr. 7 Rn. 26.
[77] BFH BStBl. II 2004, 985 = DStR 2003, 2156.
[78] BFH BFH/NV 2006, 1659 = BeckRS 2006, 25010176; *Dorfmüller* StuB 2010, 949; *Ernst* Ubg 2010, 494 (503).
[79] *Ruf/Wohlfahrt* Ubg 2009, 496 (498); *Rödder* IStR 2009, 873 (876); aA Deloitte/*Rehfeld* GewStG § 9 Nr. 7 Rn. 18.
[80] R 9.5 S. 13 GewStR.
[81] → Rn. 41.
[82] BMF BStBl. I 2003, 292 Rn. 15 = DStR 2003, 881 (882).
[83] BMF BStBl. I 2003, 292 Rn. 22 = DStR 2003, 881 (883).
[84] BMF BStBl. I 2003, 292 Rn. 21 = DStR 2003, 881 (882).
[85] BR-Drs. 542/06, 48; BT-Drs. 17/3549, 31.

den Fällen der Sitzverlegung innerhalb des EU-/EWR-Raums, sofern die Anteile an einer anderen Körperschaft nicht einer inländischen Betriebsstätte der wegziehenden Gesellschaft zugeordnet werden können. Ausgenommen davon sind Anteile an einer SE/SCE, die zum Betriebsvermögen einer wegziehenden SE/SCE gehören, § 12 Abs. 1 S. 1 Hs. 2 KStG iVm § 4 Abs. 1 S. 5, § 15 Abs. 1a EStG.

53 Nach Ansicht der Finanzverwaltung[86] sind außerdem Zahlungen aus dem steuerlichen Einlagekonto iSd § 27 KStG in den Anwendungsbereich des § 8b Abs. 2 KStG einzubeziehen. Dabei ist die Auskehrung des steuerlichen Einlagenkontos zunächst steuerneutral mit dem Buchwert der Beteiligung zu verrechnen. Der den Buchwert der Beteiligung übersteigende Betrag der Auszahlung gilt als Veräußerungsgewinn und fällt unter § 8b Abs. 2 KStG. Die Einordnung dieser Leistungen aus dem steuerlichen Einlagenkonto als Einnahmen iSd § 8b Abs. 2 KStG statt solchen nach § 8b Abs. 1 KStG ist vor allem dann bedeutend, wenn die Beteiligungsgrenze von 10 % nicht erreicht wurde oder die zugrundeliegenden Anteile vorher auf einen niedrigeren Teilwert abgeschrieben wurden. In diesen Fällen kann der den Beteiligungsbuchwert übersteigende Betrag der Leistung aus dem steuerlichen Einlagenkonto steuerpflichtig sein, § 8b Abs. 2 S. 4 KStG.[87] Die Einlagenrückgewähr ist sowohl durch in- als auch ausländische Gesellschaften möglich, die von der Finanzverwaltung angenommene Beschränkung auf EU-Gesellschaften ist nach der Rspr. nicht zutreffend.[88] Folgt man der Ansicht der Finanzverwaltung, so würde der zurückgezahlte Betrag vielmehr unter § 8b Abs. 1 KStG fallen.

54 § 8b Abs. 2 S. 1 KStG erfasst ferner Gewinne aus der Auflösung oder Herabsetzung des Nennkapitals, § 8b Abs. 2 S. 3 KStG. Bei der Auflösung einer unbeschränkt steuerpflichtigen Kapitalgesellschaft gehören Rückzahlungen von Nennkapital sowie von Beträgen des steuerlichen Einlagenkontos zu den Einnahmen nach § 8b Abs. 2 KStG, § 8b Abs. 2 S. 3 KStG. Liquidationsraten, die nicht in der Rückzahlung von Nennkapital mit Ausnahme des Nennkapitals iSd § 28 Abs. 2 S. 2 KStG (Sonderausweis) bestehen und nicht aus dem Bestand des steuerlichen Einlagenkontos iSd § 27 KStG stammen, gehören gem. § 20 Abs. 1 Nr. 2 EStG zu den Einkünften aus Kapitalvermögen und fallen daher unter die Beteiligungsertragsbefreiung nach § 8b Abs. 1 KStG.[89] Selbiges gilt inzwischen auch für Liquidationsraten ausländischer Gesellschaften.[90]

55 In den Anwendungsbereich des § 8b Abs. 2 KStG fallen schließlich Übertragungsgewinne aus Verschmelzungen oder Spaltungen, soweit sie auf Beteiligungen an Kapitalgesellschaften entfallen.[91] Ebenso dürften Erfolge aus ausländischen Umwandlungen der Gesellschaft in den Anwendungsbereich des § 8b Abs. 2 KStG einzubeziehen sein, an der die Beteiligung besteht.

56 *(bb) Veräußerungsgewinn.* Veräußerungsgewinn iSd § 8b Abs. 2 S. 1 KStG ist der Betrag, um den der Veräußerungspreis, oder der an dessen Stelle tretende Wert, nach Abzug der Veräußerungskosten den Wert übersteigt, der sich nach den Vorschriften über die steuerliche Gewinnermittlung im Zeitpunkt der Veräußerung ergibt (Buchwert), § 8b Abs. 2 S. 2 KStG. Auch die in einem anderen Wirtschaftsjahr entstandenen Veräußerungskosten sind bei der Ermittlung des Veräußerungsgewinns oder Veräußerungsverlusts nach den Grundsätzen des § 8b Abs. 2 S. 2 KStG im Wirtschaftsjahr der Veräußerung der Beteiligung zu berücksichtigen.[92] Gleiches gilt für nachträgliche Kaufpreisänderungen.[93] Verfahrensrechtlich handelt es sich dabei um ein rückwirkendes Ereignis iSd § 175 Abs. 1 S. 1 Nr. 2 AO.

57 *(cc) Vorangegangene Teilwertabschreibung.* Nicht nach § 8b Abs. 2 KStG begünstigt ist ein Gewinn aus der Veräußerung von Anteilen an Kapitalgesellschaften, soweit er dem Be-

---

[86] BMF BStBl. I 2003, 292 Rn. 6 = DStR 2003, 881.
[87] → Rn. 57.
[88] → Rn. 39.
[89] BMF BStBl. I 2003, 292 Rn. 7 = DStR 2003, 881.
[90] Gosch/*Gosch* KStG § 8 Rn. 211; krit. zur alten Rechtslage *Füger/Rieger* FR 2003, 543 (545).
[91] BMF BStBl. I 2003, 292 Rn. 23 = DStR 2003, 881 (883).
[92] BMF BStBl. I 2015, 612 = DStR 2015, 1756.
[93] BFH BStBl. II 2015, 658 = DStR 2014, 1224.

trag einer Abschreibung⁹⁴ der Anteile auf den niedrigeren Teilwert entspricht, der steuermindernd geltend gemacht worden ist, § 8b Abs. 2 S. 4 KStG.⁹⁵ Diese Einschränkung greift hingegen nicht, soweit die Teilwertabschreibung anschließend wieder durch den Ansatz eines höheren Teilwerts ausgeglichen wurde, § 8b Abs. 2 S. 2 KStG.⁹⁶ Bei sowohl steuerwirksamen als auch steuerunwirksamen Teilwertabschreibungen besteht ein Reihenfolgeproblem. Der BFH vertritt hierbei die Auffassung, dass zuerst die zuletzt eingetretene Wertminderung analog zum LiFo-Prinzip rückgängig gemacht werden muss.⁹⁷

(b) Abzugsverbote. (aa) Betriebsausgaben. Gem. § 8b Abs. 3 S. 1 KStG gelten 5 % des Gewinns iSv § 8b Abs. 2 KStG als Ausgaben, die nicht als Betriebsausgaben abgezogen werden dürfen.⁹⁸ Betriebsausgaben in Zusammenhang mit der Veräußerung von Anteilen dürfen vollständig abgezogen werden, da § 3c Abs. 1 EStG nicht anzuwenden ist, § 8b Abs. 3 S. 2 KStG. 58

Der Ansatz von nicht abziehbaren Betriebsausgaben gilt nicht für beschränkt Steuerpflichtige, die wegen § 49 Abs. 1 Nr. 2 lit. e EStG mit ihren Einkünften aus der Veräußerung von Anteilen an Kapitalgesellschaften iSv § 17 EStG beschränkt steuerpflichtig sind.⁹⁹ Die Schachtelstrafe entfaltet keine Wirkung, wenn die veräußernde Kapitalgesellschaft im Inland über keine Betriebsstätte verfügt. 59

(bb) Gewinnminderungen. Nach § 8b Abs. 3 S. 3 KStG sind Gewinnminderungen, die im Zusammenhang mit dem Anteil an einer Körperschaft iSd § 8b Abs. 2 KStG stehen, bei der Ermittlung des Einkommens nicht zu berücksichtigen.¹⁰⁰ Betroffen sind von § 8b Abs. 3 S. 3 KStG Abschreibungen der Anteile auf ihren niedrigeren Teilwert ebenso wie Verluste aus der Veräußerung der Anteile.¹⁰¹ Ferner fallen unter § 8b Abs. 3 S. 3 KStG Auswirkungen aus der Kapitalherabsetzung oder Auflösung der Körperschaft, an der die Anteile bestehen. Das Abzugsverbot greift ungeachtet dessen, in welchem Wirtschaftsjahr die Gewinnminderungen entstehen. 60

Sachlich fallen in den Anwendungsbereich des § 8b Abs. 3 S. 3 KStG alle von § 8b Abs. 1, 2 KStG begünstigten Anteile, dh auch eigene Anteile sowie Wandelobligationen nach der Umwandlung in Anteile. Nicht anzuwenden ist § 8b Abs. 3 S. 3 KStG auf Anteile, die infolge von § 8b Abs. 7, 8 KStG nicht steuerbefreit sind.¹⁰² 61

Zu beachten ist in diesem Zusammenhang die sog. Zuschreibungsfalle. Werden Anteile auf den niedrigeren Teilwert gem. § 6 Abs. 1 Nr. 2 S. 2 EStG abgeschrieben, was steuerlich nach § 8b Abs. 3 S. 3 KStG unbeachtlich ist, und wird in der Folge wieder (zwangsweise) auf den höheren Teilwert zugeschrieben, so ist der daraus resultierende Gewinn mit effektiv 5 % gem. § 8b Abs. 3 S. 1 KStG zu erfassen.¹⁰³

(cc) Gewinnminderungen in Zusammenhang mit Gesellschafterdarlehen. Durch das JStG 2008¹⁰⁴ v. 20.12.2007 wurde § 8b Abs. 3 KStG um die S. 4–8 dahingehend ergänzt, dass Teilwertabschreibungen auf bestimmte Gesellschafterdarlehen ab dem Veranlagungszeitraum 2008 nicht gewinnmindernd geltend gemacht werden können.¹⁰⁵ 62

So gehören zu den nicht abzugsfähigen Gewinnminderungen iSd § 8b Abs. 3 S. 3 KStG nunmehr auch Gewinnminderungen im Zusammenhang mit einer Darlehensforderung oder aus der Inanspruchnahme von Sicherheiten, die für ein Darlehen hingegeben wurden, wenn 63

---

⁹⁴ Zur Teilwertabschreibung von börsennotierten Aktien BMF BStBl. I 2016, 995 = DStR 2016, 2107.
⁹⁵ FG Münster ECLI:DE:FGMS:2009:0317.9K1105.08 K. G. 00 = BeckRS 2009, 26027036.
⁹⁶ BMF BStBl. I 2003, 292 Rn. 18 = DStR 2003, 881 (882).
⁹⁷ BFH BStBl. II 2010, 760 = DStR 2009, 2483.
⁹⁸ *Oldiges* DStR 2008, 533 (536).
⁹⁹ BFH BStBl. II 2018, 144 = DStR 2017, 2374.
¹⁰⁰ Zum zeitlichen Inkrafttreten für Anteile an ausländischen Körperschaften EuGH Slg. 2009, I-302 = DStR 2009, 225 – STEKO Industriemontage GmbH.
¹⁰¹ FG München ECLI:DE:FGMUENC:2008:1103.7V2504.08.0A = BeckRS 2008, 26026068.
¹⁰² → Rn. 79 ff.
¹⁰³ *Herzig/Briesemeister* Ubg 2009, 157 (162 f.); *Roser* GmbHR 2011, 841 (847).
¹⁰⁴ JStG 2009 v. 20.12.2007 BGBl. 2007 I 3150.
¹⁰⁵ *Fuhrmann/Strahl* DStR 2008, 125.

das Darlehen oder die Sicherheit von einem Gesellschafter gewährt wird, der zu mehr als einem Viertel unmittelbar oder mittelbar am Grund- oder Stammkapital der Körperschaft, der das Darlehen gewährt wurde, beteiligt ist oder war. Dies gilt auch für dem Gesellschafter nahestehende Personen iSd § 1 Abs. 2 AStG oder für Gewinnminderungen aus dem Rückgriff eines Dritten auf den zu mehr als einem Viertel am Grund- oder Stammkapital beteiligten Gesellschafter oder eine diesem nahestehende Person auf Grund eines der Gesellschaft gewährten Darlehens. § 8b Abs. 3 S. 4, 5 KStG sind nicht anzuwenden, wenn nachgewiesen wird, dass auch ein fremder Dritter das Darlehen bei sonst gleichen Umständen gewährt oder noch nicht zurückgefordert hätte; dabei sind nur die eigenen Sicherungsmittel der Gesellschaft zu berücksichtigen. Die § 8b Abs. 3 S. 4–6 KStG gelten entsprechend für Forderungen aus Rechtshandlungen, die mit einer Darlehensgewährung wirtschaftlich vergleichbar sind. Gewinne aus dem Ansatz einer Darlehensforderung mit dem nach § 6 Abs. 1 Nr. 2 S. 3 EStG maßgeblichen Wert (Wertaufholung) bleiben bei der Ermittlung des Einkommens außer Ansatz, soweit auf die vorangegangene Teilwertabschreibung § 8b Abs. 3 S. 3 angewendet worden ist, § 8b Abs. 3 S. 8 KStG.

64 Die Neuregelung wird ua deshalb kritisiert, da sie steuerlich zu Doppelbelastungen führt, wenn etwa im Zuge eines Forderungsverzichts auf Ebene der Tochtergesellschaft in Höhe des nicht mehr werthaltigen Teils Gewinne entstehen, beim Gesellschafter aber zugleich die korrespondierende Gewinnminderung nicht abzugsfähig ist.[106] Auch ist die Vorschrift des § 8b Abs. 3 S. 8 KStG nicht weitgehend genug. So wird bspw. bei einem Forderungsverzicht gegen Besserungsschein im Zeitpunkt der Besserung der Einbuchungsgewinn nicht von der Norm erfasst.[107] Eine analoge Anwendung in Form einer teleologischen Extension ist daher geboten.[108]

65 *(2) Gewerbesteuer.* Gewinne aus der Veräußerung von Anteilen an anderen Körperschaften unterliegen unter den Voraussetzungen des § 8b Abs. 2, 3 KStG ebenfalls nicht der Gewerbesteuer. So ist der um Veräußerungsgewinne nach § 8b Abs. 2 KStG geminderte steuerliche Gewinn der Kapitalgesellschaft der Ermittlung des Gewerbeertrags zugrunde zu legen, § 7 S. 1 GewStG. Hinzurechnungsvorschriften für diese nach § 8b Abs. 2 KStG befreiten Veräußerungsgewinne bestehen nicht, § 8 Nr. 5 GewStG erfasst nur Erträge die aufgrund von § 8 Abs. 1 KStG außer Ansatz blieben.

66 dd) *Wertpapierleihe/Wertpapierpensionsgeschäfte. (1) Überblick.* Durch das JStG 2008 neu eingeführt wurde in § 8b Abs. 10 KStG eine Regelung zur Wertpapierleihe. Hintergrund der Neuregelung ist eine Gestaltung, durch die der Entleiher eines Aktiendarlehens (Darlehensnehmer) im Fall der Gewinnausschüttung der Gesellschaft eine gem. § 8b Abs. 1 KStG iVm § 8b Abs. 5 KStG zu 95 % steuerfreie Dividende realisieren konnte, zugleich aber an den Verleiher (Darlehensgeber) in Form der weitergeleiteten Dividende geleistete Kompensationszahlungen abzugsfähige Betriebsausgaben darstellten. Diese Gestaltung soll durch § 8b Abs. 10 KStG eingeschränkt werden.

67 *(2) Anwendungsbereich. (a) Begriffe: Wertpapierleihe/Wertpapierpensionsgeschäft.* Betroffen von § 8b Abs. 10 KStG ist primär die Wertpapierleihe. Darüber hinaus wird die Regelung auf Wertpapierpensionsgeschäfte iSv § 340b Abs. 2 HGB (echte Wertpapierpensionsgeschäfte) angewendet, § 8b Abs. 10 S. 4 KStG. Nicht in den Anwendungsbereich des § 8b Abs. 10 KStG fallen aufgrund des klaren Wortlautes demgegenüber unechte Wertpapierpensionsgeschäfte.

68 Unter Wertpapierleihe versteht man die Überlassung von (börsengehandelten) Wertpapieren mit genauer Bestimmung von Menge, Art, Güte und rechtlicher Ausstattung (gleiche Wertpapierkennnummer oder ISIN) für eine zeitlich begrenzte, vertraglich festgelegte Laufzeit. Bürgerlich-rechtlich handelt es sich bei der Wertpapierleihe um ein Sachdarlehen iSv §§ 607 ff. BGB. Der Verleiher (Darlehensgeber) überträgt sein zivilrechtliches Eigentum an den Wertpapieren auf den Entleiher (Darlehensnehmer), der temporär über die Papiere frei

---

[106] *Fuhrmann/Strahl* DStR 2008, 125.
[107] DPM/*Pung* KStG § 8b Rn. 242.
[108] So auch zB DPM/*Pung* KStG § 8b Rn. 242; aA Gosch/*Gosch* KStG § 8b Rn. 279 l.

verfügen kann. Schuldrechtlich ist der Entleiher bei Wertpapierdarlehen über girosammelverwahrte Papiere nur verpflichtet, Wertpapiere gleicher Anzahl, Art und Güte zurückzugeben. Entgelt eines Sachdarlehens ist für den Verleiher zunächst die Leihgebühr, die idR zwischen den Parteien vorab vereinbart wird. Verändert sich die rechtliche Ausstattung eines Wertpapiers im Zeitraum der Überlassung, zB durch Zins- oder Dividendentermine, erhält er vertraglich als weiteres Entgelt eine Ausgleichszahlung in Höhe der entgangenen Dividende. Steuerlich geht bei der Wertpapierleihe regelmäßig das wirtschaftliche Eigentum gem. § 39 Abs. 2 Nr. 1 AO an den Wertpapieren auf den Entleiher über. Beim Verleiher führt diese Übertragung indes nicht zur Erfüllung eines Realisationstatbestands, der zur Aufdeckung stiller Reserven führt.[109] Vielmehr liegt beim Verleiher ein Aktivtausch vor: Er hat anstelle der Wertpapiere eine Sachdarlehensforderung zum Buchwert der hingegebenen Wertpapiere zu aktivieren. Umgekehrt hat der Entleiher die übernommenen Wertpapiere mit den Anschaffungskosten zu erfassen und eine Rückgewährverbindlichkeit mit den Wiederbeschaffungskosten zu passivieren.

69 Beim Wertpapierpensionsgeschäft handelt es sich um einen Vertrag, bei dem der Besitzer von Wertpapieren (Pensionsgeber) diese an einen Dritten (Pensionsnehmer) für eine begrenzte Zeit unter Übernahme der Rückkaufverpflichtung veräußert. Der Zeitpunkt der Rückgabe kann von vornherein vereinbart oder später festgelegt werden. Bei einem echten Wertpapierpensionsgeschäft ist der Pensionsnehmer verpflichtet, die Wertpapiere wieder zurück zu verkaufen. Bei einem unechten Wertpapierpensionsgeschäft ist der Pensionsnehmer berechtigt (aber nicht verpflichtet), die Wertpapiere wieder zurück zu verkaufen. Wirtschaftlich ist letzteres mit einer Put-Option vergleichbar. Die Zuordnung des wirtschaftlichen Eigentums bei echten Wertpapierpensionsgeschäften ist umstritten.[110] Angelehnt an § 340b Abs. 4 HGB sollen die Wertpapiere nach überwiegender Auffassung des Schrifttums für steuerliche Zwecke weiterhin in der Bilanz des Pensionsgebers ausgewiesen werden. Die Finanzverwaltung rechnet die Dividendenerträge bei echten Wertpapierpensionsgeschäften dennoch stets dem Pensionsnehmer zu.[111]

70 *(b) Betroffene Wertpapiere.* In den Anwendungsbereich des § 8b Abs. 10 S. 1 KStG fallen neben inländischen und ausländischen Aktien auch Eigenkapitalgenussrechte sowie nach § 8b Abs. 10 S. 11 KStG Investmentanteile. Keine Anteile iSd § 8b Abs. 10 KStG bilden Wandelanleihen, Optionsanleihen oder andere schuldrechtliche Finanzinstrumente (zB Zertifikate).[112]

71 *(c) Betroffener Personenkreis.* Überlassen werden müssen diese Anteile durch eine Körperschaft (AG, GmbH, KGaA, Genossenschaft ua) oder eine Personengesellschaft als Darlehensgeber (Verleiher), § 8b Abs. 10 S. 1, 9 KStG. Weitere Voraussetzung ist, dass ein gedachter Dividendenbezug bei diesem Darlehensgeber wegen § 8b Abs. 4, 7 oder Abs. 8 KStG nicht steuerfrei wäre. Betroffen sind daher neben Körperschaften, die die 10 % Beteiligungsgrenze nicht erfüllen, in erster Linie in- oder ausländische Kreditinstitute, Finanzdienstleister, Lebens- und Krankenversicherungen sowie Pensionsfonds. § 8b Abs. 10 S. 1 KStG erfasst sämtliche Körperschaften, unabhängig davon ob diese in- oder ausländisch sind.[113] Darlehensnehmer (Entleiher) muss eine Körperschaft sein, bei der auf die Anteile § 8b Abs. 4, 7, 8 KStG nicht anzuwenden sind. Rechtsfolge der Anwendung des § 8b Abs. 10 S. 1 KStG ist, dass „die für die Überlassung gewährten Entgelte" vom Darlehensnehmer (Entleiher) nicht als Betriebsausgaben abzugsfähig sind.

72 *(3) Rechtsfolgen (a) Überlassung gegen Entgelt.* Überlässt eine Körperschaft (Verleiher, Darlehensgeber) Anteile, auf die bei ihr § 8b Abs. 4, 7 oder Abs. 8 KStG anzuwenden ist oder auf die bei ihr aus anderen Gründen die Steuerfreistellungen des § 8b Abs. 1, 2 KStG

---

[109] Schnitger/Fehrenbacher/*Schnitger/Bildstein* KStG § 8b Rn. 821; *Häuselmann* DStR 2007, 1379 (1380); BMF DB 1990, 863 = BeckVerw 071903.
[110] Für eine Zuordnung beim Pensionsgeber *Mühlhäuser/Stoll* DStR 2002, 1598; *Schnitger/Bildstein* IStR 2008, 202 (205); DPM/*Pung* KStG § 8b Rn. 494.
[111] DPM/*Pung* KStG § 8b Rn. 494.
[112] *Häuselmann* DStR 2007, 1379 (1380).
[113] DPM/*Pung* KStG § 8b Rn. 478; Gosch/*Gosch* KStG § 8b Rn. 643; sa *Schnitger/Bildstein* IStR 2008, 202.

oder vergleichbare ausländische Vorschriften nicht anzuwenden sind, an eine andere Körperschaft, bei der auf die Anteile § 8b Abs. 4, 7 oder Abs. 8 KStG nicht anzuwenden ist, und hat die andere Körperschaft (Entleiher, Darlehensnehmer), der die Anteile zuzurechnen sind, diese oder gleichartige Anteile zurückzugeben, dürfen die für die Überlassung gewährten Entgelte bei der anderen Körperschaft nicht als Betriebsausgabe abgezogen werden, § 8b Abs. 10 S. 1 KStG. Dieses Abzugsverbot greift sowohl für Sachdarlehenszinsen[114] als auch Dividendenausgleichszahlungen, die vom Darlehensnehmer (Entleiher) an den Darlehensgeber (Verleiher) zu entrichten sind.[115] Nicht anzuwenden sind in den Fällen des § 8b Abs. 10 S. 1 KStG die Regelungen des § 8b Abs. 3 S. 1, 2, Abs. 5 KStG (Schachtelstrafe), § 8b Abs. 10 S. 3 KStG.

73 *(b) Überlassung gegen andere Wirtschaftsgüter.* Werden statt der Vereinbarung etwaiger Leihgebühren und Kompensationszahlungen dem Darlehensgeber (Verleiher) vom Darlehensnehmer (Entleiher) Ertrag bringende Wirtschaftsgüter überlassen, ist die Regelung des § 8b Abs. 10 S. 2 KStG zu beachten. Danach gelten die aus den überlassenen Wirtschaftsgütern erzielten Einnahmen oder Bezüge als vom Darlehensnehmer (Entleiher) bezogen. Zudem gelten diese Einnahmen oder Bezüge als Entgelt, das der Darlehensnehmer (Entleiher) der überlassenden Körperschaft (Verleiher, Darlehensgeber) für die Überlassung gewährt. Diese „gewährten Entgelte oder Bezüge" können beim Darlehensnehmer (Entleiher) unter Anwendung des § 8b Abs. 10 S. 1 KStG nicht als Betriebsausgaben abgezogen werden.

Beispiel:[116]

§ 8b Abs. 10 KStG		A-AG Entleiher		B-Bank Verleiher
		← Aktien		
		Schuldverschreibungen →		
		steuerfrei EUR	steuerpflichtig EUR	steuerpflichtig EUR
Zinsen				9.999
Dividende		10.000		
Dividendenausgleich			0	0
Spitzenausgleich			0	0
Saldo		10.000	0	9.999
Hinzurechnung				
Zinsen	S. 2		9.999	
Spitzenausgleich			0	
Einkommen		10.000	9.999	9.999

74 Im Beispielfall wird durch § 8b Abs. 10 S. 2 KStG unterstellt, dass die Zinsen iHv 9.999 EUR auf die Schuldverschreibung vom Darlehensnehmer (Entleiher) erzielt werden. Sie gelten als vom Darlehensnehmer (Entleiher) an den Darlehensgeber (Verleiher) gewährt. Der Darlehensnehmer (Entleiher) kann dieses Entgelt nach § 8b Abs. 10 S. 2 KStG nicht als Betriebsausgaben abziehen.

75 *(c) Nachgeschaltete Personengesellschaft.* Die Rechtsfolgen des § 8b Abs. 1, 2 KStG greifen auch dann, wenn die Anteile entweder *(i)* an eine Personengesellschaft oder *(ii)* von einer Personengesellschaft überlassen werden, an der die überlassende oder die andere Körperschaft unmittelbar oder mittelbar über eine Personengesellschaft oder mehrere Personengesellschaften beteiligt ist, § 8b Abs. 10 S. 6 KStG. Sind die Voraussetzungen des § 8b Abs. 10 S. 6 KStG erfüllt, gelten die Anteile als direkt an die andere Körperschaft (Darlehensnehmer) oder von der überlassenden Körperschaft (Darlehensgeber) überlassen. Das bedeutet, dass die Anteile als von einem steuerschädlichen Verleiher an einen Entleiher überlassen gel-

---

[114] Zur Kritik an der Einbeziehung auch von Sachdarlehenszinsen *Häuselmann* DStR 2007, 1379 (1382); *Schnitger/Bildstein* IStR 2008, 202 (209).
[115] Zu Umgehungsmöglichkeiten *Rau* DStR 2009, 948 (950).
[116] *Rau* DStR 2009, 948.

(d) Ausnahmen. Die Regelung des § 8b Abs. 10 S. 1 KStG gilt nicht, wenn der Darlehensnehmer (Entleiher) keine Einnahmen oder Bezüge aus den ihr überlassenen Anteilen erzielt, § 8b Abs. 10 S. 5 KStG. Insofern findet das Abzugsverbot des § 8b Abs. 10 S. 1 KStG keine Anwendung auf Wertpapierleihgeschäfte, die sich nicht über den Dividendenstichtag erstrecken. Nicht betroffen sind auch Leerverkäufer, die die entliehenen Aktien verkauft haben und demzufolge keine Dividenden mehr erhalten.[117]

Das Gestaltungsmodell der durchlaufenden Wertpapierleihe[118], wobei der originäre Entleiher die Anteile gegen eine bei ihm nicht steuerbefreite Leihgebühr weitergegeben hat, wurde durch den Gesetzgeber im Rahmen des AmtshilfeRLUmsG[119] beseitigt. Demnach sind auch Entgelte für die Weiterverleihung schädlich, § 8b Abs. 10 S. 6 KStG.

(e) Gewerbesteuer. Die nach § 8b Abs. 10 KStG nicht abziehbaren Betriebsausgaben unterliegen beim Darlehensnehmer (Entleiher) der Gewerbesteuer. Zugleich wird durch § 8 Nr. 5 S. 1 GewStG eine gewerbesteuerliche Doppelbelastung beim Darlehensnehmer (Entleiher) vermieden. So sind nach § 8 Nr. 5 S. 1 GewStG die gem. § 8b Abs. 1 KStG von der Körperschaftsteuer befreiten Dividenden nur dann bei der Ermittlung des Gewerbeertrags hinzuzurechnen, sofern sie nicht die Voraussetzungen des § 9 Nr. 2a oder Nr. 7 GewStG erfüllen (Streubesitzdividenden: Beteiligungsvoraussetzung von 15 %). Der hinzuzurechnende Betrag ist dabei um die gem. § 8b Abs. 10 KStG nicht abziehbaren Betriebsausgaben zu mindern.

ee) Personenbezogene Einschränkungen der Steuerbefreiung. (1) *Kreditinstitute, Finanzdienstleistungsinstitute, Finanzunternehmen.* (aa) *§ 8b Abs. 7 KStG aF bis VZ 2016.* Die Regelungen des § 8b Abs. 1–6 KStG sind nicht auf Anteile anzuwenden, die bei Kreditinstituten und Finanzdienstleistungsinstituten dem Handelsbuch zuzurechnen sind. Gleiches gilt für Anteile, die von Finanzunternehmen mit dem Ziel der kurzfristigen Erzielung eines Eigenhandelserfolgs erworben werden, § 8b Abs. 7 KStG.

Als „zur kurzfristigen Erfolgserzielung gehalten" gelten solche Anteile, die dem Umlaufvermögen zuzuordnen sind.[120] Der Begriff „Finanzunternehmen"[121] umfasst nach Ansicht der Finanzverwaltung[122] auch etwa Holdinggesellschaften[123] sowie bestimmte Unternehmensbeteiligungsgesellschaften. In seinem Urteil v. 14.1.2009 hat der BFH[124] die Auffassung bestätigt, dass die Regelung des § 8b Abs. 7 KStG auch auf Holding- und Beteiligungsgesellschaften anzuwenden ist. Für die Anwendung des § 8b Abs. 7 KStG ist es nach Auffassung des BFH nicht erforderlich, dass das Unternehmen seinen Beteiligungsbesitz fortwährend am Markt „umschlägt", oder dass es sich bei jenem Beteiligungsbesitz um seiner Art nach „typischerweise" handelbaren Aktienbesitz handelt. Vielmehr wird nach Auffassung des BFH auch die Veräußerung von GmbH-Anteilen von § 8b Abs. 7 KStG erfasst, soweit bei Erwerb der Beteiligung die Absicht eines kurzfristigen Eigenhandelserfolgs bestand.

(bb) § 8b Abs. 7 KStG aF ab VZ 2017. Die Neuregelung des § 8b Abs. 7 KStG schließt die Anwendung des § 8b Abs. 1–6 KStG immer dann aus, wenn die Anteile bei Kreditinstituten und Finanzdienstleistungsinstituten dem Handelsbestand iSd § 340e Abs. 3 HGB zuzuordnen sind. Es handelt sich folglich um Anteile, die weder der Liquiditätsreserve noch dem Anlagebestand zugerechnet werden. Der Erwerb der Anteile muss im Erwerbszeitpunkt mit der Absicht einer kurzfristigen Erzielung eines Eigenhandelserfolges erfolgt sein.[125]

---

[117] *Häuselmann* DStR 2007, 1379 (1382).
[118] *Rau* DStR 2009, 948 (950) *Wagner* DK 2009, 601 (606).
[119] Amtshilferichtlinie-Umsetzungsgesetz v. 26.6.2013, BGBl. 2013 I 1809.
[120] BMF BStBl. I 2002, 712 = DStR 2002, 1148.
[121] *Bogenschütz/Tibo* DB 2001, 8.
[122] BMF BStBl. I 2002, 712 = DStR 2002, 1148.
[123] *Menschig* DB 2002, 2347.
[124] BFH BStBl. II 2009, 671 = DStR 2009, 635.
[125] BT-Drs. 18/9536, 54, 57.

82 Bei Finanzunternehmen iSd KWG sind Beteiligungserträge aus Anteilen nur dann steuerpflichtig, wenn die Anteile im Zeitpunkt des Zugangs als Umlaufvermögen zu erfassen sind und am Finanzunternehmen unmittelbar oder mittelbar mehr als 50 % Kreditinstitute oder Finanzdienstleistungsinstitute beteiligt sind, § 8b Abs. 7 S. 2 KStG. Ein unrichtiger Bilanzausweis ist unbeachtlich. Damit wurde der Tatbestand gegenüber der aF erheblich eingeschränkt. Fortan sind nur noch Finanzunternehmen erfasst, die eine Absicherung der Geschäfte aufgrund aufsichtsrechtlicher Vorgaben durchführen müssen.[126]

83 *(cc) Verhältnis zu DBA.* Unberührt bleibt für die von § 8b Abs. 7 KStG betroffenen Gesellschaften die Inanspruchnahme von DBA-Schachtelvergünstigungen. In diesem Fall ist jedoch § 3c Abs. 1 EStG wieder zu beachten.[127]

84 *(2) Leben- und Krankenversicherungsunternehmen, Pensionsfonds. (aa) Allgemeines.* Für Veranlagungszeiträume ab 2004 greifen die Regelungen nach § 8b Abs. 1–7 KStG nicht für Anteile, die bei Lebens- und Krankenversicherungen den Kapitalanlagen zuzurechnen sind, § 8b Abs. 8 S. 1 KStG. Entsprechendes gilt für Pensionsfonds. Die Regelung des § 8b Abs. 8 S. 1 KStG ist im Zusammenhang mit der Sondervorschrift des § 21 KStG für diese Gesellschaften zu sehen. Zwar sind bei diesen Gesellschaften Veräußerungsgewinne und Dividenden aus Anteilen im Anlagevermögen steuerpflichtig. Zugleich aber ist die Zuführung dieser Gewinne zu den Beitragsrücklagen nach § 21 KStG steuerlich abzugsfähig.

85 Von der Nichtanwendung der Regelungen des § 8b Abs. 1–7 KStG bestehen indes verschiedene Ausnahmen, um Besteuerungslücken zu vermeiden. So bleiben zunächst Gewinne iSd § 8b Abs. 2 KStG steuerfrei, soweit eine Teilwertabschreibung in früheren Jahren nach § 8b Abs. 3 KStG bei der Ermittlung des Einkommens unberücksichtigt geblieben ist und diese Minderung nicht durch den Ansatz eines höheren Werts ausgeglichen worden ist, § 8b Abs. 8 S. 2 KStG. Umgekehrt dürfen Gewinnminderungen, die im Zusammenhang mit den in Rede stehenden Anteilen stehen, bei der Ermittlung des Einkommens nicht berücksichtigt werden, wenn das Lebens- oder Krankenversicherungsunternehmen die Anteile von einem verbundenen Unternehmen (§ 15 AktG) erworben hat, soweit ein Veräußerungsgewinn für das verbundene Unternehmen nach § 8b Abs. 2 KStG bei der Ermittlung des Einkommens außer Ansatz geblieben ist, § 8b Abs. 8 S. 3 KStG.

86 *(bb) Verhältnis zu DBA.* Unberührt bleibt von der Einführung des § 8b Abs. 8 KStG die Steuerbefreiung von Gewinnen aus der Veräußerung von Anteilen an ausländischen Kapitalgesellschaften durch ein DBA. Im Gegenzug dazu sind die Zuführungen dieser Gewinne aus ausländischen Beteiligungen zu den Beitragsrückstellungen steuerlich nicht abzugsfähig.

87 *ff) Anteilsbezogene Beschränkungen (altes Recht). Einbringungsgeborene Anteile.* Die Steuerbefreiung nach § 8b Abs. 2 KStG greift nicht für Gewinne aus der Veräußerung einbringungsgeborener Anteile iSv § 21 UmwStG aF binnen sieben Jahren nach dem Umwandlungsvorgang, § 8b Abs. 4 S. 1 Nr. 1, S. 2 Nr. 1 KStG aF iVm § 34 Abs. 5 KStG. Einbringungsgeborene Anteile entstanden nach alter Rechtslage durch die Einbringung von Betrieben, Teilbetrieben, Mitunternehmeranteilen oder Anteilen an Kapitalgesellschaft nach § 20 UmwStG aF unter dem Teilwert in eine Kapitalgesellschaft durch Ausgabe neuer Anteile, § 21 Abs. 1 S. 1 UmwStG aF Die Regelung des § 8b Abs. 4 S. 1 Nr. 1 KStG aF bezieht sich auf die im Gegenzug der Einbringung ausgegebenen neuen Anteile. Sie wurde durch das SEStEG v. 7.12.2006 aufgehoben, ist aber auf alt einbringungsgeborene Anteile weiterhin anzuwenden, § 34 Abs. 5 KStG. Die siebenjährige Sperrfrist ist spätestens Ende 2013 abgelaufen.

88 c) *Beteiligung an Personengesellschaften. aa) Körperschaftsteuer. (1) Laufende Einkünfte. (aa) Einkommenszurechnung.* Die Einkünfte einer Personengesellschaft sind über eine einheitliche und gesonderte Gewinnfeststellung nach § 179, § 180 AO ihren Gesellschaftern zuzurechnen. Soweit Gesellschafter der Personengesellschaft eine Kapitalgesellschaft ist, werden die ihr nach § 15 Abs. 2 S. 1 Nr. 2 EStG durch die Spiegelbildmethode zu-

---

[126] *Blumenberg/Kring* BB 2017, 151 (158).
[127] *Seidel/Engel* GmbHR 2011, 358; aA *Kessler/Dietrich* IStR 2010, 696.

gerechneten Gewinnanteile der Körperschaftsteuer unterworfen. Das gilt unabhängig davon, ob die Personengesellschaft eine gewerbliche Tätigkeit iSd § 15 Abs. 1 S. 1 Nr. 1, Abs. 2 EStG ausübt oder lediglich iSd § 15 Abs. 3 Nr. 2 EStG gewerblich geprägt ist. Gewerblich geprägt ist eine Personengesellschaft unabhängig von der Art ihrer Tätigkeit dann, wenn ihre persönlich haftenden Gesellschafter ausschließlich Kapitalgesellschaften sind, und nur diese oder Personen zur Geschäftsführung befugt sind, die nicht Gesellschafter sind, § 15 Abs. 3 Nr. 2 S. 1 EStG.[128] Übt die Personengesellschaft nur eine vermögensverwaltende Tätigkeit aus, fehlt ihr aber die gewerbliche Prägung, so erzielt die Personengesellschaft selbst keine gewerblichen Einkünfte.[129] Sind nicht nur Kapitalgesellschaften an der vermögensverwaltenden Personengesellschaft beteiligt, sondern auch Personen, die keine Einkünfte aus Gewerbebetrieb erzielen, so liegt eine Zebragesellschaft vor. Da eine Kapitalgesellschaft kraft Rechtsform nur Einkünfte aus Gewerbebetrieb erzielt (§ 8 Abs. 2 KStG), sind die Einkünfte auf Ebene der Kapitalgesellschaft umzuqualifizieren. Dies erfordert, dass die auf die Kapitalgesellschaft entfallenden Einkünfte nach den Regeln der Gewinnermittlung bestimmt werden müssen, während die Einkünfte der Personengesellschaft selbst durch Überschussermittlung zu ermitteln sind. Eine Infektion der Einkünfte der vermögensverwaltenden Personengesellschaft findet nicht statt. Die Umqualifizierung hat nach der Rspr. des Großen Senats des BFH außerhalb der Zebragesellschaft und damit (verfahrensrechtlich) außerhalb der gesonderten Feststellung zu erfolgen.[130]

Bei Beteiligung einer ausländischen Körperschaft an einer inländischen vermögensverwaltenden Personengesellschaft mit Vermietungs- und Verpachtungstätigkeit im Inland war streitig, ob diese inländischen Einkünfte als Folge der sog. isolierenden Betrachtungsweise und unter entsprechender Heranziehung der Grundsätze zur sog. Zebragesellschaft als Einkünfte aus Vermietung und Verpachtung iSd § 49 Abs. 1 Nr. 6 EStG besteuert werden durften. Durch die Neueinführung des § 49 Abs. 1 Nr. 2 lit. f EStG mit Wirkung ab dem VZ 2009 stellen die Einkünfte infolge der Beteiligung ausländischer Kapitalgesellschaften nunmehr solche aus gewerblicher Tätigkeit dar.[131] 89

(bb) Verlustzuweisung. Aufgrund der Zurechnung des Einkommens beim Gesellschafter können grds. auch Verluste der Personengesellschaft mit positiven Einkünften der beteiligten Kapitalgesellschaft verrechnet werden. Das Transparenzprinzip bedingt eine ertragsteuerliche Konsolidierung. 90

Von dieser Verlustverrechnungsmöglichkeit bestehen indes gewisse Ausnahmen. So können bei Beteiligung einer Kapitalgesellschaft als Kommanditistin an einer KG Verluste der Personengesellschaft lediglich in den Grenzen des § 15a EStG steuermindernd von der Kapitalgesellschaft berücksichtigt werden (Verluste aus beschränkter Haftung). Betroffen von § 15a EStG sind die Verluste, die zu einem negativen Kapitalkonto führen oder ein bereits vorhandenes negatives Kapitalkonto erhöhen. Diese Verluste dürfen nach § 15a Abs. 1 EStG nur bis zur Höhe des Haftungsbetrags des Kommanditisten mit anderen positiven Einkünften ausgeglichen werden. Der darüber hinausgehende Verlustanteil kann nicht nach § 10d EStG durch Verlustrücktrag oder Verlustvortrag abgezogen werden. Der übersteigende Verlust ist nach § 15a Abs. 2 EStG lediglich mit Gewinnen späterer Jahre verrechenbar, die dem Kommanditisten aus seiner Beteiligung an der KG zustehen (verrechenbarer Verlust). Dieser Verlustausgleich unterliegt keiner Beschränkung. Bei nachträglicher Einlageminderung bzw. Haftungsminderung wird der Verlustausgleich dadurch rückgängig gemacht, dass dem Kommanditisten nachträglich in entsprechender Höhe Gewinne zugerechnet werden, § 15a Abs. 3 EStG (Nachversteuerung). Von § 15a EStG erfasst werden Verluste des Gesamthandvermögens. Nicht von § 15a EStG betroffen sind Verluste des Sonderbetriebsvermögens.[132] Umgekehrt ist eine Verrechnung der nach § 15a EStG verrechenbaren Verluste mit Ge- 91

---

[128] Zum Zeitpunkt der Beurteilung der gewerblichen Prägung BFH BStBl. II 2009, 600 = DStR 2009, 1310 mAnm *Schmid.*
[129] Zur Bruchteilsbetrachtung gem. § 39 Abs. 2 Nr. 2 AO s. *Wacker* DStR 2005, 2014.
[130] BFH BStBl. II 2005, 679 = DStR 2005, 1274; so auch BMF BStBl. I 1994, 282 = DStR 1994, 705.
[131] *Mensching* DStR 2009, 96 (99); *Lindauer/Westphal* BB 2009, 420; *Böhl/Schmidt-Maschke/Böttcher* IStR 2008, 651.
[132] BFH BStBl. II 1992, 167 = DStR 1991, 1344.

winnen des Sonderbetriebsvermögens ausgeschlossen.[133] Grundsätzlich werden nur KGs erfasst, die Einkünfte aus Gewerbebetrieb vermitteln. Allerdings ist die Regelung des § 15a EStG für Verluste aus land- und forstwirtschaftlicher Tätigkeit, aus selbstständiger Arbeit sowie aus Vermietung und Verpachtung entsprechend anzuwenden, § 13 Abs. 7, § 18 Abs. 4, § 21 Abs. 1 S. 2 EStG. Um missbräuchlichen Gestaltungen vorzubeugen greift § 15a EStG auch in Fällen der atypisch stillen Gesellschaft sowie bei Beteiligung an einer GbR, sofern das Gesellschaftsverhältnis entsprechend den Haftungs- und Vertretungsverhältnissen in einer KG gestaltet ist, § 15a Abs. 5 Nr. 1, 2 EStG. Zuletzt gilt § 15a EStG für ausländische Personengesellschaft, sofern die Haftung eines Gesellschafters mit derjenigen eines Kommanditisten oder eines (atypisch) stillen Gesellschafters vergleichbar ist und mit dem ausländischen Staat kein DBA abgeschlossen wurde, § 15a Abs. 5 Nr. 3 EStG.

92   Verluste im Zusammenhang mit einem Steuerstundungsmodell dürfen nach § 15b EStG weder mit Einkünften aus Gewerbebetrieb noch mit Einkünften aus anderen Einkunftsarten ausgeglichen werden; ein Verlustvor- oder Verlustrücktrag gem. § 10d EStG ist ebenfalls ausgeschlossen. Die Verluste mindern jedoch die Einkünfte, die der Steuerpflichtige in den folgenden Wirtschaftsjahren aus derselben Einkunftsquelle erzielt. Ein Steuerstundungsmodell iSd § 15b Abs. 1 S. 1 EStG liegt vor, wenn auf Grund einer modellhaften Gestaltung[134] steuerliche Vorteile in Form negativer Einkünfte erzielt werden sollen. Dies ist der Fall, wenn dem Steuerpflichtigen auf Grund eines vorgefertigten Konzepts die Möglichkeit geboten wird, zumindest in der Anfangsphase der Investition, Verluste mit übrigen Einkünften zu verrechnen. § 15b EStG ist auf Anlaufverluste von Existenz- und Firmengründern nicht anzuwenden.[135] Anwendungsvoraussetzung ist, dass innerhalb der Anfangsphase das Verhältnis der Summe der prognostizierten Verluste zur Höhe des gezeichneten und nach dem Konzept auch aufzubringenden Kapitals oder bei Einzelinvestoren des eingesetzten Eigenkapitals 10 % übersteigt, § 15b Abs. 3 EStG.

93   Weitere Verlustverrechnungsbeschränkungen finden sich in § 15 Abs. 4 S. 6–8 EStG. Demnach dürfen Verluste aus stillen Gesellschaften, Unterbeteiligungen oder sonstigen Innengesellschaften an Kapitalgesellschaften, bei denen der Gesellschafter oder Beteiligte als Mitunternehmer anzusehen ist, weder ausgeglichen noch nach § 10d EStG abgezogen werden. Die Verluste mindern nur innerhalb der betragsmäßigen Grenzen des § 10d EStG die zukünftigen Gewinne. Hauptanwendungsfall ist die atypisch stille Gesellschaft, die entsteht, wenn bei einer stillen Gesellschaft dem Beteiligten Mitunternehmerinitiative (Gleichstellung zum Kommanditisten) und Mitunternehmerrisiko (Beteiligung an den stillen Reserven) zugestanden werden.[136]

94   *(cc) Über Personengesellschaften gehaltene Anteile an Kapitalgesellschaften.* Soweit in dem einer Kapitalgesellschaft zuzurechnenden Gewinnanteil einer Personengesellschaft Dividenden und diesen gleichgestellte Bezüge sowie Gewinne aus Veräußerungen oder Gewinnminderungen aus Anteilen an Kapitalgesellschaften enthalten sind, gelten § 8b Abs. 1–5 KStG entsprechend, § 8b Abs. 6 S. 1 KStG.[137] Selbiges gilt auch für vermögensverwaltenden Personengesellschaften aufgrund der Bruchteilsbetrachtung gem. § 39 Abs. 2 Nr. 2 AO.

95   *(2) Veräußerung von Anteilen an Personengesellschaften.* Veräußert eine Körperschaft Gesellschaftsrechte an einer gewerblichen oder gewerblich geprägten Personengesellschaft, so unterliegt ein daraus erzielter Veräußerungsgewinn bei der Veräußerin der Körperschaftsteuer, § 16 Abs. 1 Nr. 2 EStG iVm § 8 Abs. 1 S. 1 KStG. Weder der Freibetrag des § 16 Abs. 4 EStG noch die Tarifermäßigung gem. § 34 EStG kommen dabei in Betracht.[138] Veräußerungsverluste mindern umgekehrt das steuerliche Einkommen der Veräußerin. Soweit der erzielte Gewinn aus der Veräußerung der Mitunternehmeranteile auf Anteile an

---

[133] BMF BStBl. I 1993, 976 = DStR 1994, 59.
[134] BMF BStBl. I 2007, 542 = DStR 2007, 1347.
[135] BMF BStBl. I 2007, 542 Rn. 1 = DStR 2007, 1347.
[136] ZB Blümich/*Bode* EStG § 15 Rn. 341 ff.
[137] BMF BStBl. I 2003, 292 Rn. 56 = DStR 2003, 881 (885).
[138] Zu § 34 EStG BFH BStBl. II 1991, 455 = DStR 1991, 743.

Kapitalgesellschaften entfällt, die dem steuerlichen Betriebsvermögen der Mitunternehmerschaft zuzurechnen sind, ist dieser Teilbetrag des Veräußerungsgewinns nach § 8b Abs. 2, 3 KStG von der Körperschaftsteuer befreit, § 8b Abs. 6 S. 1 KStG. Umgekehrt können Gewinnminderungen aus diesen Anteilen in analoger Anwendung des § 8b Abs. 3 S. 3 KStG nicht steuerlich geltend gemacht werden. Die Veräußerung von Anteilen an vermögensverwaltenden, nicht gewerblich geprägten Personengesellschaften wird steuerlich behandelt wie eine Veräußerung des (anteiligen) Vermögens der Personengesellschaft.

(3) Ergänzungsbilanz. Bei Erwerb von Anteilen an einer Mitunternehmerschaft zu einem über oder unter dem Kapitalkonto liegenden Kaufpreis sind die durch den bezahlten Mehr- oder Minderbetrag verkörperten stillen Reserven und Lasten im Vermögen der Personengesellschaft in einer sog. Ergänzungsbilanz aufzudecken.[139] Gleiches gilt in den Fällen der Einbringung nach § 24 UmwStG, der Übertragung eines Einzelwirtschaftsgutes zwischen der Personengesellschaft und ihrem Gesellschafter nach den Vorschriften des § 6 Abs. 5 S. 3–5 EStG sowie der Inanspruchnahme personenbezogener steuerlicher Vergünstigungen nach § 6b EStG. Ergänzungsbilanzen beziehen sich stets auf einzelne Gesellschafter und stellen Korrekturen zu den Wertansätzen der steuerlichen Gesamthandbilanz der Personengesellschaft dar. Diese Ergänzungsbilanz ist Bestandteil der Steuerbilanz der Personengesellschaft. Der steuerliche Buchwert eines zum Gesamthandvermögen gehörenden Wirtschaftsgutes setzt sich damit aus dem Wert laut steuerlicher Gesamthandbilanz und Ergänzungsbilanz zusammen. Das Ergänzungskapital gehört zum steuerlichen Kapitalkonto iSd § 15a EStG.[140] Nach der Gleichstellungsthese sind die anteiligen Wirtschaftsgüter vom Erwerbszeitpunkt an über eine neu zu schätzenden Restnutzungsdauer abzuschreiben, die Ergänzungsbilanz erhält eine reine Korrekturfunktion für zu hohe oder zu niedrige AfA in der Gesamthandsbilanz.[141] Abschreibungswahlrechte können autonom vorgenommen werden.

96

bb) Gewerbesteuer. (1) Hinzurechnungen und Kürzungen des Gewerbeertrags bei Beteiligung an Mitunternehmerschaften. Anders als bei der Körperschaftsteuer ist die gewerblich tätige oder gewerblich geprägte Personengesellschaft für gewerbesteuerliche Zwecke eigenständiges Gewerbesteuersubjekt und unterliegt insofern mit dem von ihr erzielten Gewerbeertrag selbst der Gewerbesteuer, § 2 Abs. 1 S. 1, 2, § 5 Abs. 1 S. 3 GewStG. Gewerbesteuerliche Gewinne der Muttergesellschaft können entsprechenden nicht mit gewerbesteuerlichen Verlusten der Mitunternehmerschaft kompensiert werden. Die daraus entstehenden „Gewerbesteuerinseln" können bspw. durch die Einführung eines Treuhandmodells beseitigt werden.[142]

97

Der Gewerbeertrag der Personengesellschaft mindert sich um Aufwendungen bzw. erhöht sich um Erträge aus der Ergänzungsbilanz der Kapitalgesellschaft bei der Personengesellschaft.

98

Besonderheiten ergeben sich bei der Ermittlung des Gewerbeertrags einer Personengesellschaft und der an ihr beteiligten Kapitalgesellschaft durch sog. Sonderbetriebseinnahmen und Sonderbetriebsausgaben. Bei Sonderbetriebseinnahmen handelt es sich um Vergütungen, die der Gesellschafter von der Gesellschaft für seine Tätigkeit im Dienst der Gesellschaft oder für die Hingabe von Darlehen oder für die Überlassung von Wirtschaftsgütern bezogen hat, § 15 Abs. 1 S. 1 Nr. 2 Hs. 2 EStG. Dazu gehören etwa Vergütungen, die der Gesellschafter von der Gesellschaft für seine Tätigkeit als Geschäftsführer, für die Hingabe von Darlehen oder für die Überlassung von Wirtschaftsgütern bezogen hat, Gewinnausschüttungen der Komplementär-GmbH an den Gesellschafter, der zugleich Kommanditist ist, aber auch etwa Mieterträge aus einem Grundstück, das ein Gesellschafter an einen Dritten vermietet, der es seinerseits an die Personengesellschaft weitervermietet. Sonderbetriebsausgaben sind alle Aufwendungen, die durch das Gesellschaftsverhältnis veranlasst

99

---

[139] StRspr, BFH BStBl. II 1992, 647 = DStR 1992, 1012; BFH BStBl. II 1984, 101 = BeckRS 1983, 22006657.
[140] → Rn. 90.
[141] BFH BStBl. II 2017, 34 = DStR 2015, 283.
[142] *Viebrock/Stegemann* DStR 2013, 2375; *Kromer* DStR 2000, 2157; *Rödder* DStR 2005, 955.

sind, in Zusammenhang mit dem Sonderbetriebsvermögen eines Gesellschafters stehen oder die durch die Wahrnehmung von Rechten eines Gesellschafters gegenüber den Mitgesellschaftern entstehen. Zu den Sonderbetriebsausgaben des Gesellschafters gehören etwa Zinsaufwendungen für Darlehen, die der Gesellschafter zur Finanzierung des Erwerbs der Beteiligung aufgenommen hat. Diese Sonderbetriebsausgaben und Sonderbetriebseinnahmen des Gesellschafters müssen Eingang in die einheitliche und gesonderte Gewinnfeststellung der Personengesellschaft nach § 179, § 180 AO finden (sog. zweistufige Gewinnermittlung). Sie gehören entsprechend zum steuerpflichtigen Gewerbeertrag der Personengesellschaft. Aufgrund der Qualifizierung als Sonderbetriebsausgaben und Sonderbetriebseinnahmen dürfen sie nicht in den Gewerbeertrag der Kapitalgesellschaft als Gesellschafterin der Personengesellschaft einbezogen werden.

100   Zur Vermeidung von Doppelerfassungen sind einer Kapitalgesellschaft als Gesellschafterin körperschaftsteuerlich nach § 179, § 180 AO zurechnete Gewinnanteile einer gewerblichen Personengesellschaft bei Ermittlung des Gewerbeertrags zu kürzen, § 9 Nr. 2 GewStG. Umgekehrt sind körperschaftsteuerlich zugerechnete Anteile am Verlust der Personengesellschaft dem Gewerbeertrag der beteiligten Kapitalgesellschaft wieder hinzuzurechnen, § 8 Nr. 8 GewStG.

101   *(2) Über Personengesellschaften gehaltene Anteile an Kapitalgesellschaften.* Soweit in den einer Kapitalgesellschaft durch eine gewerblich oder gewerblich geprägte Personengesellschaft zugerechneten Gewinnanteilen nach § 15 Abs. 1 S. 1 Nr. 2 EStG Dividenden, ähnliche Bezüge oder Veräußerungsgewinne aus Anteilen an Kapitalgesellschaften enthalten sind, ist auch für gewerbesteuerliche Zwecke zunächst § 8b KStG anzuwenden, § 7 S. 4 Hs. 2 GewStG.[143] Eine gewerbesteuerliche Korrektur kann nur über § 8 Nr. 5, § 9 Nr. 2a, § 7 GewStG erfolgen.[144] Bei Beteiligung an einer vermögensverwaltenden, nicht gewerblich geprägten Personengesellschaft gelten entsprechende Dividenden, ähnliche Bezüge oder Veräußerungsgewinne als durch die Kapitalgesellschaft selbst erzielt.

102   *(3) Veräußerung von Mitunternehmeranteilen.* Die Veräußerung von Anteilen an einer Mitunternehmerschaft durch eine Kapitalgesellschaft unterliegt der Gewerbesteuer, § 7 S. 2 Nr. 2 GewStG. Nicht zum Gewerbeertrag gehört der Veräußerungsgewinn indes, soweit er auf Anteile an einer Kapitalgesellschaft entfällt und die Regelung des § 8b Abs. 2 KStG anzuwenden ist.

103   Dabei gehört der Gewinn aus der Veräußerung des Mitunternehmeranteils zum Gewerbeertrag der Mitunternehmerschaft, die damit auch Schuldner der entstehenden Gewerbesteuer ist, § 5 Abs. 2 S. 1 GewStG.[145]

104   **d) Zinsschranke.** Vor 2008 bestand für Kapitalgesellschaften mit § 8a KStG aF eine Regelung, durch die der Zinsaufwand für bestimmte Gesellschafterdarlehen in verdeckte Gewinnausschüttungen umqualifiziert wurde und somit iErg nicht als Betriebsausgabe abzugsfähig war. Dieses „Abzugsverbot" ist durch Einführung des § 4h EStG im Zuge des JStG 2008 erheblich erweitert worden. Über § 8a KStG nF ist die Regelung des § 4h EStG auch auf Körperschaften anzuwenden, wobei bestimmte Besonderheiten zu beachten sind.

105   Nach Ansicht des BFH ist die Regelung der Zinsschranke nicht mit dem Verfassungsrecht vereinbar.[146] Sie verstößt gegen den Grundsatz der Nettobesteuerung und lässt sich nicht mit dem üblichen Rechtfertigungskanon begründen. Ähnliche Bedenken äußerte der BFH bereits 2013, woraufhin die Finanzverwaltung mit einem Nichtanwendungserlass reagierte.[147] Nichtsdestotrotz wurde die Zinsschranke als Modell für die Arbeiten der OECD und EU

---

[143] BFH BStBl. II 2007, 279 = DStR 2006, 2079; *Grotherr* BB 2001, 597 (603).
[144] → Rn. 46 ff.
[145] Zu gesellschaftsvertraglichen Vereinbarungen mit dem Ziel der Verteilung der Gewerbesteuerbelastung *Brinkmann/Schmidtmann* DStR 2003, 93.
[146] BFH BStBl. II 2017, 1240 = DStR 2016, 301.
[147] BFH BStBl. II 2014, 947; BMF BStBl. I 2014, 1516 = DStR 2014, 2345.

gegen Steuerflucht genutzt. Entsprechende Vorschläge im BEPS-Projekt[148] und der ATAD[149] sind stark an der deutschen Norm orientiert.

aa) Anwendungsbereich. § 4h EStG ist eine Gewinnermittlungsvorschrift und beschränkt den Betriebsausgabenabzug für Zinsaufwendungen eines Betriebs. Eine Kapitalgesellschaft[150] hat grds. nur einen Betrieb im Sinne der Zinsschranke, denn Betriebsstätten sind keine eigenständigen Betriebe.[151] Organträger und Organgesellschaften gelten als ein Betrieb iSd § 4h EStG, § 15 Nr. 3 S. 2 KStG. Nach § 8a Abs. 1 S. 4 KStG ist § 4h EStG auf juristische Personen, die ihre Einkünfte durch den Überschuss der Einnahmen über die Werbungskosten ermitteln (§ 2 Abs. 2 Nr. 2 EStG), sinngemäß anzuwenden. Als Betrieb iSd Zinsschranke gelten auch ausländischen Kapitalgesellschaften, die mit ihren im Inland belegenen Immobilien beschränkt steuerpflichtig sind.[152]

Die Zinsschranke erfasst nur Erträge und Aufwendungen aus der Überlassung von Geldkapital und nicht solche aus der Überlassung von Sachkapital. Fremdkapital iSd § 4h Abs. 3 EStG sind damit alle als Verbindlichkeit passivierungspflichtigen Kapitalzuführungen in Geld, die nach steuerlichen Kriterien nicht zum Eigenkapital gehören.[153] Dazu gehören auch partiarische Darlehen, typische stille Beteiligungen, Abtretungen[154] von Forderungen unter dem Nennwert sowie Gewinnschuldverschreibungen. Auf die Dauer der Überlassung des Fremdkapitals kommt es nicht. Anders als § 8a KStG aF erfasst die Zinsschranke nicht nur von wesentlich beteiligte Anteilseigner gewährte Darlehen, sondern jede Art der Fremdfinanzierung. Ob der Empfänger im In- oder Ausland ansässig ist spielt keine Rolle.

Zinsaufwendungen iSd Zinsschranke sind Vergütungen für Fremdkapital, § 4h Abs. 3 S. 2 EStG. Zinserträge iSd Zinsschranke sind Erträge aus Kapitalforderungen jeder Art, § 4h Abs. 3 S. 3 EStG. Hierzu gehören auch Zinsen zu einem festen oder variablen Zinssatz, aber auch Gewinnbeteiligungen (Vergütungen für partiarische Darlehen, typisch stille Beteiligungen, Genussrechte und Gewinnschuldverschreibungen) und Umsatzbeteiligungen. Selbst Vergütungen, die zwar nicht als Zins berechnet werden, aber Vergütungscharakter haben, sind als Zinsaufwendungen bzw. Zinserträge iSd § 4h Abs. 3 S. 2, 3 EStG zu qualifizieren, zB Damnum, Disagio, Vorfälligkeitsentschädigungen, Provisionen und Gebühren, die an den Fremdkapitalgeber gezahlt werden.[155] Zu den Zinserträgen gehören ebenfalls ausgeschüttete oder ausschüttungsgleiche Erträge aus Investmentvermögen, die aus Zinserträgen iSd § 4h Abs. 3 S. 3 EStG stammen. Nach Auffassung der Finanzverwaltung zählen Zinsanteile in Leasingraten zu Zinsaufwendungen oder -erträgen, wenn das wirtschaftliche Eigentum am Leasinggegenstand (Sachkapital) auf den Leasingnehmer übergegangen ist.[156] Die Auf- und Abzinsung unverzinslicher oder niedrig verzinslicher Verbindlichkeiten führt zu Zinserträgen oder Zinsaufwendungen, auf die die Zinsschranke anzuwenden ist, § 4h Abs. 3 S. 4 EStG.

Keine Zinsaufwendungen oder -erträge sind Dividenden, Zinsen nach §§ 233 ff. AO, Erbbauzinsen sowie Skonti und Boni. Ebenfalls nicht in die Zinsschranke einzubeziehen sind Zinsaufwendungen für Fremdkapital, das zur Finanzierung der Herstellung eines Vermögensgegenstands verwendet wird (zB Bauzeitzinsen) und die nach § 255 Abs. 3 S. 2 HGB in die Herstellungskosten einbezogen werden, soweit sie auf den Zeitraum der Herstellung entfallen.[157] Die spätere Abschreibung oder Ausbuchung des Aktivpostens führt nicht zu Aufwendungen, die unter die Zinsschranke fallen.[158]

---

[148] OECD, Limiting Base Erosion Involving Interest Deductions and Other Financial Payments.
[149] RL 2016/1164 des Rates v. 12.7.2016 mit Vorschriften zur Bekämpfung von Steuervermeidungspraktiken mit unmittelbaren Auswirkungen auf das Funktionieren des Binnenmarkts (ABl. 193/1).
[150] Zu den Besonderheiten bei der KGaA vgl. *Kollruss/Weißert/Ilin* DStR 2009, 88.
[151] BMF BStBl. I 2008, 718 Rn. 9 = DStR 2008, 1427 (1428).
[152] FM Schleswig-Holstein BeckVerw 159067.
[153] BMF BStBl. I 2008, 718 Rn. 11 = DStR 2008, 1427 (1428).
[154] BMF BStBl. I 2008, 718 Rn. 14, 29–39 = DStR 2008, 1427 (1428 ff.).
[155] BMF BStBl. I 2008, 718 Rn. 15 = DStR 2008, 1427 (1428).
[156] BMF BStBl. I 2008, 718 Rn. 25 = DStR 2008, 1427 (1428).
[157] BMF BStBl. I 2008, 718 Rn. 20 = DStR 2008, 1427 (1428).
[158] *Finke/Schwedhelm* GmbHR 2009, 281 (282) mit Verw. auf BFH BStBl. II 2004, 192 = DStR 2003, 1435.

110 *bb) Funktionsweise. (1) Ermittlung des abzugsfähigen Zinsaufwands.* Nach § 4h Abs. 1 S. 1 EStG sind Zinsaufwendungen eines Betriebes in Höhe des Zinsertrages desselben Wirtschaftsjahres abziehbar. Darüberhinausgehende Zinsaufwendungen eines Betriebes dürfen in einem Veranlagungszeitraum nur bis zur Höhe von 30 % des steuerlichen EBITDA abgezogen werden. Das steuerliche EBITDA ist ausgehend vom steuerpflichtigen Gewinn, erhöht um die abgesetzten Zinsaufwendungen sowie die Abschreibungen auf Sachanlagen und immaterielle Vermögensgegenstände (§ 6 Abs. 2 S. 1, § 6 Abs. 2a S. 2, § 7 EStG) und vermindert um die Zinserträge des Betriebs zu ermitteln. Teilwertabschreibungen werden nicht berücksichtigt.[159] Bei Körperschaften tritt an die Stelle des maßgeblichen Gewinns das maßgebliche Einkommen. Maßgebliches Einkommen ist dabei das nach den Vorschriften des EStG und des KStG mit Ausnahme der §§ 4h, 10d EStG und des § 9 Abs. 1 Nr. 2 KStG (Spenden) ermittelte Einkommen, § 8a Abs. 1 S. 2 KStG. Das steuerliche EBITDA einer Körperschaft wird insbes. durch verdeckte Gewinnausschüttungen erhöht[160] und durch Dividenden und Veräußerungsgewinne vermindert, soweit diese nach § 8b KStG steuerfrei sind.

111 *(2) Zinsvortrag.* Die nicht abziehbaren Zinsaufwendungen eines Veranlagungszeitraums sind nach § 4h Abs. 1 S. 4 EStG in die folgenden Wirtschaftsjahre vorzutragen (Zinsvortrag). Sie erhöhen die Zinsaufwendungen dieser folgenden Wirtschaftsjahre und können dazu führen, dass im Vortragsjahr die Freigrenze nach § 4h Abs. 2 S. 1 lit. a EStG überschritten wird. Der Zinsvortrag ist für jeden einzelnen Betrieb gesondert festzustellen. Ein nicht verbrauchter Zinsvortrag geht nach § 4h Abs. 5 S. 1 EStG bei Aufgabe oder Übertragung des Betriebs unter. Bei Aufgabe oder Übertragung eines Teilbetriebs oder Ausscheiden einer Organgesellschaft aus dem Organkreis geht der Zinsvortrag nach Auffassung der Finanzverwaltung anteilig unter.[161] Die §§ 8c, 8d KStG gelten für den Zinsvortrag entsprechend, § 8a Abs. 1 S. 3 KStG.[162] Geht ein Verlust folglich aufgrund der Konzernklausel gem. § 8c Abs. 1 S. 5 KStG oder aufgrund der Fortführung des Geschäftsbetriebes gem. § 8d KStG nicht unter, so verbleibt auch der Zinsvortrag. Kommt die Stille-Reserven-Klausel gem. § 8c Abs. 1 S. 6–8 KStG zur Anwendung, so verbleibt ein Zinsvortrag mit der Maßgabe, dass stille Reserven nur zu berücksichtigen sind, soweit sie die nach § 8c KStG abziehbaren nicht genutzten Verluste übersteigen, § 8a Abs. 1 S. 3 KStG.

112 *(3) EBITDA-Vortrag.* Zinsaufwendungen eines Betriebs sind abziehbar bis zu 30 % des steuerlichen EBITDA. Dieser Betrag wird durch § 4h Abs. 1 S. 2 EStG als verrechenbares EBITDA bezeichnet. Soweit in einem Wirtschaftsjahr der tatsächliche Zinsaufwand unter dem verrechenbaren EBITDA liegt, dh das verrechenbare EBITDA nicht ausgeschöpft wird, kann dieser nicht ausgeschöpfte EBITDA-Betrag in die folgenden fünf Jahre vorgetragen werden (EBITDA-Vortrag). Er erhöht das verrechenbare EBITDA in den Folgejahren, § 4h Abs. 1 S. 3 EStG. Ein EBITDA-Vortrag kann indes nur in solchen Wirtschaftsjahren entstehen, in denen keine der drei Ausnahmen[163] von der Anwendung der Zinsschranke nach § 4h Abs. 2 EStG greift.[164]

113 Der EBITDA-Vortrag verfällt bei Aufgabe oder Übertragung des Betriebs, § 4h Abs. 5 S. 1 EStG. Gleiches gilt nach Auffassung der Finanzverwaltung bei Aufgabe oder Übertragung eines Teilbetriebs sowie bei Ausscheiden einer Organgesellschaft aus dem Organkreis. Bei einem schädlichen Anteilseignerwechsel iSd § 8c KStG geht indes – anders als ein Zinsvortrag – der EBITDA-Vortrag nach dem derzeitigen Wortlaut des § 8a Abs. 1 S. 3 KStG nicht unter.

---

[159] Gosch/*Förster* KStG § 8a Rn. 76.
[160] SA Blümich/*Heuermann* EStG § 4h Rn. 18.
[161] BMF BStBl. I 2008, 718 Rn. 47= DStR 2008, 1427 (1432).
[162] → Rn. 151 ff.
[163] → Rn. 115 ff.
[164] Zu Zweifelfragen um den EBITDA-Vortrag *Bohn/Loose* DStR 2011, 241.

(4) Beispiel

	2018	**2019**	**2020**
EBITDA	20 Mio. EUR	10 Mio. EUR	10 Mio. EUR
Zinsaufwand nach Abzug Zinsertrag	4 Mio. EUR	4 Mio. EUR	4 Mio. EUR
Max. Abzugsrahmen der Zinsschranke (30% des EBITDA)	6 Mio. EUR	3 Mio. EUR	3 Mio. EUR
EBITDA-Vortrag	0 EUR	2 Mio. EUR	1 Mio. EUR
Erhöhter Zinsabzugsrahmen durch Nutzung EBITDA-Vortrag		5 Mio. EUR	4 Mio. EUR
Abzugsfähiger Zinsaufwand	4 Mio. EUR	4 Mio. EUR	4 Mio. EUR
Verbleibender EBITDA-Vortrag	2 Mio. EUR	1 Mio. EUR	0 EUR

cc) Ausnahmetatbestände. Durch § 4h Abs. 2 EStG werden drei Ausnahmen von der Zinsschranke statuiert, durch die der Abzug von Zinsaufwendungen uneingeschränkt möglich ist: Freigrenze, fehlende Konzernzugehörigkeit und Escape-Klausel. Für Körperschaften sind die Rückausnahmen nach § 8a Abs. 2, 3 KStG zu beachten. 114

(1) Freigrenze. Die Zinsschranke kommt nicht zur Anwendung, wenn die die Zinserträge übersteigenden Zinsaufwendungen (Zinssaldo) weniger als 3 Mio. EUR betragen, § 4h Abs. 2 S. 1 lit. a EStG iVm § 8a Abs. 1 KStG.[165] Erreicht bzw. überschreitet der Nettozinsaufwand eines Betriebs diesen Betrag, fällt er in vollem Umfang unter die Abzugsbeschränkung, sofern nicht einer der übrigen Ausnahmetatbestände eingreift. Die Freigrenze bezieht sich auf das jeweilige Wirtschaftsjahr des Betriebs. 115

(2) Konzernzugehörigkeit. Die Zinsschranke ist nicht anzuwenden, wenn der Betrieb nicht oder nur anteilig zu einem Konzern gehört, § 4h Abs. 2 lit. b EStG. Bei Körperschaften ist diese Ausnahmeregelung nicht anzuwenden, wenn eine schädliche Gesellschafterfremdfinanzierung iSd § 8a Abs. 2 KStG vorliegt (Rückausnahme). 116

(a) Prüfung der Konzernzugehörigkeit. Der Zinsschranke liegt ein erweiterter Konzernbegriff zugrunde. Ob ein Betrieb konzernzugehörig ist, bestimmt sich regelmäßig nach § 4h Abs. 3 S. 5 EStG (Grundfall). Ein Betrieb gehört danach zu einem Konzern, wenn er nach dem einschlägigen Rechnungslegungsstandard (HGB, IFRS, US-GAAP) in einen Konzernabschluss einzubeziehen ist oder einbezogen werden könnte. Liegt kein Konzern iSd § 4h Abs. 3 S. 5 EStG vor, sind die Voraussetzungen des § 4h Abs. 3 S. 6 EStG (sog. Gleichordnungskonzern) zu prüfen. In den Fällen des Gleichordnungskonzerns besteht keine Konsolidierungspflicht nach § 290, § 315a HGB, § 11 PublG oder IFRS. Voraussetzung für einen Gleichordnungskonzern ist, dass die Finanz- und Geschäftspolitik eines Betriebs mit einem oder mehreren anderen Betrieben einheitlich bestimmt werden kann. Ein Konzern kann demnach auch dann vorliegen, wenn eine natürliche Person[166], ein Einzelunternehmen oder eine vermögensverwaltend tätige Gesellschaft an der Spitze des Konzerns steht. 117

Nach § 310 HGB gemeinschaftlich geführte oder vergleichbare Unternehmen, die nach anderen zur Anwendung kommenden Rechnungslegungsstandards (zB IAS 31) nur anteilmäßig in den Konzernabschluss einzubeziehen sind, gehören für Zwecke der Zinsschranke nicht zu einem Konzern. Entsprechendes gilt für assoziierte Unternehmen iSv § 311 HGB oder diesen vergleichbare Unternehmen.[167] Bei der Betriebsaufspaltung, bei der sich die Gewerblichkeit des Besitzunternehmens nur aufgrund einer personellen und sachlichen Verflechtung mit dem Betriebsunternehmen ergibt, liegt ebenfalls kein Konzern im Sinne der Zinsschranke vor.[168] Die Tatsache allein, dass eine Körperschaft Betriebsstätten im Ausland 118

---

[165] *Hoffmann* DStR 2009, 1461.
[166] Dabei können die Anteile an den betroffenen Gesellschaften auch im Privatvermögen gehalten werden.
[167] BMF BStBl. I 2008, 718 Rn. 61 = DStR 2008, 1427 (1432).
[168] BMF BStBl. I 2008, 718 Rn. 63 = DStR 2008, 1427 (1432).

unterhält, führt nicht zur Annahme eines Konzerns.[169] Ein Organkreis gilt als ein Betrieb (§ 15 S. 1 Nr. 3 KStG) und bildet für sich allein keinen Konzern iSd Zinsschranke.[170]

119 Für die Frage, ob und zu welchem Konzern ein Betrieb gehört, ist grds. auf die Verhältnisse am vorangegangenen Abschlussstichtag abzustellen, § 4h Abs. 3 S. 5 EStG iVm Abs. 2 S. 1 lit. c EStG. Das gilt auch für die Fälle des unterjährigen Erwerbs oder der unterjährigen Veräußerung von Gesellschaften. Bei Neugründung einer Gesellschaft, einschließlich der Neugründung durch Umwandlung, gilt die Gesellschaft ab dem Zeitpunkt der Neugründung für Zwecke der Zinsschranke als konzernangehörig. Entsteht ein Konzern iSd § 4h Abs. 3 S. 5, 6 EStG neu, gelten die einzelnen Betriebe entsprechend erst zum folgenden Abschlussstichtag als konzernangehörig.

120 *(b) Gesellschafterfremdfinanzierung iSd § 8b Abs. 2 KStG.* Bei Körperschaften ist die Ausnahmeregelung des § 4h Abs. 2 lit. b EStG nur dann anzuwenden, wenn keine schädliche Gesellschafterfremdfinanzierung iSd § 8a Abs. 2 KStG vorliegt (Rückausnahme). Eine schädliche Gesellschafterfremdfinanzierung liegt vor, wenn *(i)* der Körperschaft Fremdkapital von einem unmittelbar oder mittelbar zu mehr als einem Viertel am Kapital beteiligten Anteilseigner (wesentlich beteiligter Anteilseigner), einer diesem nahestehende Person iSd § 1 Abs. 2 AStG oder einem Dritten, der auf den wesentlich beteiligten Anteilseigner oder die nahestehende Person zurückgreifen kann, zur Verfügung gestellt wird und *(ii)* die Vergütung für dieses Fremdkapital mehr als 10 % der die Zinserträge übersteigenden Zinsaufwendungen der Körperschaft iSd § 4h Abs. 3 EStG betragen.

121 Für die Beurteilung, ob ein Gesellschafter wesentlich beteiligt ist, werden unmittelbare und mittelbare Beteiligungen zusammengerechnet. Eine unmittelbare Beteiligung des Fremdkapitalgebers ist jedoch nicht zwingenden notwendig, auch eine rein mittelbare Beteiligung ist hinreichend.[171]

122 Ein Rückgriff iSd § 8a Abs. 2 KStG kann bei Bestehen eines konkreten, rechtlich durchsetzbaren Anspruchs in Form einer Garantieerklärung oder einer Bürgschaft, durch eine Vermerkpflicht in der Bilanz, eine dingliche Sicherheit (zB Sicherungseigentum, Grundschuld) oder eine harte bzw. weiche Patronatserklärung begründet werden. Ausreichend ist indes bereits, wenn der Anteilseigner oder die ihm nahestehende Person dem Dritten gegenüber faktisch für die Erfüllung der Schuld einsteht. Ebenso kann ein Rückgriff begründet werden durch die Verpfändung der Anteile an der fremdfinanzierten Gesellschaft oder eine Back-to-Back-Finanzierung.[172]

123 Für die Beurteilung, ob die auf die Gesellschafterfremdfinanzierung entfallene Vergütung 10 % des Nettozinsaufwands der Gesellschaft übersteigt, werden die Vergütungen für Fremdkapital der qualifiziert beteiligten Gesellschafter nicht zusammengerechnet.[173]

124 *(3) Eigenkapitalvergleich bei konzernzugehörigen Betrieben (Escape-Klausel).* Der Abzug von Zinsaufwendungen als Betriebsausgaben unterliegt nicht den Beschränkungen des § 4h Abs. 1 EStG, wenn die Eigenkapitalquote des Betriebs die Eigenkapitalquote des Konzerns um nicht mehr als zwei Prozentpunkte unterschreitet, § 4h Abs. 2 S. 1 lit. c S. 2 EStG. Bei Körperschaften kommt die Escape-Klausel nur unter den einschränkenden Bedingungen des § 8a Abs. 3 KStG für Gesellschafterfremdfinanzierungen zur Anwendung (Rückausnahme).

125 *(a) Eigenkapitalquote.* Die Eigenkapitalquote ermittelt sich anhand des Verhältnisses des Eigenkapitals zur Bilanzsumme, § 4h Abs. 2 S. 1 lit. c S. 3 EStG. Sie bemisst sich nach dem Konzernabschluss, der den Betrieb umfasst, und ist für den Betrieb auf der Grundlage des Jahres- oder Einzelabschlusses zu ermitteln, § 4h Abs. 2 lit. c S. 3 EStG. Wahlrechte sind im Konzernabschluss und im Jahres- oder Einzelabschluss einheitlich auszuüben.

126 *(aa) Maßgebender Konzernabschluss.* Bestehende Konzernabschlüsse werden in den Fällen des § 4h Abs. 3 S. 5 EStG grds. unverändert für den Eigenkapitalvergleich herangezogen,

---

[169] BMF BStBl. I 2008, 718 Rn. 64 = DStR 2008, 1427 (1432).
[170] BMF BStBl. I 2008, 718 Rn. 64 = DStR 2008, 1427 (1432).
[171] BMF BStBl. I 2008, 718 Rn. 81 = DStR 2008, 1427 (1434).
[172] BMF BStBl. I 2008, 718 Rn. 83 = DStR 2008, 1427 (1434).
[173] BFH BStBl. II 2017, 319 = DStR 2016, 530.

wenn sie nach § 291, § 292, § 315a HGB befreiende Wirkung haben. Sie müssen nicht um diejenigen konzernzugehörigen Betriebe erweitert werden, die zulässigerweise – etwa nach § 296 HGB – nicht in den Konzernabschluss aufgenommen wurden.[174] Für gemeinschaftlich geführte Unternehmen darf ein Wahlrecht auf anteilmäßige Konsolidierung (Quotenkonsolidierung) für Zwecke der Zinsschranke nicht ausgeübt werden.[175] Die Eigenkapitalquote des Konzernabschlusses ist ggf. entsprechend anzupassen.[176]

Liegt ein Gleichordnungskonzern nach § 4h Abs. 3 S. 6 EStG vor, so wird regelmäßig kein Konzernabschluss aufgrund außersteuerlicher Regelwerke notwendig sein. In diesen Fällen hat der Konzern speziell für die Anwendung der Escape-Klausel einen Konzernabschluss, wahlweise nach IFRS oder HGB, zu erstellen.[177]

(bb) Ermittlung der Eigenkapitalquote des Betriebs. Bei der Ermittlung der Eigenkapitalquote des Betriebs sind dessen Eigenkapital sowie die Bilanzsumme um die in § 4h Abs. 2 lit. c S. 5–7 EStG genannten Größen zu modifizieren. **127**

Erforderlich ist zunächst eine Modifikation des nach den jeweils relevanten Rechnungslegungsstandards ermittelten Eigenkapitals des Betriebs um folgende Größen: **128**

+   im Konzernabschluss enthaltener Firmenwert, soweit er auf den Betrieb entfällt
+/–   Korrektur der Wertansätze der Vermögensgegenstände und Schulden (Ausweis mit den im Konzernabschluss enthaltenen Werten)
–   die Hälfte des Sonderpostens mit Rücklageanteil iSv § 273 HGB
–   Eigenkapital, das keine Stimmrechte vermittelt – mit Ausnahme von Vorzugsaktien,
–   Anteile an anderen Konzerngesellschaften
–   Einlagen der letzten sechs Monate vor dem maßgeblichen Abschlussstichtag, soweit ihnen Entnahmen oder Ausschüttungen innerhalb der ersten sechs Monate nach dem maßgeblichen Abschlussstichtag gegenüberstehen
+/–   Sonderbetriebsvermögen ist dem Betrieb der Mitunternehmerschaft zuzuordnen

Ferner ist der Bilanzsumme des Betriebs um folgende Größen zu korrigieren: **129**

+   im Konzernabschluss enthaltener Firmenwert, soweit er auf den Betrieb entfällt
+/–   Korrektur der Wertansätze der Vermögensgegenstände und Schulden (Ausweis mit den im Konzernabschluss enthaltenen Werten)
–   Anteile an anderen Konzerngesellschaften
–   Einlagen der letzten sechs Monate vor dem maßgeblichen Abschlussstichtag, soweit ihnen Entnahmen oder Ausschüttungen innerhalb der ersten sechs Monate nach dem maßgeblichen Abschlussstichtag gegenüberstehen,
–   Kapitalforderungen, die nicht im Konzernabschluss ausgewiesen sind und denen Verbindlichkeiten iSd § 4h Abs. 3 EStG in mindestens gleicher Höhe gegenüberstehen

Die in § 4h Abs. 2 S. 1 lit. c S. 5 EStG vorgesehene Kürzung der Anteile an anderen inländischen und ausländischen Konzerngesellschaften umfasst auch die Beteiligungen an Mitunternehmerschaften. Die Beteiligungshöhe ist unerheblich.[178] Keine Kürzung ist bei eigenen Anteilen sowie Anteilen nicht konzernangehöriger Gesellschaften erforderlich.[179] **130**

(cc) Relevante Rechnungslegungsstandards. Die für den Eigenkapitalvergleich maßgeblichen Abschlüsse sind einheitlich nach den IFRS zu erstellen, § 4h Abs. 2 lit. c S. 8 EStG. Der Eigenkapitalvergleich hat grds. auch dann auf der Grundlage von IFRS-Abschlüssen zu erfolgen, wenn bislang kein Konzernabschluss erstellt wurde. Hiervon abweichend können Abschlüsse nach dem Handelsrecht eines EU-Mitgliedstaats (Local-GAAP) verwendet werden, wenn kein Konzernabschluss nach IFRS zu erstellen und offen zu legen ist, und für **131**

---

[174] BMF BStBl. I 2008, 718 Rn. 72 = DStR 2008, 1427 (1433).
[175] BMF BStBl. I 2008, 718 Rn. 72 = DStR 2008, 1427 (1433).
[176] BMF BStBl. I 2008, 718 Rn. 72 = DStR 2008, 1427 (1433).
[177] Krit. *Lüdenbach/Hoffmann* DStR 2007, 636 (637).
[178] BMF BStBl. I 2008, 718 Rn. 74 = DStR 2008, 1427 (1433).
[179] BMF BStBl. I 2008, 718 Rn. 74 = DStR 2008, 1427 (1433).

keines der letzten fünf Wirtschaftsjahre ein IFRS-Konzernabschluss erstellt wurde, § 4h Abs. 2 lit. c S. 9 EStG. Nach US-GAAP aufzustellende und offen zu legende Abschlüsse sind zu verwenden, wenn kein Konzernabschluss nach IFRS oder dem Handelsrecht eines EU-Mitgliedstaats zu erstellen und offen zu legen ist. Wurde der Jahres- oder Einzelabschluss nicht nach denselben Rechnungslegungsstandards wie der Konzernabschluss aufgestellt, ist die Eigenkapitalquote des Betriebs in einer Überleitungsrechnung nach den für den Konzernabschluss geltenden Rechnungslegungsstandards zu ermitteln, § 4h Abs. 2 lit. c S. 10 EStG. Die Überleitungsrechnung ist einer prüferischen Durchsicht zu unterziehen, § 4h Abs. 2 lit. c S. 12 EStG.

132 *(dd) Maßgebender Vergleichszeitpunkt.* Für die Anwendung der Escape-Klausel ist auf die Eigenkapitalquote am vorangegangenen Abschlussstichtag abzustellen, § 4h Abs. 2 S. 1 lit. c S. 1 EStG. Weicht der Abschlussstichtag des Betriebs vom Abschlussstichtag des Konzerns ab, ist für den Vergleich der Eigenkapitalquoten derjenige Abschluss des Betriebs maßgeblich, der in den Konzernabschluss eingegangen ist.[180] Dabei kann es sich auch um einen Zwischenabschluss handeln. Bei Neugründung eines Betriebs wird ausnahmsweise auf das Eigenkapital in der Eröffnungsbilanz abgestellt. Die Eigenkapitalquote des neu gegründeten Betriebs ist mit der Eigenkapitalquote des Konzerns am vorangegangenen Abschlussstichtag zu vergleichen. Für den erforderlichen Vergleich muss der Konzernabschluss nicht um den neu gegründeten Betrieb erweitert werden.[181]

133 *(b) Bedingungen der Anwendung der Escape-Klausel für Körperschaften.* Die Escape-Klausel des § 4h Abs. 2 S. 1 lit. c EStG ist bei Körperschaften nur anzuwenden, wenn die Vergütungen für Fremdkapital der Körperschaft oder eines anderen zu demselben Konzern gehörenden Rechtsträgers an einen zu mehr als einem Viertel unmittelbar oder mittelbar am Kapital beteiligten Gesellschafter einer konzernzugehörigen Gesellschaft nicht mehr als 10 % der die Zinserträge übersteigenden Zinsaufwendungen des Rechtsträgers iSd § 4h Abs. 3 EStG betragen und die Körperschaft dies nachweist, § 8a Abs. 3 S. 1 KStG. Einem Gesellschafter einer Konzerngesellschaft gleichgestellt werden diesem nahestehende Personen iSd § 1 Abs. 2 AStG oder Dritte, die auf den zu mehr als einem Viertel am Kapital beteiligten Gesellschafter oder eine diesem nahestehende Person zurückgreifen kann.[182] § 8a Abs. 3 S. 1 KStG setzt eine schädliche Fremdfinanzierung irgendeiner inländischen oder ausländischen Konzerngesellschaft durch einen unmittelbar oder mittelbar wesentlich beteiligten nicht konzernangehörigen Anteilseigner dieser oder einer anderen Konzerngesellschaft bzw. dieser gleichgestellten Person voraus. Dabei muss es sich nicht um eine Fremdfinanzierung des Rechtsträgers handeln, auf den § 4h Abs. 1 EStG Anwendung findet.[183] Insofern kann ein zu einem Konzern gehörender Rechtsträger die Escape-Klausel des § 4h Abs. 2 S. 1 lit. c EStG nur in Anspruch nehmen, wenn ihm der Nachweis iSd § 8a Abs. 3 S. 1 KStG für sämtliche zum Konzern gehörende Rechtsträger gelingt.[184]

134 Voraussetzung für die Anwendung des § 8a Abs. 3 S. 1 KStG ist indes, dass die Zinsaufwendungen solche Verbindlichkeiten betreffen, die in dem vollkonsolidierten Konzernabschluss nach § 4h Abs. 2 S. 1 lit. c EStG ausgewiesen werden und bei Finanzierung durch einen Dritten einen Rückgriff gegen einen nicht zum Konzern gehörenden Gesellschafter oder eine diesem nahestehende Person auslösen, § 8a Abs. 3 S. 2 KStG. Insofern führen konzerninterne Finanzierungen nicht zu einer schädlichen Gesellschafterfremdfinanzierung iSv § 8a Abs. 3 KStG. Entsprechendes gilt zB auch für konzerninterne Bürgschaften. Eine konzerninterne Finanzierung liegt dagegen dann nicht vor, wenn das Fremdkapital durch die Konzernspitze überlassen wird und die Konzernspitze selbst nicht zum Konzern gehört (Gleichordnungskonzern).[185]

---

[180] BMF BStBl. I 2008, 718 Rn. 70 = DStR 2008, 1427 (1433).
[181] BMF BStBl. I 2008, 718 Rn. 70 = DStR 2008, 1427 (1433); sa *Lüdenbach/Hoffmann* DStR 2007, 636 (637).
[182] Zum Unterschied ggü. § 8a Abs. 2 KStG Blümich/*Heuermann* KStG § 8a Rn. 31.
[183] BMF BStBl. I 2008, 718 Rn. 80 = DStR 2008, 1427 (1434).
[184] Ausf. *Herzberg* GmbHR 2009, 367 (368).
[185] BMF BStBl. I 2008, 718 Rn. 80 = DStR 2008, 1427 (1434).

135 Für die Beurteilung, ob die auf die Gesellschafterfremdfinanzierung entfallene Vergütung 10% des Nettozinsaufwands der Gesellschaft übersteigt, werden die Vergütungen für Fremdkapital der qualifiziert beteiligten Gesellschafter nicht zusammengerechnet.[186]

136 e) **Sitzverlegung. aa)** *Gesellschaftsrechtliche Vorfrage.* Entscheidend beim Wegzug und Zuzug von Kapitalgesellschaften ist zunächst die gesellschaftsrechtliche Frage, ob die damit zusammenhängende Sitzverlegung unter Wahrung der rechtlichen Identität der bestehenden Gesellschaft möglich ist, oder ob es vielmehr zur Auflösung der bestehenden und Gründung einer neuen juristischen Person kommt. Uneingeschränkt mobil ist seit Inkrafttreten der SE-VO im Oktober 2004 die Europäische Gesellschaft (SE). Diese kann sowohl ihren Satzungssitz als auch ihren Verwaltungssitz identitätswahrend in einen anderen Mitgliedstaat verlegen. Seit Inkrafttreten des MoMiG[187] ist es auch deutschen Kapitalgesellschaften möglich unter Wahrung der rechtlichen Identität ihren Verwaltungssitz in das Ausland verlegen. Ein vollständiger Wegzug, dh auch die Verlegung des Satzungssitzes, ist auch weiterhin nicht zulässig.[188] Ob ein derartiger Beschluss zur Auflösung der Gesellschaft führt oder vielmehr nur der Beschluss nichtig ist bleibt unklar.[189] Davon zu unterscheiden ist die Frage, ob die weggezogene Gesellschaft im Zuzugsstaat anerkannt wird. Dies ist abhängig von der Frage, ob der Zuzugsstaat das anwendbare Gesellschaftsstatut nach der Sitz- oder Gründungstheorie bestimmt. Im Zuzugsfall ist eine Verlegung des Verwaltungssitzes aus einem anderen EU-Staat jederzeit möglich.[190] Bzgl. der Verlagerung des Satzungssitzes ins Inland sind zur Anerkennung in Deutschland jedoch sämtliche Erfordernisse des deutschen Rechts zu erfüllen, was de facto einer Neugründung gleichkommt.[191] Eine Sitzverlegung durch grenzüberschreitende Umwandlung ist hingegen möglich.[192]

137 *bb) Steuerliche Behandlung.* In Deutschland wurden die steuerlichen Rahmenbedingungen für den Wegzug und Zuzug von Kapitalgesellschaften durch das SEStEG erstmals umfassend geregelt. Dabei ist zwischen der Sitzverlegung innerhalb der EU/EWR einer SE bzw. anderer Kapitalgesellschaften einerseits sowie die Sitzverlegung in Drittstaaten andererseits zu unterscheiden. Gesondert zu betrachten ist der Zuzug ausländischer Gesellschaften nach Deutschland.

138 *(1) Sitzverlegung innerhalb EU/EWR (a) SE.* Verlegt eine SE ihren Satzungssitz sowie ihren Verwaltungssitz aus Deutschland heraus in einen anderen EU/EWR-Mitgliedstaat, so wird aus der deutschen SE eine SE eines anderen Mitgliedstaats. Aus gesellschaftsrechtlicher Sicht handelt es sich bei einem solchen Wegzug um einen Formwechsel. Dieser berührt die rechtliche Identität der SE nicht. Die Sitzverlegung der SE führt daher weder zur Auflösung der SE noch zur Gründung einer neuen juristischen Person.

139 Durch den Wegzug einer SE kommt es zur Beendigung ihrer unbeschränkten Steuerpflicht im Inland, da weder die Geschäftsleitung (§ 10 AO) noch der Sitz (§ 11 AO) in Deutschland verbleibt. Somit ist die SE nach dem Wegzug lediglich mit ihrem inländischen Vermögen in Deutschland beschränkt steuerpflichtig. Aus steuerlicher Sicht ist bei der Sitzverlegung der SE die Regelung des § 12 Abs. 1 KStG zu beachten. Bei Wegzug einer SE durch Sitzverlegung in einen anderen Staat der EU/EWR wird regelmäßig eine inländische Betriebsstätte verbleiben. Soweit die Wirtschaftsgüter der SE dieser inländischen Betriebsstätte zuzuordnen sind, kommt es zu keiner Entstrickung iSd § 12 Abs. 1 KStG. Das deutsche Besteuerungsrecht bleibt für die der inländischen Betriebsstätte zuzuordnenden Wirtschaftsgüter erhalten, § 49 Abs. 1 Nr. 2 lit. a EStG iVm § 8 Abs. 1 KStG und Art. 7 OECD-MA. Auch in-

---

[186] BFH BStBl. II 2017, 319 = DStR 2016, 530.
[187] G zur Modernisierung des GmbH-Rechts und zur Bekämpfung von Missbräuchen (MoMiG) v. 23.10.2008, BGBl. 2008 I 2026.
[188] Hölters/*Solveen* AktG § 5 Rn. 16; ausf. MüKoGmbHG/*Heinze* § 4a Rn. 87 ff. mwN.
[189] Hölters/*Solveen* AktG § 5 Rn. 16.
[190] EuGH Slg. 1999, I-1459 = NJW 1999, 2027 – Centros; EuGH Slg. 2002, I-9919 = IStR 2002, 809 – Überseering; EuGH Slg. 2003, I-10155 = IStR 2003, 849 – Inspire Art.
[191] MüKoGmbHG/*Heinze* § 4a Rn. 29.
[192] EuGH NZG 2017, 1308 = NJW 2017, 3639 – Polbud; *Kindler* NZG 2018, 1; *Prinz*, Umwandlungen im Internationalen Steuerrecht, 2013, 90 f.

ländisches Immobilienvermögen bleibt beim Wegzug in Deutschland ohne Zugehörigkeit zu einer Betriebsstätte steuerverstrickt, § 49 Abs. 1 Nr. 2 lit. f EStG iVm § 8 Abs. 1 KStG und Art. 6, 13 Abs. 1 OECD-MA.

140 Zu einer steuerlichen Entstrickung kommt es indes für solche Wirtschaftsgüter, die der wegziehenden Unternehmensspitze zuzuordnen sind. Nach Auffassung der Finanzverwaltung sind Wirtschaftsgüter nur entweder dem Stammhaus oder der Betriebsstätte zuzurechnen.[193] Legt man die Rspr. des BFH zugrunde,[194] dann werden der Betriebsstätte diejenigen positiven und negativen Wirtschaftsgüter zugerechnet, die der Erfüllung ihrer Betriebsstättenfunktion dienen. Nach Interpretation der Finanzverwaltung konkretisiert sich dies im Grundsatz der sog. Zentralfunktion des Stammhauses.[195] Demnach sollen insbes. Beteiligungen, immaterielle Wirtschaftsgüter, der Geschäftswert sowie gemeinsam von Betriebsstätte und Stammhaus genutzte Wirtschaftsgüter der wegziehenden Unternehmensspitze zuzuordnen sein. Fraglich ist, ob diese Auffassung der Finanzverwaltung einer gerichtlichen Prüfung standhält.[196] Folgt man der Finanzverwaltung, wird das deutsche Besteuerungsrecht hinsichtlich des Gewinns aus der Veräußerung oder der Nutzung der betreffenden Wirtschaftsgüter ausgeschlossen oder eingeschränkt. Insofern wird in diesen Fällen durch § 12 Abs. 1 KStG eine Entstrickungsbesteuerung angeordnet. Danach kommt es zur Annahme einer Veräußerung oder Überlassung des betroffenen Wirtschaftsguts zum gemeinen Wert. Die dadurch aufgedeckten stillen Reserven in Höhe des Unterschiedsbetrags zwischen gemeinem Wert und Buchwert des betroffenen Wirtschaftsguts unterliegen der Körperschaftsteuer sowie der Gewerbesteuer. Zwar wird durch § 12 Abs. 1 KStG die Anwendung des § 4g EStG eröffnet. Indes besteht nach dem Wortlaut des § 4g EStG ein Wahlrecht für die Bildung eines Ausgleichspostens in Höhe des Entstrickungsgewinns lediglich bei Überführung von Wirtschaftsgütern in eine ausländische Betriebsstätte. Die Anwendung des § 4g EStG bei Überführung von Wirtschaftsgütern in ein ausländisches Stammhaus scheidet aus.[197] Dies ist im Hinblick auf die Europarechtskonformität als kritisch zu betrachten, denn eine Sofortbesteuerung stellt im Grundsatz einen Verstoß gegen die Niederlassungsfreiheit nach Art. 49 AEUV dar.[198] Im Schrifttum wird die Europarechtskonformität des § 4g EStG ebenfalls angezweifelt, da er für beschränkt Steuerpflichtige nicht gilt und sich nicht auf das Umlaufvermögen erstreckt.[199] Die Ausgestaltung des § 4g EStG als „Zahlungsstreckungsmethode" über fünf Jahre ist hingegen nach gefestigter Rspr. des EuGH als unionsrechtskonform anzusehen, einer dauerhaften Stundung bedarf es nicht.[200]

141 Die Wahrung der rechtlichen Identität der SE bei Wegzug in einen EU/EWR-Mitgliedstaat hat zur Folge, dass etwaige steuerliche Verlustvorträge (§ 10d EStG, § 10a GewStG) sowie Zinsvorträge im Sinne der Zinsschranke (§ 4h Abs. 1 S. 2 EStG) im Inland bestehen bleiben.[201] Sie können mit den künftigen inländischen Einkünften der SE verrechnet werden. Des Weiteren löst der Wegzug einer SE, die über inländischen Grundbesitz oder über Anteile an inländischen Grundbesitz haltenden Tochtergesellschaften verfügt, keine Grunderwerbsteuer aus, da kein Rechtsträgerwechsel erfolgt.

142 *(b) Sitzverlegung anderer Kapitalgesellschaften innerhalb der EU/EWR.* Verlegt eine deutsche AG lediglich ihren Verwaltungssitz ins Ausland und behält ihren satzungsmäßigen Sitz

---

[193] BMF BStBl. I 1999, 1076 Rn. 2.4. = BeckVerw 027468, Betriebsstättenerlass.
[194] BFH BStBl. II 1993, 63 = BeckRS 1992, 22010400.
[195] BMF BStBl. I 1999, 1076 Rn. 2.6.1. = BeckVerw 027468, Betriebsstättenerlass.
[196] Ausf. zur Kritik *Blumers* DB 2006, 856; *Kessler/Arnold* FS Wassermeyer, 2015, 271 ff.; *Kahle/Kindich* IWB 2016, 321 (325 f.).
[197] *Dötsch/Pung* DB 2006, 2648 (2650 f.); Blümich/*Wied* EStG § 4g Rn. 8; HHR/*Kolbe* EStG § 4g Rn. 17; aA *Förster* DB 2007, 72 (75).
[198] *Förster* DB 2007, 72 (75); *Stadler/Elser* BB-Special 8/2006, 18 (22); *Rödder/Schumacher* DStR 2006, 1481 (1485).
[199] *Benecke/Schnitger* IStR 2007, 22 (28); *Förster* DB 2007, 72 (75); *Faller/Schröder* DStZ 2015, 890 (893); *Kramer* ISR 2016, 336 (340); *Kahle* IStR 2007, 757 (763); *Prinz* GmbHR 2007, 966 (971); *Richter/Heyd* Ubg 2011, 172 (175); *Rödder/Schumacher* DStR 2007, 369 (372); aA *Schwenke* DStZ 2007, 235 (245); *Musil* FR 2011, 545 (548 f.); *Mitschke* FR 2011, 706 (707).
[200] EuGH IStR 2015, 440 – Verder LabTec.
[201] *Blumenberg* IStR 2009, 549.

weiterhin im Inland, so kommt es nicht zur Beendigung der unbeschränkten Steuerpflicht iSv § 1 Abs. 1 Nr. 1 KStG. Eine solche Sitzverlegung hat nur dann eine steuerliche Entstrickung nach § 12 Abs. 1 KStG zur Folge, wenn aufgrund des regelmäßig anzunehmenden Ansässigkeitswechsels (Art. 4 Abs. 3 OECD-MA) der wegziehenden AG das deutsche Besteuerungsrecht hinsichtlich des Gewinns aus der Veräußerung oder Nutzung einzelner Wirtschaftsgüter ausgeschlossen oder eingeschränkt wird, bspw. durch Art. 13 Abs. 5 OECD-MA. Die obigen Ausführungen zur SE, insbes. im Hinblick auf § 12 Abs. 1 KStG, gelten in diesen Fällen entsprechend.

Fraglich ist, ob die Verlegung des Satzungssitzes aus Deutschland heraus eine Liquidationsbesteuerung nach § 11 KStG auslöst. Nimmt man an, dass der Beschluss zur Sitzverlegung nicht als nichtig angesehen werden kann, so kommt es gesellschaftsrechtlich in diesen Fällen zur Einleitung eines Amtsauflösungsverfahrens in entsprechender Anwendung des § 144a Abs. 4 Var. 2 FGG. Zutreffenderweise sollte indes die steuerliche Behandlung der Verlegung von Satzungs- und Verwaltungssitz einer inländischen Kapitalgesellschaft unabhängig von der zivilrechtlichen Rechtslage beurteilt werden. Entsprechend ist auf eine Sitzverlegung innerhalb der EU/EWR nicht die Liquidationsbesteuerung gem. § 12 Abs. 3 KStG, sondern lediglich die Entstrickung gem. § 12 Abs. 1 KStG anzuwenden.[202]

(2) Wegzug in Drittstaat. Verlegt eine SE oder eine andere AG ihren Verwaltungssitz oder ihren satzungsmäßigen Sitz in einen Drittstaat und scheidet dadurch aus der unbeschränkten Steuerpflicht aus, kommt § 12 Abs. 3 KStG zur Anwendung.[203] Danach gilt die wegziehende Gesellschaft als aufgelöst. Die Regelung des § 11 KStG zur Liquidationsbesteuerung ist in diesen Fällen entsprechend anzuwenden. Anders als nach der allgemeinen Entstrickungsnorm des § 12 Abs. 1 KStG führt der Wegzug in einen Drittstaat nicht zu einer wirtschaftsgutbezogenen Besteuerung, sondern zur Besteuerung der stillen Reserven des gesamten Vermögens der wegziehenden Kapitalgesellschaft. Dabei ist es nach dem Wortlaut der Vorschrift unerheblich, ob alle oder einzelne Wirtschaftsgüter nach dem Wegzug in Deutschland (etwa in einer Betriebsstätte) steuerverstrickt bleiben. Eine solche umfassende Entstrickung ist dann ungerechtfertigt, wenn und soweit tatsächlich Wirtschaftsgüter der wegziehenden Kapitalgesellschaft in einer inländischen Betriebsstätte verbleiben. Insofern ist eine teleologische Reduktion der Vorschrift dahingehend zu fordern, dass von einer Besteuerung abzusehen ist, soweit inländisches Besteuerungsrecht erhalten bleibt.[204] § 12 Abs. 3 KStG greift nur, wenn eine unbeschränkte Steuerpflicht in der EU/dem EWR bestand und diese durch den Wegzug entfällt. Keine Anwendung findet § 12 Abs. 3 KStG auf reine Drittstaatenfälle, dh etwa den Wegzug einer ausländischen Körperschaft mit inländischem Betriebsstättenvermögen in einen anderen Drittstaat.

(3) Zuzug nach Deutschland. Verlegt eine ausländische Kapitalgesellschaft ihren Sitz nach Deutschland und wird dadurch unbeschränkt steuerpflichtig, kommt es zu einer steuerlichen Verstrickung ihres inländischen sowie ggf. ihres ausländischen Vermögens. Die Bewertung des erstmals in Deutschland steuerverstrickten Vermögens richtet sich nach § 4 Abs. 1 S. 8 Hs. 2, § 6 Abs. 1 Nr. 5a EStG iVm § 8 Abs. 1 KStG. Die Verstrickung ist demnach als Einlage zu behandeln und das Wirtschaftsgut mit dem gemeinen Wert zu anzusetzen.

f) Steuerliche Verluste. *aa) Verlustvortrag/Verlustrücktrag. (1) Körperschaftsteuer.* Erwirtschaftet eine Kapitalgesellschaft in einem Veranlagungszeitraum ein negatives Einkommen (steuerlicher Verlust), so ist dieser Verlust bis zu einem Gesamtbetrag von 1 Mio. EUR bei der Ermittlung des Einkommens der Kapitalgesellschaft des unmittelbar vorangegangenen Veranlagungszeitraums abzuziehen, § 10d Abs. 1 S. 1 EStG iVm § 8 Abs. 1 S. 1 KStG (Verlustrücktrag). Von diesem gesetzlich vorgesehenen Verlustrücktrag kann auf Antrag der Kapitalgesellschaft ganz oder teilweise abgesehen werden, § 10d Abs. 1 S. 5, 6 EStG iVm § 8 Abs. 1 S. 1 KStG.

---

[202] DPM/*Benecke/Staats* KStG § 12 Rn. 505.
[203] *Becker/Schwarz/Mühlhausen* IStR 2017, 45.
[204] Blümich/*Hofmeister* KStG § 12 Rn. 100; *Blumenberg* IStR 2009, 549 (551).

147 Nicht für einen Verlustrücktrag verwendete steuerliche Verluste eines Veranlagungszeitraums sind zeitlich unbegrenzt vortragsfähig. Der Höhe nach ist die Nutzung des jährlich abziehbaren Verlustvortrages einer Kapitalgesellschaft indes beschränkt, § 10d Abs. 2 EStG iVm § 8 Abs. 1 S. 1 KStG (sog. Mindestbesteuerung). So sind vortragsfähige Verluste in jedem dem Verlustentstehungszeitraum folgenden Zeitraum bis zu einem Gesamtbetrag der Einkünfte von 1 Mio. EUR unbeschränkt abzugsfähig. Darüber hinaus können Verluste lediglich bis zu 60 % des den Sockelbetrag von 1 Mio. EUR übersteigenden Gesamtbetrags der Einkünfte geltend gemacht werden. Insofern sind mindestens 40 % des den Sockelbetrag von 1 Mio. EUR übersteigenden Einkommens der Kapitalgesellschaft zu versteuern. Durch die der Höhe nach beschränkte Verrechnung des Verlustvortrags wird insofern eine eingeschränkte Mindestbesteuerung sichergestellt. Die Mindestbesteuerungsregelung ist Gegenstand eines Vorlagebeschlusses des BFH an das BVerfG.[205] Der BFH geht zwar von einer grundsätzlichen Konformität der zeitlichen Streckung von Verlustvorträgen mit dem Verfassungsrecht aus, hegt jedoch Bedenken in Zusammenhang mit sog. Definitiveffekten, also wenn aufgrund der Mindestbesteuerung eine Nutzung der Verlustvorträge nicht mehr möglich ist.

148 Der zum Ende des jeweiligen Veranlagungszeitraums verbleibende Verlustabzug ist durch Bescheid iSv § 179 Abs. 1 AO gesondert festzustellen, § 10d Abs. 4 S. 1 EStG. Der Festsetzungsbescheid ist Grundlagenbescheid iSv § 171 Abs. 10 AO und entsprechend für Folgebescheide bindend, § 182 Abs. 1 AO.

149 *(2) Gewerbesteuer.* Anders als körperschaftsteuerliche Verluste können Gewerbeverluste nicht auf einen vorangegangenen Erhebungszeitraum zurückgetragen werden, § 10a GewStG. Für gewerbesteuerliche Zwecke besteht vielmehr ausschließlich die Möglichkeit eines Verlustvortrags.

150 Der Vortrag von Gewerbeverlusten ist ebenso wie der Vortrag von körperschaftsteuerlichen Verlusten der Höhe nach beschränkt. Entsprechend wird der maßgebende Gewerbeertrag bis zu einem Betrag iHv 1 Mio. EUR um die Fehlbeträge gekürzt, die sich bei der Ermittlung der maßgebenden Gewerbeerträge für die vorangegangenen Erhebungszeiträume ergeben haben, soweit die Fehlbeträge nicht bei der Ermittlung des Gewerbeertrags für die vorangegangenen Erhebungszeiträume berücksichtigt worden sind, § 10a S. 1 GewStG. Der diesen Sockelbetrag von 1 Mio. EUR übersteigende Gewerbeertrag kann analog zur Körperschaftsteuer nur bis zu 60 % um verbleibende vortragsfähige Gewerbeverluste gemindert werden.

151 *bb) Besonderheiten für den Verlustabzug bei Körperschaften (Mantelkauf). (1) Gesetzesentwicklung.* In der Vergangenheit war die Nutzung steuerlicher Verluste nach § 10d EStG sowie § 10a GewStG an die rechtliche und „wirtschaftliche Identität" derjenigen Gesellschaft geknüpft, die den Verlust erlitten hat, § 8 Abs. 4 KStG aF. Durch das Unternehmensteuerreformgesetz v. 14.8.2007[206] wurde die Regelung des § 8 Abs. 4 KStG aF durch Einführung eines neuen § 8c KStG abgelöst. Die Neuregelung des § 8c KStG findet erstmals auf Anteilsübertragungen nach dem 31.12.2007 Anwendung. Zum 1.1.2016 wurde die sog. Konzernklausel rückwirkend für alle Beteiligungserwerbe, die nach dem 31.12.2009 erfolgt sind, erweitert, § 34 Abs. 6 S. 5 KStG. Die angeordnete Rückwirkung ist nur dann zulässig, wenn sich die Neuregelung begünstigend auswirkt.[207] Mit dem Gesetz zur Weiterentwicklung der steuerlichen Verlustverrechnung bei Körperschaften v. 20.12.2016[208] wurde rückwirkend zum 1.1.2016 § 8d KStG eingeführt, § 34 Abs. 6a KStG. Antragsgebunden ermöglicht § 8d KStG eine Verknüpfung von Verlusten mit dem Geschäftsbetrieb.

152 *(2) § 8c KStG. (a) Überblick.* Werden innerhalb von fünf Jahren mittelbar oder unmittelbar mehr als 25 % des gezeichneten Kapitals, der Mitgliedschaftsrechte, Beteiligungsrechte

---

[205] BFH BStBl. II 2014, 1016 = DStR 2014, 1761.
[206] Unternehmensteuerreformgesetz v. 14.8.2007, BGBl. 2007 I 1912.
[207] Gläser/Zöller BB 2015, 1117 (1119).
[208] BGBl. 2016 I 2998; s. hierzu BT-Drs. 18/9986, 18/10348, 18/10495; BR-Drs. 719/16.

oder der Stimmrechte an einer Körperschaft an einen Erwerber oder diesem nahestehende Personen übertragen oder liegt ein vergleichbarer Sachverhalt vor (schädlicher Beteiligungserwerb), sind insoweit die bis zum schädlichen Beteiligungserwerb nicht ausgeglichenen oder abgezogenen negativen Einkünfte (nicht genutzte Verluste) nicht mehr abziehbar, § 8c Abs. 1 S. 1 KStG. Bei einem schädlichen Beteiligungserwerb von mehr als 25 %, aber maximal 50 % gehen mithin nicht genutzte Verluste anteilig unter. Zu einem vollständigen Untergang der nicht genutzten Verluste kommt es, wenn innerhalb von fünf Jahren mittelbar oder unmittelbar mehr als 50 % des gezeichneten Kapitals, der Mitgliedschaftsrechte, Beteiligungsrechte oder der Stimmrechte an einer Körperschaft an einen Erwerber oder diesem nahestehende Personen übertragen werden oder ein vergleichbarer Sachverhalt vorliegt, § 8c Abs. 1 S. 2 KStG.

Anders als nach § 8 Abs. 4 KStG aF stellt die Regelung des § 8c Abs. 1 KStG für den vollständigen oder partiellen Verlust der wirtschaftlichen Identität und dem entsprechenden Wegfall der Verlustnutzung allein auf Anteilsübertragungen oder vergleichbare Sachverhalte ab. Anzumerken ist, dass es sich bei dem Erwerber nicht zwingend um einen bisher Außenstehenden handeln muss, auch Übertragungen auf bereits Beteiligte können innerhalb obiger Grenzen schädlich sein. 153

Die Regelung des § 8c KStG ist auf unbeschränkt und beschränkt steuerpflichtige Körperschaften iSd § 1 Abs. 1 Nr. 1–3, 6 KStG gleichermaßen anzuwenden. Personenvereinigungen und Vermögensmassen sind nach dem klaren Wortlaut nicht erfasst.[209] Die Abzugsbeschränkung gem. § 8c KStG ist auf alle nicht ausgeglichenen und nicht abgezogenen negativen Einkünfte (nicht genutzte Verluste) anwendbar und umfasst insbes. die Verluste nach § 2a, § 10d, § 15 Abs. 4, § 15a, § 15b EStG. Auf gewerbesteuerliche Fehlbeträge ist § 8c KStG gem. § 10a S. 10 GewStG ebenfalls anzuwenden. 154

Die Regelung des § 8c KStG wird allgemein als überschießend kritisiert.[210] So missachtet die Norm das Steuersubjektprinzip, denn die Verluste wurden von der Körperschaft als eigenes Steuersubjekt nach der Trennungstheorie erlitten. Das BVerfG hat die Regelung des § 8c Abs. 1 S. 1 KStG bis zur Einführung von § 8d KStG für verfassungswidrig befunden, da das Gebot der Besteuerung nach der wirtschaftlichen Leistungsfähigkeit missachtet sei.[211] Die Ungleichbehandlung von Körperschaften mit und ohne relevanten Gesellschafterwechsel ist nicht gerechtfertigt, denn der Gesetzgeber hat die Grenzen der an sich zulässigen Typisierung überschritten. Nicht Gegenstand der Entscheidung war § 8c Abs. 1 S. 2 KStG, also der vollständige Verlustuntergang aufgrund eines Wechsels von mehr als 50 % in der Anteilseignerschaft. Nach Ansicht des FG Hamburg ist hier von einer Verfassungswidrigkeit auszugehen, das Verfahren ist beim BVerfG anhängig.[212] Ob all dies auch nach der Einführung von § 8d KStG gilt, ist fraglich.[213] 155

(b) Tatbestandsvoraussetzungen iE. (aa) Anteilsübertragungen. Nach dem Wortlaut werden von § 8c Abs. 1 KStG neben dem Erwerb von Kapitalanteilen auch der Erwerb von Mitgliedschaftsrechten und Beteiligungsrechten (jeweils auch ohne Stimmrechte) sowie von Stimmrechten und vergleichbare Sachverhalten erfasst. Werden gleichzeitig mehrere Anteile und Rechte übertragen, soll nach Auffassung der Finanzverwaltung[214] diejenige Übertragung maßgebend sein, die die weitestgehende Anwendung des § 8c KStG erlaubt. Werden neben Stammaktien auch stimmrechtslose Vorzugsaktien erworben, ist bei der Ermittlung der Quote der übertragenen Anteile für die Stammaktien im Regelfall nur auf das stimmberechtigte Kapital und für die Vorzugsaktien auf das gesamte Stammkapital abzustellen. Verschiedene Quoten sind nicht zu addieren.[215] 156

---

[209] AA BMF BStBl. I 2017, 1645 Rn. 1 = DStR 2017, 2670.
[210] *Zerwas/Fröhlich* DStR 2007, 1933.
[211] BVerfG BStBl. II 2017, 1082 = DStR 2017, 1094.
[212] FG Hamburg EFG 2017, 1906 = DStR 2017, 2377 mAnm *Egelhof/Probst;* beim BVerfG anhängig unter Az. 2 K 245/17.
[213] Ausf. zB *Röder* FR 2018, 52.
[214] BMF BStBl. I 2017, 1645 Rn. 5 = DStR 2017, 2670 (2671).
[215] BMF BStBl. I 2017, 1645 Rn. 8 = DStR 2017, 2670 (2671).

157 Als „vergleichbare Sachverhalte" iSd § 8c Abs. 1 KStG werden von der Finanzverwaltung der Erwerb von Genussscheinen iSd § 8 Abs. 3 S. 2 KStG, Stimmrechtsvereinbarungen, Stimmrechtsbindungen, Stimmrechtsverzicht, die Umwandlung auf eine Verlustgesellschaft, wenn durch die Umwandlung ein Beteiligungserwerb durch einen Erwerberkreis stattfindet, die Einbringung eines Betriebs, Teilbetriebs oder Mitunternehmeranteils, wenn durch die Einbringung ein Beteiligungserwerb am übernehmenden Rechtsträger durch einen Erwerberkreis stattfindet, der Erwerb eigener Anteile, wenn sich hierdurch die Beteiligungsquoten ändern, und die Kapitalherabsetzung, mit der eine Änderung der Beteiligungsquoten einhergeht, angenommen.[216] Dabei kann auch die Kombination verschiedener Sachverhalte insgesamt zu einem schädlichen Beteiligungserwerb führen. Nicht in den Anwendungsbereich des § 8c Abs. 1 KStG fallen ua Fremdkapital-Genussrechte, stille Beteiligungen, Bezugsrechte und die Ausgabe von Wandelschuldverschreibungen.[217]

158 Unerheblich ist, ob der Erwerb unmittelbar oder mittelbar erfolgt ist. Auch soll der unmittelbare Erwerb nach Auffassung der Finanzverwaltung selbst dann schädlich sein, wenn er mittelbar zu keiner Änderung der Beteiligungsquote führt,[218] wobei in diesen Fällen die Konzernklausel gem. § 8c Abs. 1 S. 5 KStG einschlägig sein kann. Die Übernahme von mehr als 25 % der Anteile an einer Kapitalgesellschaft durch eine Mitunternehmerschaft, an der die bisherigen Gesellschafter der Kapitalgesellschaft beteiligt sind, führt ebenfalls zur Anwendung des § 8c KStG.[219] Erfolgt der Beteiligungserwerbs mittelbar, so ist die auf die Verlustgesellschaft durchgerechnete Beteiligungsquote oder Stimmrechtsquote maßgeblich.[220] Unerheblich ist, welche genauen Anteile übertragen werden. Die mehrfache Übertragung der nämlichen Anteile ist bei jeder Weiterübertragung schädlich, soweit die Grenzen des § 8c Abs. 1 S. 1 oder S. 2 KStG überschritten werden.

159 Primär fallen in den Anwendungsbereich des § 8c KStG entgeltliche Erwerbe von Beteiligungen. Notwendig ist nach dem Gesetzeswortlaut eine Übertragung, primär soll hier der Übergang des zivilrechtlichen Eigentums entscheidend sein.[221] Nach Ansicht des BMF ist auf den Übergang des wirtschaftlichen Eigentums (nur) dann abzustellen, wenn es für den Erwerb auf den Übergang einer Eigentumsposition ankommt.[222] Das wirtschaftliche Eigentum sollte demnach unerheblich bleiben, wenn damit keine zivilrechtliche Eigentumsposition in Zusammenhang steht.[223]

160 Der Begriff der Übertragung wird nach Auffassung der Finanzverwaltung[224] auch dann erfüllt, wenn der Erwerb der Beteiligung unentgeltlich erfolgt, es sei denn der Vorgang ereignet sich im Rahmen der unentgeltlichen vorweggenommenen Erbfolge, unentgeltlichen Erbauseinandersetzung oder eines Erbfalls zwischen Angehörigen iSd § 15 AO. Ob sich diese Auslegung mit dem Gesetz vereinbaren lässt ist fraglich. Das FG Münster ist zu dem Ergebnis gekommen, dass sich die für Steuerpflichtige günstige Auslegung der Finanzverwaltung nicht mit dem Wortlaut vereinen lässt und auch eine Rechtfertigung als Billigkeitsmaßnahme nicht in Betracht kommt.[225] Auch die genannten Vorgänge wären demnach schädlich. Weiter erfasst § 8c KStG gemäß BMF auch Fälle, in denen der Erwerb in auch nur geringem Umfang entgeltlich erfolgt. Ebenso sollen Schenkungen unter § 8c KStG fallen.

161 Ein schädlicher Beteiligungserwerb iSd § 8c KStG liegt auch dann vor, wenn die Anteile an der Verlustgesellschaft durch Verschmelzung oder Abspaltung auf einen übernehmenden Rechtsträger übergehen. Zwar handelt es sich in diesen Fällen nicht um eine rechtsgeschäft-

---

[216] BMF BStBl. I 2017, 1645 Rn. 7 = DStR 2017, 2670 (2671).
[217] *Rödder/Möhlenbrock* Ubg 2008, 595 (596).
[218] BMF BStBl. I 2017, 1645 Rn. 11 = DStR 2017, 2670 (2671).
[219] BMF BStBl. I 2017, 1645 Rn. 11 = DStR 2017, 2670 (2671).
[220] BMF BStBl. I 2017, 1645 Rn. 12 = DStR 2017, 2670 (2672).
[221] Gosch/*Roser* KStG § 8c Rn. 35.
[222] BMF BStBl. I 2017, 1645 Rn. 6 = DStR 2017, 2670 (2671).
[223] Gosch/*Roser* KStG § 8c Rn. 35.
[224] BMF BStBl. I 2017, 1645 Rn. 4 = DStR 2017, 2670 (2671).
[225] FG Münster EFG 2016, 412 = DStRE 2016, 480; *Chuchra/Dorn/Schwarz* DStR 2016, 1404. Die eingelegte Rev. beim BFH wurde als unzulässig verworfen, da die Klägerin die Begr. zur Rev. nicht fristgemäß eingereicht hat, BFH BFH/NV 2016, 1733 = BeckRS 2016, 95515.

liche Übertragung, sondern der Eigentumsübergang erfolgt gem. § 20 UmwG kraft Gesetz. Doch steht diese Tatsache dem Wortlaut der Regelung des § 8c KStG nicht entgegen.[226]

Einer schädlichen Anteilsübertragung gleichgestellt werden Kapitalerhöhungen, § 8c Abs. 1 S. 4 KStG. So ist eine Kapitalerhöhung bzw. die Erhöhung anderer Beteiligungsrechte einem Beteiligungserwerb von mehr als 25 % gleichzusetzen, wenn entweder der neu hinzutretende Erwerberkreis nach der Kapitalerhöhung bzw. der Erhöhung anderer Beteiligungsrechte zu mehr als 25 % des Kapitals beteiligt ist oder sich eine bestehende Beteiligung um mehr als 25 % erhöht. Zur Berechnung der Quote ist auf das Kapital nach der Kapitalerhöhung bzw. der Erhöhung anderer Beteiligungsrechte abzustellen.[227] Konsequenterweise soll auch die Kapitalerhöhung bei einer Gesellschaft, die ihrerseits unmittelbar oder mittelbar an einer Verlustgesellschaft beteiligt ist, unter den genannten Voraussetzungen die Rechtsfolgen des § 8c KStG auslösen, wenn sich dadurch die mittelbare Beteiligungsquote eines Erwerberkreises an der Verlustgesellschaft in schädlichem Umfang ändert.[228]

In den Anwendungsbereich des § 8c Abs. 1 KStG fällt ebenfalls die Kapitalerhöhung im Rahmen einer Verschmelzung, soweit sich Beteiligungsquoten verschieben.[229] Unschädlich ist indes eine up-stream-Verschmelzung einer 100 %igen Tochtergesellschaft auf ihre Verlustmuttergesellschaft. Hier verhindern bereits die § 54 Abs. 1 Nr. 1, § 68 Abs. 1 Nr. 1 UmwG die Ausgabe neuer Anteile an der Muttergesellschaft, soweit die Muttergesellschaft an der Tochtergesellschaft beteiligt ist. Entsprechendes gilt bei der down-stream- oder side-stream-Verschmelzung auf eine Verlustgesellschaft, wo unter Beachtung der § 54 Abs. 1 S. 2 Nr. 2, § 68 Abs. 1 S. 2 Nr. 2 UmwG ebenfalls keine Kapitalerhöhung durchgeführt werden kann.[230]

In zeitlicher Hinsicht ist für die Anwendung des § 8c KStG ausschließlich der dingliche Rechteerwerb maßgeblich. Soweit es für den Erwerb auf den Übergang einer Rechtsposition ankommt, ist der Erwerb des wirtschaftlichen Eigentums maßgebend als Zeitpunkt des schädlichen Beteiligungserwerbs.[231] Bei Kapitalerhöhungen ist der Zeitpunkt der Eintragung ins Handelsregister entscheidend.[232]

(bb) Fünfjahreszeitraum. Zur Ermittlung des schädlichen Beteiligungserwerbs nach § 8c S. 1 KStG sind sämtliche Erwerbe durch den Erwerberkreis innerhalb eines Fünfjahreszeitraums zusammenzufassen. Ein Fünfjahreszeitraum beginnt mit dem ersten unmittelbaren oder mittelbaren Beteiligungserwerb an der Verlustgesellschaft durch einen Erwerberkreis. Ob zu diesem Zeitpunkt ein Verlustvortrag in der späteren Verlustgesellschaft vorhanden ist, ist unerheblich.[233] Wird die 25 %-Grenze durch einen Erwerberkreis überschritten, beginnt – unabhängig davon, ob zu diesem Zeitpunkt ein nicht genutzter Verlust vorliegt – mit dem nächsten Beteiligungserwerb ein neuer Fünfjahreszeitraum iSd § 8c Abs. 1 S. 1 KStG für diesen Erwerberkreis. Werden also etwa in 2018 26 % und in 2019 weitere 5 % der Anteile an einer Kapitalgesellschaft auf einen Erwerber übertragen, so gehen Verluste im Jahr 2018 anteilig im Umfang von 26 % unter. Im Jahr 2019 kommt es zu keinem weiteren Untergang von Verlusten.[234] Davon abweichend gilt indes eine Mehrzahl von Erwerben durch einen Erwerberkreis nach Ansicht der Finanzverwaltung[235] als ein Erwerb, wenn ihnen ein Gesamtplan zugrunde liegt. Ein schädlicher Gesamtplan in diesem Sinne wird widerleglich vermutet, wenn die Erwerbe innerhalb eines Jahres erfolgen.

Der Verlustabzugsbeschränkung des § 8c Abs. 1 S. 2 KStG liegt nach Auffassung der Finanzverwaltung[236] ein eigener, unabhängiger Fünfjahreszeitraum zugrunde. Insofern löst

---

[226] *Sistermann/Brinkmann* DStR 2008, 897 (898).
[227] BMF BStBl. I 2017, 1645 Rn. 9 = DStR 2017, 2670 (2671).
[228] BMF BStBl. I 2017, 1645 Rn. 10 = DStR 2017, 2670 (2671).
[229] Gosch/*Roser* KStG § 8c Rn. 56.
[230] *Sistermann/Brinkmann* DStR 2008, 897 (901).
[231] BMF BStBl. I 2017, 1645 Rn. 13 = DStR 2017, 2670 (2672).
[232] BFH BStBl. II 2006, 746 = DStR 2006, 1591.
[233] BMF BStBl. I 2017, 1645 Rn. 17 = DStR 2017, 2670 (2672).
[234] *Rödder/Möhlenbrock* Ubg 2008, 595 (603).
[235] BMF BStBl. I 2017, 1645 Rn. 19 = DStR 2017, 2670 (2672).
[236] BMF BStBl. I 2017, 1645 Rn. 20 = DStR 2017, 2670 (2672).

eine quotale Kürzung des nicht genutzten Verlustes nach § 8c Abs. 1 S. 1 KStG keinen neuen Fünfjahreszeitraum für Zwecke des § 8c Abs. 1 S. 2 KStG aus. Vielmehr handelt es sich um einen eigenen Zählerwerb für Zwecke des S. 2.[237] Wird die 50 %-Grenze überschritten, beginnt – unabhängig davon, ob zu diesem Zeitpunkt ein nicht genutzter Verlust vorhanden ist – ein neuer Fünfjahreszeitraum iSd § 8c Abs. 1 S. 2 KStG mit dem nächsten Beteiligungserwerb.

167 *(cc) Erwerber.* Erwerber iSd § 8c Abs. 1 KStG kann jede natürliche Person, juristische Person oder Mitunternehmerschaft sein. Für nicht gewerbliche, vermögensverwaltende Personengesellschaften gilt die anteilige Zurechnung nach § 39 Abs. 2 Nr. 2 AO.[238]

168 Schädlich ist nach dem Wortlaut des § 8c Abs. 1 S. 1, 2 KStG auch der Erwerb durch „einen Erwerber oder diesem nahestehende Personen". Für die Qualifikation als „nahestehende Person" reicht jede rechtliche oder tatsächliche Beziehung zu einer anderen Person aus, sofern diese Beziehung bereits vor oder unabhängig von dem Anteilserwerb bestand.[239] Demnach sind hier die Grundsätze der verdeckten Gewinnausschüttung zur Evaluation des Nahestehens anzuwenden.[240] Der Ursprung kann entsprechend familienrechtlicher, gesellschaftsrechtlicher, schuldrechtlicher oder auch rein tatsächlicher Natur sein.[241]

169 Nach § 8c Abs. 1 S. 3 KStG gilt als ein Erwerber iSd § 8c Abs. 1 S. 1, 2 KStG letztlich auch eine Gruppe von Erwerbern mit gleichgerichteten Interessen. Von einer Erwerbergruppe mit gleichgerichteten Interessen ist auszugehen, wenn eine Abstimmung zwischen den Erwerbern stattgefunden hat, wobei kein Vertrag vorliegen muss. Die Verfolgung eines gemeinsamen Zwecks iSd § 705 BGB reicht zur Begründung gleichgerichteter Interessen aus, ist aber nicht zwingende Voraussetzung. Die gleichgerichteten Interessen müssen sich nicht auf den Erhalt des Verlustvortrags der Körperschaft richten, sondern liegen zB auch vor, wenn mehrere Erwerber bei einer Körperschaft zur einheitlichen Willensbildung zusammenwirken. Ein Indiz gleichgerichteter Interessen ist die gemeinsame Beherrschung der Körperschaft.[242] Insofern sind konzernverbundene Unternehmen für Zwecke des § 8c KStG regelmäßig als Erwerbergruppe zusammenzufassen.[243]

170 *(c) Rechtsfolgen.* Werden innerhalb von fünf Jahren mittelbar oder unmittelbar mehr als 25 % der Anteile durch einen Erwerberkreis erworben, geht der Verlust quotal entsprechend der Höhe der schädlichen Beteiligungserwerbe unter, § 8c Abs. 1 S. 1 KStG. Dies gilt auch für gewerbesteuerliche Verlustvorträge (§ 10a S. 10 GewStG) und den Zinsvortrag (§ 8a Abs. 1 S. 3 UStG). Bei einem schädlichen Beteiligungserwerb von über 50 % innerhalb eines Zeitraums von fünf Jahren geht der nicht genutzte Verlust vollständig unter, § 8c Abs. 1 S. 1 KStG. Die Rechtsfolge tritt in dem Wirtschaftsjahr ein, in dem die 25 %-Grenze bzw. die 50 %-Grenze überschritten wird. Verluste, die bis zum Zeitpunkt des schädlichen Beteiligungserwerbs entstanden sind, dürfen mit danach entstandenen Gewinnen weder ausgeglichen noch von ihnen abgezogen werden. Auch ist der Rücktrag in vorangegangene Veranlagungszeiträume unzulässig.

171 Bei einem unterjährigen schädlichen Beteiligungserwerb geht auch der bis zum Zeitpunkt des Anteilserwerbs erzielte Verlust unter.[244] Strittig war, ob ein unterjähriger Gewinn mit vorhandenen Verlustvorträgen verrechnet werden durfte. Nach der Rspr. des BFH ist dies – entgegen der alten Auffassung der Finanzverwaltung – möglich.[245] Technisch erfolgt die Umsetzung nach dem BMF-Schreiben, indem ein Verlustvortrag insoweit nicht untergeht, wie unterjährig ein Gewinn erzielt wurde. Eine direkte Verrechnung am Tag des schädlichen

---

[237] BR-Drs. 567/07, 129.
[238] BMF BStBl. I 2017, 1645 Rn. 25 = DStR 2017, 2670 (2672).
[239] BMF BStBl. I 2017, 1645 Rn. 26 = DStR 2017, 2670 (2672).
[240] H 8.5 „Nahestehende Person – Kreis der nahestehenden Personen" KStR.
[241] BFH BStBl. II 1997, 301 = DStR 1997, 535.
[242] BMF BStBl. I 2017, 1645 Rn. 26 = DStR 2017, 2670 (2672).
[243] *Neumann/Stimpel* GmbHR 2007, 1194 (1198); *Brinkmann/Sistermann* DStR 2009, 1453.
[244] BMF BStBl. I 2017, 1645 Rn. 33 = DStR 2017, 2670 (2673).
[245] BFH BStBl. II 2012, 360 = DStR 2012, 458.

Erwerbs findet nicht statt.²⁴⁶ Am Ende des betroffenen Wirtschaftsjahres kommt es zu einer Verrechnung unter Beachtung der Mindestbesteuerung.²⁴⁷ Die Aufteilung des Ergebnisses des betroffenen Wirtschaftsjahres kann durch einen Zwischenabschluss, eine zeitanteilige Aufteilung oder anhand einer betriebswirtschaftlichen Auswertung erfolgen.

(d) Ausnahmetatbestände. aa) Konzernklausel. Von der Verlustuntergangsregelung des § 8c Abs. 1 S. 1–4 KStG werden auch konzerninterne Anteilsübertragungen erfasst. Selbst die Übertragung von Anteile auf eine zwischengeschaltete Mitunternehmerschaft bzw. die Übertragung aus dem Sonderbetriebsvermögen in das Gesamthandvermögen und umgekehrt werden dem Grunde nach von § 8c Abs. 1 KStG erfasst. Als Ausnahme davon wurde durch das Wachstumsbeschleunigungsgesetz eine Konzernklausel in § 8c Abs. 1 S. 5 KStG eingefügt, deren Anwendungsbereich zwischenzeitlich erweitert wurde.²⁴⁸ Ereignet sich eine Übertragung innerhalb eines Konzerns iSd § 8c Abs. 1 S. 5 KStG, so liegt in der Folge kein schädlicher Beteiligungserwerb dem Grunde nach mehr vor.²⁴⁹ Ein Verlustuntergang findet somit nicht statt, da der Tatbestand des § 8c Abs. 1 S. 1 oder S. 2 KStG nicht mehr erfüllt wird.

172

Nach § 8c Abs. 1 S. 5 KStG aF lag ein schädlicher Beteiligungserwerb nicht vor, wenn an dem übertragenden und an dem übernehmenden Rechtsträger dieselbe Person zu jeweils 100 % mittelbar oder unmittelbar beteiligt war. Die 100 %-Beteiligung am übertragenden und übernehmenden Rechtsträger konnte dabei unmittelbar oder mittelbar bestehen. Unschädlich waren dabei auch mehrere Beteiligungsstränge, denn ein Additionsverbot mehrerer (unmittelbarer und mittelbarer) Beteiligungen bestand nicht.²⁵⁰ Vom alten Wortlaut wurden Fälle einer bloßen Verlängerung der Beteiligungskette, zB vom zweistufigen zum dreistufigen Konzernaufbau, nicht erfasst. Dies war etwa dann gegeben, wenn eine börsennotierte AG ihre 100 %ige Tochter unter eine andere 100 %ige Tochter hängte, weil hinter ihr als übertragender Rechtsträger keine „Person zu jeweils 100 % stand. Ebenso wenig begünstigt war der umgekehrte Fall einer Beteiligungskettenverkürzung.

173

In der neuen Fassung differenziert § 8c Abs. 1 S. 5 KStG in drei Fallkategorien, wobei als Erwerber (Nr. 1), Veräußerer (Nr. 2) oder Rechtsträger (Nr. 3) je eine natürliche oder juristische Person oder eine Personenhandelsgesellschaft auftreten kann. Im ersten Fall der Konzernklausel ist an dem übertragenden Rechtsträger der Erwerber zu 100 % mittelbar oder unmittelbar beteiligt. Entgegen der alten Fassung kann somit bereits ein zweistufiger Konzern die Klausel nutzen, eine Verkürzung der Beteiligungskette ist unmittelbar auf eine börsennotierte Muttergesellschaft möglich. Die Logik dahinter besteht darin, dass dem Erwerber bei Konzernbetrachtungsweise die Verluste bereits zugestanden haben.²⁵¹ Nicht als Erwerber qualifizieren hier eine Erwerbergruppe oder nahestehende Personen.²⁵² Der zweite Fall der Konzernklausel erfasst Situationen, in denen am übernehmenden Rechtsträger der Veräußerer zu 100 % mittelbar oder unmittelbar beteiligt ist. Somit wird insbes. die Verlängerung der Beteiligungskette angesprochen. Im dritten Fall greift die Konzernklausel, soweit an dem übertragenden und dem übernehmenden Rechtsträger dieselbe natürliche oder juristische Person oder dieselbe Personenhandelsgesellschaft zu jeweils 100 % mittelbar oder unmittelbar beteiligt ist. Anwendungsfälle dieser Variante sind Übertragungen zwischen Schwestergesellschaften bzw. allgemein konzerninterne Erwerbsvorgänge zwischen Rechtsträgern, bei denen schlussendlich dieselbe Person Alleinanteilseigner ist.²⁵³ Der Tatbestand der Konzernklausel lässt sich in eine Drei-Ebenen-Betrachtung herunterbrechen.²⁵⁴ Auf der

174

---

²⁴⁶ *Gläser/Zöller* BB 2018, 87 (90).
²⁴⁷ BMF BStBl. I 2017, 1645 Rn. 34 = DStR 2017, 2670 (2673).
²⁴⁸ → Rn. 151.
²⁴⁹ *Keilhoff/Risse* FR 2016, 1085 (1090); aA wohl *Dreßler/Rogall* DB 2016, 2376 (2376).
²⁵⁰ *Bien/Wagner* BB 2010, 923 (925).
²⁵¹ Blümich/*Brandis* KStG § 8c Rn. 47d.
²⁵² *Unterberg* GmbHR 2015, 1190 (1198); *Zöller/Gläser* BB 2016, 663 (665 f.); Blümich/*Brandis* KStG § 8c Rn. 47d.
²⁵³ Blümich/*Brandis* KStG § 8c Rn. 48.
²⁵⁴ BMF BStBl. I 2017, 1645 Rn. 44 = DStR 2017, 2670 (2675).

Zurechnungsebene wird bestimmt, ob dieselbe Person eine entsprechende 100 % Beteiligung hält. Auch mittelbare Beteiligungen sind zu berücksichtigen. Auf der Handlungsebene muss der schädliche Erwerb zwischen dem übertragenden und übernehmenden Rechtsträger stattgefunden haben. Auf Ebene der Verlustgesellschaft ist zu evaluieren, um welche Verluste es bei welcher Körperschaft geht. An der Verlustgesellschaft muss keine 100 % Beteiligung bestehen.

175 Unklar ist, auf welche Größe sich das 100 %-Beteiligungserfordernis bezieht. Möglich wäre die Beteiligung am gezeichneten Kapital und/oder die Mitgliedschafts-, Beteiligungs- oder Stimmrechte. Nach dem Wortlaut des § 8c Abs. 1 S. 5 KStG („beteiligt") ist davon auszugehen, dass es allein auf die Beteiligung am Kapital ankommt.[255] Zudem dürfte auf das wirtschaftliche Eigentum an der kapitalmäßigen Beteiligung abzustellen sein.[256]

176 Die Konzernklausel lässt sich auf alle Rechtsvorgänge anwenden, die einen schädlichen Beteiligungserwerb in der Konsequenz aufweisen. So sind ua Schenkungen, Verkäufe, Einbringungen, Umwandlungen oder verdeckte Einlagen erfasst.[257] Begünstigt sind auch vergleichbare Sachverhalte, bei denen es zu einer Verschiebung von Beteiligungsquoten ohne Anteilsübertragung zwischen dem übertragenden und dem übernehmenden Rechtsträger kommt, etwa durch Kapitalerhöhung oder Erwerb eigener Anteile.

177 *bb) Anrechnung stiller Reserven (Verschonungsregel).* Bei einer schädlichen Anteilsübertragung iSd § 8c Abs. 1 S. 1 oder S. 2 KStG bleiben die noch nicht genutzten Verluste der übertragenen Kapitalgesellschaft erhalten, soweit sie durch stille Reserven in deren steuerpflichtigem Betriebsvermögen gedeckt sind, § 8c Abs. 1 S. 6 KStG. Abzugsfähig bleibt bei einer schädlichen Anteilsübertragung von mehr als 50 % ein Verlust „soweit" er von stillen Reserven gedeckt ist. Im Falle von schädlichen Anteilsübertragungen zwischen 25 % und 50 % müssen die anteiligen Verluste von anteiligen stillen Reserven gedeckt sein. Der übersteigende Betrag der Verluste geht unter.

178 Voraussetzung für die Anwendung des § 8c Abs. 1 S. 6 KStG ist das Vorhandensein eines nicht genutzten Verlustes, dh eines Verlustvortrags und/oder eines bis zum Zeitpunkt des schädlichen Anteilserwerbs entstandenen laufenden Verlusts, der unter Anwendung des § 8c Abs. 1 S. 1–5 KStG nicht mehr abziehbar ist. Die Konzernklausel ist somit vorab zu prüfen.

179 Die stillen Reserven iSd § 8c Abs. 1 S. 6 KStG entsprechen dem Unterschiedsbetrag zwischen dem gesamten steuerlichen Eigenkapital und dem gemeinen Wert der Anteile an der Körperschaft. Der gemeine Wert der Anteile entspricht bei einer entgeltlichen Übertragung dem Kaufpreis,[258] in allen anderen Fällen ist eine Unternehmensbewertung notwendig.[259]

180 Einschränkend sind lediglich solche stillen Reserven zu berücksichtigen, die im Inland steuerpflichtig sind, § 8c Abs. 1 S. 7 KStG. Ob die stillen Reserven aufgrund eines Doppelbesteuerungsabkommens freigestellt oder aufgrund einer nationalrechtlichen Steuerbefreiung nicht erfasst werden, ist unerheblich. Hauptanwendungsfall der Klausel ist folglich die Zuordnung der stillen Reserven zu einer ausländischen Betriebsstätte iSd Art. 7 OECD-MA, soweit die Freistellungsmethode vereinbart wurde. Im Inland steuerpflichtige Reserven sind hingegen in vollem Umfang anzunehmen, wenn die Anrechnungsmethode vereinbart wurde. Daneben stellen die stillen Reserven in Beteiligungen an anderen Kapitalgesellschaften aufgrund der Steuerbefreiung in § 8b Abs. 2 KStG keine berücksichtigungsfähigen Reserven dar.[260] Nach Verwaltungsauffassung ist selbst die 5%ige Schachtelstrafe nicht zu berücksichtigen, obgleich wirtschaftlich betrachtet hierbei anteilige stille Reserven einer Beteiligung der Steuerpflicht unterworfen werden.[261] In Organschaftsfällen sind die stillen Reserven

---

[255] Ausf. *Franz* BB 2010, 991 (994).
[256] *Scheunemann/Dennisen/Behrens* BB 2010, 23 (26); *Dörr* NWB 2010, 184 (189).
[257] BMF BStBl. I 2017, 1645 Rn. 40 = DStR 2017, 2670 (2674).
[258] BT-Drs. 17/147, 12.
[259] OFD Rheinland BeckVerw 112760.
[260] FG Niedersachsen EFG 2015, 1297 = BeckRS 2015, 94911.
[261] BMF BStBl. I 2017, 1645 Rn. 51 = DStR 2017, 2670 (2676); aA *Bien/Wagner* BB 2009, 2327 (2631); *Schneider/Roderburg* FR 2010, 58 (60); *Haßa/Gosmann* DB 2010, 1198 (1202); *Watermeyer* GmbH-StB 2010, 132 (136).

ebenfalls nach Ansicht des BMF nicht zu addieren.²⁶² Dem ist entgegenzuhalten, dass sich ein Verlustvortrag auf Ebene der Muttergesellschaft aus der verpflichtenden Übernahme der Verluste der Tochtergesellschaft im Rahmen der Organschaft ergeben kann.²⁶³ Auch steht dies im Widerspruch zur Handhabung von Tochterpersonengesellschaften, deren stille Reserven berücksichtig werden dürfen.²⁶⁴

Bei der Ermittlung der stillen Reserven ist nur das Betriebsvermögen zu berücksichtigen, das der Körperschaft ohne steuerrechtliche Rückwirkung zuzurechnen ist, § 8c Abs. 1 S. 9 KStG. Insofern kann der Umfang der stillen Reserven nicht nachträglich durch eine rückwirkende Umwandlung auf die Verlustgesellschaft erhöht werden. **181**

cc) Sanierungsklausel. Die Regelung des § 8c KStG führt zu einer Verlustvernichtung, die besonders in Krisenzeiten die Fortführung eines Unternehmens durch sanierungswillige Investoren erheblich erschweren kann. Der Gesetzgeber wollte diesem Hindernis durch Einführung einer Sanierungsklausel in § 8c Abs. 1a KStG Abhilfe schaffen. Aufgrund der komplizierten Anwendungsvoraussetzungen ist indes zweifelhaft, ob die Sanierungsklausel in der Praxis tatsächlich nutzbar ist. **182**

Die Anwendung der Sanierungsklausel war wegen mutmaßlicher Unvereinbarkeit mit dem Europarecht suspendiert, § 34 Abs. 6 S. 2 EStG. Die EU-Kommission hatte mit Beschluss v. 26.1.2011 gem. Art. 108 Abs. 2 AEUV die Unvereinbarkeit der Sanierungsklausel mit dem Beihilferecht iSd Art. 107 Abs. 2 AEUV festgestellt.²⁶⁵ Ob eine Beihilfe vorliegt wird in drei Stufen geprüft. Zunächst ist die allgemeine Handhabung des Sachverhaltes im steuerlichen System zu bestimmen (Referenzsystem). Darauf folgend wird geprüft, ob ein gewährter Vorteil selektiv ist. Soweit auch dies zu bejahen ist, können noch Rechtfertigungsgründe einen Verstoß gegen das Beihilfeverbot vermeiden. Von der Kommission wird vertreten, dass als Referenzsystem § 8c KStG, also der Wegfall der Verluste, anzunehmen sei und nicht § 10d EStG. Durch die Beschränkung auf Sanierungsfälle sei die Selektivität anzunehmen, welche sich auch nicht rechtfertigen lässt. Erstinstanzlich hat das EuG die Auffassung der Kommission bestätigt.²⁶⁶ Am 28.6.2018 hat der EuGH die Entscheidung das EuG aufgehoben und den Beschluss der EU-Kommission für nichtig erklärt.²⁶⁷ Mit Bekanntmachung des Urteils im BGBl. ist die Sanierungsklausel wieder auf alle noch nicht bestandskräftigen Bescheide anwendbar, § 34 Abs. 5 S. 3, 4 UStG. **183**

Gem. § 8c Abs. 1a KStG ist für die Anwendung des § 8c Abs. 1 KStG ein Beteiligungserwerb zum Zweck der Sanierung des Geschäftsbetriebs der Körperschaft unbeachtlich. Dabei wird im Schrifttum davon ausgegangen, dass unter den Begriff des „Beteiligungserwerbs" sämtliche von § 8c Abs. 1a KStG erfasste Anteilserwerbe sowie vergleichbare Sachverhalte fallen.²⁶⁸ **184**

Erforderlich ist, dass der Erwerb zum Zweck der Sanierung erfolgt. Sanierung ist eine Maßnahme, die darauf gerichtet ist, die Zahlungsunfähigkeit oder Überschuldung zu verhindern oder zu beseitigen und zugleich die wesentlichen Betriebsstrukturen zu erhalten, § 8c Abs. 1a S. 2 KStG. Nach der Gesetzesbegründung darf der Erwerb erst zum Zeitpunkt der drohenden oder eingetretenen Zahlungsunfähigkeit bzw. Überschuldung der Körperschaft stattfinden. Die Bestimmung des Zeitpunkts des Eintritts der „Krise" ist nach den Grundsätzen des Eigenkapitalersatzrechts vor MoMiG zu bestimmen. Das Abstellen auf den Zeitpunkt der „Krise" macht es indes in der Praxis schwierig, den frühestmöglichen Zeitpunkt für den Einstieg eines sanierungswilligen Investors festzulegen. Mit der Bezugnahme auf die Zahlungsunfähigkeit oder Überschuldung knüpft die Neuregelung an die Insolvenzantragsgründe in §§ 18, 19 InsO an. Fraglich aber könnte sein, ob vor dem Hintergrund des § 19 Abs. 2 InsO auch ein solches Unternehmen sanierungsgeeignet iSd § 8c Abs. 1a KStG ist, das zwar überschuldet ist, bei dem **185**

---

²⁶² BMF BStBl. I 2017, 1645 Rn. 59 = DStR 2017, 2670 (2676).
²⁶³ Unter Nennung umfangreicher Nachweise aus dem Schrifttum Blümich/*Brandis* KStG § 8c Rn. 61.
²⁶⁴ Gosch/*Roser* KStG § 8c Rn. 171.
²⁶⁵ Tenor in DB 2011, 2069 = NVwZ 2012, 1022.
²⁶⁶ EuGH ECLI:EU:T:2016:60 = BeckRS 2016, 80234 – Heitkamp BauHolding GmbH; EuG DStR 2016, 390 = BeckRS 2016, 80235 – GFKL Financial Services.
²⁶⁷ EuGH EULI:EU:C:2018:508 = DStR 2018, 1734 – GFUL Financial Services.
²⁶⁸ *Fey/Neyer* DB 2009, 1368 (1370); *Brinkmann/Sistermann* DStR 2009, 1453.

aber eine positive Fortführungsprognose besteht. Angesichts des Zwecks der Regelung des § 8c Abs. 1a KStG ist dies zu befürworten.[269]

186 Die von § 8c Abs. 1a KStG geforderte Erhaltung der wesentlichen Betriebsstrukturen setzt voraus, dass eine der folgenden drei Bedingungen erfüllt ist:

- Die Körperschaft befolgt eine geschlossene Betriebsvereinbarung mit einer Arbeitsplatzregelung.[270]
- Die Summe der maßgebenden jährlichen Lohnsummen der Körperschaft innerhalb von fünf Jahren nach dem Beteiligungserwerb unterschreitet nicht 400 % der Ausgangslohnsumme; § 13a Abs. 1 S. 3, 4 und Abs. 4 ErbStG aF gelten sinngemäß.[271] Insofern darf im Durchschnitt in den dem Beteiligungserwerb folgenden fünf Jahren die jährliche durchschnittliche Lohnsumme um nicht mehr als 20 % der Ausgangslohnsumme abgesenkt werden. Ein interperiodischer Ausgleich binnen der fünf Jahren ist möglich. Nach § 13a Abs. 1 S. 3 ErbStG aF ist die Ausgangslohnsumme die durchschnittliche Lohnsumme der letzten fünf vor dem Beteiligungserwerb endenden Wirtschaftsjahre. Für Körperschaften mit weniger als 20 Beschäftigten kommt ein Lohnsummenvergleich nicht in Betracht, § 13a Abs. 1 S. 4 ErbStG aF iVm § 8c Abs. 1a S. 3 Nr. 2 Hs. 2 KStG.
- Der Körperschaft wird durch Einlagen wesentliches Betriebsvermögen zugeführt. Eine wesentliche Betriebsvermögenszuführung liegt vor, wenn der Körperschaft innerhalb von zwölf Monaten nach dem Beteiligungserwerb neues Betriebsvermögen zugeführt wird, das mindestens 25 % des in der Steuerbilanz zum Schluss des vorangehenden Wirtschaftsjahrs enthaltenen Aktivvermögens entspricht.[272] Wird nur ein Anteil an der Körperschaft erworben, ist nur der entsprechende Anteil des Aktivvermögens zuzuführen. Der Erlass von Verbindlichkeiten durch den Erwerber oder eine diesem nahestehende Person steht der Zuführung neuen Betriebsvermögens gleich, soweit die Verbindlichkeiten werthaltig sind. Ausschüttungen der Kapitalgesellschaft, die innerhalb von drei Jahren nach der Zuführung des neuen Betriebsvermögens erfolgen, mindern den Wert des zugeführten Betriebsvermögens. Dies gilt auch für verdeckte Gewinnausschüttungen.[273] Mindert sich durch Leistungen der Körperschaft das Betriebsvermögen und die notwendige Zuführung ist nicht mehr gegeben, so ist § 8c Abs. 1a S. 1 KStG von Anfang an nicht anwendbar.

187 Gem. § 8c Abs. 1a S. 4 KStG wird das Sanierungsprivileg dann nicht gewährt, wenn die Gesellschaft zum Zeitpunkt des schädlichen Erwerbs ihren Geschäftsbetrieb im Wesentlichen eingestellt hatte oder wenn innerhalb eines Zeitraums von fünf Jahren nach dem Erwerb ein Branchenwechsel erfolgt.

188 *(3) § 8 Abs. 4 KStG aF.* Die Verwendung steuerlicher Verluste nach § 10d EStG und § 10a GewStG wurde nach altem Recht an die Voraussetzung der rechtlichen sowie der wirtschaftlichen Identität derjenigen Gesellschaft geknüpft, die den Verlust erlitten hat, § 8 Abs. 4 KStG aF. So war eine schädliche Veränderung der sachlichen Substanz durch Wiederaufnahme des Geschäftsbetriebs mit überwiegend neuem Betriebsvermögen iSd § 8 Abs. 4 KStG aF zB bei einem Branchenwechsel stets als erfüllt anzusehen. Auch die Zuführung überwiegend neuen Betriebsvermögens war nur dann unschädlich, wenn sie allein der Sanierung desjenigen Geschäftsbetriebs diente, der den Verlust verursacht hat. Ferner musste die Kapitalgesellschaft diesen Geschäftsbetrieb in einem nach dem Gesamtbild der wirtschaftlichen Verhältnisse vergleichbaren Umfang in den folgenden fünf Jahren fortführen, § 8 Abs. 4 S. 3 KStG aF. Waren die Voraussetzungen erfüllt, so blieben nach dem Zeitpunkt der schädlichen Anteilsübertragung entstandene Verluste ausgleichs- und abzugsfähig.[274]

189 *(4) § 8d KStG (a) Allgemeines.* Durch § 8d KStG wollte der Gesetzgeber den vielfach vorgetragenen Bedenken gegen die überschießende Wirkung von § 8c KStG begegnen. Da-

---

[269] *Brinkmann/Sistermann* DStR 2009, 1453 (1454).
[270] *Fey/Neyer* DB 2009, 1368 (1372).
[271] Ausf. *Brinkmann/Sistermann* DStR 2009, 1453 (1454); *Fey/Neyer* DB 2009, 1368 (1373).
[272] Zur Ermittlung des Aktivvermögens *Brinkmann/Sistermann* DStR 2009, 1453 (1456).
[273] *Fey/Neyer* DB 2009, 1368 (1373).
[274] BFH BStBl. II 2008, 988 = DStR 2007, 2152; sa BMF BStBl. I 2008, 1033 = DStR 2009, 47.

her wurde mit § 8d KStG eine Regelung eingeführt, die den Fortbestand eines vorhandenen Verlustvortrages an die Fortführung desselben Geschäftsbetriebs knüpft. Durch § 8d KStG wird eine Anwendung des § 8c KStG unterbunden, wenn die Voraussetzungen vorliegen.

(b) Tatbestand (aa) Überblick. Für eine initiale Anwendung des § 8d KStG müssen die 190 folgenden Voraussetzungen kumulativ gegeben sein:[275]
- Schädlicher Beteiligungserwerb gem. § 8c KStG[276]
- Unterhalten desselben Geschäftsbetriebes seit der Gründung bzw. seit Beginn des dritten vor dem Veranlagungszeitraumes des schädlichen Beteiligungserwerbes liegenden Veranlagungszeitraumes bis zum Ende des Veranlagungszeitraumes, in dem sich der schädliche Anteilseignerwechsel ereignet hat (Beobachtungszeitraum)
- Kein schädliches Ereignis gem. § 8d Abs. 2 KStG im Beobachtungszeitraum
- Körperschaft war zu Beginn des Beobachtungszeitraumes weder Organträgerin noch an einer Mitunternehmerschaft beteiligt
- Keine Einstellung oder Ruhendstellung des Geschäftsbetriebes vor dem 1.1.2016
- Antrag auf die Anwendung von § 8d KStG.

Um den fortführungsgebundenen Verlustvortrag auch tatsächlich zu nutzen, darf sich kein schädliches Ereignis gem. § 8d Abs. 2 KStG seit dem Ende des Veranlagungszeitraumes des schädlichen Beteiligungserwerbs ereignet haben.

(bb) Begriff des Geschäftsbetriebs. Zentral für das Entstehen eines fortführungsgebundenen Verlustvortrages ist das Unterhalten „ausschließlich desselben Geschäftsbetrieb[es]" im Beobachtungszeitraum. Der Begriff des Geschäftsbetriebs entspricht nicht dem des Gewerbebetriebs. Entgegen dem Gewerbebetrieb[277] kann eine Körperschaft mehrere Geschäftsbetriebe nebeneinander unterhalten,[278] der Begriff ist folglich enger zu verstehen.[279] Das Vorhandensein zweier Geschäftsbetriebe sollte für die initiale Anwendung des § 8d KStG unschädlich sein.[280]

Der Begriff des Geschäftsbetriebes wird über qualitative Kriterien in den § 8d Abs. 1 192 S. 3, 4 KStG definiert. Quantitative Elemente bleiben außer Betracht, weshalb Veränderungen der Unternehmensgröße unschädlich sind.[281] Ein Geschäftsbetrieb soll gem. S. 3 „die von einer einheitlichen Gewinnerzielungsabsicht getragenen, nachhaltigen, sich gegenseitigen ergänzenden und fördernden Betätigungen" umfassen und sich nach „qualitativen Merkmalen in einer Gesamtbetrachtung" bestimmen. S. 4 nennt ergänzend Regelbeispiele für qualitative Merkmale, die „insbesondere die angebotenen Dienstleistungen oder Produkte, der Kunden- und Lieferantenkreis, die bedienten Märkte und die Qualifikation der Arbeitnehmer" sind. Zur Bestimmung des Geschäftsbetriebes ist nach der Gesetzesbegründung ein Rückgriff auf bereits entwickelte Kriterien zur Bestimmung der Anzahl der Gewerbebetriebe bei Einzelunternehmern (Segmentierung) oder die Anlehnung an den Terminus der Unternehmensidentität vorzunehmen.[282] Nach der Rspr. ist für die Segmentierung und Unternehmensidentität relevant, ob zwischen den Tätigkeiten ein finanzieller, sachlicher und wirtschaftlicher Zusammenhang besteht.[283] Unzweifelhaft ist ein starkes Konfliktpotential zwischen Steuerpflichtigen und Finanzverwaltung vorhanden.[284]

---

[275] *Förster/von Cölln* DStR 2017, 8 (9); BT-Drs. 18/10459, 14.
[276] → Rn. 152 ff.; bei Anwendung der Konzernklausel (§ 8c Abs. 1 S. 5 KStG) ist dies nicht der Fall.
[277] BFH BStBl. II 2012, 697 = DStR 2012, 554.
[278] *Dörr/Reisich/Plum* NWB 2017, 496 (502); *Ferdinand* BB 2017, 87 (88); *Förster/von Cölln* DStR 2017, 8 (10); aA *Suchanek/Rüsch* Ubg 2016, 576 (578); *Kenk* BB 2016, 2844 (2846); *Feldgen* StuB 2017, 51 (53). Die hier vertretene Auffassung ergibt sich auch aus § 8d Abs. 2 S. 2 Nr. 3 KStG, nachdem eine Körperschaft einen zusätzlichen Geschäftsbetrieb aufnehmen kann.
[279] *Förster/von Cölln* DStR 2017, 8 (10); *Suchanek/Rüsch* Ubg 2016, 576 (578).
[280] BT-Drs. 18/9986, 13.
[281] *Förster/von Cölln* DStR 2017, 8 (11).
[282] BT-Drs. 18/10495, 11.
[283] BFH BStBl. II 1985, 403 = BeckRS 1984, 22007124; BFH BStBl. II 2013, 958 = DStR 2013, 400.
[284] *Dörr/Reisich/Plum* NWB 2017, 496 (502); *Korn* SteuK 2016, 399 f.; *Dreßler/Rogall* DB 2016, 2375 (2377).

193 *(cc) Veränderung des Geschäftsbetriebes.* § 8d Abs. 1 S. 1 KStG verlangt, dass es sich innerhalb des Beobachtungszeitraumes um denselben Geschäftsbetrieb handelt. Wann eine Veränderung so stark in den Geschäftsbetrieb eingreift, dass es sich nicht mehr um denselben handelt, ist unklar und schwer objektivierbar. Das BMF will zumindest organisches Wachstum als unschädlich ansehen.[285] In der Lit. werden bspw. die Umstellung auf einen neuen Vertriebskanal[286] oder der Wechsel des Warenangebots innerhalb der Warengattung[287] als unschädlich betrachtet.[288]

194 *(dd) Zeitliche Voraussetzungen.* Derselbe Geschäftsbetrieb muss bereits in der Vergangenheit vorgelegen haben, um den Anwendungsbereich von § 8d KStG zu eröffnen. Der Gesetzgeber will dabei eine Querverrechnung der Verluste von „nacheinander oder zeitgleich betriebenen verschiedenen Geschäftsbetrieben"[289] verhindern. Hierbei wird entweder auf den Zeitraum zwischen der Gründung der Verlustkörperschaft und dem Ende des Veranlagungszeitraumes, in dem sich der schädliche Beteiligungserwerb ereignet hat, oder auf den Zeitraum zwischen Beginn des dritten vor dem schädlichen Beteiligungserwerb liegenden Veranlagungszeitraum und Ende des Veranlagungszeitraumes, in dem sich der schädliche Beteiligungserwerb ereignet hat, abgestellt (Beobachtungszeitraum, § 8d Abs. 1 S. 1 KStG). Relevant ist der kürzere der beiden Zeiträume.[290]

195 *(ee) Schädliche Ereignisse vor dem Beteiligungserwerb.* § 8d KStG unterscheidet für die Vergangenheit zwischen drei Arten von schädlichen Ereignissen. Zum ersten führt eine Einstellung oder Ruhendstellung in der Vergangenheit ohne zeitliche Begrenzung partiell zur Versagung eines fortführungsgebundenen Verlustes (§ 8d Abs. 1 S. 2 Nr. 1 KStG), soweit die Einstellung oder Ruhendstellung nach dem 31.12.2015 erfolgte (§ 34 Abs. 6a S. 2 KStG). Zum zweiten ist eine zu Beginn des Beobachtungszeitraumes bestehende Mitunternehmer- oder Organträgerstellung schädlich (§ 8d Abs. 1 S. 2 Nr. 2 KStG). Zum dritten sind die in § 8d Abs. 2 KStG definierten Ereignisse im Beobachtungszeitraum schädlich (§ 8d Abs. 1 S. 1 KStG iVm § 8d Abs. 2 KStG).

196 Eine Präzisierung, was genau unter der Einstellung oder Ruhendstellung eines Geschäftsbetriebes zu verstehen ist enthält das Gesetz nicht (§ 8d Abs. 1 S. 2 Nr. 1 KStG). Die Gesetzesbegründung verweist im Rahmen der Einstellung auf die Grundsätze zur Betriebsaufgabe. Demnach soll eine „Willensbildung oder Handlung, die darauf gerichtet ist, den Betrieb als selbstständigen Organismus nicht mehr in seiner bisherigen Form bestehen zu lassen"[291] erforderlich sein. Soweit nur noch eine unwesentliche Tätigkeit ausgeübt wird steht dies einer Betriebsaufgabe nicht entgegen.[292] Die Tätigkeit muss weiterhin „ins Gewicht"[293] fallen, damit es zu keiner Einstellung kommt. Als Ruhendstellung ist insbes. die Betriebsverpachtung zu sehen. In Folge einer Ruhendstellung oder Einstellung dürfen nur Verluste, die nach der Neu- oder Wiederaufnahme eines Geschäftsbetriebes entstanden sind, zum fortführungsgebunden Verlust gem. § 8d KStG werden (§ 8d Abs. 1 S. 2 Nr. 2 KStG).

197 Auch ist § 8d KStG nicht anwendbar, soweit die Körperschaft zu Beginn des dritten vor dem Veranlagungszeitraumes des schädlichen Beteiligungserwerbes liegenden Veranlagungszeitraumes Organträgerin oder Mitunternehmerin war, § 8d Abs. 1 S. 2 Nr. 2 KStG. Die Beteiligungshöhe ist irrelevant. Das Kriterium stellt ausschließlich auf einen Zeitpunkt ab. Sinn und Zweck der Regel ist, dass keine Altverluste anderer Geschäftsbetriebe fortgeführt

---

[285] BT-Drs. 18/10495, 12.
[286] *Bergmann/Süß* DStR 2016, 2185 (2188).
[287] *Feldgen* StuB 2016, 742 (744).
[288] Weitere Bespiele bei *Korn* SteuK 2016, 399 (400).
[289] BT-Drs. 18/9986, 13.
[290] *Förster/von Cölln* DStR 2017, 8 (11).
[291] BT-Drs. 18/9986, 13.
[292] BT-Drs. 18/9986, 13.
[293] BT-Drs. 18/9986, 13.

werden sollen.²⁹⁴ Die Regelung ist jedoch nicht konsequent: Verluste, die aus einer Mitunternehmer- oder Organträgerstellung stammen, die vor dem relevanten Zeitpunkt aufgegeben wurde, können uneingeschränkt von § 8d KStG profitieren.

Zuletzt führt auch ein schädliches Ereignis gem. § 8d Abs. 2 KStG, das sich im Beobachtungszeitraum ereignet, dazu, dass § 8d KStG komplett nicht anwendbar ist. Kumuliert enthält § 8d Abs. 2 KStG sieben verschiedene schädliche Ereignisse, wobei sowohl die Einstellung (§ 8d Abs. 2 S. 1 KStG) als auch Ruhendstellung (§ 8d Abs. 2 S. 2 Nr. 1 KStG) bereits in Abs. 1 genannt sind. Auf obige Ausführungen dazu wird verwiesen. Nach § 8d Abs. 2 S. 2 Nr. 4, 5 KStG ist die neue Begründung einer Mitunternehmer- oder Organträgerstellung im Beobachtungszeitraum schädlich. Auch wenn der „Geschäftsbetrieb einer andersartigen Zweckbestimmung zugeführt wird" (§ 8d Abs. 2 S. 2 Nr. 2 KStG) ist von einem schädlichen Ereignis auszugehen. Dies liegt immer vor, sobald ein Unternehmen die Branche wechselt.²⁹⁵ Die satzungsmäßige Änderung des Unternehmensgegenstandes stellt einen Branchenwechsel dar.²⁹⁶ Die Neuaufnahme eines Geschäftsbetriebes ist gem. § 8d Abs. 2 S. 2 Nr. 3 KStG ebenfalls als schädlich zu klassifizieren. Zuletzt scheidet eine Anwendung von § 8d KStG auch aus, wenn im Beobachtungszeitraum auf die Körperschaft Wirtschaftsgüter übertragen wurden und der Ansatz unter dem gemeinen Wert erfolgte (§ 8d Abs. 2 S. 2 Nr. 6 KStG). Angesprochen sind insbes. Umwandlungsvorgänge zu Buch- oder Zwischenwerten nach dem UmwStG, namentlich Verschmelzungen, Auf- und Abspaltungen auf die Verlustkörperschaft sowie Einbringungen in die Verlustkörperschaft. 198

(ff) Sonstige Voraussetzungen und zeitliche Anwendung. Neben den materiellen Voraussetzungen ist die Anwendung des § 8d KStG antragsgebunden. Dieser ist von der Körperschaft zusammen mit der Steuererklärung für den Veranlagungszeitraum zu stellen, in dem sich der schädliche Anteilseignerwechsel ereignet hat (§ 8d Abs. 1 S. 5 KStG). Der Antrag kann für die Körperschaft- und Gewerbesteuer nur einheitlich gestellt werden.²⁹⁷ 199

Der zeitliche Anwendungsbereich ist für schädliche Beteiligungserwerbe nach dem 31.12.2015 eröffnet, soweit der Geschäftsbetrieb der Körperschaft vor dem 1.1.2016 weder eingestellt noch ruhend gestellt war (§ 34 Abs. 6a S. 1 KStG und § 36 Abs. 2c GewStG). Wenn erst durch mehrere Beteiligungserwerbe ein schädliches Ereignis gem. § 8c KStG anzunehmen ist, ergibt sich aus dem die 25% bzw. 50% Schwelle überschreitenden Erwerb das relevante Datum. Die zeitanteilige Aufteilung der Verluste bei einer Ruhend- bzw. Einstellung gem. § 8d Abs. 1 S. 2 Nr. 1 KStG kommt nur zur Anwendung, wenn die Ruhend- bzw. Einstellung nach dem 31.12.2015 erfolgte (§ 34 Abs. 6a S. 2 KStG). 200

(c) Rechtsfolgen. Werden von der Verlustkörperschaft alle materiellen und formellen Voraussetzungen erfüllt, so ist zunächst § 8c KStG nicht anzuwenden, § 8d Abs. 1 S. 1 KStG. Neben den körperschaftsteuerlichen Verlustvorträgen gehen aufgrund der Verweise des § 8a Abs. 1 S. 3 KStG und § 10a S. 10 Hs. 1 GewStG auf § 8d KStG die gewerbesteuerlichen Verlustvorträge sowie ein Zinsvortrag ebenfalls nicht unter. Anstelle des Unterganges wird ein bestehender gewerbe- und körperschaftsteuerlicher Verlustvortrag sowie Zinsvortrag zum fortführungsgebunden Zins- bzw. Verlustvortrag (§ 8d Abs. 1 S. 6 KStG), der unter Anwendung des § 10d Abs. 4 EStG gesondert auszuweisen und festzustellen ist (§ 8d Abs. 1 S. 7 KStG). Die Umqualifizierung erfasst den gesamten Verlustvortrag, der zum Schluss des Veranlagungszeitraumes verbleibt, in dem der Anteilseignerwechsel stattgefunden hat, § 8d Abs. 1 S. 6 KStG.²⁹⁸ In welchem Ausmaß die Verluste bei Anwendung des § 8c KStG tatsächlich untergegangen wären, ist irrelevant. 201

---

²⁹⁴ *Dörr/Reisich/Plum* NWB 2017, 496 (504).
²⁹⁵ BT-Drs. 18/9986, 13.
²⁹⁶ BT-Drs. 18/9986, 13.
²⁹⁷ BT-Drs. 18/9986, 13.
²⁹⁸ *Keilhoff/Risse* FR 2016, 1085 (1090); *Dreßler/Rogall* DB 2016, 2375 (2377); *Feldgen* StuB 2016, 742 (744); krit. *Suchanek/Rüsch* Ubg 2016, 576 (580 f.); *Bergmann/Süß* DStR 2016, 2185 (2188); *Frey/Thürmer* GmbHR 2016, 1083 (1084); *Neyer* FR 2016, 928 (931).

202 *(d) Nutzung und Untergang der § 8d KStG Verluste (aa) Verwendungsreihenfolge.* Der fortführungsgebundene Verlust kann in den folgenden Veranlagungszeiträumen normal im Rahmen der Mindestbesteuerung mit Gewinnen verrechnet werden. Gem. § 8d Abs. 1 S. 8 KStG ist der fortführungsgebundene Verlust vorrangig mit Gewinnen zu verrechnen.

203 *(bb) Untergang des fortführungsgebundenen Verlusts.* Der Bestand des fortführungsgebundenen Verlusts hängt davon ab, ob nach der erstmaligen Feststellung ein schädliches Ereignis gem. § 8d Abs. 2 KStG eingetreten ist.[299] Soweit sich ein solches Ereignis ereignet hat, geht der zuletzt festgestellte fortführungsgebundene Verlustvortrag unter, § 8d Abs. 2 S. 1 Hs. 1 KStG. Hierbei ist jedoch die Stille-Reserven-Klausel gem. § 8c Abs. 1 S. 6–9 KStG zu beachten. Diese gilt bezogen auf die zum Schluss des vorangegangenen Veranlagungszeitraums vorhandenen stillen Reserven entsprechend, § 8d Abs. 2 S. 1 Hs. 2 KStG. Unklar ist, in welchem Umfang die stillen Reserven für die Deckung des fortführungsgebundenen Verlustvortrages zur Verfügung stehen. Soweit nur ein fortführungsgebundener Verlust vorhanden ist, ist es sinnvoll, sämtliche stille Reserven in Ansatz zu bringen. Besteht neben dem § 8d KStG Verlust auch noch ein normaler Verlustvortrag, könnte argumentiert werden, dass die stillen Reserven nur anteilig zur Deckung bereitstehen sollten, da sonst eine Doppelnutzung der stillen Reserven droht. Dem ist zu folgen.[300]

204 *(cc) Erneuter schädlicher Beteiligungserwerb.* Ereignet sich nach der erstmaligen Feststellung eines fortführungsgebundenen Verlustes erneut ein schädlicher Anteilseignerwechsel, geht dieser nach den Grundsätzen des § 8c Abs. 1 S. 1, 2 KStG unter. Beim fortführungsgebundenen Verlust handelt es sich um nicht genutzte Verluste iSd § 8c KStG. Der Verlustuntergang kann aber durch die Konzernklausel (§ 8c Abs. 1 S. 5 KStG), die Stille-Reserven-Klausel (§ 8c Abs. 1 S. 6 KStG) oder eine erneute Antragstellung gem. § 8d Abs. 1 S. 1 KStG abgewendet werden. Bei Letzterer ist zu beachten, dass ein neben dem alten fortführungsgebundenen Verlustvortrag bestehender normaler Verlustvortrag durch den erneuten Antrag ebenfalls zum fortführungsgebundenen Verlust wird.[301]

3. Ausschüttungen und steuerliche Ergebnisverwendung

205 **a) Überblick.** Ausschüttungen einer Kapitalgesellschaft berühren deren steuerliches Einkommen nicht, § 8 Abs. 3 S. 1 KStG. Sie stellen bei der ausschüttenden Kapitalgesellschaft keine Betriebsausgaben dar. Insbesondere für die steuerliche Behandlung beim Anteilseigner ist entscheidend, aus welchem Eigenkapitalbestandteil die Ausschüttungen geleistet werden.

206 Die Nichtabziehbarkeit von Ausschüttungen oder einer fiktiven Eigenkapitalverzinsung führt zur systematischen Bevorzugung von Fremd- gegenüber Eigenkapital. Aus einer ökonomischen Perspektive ist diese Differenzierung abzuschaffen, um Finanzierungsneutralität zu erreichen.

207 **b) Für Ausschüttungen zur Verfügung stehendes Eigenkapital.** Leistungen einer Kapitalgesellschaft sind für steuerliche Zwecke danach zu unterscheiden, ob es sich um die Rückzahlung von Nennkapital, Leistungen aus dem steuerlichen Einlagekonto oder um ausschüttbaren Gewinn handelt.

208 Mit der Abschaffung des Anrechnungsverfahrens und der Einführung des Halb-/Teileinkünfteverfahrens entfällt die steuerliche Eigenkapitalgliederung nach § 30 KStG aF mit ihren Teilbeträgen EK 40 (EK 45) [tarifbelastetes Eigenkapital], EK 30 [steuerbelastetes Eigenkapital] sowie EK 01, EK 02, EK 03 und EK 04 [unbelastete Eigenkapitalbestandteile].

209 Die Regelung zum steuerlichen verwendbaren Eigenkapital findet sich nunmehr lediglich in § 27 Abs. 1 S. 3 KStG. Danach mindern Leistungen der Kapitalgesellschaft mit Ausnahme der Rückzahlung von Nennkapital iSd § 28 Abs. 2 S. 2, 3 KStG das steuerliche Eigenkapi-

---

[299] → Rn. 198.
[300] AA *Förster/von Cölln* DStR 2017, 8 (16).
[301] *Keilhoff/Risse* FR 2016, 1085 (1091).

talkonto unabhängig von ihrer handelsrechtlichen Einordnung nur, soweit sie den auf den Schluss des vorangegangenen Wirtschaftsjahres ermittelten ausschüttbaren Gewinn übersteigen. Demzufolge stehen für Ausschüttungen einer Kapitalgesellschaft *(i)* der ausschüttbare Gewinn sowie *(ii)* das steuerliche Einlagekonto zur Verfügung.

Der ausschüttbare Gewinn ist demnach ausgehend von der Steuerbilanz als Saldogröße anhand folgender Berechnung zu ermitteln:[302]

	Eigenkapital lt. Steuerbilanz
−	Gezeichnetes Kapital
−	(positiver) Bestand des steuerlichen Einlagekontos
=	ausschüttbarer Gewinn

Der Berechnung sind jeweils die Bestände zum Schluss des vorangegangenen Wirtschaftsjahrs zu Grunde zu legen. Zugänge bzw. Abgänge des laufenden Wirtschaftsjahrs beeinflussen den ausschüttbaren Gewinn demnach nicht. Maßgebend ist das Eigenkapital lt. Steuerbilanz. Dieses ergibt sich als Saldogröße durch Abzug von Verbindlichkeiten und Rückstellungen vom Aktivvermögen lt. Steuerbilanz. Steuerliche Rücklagen (zB § 6b EStG) stellen kein steuerliches Eigenkapital dar.[303] Abzuziehen sind dabei auch solche Schulden, die aus steuerlicher Sicht als verdeckte Gewinnausschüttungen zu beurteilen sind.[304]

Gezeichnetes Kapital iSd § 27 Abs. 1 S. 5 KStG ist das Grundkapital einer AG. Für die Berechnung des ausschüttbaren Gewinns ist das gezeichnete Kapital aus Vereinfachungsgründen auch dann mit dem Nominalbetrag anzusetzen, wenn es nicht vollständig eingezahlt ist.[305]

Neben dem gezeichneten Kapital ist das steuerliche Eigenkapital auch um den auf den Schluss des vorangegangenen Wirtschaftsjahrs gesondert festgestellte Bestand des steuerlichen Einlagekontos zu mindern. Im steuerlichen Einlagekonto sind am Schluss eines jeden Wirtschaftsjahres die nicht in das Nennkapital geleisteten Einlagen auszuweisen, § 27 Abs. 1 S. 1 KStG. Ausgehend vom Bestand am Ende des vorangegangenen Wirtschaftsjahres ist dieses steuerliche Einlagekonto um jeweilige Zugänge und Abgänge des laufenden Wirtschaftsjahres fortzuschreiben und jährlich gesondert festzustellen, § 27 Abs. 1 S. 2, Abs. 2 S. 1 KStG.

c) **Verwendungsreihenfolge für Leistungen.** In § 27 Abs. 1 S. 3 KStG ist die Verwendungsreihenfolge von ausschüttbarem Gewinn und steuerlichem Einlagekonto geregelt. Danach mindern Leistungen der Kapitalgesellschaft mit Ausnahme der Rückzahlung von Nennkapital iSd § 28 Abs. 2 S. 2, 3 KStG das steuerliche Eigenkapitalkonto unabhängig von ihrer handelsrechtlichen Einordnung nur, soweit sie den auf den Schluss des vorangegangenen Wirtschaftsjahres ermittelten ausschüttbaren Gewinn übersteigen. Unter den Begriff der Leistungen fallen sämtliche Auskehrungen einer Kapitalgesellschaft, die ihre Ursache im Gesellschaftsverhältnis haben, vor allem also ordentliche und verdeckte Gewinnausschüttungen.[306] Die Verwendungsreihenfolge ist nach dem Wortlaut des § 27 Abs. 1 S. 3 KStG unabhängig von der handelsrechtlichen Einordnung der Leistung.[307] Insofern ist ein Direktzugriff auf das steuerliche Einlagekonto nicht zulässig. Erst wenn ausschüttbare Gewinne nicht in ausreichender Höhe vorhanden sind, mindern Leistungen das steuerliche Einlagekonto. Allerdings kann das steuerliche Einlagekonto durch Leistungen der Kapitalgesellschaft nicht negativ werden, § 28 Abs. 1 S. 4 KStG.

Zahlungen aufgrund eines Besserungsversprechen nach vorangegangenem Forderungsverzicht oder nach einer Rücktrittsvereinbarung sind direkt mit dem steuerlichen Einlagekonto zu verrechnen sind.[308] Diese herrschende Auffassung wird im Schrifttum mit dem Argument

---

[302] IE BMF BStBl. I 2003, 366 Rn. 14 = DStR 2003, 1027 (1028).
[303] Blümich/*Oellerich* KStG § 27 Rn. 31.
[304] IE BMF BStBl. I 2003, 366 Rn. 16 ff. = DStR 2003, 1027 (1029).
[305] IE BMF BStBl. I 2003, 366 Rn. 20 = DStR 2003, 1027 (1029).
[306] BMF BStBl. I 2003, 366 Rn. 11 = DStR 2003, 1027 (1028).
[307] Sa BT-Drs. 16/2710, 52.
[308] BMF BStBl. I 2003, 366 Rn. 29 = DStR 2003, 1027 (1029).

gestützt, dass es sich bei diesen Zahlungen nicht um eine „Leistung" iSd § 27 KStG handelt.[309] Insofern sollte im Besserungsfall weiterhin direkt das steuerliche Einlagekonto gemindert werden können.[310]

216 **d) Kapitalertragsteuer.** Ausschüttungen einer inländischen Kapitalgesellschaft unterliegen der Kapitalertragsteuer iHv 25 %, § 43a Abs. 1 S. 1 Nr. 1 EStG iVm § 43 Abs. 1 S. 1 Nr. 1 EStG. Auf die einzubehaltende Kapitalertragsteuer ist ein Solidaritätszuschlag von 5,5 % und ggf. Kirchensteuer zu entrichten. Ebenfalls dem Kapitalertragsteuerabzug unterliegen Einnahmen aus der Veräußerung von Dividendenscheinen sowie von Gewinnansprüchen, § 43a Abs. 1 S. 1 Nr. 1 EStG iVm § 43 Abs. 1 S. 1 Nr. 1, § 20 Abs. 2 lit. a EStG. Steuerschuldner ist die ausschüttende Kapitalgesellschaft, § 44 Abs. 1 S. 1 EStG. Die Kapitalertragsteuer entsteht in dem Zeitpunkt, in dem die Kapitalerträge dem Gläubiger zufließen, § 44 Abs. 1 S. 2 EStG. Dies ist regelmäßig der Tag, der im Beschluss als Tag der Auszahlung bestimmt worden ist, § 44 Abs. 2 S. 1 EStG.

217 Zur steuerlichen Behandlung bei natürlichen Personen als Empfänger der Ausschüttung wird auf die Ausführungen unten verwiesen.[311]

218 Ist Empfänger der Ausschüttung eine unbeschränkt steuerpflichtige Kapitalgesellschaft, ist die Kapitalertragsteuer ungeachtet der Tatsache zu erheben, dass die Dividenden bei der empfangenden Kapitalgesellschaft nach § 8b Abs. 1 KStG zu 95 % steuerfrei gestellt sind. Die einbehaltene Kapitalertragsteuer kann von der die Gewinnausschüttung vereinnahmenden Kapitalgesellschaft wie eine Steuervorauszahlung auf die festzusetzende Körperschaftsteuer angerechnet werden, § 31 Abs. 1 KStG iVm § 36 Abs. 2 Nr. 2 EStG.[312] Soweit Empfänger der Kapitaleinkünfte ein sog. Dauerüberzahler ist, also die Kapitalertragsteuer bei ihm auf Grund der Art seiner Geschäfte auf Dauer höher wäre als die festzusetzende Körperschaftsteuer, kann die Abstandnahme vom Kapitalertragsteuerabzug beantragt werden, § 44a Abs. 5 EStG.

219 Fließt die Ausschüttung einer beschränkt steuerpflichtigen Kapitalgesellschaft als Anteilseigner der ausschüttenden unbeschränkt steuerpflichtigen Kapitalgesellschaft zu, hat der Abzug der Kapitalertragsteuer abgeltende Wirkung, § 32 Abs. 1 Nr. 2 KStG. Das gilt indes dann nicht, wenn die Beteiligung an der Kapitalgesellschaft einem inländischen Betrieb zuzurechnen ist. Im Nicht-DBA-Fall ist die Zugehörigkeit der Beteiligung zu einer gewerblich geprägten KG bereits hinreichend, damit die Abgeltungswirkung nicht eintritt.[313] Für die Zurechnung zur KG ist eine Verbuchung im Gesamthandsvermögen nicht hinreichend, vielmehr ist dies nach dem Veranlassungsprinzip zu bestimmen.

220 Bei Bestehen eines DBA wird der Kapitalertragsteuersatz (Quellensteuer) ggf. herabgesetzt (Art. 10 OECD-MA). Auf Antrag wird die Kapitalertragsteuer auf Ausschüttungen einer Tochtergesellschaft nicht erhoben, die einer Muttergesellschaft, die weder ihren Sitz noch ihre Geschäftsleitung im Inland hat, oder einer in einem anderen EU-Mitgliedstaat gelegenen Betriebsstätte dieser Muttergesellschaft zufließen, § 43b Abs. 1 EStG. Muttergesellschaft ist dabei jede Gesellschaft, die die in der Anlage 2 zum EStG bezeichneten Voraussetzungen erfüllt und im Zeitpunkt der Entstehung der Kapitalertragsteuer nach § 44 Abs. 1 S. 2 EStG nachweislich mindestens zu 10 % unmittelbar am Kapital der Tochtergesellschaft beteiligt ist. Ist die Mindestbeteiligung zu diesem Zeitpunkt nicht erfüllt, ist der Zeitpunkt des Gewinnverteilungsbeschlusses maßgeblich. Tochtergesellschaft iSd § 43b Abs. 1 EStG ist jede unbeschränkt steuerpflichtige Gesellschaft, die die in der Anl. 2 zum EStG und in Art. 3 Abs. 1 lit. b der RL 90/435/EWG bezeichneten Voraussetzungen erfüllt. Die Beteiligung muss dabei nachweislich ununterbrochen seit zwölf Monaten bestanden haben. Können die Ausschüttungen nach DBA bzw. § 43b EStG nicht oder nur nach einem niedrigeren Steuersatz besteuert werden, so ist dessen ungeachtet die inländische Kapitalertragsteuer zunächst iHv 25 % zu erheben. Auf Antrag bzw. nach Vorlage einer Freistellungsbescheinigung wird

---

[309] *Endert* DStR 2016, 1009.
[310] *Lornsen-Veit/Behrendt* FR 2007, 179; *Pohl* DB 2007, 1553.
[311] → Rn. 227 ff.
[312] BMF BStBl. I 2003, 292 Rn. 11 = DStR 2003, 881.
[313] BFH DStR 2018, 657 = BeckRS 2017, 144672.

der Unterschiedsbetrag erstattet, § 50d Abs. 1, 2 EStG. Für die Antragstellung und die Erstattung des Unterschiedsbetrags gelten die Regelungen des § 50d Abs. 1–2 EStG. Darüber hinaus wird der Anspruch auf völlige oder teilweise Entlastung von der inländischen Kapitalertragsteuer an die in § 50d Abs. 3 EStG genannten Voraussetzungen geknüpft.[314]

Soweit keine Reduktion nach § 43b EStG oder DBA möglich ist, können gem. § 44a Abs. 9 EStG zwei Fünftel der einbehaltenen und abgeführten Kapitalertragsteuer erstattet werden. Damit wird die effektive Kapitalertragsteuer auf den Körperschaftsteuersatz von 15 % gesenkt. 221

III. Besteuerung natürlicher Personen als Aktionäre

Die folgenden Ausführungen beschränken sich auf natürliche Personen als Anteilseigner. Die Besteuerungsfolgen differieren danach, ob der Anteilseigner die Anteile an die Kapitalgesellschaft in seinem Privatvermögen oder im Betriebsvermögen hält. 222

1. Steuerpflicht

a) **Unbeschränkte Steuerpflicht.** Natürliche Personen mit Wohnsitz oder gewöhnlichem Aufenthalt im Inland sind mit ihren Einkünften aus Anteilen an Kapitalgesellschaften in Deutschland unbeschränkt steuerpflichtig, § 1 Abs. 1 EStG. Darüber hinaus unbeschränkt steuerpflichtig sein können solche Personen, die die Voraussetzungen des § 1 Abs. 2 (Dienstverhältnis zu einer inländischen juristischen Person des öffentlichen Rechts) oder § 1 Abs. 3 EStG (fast ausschließlich inländische Einkünfte) erfüllen.[315] 223

b) **Beschränkte Steuerpflicht.** Anteilseigner einer inländischen Kapitalgesellschaft, die im Inland weder einen Wohnsitz noch einen gewöhnlichen Aufenthalt haben und ihre Anteile im Privatvermögen halten, sind mit Ausschüttungen aus diesen Anteilen in Deutschland beschränkt steuerpflichtig, § 49 Abs. 1 Nr. 5 lit. a EStG. Bei Veräußerung von Anteilen an inländischen Kapitalgesellschaften unterliegen sie nur dann der deutschen Besteuerung, sofern die Anteile die Voraussetzungen des § 17 EStG erfüllen, § 49 Abs. 1 Nr. 2 lit. e EStG. Indes wird nach den meisten mit Deutschland geschlossenen DBA das Besteuerungsrecht aus Einkünften von in einem Privatvermögen gehaltenen Anteilen dem ausländischen Wohnsitzstaat des Anteilseigners zugewiesen, Art. 10, 13 Abs. 5 OECD-MA. Handelt es sich um Ausschüttungen, behält sich Deutschland in diesen Fällen regelmäßig ein Recht auf Erhebung einer Quellensteuer vor. 224

Beschränkte Steuerpflicht besteht ebenso, wenn die Anteile einer inländischen Betriebsstätte des ausländischen Steuerpflichtigen zuzuordnen sind, § 49 Abs. 1 Nr. 2 lit. a EStG. Das gilt auch dann, wenn es sich um die inländische Betriebsstätte einer ausländischen Personengesellschaft handelt, an der der ausländische Anteilseigner beteiligt ist. Ob Deutschland im DBA-Fall ein theoretisch gegebenes Besteuerungsrecht auch Wahrnehmen kann richtet sich nach Art. 5, 7 OECD-MA. 225

Auf § 2 AStG wird hingewiesen. In bestimmten Wegzugsfällen in Niedrigsteuergebiete erfasst Deutschland über den eigentlichen Umfang der beschränkten Steuerpflicht hinaus Einkünfte, die nicht ausländische Einkünfte gem. § 34d Abs. 2 EStG sind. Dies sind ua Veräußerungsgewinne iSd § 20 Abs. 2 EStG. 226

2. Gewinnausschüttungen

a) **Gewinnanteile und ähnliche Einnahmen.** Gewinnanteile (Dividenden), die eine Kapitalgesellschaft ausschüttet, gehören beim Anteilseigner, der seine Anteile im Privatvermögen 227

---

[314] § 50d Abs. 3 EStG aF (2007) wurde mit Urteil EuGH ECLI:EU:C:2017:1009 = DStR 2018, 119 – Deister Holding AG, vormals Traxx Investments NV, Juhler Holding A/S, für europarechtswidrig erklärt. Selbiges gilt für die Neuregelung des § 50d Abs. 3 EStG (2011), vgl. EuGH DStR 20178, 1479. Ob dies auch für die heutige Rechtslage wegen der Änderung der MTR zutrifft, ist unklar. Das Verfahren dazu aufgrund der Vorlage des FG Köln EFG 2017, 1518 = BeckRS 2017, 117791 ist unter dem Az. C-440/17 anhängig.
[315] *Schaumburg*, Internationales Steuerrecht, 3. Aufl. 2017, Rn. 6.9 ff.

hält, zu den Einkünften aus Kapitalvermögen, § 20 Abs. 1 Nr. 1 EStG. Demgegenüber stellen die vereinnahmten Gewinnausschüttungen Betriebseinnahmen dar, sofern die Anteile in einem Betriebsvermögen gehalten werden, § 15 Abs. 1 S. 1 iVm § 20 Abs. 8 S. 1 EStG (Subsidiarität).

228 Zu den Bezügen iSd § 20 Abs. 1 Nr. 1 EStG gehören auch verdeckte Gewinnausschüttungen.[316] Gewinnausschüttungen steuerlich gleichgestellt sind Bezüge aus Genussrechten an einer Kapitalgesellschaft, die einen Anspruch auf Beteiligung am Gewinn und am Liquidationserlös der Kapitalgesellschaft vermitteln, § 20 Abs. 1 Nr. 1 EStG iVm § 8 Abs. 3 S. 2 KStG. Ebenso fallen Erträge aus der Veräußerung von Dividendenscheinen in den Anwendungsbereich des § 20 Abs. 1 Nr. 1 EStG. Ferner begründen Liquidationsraten aus der Auflösung einer Kapitalgesellschaft oder Bezüge aus einer Kapitalherabsetzung Einkünfte aus Kapitalvermögen, soweit es sich nicht um die Rückzahlung von Nennkapital oder Beträge aus dem steuerlichen Einlagekonto handelt, § 20 Abs. 1 Nr. 1 S. 3, Nr. 2 EStG. Unter § 20 Abs. 1 Nr. 2 EStG fallen nur Bezüge, die nach der Auflösung der Körperschaft anfallen.

229 Keine steuerpflichtigen Einkünfte aus Kapitalvermögen stellen solche Bezüge dar, für die die Kapitalgesellschaft Beträge aus dem steuerlichen Einlagenkonto gem. § 27 KStG[317] oder das Nennkapital verwendet, § 20 Abs. 1 Nr. 1 S. 3, Nr. 2 S. 1 EStG. Die Einlagenrückgewähr ist zwischenzeitlich durch jede Gesellschaft möglich, unabhängig davon ob ein Einlagekonto gem. § 27 Abs. 1 KStG (inländische Gesellschaften) oder § 27 Abs. 8 KStG (EU-/EWR-Gesellschaften) geführt wird.[318] Insoweit können sich indes Einkünfte ergeben, die Veräußerungsgewinnen gleichgestellt werden.[319]

230 **b) Zurechnung.** Die bezeichneten Einnahmen sind steuerlich demjenigen zuzurechnen, der im Zeitpunkt des Gewinnverteilungsbeschlusses wirtschaftlicher Eigentümer der Anteile ist, § 20 Abs. 5 S. 1, 2 EStG. Das wirtschaftliche Eigentum richtet sich nach § 39 AO.

231 **c) Steuerliche Behandlung.** *aa) Anteile im Privatvermögen. (1) Abgeltungssteuer.* Gehören die Anteile an der ausschüttenden Kapitalgesellschaft zum Privatvermögen des Anteilseigners, unterliegen die erzielten Einkünfte gem. § 20 Abs. 1 Nr. 1, 2 EStG der Abgeltungssteuer, § 32d Abs. 1 EStG iVm § 44 Abs. 5 EStG. Die Abgeltungssteuer wird bei Auszahlung der bezeichneten Kapitalerträge durch Einbehaltung von Kapitalertragsteuer iHv 25 % erhoben, § 43a Abs. 1 Nr. 1, S. 3 EStG iVm § 43 Abs. 1 S. 1 Nr. 1 EStG. Zusätzlich ist Solidaritätszuschlag und ggf. Kirchensteuer (§ 51a Abs. 2b EStG) zu entrichten, § 32d Abs. 1 EStG. Die Einkommensteuer ist mit diesem Steuerabzug abgegolten, § 44 Abs. 5 S. 1, § 32d Abs. 1 S. 1 EStG. Insofern sind die Kapitalerträge nicht in die Veranlagung des Steuerpflichtigen zur Einkommensteuer einzubeziehen.[320] Ist der Anteilseigner kirchensteuerpflichtig, so ist die Kirchensteuer ab dem 1.1.2015 zwingend als Zuschlagsteuer zur Kapitalertragsteuer im Abzugsverfahren zu erheben, § 51a Abs. 2c EStG.[321] Dem Steuerabzug unterliegen die vollen Kapitalerträge. Als Werbungskosten abzugsfähig ist lediglich ein Sparer-Pauschbetrag iHv 801 EUR (Einzelveranlagung) bzw. 1.602 EUR (Zusammenveranlagung), § 20 Abs. 9 EStG. Der Ansatz der tatsächlichen Werbungskosten ist ausgeschlossen.[322] Der Abgeltungssteuer unterliegen lediglich Ausschüttungen und ähnliche Einnahmen inländischer Kapitalgesellschaften. Auf Ausschüttungen ausländischer Kapitalgesellschaften behält entweder die depotführende Bank Kapitalertragsteuer ein, oder der Steuerpflichtige hat die Erträge in seiner Einkommensteuererklärung anzugeben, § 32d Abs. 3 S. 1 EStG. Im letzteren Fall unterliegen sie einem Einkommensteuersatz von 25 %, § 32d Abs. 3 S. 2 EStG iVm Abs. 1 EStG. Auf die Kapitalerträge erhobene ausländische Quellensteuer kann auf die deutsche Einkommensteuer angerechnet werden, höchstens jedoch iHv 25 % und soweit kein Ermäßigungsanspruch im Ausland besteht, § 32d Abs. 5 S. 1 EStG.

---

[316] Ausf. → Rn. 312 ff.
[317] → Rn. 205 ff.
[318] BFH BFH/NV 2016, 1831 = DStR 2016, 2395.
[319] → Rn. 244 ff.
[320] Zu den Ausnahmen → Rn. 232 ff.
[321] *Schmidt* NWB 2014, 922.
[322] *Wenzel* DStR 2009, 1182.

(2) Veranlagungsoption. (a) Veranlagungsoption zum pauschalen Steuersatz. Nach § 32d **232** Abs. 4 EStG hat der Anteilseigner für Erträge, die der Abgeltungssteuer unterlegen haben, ein Wahlrecht auf Veranlagung zum pauschalen Steuersatz. Diese Veranlagung hat den Zweck, besondere steuermindernde Umstände geltend zu machen, die im Rahmen des Steuerabzugsverfahrens für den Steuerpflichtigen nicht oder nicht ausreichend berücksichtigt werden konnten. Dies ist etwa der Fall bei einem nicht ausgeschöpften Sparer-Pauschbetrag, einem Verlustvortrag nach § 20 Abs. 6 EStG oder der Berücksichtigung ausländischer Steuern.[323] Macht der Steuerpflichtige diese Einkünfte im Rahmen der Veranlagungsoption nach § 32d Abs. 4 EStG geltend, wird die tarifliche Einkommensteuer um 25 % bezogen auf die erklärten Kapitaleinkünfte erhöht. Die vom Kreditinstitut einbehaltene und bescheinigte Kapitalertragsteuer ist nach § 36 Abs. 2 Nr. 2 EStG im Rahmen der Veranlagung auf die für diese Kapitaleinkünfte festgesetzte Einkommensteuer anzurechnen.

(b) Veranlagungsoption zum individuellen Steuersatz. (aa) Günstigerprüfung. Auf Antrag **233** des Steuerpflichtigen werden die Einkünfte aus Kapitalvermögen nach § 32d Abs. 6 EStG in die allgemeine Veranlagung einbezogen und der tariflichen Einkommensteuer unterworfen. Auf diese Weise wird einem Anteilseigner die Möglichkeit eröffnet, die Einkünfte aus Kapitalvermögen mit einem niedrigeren individuellen Steuersatz besteuern zu lassen. Wird ein Antrag nach § 32d Abs. 6 EStG gestellt, führt das Finanzamt eine Günstigerprüfung durch. Liegt der persönliche Steuersatz über dem Abgeltungssteuersatz, gilt der Antrag als nicht gestellt. Die Kapitaleinkünfte werden dann dem Sondersteuersatz nach § 32d Abs. 1 EStG iHv 25 % zzgl. Solidaritätszuschlag und evtl. Kirchensteuer unterworfen. Der Antrag auf allgemeine Veranlagung gem. § 32d Abs. 6 S. 3, 4 EStG ist nur einheitlich für alle Kapitaleinkünfte des Steuerpflichtigen bzw. bei Verheirateten nur einheitlich für sämtliche Kapitaleinkünfte beider Ehegatten möglich.

(bb) Option zum Teileinkünfteverfahren. Auf Antrag kann von der Abgeltungswirkung **234** der einbehaltenen Kapitalertragsteuer zzgl. Solidaritätszuschlag und ggf. Kirchensteuer abgesehen werden, wenn der Steuerpflichtige im Veranlagungszeitraum, für den der Antrag erstmals gestellt wird, unmittelbar oder mittelbar (i) zu mindestens 25 % an der Kapitalgesellschaft beteiligt ist oder (ii) zu mindestens 1 % an der Kapitalgesellschaft beteiligt ist und eine berufliche Tätigkeit für diese mit einem maßgeblichen unternehmerischen Einfluss auf deren wirtschaftliche Tätigkeit ausübt, § 32d Abs. 2 Nr. 3 EStG. Bis zum VZ 2016 war jede berufliche Tätigkeit für die Gesellschaft hinreichend.[324] Nach unzutreffender Ansicht der Finanzverwaltung durfte die Tätigkeit nicht von untergeordneter Bedeutung sein,[325] was der BFH mit Urteil v. 25.8.2015 verwarf.[326] Die aktuelle Rechtslage ist Ausfluss eines Nichtanwendungsgesetzes. Ist die Option möglich, so wird der Anteilseigner in diesen Fällen mit seinen Einkünften iSv § 20 Abs. 1 Nr. 1, 2 EStG zur Einkommensteuer unter Anwendung des Teileinkünfteverfahrens nach § 3 Nr. 40 EStG veranlagt. Die Anwendung des § 20 Abs. 6 EStG (Verrechnung mit Verlusten aus privaten Veräußerungsgeschäften) sowie des § 20 Abs. 9 EStG (Sparer-Pauschbetrag) entfallen, dafür greift das 60%ige Abzugsverbot des § 3c Abs. 2 EStG. Der Antrag ist gem. § 32d Abs. 2 Nr. 3 S. 4 EStG spätestens zusammen mit der Abgabe der Einkommensteuererklärung für den jeweiligen Veranlagungszeitraum zu stellen und gilt für den aktuellen und die folgenden vier Veranlagungszeiträume. Ein Antrag kann auch gestellt werden, wenn in dem jeweiligen Veranlagungszeitraum keine Beteiligungserträge erzielt wurden und die Option nur dazu dient, die Werbungskosten gem. § 3c Abs. 2 EStG zu 60 % im Rahmen der Veranlagung zu berücksichtigen.

(cc) Korrespondenz. Soweit Bezüge iSd § 20 Abs. 1 Nr. 1 EStG das Einkommen der leis- **235** tenden Körperschaft gemindert haben, ist der gesonderte Steuersatz gem. § 32d Abs. 1 EStG

---

[323] *Ronig* DB 2010, 128 (133).
[324] Die Neuregelung gilt gem. § 52 Abs. 33a EStG erstmals für Anträge für den VZ 2017. Bereits bestehende Optionen sind während der fünfjährigen Laufzeit ohne erneuten Nachweis der Antragsvoraussetzungen fortzuführen, *Weiss* NWB 2017, 250 (257 f.).
[325] BMF BStBl. I 2012, 953 Rn. 138 = BeckVerw 265120.
[326] BFH BStBl. II 2015, 892 = DStR 2015, 2278.

nicht anwendbar. Auch das Teileinkünfteverfahren kommt nicht zum Tragen, § 3 Nr. 40 lit. d S. 2 EStG.

236 *bb) Anteile im Betriebsvermögen.* Gehören die Anteile zum Betriebsvermögen des Anteilseigners, greift das Teileinkünfteverfahren nach § 3 Nr. 40 EStG, soweit die Bezüge das Einkommen der leistenden Körperschaft nicht gemindert haben. Die Einkünfte unterliegen nicht der Abgeltungssteuer, § 43 Abs. 5 S. 2 EStG. Nach dem Teileinkünfteverfahren bleiben die erzielten Kapitaleinnahmen zu 40 % von der Einkommensteuer befreit, § 3 Nr. 40 lit. a EStG. Betriebsausgaben, die mit den erzielten Kapitaleinkünften in wirtschaftlichem Zusammenhang stehen, dürfen bei der Ermittlung der Einkünfte des Anteilseigners nur zu 60 % abgezogen werden, § 3c Abs. 2 EStG. Dies gilt unabhängig davon, in welchem Veranlagungszeitraum die Einnahmen anfallen.

3. Veräußerung von Anteilen

237 a) *Veräußerung von Anteilen nach § 20 Abs. 2 EStG. aa) Überblick.* Eine Veräußerung von vor dem 1.1.2009 angeschafften Anteilen an Kapitalgesellschaften im Privatvermögen unterliegt lediglich dann der Einkommensteuer, wenn die Voraussetzungen des § 17 EStG (wesentliche Beteiligung) oder des § 21 UmwStG aF (einbringungsgeborene Anteile) erfüllt sind. Mit Wirkung vom 1.1.2009 werden sämtliche Veräußerungsgewinne aus Anteilen an Kapitalgesellschaften im Privatvermögen der Besteuerung unterworfen, sofern diese nach dem 31.12.2008 angeschafft worden sind, § 52 Abs. 31 EStG. Soweit die Anteile vor dem 1.1.2009 erworben wurden, gilt § 23 Abs. 1 S. 1 Nr. 2 EStG aF über den 1.1.2009 hinaus fort.

238 *bb) Veräußerungsgewinne. (1) Anwendungsbereich.* Zu den Einkünften aus Kapitalvermögen gehört der Gewinn aus der Veräußerung von Anteilen an einer Körperschaft iSd § 20 Abs. 1 Nr. 1, § 20 Abs. 2 Nr. 1 EStG. Dies gilt ungeachtet der Haltedauer sowie der Höhe der Beteiligung. Voraussetzung für die Anwendung des § 20 Abs. 2 Nr. 1 EStG ist, dass die Anteile nach dem 31.12.2008 angeschafft wurden und weder zu einem Betriebsvermögen des Steuerpflichtigen gehören noch die Voraussetzungen des § 17 EStG erfüllen, § 20 Abs. 8 EStG. Als Anteile an einer Körperschaft gelten auch Genussrechten an einer Kapitalgesellschaft, die einen Anspruch auf Beteiligung am Gewinn und am Liquidationserlös der Kapitalgesellschaft vermitteln. Ferner gehören zu den Einkünften aus Kapitalvermögen die Veräußerung von Dividendenscheinen und sonstigen Ansprüchen durch den Inhaber des Stammrechts, wenn die dazugehörigen Aktien oder sonstige Anteile nicht mitveräußert werden, § 20 Abs. 2 Nr. 1 EStG. Werden Anteile an einer Körperschaft über eine (vermögensverwaltende) Personengesellschaft gehalten, so gilt die Anschaffung oder Veräußerung einer Beteiligung an der (vermögensverwaltenden) Personengesellschaft als Anschaffung oder Veräußerung der anteiligen Wirtschaftsgüter, und damit als Veräußerung der Anteile, § 20 Abs. 2 S. 3 EStG.

239 Als Veräußerung anzusehen ist dabei das obligatorische Rechtsgeschäft, das auf die entgeltliche Übertragung des rechtlichen oder zumindest des wirtschaftlichen Eigentums an einer Kapitalbeteiligung oder an einer der in § 20 Abs. 2 Nr. 1, 2 EStG aufgeführten Rechtspositionen auf einen anderen Rechtsträger gerichtet ist.[327] Ausreichend ist dabei bereits die Abgabe eines bindenden Angebots oder ein beide Vertragsparteien bindender Vorvertrag.[328] Ferner fallen darunter die Einbringung von Anteilen im Privatvermögen in das Betriebsvermögen einer Kapitalgesellschaft oder einer Personengesellschaft[329] gegen Gewährung von Gesellschaftsrechten. Einbringung von Anteilen in Personengesellschaften oder Kapitalgesellschaften können indes unter den Bedingungen der § 21 bzw. § 24 UmwStG steuerfrei durchgeführt werden. Darüber hinaus gilt die verdeckte Einlage von Wertpapieren in eine Kapitalgesellschaft als Veräußerung iSv § 20 Abs. 2, § 20 Abs. 2 S. 2 EStG. Die Einlage in eine Personengesellschaft ohne Gewährung von Gesellschaftsrechten führt nicht zur Ge-

---

[327] BMF BStBl. I 2016, 85 Rn. 85 = BeckVerw 323200.
[328] BFH BStBl. II 1970, 806 = BeckRS 1970, 22000665; BFH BStBl. II 1984, 311 = NJW 1984, 1655.
[329] BMF BStBl. I 2011, 713 = BB 2011, 1906 mAnm *Mische*.

winnrealisation. Unerheblich ist, ob Anteile auf Grund eines freien Entschlusses des Anteilseigners oder auf Grund rechtlicher oder wirtschaftlicher Zwänge übertragen werden. Insofern wird auch der *squeeze-out* von § 20 Abs. 2 Nr. 1 EStG erfasst. Eine Rücklagenbildung gem. § 6b Abs. 10 EStG oder R 6.6 EStR scheidet dabei aus.

Als Veräußerung nach § 20 Abs. 2 Nr. 1 EStG ist ferner die Ausgabe neuer Anteile als Gegenleistung bei der Verschmelzung einer Kapitalgesellschaft oder deren Spaltung anzusehen. Sofern in diesen Fällen allerdings die Anwendungsvoraussetzungen des § 13 Abs. 2 S. 1 UmwStG bzw. § 15 Abs. 1 S. 1 UmwStG erfüllt sind, ist der bei Verschmelzungen bzw. Spaltungen auf Gesellschafterebene stattfindende Tauschvorgang zu Buchwerten bzw. Anschaffungskosten vorzunehmen und insofern steuerfrei. Lediglich bare Zuzahlungen und auch Abfindungszahlungen an ausscheidende Gesellschafter bei Umwandlung einer Kapitalgesellschaft sind als Entgelt für eine Veräußerung iSd § 20 Abs. 2 EStG zu behandeln. Nicht als Veräußerung zu qualifizieren sind Erbfall sowie Schenkung bzw. vorweggenommene Erbfolge, soweit diese unentgeltlich erfolgen.

Gewinn iSd § 20 Abs. 2 EStG ist der Unterschied zwischen den Einnahmen aus der Veräußerung nach Abzug derjenigen Aufwendungen, die im unmittelbaren sachlichen Zusammenhang mit dem Veräußerungsgeschäft stehen, und den Anschaffungskosten, § 20 Abs. 4 S. 1 EStG. Sind die Anschaffungskosten nicht nachweisbar, bemisst sich der Steuerabzug pauschal mit 30 % der Einnahmen aus der Veräußerung oder Einlösung der Wirtschaftsgüter, § 43a Abs. 2 S. 7 EStG.[330] Werden Aktien in einem Depot verwahrt (girosammelverwahrte Wertpapiere) ist zur Bestimmung der Anschaffungskosten die FIFO-Methode anzuwenden, § 20 Abs. 4 S. 7 EStG. Bei nicht in Euro getätigten Geschäften sind die Einnahmen im Zeitpunkt der Veräußerung und die Anschaffungskosten im Zeitpunkt der Anschaffung in Euro umzurechnen. In den Fällen der verdeckten Einlage tritt an die Stelle der Einnahmen aus der Veräußerung der Wirtschaftsgüter ihr gemeiner Wert; der Gewinn ist für das Kalenderjahr der verdeckten Einlage anzusetzen. Ist ein Wirtschaftsgut iSd § 20 Abs. 2 EStG in das Privatvermögen durch Entnahme oder Betriebsaufgabe überführt worden, tritt an die Stelle der Anschaffungskosten der nach § 6 Abs. 1 Nr. 4 EStG (Teilwert) oder § 16 Abs. 3 EStG (gemeiner Wert) angesetzte Wert.

(2) Steuerliche Behandlung. Die Einkünfte nach § 20 Abs. 2 EStG unterliegen bei Abwicklung der Veräußerung über ein Kreditinstitut einer 25%igen Abgeltungssteuer, § 43 Abs. 1 Nr. 1 EStG.[331] Vor allem bei der Veräußerung von GmbH-Anteilen, aber auch bei anderen Veräußerungen ohne Einschaltung eines Kreditinstituts hat der Steuerpflichtige die Einkünfte nach § 20 Abs. 2 Nr. 2 EStG in seiner Einkommensteuererklärung anzugeben. Für diese Kapitaleinkünfte erhöht sich die tarifliche Einkommensteuer um 25 % der erklärten Einkünfte zzgl. Solidaritätszuschlag und ggf. Kirchensteuer, § 32d Abs. 3 EStG. Der Steuerpflichtige kann für die bezeichneten Kapitaleinkünfte eine Günstigerprüfung (§ 32d Abs. 6 EStG) oder unter den Voraussetzungen des § 32d Abs. 2 Nr. 3 EStG die Anwendung des Teileinkünfteverfahrens gem. § 3 Nr. 40 EStG beantragen.

cc) Veräußerungsverluste. Verluste aus Kapitalvermögen iSv § 20 Abs. 2 Nr. 1 EStG sind nicht mit Einkünften aus anderen Einkunftsarten ausgleichsfähig und nicht nach § 10d EStG abzugsfähig, § 20 Abs. 6 S. 1 EStG. Die Verluste mindern die Einkünfte, die der Steuerpflichtige in den folgenden Veranlagungszeiträumen erzielt. § 10d Abs. 4 EStG (gesonderte Feststellung) ist sinngemäß anzuwenden. Dabei dürfen Verluste aus Kapitalvermögen iSd § 20 Abs. 2 S. 1 Nr. 1 S. 1 EStG, die aus der Veräußerung von Aktien entstehen, nur mit solchen Gewinnen aus Kapitalvermögen iSd § 20 Abs. 2 S. 1 Nr. 1 S. 1 EStG ausgeglichen werden, die ebenfalls aus der Veräußerung von Aktien entstehen, § 20 Abs. 6 S. 5 EStG. Auch in den Anwendungsbereich des § 20 Abs. 6 S. 5 EStG fallen Verluste aus der Veräußerung von American Depositary Receipts (ADR).[332] Bei den ADR handelt es sich nicht um Aktien, sondern um Zertifikate, die Aktien verbriefen.

---
[330] Zur Anwendung auf Leerverkäufe BMF BStBl. I 2016, 85 Rn. 196 = BeckVerw 323200.
[331] IE → Rn. 231 ff.
[332] BMF BStBl. I 2016, 85 Rn. 123 = BeckVerw 323200.

244 **b) Veräußerung von Anteilen nach § 17 EStG.** *aa) Anwendungsbereich.* Gem. § 17 Abs. 1 EStG gehört zu den Einkünften aus Gewerbebetrieb auch der Gewinn aus der Veräußerung von Anteilen an einer Kapitalgesellschaft, sofern der Veräußerer innerhalb der letzten fünf Jahre am Kapital der Gesellschaft unmittelbar oder mittelbar zu mindestens 1 % beteiligt war.[333] In den Anwendungsbereich des § 17 EStG fallen lediglich Anteile im Privatvermögen einer natürlichen Person. Das Veräußerungsergebnis ist nicht gewerbesteuerpflichtig.[334]

245 Bei der Gewinnermittlung des § 17 EStG handelt es sich um eine Gewinnermittlung eigener Art. Zwar sind Parallelen zur allgemeinen Ermittlung des § 4 Abs. 1 EStG gegeben, der Hauptunterschied liegt in der fehlenden Periodisierung. Vermögensänderungen werden nur zum Ende der Haltedauer erfasst, was zu einer faktischen Saldierung von vorangegangen Wertschwankungen führt.

246 *bb) Persönliche Anwendungsvoraussetzungen.* Die Regelungen des § 17 EStG sind anzuwenden auf Veräußerungen durch unbeschränkt steuerpflichtige natürliche Personen, § 1 Abs. 1–3 EStG. Sie greifen auch dann, wenn die Anteile über eine vermögensverwaltende Personengesellschaft gehalten werden. Steuerpflichtig ist die Veräußerung von Anteilen an inländischen und ausländischen[335] Kapitalgesellschaften.

247 Ist der Veräußerer demgegenüber beschränkt steuerpflichtig, unterliegen Veräußerungserfolge bei Erfüllung der Anwendungsvoraussetzungen des § 17 EStG der deutschen Steuerpflicht lediglich dann, wenn:
- entweder Anteile an Kapitalgesellschaften mit Sitz oder Geschäftsleitung im Inland veräußert werden, oder
- bei Erwerb der Anteile aufgrund eines Antrags nach § 13 Abs. 2 UmwStG (Anteilstausch bei Verschmelzung) oder § 21 Abs. 2 S. 3 Nr. 2 UmwStG (Anteilstausch) nicht der gemeine Wert angesetzt worden ist oder auf die § 17 Abs. 5 S. 2 EStG (Sitzverlegung SE bzw. SCE) anzuwenden war, § 49 Abs. 1 Nr. 2 lit. e EStG.

248 Allerdings wird durch die meisten DBA das Recht auf Besteuerung derartiger Veräußerungsgewinne dem Wohnsitzstaat des Anteilseigners zugewiesen, Art. 13 Abs. 5 OECD-MA. In diesem Fall entfällt somit das deutsche Besteuerungsrecht.

249 Hat eine SE ihren Sitz in einen anderen Mitgliedstaat der Europäischen Union verlegt, so wird im Zeitpunkt der Sitzverlegung keine Veräußerung der Anteile ausgelöst, § 17 Abs. 5 S. 2 EStG. Im Gegenzug statuiert § 17 Abs. 5 S. 3 EStG, dass der Gewinn aus der späteren Veräußerung der Anteile ungeachtet eines DBA so besteuert wird, wie die Veräußerung dieser Anteile zu besteuern gewesen wäre, wenn keine Sitzverlegung stattgefunden hätte.

250 *cc) Sachliche Anwendungsvoraussetzungen.* (1) *Anteile an Kapitalgesellschaften.* In den Anwendungsbereich des § 17 EStG fallen Aktien und Gesellschaftsrechte ebenso wie solche Genussrechte, die gem. § 8 Abs. 3 S. 2 UStG einen Anspruch auf Beteiligung am Gewinn und am Liquidationserlös vermitteln. Gleichfalls erfasst werden konkrete Bezugsrechte, die bei Kapitalerhöhungen einer Kapitalgesellschaft einen Anspruch auf Abschluss eines Zeichnungsvertrags begründen. Das sind bei der AG diejenigen Bezugsrechte, die aufgrund eines Kapitalerhöhungsbeschlusses kraft Gesetzes nach § 186 AktG entstehen.[336]

251 (2) *Unmittelbare oder mittelbare Beteiligung.* Der Veräußerer muss unmittelbar oder mittelbar mindestens zu 1 % als wirtschaftlicher Eigentümer an der Kapitalgesellschaft beteiligt sein, § 17 Abs. 1 S. 1 EStG. Gesellschafter iSd § 17 Abs. 1 S. 1 EStG ist mithin auch ein Treugeber, dem die Gesellschafterstellung durch ein zivilrechtlich wirksames Treuhandverhältnis nach § 39 Abs. 2 Nr. 1 AO steuerrechtlich zuzurechnen ist.[337]

---

[333] Zur Anteilsrotation BFH BStBl. II 2003, 854 = DStRE 2003, 1032; BFHE 196, 128 = DStR 2001, 1883.
[334] R 7.1 Abs. 3 GewStR.
[335] Zur Unvereinbarkeit der vorzeitigen Anwendung der Einführung der Beteiligungsgrenze von 1 % auf Anteile an EU-Kapitalgesellschaften EuGH BStBl. II 2009, 437 = BeckRS 2007, 71083 – Gronfeldt; sa OFD Münster Kurzinformation v. 26.5.2009, Kurzinformation Einkommensteuer Nr. 015/2009, BeckVerw 159870.
[336] BFH BStBl. II 1969, 105 = BeckRS 1968, 21000900.
[337] BFH BFH/NV 2009, 896 = BeckRS 2008, 25014789; zu den Bedingungen weiter FG Hamburg ECLI:DE:FGHH:2009:0421.2K268.07.0A = BeckRS 2009, 26027455.

252 Maßgebend für die Beurteilung des Beteiligungsumfangs ist die nominelle Beteiligung am Nennkapital. Besitzt die Kapitalgesellschaft eigene Anteile, ist deren Nennwert zur Ermittlung der Beteiligungshöhe des betreffenden Anteilseigners vom Nennkapital abzuziehen. Bei der Bestimmung der Beteiligungshöhe und damit der Steuerpflicht bei Veräußerung unmittelbar gehaltener Anteile sind mittelbare Beteiligungen zu berücksichtigen. Als mittelbare Beteiligung sind Anteile anzusehen, die über eine Kapitalgesellschaft oder eine gewerbliche Personengesellschaft gehalten werden, an der der Veräußerer beteiligt ist. Hält eine natürliche Person bspw. 0,5 % der Anteile an einer Kapitalgesellschaft direkt und gehören weitere 5 % der Anteile an der nämlichen Kapitalgesellschaft zum Betriebsvermögen einer Personengesellschaft, an der der Anteilseigner zu 50 % beteiligt ist, so fällt die Veräußerung der im Privatvermögen gehaltenen Anteile an der Kapitalgesellschaft wegen Überschreitens der 1 %-Relevanzschwelle in den Anwendungsbereich des § 17 EStG. Über eine vermögensverwaltende Personengesellschaft gehaltene Anteile sind den Gesellschaftern anteilig als unmittelbare Beteiligungen zuzurechnen (Bruchteilsbetrachtung).[338]

253 Als Anteile iSd § 17 Abs. 1 S. 1 EStG gelten auch Anteile an Kapitalgesellschaften, an deren Kapital der Veräußerer innerhalb der letzten fünf Jahre nicht unmittelbar oder mittelbar zu mindestens 1 % beteiligt war, wenn
- die Anteile auf Grund eines Einbringungsvorgangs iSd UmwStG, bei dem nicht der gemeine Wert zum Ansatz kam, erworben wurden und
- zum Einbringungszeitpunkt für die eingebrachten Anteile die Voraussetzungen von § 17 Abs. 1 S. 1 EStG erfüllt waren, oder die Anteile auf einer Sacheinlage im Sinne von § 20 Abs. 1 UmwStG aF (einbringungsgeborene Anteile) beruhen, § 17 Abs. 6 EStG.

254 *(3) Fünfjahreszeitraum.* Für eine Steuerpflicht nach § 17 EStG ist nicht allein auf den aktuellen Beteiligungsumfang im jeweiligen Veräußerungszeitpunkt abzustellen. Zu betrachten ist vielmehr der Umfang des Anteilsbesitzes innerhalb der letzten fünf Jahre vor einer Anteilsübertragung. Maßgebend sind für die Berechnung der Fünfjahresfrist nicht Veranlagungszeiträume, sondern Zeitjahre. Besonderheiten gelten für Anteile, die der Veräußerer unentgeltlich erworben hat, § 17 Abs. 1 S. 4 EStG. Hier ist die Rechtslage beim Rechtsvorgänger in die Betrachtung einzubeziehen.

255 *(4) Veräußerung und gleichgestellte Tatbestände.* Die Rechtsfolgen des § 17 EStG greifen bei jeder entgeltlichen Übertragung des wirtschaftlichen Eigentums an Anteilen an Kapitalgesellschaften auf einen Dritten. Als solche entgeltliche Übertragung zu verstehen sind vor allem der Verkauf, aber auch Tauschgeschäfte. Ausdrücklich einer Veräußerung gleichgestellt wird die verdeckte Einlage von Anteilen in eine Kapitalgesellschaft, § 17 Abs. 1 S. 2 EStG.[339] In den Anwendungsbereich des § 17 EStG fallen des Weiteren die Kapitalherabsetzung sowie die Auflösung oder Abwicklung der Kapitalgesellschaft, § 17 Abs. 4 EStG. Ebenso löst die Rückgewähr von Beträgen aus dem steuerlichen Einlagenkonto die Rechtsfolgen nach § 17 Abs. 4 EStG aus, sobald die zurückgezahlten Beträge die Anschaffungskosten übersteigen. Zuerst findet eine erfolgsneutrale Verrechnung von Anschaffungskosten mit zurückgezahlten Beträgen statt.[340] Negative Anschaffungskosten sind nicht möglich.

Der Veräußerung der Anteile gleich gestellt wird die Beschränkung oder der Ausschluss des Besteuerungsrechts Deutschlands hinsichtlich des Gewinns aus der Veräußerung der Anteile an einer Kapitalgesellschaft im Fall der Verlegung des Sitzes oder des Orts der Geschäftsleitung der Kapitalgesellschaft in einen anderen als einen EU-Staat, § 17 Abs. 5 S. 1, 2 EStG.

256 Keine Veräußerung stellt hingegen die bloße Einräumung einer Kaufoption dar, denn es handelt sich lediglich um ein Veräußerungsversprechen. Die unentgeltliche Übertragung im Wege der Schenkung bzw. vorweggenommenen Erbfolge stellt ebenso wie die Übertragung im Erbfall keinen Rechtsvorgang dar, der in den Anwendungsbereich des § 17 EStG fällt.

---

[338] BFH BStBl. II 2000, 686 = DStR 2000, 1553.
[339] → Rn. 326 ff.
[340] Blümich/*Vogt* EStG § 17 Rn. 883.

257 *dd) Steuerliche Behandlung. (1) Veräußerungsgewinne. (a) Steuerbemessungsgrundlage.* Der Besteuerung unterliegt ein Gewinn, der sich als Unterschiedsbetrag zwischen dem Veräußerungspreis, den Veräußerungskosten und den Anschaffungskosten der übertragenen Anteile ermittelt, § 17 Abs. 2 S. 1 EStG.

258 *(aa) Veräußerungspreis.* Bei Veräußerung ist der Ermittlung des Veräußerungsgewinns der Veräußerungspreis zugrunde zu legen. Nicht Bestandteil des Veräußerungspreises ist der Betrag, der dem im Veräußerungszeitpunkt bereits entstandenen Gewinnausschüttungsanspruch entspricht. Insoweit liegen Einkünfte aus Kapitalvermögen vor, § 20 Abs. 1 Nr. 1 EStG. Ebenso wenig gehört zur Gegenleistung eine Entschädigung für ein vereinbartes Wettbewerbsverbot, sofern letzteres eigenständige Bedeutung hat.[341] Werden Anteile getauscht oder verdeckt eingelegt, tritt an die Stelle des Veräußerungspreises der gemeine Wert der erhaltenen Anteile, § 17 Abs. 2 S. 2 EStG. Gleiches gilt im Fall der Sitzverlegung iSv § 17 Abs. 5 S. 1, 2 EStG. Im Fall der Rückzahlung aus dem Einlagenkonto ist der gemeine Wert der ausgeschütteten bzw. zurückgezahlten Beträge als Veräußerungspreis anzusetzen.

259 *(bb) Anschaffungskosten der Anteile.* Anschaffungskosten sind diejenigen Aufwendungen, die geleistet werden, um einen Vermögensgegenstand zu erwerben. Die Anschaffungskosten iSd § 17 Abs. 2 S. 1 EStG entsprechen dem im Anschaffungszeitpunkt gezahlten Preis der Anteile zuzüglich Anschaffungsnebenkosten. Der Begriff ist iSd § 255 Abs. 1 HGB auszulegen.[342] Hat der Veräußerer die Anteile zuvor aus dem Betriebsvermögen entnommen, tritt der Entnahmewert an die Stelle der Anschaffungskosten.[343]

260 Zu den nach § 17 Abs. 2 S. 1 EStG maßgebenden Anschaffungskosten der Anteile gehören auch nachträgliche Anschaffungskosten. Die nachträglichen Anschaffungskosten einer Beteiligung umfassen neben (verdeckten) Einlagen auch solch nachträgliche Aufwendungen auf die Beteiligung, die durch das Gesellschaftsverhältnis veranlasst sind und weder Werbungskosten bei den Einkünften aus Kapitalvermögen noch Veräußerungskosten sind.[344]

261 Bei Beteiligung an einer GmbH rechnen nach bisheriger Rspr. des BFH[345] zu den nachträglichen Anschaffungskosten auch Finanzierungshilfen, etwa durch Übernahme einer Bürgschaft oder durch andere Rechtshandlungen iSd § 32a Abs. 3 S. 1 GmbHG aF, sofern sie eigenkapitalersetzenden Charakter haben. Maßgebend dafür war, ob ein Gesellschafter der Gesellschaft in einem Zeitpunkt, in dem ihr die Gesellschafter als ordentliche Kaufleute Eigenkapital zugeführt hätten (Krise der Gesellschaft), stattdessen ein Darlehen gewährt oder eine dem Darlehen wirtschaftlich entsprechend andere Rechtshandlung ausgeführt hätten.[346] Im Zivilrecht waren die Grundsätze über die Behandlung eigenkapitalersetzender Gesellschafterdarlehen oder ihnen gleichstehender Finanzierungshilfen auf eine AG bisher sinngemäß anzuwenden, sofern der Darlehensgeber an ihr unternehmerisch beteiligt ist.[347] Eine solche unternehmerische Beteiligung setzt idR einen Aktienbesitz von mehr als 25 % voraus. Nur ausnahmsweise kann auch bei einer Beteiligung von weniger als 25 % eine unternehmerische Beteiligung vorliegen. Dies setzt voraus, dass der Aktionär auf Grund weiterer Umstände (zB Konsortialverträge; familiäre Verflechtung unter den Aktionären) einen fortdauernden Einfluss auf die Unternehmensleitung hat und ersichtlich auch ausübt. Eine Mitgliedschaft im Aufsichtsrat oder eine Vorstandsfunktion genügen dafür nicht.[348] Das Steuerrecht schließt sich dieser zivilrechtlichen Betrachtung an.[349] Insofern kann ein Aktionär bei Beteiligung von weniger als 25 % Finanzierungshilfen nicht als nachträgliche An-

---

[341] BFH BStBl. II 1984, 233 = BeckRS 1983, 22006452; BFH BStBl. II 1999, 590 = DStR 1999, 1223.
[342] BFH BStBl. II 2010, 790 = DStR 2010, 1425.
[343] BFH BStBl. II 2010, 790 = DStR 2010, 1425.
[344] BFH BStBl. II 1992, 234 = DStR 1991, 1348.
[345] BFH BStBl. II 1999, 817 = DStR 1999, 1897; zu § 32a Abs. 3 S. 1 GmbHG: BFH BStBl. II 1999, 724 = DStRE 1999, 779; BFH BStBl. II 2001, 286 = DStRE 2001, 297; BFH DStRE 2009, 142 = BeckRS 2008, 25014019; BFH BStBl. II 2008, 706 = DStR 2008, 1424.
[346] BFH BStBl. II 1999, 817 = DStR 1999, 1897; iE BMF BStBl. I 2010, 832 = DStR 2010, 2191.
[347] BGH BGHZ 90, 381 = NJW 1984, 1893.
[348] BGH DStR 2005, 1416 = BeckRS 2005, 8479.
[349] BFH BStBl. II 2008, 706 = DStR 2008, 1424.

schaffungskosten berücksichtigen. Durch das MoMiG wurden die Regelungen der §§ 32a, 32b GmbHG aF aufgehoben. Zudem wurden die Schutzvorschriften der §§ 30, 31 GmbHG dahingehend modifiziert, dass sie für die Rückzahlung von Gesellschafterdarlehen nicht mehr anwendbar sind. Damit entfällt nunmehr für Gesellschafterdarlehen die Konstruktion des gesellschaftsrechtlichen Eigenkapitalersatzes. Stattdessen wird der Nachrang von Gesellschafterdarlehen vollständig in das Insolvenzrecht (InsO) und das Anfechtungsrecht außerhalb der Insolvenz (AnfG) verlagert.

Die auf das Eigenkapitalersatzrecht gestützte Rspr. des BFH wurde vom IX. Senat mit Wirkung ab dem 27.9.2017 aufgegeben. Ausfälle von Gesellschafterdarlehen und die Inanspruchnahmen aus Bürgschaften werden zukünftig nicht mehr als nachträgliche Anschaffungskosten behandelt.[350] Offene und verdeckte Einlagen sind jedoch nach wie vor als nachträgliche Anschaffungskosten zu erfassen.[351] Neuerdings wurde jedoch von der Rspr. der Ausfall eines Darlehens in der privaten Vermögenssphäre als steuerlich anzuerkennender Verlust gem. § 20 Abs. 2 S. 1 Nr. 7, S. 2, Abs. 4 EStG anerkannt.[352] Dieser Unterfällt jedoch den Verrechnungsbeschränkungen des § 20 EStG. 262

(b) Teileinkünfteverfahren. Wurden die Anteile vor dem 31.12.2008 veräußert, unterlag der nach § 17 Abs. 1 EStG zu versteuernde Gewinn dem Halbeinkünfteverfahren. Bei einer Veräußerung nach dem 31.12.2008 ist das Teileinkünfteverfahren anzuwenden. Maßgeblich ist dabei der Veräußerungszeitpunkt und nicht der Zeitpunkt des Zuflusses der Gegenleistung. Die Abgeltungssteuer greift für Veräußerungsgewinne nach § 17 EStG nicht, da gewerbliche Einkünfte vorliegen, § 20 Abs. 8 EStG. 263

Nach § 3 Nr. 40 lit. c EStG bleiben bei Veräußerungen 40 % des Veräußerungspreises steuerfrei. Zugleich sind die Anschaffungskosten, einschließlich nachträglicher Anschaffungskosten, sowie die entstandenen Veräußerungskosten nur zu 60 % abzugsfähig, § 3c Abs. 2 EStG. Aufwendungen, die in unmittelbarem Zusammenhang mit der Veräußerung stehen, mindern den maßgebenden Veräußerungsgewinn anteilig. 264

Nicht zu diesen Veräußerungskosten gehören Zinsen für Darlehen zum Erwerb der betreffenden Anteile. Vielmehr handelt es sich dabei um Werbungskosten bei den Einkünften aus Kapitalvermögen, die ggf. unter die Beschränkung des § 20 Abs. 9 EStG fallen. 265

(c) Freibetrag. Ein steuerbarer Veräußerungsgewinn wird nur dann zur Einkommensteuer herangezogen, soweit er den Teil von 9.060 EUR übersteigt, der dem veräußerten Anteil an der Kapitalgesellschaft entspricht, § 17 Abs. 3 S. 1 EStG. Dieser Freibetrag ermäßigt sich um den Betrag, um den der steuerbare Veräußerungsgewinn den Teil von 36.100 EUR übersteigt, der dem veräußerten Anteil an der Kapitalgesellschaft entspricht, § 17 Abs. 3 S. 2 EStG. Veräußert ein Anteilseigner seine 5%ige Beteiligung an einer Kapitalgesellschaft mit einem Veräußerungsgewinn von 2.000 EUR, so wird dem Veräußerer ein Freibetrag von 258 EUR gewährt (= 9.060 EUR × 5 % − (36.100 EUR × 5 % − 2.000 EUR)). Der für die Anwendung der Freigrenzen maßgebende steuerbare Veräußerungsgewinn nach § 17 Abs. 3 EStG bezieht sich auf den Betrag nach Anwendung der § 3 Nr. 40 lit. c, § 3c Abs. 2 EStG. 266

(d) Besteuerungszeitpunkt. Zu versteuern ist ein Gewinn nach § 17 EStG in dem Veranlagungszeitraum, in dem das wirtschaftliche Eigentum der Anteile auf den Erwerber übergeht. Der Zeitpunkt des Zuflusses der Gegenleistung ist unerheblich. Ändert sich der Veräußerungspreis nach dem Zeitpunkt der Übertragung der Anteile, so ist diese Änderung als rückwirkendes Ereignis auf den Veranlagungszeitpunkt der Veräußerung zurück zu beziehen, § 175 Abs. 1 S. 1 Nr. 2 AO.[353] Der ursprünglich versteuerte Veräußerungsgewinn ist nachträglich zu korrigieren. Eine solche nachträgliche Korrektur ist etwa dann erforderlich, 267

---

[350] BFH BFHE 258, 427 = DStR 2017, 2098; *Crezelius* NZI 2017, 923 (924); *Kahlert* DStR 2017, 2305; *Korn* KÖSDI 2017, 20472.
[351] *Weiss* DStR 2017, 353; *Crezelius* NZI 2017, 923 (924).
[352] BFH BFHE 259, 535 = DStR 2017, 2801.
[353] So zB auch Blümich/*Vogt* EStG § 17 Rn. 523.

wenn der gestundete Kaufpreis tatsächlich nicht mehr entrichtet wird.[354] Ebenfalls um ein Ereignis mit steuerlicher Rückwirkung handelt es sich, wenn der ursprüngliche Kaufvertrag aufgrund des Eintritts einer im Kaufvertrag vorgesehenen Bedingung rückabgewickelt wird.[355] Die ursprüngliche Veräußerung wird aufgehoben.

268 Wird hingegen der Veräußerungspreis von der künftigen Entwicklung der Erfolge der Gesellschaft abhängig gemacht, so sind diese „Bestandteile" des Kaufpreises erst mit Zufluss in späteren Veranlagungszeiträumen zu versteuern.[356]

269 *(e) Steuersatz.* Der ermittelte steuerpflichtige Teil des Veräußerungsgewinns unterliegt der tariflichen Einkommensteuer. Die Tarifvergünstigungen des § 34 EStG greifen für Veräußerungsgewinne nach § 17 EStG nicht, § 34 Abs. 2 Nr. 1 EStG.

270 *(2) Veräußerungsverluste.* Ein Verlust aus der Veräußerung bzw. Übertragung von Anteilen an einer Kapitalgesellschaft iSd § 17 Abs. 1 EStG kann uneingeschränkt mit anderen Einkünften verrechnet werden. Zu berücksichtigen sind ebenso Verluste aus der Auflösung oder Liquidation der Kapitalgesellschaft.[357] Auch auf Verluste ist das Teileinkünfteverfahren anzuwenden, weshalb gem. § 3 Nr. 40 lit. c, § 3c Abs. 2 EStG nur 40 % eines ermittelten Veräußerungsverlustes ausgleichbar bzw. verrechenbar sind.

271 Die allgemeine Verlustverrechnungsmöglichkeit wird durch die Regelungen des § 17 Abs. 2 S. 6 EStG eingeschränkt. Veräußerungsverluste können danach nicht steuerlich berücksichtigt werden, soweit sie auf Anteile entfallen,
- die der Steuerpflichtige innerhalb der letzten fünf Jahre unentgeltlich erworben hat, sofern nicht auch der Rechtsvorgänger die Verluste hätte geltend machen können;
- die entgeltlich erworben wurden und nicht innerhalb der gesamten letzten fünf Jahre zu einer Beteiligung des Steuerpflichtigen gehört haben, die die Voraussetzungen des § 17 Abs. 1 S. 1 EStG erfüllt.[358] Eine Rückausnahme besteht davon in der Form, dass bei einem Erwerb von mehr als 1 % oder bei Aufstockung einer Beteiligung, die bereits mehr als 1 % betrug, der Verlust berücksichtigungsfähig ist.

272 Mit den genannten Verlustverrechnungsbeschränkungen sollen Gestaltungen verhindert werden, die allein der steuerlichen Geltendmachung von Verlusten aus Anteilen an Kapitalgesellschaften dienen. Insofern können Verluste aus der Veräußerung von Anteilen zunächst dann nicht verrechnet werden, wenn die 1 %-Referenzgrenze allein durch den unentgeltlichen Erwerb solcher Anteile von einem Dritten erreicht wird, die isoliert betrachtet nach § 17 EStG nicht steuerverhaftet waren, § 17 Abs. 2 S. 6 lit. a EStG.

273 Der Ausschlusstatbestand des § 17 Abs. 2 S. 6 lit. b EStG richtet sich gegen Gestaltungen, nach denen verlustträchtige Anteile von weniger als 1 % durch entgeltlichen Erwerb auf mindestens 1 % aufgestockt und die Anteile anschließend insgesamt veräußert werden. Dieses Verlustberücksichtigungsverbot gilt indes nicht für innerhalb der letzten fünf Jahre erworbene Anteile, deren Erwerb zur Begründung einer Beteiligung des Steuerpflichtigen iSv § 17 Abs. 1 S. 1 EStG geführt hat, § 17 Abs. 2 S. 4 lit. b S. 2 Hs. 1 EStG. Von dieser Ausnahme erfasst wird auch der Fall, in dem eine ursprünglich in relevanter Höhe erworbene Beteiligung innerhalb der letzten fünf Jahre vor der Veräußerung/Auflösung der Gesellschaft auf einen Prozentsatz unterhalb der Relevanzschwelle abgesenkt wurde.[359]

274 c) *Veräußerung von Anteilen nach § 23 Abs. 1 Nr. 2 EStG aF* *aa) Anwendungsbereich.* Die Regelung des § 23 Abs. 1 Nr. 2 EStG aF wurde durch das UntStRefG 2008 aufgehoben.

---

[354] BFH BStBl. II 1992, 479 = DStR 1992, 423; BFH BStBl. II 1992, 472 = DStR 1992, 425; zur Rückwirkung des Eintritts einer auflösenden Bedingung über Verkauf von Anteilen BFH BStBl. II 2004, 107 = DStR 2003, 2162.
[355] BFH BStBl. II 2004, 107 = DStR 2003, 2162.
[356] BFH BStBl. II 2016, 600 = DStR 2016, 292; BFH BStBl. II 2002, 532 = DStR 2002, 1212; BFH BStBl. II 2011, 261 = DStR 2010, 1374 mAnm *Wittwer;* BFH BStBl. II 2013, 883 = DStR 2013, 2050; *Hils* DStR 2016, 1345 (1349).
[357] Zum Zeitpunkt der Verlustberücksichtigung BFH BFH/NV 2009, 761 = BeckRS 2009, 25014691.
[358] BFH BFH/NV 2005, 2202 = BeckRS 2005, 25008708.
[359] BFH BStBl. II 2009, 810 = DStR 2009, 1579 mAnm *Schallmoser;* aA *Dötsch/Pung* BB 1999, 1352 (1355); *Herzig/Förster* DB 1999, 711 (716).

Auf Veräußerungen von Anteilen an Kapitalgesellschaften im Privatvermögen, die vor dem 1.1.2009 erworben wurden, bleibt die Regelung weiter anwendbar, § 52 Abs. 31 EStG. Werden die Anteile nach Ablauf der einjährigen Haltefrist veräußert, sind erzielte Veräußerungsgewinne steuerfrei, sofern nicht die Voraussetzungen des § 17 EStG oder des § 21 UmwStG aF (einbringungsgeborene Anteile) erfüllt werden.

bb) Persönliche Anwendungsvoraussetzungen. Die Vorschrift des § 23 Abs. 1 Nr. 2 EStG aF ist anzuwenden auf Veräußerungen von Anteilen im Privatvermögen unbeschränkt steuerpflichtiger natürlicher Personen, § 1 Abs. 1–3 EStG. 275

cc) Sachliche Anwendungsvoraussetzungen. Nach § 23 Abs. 1 Nr. 2 EStG iVm § 22 S. 1 Nr. 2 EStG aF unterfallen Gewinne aus der Veräußerung von Anteilen an Kapitalgesellschaften dann der Besteuerung, wenn der Zeitraum zwischen Anschaffung und Veräußerung nicht mehr als ein Jahr beträgt. 276

(1) Wertpapiere. In den Anwendungsbereich des § 23 Abs. 1 Nr. 2 EStG aF fallen Aktien und Gesellschaftsrechte ebenso wie Bezugsrechte[360] und Genussrechte, die eine Beteiligung am Gewinn und am Liquidationserlös iSv § 8 Abs. 3 S. 2 KStG vermitteln. 277

(2) Anschaffung. Unter Anschaffung ist der entgeltliche Erwerb von einem Dritten zu verstehen. Das Entgelt kann in einer baren oder sachwerten Gegenleistung bestehen. Insofern fallen auch durch Ausübung von Aktienoptionen erworbene Aktien in den Anwendungsbereich des § 23 EStG aF. Als iSd § 23 EStG aF angeschafft gelten ebenfalls Anteile, die im Zuge der Gründung der Kapitalgesellschaft oder bei einer Kapitalerhöhung ausgegeben wurden. 278

Ausdrücklich einer Anschaffung gleichgestellt ist die Entnahme, etwa aus dem Betriebsvermögen eines Einzelunternehmens oder aus dem Gesamthandvermögen bzw. dem Sonderbetriebsvermögen einer Personengesellschaft, § 23 Abs. 1 S. 2 EStG aF Ebenfalls als Anschaffung anzusehen ist der Antrag auf Entstrickung einbringungsgeborener Anteile, § 23 Abs. 1 S. 2 EStG aF.[361] 279

Nicht um Anschaffungen iSd § 23 Abs. 1 EStG aF handelt es sich demgegenüber beim unentgeltlichen Erwerb durch Erbfall oder Schenkung bzw. durch vorweggenommene Erbfolge. In diesen Fällen muss sich der Rechtsnachfolger die Anschaffung durch den Rechtsvorgänger zurechnen lassen, § 23 Abs. 1 S. 3 EStG aF. 280

(3) Veräußerung. Unter einer Veräußerung iSd § 23 Abs. 1 EStG aF ist die entgeltliche Übertragung auf einen Dritten mit Lieferverpflichtung zu verstehen. Darunter fallen Verkauf und Tausch ebenso wie die Einbringung der Anteile in eine Kapitalgesellschaft oder eine Personengesellschaft gegen Ausgabe von Gesellschaftsrechten, soweit der Vorgang nicht nach dem UmwStG steuerneutral möglich ist. 281

Nicht als Veräußerung zu qualifizieren sind Erbfall sowie Schenkung bzw. vorweggenommene Erbfolge. Darüber hinaus gilt die verdeckte Einlage von Wertpapieren in eine Kapitalgesellschaft anders als bei Grundstücken nicht als Veräußerung iSd § 23 EStG aF, § 23 Abs. 1 S. 5 Nr. 2 EStG aF. Ebensowenig stellen Liquidationserlöse und Kapitalrückzahlungen einer Kapitalgesellschaft Veräußerungen iSv § 23 EStG aF dar. 282

(4) Frist und steuerliche Behandlung. Veräußerungsgewinne und Veräußerungsverluste wirken sich nur dann steuerlich aus, wenn der Zeitraum zwischen Anschaffung und Veräußerung nicht mehr als ein Jahr beträgt, § 23 Abs. 1 Nr. 2 EStG aF. Für die Fristberechnung ist jeweils auf den Zeitpunkt des schuldrechtlichen Verpflichtungsgeschäfts abzustellen und nicht auf das dingliche Übertragungsgeschäft. Die Frist wird regelmäßig abgelaufen sein, weshalb sich keine steuerlichen Konsequenzen ergeben. Veräußerungskosten sind entsprechend nicht berücksichtigungsfähig. 283

---

[360] BFH BStBl. II 2003, 712 = DStR 2003, 1249.
[361] → Rn. 290 ff.

284 **d) Veräußerung von einbringungsgeborenen Anteilen nach § 21 UmwStG aF.** *aa) Anwendungsbereich.* Wurden Anteile an Kapitalgesellschaften vor dem 1.1.2009 erworben, so ist ihre Veräußerung nach dem 31.12.2008 außerhalb der einjährigen Haltefrist des § 23 Abs. 1 Nr. 2 EStG aF dann steuerlich relevant, wenn sie zwar nicht die Voraussetzungen des § 17 EStG erfüllen, aber als einbringungsgeborene Anteile iSd § 21 UmwStG aF zu qualifizieren sind. Die Regelung des § 21 UmwStG aF wurde durch das SEStEG für Einbringungen nach dem 12.12.2006 aufgehoben.

285 Einbringungsgeborene Anteile an Kapitalgesellschaften sind solche Anteile, die durch Sacheinlage gem. § 20 Abs. 1 UmwStG aF oder § 23 Abs. 1–4 UmwStG aF unter dem Teilwert, dh zum Buchwert oder Zwischenwert erworben wurden, § 21 Abs. 1 S. 1 UmwStG aF. Neben originär einbringungsgeborenen Anteilen werden auch derivative einbringungsgeborene Anteile von § 21 UmwStG aF erfasst.[362] Solche derivativen einbringungsgeborenen Anteile entstehen durch Wertverschiebungen von alten Anteilen auf neue Anteile, etwa infolge von Kapitalerhöhungen ohne ausreichendes Aufgeld.[363]

286 *bb) Veräußerung und gleichgestellte Tatbestände.* Steuerlich unterfällt der Anwendung des § 21 UmwStG aF die Veräußerung einbringungsgeborener Anteile, § 21 Abs. 1 UmwStG aF.

287 Dieser Veräußerung gleichgestellt werden andere Tatbestände, die nach § 21 Abs. 2 UmwStG aF die Entstrickung einbringungsgeborener Anteile auslöst. Die Aufzählung der Entstrickungstatbestände in § 21 Abs. 2 UmwStG aF ist abschließend und darf nicht durch Analogie ausgeweitet werden.[364] So kann der Anteilseigner jederzeit die Entstrickung einbringungsgeborener Anteile beantragen und löst damit die Rechtsfolgen des § 21 Abs. 1 UmwStG aF aus, § 21 Abs. 2 Nr. 1 UmwStG aF.[365] Solch ein Antrag ist etwa dann vorteilhaft, wenn künftig mit der Entstehung stiller Reserven zu rechnen ist und die Anteile nicht nach §§ 17, 23 EStG steuerverhaftet sind. Trotz der Aufdeckung stiller Reserven kann ein Entstrickungsantrag ferner angesichts der Möglichkeit einer zinsfreien Stundung der zu entrichtenden Einkommensteuer interessant sein.[366]

288 Zu einer Entstrickung kommt es auch dann, wenn Deutschland das Besteuerungsrecht etwaiger Gewinne aus einbringungsgeborenen Anteilen verliert, § 21 Abs. 2 S. 1 Nr. 2 UmwStG aF.[367] Das deutsche Besteuerungsrecht kann etwa durch Wohnsitzverlegung in einen ausländischen Staat verloren gehen.[368] Dieser Fall ist dann gegeben, wenn nach dem mit dem betreffenden ausländischen Staat geschlossenen DBA das Besteuerungsrecht von Anteilen an Kapitalgesellschaften dem Wohnsitz zusteht. Die Regelung des § 21 Abs. 2 S. 1 Nr. 2 UmwStG aF greift zudem ein, wenn die einbringungsgeborenen Anteile in eine ausländische Betriebsstätte eingebracht werden, deren Gewinn nach dem maßgebenden DBA im Betriebsstättenstaat zu versteuern ist. Ferner vermag die Schenkung oder der Erbfall zugunsten eines nicht unbeschränkt Steuerpflichtigen die Rechtsfolgen des § 21 Abs. 1 UmwStG aF auslösen, § 21 Abs. 2 S. 1 Nr. 2 UmwStG aF.

289 Steuerlich entstrickt werden einbringungsgeborene Anteile des Weiteren durch Auflösung oder Abwicklung der Kapitalgesellschaft, an der die Anteile bestehen, § 21 Abs. 2 S. 1 Nr. 3 UmwStG aF. Ebenso sind einbringungsgeborene Anteile betreffende Ausschüttungen bzw. Rückzahlungen aus dem Einlagenkonto iSd § 27 KStG nach § 21 UmwStG aF steuerlich zu erfassen, soweit dadurch keine Bezüge iSd § 20 Abs. 1 Nr. 1 oder Nr. 2 EStG vermittelt werden.

---

[362] BMF BStBl. I 1998, 268 Rn. 21.14 = BeckVerw 026939; *Herzig/Rieck* DStR 1998, 97; BFH BStBl. II 1992, 763 = DStR 1992, 907 (Ls.) = BeckRS 1992, 22010280; BFH BStBl. II 1992, 764 = DStR 1992, 906.
[363] *Patt* DStR 1996, 362.
[364] BFH BStBl. II 1992, 763 = DStR 1992, 907 (Ls.) = BeckRS 1992, 22010280; BFH BStBl. II 1992, 764 = DStR 1992, 906.
[365] BFH BStBl. II 2008, 872 = DStRE 2008, 1172 (Ls.) = BeckRS 2008, 24003390.
[366] → Rn. 298.
[367] *Haritz* DStR 2004, 889.
[368] EuGH Slg. 2004, I-2431 = IStR 2004, 236 – de Lasteyrie du Saillant.

290 Schließlich löst die verdeckte Einlage von einbringungsgeborenen Anteilen in eine Kapitalgesellschaft die Anwendung des § 21 Abs. 1 UmwStG aF aus, § 21 Abs. 2 S. 1 Nr. 4 UmwStG aF.[369]

291 *cc) Besteuerung. (1) Veräußerungsgewinn. (a) Einkommensteuer.* Ein Gewinn aus der Veräußerung oder Entstrickung einbringungsgeborener Anteile unterliegt als Gewinn aus Gewerbebetrieb nach § 16 EStG der Einkommensteuer, § 21 Abs. 1 S. 1 UmwStG aF. Gewinn ist dabei der Unterschiedsbetrag zwischen Veräußerungspreis und Anschaffungskosten der Anteile iSd § 20 Abs. 4 UmwStG aF. Soweit die Entstrickungstatbestände des § 21 Abs. 2 S. 1 UmwStG aF erfüllt sind, tritt an die Stelle des Veräußerungspreises der gemeine Wert der Anteile, § 21 Abs. 2 S. 2 UmwStG aF.

292 Auf den entstehenden Veräußerungsgewinn kann das Teileinkünfteverfahren lediglich dann angewendet werden, wenn zwischen Entstehung der einbringungsgeborenen Anteile und dem Veräußerungszeitpunkt bzw. Entstrickungszeitpunkt mehr als sieben Jahre liegen, § 3 Nr. 40 S. 3, 4, § 3c Abs. 2 S. 1 EStG aF iVm § 52 Abs. 4 S. 6 EStG. Dies ist seit Ende 2013 bei sämtlichen einbringungsgeborenen Anteilen der Fall. Nach Ablauf der Siebenjahresfrist sind lediglich 60 % des entstehenden Veräußerungsgewinns bzw. Entstrickungsgewinns steuerpflichtig,[370] § 3 Nr. 40 S. 1 lit. a, b, § 3c Abs. 2 S. 1 EStG aF. Die Siebenjahresfrist ist unbeachtlich, wenn die einbringungsgeborenen Anteile auf eine Sacheinlage nach § 20 Abs. 1 S. 2, § 23 Abs. 4 UmwStG zurückgehen, § 3 Nr. 40 S. 4 lit. b EStG aF iVm § 52 Abs. 4 S. 6 EStG. Sofern stille Reserven infolge der Entstrickungstatbestände gem. § 21 Abs. 2 S. 1 Nr. 1, 2 oder Nr. 4 EStG aF zu realisieren sind, kann die entstehende Einkommensteuer auf Antrag zinslos gestundet werden. Sie ist dann in jährlichen Teilbeträgen zu mindestens je einem Fünftel zu entrichten, § 21 Abs. 2 S. 3, 4 UmwStG aF.

293 *(b) Gewerbesteuer.* Der Veräußerungsgewinn (Entstrickungsgewinn) unterliegt nur dann der Gewerbesteuer, wenn auch der ursprüngliche für die Entstehung einbringungsgeborener Anteile verantwortliche Einbringungsvorgang bei Ansatz von Teilwerten Gewerbesteuer ausgelöst hätte.[371] Einbringungen von Betriebsvermögen, Mitunternehmeranteilen oder Anteilen an Kapitalgesellschaften zum Teilwert durch natürliche Personen unterliegen regelmäßig nicht der Gewerbesteuer. Insoweit ist die Entstrickung im Privatvermögen gehaltener einbringungsgeborener Anteile allenfalls in Ausnahmefällen gewerbesteuerverhaftet.[372]

294 *(2) Veräußerungsverlust.* Soweit die Anschaffungskosten einbringungsgeborener Anteile den Veräußerungspreis bzw. den gemeinen Wert der Anteile übersteigen, richtet sich die steuerliche Behandlung dieses Veräußerungs- bzw. Entstrickungsverlustes ebenfalls nach § 21 Abs. 1 UmwStG aF iVm § 16 EStG. Der Veräußerungspreis (gemeine Wert) gehört innerhalb der Siebenjahresfrist nach § 3 Nr. 40 S. 4 EStG aF iVm § 52 Abs. 4 S. 6 EStG in voller Höhe, anschließend zu 60 % zu den steuerpflichtigen Einnahmen. Zugleich dürfen die Anschaffungskosten der entstrickten einbringungsgeborenen Anteile nur zu 60 % abgezogen werden, § 3c Abs. 2 S. 1 EStG aF. Greift das Teileinkünfteverfahren nicht, bezieht sich das teilweise Abzugsverbot auf den Betrag der Anschaffungskosten, soweit er den Veräußerungspreis (gemeinen Wert) übersteigt, § 3c Abs. 2 S. 4 EStG aF.

295 **e) Wegzugsbesteuerung nach § 6 AStG.** Bei Wegzug unbeschränkt einkommensteuerpflichtiger Personen in das Ausland und diesen gleichgestellten Sachverhalten kommt es unter den Voraussetzungen des § 6 Abs. 1 AStG zu einer Entstrickung der Wertzuwächse in Anteilen an inländischen sowie ausländischen Kapitalgesellschaften. Ob Deutschland nach dem Wegzug noch ein Besteuerungsrecht verbleibt ist für die Anwendung des § 6 AStG unerheblich.[373] So kommt die Norm unabhängig davon zum Tragen, ob ein bestehendes DBA das ausschließliche Besteuerungsrecht an den Anteilen dem neuen Wohnsitzstaat zuweist

---

[369] Zu verdeckten Einlagen → Rn. 326 ff.
[370] Anwendung des Halbeinkünfteverfahrens str., befürwortend *Förster* Stbg 2001, 657 (660); aA *Patt/Rasche* FR 2001, 175 (183).
[371] BMF BStBl. I 1998, 268 Rn. 21.13 = BeckVerw 026939.
[372] Zu Anteilen in Betriebsvermögen *Füger/Rieger* DStR 2002, 933 (938).
[373] Blümich/*Pohl* AStG § 6 Rn. 45.

oder nicht. Eine Stundung der geschuldeten Einkommensteuer ist in den Fällen des § 6 Abs. 4, 5 AStG möglich bzw. geboten. Besondere Regelungen bestehen für die Fälle der lediglich vorübergehenden Abwesenheit. Die Regelung des § 6 AStG wurde im Anschluss an die Rspr. des EuGH[374] im Zuge des SEStEG[375] v. 7.12.2006 umfassend überarbeitet.[376]

296 *aa) Anwendungsvoraussetzungen. (1) Wegzug.* Zentraler Ansatzpunkt für die Anwendung des § 6 AStG ist die Beendigung der unbeschränkten Steuerpflicht einer natürlichen Person durch Aufgabe von Wohnsitz oder gewöhnlichem Aufenthalt im Inland, § 6 Abs. 1 S. 1 AStG. Dabei ist Voraussetzung, dass die natürliche Person insgesamt mindestens zehn Jahre nach § 1 Abs. 1 EStG unbeschränkt steuerpflichtig war. Ferner muss die natürliche Person im Zeitpunkt des Wegzugs Anteile iSd § 17 Abs. 1 S. 1 EStG innehaben. Demnach ist es notwendig, dass der Steuerpflichtige im Betrachtungszeitpunkt bzw. innerhalb der fünf Jahre zuvor mindestens zu 1 % an einer inländischen oder ausländischen Kapitalgesellschaft beteiligt ist oder war.[377] Hat der unbeschränkt Steuerpflichtige die Anteile durch ganz oder teilweise unentgeltliches Rechtsgeschäft erworben, so sind in die Berechnung der nach § 6 Abs. 1 S. 1 AStG maßgebenden Dauer der unbeschränkten Steuerpflicht auch Zeiträume einzubeziehen, in denen der Rechtsvorgänger bis zur Übertragung der Anteile unbeschränkt steuerpflichtig war, § 6 Abs. 3 S. 1 AStG.

297 *(2) Ersatztatbestände.* Diesem „Wegzug" iSd § 6 Abs. 1 S. 1 AStG gleichgestellt werden durch § 6 Abs. 1 S. 2 AStG:[378]
- Die Übertragung der Anteile durch ganz oder teilweise unentgeltliches Rechtsgeschäft unter Lebenden oder durch Erwerb von Todes[379] wegen auf nicht unbeschränkt steuerpflichtige Personen (Nr. 1),[380] oder
- die Begründung eines Wohnsitzes oder gewöhnlichen Aufenthalts oder die Erfüllung eines anderen ähnlichen Merkmals in einem ausländischen Staat, wenn der Steuerpflichtige auf Grund dessen nach einem DBA als in diesem Staat ansässig anzusehen ist (Nr. 2), oder
- die Einlage der Anteile in einen Betrieb oder eine Betriebsstätte des Steuerpflichtigen in einem ausländischen Staat (Nr. 3), oder
- der Ausschluss oder die Beschränkung des deutschen Besteuerungsrechts hinsichtlich des Gewinns aus der Veräußerung der Anteile auf Grund anderer als der in § 6 Abs. 1 S. 1 AStG oder der in § 6 Abs. 1 S. 2 Nr. 1–3 AStG genannten Ereignisse (Nr. 4).

298 *bb) Rechtsfolgen. (1) Steuerpflicht des Entstrickungsgewinns.* Bei Erfüllung der Anwendungsvoraussetzungen des § 6 Abs. 1 AStG greifen die in § 17 EStG vorgesehenen Rechtsfolgen. Die Anteile gelten im Zeitpunkt der Beendigung der unbeschränkten Steuerpflicht bzw. im Zeitpunkt der Erfüllung eines der Ersatztatbestände des § 6 Abs. 1 S. 2 AStG als veräußert. Dabei tritt an die Stelle des Veräußerungspreises der gemeine Wert der Anteile in dem nach § 6 Abs. 1 S. 1, 2 AStG maßgebenden Zeitpunkt, § 6 Abs. 1 S. 4 AStG. Bei aus dem Ausland zugezogenen Steuerpflichtigen ist mithin auch der im Ausland entstandene Wertzuwachs zu erfassen. Etwas anderes gilt nur, wenn auf den betreffenden Steuerpflichtigen bei seinem Wegzug im Wegzugsstaat eine dem § 6 AStG entsprechende Besteuerung anzuwenden war, § 17 Abs. 2 S. 3 EStG. Der entstehende Entstrickungsgewinn ist um den Freibetrag nach § 17 Abs. 3 EStG zu kürzen. Der danach verbleibende Entstrickungsgewinn in Höhe des Unterschiedsbetrags zwischen gemeinem Wert und Anschaffungskosten unterliegt dem Teileinkünfteverfahren.

299 Die Regelung des § 6 AStG ist nur im Fall eines positiven Entstrickungsgewinns anzuwenden sein. Ein Ausgleich eventueller Entstrickungsverluste mit anderen Einkünften des

---
[374] EuGH Slg. 2004, I-2431 = IStR 2004, 236 – de Lasteyrie du Saillant.
[375] SEStEG v. 7.12.2006 BGBl. 2006 I 2782.
[376] Bzgl. aktueller Entwicklungen im Europarecht *Mitschke* IStR 2017, 75; *Herbst/Gebhardt* DStR 2016, 1705.
[377] → Rn. 244 ff.
[378] Zur Frage der Anwendung auf beschränkt Steuerpflichtige *Hecht/Gallert* BB 2009, 2396 (2397).
[379] Zur Diskussion des Steuerpflichtigen *Hecht/Gallert* BB 2009, 2396 (2397).
[380] *Wassermeyer* IStR 2007, 833 (834).

Steuerpflichtigen scheidet aus. Dies ergibt sich bereits aus der Überschrift des § 6 AStG, „Besteuerung des Vermögenszuwachses". Nach der Rspr. des BFH ist auch kein Ausgleich iRd § 6 AStG zulässig, wenn beim Wegzug § 6 AStG auf mehrere Anteile anzuwenden ist und teils Gewinne, teils Verluste entstehen.[381]

(2) Stundung. (a) Besondere Härte der Steuererhebung. Auf Antrag kann die geschuldete 300 Einkommensteuer in regelmäßigen Teilbeträgen für einen Zeitraum von höchstens fünf Jahren seit Eintritt der ersten Fälligkeit gegen Sicherheitsleistung gestundet werden, wenn ihre alsbaldige Einziehung mit erheblichen Härten für den Steuerpflichtigen verbunden wäre, § 6 Abs. 4 S. 1 AStG. Die Stundung ist zu widerrufen, soweit die Anteile während des Stundungszeitraums veräußert oder verdeckt in eine Gesellschaft iSd § 17 Abs. 1 S. 1 EStG eingelegt werden, oder einer der Tatbestände des § 17 Abs. 4 EStG verwirklicht wird, § 6 Abs. 4 S. 2 AStG. Die gilt nur unter der Auflage, dass der Steuerpflichtige die Erfüllung der in § 6 Abs. 4 S. 2 AStG genannten Tatbestände innerhalb eines Monats meldet und eine jährliche Bestätigung abgegeben wird. Von der Sicherheitsleistung kann nur abgesehen werden, wenn der Steueranspruch nicht gefährdet erscheint. Die Regelung des § 6 Abs. 4 S. 1 AStG greift immer dann, wenn eine Stundung nach § 6 Abs. 5 S. 1 AStG nicht in Betracht kommt.[382]

(b) Wegzug in einen EU/EWR--Mitgliedstaat. Ist der Steuerpflichtige Staatsangehöriger 301 eines EU/EWR-Mitgliedstaates und unterliegt er nach der Beendigung der unbeschränkten Steuerpflicht in einem dieser Staaten (Zuzugsstaat) einer der deutschen unbeschränkten Einkommensteuerpflicht vergleichbaren Steuerpflicht, so ist die nach § 6 Abs. 1 AStG geschuldete Steuer zinslos und ohne Sicherheitsleistung zu stunden, § 6 Abs. 5 S. 1 AStG.[383] Entsprechendes gilt bei Erfüllung der Ersatztatbestände nach § 6 Abs. 1 S. 2 Nr. 1–4 AStG, § 6 Abs. 5 S. 3 AStG. Voraussetzung für die Stundung ist, dass die Amtshilfe und die gegenseitige Unterstützung bei der Beitreibung der geschuldeten Steuer zwischen Deutschland und dem EU/EWR-Mitgliedstaat gewährleistet sind, § 6 Abs. 5 S. 2 AStG. In bestimmten Fällen ist die Stundung zu widerrufen, § 6 Abs. 5 S. 4 AStG.[384] Dies ist insbes. dann der Fall, wenn der Steuerpflichtige die Anteile veräußert oder verdeckt in eine Kapitalgesellschaft einlegt. Gleiches gilt bei Tod des Steuerpflichtigen und Übertragung auf eine nicht unbeschränkt steuerpflichtige Person, wenn diese nicht in einem EU-/EWR-Staat einer der deutschen unbeschränkten Einkommensteuerpflicht vergleichbaren Steuerpflicht unterliegt.

(3) Rückkehr. Die Steuerpflicht bei Wegzug entfällt nachträglich, wenn die unbeschränkte 302 Steuerpflicht nur vorübergehend aufgegeben wird.[385] Von einem solchen nur vorübergehenden Wegfall der unbeschränkten Steuerpflicht wird dann ausgegangen, wenn der Steuerpflichtige innerhalb eines Zeitraums von fünf Jahren nach dem Wegzug wieder unbeschränkt steuerpflichtig wird. Zudem darf der Steuerpflichtige seine Anteile innerhalb dieser Frist nicht veräußert oder einen der Ersatztatbestände des § 6 Abs. 1 S. 2 Nr. 1 oder Nr. 3 AStG erfüllt haben, § 6 Abs. 3 S. 1 ASG. Das zuständige Finanzamt kann diese Frist um höchstens fünf Jahre verlängern, wenn der Steuerpflichtige glaubhaft macht, dass berufliche Gründe für seine Abwesenheit maßgebend sind und seine Absicht zur Rückkehr unverändert fortbesteht. Im Fall der Stundung gilt § 6 Abs. 3 S. 1 AStG unter bestimmten Voraussetzungen ohne die zeitliche Begrenzung, § 6 Abs. 3 S. 4 AStG.

f) Veräußerung von Anteilen im Betriebsvermögen. Gehören Anteile an einer inländischen 303 oder ausländischen Kapitalgesellschaft zum inländischen Betriebsvermögen eines Einzelunternehmens oder einer Personengesellschaft, an deren Vermögen natürliche Personen beteiligt sind, ist ein Gewinn aus der Veräußerung der Anteile steuerpflichtig. Der Gewinn unterliegt der Einkommensteuer sowie der Gewerbesteuer. Auf den erzielten Veräußerungsgewinn ist das Teileinkünfteverfahren anzuwenden, § 3 Nr. 40 lit. a, § 3c Abs. 2 EStG. Entsprechend

---

[381] BFH BStBl. II 2017, 1194 = DStR 2017, 1913.
[382] → Rn. 307.
[383] OFD Münster BeckVerw 150288.
[384] Zum Widerruf bei Aufgabe der EU/EWR-Staatsangehörigkeit *Hecht/Gallert* BB 2009, 2396 (2398).
[385] *Blusz* IWB 2017, 416.

können Veräußerungsverluste nur zu 60 % steuermindernd geltend gemacht werden. Bei Veräußerung einer 100%igen Beteiligung ist § 16 EStG anzuwenden. Gewerbesteuerlich ist die Anwendung des Teileinkünfteverfahrens von weiteren Voraussetzungen abhängig. So erfolgt eine Befreiung nur dann, wenn die Voraussetzungen des § 9 Nr. 2a oder Nr. 7 GewStG erfüllt sind, § 8 Nr. 5 GewStG.[386]

304 Bei Anteilen im Betriebsvermögen ist zudem die Bildung einer Rücklage für den Gewinn aus der Veräußerung möglich, § 6b Abs. 10 EStG.[387] So kann höchstens ein Veräußerungsgewinn von 500.00 EUR in eine gewinnmindernde Rücklage eingestellt werden, wenn die Anteile mehr als sechs Jahre zum Anlagevermögen gehört haben. Die Übertragung der Rücklage ist auf Gebäude, abnutzbare bewegliche Wirtschaftsgüter oder Anteile an anderen Kapitalgesellschaften möglich. Ist die Rücklage am Schluss des vierten auf ihre Bildung folgenden Wirtschaftsjahres noch vorhanden, so ist sie in diesem Zeitpunkt gewinnerhöhend aufzulösen, § 6b Abs. 10 S. 8 KStG.

305 Eine Rücklage für Ersatzbeschaffung gem. R 6.6 EStR kommt für Übertragung von Aktien nach §§ 327a ff. AktG *(squeeze-out)* nicht in Betracht.[388]

IV. Übergreifende Fragen

1. Verdeckte Gewinnausschüttungen

306 **a) Vorbemerkung.** Bestehen zwischen einem Aktionär und seiner AG schuldrechtliche Beziehungen, so sind diese für steuerliche Zwecke auf ihre Angemessenheit und evtl. auf die Erfüllung von Formerfordernissen zu prüfen. Sind die vereinbarten Vergütungen angemessen und die Formerfordernisse erfüllt, sind sie auf Ebene der Kapitalgesellschaft als Betriebsausgaben steuerlich abzugsfähig. Der Aktionär, dessen Anteile im Privatvermögen liegen, erzielt korrespondierend Einkünfte aus nichtselbständiger Arbeit (§ 19 EStG), Einkünfte aus Kapitalvermögen (§ 20 EStG), Einkünfte aus Vermietung und Verpachtung (§ 21 EStG) oder Veräußerungsgewinne (§ 22 Nr. 2, § 23 EStG). Handelt es sich beim Anteileigner um eine Kapitalgesellschaft oder gehören die Anteile zum Betriebsvermögen, liegen entsprechend Einkünfte aus Land- und Forstwirtschaft, Gewerbebetrieb oder selbstständiger Arbeit vor. Sind die vereinbarten Vergütungen hingegen unangemessen und demnach als verdeckte Gewinnausschüttungen zu qualifizieren, dürfen sie das Einkommen der Kapitalgesellschaft nicht mindern, § 8 Abs. 3 S. 2 KStG. Der Aktionär erzielt in diesem Fall Einkünfte aus Kapitalvermögen, die Dividenden gleichgestellt werden.

307 **b) Kongruenz.** Zwischen der Feststellung einer verdeckten Gewinnausschüttung bei der Kapitalgesellschaft und der steuerlichen Behandlung auf Ebene des Anteilseigners besteht nicht zwingend Kongruenz. Insbesondere aufgrund verfahrensrechtlicher Hindernisse oder unterschiedlicher Steuerhoheiten muss eine korrespondierende Besteuerung nicht notwendigerweise eintreten. So führt zunächst die Feststellung einer verdeckten Gewinnausschüttung auf der Ebene der Kapitalgesellschaft nicht zwingend auch zur Umqualifizierung von Einkünften des Anteilseigners. Umgekehrt ist eine beim Anteilseigner festgestellte verdeckte Gewinnausschüttung nicht zwingend auf der Ebene der Kapitalgesellschaft nachzuvollziehen. Zwar ist nach § 32a Abs. 1 KStG der Erlass, die Aufhebung oder Änderung eines Steuerbescheides oder Feststellungsbescheides gegenüber dem Gesellschafter vorgesehen, dem die verdeckte Gewinnausschüttung zuzurechnen ist, soweit gegenüber einer Körperschaft ein Steuerbescheid zur Berücksichtigung einer verdeckten Gewinnausschüttung erlassen, aufgehoben oder geändert wird. Für den umgekehrten Fall kann nach § 32a Abs. 2 KStG ein Steuerbescheid gegenüber der Körperschaft, welcher der Vermögensvorteil zugewendet wurde, aufgehoben, erlassen oder geändert werden, soweit gegenüber dem Gesellschafter ein Steuerbescheid oder ein Feststellungsbescheid hinsichtlich der Berücksichtigung einer

---

[386] Ausf. → Rn. 46 ff.
[387] Instruktiv *Kölpin* StuB 2007, 740.
[388] BFH BStBl. II 2014, 943 = DStRE 2011, 223.

verdeckten Einlage erlassen, aufgehoben oder geändert wird. Der korrespondierende Erlass, die Aufhebung oder Änderung eines Steuerbescheides oder Feststellungsbescheides nach § 32a KStG stehen indes im Ermessen der Finanzverwaltung.[389] Das Ermessen des Finanzamts ist immer dann auf Null reduziert, wenn die Steuerfestsetzung für den Gesellschafter ohne die Änderung sachlich unrichtig wäre.[390] Umgekehrt wird das Ermessen dann nicht auf Null reduziert, wenn die Feststellung der verdeckten Gewinnausschüttung auf Ebene der Körperschaft rechtsfehlerhaft ist.

c) **Ebene der AG.** *aa) Anwendungsvoraussetzungen. (1) Begriff.* Unter einer verdeckten Gewinnausschüttung iSd § 8 Abs. 3 S. 2 KStG ist nach der höchstrichterlichen Rspr.[391] eine Vermögensminderung (verhinderte Vermögensmehrung) bei einer Kapitalgesellschaft zu verstehen, die durch das Gesellschaftsverhältnis veranlasst oder mit veranlasst ist, sich auf die Höhe des Unterschiedsbetrages gem. § 4 Abs. 1 S. 1 EStG auswirkt und in keinem Zusammenhang zu einer offenen Ausschüttung steht. Eine Veranlassung durch das Gesellschaftsverhältnis liegt dann vor, wenn ein ordentlicher und gewissenhafter Geschäftsführer die Vermögensminderung oder verhinderte Vermögensmehrung gegenüber einer Person, die nicht Gesellschafter ist, unter sonst gleichen Umständen nicht hingenommen hätte.[392] Vor allem schuldrechtliche Beziehungen zu beherrschenden[393] Gesellschaftern oder diesen nahestehenden Personen[394] unterliegen vor dem Hintergrund des § 8 Abs. 3 S. 2 KStG besonders strengen steuerlichen Anerkennungsvoraussetzungen. So ist im Verhältnis zwischen beherrschendem Gesellschafter und Kapitalgesellschaft eine Veranlassung durch das Gesellschaftsverhältnis auch dann anzunehmen, wenn es an einer zivilrechtlich wirksamen, klaren und im Voraus abgeschlossenen Vereinbarung darüber fehlt, ob und in welcher Höhe ein Entgelt für eine Leistung zu zahlen ist.[395] Gleiches gilt ferner dann, wenn tatsächlich nicht entsprechend einer getroffenen Vereinbarung verfahren wird.[396]

(2) Beispiele. (a) Verwaltungsorganen gewährte Leistungsvergütungen. BFH und die Finanzgerichte haben insoweit vor allem Kriterien zur Angemessenheit von Geschäftsführergehältern,[397] Zeitkontenmodellen,[398] Tantiemen,[399] Überstundenvergütungen,[400] Pensionszusagen[401] und privater Kfz-Nutzung[402] entwickelt. Die für die GmbH herausgearbeiteten Grundsätze sind aufgrund der Strukturunterschiede zwischen AG und GmbH zwar nicht ohne weiteres auf die AG übertragbar.[403] So ist ein Mehrheitsaktionär, der gleichzeitig Vorstandsmitglied einer AG ist, nicht zwingend wie ein beherrschender Gesellschafter-Geschäftsführer einer GmbH zu behandeln. Ist jedoch im Einzelfall eine schuldrechtliche Beziehung einseitig an den Interessen des Vorstandsmitglieds und nicht auf einen gerechten Ausgleich der beiderseitigen Interessen ausgerichtet, so ist eine verdeckte Gewinnausschüt-

---

[389] BFHE 224, 439 = DStR 2009, 795; *Kohlhepp* DStR 2009, 1418; Gosch/*Bauschatz* KStG § 32a Rn. 28.
[390] BFHE 224, 439 = DStR 2009, 795; FG Münster EFG 2017, 1148 = BeckRS 2017, 112998.
[391] BFH BStBl. II 2004, 131 = DStR 2002, 2215; BFH BFH/NV 2005, 723 = BeckRS 2004, 25007546; BFH BStBl. II 2005, 882 = DStR 2005, 918; BFH BStBl. II 2006, 196 = DStRE 2005, 1272; ähnl. BFH BStBl. II 2003, 149 = DStR 2002, 1388.
[392] BFH BStBl. II 1995, 549 = DStR 1995, 718; BFH BStBl. II 2002, 111 = DStR 2001, 982.
[393] BFH BStBl. II 1976, 734 = BeckRS 1976, 22003610; BFH BStBl. II 1982, 139 = BeckRS 1981, 22005904; BFH BStBl. II 1990, 454 = BeckRS 1989, 22009302.
[394] Vgl. H 8.5 „Nahestehende Person" KStR; zur Frage des Vorliegens einer Schenkung BFH BStBl. II 2008, 258 = DStR 2008, 346 und die folgende Änderung der Rechtslage durch § 7 Abs. 8 ErbStG.
[395] Vgl. R 8.5 Abs. 2 KStR; sa FG Köln EFG 2009, 509 = BeckRS 2008, 26026549.
[396] BFH BStBl. II 1988, 301 = BeckRS 1987, 22008265; BFH BStBl. II 1993, 247 = DStR 1993, 128.
[397] BMF BStBl. I 2002, 972 = DStR 2002, 1861.
[398] BMF BStBl. I 2009, 1286 = DStR 2009, 1370.
[399] BFH BStBl. II 1998, 545 = DStR 1998, 847; BFH BStBl. II 1995, 549 = DStR 1995, 718; BMF BStBl. I 2002, 219 = DStR 2002, 219.
[400] BFH BStBl. II 2002, 111 = DStR 2001, 982; BFH BStBl. II 2001, 655 = DStR 2001, 1343.
[401] Wartezeit: BFH BStBl. II 1999, 316 = DStR 1998, 418; BFH BFH/NV 1999, 1384 = DStRE 1999, 630; BMF BStBl. I 2013, 58 = DStR 2012, 2603; Finanzierbarkeit: BFH BStBl. II 1999, 316 = DStR 1998, 418; BFH BStBl. II 2005, 653 = DStR 2005, 571; BFH BStBl. II 2005, 662 = DStR 2005, 113; Erdienbarkeit: BFH BStBl. II 2003, 416 = DStR 2002, 1854; Nur-Pensionszusage: BFH BStBl. II 2008, 523 = DStR 2006, 83.
[402] BFH BStBl. II 2010, 234 = DStRE 2009, 779; BFH BStBl. II 2012, 260 = DStR 2008, 865.
[403] BFH BStBl. II 1972, 436 = BeckRS 1971, 22001357.

tung anzunehmen. Indiz für einen fehlenden Interessenausgleich ist, dass der Mehrheitsaktionär auch den Aufsichtsrat beherrscht.[404] Fehlt es an einer solchen Beherrschung müssen Finanzverwaltung und Finanzgerichte unter Berücksichtigung aller Umstände des jeweiligen Einzelfalls entscheiden, ob die Veranlassung der gewährten Leistung durch das Gesellschaftsverhältnis ausscheidet. Die bestehende Strukturverschiedenheit von GmbH und AG kann, muss aber dafür kein maßgebliches Indiz sein.[405]

310 *(b) Sonstige Rechtsgeschäfte zwischen AG und nahestehenden Personen.* Außerhalb der gewährten Tätigkeitsvergütungen sind die möglichen Ursachen für verdeckte Gewinnausschüttungen vielfältig.[406] Zu denken ist hier vor allem an schuldrechtliche Beziehungen innerhalb eines Konzerns. So können verdeckte Gewinnausschüttungen bei Erwerb von Wirtschaftsgütern durch die Kapitalgesellschaft von einem Gesellschafter bzw. einer diesem nahestehenden Personen zu überhöhten Preisen begründet sein, vorausgesetzt die Zahlung eines höheren Kaufpreises wird nicht durch andere Vorteile ausgeglichen. Ein Vorteilsausgleich vermeidet eine verdeckte Gewinnausschüttung, soweit die vom Gesellschafter gewährten Vorteile der eigentlichen verdeckten Gewinnausschüttung betragsmäßig entsprechend. Die Basis für den Ausgleich muss ebenfalls schuldrechtlicher Natur sein, da bei gesellschaftlicher Veranlassung regelmäßig eine verdeckte Einlage anzunehmen ist.[407] Auch bei der Veräußerung von Wirtschaftsgütern durch die Kapitalgesellschaft an ihre Gesellschafter oder diesen nahestehenden Personen zu unangemessen niedrigen Entgelten ist eine verdeckte Gewinnausschüttung anzunehmen. Handelt es sich um Verrechnungspreise für Liefer- und Leistungsbeziehungen mit ausländischen Gesellschaftern bzw. nahestehenden Personen, ist der Fremdvergleichsgrundsatz des § 1 AStG zu beachten.[408] Durch diese Auffangkorrekturvorschrift kann uU eine weiterreichende Berichtigung erfolgen, wobei die verdeckte Gewinnausschüttung primär anzuwenden ist.[409] Bei Funktionsverlagerung ins Ausland greift § 1 Abs. 3 S. 9–13 AStG.[410]

311 Ihre Ursache können verdeckte Gewinnausschüttungen des Weiteren in Darlehen der Kapitalgesellschaft an ihre Gesellschafter oder diesen nahestehenden Personen haben. Neben einer angemessenen Verzinsung[411] ist bei an beherrschende Gesellschafter-Geschäftsführer ausgereichten Darlehen auch deren Ernsthaftigkeit zu beachten. Dies erfordert nicht nur zivilrechtlich wirksame im Voraus geschlossene Vereinbarungen, sondern auch eine ausreichende Besicherung des Darlehensbetrags.[412] Ist der Darlehensnehmer nicht kreditwürdig und unterlässt es die Kapitalgesellschaft, ausreichende Sicherheiten einzufordern, so besteht das Risiko, dass die Darlehensausreichung als verdeckte Gewinnausschüttung angesehen wird. Entsprechendes gilt für Teilwertabschreibungen, wenn das Darlehen angesichts der Verschlechterung der wirtschaftlichen Situation des Anteilseigners während der Darlehenslaufzeit auszufallen droht.[413] Indes sind Teilwertabschreibungen auf Gesellschafterdarlehen steuerlich bei der Kapitalgesellschaft nicht mehr abzugsfähig, § 8b Abs. 3 S. 4 KStG.

---

[404] BFH GmbHR 2003, 846 = BeckRS 2002, 25001830; sa *Schulte/Behnes* BB-Special 9/2007, 10.
[405] BFH GmbHR 2003, 846 = BeckRS 2002, 25001830.
[406] *Schulte/Behnes* BB-Special 9/2007, 10.
[407] BFH BStBl. II 1977, 704 = BeckRS 1977, 22004079; BFH BStBl. II 1990, 649 = BeckRS 1990, 22009398. BFH BStBl. II 1999, 35 = DStR 1996, 1969 mAnm *Schmid*.
[408] BFH/NV 2001, 134 = DStR 2001, 2149; BMF BStBl. I 1999, 1122 = BeckVerw 027441, Verwaltungsgrundsätze Einkunftsabgrenzung; *Baumhoff* IStR 2003, 1; *Eigelshoven/Nientimp* DB 2003, 2307; *Wehmert/Stalberg* IStR 2002, 141.
[409] *Vogel/Lehner/Eigelshoven* OECD-MA 2014 Art. 9 Rn. 9; VBE Verrechnungspreise, Teil 1 Kap. A Rn. 384.
[410] Bspw. BMF BStBl. I 2010, 774 = BeckVerw 242906; *Kessler/Probst* IStR 2017, 251; *Baumhoff* Wpg 2012, 396.
[411] Zum Margenteilungsgrundsatz bei Darlehen der Gesellschaft an den Gesellschafter BFH BStBl. II 1990, 649 = BeckRS 1990, 22009398; BFH BStBl. II 1994, 725 = BeckRS 1994, 22010957; BFH BStBl. II 2004, 307 = DStR 2004, 310; BFH BeckRS 2008, 25014185.
[412] Zuletzt BGHZ 179, 71 = DStR 2009, 234; zu den Auswirkungen auf das Steuerrecht *Kohlhepp* DB 2009, 1487 (1493).
[413] BFH BStBl. II 2004, 1010 = DStRE 2004, 1286 mwN.

312 Verdeckte Gewinnausschüttungen können sich durch die Wahrnehmung von Geschäftschancen der Kapitalgesellschaft durch ihre Gesellschafter ergeben. Die in Rede stehende Geschäftschance der Gesellschaft muss sich bereits anhand eines Vertrages mit einem Dritten oder auf Grund sonstiger greifbarer Anhaltspunkte konkretisiert haben. Wird eine solche Geschäftschance der Gesellschaft unentgeltlich auf einen Gesellschafter übertragen, so liegt eine verdeckte Gewinnausschüttung vor.[414]

313 Besteht zwischen Kapitalgesellschaft und Gesellschafter ein Wettbewerbsverbot, und macht die Kapitalgesellschaft bei Verstößen des Gesellschafters gegen dieses Verbot zivilrechtliche Ansprüche nicht geltend, so liegt eine verdeckte Gewinnausschüttung vor.[415] Auch ohne zivilrechtlich entstandenen Anspruch kann eine verdeckte Gewinnausschüttung gegeben sein, wenn es zu einer Gewinnverlagerung unter Billigung der restlichen Gesellschafter gekommen ist.[416]

314 Einen weiteren Grund für verdeckte Gewinnausschüttungen können etwa Risikogeschäfte bieten, die die Kapitalgesellschaft im Interesse ihrer Gesellschafter eingeht.[417] Auch durch die Überlassung von Markennamen oder Markenzeichen zu unangemessenen Vergütungen können verdeckte Gewinnausschüttungen entstehen. Die Lizensierung des Firmennamens ist hingegen nicht entgeltpflichtig.[418]

315 *bb) Rechtsfolgen.* Nach § 8 Abs. 3 S. 2 KStG dürfen verdeckte Gewinnausschüttungen das Einkommen einer Kapitalgesellschaft nicht mindern. Bei Erfüllung der Tatbestandsvoraussetzungen der verdeckten Gewinnausschüttung ist der Betrag[419] der Vermögensminderung oder verhinderten Vermögensmehrung bei der Bestimmung des zu versteuernden Einkommens der Kapitalgesellschaft außerbilanziell hinzuzurechnen, § 8 Abs. 3 S. 2 KStG.[420] Der Betrag der verdeckten Gewinnausschüttung erhöht folglich das zu versteuernde Einkommen der Kapitalgesellschaft.

316 *cc) Rückgängigmachen einer verdeckten Gewinnausschüttung.* Die Rechtsfolgen einer verdeckten Gewinnausschüttung lassen sich nicht durch Satzungsklauseln vermeiden, denen zufolge die Gesellschaft im Fall einer verdeckten Gewinnausschüttung gegenüber dem Gesellschafter einen Ersatzanspruch hat. Dieser Ersatzanspruch stellt sich lediglich als Einlageforderung der Gesellschaft gegenüber dem betroffenen Anteilseigner dar. Das steuerliche Ergebnis der betrachteten Kapitalgesellschaft wird durch diese Einlageforderung demgegenüber nicht berührt.[421] Insofern können diese Ersatzansprüche nicht der Erfüllung der Anwendungsvoraussetzungen einer verdeckten Gewinnausschüttung entgegenwirken. Verzichtet die Kapitalgesellschaft darauf, ihren Ersatzanspruch geltend zu machen, so handelt es sich lediglich um einen Verzicht auf eine Einlageforderung. Dieser Verzicht löst nicht erneut eine verdeckte Gewinnausschüttung aus.[422] Etwas anderes gilt lediglich dann, wenn der Gesellschaft aufgrund der vorliegenden Handlung rechtlich gegen den Gesellschafter ein Schadensersatzanspruch zusteht. Einen solchen Schadensersatzanspruch hat die Kapitalgesellschaft bereits bei Realisation der relevanten Handlung zu aktivieren. Aufgrund dieser Aktivierung fehlt es an einer für die verdeckte Gewinnausschüttung erforderlichen Vermögensminderung; der Schadensersatzanspruch gleicht vielmehr die Vermögensminderung aus.[423] Verzichtet allerdings die Kapitalgesellschaft darauf, ihren Schadensersatzanspruch

---

[414] BFH BFH/NV 2003, 205 = DStRE 2003, 104.
[415] BFH BFH/NV 1997, R355 = DStR 1997, 918; zur Abgrenzung BFH BFH/NV 2009, 49 = BeckRS 2008, 25014148.
[416] Gosch/*Gosch* KStG § 8 Rn. 1360.
[417] BMF BStBl. I 1997, 112 = DStR 1997, 161; BFH BStBl. II 2003, 487 = DStR 2001, 2023; Nichtanwendungserlass: BMF BStBl. I 2003, 333 = DStR 2003, 939; BFH BFH/NV 2003, 1093 = BeckRS 2003, 25001929; BFHE 206, 58 = DStR 2004, 1519.
[418] BFH BStBl. II 2017, 336 = DStR 2016, 1155.
[419] H 8.6 KStR.
[420] BMF BStBl. I 2002, 603 = DStR 2002, 910.
[421] BFH BStBl. II 1984, 733 = BeckRS 1987, 22008070; BFH BStBl. II 1997, 92 = DStR 1996, 1445; BFH BStBl. II 2001, 226 = DStR 1999, 1306; BFH BFH/NV 2003, 1412 = IStR 2003, 738.
[422] Gosch/*Gosch* KStG § 8 Rn. 516.
[423] BFH BFH/NV 1997, R142 = DStR 1997, 323.

gegen den Gesellschafter geltend zu machen, so führt dieser Verzicht im Regelfall zu einer verdeckten Gewinnausschüttung.

317 **d) Ebene der Aktionäre.** *aa) Natürliche Person mit Anteilen im Privatvermögen.* Eine verdeckte Gewinnausschüttung führt bei natürlichen Personen, die ihre Anteile an der betreffenden Kapitalgesellschaft im Privatvermögen halten, zu Einkünften aus Kapitalvermögen, § 20 Abs. 1 Nr. 1 S. 2 EStG. Die verdeckte Gewinnausschüttung ist auch dann vom Anteilseigner zu versteuern, wenn sie nicht ihm, sondern einer ihm nahestehenden Person zugeflossen ist.[424] Die verdeckte Gewinnausschüttung ist in dem Zeitpunkt zu erfassen, in dem sie als zugeflossen gilt. Dabei kann der Zeitpunkt der Besteuerung der verdeckten Gewinnausschüttung durch den Anteilseigner von dem Veranlagungszeitraum abweichen, in dem die verdeckte Gewinnausschüttung das zu versteuernde Einkommen der Kapitalgesellschaft nach § 8 Abs. 3 S. 2 KStG erhöht hat. So erzielt der Anteilseigner aus Pensionszusagen, die während der Anwartschaftsphase als verdeckte Gewinnausschüttungen qualifiziert wurden, erst im späteren Zeitpunkt der Gewährung der Pension aufgrund der dann eintretenden anderen Ausschüttungen Einkünfte aus Kapitalvermögen. Die verdeckte Gewinnausschüttung des Anteilseigners unterliegt der Abgeltungssteuer, § 32d EStG iVm § 43 Abs. 1 S. 1 Nr. 1, § 44 Abs. 1 S. 1 Nr. 1 EStG. Dabei ist Voraussetzung für Anwendung der Abgeltungssteuer, dass die verdeckte Gewinnausschüttung auf der Ebene der Kapitalgesellschaft dem Einkommen hinzugerechnet wurde, § 32d Abs. 2 Nr. 4 EStG. Ist die Hinzurechnung unterblieben, so kommt die tarifliche Einkommensteuer zum Tragen.

318 *bb) Natürliche Person mit Anteilen im Betriebsvermögen.* Eine Umqualifizierung empfangener Vergütungen des Anteilseigners, der die Anteile an der Kapitalgesellschaft in einem steuerlichen Betriebsvermögen hält, in verdeckte Gewinnausschüttungen führt zur Anwendung des Teileinkünfteverfahrens, § 3 Nr. 40 lit. d EStG. Die Anwendung des Teileinkünfteverfahrens setzt dabei indes voraus, dass die entsprechenden Vergütungen das Einkommen der leistenden Kapitalgesellschaft nicht gemindert haben, § 3 Nr. 40 lit. d S. 2 EStG. Die verdeckte Gewinnausschüttung unterliegt zudem der Gewerbesteuer, sofern die Voraussetzungen des § 9 Nr. 2a oder Nr. 7 GewStG nicht vorliegen, § 8 Nr. 5 GewStG.[425]

319 *cc) Kapitalgesellschaft.* Ist Empfänger der verdeckten Gewinnausschüttung eine andere Kapitalgesellschaft, fallen die verdeckten Gewinnausschüttungen unter das Beteiligungsprivileg des § 8b Abs. 1, 5 KStG, soweit die Beteiligung 10 % oder mehr umfasst. Die Anwendung des Beteiligungsprivilegs setzt indes voraus, dass die Vergütungen das Einkommen der leistenden Körperschaft nicht gemindert haben, § 8b Abs. 1 S. 2 KStG. Unter den Bedingungen des § 8 Nr. 5 GewStG unterliegen die verdeckten Gewinnausschüttungen der Gewerbesteuer.[426]

2. Verdeckte Einlagen

320 **a) Verdeckte Einlage von Wirtschaftsgütern.** *aa) Anwendungsvoraussetzungen.* Wendet ein Anteilseigner oder eine ihm nahestehende Person der Kapitalgesellschaft außerhalb der gesellschaftsrechtlichen Einlage einen bilanzierungsfähigen Vermögensvorteil zu und ist diese Zuwendung durch das Gesellschaftsverhältnis veranlasst, so wird von einer verdeckten Einlage gesprochen.[427] Im Gegensatz zu einer offenen Einlage wird dem Gesellschafter keine oder keine wertäquivalente Gegenleistung gewährt. Die mit der verdeckten Einlage einhergehende Wertsteigerung in den Anteilen der Empfängergesellschaft führt nicht zu einem greifbaren Vermögensvorteil und ist daher nicht als Gegenleistung, sondern ledig-

---

[424] In diesem Fall kann jedoch von einer Schenkung gem. § 7 Abs. 1 ErbStG zwischen dem Gesellschafter und der nahestehenden Person ausgegangen werden. Eine Schenkung der Gesellschaft direkt an die nahestehende Person ist abzulehnen, BFH BFH/NV 2018, 383 = DStRE 2018, 224.
[425] Ausf. → Rn. 46 ff.
[426] Ausf. → Rn. 46 ff.
[427] R 8.9 Abs. 1 KStR.

lich als Wertreflex zu beurteilen.[428] Eine Veranlassung im Gesellschaftsverhältnis ist gegeben, wenn ein Nichtgesellschafter bei Anwendung der Sorgfalt eines ordentlichen und gewissenhaften Kaufmanns den Vermögensvorteil der Kapitalgesellschaft nicht zugewendet hätte.[429] Gegenstand einer verdeckten Einlage können lediglich Wirtschaftsgüter, nicht aber bloße Nutzungsvorteile sein.[430] Demzufolge scheidet eine Qualifizierung einer zinsgünstigen Überlassung eines Darlehens als verdeckte Einlage aus. Der nachträgliche Verzicht auf bereits entstandene Zinsen ist hingegen sehr wohl als verdeckte Einlage anzusehen.

bb) Rechtsfolgen (1) Einlegender. Für den Einlegenden steuerlich beachtlich ist vor allem eine verdeckte Einlage[431] von Wirtschaftsgütern aus dem Betriebsvermögens, von Anteilen an Kapitalgesellschaften und anderem Kapitalvermögen, von Grundstücken iSd § 23 Abs. 1 Nr. 1 EStG, sowie der Verzicht eines Gesellschafters auf seine Forderungen gegenüber der Gesellschaft.[432] **321**

Entstammt das eingelegt Wirtschaftsgut dem Privatvermögen des Anteilseigners, so erfolgt bei ihm die Gewinnrealisierung regelmäßig mit dem gemeinen Wert. Dies gilt sowohl für Anteile an Kapitalgesellschaften (§ 17 Abs. 2 S. 2, § 20 Abs. 4 S. 2 EStG, § 21 Abs. 2 S. 2 UmwStG aF) als auch für steuerverhaftete Grundstücke (§ 23 Abs. 3 S. 2 EStG). Maßgebend ist der Zeitpunkt des Übergangs des wirtschaftlichen Eigentums. Durch die Bewertung zum gemeinen Wert sind stille Reserven aufzudecken. Auf den Gewinn bei der verdeckten Einlage von Kapitalgesellschaftsanteilen ist die Abgeltungssteuer (§ 20 Abs. 2 S. 2 EStG) oder das Teileinkünfteverfahren (bei Anteilen iSd § 17 Abs. 1 S. 1 EStG) anzuwenden. Die Anschaffungskosten des Aktionärs erhöhen sich entsprechend.[433] **322**

Gehören das eingelegte Wirtschaftsgut und die Anteile der die verdeckte Einlage empfangenden Kapitalgesellschaft zu einem Betriebsvermögen, ist § 6 Abs. 6 S. 2 EStG anzuwenden. Danach erhöhen sich mit der verdeckten Einlage die Anschaffungskosten der Anteile des Gesellschafters an der empfangenden Kapitalgesellschaft um den Teilwert des eingelegten Wirtschaftsguts, § 6 Abs. 6 S. 2 EStG. Einlegender kann eine natürliche Person, eine Personengesellschaft oder eine Kapitalgesellschaft sein. Auf diese Weise wird verhindert, dass die einlagebedingte Werterhöhung der Anteile an der Kapitalgesellschaft bei deren künftiger Veräußerung erneut erfasst wird. Davon abweichend erhöhen sich in den Fällen des § 6 Abs. 1 Nr. 5 S. 1 lit. a EStG die Anschaffungskosten iSd § 6 Abs. 6 S. 2 EStG nicht um den Teilwert, sondern um den Einlagewert des Wirtschaftsguts. Nach § 6 Abs. 6 S. 2, 3 EStG sind Einlagen mit dem Teilwert, höchstens jedoch mit den Anschaffungskosten/Herstellungskosten anzusetzen, wenn das zugeführte Wirtschaftsgut innerhalb der letzten drei Jahre vor dem Zeitpunkt der Zuführung angeschafft oder hergestellt worden ist.[434] Bei Anwendung des § 6 Abs. 6 S. 3 EStG wird durch den Ansatz zu Buchwerten die Aufdeckung stiller Reserven vermieden. Entsprechend erhöhen sich die Anschaffungskosten an der Kapitalgesellschaft lediglich um den Buchwert des eingelegten Wirtschaftsguts, es resultiert ein reiner Aktivtausch. **323**

Keine Anwendung findet hingegen bei verdeckter Einlage in eine Kapitalgesellschaft die Regelung des § 6 Abs. 5 S. 1 EStG. Es handelt sich bei dem Betriebsvermögen des Anteilseigners und dem der AG nicht um ein Betriebsvermögen „desselben Steuerpflichtigen", da die AG ein eigenes Steuersubjekt darstellt. **324**

(2) Empfangende Kapitalgesellschaft. Die empfangende Kapitalgesellschaft hat – abgesehen vom Fall des § 6 Abs. 6 S. 3 EStG[435] – das ihr zugewendete Wirtschaftsgut zum Teilwert zu aktivieren. Die Beschränkungen des § 6 Abs. 1 Nr. 5 S. 1 lit. a, b, c EStG sind insoweit **325**

---

[428] BFH BStBl. II 2005, 522 = DStRE 2005, 706; BFH BStBl. II 1992, 234 = DStR 1991, 1348; BFH BStBl. II 1998, 307 = DStR 1997, 1282.
[429] R 8.9 Abs. 3 S. 2 KStR; BFH BStBl. II 1983, 744 = BeckRS 1974, 22002786; BFH BStBl. II 1983, 744 = (Ls.) = NVwZ 1984, 679; BFH BStBl. II 1993, 333 = DStR 1992, 1545.
[430] BFH BStBl. II 1988, 348 = BeckRS 1987, 22008261.
[431] → Rn. 326 ff.
[432] Vgl. zum Forderungsverzicht → Rn. 332 ff.
[433] Blümich/*Vogt* EStG § 17 Rn. 612.
[434] Schmidt/*Kulosa* EStG § 6 Rn. 752; Blümich/*Ehmcke* EStG § 6 Rn. 1423.
[435] → Rn. 329.

nicht zu beachten, als beim Gesellschafter eine steuerpflichtige Realisierung der stillen Reserven stattgefunden hat.[436] Der Gegenwert der verdeckten Einlage ist dem steuerlichen Einlagekonto gutzuschreiben. Verdeckte Einlagen erhöhen das Einkommen der Kapitalgesellschaft nicht, § 8 Abs. 3 S. 3 EStG. Dies gilt nicht, soweit der Gesellschafter die verdeckte Einlage als Werbungskosten oder Betriebsausgaben abgezogen hat, § 8 Abs. 3 S. 4 KStG.

326 **b) Forderungsverzicht.** Eine verdeckte Einlage erbringt auch ein Gesellschafter mit dem Verzicht auf seine Forderung gegenüber seiner Kapitalgesellschaft,[437] sofern dieser Verzicht im Gesellschaftsverhältnis und nicht betrieblich begründet ist. Ein Forderungsverzicht ist immer dann im gesellschaftlich begründet und nicht betrieblich veranlasst, wenn der Gesellschafter bei Anwendung der Sorgfalt eines ordentlichen Kaufmanns die Schulden nicht erlassen hätte.[438] Über den Wert der eingelegten Forderung und weitere steuerliche Konsequenzen des Verzichts eines Gesellschafters auf eine Forderung gegenüber einer Kapitalgesellschaft hat der Große Senat des BFH in seinem Beschluss v. 9.6.1997 entschieden.[439]

327 *aa) Steuerliche Behandlung auf Ebene der Schuldnerkapitalgesellschaft.* (1) Ohne Besserungsversprechen. Ein Verzicht des Gesellschafters auf seine Forderung gegenüber der Gesellschaft führt durch den Wegfall der entsprechenden Verbindlichkeit auf Ebene der Schuldnerkapitalgesellschaft zu einer Vermögensmehrung. Handelsrechtlich hat die Kapitalgesellschaft ein Wahlrecht, diese Vermögensmehrung als Ertrag auszuweisen oder als sonstige Einlage nach § 272 Abs. 1 Nr. 4 HGB in die Kapitalrücklagen einzustellen. Steuerlich hingegen hat die Kapitalgesellschaft die verdeckte Einlage zwingend dem steuerlichen Einlagekonto gutzuschreiben. Allerdings beschränkt sich die verdeckte Einlage nach den Ausführungen des BFH in seinem Beschluss v. 9.6.1997 auf den werthaltigen Betrag der Forderung.[440]

328 Ist die Forderung im Verzichtszeitpunkt nicht in voller Höhe werthaltig, sondern ist der Teilwert der Forderung im Zeitpunkt des Verzichts unter den Nennwert gesunken, so werden in Höhe dieses nicht mehr werthaltigen Teils steuerlich Erträge auf Ebene der Schuldnerkapitalgesellschaft realisiert.

329 Die Einlage des Gesellschafters ist auch dann mit dem werthaltigen Teilbetrag der Forderung zu bewerten, wenn sie aus Leistungen des Gesellschafters stammt, die bei der Gesellschaft zu Aufwand geführt haben.[441] Diese Feststellung ist vor allem bedeutend für den Verzicht eines Gesellschafters auf Pensionsansprüche, etwa im Fall eines Verkaufs seiner Anteile an der Gesellschaft. Dabei richtet sich der Teilwert für die Bewertung der verdeckten Einlage einer Pensionsanwartschaft nicht nach § 6a EStG, sondern nach den Wiederbeschaffungskosten. Der Teilwert entspricht somit dem Betrag, den der Gesellschafter im Zeitpunkt des Verzichts hätte aufwenden müssen, um eine gleich hohe Pensionsanwartschaft gegen einen vergleichbaren Schuldner zu erwerben.[442]

330 *(2) Mit Besserungsversprechen.* Die erläuterten Rechtsfolgen treten auch dann ein, wenn der Forderungsverzicht unter Besserungsversprechen gewährt wurde.[443] Im Zeitpunkt des Forderungsverzichts ist die Verbindlichkeit je nach Werthaltigkeit (teilweise) erfolgswirksam bzw. erfolgsneutral auszubuchen. Lebt die Forderung bei Eintritt des Besserungsversprechens wieder auf, so ist die Verbindlichkeit in der Höhe vermögensmindernd wieder einzubuchen, in der sie im Zeitpunkt des ursprünglichen Forderungsverzichts als nicht mehr werthaltig galt.[444] Der als verdeckte Einlage behandelte werthaltige Teil der Verbindlichkeit

---

[436] R 8.9 Abs. 4 EStR.
[437] ZB BFH BStBl. II 1968, 720 = BeckRS 1968, 21000195; BFH BStBl. II 1998, 307 = DStR 1997, 1282; BFH BStBl. II 1998, 305 = DStR 1998, 236; BFH BStBl. II 2006, 132 = DStR 2005, 1896.
[438] StRspr, BFH BStBl. II 1977, 515 = BeckRS 1977, 22003935.
[439] BFH BStBl. II 1998, 307 = DStR 1997, 1282.
[440] BFH BStBl. II 1998, 307 = DStR 1997, 1282.
[441] BFH BStBl. II 1998, 307 = DStR 1997, 1282.
[442] BFH BStBl. II 1998, 305 = DStR 1998, 236.
[443] BFH BStBl. II 1991, 588 = BeckRS 1990, 22009526; BMF BStBl. I 2003, 648 = DStR 2004, 34.
[444] Zum Themenkomplex aus Sicht des Steuer- und Handelsrechts *Briese* DStR 2017, 799.

gilt als zurückgewährt und ist erfolgsneutral unter Minderung des Einlagekontos zu erfassen.[445] Entsprechendes gilt für Zinsen für die Zeit zwischen Entstehen der Verbindlichkeit und Forderungsverzicht. Nachzuzahlende Zinsen für die Zeit der Krise sind Betriebsausgaben, wenn von vornherein eine klare und schuldrechtlich wirksame Vereinbarung besteht.[446]

bb) Steuerliche Behandlung auf Ebene des Verzichtenden. Nach Auffassung des BFH[447] führt ein Forderungsverzicht beim verzichtenden Gesellschafter zum Zufluss des werthaltigen Teils der Forderung. Insofern erzielt der Gesellschafter mit dem Verzicht in Höhe der Forderungszinsen Einkünfte aus Kapitalvermögen, § 20 Abs. 1 Nr. 7 EStG. 331

Verzichtet der Anteilseigner gegenüber der Schuldnerkapitalgesellschaft auf eine Pensionsanwartschaft, so fließen dem verzichtenden Gesellschafter steuerpflichtige Einkünfte aus nichtselbstständiger Arbeit gem. § 19 EStG zu.[448] Ein solcher Zufluss ist auch dann anzunehmen, wenn der Gesellschafter bei Verkauf seiner Anteile an einer Kapitalgesellschaft nicht auf seine Pension verzichtet, sondern ein vertragliches Wahlrecht eingeräumt wird, die Pensionsverpflichtung auf eine andere Kapitalgesellschaft zu übertragen.[449] Der Zufluss beschränkt sich auf den werthaltigen Teil der Forderung.[450] 332

Neben dem Zufluss sind durch den Verzicht nach den Ausführungen des BFH in seinem Beschluss[451] v. 9.6.1997 die Anschaffungskosten der Anteile an der Schuldnergesellschaft in Höhe des Betrags der werthaltigen Forderung um nachträgliche Anschaffungskosten zu erhöhen. Diese Ansicht begründet der BFH damit, dass der verzichtende Gesellschafter durch die verdeckte Einlage seine Gesellschafterrechte stärkt. Der Forderungsverzicht führt zu einer Erhöhung von Vermögen und Ertragsfähigkeit der Gesellschaft und damit zur Erhöhung der Ausschüttungsansprüche des Gesellschafters sowie des auf ihn entfallenden Liquidationserlöses. 333

c) Befreiende Schuldübernahme im Konzern. Zu verdeckten Einlagen kann es aus steuerlicher Sicht auch bei befreienden Schuldübernahmen zwischen einzelnen Konzernunternehmen kommen. 334

Nach Ansicht des I. Senates bleibt es ohne erfolgswirksame Auswirkungen auf das steuerliche Ergebnis der Tochtergesellschaft, wenn eine befreiende Schuldübernahme durch die Muttergesellschaft und ein anschließender Verzicht der Darlehensgläubiger gegenüber der Muttergesellschaft ausgesprochen wird.[452] Bei dieser Gestaltung übernimmt die Muttergesellschaft Darlehensverbindlichkeiten der Tochtergesellschaft gegenüber Gläubigerbanken mit schuldbefreiender Wirkung für die Tochtergesellschaft ohne Regressanspruch. Anschließend verzichten die Gläubigerbanken auf ihre Forderungen gegenüber der Muttergesellschaft. Aus steuerlicher Sicht erbringt die Muttergesellschaft mit der befreienden Schuldübernahme eine verdeckte Einlage in die Tochtergesellschaft. Hierbei ist der Betrag maßgeblich, den die Muttergesellschaft geleistet hat, eine Bewertung des Regressverzichts ist nicht notwendig.[453] Entsprechend ergibt sich bei der Tochtergesellschaft kein Ertrag, da die Ausbuchung der Verbindlichkeit gegen den Freistellungsanspruch erfolgsneutral erfolgt.[454] Auf §§ 4f, 5 Abs. 7 EStG wird hingewiesen.[455] 335

Aufgrund der steuerneutralen Wirkung für die Tochtergesellschaft lässt sich das Instrument der befreienden Schuldübernahme vor allem für Sanierungen von Konzernunternehmen nutzen.[456] Bei diesen Sanierungen besteht häufig die Schwierigkeit, dass durch einen 336

---

[445] BFH BStBl. II 1991, 588 = BeckRS 1990, 22009526.
[446] BMF BStBl. I 2003, 648 = DStR 2004, 34.
[447] BFH BStBl. II 1998, 307 = DStR 1997, 1282.
[448] BFH BStBl. II 2003, 748 = DStR 2003, 1566.
[449] BFH BStBl. II 2007, 581 = DStR 2007, 894.
[450] *Ott* DStR 2015, 2262 (2263) mwN.
[451] BFH BStBl. II 1998, 307 = DStR 1997, 1282.
[452] BFH BFH/NV 2002, 678 = DStRE 2002, 257; BFH BFH/NV 2002, 1172 = DStRE 2002, 896; Gosch/*Gosch* KStG § 8 Rn. 122; aA BFH BStBl. II 2005, 707 = DStR 2005, 1389.
[453] Gosch/*Gosch* KStG § 8 Rn. 122.
[454] BFH BFH/NV 2002, 678 = DStRE 2002, 257.
[455] Ausf. *Kahle/Braun* FR 2018, 197.
[456] *Schmidt/Hageböke* DStR 2003, 2150.

Forderungsverzicht von Gläubigerbanken auf Ebene der Schuldnerkapitalgesellschaft Erträge entstehen. Diese Erträge sind im Grundsatz steuerpflichtig, sofern die Schuldnerkapitalgesellschaft nicht über ausreichend hohe steuerliche Verlustvorträge verfügt und kein Sanierungsfall vorliegt.[457] Im Gegensatz dazu weist die Mutterkapitalgesellschaft der Schuldnergesellschaft zwar häufig ausreichend hohe steuerliche Verlustvorträge aus. Sie hat demgegenüber oftmals nicht ausreichend hohe Darlehensverbindlichkeiten, die erlassen werden können. Besteht zwischen Schuldnerkapitalgesellschaft und Mutterkapitalgesellschaft keine steuerliche Organschaft, so ist die Sanierung durch die auf der Ebene der Tochtergesellschaft entstehenden steuerpflichtigen Erträge und somit drohenden Steuerlasten gefährdet. Mit der befreienden Schuldübernahme können die Darlehensverbindlichkeiten steuerneutral auf die Ebene der Muttergesellschaft „transferiert" und die aus dem Forderungsverzicht der Gläubigerbanken resultierenden Erträge mit vorhandenen Verlustvorträgen der Muttergesellschaft verrechnet werden. Auf die Mindestbesteuerung gem. § 10d Abs. 2 EStG wird hingewiesen.

3. Disquotale Ausschüttungen

337 Disquotale Ausschüttungen zeichnen sich dadurch aus, dass Gesellschafter eine von dem gehaltenen Gesellschafts- und Kapitalanteil abweichende Partizipation am Gewinn erhalten.

338 Nach § 60 AktG ist der Gewinn einer AG quotal nach dem Verhältnis der einzelnen Aktiennennbeträge bzw. dem Verhältnis der Anteile zu verteilen. Allerdings sind abweichende Bestimmungen in der Satzung der AG zulässig, so dass auch disquotale Ausschüttungen gesellschaftsrechtlich möglich sind, § 60 Abs. 3 AktG.[458] Nachträgliche Satzungsänderungen sind gem. § 179 Abs. 3 AktG von den benachteiligten Aktionären zustimmungsbedürftig.

339 Mit Urteil v. 19.8.1999 hat der BFH entschieden, dass bei entsprechenden Satzungsbestimmungen inkongruente Gewinnausschüttungen auch steuerlich anzuerkennen sind.[459] Im Urteilsfall hatte eine GmbH an den Anteilseigner mit Verlustausgleichspotenzial mehr ausgeschüttet, als ihm entsprechend seiner Beteiligungsquote zugestanden hätte. Andere Anteilseigner haben entsprechend geringere Ausschüttungen erhalten. Der BFH hat in dieser disquotalen Ausschüttung keinen Gestaltungsmissbrauch iSv § 42 AO gesehen. An dieser Beurteilung hat der BFH auch in seiner Entscheidung vom 28.6.2006 festgehalten.[460] Selbst im Falle einer anschließenden inkongruenten Wiedereinlage ist eine inkongruente Gewinnausschüttung steuerlich anzuerkennen.[461] Auch das Motiv der Verlustnutzung begründet keinen Gestaltungsmissbrauch.

340 Die Finanzverwaltung wendet die Rspr. im Grundsatz unter den Bedingungen an, dass die abweichende Gewinnverteilung zivilrechtlich wirksam bestimmt ist und beachtliche wirtschaftlich vernünftige außersteuerliche Gründe nachgewiesen werden.[462] Dies ist als Einzelfallentscheidung zu evaluieren, Indizien für einen Gestaltungsmissbrauch gem. § 42 AO sollen die kurzzeitige Geltung oder wiederholte Änderung von Gewinnverteilungsabreden sein.

341 Die Einführung sog. *Tracking Stocks* ist steuerlich anzuerkennen, da wirtschaftlich vernünftige Gründe vorhanden sind.[463] Bei *Tracking Stocks,* auch als *divisional shares* bezeichnet, richtet sich die Gewinnbeteiligung der Anteilsinhaber nach dem wirtschaftlichen Ergebnis eines Geschäftsbereichs. Für eine Anwendung von § 42 AO verbleibt entsprechend kein Raum.

---

[457] Vgl. § 3a EStG; *Lampe/Breuer/Hotze* DStR 2018, 173; *Desens* FR 2017, 981; *Förster/Hechtner* DB 2017, 1536; *Kahlert/Schmidt* DStR 1207, 1897.
[458] Zu Gestaltungen zB MüKoAktG/*Bayer* § 60 Rn. 20 f.
[459] BFH BStBl. II 2001, 43 = DStR 1999, 1849; krit. *Groh* DB 2000, 1433.
[460] BFH BFH/NV 2006, 2207 = DStR 2006, 1938 mAnm *Hoffmann*; sa *Erhart/Riedel* BB 2008, 2266.
[461] FG Köln EFG 2016, 1875 = BeckRS 2016, 95718.
[462] BMF BStBl. I 2014, 63 = DStR 2014, 36; *Schmidtmann* Ubg 2014, 502.
[463] *Schmidtmann* Ubg 2014, 502 (509); *Kamchen/Kling* NWB 2015, 819 (824); *Prinz/Schürner* DStR 2003, 181; *Tonner* IStR 2002, 317; *Prinz* FR 2001, 285; *Balmes/Graessner* DStR 2002, 838.

§ 5 Internationale Bezüge

Übersicht

	Rn.
I. Vorbemerkung	1
II. Ausländische juristische Personen als Aktionäre	2–36
1. Rechtsfähigkeit	2–23
a) Das Gesellschaftsstatut und seine Reichweite	3–5
b) Staatsvertragliche Regelungen	6/7
c) Sitz- contra Gründungstheorie	8–18
d) Position der Rechtsprechung	19–23
2. Besonderheiten innerhalb der EU	24–35
a) Ausgangspunkt	24–26
b) Rechtsprechung des EuGH	27–33
c) Reaktionen deutscher Gerichte	34
d) Geltung für andere Länder	35
3. Brexit	36
III. Vertretung ausländischer juristischer Personen	37–161
1. Organschaftliche Vertretung – Vertretungsnachweis	37–157
a) Allgemeines	37–40
b) Sonderproblem: Selbstkontrahieren	41–43
c) Länderüberblick	44–157
2. Rechtsgeschäftliche Vertretung	158–161
a) Vollmachtsstatut	158–160
b) Form der Vollmacht	161
IV. Ausländische natürliche Personen	162–172
1. Als Aktionäre	162–165
a) Staatsangehörigkeit	162/163
b) Güterstand	164/165
2. Als Vorstand	166–172
a) Staatsangehörigkeit	166
b) Aufenthalt	167
c) Arbeitserlaubnis	168
d) Besonderheiten bei der Registeranmeldung	169–172
V. Auslandsbeurkundungen	173–197
1. Grundlagen	173–177
2. Öffentliche Urkunde	178–180
3. Legalisation, Apostille, Befreiung von weiteren Förmlichkeiten	181–197
a) Legalisation	181–183
b) Bilaterale Verträge	184–193
c) Apostille	194–197
VI. Die Sprache	198/199
VII. Die Europäische Aktiengesellschaft (SE)	200–212
1. Allgemeines	200–203
2. Gründungsarten	204–208
3. Organisationsverfassung	209
4. Finanzverfassung	210
5. Auflösung, Liquidation, Zahlungsunfähigkeit und Zahlungseinstellung	211
6. Einsatzmöglichkeiten in der Unternehmenspraxis	212

Schrifttum: *Altmeppen,* Schutz vor „europäischen" Kapitalgesellschaften, NJW 2004, 97; *Bayer,* Die EuGH-Entscheidung „Inspire Art" und die deutsche GmbH im Wettbewerb der europäischen Rechtsordnungen, BB 2003, 2357; *Bayer/Schmidt,* Grenzüberschreitende Mobilität von Gesellschaften: Formwechsel durch isolierte Satzungssitzverlegung, ZIP 2017, 2225; *Becker,* Zum neuen Internationalen Privatrecht der gewillkürten Stellvertretung (Art. 8 und 229 § 41 EGBGB), DNotZ 2017, 835; *Behme/Nohlen,* Kommentar zur EuGH-Entscheidung „Inspire Art", BB 2009, 13; *Behrens,* Das Internationale Gesellschaftsrecht nach dem Überseering-Urteil des EuGH und den Schlussanträgen zu Inspire Art, IPRax 2003, 193; *Binge/Thölke,* Everything goes! – Das deutsche Internationale Gesellschaftsrecht nach „Inspire Art", DNotZ 2004, 21; *Borges,* Gläubigerschutz bei ausländischen Gesellschaften mit inländischem Sitz, ZIP 2004, 733; *Brandt,* Der Diskussionsentwurf zu einem SE-Ausführungsgesetz, DStR 2003, 1208; *Brakalova/Barth,* Nationale Beschränkungen des

Wegzugs von Gesellschaften innerhalb der EU bleiben zulässig, DB 2009, 213; *Brandt/Scheifele,* Die Europäische Aktiengesellschaft und das anwendbare Recht, DStR 2002, 547; *Bücken,* Rechtswahlklauseln in Vollmachten, RNotZ 2018, 213; *Bungert/Leyendecker-Langner,* Hauptversammlungen im Ausland, BB 2015, S. 268; *Deutsches Notarinstitut,* Notarielle Fragen des internationalen Rechtsverkehrs, Bd. III/1, 1995; *Ebert,* Das anwendbare Konzernrecht der Europäischen Aktiengesellschaft, BB 2003, 1854; *Ebert/Levedag,* Die zugezogene „private company limited by shares (Ltd.)" nach dem Recht von England und Wales als Rechtsformalternative für in- und ausländische Investoren in Deutschland, GmbHR 2003, 1337; *Ebke,* Überseering: „Die wahre Liberalität ist Anerkennung", JZ 2003, 927; *Eickelberg,* Besonderheiten der konsularischen Beurkundung und ihr Einfluss auf die Zusammenarbeit der Konsularbeamten mit inländischen Notaren, DNotZ 2018, 332; *Eidenmüller,* Ausländische Kapitalgesellschaften im deutschen Recht, 2004; *Erdmann,* Ausländische Staatsangehörige in Geschäftsführungen und Vorständen deutscher GmbHs und AGs, NZG 2003, 503; *Eule,* Die Entscheidungen des EuGH und des BGH in Sachen „Überseering B. V." – eine peinliche Blamage für die beteiligten Juristen?!, ZNotP 2004, 54; *Fischer,* Die Urteilspraxis des Europäischen Gerichtshofs – Praktische Hinweise zum Verständnis von EuGH-Urteilen, ZNotP 1999, 352; *Frank/Wachter,* Handbuch Immobilienrecht in Europa, 2. Aufl. 2015; *Freitag/Korch,* Gedanken zum Brexit – Mögliche Auswirkungen im Internationalen Gesellschaftsrecht, ZIP 2016, 1361; *Goette,* Auslandsbeurkundungen im Kapitalgesellschaftsrecht, in FS Boujong, 1996, S. 131; *Habersack,* Europäisches Gesellschaftsrecht, 4. Aufl. 2011; *ders.,* Europäisches Gesellschaftsrecht im Wandel, NZG 2004, 1; *Hahn,* Der Nachweis der Vertretungsbefugnis bei ausländischen Handelsgesellschaften, besonders bei der englischen Registered Company Limited, DNotZ 1964, 288; *Happ/Holler,* „Limited" statt GmbH? – Risiken und Kosten werden gern verschwiegen, DStR 2004, 730; *Haritz/Wisniewski,* Steuerneutrale Umwandlung über die Grenze. Anmerkung zum Vorschlag der EU-Kommission zur Änderung der steuerlichen Fusionsrichtlinie, GmbHR 2004, 28; *Hausmann/Odersky,* Internationales Privatrecht in der Notar- und Gestaltungspraxis, 3. Aufl. 2017; *Heckschen,* Die Gründung einer GmbH im Ausland, DB 2018, 685; *Heidenhain,* Ausländische Kapitalgesellschaften mit Sitz in Deutschland, NZG 2002, 1141; *Heinze,* ECLR – Die Europäische Aktiengesellschaft, ZGR 1/2002, 66; *Herrler,* Anforderungen an den satzungsmäßigen Versammlungsort – Hauptversammlung im Ausland?, ZGR 2015, 918; *Hirsch,* Artfully Inspired – Werden deutsche Gesellschaften englisch?, NZG 2003, 1100; *Hirte,* Wettbewerb der Rechtsordnungen nach „Inspire Art", GmbHR 2003, R 421; *ders.,* Die Europäische Aktiengesellschaft, NZG 2002, 1; *Holoch,* Die Europäische Aktiengesellschaft, 2003; *Holzborn,* Internationale Handelsregisterpraxis, NJW 2003, 3014; *Horn,* Deutsches und europäisches Gesellschaftsrecht und die EuGH-Rechtsprechung zur Niederlassungsfreiheit – Inspire Art, NJW 2004, 893; *Hüffer/Koch,* Aktiengesetz, 12. Aufl. 2016; *Ihrig/Wagner,* Diskussionsentwurf für ein SE-Ausführungsgesetz, BB 2003, 969; *Kanzleiter,* „Inspire Art" – die Konsequenzen, DNotZ 2003, 885; *dies.,* Das Gesetz zur Einführung der Europäischen Gesellschaft (SEEG) auf der Zielgeraden, BB 2004, 1749; *Kindler,* „Inspire Art" – Aus Luxemburg nichts Neues zum Internationalen Gesellschaftsrecht, NZG 2003, 1086; *Kindler,* Auf dem Weg zur europäischen Briefkastengesellschaft? – Die „Überseering" – Entscheidung des EuGH und das internationale Privatrecht, NJW 2003, 1073; *ders.,* Ende der Diskussion über die sogenannte Wegzugsfreiheit, NZG 2009, 130; *ders.,* Unternehmensmobilität nach „Polbud": der grenzüberschreitende Formwechsel in Gestaltungspraxis und Rechtspolitik, NZG 2018, 1; *Klein,* Gründung der Betriebsstätten einer Kapitalgesellschaft angelsächsischen Rechts in Deutschland, Rpfleger 2003, 629; *Kleinert/Probst,* Endgültiges Aus für Sonderanknüpfungen bei (Schein-)Auslandsgesellschaften, DB 2003, 2217; *Knof/Mock,* Anmerkungen zur EuGH-Entscheidung „Inspire Art", ZIP 2003, 30; *Kübler,* Leistungsstrukturen der Aktiengesellschaft und die Umsetzung des SE-Status, ZHR 2003, 222; *Langhein,* Vertretungs- und Existenznachweise ausländischer Kapitalgesellschaften, ZNotP 1999, 218; *ders.,* Kollisionsrecht der Registerurkunden, Diss. Baden-Baden 1995; *Leible/Hoffmann,* „Überseering" und das deutsche Gesellschaftskollisionsrecht, ZIP 2003, 925; *dies.,* Wie inspiriert ist „Inspire Art"?, EuZW 2003, 677; *ders.,* Cartesio – fortgeltende Sitztheorie, grenzüberschreitender Formwechsel und Verbot materiellrechtlicher Wegzugsbeschränkungen, BB 2009, 58; *Lieder,* Auslandsbesteuerung – umwandlungsrechtliche Strukturmaßnahmen, ZIP 2018, 1517; *Lieder/Bialluch,* Umwandlungsrechtliche Implikationen des Brexit, NotBZ 2017, 165; *Lutter/Bayer/Schmidt,* Europäisches Unternehmens- und Kapitalmarktrecht, 5. Aufl. 2012⁴; *Maul/Schmidt,* Inspire Art – Quo vadis Sitztheorie?, BB 2003, 2297; *Mayer/Manz,* Der Brexit und seine Folgen auf den Rechtsverkehr zwischen der EU und dem Vereinigten Königreich, BB 2016, 1731; *Meilicke,* Die Niederlassungsfreiheit nach „Überseering" – Rückblick und Ausblick nach Handelsrecht und Steuerrecht, GmbHR 2003, 793; *Meilicke,* Ausländische GmbH: Verlegung des Sitzes einer Gesellschaft in einen anderen EU-Mitgliedstaat als dem Gründungsmitgliedstaat – Kommentar zur EuGH-Entscheidung „Cartesio", GmbHR 2009, 92; *Melchior/Schulte,* Die Vertretungsbescheinigung nach § 21 BNotO in der Handelsregisterpraxis, NotBZ 2003, 344; *Menjucq,* Das „monistische" System der Unternehmensleitung in der SE, ZGR 2003, 679; *Merkt,* Die monistische Unternehmensverfassung für die Europäische Aktiengesellschaft aus deutscher Sicht – Mit vergleichendem Blick auf die Schweiz, das Vereinigte Königreich und Frankreich, ZGR 2003, 767; *Müller-Bonanni,* Unternehmensmitbestimmung nach „Überseering" und „Inspire Art", GmbHR 2003, 1235; Münchener Kommentar Aktiengesetz/*Ego,* Bd. 7 SE-VO, SEBG, Kapitel B. Europäische Niederlassungsfreiheit, 4. Aufl. 2017; *Neye/Teichmann,* Der Entwurf für das Ausführungsgesetz zur Europäischen Aktiengesellschaft, AG 2003, 169; *Neye,* ECLR – Kein neuer Stolperstein für die Europäische Aktiengesellschaft, ZGR 2002, 377; *Otte/Rietschel,* Freifahrschein für den grenzüberschreitenden Formwechsel nach „Cartesio"?, GmbHR 2009, 983; *Paefgen,* Umwandlung, europäische Grundfreiheiten und Kollisionsrecht, GmbHR 2004, 463; *Priester,* ECLR – EU-Sitzverlegung – Verfahrensablauf, ZGR 1999, 36; *Reichert/Brandes,* Mitbestimmung der Arbeitnehmer in der SE: Gestaltungsfreiheit und Bestandsschutz, ZGR 2003, 767; *Reithmann/Martiny*, Internationales Vertragsrecht 8. Aufl. 2015, *Riesenhuber*, Die Verschmelzungsrichtlinie: „Basisrechtsakt für ein Europäisches Recht der Strukturmaßnahmen", NZG 2004, 15; *Roth*, Gründungstheorie: Ist der Damm gebrochen?, ZIP 1999, 861; *Sandrock*, Nach Inspire Art – Was bleibt vom deutschen Sitzrecht übrig?, BB 2003, 2588; *Schanze/Jüttner*, Die Entscheidung für Pluralität: Kollisionsrecht und Gesellschaftsrecht nach der EuGH-Entscheidung „Inspire Art", AG 2003, 661; *Schanze/Jüttner*, Anerkennung und Kontrolle ausländischer Gesellschaften – Rechtslage und Perspektiven nach der Überseering-Entscheidung des EuGH AG 2003, 30; *Schaub*, Ausländische Handelsgesellschaften und deutsches Registerverfahren, NZG 2000, 953; *Schervier*, Beurkundung GmbH-rechtlicher Vorgänge im Ausland, NJW 1992, 593; *K. Schmidt*, ECLT – Sitzverlegungsrichtlinie, Freizügigkeit und Gesellschaftspraxis, Grundlagen, ZGR 1–2/1999, 20; *Schwarz*, Zum Status der Europäischen Aktiengesellschaft, ZIP 2001, 1847; *Stelmaszczyk*, Grenzüberschreitender Formwechsel durch isolierte Verlegung des Satzungssitzes, EuZW 2017, 899; *Stucki*, Die Reform der französischen vereinfachten Aktiengesellschaft (SAS), DB 1999, 2622; *Teichmann*, ECLR – Minderheitenschutz bei Gründung und Sitzverlegung der SE, ZGR 3/2003; 366, 367; *ders.*, Vorschläge für das deutsche Ausführungsgesetz zur Europäischen Aktiengesellschaft, ZIP 2002, 1109; *ders.*, Cartesio: Die Freiheit zum formwechselnden Wegzug, ZIP 2009, 393; *Thönnes*, Identitätswahrende Sitzverlegung von Gesellschaften in Europa, DB 1993, 1021; *Thüsing*, Deutsche Unternehmensmitbestimmung und europäisches Niederlassungsfreiheit, ZIP 2004, 381; *Ulmer*, Gläubigerschutz bei Scheinauslandsgesellschaften, NJW 2004, 1201; *Veit/Wichert*, Unternehmerische Mitbestimmung bei europäischen Kapitalgesellschaften mit Verwaltungssitz in Deutschland nach „Überseering" und „Inspire Art", AG 2004, 14; *Wachter*, Auswirkungen des EuGH-Urteils in Sachen Inspire Art Ltd. auf Beratungspraxis und Gesetzgebung – Deutsche GmbH vs. Englische limited company, GmbHR 2004, 88; *ders.*, Handelsregisteranmeldungen der inländischen Zweigniederlassung einer englischen Private Limited Company – Auswirkungen des EuGH-Urteils in Sachen Inspire Art Ltd., NotBZ 2004, 41; *ders.*, Zweigniederlassungen ausländischer Kapitalgesellschaften nach „Inspire Art", GmbHR 2003, 1254; *Wagner*, „Überseering" und Folgen für das Steuerrecht, GmbHR 2003, 684; *Weller*, „Inspire Art": Weitgehende Freiheiten beim Einsatz ausländischer Briefkastengesellschaften, DStR 2003, 1800; *ders.*, Zum identitätswahrenden Wegzug deutscher Gesellschaften, DStR 2004, 1218; *Wenz*, Einsatzmöglichkeiten einer Europäischen Aktiengesellschaft in der Unternehmenspraxis aus betriebswirtschaftlicher Sicht, AG 2003, 185; *Werner*, Das deutsche internationale Gesellschaftsrecht nach „Cartesio" und „Trabrennbahn", GmbHR 2009, 191; *Ziemons*, Freie Bahn für den Umzug von Gesellschaften nach Inspire Art?!, ZIP 2003, 1913; *Zimmer*, Die Würfel sind gefallen: Die Sanktionen der Sitztheorie sind europarechtswidrig!, BB 2003, 1; *ders./Naendrup*, Das Cartesio-Urteil des EuGH: Folgen für das internationale Gesellschaftsrecht, NJW 2009, 545.

I. Vorbemerkung

Die internationale Verflechtung des Wirtschaftsverkehrs hat zur Folge, dass häufig gesellschaftsrechtliche Akte, zB Gründung von Gesellschaften, Satzungsänderungen einschließlich der Beschlüsse über Erhöhung und Herabsetzung des Kapitals sowie strukturändernde Maßnahmen nach dem UmwG, unter Beteiligung von Ausländern – seien es juristische Personen oder natürliche Personen – erfolgen. Dieser Auslandsbezug bei gesellschaftsrechtlichen Vorgängen wirft auch für die beteiligten Rechtsberater, Notare und das Handelsregister zahlreiche Fragen auf, so zum Beispiel: 1

Beratungscheckliste

- ☐ Rechtsfähigkeit der ausländischen juristischen Person?
- ☐ Wer ist zur Vertretung der ausländischen juristischen Person befugt?
- ☐ Wie ist der Vertretungsnachweis zu führen?
- ☐ Können ausländische natürliche Personen Aktionäre oder Organe der AG sein?
- ☐ Werden Auslandsbeurkundungen/-beglaubigungen im Inland anerkannt?
- ☐ Genügt die Vorlage ausländischer öffentlicher Urkunden im deutschen Rechtsverkehr ohne weitere Förmlichkeiten? Sind ggf. weitere Förmlichkeiten, wie zB Apostille, Legalisation, zu beachten?
- ☐ Können fremdsprachige Dokumente Verwendung finden; müssen sie übersetzt werden?

II. Ausländische juristische Personen als Aktionäre

1. Rechtsfähigkeit

2   Ausländische juristische Personen können Aktionäre einer inländischen Aktiengesellschaft sein, sofern ihre **Rechtsfähigkeit im Inland** anerkannt ist.

3   a) **Das Gesellschaftsstatut und seine Reichweite.** Ob eine Gesellschaft rechtsfähig ist, bestimmt sich nach der für ihre Rechtsbeziehungen maßgebenden Rechtsordnung, dem sog **Gesellschaftsstatut**[1] oder **Personalstatut**.[2]

4   Das EGBGB enthält keine Vorschriften zur Bestimmung des Gesellschaftsstatuts. Soweit zwischenstaatliche Verträge zur Bestimmung des Gesellschaftsstatuts fehlen, wird – national verschieden – die Anknüpfung nach der sog Sitztheorie oder nach der sog Gründungstheorie[3] vorgenommen. Besonderheiten sind im Bereich der EU aufgrund der dort geltenden **Niederlassungsfreiheit** (Art. 49, 54 AEUV) und der sog **Zweigniederlassungsrichtlinie**[4] zu beachten.

5   Das Gesellschaftsstatut erstreckt sich auf sämtliche gesellschaftsrechtlichen Beziehungen der Gesellschaft – unabhängig davon, ob diese das Außen- oder das Innenverhältnis betreffen – und somit auch auf die Rechtsfähigkeit der Gesellschaft.[5] Sind nach dem maßgebenden Gesellschaftsstatut die Voraussetzungen für die Rechtsfähigkeit erfüllt, nimmt das deutsche Recht dies hin; eines gesonderten Anerkennungsaktes bedarf es nicht mehr. Es gilt das **Prinzip der automatischen Anerkennung**.[6]

6   b) **Staatsvertragliche Regelungen.** Auf dem Gebiet des internationalen Gesellschaftsrechts sind vorrangig – Art. 1 Abs. 2 Rom I-VO bzw. Art. 3 Nr. 2 EGBGB – für die Bestimmungen des Gesellschaftsstatuts die von der Bundesrepublik Deutschland mit verschiedenen Staaten geschlossenen bilateralen Handels-, Niederlassungs- und Kapitalschutz- bzw. Investitionsabkommen, die die gegenseitige Anerkennung von Handelsgesellschaften regeln. Hierdurch wird staatsvertraglich das Gesellschaftsstatut der Gesellschaft festgelegt.[7]

7   Praktisch bedeutsam ist die besondere Regelung der Anerkennung von Gesellschaften im deutsch-amerikanischen Rechtsverkehr durch den **Freundschafts-, Handels- und Schifffahrtsvertrag zwischen der BRD und den Vereinigten Staaten von Amerika vom 29.10. 1954,** dessen Art. XXV Abs. 5 die wechselseitige Anerkennung von Gesellschaften bereits schon sicherstellt, wenn diese gemäß den Gesetzen und den sonstigen Vorschriften des einen Vertragsteils in dessen Gebiet errichtet worden sind.[8] Für die Anerkennung kann nicht zu-

---

[1] Staudinger/*Großfeld* (1998) IntGesR Rn. 16 ff.

[2] Im Sinne dieser synonymen Terminologie MüKoBGB/*Kindler* IntGesR Rn. 351 ff. – auch die Bezeichnungen „lex societatis" und „statute de la société" sind üblich.

[3] Zu weiteren Modifikationen der Gründungstheorie – zB Überlagerungs-, Differenzierungstheorie – s. MüKoBGB/*Kindler* IntGesR Rn. 387 ff.

[4] 11. Richtlinie 89/666/EWG über die Offenlegung von Zweigniederlassungen, die in einem Mitgliedstaat von Gesellschaften bestimmter Rechtsformen errichtet wurden, die dem Recht eines anderen Staates unterliegen vom 21.12.1989 (ABl. EG L 395, S. 36), umgesetzt in deutsches Recht mWv 1.11.1993 durch Gesetz vom 22.7.1993 (BGBl. I S. 1282); Hahnefeld DStR 1993, 1596; *Kindler* NJW 1993, 3301; *Seibert* DB 1993, 1705.

[5] Palandt/*Thorn* EGBGB Anh. Art. 12 Rn. 10 ff.; Soergel/*Lüderitz* EGBGB Anh. Art. 10 Rn. 7; Staudinger/*Großfeld* (1998) IntGesR Rn. 265 ff.; *Hausmann/Odersky*, Internationales Privatrecht in der Notar- und Gestaltungspraxis, 3. Aufl. 2017 § 18 Rn. 1.

[6] Unstrittig seit RGZ 83, 367; 92, 73 (76).

[7] Vgl. zB im Verhältnis Deutschland – Niederlande den Vertrag über die gegenseitige Anerkennung der Aktiengesellschaften und anderer kommerzieller, industrieller oder finanzieller Gesellschaften vom 11.2.1907 (RGBl. 1908 S. 65), der nach der Aussetzung während des Zweiten Weltkrieges aufgrund der Bekanntmachung vom 29.2.1952 (BGBl. II S. 435) unter Ziff. 6 – wieder in Kraft gesetzt und durch Protokoll vom 25.1.1994 mit Wirkung ab dem 3.10.1990 auf die Beitrittsländer erstreckt wurde; vgl. *Eule* ZNotP 2004, 56 (57); *Ebenroth/Bippus* DB 1988, 842; *Ulmer* IPRax 1996, 100; *Bungert* ZVglRWiss. 93 (1994), 117; Soergel/*Lüderitz* EGBGB Anh. Art. 10 Rn. 12 ff.; MüKoBGB/*Kindler* IntGesR Rn. 328 ff. mit Überblick.

[8] BGBl. 1956 II S. 487, in Kraft seit 14.7.1956 (BGBl. II 763); hierzu MüKoBGB/*Kindler* IntGesR Rn. 426 ff.; BGH NZG 2005, 44 = DNotZ 2005, 141 mAnm *Thölke* = BB 2004, 2595 mAnm *Elsing*.

sätzlich zur Gründung noch eine tatsächliche, effektive Beziehung zum Ausland verlangt werden (Vorbehalt eines „genuine link"),⁹ so dass eine nach dem Recht eines der Teilstaaten der USA wirksam gegründete Gesellschaft auch dann im Inland anzuerkennen ist, wenn sie im Gründungsstaat keine geschäftlichen Tätigkeiten entwickelt (sog „pseudo foreign company", Briefkastengesellschaft).¹⁰

c) **Sitz- contra Gründungstheorie. aa)** *Sitztheorie.* In der Bundesrepublik Deutschland ist die sog Sitztheorie herrschend. Danach bestimmen sich die Rechtsverhältnisse einer Gesellschaft nach der an ihrem **effektiven Verwaltungssitz** geltenden Rechtsordnung. Die Sitztheorie wurde auch nicht durch die Neufassung der § 4a GmbHG, § 5 AktG im Zuge des **MoMiG** vom 23.10.2008 (BGBl. I S. 2026) aufgehoben.¹¹ 8

Der Sitztheorie liegt das zur Erreichung eines internationalen Entscheidungseinklangs entwickelte Prinzip zugrunde, dass ein Rechtsverhältnis möglichst derjenigen Rechtsordnung unterstehen soll, die an dem Ort gilt, wo es seinen Schwerpunkt, seinen Sitz hat.¹² 9

Die Sitztheorie trägt außerdem dem Schutzinteresse des am meisten betroffenen Staates Rechnung und gesteht ihm die Entscheidung darüber zu, welche Gesellschaftsformen er in seinem Hoheitsgebiet zulassen will. Damit soll die Flucht in andere ausländische Gesellschaftsformen – der berüchtigte „Delaware-Effekt" des US-amerikanischen Gesellschaftsrechts¹³ – verhindert werden, die möglicherweise dazu führen würde, dass im Inland als zwingend angesehene Schutzstandards (Arbeitnehmer, insbesondere Mitbestimmung; Gläubiger; Minderheitsaktionäre; Fiskalinteressen) unterlaufen werden können.¹⁴ 10

Die Sitztheorie hat den Vorteil der Sachnähe und dient dem **Schutz des Rechtsverkehrs**, weil sie verhindert, dass pseudo foreign-companies gebildet werden können, denen im nationalen Recht nur durch Sonderanknüpfungen oder ordre-public-Regeln begegnet werden könnte.¹⁵ 11

Andererseits ist nicht zu verkennen, dass insbesondere im Zuge zunehmender Internationalisierung des Wirtschaftsverkehrs die Freizügigkeit seriöser Gesellschaften eingeschränkt wird.¹⁶ 12

Die Sitztheorie herrscht auch in den meisten kontinental-europäischen Staaten, zB Belgien, Frankreich, Luxemburg, Portugal, Spanien, ferner in Georgien, Lettland und Slowenien.¹⁷ 13

bb) Gründungstheorie. Demgegenüber unterwirft die Gründungstheorie Gesellschaften der Rechtsordnung, nach der sie gegründet worden sind. Das Gesellschaftsstatut soll vom Willen der Gründer bestimmt und ihre Rechtswahl allgemein anerkannt werden. 14

Da Anknüpfungsmerkmal der **Gründungsort** ist und dieser anhand der Gründungsdokumente und der Registrierung der Gesellschaft nur unschwer festzustellen ist, lässt sich hierdurch eine – im Vergleich zur Sitztheorie – größere Rechtssicherheit und eine leichtere Feststellbarkeit des maßgebenden Gesellschaftsstatuts erreichen.¹⁸ 15

---

⁹ So aber noch OLG Düsseldorf NJW-RR 1995, 1124 = IPRax 1996, 128 m. abl. Anm. *Ulmer* 100 ff.; s. dazu auch *Ebenroth/Bippus* NJW 1988, 137 und DB 1988, 842; MüKoBGB/*Kindler* IntGesR Rn. 342 ff.; offen gelassen in BGH NZG 2004, 1001; 2005, 44 f.

¹⁰ BGH NJW 2003, 1607; vgl. auch BFH GmbHR 2003, 722; BGH NJW-Spezial 2004, 268 = BB 2004, 1868 mAnm *Mellert* = DStR 2004, 1840: eine in einem US-Bundesstaat nach dessen Vorschriften wirksam gegründete Gesellschaft ist in der Bundesrepublik Deutschland in der Rechtsform anzuerkennen in der sie gegründet wurde, und zwar unabhängig von der Lage ihres tatsächlichen Verwaltungssitzes. BGH ZIP 2004, 2230: „soweit mit dem Begriff des „genuine link" zur Anerkennung der Rechtspersönlichkeit einer US-amerikanischen Gesellschaft deren wirtschaftliche Anknüpfung an den Gründungsstaat zu fordern ist, genügt bereits eine geringe Betätigung" = BB 2004, 2595 mAnm *Elsing*.

¹¹ MüKoBGB/*Kindler* IntGesR Rn. 5 mwH; anders akzentuiert Palandt/*Thorn* EGBGB Anh. Art. 12 Rn. 1.

¹² BGH NJW 1967, 36; *Reithmann/Martiny* Rn. 7.3.

¹³ *Roth* ZIP 1999, 861.

¹⁴ OLG Hamburg NJW 1986, 2199; BayObLGZ 1992, 113 = DNotZ 1993, 187; MüKoBGB/*Kindler* IntGesR Rn. 421.

¹⁵ Staudinger/*Großfeld* (1998) IntGesR Rn. 55; MüKoBGB/*Kindler* IntGesR Rn. 368 ff.

¹⁶ Krit. *Knobbe-Keuk* ZHR 154 (1990), 325.

¹⁷ Vgl. Nachweise bei *Reithmann/Martiny* Rn. 7.5.

¹⁸ *Reithmann/Martiny* Rn. 7.6 ff.

16   Schließlich fördert die Gründungstheorie den Fortbestand der Rechtspersönlichkeit, insbesondere bei der Verlegung des Verwaltungssitzes, begünstigt damit den internationalen Handelsverkehr und entspricht der stärkeren internationalen Ausrichtung der Unternehmen.[19]

17   Andererseits ist die Gründungstheorie dem Einwand ausgesetzt, dass die Gründer aus nicht immer billigungswerten Motiven[20] ohne Bezug zu ihrem tatsächlichen Verwaltungssitz unter das regelärmste Recht flüchten, so dass es angesichts des Gefälles innerhalb der nationalen Rechtsordnungen zur Gefährdung von zB Arbeitnehmer-, Fiskal-, oder Gläubigerinteressen kommen kann („race to the bottom").

18   Der Gründungstheorie folgen die USA, Vereinigtes Königreich Großbritannien und Nordirland, sie gilt grundsätzlich auch in den Niederlanden und der Schweiz. Auch die Russische Föderation und die meisten Nachfolgestaaten der ehemaligen Sowjetunion (Aserbaidschan, Kasachstan, Usbekistan und Weissrussland) gehen von der Gründungstheorie aus.
ZT in vielfacher Hinsicht eingeschränkt gilt die Gründungstheorie in Italien, Japan, Estland, Litauen, Liechtenstein, Slowenien und den Nachfolgestaaten des ehemaligen Jugoslawien.[21]

19   **d) Position der Rechtsprechung.** Die Rspr. des BGH und der Oberlandesgerichte – die europarechtlichen Besonderheiten hier ausgeklammert (→ Rn. 24 ff.) – hat seit jeher unter Verweis auf die Schutzfunktion in fester Linie die **Sitztheorie** zur Grundlage ihrer Entscheidungen über das Anknüpfungsmerkmal für das Gesellschaftsstatut gemacht.[22]

20   Dies bedeutet, dass eine Kapitalgesellschaft mit ausländischem Satzungssitz, die aber ihren Verwaltungssitz im Inland hat, als solche nur dann anerkannt wird, wenn sie im Inland nochmals neu gegründet und im Handelsregister eingetragen wird.

21   Kommt es dagegen unter Beibehaltung des ausländischen statutarischen Sitzes nur zu einer faktischen (Verwaltungs-)Sitzverlegung in das Inland, wird die ausländische Kapitalgesellschaft nicht anerkannt.[23] Fehlende Anerkennung bedeutet allerdings nicht, dass die betreffende Gesellschaft als „inexistent" oder als „rechtliches Nullum" betrachtet wird.[24] Richtigerweise ist in derartigen Fallgestaltungen von einer **Rechtsformverfehlung** auszugehen, dh dass das Inlandsrecht die im Ausland gewählte Rechtsform des zugewanderten Rechtsträgers nicht anerkennt.[25]

22   Verlegt demnach eine ausländische Gesellschaft, die entsprechend ihres Statuts nach dem Recht des Gründungsstaates als rechtsfähige Gesellschaft ähnlich einer Kapitalgesellschaft zu behandeln ist, ihren Verwaltungssitz nach Deutschland, so ist sie nach deutschem Recht jedenfalls eine rechtsfähige Personengesellschaft[26] (**sog modifizierte Sitztheorie**).

23   Die dargestellten Grundsätze gelten sowohl für den Fall, dass Satzungs- und Verwaltungssitz bereits bei Gründung der Gesellschaft divergierten, als auch für den Fall, dass die Verlegung des Verwaltungssitzes später erfolgt ist (**Zuzugsfall**).

---

[19] GroßkommAktG/*Hopt/Wiedemann/Ehricke* § 45 Rn. 44.
[20] *Martin Wolf*, Private International Law, 2. Aufl. 1950, S. 300: „The reasons why promoters who do business in their own state prefer to subject their corporation to a different law are not always very reputable.".
[21] Staudinger/*Großfeld* (1998) IntGesR Rn. 153 ff.
[22] RGZ 77, 19 (22); 83, 367 (369 f.); 259, 33 (42, 46); BGHZ 25, 134 (144); 51, 27 (28); 53, 181 (183); 97, 269 (272); 118, 151 (167); 134, 116 (118); BayObLG DB 1998, 2318 (2319); OLG Nürnberg WM 1985, 259; OLG Koblenz RIW 1986, 137; OLG Hamburg NJW 1986, 2199; OLG Oldenburg NJW 1999, 1422; in einer vereinzelt gebliebenen Entscheidung hat das OLG Frankfurt a. M. (ZIP 1999, 1710) ausnahmsweise die Gründungstheorie angewendet, weil ein tatsächlicher Verwaltungssitz nicht feststellbar war; die Entscheidung ist bereits im Ansatz verfehlt, so zutr. *Borges* GmbHR 1999, 1254; BGHZ 178, 192 = NJW 2009, 289 – Trabrennbahn; MüKoBGB/*Kindler* IntGesR Rn. 358; *Gottschalk* ZIP 2009, 948; nachfolgend BGH ZIP 2009, 2385 – Ltd. nach dem Recht von Singapur mit Verwaltungssitz in Deutschland.
[23] OLG Oldenburg NJW 1990, 1422; OLG Düsseldorf ZIP 1995, 1009; die grenzüberschreitende Sitzverlegung in das Ausland (Drittstaat) führt nach wie vor zum Erlöschen der Gesellschaft, vgl. BayObLG NJW RR 2004, 836.
[24] So aber noch BayObLG DB 1998, 2318 = NZG 1998, 936 = DNotZ 1999, 233; OLG Oldenburg NJW 1999, 1422.
[25] BGHZ 178, 192 = NJW 2009, 289 – Trabrennbahn; BGH ZIP 2009, 2385; BayObLG DB 2003, 819; OLG Hamburg NZG 2007, 597 = RNotZ 2007, 419; KG GmbHR 2005, 771; *K. Schmidt* ZGR 1999, 20 (24); *ders.* Gesellschaftsrecht, 4. Aufl. 2002, S. 27 f.
[26] So BGHZ 151, 204; zu den europarechtlichen Implikationen BGH NJW 2003, 1461 = NZG 2003, 431.

2. Besonderheiten innerhalb der EU

a) Ausgangspunkt. Die Situation innerhalb der EU ist dadurch gekennzeichnet, dass im Rahmen der Verwirklichung des Binnenmarktes die sog. **Verkehrsfreiheiten** gewährleistet sein müssen.

Folglich sind **Beschränkungen der freien Niederlassungen** von Gesellschaften, die nach den Rechtsvorschriften eines Mitgliedstaats gegründet worden sind und ihren satzungsmäßigen Sitz, ihre Hauptverwaltung oder ihre Hauptniederlassung innerhalb der Gemeinschaft haben, im Hoheitsgebiet eines anderen Mitgliedstaats grundsätzlich **verboten** (Art. 49, 54 AEUV).[27]

Für die Verwirklichung der Niederlassungsfreiheit und der gegenseitigen Anerkennung von juristischen Personen innerhalb der EU ist allerdings bisher weitgehend die Rspr. des EuGH verantwortlich.[28] Zum Teil hat der nationale Gesetzgeber reagiert, insbesondere wurde in §§ 122a ff. UmwG die grenzüberschreitende Verschmelzung geregelt. Gesetzliche Regeln für den grenzüberschreitenden Formwechsel oder die grenzüberschreitende Sitzverlegung fehlen. Dennoch lassen deutsche Gerichte den sog. Herein-Formwechsel, dh die grenzüberschreitende Verlegung des Verwaltungs- und Satzungssitzes einer Kapitalgesellschaft aus einem EU-Mitgliedsland nach Deutschland,[29] ebenso wie einen sog. Heraus-Formwechsel, dh die Verlegung des Verwaltungs- und Satzungssitzes aus dem Inland in einen anderen EU-Mitgliedstaat[30] zu. Die grenzüberschreitende Sitzverlegung wurde vom EuGH unter Berufung auf die Niederlassungsfreiheit zugelassen (→ Rn. 27, 31).

b) Rechtsprechung des EuGH. Ausgangspunkt der Entscheidungen des EuGH ist – ungeachtet des Streits zwischen der Gründungs- und der Sitztheorie – die Gewährleistung der Niederlassungsfreiheit für ausländische Gesellschaften. Die Grundlagen hierfür wurden in den Entscheidungen „Daily Mail",[31] „Centros",[32] „Überseering",[33] „Inspire Art Ltd."[34] und „Cartesio",[35] „Vale",[36] „SEVIC"[37] und „Polbud"[38] gelegt. Als **Ergebnis** dieser Rspr. lässt sich Folgendes festhalten:

---

[27] MüKoBGB/*Kindler* IntGesR Rn. 358 ff.
[28] Zuletzt EuGH EuZW 2017, 906 = NZG 2017, 1308 – Polbud – Wykonawstwo sp.zo.o.; *Stelmaszczyk* EuZW 2017, 890; dazu Generalanwalt beim EuGH, Schlussantrag v. 4.5.2017, NZG 2017, 702; *Bayer/Schmidt*, ZIP 2017, 2225; *Stelmazczyk* EuZW 2017, 899; *Kindler* NZG 2018, 1.
[29] OLG Nürnberg ZIP 2014, 128 mAnm *Neye* EWiR 2014, 1445; KG ZIP 2016, 1223; dazu *Seibold* ZIP 2017, 456.
[30] OLG Frankfurt BeckRS 2017, 1058; OLG Düsseldorf NZG 2017, 1354 = ZIP 2017, 2057.
[31] EuGH Slg. 1988, 483.
[32] EuGH Slg. 1999, I-1459 = NZG 1999, 298 mAnm *Leible* = DNotZ 1999, 593 mAnm *Lange* = MittBayNot 1999, 298 mAnm *Görk* = MDR 1999, 752 mAnm *Risse* = DB 1999, 625 mAnm *Meilicke* = BB 1999, 809 mAnm *Sedemund/Hausmann* = RIW 1999, 447 mAnm *Cascante*.
[33] EuGH Slg. 2002, I-9919 = NJW 2003, 3331; hierzu *Ziemons* ZIP 2003, 1913; *Maul/C. Schmidt* BB 2003, 2297; *Weller* DStR 2003, 1800; auf Vorlagebeschluss des BGH NZG 2000, 926; 2000, 926; *Bous* NZG 2000, 1025; *Forsthoff* DB 2000, 1109; *Meilicke* GmbHR 2000, 693; *Kindler* RIW 2000, 649; *Roth* ZIP 2000, 1597; *Altmeppen* DStR 2000, 1061; *Bechtel* NZG 2001, 21; *Zimmer* BB 2000, 1361; *Behrens* EuZW 2000, 385; *Behrens* IPrax 2000, 384; *Jaeger* NZG 2000, 918.
[34] EuGH Slg. 2002, I-9919 = NJW 2003, 3331 – Inspire Art; hierzu *Ziemons* ZIP 2003, 1913; *Maul/C. Schmidt* BB 2003, 2297; *Weller* DStR 2003, 1800; *Schanze/Jüttner* AG 2003, 661; *Sandrock* BB 2003, 2588; *Binge/Thölke* DNotZ 2004, 21; *Wachter* GmbHR 2004, 88; *Wachter* NotBZ 2004, 41; *Leible/Hoffmann* EuZW 2003, 677; *Drygalla* EWiR 2003, 1029; *Hirsch* NZG 2003, 1100; *Kindler* NZG 2003, 1086.
[35] EuGH Slg. 2008, I-9641 = NJW 2009, 569 – Cartesio = EuZW 2009, 75 mAnm *Pießkalla* DStR 2009, 121 mAnm *Goette*; dazu *Kindler* IPRax 2009, 189 (190 ff.); ferner *Bollacher* RIW 2009, 150; *Frenzel* EWS 2009, 158; *Frobenius* DStR 2009, 487; *Hennrichs* ua WM 2009, 2009; *Herrler* DNotZ 2009, 484; *Hoffmann/Leible* BB 2009, 58; *Knop* DZWiR 2009, 147; *Kußmaul/Ruiner* EWS 2009, 1; *Mörsdorf* EuZW 2009, 97; *Paefgen* WM 2009, 529; *Sethe/Winzer* WM 2009, 536; *Teichmann* ZIP 2009, 393; *Zimmer/Naendrup* NJW 2009, 545.
[36] EuGH BB 2012, 2069 = BeckRS 2012, 81448 = DStR 2012, 1756 mAnm *Wicke* = EuZW 2012, 621 = GWR 2012, 319 mAnm *Klett* = NZG 2012, 871.
[37] EuGH (Große Kammer) NJW 2006, 425 mwN = EuZW 2006, 81 mAnm *Gottschalk* = IStR 2006, 32 mAnm *Beul* = NZG 2006, 112 – SEVIC.
[38] EuGH (Große Kammer) EuZW 2017, 906 – Polbud – Wykonawstwo sp.zo.o. = NZG 2017, 1308; *Stelmaszczyk* EuZW 2017, 890; *Bayer/Schmidt* ZIP 2017, 2225; Generalanwalt beim EuGH, Schlussantrag v. 4.5.2017, NZG 2017, 702.

28 Der EuGH sieht es als Verstoß gegen die Niederlassungsfreiheit an, wenn einer Gesellschaft, die in einem Mitgliedstaat nach den dort geltenden Vorschriften wirksam gegründet wurde, in einem anderen Mitgliedstaat nicht anerkannt wird – und zwar in der von ihr im Herkunftsland gewählten Rechtsform (**Zuzugsfall**).

29 Andererseits beurteilt sich die Möglichkeit für eine Gesellschaft, ihren satzungsmäßigen Sitz oder ihren tatsächlichen Verwaltungssitz in einen anderen Mitgliedstaat zu verlegen, ohne die durch die Rechtsordnung des Gründungsstaates zuerkannte Persönlichkeit zu verlieren (**Wegzugsfall**), nach den nationalen Rechtsvorschriften, nach denen diese Gesellschaft gegründet worden ist.[39] Dies bedeutet, dass ein Mitgliedstaat die Möglichkeit hat, einer nach seiner Rechtsordnung gegründeten Gesellschaft Beschränkungen hinsichtlich der Verlegung ihres tatsächlichen Verwaltungssitzes aus seinem Hoheitsgebiet aufzuerlegen, damit sie die ihr nach dem Recht dieses Staates zuerkannte Rechtspersönlichkeit beibehalten kann.

30 Eine EU-ausländische Kapitalgesellschaft ist somit im Rahmen der Niederlassungsfreiheit im Falle ihres **Zuzugs in das Inland** ohne weiteres als solche anzuerkennen, wenn gleichzeitig der **Wegzugsstaat** die Verlegung des Verwaltungssitzes sanktionslos stellt. Letzteres ist immer dann der Fall, wenn das ausländische Recht der Gründungstheorie folgt, da dann die Verwaltungssitzverlegung für die Frage der Rechtsfähigkeit der Gesellschaft ohne Belang ist.

31 Damit postuliert der EuGH den weitgehenden **Vorrang der Niederlassungsfreiheit vor nationalen Schutzaspekten,** insbesondere dem Aspekt des Gläubigerschutzes oder der Verhinderung einer missbräuchlichen Nutzung der Niederlassungsfreiheit.

32 Die Niederlassungsfreiheit lässt demnach auch den **grenzüberschreitenden Rechtsformwechsel**[40] sowie die **grenzüberschreitende (Satzungs-)Sitzverlegung** zu, ohne dass im letztgenannten Fall der Verwaltungssitz auch grenzüberschreitend verlegt werden müsste; daher verstößt eine innerstaatliche Regelung, die die Sitzverlegung von einer vorherigen Auflösung der Gesellschaft abhängig macht, gegen die Niederlassungsfreiheit.[41]

33 **Beschränkungen** der Niederlassungsfreiheit sind nur in sehr engem Rahmen **gerechtfertigt.**[42] Die einzige **Grenze der Niederlassungsfreiheit,** die der EuGH anerkennt, ist die des Missbrauchs.[43] Ein **Missbrauch** liegt jedoch nur dann vor, wenn er in einem konkreten Einzelfall nachgewiesen wird. Allerdings nimmt der EuGH nicht dazu Stellung, wann überhaupt ein Missbrauch vorliegt.[44]

34 c) **Reaktionen deutscher**[45] **Gerichte.** Die höchstrichterliche und obergerichtliche Rspr. folgt den Vorgaben des EuGH für den **Bereich der EU** – und für die Mitgliedstaaten des **Europäischen Wirtschaftsraums** (EWR), das sind neben den Staaten der EU auch Island, Liechtenstein und Norwegen[46] – und stellt sowohl in den Zuzugsfällen, dh der späteren Verlegung des (Verwaltungs- oder Satzungs-)Sitzes einer im europäischen Ausland wirksam gegründeten Gesellschaft in das Inland, als auch in den Fällen eines anfänglichen Auseinanderfallens von Satzungs- und Verwaltungssitz die Unvereinbarkeit der Sitztheorie mit der Niederlassungsfreiheit fest.[47]

---

[39] EuGH Slg. 2002, I-9919 Rn. 70 = NJW 2003, 3331 – Inspire Art.
[40] EuGH NJW 2009, 569; BB 2012, 2069; OLG Frankfurt ZIP 2017, 611 = DStR 2017, 1664 mAnm *Winter/Marx/De Decker;* KG NJW-RR 2016, 1007; *Zwirlein* ZGR 2017, 114; *Teichmann* ZIP 2017, 1190. OLG Nürnberg RNotZ 2014, 120; OLG Düsseldorf NZG 2017, 1354 = ZIP 2017, 2057.
[41] EuGH EuZW 2017, 906 – Polbud.
[42] *Schanze/Jüttner* AG 2003, 661 (663).
[43] EuGH Slg. 2002, I-9919 Rn. 105, 143 = NJW 2003, 3331 – Inspire Art.
[44] Es ist davon auszugehen, dass nur ein betrügerisches oder sonst strafbares Verhalten einen Missbrauch darstellt, vgl. die Schlussanträge des Generalanwalts *Alber* vom 30.1.2003, DB 2003, 377 Rn. 122 f.; vgl. auch Court of Appeal (England und Wales) Urt. v. 18.1.2018 – [2018] EWCA Civ. 10 mAnm *Stiegler* EWiR 2018, 173.
[45] Für Österreich: OGH NZG 2000, 36 mAnm *Kieninger.*
[46] BGH Rpfleger 2006, 20.
[47] BGH ZIP 2003, 718; DStR 2003, 1454; DNotZ 2006, 145; NJW 2011, 3372; OLG Frankfurt DNotZ 2017, 381; OLG Naumburg GmbHR 2003, 533; OLG Celle GmbHR 2003, 532 (533); OLG Zweibrücken DB 2003, 1264 f. unter Aufhebung der unrichtigen Entscheidung des LG Frankenthal GmbHR 2003, 300 m. abl. Anm. *Leible/Hoffmann* BB 2003, 543; BayObLG GmbHR 2003, 299 mAnm *Schaub* DStR 2003, 654.

d) Geltung für andere Länder.
US-amerikanische Gesellschaften genießen in der Frage der 35
Rechtsfähigkeit wegen der im Rahmen der Niederlassungsfreiheit vereinbarten Meistbegünstigung die **gleichen Niederlassungsrechte wie EU-Gesellschaften**.[48] In **Drittlandfällen** bleibt es dagegen bei der vom BGH postulierten modifizierten Sitztheorie (→ Rn. 22).[49]

3. Brexit

Am 29.3.2017 hat das **Vereinigte Königreich** dem Europäischen Rat seine Absicht mitge- 36
teilt, aus der Europäischen Union auszutreten. Die rechtliche Grundlage für den Austritt bildet Art. 50 EUV. Das zukünftige Verhältnis des Vereinigten Königreichs zur Europäischen Union und der Mitgliedschaft hängt nunmehr maßgeblich vom Inhalt des nach Art. 50 Abs. 2 S. 2 EUV zu schließenden Austrittsabkommens ab.[50] Durch den Austritt des Vereinigten Königreichs entfallen die Grundfreiheiten (Art. 26 Abs. 2 AEUV), insbesondere die primärrechtliche Niederlassungsfreiheit.[51] Damit wird mit dem Austritt aus der EU (und dem EWR)[52] das Vereinigte Königreich im kollisionsrechtlichen Sinne zum **Drittstaat**. Für britische Unternehmen mit tatsächlichem Verwaltungssitz in Deutschland[53] kommt nach der Sitztheorie deutsches Sachrecht zur Anwendung. Mit dem Wechsel der kollisionsrechtlichen Anknüpfung von der Gründungs- zur (modifizierten) Sitztheorie ist ein **Statutenwechsel** verbunden. Dieser wirkt ex nunc.[54] Ob für Altgesellschaften – ggf. für eine Übergangszeit – Bestands- oder Vertrauensschutz besteht, ist strittig.[55]

III. Vertretung ausländischer juristischer Personen

1. Organschaftliche Vertretung – Vertretungsnachweis

a) Allgemeines. Das Gesellschaftsstatut bestimmt auch, durch welche **Organe** die auslän- 37
dische juristische Person vertreten wird. In der Beratungspraxis ist die Bestimmung der vertretungsberechtigten Person nicht nur dann von Bedeutung, wenn das Organ persönlich auftritt, sondern auch dann, wenn sich die ausländische juristische Person durch Bevollmächtigte vertreten lässt, weil die Vollmacht von den rechtlich hierzu befugten Organen erteilt sein muss. Überdies ist in diesem Zusammenhang auch auf den korrekten Nachweis der Vertretungsbefugnis für die ausländische juristische Person zu achten.

Der **Nachweis der Vertretungsbefugnis** für die ausländische juristische Person ist durch 38
öffentliche Urkunden zu führen; eine Notarbescheinigung nach § 21 BNotO reicht nicht.[56] Dort, wo die ausländischen Rechtsordnungen[57] ein Handelsregister kennen (zB Belgien,

---

[48] *Schanze/Jüttner* AG 2003, 661 (664); *Schanze/Jüttner* AG 2003, 30 (36); *Bungert* DB 2003, 1043; *Ziemons* ZIP 2003, 1913 (1918).
[49] BGHZ 178, 192 = NJW 2009, 289 – Trabrennbahn; BGH ZIP 2009, 2385; BGH NZG 2017, 347 mAnm *Froehner*; NZG 2017, 349 (Bahamas-Gesellschaft); OLG Hamburg NZG 2007, 597 = RNotZ 2007, 419; BayObLG DB 2003, 819.
[50] *Freitag/Korch* ZIP 2016, 1361.
[51] *Weller/Thomale/Benz* NJW 2016, 2378 (2380).
[52] Zur Frage, ob sich das Vereinigte Königreich nach dem Austritt aus der EU am EWR beteiligen kann: *Freitag/Korch* ZIP 2016, 1361 (1362); *Wachter*, Gesellschaftsrecht in der Diskussion 2016, 2017, 189.
[53] Zu Handlungsoptionen für Gesellschaften englischen Rechts in Deutschland – Exit before Brexit: *Zwirlein/Großerichter/Gätsch* NZG 2017, 1041; *Gausing/Mäsch/Peters* IPrax 2017, 49. Unschädlich ist der Brexit für britische Gesellschaften, die ihren Verwaltungssitz und satzungsmäßigen Sitz im Vereinigten Königreich haben: *Lieder/Bialluch* NotBZ 2017, 165 (169).
[54] *Freitag/Korch* ZIP 2016, 1361 (1363); *Lieder/Bialluch* NotBZ 2017, 165 (169); *Mayer/Manz* BB 2016, 1731 (1733); dagegen *Lieder/Bialluch* NotBZ 2017, 165 (170).
[55] Im Einzelnen *Lieder/Bialluch* NotBZ 2017, 165 (170 ff.).
[56] OLG Hamm NJW-RR 1995, 469; zur Vertretung verselbstständigter Rechtsträger in verschiedenen Ländern geben *Hadding* und *U. H. Schneider* eine Schriftenreihe heraus, in der bislang folgende Länderdarstellungen erschienen sind: *Fellmeth*, Teil I, Deutschland, Italien und Spanien, 1997; *Seikel*, Teil II, Österreich, 1998; *Hansen*, Teil III, S. 9, Dänemark, 1998; *de Groot*, Teil III, S. 45 Niederlande, 1998; *Seikel*, Teil III, S. 111, Schweiz, 1998; *Dreibus*, Teil IV, Vereinigtes Königreich von Großbritannien und Nordirland, 2000; *Grigat*, Teil V, Belgien und Luxemburg, 2002; *Frey*, Teil VI, Frankreich, 2003.
[57] Überblick bei *Holzborn* NJW 2003, 3014.

Frankreich, Italien, Österreich, Spanien), ist damit ein beglaubigter Handelsregisterauszug vorzulegen.

39   Schwierigkeiten ergeben sich dagegen **im anglo-amerikanischen Rechtskreis.** Weder dem englischen noch dem amerikanischen Recht ist ein Handelsregister im kontinentaleuropäischen Sinne bekannt. Zum Vertretungsnachweis müssen daher entsprechende Vollmachten, Satzungen oder sog Certificates der zuständigen Registrierungsbehörden vorgelegt werden (Certificate of Incorporation, Certificate of Good-Standing).[58]

> **Formulierungsvorschlag: Certificate of Incorporation**
>
> State of Delaware
> Office of the Secretary of State
> I, ..., Secretary of the State of Delaware, do hereby certify „... Corporation" is duly incorporated under the laws of the State of Delaware and is in good standing and has a legal corporate existence so far as the records of this office show, as of the Day ... of ....
> And I do hereby further certify that the Franchise Taxes have been paid to date and I do hereby further certify that the annual reports have been filed to date.
> Secretary of State: ...   Authentication: ...   Date: ...
>
> **Formulierungsvorschlag: Certificate of Officer:**
> The untersigned, ..., hereby certifies that:
> 1. He is the duly elected and acting Secretary of ... Corporation, a Delaware corporation (the Company);
>
> 2. The person named below has been duly elected and now holds the office in the Company set forth below, and the signature opposite his name is his genuine signature;
>   Name: ...   Office: ...   Signature: ...   Vice President: ...
>
> 3. The person named above, in his capacity as Vice President, is legally authorized to solely represent the Company with regard to the formation of a German private company with limited liability and to execute and deliver such documents, and to take such actions, as may reasonably be required in connection therewith.
> IN WITNESS WHEREOF, the undersigned has executed this Certificate this ... day of ...,
> CORPORATION ..., a Delaware corporation, by: ...
> Secretary: ...

40   Insbesondere im Auslandsrechtsverkehr mit englischen Gesellschaften sind auch **notarielle Existenz- und Vertretungsbescheinigungen** brauchbar.[59]

> **Formulierungsvorschlag:**
>
> Ich, ..., der unterzeichnete Notary Public, ordnungsgemäß zugelassen und vereidigter Notar in (Ort/Land) bescheinige und bestätige hiermit, dass die hier angeheftete Urkunde heute vor mir von Herrn A und Herrn B, Vorstandsmitglied bzw. Sekretär der besagten Gesellschaft, eigenhändig unterschrieben worden ist.

---

[58] Zum Ganzen *Fischer* ZNotP 1999, 352; *Langhein* ZNotP 1999, 218; Melchior/*Schulte* NotBZ 2003, 344; *Schaub* NZG 2000, 952; EBJS/*Schaub* HGB Anh. zu § 12 Rn. 62 ff.; zur notariellen Prüfungspflicht der Vertretungsmacht für ausländisches Unternehmen s. BGH, Beschl. v. 13.11.2017 – DNotI-Report 2018, 29 = NJW-RR 2018, 443 = RNotZ 2018, 354.

[59] *Langhein*, Kollisionsrecht der Registerurkunden, 1995, S. 47; zur Akzeptanz im deutschen Registerverkehr, *Hahn* DNotZ 1964, 288.

> Ferner bescheinige ich, dass die oben genannten Herren A und B, Vorstandsmitglied bzw. Sekretär der besagten Gesellschaft, auf Grund eines Beschlusses des Vorstands und nach den Satzungen der genannten Gesellschaft vollständig befugt waren, die besagte Urkunde so auszustellen, dass dieselbe in gehöriger Rechtsform vollzogen und für die Gesellschaft rechtsgültig bindend ist.
> Zum Zeugnis dessen habe ich meine Unterschrift und mein Amtssiegel hier beigesetzt.
> in ...... (Ort), heute den ...... (Datum).

b) Sonderproblem: Selbstkontrahieren. Nach dem Gesellschaftsstatut zu beurteilen ist, inwieweit der organschaftliche Vertreter der Gesellschaft befugt ist, gleichzeitig mit sich selbst im eigenen Namen zu kontrahieren.[60] Beratungsrelevant sind die Fragen des Selbstkontrahierens zB dann, wenn mehrere ausländische Rechtsträger einen gemeinsamen Bevollmächtigten mit der Gründung einer inländischen Gesellschaft beauftragen oder wenn zB eine ausländische AG bei einer inländischen Tochter-GmbH einen Beschluss fasst, wonach derjenige, der die ausländische AG vertritt, auch der von den Beschränkungen des § 181 BGB befreite Geschäftsführer der deutschen GmbH werden soll.[61]

Ausländische Rechtsordnungen kennen eine dem § 181 BGB vergleichbare Vorschrift, die ein Selbstkontrahieren allein formell deshalb für unzulässig erklärt, weil auf beiden Seiten des Geschäfts dieselbe Person auftritt, oftmals nicht. Dafür gelten Vorschriften, die den in diesen Konstellationen regelmäßig auftretenden materiellen Interessenkonflikt regeln. Auch in Bezug auf die Rechtsfolgen bestehen in den nationalen Rechtsordnungen Unterschiede.

Beispiele:
- **Frankreich.** Für die französische GmbH (société à responsabilité limitée, S.A.R.L.) bzw. die französische AG (société anonyme, S.A.) gilt grundsätzlich, dass im Falle einer Vereinbarung zwischen der Gesellschaft auf der einen und einem ihrer Geschäftsführer (gérants)/Vorstände oder Gesellschafter auf der anderen Seite der Geschäftsführer der Gesellschafterversammlung einen entsprechenden Bericht vorlegen und die Versammlung dem Geschäft zustimmen muss.[62] Liegt die erforderliche Zustimmung bei Vertragsschluss nicht vor, lässt sich der Mangel stets durch einen Genehmigungsbeschluss der Gesellschafterversammlung nach Vorlage des Berichts durch den Bilanzprüfer heilen.[63]
Allerdings hat auch das Fehlen der Einwilligung bzw. Genehmigung durch die Gesellschaft auf die Wirksamkeit des Vertrages keinen Einfluss. Die fehlende Einwilligung hat nur zur Folge, dass das Vertretungsorgan der Gesellschaft gegenüber haftet.[64] Während bei der französischen Aktiengesellschaft das Ausbleiben der Zustimmung zur Anfechtbarkeit der Rechtshandlung führt, besteht bei der französischen GmbH nicht einmal die Möglichkeit, den Vertrag später anzufechten.[65]
Damit gibt es bei Auslandsberührung mit Frankreich – insbesondere auch im inländischen Registerverkehr – keine Probleme in Fällen des Selbstkontrahierens, weil entsprechende Verbote nur im Innenverhältnis beachtlich sind (S.A.R.L.) oder lediglich die Anfechtbarkeit begründen (S.A.), sodass sie wirksam sind, solange keine Anfechtung erfolgt ist.
- **Großbritannien.** Eine vollständig § 181 BGB vergleichbare Regelung kennt das englische allgemeine Zivilrecht bzw. das englische Gesellschaftsrecht nicht. Neben den in Sec. 317 des englischen Companys Act 1985 enthaltenen kapitalgesellschaftsrechtlichen Sondervorschriften[66] kennt allerdings das allgemeine equity law Beschränkungen. Hiernach kann ein In-sich-Geschäft vom Vertretenen nur dann wirksam abgeschlossen werden, wenn der Vertretene die Gefahr des Interessenkonflikts offen legt und der Vertretene dem Rechtsgeschäft zustimmt. Dieser allgemeine „Equity"-Grundsatz

---

[60] BHG NJW 1992, 618; Palandt/*Thorn* EGBGB Anh. zu Art. 10 Rn. 3.
[61] Zur Problematik des § 181 BGB in diesem Fall siehe BayObLG DB 2001, 87; LG Berlin NJW-RR 1997, 1534.
[62] Art. L. 223-19 Abs. 1 Code de Commerce.
[63] *Frey*, Vertretung verselbständigter Rechtsträger in Europäischen Ländern, Frankreich, 2003, S. 416; von dieser grundsätzlichen Regelung gibt es in Art. L 223-20 und Art. L. 223-21 Code de Commerce zwei Ausnahmen.
[64] Art. L 223-19 Abs. 4 Code de Commerce.
[65] Art. L 223-90 Code de Commerce; *Frey*, Vertretung verselbständigter Rechtsträger in Europäischen Ländern, Frankreich, 2003, S. 416.
[66] Hierzu Triebel/Illmer/Ringe/Vogenauer/Ziegler/*Ringe*/Otte, Englisches Handels- und Wirtschaftsrecht, 3. Aufl. 2012, V. Kap. Rn. 237 f.

gilt auch im Recht der Kapitalgesellschaften.[67] Anders als im deutschen Recht hat ein Verstoß gegen diese Beschränkungen des directors jedoch nicht zur Folge, dass ein unter Verstoß hiergegen vorgenommenes Rechtsgeschäft nichtig bzw. schwebend unwirksam ist. Vielmehr sieht das englische Recht insoweit vor, dass der Abschluss eines derartigen Geschäfts wirksam ist, der Vertretene jedoch das Recht zur Anfechtung hat. Das Geschäft ist mithin wirksam, wenn auch anfechtbar (voidable).[68]

- **Italien.** Art. 1395 des italienischen Codice Civile enthält ein Verbot des In-sich-Geschäfts, das auch für die organschaftliche Vertreter juristischer Personen des Privatrechts gilt.[69] Nach Art. 1395 C. C. hat das In-sich-Geschäft jedoch nicht die Wirkung, dass der Vertrag bzw. das Rechtsgeschäft ipso iure nichtig ist, sondern hat lediglich die gerichtliche Anfechtbarkeit zur Folge. Gemäß Art. 1441 Abs. 1 C. C. kann die Nichtigerklärung eines Vertrages nur von der Partei, in deren Interesse sie vom Gesetz festgesetzt ist, beantragt werden; das ist regelmäßig die vertretene Gesellschaft. Der Klageanspruch verjährt in fünf Jahren ab dem Tag des Vertragsschlusses. Bis dahin ist die entsprechende Vertretungshandlung – trotz des Verstoßes des Vertreters – wirksam.

- **Schweiz.** Das schweizerische Zivilrecht enthält keine ausdrückliche Bestimmung über das Verbot des Selbstkontrahierens. Die Frage ist auch nicht durch Gewohnheits- oder Richterrecht zwingend geregelt. Allerdings hat die schweizerische Gerichtspraxis die dispositive Norm entwickelt, dass ein Kontrahieren des Stellvertreters mit sich selbst grundsätzlich unzulässig ist und dass eine Ausnahme nur dann Platz greift, wenn keine Gefahr der Übervorteilung des Vertretenen durch den Vertreter besteht.[70] Dieselben Regeln gelten auch für die Doppelvertretung zweier Vertragsparteien durch ein und denselben Vertreter sowie die gesetzliche Vertretung juristischer Personen durch deren Organe.[71] Im Übrigen ist das Selbstkontrahieren nur zulässig, wenn das Handeln nachträglich genehmigt wird.[72] Die Gestattung oder nachträgliche Genehmigung hat dabei durch das über- oder nebengeordnete Organ zu erfolgen. Das schweizerische Bundesgericht hat erstmals in seiner Entscheidung vom 2.5.2001[73] Stellung zu der Frage genommen, welches Gesellschaftsorgan als über- oder nebengeordnetes Organ anzusehen ist, und zwar für den Fall, dass mehrere Verwaltungsräte einer schweizerischen Aktiengesellschaft vorhanden waren. Das Bundesgericht ist davon ausgegangen, dass jedes Verwaltungsratsmitglied mit Einzelvertretungsbefugnis zur Erteilung der Gestattung bzw. Genehmigung für ein In-sich-Geschäft eines anderen Verwaltungsratsmitglieds zuständig ist; eine Zuständigkeit des gesamten Verwaltungsrates besteht nicht.[74] Eine Besonderheit gilt allerdings bei einem Alleingesellschafter, der zugleich alleiniges Verwaltungsratsmitglied ist, da es in derartigen Konstellationen kein über- oder nebengeordnetes Organ zur Erteilung einer Gestattung des Selbstkontrahierens gibt. In diesen Fällen ist dem alleinigen Verwaltungsratsmitglied das Selbstkontrahieren (zumindest stillschweigend) gestattet.[75]

c) Länderüberblick

- **Belgien**

44 **a) Vertretungsberechtigte Organe.** *aa) Société en nom collectif (S. N. C.).* Bei dieser der offenen Handelsgesellschaft vergleichbaren Gesellschaft ist grundsätzlich **jeder Gesellschafter** einzeln vertretungsberechtigt (Art. 17 L. C.). **Abweichende Vereinbarungen** im Gesellschaftsvertrag oder durch späteren Beschluss sind **möglich.** Beschränkungen der Vertretungsmacht wirken gutgläubigen Dritten gegenüber nur, wenn die betreffende Klausel ordnungsgemäß nach Art. 10 L. C. in den „Annexes" zum „Moniteur Belge" veröffentlicht worden ist.[76]

---

[67] *Dreibus*, Die Vertretung verselbständigter Rechtsträger in europäischen Ländern. Vereinigtes Königreich von Großbritannien und Nordirland, 2000, S. 152 mit Hinweisen zur Rspr.
[68] *Dreibus*, Die Vertretung verselbständigter Rechtsträger in europäischen Ländern. Vereinigtes Königreich von Großbritannien und Nordirland, 2000, S. 153.
[69] Cian/*Trabucci*, Commentario breve al codice civile, 6. Aufl. 2002, Art. 1395 C. C. Rn. IV, 1.
[70] BGE 39 II 568; 126 III 361; 127 III 332; *Zäch*, in Berner Kommentar, Das Publikationenrecht, Band VI, Stellvertretung, ZGB Art. 33 Rn. 80.
[71] BGE 127 III 331; *Knöchlein*, Stellvertretung und In-sich-Geschäft, 1994, S. 62.
[72] BGE 126 III, 361; 127 III, 332.
[73] BGE 127 III, 332.
[74] BGE 127 III, 332.
[75] BGE 126 III, 361.
[76] DNotI (Hrsg.), Notarielle Fragen des internationalen Rechtsverkehrs, Band III/1, 1995, S. 22; *Reithmann*/*Martiny* Rn. 7.190.

bb) Société en commandite simple (S. C. S.). Bei dieser der Kommanditgesellschaft vergleichbaren Gesellschaftsform erfolgt die Vertretung durch die **persönlich haftenden Gesellschafter** (associès commanditès). Die Kommanditisten (associès commanditaires) sind von der Vertretung ausgeschlossen (Art. 22 Abs. 1 L. C.). Die persönlich haftenden Gesellschafter vertreten wie bei der OHG.[77]

cc) Société anonyme (S. A.). Die S. A. wird im Rechtsverkehr mit Dritten grundsätzlich durch den **Verwaltungsrat** – conseil d'administration / raad van bestuur – vertreten. Seine Mitglieder vertreten die Gesellschaft kollektiv, jedoch kann die Satzung Einzel- oder Gesamtvertretung vorsehen (Art. 54 Abs. 2, 4 L. C.).[78]

Einschränkungen der Vertretungsmacht der vertretungsberechtigten Organe können Dritten selbst dann nicht entgegen gehalten werden, wenn sie veröffentlicht worden sind (Art. 54 Abs. 3, 63 Abs. 2 L. C.).[79]

dd) Société privée à responsabilité limitée (S. P. R. L.). Bei dieser der GmbH vergleichbaren Gesellschaft handeln die **Geschäftsführer** grundsätzlich mit Einzelvertretungsbefugnis (Art. 130 Abs. 2 L. C.), soweit nicht der Gesellschaftsvertrag Gesamtvertretung vorsieht.

Einschränkung der Vertretungsmacht der vertretungsberechtigten Organe durch den Gesellschaftsvertrag sind Dritten gegenüber unwirksam (Art. 130 Abs. 5 L. C.).[80]

b) Nachweis der Vertretungsmacht. Beim regional zuständigen Handelsgericht (tribunal de commerce) wird ein **Handelsregister** geführt, aus dem **Auszüge** erteilt werden, die die Beschränkungen der Vertretungsmacht von Organen zuverlässig wiedergeben, soweit sie Dritten entgegengehalten werden können. Daneben ist die Veröffentlichung der Gesellschaftsverträge in den „Annexes" zum „Moniteur Belge" vorgesehen, wodurch in der Praxis der Nachweis der Vertretungsmacht geführt wird.[81]

- **Dänemark**

  a) Vertretungsberechtigte Organe. *aa) Interesstskab (I. S.).* Grundsätzlich vertritt **jeder Gesellschafter** der der offenen Handelsgesellschaft vergleichbaren Gesellschaft, es sei denn, dass sich aus dem Gesellschaftsvertrag etwas anderes ergibt.[82]

  bb) Kommanditselskab (K. S.). Bei dieser der Kommanditgesellschaft vergleichbaren Gesellschaft vertreten die **persönlich haftenden Gesellschafter** entsprechend der Regelung zur OHG. Kommanditisten sind nicht zur Vertretung berechtigt.

  cc) Anpartsselskab (A. p. S.). Diese der GmbH vergleichbare Gesellschaft wird durch die **Geschäftsführer** vertreten (§ 24 des Gesetzes Nr. 378 vom 22.5.1996 über Anteilsgesellschaften).[83]

  dd) Aktieselskab (A. S.). Diese der Aktiengesellschaft vergleichbare Gesellschaft wird durch ihren **Verwaltungsrat** vertreten (Abschnitt 60 A. S.).

  b) Nachweis der Vertretungsmacht. In Dänemark ist ein **Handelsregister** (Erhvervs-OG Selskabsstyrelen) eingerichtet, das über die Vertretungsbefugnis der Organe von Kapitalgesellschaften Auskunft gibt.[84] Bei einer OHG oder KG ist der einzige Beleg für die Vertretungsmacht einer natürlichen Person eine **Abschrift des Gesellschaftsvertrages**.[85]

---

[77] *Reithmann/Martiny* Rn. 7.191.
[78] DNotI (Fn. 76) S. 27; DNotI-Gutachten Nr. 145756 v. 1.12.2015; Frank/Wachter/*Kocks* Kap. 1 Rn. 342 ff.
[79] *Reithmann/Martiny* Rn. 7.192.
[80] *Behrens* (Hrsg.), Die Gesellschaft mit beschränkter Haftung im internationalen und europäischen Recht, 1997, S. 390 (B 19) mit Gesetzestext, S. 404, insbes. S. 440 ff.
[81] *Reithmann/Martiny* Rn. 7.195; DNotI (Fn. 76) S. 28; DNotI-Gutachten Nr. 145756 v. 1.12.2015.
[82] DNotI (Fn. 76) S. 68, 71.
[83] Lov nr. 378 af 22.5.1996 ous anpartsselskaber, abgedruckt bei *Behrens* (Hrsg.), Die Gesellschaft mit beschränkter Haftung im internationalen und europäischen Recht, 1997, S. 782 ff.
[84] Vgl. Muster eines entsprechenden Handelsregisterauszugs in DNotI (Fn. 73) S. 483 f.; Adresse: Handels- und Gesellschaftsagentur, Kampmannsgade 1, DK-1780 København V.
[85] DNotI (Fn. 76) S. 71 f.

• England

55 a) **Vertretungsberechtigte Organe.** *aa) Partnership.* Es besteht grundsätzlich **Einzelvertretungsmacht** jedes **der Partner.** Abweichende Vereinbarungen wirken Dritten gegenüber nur, wenn diesen die Beschränkungen der Vertretungsmacht des für die Gesellschaft handelnden Partners bekannt sind. Der **Umfang der Vertretungsmacht** ist auf Handlungen beschränkt, die im Rahmen des gewöhnlichen Geschäftsbetriebs der jeweiligen Gesellschaft liegen.[86]

56 *bb) Limited Partnership (Kommanditgesellschaft).* Die Gesellschaft wird durch die **persönlich haftenden Gesellschafter** (general partners) vertreten, beschränkt haftende Gesellschafter (limited partners) sind von der Vertretung der Gesellschaft ausgeschlossen (Limited Partnership Act. 1907, Sec. 6).[87]

57 *cc) Limited Liability Partnership.* Seit dem 4.4.2011 steht als weitere Form der Personengesellschaft in England „Limited Liability Partnership (L.L.P.)" zur Verfügung. Diese hybride Gesellschaftsform verbindet Elemente der Partnership mit solchen der Private Limited Company und ist wegen der Möglichkeit der Haftungsbeschränkungen vor allem als Organisationsform für Freiberufler interessant.[88] Die L.L.P. ist **juristische Person,** die durch Inkorporierung entsteht und als solche selbst Trägerin von Rechten und Pflichten ist. Einzelheiten der gesetzlichen Regelungen ergeben sich aus dem Limited Liability Partnership Act 2000.[89] **Jeder Gesellschafter** kann die L.L.P. im Außenverhältnis als **„Agent"** wirksam **vertreten,** es sei denn, der Gesellschafter ist im Innenverhältnis nicht zu dieser Vertretung berechtigt und dem Vertragspartner ist dies bekannt (S. 6 Abs. 2 LLPA).

58 *dd) Registered Company.* Das englische Gesellschaftsrecht geht vom Grundsatz der **einheitlichen Form aller Kapitalgesellschaften** aus. An eintragungsfähigen Kapitalgesellschaften in Frage kommen va die **companies limited by shares,** die **companies by guarantee**[90] und die **unlimited companies.** Jede dieser Gesellschaften kann als öffentliche (public company) oder als private (private company) gegründet werden; letztere Form entspricht der deutschen GmbH.[91] Die private limited liability company (Gesellschaft mit beschränkter Haftung) und die public limited liability company (Aktiengesellschaft) werden durch ein **Direktorium** (board of directors) vertreten, dem mindestens zwei Direktoren angehören müssen, die grundsätzlich gesamtvertretungsberechtigt sind. Nur wenn die Gesellschaft als privat company gegründet wurde, ist Vertretung durch einen director allein zulässig. Eine **Delegation** der Vertretungsmacht auf den Präsidenten (chairman of the board), auf geschäftsführende Direktoren (managing directors) oder ein committee of directors ist zulässig und wird häufig vorgenommen.[92] Zum **Umfang der Vertretungsmacht** und zur ultra vires-Lehre.

59 b) **Nachweis der Vertretungsmacht.** Dem englischen Rechtskreis ist ein allgemeines **Handelsregister** im kontinental-europäischen Sinne **fremd.** Zwar müssen limited partnerships registriert werden, dies jedoch nur, um die Haftungsbeschränkung Dritten gegenüber zu demonstrieren. Angaben über die Vertretungsmacht sind im Register nicht enthalten. Da dem englischen Rechtskreis eine organschaftliche Betrachtungsweise der Vertretung fremd ist, müssen zum Nachweis der Vertretungsmacht bei partnerships die von sämtlichen Partnern ausgestellten **Vollmachten** vorgelegt werden.[93]

60 Bei **registered companies,** die in einem besonderen Gesellschaftsregister eingetragen sind, dessen Eintragungen bekannt gemacht werden, sind die **Satzungen** als Vertretungsnach-

---

[86] *Reithmann/Martiny* Rn. 7.197.
[87] DNotI (Fn. 76) S. 106.
[88] BB-Spezial 3/2010.
[89] *Reithmann/Martiny* Rn. 7.199.
[90] OLG Dresden GmbHR 2016, 484; *Heckschen* GmbHR 2016, 469.
[91] *Reithmann/Martiny* Rn. 7.201.
[92] *Reithmann/Martiny* Rn. 7.203 ff.; DNotI (Fn. 76) S. 102 ff.; *Behrends* (Hrsg.), Die Gesellschaft mit beschränkter Haftung im internationalen und europäischen Recht, 1997, S. 862 ff. (GB/NI/EC 23 ff.).
[93] *Reithmann/Martiny* Rn. 7.208.

weis geeignet.[94] Anhand der Gesellschaftssatzung kann festgestellt werden, ob die für die Gesellschaft auftretenden Personen vertretungsberechtigt sind.[95] Denkbar sind daneben notarielle Vertragsbescheinigungen; insbesondere die Notare der Londoner Innenstadt haben derartige Funktionen speziell für den Rechtsverkehr mit Ländern außerhalb der Common Law-Rechtskreises.[96] Als Vertragsnachweise denkbar sind auch sog Certificates of Incorporation (and Good Standing)[97] bzw. Vorlage einer Gründungsbescheinigung (Certificate of Incorporation) mit einer aktuellen Bescheinigung des Gesellschaftsregisters betreffend die Eintragung und die Rechtsverhältnisse der Gesellschafter.[98] Die Bescheinigung eines **deutschen Notars nach § 21 BNotO genügt nicht**, weil das englische Register mit dem deutschen Handelsregister nicht vergleichbar ist.[99] Hat der deutsche Notar die Bescheinigung nach § 21 BNotO allerdings auf die Einsicht in das deutsche Handelsregister einer Zweigniederlassung der englischen Ltd. gestützt, ist die Bescheinigung anzuerkennen.[100]

- **Finnland**

a) Vertretungsberechtigte Organe. *aa) Offene Gesellschaft (avoin yhtiö)*. Diese der deutschen OHG vergleichbare Personengesellschaft, die aus mindestens zwei Gesellschaftern besteht, wird grundsätzlich durch **jeden Gesellschafter** vertreten. Die Vertretungsbefugnis kann beschränkt oder für einzelne Gesellschafter gänzlich ausgeschlossen werden. Auch ein kompletter Ausschluss der Vertretungsbefugnis aller Gesellschafter ist zulässig, da das Prinzip der Selbstorganschaft im Außenverhältnis nicht zwingend ist.[101] **61**

bb) Kommanditgesellschaft (kommandiittiyhtiö). Die Vertretung der Gesellschaft wird von den **Komplementären** wahrgenommen; bei Mehrheit von Komplementären vertritt grundsätzlich jeder einzeln, es sei denn, es ist etwas anderes beschlossen. Beschränkungen der Vertretungsmacht sind eintragungspflichtig. Sie wirken gegenüber gutgläubigen Dritten erst ab Eintragung. Ein kompletter Ausschluss der Vertretungsbefugnis aller Gesellschafter zu Gunsten eines Geschäftsführers ist zulässig, da das Prinzip der Selbstorganschaft im Außenverhältnis nicht zwingend ist. Kommanditisten sind von der Vertretung ausgeschlossen. Die Erteilung einer Prokura ist möglich.[102] **62**

cc) Aktiengesellschaft. Ähnlich wie in Schweden sind in Finnland die Aktiengesellschaften zweigeteilt in öffentliche Aktiengesellschaften (oyj-julkinen osakeyhtiö) und private (oyyksityinin osakeyhtiö). **63**

Aktiengesellschaften werden durch den **Vorstand** und ggf. durch den **Geschäftsführer** vertreten. Der Vorstand wird meist durch den Vorstandsvorsitzenden allein oder durch zwei weitere Vorstandsmitglieder gemeinsam oder einem solchen zusammen mit einem Geschäftsführer vertreten. Einzelvertretungsbefugnis kann erteilt werden. Der Geschäftsführer vertritt die Aktiengesellschaft aber nur im Rahmen der üblichen Geschäftstätigkeiten, so dass er für Grundstücksgeschäfte einer gesonderten Bevollmächtigung durch Vor- **64**

---

[94] Erhältlich beim English Registrar of Companies, Companies House 55–71, City Road, London E. C. 1 für England und Scottish Registrar of Companies, Exchequer Chambers 102, George Street, Edinburgh, 2 für Schottland.
[95] Im Einzelnen *Reithmann/Martiny* Rn. 7.208; *Klebs* BWNotZ 1995, 14; Muster hierzu in DNotI (Fn. 76) S. 487ff.
[96] Vgl. Muster Rn. 40; *Pfeiffer* Rpfleger 2012, 240 (244 ff.); OLG Schleswig NotBZ 2012, 230.
[97] → Rn. 39.
[98] KG DB 2005, 1158 – Limited der Isle of Man; LG Berlin DB 2004; 2628 mAnm *Wachter* DB 2004, 2795; *Schaub* NZG 2000, 953; Bescheinigung des Companies House genügt ausnahmsweise als Vertretungsnachweis, wenn nur ein Direktor bestellt, OLG Schleswig NotBZ 2012, 232; OLG Rostock IPRspr. 2009, Nr. 297, S. 763; ausführlich mit Übersicht über den Meinungsstand OLG Nürnberg NZG 2015, 199 = ZIP 2015, 1630; s. auch OLG Nürnberg FGPrax 2014, 156; KG ZIP 2012, 1462; 2013, 973 = RNotZ 2013, 426.
[99] KG DNotZ 2012, 604; OLG Düsseldorf NZG 2015, 199; dies gilt auch, wenn alle Directors bei der Stellung des Eintragungsantrags mitgewirkt haben; vgl. OLG Nürnberg NZG 2015, 199 = ZIP 2015, 1630.
[100] KG ZIP 2013, 973.
[101] Hohloch/Gerhardt/*Collan* Finnland Rn. 67.
[102] Hohloch/Gerhardt/*Collan* Finnland Rn. 255 ff.

standsbeschluss bedarf. Prokura kann erteilt und in das Register eingetragen werden. Allerdings ist für Grundstücksgeschäfte dem Prokuristen eine gesonderte Vollmacht zu erteilen.[103]

65 **b) Vertretungsnachweis.** Als Nachweis der Vertretung einer Gesellschaft dient das Handelsregister. In Ergänzung dazu kann der Notar eine Erklärung zur Vertretungsbefugnis abgeben.[104]

- **Frankreich**

66 a) **Vertretungsberechtigte Personen.** *aa) Société civile immobilière (S. C. I.).* Die Société civile immobilière, eine **Grundstücksgesellschaft französischen Rechts,** erlangt ihre Rechtspersönlichkeit durch Handelsregistereintragung. Sie ist eigenständige **juristische Person** und kann unter ihrer Firma Grundstücke bzw. Grundstücksrechte erwerben. Die Verwaltung und **Vertretung** der Gesellschaft obliegt gemäß Art. 1846 Code Civil (CC) einer oder mehreren Personen, die durch die Statuten der Gesellschaft, durch einen besonderen Akt oder durch einen Beschluss der Gesellschafter benannt worden sind. Die Bestellung und Beendigung des Amts eines Geschäftsführers müssen publiziert werden (Art. 1846-2 Abs. 1 CC). Mehrere Geschäftsführer üben ihre Befugnisse gemäß Art. 1848 Abs. 2 CC einzeln aus.[105]

67 *bb) Société en nom collectif (S. N. C.).* Diese der offenen Handelsgesellschaft entsprechende Gesellschaft wird durch einen oder mehrere **Geschäftsführer** (gérants) vertreten, die auch juristische Personen sein können. Grundsätzlich sind alle Gesellschafter Geschäftsführer, von mehreren Geschäftsführern hat jeder Einzelvertretungsmacht.[106] Der Umfang der Vertretungsmacht ist durch den Gesellschaftszweck begrenzt, Art. L 225-5 Abs. 1 S. 1 Code de commerce (c. com.); weitere Beschränkungen durch den Gesellschaftsvertrag wirken nicht gegenüber Dritten, Art. L 225-5 Abs. 2 c. com.[107]

68 *cc) Société en commandite simple (S. C. S.).* Bei dieser der Kommanditgesellschaft vergleichbaren Gesellschaft vertreten die **persönlich haftenden Gesellschafter** (associés commandités) entsprechend den Regelungen bei der S. N. C. die Gesellschaft (Art. L 222-1 Abs. 1 iVm Art. 221-3 c. com.), während die Kommanditisten (associés commanditaires) von der Vertretung ausgeschlossen sind (Art. L 222-6 Abs. 1 c. com.).[108]

69 *dd) Société anonyme (S. A.).* Die Société anonyme kann in Frankreich in **zwei Organisationsformen** vorkommen, nämlich einmal als Gesellschaft mit Verwaltungsrat (conseil d'administration) und Hauptversammlung (assemblée des actionnaires), vgl. Art. L 225-17 ff. c. com., oder – vergleichbar der deutschen Aktiengesellschaft – mit Direktorium (directeure), Aufsichtsrat (conseil de surveillance) und Hauptversammlung, vgl. Art. L 225-57 ff. c. com., wobei die erstgenannte Organisationsform in der Praxis überwiegt.

70 Bei der Aktiengesellschaft mit Verwaltungsrat wird die Gesellschaft durch den **Präsidenten des Verwaltungsrates** (présidént-directeur général) vertreten. Sind neben diesem Generaldirektoren bestellt, haben sie die gleichen Vertretungsbefugnisse. Die daneben bestehende Vertretungsmacht des gesamten Verwaltungsrates ist praktisch unbedeutend.[109]

71 Die **Aktiengesellschaft mit Direktorium und Aufsichtsrat** wird durch den **Präsidenten des Direktoriums** vertreten, wenn dieses aus mehreren Personen besteht, sonst durch den sog directeur général unique.[110]

---

[103] Frank/Wachter/*van Setten* (Fn. 75) Kap. 4 Rn. 117 ff.; Hohloch/Gerhardt/*Collan* Finnland Rn. 664 ff.
[104] Frank/Wachter/*van Setten* (Fn. 75) Kap. 4 Rn. 119.
[105] DNotI-Gutachten Nr. 409 128 v. 26.8.2011.
[106] *Reithmann/Martiny* Rn. 7.213; DNotI (Fn. 76) S. 124.
[107] *Reithmann/Martiny* Rn. 7.213.
[108] DNotI (Fn. 76) S. 125; *Reithmann/Martiny* Rn. 7.214.
[109] DNotI (Fn. 76) S. 132 ff.; *Reithmann/Martiny* Rn. 7.216.
[110] *Reithmann/Martiny* Rn. 7.217.

ee) Société par Actions Simplifiée (S. A. S.). Diese spezielle Gesellschaftsform des französischen Rechts, die nur für Handelsgesellschaften bzw. öffentliche Staatsunternehmen bereit steht, wird durch den **Präsidenten** gemäß Satzung vertreten.[111]

ff) Société à responsabilité limitée (S. A. R. L.). Die der GmbH entsprechende Gesellschaft wird durch ihre **Geschäftsführer** (gérants) vertreten, die grundsätzlich einzelvertretungsberechtigt sind (Art. 49 des Gesetzes Nr. 66–537 vom 24.7.1966 über die Handelsgesellschaften).[112]

b) **Nachweis der Vertretungsmacht.** In Frankreich werden **Handelsregister** durch die regional zuständigen Handelsgerichte (tribunal de commerce) geführt, deren Auszüge zum Vertretungsnachweis geeignet sind.[113]

- **Italien**

a) **Vertretungsberechtigte Organe.** *aa) Società in nome collettivo (S. N. C.).* Die Gesellschaft wird durch den oder die **Geschäftsführer** (amministratore), vertreten, wobei jeder einzelvertretungsberechtigt ist, sofern nicht abweichende Vereinbarungen, die im Unternehmensregister/Handelsregister eingetragen werden müssen, getroffen sind (Art. 2266 iVm Art. 2293 C. C.).[114]

Der **Umfang der Vertretungsmacht** ist durch den Gesellschaftszweck begrenzt. Weitere Einschränkungen können sich aus dem Gesellschaftsvertrag ergeben, wirken gutgläubigen Dritten gegenüber aber nur, wenn sie aus dem Handelsregister ersichtlich sind.[115]

bb) Società in accommandità semplice (S. A. S.). Bei der Kommanditgesellschaft sind nur die **persönlich haftenden Gesellschafter** (soci accomandatari) vertretungsberechtigt entsprechend den Regeln zur Vertretung bei der S. N. C. Die Kommanditisten (soci accomandanti) sind nach Art. 2320 C. C. von der Vertretung ausgeschlossen.

cc) Società per azioni (S. p. A.). Die S.P.A. – eine der Aktiengesellschaft entsprechende Gesellschaft – wird im Regelfall durch die Geschäftsführung vertreten. Die Geschäftsführung und die gesetzliche Vertretung obliegen entweder einem **Alleingesellschaftergeschäftsführer** (amministratore unico) oder einem Verwaltungsrat (consiglio di amministrazione, Art. 2380–2384 C. C.). Besteht ein **Verwaltungsrat,** steht das Vertretungsrecht nur den einzelnen Mitgliedern (consiglieri), nicht dem Verwaltungsrat als Kollegialorgan zu. In der **Gründungsurkunde** ist anzugeben, welche seiner Mitglieder vertretungsberechtigt sind und ob ihnen die Vertretungsbefugnis einzeln oder gemeinschaftlich zusteht (Art. 2383 C. C.). Fehlt eine solche Bestimmung, gilt der **Grundsatz der Einzelvertretung** (Art. 2266 Abs. 2 C. C.). Durch Satzung oder Beschluss der Hauptversammlung können bestimmte Aufgaben des Verwaltungsrats – einschließlich der Vertretungsbefugnis – auf den Präsidenten des Verwaltungsrats, einzelne seiner Mitglieder (amministratori delegati) oder einen Verwaltungsausschuss (comitato esecutivo) übertragen werden (Art. 2381 Abs. 2 C. C.). Beschränkungen der Vertretungsmacht wirken Dritten gegenüber nicht, es sei denn, der Dritte hat nachweislich den Mangel der Vertretungsmacht des handelnden Organs ausgenutzt, um der Gesellschaft Schaden zuzufügen (Art. 2384 C. C.).[116]

dd) Società a responsabilità limitata (S. R. L.). Vorbehaltlich einer anderslautenden Satzungsbestimmung wird bei der GmbH die **Geschäftsführung** einem oder mehreren Gesellschaftern mittels Gesellschafterbeschluss gemäß Art. 2479 C. C. übertragen (Art. 2475 C. C.). Wird die Geschäftsführung mehreren Personen übertragen, so bilden diese grundsätzlich den **Verwaltungsrat** (consiglio di amministrazione). Die Satzung kann jedoch bei meh-

---

[111] Eingehend *Honorat/Hirschmann* ZIP 1998, 173, insbes. 175 f. zur Vertretungsbefugnis.
[112] Loi no 66–537 du 24 juillet 1966 sur les Sociétés commerciales, abgedruckt bei *Behrends* (Hrsg.), Die Gesellschaft mit beschränkter Haftung im internationalen und europ. Recht, 1997, S. 282 ff.; 263 f. (F 18 f.).
[113] DNotI (Fn. 76) S. 123 mit Muster S. 501 f.
[114] DNotI (Fn. 76) S. 206.
[115] DNotI (Fn. 76) S. 206; *Reithmann/Martiny* Rn. 7.224.
[116] *Reithmann/Martiny* Rn. 7.227.

reren Geschäftsführern Einzel- oder Gesamtgeschäftsführung (amministrazione disgiunta o congiunta) vorsehen. Die **Geschäftsführer** vertreten die Gesellschaft (Art. 2475bis Abs. 1 C. C.). **Befugnisbeschränkungen,** die sich aus dem Gründungsvertrag oder der Ernennungsurkunde ergeben, könne Dritten nicht entgegengesetzt werden, auch wenn sie bekannt gemacht worden sind, es sei denn, diese haben nachweislich absichtlich zum Schaden der Gesellschaft (Art. 2475 bis Abs. 2 C. C.) gehandelt.

80 Neben den traditionellen Modell besteht die Möglichkeit, dass dualistische Modell mit Verwaltungs- und Aufsichtsrat nach deutschem Vorbild (Art. 2409 octies bis Art. 2409 quinquies decies C. C.) oder das monistische Modell mit Verwaltungsrat und internen Kontrollorgan nach englischem Vorbild (Art. 2409 sexiesdecies bis Art. 2409-noviesdecies C. C.) zu wählen. Sowohl beim monistischen als auch beim dualistischen Modell wird die Gesellschaft durch den Vorstand vertreten.

81 *ee) Società in accomandita per azioni (S. A. A.).* Bei dieser der Kommanditgesellschaft auf Aktien entsprechenden Rechtsform vertreten die persönlich haftenden Gesellschafter (soci accomandatari) die Gesellschaft. Der Umfang der Vertretungsmacht und die Möglichkeit der Delegation entsprechen den Vorschriften für die Aktiengesellschaft (Art. 2455 C. C.).[117]

82 b) **Nachweis der Vertretungsmacht.** In Italien ist ein dem deutschen Handelsregister vergleichbares **Unternehmensregister** (Registro delle imprese) eingerichtet, das bei den Handelskammern unter Aufsicht eines abgeordneten Richters geführt und das öffentlich ist. Auszüge aus diesem Register werden erteilt und bieten einen umfassenden Schutz des mit einer italienischen Handelsgesellschaft verkehrenden Dritten. Eine Bekanntmachung der Eintragung auf Kapitalgesellschaften erfolgt für ganz Italien im amtlichen Anzeiger für Aktiengesellschaften und Gesellschaften mit beschränkter Haftung (Bolletino delle societá per azioni e a responsabilità limitada, B. U. S. A.).[118]

- **Japan**

83 Das zum 1.5.2006 eingeführte japanische **Gesellschaftsgesetz (GG)** etabliert die Aktiengesellschaft (kabushiki kaisha) als zentrale Rechtsfigur für Unternehmen. Die GmbH (yugen kaisha) wurde gleichzeitig abgeschafft. Neben der Aktiengesellschaft nennt das Gesellschaftsgesetz als neue Gesellschaftsformen die Kapitalgesellschaft mit beschränkter Haftung (godo kaisha), Limited Liability Company – LLC – und die Personengesellschaft mit beschränkter Haftung (yugen sekinin jigyo, Limited Liability Partnership – LLP).[119]

84 a) **Vertretungsberechtigte Organe.** *aa) Aktiengesellschaft.* Die wichtigsten Organe der Aktiengesellschaft sind die Aktionärsversammlung (Art. 295 ff. GG) und die Direktoren (Art. 326 ff. GG). Geschäftsführung und Vertretung obliegen den Direktoren, die von der Aktionärsversammlung ernannt werden (Art. 329 GG). Im Außenverhältnis ist jeder **Direktor einzelvertretungsberechtigt;** es kann aber auch bestimmt werden, dass nur bestimmte Direktoren die Aktiengesellschaft vertreten sollen, sog repräsentierende Direktoren (Art. 348, 349 GG). Beschränkungen der Vertretungsmacht der Direktoren sind Dritten gegenüber unwirksam (Art. 349 Abs. 5 GG). Existiert ein Verwaltungsrat, obliegt die Geschäftsführung und Vertretung allein dem repräsentierenden Direktor oder einem Direktor, der hierzu durch besonderen Beschluss des Verwaltungsrats bestimmt ist (Art. 363 GG). Andere Direktoren oder der Verwaltungsrat als solcher sind in diesem Fall nicht vertretungsberechtigt.[120]

85 *bb) Andere Gesellschaften.* Für die übrigen Gesellschaftstypen gelten Art. 575 ff. GG. Die Geschäftsführung obliegt dem oder den Partner/n; es gilt das Mehrheitsprinzip, wobei abweichende Bestimmungen möglich sind (Art. 590 GG). Die geschäftsführenden Partner sind auch vertretungsbefugt; es gilt das Prinzip der **Einzelvertretungsbefugnis** (Art. 599 GG). Be-

---

[117] *Reithmann/Martiny* Rn. 7.229.
[118] *Reithmann/Martiny* Rn. 7.231; DNotI (Fn. 76) S. 203 f.; KG Rpfleger 2013, 196.
[119] *Reithmann/Martiny* Rn. 7.292.
[120] *Reithmann/Martiny* Rn. 7.293.

schränkungen der Vertretungsmacht sind gegenüber gutgläubigen Dritten unwirksam (Art. 599 Abs. 4, 5 GG).[121]

b) Nachweis der Vertretungsmacht. Das japanische Recht kennt ein **Handelsregister** nach 86 deutschem Vorbild. Das Register ist **öffentlich,** so dass Eintragungen von jedermann eingesehen werden können. Registerauszüge werden erteilt.[122]

- **Liechtenstein**

a) Vertretungsberechtigte Organe. aa) Kollektivgesellschaft. Zur Vertretung der Kol- 87 lektivgesellschaft – entsprechend der OHG – ist grundsätzlich jeder Gesellschafter einzeln berechtigt (Art. 698 Abs. 2 PGR – Personen- und Gesellschaftsrecht vom 20.1.1926). Abweichende Vereinbarungen sind zulässig, wirken Dritten gegenüber aber nur, wenn sie im Öffentlichkeitsregister eingetragen sind oder der Dritte hiervon tatsächlich Kenntnis hat (Art. 699, 1000 PGR). Der Umfang der Vertretungsbefugnis ist durch den Gesellschaftszweck begrenzt (Art. 698 Abs. 1 PGR). Die Vertretungsbefugnis kann auch auf einzelne Niederlassungen (Haupt- oder Zweigniederlassung) beschränkt werden, wobei die Beschränkung Dritten gegenüber wiederum nur wirksam ist bei entsprechender Publikation (Art. 699 Abs. 2 PGR). Weitergehende Vertretungsbeschränkungen sind unzulässig.[123]

bb) Kommanditgesellschaft (KG). Die Kommanditgesellschaft wird durch die unbe- 88 schränkt haftenden Gesellschafter vertreten nach den Regeln über die Vorschriften der Kollektivgesellschaft (Art. 740 PGR).

cc) Gesellschaft mit beschränkter Haftung (GmbH). Die GmbH wird – ähnlich wie im 89 Schweizer Recht – grundsätzlich durch alle Gesellschafter gemeinsam vertreten (Art. 397 Abs. 1 PGR). Abweichende Vereinbarungen in Satzung oder durch Gesellschafterbeschluss sind zulässig, wirken gutgläubigen Dritten gegenüber aber nur, wenn sie eingetragen sind.

dd) Aktiengesellschaft (AG). Die Vertretung der Aktiengesellschaft im Rechtsverkehr mit 90 Dritten steht der Verwaltung zu. Mehrere Personen der Verwaltung bilden einen Verwaltungsrat (Art. 344 Abs. 1 PGR). Ob Einzel- oder Gesamtvertretung gilt, ergibt sich aus der Satzung. Fehlt es an einer diesbezüglichen Eintragung im Öffentlichkeitsregister, ist zur wirksamen Vertretung der Aktiengesellschaft die Mitwirkung von mindestens zwei Verwaltungsratsmitgliedern notwendig (Art. 188 Abs. 3 PGR). Eine Übertragung der Vertretungsbefugnis auf einzelne Mitglieder des Verwaltungsrats (Delegierte) auf Nichtgesellschafter (Direktoren) ist möglich und wird häufig vorgenommen (Art. 348 PGR).[124]

ee) Anstalt. Die privatrechtliche Anstalt wird durch die **Verwaltung** vertreten. Soweit sich 91 nicht aus dem Öffentlichkeitsregister etwas Abweichendes ergibt, vertreten mindestens zwei Verwaltungsratsmitglieder die Anstalt gemeinschaftlich, Art. 188 Abs. 3 PGR. Der Umfang der Vertretungsbefugnis ist gutgläubigen Dritten gegenüber durch den Anstaltszweck begrenzt, Art. 187 Abs. 1 PGR. Weitergehende Beschränkungen gegenüber Dritten regeln Art. 187 Abs. 3 iVm Art. 698 ff. PGR.[125]

b) Nachweis der Vertretungsmacht. In Liechtenstein wird ein dem deutschen Handelsre- 92 gister vergleichbares Öffentlichkeitsregister beim Registeramt in Vaduz geführt (Art. 956 PGR). Das Register ist öffentlich; amtliche Abschriften oder Registerauszüge werden erteilt (Art. 997, 998 PGR).

- **Niederlande**

a) Vertretungsberechtigte Organe. aa) Vennootschap onder firma (V. O. F.). Bei dieser der 93 offenen Handelsgesellschaft entsprechenden Gesellschaft ist jeder Gesellschafter einzelver-

---

[121] *Reithmann/Martiny* Rn. 7.294.
[122] *Reithmann/Martiny* Rn. 7.295.
[123] *Reithmann/Martiny* Rn. 7.307 f.
[124] *Reithmann/Martiny* Rn. 7.310.
[125] *Reithmann/Martiny* Rn. 7.314; IPG 1970 Nr. 1 (Hamburg) und IPG 1976 Nr. 20 (Hamburg) je zur liechtensteinischen Anstalt.

tretungsberechtigt, wobei gesellschaftsvertraglich einzelne Gesellschafter von der Vertretung ausgeschlossen werden können (Art. 17 Abs. 1 Wetboek van Koophandel-WvK; i.e. Niederländisches Handelsgesetzbuch). Die V. O. F. ist – anders als die OHG nach deutschem Recht – jedoch weder rechtsfähig noch gesamthänderisch organisiert. Demzufolge bildet das Vermögen der Gesellschaft bei der V. O. F. ein Vermögen unmittelbar der Gesellschafter, das allerdings vom Privatvermögen der Gesellschafter abgesondert ist. Beschränkungen in der Vertretungsmacht wirken Dritten gegenüber nur, wenn sie im Handelsregister eingetragen sind (Art. 29 WvK).[126]

94 bb) *Commanditaire Vennootschap (C. V.)*. Bei dieser Kommanditgesellschaft sind nur die persönlich haftenden Gesellschafter zur Vertretung berechtigt, die Kommanditisten (vennooren bij wijze geldschieting) sind von der Vertretung ausgeschlossen; ihnen kann auch keine Vollmacht zum Handeln für die Gesellschaft erteilt werden (Art. 20 Abs. 2 WvK).[127] Die C. V. ist wie die V. O. F. (vgl. → Rn. 93) weder rechtsfähig noch gesamthänderisch organisiert. Bei der Kommanditgesellschaft hingegen wird danach differenziert, ob diese einen oder mehrere Komplementäre hat. Weist die Gesellschaft mehrere Komplementäre auf, so werden die Komplementäre als OHG niederländischen Rechts (V. O. F.) behandelt, mit der Folge, dass ihnen das Vermögen der Gesellschaft gemeinsam zusteht und bei ihnen ein abgesondertes Vermögen bildet. Dies wird aus Art. 19 Abs. 2 des niederländischen Handelsgesetzbuchs abgeleitet. Soweit die Kommanditgesellschaft einen einzigen Komplementär hat, so wird dieser als Eigentümer des gesamten Vermögens der Gesellschaft behandelt.[128]

95 cc) *Naamloze Vennootschap (N. V.)*. Diese der Aktiengesellschaft vergleichbare Rechtsform wird im Rechtsverkehr mit Dritten durch den Vorstand (bestuur) vertreten (Art. 130 Abs. 1 Burgerlijk Wetboek-B. W.; i.e. Bürgerliches Gesetzbuch). Besteht der Vorstand aus mehreren Personen, gilt der Grundsatz der Einzelvertretung, wobei abweichende satzungsmäßige Vereinbarungen möglich sind, die allerdings Dritten gegenüber nur bei Handelsregistereintragung wirken.[129] Umgekehrt können Beschränkungen der Vertretungsmacht durch den Gesellschaftsvertrag, die den Umfang der Befugnisse der Vorstandsmitglieder betreffen, Dritten gegenüber nicht geltend gemacht werden.[130]

96 dd) *Besloten Vennootschap (B. V.)*. Die Vertretung der der GmbH entsprechenden Gesellschaft obliegt dem aus einer oder mehreren Personen bestehenden Vorstand. Für diesen gelten die gleichen Vertretungsregeln wie bei der N. V.

97 b) **Nachweis der Vertretungsmacht.** In den Niederlanden wird ein Handelsregister bei den regional zuständigen Industrie- und Handelskammern geführt. Hier können Handelsregisterauszüge angefordert werden.[131]

- **Österreich**

98 a) **Vertretungsberechtigte Organe.** aa) *Offene Handelsgesellschaft (OHG)*. Wie im deutschen Recht vertritt jeder Gesellschafter grundsätzlich einzeln, wobei eine abweichende Regelung, die aus dem Handelsregister zu ersehen ist, möglich ist (§ 125 HGB). Dritten gegenüber kann die Vertretungsmacht nicht beschränkt werden (§ 126 Abs. 2 HGB).

99 bb) *Kommanditgesellschaft (KG)*. Die Kommanditisten sind von der Vertretung ausgeschlossen (§ 170 HGB). Die persönlich haftenden Gesellschafter handeln wie die OHG-Gesellschafter (§ 161 Abs. 2 iVm § 125 HGB).

100 cc) *Gesellschaft mit beschränkter Haftung (GmbH)*. Die Gesellschaft wird durch einen oder mehrere Geschäftsführer vertreten, wobei mehrere grundsätzlich gemeinschaftlich zur

---

[126] DNotI (Fn. 76) S. 287; van Mourik/Schols/Schmellenkamp/Tomlow/*Weber*, Deutsch-Niederländischer Rechtsverkehr in der Notariatspraxis, 1997, S. 70.
[127] *Reithmann/Martiny* Rn. 7.234.
[128] *Reithmann/Martiny* Rn. 7.234; DNotI-Gutachten Nr. 14 308 vom 2.4.2008; *Gotzen*, Niederländisches Handels- und Wirtschaftsrecht, 2. Aufl. 2000, Rn. 131, 196.
[129] DNotI (Fn. 76) S. 287.
[130] *Reithmann/Martiny* Rn. 7.235 f.
[131] *Krahé* MittRhNotK 1987, 65 (67 f.).

Vertretung berechtigt sind (§ 18 GmbHG). Abweichende Vereinbarungen sind möglich, werden gegenüber Dritten jedoch nur im Falle der Handelsregistereintragung wirksam (§ 18 Abs. 3 GmbHG). Eine Beschränkung der Vertretungsbefugnis wirkt gutgläubigen Dritten gegenüber nicht.[132]

dd) Aktiengesellschaft (AG). Die Aktiengesellschaft wird durch den Vorstand gerichtlich und außergerichtlich vertreten (Art. 71 Abs. 1 AktG). Mehrere Vorstandsmitglieder vertreten grundsätzlich gemeinschaftlich, es sei denn, die Satzung oder der hierzu ermächtigte Aufsichtsrat treffen abweichende Bestimmungen, zB Einzelvertretungsbefugnis. Möglich ist auch, dass der Vorstand einzelne Vorstandsmitglieder zur Vornahme bestimmter Rechtsgeschäfte ermächtigt (§ 71 Abs. 2 AktG). 101

b) Nachweis der Vertretungsmacht. Der Nachweis der Vertretungsmacht kann ohne Schwierigkeiten durch einen Handelsregisterauszug geführt werden, da das Handelsregister in seiner Funktion dem deutschen Register weitgehend entspricht (§§ 8 ff. HGB). Zuständig sind die erstinstanzlichen Gerichte (Landesgericht, Kreisgerichte), in Wien das Handelsgericht Wien.[133] 102

• **Polen**

Das polnische Gesellschaftsrecht ist im Wesentlichen im Gesetzbuch der Handelsgesellschaften (HGG) vom 15.9.2000, in Kraft getreten am 1.1.2001, sowie im Gesetz über das Recht der Wirtschaftstätigkeit von Gesellschaften (WiTG) vom 19.11.1999 geregelt. 103

a) Vertretungsberechtigte Organe. *aa) Offene Handelsgesellschaft (spółka jawna).* Soweit sich nicht aus dem Gesellschaftsvertrag etwas anderes ergibt, ist jeder Gesellschafter der OHG nach Art. 29 § 1 HGG grundsätzlich allein zur Vertretung der Gesellschaft berechtigt. Der Umfang der Vertretungsmacht kann nicht mit Wirkung gegenüber Dritten beschränkt werden (Art. 29 § 3 HGG). Jede vom Grundsatz der Einzelvertretungsmacht abweichende Regelung muss im Handelsregister eingetragen werden (Art. 26 § 1 Nr. 4, § 2 HGG).[134] 104

bb) Kommanditgesellschaft (spółka komandytowa). Zur Vertretung der KG sind nach Art. 117, 103, 20 HGG die Komplementäre nach den für die OHG geltenden Grundsätzen berechtigt. Der Kommanditist ist zur Vertretung nur auf Grund Vollmacht oder Prokura ermächtigt (Art. 118 § 1 HGG bzw. §§ 61 ff. HGG).[135] 105

cc) Partnergesellschaft (spółka partnerska). In Partnergesellschaften, die von Angehörigen freier Berufe gegründet werden dürfen, ist jeder Partner zur Vertretung berechtigt, es sei denn, im Gesellschaftsvertrag ist etwas anderes bestimmt. Insbesondere kann ein Vorstand zur Führung und Vertretung der Partnergesellschaft berufen werden. Wie bei der OHG ist auch hier die Art der Vertretungsbefugnis in das Handelsregister einzutragen.[136] 106

dd) KG auf Aktien (spółka komandytowo akcyjna). Die Vertretung der KGaA steht allein den Komplementären zu (Art. 137 § 1 HGG), sofern ihnen diese Befugnis nicht durch Gesellschaftsvertrag entzogen worden ist. Abweichende Vertretungsregelung in der Satzung entfalten Dritten gegenüber keine Wirkung (Art. 139 HGG).[137] 107

ee) Aktiengesellschaft (spółka akcyjna/S. A.). Die Aktiengesellschaft wird vom Vorstand vertreten, der aus einer oder mehrerer Personen bestehen kann (Art. 368 § 1 HGG). Die Vertretung erstreckt sich auf alle gerichtlichen und außergerichtlichen Handlungen und Rechtsgeschäfte, die mit der Führung eines Handelsunternehmens verbunden sind. Ausgenommen von der Vertretungsmacht ist aber unter anderem die Veräußerung eines Fabrikgrundstücks der AG; in diesem Fall bedarf der Vorstand eines Beschlusses der Hauptversammlung (Art. 375 iVm Art. 383 Nr. 3–5 HGG). Die Vertretungsmacht kann Dritten gegenüber nicht wirksam beschränkt werden (Art. 372 § 2 HGG). Sofern die Vertretung 108

---

[132] *Reithmann/Martiny* Rn. 7.24.
[133] *Reithmann/Martiny* Rn. 7.245; Muster eines Registerauszugs in DNotI (Fn. 76) S. 507 f.
[134] *Reithmann/Martiny* Rn. 7.247 f.; Frank/Wachter/*Bogen/Lakomy* Kap. 14 Rn. 241.
[135] *Reithmann/Martiny* Rn. 7.249.
[136] Frank/Wachter/*Bogen/Lakomy* Kap. 14 Rn. 242.
[137] *Reithmann/Martiny* Rn. 7.251.

durch einen mehrköpfigen Vorstand nicht in der Satzung geregelt ist, gilt Art. 371 § 1 HGG: Zur Abgabe von Willenserklärungen im Namen der AG ist die Mitwirkung zweier Vorstandsmitglieder oder eines Vorstandsmitglieds gemeinsam mit einem Prokuristen erforderlich. Abweichende Bestimmungen sind im Handelsregister einzutragen und wirken dann auch gegenüber Dritten.[138]

109 *ff) Gesellschaft mit beschränkter Haftung (spólka z organiczona odpowiedzialnóscia; Sp. z. o. o.).* Die GmbH wird nach Art. 201 § 1 HGG vom Vorstand vertreten. Dessen Vertretungsmacht kann Dritten gegenüber nicht wirksam eingeschränkt werden. Besteht der Vorstand aus mehreren Personen, gelten zur Frage der Einzel- oder Gesamtvertretung die Ausführungen zur AG.

110 **b) Nachweis der Vertretungsmacht.** Sämtliche Handelsgesellschaften sind im Handelsregister einzutragen. Ein gerichtlich beglaubigter Auszug aus dem Register genügt als Vertretungsnachweis.[139]

• **Portugal**

111 **a) Vertretungsberechtigte Organe.** *aa) Sociedade em nome colectivo (S. N. C.).* Die Geschäftsführung und Vertretung der Gesellschaft obliegt nach Art. 192 Abs. 1 Códigio das Sociedades Comerciais (CSC), den Geschäftsführern (gerantes). Deren Vertretungsbefugnis kann durch den Gesellschaftszweck oder durch Gesellschaftsvertrag begrenzt werden (Art. 192 Abs. 2 CSC). Hatte der Dritte von der Überschreitung der Befugnis des Geschäftsführers keine Kenntnis, kann er das Rechtsgeschäft anfechten; die Eintragung des Gesellschaftszwecks im Handelsregister begründet noch keine Vermutung dieser Kenntnis (Art. 192 Abs. 4 CSC).[140]

112 *bb) Sociedade em comandita simples (S. C. S.).* Die Kommanditgesellschaft wird durch einen oder mehrere Geschäftsführer, die grundsätzlich nur persönlich haftende Gesellschafter (socios comanditados) sein können, nach den Regeln über die Vertretungsbefugnisse bei der S. N. C. vertreten. Kommanditisten (socios comanditarios) sind nur zur Vertretung berechtigt, wenn sie im Gesellschaftsvertrag hierzu ausdrücklich ermächtigt sind oder auf sie Vertretungsmacht delegiert wurde (Art. 470 CSC).[141]

113 *cc) Sociedade por quotas (sociedade de responsabilidade limitada).* Diese der GmbH entsprechende Gesellschaft wird durch einen oder mehrere Geschäftsführer (gerantes) vertreten. Bei mehreren Geschäftsführern steht ihnen mangels abweichender Satzungsbestimmung die Vertretungsbefugnis nur gemeinsam zu. Die Gesellschaft wird aber auch durch Geschäfte verpflichtet, die durch eine Mehrheit der Geschäftsführer abgeschlossen oder von ihr genehmigt worden ist (Art. 261 Abs. 1 CSC). Haben die Geschäftsführer die Vertretungsmacht für bestimmte Rechtsgeschäfte delegiert, sind die von den gerantes delegades geschlossenen Geschäfte für die Gesellschaft verbindlich (Art. 261 Abs. 2 CSC).[142]

114 *dd) Sociedade anónima (S. A.).* Die der Aktiengesellschaft entsprechende Sociedade anónima wird durch den Verwaltungsrat (conselho de administração) gesetzlich vertreten (Art. 504 Abs. 2 CSC). Die Vertretungsmacht wird grundsätzlich durch die Mitglieder des Verwaltungsrats gemeinsam ausgeübt, es sei denn, der Gesellschaftsvertrag sieht etwas anderes vor. Die Gesellschaft wird auch durch Rechtsgeschäfte gebunden, die eine Mehrheit der Verwaltungsratsmitglieder oder ein im Gesellschaftsvertrag bestimmtes geringeres Quorum geschlossen oder genehmigt hat (Art. 408 Abs. 1 CSC). Beschränkungen in der Vertretungsmacht der Verwaltungsratsmitglieder durch den Gesellschaftsvertrag oder durch Beschlüsse der Aktionäre können Dritten nicht entgegengehalten werden, selbst wenn sie im Handelsregister eingetragen sind (Art. 409 Abs. 1 CSC).[143]

---

[138] *Reithmann/Martiny* Rn. 7.252; zur Grundbucheintragung der deutschen Zweigniederlassung einer polnischen AG OLG München ZIP 2013, 884.
[139] Frank/Wachter/*Bogen/Lakomy* Kap. 14 Rn. 244.
[140] *Reithmann/Martiny* Rn. 7.256.
[141] *Reithmann/Martiny* Rn. 7.257.
[142] *Reithmann/Martiny* Rn. 7.261 f.
[143] *Reithmann/Martiny* Rn. 7.258 ff.

b) Nachweis der Vertretungsmacht. Portugal kennt ein dem deutschen Handelsregister 115 entsprechendes Register. Zuständig für die Eintragungen ist die „conservatória", in deren Bezirk die Handelsgesellschaft ihren Sitz hat. Neben dem lokalen Register wird ein Zentralregister für alle Handelsgesellschaften und juristischen Personen Portugals in Lissabon geführt (Registo Nacional de Pessoas Colectivas). Das Handelsregister ist öffentlich. Registerauszüge werden jedermann erteilt.[144]

- **Schweden**

  a) Vertretungsberechtigte Organe. *aa) Handelsgesellschaft (handelsbolat).* Nach Kap. 1 116 § 1 HBL liegt eine Handelsgesellschaft vor, wenn zwei oder mehr Personen vereinbart haben, gemeinsam ein gewerbliches Unternehmen in der Form einer Gesellschaft auszuüben und diese Gesellschaft in das Gesellschaftsregister eingetragen wurde. Die Handelsgesellschaft wird von einem oder mehreren Geschäftsführern vertreten (§ 4 HBL). Grundsätzlich steht jedem geschäftsführungsbefugten Gesellschafter auch das Alleinvertretungsrecht zu (Kap. 2 § 17 HBL). Die Vertretungsmacht kann allerdings auf bestimmte Gesellschafter beschränkt werden. Prokura kann erteilt werden.[145]

  bb) Kommanditgesellschaft (kommanditbolag). Für sie gelten grundsätzlich dieselben 117 Vorschriften wie für die Handelsgesellschaft. Allerdings steht dem Kommanditisten grundsätzlich nicht die Befugnis zu, die Gesellschaft nach außen zu vertreten (Kap. 3 § 7 Abs. 1 HBL), es sei denn, er ist zur Vertretung bevollmächtigt oder als Prokurist bestellt. Damit sind zur Vertretung grundsätzlich die Komplementäre, bei mehreren grundsätzlich jeder einzeln, berechtigt.[146]

  cc) Aktiengesellschaft. Die Aktiengesellschaft tritt als – der deutschen GmbH vergleich- 118 bar – private Aktiengesellschaft (privat aktiebolag) oder als öffentliche Aktiengesellschaft bzw. Publikumsaktiengesellschaft (publikt aktiebolag) auf. Aktiengesellschaften werden durch den **Verwaltungsrat** (styrelse) vertreten. Der **Geschäftsführer** (verkställande direktör) – ein solcher muss bei öffentlichen Aktiengesellschaften ernannt werden, während die Ernennung bei privaten Aktiengesellschaften fakultativ ist – hat das Recht, die Gesellschaft in Angelegenheiten der laufenden Verwaltung zu vertreten. Der Erwerb von Grundstücken liegt regelmäßig außerhalb des Bereichs der laufenden Verwaltung, so dass der Geschäftsführer nur mit Vollmacht des Verwaltungsrates handeln kann. Der Verwaltungsrat kann im Übrigen einem Verwaltungsratmitglied, dem Geschäftsführer oder einer anderen Person Vertretungsmacht erteilen. Die Verfügung über Grundstücke bedarf jedoch stets einer besonderen Bevollmächtigung. Eine dem deutschen Recht vergleichbare Prokura gibt es im schwedischen Gesellschaftsrecht nicht.[147]

  b) Nachweis der Vertretungsmacht. Aktien-, Handels- und Kommanditgesellschaften sind 119 in einem von einer zentralen Registerbehörde, dem „bolagsverket", geführten Handelsregisterverzeichnis eingetragen. Das Handelsregister (patenoch registeringsverket, abgekürzt PRV), wird für ganz Schweden zentral in Sundsvall geführt. Der Nachweis der Vertretungsbefugnis erfolgt durch Vorlage eines Handelsregisterauszugs.[148]

- **Schweiz**

  a) Vertretungsberechtigte Organe. *aa) Kollektivgesellschaft.* Die der OHG entsprechende 120 Kollektivgesellschaft wird durch jeden Gesellschafter einzeln vertreten. Abweichende Regelungen – gemeinschaftliche Vertretung oder Vertretung eines Prokuristen mit einem Gesellschafter – ist – wenn vereinbart – aus dem Handelsregister ersichtlich (Art. 555, 563 OR – schweizerisches Obligationenrecht). Der Umfang der Vertretungsmacht wird durch den Gesellschaftszweck beschränkt; eine weitergehende Beschränkung hat gutgläubigen Dritten gegenüber keine Wirkung (Art. 564 OR).

---

[144] *Reithmann/Martiny* Rn. 7.263 f.
[145] Hohloch/Gerhardt/*Foerster* Schweden Rn. 2140 ff.
[146] Hohloch/Gerhardt/*Foerster* Schweden Rn. 97.
[147] Frank/Wachter/ *Schaeferdiek* (Fn. 75) Kap. 16 Rn. 85 f., 93 f.; Hohloch/Gerhardt/*Foerster* Schweden Rn. 240.
[148] Hohloch/Gerhardt/*Foerster* (Fn. 98) Schweden Rn. 91, 94.

121 bb) *Kommanditgesellschaft (KG).* Die Gesellschaft wird durch die persönlich haftenden Gesellschafter entsprechend den Regeln bei der Kollektivgesellschaft vertreten (Art. 603 OR); Kommanditisten sind von der Vertretung ausgeschlossen (Art. 605 OR).

122 cc) *Gesellschaft mit beschränkter Haftung (GmbH).* Die GmbH wird – im Gegensatz zu den GmbH-Rechten fast aller übrigen europäischen Staaten – grundsätzlich durch alle Gesellschafter gemeinschaftlich vertreten (Art. 811 Abs. 1 OR).[149] Eine abweichende Regelung – insbesondere kann die Vertretungsbefugnis einzelnen Gesellschaftern oder auch Dritten als Geschäftsführer übertragen werden – ist zulässig und aus dem Handelsregister zu ersehen.

Für den Umfang und die Beschränkungen in der Vertretungsmacht der Geschäftsführer gelten die gleichen Regeln wie für den Verwaltungsrat der AG (Art. 804 Abs. 1 iVm Art. 718a OR).

123 dd) *Aktiengesellschaft (AG).* Die Aktiengesellschaft wird durch den Verwaltungsrat vertreten (Art. 718 Abs. 1 OR). Mehrere Mitglieder des Verwaltungsrats vertreten grundsätzlich einzeln, jedoch kann der Verwaltungsrat die Vertretung einem oder mehreren Mitgliedern (Delegierten) oder Dritten (Direktoren) übertragen (Art. 718 Abs. 2 OR). Diese Vertretungsbefugnis ist aus dem Handelsregister zu entnehmen (Art. 720 OR). Die vertretungsbefugten Personen können im Namen der Gesellschaft alle Rechtshandlungen vornehmen, die der Zweck der Gesellschaft mit sich bringt (Art. 718a Abs. 1 OR); gutgläubigen Dritten gegenüber hat die Beschränkung der Vertretungsbefugnis durch den Gesellschaftszweck keine Wirkung. Demgegenüber wirken die Bestimmungen über die ausschließliche Vertretung der Hauptniederlassung oder einer Zweigniederlassung oder über die Gesamtvertretung der Gesellschaft auch gegen Dritte, soweit sie im Handelsregister verlautbart sind (Art. 718a Abs. 2 OR).[150]

124 b) **Nachweis der Vertretungsmacht.** Das Handelsregister wird in den einzelnen Kantonen von verschiedenen Amtsstellen geführt und ist öffentlich (online abrufbar: http://www.zefix.admin.ch). Handelsregisterauszüge werden erteilt.[151]

- **Spanien**

125 a) **Vertretungsberechtigte Organe.** *aa) Sociedad colectiva (S. C.).* Bei dieser der OHG entsprechenden Gesellschaft sind alle Gesellschafter zur Geschäftsführung berechtigt, zur Außenvertretung bedarf es jedoch grundsätzlich ausdrücklicher Ermächtigung (Art. 28, 29 C. com. – Código de comercio). Mangels abweichender Vereinbarungen im Gesellschaftsvertrag, die um Drittwirkung zu erlangen im Handelsregister eingetragen sein müssen, besteht Einzelvertretungsbefugnis. Der Umfang der Vertretungsmacht ist durch den Gesellschaftszweck begrenzt; weitere Beschränkungen sind Dritten gegenüber unwirksam.[152]

126 bb) *Sociedad en comandita (S. en C.).* Die Gesellschaft wird durch die persönlich haftenden Gesellschafter (socios colectivos) nach den Regeln der OHG vertreten. Kommanditisten (socios comanditarios) sind von der Vertretung ausgeschlossen (Art. 148 Abs. 2 iVm Art. 128 ff. bzw. Art. 148 Abs. 4 C. com.).

127 cc) *Sociedad de responsabilidad limitada (S. R. L.).* Die Vertretungsbefugnis bei der spanischen GmbH entspricht der bei der spanischen Aktiengesellschaft. Die Überschreitung des durch den Gesellschaftszweck begrenzten Umfangs der Vertretungsmacht kann gutgläubigen Dritten nicht entgegengehalten werden. Weitergehende Beschränkungen in der Vertretungsmacht durch Satzung oder Gesellschafterbeschluss sind Dritten gegenüber unwirksam (Art. 62, 63 spanisches GmbHG vom 23.3.1995, in Kraft seit 1.6.1995).

128 dd) *Sociedad anónima (S. A.).* Die Vertretung der Sociedad anónima – entsprechend der Aktiengesellschaft – obliegt den Verwaltern (administradores; Art. 128 LSA – ley de sociedades anónimas vom 22.12.1989). Das Verwaltungsorgan kann gemäß Art. 123 LSA aus

---

[149] *Reithmann/Martiny* Rn. 7.334.
[150] *Reithmann/Martiny* Rn. 7.332 f.
[151] Zum Schweizer Handelsregister *Holzmann/Israel* NJW 2003, 3014; *Pfeiffer* Rpfleger 2012, 240; OLG München NZG 2016, 150.
[152] *Reithmann/Martiny* Rn. 7.266.

einem Alleinverwalter, mehreren Verwaltern mit Einzelbefugnissen oder mehreren gesamtvertretungsberechtigten Verwaltern bestehen. Ist die Verwaltung der Gesellschaft mehr als zwei Personen übertragen, bilden diesen einen Verwaltungsrat (consejo de administración, Art. 136 LSA), wobei in diesem Fall der Grundsatz der Gesamtvertretung gemäß Art. 133 Abs. 2 LSA gilt. Zulässig ist auch die Übertragung der organschaftlichen Vertretung auf einen geschäftsführenden Ausschuss (comisión ejecutiva) oder auf einzelne Mitglieder des Verwaltungsrates (consejeros delegados), sofern sie in der Satzung oder durch mehrheitlich getroffenen Verwaltungsratsbeschluss erfolgt.[153] Die Vertretungsmacht umfasst alle Handlungen, die durch den in der Satzung festgelegten Gesellschaftszweck gedeckt sind, wobei eine Überschreitung des Gesellschaftszwecks gutgläubigen Dritten nicht entgegengehalten werden kann. Der gute Glaube wird durch die Eintragung des Gesellschaftszwecks in das Handelsregister allein noch nicht zerstört. Sonstige Beschränkungen in der Vertretungsbefugnis sind Dritten gegenüber unwirksam, selbst wenn sie im Handelsregister eingetragen sind (Art. 129 Abs. 1, 2 LSA).[154]

b) Nachweis der Vertretungsmacht. In Spanien besteht eine dem deutschen Handelsregister entsprechende Einrichtung. Das Handelsregister wird in jeder Provinzhauptstadt für die in der Provinz ansässige Gesellschaften geführt und ist öffentlich. Darüber hinaus wird bei der Generaldirektion für Register- und Notariatssachen ein allgemeines Gesellschaftsregister für ganz Spanien geführt (Registro Mercantil Central), das auf Anfrage Handelsregisterauszüge erteilt, die über die vertretungsberechtigten Organe spanischer Handelsgesellschaften verlässlich Auskunft geben.[155] Abfragen im Handelsregister sind online abrufbar unter www.rmc.es oder unter http://www.registradores.org/principal/indexx.jsp. 129

- **Tschechische Republik/Slowakische Republik**

Seit 1.1.1992 gilt das Handelsgesetzbuch vom 5.11.1991, das sämtliche Gesellschaftsformen des Handelsrechts regelt und seit dem 1.1.1993 in der tschechischen und slowakischen Republik fortgilt. 130

a) Vertretungsberechtigte Organe. *aa) Offene Handelsgesellschaft (verejná obchidní spolecnost, v. o. s.).* Die OHG wird grundsätzlich durch jeden Gesellschafter allein vertreten, sofern nicht durch Gesellschaftsvertrag einige Gesellschafter von der Vertretung ausgeschlossen sind oder bestimmt wird, dass nur alle Gesellschafter gemeinschaftlich vertreten. Gegenüber Dritten wirkt die Anordnung der Gesamtvertretung mit Registereintragung. Beschränkungen des Umfangs der Vertretungsmacht mit Wirkung gegenüber Dritten sind unzulässig.[156] 131

bb) Kommanditgesellschaft (komanditní spolecnost, k. s.). Die Komplementäre der KG sind zur Geschäftsführung und Vertretung berechtigt. Soweit der Gesellschaftsvertrag nichts anderes bestimmt, hat jeder von ihnen Einzelvertretungsmacht (§ 101 Abs. 1 HGB), iÜ gelten die Vertretungsregelungen der OHG entsprechend. Die Kommanditisten sind von der Vertretung ausgeschlossen.[157] 132

cc) Aktiengesellschaft (akeiová spolecnost, a. s.). Der Vorstand vertritt die Aktiengesellschaft im Rechtsverkehr (§ 191 Abs. 1 HGB). Bei einer Mehrheit von Vorstandsmitgliedern gilt der Grundsatz der Einzelvertretung, soweit die Satzung keine abweichende Bestimmung trifft (§ 191 Abs. 1 S. 3 HGB). Die Anordnung der Gesamtvertretung wirkt gegenüber Dritten nur, wenn sie im Handelsregister eingetragen ist. Gegenüber Dritten kann die Vertretungsmacht des Vorstands nicht beschränkt werden.[158] 133

dd) Gesellschaft mit beschränkter Haftung (spolecnost s rucením omezeným, s. r. o.). Der oder die Geschäftsführer vertreten die GmbH im Rechtsverkehr. Grundsätzlich vertritt jeder 134

---

[153] *Reithmann/Martiny* Rn. 7.268 ff.
[154] Deutsches Notarinstitut (Hrsg.), Notarielle Fragen des internationalen Rechtsverkehrs, S. 420.
[155] *Reithmann/Martiny* Rn. 7.274 f.
[156] *Reithmann/Martiny* Rn. 7.277.
[157] *Reithmann/Martiny* Rn. 7.278.
[158] *Reithmann/Martiny* Rn. 7.279.

Geschäftsführer allein. Die Vereinbarung von Gesamtvertretung wirkt gegenüber Dritten nur, wenn sie im Handelsregister eingetragen ist. Dritten gegenüber hat die Beschränkung der Vertretungsmacht des Geschäftsführers keine Wirkung (§ 133 Abs. 2 HGB).[159]

135 b) **Nachweis der Vertretungsmacht.** Alle tschechischen und slowakischen Handelsgesellschaften sind im Handelsregister, das öffentlich ist, einzutragen. Das Registergericht erteilt auf Antrag beglaubigte Abschriften (iE §§ 27–34 HGB).

- **Türkei**

136 a) **Vertretungsberechtigte Organe.** *aa) Kollektivgesellschaft (kollektif şirket).* Die Kollektivgesellschaft, die der deutschen OHG entspricht, wird grundsätzlich durch jeden Gesellschafter einzeln vertreten. Eine Beschränkung der Vertretungsmacht ist Dritten gegenüber nur mit Registereintragung wirksam (Art. 176 HGB). Der Umfang der Vertretungsmacht ist grundsätzlich unbeschränkt.

137 *bb) Kommanditgesellschaft (komandit irket).* Die Kommanditgesellschaft wird durch die unbeschränkt haftenden Gesellschafter vertreten (Art. 257 Abs. 1 HGB). Kommanditisten sind nicht zur Vertretung berechtigt.

138 *cc) Kommanditgesellschaft aA (sermayesi paylara bölünmü komandit irket).* § 475 HGB verweist in Bezug auf die Kommanditgesellschaft aA auf die Regelung zur Kommanditgesellschaft, so dass die dortigen Grundsätze gelten.

139 *dd) Aktiengesellschaft (anonim irket).* Die Aktiengesellschaft wird durch den Verwaltungsrat vertreten (Art. 317 HGB), der wiederum die Vertretungsbefugnisse auf einzelne Mitglieder verteilen kann. Mindestens ein Mitglied ist zur Vertretung nach außen zu bestimmen (Art. 319 HGB).

140 *ee) Gesellschaft mit beschränkter Haftung (limited irekti).* Die GmbH wird grundsätzlich durch die Gesellschafter gemeinschaftlich vertreten (Art. 540 HGB); diese Befugnis wird in der Regel durch Satzung oder Beschluss auf einen oder mehrere Geschäftsführer übertragen. Der Umfang der Vertretungsmacht ist grundsätzlich unbeschränkt.[160]

141 b) **Nachweis der Vertretungsbefugnis.** Der Nachweis der Vertretungsbefugnis kann durch Handelsregisterauszug geführt werden. Die Handelsregister werden bei den Handelskammern, geführt (§ 26 HGB) und sind öffentlich (Art. 11 HR-VO). Jedermann kann Einsicht in das Handelsregister nehmen.[161]

- **Ungarn**

142 a) **Vertretungsberechtigte Organe.** *aa) Offene Handelsgesellschaft (küzkereseti társaság. kkt.).* Die Gesellschaft wird durch jeden Gesellschafter vertreten, es sei denn, der Gesellschaftsvertrag sieht vor, dass nur eine oder mehrere Gesellschafter zur Vertretung berechtigt sind (§ 180 GWB – Gesetz über Wirtschaftsgesellschaften vom 9.12.1997).

143 *bb) Kommanditgesellschaft (betéti társaság, bt.).* Die Komplementäre vertreten nach den für die OHG geltenden Grundsätzen die Kommanditgesellschaft. Kommanditisten sind von der Vertretung ausgeschlossen (§§ 101, 102 GWG).

144 *cc) Gemeinschaftsunternehmen (közüs vúllalat, kv.).* Gemeinschaftsunternehmen, das sind von juristischen Personen gegründete Wirtschaftsgesellschaften, werden im Rechtsverkehr gerichtlich und außergerichtlich durch den Direktor vertreten (§ 114 Abs. 1 GWG).

145 *dd) Aktiengesellschaft (részvéntyr társaság, rt.).* Der Vorstand vertritt die AG gegenüber Dritten. Er besteht aus mindestens drei und höchstens elf Mitgliedern (§ 240 GWG). Anstelle eines Vorstands kann in der Gründungsurkunde auch ein Generaldirektor bestellt werden, der die Aufgaben des Vorstands übernimmt (§ 244 GWG). Entsprechend §§ 39, 40 GWG ist grundsätzlich jedes Vorstandsmitglied einzelvertretungsberechtigt. Die Satzung kann jedoch

---

[159] *Reithmann/Martiny* Rn. 7.280 f.
[160] *Frank/Wachter/Rumpf* Kap. 22 Rn. 295; *ders.* GmbHR 2002, 835 (841 f.).
[161] *Frank/Wachter/Rumpf* Kap. 22 Rn. 289.

anderes vorsehen. Beschränkungen der Vertretungsmacht sind Dritten gegenüber unwirksam (§ 39 Abs. 1 S. 3 GWG).[162]

ee) Gesellschaft mit beschränkter Haftung (korlátolt felelösségü társaság, kft). Der oder die Geschäftsführer vertritt die GmbH im Rechtsverkehr. Grundsätzlich ist jeder Geschäftsführer einzelvertretungsberechtigt; jedoch kann die Satzung bestimmen, dass alle Geschäftsführer zur Vertretung berechtigt sind (§ 156 GWG).[163]

b) Nachweis der Vertretungsmacht. Alle Handelsgesellschaften müssen im Firmenregister (cégjeguzék) eingetragen werden. Insoweit kann der Nachweis der Vertretungsmacht durch Auszug aus dem Firmenregister geführt werden.[164]

- **USA**

Ein bundeseinheitliches Gesellschaftsrecht existiert in den USA nicht, da die Rechtssetzungsbefugnis auf diesem Gebiet den Einzelstaaten vorbehalten ist. Für die Partnerships ist aber nach den Vorbildern des Uniform Partnership Act (U.P.A.) von 1969 und dem Uniform Limited Partnership Act (U.L.P.A.) von 1916 in den einzelnen Bundesstaaten eine Gesetzgebung erfolgt (mit Ausnahme von Lousiana). Im Recht der Corporations ist bei größeren Unterschieden im Einzelnen durch den von der American Bar Association ausgearbeiteten Model Business Corporation Act (M.B.C.A.) in der Fassung von 1984 eine gewisse Vereinheitlichung erreicht worden.[165]

a) Vertretungsberechtigte Organe. *aa) General Partnership.* Betreiben mindestens zwei Personen ein auf Dauer angelegtes Erwerbsgeschäft kann jeder die Gesellschaft, die in eigenem Namen Geschäfte abschließen kann (§§ 8, 19 U.P.A.), vertreten.

bb) Limited Partnership. Die Gesellschaft wird von den persönlich haftenden Gesellschaftern vertreten, die limited partners sind von der Vertretung ausgeschlossen.[166]

cc) Business Corporation. Die Vertretung der business corporation als wichtigste Gesellschaftsform des US-amerikanischen Gesellschaftsrechts obliegt in erster Linie dem board of directors als einem einheitlichen Kollegialorgan nach dem Prinzip der Gesamtvertretung (§ 8.01.b M.B.C.A.). Vertretungsberechtigt sind nicht die einzelnen Mitglieder des board, sondern es bedarf grundsätzlich eines mit Mehrheit gefassten Beschlusses. Aufgrund Mehrheitsbeschlusses des board of directors können die Vertretungsbefugnisse für bestimmte Rechtsgeschäfte auf Ausschüsse (committees) übertragen werden.[167]

dd) Business Trust. Der business trust wird durch einen oder mehrere Treuhänder (trustees) vertreten. Ähnlich einem board of directors besteht bei einem board of trustees die Möglichkeit der Delegation von Vertretungsbefugnissen auf einzelne Mitglieder. Der Umfang der Vertretungsmacht ergibt sich aus dem trust agreement.[168]

b) Nachweis der Vertretungsmacht. In den USA gibt es weder ein Handelsregister noch ein eigenes Gesellschaftsregister.[169]

aa) Business Corporations. (1) Bestehen der Gesellschaft. Business corporations werden durch die Einreichung der von den Gründern unterzeichneten und von einem notary public beglaubigten Gründungsurkunde beim Secretary of State des Gründungsstaates sowie durch Registrierung der Urkunde durch die Registrierungsbehörde gegründet. Die Registrierungsbehörde bestätigt die Gründung durch die Rücksendung einer abgestempelten Kopie der Gründungsurkunde und durch die Ausgabe einer Gründungsbescheinigung[170] (certificate of incorporation). Dieses certificate of incorporation belegt zunächst die Tatsache der Grün-

---

[162] *Reithmann/Martiny* Rn. 7.289.
[163] *Reithmann/Martiny* Rn. 7.290; *Baumann* GmbHR 2014, 23.
[164] Frank/Wachter/*Rácz/Winkler* in Frank/Wachter Kap. 23 Rn. 252.
[165] *Reithmann/Martiny* Rn. 7.336.
[166] *Reithmann/Martiny* Rn. 7.338.
[167] Zum Ganzen *Reithmann/Martiny* Rn. 7.341 ff.
[168] *Reithmann/Martiny* Rn. 7.345.
[169] Vgl. zuletzt OLG Köln GmbHR 2016, 647.
[170] *Elsing/van Alstine*, US-amerikanisches Handels- und Wirtschaftsrecht, 2. Aufl. 1999, Rn. 589.

dung der corporation. Liegt diese längere Zeit zurück, empfiehlt es sich, bei dem hierfür ebenfalls zuständigen Secretary of State ein sog certificate of good-standing ausstellen zu lassen, wodurch belegt werden kann, dass die corporation nach wie vor als juristische Person weiterbesteht.[171] Im Hinblick auf die in manchen Staaten bei Verstößen drohende Amtslöschung empfiehlt es sich ferner, den Secretary of State bestätigen zu lassen, dass die „franchise taxes" von der corporation bezahlt worden sind und diese ihren jährlichen Berichtspflichten nachgekommen ist.[172]

155 *(2) Vertretungsberechtigte Personen.* Bei der business corporation kann ein sicherer Nachweis der Vertretungsmacht nur durch die Vorlage der Gründungsurkunde sowie Abschriften von Beschlüssen des board of directors oder Abschriften der Gesellschaftssatzung erbracht werden, aus denen die Bevollmächtigung bestimmter Personen hervorgeht. Allein dem certificate of incorporation and good-standing ist nämlich nicht zu entnehmen, welche Personen zur Vertretung der corporation berechtigt sind. Der Secretary of State stellt eine mit Beweiskraft versehene Bescheinigung hierüber nicht aus. Da dem Secretary of State Neubesetzungen der Gesellschaftsorgane regelmäßig nicht gemeldet werden, kann er jedenfalls bei bereits längerer Zeit bestehenden corporations nicht verlässlich Auskunft geben über die Vertretungsberechtigung einzelner Personen.[173] Die Abschriften müssen vom secretary der corporation beglaubigt und mit dem corporation seal versehen sein. Darüber hinaus muss der secretary noch bescheinigen, dass der im Wortlaut wiederzugebende Beschluss auf einer ordnungsgemäß einberufenen und geführten Sitzung eines board mit der erforderlichen Mehrheit gefasst wurde (sog certificate of officer/secretary's certificate).[174] Liegt eine solche Bescheinigung vor, kann die Gesellschaft Dritten, die im Vertrauen auf die Bescheinigung gehandelt haben, etwaige Fehler der Vollmachtserteilung nicht entgegenhalten.[175] Die Rechte mancher US-Einzelstaaten sehen ferner die Möglichkeit vor, dass der unmittelbar für die corporation handelnde officer oder sonst Bevollmächtigte gegenüber dem seine Unterschrift beglaubigenden notary public seine Vertretungsberechtigung für die Gesellschaft erklärt (sog acknowledgement by corporation).[176]

156 *bb) Partnership.* Bei der partnership kann eine beglaubigte Abschrift der articles of partnership als Nachweis der Vertretungsmacht dienen. Daraus ist zu ersehen, ob ein Geschäft zum üblichen Geschäftskreis der partnership gehört. Nach amerikanischem Recht braucht ein partnership-agreement allerdings nicht schriftlich beschlossen zu werden. Ein sicherer Nachweis der Vertretungsbefugnis kann so nur durch eine von allen Partnern ausgestellte Vollmacht geführt werden.[177]

157 *cc) Business Trust.* Der business trust wird durch einen oder mehrere Treuhänder (trustees) vertreten. Die Ausgestaltung der Vertretungsmacht ähnelt in vieler Hinsicht der des board of directors einer corporation. Grundsätzlich besteht Gesamtvertretungsmacht des „board of trustees" mit der Möglichkeit der Delegation von Vertretungsbefugnissen auf einzelne Mitglieder des board. Der Umfang der Vertretungsmacht ergibt sich aus dem trust-agreement.[178]

2. Rechtsgeschäftliche Vertretung

158 a) **Vollmachtsstatut.** *aa) Bis 16.6.2017:* Die Vollmacht wurde bis zum 16.6.2017 nach dem Recht des Staates beurteilt, in dem sie nach dem Willen des Vollmachtgebers **ihre Wirkung entfalten soll.**[179] Die Verweisung auf das Recht des Wirkungslandes ist Sachnormver-

---

[171] Vgl. hierzu OLG Hamm IPRax 1998, 358 (360); *Bungert* IPRax 1998, 339 (347).
[172] Vgl. *Fischer* ZNotP 1999, 352 (356); *Schaub* NZG 2000, 953 (963).
[173] *Fischer* ZNotP 1999, 352 (357).
[174] Vgl. hierzu *Fischer* ZNotP 1999, 352 (357); *Schaub* NZG 2000, 953 (963).
[175] *Merkt*, US-amerikanisches Gesellschaftsrecht, 3. Aufl. 2013, Rn. 673.
[176] Vgl. *Fischer* ZNotP 1999, 352 (358) mit Formulierungsbeispiel.
[177] *Reithmann/Martiny* Rn. 7.347.
[178] *Reithmann/Martiny* Rn. 7.348.
[179] BGHZ 64, 192; Palandt/*Thorn* EGBGB Anh. zu Art. 10 Rn. 1; zweifelnd MüKoBGB/*Spellenberg* EGBGB vor Art. 11 Rn. 128; *Bücken* RNotZ 2018, 213.

weisung, sodass eine Rück- oder Weiterverweisung ausgeschlossen ist.[180] Auf das Recht des Staates, in dem sich der ständige Aufenthalt des Vollmachtgebers befindet oder in dem von der Vollmacht tatsächlich Gebrauch gemacht wird, kommt es dagegen grundsätzlich nicht an.[181] Handelt es sich dagegen um die Vollmacht eines Prokuristen, Handlungsbevollmächtigten oder sonstigen Firmenvertreters, so ist die Vollmacht nach dem am Sitz des Unternehmens geltenden Recht zu beurteilen.[182]

bb) Ab 17.6.2017. Durch Gesetz zur Änderung von Vorschriften im Bereich des Internationalen Privat- und Zivilverfahrensrechts[183] und dessen Art. 5 wurde das bisher nicht kodifizierte Statut der gewillkürten Stellvertretung gesetzlich geregelt. Nach dem dort neugefassten **Art. 8 EGBGB** ist in erster Linie das **gewählte Recht** maßgebend. Das Wahlrecht steht vor Ausübung der Vollmacht dem Vollmachtgeber zu, wobei der Bevollmächtigte und der Dritte positive Kenntnis von der Rechtswahl haben müssen. Nach Ausübung der Vollmacht kann das anwendbare Recht nur noch durch eine Vereinbarung der drei Beteiligten geändert werden. **Art. 8 Abs. 2–4 EGBGB** sehen **spezielle Anknüpfungen** vor. Art. 8 Abs. 5 EGBGB enthält eine grundsätzliche Anknüpfung an den Gebrauchsort der Vollmacht, wenn sich das Vollmachtstatut nicht aus Art. 8 Abs. 1–4 EGBGB ermitteln lässt.

Für **Verfügungen über Grundstücke** bzw. Rechte an Grundstücken gilt Art. 8 Abs. 6 EGBGB als Sonderregel; diese werden über den Verweis auf Art. 43 Abs. 1, Art. 46 EGBGB wie bisher der **lex rei sitae** unterworfen.

Bei sämtlichen Verweisungen des Art. 8 EGBGB handelt es sich um **Sachnormverweisungen**. Falls sich das anwendbare Recht aufgrund Rechtswahl ergibt, folgt dies aus Art. 4 Abs. 2 EGBGB, ansonsten aus dem Wortlaut der Bestimmungen („Sachvorschriften des Staates"). Ist vor Inkrafttreten von Art. 8 RGBGB am 17.6.2017 eine Vollmacht erteilt, bleibt das bisherige Internationale Privatrecht anwendbar, § 47 zu Art. 229 EGBGB.

cc) Reichweite. Die Reichweite des Vollmachtstatuts ist in Art. 8 EGBGB (nF) nicht geregelt. Nach dem Vollmachtstatut sind alle Fragen zu beurteilen, die die Vollmacht selbst betreffen. Hierzu zählt insbesondere die wirksame Erteilung der Vollmacht, aber auch ihr Umfang, zB ob der Bevollmächtigte Untervollmacht erteilen[184] oder mit sich selbst kontrahieren darf.[185] Von der Reichweite des Vollmachtsstatuts erfasst sind auch Fragen der Auslegung der Vollmacht und die ihrer Dauer und ihres Erlöschens. Das Vollmachtstatut entscheidet dagegen nicht darüber, ob und unter welchen Voraussetzungen eine Vertretung im Einzelfall zulässig ist. Diese Frage bestimmt sich abschließend nach der **lex causae** des vom Vertreter mit dem Dritten abgeschlossenen Rechtsgeschäfts.[186] Das auf den Hauptvertrag anwendbare Recht entscheidet daher folglich insbesondere darüber, ob

- gewisse Rechtsgeschäfte wegen ihres höchstpersönlichen Charakters nicht durch einen Vertreter vorgenommen werden dürfen,
- für ein bestimmtes Rechtsgeschäft eine Generalvollmacht ausreicht oder eine Spezialvollmacht erforderlich ist,
- eine Vertretung ohne Vertretungsmacht zulässig ist,
- ein Bevollmächtigter, dem nach dem Vollmachtsstatut Selbstkontrahieren gestattet ist, einen Vertrag mit sich selbst schließen darf.[187]

b) Form der Vollmacht. § 23 Abs. 1 S. 2 AktG normiert auch hier als Vollmachtserfordernis die öffentliche Beglaubigung. Hierdurch soll die Echtheit der Unterschrift und damit die Identität des Unterzeichnenden selbst sichergestellt werden.[188] Da Art. 8 EGBGB (nF) die

---

[180] Palandt/*Thorn* EGBGB Anh. zu Art. 10 Rn. 2; Erman/*Hohloch* EGBGB Anh. I Art. 12 Art. 37 Rn. 9.
[181] Reithmann/*Martiny* Rn. 7.382 ff.
[182] Palandt/*Thorn* EGBGB Anh. zu Art. 10 Rn. 2.
[183] BGBl. 2017 I S. 1607.
[184] *Reithmann* DNotZ 1956, 137.
[185] BGH NJW 1992, 618.
[186] Palandt/*Thorn* EGBGB Anh. zu Art. 10 Rn. 3.
[187] Zum Ganzen *Schotten,* Das Internationale Privatrecht in der notariellen Praxis, Rn. 97 mwH; Hausmann/Odersky, Internationales Privatrecht in der Notar- und Gestaltungspraxis, 3. Aufl. 2017, § 6 Rn. 77 ff.
[188] MüKoHGB/*Krafka* HGB § 12 Rn. 13 f.; Röhricht/Graf v. Westphalen/*Ries* HGB § 12 Rn. 6.

Form der Bevollmächtigung nicht regelt, ist weiterhin Art. 11 EGBGB einschlägig (Recht am Ort der Vollmachterteilung oder Vollmachtstatuts). An die von einer ausländischen Urkundsperson[189] vorgenommenen Beglaubigungen sind für den Gebrauch im Inland und das Registerverfahren nur relativ geringe Anforderungen zu stellen.[190] In der Regel ist daher auch die Beglaubigung durch einen ausländischen Notar außerhalb des Bereichs des sog lateinischen Notariats, etwa durch einen US-amerikanischen notary public ausreichend.[191]

IV. Ausländische natürliche Personen

1. Als Aktionäre

162 **a) Staatsangehörigkeit.** Grundsätzlich kann jede natürliche rechtsfähige Person ohne Rücksicht auf ihre Staatsangehörigkeit Gesellschafter einer Aktiengesellschaft sein bzw. werden. Eine Differenzierung zwischen Inländern und Ausländern erfolgt nicht. Für Bürger der Europäischen Union wäre jede Einschränkung schon wegen des Diskriminierungsverbotes des EGV rechtswidrig.[192] Aber auch für andere Ausländer hat der Gesetzgeber **keine** derartigen **Einschränkungen** vorgesehen. Daher können an ausländische Gesellschafter auch keine besonderen Anforderungen, wie etwa Wohnsitz oder gewöhnlicher Aufenthalt im Inland oder eine Aufenthaltserlaubnis gestellt werden.[193]

163 Eine verbreitete Meinung will nur eine Ausnahme hiervon machen, wenn ein Ausländer durch seine Beteiligung an der AG gegen **ausländerrechtliche** oder **gewerbepolizeiliche Beschränkungen** verstößt. In diesem Fall soll die AG einen gesetzwidrigen Zweck verfolgen (§ 134 BGB), der ihrer Eintragung entgegensteht.[194] Diese Auffassung ist abzulehnen, da das Registergericht keine Befugnis zur Überprüfung der einschlägigen ausländer- und gewerbepolizeilichen Vorschriften hat; im Übrigen ist die Anwendbarkeit dieser Vorschriften von der Gründung einer deutschen Aktiengesellschaft bzw. der Beteiligung hieran gänzlich unabhängig.[195]

164 **b) Güterstand.** Beteiligt sich ein verheirateter Ausländer als Aktionär an einer AG, können sich auf Grund des ausländischen Güterrechts Besonderheiten ergeben. Insbesondere in Ländern, in denen der gesetzliche Güterstand die sog **Errungenschaftsgemeinschaft** ist, kann grundsätzlich ein Ehegatte nicht allein Aktionär der Gesellschaft werden, da grundsätzlich sämtliche während der Ehe von einem der Ehegatten oder von beiden gemeinsam erworbene Vermögensgegenstände in die eheliche Gemeinschaft fallen und damit der gemeinschaftlichen Verfügungsbefugnis unterliegen.

165 Soweit sich nicht auf Grund gesetzlicher Bestimmungen im Einzelfall etwas anderes ergibt, ist für die Beratungspraxis anzuraten, durch **Ehevertrag** den gesetzlichen Güterstand der Errungenschaftsgemeinschaft dahingehend zu modifizieren, dass ein Ehegatte allein Aktionär einer inländischen Aktiengesellschaft werden kann.

---

[189] Beglaubigungen durch deutsche Konsulate im Ausland stehen dagegen inländischen Notarurkunden gleich, § 10 Abs. 2 KonsulG.
[190] OLG Kiel SchlHA 1962, 173 zu § 29 GBO.
[191] Vgl. BayObLG IPRax 1994, 122; OLG Schleswig SchlHAnz 1962, 173; MüKoBGB/*Spellenberg* EGBGB Art. 11 Rn. 47 ff.; *Roth* IPRax 1995, 86 (87); *Bausback* DNotZ 1996, 254 (255); vgl. OLG Zweibrücken RPfleger 1999, 326 für den kanadischen notary public; allerdings ist bei Beglaubigungen allgemein zu bedenken, dass hier gelegentlich derselbe Begriff nicht dasselbe besagt; so gibt es zB im brasilianischen Recht Beglaubigungsformen, die der in § 40 BeurkG vorgeschriebenen Form nicht entsprechen und daher trotz Fungibilität der Urkundsperson die deutsche Form nicht erfüllen – zB die sog Beglaubigung auf Grund von Ähnlichkeit, bei der die Beglaubigung mit Hilfe einer früher beim Notar hinterlegten Unterschriftsprobe vorgenommen wird; Armbrüster/Preuß/Renner/*Armbrüster* BeurkG § 1 Rn. 63.
[192] Für die GmbH *Michalski* GmbHG § 2 Rn. 7 f.
[193] *Michalski* GmbHG § 2 Rn. 8; Scholz/*Emmerich* GmbHG § 2 Rn. 41.
[194] So für die GmbH OLG Stuttgart GmbHR 1984, 155; OLG Celle DB 1977, 993; KG GmbHR 1997, 412 (413 f.); LG Hannover GmbHR 1976, 111; LG Köln GmbHR 1983, 48; LG Krefeld GmbHR 1983, 48 f.; Lutter/*Hommelhoff* GmbHG § 1 Rn. 16.
[195] Scholz/*Emmerich* GmbHG § 2 Rn. 41b; *Barthel* BB 1977, 571 (573 f.).

2. Als Vorstand

166 a) **Staatsangehörigkeit.** Für die gesetzliche Qualifikation als Vorstand ist es unerheblich, ob jemand Inländer, Ausländer oder Staatenloser ist. Einen Staatsangehörigkeitsvorbehalt kennt das Gesetz nicht. Die gesetzlichen Hinderungsgründe für den Vorstand sind in § 76 Abs. 3 AktG aufgezählt; eine bestimmte Nationalität ist hierbei nicht erwähnt.[196] Auch deutsche Sprachkenntnisse sind jedoch nicht erforderlich, weil notfalls ein Dolmetscher oder Übersetzer eingeschaltet werden kann.[197]

167 b) **Aufenthalt.** Die Vorstandstätigkeit kann auch von einem ausländischen Wohnsitz aus erfolgen.[198] Weder die **jederzeitige Einreisemöglichkeit** noch eine **Aufenthaltserlaubnis** sind deshalb persönliche Qualifikationsmerkmale für den Vorstand.

168 c) **Arbeitserlaubnis.** Die Vorlage einer Arbeitserlaubnis kann schon deshalb nicht verlangt werden, weil der Vorstand einer deutschen AG für seine Tätigkeit gemäß § 9 Ziff. 1 Arbeitserlaubnisverordnung vom Erfordernis einer Arbeitserlaubnis befreit ist.

169 d) **Besonderheiten bei der Registeranmeldung.** *aa) Belehrung des sprachunkundigen Vorstands.* Bei der Anmeldung des Vorstands hat dieser persönlich zu versichern, dass Hinderungsgründe im Sinne von § 76 Abs. 3 AktG seiner Bestellung nicht entgegenstehen. Hierzu ist er vom Notar im Einzelnen zu belehren. Der Notar hat sicherzustellen, dass der Vorstand sich über den Inhalt der Erklärung bewusst ist, dh sie versteht.

170 Da es sich bei der Versicherung des Vorstandes weder um eine zu beurkundende Willenserklärung noch um eine eidesstattliche Versicherung im Sinne des § 38 BeurkG handelt, gelten die strengen Vorschriften des Beurkundungsgesetzes für die Beurkundung von Willenserklärungen unter Beteiligung von nicht der deutschen Sprache mächtigen Personen weder direkt noch über § 38 BeurkG. Es ist dem pflichtgemäßen Ermessen des Notars überlassen, welche Maßnahmen er bei der Unterschriftsbeglaubigung ergreift, um sicherzustellen, dass der Vorstand die Erklärungen tatsächlich versteht. Zieht der Notar einen Dolmetscher hinzu, ohne diesen zu vereidigen und wird die Anmeldeversicherung sodann vom Dolmetscher dem Vorstand übersetzt, ist dies auch dann nicht zu beanstanden, wenn die Handelsregisteranmeldung nur vom Vorstand, nicht auch vom Dolmetscher unterzeichnet wird.[199] In der Praxis empfiehlt es sich allerdings, sich an den strengen Vorschriften des Beurkundungsgesetzes über die Beurkundung von Willenserklärungen zu orientieren und in die Registeranmeldung, die vom Vorstand und vom Dolmetscher unterzeichnet werden sollte, Folgendes aufzunehmen:

> **Formulierungsvorschlag:**
>
> Der unterzeichnende Geschäftsführer, Herr A, ist nach seinen Angaben und der Überzeugung des Notars der deutschen Sprache nicht hinreichend mächtig. Er spricht jedoch nach eigenen Angaben die ...... Sprache.
>
> Als Dolmetscher hinzugezogen wurde daher der mitunterzeichnende Herr B.
>
> Ich, Herr B., Dolmetscher, erkläre, dass ich die vom Notar näher erläuterten Eigenschaften als Dolmetscher besitze und mit dem unterzeichnenden Geschäftsführer, Herrn A, nicht verwandt und nicht verschwägert bin. Ferner versichere ich, dass ich die vorstehende Erklärung treu und gewissenhaft dem unterzeichnenden Geschäftsführer, Herrn A, in die ...... Sprache übersetzt habe.

171 *bb) Belehrung des Vorstandes bei Anmeldung durch ausländischen Notar.* Beglaubigt ein ausländischer Notar die Vorstandsanmeldung, ist dies grundsätzlich nicht zu beanstanden.[200]

---

[196] Hüffer/Koch/*Koch* AktG § 76 Rn. 61; Hopt/*Wiedemann*/*Kort* AktG § 76 Rn. 209.
[197] Für die GmbH Michalski/*Tebben* GmbHG § 6 Rn. 32; Scholz/*Schneider* GmbHG § 6 Rn. 16.
[198] OLG Düsseldorf NZG 2009, 678; OLG München ZIP 2010, 126.
[199] So OLG Karlsruhe DNotZ 2003, 296.
[200] Zur Anerkennung der ausländischen Urkunde im Inland → Rn. 173 ff.

Die Belehrung nach § 53 Abs. 2 BZRG kann schriftlich vorgenommen werden; sie kann auch durch einen Notar oder einen im Ausland bestellten Notar, durch einen Vertreter eines vergleichbaren rechtsberatenden Berufs (zB Rechtsanwalt) oder Konsularbeamten erfolgen, § 37 Abs. 2 S. 2 AktG.

Formulierungsvorschlag für die Belehrung eines im Ausland befindlichen Vorstandes:

Vorstandsbelehrung	**Instructions to Executive Board Member**
Sehr geehrter Herr ......,	Dear Mr. ......,
Sie sollen zum Vorstand einer deutschen Aktiengesellschaft (AG) bestellt werden.	you will be appointed as Vorstand (Executive Board Member) of a German Stock Corporation (AG).
Im Falle der Bestellung als neuer Vorstand haben Sie gemäß § 37 Abs. 2 AktG zu versichern, dass keine Umstände vorliegen, die Ihrer Bestellung nach § 76 Abs. 3 S. 3 und 4 AktG entgegenstehen, und dass Sie über Ihre unbeschränkte Auskunftspflicht gegenüber dem Gericht belehrt worden sind. Die Belehrung kann auch durch einen Notar vorgenommen werden.	In any case of appointment as new Vorstand you must certify pursuant to sec. 37 para. 2 of the AktG that there are no facts which would be opposed to your appointment pursuant to sec. 76 para. 3 sent. 3 and 4 of the AktG and that you have been informed of your unrestricted disclosure obligation. This information may also be given by a notary.
Da der beglaubigende ausländische Notar das deutsche Recht nicht kennt, belehre ich Sie hiermit schriftlich gemäß den Vorschriften des AktG:	Since the foreign notary certifying your signature is not familiar with German law, I advise you hereby in writing in accordance with the provisions of the AktG as follows:
Zunächst weise ich Sie auf den Inhalt des § 76 Abs. 3 AktG hin, dessen Text wie folgt lautet:	First of all I refer to the provision of sec. 76 para. 3 AktG which reads as follows:
„(3) Mitglied des Vorstands kann nur eine natürliche, unbeschränkt geschäftsfähige Person sein. Mitglied des Vorstands kann nicht sein, wer	(3) Only a natural person being unlimitedly capable to contract may become a board member. Whoever
1. als Betreuter bei der Besorgung seiner Vermögensangelegenheiten ganz oder teilweise einem Einwilligungsvorbehalt (§ 1903 des Bürgerlichen Gesetzbuchs) unterliegt,	1. is a person being taken care of who is either completely or partially subject to any obligation to obtain consent when taking care of his/her financial matters (section 1903 of the German Civil Code),
2. aufgrund eines gerichtlichen Urteils oder einer vollziehbaren Entscheidung einer Verwaltungsbehörde einen Beruf, einen Berufszweig, ein Gewerbe oder einen Gewerbezweig nicht ausüben darf, sofern der Unternehmensgegenstand ganz oder teilweise mit dem Gegenstand des Verbots übereinstimmt,	2. is prohibited from exercising any profession, line of business, trade or branch of trade due to any judicial judgment or any enforceable decision rendered by any administration authority, provided that the purpose of the company completely or partially corresponds to the subject of such prohibition,

3. wegen einer oder mehrerer vorsätzlich begangener Straftaten
   a) des Unterlassens der Stellung des Antrags auf Eröffnung des Insolvenzverfahrens (Insolvenzverschleppung),
   b) nach den §§ 283 bis 283d des Strafgesetzbuchs (Insolvenzstraftaten),
   c) der falschen Angaben nach § 399 dieses Gesetzes oder § 82 des Gesetzes betreffend die Gesellschaften mit beschränkter Haftung,
	3. has been convicted for having intentionally committed one or several offenses
	   a) of failure to file a petition for bankruptcy (delay in filing a petition for bankruptcy)
	   b) pursuant to section 283, 283d of the German Criminal Code (fraudulent insolvency),
	   c) of submitting false information pursuant to section 399 of this law, or section 82 of the law about companies with limited liability,

d) der unrichtigen Darstellung nach § 400 dieses Gesetzes, § 331 des Handelsgesetzbuchs, § 313 des Umwandlungsgesetzes oder § 17 des Publizitätsgesetzes,

e) nach den §§ 263 bis 264a oder den §§ 265b bis 266a des Strafgesetzbuchs zu einer Freiheitsstrafe von mindestens einem Jahr

verurteilt worden ist; dieser Ausschluss gilt für die Dauer von fünf Jahren seit der Rechtskraft des Urteils, wobei die Zeit nicht eingerechnet wird, in welcher der Täter auf behördliche Anordnung in einer Anstalt verwahrt worden ist.

Satz 2 Nr. 3 gilt entsprechend bei einer Verurteilung im Ausland wegen einer Tat, die mit den in Satz 2 Nr. 3 genannten Taten vergleichbar ist."

Die in § 76 Abs. 3 lit. b) AktG zitierten Vorschriften der §§ 283–283d des Strafgesetzbuches (StGB) lauten wie folgt:

§ 283 StGB Bankrott

(1) Mit Freiheitsstrafe bis zu fünf Jahren oder mit Geldstrafe wird bestraft, wer bei Überschuldung oder bei drohender oder eingetretener Zahlungsunfähigkeit
1. Bestandteile seines Vermögens, die im Falle der Eröffnung des Insolvenzverfahrens zur Insolvenzmasse gehören, beiseite schafft oder verheimlicht oder in einer den Anforderungen einer ordnungsgemäßen Wirtschaft widersprechenden Weise zerstört, beschädigt oder unbrauchbar macht,
2. in einer den Anforderungen einer ordnungsgemäßen Wirtschaft widersprechenden Weise Verlust oder Spekulationsgeschäfte oder Differenzgeschäfte mit Waren oder Wertpapieren eingeht oder durch unwirtschaftliche Ausgaben, Spiel oder Wette übermäßige Beträge verbraucht oder schuldig wird,
3. Waren oder Wertpapiere auf Kredit beschafft und sie oder die aus diesen Waren hergestellten Sachen erheblich unter ihrem Wert in einer den Anforderungen einer ordnungsgemäßen Wirtschaft widersprechenden Weise veräußert oder sonst abgibt,
4. Rechte anderer vortäuscht oder erdichtete Rechte anerkennt,
5. Handelsbücher, zu deren Führung er gesetzlich verpflichtet ist, zu führen unterläßt oder so führt oder verändert, daß die Übersicht über seinen Vermögensstand erschwert wird,

d) of submitting false information pursuant to section 400 of this law, section 331 of the German Commercial Code, section 313 of the law regulating the transformation of companies, or section 17 of the company disclosure law,

e) pursuant to sections 263 to 264a, or section 265b to 266a of the German Criminal Code to serve a minimum prison sentence of one year

cannot become any board member; such exclusion shall be valid for a period of five years upon legal force of such judgment, whereby the time will not be taken into account during which the offender had been detained in any institution based on any official order.

Sentence 2 no. 3 shall apply accordingly, if such conviction was imposed abroad for having committed an offence which is comparable with one of the offenses defined under sentence 2 no. 3.

The provisions of secs. 283 to 283d of the German Penal Code (Strafgesetzbuch = StGB) referred to in sec. 76 para. 3 lit. b) of the German Stock Corporation Act (= AktG) read as follows:

Sec. 283 StGB Bankruptcy

(1) Whosoever due to his liabilities exceeding his assets or current or impending inability to pay his debts
1. disposes of or hides, or, in a manner contrary to regular business standards, destroys, damages or renders unusable parts of his assets, which in the case of institution of insolvency proceedings would belong to the available assets;
2. in a manner contrary to regular business standards enters into losing or speculative ventures or futures trading in goods or securities or consumes excessive sums or becomes indebted through uneconomical expenditures, gambling or wagering;
3. procures goods or securities on credit and sells or otherwise distributes them or things produced from these goods substantially under their value in a manner contrary to regular business standards;
4. pretends the existence of another's rights or recognises fictitious rights;
5. fails to keep books of account which he is statutorily obliged to keep, or keeps or modifies them in such a manner that a survey of his net assets is made more difficult;

6. Handelsbücher oder sonstige Unterlagen, zu deren Aufbewahrung ein Kaufmann nach Handelsrecht verpflichtet ist, vor Ablauf der für Buchführungspflichtige bestehenden Aufbewahrungsfristen beiseite schafft, verheimlicht, zerstört oder beschädigt und dadurch die Übersicht über seinen Vermögensstand erschwert,
7. entgegen dem Handelsrecht
    (a) Bilanzen so aufstellt, daß die Übersicht über seinen Vermögensstand erschwert wird, oder
    (b) es unterläßt, die Bilanz seines Vermögens oder als Inventar in der vorgeschriebenen Zeit aufzustellen, oder
8. in einer anderen, den Anforderungen einer ordnungsgemäßen Wirtschaft grob widersprechenden Weise seinen Vermögensstand verringert oder seine wirklichen geschäftlichen Verhältnisse verheimlicht oder verschleiert.

(2) Ebenso wird bestraft, wer durch eine der in Absatz 1 bezeichneten Handlungen seine Überschuldung oder Zahlungsunfähigkeit herbeiführt.

(3) Der Versuch ist strafbar.

(4) Wer in den Fällen
1. des Absatzes 1 die Überschuldung oder die drohende oder eingetretene Zahlungsunfähigkeit fahrlässig nicht kennt oder
2. des Absatzes 2 die Überschuldung oder Zahlungsunfähigkeit leichtfertig verursacht,

wird mit Freiheitsstrafe bis zu zwei Jahren oder mit Geldstrafe bestraft.

(5) Wer in den Fällen
1. des Absatzes 1 Nr. 2, 5 oder 7 fahrlässig handelt und die Überschuldung oder die drohende oder eingetretene Zahlungsunfähigkeit wenigstens fahrlässig nicht kennt oder
2. des Absatzes 2 in Verbindung mit Absatz 1 Nr. 2, 5 oder 7 fahrlässig handelt und die Überschuldung oder Zahlungsunfähigkeit wenigstens leichtfertig verursacht,

wird mit Freiheitsstrafe bis zu zwei Jahren oder mit Geldstrafe bestraft.

(6) Die Tat ist nur dann strafbar, wenn der Täter seine Zahlungen eingestellt hat oder über sein Vermögen das Insolvenzverfahren eröffnet oder der Eröffnungsantrag mangels Masse abgewiesen worden ist.

6. disposes of, hides, destroys or damages books of account or other documentation, which a merchant is obliged by commercial law to keep, before expiry of the archiving periods which exist for those obliged to keep books, and thereby makes a survey of his net assets more difficult;
7. contrary to commercial law
    a) draws up balance sheets in such a manner that a survey of his net assets is made more difficult; or
    b) fails to draw up a balance sheet of his assets or the inventory in the prescribed time; or
8. in another manner which grossly violates regular business standards diminishes his net assets or hides or conceals the actual circumstances of his business,

shall be liable to imprisonment of not more than five years or a fine.

(2) Whosoever causes his liabilities to exceed his assets or the inability to pay by one of the acts indicated in subsection (1) above shall incur the same penalty.

(3) The attempt shall be punishable.

(4) Whosoever in cases
1. under subsection (1) above negligently fails to be aware of the excess of liabilities or the impending or current inability to pay or
2. under subsection (2) above causes the excess of liabilities or inability to pay by gross negligence

shall be liable to imprisonment of not more than two years or a fine.

(5) Whosoever in cases
1. under subsection (2) nos. 2, 5 or 7 above acts negligently and at least negligently fails to be aware of the excess of liabilities or the impending or current inability to pay; or
2. under subsection (2) in conjunction with subsection (1) nos. 2, 5 or 7 above acts negligently and at least by gross negligence causes the excess of liabilities or inability to pay,

shall be liable to imprisonment of not more than two years or a fine.

(6) The offence shall only entail liability if the offender has suspended payments or if insolvency proceedings have been instituted in relation to his assets or the application to institute proceedings has been rejected due to lack of available assets.

§ 283 a StGB Besonders schwerer Fall des Bankrotts

In besonders schweren Fällen des § 283 Abs. 1 bis 3 wird der Bankrott mit Freiheitsstrafe von sechs Monaten bis zu zehn Jahren bestraft. Ein besonders schwerer Fall liegt in der Regel vor, wenn der Täter
1. aus Gewinnsucht handelt oder
2. wissentlich viele Personen in die Gefahr des Verlustes ihrer ihm anvertrauten Vermögenswerte oder in wirtschaftliche Not bringt.

§ 283 b StGB Verletzung der Buchführungspflicht

(1) Mit Freiheitsstrafe bis zu zwei Jahren oder mit Geldstrafe wird bestraft, wer
1. Handelsbücher, zu deren Führung er gesetzlich verpflichtet ist, zu führen unterläßt oder so führt oder verändert, daß die Übersicht über seinen Vermögensstand erschwert wird,
2. Handelsbücher oder sonstige Unterlagen, zu deren Aufbewahrung er nach Handelsrecht verpflichtet ist, vor Ablauf der gesetzlichen Aufbewahrungsfristen beiseite schafft, verheimlicht, zerstört oder beschädigt und dadurch die Übersicht über seinen Vermögensstand erschwert,
3. entgegen dem Handelsrecht
   (a) Bilanzen so aufstellt, daß die Übersicht über seinen Vermögensstand erschwert wird, oder
   (b) es unterläßt, die Bilanz seines Vermögens oder das Inventar in der vorgeschriebenen Zeit aufzustellen.

(2) Wer in den Fällen des Absatzes 1 Nr. 1 oder 3 fahrlässig handelt, wird mit Freiheitsstrafe bis zu einem Jahr oder mit Geldstrafe bestraft.

(3) § 283 Abs. 6 gilt entsprechend.

§ 283 c StGB Gläubigerbegünstigung

(1) Wer in Kenntnis seiner Zahlungsunfähigkeit einem Gläubiger eine Sicherheit oder Befriedigung gewährt, die dieser nicht oder nicht in der Art oder nicht zu der Zeit zu beanspruchen hat, und ihn dadurch absichtlich oder wissentlich vor den übrigen Gläubigern begünstigt, wird mit Freiheitsstrafe bis zu zwei Jahren oder mit Geldstrafe bestraft.

(2) Der Versuch ist strafbar.

(3) § 283 Abs. 6 gilt entsprechend.

Sec. 283 a StGB Aggravated bankruptcy

In especially serious cases under § 283 (1) to (3) the offender shall be liable to imprisonment from six months to ten years. An especially serious case typically occurs if the offender
1. acts out of profit-seeking; or
2. knowingly places many persons in danger of losing their assets that were entrusted to him, or in financial hardship.

Sec. 283 b StGB Violation of book-keeping duties

(1) Whosoever
1. fails to keep books of account which he is statutorily obliged to keep, or keeps or modifies them in such a manner that a survey of his net assets is made more difficult;
2. disposes of, hides, destroys or damages books of account or other documentation, which a merchant is obliged by commercial law to keep, before expiry of the archiving periods which exist for those obliged to keep books, and thereby makes a survey of his net assets more difficult;
3. contrary to commercial law
   a) draws up balance sheets in such a manner that a survey of his net assets is made more difficult; or
   b) fails to draw up a balance sheet of his assets or the inventory in the prescribed time
shall be liable to imprisonment of not more than two years or a fine.

(2) Whosoever acts negligently in cases under subsection (1) nos. 1 or 3 above shall be liable to imprisonment of not more than one year or a fine.

(3) § 283(6) shall apply mutatis mutandis.

Sec. 283 c StGB Extending unlawful benefits to creditors

(1) Whosoever with knowledge of his own inability to pay grants a creditor a security or satisfaction to which he is not entitled at all or not in such a manner or at the time, and thereby intentionally or knowingly accords him preferential treatment over the other creditors shall be liable to imprisonment of not more than two years or a fine.

(2) The attempt shall be punishable.

(3) § 283 (6) shall apply mutatis mutandis.

§ 283 d StGB
Schuldnerbegünstigung

(1) Mit Freiheitsstrafe bis zu fünf Jahren oder mit Geldstrafe wird bestraft, wer
1. in Kenntnis der einem anderen drohenden Zahlungsunfähigkeit oder
2. nach Zahlungseinstellung, in einem Insolvenzverfahren oder in einem Verfahren zur Herbeiführung der Entscheidung über die Eröffnung des Insolvenzverfahrens eines anderen Bestandteile des Vermögens eines anderen, die im Falle der Eröffnung des Insolvenzverfahrens zur Insolvenzmasse gehören, mit dessen Einwilligung oder zu dessen Gunsten beiseite schafft oder verheimlicht oder in einer den Anforderungen einer ordnungsgemäßen Wirtschaft widersprechenden Weise zerstört, beschädigt oder unbrauchbar macht.

(2) Der Versuch ist strafbar.

(3) In besonders schweren Fällen ist die Strafe Freiheitsstrafe von sechs Monaten bis zu zehn Jahren. Ein besonders schwerer Fall liegt in der Regel vor, wenn der Täter
1. aus Gewinnsucht handelt oder
2. wissentlich viele Personen in die Gefahr des Verlustes ihrer dem anderen anvertrauten Vermögenswerte oder in wirtschaftliche Not bringt.

(4) Die Tat ist nur dann strafbar, wenn der andere seine Zahlungen eingestellt hat oder über sein Vermögen das Insolvenzverfahren eröffnet oder der Eröffnungsantrag mangels Masse abgewiesen worden ist.

Die in § 76 Abs. 3 lit. c) AktG zitierten Vorschriften des § 399 AktG sowie des § 82 des Gesetzes betreffend die Gesellschaften mit beschränkter Haftung (GmbHG) lauten wie folgt:

§ 399 AktG Falsche Angaben

(1) Mit Freiheitsstrafe bis zu drei Jahren oder mit Geldstrafe wird bestraft, wer

1. als Gründer oder als Mitglied des Vorstands oder des Aufsichtsrats zum Zweck der Eintragung der Gesellschaft über die Übernahme der Aktien, die Einzahlung auf Aktien, die Verwendung eingezahlter Beträge, den Ausgabebetrag der Aktien, über Sondervorteile, Gründungsaufwand, Sacheinlagen, Sachübernahmen und Sicherungen für nicht voll einbezahlte Geldeinlagen,

Sec. 283 d StGB
Extending unlawful benefits to debtors

(1) Whosoever
1. with knowledge of another's impending inability to pay; or
2. after the suspension of payments, in an insolvency proceeding or in a proceeding about the institution of insolvency proceedings of another, with his consent or on his behalf disposes of or hides, or, in a manner contrary to regular business standards, destroys, damages or renders unusable parts of the other's assets, which in the case of institution of insolvency proceedings would belong to the available assets shall be liable to imprisonment of not more than five years or a fine.

(2) The attempt shall be punishable.

(3) In especially serious cases the penalty shall be imprisonment from six months to ten years. An especially serious case typically occurs if the offender
1. acts out of profit-seeking; or
2. knowingly places many persons in danger of losing their assets that were entrusted to him, or in financial hardship

(4) The offence shall only entail liability if the other person has suspended payments or if insolvency proceedings have been instituted in relation to his assets or the application to institute proceedings has been rejected due to lack of available assets.

The provisions of sec. 399 of the German Stock Corporation Act (= AktG) and of sec. 82 of the Act concerning Limited Liability Companies (GmbHG) referred to in sec. 76 para. 3 lit. c) of the AktG read as follows:

§ 399 AktG False statements

(1) A prison sentence of up to three years or a fine shall be imposed on persons who make false statements or conceal important circumstances
1. in the capacity of incorporator, board member or member of the supervisory board when registering the company or taking over business shares, when making payments on shares, using paid-in contributions, regarding the issue value of shares, special privileges, organisation expenses, contributions in kind, asset transfers and guarantees for not fully paid-in capital contributions,

2. als Gründer oder als Mitglied des Vorstands oder des Aufsichtsrats im Gründungsbericht, im Nachgründungsbericht oder im Prüfungsbericht,

3. in der öffentlichen Ankündigung nach § 47 Nr. 3,

4. als Mitglied des Vorstands oder des Aufsichtsrats zum Zweck der Eintragung einer Erhöhung des Grundkapitals (§§ 182 bis 206) über die Einbringung des bisherigen, die Zeichnung oder Einbringung des neuen Kapitals, den Ausgabebetrag der Aktien, die Ausgabe der Bezugsaktien oder über Sacheinlagen,

5. als Abwickler zum Zweck der Eintragung der Fortsetzung der Gesellschaft in dem nach § 274 Abs. 3 zu führenden Nachweis oder

6. als Mitglied des Vorstands in der nach § 37 Abs. 2 Satz 1 oder § 81 Abs. 3 Satz 1 abzugebenden Versicherung oder als Abwickler in der nach § 266 Abs. 3 Satz 1 abzugebenden Versicherung

falsche Angaben macht oder erhebliche Umstände verschweigt.

(2) Ebenso wird bestraft, wer als Mitglied des Vorstands oder des Aufsichtsrats zum Zweck der Eintragung einer Erhöhung des Grundkapitals die in § 210 Abs. 1 Satz 2 vorgeschriebene Erklärung der Wahrheit zuwider abgibt.

2. in the capacity of an incorporator, board member or member of the supervisory board with regard to the incorporation report, the amended incorporation report or the auditor's report,

3. in public announcements pursuant to § 47 no. 3,

4. as board members or members of the supervisory board when registering an increase in the nominal capital (§§ 182 to 206) with regard to the contribution of the existing capital, the subscription or contribution of the new capital, the issue value of the shares, the issue of pre-emptive shares or with regard to contributions in kind,

5. in the capacity of liquidator when registering the continuation of the company in the evidence to be provided pursuant to § 274 cl. 3, or

6. in the capacity of board member in the declaration required to be given pursuant to § 37 cl. 2 sentence 1 or § 81 cl. 3 sentence 1 or in the capacity of liquidator in the declaration required according to § 266 cl.3 sentence 1

(2) Liable to punishment is also who in the capacity of board member or member of the supervisory board, makes an incorrect representation in the declaration required for an increase in the nominal capital pursuant to § 210 cl. 1 sentence 2.

§ 82 GmbHG Falsche Angaben

(1) Mit Freiheitsstrafe bis zu drei Jahren oder mit Geldstrafe wird bestraft, wer

1. als Gesellschafter oder als Geschäftsführer zum Zweck der Eintragung der Gesellschaft über die Übernahme der Geschäftsanteile, die Leistung der Einlagen, die Verwendung eingezahlter Beträge, über Sondervorteile, Gründungsaufwand und Sacheinlagen,

2. als Gesellschafter im Sachgründungsbericht,

3. als Geschäftsführer zum Zweck der Eintragung einer Erhöhung des Stammkapitals über die Zeichnung oder Einbringung des neuen Kapitals oder über Sacheinlagen,

4. als Geschäftsführer in der in § 57i Abs. 1 Satz 2 vorgeschriebenen Erklärung oder

§ 82 GmbHG False statements

(1) A prison sentence of up to three years or a fine shall be imposed on persons who make false statements

1. in the capacity of an associate or managing director when registering the company or taking over business shares, when making capital contributions, using paid-in contributions, with regard to special privileges, organisation expenses and contributions in kind,

2. in the capacity of an associate with regard to the asset contribution report,

3. in the capacity of a managing director when registering or increasing the nominal capital or when subscribing or contributing new capital or via asset contributions,

4. in the capacity of managing director in the declaration described in § 57i cl. 1 sentence 2 or

5. als Geschäftsführer einer Gesellschaft mit beschränkter Haftung oder als Geschäftsführer einer ausländischen juristischen Person in der nach § 8 Abs. 3 Satz 1 oder § 39 Abs. 3 Satz 1 abzugebenden Versicherung oder als Liquidator in der nach § 67 Abs. 3 Satz 1 abzugebenden Versicherung falsche Angaben macht.	5. in the capacity of managing director of a company with limited liability or in the capacity of managing director of a foreign legal entity in the declaration required to be given according to § 8 cl. 3 sentence 1 or § 39 cl. 3 sentence 1 or in the capacity of liquidator in the declaration required according to § 67 cl. 3 sentence 1.
(2) Ebenso wird bestraft, wer	(2) Persons who
1. als Geschäftsführer zum Zweck der Herabsetzung des Stammkapitals über die Befriedigung oder Sicherstellung der Gläubiger eine unwahre Versicherung abgibt oder	1. in the capacity of managing directors, make an incorrect representation with regard to the satisfaction or indemnification of creditors in order to lower the nominal capital or
2. als Geschäftsführer, Liquidator, Mitglied eines Aufsichtsrats oder ähnlichen Organs in einer öffentlichen Mitteilung die Vermögenslage der Gesellschaft unwahr darstellt oder verschleiert, wenn die Tat nicht in § 331 Nr. 1 oder Nr. 1a des Handelsgesetzbuchs mit Strafe bedroht ist.	2. in the capacity of managing director, liquidator, member of the supervisory board or of a similar organ, make false representations or conceal the asset situation of the company in a public announcement, provided that this action is not liable to punishment pursuant to § 331 no. 1 or no. 1a Commercial Code shall also be liable to punishment.
Die in § 76 Abs. 3 lit. d) AktG zitierten Vorschriften des § 400 AktG sowie § 331 des Handelsgesetzbuches (HGB), § 313 des Umwandlungsgesetzes (UmwG) und § 17 des Publizitätsgesetzes (PublG) lauten wie folgt:	The provisions of sec. 400 of the German Stock Corporation Act (= AktG) and of sec. 331 of the German Commercial Code (Handelsgesetzbuch), and secs. 313 of the Law regulating the transformation of companies – German Transformation Act (Umwandlungsgesetz = UmwG) and secs. 17 of the Company disclosure law (Publizitätsgesetz = PublG) referred to in sec. 76 para. 3 lit. d) of the AktG read as follows:
§ 400 AktG Unrichtige Darstellung	**§ 400 AktG Incorrect representation**
(1) Mit Freiheitsstrafe bis zu drei Jahren oder mit Geldstrafe wird bestraft, wer als Mitglied des Vorstands oder des Aufsichtsrats oder als Abwickler	(1) A prison sentence of up to three years or a fine shall be imposed on board members or members of the supervisory board or liquidators who
1. die Verhältnisse der Gesellschaft einschließlich ihrer Beziehungen zu verbundenen Unternehmen in Darstellungen oder Übersichten über den Vermögensstand, in Vorträgen oder Auskünften in der Hauptversammlung unrichtig wiedergibt oder verschleiert, wenn die Tat nicht in § 331 Nr. 1 oder 1a des Handelsgesetzbuchs mit Strafe bedroht ist, oder	1. conceal or incorrectly represent the situation of the company incl. its relations with affiliated companies in presentations or overviews of the asset situation or during talks and when giving information at a general meeting, provided this action is not liable to punishment according to § 331 no. 1 or 1a Commercial Code, or
2. in Aufklärungen oder Nachweisen, die nach den Vorschriften dieses Gesetzes einem Prüfer der Gesellschaft oder eines verbundenen Unternehmens zu geben sind, falsche Angaben macht oder die Verhältnisse der Gesellschaft unrichtig wiedergibt oder verschleiert, wenn die Tat nicht in § 331 Nr. 4 des Handelsgesetzbuchs mit Strafe bedroht ist.	2. make false statements or conceal or incorrectly represent the situation of the company in disclosures or when giving evidence pursuant to statutory provisions to an auditor of the company or one of its affiliated companies, provided this action is not liable to punishment according to § 331 no. 4 German Commercial Code (Handelsgesetzbuch).

(2) Ebenso wird bestraft, wer als Gründer oder Aktionär in Aufklärungen oder Nachweisen, die nach den Vorschriften dieses Gesetzes einem Gründungsprüfer oder sonstigen Prüfer zu geben sind, falsche Angaben macht oder erhebliche Umstände verschweigt.

§ 331 HGB Unrichtige Darstellung

Mit Freiheitsstrafe bis zu drei Jahren oder mit Geldstrafe wird bestraft, wer
1. als Mitglied des vertretungsberechtigten Organs oder des Aufsichtsrats einer Kapitalgesellschaft die Verhältnisse der Kapitalgesellschaft in der Eröffnungsbilanz, im Jahresabschluß, im Lagebericht oder im im Zwischenabschluß nach § 340a Abs. 3 unrichtig wiedergibt oder verschleiert,
1a. als Mitglied des vertretungsberechtigten Organs einer Kapitalgesellschaft zum Zwecke der Befreiung nach § 325 Abs. 2a Satz 1, Abs. 2b einen Einzelabschluss nach den in § 315a Abs. 1 genannten internationalen Rechnungslegungsstandards, in dem die Verhältnisse der Kapitalgesellschaft unrichtig wiedergegeben oder verschleiert worden sind, vorsätzlich oder leichtfertig offen legt,
2. als Mitglied des vertretungsberechtigten Organs oder des Aufsichtsrats einer Kapitalgesellschaft die Verhältnisse des Konzerns im Konzernabschluß, im Konzernlagebericht oder im Konzernzwischenabschluß nach § 340i Abs. 4 unrichtig wiedergibt oder verschleiert,
3. als Mitglied des vertretungsberechtigten Organs einer Kapitalgesellschaft zum Zwecke der Befreiung nach § 291 Abs. 1 und 2 oder einer nach den § 292 erlassenen Rechtsverordnung einen Konzernabschluß oder Konzernlagebericht, in dem die Verhältnisse des Konzerns unrichtig wiedergegeben oder verschleiert worden sind, vorsätzlich oder leichtfertig offenlegt,
3a. entgegen § 264 Abs. 2 Satz 3, § 289 Abs. 1 Satz 5, § 297 Abs. 2 Satz 4 oder § 315 Abs. 1 Satz 6 eine Versicherung nicht richtig abgibt,
4. als Mitglied des vertretungsberechtigten Organs einer Kapitalgesellschaft oder als Mitglied des vertretungsberechtigten Organs oder als vertretungsberechtigter Gesellschafter eines ihrer Tochterunternehmen (§ 290 Abs. 1, 2) in Aufklärungen oder Nachweisen, die nach § 320 einem Abschlußprüfer der Kapitalgesellschaft, eines verbundenen Unternehmens oder des Konzerns zu geben sind, unrichtige Angaben macht oder die Verhältnisse der Kapitalgesellschaft, eines Tochterunternehmens oder des Konzerns unrichtig wiedergibt oder verschleiert.

(2) Liable to punishment is also whosoever in the capacity of incorporator or shareholder make false statements or conceal important circumstances in disclosures or when giving evidence pursuant to statutory provisions to an incorporation auditor or another inspector.

§ 331 HGB Incorrect representation

A prison sentence of up to three years or a fine shall be imposed on persons who
1. in the capacity of a member of the organ with representative authority or of the supervisory board of a capital company incorrectly state or conceal the situation of the capital company in the opening balance, the annual accounts, the status report or in an interim account pursuant to § 340a cl. 3,
1a. in the capacity of a member of the organ with representative authority for a capital company wilfully or negligently disclose an individual financial statement pursuant to the international accounting standards described in § 315a cl. 1, in order to obtain a release according to § 325 cl. 2a sentence 1, cl. 2b where the situation of the capital company is represented incorrectly,
2. in the capacity of a member of the organ with representative authority or of the supervisory board of a capital company incorrectly state or conceal the situation of the group in the consolidated accounts, in the consolidated status report or in the consolidated interim account pursuant to § 340i cl. 4,
3. in the capacity of a member of the organ with representative authority for a capital company wilfully or negligently disclose a consolidated account or a consolidated status report in order to obtain a release according to § 291 cl. 1 and 2 or according to an ordinance decreed pursuant to § 292, where the situation of the group is represented incorrectly or concealed,
3a. incorrectly issues a declaration, contravening § 264 cl. 2 sentence 3, § 297 cl. 2 sentence 4 or § 315 cl. 1 sentence 6,
4. in the capacity of a member of the organ with representative authority for a capital company or in the capacity of a member of the organ with representative authority or in the capacity of associate with power of representation for one of its subsidiaries (§ 290 cl. 1, 2), conceal or incorrectly represent the situation of the company, of a subsidiary or the group in disclosures or when giving evidence required according to § 320, to an auditor of the company or one of its affiliated companies or of the group.

§ 313 UmwG Unrichtige Darstellung

(1) Mit Freiheitsstrafe bis zu drei Jahren oder mit Geldstrafe wird bestraft, wer als Mitglied eines Vertretungsorgans, als vertretungsberechtigter Gesellschafter oder Partner, als Mitglied eines Aufsichtsrats oder als Abwickler eines an einer Umwandlung beteiligten Rechtsträgers bei dieser Umwandlung

1. die Verhältnisse des Rechtsträgers einschließlich seiner Beziehungen zu verbundenen Unternehmen in einem in diesem Gesetz vorgesehenen Bericht (Verschmelzungsbericht, Spaltungsbericht, Übertragungsbericht, Umwandlungsbericht), in Darstellungen oder Übersichten über den Vermögensstand, in Vorträgen oder Auskünften in der Versammlung der Anteilsinhaber unrichtig wiedergibt oder verschleiert, wenn die Tat nicht in § 331 Nr. 1 oder Nr. 1a des Handelsgesetzbuchs mit Strafe bedroht ist, oder
2. in Aufklärungen und Nachweisen, die nach den Vorschriften dieses Gesetzes einem Verschmelzungs-, Spaltungs- oder Übertragungsprüfer zu geben sind, unrichtige Angaben macht oder die Verhältnisse des Rechtsträgers einschließlich seiner Beziehungen zu verbundenen Unternehmen unrichtig wiedergibt oder verschleiert.

(2) Ebenso wird bestraft, wer als Geschäftsführer einer Gesellschaft mit beschränkter Haftung, als Mitglied des Vorstands einer Aktiengesellschaft, als zur Vertretung ermächtigter persönlich haftender Gesellschafter einer Kommanditgesellschaft auf Aktien oder als Abwickler einer solchen Gesellschaft in einer Erklärung nach § 52 Abs. 1 über die Zustimmung der Anteilsinhaber dieses Rechtsträgers oder in einer Erklärung nach § 140 oder § 146 Abs. 1 über die Deckung des Stammkapitals oder Grundkapitals der übertragenden Gesellschaft unrichtige Angaben macht oder seiner Erklärung zugrunde legt.

§ 17 PublG Unrichtige Darstellung

Mit Freiheitsstrafe bis zu drei Jahren oder mit Geldstrafe wird bestraft, wer als gesetzlicher Vertreter (§ 4 Abs. 1 Satz 1) eines Unternehmens oder eines Mutterunternehmens, beim Einzelkaufmann als Inhaber oder dessen gesetzlicher Vertreter,

1. die Verhältnisse des Unternehmens im Jahresabschluß oder Lagebericht unrichtig wiedergibt oder verschleiert,

§ 313 UmwG Incorrect representation

(1) A prison sentence of up to three years or a fine shall be imposed on persons who, in the capacity of member of a representative organ, in the capacity of associate with power of representation or in the capacity of a partner, in the capacity of a member of the supervisory board or in the capacity of liquidator of a legal entity participating in a conversion

1. conceal or incorrectly represent the situation of the legal entity incl. its relations with affiliated companies in a report required by this law (merger report, de-merger report, transfer report, conversion report), in presentations or overviews of the asset situation or during talks and when giving information at a general meeting, provided this action is not liable to punishment according to § 331 no. 1 or 1a Commercial Code, or
2. make false statements or conceal or incorrectly represent the situation of the legal entity incl. its relations with affiliated companies in disclosures or when giving evidence pursuant to statutory provisions to a merging-, de-merging or transfer auditor, provided this action is not liable to punishment according to § 331 no. 4 Commercial Code during such a conversion.

(2) Persons making incorrect representations in the capacity of managing director of a limited liability company, in the capacity of board member of a public limited company, in the capacity of personally liable associate with power of representation of an association limited by shares or in the capacity of liquidator of such a company, in a declaration pursuant to § 52 cl. 1 regarding the consent of the shareholders of this legal entity or in a declaration pursuant to § 140 or § 146 cl. 1 regarding the nominal capital or stock capital of the transferring company, or who are basing these declarations on such incorrect representations shall also be liable to punishment.

§ 17 PublG Incorrect representation

A prison sentence of up to three years or a fine shall be imposed on persons who, in the capacity of legal representative (§ 4 cl. 1 sentence 1) of a company or of a parent company, in the case of an individual businessman in the capacity of owner or his legal representative,

1. incorrectly state or conceal the situation of the company in the annual accounts or the status report,

§ 5 Internationale Bezüge 171 § 5

1 a. zum Zwecke der Befreiung nach § 9 Abs. 1 Satz 1 in Verbindung mit § 325 Abs. 2a Satz 1, Abs. 2b des Handelsgesetzbuchs einen Einzelabschluss nach den in § 315a Abs. 1 des Handelsgesetzbuchs genannten internationalen Rechnungslegungsstandards, in dem die Verhältnisse des Unternehmens unrichtig wiedergegeben oder verschleiert worden sind, vorsätzlich oder leichtfertig offen legt,

2. die Verhältnisse des Konzerns oder Teilkonzerns im Konzernabschluß, Konzernlagebericht, Teilkonzernabschluß oder Teilkonzernlagebericht unrichtig wiedergibt oder verschleiert,

3. zum Zwecke der Befreiung nach § 11 Abs. 6 Satz 1 Nr. 1 in Verbindung mit § 291 des Handelsgesetzbuchs oder auf Grund einer nach § 13 Abs. 4 in Verbindung mit § 292

des Handelsgesetzbuchs erlassenen Rechtsverordnung einen Konzernabschluß, Konzernlagebericht, Teilkonzernabschluß oder Teilkonzernlagebericht, in dem die Verhältnisse des Konzerns oder Teilkonzerns unrichtig wiedergegeben oder verschleiert worden sind, vorsätzlich oder leichtfertig offenlegt oder

4. in Aufklärungen oder Nachweisen, die nach § 2 Abs. 3 Satz 4 in Verbindung mit § 145 Abs. 2 und 3 des Aktiengesetzes, § 6 Abs. 1 Satz 2 in Verbindung mit § 320 Abs. 1, 2 des Handelsgesetzbuchs, § 12 Abs. 3 Satz 3 in Verbindung mit § 2 Abs. 3 Satz 4 und § 145 Abs. 2 und 3 des Aktiengesetzes oder § 14 Abs. 1 Satz 2 in Verbindung mit § 320 Abs. 3 des Handelsgesetzbuchs einem Abschlußprüfer des Unternehmens, eines verbundenen Unternehmens, des Konzerns oder des Teilkonzerns zu geben sind, unrichtige Angaben macht oder die Verhältnisse des Unternehmens, eines Tochterunternehmens, des Konzerns oder des Teilkonzerns unrichtig wiedergibt oder verschleiert.

Die in § 76 Abs. 3 lit. e) AktG zitierten Vorschriften der §§ 263 bis 264a und §§ 265b bis 266a sowie der §§ 283 bis 283d des Strafgesetzbuches lauten wie folgt:

1 a. wilfully or negligently disclose an individual financial statement pursuant to the international accounting standards described in § 315a cl. 1 in order to obtain a release according to § 9 cl. 1 sentence 1 combined with § 325 cl. 2a sentence 1, cl. 2b, where the situation of the company is represented incorrectly or concealed,

2. incorrectly state or conceal the situation of the group or of part of the group in the consolidated accounts, in the consolidated status report or in the partially consolidated accounts or in the partially consolidated status report,

3. wilfully or negligently disclose a consolidated account or a consolidated status report or a partially consolidated accounts or a partially consolidated status report in order
to obtain a release according to § 11 cl. 6 sentence 1 no. 1 combined with § 291 commercial code or according to an ordinance decreed pursuant to § 13 cl. 4 combined with § 292, where the situation of the group or of part of the group is represented incorrectly or concealed,

4. conceal or incorrectly represent the situation of the company, of a subsidiary or the group or part of the group in disclosures or when giving evidence required according to § 2 cl. 3 sentence 4 combined with § 145 cl. 2 and 3 of the Companies Act, § 6 cl. 1 sentence 2 combined with § 320 cl. 1 and 2 Commercial Code, § 12 cl. 3 sentence 3 combined with § 2 cl. 3 sentence 4 and § 145 cl. 2 and 3 of the Companies Act or § 14 cl. 1 sentence 2 combined with § 320 cl. 3 Commercial Code, to an auditor of the company or one of its affiliated companies or of the group or part of the group.

The provisions of secs. 263 to 264a and 265b to 266a and secs. 283 to 283d of the German Penal Code (Strafgesetzbuch = StGB) referred to in sec. 76 para. 3 lit. e) of the AktG read as follows:

§ 263 StGB Betrug

(1) Wer in der Absicht, sich oder einem Dritten einen rechtswidrigen Vermögensvorteil zu verschaffen, das Vermögen eines anderen dadurch beschädigt, daß er durch Vorspiegelung

§ 263 StGB Fraud

(1) Whosoever with the intent of obtaining for himself or a third person an unlawful material benefit damages the property of another by causing or maintaining an error by pretending

falscher oder durch Entstellung oder Unterdrückung wahrer Tatsachen einen Irrtum erregt oder unterhält, wird mit Freiheitsstrafe bis zu fünf Jahren oder mit Geldstrafe bestraft.

(2) Der Versuch ist strafbar.

(3) In besonders schweren Fällen ist die Strafe Freiheitsstrafe von sechs Monaten bis zu zehn Jahren. Ein besonders schwerer Fall liegt in der Regel vor, wenn der Täter
1. gewerbsmäßig oder als Mitglied einer Bande handelt, die sich zur fortgesetzten Begehung von Urkundenfälschung oder Betrug verbunden hat,
2. einen Vermögensverlust großen Ausmaßes herbeiführt oder in der Absicht handelt, durch die fortgesetzte Begehung von Betrug eine große Zahl von Menschen in die Gefahr des Verlustes von Vermögenswerten zu bringen,
3. eine andere Person in wirtschaftliche Not bringt,
4. seine Befugnisse oder seine Stellung als Amtsträger mißbraucht oder
5. einen Versicherungsfall vortäuscht, nachdem er oder ein anderer zu diesem Zweck eine Sache von bedeutendem Wert in Brand gesetzt oder durch eine Brandlegung ganz oder teilweise zerstört oder ein Schiff zum Sinken oder Stranden gebracht hat.

(4) § 243 Abs. 2 sowie die §§ 247 und 248a gelten entsprechend.

(5) Mit Freiheitsstrafe von einem Jahr bis zu zehn Jahren, in minder schweren Fällen mit Freiheitsstrafe von sechs Monaten bis zu fünf Jahren wird bestraft, wer den Betrug als Mitglied einer Bande, die sich zur fortgesetzten Begehung von Straftaten nach den §§ 263 bis 264 oder 267 bis 269 verbunden hat, gewerbsmäßig begeht.

(6) Das Gericht kann Führungsaufsicht anordnen (§ 68 Abs. 1).

(7) Die §§ 43a und 73d sind anzuwenden, wenn der Täter als Mitglied einer Bande handelt, die sich zur fortgesetzten Begehung von Straftaten nach den §§ 263 bis 264 oder 267 bis 269 verbunden hat. § 73d ist auch dann anzuwenden, wenn der Täter gewerbsmäßig handelt.

§ 263a StGB Computerbetrug

(1) Wer in der Absicht, sich oder einem Dritten einen rechtswidrigen Vermögensvorteil zu verschaffen, das Vermögen eines anderen dadurch beschädigt, daß er das Ergebnis eines Datenverarbeitungsvorgangs durch unrichtige

false facts or by distorting or suppressing true facts shall be liable to imprisonment of not more than five years or a fine.

(2) The attempt shall be punishable.

(3) In especially serious cases the penalty shall be imprisonment from six months to ten years. An especially serious case typically occurs if the offender
1. acts on a commercial basis or as a member of a gang whose purpose is the continued commission of forgery or fraud;
2. causes a major financial loss of or acts with the intent of placing a large number of persons in danger of financial loss by the continued commission of offences of fraud;
3. places another person in financial hardship;
4. abuses his powers or his position as a public official; or
5. pretends that an insured event has happened after he or another have for this purpose set fire to an object of significant value or destroyed it, in whole or in part, through setting fire to it or caused the sinking or beaching of a ship.

(4) § 243(2), § 247 and § 248a shall apply mutatis mutandis.

(5) Whosoever on a commercial basis commits fraud as a member of a gang, whose purpose is the continued commission of offences under §§ 263 to 264 or §§ 267 to 269 shall be liable to imprisonment from one to ten years, in less serious cases to imprisonment from six months to five years.

(6) The court may make a supervision order (§ 68 (1)).

(7) §§ 43a and 73d shall apply if the offender acted as a member of a gang whose purpose is the continued commission of offences under §§ 263 to 264 or §§ 267 to 269. § 73d shall also apply if the offender acted on a commercial basis.

§ 263a StGB Computer Fraud

(1) Whosoever with the intent of obtaining for himself or a third person an unlawful material benefit damages the property of another by influencing the result of a data processing operation through incorrect configuration of a

Gestaltung des Programms, durch Verwendung unrichtiger oder unvollständiger Daten, durch unbefugte Verwendung von Daten oder sonst durch unbefugte Einwirkung auf den Ablauf beeinflußt, wird mit Freiheitsstrafe bis zu fünf Jahren oder mit Geldstrafe bestraft.

(2) § 263 Abs. 2 bis 7 gilt entsprechend.

(3) Wer eine Straftat nach Absatz 1 vorbereitet, indem er Computerprogramme, deren Zweck die Begehung einer solchen Tat ist, herstellt, sich oder einem anderen verschafft, feilhält, verwahrt oder einem anderen überlässt, wird mit Freiheitsstrafe bis zu drei Jahren oder mit Geldstrafe bestraft.

(4) In den Fällen des Absatzes 3 gilt § 149 Abs. 2 und 3 entsprechend.

§ 264 StGB Subventionsbetrug

(1) Mit Freiheitsstrafe bis zu fünf Jahren oder mit Geldstrafe wird bestraft, wer
1. einer für die Bewilligung einer Subvention zuständigen Behörde oder einer anderen in das Subventionsverfahren eingeschalteten Stelle oder Person (Subventionsgeber) über subventionserhebliche Tatsachen für sich oder einen anderen unrichtige oder unvollständige Angaben macht, die für ihn oder den anderen vorteilhaft sind,
2. einen Gegenstand oder eine Geldleistung, deren Verwendung durch Rechtsvorschriften oder durch den Subventionsgeber im Hinblick auf eine Subvention beschränkt ist, entgegen der Verwendungsbeschränkung verwendet,
3. den Subventionsgeber entgegen den Rechtsvorschriften über die Subventionsvergabe über subventionserhebliche Tatsachen in Unkenntnis läßt oder
4. in einem Subventionsverfahren eine durch unrichtige oder unvollständige Angaben erlangte Bescheinigung über eine Subventionsberechtigung oder über subventionserhebliche Tatsachen gebraucht.

(2) In besonders schweren Fällen ist die Strafe Freiheitsstrafe von sechs Monaten bis zu zehn Jahren. Ein besonders schwerer Fall liegt in der Regel vor, wenn der Täter
1. aus grobem Eigennutz oder unter Verwendung nachgemachter oder verfälschter Belege für sich oder einen anderen eine nicht gerechtfertigte Subvention großen Ausmaßes erlangt,
2. seine Befugnisse oder seine Stellung als Amtsträger mißbraucht oder

program, use of incorrect or incomplete data, unauthorised use of data or other unauthorised influence on the course of the processing shall be liable to imprisonment of not more than five years or a fine.

(2) § 263 (2) to (7) shall apply mutatis mutandis.

(3) Whosoever prepares an offence under subsection (1) above by writing computer programs the purpose of which is to commit such an act, or procures them for himself or another, offers them for sale, holds or supplies them to another shall be liable to imprisonment of not more than three years or a fine.

(4) In cases under subsection (3) above § 149 (2) and (3) shall apply mutatis mutandis.

§ 264 StGB Subsidy Fraud

(1) Whosoever
1. makes incorrect or incomplete statements about facts relevant for granting a subsidy for himself or another that are advantageous for himself or the other, to a public authority competent to approve a subsidy or to another agency or person which is involved in the subsidy procedure (subsidy giver);
2. uses an object or monetary benefit the use of which is restricted by law or by the subsidy giver in relation to a subsidy contrary to that restriction;
3. withholds, contrary to the law relating to grants of subsidies, information about facts relevant to the subsidy from the subsidy giver; or
4. uses a certificate of subsidy entitlement or about facts relevant to a subsidy, which was acquired through incorrect or incomplete statements in subsidy proceedings,

shall be liable to imprisonment of not more than five years or a fine.

(2) In especially serious cases the penalty shall be imprisonment from six months to ten years. An especially serious case typically occurs if the offender
1. acquires, out of gross self-seeking or by using counterfeit or falsified documentation, an unjustified large subsidy for himself or another;
2. abuses his powers or his position as a public official; or

3. die Mithilfe eines Amtsträgers ausnutzt, der seine Befugnisse oder seine Stellung mißbraucht.

(3) § 263 Abs. 5 gilt entsprechend.

(4) Wer in den Fällen des Absatzes 1 Nr. 1 bis 3 leichtfertig handelt, wird mit Freiheitsstrafe bis zu drei Jahren oder mit Geldstrafe bestraft.

(5) Nach den Absätzen 1 und 4 wird nicht bestraft, wer freiwillig verhindert, daß auf Grund der Tat die Subvention gewährt wird. Wird die Subvention ohne Zutun des Täters nicht gewährt, so wird er straflos, wenn er sich freiwillig und ernsthaft bemüht, das Gewähren der Subvention zu verhindern.

(6) Neben einer Freiheitsstrafe von mindestens einem Jahr wegen einer Straftat nach den Absätzen 1 bis 3 kann das Gericht die Fähigkeit, öffentliche Ämter zu bekleiden, und die Fähigkeit, Rechte aus öffentlichen Wahlen zu erlangen, aberkennen (§ 45 Abs. 2). Gegenstände, auf die sich die Tat bezieht, können eingezogen werden; § 74a ist anzuwenden.

(7) Subvention im Sinne dieser Vorschrift ist

1. eine Leistung aus öffentlichen Mitteln nach Bundes- oder Landesrecht an Betriebe oder Unternehmen, die wenigstens zum Teil
   a) ohne marktmäßige Gegenleistung gewährt wird und
   b) der Förderung der Wirtschaft dienen soll;
2. eine Leistung aus öffentlichen Mitteln nach dem Recht der Europäischen Gemeinschaften, die wenigstens zum Teil ohne marktmäßige Gegenleistung gewährt wird.

Betrieb oder Unternehmen im Sinne des Satzes 1 Nr. 1 ist auch das öffentliche Unternehmen.

(8) Subventionserheblich im Sinne des Absatzes 1 sind Tatsachen,
1. die durch Gesetz oder auf Grund eines Gesetzes von dem Subventionsgeber als subventionserheblich bezeichnet sind oder
2. von denen die Bewilligung, Gewährung, Rückforderung, Weitergewährung oder das Belassen einer Subvention oder eines Subventionsvorteils gesetzlich abhängig ist.

§ 264 a StGB Kapitalanlagebetrug

(1) Wer im Zusammenhang mit
1. dem Vertrieb von Wertpapieren, Bezugsrechten oder von Anteilen, die eine Beteiligung an dem Ergebnis eines Unternehmens gewähren sollen, oder

3. uses the assistance of a public official who abuses his powers or his position.

(3) § 263 (5) shall apply mutatis mutandis.

(4) Whosoever acts in gross negligence in cases under subsection (1) nos. 1 to 3 above shall be liable to imprisonment of not more than three years or a fine.

(5) Whosoever voluntarily prevents the granting of a subsidy on the basis of the offence shall not be liable pursuant to subsections (1) and (4) above. If the subsidy is not granted regardless of the contribution of the offender he shall be exempt from liability if he voluntarily and earnestly makes efforts to prevent the subsidy from being granted.

(6) In addition to a sentence of imprisonment of at least one year for an offence under subsections (1) to (3) above the court may order the loss of the ability to hold public office, to vote and be elected in public elections (§ 45 (2) and (5)). Objects to which the offence relates may be subject to a deprivation order; § 74a shall apply.

(7) A subsidy for the purposes of this provision shall mean
1. a benefit from public funds under Federal or state law for businesses or enterprises, which at least in part
   a) is granted without market-related consideration; and
   b) is intended for the promotion of the economy;
2. a benefit from public funds under the law of the European Communities which is granted at least in part without market-related consideration.

A public enterprise shall also be deemed to be a business or enterprise within the meaning of the 1st sentence no. 1 above.

(8) Facts shall be relevant to a subsidy within the meaning of subsection (1) above
1. if they are designated as being relevant to a subsidy by law or by the subsidy giver on the basis of a law; or
2. if the approval, grant, reclaiming, renewal or continuation or a subsidy depends on them for reasons of law.

§ 264 a StGB Capital investment fraud

(1) Whosoever in connection with
1. the sale of securities, subscription rights or shares intended to grant participation in the yield of an enterprise; or

2. dem Angebot, die Einlage auf solche Anteile zu erhöhen, in Prospekten oder in Darstellungen oder Übersichten über den Vermögensstand hinsichtlich der für die Entscheidung über den Erwerb oder die Erhöhung erheblichen Umstände gegenüber einem größeren Kreis von Personen unrichtige vorteilhafte Angaben macht oder nachteilige Tatsachen verschweigt, wird mit Freiheitsstrafe bis zu drei Jahren oder mit Geldstrafe bestraft.

(2) Absatz 1 gilt entsprechend, wenn sich die Tat auf Anteile an einem Vermögen bezieht, das ein Unternehmen im eigenen Namen, jedoch für fremde Rechnung verwaltet.

(3) Nach den Absätzen 1 und 2 wird nicht bestraft, wer freiwillig verhindert, daß auf Grund der Tat die durch den Erwerb oder die Erhöhung bedingte Leistung erbracht wird. Wird die Leistung ohne Zutun des Täters nicht erbracht, so wird er straflos, wenn er sich freiwillig und ernsthaft bemüht, das Erbringen der Leistung zu verhindern.

§ 265 b StGB Kreditbetrug

(1) Wer einem Betrieb oder Unternehmen im Zusammenhang mit einem Antrag auf Gewährung, Belassung oder Veränderung der Bedingungen eines Kredits für einen Betrieb oder ein Unternehmen oder einen vorgetäuschten Betrieb oder ein vorgetäuschtes Unternehmen

1. über wirtschaftliche Verhältnisse

    a) unrichtige oder unvollständige Unterlagen, namentlich Bilanzen, Gewinn- und Verlustrechnungen, Vermögensübersichten oder Gutachten vorlegt oder

    b) schriftlich unrichtige oder unvollständige Angaben macht,

    die für den Kreditnehmer vorteilhaft und für die Entscheidung über einen solchen Antrag erheblich sind, oder

2. solche Verschlechterungen der in den Unterlagen oder Angaben dargestellten wirtschaftlichen Verhältnisse bei der Vorlage nicht mitteilt, die für die Entscheidung über einen solchen Antrag erheblich sind,

wird mit Freiheitsstrafe bis zu drei Jahren oder mit Geldstrafe bestraft.

(2) Nach Absatz 1 wird nicht bestraft, wer freiwillig verhindert, daß der Kreditgeber auf Grund der Tat die beantragte Leistung erbringt. Wird die Leistung ohne Zutun des Täters nicht

2. an offer to increase the capital investment in such shares, makes incorrect favourable statements or keeps unfavourable facts secret in prospectuses or in representations or surveys about the net assets to a considerable number of persons in relation to circumstances relevant to the decision about acquisition or increase, shall be liable to imprisonment of not more than three years or a fine.

(2) Subsection (1) above shall apply mutatis mutandis if the act is related to shares in assets which an enterprise administers in its own name but for the account of a third party.

(3) Whosoever voluntarily prevents the benefit contingent upon the acquisition or the increase from accruing shall not be liable pursuant to subsections (1) and (2) above. If the benefit does not accrue regardless of the contribution of the offender he shall be exempt from liability if he voluntarily and earnestly makes efforts to prevent the benefit from accruing.

§ 265 b StGB Obtaining credit by deception

(1) Whosoever, in connection with an application for or for a continuance of credit or modification of the terms of credit for a business or enterprise or for a fictitious business or enterprise

1.

    (a) submits incorrect or incomplete documentation, in particular, calculations of balance, profit and loss, summaries of assets and liabilities or appraisal reports; or

    (b) makes incorrect or incomplete written statements, about financial circumstances that are favourable to the credit applicant and relevant to the decision on such an application, to a business or enterprise; or

2. does not inform a business or enterprise in the submission about any deterioration in the financial circumstances represented in the documentation or statements that are relevant to the decision on such an application,

shall be liable to imprisonment of not more than three years or a fine.

(2) Whosoever voluntarily prevents the creditor from providing the credit applied for shall not be liable pursuant to subsection (1) above. If the credit is not provided regardless of the contribution

erbracht, so wird er straflos, wenn er sich freiwillig und ernsthaft bemüht, das Erbringen der Leistung zu verhindern.

(3) Im Sinne des Absatzes 1 sind
1. Betriebe und Unternehmen unabhängig von ihrem Gegenstand solche, die nach Art und Umfang einen in kaufmännischer Weise eingerichteten Geschäftsbetrieb erfordern;

2. Kredite Gelddarlehen aller Art, Akzeptkredite, der entgeltliche Erwerb und die Stundung von Geldforderungen, die Diskontierung von Wechseln und Schecks und die Übernahme von Bürgschaften, Garantien und sonstigen Gewährleistungen.

§ 265c StGB Sportwettbetrug

(1) Wer als Sportler oder Trainer einen Vorteil für sich oder einen Dritten als Gegenleistung dafür fordert, sich versprechen lässt oder annimmt, dass er den Verlauf oder das Ergebnis eines Wettbewerbs des organisierten Sports zugunsten des Wettbewerbsgegners beeinflusse und infolgedessen ein rechtswidriger Vermögensvorteil durch eine auf diesen Wettbewerb bezogene öffentliche Sportwette erlangt werde, wird mit Freiheitsstrafe bis zu drei Jahren oder mit Geldstrafe bestraft.

(2) Ebenso wird bestraft, wer einem Sportler oder Trainer einen Vorteil für diesen oder einen Dritten als Gegenleistung dafür anbietet, verspricht oder gewährt, dass er den Verlauf oder das Ergebnis eines Wettbewerbs des organisierten Sports zugunsten des Wettbewerbsgegners beeinflusse und infolgedessen ein rechtswidriger Vermögensvorteil durch eine auf diesen Wettbewerb bezogene öffentliche Sportwette erlangt werde.

(3) Wer als Schieds-, Wertungs- oder Kampfrichter einen Vorteil für sich oder einen Dritten als Gegenleistung dafür fordert, sich versprechen lässt oder annimmt, dass er den Verlauf oder das Ergebnis eines Wettbewerbs des organisierten Sports in regelwidriger Weise beeinflusse und infolgedessen ein rechtswidriger Vermögensvorteil durch eine auf diesen Wettbewerb bezogene öffentliche Sportwette erlangt werde, wird mit Freiheitsstrafe bis zu drei Jahren oder mit Geldstrafe bestraft.

(4) Ebenso wird bestraft, wer einem Schieds-, Wertungs- oder Kampfrichter einen Vorteil für diesen oder einen Dritten als Gegenleistung dafür anbietet, verspricht oder gewährt, dass er den Verlauf oder das Ergebnis eines Wettbe-

of the offender he shall be exempt from liability if he voluntarily and earnestly makes efforts to prevent the credit from being provided.

(3) Within the meaning of subsection (1) above
1. businesses and enterprises shall be those which require by their nature and size, but regardless of their purpose, a properly organised operation applying the appropriate commercial customs, rules and standards;

2. credits shall be money loans of all kinds, acceptance credits, the acquisition for payment or the deferment of monetary claims, the discounting of promissory notes and cheques and the assumption of sureties, guarantees and other warranties.

§ 265c StGB Sport-Betting Fraud

(1) Whosoever, as an athlete or trainer demands an advantage for himself or a third party, as compensation, has it promised to him or accepts it, in order to influence the course or the result of a competition of organised sport to the benefit of the opponent, which as a consequence leads to an illegal asset benefit being acquired by any public sport bet referring to that competition shall be punished by a custodial sentence of up to three years or a fine.

(2) The same punishment shall apply to him who offers, promises or grants an advantage to an athlete or trainer for himself or a third party as compensation in order to influence the course or the result of a competition of organised sport to the benefit of the opponent, which as a consequence leads to an illegal asset benefit being acquired by any public sport bet referring to that competition.

(3) Whosoever, as a referee, valuation or competition judge demands an advantage for himself or a third party as compensation, has it promised to him or accepts it, in order to influence the course or the result of a competition of organised sport in an illegal manner, which as a consequence leads to an illegal asset benefit being acquired by any public sport bet referring to that competition, shall be punished by a custodial sentence of up to three years or a fine.

(4) The same punishment shall apply to him who offers, promises or grants an advantage to a referee, valuation or competition judge for himself or a third party as compensation, in order to influence the course or the result of a competition

werbs des organisierten Sports in regelwidriger Weise beeinflusse und infolgedessen ein rechtswidriger Vermögensvorteil durch eine auf diesen Wettbewerb bezogene öffentliche Sportwette erlangt werde.

(5) Ein Wettbewerb des organisierten Sports im Sinne dieser Vorschrift ist jede Sportveranstaltung im Inland oder im Ausland,

1. die von einer nationalen oder internationalen Sportorganisation oder in deren Auftrag oder mit deren Anerkennung organisiert wird und
2. bei der Regeln einzuhalten sind, die von einer nationalen oder internationalen Sportorganisation mit verpflichtender Wirkung für ihre Mitgliedsorganisationen verabschiedet wurden.

(6) ¹ Trainer im Sinne dieser Vorschrift ist, wer bei dem sportlichen Wettbewerb über den Einsatz und die Anleitung von Sportlern entscheidet. ² Einem Trainer stehen Personen gleich, die aufgrund ihrer beruflichen oder wirtschaftlichen Stellung wesentlichen Einfluss auf den Einsatz oder die Anleitung von Sportlern nehmen können.

§ 265d StGB Manipulation von berufssportlichen Wettbewerben

(1) Wer als Sportler oder Trainer einen Vorteil für sich oder einen Dritten als Gegenleistung dafür fordert, sich versprechen lässt oder annimmt, dass er den Verlauf oder das Ergebnis eines berufssportlichen Wettbewerbs in wettbewerbswidriger Weise zugunsten des Wettbewerbsgegners beeinflusse, wird mit Freiheitsstrafe bis zu drei Jahren oder mit Geldstrafe bestraft.

(2) Ebenso wird bestraft, wer einem Sportler oder Trainer einen Vorteil für diesen oder einen Dritten als Gegenleistung dafür anbietet, verspricht oder gewährt, dass er den Verlauf oder das Ergebnis eines berufssportlichen Wettbewerbs in wettbewerbswidriger Weise zugunsten des Wettbewerbsgegners beeinflusse.

(3) Wer als Schieds-, Wertungs- oder Kampfrichter einen Vorteil für sich oder einen Dritten als Gegenleistung dafür fordert, sich versprechen lässt oder annimmt, dass er den Verlauf oder das Ergebnis eines berufssportlichen Wettbewerbs in regelwidriger Weise beeinflusse, wird mit Freiheitsstrafe bis zu drei Jahren oder mit Geldstrafe bestraft.

(4) Ebenso wird bestraft, wer einem Schieds-, Wertungs- oder Kampfrichter einen Vorteil für

of organised sport in an illegal manner, which as a consequence leads to an illegal asset benefit being acquired by any public.

(5) A competition of organised sport in the meaning of these provisions shall be any sport event in or outside of the country

That is organised by a national or international sport organisation or on its order or with its recognition and

In which rules must be observed that have been passed by a national or international sport organisation with mandatory effect for its member organisations.

(6) ¹ Trainer in the meaning of this provision shall be Whosoever decides on the deployment and instruction of athletes in the sport competition. ² Persons who, due to their professional or economic position, are able to essentially influence the deployment or instruction of athletes, shall be equivalent to trainers.

§ 265d StGB Manipulation of Competitions in Professional Sports

(1) Whosoever, as an athlete or trainer, demands an advantage for himself or a third party, has it promised to him or accepts it, as compensation in order to influence the course or result of a competition of professional sports in an uncompetitive manner to the benefit of the opponent shall be punished by a custodial sentence of up to three years or a fine.

(2) The same punishment shall apply to him who offers, promises or grants an advantage to an athlete or trainer for him or a third party as compensation in order to influence the course or result of a competition of professional sports in an uncompetitive manner to the benefit of the opponent.

(3) Whosoever, as a referee, valuation or competition judge demands an advantage for himself or a third party, has it promised to him or accepts it as compensation in order to influence the course or the result of a competition of professional sports in an illegal manner, shall be punished by a custodial sentence of up to three years or a fine.

(4) The same punishment shall apply to him who offers, promises or grants an advantage to a

diesen oder einen Dritten als Gegenleistung dafür anbietet, verspricht oder gewährt, dass er den Verlauf oder das Ergebnis eines berufssportlichen Wettbewerbs in regelwidriger Weise beeinflusse.

(5) Ein berufssportlicher Wettbewerb im Sinne dieser Vorschrift ist jede Sportveranstaltung im Inland oder im Ausland,

1. die von einem Sportbundesverband oder einer internationalen Sportorganisation veranstaltet oder in deren Auftrag oder mit deren Anerkennung organisiert wird,
2. bei der Regeln einzuhalten sind, die von einer nationalen oder internationalen Sportorganisation mit verpflichtender Wirkung für ihre Mitgliedsorganisationen verabschiedet wurden, und
3. an der überwiegend Sportler teilnehmen, die durch ihre sportliche Betätigung unmittelbar oder mittelbar Einnahmen von erheblichem Umfang erzielen.

(6) § 265c Absatz 6 gilt entsprechend.

§ 265e StGB Besonders schwere Fälle des Sportwettbetrugs und der Manipulation von berufssportlichen Wettbewerben

In besonders schweren Fällen wird eine Tat nach den §§ 265c und 265d mit Freiheitsstrafe von drei Monaten bis zu fünf Jahren bestraft. Ein besonders schwerer Fall liegt in der Regel vor, wenn

1. die Tat sich auf einen Vorteil großen Ausmaßes bezieht oder
2. der Täter gewerbsmäßig handelt oder als Mitglied einer Bande, die sich zur fortgesetzten Begehung solcher Taten verbunden hat.

§ 266 StGB Untreue

(1) Wer die ihm durch Gesetz, behördlichen Auftrag oder Rechtsgeschäft eingeräumte Befugnis, über fremdes Vermögen zu verfügen oder einen anderen zu verpflichten, mißbraucht oder die ihm kraft Gesetzes, behördlichen Auftrags, Rechtsgeschäfts oder eines Treueverhältnisses obliegende Pflicht, fremde Vermögensinteressen wahrzunehmen, verletzt und dadurch dem, dessen Vermögensinteressen er zu betreuen hat, Nachteil zufügt, wird mit Freiheitsstrafe bis zu fünf Jahren oder mit Geldstrafe bestraft.

(2) § 243 Abs. 2 und die §§ 247, 248a und 263 Abs. 3 gelten entsprechend.

---

referee, valuation or competition judge for him or a third party as compensation in order to influence the course or the result of a competition of professional sports in an illegal manner.

(5) A competition of professional sports in the meaning of these provisions shall be any sports event in or outside of the country

1. that is organised by a Federal sport association or an international sport association or organised at its order or with its recognition,
2. in which rules must be observed that have been passed by a national or international sport organisation with mandatory effect for its member organisations and
3. in which mostly such athletes participate who acquire direct or indirect income of considerable scope by their athletic activities.

(6) § 265c paragraph 6 shall apply accordingly.

§ 265e StGB Particularly Severe Cases of Sport Betting Fraud and Manipulation of Professional Sports Competitions

In particularly severe cases, a deed under §§ 265c and 265d shall be punished by a custodial sentence of three months to five years. A particularly severe case shall usually be present if

1. the deed refers to an advantage of a large scope or
2. the perpetrator is acting professionally or as a member of a gang that has joined for continued perpetration of such deeds.

§ 266 StGB Embezzlement and abuse of trust

(1) Whosoever abuses the power accorded him by statute, by commission of a public authority or legal transaction to dispose of assets of another or to make binding agreements for another, or violates his duty to safeguard the property interests of another incumbent upon him by reason of statute, commission of a public authority, legal transaction or fiduciary relationship, and thereby causes damage to the person, whose property interests he was responsible for, shall be liable to imprisonment of not more than five years or a fine.

(2) § 243 (2), § 247, § 248a and § 263 (3) shall apply mutatis mutandis.

§ 266a StGB Vorenthalten und Veruntreuen von Arbeitsentgelt

(1) Wer als Arbeitgeber der Einzugsstelle Beiträge des Arbeitnehmers zur Sozialversicherung einschließlich der Arbeitsförderung, unabhängig davon, ob Arbeitsentgelt gezahlt wird, vorenthält, wird mit Freiheitsstrafe bis zu fünf Jahren oder mit Geldstrafe bestraft.

(2) Ebenso wird bestraft, wer als Arbeitgeber
1. der für den Einzug der Beiträge zuständigen Stelle über sozialversicherungsrechtlich erhebliche Tatsachen unrichtige oder unvollständige Angaben macht oder
2. die für den Einzug der Beiträge zuständige Stelle pflichtwidrig über sozialversicherungsrechtlich erhebliche Tatsachen in Unkenntnis lässt und dadurch dieser Stelle vom Arbeitgeber zu tragende Beiträge zur Sozialversicherung einschließlich der Arbeitsförderung, unabhängig davon, ob Arbeitsentgelt gezahlt wird, vorenthält.

(3) Wer als Arbeitgeber sonst Teile des Arbeitsentgelts, die er für den Arbeitnehmer an einen anderen zu zahlen hat, dem Arbeitnehmer einbehält, sie jedoch an den anderen nicht zahlt und es unterlässt, den Arbeitnehmer spätestens im Zeitpunkt der Fälligkeit oder unverzüglich danach über das Unterlassen der Zahlung an den anderen zu unterrichten, wird mit Freiheitsstrafe bis zu fünf Jahren oder mit Geldstrafe bestraft. Satz 1 gilt nicht für Teile des Arbeitsentgelts, die als Lohnsteuer einbehalten werden.

(4) In besonders schweren Fällen der Absätze 1 und 2 ist die Strafe Freiheitsstrafe von sechs Monaten bis zu zehn Jahren. Ein besonders schwerer Fall liegt in der Regel vor, wenn der Täter
1. aus grobem Eigennutz in großem Ausmaß Beiträge vorenthält,
2. unter Verwendung nachgemachter oder verfälschter Belege fortgesetzt Beiträge vorenthält oder
3. die Mithilfe eines Amtsträgers ausnutzt, der seine Befugnisse oder seine Stellung missbraucht.

(5) Dem Arbeitgeber stehen der Auftraggeber eines Heimarbeiters, Hausgewerbetreibenden oder einer Person, die im Sinne des Heimarbeitsgesetzes diesen gleichgestellt ist, sowie der Zwischenmeister gleich.

(6) In den Fällen der Absätze 1 und 2 kann das Gericht von einer Bestrafung nach dieser Vorschrift absehen, wenn der Arbeitgeber spätestens im Zeitpunkt der Fälligkeit oder unverzüglich danach der Einzugsstelle schriftlich

§ 266a StGB Non-payment and misuse of wages and salaries

(1) Whosoever, as an employer, withholds contributions of an employee to the social security system including employment promotion, regardless of whether wages or salaries are actually being paid, shall be liable to imprisonment of not more than five years or a fine.

(2) Whosoever as an employer
1. makes incorrect or incomplete statements regarding facts relevant to the social insurance system to the agency responsible for collecting contributions, or
2. contrary to his duty withholds from the agency responsible for collecting contributions information about facts relevant to the social insurance system, and thereby withholds the contributions to paid by the employer be for social insurance including employment promotion, regardless of whether salary or wages are being paid, shall incur the same penalty.

(3) Whosoever as an employer otherwise withholds parts of wages or salaries which he is under a duty to pay to another on behalf of the employee but does not pay them to the other and fails to inform the employee about the failure to make the payment no later than the due date or without undue delay thereafter shall be liable to imprisonment of not more than five years or a fine. The 1st sentence above shall not apply to those parts of the wage or salary which are deducted as income tax on wages and salaries.

(4) In especially serious cases under subsections (1) and (2) above the penalty shall be imprisonment from six months to ten years. An especially serious case typically occurs if the offender
1. withholds, out of gross self-seeking, contributions of a large amount;
2. by using counterfeit or falsified documentation continually withholds contributions; or
3. exploits the assistance of a public official who abuses his powers or his position

(5) A person who hires persons who work or conduct a trade at home or who are equal to them within the meaning of the Work at Home Act, as well as the intermediary shall be equivalent to an employer.

(6) In cases under subsections (1) and (2) above the court may order a discharge pursuant to this provision if the employer no later than the due date or without undue delay thereafter

1. die Höhe der vorenthaltenen Beiträge mitteilt und	1. informs the collecting agency in writing of the amount of the withheld contributions; and
2. darlegt, warum die fristgemäße Zahlung nicht möglich ist, obwohl er sich darum ernsthaft bemüht hat.	2. explains why payment on time is not possible although he has made earnest efforts to do so.
Liegen die Voraussetzungen des Satzes 1 vor und werden die Beiträge dann nachträglich innerhalb der von der Einzugsstelle bestimmten angemessenen Frist entrichtet, wird der Täter insoweit nicht bestraft. In den Fällen des Absatzes 3 gelten die Sätze 1 und 2 entsprechend.	If the conditions of the 1st sentence above are met and the contributions are subsequently paid within the appropriate period determined by the collecting agency the offender shall not be liable. In cases under subsection (3) above, the 1st and 2nd sentences above shall apply mutatis mutandis.
Nach der Bestimmung des § 76 Abs. 3 AktG müssen Sie also dem Registergericht Auskunft darüber geben, wenn Sie wegen einer Insolvenzstraftat (Bankrott, Verletzung der Buchführungspflicht, Gläubigerbegünstigung, Schuldnerbegünstigung) nach den §§ 283–283d des Strafgesetzbuches vorbestraft sein sollten oder Ihnen die Ausführung eines Berufes, Berufszweiges, Gewerbes oder Gewerbezweiges durch ein Gericht oder eine Behörde untersagt sein sollte.	Accordingly, if you have been convicted for an offense relating to insolvency (bankruptcy, violation of accounting obligation, preference of creditors, preference of debtors) pursuant to secs. 283 to 283d of the Penal Code or if you have been prohibited by a court or by an administrative authority from practicing a certain profession or trade or line of profession or trade, you must disclose this to the Court of the Register.
Weiter weise ich darauf hin, dass das Registergericht ein Recht auf unbeschränkte Auskunft aus dem Bundeszentralregister hat, in dem strafrechtliche Verurteilungen einschließlich gerichtlicher Berufs- und Gewerbeverbote verzeichnet sind. Demgemäß sind Sie gegenüber dem Registergericht zur vollständigen unbeschränkten Auskunft verpflichtet.	Furthermore I inform you that the Court of the Register has a right to unlimited information from the Central Register in which penal convictions including court prohibitions from practising a trade or profession are registered. Accordingly you are obliged to make complete and unlimited disclosure to the Court of the Register.
Letztendlich weise ich darauf hin, dass falsche Angaben gegenüber dem Registergericht über die vorstehend aufgeführte Voraussetzung für die Bestellung zum Vorstand einer AG nach § 399 Abs. 1 Nr. 6 des AktG strafbar sind und mit Freiheitsstrafe bis zu drei Jahren oder mit Geldstrafe bestraft werden können.	Finally, I inform you that false statements in respect of the above conditions for an appointment as Vorstand of a AktG which are made to the Court of the Register constitute an offence pursuant to sec. 399 para. 1. item 6 of the AktG and are subject to a term of imprisonment of up to three years or a fine.
Ich bitte Sie, dieses Schreiben zu unterzeichnen und mir, dem unterzeichneten Notar zwecks Vorlage beim Registergericht zurückzureichen.	I request you to sign this letter and to send it back to me, undersigned Notary, to be delivered to the Registration Court
Sollten Sie Rückfragen zu dieser Belehrung haben, bitte ich, mir das mitzuteilen.	If you should have any questions in respect of the above information, please let me know.
Mit freundlichen Grüßen	Best regards,

. . . . Notar/notary public

Ich bestätige den Empfang dieser Belehrung. Ich habe diese gelesen und verstanden.	I confirm receipt of these instructions. I have read and understood them.
. . . . Ort (place), Datum (date)	. . . . (Name des Vorstandes)

Zweckmäßigerweise sollte der Vorstand durch seine Unterschrift am Ende der Belehrung 172
zu erkennen geben, dass er diese gelesen und verstanden hat. Einer Beglaubigung seiner Unterschrift auf diesem Dokument bedarf es nicht. Zusammen mit der beglaubigten Handelsregisteranmeldung ist dann auch die vorgenommene Belehrung dem Handelsregister als Nachweis vorzulegen.

V. Auslandsbeurkundungen

1. Grundlagen

Werden bei einer inländischem Aktiengesellschaft bestimmte Rechtsakte, zB Gründung, 173
Satzungsänderungen einschließlich Kapitalmaßnahmen, Zustimmung zu umwandlungsrechtlichen Vorgängen etc, im Ausland vorgenommen, ist zum einen fraglich, ob der in diesen Fällen bestehende notarielle Formzwang[201] durch die **Wahl einer ausländischen Ortsform** abbedungen werden kann und zum anderen, ob im Falle des Beurkundungszwanges die deutsche Form auch durch Auslandsbeurkundung gewahrt werden kann.

Ein inländischer Verwaltungssitz der Aktiengesellschaft führt nach dem maßgebenden 174
Gesellschaftsstatut stets zur notariellen Geschäftsform. Die ausländische Ortsform wird zwar durch den Wortlaut des Art. 11 Abs. 1 EGBGB als Alternative nahe gelegt, allerdings ist mit guten Gründen zu bezweifeln, dass Art. 11 EGBGB für gesellschaftsrechtliche Vorgänge überhaupt Geltung erlangen soll.[202] In der Praxis ist davon auszugehen, dass der notarielle Formzwang nicht durch eine weniger weitgehende Ortsform umgangen werden kann.[203]

Ist sonach mit der hM notarielle Form maßgebend, kann diese nach hM auch durch eine 175
Auslandsbeurkundung gewahrt werden, jedenfalls wenn die **ausländische Beurkundung** einer entsprechenden deutschen Beurkundung gleichwertig ist.[204] Auch die **Hauptversammlung** der Gesellschaft kann **im Ausland** stattfinden.[205] Solange keine Vollversammlung im Ausland stattfindet (§ 121 Abs. 6 AktG), ist die Auslandsversammlung im Übrigen nur zulässig, wenn die Satzung einen ausländischen Versammlungsort bestimmt und mit der Einschränkung, dass der Ort der Hauptversammlung ohne wesentliche Erschwernisse erreichbar sein muss,[206] wozu auch finanzielle Belastungen[207] zählen. Soweit § 130 AktG eine notarielle Niederschrift der Hauptversammlung verlangt, ist die Gleichwertigkeit der ausländischen Beurkundung zu beachten.[208]

Diese **Gleichwertigkeit** ist gegeben, wenn die ausländische Urkundsperson nach ihrer 176
Vorbildung und Stellung im Rechtsleben eine der Tätigkeit des deutschen Notars entsprechende Funktion ausübt und für die Errichtung der Urkunde ein Verfahrensrecht beachtet ist, das den tragenden Grundsätzen des deutschen Beurkundungsrecht entspricht.[209] Hierbei ist der Zweck entscheidend, der mit der vom deutschen Recht vorgeschriebenen verfahrensrechtlichen Form jeweils verfolgt wird.[210]

---

[201] Vgl. § 23 Abs. 1, §§ 119 Abs. 1 Nr. 5, 179 Abs. 1 S. 1 AktG, § 13 Abs. 3 Nr. 125 UmwG.
[202] Siehe Art. 37 Nr. 2 EGBGB; *Goette* in FS Boujong, 131 (133 ff., 136 ff.); *Lichtenberger* DNotZ 1986, 644 (653 f.); *Schervier* NJW 1992, 593 (594).
[203] Vgl. OLG Hamm NJW 1974, 1057; OLG Karlsruhe RIW 1979, 567; LG Augsburg ZIP 1996, 1872; AG Köln GmbHR 1990, 171; WM 1989, 1810; *Heckschen* DB 1990, 161; *Schervier* NJW 1992, 595; aA OLG Düsseldorf NJW 1989, 2200; OLG Stuttgart NJW 1981, 1176; offen lassend BGHZ 80, 76 (78).
[204] BGHZ 70, 76 (78); KG BB 2018, 625 = GmbHR 2018, 376 mAnm *Wicke* = DB 2018, 369 m. Bespr. *Heckschen* DB 2018, 685; *Roth* IPrax 1995, 86; *Bausback* DNotZ 1996, 254; *Goette* FS Boujong, 1996, 131 (144 ff.) (keine Gleichwertigkeit bei Satzungsfeststellung, weil notarielle Belehrung bei potenzieller Drittbetroffenheit unverzichtbar, womit BGHZ 80, 76 (78), der Sache nach aufgegeben wäre); vgl. auch *Randenborgh/Kallmeyer* GmbHR 1996, 908; MüKoAktG/*Pentz* AktG § 23 Rn. 33 f.; KG ZIP 2018, 323, *Lieder* ZIP 2018, 1517.
[205] BGHZ 203, 68 = NJW 2015, 336.
[206] BHGZ 203, 68 = NJW 2015, 336; *Bungert/Leyendecker-Langner* BB 2015, 268.
[207] *Herrler* ZGR 2015, 918 (924 ff.); Hüffer/Koch AktG § 121 Rn. 15.
[208] Hüffer/Koch AktG § 121 Rn. 16 mwH.
[209] BGHZ 80, 76 (78).
[210] Vgl. *Bausback* DNotZ 1996, 254 (255).

177 An **Beglaubigungen durch ausländische Notare** werden relativ geringe Anforderungen gestellt,[211] während im Übrigen bei **Beurkundungen** im Einzelnen vieles umstritten ist. Zudem ist bei Beurkundungen im Ausland teilweise nach den dort geltenden regionalen Besonderheiten weiter zu differenzieren, insbesondere nach den in manchen Ländern bestehenden unterschiedlichen Notariatsverfassungen in den einzelnen Teilregionen.[212] In der Praxis ist die Rechtsunsicherheit erheblich[213] und misslich; in jedem Falle sicher ist die inländische Beurkundung.[214]

2. Öffentliche Urkunde

178 Ob Urkunden ausländischer Urkundspersonen in Deutschland eingesetzt werden können, hängt allerdings nicht ohne weiteres nur von der Einhaltung der Regeln des BeurkG ab. Die ausländische Urkunde muss auch den Erfordernissen einer öffentlichen Urkunde gem. § 415 ZPO genügen, um insbesondere im Registerverfahren eine geeignete Eintragungsgrundlage zu bilden. Dabei gilt: Die Urkunde einer nach ausländischem öffentlichen Recht **mit öffentlichen Glauben ausgestatteten Urkundsperson** ist auch für den Gebrauch im deutschen Inland eine öffentliche Urkunde. Allerdings wird ihre Echtheit nicht wie bei inländischen öffentlichen Urkunden vermutet,[215] sondern sie muss im Einzelfall festgestellt werden.[216]

179 Die Feststellung der Echtheit einer ausländischen Urkunde erübrigt sich, wenn entsprechende staatsvertragliche Regelungen vorliegen.[217] Fehlen derartige bilaterale Abkommen, dann ist die Echtheit einer ausländischen öffentlichen Urkunde jeweils im Einzelfall festzustellen. Dabei genügt nach § 438 Abs. 2 ZPO die Legalisation durch einen Konsul oder einen Gesandten des Bundes. Wird **eine legalisierte ausländische Urkunde** vorgelegt, ist daher im Ergebnis ohne weitere Prüfung von der Echtheit der Urkunde auszugehen und dürfen weitere Echtheitsnachweise nicht gefordert werden.

180 Der Beweis der Echtheit der Urkunde kann aber auch auf anderem Weg als durch Legalisation erbracht werden, denn die **Legalisation** ist zwar ein hinreichendes, **aber kein notwendiges Mittel des Echtheitsnachweises**.[218] Bei fehlender Legalisation ist nach pflichtgemäßem Ermessen die Echtheit der Urkunde zu prüfen und auf allgemeine Erfahrungssätze zurückzugreifen.[219] Hierbei kann man sich auf den im internationalen Rechtsverkehr allgemeinen Erfahrungssatz beziehen, dass echte ausländische öffentliche Urkunden nicht in fehlerhafter Form und nicht von einer unzuständigen Stelle aufgenommen zu werden pflegen.[220]

3. Legalisation, Apostille, Befreiung von weiteren Förmlichkeiten[221]

181 a) **Legalisation.** Unter Legalisation versteht man die **Bestätigung der Echtheit** der Urkunde durch das Konsulat des Staates, in dem die Urkunde verwendet werden soll. Bei der Verwendung ausländischer öffentlicher Urkunden im Inland ist also grundsätzlich Legalisation durch das deutsche Konsulat im Errichtungsstaat erforderlich. Den Begriff der Legalisation im engeren Sinn bestimmen §§ 13 Abs. 2 KonsularG und Art. 2 des Haager Übereinkommens vom 5.10.1961 zur Befreiung ausländischer öffentlicher Urkunden von der Legalisa-

---

[211] → Rn. 158.
[212] Vgl. zB die unterschiedlichen Notariatsverfassungen in den einzelnen Kantonen der Schweiz, hierzu im Einzelnen Bauer/Schaub/*Schaub*, Kommentar zur GBO, AT K. Internationale Bezüge Rn. 524.
[213] Vgl. zB LG Augsburg RPfl 1996, 1872, das entgegen den Vorgaben in BGHZ 80, 76, die Auslandsbeurkundungen in der Schweiz – Verschmelzung – nicht anerkennt.
[214] Vgl. auch Sick/*Schwarz* NZG 1998, 540.
[215] Vgl. § 437 Abs. 1 ZPO.
[216] Armbrüster/Preuß/Renner/*Armbrüster* BeurkG § 1 Rn. 42.
[217] Hierzu → Rn. 184 ff.
[218] *Bindseil* DNotZ 1992, 275 (285).
[219] BayObLG MittBayNot 1989, 273 (275); Rpfleger 1993, 192.
[220] OLG Zweibrücken MittBayNot 1999, 480; *Schaub* NZG 2000, 953 (956) mwH; *Roth* IPrax 1994, 86; kritisch *Langhein* Rpfleger 1996, 45 (49); *Reithmann* DNotZ 1995, 360 (366 ff.).
[221] Zu Apostille- und Legalisationszuständigkeiten der Botschaften und Konsulate, s. Deutsches Notarverzeichnis, 1998, Band 2, Teil 10. Zu Besonderheiten der konsularischen Beurkundung, *Eickelberg* DNotZ 2018, 332.

tion[222] als die Bestätigung der Echtheit der Unterschrift auf der Urkunde, der Eigenschaft, in welcher der Unterzeichner der Urkunde gehandelt hat, und ggf. der Echtheit des Siegels oder Stempels, mit dem die Urkunde versehen ist, durch die diplomatischen oder konsularischen Vertreter des Landes, in dessen Hoheitsgebiet die Urkunde vorgelegt werden soll.[223]

Bestehen Zweifel, ob es sich um eine öffentliche Urkunde handelt, bestätigt der deutsche Konsul auf Antrag auch, dass der Aussteller zur Aufnahme der Urkunde zuständig war und die Urkunde in der den Gesetzen des Ausstellungsstaates entsprechenden Form aufgenommen worden ist.[224] 182

Die Legalisation erfolgt gemäß § 13 Abs. 3 KonsularG durch Anbringung eines entsprechenden Vermerks auf der ausländischen Urkunde. Der Legalisationsvermerk selbst stellt eine deutsche öffentliche Urkunde im Sinne des § 415 Abs. 1 ZPO dar.[225] 183

b) Bilaterale Verträge. Bestimmte öffentliche Urkunden verschiedener Länder bedürfen auf Grund bilateraler Abkommen keiner Legalisation. Je nach bilateralem Abkommen sind diese Urkunden gänzlich von weiteren Formerfordernissen befreit oder es ist für sie die sog Apostille als standardisierte vereinfachte Form der Echtheitsbestätigung anstelle der Legalisation getreten. Die zurzeit mit den nachstehend aufgeführten Staaten bestehenden Verträge sehen folgende Befreiungsmöglichkeiten vor: 184

- **Belgien.** Nach dem deutsch-belgischen Abkommen vom 13.5.1975 über die Befreiung öffentlicher Urkunden von der Legalisation,[226] in Kraft seit 1.5.1981, sind sämtliche öffentlichen Urkunden – also auch Notarurkunden – von der Legalisation, Apostille oder ähnlichen Förmlichkeiten befreit. Von deutscher Seite wird dieses Abkommen als verbindlich angesehen; Belgien hält sich für nicht daran gebunden, weil das belgische Ratifikationsverfahren fehlerhaft gewesen sei. Vorsichtshalber sollte die Apostille eingeholt werden.[227] 185

- **Dänemark.** Nach dem deutsch-dänischen Beglaubigungsabkommen vom 17.6.1936[228] – insoweit wieder anwendbar seit 1.9.1952[229] – bedürfen Urkunden zum Gebrauch im Gebiet des jeweils anderen Staates keiner weiteren Beglaubigung oder Legalisation. 186

- **Frankreich.** Das deutsch-französische Abkommen vom 13.9.1971 über die Befreiung öffentlicher Urkunden von der Legalisation,[230] in Kraft seit 1.4.1975, sieht vor, dass die in einem der beiden Vertragsstaaten aufgenommenen öffentlichen Urkunden auch in dem anderen ohne Legalisation, Apostille oder sonstige Echtheitsbescheinigung als öffentliche Urkunden verwendet werden können.[231] Das Abkommen geht dem Haager Übereinkommen vom 5.10.1961,[232] das beide Staaten ratifiziert haben, vor.[233] 187

- **Griechenland.** Maßgebend ist das deutsch-griechische Abkommen über die gegenseitige Rechtshilfe in Angelegenheiten des bürgerlichen Rechts und Handelsrechts vom 11.5.1938,[234] wieder anwendbar gemäß Bekanntmachung vom 26.6.1952.[235] Hiernach sind notarielle ebenso wie amtsgerichtliche Urkunden vom Legalisationszwang befreit; sie bedürfen lediglich der Beglaubigung durch den Landgerichtspräsidenten. Urkunden, die von einem Landgericht oder einem Gericht höherer Ordnung ausgestellt oder beglaubigt sind, bedürfen weder der Zwischenbeglaubigung noch der Legalisation. 188

---

[222] BGBl. 1965 II S. 875.
[223] BayObLG JFG 4, 272 (274); KGJ 27 A 250 (251); zur Legalisation vgl. allg. Féaux de la Croix DJ 1938, 1346 ff.
[224] Legalisation im weiteren Sinne; vgl. § 13 Abs. 4 KonsularG.
[225] Bauer/Schaub/*Schaub*, Kommentar GBO, AT K. Internationale Bezüge, Rn. 595.
[226] BGBl. 1980 II S. 815; 1981 II S. 124.
[227] BeckNotar-HdB/*Süß* Abschn. H Rn. 344B.
[228] RGBl. II S. 213.
[229] BGBl. 1953 II S. 186.
[230] BGBl. 1974 II S. 1074 (1100); 1975 II S. 353.
[231] Vgl. *Arnold* DNotZ 1975, 581 f.
[232] Vgl. → Rn. 181.
[233] Armbrüster/Preuß/Renner/*Armbrüster* BeurkG § 1 Rn. 46.
[234] RGBl. 1939 II S. 48.
[235] BGBl. 1952 II S. 634.

189 • **Italien.** Der deutsch-italienische Vertrag über den Verzicht auf die Legalisation von Urkunden vom 7.6.1969[236] sieht vor, dass die in einem Vertragsstaat aufgenommenen öffentlichen Urkunden zur Verwendung in dem anderen Vertragsstaat keiner Legalisation, Beglaubigung oder anderer der Legalisation oder Beglaubigung entsprechenden Förmlichkeiten bedürfen.

190 • **Österreich.** Nach dem deutsch-österreichischen Beglaubigungsvertrag vom 21.6.1923,[237] wieder anwendbar seit 1.1.1952,[238] bedürfen Urkunden zum Gebrauch im Gebiet des jeweils anderen Staates keiner weiteren Beglaubigung, ua die von einer Gerichts- oder Verwaltungsbehörde des einen Staates ausgestellte, mit deren Siegel oder Stempel versehene Urkunde, ebenso wie die von Notaren mit amtlichem Siegel versehenen Urkunden.

191 • **Schweiz.** Nach dem deutsch-schweizerischen Vertrag über die Beglaubigung öffentlicher Urkunden vom 14.2.1907[239] bedürfen gemäß Art. 1 die von Gerichten des einen Staates einschließlich der Konsulargerichte aufgenommenen, ausgestellten und beglaubigten Urkunden, wenn sie mit dem Siegel oder Stempel des Gerichts versehen sind, zum Gebrauch in dem Gebiet des anderen Staates keiner Legalisation. Auf Urkunden des Notars erstreckt sich die Befreiung dagegen nicht.[240] Hier ist allerdings auf Grund des Haager Übereinkommens vom 5.10.1961[241] eine Erleichterung in Form der Apostille vorgesehen.

192 • **Spanien.** Nach dem deutsch-spanischem Vertrag über die Anerkennung und Vollstreckung von gerichtlichen Entscheidungen und Vergleichen sowie vollstreckbaren öffentlichen Urkunden in Zivil- und Handelssachen vom 14.11.1983[242] sind jedenfalls im Registerverfahren von Notaren oder Gerichten ausgestellte Urkunden von der Legalisation oder weiterer Förmlichkeiten befreit. Allerdings ergibt sich hier die Erleichterung in Form der Apostille durch das Haager Übereinkommen vom 5.10.1961.[243]

193 • **Vereinigtes Königreich Großbritannien und Nordirland.** Das deutsch-britische Abkommen über die gegenseitige Anerkennung und Vollstreckung von gerichtlichen Entscheidungen in Zivil- und Handelssachen vom 14.7.1960[244] sieht keine Befreiung der von Gerichten oder Notaren erstellten öffentlichen Urkunden von weiteren Förmlichkeiten vor. Allerdings gilt auch hier im Hinblick auf das Haager Übereinkommen vom 5.10.1961 die Erleichterung in Form der Apostille.[245] Welche Folgen sich durch den Brexit ergeben, → Rn. 36, bleibt abzuwarten.

194 c) **Apostille.** Außer in den vorgenannten bilateralen Abkommen ist die Befreiung ausländischer Urkunden von dem Erfordernis der Legalisation auch in dem am 5.10.1961 zur Zeichnung aufgelegten **Haager Übereinkommen zur Befreiung ausländischer öffentlicher Urkunden von der Legalisation** vereinbart worden. Anwendbar ist das Übereinkommen nach seinem Art. 1 Abs. 1 auf öffentliche Urkunden, die in dem Hoheitsgebiet eines Vertragsstaates (Errichtungsstaat) errichtet worden sind und die in dem Hoheitsgebiet eines anderen Vertragsstaates (Vorlegungsstaat) vorgelegt werden sollen. Zu den öffentlichen Urkunden im Sinne des Übereinkommens zählen ua die Urkunden eines staatlichen Gerichts, notarielle Urkunden und amtliche Bescheinigungen auf privaten Urkunden, wie Beglaubigungen von Unterschriften. Diese Urkunden werden von jedem Vertragsstaat, in dessen Hoheitsgebiet sie vorgelegt werden sollen, von der Legalisation befreit. Zur Bestätigung dafür,

---

[236] BGBl. 1974 II S. 1069; 1975 II S. 660; hierzu *Arnold* DNotZ 1975, 581 ff.
[237] RGBl. 1924 II S. 61.
[238] BGBl. 1952 II S. 436.
[239] RGBl. 1907 S. 413; 1911 S. 907; 1912 S. 35; 1928 II S. 608; 1943 II S. 361; Bek. v. 20.1.1956 (BGBl. II S. 30); vgl. *Bülow* DNotZ 1955, 9 (32).
[240] OLG München HRR 1937 Nr. 244.
[241] Vgl. → Rn. 194 ff.
[242] BGBl. 1987 II S. 34.
[243] Vgl. → Rn. 194 ff.
[244] BGBl. 1961 II S. 301, 1025; 1973 II S. 306, 1667.
[245] Vgl. → Rn. 194 ff.

dass die vorgelegte Urkunde echt ist, darf der Vorlegungsstaat nach Art. 3 Abs. 1 des Übereinkommens statt der Legalisation nur die Apostille verlangen.

Die Apostille ist ein **Echtheitsvermerk,** mit dem die Urkunde, anders als die Legalisation, nicht von der diplomatischen oder konsularischen Vertretung des Vorlegungsstaates, sondern **von der zuständigen Behörde des Errichtungsstaates** versehen wird. Hierdurch wird eine wesentliche Vereinfachung der Echtheitsprüfung und eine Erleichterung im gegenseitigen Rechtsverkehr erreicht.[246]

Die für die Ausstellung der Apostille **zuständigen Behörden** werden nach Art. 6 des Übereinkommens von jedem Vertragsstaat bestimmt. Die **Form der Apostille** ist in Art. 4 des Übereinkommens festgelegt. Sie wird auf der Urkunde selbst oder auf einem mit ihr verbundenen Blatt angebracht und muss dem dem Übereinkommen als Anlage beigefügten amtlichen Muster entsprechen. Die Unterschrift auf das Siegel oder der Stempel auf die Apostille bedürfen nach Art. 5 Abs. 3 des Übereinkommens keiner Überbeglaubigung. Die Apostille weist gemäß Art. 5 Abs. 2 des Übereinkommens bei ordnungsgemäßer Ausfüllung des Musters die Echtheit der Unterschrift, die Eigenschaft, in der der Unterzeichner die Urkunde gehandelt hat, und ggf. die Echtheit des Siegels oder Stempels mit dem die Urkunde versehen ist, nach.

Formulierungsvorschlag

Apostille
(Convention de La Haye du 5 octobre 1961)

1. Land: Bundesrepublik Deutschland
   Diese öffentliche Urkunde
2. ist unterschrieben von (Name)
3. in seiner Eigenschaft als Notar.
4. Sie ist versehen mit dem Siegel des Notars (Name) in (Ort)

Bestätigt

5. in (Ort)   6. am (Datum)
7. durch den Präsidenten des Landgerichts (Ort)
8. unter Nr. (laufende Nr. des Landgerichts)
9. Siegel   10. Unterschrift
   (des Landgerichtspräsidenten)   (des Landgerichtspräsidenten)

In der Bundesrepublik Deutschland hat eine mit der Apostille der Behörde eines dem Übereinkommen beigetretenen Errichtungsstaates versehene Urkunde die **Wirkung** einer legalisierten Urkunde nach § 438, Abs. 2 ZPO.[247] Für die Bundesrepublik Deutschland ist das Haager Übereinkommen am 13.2.1966 in Kraft getreten.[248] Die wichtigsten Staaten, im Verhältnis zu denen das Übereinkommen gilt – wobei die Klammer zusätzlich jeweils den Tag des Inkrafttretens bezeichnen – sind:[249] Argentinien (18.2.1988), Australien (16.3.1995), Belarus – Weißrussland (31.5.1992), Belgien (9.2.1976),[250] Bosnien-Herzegowina (6.3.1992), Finnland (26.8.1985), Frankreich (13.2.1966),[251] Griechenland (18.5.1985),[252] Irland (9.3.1999), Israel (14.8.1978), Italien (11.2.1978),[253] Japan (27.7.1970), Kroatien (8.10.1991), Lettland (30.1.1996), Liechtenstein (7.9.1972), Litauen (19.7.1997), Luxemburg (3.6.1979), Mazedonien (17.9.1991), Mexiko (14.8.1995), Niederlande (8.10.1965),

---

[246] *Schaub* NZG 2000, 953.
[247] Meikel/*Hertel* GBO, 11. Aufl. 2015, Einl. G Rn. 353 für das Grundbuchverfahren.
[248] BGBl. 1966 II S. 106.
[249] Übersicht über sämtliche Staaten im Internet unter www.dnoti.de (unter Arbeitshilfen/IPR) Verzeichnis der Beitrittsstaaten zum Haager Übereinkommen zur Befreiung ausländischer öffentlicher Urkunden von der Legalisation vom 5.10.1961 (BGBl. 1965 II S. 876).
[250] Aber → Rn. 185.
[251] Wobei das bilaterale Abkommen v. 13.9.1971 vorgeht, → Rn. 187.
[252] Aber → Rn. 188.
[253] Wobei der bilaterale Vertrag v. 7.6.1969 vorgeht, → Rn. 189.

Norwegen (29.7.1983), Österreich (13.1.1968),[254] Portugal (4.2.1969), Russische Föderation (31.5.1992), Schweden (1.5.1999), Schweiz (11.3.1973), Slowenien (25.6.1991), Spanien (25.9.1978), Tschechische Republik (16.3.1999), Türkei (29.9.1985), Ungarn (18.1.1973), Vereinigtes Königreich Großbritannien und Nordirland (13.2.1966), Vereinigte Staaten von Amerika (15.10.1981).

VI. Die Sprache

198 Im Registerverfahren ist **Gerichtssprache deutsch**, § 184 GVG. Dennoch können dem Handelsregister fremdsprachige Urkunden vorgelegt werden, wenn es die entsprechende Fremdsprache beherrscht; ansonsten kann wegen § 184 GVG entsprechend § 142 Abs. 3 ZPO eine Übersetzung verlangt werden. Die Richtigkeit der Übersetzung hat das Registergericht nach pflichtgemäßem Ermessen zu beurteilen.[255] Bei verbleibendem Zweifel ist eine Bescheinigung der Richtigkeit und Vollständigkeit von einem hierzu ermächtigten Dolmetscher zu verlangen. Aufgrund dieser Bescheinigung gilt die Übersetzung gemäß § 2 Abs. 1 der Verordnung des Reichsministers der Justiz zur Vereinfachung des Verfahrens auf dem Gebiet des Beurkundungsrechts vom 21.10.1942[256] als richtig und vollständig.[257]

199 Allerdings müssen Gesellschaftsverträge, Satzungen usw stets in deutscher Sprache eingereicht werden, weil eine Einsichtnahme für jedermann ermöglicht werden muss.[258] Sind diese Urkunden in ausländischer Sprache verfasst, ist der Anmeldung eine **deutsche Übersetzung** beizufügen.[259]

VII. Die Europäische Aktiengesellschaft (SE)

1. Allgemeines

200 Nach über 40 Jahren Diskussion[260] trat am 8.10.2004 die Verordnung (EG) Nr. 2157/2001 des Rates vom 8.10.2001 über das Statut der Europäischen Gesellschaft, offiziell als „Societas Europea" (SE) in Kraft (SE-VO).[261]

201 Die „Societas Europea (SE)" ist eine mit eigener Rechtspersönlichkeit ausgestattete Gesellschaft, deren Kapital in Aktien zerlegt ist (Art. 1 SE-VO: „Europäische Aktiengesellschaft"). Sie ist in ihrem Kern eine **für den ganzen EG-Raum einheitliche Rechtsform** für transnationale Beteiligungen, die ihren Sitz im EG-Raum frei wählen kann. Bemerkenswert ist, dass die SE grenzüberschreitend in einen anderen Mitgliedsstaat verlegt werden kann, ohne dass eine Auflösung und Neugründung erforderlich wird (Art. 8 Abs. 1 SE-VO).[262]

202 Die primäre **Rechtsgrundlage** der SE ist eine Kombination aus zwei Rechtsakten, der Verordnung über das Statut der Europäischen Gesellschaft (SE-VO) und der Richtlinie des Statuts der Europäischen Gesellschaft hinsichtlich der Beteiligung der Arbeitnehmer (SE-ErgRiL). Während die SE-VO als unmittelbar in jedem Mitgliedsstaat anwendbares Recht grundsätzlich keiner Umsetzung des nationalen Gesetzgebers bedurfte, mussten die Regelungen der SE-ErgRiL zur Erlangung unmittelbarer Geltung von den Mitgliedstaaten in nationales Recht umgesetzt werden.

---

[254] Wobei der bilaterale Vertrag v. 21.6.1923 vorgeht, → Rn. 190.
[255] KG JFG 14, 5 (7 f.).
[256] RGBl. 1942 I S. 609.
[257] *Schaub* NZG 2000, 953.
[258] Keidel/Kuntze/*Winkler* FGG § 9 Rn. 5.
[259] LG Düsseldorf RPfleger 1999, 334. OLG Frankfurt NZG 2017, 1431 = ZIP 2018, 686 mAnm *Just/Müller* EWiR 2018, 269.
[260] Zur geschichtlichen Entwicklung Theisen/*Wenz*, Die Europäische Aktiengesellschaft, 2. Aufl. 2005, S. 27 ff.; *F. Blanquet*, Societas Europea, 2002, S. 20 ff.
[261] ABl. EG Nr. L 294, v. 10.11.2011, S. 1–21.
[262] Zu den Einzelheiten der grenzüberschreitenden Sitzverlegung, siehe *Wenz* in Theisen/Wenz, Die Europäische Aktiengesellschaft, 2. Aufl. 2005 S. 189 ff.

Die **SE-VO** enthält Regelungen zu Kernbereichen der SE, insbesondere Gründung, Sitzverlegung und innere Organisation, wobei die Regelungen nicht in allen Punkten abschließend sind.[263] Nicht von der SE-VO geregelt sind beispielsweise die Bereiche der Kapitalaufbringung und -erhaltung oder das Steuer- und Wettbewerbsrecht. Hierfür enthält die SE-VO zum Teil Ermächtigungen an die nationalen Gesetzgeber oder auch Verweise auf das je nationale Recht des Staates der SE (vgl. Art. 9, 15, 34 SE-VO). Damit hat der europäische Verordnungsgeber ein Regelungskonzept gewählt, dass aus einem Nebeneinander von EU-Recht und nationalem Recht besteht. Vorrangige Rechtsquelle für die SE ist allerdings die SE-VO (vgl. Art. 9 Abs. 1 lit. a SE-VO). Nur so weit diese es ausdrücklich in Form von Verweisen oder zur Lückenfüllung anordnet, kommt ergänzend nationales Recht zur Anwendung.[264]

Die **SE-ErgRiL** regelt die Beteiligung der Arbeitnehmer in der SE, wobei die erforderlichen Umsetzungsmaßnahmen den nationalen Gesetzgebern vorbehalten waren. Der deutsche Gesetzgeber hat sämtliche Umsetzungsmaßnahmen im Zuge der Einführung der Europäischen Aktiengesellschaft in dem **Gesetz zur Einführung der Europäischen Gesellschaft (SEEG)** zusammengefasst.[265] Das SEEG als Mantelgesetz besteht aus zwei Teilen, dem „Gesetz zur Ausführung der Verordnung (EG) Nr. 2157/2001 des Rates vom 8. Oktober 2001 über das Statut der Europäischen Gesellschaft (SE) – (SE-Ausführungsgesetz – SEAG)" und dem „Gesetz über die Beteiligung der Arbeitnehmer in einer Europäischen Gesellschaft (SE-Beteiligungsgesetz – SEBG)".[266]

2. Gründungsarten

Die SE-VO enthält in Art. 2 Abs. 1–4 insgesamt **vier Gründungsmöglichkeiten** einer SE bereit:
- die grenzüberschreitende Verschmelzung von mindestens zwei nationalen Aktiengesellschaften zu einer SE,[267]
- die Gründung einer gemeinsamen Holding-SE durch mindestens zwei nationale Kapitalgesellschaften,[268]
- die Gründung einer gemeinsamen Tochter-SE durch mindestens zwei nationale Gesellschaften nach Art. 48 Abs. 2 EGV oder juristische Personen des öffentlichen oder privaten Rechts der Mitgliedstaaten,[269]
- die Umwandlung einer nationalen Aktiengesellschaft in eine SE.[270]

Zu diesen vier Formen einer unmittelbaren SE-Gründung tritt eine **weitere**, in der Literatur als „abgeleitete",[271] „derivative"[272] oder „sekundäre"[273] bezeichnete **Gründungsmöglichkeit** hinzu, die Tochter-SE, die von einer Mutter-SE gegründet wird.[274]

Weitere Gründungsmöglichkeiten gibt es nicht, so dass durch einen von der SE-VO vorgenommenen numerus clausus der Gründungsarten auszugehen ist.

Die Folge ist eine **Einschränkung** der gesellschaftsrechtlichen **Gründungsfreiheit**. So können natürliche Personen ebenso wie Personengesellschaften nicht als Alleingründer einer SE

---

[263] *Neye/Teichmann* AG 2003, 169.
[264] *Brandt/Scheifele* DStR 2002, 547 (553).
[265] Gesetz zur Einführung der Europäischen Gesellschaft (SEEG) vom 22.12.2004, BGBl. 2004 I S. 3675; vgl. *Hirte* DStR 2005, 653.
[266] Zu den Rechtsquellen im Einzelnen van Hulle/Maul/Drinhausen/*Drinhausen/Teichmann*, Handbuch zur Europäischen Gesellschaft (SE), § 3 Rn. 1 ff.; Graf Kanitz, Schüppen & Partner (Hrsg.), Europäische Aktiengesellschaft (Societas Europea – SE), Grenzüberschreitende Umwandlung, Textsammlung zum Gesellschafts- und Mitbestimmungsrecht.
[267] Art. 2 Abs. 1 iVm Anh. I zur SE-VO, Art. 17–31 SE-VO.
[268] Art. 2 Abs. 2 iVm Anh. II zur SE-VO, Art. 32–34 SE-VO.
[269] Art. 2 Abs. 3, Art. 35, 36 SE-VO.
[270] Art. 2 Abs. 4, Art. 37 SE-VO.
[271] *Hommelhoff* Organisationsverfassung 2001, S. 279, 280.
[272] *Pluskat* Europäische Aktiengesellschaft, 2001, S. 524, 527.
[273] *Lutter* Europäische Aktiengesellschaft, 2002, S. 1, 4.
[274] Art. 3 Abs. 2 SE-VO.

auftreten;²⁷⁵ sie können allenfalls zu einem von den vorgesehenen Gründungsgesellschaftern betriebenen Gründungsgeschäft hinzutreten. Aber auch den Kapitalgesellschaftsformen stehen nicht sämtliche Gründungsformen zur Verfügung. Während sich nämlich an der Gründung einer Holding-SE und an der Gemeinschafts-SE sowohl eine GmbH als auch eine AG beteiligen können, sind namentlich die Verschmelzungs- und Umwandlungs-SE allein der AG zugänglich.

207 Eine weitere Einschränkung der Gründungsmöglichkeiten besteht auf Grund des Mehrstaatlichkeitsprinzips. Abgesehen von der Gründung einer Tochter-SE durch eine bereits bestehende SE²⁷⁶ müssen alle anderen Gründungsformen **mindestens zwei Mitgliedsstaaten** berühren. Die SE als Europäische Rechtsform ist außerdem dadurch gekennzeichnet, dass die Gründungsalternativen des Art. 2 Abs. 1–2 SE-VO nur Gesellschaften zur Verfügung stehen, die nach dem Recht eines Mitgliedsstaats der Gemeinschaft gegründet sind und ihren satzungsmäßigen Sitz ebenso wie die Hauptverwaltung in der Gemeinschaft haben. Gesellschaften außerhalb der EU ist damit der unmittelbare Weg zu einer SE grundsätzlich verbaut.²⁷⁷

208 Entfallen die Gründungsvoraussetzungen nachträglich, zB weil eine natürliche Person in einen Mitgliedsstaat oder sogar außerhalb der EU alle Aktien erwirbt, ist die SE gleichfalls nach der SE-VO nicht automatisch aufgelöst.²⁷⁸

3. Organisationsverfassung

209 Die Organisationsverfassung ist einerseits durch **Satzungsstrenge** gekennzeichnet,²⁷⁹ andererseits eröffnen sich aber auch beachtliche **Gestaltungsspielräume:** So hält mit der SE das sog **monistische System** der Unternehmensverfassung Einzug in das deutsche Recht, worin die größte Innovation der neuen Rechtsform gesehen wird.²⁸⁰ Bei seiner konkreten Ausgestaltung kann man sich am englischen board-system (ein Verwaltungsorgan mit Leitungs- und Aufsichtsrat) orientieren. Je nachdem hat somit die SE entsprechend der deutschen Aktiengesellschaft neben der Hauptversammlung entweder ein Aufsichtsorgan und ein Leitungsorgan (dualistisches System) oder ein einziges Verwaltungsorgan (monistisches System).²⁸¹ Unternehmensleitung und Hauptversammlung sind in Art. 39 ff., 52 ff. SE-VO geregelt.²⁸²

4. Finanzverfassung

210 Das Eigenkapital der SE beträgt mindestens 120.000,– EUR.²⁸³ Jeder Aktionär haftet nur bis zur Höhe des von ihm gezeichneten Kapitals.²⁸⁴ Damit ist gemeint, dass nur das Gesellschaftsvermögen haftet. Einzelheiten über die Kapitalsicherung wird der nationale Gesetzgeber regeln. Auch wegen der Rechnungslegung verweist die STE-VO weitgehend auf das nationale Recht.²⁸⁵

5. Auflösung, Liquidation, Zahlungsunfähigkeit und Zahlungseinstellung

211 Hinsichtlich der Auflösung, Liquidation, Zahlungsunfähigkeit, Zahlungseinstellung und ähnlichen Verfahren unterliegt die SE den Rechtsvorschriften, die für eine Aktiengesellschaft maßgebend wären, die nach dem Recht des Sitzstaates der SE gegründet worden ist; dies gilt

---

[275] Eine Ausnahme gilt für die Gründung einer Tochter-SE, da auch Personengesellschaften zu den Gesellschaften im Sinne des Art. 48 Abs. 2 EGV gehören.
[276] Art. 3 Abs. 2 SE-VO.
[277] Theisen/Wenz/*Neun* Die Europäische Aktiengesellschaft, 2. Aufl. 2005, S. 69.
[278] *K. Schmidt* Gesellschaftsrecht § 26 S. 757.
[279] Art. 9 Abs. 1 lit. b SE-VO.
[280] Zur monistischen Unternehmensverfassung für die SE im Einzelnen *Merkt* ZGR 2003, 650; *Menjucq* ZGR 2003, 679.
[281] Art. 38 SE-VO.
[282] *K. Schmidt*, Gesellschaftsrecht, § 26, S. 757.
[283] Art. 4 SE-VO.
[284] Art. 1 Abs. 2 S. 2 SE-VO.
[285] Art. 61 f. SE-VO.

auch für die Vorschriften hinsichtlich der Beschlussfassung durch die Hauptversammlung.[286] Damit unterliegen die genannten Verfahren im Wesentlichen nationalen Bestimmungen.

6. Einsatzmöglichkeiten in der Unternehmenspraxis

Von grundlegender Bedeutung für den Erfolg der neuen supranational-europäischen Rechtsform der Europäischen Aktiengesellschaft sind insbesondere die konkreten Möglichkeiten ihres Einsatzes in der Unternehmenspraxis. Nur wenn sich in den Anwendungsmöglichkeiten einer SE rechtsformspezifische Vorteile, insbesondere in der Ausgestaltung der statutarischen Organisationsstruktur von Unternehmen im Europäischen Binnenakt realisieren lassen, hat die SE eine Chance sich – anders als die erfolglose EWiV – gegenüber der Vielzahl nationaler und vertrauter Rechtsformen durchzusetzen. Als Einsatzmöglichkeiten in der Unternehmenspraxis kommen vor allen Dingen folgende Fälle in Betracht:
- Grenzüberschreitende Verschmelzung von zwei gleichberechtigten Unternehmen (Merger of Equals): **Merger-SE**,[287]
- Grenzüberschreitende Aquisition eines ausländischen Zielunternehmens: **Aquisitions-SE**,
- Reorganisation einer europäischen Vertriebsstruktur eines Unternehmens aus einem Drittstaat: **Reorganisations-SE**, durch:
  - Zwischenschaltung einer Europa-Holding: **Europa-Holding-SE**;
  - Verschmelzung der nationalen Vertriebsgesellschaften zu einer einheitlichen europäischen Vertriebsgesellschaft mit Niederlassungen in verschiedenen Mitgliedsstaaten: **Distributions-SE**,
- Gründung einschließlich Umwandlung von Tochtergesellschaften in der Rechtsform einer SE durch ein europaweit agierendes Unternehmen, das ebenfalls in der Rechtsform einer SE organisiert ist: **Subsidiary-SE**,
- Identitätswahrende Sitzverlegung einer SE über die Grenze von einem Mitgliedsstaat der EU in einen anderen: **Cross-Border-SE**,
- Gründung einer gemeinsamen Tochtergesellschaft in der Rechtsform einer SE durch zwei europäische Partnerunternehmen: **Joint-Venture-SE**,
- Umwandlung einer Aktiengesellschaft nationalen Rechts in eine SE, um den Bedürfnissen des Kapitalmarktes durch die Möglichkeit der Anpassung des Systems der Unternehmensleitung besser Rechnung zu tragen: **Reengeneering-SE**.[288]

---

[286] Art. 63 SE-VO.
[287] Vgl. §§ 122a ff. UmwG; Zehnte gesellschaftsrechtliche Richtlinie des Europäischen Parlaments und des Rates über die Verschmelzung von Kapitalgesellschaften aus verschiedenen Mitgliedstaaten v. 26.10.2005, 2005/56/EG, ABl. 2005 L 310, S. 1; Art. 9 SE-VO.
[288] Theissen/*Wenz* Die Europäische Aktiengesellschaft, 2. Aufl. 2005, S. 659 f.; *Wenz* AG 2003, 185.

§ 6 Handelsregisteranmeldungen

Übersicht

	Rn.
I. Anmeldungen zur Eintragung in das Handelsregister	1–11
1. Systematik	1–3
2. Begriff und Rechtsnatur der Anmeldung	4–6
3. Inhalt der Anmeldung	7/8
4. Bedingungen/Befristungen	9–11
II. Eintragungsfähige/nicht eintragungsfähige Tatsachen	12–20
1. Abgrenzung	12–14
2. Übersicht	15–20
a) Eintragungsfähige und anmeldepflichtige Tatsachen	15/16
b) Eintragungsfähige/nicht anmeldepflichtige Tatsachen	17–19
c) Nicht eintragungsfähige Tatsachen	20
III. Form und Rücknahme der Anmeldung	21–23
1. Form	21
2. Rücknahme	22/23
IV. Anmeldepflichtige Personen	24–38
1. Gründer	25/26
2. Vorstand	27
3. Abwickler	28
4. Aufsichtsrat	29/30
5. Prokuristen	31/32
6. Stellvertretung	33–37
7. Höchstpersönliche Erklärungen	38
V. Die Entscheidung des Registergerichts, Rechtsbehelfe	39–44
VI. Kosten	45–51
1. Kosten der Anmeldung	45–50
2. Kosten der Eintragung	51

Schrifttum: *Ammon,* Die Anmeldung zum Handelsregister, DStR 1993, 1025; *Armbrüster/Preuß/Renner,* Beurkundungsgesetz und Dienstordnung für Notarinnen und Notare, 7. Auflage 2015; *Auer,* Die antizipierte Anmeldung bei der GmbH, DNotZ 2000, 498; *Bärwaldt,* Die Anmeldung „zukünftiger" Tatsachen zum Handelsregister. Anmerkungen und Beratungshinweise zu OLG Düsseldorf v. 15.12.1999 – 3 Wx 354/99 GmbHR 2000, 421; *Böcker,* Anmeldung einer in der Zukunft liegenden Geschäftsführerbestellung, MittRhNotK 2000, 61; *Britz,* Noch einmal: Anmeldung einer in der Zukunft liegenden Geschäftsführerbestellung, MittRhNotK 2000, 197; *Gustavus,* Die Vollmacht zu Handelsregisteranmeldungen bei Personengesellschaften und Gesellschaften mit beschränkter Haftung, GmbHR 1978, 219; *Heidinger,* Der Zeitpunkt der Richtigkeit der Geschäftsführerversicherung, Rpfleger 2003, 545; *Keidel,* FamFG 19. Aufl. 2017; *Keilbach,* Die Prüfungsaufgaben der Registergerichte, MittRhNotK 2000, 365; *Krafka,* Registerrechtliche Neuerungen durch das FamFG, NZG 2009, 650; *ders.,* Nachträgliche Korrekturmöglichkeiten im Registerverfahren bei Gesellschaftsvertragsänderungen, MittBayNot 2002, 365; *Krafka/Kühn,* Registerrecht, 10. Aufl. 2017; *Netzer,* Das Rechtsmittelrecht im neuen Gesetz über das Verfahren in Familiensachen und in Angelegenheiten der freiwilligen Gerichtsbarkeit (FamFG), ZNotP 2009, 303; *Ries,* Praxis- und Formularbuch zum Registerrecht, 3. Aufl. 2015; *Schaub,* Stellvertretung bei Handelsregisteranmeldungen, DStR 1999, 1699 = MittBayNot 1999, 539; *Schmidt/Sikora/Tiedtke,* Praxis des Handels- und Kostenrechts, 7. Aufl. 2014; *Waldner,* Handelsregisteranmeldungen auf Vorrat, ZNotP 2000, 188; *Werder/Hobuß,* Handelsregisteranmeldung der Gründung einer Kapitalgesellschaft sowie späterer Kapitalmaßnahmen: Kompetenzen des Notars nach § 378 FamFG, BB 2018, 1031.

I. Anmeldungen zur Eintragung in das Handelsregister

1. Systematik

1 **Eintragungen** in das Handelsregister und **Löschungen** im Handelsregister erfolgen grundsätzlich nur **auf Antrag.** Zu den wesentlichen gesetzlichen Anmeldetatbeständen gehören zB:

- Anmeldung von Gründungsvorgängen;[1]

---

[1] §§ 136, 45, 52 Abs. 6 AktG.

§ 6 Handelsregisteranmeldungen

- Anmeldung von Änderungen des Vorstands sowie der Vertretungsbefugnis;[2]
- Anmeldung von Satzungsänderungen und Kapitalerhöhungen sowie -herabsetzungen;[3]
- Anmeldung von Auflösungen;[4]
- Anmeldung des Bestehens, der Änderung und der Beendigung von Unternehmensverträgen;[5]
- Anmeldung der Eingliederung und deren Beendigung;[6]
- Anmeldung der Verschmelzung,[7] der Spaltung[8] und der neuen Rechtsform des Rechtsträgers;[9]
- Anmeldung des Anfechtungs- und Nichtigkeitsurteils.[10]

Daneben gibt es ausnahmsweise Fälle, in denen die Anmeldung nicht zur Eintragung führt, bzw. solche, in denen die Eintragung ohne Anmeldung erfolgt. Es gibt nur noch[11] eine **Anmeldung, die nicht zur Eintragung führt,** nämlich nach § 107 Abs. 1 S. 2 AktG die Anmeldung der Wahl des Vorsitzenden des Aufsichtsrats und seines Stellvertreters bzw. seiner Stellvertreter. Trotz irreführender Bezeichnung handelt es sich hierbei nicht um eine Handelsregisteranmeldung im Sinne des § 12 HGB, sodass hierfür die Schriftform genügt.[12]

Vereinzelt erfolgen **Eintragungen** in das Handelsregister **ohne Anmeldung von Amts wegen,**[13] hierzu zählen etwa:

- Eröffnung und Ablehnung der Eröffnung des Insolvenzverfahrens bei der AG/KGaA;[14]
- gerichtlich festgestellter Satzungsmangel bei AG/KGaA;[15]
- Vermögenslosigkeit der AG/KGaA;[16]
- nichtige AG/KGaA;[17]
- gerichtlich bestellter Vorstand, Liquidator;[18]
- unzulässige Eintragungen.[19]

2. Begriff und Rechtsnatur der Anmeldung

Der Begriff der Anmeldung umfasst grundsätzlich nur Anträge zur Eintragung in das Handelsregister, nicht aber die Einreichung von Urkunden oder sonstigen Schriftstücken zum Handelsregister.[20]

Nach heute hM ist die Anmeldung eine **Verfahrenshandlung** gegenüber dem Registergericht und keine rechtsgeschäftliche Willenserklärung.[21] Mit dem verfahrensrechtlichen Charakter der Anmeldung ist es nicht vereinbar, dass sie auflösend bedingt oder durch einen

---

[2] § 81 AktG.
[3] §§ 181, 184, 188, 195, 201, 203 Abs. 1, 207 Abs. 2, 210, 223, 227, 229 Abs. 3, 237 Abs. 4 S. 5, 239 AktG.
[4] §§ 263, 266, 273 Abs. 1, 274 Abs. 3 AktG.
[5] §§ 294, 295 Abs. 1, 298 AktG.
[6] §§ 319 Abs. 4–7, 320 Abs. 1 S. 3, 327 Abs. 3 AktG.
[7] §§ 16, 17 UmwG.
[8] § 125 iVm §§ 16, 17 UmwG.
[9] §§ 189, 235 UmwG.
[10] §§ 248 Abs. 1 S. 2 und 3, Abs. 2, 249 AktG.
[11] Die Anmeldung des alleinigen Aktionärs – Ein-Personen-Gesellschaft – gemäß § 42 AktG ist auf Grund des HRefG v. 22.6.1998 (BGBl. I S. 1474) entfallen; hier bedarf es nur noch der Einreichung einer Mitteilung.
[12] Hüffer/Koch/*Koch* AktG § 107 Rn. 11.
[13] Im Einzelnen EBJS/*Schaub* HGB § 12 Rn. 5 ff.
[14] § 263 S. 2, 3, § 278 Abs. 2 AktG.
[15] § 263 S. 2, 3 iVm § 262 Abs. 1 Nr. 5 AktG; § 278 Abs. 3 AktG; § 399 FamFG.
[16] § 394 Abs. 1 FamFG.
[17] § 144 Abs. 1 AktG.
[18] § 34 Abs. 4 HGB.
[19] § 395 FamFG.
[20] Röhricht/Graf v. Westphalen/*Ries* HGB § 12 Rn. 1.
[21] BayObLG ZIP 2000, 791, dazu EWiR 2000, 1013 – Rottnauer; BayObLGZ 1977, 76 (78) = DNotZ 1977, 683; BayObLGZ 1984, 29; BayObLGZ 1985, 82; 1989, 34; 1970, 133; *Ammon* DStR 1993, 1025.

Endzeitpunkt befristet ist;[22] sie kann auch wegen Willensmängeln[23] nicht angefochten werden. § 181 BGB ist auf die Handelsregisteranmeldung nicht anwendbar.[24]

6 Die Anmeldung enthält das an das Registergericht gerichtete **Begehren auf Vornahme einer Eintragung** im Register. Mit ihrem vorgeschriebenen Inhalt ist die Anmeldung zugleich Eintragungsgrundlage, in der die dazu verpflichteten oder berechtigten Personen die einzutragenden Tatsachen glaubhaft[25] darstellen und damit deren Eintragung gestatten, sowie die sonst zur Eintragung erforderlichen Erklärungen vortragen. Die Registeranmeldung ist **keine Garantieerklärung des Anmeldenden.**[26]

3. Inhalt der Anmeldung

7 Das FamFG regelt den Inhalt der Anmeldeerklärung nicht.[27] Auch die Einzelgesetze, die Anmeldevorschriften enthalten, sehen grundsätzlich davon ab, den Inhalt der Anmeldeerklärung festzulegen[28] und enthalten nur ausnahmsweise Regelungen zum Inhalt der Anmeldung (zB § 37 AktG). Den allgemeinen Grundsätzen des Verfahrens der freiwilligen Gerichtsbarkeit folgend, muss die Anmeldung als Grundlage der Eintragung einen **klaren und bestimmten Inhalt** haben. Sie muss im Interesse der Sicherheit des Rechtsverkehrs die eintragungsfähige Tatsache eindeutig und vollständig bezeichnen, ohne dass daraus zu folgern ist, sie müsse einen bestimmten Wortlaut haben. Der Anmeldende ist insbesondere nicht verpflichtet, die einzutragende Tatsache in Übereinstimmung mit dem Wortlaut des Gesetzes oder in Anlehnung an diesen darzustellen oder so abzufassen, dass sie ohne Änderung in das Handelsregister übernommen werden kann.[29] Die Formulierung der Eintragung ist vielmehr allein Sache des Registergerichts. Als Verfahrensantrag und -erklärung ist die Anmeldung auslegungsfähig;[30] im Wege der Auslegung muss ihr aber die einzutragende registerfähige Tatsache zweifelsfrei zu entnehmen sein.[31]

8 Wird zB die Satzung einer Aktiengesellschaft in einzelnen Punkten geändert, kann es ausreichen, dass lediglich die Änderung als solche angemeldet und auf die zusammen mit der Anmeldung eingereichten Urkunden über die Änderung **Bezug genommen** wird. Der geänderte Wortlaut muss in der Anmeldung nicht dargestellt werden.[32] Jedoch sind bei der Änderung der nach § 181 AktG in das Handelsregister einzutragenden Angaben diese Änderungen in der Anmeldung zumindest schlagwortartig zu bezeichnen.[33] Auch bei der vollständigen Neufassung des Gesellschaftsvertrages muss die Abänderung – in Bezug auf eintragungspflichtige Tatsachen – schlagwortartig bezeichnet werden.[34]

4. Bedingungen/Befristungen

9 Die Handelsregisteranmeldung ist ein Antrag im Sinne des **§ 25 FamFG** und als solcher **bedingungsfeindlich.**[35] Hingegen sind Rechtsbedingungen oder innerverfahrensmäßige Abhängigkeiten auch bei Anmeldungen zur Eintragung in das Handelsregister zulässig.[36]

---

[22] §§ 158 ff. BGB.
[23] §§ 119 ff. BGB.
[24] *Ries*, Praxis- und Formularbuch zum Registerrecht, Rn. 1.28.
[25] BayObLGZ 1977, 67 = DNotZ 1977, 683.
[26] So BGHZ 116, 190 (198) gegen BayObLGZ 1982, 198; *Krafka/Kühn* Registerrecht Rn. 75.
[27] BayObLG Rpfleger 1985, 91.
[28] Vgl. zB § 181 Abs. 1 S. 1 AktG.
[29] BayObLG Rpfleger 1970, 288; MittBayNot 1987, 17; *Krafka/Kühn* Registerrecht Rn. 76.
[30] EBJS/*Schaub* HGB § 12 Rn. 37.
[31] OLG Düsseldorf Rpfleger 1998, 27; *Ammon* DStR 1993, 1025.
[32] OLG Düsseldorf MittRhNotK 1992, 223; *Keilbach* MittRhNotK 2000, 365 (371); *Krafka* MittBayNot 2002, 365 (366).
[33] BGH NJW 1987, 3191; BayObLGZ 1985, 82; 1978, 282; OLG Düsseldorf MittBayNot 1999, 198; s. auch DNotI-Gutachten in DNotI-Report 2004, 24.
[34] OLG Hamm BB 2001, 2496; BayObLGZ 1985, 82; aA OLG Schleswig DNotZ 1973, 482.
[35] OLG Hamm MittBayNot 2010, 488; FGPrax 2007, 186; BayObLG DNotZ 1993, 197; OLG Düsseldorf 2000, 529 = Rpfleger 2000, 218; *Waldner* ZNotP 2000, 188; EBJS/*Schaub* HGB § 12 Rn. 33.
[36] OLG Dresden Rpfleger 2011, 277; *Krafka/Kühn* Registerrecht Rn. 78.

Umstritten ist, ob zeitnahe **Befristungen** bei Handelsregisteranmeldungen zulässig sind. 10
Die Registerpraxis hierzu ist uneinheitlich. Wenn die Anmeldung nur um kurze Zeit – bis zu
2 Wochen (vgl. § 15 HGB) – zu früh eingeht und von Personen unterzeichnet ist, die im
Zeitpunkt des Zugangs beim Handelsregister vertretungsbefugt sind (→ Rn. 11), sollte ein
großzügiger Maßstab angelegt werden, da bei einer ansonsten verfahrenstechnisch möglichen Zurückweisung des Antrags dieser unmittelbar danach erneut gestellt werden würde.[37]
Die **verfrühte Anmeldung** ist allerdings **erst zu vollziehen, wenn die einzutragende Tatsache**,
dh die Befristung, eingetreten ist. Weiter muss die Anmeldung von zum Zeitpunkt des Zugangs der Anmeldung vertretungsberechtigten Personen unterzeichnet sein; diese Personen
müssen – abweichend von den in → Rn. 11 dargelegten Grundsätzen – auch noch im Zeitpunkt des Registervollzugs der angemeldeten Tatsachen vertretungsberechtigt sein,[38] da andernfalls der verfrüht Anmeldende bevorzugt würde.

Die Eintragung künftiger Ereignisse im Handelsregister ist ausgeschlossen.[39] Beispiels- 11
weise kann ein Vorstand einer AG nicht vor dem Datum seiner Bestellung eingetragen werden.[40]

Für die Frage der bestehenden Vertretungsmacht bei einer Anmeldung mittels eines Vertreters ist der Zeitpunkt der Abgabe der Erklärung im Sinne der Absendung an das Registergericht maßgebend.[41]

II. Eintragungsfähige/ nicht eintragungsfähige Tatsachen

1. Abgrenzung

In erster Linie regelt das Gesetz, was im Einzelnen eintragungsfähig ist, in dem es be- 12
stimmte Umstände für eintragungs- und anmeldepflichtig erklärt oder aber die Möglichkeit
bereitstellt, die Eintragung herbeizuführen, ohne eine Verpflichtung zur Anmeldung zu statuieren. Daneben können es die Publizitätsfunktion des Handelsregisters und sein Zweck,
die eingetragenen Rechtsverhältnisse im Interesse der Sicherheit des Rechtsverkehrs zutreffend wiederzugeben, auch ohne ausdrückliche gesetzliche Vorschrift gebieten, dass bestimmte Tatsachen in das Handelsregister eintragen werden.[42]

Nach herkömmlicher Terminologie werden bei den eintragungsfähigen Tatsachen die ein- 13
tragungspflichtigen von solchen unterschieden, die zwar eintragungsfähig aber nicht eintragungspflichtig sind. Richtigerweise ist aber terminologisch danach zu differenzieren, ob eine
eintragungsfähige Tatsache anmeldepflichtig ist oder nicht.[43] Unter Anmeldepflicht ist die
öffentlich-rechtliche Anmeldepflicht zu verstehen; nur diese kann durch Festsetzung von
Zwangsgeld nach § 14 HGB sanktioniert werden.

Von den eintragungsfähigen Tatsachen sind die nicht eintragungsfähigen Tatsachen abzu- 14
grenzen. Sofern gesetzlich ausdrückliche Anordnungen fehlen, ist die Abgrenzung teilweise
umstritten und insbesondere im Hinblick auf die Publizitätsfunktion des Handelsregisters
danach zu beurteilen, dass das Handelsregister zwar rasche und verständliche Informationen für den Rechtsverkehr bieten soll, andererseits sein Inhalt nicht im Sinne einer Vollständigkeitsgewähr zu verstehen ist. Es ist nicht Aufgabe des Handelsregisters, die Verhältnisse
des Kaufmanns lückenlos offen zu legen.[44]

---

[37] *Krafka/Kühn* Registerrecht Rn. 78a, 147.
[38] *Krafka/Kühn* Registerrecht Rn. 78a, 147.
[39] BayObLG NZG 2003, 479; OLG Thüringen GmbHR 2017, 1047; OLG Celle NZG 2018, 303.
[40] Allg. OLG Düsseldorf DNotZ 2000, 529; BayObLG DNotZ 1993, 197; *Waldner* ZNotP 2000, 188;
Bärwaldt GmbHR 2009, 421.
[41] OLG Zweibrücken NZG 2015, 391; *Krafka/Kühn* Registerrecht Rn. 79.
[42] EBJS/*Schaub* HGB § 8 Rn. 54.
[43] EBJS/*Schaub* HGB § 8 Rn. 61; Röhricht/Westphalen/*Ries* HGB § 8 Rn. 17; GroßkommHGB/*Hüffer* HGB
§ 8 Rn. 19.
[44] OLG Karlsruhe GmbHR 1964, 78; OLG Düsseldorf BB 1991, 2105.

2. Übersicht

15 **a) Eintragungsfähige und anmeldepflichtige Tatsachen.** Folgende anmelde- und eintragungspflichtige Tatsachen und Rechtsverhältnisse bezüglich der AG sind unter anderem ausdrücklich gesetzlich normiert:
- § 81 AktG (Änderung des Vorstands);
- § 201 AktG (Ausgabe von Bezugsaktien);
- § 227 AktG (Durchführung der ordentlichen Herabsetzung des Grundkapitals);
- § 239 AktG (Durchführung der Kapitalherabsetzung durch Aktieneinziehung);
- § 263 AktG (Auflösung);
- § 266 AktG (Anmeldung der Abwickler);
- § 273 AktG (Beendigung der Abwicklung);
- § 298 AktG (Beendigung eines Unternehmensvertrages).

16 Hingegen sind folgende Tatsachen und Rechtsverhältnisse bei der AG eintragungs- und anmeldepflichtig, obwohl eine gesetzliche Normierung hierzu nicht existiert:
- Befreiung des Vorstands von den Beschränkungen des § 181 Alt. 2 BGB (§ 112 AktG);[45]
- Eintragungen der einem Prokuristen erteilten Befugnis zur Veräußerung und Belastung von Grundstücken (§ 49 Abs. 2 HGB).[46]

17 **b) Eintragungsfähige/nicht anmeldepflichtige Tatsachen.** Folgende Umstände sind bei der AG zwar eintragungsfähig, müssen teilweise auch eintragen werden um wirksam zu sein, jedoch besteht keine Anmeldepflicht; damit findet insbesondere § 14 HGB (Androhung von Zwangsgeld) keine Anwendung.[47]

18 Kraft Gesetzes eintragungsfähig, jedoch nicht anmeldepflichtig sind:
- § 36 AktG (Ersteintragung);
- § 45 AktG (Sitzverlegung);
- § 52 Abs. 6 AktG (Nachgründung);
- § 181 AktG (Satzungsänderung);
- § 184 AktG (Beschluss über die Erhöhung des Grundkapitals);
- § 188 AktG (Durchführung der Kapitalerhöhung);
- § 195 AktG (Beschluss einer bedingten Kapitalerhöhung);
- § 210 AktG (Kapitalerhöhung aus Gesellschaftsmitteln);
- § 223 AktG (ordentliche Kapitalherabsetzung);
- § 237 Abs. 4 AktG (Kapitalherabsetzung durch Einziehung der Aktien);
- § 294 Abs. 1 AktG (Abschluss eines Unternehmensvertrages);
- § 319 Abs. 3 AktG (Eingliederung).

19 Auch ohne gesetzliche Verpflichtung[48] im Handelsregister eintragbar sind, ohne dass eine zwingbare Anmeldepflicht besteht:
- Befreiung von den Beschränkungen des § 181 BGB beim Prokuristen;[49]
- Eintragung von Unternehmensverträgen bei einer beherrschten Gesellschaft[50] (die Eintragung wirkt konstitutiv; es besteht jedoch keine erzwingbare Anmeldepflicht).

20 **c) Nicht eintragungsfähige Tatsachen.** Verschiedene Umstände sind weder kraft Gesetzes noch auf Grund eines allgemeinen Bedürfnisses hierzu in das Handelsregister einzutragen, zB:
- Erteilung einer Handlungs- oder Generalvollmacht;
- Beschränkungen der Verfügungsbefugnis der gesetzlichen Vertreter;
- Stellvertreterzusatz beim Vorstandsmitglied der AG nach § 94 AktG;[51]

---

[45] BGHZ 87, 59; BGH DNotZ 1983, 633, OLG Hamburg ZIP 1986, 1186; aA OLG Hamm BB 1983, 858.
[46] BayObLG NJW 1971, 810; BB 1980, 1487.
[47] *Krafka/Kühn* Registerrecht Rn. 101.
[48] Hierzu → Rn. 18.
[49] BayObLG DNotZ 1981, 189; OLG Hamm MittRhNotK 1983, 195.
[50] MüKoHGB/*Krafka* § 8 Rn. 37; BGHZ 105, 324 (328).
[51] BGH NJW 1998, 1071, 1027; EBJS/*Schaub* HGB § 8 Rn. 75.

- Eintragung einer Tatsache, die erst in einem künftigen Zeitpunkt wirksam werden soll, zB Bestellung eines Vorstands mit Wirkung zum 1.1. des nächsten Jahres;[52]
- Eintragung nicht mehr gültiger Tatsachen.

Beispiel:
Ein wirksam bestellter Vorstand ist nicht zur Eintragung im Handelsregister angemeldet und sodann wieder abberufen worden; hier ist anzumelden und einzutragen, dass diese Person nicht mehr Vorstand ist. Die Voreintragung als Vorstand (überholte Zwischeneintragung) findet hingegen nicht statt.[53]

III. Form und Rücknahme der Anmeldung

1. Form

Anmeldungen zur Eintragung in das Handelsregister sind elektronisch **in öffentlich beglaubigter Form** einzureichen.[54] Die Beglaubigung der vorgelegten Anmeldung kann als einfaches elektronisches Zeugnis nach § 39a BeurkG erfolgen. Zuständig hierfür ist der Notar.[55] Die notarielle Beurkundung (§§ 6 ff. BeurkG) ersetzt die Unterschriftsbeglaubigung. Das Gleiche gilt für die Aufnahme der Erklärung in einen Prozessvergleich.[56]

2. Rücknahme

Die Anmeldung kann **bis zum Vollzug der Eintragung**, § 382 Abs. 2 FamFG, **formlos** zurückgenommen werden.[57] Bei einer Mehrheit von Anmeldenden kann jeder seine Anmeldung widerrufen, mit der Folge, dass die Eintragung unterbleiben muss, wenn ein Zusammenwirken aller bzw. mehrerer Anmeldeberechtigter erforderlich ist. Ggf. sind die in Folge der Rücknahme fehlenden Anmeldeerklärungen zu erzwingen.[58] Die Rücknahmeerklärung des Notars muss mit Unterschrift und Amtssiegel versehen sein.[59]

Die **Zurücknahme eines auf Unterbleiben einer Anmeldung gerichteten Widerrufs** bedeutet eine Neuanmeldung und bedarf daher der Form des § 12 HGB.[60]

Ebenfalls möglich ist die **Einschränkung** und die **Ergänzung** der angebrachten Anmeldung, wobei entsprechend bei Erweiterungen der bereits vorliegenden Anmeldung die Formvorschrift des § 12 HGB zu beachten ist. Berichtigt oder ergänzt der hierzu ermächtigte Notar eine von ihm unterschriftsbeglaubigte oder beurkundete Anmeldeerklärung im Wege einer Eigenurkunde, so genügt auch dies den Anforderungen des § 12 HGB.[61]

IV. Anmeldepflichtige Personen

Welche Person jeweils anmeldepflichtig oder -berechtigt ist, bestimmt sich nach den jeweiligen Einzelvorschriften des AktG bzw. anderer Gesetze.[62] Die Anmeldeberechtigung bzw. -verpflichtung muss vorliegen zum Zeitpunkt des Eingangs der Anmeldung beim Registergericht, noch nicht bei Erklärung oder bei Unterzeichnung oder notarieller Beglaubigung der Anmeldung.[63]

---

[52] *Krafka/Kühn* Registerrecht Rn. 89, 146.
[53] OLG Köln RNotZ 2015, 594; KG DNotZ 2012, 388; *Krafka/Kühn* Registerrecht Rn. 90.
[54] § 12 Abs. 1 HGB.
[55] § 20 Abs. 1 BNotO – Zu den Einzelheiten EBJS/*Schaub* § 12 Rn. 46.
[56] § 127a, § 129 Abs. 2 BGB, sodass in diesen Fällen die Vorlage einer Ausfertigung oder beglaubigten Abschrift des Vergleichs ausreicht; *Krafka/Kühn* Registerrecht Rn. 80.
[57] OLG Düsseldorf Rpfleger 1989, 201.
[58] § 14 HGB §§ 388 ff. FamFG.
[59] § 24 Abs. 3 S. 2 BNotO.
[60] BayObLGZ 1966, 337 (341).
[61] BGHZ 78, 36; zu § 29 GBO; *Ammon* DStR 1993, 1025 (1027); *Kafka/Kühn* Registerrecht Rn. 84.
[62] ZB UmwG, GmbHG, HGB.
[63] *Böcker* MittRhNotK 2000, 61; *Ries*, Praxis- und Formularbuch zum Registerrecht, Rn. 1.37; hierzu auch → Rn. 10 ff.

1. Gründer

25 § 36 Abs. 1 AktG bestimmt, dass die Aktiengesellschaft von allen Gründern, allen Mitgliedern des Vorstandes und allen Mitgliedern des Aufsichtsrates im eigenen Namen anzumelden ist. Die Anmeldung ist eine **höchstpersönliche Pflicht;** Stellvertretung ist ausgeschlossen.[64] Beteiligt sich eine BGB-Gesellschaft als Gründerin an der AG, ist die Anmeldung durch sämtliche Gesellschafter persönlich vorzunehmen.[65]

26 Außer im Fall der Gründung sind die Gründer nicht zu Anmeldungen berechtigt oder verpflichtet, auch nicht, soweit **Nachgründungsverträge** betroffen sind. Die Nachgründung ist nur vom Vorstand in vertretungsberechtigter Zahl anzumelden.[66]

2. Vorstand

27 Im Regelfall ist der Vorstand zur Anmeldung berechtigt und verpflichtet und zwar nach Maßgabe des bei der Anmeldung grundsätzlich geltenden Vertretungsprinzips des § 78 AktG jeweils in vertretungsberechtigter Zahl.[67] Lediglich bei der Erstanmeldung der Aktiengesellschaft[68] müssen sämtliche Mitglieder des Vorstandes mitwirken.

3. Abwickler

28 Zur Anmeldung verpflichtet sind die Abwickler, und zwar in vertretungsberechtigter Zahl, im Falle des § 266 Abs. 1 AktG.

4. Aufsichtsrat

29 Die **Gründung** der Aktiengesellschaft ist von allen Mitgliedern des Aufsichtsrats anzumelden.[69] Ansonsten ist bei der **Anmeldung von Kapitalmaßnahmen** der Vorsitzende des Aufsichtsrates zur Anmeldung verpflichtet, nämlich bei der Anmeldung
- des Beschlusses über die Erhöhung des Grundkapitals;[70]
- der Durchführung der Erhöhung des Grundkapitals;[71]
- des Beschlusses über die bedingte Kapitalerhöhung;[72]
- des Beschlusses über die Herabsetzung des Grundkapitals.[73]

30 Ist der Aufsichtsratsvorsitzende in den genannten Fällen an der Mitwirkung bei der Registeranmeldung verhindert, kann er sich durch seinen **Stellvertreter** – nicht durch ein sonstiges Mitglied des Aufsichtsrats – vertreten lassen.[74] Über die genannten Fälle hinaus bestehen Anmeldepflichten für Mitglieder des Aufsichtsrates nicht.

5. Prokuristen

31 Bei **unechter Gesamtvertretung** (§ 78 Abs. 3 S. 1 AktG) kann eine Anmeldung, die nicht durch sämtliche Mitglieder des Vorstands zu erfolgen hat, von einzelnen Vorstandsmitglie-

---

[64] HM, vgl. EBJS/*Schaub* HGB § 12 Rn. 95 ff. mwH; s. im Übrigen → Rn. 38.
[65] EBJS/*Schaub* HGB § 12 Rn. 142.
[66] § 52 Abs. 6 AktG; *Frodermann/Jannott*, Handbuch des Aktienrechts, 2017, 12. Kap. Rn. 32.
[67] So zB für die in § 181 Abs. 1, § 201 Abs. 1, § 227 Abs. 1, § 239 Abs. 1, §§ 263, 266 Abs. 1, § 298 AktG genannten Anmeldungen.
[68] § 36 Abs. 1 AktG.
[69] § 36 Abs. 1 AktG.
[70] § 184 Abs. 1 AktG.
[71] § 188 Abs. 1 AktG; § 188 AktG ist von der Anmeldung und Eintragung des Kapitalerhöhungsbeschlusses nach § 184 AktG zu unterscheiden; beide Verfahren können allerdings miteinander verbunden werden, § 188 Abs. 4 AktG.
[72] § 195 Abs. 1 AktG – anders beim genehmigten Kapital, welches, soweit es nicht schon Inhalt der Gründungssatzung ist (§ 202 Abs. 1 AktG), durch Satzungsänderung beschlossen wird (§ 202 Abs. 1 S. 1 AktG), die nach allgemeinen Regeln durch den Vorstand in vertretungsberechtigter Zahl zum Handelsregister angemeldet wird (§ 181 Abs. 1 AktG). Erst die ganze oder teilweise Ausnutzung des genehmigten Kapitals ist als Durchführung der Kapitalerhöhung zur Eintragung auch durch den Aufsichtsratsvorsitzenden anzumelden (§ 188 AktG iVm 203 Abs. 3 S. 4 AktG).
[73] § 223 AktG.
[74] § 107 Abs. 1 S. 3 AktG.

dern je in Gemeinschaft mit einem Prokuristen erfolgen.[75] Daher kann zB ein Prokurist zusammen mit einem Vorstand eine beschlossene Satzungsänderung anmelden.[76] Die Anmeldebefugnis des Prokuristen – in unechter Gesamtvertretung – ist allerdings nicht gegeben, soweit höchstpersönliche Erklärungen abzugeben sind bzw. soweit es sich um die Anmeldung der eigenen Prokura handelt.[77] Von einem **Prokuristen allein** – ohne Beteiligung eines Mitgliedes des Vorstandes – kann eine Anmeldung, die das Unternehmen des Prinzipals betrifft, nicht erklärt werden, allerdings kann dem Prokuristen zur Anmeldung auch hinsichtlich des Unternehmens des Prinzipals eine gesonderte Vollmacht in der Form des § 12 Abs. 2 S. 1 HGB erteilt werden.[78]

Umgekehrt aber kann der Prokurist vertreten, soweit es um Anmeldungen bei Unternehmen geht, an welchen der Vollmachtgeber beteiligt ist.[79] Ist beispielsweise die AG als Komplementärin (AG & Co. KG) oder als Kommanditistin an einer Kommanditgesellschaft beteiligt, kann der Prokurist der AG die die KG betreffenden Handelsregisteranmeldungen[80] vornehmen. 32

6. Stellvertretung

Die Anmeldung zur Eintragung in das Handelsregister kann durch einen Vertreter, insbesondere durch einen Bevollmächtigten vorgenommen werden.[81] Bei Handelsregisteranmeldungen durch Stellvertreter ist dabei zu unterscheiden zwischen 33

- **gesetzlicher Vertretung**: gesetzliche Vertreter können Anmeldungen zum Handelsregister kraft der ihnen verliehenen Vertretungsmacht ohne weiteres vornehmen, zB Eltern für ihre minderjährigen Kinder;[82] 34
- **rechtsgeschäftlicher Vertretung** (Vollmacht): Die Anmeldung kann grundsätzlich – soweit es sich nicht um höchstpersönliche Erklärungen handelt[83] – auf Grund rechtsgeschäftlicher Vertretungsmacht erfolgen, wobei unerheblich ist, ob es sich hier um eine General- oder Spezialvollmacht handelt, wenn nur die Vollmacht inhaltlich die entsprechende Handelsregisteranmeldung erfasst;[84] 35
- **Organschaftliche Vertretung:** Die Organe einer Handelsgesellschaft oder juristischen Person vertreten diese auch im Registerverfahren. Sie geben als organschaftliche Vertreter für diese auch die erforderlichen höchstpersönlichen Erklärungen ab, da den Gesellschaften das Handeln ihrer Repräsentanten unmittelbar zuzurechnen ist;[85] 36
- **Vertretung durch Notar:** Jeder deutsche[86] Notar gilt als ermächtigt, im Namen eines jeden zur Anmeldung Verpflichteten die Eintragung zu beantragen, wenn er die zu einer Eintragung erforderliche Erklärung beurkundet oder unterschriftsbeglaubigt hat (§ 378 FamFG). Ohne für den Notar ein eigenständiges Antragsrecht zu schaffen, begründet § 378 FamFG lediglich eine (widerlegliche) gesetzliche Vermutung für das Bestehen einer rechtsgeschäftlichen Vertretungsmacht des Notars, den erforderlichen Eintragungsantrag für den Antragsberechtigten zu stellen. Seitens des Registergerichts ist auch außerhalb des 37

---

[75] BayObLGZ 1973, 158 = NJW 1973, 2068; BayObLG DNotZ 1978, 692; aA unechte Gesamtvertretung gem. § 78 Abs. 3 AktG durch Prokuristen ist ausgeschlossen, *Frodermann/Jannott*, Handbuch des Aktienrechts, 9. Aufl. 2017, § 12 Rn. 8.
[76] Hüffer/Koch/*Koch* AktG § 181 Rn. 4.
[77] BayObLGZ 1973, 158 (159) = NJW 1973, 2068; Hüffer/Koch/*Koch* AktG § 78 Rn. 17; EBJS/*Schaub* HGB § 12 Rn. 101.
[78] BGHZ 116, 190 (193); BGH NJW 1977, 1879; OLG Düsseldorf FGPrax 2012, 175; mAnm *Plückelmann* GWR 2012, 343; BayObLGZ 1988, 51 = DNotZ 1989, 241; BayObLG 1982, 198; streitig zur inländischen Geschäftsanschrift, vgl. KG NZG 2014, 150 einerseits, OLG Karlsruhe NZG 2014, 1346 andererseits; *Krafka/Kühn* Registerrecht Rn. 106.
[79] *Krafka/Kühn* Registerrecht Rn. 116.
[80] Vgl. die Fälle der §§ 143, 161 Abs. 2, 106, 107, 162 Abs. 1, Abs. 3, 175 S. 1 AktG.
[81] § 10 FamFG, § 12 Abs. 2 S. 1 HGB; s. auch *Schaub* DStR 1999, 1699 und MittBayNot 1999, 539.
[82] BayObLG DNotZ 1971, 107; EBJS/*Schaub* HGB § 12 Rn. 118.
[83] Hierzu → Rn. 38.
[84] Im Einzelnen EBJS/*Schaub* HGB § 12 Rn. 63 ff.
[85] EBJS/*Schaub* HGB § 12 Rn. 125 ff.
[86] *Keidel* FamFG § 378 Rn. 4; MüKoFamFG/*Krafka* FamFG § 378 Rn. 6.

Anwendungsbereichs des § 378 FamFG stets davon auszugehen, dass der Notar nicht ohne Vollmacht tätig wird.[87] Obwohl nach hM § 378 FamFG nicht in den Fällen gilt, in denen nur ein Recht, aber keine öffentlich-rechtliche Pflicht zur Anmeldung besteht, kann in der Praxis regelmäßig das Antragsrecht des Notars auch über die zu seinen Gunsten vermutete Vollmacht hergeleitet werden.[88]

Eine Anmeldebefugnis des Notars besteht jedoch dort nicht, wo **höchstpersönliche Erklärungen** in der Anmeldung vorzunehmen sind. So ist zB bei der Erstanmeldung einer AG oder der Anmeldung der Erhöhung des Grundkapitals ein Anmelderecht des Notars nicht gegeben, weil entweder mit der hM § 378 FamFG mangels Pflicht zur Anmeldung nicht anwendbar ist bzw. weil in entsprechenden Anmeldungen höchstpersönliche Erklärungen abzugeben sind, bei denen eine Stellvertretung ausscheidet.[89]

7. Höchstpersönliche Erklärungen

38 Eine gewillkürte Stellvertretung scheidet bei der Handelsregisteranmeldung immer dann aus, sofern in ihr höchstpersönliche Erklärungen enthalten sind. Dies ist nach hM der Fall, sofern der Inhalt der Erklärung strafrechtlich gegen unrichtige Angaben geschützt ist (vgl. §§ 399, 400 AktG). So scheidet zB bei der Erstanmeldung der AG eine Stellvertretung aus, weil die in § 37 Abs. 1 AktG genannten Erklärungen im Falle ihrer Unrichtigkeit strafbewehrt sind.[90] Gleiches gilt bei Kapitalerhöhungen gegen Einlagen wegen der mit einer etwa unrichtigen Einzahlungsversicherung verbundenen strafrechtlichen Folgen.[91] In Fällen der Höchstpersönlichkeit bei der Anmeldung ist auch bei an sich erlaubter unechter Gesamtvertretung die Mitwirkung eines Prokuristen nicht gestattet.[92]

V. Die Entscheidung des Registergerichts, Rechtsbehelfe

39 Das Registergericht hat zunächst die Anmeldung in **formeller und materieller Hinsicht zu prüfen.** Hierzu gehört beispielsweise im Rahmen der formellen Prüfungspflicht die Prüfung der sachlichen und örtlichen Zuständigkeit des Gerichts, die formelle Ordnungsmäßigkeit der Anmeldung, die Eintragungsfähigkeit der angemeldeten Tatsache sowie das Vorliegen aller der Anmeldung beizufügenden Anlagen.[93] Durch die materielle Prüfung soll die Aufnahme gesetzwidriger und unwirksamer Anmeldungen in das Handelsregister verhindert werden. Die registerrechtliche Kontrolle umfasst daher die Rechtmäßigkeit und inhaltliche Richtigkeit des Eintragungsgegenstandes. Allerdings ist durch § 38 Abs. 3 und Abs. 4 AktG das Prüfungsrecht des Registers eingeschränkt.[94]

40 Nach formeller und materieller Prüfung entscheidet das Registergericht, und zwar durch
- **Verfügung der Eintragung, § 382 Abs. 1 FamFG:** Ist eine eintragungsfähige Tatsache ordnungsgemäß angemeldet worden und sind keine Beanstandungen zu erheben, kann und muss das Registergericht die Eintragung verfügen; der Anmelder hat ein Recht auf unverzügliche Eintragung;[95]

41
- **Aussetzung des Eintragungsverfahrens, §§ 381, 21 FamFG:** Wenn die Entscheidung des Registergerichts von der Beurteilung eines streitigen Rechtsverhältnisses abhängig ist, ist

---

[87] BayObLG NZG 2000, 1232; EBJS/*Schaub* HGB § 12 Rn. 117 mwN.
[88] EBJS/*Schaub* HGB § 12 Rn. 113 ff.; *Krafka/Kühn* Registerrecht Rn. 121 ff.; OLG Oldenburg NZG 2011, 1233; OLG Karlsruhe RPfleger 2011, 382; *Werder/Hobuß* BB 2018, 1031.
[89] *Krafka/Kühn* Registerrecht Rn. 122.
[90] §§ 399 Abs. 1 Nr. 1, 6 AktG; eine Differenzierung innerhalb der Anmeldung nach solchen Erklärungen, bei denen eine Stellvertretung zulässig ist und solchen, bei denen wegen der Strafandrohung eine Stellvertretung ausgeschlossen ist, ist abzulehnen; s. EBJS/*Schaub* HGB § 12 Rn. 99.
[91] §§ 399 Abs. 1 Nr. 1, 4 AktG.
[92] GroßkommAktG/*Wiedemann* AktG § 184 Rn. 11; MüKoHGB/*Krafka* HGB § 12 Rn. 44; EBJS/*Schaub* HGB § 12 Rn. 101 mwH; aA Hüffer/Koch AktG § 184 Rn. 3 mwH.
[93] Im Einzelnen EBJS/*Schaub* HGB § 8 Rn. 132 ff.
[94] Hierzu im Einzelnen EBJS/*Schaub* HGB § 8 Rn. 136 ff.
[95] BGHZ 113, 335; *Ammon* DStR 1995, 1311 (1312).

die Aussetzung zulässig; allerdings kann das Registergericht nach fruchtlosem Ablauf einer von ihm gesetzten Frist selbst entscheiden;[96]
- **Erlassen einer Zwischenverfügung,** § 382 Abs. 4 FamFG: Bestehen behebbare Eintragungshindernisse kann zur Behebung von Beanstandungen eine Frist gesetzt werden, wenn eine Anmeldung zur Eintragung unvollständig ist oder der Eintragung ein sonstiges Hindernis entgegensteht;
- **Ablehnung der Eintragung,** § 382 Abs. 3 FamFG: Liegen nicht behebbare Eintragungshindernisse vor, ist der Eintragungsantrag zurückzuweisen.[97]

Die **Anfechtbarkeit** richtet sich nach der Art der vom Register getroffenen Entscheidung. Wird auf die Anmeldung hin die Eintragung oder die Löschung im Handelsregister vollzogen, ist die Entscheidung aus Gründen der Rechtssicherheit unanfechtbar.[98] Damit sind lediglich anfechtbar die Ablehnung des Eintragungsantrags, die Zwischenverfügung und die Aussetzungsverfügung. Als Rechtsmittel ist – sowohl gegen die Entscheidung des Rechtspflegers als auch gegen die Entscheidungen des Richters – die befristete **Beschwerde** statthaft.[99] Die Beschwerdefrist beträgt 4 Wochen, § 63 FamFG.

Mit der **Rechtsbeschwerde** kann die Entscheidung des Beschwerdegerichts durch den BGH überprüft werden.[100]

VI. Kosten

1. Kosten der Anmeldung

Die Berechnung des Geschäftswerts für die Beurkundung der Anmeldung zum Handelsregister richtet sich ausschließlich nach **§ 105 GNotKG**, wobei zu differenzieren ist zwischen Anmeldungen mit bestimmtem Geldwert und solchen ohne bestimmten Geldwert. Eine weitere Gruppe von Anmeldungen bilden die Anmeldungen ohne wirtschaftliche Bedeutung.

Anmeldungen mit bestimmtem Geldwert liegen vor, wenn ein konkreter Geldbetrag in das Handelsregister einzutragen ist, wie zB:
- Erstanmeldung einer AG:[101] Geschäftswert ist das einzutragende Grundkapital, dem ggf. ein in der Satzung enthaltenes genehmigtes Kapital und etwa vereinbarte Aufgelder (Agio) hinzuzurechnen sind;
- Anmeldung der Erhöhung oder Herabsetzung des Grundkapitals:[102] Geschäftswert ist der Nennbetrag der Kapitalerhöhung oder Kapitalherabsetzung (ohne ein etwa vereinbartes Agio).

Die Geschäftswerte für **Anmeldungen ohne bestimmten Geldwert** bestimmen sich nach § 105 Abs. 4 Nr. 1 GNotKG.[103] Anmeldungen ohne bestimmten Geldwert sind zB Satzungsänderung (ohne Kapitalmaßnahmen) oder Anmeldung eines Vorstandsmitglieds. Als Geschäftswert für die Anmeldung ist hier 1 Prozent des eingetragenen Grundkapitals der AG, mindestens aber 30.000,– EUR anzusetzen.[104]

Bei **Anmeldungen ohne wirtschaftliche Bedeutung** beträgt der Geschäftswert 5.000,– EUR, zB bei der Anmeldung der inländischen Geschäftsanschrift.

Der **Höchstwert** für die Anmeldung beträgt 1.000.000,– EUR.[105]

---

[96] OLG Zweibrücken Rpfleger 1990, 77; BayObLG DB 1995, 2517.
[97] BayObLGZ 1987, 449 (451); OLG Hamm Rpfleger 1990, 426 f. mAnm *Buchberger*.
[98] BGHZ 104, 61.
[99] Die frühere Durchgriffserinnerung gegen Entscheidungen des Rechtspflegers wurde durch Art. 1 des 3. Gesetzes zur Änderung des Rechtspflegergesetzes und anderer Gesetze v. 6.8.1989 (BGBl. I S. 2030) abgeschafft.
[100] *Netzer* ZNotP 2008, 303.
[101] § 105 Abs. 1 S. 1 Nr. 1 GNotKG.
[102] § 105 Abs. 1 S. 1 Nr. 4a und 4b GNotKG.
[103] Erstanmeldungen ohne bestimmten Geldwert sind im Aktienrecht ohne Bedeutung.
[104] § 105 Abs. 4 Nr. 1 GNotKG.
[105] § 106 GNotKG.

49 Beglaubigt der **Notar** lediglich die **Unterschrift** unter der Anmeldung – ohne Entwurfsfertigung – erhält er hierfür eine 0,2 Gebühr nach KG-Nr. 25100, die mindestens 20 EUR und höchstens 70 EUR beträgt.

50 Wird die **Anmeldung vom Notar entworfen** und beglaubigt, fällt eine $5/10$ Gebühr nach KV-Nr. 24102 (§ 92 Abs. 2 GNotKG) an, die sich bei einem Höchstwert von 1.000.000,– EUR auf 867,50 EUR (netto) beläuft.

2. Kosten der Eintragung

51 Die Gebühren für Handelsregistereintragungen sowie insbesondere auch für die Bekanntmachung von Verträgen bzw. Vertragsentwürfen nach dem UmwG werden nach der Handelsregistergebührenverordnung (HRegGebVO), die auf der Ermächtigung des § 58 Abs. 1 GNotKG beruht, berechnet. Hierzu enthält die Anlage zur Handelsregistergebührenverordnung ein detailliertes Gebührenverzeichnis.

Teil B. Satzung und Aktionärsvereinbarungen

§ 7 Obligatorische und fakultative Satzungsbestandteile

Übersicht

	Rn.
I. Allgemeine Funktion der Satzung	1–2
II. Form der Satzung	3/4
1. Mustersatzung	3
2. Notarielle Beurkundung	4
III. Inhalt der Satzung – materielle und formelle Satzungsbestandteile	5–10
1. Begriff und Bedeutung	5/6
2. Abgrenzungskriterien	7–10
IV. Obligatorischer Inhalt	11–36
1. Überblick	11/12
2. Einzelheiten	13–36
V. Fakultativer Inhalt/Grenzen der Gestaltungsfreiheit	37–57
1. Allgemein	37–41
2. Beispielsfälle	42–57
VI. Auslegung der Satzung	58–65
1. Notwendige Klarheit der Satzung	58/59
2. Auslegungskriterien	60–65
VII. Mängel der Satzung	66–73
1. Vor Eintragung	67–71
2. Nach Eintragung	72/73

Schrifttum: *Geßler,* Bedeutung und Auslegung des § 23 Abs. 5 AktG, in: FS Luther, 1976, S. 69 ff.; *Grunewald,* Die Auslegung von Gesellschaftsverträgen und Satzungen, ZGR 1995, 68 ff.; *Hellermann,* Aktienrechtliche Satzungsstrenge und Delegation von Gestaltungsspielräumen an den Vorstand, NZG 2008, 561 ff.; *Hirte,* Die aktienrechtliche Satzungsstrenge: Kapitalmarkt und sonstige Legitimationen versus Gestaltungsfreiheit, in: Lutter/Wiedemann (Hrsg.), Gestaltungsfreiheit im Gesellschaftsrecht (ZGR-Sonderheft 13), 1998, S. 61 ff.; *Luther,* § 23 Abs. 5 AktG im Spannungsfeld von Gesetz, Satzung und Einzelentscheidung der Organe der Aktiengesellschaft, Freundesgabe für Hans Hengeler, 1972, S. 167 ff.; *Mertens,* Satzung- und Organisationsautonomie im Aktien- und Konzernrecht, ZGR 1994, 426 ff.; *Pleßke,* Die Satzungsstrenge im Aktienrecht – Mehr Gestaltungsspielraum für die kapitalmarktferne Aktiengesellschaft, 2007; *Priester,* Nichtkorporative Satzungsbestimmungen bei Kapitalgesellschaften, DB 1979, 681 ff.; *Schaub,* Die Familien-Aktiengesellschaft und der Schutz vor Fremdeinflüsse, ZEV 1995, 82 ff.; *Schockenhoff,* Die Auslegung von GmbH- und AG-Satzungen, ZGR 2013, 76; *Sethe,* Die Satzungsautonomie in Bezug auf die Liquidation einer AG, ZIP 1998, 770 ff.; *Spindler,* Die Entwicklung der Satzungsfreiheit und der Satzungsstrenge im deutschen Aktienrecht, in: Bayer/Habersack, Aktienrecht im Wandel, 2007, 995; *Waclawik,* Zulässigkeit und Regelungsmacht satzungsmäßiger Treuepflicht- und Gerichtsstandsregeln bei der Aktiengesellschaft, DB 2005, 1151 ff.

I. Allgemeine Funktion der Satzung

Die Satzung einer Aktiengesellschaft ist ein **Vertrag sui generis** mit **Doppelfunktion:** einerseits enthält sie die Vereinbarung der Gründer über die Errichtung der Gesellschaft, andererseits die auch für neue, nicht an der Errichtung der Gesellschaft beteiligte Aktionäre verbindliche Organisationsverfassung der Gesellschaft. Nach ganz überwiegender Auffassung[1] ist die Satzung damit gleichzeitig **Schuld- und Organisationsvertrag.** 1

Fragen der Satzungsgestaltung stellen sich in der anwaltlichen Beratungspraxis zunächst in der **Gründungsphase:** die Feststellung der Satzung ist wesentlicher Bestandteil des Grün- 2

---

[1] MüKoAktG/*Pentz* § 23 Rn. 38; KölnKommAktG/*Arnd Arnold* § 23 Rn. 9; Wachter/*Wachter* § 23 Rn. 5; GroßkommAktG/*Röhricht/Schall* § 23 Rn. 11, jeweils mwN.

dungsakts.[2] Sie spielen aber **auch in der laufenden Beratung** im Zusammenhang mit möglichen Satzungsänderungen[3] eine erhebliche Rolle. Der Berater wird bei der Satzungsgestaltung zum einen darauf zu achten haben, dass die Satzung vollständig ist, dh sämtliche vom Gesetz geforderten Bestandteile auch tatsächlich enthält – hier stellt sich die Frage nach den obligatorischen Satzungsbestandteilen. Zum anderen aber, und dies ist die eigentliche Beratungsaufgabe, sollte er Gestaltungsvorschläge erarbeiten, die die Satzung um weitere, fakultative Bestandteile ergänzen und dadurch der spezifischen Situation des beratenen Unternehmens sowie seiner Gründer und Aktionäre Rechnung tragen.

II. Form der Satzung

1. Mustersatzung[4]

3

I. Allgemeine Bestimmungen

§ 1 Firma; Sitz und Geschäftsjahr
(1) Die Gesellschaft führt die Firma

„A-Aktiengesellschaft"

(2) Sie hat ihren Sitz in ...... (Ort).
(3) Geschäftsjahr ist das Kalenderjahr.

§ 2 Gegenstand des Unternehmens
(1) Gegenstand des Unternehmens ist ......
(2) Die Gesellschaft ist zu allen Geschäften und Maßnahmen berechtigt, die dem Gegenstand des Unternehmens dienen. Sie kann zu diesem Zweck auch andere Unternehmen gründen, erwerben oder sich an ihnen beteiligen.

§ 3 Bekanntmachungen
Die Bekanntmachungen der Gesellschaft erfolgen ausschließlich im Bundesanzeiger.

II. Grundkapital und Aktien

§ 4 Höhe und Einteilung des Grundkapitals
(1) Das Grundkapital der Gesellschaft beträgt 50.000.– € und ist eingeteilt in 50.000,– Aktien im Nennbetrag von je 1,– € /Stückaktien ohne Nennbetrag.
(2) Die Aktien lauten auf den Namen.
(3) Die Form der Aktienurkunden und der Gewinnanteil- und Erneuerungsscheine bestimmt der Vorstand. Über mehrere Aktien eines Aktionärs kann eine Urkunde ausgestellt werden.

III. Vorstand

§ 5 Zusammensetzung
Der Vorstand besteht aus einer oder mehreren Personen. Die Zahl der Vorstandsmitglieder bestimmt der Aufsichtsrat.

IV. Aufsichtsrat

§ 6 Zusammensetzung, Amtsdauer, Amtsniederlegung
(1) Der Aufsichtsrat besteht aus drei Mitgliedern.
(2) Die Aufsichtsratsmitglieder werden für die Zeit bis zur Beendigung der Hauptversammlung gewählt, die über ihre Entlastung für das vierte Geschäftsjahr nach dem Beginn der Amtszeit beschließt.

---

[2] Vgl. näher in → § 12 und → § 13.
[3] Hierzu → § 29.
[4] Das nachfolgende Kurzmuster einer Satzung beschränkt sich im Wesentlichen auf die zwingend erforderlichen Satzungsbestandteile. Ein ausführlicheres Muster findet sich im Anhang.

Das Geschäftsjahr, in dem die Amtszeit beginnt, wird nicht mitgerechnet. Die Wahl des Nachfolgers eines vor Ablauf der Amtszeit ausgeschiedenen Mitglieds erfolgt für den Rest der Amtszeit des ausgeschiedenen Mitglieds.
(3) Die Mitglieder des Aufsichtsrats können ihr Amt durch eine an den Vorsitzenden des Aufsichtsrats oder an den Vorstand zu richtende schriftliche Erklärung unter Einhaltung einer Frist von vier Wochen niederlegen.

V. Hauptversammlung

§ 7 Ort und Einberufung
(1) Die Hauptversammlung findet am Sitz der Gesellschaft statt.
(2) Sie wird durch den Vorstand einberufen.
(3) Die Einberufung muss mindestens dreißig Tage vor dem Tage der Versammlung erfolgen. Dabei werden der Tag der Einberufung und der Tag der Hauptversammlung nicht mitgerechnet.

§ 8 Vorsitz in der Hauptversammlung
Den Vorsitz in der Hauptversammlung führt der Vorsitzende des Aufsichtsrats, im Falle seiner Verhinderung sein Stellvertreter. Wenn sowohl der Vorsitzende als auch sein Stellvertreter verhindert sind, wird der Vorsitzende durch die Hauptversammlung gewählt.

§ 9 Beschlussfassung
(1) Jede Aktie gewährt in der Hauptversammlung eine Stimme. Das Stimmrecht kann erst ausgeübt werden, wenn auf die Aktie die gesetzliche Mindesteinlage geleistet ist.
(2) Die Beschlüsse der Hauptversammlung werden, soweit nicht zwingend gesetzliche Vorschriften entgegenstehen, mit einfacher Mehrheit der abgegebenen Stimmen und, sofern das Gesetz außer der Stimmenmehrheit eine Kapitalmehrheit vorschreibt, mit der einfachen Mehrheit des bei der Beschlussfassung vertretenen Grundkapitals gefasst.

VI. Jahresabschluss

§ 10 Jahresabschluss und ordentliche Hauptversammlung
(1) Der Vorstand hat innerhalb der gesetzlichen Fristen den Jahresabschluss sowie ggf. den Lagebericht für das vergangene Geschäftsjahr aufzustellen und dem Aufsichtsrat vorzulegen. Zugleich hat der Vorstand dem Aufsichtsrat den Vorschlag vorzulegen, den er der Hauptversammlung für die Verwendung des Bilanzgewinns machen will. Der Aufsichtsrat hat den Jahresabschluss, ggf. den Lagebericht und den Vorschlag für die Verwendung des Bilanzgewinns zu prüfen.
(2) Nach Eingang des Berichts des Aufsichtsrats über das Ergebnis seiner Prüfung hat der Vorstand unverzüglich die ordentliche Hauptversammlung einzuberufen, die innerhalb der ersten acht Monate eines jeden Geschäftsjahres stattzufinden hat. Sie beschließt über die Entlastung des Vorstands und des Aufsichtsrats sowie über die Verwendung des Bilanzgewinns.

2. Notarielle Beurkundung

Gem. § 23 Abs. 1 AktG muss die Satzung notariell beurkundet werden. Die Einzelheiten 4
der Beurkundung werden im Zusammenhang mit der Gründung behandelt.[5]

III. Inhalt der Satzung – materielle und formelle Satzungsbestandteile

1. Begriff und Bedeutung

a) **Begriff.** Beim Inhalt der Satzung wird üblicherweise zwischen **materiellen Satzungsbe-** 5
stimmungen (auch: echte, korporative, normative Satzungsbestimmungen), die Teil des körperschaftlichen Organisationsstatuts der Gesellschaft sind, und **formellen Satzungsbestimmungen** (auch: unechte, zufällige, individuelle Satzungsbestimmungen), die lediglich äußerlich an der Form der Satzung teilhaben, weil sie aufgrund einer Entscheidung der Gründer oder aufgrund gesetzlicher Anordnung in die Satzungsurkunde aufgenommen

[5] → 12 Rn. 9–15.

wurden, grundsätzlich aber auch außerhalb der Satzung geregelt werden könnten.[6] Daneben gibt es **indifferente Satzungsbestimmungen,** die sich keiner der beiden vorgenannten Gruppen eindeutig zuordnen lassen. Hier ist zunächst durch **objektive Auslegung**[7] zu ermitteln, ob die Regelung die Verfassung der Gesellschaft betrifft und mithin einen materiellen Satzungsbestandteil bildet, oder ob sie als formeller Bestandteil nur rein äußerlich mit der Satzungsurkunde verbunden werden sollte, wobei die Aufnahme in die Satzungsurkunde bereits ein Indiz für die Einordnung als materielle Satzungsbestimmung ist.[8]

6 b) **Bedeutung der Unterscheidung.** Die Aufnahme lediglich formeller Satzungsbestimmungen in die Satzungsurkunde wird allgemein als zulässig angesehen[9]. Die Unterscheidung zwischen materiellen und formellen Satzungsbestandteilen ist gleichwohl nicht lediglich akademischer Natur, sondern hat praktische Auswirkungen. Formelle Satzungsbestandteile unterscheiden sich von materiellen zum einen hinsichtlich der für sie geltenden **Auslegungsgrundsätze.**[10] Zum anderen gelten für ihre **Änderung** nicht die §§ 179 ff. AktG,[11] sondern, da sie ihre Rechtsnatur durch die Aufnahme in die Satzung nicht ändern, die für das betreffende Rechtsverhältnis einschlägigen Vorschriften.[12]

2. Abgrenzungskriterien

7 a) **Allgemeine Definition.** Nach der Definition des BGH ist eine Satzungsbestimmung dann dem körperschaftlichen Bereich zuzuordnen, also als materieller Satzungsbestandteil anzusehen, wenn sie nicht nur für die derzeitigen, bei Inkrafttreten der Bestimmung vorhandenen Gesellschafter oder einzelne von ihnen gilt, sondern für einen unbestimmten Personenkreis, der sowohl gegenwärtige als auch künftige Gesellschafter und/oder Gläubiger der Gesellschaft gehören, von Bedeutung ist.[13] In der Literatur wird diese Definition allerdings vielfach als problematisch angesehen, da die Geltung für einen unbestimmten Personenkreis häufig erst die Folge der Einordnung als materieller Satzungsbestandteil sei.[14]

8 b) **Einzelfälle.** Für die Praxis ist es daher hilfreich, dass über die Einordnung der meisten in der Praxis üblicherweise vorkommenden Satzungsregelungen weitgehend Einigkeit besteht. In Literatur und Rechtsprechung findet sich eine Vielzahl von Beispielsfällen.

9 aa) *Beispiele für materielle Satzungsbestandteile.* So zählen zu den materiellen Satzungsbestimmungen unstreitig die zwingend in die Satzung aufzunehmenden Bestimmungen gem. § 23 Abs. 3 und 4 AktG,[15] die Angaben zur Art der zu erbringenden Einlagen gem. §§ 23 Abs. 2, 36a Abs. 1 und 2 AktG[16] sowie zu evtl. bestehende Sonderrechte von Aktionären und gesellschaftsrechtliche Verpflichtungen der Gesellschaft gegenüber ihren Anteilsinhabern[17]. Weiter gehören zu den materiellen Satzungsbestimmungen die ausdrücklich zugelassenen Abweichungen iSv § 23 Abs. 5 S. 1 AktG[18]. Auch Regelungen über die Dauer der Gesellschaft iSv § 39 Abs. 2 AktG,[19] die Angabe des Geschäftsjahres[20] und Gerichtsstandsklauseln[21] unter den korporativen Teil der Satzung. Schließlich sind generell sämtliche Regelungen, die die innere Organisation der Gesellschaft, die Ausgestaltung der Organe, die Ab-

---

[6] MüKoAktG/*Pentz* § 23 Rn. 41.
[7] So die herrschende Auffassung, vgl. MüKoAktG/*Pentz* § 23 Rn. 44; Hüffer/Koch/*Koch* AktG § 23 Rn. 5.
[8] MüKoAktG/*Pentz* § 23 Rn. 45.
[9] KölnKommAktG/*Arnd Arnold* § 23 Rn. 10; MüKoAktG/*Pentz* § 23 Rn. 41, jeweils mwN.
[10] Hierzu → Rn. 61 ff.
[11] S. hierzu unten in → § 29.
[12] GroßkommAktG/*Röhricht/Schall* § 23 Rn. 15; KölnKommAktG/*Arnd Arnold* § 23 Rn. 11; Spindler/Stilz/*Limmer* AktG § 23 Rn. 4.
[13] StRspr, vgl. BGH NJW 1994, 51 (52) mit Nachweisen aus der früheren Rechtsprechung.
[14] So zB KölnKommAktG/*Arnd Arnold* § 23 Rn. 13; GroßkommAktG/*Röhricht/Schall* § 23 Rn. 17 f.
[15] Hüffer/Koch/*Koch* AktG § 23 Rn. 3; KölnKommAktG/*Arnd Arnold* § 23 Rn. 14.
[16] MüKoAktG/*Pentz* § 23 Rn. 40.
[17] MüKoAktG/*Pentz* § 23 Rn. 40.
[18] Hüffer/Koch/*Koch* AktG § 23 Rn. 3. Hierzu näher unten in → Rn. 38 ff.
[19] GroßkommAktG/*Röhricht* § 23 Rn. 15.
[20] Hüffer/Koch/*Koch* AktG § 23 Rn. 3.
[21] BGH NJW 1994, 51.

grenzung ihrer Kompetenzen und die organschaftlichen Rechte und Pflichten der Aufsichtsrats- und Vorstandsmitglieder näher konkretisieren, als materielle Satzungsbestimmungen zu qualifizieren[22].

bb) Beispiele für formelle Satzungsbestandteile. Zu den lediglich formellen Satzungsbestimmungen gehören die Regelungen, die nicht in die Zukunft wirken, sondern mit Abschluss der Gründung ihre Erledigung finden, wie zB Bestimmungen hinsichtlich des ersten Aufsichtsrats, Vereinbarungen zum Gründungsaufwand gem. § 26 Abs. 2 AktG oder die Gewährung von Sondervorteilen gegenüber Aktionären oder Dritten iSd § 26 Abs. 1 AktG.[23] Innerhalb des nicht korporativen Teils der Satzung können des weiteren Abreden über die Kurspflege der Aktien, Konsortialvereinbarungen oder eine Verpflichtung zur Gewährung von Darlehen an die Gesellschaft getroffen werden,[24] was in der Praxis jedoch selten vorkommt.[25] Schließlich fallen hierunter auch Bestimmungen ohne Regelungscharakter, die lediglich Mitteilungscharakter haben wie die Angabe über den eingezahlten Betrag des Grundkapitals nach § 23 Abs. 2 Nr. 3 AktG oder die Namen der ersten Mitglieder des Aufsichtsrats[26].

IV. Obligatorischer Inhalt

1. Überblick

Für die Satzung der Aktiengesellschaft ist ein bestimmter **Mindestinhalt** gesetzlich vorgeschrieben, der sich im Wesentlichen aus § 23 Abs. 3 und 4 AktG ergibt. Die Regelung ist **nicht abschließend,** abhängig vom Unternehmensgegenstand können sich aus Spezialgesetzen weitere Angaben ergeben, die zwingend in die Satzung aufzunehmen sind.[27]

Vom notwendigen Inhalt zu unterscheiden sind solche Regelungen, deren Aufnahme in die Satzung nur dann Gültigkeitsvoraussetzung ist, wenn sie einschlägig sind. Beispiele sind etwa Sondervorteile nach § 26 Abs. 1 AktG oder Gründungsaufwand nach § 26 Abs. 2 AktG. Sollen Sondervorteile nicht gewährt werden bzw. soll Gründungsaufwand in diesem Sinne nicht entstehen, bedarf es auch keiner dahingehenden Regelung. Sind sie hingegen vorgesehen, aber nicht in der Satzung enthalten, liegt ein Gründungsmangel vor, der der Eintragung nach § 38 AktG entgegensteht.[28]

2. Einzelheiten

Nach der allgemeinen gesetzlichen Grundregel des § 23 Abs. 3 und 4 AktG muss die Satzung mindestens Bestimmungen enthalten über:
- die Firma und den Sitz der Gesellschaft;
- den Gegenstand des Unternehmens;
- die Höhe des Grundkapitals;
- die Zerlegung des Grundkapitals entweder in Nennbetragsaktien oder in Stückaktien, bei Nennbetragsaktien deren Nennbeträge und die Zahl der Aktien jeden Nennbetrags, bei Stückaktien deren Zahl, außerdem, wenn mehrere Gattungen bestehen, die Gattungen der Aktien und die Zahl der Aktien jeder Gattung;
- ob die Aktien auf den Inhaber oder den Namen ausgestellt werden;
- die Zahl der Mitglieder des Vorstands oder die Regeln, nach denen die Zahl der Mitglieder festgelegt wird;
- die Form der Bekanntmachungen der Gesellschaft.

---

[22] GroßkommAktG/*Röhricht/Schall* § 23 Rn. 21.
[23] Diese sind gleichwohl zwingend in die Satzung aufzunehmen, vgl. → Rn. 5.
[24] *Priester* DB 1979, 681 f.
[25] GroßkommAktG/*Röhricht/Schall* § 23 Rn. 29.
[26] MüKoAktG/*Pentz* § 23 Rn. 42.
[27] ZB für REIT-Aktiengesellschaften in § 11 Abs. 3 REITG, für Verwertungsgesellschaften in § 6 Abs. 2 und § 7 UrhWG, für Investment-Aktiengesellschaften nach §§ 110 und 142 KAGB.
[28] Vgl. MüKoAktG/*Pentz* § 26 Rn. 41.

14 a) **Firma.**[29] Die Firma der Aktiengesellschaft ist der Name, unter dem sie ihre Geschäfte betreibt und die Organe ihre Unterschrift abgeben (§ 17 Abs. 1 HGB). Nach dem Grundsatz der **Firmeneinheit** darf in ein und demselben Handelsgeschäft nur eine einheitliche Firma geführt werden.[30] Nach § 30 Abs. 1 HGB muss sich jede neu gegründete Firma von den in demselben Handelsregister eingetragenen Firmen eindeutig unterscheiden lassen (**Irreführungsverbot**).[31]

15 Die Firma muss zur Kennzeichnung der **Rechtsform** die Bezeichnung „Aktiengesellschaft" enthalten (§ 4 AktG). Im allgemeinen Rechtsverkehr ist die Abkürzung „AG" üblich und nach der zweiten Alternative § 4 AktG („oder eine allgemein verständliche Abkürzung") auch unzweifelhaft zulässig. In Spezialgesetzen finden sich teilweise **Sonderregelungen** für bestimmte Arten von Aktiengesellschaften: So ist bei einer Investmentaktiengesellschaft nach §§ 118, 146 KAGBG die Bezeichnung „Investmentaktiengesellschaft" oder eine allgemein verständliche Abkürzung, bei einer REIT-Aktiengesellschaft nach § 6 REITG die Bezeichnung „REIT-Aktiengesellschaft" oder „REIT-AG" in die Firma aufzunehmen.

16 Denkbar ist eine **Personenfirma,** die den Namen eines oder mehrerer Gründer enthält oder eine **Sachfirma,** die den Unternehmensgegenstand zur Firmenbildung nutzt. Voraussetzung für die Sachfirma ist die Hinzufügung eines individualisierenden Zusatzes. Andernfalls fehlt der Firma die **originäre Unterscheidungskraft;** sie ist dann nicht eintragungsfähig (§ 38 Abs. 1, 3 Nr. 1 AktG). Zulässig sind auch **Fantasie- oder Kunstbezeichnungen.** Die Firma sollte mit der zuständigen Industrie- und Handelskammer abgestimmt werden. Regelmäßig empfiehlt sich zudem die Durchführung einer markenrechtlichen Recherche.

17 b) **Sitz.** Der Sitz der Gesellschaft ist Anknüpfungspunkt verschiedener verfahrensrechtlicher Bestimmungen: so bestimmt er ua die örtliche Zuständigkeit bei Verfahren nach dem FamFG (§ 377 Abs. 1 FamFG) und den allgemeinen Gerichtsstand nach § 17 Abs. 1 ZPO. Auf die Einzelheiten wird in § 9 näher eingegangen.

18 c) **Unternehmensgegenstand.**[32] Gegenstand des Unternehmens ist die Art der Tätigkeit, welche die Gesellschaft zu betreiben beabsichtigt.[33] Der Unternehmensgegenstand ist in jedem Fall besonders in der Satzung anzugeben (§ 23 Abs. 3 Nr. 2 AktG). Neben den in § 23 Abs. 3 Nr. 2 AktG beispielhaft aufgeführten Industrie- und Handelsunternehmen müssen grundsätzlich auch alle anderen Unternehmen die Art der Erzeugnisse und Waren, deren Herstellung und Vertrieb beabsichtigt ist, in ihre Satzung ausdrücklich aufnehmen. Hierfür genügt es, wenn die hergestellten Produkte gattungsmäßig erfasst werden. Einzig Dienstleistungsunternehmen erfüllen die von § 23 Abs. 3 Nr. 2 AktG vorausgesetzte Individualisierung des Unternehmensgegenstandes bereits dann, wenn sie die Art und Weise ihrer Tätigkeit in der Satzung angeben.[34]

19 Bei der Formulierung des Unternehmensgegenstandes sollte neben der grundsätzlichen rechtlichen Zulässigkeit[35] auch geprüft werden, ob möglicherweise behördliche Genehmigungserfordernisse tangiert werden könnten. Zwar ist die Vorlage behördlicher Genehmigungsurkunden nach der Streichung des früheren § 37 Abs. 4 Nr. 5 AktG keine generelle Voraussetzung mehr für die Eintragung der Aktiengesellschaft in das Handelsregister. Insbesondere im Bank- und Finanzrecht bestehen aber nach wie vor eine Reihe von Bestimmungen, die den Nachweis behördlicher Erlaubnisse **rechtsformunabhängig** zur Eintragungsvoraussetzung machen (zB § 8 Abs. 8 ZAG, § 43 Abs. 1 KWG, § 3 Abs. 5 KAGB). Um insoweit

---

[29] Ausführlich hierzu in → § 8 Abs. 1.
[30] Hüffer/Koch/*Koch* AktG § 4 Rn. 7.
[31] Hüffer/Koch/*Koch* AktG § 4 Rn. 6, 8, 13.
[32] Zu der regelmäßig im Zusammenhang mit dem Unternehmensgegenstand diskutierten Problematik von Vorratsgründungen → 12 Rn. 114 ff.
[33] MüKoAktG/*Pentz* § 23 Rn. 69.
[34] Zu den Einzelheiten siehe unten in → 8 Rn. 40 ff.
[35] Probleme dürften sich dabei weniger aus generellen gesetzlichen Verboten (der Unternehmensgegenstand „gewerbsmäßige Hehlerei" dürfte in der Praxis kaum vorkommen) als aus speziellen Beschränkungen der Tätigkeit der juristischen Personen ergeben. So dürfen zB nach § 8 ApothekenG Apotheken außer durch eine natürliche Person nur durch eine Gesellschaft bürgerlichen Rechts oder einen offene Handelsgesellschaft betrieben werden.

Komplikationen zu vermeiden, kann es sich daher weiterhin empfehlen, in Zweifelsfällen mit Abgrenzungsformeln zu arbeiten.

> **Formulierungsvorschlag:**
> Der Betrieb von Bankgeschäften im Sinne von § 1 Abs. 1 S. 2 KWG oder die Erbringung von Finanzdienstleistungen im Sinne von § 1 Abs. 1a S. 2 KWG ist nicht Gegenstand des Unternehmens.

20

Die Änderung des Unternehmensgegenstandes ist nur im Wege der Satzungsänderung möglich. Die Verwaltung darf seine Grenzen daher weder über- noch unterschreiten. Eine hiergegen verstoßende Maßnahme ist zwar grds.[36] nicht unwirksam,[37] stellt aber eine schadensersatzpflichtige Pflichtverletzung iSv § 93 AktG dar.[38]

21

d) **Höhe des Grundkapitals.**[39] Die Satzung muss die Höhe des Grundkapitals zahlenmäßig angeben.[40] Gem. § 7 AktG in der Fassung vom 1.1.1999 beträgt der **Mindestnennbetrag** des Grundkapitals 50.000.– EUR. In Spezialgesetzen (zB § 2 Abs. 4 UBGG) können höhere Mindestbeträge vorgesehen sein.

22

e) **Zerlegung des Grundkapitals.**[41] In der Satzung muss bestimmt werden, ob das Grundkapital in Nennbetrags- oder Stückaktien aufgeteilt werden soll. Die Zerlegung des Grundkapitals kann dabei nur alternativ in Nennbetrags- oder Stückaktien erfolgen.[42]

aa) Nennbetragsaktien. Der Mindestnennbetrag von Nennbetragsaktien beträgt nach § 8 Abs. 2 S. 1 AktG einen Euro. Soweit höhere Aktiennennbeträge satzungsmäßig festgelegt werden sollen, müssen diese auf volle Euro lauten. Sowohl der jeweilige Nennbetrag als auch die Zahl der Aktien müssen in der Satzung angegeben werden. Für die Euro-Umstellung gelten die Ausführungen zur Höhe des Grundkapitals entsprechend.

23

bb) Stückaktien. Soweit das Grundkapital in Stückaktien aufgeteilt ist, muss die Satzung eine entsprechende Angabe enthalten und ferner die Zahl dieser Aktien benennen. Dabei darf nach § 8 Abs. 3 S. 2 AktG der auf die einzelne Aktie entfallende anteilige Betrag des Grundkapitals einen Euro nicht unterschreiten.

24

f) **Inhaber- und Namensaktien.**[43] In der Satzung ist anzugeben, ob Inhaber- oder Namensaktien ausgestellt werden. Die Namensaktie weist eine bestimmte Person als berechtigt aus, die nach § 67 Abs. 1 AktG in das von der Gesellschaft zu führende Aktienregister einzutragen ist; im Verhältnis zur Gesellschaft gilt nach § 67 Abs. 2 S. 1 AktG nur als Aktionär, wer als solcher im Aktienregister eingetragen ist. Inhaberaktien verbriefen die Mitgliedschaftsrechte hingegen, ohne den Aktionär namentlich zu benennen, die Legitimation gegenüber der Gesellschaft ergibt sich aus dem (im Regelfall der Girosammelverwahrung mittelbaren) Besitz der Aktienurkunde[44].

25

aa) Namensaktien als Standardverbriefung. Zwischen beiden Aktienarten konnten die Gründer früher grundsätzlich frei wählen. Seit der Aktienrechtsnovelle 2016[45] ist die Namensaktie jedoch der **gesetzliche Regelfall**. Gesetzgeberisches Ziel dieser Neuregelung war es, einen Missbrauch deutscher Inhaberaktien zu Geldwäsche und Terrorismusbekämpfung

26

---

[36] Eine Ausnahme gilt soweit die Grundsätze über den Missbrauch der Vertretungsmacht greifen, vgl. Hüffer/Koch/*Koch* AktG § 82 Rn. 6 f. und 14 mit weiteren Nachweisen.
[37] Die im angloamerikanischen Gesellschaftsrecht vorherrschende ultra-vires-Lehre gilt im deutschen Recht nicht.
[38] MüKoAktG/*Pentz* § 23 Rn. 86.
[39] Zu den Einzelheiten → § 10.
[40] Henn/*Würz* § 4 Rn. 39.
[41] Zu den Einzelheiten → § 10.
[42] RegE BT-Drs. 13/9573, 16.
[43] Zu den Einzelheiten → § 10.
[44] KölnKommAktG/*Franz* § 10 Rn. 3.
[45] Gesetz zur Änderung des Aktiengesetzes vom 22.12.2015, BGBl. I 55/2565.

zu verhindern[46]. Inhaberaktien sind seitdem nach § 10 Abs. 1 S. 2 AktG nur noch in den dort geregelten **Ausnahmefällen** zulässig.

27 Der eine vorgesehene Ausnahmefall ist die **Börsennotierung** (§ 10 Abs. 1 S. 2 Nr. 1). Der Begriff der Börsennotierung ist in § 3 Abs. 2 AktG gesetzlich definiert und umfasst lediglich den regulierten Handel gem. §§ 32 ff. BörsG, nicht hingegen den Freiverkehr im Sinne § 48 BörsG[47]. Für die Gründung dürfte diese Variante ohne Bedeutung sein, hier können erst nach dem Börsengang im Wege einer Satzungsänderung Inhaberaktien geschaffen werden.

28 Im Falle eines späteren Delistings dürften dann im Regelfall noch die Voraussetzungen des § 10 Abs. 1 S. 2 Nr. 2 AktG vorliegen, der Inhaberaktien auch im Fall der **Girosammelverwahrung** zulässt, also wenn die Satzung den Anspruch auf Einzelverbriefung ausschließt und die Sammelurkunde bei einer gesetzlich zugelassenen Verwahrstelle hinterlegt ist. Dies kann auch bereits bei der Gründung vorgesehen werden. Zu beachten ist dann jedoch § 10 Abs. 1 S. 3 AktG, der bis zur Hinterlegung § 67 AktG für entsprechend anwendbar erklärt, also eine namentliche Registrierung der Aktionäre im Aktienregister vorschreibt. Bis zur Hinterlegung werden die Inhaberaktien also maW wie Namensaktien behandelt.

29 *bb) Rechtsfolgen bei Verstoß.* Sieht die Satzung Inhaberaktien vor, ohne dass ein Ausnahmefall iSd § 10 Abs. 1 S. 2 AktG vorliegt, muss das Registergericht die Eintragung nach § 38 Abs. 4 Nr. 2 AktG ablehnen.[48] Liegt zunächst ein Ausnahmefall vor, fallen die Voraussetzungen aber später weg, werden die Inhaberaktien unrichtig im Sinne § 73 AktG und können unter Ausgabe neuer Namensaktien für kraftlos erklärt werden. Nach der **Übergangsregelung** des § 26h Abs. 1 EGAktG gilt die Neuregelung des § 10 Abs. 1 AktG jedoch nicht für Gesellschaften, deren Satzung vor dem 31.12.2015 durch notarielle Beurkundung festgestellt wurde und Inhaberaktien vorsieht.

30 *cc) Vinkulierte Namensaktien.* Bei der Namensaktie besteht nach § 68 Abs. 2 AktG die Möglichkeit der **Vinkulierung**, also der Bindung der Übertragung von Aktien an die Zustimmung der Gesellschaft. Diese Gestaltungsmöglichkeit ist insbesondere bei personalistisch geprägten Gesellschaften, etwa Familiengesellschaften, von Bedeutung[49] Zudem sehen verschiedene berufsrechtliche Vorschriften eine Verpflichtung zur Ausgabe vinkulierter Namensaktien vor.[50]

31 **g) Stamm- und Vorzugsaktien.** Für den Fall, dass mehrere **Aktiengattungen** bestehen, bestimmt § 23 Abs. 3 Nr. 4 AktG, das die Gattung und die Zahl der Aktien jeder Gattung in der Satzung angegeben werden muss. Eine Gattung bilden beispielsweise die Stimmrecht gewährenden Stammaktien, eine andere stimmrechtslose Vorzugsaktien.[51]

32 **h) Zahl der Vorstandsmitglieder.** Die Satzung muss ebenfalls Angaben über die Zahl der Vorstandsmitglieder oder die Regeln, nach denen diese Zahl festgelegt wird, enthalten. Dabei kann sowohl eine feste Zahl bestimmt, als auch eine Mindest- oder Höchstzahl oder die Regeln über die beabsichtigte Festlegung der Mitgliederzahl angegeben werden.[52]

33 Zu beachten ist in diesem Zusammenhang allerdings § 76 Abs. 2 S. 2 AktG; danach hat der Vorstand bei Gesellschaften mit einem Grundkapital von mehr als drei Millionen Euro grundsätzlich aus mindestens zwei Personen zu bestehen. Das Erfordernis einer Mindestzahl von Vorstandsmitgliedern birgt aber die Gefahr einer vorübergehenden Unterbesetzung, etwa im Fall der Amtsniederlegung eines Vorstandsmitglieds;[53] die daraus resultierenden

---

[46] S. hierzu Hüffer/Koch/*Koch* AktG § 10 Rn. 6, auch zur Kritik an der fehlenden empirischen Absicherung und den leichten Umgehungsmöglichkeiten.
[47] KölnKommAktG/*Franz* § 3 Rn. 7.
[48] Hüffer/Koch/*Koch* AktG § 23 Rn. 7.
[49] Allgemein zur Satzungsgestaltung bei Familiengesellschaften *Schaub* ZEV 1995, 82 ff.
[50] § 28 Abs. 5 WPO; § 50 Abs. 5 StBerG. Nach BGH BB 2005, 1131 (1134) gilt dies in ähnlicher Form auch für die – gesetzlich bislang nicht geregelten – Rechtsanwalts-Aktiengesellschaften.
[51] Hüffer/Koch/*Koch* AktG § 11 Rn. 7.
[52] MüKoAktG/*Pentz* § 23 Rn. 144.
[53] Aus diesem Grund ist auch von der – rechtlich ohne weiteres zulässigen – Festsetzung einer Mindestzahl in der Satzung abzuraten.

rechtlichen Schwierigkeiten haben die verschiedenen „Sachsenmilch"-Entscheidungen instruktiv vor Augen geführt.[54]

Daher bietet es sich an, von der Möglichkeit des § 76 Abs. 2 S. 2 Hs. 2 AktG Gebrauch zu machen und eine abweichende Satzungsregelung zu treffen. Dabei ist, trotz des engeren Wortlauts des § 76 Abs. 2 AktG, keine Festlegung auf einen einköpfigen Vorstand erforderlich. Die Rechtsprechung leitet aus dem engen Sachzusammenhang zu § 23 Abs. 3 Nr. 6 AktG vielmehr zutreffend ab, dass auch in diesem Fall die Bestimmung der konkreten Mitgliederzahl dem Aufsichtsrat überlassen werden kann.[55]

> **Formulierungsvorschlag:**
> Der Vorstand der Gesellschaft besteht aus einer oder mehreren Personen. Die Zahl der Vorstandsmitglieder bestimmt der Aufsichtsrat. Auch wenn das Grundkapital mehr als EUR 3.000.000,- beträgt, kann der Aufsichtsrat bestimmten, dass der Vorstand nur aus einer Person besteht.[56]

i) **Form der Bekanntmachungen.** Schließlich muss die Form der Bekanntmachungen der Aktiengesellschaft in der Satzung festgelegt werden. Die Regelung bezieht sich auf durch Gesetz oder Satzung vorgeschriebene Bekanntmachungen der Gesellschaft, für die keine bestimmte Publikationsform vorgeschrieben ist.[57] Die in der Praxis sinnvollerweise fast ausnahmslos gewählte Form ist die Bekanntmachung im Bundesanzeiger, also die Angleichung an die für Pflichtbekanntmachungen geltende Regelung des § 25 S. 1 AktG.

V. Fakultativer Inhalt/Grenzen der Gestaltungsfreiheit

1. Allgemein

Durch den in § 23 Abs. 5 AktG niedergelegten **Grundsatz der Satzungsstrenge** werden die Gestaltungsmöglichkeiten des Satzungsgebers bei der Aktiengesellschaft stark eingeschränkt. Hierdurch soll jeder (auch der künftige) Aktionär vor überraschenden Regelungen geschützt und damit die Fungibilität der Aktie gesichert werden.[58] Auch wenn der verbleibende Spielraum im Laufe der Zeit verschiedentlich erweitert worden ist, unterliegt die Satzungsautonomie im Aktienrecht allerdings seit einiger Zeit verstärkt zwischen börsennotierten[59] und nicht börsennotierten Aktiengesellschaften[60] und räumt letzteren einen etwas größeren Gestaltungsspielraum ein.[61] Der Grundsatz der Satzungsstrenge bezieht sich nach seinem Sinn und

---
[54] BGH ZIP 2002, 172 ff. – Sachsenmilch III; BGH ZIP 2002, 216 ff. – Sachsenmilch IV.
[55] BGH ZIP 2002, 216 (217) – Sachsenmilch IV.
[56] Die dritte Satzung des Formulierungsvorschlages vermeidet Auslegungsschwierigkeiten, wenn das Grundkapital den Betrag von 3.000.000,- EUR erst durch die Ausnutzung genehmigten oder bedingten Kapitals überschreitet, ursprünglich also unterhalb dieser Schwelle lag.
[57] Etwas missverständlich werden diese auch als „freiwillige Bekanntmachungen" bezeichnet. Pflichtbekanntmachungen nach § 25 S. 1 AktG, die von Gesetzes wegen oder auf Grund satzungsmäßiger Bestimmung in den Gesellschaftsblättern einzurücken sind (zB die Bekanntmachung der Einberufung der Hauptversammlung nach § 121 Abs. 3 AktG oder die Bekanntmachung der Tagesordnung nach § 124 Abs. 1 AktG), fallen nicht unter § 23 Abs. 4 AktG, vgl. Hüffer/Koch/*Koch* AktG § 23 Rn. 32.
[58] Vgl. MüKoAktG/*Pentz* § 23 Rn. 158.
[59] Der Begriff ist gesetzlich definiert in § 3 Abs. 2 AktG und umfasst nur den regulierten Handel gemäß §§ 32 ff. BörsG, nicht hingegen den Freiverkehr im Sinne § 48 BörsG.
[60] Die Differenzierung beschränkt sich nicht auf diesen Bereich, vgl. *Gätsch* in: Marsch-Barner/Schäfer, Handbuch börsennotierte AG, § 4 Rn. 25 mit Auflistung bestehender Sonderregelungen. Mit der Frage „Empfehlen sich besondere Regeln für börsennotierte und für geschlossene Gesellschaften?" hatte sich auch der 67. Deutsche Juristentag 2008 in Erfurt befasst, eine stärkere Differenzierung aber mehrheitlich abgelehnt.
[61] Vgl. zB §§ 121 Abs. 7 S. 4, 134 Abs. 1 S. 2 und Abs. 3 S. 3 AktG. Umfassend zu dieser Thematik die Dissertation von *Pleßke*, Die Satzungsstrenge im Aktienrecht – Mehr Gestaltungsfreiheit für die kapitalmarktferne Aktiengesellschaft, 2007, die eine weitgehende Lockerung der Satzungsstrenge für geschlossene Gesellschaften fordert.

Zweck ausschließlich auf materielle Satzungsbestimmungen, lässt formelle Satzungsbestandteile also unberührt.[62]

38 **a) Abweichungen.** Gem. § 23 Abs. 5 S. 1 AktG kann die Satzung von den gesetzlichen Bestimmungen des AktG inhaltlich nur abweichen, wenn es **ausdrücklich** zugelassen ist. Daraus folgt, dass sich die Abweichungsbefugnis aus dem Wortlaut des Gesetzes eindeutig ergeben muss, bloßes Schweigen des Gesetzes ist nicht ausreichen.[63]

39 Aber auch dann ist die Befugnis, von den gesetzlichen Regelungen abzuweichen, nicht unbegrenzt. Die Reichweite der Abweichungsbefugnis ist vielmehr jeweils im Einzelfall, ausgehend vom Sinn und Zweck der gesetzlichen Regelung, zu ermitteln. Ein vielzitiertes[64] Beispiel hierfür bietet § 121 Abs. 5 AktG, dessen Wortlaut jede Art der Bestimmung eines anderen Ortes als dem Sitz der Gesellschaft für die Hauptversammlung als zulässig erscheinen lässt. Es herrscht aber Einigkeit,[65] dass der Zweck der Vorschrift es nicht gestattet, eine Regelung in der Satzung zu treffen, wonach Vorstand, Aufsichtsrat oder Hauptversammlung den Ort der nächsten Hauptversammlung nach Ermessen festlegen können. Die Satzung muss hierzu inhaltliche Kriterien aufstellen, die das Ermessen des Einberufenden binden, was nach der Rechtsprechung dann nicht mehr der Fall ist, wenn dem Einberufenden die Auswahl unter einer großen Zahl geografisch weit auseinander liegender Orte überlassen wird.[66]

Formulierungsvorschlag:[67]

40 § ... Ort der Hauptversammlung

Die Hauptversammlung findet am Sitz der Gesellschaft oder in einer anderen Stadt der Bundesrepublik Deutschland statt, deren Einwohnerzahl 100.000 übersteigt.[68]

41 **b) Ergänzungen.** Ergänzungen sind nach § 23 Abs. 5 S. 2 AktG möglich, soweit das AktG keine abschließende Regelung enthält. Dies ist, wie die Formulierung des § 23 Abs. 5 S. 2 AktG („es sei denn") erkennen lässt, der gesetzlich vorausgesetzte Regelfall; die Annahme einer abschließenden Regelung bedarf daher einer besonderen Begründung.[69] Beispiele für abschließende Regelungen sind §§ 107 Abs. 3 S. 1;[70] 130 Abs. 4 S. 1;[71] 241, 275 AktG.[72]

---

[62] MüKoAktG/*Pentz* § 23 Rn. 150.
[63] GroßkommAktG/*Röhricht/Schall* § 23 Rn. 178.
[64] Vgl. etwa MüKoAktG/*Pentz* § 23 Rn. 162; MHdB GesR IV/*Sailer-Coceani* § 6 Rn. 11.
[65] BGH NJW 1994, 320 = ZIP 1993, 1867; OLG Stuttgart DB 1993, 474; Spindler/Stiltz/*Rieckers* AktG § 121 Rn. 72.
[66] BGH NJW 2015, 336 (338). Ob eine Satzungsbestimmung, die ohne weitere Einschränkung jeden „geeigneten Ort in der Bundesrepublik Deutschland" zu einem möglichen Hauptversammlungsort erklärt (so § 19 Abs. 1 S. 2 der Satzung der Volkswagen Aktiengesellschaft (Stand April 2016)) mit dieser Entscheidung vereinbar ist, ist fraglich.
[67] So § 15 der Satzung der ThyssenKrupp AG in der Fassung vom 6.2.2014. Ähnlich zB § 11 S. 3 der Satzung der Daimler AG (Stand April 2015): „Die Hauptversammlung kann ferner an einem inländischen Ort mit mehr als 250.000 Einwohnern abgehalten werden." Ob die Kombination aus einer Beschränkung auf das Inland und auf eine Mindesteinwohnerzahl tatsächlich ausreicht, um die Anforderungen der Entscheidung BGH NJW 2015, 336 zu erfüllen, ist allerdings noch nicht abschließend geklärt.
[68] Die früher umstrittene Frage, ob die Satzung als Ort der Hauptversammlung auch einen Ort im Ausland vorsehen kann, ist für die Praxis mittlerweile geklärt. Mit Urteil vom 21.10.2014 (NJW 2015, 336) hat der BGH dies ausdrücklich für zulässig erklärt. Formulierungsvorschläge zu Satzungsbestimmungen für Hauptversammlungen deutscher Aktiengesellschaften im Ausland finden sich bei *Bungert* WiB 1995, 806 ff.
[69] MüKoAktG/*Pentz* § 23 Rn. 157.
[70] BGHZ 83, 106 (115) mwN = NJW 1982, 1525.
[71] RGZ 65, 91 (92); Hüffer/Koch/*Koch* AktG § 23 Rn. 38.
[72] Hüffer/Koch/*Koch* AktG § 23 Rn. 38.

2. Beispielsfälle[73]

a) Abweichungen. Der Gesetzgeber hat zumeist Formulierungen, wie „wenn die Satzung nichts anderes bestimmt" oder „die Satzung kann bestimmen" gewählt, um auf die Zulässigkeit von Abweichungen ausdrücklich hinzuweisen. Sachlich betreffen solche Bestimmungen oft „andere Mehrheiten" und „weitere Erfordernisse" bei Hauptversammlungsbeschlüssen (zB §§ 52 Abs. 5; 103 Abs. 1 S. 3; 133 Abs. 1, 2 AktG etc).[74]

> **Formulierungsvorschlag:**
> § ... Hauptversammlung
> Beschlüsse der Hauptversammlung werden, soweit nicht diese Satzung im Einzelfall etwas anderes anordnet oder zwingende gesetzliche Vorschriften entgegenstehen, mit einer Mehrheit von zwei Dritteln der abgegebenen Stimmen gefasst.

Möglich ist es selbstverständlich auch, die Mehrheitserfordernisse für bestimmte Arten von Beschlüssen differenziert zu regeln, etwa Sonderregelungen für Kapitalmaßnahmen zu treffen.[75]

Abweichenden Regelungen nicht zugänglich sind dagegen die für den Aufbau der Gesellschaft bestimmenden Normen.[76] Ferner darf die gesetzlich vorgesehene Kompetenzverteilung unter den Organen der Aktiengesellschaft nicht durch eine entsprechende Satzungsbestimmung geändert werden.[77] Auch Bestimmungen über Minderheitsrechte mit Ausnahme des § 122 Abs. 1 S. 2 AktG sowie die nach §§ 93 Abs. 1 S. 2, 116 AktG bestehende Verschwiegenheitspflicht der Verwaltungsmitglieder und ihre Sorgfaltspflichten (§§ 636 ff. AktG) können durch Abweichungen nicht modifiziert werden.[78] Nach vorherrschender Meinung[79] ist auch eine Abweichung von der Vorschrift des § 141 AktG (Zustimmung der Vorzugsaktionäre) unzulässig.

Zahlreiche Einzelfragen sind hier Gegenstand intensiver Diskussion. So wird angesichts des viel beklagten Missbrauchs des Anfechtungsrechts der Aktionäre erwogen, Schiedsklauseln in die Satzung aufzunehmen.[80] Die herrschende Meinung hält dies jedoch für eine unzulässige Abweichung von § 246 AktG, der eine Klage vor den staatlichen Gerichten vorsieht.[81]

b) Ergänzende Satzungsbestimmungen. Ergänzende Satzungsbestimmungen betreffen in der Praxis häufig die Zusammensetzung und die Kompetenzen der Organe der Gesellschaft.[82] Dies ist innerhalb der dargelegten Grenzen grundsätzlich zulässig.

aa) Vorstand. So kann zB die Mitgliedschaft im Vorstand von bestimmten persönlichen Voraussetzungen abhängig gemacht, ein Vorstandsvorsitzender vorgesehen oder ein Katalog von Geschäften vorgesehen werden, zu deren Vornahme der Vorstand der Zustimmung des Aufsichtsrates bedarf.[83]

---

[73] Weitere Beispiele werden in dem jeweiligen Sachzusammenhang in den nachfolgenden Kapiteln dargestellt.
[74] Eine umfangreiche Auflistung der wesentlichen gesetzlich zugelassenen Abweichungen findet sich zB bei GroßkommAktG/*Röhricht/Schall* § 23 Rn. 185–241.
[75] Vgl. hierzu *Witt* AG 2000, 345 ff.
[76] KölnKommAktG/*Arnd Arnold* § 23 Rn. 148.
[77] *Timm* DB 1980, 1201 (1204).
[78] Hüffer/Koch/*Koch* AktG § 23 Rn. 36.
[79] MüKoAktG/*Pentz* § 23 Rn. 164; *Werner* AG 1971, 69 (70), aA KölnKommAktG/*Zöllner* § 141 Rn. 7.
[80] Hierzu *Vetter* DB 2000, 705 ff. mit Formulierungsvorschlägen; *Zöllner* AG 2000, 145 (150).
[81] Hüffer/Koch/*Koch* AktG § 246 Rn. 19; MüKoAktG/*Hüffer/Schäfer* § 246 Rn. 33; Spindler/Stiltz/*Dörr* AktG § 246 Rn. 10; Hölters/*Englisch* § 246 Rn. 62.
[82] Dabei wird die Praxis der Satzungsgestaltung bei börsennotierten Gesellschaften durch die Empfehlungen der „Regierungskommission Deutscher Corporate Governance Kodex" beeinflusst.
[83] Vgl. § 111 Abs. 4 S. 2 AktG.

Formulierungsvorschläge:

48 Der Aufsichtsrat kann einen Vorsitzenden des Vorstandes sowie einen stellvertretenden Vorsitzenden des Vorstandes bestimmen.

oder:

Der Vorstand bedarf der Zustimmung des Aufsichtsrates für die Vornahme der nachstehend aufgeführten Geschäfte der Gesellschaft:

a) ......[84]

49 *bb) Aufsichtsrat.* Vielfach besteht ein Bedürfnis, die Zusammensetzung und – innerhalb der gesetzlichen Grenzen – auch die Aufgaben des Aufsichtsrates anzupassen. So sehen die meisten Satzungen vor, dass Satzungsänderungen, die nur die Fassung betreffen, vom Aufsichtsrat vorgenommen werden können.

Formulierungsvorschlag:

50 Der Aufsichtsrat ist ermächtigt, Satzungsänderungen, die nur die Fassung betreffen, zu beschließen.

51 Regelmäßig wird auch die Zahl der Aufsichtsratsmitglieder besonders geregelt. Dabei sind die Beschränkungen des § 95 AktG zu beachten, also die vorgegebenen Mindest- und Höchstzahlen, eine ggf. zur Erfüllung mitbestimmungsrechtlicher Anforderungen erforderliche Teilbarkeit durch drei und die Bestimmtheit der Mitgliederzahl. Insbesondere Letzteres wird in der Praxis häufig übersehen; eine Bestimmung, die die konkrete Zahl der Aufsichtsratsmitglieder in das Ermessen der Hauptversammlung stellt, ist jedoch nichtig.[85]

52 Innerhalb der durch § 101 Abs. 2 AktG gesetzten Grenzen kann bestimmten Aktionären auch ein Recht zur Entsendung von höchstens einem Drittel der Aufsichtsratsmitglieder der Aktionäre eingeräumt werden.

Formulierungsvorschlag:

53 (1) Der Aufsichtsrat besteht aus 6 Personen.

(2) Solange die A-GmbH mindestens 25% der Stammaktien der Gesellschaft hält, hat sie das Recht, zwei Mitglieder in den Aufsichtsrat zu entsenden. Das Entsendungsrecht kann nur durch eine schriftliche Erklärung ausgeübt werden, in der die zu entsendenden Aufsichtsratsmitglieder bestimmt sind. Die Hauptversammlung wählt sämtliche Mitglieder des Aufsichtsrats, wenn die A-GmbH von ihrem Entsendungsrecht nicht spätestens drei Monate vor der Hauptversammlung, in der die turnusmäßige Wahl des Aufsichtsrats durchgeführt werden soll, Gebrauch macht.

54 *cc) Hauptversammlung.* Auch wenn § 119 Abs. 1 AktG die Bestimmung von über die gesetzlichen Regelungen hinausgehenden Hauptversammlungszuständigkeiten durch die Satzung zulässt, verbleibt hierfür angesichts der zwingenden gesetzlichen Kompetenzordnung kaum Regelungsspielraum.[86] Ergänzende Satzungsbestimmungen hinsichtlich der Hauptversammlung betreffen daher in der Praxis in erster Linien deren Durchführung. Beispielsweise

---

[84] Die Verankerung eines Katalogs zustimmungsbedürftiger Geschäfte in der Satzung ist in der Praxis allerdings eher unüblich. Wesentlich flexibler und daher vorzugswürdig ist die Aufnahme in eine vom Aufsichtsrat zu beschließende Geschäftsordnung für den Vorstand. Wird vom Mandanten gleichwohl eine Regelung in der Satzung gewünscht, sollte weiter vorgesehen werden, dass die Zustimmung auch in Form einer allgemeinen Ermächtigung für einen bestimmten Kreis von Geschäften erteilt werden kann.

[85] Hüffer/Koch/*Koch* AktG § 95 Rn. 7. Dies gilt auch für die dem Verf. in der Praxis bereits mehrfach begegnete Formulierung: „Der Aufsichtsrat besteht aus mindestens sechs oder einer höheren, durch drei teilbaren Zahl von Mitgliedern".

[86] Vgl. Hüffer/Koch/*Koch* AktG § 119 Rn. 10.

wird die Teilnahme an der Hauptversammlung häufig nach § 123 Abs. 2 AktG von einer vorherigen Anmeldung sowie – bei Inhaberaktien – nach § 123 Abs. 3 AktG von dem Nachweis der Berechtigung zur Teilnahme oder zur Ausübung des Stimmrechts abhängig gemacht.

> **Formulierungsvorschlag:**
> Aktionäre sind zur Teilnahme an der Hauptversammlung nur dann berechtigt, wenn sie sich spätestens am sechsten[87] Tag vor dem Tag der Hauptversammlung bei der Gesellschaft unter der in der Einladung zu der Hauptversammlung genannten Adresse anmelden und ihre Berechtigung nachweisen.[88]

55

Möglich sind auch beispielsweise Stimmrechtsbeschränkungen iSv § 134 Abs. 1 S. 2 AktG. Dies gilt allerdings nur bei solchen Gesellschaften, die nicht börsennotiert iSv § 3 Abs. 2 AktG sind. 56

dd) Schaffung zusätzlicher Gremien. Nicht selten sehen Satzungen zusätzliche Gremien vor, die meist als „Beiräte" bezeichnet werden. Auch dies ist zulässig, sofern diesen Gremien keine organschaftlichen Rechte eingeräumt werden.[89] 57

VI. Auslegung der Satzung

1. Notwendige Klarheit der Satzung

Der Inhalt der Satzung muss aus sich heraus verständlich sein, dh, dass einerseits jede Bestimmung verständlich sein muss, andererseits aber auch innere Widersprüche der Satzung ausgeschlossen sein müssen.[90] Sofern die Satzung Unklarheiten enthält, kann dies zu einer Abweisung der Eintragung durch das Handelsregister führen. 58

Hat die Satzung nach ihrem Wortlaut und Zweck keinen eindeutigen Inhalt, so ist durch Auslegung zu ermitteln, welche Regelungen die Gründer bei der Errichtung der Satzung treffen wollten. Hinsichtlich der jeweiligen Auslegungsmethode ist dann danach zu differenzieren, ob die Gesellschaft bereits in das Handelsregister eingetragen wurde oder nicht. 59

2. Auslegungskriterien

a) **Vor Eintragung.** Vor Eintragung der Gesellschaft in das Handelsregister unterliegt der gesamte Inhalt der Satzungsurkunde den nach der allgemeinen Rechtsgeschäftslehre geltenden Auslegungsgrundsätzen der **§§ 133, 157 BGB.**[91] 60

b) **Nach Eintragung.** Nach Eintragung der Gesellschaft in das Handelsregister differenzieren Rechtsprechung[92] und herrschende Lehre[93] hinsichtlich der anzuwendenden Auslegungsmethode zwischen materiellen bzw. körperschaftsrechtlichen und formellen bzw. individualrechtlichen Satzungsbestimmungen. 61

aa) Materielle Satzungsbestimmungen. Materielle Satzungsbestimmungen unterliegen dem Grundsatz der **objektiven** Auslegung, im Kern also den auch für Gesetze geltenden 62

---

[87] Die Satzung kann auch eine kürzere Frist vorsehen, § 123 Abs. 2 S. 3 AktG.
[88] Für börsennotierte Gesellschaften ist die Form des Nachweises in § 123 Abs. 4 und 5 AktG besonders geregelt. Zu den Nachweismöglichkeiten bei nicht börsennotierten Gesellschaften vgl. Hüffer/Koch/*Koch* AktG § 123 Rn. 10.
[89] MüKoAktG/*Pentz* § 23 Rn. 169.
[90] MüKoAktG/*Pentz* § 23 Rn. 46.
[91] MüKoAktG/*Pentz* § 23 Rn. 48.
[92] BGHZ 14, 25 (36 f.) = NJW 1954, 1401; BGHZ 48, 141 (144) = NJW 1967, 2159; BGHZ 123, 347 (350) = NJW 1994, 51; BGH NZG 2003, 127 (130).
[93] Hüffer/Koch/*Koch* AktG § 23 Rn. 49, 50; GroßkommAktG/*Röhricht/Schall* § 23 Rn. 15; KölnKommAktG/*Arnd Arnold* § 23 Rn. 11; Wachter/*Wachter* § 23 Rn. 9, jeweils mwN.

Auslegungsregeln. Sie sind also so auszulegen, wie sie der betroffene Rechtskreis (insbesondere zukünftige Gesellschafter oder Dritte) nach Treu und Glauben unter Berücksichtigung der Verkehrssitte verstehen musste, wobei die Auslegung vom Wortlaut der Erklärung auszugehen hat.

63 Nach der Ermittlung des Wortsinns ist im Rahmen der objektiven Auslegung auch der systematische Bezug von Satzungsbestimmungen zu anderen satzungsmäßigen Bestimmungen zu beachten. Des Weiteren können auch allgemein zugängliche Unterlagen in die Auslegung des objektiven Erklärungsaktes einbezogen werden. Hierzu zählen vor allem die zum Handelsregister eingereichten Unterlagen und frühere gesellschaftsvertragliche Regelungen.[94] Darüber hinaus dürfen jedoch nur solche Umstände berücksichtigt werden, die jedermann und insbesondere jedem Angehörigen des angesprochenen Personenkreises bekannt oder erkennbar sind.[95]

64 Lücken der satzungsmäßigen Regelungen sind durch ergänzende Auslegung zu schließen. Da Anknüpfungspunkt der ergänzenden Auslegung die vertraglich objektivierte Satzungsregelung ist, muss diese „weitergeführt" werden, um die Regelungslücke sachgerecht ausfüllen zu können.

65 *bb) Formelle Satzungsbestimmungen.* Formelle Satzungsbestimmungen werden demgegenüber nach den allgemeinen Regeln der §§ 133, 157 BGB ausgelegt.[96] Es gelten insoweit keine Besonderheiten.

VII. Mängel der Satzung

66 Wie bei der Frage nach der zu wählenden Auslegungsmethode ist auch hinsichtlich der Behandlung von Mängeln der Satzung zwischen der Rechtslage **vor und nach Eintragung** der Gesellschaft in das Handelsregister zu differenzieren. Des Weiteren sind sog punktuelle Fehler von Mängeln zu unterscheiden, die die Satzung insgesamt betreffen.

1. Vor Eintragung[97]

67 Unter Zugrundelegung der vorstehenden Differenzierungen ist nach heute überwiegender Auffassung vor Eintragung der Gesellschaft in das Handelsregister eine weitere Unterscheidung vorzunehmen. Hierbei handelt es sich um die Unterscheidung **vor und nach Invollzugsetzung der Gesellschaft.** Für die Invollzugsetzung soll die Bildung von Gesellschaftsvermögen oder eine Tätigkeit der Gesellschaft nach außen ausreichen.[98]

68 a) **Vor Invollzugsetzung der Gesellschaft.** Hinsichtlich des Bestehens grundlegender Mängel vor Eintragung und vor Invollzugsetzung der Gesellschaft finden die allgemeinen Vorschriften des BGB über Fehler von Rechtsgeschäften mit Ausnahme des § 139 BGB Anwendung. Die Vor-AG wird daher mit **ex tunc**-Wirkung abgewickelt (§§ 812 ff. BGB).

69 Im Gegensatz dazu führen **punktuelle** Fehler in diesem Stadium nicht zur Mangelhaftigkeit der gesamten Satzung. Mit der erforderlichen Mehrheit der Stimmen ist diesen Mängeln vielmehr im Rahmen einer entsprechenden Satzungsänderung abzuhelfen (**Treuepflicht der Gesellschafter**).

70 b) **Nach Invollzugsetzung der Gesellschaft.** Nach Invollzugsetzung der Gesellschaft, aber vor deren Eintragung ist hinsichtlich grundlegender Satzungsmängel das **Recht der fehlerhaften Gesellschaft** mit der Folge anwendbar, dass die Gesellschaft **ex nunc** aufgelöst und abgewickelt wird.

71 Nach ständiger Rechtsprechung findet die Anerkennung der fehlerhaften Gesellschaft ausnahmsweise dort ihre Grenzen, wo vorrangige Interessen der Allgemeinheit oder

---
[94] BGH 116, 359 (366) = NJW 1992, 892.
[95] RG 165, 73.
[96] MüKoAktG/*Pentz* § 23 Rn. 51.
[97] Hierzu ausführlich → § 14.
[98] MüKoAktG/*Pentz* § 23 Rn. 175.

schutzwürdiger Personen entgegenstehen.[99] Fälle dieser Art sind die **Gesetzeswidrigkeit** nach § 134 BGB,[100] die **Kartellrechtswidrigkeit**[101] sowie die **grobe Sittenwidrigkeit** gem. § 138 BGB.[102] Ferner greifen die Regeln des BGB über mangelhafte Rechtsgeschäfte in Fällen ein, in denen ein Gesellschafter durch Täuschung oder Drohung in ein Beteiligungsverhältnis gebracht wird, dessen bloße Auflösung dem anderen unverdiente Vorteile brächte. Schließlich führt auch die nicht ordnungsgemäße Vertretung eines Minderjährigen zur Unanwendbarkeit der Grundsätze der fehlerhaften Gesellschaft.[103]

2. Nach Eintragung

Grundsätzlich werden Mängel durch die **Eintragung** der Gesellschaft in das Handelsregister **geheilt** und stehen dem wirksamen Entstehen der Gesellschaft nicht entgegen. Einer Unterscheidung zwischen grundlegenden und rein punktuellen Mängeln bedarf es hier grundsätzlich nicht.

Nur in Ausnahmefällen darf keine Eintragung erfolgen. Dies gilt dann, wenn notwendige Bestandteile der Satzung fehlen, dh wenn die Bestimmung (ob sie nun schlicht fehlt oder nichtig ist) Dinge betrifft, die geregelt sein müssen; wenn sie Vorschriften verletzt, die dem Gläubigerschutz oder sonstigem öffentlichen Interesse dienen; oder wenn sie die Nichtigkeit der Satzung zur Folge hat, § 38 Abs. 1 und Abs. 3 AktG. Erfolgt die Eintragung dennoch, so ist bei Fehlen der Voraussetzungen des § 23 Abs. 3 Nr. 3, 2 AktG bzw. wenn die Satzungsbestimmung über den Gegenstand des Unternehmens nichtig ist, Klage auf Nichtigerklärung gem. § 275 Abs. 1 AktG zu erheben. In den übrigen Fällen gelangt das Verfahren der Amtsauflösung nach § 399 FamFG, § 262 Abs. 1 Nr. 5 AktG zur Anwendung.

---

[99] BGHZ 3, 285 (288); 17, 160 (167); 26, 330 (335); 55, 5 (9); 62, 234 (241); 75, 214 (217 f.); BGH NJW 92, 1503 (1504); OLG Hamm WuW/E OLG 3748 und 4033.
[100] BGHZ 75, 214.
[101] OLG Hamm WuW/E 3748 und 4033; *Paschke* ZHR 155 (1991), 21.
[102] BGH NJW 1970, 1540.
[103] RGZ 145, 155 (159); BGHZ 17, 160 (167 f.).

§ 8 Firma und Unternehmensgegenstand

Übersicht

	Rn.
I. Firma	1–72
1. Allgemeines	1–13
a) Begriff der Firma	1
b) Firma und Satzung	2
c) Firmenfähigkeit	3
d) Firma und gerichtliches Verfahren	4/5
e) Veräußerungsverbot	6
f) Firma und Insolvenz	7
g) Allgemeiner Firmenschutz	8/9
h) Firmenschutz gem. § 37 HGB	10/11
i) Falscheintragung der Firma im Handelsregister – Fassungsbeschwerde	12/13
2. Bildung der Firma bei der AG – Gesetzliche Regelungen	14/15
a) Regelung des Firmenrechts im HGB	14
b) Spezialgesetzliche Regelungen	15
3. Erstmalige Firmenbildung bei der AG	16–47
a) Rechtsformzusatz	17–22
b) Individualisierungsfunktion – Kennzeichnungseignung	23–25
c) Individualisierungsfunktion – Unterscheidbarkeit	26–33
d) Firmenwahrheit – Irreführungsverbot	34–44
e) Firmeneinheit	45
f) Firmenbeständigkeit	46
g) Abstimmung mit der IHK	47
4. Fortführung einer Firma bei der AG (§ 22 HGB)	48–52
5. Einzelfragen	53–62
a) Vorgesellschaft	53
b) Liquidation der AG	54
c) Zweigniederlassung	55/56
d) AG und Co. KG	57
e) Umwandlung	58
f) Alt-Gesellschaften	59–61
g) Auslandsbezug	62
6. Fehlerhafte Firma – Rechtsfolgen	63–65
a) Fehler bei der erstmaligen Firmenbildung	63
b) Fehler bei der Änderung bestehender Firma	64
c) Irreführende Firma wegen Änderung des Unternehmensgegenstands	65
7. Fehlerhafter Firmengebrauch – Rechtsfolgen	66
8. Firma und Schriftverkehr der AG; Unterschrift von Vorstandsmitgliedern	67–72
II. Unternehmensgegenstand	73–121
1. Bedeutung	73–80
a) Allgemeines	73–79
b) Abgrenzung zum Unternehmenszweck	80
2. Formulierung des Unternehmensgegenstandes in der Satzung	81–114
a) Rechtlicher Rahmen	81–99
b) Die Formulierung des Unternehmensgegenstandes	100–114
3. Zulässige Abweichung vom Unternehmensgegenstand	115–119
a) Grundsatz: Erfordernis einer Satzungsänderung	116/117
b) Ausnahme: Satzungs-/Gegenstandsdurchbrechung	118/119
4. Rechtsfolgen eines unzulässigen Unternehmensgegenstandes	120/121

Schrifttum: *Ammon*, Die Sachfirma der Kapitalgesellschaft, DStR 1994, 325; *Bannasch*, Der Gemeingebrauch des Namens, 1. Aufl., 2014; *Bokelmann*, Das Recht der Firmen und Geschäftsbezeichnungen, 5. Aufl. 2000; *Brinkmann*, Zur Haftung von Geschäftsführer und sonstigen Vertretern ausländischer Gesellschaften wegen Fehlens des Rechtsformzusatzes, IPRax 2008, 30; *Clausnitzer*, Die Novelle des Internationalen Gesellschaftsrechtes – Auswirkungen auf das deutsche Firmenrecht, NZG 2008, 321 ff.; *Clausnitzer*, Das Firmenrecht in der Rechtsprechung (2000 bis 2009), DNotZ 2010, 345; *Dirksen/Volkers*, Die Firma der Zweigniederlassung in der Satzung von AG und GmbH, BB 1993, 598; *Fezer*, Liberalisierung und Europäisierung des Firmenrechts, ZHR 161 (1997), 52; *Fischinger*, Handelsrecht, 2015; *Franck*, REIT-Aktiengesellschaften – Voraussetzungen und Rechtsfolgen, MittBayNot 2007, 173; *Henssler*, Die Grenzüberschreitende Tätigkeit von Rechtsanwaltsgesellschaften in der Rechtsform der Kapitalgesellschaft innerhalb der EU, NJW 2009, 950 ff.; *Illhardt/Scholz*, Anrechnung von Gewinnen aus pflichtwidrigen Geschäften – Besprechung des BGH-Urteils vom 15.1.2013 – II ZR 90/11 -, DZWIR 2015, 512; *Kanzleiter*, Anmerkung zum Beschluss von OLG Celle vom 6.7.2006 – 9 W 61/06 – MittBayNot 2007, 140 f.; *Kiesel*, Das Firmenrecht in der IHK-Praxis: Klassische Probleme bei der Suche nach dem Unternehmensnamen, DNotZ 2015, 740; *Kindler*, Internationales Gesellschaftsrecht 2009: MoMiG, Trabrennbahn, Cartesio und die Folgen, IPRax 2009, 189 ff.; *Kögel*, Die deutliche Unterscheidbarkeit von Firmennamen, Rechtspfleger 1998, 317; *Lamsa*, Die Firma der Auslandsgesellschaft – Bildung, Führung und Schutz der Firma von Auslandsgesellschaften unter besonderer Berücksichtigung des Europäischen Gemeinschaftsrechts, 2011; *Lutter/Welp*, Das neue Firmenrecht der Kapitalgesellschaften, ZIP 1999, 1073 ff.; *Merkt*, Fallen REIT-Aktiengesellschaften unter das KAGB?, BB 2013, 1986; *Meyer, S.*, Das Irreführungsrecht im Firmenrecht – Familiennamen in der neugewählten oder fortgeführten Firma, ZNotP 2009, 250; *Nipperdey* Die Zulässigkeit doppelter Firmenführung für ein einheitliches Handelsgeschäft, in: Beiträge zum Arbeits-, Handels- und Wirtschaftsrecht, Festschrift für Alfred Hueck, 1959, S. 195; *Oetker*, Handelsrecht, 7. Aufl., 2015; *Röh*, Zusatz „und Partner": Reservierung für die Partnerschaftsgesellschaft?, DB 1996, 2426 ff.; *Römermann*, Anmerkung BGH 5.2.2007 – II ZR 84/05 – (Rechtsscheinhaftung der für eine niederländische B. V. auftretenden Personen) GmbHR 2007, 593; *Schanze*, Sanktionen bei Weglassen eines die Haftungsbeschränkung anzeigenden Rechtsformzusatzes im europäischen Rechtsverkehr, NZG 2007, 533; *Schröder/Cannivé*, Der Unternehmensgegenstand der GmbH vor und nach dem MoMiG, NZG 2008, 1 ff.; *K. Schmidt*, HGB-Reform im Regierungsentwurf, ZIP 1997, 909 ff.; *ders.*, Das Handelsrechtsreformgesetz, NJW 1998, 2161 ff.; *Sina*, Geschäftstätigkeit und Unternehmensgegenstand der GmbH, GmbHR 2001, 661 ff.; *Streuer*, Der statutarische Unternehmensgegenstand, 1. Aufl. 2000; *ders.*, Die Gestaltung des Unternehmensgegenstandes in der GmbH-Satzung, GmbHR 2002, 407 ff.; *Tieves*, Der Unternehmensgegenstand er Kapitalgesellschaft, 1. Aufl. 2000; *Wachter*, AktG, 2. Aufl., 2014; *Wolff*, Firmierung mit Zusätzen wie „Partner des Kunden GmbH", GmbHR 2007, 1032; *von der Höh*, Die Vorrats-SE als Problem der Gesetzesumgehung und des Rechtsmissbrauchs, 1. Aufl., 2017; *Zimmer/Naendrup*, Das Cartesio-Urteil des EuGH: Rück- oder Fortschritt für das internationale Gesellschaftsrecht?, NJW 2009, 545 ff.

I. Firma

1. Allgemeines

a) Begriff der Firma. Die Firma der AG im Sinne des des Firmenrechts (§ 17 HGB)[1] und insbesondere des § 4 AktG **entspricht nicht dem Firmenbegriff des allgemeinen Sprachgebrauchs**, der auch das Unternehmen und den Unternehmensträger bedeuten kann. Die Firma der AG im Sinne des Firmenrechts **bezeichnet ausschließlich deren Namen** (§ 17 Abs. 1 S. 3 HGB iVm § 3 AktG).[2] Die sog. **Geschäfts- bzw. Etablissementbezeichnungen** unterscheiden sich von einer Firma dadurch, dass sie nicht auf den Inhaber des Unternehmens, sondern nur auf das Unternehmen hinweisen.[3] Entscheidendes Merkmal einer Firma ist, dass dieser Name geeignet ist, den Geschäftsinhaber – den Schuldner der Verbindlichkeit – im Rechtsverkehr zu individualisieren.[4] Eine Geschäfts- oder Etablissementbezeichnung, die lediglich das Geschäftslokal oder den Betrieb allgemein, nicht aber den Geschäftsinhaber kennzeichnet, ist keine Firma.[5] 1

b) Firma und Satzung. Gem. § 23 Abs. 3 Nr. 1 AktG ist die Firma **notwendiger Bestandteil der Satzung der AG**. Gibt es eine **Zweigniederlassung**, so ist deren Firma grundsätzlich in die Satzung aufzunehmen. Die Firma der Zweigniederlassung einer Kapitalgesellschaft bedarf nur dann nicht der Aufnahme in die Satzung der Gesellschaft, wenn sie entweder mit der Firma der Hauptniederlassung identisch ist oder ergänzend hierzu nur den erklärenden Zusatz enthält, dass es sich um eine Zweigniederlassung an einem bestimmten Ort 2

---

[1] Vgl. auch § 4 GmbHG, § 18 UmwG, §§ 392, 393 FamFG.
[2] *Grigoleit/Vedder*, AktG, § 4 Rn. 3.
[3] FG Münster 12.3.2009 – 8 K 2496/06, EFG 2009, 989; OLG Düsseldorf 22.1.1998 – 10 U 30/97, NJW-RR 1998, 332; VG Neustadt 17.12.2014 – 1 K 717/14.NW; VGH Baden-Württemberg 24.10.2011 – 2 S 1652/11, NVwZ-RR 2012, 105.
[4] BFH 20.5.2014 – VII R 46/13, DB 2014, 2269.
[5] BFH 20.5.2014 – VII R 46/13, DB 2014, 2269; 11.6.2012 – VII B 198/11, BFH/NV 2012, 1572. Beispiele für Etablissementbezeichnungen aus dem Marktsegment Hotel und Gastronomie: Gaststättennamen wie „Zum Viertele", „Zum Hirschen", „Ratskeller", „Theaterstübchen" oder „Zum Ochsen" (vgl.: VGH Baden-Württemberg 24.10.2011 – 2 S 1652/11, NVwZ-RR 2012, 105 mwN).

handelt.[6] Wird aber die **Firma der Zweigniederlassung abweichend gebildet**, so **muss** eine solche Firma, wie die der Hauptniederlassung, **in die Satzung aufgenommen werden**.[7] In der Literatur[8] wird gegen diese Rechtsprechung zutreffend[9] vertreten, dass für die abweichende Firmierung der Zweigniederlassung ein abstrakter Satzungsvorbehalt ausreichend ist. Dies verbunden mit folgendem Formulierungsvorschlag, einzufügen im Rahmen des Unternehmensgegenstandes: „Die Gesellschaft darf Zweigniederlassungen unter gleicher oder anderer Firma errichten".

3   c) **Firmenfähigkeit.** Die Bildung einer Firma durch die AG setzt **Firmenfähigkeit** voraus. Die Firmenfähigkeit als „Aktiengesellschaft" beginnt wegen der Eigenschaft als Handelsgesellschaft und Formkaufmann **grundsätzlich mit Eintragung der AG in das Handelsregister** (§ 41 Abs. 1 S. 1 AktG).[10] Wenn bereits die Voraussetzungen der **Vor-AG** erfüllt sind, kann schon vor der Handelsregistereintragung Firmenfähigkeit bestehen.[11] Bei Vorliegen der Voraussetzungen für eine firmenführende Vor-AG muss der **Hinweis auf das Gründungsstadium** aufgenommen werden (zB „in Gründung" oder „i.G." oder „i.Gr.").[12] Das **Ende der Firmenfähigkeit** tritt nach zutreffender Auffassung[13] nicht bereits mit Einstellung des Gewerbebetriebs sondern erst mit der **Löschung der AG im Handelsregister** ein. Gem. § 296 Abs. 6 AktG ist auch für die Liquidationsphase die Aufnahme eines auf die Auflösung hinweisenden Zusatzes angeordnet (zB „in Liquidation" oder „i.L.").[14] Nach der Sonderregelung des § 273 AktG haben die Abwickler den Schluss der Abwicklung anzumelden. Erfolgt nach entsprechender Prüfung des Handelsregisters die Eintragung des Schlusses der Abwicklung und des Erlöschens der Gesellschaft, dann erlischt damit auch die Firma.

4   d) **Firma und gerichtliches Verfahren.** Gem. § 17 Abs. 2 HGB kann ein Kaufmann unter seiner Firma klagen und verklagt werden. Soweit es nicht um juristische Personen geht, muss der Kaufmann nicht unbedingt unter seiner Firma klagen, denn die Firma ist nur der Name und die Prozess- und Urteilswirkungen treffen stets den klagenden Inhaber.[15] Die AG als Formkaufmann dagegen muss – grds.[16] vertreten durch den Vorstand (§ 78 AktG) – zwingend unter ihrer Firma klagen und ist entsprechend unter dieser Firma zu verklagen. Dabei ist die **Firma der AG vom Rechtsanwalt schon bei Mandatsbegründung genauestens aufzunehmen** und ggf. durch Einsicht in das Handelsregister zu prüfen, um die aus einer fehlerhaften Angabe der Firma der AG im Rubrum resultierende Notwendigkeit der Anwendung der Grundsätze der höchstrichterlichen Rspr. zur Auslegung von Parteibezeichnungen[17] und die damit verbundenen Haftungsrisiken zu vermeiden. Zudem sind bei der Fertigung einer Klagschrift im Zusammenhang mit der Prüfung der ordnungsgemäßen Angabe der Firma die Besonderheiten der Vertretung der AG, etwa in § 112 S. 1 AktG und die sich daraus ergebenden Vorgaben für die Klagschrift im Auge zu behalten, da auch hier bei Fehlangaben die Rechtsfolge der Unzulässigkeit der Klage eintreten kann.[18]

5   Die **Firmierung** kann **Bedeutung für die örtliche Zuständigkeit des Gerichtes gem. § 21 ZPO** (Ort der Niederlassung) haben. § 21 ZPO setzt die Selbständigkeit der Niederlassung voraus wobei nicht das innere Verhältnis zum Hauptunternehmen entscheidend ist, sondern

---

[6] BayObLG 19.3.1992 – 3 Z BR 15/92, NJW-RR 1992, 1062.
[7] BayObLG 19.3.1992 – 3 Z BR 15/92, NJW-RR 1992, 1062.
[8] *Grigoleit/Vedder*, AktG, § 4 Rn. 18.
[9] Vgl. auch: *Dirksen/Volkers* BB 1993, 598.
[10] *Wachter/Franz*, AktG – Kommentar, § 4 Rn. 2.
[11] *Bürgers/Körber*, Aktiengesetz, § 4 Rn. 2; *Wachter/Franz*, AktG – Kommentar, § 4 Rn. 2.
[12] *Wachter/Franz*, AktG – Kommentar, § 4 Rn. 2.
[13] *Grigoleit/Vedder*, AktG, § 4 Rn. 4; *Bürgers/Körber*, Aktiengesetz, § 4 Rn. 2 mwN.
[14] *Wachter/Franz*, AktG – Kommentar, § 4 Rn. 2; *Bürgers/Körber*, Aktiengesetz, § 4 Rn. 2.
[15] VGH Bayern 26.2.2015 – 11 ZB 14.2491, BeckRS 2015, 43104 mwN.
[16] Vgl. § 112 AktG. Vorstandsmitgliedern gegenüber vertritt der Aufsichtsrat die Gesellschaft gerichtlich und außergerichtlich. § 78 Abs. 2 S. 2 AktG gilt entsprechend.
[17] Vgl. dazu: BeckFormB Anwaltskanzlei/*Ritter*, G. I. Anm. 4 mwN.
[18] Vgl. OLG Stuttgart 28.5.2013 – 20 U 5/12 mwN.

ob nach außen der Anschein einer selbständigen Niederlassung erweckt wird.[19] Die Eintragung einer als Zweigniederlassung firmierenden Gesellschaft im Handelsregister ist für § 21 ZPO zwar nicht nötig, wirkt in diesem Zusammenhang aber gegen den Eingetragenen.[20] Auch Angaben im Impressum im Internet unter Verwendung des Begriffs „Niederlassung" können für die örtliche Zuständigkeit des Gerichts gem. § 21 ZPO Bedeutung erlangen. Firmiert zB eine Zweigniederlassung einer US-amerikanischen Gesellschaft ausweislich des Impressums der verfahrensgegenständlichen Veröffentlichungen im Internet unter „Niederlassung Deutschland" bzw. „Niederlassung Europa" kann angenommen werden, dass die Niederlassung selbständig iSd § 21 ZPO ist und entsprechend am Sitz der Niederlassung gerichtlich in Anspruch genommen werden kann.[21]

e) **Veräußerungsverbot.** Die Firma der AG ist untrennbar mit dem Unternehmen verknüpft. Sie kann nicht ohne das Handelsgeschäft, für welches sie geführt wird, veräußert werden (**§ 23 HGB**). Zweck dieser Bestimmung ist, den Übergang der Firma auf einen anderen und damit die Fortführung einer nicht den §§ 18, 19 HGB entsprechenden Firma auf die in den §§ 22, 24 HGB geregelten Fälle zu beschränken.[22] Es geht um die **Erhaltung der betrieblichen Herkunftsfunktion** und den **Schutz der Allgemeinheit vor Täuschung**.[23] Bei der Prüfung kommt es entscheidend darauf an, ob die Grundlage des Unternehmens erhalten bleibt und ob die Fortführung des Unternehmens nach der Übernahme oder der Änderung der Rechtsform als Fortsetzung des bisherigen Geschäftsbetriebs erscheint.[24] Bei der gebotenen wirtschaftlichen Betrachtungsweise ist das dann anzunehmen, wenn unter der übertragenen Firma und Kennzeichnung der **Geschäftsbetrieb im Großen und Ganzen übernommen bzw. fortgesetzt wird**.[25]

f) **Firma und Insolvenz.** Die Firma der AG verkörpert zugleich **Persönlichkeits- und Güterrecht der AG**.[26] Als immaterielles Rechtsgut **gehört die Firma zur Insolvenzmasse**.[27]

g) **Allgemeiner Firmenschutz.** Die AG kann betreffend ihre Firma den allgemeinen Firmenschutz geltend machen. Die AG kann den **allgemeinen Namensschutz gem. § 12 BGB** geltend machen. Die Firma wie auch ein unterscheidungskräftiger Firmenbestandteil der Gesellschaft ist ein durch § 12 BGB geschütztes **Immaterialgüterrecht**, unabhängig davon, ob der bürgerliche Name ihres Inhabers oder eines Gesellschafters enthalten ist oder nicht,[28] wobei sich der aus § 12 BGB abgeleitete namensrechtliche Schutz der Firma oder des Firmenbestandteils jedoch stets auf den Funktionsbereich des betreffenden Unternehmens beschränkt und nur so weit reicht, wie geschäftliche Beeinträchtigungen zu befürchten sind.[29] Eine unberechtigte Namensanmaßung nach § 12 S. 1 Fall 2 BGB liegt insbesondere vor, wenn ein **Dritter unbefugt den gleichen Namen gebraucht**, dadurch eine **Zuordnungsverwirrung** eintritt und **schutzwürdige Interessen des Namensträgers verletzt** werden.[30] Der Gebrauch eines fremden Namens im Sinne von § 12 S. 1 Fall 2 BGB liegt auch vor, wenn der

---

[19] OLG Köln 26.9.2012 – 8 AR 67/12; BGH NJW 1987, 3081; BayObLG MDR 1989, 459.; AG Köln NJW-RR 1993, 1504. Vgl. auch: OLG Hamm 19.2.2016 – I-32 Sa 1/16, NZV 2016, 578.
[20] RGZ 50, 428; OLG Düsseldorf RPfleger 1997, 32.
[21] OLG Düsseldorf IPRspr 2009, Nr. 191, 501; *Wieczorek/Schütze/Smid/Hartmann*, ZPO, Stand Januar 2015, § 21 Rn. 19 S. 230.
[22] BGH 5.5.1977 – II ZR 237/75, RPfleger 1977, 298.
[23] BGH 7.6.1990 – I ZR 298/88, NJW-RR 1990, 1318; BGH 7.7.1971 – I ZR 38/70, GRUR 1971, 573.
[24] BGH 7.6.1990 – I ZR 298/88, NJW-RR 1990, 1318; BGH 25.11.1982 – I ZR 130/80, WRP 1983, 261.
[25] BGH 7.6.1990 – I ZR 298/88, NJW-RR 1990, 1318; BGH 8.6.1966 – Ib ZR 74/64, GRUR 1967, 69; BGH 7.7.1971 – I ZR 38/70, GRUR 1971, 573.
[26] *Wachter/Franz*, AktG – § 4 Rn. 1.
[27] *Grigoleit/Vedder*, AktG, § 4 Rn. 3; *Wachter/Franz*, AktG – § 4 Rn. 1.
[28] BGH 22.11.2001 – I ZR 138/99, NJW 2002, 2013 – shell.de; zum Firmenbestandteil vgl. BGHZ 24, 238 (240 f.) – Tabu I.
[29] BGH 28.4.2016 – I ZR 82/14, GRUR 2016, 1032; 22.11.2001 – I ZR 138/99 – shell.de; NJW 2002, 2013; BGH GRUR 1976, 379 (380 f.) = WRP 1976, 102 – KSB; GRUR 1998, 696 (697) – Rolex-Uhr mit Diamanten.
[30] BGH 28.9.2011 – I ZR 188/09, GRUR 2012, 534 – Landgut Borsig; BGH 8.2.2008 – I ZR 59/04, BGHZ 171, 104 – grundke.de; BGH 24.4.2008 – I ZR 159/05, GRUR 2008, 1099 – afilias.de.

Dritte sich den Namen des Berechtigten als Firmenname, als Etablissementbezeichnung oder als sonstige Bezeichnung eines Unternehmens beilegt oder einen anderen mit dem fraglichen Namen bezeichnet.[31] Allerdings kann nicht jede Verwendung eines fremden Namens als „Gebrauchen" im Sinne von § 12 BGB angesehen werden. Die Vorschrift bezweckt allein den Schutz des Namens in seiner Funktion als Identitätsbezeichnung der Person seines Trägers. Deshalb sind nur solche Verwendungen verboten, die geeignet sind, eine namensmäßige Zuordnungsverwirrung hervorzurufen.[32] Dafür kommt sowohl **ein namens- oder kennzeichenmäßiger Gebrauch des Namens durch einen Dritten** als auch eine **Verwendung** in Betracht, **durch die der Namensträger zu bestimmten Einrichtungen, Gütern oder Erzeugnissen in Beziehung gesetzt wird, mit denen er nichts zu tun hat.** Hierfür genügt es, dass im Verkehr der falsche Eindruck entstehen kann, der Namensträger habe dem Benutzer ein Recht zur entsprechenden Verwendung des Namens erteilt.[33]

9 § 17 HGB ist kein Schutzgesetz iSd § 823 Abs. 2 BGB, da es sich um die Legaldefinition des Firmenbegriffs handelt.[34] Ein **Schutz der Firma** kommt – **nach allgemeinem Firmenschutz** – aber nach § 823 Abs. 1, 2; § 1004 in Verbindung mit § 823 Abs. 1 BGB, §§ 1, 3 UWG und § 15 Abs. 4 MarkenG in Betracht. Der kennzeichenrechtliche Schutz aus §§ 5, 15 MarkenG geht dabei in seinem Anwendungsbereich grundsätzlich dem Namensschutz aus § 12 BGB vor.[35] Den vorgenannten Normen ist gemein, dass sie den Schutz der Firma gegen Verletzungen bezwecken.[36]

10 h) **Firmenschutz gem. § 37 HGB.** Der Firmenschutz gem. § 37 HGB dient der öffentlichen Ordnung.[37] Nach § 37 Abs. 1 HGB ist es untersagt, eine dem Verwender nicht zustehende Firma zu gebrauchen. Ein Firmengebrauch im Sinne dieser Vorschrift liegt in jeder Handlung, die als Willenskundgebung des Geschäftsinhabers zu verstehen ist, sich der verwendeten Bezeichnung als des eigenen Handelsnamens, also firmenmäßig, zu bedienen.[38] Hierzu kommt es maßgeblich auf die Verkehrsauffassung an. Ein firmenmäßiger Gebrauch liegt danach insbesondere dann vor, wenn die Bezeichnung bei geschäftsmäßigen Handlungen verwendet wird, bei denen der Verkehr die vollständige Angabe des Geschäftsinhabers erwartet, woraus folgt, dass sich die Vorschrift nicht generell gegen jegliche Verwendung von Firmenabkürzungen oder Firmenschlagworten richtet, die im Gegenteil sogar unter dem Schutz der §§ 5, 15 MarkenG stehen.[39] Untersagt ist die Verwendung einer der Firmierung nicht entsprechenden Bezeichnung vielmehr nur dann, wenn durch sie der **unzutreffende Eindruck erweckt wird, es handele sich bei jener Bezeichnung um die (vollständige) Firmierung.**[40]

11 Die Vorschrift des § 37 Abs. 2 S. 1 HGB gewährt demjenigen einen Unterlassungsanspruch, der durch unzulässigen Firmengebrauch in seinen (absoluten) Rechten verletzt wird, während das in § 37 Abs. 1 HGB geregelte registerrechtliche Firmenmissbrauchsverfahren generell dazu dient, rechtswidrigen Firmengebrauch zu verhindern.[41] Die in ihren Rechten beeinträchtigte AG kann dabei auch ein Firmenmissbrauchsverfahren gem. § 37 Abs. 1 HGB anregen[42], wobei das **Handelsregister** nach zutreffender Auffassung tätig werden

---

[31] BGH 28.9.2011 – I ZR 188/09, GRUR 2012, 534 – Landgut Borsig.
[32] OLG Schleswig 22.9.2016 – 6 U 23/15, GRUR-RS 2016, 119 165; BGH 28.9.2011 – I ZR 188/09, GRUR 2012, 534 – Landgut Borsig; BGH 28.3.2002 – I ZR 235/99, GRUR 2002, 917 – Düsseldorfer Stadtwappen; BGH 2.12.2004 – I ZR 92/02, BGHZ 161, 216 – Pro Fide Catholica.
[33] BGH 28.9.2011 – I ZR 188/09, GRUR 2012, 534 – Landgut Borsig; BGH 28.3.2002 – I ZR 235/99, GRUR 2002, 917 – Düsseldorfer Stadtwappen; BGH 2.12.2004 – I ZR 92/02, BGHZ 161, 216 – Pro Fide Catholica.
[34] LG Wiesbaden 18.10.2013 – 1 O 159/13, MMR 2014, 167.
[35] BGH 22.11.2001 – I ZR 138/99, NJW 2002, 2013 – shell.de; OLG Frankfurt a.M. 27.3.2003 – 6 U 13/02.
[36] Vgl. *Bannasch*, Der Gemeingebrauch des Namens, S. 155 ff.
[37] *Bannasch*, Der Gemeingebrauch des Namens, S. 162 mwN.
[38] BGH 8.4.1991 – II ZR 259/90, NJW 1991, 2023; OLG Köln 5.11.2010 – 6 U 67/10, NZG 2011, 155.
[39] OLG Köln 5.11.2010 – 6 U 67/10, NZG 2011, 155 mwN.
[40] BGH 8.4.1991 – II ZR 259/90, NJW 1991, 2023; OLG Köln 5.11.2010 – 6 U 67/10, NZG 2011, 155.
[41] *Grigoleit/Vedder*, AktG, § 4 Rn. 20.
[42] *Wachter/Franz*, AktG, § 4 Rn. 16 mwN.

muss, dem Handelsregister also **kein Ermessen betreffend das Einschreiten gegen einen nach § 37 HGB unzulässigen Firmengebrauch** zusteht.[43]

i) Falscheintragung der Firma im Handelsregister – Fassungsbeschwerde. Wurde eine **12**
Firma fehlerhaft in das Handelsregister eingetragen, dann gilt grds. § 383 Abs. 3 FamFG, wonach eine Eintragung im Handelsregister nicht anfechtbar ist.[44] Es ist jedoch anerkannt, dass im Wege eines **Berichtigungsantrags – auch „Fassungsbeschwerde" genannt** – die Korrektur/Klarstellung von Namens-, Firmen- oder Datumsangaben oder die korrekte Verlautbarung rechtlicher Verhältnisse herbeigeführt werden kann. Diese Möglichkeit wurde durch § 383 Abs. 3 FamFG nicht abgeschafft; sie besteht weiterhin.[45] Verfahrensmäßig ist das an das Registergericht gerichtete **Begehren auf Berichtigung der Eintragung ein „Antrag" und nicht eine „Beschwerde"**; denn es ist zunächst einmal Sache des Registergerichts, über das Berichtigungsbegehren zu entscheiden. Der Antrag ist nur zulässig, wenn er auf eine Berichtigung oder Klarstellung in dem vorgenannten Sinn und nicht etwa auf eine inhaltliche Änderung gerichtet ist. Hält das Registergericht das Berichtigungsbegehren für unbegründet, so weist es den Antrag durch verfahrensbeendenden Beschluss zurück, gegen den sodann die Beschwerde eröffnet ist.[46] Gerechtfertigt ist die Fassungsbeschwerde zB dann, wenn die Anmeldung des Vorstands der AG in der Eintragung des Registergerichts – auch unter Berücksichtigung des dem Registerrichter zugestandenen Ermessens – durch die gewählte Fassung vom Verlautbarungsgehalt her nicht ausgeschöpft wird, weil die Eintragung weder die Voraussetzungen des § 43 HRV noch die geringeren Anforderungen der §§ 181 Abs. 2, 39 AktG erfüllt.[47] Die genaue Ausgestaltung des Inhalts der Eintragungen, der Eintragungsweise und des Aufbaus des Handelsregisters wird durch die Handelsregisterverordnung (HRV) bestimmt.[48]

Zu beachten ist, dass die Fassungsbeschwerde kein Instrument zur Änderung der graphi- **13**
schen Gestaltung der ins Handelsregister eingetragenen Firma ist. **Hat eine AG eine Firma mit einer bestimmten graphischen Gestaltung** (zB Großschreibung[49] oder hochgestellte Zahl[50]) so ist das Registergericht bei der Fassung zwar an den gewählten Firmennamen, nicht aber an einen bestimmten Fassungsvorschlag des Anmeldenden gebunden.[51] Das gilt insbesondere für das Schriftbild. Die graphische Gestaltung des Schriftbildes hat keine namensrechtliche und somit auch keine firmenrechtliche Relevanz.[52] Deshalb bindet die Schreibweise in der Registeranmeldung betreffend die Verwendung von Buchstaben und Zahlen das Registergericht nicht.[53] Ob es dem Vorschlag des Anmeldenden für eine bestimmte Fassung des Schriftbildes folgt, ist nach pflichtgemäßem Ermessen zu entscheiden.[54]

2. Bildung der Firma bei der AG – Gesetzliche Regelungen

a) Regelung des Firmenrechts im HGB. Das bei der Bildung der Firma der AG zu beach- **14**
tende Recht ist **im Wesentlichen im HGB geregelt**. Bis zum Handelsrechtsreformgesetz (HRefG)[55] vom 22.6.1998 gab es je nach Rechtsform des Unternehmens verschiedene Firmenbildungsvorschriften (vgl. §§ 18, 19 HGB aF, §§ 4 Abs. 1, 279 AktG aF, § 4 Abs. 1

---

[43] *Fischinger,* Handelsrecht, S. 61 Rn. 209; *Oetker,* Handelsrecht, S. 119 Rn. 107 mwN.
[44] OLG München 28.7.2010 – 31 Wx 129/10, MittBayNot 2010, 489.
[45] OLG München 13.4.2011 – 31 Wx 79/11, FGPrax 2011, 193; OLG München 28.7.2010 – 31 Wx 129/10, MittBayNot 2010, 489; BT-Drs. 16/6308, 286.
[46] OLG München 28.7.2010 – 31 Wx 129/10, MittBayNot 2010, 489 mwN; *Heinemann* DNotZ 2009, 32.
[47] OLG Düsseldorf 18.2.2014 – I-3 Wx 154/13, 3 Wx 154/13, FGPrax 2014, 174.
[48] OLG Düsseldorf 18.2.2014 – I-3 Wx 154/13, 3 Wx 154/13, FGPrax 2014, 174 mwN.
[49] KG 27.4.2004 – 1 W 180/02, NJW-RR 2004, 976; 23.5.2000 – 1 W 247/99, NJW-RR 2001, 173.
[50] OLG München 13.4.2011 – 31 Wx 79/11, FGPrax 2011, 193.
[51] OLG München 13.4.2011 – 31 Wx 79/11, FGPrax 2011, 193.
[52] OLG München 13.4.2011 – 31 Wx 79/11, FGPrax 2011, 193.
[53] OLG München 13.4.2011 – 31 Wx 79/11, FGPrax 2011, 193; 28.7.2010 – 31 Wx 129/10, MittBayNot 2010, 489; KG 23.5.2000 – 1 W 247/99, NJW-RR 2001, 173; *Krafka/Willer/Kühn* Registerrecht Rn. 173, 206.
[54] OLG Düsseldorf 18.2.2014 – I-3 Wx 154/13, 3 Wx 154/13, FGPrax 2014, 174; OLG München 13.4.2011 – 31 Wx 79/11, FGPrax 2011, 193.
[55] BGBl. I 1474; vgl. dazu: *K. Schmidt* NJW 1998, 2161 (2167); *Lutter/Welp* ZIP 1999, 1073.

§ 8 15, 16   Teil B. Satzung und Aktionärsvereinbarungen

GmbHG aF). Das jetzt geltende Recht sieht demgegenüber eine für alle Unternehmensformen geltende, einheitliche Regelung zur Firmenbildung in § 18 Abs. 1 HGB vor.[56] **Entfallen** ist insbesondere das **Entlehnungsgebot**, das die Aktiengesellschaft früher dazu zwang, ihre Firma aus dem Unternehmensgegenstand abzuleiten, so dass neben einer Sachfirma nunmehr auch **Personen- oder Phantasiefirmen oder Kombinationsformen zulässig** sind. Entfallen ist auch das früher aufgestellte Erfordernis,[57] dass der Firmenkern aus einer „als Wort" aussprechbaren Buchstabenfolge gebildet wird.[58] Insgesamt besteht so **bei der Gestaltung der Firma** eine **erhebliche Freiheit**.

15   **b) Spezialgesetzliche Regelungen.** Neben der allgemeinen Regelung des Firmenrechts in § 18 Abs. 1 HGB bestehen noch verschiedene **spezialgesetzliche Regelungen,** auf die an dieser Stelle nur hingewiesen werden kann. So ist etwa der **Zusatz „und Partner"** bei Gesellschaften mit einer anderen Rechtsform als der Partnerschaft, also auch bei der AG, unzulässig.[59] Diese Einschränkung ist verfassungsrechtlich und europarechtlich unbedenklich.[60] Die Bildung einer **Rechtsanwalts-AG** wird trotz des Fehlens einer gesetzlichen Regelung[61] bei Beachtung der von der Rspr. richterrechtlich aufgestellten Anforderungen an die Satzung als zulässig angesehen.[62] Eine Rechtsanwaltsgesellschaft in Form der GmbH und Co. KG ist dagegen nicht zulässig[63] und somit entsprechend eine Rechtsanwaltsgesellschaft in der Form der AG und Co. KG. Ein weiteres Beispiel sind die **§§ 39 ff. KWG**, die die **Verwendung der Firmenbestandteile Bank, Bankier und Sparkasse** stark einschränken, was europarechtlich betreffend § 40 KWG und dem dort geregelten Schutz des Namens Sparkasse für öffentlich-rechtliche Kreditinstitute wegen der Bestimmungen des EG-Vertrags über das Niederlassungsrecht (Art. 43 ff.) und über den Kapital- und Zahlungsverkehr (Art. 56 ff.) problematisch ist.[64] Weitere Einschränkungen können sich aus dem allgemeinen Immaterialgüterrecht, insbesondere dem Markenrecht ergeben.[65] Sonderregelungen zur Firmenfortführung finden sich zudem im Umwandlungsrecht,[66] insbesondere in §§ 18, 36 UmwG für die Verschmelzung und in § 200 UmwG für den Formwechsel, die ebenfalls mit dem Handelsrechtsreformgesetz (HRefG)[67] wesentlich redaktionell – geändert wurden.[68]

3. Erstmalige Firmenbildung bei der AG

16   Bei der Gestaltung der Firma der AG besteht mittlerweile erhebliche Freiheit. Einschränkungen ergeben sich unter den Gesichtspunkten Rechtsformzusatz, Individualisierungsfunk-

---

[56] BGH 8.12.2008 – II ZB 46/07, NJW-RR 2009, 327.
[57] Vgl.: *Hachenburg* GmbHG Rn. 17 mwN.
[58] BGH 8.12.2008 – II ZB 46/07, NJW-RR 2009, 327; OLG Frankfurt a. M. 28.2.2002 – 20 W 531/01, NJW 2002, 2400; *Lutter/Welp* ZIP 1999, 1073 (1078); *Schulenburg* NZG 2000, 1156 (1157); *Kögel* Rechtspfleger 2000, 255 (257); einschränkend Koller/Roth/Morck/*Roth* HGB § 18 Rn. 3; aA OLG Celle DB 2006, 1950. Vgl. auch *Kanzleiter* Anmerkung zum Beschl. OLG Celle 6.7.2006 – 9 W 61/06, MittBayNot 2007, 140 f.
[59] OLG Stuttgart 21.3.2000 – 8 W 154/99, NJW-RR 2000, 1128; OLG München 14.12.2006 – 31 Wx 89/06, NJW-RR 2007, 761. Betreffend die Verwendung der englischen Pluralform „partners" vgl.: OLG Düsseldorf 9.10.2009 – I-3 Wx 182/09, 183/09, ZIP 2010, 282 mwN. Vgl. auch: *Wolff*, Firmierung mit Zusätzen wie „Partner des Kunden GmbH", GmbHR 2007, 1032.
[60] Vgl. hierzu: OLG Frankfurt a. M. NJW-RR 2006, 44; KG NZG 2004, 614; BGH NJW 1997, 1854; *Clausnitzer* NJW 2008, 321 (325).
[61] Vgl. für die Rechtsanwalts-GmbH §§ 59c ff. BRAO.
[62] BGH 10.1.2005 – AnwZ (B) 27/03; BVerfG 6.12.2011 – 1 BvR 2280/11, NJW 2012, 993; BFH NJW 2004, 1974; BayOLGZ 2000, 83 (85); LAG Hamm 2.9.2011 – 7 Sa 521/11, BeckRS 2012, 65 420; vgl. auch *Henssler* NJW 2009, 950 ff.
[63] BVerfG 6.12.2011 – 1 BvR 2280/11, NJW 2012, 993. Vgl. dazu auch: *Scherlipp* AnwBl 2012, 792; *Römermann* GmbHR 2012, 341; *Schüppen* BB 2012, 783.
[64] Das im Zuge der Veräußerung der Bankgesellschaft Berlin von der Kommmission mit dieser Argumentation eingeleitete Vertragsverletzungsverfahren wurde am 6.12.2006 eingestellt. Vgl. dazu auch: *Clausnitzer* NZG 2008, 321 (325 f.).
[65] Vgl. zB: BPatG 11.12.2012 – 33 W (pat) 26/11, BeckRS 2013, 02523 betreffend den Begriff „Volksbank" in § 39 Abs. 2 KWG.
[66] Vgl. hierzu unten § 16 sowie in diesem Abschnitt (§ 8) Stichwort Umwandlung (→ Rn. 5 f.).
[67] BGBl. I 1474.
[68] Hüffer/Koch/*Koch* AktG, § 4 Rn. 25.

tion (Kennzeichnungseignung und Unterscheidbarkeit), Firmenwahrheit (Irreführungsverbot) und Firmeneinheit.[69]

a) **Rechtsformzusatz.** Nach § 4 AktG muss die Firma den Zusatz „Aktiengesellschaft" 17 oder „AG" enthalten.[70] Anders lautende Bezeichnungen, wie beispielsweise „Aktienunternehmen" oder „Gesellschaft auf Aktien" sind unzulässig.[71] Unerheblich ist, ob der Zusatz vor oder nach der Firmenbezeichnung steht; jedenfalls aber muss er in deutscher Sprache abgefasst sein.[72] Grundsätzlich zulässig dürfte wohl auch die Kleinschreibung des Kürzels, also „ag", sein.[73] Auch bei ausländischen Unternehmen muss bei einer deutschen Tochtergesellschaft, die in der Rechtsform der Aktiengesellschaft geführt wird, das Wort „Aktiengesellschaft" in deutscher Sprache hinzugefügt werden.[74] Entsprechendes gilt, wenn entsprechend § 5 AktG nF der Verwaltungssitz einer AG im Ausland gelegen ist.[75] Anderes gilt beim Betrieb einer Zweigniederlassung durch ein nicht in der Rechtsform der AG betriebenes ausländisches Unternehmen.[76] Beim Betrieb einer selbstständigen Zweigstelle durch ein ausländisches Unternehmen ist die Firma der Hauptniederlassung nebst Rechtsformzusatz zu verwenden und zwar so, wie sie im Register des Heimatlandes eingetragen wurde. Die Übersetzung der Firma wie auch des ausländischen Rechtsformzusatzes ins Deutsche ist unzulässig. Verwendet das ausländische Unternehmen für die selbständige Zweigniederlassung eine abweichende Firma, so muss darüber hinaus durch einen Zusatz in der Firma und unter Angabe des ausländischen Rechtsformzusatzes die Zugehörigkeit zur Hauptniederlassung klargestellt werden.

Die **Europäische Aktiengesellschaft (Societas Europaea; SE)** darf den Rechtsformzusatz 18 „Aktiengesellschaft" nicht führen.[77] Gem. Art. 11 Abs. 1 SE-VO muss die Europäische Aktiengesellschaft den Zusatz „SE" führen. Eine Langform oder Veränderungen wie „S.E." oder „se" sind hier im Gegensatz zu § 4 AktG unzulässig.[78] Auch die ausgeschriebene Form „Aktiengesellschaft" erfüllt nicht die Voraussetzungen des Art. 11 SE-VO. Umgekehrt dürfen deutsche Aktiengesellschaften den Zusatz „SE" nicht führen.[79]

Investmentaktiengesellschaften[80] mussten nach der bis 2013 bestehenden Rechtslage 19 abweichend von § 4 AktG gem. § 98 Abs. 1 S. 1 InvG[81] die Bezeichnung „Investmentaktiengesellschaft" oder eine allgemein verständliche Abkürzung dieser Bezeichnung („InvAG") enthalten.[82] Der weitere Zusatz „mit Teilgesellschaftsvermögen" oder eine allgemein verständliche Abkürzung dieser Bezeichnungen war gem. § 98 Abs. 1 S. 2 InvAG erforderlich, wenn es sich um eine Investmentaktiengesellschaft mit Teilgesellschaftsvermögen handelte.[83] 2013 wurde das **InvG** durch das **Kapitalanlagegesetzbuch**

---

[69] Vgl. *Kiesel*, Das Firmenrecht in der IHK-Praxis: Klassische Probleme bei der Suche nach dem Unternehmensnamen, DNotZ 2015, 740; *Meyer*, S., Das Irreführungsrecht im Firmenrecht – Familiennamen in der neugewählten oder fortgeführten Firma, ZNotP 2009, 250.
[70] *Manz/Mayer/Schröder*, Die Aktiengesellschaft, S. 132 Rn. 218.
[71] *Manz/Mayer/Schröder*, Die Aktiengesellschaft, S. 132 Rn. 218.
[72] *Wachter/Franz*, AktG, § 4 Rn. 3.
[73] In diese Richtung: OLG Hamburg 16.6.2004 – 5 U 162/03, GRUR-RR 2005, 199. Dort wurde festgestellt, dass „.ag"-Top-Level-Domains grundsätzlich nur von Aktiengesellschaften genutzt werden dürfen.
[74] *Geßler* AktG § 4 Rn. 2; vgl. zum Sachrecht inländischer und ausländischer Gesellschaften seit Inkrafttreten des MoMiG: *Kindler* IPRax 2009, 189 (197 ff. und 22 ff.).
[75] Mit dem am 1.11.2008 in Kraft getretenen MoMiG sind die bisherigen § 4a Abs. 2 GmbHG und § 5 Abs. 2 AktG gestrichen worden. Das Cartesio-Urteil des EuGH (NJW 2009, 569) machte deutlich, dass eine solche Regelung primärrechtlich nicht erforderlich gewesen wäre *Zimmer/Naendrup* NJW 2009, 545 (548). Vgl. zum Cartesio-Urteil des EuGH auch *Kindler* IPRax 2009, 189 ff.
[76] BayOLG 10.3.1978 – 1 Z 27/78, AG 1978, 349. Zur Frage der Firmierung von Zweigniederlassungen ausländischer Unternehmen vgl. → § 9 Rn. 20 ff.
[77] *Lamsa*, S. 171.
[78] *Lamsa*, S. 171; Spindler/Stilz/Casper AktG SE-VO Art. 11 Rn. 2.
[79] *Lamsa*, S. 171.
[80] Vgl. zum Begriff der Investmentaktiengesellschaft nach dem früheren Recht die Legaldefinition in § 2 Abs. 5 InvG.
[81] Investmentgesetz vom 15.12.2003 (BGBl. I 2676).
[82] Marsch-Barner/Schäfer/*Gätsch* § 4 Rn. 30.
[83] *Dornseifer* AG 2008, 53 (62 f.); Marsch-Barner/Schäfer/*Gätsch* § 4 Rn. 30.

(KAGB)[84] ersetzt, wobei das InvG weitgehend integriert wurde.[85] Die Firmierung der Investitionsaktiengesellschaft richtet sich nunmehr nach § 146 KAGB. Die Firma einer Investmentaktiengesellschaft muss die Bezeichnung Investmentaktiengesellschaft oder eine allgemein verständliche Abkürzung dieser Bezeichnung (zB InvAG) enthalten.[86] Hat die Investmentaktiengesellschaft mehrere Teilgesellschaftsvermögen und wird sie im Rechtsverkehr lediglich für ein oder mehrere Teilgesellschaftsvermögen tätig, so ist sie verpflichtet, dies offen zu legen und auf die haftungsrechtliche Trennung der Teilgesellschaftsvermögen hinzuweisen.[87] Die Vorschrift dient dem Schutz des Rechtsverkehrs.[88]

20   Mit dem Gesetz über deutsche Immobilien-Aktiengesellschaften mit börsennotierten Anteilen (REITG) vom 28.5.2007[89] wurden die sog. **REIT-Aktiengesellschaften**[90] [91] eingeführt.[92] Diese müssen gem. § 6 REITG die Bezeichnung „REIT-AG" in ihrer Firma führen.[93] Flankiert wird diese Vorschrift durch einen dem Aktiengesetz unbekannten Bezeichnungsschutz.[94] Danach dürfen die Bezeichnungen „REIT-Aktiengesellschaft", „Real Estate Investment-Trust" oder REIT, auch im Zusammenhang mit anderen Worten, nur von REIT-Ags im Sinne des REITG geführt werden. Andere Gesellschaften mussten binnen einer Übergangsfrist bis 31.12.2007 ihren Firmennamen ändern.[95]

21   Eine gemeinnützige Aktiengesellschaft kann, muss aber nicht als „gAG" oder als gemeinnützige Aktiengesellschaft firmieren.[96]

22   Wird im Rechtsverkehr die **Firma der AG ohne den die Haftungsbeschränkung verlautbarenden Rechtsformzusatz verwendet**, so laufen die handelnden Personen **Gefahr**, unter dem Gesichtspunkt der **Rechtsscheinhaftung** in Anspruch genommen zu werden.[97]

23   **b) Individualisierungsfunktion – Kennzeichnungseignung.** Grundlegend für die Firma ist ihre Individualisierungsfunktion, dh die Firma muss zur **Individualisierung** der AG als Inhaberin ihres Unternehmens geeignet sein. Dazu muss die Firma der AG nach § 18 Abs. 1 HGB neben der Unterscheidungskraft **Kennzeichnungsfähigkeit** besitzen.[98]

24   **Kennzeichnungsfähigkeit** kommt einer – auch fremdsprachlichen – Bezeichnung zu, wenn sie wörtlich ist, wobei auch Anführungszeichen, Punkt, Klammern, kaufmännisches und

---

[84] Kapitalanlagegesetzbuch vom 4.7.2013 (BGBl. I 1981), das durch Artikel 1 des Gesetzes vom 3.3.2016 (BGBl. I 348) geändert worden ist.
[85] Vgl. dazu: Fischer/Friedrich, Investmentaktiengesellschaft und Investmentkommanditgesellschaft unter dem Kapitalanlagegesetzbuch, ZBB 2013, 153; Zetsche, Das Gesellschaftsrecht des Kapitalanlagegesetzbuchs, AG 2013, 613.
[86] *Baur/Tappen/Lichtenstein*, Investmentgesetze, § 91 S. 1012 f. Rn. 24.
[87] *Baur/Tappen/Lichtenstein*, Investmentgesetze, § 91 S. 1012 f. Rn. 24.
[88] *Baur/Tappen/Lichtenstein*, Investmentgesetze, § 91 S. 1012 f. Rn. 24; Freitag NZG 2013, 329 (333) für die Investmentkommanditgesellschaft.
[89] BGBl. 2007 I S. 914; das REITG ist gem. Art. 7 REITG rückwirkend zum 1.1.2007 in Kraft getreten.
[90] Vgl. zum Begriff der REIT-Aktiengesellschaft die Legaldefinition in § 1 Abs. 1 REITG.
[91] Vgl. zur Frage der Anwendbarkeit des KAGB auf REIT-Aktiengesellschaften: Merkt BB 2013, 1986. Nach dem Auslegungsschreiben der BaFin zum Anwendungsbereich des KAGB und zum Begriff des „Investmentvermögens" (Geschäftszeichen Q 31-Wp 2137-2013/0006 vom 14.6.2013 (zuletzt geändert am 9.3.2015)) kann die Frage, ob ein REIT als Investmentvermögen zu qualifizieren ist, nicht allgemein, sondern – wie bei den (börsennotierten) Immobiliengesellschaften – nur anhand der konkreten Umstände des Einzelfalls beurteilt werden. Die BaFin nimmt hier ergänzend Bezug auf Ausführungen der EU-Kommission, insbesondere FAQ zu AIFMD, ID 1171, "Definition of an AIF": "The question whether or not a REIT or real estate company is excluded from the scope of the AIFMD depends on whether or not it falls under the definition of an 'AIF' in Article 4(1)(a). Each structure should be considered on its own merits based on substance, not on form."
[92] Vgl. zu REIT-AGs: *Franck* MittBayNot 2007, 173.
[93] Marsch-Barner/Schäfer/*Gätsch* § 4 Rn. 30.
[94] *Franck* MittBayNot 2007, 173 (175).
[95] § 22 REITG.
[96] → § 55 Rn. 20 ff.
[97] Bürgers/Körber, Aktiengesetz, § 4 Rn. 7; BGH 5.2.2007 – II ZR 84/05, NJW 2007, 1529; BGH 18.3.1974 – II ZR 167/72, NJW 1974, 1191; BGH 8.5.1978 – II ZR 97/77, NJW 1978, 2030; BGH 15.1.1990 – II ZR 311/88, NJW 1990, 2678; BGH 24.6.1991 – II ZR 293/90, NJW 1991, 2627. Vgl. dazu auch: *Römermann* Anmerkung GmbHR 2007, 593; *Brinkmann* IPRax 2008, 30; *Schanze* NZG 2007, 533.
[98] *K. Schmidt* ZIP 1997, 909 (914); *ders.* NJW 1998, 2161 (2167); *Bydlinski* ZIP 1998, 1169 (1175).

mathematisches Und-Zeichen zulässig sind.[99] Zulässig sind auch Buchstabenkombinationen, wenn der **Firmenkern aus einer zumindest iSd Artikulierbarkeit aussprechbaren Buchstabenfolge** gebildet wird.[100] Das nach der Rechtslage vor dem Inkrafttreten des HRefG aufgestellte Erfordernis einer Aussprechbarkeit der Buchstabenkombination „als Wort", ist entfallen.[101] So ist beispielsweise die Änderung der Firma „Harpener M & A GmbH & Co KG" in „HM & A GmbH & Co KG" und die entsprechende Änderung der Komplementärin in „HM & A Verwaltungs GmbH" jetzt zulässig und vom Handelsregister einzutragen.[102]

Das **Sonderzeichen @ im Firmennamen** kann nach zutreffender Auffassung[103] im Handelsregister eingetragen werden, wenn es als **Synonym für die englische Silbe „at", also als Wort ersetzendes Zeichen** verwendet wird. Wird hingegen das @ in der Firma der Gesellschaft als modische Schreibweise des Buchstaben „a", zum Beispiel „@rabella", verwendet, dann kann eine Eintragung in das Handelsregister nicht erfolgen.[104] Ein Anspruch auf Eintragung von bestimmten graphischen Gestaltungen der Firma einer AG in das Handelsregister besteht nicht. Die graphische Gestaltung des Schriftbildes hat keine namensrechtliche und somit auch keine firmenrechtliche Relevanz.[105] Deshalb bindet die Schreibweise in der Registeranmeldung betreffend die Verwendung von Buchstaben und Zahlen das Registergericht nicht.[106]

c) **Individualisierungsfunktion – Unterscheidbarkeit.** Grundlegend für die Firma der AG ihre Individualisierungsfunktion, dh die Firma muss zur **Individualisierung** der AG als Inhaberin ihres Unternehmens geeignet sein. Dazu muss die Firma der AG nach § 18 Abs. 1 HGB neben der Kennzeichnungsfähigkeit **Unterscheidungskraft** besitzen.[107]

Unterscheidungskraft ist gegeben, wenn die Bezeichnung ohne Rücksicht auf die Umstände des Einzelfalls (abstrakt) geeignet ist, die AG von anderen Unternehmensinhabern zu unterscheiden.[108] Die Firma muss geeignet sein, bei Lesern und Hörern die Assoziation mit einem ganz bestimmten Unternehmen unter vielen anderen zu wecken.[109]

Bei einer **Personenfirma** ist dies regelmäßig anzunehmen.[110] Etwas anderes gilt möglicherweise für sog. „Allerweltsnamen" (Müller, Meier), bei denen sich ein weiterer Firmenzusatz, zB ein Vorname, empfiehlt. Dabei ist es zwar üblich, rechtlich aber grds. nicht erforderlich,[111] dass es sich bei der Person um einen Gründer oder (wesentlichen) Aktionär der Gesellschaft handelt.

Beispiele:
> „Philipp-Holzmann-AG"
> „Siemens-Aktiengesellschaft"

Bei einer dem Unternehmensgegenstand entlehnten **Sachfirma** ist die Individualisierungseignung hingegen häufig zweifelhaft, insbesondere dann, wenn es sich um eine reine Bran-

---

[99] Hüffer/Koch/*Koch*, AktG, § 4 Rn. 12.
[100] BGH 8.12.2008 – II ZB 46/07, NZG 2009, 192; OLG Frankfurt a. M. NJW 2002, 2400; *Lutter/Welp* ZIP 1999, 1073 (1078); *Schulenburg* NZG 2000, 1156 (1157); *Kögel* Rechtspfleger 2000, 255 (257); aA OLG Celle 6.7.2006 – 9 W 61/06, DB 2006, 1950.
[101] Vgl. *Hachenburg* GmbHG Rn. 17 mwN.
[102] BGH 8.12.2008 – II ZB 46/07, NZG 2009, 192.
[103] LG München I 12.2.2009 – 17 HKT 920/09, MittBayNot 2009, 315. Str. Vgl. auch: LG Berlin 13.1.2003 – 102 T 122/03, GRUR-RR 2004, 123; BayObLG NJW 2001, 2337; *Bülow/Artz*, Handelsrecht, S. 50 Rn. 164 Fn. 174; *Seifert* RPfleger 2001, 395; *Völker*, Unternehmensrecht, S. 10.
[104] LG München I 12.2.2009 – 17 HKT 920/09, MittBayNot 2009, 315.
[105] OLG München 13.4.2011 – 31 Wx 79/11, FGPrax 2011, 193.
[106] OLG München 13.4.2011 – 31 Wx 79/11, FGPrax 2011, 193; OLG München 28.7.2010 – 31 Wx 129/10, MittBayNot 2010, 489; KG 23.5.2000 – 1 W 247/99, NJW-RR 2001, 173.
[107] *K. Schmidt* ZIP 1997, 909 (914); *ders.* NJW 1998, 2161 (2167); *Bydlinski* ZIP 1998, 1169 (1175).
[108] Hüffer/Koch/*Koch*, AktG, § 4 Rn. 12.
[109] *Schünemann*, Die Firma im internationalen Rechtsverkehr, S. 10 mwN.
[110] Vgl. dazu: *Meyer, S.*, Das Irreführungsrecht im Firmenrecht – Familiennamen in der neugewählten oder fortgeführten Firma, ZNotP 2009, 250.
[111] Vgl. OLG Oldenburg 16.2.2001 – 5 W 1/01, BB 2001, 1373; *Lutter/Welp* ZIP 1999, 1073 (1081); KölnKommAktG/*Kraft* § 4 Rn. 17; Hüffer/Koch/*Koch*, AktG, § 4 Rn. 14.

chenbezeichnung handelt. Hier empfehlen sich ergänzende Zusätze wie Kürzel oder Ortsangaben.[112]

Beispiele:
> „VAW Aluminium AG"
> „Hannover Papier AG"

30   Soweit **Ortsbezeichnungen in die Firma aufgenommen** werden, ist wiederum zu beachten, dass insoweit **keine Irreführungseignung** vorliegen darf.[113] **Maßstab** für die Beurteilung der Irreführungseignung ist die **Verkehrsauffassung**, dh das Verständnis, welches ein durchschnittlicher Angehöriger der angesprochenen Verkehrskreise bei verständiger Würdigung entwickelt.[114] Ausgangspunkt ist dabei, dass die Verkehrsauffassung in der Aufnahme von Ortsangaben in Firmenbezeichnungen unabhängig von deren Positionierung lediglich einen **Hinweis auf den Sitz der Firma, den geographischen Schwerpunkt ihrer Tätigkeit oder die Herkunft der von ihr hergestellten Produkte** sieht.[115] Soweit die Firma keinen weiteren Zusatz enthält, der eine Alleinstellung oder besondere Bedeutung des firmierenden Unternehmens nahelegt, verbindet der angesprochene Verkehr mit der Gebiets- oder Ortsangabe lediglich den Hinweis auf eine Tätigkeit oder einen Sitz in dem so beschriebenen Gebiet.[116] Für die Zulässigkeit einer solchen Ortsangabe als Firmenbestandteil ist freilich ein **realer Bezug zu dem genannten Ort** Voraussetzung. Dafür genügt es, wenn in der Firma eine **Großstadt** angegeben wird und sich der **Sitz des Unternehmens zumindest in deren engeren Wirtschaftsgebiet** befindet.[117]

31   Als **Phantasiefirma** ist jede Bezeichnung der AG zulässig, soweit sie eine namensmäßige Individualisierung in gleichwertiger Weise wie die Personen- oder Sachfirma leistet.[118] Dies kann insbesondere bei solchen Phantasiebezeichnungen zweifelhaft sein, die einer Branchenbezeichnung nahe kommen, etwa „Video Rent", „Fast Food", „Shop" etc. Auch hier empfehlen sich individualisierende Zusätze. In der Praxis werden Fantasiefirmen vielfach mit Sachfirmen kombiniert. Zulässig sind auch bloße **Buchstabenkombinationen**, insbesondere **Abkürzungen**, soweit nur der Firmenkern aus einer zumindest iSd Artikulierbarkeit aussprechbaren Buchstabenfolge gebildet wird.[119] Unzulässig ist hingegen die Aneinanderreihung zahlreicher gleicher Buchstaben, wie die Rechtsprechung mittlerweile mehrfach entschieden hat.[120]

Beispiele:
> „Infineon Technologies AG"
> „ERGO Versicherungsgruppe AG"
> „BMW AG"

32   Eine **spezielle Ausprägung** findet das **Individualisierungsgebot** in dem Gebot der **Firmenunterscheidbarkeit** nach § 30 Abs. 1 HGB. Danach muss sich jede neue Firma von allen an demselben Ort oder in derselben Gemeinde bereits bestehenden und in das Handels-

---

[112] *Lutter/Welp* ZIP 1999, 1073 (1074).
[113] OLG Hamm 19.7.2013 – 27 W 57/13, NJW-RR 2013, 1195.
[114] OLG Hamm 19.7.2013 – 27 W 57/13, NJW-RR 2013, 1195; OLG Braunschweig 10.8.2011 – 2 W 77/11, BeckRS 2012, 05378; OLG München 28.4.2010 – 31 Wx 117/09, MDR 2010, 758.
[115] OLG Hamm 19.7.2013 – 27 W 57/13, NJW-RR 2013, 1195; OLG Braunschweig 10.8.2011 – 2 W 77/11, BeckRS 2012, 05378; OLG München 28.4.2010 – 31 Wx 117/09, MDR 2010, 758; OLG Stuttgart 3.7.2008 – 8 W 425/02, FGPrax 2004, 40.
[116] OLG Hamm 19.7.2013 – 27 W 57/13, NJW-RR 2013, 1195; OLG Braunschweig 10.8.2011 – 2 W 77/11, BeckRS 2012, 05378.
[117] OLG Hamm 19.7.2013 – 27 W 57/13, NJW-RR 2013, 1195 mwN.
[118] Hüffer/Koch/*Koch*, AktG, § 4 Rn. 16.
[119] BGH 8.12.2008 – II ZB 46/07, NZG 2009, 192; OLG Frankfurt a. M. 28.2.2002 – 20 W 531/01, NJW 2002, 2400 (Unzulässigkeit der Firma A. A. A. A.A. A.); *Lutter/Welp* ZIP 1999, 1073 (1078); *Schulenburg* NZG 2000, 1156 (1157); *Kögel* Rechtspfleger 2000, 255 (257); aA OLG Celle DB 2006, 1950.
[120] OLG Frankfurt a. M. 28.2.2002 – 20 W 531/01, NJW 2002, 2400 (Unzulässigkeit der Firma A. A. A. A.A. A.); OLG Celle DB 1999, 40; *Oetker*, Handelsrecht, S. 83 Rn. 25. Neben der fehlenden Individualisierung berufen sich die Gerichte hier auf den Rechtsmissbrauch, der in der beabsichtigten Erstnennung in Telefonbüchern und Verzeichnissen liegt.

register oder in das Genossenschaftsregister eingetragenen Firmen deutlich unterscheiden. Der bloße Rechtsformsatz reicht hierfür nicht aus. Es wäre also nicht zulässig, am selben Ort eine GmbH und eine AG mit einer im Übrigen identischen Firma zu betreiben. Sollen **Nummern in die Firma aufgenommen** werden, so ist betreffend § 30 HGB **zu differenzieren**.

Sind **Nummern das einzige Unterscheidungskriterium** (zB „23 AG"[121]) ist die Firmenunterscheidbarkeit iSd § 30 HGB grds. zu verneinen. Die **bloße Verwendung von Zahlen ist kein hinreichendes Kennzeichnungs- und Unterscheidungskriterium**, weil die Zahl allein nicht hinreichend individualisierend sondern beliebig wirkt und das durchschnittliche Publikum der Zahl ohne Zusätze auch heutzutage nicht die nötige firmenrechtliche Unterscheidbarkeit beizumessen vermag.[122] Der mit der Nummer verbundene Rechtsformzusatz „AG" wie auch "GmbH" ist für sich genommen kein hinreichendes Kriterium für die notwendige Unterscheidbarkeit, weil er nach der allgemeinen Verkehrsanschauung an dem Klangbild, das sich in Auge und Ohr einprägt, nicht teilnimmt.[123] Liegt **Markeneignung** einer Firma vor (zB „4711 AG") so kann dieser Umstand allein die nötigen Anforderungen an Kennzeichnung und Unterscheidung im Firmenrecht nicht ersetzen.[124]

Werden **Nummern hinzugesetzt** (zB SAT I AG, SAT II AG, SAT III AG)[125] so ist die Unterscheidbarkeit iSd § 30 HGB grds. zu bejahen.[126] Nach zutreffender Auffassung sind **Ordnungszahlen ein zulässiges Unterscheidungskriterium** und sie genügen der Anforderung der deutlichen Unterscheidbarkeit im Sinne von § 30 HGB.[127] Die Unterscheidbarkeit ist nach allgemeiner Meinung anhand der Auffassung des allgemeinen Rechtsverkehrs zu beurteilen.[128] Sich deutlich unterscheiden heißt jede (ernstliche, auch „erweiterte") Verwechslungsgefahr ausschließen.[129] Entscheidend ist der Gesamteindruck bzw. das Klangbild für Auge und Ohr.[130] Diesen Anforderungen genügen beispielsweise römischen Ziffern innerhalb des Firmennamens.[131]

d) Firmenwahrheit – Irreführungsverbot. Nach § 18 Abs. 2 HGB darf die Firma keine irreführenden Angaben enthalten. Durch das Handelsrechtsreformgesetz wurde das Irreführungsverbot jedoch dahingehend abgeschwächt, dass nur noch eine Irreführung über wesentliche Verhältnisse erfasst wird (**Wesentlichkeitsschwelle**).

Bei der Prüfung des Vorliegens einer Irreführung dient als **Maßstab bei der Anwendung des § 18 Abs. 2 S. 1 HGB** – objektiviert – die Sicht des durchschnittlichen Angehörigen des betroffenen Personenkreises bei verständiger Würdigung.[132] Maßgebend ist also auf den durchschnittlich informierten, aufmerksamen und verständigen Durchschnittsverbraucher abzustellen.[133] Die Irreführungseignung ist daher in der Regel normativ festzustellen.[134]

Bei der **Personenfirma** wird die Aktionärseigenschaft der betreffenden Person überwiegend als nicht wesentlich in diesem Sinne qualifiziert; unzulässig wäre aber zB der Zusatz eines tatsächlich nicht geführten akademischen Titels[135] oÄ. Soll der **Name eines Nicht-Gesellschafters in die Firma** aufgenommen werden, begründet dieses Vorgehen dann eine

---

[121] Vgl. KG 17.5.2013 – 12 W 51/13, ZIP 2013, 1769.
[122] KG 17.5.2013 – 12 W 51/13, ZIP 2013, 1769.
[123] BGH 14.7.1966 – II ZB 4/66, NJW 1966, 1813; KG 17.5.2013 – 12 W 51/13, ZIP 2013, 1769.
[124] KG 17.5.2013 – 12 W 51/13, ZIP 2013, 1769.
[125] Vgl. OLG Hamm 19.6.2013 – 27 W 52/13, NJW-RR 2013, 1196 – J I GmbH & Co. KG.
[126] Vgl. OLG Hamm 19.6.2013 – 27 W 52/13, NJW-RR 2013, 1196.
[127] OLG Hamm 19.6.2013 – 27 W 52/13, NJW-RR 2013, 1196 mwN; *Kögel*, Die deutliche Unterscheidbarkeit von Firmennamen, Rechtspfleger 1998, 317 (321); AA: AG Frankfurt Rechtspfleger 1980, 388.
[128] OLG Hamm 19.6.2013 – 27 W 52/13, NJW-RR 2013, 1196 mwN.
[129] OLG Hamm 19.6.2013 – 27 W 52/13, NJW-RR 2013, 1196 mwN.
[130] BGH 14.7.1966 – II ZB 4/66, NJW 1966, 1813; KG 17.5.2013 – 12 W 51/13, ZIP 2013, 1769.
[131] Vgl. OLG Hamm 19.6.2013 – 27 W 52/13, NJW-RR 2013, 1196.
[132] OLG Jena 10.10.2013 – 6 W 375/12, 6 W 386/12, NJW-RR 2014, 44.
[133] OLG München 28.4.2010 – 31 Wx 117/09; OLG Jena 22.6.2010 – 6 W 30/10, DNotZ 2010, 935.
[134] OLG Jena 22.6.2010 – 6 W 30/10, DNotZ 2010, 935; 29.8.2011 – 6 W 162/11, MDR 2011, 1304; 10.10.2013 – 6 W 375/12, 6 W 386/12, NJW-RR 2014, 44.
[135] Hierzu BGH 2.10.1997 – I ZR 105/95, NJW 1998, 1150.

Irreführungsgefahr, wenn der gewählte Name für die angesprochenen Verkehrskreise von Relevanz ist und eine maßgebliche Beteiligung des Namensgebers nahelegt.[136] Dann kann der Namensträger Bedeutung für die wirtschaftlichen Entscheidungen der angesprochenen Verkehrskreise haben, die dem Namensträger ein gewisses Vertrauen entgegenbringen.[137]

37 Als eindeutig irreführend wird die **Verwendung des Namens einer jedermann bekannten Person des öffentlichen Lebens** (Beispiele: „Claudia Schiffer Kosmetik AG" oder „Beckenbauer Fußballartikel AG") angesehen, sofern die betreffende Person nicht an der Gesellschaft beteiligt ist.[138] Eine besondere Bedeutung des Personennamens ist vor allem dann gegeben, wenn der Person im Zusammenhang mit einem bestimmten Tätigkeitsbereich ein gewisses Vertrauen entgegengebracht wird, dh wenn die Person für die angesprochenen Fachkreise ein „bekannter Name" ist.[139]

38 Ob die **Aufnahme eines fiktiven Personennamens in die Firma** zulässig ist, wird unterschiedlich beurteilt. Das LG Frankfurt (Oder)[140] vertritt die Auffassung, dass, wenn die Firma aus einem Personennamen gebildet wird, der eine reale Person dieses Namens vermuten lässt, diese Person aber nicht existiert, grundsätzlich von einer Irreführung der betroffenen Verkehrskreise auszugehen ist, da die Verkehrskreise, die mit diesem Unternehmen geschäftlich verkehren, im Regelfall davon ausgehen, die namentlich genannte Person bestimme die Geschicke der Gesellschaft an maßgeblicher Stelle, sei es als Geschäftsführer oder Gesellschafter. Diese Auffassung verkennt aber – wie zutreffend eingewandt wird[141] –, dass die betroffenen Verkehrskreise gerade kein Vertrauen in die Gesellschaftereigenschaft des Namensgebers oder dessen Einfluss haben dürfen. Hinzu kommt, dass für die Gesellschaftereigenschaft des Namensgebers jede auch noch so geringfügige und einflusslose Beteiligung genügt.[142] Für die angesprochenen Verkehrskreise hat es keine Relevanz, ob der Name einer fiktiven Person verwendet wird.[143] Den Kunden der Gesellschaft wird es im Regelfall gleichgültig sein, wer als Gesellschafter an der Gesellschaft beteiligt ist. Ihm wird es in der Regel auch gleichgültig sein, ob der Name ein reiner Fantasiename ist oder der Name einer tatsächlich existierenden Person, die in irgendeiner Form an der Gesellschaft beteiligt ist.[144]

39 Eine **Sachfirma**[145] ist unter dem Gesichtspunkt des Irreführungsverbotes unzulässig, wenn dadurch falsche Vorstellungen über Art oder Umfang des Unternehmensgegenstandes hervorgerufen werden.[146] Die Rechtsprechung ist hier aber überwiegend großzügig und lässt es etwa für den Firmenbestandteil „international" genügen, dass überhaupt irgendeine grenzüberschreitende Aktivität ausgeübt wird.[147] Ob „Europäisch", „Euro" oder „European"[148] oder ähnliches in die Firma aufgenommen werden kann, richtet sich nach Größe und Marktstellung entsprechend den Anforderungen des europäischen Marktes wobei ein europäisches Niederlassungsnetz nach zutreffender Auffassung unnötig ist.[149]

---

[136] OLG Rostock 17.11.2014 – 1 W 53/14, NJW-RR 2015, 491; LG München I 26.10.2006 – 17 HK T 16 920/06, MittBayNot 2007, 71.
[137] OLG Jena 22.6.2010 – 6 W 30/10, MDR 2011, 1304; OLG Rostock 17.11.2014 – 1 W 53/14, NJW-RR 2015, 491; OLG Brandenburg 21.10.2002 – 8 Wx 23/02; LG München 26.10.2006 – 17 HK T 16 920/06; vgl. LG Limburg 15.9.2005 – 6 T 2/05, GmbHR 2006, 261.
[138] OLG Jena 22.6.2010 – 6 W 30/10, MDR 2011, 1304.
[139] OLG Brandenburg 21.10.2002; LG Wiesbaden 7.4.2004 – 12 T 3/04, NJW-RR 2004, 1106; OLG Jena 22.6.2010 – 6 W 30/10, MDR 2011, 1304.
[140] LG Frankfurt (Oder) 16.5.2002 – 32 T 3/02, GmbHR 2002, 966.
[141] OLG Jena 22.6.2010 – 6 W 30/10, MDR 2011, 1304.
[142] OLG Jena 22.6.2010 – 6 W 30/10, MDR 2011, 1304 mwN.
[143] LG München 26.10.2006 – 17 HK T 16 920/06.
[144] LG München 26.10.2006 – 17 HK T 16 920/06; OLG Jena 22.6.2010 – 6 W 30/10, MDR 2011, 1304 mwN.
[145] Zur Auslegung des Begriffs „Sachfirma" nach der Liberalisierung des Firmenrechts vgl. OLG Stuttgart 8.3.2012 – 8 W 82/12, FGPrax 2012, 177.
[146] *Lutter/Welp* ZIP 1999, 1073 (1081 f.).
[147] So LG Stuttgart 11.4.2000 – 4 KfH T 4/00, BB 2000, 1213; LG Darmstadt GmbHR 1999, 482. Vgl. auch: *Oetker*, Handelsrecht, S. 96 Rn. 50.
[148] OLG Frankfurt a.M. 2.8.2011 – 20 W 533/10, NZG 2011, 1234; OLG Hamm 26.7.1999 – 15 W 51/99, NJW-RR 1999, 1710. Vgl. auch: *Oetker*, Handelsrecht, 2015, S. 96 Rn. 50.
[149] *Baumbach/Hopt* HGB § 18 Rn. 21 mwN.

Die Verwendung des **Firmenbestandteils „Institut"** durch eine private Gesellschaft 40
wird als unzulässig angesehen.[150] Die Verwendung des **Firmenzusatzes „Bundes"** erweckt
den Eindruck, dass die Bundesrepublik Deutschland mindestens Mehrheitsgesellschafter
ist.[151]

Für den *Zusatz „Gruppe" oder „Group" in einer Firma* müssen besondere Voraus- 41
setzungen erfüllt sein. Der durchschnittlich informierte, aufmerksame und verständige
Durchschnittsverbraucher verbindet mit dem Begriff „Gruppe" eine Vereinigung bzw. einen Zusammenschluss mehrerer.[152] Er erwartet kein Einzelunternehmen, sondern den Zusammenschluss mehrerer regelmäßig selbständiger Unternehmen (Mitglieder) zur Wahrung
gemeinsamer Interessen.[153]

Der **Firmenzusatz „Center" oder „Zentrum"** hat zur Voraussetzung, dass ein Unterneh- 42
men vorliegt, das gegenüber dem Durchschnitt der Wettbewerber eine herausgehobene Stellung innehat.[154]

Mit der Verwendung des Firmenzusatzes „Verband" wird der Eindruck eines **organisato-** 43
rischen Zusammenschlusses von nicht unerheblicher Größe – entweder aufgrund einer größeren Anzahl von Mitgliedern oder aufgrund des Zusammenschlusses mehrerer Gesellschaften – erweckt.[155] Mindestens in einem „Bundesverband" wird der angesprochene Verkehr
eine Organisation vermuten, die nicht nur bundesweit tätig ist, sondern auch innerhalb der
Berufsgruppe, auf die sie sich bezieht, eine gewisse Bedeutung zukommt.[156] Im Ergebnis
sind bei Zusätzen wie „Verband" oder „Bundesverband" die Umstände des Einzelfalles zu
prüfen und entscheidend.[157]

Die **Verwendung religiöser Begriffe** wie „MESSIAS"[158], „CORAN"[159], „Dalailama"[160] 44
oder „Buddha"[161] durch gewerbliche Unternehmensträger wird als unzulässig angesehen. Bei Phantasiefirmen ist eine Irreführung nur schwer vorstellbar. In diesem Zusammenhang wird eher die Frage einer möglichen Sittenwidrigkeit von Firmen diskutiert.[162] Die registergerichtliche Prüfung des Irreführungsverbots ist durch § 18 Abs. 2
S. 2 HGB zudem auf eine ersichtliche Täuschungseignung der gewählten Firma beschränkt
(**Ersichtlichkeitsschwelle**). Erfasst werden damit nur offensichtliche Irreführungen, dh
solche, die nicht allzu fern liegen und ohne weitere Beweisaufnahme bejaht werden können.[163]

e) **Firmeneinheit.** Für die AG gilt der **Grundsatz der Firmeneinheit**.[164] Dieser für Einzel- 45
kaufleute und Handelsgesellschaften entwickelte Grundsatz der Firmeneinheit, der sich aus

---

[150] Das OLG Frankfurt a. M. 27.4.2001 – 20 W 84/2001; 20 W 84/01, NJW-RR 2002, 459, sieht hierin die Vortäuschung einer öffentlichen bzw. unter öffentlicher Aufsicht stehenden wissenschaftlichen Einrichtung, sofern dieser Eindruck nicht durch einen weiteren, über den Rechtsformhinweis hinausgehenden Zusatz beseitigt wird. Vgl. dazu auch: OLG Düsseldorf DB 2004, 1720. Ebenso für das österreichische Recht der Öst. OGH NZG 2001, 224.
[151] BGH 29.3.2007 – I ZR 122/04, MDR 2007, 1442 – Bundesdruckerei.
[152] OLG Jena 10.10.2013 – 6 W 375/12, NJW-RR 2014, 44; OLG Schleswig 28.9.2011 – 2 W 231/10, NJW-RR 2012, 497.
[153] OLG Jena 10.10.2013 – 6 W 375/12, NJW-RR 2014, 44 mwN.
[154] BGH 18.1.2012 – I ZR 104/10, NJW-RR 2012, 1066.
[155] BGH 26.1.1984 – I ZR 227/81, MDR 1984, 816; OLG Frankfurt a. M. 2.8.2011 – 20 W 533/10, NZG 2011, 1234.
[156] BGH 26.1.1984 – I ZR 227/81, MDR 1984, 816; OLG Frankfurt a. M. 2.8.2011 – 20 W 533/10, NZG 2011, 1234.
[157] Vgl. dazu ausführlich OLG Frankfurt a. M. 2.8.2011 – 20 W 533/10, NZG 2011, 1234 – Europäischer Fachverband.
[158] BPatG GRUR 1994, 377.
[159] BPatGE 28, 41 (42 f.).
[160] BPatG 16.10.2002 – 24 W (pat) 140/01, BPatGE 46, 66.
[161] BPatG 17.1.2007 – 28 W (pa) 66/06: Verstoß gegen die guten Sitten trotz Schreibweise „Budha".
[162] Vgl. zur Sittenwidrigkeit von Firmen „Schlüpferstürmer" und „Busengrapscher": BGHZ 130, 5; DPMA 8.7.1985 – P 31 902/33 Wz, MittdtschPatAnw 1985, 215.
[163] Hüffer/Koch/*Koch*, AktG, § 4 Rn. 13 (unter Verweis auf RegBegr. BT-Drs. 13/8444, 54); MüKoAktG/*Heider* § 4 Rn. 24.
[164] Wachter/*Franz*, AktG § 4 Rn. 9; Grigoleit/Vedder, AktG § 4 Rn. 10.

einer positiven Gesetzesbestimmung nicht herleiten lässt[165], besagt, dass ein Kaufmann **in ein und demselben Handelsgeschäft nur eine Firma** haben kann.[166]

46 f) **Firmenbeständigkeit.** Als Einschränkung für den Grundsatz der Firmenwahrheit wird der Grundsatz der Firmenbeständigkeit genannt.[167] Dieser Grundsatz besteht aber nur, wenn spezielle Vorschriften die Fortführung der Firma im **Interesse der Werterhaltung** explizit erlauben, so in §§ 21 ff. HG, §§ 18, 36, 200 UmwG.[168]

47 g) **Abstimmung mit der IHK.** Nach § 23 HRV wird das Registergericht bei der Prüfung der Firma von der örtlich zuständigen IHK unterstützt.[169] Um Beanstandungen im Registerverfahren zu vermeiden, sollte der beratende Rechtsanwalt **die Firma bereits im Vorfeld mit der IHK** abstimmen, auch wenn in der Praxis eine Anfrage des Registergerichts bei der IHK nur noch in Zweifelsfällen erfolgt.[170] Nicht auszuschließen ist, dass eine firmenrechtlich zulässige Firmierung gleichwohl Rechte Dritter verletzt. Zu denken ist dabei insbesondere an eine Verletzung von **Markenrechten.** So ist die Benutzung von zur Verwechslung mit geschützten Bezeichnungen geeigneten geschäftlichen Bezeichnungen, insbesondere Unternehmenskennzeichen (§ 5 Abs. 2 MarkenG) und ähnlichen Zeichen verboten (§ 5 Abs. 2 MarkenG).[171] Sinnvoll ist daher vielfach die vorherige Durchführung einer markenrechtlichen Recherche, die von einigen IHKs ebenfalls angeboten wird, auf die sich aber auch verschiedene private Anbieter spezialisiert haben. Für Deutschland rechtlich relevante Marken können nen bei den Marken-Organisationen betreffend deutsche Marken (DE) beim Deutschen Patent- und Markenamt (DPMA), betreffend EU-Gemeinschaftsmarken (EU) beim Harmonisierungsamt für den Binnenmarkt (HABM) und betreffend internationale Marken (IR) bei der World Intellectual Property Organization (WIPO) registriert sein, wobei zu beachten ist, dass mit einer Marke auch ähnliche Bezeichnungen geschützt werden (zB Ähnlichkeiten im Schriftbild, Ähnlichkeiten in der Aussprache etc), die zu einer Verwechslung mit der eingetragenen Marke führen können, weshalb eine Markenrecherche auch eine Ähnlichkeitsprüfung mit einschließen sollte.

4. Fortführung einer Firma bei der AG (§ 22 HGB)

48 Den Zusatz „AG" oder „Aktiengesellschaft" kann eine von einer AG übernommene Firma auch dann enthalten, wenn sie nach Erwerb oder Übernahme durch die AG fortgeführt wird (§ 4 AktG, § 22 HGB). Hieran kann insbesondere bei Firmen mit einem hohen Bekanntheitsgrad ein erhebliches Interesse bestehen; der beratende Rechtsanwalt wird in einem solchen Fall aber eindringlich auf das **Haftungsrisiko** nach § 25 HGB hinzuweisen haben. Die Fortführung der Firma kann gem. §§ 25, 28 HGB zu einer Haftung für Altschulden führen.[172] Der Zusatz einer (neuen) gesellschaftsrechtlichen Form zum „prägenden Teil der alten Firma, mit dem der Verbraucher das Unternehmen gleichsetzt", kann – bei Fortführung des Betriebs im Übrigen – den Tatbestand der Firmenfortführung mit Haftung erfüllen.[173] Im Übrigen ist die Firmenfortführung gem. § 22 HGB an verschiedene Voraussetzungen geknüpft:

49 *Erwerb eines Handelsgeschäfts.* Für die Firmenfortführung unerlässlich ist zunächst der Erwerb eines kaufmännischen oder betriebsfähigen Unternehmens, also eines bereits bestehenden Handelsgeschäfts. Der Erwerb setzt insoweit voraus, dass der Kern der Gesellschaft, nicht lediglich einzelne Betriebsmittel oder Einrichtungen übertragen

---

[165] Vgl. *Nipperdey*, FS Hueck, 195 ff.; BayObLG 21.3.2001 – 3 Z BR 355/00, NJW-RR 2001, 1688.
[166] BayObLG 21.3.2001 – 3 Z BR 355/00, NJW-RR 2001, 1688; BGH 8.4.1991 – II ZR 259/90, NJW 1991, 2023.
[167] Grigoleit/*Vedder*, AktG, § 4 Rn. 16.
[168] Grigoleit/*Vedder*, AktG, § 4 Rn. 16.
[169] Vgl. *Kiesel*, DNotZ 2015, 740.
[170] Wachter/*Franz*, AktG., § 4 Rn. 17.
[171] Vgl. Baumbach/Hopt/*Merkt*/Hopt HGB § 18 Rn. 10 mwN.
[172] *Geßler* AktG § 4 Rn. 8.
[173] *Geßler* AktG § 4 Rn. 8; BGH WM 2001, 683.

wird.¹⁷⁴ Zu beachten ist, dass selbst wenn ausdrücklich vereinbart ist, dass die zur Fortführung des Unternehmens durch den neuen Unternehmensträger getroffenen Regelungen keine Geschäftsübernahme darstellen sollen, die Haftung nach § 25 Abs. 1 HGB nicht ausgeschlossen ist, da es für dessen Anwendbarkeit gerade nicht auf den genauen Inhalt der vertraglichen Vereinbarung und auch nicht auf dessen Wirksamkeit ankommt, sondern darauf, ob die Geschäftstätigkeit des neuen Unternehmensträgers – aus der Sicht des Geschäftsverkehrs – als Geschäftsübernahme gewertet werden kann.¹⁷⁵

Rechtmäßigkeit der bisherigen Firma. § 22 HGB setzt ferner voraus, dass der Veräußerer 50 das Handelsgeschäft unter materiellen Gesichtspunkten bisher rechtmäßig geführt hat.¹⁷⁶

Einwilligung in die Fortführung. Die Fortführung der Firma ist des Weiteren nur zulässig, 51 wenn der bisherige Geschäftsinhaber oder dessen Erben ausdrücklich in die Fortführung einwilligen. Soweit es um den Erwerb von Todes wegen geht, ist im Zweifel anzunehmen, dass mit dem Unternehmen gleichzeitig auch die Firma im Erbgang übergehen soll.¹⁷⁷ Die Einwilligung kann **formfrei** erteilt werden, kann also auch konkludent erfolgen. Allein die Übertragung des Handelsgeschäfts reicht jedoch nicht aus.

Fortführung der Firma durch den Erwerber. Schließlich ist die erwerbende AG gehalten, 52 die bisherige Firma des Handelsgeschäfts unverändert fortzuführen, wobei unzutreffende Rechtsformzusätze natürlich zu streichen sind.¹⁷⁸ Möglich ist ein das Nachfolgeverhältnis andeutender Zusatz. Änderungen, die auf die Individualisierbarkeit der Firma von Einfluss sind und Zweifel an ihrer Identität aufkommen lassen, sind dagegen unzulässig¹⁷⁹ Voraussetzung des § 25 Abs. 1 HGB ist grundsätzlich das Fortführen einer „echten" Firma.¹⁸⁰ Davon werden Geschäfts- oder Etablissementbezeichnungen unterschieden, die als Bezeichnungen des Unternehmens grundsätzlich nicht als Firmen angesehen werden. Nach dem BFH ist eine Geschäfts- oder Etablissementbezeichnung, die das Geschäftslokal oder den Betrieb allgemein, nicht aber den Geschäftsinhaber kennzeichnet, keine Firma, es sei denn, dass sie im maßgeblichen Rechtsverkehr, in Verträgen, auf Geschäftsbriefen uä „firmenmäßig" verwendet wird.¹⁸¹ In der Rechtsprechung werden die Anforderungen an die Fortführung der „Firma" nicht gleichmäßig streng durchgehalten.¹⁸²

5. Einzelfragen

a) Vorgesellschaft. Sofern die Vorgesellschaft¹⁸³ bereits im Gründungsstadium ein Han- 53 delsgewerbe betreibt, ist sie, obwohl sie vor ihrer Eintragung nach § 3 Abs. 1 AktG noch kein Formkaufmann ist, nach § 17 HGB auch firmenfähig.¹⁸⁴ Dabei kann sie bereits die spätere Firma der AG verwenden, muss diese aber mit dem Zusatz „in Gründung" oder „i. Gr." versehen.¹⁸⁵

b) Liquidation der AG. Bei der Abwicklung einer AG wird die Firma beibehalten. Gem. 54 § 269 Abs. 6 AktG muss sie aber mit einem Zusatz wie bspw. „in Liquidation" oder „i. L." versehen werden.

---

[174] Hüffer/Koch/*Koch,* AktG, § 4 Rn. 18; BGH 5.5.1977 – II ZR 237/75, WM 1977, 891.
[175] OLG München 30.4.2008 – 31 Wx 41/08, MittBayNot 2008, 401 (402); KKRM HGB § 25 Rn. 4 mwN.
[176] *Fischinger,* Handelsrecht, § 4 V. S. 60 Rn. 206.
[177] *Kuchinke* ZIP 1987, 681 ff.
[178] Hüffer/Koch/*Koch,* AktG, § 4 Rn. 18.
[179] BGHZ 44, 116 (119 ff.) = BB 1965, 1047; OLG Hamm NJW 1965, 764.
[180] OLG München 30.4.2008 – 31 Wx 41/08, MittBayNot 2008, 401 (402).
[181] BFH 20.5.2014 – VII R 46/13, BStBl. II 2015, S. 107.
[182] Vgl. BGH 12.2.2001 – II ZR 148/99, NJW 2001, 1352; 1.12.1986 – II ZR 303/85, NJW 1987, 1633; LG Berlin 3.8.1993 – 98 T 51/93, NJW-RR 1994, 609; OLG Brandenburg 27.5.1998 – 7 U 132/97, NJW-RR 1999, 395; vgl. auch die Nachweise bei OLG München 30.4.2008 – 31 Wx 41/08, MittBayNot 2008, 401 (402).
[183] Hierzu näher → § 12.
[184] Allg. Auffassung, vgl. BGHZ 120, 103 (106); Hüffer/Koch/*Koch,* AktG, § 4 Rn. 4; MüKoAktG/*Heider* § 4 Rn. 10 mwN.
[185] MünchHdBGesR IV/*Wiesner* § 7 Rn. 9; Hüffer/Koch/*Koch* AktG, § 4 Rn. 4 mwN.

55 **c) Zweigniederlassung.** Für den Begriff der Zweigniederlassung gibt es weder im deutschen nationalen Recht noch in der Zweigniederlassungsrichtlinie[186] noch im europäischen Primärrecht eine Begriffsbestimmung.[187] Nach deutschem Handelsrecht, § 13 HGB, wird als Zweigniederlassung eines Unternehmens mit Sitz im Inland ein räumlich von der Hauptniederlassung getrennter Teil eines kaufmännischen Unternehmens angesehen, der als organisatorische Einheit selbständig am Rechtsverkehr teilnimmt.[188]

56 Bei Bestehen einer Zweigniederlassung iSd § 13 HGB kann die AG ihre Firma auch für die Zweigniederlassung verwenden.[189] Übernimmt die Zweigniederlassung die Firma der AG, so ist ein besonderer Hinweis auf die Stellung als rechtlich unselbständiger Teil des Gesamtunternehmens nicht erforderlich.[190] Im Falle der Identität der Firma der Gesellschaft mit der Firma der Zweigniederlassung führt die eingetragene Änderung der Gesellschaftsfirma ohne weiteres die Änderung der Firma der Zweigniederlassung herbei.[191]

Die Firmen der Haupt- und Zweigniederlassung können verschieden sein und das Unternehmen ist in der Wahl der Firma der Zweigniederlassung grundsätzlich frei, wenn nur zum Ausdruck kommt, dass es sich um die Firma eines Zweigunternehmens handelt und die Firma der Hauptniederlassung klar erkennbar ist.[192] Wird also für die Zweigneiderlassung der AG eine von der AG differente Firma verwendet muss der Zusammenhang zur Hauptniederlassung deutlich zum Ausdruck gebracht werden. Dies kann im Falle der Beibehaltung des Firmenkerns durch den Zusatz „Zweigniederlassung" geschehen.[193]

57 **d) AG und Co. KG.** Eine AG kann auch als Komplementärin einer Kommanditgesellschaft auftreten. Die wechselseitige Beteiligung der Gesellschaften ist dann durch einen entsprechenden Zusatz besonders herauszustellen (§ 19 Abs. 2 HGB). Der Zusatz „AG & Co. KG", der die Haftungsbeschränkung der Komplementärin hinreichend kennzeichnet, reicht jedenfalls aus.[194]

58 **e) Umwandlung.** § 18 Abs. 1 UmwG ermöglicht es dem übernehmenden Rechtsträger, die Firma des übertragenden Rechtsträgers, dessen Handelsgeschäft er durch die Verschmelzung erwirbt, mit oder ohne Nachfolgezusatz fortzuführen. Selbiges gilt für die Aufspaltung gem. § 125 S. 1, 18 UmwG und den Formwechsel gem. § 200 UmwG.[195] Eine analoge Anwendung auf die Fälle der Abspaltung und der Ausgliederung scheidet wegen des Wortlauts des § 125 S. 1 UmwG und des Umstands, dass in diesen Fällen der übertragende Rechtsträger fortbesteht, grundsätzlich aus.[196] Zu prüfen ist in den Fällen der Abspaltung und der Ausgliederung und bei Vorliegen eines Interesses an der Firmenfortführung aber, ob dieses Ziel über § 22 HGB (Fortführung bei Erwerb des Handelsgeschäfts) erreicht werden kann.[197] Bei Bejahung der Anwendbarkeit des § 22 HGB neben § 18 UmwG ist die gem. § 22 Abs. 1

---

[186] RL 89/117/EWG des Rates vom 13.2.1989 über die Pflichten der in einem Mitgliedstaat eingerichteten Zweigniederlassungen von Kreditinstituten und Finanzinstituten mit Sitz außerhalb dieses Mitgliedstaats zur Offenlegung von Jahresabschlussunterlagen, ABl. 1989 L 44/40.
[187] OLG München 14.10.2015 – 34 Wx 187/14, DB 2015, 2692 mwN.
[188] OLG München 14.10.2015 – 34 Wx 187/14, DB 2015, 2692 mwN.
[189] Grigoleit/*Vedder*, AktG, § 4 Rn. 17.
[190] Wachter/*Franz*, AktG, § 4 Rn. 13.
[191] BayObLG 31.5.1990 – BReg. 3 Z 38/90, NJW 1991, 1353.
[192] BayObLG 19.3.1992 – 3 Z BR 15/92, NJW-RR 1992, 1062.
[193] Wachter/*Franz*, AktG, 2. Aufl., 2014, § 4 Rn. 13.
[194] Hüffer/Koch/*Koch*, AktG, 12. Aufl., 2016, § 4 Rn. 24.
[195] Wachter, AktG, 2. Aufl., 2014, § 4 Rn. 12.
[196] Limmer/*Limmer*, Handbuch der Unternehmensumwandlung, 5. Aufl., 2016, Teil 5 Rn. 23; KölnKomm-UmwG/*Simon*, 2009, § 125 Rn. 12; Semler/Stengel/*Stengel*, UmwG, 4. Aufl., 2017, § 125 Rn. 7; Schmitt/Hörtnagl/Stratz/*Hörtnagl*, UmwG/UmwStG, 2. Aufl., 2016, UmwG § 125 Rn. 16; Lutter/*Teichmann*, UmwG, 5. Aufl. 2014, § 125 Rn. 7; Sagasser/Bula/*Brünger*, Umwandlungen, 4. Aufl., 2011, § 18 Rn. 66; EBJS, HGB, 3. Aufl. 2014, § 22 Rn. 86. AA: Kallmeyer/*Sickinger*, UmwG, 6. Aufl., 2017, UmwG § 125 Rn. 9.
[197] Vgl. Lutter/*Teichmann*, UmwG, 5. Aufl. 2014, § 131 Rn. 68; KölnKommUmwG/*Simon*, 2009, § 125 Rn. 12; Semler/Stengel/*Schröer*, UmwG, 4. Aufl., 2017, § 131 Rn. 44 m. Fn. 175; *Widmann/Mayer*, Std.: Juni 2014, UmwG § 126 Rn. 45 f.; Sagasser/*Bultmann*, Umwandlungen, 4. Aufl., 2011, § 18 Rn. 67. AA *Bokelmann* ZNotP 1998, 265 (269).

HGB aE erforderliche Zustimmung vom Vorstand der übertragenden AG zu erklären[198] und es ist zu prüfen das Handelsgeschäft, also das Unternehmen „im Großen und Ganzen" und nicht nur teilweise übergeht.[199]

f) Alt-Gesellschaften. Gem. Art. 22 EGHGB durften Firmen aus der Zeit vor dem 1.1.1900 ohne den Zusatz „Aktiengesellschaft" fortgeführt werden, soweit sie nicht aus Personennamen zusammengesetzt waren und nicht erkennen ließen, dass eine AG Inhaberin war. Mit der Umsetzung[200] der zweiten Richtlinie zur Koordinierung des Gesellschaftsrechts (Kapitalschutzrichtlinie)[201] mussten solche „alten" Firmen die Bezeichnung „Aktiengesellschaft" bis zum 16.6.1980 aufnehmen. Andernfalls wurde die entsprechende Satzungsbestimmung über die Firma als nichtig angesehen.[202] Nach der Handelsrechtsreform dürfte diesen Altgesellschaften erhebliche praktische Bedeutung wohl nicht mehr zukommen.[203] 59

Ein Sonderfall von Altgesellschaften ist im REITG[204] geregelt. Gem. § 7 REITG darf eine Gesellschaft, die ihren Sitz im Geltungsbereich des REITG hat, die Bezeichnung „REIT-Aktiengesellschaft" oder eine Bezeichnung, in der der Begriff „Real Estate Investment Trust" oder die Abkürzung „REIT" allein oder im Zusammenhang mit anderen Worten vorkommt, in der Firma oder als Zusatz zur Firma nur führen, wenn sie eine Aktiengesellschaft iSd REITG ist und die Voraussetzungen der §§ 8–15 REITG erfüllt. Dabei darf die Bezeichnung „REIT AG" nach Ablauf der gesetzlichen Übergangsfrist (31.12.2007) in der Firma von Unternehmen mit bSitz in Deutschland nur geführt werden, die den Anforderungen des Gesetzes über deutsche Immobilien-Aktiengesellschaften mit börsennotierten Anteilen (REIT-Gesetz – REITG) an eine REIT-Aktiengesellschaft genügen.[205] 60

Eine weitere Regelung für Alt-Gesellschaften findet sich in **Art. 11 Abs. 3 SE-VO**.[206] Es geht um die Führung des Rechtsformzusatzes „SE", der der Europäischen Aktiengesellschaft vorbehalten ist und der nationalen Aktiengesellschaften nicht hinzugefügt werden darf.[207] Gem. Art. 11 Abs. 3 SE-VO brauchen die Gesellschaften eines Mitgliedstaates, die bereits vor Inkrafttreten der SE-VO, also dem 8.10.2004, in ihrer Firma den Zusatz „SE" führten, ihre Firma nicht zu ändern. Hier wurde vom europäischen Gesetzgeber ein zeitlich unbeschränkter Bestandsschutz gewährt.[208] 61

g) Auslandsbezug. Die Frage der Rechtmäßigkeit der Firmenbildung der Zweigniederlassung einer ausländischen Gesellschaft in Deutschland – insbesondere auch einer SE (Art. 15 Abs. 1 SE-VO)[209] – beurteilt sich nach folgenden Grundsätzen: **Für das inländische Registerverfahren** und damit die Eintragung einer Zweigniederlassung einer ausländischen Gesellschaft in das Handelsregister **gilt deutsches Recht**; ebenso für das Recht der inländischen Zweigniederlassung.[210] Die Zulässigkeit der Firma, soweit sie auch für die Zweigniederlassung verwandt werden soll, richtet sich grundsätzlich nach deutschem Recht; die Bestimmungen des § 18 HGB, die die Unterscheidbarkeit einzelner Firmen (§ 18 Abs. 1 HGB) und den Schutz des Rechtsverkehrs vor Irreführung (§ 18 Abs. 2 HGB) gewährleisten sollen, 62

---

[198] MüKoHGB/*Heidinger*, 3. Aufl. 2010, § 22 Rn. 37; Röhricht/Graf v. Westphalen/Haas/*Ries*, HGB, 4. Aufl. 2014, § 22 Rn. 27.
[199] BGH 7.6.1990 – I ZR 298/88, NJW-RR 1990, 1318; BGH 22.11.1990 – I ZR 14/89, NJW 1991, 1353; BGH 8.6.1966 – Ib ZR 74/64, GRUR 1967, 69; BGH 7.7.1971 – I ZR 38/70, GRUR 1971, 573.
[200] Vgl. dazu: *Hüffer* NJW 1979, 1065; *Heinrich* BB 1979, 1480.
[201] ABl. 1977 L 26, S. 1.
[202] HK-AktG § 4 Rn. 10.
[203] HK-AktG, § 4 Rn. 10.
[204] Zur Frage der Anwendbarkeit des KAGB auf REIT-Aktiengesellschaften vgl.: *Merkt* BB 2013, 1986.
[205] LG Mannheim 18.7.2008 – 7 O 10/08, NJOZ 2009, 4460.
[206] *Lamsa*, 2011, S. 171.
[207] *Lamsa*, 2011, S. 172.
[208] *Lamsa*, S. 172.
[209] Jannott/Frodermann/*Jannott*, Handbuch der Europäischen Aktiengesellschaft, 2. Aufl., 2014, S. 55 Ziff. 1.2.3.1 Rn. 39.
[210] OLG München 1.7.2010 – 31 Wx 88/10, NZG 2011, 157 (vgl. dazu: Anmerkung *Wachter* GmbHR 2007, 980); BGH 7.5.2007 – II ZB 7/06, NJW 2007, 2328 (vgl. dazu: Anmerkung *Römermann* GmbHR 2007, 873; Anmerkung *Dierksmeier* BB 2007, 1861; *Großerichter*, Zur Durchsetzung deutscher Bestellungshindernisse von Geschäftsleitern gegenüber ausländischen Gesellschaften, NZG 2008, 253).

sind deshalb auch auf die Firma der deutschen Zweigniederlassung einer ausländischen Gesellschaft anwendbar.[211] Das gilt auch dann, wenn es sich um eine nach dem Recht eines Mitgliedsstaats der Europäischen Union gegründete Gesellschaft handelt, denn der Schutz des Rechtsverkehrs vor Täuschung und Missbrauch sowie das **Interesse anderer Unternehmensgründer** an der Freihaltung von Allgemeinbegriffen stellen **zwingende Gründe des Allgemeininteresses** dar, die eine Beschränkung der in Art. 43, 48 EGV gewährleisteten Niederlassungsfreiheit rechtfertigen.[212]

6. Fehlerhafte Firma – Rechtsfolgen

63 a) **Fehler bei der erstmaligen Firmenbildung.** Verstößt die Firma der AG gegen firmenrechtliche (nicht ausreichend dagegen markenrechtliche oder namensrechtliche[213]) Vorschriften, dann darf sie nicht in das Handelsregister eingetragen werden (§ 38 Abs. 3 Nr. 1 iVm § 23 Abs. 3 Nr. 1 AktG).[214] Erfolgt die Eintragung dennoch, hat das Registergericht die Gesellschaft zur Änderung der Firma aufzufordern. Äußerstenfalls ist eine Auflösung der Gesellschaft nach § 262 Abs. 1 Nr. 5 AktG möglich. Die Folgen einer Nichtigkeit oder eines Satzungsmangels für die beantragte oder eine erfolgte Registereintragung der Gesellschaft ergeben sich aus §§ 397, 399 FamFG.[215]

64 b) **Fehler bei der Änderung bestehender Firma.** Wird einer bislang zulässige Firma im Wege der Satzungsänderung in eine unzulässige geändert, kann der satzungsändernde Beschluss nach § 243 AktG angefochten[216] oder im Amtslöschungsverfahren gem. § 241 Nr. 6 AktG iVm § 398 FamFG als nichtig gelöscht werden. Im Übrigen kann ein Ordnungsgeld nach § 37 Abs. 1 HGB gegen die AG verhängt werden.

65 c) **Irreführende Firma wegen Änderung des Unternehmensgegenstands.** Eine für eine AG in das Handelsregister eingetragene Firma kann nachträglich unzulässig werden, etwa weil im Gefolge einer Änderung des Unternehmensgegenstandes die gebrauchte Firma irreführend wird.[217] In diesem Fall kann das Registergericht gem. § 37 Abs. 1 HGB iVm § 392 FamFG die AG auffordern, innerhalb einer Frist die Firma zu ändern; geschieht dies nicht, so muss es einen Mangel der Satzung feststellen, mit Rechtskraft der Verfügung wird § 262 Abs. 1 Nr. 5 AktG die Auflösung der Gesellschaft betreiben.[218]

7. Fehlerhafter Firmengebrauch – Rechtsfolgen

66 Die Firma ist der Name der Aktiengesellschaft. Im Rechts- und Geschäftsverkehr ist sie verpflichtet, die Firma so zu gebrauchen, wie sie im Handelsregister eingetragen ist.[219] Unzulässig ist also insbesondere die Abkürzung der Firma oder das Weglassen von Firmenbestandteilen. Eine Ausnahme gilt insoweit für die Abkürzung der Rechtsformbezeichnung; hier kann das Kürzel „AG" auch dann verwendet werden, wenn im Handelsregister die ausgeschriebene Fassung „Aktiengesellschaft" eingetragen ist.[220] Nicht in das Handelsregister eingetragene Zusätze, Ergänzungen, Erläuterungen etc dürfen nur dann und nur insoweit mit der Firma verbunden werden, als hierdurch nicht fälschlich der Eindruck der Zu-

---

[211] OLG München 1.7.2010 – 31 Wx 88/10, NZG 2011, 157; 7.3.2007 – 31 Wx 92/06, GmbHR 2007, 979; KG 11.9.2007 – 1 W 81/07, FGPrax 2008, 35; 27.4.2004 – 1 W 180/02, FGPrax 2004, 248.
[212] OLG München 1.7.2010 – 31 Wx 88/10, NZG 2011, 157; 7.3.2007 – 31 Wx 92/06, GmbHR 2007, 979; AA LG Aachen 10.4.2007 – 44 T 8/07, NZG 2007, 600.
[213] Wachter/*Franz*, AktG, 2. Aufl., 2014, Rn. 15 mwN.
[214] Grigoleit/*Vedder*, AktG, 1. Aufl., 2013, § 4 Rn. 19.
[215] Gesetz über das Verfahren in Familiensachen und in den Angelegenheiten der freiwilligen Gerichtsbarkeit – FamFG (in der Fassung des Art. 1 FGG Reformgesetzt vom 17.12.2008 BGBl. I S. 2586); vgl. dazu *Bumiller/Harders*, FamFG – Freiwillige Gerichtsbarkeit –, 11. Aufl. 2015, § 399 Rn. 3.
[216] Allgemein zur Anfechtungsklage § 37.
[217] BGH 9.6.1953 – I ZR 97/51, NJW 1953, 1348; 27.2.2003 – I ZR 25/01, GRUR 2003, 448; 29.3.2007 – I ZR 122/04, MDR 2007, 1442.
[218] HK-AktG § 4 Rn. 3.
[219] BayObLG 6.2.1992 – BReg. 3 Z 201/91, BB 1992, 943; Röhricht/Graf von Westphalen/*Haas/Ammon* HGB § 17 Rn. 34, mwN.
[220] Hüffer/Koch/*Koch*, AktG, 12. Aufl., 2016, § 4 Rn. 17, mwN.

§ 8 Firma und Unternehmensgegenstand 67–71 § 8

gehörigkeit zur Firma erweckt wird. In Betracht kommt etwa die Beifügung nicht artikulierbar und damit als solcher auch nicht in das Handelsregister eintragbarer[221] grafischer Zeichen und Symbole oder der Zusatz einer Geschäftsbezeichnung, die sich auf ein bestimmtes zu dem Unternehmen gehörendes Geschäft oder einen Betrieb bezieht.

Beispiel:
„Müller Lebensmittel AG – Filiale Bahnhofstraße"

8. Firma und Schriftverkehr der AG; Unterschrift von Vorstandsmitgliedern

Die Pflicht zur Firmenführung ist auf den **Rechts- und Geschäftsverkehr** der Aktiengesellschaft beschränkt. 67

Sie betrifft damit insbesondere die Gestaltung des **Briefkopfes** der Gesellschaft. Dieser muss die Firma der Gesellschaft in der im Handelsregister eingetragenen Fassung enthalten, und zwar als Einheit in zusammenhängender Form; unzulässig wäre es also beispielsweise, nur einen Teil der Firma im Kopf des Briefbogens zu nennen und die übrigen Firmenbestandteile lediglich in der Fußleiste zu nennen.[222] Im Übrigen besteht hinsichtlich der grafischen Gestaltung eine erhebliche Freiheit. Schriftart und -größe, die verwendete Farbe etc können grundsätzlich frei gewählt werden, grafische Gestaltungen und Symbole hinzugefügt werden, soweit hierdurch die Erkennbarkeit der Firma nicht beeinträchtigt wird. 68

Im Übrigen sind bei der Gestaltung des Briefkopfes die besonderen Anforderungen an die **Angaben auf Geschäftsbriefen** nach § 80 AktG zu beachten, also auch der Sitz der Gesellschaft, die Handelsregisternummer und das Registergericht sowie alle Vorstandsmitglieder und der Vorsitzende des Aufsichtsrats mit dem Familiennamen und mindestens einem ausgeschriebenen Vornamen anzugeben, wobei der Vorsitzende des Vorstandes als solcher zu bezeichnen ist. 69

Betreffend Zweigniederlassungen ist zu beachten, dass die gem. den auf der EG-Zweigniederlassungsrichtlinie beruhenden §§ 35a Abs. 4 GmbHG, § 80 Abs. 4 AktG bestehende Offenlegungspflicht auf Geschäftsbriefen durch das MoMiG[223] gegenständlich erweitert wurde, und zwar insbesondere auch unter Einbeziehung von der Rechtsform und zudem dem Sitz der Gesellschaft, des Registergerichts am Sitz der Gesellschaft und der Nummer der Handelsregistereintragung der Gesellschaft sowie der Namen ihrer wichtigsten Organpersonen. Es wurde damit eine doppelte Offenlegungspflicht normiert.[224] 70

Außerhalb des Rechts- und Geschäftsverkehrs besteht die Verpflichtung zum Firmengebrauch nicht. § 80 AktG gilt nicht für Werbeschriften, Rundschriften uÄ, die nicht an einen individuellen bestimmten Empfänger gerichtet sind.[225] Hier kann das Unternehmen auch andere, griffigere Bezeichnungen und Schlagworte verwenden.[226] Dies gilt allerdings nur insoweit, als hierdurch nicht fälschlich der Eindruck erweckt wird, bei dem verwendeten Schlagwort handele es sich um die Firma des Unternehmens.[227] Im Übrigen sind selbstverständlich die nach sonstigen gesetzlichen Bestimmungen (zB UWG, Markengesetz etc) bestehenden Restriktionen zu beachten. Auch für gesellschaftsinterne Schriftstücke findet § 80 AktG keine Anwendung, zB auf Zeugnisse.[228] Daran hat auch das EHUG[229] mit der Einführung der Worte „gleichviel in welcher Form" in § 80 Abs. 1 S. 1 71

---

[221] Vgl. → Rn. 2.
[222] Vgl. Röhricht/Graf v. Westphalen/*Haas/Ammon* HGB § 37a Rn. 15.
[223] Gesetz zur Modernisierung des GmbH-Rechts und zur Bekämpfung von Missbräuchen (MoMiG) vom 23.10.2008, BGBl. I S. 2026.
[224] *Kindler* IPRax 2009, 189 (201 f.); *Geßler* AktG § 80 AktG.
[225] *Geßler* AktG § 80 AktG.
[226] Vgl. nur Staub/*Hüffer* HGB § 37 Rn. 15 mwN.
[227] Vgl. BGH 8.4.1991 – II ZR 259/90, NJW 1991, 2023; OLG Stuttgart 26.4.1991 – 2 U 19/91, BB 1991, 993.
[228] *Geßler* AktG § 80 AktG.
[229] Gesetz über elektronische Handelsregister und Genossenschaftsregister sowie das Unternehmensregister (EHUG) vom 10.11.2006 BGBl. I S. 2553. Mit dem EHUG wurden die RL 2003/58/EG zur Änderung der 1. gesellschaftsrechtlichen Richtlinie, Teile der EU-2004/109/EG sowie Beschlüsse der Regierungskommission Corporate Governance umgesetzt.

AktG nichts geändert. Diese Änderung betrifft allein die äußere Form der „Geschäftsbriefe", also zB E-Mail.[230]

72 Für die **Zeichnung von Vorstandsmitgliedern für die Aktiengesellschaft** war in dem durch das MoMiG[231] aufgehobenen § 79 AktG bestimmt, dass die Vorstandsmitglieder der Firma der Gesellschaft oder der Benennung des Vorstands ihre Namensunterschrift hinzufügen. Nach der Begründung des Regierungsentwurfes zum MoMiG sollen nunmehr die Vertretungsregeln der §§ 164 ff. BGB zur Klarheit und Sicherheit des Rechtsverkehrs ausreichen.[232] Für die zivilrechtliche Beweiskraft bleibt aber die Erforderlichkeit der Kenntlichmachung, dass eine Erklärung als Vorstand der Gesellschaft abgegeben worden ist bzw. abgegeben werden soll.[233] Zur Zeichnung für die Gesellschaft ist dabei nicht notwendig die im Handelsregister eingetragene Firma dem dokumentierten Schriftzeichen hinzuzufügen. Ausreichend ist auch der Gebrauch der uU von der Handelsregistereintragung abweichenden verkehrsüblichen Bezeichnung der Gesellschaft.[234] Zur Sicherheit des Rechtsverkehrs sollte aber gleichwohl keine Bezeichnung gewählt werden, die nicht in Übereinstimmung mit dem Wortlaut der jeweiligen Handelsregistereintragung und der angegebenen Firma der Gesellschaft steht.

II. Unternehmensgegenstand

Schrifttum: *Bachmann*, Die Offenlegung der wirtschaftlichen Neugründung und die Folgen ihrer Versäumung, NZG 2012, 579; *Baur/Tappen*, Investmentgesetze, 3. Aufl., 2015; *Ebenroth/Müller*, Vorratsgründungen im Kapitalgesellschaftsrecht zwischen ökonomischen Bedürfnissen und der Registereintragung, DNotZ 1994, 75; *Fischer/Friedrich*, Investmentaktiengesellschaft und Investmentkommanditgesellschaft unter dem Kapitalanlagegesetzbuch, ZBB 2013, 153; *Illhardt/Scholz*, Anrechnung von Gewinnen aus pflichtwidrigen Geschäften – Besprechung des BGH-Urteils vom 15.1.2013 – II ZR 90/11 –, DZWIR 2015, 512; *Jeep*, Wirtschaftliche Neugründung: GmbH in Liquidation nicht per se „leere Hülse" – BGH, Urteil vom 10.12.2013 – II ZR 53/12, NWB 2014, 1294; *Kresse*, Die Verwendung von Mantel- und Vorratsgesellschaften in der Rechtsform der GmbH und der AG, 2009; *Merkt*, Fallen REIT-Aktiengesellschaften unter das KAGB?, BB 2013, 1986; *Pöschke*, Satzungsbrechende Beschlüsse in der GmbH, DStR 2012, 1089; *Priester*, Satzungsänderung und Satzungsdurchbrechung ZHR 151 (1987), 40; *K. Schmidt*, Unterbilanzhaftung bei Fortsetzung einer aufgelösten Gesellschaft?, DB 2014, 701; *Schröder/Cannivé*, Der Unternehmensgegenstand der GmbH vor und nach dem MoMiG, NZG 2008, 1 ff.; *Sina*, Geschäftstätigkeit und Unternehmensgegenstand der GmbH, GmbHR 2001, 661; *Streuer*, Der statutarische Unternehmensgegenstand, 1. Aufl. 2000; *ders.*, Die Gestaltung des Unternehmensgegenstandes in der GmbH-Satzung, GmbHR 2002, 407; *Tieves*, Der Unternehmensgegenstand der Kapitalgesellschaft, 1. Aufl., 2000; *Ulmer*, Entschärfte Gesellschafterhaftung bei wirtschaftlicher Neugründung einer zuvor unternehmenslosen Alt-GmbH, ZIP 2012, 1265; *Wolf*, Vorbelastungshaftung der GmbH-Gesellschafter bei wirtschaftlicher Neugründung in der Liquidationsphase, StuB 2014, 334; *Zapf*, Anmerkung OLG Dresden 9.11.2011 – 12 W 1002/11 – NotBZ 2012, 108; *Zetsche*, Das Gesellschaftsrecht des Kapitalanlagegesetzbuchs, AG 2013, 613.

1. Bedeutung

73 a) **Allgemeines.** *aa) Begriff.* Der Unternehmensgegenstand ist die Art der Tätigkeit, welche die Gesellschaft zu betreiben beabsichtigt.[235] Der Unternehmensgegenstand beschreibt den Tätigkeitsrahmen in dem sich die Gesellschaft zu bewegen hat, und das Mittel der Zielerreichung, also das „Wie" des Unternehmens. Dies im Unterschied zum Unternehmenszweck, der das Ziel und damit das „Wozu" der Gesellschaft beschreibt.[236] Der Unternehmensgegenstand ist nach § 23 Abs. 3 Nr. 2 AktG **zwingend in der Satzung festzulegen.**

---

[230] *Geßler* AktG Kommentar zu § 80 AktG.
[231] Gesetz zur Modernisierung des GmbH-Rechts und zur Bekämpfung von Missbräuchen (MoMiG) vom 23.10.2008 BGBl. I S. 2026.
[232] *Geßler* AktG § 79 AktG.
[233] Der BGH hat ausgesprochen, dass ein Vertretungszusatz betreffend die vertretene juristische Person zur Wahrung der Schriftform des § 550 BGB grundsätzlich nicht erforderlich ist (BGH 6.4.2005 – XII ZR 132/03, NJW 2005, 2225 (GmbH); BGH 4.11.2009 – XII ZR 86/07, NJW 2010, 1453 (AG).
[234] *Geßler* AktG § 79 Rn. 2 f.
[235] BGH 9.11.1987 – II ZB 49/87, NJW 1988, 1087; HK-AktG § 23 Rn. 28, S. 218.
[236] *Schröder/Cannivé* NZG 2008, 1.

Hat die AG mehrere Unternehmensgegenstände, so sind alle anzugeben.[237] Die dargestellte Unterscheidung zwischen Unternehmensgegenstand und Gesellschaftszweck ist **praktisch relevant**, weil – unbeschadet einer abweichenden Satzungsregelung – die **Änderung des Gesellschaftszwecks** analog § 33 Abs. 1 S. 2 BGB **nur mit einer Zustimmung aller Aktionäre möglich** ist, wohingegen der **Unternehmensgegenstand** gem. § 179 Abs. 2 AktG durch Satzungsänderung **mit Mehrheitsbeschluss** geändert werden kann.[238] Durch das MoMiG haben sich dabei die Anforderungen an den Unternehmensgegenstand im Aktienrecht nicht geändert, insbesondere die für die GmbH eintragungsfähigen Katalogunternehmensgegenstände sind für Aktiengesellschaften nach wie vor nicht eintragungsfähig.[239]

bb) Prüfungs- und Informationsfunktion. Die Angabe des Unternehmensgegenstandes der AG hat die Funktion, diesen konkret und individuell einzugrenzen.[240] Durch die **Prüfungs- und Informationsfunktion** soll zum einen dem Registergericht die Prüfung der Zulässigkeit und Genehmigungsfreiheit (bzw. des Vorliegens der erforderlichen Genehmigungen) des Unternehmensgegenstandes ermöglicht[241] und zugleich der Schwerpunkt der Gesellschaftstätigkeit für die beteiligten Kreise hinreichend erkennbar sein.[242] Dabei ist es ausreichend, wenn bei einer Gesellschaft bezüglich Anlage- und Vermögensberatung in der Bezeichnung des Unternehmensgegenstands ausdrücklich festgehalten ist, dass erlaubnispflichtige Tätigkeiten nach dem KWG nicht ausgeübt werden.[243] Das Registergericht kann in diesem Fall die Eintragung des Unternehmens in das Handelsregister nicht von der Vorlage einer Genehmigung bzw. eines Negativattests der Bundesanstalt für Finanzdienstleistungsaufsicht abhängig machen.[244] 74

cc) Begrenzung der Geschäftsführungsbefugnis. Der Unternehmensgegenstand grenzt die Geschäftsführungsbefugnis des Vorstandes im Innenverhältnis ein (§ 82 Abs. 2 AktG).[245] Hierin liegt die wesentliche Bedeutung des Unternehmensgegenstandes für die allgemeine Geschäftspolitik der Gesellschaft. Die nach § 23 Abs. 3 Nr. 2 AktG vorgeschriebene Angabe des Unternehmenszwecks in der Satzung hat den Zweck, die Grenze der Geschäftsführungsbefugnis des Vorstands zu bestimmen und außenstehende Dritte über den Tätigkeitsbereich der Gesellschaft zu informieren.[246] Insbesondere ergibt sich haftungsrechtlich aus der Bindung des Vorstands an die Satzung der Gesellschaft, dass sich seine Maßnahmen innerhalb des Unternehmensgegenstandes bewegen müssen.[247] 75

Die Angabe des Unternehmensgegenstands verbietet dabei nicht nur eine ihn überschreitende Tätigkeit, sondern kann – wenn die Tätigkeitsfelder in der Satzung verbindlich und abschließend gefasst sind – den Vorstand auch zur Ausfüllung des Unternehmensgegenstands verpflichten bzw. ihm die dauerhafte Aufgabe der dort festgelegten Tätigkeit untersagen.[248] Führt eine Maßnahme des Vorstands zu einer Über- oder Unterschreitung des Unternehmensgegenstands, ist sie zwar im Außenverhältnis – soweit nicht ausnahmsweise ein Fall des Missbrauchs der Vertretungsmacht vorliegt – grundsätzlich wirksam.[249] Im Innen- 76

---

[237] HK-AktG § 23 Rn. 30, S. 220 mwN.
[238] HK-AktG § 23 Rn. 29, S. 219 mwN.
[239] *Schröder/Cannivé* NZG 2008, 1 (4f.).
[240] OLG München 21.5.2012 – 31 Wx 164/12, WM 2012, 1733 mwN.
[241] *Streuer,* Der statutarische Unternehmensgegenstand, S. 116 f.
[242] BGH WM 1981, 163; OLG München 21.5.2012 – 31 Wx 164/12, WM 2012, 1733 mwN.
[243] OLG München 21.5.2012 – 31 Wx 164/12, NZG 2012, 1314.
[244] OLG München 21.5.2012 – 31 Wx 164/12, NZG 2012, 1314.
[245] Hüffer/Koch/*Koch*, AktG, 12. Aufl., 2016, § 23 Rn. 21.
[246] OLG Köln 15.1.2009 – 18 U 205/07, ZIP 2009, 1469; Hüffer/Koch/*Koch*, AktG, 12. Aufl., 2016, § 23 Rn. 21.
[247] OLG Düsseldorf 15.1.2015 – I-6 U 48/14, NZG 2016, 587.
[248] OLG Köln 15.1.2009 – 18 U 205/07, ZIP 2009, 1469; Hüffer/Koch/*Koch*, AktG, 13. Aufl., 2018, § 179 Rn. 9a. Vgl. auch: BVerfG 7.9.2011 – 1 BvR 1460/10, NZG 2011, 1379.
[249] Hüffer/Koch/*Koch*, AktG, 13. Aufl., 2018, § 82 Rn. 14. Darin unterscheidet sich das deutsche Recht (vgl. Hüffer/Koch/*Koch*, AktG, 13. Aufl., 2018, § 82 Rn. 1) von der im angloamerikanischen Rechtskreis geltenden „ultra-vires-Lehre", derzufolge ein Organhandeln außerhalb des statutarischen Unternehmensgegenstandes unwirksam ist. Die „Articles of Association" englischer oder amerikanischer Gesellschaften enthalten daher regelmäßig sehr umfangreiche und detaillierte Umschreibungen des Unternehmensgegenstandes.

verhältnis liegt jedoch eine Pflichtverletzung vor, die einen wichtigen Grund für den Widerruf der Bestellung nach § 84 Abs. 3 AktG darstellen und Schadensersatzansprüche nach § 93 Abs. 2 AktG begründen kann.[250] Zudem kann der Aktionär auf Unterlassung bzw., soweit die Maßnahme bereits umgesetzt wurde, auf Wiederherstellung des satzungsmäßigen Zustandes klagen.[251]

77 Nach der bisherigen Rspr. des BGH kann bei der Prüfung, ob eine Überschreitung des Unternehmensgegenstandes vorliegt, aus dem Umstand allein, dass eine Geschäftsmaßnahme außerhalb der satzungsmäßigen Geschäftstätigkeit liegt, nicht ohne weiteres auf ein Fehlverhalten des Vorstandes geschlossen werden. So wurde der Erwerb und Einsatz von Lizenzrechten, die beide als selbständige Geschäftsmaßnahmen außerhalb der satzungsmäßigen Geschäftstätigkeit der Gesellschaft liegen würden, als Hilfsgeschäfte vom Unternehmensgegenstand umfasst angesehen, soweit sie der Werbung für die Vermarktung der Gesellschaftsprodukte dienen.[252] Gleichwohl sollte die Unternehmensleitung das Risiko der Satzungsüberschreitung oder Satzungsunterschreitung unbedingt vermeiden. Zwingende Gesetzes- und Satzungsvorschriften haben die Funktion, Handlungsgrenzen zu setzen, die nicht nach Opportunitätsaspekten vom Normunterworfenen relativiert oder modifiziert werden dürfen.[253] Daraus ergibt sich, dass dem Vorstand eines Unternehmens bei der Begehung von Satzungsverstößen kein Ermessensspielraum zusteht und der Schutz der Business Judgment Rule (§ 93 Abs. 1 S. 2 AktG) bei Satzungsverstößen nicht besteht.[254] Einen Beurteilungsspielraum haben Vorstandsmitglieder nur bei der Frage, wie sie innerhalb des gesetzlichen bzw. satzungsmäßigen Handlungsspielraums agieren, um das Unternehmen so erfolgreich wie möglich zu führen.[255]

78 *dd) Begrenzung des Anwendungsbereichs der Nachgründungsvorschriften.* Die Nachgründungsvorschriften des § 52 AktG sind nach § 52 Abs. 9 AktG in der durch das NaStrAG[256] geänderten Fassung dann nicht anwendbar, wenn ein grundsätzlich als Nachgründung zu qualifizierender Erwerbsvorgang „im Rahmen der laufenden Geschäfte der Gesellschaft" erfolgt. Anders als in der früheren Fassung wird also nicht mehr darauf abgestellt, ob „der Erwerb der Vermögensgegenstände den Gegenstand des Unternehmens bildet" (so § 52 Abs. 9 AktG aF). Bei den laufenden Geschäften bzw. den Tagesgeschäften handelt es sich um Geschäfte, deren Vornahme für den konkreten Geschäftsbetrieb dieser Gesellschaft normal sind und die von Zeit zu Zeit immer wieder vorkommen.[257] Nicht zu den laufenden Geschäften zählen damit entsprechend der Auslegung der bisherigen Regelung ihrem Umfang nach außergewöhnliche, dh nicht unternehmenstypische bzw. aus den Rahmen fallende und damit gefährliche Geschäfte.[258] Der Erwerb von Vermögensgegenständen fällt somit regelmäßig nicht unter die Vorschrift des § 52 Abs. 9 AktG nF, es sei denn, dass dieser Erwerb für den konkreten Geschäftsbetrieb der Gesellschaft normal ist.[259] Sog. „Hilfsgeschäfte", ohne die der Unternehmensgegenstand nicht verfolgt werden kann (zB die Beschaffung von Roh-, Hilfs- und Betriebsstoffen), dürften regelmäßig als Bestandteile des Tagesgeschäfts nachgründungsfrei sein.[260] Ein im Rahmen des statuarischen Unternehmensgegenstandes liegender Erwerb wird auch weiterhin nachgründungsfrei

---

[250] BGH 29.4.2014 – II ZR 395/12, WM 2014, 1076; 15.1.2013 – II ZR 90/11, NJW 2013, 1958; Hüffer/Koch/*Koch*, AktG, 13. Aufl., 2018, § 82 Rn. 14.
[251] Näher *Streuer* S. 107 f.
[252] BGH 15.5.2000 – II ZR 359/98, NJW 2000, 2356.
[253] OLG Düsseldorf 9.12.2009 – I-6 W 45/09, ZIP 2010, 28 = AG 2010, 126.
[254] *Hüffer* /Koch, AktG, 13. Aufl., 2018, § 93 Rn. 16; OLG Düsseldorf 9.12.2009 – I-6 W 45/09, ZIP 2010, 28 = AG 2010, 126.
[255] BGH 21.4.1997 – II ZR 175/95, NJW 1997, 1926; OLG Düsseldorf 15.1.2015 – I-6 U 48/14, NZG 2016, 587.
[256] Gesetz zur Namensaktie und zur Erleichterung der Stimmrechtsausübung (Namensaktiengesetz – NaStrAG) vom 18.1.2001, BGBl. I S. 123.
[257] LG Hagen 8.2.2002 – 3 T 593/01, RPfleger 2002, 461; *Eisolt* DStR 2001, 748 (752); *Lutter/Ziemons* ZGR 1999, 478 (496); *Pentz* NZG 2001, 346.
[258] LG Hagen 8.2.2002 – 3 T 593/01, RPfleger 2002, 461.
[259] LG Hagen 8.2.2002 – 3 T 593/01, RPfleger 2002, 461.
[260] HK-AktG § 52 Rn. 23 mwN.

bleiben.²⁶¹ Nicht nachgründungsfrei ist nach zutreffender Auffassung der Erwerb von Beteiligungen durch eine Holding-AG, selbst wenn diese den Beteiligungserwerb als Unternehmensgegenstand nennt.²⁶²

ee) Keine Bedeutung für die Reichweite von Wettbewerbsverboten. Nach zutreffender Auffassung hat der statutarische Unternehmensgegenstand keine Bedeutung für die Reichweite gesellschaftsrechtlicher Wettbewerbsverbote, insbesondere für das Wettbewerbsverbot für den Vorstand nach § 88 AktG: hierfür ist allein die tatsächliche Geschäftstätigkeit maßgeblich.²⁶³ Die Rechtsprechung geht insoweit zu Gunsten der Leitungsorgane davon aus, dass der wirkliche Gesellschaftszweck und die Realität in der Abwicklung der Geschäfte der Gesellschaft maßgebend ist.²⁶⁴ 79

b) Abgrenzung zum Unternehmenszweck. Der Unternehmenszweck ist die faktische Geschäftsgrundlage des Zusammenschlusses der Gesellschafter.²⁶⁵ Unternehmenszweck ist bei Kapitalgesellschaften in der Regel die Gewinnerzielung auf dem Tätigkeitsgebiet des Unternehmens,²⁶⁶ er kann aber auch in der Förderung kultureller oder karitativer Ziele bestehen.²⁶⁷ Zwischen Unternehmensgegenstand und Unternehmenszweck besteht nach überwiegender Auffassung²⁶⁸ – wohl auch der des BGH²⁶⁹ – eine Mittel-Zweck-Relation. Während der Gesellschaftszweck den finalen Sinn des Zusammenschlusses bezeichnet („Wozu"), stellt der Unternehmensgegenstand das dafür eingesetzte Mittel („Wie") dar.²⁷⁰ Dabei ist – unbeschadet einer abweichenden Satzungsregelung – die Änderung des Gesellschaftszwecks analog § 33 Abs. 1 S. 2 BGB nur mit einer Zustimmung aller Aktionäre möglich.²⁷¹ 80

2. Formulierung des Unternehmensgegenstandes in der Satzung

a) Rechtlicher Rahmen. Bei der Formulierung des Unternehmensgegenstandes sind bestimmte rechtliche Rahmenbedingungen zu beachten, die von Rechtsprechung und Literatur aus allgemeinen Erwägungen abgeleitet werden. 81

aa) Unzulässigkeit von Scheingegenständen. Zu den bei Gründung einer Aktiengesellschaft einzuhaltenden Anforderungen gehört die in **§ 23 Abs. 3 Nr. 2 AktG** vorgeschriebene **Angabe des zutreffenden Unternehmensgegenstandes**. Ist der in der Satzung bezeichnete Unternehmensgegenstand **fiktiv** und **fehlt es an der ernsthaften Absicht, den angegebenen Unternehmensgegenstand tatsächlich zu verwirklichen**, dh mit der Gesellschaft eine ihrer Satzung entsprechende Geschäftstätigkeit aufzunehmen, so ist dieser Teil der **Satzung** und infolgedessen die gesamte Satzung sowie die Gründung der Gesellschaft **nichtig**.²⁷² Die AG darf, wenn das Registergericht die unzutreffende Angabe des Unternehmensgegenstandes bemerkt, nicht eingetragen werden. Dabei kann es letztlich dahinstehen, ob die Nichtigkeit auf § 117 BGB²⁷³ oder § 134 BGB beruht, was voraussetzen würde, dass § 23 Abs. 3 Nr. 2 82

---

²⁶¹ Hüffer/Koch/*Koch* AktG, 13. Aufl. 2018 § 52 Rn. 18; *Walter/Hald* DB 2001, 1183 ff.
²⁶² HK-AktG § 52 Rn. 23; *Jens Koch* Die Nachgründung 2002, 103 ff.; aA zB *Walter/Hald* DB 2001, 1183 (1185); *Jäger* NZG 1998, 370 (372).
²⁶³ Vgl. BGHZ 21.2.1978 – KZR 6/77, NJW 1978, 1001 und BGH 5.12.1983 – II ZR 242/82, NJW 1984, 1351, jeweils zu § 112 Abs. 1 HGB; aA *Streuer* S. 111 ff.; *Streuer* GmbHR 2002, 407 (408); *Sina* GmbHR 2001, 661 (662).
²⁶⁴ OLG Karlsruhe 10.1.2006 – 8 U 27/05, ZIP 2006, 1100; BGH 21.2.1978 – KZR 6/77, NJW 1978, 1001; 5.12.1983 – II ZR 242/82, NJW 1984, 1351.
²⁶⁵ KG 3.9.2004 – 14 U 333/02, NZG 2005, 88.
²⁶⁶ OLG Düsseldorf 28.8.2014 – I-26 W 9/12 (AktE), ZIP 2014, 2388; *Schröder/Cannivé* NZG 2008, 1 (1).
²⁶⁷ Vgl. auch Teil M § 55 zur Aktiengesellschaft als gemeinnütziges Unternehmen (gAG).
²⁶⁸ Frodermann/Jannott/*Leithaus/Wuntke*, Handbuch des Aktienrechts, 9. Aufl., 2017, S. 1043 Rn. 20 mwN.
²⁶⁹ BGH 15.1.2013 – II ZR 90/11, NJW 2013, 1958; *Illhardt/Scholz* DZWiR 2015, 512 (513).
²⁷⁰ BayObLG 15.12.1975 – BReg. 2 Z 53/75, NJW 1976, 1694; *Schröder/Cannivé* NZG 2008, 1 (1); HK-AktG § 23 Rn. 29 mwN.
²⁷¹ HK-AktG § 23 Rn. 29, mwN.
²⁷² BGH 16.3.1992 – II ZB 17/91, NJW 1992, 1824. Vgl. auch KG 5.4.1923 – 1 X 33/23, JFG 1, 200; OLG Stuttgart 5.12.1991 – 8 W 73/91, BB 1992, 88.
²⁷³ So etwa *Streuer* S. 135 f. mwN.

AktG zugleich als Verbot der Angabe eines in Wahrheit nicht gewollten Unternehmensgegenstandes zu verstehen wäre, oder ob sie unmittelbar aus § 23 Abs. 3 Nr. 2 AktG wegen Nichterfüllung einer der gesetzlichen Gründungsbestimmungen folgt.[274] **§ 23 Abs. 3 Nr. 2 AktG ist** jedenfalls **keine rein formale Ordnungsvorschrift**, die lediglich die vorsorgliche Angabe irgendeines, wenn auch möglicherweise in Wahrheit gar nicht beabsichtigten, bei Bedarf jederzeit austauschbaren Unternehmensgegenstandes verlangt.[275] Die **Bezeichnung des wirklich und ernsthaft gewollten Gegenstandes des Unternehmens** ist vielmehr **unabdingbare Voraussetzung für die wirksame Gründung** der Gesellschaft.[276] Können oder wollen ihn die Gründer nicht benennen, so fehlt es mit den bereits genannten Folgen an der Erfüllung eines vom Gesetz zwingend vorgeschriebenen Erfordernisses für eine wirksame Gesellschaftsgründung.[277]

83   Die Frage der **Vereinbarkeit** von sogenannten **Vorratsgesellschaften** mit der Vorgabe des § 23 Abs. 3 Nr. 2 AktG und **dem Verbot von Scheingegenständen** und die grundsätzliche Möglichkeit solcher Vorratsgesellschaften ist weitgehend geklärt.[278] **Unter einer Vorratsgesellschaft ist eine Gesellschaft zu verstehen,** bei der keine eigenständige wirtschaftliche Betätigung stattfindet und die Gründer von Anfang an die Absicht haben, die Gesellschaft überhaupt nicht oder wenigstens nicht in absehbarer Zeit mit einem Unternehmen auszustatten.[279] Insbesondere ist eine **offene Vorratsgründung zulässig,** bei der keine bestimmte Geschäftstätigkeit vorgetäuscht, sondern als Unternehmensgegenstand die Erhaltung und Verwaltung des eigenen Vermögens angegeben wird.[280]

> **Formulierungsvorschlag für eine offene Vorratsgründung:**
> Gegenstand des Unternehmens ist die Erhaltung und Verwaltung eigenen Vermögens.

84   Der betreffend Vorratsgesellschaften – sei es bei der Gründung, sei es beim Erwerb – beratende Rechtsanwalt wird seinen Mandanten allerdings darauf hinweisen, dass der BGH[281] nach der grundsätzlichen Legitimierung der Gründung von Vorratsgesellschaften zur **Gewährleistung eines wirksamen Gläubigerschutzes** seine Rechtsprechung zur **analogen Anwendung des Gründungsrechts** hinsichtlich der Nutzung einer Vorrats-GmbH auf die „Reaktivierung" eines „alten" bzw., „gebrauchten" Gesellschafts-Mantels erstreckt hat.[282] Die mit der wirtschaftlichen Neugründung verbundenen Probleme eines wirksamen Gläubigerschutzes bestehen dabei sowohl bei der "**Wiederbelebung" eines durch das Einschlafenlassen des Geschäftsbetriebs zur leeren Hülse gewordenen Mantels** durch Ausstattung mit einem (neuen) Unternehmen als auch im Zusammenhang mit der Verwendung des leeren Mantels einer Abwicklungsgesellschaft, deren Abwicklung nicht weiter betrieben wurde.[283] In beiden Fällen besteht die Gefahr einer Umgehung der Gründungsvorschriften mit der Folge, dass die gesetzliche und gesellschaftsvertragliche Kapitalausstattung bei Aufnahme der wirtschaftlichen Tätigkeit nicht gewährleistet ist.[284]

---

[274] BGH 16.3.1992 – II ZB 17/91, NJW 1992, 1824.
[275] BGH 16.3.1992 – II ZB 17/91, NJW 1992, 1824.
[276] BGH 16.3.1992 – II ZB 17/91, NJW 1992, 1824.
[277] BGH 16.3.1992 – II ZB 17/91, NJW 1992, 1824.
[278] BGH 16.3.1992 – II ZB 17/91, NJW 1992, 1824; von der Höh, Die Vorrats-SE als Problem der Gesetzesumgehung und des Rechtsmissbrauchs, 1. Aufl., 2017, S. 41 ff. mwN.
[279] BGH 9.12.2002 – II ZB 12/02, NJW 2003, 892; 16.3.1992 – II ZB 17/91, NJW 1992, 1824; vgl. auch KG 5.4.1923 – 1 X 33/23, JFG 1, 200.
[280] BGH NJW 1992, 1824; OLG Stuttgart ZIP 1992, 250; VG Stade 12.7.2004 – 6 A 694/03; Hüffer/Koch/*Koch*, AktG, 13. Aufl., 2018, § 23 Rn. 25 mwN.
[281] BGH 7.7.2003 – II ZB 4/02, DB 2003, 2055.
[282] Arens/Tepper/*Pelke*, Praxishandbuch Gesellschaftsrecht, 2. Aufl., 2013, § 5 Rn. 284 S. 139.
[283] BGH 10.12.2013 – II ZR 53/12, NJW-RR 2014, 416. Vgl. dazu: *Jeep*, NWB 2014, 1294; *K. Schmidt*, Unterbilanzhaftung bei Fortsetzung einer aufgelösten Gesellschaft?, DB 2014, 701; *Wolf*, StuB 2014, 334.
[284] BGH 10.12.2013 – II ZR 53/12, NJW-RR 2014, 416; 7.7.2003 – II ZB 4/02, DB 2003, 2055; 18.1.2010 – II ZR 61/09, ZIP 2010, 621.

Der BGH[285] hat dabei für die **Abgrenzung der wirtschaftlichen Neugründung durch eine** 85 Mantelverwendung von der (bloßen) Umorganisation oder der Sanierung einer (noch) aktiven GmbH ausdrücklich **Abgrenzungsgrundsätze** aufgestellt. Für die Bestimmung, welche Fallgruppe vorliegt, ist entscheidend, ob die Gesellschaft (noch) ein aktives Unternehmen betreibt, an das die Fortführung des Geschäftsbetriebs – sei es auch unter wesentlicher Umgestaltung, Einschränkung oder Erweiterung seines Tätigkeitsgebiets – in irgendeiner wirtschaftlich noch gewichtbaren Weise anknüpft, oder ob es sich tatsächlich um einen leer gewordenen Gesellschaftsmantel ohne Geschäftsbetrieb handelt, der seinen – neuen oder alten – Gesellschaftern nur dazu dient, unter Vermeidung der rechtlichen Neugründung einer die beschränkte Haftung gewährleistenden Kapitalgesellschaft eine gänzlich neue Geschäftstätigkeit – ggf. wieder – aufzunehmen.[286] Die Grundsätze über die wirtschaftliche Neugründung können danach auch anzuwenden sein, wenn der Gesellschafterbestand bei Aufnahme des Geschäftsbetriebs zunächst unverändert bleibt[287] und nach der (Wieder-) Aufnahme des Geschäftsbetriebs (teilweise) die gleiche Art von Geschäften betrieben wird wie zuvor.[288]

Die Fortsetzung einer Gesellschaft, die durch die Rechtskraft eines die Eröffnung des Insolvenzverfahrens über ihr Vermögen mangels Masse abweisenden Beschlusses aufgelöst ist, ist nicht möglich.[289]

bb) Unzulässigkeit von verdeckten Vorratsgegenständen. Im Unterschied zur – grds. 86 zulässigen – offenen Vorratsgründung, bei der die Unternehmenslosigkeit[290] durch Angabe eines entsprechenden Unternehmensgegenstandes zum Ausdruck gebracht wird, ist bei einer – unzulässigen – verdeckten Vorratsgründung der satzungsmäßige Unternehmensgegenstand fiktiv.[291] Eine verdeckte Vorratsgründung liegt auch dann vor, wenn die Absicht der Gründer nicht darauf gerichtet ist, einen entsprechenden Geschäftsbetrieb innerhalb eines absehbaren Zeitraums unter Berücksichtigung der üblichen Anlaufzeiten aufzunehmen.[292] Dies soll insbesondere dann anzunehmen sein, wenn die Umsetzung des Unternehmensgegenstandes von äußeren rechtlichen oder tatsächlichen Bedingungen abhängt, deren Eintritt noch mit erheblichen Unsicherheiten verbunden ist.[293] Auch wenn die hierfür in der Literatur genannten Beispiele eher geringe Praxisrelevanz haben dürften,[294] ist vor diesem Hintergrund bei der Angabe noch nicht konkret ins Auge gefasster, sondern lediglich abstrakt für denkbar erachteter Unternehmensgegenstände Zurückhaltung geboten.

cc) Individualisierungsgebot. Gem. § 23 Abs. 3 Nr. 2 AktG[295] muss die Satzung der AG 87 den Gegenstand des Unternehmens bestimmen. Angaben zum Unternehmensgegenstand müssen **nach ihrer Zielsetzung für Dritte informativ**, also entsprechend individualisiert sein.[296] Angaben zum Unternehmensgegenstand müssen den **Tätigkeitsbereich der Gesell-**

---

[285] BGH 10.12.2013 – II ZR 53/12, NJW-RR 2014, 416.
[286] BGH 10.12.2013 – II ZR 53/12, NJW-RR 2014, 416; 7.7.2003 – II ZB 4/02, DB 2003, 2055; 18.1.2010 – II ZR 61/09, ZIP 2010, 621.
[287] BGH 10.12.2013 – II ZR 53/12, NJW-RR 2014, 416; 6.3.2012 – II ZR 56/10, NJW 2012, 1875 (vgl. dazu: *Bachmann*, Die Offenlegung der wirtschaftlichen Neugründung und die Folgen ihrer Versäumung, NZG 2012, 579; *Ulmer*, ZIP 2012, 1265)).
[288] BGH 10.12.2013 – II ZR 53/12, NJW-RR 2014, 416.
[289] KG 17.10.2016 – 22 W 70/16, NJW-RR 2017, 361.
[290] Vgl.: *Kresse*, Die Verwendung von Mantel- und Vorratsgesellschaften in der Rechtsform der GmbH und der AG, 2009, S. 139 ff. mwN.
[291] BGH 16.3.1992 – II ZB 17/91, NJW 1992, 1824.
[292] BGH 16.3.1992 – II ZB 17/91, NJW 1992, 1824; vgl. dazu auch: OLG Stuttgart 5.12.1991 – 8 W 73/91, ZIP 1992, 250; *Ebenroth/Müller*, Vorratsgründungen im Kapitalgesellschaftsrecht zwischen ökonomischen Bedürfnissen und der Registereintragung, DNotZ 1994, 75 (86) mwN.
[293] *Streuer* S. 136 f. mwN.
[294] Schon skurill ist das Beispiel bei *Meyer* ZIP 1994, 1661 (1666 f.): Eltern schenken ihrer Tochter bereits zu Beginn des Zahnmedizinstudiums eine Zahnarzt-GmbH.
[295] Vgl. auch § 3 Abs. 1 Nr. 2 GmbHG.
[296] OLG Düsseldorf 6.10.2010 – I-3 Wx 231/10, MDR 2011, 310 (vgl. dazu Anmerkung *Luxem* GmbH-StB 2011, 43); OLG Düsseldorf 3.11.2010 – I-3 Wx 231/10, BB 2011, 272 (vgl. dazu Anmerkung *Blasche* BB 2011, 273).

schaft in groben Zügen erkennen lassen und ihre **Zuordnung zu einem Geschäftszweig als Sachbereich des Wirtschaftslebens** bzw. eine entsprechende Einordnung im nichtwirtschaftlichen Bereich ermöglichen.[297] Eine mit Blick auf die Informationsfunktion unzureichende Individualisierung des Unternehmensgegenstands ist ein Eintragungshindernis iSd § 38 Abs. 1 AktG.[298]

88 Bei der Formulierung des Unternehmensgegenstands sind **Leerformeln unzulässig**. Dies bedeutet, dass zB Formulierungen zum Unternehmensgegenstand wie „Betrieb eines Kaufmannsgeschäfts"[299], „Handel mit Waren aller Art"[300], „Produktion und Vertrieb von Waren aller Art"[301], „Handel mit Waren aller Art, soweit der Handel nicht einer besonderen behördlichen Erlaubnis bedarf" oder „Handel und Vertrieb von Verbrauchs- und Konsumgütern, soweit der Handel nicht einer besonderen Erlaubnis bedarf" zur Individualisierung nicht ausreichen[302] und zu vermeiden sind.[303]

89 Das **Verbot von Leerformeln** wird **auch bei** der Formulierung von **generalklauselartigen Umschreibungen von Annexgeschäften** zur Anwendung gebracht. So soll der Zusatz zur Bestimmung des Unternehmensgegenstands eines Hochbauunternehmens „Die Gesellschaft ist zu allen Geschäften und Rechtshandlungen befugt, die ihren Zwecken dienlich sind" als inhaltsleere, nicht individualisierte und individualisierbare Floskel anzusehen sein mit der Folge, dass diese Formulierung nicht in das Handelsregister eingetragen und deshalb auch nicht bei der Prüfung einer Genehmigungsbedürftigkeit nach § 34c GewO berücksichtigt werden darf.[304] Dagegen wird in der Literatur eingewandt, dass solche Zusätze zB im Blick auf § 52 Abs. 9 AktG doch sinnvoll sein könnten.[305] Vom Landgericht Bielefeld wurde die Formulierung „Gegenstand des Unternehmens ist die betriebswirtschaftliche Beratung und Betreuung für Unternehmen und Organisationen unter Anwendung von Erkenntnissen aus der Wirtschaftsforschung" mit dem Zusatz „sowie alle damit verbundenen Nebengeschäfte" als zulässig angesehen.[306] Im Ergebnis wird der Rechtsberater der AG betreffend die Frage der Aufnahme von solchen generalklauselartigen Umschreibungen von Annexgeschäften abwägen, ob die Begründung des Risikos von Auseinandersetzungen mit dem Handelsregister im Lichte des Umstands, dass solche Geschäfte auch ohne ausdrückliche Aufnahme in den Unternehmensgegenstand regelmäßig zulässig sein dürften, unbedingt erforderlich ist.

90 Im Übrigen besteht weitgehend Einigkeit, dass die an die **Individualisierung des Unternehmensgegenstandes** zu stellenden **Anforderungen nicht überspannt werden dürfen**. Zwar besteht auf Grund der aufgezeigten Funktionen des Unternehmensgegenstandes grundsätzlich ein Interesse an einer möglichst weitgehenden Konkretisierung.[307] Eine zu weiterreichende Individualisierung bis in die letzten Einzelheiten der Geschäftsplanung hinein ist aber weder aus Gründen des Verkehrsschutzes noch dazu erforderlich, innergesellschaftlich das Tätigkeitsfeld der Leitungsorgane zu begrenzen.[308] Häufig wird es gerade im Interesse eines Unternehmens liegen, dass seine Geschäftsentwicklung nicht durch eine zu eng gefasste Bestimmung über den beabsichtigten Geschäftsbereich unnötig behindert wird.[309] All dies rechtfertigt es, – wie der BGH ausdrücklich ausführt –, die Anforderungen an die An-

---

[297] OLG Düsseldorf 6.10.2010 – I-3 Wx 231/10, MDR 2011, 310; 3.11.2010 – I-3 Wx 231/10, BB 2011, 272.
[298] HK-AktG § 23 Rn. 30.
[299] KGJ 34, 149.
[300] BayObLG 8.1.2003 – 3 Z BR 234/02, NJW-RR 2003, 686.
[301] BayObLG 1.8.1994 – 3 Z BR 157/94, NJW-RR 1995, 31.
[302] OLG Düsseldorf 6.10.2010 – I-3 Wx 231/10, MDR 2011, 310 mwN.
[303] Für mehr Handlungsspielraum: *Sina*, Geschäftstätigkeit und Unternehmensgegenstand der GmbH, GmbHR 2001, 661.
[304] OLG Köln 12.5.1981 – 2 Wx 9/81, ZIP 1981, 736. Vgl. auch BayObLG 16.9.1993 – 3 Z BR 121/93, NJW-RR 1994, 227.
[305] HK-AktG § 23 Rn. 30 mwN.
[306] LG Bielefeld 19.10.2001 – 24 T 19/01, RNotZ 2001, 594.
[307] *Streuer* S. 141.
[308] BGH 3.11.1980 – II ZB 1/79, WM 1981, 163 (164 mwN).
[309] BGH 3.11.1980 – II ZB 1/79, WM 1981, 163 (164).

gabe des Unternehmensgegenstandes nicht zu hoch zu schrauben und damit die Bezeichnung des Kernbereichs der Geschäftstätigkeit ausreichen zu lassen.[310] § 23 Abs. 3 Nr. 2 AktG enthält insoweit die Mindestanforderung, dass wenigstens eine **gattungsmäßige** Bezeichnung der Art der Erzeugnisse und Waren, die hergestellt und vertrieben werden sollen, in der Satzung enthalten sein muss.[311] Die Vielfalt beabsichtigter Geschäfte schließt dabei eine Individualisierung des Unternehmensgegenstandes nicht aus, wenn der Schwerpunkt der Geschäftstätigkeit für die beteiligten Wirtschaftskreise ohne besondere Schwierigkeiten (zB als „Handel mit Waren verschiedener Art, insbesondere (...)") hinreichend erkennbar gemacht werden kann.[312]

Formulierungsvorschläge:
Gegenstand des Unternehmens ist die Herstellung und der Vertrieb von Bier.[313]   91
Gegenstand des Unternehmens ist der Handel mit Webwaren.[314]

Das Gebot des § 23 Abs. 3 Nr. 2 AktG gilt sinngemäß auch für Dienstleistungsunterneh- 92
men; hier genügt allerdings die Angabe der Art ihrer Tätigkeit.[315]

Formulierungsvorschläge:
Gegenstand des Unternehmens ist der Betrieb von Gaststätten.[316]   93
Gegenstand des Unternehmens ist die ingenieurmäßige Planung der haustechnischen Gewerke des Bauvorhabens Klinikum A.[317]
Gegenstand des Unternehmens sind alle Arten von Bankgeschäften.[318]

dd) Unzulässigkeit der Überkonkretisierung. Eine zu weitgehende Konkretisierung des 94
Unternehmensgegenstandes kann nach verbreiteter Auffassung uU sogar unzulässig sein. Dies soll nach vorherrschender Auffassung in der Literatur dann der Fall sein, wenn die gesetzliche Leitungskompetenz des Vorstands nach § 76 AktG hierdurch praktisch ausgehebelt wird.[319] Dem ist zumindest darin zuzustimmen, dass eine im Wege der Satzungsänderung erfolgende nachträgliche Ergänzung des Unternehmensgegenstandes um imperative Handlungsvorgaben – etwa der vieldiskutierte Fall der nachträglichen Verpflichtung eines Energieversorgungsunternehmens auf den Ausstieg aus der Atomenergie – mit dem Wesen der Aktiengesellschaft nicht zu vereinbaren und damit nach § 241 Nr. 3 AktG nichtig sein dürfte.[320]

ee) Weitere rechtliche Schranken. Der Unternehmensgegenstand einer AG kann auf 95
Grund allgemeiner gesetzlicher Regelungen, etwa **§§ 134, 138 BGB**, unzulässig sein.[321]

Verbotene Unternehmensgegenstände gem. § 134 BGB sind beispielsweise Drogenhandel 96
und Hehlerei.[322] Als sittenwidrig gem. § 138 BGB wurde vom BGH ein auf den organisier-

---

[310] BGH 3.11.1980 – II ZB 1/79, WM 1981, 163 (164).
[311] Hüffer/Koch/*Koch*, AktG, 13. Aufl., 2018, § 23 Rn. 24.
[312] OLG Düsseldorf 3.11.2010 – I-3 Wx 231/10, BB 2011, 272. Dazu Anm. *Blasche* BB 2011, 273.
[313] *Geßler/Hefermehl/Eckhardt* AktG § 23 Rn. 61.
[314] Beispiel nach Baumbach/Hueck/*Hueck/Fastrich* § 3 Rn. 10.
[315] Vgl. nur MüKoAktG/*Pentz* § 23 Rn. 80 mwN.
[316] Vgl. hierzu OLG Frankfurt a. M. WM 1980, 22.
[317] BGH WM 1981, 163; tatsächlich war die Fassung des Unternehmensgegenstandes noch detaillierter, da sie sich auch noch auf einen konkreten Ingenieurvertrag bezog.
[318] Beispiel nach MüKoAktG/*Pentz* § 23 Rn. 80.
[319] Hüffer/Koch/*Koch*, AktG, 13. Aufl., 2018, § 82 Rn. 10.
[320] So auch die ganz herrschende Auffassung: Hüffer/Koch/*Koch*, AktG, 13. Aufl., 2018, § 83 Rn. 10 mwN.
[321] RGZ 96, 282.
[322] HK-AktG 2016, § 23 Rn. 32.

ten Austausch von Finanzwechseln gerichteter Unternehmensgegenstand angesehen.[323] Auch § 2 Betäubungsmittelgesetz, § 3 Kriegswaffenkontrollgesetz, § 21 Arzneimittelgesetz oder § 32 KWG können – je nach Tätigkeitsbereich der Gesellschaft – bei der Bestimmung und Formulierung des Unternehmensgegenstands im Blick auf § 134 BGB relevant sein. Insbesondere betreffend Unternehmensgegenstände im Bereich der Arbeitsvermittlung, der Veranstaltung von Glücksspielen oder dem Betrieb eines Bordells[324] wird die Rechtslage als im Fluss an gesehen.[325] Dabei ist bei Unternehmen, die in diesen Bereichen tätig sind, aber jedenfalls zu beachten, dass, wenn der in der Satzung angegebene Gegenstand nicht die tatsächlich geplanten Geschäfte wiedergibt, die Satzung insgesamt als Scheinerklärung gem. § 117 Abs. 1 BGB nichtig sein kann.[326]

97 Einschränkungen der Zulässigkeit von Unternehmensgegenständen von Aktiengesellschaften können sich aus **berufsrechtlichen oder standesrechtlichen Vorgaben** ergeben. So kann eine **Apotheke** wegen § 8 ApoG nicht in der Rechtsform der AG betrieben werden. Demgegenüber wird die Bildung einer **Rechtsanwalts-AG** trotz des Fehlens einer gesetzlichen Regelung[327] bei Beachtung der von der Rspr. richterrechtlich aufgestellten Anforderungen an die Satzung als zulässig angesehen.[328]

98 *ff) Investmentaktiengesellschaften.* Für Investmentaktiengesellschaften bestehen betreffend den Unternehmensgegenstand besondere Regeln. Es galt zunächst das InvG.[329] Das InvG wurde 2013 durch das Kapitalanlagegesetzbuch (KAGB)[330] ersetzt, in das das InvG integriert wurde.[331] Gem. § 110 Abs. 2 KAGB kann der satzungsmäßig festgelegte Unternehmensgegenstand der Investmentaktiengesellschaft mit veränderlichem Kapital ausschließlich die Anlage und Verwaltung ihrer Mittel nach einer festen Anlagestrategie und dem Grundsatz der Risikomischung zur gemeinschaftlichen Kapitalanlage bei OGAW-Investmentaktiengesellschaften mit veränderlichem Kapital nach Kap. 2 Abschnitt 1 und 2, bei AIF-Publikumsinvestmentaktiengesellschaften mit veränderlichem Kapital nach Kap. 2 Abschnitt 1 und 3 und bei Spezialinvestmentaktiengesellschaften mit veränderlichem Kapital gem. Kapitel 3 Abschnitt 1 und 2 zum Nutzen ihrer Aktionäre sein.[332]

99 *gg) REIT-Aktiengesellschaften.* Für REIT-Aktiengesellschaften[333] bestehen betreffend den Unternehmensgegenstand besondere Regeln. REIT-AGs unterliegen den allgemeinen für Aktiengesellschaften geltenden Vorschriften, soweit im REITG nichts Abweichendes bestimmt ist.[334] Gem. § 23 Abs. 3 Nr. 2 AktG sind Aktionäre grundsätzlich frei in der Wahl

---

[323] BGH 28.4.1958 – II ZR 197/57, NJW 1958, 989.
[324] BGH 20.5.1964 – VIII ZR 56/63, NJW 1964, 1791.
[325] HK-AktG § 23 Rn. 32.
[326] HK-AktG § 23 Rn. 32.
[327] Vgl. für die Rechtsanwalts-GmbH §§ 59c ff. BRAO.
[328] BGH 10.1.2005 – AnwZ (B) 27/03; BVerfG 6.12.2011 – 1 BvR 2280/11, NJW 2012, 993; BFH 11.3.2004 – VII R 15/03, NJW 2004, 1974; BayOLGZ 2000, 83 (85); LAG Hamm 2.9.2011 – 7 Sa 521/11, BeckRS 2012, 65 420; vgl. auch *Henssler* NJW 2009, 950 ff.
[329] Investmentgesetz vom 15.12.2003 BGBl. I S. 2676.
[330] Kapitalanlagegesetzbuch vom 4.7.2013 (BGBl. I S. 1981), das durch Art. 1 des Gesetzes vom 3.3.2016 (BGBl. I S. 348) geändert worden ist.
[331] Vgl. dazu: *Fischer/Friedrich,* Investmentaktiengesellschaft und Investmentkommanditgesellschaft unter dem Kapitalanlagegesetzbuch, ZBB 2013, 153; *Zetsche,* Das Gesellschaftsrecht des Kapitalanlagegesetzbuchs, AG 2013, 613.
[332] Baur/Tappen/*Lichtenstein,* Investmentgesetze, 3. Aufl., 2015, § 91 S. 1012 Rn. 19.
[333] Vgl. zur Frage der Anwendbarkeit des KAGB auf REIT-Aktiengesellschaften: *Merkt* BB 2013, 1986. Nach dem Auslegungsschreiben der BaFin zum Anwendungsbereich des KAGB und zum Begriff des „Investmentvermögens" (Geschäftszeichen Q 31-Wp 2137-2013/0006 vom 14.6.2013 (zuletzt geändert am 9.3.2015)) kann die Frage, ob ein REIT als Investmentvermögen zu qualifizieren ist, nicht allgemein, sondern – wie bei den (börsennotierten) Immobiliengesellschaften – nur anhand der konkreten Umstände des Einzelfalls beurteilt werden. Die BaFin nimmt hier ergänzend Bezug auf Ausführungen der EU-Kommission, insbesondere FAQ zu AIFMD, ID 1171, "Definition of an AIF": "The question whether or not a REIT or real estate company is excluded from the scope of the AIFMD depends on whether or not it falls under the definition of an 'AIF' in Article 4(1)(a). Each structure should be considered on its own merits based on substance, not on form." (vgl. Auslegungsschreiben BaFin 9.3.2013 Fn. 17).
[334] *Lindmayer/Dietz,* Geldanlage und Steuer 2018, 1. Aufl., 2018, S. 349.

des Unternehmensgegenstandes. Für die Erlangung des steuerprivilegierten REIT-Status muss der Unternehmensgegenstand allerdings besondere Voraussetzungen erfüllen. Gem. § 1 Abs. 1a) REITG muss sich der Unternehmensgegenstand darauf beschränken, *„Eigentum oder dingliche Nutzungsrechte an inländischem unbeweglichen Vermögen mit Ausnahme von Bestandsmietwohnimmobilien (...) zu erwerben, zu halten, im Rahmen der Vermietung, der Verpachtung und des Leasings einschließlich notwendiger immobiliennaher Hilfstätigkeiten zu verwalten und zu veräußern"*. Inwieweit ein Vermögensgegenstand zulässiger Unternehmensgegenstand für eine REIT-AG ist jeweils im Einzelfall zu bestimmen.[335] Unzulässig sind im Gegensatz zur Rechtslage in den USA die dort üblichen, so genannten Mortgage-REITs, die Immobilienkredite kaufen und verwalten.[336] Inländische Mietwohnimmobilien – soweit es sich um Bestandimmobilien handelt – sind aus dem zulässigen Immobiliarvermögen ebenfalls grundsätzlich herausgenommen.[337] § 14 Abs. 1 REITG verbietet zudem den Handel mit unbeweglichem Vermögen. Kerngeschäft der REIT-AG soll die passive Immobilienbewirtschaftung sein. Insgesamt ist beim Unternehmensgegenstand von REIT-AGs zur Vermeidung von Nachteilen und des Risikos des Verlustes des REIT-Status zu beachten, dass der Gesetzgeber zur Erreichung des Zieles der Vermeidung eines Steuerschlupfloches insgesamt bedacht ist, den Unternehmensgegenstand eng zu halten.

b) Die Formulierung des Unternehmensgegenstandes. *aa) Grundsatz: Möglichst weite Formulierung.* Im Interesse einer flexiblen Gestaltung der zukünftigen Geschäftspolitik sollte der Unternehmensgegenstand im Regelfall möglichst weit gefasst werden,[338] da grundsätzlich jede Abweichung von dem statutarischen Unternehmensgegenstand eine Satzungsänderung voraussetzt.[339] Dies darf selbstverständlich nicht dazu führen, dass der oben aufgezeigte rechtliche Rahmen überschritten wird, also etwa das Individualisierungsgebot missachtet wird oder es zur Bildung von Scheingegenständen kommt. Auch sollten Formulierungen vermieden werden, die unbeabsichtigt auch genehmigungspflichtige Tätigkeiten berühren,[340] da dies zu einer Zwischenverfügung des Registergerichts und zur Notwendigkeit einer entsprechenden Satzungspräzisierung führen könnte. Die Vielfalt beabsichtigter Geschäfte schließt eine Individualisierung des Unternehmensgegenstandes nicht aus, wenn der Schwerpunkt der Geschäftstätigkeit für die beteiligten Wirtschaftskreise ohne besondere Schwierigkeiten (zB als „Handel mit Waren verschiedener Art, insbesondere (...)") hinreichend erkennbar gemacht werden kann.[341] 100

Neben einer abstrakten Formulierung, die uU als nicht mehr ausreichend individualisiert angesehen werden könnte, kommt hier auch die Verwendung sog. **Verwandtschaftsklauseln** in Betracht, die den Unternehmensgegenstand über einzelne, konkret bezeichnete Tätigkeitsbereiche hinaus auf verwandte Geschäfte erstrecken. 101

Formulierungsvorschlag:
Gegenstand des Unternehmens ist die Herstellung und der Vertrieb von Bier sowie verwandte Geschäfte, insbesondere (...). 102

bb) Beteiligungen. Besondere Sorgfalt sollte auf die Formulierung des Unternehmensgegenstandes im Zusammenhang mit dem Erwerb und der Verwaltung von **Beteiligungen** verwandt werden. Dabei ist zu unterscheiden zwischen reinen Finanzbeteiligungen und unternehmerischen Beteiligungen. 103

---

[335] Vgl. dazu *Franck* MittBayNot 2007, 173 (174) mwN.
[336] *Franck* MittBayNot 2007, 173 (174) mwN.
[337] *Franck* MittBayNot 2007, 173 (174) mwN.
[338] So auch zB *Hoffmann-Becking* ZGR 1994, 442 (452 f.). Dezidiert anderer Auffassung allerdings *Streuer* GmbHR 2002, 407 ff.
[339] Zur Frage der Satzungsdurchbrechung vgl. nachfolgend → Rn. 118.
[340] Hierzu näher → § 7 Rn. 58 ff.
[341] OLG Düsseldorf 3.11.2010 – I-3 Wx 231/10, BB 2011, 272. Dazu Anm. *Blasche* BB 2011, 273.

104 Soweit **Finanzbeteiligungen** nicht als Annexgeschäfte lediglich untergeordnete Bedeutung haben, stellen sie einen eigenen Unternehmensgegenstand dar und sind damit nur bei einer entsprechenden statutarischen Verankerung zulässig.[342]

> **Formulierungsvorschlag:**
> 105 Gegenstand des Unternehmens ist darüber hinaus der Erwerb, das Halten und Verwalten von Beteiligungen im eigenen Namen und für eigene Rechnung zum Zweck der Kapitalanlage.

106 Durch die Formulierung „im eigenen Namen und für eigene Rechnung" wird klargestellt, das keine Beteiligungsverwaltung im Sinne des KWG betrieben werden soll.

107 Für die Frage, inwieweit der Erwerb von Anteilen an dritten Unternehmen oder die Ausgliederung einer Satzungsänderung bedürfen, ist neben der Charakterisierung der Beteiligung als unternehmerisch oder rein kapitalistisch relevant, ob die Satzung eine Konzernklausel enthält.[343] Soweit eine Konzernklausel fehlt, ist umstritten, ob auch reine Finanzanlagen (Portfolio-Investitionen) in die Zuständigkeit von Vorstand und Aufsichtsrat fallen oder ob hierfür eine Satzungsänderung erforderlich ist.[344] Wenn der Erwerb oder die Verwaltung von Beteiligungen gewünscht ist, sollte das zur Vermeidung rechtlicher Unsicherheiten bei der Formulierung des statutarischen Unternehmensgegenstandes durch eine entsprechende Ergänzung klargestellt werden.

> **Formulierungsvorschläge:**
> 108 Die Gesellschaft übt ihre Tätigkeit ganz oder teilweise durch die Beteiligung an anderen Unternehmen aus.
> Gegenstand des Unternehmens ist der Erwerb, das Halten und Verwalten einschließlich der Übernahme von Holding-Funktionen für Gesellschaften mit den folgenden Unternehmensgegenständen: (......)
> Gegenstand des Unternehmens ist die Beteiligung als persönlich haftende und geschäftsführende Gesellschafterin an Gesellschaften, deren Gegenstand die Anpachtung von Hotelbetrieben ist. Die Gesellschaft kann sich an Unternehmen mit gleichem oder ähnlichem Geschäftszweck beteiligen.

109 Die in dem Formulierungsbeispiel vorgesehene Angabe des Unternehmensgegenstandes der Gesellschaft, an der sich die AG als Komplementärin beteiligen kann, ist nach unserer Auffassung zumindest dann erforderlich, wenn die betreffende Kommanditgesellschaft wie hier nicht konkret bezeichnet ist. Dies ist anders zu beurteilen, wenn der Unternehmensgegenstand von vornherein auf die Beteiligung als persönlich haftende Gesellschafterin an einer bestimmten KG beschränkt ist. In diesem Fall bedarf es nicht noch zusätzlich der Angabe des Unternehmensgegenstandes.[345]

110 *cc) Erwerb von Lizenzrechten.* Der Erwerb und der Einsatz von Lizenzrechten, die beide als selbständige Geschäftsmaßnahmen außerhalb der satzungsmäßigen Geschäftstätigkeit der Gesellschaft liegen würden, sind als Hilfsgeschäfte vom Unternehmensgegenstand umfasst, soweit sie der Werbung für die Vermarktung der Gesellschaftsprodukte dienen.[346]

111 *dd) Einschränkung des Unternehmensgegenstands.* Allerdings kann uU auch ein Interesse daran bestehen, den Handlungsspielraum des Vorstands durch eine sehr konkrete und detaillierte Beschreibung des Unternehmensgegenstandes zu beschränken. Dies kommt insbesondere bei der kleinen AG in Betracht, etwa zum Schutz von Minderheitsaktionären.

---

[342] *Streuer* S. 14 f. mwN.
[343] HK-AktG § 179 Rn. 16 mwN.
[344] HK-AktG § 179 Rn. 17 mwN.
[345] BayObLG 22.6.1995 – 3 Z BR 71/95, NJW-RR 1996, 413 (414) = DB 1995, 1801; aA noch die frühere Rechtsprechung, vgl. BayObLG DB 1976, 287; OLG Hamburg DB 1968, 267.
[346] BGH 15.5.2000 – II ZR 359/98, NJW 2000, 2356 = NZG 2000, 836.

§ 8 Firma und Unternehmensgegenstand

> **Formulierungsvorschläge:**
> Gegenstand des Unternehmens ist die ingenieurmäßige Planung der haustechnischen Gewerke des Bauvorhabens Klinikum A.[347]
> Gegenstand ist weiter das Halten und Verwalten einer Beteiligung von 100 Prozent an der X-GmbH.[348]

112

Möglich und nicht unüblich ist es auch, bestimmte Tätigkeitsbereiche ausdrücklich auszunehmen. Damit lässt sich erforderlichenfalls auch klarstellen, dass keine genehmigungsbedürftige Tätigkeit ausgeübt werden soll.

113

> **Formulierungsvorschlag:**
> Gegenstand des Unternehmens ist ...... Gegenstand ist jedoch nicht ......
> Gegenstand des Unternehmens ist die Durchführung von Transporten und Umzügen, die nicht der Genehmigung nach dem Gütertransportverkehrsgesetz bedürfen.[349] Eine Tätigkeit nach § 34c Gewerbeordnung wird nicht ausgeübt.[350]

114

3. Zulässige Abweichung vom Unternehmensgegenstand

Die möglichen Rechtsfolgen einer Über- oder Unterschreitung des Unternehmensgegenstandes wurden oben bereits dargelegt.[351] Wie aber soll der Vorstand vorgehen, wenn er in zulässiger Weise von dem Unternehmensgegenstand abweichen will?

115

a) Grundsatz: Erfordernis einer Satzungsänderung. Grundsätzlich ist eine Abweichung vom statutarischen Unternehmensgegenstand nur nach einer entsprechenden Satzungsänderung möglich. Dies setzt nach § 179 Abs. 2 S. 1 AktG insbesondere einen Beschluss der Hauptversammlung mit einer Mehrheit von mindestens drei Viertel des bei der Beschlussfassung vertretenen Grundkapitals voraus.[352] Ob tatsächlich eine Satzungsänderung vorliegt, ist dabei jeweils im Einzelfall zu prüfen. Eine Satzungsänderung liegt vor, wenn eine ganz andere Art von Erzeugnissen in Zukunft hergestellt oder gehandelt werden soll. Die „Ausgliederung" eines – bis dahin geduldeten – Geschäftszweiges mit anderen als nach der Satzung vorgesehenen Zwecken soll nach der Rechtsprechung[353] jedenfalls dann nicht eine förmliche Satzungsänderung fordern, wenn der „Unternehmensgegenstand in seiner geschichtlichen Prägung" nicht betroffen ist, was aber ein Zustimmungserfordernis der Hauptversammlung nicht ausschließt.[354]

116

Das für die Satzungsänderung erforderliche Quorum von mindestens drei Viertel des bei der Beschlussfassung vertretenen Grundkapitals kann für Änderungen des Unternehmensgegenstandes – anders als für andere Fälle der Satzungsänderung – auch durch die Satzung nicht abgesenkt, sondern nur erhöht werden. Damit trägt das Gesetz der besonderen Bedeutung des Unternehmensgegenstandes insbesondere als Instrument des Minderheitenschutzes Rechnung.

117

---

[347] BGH WM 1981, 163; tatsächlich war die Fassung des Unternehmensgegenstandes noch detaillierter, da sie sich auch noch auf einen konkreten Ingenieurvertrag bezog.
[348] Bei einer solchen Formulierung ist die Veräußerung dieser Beteiligung nur nach einer entsprechenden Satzungsänderung möglich, vgl. MünchHdBGesR IV/*Wiesner* § 9 Rn. 16 mwN.
[349] Beispiel von MüKoAktG/*Pentz* § 23 Rn. 80.
[350] Hierzu BayObLG DB 1993, 225.
[351] Vgl. hierzu → Rn. 75 ff.
[352] Vgl. allgemein zu den Voraussetzungen einer Satzungsänderung unten in § 29.
[353] BGH 25.2.1982 – II ZR 174/80, AG 1982, 158. OLG Stuttgart 14.5.2003 – 20 U 31/02, ZIP 2003, 1981 Rn. 93. Vgl. auch: *Möller*, Der aktienrechtliche Verschmelzungsbeschluss, 1991, S. 95.
[354] *Geßler* AktG § 23 Rn. 14; *Lutter/Leinekugel* ZIP 1998, 225 (226) und ZIP 1998, 805 (807).

118 **b) Ausnahme: Satzungs-/Gegenstandsdurchbrechung.** Ausnahmsweise lässt die Rechtsprechung sog. Satzungsdurchbrechungen ohne Einhaltung der für Satzungsänderungen erforderlichen Formen zu.[355]

119 **Satzungsdurchbrechungen** sind **Gesellschafterbeschlüsse, die eine von der Satzung abweichende Regelung treffen.**[356] Hierbei wird zwischen punktuellen und zustandsbegründenden Satzungsdurchbrechungen unterschieden.[357] Eine **punktuelle Satzungsdurchbrechung**[358] liegt vor, wenn sich die Abweichung von der Satzung auf einen konkreten Einzelfall beschränkt, die Wirkung des Beschlusses sich daher in der betreffenden Maßnahme erschöpft.[359] Durch eine Satzungsdurchbrechung kann aber auch ein von der Satzung abweichender rechtlicher Zustand begründet werden.[360] Dann müssen allerdings die Anforderungen der §§ 179, 181 AktG[361] gewahrt werden.[362] Ob sich die Gesellschafter der Satzungswidrigkeit bei der Beschlussfassung bewusst waren, ist für den Begriff der Satzungsdurchbrechung unerheblich.[363] Da Gewinnverwendungsbeschlüsse eine Dauerwirkung entfalten, können diese nicht als lediglich punktuelle Satzungsdurchbrechungen qualifiziert werden.[364] Entsprechendes gilt für die Veräußerung einer Beteiligungen der Gesellschaft, die den einzigen Unternehmensgegenstand darstellt.[365] Im Übrigen wird man an den satzungsdurchbrechenden Beschluss, sofern man ihn überhaupt für zulässig hält, richtigerweise die gleichen formellen (Quorum, notarielle Beurkundung, Eintragung in das Handelsregister[366]) und materiellen Anforderungen zu stellen haben, wie an eine entsprechende Satzungsänderung, so dass ein erkennbarer Vorteil nur in den seltensten Fällen gegeben sein dürfte.

4. Rechtsfolgen eines unzulässigen Unternehmensgegenstandes

120 Die Angabe eines unzulässigen Unternehmensgegenstandes in der Ursprungssatzung stellt nach § 38 Abs. 3 Nr. 1 AktG iVm § 23 Abs. 3 Nr. 2 AktG ein **Eintragungshindernis** dar. § 23 AktG enthält bezüglich des Mindestinhaltes der Satzung zwingendes Recht. Ein Verstoß gegen § 23 AktG führt im Rahmen der Neufassung der §§ 18 Abs. 2 HGB, 38 Abs. 3 AktG durch das HRefG[367] zur Ablehnung der Eintragung. Durch die Eintragung erfolgt keine Heilung, es sei denn es handelt sich um einen Mangel der Beurkundung.[368] Das Registergericht wird hier in der Regel im Wege der Zwischenverfügung zur Beseitigung des Mangels auffordern.

121 Fehlt in der Ursprungssatzung eine Bestimmung über den Gegenstand des Unternehmens[369] oder ist diese nichtig, kann jeder Aktionär und jedes Mitglied des Vorstands oder des Aufsichtsrates nach § 275 Abs. 1 AktG **Klage auf Nichtigerklärung** erheben. Unter den gleichen Voraussetzungen kann eine **Amtslöschung** erfolgen. In welchen Fällen allerdings

---

[355] KG 23.7.2015 – 23 U 18/15, GmbHR 2016, 29; OLG Dresden 9.11.2011 – 12 W 1002/11, GmbHR 2012, 213; OLG Köln 11.10.1995 – 2 U 159/94, NJW-RR 1996, 1439.
[356] OLG Düsseldorf 23.9.2016 – I-3 Wx 130/15, NJW-RR 2017, 293; OLG Dresden 9.11.2011 – 12 W 1002/11, GmbHR 2012, 213 (vgl. dazu: Anmerkung *Zapf* NotBZ 2012, 108; *Pöschke*, Satzungsbrechende Beschlüsse in der GmbH, DStR 2012, 1089.
[357] OLG Dresden 9.11.2011 – 12 W 1002/11, GmbHR 2012, 213.
[358] Vgl. KG 23.7.2015 – 23 U 18/15, ZIP 2016, 673. Dazu: *Priester,* Aufsichtsrat per Öffnungsklausel, NZG 2016, 774; *Singer,* Implementierung eines Aufsichtsrats qua Satzungsvorbehalt, NWB 2016, 709.
[359] OLG Dresden 9.11.2011 – 12 W 1002/11, GmbHR 2012, 213.
[360] OLG Dresden 9.11.2011 – 12 W 1002/11, GmbHR 2012, 213.
[361] Bei der GmbH §§ 53, 54 GmbHG (vgl. OLG Dresden 9.11.2011 – 12 W 1002/11, GmbHR 2012, 213).
[362] BGH 7.6.1993 – II ZR 81/92, GmbHR 1993, 497; OLG Nürnberg 5.3.2010 – 12 W 376/10, MDR 2010, 822; OLG Köln 26.10.2000 – 18 U 79/00, DB 2000, 2465; OLG Nürnberg 10.11.1999 – 12 U 813/99, GmbHR 2000, 563; OLG Köln 11.10.1995 – 2 U 159/94, GmbHR 1996, 291; OLG Dresden 9.11.2011 – 12 W 1002/11, GmbHR 2012, 213.
[363] OLG Dresden 9.11.2011 – 12 W 1002/11, GmbHR 2012, 213 mwN aus der Literatur.
[364] OLG Dresden 9.11.2011 – 12 W 1002/11, GmbHR 2012, 213.
[365] OLG Köln 26.10.2000 – 18 U 79/00, AG 2001, 426.
[366] Insbesondere das Erfordernis der Eintragung in das Handelsregister ist allerdings umstritten. Dafür Hüffer/Koch/*Koch* AktG § 179 Rn. 8; aA *Priester* ZHR 151 [1987], 47 ff.
[367] Handelsrechtsreformgesetz vom 22.6.1998, BGBl. I S. 1474.
[368] *Geßler* AktG § 23 Rn. 1.
[369] Dies dürfte in der Praxis allerdings kaum jemals vorkommen.

§ 8 Firma und Unternehmensgegenstand

von einer Nichtigkeit des Unternehmensgegenstandes in diesem Sinne auszugehen ist, ist umstritten. Mit relativer Sicherheit lässt sich sagen, dass ein bloßer Individualisierungsmangel noch nicht zur Nichtigkeit in diesem Sinne führt; heftig umstritten ist dies hingegen für die Angabe eines Scheingegenstandes.[370] In der Praxis spielt die Klage auf Nichtigerklärung bzw. die Amtslöschung im Zusammenhang mit dem Unternehmensgegenstand aber nur eine untergeordnete Rolle. Dabei ergeben sich ab dem 1.9.2009 die Folgen einer Nichtigkeit oder eines Satzungsmangels für die beantragte oder eine erfolgte Registereintragung der Gesellschaft aus §§ 397, 399 FamFG.[371]

---

[370] Ausführlich zum Streitstand *Streuer* S. 211 ff.
[371] Gesetz über das Verfahren in Familiensachen und in den Angelegenheiten der freiwilligen Gerichtsbarkeit – FamFG (in der Fassung des Art. 1 FGG Reformgesetz vom 17.12.2008, BGBl. I S. 2586).

§ 9 Sitz und Zweigniederlassung

Übersicht

	Rn.
I. Sitz	1–19
1. Bestimmung und Bedeutung des Sitzes	1–4
a) Bedeutung des Satzungssitzes	1
b) Grenzen der Satzungsautonomie	2/3
c) Verwaltungssitz	4
2. Doppelsitz	5–10
a) Zulässigkeit	5–7
b) Sitz im Ausland	8
c) Rechtsfolgen	9/10
3. Sitzverlegung	11–17
a) Allgemeines	11/12
b) Verlegungsbeschluss	13/14
c) Registerverfahren	15
d) Anzeige nach § 137 AO	16
e) Auslandsbezug	17
4. Rechtsfolgen eines Verstoßes	18/19
a) Allgemeines	18
b) Unzulässige Änderung des Satzungssitzes	19
II. Zweigniederlassung	20–25
1. Errichtung und Aufhebung einer Zweigniederlassung – § 13 HGB bzw. §§ 13d–13h HGB	20–22
a) Anmeldepflichtige, Anmeldezwang	21
b) Adressat und Form der Anmeldung	22
2. Vertretungsbefugnis für die Zweigniederlassung	23
3. Zweigniederlassung von Gesellschaften mit Sitz im Ausland	24
4. Aufhebung und Verlegung der Zweigniederlassung	25

Schrifttum: *Bayer/Schmidt,* Das Vale-Urteil des EuGH: Die endgültige Bestätigung der Niederlassungsfreiheit als „Formwechselfreiheit", ZIP 2012, 1481; *Behme/Nohlen,* Zur Wegzugsfreiheit von Gesellschaften – Der Schlussantrag von Generalanwalt Maduro in der Rechtssache Cartesio, NZG 2008, 496; *dies.* EuGH: Cartesio – EuGH lehnt freie Verwaltungssitzverlegung ab, BB 2009, 11; *Bönner,* Zweigniederlassungen ausländischer Gesellschaften in der notariellen Praxis, RNotZ 2015, 253; *Bork,* Doppelsitz und Zuständigkeit im aktienrechtlichen Anfechtungsprozeß, ZIP 1995, 609 ff.; *Bungert,* Grenzüberschreitende Verschmelzungsmobilität – Anmerkung zur Sevic-Entscheidung des EuGH, BB 2006, 53; *Dirksen/Völkers,* Die Firma der Zweigniederlassung in der Satzung von AG und GmbH, BB 1993, 598 ff.; *Ebenroth/Eyles,* Die innereuropäische Verlegung des Gesellschaftssitzes als Ausfluß der Niederlassungsfreiheit, DB 1989, 363 ff.; *Forsthoff,* Abschied von der Sitztheorie, BB 2002, 318 ff.; *Hoger,* Offene Rechtsfragen zur Eintragung der inländischen Zweigniederlassung einer Kapitalgesellschaft mit Sitz im Ausland, NZG 2015, 1219; *Hüffer/Koch,* Aktiengesetz 12. Aufl. 2016; *Katschinski,* Die Begründung eines Doppelsitzes bei Verschmelzung, ZIP 1997, 620 ff.; *Kindler,* Neue Offenlegungspflichten für Zweigniederlassungen ausländischer Kapitalgesellschaften, NJW 1993, 3301 ff.; *ders.,* Der reale Niederlassungsbegriff nach dem VALE-Urteil des EuGH, EuZW 2012, 888; *Knobbe-Keuk,* Umzug von Gesellschaften in Europa, ZHR 154 (1990), 325 ff.; *König,* Doppelsitz einer Kapitalgesellschaft – Gesetzliches Verbot oder zulässiges Mittel der Gestaltung einer Fusion?, AG 2000, 18 ff.; *Meckbach,* Wahl des Satzungssitzes der Kapitalgesellschaft: Forum Shopping bei inländischen Gesellschaften?, NZG 2014, 526; *Meilicke/Rabback,* Die EuGH-Entscheidung in der Rechtssache Sevic und die Folgen für das deutsche Umwandlungsrecht nach Handels- und Steuerrecht, GmbHR 2006, 123; Münchener Kommentar Aktiengesetz/*Ego,* Bd. 7 KSE-VO, SEBG, Kapitel B. Europäische Niederlassungsfreiheit, 4. Aufl. 2017; *Notthoff,* Die Zulässigkeit der Eintragung eines Doppelsitzes bei Kapitalgesellschaften, WiB 1996, 773 ff.; *Oechsler,* Die Zulässigkeit grenzüberschreitender Verschmelzungen – Die Sevic-Entscheidung des EuGH, NJW 2006, 812; *Preuß,* Die Wahl des Satzungssitzes im geltenden Gesellschaftsrecht und nach dem MoMiG-Entwurf, GmbHR 2007, 57; *Priester,* Satzungsänderung und Satzungsdurchbrechung, ZHR 151 (1987), 40 ff.; *Ringe,* Anmerkung zu den Schlussanträgen des Generalanwalts Poiares Maduro in der Rechtssache „Cartesio", ZIP 2008, 1072; *Seibert,* Neuordnung des Rechts der Zweigniederlassung im HGB, DB 1993, 1705 ff.; *Wicke,* Zulässigkeit des grenzüberschreitenden Formwechsels – Rechtssache „Vale" des Europäischen Gerichtshofs zur Niederlassungsfreiheit, DStR 2012, 1756; *Wulf-Heming Roth,* „Centros": Viel Lärm um Nichts?", ZGR 2000, 311 ff.; *Zimmer/Naendrup,* Das Cartesio-Urteil des EuGH: Rück- oder Fortschritt für das internationale Gesellschaftsrecht?, NJW 2009, 545 ff.; *Kindler,* internationales Gesellschaftsrecht 2009: MoMiG, Trabrennbahn, Cartesio und die

Folgen, IPRax 2009, 189 ff.; *Hau*, Das Internationale Zivilverfahrensrecht im FamFG, FamRZ 2009, 821 ff.; *Bumiller/Harders/Schwamb*, FamFG, 11. Aufl. 2015.

I. Sitz

1. Bestimmung und Bedeutung des Sitzes

a) Bedeutung des Satzungssitzes. Gemäß § 5 AktG ist der Sitz der Gesellschaft der Ort, den die Satzung bestimmt. Die Festsetzung des Sitzes in der Satzung ist nach § 23 Abs. 3 Nr. 1 AktG **zwingend** erforderlich.[1] Die (genaue) Angabe des Gesellschaftssitzes in der Satzung dient – neben der Firma – der Individualisierung der AG und ist darüber hinaus Anknüpfungspunkt verschiedener verfahrensrechtlicher Bestimmungen.[2] So entscheidet er gemäß § 14 AktG iVm § 17 Abs. 1 ZPO mit über den allgemeinen Gerichtsstand der streitigen sowie der freiwilligen Gerichtsbarkeit, zudem ist er maßgeblich für den Ort der Hauptversammlung (§ 121 Abs. 5 S. 1 AktG), soweit die Satzung nichts anderes bestimmt. Auch das Steuerrecht knüpft gemäß §§ 11, 20 AO an den Sitz an.

b) Grenzen der Satzungsautonomie. Nach § 5 AktG obliegt die Bestimmung des Sitzes im Grundsatz ausschließlich dem Satzungsgeber. Hierin ist er jedoch nicht völlig frei. Die **Satzungsautonomie** unterliegt vielmehr bestimmten **Beschränkungen**, die sich teilweise aus der Funktion des Satzungssitzes und weiteren gesetzlichen Bestimmungen ableiten lassen.

So muss der (Satzungs-)Sitz der AG **innerhalb Deutschlands** liegen,[3] weil das Registerverfahren sonst mangels Zuständigkeit nicht durchgeführt werden könnte. Als Sitz der Gesellschaft ist eine bestimmte **deutsche Gemeinde** anzugeben, damit sich die an die Sitzbestimmung anknüpfenden Zuständigkeiten eindeutig klären lassen. Bei Großgemeinden ist es daher zusätzlich erforderlich, dass der **Amtsgerichtsbezirk**, in dem sich der Sitz befindet, mit in die Satzung aufgenommen wird.[4]

Formulierungsvorschlag

Sitz der Gesellschaft ist Hamburg-Altona

---

c) Verwaltungssitz. Seit dem Wegfall von § 5 Abs. 2 AktG[5] ist die AG in der Lage, Verwaltung und Geschäftsleitung gänzlich oder teilweise an einen anderen Ort als den Satzungssitz zu verlegen. Durch die **freie Wahl des sog Verwaltungssitzes** kann im Inland zB die Zuständigkeit eines effektiven Registergerichts begründet werden.[6] Der Verwaltungssitz kann **auch im Ausland** liegen.[7] Die AG übt dann die verlagerte Tätigkeit über eine ausländische ZN aus.[8]

2. Doppelsitz

a) Zulässigkeit. Grundsätzlich hat eine Handelsgesellschaft nur einen Sitz. In Ausnahmefällen kann das Registergericht einen **Doppelsitz** zulassen. Die Zulassung eines Doppelsitzes ist jedoch nach heute herrschender Auffassung[9] und ständiger Rechtspre-

---

[1] Vgl. → 7 Rn. 21.
[2] MüKoAktG/*Heider* § 5 Rn. 3.
[3] Art. 5 MoMiG.
[4] Hüffer/Koch/*Koch* AktG § 5 Rn. 4.
[5] Durch das Gesetz zur Modernisierung des GmbH-Rechts und zur Bekämpfung von Missbräuchen, BGBl. 2008 I S. 2026; vgl. dazu *Kindler* IPRax 2009, 189 ff.
[6] *Meckbach* NZG 2014, 526; *Preuß* GmbHR 2007, 57.
[7] Hüffer/Koch/*Koch* AktG § 5 Rn. 1.
[8] Hüffer/Koch/*Koch* AktG § 5 Rn. 5.
[9] KölnKommAktG/*Dauner-Lieb* § 5 Rn. 21 f.; GroßkommAktG/*Brändel* § 5 Rn. 31 ff.; Hüffer/Koch/*Koch* AktG § 5 Rn. 10; *Notthoff* WiB 1996, 773; *König* AG 2000, 18 ff.

chung[10] auf **außergewöhnliche** Fälle begrenzt. Ein solcher außergewöhnlicher Fall ist nach 1945 in den Fällen bejaht worden, in denen wegen der grundlegenden Veränderungen der politischen, wirtschaftlichen und insbesondere währungsrechtlichen Verhältnisse ein Bedürfnis hierfür anzuerkennen war.[11]

6 Heute ist von einem Ausnahmefall nur noch dann auszugehen, wenn ein **unabdingbares** Bedürfnis der Gesellschaft an der Begründung eines Doppelsitzes besteht. Ein solches wiederum ist wohl nur dann zu bejahen, wenn die AG durch die Nichtzulassung einen nicht nur unerheblichen wirtschaftlichen Schaden erleiden würde oder gar in ihrer Existenz gefährdet wäre, wovon in aller Regel nicht auszugehen ist. In aller Regel dürften hingegen die mit einem Doppelsitz verbundenen rechtlichen Schwierigkeiten, insbesondere die Begründung doppelter gerichtlicher Zuständigkeiten und die daraus resultierende Gefahr widerstreitender Entscheidungen überwiegen. Nach zutreffender Auffassung[12] stellt daher auch der Verlust des Goodwill des übertragenden Rechtsträgers bei der Fusion zweier Unternehmen regelmäßig **keinen,** die Zulässigkeit eines Doppelsitzes begründenden Ausnahmefall dar, da gemäß § 20 UmwG der übertragende Rechtsträger durch die Verschmelzung erlischt und sein Vermögen einschließlich der Verbindlichkeiten auf den übernehmenden Rechtsträger übergeht. Soweit zur Erhaltung des Goodwill Interesse besteht, den übertragenden Rechtsträger fortzuführen, ist dies nur in Form einer **Zweigniederlassung** möglich.[13]

7 Großzügiger war hier das **LG Essen,** das im Falle der **ThyssenKrupp AG** einen Doppelsitz in Essen und Duisburg schon auf Grund des Interesses an einer Fortführung der Unternehmenstradition der Vorgängergesellschaften Fried. Krupp AG und Thyssen AG für zulässig hielt.[14] Generell dürfte bei Fusionen vielfach ein Interesse an der Schaffung eines Doppelsitzes bestehen; in der Praxis wird dies von den Registergerichten vielfach akzeptiert.

8 b) **Sitz im Ausland.** Unzulässig ist die Begründung eines zweiten Satzungssitzes im Ausland.[15] Dementsprechend geht auch Art. 7 SE-VO für die SE davon aus, dass sich der Satzungssitz nur in einem Staat befindet.[16]

9 c) **Rechtsfolgen.** Soweit für einen Doppelsitz ein unabdingbares Bedürfnis der Gesellschaft besteht und dieser somit ausnahmsweise zulässig ist, sind **beide Sitze als völlig gleichwertig zu erachten,** mit der Folge, dass zwei Registergerichte unabhängig voneinander ein eigenes Prüfungs- und Entscheidungsrecht haben.[17] Zur Fristwahrung genügt zwar die Anmeldung bei einem Registergericht,[18] dh, dass beim Doppelsitz alle Anmeldungen, wie beispielsweise eine Kapitalerhöhung oder Satzungsänderung, bei beiden Sitzgerichten unabhängig voneinander durchzuführen sind. Jedoch sind konstitutive Eintragungen erst mit der Eintragung in beiden Registern wirksam.[19]

10 Beschlüsse der Hauptversammlung können wahlweise vor den Landgerichten beider Sitze angefochten werden.[20]

Im Antragsverfahren gem. § 375 FamFG ist nach § 2 Abs. 1 FamFG das Gericht zur Entscheidung berufen, das zuerst mit er Angelegenheit befasst ist.

---

[10] OLG Hamburg MDR 1972, 417; BayObLG ZIP 1985, 929; LG Hamburg DB 1973, 2237; AG Bremen DB 1976, 1810.
[11] Nachweise bei BayObLG DB 1985, 1280. Ein Beispiel ist etwa die Siemens Aktiengesellschaft mit Sitz in Berlin und München.
[12] LG Frankfurt a. M. DB 1973, 2237; *Katschinski* ZIP 1997, 620 ff.; *Werner* AG 1990, 3.
[13] MüKoAktG/*Heider* § 5 Rn. 33.
[14] ZIP 2001, 1632 f. = AG 2001, 429 f.; zustimmend *König* EWiR 2001, 1077 ff. Ein weiteres Beispiel ist die Berlin-Hannoversche Hypothekenbank AG mit dem Sitz in Berlin und Hannover.
[15] MüKoAktG/*Heider* § 5 Rn. 48; *Grigoleit/Wicke* AktG § 5 Rn. 4.
[16] Hölters/*Solven* AktG § 5 Rn. 13; *Grigoleit/Wicke* AktG § 5 Rn. 4.
[17] OLG Düsseldorf NJW-RR 1988, 354; BayObLG ZIP 1985, 929; AG Bremen 1976, 1810.
[18] KG NJW 1973, 1201.
[19] KölnKommAktG/*Dauner-Lieb* § 5 AktG Rn. 22.
[20] KG WM 1996, 1454 ff. = AG 1996, 421 ff.; LG Berlin WM 1994, 1246; LG Bonn WM 1994, 1993; aA *Hüffer/Koch* AktG § 246 Rn. 37.

3. Sitzverlegung

> **Checkliste zur Sitzverlegung**
>
> ☐ Ist der Beschluss über die Sitzverlegung ordnungsgemäß zustande gekommen?
> - Beschlussfähigkeit (soweit die Satzung nichts anderes bestimmt, ¾ Mehrheit des bei der Beschlussfassung vertretenen Grundkapitals)
> - Zulässigkeit des neuen Sitzes
>
> ☐ Ist eine Verwechslungsgefahr der Firma im Sinne des § 30 HGB ausgeschlossen? Ggf. Abstimmung mit der IHK
>
> ☐ Ist die Anmeldung der Sitzverlegung ordnungsgemäß erfolgt?
> - Anmeldung der Sitzverlegung in öffentlich beglaubigter Form nach § 12 HGB bei dem Gericht des bisherigen Sitzes (§ 45 Abs. 1 AktG)
> - Ordnungsgemäße Vertretung der Gesellschaft bei der Anmeldung (vertretungsberechtigte Zahl von Vorstandsmitgliedern nach § 78 AktG; öffentlich beglaubigte Vollmacht bei Anmeldung durch Bevollmächtigte)
> - Vollständige Satzung mit der nach § 181 Abs. 1 S. 2 Hs. 2 AktG erforderlichen Bescheinigung eines Notars sowie Niederschrift über die der Satzungsänderung zugrunde liegenden Hauptversammlung einschließlich der Anlagen nach § 130 Abs. 5 AktG
>
> ☐ Anzeige nach § 137 AO
>
> ☐ Wurde die Eintragung der Sitzverlegung nach § 10 HGB ordnungsgemäß bekannt gemacht?

a) Allgemeines. Die Gesellschaft kann ihren Sitz grundsätzlich jederzeit verlegen. Eine Sitzverlegung setzt allerdings voraus, dass die Satzung der AG entsprechend geändert wird, da der Gesellschaftssitz nach § 23 Abs. 3 Nr. 1 AktG zu den notwendigen Satzungsbestandteilen zählt.

Eine Sitzverlegung unterliegt damit den allgemeinen Regeln zur Satzungsänderung nach §§ 179, 181 AktG. Verfahrensrechtlich werden diese durch § 45 AktG ergänzt, der allein die Sitzverlegung im Inland regelt (§ 5); dabei wird § 181 Abs. 3 AktG durch den spezielleren § 45 Abs. 2 S. 5 AktG verdrängt,[21] dh die Sitzverlegung wird wirksam mit Eintrag der Satzungsänderung beim Registergericht des neuen Sitzes. Ob auch eine Gewerbeummeldung vorliegt, ist nicht zu prüfen.[22]

b) Verlegungsbeschluss. Der Verlegungsbeschluss unterliegt den allgemeinen Anforderungen an satzungsändernde Beschlüsse; insoweit kann auf die Ausführungen in § 29 verwiesen werden.
Inhaltlich ist darauf zu achten, dass die Firma der Gesellschaft auch am neuen Sitz firmenrechtlich zulässig ist. Dies sollte in Zweifelsfällen vor der beabsichtigten Beschlussfassung mit der zuständigen IHK abgestimmt werden. Unter Umständen ist die Sitzverlegung mit einer Änderung der Firma zu verbinden. Zu den Einzelheiten ist auf § 8 zu verweisen.

Voraussetzung ist weiter, dass der neue **Sitz aktienrechtlich zulässig** ist, also den oben unter → Rn. 2 ff. dargelegten Anforderungen entspricht.

Wenn darüber hinaus teilweise ein „schutzwürdiges Interesse für eine Sitzverlegung" verlangt wird,[23] so ist dies missverständlich: auch diese Auffassung lässt im Ergebnis jeden sachlichen Grund genügen,[24] so dass lediglich reine Willkürentscheidungen oder Fälle sog „Firmenbestattungen" ausgeschlossen werden.

c) Registerverfahren. Der Beschluss über die Sitzverlegung ist wie jeder satzungsändernde Beschluss zum Handelsregister anzumelden; insoweit kann auf die Ausführungen in § 6 und § 29 verwiesen werden. Zuständig ist nach § 45 Abs. 1 AktG das Gericht des bisherigen Sitzes. Erfolgt die **Verlegung des Sitzes innerhalb desselben Registerbezirks** trägt das Gericht

---

[21] MüKoAktG/*Pentz* § 45 Rn. 4.
[22] LG Augsburg NZG 2009, 195; Hüffer/Koch/*Koch* AktG § 5 Rn. 5.
[23] So KG WM 1996, 1454 ff. = AG 1996, 421 ff.
[24] KG WM 1996, 1454 ff. = AG 1996, 421 ff.

lediglich die Sitzverlegung als Satzungsänderung ein und ggf. eine neue inländische Geschäftsanschrift (vgl. §§ 37 Abs. 3 Nr. 1, 39 AktG iVm § 31 HGB), vgl. § 45 Abs. 3 AktG. Wird der Sitz in einen **anderen Registerbezirk** verlegt, ist das Verfahren nach § 45 Abs. 2 AktG zu beachten, dh die AG ist im Handelsregister des neuen Sitzes einzutragen und erhält dort eine neue HRB-Nummer; im Handelsregister des bisherigen Sitzes wird die Gesellschaft nach Mitteilung von Amts wegen gelöscht, § 45 Abs. 2 S. 6 und 7 AktG.

16   d) **Anzeige nach § 137 AO.** Eine Sitzverlegung ist dem Finanzamt gemäß § 137 AO anzuzeigen, da das Steuerrecht nach § 11 AO an den in der Satzung bestimmten Sitz anknüpft.

17   e) **Auslandsbezug.** Zur Verlegung des Verwaltungssitzes und/oder des Satzungssitzes in das Ausland → § 5 Rn. 2 ff., 24 ff.

4. Rechtsfolgen eines Verstoßes

18   a) **Allgemeines.** Sind die Erfordernisse des § 5 AktG hinsichtlich der Sitzbestimmung bei Gründung der Gesellschaft nicht erfüllt (ursprüngliche Unzulässigkeit), so hat das Registergericht die **Eintragung der Gesellschaft nach § 38 Abs. 1 AktG abzulehnen.** Sofern sie dennoch erfolgt, ist die AG voll wirksam entstanden (§ 41 Abs. 1 S. 1).[25] Eine Klage auf Nichtigerklärung nach § 275 AktG kommt in diesem Fall nicht in Betracht. Von Amts wegen findet aber ein Auflösungsverfahren nach § 262 Abs. 1 Nr. 5 AktG, § 399 FamFG statt.

19   b) **Unzulässige Änderung des Satzungssitzes.** Wird der Satzungssitz in unzulässiger Weise verlegt, insbes. in Fällen sog. Firmenbestattungen, ist der satzungsändernde **Hauptversammlungsbeschluss gemäß § 241 Nr. 3 AktG nichtig.** Der bisherige Satzungssitz bleibt in seinem Fortbestand deshalb unberührt. Der Beschluss kann allerdings mit der Nichtigkeitsklage gem. §§ 249, 248 AktG beseitigt werden.[26] Daneben kann jederzeit von Amts wegen gegen den der Sitzverlegung zugrundeliegenden nichtigen Beschluss der Hauptversammlung das Amtslöschungsverfahren nach § 398 FamFG[27] stattfinden.

II. Zweigniederlassung

1. Errichtung und Aufhebung einer Zweigniederlassung – § 13 HGB bzw. §§ 13d–13h HGB

20   Das Recht der Zweigniederlassung ist in §§ 13 ff. HGB geregelt. **§ 13 HGB** regelt **Zweigniederlassungen inländischer Gesellschaften, § 13d–13g HGB** diejenigen **ausländischer Unternehmen.** § 13 HGB einerseits und §§ 13d–13g HGB andererseits sind als **eigene Regelungskomplexe** konzipiert und können daher nicht wechselseitig zur Ergänzung herangezogen werden.[28]

Für **Zweigniederlassungen ausländischer Gesellschaften** ist **§ 13d HGB** wiederum die Zentralnorm, § 13e HGB regelt die Besonderheiten bei ausländischen Kapitalgesellschaften, § 13f HGB als Unterfall Besonderheiten bei ausländischen Aktiengesellschaften. § 13h HGB betrifft die Sitzverlegung und wird durch § 45 AktG verdrängt.

Besondere Anzeigepflichten gelten für Kreditinstitute nach §§ 53 ff. und insbesondere § 24a KWG, wenn die Gesellschaft beabsichtigt, im EU-Ausland eine Zweigstelle zu errichten.

21   a) **Anmeldepflichtige, Anmeldezwang.** Nach § 13 HGB ist die Errichtung einer Zweigniederlassung durch die AG anzumelden. Die Anmeldung ist von den Vorstandsmitgliedern in vertretungsberechtigter Zahl (§ 78 AktG) anzumelden; unechte Gesamtvertretung, dh Vor-

---

[25] Hüffer/Koch/*Koch* AktG § 5 Rn. 9.
[26] KölnKommAktG/*Dauner-Lieb* § 5 Rn. 23 f.
[27] Hüffer/Koch/*Koch* AktG § 5 Rn. 9 mwH; str.
[28] Hüffer/Koch/*Koch* AktG Anh. § 45 Rn. 3; *Kindler* NJW 1993, 3301; *Seibert* DB 1993, 1705; *Bönner* RNotZ 2015, 253 (255).

stand zusammen mit einem Prokuristen ist zulässig,[29] ebenso Anmeldung durch Bevollmächtigte, § 12 Abs. 1 S. 2 HGB.[30]

Wird die Anmeldung versäumt oder ist sie nicht formgerecht, kann das Registergericht gem. § 14 HGB Zwangsgeld festsetzen.

b) Adressat und Form der Anmeldung. Nach § 13 Abs. 1 HGB erfolgt die Anmeldung der Zweigniederlassung beim Gericht des Sitzes der Aktiengesellschaft. Das Gericht prüft die formelle und materielle Zulässigkeit der Anmeldung und die Frage, ob eine Zweigniederlassung nach § 13 HGB überhaupt möglich ist.[31] Nach § 13 Abs. 3 S. 1 HGB prüft das Gericht der Zweigniederlassung über die örtliche IHK nur noch, ob die Zweigniederlassung tatsächlich am Ort errichtet und ob § 30 HGB (Sicherstellung der Unterscheidbarkeit der Firma) eingehalten ist. Fällt diese Prüfung positiv aus, so veranlasst das Gericht der Zweigniederlassung die Eintragung und Bekanntmachung.

2. Vertretungsbefugnis für die Zweigniederlassung

Die Vertretungsbefugnis eines Vorstandes einer AG kann gem. § 82 Abs. 1 AktG nicht wirksam beschränkt werden, so dass der Vorstand ohne weiteres auch für alle Zweigniederlassungen vertretungsbefugt ist. Daneben können sowohl Prokura, Handlungsvollmacht als auch andere Vollmachten erteilt werden und auf den Betrieb der Zweigniederlassung beschränkt werden. Hinsichtlich der so genannten Filialprokura ist zusätzlich zu beachten, dass gem. § 50 Abs. 3 HGB eine Beschränkung nur dann wirksam ist, wenn die Niederlassungen unter verschiedenen Firmen betrieben werden. Dem ist es gleichgestellt, wenn die Firma der Zweigniederlassung durch einen Zusatz als solche bezeichnet wird.

Bei einer Filialprokura wird im Handelsregister auf ihre Beschränkung hingewiesen.

3. Zweigniederlassung von Gesellschaften mit Sitz im Ausland

Befindet sich die Hauptniederlassung einer Aktiengesellschaft im Ausland, erfolgen bei Gründung von Zweigniederlassungen im Inland sämtliche Anmeldungen bei dem Registergericht der Zweigniederlassung, § 13d Abs. 1 HGB. Dabei sind im Gegensatz zu inländischen Aktiengesellschaften durch den anmeldenden Vorstand weit mehr Informationen beizubringen, was darauf beruht, dass es kein innerstaatliches Gericht der Hauptniederlassung gibt. Die hier nicht näher erläuterten Einzelheiten richten sich nach den §§ 13e Abs. 2, 13g HGB und erfordern zum Beispiel eine beglaubigte Übersetzung einer fremdsprachigen Satzung in die deutsche Sprache.[32]

4. Aufhebung und Verlegung der Zweigniederlassung

Für die **Aufhebung** einer Zweigniederlassung gelten die Vorschriften über ihre Errichtung entsprechend (§§ 13 Abs. 3 HGB).

Für die **Verlegung** einer Zweigniederlassung eines inländischen Unternehmens gilt § 13h HGB, der jedoch für Aktiengesellschaften von § 45 AktG verdrängt wird.

---

[29] RGZ 134, 303 (307).
[30] Hüffer/Koch/*Koch* AktG Anh. § 45 Rn. 8.
[31] BayObLG DB 1995, 1456.
[32] Ausführlich zu den Einzelheiten *Bönner* RNotZ 2015, 253 (mit Musterformulierungen), *Hoger* NZG 2015, 1219.

§ 10 Grundkapital und Aktie

Übersicht

	Rn.
I. Das Grundkapital	1–39
1. Definition	1
2. Grundkapital, Eigenkapital und Gesellschaftsvermögen	2–4
3. Funktionen des Grundkapitals	5–7
a) Garantie-/Haftungsfunktion	5
b) Finanzierungs- und Sperrfunktion	6/7
4. Kapitalaufbringung und Kapitalerhaltung	8–20
a) Prinzip der Kapitalaufbringung	9–15
b) Prinzip der Kapitalerhaltung	16/17
c) Finanzierung im Konzern	18–20
5. Höhe des Grundkapitals	21–30
a) Denomination und Mindestnennbeträge	21/22
b) Berechnung	23
c) Grundkapital als Bezugsgröße	24
d) Änderung des Grundkapitals	25–30
6. Ermittlung des „richtigen" Grundkapitals, Finanzierungsbedarf	31–39
a) Höhe des Grundkapitals	31
b) Verhältnis von Grund- zu Eigenkapital	32
c) Verhältnis von Eigen- zu Fremdkapital	33–36
d) Rating	37
e) Unterkapitalisierung/Eigenkapitalersatz	38/39
II. Die Aktie	40–179
1. Definition der Aktie	40–43
a) Aktienurkunde	41
b) Mitgliedschaft	42
c) Beteiligungsquote	43
2. Aktienarten	44–62
a) Inhaberaktie	46
b) Namensaktien	47–62
3. Aktiengattungen	63–76
a) Besondere Gattungen	66–72
b) Einführung und Aufhebung von Gattungen	73/74
c) Behandlung in der Hauptversammlung	75/76
4. Aktiensorten	77–79
a) Nennbetragsaktie	78
b) Stückaktie	79
5. Aktie als Wertpapier	80–105
a) Verbriefung	80–84
b) Form, Herstellung und Ausstattung von Urkunden	85/86
c) Ausgabebetrag	87/88
d) Ausgabe der Aktie	89/90
e) Verlust und Kraftloserklärung von Aktienurkunden	91–96
f) Untergang der Urkunde	97
g) Verwahrung von Aktienurkunden	98–102
h) Zwischenschein	103
i) Gewinnanteilschein	104/105
6. Die Mitgliedschaft	106–109
a) Entstehung	106/107
b) Beendigung	108/109
7. Mitgliedschaftliche Rechte	110–146
a) Teilnahme an der Hauptversammlung	115/116
b) Informations- und Auskunftsrecht	117/118
c) Stimmrecht	119/126
d) Dividendenrecht	127
e) Bezugsrecht	128–145
f) Teilnahme am Liquidationserlös	146

	Rn.
8. Mitgliedschaftliche Pflichten	147–156
a) Einlagepflicht	149–152
b) Nebenleistungspflichten	153
c) Treuepflicht	154–156
9. Übertragung der Aktie	157–171
a) Übertragung von Inhaberaktien	157–162
b) Namensaktie	163–171
10. Aktie und Satzung	172–179
a) Obligatorische Satzungsbestandteile	172
b) Fakultative Satzungsbestandteile	173/174
c) Folgen fehlerhafter Festsetzung	175–179

Schrifttum zum Grundkapital: *Altmeppen,* „Upstream-loans", cash Pooling und Kapitalerhaltung, ZIP 2009, 49 ff.; *Benecke,* Die Prinzipien der Kapitalaufbringung und ihre Umgebung – Rechtsentwicklung und Perspektiven, ZIP 2010, 105 ff.; *Bezzenberger,* Das Bezugsrecht der Aktionäre und sein Ausschluss, ZIP 2002, 1917 ff.; *Bormann/Urlichs,* Kapitalerhöhungen im Cash-Pooling – welche Erleichterungen bringt das MoMiG tatsächlich?, DStR 2009, 641 ff.; *Busch,* Bezugsrecht und Bezugsrechtsausschluss bei Wandel- und Optionsanleihen, AG 1999, 58 ff.; *Dauner-Lieb,* Die Auswirkungen des MoMiG auf die Behandlung verdeckter Sacheinlagen im Aktienrecht, AG 2009, 217 ff.; *Fleischer,* Zweifelsfragen der verdeckten Gewinnausschüttung im Aktienrecht, WM 2007, 909 ff.; *Freidank,* Der Ausweis des Eigenkapitals im handelsrechtlichen Jahresabschluss, PdR Gruppe 6, 535 ff.; *Grunewald,* Gesellschaftsrecht, 9. Aufl. 2014; *Habersack,* Verdeckte Sacheinlage und Hin- und Herzahlen nach dem ARUG – gemeinschaftsrechtlich betrachtet, AG 2009, 557 ff.; *Heidinger,* Die Euroumstellung der Aktiengesellschaft durch Kapitalherabsetzung, DNotZ 2000, 661 ff.; *Henn,* Handbuch des Aktienrechts, 9. Aufl. 2009; *Henze,* Gesichtspunkte des Kapitalerhaltungsgebotes und seiner Ergänzung im Kapitalgesellschaftsrecht in der Rechtsprechung des BGH, NZG 2003, 649 ff.; *Herkner/Schmidt-Bendun,* Verdeckte Sacheinlage und/oder unzulässiges Hin- & Herzahlen?, NJW 2009, 3072 ff.; *Ihrig/Wagner,* Volumengrenzen für Kapitalmaßnahmen der AG, NZG 2002, 657 ff.; *Kersting,* Verdeckte Sacheinlage in der Aktiengesellschaft – Erleichterungen durch die MoMiG, AG 2008, 883 ff.; *Kiefner/Theusinger,* Aufsteigende Darlehen und Sicherheitsbegebung im Aktienrecht nach MoMiG, NZG 2008, 801 ff.; *Klasen,* Recht der Sacheinlage: Rechtliche Rahmenbedingungen – Neuerungen durch MoMiG und ARUG, BB 2008, 2694 ff.; *Kropff,* Nettoausweis des Gezeichneten Kapitals und Kapitalschutz, ZIP 2009, 1137 ff.; *Marsch-Barner,* Gesetz über Unternehmensbeteiligungsgesellschaften – Eine Zwischenbilanz – ZGR 1990, 294; *Merkel/Schmidt-Bendun,* Verdeckte Sacheinlage und/oder unzulässiges Hin- und Herzahlen?, NJW 2009, 3072 ff.; *Natterer,* Sachkontrolle und Berichtspflicht beim genehmigten Kapital – Nold/Siemens abermals auf dem Weg durch die Instanzen?, ZIP 2002, 1672 ff.; *Priester,* Die neuen Anteilsrechte bei Kapitalerhöhung aus Gesellschaftsmitteln, GmbHR 1980, 236 ff.; *Wand/Tillmann/Heckenthaler,* Aufsteigende Darlehen und Sicherheiten bei Aktiengesellschaften nach dem MoMiG und der MPS-Entscheidung des BGH, AG 2009, 148 ff.

Zur Aktie: *Assmann/Schütze,* Handbuch des Kapitalanlagerechts, 4. Aufl. 2015; *Baumann/Reiß,* Satzungsergänzende Vereinbarungen – Nebenverträge im Gesellschaftsrecht, ZGR 1989, 157, 183 ff.; *Geibel/Süßmann,* Wertpapiererwerbs- und Übernahmegesetz, Kommentar, 2. Aufl. 2008; *Habersack/Mayer,* Globalverbriefte Aktien als Gegenstand sachenrechtlicher Verfügungen?, WM 2000, 1678 ff.; *Heider,* Einführung der nennwertlosen Aktie in Deutschland anlässlich der Umstellung des Gesellschaftsrechts auf den Euro, AG 1998, 1 ff.; *Heller/Timm,* Übertragung vinkulierter Namensaktien in der Gesellschaft, NZG 2006, 257 ff.; *Horn,* Die Erfüllung von Wertpapiergeschäften unter Einbeziehung eines Zentralen Kontrahenten an der Börse – Sachenrechtliche Aspekte –, WM-Sonderbeilage 2/2002, 1 ff.; *Mentz/Fröhling,* Die Formen der rechtsgeschäftlichen Übertragung von Aktien, NZG 2002, 201; *Raiser,* Das Recht der Kapitalgesellschaften, München 6. Aufl. 2015; *Schwennicke,* Der Ausschluss der Verbriefung der Aktie bei der kleinen Aktiengesellschaft, AG 2001, 118; *Seibert,* Der Ausschluss des Verbriefungsanspruchs des Aktionärs in Gesetzgebung und Praxis, DB 1999, 267 ff.; *Zutt,* Stimmbindungen gegenüber Dritten, ZHR 155 (1991), 213 ff.; *Zöllner,* Die Schranken mitgliedschaftlicher Stimmrechtsmacht bei den privatrechtlichen Personenverbänden, 1963.

I. Das Grundkapital

1. Definition

Das in das Handelsregister einzutragende Grundkapital ist das auf einen Nennbetrag in Euro lautende, in einer Geldsumme ausgedrückte verfassungsmäßige Garantiekapital der Gesellschaft, welches in der Satzung festgelegt ist, §§ 6, 23 Abs. 3 Nr. 3, 39 Abs. 1 AktG.[1]

---

[1] *K. Schmidt* GesR § 26 Abs. 4 S. 1a.

2. Grundkapital, Eigenkapital und Gesellschaftsvermögen

2 Das Grundkapital ist das gesetzlich vorgesehene **Mindesteigenkapital** der Aktiengesellschaft.[2] Es stellt **in der Bilanz einen fixen Rechnungsposten** gem. § 152 Abs. 1 AktG, § 266 Abs. 3 lit. A. HGB dar, wobei der auf jede einzelne Aktiengattung entfallende Betrag des Grundkapitals ggf. gesondert auszuweisen ist, § 152 Abs. 1 S. 2 AktG. Zusammen mit den Kapitalrücklagen, den Gewinnrücklagen, dem Gewinn-/Verlustvortrag und dem Jahresüberschuss/-fehlbetrag stellt es das Eigenkapital der Aktiengesellschaft dar.[3] Erleichterungen für die Bilanzierung bestehen uU für kleine und Kleinstkapitalgesellschaften, § 152 Abs. 4 AktG.

3 Vom Eigenkapital ist das **Fremdkapital** der Gesellschaft zu unterscheiden, welches der Gesellschaft im Gegensatz zum Eigenkapital der Gesellschaft nicht zur endgültigen Verfügung steht, regelmäßig verzinst wird und bei der Liquidation eine gegenüber dem Liquidationsanspruch der Aktionäre vorrangige Gläubigerforderung darstellt; hierunter fallen insbes. kurz-, mittel- und langfristige Anleihen sowie Darlehen.[4] Zwischen dem Eigenkapital und dem Fremdkapital steht das mezzanine Kapital, das bei einer Liquidation nachrangig nach dem Fremdkapital, aber vorrangig vor dem Eigenkapital bedient und deshalb in der Regel höher als das Fremdkapital verzinst wird.[5] Beispiele für mezzanines Kapital sind Genussrechte, Wandelschuldverschreibungen und stille Gesellschaften.

4 Dem Eigenkapital/Fremdkapital steht auf der Aktivseite der Bilanz die Gesamtheit der Vermögensgegenstände gegenüber, welche die Gesellschaft unter Einsatz des Eigen- und Fremdkapitals erworben hat. Die Haftung der Gesellschaft ist auf das Gesellschaftsvermögen beschränkt, § 1 Abs. 1 AktG. Das Gesellschaftsvermögen nach Abzug des Fremdkapitals entspricht bilanziell dem Eigenkapital, das dem durch das AktG vermittelten Vermögensschutz (Kapitalaufbringung und Kapitalerhaltung) unterliegt.[6]

3. Funktionen des Grundkapitals

5 a) **Garantie-/Haftungsfunktion.** Die primäre Funktion des Grundkapitals besteht darin, den Gesellschaftsgläubigern ein Mindestmaß an Gesellschaftsvermögen und damit an Haftungsmasse zu bieten (**Garantie-/Haftungsfunktion**), da die Aktionäre nicht persönlich für die Verbindlichkeiten der Gesellschaft haften, § 1 Abs. 1 S. 2 AktG. Ein dem Grundkapital entsprechendes Vermögen soll der Gesellschaft nach Möglichkeit für die gesamte Dauer ihrer Geschäftstätigkeit erhalten bleiben.[7] Die Höhe des Grundkapitals ist in das Handelsregister einzutragen und die Eintragung bekannt zu machen, § 39 Abs. 1 AktG, § 10 HGB, damit auch außenstehende Dritte die Möglichkeit haben, sich über den wirtschaftlichen Status einer Aktiengesellschaft zu informieren.[8]

6 b) **Finanzierungs- und Sperrfunktion.** Weitere Funktionen des Grundkapitals sind die Finanzierungs- und die Sperrfunktion. Seine „**Finanzierungsfunktion**" erfüllt das Grundkapital dadurch, dass es die Grundlage für die Aufnahme eines Geschäftsbetriebs, also sozusagen das Startkapital darstellt. Da das Gesetz, von Ausnahmen abgesehen, eine nach Art und Umfang des Geschäfts angemessene Eigenkapitalausstattung nicht verlangt, ist die Erfüllung dieser Funktion jedoch nur beschränkt möglich.[9]

---

[2] *Raiser*, Das Recht der Kapitalgesellschaften, 6. Aufl. 2015, § 1 Rn. 2.
[3] Ergänzende Bestimmungen zur Bilanzierung enthalten die §§ 150, 152 AktG.
[4] Vgl. insofern auch HFR AktR-HdB/*Henn* Rn. 1215.
[5] In Abhängigkeit von der Ausgestaltung der Gläubigerrechte kann dieses Kapital bei der Bestimmung der Kapitalausstattung der Gesellschaft zB für Ratingzwecke (→ Rn. 33) dem Eigen- oder Fremdkapital zuzurechnen sein. Aufgrund seiner Nachrangigkeit gegenüber den Gläubigern der Gesellschaft ist es geeignet, die Kreditfähigkeit der Gesellschaft zu verbessern, ohne dass die Aktionäre dauerhaft eine Beeinträchtigung ihrer Beteiligungsquote hinnehmen müssten.
[6] MüKoAktG/*Heider* § 1 Rn. 94.
[7] HFR AktR-HdB/*Henn* Rn. 16.
[8] MHdB GesR IV/*Wiesner* § 11 Rn. 2. Diese Information wird durch die handelsrechtliche Pflicht zur Offenlegung des Jahresabschlusses ergänzt, §§ 325–329 HGB. Enthalten Geschäftsberichte Angaben über das Kapital der Gesellschaft, ist § 80 Abs. 1 S. 3 AktG zu beachten.
[9] → Rn. 18 ff.; → Rn. 29 ff.

Der Begriff „**Sperrfunktion**" beschreibt den auf Grund der Höhe des Mindestnennbetrages des Grundkapitals erschwerten Zugang zu der Rechtsform der Aktiengesellschaft.[10] Nach der (mehrfachen) Herabsetzung des gesetzlichen Mindestnennbetrags[11] stellen heute jedoch eher die im Vergleich zu anderen Rechtsformen strengeren Publizitätsvorschriften und aufwändigen Organisationsstrukturen eine Hemmschwelle für die Wahl der Rechtsform der Aktiengesellschaft dar.

4. Kapitalaufbringung und Kapitalerhaltung

Den Erhalt des gesamten Gesellschaftsvermögens sollen die Prinzipien der Kapitalaufbringung und der Kapitalerhaltung gewährleisten.

a) Prinzip der Kapitalaufbringung. Aufgrund der fehlenden persönlichen Haftung der Aktionäre ist es zum Schutz der Gläubiger zwingend, die Aufbringung des Grundkapitals und eines ggf. darüber hinaus festgesetzten Aufgelds zu gewährleisten.[12] Die Gesellschafter haben das Kapital grds. durch Bareinlagen aufzubringen.[13] Die Gesellschaft kann jedoch bestimmen, dass das Kapital anstelle der Bar- durch eine Sacheinlage oder eine Mischform dieser beiden aufgebracht wird.[14]

Die Aktien dürfen gem. § 9 Abs. 1 AktG nicht unter dem Nennbetrag oder dem auf die Stückaktie anfallenden anteiligen Betrag des Grundkapitals ausgegeben werden (**Verbot der Unter-Pari-Emission**).[15] Wird anstelle der Bareinlage eine Sacheinlage erbracht, so gelten für diese nach § 27 AktG besondere Bestimmungen bzgl. der Angaben über die Einlage in der Satzung, wodurch insbes. die Werthaltigkeit der Einlage gesichert und die Gefahr einer unzureichenden Leistung vermieden werden sollen.

Besondere Beachtung erfordert in diesem Zusammenhang die Thematik der **verdeckten Sacheinlage**, weil hier in besonderem Maße das Risiko besteht, dass der Gegenstand der Einlage zu Lasten der Gesellschaft überbewertet wird.[16] Der Tatbestand der verdeckten Sacheinlage ist erfüllt, wenn der wirtschaftlich einheitliche Vorgang der Sacheinlage in rechtlich getrennte Geschäfte aufgespalten wird, von denen eines eine Bareinlage zu sein scheint, während das andere (meist in der Gestalt eines Kaufs) dem Abfluss der Geldmittel bei der Gesellschaft und zugleich der Zuführung anderer Vermögensgegenstände als eigentliche Leistung auf die Einlagepflicht dient, und beide Geschäfte in einem sachlichen Zusammenhang stehen, wobei ein enger zeitlicher Zusammenhang den sachlichen indiziert, ihn allein aber noch nicht begründet und von ihm auch nicht vorausgesetzt wird.[17] Ebenso we-

---

[10] Bei Erlass des Aktiengesetzes 1937 hielt es der Gesetzgeber für notwendig, dass „die Rechtsform der Aktiengesellschaft mit ihrer notwendigen Anonymität nur da zuzulassen sei, wo das Maß des Kapitalbedarfs sie unbedingt fordere; könne ein Unternehmen auch in anderer Rechtsform betrieben werden, die mehr die persönliche Verantwortung in den Vordergrund stelle, so dürfe es nicht das Kleid der anonymen Aktiengesellschaft wählen." So die Begr. des Regierungsentwurfs, abgedr. bei *Kropff*, Textausgabe des Aktiengesetzes vom 6.9.1965, S. 22.
[11] § 7 Abs. 1 AktG 1937 sah noch ein Mindestkapital von 500.000 Reichsmark vor.
[12] Damit geht der Vermögensschutz über den der GmbH hinaus, da in der GmbH nur das Stammkapital gegen Entnahmen geschützt ist. Einen allgemeinen Überblick über die Kapitalaufbringung gibt *Benecke* ZIP 2010, 105 ff.
[13] Aus § 54 Abs. 3 AktG iVm § 14 Abs. 1 S. 2 BBankG folgt grds., dass Bareinlagen nur in Euro erfolgen dürfen. Ggfs. sind daher Fremdwährungsbeträge in Euro umzutauschen. Solange kein Umtausch erfolgt ist, gilt die Einlage weiterhin als nicht geleistet oder als Sacheinlage. Welche Qualifikation bzgl. der Fremdwährung vorgenommen wird, hängt von den Umständen des Einzelfalls ab. Für Gutschriften auf ein Konto bei einem (ausländischen) Kreditinstitut wird zT vertreten, dass auch Zahlungen in einer Fremdwährung schuldbefreiend wirken sollen, vgl. Hüffer/Koch/*Koch* AktG § 54 Rn. 16 mwN. ME kann das allenfalls für frei konvertierbare Währungen gelten, bei denen es für eine Zahlung in der betreffenden Fremdwährung aber gerade keine Notwendigkeit gibt. Außerdem spricht das dann bei der Gesellschaft liegende Wechselkursrisiko für eine befreiende Wirkung von Fremdwährungszahlungen.
[14] Vgl. die Ausführungen unter → §§ 12, 13.
[15] → Rn. 87 ff.
[16] Zur verdeckten Sacheinlage s. ua BGHZ 110, 47 = NJW 1990, 982 ff.; BGHZ 118, 83 = NJW 1992, 2222; BGHZ 132, 133 = NJW 1996, 1286; BGHZ 170, 47 = NZW 2007, 765; zum Cash-Pooling sa → Rn. 17.
[17] MüKoAktG/*Pentz* § 27 Rn. 75.

nig kommt es für das Vorliegen einer verdeckten Sacheinlage auf die Reihenfolge von scheinbarer Bareinlage und tatsächlicher Sachleistung an.[18]

12 Die verdeckte Sacheinlage führt nicht zur Befreiung des Inferenten von seiner Einlagenverpflichtung, sondern nur zu einer Anrechnung des Wertes des verdeckt eingelegten Vermögensgegenstandes im Zeitpunkt der Anmeldung der Gesellschaft zur Eintragung in das Handelsregister (oder im Zeitpunkt seiner Überlassung an die Gesellschaft, falls diese später erfolgt) auf die fortbestehende Geldeinlagepflicht des Aktionärs. De facto bedeutet das eine Haftung des Inferenten auf eine etwaige Differenz zwischen dem Wert der Sacheinlage und dem Nominalwert der Geldeinlageverpflichtung, wobei die Beweislast für die Werthaltigkeit beim Inferenten liegt.[19]

13 Grundsätzlich soll bei einer Bargründung bzw. -kapitalerhöhung die Eintragung der Gesellschaft bzw. der Kapitalerhöhung in das Handelsregister nach § 36 Abs. 2 S. 1 Abs. 1 AktG nur erfolgen, wenn auf jede Aktie der eingeforderte Betrag ordnungsgemäß gezahlt wurde und endgültig zur freien Verfügung des Vorstands steht. Dabei muss der eingeforderte Betrag mindestens ein Viertel des geringsten Ausgabebetrages und bei einer Ausgabe für einen höheren als diesen auch den Mehrbetrag umfassen, § 36a Abs. 1 AktG. Bei einer Sachgründung bzw. -kapitalerhöhung ist die Sacheinlage vollständig zu erbringen, § 36a Abs. 2 S. 1 AktG.[20] Die Vorschriften bezwecken die Vermeidung unseriöser Gründungen.[21] Übersteigt der Wert der Sacheinlage den anteiligen Betrag des Grundkapitals bzw. den Nennbetrag wird der überschießende Teil in die Kapitalrücklage (§ 272 Abs. 2 Nr. 1 oder Nr. 4 HGB) als Teil des ebenfalls gebundenen Eigenkapitals eingestellt, sofern nicht ein Ausgleich mit der Gesellschaft vereinbart wurde.

14 Für den Fall der nicht rechtzeitigen Einzahlung der Einlagen sehen darüber hinaus §§ 63 f. AktG besondere Sanktionen (hohe Verzinsung, Ausschluss des säumigen Aktionärs) vor. Von der Verpflichtung zur Leistung ihrer Einlage können die Aktionäre nur befreit werden, indem eine Kapitalherabsetzung durchgeführt wird, § 66 Abs. 3 AktG.

15 Weitere gesetzliche Ausprägungen des Prinzips der Kapitalaufbringung finden sich im Erfordernis der Gründungsprüfung gem. §§ 33, 38 AktG,[22] den Regelungen zur Gründerhaftung gem. §§ 46 ff. AktG, dem Verbot der Zeichnung eigener Aktien gem. § 56 Abs. 1 AktG sowie in der Regelung zur Nachgründung gem. § 52 AktG.[23]

16 **b) Prinzip der Kapitalerhaltung.** Das Grundkapital wird seiner Garantiefunktion nur dann gerecht, wenn es nicht nur anfänglich aufgebracht wird, sondern auch dauerhaft – möglichst ungeschmälert – erhalten bleibt.[24] Der Kapitalerhaltung dienen primär die Vorschriften der §§ 57 bis 62 AktG, die nicht nur für das Grundkapital, sondern darüber hinaus für das gesamte Eigenkapital Anwendung finden.[25] So dürfen den Aktionären insbes.

---

[18] Hölters/*Solveen* AktG § 27 Rn. 31.
[19] Vor Inkrafttreten des ARUG waren Vereinbarungen über die Sacheinlagen bzw. -übernahmen gem. § 27 Abs. 3 S. 1 AktG aF unwirksam, wobei die Unwirksamkeit auch das dingliche Erfüllungsgeschäft umfasste, während der Inferent verpflichtet blieb, statt der Sacheinlage den Nennbetrag der Einlagen in bar zu leisten.
[20] Besteht die Sacheinlage in der Verpflichtung, einen Vermögensgegenstand auf die Gesellschaft zu übertragen, ist diese Leistung gem. § 36a Abs. 2 S. 2 AktG innerhalb von fünf Jahren nach der Eintragung der Gesellschaft in das Handelsregister zu bewirken sein. Aufgrund dieses Wortlauts ist in der Lit. str., ob es stets ausreicht, wenn der Gründer eine durch dingliches Übertragungsgeschäft zu bewirkende Sacheinlageverpflichtung innerhalb von fünf Jahren *nach* der Eintragung erfüllt, oder ob die Verpflichtung zur vollständigen Sacheinlageleistung *vor* der Anmeldung der Eintragung der Gesellschaft in das Handelsregister den Regelfall (§ 36a Abs. 2 S. 1 AktG) darstellt und es nur ausnahmsweise bei der Übertragung von Grundstücken und Grundstücksrechten ausreicht, wenn die bindende Einigung und die Eintragungsvoraussetzungen vorliegen, aber die Übertragung noch nicht vollzogen ist. Zu diesem Streit s. Hölters/*Solveen* AktG § 36a Rn. 5.
[21] Hüffer/Koch/*Koch* AktG § 36 Rn. 1.
[22] Allerdings besteht für börsengehandelte Wertpapiere und für andere Vermögensgegenstände bei Vorliegen einer aktuelleren Bewertung die Möglichkeit von einer weiteren Werthaltigkeitsprüfung gem. § 33 Abs. 2 AktG abzusehen, s. iE § 33a AktG.
[23] Zu Fragen bei der Gründung vgl. die gesonderte Darstellung unter → §§ 12, 13.
[24] MüKoAktG/*Heider* § 1 Rn. 97.
[25] Einen Überblick über Gesichtspunkte des Kapitalerhaltungsgebotes und die höchstrichterliche Rspr. in Deutschland gibt *Henze* NZG 2003, 649; dogmatisch aufschlussreich und weiterführend zur verdeckten Gewinnausschüttung *Fleischer* WM 2007, 909 ff.

Einlagen nicht zurück gewährt werden (**Verbot der Einlagenrückgewähr**), § 57 Abs. 1 AktG. Entgegen dem Wortlaut bezieht sich das Verbot der Einlagenrückgewähr nicht nur auf die von den Aktionären ursprünglich erbrachten Einlagen, sondern auf das gesamte Eigenkapital, so dass nach allgemeiner Auffassung jede einseitige Leistung der Aktiengesellschaft, die wegen Mitgliedschaft aller oder einzelner Aktionäre erbracht wird und nicht aus Bilanzgewinn erfolgt oder ausnahmsweise gesetzlich zugelassen ist, verboten ist.[26] Durch diesen weiten Anwendungsbereich sollen Umgehungsversuche vermieden werden.[27] Aktionäre, die eine Leistung unter Verstoß gegen das in § 57 Abs. 1 AktG normierte Verbot erhalten haben, sind gem. § 62 Abs. 1 S. 1 AktG rückerstattungspflichtig und können ggf. einer allgemeinen zivilrechtlichen Haftung nach §§ 823 Abs. 2, 985 BGB ausgesetzt sein.[28] Darüber hinaus können sich sowohl der Vorstand als auch der Aufsichtsrat gem. § 93 Abs. 2, 3 Nr. 1, 2, § 116 AktG gegenüber der Gesellschaft schadensersatzpflichtig machen.[29]

Gesetzliche Ausnahmen vom Verbot der Einlagenrückgewähr bestehen bei der Kapitalherabsetzung,[30] bei der Liquidation der Gesellschaft und beim Erwerb eigener Aktien. Für den Fall des Erwerbs eigener Aktien nach einer der in § 71 Abs. 1 S. 1 Nr. 1–8 AktG aufgezählten Alternativen stellt § 57 Abs. 1 S. 2 AktG ausdrücklich klar, dass die Zahlung des Erwerbspreises durch die Gesellschaft nicht als Einlagenrückgewähr gilt. Dafür sind in diesen Fällen besondere gläubigerschützende Vorschriften (zB § 71 Abs. 2 AktG, § 272 Abs. 4 HGB) zu beachten.[31] Eine weitere Ausnahme vom Verbot der Einlagenrückgewähr besteht gem. § 57 Abs. 1 S. 3 AktG, wenn der Leistung an den Aktionär ein vollwertiger Gegenleistungs- oder Rückgewähranspruch (zB auf Darlehensrückgewähr) gegen diesen Aktionär gegenübersteht, wobei das Erfordernis der Vollwertigkeit des Rückgewähranspruchs bereits dann als erfüllt gilt, wenn bei bilanzieller Betrachtungsweise die Durchsetzbarkeit der Forderung absehbar nicht gefährdet erscheint.[32] Aufgrund dieser Bestimmung ist es der Aktiengesellschaft nun auf gesicherter Grundlage möglich, an einem Cash Pooling teilzunehmen. Ferner enthält § 57 Abs. 1 S. 3 eine (klarstellende) Ausnahme für Leistungen der Gesellschaft bei Bestehen eines Beherrschungs- oder Gewinnabführungsvertrages.[33]

c) Finanzierung im Konzern. Im Konzern bestehen besondere Risiken für die Kapitalaufbringung und die Kapitalerhaltung: Die Muttergesellschaft könnte zB eine Tochtergesellschaft anhalten, eine (vorgebliche) Bareinlage bei dieser Tochter zum Ausgleich einer Verbindlichkeit bei einer zweiten Tochtergesellschaft zu verwenden, statt die zweite Tochtergesellschaft anzuhalten, ihre Einlage bei der ersten einzubringen.

Deshalb gilt im Konzernverbund die Vermutung, dass auch dann eine verdeckte Sacheinlage vorliegt, wenn in engem zeitlichen Zusammenhang mit einer Bareinlageleistung die Forderung eines mit dem Zeichner verbundenen Unternehmens durch die Gesellschaft bedient wird.[34] Rechtsfolge hiervon ist wiederum, dass die Einlage des Zeichners als noch nicht geleistet gilt, er weiterhin zur Erbringung der Leistung verpflichtet ist und nur den Wert der verdeckten Sacheinlage auf die Einlagepflicht angerechnet werden kann, wobei der Zeichner für den Wert der Sacheinlage beweispflichtig ist.[35]

Indes hat sich auch insoweit aufgrund der Neufassung des § 27 Abs. 4 AktG durch das ARUG eine gewisse Lockerung ergeben, als das Versprechen einer an sich als Einlagenrückgewähr anzusehenden Leistung an den Aktionär jedenfalls dann zu einer Befreiung von der

---

[26] OLG Frankfurt a. M. AG 1996, 324 f.; OLG Hamburg AG 1980, 275; KG AG 1999, 319; Hüffer/Koch/*Koch* AktG § 57 Rn. 2.
[27] Dies betrifft vor allem die Fälle, die steuerrechtlich als verdeckte Gewinnausschüttung erfasst werden.
[28] S. mit Nachweisen Spindler/Stilz/*Cahn/v. Spannenberg* AktG § 57 Rn. 48.
[29] Zur Haftung des Vorstandes bei einer verbotenen Einlagenrückgewähr OLG Hamm AG 1995, 512 ff.
[30] → Rn. 28.
[31] Zur durch das BilMoG geänderten Bilanzierung eigener Aktien („Nettoausweis") *Kropff* ZIP 2009, 1137 ff.
[32] Spindler/Stilz/*Cahn/v. Spannenberg* AktG § 57 Rn. 141.
[33] Die Ausnahme entspricht der bisherigen Regelung in § 291 Abs. 3 AktG.
[34] MHdB GesR IV/*Krieger* § 70 Rn. 49.
[35] Den Sonderfällen der Nachgründung im Konzern sowie des Erwerbs eigener Aktien durch Konzernunternehmen tragen die §§ 52, 71d AktG Rechnung, die die Kapitalaufbringungs- und -erhaltungsgrundsätze auf den Konzern anwenden.

Einlagepflicht führt, wenn (i) der Leistung an den Aktionär ein vollwertiger Rückzahlungsanspruch gegenübersteht, der entweder jederzeit fällig ist oder jedenfalls durch fristlose Kündigung jederzeit fällig gestellt werden kann, (ii) dieser nicht als verdeckte Sacheinlage iSd § 27 Abs. 3 AktG anzusehen ist und (iii) das Versprechen der Leistung schon bei der Anmeldung der Gesellschaft bzw. der Kapitalerhöhung nach § 37 AktG angegeben wurde.

5. Höhe des Grundkapitals

21 **a) Denomination und Mindestnennbeträge.** Nach § 7 AktG muss jede Aktiengesellschaft mit einem Grundkapital von mindestens 50.000 EUR ausgestattet sein.
Seit dem 1.1.1999 muss das Grundkapital auf einen Nennbetrag in Euro lauten, vgl. § 6 AktG. Wurde eine Aktiengesellschaft bereits vor dem 1.1.2002 noch mit einem auf Deutsche Mark lautenden Grundkapital in das Handelsregister eingetragen, besteht kein unmittelbarer Handlungsbedarf. Allerdings dürfen kapitaländernde Beschlüsse seit dem 31.12.2001 nicht mehr in das Handelsregister eingetragen werden, wenn nicht zuvor im Wege einer Satzungsänderung die die Kapitalverhältnisse der Gesellschaft betreffenden Bestimmungen auf in Euro lautende Beträge umgestellt worden sind, § 3 Abs. 5 EGAktG.[36] Sofern das Grundkapital in Nennbetragsaktien zerlegt ist,[37] müssen zugleich auch die Nennbeträge im Wege der Kapitalerhöhung aus Gesellschaftermitteln oder der (vereinfachten) Kapitalherabsetzung auf volle Euro umgestellt werden, § 3 Abs. 5 EGAktG iVm § 8 AktG.

22 Für Gesellschaften, die bestimmte Unternehmensgegenstände verfolgen, gelten auf Grund spezialgesetzlicher Vorschriften höhere Mindestziffern, zB für Unternehmensbeteiligungsgesellschaften (§ 2 Abs. 4 UBBG),[38] Kapitalanlagegesellschaften (§§ 11, 20 Abs. 6 und § 97 Abs. 1 Nr. 1 InvG) oder Versicherungen (§§ 5 Abs. 4, 53c VAG sowie §§ 2 Abs. 1, 8 Abs. 1 Bausparengesetz iVm §§ 10, 33 Abs. 1 Nr. 1 KWG) und Kreditinstitute, die das Pfandbriefgeschäft betreiben (§ 2 Abs. 2 S. 1 Nr. 1 PfandbrG).[39] Werden diese höheren Grundkapitalziffern nicht erreicht, so hat dies aber nur aufsichtsrechtliche Konsequenzen,[40] die Gesellschaft als solche gilt als wirksam errichtet. Für Aktiengesellschaften, die eine Börsennotierung anstreben, bestehen dagegen heute keine erhöhten Mindestanforderungen mehr.[41]

23 **b) Berechnung.** Das Grundkapital ist das festgeschriebene Kapital, welches in Aktien zerlegt ist. Sofern die Gesellschaft Nennbetragsaktien ausgegeben hat, entspricht das Grundkapital der Summe der Nennbeträge aller Aktien. Hat die Gesellschaft dagegen Stückaktien ausgegeben, stellt das Grundkapital die vorgegebene Größe dar, aus der sich der auf die einzelne Stückaktie entfallende Betrag des Grundkapitals ableitet.[42]

24 **c) Grundkapital als Bezugsgröße.** Das Grundkapital wird vom AktG auch als Schwellenwert für bestimmte Ober- und Untergrenzen verwendet. Der Erwerb eigener Aktien der Gesellschaft neben anderen Voraussetzungen nur bis zu einer Grenze von insgesamt 10 % des Grundkapitals möglich.[43] Bestimmte Minderheitsrechte bestehen ebenfalls erst ab einer gewissen Beteiligungshöhe. Ebenso relevant ist das Grundkapital als Schwellenwert bei Kapitalmaßnahmen.[44] Soll der Vorstand durch die Satzung ermächtigt werden, das Grundkapital gegen Ausgabe neuer Aktien zu erhöhen (genehmigtes Kapital), so darf gem. § 202 Abs. 3 AktG der Nennbetrag dieses genehmigten Kapitals 50 % des Grundkapitals nicht

---

[36] Seit dem 1.1.2002 ist der Aufsichtsrat auch ohne einen Beschluss der Hauptversammlung zu einer entsprechenden Fassungsänderung der Satzung befugt; § 4 Abs. 1 S. 2 EGAktG stellt insofern eine gesetzliche Ausprägung des § 179 Abs. 1 S. 2 AktG dar.
[37] → Rn. 78.
[38] Zu diesen *Fischer* WM 2008, 857.
[39] IE Kölner Komm AktG/*Dauner-Lieb* § 7 Rn. 6.
[40] Hüffer/Koch/*Koch* AktG § 7 Rn. 6.
[41] Allerdings müssen diese Gesellschaften eine ausreichende Streuung des Aktienbesitzes sicherstellen, § 9 Abs. 1 BörsZulV, was *de facto* ein erhöhtes Grundkapital erfordert, vgl. auch → § 47.
[42] MüKoAktG/*Heider* § 1 Rn. 94.
[43] § 71 Abs. 1 S. 1 Nr. 8 AktG.
[44] Ausf. *Ihrig/Wagner* NZG 2002, 657 ff.

überschreiten. Gleiches gilt gem. § 192 Abs. 3 S. 1 AktG grds. für bedingtes Kapital.[45] Ein Bezugsrechtsausschluss der Aktionäre bei Kapitalmaßnahmen ist wiederum in der Regel bis zu einer Grenze von 10 % des Grundkapitals möglich, vgl. § 186 Abs. 3 S. 4 AktG (Ausschluss des Bezugsrechts bei der Kapitalerhöhung gegen Einlagen),[46] §§ 203 Abs. 1 iVm § 186 Abs. 3 S. 4 und § 203 Abs. 2 AktG (Genehmigtes Kapital), § 221 Abs. 4 S. 2 AktG (Wandel- und Gewinnschuldverschreibungen und Genussrechte).[47] Als Bezugsgröße dient das Grundkapital ferner bei der Feststellung, ob eine Nachgründung vorliegt: dies kann ua dann der Fall sein, wenn ein Aktionär mit 10 % oder mehr am Grundkapital beteiligt ist und die Vergütung für den mit dem Aktionär abgeschlossenen Vertrag 10 % des Grundkapitals übersteigt, vgl. § 52 Abs. 1 S. 1 AktG.

d) Änderung des Grundkapitals. Eine Änderung des Grundkapitals kann entweder durch eine Kapitalerhöhung oder durch eine Kapitalherabsetzung erfolgen.   25

aa) Kapitalerhöhung. Formen der Kapitalerhöhung sind die ordentliche Kapitalerhöhung (§§ 182–191 AktG), die bedingte Kapitalerhöhung (§§ 192–201 AktG), die Schaffung und Ausnutzung von zuvor geschaffenem genehmigten Kapital (§§ 202–206 AktG),[48] und die Kapitalerhöhung aus Gesellschaftsmitteln (§§ 207–220 AktG).[49] Für Unternehmen des Finanzsektors wurde 2008 im Rahmen der Bemühungen um die Stabilisierung des Finanzmärkte bei Vorliegen der dort genannten Voraussetzungen zusätzlich eine erleichterte Möglichkeit der Kapitalerhöhung geschaffen, § 7 FMStBG.[50]   26

Die Erhöhung des Grundkapitals erfordert grds. die Zuführung neuen Kapitals von außen, lediglich bei der Kapitalerhöhung aus Gesellschaftsmitteln wird das Grundkapital ohne die Zuführung neuen Kapitals zu Lasten der Kapital- und/oder Gewinnrücklagen erhöht. Gleichwohl ist die Kapitalerhöhung aus Gesellschaftsmitteln mehr als die bloße Umschichtung von Bilanzposten, da die in Grundkapital umgewandelten Kapital- und/oder Gewinnrücklagen nun in vollem Umfang den Kapitalerhaltungsvorschriften unterworfen werden.[51]   27

bb) Kapitalherabsetzung. Eine Reduzierung der Grundkapitalziffer erfolgt nach den Vorschriften über die Kapitalherabsetzung. Zu Lasten aller Aktionäre regelt das Aktiengesetz die ordentliche Kapitalherabsetzung (§§ 222–228 AktG) und unter erleichterten Voraussetzungen die „vereinfachte Kapitalherabsetzung" als eine Sonderform zum Zwecke der Sanierung eines Unternehmens (§§ 229–236 AktG). Als Kapitalherabsetzung lediglich zu Lasten einzelner Aktionäre ist die Einziehung von Aktien möglich (§§ 237–239 AktG).[52]   28

cc) Folgen. Jede Veränderung des Grundkapitals führt zu einer Satzungsänderung, da die Höhe des Grundkapitals gem. § 23 Abs. 3 Nr. 3 AktG zwingend in der Satzung angegeben sein muss. Die Satzungsänderung muss nach § 181 AktG auch in das Handelsregister eingetragen werden.   29

Darüber hinaus bedingt jede Kapitalerhöhung oder -herabsetzung (mit Ausnahme der Kapitalerhöhung aus Gesellschaftsmitteln ohne Ausgabe neuer Aktien und der Kapitalherabsetzung ohne Zusammenlegung oder Einziehung von Aktien) stets auch eine Änderung der Mitgliedschaftsrechte.   30

---

[45] Ausf. zu den Kapitalmaßnahmen → § 30.
[46] *Bezzenberger* ZIP 2002, 1917 ff.
[47] Zum Ausschluss des Bezugsrechts bei Wandelschuldverschreibungen OLG Braunschweig AG 1999, 84; *Busch* AG 1999, 58 ff.
[48] *Natterer* ZIP 2002, 1672 (1675).
[49] Wegen der weiteren Einzelheiten der jeweiligen Maßnahme wird auf die ausführliche Erörterung in § 30 verwiesen.
[50] So kann die Einberufungsfrist für eine Hauptversammlung auf einen Tag verkürzt werden, wenn das Grundkapital unter Ausschluss des Bezugsrechts der Aktionäre erhöht werden soll. Darüber hinaus sind die Erleichterungen des § 16 Abs. 4 WpÜG anwendbar.
[51] MHdB GesR IV/*Scholz* § 60 Rn. 1.
[52] Zur Kapitalherabsetzung zum Zwecke der Umstellung der Aktien auf Euro-Beträge s. *Heidinger* DNotZ 2000, 661.

6. Ermittlung des „richtigen" Grundkapitals, Finanzierungsbedarf

31 a) **Höhe des Grundkapitals.** Von den gesetzlichen Mindestnennbeträgen abgesehen bestehen keine gesetzlichen Vorschriften für die Höhe des Grundkapitals. Ein hohes Grundkapital erhöht die Schwelle für Nachgründungsverfahren gem. § 52 AktG, zwingt den Vorstand bei Verlusten aber im Vergleich zu Gesellschaften mit einem gleich hohen Eigenkapital bei geringerem Grundkapital auch früher zur Einberufung der Hauptversammlung nach § 92 Abs. 1 AktG. Darüber hinaus erlaubt ein hohes Grundkapital eine höhere Aktienanzahl und damit einen geringeren anteiligen Unternehmenswert je Aktie, was bei börsennotierten Gesellschaften in der Regel mit einer höheren Liquidität der Aktie einhergeht (dazu → § 47). Eine generelle, betriebswirtschaftlich logisch ableitbare Regel für die Bestimmung des erforderlichen oder zweckmäßigen Grundkapitals einer Gesellschaft besteht jedoch nicht.

32 b) **Verhältnis von Grund- zu Eigenkapital.** Auch das Verhältnis zwischen Grund- und Eigenkapital ist von eingeschränkter Bedeutung, da das Eigenkapital im Wesentlichen gleich dem Grundkapital den Vorschriften der Kapitalerhaltung in der Aktiengesellschaft unterliegt und (ebenfalls) nur unter Beachtung der Verfahrensvorschriften aus der Gesellschaft entnommen werden kann.[53]

33 c) **Verhältnis von Eigen- zu Fremdkapital.** Dagegen ist das Verhältnis des Eigenkapitals zum Fremdkapital bzw. zur Bilanzsumme von erheblicher wirtschaftlicher Bedeutung. Der Anteil des Eigenkapitals an der Bilanzsumme wird in der Regel als Eigenkapitalquote bezeichnet. Rechtliche Vorgaben bzgl. der Eigenkapitalquote bestehen nur für gewisse regulierte Unternehmen.[54]

34 Ein hoher Eigenkapitalanteil ist gleichbedeutend mit einem hohen Haftungsrisiko des Gesellschafters, verbessert aber durch geringe Kapitalbeschaffungskosten insbes. in Hochzinsphasen auch die Renditeaussichten der Gesellschaft und damit des Gesellschafters. Umgekehrt bedeutet ein hoher Fremdkapitalanteil ein geringeres Haftungsrisiko des Gesellschafters bei gleichzeitig geringeren Renditeaussichten. Ein hoher Fremdkapitalanteil ist gleichbedeutend mit einer hohen Verschuldung der Gesellschaft. Das kann zu finanzieller Instabilität führen, weil der Fortbestand der Fremdkapitalfinanzierung laufend gesichert werden muss.

35 Ein leistungsfähiger Gesellschafter könnte daher versucht sein, der Gesellschaft nur in geringem Umfang Eigenkapital zur Verfügung zu stellen und ihr zusätzlich selbst Fremdkapital im Wege von Darlehen oder Krediten zuzuführen. Auf diese Weise ließe sich das Haftungsrisiko bei gleichzeitig hoher Rendite begrenzen. Allerdings sind Zinsaufwendungen der Gesellschaft für Gesellschafterdarlehen nur beschränkt als Betriebsausgaben abziehbar (Zinsschranke, § 4h EStG iVm § 8a KStG), was die Attraktivität dieser Gestaltung deutlich einschränkt. Im Übrigen stellt sich eine solche Gestaltung als risikoträchtig dar, denn der Aktionär, der der Gesellschaft ein Darlehen gewährt, ist gem. § 39 Abs. 1 Nr. 5 InsO nachrangiger Insolvenzgläubiger. Darüber hinaus ist die Darlehensrückzahlung unter bestimmten Voraussetzungen anfechtbar, wenn die Gesellschaft nach der Darlehensrückzahlung Insolvenz anmeldet.[55]

36 In der Praxis lag die Eigenkapitalquote im Jahr 2015 bei deutschen Aktiengesellschaften mit einem Umsatz von bis zu 50 Mio. EUR etwas über 40 % und bei Aktiengesellschaften mit einem Umsatz über 50 Mio. EUR bei 31,5 %.[56]

---

[53] Insoweit ist es konsequent, dass § 150 AktG die Bildung einer gesetzlichen Rücklage bestimmt, die zusätzlichen Kapitalschutz noch im Vorfeld zum Grundkapital vorsieht.
[54] Bei Kreditinstituten, dh Banken und sonstigen Finanzdienstleistern, die den Vorschriften des KWG unterfallen, muss zur Bestimmung des angemessenen Eigenkapitals nach § 10 KWG eine Berechnung der Risikopositionen erfolgen (Adressrisiko, operationelles Risiko sowie Marktpreisrisiko). § 10 KWG nimmt dabei Bezug auf die unmittelbar geltenden detaillierten Risiken der VO (EU) Nr. 575/2013. Versicherungsunternehmen sind nach § 89 Abs. 1 VAG verpflichtet, stets über anrechnungsfähige Eigenmittel mindestens in Höhe der Solvabilitätskapitalanforderung zu verfügen. Eigenmittel sind nach § 89 Abs. 2 VAG das Basiskapital sowie die ergänzenden Eigenkapitalmittel iSd § 89 Abs. 4 VAG.
[55] → Rn. 38 f.
[56] Vgl. die Statistische Sonderveröffentlichung 6 der Deutschen Bundesbank (Verhältniszahlen aus Jahresabschlüssen deutscher Unternehmen von 2014–2015) vom Mai 2018, S. 318. Für Betriebe gewerblicher Art von juristischen Personen des öffentlichen Rechts gehen die Körperschaftsteuer-Richtlinien 2015 von einer ange-

d) Rating. Nach den Grundsätzen von „Basel II"[57] und dem Reformpaket „Basel III"[58] 37
sind die Kreditinstitute gehalten, Kredite abhängig von einem von ihnen bzw. einer externen
Ratingagentur durchzuführenden Rating zu gewähren, wie es auch zuvor schon bei börsennotierten Großanleihen der Fall war. Im Rahmen dieses Ratings nimmt die Bedeutung der
Eigenkapitalquote als Stabilitätsfaktor eines Unternehmens weiter zu.

e) Unterkapitalisierung/Eigenkapitalersatz. Wenngleich bei der Aktiengesellschaft die persönliche Haftung der Aktionäre nach § 1 Abs. 1 S. 2 AktG grds. ausgeschlossen ist, konnten 38
nach der Rspr. des BGH vor Inkrafttreten des MoMiG unter bestimmten Umständen als
Fremdkapital gewährte Mittel analog § 32a GmbHG aF[59] zu Eigenkapital umqualifiziert
werden. Der Aktionär wurde dann auch hinsichtlich dieser Mittel nicht als Gläubiger, sondern als Aktionär behandelt und daher nur nachrangig befriedigt.[60] Das Vorliegen eines
eigenkapitalersetzenden Gesellschafterdarlehens nahm der BGH an, wenn der Aktionär dieses
Darlehen der Gesellschaft in der Krise, dh in einem Zeitpunkt gewährt, in dem es als ordentlicher Kaufmann der Gesellschaft Eigenkapital zugeführt hätte.[61]

Mit Inkrafttreten des MoMiG wurde das Eigenkapitalersatzrecht dogmatisch völlig umgestaltet.[62] Das von dem Aktionär an die Gesellschaft geleistete Darlehen bleibt entgegen 39
der früheren BGH-Rspr. wirksam, vgl. § 57 Abs. 1 S. 4 AktG.[63] Insbesondere wird das Darlehen nicht mehr als Eigenkapital, sondern als Fremdkapital behandelt. Der Ausgleich erfolgt fortan durch eine rein insolvenzrechtliche Lösung: Alle Gesellschafterdarlehen, also
unabhängig davon, ob sie innerhalb oder außerhalb einer Krise gewährt wurden, sind gem.
§ 39 Abs. 1 Nr. 5, § 44a InsO in der Insolvenz nachrangig.[64] Darüber hinaus sind Rückzahlungen von Gesellschafterdarlehen, die im letzten Jahr vor dem Insolvenzantrag erfolgt sind,
anfechtbar und können vom Insolvenzverwalter zurückgefordert werden, vgl. § 135 Abs. 1
Nr. 2 InsO. Parallel wurden die Pflichten des Vorstandes erweitert, indem nun auch Zahlungen an Aktionäre, die zu einer Zahlungsunfähigkeit der Gesellschaft führen mussten, verboten sind, § 92 Abs. 2 S. 3 AktG.

II. Die Aktie

1. Definition der Aktie

Das Gesetz legt dem Begriff „Aktie" **drei Bedeutungen** bei: 40

a) Aktienurkunde. Zunächst ist die Aktie ein Wertpapier, das die Mitgliedschaft in der 41
Gesellschaft verbrieft.[65] Die Verbriefung ist der Regelfall, allerdings ist sie für die Begründung der Mitgliedschaft nicht zwingend und hat lediglich deklaratorische Bedeutung.[66]

b) Mitgliedschaft. Weiter bezeichnet der Begriff „Aktie" auch die Mitgliedschaft in der 42
Gesellschaft. Sie vermittelt dem Aktionär eine Teilhabe, welche mit Rechten und Pflichten
verbunden ist. Originär wird die Mitgliedschaft bei der konstitutiven Eintragung der Gesell-

---

messenen Eigenkapitalausstattung aus, wenn die Eigenkapitalquote wenigstens 30 % beträgt, R 8.2 Abs. 2 S. 3 KStR 2015.

[57] Die Umsetzung der Baseler Empfehlungen zur Durchführung von Ratings und der Anerkennung externer Ratingagenturen („Basel II") bezweckte die RL 2006/48/EG, welche durch die RL 2013/36/EU aufgehoben wurde. Die RL 2013/36/EU ist durch die am 6.12.2013 in Kraft getretene Solvabilitätsverordnung umgesetzt.

[58] Vgl. zu „Basel III": Boos/Fischer/Schulte-Matter/*Schulte-Matter* SolvV § 1 Rn. 27ff.

[59] §§ 32a, b GmbHG wurden im Zuge des MoMiG wieder aufgehoben.

[60] BGHZ 90, 381 (388 f.) = NJW 1984, 893 ff. „BuM/WestLB".

[61] Der BGH konkretisierte den Eintritt der Krise als den Zeitpunkt, in dem die Gesellschaft kreditunwürdig ist, was bedeutet, dass ihr ein Dritter zu marktüblichen Konditionen keinen Kredit mehr einräumen wird, BGHZ 76, 326 (329) = NJW 1980, 1524; BGHZ 81, 252 (263) = NJW 1981, 2570.

[62] Die neue Rechtslage gilt für alle Insolvenzverfahren, die ab dem 1.10.2007 eröffnet worden sind.

[63] Danach ist die Rückzahlung des Darlehens nicht mehr vom Rückzahlungsverbot gem. §§ 57, 62 AktG umfasst.

[64] Dies gilt nur, soweit der Gesellschafter mit mindestens 10 % an der Gesellschaft beteiligt ist (§ 39 Abs. 5 InsO, sog. Kleinbeteiligtenprivileg). Das Sanierungsprivileg ist nunmehr in § 39 Abs. 4 S. 2 InsO geregelt.

[65] Zur Aktienurkunde → Rn. 80 ff.

[66] LG Berlin AG 1994, 378 (379); MüKoAktG/*Heider* § 10 Rn. 8.

schaft in das Handelsregister durch die Gründer[67] oder bei einer Kapitalerhöhung gegen Einlagen durch die Übernahme neuer Aktien erworben. Derivativ kann die Mitgliedschaft durch Rechtsnachfolge erworben werden.[68]

43 **c) Beteiligungsquote.** Schließlich gibt die Aktie die Beteiligungsquote des aus der Aktie Berechtigten wieder. Bei der Berechnung der Quote ist zwischen Nennbetragsaktien und Stückaktien zu differenzieren: Bei der Nennbetragsaktie ergibt sich die Beteiligungsquote aus dem Nennbetrag der Aktie im Verhältnis zum Grundkapital, bei der Stückaktie ergibt sich die Beteiligung der einzelnen Aktien aus ihrem Verhältnis zur Gesamtzahl aller ausgegebenen Aktien.[69]

2. Aktienarten

44 Gem. § 10 Abs. 1 AktG wird nach Art der wertpapiermäßigen Verbriefung zwischen Inhaberaktien und Namensaktien unterschieden.

45 Die Art der auszugebenden Aktien ist gem. § 23 Abs. 3 Nr. 5 AktG in der Satzung festzulegen. Die Gesellschaft hat grds. die freie Wahl zwischen der Ausgabe von Inhaberaktien und Namensaktien oder auch einer Kombination beider Aktienformen. Seit Inkrafttreten der Aktienrechtsnovelle 2016 am 31.12.2015 ist dieses Wahlrecht jedoch eingeschränkt. Inhaberaktien dürfen gem. § 10 Abs. 1 S. 2 AktG nur ausgestellt werden, wenn die Gesellschaft börsennotiert ist oder der Anspruch des Aktionärs auf Einzelverbriefung seiner Aktien in der Satzung ausgeschlossen ist und die Sammelurkunde bei einer der in § 10 Abs. 1 S. 2 Nr. 2a–c AktG angeführten Stellen hinterlegt wird.[70] Solange die Sammelurkunde nicht hinterlegt ist, sind Inhaberaktien wie Namensaktien zu behandeln und die Inhaberaktionäre in ein Aktienregister einzutragen, § 10 Abs. 1 S. 3, § 67 AktG.

46 **a) Inhaberaktie.** Die Inhaberaktie ist entsprechend ihrem Wortsinn ein Inhaberpapier und analog §§ 793 ff. BGB zu behandeln, soweit nicht Aktienrecht entgegensteht.[71] Für den Inhaber der Aktie spricht die (widerlegbare) Vermutung der materiellen Berechtigung. Das bedeutet, dass der Inhaber grds. als Legitimierter gilt. Weigert sich die Gesellschaft, an den Inhaber zu leisten, zB die Dividenden zu zahlen oder ein Bezugsrecht zu gewähren, hat sie nachzuweisen, dass kein Eigentum des Inhabers an der Urkunde besteht.[72] Andererseits kann die Gesellschaft die Urkunde auch gegen sich gelten lassen und schuldbefreiend an den Inhaber leisten, selbst wenn dieser nicht zur Verfügung berechtigt ist, vgl. § 793 Abs. 1 S. 2 BGB.

47 **b) Namensaktien.** Die Namensaktie bezeichnet neben dem Recht, das sie verbrieft, zusätzlich den Namen des Berechtigten. Die Übertragung kann durch Indossament erfolgen, dh durch schriftliche Übertragungserklärung auf der Aktienurkunde oder dem fest mit ihr verbundenen Anhang.[73] Im Unterschied zu der Inhaberaktie ist die Namensaktie ein geborenes Orderpapier. Das bedeutet, dass mit der bloßen Innehabung noch keine Legitimationsfunktion eintritt. Auch die Gesellschaft darf die Aktienurkunde nur bei einem entsprechenden Legitimationsnachweis gegen sich gelten lassen. Der jeweilige Inhaber der Namensaktie muss daher zur Geltendmachung seiner Rechte aus der Urkunde in der Regel eine ununterbrochene Reihe von Indossamenten vorweisen, die vom namentlich in der Aktienurkunde Genannten bis zum aktuellen Inhaber führt.

48 Die Übertragbarkeit kann durch ein **Blankoindossament** (Art. 13 Abs. 2 WG) wesentlich erleichtert werden. Bei einem Blankoindossament braucht der **Indossatar** (Erwerber) nicht selbst benannt zu werden, es reicht die bloße Unterschrift des **Indossanten** (Übertragenden).

---

[67] Gründer sind gem. § 28 AktG die Aktionäre, welche die Satzung festgestellt haben.
[68] Näher zur Mitgliedschaft → Rn. 106 ff.
[69] Näher zu den Aktiensorten → Rn. 77 ff.
[70] Gem. § 26h Abs. 1 EGAktG besteht ein umfassender Bestandsschutz für bereits bestehende nichtbörsennotierte Gesellschaften mit Inhaberaktien, deren Satzung vor dem Inkrafttreten der Aktienrechtsnovelle durch notarielle Beurkundung festgestellt wurde.
[71] OLG Oldenburg AG 2000, 367 f.
[72] MüKoBGB/*Habersack* Vor § 793 Rn. 14.
[73] Zur Übertragung von Namensaktien → Rn. 163 ff.

In entsprechender Anwendung des Art. 14 Abs. 2 Nr. 3 WG kann der Indossatar die Aktie weiterübertragen, ohne das Blankoindossament auszufüllen oder die Aktie erneut zu indossieren. Blankoindossierte Namensaktien nähern sich damit den Inhaberaktien an und sind – wie diese – depot- und börsenfähig.[74]

Das Recht an der Namensaktie entsteht allein durch die Übernahmeerklärung des Aktionärs, die Verbriefung ist wie bei den Inhaberaktien rein deklaratorischer Natur.[75] Unabhängig von der Verbriefung der Namensaktien ist ein Aktienregister zu führen, in das Namensaktien unter Bezeichnung des Inhabers einzutragen sind. 49

aa) Gründe für die Ausgabe von Namensaktien. Obwohl wegen der Pflicht zur Führung des Aktienregisters mit Namensaktien ein höherer Verwaltungsaufwand verbunden ist als mit Inhaberaktien, haben Namensaktien seit den 1990er Jahren wohl vor allem wegen der Bestimmbarkeit des einzelnen Aktionärs wieder an Beliebtheit gewonnen. Der Gesetzgeber hat seine Bevorzugung der Namensaktie durch die Aktienrechtsnovelle 2016 vor allem mit der Erhöhung der Transparenz der Beteiligungsstrukturen und der Bekämpfung der Geldwäsche begründet.[76] 50

Namensaktien ermöglichen zudem eine bessere Kontrolle der Zusammensetzung des Aktionärskreises, denn nach § 68 Abs. 2 S. 1 AktG kann die Übertragung der Aktien an die Zustimmung der Gesellschaft gebunden werden. In diesem Fall handelt es sich um **vinkulierte Namensaktien**.[77] Eine Vinkulierung der Aktien ist Voraussetzung für die Begründung von Nebenleistungspflichten gem. § 55 AktG und zwingend in der Satzung festzustellen.[78] Eine nachträgliche Vinkulierung erfordert einen satzungsändernden Beschluss der Hauptversammlung. 51

Da der Gesellschaft ihre Aktionäre auf Grund der Eintragung in das Aktienregister (§ 67 AktG) auch namentlich bekannt sind, erleichtert die Namensaktie bis zu einem gewissen Grad die Kontaktaufnahme und damit die Pflege der Beziehung zu dem einzelnen Aktionär (Stichwort **Investor Relations**).[79] Insbesondere bei einer öffentlichen Übernahme nach dem WpÜG können die Inhaber von Namensaktien schneller erreicht und im Rahmen der Neutralitätspflicht von der Verwaltung der Zielgesellschaft über Vor- und Nachteile des Angebots informiert werden. 52

Ein weiterer Grund für die Ausgabe von Namensaktien ist die Möglichkeit der Teileinzahlung nach § 10 Abs. 2 S. 1 AktG: Namensaktien dürfen – im Gegensatz zu Inhaberaktien – auch gegen Einzahlung nur eines Teils des Ausgabebetrages ausgegeben werden.[80] Diese Option wird insbes. auch von Versicherungsgesellschaften in Anspruch ge- 53

---

[74] Hüffer/Koch/*Koch* AktG § 68 Rn. 5.
[75] MHdB GesR IV/*Wiesner* § 12 Rn. 3, MüKoAktG/*Heider* § 10 Rn. 7.
[76] RegBegr zur Aktienrechtsnovelle 2016, BT-Drs. 18/4349, 15 f.
[77] So dürfen bspw. qua gesetzlicher Sonderregelung nach § 2 Abs. 1 LuftNaSiG (Luftverkehrsnachweissicherungsgesetz v. 5.6.1997, BGBl. I 1322) Aktien von Luftfahrtunternehmen (§ 1 LuftNaSiG) nur als vinkulierte Namensaktien ausgegeben werden. Dies ist vor dem historischen Hintergrund zu sehen, dass bei der Vergabe von Starterlaubnissen nur inländische Luftfahrtunternehmen berücksichtigt wurden. Als Argument war die Wahrung der Luftverkehrssicherheit angeführt. Durch die Verpflichtung zur Ausgabe von Namensaktien soll die notwendige Transparenz der Beteiligungsverhältnisse der Luftfahrtgesellschaften sichergestellt werden. Diese Intention ergibt sich auch aus anderen Vorschriften. So muss die Gesellschaft bspw. nach den §§ 4, 5 LuftNaSiG ab einer 40%igen Beteiligung eines Aktionärs an einem Luftfahrtunternehmen Kapitalmaßnahmen einleiten, etwa wenn durch den beteiligten Aktionär die Aufrechterhaltung der Luftverkehrsbetriebsgenehmigung nicht mehr sichergestellt ist.
[78] Zu Nebenleistungspflichten → Rn. 153.
[79] Die Transparenz endet für die Gesellschaft freilich dort, wo einem Kreditinstitut Vollmacht zur Ausübung des Stimmrechts erteilt, eine Legitimationsübertragung vorgenommen, oder die Aktien einem weisungsgebunden Treuhänder übertragen wurden.
[80] Streit besteht in der Lit. darüber, ob die Regelung des § 10 Abs. 2 AktG nur für solche Aktienausgaben gilt, bei denen eine Bareinlage zu leisten ist, oder auch bei vereinbarten Sacheinlagen, MüKoAktG/*Heider* § 10 Rn. 50, § 36a Rn. 9 ff.; entscheidend ist insoweit die Auslegung des § 36a AktG hinsichtlich der Frage, ob Sacheinlagen stets vor der Anmeldung zu leisten sind (dann gilt § 10 Abs. 2 AktG im Hinblick auf § 41 Abs. 4 AktG nur für Aktienausgaben gegen Barleistung) oder ob eine Leistung innerhalb einer Frist von fünf Jahren ausreicht, sofern die Sacheinlageverpflichtung durch einen dinglichen Übertragungsakt zu bewirken ist (dann gilt § 10 Abs. 2 AktG auch für Aktienausgaben gegen Sacheinlagen).

nommen; die ausstehenden Einlagen dienen der Versicherungsgesellschaft als Risikovorsorge.[81]

54 Die Ausgabe von Namensaktien ist notwendige Voraussetzung, wenn einem einzelnen Aktionär das Recht eingeräumt werden soll, ein Mitglied in den Aufsichtsrat zu entsenden, § 101 Abs. 2 S. 2 AktG.

55 Die Namensaktie ist darüber hinaus für den direkten Zugang zum Handel ua an US-amerikanischen Börsenplätzen unerlässlich, weil nach den dortigen Bestimmungen nur Namensaktien *(registered shares)* zum Handel zugelassen werden können.[82] Für Inhaberaktien müssen dagegen zunächst börsenfähige Zertifikate *(ADR – American Depositary Receipts)* ausgestellt werden, in denen dann ein Handel stattfinden kann.

56 *bb) Umstellung von Inhaber- auf Namensaktien, Einführung der Vinkulierung.* Eine Umstellung von Inhaber- auf Namensaktien (und umgekehrt von Namens- auf Inhaberaktien) erfordert grds. einen satzungsändernden Beschluss der Hauptversammlung mit einer ¾-Mehrheit des bei der Beschlussfassung vertretenen Grundkapitals, vgl. § 179 Abs. 2 S. 1 AktG. Die Satzung kann aber ein niedrigeres Quorum vorsehen. Die gesetzlichen Vorschriften über die Notwendigkeit von Sonderbeschlüssen sind nicht einschlägig. Insbesondere eine Anwendbarkeit von § 179 Abs. 3 AktG scheidet aus, weil Inhaber- und Namensaktien keinen verschiedenen Aktiengattungen angehören. Eine Einzelzustimmung der betroffenen Aktionäre ist nur dann erforderlich, wenn nicht alle Aktien, sondern nur ein Teil von der Umstellung betroffen ist. Seit der Neuregelung des § 10 Abs. 1 AktG zum 31.12.2015 ist bei der Umstellung von Namens- auf Inhaberaktien bei nichtbörsennotierten Gesellschaften zudem zu beachten, dass in der Satzung der Anspruch auf Einzelverbriefung ausgeschlossen ist, vgl. § 10 Abs. 1 S. 2 Nr. 2 AktG.

57 Die Entstehung einer neuen Aktienart setzt neben der entsprechenden Satzungsänderung den Umtausch der Aktienurkunden der alten in solche der neuen Art voraus. Dazu hat der Vorstand die Aktionäre nach der Beschlussfassung aufzufordern, ihre Aktienurkunden bei der Gesellschaft gegen solche der anderen Aktienart umzutauschen. Kommt ein Aktionär dieser Aufforderung nicht nach, können dessen Aktien nach § 73 AktG für kraftlos erklärt werden.[83] Soweit sich die Aktien in Sammelverwahrung befinden, kann die Gesellschaft die betreffenden Urkunden ohne vorherige Aufforderung der Aktionäre umtauschen.

58 Für die Einführung und Aufhebung der Vinkulierung gelten die vorstehend genannten Grundsätze für die Umstellung zwischen Namens- und Inhaberaktien grds. entsprechend. Allerdings ist für die Aufhebung einer Vinkulierung nicht die Zustimmung aller Inhaber der vinkulierten Aktien erforderlich. Ob dagegen die Zustimmung aller durch die Vinkulierung geschützten Aktionäre erforderlich ist, wird vom jeweiligen Zweck der Vinkulierung abhängen und sollte bereits bei der Einführung der Vinkulierung in der Satzung festgestellt werden.

59 *cc) Aktienregister.* Namensaktien sind – im Unterschied zu Inhaberaktien – unabhängig von einer Verbriefung unter Bezeichnung des Inhabers nach Namen, Geburtsdatum und Adresse sowie der Stückzahl oder der Aktiennummer und bei Nennbetragsaktien des Betrages in das Aktienregister der Gesellschaft einzutragen, § 67 Abs. 1 AktG.

60 Nur wer als solcher in das Aktienregister eingetragen ist, gilt im Verhältnis zur Gesellschaft als Aktionär, § 67 Abs. 2 AktG. Dessen ungeachtet werden Namensaktien außerhalb des Aktienregisters übertragen,[84] und nur derjenige, dem eine Aktie gehört, ist ggf. zur Abgabe von Meldungen nach § 20 AktG, § 33 WpHG usw. verpflichtet, nicht aber die in das Aktienregister eingetragene Person allein wegen ihrer Eintragung.

61 Die Bestimmungen zum Aktienregister werden durch die am 25.5.2018 in Kraft getretene **Datenschutz-Grundverordnung (DS-GVO)**[85] überlagert, die auch im Verhältnis zwischen

---

[81] Hüffer/Koch/*Koch* AktG § 10 Rn. 6.
[82] MüKoAktG/*Bayer* § 67 Rn. 2.
[83] Hüffer/Koch/*Koch* AktG § 73 Rn. 2.
[84] Zur Übertragung von Namensaktien → Rn. 163 ff.
[85] Verordnung (EU) 2016/679 des Europäischen Parlamentes und des Rates vom 27. April 2016 zum Schutz natürlicher Personen bei der Verarbeitung personenbezogener Daten, zum freien Datenverkehr und zur Aufhebung der Richtlinie 95/46/EG

Gesellschaft und Aktionär Anwendung findet. § 67 AktG ist entspr konform auszulegen. Insbes. sind also die Grundsätze der DSGVO gem Art. 5 (ua Zweckbindung und Datenminimierung), Art. 13 f. (Informationspflichten der Gesellschaft), Art. 15 (Auskunftsrecht des Aktonärs), Art. 16 f. (Recht auf Berichtigung und Löschung) zu beachten und ein Datenschutzbeauftragter zu benennen (Art. 34 ff.). Wenn die Aktiengesellschaft Dritte mit der Führung des Aktienregisters beauftragt, muss sie auch dort die Einhaltung der DSGVO sicherstellen (Auftragsdatenverarbeitung, Art. 28).

Die Namensaktionäre sind in geeigneter Form über ihre Rechte wegen der Verarbeitung ihrer Daten zu unterrichten (zB durch Anschreiben anläßlich der Eintragung des Aktionärs in das Aktienregister oder bei der Einladung zur Hauptversammlung). Der Aktionär darf nur die zu seiner Person in das Aktienregister eingetragenen Daten einsehen. Eine Auskunft zu den Mitaktionären darf die Gesellschaft nicht mehr erteilen. **62**

3. Aktiengattungen

Gem. § 11 AktG bilden alle Aktien, die jeweils die selben mitgliedschaftlichen Rechte und Pflichten gewähren, eine Aktiengattung. Gattungsbegründend wirken alle von der Gesellschaft eingeräumten Mitgliedschaftsrechte[86] sowie alle auferlegten Mitgliedschaftspflichten, sofern nur ein Teil oder sogar nur eine einzelne Aktie damit versehen ist. **63**

Von den gattungsbegründenden Merkmalen sind solche zu unterscheiden, die geeignet sind, einzelne Aktien(-gruppen) zu definieren und ggf. auch eine unterschiedliche Bewertung dieser Aktien(-gruppen) zu begründen, anders als jene aber nicht die notwendig mit der Mitgliedschaft verbundenen Rechte und Pflichten betreffen. Hierzu zählen ua die Verbriefung, die Ausgabe von Aktien zu unterschiedlichen Nennbeträgen und die Einräumung von nicht notwendig mit der Mitgliedschaft verbundenen Gläubigerrechten. Auch Inhaber- und Namensaktien sowie vinkulierte oder mit einem Entsenderecht zum Aufsichtsrat ausgestattete Aktien begründen keine eigenen Aktiengattungen; dies ergibt ein Vergleich der Vorschriften der §§ 10, 11 AktG und § 23 Abs. 3 Nr. 4, 5 AktG und wird für das Entsenderecht durch § 101 Abs. 2 S. 3 AktG bestimmt. **64**

Aus den genannten Gründen bilden schließlich auch von Dritten vergebene Merkmale, zB unterschiedliche WKN/ISIN, keine unterschiedliche Gattung. **65**

a) Besondere Gattungen. aa) *Stammaktie.* Die Stammaktie ist die vom Gründer gedachte Ausgangsform (engl. ordinary shares). Von ihr lassen sich etwaige weitere Aktiengattungen abgrenzen, bei denen mit der Mitgliedschaft besondere Rechte und/oder Pflichten iSd § 11 S. 1 AktG verbunden sind. Hat eine Gesellschaft verschiedene Aktiengattungen ausgegeben, ist es sinnvoll, zur Unterscheidung verschiedene Klassen (zB Klasse A, B, C) zu benennen. **66**

bb) Vorzugsaktie. Die Vorzugsaktie ist meist dadurch gekennzeichnet, dass sie dem Berechtigten Vorzüge bei der Gewinnverteilung und/oder der Verteilung des Liquidationserlöses (§ 271 AktG) einräumt. Der Vorzug muss in der Satzung festgesetzt und seine Höhe objektiv bestimmbar sein. Üblicherweise wird er als ein fester Prozentsatz des Nennbetrages (bei Nennbetragsaktien) bzw. des anteiligen Betrags des Grundkapitals (bei Stückaktien) festgelegt. Vorzugsaktien können aber auch dadurch begründet werden, dass (nur) einem Teil der Aktionäre Nebenleistungspflichten gem. § 55 AktG auferlegt werden. **67**

Gem. § 12 Abs. 1 S. 2 AktG können Vorzugsaktien auch als Aktien ohne Stimmrecht ausgegeben werden. Damit die Gesellschaft nicht von einer kapitalmäßigen Minderheit der stimmrechtsberechtigten Aktionäre beherrscht werden kann, ist die Ausgabe stimmrechtsloser Vorzugsaktien auf die Hälfte des Grundkapitals beschränkt, § 139 Abs. 2 AktG. **68**

Vorzugsaktien ohne Stimmrecht durften bislang nur dann ausgegeben werden, wenn sie gem. § 139 Abs. 1 AktG mit einem nachzuzahlenden Vorzug bei der Verteilung des Gewinns ausgestattet sind. Die Pflicht zur Nachzahlung bedeutet, dass die Gesellschaft eine mangels hinreichenden Bilanzgewinns ganz oder teilweise ausgefallene Dividende in späteren Geschäftsjahren nachzahlen muss, soweit und sobald der Bilanzgewinn dafür ausreicht. Seit **69**

---

[86] Das G erwähnt namentlich die Rechte bei der Verteilung des Gewinns und des Gesellschaftsvermögens.

der zum 31.12.2015 in Kraft getretenen Änderung des § 139 Abs. 2 AktG dürfen Vorzugsaktien auch ohne zwingend nachzuzahlenden Vorzug ausgegeben werden, was dann jedoch zwingend in der Satzung zu bestimmen ist, § 139 Abs. 2 S. 3 AktG. Gem. § 139 Abs. 2 S. 2 AktG kann der Vorzug nun außer in einer Vorabdividende auch in einer Mehrdividende bestehen. Letzteres ist ebenfalls in der Satzung zu bestimmen, § 139 Abs. 2 S. 3 AktG. Zu beachten ist, dass der Anspruch auf die Dividende nur entsteht, sofern überhaupt eine Gewinnausschüttung beschlossen wird. Zum Schutz der Vorzugsaktionäre legt § 140 Abs. 2 AktG daher fest, dass die Vorzugsaktien ein Stimmrecht verschaffen, wenn und solange der Vorzug nicht oder nicht in voller Höhe gezahlt (und bei Bestehen einer Nachzahlungspflicht auch nicht nachgezahlt) ist. Darüber hinaus gewährt § 141 AktG den Vorzugsaktionären Zustimmungsvorbehalte bei Maßnahmen der Gesellschaft, die den Vorzug aufheben oder beschränken.

70   cc) *Mehrstimmrechtsaktie und Höchststimmrecht.* Die früher noch mit ministerieller Genehmigung zulässige Ausgabe von Mehrstimmrechtsaktien, dh von Aktien, die mehr Stimmen gewähren, als ihrem Anteil am Grundkapital entspricht, ist heute gem. § 12 AktG zumindest bei der Gründung von Gesellschaften nicht mehr zulässig. Für Gesellschaften, die bereits Mehrstimmrechtsaktien ausgegeben haben, bildet § 5 EGAktG eine Übergangsregelung. Wenn im Rahmen dieser Übergangsregelung Mehrstimmrechtsaktien ausgegeben werden oder erhalten bleiben, so bilden diese Aktien eine eigene Gattung.

71   Die Begründung eines Höchststimmrechts, dh die Beschränkung eines Aktionärs auf eine Höchstzahl von Stimmen unabhängig von der Zahl seiner Aktien, wirkt dagegen nicht gattungsbegründend. Die Festlegung eines Höchststimmrechts kann gem. § 134 Abs. 1 S. 2 AktG nur für den Fall erfolgen, dass einem Aktionär mehrere Aktien an einer nichtbörsennotierten Gesellschaft gehören.[87]

72   dd) *Andere Sonderrechte.* Ein Sonderrecht liegt bereits dann vor, wenn die Satzung einem Gesellschafter ein mitgliedschaftliches Recht einräumt, das ihm eine über die allgemeinen Mitgliedschaftsrechte hinausgehende Vorzugsstellung verschafft.[88] Innerhalb der Gruppe der Sonderrechte können Vermögensrechte und Mitverwaltungsrechte unterschieden werden.[89] Die Einräumung von Sonderrechten findet ihre Grenze in den zwingenden gesetzlichen Vorschriften, zB § 58 AktG.

73   b) *Einführung und Aufhebung von Gattungen.* Die Einführung von Aktiengattungen bedarf gem. § 23 Abs. 3 Nr. 4 AktG eines satzungsändernden Beschlusses. Soll das Verhältnis mehrerer Gattungen zum Nachteil einer Gattung geändert werden, bedarf dieser Beschluss gem. § 179 Abs. 3 AktG zu seiner Wirksamkeit der Zustimmung der betroffenen Aktionäre. Dieser Beschluss bedarf der Form des § 179 Abs. 2 AktG.

74   Sind bei zu verschmelzenden Gesellschaften verschiedene Gattungen vorhanden, gilt, dass für Stammaktien bzw. Vorzugsaktien der übertragenden Gesellschaft solche der aufnehmenden Gesellschaft auszugeben sind. Hat aber eine Gesellschaft sowohl Stamm- als auch Vorzugsaktien ausgegeben, die andere Gesellschaft aber nur Stammaktien, so besteht keine Pflicht zur Schaffung von Vorzugsaktien bei der aufnehmenden Gesellschaft, bei der Berechnung der Umtauschverhältnisse ist stattdessen ein Ausgleich für den Verlust des Vorzugs vorzusehen.

75   c) *Behandlung in der Hauptversammlung.* Nach § 129 Abs. 1 S. 2 AktG ist bei Hauptversammlungen ein Teilnehmerverzeichnis aufzustellen, in welchem die Aktionäre jeweils nach ihrer Gattung erfasst werden. Grundsätzlich können Stamm- und (stimmberechtigte) Vorzugsaktionäre in der Hauptversammlung gemeinsam abstimmen. Eine nach Gattungen getrennte Abstimmung erfolgt hingegen bei Kapitalmaßnahmen.[90]

76   Die Ausgabe neuer Vorzugsaktien bedarf gem. § 141 Abs. 3 AktG eines Beschlusses der aus den stimmrechtslosen Vorzugsaktien Berechtigten, in dem sie ihre Zustimmung zu der

---

[87] *Raiser,* Das Recht der Kapitalgesellschaften, 6. Aufl. 2015, § 16 Rn. 75.
[88] Geßler/Hefermehl/*Eckardt* AktG § 11 Rn. 29 ff.; GroßkommAktG/*Brändel* § 11 Rn. 7 mwN.
[89] Zur Unterscheidung → Rn. 114 ff.
[90] Vgl. §§ 182 Abs. 2, 193 Abs. 1 S. 3, 202 Abs. 2 S. 4, § 222 Abs. 2 AktG.

Beeinträchtigung ihrer Rechtsposition erklären müssen. § 141 Abs. 3 S. 1 AktG setzt voraus, dass der Beschluss in einer gesonderten Versammlung gefasst wird. Diese gesonderte Versammlung kann gemeinsam mit der Hauptversammlung einberufen werden.[91]

4. Aktiensorten

Die Zerlegung des Grundkapitals (§ 1 Abs. 2 AktG) kann nach deutschem Recht durch Nennbetragsaktien oder Stückaktien erfolgen, vgl. § 8 Abs. 1 AktG. Ein Nebeneinander von Nennbetrags- und Stückaktien ist nicht zulässig. Dies folgt bereits aus dem Wortlaut des § 8 Abs. 1 AktG, der die Formulierung „entweder/oder" gebraucht.[92] Eine weitere Aktiensorte stellt die Quotenaktie dar, die bei deutschen Aktiengesellschaften nicht zulässig ist.

a) **Nennbetragsaktie.** Die nach § 8 Abs. 1, 2 AktG zulässige Nennbetragsaktie lautet auf einen aus der Aktienurkunde ersichtlichen Nennbetrag, der bei neu auszugebenden Aktien auf Euro lauten muss.[93] Bei der Nennbetragsaktie geht damit aus der Aktie selbst ihr Verhältnis zum Grundkapital hervor. Der Mindestnennbetrag beträgt heute 1 EUR.[94] Soweit ein höherer Nennbetrag ausgewiesen werden soll, muss dieser auf einen vollen Euro-Betrag lauten.[95]

b) **Stückaktie.** Das Grundkapital kann auch in Stückaktien zerlegt werden.[96] Auf jede Stückaktie entfällt ein anteiliger Betrag des Grundkapitals, ohne dass sie auf einen Nennbetrag lautet. Aus der Stückaktie selbst ist daher die Beteiligungsquote nicht erkennbar; diese richtet sich vielmehr nach dem Verhältnis der Gesamtzahl der Stückaktien zum Grundkapital.[97] Der ausschlaggebende Grund für die Einführung der Stückaktie war die Euro-Umstellung.[98,99]

5. Aktie als Wertpapier

a) *Verbriefung.* Die Aktienurkunde verbrieft das Mitgliedschaftsrecht und ist damit Wertpapier.

aa) Einzelverbriefung. Der einzelne Aktionär hat grds. einen mitgliedschaftlichen Anspruch auf Verbriefung seines Anteils (Einzelverbriefung).[100] Der Anspruch auf Einzelverbriefung *kann* satzungsmäßig ausgeschlossen oder eingeschränkt werden, indem bspw. zugelassen wird, dass insgesamt nur eine Urkunde ausgestellt wird.[101] Sollen Inhaberaktien neu ausgegeben werden, dann *muss* der Anspruch auf Einzelverbriefung ausgeschlossen werden,

---

[91] Hüffer/Koch/*Koch* AktG § 141 Rn. 18 f.
[92] So auch die RegBegr BT-Drs. 13/9573, 11.
[93] Bei Aktiengesellschaften, die vor dem 1.1.1999 zur Eintragung in das Handelsregister angemeldet wurden, dürfen die Aktien weiterhin auf DM lauten. Eine Umstellung muss erst bei der Vornahme einer Kapitalmaßnahme erfolgen.
[94] S. § 8 Abs. 2 AktG. Seit Einführung des Mindestnennbetrages im Jahre 1897 ist er damit von einem ursprünglichen Betrag von 1.000 DM stetig gesunken; MüKoAktG/*Heider* § 8 Rn. 1 ff.
[95] S. § 8 Abs. 2 S. 4 AktG.
[96] S. § 8 Abs. 3 AktG, eingefügt durch Art. 1 Nr. 2 StückAG.
[97] Dementsprechend bestimmt auch § 182 Abs. 1 S. 5 AktG, dass sich bei einer Kapitalerhöhung einer Gesellschaft mit Stückaktien die Zahl der Aktien in demselben Verhältnis wie das Grundkapital erhöhen muss. Ansonsten bestünde die Möglichkeit, durch die Ausgabe von Aktien mit einem geringeren anteiligen Betrag des Grundkapitals den Wert der bereits bestehenden Aktien zu verringern.
[98] Vgl. die Begr. zum Regierungsentwurf, BT-Drs. 13/9873, 1. Die Diskussion um die Einführung einer Stückaktie wurde auch schon in den zwanziger und fünfziger Jahren des vorigen Jahrhunderts geführt; vgl. die Nachw. bei MüKoAktG/*Heider* § 8 Rn. 14 ff.; *Heider* AG 1998, 1.
[99] Zu beachten ist allerdings die Übergangsregelung des § 3 Abs. 5 EGAktG. Danach hat eine Gesellschaft, die bislang noch keine Anpassung vorgenommen hat, bei einer kapitalländernden Maßnahme zugleich auch eine Glättung der Aktienbeträge vorzunehmen. Für die Stückaktie ist diese Regelung insoweit von Bedeutung als auch die rechnerischen Werte auf volle Euro lauten müssen. § 8 Abs. 3 S. 3 AktG verweist auf die Regelung des § 8 Abs. 2 S. 4 AktG, nach der höhere Nennbeträge als 1 EUR auf volle Euro lauten müssen.
[100] Dass ein Anspruch auf Verbriefung besteht, setzt § 10 Abs. 5 AktG, der die Einschränkung dieses Anspruchs vorsieht, voraus.
[101] → Rn. 85 ff. zur Urkunde.

§ 10 Abs. 1 S. 2 Nr. 2 AktG.[102] Dagegen ist es nicht möglich, das Recht auf Verbriefung der Mitgliedschaft insgesamt auszuschließen, dh überhaupt keine Urkunde über die Anteile auszustellen, obwohl der Aktionär die Ausstellung fordert. Dies ergibt sich bereits aus dem Wortlaut des § 10 Abs. 5 AktG.[103]

82 *bb) Globalverbriefung.* Die Gesellschaft kann in ihrer Satzung auch die Verbriefung durch eine Globalurkunde (auch Sammelurkunde genannt) vorsehen. § 9a DepotG definiert die Sammelurkunde als ein Wertpapier, das mehrere Rechte verbrieft, die jedes für sich in vertretbaren Wertpapieren ein und derselben Art verbrieft sein könnten. Sie vereinigt damit nicht die Anteilsrechte, sondern fasst nur nummernmäßig bestimmte Aktienurkunden äußerlich zusammen.[104] Möglich ist demnach auch, alle Mitgliedsrechte einer Aktiengattung in nur einer Globalaktie zusammen zu fassen. Globalverbriefung führt gegenüber der Einzelverbriefung zu einer nicht unerheblichen Minderung des organisatorischen Aufwands sowie der Kosten für die Gesellschaft.

83 Unabhängig vom Aktionärsinteresse ist die Verbriefung zwingende Voraussetzung einer Börsennotierung (§§ 32 ff. BörsG, § 48 Abs. 2 Nr. 6, 7 lit. a BörsZulV). Bei nicht börsennotierten Gesellschaften besteht keine Notwendigkeit zu Verbriefung, solange keiner der Aktionäre die Verbriefung fordert.

84 *cc) Umstellung von Einzelverbriefung auf Globalurkunde.* Die Umstellung von der Einzel- auf eine Globalverbriefung bedarf einer Satzungsänderung, nicht aber auch der Zustimmung der betroffenen Aktionäre wegen eines Eingriffs in ihre Mitgliedschaftsrechte. Denn § 10 Abs. 5 AktG erklärt auch die nachträgliche Umstellung für zulässig und sperrt als speziellere Regelung den Rückgriff auf allgemeine Grundsätze.[105]

85 **b) Form, Herstellung und Ausstattung von Urkunden.** Das AktG selbst verlangt nach § 13 S. 1 AktG lediglich, dass die Aktien unterzeichnet sein müssen; es genügt eine vervielfältigte Unterschrift. Mangels besonderer Bestimmung muss die Unterzeichnung von Vorstandsmitgliedern in vertretungsberechtigter Zahl oder von durch den Vorstand bevollmächtigten Personen vorgenommen werden.[106] Bei Nennbetragsaktien ist der Nennbetrag anzugeben.[107] Nach allgemeinen Grundsätzen zum zivilrechtlichen Urkundenbegriff sind darüber hinaus der Aussteller und das Ausstellungsdatum zu nennen.[108] Zudem muss zum Ausdruck kommen, dass es sich um die Verbriefung der Mitgliedschaft an der betreffenden Gesellschaft handelt. Bestehen verschiedene Gattungen, ist die Gattung in der Urkunde anzugeben. Inhaberaktien müssen zusätzlich unterscheidbar sein. In der Regel erfolgt daher eine Nummerierung der einzelnen Stücke. Nicht erforderlich ist es, die Urkunde in deutscher Sprache auszufertigen. Mitgliedschaftliche Nebenverpflichtungen nach § 55 Abs. 1 S. 3 AktG sind ebenfalls in der Aktie anzugeben.

86 Sollen die Aktien an einer deutschen Wertpapierbörse zugelassen werden, so sind bzgl. der Herstellung und Ausstattung von Aktienurkunden die Gemeinsamen Grundsätze der deutschen Wertpapierbörsen für den Druck von Wertpapieren idF vom 17.4.2000 zu beachten. Diese enthalten Vorschriften für das Format, den Aufbau, die Gestaltung und den Druck der verschiedenen Wertpapiere.[109] Insbesondere ist auch die Angabe der Internationalen Wertpapierkennnummer (ISIN) erforderlich.

87 **c) Ausgabebetrag.** Der Ausgabebetrag ist derjenige Betrag, den der übernehmende (zeichnende) Aktionär auf die neue Aktie als Einlage zu leisten verspricht. Die unterste Grenze dieses Betrages bildet der **geringste Ausgabebetrag:** Nach § 9 Abs. 1 AktG dürfen die Aktien

---

[102] Das gilt nicht für Aktiengesellschaften, deren Satzung vor dem 31.12.2015 durch notarielle Beurkundung festgestellt wurde, § 26h Abs. 1 EGAktG.
[103] Hüffer/Koch/*Koch* AktG § 10 Rn. 10; *Seibert* DB 1999, 267 (268); Happ/Groß/*Pühler* AktR 1.01 Anm. 16.1; dagegen *Schwennicke* AG 2001, 118 (124).
[104] Happ/Groß/*Gätsch* AktR 4.03 Anm. 1.
[105] Hüffer/Koch/*Koch* AktG § 10 Rn. 12; *Seibert* DB 1999, 267.
[106] Hüffer/Koch/*Koch* AktG § 13 Rn. 6.
[107] S. § 8 Abs. 2 S. 1 AktG.
[108] HFR AktR-HdB/*Henn* Rn. 34.
[109] Abrufbar zB unter www.deutsche-boerse.com.

nicht für einen geringeren Betrag als den Nennbetrag (bei Nennbetragsaktien) oder den auf die einzelne Stückaktie entfallenden anteiligen Betrag des Grundkapitals (bei Stückaktien) ausgegeben werden (**Verbot der Unter-Pari-Emission**).[110] Oberhalb dieses Betrages steht es der Gesellschaft grds. frei, den Ausgabebetrag festzusetzen. Allerdings ist der Beschluss über eine Kapitalerhöhung gegen Einlagen gem. § 255 Abs. 2 AktG anfechtbar, wenn das Bezugsrecht der Aktionäre ausgeschlossen wird (§ 186 Abs. 3 S. 4 AktG) und in diesem Fall der Ausgabebetrag unangemessen niedrig ist. Umgekehrt kann eine erheblich über dem tatsächlichen Wert der Aktie liegende Festsetzung des Ausgabebetrags anfechtbar sein, wenn hiermit Aktionäre von einer Zeichnung der neuen Aktie abgehalten werden (faktischer Bezugsrechtsausschluss).

Die Differenz zwischen dem geringsten Ausgabebetrag und dem tatsächlichen Ausgabebetrag wird als das **Agio** (Aufgeld) bezeichnet. In der Bilanz der Gesellschaft wird der Nennbetrag bzw. bei Stückaktien der anteilige Betrag des Grundkapitals als Grundkapital und das Agio als Kapitalrücklage verbucht, vgl. § 272 Abs. 2 Nr. 1 HGB.

d) Ausgabe der Aktie. Die eigentliche Ausgabe der Aktienurkunde ist von dem Akt der Begründung einer Mitgliedschaft zu unterscheiden.

Die Ausgabe der Aktie erfolgt mit deren Übertragung an den Aktionär. Hat die Gesellschaft Aktienurkunden ausgegeben, so ist erforderlich, dass sie in seinen – zumindest mittelbaren – Besitz gelangen. Eine tatsächliche Übergabe (einzelner) Aktien an den jeweiligen Aktionär muss dafür nicht notwendigerweise vorgenommen werden. Ausreichend ist zB die Aushändigung der Globalurkunde an einen Dritten (zB eine Wertpapiersammelbank).[111] Bei sog. „kleinen Aktiengesellschaften" kommt auch eine Sonderverwahrung der Aktien bei der Gesellschaft in Betracht, sofern sich die Aktionäre mit der Sonderverwahrung einverstanden erklärt haben.[112] In diesem Fall erfolgt die Ausgabe über die Änderung des Besitzwillens der Gesellschaft von Eigen- in Fremdbesitz.

Die Einzelheiten der Aktienausgabe werden in der Regel nicht von der Hauptversammlung bzw. den Gründern festgelegt, sondern in das Ermessen des Vorstandes gestellt.

e) Verlust und Kraftloserklärung von Aktienurkunden. Aktienurkunden können entweder auf Antrag des Inhabers im Wege des Aufgebotsverfahrens oder durch die Gesellschaft für kraftlos erklärt werden. Die Kraftloserklärung berührt nicht die Mitgliedschaft als solche, sondern die Verbriefung dieser Mitgliedschaft durch die jeweiligen Aktienurkunden.

aa) Kraftloserklärung im Wege des Aufgebotsverfahrens. Gem. § 72 Abs. 1 S. 1 AktG können Aktien oder Zwischenscheine auf Antrag des Inhabers vom Gericht für kraftlos erklärt werden, wenn sie abhandengekommen oder vernichtet sind. Eine Urkunde gilt nach hM bereits dann als abhandengekommen,[113] wenn der Aktionär den Besitz an ihr derart verloren hat, dass er aus tatsächlichen Gründen nicht mehr auf sie zugreifen kann.[114] Da auch abhanden gekommene Aktien gutgläubig erworben werden können,[115] empfiehlt es sich für den Aktionär, in diesem Fall den Antrag auf Kraftloserklärung möglichst rasch zu stellen.

Als vernichtet gilt eine Urkunde schon dann, wenn der wesentliche Inhalt oder die Unterscheidungsmerkmale nicht mehr ausreichend erkennbar sind.[116] Ist die Aktie hingegen nur beschädigt oder verunstaltet, kann der Aktionär direkt von der Gesellschaft die Erteilung

---

[110] → Rn. 10 ff.
[111] Zur Verwahrung → Rn. 98 f.
[112] Näher dazu und zur Abgrenzung vom erlaubnispflichtigen Depotgeschäft das „Merkblatt Depotgeschäft" der BaFin v. 6.1.2009, geänd. am 17.2.2014.
[113] Im Gegensatz zu § 72 Abs. 1 S. 1 AktG umfasst der Begriff des Abhandenkommens in § 935 Abs. 1 BGB nur den unfreiwilligen Verlust des Besitzes.
[114] MHdB GesR IV/*Sailer-Coceani* § 12 Rn. 33; MüKoBGB/*Habersack* § 799 Rn. 5 mwN.
[115] Inhaberaktien können gem. §§ 932, 935 Abs. 2 BGB, § 366 HGB auch bei Abhandenkommen gutgläubig erworben werden; auch der Erwerb abhanden gekommener Namensaktien ist gem. Art. 16 Abs. 2 WG iVm § 68 Abs. 1 S. 2 AktG grds. möglich, allerdings wäre bei nicht blankoindossierten Namensaktien der Nachweis der Berechtigung durch eine Indossamentenkette zu führen.
[116] Hüffer/Koch/*Koch* AktG § 72 Rn. 3.

einer neuen Urkunde verlangen, wobei er die Kosten allerdings selbst zu tragen hat, vgl. § 74 S. 1, 2 AktG.

94　Die Kraftloserklärung erfolgt im Aufgebotsverfahren gem. §§ 433 ff. FamFG. Ist der Antrag erfolgreich, so darf der Antragsteller (dh der Inhaber) die Rechte aus der Urkunde geltend machen. Darüber hinaus hat er gem. § 72 Abs. 1 S. 2 AktG, § 800 BGB einen Anspruch gegen die Gesellschaft auf die Erteilung einer neuen Urkunde.

95　*bb) Kraftloserklärung durch die Gesellschaft.* Wird der Urkundeninhalt nach Ausgabe der Aktien durch Änderung der rechtlichen Verhältnisse in Bezug auf eine in ihr enthaltene Angabe unrichtig, so können die Aktien und Zwischenscheine gem. § 73 Abs. 1 S. 1 AktG von der Gesellschaft für kraftlos erklärt werden.[117, 118] Die Entscheidung über die Einleitung des Verfahrens der Kraftloserklärung liegt beim Vorstand der Gesellschaft.[119] Für die Kraftloserklärung selbst ist eine gerichtliche Genehmigung des Registergerichts des Gesellschaftssitzes erforderlich, vgl. § 73 Abs. 1 S. 1 AktG. Ist die Genehmigung erteilt, erfolgt gem. § 73 Abs. 2 AktG die Aufforderung der Gesellschaft, die Aktien bei der Gesellschaft einzureichen. Anstelle der für kraftlos erklärten Aktien sind gem. § 73 Abs. 3 AktG neue Aktien auszugeben, die dem Berechtigten ausgehändigt oder für diesen hinterlegt werden. Dies gilt allerdings nur dann, wenn ein Anspruch des Aktionärs auf Verbriefung besteht, dh dieser nicht gem. § 10 Abs. 5 AktG in der Satzung ausgeschlossen wurde. Die Aushändigung und Hinterlegung sind dem Gericht anzuzeigen, vgl. § 73 Abs. 3 S. 2 AktG.

96　Weiter kann die Gesellschaft gem. § 226 AktG eine Kraftloserklärung der Aktien vornehmen, die bei der Durchführung der Herabsetzung des Grundkapitals (nach §§ 222 ff. AktG) durch Umtausch, Abstempelung oder durch ein ähnliches Verfahren zusammengelegt und die trotz Aufforderung nicht eingereicht worden sind.[120] Das Verfahren gleicht im Wesentlichen dem des § 73 AktG, allerdings bedarf es keiner Genehmigung durch das Gericht.

97　**f) Untergang der Urkunde.** Die Aktienurkunde kann ansonsten nur untergehen, dh aufhören zu bestehen, sofern die Mitgliedschaft untergeht. Dies kann dadurch geschehen, dass der Aktionär gem. § 64 AktG aus der Gesellschaft ausgeschlossen wird (sog. Kaduzierung), die Aktien nach §§ 237 ff. AktG eingezogen werden, oder die Gesellschaft selbst aufgelöst und für nichtig erklärt wird, vgl. §§ 264 ff. AktG.[121]

98　**g) Verwahrung von Aktienurkunden.** Nur die gewerbsmäßige Verwahrung und die Verwaltung für andere stellt ein Depotgeschäft gem. § 1 Abs. 1 S. 2 Nr. 5 KWG und damit ein erlaubnispflichtiges Geschäft dar. Der einzelne Aktionär darf seine Aktienurkunden damit grds. selbst aufbewahren. Ebenso kann eine Aktiengesellschaft einzelne Aktien oder eine Globalurkunde aufbewahren, da es regelmäßig an der Gewerbsmäßigkeit fehlen wird.[122]

99　Darüber hinaus ist es möglich, Wertpapiere gem. § 2 DepotG in **Sonderverwahrung** zu geben. Die Wertpapiere werden in diesem Fall unter äußerlich erkennbarer Bezeichnung jedes Hinterlegers gesondert von den eigenen Beständen des Verwahrers und von denen Dritter aufbewahrt. Möglich ist auch die sog. **Streifbandverwahrung,** nach der die einzelnen Aktien eines Hinterlegers durch ein Streifband zusammengehalten werden. Der Aktionär bleibt Eigentümer der Wertpapiere, hat aber nur noch mittelbaren Besitz an den Aktien.

100　Handelt es sich um vertretbare Wertpapiere, die zur Sammelverwahrung zugelassen sind (dies können Inhaberaktien oder Namensaktien mit Blankoindossament sein), können diese

---

[117] Eine Kraftloserklärung wegen einer Änderung des Nennbetrages der Aktien kann gem. § 73 Abs. 1 S. 2 AktG grds. nur dann erfolgen, wenn der Nennbetrag zur Herabsetzung des Grundkapitals herabgesetzt wird. Diese Vorschrift findet allerdings bei der Umstellung von DM auf Euro keine Anwendung, § 4 Abs. 6 S. 1 EGAktG, so dass die Gesellschaft auch in diesem Fall die Kraftloserklärung beschließen kann. Namensaktien können iÜ gem. § 73 Abs. 1 S. 3 AktG nicht allein deshalb für kraftlos erklärt werden, weil die Bezeichnung des Aktionärs unrichtig geworden ist.
[118] Hüffer/Koch/*Koch* AktG § 73 Rn. 2.
[119] Die Satzung kann allerdings gem. § 111 Abs. 4 S. 2 AktG vorsehen, dass eine Entscheidung nur mit Zustimmung des Aufsichtsrats erfolgen darf.
[120] Hüffer/Koch/*Koch* AktG § 226 Rn. 7 ff.
[121] Näher zur Beendigung der Mitgliedschaft nachfolgend → Rn. 108 ff.
[122] So zumindest die ehemalige Bundesjustizministerin *Herta Däubler-Gmelin* ZIP 27/2000, S. V.

vom Verwahrer auch gem. § 5 Abs. 1 S. 1 DepotG an eine Wertpapiersammelbank (Zentralverwahrer)[123] weitergegeben werden (**Girosammelverwahrung**), sofern vom Aktionär keine Sonderverwahrung nach § 2 DepotG verlangt wurde. Alternativ zur Girosammelverwahrung kann der Verwahrer nach schriftlicher Ermächtigung durch den Hinterleger diese auch selbst zusammen mit seinen Wertpapierbeständen oder den Beständen Dritter aufbewahren.

Werden Wertpapiere in Sammelverwahrung genommen, erwirbt der Aktionär Miteigentum nach Bruchteilen an den zum Sammelbestand des Verwahrers gehörenden Wertpapieren derselben Art, vgl. § 6 Abs. 1 S. 1 DepotG. Für die Bestimmung des Bruchteils ist gem. § 6 Abs. 1 S. 2 DepotG der Wertpapiernennbetrag maßgebend, bei Wertpapieren ohne Nennbetrag die Stückzahl. Darüber hinaus erhält der Aktionär mittelbaren Besitz an diesem Bestand.

Sammelurkunden (also Globalurkunden) können gem. § 9a DepotG grds. nur bei einer Wertpapiersammelbank verwahrt werden, es sei denn, der Hinterleger, dh alle Bruchteilseigentümer an der Urkunde haben der Sonderverwahrung zugestimmt.

h) **Zwischenschein.** Zwischenscheine[124] sind gem. § 8 Abs. 6 AktG Anteilsscheine, die den Aktionären vor der Ausgabe der Aktien erteilt werden. Durch den Zwischenschein erhält der Aktionär damit eine Verbriefung seiner Mitgliedschaft und aller damit einhergehenden Rechte in der Zeit zwischen der Eintragung der Gesellschaft in das Handelsregister und der Ausgabe der Aktienurkunden.[125] Von der später auszugebenden Aktienurkunde unterscheidet er sich durch seinen vorläufigen Charakter. Da der Zwischenschein gem. § 10 Abs. 3 AktG auf den Namen lauten muss, ist der Aktionär gem. § 67 Abs. 7 iVm Abs. 1 AktG in das Aktienregister der Gesellschaft einzutragen. Auch die Übertragung des Zwischenscheines verläuft nach denselben Grundsätzen wie bei der Namensaktie (§ 68 Abs. 4 AktG). Darüber hinaus gelten die Vorschriften des § 8 Abs. 1–5 AktG für Zwischenscheine gem. § 8 Abs. 6 AktG sowie die Vorschriften über die Kraftloserklärung von Aktienurkunden nach §§ 72 f. AktG entsprechend. Relevanz haben Zwischenscheine insbes. bei der späteren Ausgabe von Inhaberaktien, da diese gem. § 10 Abs. 2 S. 1 AktG erst nach der vollen Leistung des Ausgabebetrages ausgegeben werden dürfen.

i) **Gewinnanteilschein.** Der Gewinnanteilschein (auch Dividendenschein oder Coupon) verbrieft den Anspruch auf Zahlung der Dividende aus dem Gewinnverwendungsbeschluss. Üblicherweise sind der Aktie (dem Mantel) mehrere solcher Anteilsscheine in Form eines Dividendenbogens beigefügt. Sie lauten regelmäßig auf den Inhaber.[126] Die rechtliche Behandlung erfolgt analog §§ 793 ff. BGB.[127] Bzgl. der Form und Ausstattung gelten grds. dieselben Regelungen wie für Inhaberaktien.[128] Gewinnanteilsscheine können selbstständig veräußert werden, da sie nur das Gläubigerrecht, dh den Anspruch auf Auszahlung, verbriefen und nicht den mitgliedschaftlichen (und insofern nicht selbstständig abtretbaren) Anspruch auf den Bilanzgewinn.[129] Der Anspruch auf Auszahlung entsteht dementsprechend auch erst mit einem wirksamen Gewinnverwendungsbeschluss. Möglich und bei (börsennotierten) Gesellschaften mit globalverbrieften Aktien üblich ist auch die Ausgabe eines Globalgewinnanteilsscheines.

Für die Ausgabe neuer Gewinnanteilscheine ist diesen ein **Erneuerungsschein (Talon)** beigefügt, gegen den ein neuer Dividendenbogen erhältlich ist. Dieser ist allerdings kein Wertpapier, sondern ein einfaches Legitimationspapier. Er kann daher nicht selbstständig

---

[123] Legaldefinition in § 1 Abs. 3 DepotG unter Verweisung auf die VO (EU) 909/2014 des Europäischen Parlaments und des Rates v. 23.6.2014 zur Verbesserung der Wertpapierlieferungen und -abrechnungen in der Europäischen Union und über Zentralverwahrer sowie zur Änderung der RL 98/26/EG und RL 2014/65/EU und der VO (EU) 236/2012.
[124] Bis 1937 wurden Zwischenscheine im Gesetz als Interimsscheine bezeichnet. Sie werden teilweise auch heute noch so genannt.
[125] MüKoAktG/*Heider* § 8 Rn. 100.
[126] Happ/Groß/*Gätsch* AktR 4.02 Anm. 1.2; MüKoAktG/*Bayer* § 58 Rn. 118.
[127] Hüffer/Koch/*Koch* AktG § 58 Rn. 29.
[128] → Rn. 82 f.
[129] So schon RGZ 98, 318 (320).

übertragen werden. Zudem kann der Aktionär gegen die Ausgabe neuer Gewinnanteilscheine an den Inhaber des Erneuerungsscheines Widerspruch einlegen, vgl. § 75 AktG.

6. Die Mitgliedschaft

106 a) **Entstehung.** Der Aktionär erwirbt die Mitgliedschaft als Summe aller Mitgliedschaftsrechte (und ggf. Mitgliedschaftspflichten) entweder originär mit dem Entstehen der Mitgliedschaftsrechte oder derivativ durch die Übertragung der Aktie.[130]

107 Die Mitgliedschaftsrechte an der Aktiengesellschaft als solche entstehen erst mit der konstitutiven Eintragung der Gesellschaft oder der Durchführung der Kapitalerhöhung in das Handelsregister. In der Zeit nach Abschluss des Errichtungsvertrages (der späteren Satzung) und vor Eintragung der Gesellschaft in das Handelsregister können allenfalls mitgliedschaftliche Rechte an der Vor-AG (vgl. § 41 Abs. 1 AktG) bestehen, die sich nach der Eintragung ohne weiteres in mitgliedschaftliche Rechte an der Aktiengesellschaft umwandeln.[131]

108 b) **Beendigung.** Der Aktionäre verliert die Mitgliedschaft entweder durch die Übertragung der Aktie[132] oder durch die Beendigung der Mitgliedschaftsrechte.

Die Mitgliedschaftsrechte aller Aktionäre enden bei einer **Vollbeendigung der Gesellschaft** nach den Vorschriften der §§ 262 ff. AktG (Liquidation). Die Aktionäre behalten im Fall der Liquidation die Aktienurkunden in der Regel bis zur Verteilung des Vermögens nach § 271 AktG, da sie sich – zumindest bei Inhaberaktien – durch diese legitimieren können.[133]

109 Die Mitgliedschaftsrechte lediglich einzelner Aktionäre enden bei der **Einziehung** ihrer Aktien nach § 237 AktG. Rechtlich stellt die Einziehung die Vernichtung einzelner Aktien und damit der mit ihnen verbundenen Rechte dar.[134] Wird ein Aktionär nach § 64 AktG ausgeschlossen (**Kaduzierung**), so führt dies nur in der Person des betreffenden Aktionärs zur Beendigung der Mitgliedschaft, während die Mitgliedschaftsrechte als solche bestehen bleiben.[135]

7. Mitgliedschaftliche Rechte

110 Die einzelnen mitgliedschaftlichen Rechte sind untrennbar mit der Mitgliedschaft verbunden. Der Aktionär kann auf seine mitgliedschaftlichen Rechte weder gegenüber der Gesellschaft noch gegenüber Dritten verzichten. Möglich sind allein schuldrechtliche Vereinbarungen, einzelne oder alle Rechte nicht auszuüben. Ebenso ist die Übertragung nur einzelner mitgliedschaftlicher Rechte ausgeschlossen, der Aktionär kann einem Dritten allenfalls eine Vollmacht zur Ausübung einzelner oder aller Rechte übertragen.

111 Eine dauerhafte, vom Bestand schuldrechtlicher Vereinbarungen unabhängige Einschränkung der mitgliedschaftlichen Rechte ist nur auf der Grundlage einer entsprechenden Satzungsbestimmung möglich. Sollen nur die Rechte einzelner Aktionäre nachträglich eingeschränkt werden, bedarf es zusätzlich der Zustimmung der betroffenen Aktionäre. Daneben ist eine (regelmäßig nur vorübergehende) Einschränkung einzelner oder aller mitgliedschaftlichen Rechte durch Gesetz möglich, indem das Gesetz unter bestimmten Voraussetzungen einen (zeitweiligen) Rechtsverlust oder das Ruhen oder die Nichtberücksichtigung von Rechten anordnet.[136]

---

[130] Zur Übertragung von Aktien → Rn. 157 ff.
[131] Hierzu sa MüKoAktG/*Heider* § 2 Rn. 46.
[132] Zur Übertragung von Aktien → Rn. 157 ff.
[133] Zu dem Streit, ob es zum Schutze der Gesellschaft möglich ist, die Verteilung des Vermögens von der Aushändigung der Aktienurkunde abhängig zu machen, MüKoAktG/*Koch* § 271 Rn. 15.
[134] HFR AktR-HdB/*Henn* Rn. 1326.
[135] Zur Dogmatik über die Zuordnung der dem Aktionär entzogenen Mitgliedschaft (zur Gesellschaft oder herrenlos) vgl. Nachw. bei Hüffer/Koch/*Koch* AktG § 64 Rn. 8.
[136] GroßkommAktG/*Windbichler* § 20 Rn. 64 ff.; Hüffer/Koch/*Koch* AktG § 20 Rn. 12 f.; MüKoAktG/*Bayer* § 20 Rn. 41 ff. jeweils mwN; insbes. auch §§ 20 Abs. 7, 67 Abs. 2 S. 2, 71b, 328 AktG und §§ 36, 44 WpHG.

§ 10 Grundkapital und Aktie

112 Für die prozessuale Geltendmachung seiner mitgliedschaftlichen Rechte steht dem Aktionär grds. das gesamte zivilprozessrechtliche Instrumentarium zur Verfügung. Darüber hinaus kann der Aktionär fehlerhafte oder nichtige Hauptversammlungsbeschlüsse mit den Rechtsmitteln der Anfechtungs- bzw. Nichtigkeitsfeststellungsklage angreifen.

113 Die mitgliedschaftlichen Rechte sind von den sich daraus möglicherweise später ableitenden Aktionärsgläubigerrechten zu unterscheiden. Etwaige **Gläubigerrechte** bestehen unabhängig von der Mitgliedschaft und können auch ohne diese übertragen werden, so bspw. der auf einem Gewinnverwendungsbeschluss beruhende Dividendenanspruch.

114 Innerhalb der mitgliedschaftlichen Rechte sind Verwaltungsrechte (auch Herrschaftsechte genannt: Recht auf Teilnahme an der Hauptversammlung, Auskunftsrecht und Stimmrecht) und Vermögensrechte (Dividendenrecht, Bezugsrecht und Recht auf den Liquidationserlös) zu unterscheiden.[137]

115 a) **Teilnahme an der Hauptversammlung.** Das Recht zur Teilnahme an der Hauptversammlung folgt unmittelbar aus der Mitgliedschaft des Aktionärs, denn in der Hauptversammlung findet die Willensbildung der Mitglieder und damit der Gesellschaft selbst statt. Dementsprechend enthält das Aktiengesetz keine besondere Definition des Teilnahmerechts, sondern setzt sein Bestehen voraus.

116 Das Teilnahmerecht ist in seinem Kern unentziehbar.[138] Jeder Aktionär ist zur Teilnahme berechtigt, auch der Inhaber stimmrechtsloser Vorzüge (§ 140 Abs. 1 AktG), der Inhaber nicht voll eingezahlter Aktien (vgl. § 134 Abs. 2 AktG), sowie der Aktionär, für den ein Stimmverbot (§ 136 Abs. 1 AktG) besteht.[139] Allerdings darf die Satzung die Teilnahme an der Hauptversammlung von einer Anmeldung des Aktionärs und/oder dem Nachweis seiner Aktionärsstellung abhängig machen, § 123 Abs. 2–4 AktG.

117 b) **Informations- und Auskunftsrecht.** In § 131 AktG ist das Auskunftsrecht des Aktionärs in der Hauptversammlung iE geregelt. Es findet seine Grenze dort, wo es unrechtmäßig ausgenutzt wird, etwa wenn der Aktionär eine nicht zu beantwortende Zahl von Fragen an den Vorstand stellt (sog. Filibustering). Dies folgt aus der allgemeinen Treuepflicht des Aktionärs. In Abhängigkeit von der geplanten Maßnahme oder anstehenden Entscheidung gewähren zahlreiche Sondertatbestände dem Aktionär ein mehr oder minder umfangreiches Auskunftsrecht, das ihm eine eigene Willensbildung ermöglichen soll.[140]

118 Aus dem Auskunftsrecht folgt zunächst das Recht des Aktionärs zu Fragen an die Gesellschaft, die vom Vorstand im Rahmen der Hauptversammlung zu beantworten sind, soweit die Auskunft zur sachgemäßen Beurteilung des Gegenstands der Tagesordnung erforderlich ist (§ 131 Abs. 1 S. 1 AktG). Ein Recht zur Verweigerung der Auskunft besteht im Rahmen des § 131 Abs. 3 AktG. Das Auskunftsrecht umfasst ferner das Recht des Aktionärs zur Einsicht in die zu der Hauptversammlung auszulegenden Unterlagen und zur Erteilung von Abschriften dieser Unterlagen, wobei die Kosten der Abschrift von der Gesellschaft zu tragen sind. Das Auskunftsrecht kann gem. § 132 AktG gerichtlich durchgesetzt werden.

Die Verletzung dieser Auskunftsrechte macht Beschlüsse der Hauptversammlung anfechtbar, sofern die Verletzung für die Beschlussfassung nicht bedeutungslos war.

119 c) **Stimmrecht.** *aa) Entstehung.* Das Stimmrecht des Aktionärs ist in den §§ 133–137 AktG geregelt. Das Stimmrecht des einzelnen Aktionärs ist notwendig an seine Mitgliedschaft geknüpft. Eine Trennung von Stimmrecht und Mitgliedschaft ist ausgeschlossen. Die Stimmrechtsverhältnisse bestimmen sich grds. nach der Beteiligung der Aktien am Grundkapital, § 134 Abs. 1 S. 1 AktG, sofern nicht verschiedene Aktiengattungen ausgegeben werden. Das

---

[137] IE → Rn. 115 ff. und → Rn. 127 ff.
[138] Unstreitig, vgl. WM 1989, 63 (64) = NJW-RR 1989, 347 ff.; dies schließt jedoch Ordnungsmaßnahmen nicht aus, wie etwa einen Saalverweis, so bereits BGHZ 44, 245 (251 ff.).
[139] Hüffer/Koch/*Koch* AktG § 118 Rn. 24.
[140] Besondere Informationsrechte bestehen zB bei Abschluss oder Änderung eines Beherrschungs- oder Gewinnabführungsvertrages, §§ 293g Abs. 3, 295 Abs. 1 S. 2 AktG, und im Vorfeld eines Beschlusses über die Eingliederung eines Unternehmens, §§ 319 ff. AktG. Im Konzernverbund ist der Vorstand der Muttergesellschaft auch zur Auskunft über die Lage im Konzern und insbes. über die Lage bei den in den Konzernabschluss einbezogenen Unternehmen verpflichtet, vgl. §§ 11 ff. PublG.

Stimmrecht entsteht gem. § 134 Abs. 2 S. 1 AktG mit Leistung der vollen Einlage. Haben sämtliche Aktionäre erst eine Teilleistung auf ihre Einlageschuld erbracht, so ist gem. § 134 Abs. 2 S. 4 AktG für das Stimmenverhältnis die Höhe der geleisteten Einlage maßgeblich. Die Satzung kann hiervon abweichende Bestimmungen vorsehen, § 134 Abs. 2 S. 2 AktG.

120 Für die Ausübung des Stimmrechts gilt der Grundsatz, dass jede Aktie ein eigenes Stimmrecht vermittelt. Daher ist auch eine uneinheitliches Stimmverhalten[141] eines Aktionärs nach inzwischen gefestigter Ansicht zulässig.[142] Nur wenn eine Aktie mehrere Stimmen vermittelt,[143] müssen diese Stimmen einheitlich ausgeübt werden, da sie nur aus einer Mitgliedschaft erwachsen.

121 *bb) Satzungsmäßige Beschränkungen des Stimmrechts.* Die Satzung kann das Stimmrecht allgemein für bestimmte Aktiengattungen beschränken (gesetzlich geregelt: stimmrechtslose Vorzugsaktien, §§ 139 ff. AktG) oder bei nicht börsennotierten Gesellschaften bestimmen, dass die Aktionäre einer Gattung – unabhängig von ihrer jeweiligen Beteiligungsquote und ggf. unter Berücksichtigung etwaiger in der Satzung festgelegter Zurechnungsvorschriften – einen bestimmten Stimmanteil nicht überschreiten könnten (Höchststimmrecht, § 134 Abs. 1 S. 2–4 AktG). Dagegen ist die Gewährung von Mehrheitsrechten – quasi als Gegenstück zu Stimmrechtsbeschränkungen – von Altfällen abgesehen nicht mehr zulässig, § 12 Abs. 2 AktG.

122 Gibt die Gesellschaft stimmrechtslose Vorzugsaktien aus, ist das Fehlen des Stimmrechts auszugleichen, in der Regel geschieht dies durch die Vorabverteilung eines Teils des ausschüttungsfähigen Jahresgewinns zu Lasten der allgemeinen Dividenden (Vorzüge). Werden die Vorzüge in Ermangelung eines ausschüttungsfähigen Gewinns nicht oder nicht vollständig geleistet, so lebt das Stimmrecht ohne weiteres wieder auf, § 140 Abs. 2 AktG.[144]

123 Auf freiwilliger Basis ist eine Beschränkung des Stimmrechts durch **Stimmbindungsverträge** zulässig.[145] Durch einen Stimmbindungsvertrag verpflichtet sich der Aktionär, sein Stimmrecht in einem bestimmten Sinn auszuüben oder von seiner Ausübung Abstand zu nehmen.[146] Für die Ausgestaltung des Vertrages gilt zunächst die allgemeine Vertragsfreiheit. Die Stimmbindung kann einzelne oder mehrere Abstimmungen betreffen. Die Ausübung des Stimmrechts kann der Weisung eines Dritten unterworfen und in sog. Konsortial- oder Poolverträgen an eine Mehrheitsentscheidung innerhalb des Pools gebunden werden. Bei den Stimmbindungsverträgen handelt es sich grds. um Gesellschaftsverträge iSd §§ 705 ff. BGB.[147] Konsortial- oder Poolverträge, die auf unbestimmte Zeit eingegangen sind, können ohne wichtigen Grund nach § 723 Abs. 1 S. 1 BGB gekündigt werden.[148] Es ist auch die Kombination von Höchststimmrechten und Stimmbindungsverträgen zulässig.[149]

124 Stimmbindungsverträge sind nichtig, wenn sie gegen ein Knebelungsverbot oder sonst gegen die guten Sitten verstoßen.[150] Der Stimmbindungsvertrag darf auch nicht zu einem Stimmverhalten führen, welches gegen das Gesellschaftsinteresse verstößt.[151] Dies ist auf

---

[141] ZB wenn der Inhaber von 50 Aktien, die 50 Stimmen vermitteln, mit 30 Stimmen für die Beschlussvorlage stimmt, mit 20 dagegen.
[142] Hüffer/Koch/*Koch* AktG § 133 Rn. 21; MüKoAktG/*Schröer* § 133 Rn. 22 mwN.
[143] Zur Mehrstimmrechtsaktie → Rn. 70 f.
[144] Zur Vorzugsaktie → Rn. 67 ff.
[145] StRspr, BGHZ 48, 163; BGH NJW 1987, 1890, zur GmbH; BGH NJW 1995, 1739 ff. = BGHZ 129, 136 ff. „Girmes", für die AG; Hüffer/Koch/*Koch* AktG § 133 Rn. 27; Geßler/Hefermehl/*Eckardt* AktG § 136 Rn. 5; MüKoAktG/*Schöer* § 136 Rn. 64.
[146] MHdB GesR IV/*Hoffmann-Becking* § 39 Rn. 42 ff.; Baumann/Reiß ZGR 1989, 157 (183 ff.); *Zutt* ZHR 155 (1991), 213.
[147] Zu den Fällen, in denen sich eine Stimmbindung aus Treueverhältnissen ergibt, zB wegen Nießbraucheinräumung oder Verpfändung der Aktien, MHdB GesR IV/*Hoffmann-Becking* § 39 Rn. 45.
[148] Geßler/Hefermehl/*Eckardt* AktG § 136 Rn. 86; MüKoAktG/*Schöer* § 136 Rn. 60; zu beachten ist die Auflösung der Gesellschaft bei Tod eines Gesellschafters, § 727 Abs. 1 BGB.
[149] MüKoAktG/*Schöer* § 134 Rn. 18.
[150] Geßler/Hefermehl/*Eckardt* AktG § 136 Rn. 62; Hölters/*Hirschmann* AktG § 133 Rn. 40.
[151] Zu der umstrittenen Frage, inwieweit ein Aktionär das Gesellschaftsinteresse hinter seine eigenen Interessen zurück stellen darf, eing. *Zöllner*, Die Schranken mitgliedschaftlicher Stimmrechtsmacht bei den privatrechtlichen Personenverbänden, 1963, 355.

den allgemeinen Treuegedanken zurückzuführen.¹⁵² In der Regel begründet die Treuepflicht lediglich ein Gebot der Stimmenthaltung, und nur ausnahmsweise ist auch eine Pflicht zur Stimmabgabe in einem bestimmten Sinne denkbar, etwa weil ein Erfordernis der Einzelzustimmung des betreffenden Aktionärs besteht. In bestimmten Fällen erklärt das Aktiengesetz den Abschluss von Stimmbindungsverträgen für unzulässig.¹⁵³ In diesem Zusammenhang sind die Möglichkeiten einer Stimmrechtszurechnung nach § 20 Abs. 2 AktG, § 34 WpHG und § 30 Abs. 2 WpÜG und die sich daraus ergebenden Pflichten¹⁵⁴ zu beachten.

cc) Gesetzliche Beschränkungen des Stimmrechts. Gem. §§ 20 Abs. 7 AktG (bei nicht börsennotierten Gesellschaften) bzw. 44 WpHG (bei börsennotierten Gesellschaften) bestehen Stimmrechte aus Aktien eines Aktionärs nicht, solange dieser die bei Erreichen, Über- oder Unterschreiten bestimmter Stimmrechtsschwellen nach §§ 20 Abs. 1–3, 21 AktG bzw. § 33 WpHG gegenüber der Gesellschaft und – im Fall des § 33 WpHG – gegenüber der Bundesanstalt für Finanzdienstleistungsaufsicht erforderlichen Mitteilungen nicht vorgenommen hat. Bei der Berechnung der relevanten Stimmrechtsanteile sind stets die Zurechnungsvorschriften der § 20 Abs. 2 AktG und §§ 34, 38 WpHG zu prüfen.¹⁵⁵ Grundsätzlich können fehlende Mitteilungen bis unmittelbar vor der Stimmabgabe nachgeholt werden. Bei börsennotierten Aktiengesellschaften bleibt die Sperre aber auch noch sechs Monate nach der nachgeholten Mitteilung bestehen, wenn die Höhe des Stimmrechtsanteils vorsätzlich oder grob fahrlässig falsch oder gar nicht mitgeteilt wurde und der Fehler nicht nur unwesentlich ist (näher hierzu § 44 WpHG).

Ferner sieht § 136 Abs. 1 S. 1 AktG vor, dass niemand für sich oder als Stellvertreter eines anderen das Stimmrecht ausüben kann, wenn darüber Beschluss gefasst wird, ob er zu entlasten oder von einer Verbindlichkeit zu befreien ist oder ob die Gesellschaft gegen ihn einen Anspruch geltend machen soll. Dieses Verbot darf auch nicht durch die Erteilung einer Stimmrechtsvollmacht an einen Dritten umgangen werden, § 136 Abs. 1 S. 2 AktG.¹⁵⁶

d) Dividendenrecht. Das Dividendenrecht garantiert dem Aktionär als Vermögensrecht abstrakt die Möglichkeit der Teilhabe am Gesellschaftsvermögen im Rahmen der von der Hauptversammlung zu beschließenden Verwendung des Bilanzgewinns, § 119 Abs. 1 Nr. 2, § 58 Abs. 4 AktG. Mit dem Beschluss der Hauptversammlung wandelt sich das Dividendenrecht in einen Anspruch auf Auszahlung der Dividende. Während ersteres als Teil der Mitgliedschaft zwingend mit dieser verbunden und deshalb eine getrennte Verfügung hierüber nicht möglich ist, bildet letzteres ein von der Mitgliedschaft losgelöstes und frei übertragbares Gläubigerrecht. Die Feststellung des Jahresabschlusses begründet noch keinen Dividendenanspruch, sondern nur ein klagbares Recht des Aktionärs auf Herbeiführung eines Gewinnverwendungsbeschlusses.¹⁵⁷ In § 174 AktG sind die einzelnen Anforderungen an den Gewinnverwendungsanspruch niedergelegt.

e) Bezugsrecht. Bei Kapitalerhöhungen, die zu einer Änderung der Beteiligungsquote der Aktionäre führen können,¹⁵⁸ hat der einzelne Aktionär grds. das Recht, an der jeweiligen Maßnahme in dem Umfang teilzunehmen, wie das zur Wahrung seiner Beteiligungsquote erforderlich ist, § 186 AktG (Bezugsrecht).

---

¹⁵² BGH NJW 1995, 1739 ff. = BGHZ 129, 136 ff. „Girmes", Ablehnung einer Kapitalherabsetzung im Verhältnis 5 : 2 zum Zwecke der Sanierung, wodurch die Aktien infolge der dann notwendigen Liquidation wertlos wurden.
¹⁵³ Vgl. zB § 405 Abs. 3 AktG sowie § 136 Abs. 2 AktG.
¹⁵⁴ S. zB die Mitteilungspflicht gem. § 33 WpHG bzw. § 35 Abs. 2 WpÜG und Pflicht zur Veröffentlichung eines Angebots gem. § 35 Abs. 2 WpÜG.
¹⁵⁵ Danach werden Stimmrechte insbes. bei mittelbaren Beteiligungen, einer Beteiligung wirtschaftlich vergleichbaren Sachverhalten und bei einem Zusammenwirken mehrerer Aktionäre zugerechnet.
¹⁵⁶ Weitere Fälle des Stimmrechtsverlustes bestimmen ua § 59 WpÜG beim Verstoß gegen die Pflicht zur Abgabe eines Pflichtangebots; Geibel/Süßmann/*Tschauner* WpÜG § 59 Rn. 1 ff., § 67 Abs. 23 AktG bei Nichterfüllung von Auskunftspflichten und § 71b AktG für eigene Aktien.
¹⁵⁷ BGHZ 124, 111 (123); BGH ZIP 1998, 1836 (1837).
¹⁵⁸ Ordentliche Kapitalerhöhung, §§ 182 ff. AktG, Kapitalerhöhung aus genehmigten Kapital, §§ 202 ff. AktG und Begebung von Anleihen mit Umtausch- oder Bezugsrechten, § 221 AktG; näher → §§ 32, 33.

129 *aa) Begründung.* Die Bezugsrechte entstehen mit dem Beschluss über die Kapitalmaßnahme in dem Verhältnis des bisherigen Grundkapitals zum Betrag der Kapitalerhöhung. Sollte danach die bisherige Beteiligung eines Aktionärs nicht ausreichen, um eine ganze neue Aktie zu zeichnen, so kann er sein Bezugsrecht veräußern, andere Bezugsrechte hinzuerwerben oder auch sein Bezugsrecht zusammen mit denen anderer Aktionäre ausüben.

130 Die Regelungen des § 186 AktG über das Bezugsrecht sind zwingend. Änderungen des Bezugsrechts durch die Satzung sind unzulässig.[159] Verfügt eine Gesellschaft über verschiedene Aktiengattungen und werden neue Aktien ausgegeben, so sind alle Aktionäre bezugsberechtigt, gleich welcher Aktiengattung sie angehören.[160]

131 Bei der Schaffung bedingten Kapitals nach § 192 AktG sowie bei Kapitalerhöhungen zum Zwecke der Verschmelzung oder Spaltung (§ 69 Abs. 1, § 142 Abs. 1 UmwG) besteht kein Bezugsrecht. Die Zweckbindung dieser Kapitalmaßnahmen rechtfertigt jeweils den Ausschluss des Bezugsrechts. Ferner gewähren eigene Aktien kein Bezugsrecht, §§ 71b, 71d AktG.

132 *bb) Ausübung.* Das Bezugsrecht wird durch die Bezugserklärung ausgeübt. Die Bezugserklärung ist eine empfangsbedürftige Willenserklärung, die formlos erklärt werden kann. Mit der Bezugserklärung drückt der Aktionär seine Absicht zum Abschluss eines Zeichnungsvertrages aus. Er wird dadurch noch nicht zur Zeichnung verpflichtet, begibt sich allerdings in das Risiko der Haftbarmachung nach den Grundsätzen der culpa in contrahendo gem. §§ 280, 241 Abs. 2, 311 Abs. 2 BGB.[161] Die Zeichnung erfolgt erst mit einer entsprechenden schriftlichen Erklärung gegenüber der Gesellschaft, § 185 AktG (Zeichnungsschein). Bezugs- und Zeichnungserklärung können, müssen aber nicht zusammenfallen.

133 Der Vorstand bestimmt nach § 186 Abs. 2 iVm § 186 Abs. 1 S. 2 AktG eine mindestens zweiwöchige Ausschlussfrist für die Abgabe der Bezugserklärung. Die Zeichnungserklärung muss nicht notwendig ebenfalls in dieser zweiwöchigen Frist erfolgen, hierfür kann die Gesellschaft eine gesonderte Frist bestimmen, die aber nicht vor der Bezugsfrist enden darf.

134 Übt ein Aktionär sein Bezugsrecht nicht fristgemäß aus, so kann der Vorstand die dadurch frei werdenden Bezugsrechte nach eigenem Ermessen zuteilen, sofern nicht der Kapitalerhöhungsbeschluss etwas Abweichendes bestimmt. Die nicht ausgeübten Bezugsrechte wachsen nicht automatisch den anderen Bezugsberechtigten an. Die Verwertung der nicht ausgeübten Bezugsrechte hat grds. zu dem bestmöglichen Kurs zu erfolgen. Der in dem Kapitalerhöhungsbeschluss für die Ausgabe der neuen Aktien festgesetzte Ausgabebetrag darf in diesem Zusammenhang nicht unterschritten werden.

135 *cc) Übertragung.* Das auf Grund einer konkreten Kapitalerhöhung entstandene Bezugsrecht ist veräußerlich und übertragbar. Ist die Ausübung des Bezugsrechts an die Vorlage eines Dividendenscheins geknüpft, erfolgt die Übertragung durch Übereignung des Dividendenscheins, sonst durch einfache Abtretung nach §§ 398, 413 BGB.

136 Unter den sogleich dargestellten, engen Voraussetzungen für den Ausschluss des Bezugsrechts kann auch die Übertragbarkeit des Bezugsrechts ausgeschlossen oder auch nur eingeschränkt werden. Bei Bezugsrechten auf vinkulierte Aktien gelten für die Übertragung des Bezugsrechts grds. die selben Beschränkungen wie für die Übertragung der neuen Aktien selbst, und zwar auch dann, wenn die alten Aktien, aus denen sich das Bezugsrecht des Aktionärs ableitet, nicht vinkuliert waren.[162] Dieses Zustimmungserfordernis ist im Kapitalerhöhungsbeschluss abdingbar.[163]

137 *dd) Verzicht.* Ein genereller, auf die Zukunft gerichteter Verzicht auf das allgemeine Bezugsrecht ist nicht möglich.[164] Das Bezugsrecht ist ebenso wie zB das Stimmrecht ein untrennbarer Bestandteil des Mitgliedschaftsrechts jedes Aktionärs. Der Aktionär kann aber

---

[159] Kölner Komm AktG/*Lutter* § 186 Rn. 4; GroßkommAktG/*Wiedemann* § 186 Rn. 48.
[160] MHdB GesR IV/*Scholz* § 57 Rn. 104.
[161] GroßkommAktG/*Wiedemann* § 186 Rn. 89.
[162] Kölner Komm AktG/*Lutter* § 186 Rn. 12; GroßkommAktG/*Wiedemann* § 186 Rn. 63.
[163] GroßkommAktG/*Wiedemann* § 186 Rn. 63; Geßler/*Hefermehl*/*Bungeroth* AktG § 186 Rn. 20.
[164] Geßler/*Hefermehl*/*Bungeroth* AktG § 186 Rn. 14.

im Einzelfall auf sein Bezugsrecht verzichten, indem er nach einem Kapitalerhöhungsbeschluss die festgesetzte Frist für die Bezugserklärung verstreichen lässt.

ee) Ausschluss. Das gesetzliche Bezugsrecht kann ausgeschlossen werden. Für diesen Fall gelten enge **materielle und formelle Voraussetzungen,** da es sich um einen wesentlichen Eingriff in die Mitgliedschaft des Aktionärs handelt. Der Ausschluss des Bezugsrechts bedarf eines Hauptversammlungsbeschlusses, § 186 Abs. 3 AktG. 138

In formeller Hinsicht muss der Beschluss über den Ausschluss in dem Erhöhungsbeschluss enthalten sein (§ 183 Abs. 3 S. 1 AktG). Der Bezugsrechtsausschluss ist ein untrennbarer Bestandteil des Kapitalerhöhungsbeschlusses. Erforderlich ist eine Kapitalmehrheit von ¾ des bei Beschlussfassung vertretenen Kapitals (§ 186 Abs. 3 S. 2 AktG). Ferner sind die Regelungen über die ordnungsgemäße Bekanntmachung nach § 186 Abs. 4 AktG iVm § 124 AktG zu beachten. Schließlich bedarf es eines Berichtes des Vorstands gem. § 186 Abs. 4 S. 2 AktG über die Gründe für den Ausschluss. Der Bericht muss inhaltlich so ausführlich sein, dass auf Grund der mitgeteilten Tatsachen eine sachgerechte Entscheidung möglich ist. 139

In materieller Hinsicht bedarf der Bezugsrechtsausschluss einer sachlichen Rechtfertigung.[165] Diese ist gegeben, wenn der Ausschluss im Gesellschaftsinteresse liegen soll und tatsächlich liegt und geeignet ist, den als Unternehmensgegenstand bestimmten Gesellschaftszweck zu fördern. Bestehen mehrere Alternativen, muss der Bezugsrechtsausschluss den Gesellschaftszweck am besten fördern, dabei wird stets die Möglichkeit einer Kapitalmaßnahme unter Wahrung des Bezugsrechts zu prüfen sein (Erforderlichkeit). Das mit dem Bezugsrechtsausschuss verfolgte Gesellschaftsinteresse muss höher zu bewerten sein als das Interesse des betroffenen Aktionärs an der Wahrung seiner Rechtsstellung, namentlich seiner Beteiligungsquote und des Wertes der Aktie.[166] Dies kann bspw.[167] der Fall sein, wenn die Kapitalmaßnahme der Sanierung der Gesellschaft oder der Vorbereitung einer Börseneinführung dient,[168] dagegen wird es regelmäßig an der sachlichen Rechtfertigung fehlen, wenn die Kapitalerhöhung der Beschaffung von Barmitteln dienen soll. 140

Ein erleichterter Bezugsrechtsausschluss ist bei börsennotierten Gesellschaften nach § 186 Abs. 3 S. 4 AktG möglich, wenn die Kapitalerhöhung gegen Bareinlagen erfolgt, nicht mehr als 10 % des im Zeitpunkt der Beschlussfassung vorhandenen Grundkapitals ausmacht und der Ausgabebetrag nicht wesentlich, das ist in der Regel nicht mehr als 3–5 %, unter dem Börsenpreis liegt.[169] Führen mehrere Kapitalerhöhungen in Summe zu einer Überschreitung der ursprünglichen 10 %-Grenze, ist eine Berufung auf § 186 Abs. 3 S. 4 AktG nur zulässig, wenn die Hauptversammlung in den weitergehenden Bezugsrechtsausschluss (erneut) einwilligt und zwischen den einzelnen Kapitalerhöhungen kein sachlicher Zusammenhang besteht. Besteht ein sachlicher Zusammenhang, ist bei Überschreiten der 10 %-Grenze stets eine besondere sachliche Rechtfertigung erforderlich. 141

Die Regelung des § 186 Abs. 3 S. 4 AktG ist bei einem mittelbaren Bezug der neuen Aktien, dh bei Zeichnung durch einen Bezugsrechtsmittler und Weitergabe der Aktien an den wirtschaftlich Bezugsberechtigten nicht anwendbar, wenn der vom Bezugsrechtsmittler aufzubringende Ausgabebetrag nicht dem Börsenpreis, sondern (nur) dem Nennbetrag bzw. geringsten Ausgabebetrag der Aktie entspricht. Dies gilt grds. auch dann, wenn 142

---

[165] Hüffer/Koch/*Koch* AktG § 186 Rn. 25.
[166] BGHZ 83, 319 (321) = NJW 1982, 2444 ff. „Holzmann"; BGHZ 125, 239 (244) „Deutsche Bank"; MHdB GesR IV/*Krieger* § 56 Rn. 76 ff.
[167] Weitere Einzelfälle bei Hüffer/Koch/*Koch* AktG § 186 Rn. 29 ff.
[168] Wenn nur so die nach § 9 BörsZulV für die Streuung im Publikum erforderliche Aktienanzahl geschaffen werden kann und gleichzeitig die Gesellschaft sachliche, die Interessen der Altaktionäre überwiegende Gründe für die Börsennotierung hat, wie zB die langfristige Erschließung des Kapitalmarktes; Geßler/Hefermehl/ *Bungeroth* AktG § 186 Rn. 133; GroßkommAktG/*Wiedemann* § 186 Rn. 159, der aber gleichzeitig ein Austrittsrecht verbunden mit einer Barabfindung für begründet hält.
[169] Eingefügt durch das G für kleine Aktiengesellschaften und zur Deregulierung des Aktienrechts v. 2.8.1994, BGBl. I 1961. Der Gesetzgeber ging davon aus, dass Kapitalerhöhungen unter genannten Voraussetzungen bei den Altaktionären weder zu einem relevanten Verlust an Einfluss noch zu einem Wertverlust führen.

der Bezugsrechtsmittler die Aktien zum Börsenpreis an den wirtschaftlich Bezugsberechtigten veräußert und den den Ausgabebetrag übersteigenden Veräußerungsmehrerlös an die Gesellschaft abführt, weil § 186 Abs. 3 S. 4 AktG anders als § 186 Abs. 5 AktG nicht die Festsetzung eines „endgültigen" Ausgabebetrags zulässt und keine vergleichbaren Anforderungen an die Zuverlässigkeit und Solvenz des Bezugsrechtsmittlers stellt. Eine andere Sicht kommt danach allenfalls für die in § 186 Abs. 5 S. 1 AktG genannten Unternehmen in Betracht, sofern diese sich verpflichten, auf nicht platzierte Aktien die Differenz zum „endgültigen" Ausgabebetrag nachzuzahlen.

143 Liegen diese Voraussetzungen nicht vor, ist das Bezugsrecht nicht nach § 186 Abs. 3 S. 4 AktG, sondern nach S. 1 auszuschließen. Insofern ist insbes. bei der Ausnutzung genehmigten Kapitals darauf zu achten, dass eine entsprechende Ermächtigung zum Ausschluss des Bezugsrechts vorliegt.

144 Werden Aktien von einem Kreditinstitut oder sonstigen Unternehmen iSd § 53 Abs. 1 S. 1 oder § 53b Abs. 1 S. 1 oder Abs. 7 KWG als Bezugsrechtsmittler mit der Verpflichtung gezeichnet, diese den Aktionären zum Erwerb anzubieten, liegt hierin kein Bezugsrechtsausschluss, § 186 Abs. 5 AktG. Besitzt der Zeichner diese Qualifikation jedoch nicht, ist notwendig das Bezugsrecht auszuschließen, wobei an die sachliche Rechtfertigung des Ausschlusses regelmäßig nur geringe Anforderungen zu stellen sind, wenn die Zuverlässigkeit und kurzfristige Solvenz des Bezugsrechtsmittlers gegeben sind.[170]

145 Ein **faktischer Bezugsrechtsausschluss** liegt vor, wenn den Aktionären bei einer Kapitalerhöhung zwar formal ein Bezugsrecht gewährt, aber dessen Ausübung zugleich tatsächlich oder wirtschaftlich wesentlich erschwert wird, etwa indem der Ausgabebetrag der neuen Aktien nicht nur unwesentlich oberhalb des aktuellen Börsenkurses gleich ausgestatteter alter Aktien festgesetzt wird.

146 f) Teilnahme am Liquidationserlös. Grundsätzlich hat jeder Aktionär ein Recht auf Teilnahme am Liquidationserlös, § 271 AktG. Dieses Teilhaberecht ist ein aus der Mitgliedschaft folgendes und zunächst nicht selbstständig durchsetzbares Vermögensrecht. Mit dem Eintritt der gesetzlichen Verteilungsvoraussetzungen wandelt es sich in ein auf Zahlung gerichtetes Gläubigerrecht. Das Recht auf den Liquidationserlös kann von Anfang an durch eine entsprechende Satzungsbestimmung beschränkt oder ausgeschlossen werden (str.), nachträglich ist dies nur mit Zustimmung aller betroffenen Aktionäre möglich.[171] Die Satzung kann auch bestimmen, dass bestimmten Aktien bei der Liquidation der Gesellschaft ein Vorab des Liquidationserlöses zukommt. Soll das Bezugsrecht auf diese Aktien ausgeschlossen werden, sind an die sachliche Rechtfertigung des Ausschlusses besonders strenge Anforderungen zu erstellen. Diese Aktien bilden eine eigene Gattung, die insbes. im Bereich der Wagniskapitalfinanzierung anzutreffen ist. Durch die Liquidationspräferenz soll das Verlustrisiko des dadurch begünstigten Aktionärs im Verhältnis zu den übrigen Aktionären vermindert werden. Verbreitet ist eine Begrenzung der Präferenz auf die Höhe des Ausgabebetrags.

8. Mitgliedschaftliche Pflichten

147 Im Grundsatz erschöpfen sich die Pflichten des Aktionärs gegenüber der Gesellschaft in der Pflicht zur Leistung der Einlage, wenn nicht die Satzung im Einzelfall weitere Pflichten des Aktionärs (Nebenleistungspflichten) bestimmt. Darüber hinaus ist inzwischen eine allgemeine, in der Mitgliedschaft begründete Treupflicht des Aktionärs gegenüber der Gesellschaft und den Mitgesellschaftern anerkannt.

148 Daneben bestehen insbes. aktien- und kapitalmarktrechtliche Mitteilungspflichten, die an den Bestand der Mitgliedschaft anknüpfen und deren Verletzung zu einer Beschränkung der Mitgliedschaftsrechte führen kann, im eigentlichen Sinne handelt es sich jedoch nicht um mitgliedschaftliche Pflichten.[172]

---

[170] Hüffer/Koch/*Koch* AktG § 186 Rn. 55.
[171] Näher Hüffer/Koch/*Koch* AktG § 271 Rn. 2.
[172] Zu den Mitteilungspflichten gem. §§ 20, 21 AktG und 33 ff. WpHG → Rn. 125.

a) Einlagepflicht. Die Pflicht zur Leistung der in der Satzung oder dem Kapitalerhöhungs- 149
beschluss festgesetzten Einlage bildet die unabdingbare Hauptverpflichtung des Aktionärs.
Eine Befreiung von der Einlagepflicht ist unzulässig und stets unwirksam, § 66 AktG. Die
Einlagepflicht beginnt mit der Zeichnung der neuen Aktien und endet mit der vollständigen
Leistung der Einlage. Wie die Einlage zu erbringen ist, bestimmt § 54 AktG iVm §§ 36, 36a
AktG. Ob Bareinlagen im Wege der Kontogutschrift in anderer Währung als Euro erbracht
werden dürfen, ist str. Sie sollten daher in Euro erbracht oder nach Einzahlung in Euro um-
getauscht werden, um nicht als Sacheinlage qualifiziert zu werden.[173]

Vorbehaltlich einer abweichenden Satzungsbestimmung ist die Leistung der vollen Ein- 150
lage Voraussetzung für das Entstehen des Stimmrechts in der Hauptversammlung. Die Einlagepflicht ist eine mitgliedschaftliche Pflicht und deshalb mit der Aktie und nicht mit der
Person des jeweiligen Aktionärs verbunden. Mit der Übertragung der Aktie endet deshalb
auch die Einlagepflicht des bisherigen Inhabers. Allerdings besteht eine Zahlungspflicht der
früheren Aktionäre (Vormänner) insoweit, als von dem gegenwärtigen Aktionär die Einlage
nicht erlangt werden kann, § 65 AktG.

Die Einlage ist nach Aufforderung durch die Gesellschaft zu leisten, wobei § 36a AktG 151
bestimmt, dass bei Bareinlagen mindestens ein Viertel des geringsten Ausgabebetrages und
bei Ausgabe zu einem höheren als dem geringsten Ausgabebetrag auch der Mehrbetrag einzufordern ist. Für Sacheinlagen besteht die Möglichkeit der Teileinzahlung nicht, diese sind
stets vollständig zu leisten, § 36a Abs. 2 AktG. Streit besteht darüber, ob Sacheinlagen stets
schon vor der Anmeldung der Gründung bzw. der Kapitalerhöhung zur Eintragung in das
Handelsregister zu erbringen sind, oder ob eine Leistung innerhalb von fünf Jahren nach
Eintragung der Gründung bzw. der Kapitalerhöhung ausreichend ist. In der Praxis verlangen viele Registergerichte bereits zum Zeitpunkt der Anmeldung die vollständige Leistung
der Sacheinlage und wenn die Sacheinlage in einer Verpflichtung zur Übertragung eines Gegenstandes besteht, auch den Vollzug dieses Übertragungsgeschäftes.[174]

Kommt der Aktionär seiner Einlagepflicht nach Aufforderung durch die Gesellschaft 152
nicht nach, ist der ausstehende Betrag mit 5 % zu verzinsen, ein weiterer Schadenersatzanspruch ist nicht ausgeschlossen, und die Satzung kann darüber hinaus Vertragsstrafen festsetzen, § 63 AktG. Wenn der Aktionär seine Einlage trotz Aufforderung nicht leistet, kann
er aus der Gesellschaft ausgeschlossen werden (Kaduzierung). In diesem Fall bleibt die Aktie
als solche auch nach dem Ausschluss bestehen und die Haftung der Vormänner kommt zum
Tragen. Mit der Zahlung der ausstehenden Einlage wird der betreffende Vormann (wieder)
Aktionär. Ist von den Vormännern eine Zahlung nicht zu erlangen, wird die Aktie verwertet
und der Erwerber Aktionär.

b) Nebenleistungspflichten. Bei vinkulierten Namensaktien kann die Satzung den Aktio- 153
nären die Verpflichtung auferlegen, neben der Einlage weitere, auch wiederkehrende, nicht
in Geld bestehende Leistungen zu erbringen (Nebenverpflichtungen), § 55 AktG.[175] Durch
§ 55 AktG kann – als Ausnahme zu § 54 AktG – eine mitgliedschaftliche Leistungs-(Liefer-)
Pflicht des Aktionärs begründet werden, ohne dass ihm ein Austrittsrecht zusteht, wie es mit
der sonst nahe liegenden Rechtsform der Genossenschaft zwingend verbunden wäre (§ 65
GenG). Die Art und der Umfang der Nebenleistung sowie die Festsetzung, ob diese entgeltlich oder unentgeltlich zu erbringen ist, sind in der Satzung festzusetzen. Art und Umfang
sind darüber hinaus auch in der Aktienurkunde anzugeben. Die Vergütung darf unabhängig
von dem Ausweis eines Bilanzgewinns gezahlt werden, der Betrag jedoch den Wert der Leistung nicht übersteigen, § 61 AktG. Sollen die Nebenleistungspflichten erst nachträglich ein-

---

[173] Zum Streitstand → Fn. 13.
[174] Zum Streitstand → Fn. 20.
[175] Schulbeispiel der Nebenleistungspflicht ist die Pflicht des Rübenbauers zur Ablieferung von Zuckerrüben bei „seiner" Zucker-AG. Angesichts des Überangebots auf dem Weltmarkt wäre diese Lieferpflicht heute ei-gentlich nicht mehr erforderlich. Praktisch ging es daher zuletzt auch gar nicht mehr um die Lieferung der Rü-ben, sondern um die dadurch vermittelte Teilhabe des Rübenbauern an EU-Subventionen („A-Rüben"). Die praktische Bedeutung einer solchen „Nebenleistungs-AG" ist heute jedoch sehr begrenzt und wird voraus-sichtlich weiter abnehmen, nachdem die Zucker-Subventionierung 2017 endete.

geführt werden, ist die Zustimmung jedes davon betroffenen Aktionärs erforderlich, § 180 AktG.

154 **c) Treuepflicht.** Neben den gesellschaftsrechtlichen *Leistungs*pflichten besteht eine allgemeine *Treue*pflicht,[176] die aber ausschließlich im Innenverhältnis wirkt und nur von der Gesellschaft und ihren Aktionären geltend gemacht werden kann. In der Regel erschöpft sich die Treuepflicht in der Verpflichtung, bestimmte Handlungen nicht vorzunehmen bzw. sich bei der Beschlussfassung in der Hauptversammlung zu enthalten. Nur im Einzelfall kann von dem Aktionär eine aktive Handlung verlangt werden, zB wenn ein Sonderrecht beseitigt werden soll, deshalb die Zustimmung des betroffenen Aktionärs erforderlich ist und diesem durch die Beseitigung kein Nachteil entsteht.

155 Als besondere Ausprägung der allgemeinen Treuepflicht bestimmt § 117 AktG, dass Aktionäre ihren **Einfluss auf die Gesellschaft,** deren Organe und sonstigen Vertreter nicht zum Schaden der Gesellschaft und/oder ihrer Aktionäre ausüben dürfen. Erfolgte eine solche Einflussnahme vorsätzlich, besteht vorbehaltlich der in § 117 Abs. 7 AktG bestimmten Fälle die Pflicht zur Schadensersatzleistung.

156 Eine weitere Konkretisierung erfährt die Treuepflicht durch § 243 Abs. 2 AktG. Danach ist ein Beschluss der Hauptversammlung anfechtbar, wenn ein Aktionär hierdurch für sich oder einen Dritten einen **Sondervorteil** erstrebt, der Beschluss objektiv geeignet ist, einen solchen Sondervorteil zu verschaffen und kein angemessener Ausgleich für die damit verbundene Beeinträchtigung der übrigen Aktionäre gewährt wird. Insbesondere Beschlüsse über den Abschluss von Beherrschungs- und Ergebnisabführungsverträgen iSv § 291 AktG stellen danach keine nach § 243 Abs. 2 AktG anfechtbare Maßnahmen dar, weil in diesen Fällen eine gesetzliche Ausgleichs- und Abfindungspflicht besteht, §§ 304 f. AktG. Die Kasuistik zeigt, dass § 243 Abs. 2 AktG zwar häufig von opponierenden Aktionären zur Begründung einer Anfechtungsklage herangezogen wird, das Vorliegen der Tatbestandsvoraussetzungen von den Gerichten aber meist verneint wird.[177]

9. Übertragung der Aktie

157 **a) Übertragung von Inhaberaktien. aa)** *Übertragung durch Einigung und Übergabe nach §§ 929 ff. BGB.* Die Übereignung der Inhaberaktie und der in ihr verbrieften Rechte und Pflichten erfolgt grds. durch Einigung und Übergabe nach §§ 929 ff. BGB, unabhängig von der Art der Verwahrung und der Verbriefung der Urkunde.[178] Es gilt damit der Grundsatz, dass das Recht aus dem Papier dem Recht an dem Papier folgt. Ein gutgläubiger Erwerb der Inhaberaktie ist nach § 932 BGB, § 366 HGB möglich.[179] Ein Abhandenkommen der Inhaberaktien steht dem gutgläubigen Erwerb nicht entgegen, § 935 Abs. 2 BGB.

158 Wird die Aktie sonderverwahrt (bspw. in Streifbandverwahrung), so ist der Verwahrer unmittelbarer Fremdbesitzer und der Eigentümer mittelbarer Eigenbesitzer der Urkunde. Anstelle der physischen Übergabe reicht es daher für eine Übergabe nach § 929 S. 1 BGB aus, wenn der Verwahrer auf Grund einer Anweisung des Veräußerers den Depotbesitz in Zukunft für den Erwerber (durch Umstellung seines Besitzwillens) innehat (sogenannte Übergabe durch Einschaltung von Mittelspersonen).[180]

---

[176] Das ist inzwischen allg. anerkannt, BGHZ 103, 184 „Linotype"; BGH NJW 1992, 3167 „IBH/Scheich Kamel"; BGH NJW 1995, 1739 ff. = BGHZ 129, 136 ff.

[177] *Raiser,* Das Recht der Kapitalgesellschaften, 6. Aufl. 2015, § 16 Rn. 151 ff., unter Hinweis auf die knappe Prüfung (und Ablehnung) des § 243 Abs. 2 AktG in BGHZ 71, 40 (50) „Kali + Salz".

[178] Die physische Übergabe nach § 929 S. 1 BGB kann insbes. auch durch die in §§ 929 S. 2, 930, 931 BGB normierten Übergabesurrogate ersetzt werden.

[179] Zu beachten ist die Sonderregelung nach § 367 Abs. 1 HGB, nach der der gutgläubige Erwerb sowohl von Inhaber- als auch Namensaktien ausgeschlossen ist, sofern abhanden gekommene Wertpapiere an einen Kaufmann, der Bankier- oder Geldwechslergeschäfte betreibt, veräußert werden und zurzeit der Veräußerung der Verlust der Papiere im Bundesanzeiger bekannt gemacht worden und seit dem Ablauf des Jahres, in dem die Veröffentlichung erfolgt ist, nicht mehr als ein Jahr verstrichen ist.

[180] *Mentz/Fröhling* NZG 2002, 201 (203 f.).

Auf ähnliche Weise erfolgt die Übertragung, sofern die Wertpapiere bei einer Wertpapiersammelbank (§ 1 Abs. 3 DepotG) verbucht sind.[181] In diesem Fall liegt ein mehrstufiges Besitzverhältnis gem. § 871 BGB vor, wonach die Wertpapiersammelbank unmittelbarer Fremdbesitzer, die Depotbank (als sog. Intermediär) mittelbarer Fremdbesitzer ersten Grades und der Kunde als Aktionär mittelbarer Eigenbesitzer zweiten Grades ist. Die Übertragung der Miteigentumsanteile an der Sammelurkunde erfolgt gem. § 929 S. 1 BGB durch Einigung zwischen dem Veräußerer und Erwerber, die Übergabe erfolgt durch Anweisung des Veräußerers an seine Depotbank, die wiederum die Wertpapiersammelbank anweist, mit dem Erwerber (bzw. mit dessen Depotbank) ein neues Besitzmittlungsverhältnis zu vereinbaren.[182]

bb) Übertragung durch Abtretung nach §§ 413, 398 ff. BGB. Nach verbreiteter Auffassung kann eine Übertragung von Inhaberaktien auch durch Abtretung der Rechte aus der Mitgliedschaft gem. §§ 398, 413 BGB erfolgen, ohne dass zugleich die Aktienurkunde übergeben werden muss.[183] Bei dieser Form der Übertragung gälte der Grundsatz, dass das Recht am Papier gem. § 952 Abs. 2 BGB dem Recht aus dem Papier folgt. Der Zessionar könnte in diesem Fall die Urkunde ohne weiteren Übertragungstatbestand gem. § 985 BGB herausverlangen. Ein gutgläubiger Erwerb der Mitgliedschaft wäre dabei allerdings nicht möglich. Allerdings besteht das Risiko, dass vor Übergabe der Aktienurkunde an den Erwerber ein Dritter seinerseits gem. §§ 929, 932 BGB vom Zedenten gutgläubig Eigentum an der Urkunde erwirbt. Die Übertragung der mitgliedschaftlichen Rechte durch eine Abtretung nach §§ 413, 398 ff. BGB stellt damit derzeit keine empfehlenswerte Form des Erwerbs dar.

cc) Übertragung auf Grund Gesamtrechtsnachfolge. Im Fall der Gesamtrechtsnachfolge, zB durch Erbschaft oder Verschmelzung zweier Gesellschaften, gehen die Aktien ohne weiteres auf den Rechtsnachfolger über, ohne dass es hierzu besonderer Rechtshandlungen bedarf.

dd) Übertragung durch Eingliederung oder auf Grund eines Übertragungsbeschlusses (Squeeze-out). Im Fall der Eingliederung durch Mehrheitsbeschluss (§ 320 AktG) und des Squeeze-out gehen die Aktien der Minderheitsgesellschafter mit dem Wirksamwerden der jeweiligen Maßnahmen durch Eintragung in das Handelsregister über, §§ 320a, 327a AktG bzw. § 39a WpÜG (übernahmerechtlicher Squeeze-out). Nach Übergang der Aktien verbriefen die betreffenden Aktienurkunden (nur noch) den Anspruch des vormaligen Aktionärs auf Zahlung der Abfindung.

b) Namensaktie. *aa) Übertragung durch Indossament, § 68 iVm Art. 13, 16 WG.* Namensaktien können gem. § 68 Abs. 1 S. 1 AktG durch Indossament übertragen werden. Das bedeutet, dass auf der Aktienurkunde oder dem fest mit ihr verbundenen Anhang eine schriftliche Übertragungserklärung vorgenommen werden muss, vgl. § 68 Abs. 1 S. 2 AktG iVm Art. 13 Abs. 1 WG. Sollte der Inhaber nicht der erste Inhaber der Namensaktie sein, so muss er seine Berechtigung durch eine lückenlose Kette an Indossamenten, die auf den Erstinhaber der Namensaktie zurückführen, darlegen. Nach hM ist zudem für die Übertragung durch Indossament die Übereignung der Urkunde selbst durch Einigung und Übergabe gem. §§ 929 ff. BGB erforderlich.[184] Nach § 68 Abs. 1 S. 2 AktG iVm Art. 16 Abs. 2 WG ist auch ein gutgläubiger Erwerb der Namensaktie möglich, und zwar auch wenn sie abhandengekommen ist.

Nach § 68 Abs. 1 S. 2 AktG iVm Art. 13 Abs. 2 WG können Namensaktien auch mit Blankoindossament übertragen werden. Damit wird die Namensaktie wertpapierrechtlich

---

[181] Zum Übergang des Eigentums bei Wertpapiergeschäften an der Börse *Horn* WM-Sonderbeilage 2/2002, 1 (19 ff.).
[182] BGH 21.4.1959 – VIII ZR 148/58, NJW 1959, 1536.
[183] BGH 14.5.2013 – XI ZR 160/12, NZG 2013, 903 zur Inhaberschuldverschreibung, womit der BGH seine frühere Rspr. (BGH NJW 1958, 302 (303)) aufgegeben hat; *Mentz/Fröhling* NZG 2002, 201 (202); Staudinger/*Marburger* BGB Vorb. §§ 793 Rn. 7; MüKoBGB/*Habersack* § 793 Rn. 31; *Habersack/Mayer* WM 2000, 1678 ff.
[184] BGH NJW 1958, 302; GroßkommAktG/*Merkt* § 68 Rn. 17; Geßler/*Hefermehl/Bungeroth* AktG § 68 Rn. 6.

der Inhaberaktie gleichgestellt.[185] Insbesondere kann sie in entsprechender Anwendung des Art. 14 Abs. 2 Nr. 3 WG gem. §§ 929 ff. BGB wie die Inhaberaktie übertragen werden.[186]

Die Eintragung des Erwerbers in das Aktienregister ist nicht schon für den Erwerb der Aktie erforderlich, sondern erst für die Ausübung von Rechten aus der Aktie im Verhältnis zur Gesellschaft.

165 bb) *Übertragung durch Abtretung gem. §§ 413, 398 ff. BGB.* Nach ganz hM ist auch bei der Namensaktie als geborenem Orderpapier die Übertragung der mitgliedschaftlichen Rechte nach §§ 413, 398 ff. BGB durch Abtretung möglich.[187] Dies ergebe sich insbes. aus dem Wortlaut des § 68 Abs. 1 S. 1 AktG, nach dem die Namensaktie „auch" durch Indossament übertragen werden kann.[188] Nach Auffassung der älteren Rspr. ist zusätzlich zur Abtretung eine Übergabe der Urkunde nach § 929 S. 1 BGB bzw. die Vereinbarung eines Übergabesurrogats notwendig, und wegen der fortbestehenden Rechtsunsicherheit sollte sie auch weiterhin bei der Übertragung mit übergeben werden.[189] Bei der Übertragung durch Abtretung sind damit iErg dieselben Voraussetzungen zu beachten wie bei einer Übereignung blankoindossierter Namensaktien nach §§ 929 ff. BGB, ohne dass allerdings der Erwerber zum Nachweis seiner Berechtigung auf die Indossamentkette verweisen könnte.

166 cc) *Übertragung auf Grund Gesamtrechtsnachfolge.* Insoweit bestehen zur Übertragung von Inhaberaktien keine Unterschiede.[190] Um seine Rechte aus der Aktie in Verhältnis zur Gesellschaft auszuüben, muss der Rechtsnachfolger nicht in das Aktienregister eingetragen sein, der Gesellschaft auf deren Verlangen aber die Gesamtrechtsnachfolge nachweisen.

167 dd) *Übertragung auf Grund eines Übertragungsbeschlusses (Squeeze-out).* Auch insoweit bestehen zur Übertragung von Inhaberaktien keine Unterschiede.[191] Für die Eintragung des Hauptaktionärs in das Aktienregister gilt das vorstehend Gesagte entsprechend.

168 ee) *Übertragung vinkulierter Namensaktien.* Die rechtsgeschäftliche Übertragung vinkulierter Namensaktien bedarf zu ihrer Wirksamkeit der Zustimmung der Gesellschaft gem. § 68 Abs. 2 AktG. Das Gesetz sieht Fälle der notwendigen Vinkulierung vor, so etwa bei der Verpflichtung der Aktionäre zu wiederkehrenden Leistungen nach § 55 AktG oder gem. § 101 Abs. 2 S. 2 AktG, wenn mit der Aktie ein Recht zur Entsendung von Aufsichtsratsmitgliedern verbunden ist. Daneben dient die Vinkulierung häufig der Kontrolle des Aktionärskreises bei Familiengesellschaften und wagniskapitalfinanzierten Gesellschaften.

169 Die Zustimmung der Gesellschaft, die sich auf das Verfügungsgeschäft bezieht, erteilt der Vorstand, vgl. § 68 Abs. 2 S. 2 AktG. Im Innenverhältnis kann die Zustimmung an weitere Bedingungen (etwa an die Zustimmung des Aufsichtsrats oder der Hauptversammlung, vgl. § 68 Abs. 2 S. 3 AktG) geknüpft werden. Sie kann in Form der Einwilligung oder der Genehmigung erteilt werden, vgl. §§ 182 ff. BGB.[192] Die Zustimmung ist eine empfangsbedürftige[193] Willenserklärung und kann grds. konkludent erfolgen.[194] Nach § 68 Abs. 2 AktG kann das Zustimmungserfordernis auch nur für bestimmte Übertragungsfälle oder bestimmte Aktien[195] vorgesehen werden. Auf Fälle der Übertragung durch Gesamtrechtsnachfolge findet die Vinkulierung keine Anwendung.[196] Die überwiegende Meinung lässt das

---

[185] → Rn. 157 ff.
[186] Hüffer/Koch/*Koch* AktG § 68 Rn. 5; *Mentz/Fröhling* NZG 2002, 201 (202).
[187] HFR AktR-HdB/*Henn* Rn. 56; MüKoAktG/*Bayer* § 68 Rn. 30, Hüffer/Koch/*Koch* AktG § 68 Rn. 3.
[188] Grdl. RGZ 86, 154 (157).
[189] RGZ 88, 290 (292); BGH NJW 1958, 302 (303); KG AG 2003, 568 f., aA MüKoAktG/*Bayer* § 68 Rn. 30.
[190] → Rn. 161.
[191] → Rn. 162.
[192] Die Genehmigung darf allerdings nicht auflösend bedingt erklärt werden.
[193] Der Aktionär kann allerdings auch auf den Zugang verzichten.
[194] KG AG 2003, 568 f., die Gesellschaft hatte in diesem Fall ihre Zustimmung nicht explizit erteilt, jedoch den vermeintlich neuen Aktionär wiederholt zur Hauptversammlung eingeladen, so dass von einer konkludenten Zustimmung auszugehen war.
[195] Durch die Vinkulierung wird allerdings keine neue Aktiengattung begründet, Hüffer/Koch/*Koch* AktG § 68 Rn. 10.
[196] Hüffer/Koch/*Koch* AktG § 68 Rn. 11; als alternative Gestaltungsmöglichkeit kann die Satzung aber im Fall der Gesamtrechtsnachfolge die Einziehung der Aktien anordnen.

Zustimmungserfordernis darüber hinaus auch bei Verfügungen des Alleinaktionärs und bei Verfügungen aller bisherigen Aktionäre an einen Alleinaktionär entfallen.[197]

Bei der Entscheidung über die Zustimmung hat der Vorstand im Rahmen der satzungsmäßig vorgegebenen Gründe und unter Berücksichtigung interner Zustimmungserfordernisse einen Ermessensspielraum, der durch § 53a AktG, das Wohl der Gesellschaft und die berechtigten Aktionärsinteressen begrenzt wird. Die Satzung darf weitere (sachgerechte) Kriterien für die Ermessensentscheidung des Vorstands aufstellen. Diese dürfen allerdings iErg nicht zu einer Unveräußerbarkeit der Aktien auf unabsehbare Zeit führen. Nennt die Satzung ausdrücklich bestimmte Zustimmungs- oder Versagungsgründe, empfiehlt sich die Klarstellung, ob diese Gründe abschließend gelten sollen oder ob darüber hinaus noch ein Ermessen des Vorstands besteht. 170

Die Vinkulierung ist in der Satzung festzuschreiben und bedarf zu ihrer Einführung und Aufhebung eines satzungsändernden Beschlusses.[198] Die Vinkulierung ist auf der Aktienurkunde durch einen entsprechenden Zusatz kenntlich zu machen.[199] Bei einer nachträglichen Vinkulierung sind ggf. die alten Aktien einzuziehen. 171

10. Aktie und Satzung

a) **Obligatorische Satzungsbestandteile.** Die Satzung der Aktiengesellschaft muss mindestens die in § 23 Abs. 3, 4 AktG genannten Festsetzungen enthalten: bzgl. des Grundkapitals muss die Satzung Angaben zur Höhe des Grundkapitals,[200] der Zerlegung des Grundkapitals entweder in Nennbetragsaktien oder in Stückaktien, bei mehreren Gattungen auch die Bezeichnung der Gattungen und die Zahl der Aktien der jeweiligen Gattungen enthalten. Ferner muss die Satzung bestimmen, ob die Aktien auf den Inhaber oder auf den Namen ausgestellt werden.[201] Entsprechend ist in die Satzung bspw. folgende **Formulierung** aufzunehmen: 172

> **Formulierungsvorschlag:**
> Kapitalausstattung
> (1) Das Grundkapital der Gesellschaft beträgt 50.000 EUR.
> (2) Das Grundkapital ist in 50.000 Stückaktien (bei Nennbetragsaktien: 50.000 Nennbetragsaktien mit einem Nennbetrag von je 1 EUR) zerlegt.
> (3) Die Aktien lauten auf den Namen (bei Inhaberaktien: auf den Inhaber).

b) **Fakultative Satzungsbestandteile.** Grundsätzlich besteht nach § 23 Abs. 5 AktG das Prinzip der Satzungsstrenge. Danach darf die Satzung von den Vorschriften des Aktiengesetzes nur abweichen, wenn das Gesetz eine solche Abweichung ausdrücklich zulässt. Bloßes Schweigen des Gesetzes begründet nicht die Zulässigkeit der Abweichung.[202] 173

Aufgrund der wesentlichen Bedeutung des Grundkapitals für den Gläubigerschutz sind die diesbezüglichen Bestimmungen (§ 23 Abs. 3 Nr. 3, 4 AktG) zwingend. Nur in wenigen Fällen sind vom gesetzlichen Leitbild abweichende Gestaltungen möglich. Die Satzung kann bspw. festlegen, dass bei Bareinlagen – in Abweichung zu §§ 36 Abs. 2, 36a AktG – schon bei der Anmeldung der Kapitalerhöhung mehr als ein Viertel des Aufgeldes eingezahlt sein muss, dass das Stimmrecht abweichend von § 134 Abs. 2 S. 1 AktG bereits vor der Leistung der vollen Einlage beginnt oder dass die Gewinnberechtigung neuer Aktien entgegen § 60 Abs. 2 AktG nicht erst mit der Leistung der Einlage beginnt.[203] 174

---

[197] MüKoAktG/*Bayer* § 68 Rn. 115; Kölner Komm AktG/*Lutter/Drygala* § 68 Rn. 106; einen Überblick über den Meinungsstand geben *Heller/Timm* NZG 2006, 257 ff.
[198] → Rn. 51.
[199] ZB „Gemäß § … der Satzung ist eine Übertragung dieser Aktie an die Zustimmung der Gesellschaft gebunden."
[200] § 23 Abs. 3 Nr. 3 AktG.
[201] § 23 Abs. 3 Nr. 4 AktG.
[202] MHdB GesR IV/*Sailer-Coceani* § 6 Rn. 9, Kölner Komm AktG/*Kraft* § 23 Rn. 83.
[203] Zu den sonstigen fakultativen Satzungsbestimmungen vgl. → § 7.

175   c) **Folgen fehlerhafter Festsetzung.**[204] Das Registergericht hat die Eintragung einer Gesellschaft, in deren Satzung keine oder eine 50.000 EUR unterschreitende Grundkapitalziffer bestimmt ist, abzulehnen (§ 38 Abs. 1 S. 2 iVm § 23 Abs. 3 Nr. 3 AktG).

176   Wird die Gesellschaft trotz eines Verstoßes gegen § 7 AktG in das Handelsregister eintragen, so ist die Aktiengesellschaft wirksam entstanden. Allerdings ergeben sich aus einer solchen Eintragung je nach Art des Fehlers unterschiedliche Rechtsfolgen:

177   Wurde die Gesellschaft in das Handelsregister eingetragen, obwohl die Satzung keine Bestimmung über die Höhe des Grundkapitals enthält, kann jeder Aktionär und jedes Mitglied des Vorstandes und des Aufsichtsrats darauf klagen, dass die Gesellschaft für nichtig erklärt wird (§ 275 Abs. 1 AktG). Der Mangel der fehlenden Festsetzung eines Grundkapitals ist nicht heilbar (§ 276 AktG). Ferner kann das Registergericht die Gesellschaft als nichtig löschen (§ 397 FamFG).

178   Bei einem Widerspruch zwischen der Angabe der Grundkapitalziffer (§ 23 Abs. 3 Nr. 3 AktG) und der Summe der einzelnen Nennbeträge (§ 23 Abs. 3 Nr. 4 AktG) kann eine Korrektur im Wege der Auslegung erfolgen, wenn die Angabe nach § 23 Abs. 3 Nr. 3 AktG mit dem Gesamtnennbetrag der Aktienübernahmeerklärungen nach § 23 Abs. 2 AktG übereinstimmt. Dann ist die Falschbezeichnung nach § 23 Abs. 3 Nr. 4 AktG unschädlich. Maßgeblich ist die Angabe nach § 23 Abs. 3 Nr. 3 AktG.[205]

179   Die Angabe nach § 23 Abs. 3 Nr. 3 AktG ist auch für den Fall maßgeblich, dass der Gesamtnennbetrag nach § 23 Abs. 2 Nr. 3 AktG die Grundkapitalziffer nicht erreicht. Wird das in der Satzung festgesetzte Grundkapital trotz vorhandener Widersprüche eingetragen, so trifft die Gesellschafter eine gesamtschuldnerische Haftung in Höhe des Fehlbetrages kraft Rechtsscheins, den die Gesellschafter mit der Eintragung gesetzt haben.[206]

---

[204] S. hierzu auch die Ausführungen in → § 14.
[205] Kölner Komm AktG/*Dauner-Lieb* § 7 Rn. 5.
[206] Geßler/Hefermehl/*Brändel* AktG § 7 Rn. 17 ff.; MüKoAktG/*Heider* § 7 Rn. 35.

§ 11 Aktionärsvereinbarungen

Übersicht

	Rn.
I. Regelungsgegenstand und Form	1–3
1. Regelungsgegenstand	1
2. Form	2
3. Publizität	3
II. Schranken der Zulässigkeit	4–8
1. Zwingendes Aktienrecht	5–6
2. Zwingende Satzungsbestandteile	7/8
III. Einzelne Regelungsinhalte	9–44
1. Verfügungen über Aktien	9–22
a) Vinkulierung	10/11
b) Regelungen in Aktionärsvereinbarungen	12–22
2. Regelungen zur Stimmbindung	23
3. Einflussnahme auf Besetzung und Verhalten von Organen der Gesellschaft	24–31
a) Aufsichtsrat	25–28
b) Vorstand	29
c) Bemühensklauseln	30/31
4. Kapitalmaßnahmen	32/33
5. Willensbildung und Verwaltung des Aktienpools	34–39
6. Laufzeit	40
7. Sanktionen und Schiedsverfahren	41–44
IV. Typische Anwendungsfälle der Aktionärsvereinbarung	45–54
1. Geschlossene (Familien-)Gesellschaften	45
2. Börsennotierte Gesellschaften	46
3. Joint-Venture Gesellschaften	47
4. Beteiligung von Venture-Capital-Gebern	48–54

Schrifttum: *Baumann/Reiß,* Satzungsergänzende Vereinbarungen – Nebenverträge im Gesellschaftsrecht, ZGR 1989, 157; *Cziupka/Kliebisch,* Probleme der Steuerung des Gesellschafterbestandes durch schuldrechtliche Vereinbarungen zwischen Aktiengesellschaft und ihren jeweiligen Aktionären, BB 2013, 715; *von Einem/Schmid/Meyer,* „Weighted-Average" – Verwässerungsschutz bei Venture Capital-Beteiligungen, BB 2004, 2703; *Habersack,* Grenzen der Mehrheitsherrschaft im Stimmrechtskonsortium, ZHR 164 (2000), 1; *Kiefner/Happ,* Zulässigkeit von Standstill und Lock-up Agreements bei Aktiengesellschaft, ZIP 2015, 1810; *Koch,* Höherrangiges Satzungsrecht vs. Schuldrechtliche Satzungsüberlagerung, AG 2015, 213; *Krieger,* Mehrheitsbeschlüsse im Aktionärspool, FS Hommelhoff, 2012, S. 593; *Mayer,* Grenzen von Aktionärsvereinbarungen, MittBayNot 2006, 281; *Noack,* Satzungsergänzende Verträge der Gesellschaft mit ihren Gesellschaftern, NZG 2013, 281; *Podewils,* Mehrheitsklauseln in Stimmrechts-Poolgesellschaften: Maßgeblichkeit des Trennungsprinzips, BB 2009, 733; *Priester,* Schuldrechtliche Vereinbarungen zur Gewinnverteilung bei der AG, ZIP 2015, 2156; *Schrötter,* Der Schutzgemeinschaftsvertrag, NJW 1979, 2592; *Ulmer,* Die unterwanderte Schutzgemeinschaft, FS Hommelhoff, 2012, S. 1249; *Zöllner,* Zu Schranken und Wirkung von Stimmbindungsverträgen, insbesondere bei der GmbH, ZHR 155 (1991), 168; *Zutt,* Stimmbindungen gegenüber Dritten – Ergebnisse einer Umfrage, ZHR 155 (1991), 213.

I. Regelungsgegenstand und Form

1. Regelungsgegenstand

Durch Aktionärsvereinbarungen regeln sämtliche Aktionäre oder eine Gruppe von Aktionären ihr Verhältnis zueinander und zur Gesellschaft. Gegenstand von Vereinbarungen unter Aktionären ist häufig eine **Stimmrechtsbindung** der teilnehmenden Aktionäre dahingehend, ihre Stimmrechte in der Hauptversammlung nur gemäß der in der Aktionärsvereinbarung getroffenen Regelung auszuüben. Durch diese Bündelung ihrer Stimmmacht erhöhen die Aktionäre die Möglichkeiten der Einflussnahme. Daneben enthalten Aktionärsvereinbarungen auch häufig Regelungen über die **Verfügung über gebundene Aktien**. 1

In der Praxis gibt es bei Aktiengesellschaften weit häufiger als bei GmbHs schuldrechtliche Gesellschaftervereinbarungen neben der Satzung. Hintergrund ist der Grundsatz der Satzungsstrenge in § 23 Abs. 5 AktG, wonach die Satzung von den Vorschriften des AktG nur abweichen darf, sofern dies ausdrücklich zugelassen ist. Um trotzdem von der gesetzlichen Organisationsverfassung der Aktiengesellschaft abweichende Regelungen zu treffen, bedienen sich die Aktionäre schuldrechtlicher Vereinbarungen, die zwar kooperationsrechtlich keine Wirkung entfalten, aber im Verhältnis zwischen den Parteien die gewünschten Strukturen schaffen. Stets sollte im Einzelfall geprüft werden, ob eine Regelung in der Satzung oder in einer Aktionärsvereinbarung vorzugswürdig ist. Die Satzungsregelung eröffnet im Regelfall die Möglichkeit einer Abänderung durch (qualifizierten) Mehrheitsbeschluss, während die Änderung einer Aktionärsvereinbarung grundsätzlich der Zustimmung aller Beteiligten bedarf. Des Weiteren gilt eine Satzung nicht nur zwischen den Parteien – hier den Gründern – sondern für alle künftigen Aktionäre, während eine Aktionärsvereinbarung, von seltenen Fällen der Gesamtrechtsnachfolge abgesehen, auf den Beitritt von Einzelrechtsnachfolgern einzelner Aktionäre angewiesen ist. Auch werden Mängel in Willenserklärungen von Aktionären bei Feststellung bzw. Änderung der Satzung grundsätzlich durch Eintragung der Gesellschaft bzw. der Satzungsänderung geheilt.[1] Ein Vorteil der Aktionärsvereinbarung liegt demgegenüber in der grundsätzlichen Publizitätsfreiheit.[2] In der Literatur wird überwiegend auch die Möglichkeit satzungsergänzender schuldrechtlicher Zusatzvereinbarungen zwischen der Gesellschaft und den Aktionären bejaht.[3] Eine grundsätzliche Klärung dieser praxisrelevanten Frage durch die Rechtsprechung steht noch aus.[4]

2. Form

2   Ihrer Rechtsnatur nach sind Aktionärsvereinbarungen in der Regel Gesellschaftsverträge iSv §§ 705 ff. BGB[5] und bedürfen daher im Gegensatz zur Satzung zumeist keiner besonderen Form.[6] Etwas anderes gilt auch nicht, wenn Verpflichtungen zur Satzungsänderung geregelt werden.[7] Im Einzelfall kann sich ein Formerfordernis aus allgemeinen Bestimmungen ergeben, etwa aus § 794 Abs. 1 Nr. 5 ZPO, falls eine Zwangsvollstreckungsklausel insbesondere im Zusammenhang mit der Verpflichtung zur Kapitalzuführung in die Aktionärsvereinbarung aufgenommen wird.

3. Publizität

3   Ein Motiv für den Abschluss von Aktionärsvereinbarungen ist die fehlende Registerpublizität im Unterschied zur Satzung. Hierbei ist allerdings die Rechtsprechung des BayObLG[8] zu beachten, wonach ein Beteiligungsvertrag zur Prüfung an das Registergericht einzureichen ist, wenn der Verdacht besteht, dass in diesem ein Agio vereinbart wurde.[9] Dies kann auch die Aktionärsvereinbarung umfassen, wenn diese – wie häufiger in der Praxis – mit dem Beteiligungsvertrag in einem Dokument verbunden ist. Durch eine Trennung dieser Verträge kann diese Problematik jedoch umgangen werden.

---

[1] Vgl. GroßKomm AktG/*Röhricht/Schall* § 23 Rn. 283.
[2] Vgl. → Rn. 3.
[3] Vgl. zum Meinungsstand *Noack* NZG 2013, 281; *Kiefner/Happ* ZIP 2015, 1810 speziell zu Stillhaltevereinbarungen; vgl. → Rn. 13 f. für solche Abreden unter Aktionären.
[4] Vgl. *Cziupka/Kliebisch* BB 2013, 715 f. mwN.
[5] IdR Einordnung als Innengesellschaft bürgerlichen Rechts ohne Gesamthandvermögen, vgl. BGH 21.9.2009 – II ZR 250/07, NZG 2010, 62; Hüffer/Koch/*Koch* AktG § 133 Rn. 26 mwN; GK-AktG/*Röhricht/Schall* § 23 Rn. 322.
[6] Vgl. BGH 25.9.1986 – II ZR 272/85, NJW 1987, 890 (891) (für AG); BGH 15.3.2010 – II ZR 4/09, NZG 2010, 988 (989) (für GmbH); GK-AktG/*Röhricht/Schall* § 23 Rn. 324 mwN.
[7] Vgl. OLG Köln 25.7.2002 – 18 U 60/02, GmbHR 2003, 416; Baumbach/Hueck/*Zöllner* GmbHG § 47 Rn. 113.
[8] BayObLG 27.2.2002 – 3 Z BR 35/02, NZG 2002, 583.
[9] Vgl. zu dieser Problematik → § 33 Rn. 31.

II. Schranken der Zulässigkeit

Allgemeine Schranken hinsichtlich der Zulässigkeit von Aktionärsvereinbarungen können sich im Einzelfall aus dem **Knebelungsverbot oder sonstigen Verstößen gegen die guten Sitten** gem. § 138 BGB sowie auch aus § 1 GWB ergeben. Darüber hinaus folgt eine weitere, gesellschaftsrechtliche Schranke aus der **mitgliedschaftlichen Treuepflicht** der Aktionäre. Erreichen die Parteien der Aktionärsvereinbarung in der Hauptversammlung eine Sperrminorität oder ein sonst relevantes Minderheitenquorum, so müssen sie bei der Ausübung ihrer Mitgliedschaftsrechte angemessen Rücksicht auf gesellschaftsbezogene Interessen der anderen Aktionäre nehmen.[10]

1. Zwingendes Aktienrecht

Über die Generalklauseln der § 138 BGB, § 1 GWB hinaus ergeben sich Schranken für Aktionärsvereinbarungen aus zwingenden Vorschriften des Aktienrechts zur Verfassung der Gesellschaft. Spezielle Vorschriften, die den zulässigen Inhalt von Aktionärsvereinbarungen in Bezug auf Stimmbindungsverträge einschränken, sind die Folgenden:

- **§ 136 Abs. 2 S. 1 AktG** erklärt Vereinbarungen für nichtig, in denen sich der Aktionär verpflichtet, sein Stimmrecht in der Hauptversammlung nach Weisung der Gesellschaft, des Vorstands oder des Aufsichtsrats der Gesellschaft auszuüben. Gleiches gilt für Weisungen eines abhängigen Unternehmens.
- **§ 136 Abs. 2 S. 2 AktG** ordnet Nichtigkeit für Verträge an, in denen sich ein Aktionär verpflichtet, für die jeweiligen Vorschläge des Vorstands oder des Aufsichtsrats zu stimmen.
- **§ 405 Abs. 3 Nr. 4 und 5 AktG** verbietet Vereinbarungen, in denen derjenige, der aus seinen Aktien selbst das Stimmrecht nicht ausüben darf, einen Dritten verpflichtet, in seinem Sinne abzustimmen. Auch solche Vereinbarungen sind nichtig.[11]
- **§ 405 Abs. 3 Nr. 6 und 7 AktG** wendet sich gegen den sog Stimmenkauf. Entsprechende Vereinbarungen sind daher gemäß § 134 BGB ebenfalls nichtig.[12]

Übt ein Aktionär sein Stimmrecht im Sinne der Aktionärsvereinbarung aus, obwohl diese wegen Verstoßes gegen eine der obigen Vorschriften nichtig ist, so hat dies auf die Wirksamkeit des entsprechenden Hauptversammlungsbeschlusses grundsätzlich keinen Einfluss.[13] Allenfalls, wenn diejenigen Umstände, welche die Nichtigkeit des Stimmbindungsvertrages begründen, neben dem Stimmbindungsvertrag auch die Stimmabgabe selbst tangieren und dieselbe rechtsfehlerhaft machen, ist der Beschluss der Hauptversammlung nach allgemeinen Grundsätzen anfechtbar.[14]

Zwingende aktienrechtliche qualifizierte Mehrheiten können im Ergebnis durch **mildere Mehrheitserfordernisse** auf Ebene einer **Stimmpoolvereinbarung** ausgehebelt werden.[15] Anders gewendet ist eine Klausel, die auf Ebene des Poolvertrages eine einfache Mehrheit genügen lässt, nicht deshalb unzulässig, weil auf Ebene der Aktiengesellschaft eine qualifizierte Mehrheit zwingend erforderlich ist. Das schuldrechtliche und das korporationsrechtliche Verhältnis sind zu trennen.[16] Im Einzelfall kann ein solcher Beschluss auf Stimmpoolebene wegen Verstoßes gegen die gesellschafterliche Treuepflicht unwirksam sein, wenn sich die Mehrheit in treuwidriger Weise über beachtenswerte Belange der Minderheit hinwegsetzt.[17] Eine von den kapitalgesellschaftsrechtlichen Regeln abweichende Stimmbindung ist allerdings nicht *per se* treuwidrig.[18]

---

[10] Vgl. hierzu BGH 20.3.1995 – II ZR 205/94, BGHZ 129, 136 (145 ff.) – Girmes.
[11] MHdB GesR IV/*Hoffmann-Becking* § 39 Rn. 39.
[12] Hüffer/Koch/*Koch* AktG § 133 Rn. 28.
[13] Vgl. Hüffer/Koch/*Koch* AktG § 133 Rn. 26 mwN.
[14] Vgl. dazu auch → § 37.
[15] BGH 24.11.2008 – II ZR 116/08, BGHZ 179, 13 (20 ff.) = NJW 2009, 669 ff.; *Podewils* BB 2009, 733 (736).
[16] Kritisch MüKoAktR/*Pentz* § 23 Rn. 205; aaM (noch) *Habersack* ZHR 164 (2000), 1 (15 ff.).
[17] BGH 15.11.2011 – II ZR 266/09, BGHZ 191, 293 Rn. 23; *Krieger* in FS Hommelhoff, 2012, 593 (600).
[18] BGH 24.11.2008 – II ZR 116/08, BGHZ 179, 13 = BGH NJW 2009, 669 (671); Hüffer/Koch/*Koch* AktG § 133 Rn. 27.

2. Zwingende Satzungsbestandteile

7 Nicht Gegenstand von Aktionärsvereinbarungen können aufgrund ihres korporativen Charakters **notwendig echte Satzungsbestandteile** sein, dh solche Regelungen, die ohne ihre Aufnahme in das formelle Satzungsstatut keine Wirksamkeit erlangen können wie die Zuständigkeitsbegründung oder -änderung der aktienrechtlichen Organe sowie die Begründung oder Änderung mitgliedschaftlicher (Sonder-)Rechte und Pflichten.[19] So hat der BGH entschieden, dass die Gesellschaft Aktien nicht auf Grundlage einer schuldrechtlichen Vereinbarung einziehen könne.[20] Umstritten ist, ob auch Abreden zu einer disquotalen Gewinnverteilung Gegenstand einer schuldrechtlichen Nebenvereinbarung zwischen Gesellschaft und Aktionären sein können.[21] Grundsätzlich besteht jedoch die Möglichkeit, in die Aktionärsvereinbarung eine Verpflichtung aufzunehmen, satzungsändernde Beschlüsse über den Inhalt notwendig echter Satzungsbestandteile in der Hauptversammlung herbeizuführen.[22]

8 **Notwendige unechte Satzungsbestandteile** sowie **indifferente Satzungsbestimmungen**[23] in schuldrechtlicher Ausgestaltung, können im Gegensatz zu notwendig echten Satzungsregelungen Gegenstand von Aktionärsvereinbarungen sein. Die Tatsache, dass sie zu ihrer Wirksamkeit nicht der Aufnahme in das formelle Satzungsstatut bedürfen, steht wiederum der Möglichkeit ihrer freiwilligen Aufnahme in den Text der Satzungsurkunde nicht entgegen, da sich die Satzung nicht auf die Vereinbarung notwendig echter Satzungsbestandteile beschränken muss.[24] Änderungen der Rechtsnatur derartiger Regelungen sind mit einer Aufnahme in den Text der Satzungsurkunde nicht verbunden. In der Praxis sind Aktionärsvereinbarungen dennoch zumeist als eigenständige Vertragswerke ausgestaltet, da die mit einer Aufnahme in die Satzungsurkunde verbundene Publizität vermieden werden soll.[25]

III. Einzelne Regelungsinhalte

1. Verfügungen über Aktien

9 Die Aktionäre werden oftmals ein Interesse daran haben, eine bestimmte Zusammensetzung des Gesellschafterkreises zu bewahren und/oder die Gesellschaft vor unerwünschten Aktionären zu schützen. Aktionärsvereinbarungen enthalten daher zumeist Regelungen zur Ausübung von Bezugsrechten bei Kapitalerhöhungen und insbesondere zur Veräußerung von Aktien sowie wirtschaftlich gleichwertigen Treuhandverhältnissen.

10 a) **Vinkulierung.** Ausgehend vom Grundsatz der freien Übertragbarkeit der Mitgliedschaft eröffnet das Aktiengesetz lediglich in § 68 Abs. 2 AktG für Namensaktien die Möglichkeit, diese in ihrer Gesamtheit oder teilweise zu vinkulieren und damit ihre wirksame dingliche Übertragung von der Zustimmung der Gesellschaft abhängig zu machen.[26] Die Vinkulierung ist eine **notwendig echte Satzungsbestimmung** und bedarf daher zu ihrer Wirksamkeit der Aufnahme in die Satzungsurkunde. Während die Erklärung der Zustimmung durch den Vorstand zu erfolgen hat, kann die interne Willensbildung auf Grund einer entsprechenden Regelung in der Satzung dem Vorstand, dem Aufsichtsrat oder der Hauptversammlung überlassen werden, aber nicht mehreren Organen gemeinsam.

---

[19] Vgl. GroßKommAktG/*Wiedemann* § 179 Rn. 38; Schmidt/Lutter/*Seibt* § 179 Rn. 7 und → § 29 Rn. 2.
[20] BGH 22.1.2013 – II ZR 80/10, NZG 2013, 220 (221).
[21] Verneinend LG Frankfurt a. M. 23.12.2014 – 3-05 O 47/14, NZG 2015, 482; aM *Priester* ZIP 2015, 2156 (2159); *Koch* 2015, 213 (218 f.).
[22] So auch *Mayer* MittBayNot 2006, 281 (283).
[23] Vgl. zu diesen Typen von Satzungsbestandteilen → § 29 Rn. 6 ff.
[24] Für den Fall der indifferenten Bestimmungen gilt dies allerdings nur dann, wenn diese als schuldrechtliche Nebenabreden vereinbart werden.
[25] Hüffer/Koch/*Koch* AktG § 133 Rn. 26.
[26] Zur Frage, ob die Vinkulierung auch auf unverbriefte Mitgliedschaftsrechte Anwendung findet vgl. Spindler/Stilz/*Cahn* AktG § 68 Rn. 28.

Formulierungsvorschlag:

§ ...... Verfügung über Aktien
Die Namensaktien können nur mit Zustimmung der Gesellschaft übertragen werden. Über die Zustimmung entscheidet der Aufsichtsrat. [Keiner Zustimmung bedarf die Übertragung auf ...][27]

11

b) **Regelungen in Aktionärsvereinbarungen.** § 68 Abs. 2 AktG stellt eine abschließende Regelung in Bezug auf die **dingliche Beschränkung der Fungibilität von Aktien** auf. Unbenommen bleibt es dagegen, in eine Aktionärsvereinbarung schuldrechtliche Beschränkungen der freien Verfügbarkeit aufzunehmen. Häufig anzutreffen sind die folgenden Regelungen: 12

aa) Veräußerungsverbot. Durch ein vertragliches Veräußerungsverbot wird die Veräußerung der gebundenen Aktien untersagt. Aufgrund des abschließenden Charakters von § 68 Abs. 2 AktG handelt es sich bei einer solchen Vereinbarung jedoch auch bei einer Übertragung der Aktien durch Abtretung nicht um ein Abtretungshindernis gemäß § 399 BGB, sondern um eine rechtsgeschäftliche Verfügungsbeschränkung im Sinne von § 137 BGB ohne dingliche Wirkung. Die Wirksamkeit einer Abtretung wird folglich durch eine derartige Vereinbarung nicht berührt. Andererseits erweist sich ein schuldrechtliches Veräußerungsverbot in seinen Gestaltungsmöglichkeiten flexibler als eine Vinkulierung. So kann die Übertragung nicht nur an die Zustimmung der Hauptversammlung, des Vorstands oder des Aufsichtsrates, sondern auch an die Zustimmung jeder beliebigen Person (beispielsweise eines Finanzinvestors bei Venture Capital-Finanzierungen) geknüpft werden. Ferner sollte das Veräußerungsrecht an den Beitritt des Erwerbers zur Aktionärsvereinbarung geknüpft werden. 13

Um dieses relative Veräußerungsverbot abzusichern empfiehlt es sich, die Bestimmungen in der Aktionärsvereinbarung durch eine Vinkulierungsklausel in der Satzung zu ergänzen. Allerdings kann in der Satzung nicht bestimmt werden, dass die Erlaubnis zur Übertragung versagt werden muss, wenn der Erwerber der Aktionärsvereinbarung nicht beitritt. Entsprechende Zustimmungsverbote sind nach hM unzulässig.[28] Dagegen kann die Satzung bestimmen, dass die Zustimmung zur Übertragung der Aktien durch die Hauptversammlung erteilt wird, vgl. § 68 Abs. 2 S. 3 AktG. Bestimmt man eine entsprechende qualifizierte Mehrheit für einen solchen zustimmenden Beschluss der Hauptversammlung und verpflichtet man die Poolbeteiligten in der Aktionärsvereinbarung die Zustimmung zur Übertragung zu erteilen, wenn der Erwerber dem Pool beitritt, anderenfalls die Zustimmung zu versagen, kann weitgehend sichergestellt werden, dass die Aktien nicht wirksam aus dem Kreis der Poolbeteiligten ausscheiden können. 14

bb) Andienungspflichten, Vorerwerbs- und Vorkaufsrechte. Durch eine Andienungspflicht wird ein veräußerungswilliger Aktionär verpflichtet, vor Abschluss des Kaufvertrages den übrigen Aktionären die zu veräußernden Aktien zum Vorkauf anzubieten. Diese erhalten hierdurch ein sog Vorerwerbsrecht. In der praktischen Durchführung hat ein veräußerungswilliger Aktionär zumeist dem Poolvorsitzenden seine Veräußerungsabsicht anzuzeigen. Dieser leitet dann die Information an die übrigen Aktionäre weiter. 15

Formulierungsvorschlag:

§ ...... Andienungspflicht und Vorerwerbsrecht
(1) Die Veräußerung gebundener Aktien ist nur nach Maßgabe der nachfolgenden Bestimmungen zulässig.
(2) Beabsichtigt ein Pool-Beteiligter, seine Aktien sämtlich oder zu einem Teil an einen Dritten zu veräußern, so hat er sie zuvor sämtlichen übrigen Pool-Beteiligten mittels eingeschriebenen Briefes

16

---

[27] Ausnahmen können zB aufgenommen werden für die Übertragung auf andere Aktionäre oder Angehörige.
[28] Vgl. MüKoAktG/*Bayer* § 68 Rn. 61 mwN; Schmidt/Lutter/*Bezzenberger* § 68 Rn. 29.

> an den Vorsitzenden, der für die Weiterleitung an die Pool-Beteiligten sorgt, zum Erwerb anzubieten. Dabei sind der Preis und die Bedingungen für die Abgabe der Aktien anzugeben. Das Angebot kann nur durch eingeschriebenen Brief innerhalb eines Monats seit Zugang des Angebotsschreibens bei ...... angenommen werden. Nehmen mehrere Pool-Beteiligte das Angebot an, so erwerben sie die Aktien, sofern sie sich untereinander nicht anderweitig verständigen, im Verhältnis ihres bisherigen Aktienbesitzes zueinander. Soweit sich hierbei einzelne Aktien als Spitzen ergeben, sind diese unter ihnen zu verlosen. Das Angebot kann nur als Ganzes angenommen werden, wobei es jedoch, wenn einzelne Pool-Beteiligte das Angebot nur für einen Teil der angebotenen Aktien annehmen, genügt, dass die abgegebenen Annahmeerklärungen zusammen die gesamten angebotenen Aktien erfassen. Bei mehreren Erwerbern haftet jeder nur für den Teil des Gegenwertes, der auf die von ihm erworbenen Aktien fällt.
> (3) Wird das Angebot nicht angenommen oder decken die Annahmeerklärungen nicht die gesamten angebotenen Aktien, so können die angebotenen Aktien nunmehr innerhalb von sechs Monaten nach Angebotsabgabe gegenüber dem Vorsitzenden an beliebige Dritte veräußert werden. Innerhalb der ersten ...... Jahre nach Abschluss des Poolvertrages steht die Veräußerungsmöglichkeit an Dritte jedoch unter dem Vorbehalt der Zustimmung der Poolversammlung mit drei Viertel Mehrheit.
> (4) Dem Vorsitzenden sind unverzüglich und vor Abschluss des Vertrages mit einem Dritten alle relevanten Unterlagen betreffend die Veräußerung, insbesondere der unter dem Vorbehalt der Zustimmung der Poolversammlung stehende Veräußerungsvertrag in notariell beglaubigter Form zu übergeben. Diesen Unterlagen hinzuzufügen ist eine verbindliche und unbedingte Erklärung des Erwerbers, dass ihm die Poolbindung der zu erwerbenden Aktien bekannt ist und dass er dem Pool beitritt. Will der Veräußerer jedoch die Aktien zu einem Preis abgeben, der unter dem Angebotspreis nach Abs. 2 liegt, oder zu Konditionen, die günstiger sind, als er sie den Pool-Beteiligten angeboten hatte, so muss er zunächst wieder die Aktien zu diesem Preis und zu diesen Konditionen den übrigen Pool-Beteiligten nach Maßgabe des vorstehend Gesagten andienen.
> (5) Die gebundenen Aktien bleiben auch nach einer Veräußerung poolgebunden. Bei Erwerb durch einen Nicht Poolbeteiligten ist dieser entsprechend zu verpflichten. Die Pool-Beteiligten verpflichten sich, in einer Hauptversammlung der Gesellschaft einem Beschluss über die Zustimmung zur Übertragung gebundener Aktien gemäß § ...... der Satzung der Gesellschaft zuzustimmen, wenn der Erwerber vorher seinen Beitritt zur Poolvereinbarung erklärt hat und alle weiteren Regelungen dieser Poolvereinbarung über die Veräußerung gebundener Aktien eingehalten worden sind. Soweit diese Voraussetzungen nicht vorliegen, sind die Pool-Beteiligten verpflichtet, der Übertragung der Aktien in der Hauptversammlung der Gesellschaft die Zustimmung zu versagen.
> (6) Eine Übertragung gebundener Aktien ist unverzüglich dem Vorsitzenden mitzuteilen.

17 Neben dem Vorerwerbsrecht oder alternativ kann ein Vorkaufsrecht vereinbart werden, dessen Abwicklung der Abwicklung des Vorerwerbsrechts im Ablauf der Veräußerung nachfolgt. Durch das Vorkaufsrecht erhält ein Aktionär die Möglichkeit, nach Abschluss des Kaufvertrages durch den Veräußerer mit dem Dritterwerber die Aktien zu den gleichen Konditionen wie der Dritte zu erwerben. Hierbei bietet es sich an, bei der Vereinbarung sowohl eines Vorerwerbs- als auch eines Vorkaufsrechtes das Vorkaufsrecht unter die Bedingung zu stellen, dass dieses günstigere Konditionen als das Vorerwerbsrecht enthält.

18 *cc) Mitveräußerungsregelungen.* Schließlich sind in Aktionärsvereinbarungen häufig sog **Mitveräußerungsregelungen** anzutreffen. Diese können entweder die Form von Mitveräußerungsrechten (sog **tag-along-Klauseln**) oder Mitveräußerungspflichten (sog. **drag-along-Klauseln**) annehmen.

19 Für den Fall, dass ein Aktionär sämtliche oder einen Teil seiner gebundenen Aktien veräußern möchte, begründet ein Mitveräußerungsrecht (tag-along-Klausel) das Recht der anderen Aktionäre, ihre gebundenen Aktien an den gleichen Erwerber und zu den gleichen Konditionen zu veräußern. Hierdurch kann also die Veräußerung davon abhängig gemacht werden, dass der Erwerber auch die Aktien der veräußerungswilligen Poolbeteiligten erwirbt. Praktisch bedeutsamer ist aber die Ausgestaltung als quotale Mitveräußerung. Will der Erwerber nicht mehr Aktien erwerben, als ihm ursprünglich angeboten wurden, so muss der Erstveräußerer die Anzahl seiner zu veräußernden Aktien entsprechend reduzieren, um den anderen Aktionären die Ausübung ihres Mitveräußerungsrechts zu ermöglichen.

Formulierungsvorschlag:

§ ...... Mitveräußerungsrecht

(1) Unbeschadet des Vorkaufsrechts gemäß § ...... steht ...... auch das Recht zu, binnen einer Frist von zwei Wochen nach Zugang der schriftlichen Mitteilung des veräußerungswilligen Aktionärs gem. § ...... über einen beabsichtigten Aktienverkauf den veräußerungswilligen Aktionär zu verpflichten, neben dessen eigenen Aktien auch sämtliche oder einen Teil der von ...... gehaltenen Aktien dem potentiellen Erwerber zum Mitverkauf zu den gleichen Konditionen anzudienen („Mitveräußerungsrecht").

(2) Ist der Dritte nicht bereit, über die vom veräußerungswilligen Aktionär angebotenen Aktien hinaus sämtliche von ...... gemäß Abs. 1 angebotenen Aktien zu erwerben, hat der Verkauf der Aktien so zu erfolgen, dass an den Erwerber zunächst sämtliche von ...... angebotenen Aktien verkauft und übertragen werden, bevor der veräußerungswillige Aktionär eigene Aktien an den Erwerber verkauft und überträgt.

(3) Im Falle der Veräußerung von Aktien an der Gesellschaft durch Altaktionäre an einen oder mehrere Dritte, die hierdurch allein oder zusammen zumindest 25 % des Grundkapitals der Gesellschaft erwerben, verpflichten sich die betreffenden Altaktionäre weiterhin, diesem oder diesen Dritten die Verpflichtung aufzuerlegen, ... anzubieten, seine sämtliche Aktien zu denselben Konditionen zu erwerben wie die Aktien des oder der veräußerungswilligen Altaktionäre. Als Dritte im Sinne dieses Abs. 3 gelten auch Personen, die bereits Aktionäre der Gesellschaft sind. Sind die Konditionen der das Mitveräußerungsrecht von ...... auslösenden Transaktion ohne sachlichen Grund schlechter als die Konditionen früherer Transaktionen mit denselben dritten Personen, so gelten für das Mitveräußerungsrecht die Konditionen der früheren Transaktionen.

Mitveräußerungspflichten (**drag-along-Klauseln**) begründen im Gegensatz zu **tag-along-Klauseln** nicht das Recht, sondern die Pflicht der übrigen Aktionäre, ihre gebundenen Aktien an einen Erwerber mit zu veräußern. Selbstverständlich sind solche Mitveräußerungspflichten regelmäßig an bestimmte Bedingungen, wie beispielsweise einen zu erzielenden Kaufpreis oder Fristen, geknüpft. Praktische Bedeutung erlangen solche Regelungen insbesondere bei der Beteiligung von Venture-Capital-Gebern. Ist ein sog **trade-sale** als exit-Modell, also zur Beendigung der Beteiligung, vorgesehen, so soll dem Venture-Capital-Geber trotz der üblichen Minderheitsbeteiligung die Möglichkeit eingeräumt werden, einem Erwerber die Mehrheit der Aktien der Gesellschaft anzubieten.

Formulierungsvorschlag:

§ ...... Mitveräußerungspflicht
Sämtliche Pool-Beteiligten sind verpflichtet, auf Antrag eines Pool-Beteiligten sämtliche von ihnen gehaltenen Aktien an einen von diesem Pool-Beteiligten benannten Dritten zu gleichen Bedingungen zu übertragen, sofern eine solche Veräußerung aller Aktien der Gesellschaft von der Hauptversammlung mit einer Mehrheit von mindestens 80 % aller abgegebenen Stimmen beschlossen wird und der Dritte bereit ist, alle Aktien zu erwerben.

2. Regelungen zur Stimmbindung

Durch Stimmbindungsvereinbarungen verpflichten sich Aktionäre, ihr Stimmrecht generell oder in einer einzelnen Abstimmung in einem bestimmten Sinne auszuüben oder von der Ausübung Abstand zu nehmen.[29] Entsprechend ihrem **schuldrechtlichen Charakter** haben Stimmbindungsverträge **keine Außenwirkung**, so dass eine entgegen der Vereinbarung abgegebene Stimme trotzdem wirksam ist. Innerhalb der dargelegten Schranken[30]

---

[29] MHdB GesR IV/*Hoffmann-Becking* § 39 Rn. 42.
[30] Vgl. → Rn. 4 ff.

ist die grundsätzliche Zulässigkeit derartiger Stimmbindungsverträge nach allgemeiner Meinung anerkannt. Stimmbindungsvereinbarungen begründen klagbare und nach § 894 ZPO vollstreckbare Erfüllungsansprüche,[31] nach herrschender Auffassung auch im vorläufigen Rechtsschutz.[32] Zunehmend werden auch Stimmbindungsverträge mit Nichtaktionären grundsätzlich als zulässig erachtet.[33] Bei einer Ausgestaltung als sog Konsortial- oder Poolvertrag wird die Ausübung des Stimmrechts durch Mehrheitsbeschluss der Pool-Mitglieder festgelegt. Ein solcher Mehrheitsbeschluss auf Konsortialebene kann dabei faktisch in eine Abmilderung der Mehrheitserfordernisse auf aktienrechtlicher Ebene münden.[34]

3. Einflussnahme auf Besetzung und Verhalten von Organen der Gesellschaft

24 Bei den Möglichkeiten der Einflussnahme des Aktienpools auf die Organe der Gesellschaft ist zwischen **Aufsichtsrat** und **Vorstand** zu unterscheiden.

25 a) **Aufsichtsrat.** Die Bestellung von Aufsichtsratsmitgliedern erfolgt gemäß § 101 Abs. 1 AktG entweder durch Beschluss der Hauptversammlung, mittels eines Entsenderechts oder auf Grund von Regeln der Unternehmensmitbestimmung. Durch Aktionärsvereinbarungen kann man daher einerseits auf die Bestellung der Aufsichtsratsmitglieder einwirken, indem die Stimmrechte bzgl. des Beschlusses der Hauptversammlung über die Bestellung der Aufsichtsratsmitglieder in sog **Wahlabsprachen** gebündelt werden. Diese Wahlvereinbarungen sind als spezielle Fallgruppe von Stimmbindungsverträgen grundsätzlich zulässig.[35] In der Praxis werden bestimmten Aktionären des Aktienpools sog Benennungsrechte verliehen,[36] welche die übrigen gebundenen Aktionäre poolintern im Wege der Stimmbindung zur Stimmabgabe gemäß dem Wunsch des Benennungsberechtigten verpflichten. Sie dürfen daher nicht mit den Entsenderechten gemäß § 101 Abs. 1, 2 AktG verwechselt werden. Diese müssen in der Satzung vorgesehen sein und können bestimmten Aktionären oder den Inhabern bestimmter Aktien, jedoch höchstens für ein Drittel der Aufsichtsratsmitglieder, ein Recht zur Entsendung der Aufsichtsratsmitglieder einräumen. Im Gegensatz zu den poolinternen Benennungsrechten bedarf die Durchführung einer Satzungsänderung zur Gewährung von Entsenderechten als zweite Möglichkeit zur Beeinflussung der Besetzung des Aufsichtsrates eines satzungsändernden Hauptversammlungsbeschlusses mit entsprechender Mehrheit.[37]

> **Formulierungsvorschlag:**
>
> **§ ...... Mitglieder des Aufsichtsrats**
>
> 26 Von den ...... Mitgliedern im Aufsichtsrat der Gesellschaft werden ...... auf Vorschlag der ......, ... Mitglieder auf Vorschlag der ...... und ...... Mitglieder auf Vorschlag der ...... gewählt. Die Pool-Beteiligten verpflichten sich, ihr Stimmrecht bei der Wahl der Aufsichtsratsmitglieder in der Hauptversammlung im Einklang mit den gemäß der vorstehenden Regelung zu berücksichtigenden Wahlvorschlägen ihrer Mit-Pool-Beteiligten auszuüben.

27 Die Einflussnahme auf das konkrete Verhalten der Aufsichtsratsmitglieder gestaltet sich wesentlich schwieriger. Hier besteht auf Grund der Unabhängigkeit und Weisungsfreiheit des Aufsichtsrates[38] nur die Möglichkeit, über die Drohung mit einer Abberufung das Auf-

---

[31] BGH 29.5.1967 – II ZR 105/66, BGHZ 48, 163 (169 ff.) (zur GmbH); MHdB GesR IV/*Hoffmann-Becking* § 39 Rn. 54; Hüffer/Koch/*Koch* AktG § 133 Rn. 27 (29 f.) jeweils mwN.
[32] Vgl. hierzu MHdB GesR IV/*Hoffmann-Becking* § 39 Rn. 55; Hüffer/Koch/*Koch* AktG § 133 Rn. 31.
[33] Vgl. BGH 15.7.2014 – II ZR 375/13, AG 2014, 705 (obiter dictum); Hüffer/Koch/*Koch* AktG § 133 Rn. 27. mwN; zur GmbH *Zöllner* ZHR 155 (1991), 168 ff.; für die Praxis *Zutt* ZHR 155 (1991), 213 ff.; aM MüKoAktG/*Pentz* § 23 Rn. 203; *Habersack* ZHR 164 (2000), 1 (11 f.).
[34] Vgl. → Rn. 6a.
[35] KK-AktG/*Mertens/Cahn* § 101 Rn. 26; Spindler/Stilz/*Spindler* AktG § 101 Rn. 23.
[36] *Baumann/Reiß* ZGR 1989, 157 (187).
[37] Vgl. hierzu → § 29.
[38] BGH 29.1.1962 – II ZR 1/61, BGHZ 36, 296 (306); *Baumann/Reiß* ZGR 1989, 157 (188).

sichtsratsmitglied zu einem bestimmten Verhalten zu bewegen. Im Falle eines Entsenderechts ist eine Abberufung gemäß § 103 Abs. 2 AktG jederzeit durch den Entsendungsberechtigten möglich, ist das Aufsichtsratsmitglied jedoch von der Hauptversammlung gewählt worden, so bedarf es vorbehaltlich einer anderweitigen Satzungsbestimmung gemäß § 103 Abs. 1 S. 2 AktG zur Abberufung regelmäßig eines Hauptversammlungsbeschlusses mit einer Mehrheit von drei Vierteln der abgegebenen Stimmen.

> **Formulierungsvorschlag:**
> **§ ...... Aufsichtsrat**
> Sollten ein oder mehrere Aufsichtsratsbeschlüsse durch das Handeln einzelner Aufsichtsratsmitglieder entgegen den zugunsten der unter Ziff. ...... benannten Aufsichtsratmitglieder vorgesehenen Vetorechten gemäß Ziff. ...... zustande kommen, hat die Partei, von der das überstimmte Aufsichtsratsmitglied benannt wird, das Recht, die sofortige Abberufung des von der anderen Partei benannten Aufsichtsratsmitglieds zu verlangen.

b) Vorstand. Durch Aktionärsvereinbarungen kann auf die Zusammensetzung oder das Verhalten des Vorstandes nicht unmittelbar Einfluss genommen werden. Nach der aktienrechtlich zwingenden Zuständigkeitsordnung entscheidet – von seltenen Ausnahmen abgesehen – allein der Aufsichtsrat über die Wahl und Abberufung der Vorstandsmitglieder. Eine Einflussnahme des Aktienpools auf die Bestellung und Abberufung der Vorstandsmitglieder ist somit **nur mittelbar über eine Beeinflussung des Aufsichtsrates möglich,**[39] die im Hinblick auf die Unabhängigkeit und Weisungsfreiheit des Aufsichtsrates wiederum nur indirekt sein kann. Noch eingeschränkter ist die Einflussnahme auf das Verhalten des Vorstands, da dieser die Gesellschaft gemäß § 76 AktG unter eigener Verantwortung und damit unabhängig, sprich weisungsfrei[40] leitet. Auch die Möglichkeit der Drohung mit Abberufung greift kaum, da die Zuständigkeit beim Aufsichtsrat liegt und eine Abberufung des Vorstands nur aus wichtigem Grund möglich ist. Jedoch kann gemäß **§ 111 Abs. 4 S. 2 AktG** die Vornahme bestimmter Arten von Geschäften an die Zustimmung des Aufsichtsrates geknüpft und damit mittelbar eine Einflussmöglichkeit auf die Geschäftsführung eröffnet werden.

c) Bemühensklauseln. Oftmals finden sich in Aktionärsvereinbarungen Klauseln des Inhalts, dass sich Aktionäre nach besten Kräften bemühen, auf Mitglieder des Aufsichtsrates (in geeigneter Weise und im Rahmen des gesetzlich Zulässigen) einzuwirken, um daraufhin zu wirken, dass der Aufsichtsrat bestimmte Maßnahmen trifft oder gar das Verhalten des Vorstandes zu beeinflussen sucht. Diese „weichen" verhaltenslenkenden Klauseln haben vor dem Hintergrund der zwingenden aktienrechtlichen Zuständigkeitsordnung das Ziel, Einfluss auf die Organe der Aktiengesellschaft zu nehmen, ohne der Nichtigkeitsfolge wegen Gesetzesumgehung zu verfallen. Je nach Ausgestaltung kann es sich jedoch im Einzelfall um kaum verhüllte **indirekte Weisungsrechte** gegenüber Aufsichtsrats- und Vorstandsmitgliedern handeln. Dies gilt insbesondere, wenn die Regelungen schematisch vorsehen, dass ein Aufsichtsratsmitglied, das den „Wünschen" der Poolbeteiligten nicht entspricht, ohne weiteres durch HV-Beschluss abzuberufen ist. Derartige Regelungen sind wohl als nichtig anzusehen. Zulässig können demgegenüber Regelungen sein, die sich auf eine Einwirkung auf Aufsichtsratsmitglieder im Rahmen des gesetzlich Zulässigen beschränken und eine gemeinsame Entscheidung über die Abberufung von Aufsichtsratsmitgliedern im Lichte etwaigen aktionärsschädigenden Verhaltens eines Aufsichtsratsmitgliedes treffen.[41]

---
[39] Vgl. hierzu *Baumann/Reiß* ZGR 1989, 157 (192 f.); GroßKommAktG/*Röhricht/Schall* § 23 Rn. 301.
[40] Hüffer/Koch/*Koch* AktG § 76 Rn. 25; Spindler/Stilz/*Fleischer* AktG § 76 Rn. 57 f.
[41] Vgl. GroßKommAktG/*Röhricht/Schall* § 23 Rn. 306.

> **Formulierungsvorschlag: Bemühensklausel bezüglich Geschäftsordnung**
> **§ ...... Aufsichtsrats**
> [......] Die Pool-Beteiligten werden sich nach besten Kräften darum bemühen, auf die Mitglieder des Aufsichtsrats derart einzuwirken, dass der Aufsichtsrat für den Vorstand die als Anlage beigefügte Geschäftsordnung erlässt und diese nicht gegen die Stimmen der von [......] entsandten Aufsichtsratsmitglieder aufgehoben oder geändert wird.

4. Kapitalmaßnahmen

31

32 In Bezug auf Kapitalmaßnahmen wird in Aktionärsvereinbarungen häufig ein Verwässerungsschutz (sog **anti-dilution-Klausel**) vereinbart. Den Aktionären soll die Möglichkeit gegeben werden, bei Kapitalerhöhungen ihren prozentualen Anteil an der Gesellschaft zu halten (**Schutz vor quotaler Verwässerung**). Daher wird vereinbart, dass die Aktionäre nicht gegen ihren Willen vom gesetzlichen Bezugsrecht ausgeschlossen werden dürfen. Da der Ausschluss des Bezugsrechts Teil des Beschlusses der Hauptversammlung über die Kapitalerhöhung ist, kann diese Vereinbarung mittels einer Stimmbindungsvereinbarung durchgesetzt werden.

33 Ist ein **Venture-Capital-Geber** an der Aktionärsvereinbarung beteiligt, so treten häufig weitere Schutzmechanismen zum Verbot des Bezugsrechtsausschlusses hinzu, die auch zum Schutz sonstiger Minderheitsaktionäre zweckmäßig sein können. Wird eine weitere Kapitalerhöhung durchgeführt und ist die Bewertung niedriger als bei der früheren Finanzierungsrunde, so kann der Venture-Capital-Geber so gestellt werden, als hätte er an dieser günstigeren Beteiligungsrunde teilgenommen (voller Schutz vor wertmäßiger Verwässerung, sog full-ratchet-clause). Weiter verbreitet sind mittlerweile sog weighted-average-clauses, bei denen Altinvestoren auf vollen Verwässerungsschutz verzichten. Bei dieser Gestaltung sollen die Altinvestoren so gestellt werden, als hätten sie ihr Investment insgesamt zum „gewichteten durchschnittlichen Kaufpreis" getätigt.[42] Für die Gewichtung ist das Verhältnis der jeweiligen Finanzierungsvolumina der Altinvestoren und der Neuinvestoren maßgeblich. Die verwendeten Formeln können dabei im Einzelfall variieren. Zur Übertragung einer entsprechenden Anzahl weiterer Aktien kann entweder vereinbart werden, dass die Altgesellschafter eine entsprechende Anzahl ihrer Aktien ohne Gegenleistung an den Venture-Capital-Geber übertragen, oder dass der Venture-Capital-Geber bei der neuen Finanzierungsrunde junge Aktien zum (rechnerischen) Nennbetrag zeichnen kann.

5. Willensbildung und Verwaltung des Aktienpools

34 Die Willensbildung innerhalb des Aktienpools findet üblicherweise in **vor den Hauptversammlungen der Gesellschaft anberaumten Poolversammlungen** statt. Die dabei zu beachtenden Formen und Fristen der Einberufung, Abstimmungsmodalitäten sowie Beschlussmehrheiten sind regelmäßig in der Aktionärsvereinbarung niedergelegt.[43] Vor der Beschlussfassung sollten die Aktionäre Gelegenheit haben, die relevanten Informationen zur Kenntnis zu nehmen.[44]

35 Im Falle eines besonders großen Gesellschafterkreises kann es in der Praxis neben der allgemeinen Poolversammlung noch gesonderte Familien- oder Stammesversammlungen geben. In solchen Fällen kann die Willensbildung auch dreistufig oder noch komplexer ausgestaltet sein. Nach der Beschlussfassung in den jeweiligen Familien- oder Stammesversammlungen wird ein bevollmächtigter Vertreter in die allgemeine Poolversammlung entsandt, die dann nur noch aus den Familien- oder Stammesvertretern besteht und ab-

---

[42] Vgl. *von Einem/Schmid/Meyer* BB 2004, 2703.
[43] Zur Zulässigkeit von Mehrheitsklauseln → Rn. 6a.
[44] Vgl. Hüffer/Koch/*Koch* AktG § 133 Rn. 28a mwN.

schließend über die Ausübung sämtlicher Stimmrechte in der nachfolgenden Hauptversammlung der Aktiengesellschaft entscheidet.[45]

Damit die Stimmrechte aus den Aktien entsprechend dem vorangegangenen Pool-Beschluss ausgeübt werden, kann dem Vorsitzenden der Poolversammlung, der üblicherweise nicht Organ der Gesellschaft ist, eine **Vollmacht zur Stimmrechtsausübung** erteilt werden. 36

**Muster: Vollmacht zur
Stimmrechtsausübung für einzelne Hauptversammlung**

Vollmacht

Herr/Frau ......, wohnhaft in ...... ermächtigt hiermit Herrn/Frau ......, wohnhaft in ......, insbesondere
auf der Hauptversammlung der ...... am ...... in ...... das Stimmrecht für sämtliche von ihm gehaltenen Aktien auszuüben und dabei insbesondere für
• ......
• ......
zu stimmen. Der Bevollmächtigte ist von den Beschränkungen des § 181 BGB befreit und hat das Recht, Untervollmacht zu erteilen.

......, den ......

......
(Unterschrift Aktionär bzw. andere Erklärung nach § 126b BGB)

37

**Muster: Vollmacht zur
dauerhaften Stimmrechtsausübung**

Vollmacht

Herr/Frau ......, wohnhaft in ...... ermächtigt hiermit Herrn/Frau ......, wohnhaft in ......,
in sämtlichen Hauptversammlungen der ...... das Stimmrecht für sämtliche von ihm gehaltenen Aktien auszuüben.
Die Vollmacht erlischt am ...... oder durch schriftlichen Widerruf.
Der Bevollmächtigte ist von den Beschränkungen des § 181 BGB befreit und hat das Recht, Untervollmacht zu erteilen.

......, den ......

......
(Unterschrift Aktionär bzw. andere Erklärung nach § 126b BGB)

38

Eine unwiderrufliche und verdrängende Vollmacht kann jedoch wegen eines Verstoßes gegen das **Abspaltungsverbot**[46] nicht erteilt werden. Daher besteht ein Restrisiko, dass ein Aktionär entgegen der Pool-Vereinbarung abstimmt und damit ein nur schwer wieder rückgängig zu machender Hauptversammlungsbeschluss gefasst wird. Zur Absicherung einer Stimmbindungsvereinbarung sollte daher zumindest eine Vertragsstrafenregelung in die Aktionärsvereinbarung aufgenommen werden.[47] 39

---

[45] Wenn ein Einzelaktionär oder eine Aktionärsgruppe zB durch die Bildung eines Unterpools über die Hebelwirkung einer Stimmbindungsvereinbarung überproportional viel Einfluss nehmen kann, haben die anderen Aktionäre zumindest ein Kündigungsrecht, vgl. *Ulmer* in: FS Hommelhoff, 2012 S. 1249 (1258).
[46] Hüffer/Koch/*Koch* AktG § 134 Rn. 21; Schmidt/Lutter/*Spindler* AktG § 134 Rn. 40.
[47] Vgl. dazu → Rn. 44 ff.

> **Praxistipp:**
> Eine höhere Sicherheit erhält man, wenn die Aktien der an der Aktionärsvereinbarung beteiligten Aktionäre hinterlegt oder auf einen Treuhänder übertragen werden, der das Stimmrecht vertragsgemäß ausübt. Schließlich ist es auch denkbar, die von der Stimmbindungsvereinbarung betroffenen Aktien auf eine aus den Vertragspartnern der Aktionärsvereinbarung bestehende BGB-Gesellschaft zu übertragen und das Stimmrecht durch den Vertreter dieser BGB-Gesellschaft wahrnehmen zu lassen.[48] Durch diese Gestaltungsmöglichkeiten ist eine vertragswidrige Abstimmung durch den Aktionär ausgeschlossen. Die dingliche Bindung der Poolaktien ist in der Praxis jedoch eher selten anzutreffen, da die Komplexität des Regelwerkes weiter zunimmt und der einzelne Aktionär gegebenenfalls mit einem fremden Insolvenzrisiko hinsichtlich seines Anteilsbesitzes belastet wird.

6. Laufzeit

40 In den meisten Fällen sind Aktionärsvereinbarungen als **dauerhafte, langfristige Bindung des Aktionärskreises** gewollt. Diese soll nicht durch kurzfristig mögliche Kündigungen gefährdet werden können. Das gewünschte Ergebnis ist durch einen Abschluss der Aktionärsvereinbarung auf unbestimmte Zeit typischerweise jedoch gerade nicht zu erreichen. Ist die Aktionärsvereinbarung auf unbestimmte Zeit abgeschlossen und – wie regelmäßig der Fall – in Form einer BGB-Gesellschaft organisiert, kann sie gemäß § 723 Abs. 1 S. 1 BGB sogar jederzeit ohne wichtigen Grund gekündigt werden. Das jederzeitige Kündigungsrecht des § 723 Abs. 1 S. 1 BGB soll auch dann greifen, wenn die Poolbeteiligten eine besonders lange Laufzeit des Poolvertrages wählen, wie zB 30 Jahre, die praktisch als Vereinbarung auf unbestimmte Zeit gewertet wird.[49] Aus diesem Grunde finden sich in der Praxis häufig Laufzeiten von 20 bis 25 Jahren für Aktionärsvereinbarungen.

7. Sanktionen und Schiedsverfahren

41 Weder Regelungen über die Verfügung der gebundenen Aktien noch Stimmbindungsvereinbarungen entfalten dingliche Wirkung. Daher ist weiterhin eine Verfügung der Aktien sowie eine Stimmabgabe entgegen der Vereinbarung möglich. Zur **Absicherung des vertragskonformen Verhaltens** aller durch die Aktionärsvereinbarung gebundener Aktionäre bietet sich daher die Festlegung einer Vertragsstrafe an. In der Praxis wird davon allerdings nicht immer Gebrauch gemacht.[50]

> **Formulierungsvorschlag:**
>
> **§ ...... Vertragsstrafe**
>
> **42** (1) Stimmt ein Pool-Beteiligter in der Hauptversammlung der Gesellschaft entgegen dem festgelegten Abstimmungsverhalten ab, so unterliegt er unbeschadet eventueller Schadensersatzansprüche insofern einer Vertragsstrafe in Höhe von € ......
> (2) Handelt ein Pool-Beteiligter den Bestimmungen dieses Vertrages über die Verfügung über Aktien zuwider, so unterliegt er unbeschadet eventueller Schadensersatzansprüche einer Vertragsstrafe in Höhe eines von einem Dritten für eine etwaige Veräußerung seiner gebundenen Aktien zu zahlenden oder empfangenen Entgelts; anstelle des Entgelts tritt der Börsenkurs zum Zeitpunkt der Zuwiderhandlung, wenn die Aktien börsennotiert sind.
> (3) Handelt ein Pool-Beteiligter sonstigen Bestimmungen dieses Vertrages zuwider, so unterliegt er unbeschadet eventueller Schadensersatzansprüche einer Vertragsstrafe in Höhe von € ......
> (4) Die Vertragsstrafe fließt den übrigen Poolbeteiligten im Verhältnis ihrer Beteiligung am Pool zu.
> (5) Im Falle des Abs. 2 wird die Vertragsstrafe erlassen, sofern sich der Poolbeteiligte innerhalb eines Monats mit Aktien in Höhe des vertragswidrig veräußerten Nennbetrages wieder eindeckt und diese den Bestimmungen dieses Vertrages unterwirft.

---

[48] MHdB GesR IV/*Hoffmann-Becking* § 3 Rn. 45.
[49] Vgl. MüKoBGB/*C. Schäfer* § 723 Rn. 66.
[50] *Baumann/Reiß* ZGR 1989, 157 (185).

Zur Klärung von Streitfragen aus Aktionärsvereinbarungen ist die Vereinbarung eines 43 Schiedsverfahrens weit verbreitet und hat gegenüber einem ordentlichen Gerichtsverfahren den Vorteil fehlender Öffentlichkeit, den insbesondere Familiengesellschaften schätzen. In der Praxis sind sowohl einfache Schiedsklauseln als auch separat niedergelegte Schiedsverträge verbreitet.[51]

Formulierungsvorschlag:

§ ...... Schiedsverfahren
(1) Die Pool-Beteiligten werden sich im Falle von Meinungsverschiedenheiten und Streitigkeiten 44 aus und im Zusammenhang mit diesem Vertrag bemühen, diese einvernehmlich im Interesse aller Beteiligten zu lösen.
(2) Sollte sich gleichwohl eine solche einvernehmliche Lösung nicht finden lassen, werden derartige Meinungsverschiedenheiten und Streitigkeiten unter Ausschluss des ordentlichen Rechtsweges durch ein Schiedsgericht gemäß der Schiedsgerichtsordnung der Deutschen Institution für Schiedsgerichtsbarkeit eV (DIS) in der jeweils geltenden Fassung entschieden.
(3) Schiedsgerichtsstand ist ......

IV. Typische Anwendungsfälle der Aktionärsvereinbarung

1. Geschlossene (Familien-)Gesellschaften

Werden in Familiengesellschaften Aktionärsvereinbarungen abgeschlossen, so steht meis- 45 tens der **Aspekt des Überfremdungsschutzes** im Vordergrund. Die Familiengesellschafter schließen einen „Schutzgemeinschaftsvertrag" mit dem Ziel, den Einfluss der Familie auf die Gesellschaft zu erhalten.[52] Von besonderem Interesse sind daher Veräußerungsbeschränkungen, um den Aktienbesitz der Familie zu bewahren. Sind bereits Dritte an der Gesellschaft beteiligt, so erweitert sich das Interesse auch auf eine Stimmbündelung, um ein einheitliches Auftreten der Familie zu gewährleisten und damit in Beschlüssen der Hauptversammlung den Mehrheitswillen der Familie durchzusetzen. Sind innerhalb der Gesellschaft verschiedene Familienstämme vorhanden, kann es zweckmäßig sein, diese Stämme einzeln zu poolen, bevor in der Poolversammlung vor der eigentlichen Hauptversammlung der Wille und damit das Stimmverhalten der gesamten Familie ermittelt wird.[53]

Darüber hinaus kann eine Poolvereinbarung bewirken, dass poolgebundene Anteile an Kapitalgesellschaften im Fall ihrer Vererbung oder Verschenkung zum **steuerbegünstigten Vermögen** im Sinne von § 13b ErbStG gehören. Dafür ist es gemäß § 13b Abs. 1 Nr. 3 S. 2 ErbStG erforderlich, dass die vererbten oder verschenkten Anteile einer Poolvereinbarung unterliegen, durch die insgesamt mehr als 25 % des Nennkapitals der Gesellschaft gebunden sind. Weitere Voraussetzung für eine solche Poolvereinbarung ist, dass über die gebundenen Anteile nur einheitlich verfügt werden darf bzw. nur eine Übertragung auf andere derselben Verpflichtung unterliegende Gesellschafter zulässig ist und dass sämtliche poolgebundenen Stimmrechte nur einheitlich ausgeübt werden dürfen.[54] Schließlich muss die Poolvereinbarung bereits bei Eintritt des Erb- bzw. Schenkungsfalls bestehen und danach noch wenigstens fünf Jahre fortbestehen (vgl. § 13a Abs. 5 Nr. 5 ErbStG).[55]

2. Börsennotierte Gesellschaften

Auch bei börsennotierten Gesellschaften bestehen gelegentlich Aktionärsvereinbarungen 46 durch die **geschlossene Aktionärsgruppen,** etwa Familienmitglieder oder Finanzinvestoren,

---

[51] Vgl. *Baumann/Reiß* ZGR 1989, 157 (180).
[52] *Schrötter* NJW 1979, 2592 (2593).
[53] MVHdB GesR/*Hölters* V.117 Anm. 3.
[54] Vgl. Troll/Gebel/Jülicher/*Jülicher* ErbStG § 13b Rn. 205; MHdB GesR IV/*Kraft* § 53 Rn. 13 Ausnahmen von der Steuerbegünstigung in § 13b Abs. 2 S. 2 Nr. 1–5 ErbStG.
[55] MHdB GesR IV/*Kraft* § 53 Rn. 16.

ihren Stimmrechtseinfluss in der Hauptversammlung der Gesellschaft bündeln. Zu beachten ist hier die grundsätzliche Praxis der BaFin der wechselseitigen Zurechnung der Stimmrechte der verschiedenen Parteien der Poolvereinbarung gemäß § 22 Abs. 2 WpHG und § 30 Abs. 2 WpÜG mit entsprechenden Folgen für Verpflichtungen zur Abgabe von Stimmrechtsmitteilungen und Übernahmeangeboten. Wenn die Grenze von 30 Prozent der Stimmrechte an der entsprechenden Gesellschaft erreicht oder überschritten wird, erwerben die einzelnen Mitglieder des Aktienpools gemäß § 29 Abs. 2 WpÜG die Kontrolle über die Gesellschaft und werden gemäß § 35 WpÜG zur Abgabe eines Pflichtangebotes verpflichtet.[56] Auch wenn der Pool nur vorübergehend durch Veräußerung von Aktien unter die Schwelle absinkt, löst das erneute Überschreiten ein Pflichtangebot aus.[57] Es besteht jedoch die Befreiungsmöglichkeit nach § 37 WpÜG.[58] Kommt eine wechselseitige Zurechnung der Aktien nach WpHG oder WpÜG nicht in Betracht, können immer noch Finanzinstrumente iSv § 25 Abs. 1 S. 1 Nr. 2 WpHG vorliegen.[59]

3. Joint-Venture-Gesellschaften

47 Zur Durchführung von Joint-Ventures werden häufig Joint-Venture-Gesellschaften gegründet, sogenannte **Corporate Joint-Ventures,** in denen der Einfluss der Joint-Venture-Partner typischerweise durch eine **paritätische Anteils- und Stimmrechtsverteilung** ausbalanciert wird. Flankierende Aktionärsvereinbarungen sichern in diesen Fällen eine möglichst paritätische Aufteilung des Einflusses der Joint-Venture Partner auf die Gesellschaft. Häufig anzutreffen sind daher Regelungen über die Besetzung des Aufsichtsrates und des Vorstandes und das Abstimmverhalten hinsichtlich der zu realisierenden Gemeinschaftsprojekte. Zugleich folgt aus dem Charakter als Gemeinschaftsprojekt, dass die Veräußerung der Anteile an der Joint-Venture Gesellschaft unter dem Vorbehalt der Zustimmung des Joint-Venture Partners, einer Andienungspflicht und/oder eines Vorkaufsrechtes der übrigen Aktionäre steht.

4. Beteiligung von Venture-Capital-Gebern

48 Aktionärsvereinbarungen zwischen Gründern einer Aktiengesellschaft und Venture-Capital-Investoren begründen eine Interessengemeinschaft ungleicher Partner mit dem Schwerpunkt der Absicherung der Interessen der VC-Investoren als, jedenfalls anfänglich, Minderheitsgesellschafter. Beteiligt sich ein VC-Investor an einer Gesellschaft, so möchte er zunächst die im Unternehmen tätigen Altaktionäre an die Gesellschaft binden, um die Gewähr zu erhöhen, dass die zur Verfügung gestellten Mittel bestmöglich eingesetzt werden. Dem dienen zum einen **Regelungen über Veräußerungsbeschränkungen** zu Lasten der Gründer, zum anderen das sog **Vesting.** Hierbei treten insbesondere die Gründer-Vorstandsmitglieder entweder eine bestimmte Anzahl ihrer Aktien an den Venture-Capital-Geber ab, der diese dann zu vereinbarten Zeitpunkten schrittweise wieder zurück überträgt, oder aber sie verpflichten sich, eine bestimmte, mit der Zeit abnehmende Anzahl ihrer Aktien an den Venture-Capital-Geber zu übertragen, sollten sie vor Ablauf eines bestimmten Zeitpunktes aus der Gesellschaft ausscheiden. Hierdurch wird erreicht, dass die Vorstandsmitglieder der Gesellschaft nur unter erheblichen finanziellen Verlusten aus der „Schicksalsgemeinschaft" ausscheiden können.

49 Den Wert seines Investments sichert ein Venture-Capital-Investor regelmäßig über **Verwässerungsschutzklauseln** ab, die ihm sowohl den Erhalt seiner quotalen Beteiligung an der

---

[56] Vgl. Haarmann/Riemer/Schüppen/*Hommelhoff/Witte* § 35 Rn. 22 ff.; Assmann/Pötzsch/U. Schneider/*U. Schneider* § 30 Rn. 218 ff.; eine solche Verpflichtung besteht allerdings nicht für Altfälle, dh für Gesellschafter, denen schon bei Inkrafttreten des WpÜG am 1.1.2002 30% oder mehr der Stimmrechte an einer börsennotierten Aktiengesellschaft zuzurechnen waren.
[57] BeckFormB BHW/*Blaum/Scholz* VIII.A.4. Anm. 20.
[58] Vgl. MüKoAktG/*Wackerbarth* WpÜG § 30 Rn. 60.
[59] Vgl. BaFin, FAQ zum Transparenzrichtlinie-Änderungsrichtlinie-Umsetzungsgesetz (TRL-ÄndRL-UmsG), S. 25 f.

Aktiengesellschaft als auch die Einstiegsbewertung seines Investments absichern. Diese Bewertung wird verwässert, wenn im Falle nachfolgender Kapitalerhöhungen Aktien zu niedrigeren Ausgabebeträgen je Aktie ausgegeben werden. Für diesen Fall verpflichten sich die Mitaktionäre in Aktionärsvereinbarungen regelmäßig, dem Venture-Capital-Investor ohne oder mit nur geringem zusätzlichen Kapitaleinsatz weitere Aktien aus einer Kapitalerhöhung oder durch Abgabe der Altaktionäre einzuräumen. Der Umfang der Ausgabe neuer oder Abgabe alter Aktien an die Altinvestoren ist unterschiedlich, je nachdem, ob eine full-ratchet- oder eine weighted-average-clause vereinbart wurde (vgl. → Rn. 31 f.).

Des Weiteren lassen sich Venture-Capital-Investoren typischerweise **Einfluss- und Informationsrechte** einräumen. Die entsprechenden Mechanismen gleichen dabei teilweise den Klauseln, wie sie bei atypisch stillen Gesellschaften anzutreffen sind: 50

Einflussnahmemöglichkeiten der Venture-Capital-Investoren werden zum einen durch **Regelungen in der Satzung** herbeigeführt, wonach bestimmte Entscheidungen nicht ohne Zustimmung des Venture-Capital-Investors getroffen werden können. Hier besteht zum einen die Möglichkeit, bestimmte Quoren für Hauptversammlungsbeschlüsse festzuschreiben. Zum anderen ist die Ausgabe von Aktien einer Sondergattung an die Venture-Capital-Investoren denkbar, zu deren Sonderrecht es gehört, dass bestimmte Beschlüsse einem zustimmenden Sonderbeschluss der Aktionäre dieser Aktiengattung erfordern. 51

Allerdings können die Maßnahmen nur im Rahmen der begrenzten Kompetenz der Hauptversammlung greifen. Daher nehmen Venture-Capital-Investoren daneben **Einfluss über den Aufsichtsrat.** Wie bereits erläutert,[60] wird die Besetzung des Aufsichtsrats mitbestimmt, um eine Vertretung der Venture-Capital-Investoren in diesem Organ zu gewährleisten. Auch wird regelmäßig ein umfangreicher Katalog von Geschäften vereinbart, die der Zustimmung des Aufsichtsrates bedürfen. Die entsprechenden Maßnahmen werden gemäß § 111 Abs. 4 S. 2 AktG in der Satzung aufgeführt oder durch den Aufsichtsrat in der Geschäftsordnung des Aufsichtsrates oder des Vorstandes festgelegt.[61] Flankierend hierzu werden auch bestimmte Mehrheiten, die für die Willensbildung innerhalb des Aufsichtsrates bei solchen Zustimmungsbeschlüssen erforderlich sind, vereinbart. 52

Gemäß **§ 90 AktG** muss der Vorstand dem Aufsichtsrat regelmäßig bzw. von Fall zu Fall über bestimmte Maßnahmen und Entwicklungen Bericht erstatten. Laut **Ziff. 3.4 Abs. 1 S. 2 des Deutschen Corporate Governance Kodex** soll der Aufsichtsrat die Informations- und Berichtspflicht des Vorstands näher festlegen.[62] Daneben kann der Aufsichtsrat vom Vorstand gemäß § 90 Abs. 3 AktG auch jederzeit einen Bericht verlangen über Angelegenheiten der Gesellschaft und verbundener Unternehmen. Gemäß § 90 Abs. 3 S. 2 AktG kann r auch ein einzelnes Mitglied des Aufsichtsrates einen solchen Bericht des Vorstands an den Aufsichtsrat verlangen.[63] Solche Informationen werden durch das von dem Venture-Capital-Investor bestimmte Aufsichtsratmitglied in der Praxis häufig an den entsprechenden Aktionär weitergegeben. Problematisch ist, inwieweit Aufsichtsratmitglieder hierzu berechtigt sind. Die seit langem anerkannte Verpflichtung zur Verschwiegenheit für Aufsichtsratmitglieder wurde durch das TransPuG in § 116 S. 2 AktG kodifiziert. Hierbei ist als Grundsatz anerkannt, dass alle Aufsichtsratmitglieder die übergeordneten Unternehmensinteressen vertreten und nicht diejenigen eines bestimmten Aktionärs und entsprechend zur Verschwiegenheit gegenüber einzelnen Aktionären verpflichtet sind.[64] Dies wird allerdings in der Praxis häufig nicht beachtet.[65] Darüber hinaus wird den Gründern oftmals aber auch die Übermittlung von weiterreichenden Informationen an den Venture-Capital-Investor auferlegt. 53

---

[60] Vgl. → Rn. 26 f.
[61] Hierbei ist allerdings zu beachten, dass sich das Zustimmungserfordernis auf bestimmte Arten von Geschäften beziehen muss, eine Generalklausel, die etwa alle wesentlichen Geschäfte einer Zustimmung unterwirft, ist unzulässig; vgl. Hüffer/Koch/*Koch* AktG § 111 Rn. 41; Spindler/Stilz/*Spindler* AktG § 111 Rn. 70.
[62] Vgl. zur Bindungswirkung des Deutschen Corporate Governance Kodex → § 1 Rn. 21; BGH 16.2.2009, BGHZ 180, 9 = NZG 2009, 342 (346) – Kirch/Deutsche-Bank.
[63] Eingefügt aufgrund des Gesetzes zur weiteren Reform des Aktien- und Bilanzrechts, zu Transparenz und Publizität (TransPuG) v. 19.7.2002, BGBl. I S. 2681.
[64] Vgl. *Henn* S. 439 Rn. 104 mit Fn. 181.
[65] Vgl. zu näheren Einzelheiten bezüglich der Geheimhaltungsverpflichtung → § 23 Rn. 34 f.

54 Schließlich finden sich in derartigen Aktionärsvereinbarungen auch **Mitveräußerungsregelungen**.[66] Dabei soll einerseits durch Mitveräußerungsrechte sichergestellt werden, dass der Venture-Capital Geber seine Aktien mit veräußern kann, wenn „die Gründer das sinkende Schiff verlassen", andererseits wird ihm durch Mitveräußerungspflichten der Gründer unter bestimmten Voraussetzungen die Möglichkeit eröffnet, bei einem planmäßigen Ausstieg einem etwaigen Erwerber nicht nur eine Minderheitsbeteiligung, sondern eine einfache oder gar qualifizierte Mehrheit verschaffen zu können. Insbesondere diese Mitveräußerungspflichten der weiteren Aktionäre sichern die Verwertungsmöglichkeit des Investors für seine Beteiligung ab, da oftmals ein Markt für Minderheitsbeteiligungen an der Gesellschaft nicht bestehen wird.

---

[66] → Rn. 18 ff.

Teil C. Entstehung und Beendigung

§ 12 Bargründung

Übersicht

	Rn.
I. Einleitung	1–4
1. Begriff	2
2. Abgrenzung zur Sachgründung	3–4
3. Abgrenzung zur Entstehung nach den Vorschriften des Umwandlungsrechts	5
II. Ablauf der Gründung	6
1. Errichtung des Gründungsprotokolls	7–29
2. Bestellung des ersten Vorstands	30
3. Gründungsbericht	31–34
4. Gründungsprüfung durch die Verwaltung	35–39
5. Externe Gründungsprüfung	40–47
6. Leistung der Bareinlage	48–58
7. Nicht mehr erforderlich: Einholung einer behördlichen Genehmigung	59
8. Anmeldung der Gesellschaft zur Eintragung in das Handelsregister	60–71
9. Eintragung in das Handelsregister	72–74
10. Nachfolgende Mitteilungspflichten	75
11. Ausgabe der Aktienurkunden	76
III. Haftung für die Ordnungsmäßigkeit der Gründung	77–86
1. Allgemeines	77
2. Haftender Personenkreis	78–80
3. Haftungstatbestand	81–83
4. Inhalt des Haftungsanspruchs	84–86
IV. Vorgründungs- und Vorgesellschaft	87
1. Vorgründungsgesellschaft	88–93
2. Vorgesellschaft	94–116
V. Erwerb einer Vorrats- oder Mantelgesellschaft als Alternative zur eigenen Gründung?	117–119
1. Zulässigkeit der Vorratsgründung	120–122
2. Erwerb und Verwendung einer Vorrats- oder Mantelgesellschaft	123–126
3. Entsprechende Anwendung der Gründungsvorschriften	127–132

Schrifttum: *Goette,* Auslandsbeurkundungen im Kapitalgesellschaftsrecht, FS Boujong, 1996, S. 131; *Grimm/Norwich,* Praxisrelevante Probleme der Mitteilungspflichten nach § 21 AktG, AG 2012, 274; *Heidinger,* Die Haftung und die Vertretung in der Gründungsphase der GmbH im Vergleich zur (kleinen) Aktiengesellschaft, GmbHR 2003, 189; *Heinze,* Wirtschaftliche Neugründung und Aktiengesellschaft: Zur "entsprechenden Anwendung der Gründungsvorschriften", BB 2012, 67; *Hommelhoff/Kleindiek,* Schuldrechtliche Verwendungspflichten und „freie Verfügung bei der Barkapitalerhöhung", ZIP 1987, 477; *Horn,* Haftung bei wirtschaftlicher Neugründung – Hinweise für die Transaktionspraxis, DB 2012, 1255; *Hüffer,* Wertmäßig statt gegenständlicher Unversehrtheit von Bareinlagen im Aktienrecht, ZGR 1993, 474; *Kamanabru,* Der Vorbehalt wertgleicher Deckung bei Kapitalerhöhungen durch Bareinlage in der AG und der GmbH, NZG 2002, 702; *Kießling,* Vorgründungs- und Vorgesellschaften: zur Struktur und Kontinuität der Entstehungsphasen bei AG, GmbH, e. G. und e. V., 1999; *Langhein,* Kollisionsrecht der Registerurkunden: Anglo-Amerikanische notarielle Beglaubigungen, Bescheinigungen und Belehrungen im deutschen Registerrecht 1995; *Maul,* Die mit Einlagen und Darlehen ausgestattete Vor-AG, NZG 2014, 251; *Meichelbeck/Krauß,* Neues zur Auslandsbeurkundung im Gesellschaftsrecht, DStR 2014, 752; *Mülbert,* Das „Magische Dreieck der Barkapitalaufbringung", ZHR 154 (1990), 145; *W. Müller,* Die Leistung der Bareinlage bei der Aktiengesellschaft „zur freien Verfügung des Vorstands", FS Beusch, 1993, S. 631; *K. Schmidt,* Barkapitalaufbringung und „freie Verfügung" bei der Aktiengesellschaft und der GmbH, AG 1986, 106–116; *Schwab,* Handelndenhaftung und gesetzliche Verbindlichkeiten, NZG 2012, 481; *Thoelke,* Der erste Aufsichtsrat hat sich überlebt!, AG 2014, 137; *Wachter,* Leitlinien der Kapitalaufbringung in der neueren Rechtsprechung des Bundesgerichtshofs; DStR 2010, 1240; *Weimar,* Entwicklungen im Recht der werdenden Aktiengesellschaft, DStR 1997, 1170–1174; *Wiedemann,* Die Erfüllung der Geldeinlagepflicht bei Kapitalerhöhungen im Aktienrecht, ZIP 1991, 1257–1269; *Wiedenmann,* Zur

Haftungsverfassung der Vor-AG: Der Gleichlauf von Gründerhaftung und Handelnden-Regress, ZIP 1997, 2029–2037; *Winnen*, Die wirtschaftliche Neugründung von Kapitalgesellschaften, RNotZ 2013, 389.

I. Einleitung

1	**Checkliste: Registeranmeldung der Bargründung**

- ☐ Gründungsurkunde
  - Feststellung der Satzung
  - Übernahmeerklärung der Gründer
  - Bestellung des ersten Aufsichtsrates
  - Bestellung des Abschlussprüfers für das erste Geschäftsjahr
- ☐ Aufsichtsratsbeschluss über die Bestellung des ersten Vorstands
- ☐ Gründungsbericht der Gründer
- ☐ Gründungsprüfungsbericht von Vorstand und Aufsichtsrat
- ☐ Ggf.: Prüfungsbericht des Gründungsprüfers (§ 33 Abs. 2 AktG)
- ☐ Bestätigung eines Kreditinstituts nach § 37 Abs. 1, 3 AktG
- ☐ Erklärung über die freie Verfügbarkeit der Bareinlage
- ☐ Erklärung des Vorstandes nach § 37 Abs. 2 AktG
- ☐ Angabe der Vertretungsbefugnis des Vorstands
- ☐ Namensunterschriften der Vorstandsmitglieder
- ☐ Berechnung der Gründungskosten

1. Begriff

2 Die Bargründung ist die gesetzliche **Normalform** der Gründung einer AG.[1] Sie wird dadurch gekennzeichnet, dass die Gründer die von ihnen übernommenen Aktien durch Bareinlagen iSv § 54 Abs. 3 AktG zu belegen haben.

2. Abgrenzung zur Sachgründung

3 In Abgrenzung zur Bargründung werden bei der sog **Sachgründung** die Aktien gegen Sacheinlagen (§ 27 Abs. 1 AktG) übernommen.[2] Als Sacheinlage wird terminologisch jede Einlage bezeichnet, die nicht (ausschließlich) in Geld zu erbringen ist.[3] Als Gegenleistung für die übernommenen Aktien haben die Gründer bei der Sachgründung also einen Vermögensgegenstand einzubringen, der einen messbaren Vermögenswert besitzen muss. Trotz dieser terminologisch klaren Definition ergeben sich in der Praxis häufig Abgrenzungsschwierigkeiten. So handelt es sich nur scheinbar um eine Bareinlage, wenn der eingelegte Betrag dem Einlegenden als Darlehen zurückgewährt wird; tatsächlich erwirbt die Gesellschaft hier im Ergebnis lediglich eine Darlehensforderung. Diese Fallkonstellation wird in § 13 näher beleuchtet.

4 Neben der Möglichkeit der Sachgründung besteht nach § 27 Abs. 1 AktG außerdem die Möglichkeit der Gründung durch sog **Sachübernahme.** Hier erhält der Einbringende (nicht notwendig ein Gründer[4]) von der Gesellschaft keine Aktien, sondern eine andersartige Gegenleistung. Wegen des Risikos einer überhöhten Vergütung bedürfen Sachübernahmen

---

[1] MHdB GesR IV/*Hoffmann-Becking* § 3 Rn. 2. Von einem Vorrang der Bargründung gegenüber der Sachgründung gehen auch zB Hüffer/Koch/*Koch* AktG § 27 Rn. 2, und KölnKommAktG/*Arnd Arnold* § 27 Rn. 4, aus; aA MüKoAktG/*Pentz* § 27 Rn. 13.

[2] Die Voraussetzungen der Sachgründung werden sogleich in § 13 behandelt.

[3] Denkbar ist auch eine Kombination aus Bar- und Sachgründung, bei der die Einlage teilweise in Geld, im Übrigen durch Einbringung eines Vermögensgegenstandes erbracht wird. Selbstverständlich sind auch dabei die Besonderheiten der Sachgründung zu beachten.

[4] Vgl. BGHZ 28, 314 (318 f.) = BGH NJW 1959, 383.

nach § 27 Abs. 1 S. 1 AktG ebenso wie Sacheinlagen der Festsetzung in der Satzung. Wird die Sachübernahme mit einer Verrechnungsabrede verbunden, gilt sie nach § 27 Abs. 1 S. 2 AktG ohnehin als Sacheinlage.

3. Abgrenzung zur Entstehung nach den Vorschriften des Umwandlungsrechts

Außer im Wege der Bar- und Sachgründung nach §§ 23 ff. AktG kann eine AG nach den Vorschriften des Umwandlungsgesetzes auch aus einem bereits existierenden Rechtsträger entstehen, so insbesondere durch einen identitätswahrenden **Formwechsel** nach §§ 238 ff. UmwG (Formwechsel einer GmbH in eine AG) oder nach §§ 214 ff. UmwG (Formwechsel einer Personengesellschaft in eine AG).[5] Die Einzelheiten der Entstehung nach dem Umwandlungsgesetz werden in § 16 dargestellt.

II. Ablauf der Gründung

Die Gründung der AG besteht aus drei wesentlichen Elementen: der rechtsgeschäftlichen Errichtung der Gesellschaft in einem notariell beurkundeten Gründungsprotokoll, der Gründungsprüfung und der Anmeldung der Gesellschaft bei dem zuständigen Registergericht. Hinzu kommen bestimmte weitere Voraussetzungen. Die Gesellschaft entsteht letztlich mit der vom Gericht vorgenommenen Eintragung in das Handelsregister. Im Einzelnen setzt sich der Gründungsvorgang aus den folgenden Schritten zusammen:

1. Errichtung des Gründungsprotokolls

Muster: Gründungsurkunde[6]

UR-Nr. ....../......

Verhandelt
zu ......
am ......
Vor mir, dem unterzeichnenden Notar
......

erschien heute

Herr/Frau ......, geboren am ......, geschäftsansässig ......, ausgewiesen durch gültigen Bundespersonalausweis.

Der Erschienene erklärte vorab, dass er die nachfolgenden Erklärungen nicht in eigenem Namen abgebe, sondern in seiner Eigenschaft als alleinvertretungsberechtigter und von den Beschränkungen des § 181 BGB befreiter Geschäftsführer der

......-GmbH mit dem Sitz in ......

eingetragen im Handelsregister bei dem Amtsgericht ...... unter HRB ...... Der beurkundende Notar bescheinigt die Vertretungsberechtigung auf Grund seiner am ...... erfolgten Einsichtnahme in das Handelsregister.

Der Erschienene erklärte sodann mit der Bitte um Beurkundung, was folgt:

I.

Die ......-GmbH errichtet hiermit eine Aktiengesellschaft unter der Firma

„xy-AG".

Sitz der Gesellschaft ist ...... Alleinige Gründerin ist die ......-GmbH.

---

[5] Nach MHdB GesR IV/*Hoffmann-Becking* § 3 Rn. 1 ist der Formwechsel sogar die häufigste Entstehungsform der AG.
[6] Ein-Mann-Gründung durch eine GmbH.

> **II.**
>
> Die ……-GmbH stellt die Satzung der xy-AG in der dieser Urkunde als Anlage I beigefügten Fassung fest. Die Anlage I ist Bestandteil dieser Urkunde.
>
> **III.**
>
> Das Grundkapital der Gesellschaft in Höhe von ……, eingeteilt in ……, auf den Namen lautende Stückaktien ohne Nennbetrag, wird in voller Höhe von der ……- GmbH übernommen. Die Ausgabe der Aktien erfolgt gegen Bareinlagen, der Ausgabebetrag je Aktie entspricht dem auf jede Aktie entfallenden anteiligen Betrag am Grundkapital. Die Einlagen sind in voller Höhe sofort zur Zahlung fällig.
>
> **IV.**
>
> Zu den Mitgliedern des ersten Aufsichtsrates werden
> 1. Herr/Frau ……, (Berufsbezeichnung), wohnhaft ……, geboren am ……,
> 2. Herr/Frau ……, (Berufsbezeichnung), wohnhaft ……, geboren am ……,
> 3. Herr/Frau ……, (Berufsbezeichnung), wohnhaft ……, geboren am ……,
>
> bestellt. Die Bestellung erfolgt für die Zeit bis zum Ablauf der Hauptversammlung, die über die Entlastung für das erste Rumpfgeschäftsjahr der Gesellschaft entscheidet.
>
> **V.**
>
> Zur Abschlussprüferin für das erste Geschäftsjahr der Gesellschaft wird die ……-GmbH Wirtschaftsprüfungsgesellschaft, (Ort), bestellt.
>
> ……
> (Belehrungen, Schlussformel, Unterschriften)

8 Im Gründungsprotokoll sind mehrere grundlegende Feststellungen durch die Gründer niederzulegen. Im Vordergrund stehen die Feststellung der Satzung sowie die Erklärung über die Übernahme der Aktien. Hinzu kommen in der Praxis verschiedene weitere Erklärungen.

9 a) **Erfordernis der notariellen Beurkundung.** *aa) Allgemeines.* Das Gründungsprotokoll bedarf der notariellen Beurkundung. Hierfür gilt das Beurkundungsgesetz, insbesondere die §§ 8 ff. BeurkG. Es muss sich um eine **einheitliche Urkunde** handeln, eine Aufteilung in mehrere Urkunden ist unzulässig.[7] Zulässig[8] und in der Praxis üblich und sinnvoll ist es, den Satzungstext dem Gründungsprotokoll als Anlage beizufügen (§ 9 Abs. 1 S. 2 BeurkG). Gleichzeitige Anwesenheit der Gründer bei der Satzungsfeststellung ist nicht erforderlich, die erforderlichen Erklärungen können nacheinander vor dem Notar – oder auch vor verschiedenen Notaren – abgegeben werden.[9] Der Notar hat über die Errichtung aber ein einheitliches Protokoll zu fertigen.[10] Die Beitrittserklärungen müssen in jedem Fall auf die gemeinsame Gründung der Gesellschaft in der vorgegebenen Form gerichtet sein und diese bewirken wollen; der sukzessive Beitritt zu der bereits errichteten Gesellschaft, also die sog „Stufengründung", ist nicht möglich, da nach § 23 Abs. 2 AktG bereits in der Gründungsurkunde sämtliche Gründer angegeben werden und die Übernahme der auf sie entfallenden Aktien erklären müssen.

10 Möglich ist es auch, für den nicht anwesenden Gründer einen **Vertreter** handeln zu lassen, der entsprechend bevollmächtigt wird oder dessen Erklärungen später genehmigt werden. Vollmacht wie Genehmigung bedürfen der notariellen Beglaubigung, § 23 Abs. 1 S. 2 AktG.[11]

---

[7] KölnKommAktG/*Arnd Arnold* § 23 Rn. 30.
[8] KölnKommAktG/*Arnd Arnold* § 23 Rn. 30.
[9] GroßkommAktG/*Röhricht/Schall* § 23 Rn. 58.; MüKoAktG/*Pentz* § 23 Rn. 29, jeweils mwN.
[10] KölnKommAktG/*Arnd Arnold* § 23 Rn. 31.
[11] Umstritten, aber von geringer praktischer Relevanz ist die Frage, ob es sich dabei um eine echte Wirksamkeitsvoraussetzung, oder um eine bloße Ordnungsvorschrift handelt, vgl. hierzu Henn/*Hauschild* § 3 Rn. 15 mwN.

Zu Besonderheiten bei im **Ausland** beglaubigten Vollmachten und Genehmigungen siehe oben § 5. Ausgeschlossen ist nach § 180 BGB eine Genehmigung bei der Ein-Mann-Gründung; hier ist die von einem Vertreter ohne Vertretungsmacht vorgenommene Satzungsfeststellung endgültig unwirksam und nur durch Neuvornahme „heilbar".

Gem. § 20 BNotO sind für die Beurkundung ausschließlich Notare zuständig. Die örtliche Zuständigkeit des beurkundenden Notars ergibt sich aus §§ 10, 10a und 11 BNotO. Nach der gesetzlichen Regelung in § 11 Abs. 2 BNotO soll der Notar allein in seinem Amtsbezirk tätig werden. § 11 Abs. 2 BNotO ist mithin Sollvorschrift; ein Verstoß gegen diese Bestimmung führt daher nicht zur Unwirksamkeit der Beurkundung (§ 2 BeurkG).

bb) Auslandsbeurkundung. Dass ein **deutscher Notar keine wirksamen Auslandsbeurkundungen** vornehmen und daher auch das Gründungsprotokoll nicht im Ausland beurkunden kann, ist allgemein anerkannt.[12] Im Übrigen ist aber hoch umstritten, ob formbedürftige gesellschaftsrechtliche Vorgänge im Ausland vorgenommen werden können.[13] Dabei geht es zunächst um die Frage, ob **Art. 11 Abs. 1 EGBGB**, wonach alternativ zu den Formvorschriften des für das betroffene Rechtsgeschäft geltenden Rechts (hier also des Gesellschaftsrechts) auch die am Beurkundungsort für vergleichbare Rechtsgeschäfte geltenden Formvorschriften (**Ortsform**) angewendet werden können, auch im Gesellschaftsrecht gilt. Dies wird von der wohl überwiegenden obergerichtlichen Rechtsprechung und Teilen der Literatur bejaht.[14] Die mittlerweile wohl herrschende Auffassung in der Literatur lehnt dies hingegen entweder generell oder zumindest für die Gesellschaftsverfassung betreffende Vorgänge (Gründung, Satzungsänderung) ab und möchte stattdessen über das **Gesellschaftsstatut** ausschließlich deutsche Formvorschriften (für die Gründung der Aktiengesellschaft also § 23 Abs. 1 S. 1 AktG) anwenden.[15]

Eine deutsche Aktiengesellschaft im Ausland unter Anwendung der Ortsform zu gründen, dürfte allerdings ohnehin eher selten erwogen werden. Häufiger dürfte sich die Frage stellen, ob eine den Anforderungen des § 23 Abs. 1 S. 1 AktG genügende Beurkundung des Gründungsprotokolls auch durch einen **ausländischen Notar** erfolgen kann. Dies erfordert die **Gleichwertigkeit mit einer deutschen Beurkundung**.[16] Diese ist gegeben, wenn die ausländische Urkundsperson nach Vorbildung und Stellung im Rechtsleben eine der Tätigkeit des deutschen Notars entsprechende Funktion ausübt und ein Verfahrensrecht zu beachten hat, dass den tragenden Grundsätzen des deutschen Beurkundungsrechts entspricht.[17] Ob es eine Gleichwertigkeit bei gesellschaftsrechtlichen Vorgängen geben kann, ist umstritten. Insbesondere bei die Gesellschaftsverfassung betreffenden Vorgängen (Gründung, Satzungsänderung) wird die Gleichwertigkeit der ausländischen Beurkundung von einem Teil der Literatur **generell verneint**, da der ausländische Notar die erforderliche Kenntnis des deutschen Gesellschaftsrechts nicht besitze.[18] Auch wenn die obergerichtliche Rechtsprechung und die wohl noch herrschende Literatur dies anders sieht,[19] ist eine Beurkundung des Gründungsprotokolls vor diesem Hintergrund mit nicht unerheblichen rechtlichen Unsicherheiten behaftet.

Ist gleichwohl die Beurkundung des Gründungsprotokolls im Ausland beabsichtigt, sollte diese jedenfalls nur vor einer Urkundsperson erfolgen, bei der die Gleichwertigkeit von der

---

[12] BGH ZIP 1998, 1316f.
[13] Eine übersichtliche Darstellung der verschiedenen Auffassungen findet sich bei Bamberger/Roth/*Mäsch* EGBGB Art. 11 Rn. 65.
[14] OLG Stuttgart NJW 1981, 1176; OLG Düsseldorf NJW 1989, 2200. Dazu tendierend, letztlich aber offen lassend BGH NJW 1981, 1160. Zustimmend zB MüKoBGB/*Spellenberg* EGBGB Art. 11 Rn. 177; MHdB GesR IV/*Hoffmann-Becking* § 3 Rn. 11; Palandt/*Thorn* EGBGB Art. 11 Rn. 13, jeweils mwN.
[15] MüKoAktG/*Pentz* § 23 Rn. 30; Bamberger/Roth/*Müsch* EGBGB Art. 11 Rn. 65; KölnKommAktG/*Arnd Arnold* § 23 Rn. 34; Spindler/Stiltz/*Limmer* AktG § 23 Rn. 10; Hüffer/Koch/*Koch* AktG § 23 Rn. 10.
[16] KölnKommAktG/*Arnd Arnold* § 23 Rn. 37 mwN.
[17] BGH NJW 1981, 1160.
[18] *Götte* FS Boujong, 131 (141 f.); Spindler/Stiltz/*Limmer* AktG § 23 Rn. 11; Hölters/Solveen § 23 Rn. 12; Hüffer/Koch/*Koch* AktG § 23 Rn. 11, für die GmbH jetzt auch AG Charlottenburg RNotZ 2016, 119 ff.
[19] BGH NJW 1981, 1160; MüKoAktG/*Pentz* § 23 Rn. 33; Bamberger/Roth/*Müsch* EGBGB Art. 11 Rn. 66a; KölnKommAktG/*Arnd Arnold* § 23 Rn. 41.

Rechtsprechung bereits anerkannt wurde. Dies ist der Fall bei einem österreichischen[20] oder niederländischen[21] Notar sowie grundsätzlich auch bei Notaren des lateinischen Notariats des romanischen Rechtskreises. Mit Rücksicht auf kantonale Unterschiede wurde die Beurkundung durch einen Notar aus Basel,[22] Bern,[23] Zürich[24] und Zug[25] als gleichwertig erachtet. Dem deutschen Notar **nicht** gleichgestellt ist hingegen der US-amerikanische notary public.[26] Demgegenüber werden Beurkundungen eines Londoner **scrivener notary** grundsätzlich als mit deutschen notariellen Urkunden gleichwertig angesehen.[27]

15 **b) Errichtung durch die Gründer.** Gründer der Gesellschaft sind nach der **Legaldefinition des § 28 AktG** diejenigen Aktionäre, die die Satzung festgestellt haben. Gründer können nach § 2 AktG eine[28] oder mehrere **natürliche oder juristische Personen** sein. Gründungsfähig sind unstreitig auch die **Personenhandelsgesellschaften**.[29] Nach mittlerweile gefestigter Rechtsprechung kann auch die **Gesellschaft bürgerlichen Rechts** Gründer einer AG sein.[30] Zu den Besonderheiten bei der Gründung durch **ausländische Gesellschaften** siehe oben § 5.

16 **c) Feststellung der Satzung, insbesondere Festsetzung von Sondervorteilen und Gründungsaufwand.** Wesentliches Element des Gründungsprotokolls ist nach § 23 Abs. 1 S. 1 AktG die Feststellung der Satzung. Dabei sollte sinnvollerweise von der Möglichkeit des § 9 Abs. 1 S. 2 BeurkG Gebrauch gemacht und der Satzungstext nicht in die Urkunde integriert, sondern ihr als Anlage beigefügt werden.[31]

17 Zur inhaltlichen Ausgestaltung der Satzung vgl. § 7. Zu beachten ist, dass der **Gründungsaufwand**, soweit er von der Gesellschaft übernommen werden soll, nach § 26 AktG in der Satzung festzusetzen ist, insbesondere um gegenüber Gläubigern und Aktionären den Umfang offenzulegen, mit dem das Grundkapital durch den Gründungsaufwand belastet ist.[32] Erfolgt dies nicht, sind die zu Gründungsaufwand führenden Rechtsgeschäfte der Gesellschaft gegenüber unwirksam, § 26 Abs. 3 AktG. Nach der Rechtsprechung zur GmbH[33] reicht die Angabe des **Gesamtaufwands** nicht aus, sondern sind die **einzelnen Gründungskosten** zu spezifizieren; für die AG wird dies von der wohl allgemeinen Literaturauffassung nicht für erforderlich gehalten[34], wobei dies für die Praxis teilweise gleichwohl empfohlen wird[35]. Gründungsaufwand sind alle Leistungen, welche die Gesellschaft als Ersatz für Aufwendungen oder als Gegenleistung für eine Tätigkeit erbringen soll, die unmittelbar mit der Gründung oder deren Vorbereitung im Zusammenhang steht.[36] Darunter fallen vor allem Ersatz für Steuern, Notar- und Gerichtsgebühren, Honorare der Gründungsprüfer, Kosten der Bekanntmachung und des Drucks von Aktienurkunden – nicht dagegen Aufwendungen für den Aufbau der Betriebs- oder Verwaltungsorganisation. Erfasst wird weiter ein etwaiger Gründerlohn, also unabhängig von ihrer Bezeichnung jede Tätigkeitsvergütung für

---

[20] BayObLGZ 1977, 244 = NJW 1978, 500; LG Kiel DB 1997, 1223.
[21] OLG Düsseldorf NJW 1989, 2200 mwN.
[22] OLG München NJW-RR 1998, 758; OLG Frankfurt a. M. GmbHR 2005, 764; LG Nürnberg-Fürth NJW 1992, 633.
[23] OLG Hamburg IPR-Rspr. 1979, Nr. 9.
[24] BGHZ 80, 76 (78) = NJW 1991, 1160; LG Köln DB 1989, 2214.
[25] LG Stuttgart IPR-Rspr. 1979, Nr. 5A.
[26] MüKoBGB/*Spellenberg* EGBGB Art. 11 Rn. 88; MüKoAktG/*Pentz* § 26 Rn. 27.
[27] MüKoBGB/*Spellenberg* EGBGB Art. 11 Rn. 88.
[28] Die Ein-Mann-Gründung ist erst seit der Neufassung von § 2 AktG durch das Gesetz für kleine Aktiengesellschaften und zur Deregulierung des Aktienrechts vom 2.8.1994 (BGBl. I S. 1961) zulässig.
[29] Hüffer/Koch/*Koch* AktG § 2 Rn. 9.
[30] So bereits BGHZ 118, 83 (99 f.) = BGH NJW 1992, 2222; BGHZ 126, 226 (334 f.) = BGH NJW 1994, 2536; seit der generellen Anerkennung der Rechtsfähigkeit der (Außen-)Gesellschaft bürgerlichen Rechts durch BGHZ 146, 341 (343 ff.) = BGH NJW 2001, 1056, dürfte diese Frage endgültig entschieden sein.
[31] Die Niederlegung der Satzung in einem gesonderten, in sich geschlossenen Schriftstück erscheint nicht zuletzt auch im Hinblick auf § 181 Abs. 1 S. 2 AktG als geboten.
[32] MüKoAktG/*Pentz* § 26 Rn. 27.
[33] BGH NJW 1989, 1610 (1611); 1998, 102 (103); 1998, 233; OLG Hamburg DNotZ 2011, 457 (459).
[34] KölnKommAktG/*Arnd Arnold* § 26 Rn. 24; GroßKommAktG/*Röhricht/Schall* § 26 Rn. 36; Wachter/*Wachter* § 26 Rn. 16, jeweils mwN.
[35] Wachter/*Wachter* § 26 Rn. 16.
[36] KölnKommAktG/*Arnd Arnold* § 26 Rn. 17.

die Mitwirkung bei der Gründung und ihrer Vorbereitung einschließlich der Honorare für Gutachten, Beratung oder Vermittlung, unabhängig davon, ob die Gesellschaft diese Vergütung an einen Gründer oder an einen Dritten (zB den beratenden Anwalt) erbringen soll.[37]

Der Festsetzung in der Satzung bedürfen weiter etwaige **Sondervorteile** im Sinne von § 26 Abs. 1 AktG. Dabei geht es um Rechte, die nicht mit der Mitgliedschaft verbunden sind, sondern reine Gläubigerrechte darstellen.[38] Daher sind entgegen der wohl herrschenden Auffassung[39] Entsenderechte in den Aufsichtsrat nach § 101 Abs. 2 AktG keine Sonderrechte, da sie nur Aktionären eingeräumt werden können;[40] nach § 101 Abs. 2 AktG bedürfen sie gleichwohl der Festsetzung in der Satzung. In der Praxis spielen Sondervorteile nur eine geringe Rolle, da der Gestaltungsspielraum durch das zwingende Aktienrecht stark eingeschränkt ist. So wäre etwa nach herrschender und richtiger Auffassung die Gewährung gewinnunabhängiger Zahlungsansprüche wegen Verstoßes gegen das Verbot der Einlagenrückgewähr nach § 57 Abs. 1 AktG unwirksam.[41]

Auf **Satzungsänderungen** im Gründungsstadium ist nach herrschender und richtiger Auffassung ebenfalls § 23 Abs. 1 AktG (und nicht §§ 179 ff. AktG) anwendbar. Sie bedürfen dementsprechend der Mitwirkung sämtlicher Gründer.[42]

d) **Übernahme der Aktien.** Weiterer wesentlicher Bestandteil ist nach § 23 Abs. 2 Nr. 2 AktG die Erklärung der Übernahme des Grundkapitals. Dabei hat jeder Gründer Aktien zu übernehmen, und alle existierenden Aktien müssen auch tatsächlich übernommen werden.

Anzugeben ist zunächst bei Nennbetragsaktien der Nennbetrag, bei Stückaktien die Zahl der von den Gründern jeweils übernommenen Aktien. Anzugeben ist weiter der Ausgabebetrag für die übernommenen Aktien; dieser darf nach § 9 AktG den jeweiligen Nennbetrag bzw., bei Stückaktien, den anteiligen Betrag am Grundkapital nicht unterschreiten, kann ihn aber durchaus übersteigen.[43] Soweit verschiedene Aktiengattungen iSv § 11 AktG bestehen,[44] ist weiter die Gattung der jeweils übernommenen Aktien anzugeben.

Umstritten ist, ob die Übernahme der Aktien ein von der Satzungsfeststellung zu unterscheidendes, eigenständiges Rechtsgeschäft darstellt oder ob beide Erklärungen als einheitliches Rechtsgeschäft anzusehen sind.[45] Nach herrschender und aus Gründen der Rechtssicherheit vorzugswürdiger Auffassung ist die Übernahmeerklärung bedingungs- und befristungsfeindlich.[46]

e) **Bestellung des ersten Aufsichtsrates und des ersten Abschlussprüfers.** Gem. § 30 AktG haben die **Gründer** den ersten Aufsichtsrat der Gesellschaft und den Abschlussprüfer für das erste Voll- oder Rumpfgeschäftsjahr zu bestellen. Dies hat nicht zwingend in der Gründungsurkunde zu erfolgen. Nach § 30 Abs. 1 S. 2 AktG ist die Bestellung (nicht aber die Erklärung der Annahme) ebenfalls notariell zu beurkunden.[47] Daher empfiehlt es sich (und ist in der Praxis die Regel), die Bestellung zusammen mit der Satzungsfeststellung und der Übernahme der Aktien im notariellen Gründungsprotokoll vorzunehmen.

---

[37] Hüffer/Koch/*Koch* AktG § 26 Rn. 5.
[38] GroßKommAktG/*Röhricht/Schall* § 26 Rn. 7; MHdB GesR IV/*Hoffmann-Becking* § 3 Rn. 10; allg. Auffassung.
[39] GroßKommAktG/*Röhricht/Schall* § 26 Rn. 17; Hüffer/Koch/*Koch* AktG § 26 Rn. 3 mwN.
[40] So auch zB MHdB GesR IV/*Hoffmann-Becking* § 3 Rn. 10; Wachter/*Wachter* § 26 Rn. 7.
[41] MHdB GesR IV/*Hoffmann-Becking* § 3 Rn. 8 mit zahlreichen wN.
[42] KölnKommAktG/*Michael Arnold* § 41 Rn. 36; MüKoAktG/*Pentz* § 41 Rn. 39; Hüffer/Koch/*Koch* AktG § 41 Rn. 7. Für die GmbH OLG Köln WM 1996, 207 f.
[43] Der übersteigende Betrag ist grundsätzlich als Agio in die Kapitalrücklage nach § 272 Abs. 2 Nr. 1 HGB einzustellen und unterliegt hinsichtlich seiner Verwendung nach § 150 AktG bestimmten Beschränkungen. Vor diesem Hintergrund kann es sinnvoll sein, statt eines Agios eine sonstige Zuzahlung in die Kapitalrücklage nach § 272 Abs. 2 Nr. 4 AktG vorzunehmen.
[44] ZB Stamm- oder Vorzugsaktien. Näher zu den verschiedenen Aktiengattungen oben in § 10.
[45] Vgl. die Nachweise bei KölnKommAktG/*Arnd Arnold* § 23 Rn. 57 f.
[46] KölnKommAktG/*Arnd Arnold* § 23 Rn. 59; Hölters/*Solveen* § 23 Rn. 15; Hüffer/Koch/*Koch* AktG § 23 Rn. 16; MüKoAktG/*Pentz* § 23 Rn. 56; aA Spindler/Stiltz/*Limmer* AktG § 23 Rn. 24 für den Fall, dass der Eintritt der Bedingung dem Registergericht in öffentlich beglaubigter Form nachgewiesen werden kann.
[47] Vgl. Hüffer/Koch/*Koch* AktG § 30 Rn. 3.

24   *aa) Bestellung des ersten Aufsichtsrates.* Die **Zahl der Mitglieder** des ersten Aufsichtsrates bestimmt sich nach der entsprechenden Festsetzung in der Satzung, auf die § 95 AktG anzuwenden ist. Danach muss der Aufsichtsrat wenigstens aus drei Mitgliedern bestehen. Nach früherem Recht musste jede höhere Mitgliederzahl durch drei teilbar sein; seit der Aktienrechtsnovelle 2016[48] gilt dies nur noch, soweit dies zur Erfüllung mitbestimmungsrechtlicher Vorgaben erforderlich ist.

25   Der erste Aufsichtsrat wird **höchstens** für die Zeit bis zur Beendigung der Hauptversammlung bestellt, die über die Entlastung für das erste Voll- und Rumpfgeschäftsjahr beschließt (§ 30 Abs. 3 S. 1 AktG). Durch diese enge Begrenzung der Amtszeit sollen die Auswirkungen des § 30 Abs. 2 AktG, der die Vorschriften über die Bestellung von Aufsichtsratsmitgliedern der Arbeitnehmer im Hinblick auf den ersten Aufsichtsrat für unanwendbar erklärt, zeitlich begrenzt werden.[49] In der Praxis häufig übersehen wird, dass die Amtszeitbegrenzung auch dann gilt, wenn es nach der Eintragung, aber noch vor der ersten ordentlichen Hauptversammlung zu einem Mitgliederwechsel kommt, wie dies zB im Zuge des Erwerbs von Vorratsaktiengesellschaften regelmäßig der Fall ist[50]; formal sind die dabei neu bestellten Aufsichtsratsmitglieder noch Mitglieder des ersten Aufsichtsrats[51].

26   Für die Amtszeit des zweiten Aufsichtsrates gelten dann die allgemeinen Vorschriften der Satzung und des § 102 Abs. 1 AktG. Um dabei die gesetzlich vorgesehene Arbeitnehmerbeteiligung zu ermöglichen, hat der Vorstand nach § 3 Abs. 3 S. 2 AktG rechtzeitig vor Ablauf der Amtszeit des ersten Aufsichtsrats bekanntzumachen, nach welchen gesetzlichen Vorschriften der nächste Aufsichtsrat nach seiner Auffassung zusammenzusetzen ist; hierdurch wird das Statusverfahren nach §§ 96–99 AktG eingeleitet.[52]

27   *bb) Bestellung des ersten Abschlussprüfers.* Nach § 30 Abs. 1 AktG wird auch der erste Abschlussprüfer abweichend von § 119 Abs. 1 Nr. 4 AktG nicht durch die Hauptversammlung, sondern durch die Gründer bestellt. Dies ist jedoch keine zwingende Gründungsvoraussetzung, sondern lediglich eine **Erleichterungsvorschrift**, die die Einberufung einer Hauptversammlung lediglich zum Zweck der Wahl des Abschlussprüfers vermeiden soll. Unterbleibt die Bestellung des ersten Abschlussprüfers durch die Gründer, ist die Gesellschaft gleichwohl ordnungsgemäß gegründet und nach § 38 AktG vom Registergericht in das Handelsregister einzutragen.[53]

28   Damit relativiert sich die Bedeutung der Frage, ob die Bestellung auch dann erforderlich ist, wenn die Gesellschaft voraussichtlich nach § 267 Abs. 1 HGB als **kleine Kapitalgesellschaft** einzustufen sein wird, so dass nach § 316 HGB eine Prüfungspflicht nicht bestehen wird. In der Literatur wird teilweise eine Verpflichtung zur Bestellung eines Abschlussprüfers nach § 30 Abs. 1 AktG auch in einem solchen Fall angenommen.[54] Zur Begründung wird angeführt, dass die Frage der Prüfungspflicht von den erst künftig am Bilanzstichtag gegebenen Verhältnissen abhänge und somit bei der Gründung noch nicht entschieden werden könne. Diese Argumentation vermag jedoch nicht zu überzeugen. Wie dargelegt hat die in § 30 Abs. 1 AktG vorgesehene Bestellung des Abschlussprüfers durch die Gründer lediglich Erleichterungsfunktion. § 30 Abs. 1 AktG begründet damit keine neuen, eigenständigen Prüfungspflichten, sondern knüpft in gleicher Weise wie § 119 Abs. 1 Nr. 4 AktG an die nach dem HGB bestehenden Prüfungspflichten an. Dementsprechend ist die Bestellung eines Abschlussprüfers durch die Gründer nur insoweit erforderlich, als es tatsächlich einer Abschlussprüfung bedarf. Nach § 267 Abs. 4 S. 2 HGB ist bei Neugründung auf die Verhält-

---

[48] Gesetz zur Änderung des Aktiengesetzes vom 22.12.2015, BGBl. I 2565.
[49] KölnKommAktG/*Arnd Arnold* § 30 Rn. 14. Für die Entstehung der AG im Wege der formwechselnden Umwandlung gilt § 30 Abs. 3 S. 1 AktG gem. § 197 S. 2 UmwG nicht. Näher unten in → § 16.
[50] Hierauf weist *Thoelke* AG 2014, 137 (143) zutreffend hin.
[51] KölnKommAktG/*Arnd Arnold* § 30 Rn. 21 mwN; Ab Eintragung ist für die Bestellung nach allgemeiner Auffassung allerdings die Hauptversammlung zuständig und eine notarielle Beurkundung nicht mehr erforderlich, vgl. nur Hüffer/Koch/*Koch* AktG § 30 Rn. 4 mwN.
[52] Hierzu näher in § 23.
[53] Hüffer/Koch/*Koch* AktG § 30 Rn. 10 mwN.
[54] So MHdB GesR IV/*Hoffmann-Becking* § 3 Rn. 23; KölnKommAktG/*Arnd Arnold* § 30 Rn. 27; Hüffer/Koch/*Koch* AktG § 30 Rn. 10.

nisse am ersten Abschlussstichtag abzustellen. Die Gründer werden einen Abschlussprüfer daher nur dann bestellen, wenn sie davon ausgehen, dass die Voraussetzungen nach § 267 Abs. 1 HGB am ersten Abschlussstichtag erfüllt sein werden.[55] Sofern die Gründer von der Bestellung eines Abschlussprüfers absehen und sich später herausstellt, dass die Gesellschaft wider Erwarten doch prüfungspflichtig ist, greift § 318 Abs. 4 HGB.

> **Praxistipp:**
> In der Praxis empfiehlt es sich für den Fall, dass eine Bestellung des Abschlussprüfers nicht erfolgen soll, die Annahme der Gründer, dass die Gesellschaft nicht prüfungspflichtig sein wird, im Gründungsprotokoll anzugeben, um Nachfragen des Registergerichts zu vermeiden

29

2. Bestellung des ersten Vorstands

Der erste Aufsichtsrat bestellt nach **§ 30 Abs. 4 AktG** den ersten Vorstand. Für die Bestellung gelten grundsätzlich die allgemeinen Regelungen, insbesondere sieht das Gesetz keine besonderen Formerfordernisse vor. Allerdings ist der Anmeldung der neu gegründeten Gesellschaft nach § 37 Abs. 4 Nr. 3 AktG die Urkunde über die Vorstandsbestellung beizufügen, ohne deren Vorliegen eine Eintragung nach § 38 AktG nicht erfolgen kann. Die in § 107 Abs. 2 AktG vorgeschriebene Niederschrift der Beschlussfassung hat hier also ausnahmsweise eine über die bloße Beweisfunktion hinausgehende rechtliche Bedeutung. Zur Gestaltung des Aufsichtsratsprotokolls kann auf die Muster in § 23 verwiesen werden.

30

3. Gründungsbericht

Muster:

Gründungsbericht

Als alleinige Gründerin der xy-AG erstattet die ......-GmbH gemäß § 32 AktG über den Hergang der Gründung der Gesellschaft den folgenden Bericht:

I.

Die Gesellschaft wurde von der ......-GmbH als alleiniger Gründerin mit notarieller Urkunde vom ...... (UR-Nr. ....../...... des Notars ...... mit dem Amtssitz in ......) errichtet und ihre Satzung gemäß § 23 Abs. 1 AktG festgestellt.

Dabei wurde das Grundkapital in Höhe von € ......, eingeteilt in ...... auf den Namen lautende Stückaktien ohne Nennbetrag, in voller Höhe von der ...... GmbH übernommen. Als Ausgabebetrag je Aktie wurde dabei der auf jede Aktie entfallende anteilige Betrag am Grundkapital festgesetzt.

II.

Die ......-GmbH hat die danach insgesamt geschuldete Bareinlage in Höhe von € ...... gemäß § 54 Abs. 3 AktG durch Einzahlung auf das Konto Nr. ......der Gesellschaft bei der ...... Bank in voller Höhe geleistet. Der Einzahlungsbetrag steht damit endgültig zur freien Verfügung des Vorstands der Gesellschaft. Die ......-Bank hat die Bestätigung nach § 37 Abs. 1 S. 3 AktG am ...... erteilt.

III.

Zu Mitgliedern des ersten Aufsichtsrats wurden

1. Herr/Frau ......, (Beruf), geb. am ......, wohnhaft ......,
2. Herr/Frau ......, (Beruf), geb. am ......, wohnhaft ......,
3. Herr/Frau ......, (Beruf), geb. am ......, wohnhaft ......,

31

---

[55] Spindler/Stiltz/*Gerber* AktG § 30 Rn. 20; Hölters/*Solveen* § 30 Rn. 13; Wachter/*Wachter* § 30 Rn. 26; Henn/*Hauschild* § 3 Rn. 25.

> bestellt. Der Aufsichtsrat hat in seiner konstituierenden Sitzung am ...... Herrn/Frau ...... zum/zur Vorsitzenden und Herrn/Frau ...... zur stellvertretenden Vorsitzenden des Aufsichtsrates gewählt.
>
> IV.
>
> Mit Beschluss vom ...... hat der Aufsichtsrat
> Herrn/Frau ......, geb. am ......, wohnhaft ......
> und
> Herrn/Frau ......, geb. am ......, wohnhaft ......
> zu Mitgliedern des Vorstands bestellt.
>
> V.
>
> Bei der Gründung der Gesellschaft sind keine Aktien für Rechnung eines Mitglieds des Vorstands oder eines Mitglieds des Aufsichtsrates übernommen worden. Es hat kein Mitglied des Vorstands oder des Aufsichtsrates sich einen besonderen Vorteil oder für die Gründung oder ihr Vorbereitung eine Entschädigung oder Belohnung ausbedungen.
>
> ......
> (Datum und eigenhändige Unterschriften sämtlicher Gründer)

32 Der Gründungsbericht ist gem. § 32 AktG **persönlich** durch die Gründer aufzustellen. Er hat schriftlich zu erfolgen und bedarf der eigenhändigen Unterschrift sämtlicher Gründer. Eine rechtsgeschäftliche Vertretung ist unzulässig.[56] Zeitlich ist er, wie sich aus § 32 Abs. 3 AktG ergibt, nach der Bestellung des ersten Vorstands (hierzu → Rn. 30) zu erstellen.[57]

33 Inhaltlich soll der Gründungsbericht nach § 32 Abs. 1 AktG den **„Hergang der Prüfung"** darlegen. Daher wiederholt der Gründungsbericht in der Regel zunächst die wesentlichen Angaben des Gründungsprotokolls. Insbesondere sollten dabei erneut die Namen der Gründer und die von ihnen übernommenen Anteile, die Mitglieder des ersten Aufsichtsrats und des ersten Vorstands sowie der erste Abschlussprüfer angegeben werden.[58] Weiter sollte er Ausführungen zu den weiteren wesentlichen Entwicklungen, insbesondere zur Erfüllung der Einlageverpflichtungen der Aktionäre, enthalten. Nach § 32 Abs. 2 AktG sind bei der **Sachgründung** zudem die Angemessenheit der Leistungen der Gesellschaft für die einzubringenden Sacheinlagen oder Sachübernahmen darzulegen. Hierauf ist in § 13 noch näher einzugehen. Zwingend erforderlich sind schließlich die **Angaben nach § 32 Abs. 3 AktG**. Zu offenbaren ist also, ob ein Gründer als Strohmann Aktien für Rechnung eines Vorstands- oder Aufsichtsratsmitglied übernommen hat und ob und in welcher Weise ein Mitglied des Vorstands oder des Aufsichtsrats sich einen besonderen Vorteil oder für die Gründung oder ihre Vorbereitung eine Entschädigung oder Belohnung ausbedungen hat. Sollte dies nicht der Fall sein, ist auch dies anzugeben.

34 Fehlt der Gründungsbericht völlig, besteht ein Eintragungshindernis nach § 38 Abs. 1 AktG, ist er offensichtlich unvollständig, unrichtig oder widerspricht er den gesetzlichen Vorschriften, liegt ein Eintragungshindernis nach § 38 Abs. 2 AktG vor.[59] Für die Richtigkeit und Vollständigkeit des Berichts haften die Gründer strafrechtlich nach § 399 Abs. 1 Nr. 2 AktG, zivilrechtlich gegenüber der Gesellschaft nach § 46 AktG, gegenüber Aktionären und Drittgläubigern nach § 823 Abs. 2 BGB iVm § 399 Abs. 1 Nr. 2 AktG als Schutzgesetz.

---

[56] GroßkommAktG/*Röhricht/Schall* § 32 Rn. 3; Wachter/*Wachter* § 32 Rn. 19. Für juristische Personen handeln allerdings naturgemäß ihre Organe. Ist eine BGB-Gesellschaft Gründerin, genügt die Unterschrift des vertretungsberechtigten Gesellschafters nicht, da dessen Vertretungsbefugnis rechtsgeschäftlicher und nicht organschaftlicher Natur ist. Hier ist richtigerweise eine Unterzeichnung durch sämtliche Gesellschafter zu verlangen. Ebenso für den vergleichbaren Fall der Handelsregisteranmeldung EBJS/*Schaub* HGB § 12 Rn. 144 ff.
[57] Vgl. Hüffer/Koch/*Koch* AktG § 32 Rn. 2.
[58] MüKoAktG/*Pentz* § 32 Rn. 13.
[59] Hüffer/Koch/*Koch* AktG § 32 Rn. 2.

4. Gründungsprüfung durch die Verwaltung

Muster:

> Gründungsprüfungsbericht
>
> Als Mitglieder des ersten Aufsichtsrats und des ersten Vorstands der xy-AG mit Sitz in ...... haben wir den Hergang der Gründung der Gesellschaft gemäß § 33 Abs. 1 AktG geprüft und erstatten hierüber gemäß § 34 Abs. 2 AktG den folgenden Bericht:
>
> I. Grundlagen der Prüfung
>
> Bei der Prüfung lagen uns die folgenden Unterlagen vor:
>
> 1. die 1. Ausfertigung der notariellen Urkunde vom ...... (UR-Nr. ....../...... des Notars ...... mit dem Amtssitz in Berlin) über die Errichtung der xy-AG, die Feststellung ihrer Satzung, die Übernahme sämtlicher Aktien an der Gesellschaft durch die ......-GmbH sowie die Bestellung des ersten Aufsichtsrats und des ersten Abschlussprüfers;
> 2. Niederschrift der konstituierenden Sitzung des Aufsichtsrats am ...... mit dem Beschluss über die Bestellung von Herrn/Frau ...... und Herrn/Frau ...... zu Mitgliedern des ersten Vorstands der Gesellschaft;
> 3. Bestätigung der ......-Bank nach § 37 Abs. 1 S. 3 AktG vom ....
> 4. Gründungsbericht der ......-GmbH als alleiniger Gründerin vom ....
>
> II.
>
> Auf Grundlage der vorgenannten Unterlagen haben wir den Hergang der Gründung der Gesellschaft geprüft. Nach unseren Feststellungen sind die Angaben der Gründerin über die Übernahme der Aktien, über die Einlagen auf das Grundkapital und über die Festsetzungen nach §§ 26 und 27 AktG richtig und vollständig.
>
> Die Gründung der xy-AG entspricht nach den von uns getroffenen Feststellungen den gesetzlichen Vorschriften.
>
> ......
>
> (Datum, eigenhändige Unterschriften sämtlicher Vorstands- und Aufsichtsratsmitglieder)

35

Vorstand und Aufsichtsrat haben den Gründungshergang zu prüfen (§ 33 Abs. 1 AktG) und über die Prüfung gem. § 34 Abs. 2 AktG einen Bericht zu erstellen, wobei nach mittlerweile wohl allgemeiner Auffassung Vorstand und Aufsichtsrat nicht getrennt berichten müssen, sondern auch ein gemeinsamer Bericht zulässig ist[60]. Der Gründungsprüfungsbericht ist von allen Mitgliedern des Vorstands und des Aufsichtsrates **persönlich** zu unterzeichnen; die Möglichkeit der rechtsgeschäftlichen Vertretung besteht hier ebenso wenig wie beim Gründungsbericht.[61] Zeitlich ist der Gründungsprüfungsbericht der Verwaltung nach dem Gründungsbericht (→ Rn. 31), aber vor einer ggf. erfolgenden externen Prüfung (hierzu → Rn. 40) zu erstellen. 36

Gegenstand der Prüfung ist nach § 34 Abs. 1 Nr. 1 AktG insbesondere die Vollständigkeit und Richtigkeit der Angaben der Gründer über die Übernahme der Aktien, über die Einlagen auf das Grundkapital und über die Festsetzungen der Satzung gem. §§ 26 und 27 AktG. Ausgehend von dem Zweck der Prüfung, dem Registergericht die Gründungsprüfung nach § 38 AktG zu erleichtern, sind darüber hinaus auch die Einhaltung der weiteren gesetzlichen Vorgaben zu prüfen, also insbesondere die Ordnungsmäßigkeit der Errichtung der Satzung und der Bestellung der Organe der Gesellschaft.[62] Besonderheiten bestehen auch hier im Falle der Sachgründung (§ 34 Abs. 1 Nr. 2 AktG). Hierauf ist in § 13 noch näher einzugehen. 37

---

[60] Für die Zulässigkeit eines gemeinsamen Berichts: Hüffer/Koch/*Koch* AktG § 34 Rn. 4; GroßkommAktG/*Röhricht/Schall* § 34 Rn. 21.
[61] Hüffer/Koch/*Koch* AktG § 33 Rn. 2; KölnKommAktG/*Arnd Arnold* § 33 Rn. 7.
[62] Hüffer/Koch/*Koch* AktG § 34 Rn. 2 mwN.

38 In dem Bericht ist nach § 34 Abs. 2 AktG über die Prüfung unter *„Darlegung dieser Umstände"* zu berichten. Er muss also Aussagen zu sämtlichen Umständen enthalten, die nach § 34 Abs. 1 AktG Gegenstand der Prüfung waren. Dabei genügt aber regelmäßig die Erwähnung dieser Punkte und die Feststellung, dass sich keine Beanstandungen ergeben haben. Einer ausdrücklichen Wiederholung der geprüften Angaben bedarf es nicht. Sinnvollerweise sollten zudem die Unterlagen erwähnt werden, auf deren Grundlage die Prüfung erfolgt ist.

39 Fehlt der Gründungsprüfungsbericht der Verwaltung, besteht ein Eintragungshindernis nach § 38 Abs. 1 AktG, ist er offensichtlich unrichtig oder unvollständig oder nicht den gesetzlichen Vorschriften entsprechend, ein Eintragungshindernis nach § 38 Abs. 2 AktG. Für die Richtigkeit und Vollständigkeit des Gründungsprüfungsberichts haften die Verwaltungsmitglieder strafrechtlich nach § 399 Abs. 1 Nr. 2 AktG, zivilrechtlich gegenüber der Gesellschaft nach § 48 AktG, gegenüber Aktionären und Drittgläubigern nach § 823 Abs. 2 BGB in Verbindung mit § 399 Abs. 1 Nr. 2 AktG als Schutzgesetz.

5. Externe Gründungsprüfung

40 Neben der Gründungsprüfung durch die Verwaltung ist eine gesonderte externe Gründungsprüfung bei der Bargründung – anders als bei der Sachgründung – grundsätzlich nicht erforderlich. Nach § 33 Abs. 2 AktG ist aber auch bei der Bargründung eine externe Gründungsprüfung zwingend durchzuführen, wenn

- ein Vorstands- oder Aufsichtsratsmitglied zu den Gründern gehört (§ 33 Abs. 2 Nr. 1 AktG) oder
- für ein Vorstands- oder Aufsichtsratsmitglied bei der Gründung ein Strohmann aufgetreten ist (§ 33 Abs. 2 Nr. 2 AktG) oder
- ein Vorstands- oder Aufsichtsratsmitglied sich Sondervorteile oder einen Gründerlohn ausbedungen hat (§ 33 Abs. 2 Nr. 3).

41 Ist eine juristische Person Gründer, gelangt § 33 Abs. 2 Nr. 1 AktG dann zur Anwendung, wenn ein Mitglied des gesetzlichen Vertretungsorgans des Gründers Vorstands- oder Aufsichtsratsmitglied wird.[63] In den genannten Fallkonstellationen hält der Gesetzgeber offensichtlich eine Befangenheit der primär mit der Gründungsprüfung befassten Verwaltungsmitglieder nicht für ausgeschlossen und ordnet daher eine zusätzliche externe Gründungsprüfung an.

42 **a) Prüfung durch einen Gründungsprüfer.** Die Prüfung erfolgt grundsätzlich durch einen besonderen **Gründungsprüfer**. Dieser wird nach § 33 Abs. 3 S. 2 AktG durch das Gericht bestellt. Zuständig ist nach § 14 AktG/§ 375 Nr. 3 FamFG das Amtsgericht des Gesellschaftssitzes. Das Gericht wird nur auf Antrag tätig; antragsberechtigt sind sowohl die Gründer als auch der Vorstand.[64] Über die Person des Gründungsprüfers entscheidet das Gericht nach Ermessen. In der Praxis folgen die Gerichte zu Recht regelmäßig den Anregungen der Antragsteller, sofern diese die in § 33 Abs. 4 und 5 niedergelegten Bestellungsvoraussetzungen und -hindernisse berücksichtigen. Üblicherweise wird dabei der erste Abschlussprüfer zugleich auch als Gründungsprüfer vorgeschlagen; dies ist rechtlich zulässig, insbesondere besteht keine Befangenheit im Sinne von § 33 Abs. 5 AktG.[65] Es empfiehlt sich, eine Erklärung der als Gründungsprüfung vorgeschlagenen Person über die Bereitschaft zur Durchführung der Gründungsprüfung und das Nichtbestehen von Bestellungshindernissen dem Antrag beizufügen.

---

[63] KölnKommAktG/*Arnd Arnold* § 33 Rn. 13 mwN.
[64] Hüffer/Koch/*Koch* AktG § 33 Rn. 7.
[65] MHdB GesR IV/*Hoffmann-Becking* § 3 Rn. 26.

Muster: Antrag auf gerichtliche Bestellung eines Gründungsprüfers

Amtsgericht [......]
– Handelsregister –
......

......

In der
Registersache
XY-AG
überreichen wir als Gründer der Gesellschaft
- beglaubigte Abschrift des Gründungsprotokolls der Gesellschaft vom ...... (UR-Nr. ....../...... des Notars ...... mit dem Amtssitz in ......) mit den Erklärungen über die Errichtung der Gesellschaft, über die Feststellung der Satzung der Gesellschaft,
- über die Übernahme sämtlicher Aktien an der Gesellschaft sowie über die Bestellung des ersten Aufsichtsrates der Gesellschaft;
- beglaubigte Abschrift der Niederschrift der konstituierenden Sitzung des Aufsichtsrates mit der Bestellung von Herrn ...... und Frau ...... zu Mitgliedern des Vorstands der Gesellschaft;
- Erklärung der ...... GmbH Wirtschaftsprüfungsgesellschaft über die Bereitschaft zur Durchführung der Gründungsprüfung und das Nichtbestehen von Bestellungshindernissen.

Da sowohl Herr ...... als auch Frau ...... zu den Gründern der Gesellschaft gehören, ist nach § 33 Abs. 2 Nr. 1 AktG eine Prüfung des Hergangs der Gründung durch einen externen Gründungsprüfer erforderlich.

Daher beantragen wir die Bestellung eines Gründungsprüfers und regen an,

die ...... GmbH Wirtschaftsprüfungsgesellschaft

zur Gründungsprüferin zu bestellen.

......

(Ort, Datum, Unterschriften)

b) Prüfung durch den beurkundenden Notar. In den Fällen des § 33 Abs. 2 Nr. 1 und 2 AktG kann die Gründungsprüfung nach § 33 Abs. 3 S. 1 AktG statt durch einen externen Gründungsprüfer auch durch den **beurkundenden Notar** vorgenommen werden. Diese Möglichkeit wurde 2002 durch das TransPuG[66] eingeführt, um das Gründungsverfahren zu beschleunigen.[67] Eine gerichtliche Bestellung ist in diesem Fall nicht erforderlich, erforderlich und ausreichend ist die Beauftragung durch die Gründer.[68]

c) Prüfungsumfang und Berichterstattung. Der Umfang der Prüfung durch den gerichtlich bestellten externen Gründungsprüfer bzw., im Fall des §§ 33 Abs. 3 S. 1 AktG, durch den beurkundenden Notar, ist mit demjenigen von Vorstand und Aufsichtsrat gem. § 33 Abs. 1 AktG grundsätzlich identisch.[69] Auf die Ausführungen zu soeben 4. kann insoweit verwiesen werden. Auch über die externe Gründungsprüfung ist nach § 34 Abs. 2 AktG Bericht zu erstatten, der in seiner Struktur dem Gründungsprüfungsbericht der Verwaltung entspricht.[70] Das Fehlen des Berichts ist ein Eintragungshindernis nach § 38 Abs. 1 AktG. Von § 38 Abs. 2 AktG wird dieser Bericht hingegen nicht erfasst.

---

[66] Gesetz zur weiteren Reform des Aktien- und Bilanzrechts, zu Transparenz und Publizität (Transparenz- und Publizitätsgesetz, TransPuG) vom 19.7.2002 BGBl. I S. 2681.
[67] Umfassend hierzu *Hermanns* ZIP 2002, 1785 ff.
[68] *Happ/Mulert*, Muster 2.01, Rn. 42.1 mwN.
[69] GroßkommAktG/*Röhricht/Schall* § 34 Rn. 4; *Schmidt* DB 1975, 1781.
[70] Auf den Abdruck eines gesonderten Musters wurde daher verzichtet – das Muster zu → Rn. 32 kann insoweit entsprechend herangezogen werden. Das Muster eines Berichts über die notarielle Gründungsprüfung nach § 33 Abs. 3 S. 1 AktG findet sich bei *Hermanns* ZIP 2002, 1785 (1788 f.).

46 **d) Vergütung.** Die Vergütung der gerichtlich bestellten Gründungsprüfer ist in § 35 Abs. 3 AktG besonders geregelt. Um die Unabhängigkeit der Gründungsprüfer zu gewährleisten, kann die Vergütung nur durch das Gericht festgesetzt werden, eine vertragliche Vereinbarung mit der Gesellschaft selbst oder mit Dritten wäre unwirksam.[71] Zuständig ist nach § 14 AktG/§ 375 Nr. 3 FamFG das Amtsgericht des Gesellschaftssitzes. Das Gericht wird nur auf Antrag tätig; antragsberechtigt sind sowohl die Gründer als auch der Vorstand.[72]

47 Für die **Vergütung der notariellen Gründungsprüfung** wurde mit der Neuordnung der Notar- und Gerichtskosten durch das GNotKG im Jahre 2013 ein eigener Gebührentatbestand geschaffen. Nr. 25206 des Kostenverzeichnisses (Anlage 1 zum GNotKG) sieht einen Gebührensatz von 1,0 und eine Mindestgebühr 1.000 EUR vor. Der Geschäftswert ist nach § 123 GNotKG die Summe aller Einlagen, höchstens aber 10 Millionen Euro.

6. Leistung der Bareinlage

48 **a) Grundsatz.** Nicht Gegenstand der Gründungsprüfung ist die Frage, inwieweit die festgesetzte Bareinlage, also der Ausgabebetrag für die übernommenen Aktien,[73] von den Gründern auch tatsächlich geleistet worden ist. Dies ist grundsätzlich auch kein konstitutiver Bestandteil des Gründungsvorgangs. Das Gesetz geht vielmehr generell davon aus, dass die Einlageverpflichtung erst nach der Gründung durch eine entsprechende Anforderung durch den Vorstand fällig wird, vgl. § 63 Abs. 1 AktG.

49 **b) Mindesteinlage vor Anmeldung.** Zu berücksichtigen sind jedoch die Regelungen der §§ 36 Abs. 2 und 36a Abs. 1 AktG. Danach ist die Anmeldung einer Bargründung erst dann zulässig, wenn auf jede Aktie der Gesellschaft der (bis dahin) eingeforderte Betrag ordnungsgemäß eingezahlt worden ist und, soweit er nicht zur Bezahlung der bei der Gründung angefallenen Steuern und Gebühren verwenden worden ist, endgültig zur freien Verfügung des Vorstands steht; dabei muss der eingeforderte Betrag nach § 36a Abs. 1 AktG mindestens **ein Viertel des geringsten Ausgabebetrages** – dies ist nach § 9 AktG bei Nennbetragsaktien der Nennbetrag, bei Stückaktien der auf die Aktie entfallende anteilige Betrag des Grundkapitals – sowie das **volle etwaige Agio** umfassen.

50 Umstritten ist, ob auch für die **Einforderung** der vor der Anmeldung zu leistende Einlage in entsprechender Anwendung von § 63 Abs. 1 AktG der Vorstand zuständig ist, oder ob diese durch die Gründer zu erfolgen hat. Wird, wie in dem hier vorgeschlagenen Muster, die Fälligkeit der Einlage bereits in der Gründungsurkunde festgelegt, erübrigt sich eine gesonderte Einforderung aber ohnehin.[74] Im Übrigen liegt die Zuständigkeit für die Einforderung nach überwiegender und richtiger Auffassung[75] beim Vorstand. Da die im AktG vorgesehene Kompetenzverteilung zwischen den Organen grundsätzlich bereits im Gründungsstadium Geltung beansprucht,[76] ist § 63 Abs. 1 AktG nach Auffassung des Verf. auch hier anwendbar; überzeugende Gründe, warum für die Zeit bis zur Eintragung eine hiervon abweichende Zuständigkeitsregelung gelten sollte, sind nicht ersichtlich.

51 Das früher bei der **Ein-Mann-Gründung** unter bestimmten Umständen bestehende Erfordernis einer Sicherheitsleistung ist durch das MoMiG[77] entfallen.

52 **c) Besonderheiten der Einlagenerbringung vor Eintragung.** *aa) Zulässige Leistungsform.* Die Erbringung der Bareinlage kann vor der Eintragung der Gesellschaft in das Handelsregister nur nach den besonderen Regelungen des § 54 Abs. 3 AktG erfolgen, die sonstigen in §§ 362 ff. BGB vorgesehenen Leistungsformen sind ausgeschlossen.[78] Der eingefor-

---

[71] MüKoAktG/*Pentz* § 35 Rn. 26 f.
[72] Hüffer/Koch/*Koch* AktG § 33 Rn. 7.
[73] Dies ist nach § 54 Abs. 1 AktG die Obergrenze der Einlageverpflichtung der Aktionäre.
[74] MHdB GesR IV/*Hoffmann-Becking* § 3 Rn. 14.
[75] Hüffer/Koch/*Koch* AktG § 36 Rn. 6 und § 36a Rn. 2 mwN.
[76] Näher zur Kompetenzverteilung bei der Vorgesellschaft → Rn. 96 ff.
[77] Gesetz zur Modernisierung des GmbH-Rechts und zur Bekämpfung von Missbräuchen (MoMiG) vom 23.10.2008, BGBl. I S. 2026.
[78] Spindler/Stiltz/*Cahn/v. Spannenberg* AktG § 54 Rn. 52. Nach der Eintragung sind die §§ 362 ff. BGB wieder anwendbar.

derte Betrag kann hiernach nur in **gesetzlichen Zahlungsmitteln**[79] oder durch **Gutschrift auf ein Konto der Gesellschaft oder des Vorstandes** bei einem Kreditinstitut oder einem nach §§ 53 Abs. 1 S. 1 oder 53b Abs. 1 S. 1 oder Abs. 7 KWG tätigen Unternehmen eingezahlt werden.

Regelfall in der Praxis ist die Gutschrift auf einem Konto der Gesellschaft. Kontoführende Stelle kann dabei, wie die Bezugnahme auf § 53b Abs. 1 S. 1 und Abs. 7 KWG klarstellt, grds. auch ein ausländisches Unternehmen ohne inländische Zweigstelle sein. Dies hat die – in der Rechtsprechung noch nicht geklärte – Frage aufgeworfen, ob die Kontogutschrift – anders als die Barzahlung – auch in ausländischer Währung erfolgen kann.[80] Dies wird man bejahen müssen, da anderenfalls die Bezugnahme auf Unternehmen nach § 53b Abs. 1 S. 1 und Abs. 7 KWG faktisch leerliefe.

Nicht ausreichend ist grundsätzlich die Zahlung per **Scheck**; wird der Scheck eingelöst und dem Konto der Gesellschaft vorbehaltlos gutgeschrieben, liegt eine Gutschrift im Sinne des § 54 Abs. 3 AktG und damit – aber auch erst ab diesem Zeitpunkt – eine wirksame Erbringung der Einlage vor.

Nicht ausreichend ist nach überwiegender Auffassung auch die **Leistung an einen Dritten**, zB einen Gläubiger der Gesellschaft, selbst wenn diese im Einverständnis mit dem Vorstand erfolgt.[81] Dagegen ist die **Leistung durch einen Dritten** gem. § 267 BGB grds. zulässig.[82]

bb) Endgültige freie Verfügbarkeit. Das Erfordernis der endgültigen freien Verfügbarkeit findet sich sowohl in § 36 Abs. 2 als auch in § 54 Abs. 3 AktG. Die Einlage ist dem Vorstand so zu übergeben, dass er nach eigenem Ermessen (vgl. § 76 Abs. 1 AktG) darüber disponieren kann.[83] Der Gründer muss seine Verfügungsmacht über den Einlagebetrag tatsächlich und vorbehaltlos aufgegeben haben, ohne dass ein Rückfluss an ihn beabsichtigt ist.[84]

An der endgültigen freien Verfügung über die Einlage fehlt es insbesondere dann, wenn die geleistete Bareinlage im Rahmen eines Austauschgeschäftes zurückerstattet werden soll. Bei einer entsprechenden Verwendungsabrede zwischen Gründer und Vorstand spricht man von einer verdeckten Sacheinlage.[85]

Inwieweit andere Arten von **Verwendungsbindungen,** also solche, die nicht auf eine (mittelbare oder unmittelbare) Rückführung der Einlagen gerichtet sind, die freie Verfügbarkeit iSv §§ 36 Abs. 2, 54 Abs. 3 AktG ausschließen, ist im Einzelnen umstritten.[86] Vielfach wird empfohlen, im Zweifel von einem Verstoß gegen die gesetzlichen Vorschriften auszugehen.[87] In Anbetracht dieser rechtlichen Unsicherheiten sollte der anwaltliche Rat im **Regelfall** dahin gehen, von Verwendungsbindungen jeder Art grundsätzlich Abstand zu nehmen.

7. Nicht mehr erforderlich: Einholung einer behördlichen Genehmigung

Soweit der Unternehmensgegenstand einer behördlichen Genehmigung bedarf, war diese nach früherem Recht vor der Anmeldung der Gesellschaft einzuholen. Die entsprechende Regelung in § 37 Abs. 4 Nr. 5 AktG wurde durch das MoMiG[88] jedoch ersatzlos gestrichen, so dass dieses Erfordernis entfallen ist.

---

[79] Seit dem 1.1.2002 sind dies nur noch EURO-Banknoten und -Münzen.
[80] Hüffer/Koch/*Koch* AktG § 54 Rn. 16.
[81] MüKoAktG/*Pentz* § 36 Rn. 46.
[82] KölnKommAktG/*Arnd Arnold* § 36 Rn. 27.
[83] Vgl. Hüffer/Koch/*Koch* AktG § 36 Rn. 7 mwN; Die Frage, inwieweit er vor der Eintragung darüber disponieren darf, ist im Zusammenhang mit der Vorgesellschaft unter → Rn. 94 ff. noch näher zu erörtern.
[84] MüKoAktG/*Pentz* § 36 Rn. 48; *K. Schmidt* AG 1986, 106 (109); *Wiedemann* ZIP 1991, 1257.
[85] Hierzu bereits → Rn. 3 sowie näher § 13.
[86] Vgl. hierzu etwa den Überblick bei *Hommelhoff/Kleindiek* ZIP 1987, 477 ff.
[87] So etwa Hüffer/Koch/*Koch* AktG § 36 Rn. 9 mwN.
[88] Gesetz zur Modernisierung des GmbH-Rechts und zur Bekämpfung von Missbräuchen (MoMiG) vom 3.10.2008, BGBl. I 2026.

8. Anmeldung der Gesellschaft zur Eintragung in das Handelsregister

Muster: Anmeldung der Gesellschaft zur Eintragung in das Handelsregister

60 Amtsgericht ......
– Registergericht –
......
......

In der Registersache
XY-AG

überreichen wir als Geschäftsführer der alleinigen Gründerin, als Mitglieder des ersten Vorstands und als Mitglieder des ersten Aufsichtsrates der xy-AG i. G.

- beglaubigte Abschrift des Gründungsprotokolls der Gesellschaft vom...... (UR-Nr. ....../...... des Notars ...... mit dem Amtssitz in ......) mit den Erklärungen über die Errichtung der Gesellschaft, über die Feststellung der Satzung der Gesellschaft, über die Übernahme sämtlicher Aktien an der Gesellschaft sowie über die Bestellung des ersten Aufsichtsrates der Gesellschaft;
- Liste der Mitglieder des Aufsichtsrats mit Angabe von Name, Vorname, ausgeübtem Beruf und Wohnort;
- beglaubigte Abschrift der Niederschrift der konstituierenden Sitzung des Aufsichtsrates mit der Bestellung des ersten Vorstands der Gesellschaft;
- beglaubigte Abschrift des Gründungsberichts der Gründerin vom ......;
- beglaubigte Abschrift des Gründungsprüfungsberichts der Mitglieder des Vorstands und des Aufsichtsrats vom ......;
- beglaubigte Abschrift des Gründungsprüfungsberichts des gerichtlich bestellten Gründungsprüfers vom ......;
- Bestätigung der ......-Bank vom ...... über die Einzahlung eines Betrages von ...... auf das Konto Nr. ...... der Gesellschaft zur freien Verfügung des Vorstands;
- Bestätigung des Notars ...... vom ...... über die Begleichung seiner Kostenrechnung vom ...... in Höhe von € ......;[89]
- Aufstellung über die entstandenen Gründungskosten;

und melden die Gesellschaft gemäß § 36 Abs. 1 AktG zur Eintragung in das Handelsregister an. Hierzu geben wir die folgenden Erklärungen ab:

I.

Satzungsmäßiger Sitz der Gesellschaft ist ...... Die Geschäftsanschrift der Gesellschaft lautet ...... (Adresse).

II.

Alleinige Gründerin der Gesellschaft ist die ......-GmbH, (Anschrift), eingetragen in das Handelsregister bei dem Amtsgericht ...... unter HRB ......

III.

Zu Mitgliedern des ersten Aufsichtsrats wurden
1. Herr/Frau ......, (Beruf), geb. am ......, wohnhaft ......
2. Herr/Frau ......, (Beruf), geb. am ......, wohnhaft ......
3. Herr/Frau ......, (Beruf), geb. am ......, wohnhaft ......

bestellt. Der Aufsichtsrat hat in seiner konstituierenden Sitzung am ...... Herrn/Frau ...... zum/zur Vorsitzenden und Herrn/Frau ...... zur stellvertretenden Vorsitzenden des Aufsichtsrates gewählt.

---

[89] Die Beifügung einer solchen Bestätigung ist nach § 37 Abs. 1 S. 5 AktG zwar grundsätzlich geboten (alternativ kommt auch die Vorlage eines Einzahlungsbelegs oÄ in Betracht), kommt in der Praxis aber nur selten vor.

IV.

Mit Beschluss vom ...... hat der Aufsichtsrat

Herrn/Frau ......, geb. am ......, wohnhaft ......

und

Herrn/Frau ......, geb. am ......, wohnhaft ......

zu den alleinigen Mitgliedern des Vorstands bestellt. Die Gesellschaft wird durch zwei Mitglieder des Vorstands oder durch ein Mitglied des Vorstands gemeinsam mit einem Prokuristen gesetzlich vertreten. Ist nur ein Vorstandsmitglied bestellt, vertritt es die Gesellschaft allein. Der Aufsichtsrat kann bestimmen, dass einzelne Vorstandsmitglieder allein zur Vertretung der Gesellschaft befugt sind.[90]

Herr/Frau ...... und Herr/Frau ...... vertreten die Gesellschaft jeweils gemeinsam mit einem anderen Vorstandsmitglied oder einem Prokuristen.[91]

Ist eine Willenserklärung gegenüber der Gesellschaft abzugeben, so genügt die Abgabe gegenüber einem Vorstandsmitglied.[92]

Herr/Frau ...... und Herr/Frau ...... versichern jeweils für ihre Person, dass keine Umstände vorliegen, die ihrer Bestellung nach § 76 Abs. 3 S. 3 und 4 AktG entgegenstehen und dass sie weder wegen einer Straftat nach §§ 283–283d StGB (Bankrott, Verletzung der Buchführungspflicht, Gläubigerbegünstigung) verurteilt worden sind noch ihnen durch gerichtliches Urteil oder durch vollziehbare Entscheidung einer Verwaltungsbehörde die Ausübung eines Berufs, Berufszweiges, Gewerbes oder Gewerbezweiges untersagt worden ist. Herr ...... und Frau ...... versichern weiter, dass sie von dem diese Anmeldung beglaubigenden Notar über die unbeschränkte Auskunftspflicht gegenüber dem Gericht belehrt worden sind.

V.

Die Voraussetzungen nach §§ 36 Abs. 2 und 36a AktG sind erfüllt:

Das Grundkapital der Gesellschaft beträgt € ...... und ist eingeteilt in ...... auf den Namen lautende Stückaktien ohne Nennbetrag. Die Aktien sind gegen Bareinlagen in Höhe des auf sie entfallenden anteiligen Betrags am Grundkapital von der ......-GmbH übernommen worden. Der sich daraus ergebende Gesamtausgabebetrag von ...... ist von der x-GmbH in voller Höhe auf das Konto Nr. ...... der Gesellschaft bei der ......-Bank eingezahlt worden und steht nach Abzug des ermittelten Gründungsaufwands in Höhe von € ...... endgültig zur freien Verfügung des Vorstands.

......

(Datum, Unterschriften, notarieller Beglaubigungsvermerk)

a) **Allgemeines.** Die Anmeldung bei dem Gericht des Sitzes ist gem. § 36 Abs. 1 AktG von sämtlichen Gründern, Aufsichtsrats- und Vorstandsmitgliedern vorzunehmen. Insbesondere müssen auch sämtliche Vorstandsmitglieder (und nicht etwa nur eine vertretungsberechtigte Anzahl) mitwirken. Die Anmeldung muss nach überwiegender und zutreffender Auffassung **persönlich**[93] vorgenommen werden; rechtsgeschäftliche Vertretung ist unzulässig.[94] Ge-

---

[90] Dies gilt bei einer entsprechenden satzungsmäßigen Ermächtigung nach § 78 Abs. 3 S. 2 AktG. In der Praxis wird eine solche Öffnungsklausel häufig nicht in das Handelsregister eingetragen.
[91] Die Angabe der konkreten Vertretungsberechtigung ist rechtlich zwar nicht erforderlich, sofern sie mit der abstrakten Vertretungsregelung übereinstimmt, findet sich in der Praxis aber gleichwohl häufig und wurde daher auch nicht in das Muster aufgenommen.
[92] Ob diese sich aus § 78 Abs. 2 S. 2 AktG ergebende passive Vertretungsberechtigung tatsächlich in die Anmeldung aufzunehmen ist, ist allerdings umstritten. Vgl. näher bei → Rn. 72.
[93] Ist die Gründerin eine juristische Person, handelt sie dabei naturgemäß durch ihre Organe. Handelt es sich bei einer Gründerin um eine BGB-Gesellschaft, hat die Anmeldung richtigerweise durch deren sämtliche Gesellschafter zu erfolgen. Eine Anmeldung lediglich durch den oder die vertretungsberechtigten Gesellschafter reicht nicht aus, da dessen Vertretungsberechtigung nicht organschaftlicher, sondern rechtsgeschäftlicher Natur ist, so zutreffend EBJS/*Schaub* HGB § 12 Rn. 142.
[94] Vgl. zum Streitstand Hüffer/Koch/*Koch* AktG § 36 Rn. 4.

setzgeberisches Ziel ist die Sicherstellung der straf- und zivilrechtlichen Verantwortlichkeit der anmeldepflichtigen Personen.[95]

62 Zuständiges Gericht ist nach § 14 AktG/§ 376 Abs. 1 FamFG das Amtsgericht des Gesellschaftssitzes. Nach § 12 Abs. 1 HGB hat die Anmeldung elektronisch in öffentlich beglaubigter Form zu erfolgen. Wie sich aus § 37 Abs. 5 AktG iVm § 12 Abs. 2 HGB ergibt, sind Anlagen elektronisch einzureichen.

63 **b) Erklärung über die Leistung der Einlagen.** Nach § 37 Abs. 1 S. 1 AktG ist in der Anmeldung zu erklären, dass die Voraussetzungen der §§ 36 Abs. 2, 36a AktG erfüllt sind, vgl. hierzu soeben 6. b). Dabei sind der Ausgabebetrag und der darauf eingezahlte Betrag anzugeben, und zwar bei mehreren Gründern für jeden Gründer getrennt.[96] Die Erklärung muss sich nach herrschender Auffassung auf den Zeitpunkt der Anmeldung beziehen, dh die geleistete Einlage muss zu diesem Zeitpunkt zumindest ihrem Werte nach vorhanden sein.[97]

64 Zudem ist nach § 37 Abs. 1 S. 2 AktG der Nachweis zu führen, dass der eingezahlte Betrag endgültig zur freien Verfügung des Vorstands steht.[98] Bei der Bargründung erfolgt dies in der Praxis regelmäßig durch Vorlage einer **Bankbescheinigung** nach § 37 Abs. 1 S. 3 AktG.[99] Welche Anforderungen an den Inhalt dieser Bankbescheinigung zu stellen sind, ist umstritten. Die Rechtsprechung geht wohl davon aus, dass sie denselben Inhalt haben müsse, wie die Erklärung der Anmelder nach § 37 Abs. 1 S. 1 AktG (vgl. soeben → Rn. 56), also die endgültige freie Verfügbarkeit durch den Vorstand zu bescheinigen habe.[100] Wegen der gesetzlich angeordneten Haftung der Bank für die Richtigkeit der Bestätigung (vgl. § 37 Abs. 1 S. 4 AktG) möchten Teile der Literatur den Inhalt der Bescheinigung hingegen – mit Nuancierungen in den Einzelheiten – darauf reduzieren, dass der Vorstand *im Verhältnis zu der Bank* endgültig frei über das Kontoguthaben verfügen könne und der Bank aus ihrer Kontoführung auch keine Rechte Dritter an dem Guthabenbetrag bekannt seien.[101] Nach anderer, Wortlaut und Systematik des § 37 Abs. 1 AktG eher gerecht werdender und daher vorzugswürdigerer Auffassung soll der Inhalt der Bescheinigung zwar der Erklärung der Anmelder nach § 37 Abs. 1 S. 1 AktG entsprechen, die Haftung nach § 37 Abs. 1 S. 4 AktG aber auf den Erkenntnisbereich der Bank reduziert werden.[102]

65 Schließlich ist nach § 37 Abs. 1 S. 5 AktG der Nachweis über Art und Höhe der **Steuern und Gebühren** zu führen, die von der geleisteten Einlage gezahlt worden sind. Dies betrifft regelmäßig die Gebühren der notariellen Beurkundung des Gründungsprotokolls, daneben zB auch Grunderwerbssteuern, wenn bei einer Sachgründung als Sacheinlage ein Grundstück eingebracht werden soll etc.

66 **c) Angaben zum Vorstand.** In der Anmeldung haben die Vorstandsmitglieder nach § 37 Abs. 2 AktG zu versichern, dass in ihrer Person **keine Bestellungshindernisse** nach § 76 Abs. 3 S. 3 und 4 AktG vorliegen. Dabei wird von den meisten Registergerichten eine bloße Wiederholung des Wortlauts von § 37 Abs. 2 AktG nicht akzeptiert.[103] Daher sollte eine Formulierung gewählt werden, die die einzelnen Fallgruppen des § 76 Abs. 3 S. 3 und 4 AktG konkret benennt.

67 In diesem Zusammenhang haben die Vorstandsmitglieder weiter zu erklären, dass sie über ihre unbeschränkte Auskunftspflicht gegenüber dem Gericht belehrt worden sind; nach § 37 Abs. 2 S. 2 AktG kann diese **Belehrung** auch durch den Notar, einen im Ausland be-

---

[95] Vgl. BGHZ 117, 323 (327) = NJW 1992, 1824.
[96] Vgl. nur Hüffer/Koch/*Koch* AktG § 37 Rn. 3.
[97] Näher hierzu und zu den in diesem Zusammenhang ggf. bestehenden Nachweispflichten → Rn. 105 ff.
[98] Einen Vorschlag für eine praktische Vorgehensweise unterbreitet *Bärwaldt* GmbHR 2003, 524 f.
[99] Ist dies nicht möglich, ist ein anderer, vergleichbarer Nachweis erforderlich, der von dem Registergericht nach pflichtgemäßem Ermessen zu bestimmen ist, vgl. BayObLG Betrieb 2002, 1544.
[100] Vgl. BGHZ 113, 335 (350) = NJW 1991, 1754; BGHZ 119, 177 (180 f.) = NJW 1992, 3300.
[101] So Hüffer/Koch/*Koch* AktG § 37 Rn. 3a) mwN. In der Praxis besteht jedoch ein erhebliches Risiko, dass eine derartige Bescheinigung von dem Registergericht nicht als ausreichend angesehen würde.
[102] So insbesondere *Röhricht* FS Boujong, 457 (462 ff.); *Spindler* ZGR 1997, 537 (541 und 548).
[103] KölnKommAktG/*Arnd Arnold* § 37 Rn. 31 mit Nachweisen aus der Rechtsprechung. Das von *Henn*, Handbuch des Aktienrechts, Anhanganlage I, vorgeschlagene Muster erscheint angesichts dieser Praxis nicht als empfehlenswert.

stellten Notar, durch einen Vertreter eines vergleichbaren rechtsberatenden Berufs oder einen **Konsularbeamten** vorgenommen werden.

Eine **schriftliche Belehrung** ist nach § 37 Abs. 2 S. 2 Hs. 1 AktG ausdrücklich möglich. Ein entsprechendes Muster ist nachstehend abgedruckt; sofern der zu Belehrende der deutschen Sprache nicht mächtig ist, ist eine Übersetzung in eine diesem verständliche Sprache erforderlich. **68**

Muster: Notarielle Belehrung gemäß § 37 Abs. 2 AktG

Auf Grund der Bestimmungen des deutschen Aktiengesetzes (AktG) haben Sie in Ihrer Anmeldung als Mitglied des Vorstands der Gesellschaft zum Handelsregister nach § 37 Abs. 2 AktG zu versichern, dass keine Umstände vorliegen, die Ihrer Bestellung nach § 76 Abs. 3 S. 3 und 4 AktG entgegenstehen, und dass Sie über Ihre unbeschränkte Auskunftspflicht gegenüber dem Gericht belehrt worden sind. In meiner Eigenschaft als deutscher Notar belehre ich Sie demgemäß: **69**

Nach § 76 Abs. 3 S. 3 und 4 AktG darf eine Person, die wegen einer Insolvenzstraftat (Bankrott, Verletzung der Buchführungspflicht, Gläubigerbegünstigung, Schuldnerbegünstigung nach §§ 283–283d des Strafgesetzbuches) verurteilt worden ist, auf die Dauer von fünf Jahren seit Rechtskraft des Urteils nicht Mitglied des Vorstands einer Aktiengesellschaft sein. In diese Frist wird die Zeit nicht eingerechnet, in welcher der Täter auf behördliche Anordnung in einer Anstalt verwahrt worden ist. Ferner darf eine Person, der durch gerichtliches Urteil oder vollziehbare Entscheidung einer Verwaltungsbehörde die Ausübung eines Berufes, Berufszweiges, Gewerbes oder Gewerbezweiges untersagt worden ist, für die Zeit, für welche das Verbot wirksam ist, nicht Mitglied des Vorstands einer Gesellschaft sein, deren Unternehmenszweck ganz oder teilweise mit dem Gegenstand des Verbots übereinstimmt.

Sie sind nach § 37 Abs. 2 AktG in Verbindung mit § 53 Abs. 2 des Gesetzes über das Zentralregister und das Erziehungsregister (BZRG) verpflichtet, dem Handelsregister unbeschränkt über die im vorigen Absatz genannten Umstände Auskunft zu geben. Sie müssen hierbei auch Verurteilungen wegen einer Insolvenzstraftat offen legen, die nicht durch ein deutsches Gericht erfolgt ist, wenn nach § 54 BZRG die Voraussetzungen für die Eintragung in das Bundeszentralregister gegeben sind. Nach § 54 BZRG sind strafrechtliche Verurteilung durch ausländische Gerichte unter den drei folgenden Voraussetzungen in das Bundeszentralregister einzutragen:

1. wenn Sie Deutscher sind oder in Deutschland geboren oder wohnhaft sind,
2. wegen des der Verurteilung oder hinsichtlich eines Teils der abgeurteilten Tat oder Taten zugrunde liegenden oder sinngemäß unterstellten Sachverhalts auch nach deutschem Recht, ungeachtet etwaiger Verfahrenshindernisse, eine Strafe oder eine Maßregel der Besserung und Sicherung hätte verhängt werden können,
3. die Entscheidung rechtskräftig ist.

Die Auskunftspflicht besteht abweichend von § 53 Abs. 1 BZRG selbst dann, wenn die Verurteilung nicht in das Führungszeugnis oder nur in ein Führungszeugnis nach § 32 Abs. 3 und 4 BZRG aufzunehmen ist oder die Verurteilung zu tilgen ist und Sie sich deshalb im Übrigen als unbestraft bezeichnen dürfen. Ihnen steht kein Auskunftsverweigerungsrecht nach § 53 Abs. 1 BZRG zu.

......
[Unterschrift des Notars, Amtsbezeichnung und Siegel]

Bestätigung

Ich bestätige, von der vorstehenden Belehrung des oben genannten Notars über meine unbeschränkte Auskunftspflicht gegenüber dem Gericht (Handelsregister) Kenntnis genommen zu haben.

...... den ......

......
(Unterschrift)

70 Anzugeben ist nach § 37 Abs. 3 AktG weiter eine **inländische Geschäftsanschrift** und welche **Vertretungsbefugnis** die Vorstandsmitglieder haben. Die Angabe der Vertretungsbefugnis erfolgt grds. in abstrakter Form, also ohne Bezugnahme auf ein konkretes Vorstandsmitglied, im Regelfall durch Wiederholung der entsprechenden Satzungsbestimmung.[104] Bestehen für einzelne Vorstandsmitglieder Sonderregelungen (Einzelvertretung, Befreiung von § 181 Fall 2 BGB), ist dies unter Namensnennung anzugeben. Sofern die Satzung den Aufsichtsrat nach § 78 Abs. 3 S. 2 AktG ermächtigt hat, durch Beschluss Einzelvertretungs- oder unechte Gesamtvertretungsmacht zu bestimmen, ist auch dies in der Anmeldung anzugeben.[105] Anzugeben ist nach überwiegender Auffassung auch die passive Vertretungsmacht jedes einzelnen Vorstandsmitglieds nach § 78 Abs. 2 S. 2 AktG;[106] dies ist allerdings nicht unumstritten.[107] Nach unserer Auffassung ist hier der herrschenden Auffassung zu folgen, da sich nur so der Sinn und Zweck der Angabe der Vertretungsbefugnis, die Vertretungsverhältnisse der Gesellschaft für jedermann auch ohne vertiefte Kenntnisse des deutschen Rechts zugänglich zu machen,[108] erreichen lässt.

71 d) **Anlagen.** § 37 Abs. 4 AktG enthält einen Katalog von Anlagen, die der Anmeldung zwingend beizufügen sind. Diese Unterlagen wurden überwiegend bereits in den vorstehenden Abschnitten behandelt.[109] Besonderer Betrachtung bedürfen dabei die Anlagen nach § 37 Abs. 4 Nr. 2 AktG. Diese sind nur erforderlich, soweit nach § 26 AktG Sondervorteile eingeräumt oder Gründungsaufwand von der Gesellschaft getragen werden soll;[110] letzteres ist in der Praxis regelmäßig der Fall. Hier sind dann von einem ggf. die schriftlichen Verträge über die gewährten Sondervorteile bzw. über einen etwaigen Gründerlohn einzureichen. Der von der Gesellschaft zu tragende Gründungsaufwand ist zu berechnen und der Anmeldung beizufügen, wobei der Höhe nach noch nicht feststehende Positionen zu schätzen sind.[111] Beizufügen ist zudem nach § 37 Abs. 4 Nr. 3a AktG eine Liste der Aufsichtsratsmitglieder, aus welcher Name, Vorname, ausgeübter Beruf und Wohnort ersichtlich sind. Daneben können uU weitere Unterlagen erforderlich werden, so etwa bei der Gründung durch eine ausländische juristische Person entsprechende Existenz- und Vertretungsnachweise.

9. Eintragung in das Handelsregister

72 Die AG als juristische Person entsteht schließlich mit der Eintragung in das Handelsregister (vgl. § 41 Abs. 1 S. 1 AktG). Vor der Eintragung erfolgt eine **gerichtliche Prüfung** der ordnungsgemäßen Errichtung und Anmeldung im Rahmen des § 38 Abs. 1 AktG.

73 Das Gericht hat zum einen **formell** zu prüfen, ob die Anmeldung vollständig ist und sämtliche gesetzlich erforderlichen Erklärungen und Anlagen enthält (hierzu → Rn. 59). Zum anderen prüft es **materiell** die Gesetzmäßigkeit des Errichtungsvorgangs, also grds. sämtliche vorstehend unter 1. bis 6. genannten Voraussetzungen, im Regelfall aber lediglich im Wege einer Plausibilitätskontrolle.[112] Die Prüfung der **Gesetzmäßigkeit der Satzung** ist durch § 38 Abs. 3 AktG stark eingeschränkt. Im Übrigen ist zum Registerverfahren auf § 6 zu verweisen.

74 Liegen die Eintragungsvoraussetzungen vor, besteht ein Anspruch auf Eintragung. Der notwendige **Inhalt der Eintragung** ergibt sich aus § 39 AktG, wobei eine unrichtige oder unvollständige Eintragung der Entstehung der Gesellschaft jedoch grundsätzlich nicht entge-

---

[104] Vgl. MüKoAktG/*Pentz* § 37 Rn. 54; GroßkommAktG/*Röhricht/Schall* § 37 Rn. 51, jeweils mwN.
[105] MüKoAktG/*Pentz* § 37 Rn. 54 f.; Hüffer/Koch/*Koch* AktG § 37 Rn. 8; KölnKomm AktG/*Arnd Arnold* § 37 Rn. 37.
[106] MüKoAktG/*Pentz* § 37 Rn. 55; GroßkommAktG/*Röhricht/Schall* § 37 Rn. 52 mwN.
[107] AA zB Spindler/Stiltz/*Döbereiner* AktG § 37 Rn. 12.
[108] Vgl. zu dieser gesetzgeberischen Zielsetzung nur MüKoAktG/*Pentz* § 37 Rn. 55.
[109] Zur Satzung, Satzungsfeststellung und Übernahmeerklärung gem. § 37 Abs. 4 Nr. 1 AktG vgl. → Rn. 9–22, zur Bestellung von Vorstand und Aufsichtsrat gem. § 37 Abs. 4 Nr. 3 vgl. → Rn. 23 ff. und 30, zu den Berichten über Gründung und Gründungsprüfung gem. § 37 Abs. 4 Nr. 4 vgl. → Rn. 31–47, zur staatlichen Genehmigung vgl. → Rn. 59.
[110] Vgl. hierzu → Rn. 16 ff.
[111] KölnKommAktG/*Arnd Arnold* § 37 Rn. 41 mwN.
[112] Vgl. Hüffer/Koch/*Koch* AktG § 38 Rn. 2 mwN.

gensteht.¹¹³ Die Eintragung ist von dem Registergericht sodann nach § 40 AktG **bekanntzumachen** und den Anmeldern nach § 383 Abs. 1 FamFG mitzuteilen. Da die bloße **Eintragungsmitteilung** im Rechtsverkehr als Existenz- oder Vertretungsnachweis aber regelmäßig nicht ausreichen wird, empfiehlt es sich, bereits in der Anmeldung die Erteilung eines oder mehrerer Handelsregisterauszüge zu beantragen.

10. Nachfolgende Mitteilungspflichten

Zu beachten ist, dass die Mitteilungspflichten nach § 20 AktG (Erwerb von mehr als 25 % der Aktien oder einer Mehrheitsbeteiligung iSv § 16 Abs. 1 AktG) bzw. nach § 42 AktG (Erwerb sämtlicher Aktien an der Gesellschaft) nach überwiegender Auffassung auch für den Erwerb im Rahmen der Gründung gelten.¹¹⁴ Hierauf sollte im Rahmen der anwaltlichen Beratung hingewiesen und auf eine Erfüllung der Mitteilungspflichten hingewirkt werden.

11. Ausgabe der Aktienurkunden

Die Herstellung (hierzu § 13 AktG) und Ausgabe von Aktienurkunden ist kein notwendiger Bestandteil des Gründungsvorgangs. Aktien als Mitgliedschaftsrechte des Aktionärs entstehen auch ohne Verbriefung, die damit rein deklaratorische Bedeutung hat.¹¹⁵ Ein gesetzlicher Zwang zur Verbriefung besteht nicht, die Gesellschaft könnte hierauf grundsätzlich auch dauerhaft verzichten. Die Aktionäre haben zwar nach herrschender Auffassung einen Anspruch auf Verbriefung, der nach § 10 Abs. 5 AktG durch eine entsprechende Satzungsbestimmung aber eingeschränkt oder auch völlig ausgeschlossen werden kann. Unentziehbar soll aber der Anspruch auf Ausstellung zumindest einer Globalurkunde über sämtliche Aktien an der Gesellschaft sein.¹¹⁶

III. Haftung für die Ordnungsmäßigkeit der Gründung

1. Allgemeines

In den §§ 46–51 AktG finden sich besondere Vorschriften zur Haftung für die Ordnungsmäßigkeit der Gründung der Aktiengesellschaft, die durch die Strafvorschriften des § 399 Abs. 1 Nr. 1 und 2 AktG flankiert werden. Diese Bestimmungen betreffen die Haftung im Zusammenhang mit dem Gründungsvorgang, insbesondere für die Richtigkeit der in der Anmeldung der Gesellschaft zum Handelsregister gemachten Angaben. Sie sind damit abzugrenzen von der sogleich unter → Rn. 87 ff. zu behandelnden Haftung für das Handeln der Gesellschaft im Vorgründungsstadium bzw. im Zeitraum zwischen der Gründung und der Eintragung in das Handelsregister.

2. Haftender Personenkreis

Die Gründungshaftung betrifft nach § 46 AktG in erster Linie die **Gründer**. Daneben treten nach § 47 AktG die sog „**Gründergenossen**" (§ 47 Nr. 1 und 2 AktG) bzw. die **Emittenten** (§ 47 Nr. 3 AktG).

Eine besondere Gründungshaftung trifft nach § 48 AktG auch die Organe der Gesellschaft, also **Vorstand** und **Aufsichtsrat**. Diese unterliegen nach § 48 S. 2 AktG zudem bereits im Gründungsstadium den allgemeinen Sorgfaltspflichten der §§ 93 bzw. 116 AktG. Schließlich enthält § 49 AktG eine besondere Regelung für die Haftung des gerichtlich bestellten Gründungsprüfers.

---

[113] Hüffer/Koch/*Koch* AktG § 39 Rn. 6 mwN. Dies gilt nur dann nicht, wenn auf Grund der Fehlerhaftigkeit der Eintragung die Identität der Gesellschaft nicht mehr festgestellt werden kann, vgl. Hüffer/Koch/*Koch* aaO.
[114] Vgl. zu § 20 AktG MHdB GesR IV/*Hoffmann-Becking* § 3 Rn. 29 mwN; zu § 42 AktG MüKoAktG/*Pentz* § 42 Rn. 5 mwN.
[115] Hüffer/Koch/*Koch* AktG § 13 Rn. 3.
[116] Vgl. Hüffer/Koch/*Koch* AktG § 10 Rn. 3.

80 Keine besonderen Haftungsregelungen finden sich hingegen für sonstige Berater, die im Zusammenhang mit der Gründung tätig geworden sind. Deren Haftung richtet sich vielmehr nach den allgemeinen Regelungen.[117]

3. Haftungstatbestand

81 Haftungstatbestand ist bei den Gründern, den Gründergenossen und Emittenten sowie bei Vorstand und Aufsichtsrat die schuldhafte Vornahme einer der in §§ 46–48 AktG näher bezeichneten Handlungen. Bei den Gründern betrifft dies im Wesentlichen fehlerhafte oder unvollständige Angaben in der Anmeldung zum Handelsregister, bei den Gründergenossen werden bestimmte Unterstützungshandlungen hierzu erfasst, bei den Emittenten die öffentliche Ankündigung von Aktien zum Zwecke der Markteinführung in Kenntnis oder fahrlässiger Unkenntnis der Unrichtigkeit der bei der Anmeldung der Gesellschaft zum Handelsregister gemachten Angaben.

82 Die Haftung von Vorstand und Aufsichtsrat in § 48 AktG knüpft allgemein an eine Pflichtverletzung bei der Gründung an. In Betracht kommt hier insbesondere eine Verletzung der Prüfungspflicht nach §§ 33, 34 AktG oder einer der in § 48 S. 1 Hs. 2 AktG ausdrücklich genannten Fälle.

83 Die Gründungsprüfer haften gem. § 49 AktG in entsprechender Anwendung der für die Abschlussprüfer geltenden Regelungen des § 323 Abs. 1–4 HGB.

4. Inhalt des Haftungsanspruchs

84 Unter den genannten Voraussetzungen entsteht ein Schadensersatzanspruch gegen die haftenden Personen. Dabei haften mehrere Ersatzpflichtige als Gesamtschuldner nach §§ 421 ff. BGB.[118]

85 Eine Besonderheit besteht insoweit bei den Gründergenossen bzw. Emittenten. Diese haften nicht für den Schaden, der durch ihre eigenen Handlungen entstanden ist, sondern für Handlungen iSd § 46 Abs. 1 und 2 AktG. Dies ergibt sich aus dem Wortlaut („Neben den Gründern ...") des § 47 Abs. 1 AktG.[119]

86 Ein Verzicht auf die Ansprüche nach §§ 46–48 AktG (nicht jedoch auf den Anspruch nach § 49 AktG iVm § 323 HGB) ist nur unter den engen Voraussetzungen des § 50 AktG möglich, der § 93 Abs. 4 AktG entspricht. Für die Verjährung der Ansprüche aus den §§ 46–49 AktG enthält § 51 AktG eine Sonderregelung.

IV. Vorgründungs- und Vorgesellschaft

87 Bei der Entstehung der AG sind verschiedene Stadien zu unterscheiden: Die Vereinbarung, eine AG zu gründen, führt regelmäßig zu einer BGB-Gesellschaft, unter Umständen auch zu einer OHG, und wird als Vorgründungsgesellschaft bezeichnet. Mit der Feststellung der Satzung und der ordnungsgemäßen Übernahme der Aktien durch die Gründer entsteht eine Vor-AG, die eine Gesellschaft sui generis ist und die sich grundsätzlich nach dem AktG richtet, soweit nicht die Anwendung einzelner Normen die Rechtsfähigkeit voraussetzt. Mit der Eintragung in das Handelsregister entsteht schließlich die AG als juristische Person.

1. Vorgründungsgesellschaft

88 **a) Entstehung.** In der Praxis wird vielfach bereits vor Errichtung der Gründungsurkunde die Tätigkeit der späteren AG von den Gründern auf Grundlage einer ausdrücklichen oder stillschweigenden vertraglichen Vereinbarung vorbereitet. Dies führt zum Entstehen einer Vorgründungsgesellschaft.

---

[117] Vgl. etwa OLG Oldenburg Stbg 2000, (471–473).
[118] Hüffer/Koch/*Koch* AktG § 48 Rn. 5.
[119] Hüffer/Koch/*Koch* AktG § 47 Rn. 11 spricht hier von einer garantieähnlichen Haftung.

Teilweise wird von einer Vorgründungsgesellschaft nur dann gesprochen, wenn sich die **89** Gründer in einem notariell beurkundeten Vorvertrag zu der gemeinsamen Errichtung der AG verpflichten.[120] Dies ist insoweit zutreffend, als eine einklagbare Verpflichtung zur Errichtung der Gesellschaft nur unter Beachtung der notariellen Form begründet werden kann, da anderenfalls die formellen Anforderungen des § 23 AktG und die damit verbundene Warnfunktion zum Schutz der Gründer[121] umgangen werden könnten.[122] Es ist jedoch unbestritten, dass auch ohne Beachtung dieser Formvorschriften durch das gemeinschaftliche Handeln im Vorgründungsstadium Rechte und Pflichten gegenüber Dritten begründet werden können; ob man in einem solchen Fall statt von Vorgründungsgesellschaft lieber von „Mitunternehmerschaft im Vorgründungsstadium"[123] sprechen sollte, ist im Hinblick auf die Außenhaftung, die allein Gegenstand der nachfolgenden Ausführungen ist, lediglich eine terminologische Frage.

b) Rechtsnatur. Die Vorgründungsgesellschaft bildet, je nachdem ob sie bereits in diesem **90** Stadium ein Handelsgewerbe unter gemeinsamer Firma betreibt oder nicht, entweder eine **offene Handelsgesellschaft** oder eine **Gesellschaft des bürgerlichen Rechts**.[124]

c) Haftung. Die Gründungsgesellschafter einer AG haften aus einer im Namen der Vor- **91** gründungsgesellschaft eingegangenen Verbindlichkeit persönlich. Dies ergibt sich nach neuerer Rechtsprechung[125] jedoch nicht aus der sogleich unter → Rn. 105 ff. noch näher zu behandelnden Regelung des § 41 Abs. 1 S. 2 AktG, die erst ab dem Zeitpunkt der Errichtung der Gründungsurkunde greift, sondern aus der soeben unter → Rn. 90 dargelegten Rechtsnatur der Vorgründungsgesellschaft.[126] Anders als für die Verbindlichkeiten der Vorgesellschaft erlischt die persönliche Haftung der Gesellschafter aus Geschäften der Vorgründungsgesellschaft grundsätzlich auch dann nicht, wenn die Eintragung der AG erfolgt,[127] da die in der Vorgründungsgesellschaft begründeten Verbindlichkeiten nicht ohne weiteres im Wege der Rechtsnachfolge auf die zu gründende AG übergehen.

Etwas anderes gilt ausnahmsweise dann, wenn die Auslegung nach den §§ 133, 157 BGB **92** ergibt, dass nicht die bei Vertragsschluss bestehende Vorgründungsgesellschaft, sondern ausschließlich die künftige AG oder Vor-AG verpflichtet werden sollte. In diesem Fall trifft die Gesellschafter eine anteilige Außenhaftung entsprechend ihrer Beteiligung am Grundkapital.[128]

Da die AG nicht automatisch Rechtnachfolgerin der Vorgründungsgesellschaft wird, **93** sollte der beratende Rechtsanwalt darauf hinwirken, dass Vermögen, Rechte und Pflichten der Vorgründungsgesellschaft durch Abschluss entsprechender Vereinbarungen auf die AG übergeleitet werden, soweit dies von den Mandanten gewünscht ist.

2. Vorgesellschaft

a) Entstehung. Die sog Vorgesellschaft entsteht mit der Errichtung der notariellen Grün- **94** dungsurkunde und endet mit der Eintragung der Gesellschaft.

---

[120] So etwa MHdB GesR IV/*Hoffmann-Becking* § 3 Rn. 36 unter Berufung auf KG AG 2004, 321.
[121] Hierzu Hüffer/Koch/*Koch* AktG § 23 Rn. 1 mwN.
[122] Vgl. *K. Schmidt* GesR § 11 II 2b).
[123] So *K. Schmidt* GesR § 11 II 2c).
[124] So für die GmbH BGH NJW 1983, 2822; aus der aktienrechtlichen Literatur etwa MHdB GesR IV/ *Hoffmann-Becking* § 3 Rn. 31; Wachter/*Wachter* § 41 Rn. 4.
[125] Grundlegend BGHZ 91 (148–153) = NJW 1984, 2164 ff. unter ausdrücklicher Aufgabe der früheren Rechtsprechung. Die Entscheidung erging zwar zu § 11 Abs. 2 GmbHG, ist auf die entsprechende Regelung des § 41 Abs. 1 S. 2 AktG in gleicher Weise anwendbar, vgl. Hüffer/Koch/*Koch* AktG § 41 Rn. 23; OLG Köln WM 1996, 261. Zur Haftung bei der Vorgründungs-GmbH in jüngerer Zeit noch OLG Koblenz NZG 2003, 32 ff.
[126] BGHZ 152, 290 ff.; zustimmend *Hirte* NJW 2003, 1154.
[127] Zur GmbH vgl. BGH NJW 1983, 2822; GmbHR 2001, 293 (294).
[128] Vgl. wiederum zur GmbH OLG Stuttgart NZG 2001, 86.

95 **b) Rechtsnatur.** Die Vorgesellschaft ist ein **Rechtsgebilde sui generis**.[129] Nach ständiger Rechtsprechung und herrschender Auffassung in der Literatur ist die Vorgesellschaft **rechtsfähig**.[130] Sie untersteht einem Sonderrecht, das aus den im Gesetz oder im Gesellschaftsvertrag gegebenen Gründungsvorschriften und dem Recht der rechtsfähigen Gesellschaft besteht, soweit nicht die Eintragung vorausgesetzt wird.[131]

96 Die Vorgesellschaft handelt nach außen durch den **Vorstand**. Weitere notwendige Organe sind der **Aufsichtsrat** und die Gründerversammlung. Dabei gelten für Vorstand und Aufsichtsrat grundsätzlich die allgemeinen Regeln. Fraglich kann allerdings sein, inwieweit der Vorstand bereits im Gründungsstadium berechtigt ist, die Geschäftstätigkeit aufzunehmen. Dieser Frage wird sogleich unter → Rn. 101 ff. noch näher nachzugehen sein.

97 Für die **Gründerversammlung** sollen grundsätzlich die Bestimmungen über die Hauptversammlung entsprechend gelten.[132] Allerdings können **Satzungsänderungen im Gründungsstadium** nur einstimmig beschlossen werden.[133] Angesichts der im Gründungsstadium regelmäßig überschaubaren Anzahl von Gesellschaftern dürfte im Übrigen regelmäßig ein Rückgriff auf § 121 Abs. 6 AktG und die dort vorgesehenen Erleichterungen für die Einberufung und Durchführung der Versammlung möglich sein.[134]

98 Die Vorgesellschaft ist sowohl partei- und prozessfähig,[135] als auch grundbuch-[136] und insolvenzfähig.[137]

99 **c) Beendigung der Vorgesellschaft.** Mit **Eintragung der AG** endet die Vorgesellschaft, die AG ist nunmehr Trägerin ihrer sämtlichen Rechte und Pflichten. Ob es sich dabei um einen Fall der Gesamtrechtsnachfolge handelt[138] oder Vorgesellschaft und AG rechtlich identisch sind,[139] ist umstritten, für die Praxis aber ohne größerer Bedeutung.

100 Die Vorgesellschaft soll weiter durch ein **endgültiges Scheitern der Eintragungsbemühungen** enden.[140] Dies knüpft an den Rechtsgedanken des § 726 BGB an und dementsprechend an die **Unmöglichkeit,** die Eintragung noch zu erreichen. Anzunehmen ist dies im Falle einer rechtskräftige Ablehnung des Eintragungsantrags auf Grund eines nicht behebbaren Gründungsmangels.[141]

101 Die Beendigung kann weiter durch die – ausdrückliche oder konkludente – Fassung eines **Auflösungsbeschlusses** erfolgen. Dessen Voraussetzungen entsprechen nach richtiger Auffassung denen bei der eingetragenen Gesellschaft,[142] richten sich bei der AG also nach § 262 Abs. 1 Nr. 2 AktG. Erforderlich und ausreichend ist damit grundsätzlich eine Beschlussfassung mit einer Mehrheit von drei Vierteln des vertretenen Grundkapitals. Eine notarielle Beurkundung ist in § 262 Abs. 1 Nr. 2 AktG nicht vorgesehen und damit nach hier vertretener Auffassung auch bei der Vorgesellschaft nicht erforderlich.[143] Dem ausdrücklichen Auflösungsbeschluss gleichzustellen ist nach unserer Auffassung die **anderweitige Verständigung der Gründer** auf die Aufgabe der Eintragungsabsicht, die als konkludenter Auflösungsbeschluss zu verstehen ist.[144]

---

[129] Ständige Rechtsprechung und allgemeine Auffassung in der Literatur, vgl. die umfangreichen Nachweise bei KölnKommAktG/*Michael Arnold* § 41 Rn. 17.
[130] Hüffer/Koch/*Koch* AktG § 41 Rn. 4; KölnKommAktG/*Michael Arnold* § 41 Rn. 19; Wachter/*Wachter* § 41 Rn. 9; MüKoAktG/*Pentz* § 41 Rn. 51. Teilweise wird sie als lediglich teilrechtsfähig bezeichnet, etwa von MHdB GesR IV/*Hoffmann-Becking* § 3 Rn. 38, ohne dass hiermit erkennbare Beschränkungen verbunden wären.
[131] Vgl. BGHZ 21, 242 (246) = NJW 1956, 1435.
[132] MHdB GesR IV/*Hoffmann-Becking* § 3 Rn. 39 mwN.
[133] Vgl. → Rn. 19.
[134] Vgl. Hüffer/Koch/*Koch* AktG § 41 Rn. 7 mwN.
[135] BGH WM 1998, 245.
[136] BGHZ 45, 338.
[137] Wachter/*Wachter* § 41 Rn. 9; Hölters/*Solveen* § 41 Rn. 9.
[138] So zB Hölters/*Solveen* § 41 Rn. 12 mwN.
[139] So Hüffer/Koch/*Koch* AktG § 41 Rn. 16; MüKoAktG/*Pentz* § 41 Rn. 107 mwN.
[140] MHdB GesR IV/*Hoffmann-Becking* § 3 Rn. 39.
[141] So für die GmbH Rowedder/Schmidt-Leithoff/*Schmidt-Leithoff* GmbHG § 11 Rn. 66 mwN.
[142] So für die Vor-GmbH Scholz/*Schmidt* GmbHG § 11 Rn. 47; Lutter/Hommelhoff GmbHG § 11 Rn. 20 jeweils mwN.
[143] Rechtsprechung zu dieser Frage liegt allerdings, soweit ersichtlich, noch nicht vor.
[144] So auch Scholz/*Schmidt* GmbHG § 11 Rn. 64 für die Vor-GmbH.

Daneben kommen theoretisch auch die übrigen für die eingetragene Gesellschaft geltenden Auflösungsgründe in Betracht,[145] also insbesondere die Eröffnung des Insolvenzverfahrens über das Vermögen der Gesellschaft (§ 262 Abs. 1 Nr. 3 AktG), die Ablehnung der Eröffnung des Insolvenzverfahrens mangels Masse (§ 262 Abs. 1 Nr. 4 AktG), die in der Praxis aber nur eine geringe Rolle spielen. 102

Die **Abwicklung der Vorgesellschaft** sollte nach der früheren Rechtsprechung[146] nach den Abwicklungsregelungen der Gesellschaft bürgerlichen Rechts erfolgen. Nach neuerer Rechtsprechung des BGH[147] und der ganz überwiegenden Auffassung in der Literatur[148] ist hingegen auch insoweit das für die eingetragene Gesellschaft maßgebliche Recht entsprechend anzuwenden. Diese Auffassung ist dogmatisch konsequent, da sie dem allgemeinen Grundsatz folgt, dass auf die Vorgesellschaft das Recht für die eingetragene Gesellschaft anwendbar ist, soweit dieses nicht die Eintragung voraussetzt (vgl. → Rn. 95 ff.). Sie erscheint damit insgesamt als vorzugswürdig. Dementsprechend gelten für die Abwicklung der Vor-AG grundsätzlich die §§ 264 ff. AktG, soweit diese nicht an die Eintragung in das Handelsregister anknüpfen. **Abwickler** sind in entsprechender Anwendung von § 265 AktG die Vorstandsmitglieder.[149] Um mögliche Zweifel an der Geschäftsführungs- und Vertretungsberechtigung des Vorstands im Abwicklungsstadium der Vor-AG auszuräumen, bietet es sich jedoch an, in einem etwaigen Auflösungsbeschluss die Abwicklung der Vor-AG nochmals ausdrücklich auf den Vorstand zu übertragen. Eine solche Übertragung dürfte auch dann als wirksam anzusehen sein, wenn man entgegen der hier vertretenen Auffassung von der Anwendung von § 730 Abs. 2 BGB ausgeht, da dieser der Disposition der Gesellschafter unterliegt.[150] Der Grundsatz der Selbstorganschaft[151] steht dem auch dann nicht entgegen, wenn die Vorstandsmitglieder nicht zugleich auch Gründer sein sollten, da die Vor-AG, wie unter b) dargelegt, keine Personengesellschaft, sondern ein Rechtsgebilde sui generis darstellt. 103

Für die Verteilung des Vermögens gilt uE § 271 AktG entsprechend. Demnach ist das nach Berichtigung der Verbindlichkeiten verbleibende Vermögen der Gesellschaft unter den Gründern zu verteilen. Sind die Einlagen in unterschiedlichem Umfang geleistet worden, gilt § 271 Abs. 3 AktG entsprechend. Zur Haftung für den Fall, dass das Gesellschaftsvermögen zum Ausgleich der Verbindlichkeiten nicht ausreicht vgl. sogleich → Rn. 113. Anzumerken ist, dass die vorstehenden Grundsätze dann keine Geltung beanspruchen, wenn die Gründer den Gewerbebetrieb, der Gegenstand der Vor-AG war, auch nach Aufgabe der Eintragungsabsicht **weitergeführt** haben. In diesem Fall besteht keine in Abwicklung befindliche Vor-AG mehr, sondern eine werbende Personengesellschaft in der Rechtsform der BGB-Gesellschaft oder der offenen Handelsgesellschaft.[152] In diesem Fall haben die Gründer für sämtliche Verbindlichkeiten der Vorgesellschaft, auch für die bis zum Scheitern des Eintragungsvorhabens entstandenen, nach personengesellschaftsrechtlichen Grundsätzen einzustehen.[153] 104

d) **Vorbelastungsverbot/Gebot wertgleicher Deckung.** Um zu verhindern, dass die Gesellschaft bereits im Zeitpunkt ihrer Eintragung ihr eigenes Vermögen aufgezehrt hat und den Gläubigern von vornherein eine unzureichende Haftungsmasse zur Verfügung stand, entwi- 105

---

[145] So MüKoAktG/*Pentz* § 41 Rn. 48.
[146] So für die Vor-GmbH BGHZ 96, 122 (127) = NJW 1983, 876 (878); OLG Dresden GmbHR 1988, 1182.
[147] BGH NJW 1998, 1079 (1080) = DB 1998, 302 (303); BGH ZIP 2006, 2267 ff.
[148] MüKoAktG/*Pentz* § 41 Rn. 49; für die GmbH Scholz/*Schmidt* GmbHG § 11 Rn. 65; Baumbach/Hueck/*Fastrich* GmbHG § 11 Rn. 31; *Lutter/Hommelhoff* GmbHG § 11 Rn. 20 mwN.
[149] BGH ZIP 2006, 2267 ff. Dies entspricht der zur Vor-GmbH vertretenen Auffassung, dass als Liquidatoren der Vor-GmbH in entsprechende Anwendung von § 66 GmbHG die Geschäftsführer anzusehen seien, so BAG NJW 1963, 680; ebenso Rowedder/Schmidt-Leithoff/*Schmidt-Leithoff* GmbHG § 11 Rn. 70. Die vom BGH früher vertretene Auffassung, sämtliche Gesellschafter der Vorgesellschaft seien in entsprechender Anwendung von § 730 Abs. 2 BGB als Liquidatoren anzusehen, ist nicht praktikabel und durch die jüngere Rechtsprechung des BGH auch überholt.
[150] Vgl. OLG Köln NJW-RR 1996, 27 f. = WM 1995, 1881.
[151] Nach dem Grundsatz der Selbstorganschaft kann die Geschäftsführung von Personengesellschaften nur von den Gesellschaftern selbst wahrgenommen werden, vgl. hierzu etwa MüKoHGB/*Enzinger* § 109 Rn. 19.
[152] Vgl. BGH NJW 1998, 1079 (1080).
[153] BGH WM 2003, 27 ff. = DB 2003, 36 ff.

ckelte die ältere Rechtsprechung[154] das sog Vorbelastungsverbot, wonach Vorbelastungen der Gesellschaft mit Verbindlichkeiten aus der Geschäftstätigkeit der Vor-AG, die für die Errichtung der AG nicht notwendig sind, im Interesse der realen Kapitalaufbringung ausgeschlossen sein sollten. Auf diese Weise sollte verhindert werden, dass die Gesellschaft bereits im Zeitpunkt ihrer (späteren) Eintragung ihr eigenes Vermögen aufgezehrt hatte und den Gläubigern von vornherein eine unzureichende Haftungsmasse zur Verfügung stand.

106 Das Vorbelastungsverbot, verstanden als gesetzlicher Ausschluss der Vertretungsmacht des Vorstands, wurde mittlerweile aufgegeben.[155] Allerdings ist der Vorstand nicht frei in der Entscheidung, die Geschäftstätigkeit bereits im Gründungsstadium aufzunehmen. Angesichts der damit verbundenen Haftungsfolgen (hierzu sogleich → Rn. 111 ff.) bedarf er dazu einer **Ermächtigung durch die Gründer**. Diese Ermächtigung kann jedenfalls als stillschweigend erteilt gelten, wenn im Rahmen einer Sachgründung ein Unternehmen oder ein betriebsfähiger Unternehmensteil eingebracht wird.[156] Auch im Übrigen soll die Ermächtigung formlos erteilt werden können.[157] Nach Rechtsprechung und Teilen der Literatur fehlt es ohne die Ermächtigung an der Vertretungsmacht für die Vornahme der betroffenen Geschäfte[158]. Überzeugender ist jedoch die in der Literatur mittlerweile wohl überwiegend vertretene Auffassung, die von einer **unbeschränkten Vertretungsmacht des Vorstands nach § 82 Abs. 1 AktG bereits im Gründungsstadium** und bei fehlender Ermächtigung dementsprechend lediglich von einer **Überschreitung der Geschäftsführungsbefugnis** und einer Haftung nach § 93 AktG ausgeht[159].

107 Beschränkungen ergeben sich nach richtiger Auffassung darüber hinaus aus § 37 Abs. 1 S. 2 AktG iVm § 36 Abs. 2 S. 1 AktG. Danach ist in der Anmeldung zu erklären, dass der Mindestbetrag der Bareinlage bei Anmeldung endgültig zur freien Verfügung des Vorstandes „steht". Aus dieser im Präsens stehenden Formulierung sowie aus dem Sinn und Zweck der Vorschrift leitete die früher überwiegend vertretene Literaturauffassung ab, dass die Bareinlage bis zum Zeitpunkt der Anmeldung noch vollständig gegenständlich vorhanden sein müsse.[160] Nach der soeben dargelegten Aufgabe des Vorbelastungsverbots durch die Rechtsprechung hat sich diese Auffassung in dieser Form nicht mehr halten lassen. Die überwiegende Auffassung verlangt aber noch, dass die geleistete Bareinlage zum Zeitpunkt der Anmeldung zumindest wertmäßig vorhanden sein müsse (**Gebot der wertgleichen Deckung**).[161] Dieser Auffassung ist, entgegen einer in der Literatur zunehmend vertretenen Auffassung,[162] zu folgen, da sich den bereits zitierten Regelungen des § 37 Abs. 1 S. 2 AktG iVm § 36 Abs. 2 AktG das gesetzliche Gebot entnehmen lässt, dass die Gesellschaft sich zumindest noch im Zeitpunkt ihrer Anmeldung im Besitz der gesetzlich vorgesehenen Mindestkapitalausstattung befinden soll.[163]

---

[154] BGHZ 45, 338 (342) = NJW 1966, 1311; 65, 378 (383) = NJW 1976, 419.
[155] So grundlegend BGHZ 80, (129–146) = NJW 1981, (1373–1377) für die Vor-GmbH. Für das Aktienrecht hat der BGH diese Frage in BGHZ 119, 177 ff. = NJW 1992, (3300–3303) noch offen gelassen. Dass das Vorbelastungsverbot auch für die Vor-AG keine Geltung mehr beanspruchen kann, entspricht aber mittlerweile der ganz überwiegenden Auffassung in Rechtsprechung und Literatur, vgl. OLG Karlsruhe ZIP 1998, 1961 (1963); Hüffer/Koch/*Koch* AktG § 41 Rn. 15; *Wiedenmann* ZIP 1997, 2029 (2032).
[156] Hüffer/Koch/*Koch* AktG § 41 Rn. 6.
[157] So für die GmbH BGHZ 80, 192 (139) = NJW 1981, 1373; nach MHdB GesR IV/*Hoffmann-Becking* § 41 Rn. 42 soll dies bei der AG entsprechend gelten; zweifelnd aus Gründen der Rechtssicherheit aber Hüffer/Koch/*Koch* AktG § 41 Rn. 6.
[158] Vgl. BGH NJW 2004, 2519; 1981, 1373 (1375); Hüffer/Koch/*Koch* AktG § 41 Rn. 11; Hölters/*Solveen* § 41 Rn. 10.
[159] MüKoAktG/*Pentz* § 41 Rn. 34–36; KölnKommAktG/*Michael Arnold* § 41 Rn. 32; Wachter/*Wachter* § 41 Rn. 10.
[160] Vgl. die Nachweise bei KölnKommAktG/*Arnd Arnold* § 36 Rn. 47 Fußnote 103.
[161] Vgl. MüKoAktG/*Pentz* § 36 Rn. 79; KölnKommAktG/*Arnd Arnold* § 36 Rn. 49; Hüffer/Koch/*Koch* AktG § 36 Rn. 11a; jeweils mwN.
[162] Hommelhoff/*Kleindiek* ZIP 1987, 477 (485); *Priester* ZIP 1994, 599 (601); *Karsten Schmidt* AG 1986, 106 (107 f. und 115); *Lutter* NJW 1989, 2649 (2655); Wachter/*Wachter* § 36 Rn. 25; nunmehr auch mit ausführlicher Begründung und unter Aufgabe der bis zur Vorauflage vertretenen Auffassung GroßkommAktG/*Röhricht/Schall* § 36 Rn. 77–89.
[163] So die überzeugende Argumentation von KölnKommAktG/*Arnd Arnold* § 36 Rn. 49.

Für den Fall der **Kapitalerhöhung** hat der BGH das Gebot der wertgleichen Deckung 108 zwar mittlerweile ausdrücklich aufgegeben.[164] In den im Wesentlichen gleich lautenden Entscheidungen hat er zur Begründung jedoch jeweils ausgeführt, dass „bei der Kapitalerhöhung die Einlage – anders als bei der Gründung – an die bereits bestehende Gesellschaft geleistet wird und es deswegen besonderer Maßnahmen zur Gewährleistung einer ordnungsgemäßen Aufbringung des Stammkapitals nicht bedarf". Diese Entscheidungen lassen sich daher zugleich als Bestätigung des Gebots wertgleicher Deckung während der Gründungsphase verstehen.

Vor diesem Hintergrund, und solange keine anderslautende Rechtsprechung vorliegt, soll- 109 te in der anwaltlichen Beratungspraxis bei der Bargründung von der Geltung des Gebots wertgleicher Deckung ausgegangen werden. Dies bedeutet, dass die Bareinlagen nur für den Erwerb solcher aktivierungsfähiger Vermögensgegenstände verwendet werden dürfen, deren Wert dem der verwendeten Einlage zumindest entspricht.[165] Ob auch die Verwendung der Bareinlagen zur Tilgung von Verbindlichkeiten der Gesellschaft zulässig sein kann, erscheint als zweifelhaft.[166]

Im Falle einer Verfügung über die Bareinlage lässt sich der **Nachweis** nach § 37 Abs. 1 110 S. 2 AktG nicht allein durch die Vorlage einer Bankbescheinigung im Sinne von § 37 Abs. 1 S. 3 AktG führen. Zu führen ist vielmehr der Nachweis der Wertgleichheit des erworbenen Vermögensgegenstandes. Hierfür genügt zwar im Regelfall die Vorlage der hierfür erteilten Rechnungen.[167] UU kann aber ein umfassenderer Werthaltigkeitsnachweis erforderlich werden.

e) **Haftung.** Das Haftungsrecht der Vor-AG ruht auf zwei Säulen: der gesetzlich in § 41 111 Abs. 1 S. 2 AktG geregelten sog **Handelndenhaftung** und der sog **Unterbilanzhaftung** der Gesellschafter.

aa) Handelndenhaftung. Nach § 41 Abs. 1 S. 2 AktG haftet persönlich, wer vor der Ein- 112 tragung der Gesellschaft in ihrem Namen handelt. Dies sind in aller Regel die Mitglieder des Vorstands, nicht hingegen die Gründer, und zwar selbst dann nicht, wenn sie der vorzeitigen Geschäftsaufnahme zugestimmt haben.[168] Daneben kommt noch eine Haftung sog faktischer Organmitglieder in Betracht, also solcher Personen, die zwar nicht zum Vorstandsmitglied bestellt worden sind, sich aber als solche gerieren.[169] Voraussetzung für die Haftung ist ein rechtsgeschäftliches Handeln im Namen der Gesellschaft vor deren Eintragung in das Handelsregister. Der Handelnde haftet in vollem Umfang persönlich für die Erfüllung der dadurch begründeten Verpflichtung der Gesellschaft. Die Haftung ist also akzessorisch.

Die Handelndenhaftung soll nach ganz überwiegender Auffassung entfallen, sobald die 113 AG in das Handelsregister eingetragen ist.[170] Begründet wird dies damit, dass von diesem Zeitpunkt an die zur Entstehung gelangte AG mit ihrem Stammkapital als der gesetzlich vorgesehenen Haftungsmasse als Schuldnerin zur Verfügung stehe. Dies trifft jedoch nur insoweit zu, als der Handelnde die Vor-AG wirksam verpflichtet hat; derartige Verbindlichkeiten gehen, wie soeben a) dargelegt, mit der Eintragung auf die AG über. Hat der Handelnde die Vor-AG jedoch nicht wirksam vertreten können, etwa weil er nicht wirksam zum Vorstandsmitglied bestellt worden ist oder nicht wirksam zur Aufnahme der Geschäftstätigkeit ermächtigt wurde,[171] tritt auch keine Haftung der AG ein. In diesem Fall besteht trotz Ein-

---

[164] Vgl. die in dichter Abfolge ergangenen Entscheidungen BGH NZG 2002, 522; 2002, 524; 2002, 636; 2002, 639; jeweils zur GmbH.
[165] Vgl. MüKoAktG/*Pentz* § 36 Rn. 80.
[166] Dafür, sofern die Verbindlichkeiten „vollwertig" sind, KölnKommAktG/*Arnd Arnold* § 36 Rn. 50; dagegen zB MüKoAktG/*Pentz* § 36 Rn. 81.
[167] Vgl. MüKoAktG/*Pentz* § 36 Rn. 81.
[168] Vgl. BGHZ 65, 378 (381) = NJW 1976, 419 für die GmbH; KölnKommAktG/*Michael Arnold* § 41 Rn. 70; Hüffer/Koch/*Koch* AktG § 41 Rn. 20; MüKoAktG/*Pentz* § 41 Rn. 132.
[169] Hüffer/Koch/*Koch* AktG § 41 Rn. 20 mwN.
[170] So grundlegend für die GmbH BGHZ 80, 182 (183) = NJW 1981, 1452; für die AG BAG ZIP 2005, 350 ff.; 2006, 1672 ff. KölnKommAktG/*Michael Arnold* § 41 Rn. 82; MHdB GesR IV/*Hoffmann-Becking* § 3 Rn. 45; Hüffer/Koch/*Koch* AktG § 41 Rn. 25, jeweils mwN.
[171] Vgl. soeben → Rn. 101 ff.

tragung der AG in das Handelsregister die Handelndenhaftung fort. In einem solchen Fall kann der Handelnde jedoch durch eine **Schuldübernahme** nach § 41 Abs. 2 AktG enthaftet werden, die abweichend von § 415 Abs. 1 S. 1 BGB auch ohne Genehmigung des Geschäftspartners schuldbefreiend wirkt, sofern sie innerhalb von drei Monaten nach der Eintragung der Gesellschaft vereinbart und dem Gläubiger mitgeteilt worden ist.

114 *bb) Unterbilanzhaftung.* Die Unterbilanzhaftung wird auch Differenzhaftung oder Vorbelastungshaftung genannt. Sie trifft die mit der Aufnahme der Geschäftstätigkeit vor der Eintragung der Gesellschaft einverstandenen Gesellschafter und tritt damit an die Stelle des früher vertretenen generellen Vorbelastungsverbots.[172]

115 Die Unterbilanzhaftung besteht nach herrschender und zutreffender Auffassung ausschließlich im **Innenverhältnis** gegenüber der Gesellschaft, ermöglicht also keine unmittelbare Inanspruchnahme durch Gläubiger der Gesellschaft.[173] Sie ist gerichtet auf Ausgleich desjenigen Betrages, um den das tatsächliche Gesellschaftsvermögen im Eintragungszeitpunkt hinter dem Betrag des Grundkapitals zurückbleibt. Die Gründer haften dabei quotal entsprechend ihrer Beteiligung an der Gesellschaft.[174] Grundsätzlich ist die Gesellschaft für das Bestehen von Unterbilanzansprüchen darlegungs- und beweisbelastet, es sei denn, auf Grund des Fehlens einer Vorbelastungsbilanz auf den Eintragungsstichtag oder geordneten Geschäftsaufzeichnungen ist ein substanziierter Vortrag nicht möglich. Dann haben die Gesellschafter darzulegen, dass eine Unterbilanz nicht bestanden hat.[175]

116 Eine besondere und praktisch bedeutsame Ausprägung findet die Unterbilanzhaftung in der sog **Verlustdeckungspflicht**. Diese bezeichnet die Haftung der Gründer für Anlaufverluste, wenn die Eintragung letztlich scheitert.[176] Hier kommt die auf den Vermögensbestand zum Eintragungszeitpunkt abstellende Unterbilanzhaftung im engeren Sinne nicht in Betracht. In einem solchen Fall haften die Gründer für sämtliche Verluste der Vorgesellschaft unbeschränkt, also nicht lediglich bis zur Höhe ihrer Einlageverpflichtung.[177]

V. Erwerb einer Vorrats- oder Mantelgesellschaft als Alternative zur eigenen Gründung?

117 Um schnell über einen Rechtsträger verfügen zu können, wird oft als Alternative zur Gründung der Erwerb einer bestehenden Vorrats- oder Mantelgesellschaft erwogen. Die Begriffe Vorrats- und Mantelgesellschaft werden in Rechtsprechung und Literatur vielfach synonym verwendet. Richtigerweise sollte aber differenziert werden:

118 Unter **Vorratsgesellschaft** im Sinne der nachfolgenden Ausführungen ist nur eine solche Gesellschaft zu verstehen, die bislang noch nicht geschäftlich aktiv gewesen ist. Demgegenüber ist eine **Mantelgesellschaft** ursprünglich geschäftlich aktiv gewesen, hat ihren Geschäftsbetrieb jedoch später stillgelegt, so dass nur noch der Gesellschaftsmantel verblieben ist.

119 Der Erwerb sowohl einer Vorrats- als auch einer Mantelgesellschaft ist allerdings nicht risikolos. So lässt sich bei der Mantelgesellschaft nicht ausschließen, dass aus der Zeit der früheren Geschäftstätigkeit noch Verbindlichkeiten existieren, mit denen das unter dem

---

[172] Hierzu soeben → Rn. 101 ff.
[173] So grundlegend BGHZ 134 (333–342) = NJW 1997, (1507–1510) für die GmbH unter ausdrücklicher Aufgabe der abweichenden früheren Rechtsprechung; für eine entsprechende Anwendung im Aktienrecht OLG Karlsruhe NZG 1999, 672 ff. = ZIP 1998, (1961–1965); LG Heidelberg NZG 1998, 392 f. = ZIP 1997, (2045–2049); KölnKommAktG/*Michael Arnold* § 41 Rn. 82; Spindler/Stiltz/*Heidinger* AktG § 41 Rn. 88; MHdB GesR IV/*Hoffmann-Becking* § 3 Rn. 44; Hüffer/Koch/*Koch* AktG § 41 Rn. 14 mwN. Demgegenüber geht eine in der Literatur stark vertretene Auffassung von einer **un**mittelbaren Außenhaftung in entsprechender Anwendung von § 128 HGB aus, vgl. MüKoAktG/*Pentz* § 41 Rn. 62, 66. mwN.
[174] So zur GmbH BGHZ 134, 333 (339) = NJW 1997, 1507; zur AG LG Heidelberg NZG 1998, 392 (393) = ZIP 1997, 2045 (2047).
[175] BGH DB 2003, 760 mwN.
[176] Vgl. Hüffer/Koch/*Koch* AktG § 41 Rn. 9a.
[177] MHdB GesR IV/*Hoffmann-Becking* § 3 Rn. 44.

Mantel betriebene neue Unternehmen belastet wird. Im Übrigen unterliegen sowohl Vorrats- als auch Mantelgesellschaften besonderen rechtlichen Anforderungen.

1. Zulässigkeit der Vorratsgründung

a) **Offene Vorratsgründung.** Die Vorratsgründung ist nach heute ganz herrschender Meinung zulässig, wenn sie als solche offengelegt wird, da eine spätere Verwendung der Gesellschaft durch das Registergericht kontrolliert werden kann.[178] Unter einer **offenen Vorratsgründung** versteht man die Gründung einer AG, bei der der Zweck der Gesellschaft, lediglich als „Hülle" zur späteren Aufnahme eines Geschäftsbetriebs zu dienen, bereits in der **Angabe des Unternehmensgegenstandes** nach § 23 Abs. 3 Nr. 2 AktG offengelegt wird, was zB durch die Angabe des Unternehmensgegentandes „Verwaltung eigenen Vermögens" erreicht werden kann.[179]

Formulierungsvorschlag:
Gegenstand des Unternehmens ist die Verwaltung eigenen Vermögens.

b) **Verdeckte Vorratsgründung.** Anders verhält es sich, wenn lediglich ein fiktiver oder zumindest derzeit nicht ernstlich gewollter Unternehmensgegenstand in der Satzung angegeben wird, der gar nicht verwirklicht werden soll. Nach allgemeiner Meinung ist diese „verdeckte" Vorratsgründung unzulässig, da es an der in § 23 Abs. 3 Nr. 2 AktG vorgeschriebenen Angabe des zutreffenden Unternehmensgegenstandes fehlt. In einem solchen Fall ist die gesamte Satzung sowie die Gründung der Gesellschaft nichtig.[180]

2. Erwerb und Verwendung einer Vorrats- oder Mantelgesellschaft

a) **Erwerb einer Vorratsgesellschaft.** Vorratsgesellschaften werden von verschiedenen darauf spezialisierten Unternehmen zum Kauf angeboten. Der Erwerb erfolgt in der Regel auf Grund von Kaufverträgen, die von den Anbietern vorformuliert werden.

Bei der Abfassung des **Kaufvertrages über eine Vorratsgesellschaft** sollte darauf geachtet werden, dass der Verkäufer die Gewährleistung dafür übernimmt, dass das Grundkapital der Gesellschaft voll eingezahlt und mit Ausnahme der Gründungskosten noch in voller Höhe vorhanden ist und dass die Gesellschaft keinerlei Geschäftstätigkeit betrieben hat. Im Übrigen ist der Erwerb von einem der etablierten Anbieter relativ risikolos, insbesondere kann in der Regel davon ausgegangen werden, dass die Vorratsgründung wirksam erfolgt ist, auch wenn dies anhand der Gesellschaftsdokumente noch einmal überprüft werden sollte.

b) **Erwerb einer Mantelgesellschaft.** Größere Gefahren bietet der **Erwerb einer Mantelgesellschaft.** Hier sollte sich der Erwerber über die genannten Gewährleistungen hinaus in jedem Fall auch garantieren lassen, dass die Gesellschaft frei von jeglichen Verbindlichkeiten aus der Zeit ihrer aktiven Geschäftstätigkeit ist. Besonderer Prüfung bedarf in einem solchen Fall zudem die Seriosität des Anbieters sowie dessen Fähigkeit, etwaigen Gewährleistungsverpflichtungen auch nachkommen zu können. Im Regelfall ist vom Erwerb von Mantelgesellschaften abzuraten, zumal die früher bestehenden steuerlichen Vorteile, insbesondere die Möglichkeit der Nutzung von Verlustvorträgen, weitgehend an Bedeutung verloren haben.

---

[178] BGHZ 117, 323 (334) = NJW 1992, 1824 (1825 f.); OLG Stuttgart ZIP 1992, 250 (251 f.); Hüffer/Koch/*Koch* AktG § 23 Rn. 25; KölnKommAktG/*Arnd Arnold* § 23 Rn. 93; MüKoAktG/*Pentz* § 23 Rn. 91 mwN.
[179] GroßkommAktG/*Röhricht/Schall* § 23 Rn. 347. → § 8 II 2.
[180] BGHZ 117, 323 (334) = NJW 1992, 1824 (1825 f.); KölnKommAktG/*Arnd Arnold* § 23 Rn. 93; Hüffer/Koch/*Koch* AktG § 23 Rn. 25; GroßkommAktG/*Röhricht/Schall* § 23 Rn. 358.

126 **c) Erforderliche Satzungsänderungen.** Da die von den Erwerbern beabsichtigte Geschäftstätigkeit mit dem in der Satzung angegebenen Unternehmensgegenstand (Verwaltung eigenen Vermögens) nicht übereinstimmt, hat nach der Übernahme der Anteile an der Vorrats- oder Mantel-AG eine **Änderung des Unternehmensgegenstandes** im Sinne des fortan zu betreibenden Geschäfts zu erfolgen.[181] Meist wird auch die **Änderung der Firma und des Sitzes der Gesellschaft** sowie die Aufnahme weiterer Bestimmungen etwa hinsichtlich der Einziehung von Aktien oder der Gewinnverwendung erforderlich sein (§ 181 Abs. 1 S. 1 AktG). Zudem werden regelmäßig Vorstand (§ 81 Abs. 1 AktG) und Aufsichtsrat neu besetzt. Diese Änderungen müssen zur Eintragung in das Handelsregister angemeldet werden.

3. Entsprechende Anwendung der Gründungsvorschriften

127 Mit Wirksamkeit des Vorrats- oder Mantelerwerbs steht dem Erwerber unmittelbar eine voll rechts- und handlungsfähige juristische Person zur Verfügung, die er ohne weiteren Zeitverlust für seine Zwecke verwenden kann. Der beratende Rechtsanwalt wird jedoch darauf hinweisen müssen, dass sich nicht ausschließen lässt, dass bei einer Aufnahme der Geschäftstätigkeit vor Eintragung der für die Vorrats- oder Mantelverwendung erforderlichen Satzungsänderungen in das Handelsregister (hierzu soeben → Rn. 128) ähnliche Haftungsrisiken bestehen wie bei der Aufnahme der Geschäftstätigkeit durch die Vorgesellschaft (hierzu → Rn. 113 ff.).

128 **a) Verwendung einer Vorratsgesellschaft als wirtschaftliche Neugründung.** Bereits mit Beschluss vom 16.3.1992 hatte der BGH klargestellt, dass die Verwendung einer „auf Vorrat" gegründeten Gesellschaft eine **wirtschaftliche Neugründung** darstelle, deren Risiken durch eine sinngemäße entsprechende Anwendung der Gründungsvorschriften zu begegnen sei[182]. Mit Beschluss vom 9.12.2002 hat der BGH diese Entscheidung bestätigt und dahingehend präzisiert, dass bei einer wirtschaftlichen Neugründung die der Gewährleistung der Kapitalausstattung dienenden Gründungsvorschriften einschließlich der registergerichtlichen Kontrolle entsprechend anzuwenden seien.[183]

129 **b) Ausdehnung auf Mantelgesellschaften.** Mit Beschluss vom 7.7.2003 hat der BGH diese Rechtsprechung fortgeführt und auf die **Verwendung von Mantelgesellschaften** im Sinne der obigen Definition ausgedehnt[184] Er gesteht dem Gläubiger in diesem Fall sogar eine höherer Schutzbedürftigkeit zu, da – im Gegensatz zur Verwendung einer auf Vorrat gegründeten Gesellschaft – im Falle der Verwendung einer ursprünglich aktiven Mantelgesellschaft das früher aufgebrachte Stammkapital nicht mehr unversehrt, sondern sogar schon verbraucht sei. Für die Abgrenzung der Mantelverwendung von der **Umorganisation oder Sanierung einer (noch) aktiven GmbH** ist nach dem BGH entscheidend, ob die Gesellschaft noch ein aktives Unternehmen betrieb, an das die Fortführung des Geschäftsbetriebes – sei es auch unter wesentlicher Umgestaltung, Einschränkung oder Erweiterung seines Tätigkeitsgebietes – in irgend einer wirtschaftlich noch gewichtbaren Weise anknüpft, oder ob es sich tatsächlich um einen leer gewordenen Geschäftsmantel ohne Geschäftsbetrieb handelt, der seinen – neuen oder alten – Gesellschaftern nur dazu dient, unter Vermeidung der rechtlichen Neugründung einer die beschränkte Haftung gewährleistenden Kapitalgesellschaft eine gänzlich neue Geschäftstätigkeit (wieder) aufzunehmen.[185]

130 **c) Reichweite der entsprechenden Anwendung der Gründungsvorschriften.** Die vom BGH verlangte entsprechende Anwendung der Gründungsvorschriften bezieht sich zum einen auf die **registerrechtlichen Regelungen**; so ist die wirtschaftliche Neugründung offenzulegen und vor der Aufnahme des Geschäftsbetriebs eine Erklärung über die Leistung der Ein-

---

[181] Hüffer/Koch/*Koch* AktG § 23 Rn. 27a; KölnKommAktG/*Arnd Arnold* § 23 Rn. 95.
[182] BGH NJW 1992, 1824 (1826).
[183] BGH NZG 2003, 170 in Anknüpfung an die frühere Entscheidung, die bereits von einer sinngemäßen Anwendung der Gründungsvorschriften ausgegangen war, die Einzelheiten aber noch offengelassen hatte.
[184] BGH NZG 2003, 972.
[185] BGH NZG 2003, 972 (974); DStR 2010, 763 ff. spricht von einer „leeren Hülse".

lagen nach § 37 Abs. 1 S. 1 AktG abzugeben[186]. Daneben erfasst sie grundsätzlich auch die **materiell-rechtlichen Haftungsgrundsätze**,[187] die der BGH in einer Entscheidung aus dem Jahre 2012 im Sinne einer **modifizierten Unterbilanzhaftung**[188] konkretisiert hat: wird die wirtschaftliche Neugründung nicht ordnungsgemäß offengelegt, soll die Haftung der Gesellschafter auf den Umfang einer Unterbilanz begrenzt sein, die in dem Zeitpunkt besteht, in dem die wirtschaftliche Neugründung nach außen in Erscheinung tritt. Inwieweit daneben auch noch einen **Handelndenhaftung**[189] in Betracht kommt, hat der BGH noch nicht abschließend entschieden[190].

d) Folgen für die Praxis. Diese Rechtsprechung wird in der Literatur zwar teilweise kritisiert, ist für die anwaltliche Beratungspraxis jedoch ohne Zweifel maßgeblich. Vor dem Erwerb einer Vorrats- oder Mantelgesellschaft hat der Anwalt daher auf die damit verbundenen Haftungsrisiken hinzuweisen. Er wird zudem zu beachten haben, dass die wirtschaftliche Neugründung **zum Handelsregister anzumelden** ist. Dies erfolgt üblicherweise mit der Anmeldung der im Zusammenhang mit dem Erwerb erforderlich werdenden Satzungsänderungen und weiteren anmeldepflichtigen Maßnahmen.[191] Zwar sind hinsichtlich der insoweit zu stellenden Anforderungen noch nicht alle Einzelheiten abschließend geklärt, doch erscheint es ratsam, möglichst weitgehend dem Muster der regulären Gründung[192] zu folgen.[193] Ob daneben auch noch die weiteren Gründungsvorschriften, also insbesondere die Regelungen zur Gründungsprüfung, entsprechend anzuwenden sind, ist noch ungeklärt[194].

131

Muster: Anmeldung der erstmaligen Verwendung einer Vorratsgesellschaft

Amtsgericht ......
– Registergericht –
......
......

In der Registersache
XY-AG

überreichen wir als Geschäftsführer der neuen alleinigen Aktionärin, als neue Mitglieder des Vorstands und als neue Mitglieder des Aufsichtsrates der xy-AG[195]
- beglaubigte Abschrift des Protokolls der Hauptversammlung der Gesellschaft vom......(UR-Nr. ....../...... des Notars ...... mit dem Amtssitz in ......) mit der Neufassung der Satzung der Gesellschaft und der Neubestellung des Aufsichtsrates der Gesellschaft;
- Liste der Mitglieder des Aufsichtsrats mit Angabe von Name, Vorname, ausgeübtem Beruf und Wohnort;
- beglaubigte Abschrift der Niederschrift der konstituierenden Sitzung des Aufsichtsrats mit der Abberufung und Neubestellung des Vorstands;
- beglaubigte Abschrift des Gründungsberichts der neuen alleinigen Aktionärin vom ...... ;
- beglaubigte Abschrift des Gründungsprüfungsberichts der Mitglieder des Vorstands und des Aufsichtsrats vom ...... ;
- beglaubigte Abschrift des Gründungsprüfungsberichts des gerichtlich bestellten Gründungsprüfers vom ...... ;

132

---

[186] So ausdrücklich BGH NZG 2003, 170 im zweiten Leitsatz.
[187] BGH NZG 2003, 170 (171).
[188] So bezeichnet von *Winnen* RNotZ 2013, 389 (408); zur Unterbilanzhaftung allgemein → Rn. 114–116.
[189] Hierzu → Rn. 112 f.
[190] In NZG 2003, 170 (171) wird die Möglichkeit der Handelndenhaftung ausdrücklich angesprochen, aber nicht näher erörtert.
[191] Vgl. soeben → Rn. 128.
[192] Vgl. → Rn. 60.
[193] Dies empfiehlt auch Happ/*Mulert* Muster 2.04 Rn. 7.2.
[194] Dafür *Winnen* RNotZ 2013, 389 (405 ff.) mwN.
[195] Die Anmeldung der wirtschaftlichen Neugründung hat durch sämtliche Mitglieder des Vorstands und des Aufsichtsrats sowie durch den oder die neuen Aktionäre als die „wirtschaftlichen Neugründer" zu erfolgen, vgl. Happ/*Mulert* Muster 2.04 Rn. 3.1.

- Bestätigung der ......-Bank vom ......, dass ein Betrag von ...... auf dem Konto Nr. ...... der Gesellschaft weiterhin zur freien Verfügung des Vorstands steht;
- vollständiger Wortlaut der Satzung nebst Bescheinigung des Notars nach § 181 Abs. 1 S. 2 AktG

und melden zur Eintragung in das Handelsregister an:

I.

(Anmeldung der Änderung von Firma, Unternehmensgegenstand und ggf. weiterer Satzungsänderungen).

II.

Herr/Frau ..., Herr/Frau ... und Herr/Frau ... sind als Mitglieder des Aufsichtsrats abberufen worden. Zu neuen Mitgliedern des Aufsichtsrats wurden
1. Herr/Frau ......, (Beruf), geb. am ......, wohnhaft ......
2. Herr/Frau ......, (Beruf), geb. am ......, wohnhaft ......
3. Herr/Frau ......, (Beruf), geb. am ......, wohnhaft ......
gewählt.
Der Aufsichtsrat hat in seiner konstituierenden Sitzung am ...... Herrn/Frau ...... zum/zur Vorsitzenden und Herrn/Frau ...... zur stellvertretenden Vorsitzenden des Aufsichtsrates gewählt.

III.

Mit Beschluss vom ...... hat der Aufsichtsrat Herrn/Frau ... als Vorstand der Gesellschaft abberufen und
1. Herrn/Frau ......, geb. am ......, wohnhaft ......
2. Herrn/Frau ......, geb. am ......, wohnhaft ......
zu neuen alleinigen Mitgliedern des Vorstands bestellt.
(Angaben zur abstrakten und konkreten Vertretungsbefugnis und Versicherung über Ausschlussgründe wie im Muster → Rn. 60)

IV.

Die neue Geschäftsanschrift der Gesellschaft lautet ......

V.

Wir zeigen an und legen offen, dass die Gesellschaft hiermit wirtschaftlich neu gegründet wird. Die Z-GmbH hat als ursprüngliche Gründerin auf die ausgegebenen Aktien eine Leistung in Höhe von ...... durch Einzahlung auf das Konto Nr. ...... bei der ......-Bank erbracht, die weiterhin in voller Höhe[196] endgültig zur freien Verfügung des Vorstands steht.

......
(Datum, Unterschriften, notarieller Beglaubigungsvermerk)

---

[196] In der Praxis wird der Gründungsaufwand bei Vorratsgesellschaften regelmäßig nicht von der Gesellschaft, sondern von der Gründerin getragen und über den Kaufpreis ausgeglichen. Sofern der Gründungsaufwand von der Vorratsgesellschaft selbst getragen wurde, ist hier ein entsprechender Abzug vorzunehmen und der Anmeldung vorsorglich eine Berechnung des Gründungsaufwands beizufügen.

§ 13 Sachgründung

Übersicht

	Rn.
I. Vorbemerkung	1
II. Sacheinlage	2–129
1. Begriff und Abgrenzung	2–7
a) Begriff	2
b) Abgrenzung	3–7
2. Sacheinlagevereinbarung bzw. Einbringungsvertrag	8–67
a) Rechtsnatur und Auslegung	8–12
b) Verhältnis der Sacheinlage- zur Bareinlageverpflichtung	13–18
c) Die Parteien der Sacheinlagevereinbarung	19–21
d) Gegenstand der Sacheinlage	22–55
e) Gegenleistung	56/57
f) Weitere Vereinbarungen und Nebenabreden	58–65
g) Formerfordernisse	66/67
3. Wert der Sacheinlage	68–80
a) Bewertung	68/69
b) Zeitpunkt der Bewertung	70
c) Bewertungsmaßstab	71–73
d) Nichterreichen des Ausgabebetrages/Überbewertung von Sacheinlagen	74–78
e) Unterbewertung von Sacheinlagen	79/80
4. Festsetzungen in der Satzung	81–93
a) Grundsätzliches	81/82
b) Die einzelnen Festsetzungen	83–93
5. Fehlerhafte Festsetzungen und/oder Sacheinlagevereinbarungen	94–104
a) Rechtslage bis zur Eintragung	94–99
b) Rechtslage nach Eintragung	100–104
6. Heilung fehlerhafter Festsetzungen/Änderung oder Beseitigung von Festsetzungen	105–108
a) Heilung fehlerhafter Festsetzungen	105
b) Änderung oder Beseitigung von Festsetzungen	106–108
7. Vollzug/Erfüllung der Sacheinlageverpflichtung	109–120
a) Vorbemerkung	109
b) Fälligkeit und Leistungszeitpunkt	110–118
c) Verbot der Unterpariemission, § 36a Abs. 2 S. 3	119/120
8. Leistungsstörungen	121–129
a) Anwendbares Recht	121–123
b) Schadensersatzanspruch	124/125
c) Rücktritt	126
d) Verzug	127/128
e) Nachbesserung und Minderung	129
III. Sachübernahme	130–147
1. Begriff	130
2. Sachübernahmevereinbarung/Zeitpunkt der Vereinbarung/Form	131–136
3. Rechtsnatur der Sachübernahmevereinbarung	137
4. Gegenstand der Sachübernahme	138/139
5. Vergütung	140/141
6. Wert der Sachübernahme	142
7. Festsetzung der Sachübernahme in der Satzung	143
8. Rechtsfolgen unterbliebener Festsetzung in der Satzung	144/146
9. Leistungsstörungen	147
IV. Erster Aufsichtsrat bei Sachgründung	148–172
1. Vorbemerkung/Regelungsgegenstand von § 31 AktG	148
2. Zweck und Anwendungsbereich von § 31 AktG	149–154
3. „Unvollständiger" Gründeraufsichtsrat, § 31 Abs. 1 und 2 AktG	155–160
a) Bestellung und Zusammensetzung	155–157
b) Aufgaben und Kompetenzen	158/159
c) Beschlussfähigkeit, § 31 Abs. 2 AktG	160

	Rn.
4. Ergänzung des Gründungsaufsichtsrats durch Arbeitnehmervertreter, § 31 Abs. 3 AktG	161–169
a) Bekanntmachungspflicht des Vorstands	161–163
b) Bestätigung der Einschätzung der Gründer	164–166
c) Neuwahl	167–169
5. Nachträgliche Unternehmensübernahme bzw. -einbringung, § 31 Abs. 4 AktG	170
6. Amtszeit	171/172
a) Anteilseignervertreter	171
b) Arbeitnehmervertreter, § 31 Abs. 5 AktG	172
V. Gründungsbericht und Gründungsprüfung	173–191
1. Gründungsbericht	173–175
2. Gründungsprüfung	176–191
a) Sachgründung ohne externe Gründungsprüfung gemäß § 33a AktG	178–184
b) Umfang und Besatzungspflicht	185–191
VI. Anmeldung der Gesellschaft, Prüfung durch das Gericht und Eintragung	192–200
1. Leistung der Sacheinlage als Voraussetzung der Anmeldung	193
2. Verbot der Unterpariemission	194
3. Inhalt der Anmeldung	195–197
4. Prüfung durch das Gericht	198/199
5. Zusammenfassung: Ablaufplan Gründung	200
VII. Verdeckte Sachgründung und andere Umgehungsgeschäfte	201–264
1. Problemstellung	201–205
2. Gesetzliche Regelung der verdeckten Sacheinlage	206–238
a) Vorbemerkung: Alte und neue Rechtslage	206/207
b) Neuordnung der Rechtsfolgen der verdeckten Sacheinlage (§ 27 Abs. 3 AktG)	208
c) Tatbestandliche Voraussetzungen	209–218
d) Rechtsfolgen	219–223
e) Umwandlung von Bar- in Sacheinlagen, „Heilung" verdeckter Sacheinlagen	234–238
3. Einzelne Fallgestaltungen	239–247
a) Austauschverträge einschließlich Gesellschafterdarlehen	239–245
b) Andere Gegengeschäfte	246/247
4. Hin- und Herzahlen (§ 27 Abs. 4 AktG)	248–261
a) Ausgangspunkt	248–250
b) Zielsetzung der gesetzlichen Regelung des Hin- und Herzahlens (§ 27 Abs. 4 AktG)	251
c) Tatbestandliche Voraussetzungen	252–259
d) Rechtsfolge	260
d) Heilung	261
5. Übergangsvorschriften	262–264

Schrifttum: *Andrianesis,* Die Neuregelung der verdeckten Sacheinlagen bei der AG durch das ARUG, WM 2011, 968; *Autenrieth,* Verschleierte Sachgründung im Konzern, DStR 1988, 252 (253); *Ballerstedt,* Bespr. von Gadow/Heinichen Großkomm AktG, 2. Aufl., ZHR 127 (1965), 92 (97); *ders.,* Zur Bewertung von Vermögenszugängen auf Grund kapitalgesellschaftlicher Vorgänge, in: FS Geßler, 1971 S. 69 (71 ff.); *Bayer/Lieder,* Einbringungen von Dienstleistungen in die AG, NZG 2010, 86; *Bermann,* Die verschleierte Sacheinlage bei AG und GmbH, AG 1987, 57; *Bork,* Die Einlagefähigkeit obligatorischer Nutzungsrechte, ZHR 154 (1990) 205, 228; *Brandes,* Die Rechtsprechung des Bundesgerichtshofs zur Aktiengesellschaft, WM 1994, 2177; *ders.,* Die Behandlung von Nutzungsüberlassungen im Rahmen einer Betriebsaufspaltung unter Gesichtspunkten des Kapitalersatzes und der Kapitalerhaltung, ZGR 1989, 244 (246 f.); *Brandner,* Verdeckte Sacheinlage: eine Aufgabe für den Gesetzgeber?, in: FS Boujong 1996, S. 37 ff., 45; *Delmas,* Die Bewertung von Sacheinlagen in der Handelsbilanz von AG und GmbH, 1997, S. 5 ff., 13 ff., 64 ff.; *Ebenroth/Neiß,* Zur Vereinbarkeit der Lehre von der verdeckten Sacheinlage mit EG-Recht, BB 1992, 2085 (2089 f.); *Ekkenga,* Vom Umgang mit überwertigen Sacheinlagen im Allgemeinen und mit gemischten (verdeckten) Sacheinlagen im Besonderen, ZIP 2013, 541 (549); *Einsele,* Verdeckte Sacheinlage, Grundsatz der Kapitalaufbringung und Kapitalerhaltung, NJW 1996, 2681 (2685); *Fleischer,* Zur Auslegung von Gesellschaftsverträgen und Satzungen, DB 2013, 1466; *Frey,* Anm. zum Urteil des EuGH vom 16.7.1992 – ZIP 1992, 1076, ZIP 1992, 1078; *Ganske,* Das zweite gesellschaftsrechtliche Koordinierungsgesetz vom 13.12.1978, DB 1978, 2461 (2462); *Grigoleit/Rieder,* GmbH-Recht nach dem MoMiG, 2009; *Grunewald,* Die Auslegung von Gesellschaftsverträgen und Satzungen, ZGR 1995, 68 (84); *dies.,* Rechtsfolgen verdeckter Sacheinlagen, FS Rowedder 1994, S. 111 ff.; *Haas/Vogel,* Die Verfassungsmäßigkeit der in § 3 IV EGGmbHG angeordneten Rückwirkung des

§ 19 Abs. 4 GmbHG, NZG 2010, 1081; *Heidinger/Knaier,* Die Heilung einer verdeckten Sacheinlage und der Austausch des Einlagegegenstandes nach dem MoMiG, GmbHR 2015, 1; *Henze* HRR AktienR, Rdnr. 182; *ders.,* Zur Problematik der „verdeckten" (verschleierten) Sacheinlage im Aktien- und GmbH-Recht, ZHR 154 (1990), 105, 117 f.; *Herrler,* Erfüllung der Einlageschuld und entgeltliche Dienstleistungen durch Aktionäre, NZG 2010, 407; *Hommelhoff/Kleindiek,* Schuldrechtliche Verwendungspflichten und „freie Verfügung bei der Barkapitalerhöhung, ZIP 1987, 477 ff.; *Hueck,* Die Behandlung von Nutzungsüberlassung im Rahmen einer Betriebsaufspaltung als Gesellschafterdarlehen?, ZGR 1989, 216 (231 f.); *Hüffer,* Harmonisierung des aktienrechtlichen Kapitalschutzes, NJW 1979, 1065 (1067); *Hüffer,* Die Haftung bei wirtschaftlicher Neugründung unter Verstoß gegen die Offenlegungspflicht, NJW 2011, 1772; *Joost,* Verdeckte Sacheinlagen, ZIP 1990, 549 (559); *ders.,* Generalanwalt am EuGH zur verdeckten Sacheinlage, ZIP 1992, 1033, 1035; *Kleindiek,* Verdeckte (gemischte) Sacheinlage nach MoMiG: Rückwirkende Neuregelung und Wertanrechnung, ZGR 2011, 334; *Knobbe-Keuk,* Obligatorische Nutzungsrechte als Sacheinlagen in Kapitalgesellschaften, ZGR 1980, 214, 216 f.; *Kraft,* Probleme im Zusammenhang mit der Leistung von Einlagen bei der Gründung einer Aktiengesellschaft, GS D. Schultz, 1987, S. 193 (194 ff.); *Krebs/Wagner,* Der Leistungszeitpunkt von Sacheinlagen nach § 36a Abs. 2 AktG, AG 1998, 467 (468 ff.); *Krieger,* Zur Heilung verdeckter Sacheinlagen in der GmbH – Besprechung der Entscheidung BGH ZIP 1996, 668, ZGR 1996, 674 (691); *Lenz,* Die Heilung verdeckter Sacheinlagen, GmbHR 1990, 161, 163; *Leßmann/Glattfeld,* Der Aufsichtsrat beim Formwechsel einer GmbH in eine AG, ZIP 2013, 2390, 2392; *Leuering,* Die vereinfachte Sacheinlage von nichtbörsengehandelten Wertpapieren nach § 33a AktG, NZG 2016, 208; *Loos,* Zur verschleierten Sacheinlage bei der Aktiengesellschaft, AG 1989, 381 (386 ff.); *Lutter,* Europäisches Unternehmensrecht, ZGR-Sonderheft Nr. 1, 4. Aufl., 1996, S. 114 ff.; *ders.,* Das neue „Gesetz für kleine Aktiengesellschaften und zur Deregulierung des Aktienrechts", AG 1994, 429 (432 f.); *ders.,* Verdeckte Leistungen und Kapitalschutz, FS Stiefel, 1987, S. 510 ff.; *Lutter/Gehling,* Verdeckte Sacheinlagen, WM 1989, 1145 ff.; *Mayer,* Der Leistungszeitpunkt bei Sacheinlageleistungen im Aktienrecht, ZHR 154 (1990) 535 (538 ff.); *ders.,* Ein Beitrag zur „Entschleierung" der verschleierten Sacheinlage im Recht der GmbH, NJW 1990, 2593 (2598); *Meilicke,* Die Kapitalaufbringungsvorschriften als Sanierungsbremse – Ist die deutsche Interpretation des § 27 Abs. 2 AktG richtlinienkonform?, DB 1989, 1067 (1119); *ders.,* Verschleierte Sacheinlage und EWG-Vertrag, DB 1990, 1173; *Mülbert,* Das „Magische Dreieck" der Barkapitalaufbringung, ZHR 154 (1990), 145, 171 f.; *G. Müller,* Zur Umwandlung von Geldkrediten in Grundkapital fallierender Gesellschaften – Besprechung der Entscheidung BGHZ 125, 141, ZGR 1995, 327 (332); *Nestler,* Wertfindung bei Sacheinlagen, GWR 2014, 121 (122); *Oetker,* Das Recht der Unternehmensmitbestimmung im Spiegel der neuen Rechtsprechung, ZGR 2000, 19 (42); *Pentz,* Verdeckte Sacheinlage nach dem MoMiG und prozessuale Folgen des Übergangsrechts, GmbHR 2009, 126 ff.; *Priester,* Die Festsetzungen im GmbH-Vertrag bei Einbringung von Unternehmen, BB 1980, 19 f.; *ders.,* Die Heilung verdeckter Sacheinlagen im Recht der GmbH, DB 1990, 1753, 1759; *ders.,* Kapitalaufbringung bei korrespondierenden Zahlungsvorgängen, ZIP 1991, 345 (351 f.); *ders.,* Geschäfte mit Dritten vor Eintragung der Aktiengesellschaft, ZHR 165 (2001), 383 ff.; *ders.,* Verdeckte Sacheinlagen: Tatbestand, Rechtsfolgen, Heilungsmöglichkeiten, DStR 1990, 770 (775); *Roth,* „Schütt aushol zurück" als verdeckte Sacheinlage, NJW 1991, 1913 (1918); *Rothley,* Anm. zu KG, Beschluss v. 12.10.2015 – 22 W 77/15, GWR 2016, 31; *Sammet,* Die notwendige Einlageleistung auf eine „Mischeinlage", NZG 2016, 344; *Schiller,* Die Gründungsbilanz der Aktiengesellschaft, BB 1991, 2403, 2408; *K. Schmidt,* Obligatorische Nutzungsrechte als Sacheinlagen?, ZHR 154 (1990), 237, 245 ff.; *ders.,* Zur Differenzierung des Sacheinlagers (nach gegenwärtigem Stand von Gesetzgebung, Rechtsprechung und Lehre), GmbHR 1978, 5; *ders.,* Barkapitalaufbringung und „freie Verfügung" bei der Aktiengesellschaft und der GmbH, AG 1986, 106 ff.; *Schneider,* ZGR-Sonderheft 6, 1987, S. 147; *Schönle,* Die Haftung des GmbH-Gesellschafters für mangelhafte Sacheinlagen, NJW 1965, 2133, 2135; *ders.,* Anm. zum Urteil des BGH v. 2.5.1966 – BGH NJW 1966, 2161, NJW 1966, 2161 f.; *Schubert/Hommelhoff,* Hundert Jahre modernes Aktienrecht, ZGR-Sonderheft Nr. 4, S. 404 ff., 435; *Sernetz,* Die Folgen der neueren Zivilrechtsprechung zum „Ausschüttungs-Rückhol-Verfahren" für zukünftige Kapitalerhöhung bei der GmbH, ZIP 1993, 1685, 1693 f.; *Steinbeck,* Obligatorische Nutzungsüberlassung als Sacheinlage und Kapitalersatz, ZGR 1996, 137, 122; *Theusinger/Liese,* Keine verdeckte Sacheinlage bei der „Einlage" von Dienstleistungen, NZG 2009, 641, 643; *Ulmer,* Verdeckte Sacheinlagen im Aktien- und GmbH-Recht, ZHR 154 (1990), 128, 130; *ders.,* Die „Anrechnung" des Wertes verdeckter Sacheinlagen auf die Bareinlageforderung der GmbH – ein neues Erfüllungssurrogat?, ZIP 2009, 293 ff.; *Wegmann,* Verdeckte Sacheinlagen bei der GmbH – Rechtsfolgen und Heilungsmöglichkeiten, BB 1991, 1006, 1008; *Wiedemann,* Entwicklungen im Kapitalgesellschaftsrecht, DB 1993, 141, 150; *Wieneke,* Die Festsetzung des Gegenstands der Sacheinlage nach §§ 27, 183 AktG, AG 2013, 437 (439); *Wilhelm,* Die Vermögensbindung bei der Aktiengesellschaft und der GmbH und das Problem der Unterkapitalisierung, FS Flume II 1978, S. 337, 361 f.; *ders.,* Kapitalaufbringung und Handlungsfreiheit der Gesellschaft nach Aktien- und GmbH-Recht, ZHR 152 (1988), 333 ff.; *ders.,* Rechtsprechung im Gesellschaftsrecht insbesondere in den Beispielen der verdeckten Sacheinlage und der Vor-GmbH, in: GS Knobbe-Keuk, 1997, S. 321, 326 ff.

I. Vorbemerkung

1   Der Grundgedanke des heutigen § 27 AktG findet sich bereits in § 209b ADHGB von 1884. Die Gläubiger der Gesellschaft und spätere Aktionäre sollten bereits der Satzung entnehmen können, durch welche Maßnahmen die Kapitalgrundlagen der Gesellschaft von Anfang an geschmälert oder umgestaltet werden.[1] Über den ursprünglichen Publizitätsgedanken hinaus bezweckt § 27 AktG heute den Schutz des Rechtsverkehrs und der Aktionäre vor unzureichender Kapitalaufbringung, durch die Anordnung der Anrechnung gesetzeswidrig vereinbarter Sachgründungsgeschäfte und ihrer Erfüllungshandlungen (§ 27 Abs. 3 S. 3 AktG) sowie durch die Überwachung der realen Kapitalaufbringung durch das Registergericht.[2] Gegen die mit dem ARUG in § 27 Abs. 3 AktG angeordnete Anrechnungslösung bestehen weiterhin erhebliche europarechtliche Bedenken.[3]

II. Sacheinlage

1. Begriff und Abgrenzung

2   **a) Begriff.** Nach der Legaldefinition des § 27 Abs. 1 AktG handelt es sich bei jeder Einlage, die nicht durch Einzahlung des Ausgabebetrages der Aktien zu leisten ist, um eine Sacheinlage.[4] Ob die Übertragbarkeit und Bewertbarkeit zum Begriff der Sacheinlage gehören, kann dahinstehen. Durch § 27 Abs. 2 AktG, der auf Grund der Kapitalrichtlinie vom 13.12.1976,[5] im Jahr 1979 in das Gesetz aufgenommen wurde,[6] ist klargestellt, dass nur bewertbare und übertragbare Vermögensgegenstände als Sacheinlage zugelassen werden. Die Sacheinlage ist, wie sich aus dem Ausnahmecharakter der Sach- statt Bareinlage ergibt, notwendig Gründergeschäft, durch das anstelle der Barzahlungsverpflichtung eine Verpflichtung des Gründers zur Leistung eines Vermögensgegenstandes an die Gesellschaft tritt (vgl. § 36a Abs. 2 S. 1 AktG).

3   **b) Abgrenzung.** Von der **Sachübernahme** unterscheidet sich die Sacheinlage in zweierlei Hinsicht. Der Vertragspartner der Sachübernahme kann jeder beliebige Dritte sein und die Gegenleistung für den zu leistenden Vermögensgegenstand besteht nicht in Aktien.[7] Im Gegensatz zur Sacheinlage ist die Sachübernahme somit reines Verkehrsgeschäft (Kauf, Tausch etc).[8] Sie unterliegt nur deshalb den Sachgründungsvorschriften, um sicherzustellen, dass die Gesellschaft bei Eintragung mit dem satzungsmäßigen Grundkapital entsteht.[9]

---

[1] Vgl. ausführlich zur Rechtsgeschichte des § 27 AktG die Ausführungen in der Vorauflage; *Düringer/Hachenburg/Bing* § 186 Anm. 1; allg. Begr. zum Entwurf eines Gesetzes betreffend die KGaA und AG (1884) S. 264 ff., abgedruckt in *Schubert/Hommelhoff* 100 Jahre Aktiengesetz 1985, S. 442 f.: „... Alle diese Verträge der künftigen Gesellschaft selbst müssen vollständig vorgelegt, mit der Anmeldung zum Handelsregister überreicht ... und dort zur Einsicht dauernd niedergelegt werden. Dies ist notwendig, um zu erkennen, ob zwischen den Festsetzungen im Gesellschaftsvertrag und diesen Verträgen Übereinstimmung herrscht und durch dieselben das Interesse der Gesellschaft gewahrt ist, notwendig, auch um etwa vorgenommene Schiebungen und illegitime Zuwendungen aufzudecken ...".
[2] MüKoAktG/*Pentz* § 27 Rn. 5 f.
[3] MüKoAktG/*Pentz* § 27 Rn. 87.
[4] Zum Begriff „Sacheinlage" vgl. auch Hüffer/Koch/*Koch* AktG § 27 Rn. 3; MüKoAktG/*Pentz* § 27 Rn. 11; AnwaltskommAktR/*Heidel/Polley* § 27 Rn. 6.
[5] Richtlinie vom 13.12.1976 – 77/91/EWG ABl. 1977 L 26, abgedruckt bei *Lutter*, Europäisches Unternehmensrecht, ZGR-Sonderheft Nr. 1, 4. Aufl. 1996 S. 114 ff.
[6] Auf Grund Art. 1 Nr. 4 des Gesetzes zur Durchführung der Zweiten Richtlinie des Rates der Europäischen Gemeinschaften zur Koordinierung des Gesellschaftsrechts vom 13.12.1978 BGBl. I S. 1959.
[7] BGHZ 28, 314 (318 f.) = NJW 1959, 383; BGH AG 1975, 76 (77); Hüffer/Koch/*Koch* AktG § 27 Rn. 5; KölnKommAktG/*A. Arnold* § 27 Rn. 25; MüKoAktG/*Pentz* § 27 Rn. 61; GroßkommAktG/*Schall* § 27 Rn. 223; AnwaltskommAktR/*Heidel/Polley* § 27 Rn. 25.
[8] GroßkommAktG/*Schall* § 27 Rn. 223; Hüffer/Koch/*Koch/Koch* AktG § 27 Rn. 6; KölnKommAktG/*A. Arnold* § 27 Rn. 30; MüKoAktG/*Pentz* § 27 Rn. 65; AnwaltskommAktR/*Heidel/Polley* § 27 Rn. 26.
[9] MüKoAktG/*Pentz* § 27 Rn. 62; AnwaltskommAktR/*Heidel/Polley* § 27 Rn. 25; GroßkommAktG/*Schall* § 27 Rn. 223.

Um eine **gemischte Sacheinlage** (Kombination aus Sacheinlage und Sachübernahme) handelt es sich, wenn ein Gründer als Gegenleistung für die Sacheinlage teils Aktien, teils Geld oder andere Wirtschaftsgüter erhält.[10] Die gemischte Sacheinlage ist grundsätzlich zulässig, sofern die Sacheinlagevorschriften für das ganze Einlage- und Übernahmegeschäft beachtet werden.[11] 4

Eine **gemischte Einlage** (Kombination aus Bar- und Sacheinlage) liegt dagegen vor, wenn der Gründer seine Einlageverpflichtung zum Teil in Geld und zum Teil durch Einbringung von Vermögensgegenständen erbringt.[12] Auch die gemischte Einlage ist zulässig.[13] Anders als bei der gemischten Sacheinlage sind Bar- und Sacheinlageverpflichtungen des Gründers sorgfältig voneinander zu unterscheiden. Für jede Einlageverpflichtung einer gemischten Einlage sind die für sie jeweils geltenden Rechtsvorschriften zu beachten.[14] 5

Um eine **verdeckte Sacheinlage** gemäß § 27 Abs. 3 S. 1 AktG handelt es sich dagegen, wenn der Gründer den eingezahlten Barbetrag ganz oder teilweise als Gegenleistung für eine im Zusammenhang mit dem Gründungs- und Kapitalerhöhungsvorgang vorgenommene Sachleistung (verdeckte oder verschleierte Sachübernahme) von der Gesellschaft zurückerhält.[15] 6

Die **fingierte Sacheinlage** ist ein Sonderfall der Sachübernahme (vgl. 27 Abs. 1 S. 2 AktG) von einem Gründer oder einem Dritten. Enthält diese Vereinbarung die Abrede zwischen der Gesellschaft und dem Vertragspartner, dass dessen Vergütungsanspruch mit der Einlageverpflichtung eines Aktionärs verrechnet werden soll, ist der gesamte Sachübernahmevorgang wie eine Sacheinlage zu behandeln[16] und zwar auch oder gerade hinsichtlich des Vollzugs. Die Gleichstellung dieses Sonderfalls der Sachübernahme mit der Sacheinlage erschien dem Gesetzgeber unter Umgehungsgesichtspunkten erforderlich, weil durch eine solche Gestaltung de facto die Barzahlungsverpflichtung des Gründers durch die Sachleistungsverpflichtung eines Dritten ersetzt wird.[17] Infolgedessen liegt kein direkter Anwendungsfall des § 27 Abs. 1 AktG vor. Materiell erhält der Gründer, dessen Barzahlungsverpflichtung durch Verrechnung entfällt, jedoch seine Aktien gegen Übertragung einer Sachleistung. Die Fiktion des § 27 Abs. 1 S. 2 AktG soll insbesondere die Anwendbarkeit von § 36a Abs. 2 AktG auf einen solchen Sachverhalt sicherstellen.[18] 7

2. Sacheinlagevereinbarung bzw. Einbringungsvertrag

a) **Rechtsnatur und Auslegung.** § 27 Abs. 3 AktG spricht von Verträgen über Sacheinlagen bzw. der Vereinbarung einer Sacheinlage und setzt damit voraus, dass die Sacheinlagever- 8

---

[10] RGZ 159, 321 (326 f.) zur GmbH; MüKoAktG/*Pentz* § 27 Rn. 67; GroßkommAktG/*Schall* § 27 Rn. 216; AnwaltskommAktR/*Heidel/Polley* § 27 Rn. 24; KölnKommAktG/*A. Arnold* § 27 Rn. 35; Hüffer/Koch/*Koch* AktG § 27 Rn. 8; nach der Rechtsprechung des BGH liegt eine gemischte Sacheinlage jedenfalls dann vor, wenn die Sachleistung kraft Parteivereinbarung unteilbar ist, BGH NZG 2012, 69 Rn. 48.

[11] KG JW 1928, 1822; RGZ 159, 321 (326); GroßkommAktG/*Schall* § 27 Rn. 217 mwN; Hüffer/Koch/*Koch* AktG § 27 Rn. 8a; MüKoAktG/*Pentz* § 27 Rn. 68; *Godin/Wilhelmi* § 27 Anm. 10; aA KölnKommAktG/*A. Arnold* § 27 Rn. 35; GHEK/*Eckardt* § 27 Rn. 45; vgl. zur aA im übrigen MüKoAktG/*Pentz* § 27 Rn. 68, Fn. 227; AnwaltskommAktR/*Heidel/Polley* § 27 Rn. 24.

[12] GroßkommAktG/*Schall* § 27 Rn. 221; § 36 Rn. 209; Hüffer/Koch/*Koch* AktG § 36 Rn. 12; MüKoAktG/*Pentz* § 36 Rn. 83.; KölnKommAktG/*A. Arnold* § 36 Rn. 21; AnwaltskommAktR/*Heidel/Polley* § 27 Rn. 24; OLG Celle NJW-RR 2016, 482 (zur GmbH); Sammet NZG 2016, 344.

[13] AA *Godin/Wilhelmi* § 36 Anm. 12.

[14] GroßkommAktG/*Röhricht* § 36 Rn. 209 mwN; Hüffer/Koch/*Koch* AktG § 36 Rn. 12; KölnKommAktG/*A. Arnold* § 36 Rn. 21; MüKoAktG/*Pentz* § 36 Rn. 83; AnwaltskommAktR/*Heidel/Polley* § 27 Rn. 24.

[15] BGH 19.1.2016 – II ZR 303/14, WM 2016, 602; 19.1.2016 – II ZR 61/15, GWR 2016, 208 (jeweils zur GmbH); Hüffer/Koch/*Koch* AktG § 27 Rn. 23 ff.; MüKoAktG/*Pentz* § 27 Rn. 75; AnwaltskommAktR/*Heidel/Polley* § 27 Rn. 34 ff.

[16] Vgl. MüKoAktG/*Pentz* § 27 Rn. 66.

[17] MüKoAktG/*Pentz* § 27 Rn. 66.

[18] Vgl. BegrRegE, BT-Drs. 8/1678, 12; BGHZ 110, 47 (57 f.) = NJW 1990, 982; MüKoAktG/*Pentz* § 27 Rn. 66; GroßkommAktG/*Schall* § 27 Rn. 224; Hüffer/Koch/*Koch* NJW 1979, 1065 (1066); AnwaltskommAktR/*Heidel/Polley* § 27 Rn. 26.

pflichtung und -berechtigung des Aktionärs durch Vertrag begründet wird. Diese ist nach heute ganz herrschender Meinung unselbstständiger Bestandteil des Gründungsvertrages,[19] durch den die AG errichtet wird. Im Gegensatz zur Bareinlageverpflichtung, die nur in der Gründungsurkunde erfolgt (vgl. § 23 Abs. 2 AktG), aber nicht in die Satzung selbst aufgenommen werden muss, ist die Sacheinlagevereinbarung nur gültig, wenn sie nach Maßgabe von § 27 Abs. 1 AktG in der Satzung selbst geregelt wird. Der Grund für die unterschiedliche Behandlung von Bar- und Sacheinlageverpflichtung liegt darin, dass nur an den in § 27 Abs. 1 S. 1 AktG geforderten Angaben zur Sachgründung ein öffentliches Kontrollinteresse besteht, das das Gründungsstadium überdauert.[20]

9 Nach heute wohl herrschender Meinung und der Rechtssprechung handelt es sich sowohl bei den durch § 23 Abs. 2 und 3 AktG vorgeschriebenen Gründungsregelungen als auch bei den in § 27 Abs. 1 AktG genannten Gründungsbestimmungen um materielle und somit korporative, dh organisationsrechtliche Vertrags- bzw. Satzungsbestandteile,[21] da sie die Kapitalaufbringungsverpflichtungen der Gründer gegenüber der Gesellschaft nach Art und Umfang abschließend regeln. Für die nach § 27 Abs. 1 S. 1 AktG geforderten Angaben gilt dies umso mehr, als der Gesetzgeber offenbar von einem Bedürfnis nach langjähriger öffentlicher Überprüfbarkeit ordnungsgemäßer Sachgründung ausging.

10 Als organisationsrechtlicher Bestandteil der Satzung sind Sacheinlagevereinbarungen objektiv auszulegen.[22] Die Bestimmungen der Satzung zu Sacheinlagen sind daher aus sich heraus, dh ohne Berücksichtigung der Entstehungsgeschichte, Vorentwürfe, Äußerungen und Vorstellungen der Vertragsparteien auszulegen; vielmehr kommt es ausschließlich auf Wortlaut, Sinn und Zweck und systematischen Zusammenhang der jeweiligen Regelungen an.[23] Allgemein bekannte Bezugsgegenstände wie der beim Handelsregister eingereichte Einbringungsvertrag dürfen berücksichtigt werden.[24] Die Auslegung der organisationsrechtlichen Bestandteile des Gründungsvertrages ist vom Revisionsgericht unbeschränkt nachprüfbar.[25]

11 Eine ergänzende oder geltungserhaltende Auslegung ist zulässig.[26] Diese sind bei Abschluss und Durchführung von Verträgen mit Dauerwirkung von besonderer Bedeutung. Insbesondere bei Gesellschaftsverträgen ist ein Interesse aller Mitwirkenden (Vertragspartner, Beschlussorgane) am Bestandsschutz zu unterstellen.[27] Die Vertragsergänzung und die geltungserhaltende Reduktion einzelner Klauseln sind Instrumente des Grundsatzes gesetzes- und sittenkonformer Auslegung, dessen Geltung für Verträge mit Organisationscharak-

---

[19] Vgl. RGZ 45, 101; zur GmbH BGHZ 45, 338 (345) = NJW 1966, 1311; GroßkommAktG/*Schall* § 27 Rn. 101; Hüffer/Koch/*Koch* AktG § 27 Rn. 4; MüKoAktG/*Pentz* § 27 Rn. 16; *Godin*/*Wilhelmi* § 27 Anm. 2; vgl. vgl. GmbH auch Hachenburg/*Ulmer* GmbHG § 5 Rn. 23; eine aA geht von einem unabhängigen zusätzlichen Rechtsgeschäft aus, zT durch Vereinbarung zwischen den Gründen vgl. KölnKommAktG/*A. Arnold* § 27 Rn. 13, zT durch einseitig verpflichtenden Vertrag, vgl. *Schönle* NJW 1965, 2133 (2135); ders. NJW 1966, 2161 f.

[20] Hüffer/Koch/*Koch* AktG § 27 Rn. 1, 9; MüKoAktG/*Pentz* § 27 Rn. 6.

[21] Vgl. für § 23 Abs. 2 AktG BGHZ 45, 338 (342) = NJW 1966, 1311; vgl. auch GroßkommAktG/*Röhricht*/*Schall* § 23 Rn. 15; Hüffer/Koch/*Koch* AktG § 23 Rn. 3; MüKoAktG/*Pentz* § 27 Rn. 16; GHEK/*Eckardt* § 27 Rn. 21.

[22] Vgl. RGZ 1979, 418 (422); 159, 272 (278 f.); 164, 129 (140); BGHZ 14, 25 (36 f.) = NJW 1954, 1401; BGHZ 36, 296 (315) = NJW 1962, 864; BGHZ 48, 141 (144) = NJW 1967, 21 (59); BGHZ 96, 245 (250, 1083); 123, 347 (350 f.) = NJW 1994, 51; so auch ganz hM in der Literatur, Hüffer/Koch/*Koch* AktG § 23 Rn. 39; GroßkommAktG/*Röhricht*/*Schall* § 23 Rn. 37 ff., 40; Hachenburg/*Ulmer* GmbHG § 2 Rn. 138 ff., 142 ff.; Baumbach/Hueck/*Fastrich* GmbHG § 2 Rn. 29 ff.; *K. Schmidt* Gesellschaftsrecht § 5 A I 4; *Brandes* WM 1994, 2177; *Grunewald* ZGR 1995, 68 (84); vgl. auch MüKoAktG/*Altmeppen* § 291 Rn. 35 für Unternehmensverträge.

[23] RGZ 101, 246 (247 f.); GroßkommAktG/*Röhricht*/*Schall* § 23 Rn. 42; KölnKommAktG/*A. Arnold* § 23 Rn. 21 ff.

[24] GroßkommAktG/*Röhricht*/*Schall* § 23 Rn. 37 ff., 40.

[25] StRspr BGHZ 9, 279 (281); 36, 296 (314); 123, 347 (350); GroßkommAktG/*Röhricht*/*Schall* § 23 Rn. 51.

[26] GroßkommAktG/*Röhricht*/*Schall* § 23 Rn. 50.

[27] Vgl. MüKoBGB/*Busche* § 139 Rn. 15, der als maßgeblich ansieht, dass die Erzeuger der teilnichtigen Regelung jedenfalls eine Organisationsstruktur schaffen wollten, die als solche, wenn es sich vermeiden lässt, nicht zerschlagen werden sollte.

ter zwingend vorgegeben ist.[28] Daher können auch bei Satzungen planwidrige Lücken durch ergänzende Auslegung geschlossen werden. Hierzu dürfen aber nur die allgemein zugänglichen Quellen herangezogen werden.[29]

Der ergänzenden bzw. geltungserhaltenden Auslegung kommt bei Sacheinlagevereinbarungen zB dann Bedeutung zu, wenn die Sacheinlage in der Satzung zu hoch bewertet wurde. In diesem Fall kann durch ergänzende Auslegung ermittelt werden, dass eine gemischte Einlage gewollt war und der Gründer den Differenzbetrag in bar zu entrichten hat.

b) Verhältnis der Sacheinlage- zur Bareinlageverpflichtung. Die Übernahmeerklärung gemäß § 23 Abs. 2 AktG ist von allen Gründern zu unterzeichnen, andernfalls ist die Satzungsfeststellung (§§ 2 und 23 Abs. 1 AktG) unvollständig, die Gesellschaft nicht errichtet (vgl. §§ 28, 29 AktG). Aus der Übernahmeerklärung muss sich eindeutig ergeben, welche Anzahl und Arten von Aktien der einzelne Gründer übernimmt, deren Nennbetrag (für Stückaktien siehe § 9 Abs. 1 AktG) und der Betrag, zu dem die Aktien an den Gründer ausgegeben werden (Ausgabebetrag).[30] Der Ausgabebetrag ist in § 9 AktG als derjenige Betrag definiert, der zumindest dem Nennbetrag der ausgegebenen Aktien entspricht (geringster Ausgabebetrag) oder einem darüber liegenden Betrag, dann enthält der Ausgabebetrag ein Agio.[31]

Die Art der Einlage muss in der Übernahmeerklärung nicht bestimmt werden. Sie ergibt sich aus § 54 Abs. 2 AktG. Danach haben die Aktionäre den Ausgabebetrag der Aktien in bar einzuzahlen, soweit nicht in der Satzung Sacheinlagen festgesetzt sind (Grundsatz der Bareinlageverpflichtung).

Anders als durch Einzahlung des Ausgabebetrages in bar (vgl. § 27 Abs. 1 S. 1 AktG: Definition der Sacheinlage) kann der Gründer seine Einlage nur leisten, wenn in der Gründungssatzung der Gegenstand der Sacheinlage, die Person, von der die Gesellschaft die Sacheinlage erwirbt, und der Nennbetrag oder, sofern Stückaktien ausgegeben werden sollen, die Zahl der dem Gründer zu gewährenden Stückaktien festgesetzt sind und der Wert der Sacheinlage zum Zeitpunkt der Anmeldung der Gesellschaft den Ausgabebetrag erreicht oder überschreitet. Gemäß § 66 Abs. 1 und 2 AktG kann der Aktionär weder von seiner Sacheinlageverpflichtung noch von seiner Schadensersatzverpflichtung wegen nichtgehöriger Leistung befreit werden.

Aus dieser Gesetzeslage ergibt sich zunächst, dass die Sacheinlagevereinbarung keine Wahlschuld begründet, da sie den Einleger ausdrücklich zur Sacheinlage statt Barzahlung berechtigt und verpflichtet. Es liegt aber auch keine Ersetzungsbefugnis vor. Die Gesellschaft soll vom Einleger gerade keine Barzahlung statt der Sacheinlage verlangen dürfen.[32] Eher wäre an ein Recht des Einlegers zu denken, die Bareinzahlungsverpflichtung durch Sacheinlage erfüllen zu dürfen. Dies würde aber systematisch eine primäre Bareinzahlungsverpflichtung voraussetzen, die dem Gesetz jedoch nicht entnommen werden kann.[33] Im Übrigen wird die Sacheinlagevereinbarung häufig, wenn nicht gar in der Regel, gerade deswegen getroffen, weil der einzulegende Vermögensgegenstand notwendiger oder nützlicher Bestandteil des Betriebsvermögens der Aktiengesellschaft werden soll. Bei der Einlage ganzer Unternehmen, Betriebsgrundstücke etc, die wesentlicher Bestandteil des Gründungsplans der Aktiengesellschaft und für deren Geschäftsbetrieb erforderlich sind, liegt dies auf der Hand. Daher sprechen die besseren Gründe für die Annahme, dass die Sacheinlagevereinbarung die

---

[28] Ohne Bedeutung ist dabei, ob die geltungserhaltende Reduktion ihre dogmatische Grundlage in § 157 BGB oder § 140 BGB findet.
[29] Vgl. GroßkommAktG/*Röhricht/Schall* § 27 Rn. 50; BGH WM 1983, 835 (837); Hüffer/Koch/*Koch* AktG § 23 Rn. 39; Hachenburg/*Ulmer* § 2 Rn. 146.
[30] Zum Inhalt vgl. Hüffer/Koch/*Koch* AktG § 23 Rn. 17 f.; MüKoAktG/*Pentz* § 23 Rn. 55 ff.; GroßkommAktG/*Röhricht/Schall* § 23 Rn. 100 ff.
[31] Vgl. auch GroßkommAktG/*Röhricht/Schall* § 23 Rn. 104.
[32] KölnKommAktG/*Lutter* § 183 Rn. 8.
[33] MüKoAktG/*Pentz* § 27 Rn. 13; GroßkommAktG/*Wiedemann* § 183 Rn. 27; aA Hüffer/Koch/*Koch* AktG § 27 Rn. 2, § 183 Rn. 4; GHEK/*Bungeroth* § 54 Rn. 8, § 183 Rn. 9; KölnKommAktG/*Lutter* § 183 Rn. 8; Bermann AG 1987, 57; *Ulmer* ZHR 154 (1990), 128 (130); *ders.* in Hachenburg/*Ulmer* GmbHG § 5 Rn. 82; *Lutter/Hommelhoff* GmbHG § 5 Rn. 13.

Primärleistungsverpflichtung des Gründers zur Leistung des Sacheinlagegegenstandes begründet, für die er nur subsidiär, dh ersatzweise in Geld haftet,[34] wobei der Sekundärleistungsanspruch der Gesellschaft auf Wertersatz bis zur Höhe des Ausgabebetrages (vgl. § 54 Abs. 1 AktG) zuzüglich des Ausgleichs aller Schäden gerichtet ist, die der Gesellschaft durch Nicht- oder Schlechtleistung entstehen (vgl. hierzu unten → Rn. 121).

17 Aus den gleichen Gründen erscheint es wenig hilfreich, die Erfüllung der Einlageverpflichtung durch Sacheinlage als Leistung an Erfüllungs Statt – „datio in solutum" – zu bezeichnen (so aber die hM[35]), setzt diese doch voraus, dass zunächst bzw. primär eine andere Leistungsverpflichtung des Schuldners besteht. Die Sacheinlagevereinbarung soll dem Gründer jedoch gerade primär die Erfüllung der Einlageverpflichtung durch Leistung der vereinbarten Vermögensgegenstände ermöglichen, so dass die Sacheinlagevereinbarung nicht als schlichte Erfüllungsvereinbarung qualifiziert werden kann.[36]

18 Auch die Dogmatik der Einlagenhaftung zwingt zu keiner anderen Betrachtungsweise. Zwar ist die Einlageverpflichtung des Aktionärs der Höhe nach auf den Betrag der Bareinzahlungsverpflichtung (Ausgabebetrag) begrenzt, doch setzt die Inanspruchnahme des Aktionärs auf Bareinzahlung zunächst voraus, er seine bei Gründung oder Kapitalerhöhung übernommene Verpflichtung zur Bareinzahlung oder Sacheinlage nicht wie geschuldet erbracht hat.[37] Auch aus dem Grundsatz der Bardeckungsverpflichtung lässt sich somit eine primäre Bareinlageschuld nicht ableiten. Etwas anderes folgt auch nicht daraus, dass die Bareinzahlungsverpflichtung nach § 54 AktG auf den Erwerber von Aktien übergeht, die Sacheinlageverpflichtung hingegen beim Gründer verbleibt. Das getrennte Schicksal von Bar- und Sacheinlageverpflichtung nach Aktienübertragung folgt zwanglos aus dem Ausnahmecharakter der Beschaffungsschuld für Sachleistungen (vgl. § 276 BGB). Im Übrigen haftet der Aktienerwerber ohnehin nur dann auf Bareinzahlung, wenn und insoweit der Gründer seine Sachleistung nicht oder nicht in gehöriger Weise (vgl. § 66 Abs. 2 AktG) erbracht hat.[38] Die hM,[39] nach der die Sacheinlage Leistung an Erfüllungs Statt („datio in solutum"), trägt im Übrigen zur Klärung der bekannten dogmatischen Schwierigkeiten bei Unterbewertung oder Leistungsstörungen zum Zeitpunkt der Anmeldung oder nach Eintragung nichts bei.

19 c) Die Parteien der Sacheinlagevereinbarung. Die Sacheinlagevereinbarung ist Teil des Gründungsgeschäfts. An diesem sind notwendigerweise die Gründer beteiligt, die das Gesetz als diejenigen Personen beschreibt, die den Gesellschaftsvertrag bzw. die Satzung feststellen (vgl. §§ 2, 23 Abs. 1 und 28 AktG) und die Aktien gegen Einlagen übernehmen.[40] Die Formerfordernisse und rechtstechnischen Einzelheiten der Satzungsfeststellung beschreibt § 23 AktG. Danach besteht die notarielle Gründungsurkunde aus der Errichtungsurkunde (§§ 23 Abs. 2, 29 AktG) und der Satzung (vgl. § 23 Abs. 3 AktG). Diese Aufteilung dient insbesondere dem Zweck, die Satzung von Regelungen freizuhalten, die sich mit Entstehung der Gesellschaft (Eintragung) erledigen.[41] Zu den Gründungsvorgängen, die sich mit Eintragung erledigen, zählen insbesondere sämtliche Regelungen über Bareinlageverpflichtungen und ihrer Erfüllung. Anders verhält es sich dagegen mit den Sacheinlageverpflichtungen, soweit diese noch vor Eintragung erbracht werden oder zu erbringen sind. Schon im Hinblick auf Leistungsstörungen bei Sacheinlagen, die erst nachträglich zu Tage treten, sowie

---

[34] Ebenso MüKoAktG/*Pentz* § 27 Rn. 14.
[35] Hüffer/Koch/*Koch* AktG § 27 Rn. 2, § 54 Rn. 10, § 183 Rn. 4; GroßkommAktG/*Schall* § 27 Rn. 212 ff.; AnwaltskommAktR/*Heidel/Polley* § 27 Rn. 5; GroßkommAktG/*Wiedemann* § 183 Rn. 27; GHEK/*Bungeroth* § 54 Rn. 8, § 183 Rn. 9; KölnKommAktG/*Lutter*; § 183 Rn. 8; *Bergmann* AG 1987, 57, *Ulmer* ZHR 154 (1990), 128 (130); Hachenburg/*Ulmer* GmbHG § 5 Rn. 23, 82; *Lutter/Hommelhoff* GmbHG § 5 Rn. 13.
[36] I. d. S. MüKoAktG/*Pentz* § 27 Rn. 13 f.; GroßkommAktG/*Wiedemann* § 183 Rn. 27; Scholz/*Veil* GmbHG § 5 Rn. 36.
[37] Vgl. Hüffer/Koch/*Koch* AktG § 54 Rn. 4; MüKoAktG/*Pentz* § 27 Rn. 14.
[38] Vgl. Hüffer/Koch/*Koch* AktG § 54 Rn. 4; MüKoAktG/*Pentz* § 27 Rn. 14.
[39] Hüffer/Koch/*Koch* AktG § 27 Rn. 2, § 54 Rn. 10, § 183 Rn. 4; GHEK/*Bungeroth* § 54 Rn. 8, § 183 Rn. 9; KölnKommAktG/*Lutter* § 183 Rn. 8; *Bergmann* AG 1987, 57, *Ulmer* ZHR 154 (1990), 128 (130); Hachenburg/*Ulmer* GmbHG § 5 Rn. 82; *Lutter/Hommelhoff* GmbHG § 5 Rn. 13.
[40] Vgl. auch MüKoAktG/*Pentz* § 27 Rn. 16.
[41] Vgl. GroßkommAktG/*Röhricht/Schall* § 23 Rn. 55 ff.

gestreckten oder abschnittsweisen Vollzug von Sacheinlagevereinbarungen erschien dem Gesetzgeber eine öffentliche Dokumentation der Sachgründung ratsam.[42]

Da durch Gründung die Vorgesellschaft entsteht, ist diese, nicht die Mitgründer der Aktiengesellschaft, Gläubigerin der Sacheinlageverpflichtung und Trägerin aller mit der Durchführung der Sacheinlageverpflichtung zusammenhängenden Rechte und Pflichten. Insbesondere hat die Vorgesellschaft, vertreten durch den Vorstand, die Sacheinlageverpflichtung vom Gründer grundsätzlich vor Anmeldung einzufordern (vgl. §§ 36, 36a, 37 Abs. 1 und 4, Ziffer 2 AktG). **20**

Den Mitgründern gegenüber übernimmt der Sacheinleger aber auf Grund des Gründungsgeschäfts mehr oder minder ausgeprägte schuldrechtliche Leistungs- und Verhaltenspflichten. Diese können von schlichten Treuepflichten über Rücksichtnahmepflichten gemäß § 241 Abs. 2 BGB bis hin zu der Verpflichtung gegenüber den Mitgründern zur Leistung an die Gesellschaft reichen. **21**

d) *Gegenstand der Sacheinlage. aa) Allgemeines.* Als der Bareinlage gleichwertig erkennt das Gesetz nur Vermögensgegenstände an, deren wirtschaftlicher Wert feststellbar ist (§ 27 Abs. 2 AktG). Die Einlagegegenstände müssen zudem übertragbar, verkehrsfähig[43] und spätestens bei Übertragung der Gesellschaft vollständig aus dem Vermögen des Einlegers ausgesondert sein (§§ 36a Abs. 2, 37 Abs. 1 S. 2 AktG). Dies war bereits vor Umsetzung der 2. Kapitalrichtlinie allgemeines Verständnis. Der Gesetzgeber hat dies nunmehr in § 27 Abs. 2 AktG klargestellt. **22**

bb) Bewertbarkeit und Bilanzierbarkeit. Der Sacheinlagegegenstand muss einen feststellbaren und wirtschaftlichen Wert haben. Sofern ein Vermögensgegenstand nach den Regeln des Handelsbilanzrechtes aktivierbar ist, ist diese Voraussetzung ohne weiteres erfüllt. Nach heute wohl maßgeblicher Auffassung ist die Bilanzierbarkeit kein zwingendes Merkmal der Einlagefähigkeit.[44] Denn die Aktivierbarkeit gibt nur über die Buchwerte und das bilanzielle Eigenkapital Aufschluss, während die Feststellung der materiellen Vermögenslage eine Bewertung des Gesellschaftsvermögens voraussetzt.[45] **23**

Daher sind nach richtiger Ansicht grundsätzlich auch obligatorische Nutzungsrechte einlagefähig.[46] Die Bewertbarkeit setzt in diesem Fall allerdings die Vereinbarung einer festen Laufzeit oder Mindestlaufzeit des Nutzungsrechts voraus. Der Zeitwert des Nutzungsrechtes kann dann kapitalisiert werden.[47] **24**

cc) Verkehrsfähigkeit und Aussonderung aus dem Schuldnervermögen. Der Sacheinlagegegenstand muss verkehrsfähig, dh übertragbar sein[48] und der Gesellschaft bei Übertragung **25**

---

[42] BGHZ 110, 47 (54 f.) = NJW 1990, 982; MüKoAktG/*Pentz* § 27 Rn. 6; Hüffer/Koch/*Koch* AktG § 27 Rn. 1; GroßkommAktG/*Schall* § 27 Rn. 90 ff.

[43] KölnKommAktG/*A. Arnold* § 27 Rn. 42; *Lutter/Hommelhoff* GmbHG § 5 Rn. 14; aA RG JW 1900, 857; 1911, 121; KG OLGR 24, 163; MüKoAktG/*Pentz* § 27 Rn. 21: Gegenstand muss nach Überlassung an die Gesellschaft nicht geeignet sein zur Weiterveräußerung an Dritte, ebenso GroßkommAktG/*Schall* § 27 Rn. 126 ff.; Hüffer/Koch/*Koch* AktG § 27 Rn. 15; AnwaltskommAktR/*Heidel/Polley* § 27 Rn. 12; *K. Schmidt* ZHR 154 (1990), 237 (245 ff.); *Bork* ZHR 154 (1990), 205 (245 ff.); Hüffer/Koch/*Koch* AktG § 27 Rn. 15; *Steinbeck* ZGR 1996, 137 (122); Hachenburg/*Ulmer* GmbHG § 5 Rn. 35; Scholz/*Veil* GmbHG § 5 Rn. 37.

[44] Vgl. BGH ZIP 2000, 1162 ff. (1164); BGHZ 29, 300 (304); GroßkommAktG/*Schall* § 27 Rn. 120; Hüffer/Koch/*Koch* AktG § 27 Rn. 14 f.; MüKoAktG/*Pentz* § 27 Rn. 18; AnwaltskommAktR/*Heidel/Polley* § 27 Rn. 11; für die GmbH Hachenburg/*Ulmer* GmbHG § 5 Rn. 32; aA noch KGJ 44, A146; 45, 175; GHEK/*Eckardt* § 27 Rn. 8; KölnKommAktG/*A. Arnold* § 27 Rn. 43; *Godin/Wilhelmi* § 27 Anm. 11.

[45] Ähnlich Hüffer/Koch/*Koch* AktG § 27 Rn. 14 f.; GroßkommAktG/*Schall* § 27 Rn. 123 ff.

[46] Bestätigend BGH ZIP 2000, 1162 (1164); allg. Meinung: GroßkommAktG/*Schall* § 27 Rn. 122, 150; Hüffer/Koch/*Koch* AktG § 27 Rn. 18 f., AnwaltskommAktR/*Heidel/Polley* § 27 Rn. 11; MüKoAktG/*Pentz* § 27 Rn. 31; KölnKommAktG/*A. Arnold* § 27 Rn. 51; *Bork* ZHR 154 (1990), 205; *Steinbeck* ZGR 1996, 116 (117 ff.); aA; GHEK/*Eckardt* § 27 Rn. 17; *Knobbe-Keuk* ZGR 1980, 214 (216 f.).

[47] Vgl. BGH ZIP, 2000, 1162 (1164); ebenso MüKoAktG/*Pentz* § 27 Rn. 31; aA wohl AnwaltskommAktR/*Heidel/Polley* § 27 Rn. 11, 18.

[48] KölnKommAktG/*A. Arnold* § 27 Rn. 46; AnwaltskommAktR/*Heidel/Polley* § 27 Rn. 12, der jedoch zwischen Übertragbarkeit und Verkehrsfähigkeit unterscheidet; *Lutter/Hommelhoff* GmbHG § 5 Rn. 15; aA RG JW 1900, 857; 1911, 121; KG OLGR 24, 163; MüKoAktG/*Pentz* § 27 Rn. 21: Gegenstand muss nach Überlassung an die Gesellschaft nicht geeignet sein zur Weiterveräußerung an Dritte, ebenso GroßkommAktG/*Röhricht* § 27 Rn. 126 ff.; Hüffer/Koch/*Koch* AktG § 27 Rn. 14; *K. Schmidt* ZHR 154 (1990), 237

endgültig unentziehbar zur Verfügung stehen.[49] Hierzu muss er aus dem Vermögen des Schuldners ausgesondert werden können. Dies ist bei allen beweglichen und unbeweglichen Sachen ohne weiteres der Fall. Für Forderungen und vertragliche (obligatorische) Nutzungsrechte gilt Entsprechendes, vgl. näher unten.

dd) ABC zulässiger Sacheinlagegegenstände

26 • Die **Befreiung der Gesellschaft von einer Verbindlichkeit** gegenüber einem Dritten ist sacheinlagefähig.[50] Ist die Verbindlichkeit nicht vollwertig, fällig und/oder liquide, ist dies bei der Bewertung zu berücksichtigen.[51]

27 • **beschränkt dingliche Rechte** an eigenen und fremden Sachen, etwa Grundpfandrechte, Erbbaurechte, Dienstbarkeiten[52] und Nießbrauch,[53] sind sacheinlagefähig.[54] Möglich ist zum einen die Bestellung eines beschränkt dinglichen Rechts zu Gunsten der Gesellschaft; der Gründer kann aber auch ein bereits bestehendes beschränkt dingliches Recht an die Gesellschaft übertragen, wenn das bestehende Recht übertragbar ist. Problematisch ist dies uU bei der Hypothek, da diese wegen ihrer Akzessorietät nicht ohne die gesicherte Forderung übertragen werden kann.[55] Ist das Recht nicht übertragbar (vgl. zB § 1092 Abs. 1 S. 2 BGB für die beschränkt persönliche Dienstbarkeit oder § 1059 S. 2 BGB für den Nießbrauch), kann zumindest die Ausübung des Rechts an die Gesellschaft übertragen werden,[56] wenn ihm ein über die von der Gesellschaft zu erbringende Gegenleistung hinausgehender Wert zukommt.[57]

28 • **Bewegliche Sachen,** an denen die Gesellschaft Eigentum erwerben soll, sind einlagefähig. Dies gilt unabhängig davon, ob der Inferent Eigentümer ist[58] oder eine Beschaffungs- oder Herstellungsschuld[59] übernimmt.[60] Unerheblich ist auch, ob die Sache bei Eintragung der Gesellschaft bereits existiert, oder ob sie erst hergestellt und später – auch noch nach Anmeldung bzw. Eintragung – eingebracht wird.[61] Dies folgt aus § 36a Abs. 2 AktG, wonach die Sacheinlage innerhalb von fünf Jahren zu leisten ist.

• **Dienstbarkeiten:** vgl. grundstücksgleiche Rechte

29 • **Dienstverpflichtungen Dritter:** Ob die Verpflichtung Dritter zu Dienstleistungen sacheinlagefähig ist, ist str. Aus § 27 Abs. 2, 2 AktG geht ein solches Verbot nicht hervor.[62] An-

---

(245 ff.); *Bork* ZHR 154 (1990), 205 (228); Hüffer/Koch/*Koch* NJW 1979, 1065 (1067); *Steinbeck* ZGR 1996, 137 (122); Hachenburg/*Ulmer* GmbHG § 5 Rn. 35; Scholz/*Veil* GmbHG § 5 Rn. 39.
[49] MüKoAktG/*Pentz* § 27 Rn. 12; AnwaltskommAktR/*Heidel*/Polley § 27 Rn. 12; Hachenburg/*Ulmer* GmbHG § 5 Rn. 34 f.
[50] BGH NJW 1986, 989; MüKoAktG/*Pentz* § 27 Rn. 30 mwN; GroßkommAktG/*Röhricht* § 27 Rn. 67; Scholz/*Veil* GmbHG § 5 Rn. 50.
[51] GroßkommAktG/*Schall* § 27 Rn. 166.
[52] Vgl. BGHZ 45, 338 (345) = NJW 1966, 1311; AnwaltskommAktR/*Heidel*/Polley § 27 Rn. 14.
[53] BGHZ 45, 338 (345) = NJW 1966, 1311; KölnKommAktG/*A. Arnold* § 27 Rn. 49; KölnKommAktG/*Lutter* § 183 Rn. 16; GroßkommAktG/*Schall* § 27 Rn. 137; MüKoAktG/*Pentz* § 27 Rn. 24; Hüffer/Koch/*Koch* AktG § 27 Rn. 16; AnwaltskommAktR/*Heidel*/Polley § 27 Rn. 14; Baumbach/Hueck/*Fastrich* GmbHG § 5 Rn. 25.
[54] GroßkommAktG/*Schall* § 27 Rn. 137; MüKoAktG/*Pentz* § 27 Rn. 24.
[55] Vgl. ausführlich bei GroßkommAktG/*Röhricht* § 27 Rn. 137.
[56] GroßkommAktG/*Schall* § 27 Rn. 137; MüKoAktG/*Pentz* § 27 Rn. 24; KölnKommAktG/*Lutter* § 183 Rn. 16.
[57] MüKoAktG/*Pentz* § 27 Rn. 24; Hüffer/Koch/*Koch* AktG § 27 Rn. 19; KölnKommAktG/*A. Arnold* § 27 Rn. 51; KölnKommAktG/*Lutter* § 183 Rn. 18; GroßkommAktG/*Röhricht* § 27 Rn. 137; Scholz/*Veil* GmbHG § 5 Rn. 42 ff.; Hachenburg/*Ulmer* GmbHG § 5 Rn. 40.
[58] Ist der Inferent nicht Eigentümer, ist es ausreichend, wenn er den Eigentümer veranlasst, das Eigentum an die Gesellschaft zu übertragen, vgl. GroßkommAktG/*Schall* § 27 Rn. 135; AnwaltskommAktR/*Heidel*/Polley § 27 Rn. 13; Scholz/*Veil* GmbHG § 5 Rn. 55; Hachenburg/*Ulmer* GmbHG § 5 Rn. 36.
[59] MüKoAktG/*Pentz* § 27 Rn. 23; § 36a Rn. 18 ff.
[60] MüKoAktG/*Pentz* § 27 Rn. 23; Hüffer/Koch/*Koch* AktG § 27 Rn. 17; KölnKommAktG/*A. Arnold* § 27 Rn. 48; GroßkommAktG/*Schall* § 27 Rn. 134 ff.
[61] MüKoAktG/*Pentz* § 27 Rn. 23; GroßkommAktG/*Schall* § 27 Rn. 134; KölnKommAktG/*A. Arnold* § 27 Rn. 48; aA AnwaltskommAktR/*Heidel*/Polley § 27 Rn. 14 - arg.: Bewertung einer erst noch herzustellenden Sache ist nicht möglich, das Risiko für die Gesellschaft sei zu groß; ebenso GHEK/*Eckardt* § 27 Rn. 11; GroßkommAktG/*Wiedemann* § 183 Rn. 35.
[62] So wohl auch Hüffer/Koch/*Koch* AktG § 27 Rn. 22; aA MüKoAktG/*Pentz* § 27 Rn. 33; GroßkommAktG/*Schall* § 27 Rn. 179; Hachenburg/*Ulmer* GmbHG § 5 Rn. 48.

ders verhält es sich mit Dienstverpflichtungen des Inferenten selbst, diese sind nach ganz hM nicht sacheinlagefähig, vgl. hierzu → Rn. 74
- **Erbbaurecht:** vgl. grundstücksgleiche Rechte
- **Firmenrechte:** vgl. Kennzeichnungsrechte
- **Forderungen** gegen Dritte: Die Abtretung von Forderungen gegen Dritte ist taugliche Sacheinlage, wenn die Forderungen einen Vermögenswert haben und kein Abtretungsverbot besteht.[63] Handelt es sich um unsichere Forderungen, ist dies iRd Bewertung zu berücksichtigen.[64] 30

Eine Forderung gegen die (Vor-)Gesellschaft ist sacheinlagefähig, wenn die Forderung abtretbar sowie liquide, fällig und vollwertig ist,[65] das Aufrechnungsverbot des § 66 Abs. 1 S. 1 und 2 AktG gilt nur für Bareinlagen. Erfüllt wird die Einlageverpflichtung entweder durch Abtretung der Forderung an die Gesellschaft (§ 398 BGB), dann erlischt diese wegen Konfusion oder durch Abschluss eines Erlassvertrages iSd § 397 BGB.[66] 31

Es kann sich bei der einzubringenden Forderung auch um eine Forderung auf künftige Leistung handeln,[67] nicht dagegen um aufschiebend bedingte Forderungen, deren Entstehung ungewiss ist. Entsprechendes gilt auch bei auflösend bedingten Forderungen, vgl. → Rn. 52. Aufschiebend befristete Forderungen sind dagegen einlagefähig, wenn nur der Zeitpunkt der Leistung ungewiss ist, nicht aber der Leistungsgegenstand selbst; die Befristung ist iRd Bewertung zu berücksichtigen.[68] 32

Nicht sacheinlagefähig sind Forderungen gegen den Inferenten, vgl. hierzu → Rn. 76. Eine Ausnahme hiervon gilt, wenn die Forderung durch dingliche Rechte (zB Grundpfandrecht, Pfandrecht) gesichert oder mit einer Besitzverschaffungsverpflichtung zu Gunsten der Gesellschaft verbunden ist.[69] 33

Auch die Forderung gegen einen anderen Gründer ist nicht einlagefähig. Anderenfalls könnten mehrere Gründer wechselseitige Forderungen einbringen, was im Ergebnis ebenfalls zu einem Forderungstausch führen würde.[70] Die oben geschilderte Ausnahme gilt entsprechend. 34
- **Gebrauchsmuster- und Geschmacksmusterrechte:** vgl. Immaterialgüterrechte
- **Gesellschaftsanteile** können als Sacheinlage eingebracht werden, wenn sie übertragbar sind.[71]
- **gewerbliche Schutzrechte:** vgl. Immaterialgüterrechte
- Der **Goodwill** ist nach hM zumindest zusammen mit dem Unternehmen sacheinlagefähig.[72] Voraussetzung ist, dass er einen wirtschaftlichen Wert für die Gesellschaft darstellt.
- **Grundpfandrechte:** vgl. beschränkt dingliche Rechte

---

[63] MüKoAktG/*Pentz* § 27 Rn. 26; GroßkommAktG/*Schall* § 27 Rn. 172 f.; Hüffer/Koch/*Koch* AktG § 27 Rn. 16; Forderungen gegen den Inferenten sind nicht einlagefähig, vgl. MüKoAktG aaO, GroßkommAktG/*Schall* § 27 Rn. 167; Hachenburg/*Ulmer* GmbHG § 5 Rn. 41.
[64] GroßkommAktG/*Schall* § 27 Rn. 173; MüKoAktG/*Pentz* § 27 Rn. 26.
[65] RGZ 42, 1 (4); BGHZ 15, 52 (60) = NJW 1954, 1842; BGH WM 1959, 1113 (1114); NJW 1970, 469; BGHZ 110, 47 = NJW 1990, 982; MüKoAktG/*Pentz* § 27 Rn. 29 mwN; im Ergebnis auch Hüffer/Koch/*Koch* AktG § 27 Rn. 16; GroßkommAktG/*Schall* § 27 Rn. 181; im Ergebnis wohl ebenso AnwaltskommAktR/*Heidel/Polley* § 27 Rn. 15; aA KölnKommAktG/*Kraft* § 27 Rn. 55.
[66] BGHZ 110, 47 (60) = NJW 1990, 982 mwN; ebenso Hüffer/Koch/*Koch* AktG § 27 Rn. 17; MüKoAktG/*Pentz* § 27 Rn. 29; GroßkommAktG/*Schall* § 27 Rn. 182; AnwaltskommAktR/*Heidel/Polley* § 27 Rn. 17; aA KölnKommAktG/*A. Arnold* § 27 Rn. 58.
[67] KölnKommAktG/*A. Arnold* § 27 Rn. 52; MüKoAktG/*Pentz* § 27 Rn. 28.
[68] MüKoAktG/*Pentz* § 27 Rn. 28; KölnKommAktG/*A. Arnold* § 27 Rn. 52; Hachenburg/*Ulmer* GmbHG § 5 Rn. 42; aA GHEK/*Eckardt* § 27 Rn. 11; großzügiger GroßkommAktG/*Schall* § 27 Rn. 176.
[69] MüKoAktG/*Pentz* § 27 Rn. 26; GroßkommAktG/*Schall* § 27 Rn. 169; AnwaltskommAktR/*Heidel/Polley* § 27 Rn. 15; Hachenburg/*Ulmer* GmbHG § 5 Rn. 64; Scholz/*Veil* GmbHG § 5 Rn. 48.
[70] Str. ebenso MüKoAktG/*Pentz* § 27 Rn. 27; AnwaltskommAktR/*Heidel/Polley* § 27 Rn. 15; Baumbach/Hueck/*Fastrich* GmbHG § 5 Rn. 24; Hachenburg/*Ulmer* GmbHG § 5 Rn. 41; aA GroßkommAktG/*Schall* § 27 Rn. 174; Scholz/*Veil* GmbHG § 5 Rn. 45 jeweils mit dem Argument, dass auch hier eine Aussonderung aus dem Vermögen des Inferenten stattfinde.
[71] Hüffer/Koch/*Koch* AktG § 27 Rn. 16; KölnKommAktG/*A. Arnold* § 27 Rn. 50; GroßkommAktG/*Schall* § 27 Rn. 144; MüKoAktG/*Pentz* § 27 Rn. 24; AnwaltskommAktR/*Heidel/Polley* § 27 Rn. 14.
[72] GroßkommAktG/*Schall* § 27 Rn. 142; AnwaltskommAktR/*Heidel/Polley* § 27 Rn. 14; Köln/KommAktG/*Lutter* § 183 Rn. 13; Scholz/*Veil* GmbHG § 5 Rn. 49; Hachenburg/*Ulmer* GmbHG § 5 Rn. 58 f.

- **Grundschuld:** vgl. beschränkt dingliche Rechte
- **grundstücksgleiche Rechte:** vgl. beschränkt dingliche Rechte
35 - **Immaterialgüterrechte,** zB Patent-,[73] Urheber-,[74] Verlags-,[75] Gebrauchsmuster- und Geschmacksmusterrechte[76] sowie Lizenzen an solchen Rechten[77] sind sacheinlagefähig. Ebenso alle gewerblichen Schutzrechte im weiteren Sinne, wenn sie der Gesellschaft zumindest zur Ausübung überlassen werden können und einen feststellbaren Vermögenswert besitzen.[78]
36 - **Insolvenzmasse:** vgl. Sach- und Rechtsgesamtheiten
- **Kapitalnutzungsrechte** sind sacheinlagefähig, wenn das Kapital der Gesellschaft für eine bestimmte Zeit zur festen Nutzung zur Verfügung steht.[79]
37 - **Kennzeichenrechte** (zB Markenrechte, § 27 MarkenG[80]) sind sacheinlagefähig. Dies gilt auch für die Firma eines Unternehmens, § 22 HGB,[81] wobei zum Teil vertreten wird, dass die Firma nur zusammen mit dem Unternehmen sacheinlagefähig ist.[82]
38 - **Know-how:** vgl. nicht geschützte gewerbliche Schutzrechte
- Der **Kundenstamm** ist sacheinlagefähig. Ist nicht sicher, ob die Kunden bereit sind, zur Gesellschaft zu wechseln, ist dies iRd Bewertung zu berücksichtigen.[83]
- **Lizenzrechte:** vgl. Immaterialgüterrechte
- **Markenrechte** vgl. Kennzeichenrechte
- **Miterbenanteile** sind sacheinlagefähig. Zu beachten ist allerdings das Vorkaufsrecht der Miterben gemäß §§ 2034, 2035 BGB.[84]
39 - **Mitgliedschaftsrechte** sind sacheinlagefähig, wenn sie geeignet sind, auf die Gesellschaft übertragen zu werden, und ihr Vermögenswert feststellbar ist.[85] In Betracht kommt dies etwa bei Aktien- und GmbH-Anteilen. Bei Anteilen an Personengesellschaften nur, wenn ihre Übertragung im Gesellschaftsvertrag erlaubt ist oder die Gesellschafter zustimmen.
- **Nachlass:** vgl. Sach- und Rechtsgesamtheiten
40 - **nicht geschützte gewerbliche Schutzrechte,** wie etwa Know-how,[86] nicht geschützte Fabrikationsgeheimnisse, nicht angemeldete Erfindungen, Fertigstellungstechniken und Herstellungsverfahren,[87] sind dann sacheinlagefähig, wenn sie für die Gesellschaft wirtschaft-

---

[73] MüKoAktG/*Pentz* § 27 Rn. 24; GroßkommAktG/*Schall* § 27 Rn. 138; AnwaltskommAktR/*Heidel/Polley* § 27 Rn. 14.
[74] BGHZ 29, 300 (304) = NJW 1959, 934; RG JW 1936, 42; MüKoAktG/*Pentz* § 27 Rn. 24; AnwaltskommAktR/*Heidel/Polley* § 27 Rn. 14.
[75] GroßkommAktG/*Schall* § 27 Rn. 138.
[76] MüKoAktG/*Pentz* § 27 Rn. 24.
[77] MüKoAktG/*Pentz* § 27 Rn. 24: sowohl ausschließliche als auch einfache Lizenzen; ebenso *K. Schmidt* ZHR 154 (1990), 237 (256); OLG Nürnberg NZG 1999, 409 (410).
[78] GroßkommAktG/*Röhricht* § 27 Rn. 138; KölnKommAktG/*A. Arnold* § 27 Rn. 49; KölnKommAktG/*Lutter* § 183 Rn. 12; Hachenburg/*Ulmer* GmbHG § 5 Rn. 50; Scholz/*Veil* GmbHG § 5 Rn. 49; Baumbach/Hueck/*Fastrich* GmbHG § 5 Rn. 26.
[79] KölnKommAktG/*Lutter* § 183 Rn. 38; GroßkommAktG/*Wiedemann* § 183 Rn. 41; MüKoAktG/*Pentz* § 27 Rn. 25; Hachenburg/*Ulmer* GmbHG § 5 Rn. 40.
[80] Fezer MarkenG § 27 Rn. 7 ff., 41 ff.; AnwaltskommAktR/*Heidel/Polley* § 27 Rn. 14; MüKoAktG/*Pentz* § 27 Rn. 24; *Götting* AG 1999, 1 (5 ff.) allg. zu Immaterialgüterrechten; auch Warenzeichen waren nach der letzten Fassung des § 8 WZG (Fassung des Jahres 1992) isoliert übertragbar und konnten damit Gegenstand einer Sacheinlage sein; anders im Geltungsbereich des § 8 WGZ aF, vgl. MüKo aaO.
[81] MüKoAktG/*Pentz* § 27 Rn. 24.
[82] GroßkommAktG/*Schall* § 27 Rn. 142; AnwaltskommAktR/*Heidel/Polley* § 27 Rn. 14; KölnKommAktG/*Lutter* § 183 Rn. 13; Scholz/*Veil* GmbHG § 5 Rn. 49; Hachenburg/*Ulmer* GmbHG § 5 Rn. 58 f.
[83] MüKoAktG/*Pentz* § 27 Rn. 25; AnwaltskommAktR/*Heidel/Polley* § 27 Rn. 14; GroßkommAktG/*Schall* § 27 Rn. 143.
[84] MüKoAktG/*Pentz* § 27 Rn. 24; ebenso Hachenburg/*Ulmer* GmbHG § 5 Rn. 55.
[85] GroßkommAktG/*Schall* § 27 Rn. 144; KölnKommAktG/*A. Arnold* § 27 Rn. 50; GHEK/*Eckardt* § 27 Rn. 12; Scholz/*Veil* GmbHG § 5 Rn. 49; Hachenburg/*Ulmer* GmbHG § 5 Rn. 51.
[86] MüKoAktG/*Pentz* § 27 Rn. 25 mwN zur Rspr.; GroßkommAktG/*Schall* § 27 Rn. 138; KölnKommAktG/*A. Arnold* § 27 Rn. 64; KölnKommAktG/*Lutter* § 183 Rn. 13; AnwaltskommAktR/*Heidel/Polley* § 27 Rn. 14; Scholz/*Veil* GmbHG § 5 Rn. 49; Hachenburg/*Ulmer* GmbHG § 5 Rn. 56; aA *Ballerstedt* ZHR 127 (1965), 92 (97); Baumbach/Hefermehl UWG § 17 Rn. 2 ff.
[87] KG OLGR 27, 363; vgl. im Übrigen MüKoAktG/*Pentz* § 27 Rn. 25 mwN; GroßkommAktG/*Schall* § 27 Rn. 139.

lich nutzbar sind bzw. einen feststellbaren Vermögenswert haben. Ferner müssen die genannten Gegenstände abgrenzbar sein, da sie der Gesellschaft anderenfalls nicht zur ausschließlichen Nutzung überlassen werden können.[88]
- **Nießbrauch**, vgl. beschränkt dingliche Rechte   41
- **obligatorische Nutzungsrechte**: Die Verschaffung obligatorischer Nutzungsrechte gegenüber Dritten ist zulässiger Sacheinlagegegenstand,[89] wenn das Nutzungsrecht übertragbar ist.[90] Möglich ist zum einen die Vereinbarung, dass die Gesellschaft den Gegenstand für die Dauer ihres Bestehens nutzen kann; es kann aber auch eine kürzere Dauer vereinbart werden.[91] Gegenstand eines obligatorischen Nutzungsrechts können zB Grundstücke, Güter des beweglichen Anlagevermögens oder gewerbliche Schutzrechte sein.

  Obligatorische Nutzungsrechte gegen den Inferenten sind grundsätzlich nicht einlagefähig, vgl. → Rn. 53. Eine Ausnahme hiervon gilt, wenn die Gesellschaft mit Übertragung bzw. Einräumung des Nutzungsrechts die volle Rechtsstellung oder uneingeschränkte Nutzungsmöglichkeit erwirbt. Der Erwerb einer vom Einleger abgeleiteten Rechtsstellung reicht dagegen nicht aus. Grundvoraussetzung ist daher, dass der Einleger keine Möglichkeit haben darf, die Verwertung oder Nutzung des Vermögensgegenstandes durch die Gesellschaft zu verhindern. Auflösende Bedingungen, Widerrufsrechte und erst recht fortbestehende Verfügungsrechte des Einlegers über den Leistungsgegenstand schließen eine Sacheinlagefähigkeit aus.[92]   42
- **Patentrechte**: vgl. Immaterialgüterrechte
- **Produktionsanlagen**: vgl. Sach- und Rechtsgesamtheiten
- **Rechtsgesamtheiten**: vgl. Sach- und Rechtsgesamtheiten
- **Sach- und Rechtsgesamtheiten** (zB Sammlungen, Vermögen, Nachlass, Insolvenzmasse, Warenlager, Fuhrparks, Produktionsanlagen, Betriebs- und Büroeinrichtungen, Wertpapierdepots oder Unternehmen) sind sacheinlagefähig.[93] Die einzelnen zu übertragenden Gegenstände müssen bestimmbar sein, eine Aufzählung im Einzelnen ist nicht notwendig. Zum Unternehmen vgl. näher unten.   43
- Die **Tilgung einer Schuld der Gesellschaft** ist sacheinlagefähig.[94]   44
- **Übernahme einer Schuld der Gesellschaft**: vgl. Befreiung der Gesellschaft von einer Verbindlichkeit.
- **unbewegliche Sachen** sind einlagefähig, vgl. beweglichen Sachen. Belastungen der unbeweglichen Sache sind iRd Bewertung zu berücksichtigen.[95]
- **Unternehmen** sind sacheinlagefähig,[96] vgl. auch Sach- und Rechtsgesamtheiten. Es können auch Teile des Unternehmens eingebracht werden.[97] Dies muss jedoch ausdrücklich vereinbart werden; im Zweifel ist anzunehmen, dass das gesamte Unternehmen mit allen ihm zurechenbaren Vermögenswerten (wie zB Immaterialgüterrechte) eingebracht werden   45

---

[88] GroßkommAktG/*Schall* § 27 Rn. 140.
[89] BGH NJW 2000, 2357; MüKoAktG/*Pentz* § 27 Rn. 31; *Knobbe-Keuk* ZGR 1980, 214 (219); Hüffer/Koch/*Koch* AktG § 27 Rn. 18; AnwaltskommAktR/*Heidel/Polley* § 27 Rn. 18; KölnKommAktG/A. Arnold § 27 Rn. 62; KölnKommAktG/*Lutter* § 183 Rn. 18; GroßkommAktG/*Schall* § 27 Rn. 155 ff.; Hachenburg/*Ulmer* GmbHG § 5 Rn. 40; Scholz/*Veil* GmbHG § 5 Rn. 42; aA; GHEK/*Eckardt* § 27 Rn. 17; *Bork* ZHR (1990), 205; *Steinbeck* ZGR 1996, 116 (117 ff.).
[90] Zur Bewertung vgl. GroßkommAktG/*Schall* § 27 Rn. 156.
[91] GroßkommAktG/*Schall* § 27 Rn. 150.
[92] MüKoAktG/*Pentz* § 27 Rn. 31; Hüffer/Koch/*Koch* AktG § 27 Rn. 19; KölnKommAktG/*Lutter* § 183 Rn. 19; *K. Schmidt* ZHR 154 (1990), 237 (250); *Bork* ZHR 154 (1990), 205 (214 ff.); *Brandes* ZGR 1989, 244 (246 f.); *Hueck* ZGR 1989, 216 (231 f.); *Steinbeck* ZGR 1996, 137, 123 f. (125 ff.); Hachenburg/*Ulmer* GmbHG § 5 Rn. 40; Scholz/*Veil* GmbHG § 5 Rn. 42.
[93] MüKoAktG/*Pentz* § 27 Rn. 32; GroßkommAktG/*Schall* § 27 Rn. 145; AnwaltskommAktR/*Heidel/Polley* § 27 Rn. 14.
[94] BGH NJW 1986, 989; MüKoAktG/*Pentz* § 27 Rn. 30 mwN; GroßkommAktG/*Schall* § 27 Rn. 166; Scholz/*Veil* GmbHG § 5 Rn. 50.
[95] MüKoAktG/*Pentz* § 27 Rn. 23; AnwaltskommAktR/*Heidel/Polley* § 27 Rn. 14.
[96] RGZ 70, 220 (223 f.); 155, 211 ff.; BGHZ 45, 338 (342); 69, 191; GroßkommAktG/*Schall* § 27 Rn. 146; MüKoAktG/*Pentz* § 27 Rn. 32; AnwaltskommAktR/*Heidel/Polley* § 27 Rn. 14; KölnKommAktG/A. Arnold § 27 Rn. 65; Hüffer/Koch/*Koch* AktG § 27 Rn. 16.
[97] MüKoAktG/*Pentz* § 27 Rn. 32; GroßkommAktG/*Schall* § 27 Rn. 148.

soll.⁹⁸ Soll die Firma (mit-)übertragen werden, ist dies ebenfalls ausdrücklich zu vereinbaren, vgl. § 22 HGB bzw. kann bereits in die Satzung der Gesellschaft aufgenommen werden, vgl. § 23 Abs. 3 Nr. 1 AktG. Ob Verbindlichkeiten des Unternehmens mit übergehen sollen, ist notfalls durch Auslegung zu ermitteln.

46
- **Urheberrechte:** vgl. Immaterialgüterrechte
- **Verlagsrechte:** vgl. Immaterialgüterrechte
- **Vermögen:** vgl. Sach- und Rechtsgesamtheiten
- Die **Verpflichtung zur Erstellung eines Werks** kann als Sacheinlage eingebracht werden, wenn es sich um eine vertretbare Verpflichtung eines Dritten handelt.⁹⁹ Unstreitig nicht sacheinlagefähig ist die Verpflichtung des Inferenten selbst. Ebenso die unvertretbare Verpflichtung eines Dritten, vgl. → Rn. 54.

47
- **vertragliche Nutzungsrechte:** vgl. obligatorische Nutzungsrechte
- **vertragliche Verpflichtungen:** Die Begründung vertraglicher Verpflichtungen Dritter ist sacheinlagefähig. Anders dagegen die Begründung vertraglicher Verpflichtungen des Inferenten.
- **Vertreterorganisationen** sind sacheinlagefähig. Ist nicht sicher, ob die Vertreter bereit sind, zur Gesellschaft zu wechseln, ist dies iRd Bewertung zu berücksichtigen.¹⁰⁰
- **Warenlager:** vgl. Sach- und Rechtsgesamtheiten
- **Wertpapierdepots:** vgl. Sach- und Rechtsgesamtheiten

ee) ABC unzulässiger Sacheinlagegegenstände

48
- **Bürgschaftsübernahme:** Die Zusage einer Bürgschaftsübernahme kann nicht als Sacheinlage eingebracht werden.¹⁰¹ Solange es nicht zum Bürgschaftsfall kommt, handelt es sich lediglich um das Versprechen, eine Bürgschaft zu übernehmen. Das Versprechen, eine Sacheinlage zu erbringen, kann aber nicht als Sacheinlage eingebracht werden.

49
- **Darlehensforderung:** Eine Darlehensforderung des Gründers gegenüber der Gesellschaft ist sacheinlagefähig.¹⁰² Dies gilt aber dann nicht, wenn es sich um eigenkapitalersetzende Gesellschafterdarlehen handelt und der Rückzahlungsanspruch wegen §§ 57, 62 AktG nicht durchsetzbar ist, denn dann kommt der Gesellschafterforderung kein aktueller Wert zu.¹⁰³

50
- **Dienstleistungen des Inferenten:** Mit der hM ist § 27 Abs. 2 AktG einschränkend dahingehend auszulegen, dass lediglich Dienstleistungen des Inferenten selbst nicht einlagefähig sind, denn diese können nicht – vollständig – aus dem Vermögen des Gründers ausgesondert werden.¹⁰⁴ Anders verhält es sich mit Dienstverpflichtungen Dritter, vgl. → Rn. 29.
- **Dividendenansprüche:** Künftige Dividendenansprüche der Inferenten sind nicht sacheinlagetauglich.¹⁰⁵

51
- **Forderungen** gegen den Inferenten können nicht als Sacheinlage eingebracht werden. Dies begründet die hM damit, dass es hier lediglich zu einem Forderungstausch käme, der mit dem Grundsatz der realen Kapitalaufbringung nicht vereinbar ist.¹⁰⁶ Anders ist dies bei Forderungen gegen Dritte, vgl. → Rn. 33. Eine Ausnahme von dem Grundsatz der Nichteinlagefähigkeit einer Forderung des Inferenten gilt, wenn die Forderung durch dingliche

---

⁹⁸ RG LZ 1918, 918; GroßkommAktG/*Schall* § 27 Rn. 147; MüKoAktG/*Pentz* § 27 Rn. 32.
⁹⁹ KölnKommAktG/*A. Arnold* § 27 Rn. 53; MüKoAktG/*Pentz* § 27 Rn. 35.
¹⁰⁰ MüKoAktG/*Pentz* § 27 Rn. 25; GroßkommAktG/*Schall* § 27 Rn. 143; aA Scholz/*Veil* GmbHG § 5 Rn. 35.
¹⁰¹ MüKoAktG/*Pentz* § 27 Rn. 36; GroßkommAktG/*Schall* § 27 Rn. 166.
¹⁰² MüKoAktG/*Pentz* § 27 Rn. 29; GroßkommAktG/*Schall* § 27 Rn. 190.
¹⁰³ MüKoAktG/*Pentz* § 27 Rn. 29; zur GmbH Hachenburg/*Ulmer* GmbHG § 5 Rn. 45 mwN.
¹⁰⁴ MüKoAktG/*Pentz* § 27 Rn. 33; AnwaltskommAktR/*Heidel/Polley* § 27 Rn. 19; Hüffer/Koch/*Koch* AktG § 27 Rn. 22; Hachenburg/*Ulmer* GmbHG § 5 Rn. 47; KölnKommAktG/*A. Arnold* § 27 Rn. 66; GroßkommAktG/*Schall* § 27 Rn. 170; BGH DNotZ 2010, 456.
¹⁰⁵ MüKoAktG/*Pentz* § 27 Rn. 36.
¹⁰⁶ MüKoAktG/*Pentz* § 27 Rn. 26, AnwaltskommAktR/*Heidel/Polley* § 27 Rn. 15; Hüffer/Koch/*Koch* AktG § 27 Rn. 16; GroßkommAktG/*Schall* § 27 Rn. 167f.; Hachenburg/*Ulmer* GmbHG § 5 Rn. 36, 64; Scholz/*Veil* GmbHG § 5 Rn. 48.

Rechte (zB Grundpfandrechte) gesichert oder mit einer Besitzverschaffung zu Gunsten der Gesellschaft verbunden ist.[107]

Nicht sacheinlagefähig sind aufschiebend bedingte Forderungen, wenn nicht sicher ist, ob diese zur Entstehung gelangen.[108] Eine Berücksichtigung iRd Bewertung ist nicht ausreichend, da mit Nichteintritt der Bedingung die Forderung wertlos ist. Entsprechendes gilt für auflösende Bedingungen.[109] **52**

- Die **Hingabe eines Wechselakzepts** ist nur eine besondere Zahlungsweise und ist daher nicht sacheinlagefähig.[110]
- **Obligatorische Nutzungsrechte** gegen den Inferenten sind dann nicht sacheinlagefähig, wenn sie nicht für eine feste Dauer und/oder nicht zur ausschließlichen Nutzung der Gesellschaft ohne Eingriffsmöglichkeit des Inferenten eingebracht werden, vgl. → Rn. 41. **53**
- Der **Schuldbeitritt** ist als Sacheinlage ungeeignet, da die Gesellschaft – anders als bei der Schuldübernahme – nicht vollständig von der Verbindlichkeit, der beigetreten wird, befreit wird.[111]
- Die **Verpflichtung zur Erstellung eines Werks** ist unstreitig nicht sacheinlagefähig, wenn sich der Anspruch gegen den Inferenten richtet, da das Werk in diesem Fall nicht zur freien Verfügung der Gesellschaft übertragen wird.[112] Im Übrigen wird differenziert zwischen vertretbaren und unvertretbaren Verpflichtungen. Vertretbare Verpflichtungen eines Dritten sich sacheinlagefähig, nicht dagegen unvertretbare.[113] **54**
- **vertragliche Verpflichtungen:** Vertragliche Verpflichtungen des Inferenten gegenüber der Gesellschaft sind als Sacheinlage unzulässig. Vertragliche Verpflichtungen Dritter können eingelegt werden. **55**

e) Gegenleistung. Die Gegenleistung der Sacheinlage besteht in Aktien. Dies ergibt sich bereits aus der Übernahmeerklärung (vgl. § 23 Abs. 2 Ziff. 2 AktG) und den nach § 27 Abs. 1 AktG vorgeschriebenen Festlegung des Nennbetrages oder bei Stückaktien der Zahl der gegen Sacheinlage zu gewährenden Aktien. Darüber hinausgehende Angaben bedarf es in der Sacheinlagevereinbarung nicht, insbesondere nicht der Angabe eines über dem Betrag liegenden Ausgabebetrages, da dieser zur Bestimmung der Gegenleistung nicht erforderlich ist. **56**

Anders stellt es sich bei gemischter Sacheinlage dar. Hier muss die Satzung entweder die dem Inferenten zustehende Zuzahlung (§ 27 Abs. 1 S. 1 AktG aE „Vergütung") beziffern oder aber, was zulässig und zweckmäßig ist, deren Berechnungsmodalitäten festlegen.[114] Von dieser Möglichkeit wird in der Praxis regelmäßig dann Gebrauch gemacht, wenn Unternehmen oder immaterielle Wirtschaftsgüter eingelegt werden. Um in diesen Fällen Wertveränderungen bis zur Anmeldung Rechnung tragen zu können, wird zumeist auf die unmittelbar zuvor in die Einbringungsbilanz aufzunehmenden und zu diesem Zeitpunkt geprüften Wertansätze verwiesen. **57**

f) Weitere Vereinbarungen und Nebenabreden. *aa) Angaben zur Individualisierung und zur Übertragung des Sacheinlagegegenstandes.* Bei Sacheinlagegegenständen, die durch einfache Angaben individualisiert werden können, genügen in der Regel bereits Kurzangaben in der Satzung. Es gelten die allgemeinen Bestimmtheitsanforderungen für schuldrechtliche Verpflichtungsgeschäfte und dingliche Übertragungsverträge.[115] **58**

---

[107] MüKoAktG/*Pentz* § 27 Rn. 26; GroßKommAktG/*Schall* § 27 Rn. 169; AnwaltskommAktR/*Heidel/Polley* § 27 Rn. 15; Hachenburg/*Ulmer* GmbHG § 5 Rn. 64; Scholz/*Veil* GmbHG § 5 Rn. 48.
[108] MüKoAktG/*Pentz* § 27 Rn. 28; AnwaltskommAktR/*Heidel/Polley* § 27 Rn. 15; KölnKommAktG/*A. Arnold* § 27 Rn. 52; KölnKommAktG/*Lutter* § 183 Rn. 21; Hachenburg/*Ulmer* GmbHG § 5 Rn. 42.
[109] MüKoAktG/*Pentz* § 27 Rn. 28; KölnKommAktG/*Lutter* § 183 Rn. 21.
[110] RGZ 49, 26; RGSt 36, 186; OLGE 22, 26; MüKoAktG/*Pentz* § 27 Rn. 36.
[111] GroßkommAktG/*Schall* § 27 Rn. 169.
[112] MüKoAktG/*Pentz* § 27 Rn. 35.
[113] MüKoAktG/*Pentz* § 27 Rn. 35.
[114] RG JW 1905, 214; MüKoAktG/*Pentz* § 27 Rn. 68; GroßkommAktG/*Schall* § 27 Rn. 218; *Priester* BB 1980, 19 f.
[115] Ausführlich zum Verhältnis der Satzungsfestlegungen zum Einbringungsvertrag vgl. *Hoffmann/Becking*, in: FS Lutter, 453 (461 ff.).

59 Bei Sachgesamtheiten, insbesondere bei Unternehmen, die im Wege der Einzelrechtsübertragung eingebracht werden, verlangt der Bestimmtheitsgrundsatz nicht nur die Enumeration aller Aktiven und Passiven, sondern auch die Aufzählung aller sonstigen Betriebsgrundlagen, die für das lebende Unternehmen wertbildend sind und für dessen Fortführung benötigt werden, wie Kundenkarteien, Kundenaufträge, Lieferantenverträge etc.[116] Ferner müssen aufwands- und ertragsbezogene Abgrenzungsfragen, Probleme im Zusammenhang mit der Übernahme von Arbeitsverträgen auf Grund Betriebsüberganges etc geregelt werden.

60 *bb) Gewährleistungsregelungen, Rücktrittsvorbehalte, Bedingungen.* Die Übernahmeerklärung selbst ist bedingungsfeindlich.[117] Eine aufschiebende Bedingung verhindert bereits eine wirksame Gründung; im Falle auflösender Bedingung liegt eine fehlerhafte Gründung vor. Der Errichtungsmangel verhindert die Eintragung. Entsprechendes gilt für Rücktrittsvorbehalte. Die Gesellschaft darf in diesen Fällen nicht eingetragen werden.[118] Wird sie dennoch eingetragen, sind diese Gründungsmängel geheilt mit der Folge, dass die unwirksamen Regelungen der Gesellschaft gegenüber nicht geltend gemacht werden können.[119] Diese Heilungsmöglichkeit gestattet es dem Registerrichter allerdings nicht, sich über derartige Gründungsmängel einfach hinwegzusetzen.[120] Vielmehr muss dem Registergericht spätestens mit der Anmeldung nachgewiesen werden, dass sich aufschiebende oder auflösende Bedingungen bzw. Rücktrittsvorbehalte durch Eintritt, Nichteintritt oder Verzicht erledigt haben.

61 Die Sacheinlagevereinbarung kann dagegen durchaus von Bedingungen abhängig gemacht werden, insbesondere von Rechtsbedingungen, deren Herbeiführung nicht allein in der Hand des Inferenten liegt. In diesen Fällen muss die Sacheinlagevereinbarung allerdings die Ersatzverpflichtung zur Bareinzahlung enthalten und die Bareinzahlung bei Anmeldung nachgewiesen werden, da das Bestehen der Ersatzforderung als solche die Eintragungsvoraussetzungen nicht erfüllt.

62 Verträge, die die Veräußerung von Sachgesamtheiten zum Gegenstand haben, regeln häufig Leistungsstörungen und deren Rechtsfolgen abweichend vom Gesetz. Dies ist grundsätzlich für Sacheinlagevereinbarungen nicht zu beanstanden, soweit zwischen dem Zeitraum bis zur Eintragung und danach unterschieden wird.

63 Bis zur Eintragung sind Einschränkungen der allgemeinen Leistungsstörungsregelungen zu Lasten der Gesellschaft uneingeschränkt zulässig, da der Einleger, etwa bei ausgeschlossener Rückabwicklung, auf Einzahlung der vollen Wertdifferenz des geleisteten Gegenstands zum Ausgabebetrag haftet und die Einzahlung der Wertdifferenz bei Anmeldung zum Handelsregister nachzuweisen ist.

64 Mit Eintragung verlieren entsprechende Abreden ihre Gültigkeit, wie unter anderem ein Blick auf § 66 Abs. 2 AktG zeigt, da Abreden zwischen der Gesellschaft und dem Gründer, die dessen Kapitalaufbringungsverpflichtungen einschränken, unzulässig sind.

65 *cc) Wahlrechte und Ersetzungsbefugnisse.* Auch Wahlrechte und Ersetzungsbefugnisse können für den Zeitraum bis zur Eintragung wirksam vereinbart werden.[121] Es muss je-

---

[116] Für Übertragung als Sachgesamtheit vgl. MHdB GesR IV/*Hoffmann-Becking* § 4 Rn. 6: Schlagwortartige Bezeichnung genügt, wenn sie verkehrsüblich ist, zB „Einbringung des Betriebs der X-GmbH mit allen Aktiven und Passiven". Nur auszunehmende Gegenstände müssen einzeln bezeichnet werden, ebenso Hüffer/Koch/*Koch* AktG § 27 Rn. 10; Hachenburg/*Ulmer* GmbHG § 5 Rn. 121; OLG München OLGR 32, 135; KölnKommAktG/*A. Arnold* § 27 Rn. 38.

[117] GroßkommAktG/*Röhricht/Schall* § 23 Rn. 96; MüKoAktG/*Pentz* § 23 Rn. 56; RGZ 83, 256 (258 f.).

[118] GroßkommAktG/*Röhricht/Schall* § 23 Rn. 96 ff.; Hachenburg/*Ulmer* GmbHG § 2 Rn. 113 f., 126; Scholz/*Emmerich* GmbHG § 2 Rn. 34; Baumbach/Hueck/*Fastrich* GmbHG § 3 Rn. 19, 20.

[119] MüKoAktG/*Pentz* § 23 Rn. 56; Hachenburg/*Ulmer* GmbHG § 2 Rn. 113 f.; die nichtige Erklärung muss durch Neuvornahme wiederholt werden, § 141 Abs. 1 BGB; einschränkend GroßkommAktG/*Röhricht/Schall* § 23 Rn. 97.

[120] MüKoAktG/*Pentz* § 23 Rn. 56.

[121] GroßkommAktG/*Röhricht/Schall* § 27 Rn. 431; für die GmbH entspricht dies der allg. Meinung, vgl. nur Hachenburg/*Ulmer* GmbHG § 5 Rn. 28 f.; Scholz/*Veil* GmbHG § 5 Rn. 110; Baumbach/Hueck/*Fastrich* GmbHG § 5 Rn. 48.

doch spätestens bei Eintragung feststehen, ob statt der Bar- eine Sacheinlage gewählt wurde, denn spätestens bis zu diesem Zeitpunkt sind dem Registergericht die für die Eintragung erforderlichen Bargründungs- oder Sacheinlagevoraussetzungen nachzuweisen.[122] Wird und soll der Einleger berechtigt sein, Bar- statt Sacheinlagen wählen zu dürfen, hat der Gründer rechtzeitig nachzuweisen, dass er die Bareinlage gewählt und durch Einzahlung erfüllt hat.[123]

g) Formerfordernisse. Sofern alle wesentlichen Abreden der Sacheinlagevereinbarung in ausreichend bestimmter Form in die Satzung aufgenommen wurden, wahrt die Beurkundung gemäß § 23 Abs. 1 AktG alle Beurkundungserfordernisse, die für die Verpflichtung zur Einlage bestimmter Vermögensgegenstände vorgeschrieben sind, wie etwa die Beurkundu § 311b BGB für Grundstücke. Zu diesem Zweck ist es durchaus zulässig, auch umfangreiche Sacheinlagevereinbarungen in die Satzung aufzunehmen, da diese auch sogenannte forelle, dh lediglich schuldrechtlich wirkende Bestimmungen enthalten darf.[124] 66

Davon zu trennen ist die Frage, wie bestimmt die Angaben zur Sacheinlage in der Satzung gemäß § 27 Abs. 1 AktG festgesetzt werden müssen und ob eine Beifügung umfangreicher Sacheinlageverträge in einer Anlage zur Errichtungsurkunde gemäß § 9 Abs. 1 S. 2 BeurkG den Festsetzungserfordernissen genügt. Diese Frage ist insbesondere für Verträge über die Einbringung von Unternehmen bedeutsam und umstritten.[125] 67

3. Wert der Sacheinlage

a) Bewertung. Das Gesetz verlangt keine Angabe des Wertes der Sacheinlage in der Satung. Auch die Sacheinlagevereinbarung muss keine Wertangaben enthalten. Für die Aktiengesellschaft gilt jedoch § 242 HGB, wonach der Vermögensgegenstand der Sacheinlage mit ihrem wahren Wert in die Eröffnungsbilanz aufzunehmen ist.[126] Eine Bewertung der Sacheinlage ist jedoch wegen §§ 34 Abs. 1 Ziff. 2, 36a Abs. 2 S. 3 und 54 AktG erforderlich, da der Wert der geleisteten Sacheinlage mindestens dem Ausgabebetrag der hierfür übernommenen Aktien – eventuell zzgl. Agio[127] – entsprechen muss.[128] Gemäß § 37 Abs. 1 S. 1 AktG ist die Leistung in der geschuldeten Höhe bei Anmeldung der Gesellschaft zum Handelsregister zu erklären. Allerdings soll nach § 38 Abs. 2 S. 2 AktG das Gericht die Eintragung nur ablehnen dürfen, wenn die Sacheinlage wesentlich hinter dem Nennbetrag der dafür gewährten Aktien zurückbleibt.[129] 68

Dagegen ist eine Bewertung bei der Sachübernahme schon nach dem Gesetz erforderlich, da die Sachübernahmevereinbarung die Gegenleistung bestimmen muss und diese auch in der Satzung festzulegen ist. Soll der Inferent neben Aktien von der Gesellschaft eine Zuzahlung erhalten (gemischte Sacheinlage), ist der Wert der Sacheinlage notwendiger Bestandteil der Sacheinlagevereinbarung. Bei Unternehmen oder anderen Vermögensgegenständen, für die marktgängige Anschaffungs- oder Veräußerungswerte nicht feststellbar sind, genügt jedoch die Angabe eines Mindestwertes, verbunden mit der Abrede, dass die Einbringung zu den in der Einbringungsbilanz (Eröffnungsbilanz) einzusetzenden Werten erfolgt.[130] 69

---

[122] GroßkommAktG/*Röhricht/Schall* § 27 Rn. 431.
[123] GroßkommAktG/*Röhricht/Schall* § 27 Rn. 431.
[124] Vgl. MüKoAktG/*Pentz* § 23 Rn. 41 ff.; *Godin/Wilhelmi* § 54 Rn. 10; Hüffer/Koch/*Koch* AktG § 23 Rn. 4; KölnKommAktG/*Drygala* § 54 Rn. 33.
[125] Ausführlich *Hoffmann-Becking*, in: FS Lutter, 453 (461 ff.) mwN.
[126] GroßkommAktG/ *Schall* § 27 Rn. 191.
[127] AnwaltskommAktR/*Heidel/Polley* § 27 Rn. 20, 22; GroßkommAktG/*Schall* § 27 Rn. 192.
[128] MüKoAktG/*Pentz* § 27 Rn. 37; GroßkommAktG/*Schall* § 27 Rn. 191; KölnKommAktG/*A. Arnold* § 27 Rn. 67; GHEK/*Eckardt* § 27 Rn. 36; AnwaltskommAktR/*Heidel/Polley* § 27 Rn. 20; Hüffer/Koch/*Koch* AktG § 9 Rn. 3, § 27 Rn. 20; Hachenburg/*Ulmer* GmbHG § 5 Rn. 66.
[129] BGHZ 29, 30 (306) = NJW 1959, 934; BGHZ 64, 52 ff. = NJW 1975, 974: Unterpariemission daher nur, wenn Bewertung den Rahmen der üblichen Bandbreite verlässt; ebenso MüKoAktG/*Pentz* § 27 Rn. 37; § 38 Rn. 60.
[130] GroßkommAktG/*Schall* § 27 Rn. 200.

70 **b) Zeitpunkt der Bewertung.** Für die GmbH legt das Gesetz als maßgeblichen Zeitpunkt die Anmeldung zum Handelsregister fest. Für die Aktiengesellschaft kann nichts anderes gelten.[131] Erreicht der Wert zu diesem Zeitpunkt den Ausgabebetrag (Nennbetrag oder höherer Wert), wird der Inferent von seiner Leistungspflicht frei und schuldet grundsätzlich keinen Ausgleich für eine Wertdifferenz, die bis zur Eintragung noch auftreten sollte. Denn das Gesetz geht grundsätzlich davon aus, dass der Inferent auch seine Sacheinlageverpflichtung bereits vor Anmeldung erfüllt (vgl. §§ 36 Abs. 2, 36a Abs. 2 und § 37 Abs. 1 S. 1 AktG). Dass es allein auf die Anmeldung als Bewertungsstichtag ankommen kann, folgt im Übrigen mit Selbstverständlichkeit aus der Tatsache, dass die Gesellschaft durch die Erfüllung der Sacheinlageverpflichtung die rechtliche und wirtschaftliche Verfügungsgewalt über den Vermögensgegenstand erwirbt und damit nach allgemeinen Grundsätzen die Leistungsgefahr vom Inferenten auf die Gesellschaft übergeht. Ab diesem Zeitpunkt ist allein der Vorstand der Vorgesellschaft zur Erhaltung des Gesellschaftsvermögens verpflichtet. Den Inferenten trifft somit, gemeinsam mit anderen Gründern, im Hinblick auf Wertverluste vor Eintragung allenfalls die allgemeine Unterbilanz- oder Differenzhaftung,[132] die für Vor-GmbH und Vor-AG gleichermaßen gilt.[133] Dies wird rechtspraktisch besonders dann deutlich, wenn Sacheinlagegegenstände geleistet werden, die erheblichen Wertschwankungen unterliegen, wie Unternehmen,[134] börsennotierte Aktien etc. Wertschwankungen zwischen Erwerb und Anmeldung belasten somit den Inferenten nicht mehr, sondern stellen grundsätzlich ein gemeinsames Risiko aller Gründer dar.

71 **c) Bewertungsmaßstab.** Die Bewertung erfolgt grundsätzlich nach den Regeln des Handelsbilanzrechtes, soweit es sich um bilanzierbare Vermögensgegenstände handelt. Da es um die Aufnahme eines Geschäftsbetriebes geht, sind grundsätzlich Fortführungs- und nicht Substanzwerte, schon gar nicht Liquidationswerte zu ermitteln.[135] **Gegenstände des Anlagevermögens** sind somit zu Teilwerten, dh zu den Preisen anzusetzen, die die Gesellschaft für die Beschaffung oder Herstellung am Markt zum Zeitpunkt der Anmeldung zahlen müsste.[136] Veräußerungswerte sind für die Gegenstände des Anlagevermögens auch dann nicht anzusetzen, wenn sie unter den Anschaffungswerten liegen.[137] Dagegen sind für **Gegenstände des Umlaufvermögens** ihrer Bestimmung entsprechend Einzelveräußerungswerte maßgeblich.[138]

72 Nutzungsrechte, Firmenrechte, Goodwill, Know-how, gewerbliche Schutzrechte etc haben häufig keine oder nur wenig verlässliche Marktpreise. Das Gleiche gilt für Unternehmen. In diesen Fällen muss der Ertragswert nach den herkömmlichen Bewertungsgrundsätzen ermittelt werden.[139] Über die im Rahmen anerkannter Bewertungsgrundsätze verbleibenden Beurteilungsspielräume hinaus steht aber weder den Gründern noch

---

[131] Ganz hM: GroßkommAktG/*Schall* § 27 Rn. 197; MüKoAktG/*Pentz* § 27 Rn. 38; Hüffer/Koch/*Koch* AktG § 27 Rn. 20; AnwaltskommAktR/*Heidel/Polley* § 27 Rn. 21; KölnKommAktG/*A. Arnold* § 27 Rn. 67; Hachenburg/*Ulmer* GmbHG § 5 Rn. 69; *Lutter/Hommelhoff* § 9 Rn. 5. Die Satzung kann einen abweichenden Bewertungsstichtag vorsehen, vgl. MüKoAktG/*Pentz* aaO; KölnKommAktG/*Kraft* § 27 Rn. 62.
[132] Vgl. GroßkommAktG/*Schall* § 27 Rn. 191, 197, 201.
[133] Vgl. Hüffer/Koch/*Koch* AktG § 41 Rn. 8 ff.; bestätigend zuletzt OLG Hamm AG 2003, 278.
[134] GroßkommAktG/*Schall* § 27 Rn. 197, 199 ff.
[135] Zur Bewertung von Unternehmen vgl. auch MüKoAktG/*Pentz* § 27 Rn. 38; GroßkommAktG/*Schall* § 27 Rn. 199 ff.: Maßgeblich ist der voraussichtliche Ertrag.
[136] Vgl. GroßkommAktG/*Schall* § 27 Rn. 195 f.; AnwaltskommAktR/*Heidel/Polley* § 27 Rn. 21; MüKoAktG/*Pentz* § 27 Rn. 37; Hüffer/Koch/*Koch* AktG § 27 Rn. 20.
[137] Vgl. GroßkommAktG/*Schall* § 27 Rn. 195.; AnwaltskommAktR/*Heidel/Polley* § 27 Rn. 21; MüKoAktG/*Pentz* § 27 Rn. 37; Hüffer/Koch/*Koch* AktG § 27 Rn. 20.
[138] MüKoAktG/*Pentz* § 27 Rn. 37; vgl. GroßkommAktG/*Schall* § 27 Rn. 195.; AnwaltskommAktR/*Heidel/Polley* § 27 Rn. 21; § 27 Rn. 20; Hachenburg/*Ulmer* GmbHG § 5 Rn. 57; Scholz/*Veil* GmbHG § 5 Rn. 57; Baumbach/Hueck/*Fastrich* GmbHG § 5 Rn. 34.
[139] Vgl. GroßkommAktG/*Röhricht* § 27 Rn. 196; AnwaltskommAktR/*Heidel/Polley* § 27 Rn. 21: Möglich ist auch Einbringung zu Buchwerten der letzten Bilanz des einzubringenden Unternehmens, ebenso Hüffer/Koch/*Koch* aaO; MüKoAktG/*Pentz* § 27 Rn. 38; einschränkend *Lutter/Hommelhoff* GmbHG § 5 Rn. 24 f.; aA Hachenburg/*Ulmer* GmbHG § 5 Rn. 68: immaterielle Vermögensgegenstände haben angesichts mangelnder Erprobung durch bisherige Verwertungserfolge nicht mehr als nur geringfügigen Wert; sehr großzügig dagegen BGHZ 29, 300 (308).

dem Vorstand der Vor-AG, noch den Gründungsprüfern ein Ermessensspielraum bei der Bewertung zu.[140]

Obligatorische Nutzungsrechte sind für den vereinbarten Nutzungszeitraum zum Barwert bei Anmeldung anzusetzen. Hierzu sind die Nutzungsentgelte zu kapitalisieren, die die Gesellschaft für die Nutzung des Gegenstandes während der vertraglichen Festlaufzeit an einen Dritten zu zahlen hätte.[141]

d) Nichterreichen des Ausgabebetrages/Überbewertung von Sacheinlagen. *aa) Rechtslage zwischen Gründung und Anmeldung.* Der Wert der Sacheinlage muss bei Anmeldung dem Ausgabebetrag entsprechen, zu dem sich der Inferent in der Gründungsurkunde zur Übernahme von Aktien verpflichtet hat. Nur unter dieser Voraussetzung darf die Gesellschaft in das Handelsregister eingetragen werden, andernfalls hat das Registergericht die Eintragung nach § 38 Abs. 1 S. 2 sowie Abs. 2 S. 2 AktG abzulehnen.[142] Anders ist dies nur, wenn dem Registergericht bei Anmeldung oder auf entsprechende Verfügung hin die Verpflichtungserklärung des Sacheinlageverpflichteten vorgelegt wird, die zum Ausgabebetrag fehlende Differenz in Bar auszugleichen und die Zuzahlung entsprechend §§ 36, 36a Abs. 1 AktG nachgewiesen wird.[143] Der Sache nach liegt dann eine offene, wenngleich nachgeholte gemischte Sacheinlage vor, die grundsätzlich zulässig ist.[144]

Die geschilderte Rechtslage vor Eintragung knüpft bereits an den objektiven Minder-wert der Sacheinlage an und nicht erst an dessen Überbewertung. Daher ist die Annahme ungerechtfertigt, dass eine überbewertete Sacheinlage eo ipso zur Unwirksamkeit der Sacheinlagevereinbarung führt und dass diese Unwirksamkeit gegebenenfalls auch die Übernahmeerklärung des Gründers als solche nichtig macht, mit der Folge, dass das gesamte Gründungsgeschäft unwirksam ist.[145]

Die Leistung einer minderwertigen Sacheinlage (Überbewertung) ist deswegen kein direkt oder analog nach § 27 Abs. 3 S. 1 und 3 AktG zu beurteilender Fall, weil die Angabe über den Wert der Sacheinlage keine Pflichtangabe der Sacheinlagevereinbarung bzw. der statutarisch festgelegten Sacheinlageverpflichtung ist. Sie stellt sich aber als anfängliche oder nachträgliche Äquivalenzstörung dar, da dem Gründer nur ausnahmsweise nach § 27 Abs. 1 AktG gestattet wird, seine Übernahmeverpflichtung durch Sacheinlage zu erfüllen, was zwingend voraussetzt, dass die Sacheinlage ihrem Wert nach dem Ausgabebetrag entspricht, zu dem sich der Gründer zur Übernahme von Aktien verpflichtet hat. Diese Schlussfolgerung ergibt sich mit Selbstverständlichkeit aus dem Ausnahmecharakter der Sacheinlageberechtigung, den Werthaltigkeitsanforderungen des § 27 Abs. 1 und 2 AktG sowie der allgemeinen Wertdeckungsgarantie, die in den §§ 54, 27 Abs. 1 sowie § 66 AktG zum Ausdruck kommt. Diese Wertung ergibt sich aber zugleich auch aus § 311a BGB, wonach der Wirksamkeit eines Vertrages anfängliche objektive Leistungshindernisse nicht mehr im Wege stehen und der Schuldner von seiner Primärleistungspflicht nur noch nach § 275 BGB befreit wird. Für Art und Umfang seiner Sekundärleistungsverpflichtung, insbesondere bei Teilunmöglichkeit, wird im Übrigen eine uneingeschränkte Übernahmeerklärung des Sacheinlegers als Wertbeschaffungsverpflichtung auszulegen sein, die den Schuldner nach § 276 Abs. 1 BGB verschärft haften lässt.

Daher genügt es, wenn man den Gründern und dem Vorstand der Vor-AG das Recht vorbehält, dem zur Sacheinlage Verpflichteten zu gestatten, die Wertdifferenz zum geschuldeten Ausgabebetrag durch Barzahlung auszugleichen. Allerdings kann die Auslegung der Über-

---

[140] GroßkommAktG/*Schall* § 27 Rn. 196; für GmbH vgl. auch Hachenburg/*Ulmer* GmbHG § 5 Rn. 68; Scholz/*Veil* GmbHG § 5 Rn. 57; Lutter/*Hommelhoff* GmbHG § 5 Rn. 24, § 9 Rn. 4; Baumbach/Hueck/*Fastrich* GmbHG § 5 Rn. 33.
[141] Vgl. BGH ZIP 2000, 1162 ff. (1164); GroßkommAktG/*Schall* § 27 Rn. 159.
[142] GroßkommAktG/*Schall* § 27 Rn. 208 f.; AnwaltskommAktR/*Heidel/Polley* § 27 Rn. 22; KölnKomm-AktG/*Dauner-Lieb* § 9 Rn. 18; MüKoAktG/*Pentz* § 27 Rn. 43, § 38 Rn. 25; GHEK/*Eckardt* § 9 Rn. 9; Hüffer/Koch/*Koch* AktG § 9 Rn. 5; für die GmbH vgl. Hachenburg/*Ulmer* GmbHG § 5 Rn. 158.
[143] Vgl. GroßkommAktG/*Schall* § 27 Rn. 208; AnwaltskommAktR/*Heidel/Polley* § 27 Rn. 22; MüKoAktG/*Pentz* § 27 Rn. 41, § 38 Rn. 25; Hüffer/Koch/*Koch* AktG § 38 Rn. 16 mwN.
[144] Ganz hM: GroßkommAktG/*Schall* § 27 Rn. 207.
[145] Vgl. GroßkommAktG/*Röhricht* § 27 Rn. 98 ff.

nahmeerklärung in Verbindung mit der Sacheinlagevereinbarung ergeben, dass der Sacheinleger bei unverschuldeter Äquivalenzstörung zum Rücktritt oder zur Kündigung seiner Beitrittserklärung berechtig sein soll, wenn er anderenfalls verpflichtet wäre, etwas zu leisten, was er anfänglich nicht versprochen hat und gegebenenfalls auch nicht zu leisten vermag. In diesem Fall werden Sacheinlagevereinbarung und Gründergeschäft ex nunc unwirksam, so dass die Gesellschaft nicht eingetragen werden kann. Die auf fehlerhafter Grundlage entstandene Vorgesellschaft ist dann aufzulösen. Die Verpflichtung der Gründer ist in diesem Fall auf Leistung derjenigen Beträge beschränkt, die zur Liquidation der Vorgesellschaft, insbesondere zur Erfüllung ihrer Verpflichtungen benötigt werden.[146] Im Übrigen sind bereits geleistete Einlagen an die Gründer nach bereicherungsrechtlichen Grundsätzen zurückzugewähren.

78 bb) *Rechtslage nach Eintragung*. Wird die Gesellschaft eingetragen, weil der Minderwert der Sacheinlage nicht erkannt wird, ist die Gründung wirksam und die Gesellschaft entstanden.[147] Da kein unmittelbarer Anwendungsfall von § 27 Abs. 3 S. 1 AktG vorliegt, ist auch die Sacheinlageverpflichtung wirksam,[148] so dass der Sacheinlagegegenstand von der Gesellschaft nicht zurückgegeben und vom Gründer nicht zurückverlangt werden kann. Vielmehr ist der Gründer analog § 9 Abs. 1 GmbHG verpflichtet, den Differenzbetrag zwischen dem tatsächlichen Wertersatz der Sacheinlage und demjenigen Betrag in Bar einzuzahlen, mit dem die Sacheinlage auf die primäre Bareinzahlungsverpflichtung angerechnet werden sollte.[149] Da dieser Anrechnungsbetrag regelmäßig dem Ausgabebetrag entspricht, zu dem die Aktien gegen Bareinzahlungen den Gründern ausgegeben werden sollen, entspricht diese Bardeckungsverpflichtung im Zweifel der Differenz zum Ausgabebetrag.[150] Der Anspruch ist nicht auf den Ausgabebetrag beschränkt, sondern kann auch darüber hinausgehen, zB im Falle der Einbringung eines verschuldeten Unternehmens.[151]

79 e) *Unterbewertung von Sacheinlagen*. Nach hM ist auch eine Unterbewertung von Sacheinlagen unzulässig. Zwar kann durch Unterbewertung nicht gegen den Grundsatz der Kapitalaufbringung verstoßen werden, es würden jedoch schon bei Entstehung der Gesellschaft stille Reserven gebildet. Bis zur Aufhebung des § 279 HGB aF wurde gegen die Zulässigkeit der Unterbewertung das Verbot der willkürlichen Bildung stiller Reserven (§ 279 Abs. 1 S. 1 HGB aF iVm § 253 Abs. 4 HGB) angeführt.[152] Die gleichzeitige Streichung von § 253 Abs. 4 HGB, wonach die Bildung stiller Reserven zum Teil zugelassen wurde, belegt aber, dass tatsächlich die willkürliche Reservenbildung keinesfalls gestattet werden sollte.[153] Werden bei der Ausgabe von Aktien den Nenn- bzw. Ausgabebetrag der Aktien übersteigende Beträge erzielt, sind diese zwingend in die Kapitalrücklage einzustellen, wenn hierbei der Spielraum für die Bewertung überschritten wird, vgl. § 272 Abs. 2 Nr. 1 HGB.[154]

80 Eine Unterbewertung von Sacheinlagen kann später zur Ausweisung überhöhter Gewinne führen. Werden diese ausgeschüttet, kommt es zu einer – unbemerkten – teilweisen Einlagenrückgewähr.[155]

---

[146] Vgl. Hüffer/Koch/*Koch* AktG § 9 Rn. 5.
[147] MüKoAktG/*Pentz* § 27 Rn. 44; AnwaltskommAktR/*Heidel*/*Polley* § 27 Rn. 23; GroßkommAktG/*Schall* § 27 Rn. 210.
[148] BGHZ 64, 52 (62) = NJW 1975, 974; BGHZ 68, 191 (195) = NJW 1977, 1196; Hüffer/Koch/*Koch* AktG § 27 Rn. 21; KölnKommAktG/*A. Arnold* § 27 Rn. 74; MüKoAktG/*Pentz* § 27 Rn. 44.
[149] BGHZ 64, 52 (62) = NJW 1975, 974; BGHZ 68, 191 (195) = NJW 1977, 119; BGHZ 86, 196; vgl. GroßkommAktG/*Schall* § 27 Rn. 211 ff.; AnwaltskommAktR/*Heidel*/*Polley* § 27 Rn. 22; MüKoAktG/*Pentz* § 27 Rn. 44.
[150] MüKoAktG/*Pentz* § 27 Rn. 44.
[151] Ebenso GroßkommAktG/*Schall* § 27 Rn. 212; zu GmbH vgl. *K. Schmidt* GesR § 34 Abs. 2 S. 3a) aa); *Wilhelm*, in: FS Flume II, 1978, 337 (361 f.); KölnKommAktG/*Lutter* § 183 Rn. 66; Hüffer/Koch/*Koch* AktG § 183 Rn. 21.
[152] Daran festhaltend unter Heranziehung des Gebots der zutreffenden Dotierung der Kapitalrücklage nach § 150 iVm § 272 Abs. 2 Nr. 1 HGB MüKoAktG/*Pentz* § 27 Rn. 39; Spindler/Stilz/*Benz* AktG § 27 Rn. 43.
[153] Ulmer/Ulmer/*Casper* § 5 Rn. 90; Hüffer/Koch/*Koch* AktG § 27 Rn. 20.
[154] GroßkommAktG/*Schall* § 27 Rn. 193; MüKoAktG/*Pentz* § 27 Rn. 39; GHEK/*Eckardt* § 27 Rn. 36; AnwaltskommAktR/*Heidel*/*Polley* § 27 Rn. 20.
[155] GroßkommAktG/*Schall* § 27 Rn. 194; Hüffer/Koch/*Koch* AktG § 27 Rn. 20; GHEK/*Eckardt* § 27 Rn. 36; *Ballerstedt* FS Geßler, 1971, 69 (71 ff.); *Schiller* BB 1991, 2403 (2408).

4. Festsetzungen in der Satzung

a) Grundsätzliches. Einerseits begnügt sich das Gesetz nicht mit schlichten Angaben zur 81 Sacheinlage, sondern verlangt Festsetzungen, andererseits unterscheidet es deutlich zwischen den zwingend in die Satzung aufzunehmenden Festsetzungen (vgl. § 27 Abs. 1 AktG) und Sacheinlageverträgen (vgl. § 27 Abs. 3 S. 2 AktG) bzw. -vereinbarungen.[156] Verschiedentlich wird die Aufnahme aller Sacheinlage- oder Sachübernahmevereinbarungen in die Satzung gefordert und deren Beifügung als Anlage gemäß § 9 Abs. 1 S. 2 BeurkG oder Aufnahme in das Gründungsprotokoll als ungenügend abgelehnt.[157] Nach der ganz herrschenden Meinung und Rechtspraxis zum Aktienrecht sind dagegen Inhalt und Umfang der statuarischen Regelungserfordernisse für Sacheinlagen und Sachübernahmen ausschließlich am Publizitätszweck des § 27 Abs. 1 AktG zu messen.[158] Die vom Gesetzgeber verlangten und dauerhaften (vgl. § 26 Abs. 5 AktG) Satzungsfestsetzungen über Sacheinlagen sollen dem Rechtsverkehr ein verlässliches Bild über das Anfangskapital der Gesellschaft bei Sachgründung vermitteln. Hierzu genügt es, wenn die Einlageverpflichtungen genau genug bestimmt sind, um eine zweifelsfreie Individualisierung und Werthaltigkeitskontrolle der Sacheinlage zu ermöglichen.[159]

Insofern ist die Unterscheidung zwischen den Essentialia der Sacheinlagevereinbarung 82 oder des Sachübernahmevertrages und bloßen Nebenabreden[160] wenig hilfreich. Vielmehr ist zu fordern, dass alle, aber auch nur diejenigen Vertragsregelungen in die Satzung übernommen werden, die für Identität, Umfang und Wert der Sacheinlage von Bedeutung sind. Besteht die Sacheinlage etwa in einer obligatorischen Nutzungsüberlassung, muss die Satzung insbesondere die Festlaufzeit unmittelbar regeln.

b) Die einzelnen Festsetzungen. *aa) Gegenstand der Sacheinlage.* Der Gegenstand der 83 Sacheinlage muss in der Satzung **zweifelsfrei beschrieben** werden.[161] Da die Festsetzungen aber auch über den Wert der Sacheinlage Aufschluss geben sollen, sind alle wesentlichen Umstände und insbesondere Belastungen in die Festsetzungen mit aufzunehmen, die den Wert und die Brauchbarkeit des Gegenstandes beeinflussen:[162]

- **Vertretbare Vermögensgegenstände:** Ist der Gründer berechtigt, der Gattung nach be- 84 stimmte oder vertretbare Vermögensgegenstände zu leisten, ist die Festsetzung von Zahl, Menge, Wert[163] oder Gattungsmerkmalen ausreichend.[164]

---

[156] Diese Differenzierung geht auf Artikel 209b des Gesetzes betreffend die Kommanditgesellschaften auf Aktien und die Aktiengesellschaften vom 18.7.1884 zurück, das nahezu wortgleich in § 184 HGB von 1897 übernommen wurde. In der Begründung vom 7.3.1884 wird hervorgehoben, dass im Gesellschaftsvertrag, um diesen nicht unnötig zu belasten, nur festgesetzt werden müsse „was, von wem und zu welchem Betrag auf das Grundkapital inferiert oder übernommen werden soll". Weiter heißt es: „Diejenigen Verträge, welche den bezeichneten Festsetzungen im Gesellschaftsvertrag unmittelbar zugrunde liegen oder zu deren Ausführungen beschlossen sind ... müssen vollständig vorgelegt, mit der Anmeldung zum Handelsregister überreicht und dort zur Einsicht dauernd niedergelegt werden. Dies ist notwendig, um zu erkennen, ob zwischen den Festsetzungen im Gesellschaftsvertrag und diesen Verträgen Übereinstimmung herrscht und durch dieselben das Interesse der Gesellschaft gewahrt ist, notwendig auch, um etwa vorkommende Schiebungen und illegitime Zuwendungen aufzudecken ...". Damit wich der Gesetzgeber des HGB 1897 bewusst vom GmbHG 1892 ab, das in § 3 AktG die Aufnahme des gesamten Vertrages in den Gesellschaftsvertrag verlangte.
[157] Vgl. GroßkommAktG/*Schall* § 27 Rn. 247; vgl. dazu auch MüKoAktG/*Pentz* § 27 Rn. 69.
[158] Vgl. MüKoAktG/*Pentz* § 27 Rn. 69 ff.
[159] MüKoAktG/*Pentz* § 27 Rn. 69 ff., AnwaltskommAktR/*Heidel/Polley* § 27 Rn. 29; GroßkommAktG/*Schall* § 27 Rn. 240 ff.
[160] In diesem Sinne aber, Hüffer/Koch/*Koch* AktG § 27 Rn. 9.
[161] Vgl. MüKoAktG/*Pentz* § 27 Rn. 70, AnwaltskommAktR/*Heidel/Polley* § 27 Rn. 29.
[162] RGZ 114, 77 (81 f.); MüKoAktG/*Pentz* § 27 Rn. 69 f.; AnwaltskommAktR/*Heidel/Polley* § 27 Rn. 29; Hachenburg/*Ulmer* GmbHG § 5 Rn. 116 ff.; dies gilt auch für Nebenabsprachen, wenn sie sich auf die Wertverhältnisse der einzubringenden Sachen auswirken oder der Bestimmung der einzubringenden Gegenstände dienen, vgl. MüKoAktG/*Pentz* § 27 Rn. 69; Hüffer/Koch/*Koch* AktG § 27 Rn. 9; KölnKommAktG/*A. Arnold* § 27 Rn. 39; GroßkommAktG/*Schall* § 27 Rn. 246.
[163] Vgl. RGZ 141, 204 (207).
[164] GroßkommAktG/*Schall* § 27 Rn. 145, 241; MüKoAktG/*Pentz* § 27 Rn. 70; Hüffer/Koch/*Koch* AktG § 27 Rn. 10; Hachenburg/*Ulmer* GmbHG § 5 Rn. 117; Scholz/*Veil* GmbHG § 5 Rn. 88.

85 • **Unvertretbare Vermögensgegenstände** (Speziesschulden) erfordern Festlegungen, die eine objektive Bestimmbarkeit des geschuldeten Gegenstandes und der mit ihm verbundenen Belastungen ermöglichen.[165]

86 • **Grundstücke:** Bei einzelnen Grundstücken genügt die Bezugnahme auf die Grundbucheintragung, weitere Angaben zu Lage oder Größe des Grundstücks sowie darauf beruhende Belastungen sind nicht nötig, da diese Angaben mit wünschenswerter Klarheit dem Grundbuch entnommen werden können, vgl. § 28 GBO. Bei mehreren Grundstücken kann zur objektiven Festlegung genügen, dass sämtliche Grundstücke, die an einem bestimmten Tag im Grundbuch eines bestimmten Bezirks auf den Namen des Einlegers eingetragen sind, eingebracht werden.[166]

87 • **Forderungen:** Es gelten die für die Abtretung von Forderungen oder Forderungsgesamtheiten zu beachtenden Bestimmtheitsgebote.[167]
• **Rechte:** für Rechte gelten die zu den Forderungen gemachten Ausführungen entsprechend.[168]

88 • **Kennzeichenrechte:** Bei Kennzeichnungsrechten, etwa Patenten, Geschmacks- und Gebrauchsmustern, etc braucht die Registernummer nicht angegeben zu werden; ihre Angabe kann durch die Beschreibung des Inhalts des Rechts vermieden werden. Bei Urheberrechten ist das Werk anzugeben.[169]

89 • **Beteiligungen an Unternehmen:** Es genügt, wenn aus den Festlegungen der Rechtsträger des Unternehmens hervorgeht, dass das Unternehmen mit allen Aktiven und Passiven übergehen soll. Alles weitere ergibt sich dann mit hinreichender Bestimmtheit aus dem Einbringungsvertrag, der nähere Festlegungen zu den mit zu übertragenden nicht bilanzierbaren Wirtschaftsgütern, Verträgen etc enthält. Sollen einzelne Aktiven und/oder Passiven von der Übertragung ausgeschlossen sein, muss dies jedoch in die Satzungsfestlegungen ausdrücklich aufgenommen werden.[170] Ebenso muss die Übernahme von Schulden ausdrücklich in der Satzung erwähnt werden.[171]

90 • **Sonstige Sachgesamtheiten:** Auch hier kann die Festlegung durch Verwendung von „Allformeln" erfolgen; einzelne nicht mit zu übertragende Gegenstände sind auch hier anzugeben.[172] Auf die für die Sicherungsübertragung entwickelten Rechtsgrundsätze kann Bezug genommen werden.

91 • **Gemischte Sacheinlage:** In der Satzung ist speziell darauf hinzuweisen, dass es sich um eine gemischte Sacheinlage handelt. Die Höhe der Vergütung ist anzugeben[173] oder zumindest die Berechnungsmodalitäten offenzulegen.[174]

92 *bb) Person, von der die Gesellschaft den Gegenstand erwirbt.* In der Satzung ist die Person bzw. sind die Personen anzugeben, von der die Gesellschaft den Gegenstand erwirbt.[175] Auch bei der Sacheinlage muss der Einleger nicht selbst Inhaber der einzulegenden Forde-

---

[165] MüKoAktG/*Pentz* § 27 Rn. 70.
[166] Hachenburg/*Ulmer* GmbHG § 5 Rn. 118 mwN; MüKoAktG/*Pentz* § 27 Rn. 70; Hüffer/Koch/*Koch* AktG § 27 Rn. 10; AnwaltskommAktR/*Heidel/Polley* § 27 Rn. 29.
[167] Vgl. MüKoBGB/*Roth* § 398 Rn. 67 ff.; vgl. hierzu im Übrigen MüKoAktG/*Pentz* § 27 Rn. 70; Scholz/*Veil* GmbHG § 5 Rn. 88; Hachenburg/*Ulmer* GmbHG § 5 Rn. 119.
[168] Hachenburg/*Ulmer* GmbHG § 5 Rn. 120.
[169] Hachenburg/*Ulmer* GmbHG § 5 Rn. 120.
[170] AnwaltskommAktR/*Heidel/Polley* § 27 Rn. 28; MHdB GesR IV/*Hoffmann-Becking* § 4 Rn. 12: Schlagwortartige Bezeichnung genügt, ebenso Hüffer/Koch/*Koch* AktG § 27 Rn. 10; Hachenburg/*Ulmer* GmbHG § 5 Rn. 121; OLG München OLGR 32, 135; GroßkommAktG/*Röhricht* § 27 Rn. 146 ff.
[171] RG JW 1905, 214; MüKoAktG/*Pentz* § 27 Rn. 70; *Priester* BB 1980, 19 f.; die Höhe der Schulden muss nicht angegeben werden.
[172] RGZ LZ 1918, 918; OLG München OGLR 32, 135 (136); MüKoAktG/*Pentz* § 27 Rn. 70; Hachenburg/*Ulmer* GmbHG § 5 Rn. 121; Scholz/*Veil* GmbHG § 5 Rn. 88.
[173] RG JW 1905, 214; MüKoAktG/*Pentz* § 27 Rn. 68; GroßkommAktG/*Schall* § 27 Rn. 218; *Priester* BB 1980, 19 f.
[174] GroßkommAktG/*Schall* § 27 Rn. 218.
[175] MüKoAktG/*Pentz* § 27 Rn. 71: Die Angabe über die Personen muss so konkret sein, dass sie identifiziert werden können; vgl. auch GroßkommAktG/*Schall* § 27 Rn. 242; AnwaltskommAktR/*Heidel/Polley* § 27 Rn. 29.

rungsrechte oder Eigentümer der zu übertragenden Sachen sein.[176] In diesem Falle ist in die Satzung nicht nur der Name des Einlegers als Verpflichteter, sondern auch der Inhaber des Vermögensgegenstandes zu bezeichnen, von dem die Gesellschaft den Vermögensgegenstand erwerben soll.[177]

cc) Gegenleistung. Bei Sacheinlagen ist zumindest der Ausgabebetrag anzugeben, auf den 93 der Gründer die Sacheinlage leistet.[178] Damit ist die Verbindung zur Übernahmeerklärung hergestellt und aus der Satzung ersichtlich, ob der Gründer durch die Sacheinlage insgesamt von seiner Einzahlungsverpflichtung frei wird oder nur zu einem Teil davon. Im letzteren Fall liegt eine Mischeinlage vor mit der Folge, dass der Inferent den Restbetrag in bar einzuzahlen hat. Bei gemischten Sacheinlagen muss sich darüber hinaus die Höhe der Vergütung in Geld oder in einer anderen Gegenleistung ergeben, die der Inferent über die Aktien zu einem bestimmten Ausgabebetrag hinaus von der Gesellschaft erhält.[179] Die Gegenleistung kann auch späterer Bestimmung vorbehalten werden. So kann etwa festgelegt werden, dass der Inferent von der Gesellschaft eine Zuzahlung über den Ausgabebetrag hinaus erhält, deren Höhe sich aus der geprüften Einbringungsbilanz zum Zeitpunkt der Anmeldung ergibt.[180]

5. Fehlerhafte Festsetzungen und/oder Sacheinlagevereinbarungen

a) Rechtslage bis zur Eintragung. Fehlende, falsche, unzulässige und zu unbestimmte Fest- 94 setzungen nach § 27 Abs. 1 AktG führen gemäß § 125 S. 1 BGB zwingend zur Unwirksamkeit der Sacheinlagevereinbarung.[181] Die Sacheinlagevereinbarung ist als Festlegung einer in die Satzung aufzunehmenden Pflicht ein echter, dh körperschaftsrechtlicher Satzungsbestandteil.[182]

Um eine fehlerhafte Festsetzung handelt es sich auch, wenn eine Sacheinlage vereinbart 95 wird, die nach § 27 Abs. 2 AktG nicht einlagefähig ist. Bei Unwirksamkeit der Sacheinlagevereinbarung liegt ein Errichtungsmangel vor, der ein Eintragungshindernis darstellt.[183]

Um einen Errichtungsmangel handelt es sich auch bei sonstigen Mängeln der Sacheinlage- 96 vereinbarung bzw. des Einbringungsvertrages, die dessen Zustandekommen (etwa wegen Dissenses) oder Wirksamkeit verhindern, wie dies etwa bei Sacheinlagevereinbarungen der Fall ist, die gegen gesetzliche Verbote verstoßen. Entsprechendes gilt für Willensmängel, die nach Anfechtung zu Unwirksamkeit der Sacheinlagevereinbarung führen.[184] Die Mangelhaftigkeit der Sacheinlagevereinbarung kann in diesen Fällen nach ganz herrschender Meinung bis zur Eintragung sowohl von der Gesellschaft als auch von dem Einleger selbst geltend gemacht werden mit der Folge, dass die Gesellschaft nicht eingetragen werden darf.[185]

Fraglich ist in all diesen Fällen, ob der Mangel der Sacheinlagevereinbarung auch die 97 Mangelhaftigkeit der Beitrittserklärung als solche nach sich zieht oder ob eine Bareinzahlungsverpflichtung des Inferenten eo ipso an die Stelle der Sacheinlageberechtigung und -verpflichtung tritt.

Die Frage kann hier nicht anders als bei Minderwertigkeit der Sache beantwortet werden. 98 Daher ist in der Regel davon auszugehen, dass die Beitrittserklärung unbedingt erfolgt ist, es sei denn, dass ausdrücklich klargestellt ist oder sich durch Auslegung ergibt, dass die Über-

---

[176] GroßkommAktG/*Schall* § 27 Rn. 134; MüKoAktG/*Pentz* § 27 Rn. 23.
[177] Ausreichend ist es, wenn der Inferent den Dritten anweist, den Vermögensgegenstand an die Gesellschaft zu übertragen, vgl. GroßkommAktG/*Schall* § 27 Rn. 135.
[178] MüKoAktG/*Pentz* § 27 Rn. 72; AnwaltskommAktR/*Heidel/Polley* § 27 Rn. 29.
[179] Vgl. MüKoAktG/*Pentz* § 27 Rn. 72; OLG Celle NJW-RR 2016, 482 (zur GmbH).
[180] Berechnung muss sich aus der Satzung entnehmen lassen, vgl. MüKoAktG/*Pentz* § 27 Rn. 72.
[181] Vgl. hierzu auch MüKoAktG/*Pentz* § 27 Rn. 74; AnwaltskommAktR/*Heidel/Polley* § 27 Rn. 30; GroßkommAktG/*Schall* § 27 Rn. 250.
[182] GroßkommAktG/*Schall* § 27 Rn. 102.
[183] AnwaltskommAktR/*Heidel/Polley* § 27 Rn. 31; Hüffer/Koch/*Koch* AktG § 27 Rn. 12; GroßkommAktG/*Schall* § 27 Rn. 137, 142; MüKoAktG/*Pentz* § 27 Rn. 78.
[184] Vgl. MüKoAktG/*Pentz* § 27 Rn. 49.
[185] GroßkommAktG/*Schall* § 27 Rn. 259 ff.; MüKoAktG/*Pentz* § 27 Rn. 49.

nahme nur gegen Sacheinlage erfolgen sollte.¹⁸⁶ Nur in diesem Fall ist die Gründung als solche fehlerhaft. Andernfalls genügt die gemeinsame Erklärung der Gründer und der Vorgesellschaft bei Anmeldung, dass nunmehr eine Bareinlage geschuldet wird; die Bareinzahlung ist dann nachzuholen und dem Handelsregister nachzuweisen.¹⁸⁷

99   Ist ausnahmsweise von gleichzeitiger Unwirksamkeit der Sacheinlagevereinbarung und der Beitrittserklärung auszugehen, die die gesamte Gründung unwirksam macht, ist die Gesellschaft unter Beachtung der Grundsätze, die für die fehlerhafte Gesellschaft entwickelt wurden, abzuwickeln. Das bedeutet, dass die Vorgesellschaft in dem Zustand, in dem sie sich bei Feststellung des Mangels befindet, zu liquidieren ist. Für die Vergangenheit kann sich hingegen kein Aktionär auf den Wirksamkeitsmangel berufen. Einlagen dürfen nach bereicherungsrechtlichen Grundsätzen nur insoweit zurückgewährt werden, als dies nach vorrangiger Befriedigung der Gläubiger der Vorgesellschaft möglich ist.

100 **b) Rechtslage nach Eintragung.** Nach Eintragung wird die Gültigkeit der Satzung durch die Unwirksamkeit der Sacheinlagevereinbarung nicht mehr berührt.¹⁸⁸ Aus § 275 AktG folgt, dass die Errichtung der Gesellschaft an fehlerhaften Festsetzungen einer Sacheinlagevereinbarung nicht scheitern soll. Nach § 54 Abs. 1 und 2 AktG in Verbindung mit der Übernahmeerklärung ist der Inferent bei Fehlen oder Unwirksamkeit einer Sacheinlagevereinbarung zur Bareinzahlung des Ausgabebetrages verpflichtet.¹⁸⁹

101 Nicht anders ist es, wenn die Sacheinlagevereinbarung bzw. der Einbringungsvertrag nicht zustande gekommen ist. Auch in diesen Fällen ist die Gesellschaft wegen § 275 AktG entstanden und kann nur in den dort genannten Ausnahmen auf Klage eines jeden Aktionärs oder Mitglieds der Verwaltung hin für nichtig erklärt werden. Andere Errichtungsmängel sind durch die Vorschrift endgültig präkludiert mit der Konsequenz, dass eine unwirksame Sacheinlagevereinbarung zwar eine Berechtigung oder Verpflichtung des Gründers auf Leistung der Sacheinlage an die Gesellschaft ausschließt, die Beitrittserklärung des Gründers jedoch wirksam bleibt mit der Folge, dass dieser auf Grund seiner Übernahmeerklärung auf Bareinzahlung haftet.¹⁹⁰ **Ausgenommen** hiervon ist allerdings der Fall, dass die Sacheinlagevereinbarung wegen Geschäftsunfähigkeit des Gründers nichtig ist, weil in diesem Fall auch § 275 AktG nicht die Wirksamkeit der Beitrittserklärung des geschäftsunfähigen Mitgründers bewirkt.

102 Wegen Fehleridentität bleiben sowohl die Sacheinlagevereinbarung als auch die damit zusammenhängende Beitrittserklärung einschließlich der Gründung der Gesellschaft unwirksam, wenn ein Unternehmen eingelegt werden soll, dessen Betrieb gegen ein gesetzliches Verbot verstößt und der Unternehmensgegenstand der Gesellschaft auf den Betrieb eines solchen Unternehmens gerichtet und deshalb ebenfalls wegen Gesetzwidrigkeit nichtig ist.¹⁹¹

103 Folgt aus der Unwirksamkeit der Sacheinlagevereinbarung allerdings nur, dass das Unternehmen, dessen Führung der alleinige Gegenstand der Gesellschaft sein soll, nicht in die Gesellschaft eingebracht werden kann, führt dies nach heute wohl herrschender Meinung nicht zu einem nach § 275 AktG beachtlichen Satzungsmangel, obwohl in einem solchen Fall von einer anfänglichen faktischen Verfehlung des Unternehmensgegenstandes ausgegangen wer-

---

¹⁸⁶ Dies ist zB der Fall, wenn die Sacheinlage besondere Bedeutung für die Gesellschaft hat, etwa ein für den Gegenstand des Unternehmens zwingend erforderliches Grundstück oder gewerbliches Schutzrecht; vgl. hierzu auch MüKoAktG/*Pentz* § 27 Rn. 49; für GmbH vgl. Hachenburg/*Ulmer* GmbHG § 5 Rn. 86; hat der Leistungsaustausch schon stattgefunden, ist er rückabzuwickeln, vgl. AnwaltskommAktR/*Heidel/Polley* § 27 Rn. 32.
¹⁸⁷ GroßkommAktG/*Schall* § 27 Rn. 260; GHEK/*Eckardt* § 27 Rn. 64; MüKoAktG/*Pentz* § 27 Rn. 79; Hüffer/Koch/*Koch* AktG § 27 Rn. 37; AnwaltskommAktR/*Heidel/Polley* § 27 Rn. 31.
¹⁸⁸ AnwaltskommAktR/*Heidel/Polley* § 27 Rn. 31; GroßkommAktG/*Schall* § 27 Rn. 262; Hüffer/Koch/*Koch* AktG § 27 Rn. 38; MüKoAktG/*Pentz* § 27 Rn. 49 für Willensmängel, ebenso BGHZ 21, 378 (382) = NJW 1957, 19; GroßkommAktG/*Barz*, 3. Aufl. 1973 § 27 Rn. 14; vgl. MüKoAktG/*Pentz* § 27 Rn. 79 für mangelhafte Festsetzungen.
¹⁸⁹ Im Ergebnis ebenso MüKoAktG/*Pentz* § 27 Rn. 79.
¹⁹⁰ Vgl. hierzu auch GroßkommAktG/*Schall* § 27 Rn. 262.
¹⁹¹ Vgl. RGZ 96, 282 für gewerblichen Schmuggel; BayObLG NJW 1971, 528; BayObLGZ 1972, 126 (129) für Verstoß gegen staatl. Monopol; Einzelfälle bei Hüffer/Koch/*Koch* AktG § 275 Rn. 15 mwN.

den muss.[192] Ebenfalls nicht zur Nichtigkeit gemäß § 275 AktG führt es, wenn ein ursprünglich satzungsmäßiger Unternehmensgegenstand nachträglich in unzulässiger Weise geändert wird.[193]

Erbringt der Aktionär in Unkenntnis der unwirksamen Sachgründung die vermeintlich geschuldete Sacheinlage, erfüllt dies seine Bareinlageverpflichtung grundsätzlich nicht. Allerdings wird nach § 27 Abs. 3 S. 3 AktG bei der verdeckten Sacheinlage der Wert des verdeckt eingebrachten Vermögensgegenstandes auf die verbleibende Bareinlagepflicht angerechnet. Dies muss *a majore ad minus* auch bei unbewussten Verstößen gegen die Sacheinlagevorschriften gelten. Die (bewusste) Umgehung von Sacheinlagevorschriften darf nicht besser gestellt werden, als unbewusste Verstöße gegen diese Vorschriften.[194] 104

6. Heilung fehlerhafter Festsetzungen/Änderung oder Beseitigung von Festsetzungen

a) **Heilung fehlerhafter Festsetzungen.** Fehlerhafte Festsetzungen können bis zur Eintragung durch Satzungsänderung geheilt werden.[195] Bis zur Neufassung des § 27 AktG stand einer „Heilung" von fehlerhaften Festsetzungen **nach Eintragung** das ausdrückliche Verbot des § 27 Abs. 4 AktG aF entgegen. Für die GmbH hat der BGH in Übereinstimmung mit dem überwiegenden Schrifttum den nachträglichen Übergang von der Bar- zur Sacheinlage durch Satzungsänderung zur „Heilung" verdeckter Sacheinlagen zugelassen.[196] Mit Wegfall des § 27 Abs. 4 AktG aF steht aus der Sicht des Gesetzgebers einer Übertragung dieser Rechtsprechung auf die AG nichts im Wege.[197] § 27 Abs. 4 AktG aF sollte verhindern, dass die ursprünglich unterbliebene Festsetzung einer Sacheinlage nachträglich durch einfache Satzungsänderung ohne Werthaltigkeitskontrolle vorgenommen wird. Dieser Schutzzweck wird aber bereits dadurch erreicht, dass nach der Rechtsprechung eine Bareinlage nur dann in eine Sacheinlage umgewandelt werden kann, wenn die ursprünglich unterbliebene Werthaltigkeitsprüfung nachgeholt wird. 105

b) **Änderung oder Beseitigung von Festsetzungen.** Für die Änderung wirksamer Festsetzungen gilt § 26 Abs. 4 AktG entsprechend, vgl. § 27 Abs. 5 Alt. 1 AktG; für die Beseitigung gegenstandslos gewordener Festsetzungen gilt § 26 Abs. 5 AktG, vgl. § 27 Abs. 5 Alt. 2 AktG. Die Änderung bzw. Beseitigung erfolgt durch Satzungsänderung iSd §§ 179 ff. AktG.[198] 106

Zulässig sind Änderungen von Sacheinlagebestimmungen nur, wenn sie sich zu Gunsten der Gesellschaft auswirken. Auch diese Änderungen dürfen aber erst fünf Jahre nach Eintragung ins Handelsregister erfolgen, vgl. § 26 Abs. 4 AktG.[199] Der Übergang von der Sach- zur Bareinlage ist nach allgemeiner Ansicht zulässig.[200] Es gilt aber die zeitliche Sperre von fünf Jahren ab Eintragung gemäß §§ 27 Abs. 5, 26 Abs. 4 AktG. 107

Die Beseitigung von wirksamen Satzungsbestimmungen zu Sacheinlagen, die nicht mehr benötigt werden, ist nach § 26 Abs. 5 AktG erst dreißig Jahre nach Eintragung ins Handelsregister möglich. Ferner muss die zu beseitigende Regelung zuvor mindestens fünf Jahre ge- 108

---

[192] Vgl. zur Rechtslage Hüffer/Koch/*Koch* AktG § 275 Rn. 12, 14 mwN.
[193] Die restriktive Auslegung von § 275 ist schon wegen der Entscheidung des EuGH (EuGH Slg. 1990–I, 4135 – „Marleasing") geboten; vgl. auch Hüffer/Koch/*Koch* AktG § 275 Rn. 14; MüKoAktG/*J. Koch* § 275 Rn. 26; ebenso BayObLGZ 82, 140 (142 f.); KölnKommAktG/*Kraft* § 275 Rn. 27; aA: GroßkommAktG/*Wiedemann* § 275 Rn. 3.
[194] *Veil* DB 2008, 2347 (2351).
[195] Hüffer/Koch/*Koch* AktG § 27 Rn. 45; AnwaltskommAktR/*Heidel/Polley* § 27 Rn. 69; KölnKommAktG/ *A. Arnold* § 27 Rn. 122; MüKoAktG/*Pentz* § 27 Rn. 238; für die GmbH Hachenburg/*Ulmer* GmbHG § 5 Rn. 84.
[196] BGHZ 132, 141 (150 ff.).
[197] BT-Drs. 16/13 098, 54.
[198] MüKoAktG/*Pentz* § 27 Rn. 239.
[199] MüKoAktG/*Pentz* § 27 Rn. 240; KölnKommAktG/*A. Arnold* § 27 Rn. 153.
[200] RG JW 1934, 3196; KG JW 1937, 321; Hüffer/Koch/*Koch* AktG § 27 Rn. 55; KölnKommAktG/*A. Arnold* § 27 Rn. 157; GroßkommAktG/*Schall* § 27 Rn. 426; Godin/Wilhelmi § 27 Anm. 19; Hachenburg/*Ulmer* GmbHG § 5 Rn. 26.

genstandslos gewesen sein.[201] Handelt es sich um unwirksame Festsetzungen über Sacheinlagen, gilt § 27 Abs. 5 AktG nicht,[202] eine Löschung ist jederzeit möglich.

7. Vollzug/Erfüllung der Sacheinlageverpflichtung

109 a) **Vorbemerkung.** Unter Vollzug (heute auch: „Closing") ist das dingliche Erfüllungsgeschäft zu verstehen. Die Sacheinlage ist wie geschuldet zu bewirken (§ 362 BGB). Gegenstand, Art und Umfang sowie Leistungszeit ergeben sich aus der Sacheinlagevereinbarung und den Festsetzungen in der Satzung, den dispositiven Regelungen des Schuldrechts und gegebenenfalls ergänzender Auslegung. Die Erfüllung setzt bei beweglichen Gegenständen Einigung und Übergabe, bei Grundstücken Auflassung und Eintragung und bei Forderungen und Rechten eine Zession voraus.[203] Bei Unternehmenskaufverträgen etwa treten Vertragsübernahmen, die vom jeweiligen Vertragspartner zu genehmigen sind, hinzu. Entsprechendes gilt in Fällen obligatorischer Nutzungsüberlassung. Soweit der Einbringungsvertrag die Wirksamkeitserfordernisse für das Erfüllungsgeschäft noch nicht enthält, sind alle für die Wirksamkeit des Erfüllungsgeschäftes erforderlichen Voraussetzungen gesondert zu beachten. So ist etwa eine im Rahmen der Gründung noch nicht mitbeurkundete Auflassung nunmehr gegenüber dem Vorstand der Vor-AG nach § 925 BGB zu erklären. Die Einbringung von Unternehmen stellt regelmäßig einen Fusionstatbestand dar, dessen Vollzug bis zur Freigabe durch das Kartellamt § 41 Abs. 2 S. 1 GWB entgegensteht.

110 b) **Fälligkeit und Leistungszeitpunkt.** aa) *Fälligkeit.* Sacheinlagen sind zu dem in der Sacheinlagevereinbarung bestimmten Zeitpunkt grundsätzlich vollständig[204] zu leisten. Das Gesetz verlangt keine Terminsfestsetzung in der Satzung. Fehlt eine Fälligkeitsbestimmung, ist die Leistungszeit durch Auslegung zu ermitteln. Nach § 271 Abs. 1 BGB ist im Zweifel von sofortiger Fälligkeit auszugehen. Nur ausnahmsweise ergibt sich aus der Natur der übernommenen Verpflichtungen, wie etwa bei Sukzessivlieferungsverträgen, abschnittsweise zu erfüllenden Nutzungsüberlassungsverträgen, genehmigungsbedürftigen Leistungen oder noch zu erstellenden Werkleistungen eine spätere Fälligkeit. Ergibt die Auslegung eine hinausgeschobene Fälligkeit, ist der Einbringungsvertrag gesetzeskonform dahin auszulegen, dass die Leistung spätestens bis zu den vom Gesetz vorgeschriebenen Zeitpunkten bzw. Höchstfristen (§ 36a Abs. 2 AktG) zu erbringen ist.

111 *bb) Die gesetzlich vorgeschriebenen Zeitpunkte und Höchstfristen für Sacheinlagen.* Das Aktiengesetz 1965 sah für Sacheinlagen keine Leistungszeitpunkte oder -fristen vor. Mit § 36a AktG ist durch das Gesetz zur Durchführung der Zweiten Richtlinie des Rates der Europäischen Gemeinschaften zur Koordinierung des Gesellschaftsrechtes vom 13.12.1978[205] auch für Sacheinlagen eine Zeitbestimmung in das Gesetz aufgenommen worden. Der Wortlaut von § 36a Abs. 2 AktG ist allerdings auslegungsbedürftig.[206] Während Sacheinlagen, zu denen sich der Gründer nach § 27 AktG verpflichtet, gemäß § 36a Abs. 2 S. 1 AktG vollständig zu leisten sind und die Erfüllung dieser Verpflichtung nach § 37 Abs. 1 AktG im Handelsregister anzumelden ist, gestattet § 36a Abs. 2 S. 2 AktG die Erfüllung einer Sacheinlageverpflichtung innerhalb von fünf Jahren nach Eintragung der Gesellschaft, wenn Gegenstand der Sacheinlage die Verpflichtung zur Leistung eines Vermögensgegenstands ist.

---

[201] Vgl. MüKoAktG/*Pentz* § 27 Rn. 242; § 26 Rn. 61 ff.; auf Grund der 30-jährigen Frist ist es sinnvoll, umfangreiche Regelungen in einer Anlage niederzulegen, sofern es sich nicht um einen zwingenden Satzungsbestandteil iSv § 27 Abs. 1 S. 1 AktG handelt, vgl. AnwaltskommAktR/*Heidel/Polley* § 27 Rn. 94; ebenso Hüffer/Koch/*Koch* AktG § 27 Rn. 55; GroßkommAktG/*Schall* § 27 Rn. 429.

[202] GHEK/*Eckardt* § 27 Rn. 71; MüKoAktG/*Pentz* § 27 Rn. 242; GroßkommAktG/*Schall* § 27 Rn. 430.

[203] MüKoAktG/*Pentz* § 36a Rn. 22.

[204] Gemäß § 36a Abs. 2 S. 1 AktG sind Sacheinlagen entsprechend § 266 BGB vollständig zu leisten. Anders als Bareinlagen, vgl. § 36a Abs. 1 AktG, sieht das Gesetz keine Aufteilungsmöglichkeit vor. Eine solche Regelung kann jedoch durch die Satzung getroffen werden, vgl. Hüffer/Koch/*Koch* AktG § 36a Rn. 5.

[205] BGBl. I S. 1959; angepasst an die Zulassung von Stückaktien durch Stückaktiengesetz vom 25.3.1998, BGBl. I S. 590.

[206] MüKoAktG/*Pentz* § 36a Rn. 13; GHEK/*Eckardt* § 36a Rn. 11; KölnKommAktG/*A. Arnold* § 36a Rn. 7; Hüffer/Koch/*Koch* AktG § 36a Rn. 4; GroßkommAktG/*Röhricht/Schall* § 36a Rn. 3.

112 Unstreitig genügt der Gründer seiner Sacheinlageverpflichtung im Einklang mit dem Gesetzeswortlaut, wenn er vor Anmeldung die Verpflichtung eines Dritten zur Leistung an die Gesellschaft abtritt und der Dritte seine Leistungspflicht gegenüber der Gesellschaft innerhalb der Fünf-Jahres-Frist erfüllt.[207] Auch die Einräumung obligatorischer Nutzungsüberlassungsansprüche, die erst nach Eintragung abschnittsweise zu erfüllen sind, hält sich im Rahmen des Wortlauts.[208] Offen ist dagegen die Behandlung eigener Verpflichtungen des Gründers zur Übertragung von Vermögensgegenständen an die Gesellschaft. Bei der Beantwortung der Frage ist zunächst zu berücksichtigen, dass das Aktiengesetz 1965 bewusst von einer Bestimmung über den Leistungszeitpunkt von Sacheinlagen absah.[209]

113 Die Kapitalrichtlinie 77/91/EWG vom 13.12.1976 sieht in Art. 9 Abs. 2 folgende Regelung vor:

„Jedoch müssen Einlagen, die nicht Bareinlagen sind, für Aktien, die im Zeitpunkt der Gründung der Gesellschaft ... ausgegeben werden, innerhalb von fünf Jahren nach diesem Zeitpunkt vollständig geleistet werden".

114 Diese Vorschrift setzte der Deutsche Gesetzgeber durch die Fassung von § 36a Abs. 2 AktG um. Aus der amtlichen Begründung[210] geht dabei eindeutig hervor, dass der Gesetzgeber für das Deutsche Aktienrecht keine gegenüber der zitierten Regelung der Kapitalrichtlinie verschärfende Regelung treffen wollte.[211]

115 Nach heutiger ganz herrschender Meinung ist § 36a Abs. 2 AktG somit so zu verstehen, dass auch vom Gründer selbst dinglich zu erfüllende Sacheinlagen noch nicht vor Anmeldung erbracht werden müssen, sondern spätestens innerhalb der nach § 36a Abs. 2 S. 2 AktG vorgeschriebenen Fünf-Jahres-Frist ab Eintragung der Gesellschaft.[212] Gegen diese Auslegung sind unter Hinweis auf den anerkannten Auslegungskanon von Gesetzen gewichtige Gründe vorgebracht worden,[213] doch ist die Auslegung der herrschenden Meinung durchaus mit den traditionellen Auslegungsmethoden vereinbar, da § 36a Abs. 2 S. 1 und 2 AktG für bestimmte Sacheinlagegegenstände einen inneren Widerspruch erkennen lässt, der nur durch Auslegung beseitigt werden kann und das genannte Auslegungsergebnis einerseits auf die Entstehungsgeschichte der Norm und den Wortlaut der Kapitalrichtlinie zurückgreifen kann, die als allgemein zugängliches Auslegungsmittel von Gesetzen anerkannt ist.[214]

116 Nach herrschender Meinung sind daher für die in Betracht kommenden Gegenstände einer Sacheinlage folgende Leistungszeitpunkte anzunehmen:
- Alle Sacheinlagen, bei denen der Gegenstand der Einlage der Gesellschaft nur zur Nutzung überlassen wird, sind vor Anmeldung in der Weise vollständig zu leisten, dass die Verpflichtung zur Nutzungsüberlassung gegenüber der Gesellschaft unbedingt entstanden und wirksam geworden sein muss und der Gegenstand der Nutzungsüberlassung der Gesellschaft zur alleinigen Verfügung steht.
- Besteht der Sacheinlagegegenstand in der Übertragung von Leistungsansprüchen gegenüber Dritten, sind diese vor Anmeldung an die Gesellschaft abzutreten.

117
- Alle sofort oder bis zur Anmeldung fälligen Leistungen sind ebenfalls bis zur Anmeldung an die Gesellschaft zu bewirken. Erfolgt die Forderungsübertragung in diesen Fällen nicht rechtzeitig, darf die Eintragung nicht erfolgen.

---

[207] So auch KölnKommAktG/*A. Arnold* § 36a Rn. 8 ff.; *Kraft.* GS D. Schultz, 1987, 193 (194 ff.); *Lutter* AG 1994, 429 (432 f.); GroßkommAktG/*Wiedemann* § 188 Rn. 55.

[208] Vgl. Hüffer/Koch/*Koch* AktG § 36a Rn. 4; MüKoAktG/*Pentz* § 36a Rn. 12; MHdB GesR IV/*Hoffmann-Becking* § 4 Rn. 44; Hüffer/Koch/*Koch* NJW 1979, 1065 (1067); *Krebs/Wagner* AG 1998, 467 (468 ff.).

[209] Vgl. RegBegr, BT-Drs. 8/1678, 12 f.; MüKoAktG/*Pentz* § 36a Rn. 13 ff.; GHEK/*Eckhardt* § 36a Rn. 3: Bei Vorbereitung des Aktiengesetzes 1965 war eine Fristenregelung für Sacheinlageverpflichtungen erwogen worden, aber nicht Gesetz geworden.

[210] BT-Drs. 8/1678, 12 f.

[211] Vgl. ausführlich mit Nachweisen MüKoAktG/*Pentz* § 36a Rn. 15 f.; GroßkommAktG/*Röhricht/Schall* § 36a Rn. 6 ff.; Hüffer/Koch/*Koch* AktG § 36a Rn. 4; sowie eingehend hierzu der damalige Referent des Bundesministeriums für Justiz *Ganske* DB 1978, 2461 (2462); Hüffer/Koch/*Koch* NJW 1979, 1065 (1067 f.).

[212] MüKoAktG/*Pentz* § 36a Rn. 12 ff. mwN; Hüffer/Koch/*Koch* AktG § 36a Rn. 4.

[213] Vgl. *Mayer* ZHR 154 (1990), 535 (538 ff.) mwN.

[214] In diesem Sinne GroßkommAktG/*Röhricht/Schall* § 36a Rn. 6 ff. mwN; MüKoAktG/*Pentz* § 36a Rn. 17.

118 • Dagegen müssen Sacheinlageverpflichtungen, die auf die dingliche Übertragung eines Vermögensgegenstandes an die Gesellschaft gerichtet sind und erst nach Anmeldung fällig werden, nicht bis vor Anmeldung erfüllt werden, vielmehr genügt es, wenn im Zeitpunkt der Anmeldung ein verbindlicher Anspruch der Gesellschaft auf Übertragung des Gegenstandes gegenüber dem Einleger begründet ist.

119 **c) Verbot der Unterpariemission, § 36a Abs. 2 S. 3 AktG.** Gemäß § 36a Abs. 2 S. 3 AktG muss der Wert der Sacheinlage dem geringsten Ausgabebetrag und bei Ausgabe der Aktien für einen höheren als diesen auch dem Mehrbetrag entsprechen. Dieses Verbot der Unterpariemission ergibt sich bereits aus § 9 Abs. 1 AktG sowie aus §§ 34 Abs. 1 Nr. 2, 37 Abs. 1 S. 1, 38 Abs. 2 S. 2 AktG. Der Grund für die nochmalige Aufnahme des Verbots der Unterpariemission in das Gesetz ist nach hM, dass falsche Erklärungen der Gründer über den Wert der Sache nicht nur Ansprüche aus §§ 46 und 48 AktG nach sich ziehen, sondern auch eine Strafbarkeit nach § 399 Abs. 1 Nr. 1 AktG begründen sollen.[215]

120 Wird die AG trotz Unterpariemission eingetragen, ist sie dennoch wirksam entstanden,[216] ein Nichtigkeits- oder Löschungs- bzw. Auflösungsgrund iSd § 275 AktG, §§ 397, 399 FamFG liegt nicht vor. Die Überbewertung führt lediglich zur Nachzahlungspflicht des Gründers.[217]

8. Leistungsstörungen

121 **a) Anwendbares Recht.** Die Sacheinlagevereinbarung ist unvollkommen gegenseitiger Vertrag, auf den neben den allgemeinen Leistungsstörungsregeln auch einzelne Bestimmungen über gegenseitige Verträge entsprechende Anwendung finden können. Früher galt daneben für Sacheinlagevereinbarungen wegen § 493 BGB aF auch Kaufrecht.[218] Daran hat sich auch nach der Schuldrechtsnovelle grundsätzlich nichts geändert. Insbesondere trägt das neue Schuldrecht mit dem durchgängigen Nachbesserungsrecht des Verkäufers dem Umstand besser Rechnung, dass der Sacheinleger seine Einlageverpflichtung primär durch die versprochene Sachleistung soll erbringen dürfen.

122 Grundsätzlich sind die allgemeinen Leistungsstörungsregeln einschließlich der kaufrechtlichen Bestimmungen auf Sacheinlagevereinbarungen jedoch nur mit der Maßgabe anzuwenden, dass sichergestellt ist, dass die Gesellschaft mit dem eingetragenen Gründungskapital entsteht und sich im Falle von Sacheinlagen der Einlageanspruch gegen den Sacheinleger nach Ausübung von Leistungsstörungsansprüchen nicht in eine ungesicherte Forderung verwandelt.[219]

123 Nach § 311a Abs. 1 BGB wird der Sacheinleger auch bei anfänglicher Unmöglichkeit nicht von seiner primären Leistungspflicht befreit, vielmehr steht auch anfängliche objektive Unmöglichkeit entgegen früherer Rechtslage (vgl. § 306 BGB aF[220]) der Wirksamkeit der Sacheinlagevereinbarung nicht mehr entgegen.

124 **b) Schadensersatzanspruch.** Bei anfänglicher Unmöglichkeit kann die Gesellschaft vom Sacheinleger Schadensersatz nach Maßgabe von § 311a Abs. 2 BGB und bei nachträglicher Unmöglichkeit nach den §§ 280 ff. BGB verlangen. Schadensersatz statt der Leistung (vgl. § 281 und § 283 sowie § 311a Abs. 2 S. 1 BGB) ist der Höhe nach auf den Ausgabebetrag beschränkt.[221] Daneben haftet der Sacheinleger nur für Begleit-, Verzögerungs- oder Rück-

---

[215] MüKoAktG/*Pentz* § 36a Rn. 27; GroßkommAktG/*Röhricht/Schall* § 36a Rn. 22; GHEK/*Eckardt* § 36a Rn. 17.
[216] Vgl. hierzu Hüffer/Koch/*Koch* AktG § 36a Rn. 6; MüKoAktG/*Pentz* § 36a Rn. 29; GroßkommAktG/ *Röhricht/Schall* § 36a Rn. 21 f.; § 27 Rn. 210.
[217] BGHZ 64, 52 (62) = NJW 1975, 974; Hüffer/Koch/*Koch* AktG § 36a Rn. 6; KölnKommAktG/*A. Arnold* § 36a Rn. 23; MüKoAktG/*Pentz* § 36a Rn. 29; *K. Schmidt* GmbHR 1978, 5.
[218] MüKoAktG/*Pentz* § 27 Rn. 50 ff.
[219] AnwaltskommAktR/*Heidel/Polley* § 27 Rn. 32.
[220] Vgl. zur alten Rechtslage GroßkommAktG/*Röhricht/Schall* § 27 Rn. 416; *Godin/Wilhelmi* § 27 Anm. 6; für die GmbH Hachenburg/*Ulmer* GmbHG § 5 Rn. 87.
[221] Ähnlich AnwaltskommAktR/*Heidel/Polley* § 27 Rn. 32.

abwicklungsschäden. Die Schadensersatzansprüche für Begleitschäden ergeben sich entweder unmittelbar aus § 281 Abs. 1 BGB oder aus §§ 280 Abs. 1, 2 iVm 286 BGB oder § 311 Abs. 2 BGB.

Auch neben der Leistung kann die Gesellschaft gegebenenfalls Begleitschäden nach § 280 BGB oder Verzögerungsschäden nach §§ 280 Abs. 2, 286, 287 BGB ersetzt verlangen. Neben der Schadensersatzverpflichtung, gleichviel, ob diese vor oder nach Eintragung der Gesellschaft eintritt, bedarf es grundsätzlich keines allgemeinen Rückgriffs auf die allgemeine Bareinzahlungsverpflichtung, da insbesondere die Schadensersatzansprüche statt der Leistung an die Stelle der Primärleistungsverpflichtung auf Grund Sacheinlagevereinbarung treten, diese in ihrem Bestand jedoch unberührt lassen.[222] Zu einer Konkurrenz zwischen Barleistungsverpflichtung und Schadensersatzansprüchen kommt es auf Grund der Anwendbarkeit der allgemeinen Leistungsstörungsregeln somit nicht. 125

c) **Rücktritt.** Dagegen kann unter Umständen ein Interesse der Gesellschaft daran bestehen, die Sacheinlagevereinbarung rückabzuwickeln, wenn die Voraussetzungen der §§ 323 ff. BGB vorliegen. In diesem Fall kommt es zwangsläufig zu einer Rückabwicklung der Sacheinlage nach §§ 346 ff. BGB und einem Wiederaufleben der Bareinzahlungsverpflichtung des Einlegers.[223] Mit dieser Rechtsfolge muss der Einleger bei Sacheinlagevereinbarung auch rechnen. Im Vertrauen darauf, dass der Rücktritt auch seine Beitrittserklärung als solche erfasst, wird der Einleger grundsätzlich nicht geschützt, es sei denn, dass er sich diese Rechtsfolge ausdrücklich vorbehält. Ein solcher Vorbehalt ist allerdings nur bis zur Eintragung der Gesellschaft anzuerkennen, spätestens ab Eintragung verliert er seine Gültigkeit (vgl. hierzu bereits oben → Rn. 60). 126

d) **Verzug.** Die ganz hM wendet bei Verzug die § 286 BGB an, wobei auch hier – wie allgemein bei der Anwendung der Regelungen des allgemeinen bzw. besonderen Schuldrechts – die og Einschränkungen gelten sollten.[224] 127

Die Gesellschaft kann gemäß §§ 280 Abs. 1, 2, 286 BGB Ersatz des Verzögerungsschadens verlangen, wenn sich der Inferent mit der Erbringung seiner Sacheinlage in Verzug befindet. Im Falle des fruchtlosen Ablaufs einer dem Inferenten durch die Gesellschaft gesetzten Frist kann diese Schadensersatz statt der Leistung gemäß §§ 280 Abs. 1 und 3, 281 Abs. 1 S. 1 BGB verlangen oder, wenn die Voraussetzungen des § 323 BGB vorliegen, vom Vertrag zurücktreten. Es gelten dann die bereits oben ausgeführten Rücktrittsfolgen. 128

e) **Nachbesserung und Minderung.** Das Recht und die Pflicht auf Nachbesserung nach neuem Kaufrecht entsprechen den beiderseitigen Interessen von Einleger und Gesellschaft. Ihre Anwendbarkeit ist daher grundsätzlich zu bejahen. Entsprechendes gilt für die Minderung. Dabei ist anstelle des Kaufpreises der Ausgabebetrag im Verhältnis des geschuldeten Sachwertes zum Wert der gelieferten Sacheinlage anzusetzen. An die Stelle des Anspruchs auf Rückzahlung des Differenzbetrages gemäß § 441 Abs. 4 S. 1 BGB hat der Einleger die Differenz zwischen gemindertem Wert zum Ausgabebetrag an die Gesellschaft im Wege der Bareinzahlung zu leisten. Diese lebt insoweit wieder auf (vgl. Argument § 441 Abs. 4 S. 2 BGB).[225] 129

---

[222] Ähnlich im Ergebnis zur alten Rechtslage MüKoAktG/*Pentz* (2. Auflage) § 27 Rn. 51; ebenso zur alten Rechtslage: GroßkommAktG/*Barz*, 3. Aufl. 1973, § 27 Rn. 17; zur GmbH vgl. Hachenburg/*Ulmer* GmbHG § 5 Rn. 88; Scholz/*Veil* GmbHG § 5 Rn. 63 ff.; aA GroßkommAktG/*Röhricht/Schall* § 27 Rn. 417: Bei nicht zu vertretender Unmöglichkeit wird die der Einlageschuldner von der Einlageverpflichtung gemäß § 275 BGB frei.
[223] AnwaltskommAktR/*Heidel/Polley* § 27 Rn. 32; GroßkommAktG/*Röhricht/Schall* § 27 Rn. 420; im Ergebnis ebenso KölnKommAktG/*A. Arnold* § 27 Rn. 24; Hachenburg/*Ulmer* GmbHG § 5 Rn. 88; Scholz/*Veil* GmbHG § 5 Rn. 63 ff.; Baumbach/Hueck/*Fastrich* GmbHG § 5 Rn. 38; aA GroßkommAktG/*Barz*, 3. Aufl. 1973, § 27 Rn. 17; Godin/*Wilhelmi* § 27 Rn. 7, wonach ein Rücktritt generell ausgeschlossen sein soll.
[224] Vgl. MüKoAktG/*Pentz* § 27 Rn. 52; KölnKommAktG/*A. Arnold* § 27 Rn. 24; für die GmbH Hachenburg/*Ulmer* GmbHG § 5 Rn. 89.
[225] MüKoAktG/*Pentz* (2. Auflage) § 27 Rn. 57: dies folgt bereits unmittelbar aus dem Grundsatz der realen Kapitalaufbringung und dem hieraus folgenden Verbot der Unterpariemission.

III. Sachübernahme

1. Begriff

130 Die heutige, in § 27 Abs. 1 AktG enthaltene Definition der Sachübernahme entstammt bereits nahezu wortgleich den aktienrechtlichen Gründungsvorschriften des ADHGB. Danach liegt eine Sachübernahme immer dann vor, wenn die Gesellschaft Vermögensgegenstände bei Gründung gegen Vergütung übernimmt, die nicht in Aktien besteht.[226] Vertragspartner der Sachübernahmevereinbarung können Gründer und Dritte sein, wie aus der anders lautenden Definition der Sacheinlagevereinbarung unzweideutig hervorgeht.[227] Dass der Gesetzgeber auch bei Gründung geschlossene Austauschverträge mit Dritten den Sachgründungsvorschriften unterwerfen wollte, entspricht dem Zweck der Vorschrift. Es sollte sichergestellt werden, dass das Gründungskapital der Gesellschaft auch nicht durch nachteilige Verkehrsgeschäfte aufgezehrt ist, bevor sie als solche ins Leben tritt.[228]

2. Sachübernahmevereinbarung/Zeitpunkt der Vereinbarung/Form

131 Wie bei der Sacheinlage ist auch bei der Sachübernahme zwischen der Sachübernahmevereinbarung (Verpflichtungsgeschäft) und dem Vollzug zu unterscheiden:[229]

132 Nur die Sachübernahmevereinbarung, die vor oder bei Gründung mit der Gesellschaft geschlossen wird, unterliegt den strengen Sachgründungsvorschriften. Da zu diesem Zeitpunkt noch kein Vorstand existiert, wird die Gesellschaft bei Abschluss der Sachübernahmevereinbarung durch ihre Gründer vertreten. Es ist nicht erforderlich, dass die Sachübernahmevereinbarung in schriftlicher Form abgeschlossen wird, auch mündliche Vereinbarungen genügen, soweit für das betreffende Rechtsgeschäft keine besondere Formerfordernisse gelten.[230]

133 In die Satzung muss nur das Verpflichtungsgeschäft aufgenommen werden, und dies auch nur dann, wenn es so feste Gestalt angenommen hat, dass mit seiner Verwirklichung bestimmt gerechnet werden kann.[231] Reine Absichtserklärungen zu Sachübernahmen zwingen noch nicht zu Festlegungen in der Satzung, selbst wenn ein entsprechender Austauschvertrag, der ansonsten die Voraussetzungen einer Sachübernahmevereinbarung erfüllen würde, noch vor Eintragung der Gesellschaft oder im nahen zeitlichen Zusammenhang mit Gründung und Eintragung der Gesellschaft geschlossen wird.[232]

134 Demzufolge ist es heute ganz hM, dass ein Austauschvertrag, den der Vorstand der Vor-AG mit einem Gründer oder einem Dritten schließt, ohne hierzu durch eine Vereinbarung der Gründer, die diese bei Gründung getroffen haben, veranlasst zu sein, keine Sachübernahme im Sinne von § 27 Abs. 1 AktG darstellt.[233] Eine solche Ausweitung des Sachüber-

---

[226] MüKoAktG/*Pentz* § 27 Rn. 61; GroßkommAktG/*Röhricht/Schall* § 27 Rn. 222 f.; AnwaltskommAktR/*Heidel/Polley* § 27 Rn. 25.
[227] Ganz hM BGHZ 28, 314 (318) = NJW 1959, 383; BGH AG 1975, 76 f.; MüKoAktG/*Pentz* § 27 Rn. 61 mwN; AnwaltskommAktR/*Heidel/Polley* § 27 Rn. 26; Hüffer/Koch/*Koch* AktG § 27 Rn. 5; KölnKommAktG/ *A. Arnold* § 27 Rn. 26; GroßkommAktG/*Röhricht/Schall* § 27 Rn. 223.
[228] AnwaltskommAktR/*Heidel/Polley* § 27 Rn. 25, 27; GroßkommAktG/*Röhricht/Schall* § 27 Rn. 223; MüKoAktG/*Pentz* § 27 Rn. 62.
[229] MüKoAktG/*Pentz* § 27 Rn. 64; AnwaltskommAktR/*Heidel/Polley* § 27 Rn. 27 f.
[230] Die Einhaltung einer bestimmten Form kann aber auch hier dadurch ersetzt werden, dass die gesamte Sachübernahmevereinbarung bei der notariellen Feststellung der Satzung, § 23 Abs. 1 AktG, mitbeurkundet wird, vgl. GroßkommAktG/*Röhricht/Schall* § 27 Rn. 232; KölnKommAktG/*A. Arnold* § 27 Rn. 32.
[231] RGZ 167, 99 (108); 121, 99 (102); KG JW 1924, 199; 1932, 2670; MüKoAktG/*Pentz* § 27 Rn. 62; *Mülbert* ZHR 154 (1990), 145 (171 f.); so wohl auch GroßkommAktG/*Schall* § 27 Rn. 227; AnwaltskommAktR/*Heidel/Polley* § 27 Rn. 27; vgl. für Übernahme einer Sache durch einen Dritten auch Materialien zu § 209b ADHGB (Allgemeine Begründung zum Entwurf eines Gesetzes betreffend die KGaA und die AG, abgedruckt bei *Schubert/Hommelhoff*, Hundert Jahre modernes Aktienrecht, ZGR-Sonderheft Nr. 4, 404 ff. (435)); aA GroßkommAktG/*Barz*, 3. Aufl. 1973, § 27 Rn. 25; KölnKommAktG/*A. Arnold* § 27 Rn. 30.
[232] MüKoAktG/*Pentz* § 27 Rn. 62; *Mülbert* ZHR 154 (1990), 145 (171 f.).
[233] Vgl. MüKoAktG/*Pentz* § 27 Rn. 61a; GroßkommAktG/*Schall* § 27 Rn. 226; Hüffer/Koch/*Koch* AktG § 27 Rn. 5a; ebenso GHEK/*Eckardt* § 27 Rn. 39; *Priester* ZHR 165 (2001), 381 ff. für Geschäfte der Vor-AG mit Dritten.

nahmebegriffs wäre weder vom Wortlaut des Gesetzes gedeckt noch bedarf es insofern besonderer Schutzvorkehrungen bei Gründung, da die Vertretungsmacht des Vorstands der Vor-AG auf Rechtsgeschäfte beschränkt ist, die zwingend mit der Gründung der AG verbunden sind und eine Überschreitung der Vertretungsmacht ohnehin zur Nichtigkeit entsprechender Austauschverträge führt.[234]

Auch im Hinblick auf Rechtsgeschäfte der Vor-AG mit Gründern bedarf es insofern keiner extensiven Anwendung von § 27 AktG. Der Abschluss angemessener und im Stadium der Vor-AG veranlasster Austauschverträge liegt im Verantwortungsbereich des Vorstands der Vor-AG.

Anders als im GmbH-Recht[235] darf die Sachübernahmevereinbarung im Aktienrecht keine Verrechnungsabrede enthalten. Soll die für die Sachübernahme zu zahlende Vergütung mit einer Einlageverpflichtung eines Gründers verrechnet werden, greift § 27 Abs. 1 S. 2 AktG mit der Folge ein, dass die Sachübernahme wie eine Sacheinlage zu behandeln ist (fingierte Sacheinlage).[236]

3. Rechtsnatur der Sachübernahmevereinbarung

Bei dem Sachübernahmevertrag handelt es sich um ein rein schuldrechtliches Austauschgeschäft der AG mit einem ihrer Gründer oder einem Dritten.[237] Da er keinen körperschaftlichen Charakter hat, gelten für ihn die allgemeinen Auslegungsregeln. Auf den Sachübernahmevertrag sind auch über die Eintragung hinaus die allgemeinen Bestimmungen über die Wirksamkeit zivilrechtlicher Verträge uneingeschränkt anwendbar.[238] Somit können die Parteien ohne weiteres aufschiebende oder auflösende Bedingungen sowie Rücktrittsvorbehalte vereinbaren, auch einer Anfechtung mit Rückwirkung auf den Zeitpunkt des Abschlusses steht nichts im Wege.[239] Entsprechendes gilt im Falle von Leistungsstörungen. Die Bestimmungen des allgemeinen Schuldrechts sowie die für besondere Vertragstypen geltenden Gewährleistungsvorschriften finden auf Sachübernahmeverträge uneingeschränkt Anwendung.[240]

4. Gegenstand der Sachübernahme

Im Grundsatz kann hinsichtlich des Gegenstands der Sachübernahme auf die entsprechenden Ausführungen zur Sacheinlage verwiesen werden. Als Hauptleistung eines Sachübernahmevertrages können somit alle Vermögensgegenstände vereinbart werden, die einen objektiv feststellbaren wirtschaftlichen Wert haben (vgl. § 27 Abs. 2 AktG).[241] Sinn und Zweck von § 27 Abs. 2 AktG trifft im vollen Umfang auch auf die Sachübernahmevereinbarung zu, da die Sachübernahme einer sorgfältigen Werthaltigkeitsprüfung unterworfen werden soll, was voraussetzt, dass der Sachübernahmegegenstand einen feststellbaren und quantifizierbaren Vermögenswert besitzt.[242]

Im Gegensatz zur Sacheinlage kann die Sachübernahme auch Werkverträge mit Gründern oder Dritten zum Gegenstand haben. Dies geht aus dem Wortlaut des § 27 Abs. 1 AktG hervor, dort ist ausdrücklich auch von „herzustellenden" Anlagen die

---

[234] Ganz hM MüKoAktG/*Pentz* § 27 Rn. 61a; GroßkommAktG/*Schall* § 27 Rn. 226; Hüffer/Koch/*Koch* AktG § 27 Rn. 5a; *Priester* ZHR 165 (2001), 381 ff.
[235] Vgl. Hachenburg/*Ulmer* GmbHG § 5 Rn. 97; Scholz/*Winter* GmbHG § 5 Rn. 70 f.
[236] MüKoAktG/*Pentz* § 27 Rn. 66; GroßkommAktG/*Schall* § 27 Rn. 224.
[237] MüKoAktG/*Pentz* § 27 Rn. 65; Hüffer/Koch/*Koch* AktG § 27 Rn. 6, 11; KölnKommAktG/*A. Arnold* § 27 Rn. 26; GroßkommAktG/*Schall* § 27 Rn. 225.
[238] MüKoAktG/*Pentz* § 27 Rn. 65; AnwaltskommAktR/*Heidel/Polley* § 27 Rn. 27; Hüffer/Koch/*Koch* AktG § 27 Rn. 5 (7); GroßkommAktG/*Schall* § 27 Rn. 225 (228).
[239] KölnKommAktG/*A. Arnold* § 27 Rn. 34; MüKoAktG/*Pentz* § 27 Rn. 65; GroßkommAktG/*Schall* § 27 Rn. 228; aus dem schuldrechtlichen Charakter folgt auch, dass nicht zwischen Rechtslage vor und nach der Eintragung unterschieden werden muss, vgl. MüKoAktG/*Pentz* aaO.
[240] MüKoAktG/*Pentz* § 27 Rn. 65.
[241] Vgl. AnwaltskommAktR/*Heidel/Polley* § 27 Rn. 27; GroßkommAktG/*Schall* § 27 Rn. 233: auch hier kommt es nicht auf die Bilanzierungsfähigkeit an.
[242] Vgl. hierzu ausführlich GroßkommAktG/*Schall* § 27 Rn. 233.

Rede.²⁴³ Dagegen sind auch bei der Sachübernahme Dienstleistungen kein tauglicher Gegenstand. Dienstleistungsvereinbarungen mit Gründern können daher nur durch Festsetzungen nach § 26 AktG getroffen werden.²⁴⁴

5. Vergütung

140 Mit Ausnahme von Aktien, die erst durch die Gründung entstehen, kann die von der Gesellschaft zu gewährende Gegenleistung (Vergütung) sowohl in Geld als auch in jeder anderen als Tauschgegenstand in Betracht kommenden Leistung bestehen.²⁴⁵

141 Eine zu niedrige Vergütung führt weder zur Unwirksamkeit des Sachübernahmevertrages²⁴⁶ noch zur Unwirksamkeit der Festsetzung über die Sachübernahme im Sinne von § 27 Abs. 1 AktG. Dagegen liegt bei Festsetzung einer überhöhten Vergütung ein Eintragungsmangel iSd § 38 Abs. 1 S. 2, Abs. 2 S. 2 AktG vor, da ihr Abfluss aus dem Gesellschaftsvermögen die Gesellschaft nicht mit dem eingetragenen Gründungskapital entstehen ließe.²⁴⁷ Maßgeblicher Zeitpunkt für die Ermittlung des Wertes des Sachübernahmegegenstandes ist – abweichend von der Sacheinlage – nicht derjenige der Anmeldung zum Handelsregister, sondern der Zeitpunkt zu dem der zu übernehmende Gegenstand auf die Gesellschaft übergeht.²⁴⁸

6. Wert der Sachübernahme

142 Anders als bei der Sacheinlage ist bei der Sachübernahme eine Bewertung schon nach dem Gesetzeswortlaut erforderlich, da die Sachübernahmevereinbarung die Gegenleistung bestimmen muss und diese auch in der Satzung festgelegt ist. Bei Unternehmen oder anderen Vermögensgegenständen, für die marktgängige Anschaffungs- oder Veräußerungswerte nicht feststellbar sind, genügt die Angabe eines Mindestwerts, verbunden mit der Abrede, dass die Einbringung zu den in der Einbringungsbilanz (Eröffnungsbilanz) einzusetzenden Werten erfolgt.²⁴⁹

7. Festsetzung der Sachübernahme in der Satzung

143 Hinsichtlich der bei Sachübernahme erforderlichen Festsetzungen kann im Wesentlichen auf die entsprechenden Ausführungen zur Sacheinlage verwiesen werden. Allerdings müssen bei der Sachübernahme zusätzlich zu den bei der Sacheinlage geforderten Festsetzungen auch Wert und Umfang der Vergütung, vgl. § 27 Abs. 1 AktG, und – sofern eine spätere Fälligkeit vorgesehen ist – der hierfür vorgesehene Zeitpunkt festgesetzt werden.

8. Rechtsfolgen unterbliebener Festsetzung in der Satzung

144 Bezüglich der Mängel der Satzung wegen unterbliebener Festsetzungen der Sachübernahme kann auf die Ausführungen zur Sacheinlage²⁵⁰ verwiesen werden. Problematisch ist, dass durch das ARUG die Regelung der Rechtsfolgen unterbliebener Festsetzungen für die Sachübernahmevereinbarungen und die Vollzugsgeschäfte (§ 27 Abs. 3 AktG aF) entfallen ist. Der Gesetzgeber hat die § 27 Abs. 3 und 4 AktG nF zu einem sehr späten Zeitpunkt des

---

[243] Vgl. hierzu auch AnwaltskommAktR/*Heidel/Polley* § 27 Rn. 27; GroßkommAktG/*Schall* § 27 Rn. 234; GHEK/*Eckardt* § 27 Rn. 41; aA Düringer/Hachenburg/*Bing* § 183 Rn. 49; Schlegelberger/*Quassowski* § 20 Rn. 7: es muss sich um einen Werkvertrag handeln, bei dem der Unternehmer auch das Material liefert.
[244] Vgl. GroßkommAktG/*Schall* § 27 Rn. 235; AnwaltskommAktR/*Heidel/Polley* § 27 Rn. 27.
[245] GroßkommAktG/*Schall* § 27 Rn. 236: Zulässig ist die Vergütung aus Aktien der Gesellschaft, die diese nicht neu ausgibt, sondern die sie sich von ihren Aktionären im Hinblick auf die Sachübernahme oder aus anderen Gründen (§ 71) durch Rückerwerb bereits ausgegebener Aktien verschafft hat; ebenso RGZ 121, 99 (103).
[246] Vgl. GroßkommAktG/*Schall* § 27 Rn. 237 mwN.
[247] MüKoAktG/*Pentz* § 27 Rn. 65; GroßkommAktG/*Schall* § 27 Rn. 238.
[248] GroßkommAktG/*Schall* § 27 Rn. 237; KölnKommAktG/*A. Arnold* § 27 Rn. 76.
[249] GroßkommAktG/*Schall* § 27 Rn. 241.
[250] Vgl. → Rn. 93 ff.

Gesetzgebungsverfahrens entsprechend des durch das MoMiG neu geregelten § 19 Abs. 4 und 5 GmbH neu gefasst. Dabei wurde übersehen, dass die Rechtsfolgen der unterbliebenen Festsetzung für Austauschgeschäfte, die nach § 27 Abs. 1 S. 1 AktG als Sachübernahme zu qualifizieren sind, nicht mehr geregelt sind. Als Geschäfte mit einem beliebigen Dritten[251] begründen diese in der Regel keine mitgliedschaftlichen Pflichten und können daher – anders als die Sacheinlagevereinbarung – nicht ohne weiteres als materieller Satzungsbestandteil angesehen werden. Eine Unwirksamkeit nach § 125 BGB ergibt sich ungeachtet dessen unmittelbar aus dem in § 27 Abs. 1 S. 1 AktG angeordneten Satzungserfordernis. Das Bedürfnis sicherzustellen, dass das Gründungskapital der Gesellschaft auch nicht durch nachteilige Verkehrsgeschäfte aufgezehrt ist, bevor die Gesellschaft als solche ins Leben tritt,[252] ist durch die Änderungen im Zuge des ARUG nicht entfallen.

145 Die Rechtsfolge der Unwirksamkeit einer Sachübernahmevereinbarung bei fehlerhaften oder unterbliebenen Festsetzungen muss erhalten bleiben. Für eine unwirksame Sachübernahme gilt:
- Eine § 27 Abs. 3 S. 1 AktG entsprechende Rechtsfolge ist bei der Sachübernahme nicht erforderlich, da hierdurch die Verpflichtung der Gründer zur Leistung ihrer Einlage nicht berührt wird. Ist die Vereinbarung einer Sachübernahme unwirksam, führt dies dazu, dass der Gesellschaft daraus keine Rechte oder Pflichten erwachsen; wird die Sachübernahmeverpflichtung trotz Unwirksamkeit vollzogen, entstehen Rückgewähransprüche.[253]
- 146 Fehlt es in der Satzung an festsetzungsbedürftigen Nebenabreden zur Sachübernahmevereinbarung, kann sich der Gegner – anders als bei der Sacheinlage – gemäß § 139 BGB auf die Gesamtnichtigkeit der Sachübernahmevereinbarung berufen, wenn er diese nicht ohne diese Nebenabreden geschlossen hätte.[254]

9. Leistungsstörungen

147 Es gelten uneingeschränkt die allgemeinen Vorschriften des allgemeinen und des besonderen Schuldrechts. Dies ergibt sich aus dem schuldrechtlichen Charakter des Sachübernahmevertrages,[255] vgl. bereits oben.

IV. Erster Aufsichtsrat bei Sachgründung

1. Vorbemerkung/Regelungsgegenstand von § 31 AktG

148 Bis 1965 war strittig, ob und in welchen Fällen dem ersten Aufsichtsrat Mitglieder der Arbeitnehmer angehören müssen. Diese Frage ist nun Gegenstand der §§ 30 Abs. 2 und 31 AktG.[256] Auch bei Sachgründung durch Einlage oder Übernahme eines Unternehmens oder eines Unternehmensteils gilt das Privileg des § 30 Abs. 2 AktG, dass die mitbestimmungsrechtlichen Vorschriften bei der Bestellung des ersten Aufsichtsrats zunächst außer Betracht bleiben. Da bei Übernahme eines Unternehmens oder eines Unternehmensteils eine möglichst frühe Beteiligung der Arbeitnehmer des übernommenen Unternehmens geboten ist,[257] enthält § 31 AktG für die Zusammensetzung und die Amtszeit des ersten Aufsichtsrats eine Spezialregelung zu § 30 AktG.

---

[251] Sachübernahmevereinbarungen mit Gründern sind aufgrund Verrechnungsabrede regelmäßig als Sacheinlage zu bewerten, § 27 Abs. 1 S. 1 AktG.
[252] Ebenso GroßkommAktG/*Schall* § 27 Rn. 2, 223.
[253] Vgl. hierzu ausführlich GroßkommAktG/*Schall* § 27 Rn. 250.
[254] Vgl. GroßkommAktG/*Schall* § 27 Rn. 261.
[255] Hüffer/Koch/*Koch* AktG § 27 Rn. 11; AnwaltskommAktR/*Heidel/Polley* § 27 Rn. 27; MüKoAktG/*Pentz* § 27 Rn. 65; GroßkommAktG/*Schall* § 27 Rn. 228.
[256] MüKoAktG/*Pentz* § 31 Rn. 3.
[257] Hüffer/Koch/*Koch* AktG § 31 Rn. 1; MHdB GesR IV/*Hoffmann-Becking* § 4 Rn. 21; Anwaltskomm-Aktienrecht/*Heidel/Polley* § 31 Rn. 1.

2. Zweck und Anwendungsbereich von § 31 AktG

149 Zweck der Vorschrift ist die möglichst rasche Beteiligung der Arbeitnehmer des übernommenen Unternehmens am Aufsichtsrat der übernehmenden Gesellschaft.[258]

150 § 31 AktG gilt nur für Sachgründungen, für die die Satzung die Einbringung oder Übernahme eines Unternehmens oder eines Unternehmensteils vorsieht; die Paragraphenüberschrift des § 31 AktG ist insofern missverständlich. Bei allen anderen Sachgründungen und soweit § 31 AktG keine Sonderregelung trifft, gilt § 30 AktG.[259]

151 Seit der Einfügung des § 197 S. 3 UmwG ist § 31 AktG nunmehr ausdrücklich auch beim Formwechsel eines Rechtsträgers in eine Aktiengesellschaft anzuwenden.[260]

152 Der Unternehmensbegriff des § 31 AktG entspricht nicht demjenigen der §§ 15 ff. AktG, sondern ist hier als betriebsfähige Wirtschaftseinheit, dh als Zusammenfassung von sachlichen und personellen Mitteln zu einem wirtschaftlichen Zweck zu verstehen, die dem Unternehmer das Auftreten am Markt ermöglicht.[261] Unternehmensteil ist dementsprechend eine abtrennbare Wirtschaftseinheit.[262]

153 Ungeschriebene Voraussetzung für die Anwendung von § 31 AktG ist, dass das Unternehmen bzw. der Unternehmensteil über eine Anzahl von Arbeitnehmern verfügt, die die Anwendung der Mitbestimmungsregeln erfordert. Anderenfalls liefe der Zweck des § 31 AktG, die Mitwirkungsrechte der Arbeitnehmer zu sichern, leer.[263]

154 Für die Anwendung von § 31 AktG ist unerheblich, ob das eingebrachte oder übernommene Unternehmen bereits bisher einen Aufsichtsrat hatte bzw. ob dieser bisher mit Arbeitnehmervertretern besetzt war.[264] Unerheblich ist auch, ob die Einbringung oder Übernahme vor oder nach Eintragung geplant ist.[265] Ebenso wenig ist erforderlich, dass das zu übernehmende Unternehmen bzw. der Unternehmensteil fortgeführt wird.[266]

3. „Unvollständiger" Gründeraufsichtsrat, § 31 Abs. 1 und 2 AktG

155 a) **Bestellung und Zusammensetzung.** Der erste Aufsichtsrat wird durch die Gründer der Aktiengesellschaft bestellt. Die Form der Bestellung bzw. die Mehrheitserfordernisse richten sich nach § 30 AktG; § 31 Abs. 1 AktG trifft hierzu keine Regelung.

156 § 31 Abs. 1 AktG enthält eine Spezialregelung für die **Besetzung** des ersten Aufsichtsrates. Die Gründer bestellen nur die Anzahl von Aufsichtsratsmitgliedern, die aus ihrer Sicht auf Grund der einschlägigen gesetzlichen Regelung von der Hauptversammlung ohne Bindung an Wahlvorschläge bestellt werden können, dh sie bestellen die voraussichtliche Anzahl der Anteilseignervertreter. Die Aufsichtsratssitze der Arbeitnehmervertreter werden freigehalten.[267]

157 Die **Anzahl** der Aufsichtsratsmitglieder bestimmt sich nach der jeweils einschlägigen mitbestimmungsrechtlichen Regelung des MitbestG 1976, des Montan-MitbestG, MitbestErgG oder des BetrVG 1952. Greifen Mitbestimmungsgesetze nicht ein, gilt die allgemeine Regelung des § 101 Abs. 1 AktG. Die Entscheidung darüber, welches Gesetz die Gründer für anwendbar halten, ergeht durch Beschluss mit einfacher Mehrheit. Dieser Beschluss bindet

---

[258] Hüffer/Koch/*Koch* AktG § 31 Rn. 1; RegBegr *Kropff* S. 49.
[259] MüKoAktG/*Pentz* § 31 Rn. 5.
[260] Eingefügt durch Art. 1 Nr. 25 des UmwGÄndG; Spindler/Stilz/*Gerber* AktG § 31 Rn. 4.
[261] Hüffer/Koch AktG § 31 Rn. 2; AnwaltskommAktR/*Heidel*/Polley § 31 Rn. 2; GroßkommAktG/*Röhricht*/*Schall* § 31 Rn. 4.
[262] Hüffer/Koch/*Koch* AktG § 31 Rn. 2; MüKoAktG/*Pentz* § 31 Rn. 7.
[263] Hüffer/Koch/*Koch* AktG § 31 Rn. 2; MüKoAktG/*Pentz* § 31 Rn. 8; GroßkommAktG/*Röhricht*/*Schall* § 31 Rn. 4.
[264] KölnKommAktG/*A. Arnold* § 31 Rn. 4; Hüffer/Koch/*Koch* AktG § 31 Rn. 2; RegBegr *Kropff* S. 50; AnwaltskommAktR/*Heidel*/Polley § 31 Rn. 2; GroßkommAktG/*Röhricht*/*Schall* § 31 Rn. 4; MüKoAktG/*Pentz* § 31 Rn. 10.
[265] Hüffer/Koch/*Koch* AktG § 31 Rn. 2, 8; RegBegr *Kropff* S. 50.
[266] Hüffer/Koch/*Koch* AktG § 31 Rn. 2; AnwaltskommAktR/*Heidel*/Polley § 31 Rn. 2; GroßkommAktG/*Röhricht*/*Schall* § 31 Rn. 4; MüKoAktG/*Pentz* § 31 Rn. 9.
[267] AnwaltskommAktR/*Heidel*/Polley § 31 Rn. 3; GroßkommAktG/*Röhricht*/*Schall* § 31 Rn. 5; MüKoAktG/*Pentz* § 31 Rn. 12 ff.

auch das Registergericht.[268] Um die Funktionsfähigkeit des Aufsichtsrats sicherzustellen bzw. Patt-Situationen zu vermeiden schreibt das Gesetz in § 31 Abs. 1 S. 2 AktG eine **Mindestanzahl** von drei Aufsichtsratsmitgliedern vor.[269]

b) Aufgaben und Kompetenzen. Der Aufsichtsrat ist, obwohl er nur aus Vertretern der Anteilseigner besteht, voll funktions- und entscheidungsfähig.[270] Dies gilt selbst dann, wenn er fehlerhaft zusammengesetzt ist.[271] Er bestellt den ersten Vorstand (§ 30 Abs. 4 AktG), eine spätere Bestätigung durch den ergänzten oder neu gewählten Aufsichtsrat ist nicht erforderlich. 158

Zur Bestellung des Arbeitsdirektors iSd § 13 MontanMitbestG, § 13 MitbestErgG oder § 33 MitbestG 1976 ist der erste Aufsichtsrat nicht befugt, da die personelle Entscheidung über diesen Arbeitnehmervertreter nicht den Anteilseignervertretern zufallen darf.[272] Diese kann erst erfolgen, wenn der Aufsichtsrat auch Vertreter der Arbeitnehmer enthält. Auch die Wahl des Aufsichtsratsvorsitzenden und dessen Stellvertreter kann erst nach Wahl oder gerichtlicher Bestellung der Arbeitnehmervertreter erfolgen. Die Mitglieder der Anteilseigner wählen aus ihrer Mitte lediglich einen – vorläufigen – Vorsitzenden und Stellvertreter, die bis zur Bestellung der Vertreter der Arbeitnehmer im Amt bleiben.[273] 159

c) Beschlussfähigkeit, § 31 Abs. 2 AktG. Der Aufsichtsrat ist gemäß § 31 Abs. 2 AktG beschlussfähig, wenn die Hälfte seiner Mitglieder, mindestens jedoch drei, an der Beschlussfassung teilnehmen. § 31 Abs. 2 AktG ist nicht zwingend, die Satzung kann eine höhere Teilnahmepflicht vorschreiben.[274] Teilnahme iSd § 31 Abs. 2 AktG bedeutet die tatsächliche Mitwirkung an dem Zustandekommen des Beschlusses; eine Stimmenthaltung ist ausreichend. Die bloße Anwesenheit in der Aufsichtsratssitzung ist keine Teilnahme iSd § 31 Abs. 2 AktG.[275] Für die Berechnung der Hälfte der Mitglieder kommt es auf die gesetzlich oder satzungsmäßig vorgeschriebene Zahl an, nicht auf die Zahl der tatsächlich amtierenden Aufsichtsratsmitglieder.[276] 160

4. Ergänzung des Gründungsaufsichtsrats durch Arbeitnehmervertreter, § 31 Abs. 3 AktG

a) Bekanntmachungspflicht des Vorstands. Gemäß § 31 Abs. 3 AktG hat der Vorstand unverzüglich nach Einbringung oder Übernahme des Unternehmens oder des Unternehmensteils bekannt zu machen, nach welchen gesetzlichen Vorschriften sich der Aufsichtsrat zusammensetzt. „Unverzüglich" bedeutet entsprechend § 121 Abs. 1 S. 1 BGB ohne schuldhaftes Zögern.[277] 161

Zur Frage, wann ein Unternehmen bzw. ein Unternehmensteil eingebracht oder übernommen ist, kann auf die Grundsätze zu § 613a BGB zurückgegriffen werden. Es kommt dabei nicht auf den Zeitpunkt des Verfügungsgeschäfts, sondern allein auf den Zeitpunkt 162

---

[268] Hüffer/Koch/*Koch* AktG § 31 Rn. 4; MüKoAktG/*Pentz* § 31 Rn. 16; AnwaltskommAktR/*Heidel/Polley* § 31 Rn. 3: Dies ist unproblematisch, da die objektiv richtige Besetzung durch das Verfahren gemäß § 31 Abs. 3 AktG sichergestellt ist.
[269] KölnKommAktG/*A. Arnold* § 31 Rn. 8; AnwaltskommAktR/*Heidel/Polley* § 31 Rn. 3; MüKoAktG/*Pentz* § 31 Rn. 15.
[270] RegBegr *Kropff* S. 51; Hüffer/Koch/*Koch* AktG § 31 Rn. 3; MHdB GesR IV/*Hoffmann-Becking* § 4 Rn. 25; AnwaltskommAktR/*Heidel/Polley* § 31 Rn. 3; MüKoAktG/*Pentz* § 31 Rn. 17.
[271] MüKoAktG/*Pentz* § 31 Rn. 17.
[272] AnwaltskommAktR/*Heidel/Polley* § 31 Rn. 4; MüKoAktG/*Pentz* § 31 Rn. 17.
[273] MHdB GesR IV/*Hoffmann-Becking* § 4 Rn. 25: Hierzu sind die Arbeitnehmervertreter gemäß § 107 Abs. 1 S. 1 AktG verpflichtet.
[274] KölnKommAktG/*A. Arnold* § 31 Rn. 10.; Hüffer/Koch/*Koch* AktG § 31 Rn. 6; MHdB GesR IV/*Hoffmann-Becking* § 4 Rn. 25, 27; AnwaltskommAktR/*Heidel/Polley* § 31 Rn. 5; GroßkommAktG/*Röhricht/Schall* § 31 Rn. 12, 14; MüKoAktG/*Pentz* § 31 Rn. 19.
[275] MüKoAktG/*Pentz* § 31 Rn. 20.
[276] Hüffer/Koch/*Koch* AktG § 31 Rn. 5; AnwaltskommAktR/*Heidel/Polley* § 31 Rn. 5; GroßkommAktG/*Röhricht/Schall* § 31 Rn. 13; MüKoAktG/*Pentz* § 31 Rn. 21.
[277] Hüffer/Koch/*Koch* AktG § 31 Rn. 8; AnwaltskommAktR/*Heidel/Polley* § 31 Rn. 6; MüKoAktG/*Pentz* § 31 Rn. 25.

an, zu dem die Gesellschaft das Unternehmen bzw. den Unternehmensteil tatsächlich nutzen kann[278] bzw. auf den Zeitpunkt des Übergangs der Arbeitsverhältnisse.[279]

163 Für die Bekanntmachung und das Verfahren im Falle von Meinungsverschiedenheiten gelten §§ 96–99 AktG. Die vom Vorstand bekannt gegebene gesetzliche Vorschrift wird für alle Parteien verbindlich, wenn nicht innerhalb eines Monats nach Bekanntgabe ein gerichtliches Verfahren nach §§ 98, 99 AktG eingeleitet wird, vgl. § 97 Abs. 2 AktG.[280]

164 **b) Bestätigung der Einschätzung der Gründer.** Wird die Ansicht der Gründer über die anzuwendenden gesetzlichen Vorschriften durch den Vorstand bzw. durch eine gerichtliche Entscheidung bestätigt, bleiben die von den Gründern bestellten Aufsichtsratsmitglieder der Anteilseigner im Amt. Der Aufsichtsrat wird – sofern ein Mitbestimmungsgesetz anwendbar ist – lediglich um die Aufsichtsratsmitglieder der Arbeitnehmer ergänzt. Unterbleibt die Ergänzung, gilt § 104 AktG.[281] Findet kein Mitbestimmungsgesetz Anwendung, bleibt es bei der bisherigen Besetzung.[282]

165 Eine Ausnahme von der bloßen Ergänzung des Aufsichtsrats gilt nach § 31 Abs. 3 S. 3 Alt. 2 AktG, wenn wegen der Regelung in § 31 Abs. 1 S. 2 AktG ein drittes Aufsichtsratsmitglied der Anteilseigner gewählt wurde, obwohl nach den mitbestimmungsrechtlichen Regelungen nur zwei Mitglieder zu bestimmen gewesen wären. In diesem Fall erlischt das Amt aller drei Aufsichtsratsmitglieder.[283]

166 Dieser Rechtsfolge können die Gründer entgehen, wenn sie eines der drei Aufsichtsratsmitglieder mit dessen Einverständnis nur unter der Bedingung bestellen, dass sein Amt bei Bestellung des Arbeitnehmervertreters erlischt.[284] Eine nachträgliche Abrede zwischen den Aufsichtsratsmitgliedern, dass einer von ihnen ausscheiden soll, ist dagegen unwirksam.[285]

167 **c) Neuwahl.** Wird die Ansicht der Gründer über die anzuwendenden gesetzlichen Vorschriften nicht bestätigt, findet eine vollständige Neuwahl statt. Das Amt der bisherigen Aufsichtsratsmitglieder der Anteilseigner erlischt mit Beendigung der Hauptversammlung, die nach Ablauf der Frist des § 97 Abs. 2 S. 3 AktG einberufen wird, spätestens aber sechs Monate nach Ablauf dieser Frist.[286] Erging eine gerichtliche Entscheidung, beginnt die Frist mit Eintritt der Rechtskraft (§ 97 Abs. 2 S. 3 iVm § 98 Abs. 4 AktG).[287] Dies gilt bei jeder Art der Fehlbesetzung.[288]

168 Über die Neuwahl entscheidet – wenn die Gesellschaft eingetragen ist – die Hauptversammlung, ist eine Eintragung noch nicht erfolgt, entscheiden erneut die Gründer.[289]

169 Der neue Aufsichtsrat ist, wenn er vor Ablauf der Frist des § 30 Abs. 1 S. 1 AktG gewählt wird, erster Aufsichtsrat iSd §§ 30, 31 AktG, so dass die Amtszeit spätestens mit Beendigung der Hauptversammlung, die über die Entlastung für das erste Voll- oder Rumpfgeschäftsjahr beschließt, endet.[290] Maßgeblich ist der Zeitpunkt, zu dem der Entlastungsbeschluss nach dem Gesetz gefasst werden muss, vgl. → Rn. 170.

---

[278] Hüffer/Koch/*Koch* AktG § 31 Rn. 8; AnwaltskommAktR/*Heidel*/*Polley* § 31 Rn. 6; GroßkommAktG/ *Röhricht*/*Schall* § 31 Rn. 17; MüKoAktG/*Pentz* § 31 Rn. 25.
[279] MHdB GesR IV/*Hoffmann-Becking* § 4 Rn. 28.
[280] Vgl. hierzu ausführlich Hüffer/Koch/*Koch* AktG § 31 Rn. 9.
[281] Hüffer/Koch/*Koch* AktG § 31 Rn. 10; *Oetker* ZGR 2000, 19 (42); MHdB GesR IV/*Hoffmann-Becking* § 4 Rn. 29; AnwaltskommAktR/*Heidel*/*Polley* § 31 Rn. 6; GroßkommAktG/*Röhricht*/*Schall* § 31 Rn. 21; MüKoAktG/*Pentz* § 31 Rn. 30.
[282] RegBegr. *Kropff* S. 51; Hüffer/Koch/*Koch* AktG § 31 Rn. 10.
[283] AnwaltskommAktR/*Heidel*/*Polley* § 31 Rn. 6; MüKoAktG/*Pentz* § 31 Rn. 36 ff.
[284] Hüffer/Koch/*Koch* AktG § 31 Rn. 11; AnwaltskommAktR/*Heidel*/*Polley* § 31 Rn. 6.
[285] AnwaltskommAktR/*Heidel*/*Polley* § 31 Rn. 6; GroßkommAktG/*Röhricht*/*Schall* § 31 Rn. 22; Hüffer/ Koch/*Koch* AktG § 31 Rn. 11.
[286] RegBegr. *Kropff* S. 51; Hüffer/Koch/*Koch* AktG § 31 Rn. 12; MüKoAktG/*Pentz* § 31 Rn. 34.
[287] Hüffer/Koch/*Koch* AktG § 31 Rn. 12; MüKoAktG/*Pentz* § 31 Rn. 34.
[288] Hüffer/Koch/*Koch* AktG § 31 Rn. 10; *Brox* AG 1966, 347 (349 f.); AnwaltskommAktR/*Heidel*/*Polley* § 31 Rn. 6; GroßkommAktG/*Röhricht*/*Schall* § 31 Rn. 23.
[289] AnwaltskommAktR/*Heidel*/*Polley* § 31 Rn. 6; GroßkommAktG/*Röhricht*/*Schall* § 31 Rn. 23; Hüffer/ Koch/*Koch* AktG § 31 Rn. 12.
[290] KölnKommAktG/*A. Arnold* § 31 Rn. 29; MHdB GesR IV/*Hoffmann-Becking* § 4 Rn. 29.

5. Nachträgliche Unternehmensübernahme bzw. -einbringung, § 31 Abs. 4 AktG

Wird ein Unternehmen oder ein Unternehmensteil erst eingebracht, nachdem der Vorstand die Zusammensetzung des neuen Aufsichtsrats entsprechend § 30 Abs. 3 S. 2 AktG bekannt gemacht hat, ist eine weitere Bekanntmachung iSd § 31 Abs. 3 AktG nicht erforderlich. Die §§ 97–99 AktG gelten dann unmittelbar.[291] 170

6. Amtszeit

a) **Anteilseignervertreter.** Für die gemäß § 31 Abs. 1 AktG von den Gründen bestellten Aufsichtsratsmitglieder der Anteilseigner bleibt es bei der Regelung des § 30 Abs. 3 AktG. Das Amt endet mit Beendigung der Hauptversammlung, die über die Entlastung für das erste (Rumpf-)Geschäftsjahr beschließt. Entscheidend ist nicht, ob tatsächlich eine Hauptversammlung stattfindet oder ob diese über die Entlastung beschließt. Der Gesetzeswortlaut ist insofern missverständlich, denn die Stellung des Aufsichtsrats dauert nicht solange an, bis der Beschluss über die Entlastung gefasst ist.[292] Es kommt vielmehr maßgeblich auf den Zeitpunkt an, in dem die Hauptversammlung über die Entlastung von Gesetzes wegen spätestens hätte entscheiden müssen.[293] Dies gilt auch im Falle der nachträglichen Unternehmensübernahme bzw. -einbringung (§ 31 Abs. 4 AktG).[294] Abs. 5 gilt weder direkt noch entsprechend. 171

b) **Arbeitnehmervertreter, § 31 Abs. 5 AktG.** Abs. 5 wurde durch das Gesetz für kleine Aktiengesellschaften und zur Deregulierung des Aktienrechts vom 2.8.1994[295] neu gefasst. Er betrifft nur die Aufsichtsratsmitglieder der Arbeitnehmer. Für diese ist die Beschränkung der Amtszeit in § 30 Abs. 3 AktG nicht anwendbar. Vertreter der Arbeitnehmer können daher für die Höchstdauer des § 102 AktG bestellt werden.[296] 172

V. Gründungsbericht und Gründungsprüfung

1. Gründungsbericht[297]

Gemäß § 32 Abs. 1 AktG haben die Gründer zunächst einen schriftlichen Bericht (erforderlich ist die eigenhändige Unterzeichnung durch die Gründer iSd § 126 BGB[298]) über den Hergang der Gründung zu erstatten, den sog Gründungsbericht.[299] Der Gründungsbericht muss von den Gründern persönlich[300] erstattet werden, sie können sich lediglich von Drit- 173

---

[291] KölnKommAktG/A. Arnold § 31 Rn. 28; Hüffer/Koch/Koch AktG § 31 Rn. 13; AnwaltskommAktR/Heidel/Polley § 31 Rn. 7; RegBegr. Kropff S. 51; MüKoAktG/Pentz § 31 Rn. 46.
[292] So aber etwa AG Essen MDR 1970, 336; Geßler/Hefermehl § 102 Rn. 8; Godin/Wilhelmi § 102 Anm. 3; GroßkommAktG/Meyer-Landrut § 102 Rn. 1; MHdB GesR IV/Hoffmann-Becking § 30 Rn. 68; Nirk HdB AG Rn. 856.
[293] Neueste Rspr. des BGH AG 2002, 676 (677) mit der Begründung, dass die Entlastung nach geltendem Aktienrecht (§ 120 Abs. 2 S. 2 AktG) nicht mehr den Verzicht auf die Geltendmachung von Schadensersatzansprüchen umfasst, sondern rechtlich nur noch eine weitgehend folgenlose Billigung der Organtätigkeit darstellt. Damit hat die Verknüpfung von Entlastungsbeschluss und Ausscheiden aus dem Organ ihren Sinn verloren, so auch KölnKommAktG/Mertens § 102 Rn. 5; AG Augsburg MDR 1957, 233; im Ergebnis ebenso Hüffer/Koch/Koch AktG § 102 Rn. 3; Raiser MitbestG § 6 Rn. 30; Hanau/Ulmer MitbestG § 6 Rn. 67.
[294] Hüffer/Koch/Koch AktG § 31 Rn. 13, 14; AnwaltskommAktR/Heidel/Polley § 31 Rn. 7.
[295] BGBl. 1994 I S. 1961.
[296] AnwaltskommAktR/Heidel/Polley § 31 Rn. 8; Hüffer/Koch/Koch AktG § 31 Rn. 14; MüKoAktG/Pentz § 31 Rn. 48.
[297] Formulierungsvorschlag für eine Bargründung s. Anhang I.; für die Einbringung eines Teilbetriebs eines Unternehmens als Sacheinlage vgl. MünchVertragsHdb/Hölters Abschnitt V 21.
[298] Henn § 3 Rn. 96; MüKoAktG/Pentz § 32 Rn. 8, 10; AnwaltskommAktR/Heidel/Polley § 32 Rn. 2.
[299] Hüffer/Koch/Koch AktG § 32 Rn. 2; MüKoAktG/Pentz § 32 Rn. 6 ff.; KölnKommAktG/A. Arnold § 32 Rn. 6 ff.; MHdB GesR IV/Hoffmann-Becking § 3 Rn. 24; GroßkommAktG/Röhricht/Schall § 32 Rn. 3, 7; Godin/Wilhelmi § 32 Rn. 2, 3; Henn § 3 Rn. 96.
[300] MüKoAktG/Pentz § 32 Rn. 8; KölnKommAktG/A. Arnold § 32 Rn. 3; Hüffer/Koch/Koch AktG § 32 Rn. 2.

ten beraten lassen. Im Gründungsbericht sind nach § 32 Abs. 2 S. 1 AktG die wesentlichen Umstände darzulegen, von denen die Angemessenheit der Leistung für Sacheinlagen oder Sachübernahmen abhängt. Im Einzelnen sind nach § 32 Abs. 2 S. 2 AktG anzugeben die vorausgegangenen Geschäfte, die auf den Erwerb durch die Gesellschaft hingezielt haben (§ 32 Abs. 2 S. 2 Nr. 1 AktG), die Anschaffungs- und Herstellungskosten aus den letzten beiden Jahren (§ 32 Abs. 2 S. 2 Nr. 2 AktG) sowie beim Übergang eines Unternehmens auf die Gesellschaft die Betriebserträge aus den letzten beiden Geschäftsjahren (§ 32 Abs. 2 S. 2 Nr. 3 AktG). Die vorgeschriebenen Angaben des § 32 Abs. 2 AktG sollen den Risiken bei der Sachgründung bzw. Sachübernahme Rechnung tragen.[301]

174 Auch bei der Sachgründung oder Sachübernahme ist im Gründungsbericht anzugeben, ob und in welchem Umfang bei der Gründung für Rechnung eines Mitglieds des Vorstands oder des Aufsichtsrats Aktien übernommen worden sind und ob und in welcher Weise ein Mitglied des Vorstands oder des Aufsichtsrats sich einen besonderen Vorteil oder für die Gründung oder ihre Vorbereitung eine Entschädigung oder Belohnung ausbedungen hat, vgl. § 32 Abs. 3 AktG.[302]

175

Checkliste: Inhalt des Gründungsberichts

Allgemeine Bestandteile jedes Gründungsberichts:
- ☐ Tag der Feststellung der Satzung sowie die Urkunde hierüber (beurkundender Notar und Urkunden-Nr.),
- ☐ Grundkapital,
- ☐ Zerlegung des Grundkapitals in Nennbetrags- oder Stückaktien,
- ☐ Bei Nennbetragsaktien der Nennbetrag, bei Stückaktien die Zahl, der Ausgabebetrag und, wenn mehrere Gattungen bestehen, die Gattung der Aktien, die jeder Gründer übernimmt,
- ☐ Zahl der von jedem Gründer übernommenen Aktien,
- ☐ Höhe der geleisteten Bareinlage,
- ☐ Datum der Bestellung des ersten Vorstands und des ersten Aufsichtsrats,
- ☐ Namen der Mitglieder des Vorstands und deren Vertretungsbefugnis,
- ☐ Namen der Mitglieder des Aufsichtsrats,
- ☐ Feststellung, ob einem Gründer oder einem Dritten Sondervorteile oder Gründerlohn gemäß § 26 AktG versprochen wurde;
- ☐ Feststellung, inwieweit Personenidentität zwischen Gründern und Organmitgliedern besteht.

Besondere Angaben bei Sachgründung (§ 32 Abs. 2 AktG)
- ☐ Die vorausgegangenen Rechtsgeschäfte, die auf den Erwerb durch die Gesellschaft hingezielt haben,[303]
- ☐ Die Anschaffungs- und Herstellungskosten aus den letzten beiden Jahren,[304]
- ☐ Beim Übergang eines Unternehmens auf die Gesellschaft die Betriebserträge aus den letzten beiden Geschäftsjahren.[305]

---

[301] Vgl. *Henn* § 3 Rn. 97, *Schiller* AG 1992, 20 ff.; AnwaltskommAktR/*Heidel/Polley* § 32 Rn. 4.

[302] Vgl. MüKoAktG/*Pentz* § 32 Rn. 36; Hüffer/Koch/*Koch* AktG § 32 Rn. 6; KölnKommAktG/*A. Arnold* § 32 Rn. 20; AnwaltskommAktR/*Heidel/Polley* § 32 Rn. 8.

[303] Vgl. AnwaltskommAktR/*Heidel/Polley* § 32 Rn. 5; GroßkommAktG/*Röhricht/Schall* § 32 Rn. 12; MüKoAktG/*Pentz* § 32 Rn. 18; Hüffer/Koch/*Koch* AktG § 32 Rn. 5. Es ist zu allen Geschäften Stellung zu nehmen, deren Zweck die spätere Verwendung des Leistungsgegenstands bei der Gründung ist. Der Auskunftsanspruch besteht nur gegenüber den Gründern, nicht gegenüber Dritten, vgl. GroßkommAktG/*Röhricht/Schall* aaO; MüKoAktG/*Pentz* aaO; Hüffer/Koch/*Koch* aaO; KölnKommAktG/*A. Arnold* § 32 Rn. 10; AnwaltskommAktR/*Heidel/Polley*, aaO.

[304] Hüffer/Koch/*Koch* AktG § 32 Rn. 5; MüKoAktG/*Pentz* § 32 Rn. 20; GroßkommAktG/*Röhricht/Schall* § 32 Rn. 14; AnwaltskommAktR/*Heidel/Polley* § 32 Rn. 6; der Begriff der Anschaffungs- und Herstellungskosten kann im Wesentlichen § 255 HGB entnommen werden, vgl. GroßkommAktG/*Röhricht/Schall* § 32 Rn. 16.

[305] AnwaltskommAktR/*Heidel/Polley* § 32 Rn. 7; GroßkommAktG/*Röhricht/Schall* § 32 Rn. 20 f.; Hüffer/Koch/*Koch* AktG § 32 Rn. 5.

Besondere Angaben des Vorstands und des Aufsichtsrats (§ 32 Abs. 3 AktG)
- ☐ Feststellung, ob und in welchem Umfang bei der Gründung für Rechnung eines Mitglieds des Vorstands oder des Aufsichtsrats Aktien übernommen wurden.[306]
- ☐ Feststellung, ob und in welcher Weise ein Mitglied des Vorstands oder des Aufsichtsrats sich einen besonderen Vorteil oder für die Gründung oder ihre Vorbereitung eine Entschädigung oder Belohnung ausbedungen hat.

2. Gründungsprüfung

176 Nach Abgabe des Gründungsberichts sind die Mitglieder des Vorstands und des Aufsichtsrates gemäß § 33 Abs. 1 AktG verpflichtet, den Hergang der Gründung zu prüfen.[307] Die Prüfung muss durch sämtliche Mitglieder des Vorstands und des Aufsichtsrats persönlich[308] erfolgen.

177 Liegt eine Gründung mit Sacheinlage oder Sachübernahme vor, hat nach § 33 Abs. 2 Nr. 4 AktG grundsätzlich zusätzlich eine Prüfung durch einen oder mehrere Prüfer stattzufinden (sog Gründungsprüfung[309]). Grund für diese besondere Prüfung sind bei Sacheinlage und Sachübernahme die Schwierigkeiten, die im Zusammenhang mit deren Bewertung auftreten können.[310] Der Prüfer muss durch das Gericht bestellt werden, § 33 Abs. 3 S. 2 AktG, die vereinfachte Prüfung durch den beurkundenden Notar ist bei einer Sachgründung nicht möglich. Dies folgt aus einem Gegenschluss zu § 33 Abs. 3 S. 1 AktG.

178 a) **Sachgründung ohne externe Gründungsprüfung gemäß § 33a AktG.** Der durch das Gesetz zur Umsetzung der Aktionärsrichtlinie (ARUG) neu eingefügte § 33a AktG sieht Ausnahmen von der obligatorischen externen Werthaltigkeitsprüfung vor. Zweck der Vorschrift ist die Deregulierung des Handelsregisterverfahrens.

179 Nach § 33a Abs. 1 AktG kann von einer externen Prüfung abgesehen werden, wenn Vermögensgegenstände in die Gesellschaft eingebracht werden sollen, für deren Bewertung eindeutige Anhaltspunkte vorliegen. Die Inferenten können nach wie vor auch das Verfahren der externen Prüfung gemäß § 33 Abs. 2 S. 3 AktG wählen. Nach § 33a Abs. 2 AktG ist die Sachgründung ohne externe Gründungsprüfung jedoch ausgeschlossen, wenn aufgrund besonderer Umstände eine sichere Bewertung der Einlagegegenstände im Einzelfall nicht möglich ist.

180 aa) *Übertragbare Wertpapiere oder Geldmarktinstrumente.* § 33a Abs. 1 Nr. 1 AktG. nennt übertragbare Wertpapiere oder Geldmarktinstrumente im Sinne des § 2 Abs. 1 S. 1 WpHG und Abs. 1a des WpHG als gegenüber der grundsätzlichen Pflicht zur Erstellung eines externen Sachverständigengutachtens privilegierte Vermögensgegenstände. Der Bewertungsmaßstab des *„gewichteten Durchschnittspreises"* ist ein abstrakter Maßstab, der als solcher nichts darüber aussagt, von wem und in welchem Verfahren er zu ermitteln ist. Für

---

[306] Die Hintermänner müssen jedenfalls mit ihrem Namen angegeben werden, vgl. GroßkommAktG/*Röhricht/Schall* § 32 Rn. 28; MüKoAktG/*Pentz* § 32 Rn. 29; zum Teil wird vertreten, dass zusätzlich auch die Adresse bzw. der Sitz angegeben werden muss, vgl. AnwaltskommAktR/*Heidel/Polley* § 32 Rn. 8; die Angaben müssen für jedes Verwaltungsmitglied gesondert erteilt werden.
[307] Für einen Gründungsprüfungsbericht der Mitglieder des Vorstands und des ersten Aufsichtsrats bei Sachgründung vgl. MünchVertragsHdb/*Hölters* Abschnitt V 22; vgl. hierzu auch Hüffer/Koch/*Koch* AktG § 33 Rn. 2; MüKoAktG/*Pentz* § 33 Rn. 6 ff.; AnwaltskommAktR/*Heidel/Braunfels* § 33 Rn. 3 ff.; KölnKommAktG/*A. Arnold* § 33 Rn. 6; Raiser KapGesR § 11 Rn. 20; GroßkommAktG/*Röhricht/Schall* § 33 Rn. 3 ff.; Godin/*Wilhelmi* § 33 Rn. 2; MHdB GesR IV/*Hoffmann-Becking* § 3 Rn. 25.
[308] Stellvertretung ist unzulässig, vgl. AnwaltskommAktR/*Heidel/Braunfels* § 33 Rn. 3; MüKoAktG/*Pentz* § 33 Rn. 8.
[309] Für den Bericht des Gründungsprüfers bei Sachgründung vgl. MünchVertragsHdb/*Hölters* Abschnitt V 23.
[310] Henn § 3 Rn. 96; MüKoAktG/*Pentz* § 33 Rn. 13 ff.; KölnKommAktG/*A. Arnold* § 33 Rn. 11 ff.; Hüffer/Koch/*Koch* AktG § 33 Rn. 3; AnwaltskommAktR/*Heidel/Braunfels* § 33 Rn. 7; MHdB GesR IV/*Hoffmann-Becking* § 3 Rn. 24; GroßkommAktG/*Röhricht/Schall* § 33 Rn. 8 ff.; Raiser KapGesR § 11 Rn. 20; Godin/*Wilhelmi* § 33 Rn. 3.

die an deutschen organisierten Märkten gehandelten Wertpapiere wird dieser Wert zB laufend von der Bundesanstalt für Finanzdienstleistungsaufsicht (BaFin) ermittelt. Die Zeitspanne, über die der Durchschnittspreis der einzubringenden Wertpapiere und Geldmarktinstrumente ermittelt werden soll wird auf drei Monate festgelegt. Dies soll hinreichend zuverlässige Bewertung gewährleisten.[311]

181 *bb) Andere Vermögensgegenstände.* Nach § 33a Abs. 1 Nr. 2 AktG kann auch bei allen anderen grundsätzlich einlagefähigen Vermögensgegenständen von einer externen Gründungsprüfung abgesehen werden, wenn sie von einem Sachverständigen unter den näher bestimmten Voraussetzungen mit dem beizulegenden Zeitwert bewertet worden sind. In Anlehnung an § 34 Abs. 1 Nr. 1 und § 143 Abs. 1 Nr. 1 AktG muss der Sachverständige ausreichend vorgebildet und erfahren sein.[312]

Der Bewertungsstichtag darf nicht länger als sechs Monate zurückliegen. Entscheidend ist der Tag der tatsächlichen Einbringung der Einlage. Diesen Tag kann das Registergericht anhand der Antragsunterlagen leicht feststellen. Ein Bewertungsgutachten nach § 33a Abs. 1 Nr. 2 AktG ist gerichtlich nur daraufhin überprüfbar, ob der Gutachter die nach § 33a Abs. 1 Nr. 2 AktG erforderlichen Voraussetzungen erfüllt und ob er von zutreffenden Anknüpfungstatsachen ausgegangen ist.[313]

182 *cc) Gegenausnahmen gemäß § 33a Abs. 2 AktG.* § 33a Abs. 2 AktG enthält zwei Gegenausnahmen zu den Privilegierungstatbeständen. Durch Abs. 2 wird Art. 10a Abs. 1 UAbs. 1 und Abs. 2 UAbs. 2 Kapitalrichtlinie umgesetzt.[314] § 33a Abs. 1 Nr. 1 ist nicht anwendbar, wenn der gewichtete Durchschnittspreis „durch außergewöhnliche Umstände erheblich beeinflusst worden ist", die eine erhebliche Änderung des Wertes des Vermögensgegenstandes zum Zeitpunkt seiner tatsächlichen Einbringung bewirken würden und zwar auch dann, wenn der Markt für diese Wertpapiere oder Geldmarktinstrumente illiquide geworden ist.[315]

183 Nach der Gesetzesbegründung können außergewöhnliche Umstände vorliegen, wenn der Handel mit den betreffenden Papieren über einen längeren Zeitraum völlig zum Erliegen gekommen ist oder ausgesetzt war, oder wenn der Markt durch Missbrauch oder verbotene Kursmanipulationen beeinflusst worden ist (vgl. § 30a Abs. 1 WpHG), sofern dadurch eine erhebliche Änderung des Börsenwertes bewirkt worden ist. Bei marktüblichem Verhalten im Sinne des § 20a Abs. 2 WpHG in Verbindung mit den §§ 7 ff. der Verordnung zur Konkretisierung des Verbots zur Marktmanipulation sollen dagegen keine außergewöhnlichen Umstände anzunehmen sein.[316]

184 Eine Neubewertung von anderen Vermögensgegenständen im Sinne von § 33a Abs. 1 Nr. 2 AktG ist nötig, wenn sich der Wert des Gegenstandes nach der Begutachtung durch den Sachverständigen geändert hat oder wenn nachträgliche Umstände bekannt geworden sind, bei deren Kenntnis der Sachverständige zu anderen Ergebnissen gelangt wäre. Ausreichend ist allerdings, wenn Umstände darauf hindeuten, dass die Bewertung durch den Sachverständigen erheblich zu hoch ausgefallen sein könnte. Maßgeblicher Zeitraum, in dem keine außergewöhnlichen Umstände eintreten oder neu bekannt werden dürfen, ist die Zeit bis zur tatsächlichen Einbringung. Später eintretende neue Umstände spielen im vereinfachten Eintragungsverfahren keine Rolle. Wenn allerdings vor der Handelsregisteranmeldung Umstände im Sinne von § 33a Abs. 2 AktG bekannt werden, die schon vor der Einbringung eingetreten waren, so ist eine Anmeldung im vereinfachten Verfahren wegen der nach § 37a Abs. 2 AktG erforderlichen Versicherung ausgeschlossen.[317]

185 *b) Umfang und Berichtspflicht.* Die externe Gründungsprüfung hat sich neben der Frage, ob Angaben der Gründer über die Übernahme der Aktien, über die Einlagen auf das

---

[311] BT-Drs. 16/11642, 22.
[312] BT-Drs. 16/11642, 22.
[313] KG 12.10.2015 – 22 W 77/15, ZIP 2016, 161 mAnm *Rothley* GWR 2016, 31.
[314] BT-Drs. 16/11642, 22.
[315] BT-Drs. 16/11642, 22.
[316] BT-Drs. 16/11642, 22.
[317] BT-Drs. 16/11642, 23.

Grundkapital und über die Festsetzungen nach §§ 26 und 27 AktG richtig sind (§ 34 Abs. 1 Nr. 1 AktG) auch darauf zu erstrecken, ob der Wert der Sacheinlagen oder Sachübernahmen den geringsten Ausgabebetrag der dafür zu gewährenden Aktien oder den Wert der dafür zu gewährenden Leistungen erreicht, vgl. § 34 Abs. 1 Nr. 2 AktG.[318] Dabei können die Gründungsprüfer gemäß § 35 Abs. 1 AktG von den Gründern alle Aufklärungen und Nachweise verlangen, die zur sorgfältigen Prüfung notwendig sind.

186 Über die Prüfung ist gemäß § 34 Abs. 2 S. 1 AktG schriftlich zu berichten.[319] In diesem Bericht ist der Gegenstand jeder Sacheinlage oder Sachübernahme zu beschreiben sowie anzugeben, welche Bewertungsmethode bei der Ermittlung des Wertes angewandt wurde, vgl. § 34 Abs. 2 S. 2 AktG.[320] Gegenstand der Prüfung der externen Gründungsprüfer ist auch der Prüfbericht der Verwaltungsmitglieder, vgl. § 38 Abs. 2 S. 1 AktG.[321]

187 Gemäß § 35 Abs. 3 AktG haben die Gründungsprüfer Anspruch auf Ersatz angemessener Auslagen und auf Vergütung ihrer Tätigkeit. Die Auslagen und die Vergütung werden durch das Gericht festgesetzt.

188 § 34 Abs. 2 S. 3 AktG schränkt für Fälle des § 33a AktG den Umfang der Berichtspflicht ein. Der Bericht braucht sich nicht auf den Wert der Sacheinlage oder Sachübernahme (§ 34 Abs. 1 Nr. 2 AktG) zu erstrecken, wenn eine externe Prüfung der Werthaltigkeit des Einlagegegenstandes nicht stattgefunden hat. Der Bericht braucht dann auch keine Beschreibung der Sacheinlage und Sachübernahme zu enthalten, wie es in § 34 Abs. 2 S. 2 AktG vorgeschrieben ist. Die übrigen Pflichten der Mitglieder des Vorstands und des Aufsichtsrats zur Prüfung des Hergangs der Gründung sowie zur Erstattung eines entsprechenden Berichts bleiben unberührt.

189 Im Ergebnis entbindet die Einschränkung der Berichtspflicht die Mitglieder des Vorstands und des Aufsichtsrates nicht davon, gegenüber dem Registergericht entsprechende Angaben zu machen. Die Angaben sind nach der Neuregelung Gegenstand der Anmeldung und der darin abzugebenden Erklärung gemäß § 34a Abs. 1 und 2 AktG.

Checkliste: Umfang der Gründungsprüfung 190

§ 34 AktG stellt keine abschließende Regelung dar, er nennt nur die wesentliche Prüfungsgegenstände.[322] Zu prüfen sind alle tatsächlichen und rechtlichen Vorgänge, die mit der Prüfung zusammenhängen:

Allgemeine Prüfungsgegenstände
- ☐ Feststellungen und Inhalt der Satzung
- ☐ Bestellung der Verwaltungsmitglieder und der Abschlussprüfer
- ☐ Gründungsbericht[323]
- ☐ Formvorschriften
- ☐ Genehmigungserfordernisse
- ☐ im Falle der gerichtlich bestellten Gründungsprüfer auch der Prüfungsbericht der Verwaltungsmitglieder, § 38 Abs. 2 S. 1 AktG[324]

---

[318] Vgl. hierzu AnwaltskommAktR/*Heidel/Polley* § 34 Rn. 5; GroßkommAktG/*Röhricht/Schall* § 34 Rn. 12; Hüffer/Koch/*Koch* AktG § 34 Rn. 3; MüKoAktG/*Pentz* § 34 Rn. 7 ff.
[319] Vgl. hierzu auch Hüffer/Koch/*Koch* AktG § 34 Rn. 2, 4; AnwaltskommAktR/*Heidel/Polley* § 34 Rn. 6.
[320] § 34 Abs. 2 S. 2 AktG wurde durch die Aktienrechtsnovelle vom 13.12.1978, BGBl. I S. 1959, in das AktG aufgenommen und geht auf die 2. Richtlinie des Rates der Europäischen Gemeinschaften zur Koordinierung des Gesellschaftsrechts vom 13.12.1976 (sog Kapitalschutzrichtlinie) zurück; vgl. auch AnwaltskommAktR/ *Heidel/Polley* § 34 Rn. 7.
[321] AnwaltskommAktR/*Heidel/Polley* § 34 Rn. 6; ebenso GroßkommAktG/*Röhricht/Schall* § 34 Rn. 4.
[322] Vgl. etwa Hüffer/Koch/*Koch* AktG § 34 Rn. 2: Der Umfang muss sich am Zweck der Prüfung orientieren; ebenso GroßkommAktG/*Röhricht/Schall* § 34 Rn. 2.
[323] Der Gründungsbericht ist Prüfungsgrundlage, vgl. Hüffer/Koch AktG § 34 Rn. 2.
[324] Hüffer/Koch/*Koch* AktG § 34 Rn. 2; AnwaltskommAktR/*Heidel/Polley* § 34 Rn. 6; GroßkommAktG/ *Röhricht/Schall* § 34 Rn. 4.

Besondere Prüfgegenstände iSd § 34 Abs. 1 AktG
- ☐ Vollständigkeit und Richtigkeit der Angaben der Gründer hinsichtlich
  - Übernahme der Aktien,
  - Einlagen auf das Grundkapital und
  - Festsetzungen nach §§ 26, 27 AktG
- ☐ ob der Wert der Sacheinlage oder Sachübernahme den geringsten Ausgabebetrag der dafür zu gewährenden Aktien oder den Wert der dafür zu gewährenden Leistungen erreicht.

nicht Gegenstand der Prüfung sind:
- ☐ Lebensfähigkeit des Unternehmens[325]
- ☐ Zweckmäßigkeit der gewählten Rechtsform
- ☐ Liquidität der Gründer[326]
- ☐ Leistungsstörungen bei Sacheinlage und Sachübernahme[327]

191   **Checkliste: Inhalt des Prüfungsberichts**

- ☐ Ergebnisse der obigen Prüfung,
- ☐ Beschreibung der Gegenstände der Sacheinlage oder Sachübernahme,
- ☐ Angabe, welche Bewertungsmethode bei der Ermittlung des Werts angewandt wurde (nur bei externer Gründungsprüfung (§ 34 Abs. 2 S. 2 und 3 AktG)),
- ☐ während der Prüfung aufgetretene Meinungsverschiedenheiten zwischen den Prüfern.[328]

Achtung: sind Geschäfts- und Betriebsgeheimnisse betroffen, dürfen diese im Prüfungsbericht nicht offengelegt werden.[329]

VI. Anmeldung der Gesellschaft, Prüfung durch das Gericht und Eintragung

192 Die Gesellschaft ist gemäß § 36 Abs. 1 AktG von allen Gründern iSd § 28 AktG und den Mitgliedern des Vorstands und des Aufsichtsrats zur Eintragung in das Handelsregister anzumelden.

1. Leistung der Sacheinlage als Voraussetzung der Anmeldung

193 Die Eintragung darf nach hM nur erfolgen, wenn die Sacheinlage erbracht ist und zur freien Verfügung des Vorstands steht. Dies ergibt sich aus § 36 Abs. 2 bzw. aus § 36a Abs. 2 S. 1 AktG, der die Regel bei Sacheinlagen darstellt. § 36a Abs. 2 S. 2 AktG regelt lediglich eine Ausnahme für den Fall, dass die Sacheinlage in der Verpflichtung besteht, einen Vermögensgegenstand dinglich auf die Gesellschaft zu übertragen.[330] Zum Zeitpunkt der Anmeldung muss nur die Übertragungspflicht des Gründers begründet sein, das dingliche Erfüllungsgeschäft kann auch nach Eintragung – innerhalb des Fünfjahreszeitraums – erfol-

---

[325] Vgl. BGHZ 64, 52 (60) = NJW 1975, 974; Hüffer/Koch/*Koch* AktG § 34 Rn. 2; GroßkommAktG/ *Röhricht/Schall* § 34 Rn. 5.
[326] Ergeben sich allerdings Hinweise auf eine Zahlungsunfähigkeit der Gründer, ist dies im Bericht zu vermerken, vgl. etwa Hüffer/Koch/*Koch* AktG § 34 Rn. 2.
[327] Auch hier ist ein Vermerk im Bericht erforderlich, wenn sich im Rahmen der Prüfung hierzu Hinweise ergeben, Hüffer/Koch/*Koch* AktG § 34 Rn. 2.
[328] AnwaltskommAktR/*Heidel/Polley* § 34 Rn. 7; GroßkommAktG/*Röhricht/Schall* § 34 Rn. 23.
[329] Dies folgt aus § 34 Abs. 3 S. 2 AktG, wonach der Prüfungsbericht vollständig öffentlich ist, vgl. AnwaltskommAktR/*Heidel/Polley* § 34 Rn. 7; MüKoAktG/*Pentz* § 34 Rn. 22; GroßkommAktG/*Röhricht/Schall* § 34 Rn. 26; KölnKommAktG/*A. Arnold* § 34 Rn. 12.
[330] Hüffer/Koch/*Koch* AktG § 36a Rn. 4; MüKoAktG/*Pentz* § 36a Rn. 12.

gen.³³¹ In allen übrigen Fällen, in denen die Sacheinlageverpflichtung nicht durch die dingliche Übertragung von Vermögensgegenständen zu bewirken ist (zB Gebrauchs- oder Nutzungsüberlassung), ist § 36a Abs. 2 S. 1 AktG anzuwenden.³³²

2. Verbot der Unterpariemission

Gemäß § 36a Abs. 2 S. 3 AktG muss der Wert der Sacheinlage dem geringsten Ausgabebetrag und bei Ausgabe der Aktien für einen höheren als diesen auch dem Mehrbetrag entsprechen. Dieses Verbot der Unterpariemission ergibt sich bereits aus § 9 Abs. 1 AktG sowie aus §§ 34 Abs. 1 Nr. 2, 37 Abs. 1 S. 1, 38 Abs. 2 S. 2 AktG. Wird die AG trotz Unterpariemission eingetragen, ist sie wirksam entstanden,³³³ vgl. → Rn. 119f.

3. Inhalt der Anmeldung³³⁴

Der Inhalt der Anmeldung ergibt sich aus §§ 37 und 37a AktG. Gemäß § 37 Abs. 1 S. 1 AktG ist die Leistung in der geschuldeten Höhe bei Anmeldung der Gesellschaft zum Handelsregister zu erklären. Allerdings soll nach § 38 Abs. 2 S. 2 AktG das Gericht die Eintragung nur ablehnen dürfen, wenn die Sacheinlage wesentlich hinter dem Nennbetrag der dafür gewährten Aktien zurückbleibt.³³⁵

Während bei der Bareinlage gemäß § 37 Abs. 1 S. 2 AktG generell nachzuweisen ist, dass die Leistung endgültig zur freien Verfügung des Vorstands steht, § 37 Abs. 1 S. 2 AktG, ist bei der Sacheinlage anzugeben, ob die Leistung vor oder nach der Anmeldung vereinbart ist.³³⁶ Ist vor der Anmeldung zu leisten, ist zu erklären, dass die Sacheinlage zur freien Verfügung des Vorstands steht.³³⁷ Handelt es sich bei der Sacheinlage um eine Gebrauchs- oder Nutzungsüberlassung, ist zudem zu erklären, dass der Gegenstand von der Gesellschaft genutzt werden kann.³³⁸ Ist erst nach Anmeldung zu leisten, ist der vereinbarte Leistungszeitpunkt zu nennen.³³⁹ Ist kein fester Zeitpunkt vereinbart, genügt die Erklärung, dass die Sacheinlage innerhalb des Fünfjahreszeitraums nach Eintragung der Gesellschaft erbracht wird.³⁴⁰ § 37a AktG ergänzt den nach § 37 AktG vorgeschriebenen Inhalt der Anmeldung für Sachgründungen ohne externe Gründungsprüfung gemäß § 33a AktG. Die Anmeldung muss in diesen Fällen nach § 37a Abs. 1 AktG die ausdrückliche Erklärung enthalten, dass von der Erleichterung des § 33a AktG Gebrauch gemacht wird. Ferner muss die Anmeldung auch diejenigen Angaben enthalten, die ansonsten Gegenstand des Prüfungsberichts nach § 34 Abs. 2 S. 1 AktG wären. § 37a Abs. 2 AktG beschreibt die an die Stelle der externen Prüfung und der Prüfungsberichte tretende besondere Erklärung und gibt deren Wortlaut vor. Die Liste der mit der Anmeldung vorzulegenden Unterlagen wird durch § 37a Abs. 3 AktG ergänzt.

---

[331] MüKoAktG/*Pentz* § 36a Rn. 12; vgl. zu den Ausnahmen → Rn. 115.
[332] Tatsächlich ist, da § 36a Abs. 2 S. 1 AktG auf Fälle der Gebrauchs- und Nutzungsüberlassung beschränkt ist, § 36a Abs. 2 S. 2 AktG die Regel, vgl. Hüffer/Koch/*Koch* AktG § 36a Rn. 4; MüKoAktG/*Pentz* § 36a Rn. 12; AnwaltskommAktienR/*Heidel/Polley* § 36a Rn. 7; GroßkommAktG/*Röhricht/Schall* § 36a Rn. 6ff.; MHdB GesR IV/*Hoffmann-Becking* § 4 Rn. 44; Hüffer/Koch/*Koch* NJW 1979, 1065 (1067); *Krebs/Wagner* AG 1998, 467 (468 ff.); aA KölnKommAktG/*A. Arnold* § 36a Rn. 16 ff.; *Henn* Rn. 99; *Mayer* ZHR 1990, 535 (542 ff.): Sacheinlagen müssen vor der Anmeldung geleistet werden.
[333] Vgl. hierzu Hüffer/Koch/*Koch* AktG § 36a Rn. 6; MüKoAktG/*Pentz* § 36a Rn. 26 ff.
[334] Formulierungsvorschlag für eine Anmeldung der Gesellschaft zum Handelsregister bei Sachgründung vgl. MünchVertragsHdb/*Hölters* Abschnitt V 24.
[335] So auch AnwaltskommAktR/*Heidel/Terbrack* § 36a Rn. 11.
[336] Vgl. Hüffer/Koch/*Koch* AktG § 36a Rn. 4, § 37 Rn. 4; AnwaltskommAktR/*Heidel/Terbrack* § 37 Rn. 11.
[337] Hüffer/Koch/*Koch* AktG § 37 Rn. 4, § 36a Rn. 5; MüKoAktG/*Pentz* § 37 Rn. 41; aA: es genügt bereits die Angabe, dass die Sacheinlage vollständig geleistet wurde: GroßkommAktG/*Röhricht/Schall* § 37 Rn. 40; AnwaltskommAktR/*Heidel/Terbrack* § 37 Rn. 11.
[338] MüKoAktG/*Pentz* § 37 Rn. 41; GroßkommAktG/*Röhricht/Schall* § 37 Rn. 40.
[339] MüKoAktG/*Pentz* § 37 Rn. 41; Hüffer/Koch/*Koch* AktG § 37 Rn. 4; KölnKommAktG/*A. Arnold* § 37 Rn. 13; aA AnwaltskommAktR/*Heidel/Terbrack* § 37 Rn. 12: Die Notwendigkeit einer solchen Angabe ist aus dem Gesetz nicht zu entnehmen.
[340] MüKoAktG/*Pentz* § 37 Rn. 41; GroßkommAktG/*Röhricht/Schall* § 37 Rn. 41.

197 **Checkliste: Bestandteile der Anmeldung**

Beizufügende Unterlagen
- ☐ Satzung der Gesellschaft sowie Satzungsergänzungen oder -änderungen;[341]
- ☐ Urkunde, in der die Satzung festgestellt worden ist;
- ☐ Aktienübernahmeerklärung der Gründer;[342]
- ☐ Verträge, die den gewährten Sondervorteilen (§ 26 Abs. 1 AktG) oder den Entschädigungen und Belohnungen (§ 26 Abs. 2 AktG) zugrunde liegen;[343]
- ☐ Verträge, die den Sacheinlagen und Sachübernahmen (§ 27 Abs. 1 S. 1 AktG) zugrunde liegen oder die zu ihrem Vollzug geschlossen wurden;[344]
- ☐ Berechnung des Gründungsaufwands unter Angabe der Art und Höhe der Vergütung sowie der einzelnen Empfänger;[345]
- ☐ Urkunden über die Bestellung des Vorstands (§ 30 Abs. 1 AktG) und des Aufsichtsrats (§ 30 Abs. 4 AktG);[346]
- ☐ Liste der Aufsichtsratsmitglieder, aus der Name, Vorname, ausgeübter Beruf und Wohnort hervorgehen (§ 37 Abs. 4 Nr. 3a AktG);[347]
- ☐ Gründungsbericht (§ 32 AktG) nebst urkundlichen Unterlagen (zB Gutachten, Hilfsberechnungen etc);
- ☐ Prüfberichte der Mitglieder des Vorstands und des Aufsichtsrats (§ 33 Abs. 1 AktG) nebst urkundlichen Unterlagen;
- ☐ Prüfbericht der Gründungsprüfer (§ 33 Abs. 2 AktG) nebst urkundlichen Unterlagen, sofern die Gründungsprüfer ihren Bericht nicht unmittelbar dem Gericht eingereicht haben, § 34 Abs. 3 AktG;[348]
- ☐ staatliche Genehmigungsurkunden, sofern erforderlich;[349]
- ☐ Nachweis, dass der auf Bareinlagen eingezahlte Betrag endgültig zur freien Verfügung des Vorstands steht (§ 37 Abs. 1 S. 2 AktG);[350]

---

[341] Vgl. Hüffer/Koch/*Koch* AktG § 37 Rn. 9; AnwaltskommAktR/*Heidel/Terbrack* § 37 Rn. 31.

[342] Regelmäßig werden die Feststellung der Satzung und die Aktienübernahmeerklärungen in einer Urkunde zusammengefasst.

[343] Grundsätzlich enthält § 26 AktG keinen Formzwang; gibt es keine schriftlichen Verträge, ist nach hM dies anzugeben, vgl. Hüffer/Koch/*Koch* AktG § 37 Rn. 10.

[344] Auch § 27 Abs. 1 S. 1 AktG enthält keinen Formzwang, es gilt daher das zu § 26 AktG Gesagte entsprechend.

[345] Dies dient zur Unterrichtung des Gerichts über Einzelheiten der Vertragsgestaltung; Belege sind nicht beizufügen, vgl. hierzu Hüffer/Koch/*Koch* AktG § 37 Rn. 10; AnwaltskommAktR/*Heidel/Terbrack* § 37 Rn. 32; GroßkommAktG/*Röhricht/Schall* § 37 Rn. 57; KölnKommAktG/*A. Arnold* § 37 Rn. 41; MüKoAktG/*Pentz* § 37 Rn. 71; noch nicht angefallener, aber festgesetzter Gründungsaufwand ist der Höhe nach zu schätzen, vgl. KölnKommAktG/*A. Arnold* § 37 Rn. 41.

[346] Die Annahme der Bestellung muss nicht gesondert nachgewiesen werden, sie geht aus der Mitwirkung bei der Anmeldung hervor, vgl. AnwaltskommAktR/*Heidel/Terbrack* § 37 Rn. 33; GroßkommAktG/*Röhricht/Schall* § 37 Rn. 58; KölnKommAktG/*A. Arnold* § 37 Rn. 42; MüKoAktG/*Pentz* § 37 Rn. 66.

[347] Mit dem ausgeübten Beruf ist nicht ein früherer oder erlernter Beruf gemeint, sondern die derzeit konkret ausgeübte berufliche Haupttätigkeit. Für die Angabe des Wohnortes reicht die Angabe der politischen Gemeinde; eine Adresse oder eine Postleitzahl muss nicht angegeben werden. Vgl. dazu MüKoAktG/*Pentz* § 37 Rn. 67.

[348] Ganz hM, vgl. etwa Hüffer/Koch/*Koch* AktG § 37 Rn. 13; nicht mehr beizufügen ist eine Bescheinigung der IHK, dass der Bericht der Gründungsprüfer dort eingereicht wurde, denn diese Einreichungspflicht ist entfallen, vgl. Hüffer/Koch/*Koch* AktG § 34 Rn. 7.

[349] In Betracht kommt eine staatliche Genehmigungspflicht bei genehmigungspflichtigen Unternehmensgegenständen (etwa Arzneimittelherstellung, § 13 Arzneimittelgesetz; Bankgeschäfte, §§ 32, 43 Abs. 1 KWG, § 3 Abs. 5 KAGB; Gastwirtschaften, § 2 GastG; Steuerberatung, § 49 ff. StBerG), nicht dagegen, wenn nur einzelne Betriebsanlagen oder Rechtsgeschäfte genehmigungspflichtig sind, vgl. Hüffer/Koch/*Koch* AktG § 23 Rn. 21 ff., § 37 Rn. 14 f.; ausführlich AnwaltskommAktR/*Heidel/Terbrack* § 37 Rn. 36 ff.; KölnKommAktG/*Kraft* § 37 Rn. 29; Registerverfahren findet auch ohne Eintragung in die Handwerksrolle statt: da § 37 Abs. 4 Nr. 5 aF AktG und § 7 Abs. 4 S. 1 HandwerkO aF aufgehoben wurden; anders für die GmbH nach GmbHG BGHZ 102, 211 ff. = NJW 1988, 1087.

[350] Nach dem eindeutigen Wortlaut des Gesetzes gilt dies nur für die Bareinlage, vgl. AnwaltskommAktR/*Heidel/Terbrack* § 37 Rn. 25; ist der Betrag gemäß § 54 Abs. 3 durch Gutschrift auf ein Konto eingezahlt

§ 13 Sachgründung

- ☐ Unterlagen über die Ermittlung des gewichteten Durchschnittspreises, zu dem die einzubringenden Wertpapiere oder Geldmarktinstrumente während der letzten drei Monate vor dem Tag ihrer tatsächlichen Einbringung auf einen organisierten Markt gehandelt worden sind, § 37a Abs. 3 Nr. 1 AktG;
- ☐ Sachverständigengutachten, auf das sich die Bewertung in den Fällen des § 33a Abs. 1 Nr. 2 AktG stützt;
- ☐ weitere Anlagen, sofern außerhalb des AktG vorgeschrieben.[351]

Erforderliche Angaben in der Anmeldung
- ☐ Erklärung, dass die Voraussetzungen der §§ 36 Abs. 2 und 36a AktG erfüllt sind, im Einzelnen:
  - Im Falle der Bareinlage ist zu erklären, dass der eingeforderte Betrag ordnungsgemäß einbezahlt ist und endgültig zur freien Verfügung des Vorstands steht,
  - haben die Gründer Sacheinlagen erbracht, ist zu erklären, dass der Wert der Sacheinlage dem geringsten Ausgabebetrag, bei Überpariemission auch dem Mehrbetrag entspricht, § 36a Abs. 2 AktG. Ferner ist, wenn die Leistung vor der Anmeldung vereinbart ist, anzugeben, dass die Leistung zur freien Verfügung des Vorstands steht;[352] ist die Leistung nach der Anmeldung vereinbart, ist der Leistungszeitpunkt zu nennen,[353]
  - wobei für jeden Gründer getrennt der Ausgabebetrag der Aktien sowie der eingezahlte Betrag anzugeben sind, § 37 Abs. 1 S. 1 AktG.
- ☐ Versicherung der Vorstandsmitglieder gemäß § 37 Abs. 2 AktG;
- ☐ Vertretungsbefugnis der Vorstandsmitglieder, § 37 Abs. 3 Nr. 2 AktG;[354]
- ☐ Geburtsdatum jedes Vorstandsmitglieds, § 24 Abs. 1 HRV[355]
- ☐ inländische Geschäftsanschrift, § 37 Abs. 3 Nr. 1 AktG[356]
- ☐ zusätzliche Angaben, wenn von einer externen Gründungsprüfung abgesehen wurde (§ 33a AktG):
  - Erklärung, dass von einer externen Gründungsprüfung abgesehen wurde, § 37a Abs. 1 S. 1 AktG,
  - Beschreibung der Bestände jeder Sacheinlage oder Sachübernahme, § 37a Abs. 1 S. 2 AktG,
  - Erklärung, dass der Wert der Sacheinlage oder Sachübernahme den geringsten Ausgabebetrag der dafür zu gewährenden Aktien oder den Wert der dafür zu gewährenden Leistungen erreicht unter Angabe der Quelle der Bewertung sowie der angewendeten Bewertungsmethode, § 37 Abs. 1 S. 3, S. 4 AktG,
  - Versicherung, dass keine außergewöhnliche Umstände bekannt geworden sind, die den gewichteten Durchschnittspreis der einzubringenden Geldpapiere oder Geldmarktinstrumente iSv § 33a Abs. 1 Nr. 1 AktG während der letzten drei Monate vor dem Tag ihrer tatsächlichen Einbringung erheblich beeinflusst haben könnten oder Umstände, die darauf hindeuten, dass der beizulegende Zeitwert der Vermögensgegenstände iSv § 33a Abs. 1 Nr. 2 AktG am Tag ihrer tatsächlichen Einbringung auf Grund neuer und neu bekannt gewordener Umstände erheblich niedriger ist, als der von dem Sachverständigen angenommene Wert (§ 37a Abs. 2 AktG).

---

worden, ist der Nachweis durch eine Bestätigung des kontoführenden Instituts zu führen, vgl. § 37 Abs. 1 S. 3 AktG.

[351] Vgl. Hüffer/Koch/*Koch* AktG § 37 Rn. 15.
[352] Hüffer/Koch/*Koch* AktG § 37 Rn. 4, § 36a Rn. 5; GroßkommAktG/*Röhricht/Schall* § 37 Rn. 40; MüKoAktG/*Pentz* § 37 Rn. 40 ff.; AnwaltskommAktR/*Heidel/Terbrack* § 37 Rn. 11.
[353] MüKoAktG/*Pentz* § 37 Rn. 41; AnwaltskommAktR/*Heidel/Terbrack* § 37 Rn. 12; Hüffer/Koch/*Koch* AktG § 37 Rn. 4.
[354] Fehlt die Zeichnung der Unterschriften, stellt dies alleine noch keinen Grund dar, die Eintragung abzulehnen, vgl. KGJ 37 A 138; OLG Hamm MittBayNot 2001, 492 (493); Das Registergericht kann aber eine Nachreichung erzwingen, vgl. § 24 HGB, §§ 388 ff. FamFG.
[355] Hierbei handelt es sich um eine Neuerung durch das Handelsrechtsreformgesetz vom 22.6.1998, BGBl. I S. 1474; die Angabe des Geburtsdatums ersetzt die frühere Angabe des Berufs oder Standes; der Gesetzgeber hält das Geburtsdatum für ein besseres Identifikationsmerkmal, vgl. RegE BT-Drs. 13/8444, 85; AnwaltskommAktR/*Heidel/Terbrack* § 37 Rn. 23.
[356] Unterliegt nicht den Formerfordernissen des § 12 Abs. 1 HGB, vgl. AnwaltskommAktR/*Heidel/Terbrack* § 37 Rn. 22a.

4. Prüfung durch das Gericht

198 Das Gericht prüft, ob die Gesellschaft ordnungsgemäß errichtet und angemeldet wurde. Zuständig für diese Prüfung ist das Amtsgericht am Sitz der Gesellschaft, vgl. §§ 23a Abs. 2 Nr. 3 GVG, 377 FamFG, 14 AktG.

199 Ist die Gesellschaft ordnungsgemäß errichtet und angemeldet und liegt auch keines der in § 38 Abs. 2, 3 AktG genannten Eintragungshindernisse vor, ist das Gericht verpflichtet, die Gesellschaft mit dem in § 39 AktG vorgesehenen Inhalt ins Handelsregister einzutragen; es besteht ein Anspruch der Gesellschaft auf Eintragung.[357] Ist die Gesellschaft nicht ordnungsgemäß errichtet oder angemeldet, weist das Gericht die Anmeldung durch Beschluss zurück, § 38 Abs. 1 S. 2 AktG. Bei behebbaren Eintragungshindernissen, etwa der Überbewertung einer Sacheinlage, die durch Zahlung des Differenzbetrages beseitigt werden können, ist den Gründern eine Abhilfe zu ermöglichen.[358] Ist der festgestellte Mangel nicht behebbar, kann das Gericht anregen, dass die Gründer ihre Anmeldung zurücknehmen[359] oder das Verfahren gemäß § 381 FamFG aussetzen.

5. Zusammenfassung: Ablaufplan Gründung

200

Gründungsschritte	Durch wen?
Wahl des ersten Aufsichtsrats der künftigen AG	Gesellschafterversammlung
Konstituierende Sitzung des Aufsichtsrats der Gesellschaft, Bestellung der Vorstände	Aufsichtsrat
Erstellung des Gründungsberichts	Gründer
Beantragung der gerichtlichen Bestellung eines Gründungsprüfers (Ausnahme § 33a AktG)[360]	Antrag durch Gründer, Bestellung durch Registergericht
Gründungsprüfung	Vorstand, Aufsichtsrat, Gründungsprüfer
Vorbereitung der Anmeldungsunterlagen	Gründer
Anmeldung der Gesellschaft zur Eintragung ins Handelsregister	Gründer/Aufsichtsrat/Vorstand
gerichtliche Prüfung	Registergericht

VII. Verdeckte Sachgründung und andere Umgehungsgeschäfte

1. Problemstellung

201 In der Rechtspraxis werden häufig Verträge über die Einbringung von Vermögensgegenständen und andere Austauschverträge (Darlehen, Dienstleistungsverträge etc) in den Zeitraum nach der Gründung verschoben, obwohl deren Abschluss zwischen den Beteiligten (Mitgründern und Vorständen) bereits bei Gründung feststeht und via Sacheinlagevereinbarung gemäß § 27 Abs. 1 AktG festgesetzt werden könnte. Statt dessen leistet der betreffende Gründer eine Bareinlage, die die Gesellschaft ganz oder zum Teil zur Gegenleistung aus dem zeitversetzt abgewickelten Gegengeschäft[361] verwendet.

---

[357] Hüffer/Koch/*Koch* AktG § 38 Rn. 16; MüKoAktG/*Pentz* § 38 Rn. 8; GroßkommAktG/*Röhricht/Schall* § 38 Rn. 3, 62; AnwaltskommAktR/*Heidel/Terbrack* § 38 Rn. 2, 27.

[358] OLG Hamm NJW 1963, 1554; Hüffer/Koch/*Koch* AktG § 38 Rn. 16; GroßkommAktG/*Röhricht/Schall* § 38 Rn. 62; AnwaltskommAktR/*Heidel/Terbrack* § 38 Rn. 28.

[359] Vgl. zur GmbH OLG Hamm OLGZ 1973, 265 (266 f.); Hüffer/Koch/*Koch* AktG § 38 Rn. 16; AnwaltskommAktR/*Heidel/Terbrack* § 38 Rn. 28.

[360] Wenn Notar zum Gründungsprüfer bestellt wird, § 33 Abs. 3 S. 1 AktG kann dieser anstelle eines Gründungsprüfers die Prüfung im Auftrag der Gründer vornehmen.

[361] Zum Begriff vgl. GroßkommAktG/*Wiedemann* § 183 Rn. 95.

Wenngleich im Gründungsstadium seltener (eventuell in Umwandlungsfällen), kommt **202**
dabei auch die Rückzahlung der Bareinlage auf einseitige Forderungen des Gesellschafters
(Sozialverbindlichkeiten oder Drittforderungen) vor. Handelt es sich bei den Austauschverträgen um nicht einlagefähige Gegenstände im Sinne von § 27 Abs. 2 AktG, ist deren zeitversetzte Erfüllung im Hinblick auf § 26 AktG problematisch.

Ob die Bareinlage in diesen Fällen entgegen § 36 AktG durch Verrechnung erbracht wer- **203**
den soll oder durch Hin- und Herzahlen,[362] ist wirtschaftlich ohne Bedeutung. Ebenso wenig macht es einen Unterschied, ob der Gründer eine zuvor eingezahlte Pflicht- und/oder Resteinlage als Gegenleistung zurückerhält oder er seine Bareinlage aus einer zuvor erhaltenen Gegenleistung aufbringt. Problematisch ist in den genannten Fällen stets zweierlei:

- Da die Sachgründungsvorschriften missachtet werden, wird die im Zusammenhang mit **204**
der Gründung materiell vorgenommene Sacheinlage oder Sachübernahme weder publik
noch auf ihre Werthaltigkeit in dem dafür zwingend vorgesehenen Verfahren überprüft.
- Außerdem erfolgt die Bareinzahlung, die in diesen Fällen zum Zweck der Finanzierung **205**
der Gegenleistung des Einbringungs- oder Austauschvertrages dient, nicht zur endgültig
freien Verfügung des Vorstands der Gesellschaft.[363]

2. Gesetzliche Regelung der verdeckten Sacheinlage

a) **Vorbemerkung: Alte und neue Rechtslage.**[364] Eine Umgehung der Sacheinlagenvor- **206**
schriften wurde nach dem Recht vor Neufassung des § 27 Abs. 3 AktG durch das ARUG
vom 30.6.2009 (Übergangsvorschrift ist § 20 Abs. 7 EGAktG) scharf sanktioniert. Sofern
die Auslegung der Abrede der Beteiligten ergab, dass der Sache nach eine – formungültige,
weil bei der Gründung verabredete – Sacheinlage- oder Sachübernahmevereinbarung vorlag,
waren nach bisheriger Rechtslage gem. § 27 Abs. 3 S. 1 aF AktG alle mit ihr im Zusammenhang stehenden Verpflichtungen und Erfüllungsgeschäfte unwirksam.[365] Dies hatte zur
Folge, dass der betreffende Gründer entsprechend § 27 Abs. 3 S. 3 AktG zur Bareinlage verpflichtet blieb,[366] die ausgetauschten Leistungen aber nach Bereicherungsrecht[367] oder anderen Rückabwicklungsvorschriften (etwa §§ 985 ff. BGB) rückabzuwickeln waren.[368] Diese
Rechtsfolgen wurden während des Gesetzgebungsverfahrens insbesondere vom Rechtsausschuss als übermäßig hart kritisiert, da der Gründer bei Insolvenz zur erneuten Bareinlage
verpflichtet blieb, ohne einen werthaltigen Anspruch auf Rückzahlung seiner Bareinzahlung
zu haben.[369]

In der Insolvenz der Gesellschaft musste der Inferent den vollen Einlagebetrag in bar be- **207**
gleichen (§ 27 Abs. 3 S. 3 aF AktG), während sein bereicherungsrechtlicher Rückgewähran-

---

[362] BGHZ 28, 314 (319) = NJW 1959, 383; BGH LM AktG § 27 Nr. 1; NJW 1982, 2444 (2446); BGHZ 113, 335 (340 ff.) = NJW 1991, 1754; BGHZ 118, 83 (94) = NJW 1992, 2222; BGHZ 125, 141 (143 f.) = NJW 1994, 1477; BGHZ 132, 141 (143 ff.) = NJW 1996, 1473; BGH ZIP 1998, 780 (782).

[363] Vgl. BGH NZG 2002, 522 – GmbH; BGH NJW 1994, 1477 (1479); BGHZ 119, 177 (188) = NJW 1992, 3300 (3301); BGHZ 113, 335 (347 f.) = NJW 1991, 1754 (1757); BGHZ 96, 231 (241 f.) = ZIP 1986, 14; OLG Koblenz AG 1988, 242 (244); LG Mainz ZIP 1987, 512 (514); MüKoAktG/*Pentz* § 27 Rn. 101; § 36 Rn. 47 ff., 54; Hüffer/Koch/*Koch* AktG § 36 Rn. 9; GroßkommAktG/*Röhricht/Schall* § 27 Rn. 277; *Henze* HRR AktienR Rn. 182; *ders.* ZHR 154 (1990), 105 (117 f.); *Mülbert* ZHR 154 (1990), 145 (185); *Ulmer* ZHR 154 (1990), 128 (137 f.); aA *K. Schmidt* AG 1986, 106 ff.; *Hommelhoff/Kleindiek* ZIP 1987, 477 ff.

[364] Zum früheren Recht s. 1. Aufl. § 13 Rn. 206 ff.

[365] BGH ZIP 1998, 780 (782); NJW 1994, 1477 (1479); GroßkommAktG/*Röhricht/Schall* § 27 Rn. 268; MüKoAktG/*Pentz* § 27 Rn. 80; anders bei der GmbH, bei der das Erfüllungsgeschäft als neutrales Geschäft angesehen und damit für wirksam gehalten wird, vgl. Hachenburg/*Ulmer* GmbHG § 19 Rn. 114.

[366] BGH NJW 2000, 725 (726); 1996, 524 (525); BGHZ 118, 83 (93 ff.) = NJW 1992, 2222; BGHZ 113, 335 (348) = NJW 1991, 1754; BGHZ 110, 47 = NJW 1990, 982; BGH NJW 1982, 2444 (2446); BGHZ 28, 314 (319) = NJW 1959, 383; OLG Düsseldorf NJW-RR 1997, 485 (487); AG 1991, 149; OLG Koblenz AG 1988, 242; OLG Hamburg WM 1988, 579 (580); LG Mainz AG 1987, 221; 1987, 91; MüKoAktG/*Pentz* § 27 Rn. 80 f.; Hüffer/Koch/*Koch* AktG § 27 Rn. 23.

[367] Zur Rückabwicklung nach den Grundsätzen der Saldotheorie vgl. BGH ZIP 1998, 780 (782 f.).

[368] MüKoAktG/*Pentz* § 27 Rn. 80 f.; GroßkommAktG/*Röhricht/Schall* § 27 Rn. 268.

[369] BT-Drs. 16/13098, 53; Hüffer/Koch/*Koch* AktG § 27 Rn. 23.

spruch in der Regel praktisch wertlos war. Der Gesellschafter musste im Ergebnis die Barleistung in doppelter Höhe erbringen, auch wenn die von ihm erbrachte Sachleistung werthaltig war. Der Nachweis der Vollwertigkeit der Sachleistung entlastete den Gesellschafter nicht.

208 **b) Neuordnung der Rechtsfolgen der verdeckten Sacheinlage durch die sog Anrechnungslösung des § 27 Abs. 3 S. 3 AktG.** Die strenge Sanktion der wirtschaftlich betrachtet doppelten Einlageschuld soll durch § 27 Abs. 3 AktG aufgehoben, jedenfalls aber gemildert werden.[370] Die Neuregelung ordnet an, dass der Wert der Sacheinlage auf die bestehende Bareinlagepflicht anzurechnen ist. Hierdurch soll nach dem Willen des Gesetzgebers einerseits gewährleistet werden, dass der Gesellschaft die geschuldete Einlage wertmäßig voll zugeführt wird. Andererseits soll die Anrechnung für den Gesellschafter das Risiko verringern, die Einlage unter Umständen wirtschaftlich doppelt erbringen zu müssen.

209 **c) Tatbestandliche Voraussetzungen.** Mit der gesetzlichen Definition der verdeckten Sacheinlage in § 27 Abs. 3 S. 1 AktG wollte der Gesetzgeber die von der Rechtsprechung entwickelten Grundsätze zur verdeckten Sacheinlage normieren, um die Kontinuität der Rechtslage zu wahren.[371] In der Literatur wird teilweise kritisiert, dass der Gesetzestext gerade nicht die von der Rechtsprechung entwickelte Definition wiedergebe.[372] Nach der Rechtsprechung des zweiten Senats liegt eine verdeckte Sacheinlage vor, „wenn die gesetzlichen Regeln für Sacheinlagen dadurch unterlaufen werden, dass zwar eine Bareinlage vereinbart wird, die Gesellschaft aber bei wirtschaftlicher Betrachtung von dem Einleger aufgrund einer im Zusammenhang mit der Übernahme der Einlage getroffenen Absprache einen Sachwert erhalten soll".[373] Von diesen tatbestandlichen Voraussetzungen wollte der Gesetzgeber aufgrund der von ihm gewählten Formulierung in § 27 Abs. 3 S. 1 AktG nicht abweichen.

210 **aa) Umgehungssachverhalt und verdecktes Rechtsgeschäft. (1) Aufspaltung in Barübernahme und ein Gegengeschäft.** Von einer verdeckten Sacheinlage ist nach hM dann auszugehen, wenn zwar formal ein Bareinlageversprechen abgegeben wird und hierauf eine Einzahlung erfolgt, der Einlagebetrag jedoch materiell nicht zur freien Verfügung der Gesellschaft steht,[374] sondern von dieser zur Vergütung eines Vermögensgegenstandes dient, das der Gründer der Gesellschaft im Zusammenhang mit der Gründung zugewandt hat.[375] Die Grundsätze über die verdeckte Sacheinlage finden nur dann Anwendung, wenn die auf die Bareinlageforderung geleisteten Mittel verwendet werden, um eine sacheinlagefähige Leistung des Gesellschafters zu vergüten. Gegenstand einer verdeckten Sacheinlage kann nur eine sacheinlagefähige Leistung sein.[376] Dienstleistungen können nicht Sacheinlage sein (vgl. → Rn. 73), weshalb insoweit auch eine verdeckte Sacheinlage ausscheidet.[377]

211 **(2) Abrede oder Abstimmung bereits bei Gründung.** Solange der Vorstand der Vor-AG oder der bereits eingetragenen Gesellschaft den Bareinzahlungsbetrag auf Grund eigener, von dem betreffenden Gründer unbeeinflusster Entscheidung im vorgenannten Sinne verwendet, ist der Umgehungssachverhalt jedoch noch nicht vollständig. Vielmehr bedarf es bereits bei Gründung einer Abrede des Einlageschuldners mit den Mitgründern und/oder dem Vorstand darüber, dass die Bareinzahlung bei Abwicklung des Gegengeschäfts an ihn

---

[370] BT-Drs. 16/13098, 53.
[371] Vgl. *Goette*, Einführung in das neue GmbH-Recht, 2008, S. 246.
[372] *Pentz* GmbHR 2009, 126 (127); Hüffer/Koch/*Koch* AktG § 27 Rn. 25.
[373] BGH NJW-RR 2008, 843 (844).
[374] Vgl. BGHZ 119, 177 (188) = NJW 1992, 330; BGHZ 113, 335 (347 f.) = NJW 1991, 1754; BGHZ 96, 231 (241 f.) = ZIP 1986, 14; MüKoAktG/*Pentz* § 27 Rn. 91; § 36 Rn. 47 ff., 54; Hüffer/Koch/*Koch* AktG § 36 Rn. 9; *Henze* HRR AktienR Rn. 182; *ders.* ZHR 154 (1990), 105 (117 f.); *Mülbert* ZHR 154 (1990), 145 (185); *Ulmer* ZHR 154 (1990), 128 (137 f.); aA *K. Schmidt* AG 1986, 106 ff.; *Hommelhoff/Kleindiek* ZIP 1987, 477 ff.
[375] BGH NZG 2009, 463.
[376] BGHZ 165, 113 (116 f.) = NZG 2006, 24; BGH NZG 2011, 667.
[377] BGHZ 180, 38 Rn. 11 ff. = NJW 2009, 2375 – Qivive; BGHZ 184, 158 Rn. 17 f. = NJW 2010, 1747 – EUROBIKE; teilw. krit. Bayer/Lieder NZG 2010, 86 (88 ff.).

zurückfließt.³⁷⁸ Dabei muss die Abrede wenigstens in Umrissen den gesamten wirtschaftlichen Erfolg der Sacheinlage- oder Sachübernahme beinhalten, die entgegen den Festsetzungsgeboten von § 27 Abs. 1 AktG bei Gründung zwar abgestimmt, aber nicht in die Gründungssatzung aufgenommen wird.³⁷⁹ Die Abrede muss, wenn auch zwangsläufig in unverbindlicher Form, bei, oder im Zusammenhang mit der Gründung getroffen worden sein, eine spätere Vereinbarung ist nicht mehr tatbestandsgemäß.³⁸⁰ Eine Vereinbarung in vertraglicher Form ist jedoch nicht Voraussetzung. Diese erfüllt § 27 Abs. 1 AktG bereits dem Wortlaut nach; der Heranziehung der Lehre von der verdeckten Sacheinlage bedarf es insofern nicht.

(3) Möglichkeit der Erfüllung der Voraussetzungen des § 27 Abs. 1 AktG bei Gründung. **212** Andererseits muss es den Gründern aber zumindest möglich gewesen sein, eine Vereinbarung im Sinne von § 27 Abs. 1 AktG bereits bei Gründung in verbindlicher Form zu treffen, da nur dann von einer Umgehung die Rede sein kann.³⁸¹ Daran kann es fehlen, wenn der Gründer den betreffenden Gegenstand erst nach Gründung erwirbt.³⁸²

(4) Vermutung einer Abrede bei sachlichem und engem zeitlichen Zusammenhang. Nach **213** hM³⁸³ und Rspr.³⁸⁴ wird vermutet, dass eine entsprechende Abrede zwischen den Gründern und/oder dem Vorstand der Vorgesellschaft vorliegt, wenn ein sachlicher und enger zeitlicher Zusammenhang zwischen der Gründung und dem Austauschgeschäft bzw. Gegengeschäft vorliegt.³⁸⁵ Ein rechtlicher bzw. sachlicher Zusammenhang ist nur unter der Voraussetzung anzunehmen, dass der Einlageschuldner schon bei der Gründung im Stande war, über den einzubringenden Vermögensgegenstand eine entsprechende Vereinbarung zu treffen.³⁸⁶ Ein enger zeitlicher Zusammenhang liegt vor, wenn zwischen Gründung und dem Einlage- bzw. Gegengeschäft eine Zeitspanne von weniger als sechs Monaten besteht.³⁸⁷ Liegt dieser sachliche und zeitliche Zusammenhang vor, hat der betroffene Gründer die tatsächliche Vermutung zu entkräften, dass eine Abrede oder ein abgestimmtes Verhalten im

---

³⁷⁸ BGHZ 132, 133 (139 f.) = NJW 1996, 1286; BGHZ 118, 83 (95) = NJW 1992, 2222; OLG Köln ZIP 1990, 717 (719); OLG Koblenz ZIP 1988, 642 (643); MüKoAktG/*Pentz* § 27 Rn. 100; Hüffer/Koch/*Koch* AktG § 27 Rn. 33; *Henze* ZHR 154 (1990), 105 (114); *Joost* ZIP 1990, 549 (558 ff.); *Mülbert* ZHR 154 (1990), 145 (189 ff.); *Müller* ZGR 1995, 327 (332); *Ulmer* ZHR 154 (1990), 128 (139 ff.); *Priester* ZIP 1991, 345 (351); aA OLG Hamburg WM 1988, 579; KölnKommAktG/*Lutter* § 66 Rn. 32; *ders.* FS Stiefel, 1987, 505 (512 ff.); *Lutter/Gehling* WM 1989, 1145; offen gelassen in BGH NJW 1994, 1477; ZIP 1992, 995; BGHZ 113, 335 (343 f.) = NJW 1991, 1754; BGHZ 110, 47 (65) = NJW 1990, 982; OLG Düsseldorf NJW-RR 1997, 485 (487); OLG Düsseldorf ZIP 1991, 161 (165).
³⁷⁹ Vgl. BGH ZIP 1996, 595 (597 f.) mwN.
³⁸⁰ MüKoAktG/*Pentz* § 27 Rn. 101; GroßkommAktG/*Röhricht/Schall* § 27 Rn. 299 f.; GHEK/*Bungeroth* § 66 Rn. 51; *Henze* ZHR 154 (1990), 105 (114); aA *Ulmer* ZHR 154 (1990), 128 (133 ff.); *Priester* ZIP 1991, 345 (352); *Mülbert* ZHR 154 (1990), 145 (187 ff.), 191.
³⁸¹ Vgl. GroßkommAktG/*Röhricht* § 27 Rn. 300.
³⁸² Vgl. GroßkommAktG/*Gehrlein* § 66 Rn. 55.
³⁸³ MüKoAktG/*Pentz* § 27 Rn. 104; GroßkommAktG/*Röhricht/Schall* § 27 Rn. 299; *Henze* ZHR 154 (1990), 105 (114); *Mülbert* ZHR 154 (1990), 145 (187 ff.); *Ulmer* ZHR 154 (1990), 128 (141).
³⁸⁴ BGH NJW 2000, 725 (726); BGHZ 132, 133 (139) = NJW 1996, 1286 = ZIP 1996, 595 (597); BGHZ 125, 141 (143 f.) = NJW 1994, 1477 = ZIP 1994, 701 – GmbH; BGH NJW 1992, 2222 (2224); ZIP 1992, 995 (999); BGHZ 113, 335 (342) = NJW 1991, 1754; BGHZ 110, 47 (64) = BGH NJW 1990, 982 (986); OLG Düsseldorf NJW-RR 1997, 485 (486).
³⁸⁵ Es kommt dabei ausschließlich auf die Verpflichtungsgeschäfte an. Wann die Erfüllungshandlungen vorgenommen werden, ist unerheblich, vgl. etwa OLG Düsseldorf NJW-RR 1997, 485 (487).
³⁸⁶ BGHZ 110, 47 (66) = NJW 1990, 982; OLG Düsseldorf NJW-RR 1997, 485 (486); ZIP 1991, 161 (164); MüKoAktG/*Pentz* § 27 Rn. 104; *Henze* ZHR 154 (1990), 105 (112); *Lutter/Gehling* WM 1989, 1445 (1447); *Lutter*, in: FS Stiefel, 505 (514); für die GmbH vgl. Hachenburg/*Ulmer* GmbHG § 5 Rn. 147a; fehlt dieses Merkmal, ist auf der anderen Seite ein Rückschluss auf das Fehlen einer Abrede nicht möglich, vgl. MüKoAktG/*Pentz* aaO.
³⁸⁷ MüKoAktG/*Pentz* § 27 Rn. 104; für die GmbH: Hachenburg/*Ulmer* GmbHG § 5 Rn. 147a; Scholz/*Priester* GmbHG § 56 Rn. 25; zum Teil wird auf einen Zeitraum von ein bis sogar zwei Jahren abgestellt, vgl. *Autenrieth* DStR 1988, 252 (253); *Mayer* NJW 1990, 2593 (2598); wird der Sechsmonatszeitraum überschritten, bedeutet dies nicht, dass keine entsprechende Abrede mehr vermutet werden könnte; es muss vielmehr auf den Einzelfall abgestellt werden, vgl. MüKoAktG/*Pentz* § 27 Rn. 104; *Henze* ZHR 154 (1990), 105 (113); *Sernetz* ZIP 1993, 1685 (1693 f.); aA *Lutter/Gehling* WM 1989, 1445 (1447): Obergrenze 6 Monate.

Hinblick auf die Erfüllung der Einlagepflicht durch Sacheinlage bzw. die Rückzahlung der Bareinlage durch das Gegengeschäft vorlag.[388]

214   *(5) Einschaltung Dritter.* Ein Umgehungssachverhalt kann auch anzunehmen sein, wenn auf Seiten des Inferenten oder der Gesellschaft Dritte eingeschaltet werden.[389] Es bedarf hier jedoch stets besonderer Begründung, dass der Mittelzufluss dem Inferenten oder ein Mittelabfluss der Gesellschaft zuzurechnen ist.[390] Dies gilt auch bei Einschaltung verbundener Unternehmen,[391] da trotz Konzernierung grundsätzlich von deren rechtlicher Selbstständigkeit auszugehen ist.[392] Grundsätzlich kann hier auf die verwandte Rechtslage bei der Einlagenrückgewähr und der hierzu ergangenen Rechtsprechung verwiesen werden.

215   Bei Einschaltung Dritter kann insbesondere ein Umgehungssachverhalt nicht ohne weiteres vermutet werden. Erst wenn etwa auf Seiten des Inferenten ein entsprechendes Näheverhältnis mit dem Dritten nachgewiesen ist, kann, bei Vorliegen eines sachlichen und engen zeitlichen Zusammenhangs die Vermutung einsetzen, dass eine Abrede zwischen Gründer und Gesellschaft vorlag.[393] Zudem sieht insbesondere die Rechtsprechung zu §§ 30, 31 GmbHG den Empfang durch einen Dritten regelmäßig nur dann als tatbestandsmäßig an, wenn der Dritte wusste oder erkennen konnte, dass die Leistung nur auf Grund des Gesellschaftsverhältnisses vorgenommen wurde.[394] Für die verdeckte Sacheinlage bedeutet dies, dass das Handeln Dritter dem Gründer nur zugerechnet werden kann, wenn auf Seiten des Dritten Umgehungsbewusstsein vorliegt.[395]

216   *(bb) Ausnahmen: (1) Unternehmensbezogene Umsatz- und Verkaufsgeschäfte.* Umstritten ist, ob für gewöhnliche Umsatz- oder Verkehrsgeschäfte des Gründers mit dem Vorstand der Vor-Gesellschaft oder der eingetragenen Gesellschaft generell eine Ausnahme zu machen ist, sofern es sich um Geschäfte im Gegenstandsbereich der Gesellschaft handelt. Zur Begründung wird auf die ausdrückliche Ausnahmeregelung des § 52 Abs. 9 AktG verwiesen und darauf, dass der Vorstand der Gesellschaft berechtigt ist, derartige Geschäfte auch ohne Zustimmung der Gründer bereits im Rahmen der Vorgesellschaft abzuschließen.[396] Dagegen wird zutreffend eingewandt, dass die Sacheinlagevorschriften der Feststellung der Werthaltigkeit entsprechender Sacheinlage- oder Sachübernahmevereinbarungen dienen.[397] Nach der Rechtsprechung des 2. Zivilsenats des BGH ist es aber unzulässig, die sogenannten gewöhnlichen Umsatzgeschäfte im Rahmen des laufenden Geschäftsverkehrs aus dem Anwendungsbereich der verdeckten Sacheinlage vollständig auszuklammern.[398] Entscheidend sei, ob die Beteiligten im Gründungsstadium eine schädliche Absprache getroffen haben, durch die im wirtschaftlichen Ergebnis die zu erbringende Bareinlage in Gestalt einer Vergütung für eine Sachleistung wieder an den Gründer zurückfließen soll. Die Frage, ob bei normalen Umsatzgeschäften des laufenden Geschäftsverkehrs der Gesellschaft mit ihrem Gesellschafter von der Vermutung einer Zweckabrede[399] abgesehen werden kann, konnte der Senat da-

---

[388] OLG Düsseldorf NJW-RR 1997, 485 (487); OLG Karlsruhe ZIP 1991, 27 (28); *Ulmer* ZHR 154 (1990), 128 (141 f.); für die GmbH vgl. Hachenburg/*Ulmer* GmbHG § 5 Rn. 147a.
[389] Ganz hM, vgl. BGHZ 125, 141 (144); 113, 335 (345); MüKoAktG/*Pentz* § 27 Rn. 197 f.; GroßkommAktG/*Gehrlein* § 66 Rn. 57.
[390] BGH NJW 1990, 982 (986); BGHZ 1996, 231 (240) = NJW 1986, 837; BGH NJW 1992, 2222 (2224); NZG 2007, 144 (145).
[391] Vgl. BGH NJW 1990, 982 (986) für Ergebnis- und Gewinnabführungsverträge iSd § 291 Abs. 1.
[392] Ebenso BGH NJW 1990, 982 (986); *Lutter*, in FS Stiefel, 518 ff.; *Schneider* ZGR-Sonderheft 6, 147.
[393] BGH NJW 1990, 982 (986); BGHZ 96, 231 (240) = NJW 1986, 837; BGH NJW 1992, 2222 (2224); OLG Düsseldorf AG 1991, 149.
[394] KG NZG 1999, 161 f.; Hüffer/Koch/*Koch* AktG § 57 Rn. 14; OLG Frankfurt a. M. BB 1996, 445 (446) für die AG; BGH NJW 1991, 358 für die GmbH.
[395] KG NZG 1999, 161 f.; OLG Frankfurt a. M. BB 1996, 445 (446) für die AG; BGH NJW 1991, 358, li. Sp. für die GmbH; KölnKommAktG/*Drygala* § 57 Rn. 126.
[396] Zustimmend OLG Hamm BB 1990, 1221 (1222); OLG Karlsruhe ZIP 1991, 27; ebenso wohl OLG Hamburg WM 1988, 579 (580); MüKoAktG/*Pentz* § 27 Rn. 104; *Wiedemann* DB 1993, 141 (150); *Henze* ZHR 154 (1990), 113; *Ulmer* ZHR 154 (1990), 142.
[397] LG Hamburg WM 1985, 1525; *Bergmann* AG 1987, 70.
[398] BGH NZG 2007, 144 (146).
[399] → Rn. 212.

hinstehen lassen.⁴⁰⁰ Der Senat stellte allerdings klar, dass es zur effektiven Durchsetzung der Kapitalschutzvorschriften nicht in jedem Fall zwingend geboten sei, dem Inferenten den Nachweis des Fehlens einer Vorabsprache aufzuerlegen, wenn er einige Zeit nach Gründung der Gesellschaft mit dieser ein normales Umsatzgeschäft des laufenden Geschäftsverkehrs wie mit jedem Dritten abschließt und verwies auf § 52 Abs. 9 AktG.⁴⁰¹

(2) Forderungen gegenüber der Gesellschaft. Forderungen des Inferenten oder eines Dritten gegen die Gesellschaft oder Dritte können Gegenstand einer Sachübernahme oder Sacheinlage sein.⁴⁰² Demzufolge können sie auch Gegenstand einer verdeckten Sacheinlage sein. Da zumindest Forderungen gegen die Gesellschaft stets zum Nennwert zu passivieren seien und somit bei Einbringung lediglich ein Passivtausch stattfinde, scheiden Forderungen gegen die Gesellschaft nach verbreiteter Auffassung aus dem Anwendungsbereich der Lehre von der verdeckten Sacheinlage aus.⁴⁰³

Richtiger Auffassung nach ist eine Ausnahme aber weder generell für Drittforderungen noch für Individualforderungen des Gesellschafters gegenüber der Gesellschaft zu machen, da ihr Entstehungsgrund im Zusammenhang mit Einbringungsvorgängen (Darlehensgewährung, Leihe etc) oder Dienstleistungen stehen kann, und sich ihre Offenlegung und Wertprüfung gemäß §§ 27 oder 26 AktG geradezu aufdrängt.⁴⁰⁴ Eine **Ausnahme** ist allerdings hinsichtlich bilanzierter Gewinnansprüche veranlasst, da diese nicht im Zusammenhang mit einem Leistungsaustausch stehen.⁴⁰⁵

d) Rechtsfolgen. *aa) Keine Befreiung von der Bareinlageverpflichtung.* § 27 Abs. 3 S. 1 AktG stellt – im Einklang mit der bisherigen Rechtslage klar –, dass die Bareinlageverpflichtung durch die Zahlung der Geldeinlage in Fällen einer verdeckten Sacheinlage nicht erfüllt wird.

bb) Wirksamkeit der „Verträge über die Sacheinlage und Anrechnungslösung". Nach § 27 Abs. 3 AktG sind „die Verträge über die Sacheinlage und die Rechtshandlungen zu ihrer Ausführung **nicht unwirksam**".

Fraglich ist, welche Verträge in § 27 Abs. 3 AktG gemeint sind. Es kommen die – außerurkundlichen – Austauschgeschäfte über den verdeckt eingelegten Vermögensgegenstand in Betracht⁴⁰⁶ oder – wie es der Wortlaut nahe legt – die einseitig verpflichtenden Sacheinlagevereinbarungen. Ein systematischer Vergleich mit § 27 Abs. 1 S. 2 AktG und die sonst unlösbare Dogmatik der Anrechnungslösung zeigen, dass ab dem Zeitpunkt der Anrechnung nach § 27 Abs. 3 S. 4 AktG das Gesetz – wie in § 27 Abs. 1 S. 2 AktG⁴⁰⁷ eine Sacheinlage fingiert.

(1) Fingierte Sacheinlage nach § 27 Abs. 1 S. 2 AktG. Aus § 27 Abs. 1 S. 2 AktG folgt a majore ad minus, dass nach Wegfall der Unwirksamkeitsfolge des § 27 Abs. 3 AktG aF auch im Falle der verdeckten Sacheinlage eine durch die Anrechnung aufschiebend bedingte Sacheinlage in Höhe des Werts des Vermögensgegenstandes fingiert wird. Die Vereinbarung einer offenen Sachübernahme, in der die von der AG geschuldete Vergütung mit der Einlage verrechnet wird, ist nicht anders zu beurteilen, als eine verdeckte Sacheinlage im Sinne von § 27 Abs. 3 S. 1 AktG. Die fehlende Publizität der verdeckten Sacheinlage wird dadurch kompensiert, dass lediglich der vom Inferenten zu beweisende Wert (§ 27 Abs. 3 S. 5 AktG) auf die Einlagepflicht angerechnet wird.

---
⁴⁰⁰ BGH NZG 2007, 144 (147).
⁴⁰¹ BGH NZG 2007, 144 (147).
⁴⁰² BGHZ 110, 47 = AG 1990, 298 = WM 1990, 222 ff. = NJW 1990, 982; OLG Düsseldorf AG 1991, 149; OLG Koblenz AG 1988, 242 (243); GroßkommAktG/*Röhricht/Schall* § 27 Rn. 172, 181.
⁴⁰³ Vgl. Nachweise bei GroßkommAktG/*Röhricht* § 27 Rn. 207.
⁴⁰⁴ BGHZ 110, 62; GroßkommAktG/*Röhricht* § 27 Rn. 209; GroßkommAktG/*Wiedemann* § 183 Rn. 111; *Joost* ZIP 1992, 1033 (1035).
⁴⁰⁵ Vgl. hierzu ausführlich zu den Voraussetzungen der Ausnahme insoweit GroßkommAktG/*Röhricht* § 27 Rn. 210; GroßkommAktG/*Wiedemann* § 183 Rn. 112.
⁴⁰⁶ *Pentz* GmbHR 2009, 126 (127).
⁴⁰⁷ Vgl. MüKoAktG/*Pentz* § 27 Rn. 66.

223 **(2) Anrechnungslösung.** Nach der Anrechnungslösung soll auf die fortbestehende Einlageschuld der Wert des verdeckt eingelegten Vermögensgegenstandes angerechnet werden. Die **Beweislast** für den Wert des Vermögensgegenstandes im Zeitpunkt der Anmeldung der Gesellschaft trägt nach § 27 Abs. 3 S. 5 AktG der Aktionär. Die dogmatische Konstruktion der Anrechnungslösung ist umstritten.

224 **(a) Problemanriss.** Der kurzfristige Wechsel von der zunächst geplanten Erfüllungslösung mit Differenzhaftung zur Anrechnungslösung bei den Beratungen im Rechtsausschuss führt dazu, dass der Gesetzgeber den aufgrund erfüllungsuntauglicher Barzahlung bestehenden bereicherungsrechtlichen Rückzahlungsanspruch des Inferenten gemäß § 812 Abs. 1 S. 1 BGB übersehen hat.

225 Erhält die AG im Zuge einer verdeckten Sacheinlage jedoch einen Vermögensgegenstand, der dem Wert der fortbestehenden Geldeinlageverpflichtung entspricht, erlischt der Einlageanspruch der AG durch die Anrechnung gemäß § 27 Abs. 3 S. 3 AktG. Der Bereicherungsanspruch des Aktionärs gemäß § 812 Abs. 1 BGB gegen die AG in Höhe der Bareinlage besteht aber grundsätzlich fort. Die Anrechnung würde bewirken, dass die Gesellschaft im Ergebnis kein Nettovermögen hätte.[408]

226 Dieses Ergebnis widerspräche dem gesetzgeberischen Anliegen, das auch durch die Anrechnungslösung gewährleistet wird, „dass der Gesellschaft die geschuldete Einlage wertmäßig voll zugeführt wird".[409]

227 **(b) Lösungsansätze.** Nach dem Willen des Gesetzgebers soll § 27 Abs. 3 AktG und insbesondere dessen Satz 3 bewirken, dass zum Schutz des Inferenten in der Insolvenz der Gesellschaft das wirtschaftliche Ergebnis einer verdeckten Sacheinlage zum Zeitpunkt der Eintragung der Gesellschaft für die Höhe der fortbestehenden Einlageverpflichtung entscheidend ist. Dieser Zweck setzt voraus, dass die Übertragung des Vermögensgegenstandes mit Rechtsgrund – nämlich einer fingierten Sacheinlage – erfolgt ist. Das „verdeckende" Austauschgeschäft kann hingegen ab dem Zeitpunkt der Anrechnung nicht Rechtsgrund für die Übertragung des Vermögensgegenstandes sein, da sonst auch ein Rechtsgrund für die (Rück-)Zahlung der Bareinlage vorliegen würde, der das Ziel, die Kapitalaufbringung sicherzustellen, kontakarieren würde. Für die (Rück-)Zahlung der Bareinlage wollte der Ge-setzgeber gerade keinen Rechtsgrund schaffen. Ein als ganzes wirksames Austauschgeschäft würde dazu führen, dass der Inferenten über die Anrechnungslösung mit einer Leistung zwei Verpflichtungen erfüllen und damit gegen die Grundsätze der Kapitalaufbringung verstoßen.

228 Nach dem Sinn und Zweck der Norm fingiert § 27 Abs. 3 S. 3 AktG folglich nur eine einseitige Verpflichtung des Inferenten, einen einlagefähigen Vermögensgegenstand der Gesellschaft zuzuführen. Da sich der Gesetzgeber bewusst gegen die Erfüllungslösung entschieden hat,[410] steht die Fiktion unter der aufschiebenden Bedingung der Anrechnung, also der Eintragung der Gesellschaft bzw. der Überlassung des Vermögensgegenstandes, wenn diese später erfolgt (§ 27 Abs. 3 S. 3 AktG).

229 Als Rechtsfolge der Fiktion besteht ein Bereicherungsanspruch der Gesellschaft wegen rechtsgrundloser Rückzahlung der Bareinlage bis zur Höhe der Bareinlageverpflichtung und ein Anspruch des Inferenten auf Rückzahlung der erfüllungsuntauglichen Barleistung seiner Einlageverpflichtung. Die gegenseitigen Bereicherungsansprüche können nach Eintragung verrechnet werden.

230 Zum gleichen Ergebnis gelangt die in der Literatur vertretene Lösung, § 27 Abs. 3 AktG und insbesondere dessen S. 3 als das Bereicherungsrecht verdrängende *lex specialis* anzusehen.[411] Es ist allerdings schwer nachvollziehbar, dass das Gesetz in § 27 Abs. 3 S. 1 AktG der Leistung auf die Bareinlageverpflichtung die Erfüllungswirkung versagt, und gleichzeitig den hieraus entstandenen Bereicherungsanspruch ausschließen soll.

---

[408] Vgl. *Pentz* GmbHR 2009, 126 (128).
[409] BT-Drs. 16/13 098, 53.
[410] Vgl. zur zunächst vorgeschlagenen stark kritisierten Erfüllungskonstruktion *Ulmer* ZIP 2008, 45 (50).
[411] Für die entsprechende Problematik bei der GmbH so auch *Ulmer* ZIP 2009, 293 (298); *Bohrmann/Ulrich* GmbH-Beratung nach dem MoMiG, Sonderheft der GmbHR 2008, 37 (39).

Die in der Literatur vorgeschlagene Lösung über den Wegfall der Bereicherung der Gesellschaft (§ 818 Abs. 3 BGB) in Höhe des angerechneten Wertes[412] übersieht, dass die Gesellschaft durch die Anrechnung allenfalls hinsichtlich der Leistung des Vermögensgegenstandes als Erfüllung des Verkehrsgeschäftes entreichert ist, nicht aber bezüglich der Leistung der Bareinlage. Zudem müsste sich der Wegfall der Bereicherung auf die (Rück-)Zahlung an den Inferenten beziehen. Die tatsächliche Entreicherung der Gesellschaft bildet die Höhe der (Rück-)Zahlung an den Inferenten ab, nicht der möglicherweise geringere Wert des Vermögensgegenstandes. Durch die Zahlung an den Inferenten wird allerdings die Gesellschaft von der Gegenleistungspflicht aus dem Austauschgeschäft befreit. Diese Befreiung stellt nach allgemeiner Ansicht eine fortbestehende Bereicherung dar.[413] **231**

Der Bereicherungsanspruch ist auch nicht gemäß §§ 814, 185 BGB ausgeschlossen. Der Inferent ist durchaus zur Zahlung der Bareinlage verpflichtet (§ 814 BGB). § 815 BGB bezieht sich nach hM lediglich auf den Ausschluss der conditio ob rem (§ 812 Abs. 1 S. 2 Hs. 2 BGB). **232**

Ferner wird erwogen, die Problematik dahin aufzulösen, dass mit der (Rück-)Zahlung an den Inferenten im Zuge der Erfüllung des Verkehrsgeschäftes die Bereicherungsschuld getilgt werde. Das der Zahlung zu Grunde liegende Kausalgeschäft soll hierbei „ausgeblendet" werden.[414] Diesem Lösungsansatz stehen insbesondere konstruktive Bedenken entgegen. Es bleibt unklar, wie die Leistung auf die Verpflichtung aus dem Verkehrsgeschäft (Zahlung) zugleich einen zB in gleicher Höhe bestehenden Anspruch aus § 812 Abs. 1 BGB erfüllen soll. **233**

e) Umwandlung von Bar- in Sacheinlagen, „Heilung" verdeckter Sacheinlagen. Durch die Neufassung des § 27 Abs. 3 AktG werden die Rechtsfolgen einer verdeckten Sacheinlage im Wege der Anrechnungslösung abgemildert. Eine „Heilung" der Verkehrsgeschäfte ist nach der Neuregelung von § 27 Abs. 3 AktG obsolet. Die Umwandlung einer Bareinlage in eine Sacheinlage führt allerdings dazu, dass die Beweislastumkehr nach § 27 Abs. 3 S. 5 AktG nicht mehr gilt. Um zu vermeiden, noch Jahre nach Gründung zur Werthaltigkeit des verdeckt eingebrachten Vermögensgegenstandes in Beweisnot zu kommen, ist die Umwandlung der Bar- in eine Sacheinlage auch nach neuer Rechtsprechung sinnvoll. **234**

aa) „Heilung" vor Eintragung. Vor Eintragung können verdeckte Sacheinlagen nach hM durch Hauptversammlungsbeschluss mit satzungsändernder Mehrheit geheilt werden.[415] Einstimmigkeit – wie sie aus Gründen des Minderheitsschutzes beim nachträglichen Übergang von der Bar- zur Sachgründung gefordert wird – ist nicht erforderlich, da Minderheitsbelange bei einer durch Überprüfung festgestellten Wertgleichheit von Bar- und Sacheinlage nicht beeinträchtigt werden können.[416] Inhaltlich muss der Beschluss festlegen, dass der betreffende Gesellschafter die von ihm übernommene Einlagen statt in Geld durch Einbringung eines konkret zu bezeichnenden Gegenstandes – den Gegenstand, der zuvor eingelegt werden sollte – leistet.[417] Der Sache nach handelt es sich bei der Heilung vor Eintra- **235**

---

[412] *Pentz* GmbHR 2009, 126 (128 f.).
[413] Vgl. Palandt/*Sprau* BGB § 818 Rn. 38.
[414] Vgl. *Maier-Reimer/Wenzel* ZIP 2008, 1449 (1452).
[415] BGH ZIP 1998, 780 (782); BGHZ 132, 141 = BGH ZIP 1996, 668 (673) = NJW 1996, 1473; GroßkommAktG/*Röhricht/Schall* § 27 Rn. 338; aA: *Lutter/Gehling* WM 1989, 1445 (1455); *Roth* NJW 1991, 1913 (1918); *Wegmann* BB 1991, 1006 (1008): Rückabwicklung der jeweiligen Leistung und Neuvornahme insgesamt; aA *Joost* ZIP 1990, 549 (562 f.); *Henze* HHR AktR Rn. 75; *Wiedemann* DB 1993, 141 (150): Nachträglicher Nachweis der korrekten Abwicklung von Einlage- und Gegengeschäft genügt; aA BayObLG DB 1978, 337 f.: Verbindung von Kapitalherabsetzung und anschließender Kapitalerhöhung mit vollständiger Festsetzung der Sacheinlage; aA *Lutter/Gehling* WM 1989, 1455; *Priester* DStR 1990, 775; *ders.* DB 1990, 1753 (1759 f.): Der Anspruch des Gesellschafters auf Herausgabe des Gegenstandes der verdeckten Sacheinlage oder die Bereicherungsforderung aus fehlgeschlagener Einlageleistung kann nachträglich als Sacheinlage eingebracht werden; erforderlich hierfür ist eine Vereinbarung, die durch qualifizierten Mehrheitsbeschluss der Hauptversammlung herbeizuführen und ins Handelsregister einzutragen ist; aA MüKoAktG/*Pentz* § 27 Rn. 161: Zustimmung aller Gründer erforderlich; aA *Lutter/Gehling* WM 1989, 1445 (1455): entsprechende Anwendung der Voraussetzungen des § 52.
[416] BGH NJW 1996, 1473 (1476).
[417] BGH NJW 1996, 1473 (1476 f.).

gung um eine nachträgliche Sacheinlagevereinbarung. Folgerichtig haben die Gesellschafter über die Änderung der Einlagedeckung Bericht zu erstatten. Ferner hat auch hier die interne und externe Gründungsprüfung und eine Eintragung zu erfolgen.[418]

236 Nach der Entscheidung des BGH zu §§ 5 Abs. 4, 19 Abs. 5 GmbHG aF vom 7.7.2003[419] kann die Heilung der verdeckten Sacheinlage nur durch Umwandlung der ursprünglich festgesetzten Bareinlage in eine Sacheinlage erfolgen. Der Anspruch des Gründers auf Rückgewähr der rechtsunwirksam geleisteten Bareinlage kann nach Ansicht des BGH in das Heilungsgeschäft aber nicht einbezogen werden.[420]

237 bb) „Heilung" nach Eintragung. Bis zur Neufassung des § 27 AktG stand einer „Heilung" der verdeckten Sacheinlage nach Eintragung der Gesellschaft im Aktienrecht das ausdrückliche Verbot des § 27 Abs. 4 aF AktG entgegen.[421] Nach Wegfall des Verbots gemäß § 27 Abs. 4 aF AktG ist noch ungeklärt, ob die Rechtsprechung entsprechend der Rechtslage bei der GmbH[422] die Umwandlung einer Bareinlage in eine Sacheinlage auch nach Eintragung durch satzungsändernden Mehrheitsbeschluss zulässt. § 27 Abs. 4 aF AktG sollte verhindern, dass die ursprünglich unterbliebene Festsetzung einer Sacheinlage nachträglich durch einfache Satzungsänderung ohne Werthaltigkeitskontrolle vorgenommen wird. Dieser Schutzzweck wird aber bereits dadurch erreicht, dass nach der Rechtsprechung eine Bareinlage nur dann in eine Sacheinlage umgewandelt werden kann, wenn die ursprünglich unterbliebne Werthaltigkeitsprüfung nachgeholt wird.

238 Auch der Wille des Gesetzgebers, die Rechtslage bei GmbH und AG zu harmonisieren, spricht nach Wegfall des § 27 Abs. 4 aF AktG für die „Heilbarkeit" einer verdeckten Sacheinlage bei der AG auch nach Eintragung.

3. Einzelne Fallgestaltungen

239 a) Austauschverträge einschließlich Gesellschafterdarlehen. aa) Vorbemerkung. Als den Tatbestand des § 27 Abs. 3 S. 1 begründende Gegengeschäfte mit Austauschcharakter kommen Einbringungsverträge über Vermögensgegenstände in Betracht, die nach § 27 Abs. 2 AktG zugelassen sind. Umsatzgeschäfte im Rahmen des Unternehmensgegenstandes bleiben nach neuer Rspr. nicht von vornherein außer Betracht.[423]

240 bb) Grundfall: Formalgültige Barübernahmeerklärung und verbindliche, aber wegen Verstoßes gegen § 27 Abs. 1 AktG, § 125 BGB unwirksame Sacheinlage- oder Sachübernahmevereinbarung bei Gründung.

241 Grundsätzlich kann der Gründer neben der Bareinlage auch eine Sacheinlagevereinbarung treffen, dann liegt eine sog gemischte Einlage vor (vgl. hierzu bereits → Rn. 4 f.).[424] Auch eine Sachübernahmevereinbarung mit einem Gründer ist neben einer Bareinlage zulässig. Enthält die Sachübernahmevereinbarung allerdings eine Abrede, die Gegenleistung auf die Bareinlageverpflichtung zuzurechnen, ist die Sachübernahme zwingend wie eine Sacheinlage zu behandeln (vgl. § 27 Abs. 1 S. 2 AktG).[425] Liegt keine Verrechnungsabrede vor, was insbesondere dann der Fall sein wird, wenn die Einbringung des Vermögensgegenstandes auf Grund der Sachübernahmevereinbarung erst später als die Bareinlageverpflichtung fällig ist, ist die Kombination der Barübernahme mit einer Sachübernahmevereinbarung zweckmäßig und zulässig. Die Abwicklung beider Geschäfte hat vom Vorstand der Vor-AG bzw. der eingetragenen Gesellschaft dann aber insbesondere im Hinblick auf eine etwa noch offene Resteinlage unter Beachtung des Aufrechnungsverbotes (vgl. § 66

---

[418] BGH NJW 1996, 1473 (1479).
[419] II ZR 235/01, abgedruckt in NJW 2003, 3127.
[420] Vgl. BGH NJW 2003, 3127 (3128).
[421] *Pentz* ZIP 2003, 2093 (2101); *Wilhelm* ZHR (167) 2003, 520 (527).
[422] BGHZ 132, 141 (150).
[423] → Rn. 217.
[424] Die rechtlichen Behandlung beider Leistungen (Geld- und Sachleistung) erfolgt getrennt, vgl. KölnKomm-AktG/*A. Arnold* § 36 Rn. 21; GroßkommAktG/*Schall* § 36 Rn. 209; Hüffer/Koch/*Koch* AktG § 36 Rn. 12.
[425] MüKoAktG/*Pentz* § 27 Rn. 91.

Abs. 2 AktG) zu erfolgen, die weder ein Hin- und Herzahlen[426] noch eine Erbringung der Hauptleistung aus der Sachübernahmevereinbarung an Erfüllungs Statt durch den Aktionär zulässt.[427] Allerdings darf der Vorstand der Gesellschaft selbst die Aufrechnung erklären, sofern die Gegenleistung aus der Sachübernahmevereinbarung vollwertig, fällig und liquide ist.[428]

Der bei Gründung verbindlich abgeschlossene Sachübernahmevertrag mit dem Gründer bedarf aber in jedem Fall zu seiner Wirksamkeit der in § 27 Abs. 1 AktG vorgeschriebenen Festlegungen. Anderenfalls ist er gemäß § 125 S. 1 BGB unwirksam, gleichviel, ob die Gründer oder der betroffene Aktionär im Zusammenwirken mit dem Vorstand der Vor-AG eine Umgehung der qualifizierten Sachgründungsvorschriften bezweckte oder die Formungültigkeit auf Unachtsamkeit beruht. Von der Unwirksamkeit wird zunächst nur der Sachübernahmevertrag erfasst. Die Übernahmeerklärung als solche bleibt von der Unwirksamkeit grundsätzlich unberührt, es sei denn, dass die Auslegung ergibt, dass nicht angenommen werden kann, dass der Gründer die Barübernahme nicht ohne gleichzeitige Wirksamkeit des Einbringungsvertrages erklärt hätte.

Bis zur Eintragung kann der Sachübernahmevertrag durch ordnungsgemäße Neuvornahme des Gründungsvorgangs geheilt werden.[429] Danach bleibt der Gründer zur Bareinzahlung verpflichtet (§ 27 Abs. 3 S. 3 AktG). Der Wert des eingebrachten Vermögensgegenstandes wird gemäß § 27 Abs. 3 S. 4 AktG auf die Verpflichtung angerechnet (vgl. hierzu ausführlich → Rn. 78, 100). Der unwirksame Einbringungsvertrag lässt sich nach Eintragung unter Beachtung der Nachgründungsvorschriften heilen.

cc) Formalgültige Barübernahmeerklärung und späteres Gegengeschäft. Gibt der Gründer zunächst lediglich eine Barübernahmeerklärung ab und schließt er später mit dem Vorstand der Vor-AG oder der Gesellschaft nach Eintragung ein Gegengeschäft ab, ist danach zu unterscheiden, ob das Gegengeschäft bereits bei Gründung verabredet war oder nicht. Liegt ein sachlicher und enger zeitlicher Zusammenhang mit der Gründung vor, hat der Gründer das Fehlen einer Abrede darzulegen und zu beweisen.[430]

Liegt keine oder keine unwiderleglich vermutete Abrede vor, hat die Zahlung auf die Bareinlageverpflichtung Erfüllungswirkung. Hinsichtlich der Zahlungsmodalitäten hat der Vorstand der Gesellschaft (vor oder nach Eintragung) lediglich die aus § 66 Abs. 2 AktG folgenden Verbote zu beachten.[431] Der Vorstand selbst darf allerdings gegen eine vollwertige, fällige und liquide Forderung auf Gegenleistung auf Grund Einbringungsvertrages mit der Bareinzahlungsverpflichtung des Aktionärs aufrechnen.[432] Ein Verstoß bei Zahlungsabwicklung gegen die Bareinzahlungsverpflichtung durch den Aktionär (unzulässige Aufrechnung, mit §§ 36, 54 Abs. 3 AktG unvereinbare Tilgungsbestimmung etc) führt jedoch unabhängig von der Wirksamkeit des Einbringungsvertrages dazu, dass der Aktionär weiterhin zu voller Bareinzahlung auch dann verpflichtet bleibt,[433] wenn sein bereicherungsrechtlicher Rückforderungsanspruch (condictio indebiti, vgl. → Rn. 207) wegen Insolvenz der Gesellschaft wertlos geworden ist.

b) Andere Gegengeschäfte. aa) Einbringung von Drittforderungen. Darlehensrückzahlungsansprüche oder sonstige einseitige Forderungsrechte des Aktionärs sind grundsätzlich

---

[426] Vgl. BGH NJW 1990, 982; 1959, 383 (384).
[427] Zur Reichweite des Aufrechnungsverbots iRd § 19 Abs. 5 GmbHG: BGH NJW 1996, 1473 (1474); ZIP 1998, 780 (782); BGHZ 113, 335 (341) = NJW 1991, 1754; BGHZ 125, 141 (149 f.) = NJW 1994, 1477.
[428] Vgl. zur GmbH: BGH NJW 1994, 1477 mwN; BGH NJW 1992, 2222 = ZIP 1992, 992 (995); BGHZ 42, 89 (93) = NJW 1964, 1954; NJW 1954, 1842 (1843); OLG Koblenz AG 1988, 242 (244); liegt im Zeitpunkt der Zahlung die Überschuldung der Gesellschaft vor, ist es offensichtlich, dass die Gegenforderung nicht vollwertig ist, vgl. BGH NJW 1994, 1477 (1478).
[429] BGH ZIP 1998, 780 (782).
[430] Vgl. GroßkommAktG/*Schall* § 27 Rn. 299 f., 389; *Ulmer* ZHR 154 (1990), 128 (141 f.); für die GmbH vgl. Hachenburg/*Ulmer* GmbHG § 5 Rn. 147a.
[431] Für § 19 Abs. 2 S. 2 GmbHG vgl. BGH NJW 1996, 1473 (1474 f.).
[432] Vgl. BGH NJW 1996, 1473 (1475) für § 19 Abs. 2 S. 2 GmbHG.
[433] BGH NJW 1996, 1473 (1474) für § 19 Abs. 5 GmbHG.

sacheinlagefähig.⁴³⁴ Insofern gilt nichts Anderes als beim Abschluss von Austauschverträgen vor oder nach Gründung der Gesellschaft. Werden sie bei Gründung unter Verstoß gegen die Bestimmungen von § 27 AktG oder danach auf Grund einer bereits bei Gründung erfolgten Abrede eingebracht, treten die gleichen Rechtsfolgen wie bei Austauschverträgen ein,⁴³⁵ auch die Heilungsmöglichkeiten sind dieselben. Auch hier ist sorgfältig zwischen dem Stadium vor Eintragung und dem Zeitraum danach zu unterscheiden.

247   bb) *Bilanzierte Sozialverpflichtungen oder Individualansprüche, insbesondere Gewinnausschüttungsansprüche*⁴³⁶ *des Gesellschafters.* Insbesondere hinsichtlich bilanzierter Ausschüttungsansprüche des Gesellschafters ist eine Ausnahme jedenfalls dann geboten, wenn die Ausschüttungsansprüche gegenüber einer prüfungspflichtigen Gesellschaft entstanden sind. Eine solche Fallkonstellation kommt allerdings bei Gründung selten vor, es sei denn, dass eine prüfungspflichtige Gesellschaft in eine Aktiengesellschaft unter Wahrung der Sachgründungsvorschriften umgewandelt wird. Da in einem solchen Fall die Ausschüttungsansprüche bereits auf Grund anderer Vorschriften auf ihre Werthaltigkeit hin geprüft wurden, hält die ganz hM und Rspr. eine Anwendbarkeit von § 27 AktG für entbehrlich.⁴³⁷ Allerdings darf eine Verrechnung gegen eine Bareinzahlungsverpflichtung des Aktionärs nur unter der Voraussetzung erfolgen, dass der Gewinnausschüttungsanspruch im Zeitpunkt der verabredeten oder tatsächlich erfolgten Verrechnung oder Zahlung vollwertig, fällig und liquide ist.

4. Hin- und Herzahlen (§ 27 Abs. 4 AktG)

248   **a) Ausgangspunkt.** Eine verdeckte Sacheinlage liegt nicht vor, wenn als Gegenleistung für die Bareinlage ein nicht sacheinlagefähiger Gegenstand eingebracht wird.⁴³⁸

249   Nach bisheriger Rechtslage betrachtete die Rspr.⁴³⁹ und hM⁴⁴⁰ Fälle, in denen der Einlagebetrag in engem zeitlichen Zusammenhang mit der Gründung der Gesellschaft – in der Regel in Form eines Darlehens – an den Inferenten zurückgezahlt wurde, als Verstoß gegen den Grundsatz der realen Kapitalaufbringung. Rechtsfolge des Hin- und Herzahlens ist, dass die Einlageforderung nicht getilgt wird, weil die Einlagemittel wegen der Verwendungsabsprache nicht endgültig zur freien Verfügung des Vorstandes stehen. Nach der Rspr. bestanden neben der Einlageverpflichtung keine Bereicherungsansprüche, da die Zahlungsvorgänge so beurteilt wurden, als seien zwischen der Gesellschaft und dem Inferenten keine Leistungen geflossen.⁴⁴¹

250   Nach § 27 Abs. 4 S. 1 AktG wird der Inferent nun von der Einlageverpflichtung auch in Fällen des Hin- und Herzahlens befreit, wenn der Rückforderungsanspruch vollwertig und fällig ist bzw. jederzeit fällig gestellt werden kann.

251   **b) Zielsetzung der gesetzlichen Regelung des Hin- und Herzahlens (§ 27 Abs. 4 AktG).** Die Reform führt eine bilanzielle Betrachtungsweise ein, um die Kapitalaufbringung beispielsweise durch Cash-Pool-Systeme zu erleichtern.⁴⁴²

252   **c) Tatbestandliche Voraussetzungen.** *aa) Subsidiarität gegenüber § 27 Abs. 3 AktG.* Nach dem eindeutigen Wortlaut ist § 27 Abs. 4 AktG gegenüber den in § 27 Abs. 3 AktG geregelten Fällen der verdeckten Sacheinlage subsidiär. Die Abgrenzung ist insbesondere bei Cash-Pool-Systemen wichtig.

---

⁴³⁴ Vgl. BGHZ 110, 66 ff. = BGH NJW 1990, 982 ff. (985); BGHZ 1996, 231 (240) = NJW 1986, 837; BGH NJW 1994, 1477; BGHZ 113, 335 (345 f.) = NJW 1991, 1754; BGH NJW 1992, 2222; OLG Düsseldorf AG 1991, 149; OLG Koblenz AG 1988, 242 (243).
⁴³⁵ Vgl. BGH NJW 1990, 982 ff. (985); BGHZ 96, 231 (240) = NJW 1986, 837; BGH NJW 1992, 3300 (3302).
⁴³⁶ Vgl. hierzu BGH NJW 2000, 725 (726); 1991, 1754 (1755) = BGHZ 113, 335.
⁴³⁷ GroßkommAktG/*Röhricht* § 27 Rn. 210; GroßkommAktG/*Wiedemann* § 183 Rn. 112.
⁴³⁸ BGHZ 165, 113 (116 f.).
⁴³⁹ BGHZ 165, 113 (116); 165, 352 (355 f.).
⁴⁴⁰ *Bayer* GmbHR 2004, 445 (451) mwN.
⁴⁴¹ BGH NJW 2006, 906 (907 f.).
⁴⁴² Vgl. zur Zwecksetzung für die entsprechende Regelung im GmbHG BT-Drs. 16/6140, 34 f.

Eine verdeckte Sacheinlage liegt vor, wenn die Rückzahlung in den Cash-Pool zur Tilgung 253
einer bestehenden Darlehensverpflichtung der Gesellschaft führt.[443] Die Befreiung von einer
Verbindlichkeit ist sacheinlagefähig.[444] Dies führt zur Anrechnungslösung gemäß § 27
Abs. 3 AktG. Diese Variante wird in der Regel bei Kapitalerhöhungen von Bedeutung sein,
da die Praktizierung des Cash-Pools bereits begonnen haben muss.

Wenn hingegen die (Rück-)Zahlung an den Inferenten einen Darlehensanspruch der Ge- 254
sellschaft begründet, liegt ein Fall des § 27 Abs. 4 AktG vor. Forderungen gegen den Inferenten sind nicht sacheinlagefähig.

Dies begründet die hM damit, dass es lediglich zu einem Forderungstausch käme, der mit 255
dem Grundsatz der realen Kapitalaufbringung nicht vereinbar ist.[445] Der Fortbestand der
Einlageverpflichtung hängt in diesem Fall von den Voraussetzungen des § 27 Abs. 4 AktG
ab.

bb) Abrede der Gesellschafter bereits bei Gründung. Es muss bereits vor der Leistung der 256
Bareinlage eine Vereinbarung vorliegen, dass der Gesellschafter die Einlage zurückerhält.
Wie bei der verdeckten Sacheinlage[446] wird dies vermutet, wenn ein enger sachlicher und
zeitlicher Zusammenhang zwischen Einlageleistung und Rückgewähr vorliegt.[447]

cc) Vollwertigkeit des Rückzahlungsanspruches. Der Rückgewähranspruch ist vollwertig, 257
wenn das Vermögen des Inferenten zur Erfüllung aller Verbindlichkeiten ausreicht. Ein kurzer Liquiditätsengpass schadet nicht, allerdings nachhaltige Zahlungsschwierigkeiten.[448]
Maßgeblicher Zeitpunkt für die Vollwertigkeit ist die Entstehung des Rückzahlungsanspruches.[449]

Der Gesellschafter trägt die Beweislast für den vollwertigen und jederzeit fälligen Rück- 258
gewähranspruch. Dies folgt aus der negativen Formulierung des § 27 Abs. 4 S. 1 AktG.[450]

dd) Ordnungsgemäße Anmeldung gemäß § 27 Abs. 4 S. 2 AktG? Umstritten ist, ob auch 259
die ordnungsgemäße Offenlegung des Vorgangs in der Anmeldung gemäß § 27 Abs. 4 S. 2
AktG konstituiv für die Erfüllungswirkung ist. Gegen diese Auffassung spricht der Wortlaut des Gesetzes, der die Erfüllungswirkung nur an die Voraussetzungen des § 27 Abs. 4
S. 1 AktG knüpft.[451] Zahlreichen Stimmen in der Literatur zum GmbHR[452] folgend hat
der BGH entschieden, dass die Offenlegung gemäß § 27 Abs. 4 S. 2 AktG Erfüllungsvoraussetzung ist.[453] Hierfür spricht der Zweck der Regelung. Demnach soll die Offenlegung dem Registergericht die Möglichkeit eröffnen, die Vollwertigkeit der Forderung zu
prüfen.[454]

d) Rechtsfolge. Wenn der Rückgewährungsanspruch der AG vollwertig und fällig bzw. je- 260
derzeit fällig gestellt werden kann, so ist die Einlageverpflichtung vollständig getilgt. Dies
kann nach der Rspr. des BGH[455] frühestens mit der Anmeldung zur Eintragung erfolgen,
vorausgesetzt der Vorgang wird in diesem Zusammenhang offen gelegt (§ 27 Abs. 4 S. 2
AktG). Eine anteilige Tilgung ist nach dem eindeutigen Wortlaut ausgeschlossen.[456]

e) Heilung. Der Inferent hat auch nach neuer Rechtslage jederzeit die Möglichkeit durch 261
Rückzahlung die Einlageschuld zu tilgen.

---

[443] *Maier-Reimer/Wenzel* ZIP 2008, 1449 (1454).
[444] → Rn. 26.
[445] MüKoAktG/*Pentz* § 27 Rn. 26.
[446] Vgl. → Rn. 206 ff.
[447] Vgl. → Rn. 214.
[448] OLG Köln WM 1987, 537 (538 f.).
[449] Vgl. *Grigoleit/Rider,* GmbH-Recht nach dem MoMiG, Rn. 201.
[450] Vgl. zum GmbHR *Markwardt* BB 2008, 2414 (2419); *Wachter* NotBZ 2008, 361 (367).
[451] *Grigoleit/Rider,* GmbH-Recht nach dem MoMiG, Rn. 195.
[452] Vgl. *Wälzholz* GmbHR 2008, 841 (846); *Markwardt* BB 2008, 2414 (2419).
[453] BGH NJW 2009, 2375 (2377).
[454] Vgl. Rechtsausschuss, BT-Drs. 16/9373, 98.
[455] BGH NJW 2009, 2375 (2377).
[456] *Markwardt* BB 2008, 2414 (2420).

5. Übergangsvorschriften

262 Nach § 20 Abs. 7 EGAktG gelten § 27 Abs. 3 und 4 AktG auch für Einlageleistungen, die vor dem 1.9.2009 bewirkt worden sind, aber keine Erfüllungswirkung hatten. Dies gilt aber nur, wenn es sich um einen Sachverhalt handelt, der noch nicht durch rechtskräftiges Urteil oder eine wirksame Vereinbarung (insbesondere Vergleich) zwischen Gesellschaft und Gesellschafter abgeschlossen ist.

263 Gegen diese Rückwirkung wurden in der Literatur insbesondere wegen der rückwirkenden Änderung auch der dinglichen Rechtslage Bedenken geäußert: aus verfassungsrechtlichen Gründen/aufgrund verfassungskonformer Auslegung sei eine geltungserhaltende Reduktion der Vorschrift geboten soweit Rechtspositionen und Interessen Dritter berührt wären.[457] Die Rechtslage ist heute geklärt. Nach der Rechtsprechung begegnet die rückwirkende Anwendung von § 27 Abs. 3 und 4 AktG keinen durchgreifenden verfassungsrechtlichen Bedenken, da in der Vorschriftlich lediglich ein sog unechte Rückwirkung zu sehen sei.[458]

264 Altfälle des Hin- und Herzahlens werden auch nach der anwendbaren Neuregelung des § 27 Abs. 4 AktG einer Erfüllung der Bareinlageverpflichtung entgegenstehen. Der Inferent müsste nachweisen können, dass der Rückgewähranspruch vollwertig und fällig war. Problematisch ist zudem, dass nach Rechtsprechung des BGH[459] auch die Anmeldung nach § 27 Abs. 4 S. 2 AktG für die Erfüllung konstitutiv ist.

---

[457] *Bormann* GmbHR 2007, 897 (900 f.); *Pentz* GmbHR 2009, 126 (129 f.).
[458] BGH NJW 2010, 1948 – AdCoCom; Haas/Vogel NZG 2010, 1083; Kleindiek ZGR 2011, 334.
[459] Vgl. → Rn. 260.

§ 14 Fehlerhafte Gründungsvorgänge und Nachgründung

Übersicht

	Rn.
I. Gründungsmängel und deren Rechtsfolgen	1–148
1. Allgemeines	1–6
a) Grundsätzliche Geltung der allgemeinen Rechtsgeschäftslehre	1–5
b) Arten der Gründungsmängel	6
2. Gründung und Vorgesellschaft	7–34
a) Entstehung einer Vorgesellschaft mit ordnungsgemäßer Gründung	7–9
b) Auflösung der Vorgesellschaft, insbesondere durch Aufgabe der Eintragungsabsicht	10–14
c) Nichtentstehung der Vorgesellschaft bei rechtsgeschäftlichen Gründungsmängeln	15–34
3. Die fehlerhafte Vorgesellschaft	35–51
a) Vorgesellschaft und fehlerhafte Vorgesellschaft	35
b) Fehlerhafte Gründung und Invollzugsetzung	36–45
c) Auflösung und Abwicklung der fehlerhaften Vorgesellschaft	46–51
4. Gründungsmängel und Eintragungsverfahren	52–62
a) Prüfungsgegenstände und Prüfungsumfang	52–60
b) Eintragungsverfahren	61/62
5. Entstehen durch Eintragung auch bei Gründungsmängeln	63–67
a) Grundsatz der Entstehung der AG mit Eintragung	63/64
b) Ausnahmsweise: Nichtentstehung der AG trotz Eintragung	65–67
6. Beachtlichkeit von Gründungsmängeln trotz Entstehung der Aktiengesellschaft nach Eintragung	68–88
a) Grundsatz	68/69
b) Die Nichtigerklärung nach § 275 AktG	70–79
c) Die Amtslöschung nach § 397 FamFG, § 275 Abs. 1 AktG bei Vorliegen von Nichtigkeitsgründen	80
d) Die Auflösung auf Grund anderer Satzungsmängel bei Eintragung gem. § 399 FamFG, § 262 AktG durch das Registergericht	81/82
e) Bestands- und Heilungswirkung der Eintragung bei sonstigen Gründungs- und Satzungsmängeln	83–88
7. Treuepflicht auf Beseitigung von Gründungsmängeln	89–94
a) Vor Eintragung	90–92
b) Eintragungsverfahren	93
c) Nach Eintragung	94
8. ABC der Gründungsmängel	95–143
II. Nachgründung, §§ 52 f. AktG	144–193
1. Vorbemerkung	144–146
2. Regelungsgegenstand, Zweck der Vorschrift	147–150
3. Der Nachgründungsvorgang	151–181
a) Nachgründungsvertrag, § 52 Abs. 1 S. 1	151–158
b) Folgen eines Verstoßes gegen § 52 Abs. 1 S. 1, Abs. 2	159–162
c) Nachgründungsverfahren im Einzelnen, § 52 Abs. 1–5	163–170
d) Registerverfahren, § 52 Abs. 6–8	171–174
e) Ausnahmen von der Nachgründung, § 52 Abs. 9	175–179
f) Anpassungen der Nachgründungsvorschriften aufgrund des ARUG	180/181
4. Sonderfälle	182–190
a) Formwechsel	182/183
b) Verschmelzung durch Aufnahme	184
c) Sachkapitalerhöhung	185–188
d) Vorratsgesellschaft	189
e) Ausdehnung der Nachgründungsvorschriften auf den Konzern/Unternehmenskaufverträge	190
5. Ersatzansprüche bei Nachgründung, § 53	191–193
a) Regelungsgegenstand/Anwendbare Haftungsbestimmungen, § 53 S. 1	191
b) Besonderheiten, § 53 S. 2–4	192/193

Schrifttum: *Baumann/Reiß,* Satzungsergänzende Vereinbarungen – Nebenverträge im Gesellschaftsrecht, ZGR 1989, 157, 158; *Bayer/Schmidt,* Die Reform der Kapitalaufbringung bei der Aktiengesellschaft durch das ARUG, ZGR 2009, 805, 813; *Beuthien,* Die Vorgesellschaft im Privatrechtssystem (Teil II), ZIP 1996, 360, 361; *Bröcker,* Die aktienrechtliche Nachgründung: Wieviel Kontrolle benötigt die junge Aktiengesellschaft, ZIP 1999, 1029, 1031; *Canaris,* Die Vertrauenshaftung im deutschen Privatrecht 1971, S. 167 ff.; *Dieckmann,* Die Nachgründung der Aktiengesellschaft, ZIP 1996, 2149, 2150; Dormann/*Formholzer,* Offene Fragen der Nachgründung nach dem NaStraG, AG 2001, 242, 246 ff.; *Drinhausen/Keinath* Regierungsentwurf eines Gesetzes zur Umsetzung der Aktionärsrechterichtlinie (ARUG) – Überblick über die Änderungen gegenüber dem Referentenentwurf, BB 2009, S. 64 ff.; *Einmahl,* Die erste gesellschaftsrechtliche Richtlinie des Rates der Europäischen Gemeinschaften und ihre Bedeutung für das deutsche Aktienrecht – Teil III, AG 1969, 210 ff.; *Drygala,* Die aktienrechtliche Nachgründung zwischen Kapitalaufbringung und Kapitalerhaltung, FS U. Huber, S. 691 f.; *Eisolt,* Neuregelung der Nachgründung durch das Namensaktiengesetz, DStR 2001, 748, 753 ff.; *Emde,* Restitutionsansprüche nach Heilung gemäß § 242 Abs. 2 AktG?, ZIP 2000, 1753 ff.; *Escher-Weingart,* Aktienrecht und Differenzhaftung, AG 1987, 310; *Farrenkopf/Cahn,* Differenzhaftung im Aktienrecht?, AG 1985, 209; *Flume* Die Haftung der Vorgesellschaft bei der Gründung einer Kapitalgesellschaft, FS v. Caemmerer, 1971, S. 517, 518 f.; *Götte,* Die GmbH, 2. Aufl., § 1 I. 5, Rn. 31; *Grooterhorst,* Praktische Probleme beim Erwerb einer Vorrats-AG, NZG 2001, 145, 148; *Gustavus,* Die Neuregelung im Gesellschaftsrecht nach dem Regierungsentwurf eines Handelsrechtsreformgesetzes, GmbHR 1998, 17; *Hartmann/Barcaba,* Die Anforderungen an den Bericht des Aufsichtsrats im Nachgründungsverfahren, AG 2001, 437, 441; *Henze,* Höchstrichterliche Rechtsprechung AktienR, Rdnr. 72 ff.; *Ihring,* Die Verwertung von GmbH-Mängeln, BB 1988, 1297, 1301; *Ihrig/Wandt,* Die Aktienrechtsnovelle 2016, BB 2016, 6, 17; *Kindler,* Der Aktionär in der Informationsgesellschaft, NJW 2001, 1678, 1689; *Koch,* Die Nachgründung, 2002, S. 15 f.; *Kohl,* Die Prüfung des Jahresabschlusses unter Berücksichtigung von aktienrechtlichen Nachgründungstatbeständen, BB 1995, 139; *Krafka,* Registerrechtliche Neuerungen durch das FamFG, NZG 2009, 650; *Kraft,* Gesellschaftsrechtliche Probleme der Vorratsgründung einer Aktiengesellschaft oder Gesellschaft mit beschränkter Haftung, DStR 1993, 101, 102 ff.; *Krieger,* Zur Reichweite des § 52 AktG, FS Claussen, 1997, S. 223, 228; *Klasen* Recht der Sacheinlage: Rechtliche Rahmenbedingungen – Neuerungen durch MoMiG und ARUG, BB 2008, §§ 2694 ff.; *Kubis,* § 52 AktG – eine unsichere Sicherung der Kapitalaufbringung, AG 1993, 118, 121; *Lieder,* Rechtsfragen der aktienrechtlichen Nachgründung nach ARUG, ZIP 2010, 964; *Lutter,* Die Auslegung angeglichenen Rechts, JZ 1992, 593, 599; *Martens,* Nachgründungskontrolle beim Formwechsel einer GmbH in eine AG, ZGR 1999, 548 ff.; *J. Meyer,* Neue und alte Mäntel im Kapitalgesellschaftsrecht, ZIP 1994, 1661, 1662 ff.; *Möschel,* Das Außenverhältnis der fehlerhaften Gesellschaft, FS Hefermehl, 1976, S. 171 ff.; *Pentz,* Zur beabsichtigten Änderung des § 52 AktG im RefE des Gesetzes zur Namensaktie und zur Erleichterung der Stimmrechtsausübung – Namensaktiengesetz (NaStraG), NZG 2000, 225, 229; *ders.,* Die Änderungen des Nachgründungsrechts durch das NaStraG – Ein Austausch alter durch neue Probleme, NZG 2001, 346, 352 ff.; *Priester,* Neue Regeln zur Nachgründung, DB 2001, 467, 471; *ders.,* Mantelverwendung und Mantelgründung bei der GmbH, DB 1983, 2291, 2298 f.; *Reichert,* Probleme der Nachgründung nach altem und neuem Recht, ZGR 2001, 554, 536 ff.; *Ries,* Auswirkungen der Reform des Rechts der freiwilligen Gerichtsbarkeit auf das Gesellschaftsrecht unter Berücksichtigung der Neuerungen durch das MoMiG und das ARUG; NZG 2009, 654, 656; *Rothley,* Anm. zu KG, Beschluss v. 12.10.2015 – 22 W 77/15, GWR 2016, 31; *K. Schmidt,* Theorie und Praxis der Vorgesellschaft nach gegenwärtigem Stand – Rechtsfortbildung am Ziel oder noch auf dem Weg?, GmbHR 1987, 77, 79; AcP 186 (1986) 421, 444 ff.; *ders.,* Grenzen des Minderjährigenschutzes im Handels- und Gesellschaftsrecht, JuS 1990, 517, 520; *ders.,* Macht das Kartellverbot Gemeinschaftsunternehmen für Zivilprozesse inexistent?, WuW 1988, 5, 7; *ders.,* Europäisches Kartellverbot und „fehlerhafte Gesellschaft", FS Mestmäcker, 1996, 763, 767; *Schubert/Hommelhoff,* Hundert Jahre modernes Aktienrecht, ZGR-Sonderheft Nr. 4, 1985, S. 453; *Seibert,* Aktienrechtsnovelle NaStraG tritt in Kraft – Übersicht über das Gesetz und Auszüge aus dem Bericht des Rechtsausschusses, ZIP 2001, 53, 54; *Stuyck/Wytinck,* Anmerkung zu EuGH Slg. 1990, CMLRev 1991, 205, 220; *Theusinger/Liese,* Keine verdeckte Sacheinlage bei der „Einlage" von Dienstleistungen, NZG 2009, 641, 645; *Ulmer,* Die Lehre von der fehlerhaften Gesellschaft – Gesicherter Bestand des Gesellschaftsrechts oder methodischer Irrweg?, FS Flume I, 1979, S. 301, 306 ff.; *Wahlers,* Fallstricke bei der Gründung und Handhabung der kleinen AG, DStR 2000, 973, 979; *Weber,* Zur Lehre von der fehlerhaften Gesellschaft, 1978, S. 170 ff.; *Weimar,* Die Haftungsverhältnisse bei der Vor-AG in neuerer Sicht, AG 1992, 69, 70; *Werner,* Zum Anwendungsbereich von § 52 AktG nach der Neufassung durch das NaStraG, ZIP 2001, 1403, 1406 f.; *ders.,* Aktiengesellschaften von der Stange?, NZG 2001, 397, 401; *ders.,* Nachgründung und Börsengang – wie obsolet ist § 52 AktG?, NZG 2000, 231, 232 f.; *Witte/Wunderlich,* Die Nachgründungsproblematik der „jungen Aktiengesellschaften", BB 2000, 2213, 2215; *Zimmer,* Die Nachgründungsvorschriften des § 52 AktG – Tatbestand und Reichweite sowie Möglichkeit der Heilung unwirksamer Rechtsgeschäfte, DB 2000, 1265.

I. Gründungsmängel und deren Rechtsfolgen

1. Allgemeines

1 **a) Grundsätzliche Geltung der allgemeinen Rechtsgeschäftslehre.** Auch für den Gründungsvertrag einer Kapitalgesellschaft gelten grundsätzlich die allgemeinen Regeln über Ab-

schluss, Zustandekommen und Wirksamwerden von Rechtsgeschäften.[1] Wie andere Gesellschaftsverträge auch wird er allerdings in der Regel nicht durch Antrag und Annahme geschlossen, sondern durch Zustimmung der Gründer zu einem Vorschlag, der entweder durch die Gründer gemeinsam oder durch Beauftragte vorbereitet wird.[2] Soweit es die notarielle Beurkundung anbetrifft, sind die §§ 128, 152 BGB mit Modifikationen anwendbar.[3]

Eine wirksame Gründung setzt zunächst den Abschluss,[4] dh die Abgabe zurechenbarer rechtsgeschäftlicher Erklärungen aller Gründer oder die rechtsgeschäftliche Erklärung des Alleingründers über die Mindestanforderungen des Rechtsgeschäftes (essentialia negotii), hier über die zwingenden Satzungserfordernisse gemäß § 23 Abs. 1, 3 und 4 AktG und die Mindestbestandteile der Übernahmeerklärung gemäß § 23 Abs. 2[5] AktG voraus.

Darüber hinaus sind die allgemeinen Vorschriften des BGB über Rechtsgeschäfte (§§ 104 ff. BGB) und insbesondere Verträge (§§ 145 ff. BGB) anwendbar,[6] so dass schon das Zustandekommen des Gründungsvertrages an Dissens (§§ 154, 155 BGB) scheitern kann[7] und einzelne Gründererklärungen mangels Geschäftsfähigkeit unwirksam oder gemäß §§ 116–118, 125, 134, 138 BGB nichtig sein können. Die Nichtigkeit der Gründung kann sich auch infolge Anfechtung einzelner Gründererklärungen gemäß §§ 142 ff., 119, 120 und 123 BGB ergeben.

Die allgemeinen Rechtsgeschäftsregeln gelten allerdings nur im Gründungsstadium uneingeschränkt.[8] Bereits mit der Wahl des Aufsichtsrates und der Be- und Anstellung von Vorstandsmitgliedern sowie der Aufnahme ihrer Tätigkeit beginnt die gegründete Organisation unabhängig davon zu existieren, ob ihre Gründung rechtsgeschäftlich einwandfrei erfolgt ist oder nicht.[9] In der Rechtspraxis stellt die AG-Gründung häufig nur einen lästigen Abwicklungsschritt in der Unternehmensplanung dar, so dass nicht selten unmittelbar nach der Gründung mit der beabsichtigten Unternehmenstätigkeit begonnen wird.[10] Spätestens dann existiert das gegründete Unternehmen auch als Teilnehmer des Rechtsverkehrs mit der Folge, dass es selbst Träger von Rechten und Pflichten und Adressat von Rechtsbeziehungen wird, wenngleich noch nicht als Unternehmen der juristischen Person, sondern der Vorgesellschaft zu dieser.[11]

Daher kann die Gründung als solche, die zunächst nur die vertraglichen und statutarischen Grundlagen schafft, zwar selbst noch nach den allgemeinen Rechtsgeschäftsregeln beurteilt werden. Diese Regeln sind aber, wie etwa die §§ 116, 117 und 142 BGB deutlich

---

[1] Zur Unterscheidung zwischen dem Abschluss, dem Zustandekommen und dem Wirksamwerden von Verträgen vgl. ausführlich *Leenen* AcP 188, 1988, 381 ff. Die Unterscheidung ist im Gesellschaftsrecht von besonderer Bedeutung, weil die fehlerhafte Gesellschaft nur den Abschluss eines Gesellschaftsvertrages voraussetzt; vgl. *Leenen* wie vor S. 391 f. und *K. Schmidt* GesR § 6 Abs. 3 S. 1a). Der offene oder versteckte Dissens (§§ 154, 155 BGB) hindert das Entstehen einer fehlerhaften Gesellschaft nicht.
[2] MüKoAktG/*Pentz* § 23 Rn. 10, 29.
[3] Baumbach/Hueck/*Fastrich* § 2 Rn. 8; MüKoAktG/*Pentz* § 23 Rn. 29; Hüffer/Koch/*Koch* AktG § 23 Rn. 9; Soergel/*Hefermehl* § 128 Rn. 1.
[4] Ohne zurechenbare gründungsvertragliche Erklärungen entsteht nicht einmal eine fehlerhafte Gesellschaft. Von dem Abschluss eines – wenngleich fehlerhaften – Gesellschaftsvertrages ist aber schon dann auszugehen, wenn die rechtsgeschäftliche Erklärungen vorliegen, die zumindest darin übereinstimmen, dass die Rechtsbeziehungen der Parteien nach gesellschaftsrechtlichen Gesichtspunkten zu regeln sind, vgl. BGH NJW 1992, 1501 (1502); eine über diese Grundanforderung hinausgehende Einigung ist daher nicht erforderlich, ein versteckter oder offener Dissens (§§ 154, 155 BGB) lässt das Entstehen des fehlerhaften Verbandes unberührt, BGH NJW 1992, 1501 (1502); *K. Schmidt* GesR § 6 Abs. 3 S. 1a). Die Entstehung der Aktiengesellschaft durch Eintragung setzt dagegen nicht einmal den Abschluss iSd §§ 145 ff. voraus. Vielmehr genügen zurechenbare Gründererklärungen gemäß § 23 Abs. 2 und eine festgestellte Satzung mit dem in § 275 Abs. 1 genannten Minimalinhalt.
[5] MüKoAktG/*Pentz* § 23 Rn. 12.
[6] Hüffer/Koch/*Koch* AktG § 23 Rn. 8, 41.
[7] Dies hindert allerdings das Entstehen einer fehlerhaften Gesellschaft nicht; BGH NJW 1992, 1501 (1502).
[8] Hüffer/Koch/*Koch* AktG § 23 Rn. 41: bis zur Invollzugsetzung der Vor-AG; RGZ 127, 186 (191); KölnKommAktG/*A. Arnold* § 23 Rn. 158; GroßkommAktG/*Röhricht/Schall* § 23 Rn. 265 f.
[9] GroßkommAktG/*Röhricht/Schall* § 23 Rn. 278.
[10] Vgl. etwa in dem Fall OLG Hamm AG 2003, 278.
[11] Hüffer/Koch/*Koch* AktG § 41 Rn. 3 f.; MüKoAktG/*Pentz* § 41 Rn. 23 f.; GroßkommAktG/*K. Schmidt* § 41 Rn. 39 f.

zeigen, in erster Linie auf die Rechtsbeziehungen zwischen den unmittelbar Beteiligten eines Rechtsgeschäfts zugeschnitten. Dagegen werden sie dem Phänomen einer auf eine Vielzahl von Mitgliedern angelegten Verbandsorganisation und eines auf die Teilnahme am Rechtsverkehr zugeschnittenen Unternehmens, das auf Basis der vertraglichen Festlegungen entsteht oder betrieben wird, in keiner Weise gerecht.[12] Die Klassifizierung und Rechtsfolgenbeurteilung von Mängeln bei der Gründung von Kapitalgesellschaften richtet sich daher in erster Linie nach den gesellschafts- und unternehmensrechtlichen Bestandsinteressen und Verkehrsschutzbedürfnissen. Dahinter tritt der individuelle und relative Rechtsschutz, den die allgemeine Rechtsgeschäftslehre in erster Linie verfolgt, weitgehend zurück.

6   b) **Arten der Gründungsmängel.** Um Gründungsmängel im weiteren Sinne handelt es sich bei Fehlern, die im Gründungsstadium, dh bei Gründung der Aktiengesellschaft und danach bis zu ihrer Eintragung vorkommen. Im Hinblick auf die unterschiedlichen Fehlerfolgen[13] muss jedoch zwischen den rechtsgeschäftlichen Gründungsmängeln, die in unmittelbarem Zusammenhang mit der Gründung selbst stehen (Mängel der Beitrittserklärung, Formfehler, Inhaltsmängel etc) und anderen Fehlern des Gründungsverfahrens, wie etwa der verspäteten Bestellung des Aufsichtsrates oder Formfehlern bei der Anmeldung unterschieden werden. Während die erstgenannten Mängel einer wirksamen Gründung im Wege stehen (näher hierzu sogleich → Rn. 15), wirken sich etwa das Fehlen eines Aufsichtsrates oder unvollständige Anmeldungsunterlagen nur im Eintragungsverfahren aus. In den zuletzt genannten Fällen ist zwar eine Vorgesellschaft entstanden (vgl. § 41 AktG), die Eintragung kann aber noch nicht erfolgen (vgl. § 38 AktG).

2. Gründung und Vorgesellschaft

7   a) **Entstehung einer Vorgesellschaft mit ordnungsgemäßer Gründung.** Die Aktiengesellschaft als solche entsteht erst mit ihrer Eintragung (vgl. § 41 Abs. 1). Zuvor entsteht mit ordnungsgemäßer Gründung (auch Errichtung – vgl. § 29 AktG), dh mit Feststellung der Satzung (vgl. § 23 AktG) und Übernahme aller Aktien (§§ 23 Abs. 2 und 29 AktG), die sog Vor-AG oder Vorgesellschaft ohne dass es weiterer innen- oder außenrechtlicher Vollzugsmomente bedarf. Sie ist notwendige Vorstufe zu der mit ihrer Eintragung entstehenden juristischen Person.[14] Als werbende Kapitalgesellschaft entsteht sie bereits als eigenständiges, von ihren Gründern und Gesellschaftern verschiedenes körperschaftlich strukturiertes Rechtsgebilde mit eigenen Rechten und Pflichten.[15] Sie und nicht ihre Gründer wird Trägerin des durch Bar- und Sacheinlagen sowie -übernahmen erworbenen Vermögens.[16] Sie verfügt über einen eigenen Namen,[17] ist aktiv[18] und passiv parteifähig,[19] insolvenzfä-

---

[12] Im Ergebnis ebenso Hüffer/Koch/*Koch* AktG § 23 Rn. 41; RGZ 127, 186 (191); KölnKommAktG/*A. Arnold* § 23 Rn. 160; MüKoAktG/*Pentz* § 23 Rn. 167.

[13] GroßkommAktG/*Röhricht*/*Schall* § 23 Rn. 263 ff.; MüKoAktG/*Pentz* § 23 Rn. 174 ff.

[14] Hüffer/Koch/*Koch* AktG § 41 Rn. 3 f.; GroßkommAktG/*K. Schmidt* § 41 Rn. 39; MüKoAktG/*Pentz* § 41 Rn. 2; Roth/Altmepper/*Altmeppen* GmbHG § 11 Rn. 38.

[15] Gesamthandsgemeinschaft eigener Art, vgl. BGHZ 117, 323 (326) = NJW 1992, 1824 (zur AG); BGHZ 143, 314 (319) = NJW 2000, 1193; BGHZ 21, 242 (246) = NJW 1956, 1435; BGHZ 45, 338 (347) = NJW 1966, 1311; BGHZ 80, 129 (132) = NJW 1981, 1373 (1374) (zur GmbH); BGHZ 51, 30 (32) = NJW 1969, 509; BayObLGZ 1965, 294 (302 f.) = NJW 1965, 2254; Hüffer/Koch/*Koch* AktG § 41 Rn. 4; MüKoAktG/*Pentz* § 41 Rn. 24; GroßkommAktG/*K. Schmidt* § 41 Rn. 40 ff.; GroßkommAktG/*Röhricht*/*Schall* § 29 Rn. 4 ff.; MHdB GesR IV/*Hoffmann-Becking* § 3 Rn. 38; KölnKommAktG/*M. Arnold* § 41 Rn ff.; Godin-Wilhelmi § 29 Rn. 4; *K. Schmidt* GesR § 27 Abs. 2 S. 3a, § 11 Abs. 4 S. 2; *ders.* GmbHR 1987, 77 (79); Hachenburg/*Ulmer* GmbHG § 11 Rn. 8 jeweils zur GmbH.

[16] Hüffer/Koch/*Koch* AktG § 41 Rn. 4; MüKoAktG/*Pentz* § 41 Rn. 24; GroßkommAktG/*K. Schmidt* § 41 Rn. 43.

[17] MüKoAktG/*Pentz* § 41 Rn. 51; LG Düsseldorf NJW-RR 1987, 874; Hüffer/Koch/*Koch* AktG § 41 Rn. 10; KölnKommAktG/*M. Arnold* § 41 Rn. 20.

[18] BGH NJW 1998, 1079 = NZG 1998, 181; Hüffer/Koch/*Koch* AktG § 41 Rn. 10; MüKoAktG/*Pentz* § 41 Rn. 52; Hachenburg/*Ulmer* GmbHG § 11 Rn. 50; Scholz/*K. Schmidt* GmbHG § 11 Rn. 51 für die GmbH; *Weimar* AG 1992, 69 (70); Hüffer/Koch/*Koch*, in: FS Stimpel, S. 182 f.

[19] BGHZ 79, 239 (241) = NJW 1981, 873; Hüffer/Koch/*Koch* AktG § 41 Rn. 10; MüKoAktG/*Pentz* § 41 Rn. 52; KölnKommAktG/*M. Arnold* § 41 Rn. 19.

ig,20 scheck- und wechselfähig,21 konto-22 und grundbuchfähig und wird selbst als Grundeigentümerin eingetragen.23 Sie kann durch ihren Vorstand als satzungsmäßiges Vertretungsorgan eigene Rechte und Verpflichtungen begründen, ohne dass eine Mithaftung der Gründer eintritt.24 Die Gesellschaft kann noch vor Eintragung Unternehmen oder Unternehmensteile und sonstige Sacheinlagen übernehmen (§§ 31 und 36a AktG). Bei Bareinlagen müssen noch vor Anmeldung zumindest die in § 36a Abs. 1 genannten Beträge zur freien Verfügung des Vorstandes in die Gesellschaft eingezahlt werden (§ 36 Abs. 2 AktG).25

Die vorgenannten Handlungsmöglichkeiten und Rechtswirkungen sind Voraussetzung dafür, dass die Vorgesellschaft durch ihre Eintragung mit allen ihr übertragenen Vermögenswerten und allen für sie begründeten Rechten und Pflichten zu der damit entstehenden juristischen Person werden kann. Als die durch Eintragung zur Rechtsfähigkeit gelangende Kapitalgesellschaft ist sie bereits notwendige Beteiligte des registerrichterlichen Eintragungsverfahrens.26   8

Die Ausgestaltung der Vorgesellschaft im Einzelnen hat der Gesetzgeber Rechtsprechung und Lehre überlassen.27 Die Vorgesellschaft ist heute als Gesamthandsgesellschaft eigener Art anerkannt;28 ihr Vermögen geht nach heute herrschender Meinung im Wege der Gesamtrechtsnachfolge auf die mit Eintragung entstehende AG über.29 Zu weiteren innen- und außenrechtlichen Beziehungen der Vor-AG und insbesondere zur Rechtslage bei der Einmanngründung vgl. → § 12 Rn. 89 ff., 96 ff.   9

b) Auflösung der Vorgesellschaft, insbesondere durch Aufgabe der Eintragungsabsicht.   10
aa) Auflösung und Auflösungsgründe. Selbstverständliche Kehrseite der Behandlung der Vor-AG als Kapitalgesellschaft, der nur noch die durch die Eintragung eintretende Eigenschaft als juristische Person fehlt, ist nach hM auch die Anwendbarkeit der aktienrechtlichen Auflösungs- und Liquidationsvorschriften für ihre Beendigung.30 Dies gilt jedenfalls insoweit, als diese zwingende innen- und außenrechtliche Schutzvorschriften enthalten.31 Eine ordentliche Kündigung der Gesellschaft analog § 723 BGB scheidet neben den in § 262 AktG genannten Auflösungsgründen aus.32 Die Kündigung aus wichtigem

---

[20] MüKoAktG/*Pentz* § 41 Rn. 52 mwN.
[21] BGH NJW 1997, 2754; Hüffer/Koch/*Koch* AktG § 41 Rn. 10; MüKoAktG/*Pentz* § 41 Rn. 52; *Weimar* AG 1992, 69 (70); *Baumbach/Hefermehl* Einl. WG Rn. 21; Hachenburg/*Ulmer* GmbHG § 11 Rn. 49–51; Scholz/*K. Schmidt* GmbHG § 11 Rn. 39.
[22] BGH WM 1962, 644; MüKoAktG/*Pentz* § 41 Rn. 52.
[23] BGHZ 45, 338 (348) = NJW 1966, 1311; BayObLG BB 1986, 549; MüKoAktG/*Pentz* § 41 Rn. 52.
[24] BGHZ 117, 323 (326, 327); aA: Haftung ähnlich wie Kommanditist, vgl. MüKoAktG/*Pentz* § 41 Rn. 55 ff. mwN; aA: nur anteilige Verlustübernahme im Innenverhältnis, vgl. BGHZ 134, 333 ff. = NJW 1997, 1507.
[25] Hüffer/Koch/*Koch* AktG § 41 Rn. 5; MüKoAktG/*Pentz* § 41 Rn. 26.
[26] BGHZ 117, 323 (327) = NJW 1992, 1824; MüKoAktG/*Pentz* § 41 Rn. 52 (auch beschwerdefähig im Eintragungsverfahren); Hüffer/Koch/*Koch* AktG § 41 Rn. 10; *Henze* HRR AktienR Rn. 72 ff.
[27] Vgl. Regierungsbegründung bei Kropff S. 60; Hüffer/Koch/*Koch* AktG § 41 Rn. 2 ff.
[28] BGHZ 117, 323 (326) = NJW 1992, 1824 (zur AG); BGHZ 143, 314 (319) = NJW 2000, 1193; BGHZ 21, 242 (246) = NJW 1956, 1435; BGHZ 45, 338 (347) = NJW 1966, 1311; BGHZ 80, 129 (132) = NJW 1981, 1373 (1374) (zur GmbH); BGHZ 51, 30 (32) = NJW 1969, 509; BayObLGZ 1965, 294 (302 f.) = NJW 1965, 2254; Hüffer/Koch/*Koch* AktG § 41 Rn. 4; MüKoAktG/*Pentz* § 41 Rn. 24; GroßkommAktG/ *Röhricht/Schall* § 29 Rn. 8; MHdB GesR IV/*Hoffmann-Becking* § 3 Rn. 38 f.; KölnKommAktG/*M. Arnold* § 41 Rn. 18 ff.; *Godin-Wilhelmi* § 29 Rn. 4; *K. Schmidt* GesR § 27 II 3a, § 11 IV 2; *ders.* GmbHR 1987, 77 (79); Hachenburg/*Ulmer* GmbHG § 11 Rn. 8 jeweils für GmbH.
[29] BGHZ 80, 129 (137, 140) = NJW 1981, 1373; BGH NJW 1982, 932 zu GmbH; MHdB GesR IV/*Hoffmann-Becking* § 3 Rn. 41; aA etwa MüKoAktG/*Pentz* § 41 Rn. 106 f. mwN und KölnKommAktG/*M. Arnold* § 41 Rn. 26, 63; MHdB GesR III/*Gummert* § 16 Rn. 12; *K. Schmidt* GesR § 11 IV 2c; *Beuthien* ZIP 1996, 360 (361); *Escher-Weingart* AG 1987, 310; *Farrenkopf/Cahn* AG 1985, 209; steuerliche Rspr.: BFH BStBl. III 1957 S. 352 = NJW 1993, 1222; wohl auch BGHZ 117, 323 (327) = NJW 1992, 1824: identitätswahrender Formwechsel!
[30] MüKoAktG/*Pentz* § 41 Rn. 45 ff.; GroßkommAktG/*K. Schmidt* § 41 Rn. 123 ff.
[31] Ganz hM, vgl. etwa Hüffer/Koch/*Koch* AktG § 262 Rn. 5; GroßkommAktG/*K. Schmidt* § 41 Rn. 123 mwN.
[32] GroßkommAktG/*K. Schmidt* § 41 Rn. 123; OLG Hamm DB 1994, 1232 = GmbHR 1994, 706 zur GmbH; Scholz/*K. Schmidt* GmbHG § 11 Rn. 73; aA; MüKoAktG/*Pentz* § 41 Rn. 47 (Kündigung aus wichtigem Grund etwa bei Tod eines Gründers).

Grund entsprechend § 723 Abs. 1 S. 2, 3 Nr. 1 BGB hielt der BGH demgegenüber für möglich.[33] Als weiterer Auflösungsgrund tritt das endgültige Scheitern der Gründung neben die in § 262 Abs. 1 AktG genannten Gründe.[34]

11 Für den Auflösungsbeschluss entsprechend § 262 Abs. 1 Nr. 2 AktG bleibt es bei der dort genannten Dreiviertelmehrheit, obwohl ansonsten die Gesellschafter im Gründungsstadium Änderungen des Gesellschaftsvertrages nur einstimmig beschließen können.[35] Denn es wäre ein unnötiger Umweg für die Gründer, erst die Eintragung herbeiführen zu müssen, um dann mit qualifizierter Mehrheit die Auflösung beschließen zu können.[36]

12 Der förmlichen Auflösung ist die stillschweigende einvernehmliche Aufgabe der Eintragungsabsicht durch die Gründer gleichzusetzen.[37] Die Vor-AG wandelt sich auf Grund gesetzlichen Rechtsformzwangs entweder in eine GbR oder OHG um,[38] wenn die Gesellschaft ihre Tätigkeit fortsetzt.[39] Für die Aufgabe der Eintragungsabsicht genügt es, wenn die Gründer die Einigung nicht mehr ernsthaft betreiben.[40] Mit der Fortführung der Vor-AG als Personengesellschaft entsteht eine „unechte Vor-AG",[41] diese kann allerdings von den Gründern jederzeit dennoch zur Eintragung angemeldet werden, sofern hierüber Einvernehmen besteht.[42]

13 *bb) Abwicklung.* Die aufgelöste Vor-AG ist grundsätzlich nach den §§ 262 ff. AktG abzuwickeln.[43] Dies gilt insbesondere dann, wenn die Vor-AG bereits Gesellschaftsvermögen gebildet hat und unternehmerisch tätig geworden ist. Aus Verkehrsschutzgründen ist an eine Anwendung von § 272 AktG (Wartejahr, Hinterlegung) zumindest dann zu denken, wenn die Vor-AG mit oder ohne Gründungszusatz werbend in Erscheinung getreten ist. Unanwendbar sind nur diejenigen Auflösungs- und Liquidationsvorschriften, die die Eintragung der Gesellschaft voraussetzen.[44]

14 Die Auflösung der Vor-AG hat allerdings zur Folge, dass die Gründer ihre Einlage nur noch insoweit zu leisten haben, als dies zur ordnungsgemäßen Liquidation der Gesellschaft erforderlich ist, §§ 268 Abs. 1 S. 1, 271 Abs. 3 AktG.[45] Reichen die Einlageverpflichtungen hierfür nicht aus, und ist eine persönliche Innenhaftung der Gründer für Gesellschaftsverbindlichkeiten der Vor-AG entstanden, haben die Liquidatoren die Gründer analog § 735 BGB anteilig auf Nachschuss in Anspruch zu nehmen.[46]

15 **c) Nichtentstehung der Vorgesellschaft bei rechtsgeschäftlichen Gründungsmängeln.** Im Gründungsstadium sind die allgemeinen Bestimmungen des bürgerlichen Rechts über den Abschluss, die Wirksamkeit und die Nichtigkeit von Verträgen (bei Einmanngründung: Über einseitige rechtsgeschäftliche Willenserklärungen) grundsätzlich anwendbar.[47] Aus-

---

[33] BGH ZIP 2006, 2267 (2268 f.).
[34] Vgl. GroßkommAktG/*K. Schmidt* § 41 Rn. 123; MüKoAktG/*Pentz* § 41 Rn. 46.
[35] MüKoAktG/*Pentz* § 41 Rn. 45.
[36] MüKoAktG/*Pentz* § 41 Rn. 45; Hachenburg/*Ulmer* GmbHG § 11 Rn. 39; Scholz/*K. Schmidt* GmbHG § 11 Rn. 73.
[37] MüKoAktG/*Pentz* § 41 Rn. 83, 93; BGH LM § 50 ZPO Nr. 49 = NJW 1998, 1079 (1080) = ZIP 1998, 109 für die GmbH.
[38] Je nachdem, ob sie sich kaufmännisch betätigt oder nicht, vgl. GroßkommAktG/*K. Schmidt* § 41 Rn. 130; kritisch *Flume,* in: FS v. Caemmerer, S. 517 (518 f.).
[39] BGHZ 80, 129 (142) = NJW 1981, 1373 (1376) für die GmbH; BGH NJW 1998, 1079 (1080) = ZIP 1998, 109 für die GmbH; MüKoAktG/*Pentz* § 41 Rn. 50, 83; GroßkommAktG/*K. Schmidt* § 41 Rn. 130.
[40] BGHZ 152, 290 = NJW 2003, 429 = ZIP 2002, 2309; GK/*Schmidt* § 41 Rn. 130; Scholz/*K. Schmidt* GmbHG § 11 Rn. 182.
[41] Vgl. GroßkommAktG/*K. Schmidt* § 41 Rn. 130; MüKoAktG/*Pentz* § 41 Rn. 83.
[42] GroßkommAktG/*K. Schmidt* § 41 Rn. 131; Zurückverwandlung in das Stadium einer eintragungsfähigen Vor-AG durch Fortsetzungsbeschluss.
[43] Vgl. GroßkommAktG/*K. Schmidt* § 41 Rn. 124; BGH NJW 1998, 1079 (1080) = ZIP 1998, 109 für die GmbH; MüKoAktG/*Pentz* § 41 Rn. 49.
[44] Vgl. *Goette,* Die GmbH, § 1 I. 5, Rn. 31; MüKoAktG/*Pentz* § 41 Rn. 49.
[45] Hüffer/Koch/*Koch* AktG § 264 Rn. 16.
[46] GroßkommAktG/*K. Schmidt* § 41 Rn. 124.
[47] RGZ 127, 186 (191); KölnKommAktG/*A. Arnold* § 23 Rn. 27 ff.; MüKoAktG/*Pentz* § 23 Rn. 175; GroßkommAktG/*Röhricht/Schall* AktG § 23 Rn. 265; Hüffer/Koch/*Koch* AktG § 23 Rn. 41.

nahmen hinsichtlich der Rechtsfolgen gelten nur insoweit, als die Grundsätze der fehlerhaften Gesellschaft eingreifen[48] (vgl. hierzu sogleich → Rn. 35. zur fehlerhaften Vorgesellschaft).

Grundsätzlich verhindern rechtsgeschäftliche Gründungsmängel die Wirksamkeit der Gründung mit der Folge, dass eine Vor-Gesellschaft nicht entsteht und jeder Gründer sich von Anfang an auf die Unwirksamkeit der Gründung berufen kann. **16**

Mit der Terminologie und Systematik der allgemeinen Rechtsgeschäftslehre lässt sich das Gründungsmängelrecht allerdings nicht richtig erfassen. Wegen der unterschiedlichen Rechtswirkungen der Gründungsmängel vor der Eintragung der Gesellschaft, im Eintragungsverfahren und nach der Eintragung empfiehlt es sich daher, zwischen **17**
- Abschlussmängeln (aa),
- Wirksamkeitsmängeln und Mängeln des Zustandekommens (bb) sowie
- inhaltlichen Satzungsmängeln oder Nichtigkeitsmängeln zu unterscheiden (cc).

So werden etwa die unter bb) erfassten Mängel durch die Eintragung allesamt geheilt, während dies bei inhaltlichen Nichtigkeitsmängeln nicht der Fall ist. Andererseits darf das Registergericht die unter cc) zusammengefassten Inhaltsmängel nur beschränkt überprüfen, muss eine Eintragung wegen der unter aa) und bb) erfassten Mängel aber in jedem Fall ablehnen. **18**

aa) Abschluss- und rechtsgeschäftliche Erklärungsmängel. (1) Nicht-Erklärungen und nicht zurechenbare Willenserklärungen. Bei Gründung von Kapitalgesellschaften kommt der Frage besondere Bedeutung zu, ob überhaupt ein Gründungsgeschäft vorgenommen wurde und dies allen Gründern zurechenbar ist.[49] Bei Fehlen eines objektiven Gründungsgeschäfts kommt die Gesellschaft nicht einmal durch Eintragung zustande. Fehlt es an der subjektiven Zurechenbarkeit einzelner Gründererklärungen, tritt Bindungswirkung auch durch Eintragung nicht ein, obwohl diese alle übrigen subjektiven Beitrittsmängel heilt. **19**

(2) Objektiver Gründungstatbestand. Ist der Gründungsurkunde nicht einmal eine Satzung als Anlage beigefügt[50] oder fehlen die nach § 23 Abs. 2 AktG erforderlichen Erklärungen der Gründer, die ebenfalls als Anlagen beigefügt werden können,[51] fehlt es bereits an einem äußeren, als Abschluss des Gründungsvertrages einer Aktiengesellschaft interpretierbaren Erklärungstatbestand.[52] Das Gleiche gilt, wenn später und ggf. vor einem anderen Notar abgegebene Beitrittserklärungen[53] einzelner Gründer nicht erkennen lassen, zu welchem Gründungsprotokoll die Beitrittserklärungen erfolgen. In den vorgenannten Fällen fehlt es bereits an dem objektiven Tatbestand rechtsgeschäftlicher Willenserklärungen,[54] da auch im Wege der Auslegung nicht einmal ansatzweise feststellbar ist, ob eine Aktiengesell- **20**

---

[48] Hüffer/Koch/*Koch* AktG § 23 Rn. 41.
[49] Nach der neuesten Rspr. – BGH NJW 1990, 454; 2002, 363 und NJW 2002, 3629 – liegt eine rechtsgeschäftliche Willenserklärung dann vor, wenn ein Verhalten oder eine Äußerung nach Treu und Glauben und unter Berücksichtigung der Verkehrssitte als rechtsgeschäftliche Erklärung aufgefasst werden (objektiver Tatbestand des Rechtsgeschäfts) und diese dem Erklärenden zugerechnet werden kann (subjektiver Tatbestand). Für die Zurechenbarkeit ist lediglich Voraussetzung, dass der Erklärende erkennen und vermeiden konnte, dass sein Verhalten oder seine Äußerung als rechtsgeschäftliche Erklärung gewertet werden konnte. Mit diesen Entscheidungen hat der BGH sich gegen die Willens- und für die Erklärungstheorie entschieden: Erklärungsbewusstsein, Geschäfts- und Rechtsfolgenwille sind nicht mehr erforderlich, ihr Fehlen berechtigt allenfalls noch zur Anfechtung, vgl. BGHZ 91, 324, Palandt/*Ellenberger* Einf. vor § 116 Rn. 3, 12, 17.
[50] Die Beifügung der Satzung als Anlage zum notariellen Gründungsprotokoll genügt nach §§ 8 und 9 Abs. 1 Nr. 2 S. 2 BeurkG, vgl. GroßkommAktG/*Röhricht/Schall* § 23 Rn. 64; sind die Satzung und/oder Gründererklärungen nicht als Anlagen beigefügt, ist der Beurkundungsvorgang auf Grund des Gebotes der Einheitlichkeit der Beurkundung als unwirksam anzusehen, vgl. KölnKommAktG/*Kraft* § 275 Rn. 8.
[51] Wie vor Fn. 50.
[52] Vgl. KölnKommAktG/*Kraft* § 275 Rn. 8.
[53] Wegen der grundsätzlichen Anwendbarkeit der §§ 128, 152 BGB auf den Gründungsvorgang der AG können die Beitrittserklärungen nacheinander vor dem Notar abgegeben werden. Gleichzeitige Anwesenheit der Gründer ist für den Beitritt nicht erforderlich, vielmehr ist die Beitrittserklärung auch vor einem anderen Notar nach § 152 BGB wirksam: Der Notar fertigt ein einheitliches Protokoll, mit dessen letzter Unterzeichnung die Satzung endgültig festgestellt wird, ohne dass es eines Zugangs der Beitrittserklärung bei den Mitgründern bedarf (§ 152 S. 1 BGB), vgl. MüKoAktG/*Pentz* § 23 Rn. 29; Hüffer/Koch/*Koch* AktG § 23 Rn. 9.
[54] Vgl. BGH NJW 1992, 1502: Aus den Erklärungen muss zumindest hervorgehen, dass überhaupt eine Gesellschaft gegründet werden soll.

schaft oder durch wen diese gegründet werden sollte bzw. ob sich die Gründer verpflichten wollten.

21 *(3) Subjektiver Gründungstatbestand/Zurechenbarkeitsmängel.* Der Gründungsvertrag setzt außerdem zurechenbare Gründer- bzw. Beitrittserklärungen aller Gründer zur Satzung und Übernahmeverpflichtung voraus.[55] Solange diese nicht vorliegen ist die Gesellschaft gemäß §§ 23 Abs. 1 und 2, 28 und 29 AktG nicht „errichtet".[56] Rechtstechnisch handelt es sich um Fälle subjektiver Teilnichtigkeit,[57] die bis zur Eintragung von jedem Gründer geltend gemacht werden kann[58] und zur Ablehnung des Eintragungsantrags durch das Registergericht führt.[59]

22 Zurechenbare Beitrittserklärungen liegen zunächst dann nicht vor, wenn sie gewaltsam erzwungen (vis absoluta) oder gefälscht werden.[60] Gleichzustellen ist die Drohung mit Gewalt, solange die Zwangssituation anhält.[61] Dagegen sind unter Drohung oder infolge Täuschung abgegebene Beitrittserklärungen ansonsten grundsätzlich zurechenbar mit der Folge, dass sich der betreffende Gründer von ihnen nur durch Anfechtung nach § 123 BGB lösen kann.[62]

23 Zu der Gruppe nicht zurechenbarer Beitrittserklärungen sind auch die Erklärungen Geschäftsunfähiger[63] und die ohne Einwilligung der gesetzlichen Vertreter abgegebenen Erklärungen Minderjähriger zu rechnen.[64] Letztere können zwar durch Genehmigung der gesetzlichen Vertreter wirksam werden. Sie bleiben aber folgenlos, sofern die Genehmigung auf Dauer ausbleibt oder verweigert wird.

24 Soweit es den Vertretenen betrifft handelt es sich auch bei den Erklärungen vollmachtloser Vertreter um nicht zurechenbare Willenserklärungen.[65] Wird das Vertretergeschäft vom Vertretenen nicht genehmigt, bleibt auch das Gründungsgeschäft insgesamt unvollständig. Denn zumindest im Gründungsstadium bleibt es bei dem Grundsatz des § 179 BGB, wonach der vollmachtlose Vertreter nur zur Erfüllung verpflichtet ist, aber nicht Vertragspartner wird.[66]

25 *(4) Andere Abschlussmängel.* Grundsätzlich ist auch für den Abschluss des Gründungsvertrages einer Aktiengesellschaft die Einigung über alle wesentlichen Vertragsbestimmungen erforderlich. Den notwendigen Inhalt von Satzung und Übernahmeerklärung beschreiben § 23 Abs. 2, 3 und 4 AktG. Erweiternde oder einschränkende Beitrittserklärungen verhindern den Vertragsschluss (vgl. § 150 BGB). Dies gilt auch für Beitritte, die auflösend oder aufschiebend bedingt erklärt werden,[67] es sei denn, die übrigen Gründer erklären sich mit dem bedingten Beitritt einverstanden. In diesem Fall ist der Gründungsvertrag zwar geschlossen.[68] Die Gesellschaft kann jedoch erst eingetragen werden, wenn die aufschiebende

---

[55] Hachenburg/*Ulmer* GmbHG § 2 Rn. 78 ff., 86.
[56] Hachenburg/*Ulmer* GmbHG § 2 Rn. 86.
[57] Vgl. MüKoBGB/*Ulmer* § 705 Rn. 54.
[58] Vgl. GroßkommAktG/*Röhricht/Schall* § 23 Rn. 266.
[59] GroßkommAktG/*Röhricht* § 23 Rn. 263; Hachenburg/*Ulmer* GmbHG § 2 Rn. 102; Baumbach/Hueck/*Fastrich* GmbHG § 2 Rn. 34.
[60] Nach Eintragung vgl. GroßkommAktG/*Röhricht/Schall* § 23 Rn. 278 ff.; KölnKommAktG/*A. Arnold* § 23 Rn. 164 ff.; Hachenburg/*Ulmer* GmbHG § 2 Rn. 101.
[61] Nach Eintragung vgl. MüKoAktG/*Pentz* § 23 Rn. 183; KölnKommAktG/*A. Arnold* § 23 Rn. 164 ff.; Hachenburg/*Ulmer* GmbHG § 2 Rn. 101; Baumbach/Hueck/*Fastrich* GmbHG § 2 Rn. 38.
[62] Vgl. BGHZ 285, 291 f. = NJW 1952, 97; BGHZ 63, 338 = NJW 1975, 1022; BGH NJW 1976, 894; 1982, 877 (879); NJW-RR 1988, 1379; MüKoAktG/*Pentz* § 23 Rn. 168; GroßkommAktG/*Röhricht/Schall* § 23 Rn. 288; nach Eintragung vgl. MüKoAktG/*Pentz* § 23 Rn. 175; MüKoAktG/*Pentz* § 23 Rn. 168; → § 23 Rn. 230.
[63] Die Erklärungen Geschäftsunfähiger sind nach richtiger Ansicht unverbindlich und auch durch Genehmigung nicht heilbar. Nach Eintragung vgl. BGH WM 1980, 866; BGHZ 17, 160; GroßkommAktG/*Röhricht/Schall* § 23 Rn. 289.
[64] RGZ 145, 155 (159); BGHZ 17, 160 (167 f.); 38, 26 (29); MüKoAktG/*Pentz* § 23 Rn. 176.
[65] Nach Eintragung vgl. GroßkommAktG/*Röhricht/Schall* § 23 Rn. 290.
[66] Nach Eintragung vgl. GroßkommAktG/*Röhricht/Schall* § 23 Rn. 290; MüKoAktG/*Pentz* § 23 Rn. 184.
[67] GroßkommAktG/*Röhricht/Schall* § 23 Rn. 96; anders, wenn es sich um bloße Rechtsbedingungen handelt.
[68] Vgl. allgemein BGH NJW 1992, 1501 (1502).

Bedingung eingetreten ist, oder feststeht, dass die auflösende Bedingung nicht mehr eintreten kann.[69]

bb) Wirksamkeitsmängel[70] *und Mängel des Zustandekommens.* Von den inhaltlichen Satzungsmängeln, die die Satzung als solche oder einzelne Satzungsbestandteile betreffen (vgl. sogleich unten cc) sind diejenigen Gründungsmängel zu unterscheiden, die darauf beruhen, dass den rechtsgeschäftlichen Gründungserfordernissen nicht oder nicht vollständig Rechnung getragen wird. Die Unterscheidung zwischen Gründungsmängeln, die den Inhalt der Satzung betreffen und Wirksamkeitsmängeln, die sich in der Unvollständigkeit des rechtsgeschäftlichen Gründungstatbestands erschöpfen, ist im Beschlussmängelrecht grundlegend.[71] Sie ist aber auch im Hinblick darauf zweckmäßig, dass nahezu alle Mängel, die lediglich den rechtsgeschäftlichen Gründungsakt betreffen, durch Eintragung vollständig geheilt werden. Entgegen der Einteilung und den Bezeichnungen des BGB sind zu den Wirksamkeitsmängeln im vorgenannten Sinne auch die Regeln zum Dissens (§§ 154, 155 BGB) zu zählen, da die Wirkungen des Dissenses spätestens mit der Eintragung, wenn nicht gar schon zuvor mit Invollzugsetzung, vollständig entfallen. Zu den Wirksamkeitsmängeln zählen aber auch die §§ 116 ff. BGB, die Rechtsfolgen der Anfechtung (§§ 142 ff. BGB) und die Formmängel (§§ 125 ff. BGB), obwohl im Gesetz von der Nichtigkeit die Rede ist, sowie die rechtsgeschäftlich vereinbarten Bedingungen und Befristungen. Alle vorgenannten Fälle zählen zu den vom Registergericht gemäß § 38 Abs. 1 AktG zu beachtenden Mängeln, die mit Eintragung im Gegensatz zu den nach § 38 Abs. 4 AktG zu berücksichtigenden Satzungsmängeln vollständig geheilt werden.

(1) Wirksamkeitsmängel. Der Gründungsvertrag ist von Anfang an unwirksam mit der Folge, dass die Vorgesellschaft nicht entsteht, wenn das notarielle Beurkundungserfordernis nach § 23 Abs. 1 AktG nicht gewahrt ist (§ 125 BGB). Im Gründungsstadium kann das Gründungsrechtsgeschäft zudem uneingeschränkt mit Rückwirkung angefochten werden (vgl. § 142 BGB), sofern ein Anfechtungsgrund nach §§ 119, 123 BGB gegeben ist.[72] Wie bereits oben erwähnt, kann die Wirksamkeit der Gründung oder die Wirksamkeit einzelner Gründererklärungen vom Eintritt aufschiebender Bedingungen abhängig gemacht werden. Auch die Vereinbarung auflösender Bedingungen ist möglich.[73]

(2) Mängel des Zustandekommens. Der Vertrag kommt auch dann nicht zustande, wenn die Gründer sich nicht über solche Punkte geeinigt haben, die zwar nicht zum Mindestinhalt einer AG-Gründung gehören, über die die Gründer aber nach dem Inhalt ihrer Erklärungen eine Einigung erzielen wollten. Diese Einigungslücken können sowohl normative als auch rein schuldrechtliche Regelungen betreffen. Erkennt das Registergericht solche Einigungsmängel, wie etwa dann, wenn die Satzung widersprüchliche oder unwirksame Regelungen enthält, darf das Registergericht die Gesellschaft nicht eintragen, sondern hat auf Vertragskorrekturen hinzuwirken. Zumindest im Gründungsstadium finden auf die Einigungsmängel, die nicht zum gesetzlichen Mindestinhalt gehören, die §§ 154, 155 BGB Anwendung. Für § 155 BGB gilt das auch hier mit der Maßgabe, dass selbst der von den Gründern nicht erkannte Einigungsmangel im Zweifel die Gründung unvollständig macht[74] und das Entstehen der Vor-Gesellschaft verhindert.[75]

Besondere Bedeutung hat dies etwa in den Fällen unwirksamer Festsetzungen über Sacheinlagen oder Sachübernahmen durch Mitgründer. Hier kann in der Regel davon ausgegan-

---

[69] Wie hier GroßkommAktG/*Röhricht/Schall* § 23 Rn. 97.
[70] HdbAG/*Zätzsch* § 3 Rn. 374 bezeichnet diese als formelle Satzungsmängel.
[71] Vgl. Hüffer/Koch/*Koch* AktG § 241 Rn. 4 ff.; MüKoAktG/*Hüffer/Koch/Schäfer* AktG § 241 Rn. 16 ff.
[72] MüKoAktG/*Pentz* § 23 Rn. 167; Hüffer/Koch/*Koch* AktG § 23 Rn. 41; GroßkommAktG/*Röhricht/Schall* § 23 Rn. 265; KölnKommAktG/*A. Arnold* § 23 Rn. 158; GHEK/*Eckardt* § 23 Rn. 14.
[73] Vgl. zu Beitritt unter Bedingung GroßkommAktG/*Röhricht/Schall* § 23 Rn. 96 f.
[74] Soergel/*Hefermehl* BGB § 155 Rn. 18.
[75] Nach BGH NJW 1992, 1501 (1502) für GbR ist bei verstecktem Einigungsmangel die Entstehung einer – fehlerhaften – Gesellschaft nicht von vornherein ausgeschlossen, ebenso BGHZ 3, 285 (288) = NJW 1952, 97; der übereinstimmende Wille der Parteien, ihre Rechtsbeziehungen nach gesellschaftsrechtlichen Gesichtspunkten zu regeln, genügt, BGHZ 11, 190 (191) = NJW 1954, 231; vgl. zur Rechtslage bei der fehlerhaften Vorgesellschaft → Rn. 35 ff.

gen werden, dass der betreffende Gründer seine Beitrittserklärung nicht abgegeben hätte, wenn er nicht zur Leistung der Sacheinlage anstelle der Einzahlung des Ausgabebetrages zugelassen worden wäre oder sich die Gesellschaft ihm gegenüber nicht zur Sachübernahme verpflichtet hätte.

30 Auch Einigungsmängel in oder über Nebenvereinbarungen kann eine wirksame Gründung und das Entstehen der Vor-Gesellschaft verhindern. Jedenfalls bis zur Invollzugsetzung der Vorgesellschaft (vgl. sogleich unten) besteht kein Grund, die Bindung der Gründer an einen Gründungsvertrag anzunehmen, der zumindest aus Sicht einzelner Gründer ohne gleichzeitige Nebenvereinbarung unvollständig ist. So etwa, wenn die Gründer eine Poolvereinbarung treffen wollen, die bereits oder gerade im Gründungsstadium koordiniertes Verhalten aller Gründer sicherstellen soll.

31 *cc) Inhaltliche Satzungsmängel (Nichtigkeitsmängel).* Um inhaltliche Satzungsmängel handelt es sich, wenn die Gründung gegen ein gesetzliches Verbot verstößt (vgl. § 134 BGB) oder sittenwidrig ist (vgl. § 138 BGB)[76] und die Satzung als solche rechtswidrig ist, oder einzelne Satzungsbestandteile gegen gesetzliche Verbote, gegen zwingendes Aktienrecht oder gegen die guten Sitten verstoßen.

32 Ein Inhaltsverstoß gegen zwingendes Aktienrecht (vgl. § 23 Abs. 5 S. 1 AktG) liegt insbesondere bei Abweichungen von den gesetzlichen Bestimmungen zum Zuständigkeitsbereich, der Zusammensetzung und der Organisation der Organe vor.[77] Insofern sind etwa auch die Vorschriften des Mitbestimmungsgesetzes als zwingendes Aktienrecht anzusehen. Minderheitsrechte sind ebenfalls grundsätzlich nicht abdingbar. Erst recht können die Sorgfaltspflichten der Verwaltungsmitglieder nicht abgeschwächt werden. In der Regel ist davon auszugehen, dass von gesetzlichen Regelungen nur dann abgewichen werden darf, wenn die Abweichungsbefugnis ausdrücklich im Gesetz vorgesehen ist oder sich auf Grund anerkannter Auslegungsmethoden eindeutig ergibt.[78]

33 Auch Ergänzungen des Aktiengesetzes sind nur zulässig, soweit das Aktiengesetz keine abschließende Regelung enthält (vgl. § 23 Abs. 5 S. 2 AktG). Das Gesetz bringt allerdings mit der Formulierung „es sei denn" zum Ausdruck, dass im Zweifel das Aktiengesetz überall da, wo es keine Regelungen vorgibt, durch die Satzung ergänzt werden darf.[79] Eine Ergänzungsbefugnis besteht auch in den Fällen, in denen das Gesetz lediglich einen Rahmen festlegt. Die Ergänzungen müssen sich in den Grenzen der allgemeinen Gesetze und der zwingenden Vorschriften und Prinzipien des Aktiengesetzes halten. So darf das Auskunftsrecht der Aktionäre zwar grundsätzlich erweitert werden, doch ist hierbei streng auf den Gleichbehandlungsgrundsatz des § 53a AktG zu achten.[80] Weitere Beispiele für zulässige Ergänzungen sind etwa Aufstellungen persönlicher Voraussetzungen für Vorstandsmitglieder (Höchstalter, berufliche Qualifikationen etc), soweit das grundsätzliche Auswahlermessen des Aufsichtsrates gewahrt wird. Zulässig ist auch die Vorgabe subjektiver Qualifikationsmerkmale für Aufsichtsratsmitglieder (vgl. ausdrücklich § 100 Abs. 4 AktG), doch dürfen die persönlichen Anforderungen nicht in die freie Auswahl der Hauptversammlung in der Weise eingreifen, dass sie auf ein verkapptes Entsendungsrecht hinauslaufen.[81] Zulässig ist auch die Bildung fakultativer Gremien (Beiräte, Verwaltungsräte etc).[82] Hierdurch darf jedoch in die Zuständigkeit von Vorstand und Aufsichtsrat nicht eingegriffen werden.

34 *dd) Gesamt- oder Teilnichtigkeit.* Ebenso wie das Fehlen einzelner regelungsbedürftiger Gründungsbestimmungen den Abschluss oder das Zustandekommen des gesamten Gründungsvertrages verhindern kann, stellt sich bei Wirksamkeitsmängeln die Frage nach der

---

[76] Hüffer/Koch/*Koch* AktG § 23 Rn. 41; GroßkommAktG/*Röhricht/Schall* § 23 Rn. 280; MüKoAktG/*Pentz* § 23 Rn. 167f.
[77] Hüffer/Koch/*Koch* AktG § 23 Rn. 36.
[78] Vgl. Hüffer/Koch/*Koch* AktG § 23 Rn. 34 ff.; GroßkommAktG/*Röhricht/Schall* § 23 Rn. 173 ff. mit Übersicht über zulässige Abweichungen in → Rn. 176–241.
[79] Vgl. Hüffer/Koch/*Koch* AktG § 23 Rn. 37.
[80] Vgl. Hüffer/Koch/*Koch* AktG § 23 Rn. 38.
[81] Vgl. Hüffer/Koch/*Koch* AktG § 100 Rn. 2.
[82] Vgl. Hüffer/Koch/*Koch* AktG § 23 Rn. 38.

§ 14 Fehlerhafte Gründungsvorgänge und Nachgründung

Anwendbarkeit von § 139 BGB. Diese wird von vielen verneint.[83] Tatsächlich besteht hierfür kein Grund. Ein generelles Bestandsschutzinteresse der Gründer oder des Rechtsverkehrs ist zumindest vor dem Tätigwerden der Vor-Gesellschaft nicht zu erkennen. Daher kann sich bis zum Entstehen einer fehlerhaften Vor-Gesellschaft grundsätzlich jeder Gründer mit Wirkung ex tunc auf Wirksamkeitsmängel berufen oder in den Fällen der §§ 119, 123 BGB anfechten mit der Folge, dass die Unwirksamkeit grundsätzlich den gesamten Gründungsvorgang betrifft.[84]

3. Die Fehlerhafte Vorgesellschaft

a) Vorgesellschaft und fehlerhafte Vorgesellschaft. Bei wirksamer Gründung entsteht die Vorgesellschaft mit Abschluss des Gründungsvertrages. Ist der Gründungsvertrag fehlerhaft (vgl. → Rn. 15 ff.) entsteht die Vor-Gesellschaft dagegen zunächst nicht. Dies ändert sich jedoch, wenn der fehlerhafte Gesellschaftsvertrag vollzogen wird, da nach einhelliger Auffassung in Lit. und Rspr. auch bei fehlerhafter Gründung von Kapitalgesellschaften im Stadium bis zur Eintragung die Grundsätze der fehlerhaften Gesellschaft Anwendung finden.[85] Nach Eintragung der Kapitalgesellschaft bedarf es der Anwendung dieser Grundsätze dagegen nicht mehr, da die Kapitalgesellschaft mit Eintragung „als solche" entsteht und nur noch aus bestimmten Gründen (vgl. § 275 AktG, § 75 GmbHG) und dies auch nur für die Zukunft aufgelöst und nach den Vorschriften des Aktien- oder GmbH-Gesetzes abgewickelt werden kann.[86]

b) Fehlerhafte Gründung und Invollzugsetzung. *aa) Fehlerhafte Gründung. (1) Abschluss als Mindestvoraussetzung.* Die fehlerhafte Vorgesellschaft (einer GmbH oder AG) entsteht mit – wenngleich fehlerhafter – Gründung und Invollzugsetzung. Vor dem Hintergrund der Schutzzwecke der Grundsätze fehlerhafter Gesellschaften besteht Einigkeit darüber, dass nur extreme und in der Praxis kaum relevante Abschluss- und Wirksamkeitsmängel das Entstehen einer fehlerhaften Gesellschaft hindern.[87] Daher genügt es nach wohl richtiger Ansicht, wenn die unter → Rn. 19 genannten objektiven Anforderungen an das Gründungsgeschäft einer Aktiengesellschaft erfüllt sind und zumindest zwei der Gründer zurechenbare, auf Gründung der Gesellschaft gerichtete Beitrittserklärungen abgegeben haben.[88] Gibt nur ein Gründer eine zurechenbare Beitrittserklärung ab, liegt dagegen keine fehlerhafte Vorgesellschaft, sondern lediglich eine fehlerhafte Einmanngründung vor, die allerdings nach den gleichen Grundsätzen wie die fehlerhafte Gesellschaft zu behandeln ist.

Für die Frage, wann zurechenbare Beitrittserklärungen von zumindest zwei Gründern vorliegen, gilt entsprechend dem oben Gesagten auch hier, dass nur unter vis absoluta erzwungene oder gefälschte Willenserklärungen,[89] die Erklärungen Geschäftsunfähiger[90] so-

---

[83] BGH DB 1976, 2106 (2107); Hüffer/Koch/*Koch* AktG § 23 Rn. 41; RGZ 114, 77 (80 f.); Hachenburg/*Ulmer* GmbHG § 2 Rn. 87; *Wiedemann* GesR I § 3 2c) S. 153 f.; MüKoAktG/*Pentz* § 23 Rn. 175.
[84] Im Ergebnis ähnlich GroßkommAktG/*Röhricht/Schall* § 23 Rn. 265 ff.: Generelle Ablehnung des § 139 BGB auch schon vor Eintragung ist zu pauschal; Teilnichtigkeit nur, wenn feststeht, dass es sich bei der nichtigen Regelung nicht um ein „Essentiale" der Gesellschaftsgründung handelt und der Gesellschaftsvertrag auch ohne sie geschlossen worden wäre; auch Invollzugsetzung rechtfertigt keine andere Bewertung; so auch KölnKommAktG/*A. Arnold* § 23 Rn. 159.
[85] Hüffer/Koch/*Koch* AktG § 23 Rn. 41; MüKoAktG/*Pentz* § 23 Rn. 167 f.; *Godin/Wilhelmi* Vorb. § 23 Anm. 7; BGHZ 13, 320 (322 ff.) zur GmbH.
[86] Hüffer/Koch/*Koch* AktG § 23 Rn. 42; GroßkommAktG/*Röhricht/Schall* § 23 Rn. 278 ff.; MüKoAktG/*Pentz* § 23 Rn. 174 ff.
[87] MüKoAktG/*Pentz* § 23 Rn. 176 bei vorrangigen Interessen der Allgemeinheit oder wenn besonders schutzwürdige Personen tangiert sind, stRspr u. hM, BGHZ 3, 285 (288) = NJW 1952, 97; BGHZ 17, 160 (167); 26, 330 (335) = NJW 1958, 668; BGHZ 55, 5 (9) = NJW 1971, 375; BGHZ 62, 234 (241); 75, 214 (217 f.); GHEK/*Hüffer* AktG § 275 Rn. 15; Hachenburg/*Ulmer* GmbHG § 2 Rn. 98 ff.; differenzierend MüKoAktG/*Pentz* § 23 Rn. 177 f.; aA wie der Verfasser: *K. Schmidt* § 6 Abs. 3 S. 3 mwN.
[88] Vgl. BGH NJW 1992, 1501 (1502); *K. Schmidt* GesR § 6 Abs. 3 S. 1a).
[89] Nach Eintragung vgl. GroßkommAktG/*Röhricht/Schall* § 23 Rn. 287; KölnKommAktG/*A. Arnold* § 23 Rn. 166 ff.; Hachenburg/*Ulmer* GmbHG § 2 Rn. 101 für GmbH.
[90] Nach Eintragung vgl. BGH WM 1980, 866; BGHZ 17, 160; GroßkommAktG/*Röhricht/Schall* § 23 Rn. 289.

wie die ungenehmigten Willenserklärungen Minderjähriger[91] oder ungenehmigte Vertretergeschäfte[92] beachtliche Zurechenbarkeitsmängel darstellen.

38 Dagegen führt die unter Drohung und Täuschung erzwungene Beitrittserklärung nur zu deren Anfechtbarkeit.[93] Sie bindet daher den Gründer zumindest vorläufig an seine fehlerhafte Gründererklärung. Entsprechendes gilt auch für Beitrittserklärungen, die nur zum Schein (vgl. § 117 BGB) oder ohne Geschäfts- bzw. Rechtsbindungswillen (vgl. §§ 116 und 118 BGB) abgegeben werden.[94] Dies folgt nicht zuletzt daraus, dass die Grundsätze der fehlerhaften Gesellschaft auch für Bestandsschutz im Interesse des Rechtsverkehrs sorgen sollen. Die §§ 116 und 117 BGB lassen eine Rechtsbindung des Erklärenden aber jeweils nur bei Kenntnis des Erklärungsempfängers und nur diesem gegenüber entfallen. Entsprechendes muss für § 118 BGB gelten, da auch diese Vorschrift nur das Vertrauen des Erklärenden gegenüber dem Erklärungsempfänger (hier Mitgründer) schützen soll.

39 *(2) Geltung der Grundsätze auch bei groben Gründungsmängeln.* Ein Teil der Lit. und die Rspr. wollen über die vorgenannten Fälle hinaus eine Bindung der Gründer nach Maßgabe der Grundsätze fehlerhafter Gesellschaft auch in Fällen besonders krasser Nichtigkeitsgründe oder Wirksamkeitsmängel sowie dann ausschließen, wenn die Durchführung des fehlerhaften Rechtsverhältnisses mit vorrangigen gesetzlichen Schutzanliegen unvereinbar sei.[95] Eine solche, in erster Linie auf Herstellung von Einzelfallgerechtigkeit abstellende Betrachtungsweise verträgt sich jedoch mit den Grundsätzen fehlerhafter Gesellschaft nicht.[96] Hierbei ist auch zu bedenken, dass eine fehlerhafte Gesellschaft, ist sie einmal eingetragen, nach ganz hM als Kapitalgesellschaft nur dann nicht entstehen kann, wenn es sich um Fälle objektiver Nicht-Gründung oder darum handelt, dass nicht einmal eine einzige zurechenbare Gründererklärung abgegeben wurde.

40 Berücksichtigt man im Übrigen, dass die Grundsätze fehlerhafter Gesellschaft lediglich eine rückwirkende Vernichtung der Gesellschaft ausschließen, die jederzeitige und formlose Berufung der Gründer auf die Fehlerhaftigkeit des Gesellschaftsvertrages aber unberührt lassen[97] mit der Folge, dass die fehlerhafte Gesellschaft durch Geltendmachung des Mangels für die Zukunft aufgelöst und abgewickelt wird, besteht kein Grund dafür, das Entstehen einer fehlerhaften Vor-Gesellschaft bei besonders groben Gründungsmängeln zu verneinen.[98] Der Verkehrsschutz verlangt daher auch bei groben Gründungsmängeln die Geltung der Grundsätze der fehlerhaften Gesellschaft. Allerdings ist etwa im Fall eines Verstoßes gegen § 1 GWB zu differenzieren.[99] Während die kartellrechtswidrigen Rechtsgeschäfte des verbotenen Gemeinschaftsunternehmens als von Anfang an nichtig angesehen werden müssen, sollte das Gemeinschaftsunternehmen als entstanden behandelt werden, damit dessen Vermögen als Haftungsmasse zur Verfügung steht und die Gründer auf Nachschuss in Anspruch genommen werden können.[100]

---

[91] Vgl. MüKoAktG/*Pentz* § 23 Rn. 176; RGZ 145, 155 (159); BGHZ 17, 160 (167 f.); 38, 26 (29).

[92] Nach Eintragung vgl. GroßkommAktG/*Röhricht/Schall* § 23 Rn. 290; MüKoAktG/*Pentz* § 23 Rn. 184.

[93] Vgl. BGHZ 285, 291 f. = NJW 1952, 97; BGHZ 63, 338 = NJW 1975, 1022; BGH NJW 1976, 894; 1982, 877 (879); NJW-RR 1988, 1379; MüKoAktG/*Pentz* § 23 Rn. 176.

[94] Nach Eintragung vgl. RGZ 9, 36 (39 f.); 19, 124 (126); 57, 292 (297); 127, 186 (191); 142, 98 (103); KölnKommAktG/A. *Arnold* § 23 Rn. 166; MüKoAktG/*Pentz* § 23 Rn. 183.

[95] *K. Schmidt* GesR § 6 Abs. 3 S. 3; MüKoAktG/*Pentz* § 23 Rn. 176 bei vorrangigen Interessen der Allgemeinheit oder wenn besonders schutzwürdige Personen tangiert sind, stRspr u. hM, BGHZ 3, 285 (288) = NJW 1952, 97; BGHZ 17, 160 (167); 26, 330 (335) = NJW 1958, 668; BGHZ 55, 5 (9) = NJW 1971, 375; BGHZ 62, 234 (241); 75, 214 (217 f.); GHEK/*Hüffer* AktG § 275 Rn. 15; differenzierend MüKoAktG/*Pentz* § 23 Rn. 177; Kritik zur Lehre der fehlerhaften Gesellschaft: *Canaris*, Die Vertrauenshaftung im deutschen Privatrecht, S. 167 ff.; *Möschel*, in: FS Hefermehl, 171 ff.; *Weber*, Zur Lehre von der fehlerhaften Gesellschaft, S. 170 ff.; vgl. dagegen *Ulmer*, in: FS Flume I, 301 (306 ff.).

[96] *K. Schmidt* § 6 Abs. 3 S. 3 mwN; *ders.* AcP 186 (1986), 421 (444 ff.); *ders.* JuS 1990, 517 (520); *ders.* WuW 1988, 9; *ders.*, in: FS Mestmäcker, S. 763 (767); Schlegelberger/*K. Schmidt* HGB § 105 Rn. 210.

[97] Vgl. etwa auch MüKoAktG/*Pentz* § 23 Rn. 167.

[98] Im Ergebnis ebenso *K. Schmidt* § 6 Abs. 3 S. 3 mwN; *ders.* AcP 186 (1986), 421 (444 ff.); *ders.* JuS 1990, 517 (520); *ders.* WuW 1988, 9; *ders.*, in: FS Mestmäcker, 763 (767); Schlegelberger/*K. Schmidt* HGB § 105 Rn. 210; ähnlich MüKoAktG/*Pentz* § 23 Rn. 178.

[99] Vgl. etwa *K. Schmidt* GesR § 6 Abs. 3 S. 3a) u. c).

[100] *K. Schmidt* GesR § 6 III. 3. a) und c).

Auch soweit es um Minderjährigenschutz und vorrangigen Individualschutz (etwa in den Fällen der §§ 123 und 138 BGB) geht, ist eine schutzzweckorientierte Abwicklung der fehlerhaften Gesellschaft der Annahme anfänglicher Nichtigkeit der Gesellschaft vorzuziehen.[101]   41

bb) Tatsächliche Invollzugsetzung. Im Personengesellschaftsrecht setzt das Entstehen einer fehlerhaften Gesellschaft voraus, dass sie entweder eingetragen ist, sofern es sich um eine OHG, KG oder Partnerschaftsgesellschaft handelt,[102] oder sonstige Maßnahmen durchgeführt wurden, die nicht ohne weiteres ungeschehen zu machen sind.[103]   42

Für die Vor-AG kann es auf die Eintragung nicht ankommen, da durch sie bereits die AG als solche entsteht (§§ 41, 275 AktG). Daher kommt es nach fehlerhafter Gründung der Vor-AG ausschließlich darauf an, ob Tatsachen geschaffen wurden, die im Interesse der Gründer und Organe einerseits sowie des Rechtsverkehrs andererseits eine Rückgängigmachung der geschaffenen Rechtstatsachen ausgeschlossen und eine Abwicklung der Vor-AG nach den für die AG geltenden Vorschriften zweckmäßig erscheinen lassen.[104]   43

Die wohl hM lässt hierfür das Entstehen von Gesellschaftsvermögen genügen,[105] wovon bei der Vor-AG bereits mit Einzahlung der Mindesteinlagen auszugehen ist. Dagegen genügt die durch Gründung entstehende Verpflichtung zur Einlage noch nicht, da deren Wirksamkeit bei fehlerhafter Gründung gerade noch in der Schwebe ist und das Merkmal des Vollzugs ansonsten stets durch das Gründungsgeschäft selbst erfüllt würde.   44

Es muss aber auch schon die Schaffung der Organisationsstruktur der künftigen AG als ausreichend angesehen werden, da es sich hierbei um Organisationsakte handelt, die dem Gründungsgeschäft nachfolgen.[106] Mit der Wahl des ersten Aufsichtsrats der Gesellschaft, des Abschlussprüfers für das erste Voll- oder Rumpfgeschäftsjahr und der Bestellung des Vorstandes ist die fehlerhafte Vor-AG daher als vollzogen anzusehen.[107] In jedem Fall genügt es für das Merkmal des Vollzugs, wenn die Gesellschaft durch den vom Aufsichtsrat bestellten Vorstand werbend tätig wird.[108]   45

c) Auflösung und Abwicklung der fehlerhaften Vorgesellschaft. Vor Invollzugsetzung der fehlerhaft gegründeten AG, also vor Entstehung einer – fehlerhaften – Vor-AG, sind die allgemeinen Vorschriften des BGB über fehlerhafte Rechtsgeschäfte und Willensmängel anwendbar, eine Geltendmachung der Mängel bzw. eine Beendigung kann daher ex tunc erfolgen, ohne dass eine Abwicklung entsprechend §§ 264 ff. erforderlich wäre.[109]   46

Nach Invollzugsetzung entsteht eine, wenn auch fehlerhafte, Vor-AG, die nach den Vorschriften der §§ 262 ff. AktG – soweit diese nicht eine Eintragung voraussetzen – mit Wirkung ex nunc aufgelöst und liquidiert werden muss.[110] § 275 AktG findet nach hM für die Auflösung keine Anwendung.[111]   47

aa) Auflösung. Anders als bei der Auflösung der fehlerfrei gegründeten Vor-AG ist bei der Auflösung der fehlerhaften Vor-AG grundsätzlich kein Auflösungsgrund iSd § 262 AktG erforderlich. Zur Auflösung der fehlerhaften Vor-AG genügt es, wenn sich der Gründer ent-   48

---

[101] Wie hier: *K. Schmidt* GesR § 6 Abs. 3 S. 3a) u. c); KG FG Prax 2001, 31; anders die hM s. o.
[102] Eintragung indiziert Invollzugsetzung, vgl. *Ebenroth/Boujong/Joost* § 105 Rn. 182 mwN.
[103] Vgl. BGH NJW 1978, 2505 (2506).
[104] *Goette,* Die GmbH, § 1 Rn. 31.
[105] Vgl. BGHZ 116, 37 (40) = BGH NJW 1992, 505; *K. Schmidt* GesR § 6 Abs. 3 S. 1.
[106] *K. Schmidt* GesR § 6 Abs. 3 S. 3 mwN; *ders.* AcP 186 (1986), 421 (444 ff.); *ders.* JuS 1990, 517 (520); *ders.* WuW 1988, 9; *ders.,* in: FS Mestmäcker, S. 763 (767); Schlegelberger/*K. Schmidt* HGB § 105 Rn. 209.
[107] Wie hier; *K. Schmidt* GesR § 6 Abs. 3 S. 1b); BGH NJW 1992, 1051 (1052 f.); MüKoAktG/*Pentz* § 23 Rn. 177 lässt bereits die Bestellung des ersten Aufsichtsrates ausreichen; aA GroßkommAktG/*Röhricht/Schall* § 23 Rn. 266: Gesellschaft muss durch den Abschluss von Geschäften nach außen rechtsgeschäftlich in Erscheinung getreten sein, insbesondere Forderungen und Verbindlichkeiten begründet haben.
[108] *K. Schmidt* § 6 Abs. 3 S. 1 mwN; *ders.* AcP 186 (1986), 421 (444 ff.); *ders.* JuS 1990, 517 (520); *ders.* WuW 1988, 9; *ders.,* in: FS Mestmäcker, S. 763 (767); Schlegelberger/*K. Schmidt* HGB § 105 Rn. 210.
[109] MüKoAktG/*Pentz* § 23 Rn. 175.
[110] MüKoAktG/*Pentz* § 23 Rn. 175; GroßkommAktG/*Brändel* 2 Rn. 79; aA BayObLG NJW 1965, 2254; GHEK/*Eckardt* § 29 Rn. 38: Anwendung der §§ 723 ff. BGB.
[111] MüKoAktG/*Pentz* § 23 Rn. 175; GHEK/*Hüffer* AktG § 275 Rn. 14; KölnKommAktG/*Kraft* § 275 Rn. 5; Scholz/*Emmerich* GmbHG § 2 Rn. 96 jeweils für die GmbH.

sprechend § 723 Abs. 1 S. 2 BGB durch Erklärung gegenüber den Mitgesellschaftern auf den Gründungsmangel beruft;[112] ein solcher berechtigt nach hM stets zur außerordentlichen Kündigung.[113]

49 Dies gilt selbstverständlich nur, solange der Gründungsmangel fortbesteht.[114] Wurde der Mangel geheilt oder ist er aus sonstigen Gründen weggefallen, kommt eine Auflösung nur unter den oben unter → Rn. 10 ff. genannten Voraussetzungen in Betracht. Ein besonderer Kündigungsgrund ist ferner dann erforderlich, wenn sich die Berufung auf den Gründungsmangel ausnahmsweise als treuwidrig erweisen sollte.[115] In einem solchen Fall sind die Gründungsgesellschafter auf Grund der vorvertraglichen Bindungswirkung der fehlerhaften Gründung zunächst verpflichtet, in zumutbarer Weise an der Beseitigung des Mangels mitzuwirken.[116]

50 Auch im Falle der fehlerhaften Vor-AG gilt: Geben die Gründer ihre Eintragungsabsicht auf, wandelt sich auch die fehlerhafte Vor-AG nicht in eine OHG oder GbR um, sondern es erfolgt eine Abwicklung nach den aktienrechtlichen Vorschriften.[117] Anders ist dies nur, wenn die fehlerhafte Vor-AG ihre Tätigkeit trotz Aufgabe der Eintragungsabsicht im Außenverhältnis fortsetzt. In diesem Fall entsteht kraft Gesetzes eine OHG bzw., wenn die Voraussetzungen des § 1 HGB nicht gegeben sind, eine GbR.[118]

51 *bb) Abwicklung.* Eine Abwicklung erfolgt auch im Falle der fehlerhaften Vor-AG nach den §§ 264 ff. AktG, sofern bzw. soweit diese nicht eine Eintragung voraussetzen.[119] Zur persönlichen Innenhaftung der Gründer bzw. möglicher Nachschusspflichten kann auf → Rn. 13 f. verwiesen werden.[120]

4. Gründungsmängel und Eintragungsverfahren

52 a) **Prüfungsgegenstände und Prüfungsumfang.** *aa) Grundsätze und Zweck der Prüfung.* § 38 AktG verpflichtet das Registergericht zur Prüfung, ob die Gesellschaft ordnungsgemäß errichtet und angemeldet ist. Die staatliche Überwachungsaufgabe ist zunächst darauf gerichtet, die Normativbedingungen für das Entstehen der juristischen Person durch Eintragung zu gewährleisten und dient damit dem Schutz des Rechtsverkehrs insbesondere vor unseriösen oder von Anfang an verunglückten Gründungen.[121] Die Notwendigkeit der Prüfung ergibt sich aber auch aus den für die Gründungsgesellschafter und Dritte einschneidenden Rechtswirkungen der Eintragung, welche die Geltendmachung von Gründungsmängeln weitgehend ausschließt.[122] Die Überprüfung, ob die Gesellschaft ordnungsgemäß errichtet und angemeldet ist, ist auf die Gesetzmäßigkeit der Errichtung beschränkt; die Zweckmäßigkeit, Wirtschaftlichkeit oder Vollständigkeit ist hingegen nicht Gegenstand der Überprüfung.[123] Dies wird nunmehr durch § 38 Abs. 4 AktG ausdrücklich hervorgehoben, wonach das Gericht die Eintragung der Gesellschaft wegen inhaltlichen Satzungsmängeln nur unter bestimmten Voraussetzungen ablehnen darf.[124]

---

[112] Vgl. Hachenburg/*Ulmer* GmbHG § 2 Rn. 93.
[113] Vgl. MüKoBGB/*Ulmer* § 705 Rn. 345; GroßkommAktG/*Röhricht/Schall* § 23 Rn. 271 ff.
[114] StRspr und hM seit BGHZ 3, 285 (290) = NJW 1952, 97; Soergel/*Hadding* § 705 Rn. 78 für die GbR; Staub/*Ulmer* HGB § 105 Rn. 361 für OHG; aA Flume I/1 § 2 Abs. 3 S. 21 f. sowie früher das RG (RG DR 1943, 1221 (1223)).
[115] Soergel/*Hadding* § 705 Rn. 78; Erman/*Westermann* § 705 Rn. 78 jeweils zur GbR.
[116] GroßkommAktG/*Röhricht/Schall* § 23 Rn. 272 mwN.
[117] Vgl. GroßkommAktG/*K. Schmidt* § 41 Rn. 124; MüKoAktG/*Pentz* § 41 Rn. 49.
[118] MüKoAktG/*Pentz* § 41 Rn. 50, 83, 90; BGHZ 80, 129 (142) = NJW 1981, 1371 (1376) zur GmbH; BGH NJW 1998, 1079 (1080) zur GmbH.
[119] MüKoAktG/*Pentz* § 41 Rn. 49.
[120] Vgl. im Übrigen auch GroßkommAktG/*K. Schmidt* § 41 Rn. 124.
[121] Vgl. Hüffer/Koch/*Koch* AktG § 38 Rn. 1.
[122] Vgl. RegE HRefG Art. 9 und 10, abgedruckt in ZIP 1997, 997 ff.
[123] Hüffer/Koch/*Koch* AktG § 38 Rn. 7, 3; MüKoAktG/*Pentz* § 38 Rn. 49; vgl. BayObLGZ 1982, 368 (373) (zu GmbH); Hachenburg/*Ulmer* GmbHG § 9c Rn. 9.
[124] § 38 Abs. 4 AktG wurde durch das HRefG vom 22.6.1998 in das Gesetz aufgenommen, um das Eintragungsverfahren zu beschleunigen. Durch die Vorschrift wurde der materielle Prüfungsumfang hinsichtlich

Durch die Unterscheidung zwischen ordnungsgemäßer Anmeldung und Errichtung in 53
§ 38 Abs. 1 AktG und inhaltlichen Satzungsmängeln in § 38 Abs. 4 AktG ergibt sich
zwangsläufig eine Dreiteilung der Prüfungsgegenstände und Gründungsmängel. Demnach
betrifft die formelle Prüfung ausschließlich die Ordnungsmäßigkeit der Anmeldung. Dagegen hat die materielle Prüfung die Ordnungsgemäßheit des Gründungsvorgangs einerseits
(Wirksamkeit der Gründererklärungen, Formgültigkeit der Gründung etc) und die inhaltliche Rechtmäßigkeit der Satzung und ihrer Bestandteile andererseits zum Gegenstand.

bb) Formelle Prüfung. Die Überprüfung ordnungsgemäßer Anmeldung betrifft insbesondere folgende Punkte: 54
- Sachliche und örtliche Zuständigkeit; Anmeldung durch alle anmeldepflichtigen Personen, § 36 Abs. 1 AktG; ob die gemäß § 36 Abs. 1 S. 2, Abs. 2 AktG, § 36a AktG erforderlichen Einlagen geleistet sind und gemäß § 37 Abs. 1 S. 2 AktG zur freien Verfügung des Vorstands stehen;
- Abgabe der notwendigen Erklärungen gemäß § 37 Abs. 1 und 3 AktG sowie der jeweiligen Nachweise gemäß § 37 Abs. 1 S. 2, 3 und 5 AktG;
- Abgabe der Versicherungen gemäß § 37 Abs. 2 AktG und deren Richtigkeit;
- Beifügung der Anlagen gemäß § 37 Abs. 4 und 5 AktG.

cc) Materielle Prüfung. (1) Ordnungsgemäßes Zustandekommen und Wirksamkeit der 55
Gründung. Im Hinblick auf das ordnungsgemäße Zustandekommen und Wirksamwerden der Gründung oder Errichtung hat das Gericht insbesondere zu überprüfen:
- Die Beachtung der notariellen Form, § 23 Abs. 1 AktG;[125]
- die Unterzeichnung der Übernahmeerklärungen und der Satzungsfeststellung durch sämtliche Gründer;[126]
- die vollständige Übernahme aller Aktien durch die Gründer; dies ist ggf. durch die Gründer nachzuweisen;[127]
- ob bedingte oder befristete Beitrittserklärungen vorliegen;[128] in diesem Fall ist durch die Gründer nachzuweisen, dass die Bedingung/Befristung sich vor Eintragung erledigt hat;[129]
- Anfechtungserklärungen einzelner Gründer;
- ob der Wert einer Sacheinlage oder Sachübernahme nicht unwesentlich hinter dem geringsten Ausgabebetrag der dafür zu gewährenden Aktien oder dem Wert der dafür zu gewährenden Leistungen zurückbleibt (§ 38 Abs. 2 S. 2 AktG);[130]
- ob offensichtliche Unrichtigkeiten oder Unvollständigkeiten des Gründungsberichts oder des Berichts der Mitglieder des Vorstands und des Aufsichtsrats vorliegen[131] und in diesem Zusammenhang, ob der erste Vorstand, Aufsichtsrat und Abschlussprüfer im Sinne des § 30 Abs. 1 und 4 AktG bestellt wurden.[132]

(2) Inhaltliche Satzungsmängel. Aus § 38 Abs. 4 AktG geht hervor, dass mit inhaltlichen 56
Satzungsmängeln alle Bestimmungen gemeint sind, die in der Satzung im engeren Sinne,[133]
also gemäß § 23 Abs. 3 und 4 AktG enthalten sein müssen. Darüber hinaus erfasst § 38
Abs. 4 AktG alle sonstigen gegen § 23 Abs. 5 AktG oder gesetzliche Verbote verstoßenden
Satzungsbestandteile. Dies betrifft insbesondere:

---

inhaltlicher Satzungsmängel teilweise konkretisiert und teilweise eingeschränkt. Vgl. BGBl. I S. 1474; RegBegr. BT-Drs. 13/8444, 76 ff., abgedruckt in ZIP 1997, 997 f.; Gustavus GmbHR 1998, 17 f.
[125] GroßkommAktG/*Röhricht/Schall* § 38 Rn. 5, 18; Hüffer/Koch/*Koch* AktG § 38 Rn. 7.
[126] GroßkommAktG/*Röhricht* § 38 Rn. 18; Hüffer/Koch/*Koch* AktG § 38 Rn. 7.
[127] GroßkommAktG/*Röhricht/Schall* § 38 Rn. 10 ff.
[128] MüKoAktG/*Pentz* § 38 Rn. 43, § 23 Rn. 56.
[129] Vgl. GroßkommAktG/*Röhricht/Schall* § 38 Rn. 19; Scholz/*Veil* GmbHG § 9c Rn. 17 mwN; Baumbach/Hueck/ *Fastrich* § 3 Rn. 20; aA MüKoAktG/*Pentz* § 23 Rn. 56 wonach die bedingte Erklärung selbst dann nichtig ist, wenn zum Anmeldezeitpunkt der Eintritt oder das Ausbleiben der Bedingung feststeht. Die nichtige Erklärung muss dann durch Neuvornahme nach § 141 Abs. 1 BGB wiederholt werden.
[130] Vgl. MüKoAktG/*Pentz* § 38 Rn. 59 ff.
[131] Vgl. ausführlich MüKoAktG/*Pentz* § 38 Rn. 56 ff.
[132] Hüffer/Koch/*Koch* AktG § 30 Rn. 2, 10, 12.
[133] Vgl. MüKoAktG/*Pentz* § 38 Rn. 68.

- Die Zulässigkeit des Gesellschaftszwecks und des Unternehmensgegenstands sowie ob diese ausreichend individualisiert sind (§ 23 Abs. 3 Nr. 2 AktG);[134]
- die Zulässigkeit der gewählten Firma (§ 18 HGB iVm §§ 4, 23 Abs. 3 Nr. 1 AktG);
- die Ordnungsgemäßheit der Angaben und Festsetzungen zum Grundkapital und der auszugebenden Aktien (§ 23 Abs. 2 Nr. 2, 3 AktG, § 23 Abs. 3 Nr. 3, 4 AktG und § 6 AktG),[135] die Ordnungsgemäßheit der Festsetzungen von Sondervorteilen und des Gründungsaufwands (§ 26 AktG) sowie von Sacheinlagen und Sachübernahmen (§ 27 AktG)[136] bzw. bei konkretem Anlass, ob verdeckte Sacheinlagen vorliegen;[137]
- die Angaben zu den Vorstandsmitgliedern und deren Vertretungsbefugnis (vgl. § 23 Abs. 3 Nr. 1 AktG iVm § 39 Abs. 1 AktG);
- soweit die Satzung hierzu Bestimmungen enthält, Angaben über die Dauer der Gesellschaft oder über genehmigtes Kapital (vgl. § 39 Abs. 2 AktG iVm § 38 Abs. 4 Nr. 1 AktG);
- alle sonstigen normativen Satzungsbestandteile, auch wenn sie lediglich fakultativen Inhalt haben (vgl. § 38 Abs. 4 AktG).[138]

57 Die Überprüfung der Satzung auf Inhaltsmängel ist zum Teil eingeschränkt. Während die zum Mindestinhalt der Satzung gehörenden Angaben nach § 23 Abs. 3 und 4 AktG vom Registergericht uneingeschränkt zu überprüfen sind[139] und ihr Fehlen oder ihre Unzulässigkeit zur Zurückweisung der Eintragung führt, ist hinsichtlich sonstiger Satzungsmängel zu unterscheiden: Gesetzeswidrige sonstige Satzungsbestandteile dürfen auf ihre Gesetzmäßigkeit nur dann überprüft werden, sofern sie Tatsachen oder Rechtsverhältnisse betreffen, die Vorschriften verletzten, die ausschließlich oder überwiegend zum Schutz der Gläubiger der Gesellschaft oder sonst im öffentlichen Interesse gegeben sind, vgl. § 38 Abs. 4 Nr. 2 AktG. Mit dieser Einschränkung hat der Gesetzgeber das Registergericht im Interesse der Beschleunigung des Eintragungsverfahrens entlasten wollen. Eine vorbeugende Überprüfung der Satzung im Hinblick auf solche Bestimmungen, die Gesellschafterrechte verletzten, hat er bewusst ausgeklammert. Er ging dabei davon aus, dass die Rechtsstellung der Gesellschafter hierdurch keinen Schaden erleiden würde.[140]

58 Unklar ist dagegen die Reichweite von § 38 Abs. 4 Nr. 3 AktG. Mit der Bestimmung wollte der Gesetzgeber diejenigen Fälle erfassen, in denen auf Grund der Nichtigkeit einzelner Satzungsbestimmungen wegen Anwendbarkeit von § 139 BGB die Nichtigkeit der gesamten Satzung anzunehmen sei.[141] Die Regelung des § 38 Abs. 4 AktG ist abschließend.[142] Weist die Satzung Mängel auf, die nach Maßgabe des § 38 Abs. 4 AktG unbeachtlich sind, hindert dies nicht die Eintragung.[143]

59 *dd) Grundsätzliche Ablehnungspflicht bei den in § 38 Abs. 1 und 2 AktG genannten Mängeln.* Bei allen Gründungsmängeln – die nicht Gegenstand des § 38 Abs. 4 AktG sind – besteht die Pflicht zur Versagung der Eintragung[144] unabhängig davon, ob der Mangel – wie die meisten Willensmängel – durch Eintragung geheilt werden könnte. Die Heilung ist eine erst und nur im öffentlichen Interesse hinzunehmende Folge einer Eintragung, die mangels Vorliegens ihrer gesetzlichen Voraussetzungen nicht hätte erfolgen dürfen.[145]

---

[134] GroßkommAktG/*Röhricht/Schall* § 38 Rn. 20.
[135] Vgl. GroßkommAktG/*Röhricht/Schall* § 38 Rn. 20.
[136] MüKoAktG/*Pentz* § 38 Rn. 75.
[137] Hier fehlt es an der Einlageleistung zur freien Verfügung des Vorstands, § 36 Abs. 2 S. 1 AktG, vgl. MüKoAktG/*Pentz* § 38 Rn. 43.
[138] MüKoAktG/*Pentz* § 38 Rn. 80 ff.
[139] MüKoAktG/*Pentz* § 38 Rn. 77 f.
[140] Vgl. Gegenäußerung der Bundesregierung in BR Stellungnahme und Gegenäußerung, BT-Drs. 13/8444, abgedruckt in ZIP 1997, 2025 (2028).
[141] Vgl. RegE HRefG aaO, abgedruckt in ZIP 1997, 997 (1000); zu Konsequenzen und Reichweite dieser Bestimmung vgl. etwa MüKoAktG/*Pentz* § 38 Rn. 72.
[142] Vgl. MüKoAktG/*Pentz* § 38 Rn. 67.
[143] Vgl. MüKoAktG/*Pentz* § 38 Rn. 42.
[144] MüKoAktG/*Pentz* § 38 Rn. 70 ff.
[145] Hachenburg/*Ulmer* GmbHG § 9c Rn. 23.

ee) Modifizierte Prüfung bei Sachgründung ohne externe Gründungsprüfung gem. **60**
§§ 33a, 37a, 38 Abs. 3 AktG. § 33a AktG sieht Ausnahmen von der ansonsten verpflichtenden externen Werthaltigkeitsprüfung bei Sacheinlagen und Sachübernahmen (§ 33 AktG) vor.[146] Eine externe Gründungsprüfung soll dann unterbleiben können, „wenn Vermögensgegenstände im Sinne des § 33a Abs. 1 eingelegt werden sollen, für deren Bewertung klare Anhaltspunkte bestehen".[147] Diese Regelung soll eine Minderung des Verwaltungsaufwands und eine Kostenersparnis für die Gesellschaften bewirken.[148] Insofern besteht ein Wahlrecht (§ 33a Abs. 1 AktG „kann abgesehen werden").[149] § 37a AktG ergänzt § 37 AktG, der den Inhalt der Anmeldung vorgibt und die im Einzelnen beizulegenden Unterlagen für die Registeranmeldung vorschreibt. Wird auch nur teilweise, gestützt auf § 33a AktG, von einer externen Prüfung abgesehen sind die Vorgaben von § 37a AktG zusätzlich zu beachten.

Auch die Folgen, die sich aus einer Gründung unter Verzicht auf die externe Gründungsprüfung für die registergerichtliche Prüfung ergeben, werden in § 38 Abs. 3 AktG neu geregelt. Das Gericht hat in diesen Fällen nur noch zu prüfen, ob die (zusätzlichen) Voraussetzungen des § 37a AktG erfüllt sind, also die in Abs. 1 vorgeschriebenen Erklärungen und die nach Abs. 2 notwendigen Versicherungen der Anmeldung beiliegen.[150] Die Prüfungszuständigkeit des Registergerichts beschränkt sich in Fällen des § 38 Abs. 3 AktG auf eine rein formale Prüfung.[151] Ob die Voraussetzungen oder Gegenausnahmen des § 33a AktG vorliegen, ist der registergerichtlichen Überprüfung entzogen. Dies gilt indes nur für denjenigen Prüfungsgegenstand, hinsichtlich dessen gem. § 33a AktG von einer externen Gründungsprüfung abgesehen werden durfte bzw. aus registergerichtlicher Sicht entsprechende Erklärungen und Versicherungen gem. § 37a AktG vorliegen. Hinsichtlich der übrigen Prüfungsgegenstände ist für das Registergericht weiterhin der Prüfungsumfang des § 38 Abs. 1, 2 und 4 AktG nF maßgeblich:[152] § 38 Abs. 3 S. 2 AktG stellt eine eng begrenzte Ausnahmeregelung dar, die in Fällen der Offenkundigkeit einer Überbewertung verhindern soll, dass das Gericht die Eintragung trotz offen-kundiger Unrichtigkeit gleichwohl vornehmen muss. Die Möglichkeit eigene Ermittlungen anzustellen wird dem Gericht hierdurch nicht eröffnet. Der Begriff der Offenkundigkeit ist ausweislich der Gesetzesbegründung an denjenigen des § 291 ZPO angelehnt.[153] Es werden somit nur Tatsachen erfasst, die allgemein- oder etwa aus früheren Verfahren gerichtskundig sind.

b) Eintragungsverfahren.[154] Zuständig für die Eintragung ist das Amtsgericht am Sitz der **61**
Gesellschaft, §§ 23a Abs. 2 Nr. 3 GVG, 377 FamFG; 14 AktG; funktionell der Richter, §§ 3 Nr. 2d, 17 Nr. 1a RPflG.[155] Das Eintragungsverfahren richtet sich nach §§ 1 ff., 374 ff. FamFG, §§ 23 ff. HRV:
- Ist die AG ordnungsgemäß gegründet und angemeldet, trägt das Gericht die Gesellschaft ein, § 25 HRV;[156]
- ist die Anmeldung fehlerhaft (etwa unvollständig) oder steht der Anmeldung ein behebbares Hindernis entgegen, setzt das Gericht – idR im Wege einer Zwischenverfügung – eine Frist zur Behebung des Mangels, § 382 Abs. 4 FamFG.[157]

---

[146] Durch das am 29.5.2009 beschlossene Gesetz zur Umsetzung der Aktionärsrechterichtlinie (ARUG) wurde § 33a AktG eingeführt. Durch § 33a AktG wird Artikel 10a Abs. 1 und 2 der Richtlinie 77/91/EWG (Kapitalrichtlinie) umgesetzt.
[147] BT-Drs. 16/11642, 22.
[148] BT-Drs. 16/11642, 20 f.; zweifelnd *Klasen* BB 2008, 2694 (2697 f.).
[149] *Drinhausen/Keinath* BB 2009, 64 f.
[150] BT-Drs. 16/11 642, 24; KG ZIP 2016, 161; Anm. Rothley GWB 2016, 31.
[151] Ebd.
[152] → Rn. 54 ff.
[153] BT-Drs. 16/11642, 24.
[154] *Krafka* NZG 2009, 650.
[155] MüKoAktG/*Pentz* § 38 Rn. 8; Hüffer/Koch/*Koch* AktG § 38 Rn. 15.
[156] Sind die Eintragungsvoraussetzungen gegeben, besteht ein Anspruch auf Eintragung, vgl. Hüffer/Koch/*Koch* AktG § 38 Rn. 16; MüKoAktG/*Pentz* § 38 Rn. 8, 11; GroßkommAktG/*Röhricht/Schall* § 38 Rn. 1.
[157] Mit Einführung des § 382 FamFG hat der Gesetzgeber gegenüber der Vorgängernorm (§ 26 HRV „kann") klargestellt, dass das Registergericht eine Frist setzen muss.

• steht der Eintragung ein unbehebbares Hindernis entgegen oder wird ein behebbarer Mangel nicht beseitigt, lehnt das Gericht die Eintragung ab, § 38 Abs. 1 S. 2 AktG oder regt aus Kostengründen an, die Anmeldung zurückzunehmen.[158] Vor der Zurückweisung der Anmeldung ist rechtliches Gehör zu gewähren.[159] Eine Ablehnungsentscheidung hat das Gericht nach §§ 382 Abs. 3, 38, 39 FamFG zu begründen und mit einer Rechtsbehelfsbelehrung zu versehen;

62 Gegen die ablehnende Entscheidung des Gerichts ist die Beschwerde gemäß §§ 58 ff. FamFG statthaft.[160] Gegen eine ablehnende Entscheidung des Beschwerdegerichts ist Rechtsbeschwerde iSd §§ 70 ff. FamFG statthaft.

5. Entstehen durch Eintragung auch bei Gründungsmängeln

63 **a) Grundsatz der Entstehung der AG mit Eintragung.** § 41 Abs. 1 S. 1 AktG bestimmt, dass die Aktiengesellschaft „als solche" erst mit ihrer Eintragung entsteht, setzt aber als selbstverständlich voraus, dass die Gesellschaft stets mit ihrer Eintragung als juristische Person ins Leben tritt. Dies wird etwa durch die Vorschriften des Umwandlungsgesetzes über den Formwechsel in Kapitalgesellschaften bestätigt; der Formwechsel der Rechtsträger (§ 190 UmwG) besteht mit Eintragung in das Register in der im Umwandlungsbeschluss bestimmten Rechtsform weiter, vgl. § 202 UmwG. Eine Ausnahme sieht etwa § 135 Abs. 1 AktG iVm § 130 Abs. 1 S. 2 UmwG für den Fall der Spaltung zur Neugründung einer AG vor. In diesem Fall entsteht die neu gegründete AG erst mit Eintragung der Vermögensübertragung im Handelsregister des übertragenen Rechtsträgers.

64 Im Aktiengesetz selbst stellt § 275 AktG klar, dass die eingetragene AG entstanden ist, die Eintragung setzt sich somit grundsätzlich im Interesse von Bestands- und Verkehrsschutz über Gründungsmängel jeder Art hinweg.[161] § 275 AktG stellt einen gesetzlichen Fall der fehlerhaften Gesellschaft dar,[162] geht dabei aber über die allgemeinen Grundsätze fehlerhafter Gesellschaft hinaus, da die Bestimmung einzelnen Aktionären und Verwaltungsmitgliedern der AG eine Beendigung der Gesellschaft auch für die Zukunft nur in den drei in der Vorschrift genannten Ausnahmefällen erlaubt. Nach Eintragung hat auch das Registergericht nur noch eingeschränkte Löschungs- und Auflösungsmöglichkeiten. Während die Wirksamkeitsmängel durch Eintragung geheilt werden, differenziert das Gesetz bei bestimmten Nichtigkeitsmängeln.[163] Das Registergericht ist in den in § 275 Abs. 1 AktG genannten Fällen zur Löschung von Amts wegen berechtigt, vgl. § 275 Abs. 3 AktG iVm 397 FamFG.[164] Nach § 262 Abs. 1 Nr. 5 AktG kann das Registergericht wegen der in § 399 FamFG genannten Satzungsmängel die Auflösung verfügen. Andere als die in §§ 397 und 399 FamFG genannten Satzungsmängel berechtigen das Registergericht weder zur Nichtigerklärung der jeweiligen Satzungsbestimmungen, noch zur Auflösung der Gesellschaft.[165] Die verbleibenden anfänglichen inhaltlichen Nichtigkeitsmängel bleiben zunächst sanktionslos. Von einer Heilungswirkung der Eintragung zu sprechen, würde aber zu weit führen,[166] da die materielle Nichtigkeit als solche durch die Eintragung nicht beseitigt wird.[167]

---

[158] OLG Hamm OLGZ 1973, 265 (266 f.) zur GmbH; ebenso Hüffer/Koch/*Koch* AktG § 38 Rn. 16.
[159] Keidel/Kunze/Winkler/*Kayser* § 12 Rn. 104 ff.; MüKoAktG/*Pentz* § 38 Rn. 13; Hüffer/Koch/*Koch* AktG § 38 Rn. 16.
[160] Vgl. MüKoAktG/*Pentz* § 38 Rn. 14; gegen eine Eintragungsentscheidung ist die Beschwerde nicht statthaft.
[161] GroßkommAktG/*Röhricht/Schall* § 23 Rn. 278; MüKoAktG/*Pentz* § 23 Rn. 182; unerheblich ist, ob sich der Gründer bereits vor Eintragung auf die Mängel berufen hat oder nicht; MüKoAktG/*Pentz* § 23 Rn. 182; RGZ 82, 375 (377 f.); Hüffer/Koch/*Koch* AktG § 23 Rn. 42; KölnKommAktG/*A. Arnold* § 23 Rn. 164.
[162] Vgl. im Einzelnen zu Zweck und Entstehungsgeschichte: MüKoAktG/*J. Koch* § 275 Rn. 5 ff.
[163] Zur grundsätzlichen Unterscheidung zwischen Unwirksamkeit und Nichtigkeit vgl. MüKoAktG/*Hüffer/ Koch/Schäfer* § 241 Rn. 14 ff.
[164] KölnKommAktG/*Kraft* § 275 Rn. 9 f.
[165] KölnKommAktG/*Kraft* § 275 Rn. 11; Keidel/Krafka/*Willer*, Registerrecht, Rn. 1345.
[166] → Rn. 83 ff.
[167] Vgl. KölnKommAktG/*Kraft* § 275 Rn. 11; Godin/Wilhelmi § 275 Rn. 11; Hüffer/Koch/*Koch* AktG § 275 Rn. 18: evtl. Klage auf Feststellung der Nichtigkeit; vgl. auch *Emde* ZIP 2000, 1753 ff.

b) Ausnahmsweise: Nichtentstehung der AG trotz Eintragung. Die Eintragung verfehlt die 65 Wirkung des Entstehens der juristischen Person nur in den extremen Ausnahmefällen der Nichtgründung und der unheilbaren Nichtigkeit aller Gründererklärungen.[168] Fehlt es schon an der Übernahme der Aktien durch die Gründer nach § 23 Abs. 2 AktG oder wurde die Satzung nicht festgestellt,[169] kann auch die Eintragung die Gesellschaft nicht entstehen lassen.[170] In diesen Fällen hat das Registergericht die Eintragung nach § 395 FamFG von Amts wegen zu löschen, da die Eintragung wegen Fehlens wesentlicher Voraussetzungen unzulässig war;[171] nach anderer Auffassung soll die Löschung entsprechend § 397 FamFG vorzunehmen sein.[172] Dagegen handelt es sich bei der Gründung nur zum Schein nicht um einen solchen Fall, da das Scheingeschäft nach richtiger Auffassung durch die Eintragung geheilt wird,[173] denn § 117 BGB ist entgegen dem Wortlaut dem Bereich der Wirksamkeitsmängel (Beitrittsmangel) zuzurechnen.[174]

Um einen Fall der Nichtgründung oder Scheingründung handelt es sich auch dann, wenn 66 nicht eine einzige subjektiv zurechenbare Gründererklärung vorliegt, auch wenn die Gründung äußerlich alle Anforderungen einer AG-Gründung erfüllt, wie etwa im Fall gefälschter Unterschriften aller Gründer.[175] Auf die Scheingesellschaft ist § 275 AktG nicht anwendbar. Sie ist von Amts wegen gem. § 142 AktG oder entsprechend § 397 FamFG zu löschen, je nachdem, ob der Mangel auch die Anmeldung unwirksam macht oder nicht.[176]

Wird die Gesellschaft versehentlich trotz Fehlens eines Eintragungsantrages oder auf 67 Grund gefälschter oder durch Unbefugte eingereichter Anmeldung eingetragen, hat nach ganz hM eine Amtslöschung gem. § 395 FamFG zu erfolgen.[177] Nach einer differenzierenden Auffassung soll die Gesellschaft gleichwohl zunächst als entstanden und nach §§ 275 ff. AktG zu behandeln sein mit der Folge, dass die Abwicklungsvorschriften der §§ 264 ff. AktG Anwendung finden.[178] Nach wohl vorzugswürdiger Auffassung handelt es sich jedoch auch hier um einen Fall nichtzurechenbarer Gründung;[179] die Anwendung des § 275 AktG und insbesondere eine Abwicklung gem. §§ 264 ff. AktG erscheint in diesen Fällen unangemessen.

6. Beachtlichkeit von Gründungsmängeln trotz Entstehung der Aktiengesellschaft nach Eintragung

a) Grundsatz. Während bis zur Eintragung grundsätzlich alle Gründungsmängel beacht- 68 lich sind[180] und bei Rüge zur Auflösung der Vor-AG oder zur Ablehnung des Eintragungsantrags durch das Registergericht führen, macht das Gesetz mit § 275 AktG für Gründungsmängel, die nach Registereintragung geltend gemacht oder bemerkt werden, eine Zäsur: Die Aktiengesellschaft ist als solche entstanden und kann auch in den drei in § 275 Abs. 1 AktG genannten Fällen nur durch Nichtigkeitsklage entsprechend §§ 246 Abs. 2–4, 247 und 249 AktG mit Wirkung für die Zukunft aufgelöst werden.[181]

Das Fehlen oder die Nichtigkeit anderer nach § 23 Abs. 3 und 4 AktG notwendiger Sat- 69 zungsbestandteile berechtigt nach ausdrücklicher gesetzlicher Anordnung dagegen nicht zur

---

[168] Vgl. KölnKommAktG/*Kraft* § 275 Rn. 8; anders jedoch KG FGPrax 2001, 31 f.
[169] Vgl. hierzu oben – Fall der Nichtgründung.
[170] Ganz hM, vgl. KölnKommAktG/*Kraft* § 275 Rn. 8; Scholz/*Emmerich* GmbHG § 2 Rn. 102; Baumbach/Hueck/*Haas* GmbHG § 75 Rn. 11; Leithoff/Zimmermann/*Rowedder* GmbHG § 75 Rn. 1; aA lediglich Scholz/*Schmidt* GmbHG § 75 Rn. 1.
[171] Vgl. KölnKommAktG/*Kraft* § 275 Rn. 8.
[172] Vgl. Baumbach/Hueck/*Haas* GmbHG § 75 Rn. 11; Scholz/*Emmerich* GmbHG § 2 Rn. 102.
[173] BGHZ 21, 378; GroßkommAktG/*Röhricht/Schall* § 23 Rn. 283; MüKoAktG/*Pentz* § 23 Rn. 175.
[174] RGZ 9, 36 (39 f.); 19, 124 (126); 57, 292 (297); 127, 186 (191); 142, 98 (103).
[175] MüKoAktG/*J. Koch* § 275 Rn. 36.
[176] Vgl. MüKoAktG/*J. Koch* § 275 Rn. 36.
[177] KölnKommAktG/*Kraft* § 275 Rn. 8; Hüffer/Koch/*Koch* AktG § 275 Rn. 6 MüKoFamFG/*Krafka* § 397 Rn. 3.
[178] Vgl. Hüffer/Koch/*Koch* AktG § 275 Rn. 6; Keidel/Krafka/*Willer* Rn. 1342.
[179] KölnKommAktG/*Kraft* § 275 Rn. 8; Baumbach/Hueck/*Haas* GmbHG § 75 Rn. 3.
[180] Vgl. Hüffer/Koch/*Koch* AktG § 275 Rn. 8; KölnKommAktG/*A. Arnold* § 23 Rn. 158; KölnKommAktG/ *Kraft* § 275 Rn. 5; GHEK/*Hüffer* AktG § 275 Rn. 14; MüKoAktG/*Pentz* § 23 Rn. 167.
[181] KölnKommAktG/*Kraft* § 275 Rn. 7: dient klaren Verhältnissen im Geschäftsverkehr.

Nichtigerklärung gem. § 275 AktG,[182] sondern allenfalls zur Amtslöschung nach § 399 Abs. 1 FamFG.[183] Andere Gründungsmängel, wie etwa Beurkundungsmängel oder rechtsgeschäftliche Beitrittsmängel werden grundsätzlich geheilt;[184] von der Heilung ausgenommen sind lediglich Zurechenbarkeitsmängel.[185] Bis auf die Fälle der Scheingründung[186] ist die Gesellschaft aber auch in den vorgenannten Fällen nur für die Zukunft aufzulösen und nach den §§ 264ff. AktG abzuwickeln.[187] Sie existiert damit bis zu ihrer Vollbeendigung als solche fort. Damit ist die Rechtsbeständigkeit im Namen bzw. für das Unternehmen der Gesellschaft vorgenommener Rechtsgeschäfte[188] von ihrer Gründung an bis zu ihrer Vollbeendigung im Interesse des Rechtsverkehrs sowie ihrer Aktionäre und Verwaltungsmitglieder sichergestellt.

70   **b) Die Nichtigerklärung nach § 275 AktG.** Nach § 275 AktG kann die Auflösung der als juristische Person entstandenen Aktiengesellschaft von einzelnen Aktionären und den Verwaltungsmitgliedern der Gesellschaft nur auf Grund der drei in Abs. 1 abschließend genannten Satzungsmängel und nur innerhalb einer Ausschlussfrist von drei Jahren nach Eintragung durch Nichtigkeitsklage durchgesetzt werden.[189] Das Klageverfahren richtet sich nach den Bestimmungen über die Anfechtung und Nichtigerklärung von Hauptversammlungsbeschlüssen, vgl. § 275 Abs. 4 AktG.[190] § 275 AktG schränkt lediglich die Rechte der Aktionäre und Verwaltungsmitglieder ein. § 275 Abs. 3 S. 2 AktG stellt dagegen klar, dass das Registergericht sowohl wegen der in § 275 Abs. 1 AktG genannten als auch wegen anderer Satzungsmängel während und nach Ablauf der Ausschlussfrist des § 275 Abs. 3 S. 1 AktG gegen die Gesellschaft vorgehen kann, vgl. § 275 Abs. 3 AktG mit Verweis auf § 397 FamFG.[191] Die Nichtigkeitsklage kann nur auf Verstöße gegen § 23 Abs. 1 Nr. 2 und 3 AktG gestützt werden (§ 275 Abs. 1 AktG), also darauf, dass die Satzung keine Regelung über die Höhe des Grundkapitals enthält oder Bestimmungen über den Gegenstand des Unternehmens fehlen oder nichtig sind.[192]

71   *aa) Fehlen von Angaben über die Höhe des Grundkapitals.* Die Angabe des Grundkapitals gem. § 23 Abs. 3 Nr. 3 AktG ist für die Kapitalgesellschaft von so wesentlicher Bedeutung, dass ihr Fehlen nicht einmal geheilt werden kann, wie im Gegenschluss aus § 276 AktG hervorgeht, sondern stets die Nichtigerklärung nach § 275 AktG oder die Amtslöschung nach § 399 Abs. 1 FamFG zur Folge hat.[193] § 275 Abs. 1 S. 1 AktG erste Variante ist aber vor dem Hintergrund der Publizitätsrichtlinie[194] und des von der Kommission in der Marleasing-Entscheidung[195] verlautbarten Verständnisses eng auszulegen.[196] Nur wenn die Satzung keine Angabe zur Höhe des Grundkapitals enthält, ist die Nichtigkeitsklage ge-

---

[182] KölnKommAktG/*Kraft* § 275 Rn. 11.
[183] KölnKommAktG/*Kraft* § 275 Rn. 8.
[184] Vgl. GroßkommAktG/*Röhricht/Schall* § 23 Rn. 279 und 283; KölnKommAktG/*A. Arnold* § 23 Rn. 164ff.; *Godin/Wilhelmi* Vorb. zu § 23 Anm. 7; Hachenburg/*Ulmer* § 2 Rn. 102ff. (GmbH); Scholz/*Emmerich* GmbHG § 2 Rn. 105ff.; *Lutter/Hommelhoff* GmbHG § 2 Rn. 39.
[185] → Rn. 6; GroßkommAktG/*Röhricht/Schall* § 23 Rn. 286ff.; KölnKommAktG/*A. Arnold* § 23 Rn. 166ff.; Hachenburg/*Ulmer* GmbHG § 2 Rn. 101.
[186] → Rn. 6.
[187] Vgl. § 277 Abs. 1 für gerichtlich festgestellte Nichtigkeit; keine Gestaltungswirkung, vgl. KölnKommAktG/*Kraft* § 275 Rn. 46.
[188] Vgl. ausdrücklich § 277 AktG.
[189] KölnKommAktG/*Kraft* § 275 Rn. 9; Hüffer/Koch/*Koch* AktG § 275 Rn. 25: materielle Ausschlussfrist.
[190] Vgl. näher zur Geltendmachung im Wege der Klage KölnKommAktG/*Kraft* § 275 Rn. 29ff.
[191] KölnKommAktG/*Kraft* § 275 Rn. 9.
[192] Abschließende Regelung seit der Änderung des Aktiengesetzes auf Grund der Publizitätsrichtlinie der EG vom 9.3.1969 vgl. ABl. 1968 L 65, S. 8; vgl. hierzu Einmahl AG 1969, 210ff.; durch Gesetz vom 15.8.1969 (BGBl. I S. 1146) durchgeführt vgl. KölnKommAktG/*Kraft* § 275 Rn. 14.
[193] MüKoAktG/*Pentz* § 23 Rn. 122; KölnKommAktG/*Kraft* § 275 Rn. 28; Hüffer/Koch/*Koch* AktG § 275 Rn. 9.
[194] ABl. 1968 L 65, S. 8; vgl. hierzu *Einmahl* AG 1969, 210ff.; durch Gesetz vom 15.8.1969 (BGBl. I S. 1146) durchgeführt.
[195] EuGH Slg. 1990, I-4135 (4159f.) [Nr. 11 u. 12].
[196] Hüffer/Koch/*Koch* AktG § 275 Rn. 12; vgl. hierzu auch *Lutter* JZ 1992, 593 (599); *Stuyck/Wytinck* CMLRev 1991, 205 (220).

rechtfertigt. Falsche oder unvollständige Angaben erfüllen den Tatbestand nicht. Auch die Nichtigkeit einer Bestimmung des Grundkapitals, etwa wegen Verletzung der Verpflichtung zur Benennung in Euro, rechtfertigt nicht die Nichtigkeitsklage, sondern nur ein registergerichtliches Vorgehen gem. § 399 Abs. 1 FamFG.[197] Dass eine Aktiengesellschaft trotz fehlender Angabe zur Höhe des Grundkapitals eingetragen wird, ist allerdings kaum von rechtspraktischer Bedeutung.[198] Daher ist auch ungeklärt, ob § 275 AktG eingreift, wenn sich das Grundkapital aus der Anzahl der Aktien und ihren Nennbeträgen noch errechnen lässt, oder ob dann die Angabe zwar nichtig ist[199] aber nicht fehlt.

bb) Fehlende Bestimmung über den Unternehmensgegenstand. Nach § 275 Abs. 1 AktG[200] liegt ein Nichtigkeitsgrund nur dann vor, wenn die Satzung keine Angaben zum Unternehmensgegenstand enthält.[201] Nur unvollständige, erheblich unklare oder gänzlich unbestimmte Angaben genügen auch hier nicht.[202] Statt der Nichtigkeitsklage kann der Einzelaktionär in einem solchen Fall die Löschung durch das Registergericht anregen oder versuchen, die unklare Gegenstandsbestimmung durch satzungsändernden Beschluss zu korrigieren. 72

cc) Nichtigkeit der Gegenstandsbestimmung. Die Gegenstandsbestimmung muss nach heute wohl herrschender Meinung ihrem Inhalt nach gegen gesetzliche Bestimmungen im Sinne von § 241 Nr. 3 AktG, Fälle 2 und 3, oder gegen die guten Sitten verstoßen.[203] Die Anlehnung an § 241 Nr. 3 und 4 AktG ist schon deswegen geboten, weil die Auflösung der Gesellschaft durch Nichtigkeitsklage kaum geringeren Anforderungen unterliegt als die Nichtigkeitserklärung eines gegenstandsändernden Beschlusses, der die Existenz der Gesellschaft unberührt lässt.[204] 73

Die verletzten Vorschriften müssen daher ausschließlich oder überwiegend dem Schutze der Gläubiger der Gesellschaft oder sonst dem öffentlichen Interesse dienen.[205] Dagegen treten mitgliederschützende Normen grundsätzlich hinter die von § 275 AktG verfolgten Bestandsschutzinteressen zurück. Entsprechende Zurückhaltung ist im Hinblick auf § 138 BGB geboten. 74

Noch bis in die jüngere Aktienrechtsliteratur war fraglich, ob Umstände außerhalb des Satzungswortlautes, also etwa die Tätigkeitsvorstellungen der Gründer[206] oder die tatsächliche Tätigkeit[207] im Zeitpunkt der Erhebung der Nichtigkeitsklage nach § 275 AktG Berücksichtigung finden können. Von diesem Standpunkt aus wurde auch befürwortet spätere, tatsächliche Gegenstandsänderungen gegenüber dem ursprünglich rechtmäßigen Unternehmensgegenstand als tatbestandsmäßig anzusehen.[208] In einem Grundsatzurteil zu Art. 11 Abs. 1 lit. b der Publizitätsrichtlinie[209] hat der EuGH, der Rechtsauffassung der 75

---

[197] Vgl. GHEK/*Hüffer* AktG § 275 Rn. 17; Hüffer/Koch/*Koch* AktG § 275 Rn. 9; KölnKommAktG/*Kraft* § 275 Rn. 28; Hüffer/Koch/*Koch* AktG § 262 Rn. 15 ff., 17.
[198] Vgl. KölnKommAktG/*Kraft* § 275 Rn. 28.
[199] Vgl. etwa Hüffer/Koch/*Koch* AktG § 23 Rn. 28; Berechenbarkeit aus der Zahl der Aktien und ihrer Ausgabebeträge, § 9, reicht nicht: allgM KG RJA 9, 185 (189).
[200] Auch § 275 Abs. 1 AktG zweite Variante beruht auf der Publizitätsrichtlinie der EG, vgl. ABl. 1968 L 65, S. 8; vgl. hierzu *Einmahl* AG 1969, 210 ff.; durch Gesetz vom 15.8.1969 (BGBl. I S. 1146) durchgeführt.
[201] Def. vgl. KölnKommAktG/*Kraft* § 275 Rn. 9; BGH WM 1981, 163 (164) zur GmbH; BayObLGZ 1975, 447 f. = NJW 1976, 1694; Hüffer/Koch/*Koch* AktG § 275 Rn. 10.
[202] Vgl. Hüffer/Koch/*Koch* AktG § 275 Rn. 10; KölnKommAktG/*Kraft* § 275 Rn. 9; Scholz/*K. Schmidt* GmbHG § 75 Rn. 11.
[203] MüKoAktG/*J. Koch* § 275 Rn. 21; GroßkommAktG/*Wiedemann* § 275 Rn. 3; GHEK/*Hüffer* AktG § 275 Rn. 21.
[204] Ähnlich MüKoAktG/*J. Koch* § 275 Rn. 21.
[205] MüKoAktG/*J. Koch* § 275 Rn. 21; GroßkommAktG/*Wiedemann* § 275 Rn. 3; *K. Schmidt* AcP 186 (1986), 421 (442 ff.).
[206] KölnKommAktG/*Kraft* § 275 Rn. 19, 23 ff.; *ders.* DStR 1993, 101 (102 ff.).
[207] Vgl. MüKoAktG/*J. Koch* § 275 Rn. 22 ff.; GroßkommAktG/*Wiedemann* § 275 Rn. 3; Baumbach/Hueck/*Haas* GmbHG § 75 Rn. 16; Rowedder/*Zimmermann* GmbHG § 75 Rn. 14; Hachenburg/*Ulmer* GmbHG § 1 Rn. 29 f., § 3 Rn. 20.
[208] Vgl. Nachweise bei MüKoAktG/*J. Koch* § 275 Rn. 25.
[209] ABl. 1968 L 65, S. 8; vgl. hierzu *Einmahl* AG 1969, 210 ff.; durch Gesetz vom 15.8.1969 (BGBl. I S. 1146) durchgeführt.

Kommission folgend, diese Rechtsfrage dahin entschieden, dass ausschließlich der in der Satzung umschriebene Unternehmensgegenstand zur Beurteilung der Rechtswidrigkeit oder der Verletzung der öffentlichen Ordnung herangezogen werden dürfe.[210] Das zwingt nach der heute wohl herrschenden Meinung zu einer richtlinienkonformen Auslegung des § 275 AktG in dem Sinne, dass sich die Nichtigkeit ausschließlich nach dem Satzungstext bestimmt.[211] Nichtigkeit liegt also nur dann vor, wenn die Bestimmungen über den Unternehmensgegenstand in ihrer bei Eintragung der Gesellschaft geltenden Fassung gesetzes- oder sittenwidrig ist. Da es also nur auf den Wortlaut und nicht auf die anfängliche oder spätere Abweichung des faktischen Tätigkeitsbildes der Gesellschaft von der Satzungsfassung ankommt, sind insbesondere anfängliche Falschangaben nicht tatbestandsgemäß.[212]

76 Verfolgt die Gesellschaft daher bereits anfänglich einen anderen als den angegebenen Unternehmensgegenstand (Falschangabe), ist der Unternehmensgegenstand ebenso wenig nichtig wie dann, wenn nur der tatsächlich verfolgte Unternehmensgegenstand gesetzes- oder sittenwidrig ist. Erst recht wird die Nichtigkeit nicht durch nachträglich faktische Änderungen herbeigeführt.[213]

77 Bei dieser restriktiven Auslegung kommt auch dem dritten Fall von § 275 Abs. 1 S. 1 AktG keine nennenswerte rechtspraktische Bedeutung zu. Gegenstandsregelungen, die aus sich heraus einen Gesetzesverstoß im Sinne von § 241 Nr. 3 AktG begründen, sind allenfalls dann vorstellbar, wenn die geplanten Tätigkeiten gegen strafrechtliche Vorschriften (zB verbotenes Glücksspiel) oder das Kartellverbot verstoßen oder auf verbotene Börsengeschäfte gerichtet sind.[214] Für sittenwidrig wurde eine Regelung gehalten, welche die Organisation von Steuerhinterziehung zum Gegenstand hatte.[215]

78 Besteht der Gegenstand dagegen in der „Verwaltung" des eigenen Vermögens, ist diese Gegenstandsbestimmung selbst dann nicht zu beanstanden, wenn die Gesellschaft bis auf weiteres untätig bleiben soll und nur auf Vorrat gegründet wird (sog offene Vorrats- oder Mantelgründung).[216] Denn eine Kapitalgesellschaft ist nicht verpflichtet, werbend in Erscheinung zu treten, sondern kann zu jedem Zweck gegründet werden.

79 Dagegen hält die wohl noch herrschende Meinung die verdeckte Vorratsgründung immer noch für nichtig.[217] Doch liegt darin, dass die Gesellschaft den Gegenstand, mit dem sie gegründet wird, erst später oder auch nie ausüben soll, nur eine Falschangabe, die bei richtlinienkonformer Anwendung von § 275 Abs. 1 AktG nur die Unzulässigkeit der Gegenstandsbestimmung, aber nicht deren Nichtigkeit begründet.[218]

80 **c) Die Amtslöschung nach § 397 FamFG, § 275 Abs. 1 AktG bei Vorliegen von Nichtigkeitsgründen.** Nach § 397 FamFG kann eine Aktiengesellschaft oder KGaA als nichtig gelöscht werden, wenn die Voraussetzung für eine Klage auf Nichtigerklärung vorliegen. Die Löschung von Amts wegen nach § 397 FamFG wird gem. § 275 Abs. 3 S. 2 AktG von der für Aktionäre und Verwaltungsmitglieder geltenden Präklusionsfrist von drei Jahren, § 275 Abs. 3 S. 1 AktG,[219] nicht berührt. Für die Amtslöschung nach § 397 FamFG gelten dieselben materiellen Voraussetzungen wie für die Nichtigkeitsklage:[220] Angaben über das

---

[210] Vgl. EuGH Slg. 1990, I-4135 = DB 1991, 157 – Marleasing, Nr. 11 und 12.
[211] Vgl. MüKoAktG/*J. Koch* § 275 Rn. 23 mwN.
[212] Vgl. MüKoAktG/*J. Koch* § 275 Rn. 23.
[213] MüKoAktG/*J.Koch* § 275 Rn. 26.
[214] Das Fehlen einer gewerblichen Genehmigung ist kein Nichtigkeitsgrund, vgl. GHEK/*Hüffer* AktG § 275 Rn. 27.
[215] Vgl. OLG Koblenz WM 79, 1435 ff.; KölnKommAktG/*Kraft* § 275 Rn. 18.
[216] Ganz hM, vgl. nur MüKoAktG/*J. Koch* § 275 Rn. 29 ff.; Hüffer/Koch/*Koch* AktG § 275 Rn. 16 f.; KölnKommAktG/*A. Arnold* § 23 Rn. 93.; Hachenburg/*Ulmer* GmbHG § 3 Rn. 32 f.; *J. Meyer* ZIP 1994, 1661 (1662 ff.); *Priester* DB 1983, 2291 (2298 f.).
[217] Vgl. BGH NJW 1992, 1824; GroßkommAktG/*Röhricht/Schall* § 23 Rn. 350.
[218] Vgl. BGHZ 117, 323 (334); MüKoAktG/*J. Koch* § 275 Rn. 26; Hachenburg/*Ulmer* § 3 Rn. 32; Scholz/*Emmerich* GmbHG § 3 Rn. 20; *Roth* GmbHG § 3 Rn. 12 ff.; *K. Schmidt* GesR § 4 Abs. 3 S. 2b) aa); aA Baumbach/Hueck/*Fastrich* GmbHG § 3 Rn. 11a.
[219] KölnKommAktG/*Kraft* § 275 Rn. 9, 51.
[220] KölnKommAktG/*Kraft* § 275 Rn. 51.

Grundkapital oder den Gegenstand des Unternehmens müssen überhaupt fehlen oder die Bestimmungen über den Unternehmensgegenstand müssen nichtig sein.[221] Lediglich unbestimmte oder nur unzulässige Bestimmungen (zB die verdeckte Vorratsgründung → Rn. 79) berechtigen nicht zur Amtslöschung nach § 397 FamFG.[222] Bei falschen oder mangelhaften Angaben zum Grundkapital greift vielmehr das Verfahren nach § 399 Abs. 1 FamFG ein.[223] Unrichtige Gegenstandsangaben können von Amts wegen allerdings erst wieder aufgegriffen werden, wenn diese auf satzungsändernden Beschlüssen beruhen, § 398 FamFG. Bis dahin ist eine Korrektur ausschließlich Sache der Hauptversammlung, § 276 AktG.

d) **Die Auflösung auf Grund anderer Satzungsmängel bei Eintragung gem. § 399 FamFG, § 262 AktG durch das Registergericht.** § 399 FamFG schließt eine Lücke, die § 275 AktG im Hinblick auf die Mindestangaben gem. § 23 Abs. 3 AktG offen lässt:[224] § 397 FamFG greift nur unter den engen tatbestandlichen Voraussetzungen des § 275 Abs. 1 AktG ein und lässt andere Verstöße gegen § 23 Abs. 3 Nr. 2 und 3 AktG unberührt. § 398 FamFG gilt dagegen nur für nichtige Hauptversammlungsbeschlüsse. Daher wären anfängliche nichtige Satzungsbestimmungen nach Eintragung ohne § 399 FamFG generell nur noch durch satzungsändernde Beschlüsse zu korrigieren.

81

Mit Ausnahme fehlerhafter Gegenstandsbestimmungen erfasst § 399 Abs. 1 FamFG alle anfänglich inhaltlichen Verstöße (Nichtigkeitsmängel) gegen § 23 Abs. 3 AktG.[225] Dem Zweck des § 399 FamFG, Korrekturlücken zwischen Eintragung und späteren Beschlussmängeln zu schließen, ist zu entnehmen, dass die Amtslöschung auch sukzessive Nichtigkeitsfälle erfasst und nicht auf die Rechtsverhältnisse bei Eintragung beschränkt werden darf.[226] Daher können grundsätzlich auch nachträgliche Änderungen zur Nichtigkeit anfänglich richtiger Firmenangaben und die nachträgliche Sitzverlegung zur Nichtigkeit der Bestimmungen über den Gesellschaftssitz führen.[227]

82

e) **Bestands- und Heilungswirkung der Eintragung bei sonstigen Gründungs- und Satzungsmängeln.** *aa) Grundsatz.* Das gesetzliche Konzept zur Korrektur von Gründungsmängeln nach Eintragung ist abschließend. Einzelne Aktionäre und Verwaltungsmitglieder können nur die in § 275 Abs. 1 AktG genannten Gründungsmängel geltend machen, das Registergericht kann die Gesellschaft nur wegen der in §§ 397 und 399 Abs. 1 FamFG genannten Mängel als nichtig löschen oder auflösen. Daher tritt mit Eintragung hinsichtlich aller anderen Gründungsmängel teils Bestands-, teils Heilungswirkung ein. Dies bedeutet zunächst, dass der Fortbestand der Gesellschaft durch andere Gründungsmängel nicht berührt wird. Insofern ist auch der Weg über § 395 FamFG verschlossen, da die §§ 397 und 399 Abs. 1 FamFG als die speziellen Vorschriften die Nichtigkeit und Auflösung von AG, KGaA und GmbH abschließend regeln, soweit ihre Voraussetzungen vorliegen.[228] Für eine Löschung nach § 395 FamFG bleibt daher nur Raum, soweit diese nicht die Löschung der Gesellschaft oder ihrer Beschlüsse voraussetzt, sondern nur eine unrichtige Eintragung betrifft. So kann etwa die Eintragung einer Aktiengesellschaft nach § 395 FamFG gelöscht werden, wenn lediglich eine Scheingründung vorlag, da in einem solchen Fall auch durch die Eintragung keine Gesellschaft entstehen kann.[229] Ausdrücklich und abschließend regelt das Gesetz nur die Nichtigkeit und Auflösung der Gesellschaft auf Grund von Gründungsmängeln. Die rechtliche Behandlung von Gründungsmängeln, die die Fortexistenz der Ge-

83

---

[221] GHEK/*Hüffer* AktG § 275 Rn. 17, 21; Hüffer/Koch/*Koch* AktG § 275 Rn. 9, § 262 Rn. 15 ff., 17.
[222] GHEK/*Hüffer* AktG § 275 Rn. 17, 21; Hüffer/Koch/*Koch* § 275 Rn. 9, § 262 Rn. 15 ff., 17.
[223] Vgl. Keidel FamFG § 399 Rn. 12.
[224] Vgl. etwa MüKoAktG/*J. Koch* § 262 Rn. 59.
[225] Vgl. im Einzelnen MüKoAktG/*J. Koch* § 262 Rn. 59 ff.; Keidel FamFG § 399 Rn. 6.
[226] Vgl. LG München I MittBayNotK 1971, 374 f.; MüKoAktG/*J. Koch* § 262 Rn. 62 mwN; Hachenburg/*Ulmer* GmbHG § 60 Rn. 46 aE; aA: BayObLGZ 1979, 207 (208 ff.); 1982, 140 (142); Scholz/*K. Schmidt* GmbHG § 60 Rn. 25.
[227] MüKoAktG/*J. Koch* § 262 Rn. 64 mwN; aA: BayObLGZ 1979, 207 (208 ff.); 1982, 140 (142).
[228] Vgl. Keidel FamFG § 399 Rn. 3 f. mwN; OLG Frankfurt a. M. RPfl 2002, 208 = EwiR 2002, 157 mAnm *Winkler*; KG FGPrax 2001, 31 f.
[229] KölnKommAktG/*Kraft* § 275 Rn. 8; OLG Frankfurt a. M. Rpfleger 2002, 2008.

sellschaft unberührt lassen, ist unklar und umstritten,[230] sie ergibt sich nur aus einer wertenden Betrachtung der Nichtigkeits- und Auflösungsvorschriften und deren Vergleich mit dem Beschlussmängelrecht.

84 *bb) Nichtigkeitsmängel.* Von der Bestandsschutzwirkung, die von der Eintragung für die Gesellschaft ausgeht, werden zunächst die Gründung als solche und die Satzung erfasst. Die inhaltliche Nichtigkeit einzelner Satzungsbestimmungen lässt daher die Gültigkeit der Satzung unberührt, § 139 BGB ist somit nach Eintragung in jedem Fall unanwendbar. Daher kommt bei Verstoß einzelner Satzungsbestimmungen gegen § 23 Abs. 5 AktG, §§ 134, 138 BGB oder gegen sonstige Vorschriften nur deren Teilnichtigkeit in Betracht. Allerdings sieht das Gesetz weder für einzelne Aktionäre noch für das Registergericht Möglichkeiten zur Korrektur nichtiger Satzungsbestandteile der Ursprungssatzung nach Eintragung vor. Mit der Anfechtungs- und Nichtigkeitsklage (§§ 246 und 249 AktG) können Aktionäre und Verwaltungsmitglieder nichtige Satzungsbestandteile der Ursprungssatzung nicht beseitigen, da diese ausschließlich die Nichtigkeit oder Nichtigerklärung von Hauptversammlungsbeschlüssen zum Gegenstand haben. Auch das Registergericht kann gegen einzelne Satzungsbestandteile der Ursprungssatzung erst wieder vorgehen, wenn diese durch Beschluss abgeändert wird, §§ 241 Nr. 6, 398 FamFG. Anfänglich nichtige Satzungsbestandteile können daher nach Eintragung nur durch satzungsändernden Beschluss der Hauptversammlung abgeändert werden, ansonsten sind sie gültiger, wenngleich materiell nichtiger Bestandteil der Ursprungssatzung.[231]

85 Dass einzelnen Aktionären und den Verwaltungsmitgliedern der Gesellschaft ein formelles Recht zur Beseitigung nichtiger Bestandteile der Ursprungssatzung nicht zur Verfügung steht, bedeutet aber nicht, dass die Gesellschaft nichtige Satzungsbestandteile auszuführen und der Aktionär Nachteile auf Grund nichtiger Satzungsbestandteile zu dulden hätte. Entsprechend dem in § 249 Abs. 1 S. 2 AktG zu findenden Rechtsgedanken ist es daher zulässig, im Einzelfall die Nichtigkeit einzelner Satzungsbestimmungen im Wege der Einwendung geltend zu machen. Soweit ein entsprechendes Feststellungsinteresse zu bejahen ist, kann auch auf Feststellung der Nichtigkeit einzelner Satzungsbestimmungen nach § 256 ZPO geklagt werden.[232] Allerdings berechtigt ein entsprechendes Feststellungsurteil nicht zur Korrektur der Satzung.

86 Weder die Gründungsvorschriften noch die §§ 262 ff. AktG oder §§ 275 ff. AktG enthalten Vorschriften über die materielle Heilung von Gründungsmängeln. Nach wohl hM, der mittlerweile auch der BGH gefolgt ist, soll sich jedoch aus einer sinngemäßen Anwendung von § 242 Abs. 2 AktG ergeben, dass die materielle Nichtigkeit einzelner Satzungsbestimmungen nach Ablauf von drei Jahren nach Eintragung der AG nicht mehr geltend gemacht werden kann.[233] Der BGH begründet dies insbesondere damit, dass das Bedürfnis zur Herstellung von Rechtssicherheit entsprechend § 242 Abs. 2 auch für Regelungen der Ursprungssatzung gilt. Dass damit gegen zwingendes Gesetzesrecht verstoßendes Satzungsrecht auf Dauer sanktioniert werde, erkennt der BGH nicht an, da das Registergericht die Löschung nach §§ 395, 398 FamFG jederzeit von Amts wegen herbeiführen könne.[234]

87 Die Annahme der Heilung ursprünglicher Satzungsbestandteile analog § 242 Abs. 2 AktG ist hinsichtlich ihrer Begründung und der möglichen Rechtswirkungen noch nicht zuende gedacht. Unrichtig ist zunächst der Hinweis darauf, dass das Registergericht einzelne Bestandteile der Ursprungssatzung entsprechend §§ 395, 398 FamFG löschen könne. Dies steht den Registergerichten tatsächlich nach dem Gesetz nicht zu, auch stehen einer Analogie zu § 398 FamFG schon technische Schwierigkeiten entgegen. Im Gegensatz zu nichtigen Satzungsänderungen durch Beschluss lässt sich eine Löschung anfänglicher Satzungsmängel

---

[230] Hüffer/Koch/*Koch* AktG § 23 Rn. 43; MüKoAktG/*Pentz* § 23 Rn. 162 ff.
[231] Ganz hM vgl. Hüffer/Koch/*Koch* AktG § 23 Rn. 43; MüKoAktG/*Pentz* § 23 Rn. 162 ff.
[232] MüKoAktG/*J. Koch* AktG § 275 Rn. 18; GK/*Wiedemann* § 275 Rn. 2 aE.
[233] Vgl. BGHZ 144, 365 (368) = NJW 2000, 2819; OLG Frankfurt a.M. BeckRS 2013, 01842; MüKoAktG/*Hüffer/Koch/Schäfer* § 242 Rn. 31; *Emde* ZIP 2000, 1753 (1755).
[234] Vgl. BGHZ 144, 365 (368) = NJW 2000, 2819.

nicht auf einzelne Satzungsbestandteile beschränken, da diese als solche nicht eingetragen werden. Die Löschung der gesamten Eintragung (Satzung und Gesellschaft) wegen anfänglicher, nicht in § 275 AktG; §§ 397 und 399 FamFG genannter Gründungsmängel als nichtig würde aber gegen den erklärten Willen des Gesetzgebers verstoßen. Eine analoge Anwendung von § 398 FamFG auf Gründungsmängel überspannt auch die materiellen Prüfungspflichten des Registergerichts, die etwa durch § 38 Abs. 4 AktG vom Gesetzgeber gerade erst eingeschränkt wurden. Angesichts dessen lässt sich derzeit nicht abschätzen, inwieweit sich die vom BGH angenommene Heilungswirkung analog § 242 Abs. 2 AktG auf anfängliche Satzungsmängel tatsächlich durchsetzen wird.

cc) Wirksamkeitsmängel. Gründungsmängel, die sich nicht in der inhaltlichen Nichtigkeit von Satzungsbestandteilen niederschlagen, sondern lediglich das Zustandekommen und Wirksamwerden des Gründungsgeschäfts als solches betreffen werden durch die Eintragung ausnahmslos geheilt, soweit es sich nicht um einen der seltenen Fälle der Scheingründung handelt. Auch im Beschlussmängelrecht tritt nach Eintragung in der Regel Heilung bloßer Wirksamkeitsmängel ein. Im Übrigen folgt die Unbeachtlichkeit von Wirksamkeitsmängeln nach Eintragung schon daraus, dass diese in den § 275 AktG, §§ 397 und 399 Abs. 1 FamFG nicht erwähnt werden. Der Gesetzgeber hat ihnen daher jede über die Eintragung hinaus reichende Bedeutung abgesprochen. 88

7. Treuepflicht zur Beseitigung von Gründungsmängeln

Auf Grund der gesellschaftsrechtlichen Treuepflicht können die Gründer gehalten sein, auf die Geltendmachung von Gründungsmängeln zu verzichten bzw. Änderungen der Satzung zuzustimmen. Zu unterscheiden ist zwischen dem Zeitraum vor und nach Eintragung sowie während des Eintragungsverfahrens: 89

a) Vor Eintragung. Vor Eintragung sind die Gründer regelmäßig verpflichtet, einen Satzungs- oder sonstigen Gründungsmangel i.R. des ihnen Zumutbaren – etwa durch Änderung der Satzung – zu beseitigen. Bei Mängeln in der Satzung folgt diese Verpflichtung der Gründer vielfach schon aus der Satzung selbst, denn diese enthält regelmäßig eine Salvatorische Klausel, die besagt, dass die Gesellschafter/Gründer eine unwirksame Bestimmung durch eine wirksame Bestimmung zu ersetzen oder Lücken, auszufüllen haben.[235] Doch selbst wenn die Satzung keine derartige Bestimmung enthält, können die Gründer verpflichtet sein, auf ihr Recht, den Gründungsmangel geltend zu machen, zu verzichten.[236] Dies ergibt sich entweder aus ergänzender Vertragsauslegung[237] oder aus der allgemeinen gesellschaftsrechtlichen Treuepflicht.[238] Erst wenn eine Ausräumung des Gründungsmangels unmöglich oder unzumutbar ist, können sich die Gründer auf die Nichtigkeit der Satzung berufen.[239] 90

Lässt sich der Gründungsmangel durch Satzungsänderung ausräumen (objektiver Mangel), ist str., mit welcher Mehrheit eine erforderliche Satzungsänderung zu beschließen ist. Zu einem solchen Fall wird teilweise zwischen der Zeit vor und nach Invollzugsetzung unterschieden. Vor dem Vollzug der Gesellschaft wird einheitlich ein einstimmiger Satzungsänderungsbeschluss und die Zustimmung aller Gründer verlangt,[240] danach sollen nach eA die allgemeinen satzungsrechtlichen Bestimmungen – mit Ausnahme des Eintragungserfordernisses – gelten; eine aA vertritt, dass auch nach Invollzugsetzung noch ein einstimmiger Beschluss erforderlich sei.[241] 91

---

[235] Vgl. GroßkommAktG/*Röhricht/Schall* § 23 Rn. 272.
[236] Vgl. MüKoAktG/*Pentz* § 23 Rn. 172; GroßkommAktG/*Röhricht/Schall* § 23 Rn. 272; mit Einschränkungen auch KölnKommAktG/*A. Arnold* § 23 Rn. 159.
[237] GroßkommAktG/*Röhricht* § 23 Rn. 272; *Wiedemann* GesR I § 3 Abs. 1 S. 2c) S. 153 f.
[238] Vgl. MüKoAktG/*Pentz* § 23 Rn. 180; GK/*Röhricht* § 23 Rn. 214; KölnKommAktG/*A. Arnold* § 23 Rn. 159.
[239] GroßkommAktG/*Röhricht/Schall* § 23 Rn. 272.
[240] MüKoAktG/*Pentz* § 23 Rn. 180, § 41 Rn. 39; Hüffer/Koch/*Koch* AktG § 41 Rn. 7; OLG Köln WM 1996, 207 f. mwN zur GmbH.
[241] So etwa MüKoAktG/*Pentz* § 23 Rn. 180, § 41 Rn. 39 mit der Begründung, dass sich die Gründer ursprünglich dafür entschlossen haben, der eingetragenen Gesellschaft eine dem Willen aller Gründer entspre-

92 Handelt es sich um einen subjektiven Mangel, etwa die Fehlerhaftigkeit von Beitrittserklärungen, kann dieser Mangel nur durch Übernahme des fehlenden Teils des Grundkapitals durch einen der Gründer, durch Beitritt eines weiteren Gründers, der diesen Teil der Aktien übernimmt oder durch Herabsetzung des Grundkapitals, erfolgen. In einem solchen Fall besteht nach einem Teil der Lit.[242] keine Verpflichtung der übrigen Gründer, die Einlage zu übernehmen oder einer – fühlbaren – Verringerung des Grundkapitals durch Satzungsänderung zuzustimmen. Jedoch wird man auch hier im Hinblick auf die gesellschaftsrechtliche Treuepflicht verlangen müssen, dass die Gründer alles ihnen Zumutbare unternehmen, um Gründungsmängel zu beseitigen.

93 b) *Eintragungsverfahren.* Stellt das Gericht während der Prüfung der Anmeldeunterlagen fest, dass nicht alle erforderlichen Eintragungsvoraussetzungen fehlen und ist das Eintragungshindernis behebbar, hat das Gericht idR durch Zwischenverfügung Abhilfe zu ermöglichen.[243] Auf der Grundlage der Überlegungen unter → Rn 90 ff. ist aus der gesellschaftsrechtlichen Treuepflicht und der vorvertraglichen Bindung[244] grundsätzlich von einer Pflicht der Gründer auszugehen, im Rahmen des ihnen Zumutbaren an der Beseitigung etwaiger Eintragungshindernisse mitzuwirken.

94 c) *Nach Eintragung.* Das Problem der Geltendmachung von Gründungsmängeln stellt sich nach Eintragung nur noch hinsichtlich der Mängel, die auch nach Eintragung noch von den Gründern geltend gemacht werden können, also Mängel, die unter § 275 Abs. 1 AktG fallen und hinsichtlich derer binnen drei Jahren nach Eintragung der Gesellschaft Nichtigkeitsklage erhoben werden kann. Hier kann sich auf Grund der gesellschaftsrechtlichen Treuepflicht eine Pflicht der Aktionäre ergeben, diese Mängel durch Satzungsänderung iSd § 276 AktG zu beseitigen[245] oder jedenfalls auf die Geltendmachung dieser Mängel im Wege der Nichtigkeitsklage (§ 275 AktG) zu verzichten.

8. ABC der Gründungsmängel

95
- **Abweichende Satzungsbestimmungen:** Die Satzung darf nur dann etwas anderes bestimmen als das Gesetz anordnet, wenn das Gesetz dies ausdrücklich zulässt (§ 23 Abs. 5 S. 1 AktG). Die Abweichungsbefugnis muss sich eindeutig aus dem Gesetz ergeben, dies folgt aus dem Ausnahmecharakter der Vorschrift.
  Zulässige Abweichungen von gesetzlichen Bestimmungen in der Satzung iSd § 23 Abs. 5 S. 1 AktG lassen sich unterteilen in für Hauptversammlungsbeschlüsse geltende Abweichungen (Erschwerungen und Erleichterungen) und Abweichungen, die sonstige Satzungsbestimmungen betreffen:
  - Erschwerungen für Hauptversammlungsbeschlüsse finden sich im Gesetz in § 52 Abs. 5 S. 3, § 71 Abs. 1 Nr. 8 S. 5 iVm § 186 Abs. 3 S. 3, § 103 Abs. 1 S. 3, § 133 Abs. 2, § 179 Abs. 2 S. 2 Hs. 1, Abs. 3, § 182 Abs. 1 S. 2 Hs. 1, Abs. 1 S. 3, § 186 Abs. 3 S. 3, § 193 Abs. 1 S. 2, § 202 Abs. 2 S. 3, § 221 Abs. 1 S. 3, Abs. 4 S. 2 iVm § 186 Abs. 3 S. 3, § 222 Abs. 1 S. 2, Abs. 2 S. 3, § 229 Abs. 3, § 237 Abs. 4 S. 3, § 262 Abs. 1 Nr. 2, § 274 Abs. 1 S. 3, § 289 Abs. 4 S. 4, § 293 Abs. 1 S. 3, Abs. 2 S. 2, § 295 Abs. 1 S. 2, § 319 Abs. 2 S. 3, § 320 Abs. 1 S. 3 AktG.
  - Erleichterungen für Hauptversammlungsbeschlüsse enthält das Gesetz in § 103 Abs. 1 S. 3, § 133 Abs. 1, Abs. 2, § 179 Abs. 2 S. 2 Hs. 2, § 182 Abs. 1 S. 2 Hs. 2, § 221 Abs. 1 S. 3 AktG.

---

chende Satzung zugrunde zu legen; ebenso Hüffer/Koch/*Koch* AktG § 41 Rn. 7; GHEK/*Eckardt* § 29 Rn. 32; KölnKommAktG/*A. Arnold* § 41 Rn. 163, 159.
[242] GroßkommAktG/*Röhricht/Schall* § 23 Rn. 273.
[243] Hüffer/Koch/*Koch* AktG § 38 Rn. 16; OLG Hamm NJW 1963, 1554; GroßkommHGB/*Hüffer* § 8 Rn. 85.
[244] GroßkommAktG/*Röhricht/Schall* § 23 Rn. 272.
[245] § 276 gilt nur für Mängel, die den Unternehmensgegenstand betreffen; nicht heilbar sind Mängel der Satzung, wenn Bestimmungen über die Höhe des Grundkapitals fehlen, vgl. etwa Hüffer/Koch/*Koch* AktG § 276 Rn. 1.

- Abweichungen für sonstige Satzungsbestimmungen sind in folgenden Paragraphen geregelt: § 9 Abs. 2, § 10 Abs. 5, § 11 Abs. 1 S. 1, § 12 Abs. 1 S. 2, § 24, § 31 Abs. 2, § 58 Abs. 1 S. 1, Abs. 2 S. 2, Abs. 3 S. 2, Abs. 4, § 59 Abs. 1, § 60 Abs. 3, § 63 Abs. 1 S. 2, § 68 Abs. 2, § 76 Abs. 2 S. 2 Hs. 2, § 77 Abs. 1 S. 2, Abs. 2 S. 1 Hs. 2, Abs. 2 S. 2, § 78 Abs. 2, Abs. 3, § 95 Abs. 1 S. 2, § 101 Abs. 2, § 108 Abs. 2 S. 1, Abs. 4, § 109 Abs. 3, § 111 Abs. 4 S. 2, § 118 Abs. 3 S. 2, § 121 Abs. 5 S. 1, 2, § 122 Abs. 2, § 123 Abs. 2, § 134 Abs. 1 S. 2, § 139 Abs. 1, § 140 Abs. 3, § 150 Abs. 2 ff., § 182 Abs. 4 S. 2, § 202 Abs. 4, § 203 Abs. 3 S. 2, § 265 Abs. 2 S. 1, § 269 Abs. 2, Abs. 3, § 287 Abs. 1, § 289 Abs. 5, § 290, § 300 Nr. 1 AktG.

Gegen § 23 Abs. 5 S. 1 AktG verstoßende Klauseln sind nichtig.[246] Dass Nichtigkeit nur vorliegt, wenn die betreffende Klausel zugleich mit den Wertungen des Aktiengesetzes im Sinne von § 241 Nr. 3 AktG unvereinbar ist,[247] lässt sich dem Gesetz nicht entnehmen.[248] Nichtigkeit liegt daher auch dann vor, wenn die Klausel lediglich entziehbare Rechtspositionen von Aktionären berührt. Wird die Gesellschaft in Vollzug gesetzt, kann sich jeder Aktionär auf die Nichtigkeit berufen mit der Folge, dass die fehlerhafte Vor-AG aufgelöst wird. Das Registergericht darf die Eintragung der Gesellschaft wegen eines solchen Satzungsmangels allerdings nur ablehnen, wenn die nichtige Klausel Vorschriften verletzt, die ausschließlich oder überwiegend zum Schutz der Gläubiger der Gesellschaft oder sonst im öffentlichen Interesse gegeben sind (vgl. § 38 Abs. 1 und Abs. 4 Nr. 2 AktG). Mit dieser Einschränkung hat der Gesetzgeber die Wertung des § 241 Nr. 3 AktG in das Gründungsstadium vorverlegt. Dadurch kommt der Frage, ob jeder Verstoß gegen § 23 Abs. 5 AktG die Nichtigkeit der betreffenden Klausel zur Folge hat oder ob dies nur bei Unvereinbarkeit der Klausel mit den Wertungen des § 241 Nr. 3 AktG der Fall ist, praktisch keine Bedeutung mehr zu. Nach Eintragung können weder einzelne Aktionäre oder Verwaltungsmitglieder der Gesellschaft Verstöße gegen § 23 Abs. 5 AktG beseitigen, da § 275 AktG nicht eingreift, noch das Registergericht, da § 398 FamFG nur ein Eingreifen gegen nichtige satzungsändernde Beschlüsse vorsieht. Die herrschende Meinung und Rechtsprechung[249] will darüber hinaus sogar entsprechend § 242 Abs. 2 AktG die Heilung anfänglicher Satzungsmängel eintreten lassen, wenn nach Eintragen der Gesellschaft drei Jahre verstrichen sind. Hierfür besteht jedoch kein Bedürfnis, da der Satzungsmangel ohnehin nicht mehr beseitigt werden kann.[250]

- **Aktienanzahl/Aktienform/Aktiengattung** (Stückaktien, Nennbetragsaktien). Um Klarheit über die Zerlegung des Grundkapitals zu schaffen, zählen Angaben über die Aktienform, über die Einteilung des Grundkapitals, über die Aktiengattung und über die Zahl der Aktien jeder Gattung gem. § 23 Abs. 3 Nr. 4 AktG zu den Mindestbestimmungen.[251] Die Gründung leidet bei mangelhaften, fehlenden oder nichtigen Mindestbestimmungen unter einem Abschlussmangel. Wird die Gesellschaft in Vollzug gesetzt, entsteht dennoch eine fehlerhafte Vor-AG. Das Registergericht darf die Gesellschaft aber nicht eintragen (vgl. § 38 Abs. 1 und Abs. 4 Nr. 1 AktG). Das Fehlen oder die Nichtigkeit der nach § 23 Abs. 3 Nr. 4 AktG erforderlichen Regelungen kann nach Eintragung, wenn der Mangel nicht auf Aufforderung durch das Registergericht fristgemäß behoben wird, zur Auflösung der Gesellschaft durch rechtskräftige Verfügung des Registergerichts nach §§ 398 und 399 Abs. 1 FamFG iVm § 262 Abs. 1 Nr. 5 AktG führen. Einzelne Aktionäre oder Verwaltungsmitglieder können den Mangel nach Eintragung nicht mehr geltend machen, da § 275 AktG nicht eingreift; auch § 397 FamFG erfasst den Mangel nicht.

- **Anfechtung**: Gründungsvertrag und Satzungsfeststellung sind nach § 143 BGB grundsätzlich anfechtbar, sofern ein Anfechtungsgrund (§§ 119, 123 BGB) vorliegt. Die in Vollzug gesetzte, fehlerhafte Vor-AG kann allerdings durch Anfechtung nur mit Wirkung ex nunc

---

[246] Vgl. MüKoAktG/*Pentz* § 23 Rn. 170.
[247] So etwa Hüffer/Koch/*Koch* AktG § 23 Rn. 43 mwN.
[248] Das Registergericht darf die Eintragung der Gesellschaft wegen Verstoßes gegen § 23 Abs. 5 nur dann ablehnen, wenn die nichtige Klausel gläubigerschützende oder im öffentlichen Interesse gegebene Vorschriften verletzt, vgl. § 38 Abs. 4 Ziff. 2.
[249] Vgl. BGH NJW 2000, 2819.
[250] Vgl. Kritisch *Emde* ZIP 2000, 1753 ff. und GroßkommAktG/*K. Schmidt* § 242 Rn. 8.
[251] Hüffer/Koch/*Koch* AktG § 23 Rn. 29; MüKoAktG/*Pentz* § 23 Rn. 123 f.

aufgelöst werden; sie ist dann nach den §§ 264 ff. AktG abzuwickeln. Das Registergericht darf die Gesellschaft nach erklärter Anfechtung gemäß § 38 Abs. 1 AktG nicht mehr eintragen. Die Eintragung der Gesellschaft heilt jede Art der Anfechtbarkeit wegen Willensmängeln.

99 • **Aufsichtsrat – Bestellung des ersten:** Gemäß § 30 Abs. 1, 3 AktG bestellen die Gründer den ersten Aufsichtsrat der Gesellschaft für das erste Voll- oder Rumpfgeschäftsjahr. Die Bestellung bedarf notarieller Beurkundung. Mit der Bestellung des ersten Aufsichtsrats und der Aufnahme ihrer Tätigkeit beginnt die gegründete Organisation zu existieren; es gelten ab diesem Zeitpunkt die Grundsätze der fehlerhaften Gesellschaft. Fehlt es an der Bestellung des ersten Aufsichtsrats, kann zwar eine Vor-AG entstehen, die Gesellschaft kann jedoch nicht eingetragen werden, § 38 Abs. 1 AktG.[252] Dasselbe gilt, wenn der erste Aufsichtsrat nicht vollständig besetzt ist.[253] Nach Eintragung können weder einzelne Aktionäre noch Verwaltungsmitglieder der Gesellschaft Verstöße gegen § 30 Abs. 1, 3 AktG beseitigen, da § 275 AktG nicht eingreift. Auch das Registergericht kann den Verstoß nicht geltend machen, da es sich weder um einen Fall des § 397 FamFG noch einen des § 399 FamFG handelt.

100 • **Aufsichtsrat – abweichende und ergänzende Regelungen in Satzung:** Grundsätzlich sind die Organisations- und Zuständigkeitsregeln des Aktiengesetzes für den Aufsichtsrat zwingend. Abweichungen lässt das Gesetz ausdrücklich in den §§ 31 Abs. 2, 95 Abs. 1 S. 2, 101 Abs. 2, 103 Abs. 1 S. 3, 108 Abs. 2 S. 1 und Abs. 4, § 109 Abs. 3 und 111 Abs. 4 S. 2 AktG zu. Im Hinblick auf die zuletzt genannte Vorschrift besteht sogar eine Pflicht zur Ausfüllung der Abweichungsbefugnis durch die Satzung. Ergänzende Bestimmungen lassen § 100 Abs. 4, 107 Abs. 1 S. 1 und § 113 Abs. 1 S. 2 AktG zu. Darüber hinaus wird es als zulässig angesehen, Ehrenmitglieder des Aufsichtsrates oder einen Ehrenvorsitzenden des Aufsichtsrats zu benennen, sofern diesen keine organisationsrechtlichen Befugnisse eingeräumt werden.
Unzulässige Abweichungen oder Ergänzungen von gesetzlichen Bestimmungen über den Aufsichtsrat sind dagegen nichtig. Wegen der Bedeutung der Aufgaben des Aufsichtsrats (vgl. § 90 AktG) kann ein Eingreifen des Registergerichts gemäß § 38 Abs. 1, Abs. 4 Nr. 2 AktG in Betracht kommen.[254] Nach Eintragung kann die Nichtigkeit gegen § 23 Abs. 5 AktG verstoßender Regelungen auch durch das Registergericht nicht mehr beseitigt werden.

101 • **Bareinlagen** sind (uU zzgl. Agio) vor der Anmeldung zumindest in der in § 36a Abs. 1 AktG genannten Höhe zur freien Verfügung des Vorstands in die Gesellschaft einzuzahlen, § 36 Abs. 2 AktG. Anderenfalls kann die Gesellschaft nicht eingetragen werden, § 38 Abs. 1 AktG.[255] Wird die Gesellschaft dennoch eingetragen, entsteht die AG. Ein Nichtigkeitsmangel nach § 275 Abs. 1 AktG liegt nicht vor. Auch §§ 397, 399 FamFG erfassen diesen Mangel nicht, so dass auch eine Löschung oder Auflösung durch das Registergericht ausscheidet.[256]

102 • **Bedingung:** Beitritte, die unter einer auflösenden oder aufschiebenden Bedingung erklärt werden, verhindern den Vertragsschluss,[257] es sei denn, die übrigen Gründer erklären sich damit einverstanden. Dann ist der Gesellschaftsvertrag geschlossen. Wird die Gesellschaft in Vollzug gesetzt, gelten die Grundsätze der fehlerhaften Gesellschaft. Eine Eintragung ist jedoch erst nach Eintritt der aufschiebenden Bedingung bzw. wenn feststeht, dass die auflösende Bedingung nicht eintreten wird, möglich.[258] Wird die Gesellschaft trotzdem eingetragen, wird der Mangel geheilt, die Erklärung des Gründers wirkt nunmehr wie eine un-

---

[252] Hüffer/Koch/*Koch* AktG § 30 Rn. 2; MüKoAktG/*Pentz* § 30 Rn. 9; § 38 Rn. 12.
[253] MüKoAktG/*Pentz* § 30 Rn. 16.
[254] MüKoAktG/*Pentz* § 38 Rn. 81: Öffentliches Interesse an Kompetenzzuweisung.
[255] Hüffer/Koch/*Koch* AktG § 38 Rn. 6; MüKoAktG/*Pentz* § 38 Rn. 35.
[256] Hüffer/Koch/*Koch* AktG § 37 Rn. 17.
[257] Vgl. MüKoAktG/*Pentz* § 23 Rn. 56; vgl. auch GroßkommAktG/*Röhricht/Schall* § 23 Rn. 283; anders bei bloßen Rechtsbedingungen.
[258] Vgl. MüKoAktG/*Pentz* § 38 Rn. 43; § 23 Rn. 56, bedingte Erklärung ist nichtig und muss durch Neuvornahme gem. § 141 Abs. 1 BGB nachgeholt werden; GroßkommAktG/*Röhricht/Schall* § 23 Rn. 96 f.

- **Befristung:** Beitrittserklärungen, nach denen Erklärende erst nach einem künftigen Zeitpunkt Mitgründer und Aktienübernehmer werden soll, macht die Übernahmeerklärung und damit die Teilnahme an der Errichtung der Gesellschaft als Gründer und in der weiteren Folge den gesamten Gesellschaftsvertrag fehlerhaft.[260] Wird die Gesellschaft in Vollzug gesetzt, entsteht eine fehlerhafte Vor-AG. Das Registergericht hat in diesem Fall die Eintragung abzulehnen, solange nicht durch die Gründer nachgewiesen wurde, dass sich die Befristung erledigt hat;[261] wird die Gesellschaft dennoch eingetragen, wird der Mangel geheilt, die Erklärung des Gründers wirkt nunmehr wie eine unbefristete.[262] Ein Nichtigkeitsgrund iSd § 275 Abs. 1 AktG ist nicht gegeben. §§ 397, 399 FamFG greifen ebenfalls nicht ein.

103

- **Beitrittserklärung:** Beitrittserklärungen, die nicht erkennen lassen, zu welchem Gründungsprotokoll sie gehören, stehen nicht abgegebenen Erklärungen gleich. Im Übrigen ist zu unterscheiden, ob eine Beitrittserklärung lediglich fehlerhaft ist oder ob es schon an einer Zurechenbarkeit der Beitrittserklärung fehlt. Nicht zurechenbar sind Beitrittserklärungen, die

104

  - gewaltsam erzwungen (vis absoluta) oder gefälscht werden;[263]
  - unter Drohung mit Gewalt erzwungen werden, solange die Zwangssituation anhält;[264]
  - von Geschäftsunfähigen oder Minderjährigen ohne Einwilligung der gesetzlichen Vertreter abgegeben werden oder
  - von vollmachtlosen Vertretern abgegeben werden, vgl. näher unten „vollmachtloser Vertreter".

  Die fehlende Zurechenbarkeit hat zur Folge, dass der Betroffene weder Gründer noch – nach Eintragung – Aktionär wird.[265]
  Eine Vor-AG bzw. eine fehlerhafte Vor-AG kann nur dann entstehen, wenn zumindest zwei der Gründer zurechenbare, auf Gründung der Gesellschaft gerichtete Beitrittserklärungen abgegeben haben. Gibt nur ein Gründer eine zurechenbare Beitrittserklärung ab, liegt keine fehlerhafte Vor-Gesellschaft, sondern lediglich eine fehlerhafte Einmann-Gründung vor.[266]
  Sind die Beitrittserklärungen zurechenbar aber fehlerhaft, etwa bei unter Drohung oder infolge Täuschung abgegebenen Beitrittserklärungen, entsteht eine – fehlerhafte – Vor-AG. Der Gründer kann seine Erklärung bis zur Eintragung anfechten. Die Eintragung bewirkt, dass der Beteiligte – ungeachtet etwaiger Mängel seiner Beitrittserklärung – in jeder Hinsicht die Stellung eines Gründers und Aktionärs mit allen damit verbundenen Rechten und Pflichten erlangt.[267] Weder die Gründer oder Verwaltungsmitglieder noch das Registergericht kann eine Löschung der Eintragung bewirken. §§ 397, 399 FamFG und § 275 AktG greifen nicht ein.

- **Bekanntmachungen der Gesellschaft:** Gemäß § 23 Abs. 4 AktG muss die Satzung Bestimmungen über die Form der Bekanntmachung der Gesellschaft enthalten. Das Fehlen

105

---

[259] GroßkommAktG/*Röhricht/Schall* § 23 Rn. 96, 283; MüKoAktG/*Pentz* § 23 Rn. 56, 175.
[260] MüKoAktG/*Pentz* § 23 Rn. 56.
[261] GroßkommAktG/*Röhricht/Schall* § 23 Rn. 96; MüKoAktG/*Pentz* § 38 Rn. 43; § 23 Rn. 56.
[262] GroßkommAktG/*Röhricht/Schall* § 23 Rn. 96, 283; MüKoAktG/*Pentz* § 23 Rn. 56, 175.
[263] Nach Eintragung vgl. GroßkommAktG/*Röhricht/Schall* § 23 Rn. 283; KölnKommAktG/*A. Arnold* § 23 Rn. 166 ff.; Hachenburg/*Ulmer* GmbHG § 2 Rn. 101.
[264] Nach Eintragung vgl. MüKoAktG/*Pentz* § 23 Rn. 183; KölnKommAktG/*A. Arnold* § 23 Rn. 166; GroßkommAktG/*Röhricht/Schall* § 23 Rn. 283 ff., 287 f.; Hachenburg/*Ulmer* GmbHG § 2 Rn. 101; Scholz/*Emmerich* GmbHG § 2 Rn. 72; die Beitrittserklärung muss unverzüglich nach Beendigung der Zwangssituation angefochten werden; dies gilt abweichend von § 124 BGB, vgl. GroßkommAktG/*Röhricht/Schall* § 23 Rn. 288; KölnKommAktG/*A. Arnold* § 23 Rn. 166; Hachenburg/*Ulmer* GmbHG § 2 Rn. 101.
[265] Zur Frage, wie hinsichtlich der mangels zurechenbaren Beitritts nicht übernommenen Aktien zu verfahren ist, vgl. MüKoAktG/*Pentz* § 23 Rn. 184 f. mit Zusammenstellung der unterschiedlichen Lösungsvorschläge.
[266] Diese ist aber wie eine fehlerhafte Gesellschaft zu behandeln.
[267] KölnKommAktG/*A. Arnold* § 23 Rn. 165; Godin/*Wilhelmi* Vorb. zu § 23 Rn. 7; Hachenburg/*Ulmer* GmbHG § 2 Rn. 93, 102 ff.; Scholz/*Emmerich* GmbHG § 2 Rn. 105 ff.; Lutter/*Hommelhoff* GmbHG § 2 Rn. 43.

der zwingend vorgeschriebenen Satzungsbestimmung über die Form der Bekanntmachung der Gesellschaft hindert zwar nicht den Abschluss des Gründungsvertrages, es entsteht eine fehlerhafte Vor-AG; das Fehlen der Bekanntmachungsvorschrift führt aber dazu, dass das Registergericht, wenn es den Mangel bemerkt, die Eintragung der Gesellschaft in das Handelsregister wegen nicht ordnungsgemäßer Errichtung (§ 38 Abs. 1, 4 Nr. 1 AktG) ablehnen muss.[268] Kommt es dennoch zur Eintragung, ist der Mangel geheilt, da weder die Voraussetzungen des § 275 AktG noch die der §§ 397, 399 FamFG vorliegen.[269] Es gilt dann § 25 Abs. 1 AktG (Bekanntmachung im Bundesanzeiger).[270]

106 • **Beurkundung:** Der Gründungsvertrag ist unwirksam, wenn das notarielle Beurkundungserfordernis nach § 23 Abs. 1 AktG nicht gewahrt ist, § 125 BGB. Mit Invollzugsetzung gelten die Grundsätze der fehlerhaften Vor-AG.[271] Das Registergericht hat die Eintragung gemäß § 38 Abs. 1 AktG wegen nicht ordnungsgemäßer Errichtung abzulehnen. Mit Eintragung wird der Mangel geheilt; die Voraussetzungen der §§ 397, 399 FamFG, § 275 AktG liegen nicht vor. Der Formmangel berechtigt auch nicht zur Löschung gemäß § 395 FamFG, da dessen Nichtbeachtung keine Verletzung einer wesentlichen Verfahrensvoraussetzung ist.

107 • **Beurkundung im Ausland:** Ob eine Beurkundung im Ausland wirksam ist oder nicht, richtet sich nach Art. 11 Abs. 1 EGBGB.[272] Zulässig ist eine Beurkundung im Ausland nach hM, wenn sie der im Inland erfolgten Beurkundung durch einen deutschen Notar gleichwertig ist.[273] Die Urkundsperson muss nach Ausbildung und Stellung im Rechtsleben eine der Tätigkeit des deutschen Notars entsprechende Funktion ausüben, und die Errichtung der Urkunde ein Verfahren zu beachten haben, das den tragenden Grundsätzen des deutschen Beurkundungsrechts entspricht.[274] Zu den Rechtsfolgen unzulässiger Auslandsbeurkundung s. Beurkundung.

108 • **Bevollmächtigte:** Die Beitrittserklärung kann durch einen Bevollmächtigten iSd §§ 164ff. BGB abgegeben werden. Die Vollmacht bedarf notarieller Beglaubigung, vgl. § 23 Abs. 1 S. 2 AktG. Die notarielle Beglaubigung ist Wirksamkeitsvoraussetzung.[275] Fehlt es bei der Eintragung der Gesellschaft an einer formgerechten Vollmacht, ist diese jedoch – wenn auch unwirksam – erteilt worden, sind mit Invollzugsetzung der Gesellschaft die Grundsätze der fehlerhaften Gesellschaft bzw. des fehlerhaften Beitritts anzuwenden. Das Registergericht hat die fehlende Vollmacht gemäß § 38 Abs. 1 AktG zu beanstanden und ggf. die Eintragung abzulehnen. Durch Eintragung wird der Mangel jedoch geheilt.[276] §§ 397, 399 FamFG und § 275 Abs. 1 AktG greifen nicht ein. Zur Vertretung ohne Vertretungsmacht vgl. unten „vollmachtlose Vertretung".

109 • **Dissens:** Im Gründungsstadium gelten die §§ 154, 155 BGB. Der Gründungsvertrag kommt daher nicht zustande, wenn die Gründer sich nicht über alle – für sie wesentlichen – Punkte geeinigt haben. Es entsteht keine Vor-AG. Nach Invollzugsetzung gelten die Grundsätze der fehlerhaften Gesellschaft.[277] Mängel des Zustandekommens des Gründungsvertrages hat das Registergericht gemäß § 38 Abs. 1 AktG zu beachten. Kommt es dennoch zur Eintragung, ist der Mangel endgültig geheilt.

110 • **Drohung:** Werden Beitrittserklärungen gewaltsam erzwungen (vis absoluta), sind sie nicht zurechenbar; es fehlt bereits an einem äußeren Erklärungstatbestand. Die Gesellschaft ist nicht errichtet. Liegen nicht wenigstens zwei den objektiven Anforderungen an das Grün-

---

[268] MüKoAktG/*Pentz* § 23 Rn. 153.
[269] Hüffer/Koch/*Koch* AktG § 23 Rn. 42; GroßkommAktG/*Röhricht* § 23 Rn. 165.
[270] GroßkommAktG/*Röhricht* § 23 Rn. 165.
[271] Hüffer/Koch/*Koch* AktG § 23 Rn. 41.
[272] Vgl. hierzu ausführlich GroßkommAktG/*Röhricht* § 23 Rn. 47ff.
[273] GroßkommAktG/*Röhricht* § 23 Rn. 49 mwN; Hachenburg/*Ulmer* GmbHG § 2 Rn. 17; Baumbach/Hueck/*Fastrich* GmbHG § 2 Rn. 9.
[274] Vgl. BGHZ 80, 76 (78); GroßkommAktG/*Röhricht* § 23 Rn. 49.
[275] Hüffer/Koch/*Koch* AktG § 23 Rn. 12; MüKoAktG/*Pentz* § 23 Rn. 15.
[276] MüKoAktG/*Pentz* § 23 Rn. 176; KölnKommAktG/*A. Arnold* § 23 Rn. 165; Hachenburg/*Ulmer* GmbHG § 2 Rn. 41; vgl. hierzu auch *Ries* NZG 2009, 654 (656).
[277] Vgl. BGH NJW 1992, 1501 (1502).

dungsgeschäft entsprechende und den Gründern zurechenbare Beitrittserklärungen vor, entsteht keine Vor-AG, nicht einmal eine fehlerhafte. Auch eine Eintragung kann die Gesellschaft in diesem Fall nicht zur Entstehung bringen; eine etwaige Eintragung wäre gemäß § 395 FamFG zu löschen. Dasselbe gilt bei Drohung mit Gewalt, solange die Zwangssituation anhält.

Anders bei sonstigen Drohungen, in diesen Fällen ist die Beitrittserklärung grundsätzlich zurechenbar; es entsteht eine Vor-AG. Der Gründer kann seine Erklärung aber bis zur Eintragung gemäß § 123 BGB anfechten. War die Gesellschaft bereits in Vollzug gesetzt, führt die Anfechtung nur zur Auflösung der Vor-AG für die Zukunft. Anfechtungserklärungen sind durch das Registergericht zu berücksichtigen;[278] es hat eine Eintragung ggf. nach § 38 Abs. 1 AktG abzulehnen. Nach der Eintragung kann die Anfechtbarkeit nicht mehr geltend gemacht werden, die Beitrittserklärung ist wirksam. §§ 397, 399 FamFG und § 275 Abs. 1 AktG erfassen subjektive Beitrittsmängel grundsätzlich nicht. Der Betroffene kann die daraus resultierenden Rechtsnachteile nur noch dem Schädiger gegenüber geltend machen.

- **Einheitlichkeit der Gründung:** Aus § 23 Abs. 1 AktG folgt das Gebot der einheitlichen Vornahme von Übernahme- und Satzungsfeststellungserklärungen. Auch die Aufteilung des Gründungsgeschäfts in Angebot und Annahme ist unzulässig.[279] Die Gründung ist daher erst dann abgeschlossen, wenn alle Gründer zu einer im Sinne des § 23 Abs. 1 AktG vollständigen Urkunde formgültige Beitrittserklärungen abgegeben haben. Anderenfalls entsteht keine Vor-AG, nicht einmal eine fehlerhafte. Auch eine Eintragung kann die Gesellschaft nicht entstehen lassen; eine etwaige Eintragung ist gemäß § 395 FamFG zu löschen; vgl. auch oben „Beitrittserklärung".

- **Erklärungen der Gründer:** Fehlen die Erklärungen der Gründer zur Feststellung der Satzung oder zur Übernahme gemäß § 23 Abs. 2 AktG, so entsteht keine Vor-AG, nicht einmal eine fehlerhafte. Auch eine Eintragung kann die Gesellschaft nicht entstehen lassen; eine etwaige Eintragung ist gemäß § 395 FamFG zu löschen, vgl. auch oben „Beitrittserklärungen".

- **Essentialia Negotii:** Der Abschluss des Gründungsvertrages erfordert eine Einigung über alle wesentlichen Vertragsbestimmungen. Der notwendige Inhalt der Satzung und der Übernahmeerklärung ergibt sich aus § 23 Abs. 3 und 4 AktG. Fehlt eine Satzungsbestimmung iSd § 23 Abs. 3 AktG sind – nach Invollzugsetzung der Gesellschaft – die Grundsätze der fehlerhaften Gesellschaft anzuwenden. Eine Eintragung hat das Registergericht gemäß § 38 Abs. 4 Nr. 1 AktG abzulehnen. Trägt das Registergericht die Gesellschaft dennoch ein, kann es im Falle von § 23 Abs. 3 Nr. 1, 3, 4, 5 und 6 AktG durch Verfügung des Registergerichts zu einer Auflösung wegen Satzungsmangels kommen (§ 399 FamFG, § 262 Nr. 5 AktG). Zu § 23 Abs. 4 AktG vgl. oben „Bekanntmachung der Gesellschaft". Fehlen dagegen gemäß § 23 Abs. 3 Nr. 2 und 3 AktG erforderliche Angaben, greifen § 275 Abs. 1 AktG und § 397 FamFG ein.

- **Firma** gemäß § 23 Abs. 3 Nr. 1 AktG muss die Satzung die Firma der Gesellschaft bestimmen. Fehlt in der Satzung eine Bestimmung zur Firma oder ist die Satzungsbestimmung nichtig, darf das Registergericht die Gesellschaft nicht eintragen, § 38 Abs. 4 Nr. 1 AktG.[280] Wird die Gesellschaft dennoch eingetragen, steht der Verstoß der Wirksamkeit der Gesellschaft nicht entgegen. Da die Voraussetzungen der §§ 275 Abs. 1 AktG und 397 FamFG nicht vorliegen, kann die Gesellschaft nicht für nichtig erklärt werden. Das Registergericht kann aber – wird der Mangel nicht auf Aufforderung durch das Registergericht fristgerecht behoben – die Auflösung der Gesellschaft veranlassen, § 399 FamFG, § 262 Abs. 1 Nr. 5 AktG.

- **Gattung der Aktien:** vgl. oben „Aktienzahl/Aktienform/Aktiengattung".

---

[278] Denkbar ist eine Aussetzung des Eintragungsverfahrens nach § 381 FamFG; vgl. MüKoAktG/*Pentz* § 38 Rn. 43.
[279] GroßkommAktG/*Röhricht* § 23 Rn. 36 ff. mwN.
[280] MüKoAktG/*Pentz* § 38 Rn. 66.

115 • **Geheimer Vorbehalt** (§ 116 BGB): Eine Beitrittserklärung, die unter einem geheimen Vorbehalt abgegeben wird, bindet den Gründer grundsätzlich an die fehlerhafte Erklärung; es entsteht eine Vor-AG. Die Erklärung ist jedoch nichtig, wenn sie gegenüber jemandem abgegeben wird, der den Vorbehalt kennt, § 116 Abs. 2 BGB. Nach Invollzugsetzung kommen die Grundsätze der fehlerhaften Gesellschaft zur Anwendung, dh die Nichtigkeit kann nur noch mit Wirkung für die Zukunft geltend gemacht werden. Eine Eintragung hat das Registergericht gemäß § 38 Abs. 1 AktG abzulehnen. Trägt das Registergericht die Gesellschaft dennoch ein, wird der Gründungsmangel geheilt, da es sich hierbei lediglich um einen Mangel der Beitrittserklärung handelt. Die §§ 397, 399 FamFG und § 275 Abs. 1 AktG, die nur Inhaltsmängel betreffen, sind nicht einschlägig.

116 • **Genehmigungserfordernisse:** Die früher bestehende Pflicht zur Vorlage etwaiger Genehmigungsurkunden bei genehmigungspflichtigem Unternehmensgegenstand gemäß § 37 Abs. 4 Nr. 5 AktG aF ist entfallen. Sofern die Vorlage einer Genehmigung in anderen Gesetzen normiert ist, wie beispielsweise in § 43 Abs. 1 KWG oder § 3 Abs. 5 KAGB bleibt diese Verpflichtung jedoch von der Streichung des § 37 Abs. 4 Nr. 5 AktG aF unberührt.[281]

117 • **Geschäftsunfähigkeit:** Beitrittserklärungen eines Geschäftsunfähigen sind nicht zurechenbar. Liegen nicht wenigstens zwei den objektiven Anforderungen an das Gründungsgeschäft entsprechende und den Gründern zurechenbare Beitrittserklärungen vor entsteht keine Vor-AG, nicht einmal eine fehlerhafte.[282] Auch eine Eintragung kann die Gesellschaft in diesem Fall nicht zur Entstehung bringen; eine etwaige Eintragung wäre gemäß § 395 FamFG zu löschen.

118 • **Gründungsaufwand:** Der Gesamtaufwand, der zu Lasten der Gesellschaft an Aktionäre oder andere Personen als Entschädigung oder als Belohnung für die Gründung oder ihre Vorbereitung gewährt wird, ist in der Satzung gesondert festzusetzen, § 26 Abs. 2 AktG.[283] Erfolgt keine Festsetzung, liegt ein Errichtungsmangel vor. Wird die Gesellschaft in Vollzug gesetzt, gelten die Grundsätze der fehlerhaften Gesellschaft. Gemäß § 38 Abs. 1 AktG muss das Registergericht die Eintragung der Gesellschaft ablehnen.[284]

119 Die Entstehung der Gesellschaft wird durch die unterlassene Festsetzung nicht berührt, ebenso wenig die sich aus der Satzung ergebenden Rechte und Pflichten der Gründer. Lediglich die Übernahme des Gründungsaufwands durch die Gesellschaft ist ihr gegenüber unwirksam.[285] Vor Eintragung der Gesellschaft ist eine Heilung des Mangels durch Satzungsänderung möglich. Nach Eintragung steht einer Heilung § 26 Abs. 3 S. 2 AktG entgegen.[286] §§ 397, 399 FamFG, § 275 Abs. 1 AktG sind nicht einschlägig.

120 • **Gründungsprüfer** (§ 33 Abs. 2, 3 AktG): § 33 Abs. 2 AktG bestimmt abschließend, unter welchen Voraussetzungen eine externe Gründungsprüfung notwendig ist. Findet diese externe Gründungsprüfung nicht statt, besteht ein Eintragungshindernis gemäß § 38 Abs. 1 AktG,[287] da der Prüfungsbericht nach § 37 Abs. 4 Nr. 4 AktG den Anmeldeunterlagen beizufügen ist. Wird die Gesellschaft trotz fehlender Prüfung eingetragen, ist sie gleichwohl wirksam entstanden.[288] Ein Nichtigkeits- oder ein Auflösungsgrund iSd §§ 397, 399 FamFG, § 275 Abs. 1 AktG liegt nicht vor.[289]

121 • **Grundkapital – Höhe** (§ 23 Abs. 3 Nr. 3 AktG): Fehlt eine Bestimmung über die Höhe des Grundkapitals liegt ein Gründungsmangel vor. Dieser kann – nach Invollzugsetzung – nur noch für die Zukunft geltend gemacht werden. Das Registergericht muss die Eintragung

---

[281] Hüffer/Koch/*Koch* AktG § 37 Rn. 14.
[282] Ganz hM: Hachenburg/*Ulmer* GmbHG § 2 Rn. 97; anders jedoch KG FG Prax 2001, 31.
[283] Dies gilt nicht für Gründungsaufwand, der nicht aus dem Gesellschaftsvermögen geleistet werden soll, vgl. MüKoAktG/*Pentz* § 26 Rn. 34.
[284] MüKoAktG/*Pentz* § 26 Rn. 41; § 38 Rn. 12 f.; Hüffer/Koch/*Koch* AktG § 26 Rn. 7; KölnKommAktG/ A. Arnold § 26 Rn. 29; einschränkend GroßkommAktG/*Röhricht* § 26 Rn. 47.
[285] MüKoAktG/*Pentz* § 26 Rn. 45.
[286] Vgl. MüKoAktG/*Pentz* § 26 Rn. 44; Hüffer/Koch/*Koch* AktG § 26 Rn. 8; KölnKommAktG/A. Arnold § 26 Rn. 35.
[287] MüKoAktG/*Pentz* § 33 Rn. 65.
[288] MüKoAktG/*Pentz* § 33 Rn. 73; Hüffer/Koch/*Koch* AktG § 33 Rn. 10; KölnKommAktG/A. Arnold § 33 Rn. 38; GroßkommAktG/*Röhricht* § 33 Rn. 53.
[289] MüKoAktG/*Pentz* § 33 Rn. 73.

nach § 38 Abs. 1, Abs. 4 Nr. 1 AktG ablehnen. Eine Heilung durch Eintragung ist nicht möglich. Aktionäre, der Vorstand sowie der Aufsichtsrat können binnen drei Jahren nach der Eintragung Nichtigkeitsklage erheben, § 275 Abs. 1 AktG. Außerdem kann die Gesellschaft ohne zeitliche Begrenzung durch das Registergericht gelöscht werden, § 397 S. 1 FamFG. Enthält die Satzung eine Bestimmung nach § 23 Abs. 3 Nr. 3 AktG, ist diese aber wegen Verstoßes gegen §§ 6, 7 AktG nichtig, greift § 399 FamFG ein.

- **Inhaberaktien:** vgl. oben „Aktienzahl/Aktienform/Aktiengattung"
- **Irrtum:** Irrt sich der Gründer bei Abgabe seiner Beitrittserklärung (§ 119 BGB) ist seine Erklärung zurechenbar, es entsteht eine Vor-AG. Der Gründer kann seine Erklärung aber bis zur Eintragung anfechten. Im Fall der Invollzugsetzung ist eine Anfechtung nur noch mit Wirkung ex nunc möglich. Liegt eine Anfechtungserklärung eines Gründers vor, ist diese bei der Eintragung zu berücksichtigen[290] und die Eintragung ggf. abzulehnen. Kommt es dennoch zu einer Eintragung durch das Registergericht, sind die Willensmängel der Beitrittserklärung geheilt.[291] §§ 397, 399 FamFG, § 275 Abs. 1 AktG sind nicht einschlägig, da sie nur Inhaltsmängel erfassen.

- **Mangel der Ernstlichkeit:** Für eine nicht ernst gemeinte Beitrittserklärung gelten jedenfalls bis zur Invollzugsetzung der Vor-AG die allgemeinen Regelungen (vgl. § 118 BGB); die Erklärung ist nichtig; nach Invollzugsetzung gelten die Grundsätze zur fehlerhaften Gesellschaft bzw. des fehlerhaften Beitritts. Eine Eintragung ist gemäß § 38 Abs. 1 AktG abzulehnen. Kommt es dennoch zur Eintragung der Gesellschaft, wird der Beitrittsmangel geheilt.[292] §§ 397, 399 FamFG, § 275 Abs. 1 AktG erfassen grundsätzlich keine subjektiven Beitrittsmängel.

- **Mantelgründung/Mantelverwendung:** Mantel- oder Vorratsgründungen, dh die Errichtung einer AG, die wenigstens vorerst, abgesehen von der Verwaltung eigenen Vermögens, kein Unternehmen betreiben soll (offene Mantelgründung), ist zulässig.[293] Eine verdeckte Mantelgründung (Gründung unter Angabe eines fiktiven Unternehmensgegenstands bzw. Fehlen der konkreten Betriebsabsicht) ist unwirksam.[294]

  Im Zusammenhang mit der „Mantelverwendung" sind zwei Fälle zu unterscheiden. Der Kauf eines Gesellschaftsmantels (Erwerb der Anteile an einer unternehmenslosen Gesellschaft) und die Verwendung einer bislang unternehmenslosen Gesellschaft als Unternehmensträger.[295] Beide Formen werden heute als zulässig angesehen.[296] Voraussetzung ist aber wohl, dass dabei die Gründungsvorschriften beachtet werden.[297]

- **Minderjährigkeit:** Beitrittserklärungen Minderjähriger sind ohne Einwilligung der gesetzlichen Vertreter nicht zurechenbar. Eine Genehmigung ist – auch noch nach Eintragung – möglich; die Erklärungen bleiben aber folgenlos, wenn die Genehmigung auf Dauer ausbleibt oder verweigert wird. Liegen nicht wenigstens zwei den objektiven Anforderungen an das Gründungsgeschäft entsprechende und den Gründern zurechenbare Beitrittserklärungen vor entsteht keine Vor-AG, nicht einmal eine fehlerhafte. Auch eine Eintragung kann die Gesellschaft in diesem Fall nicht zur Entstehung bringen; eine etwaige Eintragung wäre gemäß § 395 FamFG zu löschen.

  Entsteht die AG nach Eintragung dagegen unter den Mitgründern, ist fraglich, was mit den mangels zurechenbaren Beitritts nicht übernommenen Aktien geschieht.[298]

---

[290] MüKoAktG/*Pentz* § 38 Rn. 43.
[291] GroßkommAktG/*Röhricht* § 23 Rn. 225.
[292] GroßkommAktG/*Röhricht* § 23 Rn. 225; KölnKommAktG/*A. Arnold* § 23 Rn. 164 ff.; *Godin/Wilhelmi* Vorb. zu § 23 Rn. 7.
[293] BGHZ 117, 323 (325 f.) = NJW 1992, 1824; GK/*Röhricht* § 23 Rn. 121 ff.; Hüffer/Koch/*Koch* AktG § 23 Rn. 25, 25a; Hachenburg/*Ulmer* GmbHG § 3 Rn. 33.
[294] Hüffer/Koch/*Koch* AktG § 23 Rn. 26; KölnKommAktG/*A. Arnold* § 23 Rn. 91.
[295] MüKoAktG/*Pentz* § 23 Rn. 87.
[296] Hüffer/Koch/*Koch* AktG § 23 Rn. 27; MüKoAktG/*Pentz* § 23 Rn. 94 mwN; KölnKommAktG/*A. Arnold* § 23 Rn. 92.
[297] HM BGH NJW 2012, 1875; BGHZ 117, 323 (331 ff.) = NJW 1992, 1824; Hüffer/Koch/*Koch* AktG § 23 Rn. 26 f.; GroßkommAktG/*Röhricht* § 23 Rn. 132 ff.; Baumbach/Hueck/*Fastrich* GmbHG § 3 Rn. 11a; Hachenburg/*Ulmer* GmbHG § 3 Rn. 38 f.; KölnKommAktG/*A. Arnold* § 23 Rn. 60.
[298] Vgl. hierzu MüKoAktG/*Pentz* § 23 Rn. 79 f.

127 - **Namensaktien:** vgl. oben „Aktienzahl/Aktienform/Aktiengattung"
- **Nennbetragsaktien:** vgl. oben „Aktienzahl/Aktienform/Aktiengattung"
- **Offener Dissens:** vgl. oben Dissens

128 - **Sacheinlagen/Sachübernahme:** § 27 Abs. 1 AktG verlangt, dass in der Satzung der Gegenstand der Sacheinlage oder der Sachübernahme, die Person des Veräußerers, bei Nennbetragsaktien der Nennbetrag, bei Stückaktien die Zahl der im Gegenzug zu gewährenden Aktien bzw. die Höhe der Übernahmevergütung festgesetzt wird. Verstöße gegen das Festsetzungserfordernis des Abs. 1 begründen ein Eintragungshindernis. Sie haben aber keine Auswirkungen auf die Beitrittserklärungen der Gründer. Hat das Registergericht Kenntnis von den fehlenden Festsetzungen, darf es die Gesellschaft wegen § 38 Abs. 1 AktG nicht eintragen.[299] Wird die Gesellschaft trotz fehlerhafter Festsetzung in der Satzung ins Handelsregister eingetragen, genießt die Gesellschaft Bestandsschutz.[300] Der Inferent ist zur Leistung der Einlage in Geld verpflichtet, soweit nicht die Anrechnungslösung des § 27 Abs. 3 S. 3 AktG unmittelbar oder im Wege der Analogie eingreift.[301]

Ist das Gericht der Auffassung, dass der Wert der Sacheinlage nicht unwesentlich hinter dem geringsten Ausgabebetrag der dafür zu gewährenden Aktien oder dem Wert der dafür zu gewährenden Leistungen zurückbleibt, hat es die Eintragung nach § 38 Abs. 2 AktG abzulehnen. Wird trotzdem eingetragen, tritt Heilung ein, §§ 397, 399 FamFG und § 275 Abs. 1 AktG erfassen diesen Fall nicht. Die Gründer haften der Gesellschaft auf den Differenzbetrag. Zur verdeckten Sacheinlage vgl. unten.

129 - **Satzungsergänzende Nebenabreden:** Hierbei handelt es sich um außerhalb des korporativen Satzungsrechts verbleibende, nur die Gründer untereinander verpflichtende Nebenabreden.[302] Sie werden allgemein nach dem Grundsatz der Vertragsfreiheit für zulässig und wirksam erachtet, soweit sie nicht Regelungen zum Inhalt haben, die satzungspflichtig sind oder dem Zweck zwingender gesetzlicher Regelungen zuwiderlaufen.[303] Typisches Beispiel: Stimmbindungsverträge.[304]

130 - **Satzungsfeststellung:** Die Satzungsfeststellung ist zwingender Bestandteil des Gründungsgeschäfts (vgl. oben Einheitlichkeit der Gründung).

131 - **Scheingeschäft (§ 117 BGB):** Für eine Beitrittserklärung, die nur zum Schein abgegeben wird, gilt vor Eintragung § 117 BGB. Sobald die Gesellschaft in Vollzug gesetzt wurde, kann eine etwaige Nichtigkeit der Beitrittserklärung gemäß § 117 Abs. 1 BGB nur noch ex nunc geltend gemacht werden. Die Prüfung des Registergerichts umfasst auch die Frage, ob ein Scheingeschäft vorliegt.[305] Gegebenenfalls hat das Registergericht die Eintragung gemäß § 38 Abs. 1 AktG abzulehnen. Der Mangel wird durch die Eintragung geheilt.[306] §§ 397, 399 FamFG, § 275 Abs. 1 AktG gelten für subjektive Beitrittsmängel nicht.

132 - **Sittenwidrigkeit (§ 138 BGB):** Der Gründungsvertrag ist unwirksam, wenn er gegen die guten Sitten verstößt. Wird die Gesellschaft in Vollzug gesetzt, kann die Sittenwidrigkeit nur noch für die Zukunft geltend gemacht werden. Eine Eintragung muss das Registergericht gemäß § 38 Abs. 4 Nr. 3 AktG ablehnen. Trägt das Registergericht dennoch ein, wird der Satzungsmangel geheilt. §§ 397, 399 FamFG, § 275 Abs. 1 AktG sind nicht einschlägig.

133 - **Sitz:** Gemäß § 23 Abs. 3 Nr. 1 AktG muss die Satzung den Sitz der Gesellschaft bestimmen. Fehlt in der Satzung eine Bestimmung zum Gesellschaftssitz oder ist die Satzungsbe-

---

[299] Hüffer/Koch/*Koch* AktG § 27 Rn. 12; KölnKomm/*A. Arnold* § 27 Rn. 40.
[300] Hüffer/Koch/*Koch* AktG § 27 Rn. 12; KölnKomm/*A. Arnold* § 27 Rn. 40.
[301] Hüffer/Koch/*Koch* AktG § 27 Rn. 12; MüKoAktG/*Pentz* § 27 Rn. 81.
[302] Hüffer/Koch/*Koch* AktG § 23 Rn. 45; *Baumann/Reiß* ZGR 1989, 157 (158).
[303] BGH NJW-RR 2013, 410; BGHZ 123, 15 (20); BGH WM 1993, 641 f.; 1987, 71; 1983, 334; 1965, 1076 f.; BB 1969, 1410 f.; MüKoAktG/*Pentz* § 23 Rn. 196; GroßkommAktG/*Röhricht* § 23 Rn. 256; GHEK/*Eckardt* § 23 Rn. 43; Hüffer/Koch/*Koch* AktG § 23 Rn. 45; Hachenburg/*Ulmer* GmbHG § 3 Rn. 120, 122; Baumbach/Hueck/*Fastrich* GmbHG § 3 Rn. 57 f.
[304] BGHZ 48, 163 ff.; WM 1983, 334 = NJW 1983, 1910; GroßkommAktG/*Röhricht* § 23 Rn. 241; MüKoAktG/*Pentz* § 23 Rn. 196.
[305] Vgl. MüKoAktG/*Pentz* § 38 Rn. 48.
[306] GroßkommAktG/*Röhricht* § 23 Rn. 225; RGZ 57, 292 (297); 124, 279 (287 f.); BGHZ 21, 378 (381 f.).

stimmung nichtig, darf das Registergericht die Gesellschaft nicht eintragen, § 38 Abs. 4 Nr. 1 AktG. Wird die Gesellschaft dennoch eingetragen, steht der Verstoß der Wirksamkeit der Gesellschaft nicht entgegen. Ein Nichtigkeitsgrund iSd §§ 275 Abs. 1, 397 FamFG liegt nicht vor. Das Registergericht kann aber – wird der Mangel nicht auf Aufforderung durch das Registergericht fristgerecht behoben – die Auflösung der Gesellschaft veranlassen, § 399 FamFG, § 262 Abs. 1 Nr. 5 AktG.

- **Sondervorteile** müssen gemäß § 26 Abs. 1 AktG unter Bezeichnung des Berechtigten in der Satzung festgesetzt werden. Erfolgt keine Festsetzung, liegt ein inhaltlicher Satzungsmangel vor. Wird die Gesellschaft in Vollzug gesetzt, gelten die Grundsätze der fehlerhaften Gesellschaft. Die Entstehung der Gesellschaft wird durch die unterlassende Festsetzung nicht berührt, ebenso wenig die sich aus der Satzung ergebenden Rechte und Pflichten der Gründer. Lediglich die Einräumung der besonderen Vorteile sind der Gesellschaft gegenüber unwirksam.[307] Gemäß § 38 Abs. 1 AktG muss das Registergericht die Eintragung der Gesellschaft ablehnen.[308] Trägt es dennoch ein, besteht der Inhaltsmangel fort und kann auch nicht durch Satzungsänderung geheilt werden, § 26 Abs. 3 AktG.[309] §§ 397, 399 FamFG, § 275 Abs. 1 AktG erfassen inhaltliche Satzungsverstöße dieser Art nicht. Im Übrigen stellt § 26 Abs. 3 AktG eine Spezialregelung dar. Die Unwirksamkeit erfasst den Rechtsgrund und gleichwohl erfolgte Leistungen. Die Gesellschaft hat den unrechtmäßigen Empfängern gegenüber Eigentumsherausgabe- und Bereicherungsansprüche.[310] **134**
- **Stückaktien:** vgl. oben „Aktienzahl/Aktienform/Aktiengattung"
- **Täuschung:** Infolge Täuschung abgegebene Beitrittserklärungen sind grundsätzlich zurechenbar; es entsteht eine Vor-AG; Der Gründer kann seine Erklärung aber bis zur Eintragung nach § 123 BGB anfechten. War die Gesellschaft bereits in Vollzug gesetzt, führt die Anfechtung nur zur Auflösung der Vor-AG für die Zukunft. Anfechtungserklärungen der Gründer sind durch das Registergericht zu berücksichtigen;[311] eine Eintragung ist ggf. gemäß § 38 Abs. 1 AktG abzulehnen. Nach der Eintragung kann die Anfechtbarkeit nicht mehr geltend gemacht werden, die Beitrittserklärung ist wirksam. §§ 397, 399 FamFG, § 275 Abs. 1 AktG. **135**
- **Teilnichtigkeit,** § 139 BGB: Ein objektives Bestandsschutzinteresse oder schutzwürdiges Vertrauen der Gründer oder des Rechtsverkehrs ist zumindest vor dem Tätigwerden der Vor-Gesellschaft nicht zu erkennen. Daher kann sich bis zum Entstehen einer fehlerhaften Vor-Gesellschaft grundsätzlich jeder Gründer mit Wirkung ex tunc auf Wirksamkeitsmängel berufen mit der Folge, dass die Unwirksamkeit grundsätzlich den gesamten Gründungsvorgang betrifft.[312] Die Geltung von § 139 BGB hat der Gesetzgeber mit § 38 Abs. 4 Nr. 3 AktG auch grundsätzlich anerkannt. Das Registergericht hat daher die Eintragung der Gesellschaft abzulehnen, wenn nichtige Satzungsbestandteile die Annahme der Gesamtnichtigkeit der Satzung nach sich ziehen. **136**
- **Übernahmeerklärung:** vgl. oben „Beitrittserklärung"
- **Unternehmensgegenstand** (§ 23 Abs. 3 Nr. 2 AktG): Fehlt eine Bestimmung über den Unternehmensgegenstand oder ist diese Bestimmung nichtig, liegt ein Gründungsmangel vor. Dieser kann – nach Invollzugsetzung – nur noch für die Zukunft geltend gemacht werden. Das Registergericht muss die Eintragung nach § 38 Abs. 1, 4 Nr. 1 AktG ablehnen. **137**

---

[307] MüKoAktG/*Pentz* § 26 Rn. 45: Vor Eintragung der Gesellschaft ist eine Heilung des Mangels durch Satzungsänderung möglich. Nach Eintragung steht einer Heilung § 26 Abs. 3 S. 2 entgegen, vgl. MüKoAktG/*Pentz* § 26 Rn. 44; Hüffer/Koch/*Koch* AktG § 26 Rn. 6, 8; KölnKommAktG/*A. Arnold* § 26 Rn. 35.
[308] MüKoAktG/*Pentz* § 26 Rn. 41; § 38 Rn. 77 f., 12 f.; Hüffer/Koch/*Koch* AktG § 26 Rn. 7; KölnKommAktG/*A. Arnold* § 26 Rn. 29; einschränkend GroßkommAktG/*Röhricht* § 26 Rn. 47.
[309] Vgl. Hüffer/Koch/*Koch* AktG § 26 Rn. 8.
[310] Hüffer/Koch/*Koch* AktG § 26 Rn. 7.
[311] Das Registergericht kann das Eintragungsverfahren nach § 381 FamFG aussetzen, MüKoAktG/*Pentz* § 38 Rn. 43.
[312] Im Ergebnis ähnlich GroßkommAktG/*Röhricht* § 23 Rn. 212 f.: generelle Ablehnung des § 139 BGB auch schon vor Eintragung ist zu pauschal; Teilnichtigkeit nur, wenn feststeht, dass es sich bei der nichtigen Regelung nicht um ein „Essential" der Gesellschaftsgründung handelt und der Gesellschaftsvertrag auch ohne sie geschlossen worden wäre; auch Invollzugsetzung rechtfertigt keine andere Bewertung.

Eine Heilung durch Eintragung ist nicht möglich. Aktionäre, der Vorstand sowie der Aufsichtsrat können binnen drei Jahren nach der Eintragung Nichtigkeitsklage erheben, § 275 Abs. 1 AktG. Außerdem kann die Gesellschaft ohne zeitliche Begrenzung durch das Registergericht gelöscht werden, § 397 S. 1 FamFG.

138 • **Verbotsgesetz (§ 134 BGB):** Der Gründungsvertrag ist unwirksam, wenn er gegen ein gesetzliches Verbot verstößt. Wird die Gesellschaft in Vollzug gesetzt, kann die Sittenwidrigkeit nur noch für die Zukunft geltend gemacht werden. Eine Eintragung muss das Registergericht gemäß § 38 Abs. 4 Nr. 1 und 2 oder 3 AktG ablehnen. Trägt das Registergericht dennoch ein, wird der Satzungsmangel geheilt, soweit nicht ein Inhaltsmangel gemäß §§ 397, 399 FamFG, § 275 Abs. 1 AktG vorliegt.

139 • **Verdeckte Sacheinlage:** Eine verdeckte Sacheinlage liegt nach § 27 Abs. 3 S. 1 AktG vor, wenn der Gründer den eingezahlten Barbetrag ganz oder teilweise als Gegenleistung für eine im Zusammenhang mit dem Gründungs- und Kapitalerhöhungsvorgang vorgenommene Sachleistung (verdeckte oder verschleierte Sachübernahme) von der Gesellschaft zurückerhält.[313] Liegt eine verdeckte Sacheinlage vor, führt dies zu einem Eintragungshindernis gemäß § 38 Abs. 1, 4 Nr. 1 AktG, weil es an der in § 36 Abs. 2 S. 1 AktG geforderten endgültigen freien Verfügung des Vorstands über die Einlage fehlt und die Satzung die tatsächlich beabsichtigte Einlage nicht enthält. Wird die Gesellschaft dennoch eingetragen, entsteht die AG wirksam. §§ 397, 399 FamFG, § 275 Abs. 1 AktG sind nicht einschlägig.

140 Nach § 27 Abs. 3 S. 1 AktG befreit die im Zuge einer verdeckten Sacheinlage erbrachte Geldleistung den Inferenten nicht von seiner Einlageverpflichtung. Der Wert des Vermögensgegenstandes, den der Aktionär „verdeckt" eingelegt hat, wird nach § 27 Abs. 3 AktG auf die fortbestehende Geldeinlagepflicht angerechnet (vgl. oben § 13). Für die Werthaltigkeit des Vermögensgegenstandes ist der Aktionär beweispflichtig (§ 27 Abs. 3 S. 5 AktG). Durch Umwandlung der Bar- in eine Sacheinlage entfällt diese Beweislastumkehr. Vor Eintragung der Gesellschaft kann eine Bareinlage nach hM durch Hauptversammlungsbeschluss mit satzungsändernder Mehrheit in eine Sacheinlage umgewandelt werden.[314] Es ist noch ungeklärt, ob die Rechtsprechung wie bei der GmbH[315] dies auch nach Eintragung der AG zulässt. Dem stand der im Zuge des ARUG entfallene § 27 Abs. 4 AktG aF entgegen (vgl. oben § 13).

• **Versteckter Dissens:** vgl. oben Dissens

141 • **Vollmachtlose Vertretung:** Beitrittserklärungen vollmachtloser Vertreter sind dem Vertretenen nur mit dessen Genehmigung (vgl. § 177 BGB) zurechenbar. Wird das Vertretergeschäft vom Vertretenen nicht genehmigt, bleibt das Gründungsgeschäft unvollständig, denn nach § 179 BGB, der zumindest im Gründungsstadium gilt, wird der vollmachtlose Vertreter nicht Vertragspartner. Die Erklärung eines vollmachtlosen Vertreters bleibt für den „Vertretenen" folgenlos. Werden zumindest zwei Gründer mit Vollmacht vertreten, entsteht keine Vor-AG, nicht einmal eine fehlerhafte. Auch eine Eintragung kann in diesem Fall die Gesellschaft nicht wirksam entstehen lassen. Eine etwaige Eintragung ist gemäß § 395 FamFG zu löschen.

---

[313] MüKoAktG/*Pentz* § 27 Rn. 75; AnwaltskommAktR/*Heidel/Polley* § 27 Rn. 34 ff.
[314] BGH ZIP 1998, 780 (782); BGHZ 132, 141 = BGH ZIP 1996, 668 (673) = NJW 1996, 1473; GroßkommAktG/*Gehrlein* § 66 Rn. 61; MüKoAktG/*Pentz* § 27 Rn. 161; aA: *Lutter/Gehling* WM 1989, 1445 (1455); *Roth* NJW 1991, 1913 (1918); *Wegmann* BB 1991, 1006 (1008): Rückabwicklung der jeweiligen Leistung und Neuvornahme insgesamt; aA *Joost* ZIP 1990, 549 (562 f.); *Henze* HHR AktienR S. 75; *Wiedemann* DB 1993, 141 (150): nachträglicher Nachweis der korrekten Abwicklung von Einlage- und Gegengeschäft genügt; aA BayObLG DB 1978, 337 f.: Verbindung von Kapitalherabsetzung und anschließender Kapitalerhöhung mit vollständiger Festsetzung der Sacheinlage; aA *Lutter/Gehling* WM 1989, 1455; *Priester* DStR 1990, 775; *ders.* DB 1990, 1753 (1759 f.): Der Anspruch des Gesellschafters auf Herausgabe des Gegenstandes der verdeckten Sacheinlage oder die Bereicherungsforderung aus fehlgeschlagener Einlageleistung kann nachträglich als Sacheinlage eingebracht werden; erforderlich hierfür ist eine Vereinbarung, die durch qualifizierten Mehrheitsbeschluss der Hauptversammlung herbeizuführen und ins Handelsregister einzutragen ist; aA MüKoAktG/*Pentz* § 27 Rn. 107 ff.: direkte Anwendung von § 52; aA *Lutter/Gehling* WM 1989, 1445 (1455): entsprechende Anwendung der Voraussetzungen des § 52.
[315] BGHZ 132, 141 (150).

Entsteht die Gesellschaft durch Eintragung unter den Mitgründern, ist fraglich, was mit den auf den vollmachtlos Vertretenen entfallenden Aktien geschieht. § 179 Abs. 1 BGB spricht für eine Verpflichtung des falsus procurator zur Übernahme.[316]
- **Vorratsgründung:** Vgl. oben „Mangelgründung/Mantelverwendung"
- **Vorstand – Wahl des ersten (§ 30 Abs. 4 AktG):** Mit der Wahl des ersten Vorstands und der Aufnahme ihrer Tätigkeit beginnt die gegründete Organisation zu existieren; es gelten ab diesem Zeitpunkt die Grundsätze der fehlerhaften Gesellschaft. Fehlt es an der Wahl des ersten Vorstands, kann zwar eine Vor-AG entstehen, die Gesellschaft wird jedoch nicht eingetragen, § 38 Abs. 1 AktG.[317] Dasselbe gilt, wenn der erste Vorstand nicht vollständig besetzt ist.[318] Nach Eintragung können weder einzelne Aktionäre noch Verwaltungsmitglieder der Gesellschaft Verstöße gegen § 30 Abs. 4 AktG beseitigen, da § 275 AktG nicht eingreift. Auch das Registergericht kann den Verstoß nicht geltend machen, da es sich weder um einen Fall des § 397 FamFG noch einen des § 399 FamFG handelt.
- **Vorstand – Regelung in der Satzung:** Gemäß § 23 Abs. 3 Nr. 6 AktG ist in der Satzung die Zahl der Mitglieder des Vorstands oder die Regeln, nach denen diese Zahl festgelegt wird, anzugeben. Fehlt eine Bestimmung in der Satzung oder ist diese nichtig, entsteht, wenn die Gesellschaft in Vollzug gesetzt wird, eine fehlerhafte Gesellschaft. Eine Eintragung hat das Registergericht gemäß § 38 Abs. 4 Nr. 1 AktG abzulehnen. Wird der Mangel nicht auf Aufforderung durch das Registergericht fristgemäß behoben, kann dies zur Auflösung der Gesellschaft durch rechtskräftige Verfügung des Registergerichts nach § 399 FamFG iVm § 262 Abs. 1 Nr. 5 AktG führen.[319]

II. Nachgründung, §§ 52 f. AktG

1. Vorbemerkung

Den Vorschriften über die Nachgründung in §§ 52 f. AktG unterliegen Verträge der Aktiengesellschaft, die mit den Gründern in den ersten beiden Jahren nach Entstehung der Aktiengesellschaft über den Erwerb von Vermögensgegenständen abgeschlossen werden, wenn sich die Gesellschaft hierbei zu einer Gegenleistung in Höhe von mehr als 10 % ihres bei Vertragsschluss nominal vorhandenen Grundkapitals verpflichtet.[320] Die Wirksamkeit eines solchen Vertrages setzt die Prüfung durch den Aufsichtsrat und einen externen Gründungsprüfer, die Zustimmung durch die Hauptversammlung und die Eintragung des Vertrages in das Handelsregister der Gesellschaft voraus.[321] Eine Ausnahme vom grundsätzlichen Erfordernis einer externen Gründungsprüfung enthält § 52 Abs. 4 S. 3 AktG. Danach kann beim Vorliegen der Voraussetzungen des § 33a Abs. 1 AktG von einer externen Prüfung abgesehen werden, es sei denn, es liegt ein Fall des § 33a Abs. 2 AktG vor.[322]

Mit dem Gesetz zur Namensaktie und zur Erleichterung der Stimmrechtsausübung vom 18.1.2001 (NaStraG)[323] wurde § 52 AktG mit (Rück-)Wirkung zum 1.1.2000 geändert. Die Änderungen betrafen im Wesentlichen Abs. 1 S. 1 und Abs. 9,[324] wodurch der Anwendungsbereich von § 52 AktG stark reduziert wurde. Als Übergangsvorschrift regelt § 11 EGAktG, dass die Unwirksamkeit eines vor dem 1.1.2000 geschlossenen Nachgründungsgeschäfts nach dem 1.1.2002 nur noch nach den geänderten Vorschriften geltend

---
[316] Umstritten, vgl. Nachweise bei MüKoAktG/*Pentz* § 23 Rn. 183 und 188.
[317] Hüffer/Koch/*Koch* AktG § 30 Rn. 2; MüKoAktG/*Pentz* § 30 Rn. 37; § 38 Rn. 34, 12.
[318] MüKoAktG/*Pentz* § 30 Rn. 16.
[319] GroßkommAktG/*Röhricht* § 23 Rn. 224.
[320] Hüffer/Koch/*Koch* AktG § 52 Rn. 1 f.; MüKoAktG/*Pentz* § 52 Rn. 1 ff.
[321] Hüffer/Koch/*Koch* AktG § 52 Rn. 6; MüKoAktG/*Pentz* § 52 Rn. 25 ff.
[322] MüKoAktG/*Pentz* § 52 Rn. 30.
[323] BGBl. I S. 123.
[324] Vgl. RegBegr. BT-Drs. 14/4051, 10; MüKoAktG/*Pentz* § 52 Rn. 3.

werden kann.³²⁵ Für Altfälle tritt nach richtiger Meinung Heilung mit Wirkung ex tunc, dh mit dem Zeitpunkt des Abschlusses des Nachgründungsvertrages ein.³²⁶

146   Grund für diese Änderung von § 52 Abs. 1 S. 1 AktG war, dass die Nachgründung für kleinere Aktiengesellschaften eine erhebliche Behinderung darstellte.³²⁷ In der alten Fassung erfasste die Nachgründung jeden Erwerbsvorgang der Gesellschaft, bei dem die Vergütung 10 % des Grundkapitals überstieg, und damit auch Verträge mit gesellschaftsfremden Dritten. Heute ist die Anwendbarkeit auf Verträge mit Gründern iSv § 28 AktG und Aktionären, die mit mehr als 10 % am Grundkapital der Gesellschaft beteiligt sind, beschränkt.³²⁸ Aktionäre, die noch vor Eintragung beitreten, sind Gründern gleichzustellen.³²⁹ § 52 Abs. 9 AktG wurde an die Regelung in Art. 11 Abs. 2 der Kapitalrichtlinie³³⁰ angepasst.³³¹

2. Regelungsgegenstand, Zweck der Vorschrift

147   Gegenstand des § 52 sind schuldrechtliche Verträge, die nach Eintragung der Gesellschaft abgeschlossen werden. Entgegen der Bezeichnung „Nachgründung" handelt es sich nicht um einen Teil des Gründungsvorgangs,³³² die Regelung findet vielmehr erst dann Anwendung, wenn die Aktiengesellschaft bereits in das Handelsregister eingetragen ist und damit als solche besteht.

148   § 52 AktG dient in erster Linie dem Schutz vor Umgehung der Sachgründungsvorschriften (§§ 27, 32 ff. AktG)³³³ und damit der Kapitalaufbringung.³³⁴ Zu diesem Zweck wurde die in § 399 AktG normierte Strafbarkeit falscher Angaben, die bisher nur Angaben im Zusammenhang mit der Gesellschaftsgründung erfasste, auf falsche Angaben im Rahmen einer Nachgründung ausgeweitet.³³⁵ Daneben soll er die Gesellschaft und die Aktionäre vor einer missbräuchlichen Einflussnahme der Gründer oder der mit mehr als 10 % am Grundkapital beteiligten Aktionäre auf den Vorstand schützen.³³⁶

149   Dem Wortlaut nach ist § 52 AktG lediglich auf Erwerbsvorgänge in den ersten zwei Jahren nach Eintragung der Gesellschaft anwendbar. Die Regelungen über die Nachgründung gelten jedoch entsprechend für
- Formwechsel, vgl. §§ 197 S. 1, 220 Abs. 3 S. 2, 245 Abs. 1 S. 2 UmwG³³⁷
- Verschmelzungen durch Aufnahme, § 67 UmwG³³⁸ und

---

³²⁵ Vgl. auch Art. 7 NaStraG; Hüffer/Koch/*Koch* AktG § 52 Rn. 1; Happ/*Mulert* 2.06 Rn. 1; *Pentz* NZG 2001, 346 (352 ff.); *Dormann/Formholzer* AG 2001, 242 (246 ff.); *Werner* ZIP 2001, 1403 (1406 f.); *Eisolt* DStR 2001, 748 (753 ff.); *Priester* DB 2001, 467 (471).
³²⁶ Happ/*Mulert* 2.06 Rn. 1; *Pentz* NZG 2001; 346, 353; *Seibert* ZIP 2001, 53 (54).
³²⁷ Erklärung des Bundesjustizministeriums iR eines 1999 veröffentlichten Referentenentwurfs, RegBegr. BT-Drs. 14/4051, 10: Die Nachgründung hat sich „für die Betroffenen als gefährlich herausgestellt".
³²⁸ Vgl. Art. 1 Nr. 3a NaStraG; Hüffer/Koch/*Koch* AktG § 52 Rn. 3.
³²⁹ Hüffer/Koch/*Koch* AktG § 52 Rn. 3; *Priester* DB 2001, 467 f.
³³⁰ Zweite Richtlinie des Rates der Europäischen Gemeinschaften zur Koordinierung des Gesellschaftsrechts.
³³¹ RegBegr. BT-Drs. 14/4051, 10.
³³² Anwaltskommentar Aktienrecht/*Heidel/Kleiser* § 52 Rn. 1; Hüffer/Koch/*Koch* AktG § 52 Rn. 2; GroßkommAktG/*Barz* § 52 Rn. 3; KölnKommAktG/M. *Arnold* § 52 Rn. 7; MüKoAktG/*Pentz* § 52 Rn. 6, 12.
³³³ Vgl. Begründung Gesetzesentwurf v. 1884, abgedruckt bei Schubert/Hommelhoff, Hundert Jahre modernes Aktienrecht, S. 453; RegBegr. zum Namensaktiengesetz BT-Drs. 14/4051, 10; ebenso BayObLG JW 1925, 1646 f.; Hüffer/Koch/*Koch* AktG § 52 Rn. 1; AnwaltskommAktR/*Heidel/Lohr* § 52 Rn. 1; MüKoAktG/*Pentz* § 52 Rn. 5; GroßkommAktG/*Barz* § 52 Rn. 1; KölnKommAktG/M. *Arnold* § 52 Rn. 2; GHEK/*Eckardt* § 52 Rn. 2; MünchHdBAG/*Hoffmann-Becking* § 4 Rn. 50; *K. Schmidt* GesR § 27 II 5c (S. 800); *Koch*, Die Nachgründung, S. 15 f.; *Eisolt* DStR 2001, 748 ff.; *Werner* ZIP 2001, 1403 (1405); *ders.* NZG 2001, 397 (401); *Kindler* NJW 2001, 1678 (1689); *Drygala*, in: FS Huber, S. 691 f.
³³⁴ Hüffer/Koch/*Koch* AktG § 52 Rn. 1; MüKoAktG/*Pentz* § 52 Rn. 5; GroßkommAktG/*Barz* § 52 Rn. 1.
³³⁵ Ihrig/Wandt BB 2016, 6 (17).
³³⁶ RegBegr. Namensaktiengesetz, BT-Drs. 14/4051, 10; BGHZ 110, 47 (55) = NJW 1990, 982; Hüffer/Koch/*Koch* AktG § 52 Rn. 1; *Koch* aaO S. 25 ff., 39; AnwaltskommAktR/*Heidel/Lohr* § 52 Rn. 1; MüKoAktG/*Pentz* § 52 Rn. 5; *Koch*, Die Nachgründung, S. 15 ff.
³³⁷ → § 16 Rn. 4 ff.; vgl. auch *Koch*, Die Nachgründung, S. 107 ff.; Hüffer/Koch/*Koch* AktG § 52 Rn. 10; AnwaltskommAktR/*Heidel/Lohr* § 52 Rn. 4.
³³⁸ → § 16 Rn. 47 ff.

- Sachkapitalerhöhungen[339] und
- Vorratsgesellschaften.[340]

Die Regelungen über die Nachgründung sollen nicht nur vor Umgehung der Sachgründungsvorschriften schütztn. Sie eröffnen vielmehr auch eine legitime Alternative zur Sachgründung.[341] Dies folgt mit Selbstverständlichkeit aus dem Regelungszweck von § 52 Abs. 10 AktG. Die Gründer können daher den Gründungsvorgang bewusst dadurch beschleunigen, dass sie sich zunächst auf eine Bargründung beschränken, um nach Eintragung der Gesellschaft dasjenige, was Gegenstand der Sachgründung hätte sein können, gemäß § 52 AktG auf die Gesellschaft zu übertragen. Neben der Zeitersparnis können hierdurch auch die Gefahren der Handelndenhaftung nach § 41 Abs. 1 S. 2 AktG und der Differenzhaftung der Gründer im Hinblick auf die vorzeitige und riskante Aufnahme der Geschäfte vermieden werden. Auch kann die Satzung von den nach § 27 Abs. 1 AktG geforderten Festsetzungen freigehalten werden, die ansonsten frühestens 30 Jahre nach Eintragung der Gesellschaft im Handelsregister beseitigt werden können. Allerdings muss bei planmäßiger Aufteilung des Gründungsvorgangs in eine Bar- und eine Nachgründung für Abschluss und Durchführung des Nachgründungsvertrages die Eintragung der Gesellschaft in das Handelsregister abgewartet werden.

3. Der Nachgründungsvorgang

a) *Nachgründungsvertrag, § 52 Abs. 1 S. 1 AktG. aa) Vertragsgegenstand.* § 52 Abs. 1 S. 1 AktG ist auf in den ersten zwei Jahren seit der Eintragung der Gesellschaft in das Handelsregister[342] geschlossene Verträge der Gesellschaft anzuwenden, nach denen die Gesellschaft vorhandene oder herzustellende Anlagen oder andere Vermögensgegenstände für eine Vergütung erwerben soll, die 10 % des Nennbetrages des bei Vertragsabschluss vorhandenen Grundkapitals übersteigt.[343] Entscheidend ist der Zeitpunkt des Vertragsschlusses;[344] die Erfüllung des Vertrages kann auch nach Ablauf des Zwei-Jahres-Zeitraumes liegen.[345] § 52 AktG gilt auch für Verträge, die bedingt oder befristet abgeschlossen wurden.[346]

§ 52 AktG erfasst jeden beliebigen Geschäftstyp, etwa Kauf, Miete, Leasing oder Werkvertrag[347] sowie Vermögensgegenstände jeder Art. Die Aufzählung in Abs. 1 S. 1 ist lediglich beispielhaft.[348] Nach mittlerweile wohl hM fallen auch Verträge über Dienstleistungen in den Anwendungsbereich von § 52 AktG.[349] Der Schutzzweck des § 52 AktG, der nicht nur die Umgehung der Gründungsvorschriften vermeiden soll, sondern auch den Schutz der Gesellschaft bzw. der Aktionäre bezweckt, ist nur gewährleistet, wenn dem Vorstand auch oder gerade die Vergütung von Leistungen untersagt ist, die nicht einmal einlagefähig sind.[350]

---

[339] → § 33 Rn. 8 ff., vgl. ferner Hüffer/Koch/*Koch* AktG § 52 Rn. 11; *Koch*, Die Nachgründung, S. 187 ff.
[340] → § 33 Rn. 119 ff.; vgl. ferner AnwaltskommAktR/*Heidel/Lohr* § 52 Rn. 3; kritisch Happ/*Mulert* 2.06 Rn. 2.
[341] Happ/*Mulert* 2.06 Rn. 1; vgl. auch MüKoAktG/*Pentz* § 52 Rn. 68 f.
[342] Für die Berechnung der Zweijahresfrist gelten die §§ 187, 188 BGB, wobei der Abschluss des schuldrechtlichen Vertrages maßgeblich ist, unabhängig von der Fälligkeit der Leistung oder dem Eintritt einer Bedingung etc, AnwaltskommAktR/*Heidel/Lohr* § 52 Rn. 3; MüKoAktG/*Pentz* § 52 Rn. 19.
[343] MüKoAktG/*Pentz* § 52 Rn. 1 ff.; Hüffer/Koch/*Koch* AktG § 52 Rn. 1 f.
[344] MüKoAktG/*Pentz* § 52 Rn. 20.
[345] KölnKommAktG/M. Arnold § 52 Rn. 19; MüKoAktG/*Pentz* § 52 Rn. 20.
[346] Happ/*Mulert* 2.06 Rn. 1; MüKoAktG/*Pentz* § 52 Rn. 20; KölnKommAktG/M. Arnold § 52 Rn. 19; *Dieckmann* ZIP 1996, 2149 (2150); *Kohl* BB 1995, 139; *Witte/Wunderlich* BB 2000, 2213 (2215); *Hartmann/Barcaba* AG 2001, 437 (441); *Kubis* AG 1993, 118 (122 f.); *Godin/Wilhelmi* § 52 Anm. 47.
[347] Hüffer/Koch/*Koch* AktG § 52 Rn. 2; AnwaltskommAktR/*Heidel/Lohr* § 52 Rn. 4; GroßkommAktG/*Barz* § 52 Rn. 3; KölnKommAktG/M. Arnold § 52 Rn. 13; MüKoAktG/*Pentz* § 52 Rn. 16.
[348] Hüffer/Koch/*Koch* AktG § 52 Rn. 4.
[349] MüKoAktG/*Pentz* § 52 Rn. 17 mwN; KölnKommAktG/M. Arnold § 52 Rn. 18; Hüffer/Koch/*Koch* AktG § 52 Rn. 4; *Zimmer* DB 2000, 1265 (1266) mwN.
[350] Hüffer/Koch/*Koch* AktG § 52 Rn. 4; AnwaltskommAktR/*Heidel/Lohr* § 52 Rn. 4; MüKoAktG/*Pentz* § 52 Rn. 16 f. *Krieger*, in: FS Claussen, S. 223 (226 f.).

153 **bb) Höhe der Vergütung.** Die Vergütung muss 10 % des Grundkapitals übersteigen. Bei der in § 52 Abs. 1 S. 1 AktG vorgesehenen 10 %-Grenze ist auf das satzungsmäßige Grundkapital im Zeitpunkt des Vertragsschlusses abzustellen. Unerheblich ist, ob bzw. in welcher Höhe Einzahlungen geleistet oder zu welchem Betrag die Aktien der Gesellschaft ausgegeben wurden.[351] Nicht berücksichtigt werden Kapital- oder Gewinnrücklagen.[352] Eine Erhöhung des Grundkapitals ist nur zu berücksichtigen, wenn die Durchführung der Kapitalerhöhung nach § 189 AktG vor dem Erwerbsgeschäft eingetragen wurde.[353]

154 Str. ist, ob die Vergütung aus dem Grundkapital erfolgen muss, oder ob es sich bei dem Grundkapital der Gesellschaft lediglich um eine Rechnungsgröße handelt.[354] Die Rspr. hat sich zu diesem Streit bisher nicht geäußert. Nach Ansicht der hM in der Lit. muss die Vergütung aus dem Kapital oder sonstigem Vermögen der Gesellschaft erfolgen, Gewinne unterfallen dagegen nicht den Nachgründungsvorschriften.[355] Dieser Ansicht wird zum Teil mit der Einschränkung zugestimmt, dass die Vergütung aus dem Vermögen der AG bezahlt werden muss, das zur Deckung des Grundkapitals und der nach § 272 Abs. 2 Nr. 1–3 HGB vorgeschriebenen Kapitalrücklage benötigt wird. Die zulässige Gewinnverwendung, dh die Verwendung des Jahresüberschusses nach Einstellung in die gesetzliche Rücklage (§§ 150 Abs. 2, 300 AktG) und die Kapitalrücklage (§§ 272 Abs. 2 Nr. 1–3 HGB, 150 Abs. 2, soll dagegen nicht unter § 52 AktG[356] fallen. Nach richtiger Auffassung handelt es sich bei der Bezugsgröße „Grundkapital" jedoch um eine reine Rechengröße. Der auf die Kapitalaufbringung und nicht auf die Kapitalerhaltung ausgerichtete Charakter der Vorschrift sowie der Schutz des Gewinnbezugsrechts der Aktionäre erfordern es, die Höhe der Vergütung allein daran zu messen, ob sie wertmäßig einen Betrag in Höhe von zehn Prozent des Grundkapitals übersteigt.[357]

155 Bei der Feststellung, ob die Vergütung die 10 %-Grenze erreicht, ist die gesamte Gegenleistung maßgeblich, bei – teilweisen – Sachleistungen ist deren Wert zu berücksichtigen; wird der Erwerb in mehrere Verträge aufgespalten, müssen die Gegenleistungen zusammengerechnet werden.[358] Werden die Verträge mit unterschiedlichen Vertragspartnern oder zeitlich stark versetzt geschlossen, kann eine Nachgründung hingegen nur unter Umgehungsgesichtspunkten angenommen werden.[359] Unentgeltliche Geschäfte sind hingegen nachgründungsfrei.

156 **cc) Vertragsparteien.** Vertragspartei ist auf der einen Seite die Gesellschaft. Auf der anderen Seite des Vertrages steht seit Änderung des § 52 Abs. 1 S. 1 AktG durch Art. 1 Nr. 3a NaStraG entweder ein Gründungsmitglied, wobei Gründern nach hM Aktionäre gleichgestellt werden, die zwar nach Gründung, aber vor Eintragung der Gesellschaft beigetreten sind,[360] oder ein anderer Aktionär, der im Zeitpunkt des Ver-

---

[351] Hüffer/Koch/*Koch* AktG § 52 Rn. 3; KölnKommAktG/M. *Arnold* § 52 Rn. 20; MüKoAktG/*Pentz* § 52 Rn. 21; GroßkommAktG/*Barz* § 52 Rn. 2; GHEK/*Eckardt* § 52 Rn. 9; *Koch*, Die Nachgründung, S. 41; *Zimmer* DB 2000, 1265.
[352] MüKoAktG/*Pentz* § 52 Rn. 21; *Zimmer* DB 2000, 1265; *Bröcker* ZIP 1999, 1029 (1031); auch nicht solche des § 208, vgl. *Krieger*, in: FS Claussen, S. 223 (228).
[353] Hüffer/Koch/*Koch* AktG § 52 Rn. 5; MüKoAktG/*Pentz* § 52 Rn. 21; *Koch*, Die Nachgründung, S. 42; *Bröcker* ZIP 1999, 1029 (1031).
[354] So etwa *Kubis* AG 1993, 118 (121): Kapitalgrenze ist lediglich zahlenmäßig festgestellter Schwellenwert, dessen Überschreitung unabhängig von der Frage, aus welchem Vermögen die Zahlung erfolgte, die abstrakte Vermutung der Gefährdung des Grundkapitals begründet; ähnlich, allerdings mit abweichender Begründung: MüKoAktG/*Pentz* § 52 Rn. 23; *Wahlers* DStR 2000, 973 (979); *Werner* NZG 2000, 231 (232 f.).
[355] GroßkommAktG/*Fischer* § 54 Rn. 3; GroßkommAktG/*Barz* § 53 Rn. 3; *Happ*/*Mulert* 2.03 Rn. 10; *Zimmer* DB 2000, 1265 f.; aA KölnKommAktG/M. *Arnold* § 52 Rn. 20.
[356] Vgl. Hüffer/Koch/*Koch* AktG § 52 Rn. 5 f.; ebenso *Koch*, Die Nachgründung, § 7 Abs. 4 (S. 41 ff., 72); *Reichert* ZGR 2001, 554, 536 ff.; *Böcker* ZIP 1999, 1029 (1031).
[357] MüKoAktG/*Pentz* § 52 Rn. 23; *Happ*/*Mulert* 2.03 Rn. 4.
[358] AnwaltskommAktR/*Heidel*/*Lohr* § 52 Rn. 6; MüKoAktG/*Pentz* § 52 Rn. 22, 24; KölnKommAktG/M. *Arnold* § 52 Rn. 16, 21.
[359] *Happ*/*Mulert* 2.06 Rn. 4; MüKoAktG/*Pentz* § 52 Rn. 24; KölnKommAktG/M. *Arnold* § 52 Rn. 21; GroßkommAktG/*Barz* § 52 Anm. 2.
[360] Hüffer/Koch/*Koch* AktG § 52 Rn. 3; AnwaltskommAktR/*Heidel*/*Lohr* § 52 Rn. 5, wonach die Gründereigenschaft sogar dann bestehen bleibt, wenn der Gründer aus der Gesellschaft ausscheidet; ebenso *Priester* DB 2001, 467 f.; *Werner* ZIP 2001, 1403.

tragsschlusses mindestens 10 % des Grundkapitals der Gesellschaft hält. Ein Geschäft mit einem Gründer unterfällt auch dann § 52 AktG, wenn dieser im Zeitpunkt des Vertragsschlusses nicht mehr an der Gesellschaft beteiligt ist; für die Aktionärseigenschaft ist dagegen ausschließlich der Moment des Vertragsschlusses[361] maßgeblich. Bei der Ermittlung der 10 % Grenze können uU Anteile nahe stehender Personen mit zu berücksichtigen sein.[362]

Schwieriger zu beurteilen ist der Fall, dass ein Vertrag nicht mit einem Gründer oder von § 52 AktG erfassten Aktionär selbst abgeschlossen wird, sondern mit einer diesem nahe stehenden Person, die selbst nicht unter § 52 AktG fällt.[363] Der Gesetzgeber hat hierzu keine Aussage getroffen. Zur Bestimmung des Kreises nahe stehender Personen kann auf die Wertung des § 89 Abs. 3 AktG zurückgegriffen werden, sowie auf die zu den Regelungen über den Eigenkapitalersatz, § 32a Abs. 3 GmbHG aF bzw. §§ 135 ff. InsO,[364] von Rechtsprechung und Lehre entwickelten Grundsätze. Eine entsprechende Anwendung der Regelungen des § 20 oder der §§ 21, 22 WpHG und 30 WpÜG scheint dagegen nicht möglich, da diese in erster Linie auf die Einflussnahmemöglichkeit des Aktionärs aus eigenen und ihm zuzurechnenden Stimmrechten abstellen. Entscheidende Bedeutung kommt der Frage zu, ob einer Umgehung der Sachgründungs- bzw. Kapitalaufbringungsvorschriften entgegenzuwirken ist, die die Rechtsfolgen des § 52 AktG für das Rechtsgeschäft rechtfertigen würde. Da nicht auszuschließen ist, dass die Rechtsprechung ähnlich der Beurteilung einer verdeckten Sacheinlage und eigenkapitalersetzender Darlehen eine teleologische Erweiterung der Vorschrift vornehmen wird, empfiehlt sich in Zweifelsfällen eine vorsorgliche Beachtung der Nachgründungsvorschriften.[365]

Str. ist nach wie vor die Frage, ob § 52 AktG auch für die Vor-AG gilt.[366] Der Wortlaut des § 52 AktG spricht gegen eine Anwendung auf die Vor-AG. Im Hinblick auf die Unterbilanzhaftung der Aktionäre für Handeln des Vorstands vor Eintragung scheint eine Anwendung auf die Vor-AG auch nicht geboten zu sein. Andererseits dient § 52 AktG nicht nur der Kapitalaufbringung, sondern auch dem Schutz der Gesellschaft bzw. der Gesellschafter vor übermäßiger Einflussnahme der Gründer oder der wesentlich beteiligten Aktionäre auf den Vorstand.[367] Zudem ist kaum einzusehen, warum dem Vorstand vor Eintragung der Gesellschaft Geschäfte iSd § 52 Abs. 1 S. 1 AktG gestattet sein sollen, für die nach Eintragung eine Zustimmung der Hauptversammlung verlangt wird.[368]

b) Folgen eines Verstoßes gegen § 52 Abs. 1 S. 1, Abs. 2 AktG. aa) *Nachgründungsvertrag*. Fehlt es an der Zustimmung der Hauptversammlung oder an der Eintragung ins Handelsregister, ist der Vertrag schwebend unwirksam.[369] Verträge, die dem Schriftformerfordernis des § 52 Abs. 2 S. 1 AktG nicht genügen, sind gemäß § 125 Abs. 1 BGB nichtig. Eine Heilung durch Eintragung kommt nicht in Betracht.[370]

---

[361] Happ/*Mulert* 2.06 Rn. 1; *Dormann/Fromholzer* AG 2001, 242 f.; *Priester* DB 2001, 467 f.
[362] Hüffer/Koch/*Koch* AktG § 52 Rn. 3; *Priester* DB 2001, 467 (468); *Dormann/Fromholzer* AG 2001, 242; die Regelung von Umgehungssachverhalten bleibt – entsprechend verdeckter Sacheinlage vor Gründung – auch hier der Rechtsprechung vorbehalten, vgl. RegBegr. BT-Drs. 14/4051, 10.
[363] Vgl. Hüffer/Koch/*Koch* AktG § 52 Rn. 3; *K. Schmidt* GmbHR 1999, 1269 (1271 f.); *Dormann/Fromholzer* AG 2001, 242 ff.
[364] Hüffer/Koch/*Koch* AktG § 52 Rn. 3; *K. Schmidt* GmbHR 1999, 1269 (1271); *Dormann/Fromholzer* AG 2001, 242 (243 ff.).
[365] Vgl. etwa Happ/*Mulert* 2.06 Rn. 1.
[366] Vgl. hierzu AnwaltskommAktR/*Heidel/Lohr* § 52 Rn. 4; Happ/*Mulert* 2.06 Rn. 2.
[367] Vgl. RegBegr ZIP 2000, 937 (939).
[368] Vgl. hierzu auch Hüffer/Koch/*Koch* AktG § 52 Rn. 3; *Koch*, Die Nachgründung, S. 144 ff., 177 ff.; aA *Priester* DB 2001, 467 (468); *Reichert* ZGR 2001, 554 (559); *Grooterhorst* NZG 2001, 145 (148).
[369] Str. ist, ob dem Vertragspartner bis zur Zustimmung der Hauptversammlung ein Widerrufsrecht nach § 178 BGB zusteht. Für ein Widerrufsrecht: RG JW 1929, 2944; BayObLG JW 1925, 1646; nach heute überwiegender Auffassung wird ein solches jedoch abgelehnt: OLG Celle AG 1996, 370 (371); Hüffer/Koch/*Koch* AktG § 52 Rn. 8; KölnKommAktG/*M. Arnold* § 52 Rn. 41 f.; GroßkommAktG/*Barz* § 52 Rn. 4; MüKoAktG/*Pentz* § 52 Rn. 44 mwN.
[370] AnwaltskommAktR/*Heidel/Lohr* § 52 Rn. 11; KölnKommAktG/*M. Arnold* § 52 Rn f. 23; MüKoAktG/*Pentz* § 52 Rn. 63.

160 Nach Ablauf der Zweijahresfrist iSd § 52 Abs. 1 S. 1 AktG kann der Schwebezustand auch durch Bestätigung (§ 141 BGB) oder Neuvornahme bzw. durch einseitige Bestätigung des Vorstands (§§ 182 Abs. 1, 184 BGB)[371] beseitigt werden.

161 Verträge, die später als zwei Jahre nach Eintragung der Gesellschaft geschlossen werden, unterfallen nicht mehr den Nachgründungsvorschriften. Die Durchführung einer Nachgründung lässt die Zweijahresfrist nicht neu anlaufen.[372]

162 *bb) Ausführungsgeschäft.* § 52 Abs. 1 S. 2 AktG bestimmt, dass ohne Zustimmung der Hauptversammlung oder Eintragung auch die Ausführungshandlungen unwirksam sind, das Gesetz ordnet damit die dingliche Unwirksamkeit erfolgter Leistungen an.[373] Wird der Vertrag endgültig unwirksam, sind die erbrachten Leistungen rückabzuwickeln. Zahlungen der AG an die Aktionäre stellen eine verbotene Leistung dar und sind daher nach § 62 AktG zurückzugewähren.[374]

163 **c) Nachgründungsverfahren im Einzelnen, § 52 Abs. 1–5 AktG.**[375] Verträge iSd § 52 Abs. 1 S. 1 AktG werden in den ersten zwei Jahren seit Eintragung der Gesellschaft nur wirksam, wenn sie in schriftlicher Form abgeschlossen wurden (§ 52 Abs. 2 S. 1, § 125 BGB),[376] die Hauptversammlung zugestimmt hat und sie ins Handelsregister eingetragen wurden (§ 52 Abs. 1 S. 1 AktG).

164 *aa) Schriftform, Publizität, § 52 Abs. 2–6 AktG.* § 52 Abs. 2 S. 1 AktG schreibt für den Nachgründungsvertrag „schriftliche Form" iSd § 125 S. 1 BGB vor.[377] Strengere Formerfordernisse können sich ergeben, wenn Vertragsgegenstand zB ein Grundstück (§ 311b BGB)[378] oder ein GmbH-Anteil (§ 15 GmbHG)[379] ist.

165 Abs. 2–6 enthalten Vorschriften zur Publizität. Vorgeschrieben ist
- die Auslegung der Verträge,
- die Erteilung von Abschriften und
- eine Erläuterung durch den Vorstand.

Die Verletzung der Publizitätsvorschriften führt zur Anfechtbarkeit des jeweiligen Vertrages iSd § 243 Abs. 1 AktG.[380]

166 *bb) Prüfung des Aufsichtsrats, § 52 Abs. 3/Externe Prüfung, § 52 Abs. 4 AktG.* Vor dem Beschluss der Hauptversammlung muss der Aufsichtsrat den Vertrag prüfen und einen schriftlichen Bericht erstatten (Nachgründungsbericht), § 52 Abs. 3 S. 1 AktG. Für den Nachgründungsbericht gelten die für die Gründungsprüfung geltenden Vorschriften des § 32 Abs. 2 und 3 AktG sinngemäß.[381] Zusätzlich zur Prüfung des Vertrages durch den Aufsichtsrat hat gemäß § 52 Abs. 4 AktG eine Prüfung durch einen oder mehrere Gründungsprüfer stattzufinden. § 52 Abs. 4 S. 2 AktG ordnet die sinngemäße Geltung der §§ 33 Abs. 3–5, 34 und 35 AktG an.[382]

---

[371] Arg.: § 52 schützt nicht den Vertragspartner, sondern die Gesellschaft bzw. die Aktionäre, vgl. Hüffer/Koch/*Koch* AktG § 52 Rn. 7; *Zimmer* DB 2000, 1265 (1270); *Böcker* ZIP 1999, 1029 (1031); aA GroßkommAktG/*Barz* § 52 Rn. 4; MüKoAktG/*Pentz* § 52 Rn. 61.
[372] Hüffer/Koch/*Koch* AktG § 52 Rn. 3a.
[373] Vgl. Hüffer/Koch/*Koch* AktG § 52 Rn. 9.
[374] Leistungen der AG an Dritte iSd § 52 Abs. 1 S. 1 aF waren nur nach §§ 812 ff. BGB zurückzugewähren, vgl. auch Hüffer/Koch/*Koch* AktG § 52 Rn. 9.
[375] Vgl. zum Ablauf einer Nachgründung bei Abschluss eines Kaufvertrages Tabelle, → Rn. 201, li. Sp.
[376] Hüffer/Koch/*Koch* AktG § 52 Rn. 7; MüKoAktG/*Pentz* § 52 Rn. 26, 63; KölnKommAktG/*M. Arnold* § 52 Rn. 23. Die Schriftform muss zum Zeitpunkt der Berichterstattung durch den Aufsichtsrat nach § 52 Abs. 3 und der Prüfung nach § 52 Abs. 4 erfüllt sein; damit auch zum Zeitpunkt des Zustimmungsbeschlusses der Hauptversammlung. Wird die Form nicht eingehalten, ist der Vertrag gemäß § 125 BGB nichtig.
[377] Hüffer/Koch/*Koch* AktG § 52 Rn. 6; MüKoAktG/*Pentz* § 52 Rn. 26, 63; KölnKommAktG/*M. Arnold* § 52 Rn. 23.
[378] Hüffer/Koch/*Koch* AktG § 52 Rn. 13; MüKoAktG/*Pentz* § 52 Rn. 26.
[379] MüKoAktG/*Pentz* § 52 Rn. 26; Hüffer/Koch/*Koch* AktG § 52 Rn. 13.
[380] Hüffer/Koch/*Koch* AktG § 52 Rn. 13.
[381] MüKoAktG/*Pentz* § 52 Rn. 29; Hüffer/Koch/*Koch* AktG § 52 Rn. 14.
[382] Hüffer/Koch/*Koch* AktG § 52 Rn. 14; MüKoAktG/*Pentz* § 52 Rn. 30.

Unterbleibt eine interne oder eine externe Prüfung, ist ein gefasster Beschluss der Hauptversammlung wegen eines Verfahrensmangels anfechtbar.[383]

cc) Vorbereitung und Beschluss der Hauptversammlung, § 52 Abs. 2 u. 5 AktG. Zur Vorbereitung der Hauptversammlung, die über die Zustimmung zum Nachgründungsvertrag zu beschließen hat, ist der Vertrag von der Einberufung der Hauptversammlung an in den Geschäftsräumen zur Einsicht der Aktionäre auszulegen, § 52 Abs. 2 S. 2 AktG. Entsprechendes gilt für die Hauptversammlung selbst, § 52 Abs. 2 S. 5 AktG. Auf Verlangen ist jedem Aktionär eine Abschrift zu erteilen; der Niederschrift über die Hauptversammlung ist der Vertrag als Anlage beizufügen, § 52 Abs. 2 S. 7 AktG. Es empfiehlt sich, den Nachgründungsbericht des Aufsichtsrats ebenso wie den Prüfungsbericht des Gründungsprüfers zusammen mit dem Vertrag selbst ab Einberufung der Hauptversammlung auszulegen.

Der Beschluss der Hauptversammlung[384] bedarf gemäß § 52 Abs. 5 S. 1 AktG mindestens einer Mehrheit von drei Vierteln des bei der Beschlussfassung vertretenen Grundkapitals (qualifizierte Mehrheit). Wird der Vertrag im ersten Jahr nach der Eintragung der Gesellschaft ins Handelsregister geschlossen, müssen die Anteile der zustimmenden Mehrheit mindestens ein Viertel des gesamten Grundkapitals erreichen, § 52 Abs. 5 S. 2 AktG.

Die in § 52 Abs. 5 S. 1 und 2 AktG vorgeschriebenen Mehrheitserfordernisse können in der Satzung – durch Bestimmung einer größeren Kapitalmehrheit oder weiterer Erfordernisse – verschärft, nicht dagegen abgemildert werden, § 52 Abs. 5 S. 3 AktG.[385]

d) Registerverfahren, § 52 Abs. 6–8 AktG. *aa) Verfahren.* Nach der Zustimmung der Hauptversammlung hat der Vorstand[386] den Vertrag in der Form des § 12 HGB beim Gericht des Gesellschaftssitzes (§ 14 AktG) zur Eintragung ins Handelsregister anzumelden, § 52 Abs. 6 S. 1 AktG.[387] Der Anmeldung sind folgende Unterlagen beizufügen:
- Vertrag,[388]
- Nachgründungsbericht,
- Bericht der Gründungsprüfer mit urkundlichen Unterlagen.[389]

Das Registergericht prüft die Anmeldung in formeller und materieller Hinsicht.[390] Bestehen gegen die Eintragung Bedenken, weil die Gründungsprüfer erklären oder weil es offensichtlich ist, dass der Nachgründungsbericht unrichtig oder unvollständig ist oder den gesetzlichen Vorschriften nicht entspricht oder ist die für die zu erwerbenden Vermögensgegenstände gewährte Vergütung unangemessen hoch, muss das Gericht die Eintragung ablehnen, § 52 Abs. 7 AktG. Ein Ermessen des Gerichts, besteht nach richtiger Auffassung entgegen dem Wortlaut von § 52 Abs. 7 AktG nicht.[391]

---

[383] MüKoAktG/*Pentz* § 52 Rn. 65 f.; KölnKommAktG/*M. Arnold* § 52 Rn. 27; Hüffer/Koch/*Koch* AktG § 52 Rn. 14; aA GroßkommAktG/*Barz* § 52 Rn. 11, der in beiden Fällen Nichtigkeit des Hauptversammlungsbeschlusses annehmen will; teilweise aA RGZ 121, 99 (104), das im Falle eines Verstoßes gegen § 52 Abs. 3 Anfechtbarkeit, bei Verstoß gegen § 52 Abs. 4 Nichtigkeit annimmt.
[384] Der Hauptversammlungsbeschluss muss sich unmittelbar auf den Nachgründungsvertrag beziehen; notwendig ist also ein Beschlussantrag auf Erteilung der Zustimmung speziell zu diesem Vertrag; eine Entlastung des Vorstands etwa genügt nicht, vgl. MüKoAktG/*Pentz* § 52 Rn. 33; Hüffer/Koch/*Koch* AktG § 52 Rn. 15; GroßkommAktG/*Barz* § 52 Anm. 8.
[385] MüKoAktG/*Pentz* § 52 Rn. 34; Hüffer/Koch/*Koch* AktG § 52 Rn. 15.
[386] In vertretungsberechtigter Anzahl, vgl. MüKoAktG/*Pentz* § 52 Rn. 37; Hüffer/Koch/*Koch* AktG § 52 Rn. 16.
[387] MüKoAktG/*Pentz* § 52 Rn. 37, 38; Hüffer/Koch/*Koch* AktG § 52 Rn. 16.
[388] MüKoAktG/*Pentz* § 52 Rn. 38.
[389] Die Niederschrift über die Hauptversammlung ist bereits gemäß § 130 Abs. 5 AktG zum Handelsregister einzureichen; der Niederschrift ist der Nachgründungsvertrag beizufügen, 3 52 Abs. 2 S. 7 AktG.
[390] MüKoAktG/*Pentz* § 52 Rn. 39; Hüffer/Koch/*Koch* AktG § 52 Rn. 17.
[391] Hüffer/Koch/*Koch* AktG § 52 Rn. 17; MüKoAktG/*Pentz* § 52 Rn. 40; Godin/Wilhelmi § 52 Anm. 11; KölnKommAktG/*M. Arnold* § 52 Rn. 36.

173 Bestehen keine der in § 52 Abs. 7 AktG genannten Bedenken, trägt das Gericht die Tatsache des Vertragsschlusses in das Handelsregister ein.[392] In die Bekanntmachung iSd § 10 HGB ist gemäß § 52 Abs. 8 AktG.
- der Tag des Vertragsschlusses[393] und der Zustimmung der Hauptversammlung sowie
- der oder die Vertragspartner der Gesellschaft
aufzunehmen.[394]

174 bb) *Rechtsfolgen der Eintragung.* Mit Eintragung des Vertragsschlusses werden, wenn die Voraussetzungen des § 52 Abs. 1 S. 1 und Abs. 2 AktG vorliegen, sowohl der schuldrechtliche Vertrag als auch das dingliche Ausführungsgeschäft wirksam.[395] Verstöße gegen § 52 Abs. 1 S. 1 und Abs. 2 AktG können durch die Eintragung nicht geheilt werden, vgl. bereits oben.[396]

175 e) **Ausnahmen von der Nachgründung, § 52 Abs. 9 AktG.** Gemäß § 52 Abs. 9 AktG gelten die Vorschriften des § 52 Abs. 1–8 AktG nicht, wenn der Erwerb der Vermögensgegenstände im Rahmen der laufenden Geschäfte der Gesellschaft, in der Zwangsvollstreckung oder an der Börse erfolgt.[397]

176 aa) *Laufende Geschäfte.* Der Begriff „laufende Geschäfte" umfasst alle Geschäfte, die sich im satzungsmäßig bestimmten Unternehmensgegenstand bewegen, etwa der Erwerb eines Grundstücks durch eine Immobiliengesellschaft. Daneben bleibt auch der Erwerb marktgängiger Güter, deren Notwendigkeit objektiv erkennbar ist, von den Nachgründungsbestimmungen befreit.[398]

177 Hilfsgeschäfte, die nach objektiver Satzungsauslegung für den laufenden Geschäftsbetrieb erforderlich sind unterfallen regelmäßig als Bestandteil des Tagesgeschäfts der Ausnahmeregelung des § 52 Abs. 9 Var. 1 AktG.[399] Die im Zusammenhang mit der früheren Gesetzesfassung geltenden Überlegungen haben sich damit erledigt.[400]

178 bb) *Zwangsvollstreckung.* § 52 Abs. 9 AktG gilt für alle Arten der Vollstreckung. Er umfasst auch den Erwerb nach §§ 165 f., 173 InsO.[401] Nach der früher hM war § 52 Abs. 9 Alt. 2 AktG einschränkend dahin auszulegen, dass die Vollstreckung auf Grund eines Titels der AG erfolgen musste.[402] Diese Einschränkung findet jedoch weder im Wortlaut noch in dem nun ausdrücklich ins deutsche Recht übernommenen Art. 11 Abs. 2 der Kapitalrichtlinie (nunmehr Art. 13) eine Stütze. Art. 13 Abs. 2 der Kapitalrichtlinie stellt den Erwerb, der auf Anordnung oder unter Aufsicht einer Verwaltungsbehörde oder eines Gerichts erfolgt und den Erwerb an der Börse frei.[403] Hintergrund dieser Einschränkungen war, dass in diesen Fällen eine Einflussnahme der Gründer so fern liegt, dass das generell und präventiv wirkende Nachgründungsrecht nicht zur Anwendung kommen muss.[404] Diese Vorgaben sind im Rahmen einer richtlinienkonformen Auslegung auch bei § 52 Abs. 9 AktG zu be-

---

[392] Nicht eingetragen wird der Vertragstext selbst, vgl. Hüffer/Koch/*Koch* AktG § 52 Rn. 17; MüKoAktG/*Pentz* § 52 Rn. 41.
[393] Nicht zum Zeitpunkt des Wirksamwerdens; die Wirksamkeit tritt erst mit Eintragung des Vertrages ein, vgl. MüKoAktG/*Pentz* § 52 Rn. 41, 43.
[394] MüKoAktG/*Pentz* § 52 Rn. 41.
[395] AnwaltskommAktR/*Heidel/Lohr* § 52 Rn. 17 f.; MüKoAktG/*Pentz* § 52 Rn. 50.
[396] MüKoAktG/*Pentz* § 52 Rn. 50.
[397] Mit dieser Ergänzung ist der Gesetzgeber den Vorgaben des Art. 11 Abs. 2 der Kapitalrichtlinie von 1977 nachgekommen, vgl. RegBegr BT-Drs. 14/4051, 10 li. Sp.; Hüffer/Koch/*Koch* AktG § 52 Rn. 18; MüKoAktG/*Pentz* § 52 Rn. 53.
[398] Hüffer/Koch/*Koch* AktG § 52 Rn. 18b; *Koch*, Die Nachgründung, S. 73 ff.; AnwaltskommAktR/*Heidel/Lohr* § 52 Rn. 8.
[399] MüKoAktG/*Pentz* § 52 Rn. 55; Hüffer/Koch/*Koch* AktG § 52 Rn. 18b.
[400] Vgl. zur Behandlung der Hilfsgeschäfte nach altem Recht MüKoAktG/*Pentz* 2. Auflage 2000 § 52 Rn. 56 f.
[401] Hüffer/Koch/*Koch* AktG § 52 Rn. 19; MüKoAktG/*Pentz* § 52 Rn. 58; KölnKommAktG/*M. Arnold* § 52 Rn. 48.
[402] So noch Hüffer/Koch/*Koch*, 10. Auflage 2012, § 52 Rn. 19.
[403] MüKoAktG/*Pentz* § 52 Rn. 58 mwN; Spindler/Stilz/*Heidinger* AktG § 52 Rn. 21; KölnKommAktG/*M. Arnold* § 52 Rn. 48.
[404] MüKoAktG/*Pentz* § 52 Rn. 58; *Eisolt* DStR 2001, 748 (752 f.).

rücksichtigen. In Abweichung vom früheren Verständnis ist die Regelung heute dahingehend zu verstehen, dass jeder Erwerb in der Zwangsvollstreckung freigestellt ist, unabhängig davon, ob die Gesellschaft daran als Gläubigerin beteiligt ist.[405]

cc) Erwerb an der Börse. § 52 Abs. 9 Alt. 3 AktG stellt auch den Erwerb an der Börse von den Nachgründungspflichten frei, weil eine Gefährdung der Kapitalaufbringung oder eine Gefährdung der Gesellschaft durch Einflussnahme der Gründer oder maßgeblich beteiligte Aktionäre bei einem den Marktbedingungen folgenden Geschäft nicht zu erwarten ist.[406]

f) Anpassungen der Nachgründungsvorschriften aufgrund des ARUG. Aufgrund der Änderungen der Sachgründungsvorschriften, insbesondere der Einräumung der Möglichkeit einer Sachgründung ohne externe Gründungsprüfung gem. § 33a AktG[407] und deren Auswirkung auf das Anmeldungsverfahren (§ 37a AktG) und die Prüfung durch das Registergericht (§ 38 Abs. 3 AktG), wurde auch eine Anpassung der Nachgründungsvorschriften erforderlich.[408]

§ 52 Abs. 4 S. 3 AktG erlaubt der Gesellschaft nunmehr auf eine Prüfung durch den Gründungsprüfer abzusehen, soweit gem. § 33a AktG auf eine externe Gründungsprüfung verzichtet wurde. Analog dazu ordnet § 52 Abs. 6 S. 3 AktG hinsichtlich der der Anmeldung beizufügenden Unterlagen eine entsprechende Anwendung des § 37a AktG an. Ebenfalls angepasst wurde das Prüfungsrecht des Registergerichts bei der Nachgründung. Auch hier hat sich die registergerichtliche Prüfung im absoluten Regelfall ausschließlich auf eine formale Prüfung, ob die gem. § 37a AktG erforderlichen Unterlagen und Versicherungen vorhanden sind zu beschränken.[409]

4. Sonderfälle

a) Formwechsel. § 52 AktG ist auf Fälle des Formwechsels entsprechend anwendbar.

aa) Formwechselnde Umwandlung einer GmbH in eine AG oder KGaA. Die Anwendung von § 52 AktG auf Aktiengesellschaften, die durch formwechselnde Umwandlung entstanden sind, ergibt sich für die GmbH als formwechselnder Rechtsträger aus § 197 S. 1 UmwG, der über §§ 245 Abs. 1 S. 2, 220 UmwG anwendbar ist und auf für die neue Rechtsform geltende Gründungsvorschriften verweist. Zum Teil wird trotz dieser ausdrücklichen Verweisung eine Anwendung des § 52 AktG mit dem Argument abgelehnt, dass es nicht sachgerecht sei, wenn eine langjährig etablierte Gesellschaft, deren Seriosität außer Zweifel stehe, nochmals die Beschränkungen der Nachgründung hinnehmen müsse.[410] Die hM hält trotz dieser Bedenken auf Grund des eindeutigen Wortlauts der Verweisungsnormen des UmwG an einer Anwendung des § 52 AktG fest.[411]

Einigkeit besteht zwischen beiden Ansichten, dass § 52 AktG jedenfalls dann eingreift, wenn die Zweijahresfrist nach Gründung der umzuwandelnden Gesellschaft noch nicht abgelaufen ist.

---

[405] MüKoAktG/*Pentz* § 52 Rn. 58; Hüffer/Koch/*Koch* AktG § 52 Rn. 19; Spindler/Stilz/*Heidinger* AktG § 52 Rn. 21; *Eisolt* DStR 2001, 748 (753).
[406] Hüffer/Koch/*Koch* AktG § 52 Rn. 20; *Hartmann/Barcaba* AG 2001, 437 (442).
[407] Vgl. im Einzelnen → § 13 Rn. 192.
[408] BT-Drs. 16/11642, 25.
[409] Vgl. hierzu im Einzelnen → Rn. 60.
[410] Vgl. auch Nachweise bei *Koch*, Die Nachgründung, S. 143, vgl. auch *Martens* ZGR 99, 548 ff.: Der Verweis auf die Gründungsvorschriften der entstehenden Rechtsform ist teleologisch zu reduzieren, wenn der Gesellschafter anlässlich der formwechselnden Umwandlung einer GmbH in eine AG keine umgehungsgefährdete Einlageverpflichtung treffe. Eine solche Einlagepflicht bestehe aber zumindest dann nicht, wenn das Aktivvermögen der GmbH unter Abzug ihres Passivvermögens die Höhe des Grundkapitals der zukünftigen Aktiengesellschaft erreicht oder übersteigt; ebenso *Bröcker* ZIP 1999, 1029 (1040 f.); *Zimmer* DB 2000, 1265 (1268 f.); *Reichert* ZGR 01, 554 (582) mwN; ähnlich *Lutter/Happ* UmwG § 245 Rn. 59 ff.: Die Zweijahresfrist soll nur der Gründung der Gesellschaft als GmbH zu laufen beginnen.
[411] Ebenso *Koch*, Die Nachgründung, S. 107 ff., 143; Hüffer/Koch/*Koch* AktG § 52 Rn. 10; Anwaltskomm-AktR/*Heidel/Lohr* § 52 Rn. 4; Lutter/*Joost* UmwG § 220 Rn. 29; *Priester* DB 2001, 467 (471); *Bröcker* ZIP 1999, 1029 (1040 f.); *Zimmer* DB 2000, 1265 (1268 f.).

183 bb) *Formwechselnde Umwandlung einer Personengesellschaft in eine AG.* Für Personengesellschaften lässt sich die Anwendung des § 52 AktG aus § 220 Abs. 2 UmwG entnehmen, denn dieser konkretisiert § 52 AktG dahin, dass die dort festgelegte Zweijahresfrist mit dem Wirksamwerden des Formwechsels, also nach § 202 Abs. 1 UmwG mit der Eintragung der neuen Rechtsform im Handelsregister beginnt.

184 b) **Verschmelzung durch Aufnahme.** Gemäß § 67 UmwG ist bei Verschmelzung durch Aufnahme § 52 Abs. 3, 4, 7–9 AktG sinngemäß anzuwenden.

185 c) **Sachkapitalerhöhung.** § 183 AktG sieht für die Sachkapitalerhöhung ein der Nachgründung vergleichbares Verfahren vor. Trotzdem ist mit der hM eine – zumindest teilweise – Anwendung des § 52 AktG zu bejahen, solange die Gesellschaft noch nicht mehr als zwei Jahre im Handelsregister eingetragen ist.[412] Grund hierfür ist, dass § 52 AktG strengere Bestimmungen vorsieht als § 183 AktG. Dies gilt insbesondere für

- die Prüfungspflicht des Aufsichtsrats bzw. die Verpflichtung zur Erstellung eines Nachgründungsberichts, § 52 Abs. 3 AktG;
- die Auslegung des Vertrages und die Erteilung von Abschriften, § 52 Abs. 2 AktG;
- das Mehrheitserfordernis, § 52 Abs. 5 AktG;
- das Prüfungsverfahren, § 53 Abs. 4 S. 2 iVm § 34 Abs. 1 Nr. 2 AktG;
- die gerichtliche Prüfung und das Eintragungserfordernis sowie
- die fehlende Heilungsmöglichkeit.

186 Streit besteht lediglich, ob § 52 AktG direkt[413] oder analog[414] anzuwenden ist. Der Wortlaut des § 52 AktG spricht für eine analoge Anwendung. Es besteht aber Einigkeit darüber, dass § 52 jedenfalls analog angewendet werden kann.

187 Problematisch ist in diesem Zusammenhang die Vorgehensweise der Praxis, die Nachgründungsprüfung iSv § 52 Abs. 4 AktG und die Sacheinlageprüfung nach § 183 Abs. 3 AktG zusammenzufassen. Zwar kann die Prüfung materiell weitgehend einheitlich vorgenommen werden, doch hat die Nachgründungsprüfung bereits vor Beschlussfassung der Hauptversammlung – über die Kapitalerhöhung und Nachgründung – zu erfolgen, während die Sacheinlageprüfung die Beschlussfassung über die Kapitalerhöhung selbst mitumfasst, §§ 183 Abs. 3 S. 2, 33 Abs. 3–5, 34 Abs. 2 u. 3, 35 AktG. Dementsprechend bedarf es der Vornahme getrennter Prüfungshandlungen und einer gesonderten Berichterstattung.

188 Die Anmeldung der Nachgründung sowie der Kapitalerhöhung und ihrer Durchführung kann jedoch in einem Vorgang erfolgen. Voraussetzung für die Eintragung der Durchführung der Kapitalerhöhung ist eine wirksame Übertragungsverpflichtung zur Leistung der Sacheinlage.[415] Aus dem Nachgründungsvertrag kann sich eine solche Verpflichtung erst mit dessen Wirksamkeit, dh seiner Eintragung in das Handelsregister ergeben. Die Durchführung der Kapitalerhöhung kann somit zwar mit der Nachgründung angemeldet werden, aus der Anmeldung muss sich jedoch ergeben, dass die Eintragung der Durchführung der Kapitalerhöhung nur unter der Voraussetzung der vorherigen Eintragung der Nachgründung erfolgen soll. Das Registergericht kann damit die Voraussetzungen der Eintragung der Durchführung der Kapitalerhöhung durch die Einhaltung der angemeldeten Reihenfolge selbst herbeiführen.[416]

---

[412] Hüffer/Koch/*Koch* AktG § 52 Rn. 11; AnwaltskommAktR/*Heidel/Lohr* § 52 Rn. 4; KölnKommAktG/ *M. Arnold* § 52 Rn. 9; KölnKommAktG/*Lutter* § 183 Rn. 6; MüKoAktG/*Pentz* § 52 Rn. 68 f.; *Koch*, Die Nachgründung, S. 187 ff.

[413] GHEK/*Eckardt* § 52 Rn. 7; *Godin/Wilhelmi* § 52 Rn. 2, § 183 Rn. 1; *Happ* 2.03 Anm. 1 u. 11.07 Anm. 1; MHdB GesR IV/*Scholz* § 57 Rn. 64; KölnKommAktG/*Lutter* § 183 Rn. 6.

[414] GroßkommAktG/*Barz* § 52 Rn. 7; Hüffer/Koch/*Koch* AktG § 52 Rn. 11; KölnKommAktG/*M. Arnold* § 52 Rn. 9; MüKoAktG/*Pentz* § 52 Rn. 69; *ders.*, NZG 2000, 225 (229); *ders.* NZG 2001, 346 (352); *Koch*, Die Nachgründung, S. 212; offen gelassen bei GroßkommAktG/*Wiedemann* § 183 Rn. 29.

[415] MüKoAktG/*Pentz* § 36a Rn. 12 ff.

[416] Zu den Unterschieden im Ablauf einer Nachgründung bei Abschluss eines Kaufvertrages und einer Nachgründung im Rahmen einer Sachkapitalerhöhung vgl. nachfolgende Übersicht.

d) Vorratsgesellschaft. Nach hM lässt der Erwerb einer Vorratsgesellschaft die Frist des 189
§ 52 Abs. 1 S. 1 AktG ab dem Zeitpunkt des Erwerbs neu anlaufen,[417] da der BGH die
Gründungsvorschriften auf den Erwerb von Vorratsgesellschaften anwendet.[418]

e) Ausdehnung der Nachgründungsvorschriften auf den Konzern/Unternehmenskaufverträge. 190
Für die Gründung einer Tochtergesellschaft unter Beteiligung von Gründern und/oder
anderen Aktionären iSd § 52 Abs. 1 S. 1 AktG wird eine direkte oder analoge Anwendung
des § 52 AktG zwischenzeitlich abgelehnt. Dies gilt insbesondere seit der Neufassung des
§ 52 AktG durch das Namensaktiengesetz, denn der Gesetzgeber wollte § 52 AktG auf einen
Kernbereich reduzieren. Es fehlt somit an einer planwidrigen Regelungslücke.[419] Dasselbe
gilt für die Beteiligung eines Aktionärs iSd § 52 Abs. 1 S. 1 AktG an einer Kapitalerhöhung
einer Tochtergesellschaft.[420] Nicht anwendbar sind die Vorschriften des § 52 AktG
auch auf Unternehmensverträge.[421]

5. Ersatzansprüche bei Nachgründung, § 53 AktG

a) Regelungsgegenstand/Anwendbare Haftungsbestimmungen, § 53 S. 1 AktG. § 53 AktG 191
regelt die Haftung des Vorstands bei Nachgründung, indem die sinngemäße Geltung der
Vorschriften zur Gründungshaftung (§§ 46, 47 und 49–51 AktG) angeordnet wird.

b) Besonderheiten, § 53 S. 2–4 AktG. § 53 S. 2–4 AktG tragen dem Umstand Rechnung, 192
dass – anders als bei der Gründung – nun eine juristische Person existiert. Verantwortlich
und damit Haftungssubjekt sind daher nicht mehr die Gründer, sondern der Vorstand und
der Aufsichtsrat.

§ 53 AktG ersetzt nicht die Haftungsbestimmungen der §§ 93 und 166 AktG. Diese sind
vielmehr daneben anwendbar.[422]

§ 53 Abs. 4 AktG bezieht sich auf die Fristen der §§ 47 Nr. 3, 50 S. 1 und 51 AktG und
sieht für deren Beginn statt der Eintragung der Gesellschaft die Eintragung des Vertragsschlusses
über die Nachgründung vor.

Checkliste		193
Ablauf der Nachgründung bei Abschluss eines Kaufvertrages	**Ablauf der Nachgründung in Verbindung mit einer Sachkapitalerhöhung**	
☐ Abschluss eines Kaufvertrages in Schriftform, § 52 Abs. 1	☐ Abschluss des Kauf- und Einbringungsvertrages in Schriftform, § 52 Abs. 1	
☐ Antrag bei Gericht auf Bestellung eines Gründungsprüfers, § 52 Abs. 4, § 33 Abs. 3–5	☐ Antrag auf Bestellung eines Gründungs- und Sacheinlageprüfers, § 52 Abs. 4, § 33 Abs. 3–5, § 183 Abs. 3 S. 2	
☐ Einberufung der Hauptversammlung, §§ 121 ff.	☐ Einberufung der Hauptversammlung, §§ 121 ff.	
☐ Auslegung des Vertrages in den Geschäftsräumen der Gesellschaft, § 52 Abs. 2 S. 2	☐ Auslegung des Vertrages in den Geschäftsräumen der Gesellschaft, § 52 Abs. 2 S. 2	
☐ Prüfung des Vertrages durch den Aufsichtsrat	☐ Prüfung des Vertrages durch den Aufsichtsrat	

---

[417] AnwaltskommAktR/*Heidel/Lohr* § 52 Rn. 3; MüKoAktG/*Pentz* § 23 Rn. 102; *Priester* DB 2001, 467 (468); aA *Werner* ZIP 2001, 1403 (1404).
[418] Kritisch Happ/*Mulert* 2.06 Rn. 2.
[419] RegBegr BT-Drs. 14/4051, 10; *Koch*, Die Nachgründung, S. 245 ff., 274, 279; Hüffer/Koch/*Koch* AktG § 52 Rn. 12a; *Reichert* ZGR 2001, 554 (582 ff.).
[420] *Koch*, Die Nachgründung, S. 280 ff.; Hüffer/Koch/*Koch* AktG § 52 Rn. 12; *Reichert* ZGR 2001, 554 (582 ff.).
[421] Vgl. AnwaltskommAktR/*Heidel/Lohr* § 52 Rn. 4; MüKoAktG/*Pentz* § 52 Rn. 13.
[422] Hüffer/Koch/*Koch* AktG § 53 Rn. 3.

§ 14   193

- ☐ Erstattung eines schriftlichen Berichts an die Hauptversammlung, § 52 Abs. 3
- ☐ Prüfung des Vertrages durch den Gründungsprüfer, § 52 Abs. 4, § 33 Abs. 3–5, 34, 35[423]
- ☐ Beschlussfassung der Hauptversammlung über die Zustimmung zum Kaufvertrag, § 52 Abs. 2

- ☐ Anmeldung des Vertrages durch den Vorstand zur Eintragung in das Handelsregister, § 52 Abs. 6. Beizufügen sind:
  - Niederschrift der Hauptversammlung mit der Beschlussfassung über die Zustimmung zum Vertrag
  - Vertrag
  - Nachgründungsbericht
  - Bericht des Gründungsprüfers
  - sonstige urkundliche Unterlagen

- ☐ Eintragung des Vertragsschlusses in das Handelsregister, § 52 Abs. 8
  Eingetragen werden
  - Tag des Vertragsschlusses
  - Tag der Beschlussfassung der Hauptversammlung

- ☐ Erstattung eines schriftlichen Berichts an die Hauptversammlung, § 52 Abs. 3
- ☐ Prüfung des Vertrages durch den Gründungsprüfer, § 52 Abs. 4, § 33 Abs. 3–5, 34, 35[424]
- ☐ Beschlussfassung der Hauptversammlung über
  - eine Kapitalerhöhung gegen Sacheinlagen und
  - die Zustimmung zum Kauf- und Einbringungsvertrag, § 52 Abs. 2, § 183
- ☐ Zeichnung des Zeichnungsscheins durch den Veräußerer und Erwerber der neuen Aktien, § 185
- ☐ Prüfung der Sacheinlage durch den Sacheinlageprüfer, § 183 Abs. 3 S. 2, § 33 Abs. 3–5, 34, 35
- ☐ Anmeldung des Vertrages durch den Vorstand zur Eintragung in das Handelsregister. Beizufügen sind:
  - Niederschrift der Hauptversammlung mit der Beschlussfassung über die Zustimmung zum Vertrag
  - Vertrag in Urschrift, Ausfertigung oder öffentlich beglaubigte Kopie
  - Nachgründungsbericht
  - Bericht des Gründungsprüfers
  - sonstige urkundliche Unterlagen, § 52 Abs. 6
- ☐ Anmeldung der Kapitalerhöhung zeitgleich mit der Anmeldung der Durchführung der Kapitalerhöhung durch den Vorstand zur Eintragung in das Handelsregister, §§ 188, 184; kann mit der Anmeldung der Nachgründung verbunden werden. Beizufügen sind:
  - Niederschrift der Hauptversammlung mit der Beschlussfassung über die Kapitalerhöhung
  - Bericht über die Sacheinlageprüfung
  - Zweitschrift des Zeichnungsscheins
  - Kostenberechnung nach § 188 Abs. 3 Nr. 3
- ☐ Eintragung des Vertragsschlusses in das Handelsregister, § 52 Abs. 8
  Eingetragen werden
  - Tag des Vertragsschlusses
  - Tag der Beschlussfassung der Hauptversammlung

---

[423] Auf die Prüfung durch den Gründungsprüfer kann bei Vorliegen der Voraussetzungen des § 33a AktG verzichtet werden, § 52 Abs. 4 AktG; zur Anwendbarkeit bei vereinfachter Nachgründung vgl. MüKoAktG/*Pentz* § 52 Rn. 11.

[424] Auf die Prüfung durch den Gründungsprüfer kann bei Vorliegen der Voraussetzungen des § 33a AktG verzichtet werden, § 52 Abs. 4 AktG; zur Anwendbarkeit bei der vereinfachten Sachkapitalerhöhung vgl. MüKoAktG/*Pentz* § 52 Rn. 12.

- der oder die Vertragspartner der Gesellschaft

- der oder die Vertragspartner der Gesellschaft

Eintragung der Durchführung der Kapitalerhöhung in das Handelsregister, § 189; kann in dieser Reihenfolge auch auf Grund einheitlicher Anmeldung eingetragen werden.

§ 15 Beendigung durch Liquidation

Übersicht

	Rn.
I. Vorbemerkung	1
II. Auflösung	2–82
1. Auflösungsgründe gemäß § 262	2–56
a) Geltendes Recht und Satzungsautonomie	2–4
b) Zeitablauf, § 262 Abs. 1 Nr. 1	5–8
c) Auflösungsbeschluss, § 262 Abs. 1 Nr. 2	9–16
d) Insolvenzverfahren, § 262 Abs. 1 Nr. 3 u. 4	17–23
e) Registergerichtliche Auflösung wegen Satzungsmängeln, § 262 Abs. 1 Nr. 5	24–38
f) Registergerichtliche Löschung wegen Vermögenslosigkeit, § 262 Abs. 1 Nr. 6	39–52
g) Andere Auflösungsgründe gemäß § 262 Abs. 2	53–55
2. Grenzüberschreitende Sitzverlegung	56–76
a) Vorbemerkung	56
b) Rechtsfolgen der Sitzverlegung	57–61
c) Verlegung des effektiven Verwaltungssitzes und des Satzungssitzes	62
d) Stand der Rechtsprechung des EuGH zur Vereinbarkeit der Sitztheorie mit EU-Recht	63–76
3. Anmeldung und Eintragung der Auflösung	77–82
a) Anmeldung der Auflösung durch den Vorstand	77–80
b) Eintragung von Amts wegen	81
c) Entbehrlichkeit der Eintragung	82
III. Abwicklung	83–178
1. Allgemeines	83–97
a) Notwendigkeit der Abwicklung	83–88
b) Abwicklung nach §§ 264 ff.	89–94
c) Organisation der Abwicklungsgesellschaft	95–97
2. Abwickler	98–129
a) Bestellung der Abwickler	98–108
b) Aufgaben	109–120
c) Vertretungsmacht	121–122
d) Abberufung/Amtsniederlegung	123–126
e) Anmeldung	127–129
3. Rechnungslegung bei Abwicklung	130–140
a) Schlussbilanz der werbenden Gesellschaft	130–132
b) Liquidationseröffnungsbilanz	133–136
c) Jahresabschluss	137–140
4. Gläubigerbefriedigung	141–156
a) Sperrjahr/Verteilungsverbot	141–145
b) Hinterlegung	146–150
c) Sicherheitsleistung, § 272 Abs. 3	151/152
d) Folge verbotswidriger Verteilung von Gesellschaftsvermögen	153–156
5. Vermögensverteilung	157–178
a) Anspruch auf Vermögensverteilung und Rechtsnatur des Anspruchs	157
b) Geltendmachung des Vermögensverteilungsanspruchs, Verfahrensfragen	158–160
c) Abwesende und unbekannte Aktionäre	161–168
d) Restverteilung nicht in Anspruch genommener Liquidationsüberschüsse	169–177
e) Zusammenfassung Ablauf der Abwicklung	178
IV. Vollbeendigung und Löschung	179–190
1. Schlussrechnung	179/180
2. Anmeldung zum Handelsregister/Eintragung	181/182
3. Zeitpunkt der Vollbeendigung der Gesellschaft	183–186
4. Weitere Rechtsfolgen der Löschung	187–189
5. Zusammenfassung der Schritte zur Vollbeendigung	190

§ 15 Beendigung durch Liquidation

	Rn.
V. Nachtragsliquidation/Fortsetzung der aufgelösten Gesellschaft	191–219
1. Nachtragsliquidation, § 273 Abs. 4	191–206
a) Notwendigkeit weiterer Abwicklungsmaßnahmen	191/192
b) Rechtsnatur der Gesellschaft in der Nachtragsliquidation/Zuordnungssubjekt	193–197
c) Verfahrensfragen/Organkompetenz	198–202
d) „Unechte" Nachtragsliquidation nach § 264 Abs. 2 (früher: § 2 Abs. 3 LöschungsG)	203–206
2. Fortsetzung der aufgelösten Gesellschaft	207–219
a) Fortsetzung durch Beschluss der Hauptversammlung	207–210
b) Weitere Fälle der Fortsetzung	211/212
c) Unzulässigkeit der Fortsetzung	213
d) Verfahren	214–219

Schrifttum: *Beitzke,* Anerkennung und Sitzverlegung von Gesellschaften und juristischen Personen im EWG-Bereich, ZHR 127 (1965), 1, 24 ff.; *Bork,* Die als vermögenslos gelöschte GmbH im Prozess, JZ 1991, 841, 844, 848; *Bungert,* Entwicklungen im internationalen Gesellschaftsrecht Deutschlands, AG 1995, 489, 499 ff.; *Däubler/Heuschmid* Centros und MoMiG; Sitzverfolgung ins Ausland und Unternehmens, NZG 2009, 493; *Fleck,* Die neue Rechtsprechung des BGH zur Vorgesellschaft und zur Haftung des Handelnden (§ 11 Abs. 2 GmbHG, § 41 Abs. 1 S. 1 AktG), ZGR 1975, 212, 215; *Forsthoff,* Rechts- und Parteifähigkeit ausländischer Gesellschaften mit Verwaltungssitz in Deutschland? – Die Sitztheorie vor dem EuGH, DB 2000, 1109, 1111; *Freitag,* EuZW 1999, 257, 269; *Gansmüller,* Zum Recht der Vor-GmbH, insbesondere im Falle ihrer Liquidation, GmbHR 1963, 101 ff.; *ders.,* Wieder einmal: Zur Vor-GmbH – zugleich eine Besprechung des BGH-Urt. II ZR 216/66 vom 24.10.1968, GmbHR 1970, 170, 172; *Görk,* Das EuGH-Urteil in Sachen „Centros" vom 9.3.1999: Kein Freibrief für Briefkastengesellschaften!, GmbHR 1999, 793, 797; *Göttsche,* Das Centros-Urteil des EuGH und seine Auswirkungen – Eine Bestandsaufnahme aus gesellschafts-, handels- und steuerrechtlicher Sicht, DStR 1999, 1403, 1405 f.; *Grziwotz,* Sonderfälle der Liquidation von Gesellschaften, DStR 1992, 1813; *Hacker/Petsch,* Leere Hülse, Volle Haftung? Insolvenzausnahme bei wirtschaftlicher Neugründung, ZIP 2015, 761; *Hammen,* Zweigniederlassungsfreiheit europäischer Gesellschaften und Mitbestimmung der Arbeitnehmer auf Unternehmensebene, WM 1999, 2487, 2490; *Hanau,* Auflösung einer Kapitalgesellschaft und Übernahme des Unternehmens durch einen Gesellschafter, BB 1994, 89, 98; *Helmrich/Kleinert/Stiegler,* Bericht BT-Drucks. 10/4268 S. 86, 128; *Henze,* FS für Boujong, 1996, 233 ff.; *ders.,* Auflösung einer Aktiengesellschaft und Erwerb ihres Vermögens durch den Mehrheitsgesellschafter, ZIP 1995, 1473, 1475; *Hirte,* Auflösung der Kapitalgesellschaft, ZInsO 2000, 127; *Hönn,* Die konstitutive Wirkung der Löschung von Kapitalgesellschaften, ZHR 138 (1974), 50, 66 ff., 69; *Hüffer/Koch,* Das Ende der Rechtspersönlichkeit von Kapitalgesellschaften, GS Schulz, 1987, S. 99, 103 ff.; *Kallmeyer,* Tragweite des Überseering-Urteils des EuGH vom 5.11.2002 zur grenzüberschreitenden Sitzverlegung, DB 2002, 2521, 2522; *Kieninger,* Niederlassungsfreiheit als Rechtswahlfreiheit, ZGR 1999, 724, 745 f.; *Kindler,* Niederlassungsfreiheit für Scheinauslandsgesellschaften? Die „Centros"-Entscheidung des EuGH und das internationale Privatrecht, NJW 1999, 1993, 1998; *ders.,* Auf dem Weg zur Europäischen Briefkastengesellschaft? Die „Überseering"-Entscheidung des EuGH und das internationale Privatrecht, NJW 2003, 1073, 1075; *Knobbe-Keuk,* Umzug von Gesellschaften in Europa, ZHR 154 (1990), 325, 334 ff., 350 ff.; *Kreutz,* Von der Einmann- zur „Keinmann"-GmbH?, FS Stimpel, 1985, S. 379 ff.; *Lange,* Anm. zu Urteil des EuGH vom 9.3.1999 – DNotZ 1999, 593, DNotZ 1999, 599, 607; *Leible/Hoffmann* „Cartesio – fortgeltende Sitztheorie, grenzüberschreitender Formwechsel und Verbot materiellrechtlicher Wegzugsbeschränkungen", BB 2009 S. 58 ff.; *Lindacher,* Die Nachgesellschaft – Prozessuale Fragen bei gelöschten Kapitalgesellschaften, FS Henckel, 1995, S. 509, 549, 554; *Lutter,* Zur inhaltlichen Begründung von Mehrheitsentscheidungen – Besprechung der Entscheidung BGH WM 1980, 378, ZGR 1981, 171, 178; *ders.,* Materielle und förmliche Erfordernisse eines Bezugsrechtsausschlusses – Besprechung der Entscheidung BGHZ 71, 40 (Kali + Salz) –, ZGR 1979, 401, 411 f.; *Martens,* Der Ausschluss des Bezugsrechts: BGHZ 33, 175 – Zum Interesse an wirtschaftlicher Selbständigkeit, FS Robert Fischer, 1979, 437, 445 f.; *ders.,* Die GmbH und der Minderheitenschutz, GmbHR 1984, 265, 269 f.; *Möhring,* Das neue Aktiengesetz, NJW 1966, 1, 5; *Möller,* Änderungen des Aktienrechts durch das MoMiG, Der Konzern, S. 1, 2; *Olbich,* Zur Rechnungslegung bei Auflösung einer Aktiengesellschaft, WPg 1975, 265 f.; *Piorreck,* Löschung und Liquidation von Kapitalgesellschaften nach dem Löschungsgesetz, RPfl. 1978, 157; *Rosenkranz,* Die Anordnung der Nachtragsabwicklung gem. § 273 Abs. 4 S. 1 AktG, AG 2014, 309; *K. Schmidt,* Löschung und Beendigung der Liquidation GmbH 1988, 209, 211; *ders.,* Zur Ablösung des Löschungsgesetzes, GmbHR 1994, 829, 834; *ders.,* Zur Gläubigersicherung im Liquidationsrecht der Kapitalgesellschaften, Genossenschaften und Vereine, ZIP 1981, 1 f.; *Sethe,* Aktien ohne Vermögensbeteiligung?, ZHR 162 (1998), 474, 485; *ders.,* Die Satzungsautonomie in Bezug auf die Liquidation einer AG, ZIP 1998, 770, 772; *Timm,* Der Missbrauch des Auflösungsbeschlusses durch den Mehrheitsgesellschafter – zugleich Anm. zu BGH JZ 1980, 355, JZ 1980, 665 ff.; *Wiedemann,* Rechtsethische Maßstäbe im Unternehmens- und Gesellschaftsrecht, ZGR 1980, 147, 156 f.; *ders.,* Anm. zu BGH-Urt. II ZR 75/87 vom 1.2.1988, JZ 1989, 447, 448 f.; *ders.,* Entwicklung im Kapitalgesellschaftsrechts, DB 1993, 141, 144.

I. Vorbemerkung

1 Bei der Beendigung einer Aktiengesellschaft sind drei verschiedenen Schritte bzw. Stufen zu unterscheiden: Die Auflösung der Gesellschaft, die Abwicklung (Liquidation) und die Löschung der Gesellschaft im Handelsregister.

II. Auflösung

1. Auflösungsgründe gemäß § 262

2 a) **Geltendes Recht und Satzungsautonomie.** Die Satzung kann keine zusätzlichen, über § 262 Abs. 1 AktG hinausgehenden Auflösungsgründe – etwa Kündigung durch einen oder mehrere Aktionäre – bestimmen. Dies folgt aus § 23 Abs. 5 AktG, wonach die Satzung von den Vorschriften des Aktiengesetzes nur abweichen kann, wenn dies ausdrücklich zugelassen ist.[1]

3 § 262 Abs. 2 AktG meint mit „Auflösung aus anderen Gründen" daher nur andere **gesetzliche** Auflösungsgründe, wie etwa § 396 AktG. Die Gegenansicht ist mit dem Prinzip der Satzungsstrenge unvereinbar.[2]

4 Sieht die Satzung dennoch eine über die gesetzlichen Bestimmungen hinausgehende Kündigungsmöglichkeit für Aktionäre vor, kann dies im Einzelfall als Verpflichtung der Aktionäre ausgelegt werden, einem Auflösungsbeschluss nach § 262 Abs. 1 Nr. 2 AktG zuzustimmen.[3]

5 b) **Zeitablauf, § 262 Abs. 1 Nr. 1 AktG.** Nach § 262 Abs. 1 Nr. 1 AktG wird die Gesellschaft aufgelöst, wenn die in der Satzung bestimmte Laufzeit endet. Maßgeblich ist allein der Inhalt der Satzung. Zwar ist die Dauer der Gesellschaft nach § 39 Abs. 2 AktG ins Handelsregister einzutragen. Die Eintragung hat jedoch lediglich deklaratorische Bedeutung.[4] Eine genaue kalendermäßige Bestimmung der Laufzeit ist nicht erforderlich, ausreichend ist, wenn die Satzung eine eindeutig bestimmbare Befristung enthält.[5] Unschädlich für die Befristung iSd § 262 Abs. 1 Nr. 1 AktG ist, wenn die Satzung eine Verlängerungsklausel vorsieht;[6] die Gesellschaft wird mit Fristablauf aufgelöst, die Verlängerungsklausel kann dann die Aktionäre unter bestimmten Voraussetzungen verpflichten, einen Fortsetzungsbeschluss zu fassen.

6 Der Zeitablauf kann durch Beschluss der Hauptversammlung (§§ 179 ff. AktG) auch später noch in die Satzung aufgenommen werden. Dieser satzungsändernde Beschluss muss nach hM den Anforderungen des § 262 Abs. 1 Nr. 2 AktG genügen, dh, der Beschluss bedarf einer Mehrheit von drei Vierteln des vertretenen Grundkapitals sowie der einfachen Stimmenmehrheit iSd § 133 AktG (Erfordernis der doppelten Mehrheit). In der Satzung kann kein geringeres Mehrheitserfordernis iSd § 179 Abs. 2 S. 2 AktG vereinbart werden, denn die nachträglichen Befristung stellt gleichzeitig einen die künftige Auflösung herbeiführenden Beschluss dar; hierfür enthält § 262 Abs. 1 Nr. 2 AktG ein zwingendes Mehrheitserfor-

---

[1] Hüffer/Koch/*Koch* AktG § 262 Rn. 7; MHdB GesR IV/*Hoffmann-Becking* § 66 Rn. 3, 11; MüKoAktG/*J. Koch* § 262 Rn. 19 ff.; KölnKommAktG/*Kraft* § 262 Rn. 16 ff.; aA GroßkommAktG/*Wiedemann* § 262 Rn. 39 unter Berufung auf eine zur GmbH ergangene Entscheidung des Reichsgerichts, RGZ 79, 418 (420).

[2] MüKoAktG/*J. Koch* § 262 Rn. 20; KölnKommAktG/*Kraft* § 262 Rn. 19 f.

[3] MüKoAktG/*J. Koch* § 262 Rn. 21 aE; KölnKommAktG/*Kraft* § 262 Rn. 21 mwN.

[4] MüKoAktG/*J. Koch* § 262 Rn. 26 f.; Hüffer/Koch/*Koch* AktG § 262 Rn. 8; KölnKommAktG/*Kraft* § 262 Rn. 7; AnwaltskommAktR/*Heidel/Wermeckes* § 262 Rn. 10.

[5] BayObLG BB 1975, 249 f.; zB Gesellschaft für die Dauer eines Patents, vgl. MüKoAktG/*J. Koch* § 262 Rn. 26; Hüffer/Koch/*Koch* AktG § 262 Rn. 8; KölnKommAktG/*Kraft* § 262 Rn. 8; AnwaltskommAktR/*Heidel/Wermeckes* § 262 Rn. 10.

[6] MüKoAktG/*J. Koch* § 262 Rn. 26; Hüffer/Koch/*Koch* AktG § 262 Rn. 8; KölnKommAktG/*Kraft* § 262 Rn. 9; AnwaltskommAktR/*Heidel/Wermeckes* § 262 Rn. 10; *Godin/Wilhelmi* § 262 Anm. 3; für die BGB-Gesellschaft: RGZ 82, 395 (400); 136, 236 (241).

dernis.⁷ Dasselbe gilt, wenn die Dauer der Gesellschaft nachträglich durch Beschluss der Hauptversammlung abgekürzt wird.⁸ Die – neue – Befristung wird für die Gesellschaft erst mit Eintragung der Satzungsänderung verbindlich; in diesem Fall hat die Eintragung konstitutive Wirkung, vgl. § 181 Abs. 3 AktG.⁹

Vor Ablauf der satzungsmäßig bestimmten Laufzeit der Gesellschaft kann die Laufzeit der Gesellschaft durch Beschluss der Hauptversammlung verlängert oder die Befristung sogar vollständig aufgehoben werden. Da es sich auch hier um eine Satzungsänderung handelt, muss der Beschluss mit der Mehrheit des § 179 Abs. 2 AktG gefasst und in das Handelsregister eingetragen werden (§ 181 Abs. 3 AktG).¹⁰ Das Mehrheitserfordernis des § 262 Abs. 1 Nr. 2 AktG muss in diesem Fall nicht erfüllt sein, denn – im Gegensatz zur nachträglichen Einführung eines Endtermins oder der Abkürzung der Laufzeit der Gesellschaft – wird entweder der Endtermin beseitigt – die Gesellschaft läuft auf unbestimmte Zeit – oder die Laufzeit der Gesellschaft verlängert.¹¹ § 274 Abs. 1 S. 2 AktG, wonach eine aufgelöste Gesellschaft fortgesetzt werden kann, ist – wie sich aus dem Wortlaut des § 274 Abs. 1 S. 1 AktG ergibt – erst nach Auflösung der Gesellschaft einschlägig.¹²

Der Ablauf der in der Satzung bestimmten Zeit führt kraft Gesetzes zur Auflösung der Gesellschaft. Nach Auflösung kann die Gesellschaft nur durch Fortsetzungsbeschluss der Hauptversammlung iSd § 274 AktG wieder werbend tätig werden. Die bloße Fortsetzung der werbenden Tätigkeit oder die Änderung der Satzung gemäß § 179 AktG genügen nicht.¹³

c) Auflösungsbeschluss, § 262 Abs. 1 Nr. 2 AktG. Die Gesellschaft kann durch Beschluss der Hauptversammlung aufgelöst werden. Der Wille, die Gesellschaft aufzulösen, muss in dem Beschluss klar erkennbar sein; eine Auslegung des Beschlusses ist nur ausnahmsweise und in engen Grenzen möglich.¹⁴ Das Recht, über die Auflösung zu beschließen, ist ausschließlich der Hauptversammlung vorbehalten (§ 23 Abs. 5 AktG); es ist unentziehbar, kann also weder durch Satzung noch durch Beschluss der Hauptversammlung auf andere Organe delegiert oder von deren Mitwirkung abhängig gemacht werden.¹⁵ Möglich ist eine Erschwerung des Auflösungsbeschlusses durch ein hohes Mehrheitserfordernis (vgl. → Rn. 12).

Der Auflösungsbeschluss bedarf nach stRspr BGH keiner sachlichen Rechtfertigung; eine materielle Inhaltskontrolle durch das Gericht findet nicht statt. Auflösungsbeschlüsse sind daher zB auch dann wirksam, wenn der Mehrheitsaktionär von vornherein beabsichtigt, den Minderheitsaktionär aus dem Unternehmen „hinauszukündigen", um das Vermögen der Gesellschaft anschließend zu übernehmen. Begründet wird dies damit, dass die Abwicklungsvorschriften – auch für Minderheitsaktionäre – ausreichend Schutz bieten.¹⁶ In Be-

---

⁷ Hüffer/Koch/*Koch* AktG § 262 Rn. 8; MüKoAktG/*J. Koch* § 262 Rn. 29; KölnKommAktG/*Kraft* § 262 Rn. 10 mwN; MHdB GesR IV/*Hoffmann-Becking* § 66 Rn. 2; AnwaltskommAktR/*Heidel/Wermeckes* § 262 Rn. 11.

⁸ Ebenso AnwaltskommAktR/*Heidel/Wermeckes* § 262 Rn. 11; KölnKommAktG/*Kraft* § 262 Rn. 11; GroßkommAktG/*Wiedemann* § 262 Rn. 13; anders bei nachträglicher Aufhebung der beschlossenen Verlängerung, vor Eintragung der Satzungsänderung, vgl. KölnKommAktG/*Kraft* § 262 Rn. 11; zu etwaigen weiteren Zustimmungserfordernissen bei Sonderrechtsinhabern iSd § 11 vgl. KölnKommAktG/*Kraft* § 262 Rn. 13; MüKoAktG/*J. Koch* § 262 Rn. 32; Hüffer/Koch/*Koch* AktG § 262 Rn. 9.

⁹ KölnKommAktG/*Kraft* § 262 Rn. 10; GHEK/*Hüffer* AktG § 262 Rn. 24; im Ergebnis auch AnwaltskommAktR/*Heidel/Wermeckes* § 262 Rn. 12.

¹⁰ Sollen in der Satzung im Zusammenhang mit der Abwicklung Sonderrechte (zB Sonderrecht am Abwicklungserlös) gewährt werden, ist die Zustimmung aller Sonderrechtsinhaber erforderlich, vgl. KölnKommAktG/*Kraft* § 262 Rn. 13; GHEK/*Hüffer* AktG § 262 Rn. 28.

¹¹ KölnKommAktG/*Kraft* § 262 Rn. 11.

¹² MüKoAktG/*J. Koch* § 262 Rn. 31; Hüffer/Koch/*Koch* AktG § 262 Rn. 9; KölnKommAktG/*Kraft* § 262 Rn. 11; etwas anderes gilt, wenn die Satzung erst nach Auflösung der Gesellschaft geändert wird.

¹³ MüKoAktG/*J. Koch* § 262 Rn. 28; KölnKommAktG/*Kraft* § 262 Rn. 11.

¹⁴ AnwaltskommAktR/*Heidel/Wermeckes* § 262 Rn. 14; MüKoAktG/*J. Koch* § 262 Rn. 33.

¹⁵ MüKoAktG/*J. Koch* § 262 Rn. 40; KölnKommAktG/*Kraft* § 262 Rn. 22; Hüffer/Koch/*Koch* AktG § 262 Rn. 12.

¹⁶ BGHZ 103, 184 = ZIP 1988, 301; BGHZ 76, 352; 70, 117 (124) für den Fall der Einführung des Höchststimmrechts; ähnlich auch OLG Stuttgart AG 1991, 411 (413) für Auflösungsbeschluss und Beschluss nach

tracht kommt allenfalls eine Anfechtung des Beschlusses wegen Treuepflichtverletzung gemäß § 243 Abs. 2 AktG.[17] Eine Verletzung von Treuepflichten wird zB angenommen, wenn der Mehrheitsgesellschafter bereits vor dem Auflösungsbeschluss Maßnahmen ergreift, durch die das Abwicklungsverfahren (§§ 264 ff. AktG) ganz oder teilweise vorweggenommen wird (zB Kündigung des Mietvertrages über die Räume der Gesellschaft oder Auflösung von Anstellungsverträgen). Denn dadurch kann dem gesetzlichen Auflösungs- und Liquidationsverfahren die Grundlage entzogen werden,[18] auf dessen gesetzmäßige Durchführung die Aktionäre Anspruch haben.

11   Enthält die Satzung eine Zeitbestimmung iSd § 262 Abs. 1 Nr. 1 AktG, steht dies einem Auflösungsbeschluss nicht entgegen. Wenn die Satzung nicht ausdrücklich etwas Gegenteiliges regelt, legt eine Befristungsregelung nur die Höchst-, nicht dagegen die Mindestdauer der Gesellschaft fest.[19]

12   Gemäß § 262 Abs. 1 Nr. 2 Hs. 2 AktG ist der Auflösungsbeschluss mit einer Mehrheit von mindestens drei Vierteln des bei der Beschlussfassung vertretenen Grundkapitals zu fassen.[20] Daneben ist eine einfache Stimmenmehrheit iSd § 133 AktG erforderlich (Erfordernis der doppelten Mehrheit).[21] Die Satzung kann kein geringeres Mehrheitserfordernis vorsehen, an den Auflösungsbeschluss können aber höhere Anforderungen gestellt werden, etwa eine größere Kapitalmehrheit, vgl. § 262 Abs. 1 Nr. 2 Hs. 3 AktG, oder Einstimmigkeit.[22] Nicht zulässig ist dagegen, die Auflösung neben dem Beschluss durch die Hauptversammlung an weitere Anforderungen, etwa die Zustimmung oder sonstige Mitwirkung von Vorstand oder Aufsichtsrat, zu knüpfen[23] (vgl. bereits → Rn. 9).

13   Für die Form des Auflösungsbeschlusses gilt § 130 AktG,[24] es ist eine notarielle Niederschrift über das durch den Versammlungsleiter festgestellte Beschlussergebnis anzufertigen. Treffen Satzung und/oder Auflösungsbeschluss keine abweichende Regelung, wird der Beschluss mit seiner Feststellung wirksam. Die Eintragung der Auflösung iSd § 263 AktG hat lediglich deklaratorische Bedeutung.[25]

14   Mängel des Auflösungsbeschlusses können zur Nichtigkeit (§ 241 AktG) oder zur Anfechtbarkeit (§ 243 AktG) des Beschlusses führen. Nichtig ist der Beschluss etwa, wenn die Hauptversammlung nicht ordnungsgemäß einberufen wurde (§ 241 Nr. 1 AktG) oder wenn der Beschluss gegen die guten Sitten verstößt (§ 241 Nr. 4 AktG).[26] Nichtige Beschlüsse können analog § 242 Abs. 2 AktG geheilt werden. Eine direkte Anwendung von § 242

---

§ 179a bzw. § 361 aF (gegen dieses Urteil wurde Revision eingelegt, die der BGH jedoch nicht annahm, vgl. 19.12.1994 – II ZR 8/94); ebenso OLG Düsseldorf WM 1994, 337 (auch die Revision gegen dieses Urteil wurde vom BGH nicht angenommen, vgl. 19.12.1994 – II ZR 14/94); vgl. auch *Henze*, in: FS Boujong, S. 233 ff.; *ders.* ZIP 1995, 1473 (1475); AnwaltskommAktR/*Heidel/Wermeckes* § 262 Rn. 18; *Hanau* BB 1994, 89 ff.; aA mit zum Teil unterschiedlicher Begründung: *Martens*, in: FS Fischer, S. 437 (445 f.); *ders.* GmbHR 1984, 265 (269 f.); *Wiedemann* GesR Bd. I § 8 II 3 (S. 435); *ders.* ZGR 1980, 147 (156 f.); *ders.* JZ 1989, 447 (448 f.); *ders.* DB 1993, 141 (144); aA: nur Inhaltskontrolle, bei Eingriff in die Struktur oder Substanz der Mitgliedschaft der Minderheitsgesellschafter, vgl. *Lutter* ZGR 1981, 171 (178); *ders.* ZGR 1979, 401 (411 f.); GHEK/*Hüffer* AktG § 243 Rn. 55.

[17] BGHZ 103, 184 = ZIP 1988, 301; BGHZ 76, 352 = ZIP 1980, 275; BayObLG AG 1999, 185 ff.; OLG Stuttgart ZIP 1997, 362; AG 1994, 411; *Henze* ZIP 1995, 1473; *Hanau* BB 1994, 89.

[18] BGHZ 103, 184 ff. = ZIP 1988, 301 ff.; BGHZ 76, 352 (355) = ZIP 1980, 275 (276 f.); *Henze* ZIP 1995, 1473 (1477); *Hanau* BB 1994, 89.

[19] KölnKommAktG/*Kraft* § 262 Rn. 22; MüKoAktG/*J. Koch* § 262 Rn. 40; Hüffer/Koch/*Koch* AktG § 262 Rn. 12.

[20] Zur Berechnung der ¾-Mehrheit vgl. ausführlich MüKoAktG/*J. Koch* § 262 Rn. 42, ebenso Hüffer/Koch/*Koch* AktG § 262 Rn. 11.

[21] MüKoAktG/*J. Koch* § 262 Rn. 42; Hüffer/Koch/*Koch* AktG § 262 Rn. 11; KölnKommAktG/*Kraft* § 262 Rn. 27.

[22] MüKoAktG/*J. Koch* § 262 Rn. 43; Hüffer/Koch/*Koch* AktG § 262 Rn. 12: bezogen auf das vertretene oder das gesamte Grundkapital; KölnKommAktG/*Kraft* § 262 Rn. 27 f.; GHEK/*Hüffer* AktG § 262 Rn. 38; vgl. für die GmbH auch RGZ 169, 65 (81).

[23] MüKoAktG/*J. Koch* § 262 Rn. 40, 44; Hüffer/Koch/*Koch* AktG § 262 Rn. 12.

[24] Hüffer/Koch/*Koch* AktG § 262 Rn. 10; KölnKommAktG/*Kraft* § 262 Rn. 26.

[25] MüKoAktG/*J. Koch* § 262 Rn. 41; Hüffer/Koch/*Koch* AktG § 262 Rn. 10; KölnKommAktG/*Kraft* § 262 Rn. 29.

[26] KölnKommAktG/*Kraft* § 262 Rn. 30.

Abs. 2 AktG scheidet aus, da nicht der Beschluss selbst, sondern lediglich die Auflösung ins Handelsregister eingetragen wird.[27]

Wird die gesetzlich und/oder satzungsmäßig vorgeschriebene Mehrheit nicht erreicht oder fehlt es an zusätzlichen Beschlussvoraussetzungen, führt dies lediglich zur Anfechtbarkeit.[28] Hinsichtlich der Ausübung des Stimmrechts ist zu unterscheiden: Während die Erforderlichkeit oder Verhältnismäßigkeit des Beschlusses nicht gerichtlich überprüfbar ist[29] (vgl. → Rn. 10), führt eine missbräuchliche Ausübung des Stimmrechts zur Anfechtbarkeit des Beschlusses. 15

Passivlegitimiert ist bei Anfechtungs- und Nichtigkeitsklagen die Aktiengesellschaft selbst, §§ 246 Abs. 2 S. 1, 249 Abs. 1 S. 1 AktG; vertreten wird sie durch die Abwickler und den Aufsichtsrat, §§ 246 Abs. 2 S. 2, 249 Abs. 1 S. 1 AktG.[30] 16

d) *Insolvenzverfahren, § 262 Abs. 1 Nr. 3 u. 4 AktG. aa) Eröffnung des Insolvenzverfahrens, § 262 Abs. 1 Nr. 3 AktG.*[31] Ein weiterer Auflösungsgrund ist die Eröffnung des Insolvenzverfahrens über das Vermögen der Gesellschaft. Die Insolvenz eines oder mehrerer Gesellschafter fällt dagegen nicht in den Anwendungsbereich des § 262 Abs. 1 Nr. 3 AktG. Die Hauptversammlung kann in diesem Fall allenfalls gemäß § 262 Abs. 1 Nr. 2 AktG die Auflösung der Gesellschaft beschließen.[32] 17

Ist die Gesellschaft zahlungsunfähig oder überschuldet, muss der Vorstand – bzw. die Abwickler, wenn sich die Gesellschaft bereits in Liquidation befindet – gemäß § 15a InsO die Eröffnung des Insolvenzverfahrens beantragen. Zahlungsunfähigkeit ist nach § 17 InsO gegeben, wenn die Gesellschaft nicht mehr in der Lage ist, ihre fälligen Zahlungspflichten zu erfüllen.[33] Überschuldung liegt nach § 19 Abs. 1 InsO vor, wenn das Vermögen der Gesellschaft deren Verbindlichkeiten nicht mehr deckt, es sei denn, die Fortführung des Unternehmens ist nach den Umständen überwiegend wahrscheinlich.[34] 18

Der maßgebliche Zeitpunkt für die Auflösung richtet sich gemäß § 27 InsO nach dem Eröffnungsbeschluss. Ist dort kein Zeitpunkt genannt, ist die Gesellschaft um 12.00 Uhr des Tages aufgelöst, an dem der Beschluss erlassen wurde. 19

Die Auflösung wegen Eröffnung des Insolvenzverfahrens führt nicht zur Abwicklung der Gesellschaft nach §§ 264 ff. AktG, sondern zum Übergang in das Insolvenzverfahren, für das die InsO ein spezielles Abwicklungsverfahren bereitstellt.[35] Verfügt die Gesellschaft nach Abschluss des Insolvenzverfahrens noch über Vermögen, schließt sich an das Insolvenzverfahren eine Liquidation gemäß §§ 264 ff. AktG an.[36] Ist kein Vermögen mehr vorhanden, wird die Gesellschaft aus dem Handelsregister gelöscht.[37] 20

bb) Ablehnung der Eröffnung mangels Masse, § 262 Abs. 1 Nr. 4 AktG. Lehnt das Gericht die Eröffnung des Insolvenzverfahrens mangels Masse ab (§ 26 InsO), führt dies ebenfalls zur Auflösung der Gesellschaft. Maßgeblich für die Auflösung ist der Zeitpunkt der Rechtskraft des Gerichtsbeschlusses, mit dem die Eröffnung abgelehnt wird, § 262 Abs. 1 Nr. 4 AktG; die in § 263 S. 2, 3 AktG vorgeschriebene Eintragung hat nur deklaratorische Wirkung. 21

---

[27] MüKoAktG/*J. Koch* § 262 Rn. 46; KölnKommAktG/*Kraft* § 262 Rn. 29.
[28] MüKoAktG/*J. Koch* § 262 Rn. 45; KölnKommAktG/*Kraft* § 262 Rn. 30.
[29] BGHZ 76, 352 (353); 103, 184 (189); OLG Stuttgart AG 1994, 411 (412); ZIP 1997, 362 (363); MüKoAktG/*J. Koch* § 262 Rn. 49; KölnKommAktG/*Kraft* § 262 Rn. 34; MHdB GesR IV/*Hoffmann-Becking* § 66 Rn. 5 mwN.
[30] MüKoAktG/*J. Koch* § 262 Rn. 48; KölnKommAktG/*Kraft* § 262 Rn. 31; BGHZ 32, 114 (118) = NJW 1960, 1006 für die Genossenschaft.
[31] Redaktionelle Neufassung durch Art. 47 Nr. 9a EGInsO (Gesetz vom 5.10.1994, BGBl. I S. 2911).
[32] MüKoAktG/*J. Koch* § 262 Rn. 50; vgl. hierzu auch KölnKommAktG/*Kraft* § 262 Rn. 37.
[33] RGZ 50, 39 (41); 100, 62 (66); BGH WM 1957, 67 (68); NJW 1962, 102 (103); 1984, 1953; KölnKommAktG/*Kraft* § 262 Rn. 37.
[34] Bis 31.12.2011 befristete Fassung in Folge des Maßnahmenpakets zur Stabilisierung des Finanzmarktes.
[35] MüKoAktG/*J. Koch* § 262 Rn. 52; KölnKommAktG/*Kraft* § 262 Rn. 38 f.; MHdB GesR IV/*Hoffmann-Becking* § 66 Rn. 6.
[36] Im Falle der Aufhebung des Insolvenzverfahrens gemäß § 200 InsO geht die Nachtragsverteilung iSd § 203 InsO den §§ 264 ff. vor, vgl. KölnKommAktG/*Kraft* § 262 Rn. 40 zu §§ 163, 166 KO.
[37] KölnKommAktG/*Kraft* § 262 Rn. 40 mwN.

22 Bei Ablehnung des Insolvenzverfahrens ist die Gesellschaft gemäß §§ 264 ff. AktG abzuwickeln, das Abwicklungsverfahren der InsO kommt nicht zur Anwendung.[38] Bleiben die Abwickler untätig, kann eine Amtslöschung iSd § 393 Abs. 1 S. 1 FamFG in Betracht kommen.[39]

23 Eine Fortsetzung der Gesellschaft durch Beschluss iSd § 274 AktG kommt bei einer Auflösung nach § 262 Abs. 1 Nr. 4 AktG nicht in Betracht, denn § 274 AktG setzt voraus, dass eine Auflösung autonom erfolgte. Regelmäßig steht auch nur bei einer autonomen Auflösung der Gesellschaft noch das zur Fortsetzung der Gesellschaft iSd § 274 AktG erforderliche Vermögen zur Verfügung.[40]

24 e) **Registergerichtliche Auflösung wegen Satzungsmängeln, § 262 Abs. 1 Nr. 5 AktG.** *aa) Vorbemerkung.* Stellt das Registergericht bestimmte Satzungsmängel fest, kann es die Gesellschaft nach § 399 FamFG auflösen. Diese Regelung wurde notwendig, um die Sanktionslücke zu schließen, die sich aus dem – auf Grund der Publizitätsrichtlinie[41] – neu gefassten § 275 AktG ergab.[42] Nach § 275 Abs. 1 AktG führt es nur noch zur Nichtigkeit der Gesellschaft, wenn

- die Satzung keine Bestimmungen über die Höhe des Grundkapitals enthält,
- die Satzung keine Bestimmungen über den Unternehmensgegenstand enthält oder
- die Bestimmungen über den Unternehmensgegenstand nichtig sind.[43]

25 *bb) Relevante Satzungsmängel. (1) Firma.* Das Registergericht löst die Gesellschaft gemäß § 399 Abs. 1 FamFG iVm § 23 Abs. 3 Nr. 1 AktG auf, wenn die Satzung keine Regelung zur Firma der Gesellschaft enthält (auf Grund der Registerkontrolle bei Eintragung der Gesellschaft kaum denkbar) oder die getroffene Bestimmung nichtig ist. Nichtig sind die Regelungen zur Firma, wenn sie gegen §§ 18 ff. HGB, § 4 AktG oder gegen § 134 BGB verstoßen. Nach hM führt zudem der Verstoß gegen den Grundsatz der Firmenunterscheidbarkeit zur Nichtigkeit der Satzungsbestimmung.[44]

26 Umstritten ist, ob die Verletzung firmenrechtlicher Bestimmungen bei nachträglicher Firmenänderung zur Nichtigkeit führen kann. Nach vorzugswürdiger Ansicht führt dies lediglich zur Nichtigkeit des Satzungsänderungsbeschlusses, nicht dagegen zur Auflösung der Gesellschaft.[45] Im Unterschied zur anfänglich unwirksamen Regelung der Firma besteht hier eine wirksame Satzungsbestimmung, die im Falle der Nichtigkeit des Änderungsbeschlusses fortgelten kann.

27 Umstritten ist ferner, ob § 399 FamFG auf die nachträgliche Veränderung der tatsächlichen Verhältnisse anwendbar ist. Erheblich kann dies etwa werden, wenn die Firma nach Änderung des Unternehmensgegenstands irreführend wäre. Die hM wendet hier § 399 FamFG an.[46] Dem ist zuzustimmen, denn im Gegensatz zur unwirksamen Satzungsänderung kann hier nicht auf eine frühere, wirksame Firma zurückgegriffen werden.

---

[38] MüKoAktG/*J. Koch* § 262 Rn. 56; Hüffer/Koch/*Koch* AktG § 262 Rn. 14; KölnKommAktG/*Kraft* § 262 Rn. 56; MHdB GesR IV/*Hoffmann-Becking* § 66 Rn. 7.
[39] Hüffer/Koch/*Koch* AktG § 262 Rn. 14; KölnKommAktG/*Kraft* § 262 Rn. 56 zu § 2 LöschungsG.
[40] Hüffer/Koch/*Koch* AktG § 262 Rn. 14, § 274 Rn. 6; MüKoAktG/*J. Koch* § 262 Rn. 56, § 274 Rn. 19; KölnKommAktG/*Kraft* § 262 Rn. 55; GHEK/*Hüffer* AktG § 262 Rn. 53.
[41] Erste Richtlinie vom 9.3.1968 (68/151/EWG), ABl. 1968 L 65, S. 8.
[42] RegBegr BT-Drs. V/3862, 11 und 14.
[43] Zur Kritik der Literatur vgl. ausführlich MüKoAktG/*J. Koch* § 262 Rn. 60 mwN: Bei der Amtsauflösung handele es sich im Gegenzug zur Beschränkung der Nichtigkeitsgründe um einen „bloßen Etikettenwechsel" bzw. der Auftrag der Richtlinie, die Nichtigkeitstatbestände einzuschränken, sei nur unvollkommen erfüllt worden.
[44] BayObLGZ 1989, 44 (48); Hüffer/Koch/*Koch* AktG § 4 Rn. 6, 11 ff.; § 262 Rn. 16; MüKoAktG/*J. Koch* § 262 Rn. 62 mwN; aA für die GmbH: Hachenburg/*Heinrich* GmbHG § 4 Rn. 95, 102; Hachenburg/*Ulmer* GmbHG § 60 Rn. 46; Scholz/*K. Schmidt/Bitter* GmbHG § 60 Rn. 38: Anwendbar ist lediglich das Firmenmissbrauchsverfahren gemäß § 37 Abs. 1 HGB; zum Verhältnis von § 399 FamFG zu § 37 Abs. 1 HGB im Übrigen vgl. MüKoAktG/*J. Koch* § 262 Rn. 65.
[45] MüKoAktG/*J. Koch* § 262 Rn. 67; Schmidt/Lutter/*Riesenhuber* § 262 Rn. 21.
[46] BGH NZG 2008, 707 zur Amtslöschung bei der GmbH; LG München I MittBayNotK 1971, 374 f.; MüKoAktG/*J. Koch* § 262 Rn. 64 mwN; GroßkommAktG/*Wiedemann* § 262 Rn. 38b; Schmidt/Lutter/*Riesenhuber* § 262 Rn. 21; aA BayObLGZ 1979, 207 ff.; 1982, 140 (143) zur nachträglichen Sitzverlegung.

(2) Sitz der Gesellschaft. Eine Auflösung durch das Registergericht findet gemäß § 399 **28** Abs. 1 FamFG iVm § 23 Abs. 3 Nr. 1 AktG ferner statt, wenn die Satzung keine Regelung zum Sitz der Gesellschaft enthält (auf Grund der Registerkontrolle bei Eintragung kaum denkbar) oder die getroffene Regelung nichtig ist. Nach der Abschaffung des § 5 Abs. 2 AktG durch das MoMiG kann die Satzungsbestimmung nur noch dann nichtig sein, wenn ein Ort im Ausland bestimmt wurde. Beim Auseinanderfallen von Satzungs- und Verwaltungssitz findet keine Auflösung mehr statt.

(3) Höhe des Grundkapitals. Fehlen in der Satzung Bestimmungen zur Höhe des Grund- **29** kapitals vollständig, führt dies gemäß § 275 Abs. 1 S. 1 AktG zur Nichtigkeit der Gesellschaft. Verstößt die Satzungsregelung gegen § 6 oder § 7 AktG, dh lautet das Grundkapital nicht auf einen Nennbetrag in Euro,[47] wird das Mindestgrundkapital von 50.000 EUR unterschritten[48] oder stimmt das Grundkapital mit dem Gesamtnennbetrag der Aktien nicht überein,[49] kommt eine Auflösung nach § 399 FamFG iVm § 23 Abs. 3 Nr. 3 AktG in Betracht.

Nachträgliche Verstöße gegen § 7 AktG (zB Kapitalherabsetzung unter den gesetzlichen **30** Mindestbetrag) durch unwirksame Satzungsänderungen führen lediglich zur Unwirksamkeit des Änderungsbeschlusses.[50]

(4) Angaben zu Aktien. § 23 Abs. 3 Nr. 4 und 5 AktG stellen Anforderungen auf für die **31** in der Satzung zu Aktien zu machenden Angaben. Fehlen diese Angaben vollständig – was auf Grund der Registerkontrolle selten der Fall sein dürfte – oder sind sie nichtig, kommt eine Auflösung gemäß § 399 FamFG in Betracht.

§ 23 Nr. 4 stellt die Beachtung von §§ 6–9 AktG sicher und verlangt daher, die Angabe, **32**
- ob das Stammkapital in Nennbetrags- oder Stückaktien zerlegt ist,
- bei Nennbetragsaktien deren Nennbeträge und die Zahl der Aktien jedes Nennbetrages,
- bei Stückaktien der Zahl,
- wenn mehrere Gattungen bestehen, die Gattung der Aktien und die Zahl der Aktien jeder Gattung.

Ergänzend ist nach § 23 Abs. 5 AktG anzugeben, ob die Aktien auf den Inhaber, wenn die **33** AG börsennotiert (vgl. § 3 Abs. 2 AktG) oder der Anspruch auf Einzelverbriefung gemäß § 10 Abs. 5 AktG ausgeschlossen ist, oder – nun der Regelfall – auf den Namen ausgestellt werden (vgl. § 10 Abs. 1 AktG).[51] Verstoßen die Satzungsbestimmungen von Anfang an gegen §§ 6–10 AktG, findet eine Amtslöschung nach § 399 FamFG statt. Bei nachträglichen Verstößen ist zu unterscheiden: Unwirksame Satzungsänderungen führen lediglich zur Unwirksamkeit des Änderungsbeschlusses nach § 241 Nr. 3 AktG. Nachträglich eintretende tatsächliche Veränderungen werden hier nicht relevant, denn Änderungen, die die ausgegebenen Aktien betreffen, sind außerhalb der Satzung nicht denkbar.[52]

(5) Angaben zur Zahl der Vorstandsmitglieder und zu den Regeln, nach denen diese Zahl **34** *festgelegt wird.* § 23 Abs. 3 Nr. 6 AktG bestimmt, dass in der Satzung die Zahl der Mitglieder des Vorstands oder die Regeln, nach denen diese Zahl festgelegt wird, anzugeben ist. Es muss keine konkrete Zahl angegeben werden, ausreichend ist vielmehr, wenn die Satzung die Mindest- bzw. eine Höchstzahl bestimmt[53] oder wenn sie regelt, dass der Aufsichtsrat die konkrete Zahl der Vorstandsmitglieder festlegt.[54]

---

[47] MüKoAktG/*Heider* § 6 Rn. 19; MüKoAktG/*J. Koch* § 262 Rn. 70; Hüffer/Koch/*Koch* AktG § 6 Rn. 4 ff.; KölnKommAktG/*Kraft* § 262 Rn. 78.
[48] Hüffer/Koch/*Koch* AktG § 7 Rn. 5; MüKoAktG/*J. Koch* § 262 Rn. 70; MüKoAktG/*Heider* § 7 Rn. 30 f.; KölnKommAktG/*Dauner-Lieb* § 7 Rn. 7.
[49] KölnKommAktG/*Kraft* § 262 Rn. 78; MüKoAktG/*J. Koch* § 262 Rn. 70.
[50] MüKoAktG/*J. Koch* § 262 Rn. 67, 68.
[51] Vgl. § 10 Abs. 1 S. 1 u. S. 2 AktG iFd Aktiennovelle 2016, nach der die Namensaktie nun der Regelfall ist.
[52] MüKoAktG/*J. Koch* § 262 Rn. 68.
[53] LG Köln AG 1999, 137 f.; MüKoAktG/*Pentz* § 23 Rn. 136; MüKoAktG/*J. Koch* § 262 Rn. 69; Hüffer/Koch/*Koch* AktG § 23 Rn. 31; RegBegr., BT-Drs. 8/1678, 12; einschränkend KölnKommAktG/*A. Arnold* § 23 Rn. 124.
[54] Vgl. MüKoAktG/*J. Koch* § 262 Rn. 69; RegBegr BT-Drs. 8/1678, 12; MüKoAktG/*Pentz* § 23 Rn. 144; Hüffer/Koch/*Koch* AktG § 23 Rn. 31; KölnKommAktG/*A. Arnold* § 23 Rn. 124; Hüffer/Koch/*Koch* NJW 1979, 1065.

35 Fehlen die von § 23 Abs. 3 Nr. 6 AktG geforderten Angaben oder sind sie nichtig, ist die Gesellschaft von Amts wegen aufzulösen. Ist der Vorstand lediglich tatsächlich unterbesetzt (vgl. etwa § 76 Abs. 2 AktG), ist § 399 FamFG nicht anwendbar.[55] Eine Unterbesetzung kann allenfalls zur Handlungsunfähigkeit des Vorstands führen.[56]

36 *cc) Verfahren.* Zuständig ist das Amtsgericht am Sitz der Gesellschaft, §§ 23a Abs. 2 Nr. 3 GVG; § 377 Abs. 1 FamFG, § 14 AktG. Das Gericht wird von Amts wegen tätig. Vor Auflösung hat das Gericht die Gesellschaft aufzufordern, innerhalb einer von ihm bestimmten Frist eine Satzungsänderung, die den Mangel der Satzung behebt, zur Eintragung ins Handelsregister anzumelden oder das Unterlassen der Satzungsänderung durch Widerspruch gegen die Verfügung zu rechtfertigen, vgl. § 399 Abs. 1 S. 1 FamFG.

37 Wird die Gesellschaft innerhalb der durch das Gericht gesetzten Frist nicht tätig und erhebt sie auch nicht Widerspruch oder wurde der Widerspruch zurückgewiesen, stellt das Gericht den Mangel der Satzung fest, § 399 Abs. 2 S. 1 FamFG. Statthaftes Rechtsmittel gegen diese Feststellung ist die Beschwerde, vgl. §§ 58 ff. FamFG, bei deren Zurückweisung die Rechtsbeschwerde gemäß §§ 70 f. FamFG.

38 Maßgeblicher Zeitpunkt für die Auflösung ist die Rechtskraft der gerichtlichen Feststellung.[57] Die aufgelöste Gesellschaft kann – nach Behebung der Satzungsmängel – durch Fortsetzungsbeschluss wieder zur werbenden Gesellschaft werden, vgl. § 274 Abs. 2 Nr. 2 AktG. Der zur Heilung der Satzungsmängel erforderliche satzungsändernde Beschluss kann gleichzeitig mit dem Fortsetzungsbeschluss gefasst werden bzw. diesen enthalten.[58]

39 *f) Registergerichtliche Löschung wegen Vermögenslosigkeit, § 262 Abs. 1 Nr. 6 AktG.*
aa) Löschungsvoraussetzungen. Das Registergericht **kann** die Gesellschaft gemäß § 394 Abs. 1 S. 1 FamFG löschen, wenn sie im Zeitpunkt der Verfügung[59] vermögenslos ist.[60] Das Gericht ist dagegen **verpflichtet**, die Gesellschaft zu löschen, wenn ein Insolvenzverfahren durchgeführt wurde und danach davon auszugehen ist, dass die Gesellschaft kein Vermögen mehr besitzt, vgl. § 394 Abs. 1 S. 2 FamFG.

40 Vermögenslosigkeit liegt vor, wenn es der Gesellschaft an aktivierbaren Vermögensgegenständen fehlt,[61] dh etwa an durchsetzbaren Forderungen, Steuerrückzahlungsansprüchen, Ansprüchen der Gesellschaft gegen ihre Aktionäre (§§ 54, 62 AktG) oder ihre Organmitglieder (§§ 93, 116 AktG) oder gegen ein herrschendes Unternehmen und dessen Organmitglieder (§§ 302, 309, 317 AktG).[62]

41 Keine aktivierbaren Vermögensgegenstände sind dagegen uneinbringliche Forderungen, bloße Geschäftserwartungen oder nicht selbstständig verwertbare Firmenwerte bzw. immaterielle Güter (zB unverwertbare Schutzrechte[63]). Da es auf das Aktivvermögen ankommt, ist eine Überschuldung weder notwendig noch ausreichend.[64]

---

[55] Hüffer/Koch/*Koch* AktG § 23 Rn. 31; MüKoAktG/*Pentz* § 23 Rn. 145.
[56] Vgl. zur Folge der Unterbesetzung ausführlich Hüffer/Koch/*Koch* AktG § 76 Rn. 56; MHdB GesR IV/*Wiesner* § 19 Rn. 50; *Möhring* NJW 1966, 1 (5).
[57] MHdB GesR IV/*Hoffmann-Becking* § 66 Rn. 8; MüKoAktG/*J. Koch* § 262 Rn. 74.
[58] MüKoAktG/*J. Koch* § 274 Rn. 11.
[59] Vermögenslosigkeit bei Ankündigung der Löschung oder zu einem anderen Zeitpunkt des Verfahrens genügt nicht, vgl. MüKoAktG/*J. Koch* § 262 Rn. 82 mwN; KölnKommAktG/*Kraft* § 262 Rn. 62.
[60] Auf Grund der schwerwiegenden Folgen der Amtslöschung muss sich das Gericht iRd Amtsermittlung (§ 26 FamFG) von der Vermögenslosigkeit überzeugen, diese muss positiv festgestellt werden; die bloße Vermutung der Vermögenslosigkeit genügt nicht, vgl. BayObLG DB 1995, 90; ZIP 1984, 175; OLG Düsseldorf ZIP 1997, 201 (202); OLG Frankfurt a. M. ZIP 1983, 309; die Ablehnung des Insolvenzverfahrens stellt lediglich ein Indiz dar, es darf daraus allein aber noch nicht auf Vermögenslosigkeit geschlossen werden, BayObLG ZIP 1984, 175.
[61] BayObLG GmbHR 1979, 176 f.; BB 1982, 1590; WM 1984, 602; ZIP 1985, 33 f.; DB 1995, 90; OLG Düsseldorf ZIP 1997, 201 (202); OLG Frankfurt a. M. ZIP 1983, 312 = GmbHR 1983, 271; *Piorreck* RPfleger 1978, 157; MüKoAktG/*J. Koch* § 262 Rn. 78: Maßgeblich ist, dass nach den handelsbilanzrechtlichen Vorgaben keine Aktiva gebildet werden können. Vermögenslosigkeit liegt nicht vor, wenn zumindest ein „geringes" Vermögen existiert, dagegen darf gelöscht werden, wenn das Vermögen nur noch so „verschwindend gering" ist, dass es als Basis von Verteilung und Zugriff ungeeignet ist.
[62] Vgl. ausführlich MüKoAktG/*J. Koch* § 262 Rn. 80 mwN zu Rspr. und Lit.
[63] Vgl. hierzu MüKoAktG/*Koch* § 262 Rn. 81; KölnKommAktG/*Kraft* § 262 Rn. 61.
[64] OLG Frankfurt a. M. ZIP 1983, 309; MüKoAktG/*J. Koch* § 262 Rn. 78 mwN.

Einer Löschung steht nicht entgegen, wenn gegen die Gesellschaft noch Forderungen bestehen oder diese noch sonstige Verbindlichkeiten hat.[65] Ebenso kann die Gesellschaft ohne Rücksicht darauf gelöscht werden, ob für diese noch Erklärungen abzugeben sind (zB Freigabeerklärung für hinterlegte Sachen),[66] denn das Gesetz stellt in § 394 Abs. 1 S. 1 FamFG über die Vermögenslosigkeit hinaus keine zusätzlichen Anforderungen an die Löschung. 42

bb) Wirkung der Löschung. Vor der Einführung des § 394 FamFG galt § 2 LöschungsG. Dieser regelte in Abs. 1 S. 3 und 4, dass mit der Löschung die Auflösung fingiert wird. § 394 FamFG enthält zur Wirkung der Löschung keine Regelung mehr; in Lit. und Rspr. werden unterschiedliche Ansichten vertreten: 43

Str. ist zum einen, ob die Löschung der Gesellschaft im Handelsregister gemäß § 394 Abs. 1 FamFG konstitutive oder deklaratorische Wirkung hat, zum anderen, ob im Falle konstitutiver Wirkung die Gesellschaft zusätzlich vermögenslos sein muss. Der Streit wirkt sich im Ergebnis nicht aus, wenn eine tatsächlich vermögenslose AG gelöscht worden ist. Es handelt sich dann lediglich um eine Frage der Begründung. Anders, wenn Vermögenslosigkeit und Löschung nicht zusammenfallen. 44

Die früher herrschende Ansicht in der Rechtsprechung ging von einer deklaratorischen Wirkung der Löschung aus. Bereits bei Vermögenslosigkeit soll – wenn die Abwicklung beendet und die Schlussrechnung gelegt ist – Vollbeendigung der Gesellschaft eintreten.[67] Eine im Vordringen befindliche Ansicht sieht die Löschung zwar als konstitutiv an, verlangt jedoch zusätzlich Vermögenslosigkeit der Gesellschaft (Lehre vom Doppeltatbestand).[68] 45

Aus Gründen der Rechtsklarheit und der Rechtssicherheit ist der Lehre vom Doppeltatbestand zu folgen, wonach erst die Löschung die Vollbeendigung bewirkt. Diese hat also konstitutive Wirkung. Die konstitutive Wirkung besteht in doppelter Hinsicht: Zum einen kann die bloße Vermögenslosigkeit nicht zum Erlöschen der juristischen Person führen, zum anderen gibt es keine juristische Person ohne Registereintragung. Die Löschung bewirkt also auch dann das Erlöschen, wenn ihre Voraussetzungen nicht vorlagen,[69] etwa bei noch vorhandenem Restvermögen.[70] 46

Wenn die Aktiengesellschaft als juristische Person erst durch Eintragung ins Handelsregister entsteht (vgl. § 41 Abs. 1 S. 1 AktG), ist es nur folgerichtig, dass die juristische Person ohne Löschung auch nicht untergeht.[71] Bei Beendigung der Gesellschaft besteht ebenso wie bei deren Errichtung ein Interesse an genauer Bestimmung des Endes der juristischen Person.[72] Auch der erhöhte Gläubigerschutz, der durch die Regelungen in §§ 262 ff. AktG gewährleistet werden soll, spricht für die Annahme einer konstitutiven Wirkung der Löschung. 47

---

[65] BGHZ 74, 212 (213) = BGH NJW 1979, 1592; MüKoAktG/*J. Koch* § 262 Rn. 79 mwN.
[66] MüKoAktG/*J. Koch* § 262 Rn. 79 mwN; aA OLG Frankfurt a. M. WM 1982, 1266 f.; OLG Frankfurt a. M. FGPrax 2005, 269 f.
[67] RGZ 149, 293 (296 f.); BGH WM 1957, 975; BGHZ 53, 264 (266) = NJW 1970, 1044; BGHZ 73, 212 (213); 94, 105 (108); BGH WM 1986, 145 = NJW-RR 1986, 394; so wohl auch BGHZ 105, 259; NJW 1995, 196; OLG Stuttgart NJW 1969, 1493.
[68] BGH NJW 2015, 2424 zur Löschung einer vermögenslosen GmbH; OLG Celle NZG 2008, 271 ebenfalls zur GmbH; BAG NJW 1988, 2637; GmbHR 2003, 1009 (1010); BayObLG FGPrax 1998, 73 = NZG 1998, 228; OLG Köln AG 2003, 449 (450); OLG Düsseldorf NZG 2004, 916 (918); OLG Stuttgart NZG 1999, 31; ZIP 1986, 647 (648) für GmbH; OLG Koblenz ZIP 1998, 967; BayObLG ZIP 2002, 1845; OLG Stuttgart AG 1999, 280 (281); Schmidt/Lutter/*Riesenhuber* § 262 Rn. 15; *Raiser* KapGesR § 22 Rn. 2; Scholz/*K. Schmidt* GmbH Anh. § 60 Rn. 18 ff.; *K. Schmidt* GmbHR 1988, 209 (211); *ders.* GmbHR 1994, 829 (834); *ders.* GesR § 30 Abs. 6 S. 3, § 11 Abs. 6 S. 6a; Baumbach/Hueck/*Schulze-Osterloh* GmbHG § 60 Rn. 6; vgl. Nachweise bei KölnKommAktG/*Kraft* § 273 Rn. 34 ff.; *Grziwotz* DStR 1992, 1813; *Bork* JZ 1991, 841 (844, 848).
[69] Vgl. Hüffer/Koch/*Koch* AktG § 262 Rn. 4, 23; § 264 Rn. 12; § 273 Rn. 7 ff. jeweils mwN.
[70] MüKoAktG/*Heider* § 1 Rn. 26; MüKoAktG/*J. Koch* AktG § 262 Rn. 84 ff., 88 ff.; KölnKommAktG/*Kraft* Vor § 262 Rn. 10, § 273 Rn. 37; Hachenburg/*Ulmer* GmbHG § 60 Rn. 13 ff., Anh. § 60 Rn. 37; Hüffer/Koch/*Koch* GS Schultz, S. 99 (103 ff.); so grundsätzlich auch *Hönn* ZHR 138 (1974), 50 (66 ff., 69); *Lindacher*, in: FS Henckel, S. 549 (554).
[71] Vgl. hierzu ausführlich MüKoAktG/*J. Koch* AktG § 262 Rn. 85; Hachenburg/*Ulmer* GmbHG § 60 Rn. 15, Anh. § 60 Rn. 35; Großkomm HGB/*Hüffer* § 31 Rn. 26; *Raiser* Kap.GesR § 22 Rn. 2 mwN; *Hönn* ZHR 138 (1974), 50.
[72] MüKoAktG/*J. Koch* § 262 Rn. 85.

48 Die Ansicht, die zusätzlich die Vermögenslosigkeit der Gesellschaft fordert, verkennt, dass es ohne Registereintragung die Aktiengesellschaft als juristische Person nicht geben kann, § 41 Abs. 1 S. 1 AktG (vgl. bereits → Rn. 44).[73] Auch lässt sich nur so begründen, dass selbst im Falle unberechtigter Löschung die Organfunktion der Vorstandsmitglieder als Abwickler (§ 265 Abs. 1 AktG) untergeht und die Befugnis der Hauptversammlung zur Bestellung neuer Abwickler (§ 265 Abs. 2 AktG) nicht mehr besteht; Nachtragsabwickler müssen vielmehr gemäß §§ 264 Abs. 2 S. 2, 273 Abs. 4 S. 1 AktG gerichtlich bestellt werden.[74]

49 *cc) Verfahren.* Zuständig für die Amtslöschung ist das Registergericht des Gesellschaftssitzes, §§ 23a Abs. 2 Nr. 3 GVG; § 377 Abs. 1 FamFG, § 14 AktG. Das Gericht wird von Amts wegen tätig. Der Antrag der Steuerbehörde iSd § 394 Abs. 1 S. 1 FamFG stellt lediglich eine Anregung an das Gericht dar, tätig zu werden.[75] Das Gericht hat den gesetzlichen Vertretern der Gesellschaft seine Löschungsabsicht anzuzeigen und gleichzeitig eine angemessene Frist zur Einlegung eines Widerspruchs zu bestimmen, § 394 Abs. 2 S. 1 FamFG. Für die Bekanntmachung gelten §§ 166 ff. ZPO, wenn sich aus §§ 192 ff. ZPO nichts anderes ergibt, vgl. § 191 ZPO.

50 Wird kein Widerspruch erhoben, erfolgt die Löschung durch Eintragung eines Vermerks in die 6. Spalte des Registerblatts, § 394 Abs. 3 FamFG iVm § 393 Abs. 5 FamFG, § 43 Nr. 6k HRV. Wird Widerspruch erhoben, muss zunächst über diesen entschieden werden, § 394 Abs. 3 FamFG iVm § 393 Abs. 3 S. 1 FamFG.

51 **Rechtsmittel** gegen die Zurückweisung des Widerspruchs ist die sofortige Beschwerde, § 394 Abs. 3 FamFG iVm § 393 Abs. 3 S. 2 FamFG. Gegen die Löschung selbst ist kein Rechtsmittel statthaft. Bei schwerwiegenden Verfahrensfehlern kommt § 395 FamFG in Betracht, wonach die Eintragung der Löschung ihrerseits – von Amts wegen – gelöscht werden kann.[76]

52 Eine Liquidation findet im Falle des § 262 Abs. 1 Nr. 6 AktG grundsätzlich nicht statt. Anders, wenn sich nach der Löschung herausstellt, dass noch verteilungsfähiges Vermögen der Gesellschaft vorhanden ist, in diesem Fall kommt es zur Abwicklung nach §§ 264 ff. AktG.[77] Die **Fortsetzung** der gelöschten AG kann nicht nach § 274 AktG beschlossen werden,[78] da es an einer autonomen Auflösung der Gesellschaft fehlt.

53 *g) Andere Auflösungsgründe gemäß § 262 Abs. 2 AktG.* § 262 Abs. 2 AktG betrifft nur andere **gesetzlich** Auflösungsgründe. In der Satzung können keine weiteren Auflösungsgründe – wie etwa ein Kündigungsrecht der Aktionäre – geregelt werden[79] (→ Rn. 3).

54 Checkliste:

In Betracht kommt etwa eine Auflösung
☐ bei Verlust aller Aktionäre (sog „Keinmann-AG")[80]
☐ wegen Gemeinwohlgefährdung, § 396 AktG[81]
☐ wegen Verstoß gegen das Vereinsverbot iSd § 3 Abs. 1 S. 1 VereinsG iVm §§ 2, 17 Nr. 1 VereinsG[82]

---

[73] Lediglich die Partei- und Prozessfähigkeit knüpft an der Vermögenslosigkeit an, vgl. BGH NJW 2015, 2424.
[74] Vgl. ausführlich MüKoAktG/*J. Koch* § 262 Rn. 90; Hachenburg/*Ulmer* GmbHG Anh. § 60 Rn. 37.
[75] MüKoAktG/*Koch* § 262 Rn. 75.
[76] Vgl. zum Löschungsverfahren ausführlich MüKoAktG/*Koch* § 262 Rn. 93 ff.
[77] MHdB GesR IV/*Hoffmann-Becking* § 66 Rn. 9; KölnKommAktG/*Kraft* § 262 Rn. 66 f.
[78] KölnKommAktG/*Kraft* § 262 Rn. 69.
[79] MüKoAktG/*J. Koch* § 262 Rn. 102; MHdB GesR IV/*Hoffmann-Becking* § 66 Rn. 3, 10.
[80] Die AG löst sich auf, weil sie ohne Gesellschafter nicht bestehen kann; zT aA bei der GmbH, vgl. *Kreutz* FS Stimpel, S. 379 ff.; MüKoAktG/*J. Koch* § 262 Rn. 103.
[81] Vgl. Hüffer/Koch/*Koch* AktG § 262 Rn. 24; § 396 Rn. 2 ff.; MüKoAktG/*J. Koch* § 262 Rn. 104; die Löschung erfolgt durch Urteil des Landgerichts, das auf Antrag der für den Sitz der AG zuständigen obersten Landesbehörde ergeht.
[82] Eine Auflösung kommt in Betracht, wenn sich die Gesellschaft gegen die verfassungsmäßige Ordnung oder den Gedanken der Völkerverständigung richtet, oder wenn ihr Zweck oder ihre Tätigkeit einen Straftat-

□ wegen Rücknahme der Geschäftserlaubnis gemäß § 38 KWG[83] oder gemäß § 87 VAG.[84]

Keine Auflösungsgründe stellen dar
□ Vermögensübertragung gemäß § 179a AktG
□ lediglich tatsächliche Veränderungen wie Betriebseinstellungen und die Veräußerung oder Verpachtung des Unternehmens
□ nachträgliche Vereinigung aller Aktien in einer Hand.[85]

Zur Frage, ob die Sitzverlegung ins Ausland einen Auflösungsgrund darstellt, vgl. näher → Rn. 57 ff.

Für die spezialgesetzlich bzw. die über § 262 AktG hinaus im AktG geregelten Auflösungsgründe gelten ebenfalls die §§ 264 ff. AktG, sofern die og Spezialnormen keine abweichenden Regelungen enthalten.[86] 55

2. Grenzüberschreitende Sitzverlegung

a) Bisherige Rechtslage. Nach der bisher hM war die Sitzverletzung einer deutschen Gesellschaft ins Ausland unter Wahrung ihrer Identität nicht möglich.[87] Nach hM handelte es sich bei dem Beschluss zur Verlegung des statutarischen und des effektiven Sitzes der Gesellschaft um einen Auflösungsbeschluss iSd § 262 Abs. 1 Nr. 2 AktG. Die Gesellschaft musste im Ausland neu gegründet werden.[88] Weder eine abweichende Satzungsbestimmung noch ein entgegenstehender Wille der Gesellschafter konnten eine Auflösung verhindern.[89] 56

b) Rechtsfolgen der Sitzverlegung. Zur Beantwortung der Frage, welche Folgen eine unzulässige Sitzverlegung ins Ausland hat, musste zwischen der Verlegung des satzungsmäßigen Sitzes und der Verlegung des effektiven Verwaltungssitzes unterschieden werden. 57

aa) Verlegung des satzungsmäßigen Sitzes. Für die Verlegung des satzungsmäßigen Sitzes in einen anderen Mitgliedstaat traf die in Deutschland bislang geltende Sitztheorie keine Aussage. Diese stellte auf den effektiven Verwaltungssitz ab. Wurde der Satzungssitz verlegt, stellte dies nach hM einen Auflösungsbeschluss iSd § 262 Abs. 1 Nr. 2 AktG dar. Nach aA handelte es sich um eine schlichte Satzungsänderung, die den Bestand der Gesellschaft aus deutscher Sicht unberührt ließ. 58

Ein derartiger Satzungsänderungsbeschluss war nach deutschem Aktienrecht gemäß § 241 Nr. 3 AktG nichtig,[90] weil die Gesellschaft durch diesen Beschluss zwingende Regelungen des AktG umgehen könnte, die zum Schutz der Gläubiger der Gesellschaft oder sonst im öffentlichen Interesse ins AktG aufgenommen wurden.[91] Zur wirksamen Verlegung des Satzungssitzes musste die Hauptversammlung daher einen – neuen – Auflösungsbeschluss fassen und die Gesellschaft im Ausland neu gründen. Für die Frage, ob die Rechtspersönlichkeit der Gesellschaft im Zuzugstaat anerkannt wird, war danach zu unterscheiden, ob im Zuzugstaat die Gründungs- oder die Sitztheorie gilt. 59

---

bestand erfüllt, der aus Gründen des Staatsschutzes erlassen wurde, vgl. hierzu ausführlich *Reichert* HdB des Vereins- und Verbandsrechts Rn. 3026 ff.; ebenso MüKoAktG/*J. Koch* § 262 Rn. 105.

[83] Vgl. hierzu MüKoAktG/*J. Koch* § 262 Rn. 106.
[84] Vgl. zum Verfahren MüKoAktG/*J. Koch* § 262 Rn. 107.
[85] Zur nachträglichen Entstehung einer Einmann-AG vgl. Hüffer/Koch/*Koch* AktG § 262 Rn. 6, § 2 Rn. 4.
[86] MüKoAktG/*J. Koch* § 262 Rn. 101.
[87] Zum Auslandsbezug s. o. *Schaub* § 5; RGZ 107, 94 (97); BGHZ 25, 134 (144) = NJW 1957, 1433; BayObLGZ 1992, 113 (116); OLG Hamm ZIP 1997, 1696 f.; MüKoAktG/*J. Koch* § 262 Rn. 35; KölnKommAktG/*Kraft* § 262 Rn. 35; Staudinger/*Großfeld* IntGesR Rn. 356 ff.; Hüffer/Koch/*Koch* AktG § 5 Rn. 12; aA *Beitzke* ZHR 127 (1965), 1 (24 ff.); *Bungert* AG 1995, 489 (499 ff.); *Knobbe-Keuk* ZHR 154 (1990), 325 (334 ff., 350 ff.).
[88] RGZ 107, 94 (97); BGHZ 25, 134 (144) = NJW 1957, 1433; BayObLGZ 1992, 113 (116); OLG Hamm ZIP 1997, 1696 f.; OLG Zweibrücken NJW 1990, 3092; Staudinger/*Großfeld* IntGesR Rn. 356 ff.; MüKoAktG/*J. Koch* § 262 Rn. 38.
[89] BGHZ 25, 134 (144).
[90] Vgl. KölnKommAktG/*Kraft* § 262 Rn. 36; MüKoAktG/*J. Koch* § 262 Rn. 38; GHEK/*Hüffer* § 262 Rn. 34.
[91] MüKoAktG/*J. Koch* § 262 Rn. 38.

60 **bb) Verlegung des Verwaltungssitzes.** Nach der bislang in Deutschland geltenden Sitztheorie[92] war für die Frage, welches Recht auf eine Gesellschaft anwendbar ist, der tatsächliche Verwaltungssitz[93] maßgeblich.[94] Die Verlegung des Verwaltungssitzes ins Ausland führte aus deutscher Sicht unstreitig zur Auflösung der Gesellschaft. Die Gesellschaft musste im Ausland neu gegründet werden. Der Beschluss, der die Aufgabe des inländischen Sitzes beinhaltet, wurde von der hM[95] als Auflösungsbeschluss angesehen, nach aA handelt es sich bei der Verlegung des Verwaltungssitzes ins Ausland um einen besonderen Auflösungsgrund iSd § 262 Abs. 2 AktG, da die Hauptversammlung mit ihrem Beschluss gerade keine Auflösung, sondern vielmehr die Fortsetzung der werbenden Tätigkeit – vom Ausland aus – beabsichtigte.[96]

61 Für die Frage, ob die Rechtspersönlichkeit der Gesellschaft im Zuzugstaat anerkannt wurde, war wiederum danach zu unterscheiden, ob im Zuzugstaat die Sitz- oder die Gründungstheorie gilt.

62 **c) Verlegung des effektiven Verwaltungssitzes und des Satzungssitzes.** Wurde sowohl der Verwaltungssitz als auch der Satzungssitz von Deutschland in einen anderen Mitgliedstaat verlegt, machte es keinen Unterschied, ob im Zuzugstaat die Gründungs- oder die Sitztheorie anwendbar war. In beiden Fällen lag ein Statutenwechsel der Gesellschaft vor. Da die Gesellschaft nach den einschlägigen Bestimmungen des Gesellschaftsrechts des Zuzugstaates jeweils nicht wirksam gegründet wurde, wurde ihre Rechtspersönlichkeit weder im Zuzug- noch im Wegzugstaat anerkannt. Im Wegzugstaat (hier Deutschland) wurde die Sitzverlegung zudem als Auflösungsgrund angesehen, vgl. → § 5.

63 **d) Gründungs- und Sitztheorie im Spiegel der Rechtsprechung des EuGH. aa) *Daily Mail*.**[97] In der Entscheidung „Daily Mail" aus dem Jahr 1988 führte der EuGH aus, dass die Niederlassungsfreiheit in Art. 49 AEUV (ex-Art. 43 EGV), Art. 54 AEUV (ex-Art. 48 EVG) den Gesellschaften nationalen Rechts kein Recht gewährt, den Sitz ihrer Geschäftsleitung unter Wahrung ihrer Eigenschaft als Gesellschaft des Mitgliedstaats ihrer Gründung in einen anderen Mitgliedstaat zu verlegen.[98]

64 **bb) *Centros*.**[99] Nichts anderes ergibt sich aus der „Centros"-Entscheidung des EuGH vom 9.3.1999, denn diese Entscheidung betrifft nur die „sekundäre Niederlassungsfreiheit", dh das Recht einer Gesellschaft, in einem anderen Mitgliedstaat durch eine Agentur, Zweigniederlassung oder Tochtergesellschaft geschäftlich tätig zu werden.[100]

65 **cc) *Überseering*.**[101] Auch aus der „Überseering"-Entscheidung vom 5.11.2002 ergibt sich die grundsätzliche Zulässigkeit der identitätswahrenden grenzüberschreitenden Verlegung des tatsächlichen Verwaltungssitzes.

---

[92] Neben Deutschland gilt die Sitztheorie in Frankreich, Belgien, Luxemburg, Portugal und Griechenland; das Gegenstück zur Sitztheorie ist die Gründungs- oder Inkorporationstheorie. Diese gilt in England, Irland, den Niederlanden, Spanien, Schweiz und in den nordischen Staaten.
[93] Verwaltungssitz ist nach BGH der Ort, wo „die grundlegenden Entscheidungen der Unternehmensleitung effektiv in laufende Geschäftsführungsakte umgesetzt werden", vgl. BGHZ 97, 269 ff. (272); *Knobbe-Keuk* ZHR 154 (1990), 325 (326).
[94] Vgl. zur Sitztheorie MüKoBGB/*Kindler* IntGesR Rn. 390.
[95] RGZ 107, 94 (97); BGHZ 25, 134 (144) = NJW 1957, 1433; BayObLGZ 1992, 113 (116); OLG Hamm ZIP 1997, 1696 f.; Staudinger/*Großfeld* IntGesR Rn. 356 ff.; zum Teil wird auch auf § 262 Abs. 2 abgestellt, so wohl auch MüKoBGB/*Kindler* IntGesR Rn. 398.
[96] So etwa MüKoAktG/*J. Koch* § 262 Rn. 35 ff., 37.
[97] EuGH NJW 1989, 2186 = IPrax 1989, 381 – Daily Mail.
[98] EuGH NJW 1989, 2186 = IPrax 1989, 381 – Daily Mail; so auch BayObLG FGPrax 1998, 232; OLG Düsseldorf FG Prax 2001, 127 für GmbH.
[99] EuGH NJW 1999, 2027 – Centros.
[100] Aus dieser Entscheidung können daher keine Rückschlüsse auf die „primäre Niederlassungsfreiheit" gezogen werden vgl. ausführlich OLG Hamm FGPrax 2001, 123; OLG Düsseldorf FGPrax 2001, 127 (128); *Kieninger* ZGR 1999, 724 (745 f.); *Freitag* EuZW 1999, 257 (269); ebenso für ein Festhalten an den Grundsätzen der Daily-Mail-Entscheidung: *Forsthoff* DB 2000, 1109 (1111); *Kindler* NJW 1999, 1993 (1998); *Görk* GmbHR 1999, 793 (797); *Hammen* WM 1999, 2487 (2490); *Behrens* IPrax 2000, 323 (329 f.); *Göttsche* DStR 1999, 1403 (1405 f.); *Lange* DNotZ 1999, 593 (604 f.); aA wohl AG Heidelberg EuZW 2000, 414.
[101] EuGH DB 2002, 2425 auf Vorlagebeschluss des BGH vom 30.3.2000, mit der Frage, ob eine in einem Mitgliedstaat gegründete Gesellschaft Anspruch auf Anerkennung ihrer Rechts- und Parteifähigkeit nach Verlegung ihres effektiven Verwaltungssitzes in das Inland hat, BGH DB 2000, 1114 ff.

Die Entscheidung betrifft lediglich Zuzugsfälle in einen Mitgliedstaat, in dem die Sitz- 66
theorie gilt (hier Deutschland) aus einem Mitgliedsstaat, in dem die Gründungstheorie gilt.
Der Zuzugstaat ist im Falle der Verwaltungssitzverlegung lediglich zur Achtung der Rechts-
und Parteifähigkeit verpflichtet. Lediglich die Negierung der Rechts- und Parteifähigkeit
durch den Zuzugstaat kommt nach EuGH einer Negierung der Niederlassungsfreiheit
gleich.[102]

Ob die Achtung der Rechts- und Parteifähigkeit in Anwendung des Gründungsstatuts 67
oder – nach Statutenwechsel – in Anwendung des neuen Sitzrechts sichergestellt wird, bleibt
dem betroffenen Mitgliedstaat überlassen.[103] Die Entscheidung trifft dagegen zu der Frage,
was im Falle eines Wegzugs aus einem Mitgliedsstaat, in dem die Sitztheorie gilt oder in den
anderen og Fällen gelten soll, keine Aussage.

dd) Inspire Art.[104] Inspire Art, eine private company limited by shares (GmbH englischen 68
Rechts) mit Sitz in Folkestone (GB) hatte eine Zweigniederlassung in Amsterdam. Diese
wurde unter der Firma Inspire Art Ltd. tätig und ist im Handelsregister der Handelskammer
Amsterdam ohne den Zusatz eingetragen, dass es sich um eine formal ausländische Gesell-
schaft handelt. Die Handelskammer hielt diesen Zusatz für erforderlich, da Inspire Art ihre
Geschäftstätigkeit nur in den Niederlanden ausübe.

Der EuGH hat entschieden, dass die nach geltendem Recht eines Mitgliedsstaates wirk- 69
sam gegründete Gesellschaft auf Grund der Niederlassungsfreiheit ihren Verwaltungssitz nach stRspr des EuGH in einen anderen Mitgliedstaat verlegen darf. Der Zuzugsstaat muss die Gesellschaft als solche akzeptieren. Dabei hat der EuGH klargestellt,
dass es keinen Missbrauch darstellt, wenn ein Unternehmen zur Umgehung der nationalen
Gründungsvorschriften ein ausländisches Unternehmen gründet und eine Zweigniederlassung im Inland die vollständigen Geschäfte führt. Um wirklichem Missbrauch vorzubeugen, dürfe ein Staat ausländische europäische Zweigniederlassungen nicht durch Gesetz
Regelungen unterwerfen, die faktisch zur Anwendung des inländischen Gründungsrechts
führen.

Analog zu den Entscheidungen „Centros",[105] „Überseering"[106] und „Inspire Art",[107] die 70
sämtlich das „Hineinverlegen" des Sitzes als durch die Niederlassungsfähigkeit geschützt
ansahen, entschied der EuGH in der Entscheidung „Sevic"[108] auch für das „Hineinver-
schmelzen".[109] Art. 49 AEUV (ex-Art. 43 EGV) und Art. 54 AEUV (ex-Art. 48 EVG) verwehren es einem Mitgliedsstaat, die Eintragung einer Verschmelzung durch Auflösung ohne
Abwicklung einer Gesellschaft und durch Übertragung ihres Vermögens als Ganzes auf eine
andere Gesellschaft in das nationale Handelsregister generell zu verweigern, wenn eine der
beiden Gesellschaften ihren Sitz in einem anderen Mitgliedstaat hat.

ee) „Cartesio".[110] Diese Entscheidung des EuGH vom 16.12.2008 befasste sich mit einem 71
Fall des „Wegziehens". Die ungarische Kommanditgesellschaft „Cartesio" beabsichtigte, ihren Verwaltungssitz nach Italien zu verlegen. Eine Änderung des satzungsmäßigen Sitzes
war hingegen nicht angedacht.[111] Da in Ungarn die Sitztheorie vorherrscht, hätte die Verlegung des Verwaltungssitzes nach Italien analog zum bisherigen deutschen Recht die Auflösung und Liquidation der Gesellschaft sowie ihre Neugründung im „Zuzugsstaat" erforderlich gemacht.

Der EuGH-Generalanwalt empfahl in seinen Schlussanträgen[112] zu entscheiden: Art. 49 72
AEUV (ex-Art. 43 EGV) und Art. 54 AEUV (ex-Art. 48 EVG) stehen nationalen Vorschrif-

---

[102] EuGH NJW 2002, 3614; *Kindler* NJW 2003, 1073 (1075).
[103] *Kindler* NJW 2003, 1073 (1076).
[104] EuGH NZG 2003, 1064 = NVwZ 2004, 208 = NJW 2003, 3331 – Inspire Art.
[105] EuGH NJW 1999, 2027 – Centros.
[106] EuGH NJW 2002, 3614 – Überseering.
[107] EuGH NJW 2003, 3331 – Inspire Art.
[108] EuGH NJW 2006, 428 – Sevic.
[109] *Däubler/Heuschmid* NZG 2009, 493.
[110] EuGH NZG 2009, 61.
[111] Vgl. zum Sachverhalt Schlussanträge des EuGH-Generalanwalts *Maduro* NZG 2008, 498 (502) Rn. 22.
[112] Schlussanträge des EuGH-Generalanwalts *Maduro* NZG 2008, 498 (503) Rn. 28, und (504) Rn. 35.

ten entgegen, die eine nach nationalem Recht gegründete Gesellschaft daran hindern, ihren operativen Geschäftssitz in einen anderen Mitgliedsstaat zu verlegen.[113]

73 Umso überraschender war die Entscheidung des EuGH, dass die Art. 49 AEUV (ex-Art. 43 EGV) und Art. 54 AEUV (ex-Art. 48 EVG) nicht Bestimmungen nationalen Rechts entgegenstehen, die es einer nach dem nationalen Recht dieses Mitgliedsstaates gegründeten Gesellschaft verwehren, ihren Sitz in einen anderen Mitgliedsstaat zu verlegen und dabei die Eigenschaft als Gesellschaft des nationalen Rechts des Mitgliedsstaats, nach dessen Recht sie gegründet wurde, zu behalten.[114] Die „Wegzugsfreiheit" ist somit nach der Auffassung des EuGH im Ergebnis weniger geschützt als die Zuzugsfreiheit. Die Niederlassungsfreiheit gem. Art. 49 AEUV (ex-Art. 43 EGV), Art. 54 AEUV (ex-Art. 48 EVG) steht der bisher herrschenden Sitztheorie somit nicht entgegen.[115]

74 Auch die EU-Kommission stellte nunmehr die Arbeiten an der seit Jahren angekündigten Sitzverlegungsrichtlinie ein, so dass sich auch aus anderen europarechtlichen Rechtsquellen keine Notwendigkeit des Abrückens von der Sitztheorie in Bezug auf „Wegzugsfälle" ergibt.

75 e) **MoMiG.** Seit dem 1.11.2008 ist das Gesetz zur Modernisierung des GmbH-Rechts und zur Bekämpfung von Missbräuchen (MoMiG) in Kraft. Durch die Streichung des § 4a Abs. 2 GmbHG und der aktienrechtlichen Parallelnorm des § 5 Abs. 2 AktG soll es deutschen Gesellschaften ermöglicht werden, einen Verwaltungssitz zu wählen, der nicht notwendig mit dem Satzungssitz übereinstimmt.[116] Der Gesetzgeber sah Gesellschaften, die nach deutschem Recht gegründet wurden, vor allem gegenüber EU-Auslandsgesellschaften hinsichtlich ihrer Mobilität im Nachteil. Mögen auch die Schlussfolgerungen, die aus der Cartesio-Entscheidung[117] zu ziehen sind, im Einzelnen unklar sein, so ergab sich doch insbesondere aufgrund der Entscheidungen „Centros",[118] „Überseering",[119] „Inspire Art"[120] und „Sevic"[121] eine Sachlage, die deutsche Gesellschaften im Vergleich zu den entsprechenden Auslandsgesellschaften benachteiligte. Den deutschen Gesellschaften war eine Verlegung des Verwaltungssitzes ins Ausland nur um den Preis der Auflösung, Liquidation und Neugründung in dem betreffenden „Zielstaat" möglich. Das hauptsächliche Hemmnis für die Sitzverlegung bestand dabei weniger in dem Verwaltungsaufwand der Auflösung und Neugründung, sondern in der damit verbundenen Pflicht zur Aufdeckung und Versteuerung sämtlicher stiller Reserven. Durch das MoMiG ist die von weiteren Teilen der Literatur[122] geforderte Gleichbehandlung von „Zu- und Wegzugfällen" nunmehr Gesetz geworden. Das Gesetz beinhaltet kein Einschränkungen auf den EU-Raum.

76 Der Gläubigerschutz soll bei Gesellschaften, die ihren Verwaltungssitz ins Ausland verlegen, dadurch gewährleistet werden, dass sie ihre Geschäftsanschrift im Inland in ein Register eintragen und aufrechterhalten müssen. Daher erhalten die Neuregelungen über die Zustellung in Deutschland (§ 185 Nr. 2 ZPO, §§ 37 Abs. 3 Nr. 1, 39 Abs. 1 S. 1 Abs. 2 AktG, § 15a HGB, § 78 Abs. 2 S. 3 AktG) besonderes Gewicht.[123]

3. Anmeldung und Eintragung der Auflösung

77 a) **Anmeldung der Auflösung durch den Vorstand.** Gemäß § 263 S. 1 AktG hat der Vorstand in den Fällen des § 262 Abs. 1 Nr. 1, 2 AktG die Auflösung der Gesellschaft zur Ein-

---

[113] *Ebenda* NZG 2008, 498 (504) Rn. 35.
[114] EuGH NZG 2009, 61 (4. Leitzordner).
[115] *Däubler/Heuschmid* NZG 2009, 493 f.
[116] BR-Drs. 354/07, 9, 65; Möller, Der Konzern, S. 1, 2.
[117] → Rn. 74.
[118] → Rn. 66.
[119] → Rn. 67.
[120] → Rn. 69.
[121] → Rn. 73.
[122] Vgl. MüKoAktG/*Altmeppen/Ego*, Bd. 7, Europäisches Aktienrecht B. europäische Niederlassungsfreiheit, Rn. 50 ff. mwN.
[123] BR-Drs. 354/07, 65 f.

tragung in das Handelsregister anzumelden.[124] Zuständig zur Anmeldung ist ausschließlich der Vorstand. Dies gilt selbst dann, wenn bereits Abwickler bestellt wurden.[125] Ist der Vorstand nicht mehr in vollständiger Zahl vorhanden, werden die fehlenden Mitglieder von den übrigen vertreten.[126]

Die Anmeldung hat unverzüglich iSd § 121 Abs. 1 S. 1 BGB zu erfolgen[127] und ist in öffentlich beglaubigter Form vorzunehmen, § 12 HGB. Angemeldet werden muss nur die Auflösung an sich, nicht der Grund der Auflösung. Dies ergibt sich aus einem Umkehrschluss zu § 263 S. 3 AktG.[128] In der Praxis enthält die Anmeldung regelmäßig den Auflösungsgrund, und dieser muss dem Registergericht später ohnehin offengelegt werden, da diesem anderenfalls eine Prüfung der Anmeldung nicht möglich ist.[129] 78

Ging der Auflösung eine Satzungsänderung voraus, zB bei nachträglicher Befristung der Gesellschaft, muss zunächst die Satzungsänderung eingetragen werden.[130] Beschließt die Hauptversammlung vor Anmeldung oder Eintragung die Fortsetzung der Gesellschaft, § 274 AktG, entfällt nach hM die Anmeldung der Auflösung.[131] 79

Zuständig ist das Amtsgericht des Gesellschaftssitzes, § 23a Abs. 2 Nr. 3 GVG; § 377 Abs. 1 FamFG; § 14 AktG. Hat die Gesellschaft mehrere Zweigniederlassungen, gilt § 13 Abs. 1 S. 2 HGB.[132] Das Gericht prüft die Anmeldung in formeller wie in materieller Hinsicht.[133] Ist die Anmeldung ordnungsgemäß, trägt das Gericht die Auflösung – mit deklaratorischer Wirkung[134] – ein. 80

b) **Eintragung von Amts wegen.** In den Fällen der Eröffnung und der Ablehnung der Eröffnung des Insolvenzverfahrens, § 263 S. 2 AktG iVm § 262 Abs. 1 Nr. 3, 4 AktG, sowie im Fall der gerichtlichen Feststellung eines Satzungsmangels, § 263 S. 2 AktG iVm § 262 Abs. 1 Nr. 5 AktG, hat das Gericht die Auflösung und ihren Grund von Amts wegen einzutragen, § 263 S. 3 AktG.[135] Auch hier hat die Eintragung lediglich deklaratorische Wirkung.[136] 81

c) **Entbehrlichkeit der Eintragung.** Im Falle der Löschung der Gesellschaft gemäß § 262 Abs. 1 Nr. 6 AktG iVm § 394 FamFG entfällt die Eintragung der Auflösung, vgl. § 263 S. 4 AktG.[137] Eine Eintragung der Löschung ist insofern ausreichend.[138] 82

III. Abwicklung

1. Allgemeines

a) **Notwendigkeit der Abwicklung.** Die Abwicklung ist die regelmäßige Folge der Auflösung. Sie hat zwingend nach den Vorschriften der §§ 264 ff. AktG zu erfolgen. Weder durch 83

---

[124] Hält man – entgegen der hier vertretenen Ansicht – eine Bestimmung weiterer Auflösungsgründe durch die Satzung für möglich, fallen diese Fälle ebenfalls unter § 263 S. 1.
[125] KölnKommAktG/*Kraft* § 263 Rn. 3; MüKoAktG/*J. Koch* § 263 Rn. 7; dies ergibt sich aus einem Umkehrschluss zu § 65 GmbHG, der lediglich regelt, dass die Auflösung der Gesellschaft zur Eintragung ins Handelsregister anzumelden ist.
[126] KölnKommAktG/*Kraft* § 263 Rn. 3; GroßkommAktG/*Wiedemann* § 263 Rn. 1.
[127] Ein kurzfristiges Hinausschieben der Anmeldung ist zulässig, wenn dieser einer sachgemäßen Abwicklung dient, vgl. RGZ 145, 99 (103); MüKoAktG/*J. Koch* § 263 Rn. 8; KölnKommAktG/*Kraft* § 263 Rn. 3.
[128] MüKoAktG/*J. Koch* § 263 Rn. 4; KölnKommAktG/*Kraft* § 263 Rn. 2.
[129] MüKoAktG/*J. Koch* § 263 Rn. 4; KölnKommAktG/*Kraft* § 263 Rn. 2; GroßkommAktG/*Wiedemann* § 262 Rn. 1.
[130] KölnKommAktG/*Kraft* § 263 Rn. 4; MüKoAktG/*J. Koch* § 263 Rn. 6.
[131] Für die GmbH vgl. BayObLG BB 1987, 2119 (2121); Baumbach/Hueck/*Schulze-Osterloh* GmbHG § 65 Rn. 18; Hachenburg/*Ulmer* GmbHG § 60 Rn. 94; für die OHG vgl. GroßkommHGB/*Ulmer* § 143 Rn. 13; zur Folge bei bereits erfolgter Anmeldung vgl. ausführlich MüKoAktG/./*Koch* aaO.
[132] KölnKommAktG/*Kraft* § 263 Rn. 3; MüKoAktG/*Koch* § 263 Rn. 5.
[133] MüKoAktG/*J. Koch* § 263 Rn. 9.
[134] Vgl. MüKoAktG/*J. Koch* § 263 Rn. 10.
[135] Die Klarstellung in § 263 S. 3, dass auch der Grund der Auflösung in das Handelsregister einzutragen ist, wurde 1965 in das AktG aufgenommen, vgl. RegBegr. *Kropff* S. 354.
[136] MüKoAktG/*J. Koch* § 263 Rn. 13.
[137] § 263 S. 4 geht auf Art. 47 Nr. 10b EGInsO zurück, vgl. Gesetz vom 5.10.1994, BGBl. I S. 2911.
[138] Vgl. RegBegr. BT-Drs. 12/3803, 82 re. Sp., 85 li. Sp.

die Satzung noch durch Hauptversammlungsbeschluss kann hiervon abgewichen werden.[139] Ausnahmen vom Abwicklungserfordernis nach §§ 264 ff. AktG muss das Gesetz ausdrücklich vorsehen oder erlauben. Dies ist etwa der Fall bei:

84 *aa) Eröffnung des Insolvenzverfahrens.* Wurde über das Vermögen der Gesellschaft das Insolvenzverfahren eröffnet, scheidet eine Abwicklung aus (§ 264 Abs. 1 AktG[140]). Die §§ 264 ff. AktG werden durch die Abwicklungsvorschriften des Insolvenzrechts überlagert.[141] Danach besteht die Gesellschaft als Insolvenzgesellschaft fort. Die bisherige Organstruktur bleibt während des Insolvenzverfahrens erhalten, es kommt lediglich zu einer Funktionsteilung zwischen Insolvenzverwaltung und Gesellschaftsorganen.[142]

85 Bei Einstellung des Insolvenzverfahrens auf Antrag der Gesellschaft (§§ 212, 213 InsO[143]) oder Aufhebung des Insolvenzverfahrens nach rechtskräftiger Bestätigung des Insolvenzplans (§ 258 InsO) ist die Gesellschaft nach §§ 264 ff. AktG abzuwickeln.[144] Möchten die Gesellschafter die Gesellschaft fortsetzen, ist zusätzlich zur Einstellung bzw. Aufhebung des Insolvenzverfahrens ein Fortsetzungsbeschluss erforderlich; das Insolvenzgericht kann von sich aus eine Fortsetzung nicht bewirken.[145]

86 *bb) Löschung der Gesellschaft wegen Vermögenslosigkeit.* Wurde die Gesellschaft wegen Vermögenslosigkeit gelöscht (§ 394 Abs. 1 S. 1 FamFG), findet gemäß § 264 Abs. 2 S. 1 AktG[146] eine Abwicklung nur statt, wenn sich nach der Löschung herausstellt, dass noch Vermögen vorhanden ist, das der Verteilung unterliegt.[147] Gemeint ist in § 264 Abs. 2 AktG eine spezielle Form der Nachtragsabwicklung, die sich von der „normalen" Abwicklung iSd §§ 265 ff. AktG dadurch unterscheidet, dass die Gesellschaft nach Löschung als juristische Person nicht mehr existiert, und von der Nachtragsabwicklung iSd § 273 Abs. 4 AktG[148] dadurch, dass ihr – anders als im Falle des § 273 Abs. 4 AktG – noch keine Abwicklung nach §§ 265 ff. vorausgegangen ist.[149]

87 Die Nachtragsabwicklung iSd § 264 Abs. 2 AktG folgt einem eigenständigen Verfahren, das in der Praxis lediglich noch die Verwertung einzelner Vermögensgegenstände oder die Abgabe von Willenserklärungen umfasst. Die Vorschriften der §§ 264 ff. AktG sind – soweit passend – sinngemäß heranzuziehen.[150]

88 *cc) Umwandlung.* Eine Ausnahme vom Abwicklungserfordernis nach §§ 264 ff. AktG gilt auch bei Umwandlungsmaßnahmen der Gesellschaft, die beim übertragenden Rechtsträger zur Vermögenslosigkeit führen,[151] wie etwa
- Verschmelzung (§ 2 UmwG),
- Aufspaltung (§ 123 Abs. 1 UmwG),
- Vollübertragung und Teilübertragung unter Aufspaltung (§ 174 Abs. 1, Abs. 2 S. 1 AktG).

89 **b) Abwicklung nach §§ 264 ff. AktG.** *aa) Rechtsnatur der Abwicklungsgesellschaft.* Mit Auflösung der Gesellschaft ändert sich lediglich der Gesellschaftszweck. An die Stelle der

---

[139] Vgl. Hüffer/Koch/*Koch* AktG § 264 Rn. 2.
[140] Die Vorschrift wurde mit Wirkung zum 1.1.1999 durch § 47 Nr. 11 EGInsO geändert, vgl. Gesetz vom 5.10.1994, BGBl. I S. 2911.
[141] OLG Stuttgart AG 1999, 280 (281); Hüffer/Koch/*Koch* AktG § 262 Rn. 13; § 264 Rn. 3 f.; Kilger/K. Schmidt Insolvenzgesetze 17. Aufl. § 6 KO Anm. 5d, aa; MHdB GesR IV/*Hoffmann-Becking* § 66 Rn. 6.
[142] OLG Stuttgart AG 1999, 280 (281); Hüffer/Koch/*Koch* AktG § 264 Rn. 9 f.
[143] § 213 InsO entspricht § 202 KO, § 19 Abs. 1 Nr. 4 Alt. 1 GesO; § 212 InsO geht auf § 19 Abs. 1 Nr. 4 Alt. 2 GesO zurück.
[144] Hüffer/Koch/*Koch* AktG § 264 Rn. 5; GroßkommAktG/*Wiedemann* § 274 Rn. 5; OLG Stuttgart AG 1999, 280 (281); Geßler/Hefermehl § 264 Rn. 44.
[145] Vgl. MüKoAktG/*J. Koch* § 274 Rn. 9.
[146] Die Vorschrift wurde mit Wirkung zum 1.1.1999 durch § 47 Nr. 11 EGInsO in das Gesetz eingefügt, vgl. Gesetz vom 5.10.1994, BGBl. I S. 2911.
[147] Zum Begriff des verteilungsfähigen Vermögens vgl. MüKoAktG/*J. Koch* § 264 Rn. 11.
[148] → Rn. 191 ff.
[149] BayObLGZ 1955, 288 (292); MüKoAktG/*J. Koch* § 264 Rn. 9; Hachenburg/*Ulmer* GmbHG § 60 Rn. 39.
[150] MüKoAktG/*J. Koch* § 264 Rn. 15.
[151] MüKoAktG/*J. Koch* § 262 Rn. 15, 16; § 264 Rn. 3.

Gewinnerzielungsabsicht durch den Betrieb der Gesellschaft (werbende Gesellschaft) tritt der Zweck der Abwicklung.[152] Die Gesellschaft besteht daher – wenn nicht ausnahmsweise eine Abwicklung entbehrlich ist (vgl. hierzu oben) – nach Auflösung bis zum Abschluss der Abwicklung als sog „Liquidationsgesellschaft" fort, um ihr Vermögen zu versilbern, Gesellschaftsgläubiger zu befriedigen und den verbleibenden Liquidationsüberschuss an die Aktionäre auszukehren.[153] Die in Liquidation befindliche AG ist rechts- und parteifähig.[154] Vollbeendigung der Gesellschaft und damit der Untergang der AG als juristische Person tritt erst nach Beendigung der Abwicklung mit Löschung der Gesellschaft im Handelsregister ein.[155]

bb) Anwendbares Recht/Satzungsautonomie. Die Abwicklung erfolgt nach §§ 264 ff. AktG. **90** In welchem Umfang diese Vorschriften durch Satzungsregelungen abgeändert oder ergänzt werden können, richtet sich nach § 23 Abs. 5 AktG. Danach ist das Aktienrecht zwingend, sofern nicht im Gesetz ausdrücklich eine Abänderung durch die Satzung erlaubt ist; Ergänzungen sind zulässig, soweit die gesetzlichen Bestimmungen nicht abschließend sind.

Übersicht: **91**

Zwingende Vorschriften
- § 266 – Anmeldung und Abwicklung[156]
- § 270 – Eröffnungsbilanz, Jahresabschluss u. Lagebericht[157]
- § 272 – Gläubigerschutz bei Verteilung[158]
- § 273 – Schluss der Abwicklung

Ausdrückliche Öffnung für Satzungsklauseln
- § 265 Abs. 2 S. 1 AktG
- § 269 Abs. 2 S. 1, Abs. 3 AktG
- § 274 Abs. 1 S. 3 AktG

Weitere Ergänzungsmöglichkeiten
- Ergänzungen bzgl. Verteilungsverfahren, §§ 268, 271 AktG, da hier nur noch das Innenverhältnis zwischen den Aktionären und nicht mehr der Gläubigerschutz betroffen ist.

§ 264 Abs. 3 AktG regelt, dass – soweit §§ 264 ff. AktG keine Sonderregelungen enthalten **92** – die Vorschriften über die werbende Gesellschaft anzuwenden sind, soweit dies mit dem Zweck der Abwicklung, also der Beendigung der Rechtsverhältnisse der Gesellschaft zu Dritten und zu ihren Aktionären, vereinbar ist.[159]

Übersicht: **93**

Anwendbare Bestimmungen	Allgemeine Vorschriften	zusätzlich geltende Sondervorschriften
Anfechtungsklage[160]	§ 246 AktG	§§ 268 Abs. 2 S. 1, 269 AktG
Aufsichtsrat (Einzelbefugnisse)[161]	§ 111 AktG	§ 268 Abs. 2 S. 2 AktG

---

[152] RGZ 118, 337; BGHZ 24, 279 (286) = NJW 1957, 1279; Hüffer/Koch/*Koch* AktG § 262 Rn. 2.
[153] RGZ 118, 337 (340); 194, 293 (297); BGHZ 14, 163 (168) = NJW 1954, 1682; BGHZ 24, 279 (286) = NJW 1975, 1279; vgl. auch Nachweise bei Hüffer/Koch/*Koch* AktG § 262 Rn. 2 zur abweichenden älteren Meinung.
[154] OLG Stuttgart AG 1999, 280.
[155] Zur str. Frage, ob die Eintragung konstitutive oder deklaratorische Wirkung hat, → § 6.
[156] KölnKommAktG/*Kraft* § 267 Rn. 2.
[157] GHEK/*Hüffer* § 270 Rn. 4; KölnKommAktG/*Kraft* § 270 Rn. 4.
[158] GHEK/*Hüffer* § 272 Rn. 3; KölnKommAktG/*Kraft* § 272 Rn. 2.
[159] MüKoAktG/*J. Koch* § 264 Rn. 18.
[160] Die Anfechtungsklage ist gegen die aufgelöste Gesellschaft zu richten, vgl. MüKoAktG/*J. Koch* § 246 Rn. 48; klagt ein Aktionär, vertreten die Abwickler und der Aufsichtsrat die Gesellschaft, §§ 246 Abs. 2, 269; klagen die Abwickler (§§ 245 Nr. 4, 268 Abs. 2 S. 1), vertritt der Aufsichtsrat die Gesellschaft alleine, vgl. MüKoAktG/*J. Koch* aaO.
[161] Der Aufsichtsrat behält seine Befugnisse iRd Abwicklungszwecks.

§ 15

Anwendbare Bestimmungen	Allgemeine Vorschriften	zusätzlich geltende Sondervorschriften
eigene Rechtspersönlichkeit[162]	§ 1 Abs. 1 S. 1 AktG	
Einlagepflicht[163]	§ 54 AktG	
Einteilung des Grundkapitals	§ 1 Abs. 2 AktG	
Erfüllung von Nebenpflichten	§ 55 AktG	
Firma[164]	§§ 4 AktG, 17 ff. HGB	§ 269 Abs. 6 AktG
Gleichbehandlungsgrundsatz	§ 53a AktG	
Grundsatz der Kapitalaufbringung[165]		
Handelsgesellschaft[166]	§ 3 AktG	
Hauptversammlung[167]	§§ 118 ff. AktG	§§ 265 Abs. 2, 270 Abs. 2 S. 1, 274 AktG
Hauptversammlungsbeschlüsse	§§ 241, 243 ff. AktG	
Kapitalerhöhung gegen Einlage	§§ 182 ff., 119 Abs. 1 Nr. 6 AktG	
Kapitalherabsetzung[168]	§§ 222 ff. AktG	§ 272 Abs. 1 AktG
keine Mithaftung der Aktionäre	§ 1 Abs. 1 S. 2 AktG	
Parteifähigkeit[169]	§ 50 ZPO	
Rechnungslegung[170]	§§ 150 ff. AktG	§ 270 AktG
Satzungsänderungen[171]	§§ 179, 119 Abs. 1 Nr. 5 AktG	
Sitz	§ 5 AktG	Sitz
Unternehmensverträge	§§ 291 ff. AktG[172]	
Verbot des Erwerbs eigener Aktien	§§ 71–71e AktG	
Verbot der Rückgewähr von Einlagen[173]	§ 57 AktG	§§ 271, 272 AktG

---

[162] Dies umfasst die Register-, Grundbuch- und Insolvenzfähigkeit, vgl. MüKoAktG/*J. Koch* § 264 Rn. 20.
[163] Sofern bzw. soweit Einlagen noch nicht geleistet sind, sind diese grundsätzlich auch noch iRd Abwicklung zu leisten, vgl. MüKoAktG/*J. Koch* § 264 Rn. 21.
[164] Der Firma muss im Zeitpunkt der Abwicklung den Zusatz des § 269 Abs. 6 enthalten.
[165] Der Grundsatz der Kapitalaufbringung gilt nur eingeschränkt, vgl. ausführlich MüKoAktG/*J. Koch* § 264 Rn. 21.
[166] Der Charakter als Handelsgesellschaft bleibt selbst dann erhalten, wenn die Abwickler kein kaufmännisches Gewerbe betreiben, vgl. MüKoAktG/*J. Koch* § 264 Rn. 19; eine neue Firma ist uU dann erforderlich, wenn die Gesellschaft das Unternehmen einschließlich der bisherigen Firma veräußert, § 22 HGB, vgl. MüKoAktG/*J. Koch* § 262 Rn. 19.
[167] Eingeschränkt werden die Befugnisse der Hauptversammlung dadurch, dass sie keine Beschlüsse fassen darf, die dem Abwicklungszweck widersprechen, vgl. MüKoAktG/*J. Koch* § 264 Rn. 26.
[168] Eine Kapitalherabsetzung ist zulässig, wenn zusätzlich zu den Anforderungen des § 225 die Sperrfrist des § 272 beachtet wird, vgl. MüKoAktG/*J. Koch* § 264 Rn. 29.
[169] Es kommt zu einer Unterbrechung oder zu einer Aussetzung iSd § 246 ZPO, wenn Abwickler bestellt werden und diese ihr Amt nicht annehmen, denn dann fehlt es an gesetzlichen Vertretern der Gesellschaft, vgl. MüKoAktG/*J. Koch* § 264 Rn. 20.
[170] Die Vorschriften der Rechnungslegung der werbenden Gesellschaft werden durch § 270 eingeschränkt, vgl. ausführlich MüKoAktG/*J. Koch* § 264 Rn. 22,.
[171] Satzungsänderungen sind durch die Hauptversammlung möglich, soweit sie dem Abwicklungszweck nicht zuwiderlaufen, RGZ 121, 246 (253); BGHZ 24, 279 (286) = NJW 1957, 1279; MüKoAktG/*J. Koch* § 264 Rn. 27; KölnKommAktG/*Kraft* Vor § 262 Rn. 16.
[172] Überwiegend wird vertreten, dass Unternehmensverträge mit Auflösung der Gesellschaft automatisch enden, vgl. etwa BGHZ 103, 1 (6 f.) = NJW 1988, 1326; BayObLGZ 1988, 231 (234); Hüffer/Koch/*Koch* AktG § 297 Rn. 22; MHdB GesR IV/*Krieger* § 71 Rn. 207; aA KölnKommAktG/*Kraft* § 262 Rn. 20; MüKoAktG/*J. Koch* § 264 Rn. 30.
[173] Dies gilt jedenfalls, soweit die Einlagen zur Befriedigung von Gläubigern erforderlich sind bzw. zeitlich begrenzt bis zum Ablauf des Sperrjahres, vgl. MüKoAktG/*J. Koch* § 264 Rn. 22.

Nicht anwendbare Bestimmungen	unanwendbare Vorschriften	geltende Sondervorschriften
Aufsichtsrat		
• Personalkompetenz	§ 84 AktG	§ 265 Abs. 1, Abs. 2 S. 1 AktG
• Feststellungskompetenz	§ 172 AktG	§ 270 Abs. 2 AktG
• Vergütung[174]	§ 113 Abs. 1 AktG	§ 612 BGB
Grundsatz der Kapitalerhaltung[175]		
Kapitalerhöhung gegen Gesellschaftsmittel	§§ 207 ff. AktG	
Verwendung des Jahresüberschusses	§ 58 AktG	§§ 271, 272 AktG
Vorstand[176]	§§ 67 ff. AktG	§§ 265 ff. AktG

c) Organisation der Abwicklungsgesellschaft. *aa) Abwickler.* Zuständig für die Abwicklung der Gesellschaft sind in der Regel die Vorstandsmitglieder als „geborene" Abwickler iSd § 265 Abs. 1 AktG. Als Abwickler bleiben die Vorstandsmitglieder bis zum Ende der Liquidation im Amt, selbst wenn ihr Vorstandsamt vorher enden würde;[177] etwas anderes gilt, wenn sie ihr Amt vorher niederlegen oder abberufen werden.[178] In der Satzung oder durch Beschluss der Hauptversammlung können andere oder zusätzliche, sog „gekorene", Abwickler bestellt werden sowie einzelne Vorstandsmitglieder von der Abwicklung ausgeschlossen werden.[179] Die Rechte und Pflichten der Abwickler ergeben sich aus den §§ 265 ff. AktG, insbesondere § 268 AktG, vgl. hierzu → Rn. 98 ff.

bb) Aufsichtsrat. Der Aufsichtsrat der Gesellschaft bleibt im Amt[180] und behält, wie sich aus § 268 Abs. 2 S. 2 AktG ergibt, die Aufgabe zur Überwachung des Vertretungsorgans, also der Abwickler. Im Rahmen des Abwicklungszwecks behält der Aufsichtsrat seine Befugnisse aus § 111 AktG,[181] wenn nicht eine der folgenden Ausnahmen eingreift:
- Personalkompetenz iSd § 84 AktG: Der Aufsichtsrat ist nicht befugt, die Abwickler zu bestellen. Dies bleibt gemäß § 265 Abs. 2 S. 1 AktG – soweit die Satzung hierzu keine Regelung trifft – der Hauptversammlung vorbehalten.
- Feststellungskompetenz iSd § 172 AktG: Für die Feststellung des Jahresabschlusses ist während der Abwicklung ausschließlich die Hauptversammlung zuständig, vgl. § 270 Abs. 2 AktG;
- Vertretung gegenüber ehemaligen Vorstandsmitgliedern iSd § 112 AktG: Eine in Liquidation befindliche AG wird in einem Rechtsstreit mit ehemaligen Vorstandsmitgliedern jedenfalls dann von den Abwicklern vertreten, wenn diese nicht iSd § 265 Abs. 1 AktG mit den früheren Vorstandsmitgliedern personengleich sind. Dies ergibt sich aus § 269 Abs. 1 AktG.[182]

Entgegen der früher verbreiteten Ansicht, dass sich die Vergütungsansprüche der Aufsichtsratsmitglieder während der Abwicklung in Höhe eines angemessenen Betrages aus § 612 BGB ergeben,[183] lässt die nunmehr hM die Vergütungsansprüche der Aufsichtsratsmitglieder nach § 113 Abs. 1 S. 2 iVm § 264 Abs. 3 AktG fortbestehen.[184]

---

[174] Vgl. MüKoAktG/ *J. Koch* § 264 Rn. 23.
[175] Der Abwicklungszweck richtet sich ja gerade auf die Verteilung des Vermögens, vgl. MüKoAktG/ *J. Koch* § 264 Rn. 2, 11.
[176] Zum Teil verweist § 268 Abs. 2 S. 1 doch auf die Vorstandsstellung; vgl. MüKoAktG/*J. Koch* § 264 Rn. 23.
[177] MHdB GesR IV/*Hoffmann-Becking* § 67 Rn. 4; Hüffer/Koch/*Koch* AktG § 265 Rn. 3; KölnKommAktG/ *Kraft* § 25 Rn. 4.
[178] Hüffer/Koch/*Koch* AktG § 265 Rn. 3.
[179] MHdB GesR IV/*Hoffmann-Becking* § 67 Rn. 5; Hüffer/Koch/*Koch* AktG § 265 Rn. 4.
[180] Vgl. BGHZ 32, 114 (117) = NJW 1960, 1006 zur Genossenschaft.
[181] Vgl. MüKoAktG/*J. Koch* § 264 Rn. 25.
[182] OLG Brandenburg NZG 2002, 1024 = AG 2003, 44; zum Ausschluss des § 112 AktG im Falle der Abwicklung nach § 264 Abs. 2 vgl. OLG Köln AG 2003, 449 (450).
[183] KölnKommAktG/*Kraft*, 2. Auflage (2004) § 264 Rn. 13 mwN.
[184] Vgl. MüKoAktG/*J. Koch* § 264 Rn. 25 mwN.

97 *cc) Hauptversammlung.* Die Hauptversammlung bleibt auch in der Abwicklungsgesellschaft weiterhin oberstes Willensbildungsorgan, die §§ 118 ff. AktG sind anwendbar. Die Kompetenzen der Hauptversammlung werden zum Teil eingeschränkt und zum Teil erweitert.
- **Einschränkung der Kompetenzen:** Die Hauptversammlung ist nur befugt, Beschlüsse zu fassen, die dem Abwicklungszweck dienen, sie kann zB während der Liquidation Aktionäre aus der Gesellschaft ausschließen, wenn deren Verbleib in der Gesellschaft die ordnungsgemäße Abwicklung unmöglich macht oder unverhältnismäßig erschwert.[185] Unzulässig sind Beschlüsse, die dem Abwicklungszweck zuwiderlaufen, wie etwa Gewinnverteilungsbeschlüsse.[186]
- **Erweiterung der Kompetenzen:** Zusätzlich zu ihren, sich aus §§ 118 ff. AktG ergebenden Aufgaben ist sie, wenn die Satzung keine abweichende Regelung trifft, zuständig für die Bestellung der Abwickler, vgl. § 265 Abs. 2 S. 1 AktG. Zudem übernimmt sie während der Abwicklung die Feststellung der Jahresabschlüsse, vgl. § 270 Abs. 2 AktG.

2. Abwickler

98 **a) Bestellung der Abwickler.** *aa) Vorbemerkung.* Die Zuständigkeit der Abwickler für die Durchführung der Liquidation ergibt sich aus § 265 AktG. Gemäß § 265 Abs. 2 S. 3 AktG können nicht nur natürliche, sondern auch juristische Personen zu Abwicklern bestellt werden. Der Begriff „juristische Person" ist dabei weit auszulegen und erfasst neben der OHG oder KG mittlerweile auch die Partnerschaft und die Außen-GbR.[187]

99 § 265 AktG ist grundsätzlich auch auf die Vor-AG anwendbar.[188] Auch bei der Vor-AG besteht ein Bedürfnis nach Minderheitenschutz iSd § 265 Abs. 3 AktG, der bei Anwendung der §§ 730 ff. BGB nicht in ausreichendem Maße gewährleistet würde.

100 *bb) Geborene Abwickler und/oder Bestellung durch Satzung oder Hauptversammlungsbeschluss.* Grundsätzlich bleiben die im Zeitpunkt der Abwicklung noch vorhandenen Vorstandsmitglieder und deren Stellvertreter bis zum Ende der Liquidation bzw. bis zur Löschung der Gesellschaft als Abwickler bzw. deren Stellvertreter im Amt;[189] einer gesonderten Bestellung bedarf es nicht. Die Eintragung der Vorstandsmitglieder als Abwickler ins Handelsregister hat lediglich deklaratorische Bedeutung.[190]

101 In der Satzung[191] können andere oder zusätzliche Abwickler vorgesehen sowie einzelne Vorstandsmitglieder von der Abwicklung ausgeschlossen werden.[192] Die Satzung muss die bestellten oder ausgeschlossenen Abwickler namentlich bezeichnen.[193] Eine satzungsmäßige Ermächtigung Dritter zu deren Bestellung bzw. Abberufung ist unwirksam, da anderenfalls die zwingende gesetzliche Kompetenzverteilung umgangen werden könnte,[194]

---

[185] OLG Frankfurt a. M. NZG 2002, 1022.
[186] MüKoAktG/*J. Koch* § 264 Rn. 26, § 270 Rn. 12.
[187] MüKoAktG/*J. Koch* § 265 Rn. 11; GroßkommAktG/*Wiedemann* § 265 Rn. 6; Spindler/Stilz/*Bachmann* AktG § 265 Rn. 6; aA KölnKommAktG/*Kraft* § 265 Rn. 10 ff.
[188] BGHZ 169, 270; MüKoAktG/*J. Koch* § 265 Rn. 3, 4; MüKoAktG/*Pentz* § 41 Rn. 49; KölnKommAktG/*Kraft* § 265 Rn. 16; GHEK/*Hüffer* § 265 Rn. 3 ff., 15; Hüffer/Koch/*Koch* AktG § 265 Rn. 2.
[189] MHdB GesR IV/*Hoffmann-Becking* § 67 Rn. 4; Hüffer/Koch/*Koch* AktG § 265 Rn. 3; KölnKommAktG/*Kraft* § 265 Rn. 4.
[190] MüKoAktG/*J. Koch* § 265 Rn. 5, § 266 Rn. 9; KölnKommAktG/*Kraft* § 265 Rn. 4; GroßkommAktG/*Wiedemann* § 265 Rn. 2.
[191] Es handelt sich hierbei nicht um einen echten (materiellen) Satzungsbestandteil, sondern um eine unechte (formelle) Satzungsklausel, bei nachträglicher Aufnahme in die Satzung kommen daher auch nicht die Vorschriften der §§ 179 ff. zur Anwendung, vgl. MüKoAktG/*J. Koch* § 265 Rn. 8; ebenso stRspr zur GmbH, vgl. RGZ 44, 95 (98); BGHZ 18, 205 (208) = NJW 1955, 1716; BGH NJW 1969, 131; GmbHR 1982, 129; aA KölnKommAktG/*Kraft* § 265 Rn. 6.
[192] MHdB GesR IV/*Hoffmann-Becking* § 67 Rn. 4; Hüffer/Koch/*Koch* AktG § 265 Rn. 4.
[193] Die Bestimmung, dass jeweils der Inhaber eines bestimmten Amtes Abwickler sein soll, genügt nicht, vgl. KölnKommAktG/*Kraft* § 265 Rn. 6; MüKoAktG/*J. Koch* § 265 Rn. 9; aA *Sethe* ZIP 1998, 770 (771).
[194] KG OLGR 8, 235 = RJA 4, 147 (148); KGJ 49A 122 (123 ff.) = RJA 15, 53 (54); MüKoAktG/*J. Koch* § 265 Rn. 9; KölnKommAktG/*Kraft* § 265 Rn. 6; GroßkommAktG/*Wiedemann* § 265 Rn. 3; GHEK/*Hüffer* § 265 Rn. 9.

und für den Zeitraum zwischen Beginn der Abwicklung und Bestellung der Abwickler durch eine in der Satzung benannte Person unvertretbare Rechtsunsicherheit geschaffen würde.[195]

Auch die Hauptversammlung[196] kann durch einfachen Mehrheitsbeschluss iSd § 133 Abs. 1 AktG andere oder zusätzliche Abwickler bestellen oder Einzelne von der Abwicklung ausschließen. Dies gilt unabhängig davon, ob die Satzung bereits bestimmte Personen für das Amt der Abwickler vorsieht.[197] Der Vorrang des Hauptversammlungsbeschlusses vor den satzungsmäßigen Bestimmungen folgt aus § 265 Abs. 5 S. 1 AktG. Wenn die Hauptversammlung jederzeit befugt ist, die Abwickler abzuberufen, muss sie diese erst recht bestellen können. Sowohl im Fall der Bestellung durch Satzung als auch durch Beschluss der Hauptversammlung richtet sich die Auswahl der Abwickler nach § 265 Abs. 2 S. 2 AktG iVm § 76 Abs. 3 S. 3, 4 AktG. Wirksam wird die Bestellung in beiden Fällen erst mit Annahme durch den Bestellten,[198] die auch konkludent – etwa durch Aufnahme der Abwicklungstätigkeit – erfolgen kann.

cc) Gerichtlich bestellte Abwickler. Eine gerichtliche Bestellung der Abwickler kommt in zwei Fällen in Betracht. Zum einen erfolgt eine gerichtliche Bestellung, wenn sich nach Amtslöschung wegen Vermögenslosigkeit der Gesellschaft herausstellt, dass doch noch verteilungsfähiges Vermögen vorhanden ist. In diesem Fall findet eine besondere Form der Nachtragsabwicklung statt. Gemäß § 264 Abs. 2 S. 2 AktG sind die Abwickler auf Antrag eines Beteiligten durch das Gericht zu ernennen. Im Übrigen erfolgt eine gerichtliche Bestellung der Abwickler, wenn die Voraussetzungen des § 265 Abs. 3 AktG erfüllt sind, dh auf Antrag des Aufsichtsrats oder einer Minderheit von Aktionären,

- deren Anteile zusammen 5 % des Grundkapitals oder einen Anteil von 500.000 EUR erreichen,[199] und
- wenn sie glaubhaft gemacht haben, dass sie seit mindestens drei Monaten Inhaber der Aktien sind.

Das Antragsrecht der Minderheitsaktionäre kann auch durch einen Aktionär allein ausgeübt werden, wenn er über einen Anteil von 5 % oder von 500.000 EUR am Grundkapital verfügt. Durch diese Möglichkeit wird dem Minderheitenschutz in der Abwicklungsphase Rechnung getragen.[200]

Dem Antrag des Aufsichtsrats muss nach überwiegender Ansicht ein Aufsichtsratsbeschluss iSd § 108 Abs. 1 AktG vorausgehen.[201] Ist der Beschluss fehlerhaft oder fehlt dieser ganz, ist der Antrag abzulehnen. Der Antrag ist ferner abzulehnen, wenn es an einer der in § 265 Abs. 3 AktG genannten Voraussetzungen fehlt, zB am wichtigen Grund oder[202] an der Glaubhaftmachung iSd § 265 Abs. 3 S. 2 AktG, die durch eidesstattliche Versicherung vor dem Registergericht (§ 31 FamFG) oder einem Notar sowie durch Vorlage eines Depotauszugs[203] erfolgen kann.

---

[195] *Sethe* ZIP 1998, 770 (771).
[196] Dieses Recht der Hauptversammlung ist ebenfalls nicht auf Dritte übertragbar, KölnKommAktG/*Kraft* § 265 Rn. 7.
[197] MüKoAktG/*J. Koch* § 265 Rn. 10; *Godin/Wilhelmi* § 265 Rn. 4; KölnKommAktG/*Kraft* § 265 Rn. 7; GroßkommAktG/*Wiedemann* § 265 Rn. 4.
[198] KölnKommAktG/*Kraft* § 265 Rn. 14.
[199] § 265 Abs. 3 wurde insofern durch Art. 1 Nr. 16 Stückaktiengesetz (vom 25.3.1998, BGBl. I S. 590) und durch Art. 3 § 1 Nr. 8 EuroEG (vom 9.6.1998, BGBl. I S. 1242) geändert.
[200] MüKoAktG/*J. Koch* § 265 Rn. 13.
[201] GroßkommAktG/*Wiedemann* § 265 Rn. 8; MüKoAktG/*J. Koch* § 265 Rn. 14; aA: *Godin/Wilhelmi* § 265 Rn. 7; KölnKommAktG/*Kraft* § 265 Rn. 17: Ausreichend ist die Unterzeichnung des Antrags durch alle Aufsichtsratsmitglieder.
[202] Hierbei handelt es sich um einen unbestimmten Rechtsbegriff, der in der Rechtsmittelinstanz in vollem Umfang überprüfbar ist. Dem Gericht wird dagegen kein Ermessen eröffnet, ob es Abwickler bestellen möchte oder nicht. Um dies klarzustellen, wurde 1965 die bis dahin geltende Fassung des § 206 Abs. 2 S. 1 AktG 1937 „kann das Gericht ... bestellen" dahin abgeändert, dass das Gericht Abwickler zu bestellen hat, vgl. RegBegr. *Kropff* S. 355 f.; MüKoAktG/*J. Koch* § 265 Rn. 17.
[203] MüKoAktG/*J. Koch* § 265 Rn. 15.

106 **Checkliste:**

Als wichtige Gründe kommen in Betracht:
- ☐ das nicht nur vorübergehende Fehlen von Abwicklern[204] oder
- ☐ wenn bei Beibehaltung der derzeitigen Abwickler der Abwicklungszweck in unzumutbarer Weise gefährdet ist.[205] Dies kann zB der Fall sein bei
  - ☐ Abhängigkeit der Abwickler von Mehrheitsaktionären
  - ☐ sonstigen Interessenkollisionen
  - ☐ den Abwicklungszweck gefährdenden Pflichtverletzungen
  - ☐ Störungen des Vertrauensverhältnisses zu den Abwicklern
  - ☐ Zerstrittenheit der Liquidatoren untereinander oder zum Vorstand[206]
  - ☐ Unfähigkeit zur ordnungsgemäßen Abwicklung[207]

Ein Verschulden des Abwicklers ist nicht erforderlich.[208]

107 *dd) Kein Antragsrecht der Gesellschaftsgläubiger.* Ein Antrag eines Gesellschaftsgläubigers auf Bestellung der Abwickler ist weder in § 265 AktG vorgesehen, noch ist er aus Gläubigerschutzgründen zulässig oder geboten. Der Gläubigerschutz iRd Abwicklung beschränkt sich vielmehr auf die Vorschriften der §§ 271, 272 AktG. Ein dennoch von Gesellschaftsgläubigern gestellter Antrag ist als unzulässig abzuweisen. Für das Gericht kann dieser auch keine Aufforderung oder Anregung zum Tätigwerden darstellen, denn ein gerichtliches Einschreiten von Amts wegen ist unzulässig.[209]

108 *ee) Verfahren.* Die Bestellung erfolgt durch das Amtsgericht des Gesellschaftssitzes, § 14 AktG § 375 FamFG. Das Gericht prüft den Antrag in formeller und in materieller Hinsicht, dh geprüft werden die Antragsform, die Zuständigkeit, die Antragsberechtigung und das Vorliegen eines wichtigen Grundes.[210] Ist der Antrag zulässig und begründet, bestellt das Gericht die Abwickler durch Beschluss. Über die zu bestellenden Personen, die Anzahl der Abwickler bzw. deren Vertretungsmacht entscheidet das Gericht nach freiem Ermessen; enthält der Antrag einen Vorschlag über die zu bestellenden Personen, stellt dies lediglich eine Anregung für das Gericht dar.[211] Gemäß § 265 Abs. 3 S. 4 AktG ist gegen die Entscheidung des Gerichts die sofortige Beschwerde statthaft.

109 **b) Aufgaben.** *aa) Aufruf der Gläubiger, § 267 AktG.* Die Abwickler haben zunächst unter Hinweis auf die Auflösung die Gläubiger der Gesellschaft aufzufordern, ihre Ansprüche anzumelden, § 267 S. 1 AktG. Diese Aufforderung ist in den Gesellschaftsblättern bekannt zu machen, § 267 S. 2 AktG. Erst danach beginnt das Sperrjahr iSd § 272 Abs. 1 AktG zu laufen.

110 § 267 AktG iVm § 272 AktG ist Ausdruck des Gläubigerschutzes während der Abwicklungsphase der Gesellschaft. Nur durch vorrangige Befriedigung kann gewährleistet werden, dass den Gläubigern nicht bereits bei Beginn der Abwicklung die Haftungsmasse entzogen wird.

---

[204] Handelt es sich um einen lediglich vorübergehenden Zustand, kommt nur eine Notbestellung entsprechend § 85 in Betracht, vgl. MüKoAktG/*J. Koch* § 265 Rn. 18; KölnKommAktG/*Kraft* § 265 Rn. 21.
[205] MüKoAktG/*J. Koch* § 265 Rn. 18.
[206] OLG Frankfurt a. M. GmbHR 2006, 493.
[207] BayObLG NJW 1955, 1678; BayObLGZ 1969, 65 (68 ff.); BayObLG NJW-RR 1996, 1384; KölnKommAktG/*Kraft* § 265 Rn. 27; GroßkommAktG/*Wiedemann* § 265 Rn. 8; MüKoAktG/*J. Koch* § 265 Rn. 18.
[208] BayObLG OLGRspr. 27, 390; NJW 1955, 1678 zur GmbH; KölnKommAktG/*Kraft* § 265 Rn. 27.
[209] KölnKommAktG/*Kraft* § 265 Rn. 19; MüKoAktG/*J. Koch* § 265 Rn. 16; vgl. auch KGJ 46 A 161; nach Spindler/Stilz/*Bachmann* AktG § 265 Rn. 14 soll das Gericht auf Gläubigerantrag in dringenden Fällen einen vorläufigen Abwickler bestellen dürfen.
[210] Vgl. ausführlich zum Verfahren MüKoAktG/*J. Koch* § 265 Rn. 19 f.
[211] BayObLG JFG 2, 183 (186 f.); MüKoAktG/*J. Koch* § 265 Rn. 21.

> **Checkliste:** 111
>
> Inhalt der Aufforderung iSd § 267 AktG[212]
> - ☐ Eindeutige Bezeichnung der Gesellschaft[213]
> - ☐ Hinweis, dass die Gesellschaft aufgelöst ist
> - ☐ Aufforderung der Gläubiger, ihre Ansprüche anzumelden
> - ☐ Nicht notwendig ist die Angabe des Auflösungsgrundes.

Die Bekanntmachung erfolgt in den Gesellschaftsblättern, dh im Bundesanzeiger (§ 25 AktG) und ggf. in weiteren durch die Satzung bestimmten Blättern. Nicht geregelt ist in § 267 AktG, wann der Gläubigeraufruf zu erfolgen hat. Anzuwenden ist daher § 121 Abs. 1 S. 1 BGB, dh der Aufruf muss unverzüglich nach Auflösung der Gesellschaft erfolgen.[214] 112

Da der Gläubigeraufruf durch das Registergericht nicht erzwungen werden kann,[215] ist Folge einer Verzögerung oder eines unterlassenen Aufrufs lediglich ein Schadensersatzanspruch der AG gegen die Abwickler und den Aufsichtsrat (§ 264 Abs. 3 AktG iVm §§ 93 Abs. 2, 116 AktG). Dies gilt auch im Falle der Verteilung des Vermögens ohne Einhaltung der Vorschriften des § 267 AktG (§ 264 Abs. 3 AktG iVm §§ 93 Abs. 3 Nr. 5, 116 AktG). Gegen die Aktionäre, die vorzeitig Gegenstände des Gesellschaftsvermögens erhalten haben, steht der Gesellschaft ein Rückgewähranspruch gemäß § 62 AktG zu.[216] 113

Auch gegenüber den Gläubigern konstituiert § 267 AktG keine Rechtspflicht zur Anmeldung ihrer Ansprüche. Auch wenn die Anmeldung unterbleibt, sind die Gläubiger, sofern der Gesellschaft die Ansprüche bekannt sind, zu befriedigen.[217]

bb) Rechte und Pflichten der Abwickler. § 268 Abs. 1, 2 AktG regelt die Rechte und Pflichten der Abwickler und damit ihre Geschäftsführungsbefugnis. Die Abwickler sind im Innenverhältnis nur zu denjenigen Handlungen berechtigt, die der ordnungsgemäßen Liquidation der Gesellschaft dienen. Im Außenverhältnis sind sie unbeschränkt handlungsfähig, vgl. § 269 Abs. 5 AktG sowie näher unten. 114

Die Abwickler haben gemäß § 268 Abs. 1 S. 1 AktG die laufenden Geschäfte zu beenden, Forderungen einzuziehen, das übrige Vermögen in Geld umzusetzen und die Gläubiger zu befriedigen. Damit ist nicht gemeint, dass das Unternehmen zu zerschlagen ist; vielmehr kann auch das Unternehmen als Ganzes veräußert werden.[218] Entscheidend ist die bestmögliche Verwertung im Interesse der Gesellschaftsgläubiger und Aktionäre. Daher sind auch Strukturmaßnahmen nach dem Umwandlungsgesetz[219] oder die Ausgliederung von Unternehmensteilen zulässig, wenn diese der Veräußerung dienlich ist.[220] 115

Bei der Abwicklung sind die Abwickler idR nicht an Weisungen der Hauptversammlung gebunden.[221] Den Abwicklern ist ein weiter Ermessensspielraum zu gewähren. Der Hauptversammlung kommt nur dann eine Entscheidungsbefugnis zu, wenn die Abwickler eine Entscheidung von ihr verlangen,[222] die Maßnahme § 119 AktG miterfüllt oder eine Ver- 116

---

[212] Formulierungsbeispiel bei MüKoAktG/*J. Koch* § 267 Rn. 3.
[213] § 268 Abs. 4 ist nicht anwendbar, angegeben werden muss aber die Firma, sinnvoll wäre zusätzliche die Angabe des Sitzes, vgl. MüKoAktG/*J. Koch* § 267 Rn. 3.
[214] Ebenso KölnKommAktG/*Kraft* § 267 Rn. 5; MüKoAktG/*J. Koch* § 267 Rn. 5: auf die Eintragung der Auflösung oder der Abwickler kommt es nicht an.
[215] § 14 HGB erfasst den Fall des § 267 nicht, vgl. KölnKommAktG/*Kraft* § 267 Rn. 6.
[216] KölnKommAktG/*Kraft* § 267 Rn. 6; MüKoAktG/*J. Koch* § 267 Rn. 8.
[217] Spindler/Stilz/*Bachmann* AktG § 267 Rn. 8.
[218] KölnKommAktG/*Kraft* § 268 Rn. 3; *Godin/Wilhelmi* § 268 Rn. 4; MüKoAktG/*J. Koch* § 268 Rn. 4; Hüffer/Koch/*Koch* AktG § 268 Rn. 2; GHEK/*Hüffer* § 268 Rn. 4 ff.; für eine dahingehende Verpflichtung: GroßkommAktG/*Wiedemann* § 268 Rn. 6.
[219] Spindler/Stilz/*Bachmann* AktG § 268 Rn. 9.
[220] MüKoAktG/*J. Koch* § 268 Rn. 4, 10 ff.; KölnKommAktG/*Kraft* § 268 Rn. 3.
[221] Vgl. MüKoAktG/*J. Koch* § 268 Rn. 29; KölnKommAktG/*Kraft* § 268 Rn. 4 ff.; aA GroßkommAktG/*Wiedemann* § 268 Rn. 5.
[222] MüKoAktG/*J. Koch* § 268 Rn. 28 f.; KölnKommAktG/*Kraft* § 268 Rn. 4 ff.; aA GroßkommAktG/*Wiedemann* § 268 Rn. 5.

pflichtung zur Veräußerung des gesamten Gesellschaftsvermögens erfolgen soll (vgl. § 179a AktG).[223] Eine Ausnahme von diesem Grundsatz ist ferner geboten, wenn es um grundlegende Entscheidungen geht, die über die reine Geschäftsführungstätigkeit hinausgehen,[224] zB die Art der Verwertung des Vermögens oder die Frage, ob es der Veräußerung dient, wenn das Unternehmen aufgespalten oder einzelne Unternehmensteile abgespalten werden. Aus demselben Grund kann die Hauptversammlung auch darüber beschließen, ob nach der Gläubigerbefriedigung das verbleibende Vermögen versilbert oder in natura an die Aktionäre verteilt wird.[225] Dies kann aber auch bereits im Voraus durch die Satzung geregelt werden.[226]

Zu den Pflichten der Abwickler gemäß § 268 Abs. 1 AktG im Einzelnen:

117
- **Umsetzung des Gesellschaftsvermögens in Geld**
  Hierunter fällt:
  - **Beendigung der laufenden Geschäfte:** Die Pflicht zur Beendigung der laufenden Geschäfte ist weit auszulegen, gemeint ist auch die Führung von Prozessen, sonstiger Verfahren sowie die Beilegung außergerichtlicher Streitigkeiten. Mit Beendigung meint das Gesetz nicht den vorzeitigen Abbruch, sondern die Weiterführung durch die Abwickler bis zu deren tatsächlicher Beendigung;[227]
  - **Einzug von Forderungen:** Auch dies ist weit zu verstehen, hierunter fällt etwa die Einziehung, der Verkauf, die Abtretung der Forderungen der Gesellschaft oder auch die Aufrechnung mit Forderungen gegen die Gesellschaft;[228]
  - **Versilberung des Vermögens:** Vermögen kann im Ganzen oder in Teilen veräußert werden (vgl. oben). Schließen die Abwickler einen Vertrag, der die Übertragung des gesamten Gesellschaftsvermögens vorsieht, ist § 179a AktG zu beachten,[229] dh die Hauptversammlung muss dem Verpflichtungsgeschäft mit qualifizierter Mehrheit zustimmen. Die Versilberung muss nur in der Höhe erfolgen, die zur Gläubigerbefriedigung erforderlich ist, im Übrigen kann die Hauptversammlung beschließen oder die Satzung festlegen, dass der Rest in natura an die Aktionäre auszukehren ist,[230] vgl. → Rn. 141 ff.
  - **Eingehen neuer Geschäfte:** Soweit es die Abwicklung erfordert, dürfen die Abwickler neue Geschäfte abschließen, § 268 Abs. 1 S. 2 AktG.

118
- **Gläubigerbefriedigung**
  Nach der Umsetzung der Vermögensgegenstände der Gesellschaft in Geld haben die Abwickler die Gläubiger zu befriedigen. Die Befriedigung erfolgt nach den allgemeinen zivilrechtlichen Vorschriften der §§ 362 ff., 372 ff., 378 f., 387 ff. BGB. Genügt das erlangte Vermögen nicht zur Befriedigung der Gläubiger, haben die Abwickler die Eröffnung des Insolvenzverfahrens zu beantragen, § 264 Abs. 3 AktG iVm 15a InsO. Die Insolvenzfähigkeit der aufgelösten Gesellschaft ergibt sich aus § 11 Abs. 3 InsO.[231]

119
- **Sonstige Rechte und Pflichten**
  Im Übrigen verweist § 268 Abs. 2 S. 1 AktG auf die Rechte und Pflichten des Vorstands. Gemeint ist, dass die Abwickler die Gesellschaft – in den Grenzen des Abwicklungszwecks – unter eigener Verantwortung leiten (§ 76 Abs. 1 AktG).[232] Dabei haben sie die

---

[223] Spindler/Stilz/*Bachmann* AktG § 268 Rn. 11.
[224] Ähnlich KölnKommAktG/*Kraft* § 268 Rn. 5.
[225] RGZ 62, 56 (58 f.); GK/*Wiedemann* § 268 Rn. 5; Godin/Wilhelmi § 268 Anm. 4; zT wird die Zustimmung sämtlicher Aktionäre verlangt, vgl. GHEK/*Hüffer* § 268 Rn. 20.
[226] KölnKommAktG/*Kraft* § 268 Rn. 7.
[227] MüKoAktG/*J. Koch* § 268 Rn. 16; KölnKommAktG/*Kraft* § 268 Rn. 9; GroßkommAktG/*Wiedemann* § 268 Rn. 3.
[228] Die Verwertung der Forderungen hat sich am Abwicklungszweck zu orientieren, vgl. KölnKommAktG/*Kraft* § 268 Rn. 10.
[229] KölnKommAktG/*Kraft* § 268 Rn. 12; GHEK/*Hüffer* § 268 Rn. 14; Godin/Wilhelmi § 268 Anm. 4; GroßkommAktG/*Wiedemann* § 268 Rn. 6.
[230] RGZ 62, 56 (58 f.); MüKoAktG/*J. Koch* § 268 Rn. 20; GroßkommAktG/*Wiedemann* § 268 Rn. 5; Godin-Wilhelmi § 268 Anm. 4; zT wird die Zustimmung sämtlicher Aktionäre verlangt, vgl. GHEK/*Hüffer* § 268 Rn. 20.
[231] MüKoAktG/*J. Koch* § 268 Rn. 22; KölnKommAktG/*Kraft* § 268 Rn. 17.
[232] KölnKommAktG/*Kraft* § 268 Rn. 19; MüKoAktG/*J. Koch* § 268 Rn. 25.

§ 15 Beendigung durch Liquidation

Sorgfalt eines ordentlichen und gewissenhaften Geschäftsleiters zu beachten (§ 93 Abs. 1 AktG).

Das Gesetz bestimmt zwar den Umfang der Rechte und Pflichten der Abwickler, Einzelheiten, etwa über die Art der Versilberung des Gesellschaftsvermögens, enthält es dagegen nicht. Näheres kann daher durch die Satzung geregelt werden.[233]

c) Vertretungsmacht. Die Abwickler vertreten die Gesellschaft gerichtlich und außergerichtlich, vgl. § 269 Abs. 1 AktG. Ihre Vertretungsbefugnis kann nicht beschränkt werden, vgl. § 269 Abs. 5 AktG.[234] Ausnahmen von dem Grundsatz der unbeschränkten Vertretungsmacht gelten,
- wenn das Gesetz die Vornahme von Grundlagengeschäften an die Zustimmung der Hauptversammlung bindet,[235]
- bei Vertretung der Gesellschaft gegenüber den Abwicklern, hier ist der Aufsichtsrat zuständig,[236]
- bei Vertretung der Gesellschaft bei Anfechtungsklagen der Aktionäre; vertretungsbefugt ist der Aufsichtsrat zusammen mit den Abwicklern.[237] Bei Anfechtungsklagen eines oder aller Abwickler ist der Aufsichtsrat zuständig,
- bei Missbrauch der Vertretungsmacht (Kollusion[238] und Evidenz[239]),
- bei Insichgeschäften, § 181 BGB.[240]

Sind mehrere Abwickler bestellt, sieht das Gesetz in § 269 Abs. 2 S. 1 AktG grundsätzlich Gesamtvertretung durch sämtliche Abwickler vor. Nach § 269 Abs. 4 S. 1 AktG besteht jedoch die Möglichkeit, einzelne Abwickler zur Vornahme bestimmter Geschäfte zu ermächtigen.[241] Ferner kann gemäß § 269 Abs. 3 AktG Einzelvertretungsbefugnis oder eine Vertretung zusammen mit einem Prokuristen vereinbart werden. Für die Festlegung der Vertretungsbefugnisse gelten folgende Zuständigkeiten:
- Für die gesetzlichen Abwickler (§ 265 Abs. 1 AktG) und die durch Satzung oder Hauptversammlungsbeschluss[242] bestellten Abwickler kann die Gesellschaft selbst eine von § 269 Abs. 2 AktG abweichende Regelung treffen; ausreichend ist, eine abweichende Regelung in der Satzung oder, wenn die Hauptversammlung einen abweichenden Beschluss fasst, § 269 Abs. 2 AktG iVm § 265 Abs. 2, 5 AktG. Ferner kann der Aufsichtsrat durch die Satzung oder die Hauptversammlung ermächtigt werden, die Vertretungsmacht der Abwickler zu regeln, § 269 Abs. 3 S. 2 AktG.[243]
- Bei gerichtlicher Bestellung (§ 265 Abs. 3 AktG) legt das Gericht – wenn es mehr als einen Abwickler bestellt – fest, ob Einzel- oder Gesamtvertretungsmacht bestehen soll.[244]

Willenserklärungen gegenüber der Gesellschaft können auch ohne spezielle Ermächtigung oder Vereinbarung gegenüber jedem einzelnen Abwickler abgegeben werden, § 269 Abs. 2 S. 2 AktG.

---

[233] GHEK/*Hüffer* § 268 Rn. 18; KölnKommAktG/*Kraft* § 268 Rn. 5 ff.
[234] MüKoAktG/*J. Koch* § 269 Rn. 4 f.; die frühere Regelung in § 210 Abs. 1 AktG 1937, dass die Abwickler lediglich „innerhalb ihres Geschäftskreises" vertretungsbefugt sind, hat der Gesetzgeber durch die Einführung von § 269 Abs. 5 ausdrücklich aufgegeben, vgl. RegBegr. *Kropff* S. 358 f.
[235] Vgl. MüKoAktG/*J. Koch* § 269 Rn. 8; § 268 Rn. 13 ff.
[236] MüKoAktG/*J. Koch* § 269 Rn. 9.
[237] MüKoAktG/*J. Koch* § 264 Rn. 52 ff.; § 269 Rn. 9.
[238] BGHZ 50, 112 (114) = NJW 1968, 1379; BGH NJW 1966, 1911; 1989, 26 (27); MüKoAktG/*J. Koch* § 269 Rn. 10; Hüffer/Koch/*Koch* AktG § 269 Rn. 7.
[239] RGZ 134, 67 (72); 145, 311 (315); BGHZ 50, 112 (114) = NJW 1968, 1379; BGH NJW 1984, 1461; 1988, 2241 (2243); MüKoAktG/*J. Koch* § 269 Rn. 10.
[240] BGHZ 56, 97 (101) = NJW 1971, 1355; BGHZ 91, 334 f.; vgl. ausführlich MüKoAktG/*J. Koch* § 269 Rn. 11.
[241] Die Erteilung einer Generalermächtigung ist ausgeschlossen, vgl. MüKoAktG/*J. Koch* § 269 Rn. 19.
[242] Ein Beschluss der Hauptversammlung geht einer abweichenden Satzungsbestimmung vor; dies ergibt sich aus § 265 Abs. 5 S. 1: Wenn die Hauptversammlung schon bei Bestellung vorrangig entscheidet, gilt dies erst recht bei der Regelung der Vertretungsmacht, vgl. KölnKommAktG/*Kraft* § 269 Rn. 8; GK/*Wiedemann* § 269 Rn. 2.
[243] Vgl. hierzu MüKoAktG/*J. Koch* § 269 Rn. 18.
[244] MüKoAktG/*J. Koch* § 265 Rn. 21 mwN.

123 **d) Abberufung/Amtsniederlegung.** Das Amt der Abwickler endet automatisch mit Löschung der Gesellschaft im Handelsregister. Dies gilt unabhängig davon, ob noch verteilungsfähiges Vermögen vorhanden ist und es deshalb später zu einer Nachtragsliquidation kommt[245] oder das Vorstandsamt zu einem früheren Zeitpunkt geendet hätte.[246] Zu einer vorzeitigen Beendigung des Amtes kann es durch Abbestellung aller oder einzelner Abwickler oder durch Niederlegung des Amtes durch den oder die Abwickler selbst kommen.

124 *aa) Abberufung.* Die Hauptversammlung kann die nicht gerichtlich bestellten Abwickler, dh die früheren Vorstandsmitglieder (§ 265 Abs. 1 AktG) und die durch Satzung oder Hauptversammlungsbeschluss bestellten Abwickler (§ 265 Abs. 2 AktG), gemäß § 265 Abs. 5 S. 1 AktG jederzeit abberufen. Die Abberufung erfolgt durch einfachen Mehrheitsbeschluss gemäß § 133 Abs. 1 AktG.[247] Wirksamkeit erlangt die Abberufung mit Zugang der Erklärung bei dem jeweils betroffenen Abwickler.

125 Das Gericht kann – wenn die Voraussetzungen des § 265 Abs. 3 S. 1 AktG vorliegen – sowohl die von ihm bestellten als auch die früheren Vorstandsmitglieder und die satzungsmäßig oder durch Hauptversammlungsbeschluss bestellten Abwickler abberufen (zu den Voraussetzungen des § 265 Abs. 3 S. 1 AktG vgl. oben Nr. 2a) cc)).[248]

126 *bb) Amtsniederlegung.* Nach hM haben die Abwickler jederzeit das Recht, ihr Amt niederzulegen.[249] Die Niederlegung erfolgt bei gerichtlich bestellten Abwicklern dem Gericht gegenüber, im Übrigen durch Erklärung gegenüber der Gesellschaft, vertreten durch den Aufsichtsrat (§§ 264 Abs. 3, 112 AktG).[250] Für die Wirksamkeit der Niederlegung kommt es allein auf den Zugang der Erklärung an.[251]

127 **e) Anmeldung.** Gemäß § 266 Abs. 1 AktG hat der Vorstand die ersten Abwickler, ihre Vertretungsbefugnis sowie jeden Wechsel in der Person oder die Änderung der Vertretungsbefugnis zur Eintragung in das Handelsregister anzumelden.

128
Checkliste:

Der Anmeldung sind beizufügen:
- ☐ Urkunden über die Bestellung oder Abberufung in Urschrift oder öffentlich beglaubigter Abschrift, § 266 Abs. 2 AktG
- ☐ Urkunden über die Vertretungsbefugnis in Urschrift oder öffentlich beglaubigter Abschrift, § 266 Abs. 2 AktG
- ☐ Versicherung der Abwickler, dass keine Umstände vorliegen, die ihrer Bestellung nach § 266 Abs. 3 S. 1 AktG iVm §§ 265 Abs. 2 S. 2, 76 Abs. 3 S. 3, 4 AktG entgegenstehen
- ☐ Versicherung der Abwickler, dass sie über ihre unbeschränkte Auskunftspflicht gegenüber dem Gericht belehrt wurden, § 266 Abs. 3 S. 1 AktG

129 Eine Anmeldungsverpflichtung des Vorstands entfällt im Fall des § 265 Abs. 3 AktG für gerichtlich bestellte Abwickler.[252] Die Bestellung oder Abberufung wird in diesem Fall von Amts wegen eingetragen, § 266 Abs. 4 AktG.

---

[245] MüKoAktG/*J. Koch* § 265 Rn. 6.
[246] MHdB GesR IV/*Hoffmann-Becking* § 67 Rn. 4; Hüffer/Koch/*Koch* AktG § 265 Rn. 3, 6; KölnKommAktG/*Kraft* § 265 Rn. 4.
[247] Auch bei der Bestellung der Abwickler durch die Satzung genügt die einfache Mehrheit, denn die Bestimmung in der Satzung zur Abwicklerbestellung ist nur formeller Satzungsbestandteil, vgl. MüKoAktG/*J. Koch* § 265 Rn. 8, 32.
[248] Vgl. MüKoAktG/*J. Koch* § 265 Rn. 34.
[249] Vgl. BGH BB 1968, 230 für die GmbH; KölnKommAktG/*Kraft* § 265 Rn. 29; MüKoAktG/*J. Koch* § 265 Rn. 36.
[250] MüKoAktG/*J. Koch* § 265 Rn. 36; KölnKommAktG/*Kraft* § 265 Rn. 29.
[251] BGHZ 78, 82 (84) = NJW 1980, 2415; BGHZ 121, 257 (260) = NJW 1993, 1198; Hüffer/Koch/*Koch* AktG § 84 Rn. 36; MüKoAktG/*J. Koch* § 265 Rn. 36.
[252] Spindler/Stilz/*Bachmann* AktG § 266 Rn. 8.

3. Rechnungslegung bei Abwicklung

a) Schlussbilanz der werbenden Gesellschaft. Die Abwickler haben für das abgelaufene 130 Geschäftsjahr – oder wenn die Auflösung während des Geschäftsjahres stattfindet – für das Rumpfgeschäftsjahr[253] der werbenden Gesellschaft eine Schlussbilanz zu erstellen. Die Ansicht, die im Falle eines Rumpfgeschäftsjahres einen Jahresabschluss für entbehrlich bzw. die Eröffnungsbilanz für ausreichend hält, ist abzulehnen. Liquidationseröffnungsbilanz und Schlussbilanz verfolgen unterschiedliche Ziele und sind daher auch inhaltlich verschieden, so enthält die Liquidationseröffnungsbilanz als reine Vermögensbilanz etwa kein Geschäftsergebnis.[254]

Zu erstellen ist ein Jahresabschluss einschließlich Anhang (§§ 264 ff., 284 ff. HGB) und 131 Lagebericht (§§ 264, 289 HGB). Der Abschluss unterliegt der Pflichtprüfung.[255] Da es sich um eine Rechnungslegung für die Zeit werbender Tätigkeit handelt, kann keine Befreiung von der Prüfpflicht erteilt werden.[256]

Der Bilanzstichtag ist nach dem Auflösungszeitpunkt zu bestimmen; abzustellen ist 132 möglichst auf den Tag, der der Auflösung vorangeht.[257] Zuständig für die Aufstellung des Jahresabschlusses ist nicht der ehemalige Vorstand; die Zuständigkeit iSd § 91 Abs. 1 AktG geht vielmehr auf die Abwickler über. Zur Feststellung des Jahresabschlusses bedarf es entsprechend § 270 Abs. 2 S. 1 AktG eines Hauptversammlungsbeschlusses.[258]

b) Liquidationseröffnungsbilanz. Gemäß § 270 Abs. 1 AktG haben die Abwickler für den 133 Beginn der Abwicklung eine Eröffnungsbilanz und einen die Eröffnungsbilanz erläuternden Bericht aufzustellen. Der Bilanzstichtag muss nach dem Tag der Auflösung liegen,[259] spätestens jedoch innerhalb von drei Monaten nach Auflösung, § 270 Abs. 2 S. 2 AktG iVm § 264 Abs. 1 S. 2 HGB.

Auch bei der Eröffnungsbilanz und dem Erläuterungsbericht besteht eine Prüfpflicht 134 durch einen externen Prüfer (§ 316 Abs. 1 HGB).[260] Dies folgt aus der Verweisung des § 270 Abs. 2 S. 2 AktG auf die allgemeinen Bilanzierungsvorschriften und damit auch das BiRiLiG.[261] Ausgenommen von der Prüfpflicht sind nur kleine Aktiengesellschaften iSv § 267 Abs. 1 HGB. Im Übrigen kann gemäß § 270 Abs. 3 S. 2 AktG eine gerichtliche Befreiung erteilt werden, wenn die Verhältnisse der Gesellschaft so überschaubar sind, dass eine Prüfung im Interesse der Gläubiger und der Aktionäre nicht geboten erscheint. Dies wird etwa angenommen, wenn während der Abwicklung keine wesentlichen geschäftlichen Tätigkeiten mehr zu erwarten sind[262] oder wenn kein Zweifel an der ordnungsgemäßen Abwicklung besteht.[263] Liegen diese Voraussetzungen vor,

---

[253] Str., vgl. MüKoAktG/*J. Koch* § 270 Rn. 9; wie hier die hM, vgl. BayObLG DB 1994, 523 (524); KölnKommAktG/*Kraft* § 270 Rn. 16; GroßkommAktG/*Wiedemann* § 270 Rn. 1; GHEK/*Hüffer* § 270 Rn. 8; Hüffer/Koch/*Koch* AktG § 270 Rn. 3 Hachenburg/Ulmer/*Hohner* GmbHG § 71 Rn. 4; aA, die bei Rumpfgeschäftsjahren einen Jahresabschluss für entbehrlich hält: *Godin/Wilhelmi* § 270 Rn. 3; Schlegelberger/*Quassowski* AktG 1937 § 211 Rn. 3.
[254] Vgl. dazu ausführlich KölnKomm/*Kraft* § 270 Rn. 16; MüKoAktG/*J. Koch* § 270 Rn. 9.
[255] MüKoAktG/*J. Koch* § 270 Rn. 10 mwN.
[256] MüKoAktG/*J. Koch* § 270 Rn. 9.
[257] BFHE 113, 112 (114); BayObLG DB 1994, 523 (524); *Olbich* WPg 1975, 265 f.
[258] KölnKommAktG/*Kraft* § 270 Rn. 27; GroßkommAktG/*Wiedemann* § 270 Rn. 7; MüKoAktG/*J. Koch* § 270 Rn. 10; aA *Godin/Wilhelmi* § 270 Rn. 3.
[259] MüKoAktG/*J. Koch* § 270 Rn. 16; aA KölnKommAktG/*Kraft* § 270 Rn. 6: entscheidend ist der Tag der Auflösung.
[260] MüKoAktG/*J. Koch* § 270 Rn. 45.
[261] Gesetz vom 19.12.1985 (BGBl. I S. 2355), mit dem va die Vierte Richtlinie zur Koordinierung des Gesellschaftsrechts vom 25.7.1978 (78/660/EWG, ABl. 1978 L 222, S. 11 sowie in *Lutter*, Europäisches Unternehmensrecht (ZGR-Sonderheft 1), 4. Aufl. 1996, S. 147) und die Siebte Richtlinie zur Koordinierung des Gesellschaftsrechts vom 13.6.1983 (83/349/EWG, ABl. 1983 L 193, S. 1 ff. sowie in *Lutter*, Europäisches Unternehmensrecht (ZGR-Sonderheft 1), S. 211) umgesetzt wurde.
[262] Amtl. Begründung zu § 211 AktG 1937, RAnz. 1937 Nr. 28, 2. Beilage.
[263] KölnKommAktG/*Kraft* § 270 Rn. 20; GroßkommAktG/*Wiedemann* § 270 Rn. 6; MüKoAktG/*J. Koch* § 270 Rn. 48.

muss das Gericht²⁶⁴ die Befreiung erteilen, ohne dass ihm insofern noch ein Ermessen zustünde.²⁶⁵

135 An die Prüfung durch den externen Prüfer schließt sich die Prüfung des Aufsichtsrats an, §§ 270 Abs. 2 S. 2, 170 Abs. 1 AktG. Der Aufsichtsrat kann die in § 170 Abs. 3 AktG geregelten Auskunftsrechte geltend machen,²⁶⁶ die Abwickler haben ihm die geforderten Unterlagen unmittelbar vorzulegen. Binnen eines Monats hat der Aufsichtsrat der Hauptversammlung schriftlich über das Ergebnis seiner Prüfung zu berichten und dabei mitzuteilen, ob er den Jahresabschluss billigt oder ob er Einwendungen erhebt, §§ 270 Abs. 2 S. 2, 171 Abs. 2 AktG. Die Prüfung des Aufsichtsrats ist selbst dann nicht entbehrlich, wenn die Gesellschaft gemäß § 270 Abs. 3 AktG durch das Gericht von der Prüfpflicht befreit wird.²⁶⁷

136 Unverzüglich nach Eingang des Berichts berufen die Abwickler die Hauptversammlung ein, die über die Feststellung des Jahresabschlusses sowie über die Entlastung der Abwickler und der Mitglieder des Aufsichtsrats beschließt, § 270 Abs. 2 AktG.²⁶⁸ Anschließend sind Eröffnungsbilanz und Erläuterungsbericht gemäß § 270 Abs. 2 S. 2 AktG iVm §§ 325 ff. HGB zum Handelsregister einzureichen und bekannt zu machen.

137 c) **Jahresabschluss.** Für den Schluss eines jeden Jahres während der Abwicklung haben die Abwickler gemäß § 270 Abs. 1 AktG einen Jahresabschluss und einen Lagebericht aufzustellen. Gemäß § 264 Abs. 3 AktG²⁶⁹ sind hierauf die Bestimmungen über den Jahresabschluss für werbende Gesellschaften entsprechend anzuwenden, dh der Abschluss besteht aus Bilanz, Gewinn- und Verlustrechnung und Anhang.²⁷⁰

138 Bei der Berechnung des Abwicklungsjahres ist grundsätzlich auf Tag und Monat der Eröffnungsbilanz abzustellen, so dass sich während der Abwicklung ein neues Geschäftsjahr ergeben kann.²⁷¹ Abweichend hiervon kann aber auch das bisherige Geschäftsjahr – etwa das Kalenderjahr – beibehalten werden;²⁷² vor das nächste volle Geschäftsjahr tritt dann ein Rumpfgeschäftsjahr. Da von der gesetzlichen Regelung abgewichen wird, ist ein Hauptversammlungsbeschluss erforderlich, bei dem – zumindest vorsorglich – das Verfahren der §§ 179 ff. AktG eingehalten werden sollte, denn die Frage, ob es sich hier um einen satzungsändernden Beschluss handelt, ist äußerst umstritten.²⁷³ Die bislang hM verneinte dies. Nach der mittlerweile wohl überwiegend vertretenen Auffassung wird dagegen eine Abweichung von der Gesetzeslage angenommen, mit der Folge, dass eine Satzungsbestimmung erforderlich ist, zu deren Einführung es der Einhaltung des Verfahrens der §§ 179 ff. AktG bedarf.²⁷⁴

139 Auch für die Abschlüsse besteht grundsätzlich eine Pflicht zur Prüfung durch einen externen Abschlussprüfer (§ 316 Abs. 1 HGB) und zur Offenlegung dieser Prüfung.²⁷⁵ Ausnahmsweise kann das Registergericht von dieser Prüfpflicht befreien, wenn die Verhältnisse

---

²⁶⁴ Zuständig ist das Amtsgericht am Gesellschaftssitz, § 375 FamFG.
²⁶⁵ MüKoAktG/*J. Koch* § 270 Rn. 47.
²⁶⁶ § 170 Abs. 3 wurde durch Art. 1 Nr. 24 KonTraG (Gesetz vom 27.4.1998, BGBl. I S. 786) geändert. Danach sind dem Aufsichtsrat die dort genannten Unterlagen auszuhändigen, ohne dass er diese von dem Abwicklern verlangen muss.
²⁶⁷ MünchKommAktG/*J. Koch* § 270 Rn. 20 mwN.
²⁶⁸ KölnKommAktG/*Kraft* § 270 Rn. 23 f.
²⁶⁹ § 270 Abs. 2 S. 2 betrifft nach seinem ausdrücklichen Wortlaut nur die Eröffnungsbilanz und den Erläuterungsbericht und ist für den Jahresabschluss daher auch nicht analog heranzuziehen.
²⁷⁰ Vgl. Bericht *Helmrich/Kleinert/Stiegler* BT-Drs. 10/4268, 86, 128; MüKoAktG/*J. Koch* § 270 Rn. 52, 56, KölnKommAktG/*Kraft* § 270 Rn. 4; für die GmbH Scholz/*K. Schmidt* GmbHG § 71 Rn. 20.
²⁷¹ MüKoAktG/*J. Koch* § 270 Rn. 54; Schlegelberger/*Quassowski* AktG 1937 § 211 Rn. 4.
²⁷² In § 211 Abs. 1 Hs. 2 AktG 1937 war dies noch ausdrücklich normiert; dass § 270 Abs. 1 insofern keine Regelung enthält, führt nach hM nicht zu einer anderen Beurteilung. Der Gesetzgeber hielt diese Möglichkeit vielmehr für selbstverständlich, vgl. RegBegr *Kropff* S. 360, vgl. auch MüKoAktG/*J. Koch* § 270 Rn. 54.
²⁷³ Ablehnend KG JW 1931, 2993; KölnKommAktG/*Kraft* § 270 Rn. 12; GroßkommAktG/*Wiedemann* § 270 Rn. 3; wie hier MüKoAktG/*J. Koch* § 270 Rn. 54; GroßkommHGB/*Hüffer* § 240 Rn. 44.
²⁷⁴ MüKoAktG/*J. Koch* § 270 Rn. 55 mwN.
²⁷⁵ MüKoAktG/*J. Koch* § 270 Rn. 60; KölnKommAktG/*Kraft* § 270 Rn. 19; GHEK/*Hüffer* § 270 Rn. 10.

der Gesellschaft so überschaubar sind, dass eine Prüfung weder aus Sicht der Gläubiger noch aus Sicht der Aktionäre geboten ist, vgl. hierzu → Rn. 134.[276]

Daran anschließend erfolgt die Prüfung durch den Aufsichtsrat (vgl. → Rn. 135). Nach 140 Eingang des Berichts des Aufsichtsrats berufen die Abwickler die Hauptversammlung ein, die über die Feststellung des Jahresabschlusses sowie über die Entlastung der Abwickler und der Mitglieder des Aufsichtsrats beschließt (§ 270 Abs. 2 AktG).[277] Anschließend ist der Jahresabschluss gemäß §§ 325 ff. HGB zum Handelsregister einzureichen und bekannt zu machen.

4. Gläubigerbefriedigung

a) **Sperrjahr/Verteilungsverbot.** Auf der Basis der auf den Tag des Auflösungsbeschlusses 141 festzustellenden Liquidationseröffnungsbilanz sind zunächst die Verbindlichkeiten der Gesellschaft zu begleichen. Zu diesem Zweck sind die Gläubiger der Gesellschaft zur Geltendmachung ihrer Ansprüche aufzufordern (§ 267 AktG). Erst nach Ablauf eines Jahres (Sperrjahr), gerechnet ab dem Tag, an dem der Aufruf bekannt gemacht wurde, darf das restliche Vermögen an die Aktionäre verteilt werden, § 272 Abs. 1 AktG.

Dieses dem Gläubigerschutz dienende Verteilungsverbot untersagt alle Zahlungen und 142 sonstigen Vorteilsgewährungen an Aktionäre, die das Gesellschaftsvermögen und damit die Haftungsmasse der Gläubiger mindern würden.[278] § 272 AktG ist zwingend, eine Aufhebung oder Abmilderung dieses Verbots ist weder durch die Satzung noch durch einen Hauptversammlungsbeschluss möglich. Selbst die Zustimmung sämtlicher Gläubiger würde nicht zu einer vorherigen Vermögensverteilung berechtigen.[279]

Tritt ein Aktionär der Gesellschaft wie ein Dritter gegenüber, etwa als Partei eines Kauf-, 143 Miet- oder Darlehensvertrages, kann er für sich den Gläubigerschutz des § 272 AktG in Anspruch nehmen.[280] Anders verhält es sich bei sog kapitalersetzenden Aktionärsdarlehen. In diesem Fall wird die Forderung des Aktionärs zum unselbstständigen Rechnungsposten iRd Auseinandersetzungsrechnung.[281]

Nach Ablauf des Sperrjahres kann das übrige Vermögen der Gesellschaft an die Aktionäre 144 verteilt werden, wenn alle Gläubiger befriedigt wurden. Ist die Befriedigung einzelner Gläubiger nicht möglich, kommt Hinterlegung oder Sicherheitsleistung zu Gunsten des Gläubigers in Betracht (§ 272 Abs. 2, 3 AktG), vgl. → Rn. 146 ff.

Gläubiger, die sich bis zum Ablauf des Sperrjahres nicht gemeldet haben, behalten ihre 145 Forderung (§ 272 Abs. 1 AktG stellt keine Präklusionsnorm dar), sie verlieren jedoch ihren Anspruch auf vorrangige Befriedigung. Ist das Restvermögen bereits an die Aktionäre verteilt, kommt eine Befriedigung nicht mehr in Betracht.[282]

b) **Hinterlegung.** *aa) Recht zur Hinterlegung.* Zu Gunsten bekannter Gläubiger, die auf 146 die Aufforderung nicht reagieren, kann der geschuldete Betrag hinterlegt werden, sofern gemäß § 272 Abs. 2 AktG ein Recht zur Hinterlegung besteht. Die Verweisung auf die Hinterlegungsvorschriften der §§ 372 ff. BGB ist als Rechtsgrundverweisung zu verstehen. Eine Hinterlegung kommt daher nur in Betracht, wenn ein Hinterlegungsgrund besteht und der geschuldete Gegenstand hinterlegungsfähig ist.

Ein Hinterlegungsgrund ist insbesondere ein Annahmeverzug des Gläubigers iSd 147 §§ 293 ff. BGB. Das Recht zur Hinterlegung besteht nach hM aber nicht nur, wenn Gläubi-

---

[276] KölnKommAktG/*Kraft* § 270 Rn. 20.
[277] KölnKommAktG/*Kraft* § 270 Rn. 24.
[278] MüKoAktG/*J. Koch* § 272 Rn. 5.
[279] KölnKommAktG/*Kraft* § 272 Rn. 1, 12; MüKoAktG/*J. Koch* § 272 Rn. 3; vgl. für die GmbH Hachenburg/Ulmer/*Hohner* GmbHG § 73 Rn. 3.
[280] MüKoAktG/*J. Koch* § 272 Rn. 7; für die GmbH: Hachenburg/Ulmer/*Hohner* GmbHG § 73 Rn. 17; Scholz/*K. Schmidt* GmbHG § 72 Rn. 20, § 73 Rn. 2; *ders.* ZIP 1981, 1 f.
[281] MüKoAktG/*J. Koch* § 272 Rn. 12; für die GmbH vgl. Scholz/*K. Schmidt* GmbHG § 72 Rn. 20 f.; aA zur GmbH Rowedder/*Rasner* GmbHG § 73 Rn. 8: Ein Anspruch besteht erst nach Gläubigerbefriedigung.
[282] RGZ 92, 77 (82); 109, 387 (392); 124, 210 (213); KölnKomm/*Kraft* § 272 Rn. 3 f.; MüKoAktG/*J. Koch* § 272 Rn. 15; GroßkommAktG/*Wiedemann* § 272 Rn. 1; für die GmbH vgl. Hachenburg/Ulmer/*Hohner* GmbHG § 73 Rn. 6.

gerverzug vorliegt, sondern auch dann, wenn der Gläubiger nicht namhaft gemacht werden kann (Unkenntnis hinsichtlich die Person des Gläubigers),[283] bei Zweifeln an dessen Berechtigung (zB mehrere Prätendenten)[284] oder bei sonstigen Erfüllungshindernissen in der Person des Gläubigers.[285] Zudem kann neben den in § 372 BGB genannten Fällen das Recht zur Hinterlegung auch vereinbart werden. Dies folgt aus dem Grundsatz der Privatautonomie.[286]

148 Hinterlegungsfähig sind Geld, Wertpapiere, sonstige Urkunden, Kostbarkeiten und unter den Voraussetzungen des § 373 HGB auch Waren. Da das Gesellschaftsvermögen vor Beginn der Gläubigerbefriedigung versilbert ist, ist die Hinterlegungsfähigkeit regelmäßig unproblematisch.

149 *bb) Art und Weise der Hinterlegung.* Aus dem Charakter der Hinterlegung als Erfüllungssurrogat folgt zwingend, dass nur das hinterlegt werden kann, was geschuldet wird.[287] Besteht der Anspruch auf Leistung in Geld, ist Geld zu hinterlegen; sind Wertpapiere geschuldet, können diese hinterlegt werden.

150 Die Hinterlegung kann mit oder ohne Verzicht auf die Rücknahme (§ 376 Abs. 2 BGB) erfolgen.[288] Nur bei der Hinterlegung unter Verzicht auf die Rücknahme kann Befriedigungswirkung (§ 378 BGB) und somit die Beendigung der Gesellschaft erreicht werden.[289] Verzichtet der Schuldner auf das Recht zur Rücknahme, ist er gemäß § 382 BGB erst nach Ablauf von 30 Jahren berechtigt, nicht in Anspruch genommene Gelder von der Hinterlegungsstelle herauszuverlangen. Verzichtet der Schuldner nicht auf die Rücknahme, kann er die hinterlegten Gegenstände jederzeit herausverlangen.[290]

151 c) *Sicherheitsleistung, § 272 Abs. 3 AktG.* Eine Sicherheitsleistung iSd § 272 Abs. 3 AktG ist erforderlich, wenn eine Verbindlichkeit zurzeit nicht berichtigt werden kann oder wenn sie streitig ist, aber Aussicht auf Erfolg hat, dh, wenn zwar nicht erfüllt werden kann, aber auch keine Hinterlegung erforderlich ist.[291] Hierunter fallen insbesondere bedingte und befristete Forderungen oder die Verpflichtung zu wiederkehrenden Leistungen.[292] Eine Sicherheitsleistung ist nicht erforderlich, wenn es sich um eine offensichtlich unbegründete Forderung handelt oder die Geltendmachung missbräuchlich ist.[293]

152 Für die Sicherheitsleistung gelten die §§ 232 ff. BGB,[294] so dass in der Regel dingliche Sicherheiten zu leisten sind wie Verpfändung, Hypothekenbestellung. Nur ausnahmsweise kann die Stellung eines geeigneten Bürgen zur Sicherung der Gläubiger dienen. Der Wert der zu leistenden Sicherheit richtet sich nach den Umständen des Einzelfalls; hierüber entscheiden die Abwickler – genauso wie über die konkrete Art der zu leistenden Sicherheit – nach pflichtgemäßem Ermessen.[295] Da die §§ 232 ff. BGB nicht zwingend sind, sind – wenn der Gläubiger damit einverstanden ist – auch andere Formen der Sicherheitsleistung zulässig.[296]

153 d) *Folge verbotswidriger Verteilung von Gesellschaftsvermögen. aa) Rechtsschutz der Gläubiger.* Die von der verbotswidrigen Verteilung von Gesellschaftsvermögen betroffenen

---

[283] Vgl. WM 1960, 112 ff.; BGHZ 7, 302 (307); MüKoBGB/*Heinrichs* § 372 Rn. 8: Bei begründetem objektiv verständlichem Zweifel über die Person des Gläubigers; Staudinger/*Olzen* § 372 Rn. 9, 13 ff.; vgl. auch MüKoAktG/*J. Koch* § 272 Rn. 17; KölnKommAktG/*Kraft* § 272 Rn. 9.
[284] KölnKommAktG/*Kraft* § 272 Rn. 8, 9; GHEK/*Hüffer* § 272 Rn. 17 f.; *ders.* AktG § 272 Rn. 4.
[285] MüKoAktG/*J. Koch* § 272 Rn. 17; KölnKommAktG/*Kraft* § 272 Rn. 9.
[286] BGH NJW 1993, 55; 1986, 1038; Staudinger/*Olzen* § 372 Rn. 23; MüKoBGB/*Wenzel* § 372 Rn. 20.
[287] MüKoBGB/*Wenzel* BGB § 1, 16.
[288] MüKoAktG/*J. Koch* § 272 Rn. 19; für die GmbH: Scholz/*K. Schmidt* GmbHG § 73 Rn. 10.
[289] Spindler/Stilz/*Bachmann* AktG § 272 Rn. 8.
[290] MüKoBGB/*Wenzel* BGB § 376 Rn. 1 (Gestaltungsrecht); Staudinger/*Olzen* § 376 Rn. 1, 3 f.
[291] KölnKommAktG/*Kraft* § 272 Rn. 10; MüKoAktG/*J. Koch* § 272 Rn. 20; Godin/Wilhelmi § 272 Rn. 5; Schlegelberger/*Quassowski* § 213 Rn. 8; GHEK/*Hüffer* § 272 Rn. 8.
[292] KölnKommAktG/*Kraft* § 272 Rn. 10; MüKoAktG/*J. Koch* § 272 Rn. 20.
[293] Vgl. MüKoAktG/*J. Koch* § 272 Rn. 21; KölnKommAktG/*Kraft* § 272 Rn. 10.
[294] RGZ 72, 15 (20); KölnKommAktG/*Kraft* § 272 Rn. 11; MüKoAktG/*J. Koch* § 272 Rn. 23; Großkomm-AktG/*Wiedemann* § 272 Rn. 5; aA für die GmbH: Scholz/*K. Schmidt* GmbHG § 73 Rn. 11; Hachenburg/Ulmer/*Hohner* GmbHG § 73 Rn. 22.
[295] MüKoAktG/*J. Koch* § 272 Rn. 23.
[296] KölnKommAktG/*Kraft* § 272 Rn. 11; MüKoAktG/*J. Koch* § 272 Rn. 24.

Gläubiger können zunächst Unterlassung von bzw. weiterer Verteilungsmaßnahmen verlangen. Der Anspruch richtet sich zum einen gegen die Gesellschaft, zum anderen gegen die Abwickler. Eine Wahl zwischen Hinterlegung oder Sicherheitsleistung iSd § 272 Abs. 2, 3 AktG hat der Gläubiger dagegen nicht.[297] Steht die Verteilung des Vermögens an die Aktionäre unmittelbar bevor, kommen Arrest (§§ 916ff. ZPO) und/oder Einstweilige Verfügung (§§ 935ff. ZPO) in Betracht.

bb) Rechtsfolge verbotswidriger Vermögensverteilung. Das Verteilungsverbot des § 272 Abs. 1 AktG führt nicht zur Unwirksamkeit der Verteilungsgeschäfte, es besteht vielmehr ein Anspruch der Gesellschaft gegen die begünstigten Aktionäre auf Rückgewähr gemäß §§ 264 Abs. 3, 62 Abs. 1 S. 1 AktG. Dieser Anspruch kann gemäß § 62 Abs. 2 AktG auch von den Gläubigern geltend gemacht werden. Anders ist dies, wenn die Verteilung zusätzlich gegen § 138 BGB verstößt (etwa bei Kollusion).[298]

Der Gesellschaft steht neben dem Rückgewähranspruch auch ein Schadensersatzanspruch gegen die Mitglieder des Aufsichtsrats und die Abwickler zu, wenn §§ 93, 116, 164 Abs. 3 AktG bzw. §§ 93, 268 Abs. 2 AktG erfüllt sind. Auch dieser Anspruch kann direkt durch die Gläubiger geltend gemacht werden, sofern bzw. soweit von der Gesellschaft keine Befriedigung zu erlangen ist, vgl. §§ 93 Abs. 5, 116 AktG.[299]

Weder die unberechtigte Vermögensverteilung noch die Möglichkeit der Gläubiger, direkt gegen Aufsichtsrat und Abwickler vorzugehen, hat Einfluss auf den ursprünglichen Befriedigungsanspruch der Gläubiger. Dieser besteht weiterhin gegen die Gesellschaft.

5. Vermögensverteilung

a) Anspruch auf Vermögensverteilung und Rechtsnatur des Anspruchs. Aus § 271 AktG folgt das Recht der Aktionäre auf den Abwicklungsüberschuss. Bei dem Anspruch auf Verteilung des Liquidationserlöses handelt es sich nicht um einen Drittgläubigeranspruch iSd § 272 Abs. 2 AktG, da er erst entsteht bzw. erst fällig wird, wenn die Voraussetzungen des § 272 AktG erfüllt sind. Die Rechtsnatur dieses Anspruchs ist nach hM zunächst als ein aus der Mitgliedschaft folgendes, zunächst nicht selbstständig durchsetzbares Vermögensrecht anzusehen, das sich mit Eintritt der gesetzlichen Verteilungsvoraussetzungen in ein auf Zahlung gerichtetes Gläubigerrecht umwandelt.[300]

b) Geltendmachung des Vermögensverteilungsanspruchs, Verfahrensfragen. § 271 Abs. 1 AktG stellt klar, dass die Befriedigung der Gesellschaftsgläubiger vorrangig ist. Der danach für die Vermögensverteilung maßgebliche Zeitpunkt ergibt sich aus § 271 Abs. 1 AktG iVm § 272 AktG, dh mit der Verteilung darf frühestens nach Ablauf des Sperrjahres (§ 272 Abs. 1 AktG) und nach Befriedigung der Gläubiger, bzw. – soweit dies nicht möglich ist – nachdem der geschuldete Betrag hinterlegt (§ 272 Abs. 2 AktG) oder Sicherheit geleistet (§ 272 Abs. 3 AktG) worden ist, begonnen werden, vgl. bereits → Rn. 141 f.

Wie die Verteilung zu erfolgen hat, wird in § 271 AktG nicht geregelt. Es besteht die Möglichkeit, dies bereits in der Satzung festzulegen;[301] enthält die Satzung keine Bestimmungen, liegt das konkrete Verfahren im Ermessen der Abwickler. Wenn auch nicht gesetzlich vorgeschrieben, so ist es doch jedenfalls zweckmäßig, bzw. entspricht der Sorgfalt eines ordentlichen und gewissenhaften Geschäftsleiters, §§ 264 Abs. 3, 93 Abs. 1 AktG, eine Schlussbilanz und einen Plan für die Vermögensverteilung aufzustellen.[302]

Zur ordnungsgemäßen Verteilung gehört auch, dass die Abwickler die Aktionäre – idR durch Bekanntmachung in den Gesellschaftsblättern, § 25 AktG – auffordern, ihre Ansprü-

---

[297] KölnKommAktG/*Kraft* § 272 Rn. 13; MüKoAktG/*J. Koch* § 272 Rn. 25; GHEK/*Hüffer* § 272 Rn. 25; K. *Schmidt* ZIP 1981, 1 (4); aA GroßkommAktG/*Wiedemann* § 272 Rn. 5 im Falle unmittelbar bevorstehender Verteilung; ebenso RGZ 72, 21; 143, 301 ff.
[298] RGZ 168, 292 (302) zur GmbH; BGH AG 1974, 22; MüKoAktG/*J. Koch* § 272 Rn. 29.
[299] Vgl. MüKoAktG/*J. Koch* § 272 Rn. 29 ff.
[300] Vgl. Hüffer/Koch/*Koch* AktG § 271 Rn. 2; MüKoAktG/*J. Koch* § 271 Rn. 3; KölnKommAktG/*Kraft* § 271 Rn. 2; GroßkommAktG/*Wiedemann* § 271 Rn. 2.
[301] MüKoAktG/*J. Koch* § 271 Rn. 12; *Sethe* ZHR 162 (1998), 474 (485); *ders.* ZIP 1998, 770 (772).
[302] MüKoAktG/*J. Koch* § 271 Rn. 12.

che geltend zu machen. Zwar enthält das Gesetz auch insofern keine Regelung, jedoch ist eine Aufforderung geboten, da es für die Aktionäre nicht überblickbar ist, wann die Befriedigung der Gläubiger abgeschlossen ist und wann sie daher ihre Ansprüche geltend machen können.[303]

161 c) **Abwesende und unbekannte Aktionäre.** aa) *Recht zur Hinterlegung.* Nach hM sind die Liquidationserlöse unbekannter Aktionäre nach bzw. entsprechend § 272 Abs. 2 AktG zu hinterlegen.[304] Dies gilt immer dann, wenn der Liquidationsanspruch zwar der Höhe nach bekannt, der Aktionär, der mit seinem Auszahlungsverlangen in Verzug ist, nicht namhaft gemacht werden kann oder seine Forderungsberechtigung zweifelhaft ist.[305] Die Liquidatoren sind über die Benachrichtigung der Aktionäre hinaus nicht zur Nachforschung über Namen und Aufenthalt der Aktionäre verpflichtet.

162 In der Satzung kann bestimmt werden, dass nicht rechtzeitig geltend gemachte Liquidationserlöse in hinterlegungsfähiger Form in einer nach § 1807 BGB anerkennungsfähigen Art und Weise anzulegen sind. In diesem Fall haben die Liquidatoren die so angelegten Gelder zu Gunsten der Berechtigten zu hinterlegen (§ 272 Abs. 2 AktG; § 372 BGB). Andere Erfüllungsversuche müssen die Liquidatoren nicht unternehmen.

163 Auch aus dem Charakter der Hinterlegung als Erfüllungssurrogat folgt zwingend, dass nur das hinterlegt werden kann, was geschuldet wird.[306] In der Satzung kann abweichend hiervon geregelt werden, dass nicht abgeholte Liquidationserlöse zu Gunsten der berechtigten Aktionäre in Wertpapieren angelegt werden können und dass diese Wertpapiere zu Gunsten der Aktionäre zu hinterlegen sind, da in diesem Fall der Erfüllungsanspruch von vornherein auf Übereignung von Wertpapieren oder Abtretung verbriefter Forderungen lautet. Die Hinterlegung kann nach Ablauf des Sperrjahres gemäß § 271 AktG mit oder ohne Verzicht auf die Rücknahme (§ 376 Abs. 2 BGB) erfolgen, vgl. → Rn. 150.

164 bb) *Unbekanntheits- und Abwesenheitspflegschaft.* (1) Unbekannte Aktionäre und Unbekanntheitspflegschaft iSd *§ 1913 BGB.* § 1913 BGB dient der Verhinderung endgültiger Rechtsbeeinträchtigungen oder Rechtsverluste, indem er die Möglichkeit vorsieht, bei unbekannten Aktionären einen Pfleger zu bestellen. „Unbekannt" in diesem Sinne ist nur der Aktionär, dessen Existenz als solche nicht feststellbar ist. Dass Aktionäre oder möglicherweise deren Rechtsnachfolger dem Namen nach nicht bekannt sind, ist für § 1913 BGB irrelevant.[307]

165 Der Wirkungskreis des Pflegers ist nach ganz hM auf diejenigen Maßnahmen beschränkt, die zur Rechtswahrung des Unbekannten unbedingt erforderlich sind.[308] Ein Fürsorgebedürfnis fehlt, wenn bereits gesetzliche Vorschriften den Schutz des Unbekannten gewährleisten (vgl. etwa §§ 965 ff. BGB, § 94 ZVG, §§ 1170 ff. BGB[309]). § 1913 BGB wird ferner von den Hinterlegungsvorschriften der §§ 372 ff. BGB verdrängt, denn durch diese ist der Unbekannte vergleichbar den §§ 965 ff. BGB geschützt.

166 Bei der Bestellung eines Unbekanntheitspflegers handelt es sich nicht um ein Antragsverfahren.[310] Die Bestellung kann allenfalls angeregt werden.

167 (2) *Abwesenheitspflegschaft iSd § 1911 BGB.* Ein abwesender volljähriger Aktionär, dessen Aufenthalt unbekannt ist, bzw. der spurlos verschwunden ist, kann nach § 1911 Abs. 1 BGB für seine Vermögensangelegenheiten einen Abwesenheitspfleger erhalten. Das Gleiche gilt bei Abwesenden, deren Aufenthalt bekannt ist, die aber an der Rückkehr und der Besorgung ihrer Vermögensangelegenheiten gehindert sind bzw. deren Rückkehr wesentlich erschwert ist (vgl. § 1911 Abs. 2 BGB).

---

[303] KölnKommAktG/*Kraft* § 271 Rn. 19; MüKoAktG/*J. Koch* § 271 Rn. 13; GroßkommAktG/*Wiedemann* § 271 Rn. 5.
[304] GHEK/*Hüffer* § 271 Rn. 17; Hüffer/Koch/*Koch* AktG § 271 Rn. 5.
[305] KölnKommAktG/*Kraft* § 272 Rn. 9.
[306] MüKoBGB/*Wenzel* § 372 Rn. 1, 16.
[307] Damrau/*Zimmermann*, Betreuung und Vormundschaft, 2. Aufl. 1995 BGB § 1913 Rn. 3 ff.
[308] MüKoBGB/*Schwab* BGB § 1913 Rn. 17 f.
[309] KG JW 1936, 330; Damrau/*Zimmermann* § 1913 Rn. 5; MüKoBGB/*Schwab* § 1913 Rn. 17 f.
[310] Damrau/*Zimmermann* BGB § 1913 Rn. 10; MüKoBGB/*Schwab* § 1913 Rn. 19.

Auch diese Regelung verfolgt – wie die Unbekanntheitspflegschaft – den Zweck, den Abwesenden in seinen Vermögensangelegenheiten zu schützen. Ein Fürsorgebedürfnis fehlt daher, wenn der Abwesende selbst in der Lage ist, sich über seine vermögensrechtliche Situation Klarheit zu verschaffen bzw. selbst oder durch Vertreter zu handeln.[311] **168**

d) Restverteilung nicht in Anspruch genommener Liquidationsüberschüsse. *aa) Verteilungsmaßstab.* Sind die Einlagen auf alle Aktien in demselben Verhältnis geleistet, ist das Vermögen gemäß § 271 Abs. 2 AktG[312] nach den Anteilen am Grundkapital zu verteilen. Von diesem Grundsatz kann in der Satzung abgewichen werden. Sind bei der Verteilung des Restvermögens Aktien mit verschiedenen Rechten iSd § 11 AktG vorhanden, richtet sich die Verteilung des Liquidationsüberschusses nach dem in der Satzung vorgesehenen Maßstab. Sieht die Satzung lediglich ein Vorzugsrecht einzelner Aktionäre bei der Gewinnverteilung vor, führt dies nicht automatisch dazu, dass diese Aktionäre auch bei der Verteilung des Restvermögens zu bevorzugen sind.[313] Verbleibt nach Befriedigung der bevorrechtigten Aktionäre noch ein Restvermögen, richtet sich dessen Verteilung nach den Anteilen der Aktionäre am Grundkapital.[314] **169**

Sind die Einlagen[315] auf das Grundkapital nicht auf alle Aktien im selben Verhältnis geleistet, so werden zunächst die geleisteten Einlagen rückerstattet und ein Überschuss nach den Anteilen am Grundkapital verteilt, § 271 Abs. 3 S. 1 AktG. Wurden Sacheinlagen geleistet, ist ihr Geldwert zu erstatten.[316] **170**

Genügt das Vermögen nicht zur Erstattung der Einlagen, haben die Aktionäre den Verlust nach ihren Anteilen am Grundkapital zu tragen.[317] **171**

bb) Fehlerhafte Verteilung des Liquidationsüberschusses. Wurde der Liquidationsüberschuss entgegen den Vorschriften des § 271 Abs. 2, 3 AktG oder der Satzung verteilt, hat die Gesellschaft einen Anspruch gegen die Abwickler und den Aufsichtsrat gemäß §§ 268 Abs. 2, 92, 116 AktG. Aktionäre, die durch die fehlerhafte Verteilung begünstigt wurden, haben die Leistung gemäß §§ 264 Abs. 3, 62 Abs. 1 S. 1 AktG an die Gesellschaft zurückzugewähren.[318] **172**

cc) Erlöschen des Anspruchs/Verjährung. Bei der Frage, wann der Anspruch der Aktionäre auf Auszahlung des Abwicklungsüberschusses erlischt bzw. verjährt, ist zwischen Inhaber- und Namensaktien zu unterscheiden. **173**

(1) Inhaberaktien. Der Anspruch der Aktionäre auf Auszahlung des Abwicklungsüberschusses unterliegt im Falle von Inhaberaktien einer 30-jährigen Ausschlussfrist (§ 801 Abs. 1 BGB entsprechend). Die Ausschlussfrist beginnt mit Eintritt der Verteilungsvoraussetzungen, also nach ordnungsgemäßer Abwicklung iSd §§ 268 ff. AktG, insbesondere nach Ablauf des Sperrjahrs iSd § 272 AktG. **174**

Wird der Anspruch innerhalb der og Frist geltend gemacht, unterliegt er einer zweijährigen Verjährung (§ 801 Abs. 1 BGB). Die Verjährung beginnt nicht schon mit der Geltendmachung, sondern mit Ende der Geltendmachungsfrist, vgl. § 801 Abs. 1 S. 2 BGB.[319] **175**

Im äußersten Fall kann sich die Liquidation der Gesellschaft damit bis zu 33 Jahre[320] hinziehen. Um eine solche Verzögerung der Vollbeendigung zu vermeiden, kann die Ausschluss- **176**

---

[311] Damrau/*Zimmermann* BGB § 1911 Rn. 12 mwN; Lit. u. Rspr. neigen allerdings dazu, das Fürsorgebedürfnis dahin auszuweiten, dass die Bestellung eines Abwesenheitspflegers auch ausschließlich im Interesse Dritter für notwendig und zulässig sei, wie die Abwägung der Interessen dies erfordert, vgl. schon *Arnold*, Pflegschaft für Kriegsverschollene, NJW 1949, 248 (249) mwN.
[312] § 271 Abs. 2 wurde durch Art. 1 Nr. 3a StückAG (Gesetz vom 25.3.1998, BGBl. I S. 590) neu gefasst und trägt nun auch der Möglichkeit von Stückaktien (§ 8 Abs. 3) Rechnung.
[313] RGZ 68, 239; 33, 16; KölnKommAktG/*Kraft* § 271 Rn. 12; MüKoAktG/*J. Koch* § 271 Rn. 22.
[314] MüKoAktG/*J. Koch* § 271 Rn. 22.
[315] Es kommt allein auf die Einlage an, eventuelle Aufgelder oder andere Zuzahlungen bleiben unberücksichtigt, vgl. ausführlich MüKoAktG/*J. Koch* § 271 Rn. 25.
[316] MüKoAktG/*J. Koch* § 271 Rn. 25; KölnKommAktG/*Kraft* § 271 Rn. 14.
[317] Vgl. hierzu MüKoAktG/*J. Koch* § 271 Rn. 26, KölnKommAktG/*Kraft* § 271 Rn. 17.
[318] KölnKommAktG/*Kraft* § 271 Rn. 28; MüKoAktG/*J. Koch* § 271 Rn. 28; *Godin/Wilhelmi* § 271 Rn. 6; GHEK/*Hüffer* § 271 Rn. 25; Hüffer/Koch/*Koch* AktG § 271 Rn. 7.
[319] Vgl. auch Palandt/*Sprau* § 801 Rn. 5.

frist durch Satzung (auch durch spätere Satzungsänderung) abgekürzt werden,[321] sofern bzw. soweit die Rechte der Aktionäre hierdurch nicht unbillig beeinträchtigt werden. Eine Abkürzung auf fünf Jahre wird allgemein als zulässig angesehen.[322]

177 *(2) Namensaktien.* Für Namensaktien bleibt es bei der regelmäßigen Verjährung von drei Jahren ab Kenntniserlangung von dem Anspruch gemäß §§ 195, 199 Abs. 1 BGB und der Höchstfrist von zehn Jahren ab Entstehung des Anspruchs gemäß §§ 195, 199 Abs. 1, 4 BGB.[323]

Auch die Verjährungsfrist kann verkürzt werden, wenn der Aktionär hierdurch nicht unangemessen benachteiligt wird.[324]

178 e) Zusammenfassung: Ablauf der Abwicklung

Abwicklungsschritte	Durch wen?
Bestellung der Abwickler, wenn keine Personenidentität, § 265 AktG	Hauptversammlung bzw. Gericht
Eintragung der Abwickler und ihrer Vertretungsbefugnis ins Handelsregister, § 266 AktG	Vorstand
Erstellung der Schlussbilanz der werbenden Gesellschaft und Feststellung der Bilanz	Abwickler Hauptversammlung
Erstellung der Liquidationseröffnungsbilanz nebst Erläuterungsbericht, § 270 Abs. 1 AktG und	Abwickler
Feststellung der Bilanz	Hauptversammlung
Gläubigeraufruf, § 267 AktG	Abwickler
Beendigung der laufenden Geschäfte und Umsetzung des Gesellschaftsvermögens einschließlich Forderungen in Geld, § 268 Abs. 1 AktG	Abwickler
Jährliche Erstellung eines Jahresabschlusses nebst Anhang, § 270 Abs. 1 AktG	Abwickler
Feststellung der Jahresabschlüsse	Hauptversammlung
Befriedigung der Gläubiger, § 268 Abs. 1 AktG	Abwickler
Erstellung einer Schlussrechnung und eines Verteilungsplans	Abwickler
Aufruf der Aktionäre zur Geltendmachung ihrer Forderungen	Abwickler
Aufteilung des Abwicklungsüberschusses unter den Aktionären (nach Ablauf des Sperrjahres und Befriedigung der Gläubiger), §§ 271, 272 AktG	Abwickler

IV. Vollbeendigung und Löschung

1. Schlussrechnung

179 Ist der Liquidationsüberschuss verteilt, haben die Abwickler der Hauptversammlung die Schlussrechnung zu legen, § 273 Abs. 1 S. 1 AktG. Für diese müssen nicht die Formvorschriften einer förmlichen Schlussbilanz eingehalten werden, anwendbar ist vielmehr § 259 BGB, so dass eine geordnete Zusammenstellung der Einnahmen und Ausgaben genügt.[325]

---

[320] Sperrjahr (1 Jahr) + Ausschlussfrist (30 Jahre) + Verjährung (2 Jahre).
[321] Vgl. bereits RGZ 7, 32 (33); KG JW 1937, 2979 f. für die GmbH; MüKoAktG/*J. Koch* § 271 Rn. 18.
[322] Vgl. RGZ 7, 32 (33); MüKoAktG/*J. Koch* § 271 Rn. 18.
[323] Nach dem bis zum 31.12.2001 geltenden Verjährungsrecht (§ 195 BGB aF) blieb es bei Namensaktien bei einer dreißigjährigen Verjährung; eine Abkürzung der Verjährung auf fünf Jahre wurde für zulässig angesehen, RGZ 7, 32 (33).
[324] RGZ 7, 32 (33).
[325] MüKoAktG/*J. Koch* § 273 Rn. 6; KölnKommAktG/*Kraft* § 273 Rn. 6; GHEK/*Hüffer* AktG § 273 Rn. 6; GroßkommAktG/*Wiedemann* § 273 Rn. 1.

Nach hM darf der Schluss der Abwicklung erst zur Eintragung ins Handelsregister angemeldet werden, wenn sich Abwickler und Hauptversammlung über die Ordnungsgemäßheit der Rechnungslegung einig sind. Die Hauptversammlung muss hierüber Beschluss fassen und den Abwicklern Entlastung erteilen.[326] Die Billigung durch die Hauptversammlung entfaltet Präklusionswirkung.[327]

2. Anmeldung zum Handelsregister/Eintragung

Gemäß § 273 Abs. 1 AktG haben die Abwickler[328] den Schluss der Abwicklung[329] zur Eintragung ins Handelsregister anzumelden. Die Anmeldung erfolgt in öffentlich beglaubigter Form (§ 12 HGB). Aus dem Gesetz ergibt sich keine Verpflichtung der Abwickler, der Anmeldung bestimmte Unterlagen, wie etwa die Schlussrechnung, einen Nachweis über den Ablauf des Sperrjahres oder die Entlastung der Abwickler beizufügen; dies ist jedoch zweckmäßig bzw. für die Prüfung des Registergerichts in der Praxis unverzichtbar.

Das Registergericht[330] prüft die Anmeldung in formeller und materieller Hinsicht.[331] Im Rahmen dieser Prüfung kann das Gericht die og Unterlagen anfordern. Ist die Abwicklung ordnungsgemäß beendet und ist die Abwicklung formgerecht erfolgt, hat das Gericht den Schluss der Abwicklung einzutragen und die Gesellschaft zu löschen.

3. Zeitpunkt der Vollbeendigung der Gesellschaft

In Literatur und Rechtsprechung ist umstritten, wann tatsächlich Vollbeendigung der Gesellschaft eintritt, ob hierfür Vermögenslosigkeit der Gesellschaft und/oder deren Löschung erforderlich ist. Das Gesetz gibt hierzu keinen Anhaltspunkt. § 273 Abs. 1 AktG sagt lediglich, dass die Löschung im Handelsregister erfolgt, wenn keine weiteren Abwicklungsmaßnahmen mehr erforderlich sind,[332] dh wenn die laufenden Geschäfte abgeschlossen,[333] die Gläubiger befriedigt sind[334] und der Liquidationsüberschuss an die Aktionäre ausgekehrt wurde.

Aus dem Gesetzeswortlaut könnte man schließen, dass der Zeitpunkt der Vollbeendigung zumindest nicht vor Ablauf des Sperrjahres liegen kann[335] bzw. die Gesellschaft ihr gesamtes Vermögen verteilt haben muss. Offen bleibt aber jedenfalls, ob zusätzlich die Löschung im Handelsregister erforderlich ist, diese also konstitutive Wirkung hat.

Diese Frage ist in Lit. und Rspr. ebenso stark umstritten wie im Fall des § 262 Abs. 1 Nr. 6 AktG. Wie bei anfänglicher Vermögenslosigkeit gilt auch hier: Der rein tatsächliche Umstand der Vermögenslosigkeit kann nicht zur Vollbeendigung der Gesellschaft[336] bzw. zum Erlöschen der Gesellschaft als juristischer Person führen. Entsteht die Gesellschaft als

---

[326] KölnKommAktG/*Kraft* § 273 Rn. 8; MüKoAktG/*J. Koch* § 273 Rn. 7; die Abwickler haben einen Anspruch darauf, dass ihnen Entlastung erteilt wird; dies gilt auch für gerichtlich bestellte Abwickler, vgl. BayObLG BB 1963, 664 f. für die GmbH; ebenso MüKoAktG/*J. Koch* § 273 Rn. 7.
[327] Spindler/Stilz/*Bachmann* AktG § 273 Rn. 4a.
[328] Es genügt, wenn eine vertretungsberechtigte Anzahl die Anmeldung vornimmt, vgl. KölnKommAktG/ *Kraft* § 273 Rn. 12; MüKoAktG/*J. Koch* § 273 Rn. 11.
[329] Früher wurde das Erlöschen der Gesellschaftsfirma angemeldet, vgl. § 302 Abs. 1 HGB aF.
[330] Zuständig ist das Amtsgericht am Sitz der Gesellschaft, §§ 23a Abs. 2 Nr. 3 GVG; 377 FamFG; § 14 AktG.
[331] MüKoAktG/*J. Koch* § 273 Rn. 12; KölnKommAktG/*Kraft* § 273 Rn. 13.
[332] Stellt sich nach Löschung heraus, dass weitere Abwicklungsmaßnahmen erforderlich sind, kommt es zur sog „Nachtragsliquidation", vgl. hierzu → unten 7.
[333] Hierzu gehört auch die Beendigung laufender Prozesse, vgl. RGZ 77, 268 (273); ebenso MüKoAktG/ *J. Koch* § 273 Rn. 4.
[334] Mit Hinterlegung nach § 272 Abs. 2 gilt der betroffene Gläubiger als befriedigt; dies gilt für die Sicherheitsleistung jedenfalls dann, wenn der betreffende Gegenstand vollständig aus dem Vermögen der Gesellschaft ausgeschieden ist, vgl. MüKoAktG/*J. Koch* § 273 Rn. 4.
[335] RGZ 77, 268 (273); KG JW 1932, 2623 (2625); KGJ 28 A 51; KGDR 1941, 2130; KölnKommAktG/*Kraft* § 273 Rn. 5; GroßkommAktG/*Wiedemann* § 273 Rn. 1; MüKoAktG/*J. Koch* § 273 Rn. 3.
[336] AA für die GmbH vgl. BGH WM 1957, 975; BGHZ 53, 264 (266) = NJW 1970, 1044; BGHZ 74, 212 (213) = NJW 1979, 1592; BGHZ 94, 105 (108) = NJW 1985, 1836 für die AG: GroßkommAktG/*Wiedemann* § 273 Rn. 3; einschränkend *Godin/Wilhelmi* § 273 Rn. 3.

Rechtssubjekt erst mit Eintragung ins Handelsregister, ist es folgerichtig, wenn sie auch erst durch Löschung der Gesellschaft im Handelsregister untergeht.[337] Anderenfalls ist eine zeitliche Eingrenzung der Dauer der Gesellschaft nicht möglich, was zu untragbaren Rechtsunsicherheiten führen würde.

186 Die Ansicht, die zusätzlich die Vermögenslosigkeit fordert,[338] verkennt, dass es ohne Registereintragung keine juristische Person geben kann, denn die Eintragung ist gemäß § 41 Abs. 1 S. 1 AktG Entstehungsvoraussetzung. Wird die Gesellschaft zu früh gelöscht, dh ist noch verteilungsfähiges Vermögen vorhanden, kommt es zur Nachtragsabwicklung, vgl. näher unten.

4. Weitere Rechtsfolgen der Löschung

187 Weitere Folge der Löschung ist, dass etwa noch vorhandene Schulden der Gesellschaft erlöschen, da es keine Verbindlichkeiten ohne einen Schuldner geben kann.[339] Bei Löschung bestehende Sicherheiten gehen nicht mit unter, sondern bestehen fort. Das gilt auch für akzessorische Sicherheiten wie Bürgschaft oder Hypothek. Mit Rücksicht auf den Sicherheitszweck sind die akzessorietätsbegründenden Normen eingeschränkt auszulegen,[340] denn die Sicherheit soll den Gläubiger auch bzw. gerade dann schützen, wenn er den ursprünglichen Schuldner verliert. Dies gilt, ohne dass hierfür die zugehörige Forderung fingiert werden müsste.[341] Nach der Löschung können keine Sicherungsrechte mehr neu begründet werden.[342]

188 Aktivprozesse sind bei Löschung im Normalfall bereits abgeschlossen. Macht eine wegen Vermögenslosigkeit gelöschte Gesellschaft gegen einen Dritten klageweise einen Anspruch geltend, gilt sie, da in der Klage die Behauptung liegt, noch Vermögen zu besitzen, für diesen Prozess als parteifähig. Zu deren Vertretung hat das zuständige Gericht einen (Nachtrags-)Liquidator zu bestellen, sofern zu erwarten ist, dass dessen Kosten gedeckt sind.[343]

189 Für Passivprozesse gilt: Klagen, die nach der Löschung erhoben werden, sind als unzulässig abzuweisen.[344] Im Falle der Löschung während eines laufenden Rechtsstreits wird die Klage nach zwischenzeitlich hM mit der Löschung unzulässig, da es an der Existenz der Beklagten fehlt.[345] Anders ist dies ausnahmsweise, wenn gerade über die Existenz der Gesellschaft gestritten wird oder wenn über die Kostenfolge ihres Wegfalls zu entscheiden ist.[346] Stellt sich nach der Löschung der AG heraus, dass noch verteilungsfähiges Vermögen vorhanden ist, kommt es zur Nachtragsliquidation, → Rn. 191 ff.

---

[337] So wohl auch BAG NJW 1988, 2637; BGH WM 1986, 145: vgl. auch OLG Stuttgart AG 1999, 280; ebenso KölnKomm/*Kraft* § 273 Rn. 37 ff.; MüKoAktG/*J. Koch* § 273 Rn. 16; *ders.* GS Schultz, S. 99 (103 ff.); *Hönn* ZHR 138 (1974), 50 (74 ff.).
[338] Für die GmbH etwa Scholz/*K. Schmidt* GmbHG Anh. § 60 Rn. 18 ff., § 74 Rn. 14.
[339] Vgl. BGHZ 74, 212 (215) = NJW 1979, 1592; GroßkommAktG/*Wiedemann* § 273 Rn. 5; MüKoAktG/*J. Koch* § 262 Rn. 86; für die GmbH Hachenburg/*Ulmer* GmbHG § 60 Rn. 16; *Beitzke* NJW 1952, 841 f.; aA ohne Begründung BGH NJW 1981, 47; aA auch Spindler/Stilz/*Bachmann* AktG § 273 Rn. 12 der in der Vorstellung, dass es ohne Schuldner keine Schulden geben könne, gar einen „naturalistischen Fehlschluss" zu erkennen glaubt.
[340] Vgl. BGHZ 82, 323 (326 ff.) mwN = NJW 1982, 875; zur Vormerkung vgl. BGHZ 105, 259 (261 ff.) = NJW 1989, 220; Hüffer/Koch/*Koch* AktG § 273 Rn. 8; MüKoAktG/*J. Koch* § 262 Rn. 86; § 273 Rn. 16; Scholz/*K. Schmidt* GmbHG § 74 Rn. 16; aA BGHZ 48, 303 (307) = NJW 1968, 297: der Fortbestand der Forderung wird fingiert.
[341] Vgl. hierzu näher MüKoAktG/*J. Koch* § 262 Rn. 86; aA wohl BGHZ 48, 303 (307) = NJW 1968, 297.
[342] MüKoAktG/*J. Koch* § 262 Rn. 86; für die GmbH: Hachenburg/*Ulmer* GmbHG § 60 Rn. 16; aA BGH NJW 1981, 47; Spindler/Stilz/*Bachmann* AktG § 273 Rn. 12.
[343] BayObLG GmbHR 1993, 821 für die GmbH.
[344] Vgl. für den Verein BGHZ 74, 212 = NJW 1979, 1592; Hüffer/Koch/*Koch* AktG § 273 Rn. 9; MüKoAktG/*J. Koch* § 262 Rn. 87; aA Spindler/Stilz/*Bachmann* AktG § 273 Rn. 14.
[345] Vgl. zuerst BGHZ 74, 212 (213) = NJW 1979, 1592; OLG Rostock NZG 2002, 94; OLG Saarbrücken GmbHR 1992, 311.
[346] BGHZ 24, 91 (94) = NJW 1975, 989; BGHZ 74, 212 (214) = NJW 1979, 1592; BGHZ NJW 1982, 238; BGH-RR 1988, 477 f.; MüKoAktG/*J. Koch* § 262 Rn. 87.

5. Zusammenfassung der Schritte zur Vollbeendigung

Schritte zur Vollbeendigung	Durch wen?
Erstellung der Schlussbilanz, § 273 Abs. 1 AktG	Abwickler
Anmeldung des Abschlusses der Abwicklung zur Eintragung ins Handelsregister, § 273 Abs. 1 S. 1 AktG	Abwickler
Eintragung des Abschlusses der Abwicklung	Registergericht
Löschung der Gesellschaft § 273 Abs. 1 S. 2 AktG	Registergericht

190

V. Nachtragsliquidation/Fortsetzung der aufgelösten Gesellschaft

1. Nachtragsliquidation, § 273 Abs. 4 AktG

a) **Notwendigkeit weiterer Abwicklungsmaßnahmen.** Stellt sich vor[347] oder nach der Löschung heraus, dass weitere Abwicklungsmaßnahmen erforderlich sind (§ 273 Abs. 4 AktG) oder dass noch verteilungsfähiges Vermögen vorhanden ist (§ 264 Abs. 2 AktG, früher § 2 Abs. 3 LöschungsG), ist eine sog „Nachtragsabwicklung" oder „Nachtragsliquidation" durchzuführen.[348]

191

Stellt sich nach Durchführung der Liquidation eine bisher nicht berücksichtigte Schuld der Gesellschaft heraus[349] oder sind noch Erklärungen für die Gesellschaft abzugeben,[350] besteht – anders als bei Aktivvermögen – kein Grund zur Wiederaufnahme der Liquidation (vgl. bereits oben). Die Nachtragsliquidation dient lediglich dazu, noch vorhandenes Vermögen an Gesellschaftsgläubiger oder Gesellschafter zu verteilen.[351]

192

b) **Rechtsnatur der Gesellschaft in der Nachtragsliquidation/Zuordnungssubjekt.** Die konstitutive Wirkung der Löschung führt zur Frage, wer im Falle des nachträglichen Notwendigwerdens weiterer Abwicklungsmaßnahmen Inhaber der Vermögenswerte ist. Die Zuordnung der subjektiven Rechte an der Nachtragsabwicklung unterliegenden Gegenständen und die Zuordnung eventueller Pflichten ist gesetzlich nicht geregelt.

193

Auch hier ist zu unterscheiden, ob man die Gesellschaft allein durch Löschung untergehen lässt, oder ob man zusätzlich die Vermögenslosigkeit der Gesellschaft fordert. Geht man davon aus, dass die Löschung nur zur Vollbeendigung führt, wenn die juristische Person zum Zeitpunkt der Löschung vermögenslos ist (Lehre vom Doppeltatbestand), ist Zuordnungssubjekt bei Durchführung der Nachtragsabwicklung weiterhin die AG, da diese mangels Vermögenslosigkeit nicht untergegangen ist. Vertritt man hingegen – wie hier – die Ansicht, dass die Gesellschaft mit ihrer Löschung untergeht, ist ein anderes Zuordnungssubjekt für das Restvermögen erforderlich.

194

Zum Teil wird trotz der konstitutiven Wirkung der Löschung an der juristischen Person als Rechtsträgerin festgehalten, ihr Fortbestehen soll für die Zuordnung nachträglich aufgefundenen Vermögens fingiert werden.[352] Die Gegenansicht nimmt – mit zum Teil unterschiedlicher Begründung – an, dass im Wege des Formwechsels ein teilrechtsfähiger Ver-

195

---

[347] Dies ist der Fall, wenn die Gesellschaft unberechtigt, nämlich vor Beendigung der Abwicklung, gelöscht wird, ebenso KölnKommAktG/*Kraft* § 273 Rn. 24.
[348] Vgl. BayObLG ZIP 1985, 33 für den Fall, dass sich später herausstellt, dass der Gesellschaft noch ein Anspruch auf Einzahlung der Einlage gegen einen Gesellschafter zusteht.
[349] MüKoAktG/*J. Koch* § 273 Rn. 34; KölnKommAktG/*Kraft* § 273 Rn. 25; GroßkommAktG/*Wiedemann* § 273 Rn. 5a; für die GmbH vgl. Hachenburg/Ulmer/*Hohner* GmbHG § 74 Rn. 31.
[350] MüKoAktG/*J. Koch* § 273 Rn. 34 ff.; aA: *Godin/Wilhelmi* § 273 Anm. 8; KölnKommAktG/*Kraft* § 273 Rn. 26; GroßkommAktG/*Wiedemann* § 273 Rn. 5a; vgl. für die GmbH BFHE 169, 294 (297 f.); BayObLGZ 1955, 288 (295); BayObLG ZIP 1985, 33 f.; BayObLGZ 1993, 332 (333); Hachenburg/Ulmer/*Hohner* GmbHG § 74 Rn. 32.
[351] Vgl. hierzu auch *Grziwotz* DStR 1992, 1813 (1815).
[352] Vgl. Schlegelberger/*Quassowski* AktG 1937 § 214 Rn. 16.

ein[353] bzw. eine teilrechtsfähige Abwicklungsgesellschaft[354] (sog Nachtragsgesellschaft) entsteht, wenn die Gesellschaft zu Unrecht gelöscht wurde.

196 Der zweiten Ansicht ist zuzustimmen. Nach Löschung (Vollbeendigung) existiert die Aktiengesellschaft als solche nicht mehr; es besteht, soweit noch Vermögen vorhanden ist, entgegen dem unklaren Wortlaut des Gesetzes nur noch ein der Gesamtheit der ehemaligen Aktionäre zuordenbares Sondervermögen bzw. ein teilrechtsfähiges Rechtssubjekt als möglicher Rechtsträger von Restvermögen oder passives Klagesubjekt fort.[355] Dieses Rechtssubjekt stellt eine Personengesellschaft mit dem alleinigen Zweck der Restabwicklung dar. Zuordnungssubjekt ist damit die Gesamtheit der Aktionäre.[356] Die an die gelöschte AG anschließende Abwicklungsgesellschaft ist Gesamtrechtsnachfolgerin.[357] Dass ein Formwechsel von juristischen Personen zu Gesellschaften, denen diese Qualität fehlt, möglich ist, zeigen bereits §§ 226 ff., 228 UmwG.

197 Der einzige, allerdings bedeutsame Unterschied zur „normalen" Personengesellschaft ist, dass die Gesellschafter ihre Geschäfte nicht selbst führen, sondern durch vom Gericht (neu) bestellte Abwickler vertreten werden.

198 c) **Verfahrensfragen/Organkompetenz.** *aa) Keine Wiedereintragung der Gesellschaft.* Wird nach den oben beschriebenen Grundsätzen eine Nachtragsliquidation erforderlich, findet – entgegen der hM[358] – weder eine Wiedereintragung noch eine Amtslöschung des Löschungsvermerks statt. Eine Löschung des Löschungsvermerks erfolgt nur bei wesentlichen Verfahrensfehlern, § 395 FamFG.[359] Die juristische Person ist durch Löschung im Handelsregister endgültig untergegangen, so dass eine Neugründung der Gesellschaft erforderlich wäre. Die bloße Wiedereintragung oder die Löschung des Löschungsvermerks kann eine Neugründung nicht ersetzen.[360] Die Registerpublizität und somit auch der Schutz des Rechtsverkehrs werden durch die Eintragung des Nachtragsliquidators in ausreichendem Maße gewahrt.[361]

199 *bb) Organkompetenz.* Das Gericht bestellt – auf Antrag – (neue) Abwickler. Das Amt der früheren Abwickler lebt nicht wieder auf.[362] Es können die früheren Abwickler erneut oder andere Abwickler bestellt werden.[363]

200 Antragsberechtigt ist jeder, der ein rechtliches Interesse an der Nachtragsliquidation hat, also frühere Gesellschafter,[364] Abwickler, Gläubiger oder sonstige Dritte, zu deren Gunsten weitere Abwicklungsmaßnahmen erforderlich sind und die das Bestehen unverteilten Ver-

---

[353] KölnKommAktG/*Kraft* § 262 Rn. 7, § 273 Rn. 36 ff., 40.

[354] Hüffer/Koch/*Koch* AktG § 273 Rn. 13; MüKoAktG/*J. Koch* § 262 Rn. 89, § 273 Rn. 31; *Hüffer/Koch* GS Schultz, 99 (103 ff.); *Lindacher*, in: FS Henckel S. 594 (554); zustimmend Hachenburg/*Ulmer* GmbHG § 60 Rn. 18 Anh. § 60 Rn. 37 ff.; *Hönn* ZHR 138 (1974), 50 (74 ff.); Spindler/Stilz/*Bachmann* AktG § 273 Rn. 20.

[355] MüKoAktG/*J. Koch* § 262 Rn. 91; KölnKommAktG/*Kraft* § 262 Rn. 7, § 273 Rn. 37; Hachenburg/*Ulmer* GmbHG Anh. § 60 Rn. 37; *Hüffer/Koch* GS Schultz S. 99 (103 ff.); BGH WM 1986, 145.

[356] ; MüKoAktG/*J. Koch* § 273 Rn. 31; *ders.* in: GS Schultz S. 99 (103 ff.); zustimmend Hachenburg/*Ulmer* GmbHG § 60 Rn. 18.

[357] MüKoAktG/*J. Koch* § 262 Rn. 91; die teilweise vertretene Fiktionstheorie, vgl. *Hönn* ZHR 138 (1974), 50 (74 ff.), ist überholt.

[358] GroßkommAktG/*Wiedemann* § 273 Rn. 5c; *Godin/Wilhelmi* § 273 Anm. 9; für die GmbH Hachenburg/Ulmer/*Hohner* GmbHG § 74 Rn. 38.

[359] Der Gläubiger einer GmbH ist grundsätzlich nicht befugt, gegen eine Verfügung des Registergerichts, mit der dieses die angeregte Löschung der Eintragung des Erlöschens der Gesellschaft im Handelsregister ablehnt, Beschwerde einzulegen, vgl. BayObLG NZG 2001, 408.

[360] OLG Hamm FGPrax 2001, 210; wie hier MüKoAktG/*J. Koch* § 273 Rn. 42; KölnKommAktG/*Kraft* § 273 Rn. 34; Spindler/Stilz/*Bachmann* AktG § 273 Rn. 29.

[361] Spindler/Stilz/*Bachmann* AktG § 273 Rn. 29.

[362] BGHZ 53, 264 ff. = NJW 1970, 1044; KölnKommAktG/*Kraft* § 273 Rn. 27; für die GmbH & Co. KG vgl. OLG München ZIP 2002, 1249: Die früheren Abwickler können eine in die Nachtragsliquidation fallende Abwicklungsmaßnahme auch nicht im Wege der actio pro socio oder einer sonstigen Prozessführungsbefugnis geltend machen.

[363] BGHZ 53, 264 = NJW 1970, 1044 für die GmbH; KölnKommAktG/*Kraft* § 273 Rn. 27, 29; aA noch RGZ 109, 387; *Grziwotz* DStR 1992, 1813 (1815).

[364] Nicht antragsberechtigt sind frühere Gesellschafter, die gegen die Gesellschaft keine Forderung mehr geltend machen können, vgl. OLG Jena ZIP 2001, 377 = AG 2001, 536 für Genossenschaft mit Verweis auf § 273 Abs. 4.

mögens oder die Notwendigkeit einer sonstigen nachträglichen Abwicklungsmaßnahme glaubhaft machen können.[365] Die Entscheidung, ob die früheren Abwickler erneut oder neue Abwickler bestellt werden, liegt im pflichtgemäßen Ermessen des Gerichts. Werden im Bestellungsantrag Personen benannt, stellt dies lediglich eine Anregung für das Gericht dar.[366]

Die Abwickler werden von Amts wegen in Handelsregister eingetragen, § 266 Abs. 4 AktG. Ihre Befugnisse ergeben sich aus §§ 264 ff. AktG; danach stehen ihnen Verwaltungs- und Verfügungsbefugnisse und damit die Funktion des Vorstands einer werbenden Gesellschaft zu (§ 273 Abs. 4 AktG, § 264 Abs. 2 AktG, früher: § 2 Abs. 3 LöschungsG). 201

Der begrenzte Zweck der „Nachgesellschaft" und die mögliche Überwachung der Abwickler durch das Registergericht machen die Bestellung von Hauptversammlung und Aufsichtsrat entbehrlich. Unabhängig davon fehlt dem Registergericht hierfür die Kompetenz.[367] 202

d) „Unechte" Nachtragsliquidation nach § 264 Abs. 2 AktG (früher: § 2 Abs. 3 LöschungsG). Stellt sich bei einer wegen Vermögenslosigkeit gelöschten Gesellschaft nachträglich heraus, dass doch Vermögen vorhanden ist, ist eine Liquidation durchzuführen, § 264 Abs. 2 AktG (früher: § 2 Abs. 3 LöschungsG). Da anders als bei der Nachtragsliquidation gemäß § 276 Abs. 4 AktG hier noch keine Abwicklung stattgefunden hat, muss diese nun erstmals erfolgen. Es kann daher – anders als bei der „echten" Nachtragsliquidation" – nicht auf den Gläubigeraufruf und den Ablauf des Sperrjahres verzichtet werden. 203

Die Gesellschaft ist entgegen der hM[368] nicht wieder von Amts wegen als Liquidationsgesellschaft in das Handelsregister einzutragen.[369] Die vom Gericht bestellten Abwickler sind dagegen ins Handelsregister einzutragen.[370] Folgt man der Ansicht, die die Gesellschaft wieder ins Handelsregister einträgt, muss die Gesellschaft nach Beendigung der Liquidation auf Antrag der Abwickler oder von Amts wegen nochmals wegen Vermögenslosigkeit gelöscht werden.[371] 204

Die gelöschte Gesellschaft ist in einem Rechtsstreit über vermögensrechtliche Ansprüche, die sich nach der Löschung herausstellen, parteifähig. Dies gilt unabhängig davon, ob sie wieder eingetragen wurde oder nicht.[372] Der Begriff „nachträglich herausstellen" ist dabei nicht wörtlich zu verstehen. Voraussetzung ist nur, dass die Ansprüche zurzeit der Löschung bereits bestanden haben und noch nicht abgewickelt sind.[373] Rechtsstreitigkeiten über derartige Ansprüche können sowohl begonnen als auch fortgesetzt werden.[374] 205

Das Vorhandensein von Vermögen bestimmt sich sowohl nach kaufmännisch-wirtschaftlicher Betrachtung als auch nach rechtlichen Kriterien.[375] Es muss sich um bilanzierungsfähige Posten oder sonstige Werte handeln, die für die vermögensrechtliche Abwicklung der Gesellschaft von Bedeutung sind. Dabei zählt als Vermögensgegenstand der Gesellschaft nur, was bei einer Bewertung nach Zerschlagungswerten ein Aktivum bildet. Das setzt voraus, dass der Vermögensgegenstand der Gesellschaft auch rechtlich zusteht.[376] 206

---

[365] *Grziwotz* DStR 1992, 1813 (1815).
[366] BGHZ 53, 264 = NJW 1970, 1044 für die GmbH; KölnKommAktG/*Kraft* § 273 Rn. 27, 29; MüKoAktG/*J. Koch* § 273 Rn. 38; aA noch RGZ 109, 387; *Grziwotz* DStR 1992, 1813 (1815).
[367] KölnKommAktG/*Kraft* § 273 Rn. 40; MüKoAktG/*J. Koch* § 273 Rn. 38.
[368] Baumbach/Hueck/*Schulze-Osterloh* GmbHG Anh. § 60 Rn. 11 mwN; *Grziwotz* DStR 1992, 1813 (1815).
[369] MüKoAktG/*J. Koch* § 264 Rn. 16; Hüffer/Koch/*Koch* AktG § 264 Rn. 15; anders bei wesentlichen Verfahrensmängeln iSd § 395 FamFG.
[370] Bei eng umgrenztem Aufgabenbereich kann eine Eintragung unterbleiben, vgl. Hüffer/Koch/*Koch* AktG § 264 Rn. 15.
[371] *Grziwotz* DStR 1992, 1813 (1815).
[372] Vgl. zuletzt BAG NZG 2002, 1175 für die GmbH; wenn die Gesellschaft wegen nachträglich festgestellter Vermögenswerte gegen den vermeintlichen Schuldner Klage erhebt, trägt sie die Beweislast für diejenigen Tatsachen, aus denen sich der behauptete Anspruch und damit die Parteifähigkeit ergibt. Dabei handelt es sich um eine doppelrelevante Tatsache, vgl. BAG NZG 2002, 1175 (1176).
[373] Vgl. BAG NZG 2002, 1175 für GmbH.
[374] Vgl. BAG NZG 2002, 1175 für GmbH, mwN.
[375] Scholz/*K. Schmidt* GmbHG Anh. § 60 Rn. 11.
[376] Vgl. BAG NZG 2002, 1175 für GmbH; Scholz/*K. Schmidt* GmbHG Anh. § 60 Rn. 11.

2. Fortsetzung der aufgelösten Gesellschaft

207 **a) Fortsetzung durch Beschluss der Hauptversammlung.** *aa) Fortsetzung nach § 274 Abs. 1 AktG.* Solange noch nicht mit der Verteilung des Vermögens an die Aktionäre begonnen wurde, können die Aktionäre – in den Fällen des § 262 Abs. 1 Nr. 1 und Nr. 2 AktG – die Fortsetzung der aufgelösten Gesellschaft beschließen, vgl. § 274 Abs. 1 S. 1 AktG. Diese Vorschrift soll gewährleisten, dass auch nach der Auflösung das Verbot der Einlagenrückgewähr (§ 57) nicht umgangen werden kann.[377]

208 Da noch keine Vollbeendigung eingetreten ist, existiert die Gesellschaft noch als juristische Person. Lediglich der Gesellschaftszweck hat sich geändert, aus der werbenden Gesellschaft wurde eine Gesellschaft, die auf Abwicklung gerichtet ist. Es bestehen keine Bedenken, diese Zweckänderung wieder rückgängig zu machen bzw. eine nochmalige Zweckänderung vorzunehmen.[378]

209 *bb) Fortsetzung nach § 274 Abs. 2 AktG.* Zulässig ist eine Fortsetzung durch Beschluss der Hauptversammlung[379] auch in den Fällen des § 274 Abs. 2 AktG. Gemäß § 274 Abs. 2 Nr. 1 AktG kann die Gesellschaft fortgesetzt werden, wenn sie durch Eröffnung des Insolvenzverfahrens aufgelöst, das Verfahren aber auf Antrag der Gesellschaft eingestellt (§§ 212 f. InsO) oder nach der Bestätigung eines Insolvenzplans, der den Fortbestand der Gesellschaft vorsieht, aufgehoben wurde (§ 258 InsO). Ein während des Insolvenzverfahrens gefasster Fortsetzungsbeschluss ist dagegen unwirksam.[380]

210 Eine Fortsetzung kommt ferner in Betracht, wenn die Gesellschaft durch die gerichtliche Feststellung eines Mangels der Satzung nach § 262 Abs. 1 Nr. 5 AktG aufgelöst worden ist, sie aber eine den Mangel behebende Satzungsänderung beschlossen hat, § 274 Abs. 2 Nr. 2 AktG. Der Satzungsänderungsbeschluss muss spätestens gleichzeitig mit dem Fortsetzungsbeschluss gefasst werden.[381]

211 **b) Weitere Fälle der Fortsetzung.** *aa) Nichtigkeitsfälle.* Ist die Nichtigkeit einer Gesellschaft auf Grund rechtskräftigen Urteils ins Handelsregister eingetragen worden, führt dies gemäß § 277 Abs. 1 AktG zur Abwicklung der Gesellschaft nach §§ 264 ff. AktG. Lässt sich der Nichtigkeitsgrund beseitigen – etwa im Fall eines Satzungsmangels – kann die Gesellschaft fortgesetzt werden. Auch hier ist ein Fortsetzungsbeschluss der Hauptversammlung erforderlich; dieser kann mit dem Satzungsänderungsbeschluss zusammenfallen.

212 *bb) Behördliche Untersagungsfälle.* Ist die Gesellschaft nach § 262 Abs. 2 AktG wegen behördlicher Untersagung aufgelöst worden, kann die Gesellschaft nur durch Hauptversammlungsbeschluss fortgesetzt werden, wenn die Behörde ihre Untersagung zurücknimmt bzw. widerruft.[382] Entfällt der Auflösungsgrund rückwirkend (etwa im Widerspruchsverfahren, § 72 VwGO oder durch Anfechtungsklage, §§ 42 Abs. 2, 113 VwGO), ist ein Hauptversammlungsbeschluss entbehrlich.[383]

213 **c) Unzulässigkeit der Fortsetzung.** In folgenden Fällen kommt eine Fortsetzung nicht in Betracht:
- bei Auflösung wegen **Eröffnung des Insolvenzverfahrens**, § 262 Abs. 1 Nr. 3 AktG ist eine Fortsetzung der Gesellschaft weder während des Insolvenzverfahrens noch nach dessen

---

[377] Vgl. MüKoAktG/*J. Koch* § 274 Rn. 21.
[378] Ganz hM, vgl. KölnKommAktG/*Kraft* § 274 Rn. 2; MüKoAktG/*J. Koch* § 274 Rn. 3 f.; GHEK/*Hüffer* § 274 Rn. 3; GroßkommAktG/*Wiedemann* § 274 Rn. 9; vgl. für die GmbH Baumbach/Hueck/*Schulze-Osterloh* GmbHG § 60 Rn. 47; Rowedder/*Rasner* GmbHG § 60 Rn. 39; Hachenburg/*Ulmer* GmbHG § 60 Rn. 78; für Personenhandelsgesellschaften vgl. *Baumbach/Hopt* HGB § 131 Rn. 21; Röhricht/Graf v. Westphalen/*Gerkan* HGB § 131 Rn. 3; GK HGB/*Ulmer* § 131 Rn. 146 ff.; Spindler/Stilz/*Bachmann* AktG § 274 Rn. 1.
[379] Ohne Beschluss kommt es zur Abwicklung nach §§ 264 ff., vgl. bereits oben.
[380] Spindler/Stilz/*Bachmann* AktG § 274 Rn. 9 f.
[381] Spindler/Stilz/*Bachmann* AktG § 274 Rn. 11.
[382] AA: GroßkommAktG/*Wiedemann* § 274 Rn. 7: Die Zustimmung der Behörde zur Fortsetzung genügt.
[383] Vgl. ausführlich MüKoAktG/*J. Koch* § 274 Rn. 12; KölnKommAktG/*Kraft* § 274 Rn. 11; GHEK/*Hüffer* § 274 Rn. 12.

Abschluss möglich, wenn es sich nicht um einen Fall des § 274 Abs. 2 Nr. 1 AktG handelt;[384]
- bei **Ablehnung der Eröffnung mangels Masse**, § 262 Abs. 1 Nr. 4 AktG kommt eine Fortsetzung mangels Vermögens der Gesellschaft nicht in Betracht;
- bei **Löschung wegen Vermögenslosigkeit**, § 262 Abs. 1 Nr. 6 AktG, § 394 Abs. 1 S. 1 FamFG, da mangels Vermögens eine Fortsetzung ausgeschlossen ist;[385] stellt sich nachträglich heraus, dass die Gesellschaft zu Unrecht gelöscht wurde, kommt ebenfalls keine Fortsetzung in Betracht, denn die Löschung der Gesellschaft hat konstitutive Wirkung, vgl. bereits oben II. 1. f) aa), bb);
- bei Auflösung nach § 396 AktG wegen **Gemeinwohlgefährdung**;[386]
- wenn die **Gesellschaft insolvenzreif** ist, dh wenn sie nicht mehr in der Lage ist, ihre Schulden zu decken;[387]
- nach **Beginn der Vermögensverteilung an die Aktionäre**, vgl. § 274 Abs. 1 S. 1 AktG, vgl. hierzu bereits oben; eine Rückzahlung des verteilten Vermögens ändert an der Unzulässigkeit der Fortsetzung nichts;[388]
- im **Stadium der Nachtragsabwicklung** gemäß § 274 Abs. 4 AktG, da in diesem Fall die Verteilung des Vermögens bereits durchgeführt wurde.[389]

d) Verfahren. *aa) Beschlussfassung durch die Hauptversammlung.* Für den Fortsetzungsbeschluss bedarf es einer „doppelten Mehrheit". Zum einen ist der Beschluss gemäß § 274 Abs. 1 S. 2 AktG mit der Mehrheit von drei Vierteln des bei der Beschlussfassung vertretenen Grundkapitals zu fassen. Daneben muss die einfache Stimmenmehrheit des § 133 Abs. 1 AktG gegeben sein.[390] In der Satzung können eine größere Mehrheit oder sonstige nähere Anforderungen vorgesehen werden. Die Satzung darf den Fortsetzungsbeschluss nicht erleichtern, sie darf ihn auf der anderen Seite aber auch nicht völlig ausschließen.[391] Gemäß § 130 AktG ist eine notarielle Niederschrift erforderlich.[392] 214

Neben dem Beschluss über die Zweckänderung der Gesellschaft kann eine Satzungsänderung iSd §§ 179 ff. AktG erforderlich werden, dies etwa wenn die Satzung eine Befristung der Gesellschaft vorsieht (§ 262 Abs. 1 Nr. 1 AktG) oder wenn diese einen Mangel enthält (§ 262 Abs. 1 Nr. 5 AktG). Der Satzungsänderungsbeschluss kann mit dem Fortsetzungsbeschluss iSd § 274 Abs. 1 AktG verbunden werden; uU enthält bereits der Satzungsänderungsbeschluss einen konkludenten Fortsetzungsbeschluss.[393] 215

bb) Anmeldung und Eintragung der Fortsetzung. Gemäß § 274 Abs. 3, Abs. 4 S. 1 AktG haben die Abwickler[394] die Fortsetzung der Gesellschaft und den Fortsetzungsbeschluss in der Form des § 12 HGB zur Eintragung ins Handelsregister anzumelden.[395] Dabei haben sie nachzuweisen, dass mit der Verteilung des Vermögens der Gesellschaft an die Aktionäre noch nicht begonnen wurde.[396] 216

---

[384] § 274 Abs. 2 Nr. 1 ist abschließend für die dort genannten Fälle der Beendigung des Insolvenzverfahrens; Spindler/Stilz/*Bachmann* AktG § 274 Rn. 13 mwN.
[385] RGZ 156, 23 (26 f.); MüKoAktG/*J. Koch* § 274 Rn. 16, 17; KölnKommAktG/*Kraft* § 274 Rn. 7; *Godin/Wilhelmi* § 274 Rn. 2.
[386] KölnKommAktG/*Kraft* § 274 Rn. 10; MüKoAktG/*J. Koch* § 274 Rn. 13; GHEK/*Hüffer* § 274 Rn. 13; *Godin/Wilhelmi* § 274 Rn. 2; aA GroßkommAktG/*Wiedemann* § 274 Rn. 7b.
[387] Das Grundkapital muss nicht gedeckt sein, vgl. MüKoAktG/*J. Koch* § 274 Rn. 23 mwN; KölnKommAktG/*Kraft* § 274 Rn. 15; für die GmbH Rowedder/*Rasner* GmbHG § 60 Rn. 42.
[388] Vgl. MüKoAktG/*J. Koch* § 274 Rn. 20; GHEK/*Hüffer* § 274 Rn. 2; zweifelnd KölnKommAktG/*Kraft* § 274 Rn. 12; aA Rspr.: vgl. RGZ 118, 337 (340).
[389] GroßkommAktG/*Wiedemann* § 274 Rn. 5d; MüKoAktG/*J. Koch* § 274 Rn. 15.
[390] MüKoAktG/*J. Koch* § 274 Rn. 24.
[391] KölnKommAktG/*Kraft* § 274 Rn. 18; MüKoAktG/*J. Koch* § 274 Rn. 5, 24; *Godin/Wilhelmi* § 274 Rn. 4; aA GroßkommAktG/*Wiedemann* § 274 Rn. 4.
[392] MüKoAktG/*J. Koch* § 274 Rn. 24.
[393] MüKoAktG/*J. Koch* § 274 Rn. 4 mwN zur GmbH.
[394] Die Anmeldung durch eine vertretungsberechtigte Anzahl von Abwicklern genügt.
[395] Das Erfordernis, auch den Fortsetzungsbeschluss zur Eintragung anzumelden, ergibt sich aus § 274 Abs. 4, der vorsieht, dass der Beschluss erst mit seiner Eintragung wirksam wird.
[396] Vgl. hierzu ausführlich MüKoAktG/*J. Koch* § 274 Rn. 29.

217 Das Registergericht prüft die Anmeldung auf formelle und materielle Mängel. Ist die Anmeldung ordnungsgemäß erfolgt und, für den Fall, dass eine Satzungsänderung erforderlich ist, diese bereits eingetragen oder zumindest gemeinsam mit der Fortsetzung zur Eintragung angemeldet, hat das Gericht die Fortsetzung und den Fortsetzungsbeschluss einzutragen, § 274 Abs. 4 AktG.

218 Mit Eintragung der Fortsetzung und des Fortsetzungsbeschlusses wandelt sich die Abwicklungsgesellschaft wieder in eine werbende Gesellschaft um. Damit erlischt kraft Gesetzes das Amt der Abwickler. Der frühere Vorstand tritt nicht automatisch wieder in das Amt des Vorstands ein, denn sein Amt ist mit Beginn der Abwicklung erloschen. Es ist vielmehr eine Neuwahl erforderlich.[397]

219 Die Besetzung des Aufsichtsrats hat sich während der Abwicklungsphase nicht geändert; auch die Hauptversammlung bestand während der Abwicklung fort. In der Abwicklungsphase kommt es lediglich zu Abweichungen in der Kompetenzverteilung. Die Wiederaufnahme der werbenden Tätigkeit führt bei Hauptversammlung und Aufsichtsrat also nur dazu, dass deren Zuständigkeiten sich wieder ausschließlich nach §§ 76 ff. bzw. 95 ff. AktG richten.

---

[397] Zum Teil wird vertreten, dass der frühere Vorstand sein Amt wieder übernimmt, wenn dieser personengleich mit den Abwicklern war (§ 265 Abs. 1), vgl. MüKoAktG/*J. Koch* § 274 Rn. 35.

§ 16 Entstehung und Beendigung durch Umwandlung

Übersicht

	Rn.
I. Typische Beratungsanlässe	1–3
II. Entstehung und Beendigung durch formwechselnde Umwandlung	4–47
1. Umwandlungsbericht	5–10
a) Erforderlichkeit	5
b) Zuständigkeit	6
c) Mindestinhalt	7–9
e) Erweiterung und Einschränkung der Berichtspflicht	10
2. Informationspflichten	11–13
a) Anteilsinhaber	11/12
b) Betriebsrat	13
3. Umwandlungsbeschluss	14–26
a) Formalia	14
b) Mehrheitserfordernisse	15/16
c) Besondere Zustimmungserfordernisse	17
d) Inhalt	18–23
e) Feststellung der Satzung	24
f) Erste Organe	25
g) Sonstiges	26
4. Anwendung der Gründungsvorschriften	27–33
a) Gründungsbericht der Gründer	28
b) Gründungsprüfung durch Vorstand und Aufsichtsrat	29
c) Externe Gründungsprüfung	30
d) Haftung	31
e) Mitteilungspflichten nach §§ 20 ff. AktG	32
f) Nachgründung	33
5. Formwechselprüfung	34
6. Anmeldung zum Handelsregister	35–39
a) Inhalt der Anmeldung	35
b) Anmeldepflichtige Personen	36
c) Versicherungen	37
d) Beizufügende Unterlagen	38/39
7. Wirkungen der Eintragung	40–43
a) Identität des Rechtsträgers	40
b) Heilung von Fehlern	41
c) Gläubigerschutz	42
d) Haftung	43
8. Rechtsschutz	44–46
a) Klage gegen die Wirksamkeit des Umwandlungsbeschlusses	44/45
b) Spruchverfahren	46
9. Kosten	47
III. Entstehung und Beendigung durch Verschmelzung	48–84
1. Verschmelzungsvertrag	49–58
a) Formalia	49–51
b) Mindestinhalt	52–56
c) Feststellung der Satzung	57
d) Erste Organe	58
2. Verschmelzungsbericht	59
3. Verschmelzungsprüfung, Nachgründungsprüfung	60–63
a) Erforderlichkeit	60
b) Verschmelzungsprüfer	61
c) Prüfungsgegenstand und -bericht	62
d) Nachgründungsprüfung	63
4. Informationspflichten	64–66
a) Anteilsinhaber	64/65
b) Betriebsrat	66
5. Verschmelzungsbeschluss	67–69
a) Formalia	67

	Rn.
b) Besondere Zustimmungserfordernisse	68
c) Inhalt	69
6. Anwendung der Gründungs- und Sachkapitalerhöhungsvorschriften	70
7. Anmeldung zum Handelsregister	71–77
a) Inhalt der Anmeldung	71
b) Anmeldepflichtige Personen	72
c) Versicherungen	73
d) Beizufügende Unterlagen	74–77
8. Wirkungen der Eintragung	78
9. Rechtsschutz	79
10. Steuerliche Aspekte	80–83
11. Kosten	84
IV. Sonderfall: grenzüberschreitende Verschmelzung	85–109
1. Systematik	85
2. Verschmelzungsplan	86–94
a) Formalia	86
b) Mindestinhalt	87–94
3. Verschmelzungsbericht	95
4. Verschmelzungsprüfung	96–98
a) Erforderlichkeit	96
b) Verschmelzungsprüfer	97
c) Prüfungsgegenstand und -bericht	98
5. Informationspflichten	99/100
a) Verschmelzungsplan	99
b) Verschmelzungsbericht	100
6. Verschmelzungsbeschluss	101/102
a) Formalia	101
b) Besondere Zustimmungserfordernisse	102
7. Anwendung von Gründungsvorschriften	103
8. Anmeldung zum Handelsregister	104–107
a) Inhalt der Anmeldung, Verschmelzungsbescheinigung	104
b) Anmeldeberechtigte Personen	105
c) Versicherungen, Erklärungen	106
d) Beizufügende Unterlagen	107
9. Wirkungen der Eintragung	108
10. Rechtsschutz	109
V. Sonstige Fälle der Entstehung und Beendigung durch Umwandlung	110–114
1. Entstehung und Beendigung durch Auf- und Abspaltung	110–112
2. Entstehung durch Ausgliederung	113/114
VI. Checklisten zur Vorgehensweise	115/116
1. Formwechsel	115
2. Verschmelzung	116
VII. Muster (Formwechsel GmbH → AG)	117–119
1. Umwandlungsbericht	117
2. Umwandlungsbeschluss	118
3. Handelsregisteranmeldung	119

Schrifttum: *Goutier/Knopf/Tulloch*, Kommentar zum Umwandlungsrecht, 1996; *Kallmeyer*, Umwandlungsgesetz, 6. Aufl. 2017; *Limmer*, Handbuch der Unternehmensumwandlung, 5. Aufl. 2016; *Lutter*, Umwandlungsgesetz, 5. Aufl. 2014; *Petersen*, Der Gläubigerschutz im Umwandlungsrecht, 2001; *Sagasser/Bula/Brünger*, Umwandlungen: Verschmelzung, Spaltung, Formwechsel, Vermögensübertragung, 5. Aufl. 2017; *Schmitt/Hörtnagl/Stratz*, Umwandlungsgesetz, Umwandlungssteuergesetz, 7. Aufl. 2016; *Semler/Stengel*, Umwandlungsgesetz, 4. Aufl. 2017; *Widmann/Mayer*, Umwandlungsrecht (Losebl.).

I. Typische Beratungsanlässe

1 Umwandlungsmaßnahmen können zu **vielfältigen Zwecken** eingesetzt werden. Namentlich können sie der Reorganisation der geschäftlichen Aktivitäten eines Unternehmens oder einer Unternehmensgruppe unter betriebswirtschaftlichen oder steuerlichen Gesichtspunkten dienen. Auch im Rahmen von M&A-Transaktionen können sie Anwendung finden. So kann etwa der Erwerb eines Unternehmens im Wege der Verschmelzung mit dem Erwerber

oder einem von diesem abhängigen Unternehmen erfolgen. Umgekehrt kann ein Geschäftsbereich mittels Spaltung (insbesondere in Gestalt einer Ausgliederung) aus einem Unternehmen herausgelöst werden, um seine gesonderte Veräußerung zu ermöglichen. Die formwechselnde Umwandlung von Personen- zu Kapitalgesellschaft (und umgekehrt) wird neben der hiermit einhergehenden Haftungsbegrenzung vielfach steuerlich motiviert sein. Für die Wahl der **Aktiengesellschaft als neue Rechtsform** mögen dabei Aspekte der „Corporate Governance" (Unternehmensverfassung), die erweiterten Möglichkeiten der Eigenkapitalbeschaffung (zB mittels eines Börsengangs oder durch Begebung von Wandelanleihen), der Implementierung von Mitarbeiterbeteiligungsprogrammen oder der Wunsch nach einem höheren Prestige bei Kunden, Lieferanten und Mitarbeitern sprechen. Die formwechselnde Umwandlung oder Verschmelzung einer Aktiengesellschaft kann schließlich auch dazu dienen, eine unerwünscht gewordene Börsennotierung zu beenden („kaltes Delisting"). Schließlich kann Hintergrund einer Umwandlungsmaßnahme sein, der Internationalität eines Unternehmens Rechnung zu tragen. Das UmwG sieht seit Inkrafttreten des Dritten Gesetzes zur Änderung des Umwandlungsgesetzes[1] bestimmte Erleichterungen bei den Formalitäten der Hauptversammlung vor und eröffnet die Möglichkeit, im Falle von umwandlungsbezogenen Sachkapitalerhöhungen den Verschmelzungsprüfer ebenfalls zum Gründungsprüfer zu bestellen. Auch die Europäische Aktiengesellschaft (SE) kann Zielgesellschaft oder Ausgangsrechtsträger einer Umwandlungsmaßnahme sein. Motivation hierfür ist neben der Internationalisierung in der Praxis vielfach die Nutzung von Gestaltungsmöglichkeiten hinsichtlich der Mitbestimmung der Arbeitnehmer auf Unternehmensebene.[2] Entsprechend ermöglicht auch das UmwStG seit Inkrafttreten des Gesetzes über steuerliche Begleitmaßnahmen zur Einführung der Europäischen Gesellschaft und zur Änderung weiterer steuerlicher Vorschriften (SEStEG),[3] gewisse grenzüberschreitende Umwandlungsvorgänge ohne sofortige Aufdeckung und Versteuerung der stillen Reserven durchzuführen.

Eine vollständige Darstellung des Umwandlungsrechts kann in dem gegebenen Rahmen nicht erfolgen. Jedenfalls bei grenzüberschreitenden oder sonst komplexeren Umwandlungsvorgängen oder soweit mit Widerstand aus dem Gesellschafterkreis gerechnet wird, sollte **vertiefende Literatur** zu Rate gezogen werden. Die Darstellung erhebt auch insoweit keinen Anspruch auf Vollständigkeit, als lediglich die praktisch relevanten Rechtsformen der oHG, (GmbH & Co.) KG[4] und GmbH als Ausgangspunkt der Umwandlung betrachtet werden.

Die **Systematik** des UmwG geht nach einem einleitenden „Ersten Buch" von der Verschmelzung („Zweites Buch") als Grundfall der Umwandlung aus. Auf die diesbezüglichen Regelungen wird in den folgenden Büchern betreffend die Spaltung weitgehend und betreffend die formwechselnde Umwandlung punktuell verwiesen. Demgegenüber stellt die vorliegende Darstellung den Formwechsel als die in der anwaltlichen Praxis wohl häufigste Spielart der Umwandlung in den Vordergrund und setzt hier einen Schwerpunkt. Es folgen Ausführungen zur Verschmelzung sowie in begrenztem Rahmen zur grenzüberschreitenden Verschmelzung. Auf eine Darstellung der Spaltung wurde weitgehend verzichtet. Auch auf Umwandlungsmaßnahmen unter Beteiligung von SE soll in diesem Rahmen nicht näher eingegangen werden. Der Aufbau der einzelnen Abschnitte spiegelt so weit als möglich die Chronologie der bei der Durchführung der Umwandlungsmaßnahme zu ergreifenden Maßnahmen wider.

---

[1] Vom 11.7.2011, BGBl. 2011 I 1338. Die Regelungen zur grenzüberschreitenden Verschmelzung wurden bereits durch das 2. ÄndGUmwG vom 19.4.2007, BGBl. 2007 I 542 integriert und beruhen auf der Richtlinie 2005/56/EG des Europäischen Parlaments und des Rates vom 26.10.2005 über die Verschmelzung von Kapitalgesellschaften aus verschiedenen Mitgliedstaaten.
[2] Vgl. etwa *Götze/Winzer/Arnold* ZIP 2009, 245 ff.; *Rieble* BB 2008, 2018 ff.
[3] Vom 7.12.2006, BGBl. 2006 I 2782. Die Regelungen zur steuerlichen Behandlung von grenzüberschreitenden Umwandlungen dienten der Umsetzung der Richtlinie 2005/19/EG des Rates vom 17.2.2005 zur Änderung der Richtlinie 90/434/EWG über das gemeinsame Steuersystem für Fusionen, Spaltungen, die Einbringung von Unternehmensteilen und den Austausch von Anteilen, die Gesellschaften verschiedener Mitgliedstaaten betreffen.
[4] Zur Stellung der GmbH & Co. KG im Umwandlungsrecht *Kallmeyer* GmbHR 2000, 418.

II. Entstehung und Beendigung durch formwechselnde Umwandlung

4 Bei der formwechselnden Umwandlung ändert sich lediglich das „rechtliche Gewand" der Gesellschaft, ihre **Identität als Rechtssubjekt** bleibt bestehen.[5] Diese Vorstellung ist allerdings im Umwandlungsgesetz nicht konsistent umgesetzt, was sich etwa daran zeigt, dass nach § 197 UmwG die Vorschriften über die Gründung der Aktiengesellschaft insgesamt anwendbar sind. Der Formwechsel stellt sich damit als „vereinfachte Sachgründung" dar,[6] wenn auch ohne Vermögensübertragung. Diese **Durchbrechung** des Grundsatzes der Identitätswahrung rechtfertigt sich aus dem Umstand, dass die Kapitalaufbringungsschutzvorschriften bei der Aktiengesellschaft strenger sind als bei der GmbH (und zumal den Personengesellschaften), so dass die Anwendung der Gründungsvorschriften unter Umgehungsschutzgesichtspunkten angezeigt ist.[7]

1. Umwandlungsbericht

5 a) **Erforderlichkeit.** Die Gesellschafter des formwechselnden Rechtsträgers – namentlich etwaige Minderheitsgesellschafter – sollen mittels des Umwandlungsberichts (§ 192 Abs. 1 S. 1 UmwG) in die Lage versetzt werden, eine sachgerechte Entscheidung über ihr Abstimmungsverhalten bei der Beschlussfassung, aber auch über die im Falle des Zustandekommens der Umwandlung zu ziehenden Konsequenzen zu treffen. Ein Umwandlungsbericht ist nicht erforderlich, wenn an dem formwechselnden Rechtsträger nur ein Anteilsinhaber beteiligt ist oder wenn alle Anteilsinhaber hierauf in notariell beurkundeter Form **verzichten** (§ 192 Abs. 2 UmwG). Der Verzicht wird regelmäßig anlässlich des ohnehin zu beurkundenden Umwandlungsbeschlusses erklärt werden. Bei der oHG ist ein Umwandlungsbericht ferner dann verzichtbar, wenn keiner der Gesellschafter von der Geschäftsführung ausgeschlossen ist (§ 215 UmwG), da dann der Kreis der Berichtspflichtigen mit den Berichtsadressaten übereinstimmt.

6 b) **Zuständigkeit.** Die Erstattung des Umwandlungsberichts obliegt dem **Vertretungsorgan** des formwechselnden Rechtsträgers (§ 192 Abs. 1 S. 1 UmwG). Der Bericht ist schriftlich abzufassen. Nach Ansicht des BGH ist (entgegen der bisher wohl hM, die jeweils die Unterzeichnung durch alle Organmitglieder forderte), dem Schriftformerfordernis genügt, wenn die Unterzeichnung durch Mitglieder des jeweiligen Vertretungsorgans in vertretungsberechtigter Anzahl erfolgt.[8] Vertretung ist unzulässig, da es sich nicht um eine Willens-, sondern um eine Wissenserklärung handelt.[9]

7 c) **Mindestinhalt.** Der Umwandlungsbericht hat „ausführlich" zu sein, muss also alle relevanten Tatsachen enthalten und die Anteilsinhaber zu einer abgewogenen Entscheidung befähigen. Andererseits müssen die Anteilsinhaber nicht in die Lage versetzt werden, alle rechtlichen und wirtschaftlichen Facetten selbst abschließend zu beurteilen, vielmehr soll eine **Plausibilitätskontrolle** ermöglicht werden.[10] In rechtlicher und wirtschaftlicher Hinsicht ist zunächst der Formwechsel als solcher zu erläutern. Dabei ist darzulegen, warum dieser das geeignete Mittel zur Erreichung des verfolgten Zwecks ist (zB steuerliche Vorteile, leichtere Kapitalbeschaffung). Auf Vorteile wie Nachteile bzw. Risiken der Maßnahme ist gleichermaßen einzugehen.[11] § 192 Abs. 1 S. 1 UmwG hebt hervor, dass die künftige Beteiligung der Anteilsinhaber an dem Rechtsträger rechtlich und wirtschaftlich zu erläutern und zu begründen ist. Da sich infolge der formwechselnden Umwandlung die Beteiligungsver-

---

[5] Vgl. § 190 Abs. 1 und insbesondere § 202 Abs. 1 Nr. 1 UmwG.
[6] Widmann/Mayer/*Mayer* UmwG § 197 Rn. 1; vgl. auch Semler/Stengel/*Bärwaldt* UmwG § 197 Rn. 3.
[7] Widmann/Mayer/*Mayer* UmwG § 197 Rn. 3.1.
[8] BGH AG 2007, 625; Schmitt/Hörtnagl/*Stratz* UmwG § 8 Rn. 7.
[9] Schmitt/Hörtnagl/*Stratz* UmwG § 192 Rn. 4, UmwG § 8 Rn. 8; Limmer/*Limmer* Teil 4 Rn. 69.
[10] Lutter/*Decher/Hoger* UmwG § 192 Rn. 10; OLG Düsseldorf ZIP 1999, 793 (794); OLG Hamm 1999, 798 (801).
[11] Beispiele bei Kallmeyer/*Meister/Klöcker* § 192 Rn. 10.

hältnisse im Regelfall[12] nicht verschieden, ist eine rechnerische Herleitung nicht erforderlich und man wird sich auf eine tabellarische Angabe der den einzelnen Anteilsinhabern zukünftig zustehenden Aktienstückzahlen beschränken können. Qualitativ ist jedoch zu erläutern, welche Rechte und Pflichten sich zukünftig aus den Aktien ergeben (Gattung, Ausstattungsmerkmale, Übertragbarkeit, aber auch steuerliche Aspekte).[13]

Dem Umwandlungsbericht muss ein Entwurf des Umwandlungsbeschlusses beigefügt sein (§ 192 Abs. 1 S. 3 UmwG), welcher – auch ohne dass das Gesetz dies ausdrücklich erwähnt – zu erläutern ist.[14] Dabei sind über die bloße Paraphrasierung des Beschlusstextes hinaus sämtliche Regelungen, deren Sinngehalt sich nicht ohne weiteres aus dem Wortlaut erschließt, allgemein verständlich zu erklären.[15] Ebenfalls nicht aus dem Gesetzestext erschließt sich, dass entsprechend § 8 Abs. 1 S. 1 UmwG ein etwa erforderliches[16] Barabfindungsangebot darzulegen und seine Angemessenheit zu erläutern ist.[17] **8**

Sofern es sich bei dem formwechselnden Rechtsträger um eine Personengesellschaft handelt, war gemäß dem früheren § 192 Abs. 2 UmwG dem Bericht eine „Vermögensaufstellung" beizufügen. Dies ist nach der heutigen gesetzlichen Regelung nicht mehr erforderlich, da der Nachweis der Werthaltigkeit im Rahmen der Anwendung der Gründungsvorschriften erfolgt.[18] Allerdings wird in der Regel aus steuerlichen Gründen eine rein steuerliche Schlussbilanz auf den Stichtag erstellt werden, der nicht länger als acht Monate vor dem Tag der Anmeldung zum Handelsregister liegt (§§ 9 S. 2, 25 S. 2 UmwStG). **9**

e) **Erweiterung und Einschränkung der Berichtspflicht.** Ist der formwechselnde Rechtsträger verbundenes Unternehmen im Sinne von §§ 15 ff. AktG, so erstreckt sich der Umwandlungsbericht auch auf die „wesentlichen Angelegenheiten" der anderen **verbundenen Unternehmen** (§§ 192 Abs. 1 S. 2, 8 Abs. 1 S. 3 UmwG). In den Bericht brauchen Tatsachen nicht aufgenommen zu werden, deren Bekanntwerden geeignet ist, dem formwechselnden Rechtsträger oder seinen verbundenen Unternehmen einen nicht unerheblichen **Nachteil** zuzufügen (§§ 192 Abs. 1 S. 2, 8 Abs. 2 UmwG). Allerdings ist dann darzulegen, warum die Tatsachen nicht aufgenommen werden, so dass die Anteilsinhaber insoweit eine Plausibilitätsprüfung vornehmen können.[19] **10**

2. Informationspflichten

a) **Anteilsinhaber.** Gemäß § 193 Abs. 1 UmwG kann der Umwandlungsbeschluss nur in einer Gesellschafterversammlung gefasst werden. Insoweit sind zunächst die jeweils nach Gesetz und Gesellschaftsvertrag vorgesehenen Formen und Fristen für die **Einberufung** zu wahren. Für die GmbH ergeben sich diese – sofern nicht in der Satzung abweichend geregelt – aus § 51 GmbHG. Bei Personengesellschaften fehlen solche gesetzlichen Vorgaben. Falls auch der Gesellschaftsvertrag keine Bestimmungen enthält, muss die Einberufung jedenfalls binnen angemessener Frist erfolgen; für die Beratungspraxis empfiehlt sich, zu der Gesellschafterversammlung analog § 51 Abs. 1 S. 2 GmbHG mit mindestens einwöchiger Frist einzuladen.[20] Spätestens zum Zeitpunkt der Einberufung sollen allen Anteilsinhabern umfassend diejenigen Informationen zur Verfügung stehen, die sie für die Willensbildung benötigen. Das jeweilige Vertretungsorgan hat daher bei der Einberufung die formwechselnde Umwandlung ausdrücklich und in Textform als Gegenstand der Beschlussfassung anzukündigen (§§ 216, 230 Abs. 1, 238 S. 1 UmwG). Zusammen mit dem Einberufungsschreiben **11**

---

[12] Zu Ausnahmen vgl. → Rn. 21.
[13] Schmitt/Hörtnagl/*Stratz* UmwG § 192 Rn. 13.
[14] Limmer/*Limmer* Teil 4 Rn. 70; Schmitt/Hörtnagl/*Stratz* UmwG § 192 Rn. 10.
[15] Widmann/Mayer/*Mayer* UmwG § 192 Rn. 37; Kallmeyer/*Meister/Klöcker* § 192 Rn. 16.
[16] Vgl. → Rn. 11.
[17] So die ganz hM, vgl. etwa Lutter/*Decher*/Hoger § 192 Rn. 29; Schmitt/Hörtnagl/*Stratz* UmwG § 192 Rn. 15; Limmer/*Limmer* Teil 4 Rn. 75 f.; *Bayer* ZIP 1997, 162; vgl. zum Barabfindungsangebot → Rn. 12.
[18] BR-Drs. 548/06.
[19] Vgl. hierzu die Rechtsprechung zum aktienrechtlichen Auskunftsverweigerungsrecht, insbesondere BVerfG ZIP 1999, 1801 „Scheidemandel II"; BGHZ 107, 296 (305 f.); BGH ZIP 1990, 168 (169); WM 1990, 2073.
[20] Baumbach/Hopt/*Roth* HGB § 119 Rn. 29; EBJS/*Freitag* HGB § 119 Rn. 56.

muss den Gesellschaftern der **Umwandlungsbericht** übersandt werden, sofern ein solcher nicht verzichtbar ist.[21] Das beizufügende Berichtsexemplar muss keine Originalunterschriften tragen,[22] Faksimileunterschriften (Fotokopie) oder die Angabe „Die Geschäftsführung" genügen.

12 Beizufügen ist ferner das **Barabfindungsangebot** nach § 207 UmwG: Gesellschafter, die dem Umwandlungsbeschluss zur Niederschrift der Gesellschafterversammlung widersprechen,[23] können verlangen, dass die Gesellschaft ihnen eine **angemessene** Barabfindung gegen Übertragung ihrer Anteile auf die Gesellschaft bzw., soweit dies rechtsformbedingt nicht möglich ist, für den Fall ihres Ausscheidens aus der Gesellschaft bezahlt. Die Höhe der Barabfindung bemisst sich nach §§ 208, 30 UmwG.[24] Im Falle von AG und GmbH kann das Barabfindungsangebot anstelle der Übersendung auch im Bundesanzeiger und den sonst in der Satzung vorgesehenen Gesellschaftsblättern veröffentlicht werden (§§ 231 S. 2, 238 S. 1 UmwG, 25 AktG). Ein Barabfindungsangebot kann unterbleiben, wenn der Umwandlungsbeschluss ohnehin der Zustimmung sämtlicher Gesellschafter bedarf (namentlich bei Personengesellschaften, § 217 Abs. 1 S. 1 UmwG, sofern nicht im Gesellschaftsvertrag abweichend bestimmt) oder wenn der formwechselnde Rechtsträger nur einen Gesellschafter hat (§ 194 Abs. 1 Nr. 6 UmwG). Eine Ausnahme für den Fall, dass alle Gesellschafter der Umwandlung zustimmen, hat der Gesetzgeber trotz entsprechender Anregungen nicht vorgesehen. Die Möglichkeit eines **Verzichts** auf das Barabfindungsangebot durch sämtliche Gesellschafter vor Beschlussfassung lässt der Gesetzgeber offen, richtiger Ansicht nach ist er – in notarieller Form – zulässig.[25] Sofern sich alle Gesellschafter einig sind, wird es jedoch ohnehin genügen, den Verzicht (und sicherheitshalber auch einen Anfechtungsverzicht) im Rahmen des Umwandlungsbeschlusses zu erklären.

13 b) **Betriebsrat.** Der Entwurf des Umwandlungsbeschlusses[26] ist mindestens einen Monat vor der Gesellschafterversammlung dem zuständigen Betriebsrat zuzuleiten (§ 194 Abs. 2 UmwG).[27] Es ist darauf zu achten, dass hierüber eine Empfangsbestätigung erteilt wird, da diese für die Handelsregisteranmeldung benötigt wird (§ 17 Abs. 1 UmwG). Sofern ein Gesamtbetriebsrat besteht, ist dieser alleiniger Adressat (§ 50 BetrVG), im Übrigen der oder die Einzel-Betriebsräte.[28] Der Betriebsrat kann richtiger Auffassung nach nicht auf seine Unterrichtung verzichten,[29] wohl aber auf die Einhaltung der Frist.[30] Mangels Unterrichtung ist der Umwandlungsbeschluss nicht eintragungsfähig, wird jedoch durch eine gleichwohl erfolgte Eintragung geheilt.[31]

---

[21] Vgl. → Rn. 5. Zu Inhalt und Höhe des Abfindungsangebots vgl. Sagasser/Bula/Brünger/*Sagasser/Luke* § 26 Rn. 68; *Wilm* NZG 2000, 234 (237 ff.).
[22] Semler/Stengel/*Schlitt* § 216 Rn. 18.
[23] Ob sie bei der Beschlussfassung gegen die Umwandlung gestimmt haben müssen, ist streitig. In diesem Sinne Schmitt/Hörtnagl/*Stratz* UmwG § 207 Rn. 4; Semler/Stengel/*Kalss* § 207 Rn. 7; so jetzt auch Widmann/Mayer/*Wälzholz* UmwG § 207 Rn. 11; Lutter/Decher/*Hoger* § 207 Rn. 8. Letztere Ansicht erscheint indes inkonsequent: Wer die Umwandlung in der Abstimmung befürwortet, muss sich hieran auch festhalten lassen. Im Übrigen geht auch § 194 Abs. 1 Ziff. 6 UmwG davon aus, dass Zustimmung und Annahme eines Barabfindungsangebots nicht miteinander vereinbar sind. Dem Widerspruch zu Protokoll sind die Fälle des § 29 Abs. 2 UmwG über die Verweisung in § 207 Abs. 2 UmwG gleichgestellt.
[24] Ausführlich Schmitt/Hörtnagl/*Stratz* UmwG § 30 Rn. 4 ff.; Kallmeyer/*Lanfermann* § 30 Rn. 4 ff.; Widmann/Mayer/*Wälzholz* UmwG § 30 Rn. 6 ff.; zur Abfindungshöhe bei börsennotierten Aktiengesellschaften BVerfG ZIP 1999, 1436; BGHZ 147, 108; *Piltz* ZGR 2001, 285 (200 f).
[25] Semler/Stengel/*Bärwaldt* § 194 Rn. 29; Lutter/Decher/*Hoger* § 194 Rn. 23; vgl. auch Widmann/Mayer/*Wälzholz* UmwG § 207 Rn. 35 für formfreien Verzicht.
[26] Zur Zulässigkeit inhaltlicher Abweichungen von der später beurkundeten Fassung LG Essen ZIP 2002, 893.
[27] Kallmeyer/*Willemsen* § 194 Rn. 60; Lutter/Decher/*Hoger* § 194 Rn. 39 ff.
[28] Widmann/Mayer/*Mayer* UmwG § 5 Rn. 252; zur Zuständigkeit eines etwaigen Konzernbetriebsrates auch *Müller* DB 1997, 713 (715). Besteht kein Betriebsrat, so entfällt die Notwendigkeit einer Zuleitung. Es bedarf auch nicht ersatzweise einer Mitteilung an alle Arbeitnehmer oder eines Aushangs am Schwarzen Brett, *Müller* DB 1997, 713 (716).
[29] OLG Sachsen-Anhalt BB 2003, 2756; Lutter/Decher/*Hoger* § 194 Rn. 42 mwN; aA Semler/Stengel/*Schröer* § 5 Rn. 146 mwN.
[30] LG Stuttgart GmbHR 2000, 622; LG Gießen Der Konzern 2004, 622.
[31] Widmann/Mayer/*Mayer* UmwG § 5 Rn. 266.

3. Umwandlungsbeschluss

a) Formalia. Der Umwandlungsbeschluss muss in einer **Versammlung** der Anteilsinhaber 14 gefasst werden (§ 193 Abs. 1 S. 2 UmwG). Dies schließt die gesellschaftsvertragliche Delegation auf andere Organe ebenso aus wie die Beschlussfassung im Umlaufverfahren. Möglich bleibt allerdings die übereinstimmende (auch privatschriftliche)[32] Bevollmächtigung einer Person, die dann die „Versammlung" allein abhält. Sofern es sich bei dem formwechselnden Rechtsträger um eine Personengesellschaft handelt, ist zu beachten, dass Recht zur Teilnahme an Gesellschafterversammlungen und Stimmrecht dort höchstpersönlich sind und nur kraft gesellschaftsvertraglicher Ermächtigung oder Zustimmung der Mitgesellschafter im Einzelfall von einem Bevollmächtigten wahrgenommen werden können.[33] Wie auch sonst ist sorgfältig darauf zu achten, dass die Formalien der Einberufung der Gesellschafterversammlung gemäß Gesetz und Satzung eingehalten werden, da der Umwandlungsbeschluss andernfalls bereits aus diesem Grund unwirksam wäre. Bei Kapitalgesellschaften ist der Umwandlungsbericht (soweit erforderlich) während der gesamten Dauer der Gesellschafterversammlung in ausreichender Zahl auszulegen (§§ 232 Abs. 1, 239 Abs. 1 UmwG).[34] Weiterhin ist der Beschlussentwurf von den Vertretungsorganen zu Beginn der Verhandlung mündlich zu erläutern (§§ 232 Abs. 2, 239 Abs. 2 UmwG). Auf Auslegung und Erläuterung (bzw. Verzicht hierauf) sollte in der Niederschrift hingewiesen werden. Der Umwandlungsbeschluss bedarf der **notariellen Form** (§ 193 Abs. 3 S. 1 UmwG).

b) Mehrheitserfordernisse. Soll eine **Kapitalgesellschaft** umgewandelt werden, so bedarf 15 der Umwandlungsbeschluss einer Mehrheit von drei Vierteln der abgegebenen Stimmen (§ 240 Abs. 1 S. 1 UmwG). Die **Satzung** kann größere Mehrheiten oder sonstige weitere Erfordernisse vorsehen (etwa das kumulative Erfordernis einer Dreiviertelmehrheit des gesamten vorhandenen Kapitals oder die Zustimmung bestimmter Gesellschafter bis hin zur Einstimmigkeit). Geringere Mehrheiten sind im Umkehrschluss aus § 240 Abs. 1 S. 2 Hs. 2 UmwG außer im Falle des Formwechsels einer KGaA in eine AG auch kraft Satzungsbestimmung nicht möglich.[35] Gerade ältere Satzungen treffen vielfach keine speziell auf Umwandlungsmaßnahmen zugeschnittenen Regelungen, sehen jedoch allgemein für Satzungsänderungen qualifizierte Mehrheitsquoren vor. Ob diese insoweit entsprechend anzuwenden sind, ist im Einzelfall durch Auslegung zu ermitteln. Jedenfalls bei vor Einführung des Umwandlungsgesetzes errichteten Satzungen wird man dies im Zweifel bejahen müssen, da Umwandlungsmaßnahmen in vergleichbar gravierender Weise in das Organisationsgefüge der Gesellschaft eingreifen. In der Praxis wird man solche allgemeinen Klauseln schon deswegen nicht ignorieren können, weil die Satzung im Zusammenhang mit der formwechselnden Umwandlung regelmäßig ohnehin geändert werden muss.

Bei **Personenhandelsgesellschaften** muss der Umwandlungsbeschluss grundsätzlich ein- 16 stimmig gefasst werden (§ 217 Abs. 1 S. 1 UmwG), wobei auch nicht in der Versammlung anwesende Gesellschafter ihre Zustimmung erklären müssen. Allerdings kann der jeweilige Gesellschaftsvertrag insoweit Mehrheitsbeschlüsse zulassen (§ 217 Abs. 1 S. 2 UmwG). Hier genügt eine Regelung, wonach Mehrheitsentscheidungen im Allgemeinen oder für Satzungsänderungen und/oder die Auflösung der Gesellschaft im Besonderen zulässig sind, im Hinblick auf den Bestimmtheitsgrundsatz nicht. Vielmehr muss sich die Öffnung für Mehrheitsentscheidungen gerade auf Umwandlungsmaßnahmen beziehen.[36] Keinesfalls darf wiederum ein Mehrheitsquorum von drei Vierteln der in der Versammlung abgegebenen Stimmen unterschritten werden (§ 217 Abs. 1 S. 3 UmwG). Bei Personengesellschaften ist in der Niederschrift festzuhalten, wer für die Umwandlung gestimmt hat (§ 217 Abs. 2

---

[32] Kallmeyer/*Zimmermann* § 193 Rn. 11.
[33] BGHZ 65, 93 (99); aA Kallmeyer/*Zimmermann* § 193 Rn. 11, wonach auch bei Personenhandels- und Partnerschaftsgesellschaften eine formlose Stimmrechtsvollmacht erteilt werden kann.
[34] § 232 UmwG sieht seit dem ARUG vor, dass der Bericht auch auf andere Weise, etwa via Internet, zugänglich gemacht werden kann.
[35] Widmann/Mayer/*Rieger* UmwG § 240 Rn. 29 ff.
[36] Teilweise wird sogar die Bezeichnung der Art der Umwandlung verlangt, was jedoch zu weitgehend erscheint, wie hier und mwN Semler/Stengel/*Schlitt* § 217 Rn. 16a.

UmwG), da hiervon abhängt, wer als „Gründer" gilt (§ 219 UmwG, beim Formwechsel einer GmbH gilt § 245 Abs. 1 S. 1 UmwG). Dies wiederum ist von Bedeutung, da nach § 197 Abs. 1 UmwG bei der Umwandlung die für die Gründung einer Gesellschaft der neuen Rechtsform vorgesehenen Gründungsvorschriften zu beachten sind.[37]

17   c) **Besondere Zustimmungserfordernisse.** Die Vorschriften über den Formwechsel sehen eine Reihe besonderer Zustimmungsvorbehalte vor, wobei die Zustimmungserklärungen jeweils der **notariellen Form** bedürfen und daher zweckmäßigerweise anlässlich des Umwandlungsbeschlusses abgegeben werden: Bestimmt der bisherige Gesellschaftsvertrag des formwechselnden Rechtsträgers, dass die Abtretung von Anteilen der Zustimmung einzelner Gesellschafter bedarf, so müssen diese der Umwandlung zustimmen (§ 193 Abs. 2 UmwG). Dies gilt, wenn der Zustimmungsvorbehalt gemäß dem Gesellschaftsvertrag zu Gunsten bestimmter Personen oder den jeweiligen Inhabern bestimmter Gesellschaftsanteile begründet ist. Erfasst sind auch Regelungen, wonach alle Gesellschafter einer Anteilsübertragung zustimmen müssen. Demgegenüber führt eine Regelung, wonach die Gesellschafter einer Anteilsübertragung mit einer bestimmten Mehrheit zustimmen müssen, nicht zur Anwendung des § 193 Abs. 2 UmwG, selbst wenn sich hieraus faktisch ein Zustimmungsvorbehalt zu Gunsten eines bestimmten (Mehrheits-) Gesellschafters ergibt.[38] Zustimmen müssen auch Gesellschafter, die Minderheitenrechte, Rechte in der Geschäftsführung oder hinsichtlich des Vorschlags oder der Bestellung von Geschäftsführern verlieren (§§ 241 Abs. 2, 50 Abs. 2 UmwG). Haben einzelne Gesellschafter einer GmbH Nebenleistungsverpflichtungen übernommen (zB Arbeitsleistung im Geschäftsbetrieb der Gesellschaft) und können diese wegen § 55 AktG nicht in die Satzung der Aktiengesellschaft übernommen werden, so bedarf die Umwandlung der Zustimmung der betreffenden Gesellschafter (§ 241 Abs. 3 UmwG). Die Regelung wird nur verständlich, wenn man davon ausgeht, dass die Nebenleistungsverpflichtung mit entsprechenden Sondervorteilen der Gesellschafter korrespondiert, die nicht ohnehin schon über § 241 UmwG abgedeckt sind. Fehlen solche Vorteile und ist somit der Wegfall der Nebenleistungsverpflichtung ausschließlich vorteilhaft, so ist die Zustimmung verzichtbar.[39] Zustimmen müssen schließlich auch Gesellschafter, die Nachteile aus einer nicht verhältniswahrenden Umwandlung erleiden (§ 241 Abs. 1 UmwG).[40]

18   d) **Inhalt.** *aa) Rechtsform, Firma.* Selbstverständlich ist, dass zunächst die Rechtsform anzugeben ist, die der formwechselnde Rechtsträger erhalten soll (§ 194 Abs. 1 Nr. 1 UmwG). Weiter muss die Firma bezeichnet werden, unter der der Rechtsträger zukünftig im Rechtsverkehr auftreten soll (§ 194 Abs. 1 Nr. 2 UmwG). Dabei kann die alte Firma unter Austausch des Rechtsformzusatzes fortgeführt oder eine gänzlich neue Firma gebildet werden. Die allgemein geltenden **firmenrechtlichen Vorgaben** sind zu beachten, insbesondere muss die neue Firma einer Aktiengesellschaft den Rechtsformzusatz „Aktiengesellschaft" oder „AG" enthalten (§§ 200 Abs. 1 und 2 UmwG, 4 AktG). In Zweifelsfällen empfiehlt sich eine vorherige Abstimmung mit der zuständigen Industrie- und Handelskammer, namentlich wenn Überlegungen zur grafischen Gestaltung bei der Firmierung berücksichtigt werden sollen.

19   *bb) Beteiligung.* Anzugeben ist ferner die „Beteiligung der bisherigen Anteilsinhaber an dem Rechtsträger nach den für die neue Rechtsform geltenden Vorschriften" (§ 194 Abs. 1 Nr. 3 UmwG). Hier ist nur darzulegen, dass nach dem Grundsatz der **Personenidentität** alle bisherigen Gesellschafter auch in Zukunft als Aktionäre an der umgewandelten Gesellschaft beteiligt sein werden.

20   Das Fehlen des Hinweises nach § 194 Abs. 1 Nr. 3 UmwG ist regelmäßig unschädlich, da er sich implizit aus der nach § 194 Abs. 1 Nr. 4 UmwG erforderlichen Angabe von „**Zahl, Art und Umfang**" der neuen Anteile oder Mitgliedschaftsrechte ergibt: Bei Formwechsel in

---

[37] Vgl. → Rn. 27 ff.
[38] Lutter/*Decher/Hoger* § 193 Rn. 16 ff.
[39] Widmann/Mayer/*Rieger* UmwG § 241 Rn. 44; Kallmeyer/*Blasche* § 241 Rn. 8; Goutier/Knopf/Tulloch/ *Laumann* § 241 Rn. 21.
[40] Vgl. → Rn. 21.

eine Aktiengesellschaft bedeutet dies die Angabe von Zahl und Art der gewährten Aktien (Stamm- oder Vorzugsaktien, Namens- oder Inhaberaktien, Nennbetrags- oder Stückaktien). Im Hinblick auf die Zahl der zu gewährenden Aktien ist zunächst der Betrag des **Grundkapitals** der Aktiengesellschaft zu ermitteln. Beim Formwechsel einer GmbH entspricht es dem bisherigen Stammkapital (§ 247 UmwG). Sofern dieses 50.000 EUR unterschreitet (§ 7 AktG), ist eine vorherige Kapitalerhöhung erforderlich, so mithin jedenfalls beim Formwechsel einer Unternehmergesellschaft.[41] Beim Formwechsel einer Personengesellschaft besteht hingegen ein Gestaltungsspielraum: Das Grundkapital muss einerseits wiederum mindestens 50.000 EUR betragen und darf anderseits den Wert des Reinvermögens[42] der Gesellschaft nicht übersteigen (§ 220 Abs. 1 UmwG); dazwischen können beliebige Kapitalia gewährt werden. Bei der Ermittlung des Reinvermögens sind die Aktiva nach der zutreffenden hM zu Verkehrswerten anzusetzen,[43] dh eine (teilweise) Aufdeckung stiller Reserven ist möglich. Soweit das bisherige buchmäßige Eigenkapital den Betrag des Grundkapitals übersteigt, ist der Differenzbetrag in die Kapitalrücklage gemäß § 272 Abs. 2 Nr. 1 HGB einzustellen. Das so ermittelte Grundkapital ist in einem zweiten Schritt auf die einzelnen Gesellschafter zu **verteilen**. Hierbei wird man im Falle der GmbH in der Regel die Nennbeträge der Geschäftsanteile zum Maßstab nehmen. Bei Personengesellschaften ist Maßstab regelmäßig der Saldo der Kapitalkonten der einzelnen Gesellschafter, soweit diese Eigenkapitalcharakter haben, zuzüglich der Höhe der stillen Reserven, welche den einzelnen Gesellschaftern entsprechend dem gesellschaftsvertraglich vereinbarten Gewinnverteilungsschlüssel zugerechnet werden.[44]

Es ist jedoch auch eine **nicht verhältniswahrende Umwandlung** möglich. Diese kann etwa dem Ausgleich von Sonderrechten dienen, die in der neuen Rechtsform nicht mehr begründet werden können oder sollen, zB im Falle von Mehrstimmrechten bei der GmbH, die in der Aktiengesellschaft nicht fortbestehen können (§ 12 Abs. 2 AktG).[45] Bei der Beratung muss in solchen Fällen allerdings stets hinterfragt werden, worin der **Rechtsgrund** für die Verschiebung der Beteiligungsverhältnisse liegt. Dies ist einerseits relevant, da das Kausalgeschäft unter Umständen beurkundungspflichtig ist (§ 518 Abs. 1 BGB bzw. § 15 Abs. 4 GmbHG),[46] und andererseits, da hieraus steuerliche Konsequenzen resultieren können. Sofern es nur darum geht, dass „krumme" Kapitalkonten bei Personengesellschaften rechnerisch nicht ohne Verschiebungen in den Beteiligungsverhältnissen in „glatte" Aktienstückzahlen umgerechnet werden können, sollte der Ausgleich aus Praktikabilitätsgründen durch vorherige Einlagen bzw. Entnahmen herbeigeführt werden. Auf die Gründe für eine etwaige nicht verhältniswahrende Umwandlung sollte zur Klarstellung im Beschluss hingewiesen werden.[47] Gesellschafter, die hierdurch Einbußen erleiden, müssen in notarieller Form zustimmen (§§ 241 Abs. 1, 193 Abs. 3 UmwG).[48]

Eine Besonderheit ergibt sich bei der formwechselnden Umwandlung einer **GmbH & Co. KG,** deren Komplementärin in der Praxis typischerweise keinen festen Kapitalanteil hat. Ihr wären deshalb auch keine Aktien zu gewähren. Sie würde dann allerdings auch nicht Mitglied der Aktiengesellschaft, so dass der Grundsatz der Personenidentität verletzt wäre. Ein Austritt vor der Umwandlung ist nicht möglich, da die Kommanditgesellschaft sonst kollabieren würde, und auch im Rahmen des Formwechsels als solchen ist ein Beitritt oder das Ausscheiden von Gesellschaftern eigentlich nicht vorgesehen.[49] Als Lösung wurde vorgeschlagen, dass ein Kommanditist der Komplementärin einen „Zwerg-

---

[41] Zur Unternehmergesellschaft als Beteiligte von Umwandlungsmaßnahmen *Heinemann* NZG 2008, 820, vgl. auch *Meister* NZG 2008, 767 (768).
[42] Die gesetzliche Definition „nach Abzug der Schulden verbleibendes Vermögen" ist insoweit missverständlich, als auch Rückstellungen abzusetzen sind; nur das Eigenkapital verbleibt.
[43] Lutter/*Joost* § 220 Rn. 10 mwN; so jetzt auch Sagasser/Bula/Brünger/*Sagasser/Luke* § 26 Rn. 141. Zum Formwechsel bei Unterbilanz ausführlich Widmann/Mayer/*Vossius* UmwG § 220 Rn. 23 ff.
[44] Limmer/*Limmer* Teil 4 Rn. 159 ff.
[45] Lutter/*Decher/Hoger* § 194 Rn. 17.
[46] Widmann/Mayer/*Vollrath* UmwG § 194 Rn. 23 f.
[47] Widmann/Mayer/*Vollrath* UmwG § 194 Rn. 25.
[48] AA *Bayer* ZIP 1997, 1613 (1616), wonach es der Zustimmung aller Anteilsinhaber bedarf.
[49] Ausnahmen enthalten §§ 221, 233 Abs. 3 S. 3, 236, 247 Abs. 3, 255 Abs. 3, 294 Abs. 1 S. 2 UmwG.

anteil" überträgt,[50] wobei letztere den Anteil ggf. treuhänderisch für den Veräußerer hält, so dass das wirtschaftliche Eigentum bei diesem verbleibt; nach erfolgter Umwandlung sollte die (ehemalige) Komplementärin dann ihre Aktien an den (ehemaligen) Kommanditisten abtreten und aus der Aktiengesellschaft ausscheiden können.[51] Nach mittlerweile herrschender Ansicht ist aber das Ausscheiden eines Anteilsinhabers, insbesondere der Komplementärin, im Rahmen des Formwechsels mit deren Zustimmung möglich, so dass sich diese Hilfskonstruktion erübrigt.[52]

23   cc) *Weitere Angaben*. Nach § 194 Abs. 1 Nr. 5 UmwG hat der Umwandlungsbeschluss Angaben darüber zu enthalten, welche Rechte und sonstigen Vorteile einzelnen Anteilsinhabern sowie Inhabern **besonderer Rechte** (zB Sonderrechte auf Bestellung von Geschäftsführern, Vorkaufsrechte, Zustimmungsvorbehalte für wesentliche Geschäftsführungsmaßnahmen) gewährt werden sollen. Die Verpflichtung zur Perpetuierung solcher Sonderrechte ergibt sich aus §§ 204, 23 UmwG. Soweit dies in der Aktiengesellschaft rechtsformbedingt nicht möglich ist, ist ein wirtschaftlich gleichwertiger Ausgleich zu schaffen, etwa in Gestalt eines Barausgleichs oder in Gestalt einer überproportionalen Aktienzuweisung.[53] Wenn Sonderrechte oder Ausgleichsmaßnahmen nicht vorgesehen sind, sollte dies klarstellend vermerkt werden. Weiterhin hat der Umwandlungsbeschluss ein **Barabfindungsangebot** gemäß § 207 UmwG zu enthalten (§ 194 Abs. 1 Nr. 6 UmwG).[54] Schließlich sind die Folgen der formwechselnden Umwandlung für die **Arbeitnehmer** darzulegen (§ 194 Abs. 1 Nr. 7 UmwG). Auf Grund der Identität des Rechtsträgers hat der Formwechsel regelmäßig keine Auswirkungen auf die einzelnen Arbeitsverhältnisse einschließlich der tarifvertraglichen Bezüge; auch die Betriebsverfassung bleibt unberührt.[55] Auswirkungen können sich lediglich hinsichtlich der Mitbestimmung ergeben, wenn bei der Umwandlung einer Personengesellschaft oder kleineren GmbH in eine Aktiengesellschaft erstmals Mitbestimmungspflicht (§§ 1 Abs. 1 DrittelbG, 1 Abs. 1 MitbestG) eintritt oder im umgekehrten Fall wegfällt. Sofern der formwechselnde Rechtsträger bereits zuvor der Mitbestimmung unterlag, ist darzulegen, ob die Ämter der bisherigen Arbeitnehmervertreter enden oder fortbestehen (§ 203 S. 1 UmwG).

24   e) **Feststellung der Satzung.** Gegenstand des Umwandlungsbeschlusses in eine Aktiengesellschaft ist weiterhin die Feststellung der Satzung. Diese muss mindestens die Bestimmungen gem. § 23 Abs. 3 und 4 AktG enthalten. Selbst wenn dies auch durch punktuelle Änderung einer bestehenden GmbH-Satzung erreicht werden könnte, sollte die Gelegenheit zur vollständigen **Neufassung** genutzt werden.[56] Im Hinblick auf §§ 197 S. 1 UmwG, 27 AktG ist in der Satzung (zweckmäßigerweise im Zusammenhang mit den Regelungen betreffend Höhe und Einteilung des Grundkapitals) darauf hinzuweisen, dass die Gesellschaft infolge formwechselnder Umwandlung entstanden ist und der formwechselnde Rechtsträger nach seiner bisherigen Firma genau zu bezeichnen.[57] Sollen die **Kosten der Umwandlung** von der Gesellschaft getragen werden, so ist dies unter Angabe einer betraglichen Höchstgrenze in die Satzung aufzunehmen (§ 197 UmwG, § 26 Abs. 2 AktG). Soweit beim Formwechsel einer GmbH in der bisherigen Satzung noch Festsetzungen über deren Gründungsaufwand enthalten sind, sind diese in die AG-Satzung zu übernehmen, wenn seit vollständiger Begleichung des Gründungsaufwands noch keine fünf Jahre vergangen sind.[58]

---

[50] Es kann sich dabei aber nicht um einen Teil des Kommanditanteils als solchen handeln, da der Komplementär nicht gleichzeitig Kommanditist sein kann, sondern nur um einen Anteil am Gesellschaftsvermögen.

[51] Vgl. dazu die 1. Aufl. 2004.

[52] Semler/Stengel/*Bärwaldt* § 194 Rn. 8; Lutter/*Decher/Hoger* § 202 Rn. 12; vgl. schon *K. Schmidt* GmbHR 1995, 693 ff.; *Kallmeyer* GmbHR 2000, 418; für den Beitritt einer Komplementärin im Rahmen des Formwechsels BGH ZIP 2005, 1318 (1319).

[53] Vgl. → Rn. 21. Ausführlich hierzu Widmann/Mayer/*Vollrath* UmwG § 194 Rn. 39 ff.

[54] Vgl. → Rn. 12.

[55] Kallmeyer/*Willemsen* § 194 Rn. 58.

[56] So schon BegrRegE UmwG, BR-Drs. 74/94, 150 ff.

[57] Widmann/Mayer/*Mayer* UmwG § 197 Rn. 146.

[58] Baumbach/Hueck/*Fastrich* GmbHG § 5 Rn. 57.

f) Erste Organe. Anlässlich des Formwechsels in eine Aktiengesellschaft sind deren erste Organe zu bestimmen. Sofern bisher kein **Aufsichtsrat** vorhanden war, sind dessen Mitglieder im Umwandlungsbeschluss zu benennen. Zu praktischen Schwierigkeiten führte hier bis zum Inkrafttreten des Zweiten Gesetzes zur Änderung des UmwG vom 19. April 2007 § 197 S. 2 UmwG aF, demzufolge die Vorschriften über den „ersten Aufsichtsrat" (dies sind insbesondere §§ 30, 31 AktG) keine Anwendung finden sollten. Das bedeutete einerseits, dass der neu zu bestimmende Aufsichtsrat von vornherein für die reguläre Amtszeit (§ 102 Abs. 1 AktG) gewählt werden konnte. Andererseits sollte er bei mitbestimmungspflichtigen Unternehmen von vornherein mit der vorgesehenen Zahl von Arbeitnehmervertretern besetzt sein. Um eine Handlungsunfähigkeit des Aufsichtsrats während des langwierigen Verfahrens zur Wahl der Arbeitnehmervertreter zu vermeiden, wurde empfohlen, unverzüglich nach Beschlussfassung das Statusverfahren nach §§ 97 ff. AktG einzuleiten und die gerichtliche Bestellung gem. § 104 AktG zu beantragen.[59] Das Zweite Gesetz zur Änderung des Umwandlungsgesetzes brachte die Klarstellung (§ 197 S. 3 UmwG), dass die Vorschrift des § 31 AktG, der zufolge bei einer Sachgründung der Aufsichtsrat zunächst nur mit den Anteilseignervertretern zu besetzen und unverzüglich ein Statusverfahren einzuleiten ist, auf einen Formwechsel in eine AG anwendbar ist.[60] Besteht bereits ein dem zukünftigen entsprechend zusammengesetzter Aufsichtsrat, so dauern die Ämter der Aufsichtsratsmitglieder fort, die Anteilseignervertreter können jedoch im Rahmen des Umwandlungsbeschlusses neu bestimmt werden (§ 203 UmwG). Die Ämter der Geschäftsführer einer formgewechselten GmbH setzen sich nicht in Vorstandsämtern fort, vielmehr werden die ersten **Vorstandsmitglieder** der neu entstehenden Aktiengesellschaft stets vom Aufsichtsrat bestellt (§§ 197 S. 1 UmwG, 30 Abs. 4 AktG). Prokuren und Handlungsvollmachten bleiben demgegenüber vom Formwechsel unberührt.[61] Allerdings sollte im Falle der gemischten Gesamtprokura in der Handelsregisteranmeldung vermerkt werden, dass die Vertretung künftig mit einem Vorstandsmitglied statt mit einem Geschäftsführer erfolgt. Sofern es sich nicht um eine kleine Kapitalgesellschaft iSv § 267 Abs. 1 HGB handelt, benötigt die Aktiengesellschaft auch einen **Abschlussprüfer.** Zweckmäßigerweise wird man diesen ebenfalls bereits im Umwandlungsbeschluss bestellen.

g) Sonstiges. Schließlich empfiehlt es sich – sofern die Gesellschafter hiermit einverstanden sind –, einen allseitigen **Anfechtungsverzicht** vorzusehen. Da die Vertretungsorgane des formwechselnden Rechtsträgers bei Anmeldung des Formwechsels zum Handelsregister erklären müssen, dass keine Anfechtungsklagen anhängig sind (§§ 198 Abs. 3, 16 Abs. 2 S. 1 UmwG), muss andernfalls vor Anmeldung der Ablauf der Anfechtungsfrist abgewartet werden. Die Veräußerung von Anteilen am Rechtsträger in der bisherigen Rechtsform bleibt bis zur Eintragung des Formwechsels im Handelsregister nach den hierfür geltenden Regeln möglich.[62]

4. Anwendung der Gründungsvorschriften

Für den Fall des Formwechsels in eine Aktiengesellschaft erklärt § 197 UmwG die für deren Gründung geltenden Vorschriften insgesamt für anwendbar (vgl. aber die oben bereits erwähnten Vorschriften über den ersten Aufsichtsrat).[63] Anders als etwa beim Umwandlungsbericht, der der Unterrichtung der Anteilseigner dient, kann auf die Förmlichkeiten der Gründung nicht verzichtet werden,[64] da diese Gläubigerschutzfunktion haben. Als **Gründer** gelten bei der formwechselnden Umwandlung diejenigen Personen, die für den Umwandlungsbeschluss gestimmt haben (§§ 219, 245 Abs. 1 S. 1 UmwG).

a) Gründungsbericht der Gründer. Entsprechend § 32 AktG haben sämtliche Gründer einen schriftlichen Bericht über den „Hergang der Gründung" zu erstatten und diesen eigen-

---

[59] Vgl. dazu die 1. Aufl. 2004.
[60] Widmann/Mayer/*Mayer* UmwG § 197 Rn. 162 ff.
[61] Widmann/Mayer/*Mayer* UmwG § 197 Rn. 178.
[62] BayObLG DB 2003, 1377.
[63] → Rn. 25.
[64] Vgl. Lutter/*Decher*/*Hoger* § 197 Rn. 8.

händig zu unterzeichnen; rechtsgeschäftliche Vertretung ist dabei nicht zulässig.[65] Zum **Hergang der Gründung** sind zunächst die „technischen Daten" des Formwechsels zu berichten: Formwechselnder Rechtsträger, Tag des Umwandlungsbeschlusses, neue Firma, Grundkapital, dessen Aufteilung auf die Anteilsinhaber, Namen der Aufsichtsrats- und Vorstandsmitglieder sowie des Abschlussprüfers.[66] Kern des Gründungsberichts ist die Darlegung, dass der Betrag des Grundkapitals das Reinvermögen des Rechtsträgers nicht übersteigt.[67] In diesem Zusammenhang ist über den Geschäftsverlauf der letzten beiden Geschäftsjahre[68] einschließlich der in diesen Geschäftsjahren erzielten Jahresergebnisse (§ 32 Abs. 2 Nr. 2 AktG) und die gegenwärtige Lage der formwechselnden Gesellschaft (§§ 220 Abs. 2, 245 Abs. 2 S. 2 UmwG), insbesondere die Wettbewerbssituation, entsprechend dem für den Lagebericht geltenden Standard (§ 289 HGB) zu berichten. Als Anhaltspunkt für die **Kapitaldeckung** dient auch die Angabe der „Anschaffungs- und Herstellungskosten aus den letzten beiden Jahren" (§ 32 Abs. 2 Nr. 3 AktG) vor dem Tag des Umwandlungsbeschlusses. Aus dem Zweck der Offenlegungspflicht ergibt sich, dass es sich hierbei nicht etwa um die Summe der vom formwechselnden Rechtsträger getätigten Investitionen handelt, sondern um die Aufwendungen der Anteilsinhaber für den Erwerb ihrer Anteile am Rechtsträger. Haben Anteile mehrfach den Eigentümer gewechselt, so ist nur der letzte Erwerbsvorgang mitzuteilen.[69] Schließlich ist anzugeben, ob und in welchem Ausmaß **Mitgliedern von Vorstand und Aufsichtsrat Aktien** zugewiesen werden. Sofern Dritte Aktien treuhänderisch für Verwaltungsmitglieder übernehmen, ist dies offenzulegen.[70] Weiterhin ist anzugeben, inwiefern Mitgliedern der Verwaltung **besondere Vorteile**, Entschädigungen oder Belohnungen für den Formwechsel bzw. seine Vorbereitung gewährt wurden (§ 32 Abs. 3 AktG). Dies betrifft etwa das Honorar eines (anwaltlichen) Beraters, der gleichzeitig ein Aufsichtsratsmandat innehat. Die Begünstigten sind namentlich und unter Angabe des konkret gewährten Vorteils zu nennen. Sofern Aktien nicht übernommen und/oder Vorteile nicht gewährt wurden, ist ausdrücklich Fehlanzeige zu erstatten.[71]

29   b) **Gründungsprüfung durch Vorstand und Aufsichtsrat.** Gem. §§ 33 ff. AktG haben die Mitglieder des Vorstands und des Aufsichtsrats den Hergang der Gründung (dh des Formwechsels) zu prüfen und hierüber schriftlich zu berichten. Der Bericht ist von allen Verwaltungsmitgliedern persönlich zu unterzeichnen. Stellvertretung ist nicht zulässig,[72] wohl aber die Zuhilfenahme Dritter bei der Vorbereitung des Berichts.[73] Prüfung und Bericht erstrecken sich auf den Hergang und die Ordnungsmäßigkeit des Formwechsels sowie die Richtigkeit und Vollständigkeit des Gründungsberichts. Wesentlicher **Gegenstand** ist namentlich die Deckung des Grundkapitals durch das Reinvermögen des formwechselnden Rechtsträgers. Schließlich ist die Angemessenheit der den Verwaltungsmitgliedern gewährten Vorteile und Belohnungen zu prüfen.[74] Bei der Abfassung des **Berichts** ist zu beachten, dass er beim Handelsregister (und damit auch über das Internet im elektronischen Unternehmensregister) von jedermann ohne Glaubhaftmachung eines besonderen Interesses eingesehen werden kann (§ 34 Abs. 3 S. 2 AktG). Allzu detaillierte Angaben über die wirtschaftlichen Verhältnisse sind insofern zu vermeiden.

30   c) **Externe Gründungsprüfung.** Im Hinblick auf §§ 220 Abs. 3 S. 1, 245 Abs. 1 S. 2 und Abs. 2 S. 2 UmwG ist darüber hinaus stets eine Prüfung durch einen externen Gründungsprüfer durchzuführen. Der Kreis der möglichen Prüfer ergibt sich aus § 33 Abs. 4 und 5

---

[65] Schmidt/Hörtnagl/*Stratz* UmwG § 197 Rn. 21; MüKoAktG/*Pentz* § 32 Rn. 6; Hüffer/Koch/*Koch* AktG § 32 Rn. 2.
[66] MHdB GesR IV/*Hoffmann-Becking* § 3 Rn. 24.
[67] → Rn. 20.
[68] Lutter/*Joost* § 220 Rn. 23.
[69] MüKoAktG/*Pentz* § 32 Rn. 20.
[70] MüKoAktG/*Pentz* § 32 Rn. 28; Hüffer/Koch/*Koch* AktG § 32 Rn. 6.
[71] MüKoAktG/*Pentz* § 32 Rn. 34.
[72] MHdB GesR IV/*Hoffmann-Becking* § 3 Rn. 25; Hüffer/Koch/*Koch* AktG § 33 Rn. 2.
[73] MüKoAktG/*Pentz* § 33 Rn. 8; Hüffer/Koch/*Koch* AktG § 33 Rn. 2.
[74] Hüffer/Koch/*Koch* AktG § 34 Rn. 3.

AktG,[75] wobei zum Gründungsprüfer gemäß § 75 Abs. 1 S. 2 UmwG auch der Verschmelzungsprüfer bestellt werden kann. In der Praxis wird man regelmäßig einen **Wirtschaftsprüfer** oder eine Wirtschaftsprüfungsgesellschaft beauftragen. Personen, die wirtschaftlich oder organschaftlich mit dem formwechselnden Rechtsträger verbunden sind, können nicht Prüfer sein (§§ 33 Abs. 5, 143 Abs. 2 AktG, 319 Abs. 2 und 3 HGB), bei Wirtschaftsprüfungsgesellschaften genügt die „Verstrickung" eines ihrer Gesellschafter oder eines an der Prüfung beteiligten Mitarbeiters; die Tätigkeit als Jahresabschlussprüfer ist hingegen unschädlich.[76] Der Prüfer muss vom Registergericht förmlich **bestellt** werden (§ 33 Abs. 3 AktG); ein entsprechender formloser Antrag kann bereits im Vorfeld des Umwandlungsbeschlusses gestellt werden.[77] Es empfiehlt sich, dem Antrag von vornherein eine Einverständniserklärung des in Aussicht genommenen Prüfers beizufügen. Der **Gegenstand der Prüfung** deckt sich mit derjenigen durch Vorstand und Aufsichtsrat. Aus § 38 Abs. 2 S. 1 AktG ergibt sich, dass darüber hinaus der Prüfungsbericht der Verwaltung als solcher zu prüfen ist.[78]

d) **Haftung.** Die **Gründer** – auch soweit sie nicht an der Geschäftsführung des formwechselnden Rechtsträgers beteiligt sind – stehen nach § 46 AktG als Gesamtschuldner für die Richtigkeit und Vollständigkeit der Angaben im Gründungsbericht ein. Die Haftung besteht allerdings nur gegenüber dem formwechselnden Rechtsträger selbst (ggf. gegenüber dem Insolvenzverwalter), nicht gegenüber Gläubigern. Die Gesellschaft ist so zu stellen, wie sie stünde, wären die Angaben richtig.[79] Den einzelnen Gründern steht der Entlastungsbeweis offen (§ 46 Abs. 3 AktG), wobei dieser jedoch schon dann misslingt, wenn ein in der Gründung von Aktiengesellschaften erfahrener Geschäftsmann in der Lage des betreffenden Gründers die Unrichtigkeit oder Unvollständigkeit bemerkt hätte.[80] Neben den Gründern haften die **Mitglieder der Verwaltung** und der **Gründungsprüfer** sowie bestimmte weitere Beteiligte (§§ 47 ff. AktG). Die Anspruchsgrundlagen nach §§ 46 ff. AktG schließen anderweitige Ersatzansprüche nicht aus; sie sind keine Schutzgesetze im Sinne von § 823 Abs. 2 BGB.[81] Die Verweisung in § 197 S. 1 UmwG erstreckt sich grundsätzlich auch auf die **Differenzhaftung** nach § 36a Abs. 2 S. 3 AktG iVm § 9 GmbHG in analoger Anwendung,[82] die im Gegensatz zu der vorerwähnten Gründerhaftung alle Anteilseigner betrifft – also auch solche, die gegen die Umwandlung gestimmt haben. Die hieraus resultierende Härte wird durch eine restriktive Handhabung der Differenzhaftung gemildert. Sie greift in der Praxis regelmäßig nur, wenn das Reinvermögen das Grundkapital wesentlich unterschreitet.[83] Die Haftung ist verschuldensunabhängig, ein Entlastungsbeweis daher naturgemäß nicht möglich. Eine **Handelndenhaftung** entsprechend § 41 Abs. 1 S. 2 AktG von Personen, die vor Eintragung des Formwechsels bereits für die künftige Aktiengesellschaft handeln, wird in seltenen Fällen in Betracht kommen, wenn hierdurch besonderes Vertrauen erweckt wird.[84] Es erscheint indes fraglich, ob man davon ausgehen kann, dass Aktiengesellschaften im Rechtsverkehr noch besonderes Vertrauen entgegengebracht wird.[85]

e) **Mitteilungspflichten nach §§ 20 ff. AktG.** Der Formwechsel in eine Aktiengesellschaft führt grundsätzlich auch zur Anwendbarkeit der §§ 20 ff. AktG.[86] Diese Mitteilungspflichten für den Fall des Erreichens einer Sperrminorität oder einer Mehrheitsbeteiligung sollten

---

[75] Ausführlich MüKoAktG/*Pentz* § 33 Rn. 35 ff.
[76] MHdB GesR IV/*Hoffmann-Becking* § 3 Rn. 26. Beachte aber die Ausnahme nach § 319 Abs. 3 Nr. 5 HGB.
[77] Lutter/*Decher*/*Hoger* § 197 Rn. 28.
[78] Hüffer/Koch/*Koch* AktG § 34 Rn. 2.
[79] Hüffer/Koch/*Koch* AktG § 46 Rn. 13.
[80] BGH NJW 1988, 909.
[81] Hüffer/Koch/*Koch* AktG § 46 Rn. 3 und § 47 Rn. 3.
[82] Kallmeyer/*Meister*/*Klöcker* § 197 Rn. 44; aA für den Formwechsel einer Kapitalgesellschaft in eine Kapitalgesellschaft anderer Rechtsform Lutter/*Decher*/*Hoger* § 197 Rn. 39.
[83] Widmann/Mayer/*Mayer* UmwG § 36 Rn. 172.
[84] Lutter/*Decher*/*Hoger* § 197 Rn. 41.
[85] Zu weiteren Haftungsgrundlagen vgl. → Rn. 42.
[86] Bei börsennotierten Gesellschaften vgl. §§ 21 ff. WpHG.

unmittelbar nach (oder noch in) der Gesellschafterversammlung erfüllt werden, die über den Formwechsel beschließt, da §§ 20 ff. AktG nach herrschender Meinung schon gegenüber der Vor-AG bestehen.[87] Solange die Mitteilung nicht erfolgt ist, kann der betreffende Aktionär seine Rechte nicht ausüben (§ 20 Abs. 7 S. 1 AktG).

33 **f) Nachgründung.** Die Eintragung der formwechselnden Umwandlung in das Handelsregister setzt die zweijährige Frist in Lauf, binnen derer die Nachgründungsvorschriften des § 52 AktG gelten (§ 220 Abs. 3 S. 2 UmwG). Bei Formwechsel einer GmbH in eine AG bzw. KGaA berücksichtigt der Gesetzgeber jedoch, dass sich die Kapitalaufbringung bei der GmbH nicht grundsätzlich gegenüber der AG unterscheidet. Daher ist gem. § 245 Abs. 1 S. 3 UmwG die Vorschrift des § 52 AktG nur anwendbar, wenn die GmbH vor Wirksamwerden des Formwechsels weniger als zwei Jahre im Handelsregister eingetragen war.[88] § 245 Abs. 3 UmwG sieht vor, dass bei Formwechseln einer KGaA in eine AG § 52 AktG nicht anzuwenden ist. Dies ist insoweit sachgerecht, als die Vorschrift bereits für die Ausgangsrechtsform anwendbar war,[89] geht jedoch zu weit, wenn der Formwechsel vor Ablauf der Zweijahresfrist erfolgt, da dies die Frist des § 52 AktG verkürzen würde. Richtigerweise wird die Vorschrift wohl teleologisch so auszulegen sein, dass die Zweijahresfrist mit der Eintragung des Ausgangsrechtsträgers beginnt und im Falle eines Formwechsels nicht erneut zu laufen beginnt.[90]

5. Formwechselprüfung

34 Eine gesonderte „Formwechselprüfung" analog der Verschmelzungs- bzw. Spaltungsprüfung ist im Umwandlungsgesetz neben der vorstehend dargestellten Gründungsprüfung **nicht vorgesehen**.[91] Sofern allerdings ein Gesellschafter gegen den Umwandlungsbeschluss Widerspruch zur Niederschrift einlegt und sich damit die Möglichkeit des Ausscheidens offen hält, ist das für diesen Fall geltende **Barabfindungsangebot** auf seine Angemessenheit zu prüfen (§§ 208, 30 Abs. 2 S. 1 UmwG). Insoweit gelten die Vorschriften über die Verschmelzungsprüfung (§§ 10 ff. UmwG) analog.[92] Die zur Barabfindung berechtigten Gesellschafter können auf die Prüfung und/oder den hierüber zu erstattenden Prüfungsbericht verzichten, wobei die Verzichtserklärungen notariell zu beurkunden sind (§ 30 Abs. 2 S. 2 UmwG). Da einerseits erst nach Abschluss der Gesellschafterversammlung feststeht, welche Gesellschafter Widerspruch eingelegt haben und damit eine Prüfung verlangen können, andererseits aber gefordert wird, dass der Prüfungsbericht jedenfalls in der Gesellschafterversammlung vorliegt,[93] wird man in der Praxis nur dann von einer Prüfung absehen können, wenn alle Gesellschafter vorab notariell hierauf[94] verzichtet haben oder man sich der Zustimmung aller Gesellschafter zu der Umwandlung sicher sein kann.

6. Anmeldung zum Handelsregister

35 **a) Inhalt der Anmeldung.** Anzumelden ist zunächst der **Formwechsel** als solcher (nach der Formulierung des Gesetzes „die neue Rechtsform", § 198 Abs. 1 UmwG). Soweit mit dem Formwechsel eine Neufassung der **Satzung** einhergeht, ist auch diese anzumelden (§ 181 Abs. 1 S. 1 AktG). Weiterhin sind beim Formwechsel in eine Aktiengesellschaft die neuen Vorstandsmitglieder nach Vor- und Nachnamen, Geburtsdatum und Wohnort sowie ihre

---

[87] Hüffer/Koch/*Koch* AktG § 20 Rn. 2; Widmann/Mayer/*Mayer* UmwG § 197 Rn. 152 mwN.
[88] Mit der Folge, dass die Zweijahresfrist mit Eintragung des Formwechsels (erneut) zu laufen beginnt, vgl. dazu zu Recht krit. Widmann/Mayer/*Mayer* UmwG § 197 Rn. 11.1.
[89] *Drinhausen* BB 2006, 2313 (2316).
[90] Lutter/*Göthel* § 245 Rn. 64.
[91] Lediglich bei Genossenschaften ist die Anfertigung eines Gutachtens durch den genossenschaftlichen Prüfungsverband erforderlich (§ 259 UmwG).
[92] Vgl. hierzu auch → Rn. 58 ff.
[93] *Hommelhoff* ZGR 1993, 462 Fn. 23.
[94] So auch Semler/Stengel/*Zeidler* § 30 Rn. 28 ff.; weitergehend Kallmeyer/*Lanfermann* § 30 Rn. 20: Verzicht auf Prüfung und Widerspruch.

abstrakte (dh satzungsmäßige) und ggf. eine abweichende konkrete (dh vom Aufsichtsrat verliehene) Vertretungsbefugnis sowie eine inländische Geschäftsanschrift anzugeben (§§ 246 Abs. 2, 197 S. 1 UmwG, 37 Abs. 3 AktG, 43 Nr. 4 HRV, 12 HGB).

b) Anmeldepflichtige Personen. Die Anmeldung des Formwechsels einer Personengesellschaft zum Handelsregister obliegt sämtlichen Mitgliedern des künftigen Vorstands sowie sämtlichen Mitgliedern des Aufsichtsrats (§ 222 Abs. 1 S. 1 UmwG). Darüber hinaus haben sämtliche Personen, die als Gründer gelten, die Anmeldung zu unterzeichnen (§ 222 Abs. 2 UmwG).[95] Beim Formwechsel einer GmbH genügt die Anmeldung durch die bisherigen Geschäftsführer (§ 246 Abs. 1 UmwG) in vertretungsberechtigter Zahl.[96] Die Anmeldung durch Bevollmächtigte scheidet in der Praxis aus, da jedenfalls die Negativerklärung gem. §§ 198 Abs. 3, 16 Abs. 2 und 3 UmwG[97] und die Versicherung nach § 37 Abs. 2 AktG höchstpersönlich abgegeben werden müssen.[98]

c) Versicherungen. Die Vorstandsmitglieder (in vertretungsberechtigter Zahl) haben bei der Anmeldung höchstpersönlich zu versichern, dass **Klagen** gegen den Umwandlungsbeschluss nicht oder nicht fristgerecht erhoben oder eine solche rechtskräftig abgewiesen oder zurückgenommen wurde (§§ 198 Abs. 3, 16 Abs. 2 UmwG). Falls demgegenüber eine Klage anhängig sein sollte, kann das zuständige Prozessgericht (idR die Kammer für Handelssachen des für den Sitz der Gesellschaft zuständigen Landgerichts) die Versicherung auf Antrag **ersetzen**, insbesondere wenn die Klage unzulässig oder offensichtlich unbegründet[99] ist oder wenn eine Interessenabwägung nach freier Überzeugung des Gerichts ergibt, dass die rasche Vollziehung des Formwechsels vorrangig erscheint (§ 16 Abs. 3 Nr. 3 UmwG).[100] Sämtliche Vorstandsmitglieder haben weiterhin zu versichern, dass keine Umstände vorliegen, die ihrer Bestellung nach § 76 Abs. 3 S. 2 Nr. 2 und 3 sowie S. 3 AktG entgegenstehen (Verurteilung wegen Straftaten insbesondere im Zusammenhang mit Insolvenz, falschen Angaben iRd Rechnungslegung oder Betrugstatbeständen bzw. Berufs- oder Gewerbeausübungsverbot), und dass sie nach § 53 Abs. 2 BZRG über ihre unbeschränkte Auskunftspflicht belehrt worden sind (§§ 197 S. 1 UmwG, 37 Abs. 2 S. 1 AktG). Beim Formwechsel einer GmbH ist nach § 246 Abs. 3 UmwG keine Versicherung darüber abzugeben, dass die **Einlagen** geleistet worden sind und zur freien Verfügung des Vorstands stehen (§ 37 Abs. 1 S. 2 AktG). Eine solche Versicherung soll nach herrschender Meinung auch beim Formwechsel einer Personengesellschaft nicht erforderlich sein,[101] obwohl die systematische Auslegung das Gegenteil nahe legt und die Unterscheidung zwischen Personen- und Kapitalgesellschaften als formwechselnder Rechtsträger durchaus legitim erscheint, vgl. nur die unterschiedlichen Gestaltungsspielräume bei der Festlegung des Grundkapitals (§ 247 UmwG einerseits und § 220 Abs. 1 UmwG andererseits). In der Praxis sollte man die Einlagenversicherung jedenfalls aus Vorsichtsgründen in die Anmeldung aufnehmen.

d) Beizufügende Unterlagen. Folgende Unterlagen sind der Anmeldung beizufügen (§ 199 UmwG sowie die Vorschriften des Gründungsrechts der Aktiengesellschaft):

---

[95] Zur Anmeldung bei gleichzeitigem Register- und/oder Sitzwechsel vgl. auch § 222 Abs. 3 UmwG.
[96] Lutter/*Göthel* § 246 Rn. 5; Kallmeyer/*Blasche* § 246 Rn. 2.
[97] → Rn. 37.
[98] Hüffer/Koch/*Koch* AktG § 37 Rn. 6.
[99] OLG Düsseldorf ZIP 1999, 793; OLG Hamm ZIP 1999, 798.
[100] Ausführlich Kallmeyer/*Marsch-Barner* § 16 Rn. 42 ff. Seit dem ARUG ergeht der Beschluss nach § 16 Abs. 3 Nr. 2 UmwG auch dann, wenn der Kläger nicht binnen einer Woche nach Zustellung des Antrags durch Urkunden nachgewiesen hat, dass er seit Bekanntmachung der Einberufung einen anteiligen Betrag von mindestens 1.000 EUR hält.
[101] Kallmeyer/*Zimmermann* § 198 Rn. 13; Lutter/*Joost* § 220 Rn. 17.

39

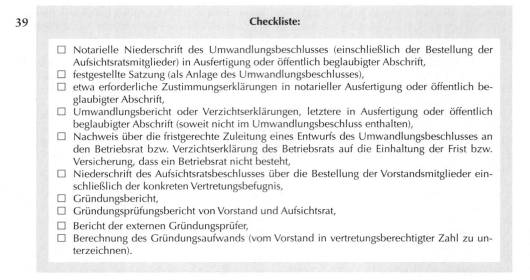

Checkliste:

☐ Notarielle Niederschrift des Umwandlungsbeschlusses (einschließlich der Bestellung der Aufsichtsratsmitglieder) in Ausfertigung oder öffentlich beglaubigter Abschrift,
☐ festgestellte Satzung (als Anlage des Umwandlungsbeschlusses),
☐ etwa erforderliche Zustimmungserklärungen in notarieller Ausfertigung oder öffentlich beglaubigter Abschrift,
☐ Umwandlungsbericht oder Verzichtserklärungen, letztere in Ausfertigung oder öffentlich beglaubigter Abschrift (soweit nicht im Umwandlungsbeschluss enthalten),
☐ Nachweis über die fristgerechte Zuleitung eines Entwurfs des Umwandlungsbeschlusses an den Betriebsrat bzw. Verzichtserklärung des Betriebsrats auf die Einhaltung der Frist bzw. Versicherung, dass ein Betriebsrat nicht besteht,
☐ Niederschrift des Aufsichtsratsbeschlusses über die Bestellung der Vorstandsmitglieder einschließlich der konkreten Vertretungsbefugnis,
☐ Gründungsbericht,
☐ Gründungsprüfungsbericht von Vorstand und Aufsichtsrat,
☐ Bericht der externen Gründungsprüfer,
☐ Berechnung des Gründungsaufwands (vom Vorstand in vertretungsberechtigter Zahl zu unterzeichnen).

Soweit nicht anders angegeben, sind die vorstehenden Unterlagen in (privatschriftlicher) Urschrift oder beglaubigter Abschrift vorzulegen.

7. Wirkungen der Eintragung

40 **a) Identität des Rechtsträgers.** Mit Eintragung der neuen Rechtsform im Handelsregister wird der Formwechsel wirksam.[102] Dabei besteht der formwechselnde Rechtsträger in der im Umwandlungsbeschluss bestimmten Rechtsform weiter (§ 202 Abs. 1 Nr. 1 UmwG). Eine Gesamtrechtsnachfolge tritt nicht ein.[103] Gleichwohl wird die Aktiengesellschaft beim Handelsregister unter einer neuen HRB-Nummer geführt (§ 13 Abs. 3 S. 2 HRV). Eintragungen in anderen öffentlichen Registern (zB Grundbuch, Markenregister etc) sind nur dem Namen nach zu berichtigen, ohne dass eine Berichtigung im engeren Sinne (zB § 894 BGB) erforderlich wäre.[104] Auch eine Klauselumschreibung iSv § 727 ZPO ist nicht erforderlich. Rechte Dritter an Gesellschaftsrechten wie zB Pfandrechte bestehen an den Aktien weiter (§ 202 Abs. 1 Nr. 2 S. 2 UmwG).

41 **b) Heilung von Fehlern.** Wird die formwechselnde Umwandlung trotz mangelnder notarieller Beurkundung des Umwandlungsbeschlusses, einzelner Zustimmungs- oder Verzichtserklärungen[105] oder trotz anderer **Formfehler** eingetragen, so werden diese hierdurch geheilt (§ 202 Abs. 1 Nr. 3 und Abs. 3 UmwG).[106] § 202 Abs. 1 Nr. 3 UmwG meint nicht den Fall, dass die Beurkundung gänzlich unterblieben ist, hier tritt auch keine Heilung ein;[107] die Vorschrift betrifft vielmehr Fälle, in denen Nebenabreden außerhalb der Urkunde getroffen wurden oder der Umwandlungsbeschluss nicht alle gem. § 194 Abs. 1 UmwG erforderlichen Bestandteile enthält. Bei sonstigen Formfehlern, namentlich hinsichtlich der Einberufung und Durchführung der Gesellschafterversammlung, ist zu beachten, dass die Wirksamkeit der Umwandlung als solcher nach Eintragung insoweit nicht mehr angegriffen

---

[102] Zu beachten ist § 198 Abs. 2 UmwG.
[103] Kallmeyer/*Meister/Klöcker* § 202 Rn. 13; Lutter/*Decher/Hoger* § 202 Rn. 7; Widmann/Mayer/*Vossius* UmwG § 202 Rn. 25.
[104] Widmann/Mayer/*Vossius* UmwG § 202 Rn. 38.
[105] AA Kallmeyer/*Meister/Klöcker* § 202 Rn. 49, der diese Mängel entgegen dem Gesetzeswortlaut unter § 202 Abs. 3 UmwG fassen will.
[106] In Extremfällen kann die Umwandlung gleichwohl nichtig sein, BGH ZIP 2001, 2006.
[107] Widmann/Mayer/*Vossius* UmwG § 202 Rn. 181.

werden kann, **gleichzeitig** mit der Umwandlung **beschlossene Maßnahmen** (zB Kapitalerhöhung, Satzungsänderung) hierdurch jedoch nicht geschützt sind.[108] Gleiches gilt für Mängel der historischen Gründung des formwechselnden Rechtsträgers (zB verdeckte Sacheinlagen).[109]

c) **Gläubigerschutz.** Nach §§ 204, 22 Abs. 1 UmwG können Gläubiger binnen sechs Monaten[110] nach Bekanntmachung der Eintragung der Umwandlung **Sicherheitsleistung** verlangen, sofern sie glaubhaft machen, dass die Erfüllung ihrer Forderungen infolge der Umwandlung gefährdet ist.[111] Dies wird nicht beim Formwechsel einer Personengesellschaft mit natürlichen Personen als Vollhafter möglich sein und ist auch dort im Hinblick auf die fünfjährige Nachhaftungsperiode (§ 224 UmwG)[112] kaum denkbar.[113] Die Art der Sicherheitsleistung richtet sich nach § 232 BGB, wobei dem formwechselnden Rechtsträger das Wahlrecht zusteht.

d) **Haftung.** Sofern der Rechtsträger, die Anteilsinhaber oder die Gläubiger infolge der Umwandlung einen Schaden erleiden, sind die bis zur Umwandlung amtierenden Mitglieder des **Vertretungsorgans** und ggf. des **Aufsichtsrats** gesamtschuldnerisch zum Ersatz verpflichtet (§ 205 UmwG).[114] Die Haftung besteht gegenüber Anteilseignern und Gläubigern unmittelbar. Ansprüche der Anteilsinhaber kommen etwa in Betracht, wenn die Beteiligungsverhältnisse bei der Umwandlung unzutreffend bemessen wurden oder Sonderrechte nicht ausreichend kompensiert wurden.[115] Gläubiger werden nur dann Ansprüche nach § 205 UmwG haben, wenn Sicherheiten nach §§ 204, 22 UmwG nicht zu erlangen sind. Den Organmitgliedern steht gemäß §§ 205 Abs. 1 S. 2, 25 Abs. 1 S. 2 UmwG der Exkulpationsbeweis offen.

8. Rechtsschutz

a) **Klage gegen die Wirksamkeit des Umwandlungsbeschlusses.** Wie Mängel von Umwandlungsbeschlüssen geltend gemacht werden können, richtet sich nach der (bisherigen) Rechtsform des formwechselnden Rechtsträgers.[116] Für Kapitalgesellschaften ist danach die Anfechtungs- bzw. die Klage auf Feststellung der Nichtigkeit des Beschlusses („Nichtigkeitsklage") eröffnet, bei Personengesellschaften erfolgt die Geltendmachung im Wege der Feststellungsklage gegen die Mitgesellschafter. Aus Gründen der Rechtssicherheit und der Effektivität des Umwandlungsrechts hat der Gesetzgeber die Zulässigkeit solcher Klagen jedoch in verschiedenerlei Hinsicht eingeschränkt. § 195 UmwG sieht zunächst (in Anlehnung an § 246 AktG) eine **Ausschlussfrist** für die Klageerhebung von einem Monat nach dem Tag der Beschlussfassung vor.[117] Sie gilt rechtsformeinheitlich, dh auch für Klagen gegen Beschlüsse von Personengesellschaften. Dabei wird mit Fristablauf nicht nur die Klageerhebung als solche präkludiert, sondern auch das Nachschieben von Unwirksamkeitsgründen im Rahmen eines fristgerecht eingeleiteten Prozesses.[118] Die Berichtigung und Ergänzung von Tatsachenvortrag, der seinem Kern nach bereits in den Prozess eingeführt wurde, bleibt indes möglich.[119] Unberührt von § 195 Abs. 1 UmwG bleibt die Befugnis und die Pflicht des Registerrichters zur Prüfung der Wirksamkeit des Umwandlungsbeschlusses

---

[108] Lutter/*Decher/Hoger* § 202 Rn. 60.
[109] Lutter/*Decher/Hoger* § 202 Rn. 59.
[110] Zum Beginn der Sechsmonatsfrist ausführlich *Petersen* S. 42 f.
[111] Ausführlich zum Gläubigerschutz Limmer/*Limmer* Teil 4 Rn. 355 ff.
[112] Zur Fortdauer und Begrenzung der persönlichen Haftung *Petersen* S. 44 ff.
[113] *Petersen* S. 33 ff.
[114] *Petersen* S. 57 ff.
[115] Lutter/*Decher/Hoger* § 205 Rn. 9 ff.
[116] Kallmeyer/*Meister/Klöcker* § 195 Rn. 7.
[117] Lutter/*Decher/Hoger* § 195 Rn. 6 weist entgegen Widmann/Mayer/*Heckschen* UmwG § 14 Rn. 30 und *K. Schmidt* DB 1995, 1849 (1850) zu Recht darauf hin, dass die Nichtigkeitsklage eine Sonderform der allgemeinen Feststellungsklage ist und daher kein Raum für eine Differenzierung bleibt.
[118] OLG Düsseldorf ZIP 1999, 973; OLG Hamm ZIP 1999, 798 (803).
[119] BGH NJW 1993, 400 (404); KG AG 1999, 126 (127); Kallmeyer/*Meister/Klöcker* § 195 Rn. 17.

auch nach Ablauf der Monatsfrist.[120] Der Fristablauf hat also nur eine prozessuale, nicht aber eine materiellrechtlich heilende Wirkung.[121] Unberührt bleibt auch die Möglichkeit, die faktische Durchführung des Formwechsels vor seiner Eintragung mittels Unterlassungsklage oder einstweiliger Verfügung zu unterbinden.[122]

45 Klagen gegen die Wirksamkeit des Umwandlungsbeschlusses kommen insbesondere in Betracht bei **Verfahrensfehlern** (zB Einberufungsmängel, Mängel der Auskunftserteilung gegenüber den Anteilsinhabern, insbesondere Mängel des Umwandlungsberichts) oder bei inhaltlichen Mängel des Umwandlungsbeschlusses (zB Verstoß gegen die Erfordernisse des § 194 Abs. 1 UmwG). Die Verletzung von Informations-, Auskunfts- und Berichtspflichten, die in Zusammenhang mit der Barabfindung gem. § 207 UmwG stehen, berechtigt nach der Rechtsprechung des BGH[123] jedoch nicht zur Anfechtung, sondern kann ausschließlich im Spruchverfahren geltend gemacht werden.[124] Eine **materielle Beschlusskontrolle** findet nach zutreffender hM grundsätzlich nicht statt,[125] es kann also regelmäßig nicht gerichtlich überprüft werden, ob der Formwechsel wirtschaftlich vernünftig ist oder der verfolgte Zweck auch auf andere Weise zu erreichen gewesen wäre. In besonders gelagerten (Missbrauchs-)Fällen kann eine Korrektur über die Treupflicht oder den Gleichbehandlungsgrundsatz erfolgen.[126] Die Anhängigkeit einer Klage gegen die Wirksamkeit des Umwandlungsbeschlusses führt zu einer **Registersperre** (§§ 198 Abs. 3, 16 Abs. 2 UmwG).[127]

46 b) **Spruchverfahren.** Klagen gegen die Wirksamkeit des Umwandlungsbeschlusses, die sich auf eine zu niedrige Bemessung der dem Kläger zugewiesenen Gesellschaftsanteile stützen oder darauf, dass die Mitgliedschaft am Rechtsträger neuer Rechtsform keinen ausreichenden Gegenwert für diejenige am Rechtsträger bisheriger Rechtsform darstellt, sind unzulässig (§ 195 Abs. 2 UmwG). Insoweit verweist der Gesetzgeber den Kläger auf eine **Zuzahlung in bar** (§ 196 UmwG). Parallel hierzu ist auch eine Klage, die auf eine zu niedrige Bemessung des **Barabfindungsangebots** gestützt ist, unzulässig (§ 210 UmwG). Der Anspruch auf Zuzahlung bzw. eine höhere Barabfindung ist prozessual im Spruchverfahren geltend zu machen (§§ 196 S. 2, 212 UmwG), welches keine Registersperre bewirkt und die Wirksamkeit der Umwandlung unberührt lässt.
Ein Antrag auf gerichtliche Entscheidung im Spruchverfahren[128] kann binnen einer **Frist** von drei Monaten nach Bekanntmachung der Eintragung der Umwandlung im Handelsregister gestellt werden (§ 4 Abs. 1 Nr. 4 SpruchG). Zuständig ist das für den (bisherigen) Sitz des formwechselnden Rechtsträgers zuständige Landgericht, funktional die Kammer für Handelssachen (§ 2 SpruchG). Die Landesregierungen sind ermächtigt, zentral zuständige Landgerichte zu bestimmen. Antragsberechtigt sind die materiell Anspruchsberechtigten; der Antrag richtet sich gegen den Rechtsträger neuer Rechtsform (§ 5 SpruchG). Für diejenigen Anteilsinhaber, die nicht selbst Antragsteller sind, bestellt das Gericht einen gemeinsamen Vertreter (§ 6 SpruchG), da die Entscheidung des Gerichts, die als Beschluss ergeht, inter omnes wirkt (§ 13 S. 2 SpruchG). Zur Durchsetzung von Zahlungsansprüchen auf Zuzahlungen in bar oder (erhöhte) Barabfindungen gemäß der Entscheidung im Spruchverfahren bedarf es ggf. eines gesonderten vollstreckbaren Titels, der außerhalb des Verfahrens, etwa durch Leistungsklage gegen den formwechselnden Rechtsträger, erlangt werden muss (vgl. § 16 SpruchG).

---

[120] Lutter/*Decher/Hoger* § 195 Rn. 5; *Bork* ZGR 1993, 343 (354).
[121] Kallmeyer/*Meister/Klöcker* § 195 Rn. 18; *K. Schmidt* DB 1995, 1849; *Bokelmann* DB 1994, 1341 (1342).
[122] Lutter/*Decher/Hoger* § 195 Rn. 7; abweichend Goutier/Knopf/Tulloch/*Bermel* § 14 Rn. 5.
[123] BGH NJW 2001, 1425 ff.; 2001, 1428 ff.; zust. *Kleindiek* NZG 2001, 552; *Sinewe* DB 2001, 690; krit. Kallmeyer GmbHR 2001, 204; *Bärwaldt* GmbHR 2001, 247; *Luttermann* BB 2001, 382.
[124] Vgl. → Rn. 46, dies gilt auch, wenn geltend gemacht wird, dass das Umtauschverhältnis im Umwandlungsbericht nicht oder falsch erläutert wurde, vgl. Lutter/*Decher/Hoger* § 195 Rn. 16 ff., Semler/Stengel/*Bärwaldt* § 195 Rn. 22.
[125] Schmitt/Hörtnagl/*Stratz* UmwG § 195 Rn. 3.
[126] Ausführlich hierzu Lutter/*Göthel* § 233 Rn. 53.
[127] Zur Überwindung → Rn. 37.
[128] Hierzu → § 40.

9. Kosten

Für die Beurkundung des Umwandlungsbeschlusses entsteht eine 2,0-Gebühr, wobei sich 47
der Geschäftswert nach dem Wert des Aktivvermögens des formwechselnden Rechtsträgers
ohne Abzug von Verbindlichkeiten richtet (§§ 108 Abs. 3 S. 1, 38 GNotKG). Der Höchstbetrag ist 5.000.000 EUR (§ 108 Abs. 5 GNotKG). Eine im Rahmen des Formwechsels erfolgende Satzungsneufassung ist regelmäßig nicht gesondert zu bewerten; sofern der Notar jedoch den Entwurf erstellt, entsteht eine Gebühr nach § 119 Abs. 1 GNotKG. Mitbeurkundete Zustimmungs- und Verzichtserklärungen (zB auf Abgabe eines Barabfindungsangebots nach § 207 UmwG) sind gegenstandsverschieden vom Umwandlungsbeschluss und lösen eine Gebühr nach § 110 GNotKG aus. Erklärungen verschiedener Gesellschafter sind gesondert zu berechnen. Sollten die so berechneten Gebühren den Gebührensatz aus der Summe aller Geschäftswerte übersteigen, ist nur letzterer maßgeblich (§ 94 Abs. 1 GNotKG). Hinzu kommen gegebenenfalls Gebühren nach § 120 GNotKG für eine über die Beurkundung hinausgehende, beratende Tätigkeit des Notars. Schließlich entsteht für die Registeranmeldung eine Gebühr nach § 105 Abs. 1 GNotKG, wobei als Geschäftswert im Falle der Umwandlung in eine Aktiengesellschaft deren Grundkapital anzusetzen ist, höchstens jedoch 1.000.000 EUR (§ 106 GNotKG). Hat der Notar den Entwurf der Anmeldung selbst gefertigt, entsteht eine halbe Gebühr (Nr. 21201 KV GNotKG), ansonsten nur eine 0,2-Gebühr (Nr. 25100 KV GNotKG). Für die Eintragung erhebt das Registergericht nach Maßgabe der HRegGebV zwei Gebühren, zunächst für die Eintragung des Formwechsels bei dem bisherigen Rechtsträger (Handelsregister Abteilung A: HRegGebV Nr. 1400, Handelsregister Abteilung B: HRegGebV Nr. 2402) und sodann für die Ersteintragung des neuen Rechtsträgers (für die AG: HRegGebV Nr. 2105). Hinzu kommen die Kosten der Bekanntmachungen.[129]

III. Entstehung und Beendigung durch Verschmelzung

Verschmelzungen können einerseits in der Weise vollzogen werden, dass ein Rechtsträger 48
in einem anderen, bestehenden Rechtsträger aufgeht (**Verschmelzung durch Aufnahme**,
§§ 4 ff. UmwG). Andererseits können zwei oder mehr Rechtsträger auf einen in diesem Zusammenhang neu zu gründenden weiteren Rechtsträger verschmolzen werden (**Verschmelzung durch Neugründung**, §§ 36 ff. UmwG). Erfolgt die Verschmelzung innerhalb des selben Konzerns, so spricht man bei der Verschmelzung eines abhängigen auf das herrschende Unternehmen von einem „upstream merger", umgekehrt von einem „downstream merger"; handelt es sich um Schwestergesellschaften, so bemüht man den Begriff „sidestream merger". In jedem Fall kommt es im Zuge der Verschmelzung zu einer Übertragung des Vermögens des übertragenden Rechtsträgers (bzw. der übertragenden Rechtsträger) mit allen Aktiven und Passiven im Wege der **Gesamtrechtsnachfolge** auf den übernehmenden Rechtsträger (§ 2 UmwG), wobei der übertragende Rechtsträger als eigenständige Rechtspersönlichkeit untergeht, ohne dass es einer Liquidation bedürfte. Als Gegenleistung erhalten die Anteilseigner des übertragenden Rechtsträgers regelmäßig Anteile am übernehmenden Rechtsträger;[130] Ausnahmen ergeben sich aus §§ 54, 68 UmwG insbesondere für Konzernverschmelzungen und bei Verzicht der Anteilsinhaber.[131] Die durch das Zweite Gesetz zur Änderung des Umwandlungsgesetzes eingefügten §§ 122a ff. UmwG regeln die grenzüberschreitende Verschmelzung.[132]

---

[129] Ausführliche Darstellung mit Berechnungsbeispielen bei *Limmer* Teil 8 Rn. 88 ff.

[130] Strittig ist, ob und inwieweit das Wertpapiererwerbs- und Übernahmegesetz bei Verschmelzungen unter Beteiligung börsennotierter Aktiengesellschaften anwendbar ist; der Gesetzgeber hat dies offen gelassen, vgl. *Weber-Rey/Schütz* AG 2001, 325 ff.; *Seibt/Heiser* ZHR 165, 466 ff.; *Braun/Burg* AG 2009, 22 ff.

[131] Die Möglichkeit des Verzichts auf die Gewährung von Aktien durch die übernehmende Gesellschaft ergibt sich aus §§ 54, 68 UmwG idF des Zweiten Gesetzes zur Änderung des UmwG; Limmer/*Limmer* Teil 2 Rn. 1147.

[132] Vgl. → Rn. 85 ff.

1. Verschmelzungsvertrag

49 **a) Formalia.** Am Beginn des Verschmelzungsprozesses steht der Abschluss des Verschmelzungsvertrages zwischen allen an der Verschmelzung beteiligten, bereits existenten Rechtsträgern. Dieser ist allerdings so lange **schwebend unwirksam,** wie nicht die Gesellschafterversammlungen aller Beteiligten dem Vertrag zugestimmt haben (§ 13 Abs. 1 UmwG). Der Verschmelzungsvertrag bedarf der **notariellen Beurkundung** (§§ 6, 36 UmwG). Rechtsgeschäftliche Vertretung ist auf Grund privatschriftlicher Vollmacht möglich, im Falle der Verschmelzung durch Neugründung einer Aktiengesellschaft bedarf die Vollmacht im Hinblick auf die Feststellung der Satzung jedoch notarieller Beglaubigung (§ 23 Abs. 1 S. 2 AktG). Die beteiligten Rechtsträger können sich von Prokuristen nur auf Grund besonderer Vollmacht vertreten lassen, da der Abschluss von Verschmelzungsverträgen nicht zum Betrieb des Handelsgewerbes iSv § 49 Abs. 1 HGB gehört.[133]

50 Alternativ hierzu können sich die Beteiligten auf die Aufstellung eines (schriftlichen) **Vertragsentwurfs** beschränken und die Beurkundung nach erteilter Zustimmung der Gesellschafterversammlungen vollziehen (§ 4 Abs. 2 UmwG). Dieses Vorgehen schiebt den Anfall von Beurkundungskosten bis zum Zeitpunkt der Zustimmung durch die Gesellschafterversammlungen hinaus.[134] Andererseits erzeugt ein bloßer **Entwurf** keine Bindungswirkungen im Verhältnis der Beteiligten untereinander; soweit diese erwünscht sind, etwa bezüglich Vertraulichkeits-, Haftungsausschluss- oder Kostentragungsregelungen, empfiehlt sich ein gesonderter „Letter of Intent". Hierbei ist allerdings zu beachten, dass Regelungen, die Druck im Hinblick auf die Durchführung der Verschmelzung ausüben sollen (zB Vereinbarung einer „Break-up Fee") der notariellen Form bedürfen[135] und, sofern hieraus ein faktischer Zwang zur Durchführung resultiert, wegen Verstoßes gegen die gesetzliche Kompetenzordnung unwirksam sind.[136] Auch wenn „nur" ein Entwurf aufgestellt werden soll, sollten die Beteiligten diesen mit der nötigen Sorgfalt vorbereiten, da inhaltliche Änderungen nicht mehr ohne Weiteres möglich sind, wenn der Verschmelzungsprozess erst einmal in Gang gekommen ist.[137] Ferner sollte der Entwurf von den Parteien durch Unterzeichnung autorisiert werden.

51 Bei Beteiligung einer Aktiengesellschaft müssen der Verschmelzungsvertrag oder sein Entwurf noch vor Einberufung der Hauptversammlung **beim Handelsregister eingereicht** werden (§ 61 S. 1 UmwG). Die Einreichung muss spätestens am Tag vor der Einberufung erfolgen.[138] Sie ist selbst dann erforderlich, wenn die Hauptversammlung als Vollversammlung abgehalten wird und daher eine Einberufung entbehrlich ist. In diesem Fall muss sie vor Abhalten der Hauptversammlung erfolgen.[139] Das Registergericht veröffentlicht einen Hinweis auf die Einreichung (§ 61 S. 2 UmwG).

52 **b) Mindestinhalt.** *aa) Umtauschverhältnis.* Der Mindestinhalt des Verschmelzungsvertrages ergibt sich aus § 5 Abs. 1 UmwG.[140] Im vorliegenden Rahmen können nachfolgend nur die wichtigsten Aspekte beleuchtet werden. Zentraler Bestandteil ist die Bestimmung des Umtauschverhältnisses der Gesellschaftsanteile der übertragenden Rechtsträger in solche des übernehmenden Rechtsträgers (§ 5 Abs. 1 Nr. 3 UmwG).[141] Es ist aus dem **Verhältnis der Unternehmenswerte** der beteiligten Rechtsträger abzuleiten, wobei angesichts einer unvermeidlichen Unschärfe bei der Unternehmensbewertung nur ein „angemessenes" Umtauschverhältnis gefordert wird (§ 12 Abs. 2 UmwG).[142] Ergibt sich kein „glattes" Um-

---

[133] Kallmeyer/*Marsch-Barner* § 4 Rn. 5.
[134] Lutter/*Drygala* § 4 Rn. 15 f.
[135] LG Paderborn NZG 2000, 899 (900); allgemein hierzu *Sieger/Hasselbach* BB 2000, 625 ff.; *Drygala* WM 2004, 1413 ff.
[136] *Sieger/Hasselbach* BB 2000, 625 (628).
[137] Schmitt/Hörtnagl/*Stratz* UmwG § 4 Rn. 24; Semler/Stengel/*Schröer* § 4 Rn. 19.
[138] AA Widmann/Mayer/*Rieger* UmwG § 61 Rn. 7; wie hier Semler/Stengel/*Diekmann* § 61 Rn. 12 ff.
[139] Semler/Stengel/*Diekmann* § 61 Rn. 15.
[140] Ausführlich Limmer/*Limmer*Teil 2 Rn. 92 ff.
[141] Kallmeyer/*Marsch-Barner* § 8 Rn. 10 ff.; Widmann/Mayer/*Mayer* UmwG § 5 Rn. 113 ff.
[142] Zur Feststellung des Werts der beteiligten Rechtsträger Lutter/*Drygala* § 5 Rn. 25 ff.; zu Unschärfen bei der baren Zuzahlung LG Mannheim DB 2002, 889.

tauschverhältnis, so kann ein **Spitzenausgleich** zB durch vorherige Ausschüttungen bei einem der beteiligten Rechtsträger oder durch Zuzahlungen in bar erfolgen.[143] Letztere dürfen 10% des anteiligen Betrags des Grundkapitals einer Aktiengesellschaft, der auf die an ihr gewährten Aktien entfällt, nicht übersteigen (§ 68 Abs. 3 UmwG). Auch eine bewusst nicht verhältniswahrende Verschmelzung ist mit Zustimmung aller Betroffenen möglich.[144] Grenzen bei der Bemessung der zu gewährenden Anteile sind den Beteiligten durch den Kapitalaufbringungsgrundsatz bzw. das Verbot der Unterpari-Emission gesetzt.[145] Ist aufnehmender oder neu gegründeter Rechtsträger eine Aktiengesellschaft, so erfolgt die Ausgabe der neuen Aktien über einen Treuhänder (§§ 71 Abs. 1, 73 UmwG), der zweckmäßigerweise im Verschmelzungsvertrag bestimmt wird.[146]

bb) Stichtage. Nach § 5 Abs. 1 Ziff. 6 UmwG ist der Stichtag anzugeben, ab dem „Handlungen der übertragenden Rechtsträger als für Rechnung des übernehmenden Rechtsträgers vorgenommen gelten (**Verschmelzungsstichtag**)", also der Zeitpunkt, der im Innenverhältnis der Rechtsträger zueinander Maßstab für die Zurechnung von Geschäftsvorfällen und des hieraus resultierenden Ergebnisses ist. Die Bezeichnung „Stichtag" ist insofern irreführend, als auch jeder beliebige Zeitpunkt während eines Tages gewählt werden kann.[147] Bei seiner Auswahl ist zu bedenken, dass die Beteiligten, wenn die Verschmelzung mit Eintragung in das Handelsregister wirksam geworden ist, organisatorisch in der Lage sein müssen, die Abgrenzung buchhalterisch (idR rückwirkend) nachzuvollziehen. Handelsrechtlich erfolgt die Buchführung jedoch bis zur Eintragung unter der Regie und Verantwortung des übertragenden Rechtsträgers.[148]

Der Stichtag der bei der Registeranmeldung einzureichenden **Schlussbilanz** (§ 17 Abs. 2 UmwG, nach § 2 Abs. 1 S. 2 UmwStG identisch mit dem **steuerlichen Übertragungsstichtag**) geht dem Verschmelzungsstichtag nach wohl hM[149] zwingend unmittelbar voraus (zB 31.12./1.1., oder, wenn die Verschmelzung steuerlich erst im neuen Jahr wirksam werden soll, 1.1./2.1.). Schlussbilanz- und steuerlicher Übertragungsstichtag können der Beschlussfassung über die Verschmelzung vorausgehen oder nachfolgen, müssen jedoch stets (höchstens acht Monate) vor der Handelsregisteranmeldung liegen (§ 17 Abs. 2 S. 4 UmwG). Unter Praktikabilitätsaspekten wird als Schlussbilanzstichtag regelmäßig ein ordentlicher Bilanzstichtag gewählt werden, zwingend ist dies jedoch nicht.

Der Stichtag für die **Gewinnberechtigung** (§ 5 Abs. 1 Ziff. 5 UmwG) der neuen Anteile kann demgegenüber frei gewählt werden oder auch variabel (etwa in Abhängigkeit vom Zeitpunkt der Eintragung) bestimmt werden. Unter sachlogischen und Praktikabilitätsgesichtspunkten empfiehlt sich wiederum eine Zusammenlegung mit dem Verschmelzungsstichtag.[150] Die Aufstellung einer **Zwischenbilanz**, die ggf. nach § 63 Abs. 1 Nr. 3 UmwG der Hauptversammlung einer an der Verschmelzung beteiligten Aktiengesellschaft vorzulegen ist, wird sich in der Praxis, jedenfalls bei übereinstimmenden Geschäftsjahren der beteiligten Rechtsträger, meist vermeiden lassen, da man schon im Hinblick auf § 17 Abs. 2 S. 4 UmwG versuchen wird, den Vertragsschluss im ersten Halbjahr zu bewirken.

cc) Weitere Angaben. Nach § 23 UmwG sind Inhabern von **Sonderrechten** bei einer übertragenden Gesellschaft, die infolge der Verschmelzung untergehen (wie zB Wandelungs- oder Optionsrechten), gleichwertige Rechte am übernehmenden Rechtsträger zu gewähren. Sol-

---

[143] Widmann/Mayer/*Mayer* UmwG § 5 Rn. 128 ff.
[144] Vgl. Schmitt/Hörtnagl/*Stratz* UmwG § 5 Rn. 8.
[145] Für die GmbH vgl. Widmann/Mayer/*Mayer* UmwG § 5 Rn. 119 ff.; für die AG ergibt sich dies aus § 69 Abs. 1 UmwG, vgl. hierzu Schmitt/Hörtnagl/*Stratz* UmwG § 69 Rn. 13.
[146] Limmer/*Limmer* Teil 2 Rn. 1045.
[147] Schmitt/Hörtnagl/*Stratz* UmwG § 5 Rn. 75.
[148] Schmitt/Hörtnagl/*Stratz* UmwG § 5 Rn. 75.
[149] Schmitt/Hörtnagl/*Hörtnagl* UmwG § 17 Rn. 37 mwN; die gegenteilige Auffassung von Widmann/Mayer/*Mayer* UmwG § 5 Rn. 158 ff.; Limmer/*Limmer* Teil 2 Rn. 168 ff. und Kallmeyer/*Lanfermann* § 17 Rn. 14 ff. überzeugt nicht, da eine lückenlose Ergebnisermittlung sonst nicht möglich ist, vgl. *Hörtnagl* aaO. Jedenfalls für den (Regel-)Fall der Buchwertfortführung nach § 24 UmwG scheidet ein Auseinanderfallen aus, so auch *Müller* aaO. Die Finanzverwaltung teilt die Auffassung der hM (BMF-Schreiben 25.3.1998, Textziff. 02.03); schon deshalb wird man in der Beratungspraxis kaum andere Gestaltungen empfehlen können.
[150] Ausführlich hierzu Kallmeyer/*Marsch-Barner* § 5 Rn. 27 ff.

che Kompensationsmaßnahmen sind gemäß § 5 Abs. 1 Nr. 7 UmwG in den Verschmelzungsvertrag aufzunehmen. Nach § 5 Abs. 1 Nr. 9 UmwG sind die Folgen der Verschmelzung für die **Arbeitnehmer** und ihre Vertretungen sowie die insoweit vorgesehenen Maßnahmen im Verschmelzungsvertrag darzustellen,[151] ohne dass diese Angaben Außenwirkung im Verhältnis zu den Arbeitnehmern oder ihren Vertretungen entfalten würden.[152] Sie dienen lediglich der Information des Betriebsrats, dem der Entwurf nach § 5 Abs. 3 UmwG zuzuleiten ist.[153] Zum Umfang der Informationspflicht im Einzelnen ist vieles unklar, insbesondere im Hinblick auf die Darstellung mittelbarer Folgen (zB zur Hebung von Synergiepotenzialen beabsichtigte Versetzungen).[154] Hier sollte die überschlägige Darstellung wahrscheinlicher Folgemaßnahmen genügen. Bereits konkret geplante Betriebsverlegungen oder andere Betriebsänderungen iSv §§ 111 ff. BetrVG sind jedoch auszuführen. Im Übrigen bedarf jedenfalls der Darlegung, dass ein Betriebsübergang nach § 613a BGB stattfindet und was dies bedeutet, welche Folgen sich für die mitbestimmungs- und betriebsverfassungsrechtliche Struktur ergeben, welche Auswirkungen die Verschmelzung auf Betriebsvereinbarungen und Tarifbindungen hat. Die Darlegung muss nicht in alle Einzelheiten gehen; es genügt, wenn sie geeignet ist, bei den Arbeitnehmervertretern Problembewusstsein zu wecken.[155] Zur Abwendung negativer Folgen für die Arbeitnehmer vorgesehene Maßnahmen (zB Interessenausgleiche/Sozialpläne) sind nur insoweit darzustellen, als sie bereits eingeleitet wurden oder unmittelbar bevorstehen. Im Falle von Verschmelzungen innerhalb eines **Konzerns** können bestimmte Angaben entfallen (§ 5 Abs. 2 UmwG). Nach § 29 Abs. 1 UmwG muss der Verschmelzungsvertrag über den Mindestinhalt gemäß § 5 Abs. 1 UmwG hinaus auch Angaben zur **Barabfindung** enthalten, die solchen Anteilsinhabern des übertragenden Rechtsinhabers zu gewähren ist, welche gegen den Verschmelzungsbeschluss Widerspruch zur Niederschrift erklären.[156] Sofern nicht alle Aktionäre bekannt sind, ist § 35 UmwG zu beachten.

57   c) **Feststellung der Satzung.** Erfolgt die Verschmelzung durch Neugründung einer Aktiengesellschaft, so ist diese Gegenstand des Verschmelzungsvertrages. Dabei ist, soweit im UmwG nicht ausdrücklich etwas anderes bestimmt ist, das gesamte (Sach-)**Gründungsrecht** der Aktiengesellschaft anzuwenden (§ 36 Abs. 2 S. 1 UmwG).[157] Ihre Satzung wird im Verschmelzungsvertrag festgestellt (§ 37 UmwG), wobei zweckmäßigerweise auf eine Anlage verwiesen wird. In der Satzung ist darzulegen, dass die **Sacheinlage** auf das Grundkapital durch Verschmelzung des Vermögens der übertragenden Rechtsträger erbracht wird. Sollen die **Kosten** der Verschmelzung von der neu gegründeten Aktiengesellschaft getragen werden, so ist dies in der Satzung unter Angabe eines Höchstbetrags zu vermerken (§ 36 Abs. 2 S. 1 UmwG, 26 Abs. 2 AktG). Festsetzungen über Sondervorteile, Gründungsaufwand, Sacheinlagen und Sachübernahmen aus den Satzungen der übertragenden Rechtsträger sind in die neue Satzung zu übernehmen (§ 74 UmwG).

58   d) **Erste Organe.** Der Verschmelzungsvertrag enthält auch die Bestellung der Anteilseignervertreter im ersten Aufsichtsrat und des ersten Abschlussprüfers (§§ 36 Abs. 2 S. 1 UmwG, 30 Abs. 1 AktG). Für den ersten Aufsichtsrat gilt § 31 AktG.

2. Verschmelzungsbericht

59   Der Information der Anteilsinhaber dient wiederum ein ausführlicher Verschmelzungsbericht. Dieser ist nicht **erforderlich**, wenn alle Anteilsinhaber aller beteiligten Rechtsträger

---

[151] Ausführlich hierzu auch Limmer/*Ahrend/Pohlmann-Weide* Teil 2 Rn. 189 ff.
[152] Kallmeyer/*Willemsen* § 5 Rn. 48.
[153] → Rn. 13, 66.
[154] Nachweise bei Kallmeyer/*Willemsen* § 5 Rn. 50.
[155] Kallmeyer/*Willemsen* § 5 Rn. 54.
[156] In der Fassung des Zweiten Gesetzes zur Änderung des Umwandlungsgesetzes gilt diese Verpflichtung auch bei Verschmelzung einer börsennotierten auf eine nicht börsennotierte AG. Für den Fall, dass die Börsennotierung der aufnehmenden Gesellschaft im Zuge der Verschmelzung geplant ist, wird eine teleologische Reduktion vertreten, *Drinhausen* BB 2006, 2313 (2314).
[157] → Rn. 70.

hierauf in notariell beurkundeter Form verzichten oder sich alle Anteile des übertragenden Rechtsträgers in der Hand des übernehmenden Rechtsträgers befinden (§ 8 Abs. 3 UmwG).[158] **Zuständig** sind die sämtlichen Vertretungsorgane der beteiligten Rechtsträger, die den Bericht auch gemeinsam erstatten können (§ 8 Abs. 1 UmwG).[159] **Inhaltlich** muss der Verschmelzungsbericht zunächst die Verschmelzung an sich (insbesondere deren betriebswirtschaftliche Zweckmäßigkeit) und den Verschmelzungsvertrag rechtlich und wirtschaftlich erläutern.[160] Schwerpunkt der Darlegung wird hier jedoch die Begründung des Umtauschverhältnisses sein. Dabei ist zunächst die Bewertungsmethode anzugeben, die bei der Ermittlung der Unternehmenswerte der beteiligten Rechtsträger angewandt wurde.[161] In der Praxis dominiert die Ertragswertmethode auf Grundlage des Standards „S1" des Instituts der Wirtschaftsprüfer.[162] Andere Methoden sind zulässig,[163] sind jedoch begründungsbedürftig und bergen ein erhöhtes Risiko, von den Gerichten beanstandet zu werden, die eine umfassende Überprüfungskompetenz für sich in Anspruch nehmen.[164] Sodann sind die wichtigsten Daten anzugeben, auf deren Grundlage der Unternehmenswert ermittelt wurde. Bei der Ertragswertmethode sind dies namentlich die Ergebnisse der letzten drei Geschäftsjahre, entsprechende Planzahlen für die nähere Zukunft und die Annahmen, auf denen die Planung beruht.[165] Schließlich ist der Kapitalisierungszinssatz anzugeben und zu begründen. Besondere Schwierigkeiten bei der Bewertung sind mitzuteilen (§ 8 Abs. 1 S. 2 UmwG). Bei der Verschmelzung börsennotierter Aktiengesellschaften bildet der Börsenkurs die Untergrenze der Wertbemessung.[166] Der Verschmelzungsbericht hat auch auf die Folgen für die Beteiligung der Anteilsinhaber hinzuweisen (§ 8 Abs. 1 S. 2 UmwG).[167] Wegen der **Erweiterung und Beschränkung** der Berichtspflicht vgl. → Rn. 10.

3. Verschmelzungsprüfung, Nachgründungsprüfung

a) **Erforderlichkeit.** Eine Verschmelzungsprüfung nach §§ 9–12 UmwG ist nicht generell, sondern nur in den gesetzlich ausdrücklich bestimmten Fällen vorgesehen. Sie ist stets durchzuführen, wenn eine **Barabfindung** angeboten werden muss (§ 30 Abs. 2 S. 1 UmwG), wenn also ein Anteilsinhaber Widerspruch zur Niederschrift gegen den Verschmelzungsbeschluss erklärt. Eine Prüfung sollte daher stets erfolgen, wenn nicht ausgeschlossen werden kann, dass ein Anteilsinhaber widersprechen wird.[168] Im Übrigen ist die Prüfung bei Beteiligung einer **Aktiengesellschaft** stets, bei Beteiligung von Personengesellschaften und GmbHs auf Verlangen eines Gesellschafters, welches innerhalb einer Frist von einer Woche nach Unterrichtung geltend gemacht werden muss, durchzuführen (§§ 44, 48, 56, 60, 73 UmwG). Auf die Verschmelzungsprüfung kann unter den selben Voraussetzungen wie auf den Verschmelzungsbericht verzichtet werden (§§ 9 Abs. 3, 8 Abs. 3, 30 Abs. 2 S. 3 UmwG).

b) **Verschmelzungsprüfer.** Verschmelzungsprüfer – regelmäßig Wirtschaftsprüfer oder Wirtschaftsprüfungsgesellschaften[169] – können für jeden beteiligten Rechtsträger gesondert

---

[158] → Rn. 5.
[159] → Rn. 6.
[160] → Rn. 7.
[161] Näher hierzu *Bayer* AG 1988, 323 (327); Kallmeyer/*Marsch-Barner* § 8 Rn. 11; Limmer/*Limmer* Teil 2 Rn. 384 ff.
[162] Die Grundsätze der Unternehmensbewertung werden laufend weiter entwickelt. Hierauf weist Schmitt/Hörtnagl/*Stratz* UmwG § 5 Rn. 11, 16 ff. und 47 f. hin. Vgl. zur Bewertung kleiner und mittlerer Unternehmen ausführlich *Reuter* BB 2000, 2298 ff.
[163] Kallmeyer/*Marsch-Barner* § 8 Rn. 14.
[164] Schmitt/Hörtnagl/*Stratz* UmwG § 5 Rn. 13 ff.
[165] Zu den – teilweise strittigen – Einzelheiten vgl. Lutter/*Drygala* § 8 Rn. 22 ff.
[166] BVerfG ZIP 1999, 1436; BGHZ 147, 108; OLG Stuttgart AG 2007, 705. Abweichendes soll bei einem „merger of equals", dh der Verschmelzung zweier voneinander unabhängiger börsennotierten Aktiengesellschaften gelten, BayObLG ZIP 2003, 253. Im Einzelnen ist hierzu noch manches unklar, ausführlich Schmitt/Hörtnagl/*Stratz* UmwG § 5 Rn. 49 ff.; vgl. auch *Piltz* ZGR 2001, 285 (200 f.); *Puszkajler* BB 2003, 1692; *Weiler/Meyer* NZG 2003, 669; *Wilm* NZG 2000, 234.
[167] → Rn. 7.
[168] Lutter/*Drygala* § 9 Rn. 7.
[169] § 11 Abs. 1 UmwG iVm §§ 319 Abs. 1–4, 319a Abs. 1, 320 Abs. 1 S. 2 und Abs. 2 S. 1 und 2 HGB.

oder für alle Rechtsträger gemeinsam bestellt werden (§ 10 Abs. 1 S. 2 UmwG). **Auswahl** und **Bestellung** erfolgen auf Antrag der (jeweiligen) Vertretungsorgane der Rechtsträger durch die Kammer für Handelssachen eines Landgerichts, in dessen Bezirk ein übertragender Rechtsträger seinen Sitz hat (§§ 10 Abs. 1 und 2 UmwG).[170] **Inkompatibilitäten** mit der Abschlussprüfung eines beteiligten Rechtsträgers, Gründungs-, Sacheinlagen- oder Nachgründungsprüfung bestehen nicht generell. Entscheidend ist der Einzelfall.[171] In der Praxis werden die Gerichte aber regelmäßig nicht die Abschlussprüfer als Verschmelzungsprüfer bestellen,[172] obwohl dies aus Gründen der Verfahrensökonomie nahe läge.

62 c) **Prüfungsgegenstand und -bericht.** Gegenstand der Prüfung ist nicht der Verschmelzungsbericht,[173] sondern ausschließlich der **Verschmelzungsvertrag** bzw. sein Entwurf (§ 9 Abs. 1 UmwG). Zu prüfen ist insoweit die Vollständigkeit und Richtigkeit der Angaben (einschließlich der Folgen für die Arbeitnehmer), insbesondere jedoch die Angemessenheit des Umtauschverhältnisses (einschließlich etwaiger Ausgleichszahlungen in bar) und einer nach § 29 UmwG anzubietenden Barabfindung. Die Prüfung erfolgt lediglich im Sinne einer Plausibilitäts- und Methodenkontrolle (Angemessenheit und konsistente Anwendung der gewählten Bewertungsmethode, Gleichbehandlung aller Anteilseigner) und regelmäßig ohne eigene Datenerhebung.[174] Soweit bei der Ermittlung des Umtauschverhältnisses oder der Barabfindung Bewertungsspielräume in methodisch richtiger Weise ausgenutzt wurden, darf der Prüfer nicht sein eigenes Ermessen an die Stelle des Ermessens der Beteiligten setzen.[175] Nicht zu prüfen ist auch die betriebswirtschaftliche Zweckmäßigkeit der Verschmelzung.[176] Über das Ergebnis der Prüfung ist ein **schriftlicher Bericht** zu erstellen, dessen Mindestinhalt sich aus § 12 Abs. 2 UmwG ergibt und der in die Feststellung mündet, ob das vorgeschlagene Umtauschverhältnis und ggf. die Höhe der baren Zuzahlung als Gegenwert für die Anteile am übertragenden Rechtsträger angemessen sind. § 8 Abs. 2 (vertrauliche Informationen) und Abs. 3 UmwG (Entbehrlichkeit des Berichts) sind nach § 12 Abs. 3 UmwG entsprechend anzuwenden.[177]

63 d) **Nachgründungsprüfung.** Erfolgt die Verschmelzung durch Aufnahme in eine Aktiengesellschaft, die zum Zeitpunkt des notariellen Abschlusses des Verschmelzungsvertrages **noch nicht zwei Jahre** im Handelsregister eingetragen ist, so sind kraft Verweisung in § 67 UmwG die Nachgründungsvorschriften des § 52 Abs. 3, 4, 6–9[178] iVm § 33 Abs. 3–5 und §§ 34, 35 AktG entsprechend anzuwenden. Dies gilt nur, wenn der Verschmelzungspartner oder Gründer mit mehr als 10 % am Grundkapital der Gesellschaft beteiligt ist.[179] Weiter gilt dies nur, wenn auf die zu gewährenden Aktien **mehr als 10 % des Grundkapitals der übernehmenden AG** entfallen, oder wenn diese Gesellschaft ihre Rechtsform durch **Formwechsel** einer Gesellschaft mit beschränkter Haftung erlangt hat, die zuvor bereits seit mindestens zwei Jahren im Handelsregister eingetragen war (§ 67 S. 2 UmwG).[180] Der Auf-

---

[170] Die Landesregierungen sind ermächtigt, die Zuständigkeit bei bestimmten Landgerichten zu konzentrieren, § 10 Abs. 4 UmwG.
[171] Vgl. BGH DB 2003, 383; OLG München DB 2001, 258; Schmitt/Hörtnagl/*Stratz* UmwG § 11 Rn. 4 ff.
[172] Schmitt/Hörtnagl/*Stratz* UmwG § 11 Rn. 18.
[173] So die überwiegende Meinung, vgl. Kallmeyer/*Lanfermann* § 9 Rn. 11; Lutter/*Drygala* § 9 Rn. 12 f.; aA Bayer ZIP 1997, 1613 (1621); *Becker* AG 1988, 223 (225).
[174] Lutter/*Drygala* § 9 Rn. 11.
[175] Kallmeyer/*Lanfermann* § 9 Rn. 23.
[176] Kallmeyer/*Lanfermann* § 9 Rn. 11; Lutter/*Drygala* § 9 Rn. 12; *Bayer* ZIP 1997, 1613 (1621).
[177] Vgl. → Rn. 10, 59. Vgl. zu § 15 UmwG *Megede* BB 2007, 337 ff.
[178] Die Ausnahme greift ein, wenn der Erwerb von Unternehmen oder von solchen Vermögensgegenständen, aus denen sich das Vermögen des durch Verschmelzung zu übernehmenden Rechtsträgers nahezu ausschließlich zusammensetzt, zum Geschäftsgegenstand der aufnehmenden AG gehört. Vgl. hierzu Schmitt/Hörtnagl/*Stratz* UmwG § 67 Rn. 8, nach Lutter/*Grunewald* § 67 Rn. 11 genügt es, dass es sich um ein übliches Geschäft handelt. Zur ursprünglichen Fassung vor Änderung des § 52 Abs. 9 AktG durch das NaStraG *Ziemons/Lutter* ZGR 1999, 478.
[179] Hiervon ist trotz mangelnden Verweises auf § 52 Abs. 1 AktG auszugehen, vgl. Lutter/*Grunewald* § 67 Rn. 3.
[180] Satz 2 wurde durch das Zweite Gesetz zur Änderung des Umwandlungsgesetzes eingeführt. Damit wird dem Umstand Rechnung getragen, dass die Kapitalaufbringung bei der GmbH nach ähnlichen Regeln wie bei der AG erfolgt, *Drinhausen* BB 2006, 2313 (2315).

sichtsrat der betreffenden Aktiengesellschaft sowie ein vom Amtsgericht am Gesellschaftssitz gesondert zu bestellender (aber zweckmäßigerweise mit dem Verschmelzungsprüfer identischer) externer Prüfer haben den Verschmelzungsvertrag nach den Maßstäben von § 34 Abs. 1 AktG zu prüfen und hierüber schriftlich zu berichten. Der Aufsichtsrat kann in seinem Bericht weitestgehend auf Verschmelzungsbericht und Verschmelzungsprüfungsbericht verweisen.[181] Da das Nachgründungsverfahren (anders als die Verschmelzungsprüfung) Gläubigerschutzfunktion hat, kann auf die Prüfungs- und Berichtserfordernisse **nicht verzichtet** werden.[182] Für eine übertragende Aktiengesellschaft sind die Nachgründungsvorschriften schon deshalb irrelevant, weil sie in den ersten zwei Jahren ihrer Existenz nicht verschmolzen werden kann (§ 76 Abs. 1 UmwG).

4. Informationspflichten

a) **Anteilsinhaber.** Über die Zustimmung zum Verschmelzungsvertrag beschließen die Anteilsinhaber aller beteiligten Rechtsträger in Gesellschafterversammlungen (§ 13 Abs. 1 UmwG). Deren **Einberufung** erfolgt durch die jeweiligen Vertretungsorgane entsprechend den hierfür nach Gesetz und Gesellschaftsvertrag vorgesehenen Fristen.[183] Mit dem Einberufungsschreiben ist den Gesellschaftern der Verschmelzungsvertrag oder sein Entwurf und der Verschmelzungsbericht zu übersenden (§§ 42, 47, 56 UmwG). Obwohl nicht ausdrücklich erwähnt, muss – sofern ein solcher erforderlich ist –[184] auch der Verschmelzungsprüfungsbericht übersandt werden; dies gebietet Sinn und Zweck der Vorschriften über die Verschmelzungsprüfung.[185] Das Protokoll der jeweiligen Gesellschafterversammlungen sollte zum Zweck des Nachweises gegenüber dem Registergericht einen Hinweis auf die erfolgte Übersendung enthalten (§ 17 Abs. 1 UmwG).

Bei Beteiligung einer **Aktiengesellschaft** wird die Pflicht zur Übersendung an alle Anteilsinhaber ersetzt durch die Pflicht zur **Auslegung** der vorerwähnten Dokumente in den Geschäftsräumen der Gesellschaft ab dem Zeitpunkt der Einberufung (§ 63 Abs. 1 UmwG). Darüber hinaus müssen auch die Jahresabschlüsse und Lageberichte aller beteiligten Rechtsträger für die letzten drei Geschäftsjahre ausgelegt werden, sowie, falls der letzte Jahresabschlussstichtag zum Zeitpunkt des Abschlusses des Verschmelzungsvertrages oder der Aufstellung seines Entwurfs[186] länger als sechs Monate zurücklag, Zwischenbilanzen,[187] die zu diesem Zeitpunkt nicht älter als drei Monate waren (§ 63 Abs. 1 UmwG). Gemäß § 124 Abs. 2 S. 3 AktG ist der **wesentliche Inhalt** des Verschmelzungsvertrages mit der Einberufung der Hauptversammlung in den Gesellschaftsblättern **bekanntzumachen**. Wesentlich sind mindestens die Vertragsparteien und ihre Rolle bei der Verschmelzung, der Verschmelzungsstichtag, das Umtauschverhältnis, etwaige Bedingungen, Befristungen, Kündigungsregelungen sowie die Art der Beschaffung der zur Durchführung der Verschmelzung benötigten Aktien. Aus Vorsichtsgründen empfiehlt sich die Wiedergabe des gesamten Vertrages. Sämtliche auszulegenden Unterlagen sind den Aktionären auf Verlangen kostenlos in Kopie zu übersenden; sie können mit dessen Einwilligung auf dem Wege elektronischer Kommunikation übermittelt werden (§ 63 Abs. 3 UmwG).[188] Es empfiehlt sich, in der Einberufung auf die Auslegung und das Recht, Kopien anzufordern, hinzuweisen.

---

[181] Lutter/*Grunewald* § 67 Rn. 12.
[182] Zum Nachgründungsprocedere vgl. → Rn. 33.
[183] → Rn. 11.
[184] → Rn. 60. Ist eine Verschmelzungsprüfung nur auf Verlangen vorgesehen, so besteht eine Pflicht zur Übersendung nur, wenn das Verlangen vor Einberufung erklärt worden ist.
[185] Lutter/*H. Schmidt* § 42 Rn. 5. Nach § 63 Abs. 4 UmwG in der Fassung des ARUG entfällt diese Pflicht, sofern die Dokumente über Internet zugänglich sind.
[186] → Rn. 50.
[187] Der Gesetzgeber spricht hier von *einer* Zwischenbilanz (der Aktiengesellschaft), wohingegen die letzten drei Jahresabschlüsse aller beteiligten Rechtsträger ausgelegt werden müssen, so wohl auch Kallmeyer/*Marsch-Barner* § 63 Rn. 3.
[188] Die Nichtübersendung begründet die Anfechtbarkeit nur, wenn es dem betroffenen Aktionär nicht ohne weiteres zuzumuten war, in den Geschäftsräumen der Gesellschaft Einsicht zu nehmen, Lutter/*Grunewald* § 63

66 b) **Betriebsrat.** Der Verschmelzungsvertrag oder sein Entwurf ist spätestens einen Monat vor der Gesellschafterversammlung eines beteiligten Rechtsträgers dem jeweils zuständigen Betriebsrat zu übermitteln (§ 5 Abs. 3 UmwG).[189]

5. Verschmelzungsbeschluss

67 a) **Formalia.** Der Verschmelzungsbeschluss kann nur in Gesellschafterversammlungen der beteiligten Rechtsträger gefasst werden (§ 13 Abs. 1 S. 2 UmwG).[190] Er bedarf der **notariellen Beurkundung** (§ 13 Abs. 3 UmwG). Bei Aktiengesellschaften sind die in § 63 Abs. 1 UmwG aufgeführten Unterlagen während der gesamten Dauer der Hauptversammlung zugänglich zu machen[191] (§ 64 Abs. 1 UmwG). Dies geschieht in der Regel durch **Auslegung** einer ausreichenden Zahl[192] von Kopien; die Verfügbarkeit im Internet genügt, wenn im Präsenzbereich in ausreichendem Umfang Abrufmöglichkeiten zur Verfügung stehen.[193] Auf die Zugänglichmachung und ihre Art sollte in der Niederschrift hingewiesen werden. Es empfiehlt sich, aus Gründen der Vorsicht ggf. auch die Nachgründungsprüfungsberichte des Aufsichtsrats und des externen Prüfers mit zugänglich zu machen. Zu Beginn der Hauptversammlung hat der Vorstand den Verschmelzungsvertrag in seinen wesentlichen Aspekten mündlich zu **erläutern** und über jede wesentliche Veränderung des Vermögens der Aktiengesellschaft zu unterrichten, die seit dem Abschluss des Verschmelzungsvertrages oder der Aufstellung des Entwurfs eingetreten ist (§ 64 Abs. 1 S. 2 UmwG), wobei durch notariell zu beurkundende Verzichtserklärungen sämtlicher Aktionäre auf die Berichterstattung verzichtet werden kann (§ 64 Abs. 1 S. 4, § 8 Abs. 3 S. 1 Alt. 1 und S. 2 UmwG). Die Aktionäre sind dabei insbesondere auf die wesentlichen rechtlichen und wirtschaftlichen Folgen hinzuweisen. Den Aktionären ist auf Verlangen **Auskunft** zu erteilen (§ 64 Abs. 2 UmwG). Dieses Auskunftsrecht geht insoweit über § 131 AktG hinaus, als auch Informationen über die wesentlichen Angelegenheiten der übrigen beteiligten Rechtsträger verlangt werden können. Auch insofern kann die Auskunftserteilung jedoch entsprechend § 131 Abs. 3 AktG verweigert werden.[194] Wegen der **Mehrheitserfordernisse** kann auf die Ausführungen zur formwechselnden Umwandlung verwiesen werden.[195] Hat eine Aktiengesellschaft mehrere Aktiengattungen, so sind Sonderbeschlüsse der Aktionäre dieser Gattungen erforderlich (§ 65 Abs. 2 UmwG). Befinden sich mehr als 90 % des Kapitals einer übertragenden Kapitalgesellschaft in der Hand einer übernehmenden Aktiengesellschaft, so bedarf der Verschmelzungsvertrag nur dann der Zustimmung der Hauptversammlung der übernehmenden Aktiengesellschaft, wenn mindestens 5 % ihrer Aktionäre dies verlangen (§ 62 UmwG). Die in diesen Fällen geltenden Informationspflichten ergeben sich aus § 62 Abs. 3 UmwG.[196] Im Falle eines „upstream merger" einer 100 %-igen Tochtergesellschaft ist der Verschmelzungsbeschluss auf Ebene der übertragenden Tochtergesellschaft entbehrlich (§ 62 Abs. 4 S. 1 UmwG).

68 b) **Besondere Zustimmungserfordernisse.** Besondere Zustimmungserfordernisse gelten im Falle von satzungsmäßigen Verfügungsbeschränkungen (§ 13 Abs. 2 UmwG), bei Beteiligung von Gesellschaften mit beschränkter Haftung, bei denen die Stammeinlagen nicht voll

---

Rn. 16. Widmann/Mayer/*Rieger* § 63 Rn. 35. Zu beachten ist hier wiederum die neue Vorschrift des § 63 Abs. 4 UmwG.

[189] → Rn. 13.
[190] → Rn. 14.
[191] Nach § 63 Abs. 4 UmwG in der Fassung des ARUG ist die Zugänglichmachung über Internet ausreichend.
[192] Limmer/*Limmer* Teil 2 Rn. 469 mwN, wonach die Unterlagen in ausreichender Anzahl auszulegen sind; so jetzt wohl auch Hüffer/Koch/*Koch* AktG § 175 Rn. 5; nach Kallmeyer/*Marsch-Barner* § 64 Rn. 1 soll ein Exemplar genügen.
[193] Limmer/*Limmer* Teil 2 Rn. 1077 mwN; Kallmeyer/*Marsch-Barner* § 64 Rn. 1; vorsichtiger Widmann/Mayer/*Rieger* UmwG § 64 Rn. 4.
[194] *Bayer* AG 1988, 323 (329); vgl. auch Schmitt/Hörtnagl/*Stratz* UmwG § 64 Rn. 7.
[195] → Rn. 15.
[196] Nach § 62 Abs. 3 S. 7 UmwG in der Fassung des ARUG ist die Zugänglichmachung über Internet ausreichend.

§ 16 Entstehung und Beendigung durch Umwandlung 69–71 § 16

einbezahlt sind (§ 51 Abs. 1 S. 1 UmwG), bei Verschiebungen in den Beteiligungsverhältnissen (§ 51 Abs. 2 UmwG) sowie im Falle des Verlusts von Minderheiten- und Sonderrechten oder Nebenpflichten (§ 50 Abs. 2 UmwG). Sofern solche Zustimmungserklärungen außerhalb der Gesellschafterversammlungen abgegeben werden, bedürfen sie der **notariellen** Beurkundung (§ 13 Abs. 3 UmwG).

c) **Inhalt.** Der Inhalt des Verschmelzungsbeschlusses beschränkt sich auf die Zustimmung zum Verschmelzungsvertrag. 69

6. Anwendung der Gründungs- und Sachkapitalerhöhungsvorschriften

Im Falle einer Verschmelzung durch Neugründung einer Aktiengesellschaft sind die aktienrechtlichen Gründungsvorschriften grundsätzlich anwendbar (§ 36 Abs. 2 UmwG), im Falle der Verschmelzung durch Aufnahme in eine Aktiengesellschaft die Vorschriften über die Sachkapitalerhöhung (§§ 183 ff. AktG) nach näherer Maßgabe von § 69 UmwG. Die nachfolgenden Dokumente müssen erst zum Zeitpunkt der Anmeldung zum Handelsregister vorliegen, brauchen also insbesondere nicht bereits vor den Gesellschafterversammlungen erstellt werden. Die „Gründer", dh die übertragenden Rechtsträger, haben gemäß § 32 AktG einen schriftlichen **Gründungsbericht** zu erstatten.[197] Dabei ist auch der Geschäftsverlauf und die Lage der übertragenden Rechtsträger darzustellen (§ 75 Abs. 1 UmwG). Ein Gründungsbericht ist nicht erforderlich, wenn alle[198] übertragenden Rechtsträger Kapitalgesellschaften sind (§ 75 Abs. 2 UmwG). Einen Verzicht auf die **Gründungsprüfung** durch Vorstand und Aufsichtsrat gestattet § 75 Abs. 2 UmwG nicht. Eine externe Gründungsprüfung ist nach § 75 Abs. 2 UmwG hingegen nicht erforderlich, wenn und soweit die übertragenden Rechtsträger Kapitalgesellschaften oder eingetragene Genossenschaften sind. Eine **Sacheinlagenprüfung** muss nach § 69 Abs. 1 S. 1 UmwG nur durchgeführt werden, wenn und soweit eine übertragende Gesellschaft eine Personenhandelsgesellschaft, Partnerschaftsgesellschaft oder rechtsfähiger Verein ist, Vermögensgegenstände in der Schlussbilanz höher bewertet werden als in der letzten Jahresbilanz oder die Buchwerte aus der Schlussbilanz in der Jahresbilanz der übernehmenden Gesellschaft nicht fortgeführt werden sollen (§ 24 UmwG). Im Übrigen erfolgt eine Sacheinlagenprüfung nur auf Anforderung durch das Registergericht, wobei zum Sacheinlagenprüfer gemäß § 69 Abs. 1 S. 4 UmwG auch der Verschmelzungsprüfer bestellt werden kann. Sofern sowohl die Voraussetzungen für die **Nachgründungsprüfung** als auch für die Sacheinlagenprüfung erfüllt sind, ist unklar, ob beide Prüfungen durchzuführen sind.[199] Da ohnehin beide Prüfungsbefehle wegen des Prüfungsumfangs auf § 34 AktG verweisen, ist unter Spezialitätsgesichtspunkten der Nachgründungsprüfung der Vorrang zu geben. Jedoch sollte aus Vorsichtsgründen eine „Nachgründungs- und Sacheinlagenprüfung" durchgeführt werden, über die ein einheitlicher Bericht erstellt werden kann. Dementsprechend sollte beim Registergericht die Bestellung eines Nachgründungs- und Sacheinlagenprüfers beantragt werden. Die Verweisung in § 36 Abs. 2 S. 1 UmwG erstreckt sich auch auf die Vorschriften des AktG betreffend die **Gründer-, Differenz- und Handelndenhaftung** sowie die Mitteilungspflichten gemäß §§ 20 f. AktG.[200] 70

7. Anmeldung zum Handelsregister

a) **Inhalt der Anmeldung.** Anmeldungen zum Handelsregister sind für alle beteiligten Rechtsträger bei den jeweils zuständigen Handelsregistern zu bewirken, bei der Verschmelzung zur Neugründung ist diese auch bei dem für den Sitz der neuen Gesellschaft zuständigen Handelsregister anzumelden (§ 16 Abs. 1 UmwG). Anzumelden ist die **Verschmelzung als solche,**[201] daneben die **Kapitalerhöhung** bei dem übernehmenden Rechtsträger bzw. des- 71

---

[197] → Rn. 28.
[198] Kallmeyer/*Marsch-Barner* § 75 Rn. 4.
[199] Bejahend etwa MHdB GesR IV/*Hoffmann-Becking* § 4 Rn. 64; aA WP-Handbuch/*Pfister* Bd. II Rn. F 312.
[200] → Rn. 31.
[201] Nicht etwa der Abschluss des Verschmelzungsvertrages oder die Verschmelzungsbeschlüsse.

sen Gründung und die neu gefasste bzw. erstmalig festgestellte **Satzung**. Im Falle der Gründung sind auch die Vertretungsorgane der neuen Gesellschaft anzumelden.[202] Die Reihenfolge der Anmeldungen ist unerheblich,[203] lediglich die Reihenfolge der Eintragungen ist vom Gesetz vorgegeben (§ 19 Abs. 1 UmwG). Sofern die Vorschriften über die Nachgründung anwendbar sind, ist auch der Abschluss des Verschmelzungsvertrags (als Vertrag zur Nachgründung) in das Handelsregister einzutragen;[204] diese Eintragung hat zeitlich vor der Eintragung der Verschmelzung zu erfolgen.[205]

72   b) **Anmeldepflichtige Personen.** Die Anmeldung ist von den jeweiligen **Vertretungsorganen** in vertretungsberechtigter Zahl vorzunehmen.[206] Vertretung auf Grund notariell beglaubigter Vollmacht ist grundsätzlich zulässig, im Hinblick auf den höchstpersönlichen Charakter der gleichzeitig abzugebenden Versicherungen[207] aber nicht praktikabel. Sofern im Zusammenhang mit der Verschmelzung eine Kapitalerhöhung bei einem aufnehmenden Rechtsträger erfolgt, kann auch insoweit die Anmeldung nur durch die Vertretungsorgane höchstpersönlich erfolgen.[208] Die Organe des **übernehmenden Rechtsträgers** können die Anmeldung auch für die übertragenden Rechtsträger bewirken (§ 16 Abs. 1 S. 2 UmwG). Die Anmeldung einer Kapitalerhöhung beim übernehmenden Rechtsträger unterliegt allerdings den hierfür geltenden Vorschriften, dh die Kapitalerhöhung ist bei der GmbH von sämtlichen Geschäftsführern (§§ 78, 57 Abs. 1 GmbHG), bei der Aktiengesellschaft von Vorstandsmitgliedern in vertretungsberechtigter Zahl und zusätzlich vom Aufsichtsratsvorsitzenden anzumelden (§ 188 Abs. 1 AktG). Die Beifügung eines Zeichnungsscheins entfällt. § 69 UmwG erklärt das sonst bestehende Erfordernis der schriftlichen Erklärung zur Zeichnung der neuen Aktien für nicht anwendbar. Für die Anmeldung der neugegründeten Aktiengesellschaft gilt § 38 Abs. 1 UmwG: Danach erfolgt die Anmeldung durch die Vertretungsorgane aller übertragenden Rechtsträger, jeweils in vertretungsberechtigter Zahl. Bevollmächtigung ist möglich.[209]

73   c) **Versicherungen.** Die Vertretungsorgane der beteiligten Rechtsträger (in vertretungsberechtigter Zahl, Bevollmächtigung ist nicht möglich) müssen „bei der Anmeldung" erklären, dass **Klagen** gegen die Wirksamkeit des Verschmelzungsbeschlusses nicht (fristgerecht) erhoben, rechtskräftig abgewiesen oder zurückgenommen worden sind (§ 16 Abs. 2 UmwG).[210] Trotz der Formulierung „bei der Anmeldung" kann die Versicherung über das Nichtvorliegen von Klagen (Negativerklärung) auch noch nach der Anmeldung privatschriftlich nachgereicht werden. (Praktisch relevant wird dies, wenn die Anmeldung als solche zur Wahrung der Frist gemäß § 17 Abs. 2 S. 4 UmwG schon eingereicht werden soll, obwohl die Negativerklärung wegen eines zur Niederschrift erklärten Widerspruchs zunächst noch nicht abgegeben werden kann.) Die Anmeldung wird dann erst mit Eingang der Negativerklärung vollständig.[211] Dabei bezieht sich die Erklärung der Vertretungsorgane der einzelnen Rechtsträger jeweils auf alle beteiligten Rechtsträger, sie kann also von keiner Seite abgegeben werden, wenn auch nur gegen einen Rechtsträger eine Klage rechtshängig ist. Obwohl höchstpersönlicher Natur, ist die Abgabe der Erklärung von der stellvertretenden Anmeldebefugnis des übernehmenden Rechtsträgers nach § 16 Abs. 1 S. 2 UmwG umfasst.[212] Im Übrigen ist Vertretung jedoch ausgeschlossen.[213]

---

[202] → Rn. 35.
[203] Schmitt/Hörtnagl/*Stratz* UmwG § 16 Rn. 15; Kallmeyer/*Zimmermann* § 16 Rn. 8.
[204] Dies wurde durch die Verweisung auf § 52 Abs. 6 AktG durch das Zweite Gesetz zur Änderung des Umwandlungsgesetzes klargestellt.
[205] Widmann/Mayer/*Rieger* UmwG § 67 Rn. 42.
[206] Kallmeyer/*Zimmermann* § 16 Rn. 4.
[207] → Rn. 36 und 37.
[208] Widmann/Mayer/*Rieger* UmwG § 69 Rn. 39.
[209] Widmann/Mayer/*Fronhöfer* UmwG § 38 Rn. 12; Kallmeyer/*Zimmermann* § 38 Rn. 4.
[210] → Rn. 37.
[211] Widmann/Mayer/*Fronhöfer* UmwG § 16 Rn. 85 und 95.
[212] Widmann/Mayer/*Fronhöfer* UmwG § 16 Rn. 20.
[213] Kallmeyer/*Zimmermann* § 16 Rn. 15.

d) **Beizufügende Unterlagen.** Folgende Unterlagen sind der Anmeldung beizufügen (§§ 17, 69 Abs. 2 UmwG, § 188 Abs. 2 und 3 Nr. 2 und 3 AktG): 74

> **Checkliste:** 75
>
> ☐ Verschmelzungsvertrag in Ausfertigung oder beglaubigter Abschrift,
> ☐ Niederschriften der Gesellschafterversammlungen, die über die Zustimmung zum Verschmelzungsvertrag beschließen (und, sofern bei dem aufnehmenden Rechtsträger eine Kapitalerhöhung erfolgt, auch hierüber) sowie etwa erforderliche weitere Zustimmungserklärungen, jeweils in Ausfertigung oder beglaubigter Abschrift,
> ☐ Verschmelzungsbericht und Verschmelzungsprüfungsbericht oder entsprechende Verzichtserklärungen, letztere in Ausfertigung oder beglaubigter Abschrift,
> ☐ bei Verschmelzung durch Aufnahme ggf. Sacheinlageprüfungsbericht,
> ☐ ggf. Nachgründungsprüfungsberichte des Aufsichtsrates und des externen Prüfers,
> ☐ bei Verschmelzung durch Neugründung einer Aktiengesellschaft: Gründungsbericht der Gründer und Gründungsprüfungsbericht sowie ggf. Bericht des externen Gründungsprüfers,
> ☐ Nachweis über die fristgerechte Zuleitung des Verschmelzungsvertrags oder seines Entwurfs an den Betriebsrat des jeweils anmeldenden Rechtsträgers bzw. die Verzichtserklärung des Betriebsrats auf die Einhaltung der Frist oder die Erklärung, dass ein Betriebsrat nicht besteht,
> ☐ Schlussbilanzen der übertragenden Rechtsträger auf einen Stichtag, der zum Zeitpunkt der Anmeldung nicht länger als acht Monate zurückliegen darf,[214]
> ☐ bei Kapitalerhöhung: Berechnung der Kosten für die Ausgabe neuer Aktien.

Die **Schlussbilanzen** können den Jahresabschlüssen entnommen sein, wenn der Stichtag mit dem Geschäftsjahresende zusammenfällt, aber auch als Zwischenbilanzen aufgestellt werden. Sie unterliegen in jedem Fall den für den Jahresabschluss geltenden Vorschriften (§ 17 Abs. 2 UmwG iVm §§ 242 ff. HGB), dh bei großen und mittelgroßen Kapitalgesellschaften (& Co.) sowie bei publizitätspflichtigen Personengesellschaften sind geprüfte Bilanzen vorzulegen (§§ 316 Abs. 1, 267, 264a HGB, §§ 1, 6 PublG). Die Schlussbilanzen sind von sämtlichen Vertretungsorganen unter Angabe des Datums zu unterzeichnen und zwar von denjenigen Vertretungsorganen, die zum Zeitpunkt der Unterschriftsleistung unterzeichnungsberechtigt sind.[215] Die Vorlage von Gewinn- und Verlustrechnungen ist nicht vorgesehen, auch die Bekanntmachung ist nicht erforderlich (§ 17 Abs. 2 S. 3 UmwG). 76

Die **Unterrichtung der Arbeitnehmer** gemäß § 324 UmwG, § 613a Abs. 5 BGB muss gegenüber dem Handelsregister nicht nachgewiesen werden. Dies ergibt sich schon daraus, dass sie vor dem „Übergang" erfolgen muss. Da sich der Übergang im Sinne von § 613a BGB im Regelfall erst mit der Handelsregistereintragung vollzieht, muss die Unterrichtung im Zeitpunkt der Anmeldung noch nicht erfolgt sein. 77

8. Wirkungen der Eintragung

Mit dem Zeitpunkt der Eintragung der Verschmelzung beim übernehmenden Rechtsträger **geht das gesamte Vermögen** der übertragenden Rechtsträger auf den übernehmenden Rechtsträger **über,** der dann auch unbeschränkt und unbeschränkbar für deren Verbindlichkeiten haftet (§ 20 Abs. 1 Nr. 1 UmwG). Die übertragenden Rechtsträger erlöschen, ohne dass es einer Liquidation oder einer besonderen Löschung im Handelsregister bedarf (§ 20 Abs. 1 Nr. 2 UmwG). Mit den Rechtsträgern erlöschen auch die Ämter von deren Organen, 78

---

[214] Zu den einzelnen Stichtagen → Rn. 53 f.
[215] Baumbach/Hopt/*Merkt* HGB § 245 Rn. 1 f.; EBJS/*Böcking*/*Gros* HGB § 245 Rn. 10 und 12.

Prokuren und Handlungsvollmachten.[216] Demgegenüber knüpft das Amt des Betriebsrats nicht an die juristische Person, sondern an den Betrieb als arbeitstechnische Einheit an, es erlischt demzufolge nur dann, wenn mit der Verschmelzung auch der Betrieb seine Identität verliert, etwa infolge Stilllegung oder Zusammenlegung.[217] Die Verschmelzung begründet einen **Betriebsübergang** im Sinne von § 613a BGB, auf den § 324 UmwG verweist, so dass der übernehmende Rechtsträger auch in alle Rechte und Pflichten individual- und kollektivarbeitsrechtlicher Natur eintritt.[218] Nach der Rechtsprechung des BAG besteht ein Widerspruchsrecht des Arbeitnehmers gemäß § 613a Abs. 6 BGB in den Fällen gesellschaftsrechtlicher Gesamtrechtsnachfolge nicht.[219] Beurkundungsmängel und andere Formfehler werden durch die Eintragung **geheilt** (§ 20 Abs. 1 Nr. 4 und Abs. 2 UmwG).[220] Ab dem Zeitpunkt der Eintragung ist eine Rückgängigmachung der Verschmelzung ausgeschlossen.[221] Eine „Entschmelzung" kann nur im Wege der Spaltung erreicht werden. Wegen des Gläubigerschutzes und der Haftung kann auf die Ausführungen zum Formwechsel verwiesen werden.[222]

9. Rechtsschutz

79   Im Hinblick auf die Identität der Regelungen (§§ 14 f., 32, 36 Abs. 1 S. 1 bzw. 195 f., 210 UmwG) kann auf die Ausführungen zur formwechselnden Umwandlung verwiesen werden.[223] Zu beachten ist, dass § 14 Abs. 2 UmwG **nur Klagen** der Gesellschafter **des übertragenden Rechtsträgers** ausschließt, die darauf gestützt sind, dass das Umtauschverhältnis zu niedrig bemessen ist. Klagen der Gesellschafter des übernehmenden Rechtsträgers, die ein aus ihrer Sicht zu ungünstiges Umtauschverhältnis rügen, bleiben möglich.[224] Rechnen die Geschäftsführungsorgane der beteiligten Rechtsträgern mit Widerstand von Seiten der Gesellschafter, so empfiehlt sich daher eine Verschmelzung zur Neugründung, da hierbei für alle beteiligten (präexistenten) Rechtsträger § 14 Abs. 2 UmwG anwendbar ist.[225] Ob die Rechtsprechung des BGH zum Rechtsschutz bei abfindungsbezogenen Informationsmängeln beim Formwechsel[226] auf Fälle der Verschmelzung übertragen werden kann, ist umstritten, richtigerweise aber zu bejahen. Trotz gewisser Vorbehalte auf Grund der systematischen und historischen Auslegung[227] überwiegt die Parallelität der Interessenlagen der Beteiligten.

10. Steuerliche Aspekte

80   Parallel zum Umwandlungsgesetz hat der Gesetzgeber auch das Umwandlungssteuerrecht im UmwStG kodifiziert, welches dafür sorgt, dass die Restrukturierung von Unternehmen im Wege der Umwandlung weitgehend steuerneutral möglich ist. Seit Ende 2006 werden dabei gleichermaßen auch die Fälle der grenzüberschreitenden Umwandlungen erfasst. Im vorliegenden Rahmen können nur wenige knappe Hinweise zu den Grundlagen des Um-

---

[216] Schmitt/Hörtnagl/*Stratz* UmwG § 20 Rn. 8 f.; Limmer/*Limmer* Teil 2 Rn. 699. Die mit den Organmitgliedern bestehenden Anstellungsverträge bleiben dagegen bestehen, so dass die Vergütungsansprüche bis zur regulären Beendigung weiterlaufen, OLG Hamm NJW-RR 1995, 1317 (1318); Kallmeyer/*Marsch-Barner* § 20 Rn. 13.
[217] Schmitt/Hörtnagl/Stratz/*Langner* vor §§ 322–325 UmwG Rn. 37 ff.
[218] So interpretiert die hM § 324 UmwG, vgl. Schmitt/Hörtnagl/*Stratz* UmwG § 20 Rn. 95 ff. mwN.
[219] BAG ZIP 2008, 1296; der Widerspruch wird auch nicht in eine Kündigung des Arbeitnehmers umgedeutet.
[220] → Rn. 41.
[221] Zur (unzulässigen) Löschung des übernehmenden Rechtsträgers nach Eintragung einer Verschmelzung BayObLG MittBayNot 2000, 121 mit zust. Anm. *Mayer;* OLG Frankfurt a. M. DB 2003, 599; aA *Meilicke* DB 2001, 1235.
[222] → Rn. 42 f. und ausführlich *Martens* AG 2000, 301.
[223] → Rn. 44 ff.
[224] Rechtspolitisch hierzu Kallmeyer/*Marsch-Barner* § 14 Rn. 16 („fragwürdig").
[225] Zu den Nachteilen dieser Gestaltung *Martens* AG 2000, 301 (302).
[226] → Rn. 45.
[227] Vgl. Semler/Stengel/*Gehling* § 14 Rn. 35.

wandlungssteuerrechts erfolgen. Die steuerlichen Regelungen des UmwStG differenzieren nach der Rechtsform der beteiligten Rechtsträger. So finden jeweils unterschiedliche Regelungen Anwendung abhängig davon, ob es sich um eine Verschmelzung zwischen Kapitalgesellschaften, eine Verschmelzung zwischen Personengesellschaften, eine Verschmelzung einer Kapitalgesellschaft auf eine Personengesellschaft oder um eine Verschmelzung einer Personengesellschaft auf eine Kapitalgesellschaft handelt. Für die Fälle der Verschmelzung kann grundsätzlich der Stichtag der handelsrechtlichen Schlussbilanz (§ 17 Abs. 2 UmwG)[228] gleichzeitig als der **steuerliche Übertragungsstichtag** (§§ 2 Abs. 1, 9 S. 3, 20 Abs. 5, 6, 24 Abs. 4 UmwStG) gewählt werden, so dass auch unter steuerlichen Aspekten die Rückbeziehung auf einen Stichtag grundsätzlich möglich ist, der höchstens acht Monate vor dem Tag der Anmeldung der Umwandlung zum Handelsregister liegt (anders als etwa beim reinen Anteilstausch).

Handelt es sich bei dem übertragenden Rechtsträger um eine Kapitalgesellschaft, so besteht in dessen steuerlicher Schlussbilanz unter bestimmten Voraussetzungen ein **Bewertungswahlrecht** (§§ 3 Abs. 2, 11 Abs. 2 UmwStG): Das Vermögen kann statt des Regelansatzes mit dem gemeinen Wert (dh zum Verkehrswert des Wirtschaftsgutes bei Einzelveräußerung) auf Antrag auch zu Buchwerten oder zu Zwischenwerten in Ansatz gebracht werden. Diese Wertansätze sind dann in der (Steuer-)Bilanz des übernehmenden Rechtsträgers fortzuschreiben (§§ 4 Abs. 1, 12 Abs. 1 UmwStG). Hierdurch kann die Aufdeckung stiller Reserven aus Anlass der Verschmelzung und damit der Ausweis eines zu versteuernden Übertragungsgewinns vermieden bzw. gesteuert werden. Eine Übertragung zu Teil- oder Zwischenwerten mag etwa gewünscht sein, wenn der Übertragungsgewinn mit bestehenden Verlustvorträgen in den Schranken der Mindestbesteuerung verrechnet werden kann, bevor diese durch die Verschmelzung untergehen (§§ 4 Abs. 2 S. 2, 12 Abs. 3 UmwStG). Die Besteuerung der stillen Reserven ist durch die Buchwertfortführung allerdings nicht aufgehoben, sondern nur aufgeschoben, nämlich bis zu einer späteren Realisierung bei dem übernehmenden Rechtsträger. Die Übertragung zu Buch- oder Zwischenwerten ist dementsprechend insoweit ausgeschlossen, als die stillen Reserven sonst endgültig der deutschen Besteuerung entzogen würden oder soweit eine andere Gegenleistung als die Gewährung von Gesellschaftsanteilen des neuen Rechtsträgers vorgesehen ist (§ 11 Abs. 2 UmwStG).[229] In letzterem Fall sind bei Nichteinhaltung die zu übertragenden Wirtschaftsgüter zusätzlich mit dem Wert der gewährten Gegenleistung anzusetzen und die stillen Reserven insoweit von dem übertragenden Rechtsträger zu versteuern. Eine Notwendigkeit zu einem korrespondierenden Ansatz in Handels- und Steuerbilanz besteht nicht. Eine Aufdeckung der stillen Reserven nur in der Handelsbilanz kann jedoch zu passiven latenten Steuern führen. Die bisherige Ansicht der Finanzverwaltung, dass die Aufdeckung der stillen Reserven auch zur steuerlichen Wertaufholung bis zu den (fortgeführten) Anschaffungs- oder Herstellungskosten der nächstfolgenden Wirtschaftsjahresendbilanz des übernehmenden Rechtsträgers führen kann, wurde hingegen aufgegeben.[230] Zu beachten ist auch, dass in den Fällen der Verschmelzung von Personengesellschaften auf Kapitalgesellschaften, die den Regelungen der §§ 20 ff. UmwStG unterfallen, das steuerliche Bewertungswahlrecht – korrespondierend zur handelsrechtlichen Bewertung – auf der Ebene der übernehmenden Kapitalgesellschaft liegt und der dort in Handels- und Steuerbilanz gewählte Ansatz für die Gewinnermittlung der übertragenden Personengesellschaft maßgeblich ist (§ 20 Abs. 3 UmwStG).

Im Fall der Verschmelzung von Körperschaften auf andere Körperschaften oder auf Personengesellschaften tritt der übernehmende Rechtsträger in die steuerliche Rechtsstellung des übertragenden Rechtsträgers ein (§§ 4 Abs. 2 S. 1, 12 Abs. 3 S. 1 UmwStG). Bestehende **Zins- und Verlustvorträge** können nicht auf den übernehmenden Rechtsträger übertragen

---

[228] → Rn. 53 ff.
[229] Keine Gegenleistung wird etwa in Fällen des „upstream merger" gewährt (§ 68 Abs. 1 UmwG); eine Gegenleistung, die nicht in Gesellschaftsanteilen besteht, kann in Gestalt einer baren Zuzahlung nach §§ 54 Abs. 4 bzw. 68 Abs. 3 UmwG oder als Barabfindung nach § 29 UmwG gewährt werden.
[230] Vgl. *Dötsch*/Pung/Möhlenbrock/*Möhlenbrock*/*Pung*, Die Körperschaftssteuer, UmwStG (SEStEG) § 3 Rn. 57.

werden, sondern allenfalls im Rahmen der Mindestbesteuerung durch Ansatz von Zwischen- oder gemeinen Werten beim übernehmenden Rechtsträger noch aufgebraucht werden. Auf der Ebene der Gesellschafter einer übertragenden Körperschaft können allerdings ebenfalls gemäß § 13 Abs. 2 UmwStG die Buchwerte von den alten auf die neuen Anteile übertragen werden, wenn das deutsche Besteuerungsrecht an den neuen Anteilen nicht ausgeschlossen oder beschränkt wird oder der Vorgang unter die EU-Verschmelzungsrichtlinie fällt. Barabfindungen oder bare Zuzahlungen unterliegen demgegenüber der Besteuerung.[231]

83   In seinem Vorhaben, Unternehmensumstrukturierungen zu erleichtern, war der Steuergesetzgeber insoweit inkonsequent, als eine Privilegierung bei der **Grunderwerbsteuer** nicht vorgesehen ist. Ist ein übertragender Rechtsträger demnach Eigentümer eines Grundstücks, so löst die Verschmelzung grundsätzlich Grunderwerbsteuer aus (§ 1 Abs. 1 Nr. 3 S. 1 GrEStG).[232] Es empfiehlt sich daher, nach Möglichkeit diejenige Gesellschaft als übernehmenden Rechtsträger zu wählen, die über den wertvolleren Grundbesitz verfügt.

11. Kosten

84   Für die Beurkundung des Verschmelzungsvertrages entsteht eine **doppelte Gebühr,**[233] wobei sich der Geschäftswert nach dem Wert des Aktivvermögens aller übertragenden Rechtsträger ohne Abzug von Verbindlichkeiten richtet und höchstens 10.000.000 EUR beträgt (§§ 97 Abs. 1, 3, 107 Abs. 1, 38 GNotKG). Beim Verschmelzungsvertrag mitbeurkundete Zustimmungs- und Verzichtserklärungen lösen keine gesonderte Gebühr aus (§ 109 Abs. 1 GNotKG).[234] Eine im Rahmen des Verschmelzungsvertrages erfolgende Satzungsänderung ist nur dann gesondert zu bewerten, wenn sie beschlussförmig erfolgt, oder wenn der Notar den Entwurf der Satzung erstellt (§ 119 Abs. 1 GNotKG). Die Zustimmungsbeschlüsse der Gesellschafterversammlungen sind gesondert zu bewerten, und zwar entsprechend dem Wert des Verschmelzungsvertrages, ggf. erhöht um den Nennbetrag einer Kapitalerhöhung oder den Wert einer Satzungsänderung. Es fällt eine doppelte Gebühr nach §§ 94 Abs. 1, 2, 109 Abs. 2 Nr. 4g GNotKG an. Die früher geltende Höchstgebühr von 5.000 EUR wurde gestrichen; es gilt nunmehr allein eine Geschäftswertbegrenzung auf 5.000.000 EUR, § 108 Abs. 5 GNotKG. Der solchermaßen begrenzte Geschäftswert ist gegebenenfalls zu dem Geschäftswert des Verschmelzungsvertrags zu addieren, so dass sich insgesamt ein Geschäftswert von bis zu 15.000.000 EUR ergibt. Die Zustimmungsbeschlüsse sollten nach Möglichkeit in einer Urkunde zusammengefasst werden, da der Wert des Verschmelzungsvertrages dann nur einmal anzusetzen ist (§ 109 Abs. 2 Nr. 4g GNotKG). Für die Registeranmeldung fällt für jeden beteiligten Rechtsträger eine Gebühr an, und zwar bei bestehenden Rechtsträgern jeweils mit einem Geschäftswert gemäß § 105 Abs. 4 Nr. 1 Abs. 4 Nr. 1–4 GNotKG und bei einem neugegründeten Rechtsträger (Verschmelzung durch Neugründung) gemäß § 105 Abs. 1 Nr. 1 GNotKG. Für die Eintragung erhebt das Registergericht Gebühren gemäß der HRegGebV. Hinzu kommen die Kosten der Bekanntmachungen sowie ggf. für den Treuhänder (§ 71 UmwG).

---

[231] Dötsch/Pung/Möhlenbrock/*Münch*, Die Körperschaftssteuer, (SEStEG) § 11 Rn. 109.
[232] Vgl. hierzu im Einzelnen Pahlke/Franz/*Pahlke* GrEStG § 1 Rn. 167.
[233] Zur Europarechtswidrigkeit des Gebührenansatzes bei badischen Amtsnotaren, sofern dieser den tatsächlichen Aufwand übersteigt, OLG Karlsruhe GmbHR 2002, 1248 und nachfolgend BWNotZ 2003, 139.
[234] Bei Mitbeurkundung in den Zustimmungsbeschlüssen liegt jedoch keine Gegenstandsgleichheit vor.

IV. Sonderfall: grenzüberschreitende Verschmelzung[235]

1. Systematik

Die Vorschriften über die grenzüberschreitende Verschmelzung sind anwendbar, wenn mindestens eine der beteiligten Gesellschaften dem Recht eines anderen EU- oder EWR-Mitgliedstaats unterliegt. Als inländische Kapitalgesellschaften können GmbH, AG, KGaA und SE beteiligt sein (§ 122b UmwG). Vorrangig sind die §§ 122a ff. UmwG anzuwenden. Nachrangig ist auf §§ 46–78 UmwG, die §§ 2–38 UmwG sowie das für die beteiligte Gesellschaft geltende allgemeine Gesellschaftsrecht zurückzugreifen (§ 122a Abs. 2 UmwG). Für beteiligte ausländische Gesellschaften gelten die Vorschriften derjenigen Rechtsordnung, der sie unterliegen. Aufgrund der Richtlinienvorgaben[236] ist von der Existenz mit den §§ 122a ff. UmwG vergleichbarer Normen in der betreffenden ausländischen Rechtsordnung und das Ineinandergreifen der jeweiligen nationalen Regelungen auszugehen.[237] Nachrangig finden auf die beteiligten ausländischen Gesellschaften die für sie geltenden allgemeinen umwandlungs- und gesellschaftsrechtlichen Regelungen Anwendung. Nachfolgend soll ohne Anspruch auf Vollständigkeit auf zentrale von den nationalen Regelungen abweichende Aspekte eingegangen werden.

2. Verschmelzungsplan

a) Formalia. Der Verschmelzungsplan tritt bei der grenzüberschreitenden Verschmelzung an die Stelle des Verschmelzungsvertrages. Er wird von den Vertretungsorganen der beteiligten Gesellschaften in vertretungsberechtigter Zahl[238] aufgestellt und ist notariell zu beurkunden (§ 122c Abs. 4 UmwG). Die Beurkundung vor einem ausländischen Notar wird bei Erfüllung des Erfordernisses der Gleichwertigkeit als ausreichend erachtet.[239] Ob auch das für die beteiligte ausländische Gesellschaft anwendbare Recht eine Beurkundung fordert und ob diesem Erfordernis durch Beurkundung vor einem deutschen Notar genügt ist, muss im Einzelfall geprüft werden.[240] Der Verschmelzungsplan muss zumindest in deutscher Übersetzung vorliegen (§ 122d UmwG, § 488 FamFG, § 184 GVG).[241]

b) Mindestinhalt. aa) Umtauschverhältnis. Der Mindestinhalt ergibt sich aus § 122c Abs. 2 UmwG. Wesentlicher Bestandteil ist grundsätzlich[242] die Angabe des Umtauschverhältnisses und ggf. die Höhe der baren Zuzahlung (§ 122c Abs. 2 Nr. 2 UmwG). Zur Ermittlung ist eine Bewertung der beteiligten Gesellschaften vorzunehmen. Anzuwenden ist hierbei eine einheitliche, in allen beteiligten Rechtsordnungen anerkannte Bewertungsmethode.[243] Erfolgt ein Spitzenausgleich, so ist § 68 Abs. 3 UmwG zu beachten.[244]

bb) Einzelheiten hinsichtlich der Übertragung von Gesellschaftsanteilen. Strittig ist in diesem Zusammenhang, ob und wann bei Beteiligung einer deutschen AG die §§ 71 ff. UmwG zur Anwendung kommen.[245] Vorsichtshalber wird man §§ 71 ff. UmwG beachten, unabhän-

---

[235] Vgl. zum „grenzüberschreitenden Formwechsel" EuGH NZG 2017, 1308 – Polbud; OLG Nürnberg NZG 2014, 349 – Moor Park II Lutter/*Bayer* § 122a Rn. 11; Limmer/*Limmer* Teil 6 Rn. 19. Zur Formunwirksamkeit der Beurkundung einer GmbH-Gründung durch einen schweizerischen Notar vgl. AG Charlottenburg ZIP 2016, 770.
[236] Vgl. Fn. 1.
[237] So Schmitt/Hörtnagl/Stratz/*Hörtnagl* UmwG § 122a Rn. 20.
[238] Schmitt/Hörtnagl/Stratz/*Hörtnagl* UmwG § 122c Rn. 8 f.: Bei einer SE monistischen Systems mit Sitz im Inland entspricht es richtlinienkonformer Auslegung, dass die Mitglieder des Verwaltungsrats zur Aufstellung befugt sind.
[239] Lutter/*Bayer* § 122c Rn. 8; Semler/Stengel/*Drinhausen* § 122c Rn. 42.
[240] Semler/Stengel/*Drinhausen* § 122c Rn. 43.
[241] Limmer/*Limmer* Teil 6 Rn. 56; Schmitt/Hörtnagl/Stratz/*Hörtnagl* UmwG § 122c Rn. 42.
[242] Ausnahmen: § 122c Abs. 3 UmwG, §§ 54 Abs. 1 S. 3, 68 Abs. 1 S. 3 UmwG.
[243] Semler/Stengel/*Drinhausen* § 122c Rn. 16; vgl. auch Kiem ZGR 2007, 542 ff.
[244] Lutter/*Bayer* § 122c Rn. 16 will eine Überschreitung der 10 %-Grenze des § 68 Abs. 3 UmwG zulassen, wenn das Recht der aufnehmenden bzw. neuen Gesellschaft höhere Zuzahlungen zulässt.
[245] Lutter/*Bayer* § 122c Rn. 17 mwN.

89 cc) *Auswirkungen auf die Beschäftigten.* Die Angabe der voraussichtlichen Auswirkungen auf die Beschäftigten gemäß § 122c Abs. 2 Nr. 4 UmwG ist nicht deckungsgleich mit der Angabe zu Folgen für Arbeitnehmer und deren Vertretungen bei nationalen Verschmelzungen gemäß § 5 Abs. 1 Nr. 9 UmwG. Erstere dient der Information der Anteilseigner, letztere auch der des Betriebsrats bzw. der Arbeitnehmer.[246] Obwohl bei grenzüberschreitenden Verschmelzungen der Verschmelzungsplan nach wohl herrschender Ansicht dem Betriebsrat nicht zuzuleiten ist,[247] sollten sich die erforderlichen Angaben in der Praxis an denen gemäß § 5 Abs. 1 Nr. 9 UmwG orientieren.[248]

90 dd) *Satzung.* Bestandteil des Verschmelzungsplans ist gemäß § 122c Abs. 2 Nr. 9 UmwG die Satzung der übernehmenden oder neuen Gesellschaft in der ab Wirksamwerden der Verschmelzung geltenden Fassung.[249] Anders als bei der nationalen Verschmelzung ist die Satzung nicht nur bei der Verschmelzung zur Neugründung, sondern – selbst wenn keine Satzungsanpassung stattfindet – auch bei der Verschmelzung zur Aufnahme beizufügen.

91 ee) *Festlegung der Arbeitnehmermitbestimmung.* § 122c Abs. 2 Nr. 10 UmwG sieht Angaben zu dem Verfahren vor, nach dem die Einzelheiten über die Beteiligung der Arbeitnehmer an der Festlegung der Mitbestimmungsrechte in der aus der Verschmelzung hervorgehenden Gesellschaft geregelt werden.[250] Das Verfahren ist kurz darzustellen. Die Angaben können unterbleiben, wenn das Verfahren (mangels Vorhandenseins von Arbeitnehmern oder Einschlägigkeit von Mitbestimmungsregeln) nicht durchzuführen ist.

92 ff) *Bewertung des Aktiv- und Passivvermögens.* § 122c Abs. 2 Nr. 11 UmwG verlangt Angaben zur Bewertung des übertragenen Aktiv- und Passivvermögens. Solche Angaben sind im Rahmen der nationalen Verschmelzung nicht erforderlich und von der Angabe des Umtauschverhältnisses zu unterscheiden. Es soll hier anzugeben sein, zu welcher Bewertung das übertragene Vermögen im Rechnungswesen der übernehmenden Gesellschaft fortgeführt wird, insbesondere, ob eine Buchwertfortführung, eine Bilanzierung nach dem Anschaffungskostenprinzip oder eine sonstige Bewertung gewählt wird.[251] Die Ausübung bilanzieller Wahlrechte ist im Verschmelzungsplan festzulegen.[252]

93 gg) *Stichtag der Bilanzen.* § 122c Abs. 2 Nr. 12 UmwG sieht die Angabe des Stichtags der Bilanzen der an der Verschmelzung beteiligten Gesellschaften vor, die zur Festlegung der Bedingungen der Verschmelzung verwendet wurden. Im Rahmen nationaler Verschmelzungen sind derlei Angaben nicht vorgesehen. Umstritten ist die Reichweite dieser Vorschrift. Jedenfalls sind die Stichtage der maßgeblichen Bilanzen sämtlicher beteiligter Gesellschaften anzugeben.[253]

94 hh) *Weitere Angaben.* Unter den Voraussetzungen des § 122i UmwG hat die übertragende Gesellschaft im Verschmelzungsplan Anteilsinhabern, die gegen den Verschmelzungsbeschluss Widerspruch zur Niederschrift erklärt haben, den Erwerb ihrer Anteile gegen Abfindung anzubieten. Der Verschmelzungsplan enthält im Falle der Verschmelzung zur Neu-

---

[246] Lutter/*Bayer* § 122c Rn. 19; Schmitt/Hörtnagl/Stratz/*Hörtnagl* UmwG § 122c Rn. 19.
[247] Es wird empfohlen, sich über die Frage einer Zuleitungspflicht sicherheitshalber mit dem zuständigen Registergericht vorabzustimmen, Semler/Stengel/*Drinhausen* § 122c Rn. 44.
[248] Semler/Stengel/*Drinhausen* § 122c Rn. 21; Widmann/Mayer/*Mayer* UmwG § 122c Rn. 98; → Rn. 56. Vgl. aber Limmer/*Limmer* Teil 6 Rn. 97 ff.
[249] Schmitt/Hörtnagl/Stratz/*Hörtnagl* UmwG § 122c Rn. 26.
[250] Ein solches Verfahren ist besonders geregelt, vgl. *Teichmann* Der Konzern 2007, 89 ff.
[251] Widmann/Mayer/*Mayer* UmwG § 122c Rn. 138; Schmitt/Hörtnagl/Stratz/*Hörtnagl* UmwG § 122c Rn. 29 f., Semler/Stengel/*Drinhausen* § 122c Rn. 35; Lutter/*Bayer* § 122c Rn. 27. Vgl. § 24 UmwG.
[252] Lutter/*Bayer* § 122c Rn. 28 mwN zur aA, nach der die Angabe genügt, dass eine Entscheidung über die Ausübung des Wahlrechts noch nicht getroffen sei, zumindest wenn keine der beteiligten Rechtsordnungen die vorzeitige Festlegung verlangt.
[253] Vgl. Lutter/*Bayer* § 122c Rn. 29 ff.; Limmer/*Limmer* Teil 6 Rn. 76 f. Weitergehend zur Ableitung des Umtauschverhältnisses aus den Bilanzen Widmann/Mayer/*Mayer* UmwG § 122c Rn. 141 mwN.

gründung einer AG/KGaA weiterhin die Bestellung der Anteilseignervertreter im ersten Aufsichtsrat und des ersten Abschlussprüfers (§§ 36 Abs. 2 S. 1 UmwG, 30 Abs. 1 AktG).[254]

3. Verschmelzungsbericht

Der Verschmelzungsbericht (§ 122e UmwG) dient der Information und dem Schutz der 95 Anteilsinhaber sowie – anders als im Rahmen der nationalen Verschmelzung – des Betriebsrats bzw. der Arbeitnehmer. Daher ist ein **Verzicht** der Anteilsinhaber auf diese Erläuterung der rechtlichen und wirtschaftlichen Umstände ebenso wenig zulässig wie in dem Fall, dass alle Anteile der übertragenden Gesellschaft in der Hand der übernehmenden Gesellschaft sind (§ 122e letzter S. iVm § 8 Abs. 3 UmwG).[255] **Zuständig** sind die Vertretungsorgane der beteiligten Gesellschaften (§ 122a Abs. 2 iVm § 8 Abs. 1 UmwG). Sie können den Bericht gemeinsam erstatten, wenn dies, wie das deutsche Recht (§ 8 Abs. 1 UmwG), auch die weiteren beteiligten Rechtsordnungen erlauben.[256] **Inhaltlich** muss der Verschmelzungsbericht zunächst die Anforderungen des UmwG erfüllen (§ 122a Abs. 2 iVm § 8 Abs. 1 UmwG). Weiterhin sind die Auswirkungen auf die **Gläubiger und Arbeitnehmer** der den Bericht erstellenden Gesellschaft darzustellen.[257] Zu diesen Auswirkungen gehört insbesondere ein möglicher Anspruch der Gläubiger auf Sicherheitsleistung gem. § 122j UmwG bzw. § 22 UmwG, sowie Angaben zu künftiger Rechtsform und Haftungsverfassung.[258] Hinsichtlich der Auswirkungen für **Arbeitnehmer** wird man sich an den im Rahmen einer nationalen Verschmelzung in den Verschmelzungsvertrag aufzunehmenden Angaben (§ 5 Abs. 1 Nr. 9 UmwG) zu orientieren haben. Insbesondere ist das künftig anzuwendende Mitbestimmungsrecht zu erläutern.[259] Wurde mit den Arbeitnehmervertretern noch keine Einigung erzielt, ist das Verfahren zu beschreiben, nach dem sich die künftigen Mitbestimmungsregeln bestimmen werden, und welche Mitbestimmungsregeln möglicherweise künftig gelten können.[260] Auch betriebliche Maßnahmen nach Vollzug der Verschmelzung sind darzulegen.[261]

4. Verschmelzungsprüfung

a) **Erforderlichkeit.** Eine Verschmelzungsprüfung nach Maßgabe der §§ 9–12 UmwG ist 96 durchzuführen (§ 122f UmwG), und zwar auch bei der GmbH stets und nicht nur in den Fällen des § 48 UmwG.[262] Anders als auf den Verschmelzungsbericht kann auf die Verschmelzungsprüfung durch alle Anteilsinhaber verzichtet werden (§ 122f UmwG iVm §§ 9 Abs. 3, 8 Abs. 3 UmwG).

b) **Verschmelzungsprüfer.** Zuständig für die Bestellung ist grundsätzlich das Landgericht, 97 in dessen Bezirk die übertragende Gesellschaft ihren Sitz hat (§ 10 Abs. 1 UmwG). Ist eine inländische Gesellschaft nur als übernehmende Gesellschaft beteiligt, soll die Bestellung durch das für diese zuständige Landgericht zulässig sein.[263] Die beteiligten Gesellschaften können einen **gemeinsamen Verschmelzungsprüfer** bestellen. In diesem Fall sollen die Parteien wählen können, nach welcher Rechtsordnung die Verschmelzungsprüfung erfolgen soll. Aus dieser Rechtsordnung ergeben sich dann die Anforderungen an die Qualifika-

---

[254] → Rn. 58.
[255] Schmitt/Hörtnagl/Stratz/*Hörtnagl* UmwG § 122e Rn. 2; Lutter/*Bayer* § 122e Rn. 13 ff. u. Semler/Stengel/*Drinhausen* § 122e Rn. 12 f. wollen richtigerweise in teleologischer Reduktion der Vorschrift Verzichtbarkeit dann befürworten, wenn es keine Arbeitnehmer gibt oder auch diese bzw. ihre Vertretungen einen entsprechenden Verzicht erklären.
[256] Schmitt/Hörtnagl/Stratz/*Hörtnagl* UmwG § 122e Rn. 4.
[257] So Schmitt/Hörtnagl/Stratz/*Hörtnagl* UmwG § 122e Rn. 7 ff., Lutter/*Bayer* § 122e Rn. 7; so jetzt auch Semler/Stengel/*Drinhausen* § 122e Rn. 9 ff.
[258] Lutter/*Bayer* § 122e Rn. 8.
[259] → Rn. 91.
[260] Schmitt/Hörtnagl/Stratz/*Hörtnagl* UmwG § 122e Rn. 11.
[261] Semler/Stengel/*Drinhausen* § 122e Rn. 11.
[262] → Rn. 60.
[263] Schmitt/Hörtnagl/Stratz/*Hörtnagl* UmwG § 122f Rn. 3; Lutter/*Bayer* § 122f Rn. 5.

tion des Verschmelzungsprüfers und seiner Bestellung, während die inhaltlichen Anforderungen den Anforderungen aller betroffenen Rechtsordnungen Rechnung zu tragen haben.[264]

98 **c) Prüfungsgegenstand und -bericht.** Prüfungsgegenstand ist der Verschmelzungsplan bzw. sein Entwurf (§ 122f iVm § 12 UmwG), wobei die Prüfung der Angemessenheit des Umtauschverhältnisses besonderes Gewicht hat.[265] Über das Ergebnis der Prüfung ist ein **schriftlicher Bericht** zu erstellen. Wie auf die Verschmelzungsprüfung kann auch isoliert auf den Verschmelzungsprüfungsbericht durch alle Anteilsinhaber aller beteiligten Gesellschaften in notariell beurkundeter Form verzichtet werden (§ 122f iVm §§ 8 Abs. 3, 9 Abs. 3 UmwG). Ob der Verzicht vor einem deutschen Notar den Anforderungen der beteiligten ausländischen Rechtsordnung genügt, ist gesondert zu prüfen. Insgesamt ist bei Anwendung der §§ 8 Abs. 3, 9 Abs. 3 UmwG zu untersuchen, ob und inwieweit die beteiligte ausländische Rechtsordnung von der Entbehrlichkeit bei Verzicht bzw. im Mutter-Tochter-Verhältnis ausgeht.[266]

5. Informationspflichten

99 **a) Verschmelzungsplan.** Der Verschmelzungsplan oder sein Entwurf ist seitens der inländischen beteiligten Gesellschaft spätestens einen Monat vor der Anteilsinhaberversammlung, die über die Zustimmung zum Verschmelzungsplan beschließen soll, zum Handelsregister einzureichen. Gleichzeitig sind dem **Registergericht** die Angaben gem. § 122d S. 2 Nr. 1–4 UmwG mitzuteilen, die das Registergericht unverzüglich bekannt zu machen hat. Hierzu gehören neben Angaben zu den beteiligten in- und ausländischen Gesellschaften insbesondere die **Modalitäten für die Ausübung der Rechte der Gläubiger und Minderheitsgesellschafter** aller beteiligten Gesellschaften (etwa gem. § 122h UmwG bzw. § 122i UmwG) sowie die Anschrift, unter der vollständige Auskünfte über diese Modalitäten eingeholt werden können (§ 122d S. 2 Nr. 4 UmwG).[267]

100 **b) Verschmelzungsbericht.** *aa) Anteilsinhaber.* Der Verschmelzungsbericht ist den Anteilsinhabern der beteiligten inländischen Gesellschaft (nur) zugänglich zu machen (§ 122e S. 2 UmwG iVm § 63 Abs. 1 UmwG), dh in den Geschäftsräumen der Gesellschaft auszulegen. Bei einer inländischen GmbH gilt jedoch zusätzlich § 47 UmwG, so dass die Übersendung an GmbH-Gesellschafter letztlich nicht unterbleiben kann.[268]

bb) Arbeitnehmer. Der Verschmelzungsbericht ist weiter den zuständigen Betriebsräten und – mangels solcher – den Arbeitnehmern selbst zugänglich zu machen.

6. Verschmelzungsbeschluss

101 **a) Formalia.** Dem Verschmelzungsplan bzw. dessen Entwurf müssen die Gesellschafterversammlungen der beteiligten Gesellschaften zustimmen (§ 122a Abs. 2 iVm § 13 UmwG). Bezüglich der Beschlussmehrheiten und -modalitäten gelten für inländische Gesellschaften die gleichen Regeln wie im Rahmen der nationalen Verschmelzung,[269] für beteiligte ausländische Gesellschaften ist (zusätzlich) deren Rechtsordnung einschlägig. Die Beschlussfassung ist nicht erforderlich, wenn sich alle Anteile der übertragenden Gesellschaft in der Hand der übernehmenden Gesellschaft befinden (§ 122g Abs. 2 UmwG). Nach im Vordringen befindlicher Auffassung ist bei Beteiligung einer AG, einer KGaA oder einer SE der Beschluss auf Ebene der übernehmenden Gesellschaft unter den Voraussetzungen des § 62 Abs. 1 UmwG entbehrlich.[270]

---

[264] Semler/Stengel/*Drinhausen* § 122f Rn. 5; Schmitt/Hörtnagl/Stratz/*Hörtnagl* UmwG § 122f Rn. 3.
[265] → Rn. 62.
[266] Wohl auch Schmitt/Hörtnagl/Stratz/*Hörtnagl* UmwG § 122f Rn. 8.
[267] Vgl. Widmann/Mayer/*Mayer* UmwG § 122d Rn. 10 ff.
[268] Schmitt/Hörtnagl/Stratz/*Hörtnagl* UmwG § 122e Rn. 16.
[269] → Rn. 67.
[270] Semler/Stengel/*Drinhausen* § 122g Rn. 16; so wohl jetzt auch Lutter/*Bayer* § 122g Rn. 36.

b) **Besondere Zustimmungserfordernisse.** Die Anteilsinhaber können ihre Zustimmung 102 davon abhängig machen, dass die Art und Weise der Mitbestimmung der Arbeitnehmer der übernehmenden oder neuen Gesellschaft ausdrücklich von ihnen bestätigt wird (§ 122g Abs. 1 UmwG). Dies ermöglicht den Anteilsinhabern, über die Verschmelzung an sich zu einem Zeitpunkt zu beschließen, an dem die Ausgestaltung der Mitbestimmung mangels Abschlusses des Verfahrens zur Festlegung der Arbeitnehmermitbestimmung noch nicht feststeht.

7. Anwendung von Gründungsvorschriften

Bei der Verschmelzung zur Neugründung finden die für die neue Gesellschaft maßgeblichen Gründungsvorschriften Anwendung (§ 122a Abs. 2 iVm § 36 Abs. 2 UmwG). 103

8. Anmeldung zum Handelsregister

a) **Inhalt der Anmeldung, Verschmelzungsbescheinigung.** Für die Anmeldung ist ein zwei- 104 stufiges Verfahren vorgesehen. Zum Handelsregister der (inländischen) **übertragenden** Gesellschaft ist in einem ersten Schritt das Vorliegen der für die übertragende Gesellschaft geltenden Voraussetzungen für die grenzüberschreitende Verschmelzung anzumelden (§ 122k Abs. 1 UmwG). Liegen diese Voraussetzungen vor, erteilt das zuständige Registergericht (bzw. im Falle einer ausländischen übertragenden Gesellschaft die zuständige Behörde im Ausland) unverzüglich eine Verschmelzungsbescheinigung (§ 122k Abs. 2 UmwG).[271] Gemäß § 122k Abs. 2 S. 2 gilt die Nachricht über die Eintragung der Verschmelzung als Verschmelzungsbescheinigung. In einem zweiten Schritt (§ 122l UmwG) ist zum Handelsregister der (inländischen) **übernehmenden** Gesellschaft – unter Vorlage der Verschmelzungsbescheinigung – bei der **Verschmelzung zur Aufnahme die Verschmelzung als solche** und daneben ggf. die Durchführung einer Kapitalerhöhung anzumelden. Bei der **Verschmelzung zur Neugründung** ist die **neue Gesellschaft** zur Eintragung in das Register ihres Sitzes anzumelden.

b) **Anmeldeberechtigte Personen.** Die Anmeldung des Vorliegens der für die übertragende 105 Gesellschaft geltenden Voraussetzungen erfolgt durch deren Vertretungsorgan in vertretungsberechtigter Zahl. Es besteht insoweit keine stellvertretende Anmeldebefugnis der übernehmenden Gesellschaft gemäß § 16 Abs. 1 S. 2 UmwG.[272] Die Anmeldung der Verschmelzung zur Aufnahme erfolgt bei der übernehmenden Gesellschaft ebenfalls durch deren Vertretungsorgan in vertretungsberechtigter Zahl. Die Anmeldung der Verschmelzung zur Neugründung erfolgt durch die Vertretungsorgane aller übertragenden Gesellschaften in vertretungsberechtigter Zahl.

c) **Versicherungen, Erklärungen.** Die Mitglieder des Vertretungsorgans der übertragenden 106 Gesellschaften haben im Rahmen der Anmeldung des Vorliegens der Voraussetzungen der Verschmelzung eine strafbewehrte Versicherung abzugeben, dass allen Gläubigern, die nach § 122j UmwG einen Anspruch auf Sicherheitsleistung haben, eine angemessene Sicherheit geleistet wurde. Diese Versicherung kann erst abgegeben werden, wenn die Frist zur Anmeldung von Ansprüchen gemäß § 122j Abs. 1 S. 1 UmwG abgelaufen ist.[273] § 16 Abs. 2 und 3 UmwG gelten entsprechend (§ 122k Abs. 1 S. 2 UmwG). Bei Verschmelzung zur Aufnahme hat auch die übernehmende Gesellschaft die Negativerklärung gemäß § 16 Abs. 2 und 3 UmwG abzugeben (§ 122l Abs. 1 UmwG).

d) **Beizufügende Unterlagen.** Für die Anmeldung des **Vorliegens der Voraussetzungen der** 107 **Verschmelzung** (erster Schritt) zum Handelsregister der übertragenden Gesellschaft gilt § 17 UmwG entsprechend mit der Maßgabe, dass nur Unterlagen einzureichen sind, die die übertragende Gesellschaft betreffen (§ 122k Abs. 1 S. 2 UmwG). Bei der **Anmeldung der Verschmelzung** bzw. **der neuen Gesellschaft** (zweiter Schritt) sind neben dem Verschmelzungs-

---

[271] Als Verschmelzungsbescheinigung gilt gemäß § 122 Abs. 2 S. 2 UmwG die Nachricht über die Eintragung.
[272] Lutter/*Bayer* § 122k Rn. 8.
[273] Schmitt/Hörtnagl/Stratz/*Hörtnagl* UmwG § 122k Rn. 11.

plan und ggf. der Vereinbarung über die Beteiligung der Arbeitnehmer weiterhin die **Verschmelzungsbescheinigungen** aller übertragenden Gesellschaften vorzulegen, die nicht älter als sechs Monate sein dürfen (§ 122l Abs. 1 S. 3 UmwG). Die Vorlage auch der Verschmelzungsbeschlüsse der Anteilsinhaberversammlungen der beteiligten Gesellschaften empfiehlt sich.[274] Bei der Verschmelzung durch Aufnahme sind auch für die übernehmende Gesellschaft die gemäß § 17 Abs. 1 UmwG erforderlichen Unterlagen beizufügen, soweit sie die übernehmende Gesellschaft betreffen. Bei der Verschmelzung durch Neugründung sind Gründungsbericht, Gründungsprüfungsbericht bzw. Sachgründungsbericht beizufügen.[275]

9. Wirkungen der Eintragung

108 Die Verschmelzung wird im Register der übertragenden inländischen Gesellschaft zunächst mit dem Vermerk eingetragen, dass die grenzüberschreitende Verschmelzung unter den Voraussetzungen des Rechts des Staates, dem die übernehmende Gesellschaft unterliegt, wirksam wird. Maßgeblich für das Wirksamwerden ist damit das Recht des Mitgliedstaats, dem die übernehmende bzw. neue Gesellschaft unterliegt. Im Handelsregister der übertragenden Gesellschaft ist der Tag des Wirksamwerdens zu vermerken (für die inländische übernehmende Gesellschaft § 122l Abs. 3 UmwG).

10. Rechtsschutz

109 Die für die innerstaatliche Verschmelzung vorgesehenen Regeln betreffend den **Schutz von Minderheitsgesellschaftern** werden durch § 122h UmwG (Regelungen zur Verbesserung des Umtauschverhältnisses) und § 122i UmwG (Austrittsrecht gegen Barabfindung) modifiziert. Ein **Spruchverfahren** (§ 14 Abs. 2 UmwG) zur Verbesserung des Umtauschverhältnisses ist bei grenzüberschreitender Verschmelzung nur zulässig, wenn die Rechtsordnungen, denen die beteiligten ausländischen Gesellschaften angehören, ebenfalls ein entsprechendes Verfahren vorsehen oder die Anteilsinhaber der an der Verschmelzung beteiligten ausländischen Gesellschaften dem im Verschmelzungsbeschluss ausdrücklich zustimmen (§ 122h Abs. 1 UmwG). Abs. 2 ermöglicht auch den Anteilsinhabern ausländischer Gesellschaften, ein Spruchverfahren vor deutschen Gerichten anzustrengen, sofern diese international zuständig sind und die betreffende ausländische Rechtsordnung ein ähnliches Verfahren vorsieht.[276] § 122i UmwG sieht ein Austrittsrecht gegen Barabfindung für widersprechende Aktionäre der übertragenden deutschen Gesellschaft vor, wenn die übernehmende oder neue Gesellschaft nicht dem deutschen Recht unterliegt.[277] Der Anspruch geht mit Wirksamwerden der Verschmelzung auf die übernehmende bzw. neue Gesellschaft über.[278] Der Anwendungsbereich des Spruchverfahrens wird gemäß Abs. 2 modifiziert. Greifen die Vorschriften von § 122h UmwG bzw. § 122i UmwG nicht ein, bleibt eine Anfechtungsklage gerichtet auf die Unangemessenheit des Umtauschverhältnisses bzw. des Barabfindungsgebots zulässig.[279]

V. Sonstige Fälle der Entstehung und Beendigung durch Umwandlung

1. Entstehung und Beendigung durch Auf- und Abspaltung

110 Spaltungsmaßnahmen führen zu einer Aufteilung des Gesellschaftsvermögens auf mehrere Rechtsträger. Geht der übertragende Rechtsträger bei der Spaltung unter, so spricht man von einer **Aufspaltung** (§ 123 Abs. 1 UmwG). Übernehmende Rechtsträger können dabei sowohl bestehende als auch im Zuge der Aufspaltung neu zu gründende Gesellschaften sein. Den Gesellschaftern des übertragenden Rechtsträgers werden dabei Anteile der überneh-

---

[274] Prüfungsgegenstand des Registergerichts ist nämlich auch, ob die Anteilsinhaberversammlungen aller beteiligten Gesellschaften einem gemeinsamen Verschmelzungsplan zugestimmt haben.
[275] → Rn. 75.
[276] Vgl. *Drinhausen* BB 2006, 725 (731).
[277] Vgl. kritisch Lutter/*Bayer* § 122i Rn. 7 ff.
[278] *Drinhausen* BB 2006, 725 (731); Lutter/*Bayer* § 122i Rn. 15.
[279] *Drinhausen* BB 2006, 725 (731).

menden Rechtsträger gewährt. Entäußert sich der übertragende Rechtsträger nur eines Teils seines Gesellschaftsvermögens und besteht er dementsprechend fort, so liegt eine **Abspaltung** vor (§ 123 Abs. 2 UmwG). Der oder die übernehmenden Rechtsträger können wiederum bereits bestehen oder im Zuge der Abspaltung neu gegründet werden. Die Gesellschafter des übertragenden Rechtsträgers werden Gesellschafter der übernehmenden Rechtsträger. In beiden Fällen sind mangels abweichender Regelung die Vorschriften betreffend die Verschmelzung entsprechend anzuwenden (§ 125 UmwG). Anstelle eines Verschmelzungsvertrags wird zwischen den beteiligten Rechtsträgern ein Spaltungs- und Übernahmevertrag geschlossen. Bei der Spaltung zur Neugründung, bei der ja nur ein präexistenter Rechtsträger beteiligt ist, tritt an dessen Stelle ein vom Vertretungsorgan aufzustellender Spaltungsplan (§ 136 UmwG).

Der Gefahr, dass mittels der Spaltung den Gläubigern des übertragenden Rechtsträgers die Haftungsmasse entzogen wird, hat der Gesetzgeber vorgebeugt, indem § 133 Abs. 1 S. 1 UmwG die **gesamtschuldnerische Mithaftung** aller beteiligten Rechtsträger für die Dauer von fünf Jahren nach der Spaltung anordnet (§ 133 Abs. 3 und 4 UmwG). Zu beachten ist, dass eine noch nicht zwei Jahre im Handelsregister eingetragene Aktiengesellschaft nicht gespalten werden kann (§ 141 UmwG).[280] Anders als bei der Verschmelzung (§ 75 Abs. 2 UmwG) sind bei der Spaltung zur Neugründung stets Gründungsbericht und -prüfung erforderlich (§ 144 UmwG). 111

Ertragsteuerlich kann die Spaltung nur dann neutral durchgeführt werden, wenn sowohl der abgespaltene als auch der ggf. beim übertragenden Rechtsträger verbleibende Vermögensteil als Teilbetrieb zu qualifizieren ist (§§ 15 Abs. 1, 16 S. 1 UmwStG). Ein Teilbetrieb ist ein mit einer gewissen Selbstständigkeit ausgestalteter organisch geschlossener Teil des Gesamtbetriebs, der die Merkmale eines Betriebes im Sinne des EStG erfüllt und für sich genommen lebensfähig ist.[281] Als so genannte „fiktive" Teilbetriebe kommen daneben 100%ige Beteiligungen an Kapitalgesellschaften und Mitunternehmeranteile in Betracht.[282] Zu beachten ist auch, dass die Steuerneutralität dann nicht möglich ist, wenn die Spaltung der Durchführung oder Vorbereitung der Veräußerung dient. Dementsprechend werden rückwirkend auf den Spaltungsstichtag alle stillen Reserven aufgedeckt, wenn innerhalb von fünf Jahren nach der Spaltung Anteile im wertmäßigen Umfang von mehr als 20 %, bezogen auf den Wert der Anteile an der übertragenden Körperschaft vor der Spaltung, veräußert werden (§§ 15 Abs. 3, 16 S. 1 UmwStG). 112

2. Entstehung durch Ausgliederung

Ähnlich der Abspaltung überträgt bei der Ausgliederung der übertragende Rechtsträger lediglich einen Teil seines Vermögens auf einen oder mehrere bestehende oder neu zu gründende Rechtsträger. Allerdings werden Anteilsinhaber der übernehmenden Rechtsträger nicht die Gesellschafter des übertragenden Rechtsträgers, sondern dieser selbst (§ 123 Abs. 3 UmwG). **Alternativ** zur Ausgliederung von Vermögensteilen im Wege der partiellen Gesamtrechtsnachfolge bleibt auch die Einbringung von einzelnen Wirtschaftsgütern in eine Gesellschaft im Rahmen einer Sachgründung oder **Sachkapitalerhöhung** möglich.[283] Für die Wahl der Ausgliederung spricht dabei die Möglichkeit, auch Verbindlichkeiten ohne Zustimmung der Gläubiger auf die neue Einheit zu überführen sowie die „Bequemlichkeit" der Gesamtrechtsnachfolge im Vergleich zur umständlichen Übertragung sämtlicher Einzelwirtschaftsgüter und Rechtsverhältnisse – jedoch nur um den Preis der gesamtschuldnerischen Haftung aller beteiligten Rechtsträger (§ 133 Abs. 3 und 4 UmwG).[284] § 125 S. 1 UmwG verweist auch für die Ausgliederung weitgehend auf die Regelungen betreffend die Verschmelzung. Eine Ausgliederungsprüfung ist nach § 125 S. 2 UmwG jedoch nicht erforder- 113

---

[280] Gem. § 141 UmwG idF des Zweiten Gesetzes zur Änderung des Umwandlungsgesetzes ist aber die Ausgliederung zur Neugründung möglich.
[281] Schmitt/Hörtnagl/Stratz/*Hörtnagl* UmwStG § 15 Rn. 49 ff.
[282] Vgl. zu Einzelheiten Sagasser/Bula/Brünger/*Schöneberger/Bultmann* § 20 Rn. 26.
[283] *Feddersen/Kiem* ZIP 1994, 1078 (1079); *Kallmeyer* ZIP 1994, 1746 (1749).
[284] Limmer/*Limmer* Teil 3 Rn. 336 f.

lich. Dem liegt die Vorstellung zugrunde, dass sich an der Anteilsinhaberschaft am übertragenden Rechtsträger nichts ändert und lediglich Umschichtungen in dessen Vermögen erfolgen. Aus dem gleichen Grund finden ua auch die Vorschriften über den Ausschluss der Klagemöglichkeit (§§ 14 f. UmwG) und die Barabfindung (§§ 29–34 UmwG) keine Anwendung (§ 125 S. 1 UmwG). Die Erforderlichkeit einer Gründungsprüfung bei der Ausgliederung zur Neugründung (§ 144 UmwG) und einer Sacheinlagenprüfung bei der Ausgliederung auf eine bestehende Aktiengesellschaft (§ 183 Abs. 3 AktG, vgl. § 142 Abs. 2 UmwG) bleibt jedoch unberührt.

114 **Steuerlich** wird die Ausgliederung nicht als Spaltungsvorgang, sondern als Einbringung qualifiziert, so dass §§ 20 ff. UmwStG bzw. im Fall der Ausgliederung auf eine Personengesellschaft § 24 UmwStG Anwendung finden. Voraussetzung für die steuerliche Neutralität der Einbringung ist wiederum vor allem die (Teil-)Betriebseigenschaft der eingebrachten Vermögensgegenstände und die steuerliche Verstrickung des Veräußerungsgewinns aus den eingebrachten Wirtschaftsgütern in Deutschland. Voraussetzung für die Anwendung der §§ 20 ff. UmwStG ist weiterhin, dass der Einbringende als Gegenleistung neue Anteile am übernehmenden Rechtsträger erhält, was umwandlungsrechtlich nicht zwingend erforderlich ist (§§ 125 S. 1, 68 UmwG).

VI. Checklisten zur Vorgehensweise

1. Formwechsel

115 **Checkliste zur formwechselnden Umwandlung**

☐ Umwandlungsbericht
- allgemein: §§ 192, 8 Abs. 1 S. 2–4 und Abs. 2 UmwG
- oHG, KG: § 215 UmwG
- GmbH, AG: § 238 S. 2 und 3 UmwG

☐ Entwurf des Umwandlungsbeschlusses mit Feststellung der Satzung
- allgemein: §§ 192 Abs. 1 S. 3, 194 Abs. 1, 200, 204, 23, 207, 208, 30, 213 UmwG
- oHG, KG: § 218 UmwG
- GmbH, AG: §§ 234, 243, 244 UmwG, §§ 23–27 AktG, § 197 S. 2 UmwG

☐ Einberufung der Gesellschafterversammlung
- oHG, KG: § 216 UmwG
- GmbH, AG: §§ 230, 231, 238 UmwG, §§ 49, 51 GmbHG, §§ 121, 123–125 AktG

☐ Zuleitung des Beschlussentwurfs an den Betriebsrat
- allgemein: § 194 Abs. 2 UmwG

☐ Durchführung der Gesellschafterversammlung und besondere Zustimmungserfordernisse
- allgemein: § 193 UmwG
- oHG, KG: § 217 UmwG
- GmbH, AG: §§ 232, 233, 239–242 UmwG

☐ Anwendung des AG-Gründungsrechts
- allgemein: §§ 197, 219, 220, 245 UmwG, §§ 20–22, 31–35 AktG

☐ Prüfung des Barabfindungsangebots
- allgemein: §§ 208, 30, 10–12 UmwG
- oHG, KG: § 225 UmwG
- AG: § 213 UmwG, § 35 AktG

☐ Anmeldung zum Handelsregister
- allgemein: §§ 198, 199, 16 Abs. 2 und 3 UmwG, § 37 Abs. 2, 3 und 5, § 181 Abs. 1 AktG
- oHG, KG: § 222 UmwG
- GmbH, AG: §§ 235, 246 UmwG

2. Verschmelzung

Checkliste zur Verschmelzung 116

- ☐ Verschmelzungsvertrag
  - allgemein: §§ 4–6, 18, 23, 29, 35–37 UmwG
  - oHG, KG: § 40 UmwG
  - GmbH, AG: §§ 46, 56, 57 UmwG
- ☐ Verschmelzungsbericht
  - allgemein: § 8 UmwG
  - oHG, KG: § 41 UmwG
- ☐ Verschmelzungsprüfung
  - allgemein: §§ 9–12, 30 Abs. 2, 36 UmwG
  - oHG, KG: § 44 UmwG
  - GmbH, AG: §§ 48, 56, 60, 73 UmwG
- ☐ Nachgründungsprüfung
  - AG: §§ 67 UmwG, § 52 Abs. 3, 4, 6–9, § 33 Abs. 3–5, §§ 34, 35 AktG
- ☐ Einberufung der Gesellschafterversammlung
  - oHG, KG: § 42 UmwG
  - GmbH, AG: §§ 47, 49, 56, 61, 63, 73 UmwG, §§ 49, 51 GmbHG, §§ 121, 123–125 AktG
- ☐ Zuleitung des Beschlussentwurfs an den Betriebsrat
  - allgemein: § 5 Abs. 3 UmwG
- ☐ Durchführung der Gesellschafterversammlungen und besondere Zustimmungserfordernisse
  - allgemein: §§ 13, 36 UmwG
  - oHG, KG: § 43 UmwG
  - GmbH, AG: §§ 50, 51, 56, 59, 62, 64, 65, 73, 76 UmwG
- ☐ Anwendung des AG-Gründungs- und Sachkapitalerhöhungsrechts
  - allgemein: §§ 36 Abs. 2, 66, 67, 69, 73–75 UmwG, §§ 20–22, 30–35, 183 AktG
- ☐ Anmeldung zum Handelsregister
  - allgemein: §§ 16, 17, 35, 38, 69 UmwG, § 37 Abs. 2, 3 und 5, §§ 181 Abs. 1, 188 AktG
  - GmbH: § 52 UmwG

VII. Muster (Formwechsel GmbH → AG)

1. Umwandlungsbericht

Die unterzeichneten Geschäftsführer der [......] GmbH (nachstehend „Gesellschaft" bzw. 117
„GmbH") erstatten hiermit den nachstehenden Bericht betreffend die beabsichtigte formwechselnde Umwandlung der Gesellschaft in eine Aktiengesellschaft (nachfolgend „AG"):

1. Die Gesellschaft benötigt zum weiteren Ausbau ihres Geschäftsbetriebs zusätzliches Eigenkapital. Die Rechtsform der Aktiengesellschaft bietet vielfältigere und flexiblere Möglichkeiten der Kapitalbeschaffung bis hin zur Börseneinführung. Sie ermöglicht weiterhin die Beteiligung der Mitarbeiter am Unternehmenserfolg über ein Stock Option Programm. Die Gesellschaft soll daher formwechselnd in eine AG umgewandelt werden.
2. Es ist beabsichtigt, den als Entwurf beigefügten Umwandlungsbeschluss in der für den [......] einberufenen Gesellschafterversammlung zur Abstimmung zu stellen. Er kommt nur zustande, wenn mindestens drei Viertel der abgegebenen Stimmen dem Beschuss zustimmen. In diesem Fall werden die unterzeichneten Geschäftsführer die beschlossene Umwandlung zur Eintragung im Handelsregister anmelden. Mit erfolgter Eintragung wird die Umwandlung wirksam. Der Formwechsel wird sodann durch das Registergericht öffentlich bekannt gemacht.

3. Die Identität der Gesellschaft bleibt durch die Umwandlung unberührt. Es ändert sich lediglich die Rechtsform: An die Stelle der GmbH tritt die AG als neue Rechtsform, was sich in einer Hinzufügung des Rechtsformzusatzes „AG" anstelle von „GmbH" in der Firma der Gesellschaft niederschlägt. An die Stelle des Stammkapitals der GmbH tritt das gleich hohe Grundkapital der AG. Dabei bleibt das Verhältnis der Kapitalbeteiligung der Gesellschafter unverändert. An die Stelle der Geschäftsanteile treten Aktien der AG, welche als Namensaktien ausgegeben werden. Dabei erhält jeder Gesellschafter eine solche Zahl von Stückaktien, dass der hierauf insgesamt entfallende anteilige Betrag des Grundkapitals dem Gesamtnennbetrag seiner bisherigen Geschäftsanteile entspricht. Etwa bestehende Rechte Dritter an Geschäftsanteilen der GmbH bestehen entsprechend an den Aktien des jeweiligen Aktionärs der Aktiengesellschaft fort.

4. Gesellschaftern, die dem Umwandlungsbeschluss zur Niederschrift der Gesellschafterversammlung widersprechen, wird das Angebot unterbreitet, ihre infolge des Formwechsels entstehenden Aktien gegen Gewährung einer Barabfindung von EUR [......] je Stückaktie (entsprechend dem [......]-fachen des Nennbetrags der Geschäftsanteile) zu erwerben. Das Angebot kann nur binnen zwei Monaten nach dem Tage angenommen werden, an dem die Eintragung der neuen Rechtsform oder des Rechtsträgers neuer Rechtsform in das Register bekannt gemacht worden ist. Im Falle der Annahme ist die Barabfindung ab dem Tag nach der Eintragung mit 2 % über dem Basiszinssatz (§ 247 BGB) zu verzinsen. Die Zahlung der Barabfindung erfolgt Zug um Zug gegen Übertragung der Aktien des widersprechenden Gesellschafters. Der widersprechende Gesellschafter kann verlangen, dass die Angemessenheit des Abfindungsangebots auf Kosten der Gesellschaft von einem Umwandlungsprüfer geprüft wird. Er kann weiterhin einen Antrag auf gerichtliche Nachprüfung der Abfindung stellen. In diesem Fall bezieht sich das Angebot auf die vom Gericht festgesetzte Barabfindung. Die Annahmefrist endet dann zwei Monate nach dem Tag, an dem die Entscheidung im Bundesanzeiger bekannt gemacht worden ist.

Der Barabfindung liegen die wirtschaftlichen Verhältnisse der Gesellschaft zu Grunde, wie sie voraussichtlich zum Zeitpunkt der Fassung des Umwandlungsbeschlusses vorliegen werden. Im Einzelnen wurde das Abfindungsangebot wie folgt ermittelt: [......]

Der Umwandlungsbeschluss kommt nur zustande, wenn mindestens drei Viertel der abgegebenen Stimmen dem zustimmen. Es können daher höchstens Gesellschafter eine Barabfindung verlangen, die insgesamt über ein Viertel des gesamten Gesellschaftskapitals verfügen, so dass der Abfindungsanspruch höchstens EUR [......] beträgt. Dabei ist sichergestellt, dass die Gesellschaft die nach § 272 Abs. 4 HGB vorgeschriebene Rücklage für eigene Anteile bilden kann, ohne das Stammkapital oder eine nach dem Gesellschaftsvertrag zu bildende Rücklage zu mindern, die nicht für Zahlungen an die Gesellschaft verwandt werden darf.

5. Am [......] wurde dem Betriebsrat der Gesellschaft der Umwandlungsbeschluss im Entwurf zugeleitet. Die Arbeitsverhältnisse der [......] Arbeitnehmer der GmbH werden unverändert von der AG fortgesetzt (§ 613a BGB), weitere Maßnahmen sind daher nicht erforderlich. Die bisher gültigen Betriebs- und Rahmenbetriebsvereinbarungen behalten Gültigkeit; die bestehenden Betriebsräte sowie der Gesamtbetriebsrat bleiben bestehen.

6. Anlässlich des Formwechsels ist ein Aufsichtsrat zu bestellen, der sich aus drei Vertretern der Aktionäre zusammensetzt (§§ 197 S. 2 UmwG, 96 Abs. 1 AktG, 1 Abs. 1 DrittelbG). Der Aufsichtsrat bestellt sodann die Mitglieder des Vorstands. Weiterhin ist im Rahmen des Umwandlungsbeschlusses ein Abschlussprüfer zu bestellen, da die Jahresabschlüsse der Gesellschaft in Zukunft prüfungspflichtig sind.

7. Die Aktionäre der AG haften grundsätzlich nicht weiter gehend als die Gesellschafter der GmbH. Allerdings muss das Grundkapital der AG durch das Reinvermögen der GmbH gedeckt sein. Ist dies nicht der Fall und wird die formwechselnde Umwandlung gleichwohl im Handelsregister eingetragen, so haften die Gründer für den Differenzbetrag. Dabei gelten diejenigen Gesellschafter, die für den Umwandlungsbeschluss gestimmt haben, als Gründer der AG.

8. Die Gläubiger der Gesellschaft können unter bestimmten Voraussetzungen für ihre Forderungen Sicherheitsleitung verlangen, worauf in der Bekanntmachung durch das Registergericht hingewiesen wird.

§ 16 Entstehung und Beendigung durch Umwandlung 118 § 16

9. Steuerliche Konsequenzen werden sich aus der Umwandlung weder auf der Ebene der Gesellschaft noch auf der Ebene der Gesellschafter ergeben.
10. Eine Klage gegen die Wirksamkeit des Umwandlungsbeschlusses ist spätestens einen Monat nach der Beschlussfassung zu erheben. Die Klage kann nicht darauf gestützt werden, dass die in dem Beschluss für einen Gesellschafter bestimmten Anteile an der Aktiengesellschaft zu niedrig bemessen sind oder dass die künftigen Aktien kein ausreichender Gegenwert für den bisherigen Anteil an der GmbH darstellen. Die Klage gegen die Wirksamkeit des Umwandlungsbeschlusses kann auch nicht darauf gestützt werden, dass das Abfindungsangebot zu niedrig bemessen oder dass die Abfindung im Umwandlungsbeschluss nicht oder nicht ordnungsgemäß angeboten worden ist.
11. Die Kosten der Umwandlung in voraussichtlicher Höhe von EUR [......] trägt die Gesellschaft.

[......], den [......]
gez. [......], gez. [......]
Anlagen: Entwurf des Umwandlungsbeschlusses

2. Umwandlungsbeschluss

R Nr. [......]
Niederschrift über eine Gesellschafterversammlung
Heute, den [......], habe ich,
[......]
Notar mit dem Amtssitz in [......], an einer in meinen Amtsräumen abgehaltenen Gesellschafterversammlung der
[......] GmbH
(nachfolgend „GmbH")
teilgenommen, bei der zugegen waren:
1. Frau [......]
2. Herr [......]
3. Herr [......]
Die Erschienenen wiesen sich jeweils durch Vorlage ihrer gültigen amtlichen Lichtbildausweise aus. Sie bestimmten einstimmig Frau [......] zur Versammlungsleiterin.

I. Feststellungen

Frau [........] stellte fest:
1. Die GmbH ist im Handelsregister des Amtsgerichts [......] unter HRB [......] eingetragen. An dem EUR [......] betragenden und voll eingezahlten Stammkapital sind die Erschienenen wie folgt beteiligt:
a) Frau [......] mit einem Geschäftsanteil in Höhe von EUR [......];
b) Herr [......] mit einem Geschäftsanteile in Höhe von EUR [......] und
c) Herr [......] mit einem Geschäftsanteil in Höhe von EUR [.......].
Damit ist die Gesellschafterversammlung beschlussfähig.
2. Diese Gesellschafterversammlung wurde durch eingeschriebenen Brief vom [......] einberufen. Dabei wurde der Formwechsel als Gegenstand der Beschlussfassung angekündigt und der Umwandlungsbericht nebst Abfindungsangebot übersandt. Der Umwandlungsbericht liegt auch während der gesamten Gesellschafterversammlung zur Einsichtnahme durch die Gesellschafter aus.
oder: Alle Gesellschafter verzichten hiermit gemäß § 238 S. 2 UmwG iVm § 192 Abs. 2 UmwG auf die Erstattung eines Umwandlungsberichts.
Damit ist die Gesellschafterversammlung ordnungsgemäß einberufen worden.
3. Der Entwurf des Umwandlungsbeschlusses ist dem Betriebsrat der GmbH rechtzeitig zugeleitet worden ist (§ 194 Abs. 2 UmwG).

oder: Es besteht ein Gesamtbetriebsrat, dem am [......] ein Entwurf des Umwandlungsbeschlusses zugeleitet wurde. Der Gesamtbetriebsrat hat auf das Erfordernis der rechtzeitigen Zuleitung gemäß § 194 Abs. 2 UmwG verzichtet, die Verzichtserklärung ist als **Anlage 1** beigefügt.

oder: Bei der GmbH besteht kein Betriebsrat. Die Zuleitung des Entwurfs des Umwandlungsbeschlusses nach § 194 Abs. 2 UmwG war daher nicht erforderlich.

II. Gesellschafterbeschluss

Die Versammlungsleiterin bestimmte, dass die Abstimmung durch Handzeichen erfolgt und stellte folgenden Beschlussvorschlag zur Abstimmung:

1. Die GmbH wird formwechselnd in eine Aktiengesellschaft in Firma [......] AG (nachfolgend „AG") umgewandelt.
2. Die Satzung der AG erhält die aus **Anlage 2** zu dieser Niederschrift ersichtlichen Inhalt. Die Satzung wurde verlesen und von den Beteiligten genehmigt. Auf die Anlage 2 wird verwiesen.
3. Das Stammkapital der GmbH in Höhe von EUR [......] wird zum Grundkapital der Aktiengesellschaft in gleicher Höhe, welches in [......] auf den Namen lautende Stückaktien eingeteilt wird. Hiervon übernehmen
    a) Frau [......]: [......] Stückaktien;
    b) Herr [......]: [......] Stückaktien und
    c) Herr [......]: [......] Stückaktien.
Wegen der näheren Ausgestaltung der Aktien wird auf die anliegende Satzung verwiesen. Besondere Rechte im Sinne von § 194 Abs. 1 Nr. 5 UmwG werden nicht gewährt.
4. Für den Fall, dass ein Gesellschafter gegen den Umwandlungsbeschluss Widerspruch zur Niederschrift erklärt, bietet die GmbH hiermit an, die infolge des Formwechsels entstehenden Aktien des widersprechenden Gesellschafters gegen Gewährung einer Barabfindung von EUR [......] je Stückaktie zu erwerben. Das Angebot kann nur binnen zwei Monaten nach dem Tage angenommen werden, an dem die Eintragung der neuen Rechtsform oder des Rechtsträgers neuer Rechtsform in das Register bekannt gemacht worden ist. Im Falle der Annahme ist die Barabfindung ab dem Tag nach der Eintragung mit 2 % über dem Basiszinssatz (§ 247 BGB) zu verzinsen. Die Zahlung der Barabfindung erfolgt Zug um Zug gegen Übertragung der Aktien des widersprechenden Aktionärs. Stellt der widersprechende Aktionär einen Antrag auf gerichtliche Nachprüfung der Abfindung, so bezieht sich das Angebot auf die vom Gericht festgesetzte Barabfindung. Die Annahmefrist endet in diesem Fall zwei Monate nach dem Tag, an dem die Entscheidung im Bundesanzeiger bekannt gemacht worden ist.
5. Die Arbeitsverhältnisse der [......] Arbeitnehmer der GmbH werden unverändert von der AG fortgesetzt (§ 613a BGB), weitere Maßnahmen sind daher nicht erforderlich. Die bisher gültigen Betriebs- und Rahmenbetriebsvereinbarungen behalten Gültigkeit; die bestehenden Betriebsräte sowie der Gesamtbetriebsrat bleiben bestehen. Der Aufsichtsrat setzt sich gemäß §§ 197 S. 2 UmwG, 96 Abs. 1 AktG, 1 Abs. 1 DrittelbG nur aus Vertretern der Aktionäre zusammen.
6. Zu Mitgliedern des Aufsichtsrats werden für die Zeit bis zur Beendigung der Hauptversammlung, die über die Entlastung des Aufsichtsrats für das am [......] endende Geschäftsjahr [......] beschließt, bestellt:
    a) Herr [Name, Beruf, Anschrift];
    b) Frau [Name, Beruf, Anschrift] und
    c) Herr [Name, Beruf, Anschrift].
7. Zum Abschlussprüfer für das am [......] endende Geschäftsjahr wird bestellt: [......]

Für diesen Beschluss stimmten Frau [......] und Herr [......]. Die Versammlungsleiterin stellte fest, dass die erforderliche Mehrheit von drei Vierteln erreicht und der Beschluss damit gemäß dem Vorschlag gefasst worden ist. Sie stellte ferner fest, dass Frau [......] und Herr [......] als Gründer der AG gelten (§§ 244 Abs. 1, 245 Abs. 1 S. 1 UmwG). Gegen den Beschluss stimmte Herr [......]. Dieser erklärte hiergegen Widerspruch zur Niederschrift.

oder: Dem Beschlussvorschlag wurde einstimmig zugestimmt. Frau [......], Herr [......] und Herr [......] gelten damit als Gründer der AG (§§ 244 Abs. 1, 245 Abs. 1 S. 1 UmwG). Sie verzichteten auf die Anfechtung des Beschlusses.

III. Hinweise

Der Notar hat hingewiesen auf:
- den Zeitpunkt des Wirksamwerdens der Umwandlung mit deren Eintragung im Handelsregister,
- den Inhalt von Aktien und Zwischenscheinen vor der vollen Leistung des Nennbetrages der Aktien (§ 10 Abs. 2, 3 AktG),
- den Umstand, dass etwa ausstehende Bareinlagen nicht durch Sacheinlagen geleistet werden können,
- die gemäß § 197 UmwG anzuwendenden Gründungsvorschriften der § 1 bis § 53 des Aktiengesetzes,
- die sich daraus ergebende Verantwortlichkeit der zustimmenden Gesellschafter als Gründer (§ 245 UmwG, § 46 AktG) sowie des Vorstands und des Aufsichtsrats (§ 245 UmwG, § 48 AktG),
- die Notwendigkeit der Gründungsprüfung (§ 220 Abs. 3 UmwG, § 33 Abs. 2 AktG),
- die Notwendigkeit der Nachgründung in den Fällen des § 52 AktG innerhalb von zwei Jahren nach Eintragung der Umwandlung im Handelsregister.

IV. Kosten, Abschriften

Die Kosten dieser Urkunde und der Eintragung ins Handelsregister trägt die Gesellschaft. Von dieser Urkunde erhalten Ausfertigungen
- die Gesellschafter
- die Gesellschaft

und beglaubigte Abschriften
- Amtsgericht [......] – Handelsregister –
- Industrie- und Handelskammer [......]
- Finanzamt [......]
- [......]

3. Handelsregisteranmeldung

Amtsgericht [......]
– Handelsregister –

[......] GmbH
HRB [......]

Als vertretungsberechtigte Geschäftsführer der Gesellschaft überreichen wir:
[vgl. → Rn. 38]

Zur Eintragung in das Handelsregister melden wir an:
1. Die Gesellschaft ist durch Umwandlungsbeschluss vom [......] formwechselnd in eine Aktiengesellschaft in Firma [......] umgewandelt worden.
2. Die Gründer haben der Aktiengesellschaft die beigefügte Satzung gegeben.
3. Das Grundkapital der Gesellschaft beträgt [......] und ist eingeteilt in [......] auf den Namen lautende Stückaktien.
4. Zu Mitgliedern des Aufsichtsrates wurden bestellt:
   a) Herr [Name, Beruf, Anschrift];
   b) Frau [Name, Beruf, Anschrift] und
   c) Herr [Name, Beruf, Anschrift].
5. Zu Mitgliedern des Vorstandes wurden bestellt:
   a) Herr [Name, Geburtsdatum, Anschrift] und
   b) Herr [Name, Geburtsdatum, Anschrift].
   Gemäß § [......] der Satzung wird die Gesellschaft, sofern nur ein Vorstandsmitglied bestellt ist, durch dieses, im Übrigen durch zwei Vorstandsmitglieder oder durch ein Vorstandsmitglied gemeinschaftlich mit einem Prokuristen vertreten.
   Die beiden Vorstandsmitglieder vertreten die Gesellschaft stets einzeln.

6. Die Vorstandsmitglieder versichern, dass keine Umstände vorliegen, die ihrer Bestellung nach § 76 Abs. 3 S. 2 und 3 AktG entgegenstehen. Sie stehen nicht unter Betreuung und unterliegen daher bei der Besorgung ihrer Vermögensangelegenheiten auch nicht teilweise einem Einwilligungsvorbehalt (§ 1903 BGB). Keines der Vorstandsmitglieder ist wegen irgendeiner Straftat verurteilt, noch ist einem Vorstandsmitglied die Ausübung eines Berufes, Berufszweiges, Gewerbes oder Gewerbezweiges durch richterliches Urteil oder vollziehbare Entscheidung einer Verwaltungsbehörde untersagt worden. Die Vorstandsmitglieder sind durch den beglaubigenden Notar über ihre unbeschränkte Auskunftspflicht gegenüber dem Gericht belehrt worden.
8. Die Vorstandsmitglieder erklären, dass keine Klagen gegen den Umwandlungsbeschluss erhoben worden sind.
9. Die inländische Geschäftsanschrift lautet [......].
[......] [......]

[Beglaubigungsvermerk]

Teil D. Finanzverfassung

§ 17 Rechnungslegung

Übersicht

	Rn.
I. Grundlagen	1–32
1. System des betrieblichen Rechnungswesens	1/2
2. Rechtsgrundlagen	3–20
a) Nationale gesetzliche Rechnungslegungsvorschriften	3–9
b) Internationale Rechnungslegungsvorschriften	10–14
c) Weitere nationale Rechnungslegungsvorschriften	15–20
3. Funktionen und Bestandteile des Jahresabschlusses	21–32
II. Aufstellung, Feststellung und Offenlegung des Jahresabschlusses	33–79
1. Aufstellung	33–47
2. Prüfung und Feststellung	48–60
3. Offenlegung des Jahresabschlusses nach § 325 HGB	61–79
III. Zwischenberichterstattung	80–92
IV. Mängel des festgestellten Jahresabschlusses	93–141
1. Änderung eines fehlerfreien Jahresabschlusses	94–100
2. Änderung eines fehlerhaften Jahresabschlusses	101–103
3. Nichtigkeit	104–139
a) Nichtigkeitsgründe	106–134
b) Nichtigkeitsklage	135/136
c) Heilung und Beseitigung der Nichtigkeit	137–139
4. Anfechtung des Jahresabschlusses	140/141
V. Sonderfragen	142–161
1. Bilanzierung von Stock options und anderen Formen der Mitarbeiterbeteiligung	142–153
2. Bilanzierung eigener Aktien	154–161

Schrifttum: *Baetge,* Bilanzen, 14. Aufl. 2017; *Busse von Colbe,* Kleine Reform der Konzernrechnungslegung durch das TransPuG, BB 2002, 1583; *Coenenberg,* Jahresabschluss, 24. Aufl. 2016; *Fuchs,* WpHG, 2016; *Goslar/von der Linden,* Anfechtbarkeit von Hauptversammlungsbeschlüssen aufgrund fehlerhafter Entsprechenserklärungen zum Deutschen Corporate Governance Kodex, DB 2009, 1691; *Hirte/Möllers* (Hrsg.), Kölner Kommentar zum WpHG, 2. Aufl. 2014 (zit. KölnKomm WpHG); *IdW* (Hrsg.), WP-Handbuch, 15. Aufl. 2017; *v. Keitz/Stoll,* Fehlerfeststellung, -veröffentlichung und -korrektur im Rahmen des deutschen Enforcement KoR 2008, 213; *Küting/Weber,* Handbuch der Rechnungslegung, 5. Aufl. 2002 ff.; *Leffson,* Grundsätze ordnungsmäßiger Buchführung, 7. Aufl. 1987; *Lüdenbach/Hoffmann/Freiberg,* IFRS Kommentar, 16. Aufl. 2018; *Oser,* Gesetz zur Umsetzung der Transparenzrichtlinie-Änderungsrichtlinie, DB 2015, 2825; *Oser,* Bilanzierung eigener Aktien in Handels- und Steuerbilanz auf dem Boden des KonTraG, StB 1999, 375; *Pellens/Crasselt,* Bilanzierung von Stock Options, DB 1998, 217; *Petersen/Bansbach/Dornbach,* IFRS Praxishandbuch, 12. Aufl. 2017; *Kremer/Bachmann/Lutter/v. Werder,* Deutsche Corporate Governance Kodex, 4. Aufl. 2010; *Schlauß,* Ein Jahr Erfahrung mit den neuen Jahresabschluss-Publizitätspflichten, DB 2008, 2821; *Schüppen,* To comply or not to comply – that's the question!, ZIP 2002, 1269; *Schulze-Osterloh,* Nichtigkeit des Jahresabschlusses einer AG wegen Überbewertung, ZIP 2008, 2241; *Spanheimer,* Spezifische Problemfelder des gesetzlichen Standardisierungsauftrags an den DSR gemäß § 342 Abs. 1 Nr. 1 HGB, WPg 2000, 997; *Stollenwerk/Kurpat,* BB-Rechtsprechungsreport zum Ordnungsgeldverfahren nach dem EHUG, BB 2009, 150; *Wenzel,* Ordnungsgeldverfahren nach § 335 HGB wegen unerlassener Offenlegung von Jahresabschlüssen, BB 2008, 769; *v. Werder/Turkali,* Corporate Governance Report 2015: Kodexakzeptanz und Kodexanwendung, DB 2015, 1357; *Wilsing,* Deutscher Corporate Governance Kodex Kommentar 2012; *Winnefeld,* Bilanz-Handbuch, 5. Aufl. 2015; *Zwirner,* Das Bilanzrichtlinie Umsetzungsgesetz (BilRUG) ist da, StuB 2015 Beilage zu Heft 21; *Zwirner/Busch/Froschhammer,* Reform des handelsrechtlichen Ordnungsgeldverfahrens, StuB 2013, 380.

I. Grundlagen

1. System des betrieblichen Rechnungswesens

1 Das betriebliche Rechnungswesen umfasst die Gesamtheit aller vorwiegend mengen- und wertmäßigen Informationen zur Abbildung finanz- und leistungswirtschaftlicher Sachverhalte von Unternehmen. Das Rechnungswesen wird dabei in zwei Teilbereiche untergliedert: das **externe Rechnungswesen**, das als gesetzlich normiertes Instrument die Dokumentation der Geschäftsvorfälle sowie die Rechenschaftslegung der Unternehmensleitung gegenüber den am Unternehmen beteiligten Gruppen zur Aufgabe hat, und das **interne Rechnungswesen**, welches entsprechend der Bedürfnisse des jeweiligen Unternehmens ausgestaltet werden kann und der Bereitstellung von Informationen für interne Entscheidungsstellen dient. Zum **internen Rechnungswesen** zählen sowohl zukunftsorientierte Planungsrechnungen, die der Entscheidungsfindung dienen, als auch Kontrollrechnungen, mit deren Hilfe durch einen Vergleich von Plan- und Ist-Zahlen der Grad der Zielerreichung überprüft wird.

2 Eine Sonderstellung nimmt das für Aktiengesellschaften in § 91 Abs. 2 AktG geforderte Überwachungssystem ein, das vom Vorstand einzurichten ist und die Früherkennung von den Fortbestand der Gesellschaft gefährdenden Entwicklungen unterstützen soll.[1] Für börsennotierte Aktiengesellschaften wird vom Abschlussprüfer nach § 317 Abs. 4 HGB die geeignete Umsetzung der in § 91 Abs. 2 AktG geforderten Maßnahmen durch den Vorstand beurteilt und hierüber separat im Prüfungsbericht berichtet.

2. Rechtsgrundlagen

3 **a) Nationale gesetzliche Rechnungslegungsvorschriften.** Maßgebende Rechtsgrundlage für die Rechnungslegung der Aktiengesellschaft ist **das dritte Buch des HGB über „Handelsbücher"** (§§ 238 ff. HGB), in dem für alle Rechtsformen geltende Normen zur handelsrechtlichen Rechnungslegung zusammengefasst sind. Das dritte Buch des HGB ist in sechs Abschnitte unterteilt. Für die Aktiengesellschaft relevant sind der erste Abschnitt, der sämtliche für alle Kaufleute geltenden Vorschriften zu Buchführung und Jahresabschluss behandelt, sowie der zweite Abschnitt, der ergänzende und im Vergleich zum ersten Abschnitt detailliertere Bestimmungen für Kapitalgesellschaften enthält. Insbesondere finden sich in diesem Abschnitt Vorschriften zur Konzernrechnungslegung sowie zu Prüfung und Offenlegung des Jahresabschlusses. Dritter und Vierter Abschnitt des dritten Buch des HGB umfassen ergänzende Vorschriften für eingetragene Genossenschaften sowie für Unternehmen bestimmter Rechtsformen.

4 Darüber hinaus finden sich im Fünften Teil des AktG unter dem Titel „Rechnungslegung, Gewinnverwendung" nur für die AG geltende Spezialvorschriften zu Aufstellung, Prüfung und Feststellung des Jahresabschlusses, zur Gewinnverwendung und zur Nichtigkeit des Jahresabschlusses.[2]

5 Die handelsrechtlichen Vorschriften verweisen mehrfach auf die **Grundsätze ordnungsmäßiger Buchführung (GoB)**, ohne diese näher zu definieren. Die GoB sind allgemein anerkannte Regeln, nach denen ein Kaufmann zu verfahren hat, um zu einer dem Gesetzeszweck entsprechenden Buchführung und Bilanz zu gelangen. Durch die Erwähnung im Gesetz stellen die GoB zwingende Rechtssätze dar, die insbesondere als Auslegungshilfen für bestehende gesetzliche Regelungen und zur Ausfüllung von Gesetzeslücken heranzuziehen sind.[3]

6 In Deutschland gibt es kein unmittelbar geltendes EU-Recht für die Bilanzierung, die Umsetzung der 4., 7. und 8. EG-Richtlinie durch das Bilanzrichtliniengesetz führt aber dazu, dass die Auslegung der im HGB enthaltenen Bilanzierungsvorschriften sich an diesen Richtlinien orientiert. In Zweifelsfragen bezüglich der Auslegung einzelner Normen bzw. im

---

[1] → § 18.
[2] MHdB GesR IV/*Hoffmann-Becking* § 44 Rn. 1.
[3] Grundlegend zu den GoB vgl. *Leffson* Grundsätze ordnungsmäßiger Buchführung.

Rechtsstreit wird gegebenenfalls durch das Gericht eine Vorabentscheidung des Europäischen Gerichtshofs eingeholt.[4]

Mit dem Ziel, über eine weitere Harmonisierung der Rechnungslegung eine bessere Vergleichbarkeit der Jahresabschlüsse europäischer Unternehmen zu erreichen, sowie Erleichterungen für kleine und mittlere Unternehmen zu schaffen, wurde 2013 die EU Bilanzrichtlinie erlassen. Diese ist durch das BilRUG am 23.7.2015 in deutsches Recht überführt worden.[5] Neben der Erweiterung des Begriffs der handelsrechtlichen Umsatzerlöse, dem Wegfall des außerordentlichen Ergebnisses und diversen anderen Regelungen hat vor allem die Anhebung der Schwellenwerte zur Definition der Größenklassen praktische Bedeutung. 7

Auch im **Steuerrecht** finden sich Vorschriften über die Rechnungslegung von Unternehmen. Die steuerrechtliche Verpflichtung zur Rechnungslegung aus § 140 AO betrifft alle natürlichen und juristischen Personen, die nicht bereits nach anderen Gesetzen Bücher zu führen haben. Dazu bestimmt § 5 Abs. 1 EStG, dass die Steuerbilanz nach den handelsrechtlichen GoB aufzustellen ist, falls nicht steuerliche Bestimmungen etwas anderes vorschreiben. 8

Für alle Veranlagungszeiträume, die nach dem 31.12.2014 beginnen, konkretisiert die Finanzverwaltung in den „Grundsätzen zur ordnungsmäßigen Führung und Aufbewahrung von Büchern, Aufzeichnungen und Unterlagen in elektronischer Form sowie zum Datenzugriff (GOBD) ihre Anforderungen an die – heute regelmäßig – IT gestützten Buchhaltungsverfahren. Insbesondere die Regelungen zur Unabänderbarkeit von Buchungen und Aufzeichnungen stellen komplexe Anforderungen an den elektronischen Datenaustausch zwischen Unternehmen, wenn zB elektronisch empfangene Rechnungen durch Bestelldaten, Dokumententypen oder andere Informationen mit dem Ziel der automatischen Weiterverarbeitung angereichert werden. Hier bleibt auch beim Empfang strukturierter elektronischer Rechnungen häufig nur die Archivierung einer pdf-Version als Ausweg, um die Datenanreicherung für die Weiterverarbeitung im gewünschten Umfang zu ermöglichen. 9

b) **Internationale Rechnungslegungsvorschriften.** Nach § 315a Abs. 1 und 2 HGB ist der Konzernabschluss eines kapitalmarktorientierten Mutterunternehmens nach den **International Financial Reporting Standards (IFRS)** aufzustellen. Die Vorschrift ist die nationale Ergänzung zu der sogenannten IAS-VO[6], welche unmittelbar als nationales Recht wirksam ist. Beide Regelungen bilden zusammen die Rechtsgrundlage für die Konzernrechnungslegung nach internationalen Standards in Deutschland. Rechtsverbindlichkeit für deutsche Unternehmen erlagen die IFRS durch ihre Anerkennung durch die europäische Kommission („Endorsement"). Durch die Anerkennung werden die Standards automatisch zu nationalem Recht. Insgesamt ist davon auszugehen, dass das Endorsement-Verfahren ungefähr ein Jahr dauert und damit regelmäßig vor Inkrafttreten des jeweiligen Standards abgeschlossen ist. 10

Einen aktuellen Überblick über den Stand des **Endorsement** Verfahrens der noch offenen Standards und den zu erwartenden Verfahrensabschluss kann der Homepage der European Financial Reporting Group (EFRAG) entnommen werden. Die EFRAG besteht aus Sachverständigen der Mitgliedstaaten und ist die erste Instanz, die neue Standards im Auftrag der EU-Kommission prüft und ggf. eine Übernahmeempfehlung ausspricht. 11

Für alle nicht kapitalmarktorientierten Konzerne besteht ein Wahlrecht zwischen IFRS und HGB. Damit gilt für den Einzelabschluss zwar weiterhin primär das HGB. Nach § 325 Abs. 2a HGB dürfen aber auch Einzelabschlüsse nach IFRS aufgestellt und anstelle des handelsrechtlichen Einzelabschlusses offengelegt werden. Somit entfalten die Regelungen zu Konzernabschluss und -lagebericht eine Ausstrahlwirkung auf den handelsrechtlichen Einzelabschluss der Gesellschaften. 12

Ein Unternehmen gilt als **kapitalmarktorientiert**, wenn es einen organisierten Markt im Sinn des § 2 Abs. 5 WpHG durch von ihr ausgegebene Wertpapiere im Sinn des § 2 Abs. 1 13

---

[4] Vgl. *Winnefeld* Bilanz-Handbuch Rn. Einf. 71 f.
[5] Vgl. zB *Zwirner* Beilage zu StuB 21/2015.
[6] Verordnung (EG) Nr. 1606/2002 des Europäischen Parlaments und des Rates vom 19.7.2002 betreffend die Anwendung internationaler Rechnungslegungsstandards, ABl. EG Nr. L 243, S. 1.

WpHG in Anspruch nimmt oder die Zulassung solcher Wertpapiere zum Handel an einem organisierten Markt beantragt hat.[7] Die Kriterien eines organisierten Marktes iSd WpHG erfüllen in Deutschland der regulierte Markt an den deutschen Wertpapierbörsen sowie Eurex, nicht jedoch der Freiverkehr. Zu den Wertpapieren nach § 2 Abs. 1 WpHG zählen Aktien, Schuldverschreibungen, Genuss- und Optionsscheine, Zertifikate, die Aktien vertreten, sowie andere Formen von Wertpapieren, die mit Aktien oder Schuldverschreibungen vergleichbar sind.

14 Auch die SEC erkennt seit einigen Jahren IFRS-Abschlüsse ohne Überleitungsrechnung auf US GAAP an. Diese Regelung gilt allerdings nur für sogenannte Foreign private issuers, also Nicht-US-Unternehmen, die nach IFRS bilanzieren und an einer US-Börse gelistet sind. Somit besteht für die meisten in den USA gelisteten Unternehmen mit Sitz in der EU keine Notwendigkeit mehr für einen US GAAP-Abschluss.

15 **c) Weitere nationale Rechnungslegungsvorschriften.** Der Fünfte Abschnitt des Dritten Buchs des HGB „Privates Rechnungslegungsgremium. Rechnungslegungsbeirat" wurde 1998 aufgenommen mit dem Ziel, bestimmte Aufgaben auf dem Gebiet der Rechnungslegung nach angelsächsischem Vorbild einer privatrechtlich organisierten Einrichtung zu übertragen. Er liefert die Grundlage für die Tätigkeit des **Deutschen Rechnungslegungs Standards Committee (DRSC)**, das als nationale Standardisierungsorganisation geschaffen wurde und durch das Bundesministerium der Justiz (BMJ) als privates Rechnungslegungsgremium im Sinne von § 342 HGB anerkannt wurde

16 Zu den Aufgaben des DRSC zählt ua die Entwicklung von Empfehlungen zur Anwendung der Grundsätze über die Konzernrechnungslegung; entsprechend konzentriert sich die Arbeit des DRSC auf die IFRS. Der Handlungsspielraum des DRSC ist durch die bestehenden gesetzlichen Vorschriften begrenzt, so dass sich die Empfehlungen auf die Schließung von Regelungslücken, die Nutzung bzw. Ausfüllung von Interpretationsspielräumen sowie die Stellungnahme zur Ausübung von handelsrechtlichen Wahlrechten beschränken.[8] Gemäß § 342 Abs. 2 HGB können die Empfehlungen des Standardisierungsrats vom BMJ bekannt gemacht werden, was ihnen zu mittelbarer Durchsetzungskraft verhilft, da die Beachtung der so veröffentlichten Standards Voraussetzung ist für die Vermutung, dass die die Konzernrechnungslegung betreffenden Grundsätze ordnungsmäßiger Buchführung eingehalten worden sind. Bisher sind alle vom DRSC veröffentlichten Standards auch vom BMJ bekannt gemacht worden. Somit sind neben den gesetzlichen Rechnungslegungsvorschriften auch die vom DSR verabschiedeten **Deutschen Rechnungslegungs Standards (DRS)** zu beachten.

17 Der sechste Abschnitt „Prüfstelle für Rechnungslegung" entstand 2004 mit dem Bilanzkontrollgesetz (BilKoG) und liefert die Basis für die Arbeit der **Deutschen Prüfstelle für Rechnungslegung (DPR)**, die am 1.7.2005 ihre Tätigkeit aufgenommen hat.[9]

18 Eine „zusätzliche, bisher unbekannte Soft-Law-Ebene"[10] findet sich in § 161 AktG unter dem Titel „Erklärung zum Corporate Governance Kodex". Der **Deutsche Corporate Governance Kodex** stellt wesentliche gesetzliche Vorschriften zur Leitung und Überwachung deutscher börsennotierter Gesellschaften dar und enthält anerkannte Standards guter und verantwortungsbewusster Unternehmensführung. Er soll das deutsche Corporate Governance System transparent und nachvollziehbar machen und das Vertrauen von Anlegern, Kunden, Mitarbeitern und Öffentlichkeit in die Leitung und Überwachung deutscher börsennotierter Aktiengesellschaften fördern.[11]

19 Der Deutsche Corporate Governance Kodex besteht zu einem Großteil aus der Wiedergabe geltenden Rechts und enthält darüber hinaus eine Reihe sogenannter „Bestpractise" Empfehlungen („soll") und Anregungen („sollte", „kann"[11a]). Die Empfehlun-

---

[7] Vgl. § 264d HGB.
[8] Vgl. *Spanheimer* WPg 2000, 999.
[9] Vgl. ausführlich dazu in Kapitel 19.
[10] Vgl. *Schüppen* ZIP 2002, 1278.
[11] Vgl. Präambel des Deutschen Corporate Governance Kodex.
[11a] Vgl. zu den aktuellen Änderungen des Deutschen Corporate Governance Kodex *v. Werder* DB 2017, 769.

gen und Anregungen des Kodex zur Rechnungslegung sind übersichtlich.[12] Sie beziehen sich auf
- die **Veröffentlichungsfristen** zum Konzernabschluss und -lagebericht (90 Tage) und der verpflichtenden unterjährigen Finanzinformation (45 Tage),
- **Aktienoptionsprogramme** und ähnliche wertpapierorientierte Anreizsysteme, über die im Corporate Governance Bericht konkrete Angaben gemacht werden sollen,
- **Beziehungen zu nahestehenden Personen,** womit „related parties" im Sinne des IAS 24 gemeint sind, also Personen, die die Gesellschaft alleine oder gemeinsam mit einem anderen kontrollieren oder von ihr kontrolliert werden oder die auf andere Weise einen maßgeblichen Einfluss auf die Gesellschaft ausüben können.
- Vorgaben für **Vorstandsvergütung** in börsennotierter Aktiengesellschaften auch im Rahmen der gesetzlichen Pflicht zur individualisierten Offenlegung der Gehälter und der Erstattung eines **Vergütungsberichtes** als Teil des Lageberichtes.

Der Kodex selbst stellt zunächst formal keine verbindliche Vorschrift dar. Er gewinnt jedoch an Verbindlichkeit durch die nach § 161 AktG von Vorstand und Aufsichtsrat abzugebende Erklärung, ob den Empfehlungen der Regierungskommission Deutscher Corporate Governance Kodex entsprochen wurde und wird oder welche Empfehlungen nicht angewendet wurden oder werden.

In der Wirtschaftspraxis stoßen die Regelungen des DCGK auf hohe Zustimmung, wobei die Befolgungsrate – 2015 wurden im Durchschnitt 87,8 % der Empfehlungen befolgt – mit der Unternehmensgröße bzw. dem Börsensegment korreliert.[13] Kritisch in ihrer Akzeptanz sind va die 2013 neu aufgenommenen Regelungen zur Vorstandsvergütung sowie die seit Jahren mehrheitlich abgelehnte Regelung zur Übertragung der Hauptversammlung mittels moderner Kommunikationsmedien.[14] 20

3. Funktionen und Bestandteile des Jahresabschlusses

Obgleich das Gesetz die Funktionen des handelsrechtlichen Jahresabschlusses nicht ausdrücklich bestimmt, werden ihm regelmäßig zwei zentrale Aufgaben zugeschrieben: die **Informationsfunktion** und die **Zahlungsbemessungsfunktion**. 21

Der Jahresabschluss hat zum einen die Aufgabe, alle am Unternehmen beteiligten Interessengruppen – zB Anteilseigner, Kreditgeber, Kunden, Lieferanten, Arbeitnehmer – auf objektivierter Basis über die in einer Berichtsperiode entstandenen und verbrauchten Werte sowie über den Wertbestand am Ende der Periode zu informieren. In diesem Sinn ist die in § 264 Abs. 2 HGB kodifizierte Generalnorm zu verstehen, die die Vermittlung eines den tatsächlichen Verhältnissen entsprechenden Bildes der Vermögens-, Finanz- und Ertragslage der Kapitalgesellschaft durch den Jahresabschluss fordert. Während die **Gewinn- und Verlustrechnung** als Zeitraumdarstellung Auskunft gibt über die Aufwendungen und Erträge des Geschäftsjahres, handelt es sich bei der **Bilanz** um eine Zeitpunktbetrachtung, in der Vermögen und Schulden des Unternehmens zum Ende des Geschäftsjahres gegenübergestellt werden. Darüber hinaus umfasst der Jahresabschluss von Kapitalgesellschaften nach § 264 Abs. 1 HGB neben Bilanz und Gewinn- und Verlustrechnung zusätzlich einen Anhang. Der **Anhang** dient in erster Linie der Erläuterung und Ergänzung von Bilanz und Gewinn- und Verlustrechnung. Er enthält darüber hinaus verbale Darstellung von nicht bilanzierungsfähigen Sachverhalten, die für die Einschätzung der wirtschaftlichen Lage der Gesellschaft von Bedeutung sind. Das HGB enthält eine Vielzahl von Vorschriften bezüglich der Pflichtangaben im Anhang. Empfehlenswert für die Erstellung des Anhangs und die Prüfung der Vollständigkeit der Anhangsangaben ist die Nutzung von Anhangschecklisten. Hier empfiehlt es sich, auf die von den großen Wirtschaftsprüfungsgesellschaften im Internet zur Ver- 22

---
[12] Vgl. Kapitel 7.1 des Deutschen Corporate Governance Kodex. Für eine Kommentierung vgl. *Kremer/Bachmann/Lutter/v. Werder*, Deutscher Corporate Governance Kodex, 2018 oder *Wilsing*, Deutscher Corporate Governance Kodex Kommentar 2012.
[13] Vgl. auch zu den unterschiedlichen Ablehnungsbegründungen *v. Werder/Pissarczyk/Böhme* AG 2011, 492 ff.
[14] Vgl. *v. Werder/Turkali* DB 2015, 1359 f.

fügung gestellten Checklisten zurückzugreifen. Zusätzlich zum Jahresabschluss ist von Kapitalgesellschaften ein **Lagebericht** aufzustellen. Nach § 289 HGB sind der Geschäftsverlauf und die Lage der Kapitalgesellschaft so darzustellen, dass ein den tatsächlichen Verhältnissen entsprechendes Bild vermittelt wird, wobei auch auf die voraussichtliche Entwicklung der Gesellschaft einzugehen ist. Der Lagebericht ergänzt den Jahresabschluss, der im Wesentlichen vergangenheitsorientierte Informationen enthält, um zukunftsorientierte Unternehmensinformationen.[15]

23 Darüber hinaus haben börsennotierte AGs nach § 289a HGB eine Erklärung zur Unternehmensführung als gesonderten Abschnitt in ihren Lagebericht aufzunehmen, die ua die Entsprechenserklärung nach § 161 AktG enthält. Nach § 317 Abs. 2 HGB-E ist alleine die Vornahme der Erklärung, nicht jedoch deren Inhalt prüfungspflichtig.

24 Zu den praktischen Modalitäten der **Entsprechenserklärung**:[16] Vorstand und Aufsichtsrat geben eine gemeinsame Erklärung in Schriftform ab. Um nachträgliche Unsicherheiten zu vermeiden sollte dabei erwähnt werden, auf welche Fassung des Kodex sich die Erklärung bezieht. Die Erklärung sollte im Rahmen des Geschäftsberichts abgegeben werden und auch über die Homepage des Unternehmens zugänglich gemacht werden. Sie ist nicht Teil des Jahres- bzw. Konzernabschlusses; im Anhang wird lediglich auf die Abgabe der Entsprechenserklärung verwiesen.

25 Hat sich eine Gesellschaft an die Empfehlungen des Kodex gehalten und plant auch, dies weiterhin zu tun, reicht eine vergangenheitsbezogene und eine zukunftsorientierte Aussage zur Einhaltung der Verhaltensempfehlungen, um die formellen Anforderungen des § 161 AktG zu erfüllen.[17]

26 Während die vollständige Ablehnung eher die Ausnahme darstellt, ist für die Praxis insbesondere das Selektionsmodell relevant, das die teilweise Abweichung von Empfehlungen des DCGK beschreibt. In diesem Fall müssen Abweichungen von den Verhaltensempfehlungen in der Entsprechenserklärung im Einzelnen aufgeführt und begründet sein[18]; ein pauschaler Hinweis, dass von einzelnen Verhaltensempfehlungen abgewichen wurde, genügt nicht.[19]

Die Rechtsfolgen falscher Entsprechenserklärungen sind erheblich. So hielt der BGH die Beschlüsse über die Entlastung der Mitglieder des Vorstands und des Aufsichtsrats wegen „unrichtiger bzw. unvollständiger Organerklärungen gem. § 161 AktG" für anfechtbar und erklärte beide Entlastungsbeschlüsse für nichtig.[20] Hintergrund war die – trotz Abgabe einer Entsprechenserklärung – Nichtbeachtung der in 5.5.3 DCGK formulierte Empfehlung, der Aufsichtsrat solle in seinem Bericht an die Hauptversammlung über aufgetretene Interessenkonflikte und deren Behandlung informieren. Erforderlich ist in einer derartigen Situation eine umgehende Berichtigung der Entsprechenserklärung; Abwarten bis zur nächsten turnusgemäßen Erklärung reicht nicht.

27 Der Jahresabschluss kapitalmarktorientierter Kapitalgesellschaften, die nicht zur Aufstellung eines Konzernabschlusses verpflichtet sind, ist um eine **Kapitalflussrechnung** und einen **Eigenkapitalspiegel** zu ergänzen (§ 264 HGB). Auf freiwilliger Basis kann der Jahresabschluss zusätzlich durch eine Segmentberichterstattung ergänzt werden.

28 Zentrale Bedeutung bezüglich des Detaillierungsgrades von Bilanz, Gewinn- und Verlustrechnung und Anhang sowie für die Aufstellungspflicht eines Lageberichts hat die Einordnung der Gesellschaften in die durch das BilRUG neugefassten **Größenklassen** gemäß § 267 HGB. Zu beachten ist, dass die angehobenen Schwellenwerte für den Umsatz uU durch die erweiterte Definition der Umsatzerlöse kompensiert werden.

---

[15] Vgl. grundlegend zu den Funktionen des Jahresabschlusses zB *Coenenberg* Jahresabschluss oder *Baetge* Bilanzen.
[16] Vgl. ausführlich zB Spindler/Stilz/*Bayer*/*Scholz* § 161 Rn. 37 ff.
[17] Vgl. IDW PS 345 v. 10.7.2017.
[18] Zahlreiche hilfreiche Praxisbeispiele insbesondere zu den Abweichungserläuterungen sind über die Internetseite der Regierungskommission Deutscher Corporate Governance Kodex zu finden; hier werden die Links auf die im Internet veröffentlichten Entsprechenserklärungen der im DAX und MDAX gelisteten Unternehmen gesammelt.
[19] Vgl. IDW PS 345 v. 10.7.2017.
[20] Vgl. BGH II-ZR-185/07 = DB 2009, 500.

29 Eine Kapitalgesellschaft gilt als klein, wenn sie eine Bilanzsumme von maximal 6.000.000 EUR und einen Umsatz von maximal 12.000.000 EUR ausweist sowie im Jahresdurchschnitt maximal 50 Arbeitnehmer beschäftigt hat. Werden zwei der drei Merkmale in zwei aufeinander folgenden Geschäftsjahren überschritten, ist die Gesellschaft als mittelgroß einzustufen. Große Kapitalgesellschaften beschäftigen im Jahresdurchschnitt mehr als 250 Arbeitnehmer und weisen einen Umsatz von mehr als 40.000.000 EUR bzw. eine Bilanzsumme von mindestens 20.000.000 EUR aus. Auch hier gilt, dass zwei der drei Merkmale in zwei aufeinander folgenden Geschäftsjahren überschritten werden müssen. Nur große Kapitalgesellschaften müssen sämtliche Anforderungen des HGB ohne Erleichterungen erfüllen.

30 Mit dem MicroBilG wurde 2012 der § 267a HGB aufgenommen, mit dem Ziel, Kleinstkapitalgesellschaften von den als zu umfangreich empfundenen Rechnungslegungsvorschriften des HGB zu entlasten. Die Größendefinition folgt der Logik des § 267 HGB und definiert eine Bilanzsumme von maximal 350.000 EUR, Umsatzerlöse von maximal 700.000 EUR und /oder höchstens 10 Arbeitnehmer.

31 Neben der Informationsfunktion hat der Jahresabschluss von Aktiengesellschaften die Aufgabe, den während einer Berichtsperiode erwirtschafteten Gewinn zu ermitteln. Der Gewinn ist die Grundlage für die Bemessung von Auszahlungen an Anteilseigner und Manager in Form von Ausschüttungen bzw. Erfolgsbeteiligungen. Mittelbar ist der handelsrechtliche Jahresabschluss auf Grund der in § 5 Abs. 1 EStG kodifizierten **Maßgeblichkeit** der handelsbilanziellen GoB für die Steuerbilanz auch Basis für die Berechnung von Steuerzahlungen.[21] Allerdings führt die in den letzten Jahren zunehmende Neigung des Gesetzgebers zu steuerlichen Sondervorschriften wie zB die Abschaffung der Drohverlustrückstellungen bzw. die verschärften Voraussetzungen für Teilwertabschreibungen oder durch das steuerrechtlich weiterhin bestehende Ansatzverbot für selbsterstellte immaterielle Vermögenswerte des Anlagevermögens zu einer sukzessiven Aufweichung des Maßgeblichkeitsgrundsatzes. Aufgrund dieser Entwicklung wird die Aufstellung einer sogenannten Einheitsbilanz, die zugleich handelsrechtlichen GoB und steuerrechtlichen Vorschriften genügt, immer schwieriger. Dementsprechend rücken die beiden Alternativen des § 60 Abs. 2 EStDV in den Vordergrund. Danach wird entweder die Handelsbilanz durch eine Überleitungsrechnung an die steuerlichen Vorschriften angepasst, oder es wird von vornherein eine separate Steuerbilanz aufgestellt.

32 Unabhängig von der Aufstellung eines Einzelabschlusses müssen Kapitalgesellschaften, die als Mutterunternehmen eines Konzerns ihren Sitz im Inland haben, gemäß §§ 290 ff. HGB einen **Konzernabschluss** und einen **Konzernlagebericht** aufstellen, sofern sie die in § 293 HGB formulierten Größenkriterien überschreiten. Der Konzernabschluss ist nach § 315a Abs. 1 und 2 HGB für kapitalmarktorientierte Mutterunternehmen zwingend nach IFRS aufzustellen; für alle anderen Mutterunternehmen besteht diesbezüglich gemäß § 315a Abs. 3 HGB ein Wahlrecht. Gemäß § 297 Abs. 1 HGB ist der Konzernabschluss kapitalmarktorientierter Mutterunternehmen darüber hinaus durch eine Kapitalflussrechnung,[22] eine Segmentberichterstattung[23] sowie einen Eigenkapitalspiegel[24] zu ergänzen. Der Konzernabschluss dient in jedem Fall ausschließlich Informationszwecken; er ist unerheblich für die Bemessung von Steuerzahlungen und Dividenden.

II. Aufstellung, Feststellung und Offenlegung des Jahresabschlusses

1. Aufstellung

33 Der Jahresabschluss einer AG besteht aus Bilanz, Gewinn- und Verlustrechnung und Anhang (§ 264 Abs. 1 HGB iVm § 242 Abs. 3 HGB); im Fall einer kapitalmarktorientierten

---

[21] Vgl. *Winnefeld* Bilanz-Handbuch Rn. C 535 ff.
[22] Vgl. DRS 21 v. 22.9.2017.
[23] Vgl. DRS 3 v. 4.12.2017.
[24] Vgl. DRS 22 v. 22.9.2017.

AG ist er um Eigenkapitalspiegel und Kapitalflussrechnung zu ergänzen. Er ist von den gesetzlichen Vertretern der Kapitalgesellschaft – bei der Aktiengesellschaft also vom Vorstand – innerhalb der ersten drei Monate des Geschäftsjahres für das vergangene Geschäftsjahr aufzustellen. Neben dem Jahresabschluss ist außerdem ein Lagebericht aufzustellen. Der Lagebericht ist nicht Bestandteil des Jahresabschlusses. Kleine Kapitalgesellschaften brauchen gemäß § 264 Abs. 1 HGB keinen Lagebericht aufzustellen; außerdem verlängert sich die Aufstellungsfrist für den Jahresabschluss auf bis zu sechs Monate, wenn dies einem ordnungsgemäßen Geschäftsgang entspricht. Kleinstkapitalgesellschaften brauchen nach § 264 Abs. 1 S. 5 HGB keinen Anhang zu erstellen, wenn sie bestimmte Informationen unter der Bilanz angeben.

34 Nach § 245 HGB ist der Jahresabschluss von sämtlichen Vorständen, die zum Zeitpunkt der **Unterzeichnung** bestellt sind, unter Angabe des Datums zu unterzeichnen. Ehemalige Vorstände haben selbst dann nicht zu unterzeichnen, wenn sie erst nach dem Bilanzstichtag aus dem Amt ausgeschieden sind.[25] Unterzeichnet wird am Ende des Jahresabschlusses, dh nach dem Ende des Anhangs, aber vor dem Lagebericht. Der Lagebericht braucht nicht unterzeichnet zu werden.[26] Wegen der zunehmenden Bedeutung des Lageberichts ist seine Unterzeichnung mit Datumsangabe unabhängig von einer gesetzlichen Verpflichtung jedoch zu empfehlen, um die Beendigung der Aufstellung und damit das Ende des Zeitraums der Informationserfassung zu dokumentieren.[27]

35 Der weiteren Bewußtseinsschärfung in Bezug auf die Sorgfaltspflichten bei der Erstellung des Jahresabschlusses dient der in § 264 Abs. 2 S. 3 bzw. § 297 Abs. 2 S. 4 HGB formulierte **Bilanzeid**. Danach haben die gesetzlichen Vertreter einer Kapitalgesellschaft, die Inlandsemittent im Sinne des § 2 Abs. 7 WpHG ist, bei der Unterzeichnung schriftlich zu versichern, dass nach bestem Wissen der Jahresabschluss ein den tatsächlichen Verhältnissen entsprechendes Bild vermittelt. Der Bilanzeid ist weder Bestandteil des handelsrechtlichen Einzel- bzw. Konzernabschlusses noch des Lageberichts, sondern ein separater Bestandteil des Jahres- bzw. Halbjahresfinanzberichts iSd WpHG. Bei einem Quartalsbericht oder einer Zwischenmitteilung muss kein Bilanzeid abgegeben werden. Der Bilanzeid unterliegt nicht der Kontrolle der Abschlussprüfung.[28]

36 Der Deutsche Standardisierungsrat (DSR) schlägt folgende **Formulierung** für den zusammengefassten Bilanzeid bei einem Konzernabschluss und Konzernlagebericht vor: „Wir versichern nach bestem Wissen, dass gemäß den anzuwendenden Rechnungslegungsgrundsätzen der Konzernabschluss ein den tatsächlichen Verhältnissen entsprechendes Bild der Vermögens- Finanz- und Ertragslage des Konzerns vermittelt und im Konzernlagebericht der Geschäftsverlauf einschließlich des Geschäftsergebnisses und die Lage des Konzerns so dargestellt sind, dass ein den tatsächlichen Verhältnissen entsprechendes Bild vermittelt wird, sowie die wesentlichen Chancen und Risiken der voraussichtlichen Entwicklung des Konzerns beschrieben sind."[29]

37 Die **Aufstellung von Jahresabschluss und Lagebericht** ist eine zwingende öffentlich-rechtliche Verpflichtung des Vorstands, die jedem einzelnen Mitglied des Vorstandes obliegt.[30] Verantwortlich für die Aufstellung des Jahresabschlusses und des Lageberichts ist der Vorstand in seiner Gesamtheit; eine abweichende Regelung in der Satzung ist nicht zulässig. In der Praxis wird die Aufgabe der Abschlusserstellung im Innenverhältnis regelmäßig – zB durch die Geschäftsordnung – einem (oder mehreren) bestimmten Vorstandsmitglied(ern) übertragen. Das Mitwirken sämtlicher Vorstände an der Aufstellung ist also nicht erforderlich; dies befreit die übrigen Vorstände aber nicht von ihrer Verantwortlichkeit im Außenverhältnis und gegenüber den Aktionären. Entscheidungen bezüglich des Inhalts von Jahresabschluss und Lagebericht zählen zu den Geschäftsführungsmaßnahmen und sind, wenn nicht Satzung oder Geschäftsordnung etwas anderes vorschreiben, gemäß § 77 Abs. 1 S. 1

---

[25] Vgl. ADS § 245 Rn. 14.
[26] Vgl. WP-HdB F 1341.
[27] Vgl. BeBiKo/*Winkeljohann/Schellhorn* § 264 Rn. 16.
[28] Vgl. BeBiKo/*Winkeljohann/Schellhorn* § 264 Rn. 77.
[29] Vgl. DRS 20. K234 f.
[30] Vgl. *Winnefeld* Bilanz-Handbuch Rn. H 15 mwN.

AktG einstimmig zu treffen. Der Vorstand handelt unter eigener Verantwortung und braucht deshalb Weisungen nicht zu befolgen, es sei denn, die Gesellschaft steht unter Beherrschungsvertrag bzw. ist eingegliedert.[31]

Bei der Aufstellung entscheidet der Vorstand im Rahmen der gegebenen bilanzpolitischen Gestaltungsspielräume vor allem über die Ausübung von Bilanzierungs- und Bewertungswahlrechten und nutzt Ermessensspielräume, zB bei der Dotierung von Rückstellungen und Wertberichtigungen. Ebenfalls im Rahmen der Aufstellung des Jahresabschlusses hat die Dotierung der gesetzlichen Rücklage zu erfolgen. 38

Von der Aufstellung des Jahresabschlusses durch den Vorstand ist jedoch die **Erstellung des Jahresabschlusses** – als technische Durchführung der Aufstellung des Jahresabschlusses – begrifflich zu unterscheiden.[32] Der Vorgang der Abschlusserstellung beinhaltet die Zusammenführung der Sachkonten aus der Summen- und Saldenliste zu den einzelnen Positionen der Bilanz bzw. der Gewinn- und Verlustrechnung, die Erfassung der Abschlussbuchungen sowie die Erstellung des Anhangs. 39

Während die Aufstellung des Jahresabschlusses vom Vorstand höchstpersönlich zu erledigen ist und nicht delegiert werden kann, können die im Rahmen der Jahresabschlusserstellung erforderlichen Tätigkeiten auf sachverständige Dritte (angestellte Mitarbeiter, Rechtsanwälte, Steuerberater, Wirtschaftsprüfer) übertragen werden. Der Auftragsumfang zur Erstellung des Jahresabschlusses ist gesetzlich nicht normiert und kann grundsätzlich zwischen Auftragnehmer und Auftraggeber frei vereinbart werden.[33] Die Erstellung des Jahresabschlusses kann auch mit einer Beratung bezüglich der Abfassung des Lageberichts verbunden sein. IdR handelt es sich um einen Werkvertrag. 40

Während die technische Durchführung der Aufstellung bei allen Erstellungsaufträgen identisch ist, lassen sich je nach dem Grad der geforderten Verlässlichkeit des zu erstellenden Jahresabschlusses folgende drei Auftragskategorien unterscheiden:[34] 41

Bei der **Erstellung eines Jahresabschlusses ohne Beurteilungen** wird aus den vorgelegten Konten und Bestandsnachweisen sowie den erteilten Auskünften ein den gesetzlichen Vorgaben sowie den Anweisungen des Auftraggebers bezüglich der Ausübung von Wahlrechten entsprechender Jahresabschluss abgeleitet. Die vorgelegten Unterlagen werden auf offensichtliche Unrichtigkeiten durchgesehen; wesentliche Fehler sind zu beseitigen. 42

Ein Auftrag zur **Erstellung eines Jahresabschlusses mit Plausibilitätsbeurteilungen** umfasst neben der reinen Erstellungstätigkeit auch die Beurteilung der Plausibilität der zur Verfügung gestellten Unterlagen auf der Basis von Befragungen und analytischen Prüfungshandlungen. 43

Darüber hinaus erfordert die **Erstellung eines Jahresabschlusses mit umfassenden Beurteilungen** die Durchführung von Prüfungshandlungen iSd Grundsätze ordnungsmäßiger Abschlussprüfungen zur Beurteilung der Ordnungsmäßigkeit der dem Jahresabschluss zugrundeliegenden Buchführung und Bestandsnachweise sowie des internen Kontrollsystems. Art und Umfang der Prüfungshandlungen entsprechen einer Jahresabschlussprüfung. 44

Bedingt durch die Prüfungspflicht mittelgroßer und großer Aktiengesellschaften sind die beiden letztgenannten Auftragskategorien in der Praxis für Aktiengesellschaften weniger relevant. Insbesondere bei jungen Unternehmen ist jedoch die Erstellung des Jahresabschlusses ohne Beurteilungen durch einen sachverständigen Dritten eine vernünftige Lösung, um fehlende interne Kompetenz in diesem Bereich zu kompensieren. 45

Unabhängig von der Ausgestaltung des Auftrags ist es üblich, zusätzlich zur Erstellung des Jahresabschlusses auch deren Dokumentation in Form eines **Erstellungsberichts** zu vereinbaren. Der Bericht dient zum Nachweis der Erfüllung der Pflichten aus dem Auftragsverhältnis und unterrichtet den Auftraggeber über das Ergebnis der Erstellungsarbeiten sowie gegebenenfalls über die durchgeführten Beurteilungen. Für den Erstellungsbericht gelten die allgemeinen Berichtsgrundsätze des IDW PS 450 sinngemäß. Danach ist gewissenhaft und 46

---

[31] Vgl. ADS § 264 Rn. 25.
[32] Vgl. IDW Assurance (WPH Edition) 2017, S. 5.
[33] Vgl. IDW S 7.
[34] Vgl. hierzu und im folgenden IDW S 7; IDW Assurance (WPH Edition) 2017, S. 36–57.

unparteiisch, wahrheitsgetreu und mit der gebotenen Klarheit über das Ergebnis der Prüfung schriftlich zu berichten. Auf keinen Fall darf der Erstellungsbericht den Anschein erwecken, es habe eine Jahresabschlussprüfung stattgefunden.

47 Der Erstellungsbericht schließt regelmäßig mit einer sogenannten **Bescheinigung**. Die Formulierung der Bescheinigung bestimmt sich nach dem Auftragsumfang. Die Bescheinigung darf nur dann erteilt werden, wenn an der Ordnungsmäßigkeit von Buchführung und Jahresabschluss kein Zweifel besteht. Einwände gegen einzelne Bereiche von Buchführung bzw. Jahresabschluss sind in die Bescheinigung aufzunehmen; bei schwerwiegenden Einwänden muss die Bescheinigung versagt werden. Hat der Abschlusssersteller auch die Bücher der Gesellschaft geführt, ist in der Bescheinigung auf diesen Sachverhalt hinzuweisen. Ein Urteil über die Ordnungsmäßigkeit der Buchführung ist in diesem Fall nicht zulässig, da die erforderliche Objektivität nicht gewährleistet ist. Die Bescheinigung darf nur dann gesiegelt werden, wenn sie Ausführungen über Beurteilungsergebnisse enthält.

2. Prüfung und Feststellung

48 Die Prüfung des Jahresabschlusses von iSv § 267 Abs. 1 HGB mittelgroßen und großen Aktiengesellschaften durch den Abschlussprüfer erfolgt nach den in §§ 316–324 HGB bestimmten Regeln für die Abschlussprüfung von Kapitalgesellschaften.[35] Der Abschlussprüfer wird gemäß § 119 Abs. 1 Nr. 4 AktG von der Hauptversammlung gewählt und anschließend vom Aufsichtsrat bestellt (§ 111 Abs. 2 S. 3 AktG). Ohne Abschlussprüfung kann der Jahresabschluss mittelgroßer und großer Kapitalgesellschaften nicht festgestellt werden (§ 316 Abs. 1 S. 2 HGB).

49 Nach § 170 AktG hat der Vorstand den Jahresabschluss und den Lagebericht unverzüglich nach ihrer Aufstellung dem Aufsichtsrat vorzulegen. Gleichzeitig ist dem Aufsichtsrat ein Gewinnverwendungsvorschlag vorzulegen. Ist der Jahresabschluss nach § 316 Abs. 1 HGB durch einen Abschlussprüfer zu prüfen, werden Abschluss und Lagebericht dem Aufsichtsrat nach Vorliegen des Prüfungsberichts zusammen mit dem Gewinnverwendungsvorschlag vorgelegt. Der Abschlussprüfer liefert seinen Prüfungsbericht direkt an seinen Auftraggeber, den Aufsichtsrat.

50 Gemäß § 171 AktG hat der Aufsichtsrat den Jahresabschluss, den Lagebericht und den Gewinnverwendungsvorschlag zu prüfen. Der Abschlussprüfer hat an den Verhandlungen des Aufsichtsrates bzw. seines Prüfungsausschusses teilzunehmen und über die wesentlichen Ergebnisse seiner Prüfung zu berichten. Vorgesehen ist also ein uU ausgiebiger Dialog zwischen Aufsichtsrat und Abschlussprüfer anstelle einer einseitigen schriftlichen Berichterstattung durch den Abschlussprüfer.[36] Der Aufsichtsrat berichtet der Hauptversammlung schriftlich über das Ergebnis seiner Prüfung; der Mindestinhalt dieses Berichts ergibt sich aus § 171 Abs. 2 AktG.[37] Der Bericht ist innerhalb eines Monats, nachdem der Aufsichtsrat die Vorlagen des Vorstands erhalten hat, an den Vorstand zurückzuleiten. Der Vorstand kann diese Frist um einen weiteren Monat verlängern. Wird auch diese Frist nicht eingehalten, gilt der Jahresabschluss als vom Aufsichtsrat nicht gebilligt.

51 Billigt der Aufsichtsrat den Jahresabschluss, so ist dieser festgestellt (§ 172 AktG). Mit der **Feststellung des Jahresabschlusses** wird die Ausübung bilanzieller Wahlrechte sowie die Ausnutzung von Ermessensspielräumen endgültig festgelegt. Der Jahresabschluss bekommt seine endgültige Form und wird für alle Beteiligten rechtlich verbindlich. Damit steht auch der Jahresüberschuss als Grundlage für die Ergebnisverwendung fest. Die Rechnungslegung für das abgelaufene Geschäftsjahr ist abgeschlossen. Die Endbestände der Bilanzkonten bilden als Saldovorträge die Eröffnungsbilanz für das neue Geschäftsjahr; die Konten der Gewinn- und Verlustrechnung werden auf Null gestellt.[38]

52 Um der Bedeutung des **Konzernabschlusses** als zentrales Informationsmedium für aktuelle und potentielle Aktionäre Rechnung zu tragen, wurde hierfür ein weitgehend deckungsglei-

---

[35] Vgl. § 19.
[36] Vgl. *Scheffler* WPg 2002, 1289.
[37] Vgl. § 19.
[38] Vgl. *Winnefeld* Bilanz-Handbuch Rn. H 110 ff.

ches Vorgehen vorgeschrieben. An die Stelle der Feststellung tritt – da an den Konzernabschluss keine unmittelbaren Rechtsfolgen anknüpfen – die vom Gesetz so genannte „Billigung". Damit gilt der gesamte Prozess von der Vorlage des Konzernabschlusses durch den Vorstand an den Aufsichtsrat über die Mitwirkungspflicht des Wirtschaftsprüfers an den Verhandlungen des Aufsichtsrats sowie die Billigung durch den Aufsichtsrat bis zur Alternative der Billigung des Konzernabschlusses durch die Hauptversammlung in gleicher Weise wie für den Jahresabschluss.[39]

Die Billigung des Aufsichtsrats erfolgt durch **Beschluss des Plenums**. Der Beschluss kann nicht durch einen Ausschuss gefasst werden, da § 107 Abs. 3 S. 2 AktG eine Übertragung der Aufgaben aus § 171 AktG auf Ausschüsse ausdrücklich ausnimmt.[40] Billigt der Aufsichtsrat den Jahresabschluss nicht, liegt die Feststellung des Jahresabschlusses nach § 173 Abs. 1 Fall 2 AktG im Zuständigkeitsbereich der Hauptversammlung. Die Regelung des § 173 Abs. 1 Fall 2 AktG greift auch, wenn der Aufsichtsrat seine Berichtspflicht auch innerhalb der ihm gesetzten Nachfrist nicht erfüllt und der Abschluss entsprechend als nicht gebilligt gilt. Die **Hauptversammlung** kommt außerdem zum Zuge, wenn Vorstand und Aufsichtsrat gemeinsam beschließen, die Feststellung des vom Aufsichtsrat bereits gebilligten Jahresabschlusses der Hauptversammlung zu überlassen (§ 173 Abs. 1 Fall 1 AktG). Hierfür sind zwei getrennte Beschlüsse beider Organe mit der jeweils erforderlichen Mehrheit erforderlich.[41] Die Feststellung obliegt der ordentlichen Hauptversammlung; sofern nicht die Satzung etwas anderes bestimmt, entscheidet sie mit der einfachen Stimmenmehrheit des § 133 AktG.

Die Feststellung kann der Hauptversammlung nur für jeweils einen Jahresabschluss überlassen werden; Regelungen in der Satzung, wonach die Feststellung des Jahresabschlusses in den Zuständigkeitsbereich der Hauptversammlung fällt, sind nach § 23 Abs. 5 AktG nicht wirksam.

Gemäß § 173 Abs. 2 S. 1 AktG hat sich die Hauptversammlung bei der Feststellung ebenso an das materielle Bilanzrecht zu halten wie zuvor der Vorstand bei der Aufstellung des Jahresabschlusses. Anders als der Aufsichtsrat ist die Hauptversammlung bei der Feststellung des Jahresabschlusses jedoch in keiner Weise an den Inhalt der Vorstandsvorlage gebunden. Sie kann also vom aufgestellten Jahresabschluss abweichen und diesen insbesondere im Hinblick auf die Ausübung von Ansatz- und Bewertungswahlrechten sowie bilanzpolitische Ermessensentscheidungen beliebig ändern.[42]

Nach § 173 Abs. 2 S. 2 AktG darf die Hauptversammlung bei der Feststellung des Jahresabschlusses nur die Beträge in die **Gewinnrücklagen** einstellen, die nach Gesetz oder Satzung einzustellen sind. Dies sind die gesetzliche Rücklage und gegebenenfalls die Rücklage für eigene Anteile. Andere Gewinnrücklagen sind nur dann zu bedienen, wenn die Satzung eine Rücklagenzuführung entsprechend dem § 58 Abs. 1 S. 1 AktG zwingend vorschreibt. Eine Ermächtigung nach dem Vorbild des § 58 Abs. 2 S. 2 AktG reicht dagegen nicht. Sieht der aufgestellte Jahresabschluss unzulässige Zuführungen zu den Gewinnrücklagen vor, sind diese aufzulösen. Eine über das zwingend notwendige Maß hinausgehende Zuführung zu den Gewinnrücklagen kann die Hauptversammlung also erst im Rahmen der Gewinnverwendung nach § 58 Abs. 3 AktG beschließen.[43]

Wird der aufgestellte Jahresabschluss im Feststellungsbeschluss der Hauptversammlung einer prüfungspflichtigen AG geändert, ist nach § 173 Abs. 3 AktG eine **Nachtragsprüfung** erforderlich, die sich auf die Änderungen des aufgestellten Jahresabschlusses beschränkt.[44] Die von der Hauptversammlung gefassten Beschlüsse über die Feststellung des Jahresabschlusses und die Gewinnverwendung werden erst wirksam, wenn die Nachtragsprüfung innerhalb von zwei Wochen nach Beschlussfassung mit Erteilung eines uneingeschränkten Testats abgeschlossen wurde. Wird das Testat versagt oder nur eingeschränkt bzw. nicht

---
[39] Vgl. *Busse von Colbe* BB 2002, 1586.
[40] Vgl. ADS § 172 Rn. 5; *Reiß* in Hirsch, § 171 Rn. 6.
[41] Vgl. ADS § 172 Rn. 14; Hüffer/Koch/*Koch* AktG § 172 Rn. 7.
[42] Vgl. ADS § 173 Rn. 15 ff.; *Brösel/Olbrich/Zwirner* in Hirsch, § 173 Rn. 42.
[43] Vgl. § 30.
[44] Vgl. § 19.

fristgerecht erteilt, werden beide Beschlüsse endgültig unwirksam; die Nichtigkeit ist nicht nach § 256 Abs. 6 AktG heilbar.

58 Die **Feststellung des Jahresabschluss durch die Hauptversammlung** ist in der Praxis ausgesprochen **selten;** sie kommt praktisch nur in solchen Fällen zum Zuge, in denen Vorstand und Aufsichtsrat sich nicht einigen können.[45]

59 Neben den Fällen des § 173 AktG fällt die Feststellung des Jahresabschlusses grundsätzlich in den **Kompetenzbereich der Hauptversammlung,** wenn eine vereinfachte Kapitalherabsetzung nach § 234 Abs. 2 AktG bzw. eine gleichzeitig mit der vereinfachten Kapitalherabsetzung beschlossenen Erhöhung des Grundkapitals nach § 235 Abs. 2 AktG Rückwirkung haben soll. Gleiches gilt, wenn die Gesellschaft sich im Abwicklungsstadium befindet (§ 270 Abs. 2 AktG).

60 Zusammenfassend ergibt sich damit folgender **idealtypischer Verlauf** von der Bestellung und Beauftragung des Abschlussprüfers über die Erstellung, Prüfung und Feststellung des Jahres- bzw. Billigung des Konzernabschlusses bis zu dessen Offenlegung. Es wird dabei unterstellt, dass von der Wahlmöglichkeit, den Abschluss von der Hauptversammlung feststellen bzw. billigen zu lassen, kein Gebrauch gemacht wird.

Einholen einer Unabhängigkeitserklärung des vorzuschlagenden Abschlussprüfers durch den Aufsichtsrat (Deutscher Corporate Governance Kodex 7.2.1)
↓
Vorschlag des Aufsichtsrates zur Wahl des Abschlussprüfers (§ 124 Abs. 3 S. 1 AktG)
↓
Beschlussfassung der Hauptversammlung über die Bestellung des Abschlussprüfers
(§ 318 Abs. 1 S. 1 HGB, § 119 Abs. 1 Nr. 4 AktG)
↓
Aufsichtsrat erteilt dem Abschlussprüfer den Prüfungsauftrag (§ 111 Abs. 2 S. 3 AktG)
↓
Vorstand (bei Konzernen: des Mutterunternehmens) stellt Abschluss, Lagebericht und ggf. Kapitalflussrechnung, Eigenkapitalspiegel und Segmentberichterstattung auf und legt diese dem Aufsichtsrat vor (§ 170 Abs. 1 und 2 AktG)
↓
Abschlussprüfer prüft (§§ 316 ff. HGB)
↓
Abschlussprüfer übergibt den Prüfungsbericht an den Aufsichtsrat und einen eingerichteten Prüfungsausschuss; zuvor hat der Vorstand die Gelegenheit zur Stellungnahme (§ 321 Abs. 5 S. 2 f. HGB)
↓
Prüfung durch den Aufsichtsrat bzw. einen Ausschuss (§ 171 Abs. 1 AktG)
↓
Berichtsvorlage des Aufsichtsrates innerhalb eines Monats nach Vorlage an den Vorstand
(§ 171 Abs. 3 AktG)
↓
schriftlicher Bericht des Aufsichtsrates an die Hauptversammlung (§ 171 Abs. 2 S. 1 AktG)
↓
Feststellung des Jahres- bzw. Billigung des Konzernabschlusses durch Aufsichtsrat und Vorstand
(§ 172 AktG)
↓
Vorschlag des Aufsichtsrates zur Wahl des Abschlussprüfers (§ 124 Abs. 3 S. 1 AktG)
↓
Einberufung des Hauptversammlung durch den Vorstand (§§ 121 Abs. 2, 175 Abs. 1 AktG)
↓
Vorlage auf der Hauptversammlung (§§ 175 Abs. 2, 176 Abs. 1 AktG)
↓
Offenlegung (§ 325 Abs. 1 und 2 HGB)

---

[45] Vgl. Hüffer/Koch/*Koch* AktG § 173 Rn. 1.

3. Offenlegung des Jahresabschlusses nach § 325 HGB

Nach § 325 Abs. 1 S. 1 HGB haben die gesetzlichen Vertreter von Kapitalgesellschaften 61
für diese den Jahresabschluss beim Betreiber des Bundesanzeigers elektronisch einzureichen. Dies kann online auf der **Publikationsplattform des elektronischen Bundesanzeigers** unter www.bundesanzeiger.de geschehen. Auf der Hompage des elektronischen Bundesanzeigers finden sich auch aktuelle Hinweise zu den Veröffentlichungspflichten sowie detaillierte Erläuterungen zu möglichen Upload-Formaten und weitere Arbeitshilfen. Zudem steht das XBRL-Tool (eXtensible Business Reporting Language) zum kostenlosen Download bereit. XBRL ist eine elektronische Sprache für den Austausch von Informationen von und über Unternehmen, insbesondere von Jahresabschlüssen. Es bietet einen formularbasierten Standard für die Erstellung, Verbreitung und Veröffentlichung, Auswertung und den Vergleich solcher Informationen und unterstützt den Anwender insbesondere in der Erzeugung der für eine Veröffentlichung im elektronischen Bundesanzeiger erforderlichen Layouts bzw. Formate.

Sämtliche hinterlegten Jahresabschlüsse sind für jedermann im **zentralen Unternehmens-** 62
register (www.unternehmensregister.de) einsehbar. Das zentrale Unternehmensregister ist die zentrale Plattform für die Speicherung rechtlich relevanter Unternehmensdaten. Hier finden sich:
- Veröffentlichungen aus dem Bundesanzeiger und beim Bundesanzeiger hinterlegte Bilanzen
- Eintragungen im elektronischen Handels-, Genossenschafts- und Partnerschaftsregister sowie deren Bekanntmachungen
- zum Handels-, Genossenschafts- und Partnerschaftsregister eingereichte Dokumente
- Unternehmensrelevante Mitteilungen der Wertpapieremittenten
- Bekanntmachungen der Insolvenzgerichte.

Große Kapitalgesellschaften reichen folgende Unterlagen ein: 63
- den Jahresabschluss incl. Bestätigungs- bzw. Versagungsvermerk des Abschlussprüfers
- den Lagebericht
- den Bericht des Aufsichtsrats
- den Gewinnverwendungsvorschlag und Gewinnverwendungsbeschluss
- die nach § 161 AktG vorgeschriebene Erklärung zum Corporate Governance Kodex.

Unmittelbar nach der Einreichung sind die genannten Unterlagen im elektronischen 64
Bundesanzeiger bekannt machen zu lassen. Die Verpflichtung zur Offenlegung trifft die gesetzlichen Vertreter der Kapitalgesellschaft, bei der AG also den Vorstand. Zusammen mit den offenzulegenden Unterlagen zum Jahresabschluss muss idR gleich das **Protokoll der Hauptversammlung** offengelegt werden, dass nach § 130 Abs. 5 AktG ebenfalls beim Unternehmensregister einzureichen ist.

Die Veröffentlichung hat **unverzüglich,** dh ohne schuldhaftes Verzögern nach Vorlage des 65
Jahresabschlusses an die Gesellschafter, spätestens jedoch vor Ablauf von zwölf Monaten nach dem Abschlussstichtag zu erfolgen. Für kapitalmarktorientierte Gesellschaften verkürzt sich diese Frist nach § 325 Abs. 4 HGB auf vier Monate nach dem Abschlussstichtag. Bei der AG erfolgt die Vorlage an die Gesellschafter in der Hauptversammlung, so dass die Offenlegung unverzüglich nach Beendigung der Hauptversammlung zu erfolgen hat.[46] Ist der Jahresabschluss nach Ablauf der Zwölfmonatsfrist noch nicht geprüft und/oder festgestellt, ist der Jahresabschluss zur Fristwahrung mit dem Hinweis auf die noch fehlenden Unterlagen vorab offenzulegen; die übrigen Unterlagen sind nachzureichen. Wird der Jahresabschluss bei nachträglicher Prüfung oder Feststellung geändert, sind auch die Änderungen einzureichen.

Für kleine und mittelgroße Kapitalgesellschaften gelten die in den §§ 326 und 327 HGB 66
aufgeführten Erleichterungen in Bezug auf den Umfang und den Detaillierung der offenzulegenden Unterlagen. Kleinstkapitalgesellschaften können nach § 326 Abs. 2 HGB ihre Offenlegungspflichten durch die elektronische Einreichung ihrer Bilanz zur dauerhaften Hinterlegung erfüllen; eine Bekanntmachung im Bundesanzeiger entfällt entsprechend.

---
[46] Vgl. ADS § 325 Rn. 20.

67 Für den **Jahresabschluss eines Konzerns** gelten nach § 325 Abs. 3 HGB in Bezug auf Offenlegungsfristen, Bundesanzeigerpublizität und Voraboffenlegung die gleichen Vorschriften wie für große Kapitalgesellschaften. Zu den offenlegungspflichtigen Unterlagen gehören der Konzernjahresabschluss inklusive Bestätigungsvermerk, der Konzernlagebericht und der Bericht des Aufsichtsrats. Die übrigen bei großen Kapitalgesellschaften geforderten Unterlagen entfallen, weil ein Konzernabschluss nicht festgestellt wird. Zur Offenlegung verpflichtet sind die gesetzlichen Vertreter derjenigen Kapitalgesellschaft, die nach §§ 290 ff. HGB zur Aufstellung eines Konzernabschlusses verpflichtet sind. Werden die Befreiungsregeln der §§ 291, 292 HGB in Anspruch genommen, muss der Vorstand der befreiten AG sich lediglich vergewissern, dass der befreiende Konzernabschluss mit den zugehörigen Unterlagen ordnungsgemäß offengelegt wird. Seit dem MicroBilG kann der befreiende Konzernabschluss nicht länger nur von einem inländischen, sondern auch von einem Mutterunternehmen mit Sitz in der EU/EWR-Staat aufgestellt werden.

68 Nach § 325 Abs. 2a HGB kann statt eines handelsrechtlichen Einzelabschlusses auch ein **Einzelabschluss nach IFRS** offengelegt werden, sofern dieser klar und übersichtlich in deutscher Sprache und in Euro aufgestellt wurde, bestimmte Anhangsangaben und den Bilanzeid enthält sowie vom Vorstand unterschrieben wurde. Ein Unternehmen, das von diesem Wahlrecht Gebrauch macht, hat die IFRS vollständig zu befolgen und zudem auch für den nach IFRS aufgestellten Abschluss einen Lagebericht nach § 289 HGB bekanntzumachen.

69 Die befreiende Wirkung der Offenlegung eines IFRS Einzelabschlusses tritt nach § 325 Abs. 2b HGB ein, wenn
- statt des vom Abschlussprüfer zum Jahresabschluss erteilten Bestätigungsvermerks oder des Vermerks über dessen Versagung der entsprechende Vermerk zum Abschluss nach Absatz 2a in die Offenlegung nach Absatz 2 einbezogen wird,
- der Vorschlag für die Verwendung des Ergebnisses und gegebenenfalls der Beschluss über seine Verwendung unter Angabe des Jahresüberschusses oder Jahresfehlbetrags in die Offenlegung nach Absatz 2 einbezogen werden und
- der Jahresabschluss mit dem Bestätigungsvermerk oder dem Vermerk über dessen Versagung nach Absatz 1 S. 1–4 offen gelegt wird.

70 Werden die Offenlegungspflichten des § 325 HGB nicht beachtet, gelten die in § 335 HGB aufgeführten **Sanktionen.** Dazu prüft der Betreiber des elektronischen Bundesanzeigers, ob die einzureichenden Unterlagen fristgemäß und vollständig eingereicht wurden und unterrichtet im Negativfall eine eigens geschaffene Bundesbehörde, das **Bundesamt für Justiz (BfJ)**. Das BfJ leitet dann gegen die Mitglieder des vertretungsberechtigten Organs oder gegen die Kapitalgesellschaft selbst ein Ordnungsgeldverfahren nach § 335 HGB ein mit der Aufforderung, innerhalb einer Frist von sechs Wochen den gesetzlichen Offenlegungspflichten nachzukommen oder das Unterlassen mittels Einspruch zu rechtfertigen.

71 Geschieht dies nicht, wird das **Ordnungsgeld** festgesetzt. Das Ordnungsgeld beträgt höchstens 25.000 EUR, wobei es nach § 335 Abs. 4 HGB für Kleinstkapitalgesellschaften auf 500 EUR, für kleine Kapitalgesellschaften auf 1.000 EUR und für alle übrigen auf 2.500 EUR festzusetzen ist, wenn diese nicht auf die Ordnungsgeldandrohung reagiert haben und die Offenlegung nicht nachgeholt haben, bevor das Bundesamt weitere Schritte einleitet. Bei einer nur geringfügigen Überschreitung der sechswöchigen Frist kann das Ordnungsgeld weiter herabgesetzt werden. Andernfalls folgt solange eine erneute (höhere) Ordnungsgeldandrohung und -festsetzung, bis die Pflicht erfüllt oder die Unterlassung gerechtfertigt ist.[47]

72 Für kapitalmarktorientierte Kapitalgesellschaften wird das Ordnungsgeld nach § 335 Abs. 1a HGB abweichend deutlich höher festgelegt mit dem höheren der folgenden Beträge:
- 10 Mio. EUR,
- 5 % des Umsatzes im Jahresabschluss/Konzernabschluss im der Behördenentscheidung vorausgegangenen Geschäftsjahr,

---

[47] Vgl. *Schlauß* DB 2008, 2822.

- das Zweifache des aus der unterlassenen Offenlegung gezogenen wirtschaftlichen Vorteils; der wirtschaftliche Vorteil umfasst erzielte Gewinne und vermiedene Verluste und kann geschätzt werden.

Sofern das Ordnungsgeld gegen ein Organmitglied angedroht wird, reduziert sich die Höchstgrenze auf 2 Mio. EUR oder das Zweifache des aus der unterlassenen Offenlegung gezogenen wirtschaftlichen Vorteils.

Erfolgt die Offenlegung innerhalb der gesetzten Nachfrist, sind nur die mit der Androhung des Ordnungsgelds festgesetzten Verfahrenskosten von aktuell 100 EUR zuzüglich der Zustellkosten zu zahlen.[48] Ein Ordnungsgeld kann nicht mehr festgesetzt werden. **73**

Gegen die Androhung des Ordnungsgelds kann nach § 335 Abs. 3 HGB innerhalb von sechs Wochen Einspruch eingelegt werden. Der Einspruch kann zB darauf gestützt werden, dass größenklassenbezogene Erleichterungen in Anspruch genommen wurden oder die Voraussetzungen des § 264 Abs. 3 HGB (Einbeziehung in den Konzernabschluss eines Mutterunternehmens) vorliegen.[49] Ist der Einspruch begründet, sind die Androhung des Ordnungsgelds sowie die Kostenfestsetzung aufzuheben. Andernfalls kann das Ordnungsgeld nach rechtskräftiger Ablehnung des Einspruchs festgesetzt werden.[50] **74**

Konnten die Beteiligten die Sechswochenfrist unverschuldet nicht einhalten, hat ihnen das Bundesamt nach § 335 Abs. 5 HGB auf Antrag Wiedereinsetzung in den vorherigen Stand zu gewähren. Das Fehlen eines Verschuldens wird nach § 335 Abs. 5 S. 3 HGB vermutet, wenn eine Rechtsbehelfsbelehrung unterblieben oder fehlerhaft ist.[51] **75**

Gegen die Festsetzung des Ordnungsgelds kann nach § 335a HGB Beschwerde eingelegt werden. Hält das Bundesamt die sofortige Beschwerde für begründet, hat es ihr abzuhelfen; andernfalls ist die sofortige Beschwerde unverzüglich dem Beschwerdegericht vorzulegen. Über die sofortige Beschwerde entscheidet in erster Linie das LG Bonn. Aufgrund der gestiegenen Anzahl an Beschwerden wurde zur Vermeidung von Verfahrensstaus der Landesregierung von Nordrhein-Westfalen eine auf die Landesjustizverwaltung übertragbare Verordnungsermächtigung gegeben, mit deren Hilfe im Bedarfsfall einem oder mehreren anderen Landgerichten die Zuständigkeit für sofortige Beschwerden übertragen werden kann. **76**

Wird kein Einspruch eingelegt, kann eine ggf. folgende Beschwerde nicht darauf gestützt werden, dass die Androhungsverfügung nicht gerechtfertigt sei. Folglich werden die materiellen Voraussetzungen, dh die Frage, ob tatsächlich eine Verletzung der Offenlegungspflicht vorliegt, im Beschwerdeverfahren ohne vorangegangenen Einspruch nicht geprüft. Das Beschwerdeverfahren beschränkt sich in diesem Fall auf die Prüfung von Verfahrensfehlern, die Angemessenheit der Höhe des Ordnungsgelds sowie die Einhaltung der Einspruchs- und Offenlegungsfristen. **77**

Der Einspruch hat zwar nach § 335 Abs. 3 S. 6 HGB keine aufschiebende Wirkung in Bezug auf die Offenlegungspflicht und verlängert auch die Sechswochenfrist nicht, verhindert aber zunächst die Festsetzung des Ordnungsgelds. Außerdem beginnt die Sechswochenfrist der wiederholten Androhung erst dann zu laufen, wenn über die sofortige Beschwerde gegen die Verwerfung des Einspruchs gegen die erste Androhung entschieden wurde. Insofern hat der Einspruch in Bezug auf die wiederholte Androhung faktisch doch eine aufschiebende Wirkung.[52] **78**

Gegen die Beschwerdeentscheidung des LG Bonn ist nach § 335a Abs. 3 HGB die Rechtsbeschwerde zulässig, wenn das LG sie wegen grundsätzlicher Bedeutung der Rechtssache oder zur Sicherstellung einer einheitlichen Rechtsprechung zugelassen hat.[53] **79**

---

[48] Vgl. *Stützel* DB 2013, 2346.
[49] Vgl. BeBiKo/*Grottel/Hoffmann* § 335 Rn. 23.
[50] Vgl. *Stützel* DB 2013, 2346.
[51] Als weitere Beispiele unverschuldeter Versäumnis nennt die Gesetzesbegründung den Tod oder die schwere Erkrankung des Alleingeschäftsführers, den Verlust der Rechnungslegungs- oder Buchführungsunterlagen infolge von Naturereignissen oder Bränden oder wenn Dritte – wie ehemalige Vorstände – die in ihrem Besitz befindlichen Unterlagen nicht an die Gesellschaft herausgeben. Vgl. BT-Drs. 17/13221, 7, Begründung A. II.3.
[52] Vgl. *Wenzel* BB 2008, 771 f.
[53] Vgl. *Stützel* DB 2013, 2349.

Aus der Rechtsprechung des LG Bonn ergibt sich, dass insbesondere die folgenden häufigen **Einwendungen** regelmäßig **unbeachtlich** sind:[54]
- Organisatorische Schwierigkeiten
- Fehlende Veranlagung der Vorjahres-Abschlüsse
- Laufende Betriebsprüfung bzw. eventuell Ergänzungsbedarf im Jahresabschluss
- Anhängender Rechtsstreitigkeiten
- Beschlagnahme von Buchhaltungsunterlagen durch die Staatsanwaltschaft
- Wechsel in der Geschäftsführung oder Wechsel des Steuerberaters
- Abwesenheit oder Krankheit
- Unkenntnis der Verpflichtung zur Offenlegung
- Angespannte Liquiditätslage der offenlegungspflichtigen Gesellschaft
- Technische Schwierigkeiten bei der Übermittlung der Daten.

Offenlegungspflichtige Gesellschaften haben sich organisatorisch auf die Erfüllung der gesetzlichen Pflichten einzustellen. Dazu gehört auch die vollständige und rechtzeitige Übermittlung der Daten an den elektronischen Bundesanzeiger. Eine bloße Zwischenspeicherung auf der Serviceplattform des elektronischen Bundesanzeigers (ohne Übertragung der Daten) reicht nicht aus.

III. Zwischenberichterstattung

80 Neben der allgemeinen handelsrechtlichen Pflicht zur Rechnungslegung besteht für kapitalmarktorientierte Aktiengesellschaften uU die Verpflichtung, ihre jährliche externe Rechnungslegung um einen oder mehrere Zwischenabschlüsse zu erweitern.

81 Zentrales betriebswirtschaftliches Problem der Zwischenberichterstattung ist die **unterjährige Erfolgsermittlung.** Je nachdem, ob die unterjährige Berichtsperiode als integraler Bestandteil der Jahresperiode (integrativer Ansatz) oder als in sich geschlossene und damit vom Jahresabschluss prinzipiell unabhängige Berichtsperiode (eigenständiger Ansatz) angesehen wird, ergibt sich eine unterschiedliche Ergebnisabgrenzung. Beim **integrativen Ansatz** werden die Zwischenberichtszahlen als Ausschnitt des geplanten Jahreserfolgs interpretiert, so dass Erträge und Aufwendungen der Zwischenberichtsperiode mit Blick auf die erwarteten jährlichen Erfolgszahlen abzugrenzen sind. Dagegen werden die Abgrenzungsgrundsätze des Jahresabschlusses beim **eigenständigen** Ansatz unverändert übergenommen, was zu erheblichen unterjährigen Ergebnisschwankungen führen kann.[55]

82 Während nach IFRS eine Zwischenberichterstattung in erster Linie nach dem eigenständigen Ansatz gefordert wird, verfolgen sowohl die US-amerikanischen als auch die deutschen Zwischenberichtsgrundsätze einen Kompromiss zwischen den beiden kontroversen Ansätzen. Dieser auch in der deutschen Literatur befürwortete **kombinierte Ansatz** soll die Vorteile der beiden gegensätzlichen Ansätze verbinden.[56] Der Zwischenbericht soll die Entwicklung seit dem letzten Jahresabschluss darstellen und gleichzeitig eine Prognose des Jahresergebnisses für das laufende Geschäftsjahr ermöglichen. Aufwendungen und Erträge der gewöhnlichen Geschäftstätigkeit sind, soweit sie keinen saisonalen Charakter haben und regelmäßig erst zum Jahresende anfallen, zeitanteilig zu berücksichtigen.

83 Mit dem Gesetz zur Umsetzung der Transparenzrichtlinie-Änderungsrichtlinie vom 25.11.2015 wurde die bis dato bestehende Verpflichtung zur Erstellung und Veröffentlichung von Quartalsberichten ersatzlos gestrichen. Analog hat auch die Frankfurter Wertpapierbörse die Anforderungen für die im Prime Standard gelisteten Unternehmen nach § 51a BörsO reduziert und verlangt nur noch die Erstellung einer Quartalsmitteilung. In der Quartalsmitteilung sind die wesentlichen Ereignisse und Geschäfte des Mitteilungszeitraums im Unternehmen des Emittenten und ihre Auswirkungen auf die Finanzlage zu erläutern

---

[54] Vgl. für eine Zusammenstellung und Kommentierung der bisherigen Urteile des LG Bonn zB *Stollenwerk/Kurpat* BB 2009, 150 ff.; *Schlauß* DB 2008, 2821 mwN; *Stützel* DB 2013, 2348 f.
[55] Vgl. *Coenenberg* Jahresabschluss S. 963 ff.
[56] Vgl. *Coenenberg* Jahresabschluss S. 966.

sowie die Finanzlage und das Geschäftsergebnis des Emittenten im Mitteilungszeitraum zu beschreiben.
Im Zuge dieser Änderungen der gesetzlichen Rahmenbedingungen hat das DRSC am 21.4.2016 den Deutschen Rechnungslegungs-Änderungsstandard Nr. 7 (DRÄS 7) zur Anpassung des bisher gültigen DRS 16 Zwischenberichterstattung verabschiedet, der mit Veröffentlichung am 21.6.2016 in Kraft getreten ist.

Nach DRS 16 ist es Ziel der Zwischenberichterstattung, unterjährig entscheidungsnützliche Informationen über die Ertrags-, Finanz- und Vermögenslage und die voraussichtliche Entwicklung im Geschäftsjahr des Unternehmens zu geben. Dazu führt der Zwischenbericht den letzten Abschluss fort; erläutert wesentliche Ereignisse und Geschäftsvorfälle des Berichtszeitraums und aktualisiert die prognoseorientierten Informationen des letzten Abschlusses.[57] Folglich sind im Zwischenabschluss die auch für den Jahresabschluss geltenden Rechnungslegungsgrundsätze sowie dieselben Bilanzierungs- und Bewertungsmethoden zu beachten. Für Emittenten, die nach IFRS bilanzieren bedeutet dies, dass für die Zwischenabschlüsse dann neben den Mindestanforderungen des WpHG auch der für die Zwischenberichterstattung relevante **IAS 34** gilt. Diese Regelung ist insbesondere relevant für konzernabschlusspflichtige Emittenten, die nach § 37y WpHG ihren Halbjahresfinanzbericht und ihre Zwischenmitteilung für das Mutterunternehmen und die Gesamtheit der einzubeziehenden Tochterunternehmen – mit anderen Worten: für den Konzern – erstellen müssen. Dies sind aufgrund der Vorschrift des § 315a HGB regelmäßig IFRS Abschlüsse. Eine separate Berichterstattung für das Mutterunternehmen kann entfallen. 84

Der **Anwenderkreis** für die Vorschriften des WpHG ergibt sich aus § 37w Abs. 1 S. 1 WpHG: Hiernach müssen alle Unternehmen einen Halbjahresfinanzbericht erstellen, die als Inlandsemittent Aktien oder Schuldtitel iSd § 2 Abs. 1 S. 1 WpHG begeben. Aus der Definition des Inlandsemittenten in § 2 Abs. 7 WpHG ergibt sich, dass die in § 37v ff. WpHG aufgeführten Verpflichtungen nur dann zu erfüllen sind, wenn die Wertpapiere des Emittenten an einem organisierten Markt zugelassen sind; eine Zulassung zB im Freiverkehr ist in diesem Sinne unschädlich.[58] 85

Ausgenommen von der Verpflichtung zur Erstellung und Veröffentlichung von Finanzberichten sind nach § 37z Abs. 1 WpHG Emittenten, die ausschließlich Schuldtitel mit einer Mindeststückelung von 100.000,– EUR oder dem am Ausgabetag entsprechenden Gegenwert einer anderen Währung begeben. Außerdem befreit sind Unternehmen, die noch ausstehende bereits vor dem 31.12.2010 zum Handel an einem organisierten Markt im Inland oder in der EU/EWR zugelassene Schuldtitel mit einer Mindeststückelung von 50.000,– EUR begeben haben. 86

Ein **Halbjahresfinanzbericht** besteht nach DRS 16 aus 87
- je einer **verkürzten Bilanz** zum Stichtag des Berichtszeitraums und zum Stichtag des vorangegangenen Geschäftsjahres
- je einer **verkürzten GuV** für den Berichtszeitraum und für den entsprechenden Zeitraum des vorangegangenen Geschäftsjahres[59]
- einem **verkürzten Anhang**
- einem **Zwischenlagebericht** und
- einem entsprechenden **Bilanzeid.**

Darüber hinaus empfiehlt DRS 16, den Zwischenabschluss um eine **verkürzte Kapitalflussrechnung** und einen **verkürzten Eigenkapitalspiegel** jeweils für den Berichtszeitraum sowie den entsprechenden Zeitraum des vorangegangenen Geschäftsjahres zu ergänzen.[60]

Zum Mindestinhalt des verkürzten Abschlusses findet sich in § 10 TranspRLDV der Hinweis, dass jeweils die Überschriften und Zwischensummen auszuweisen sind, die im zuletzt veröffentlichten Jahresabschluss des Unternehmens enthalten sind. Zusätzliche Posten 88

---

[57] Vgl. DRS 16.1 f v. 22.9.2017.
[58] Vgl. Fuchs/*Zimmermann* § 37w Rn. 5.
[59] Allerdings verlangt IAS 34.20b für Zwischenberichte sowohl kumulierte als auch quartalsbezogene GuV-Zahlen inkl. der jeweils entsprechenden Werte der Vorperioden (also insgesamt vier Zahlen). Somit gelten zB für die nach IFRS bilanzierenden Prime Standard Unternehmen entsprechend diese – strengeren – Vorschriften.
[60] Vgl. DRS 16.16 n v. 22.9.2017.

sind einzufügen, wenn ohne sie der verkürzte Abschluss ein irreführendes Bild der Vermögens-, Finanz- und Ertragslage des Unternehmens vermitteln würde.

89   Zum Inhalt des **Zwischenlageberichts** findet sich im WpHG nur der pauschale Hinweis, dass sowohl – vergangenheitsorientiert – über die wichtigen Ereignisse des Berichtszeitraums und ihre Auswirkungen auf den Abschluss als auch – prognoseorientiert – über die wesentlichen Chancen und Risiken für die dem Berichtszeitraum folgenden sechs Monate des Geschäftsjahres zu berichten ist. DRS 16 konkretisiert, dass der Zwischenlagebericht mindestens
- die wichtigen Ereignisse des Berichtszeitraums für das Unternehmen und ihre Auswirkungen auf die Ertrags-, Finanz- und Vermögenslage darzustellen,
- über wesentliche Veränderungen der Prognosen und sonstigen Aussagen zur voraussichtlichen Entwicklung aus dem letzten Konzernlagebericht zu berichten,
- die wesentlichen Chancen und Risiken der voraussichtlichen Entwicklung in den verbleibenden Monaten des Geschäftsjahres zu beschreiben sowie
- Angaben zu wesentlichen Geschäften mit nach stehenden Personen im Berichtszeitraum zu enthalten hat.[61]

Eine vollständige Aktualisierung des letztjährigen Lageberichts ist jedoch nicht erforderlich.[62]

90   Nach § 37w Abs. 5 WpHG ist weder eine vollständige **Prüfung** nach § 317 HGB noch eine prüferische Durchsicht des Halbjahresfinanzberichts erforderlich. Wird der Halbjahresfinanzbericht jedoch auf freiwilliger Basis einer regelrechten Prüfung unterzogen, ist der Bestätigungsvermerk oder der Vermerk über dessen Versagung vollständig wiederzugeben und im Halbjahresfinanzbericht zu veröffentlichen. Analog ist das Ergebnis einer freiwilligen prüferischen Durchsicht vom Prüfer in einer Bescheinigung zusammenzufassen, die mit dem Halbjahresfinanzbericht zu veröffentlichen ist. Wurde nicht geprüft, ist auch diese Tatsache im Halbjahresfinanzbericht anzugeben. Eine Vorlage an den Aufsichtsrat, damit dieser eine Prüfung im Sinne des § 170 AktG vornehmen kann, ist nicht erforderlich.

91   Der Halbjahresfinanzbericht muss der Öffentlichkeit lt. § 37w Abs. 1 S. 1 WpHG unverzüglich, spätestens jedoch drei Monate nach Ablauf des Berichtszeitraums zur Verfügung gestellt werden. Nach den Vorschriften des Deutschen Corporate Governance Kodex dagegen soll der Zwischenbericht weiterhin binnen 45 Tagen nach Ende des Berichtszeitraums öffentlich zugänglich sein, so dass ggf. eine Abweichung vom DCGK vorliegt, die nach § 161 AktG zu begründen wäre.

92   Dazu ist zunächst in einer sogenannten **Bekanntmachungsmitteilung** zu veröffentlichen, ab welchem Zeitpunkt innerhalb der Dreimonatsfrist und unter welcher Internetadresse der Halbjahresfinanzbericht zu finden sein wird. Danach ist der Halbjahresfinanzbericht auf der Homepage des Emittenten einzustellen. Hierfür ist die Bekanntgabe des exakten Links erforderlich. Die Angabe einer Homepage, auf der dann der Halbjahresfinanzbericht über eine Suchfunktion aufgefunden werden kann, genügt nicht.[63]

Darüber hinaus muss er im Unternehmensregister öffentlich zugänglich sein. Der Halbjahresfinanzbericht muss über einen Zeitraum von zehn Jahren öffentlich zugänglich bleiben.[64]

IV. Mängel des festgestellten Jahresabschlusses

93   Ein festgestellter Jahresabschluss ist endgültig. Er ist damit verbindlich für die Organe und Aktionäre der Gesellschaft sowie für die Inhaber anderer gewinnabhängiger Ansprüche. Ein festgestellter Jahresabschluss kann jedoch fehlerhaft sein, wobei sich je nach Schwere des Fehlers unterschiedliche Konsequenzen für den Jahresabschluss ergeben. So führen die

---

[61] Vgl. DRS 16.35 v. 21.9.2017.
[62] Vgl. Fuchs/*Zimmermann* WpHG § 37w Rn. 21.
[63] Vgl. KölnKommWpHG/*Mock* § 37w Rn. 61.
[64] Hierzu findet sich zwar keine Regelung in § 37w WpHG; Art. 5 Abs. 1 der Transparenzrichtlinie-Änderungsrichtlinie (2013/50/EU) vom 22.10.2013 bestimmt allerdings einen Zeitraum von zehn Jahren.

in § 256 AktG abschließend aufgeführten Gründe unmittelbar zur Nichtigkeit des Jahresabschlusses, während minderschwere Fehler unter bestimmten Voraussetzungen eine Änderung des bereits festgestellten Jahresabschlusses ermöglichen. Darüber hinaus kommt auch die Änderung fehlerfreier Jahresabschlüsse in Betracht, wenn gewichtige rechtliche oder wirtschaftliche Gründe vorliegen.

1. Änderung eines fehlerfreien Jahresabschlusses

Handelsrechtlich ist unter einer Änderung des Jahresabschlusses jede Änderung von Form und Inhalt eines bereits festgestellten Jahresabschlusses zu verstehen. Dazu zählen insbesondere Änderungen der einzelnen Posten der Bilanz und Gewinn- und Verlustrechnung sowie der Angaben im Anhang.[65] Modifikationen während der Aufstellungsphase, der Prüfungsphase und der Feststellungsphase stellen dagegen keine Bilanzänderung dar. 94

Im Steuerrecht wird dagegen zwischen Bilanzänderung und Bilanzberichtigung unterschieden: Von einer **Bilanzberichtigung** wird gesprochen, wenn Verstöße gegen „zwingende Vorschriften des Einkommensteuerrechts oder des Handelsrechts oder gegen die einkommensteuerrechtlich zu beachtenden handelsrechtlichen Grundsätze ordnungsmäßiger Buchführung" zu korrigieren sind.[66] Eine Änderung eines zulässigen Ansatzes zugunsten eines anderen zulässigen Ansatzes ist dagegen eine **Bilanzänderung**. Eine Bilanzänderung ist nach § 4 Abs. 2 S. 2 EStG nur zulässig, wenn sie in einem engen zeitlichen und sachlichen Zusammenhang mit einer erfolgswirksamen Bilanzberichtigung steht. 95

Die Änderung eines fehlerfreien handelsrechtlichen Abschlusses kann aus zwei unterschiedlichen Motiven geschehen: Vorstand und Aufsichtsrat beabsichtigen entweder, erst nach der Feststellung des Jahresabschlusses erlangte wertaufhellende Erkenntnisse zu berücksichtigen, oder aber bilanzpolitische Spielräume durch die vom ursprünglichen Jahresabschluss abweichende Ausübung von Bilanzierungs- und Bewertungswahlrechten anders auszunutzen.[67] Die Zulässigkeit der Änderung eines fehlerfreien Jahresabschlusses hängt im Wesentlichen davon ab, ob die **Einberufung der Hauptversammlung** bereits bekannt gemacht worden ist. Vor Einberufung der Hauptversammlung können Vorstand und Aufsichtsrat den Jahresabschluss einvernehmlich unbegrenzt ändern. Dies gilt auch für sogenannte „Willküränderungen", also Änderungen, die ohne zwingende Gründe vorgenommen werden.[68] Hierzu sind insbesondere die unterschiedliche Ausübung von Ansatz- und Bewertungswahlrechten zu zählen. 96

Nach Einberufung der Hauptversammlung sind Willküränderungen nicht mehr möglich.[69] Vielmehr ist die Zulässigkeit der Änderung eines fehlerfrei festgestellten Jahresabschlusses ab diesem Zeitpunkt an das Vorliegen wirtschaftlicher oder rechtlicher Gründe gebunden, die so gewichtig sind, dass bei verständiger Würdigung das Interesse der Öffentlichkeit und der Aktionäre an der Aufrechterhaltung des festgestellten Jahresabschlusses zurückzutreten hat.[70] Bei den gewichtigen wirtschaftlichen Gründen dürfte es sich regelmäßig um wertaufhellende Tatsachen handeln. Zum Beispiel: die nachträglich festgestellte Uneinbringlichkeit einer wertmäßig bedeutenden Forderung oder nachträglich erkannte Verluste von Beteiligungen.[71] 97

Zu beachten ist jedoch, dass mit derartigen Änderungen nicht in bereits entstandene Rechte der Aktionäre oder Dritter eingegriffen werden darf. Dies bedeutet insbesondere, dass die durch einen ordnungsgemäßen Ergebnisverwendungsbeschluss erwachsenen Gewinnansprüche der Aktionäre grundsätzlich nicht ohne deren Einwilligung beseitigt oder geschmälert werden dürfen.[72] Allerdings besteht die Möglichkeit, die durch eine Bilanzände- 98

---

[65] Vgl. IDW RS HFA 6 vom 12.4.2007.
[66] Vgl. R 4.4 Abs. 1 EStR (2012).
[67] Vgl. MHdB GesR IV/*Hoffmann-Becking* § 46 Rn. 17.
[68] Vgl. ADS § 172 Rn. 47.
[69] Vgl. BGHZ 23, 150 (152) = NJW 1957, 588.
[70] Vgl. ADS § 172 Rn. 49.
[71] Vgl. Hierzu und zu weiteren Beispielen ADS § 172 Rn. 54–57.
[72] Vgl. IDW RS HFA 6 v. 12.4.2007; BGHZ 23, 150 (154) = NJW 1957, 588.

rung entstandene Ergebnisminderung durch zusätzliche Änderungen im Rahmen der Bilanzierungs- und Bewertungsspielräume oder durch die Auflösung verwendbarer Rücklagen zu kompensieren.

99 Ergebnisabhängige Ansprüche aus schuldrechtlichen Vereinbarungen (zB Tantiemenvereinbarungen mit Geschäftsführungs- oder Aufsichtsorganen, Genussrechte, Besserungsscheine, Lizenzen) stehen einer Änderung zwar nicht entgegen, müssen sich aber – je nach Ausgestaltung der getroffenen Vereinbarung – nicht an dem geänderten Jahresabschluss orientieren.[73]

100 Eine Verpflichtung zur Bilanzänderung lässt sich angesichts der Regelungen über den handelsrechtlichen Aufhellungszeitraum (§ 252 Abs. 1 Nr. 4 HGB) auch bei gravierenden Sachverhalten nicht aus dem Bilanzrecht ableiten; sie kann sich aber aus den allgemeinen Sorgfaltspflichten der Organmitglieder ergeben.[74] Jede Änderung eines aufgestellten und bereits geprüften Jahresabschlusses erfordert eine Nachtragsprüfung nach § 316 Abs. 3 HGB.

2. Änderung eines fehlerhaften Jahresabschlusses

101 Die Änderung von Jahresabschlüssen mit inhaltlichen Mängeln, die keinen Nichtigkeitsgrund darstellen, ist grundsätzlich auch dann zulässig, wenn keine wichtigen rechtlichen oder wirtschaftlichen Gründe vorliegen. Die **Fehlerbeseitigung** selbst ist ausreichender Grund, um eine Änderung durchzuführen, sofern der Mangel nicht völlig unwesentlich ist. Zu beachten ist allerdings, dass alle nach Ablauf des Wertaufhellungszeitraums gewonnenen Erkenntnisse den Jahresabschluss nicht fehlerhaft machen.[75]

102 Grundsätzlich besteht eine **Änderungspflicht** nur, wenn durch den fehlerhaften Jahresabschluss die Generalnorm des § 264 Abs. 2 HGB verletzt wird, also ein den tatsächlichen Verhältnissen entsprechendes Bild der Vermögens-, Finanz- und Ertragslage nicht vermittelt wird und eine zeitnahe Richtigstellung des Bildes nicht durch die Korrektur im laufenden Abschluss erreicht werden kann.[76] Anders als im Fall eines fehlerfreien Jahresabschlusses verhindern die bereits entstandenen Rechte Dritter nicht die Berichtigung eines fehlerhaften Jahresabschlusses.[77]

103 Die gleichen Regeln gelten für Fehler, die im Rahmen des **Enforcement-Verfahrens** durch die Bundesanstalt festgestellt werden;[78] dh es besteht auch hier keine Pflicht zur Korrektur des fehlerhaften Abschlusses. Wird der fehlerhafte Abschluss belassen, ist in laufender Rechnung zu korrigieren.

3. Nichtigkeit

104 Die Nichtigkeit von Jahresabschlüssen ist in **§ 256 AktG** geregelt. Genau genommen geht es hier jedoch nicht um die Nichtigkeit des Jahresabschusses, sondern im Regelfall des § 172 AktG um die Nichtigkeit des korporationsrechtlichen Rechtsgeschäfts der Feststellung, das aus der Vorlage des aufgestellten Jahresabschlusses durch den Vorstand und der anschließenden Billigung durch den Aufsichtsrat besteht.[79] Im Fall des § 173 AktG geht es analog um die Nichtigkeit des Hauptversammlungsbeschlusses.

105 Ein nichtiger Jahresabschluss entfaltet **keine Rechtswirksamkeit**. Die Frage nach der Zulässigkeit von Änderungen stellt sich insofern nicht – vielmehr ist im Fall eines nichtigen Jahresabschlusses eine Neuaufstellung erforderlich. Die bei der Neuaufstellung vorgenommenen Korrekturen sind Gegenstand einer Nachtragsprüfung durch den Wirtschaftsprüfer nach § 316 Abs. 3 HGB.

106 a) **Nichtigkeitsgründe.** Zur Wahrung der Rechtssicherheit sind die Nichtigkeitsgründe in § 256 AktG abschließend geregelt, dh der Jahresabschluss ist entweder wegen eines in § 256

---

[73] Vgl. IDW RS HFA 6 v. 12.4.2007.
[74] Vgl. IDW RS HFA 6 v. 12.4.2007; ADS § 172 Rn. 54; MHdB GesR IV/*Hoffmann-Becking* § 46 Rn. 17.
[75] Vgl. IDW RS HFA 6 v. 12.4.2007; ADS § 172 Rn. 43.
[76] Vgl. IDW RS HFA 6 v. 12.4.2007.
[77] Vgl. ADS § 172 Rn. 43.
[78] Vgl. Hierzu *Keitz/Stolle* KoR 2008, 213 f.
[79] Vgl. BGHZ 124, 111 (116) = NJW 1994, 520.

AktG aufgeführten gravierenden Mangels nichtig, oder er ist voll wirksam.[80] Daraus ergibt sich, dass die Nichtigkeit eines vorgelagerten Jahresabschlusses an sich kein Nichtigkeitsgrund für Folgeabschlüsse sein kann.[81]

Die Gründe, die zur Nichtigkeit des Jahresabschlusses führen, lassen sich unterscheiden in 107 Inhalts- und Prüfungsmängel auf der einen sowie Verfahrensfehler bei der Feststellung des Jahresabschlusses auf der anderen Seite. Unabhängig von der Art der Feststellung führen die in § 256 Abs. 1 Nr. 1 und 4 AktG genannten Inhaltsmängel sowie die in § 256 Abs. 1 Nr. 2 und 3 AktG genannten Prüfungsmängel zur Nichtigkeit des Jahresabschlusses. Die Unterschiedlichkeit der Feststellungsverfahren erfordert dagegen die Unterscheidung von Verfahrensfehlern je nachdem, ob Vorstand und Aufsichtsrat (§ 256 Abs. 2 AktG) oder Hauptversammlung (§ 256 Abs. 3 AktG) den Jahresabschluss festgestellt haben.

aa) Inhalts- und Prüfungsmängel (§ 256 Abs. 1 AktG). Ein Jahresabschluss ist nach § 256 108 Abs. 1 Nr. 1 AktG nichtig, wenn er durch seinen Inhalt Vorschriften verletzt, die ausschließlich oder überwiegend dem **Schutz der Gläubiger** der Gesellschaft dienen. Hierunter fallen nur Verstöße gegen Gesetzesbestimmungen und Verordnungen, nicht jedoch Verstöße gegen die Satzung. Ein Verstoß gegen die Grundsätze ordnungsmäßiger Buchführung ist wegen § 238 HGB als Gesetzesverstoß zu betrachten.[82] Ein Inhaltsverstoß liegt nicht vor, wenn der Jahresabschluss lediglich gesetzeswidrige Geschäftsvorfälle zutreffend abbildet.[83]

Bei Verstößen gegen Vorschriften zum Gläubigerschutz durch den Inhalt des Jahresab- 109 schusses handelt es sich typischerweise um **Gliederungs- und Bewertungsfehler.** Gliederungs- und Bewertungsfehler sind jedoch in § 256 Abs. 4 und 5 AktG einschränkend geregelt, so dass die Nichtigkeit des Jahresabschlusses nur eintritt, wenn sich der Gliederungs- oder Bewertungsfehler unter § 256 Abs. 4 oder 5 AktG subsumieren lässt.[84] Die praktische Bedeutung der Generalnorm des § 256 Abs. 1 Nr. 1 AktG ist somit relativ gering.

Da der Anhang gemäß § 264 Abs. 1 S. 1 HGB als Bestandteil des Jahresabschlusses gilt, 110 ist das **Fehlen des Anhangs** als Verstoß gegen § 256 Abs. 1 Nr. 1 AktG anzusehen. Gleiches gilt für wesentliche unvollständige oder fehlerhafte Darstellungen im Anhang. Dagegen können weder Mängel noch das Fehlen von Lagebericht oder Abhängigkeitsbericht zur Nichtigkeit des Jahresabschlusses führen, da weder Lagebericht noch Abhängigkeitsbericht Bestandteile des Jahresabschlusses darstellen.[85]

Ein zur Nichtigkeit führender Inhaltsmangel liegt nach § 256 Abs. 1 Nr. 4 AktG weiterhin 111 vor, wenn bei der Feststellung des Jahresabschlusses Bestimmungen des Gesetzes oder der Satzung über die Einstellung von Beträgen in Gewinn- oder Kapitalrücklagen bzw. über die Entnahme von Beträgen aus diesen Rücklagen verletzt worden sind.

Der festgestellte Jahresabschluss einer mittelgroßen oder großen Kapitalgesellschaft ist 112 nach § 256 Abs. 1 Nr. 2 AktG nichtig, wenn er nicht nach § 316 Abs. 1 und 3 HGB geprüft worden ist. Dies umfasst zunächst den Fall, dass eine **Jahresabschlussprüfung** überhaupt nicht stattgefunden hat. Praktisch bedeutsamer ist jedoch der Fall, dass der Jahresabschluss nach Vorlage des Prüfungsberichts des Wirtschaftsprüfers geändert wurde und die dann erforderliche Nachtragsprüfung (§ 316 Abs. 3 HGB) nicht durchgeführt wurde.[86]

Eine unzulängliche Abschlussprüfung oder ein unrichtiges Prüfungsergebnis sind grund- 113 sätzlich kein Nichtigkeitsgrund. Die Abschlussprüfung hat jedoch bestimmten – bisher in Literatur und Rechtsprechung zum Teil nur unscharf definierten – Mindestanforderungen zu genügen. Zu diesen Mindestanforderungen gehört, dass zureichende Prüfungshandlungen vorgenommen werden; ein Übergehen ganzer Bilanzposten wie Anlage- oder Umlauf-

---

[80] Vgl. BGHZ 124, 111 (116 f.) = NJW 1994, 520.
[81] Vgl. MüKoAktG/*Koch* § 256 Rn. 85.
[82] Vgl. Hüffer/Koch/*Koch* AktG § 256 Rn. 7. Streng genommen fallen nur die nicht kodifizierten GoB in den Regelungsbereich des Abs. 1 Nr. 1. Da mit dem BiRiLiG ein Großteil der GoB kodifiziert wurden, werden Verstöße gegen diese kodifizierten GoB nur über Abs. 4 und 5 erfasst. Vgl. ADS § 256 Rn. 12.
[83] Vgl. BGHZ 124, 111 (117 f.) = NJW 1994, 520; ADS § 256 Rn. 8.
[84] Vgl. ADS § 256 Rn. 7; Hüffer/Koch/*Koch* AktG § 256 Rn. 6; BGHZ 124, 111 (117) = NJW 1994, 520.
[85] Vgl. OLG Köln AG 1993, 86 (87); ADS § 256 Rn. 13; Hüffer/Koch/*Koch* AktG § 256 Rn. 8.
[86] Vgl. ADS § 256 Rn. 18.

vermögen ist ausgeschlossen.[87] Weiterhin umfassen die Mindestanforderungen die Vorlage eines schriftlichen und vom Wirtschaftsprüfer unterzeichneten Prüfungsberichts, bevor der Aufsichtsrat über die Billigung des Jahresabschlusses beschließt sowie der Bestätigungsvermerk bzw. der Vermerk über dessen Versagung.[88] Einschränkungen des Testats haben keinen Einfluss auf die Gültigkeit des Jahresabschlusses.

114 Kein Nichtigkeitsgrund liegt vor, wenn die Prüfung von Abhängigkeitsbericht oder Lagebericht unterblieben ist, da weder Abhängigkeits- noch Lagebericht Bestandteile des Jahresabschlusses (§ 264 HGB) sind.[89]

115 Nach § 256 Abs. 1 Nr. 3 AktG ist der Jahresabschluss einer prüfungspflichtigen AG nichtig, wenn er entweder von einer nicht zum Abschlussprüfer bestellten Person geprüft worden ist oder wenn der bestellte Abschlussprüfer keine Prüferbefähigung hat. Eine wirksame Bestellung erfordert einen entsprechenden Hauptversammlungsbeschlusses (§ 318 Abs. 1 S. 1 HGB) bzw. im Ausnahmefall des § 318 Abs. 3 und 4 HGB eine gerichtliche Entscheidung. Eine fehlende Bestellung kann bis zum endgültigen Abschluss der Prüfung, dh bis zur Vorlage des Prüfungsberichts nach § 321 HGB nachgeholt werden. Unerheblich für die Wirksamkeit des Jahresabschlusses ist, ob ein Prüfungsauftrag erteilt worden ist.[90]

116 An der Prüferbefähigung fehlt es, wenn der Bestellte weder Wirtschaftsprüfer noch Wirtschaftsprüfungsgesellschaft ist. Vereidigte Buchprüfer bzw. Buchprüfungsgesellschaften können den Jahresabschluss einer AG nicht prüfen. Ein Verstoß gegen die Tätigkeitsverbote nach § 319 Abs. 2 und 3 HGB ist seit dem BiRiLiG 1985 kein Nichtigkeitsgrund, sondern nach § 334 Abs. 2 HGB eine Ordnungswidrigkeit.[91]

117 Mit dem Abschlussprüfungsreformgesetz (AReG) vom 10.5.2016 wurden die neuen EU-Vorgaben[92] für die Abschlussprüfung von Unternehmen von öffentlichem Interesse ("Public Interest Entities", PIEs) fristgerecht in deutsches Recht umgesetzt. Wesentliche Neuregelungen sind die externe Rotation des Abschlussprüfers (maximale Mandatsdauer grundsätzlich 10 Jahre), verbotene und zulässige Nichtprüfungsleistungen des Abschlussprüfers, neue Anforderungen an den Bestätigungsvermerk und Prüfungsbericht des Abschlussprüfers.

Die Neuregelungen des AReG sind ab dem 17.6.2016 anzuwenden. Geschäftsjahresbezogene Regelungen (zB zur externen Rotation) sind erstmals auf Geschäftsjahre, die nach dem 17.6.2016 beginnen, anzuwenden (dh bei kalendergleichem Geschäftsjahr: für Geschäftsjahre ab dem 1.1.2017).

118 *bb) Verfahrensfehler bei der Feststellung durch die Verwaltung (§ 256 Abs. 2 AktG).* § 256 Abs. 2 AktG behandelt **Verfahrensfehler** bei der Feststellung des Jahresabschlusses durch Vorstand und Aufsichtsrat, die zur Nichtigkeit des Jahresabschlusses führen. Davon abzugrenzen sind zunächst die Fälle, in denen die Mitwirkung des einen oder des anderen Organs gänzlich fehlt. Es liegt dann überhaupt kein festgestellter Jahresabschluss vor, so dass sich auch die Frage der Nichtigkeit des Jahresabschlusses nicht stellt. Entsprechend kommt auch eine Heilung nach § 256 Abs. 6 AktG nicht in Betracht.[93] Gleiches gilt für den Fall, dass Vorstand und Aufsichtsrat den Jahresabschluss festgestellt haben, obwohl das Gesetz die Feststellung zwingend der Hauptversammlung zuweist.[94]

119 Die ordnungsgemäße **Mitwirkung des Vorstands** erfordert, dass der Vorstand bei der Aufstellung des Jahresabschlusses als Kollegialorgan handelt. In der Praxis wird dies idR durch einen mit der nach Gesetz oder Satzung erforderlichen Mehrheit gefassten förmlichen Be-

---

[87] Vgl. Hüffer/Koch/*Koch* AktG § 256 Rn. 11.
[88] Vgl. OLG Celle AG 1961, 105; Hüffer/Koch/*Koch* AktG § 256 Rn. 11 f.; ADS § 256 Rn. 16 f.
[89] Vgl. ADS § 256 Rn. 17.
[90] Vgl. Hüffer/Koch/*Koch* AktG § 256 Rn. 13 f.
[91] Dazu ausführlich ADS § 256 Rn. 31.
[92] RL 2014/56/EU des Europäischen Parlamentes und des Rates v. 16.4.2014 zur Änderung der RL 2006/43/EU über Abschlussprüfungen von Jahresabschlüssen und konsolidierten Abschlüssen, ABl. 2014 L 158, S. 196 und VO (EU) Nr. 537/2014 des Europäischen Parlamentes und des Rates v. 16.4.2014 über spezifische Anforderungen an die Abschlussprüfung bei Unternehmen von öffentlichem Interesse und zur Aufhebung des Beschlusses 2005/909/EG der Kommission, ABl. 2014 L 158.
[93] Vgl. WP-HdB B 312 mwN.
[94] Vgl. Hüffer/Koch/*Koch* AktG § 256 Rn. 17.

schluss dokumentiert.⁹⁵ Der Jahresabschluss ist folglich nichtig, wenn die Aufstellung lediglich durch einzelne Vorstandsmitglieder erfolgt ist. Dagegen ist der Jahresabschluss auch dann voll wirksam, wenn er entgegen § 245 HGB nicht von allen Vorstandsmitgliedern unterzeichnet worden ist.⁹⁶

Weiterhin ist die Mitwirkung des Vorstands nicht ordnungsgemäß, wenn seine Besetzung nicht der in § 76 Abs. 2 AktG oder der in der Satzung vorgesehenen Mindestzahl entspricht. Die Unwirksamkeit der Bestellung von Vorstandsmitgliedern ist für die Nichtigkeit des Jahresabschlusses also immer dann relevant, wenn durch die Nichtigkeit der Bestellung die laut Gesetz oder Satzung mindestens erforderliche Anzahl an Vorstandsmitgliedern nicht mehr erreicht wird oder der Beschluss auf den Stimmen der nichtig Bestellten beruht.⁹⁷

Als zur Nichtigkeit führende **Mitwirkungsfehler des Aufsichtsrates** kommen vor allem die sich aus § 108 AktG ergebenden Mängel im Rahmen der Beschlussfassung in Betracht. So ist der Billigungsbeschluss dann nicht ordnungsgemäß zustande gekommen, wenn der Aufsichtsrat nicht nach § 108 Abs. 2 AktG beschlussfähig war. Dies ist beispielsweise der Fall, wenn nicht mindestens die gesetzliche Untergrenze von drei Mitgliedern an der Beschlussfassung teilnehmen. Zur Nichtigkeit führen auch Fehler bei der Einberufung der Aufsichtsratssitzung, es sei denn, dass trotz des Fehlers alle Aufsichtsratsmitglieder an der Beschlussfassung teilgenommen haben. Nichtig sind auch schriftliche, telegrafische oder telefonische Beschlussfassungen, wenn ein Mitglied dem Verfahren widerspricht.⁹⁸

Die nichtige Bestellung sämtlicher Aufsichtsratsmitglieder führt in jedem Fall zur Nichtigkeit des Billigungsbeschlusses. Die nichtige Bestellung einzelner Aufsichtsratsmitglieder ist jedoch nur dann von Bedeutung, wenn entweder keine Beschlussfähigkeit gegeben ist oder nach Abzug ihrer Stimmen die erforderliche Mehrheit nicht erreicht wird. Im Gegensatz zur ordnungsmäßigen Mitwirkung des Vorstands ist es hier kein Nichtigkeitsgrund, wenn nach Abzug der nichtig bestellten Mitglieder eine vorschriftswidrige Besetzung eintritt.⁹⁹

cc) Verfahrensfehler bei Feststellung durch die Hauptversammlung. Neben den in § 256 Abs. 3 AktG genannten allgemeinen Nichtigkeitsgründen bei Feststellung des Jahresabschlusses durch die Hauptversammlung werden in den Eingangsworten des § 256 Abs. 1 AktG drei weitere Fälle zusammengefasst, in denen ein von der Hauptversammlung festgestellter Jahresabschluss nichtig ist.

§ 173 Abs. 3 AktG betrifft einen von der Hauptversammlung geänderten Jahresabschluss. Dieser ist nichtig, wenn nicht binnen zwei Wochen seit der Beschlussfassung ein hinsichtlich der Änderungen uneingeschränkter Bestätigungsvermerk erteilt worden ist.

Nach **§ 234 AktG** hat die Hauptversammlung über die Feststellung des Jahresabschlusses zu beschließen, wenn eine **vereinfachte Kapitalherabsetzung** Rückwirkung für das letzte vor der Beschlussfassung abgelaufene Geschäftsjahr haben soll. Erfolgt die Eintragung des Herabsetzungsbeschlusses in das Handelsregister nicht innerhalb von drei Monaten nach Beschlussfassung, sind Herabsetzungs- und Feststellungsbeschluss nichtig. Eine entsprechende Regelung findet sich in § 235 AktG für den Fall, dass mit der Kapitalherabsetzung eine ebenfalls rückwirkende Kapitalerhöhung verbunden sein soll.

Genau genommen geht es in den genannten Fällen nicht um die Normwidrigkeit von Beschlüssen und die daraus folgende Nichtigkeit dieser Beschlüsse, sondern um die Nichterfüllung bestimmter zusätzlicher Voraussetzungen (Nachtragstestat, Eintragung), die mit der endgültigen Unwirksamkeit der Beschlüsse sanktioniert werden. Dem entspricht, dass in diesen Fällen eine Heilung nach § 256 Abs. 6 AktG nicht vorgesehen ist.¹⁰⁰

Die Vorschrift des **§ 256 Abs. 3 AktG** entspricht den allgemeinen Tatbestandsmerkmalen für die Nichtigkeit von Hauptversammlungsbeschlüssen nach § 241 Nr. 1, 2 und 5 AktG.

---

⁹⁵ Vgl. ADS § 256 Rn. 62.
⁹⁶ Vgl. MüKoAktG/*Koch* § 256 Rn. 39.
⁹⁷ Vgl. MüKoAktG/*Koch* § 256 Rn. 38.
⁹⁸ Vgl. Hüffer/Koch/*Koch* AktG § 256 Rn. 19.
⁹⁹ Vgl. ADS § 256 Rn. 60.
¹⁰⁰ Vgl. Hüffer/Koch/*Koch* AktG § 256 Rn. 5.

Danach ist der ausnahmsweise von der Hauptversammlung festgestellte Jahresabschluss nichtig, wenn
- die Feststellung in einer Hauptversammlung beschlossen worden ist, die nicht nach den Regeln des § 121 AktG einberufen war, es sei denn, dass alle Aktionäre erschienen oder vertreten waren oder,
- die Feststellung nicht nach § 130 Abs. 1, 2 und 4 AktG beurkundet ist oder
- die Feststellung auf Anfechtungsklage durch rechtskräftiges Urteil für nichtig erklärt worden ist.

128 Hat die Hauptversammlung einen Feststellungsbeschluss gefasst, obwohl sie nicht für die Feststellung des Jahresabschlusses zuständig war, ist der Beschluss wegen Kompetenzüberschreitung nichtig.[101]

129 *dd) Fehlerhafte Gliederung.* § 256 Abs. 4 AktG sieht vor, dass ein Jahresabschluss wegen Verstoßes gegen Gliederungsvorschriften sowie wegen der Nichtbeachtung von die Gliederung betreffenden Formblättern[102] nur dann nichtig ist, wenn seine **Klarheit und Übersichtlichkeit** dadurch wesentlich beeinträchtigt sind. Hierdurch sollen Bagatellverstöße ausgenommen werden, um zu einem angemessenen Verhältnis zwischen der Bedeutung des Gesetzesverstoßes und der Nichtigkeitsfolge zu kommen.[103]

130 Ein Gliederungsverstoß liegt vor, wenn Bilanz und/oder Gewinn- und Verlustrechnung nicht ausreichend tief gegliedert sind, wenn Vermögensgegenstände, Verbindlichkeiten oder Kapital an falscher Stelle aufgeführt sind[104] oder wenn das Saldierungsverbot missachtet worden ist. Erforderlich ist eine Verletzung des Aufstellungsgrundsatzes des § 243 Abs. 2 HGB. Wann eine Beeinträchtigung von Klarheit und Übersichtlichkeit wesentlich ist, umschreibt das Gesetz nicht und kann nur im Einzelfall beurteilt werden. Neben Gliederungsverstößen, die bereits allein wegen der systematischen Bedeutung der verletzten Vorschrift als wesentlich anzusehen sind, ist das quantitative Gewicht des Gliederungsverstoßes in Relation zu den übrigen Bilanzgrößen von Bedeutung. Der in § 256 Abs. 4 S. 2 AktG aF enthaltene Beispielskatalog kann als Interpretationshilfe herangezogen werden. Bagatell-fehler können die Nichtigkeitsfolge nicht rechtfertigen. Zu berücksichtigen ist, dass Defizite in Bilanz und Gewinn- und Verlustrechnung durch Anhangangaben kompensiert werden können.[105]

131 *ee) Fehlerhafte Bewertung.* Nach § 256 Abs. 5 AktG ist ein Jahresabschluss wegen Verstoßes gegen die Bewertungsvorschriften nur dann nichtig, wenn
- Posten überbewertet sind oder
- Posten unterbewertet sind und dadurch die Vermögens- und Ertragslage der Gesellschaft vorsätzlich unrichtig wiedergegeben oder verschleiert wird.

Auch dieser – für die Praxis bedeutsamste – Nichtigkeitsgrund ist lex specialis zu § 256 Abs. 1 Nr. 1 AktG.

132 Eine **Überbewertung** liegt vor, wenn Aktivposten mit einem höheren oder Passivposten mit einem niedrigeren Wert als dies nach den gesetzlichen Vorschriften zulässig ist, angesetzt sind.[106] Als **Unterbewertung** gilt entsprechend ein zu niedriger Ansatz von Aktivposten bzw. ein zu hoher Ansatz von Passivposten.[107] Eine unterbliebene, aber gebotene Aktivierung bzw. eine unzulässige Passivierung steht einer Unterbewertung, eine unterbliebene, aber gebotene Passivierung bzw. eine unzulässige Aktivierung steht einer Überbewertung gleich.[108]

133 Nichtigkeit tritt nur ein, wenn die Über- oder Unterbewertung sich auf einen Bilanzposten im Sinne der Gliederungspositionen des § 266 HGB bezieht. Es kommt also nicht auf die

---

[101] Vgl. Hüffer/Koch/*Koch* AktG § 256 Rn. 20.
[102] Zu Verstößen gegen Gliederungsvorschriften, die sich aus Formblättern ergeben, siehe die Übersicht über bisher erlassene Formblattverordnungen bei BeBiKo/*Winkeljohann/Lawall* § 330 Rn. 20.
[103] Vgl. MüKoAktG/*Koch* § 256 Rn. 50.
[104] Vgl. LG Stuttgart AG 1994, 473 f. – Südmilch.
[105] Vgl. ADS § 256 Rn. 37.
[106] Vgl. LG Düsseldorf AG 1989, 140 (141 f.); LG Stuttgart AG 1994, 473 (474) – Südmilch.
[107] Vgl. BGHZ 124, 111 (119) = NJW 1994, 520; BGHZ 137, 378 (384) = NJW 1998, 1559; BGH AG 1992, 58 (59) für unzulässige Rückstellungen.
[108] Vgl. Hüffer/Koch/*Koch* AktG § 256 Rn. 25 f.

Bewertung einzelner Vermögensgegenstände oder Schulden an, sondern auf den unter einem Bilanzposten ausgewiesenen Gesamtbetrag. Bewertungsfehler innerhalb eines Bilanzpostens können kompensierend wirken; dagegen gibt es keine Kompensation ganzer Bilanzposten untereinander.[109]

Nur wesentliche Bewertungsfehler führen zur Nichtigkeit des Jahresabschlusses[110], wobei in der bisherigen Rechtsprechung der Landgerichte eine Überbewertung von unter 1 % in Bezug auf die Bilanzsumme, unabhängig von der Auswirkung auf das Jahresergebnis, als nicht wesentlich betrachtet wurde.[111] Darüber hinaus ist die Nichtigkeitsfolge bei Unterbewertungen an das Vorsatzerfordernis geknüpft. Ausreichend ist bedingter Vorsatz, dh die zuständigen Organe haben zwar nicht klar erkannt, dass durch einen bestimmten Wertansatz die Vermögens- oder Ertragslage der Gesellschaft unrichtig dargestellt oder verschleiert wird, sie halten dies aber für möglich und nehmen diese Möglichkeit bewusst in Kauf.[112] Entgegen dem Gesetzeswortlaut reicht es, wenn sich der Darstellungsmangel entweder auf die Vermögens- oder die Ertragslage bezieht. 134

b) Nichtigkeitsklage. Die Nichtigkeit des Jahresabschlusses wird nach § 256 Abs. 7 AktG durch Nichtigkeitsklage in sinngemäßer Anwendung von § 249 AktG geltend gemacht.[113] Der Nichtigkeitskläger muss sämtliche Voraussetzungen für die Nichtigkeit darlegen und beweisen. Im Fall einer Unterbewertung kann die Beweisführung insbesondere in Bezug auf die vorsätzlich unrichtige Wiedergabe oder Verschleierung der Vermögens- und Ertragslage problematisch sein. In diesem Fall ist neben der Nichtigkeitsklage auch eine **Sonderprüfung wegen unzulässiger Unterbewertung** nach §§ 258 ff. AktG in Betracht zu ziehen. Beide Verfahren können nebeneinander betrieben werden, solange die Nichtigkeit nicht rechtskräftig festgestellt worden ist.[114] Ist die Nichtigkeitsklage beim Prozessgericht anhängig, empfiehlt sich die Aussetzung des Antragsverfahrens vor dem Registergericht.[115] 135

Die Gerichte erster Instanz haben der Bundesanstalt für Finanzdienstleistungsaufsicht den Eingang der Klage sowie jede rechtskräftige Entscheidung über diese Klage mitzuteilen. Ziel dieser Vorschrift ist es, die Kenntnis der Bundesanstalt von anhängigen Verfahren sicherzustellen und damit den in 342b Abs. 3 HGB normierten Vorrang des aktienrechtlichen Verfahrens gegenüber der Enforcement-Prüfung sicherzustellen.[116] 136

c) Heilung und Beseitigung der Nichtigkeit. Die Nichtigkeit von Jahresabschlüssen ist in den meisten Fällen heilbar. Sie kann – neben den in den Eingangsworten des § 256 Abs. 1 AktG genannten Nichtigkeitsgründen – nur dann nicht durch Zeitablauf geheilt werden, wenn entweder die gesetzlich vorgeschriebene Abschlussprüfung nicht stattgefunden hat (§ 256 Abs. 1 Nr. 2 AktG) oder wenn der Jahresabschluss auf Grund einer Anfechtungsklage durch Urteil für nichtig erklärt worden ist (§ 256 Abs. 3 Nr. 3 AktG). 137

In allen anderen Fällen ist die Nichtigkeit des Jahresabschlusses **durch Zeitablauf heilbar**, wobei die Verletzung von gläubigerschützenden Vorschriften, insbesondere durch Gliederungs- und Bewertungsfehler als besonders schwerwiegender Mangel angesehen wird: Hier beträgt die Heilungsfrist 3 Jahre; in allen anderen Fällen beträgt sie 6 Monate. Die Frist beginnt mit Ablauf des Tages, an dem der Jahresabschluss im elektronischen Bundesanzeiger bekannt gemacht wird. Ist bei Ablauf der Frist eine Klage auf Feststellung der Nichtigkeit des Jahresabschlusses anhängig, so verlängert sich die Frist, bis über die Klage rechtskräftig entschieden ist oder sie sich auf andere Weise endgültig erledigt hat.[117] 138

Von der Heilung der Nichtigkeit durch Zeitablauf gemäß § 256 Abs. 6 AktG ist die **Beseitigung der Nichtigkeit,** dh die erneute Feststellung des Jahresabschlusses unter Vermeidung 139

---

[109] Vgl. ADS § 256 Rn. 41.
[110] Dazu *Schulze-Osterloh* ZIP 2008, 2241.
[111] Vgl. LG Frankfurt a. M. DB 2001, 1483; OLG Frankfurt a. M. ZIP 2013, 2403; 2008, 738.
[112] Vgl. WP-HdB B 334; ADS § 256 Rn. 52; BGHZ 124, 111 (120) = NJW 1994, 520.
[113] Dazu ausführlich § 38.
[114] Vgl. Hüffer/Koch/*Koch* AktG § 256 Rn. 31.
[115] Vgl. MHdB GesR IV/*Hoffmann-Becking* § 48 Rn. 14.
[116] Vgl. Spindler/Stilz/*Rölike* AktG § 256 Rn. 82.
[117] Vgl. Hüffer/Koch/*Koch* § 256 Rn. 30.

des bisherigen Mangels, zu unterscheiden. Die Zuständigkeit für die Neuvornahme liegt auch dann bei Vorstand und Aufsichtsrat, wenn der nichtige Jahresabschluss von der Hauptversammlung beschlossen worden ist. Für Vorstand und Aufsichtsrat stellt sich in Bezug auf alle heilbaren Nichtigkeitsfälle die Frage, ob sie den Ablauf der Heilungsfrist abwarten oder die Nichtigkeit durch Neuvornahme beseitigen. In Fällen der kurzen 6-monatigen Heilungsfrist ist davon auszugehen, dass der Ablauf der Heilungsfrist abgewartet werden kann, während bei allen anderen schwerwiegenderen Mängeln eine Neuvornahme grundsätzlich geboten ist. Soll die Heilungsfrist abgewartet werden, ist eine Korrektur des Mangels in laufender Rechnung sachgerecht; auf diese Weise lässt sich u. U auch die Geltendmachung der Nichtigkeit verhindern.[118] Eine Berechtigung zur Neuvornahme besteht grundsätzlich; dies gilt auch dann, wenn die Nichtigkeit zweifelhaft erscheint.[119]

4. Anfechtung des Jahresabschlusses

140 Wurde der Jahresabschluss ausnahmsweise durch die Hauptversammlung nach § 173 AktG festgestellt, kann der **Feststellungsbeschluss** der Hauptversammlung nach § 243 AktG angefochten werden. Die Anfechtung kann jedoch nicht darauf gestützt werden, dass der Inhalt des Jahresabschlusses gegen Gesetz oder Satzung verstößt (§ 257 Abs. 1 AktG). Die Anfechtung eines Feststellungsbeschlusses der Hauptversammlung kann also nur auf Verfahrensmängel gestützt werden, soweit diese nicht bereits nach § 256 Abs. 3 Nr. 1 oder 2 AktG zur Nichtigkeit führen. Für die Anfechtung gelten die allgemeinen Regeln der §§ 244–248 AktG.[120]

141 § 257 Abs. 2 AktG stellt klar, dass die Frist von einem Monat zur Erhebung der Anfechtungsklage auch dann mit der Beschlussfassung und nicht erst mit der Erteilung des Bestätigungsvermerks beginnt, wenn die nachträgliche Änderung eines Jahresabschlusses eine Nachtragsprüfung nach § 316 Abs. 3 HGB erfordert.

V. Sonderfragen

1. Bilanzierung von Aktienoptionen und anderen Formen der Mitarbeiterbeteiligung

142 Im Mittelpunkt der Diskussion um die Bilanzierung von Aktienoptionen[121] steht zunächst immer die Frage, ob die Ausgabe von Aktienoptionen ein Vorgang ist, der sich ausschließlich zwischen den Mitarbeitern der AG und deren Gesellschaftern abspielt und der somit die **Gesellschaftsebene** überhaupt nicht berührt und folglich auch nicht zu einer bilanziellen Erfassung bei der Gesellschaft führen kann. Ordnet man die Gewährung von Aktienoptionen dagegen der Unternehmensebene zu, ist weiter zu fragen, wie der zu erfassende **Personalaufwand** zu bewerten ist – hier geht es sowohl um den Bewertungsmaßstab als auch um den Zeitpunkt der Bewertung – und ob der Personalaufwand über den Leistungszeitraum zu verteilen ist.[122]

143 In Deutschland gibt es **kaum gesetzliche Vorschriften** zur Bilanzierung aktienbasierter Vergütungsformen. Im HGB finden sich hierzu keine expliziten Regelungen.
Auch der **Deutsche Corporate Governance Kodex** enthält lediglich die Empfehlung, dass der Corporate Governance Bericht konkrete Angaben über Aktienoptionsprogramme und ähnliche wertpapierorientierte Anreizsysteme der Gesellschaft enthalten soll.

144 Unstrittig ist nach HGB nur, dass im Zeitpunkt der **Ausübung der Option** der durch den Mitarbeiter zu zahlende Ausübungspreis – wie bei einer normalen Kapitalerhöhung – bis zur Höhe des Nennwerts dem gezeichneten Kapital und darüber hinausgehende Beträge der Kapitalrücklage zuzuschreiben sind.

---

[118] Vgl. WP-HdB B 364.
[119] Vgl. MüKoAktG/*Koch* § 256 Rn. 82.
[120] Zu Anfechtungsgründen und Verfahrensfragen siehe § 37.
[121] Zu Stock options und anderen Formen der Mitabeiterbeteiligung siehe § 32.
[122] Grundsätzlich und Ausgangspunkt der Diskussion in Deutschland *Pellens/Crasselt* DB 1998, (217–223).

145 Umstritten ist dagegen die Frage, ob und wenn ja wie die Gewährung von Aktienoptionen bilanziell zu erfassen ist. Hierzu gibt es im wesentlichen **drei Meinungen:**[123]
- Es wird die Auffassung vertreten, dass es sich bei der Gewährung von Aktienoptionsplänen um einen Vorgang zwischen Altaktionären und begünstigten Mitarbeitern handle. Nicht das Unternehmen, sondern die Altaktionäre tragen durch den Verwässerungseffekt einen Vermögensverlust, so dass für das Unternehmen auch kein zu bilanzierender Aufwand entstehe.
- Eine andere Meinung verlangt die Erfassung von Personalaufwand zur Bildung einer Verbindlichkeitsrückstellung, da das Unternehmen über die Laufzeit der Aktienoptionen in einen Erfüllungsrückstand gerate.
- Die wohl herrschende Meinung dagegen interpretiert die während der Laufzeit der Optionen erbrachte Arbeitsleistung als Einlage der Mitarbeiter und verlangt entsprechend eine Buchung „Personalaufwand an Kapitalrücklage".

146 Im Gegensatz zur weitgehend ungeregelten Situation im deutschen Recht gibt es nach **IFRS** und **US GAAP** durchaus verbindliche Vorschriften zur Bilanzierung von Stock options. Sowohl SFAS 123(R) als auch IFRS 2 verlangen grundsätzlich eine **erfolgswirksame Erfassung** aktienbasierter Entlohnungsformen und weisen untereinander lediglich geringfügige Unterschiede auf.[124] Die in Deutschland beschriebene herrschende Meinung steht damit im wesentlichen im Einklang mit den internationalen Regelungen. Im Folgenden wird deshalb die Grundzüge der in IFRS 2 vorgeschlagenen Regelung beschrieben.[125]

147 Die Gewährung von Aktienoptionen an Mitarbeiter oder an Mitglieder der Geschäftsführung eines Unternehmens erfolgt im Regelfall als **Gegenleistung für in zukünftigen Perioden zu erbringende Arbeitsleistungen** der genannten Personen. Im Fall von Aktienoptionen, die aus einer bedingten Kapitalerhöhung nach § 192 Abs. 2 Nr. 3 AktG bedient werden, ist nach IFRS 2.7 und IFRS 2.10 der Gesamtwert der Aktienoptionen zum Zeitpunkt der Gewährung (grant date) im **Personalaufwand** mit entsprechender Gegenbuchung in der **Kapitalrücklage** zu erfassen. Dazu ist der Gesamtbetrag pro rata temporis über den Erdienungszeitraum (vesting period) zu verteilen (IFRS 2.15). Der Personalaufwand je Periode wird bestimmt, indem der bei Gewährung ermittelte Wert der Aktienoptionen entsprechend der in der jeweiligen Periode des Leistungszeitraums erbrachten Leistungen des Mitarbeiters auf den Leistungszeitraum verteilt wird (IFRS 2.16 ff.). Existiert kein Marktpreis für vergleichbare Optionen, ist der Gesamtwert anhand anerkannter finanzwirtschaftlicher Optionsbewertungsmodelle – zB dem Black/Scholes- oder dem Binominalmodell – zu ermitteln. Die Bewertung der Aktienoption zum Zeitpunkt der Gewährung ist endgültig. Veränderungen des Aktienkurses, der Volatilität oder der Dividendenrendite sind folglich bei der Dotierung der Kapitalrücklage nicht zu berücksichtigen. Eine Ausnahme besteht im Fall einer Änderung der Vertragsbedingungen, wenn diese zu einer Erhöhung des Gesamtwerts der Option führen. In diesem Fall ist die daraus resultierende Wertsteigerung als zusätzlicher Aufwand sowie entsprechend in der Kapitalrücklage zu erfassen (IFRS 2.26 ff.). Der gegenteilige Fall – eine Änderung der Vertragsbedingungen, die zu einer Verminderung des Gesamtwerts führen – wird hingegen nicht berücksichtigt.

148 Bezüglich der Anzahl der wahrscheinlich auszugebenden Aktien werden dagegen im Zeitablauf gewonnene neue Erkenntnisse berücksichtigt (IFRS 2.19 f.). Die Auswirkungen dieser Schätzungsänderungen werden in voller Höhe ergebniswirksam in der Periode der Änderung erfasst. Verlassen also sämtliche Mitarbeiter, die im Besitz von Optionsrechten sind, das Unternehmen oder werden in den Vertragsbedingungen festgelegte Leistungsziele (zB ein bestimmtes Umsatzwachstum) nicht erreicht, wird in der Totalperiode kein Aufwand erfasst.

---

[123] Vgl. ausführlich zur Darstellung des Meinungsstreits zB *Baetge* Bilanzen 2017, 702 ff.; BeBiKo/*Förschle/Hoffmann* § 272 Rn. 502 ff.
[124] Vgl. *Rossmanith/Funk/Alber* WPg 2006, 664.
[125] Für eine ausführliche Kommentierung der komplexen Regelungen des IFRS 2 siehe die aktuellen Kommentierungen zB *Lüdenbach/Hoffmann/Freiberg* IFRS Kommentar 2018 oder *Petersen/Bansbach* IFRS Praxishandbuch 2017.

149 Bei Ausübung der Option fließt dem Unternehmen ein Betrag in Höhe des vereinbarten Bezugskurses zu. Dieser Betrag wird in Höhe des Nennbetrags bzw. des anteiligen Betrags des Grundkapitals in das gezeichnete Kapital, das darüber hinaus erzielte Agio in die Kapitalrücklage eingestellt.

Werden Optionen nach Ablauf der vesting period nicht ausgeübt und verfallen nach Ende der Optionslaufzeit und kommt es somit nicht oder nicht im erwarteten Umfang zur Ausgabe der Aktien, wird weder die Kapitalrücklage noch der erfasste Aufwand korrigiert.

150 Ist anstelle der Lieferung von Aktien eine an der Aktienkursentwicklung orientierte Barvergütung vorgesehen (**virtuelle Aktienoptionspläne** oder Stock Appreciation Rights), geht das Unternehmen eine in ihrer Höhe unsichere Zahlungsverpflichtung ein, für die im Regelfall eine Rückstellung für ungewisse Verbindlichkeiten zu bilden ist (IFRS 2.30). Die Rückstellung ist gegebenenfalls zeitanteilig zu bilden (IFRS 2.32). Die Bewertung virtueller Optionsprogramme folgt ansonsten den gleichen Prinzipien wie die Bewertung echter Aktienoptionen.

151 Werden Aktienoptionen in Verbindung mit **Wandel- und Optionsanleihen** ausgegeben, sind hinsichtlich der Erwerbsrechte die gleichen Bilanzierungsgrundsätze anzuwenden wie für Aktienoptionen nach § 192 Abs. 2 Nr. 1 AktG. Neben dem Erwerbsrecht ist allerdings auch der Anleiheanteil bilanziell zu erfassen. Die Bilanzierung von Wandelschuldverschreibungen ist weitgehend unproblematisch. Die Wandelschuldverschreibung wird zum Rückzahlungsbetrag auf der Passivseite der Bilanz unter der Position Anleihen gezeigt. Zu beachten ist der für alle konvertiblen Anleihen erforderliche Davon-Vermerk. Wird die Wandelanleihe, wie in der Praxis meist üblich, als Pariemission mit einer geringeren als der marktüblichen Verzinsung begeben, ist der Ausgabebetrag in einen rechnerischen Ausgabebetrag, der einer gleich niedrig verzinslichen Anleihe ohne Wandlungsrecht entspricht, und ein Entgelt für das Wandlungsrecht aufzuteilen. Das Entgelt für das Wandlungsrecht wird nach § 272 Abs. 2 Nr. 2 HGB in die Kapitalrücklage eingestellt; der Unterschiedsbetrag zwischen dem Rückzahlungsbetrag und dem rechnerischen Ausgabebetrag kann als Disagio im Rechnungsabgrenzungsposten gezeigt werden. Dieser wird über die Laufzeit planmäßig abgeschrieben. Der hieraus resultierende Aufwand entspricht zusammen mit dem anfallenden Zinsbelastung einer marktüblichen Verzinsung. Wird das Aktivierungswahlrecht für das Disagio nicht in Anspruch genommen, wird der Unterschiedsbetrag sofort aufwandswirksam erfasst.[126] Ist die Wandelanleihe mit marktüblicher Verzinsung und einem über den Rückzahlungsbetrag hinausgehenden Aufgeld ausgestattet, ist dieser Mehrbetrag in die Kapitalrücklage einzustellen.

152 Nach § 160 Abs. 1 Nr. 5 AktG ist über Wandelschuldverschreibungen und vergleichbare Wertpapiere unter Angabe der verbrieften Rechte im Anhang zu berichten. Anzugeben sind jeweils gesondert für jede Art der Schuldverschreibung die Zahl und, wenn diese wenig aussagt, die Nennbeträge bzw. anteiligen Beträge des Grundkapitals der zum Stichtag im Umlauf befindlichen Stücke, die Wertpapierart, die verbrieften Rechte nach Art der Verbriefung (Inhaber-, Order-, Namenspapiere) und der Inhalt des Rechts einschließlich der wesentlichen Anleihebedingungen. In der Praxis kommen Mitarbeiterbeteiligungen auf der Basis von Wandel- oder Optionsanleihen wegen der dabei erforderlichen Kapitaleinzahlung eher selten zum Einsatz.

153 IFRS 2 sieht außerdem umfangreiche Erläuterungspflichten zu den Aktienoptionsplänen im **Anhang** vor. Dazu zählt insbesondere eine Beschreibung der einzelnen Programme mit den wichtigsten Eckdaten, die Summe des insgesamt in der Periode aus den Programmen entstandenen Aufwands, der Gesamtwert der innerhalb des Jahres als Entgelt gewährten Optionsrechte sowie die Methode zur Bewertung der Optionsrechte (IFRS 2.44 ff.).

2. Bilanzierung eigener Aktien

154 Der Rückkauf eigener Aktien spielt nach Lockerungen des grundsätzlichen Eigenerwerbsverbots nach § 71 AktG in der deutschen Unternehmenspraxis eine zunehmend bedeutende Rolle und wird regelmäßig genutzt, um zB

---

[126] Vgl. ADS § 272 Rn. 124 ff.

- Belegschaftsaktien auszugeben,
- die erworbenen Aktien später als Aquisitionswährung einzusetzen,
- die Kapitalstruktur des Unternehmens zu optimieren,
- überschüssige Liquidität anzulegen,
- Kurspflege zu betreiben oder
- feindliche Übernahmen abzuwehren.[127]

Entsprechend dem wirtschaftlichen Gehalt sind alle Erwerbe eigener Aktien zwingend wie eine **Kapitalherabsetzung** durch eine Kürzung des Eigenkapitals entsprechend § 272 Abs. 1a HGB auf der Passivseite der Bilanz zu erfassen. 155

Auch nach IFRS ist sowohl der Erwerb als auch die eventuell nachfolgende Veräußerung eigener Aktien grundsätzlich erfolgsneutral im Eigenkapital abzubilden ist.[128] 156

Der Nennbetrag bzw. bei Stückaktien der rechnerische Wert ist in der Vorspalte offen von dem Posten gezeichnetes Kapital als Kapitalrückzahlung abzusetzen. Der Unterschiedsbetrag zwischen dem Nennbetrag bzw. dem rechnerischen Wert der Aktien und ihrem Kaufpreis ist mit den frei verfügbaren Rücklagen zu verrechnen. Weitergehende Anschaffungskosten sind nach § 272 Abs. 4 S. 6 HGB als Aufwand des Geschäftsjahres zu berücksichtigen. 157

Kleinst-AGs müssen aufgrund der weniger tiefen Bilanzgliederungsvorschriften des § 266 HGB nur den Posten „Eigenkapital" zeigen, nicht jedoch das gezeichnete Kapital, so dass der offene Absatz der eigenen Aktien vom gezeichneten Kapital in der Vorspalte in dieser Form nicht vorzunehmen ist. Stattdessen ist bei Aufstellung der verkürzten Bilanz nach § 264 Abs. 1 S. 5 Nr. 3 HGB über den Bestand an eigenen Aktien sowie über die Bedingungen des Erwerbs (§ 160 Abs. 1 Nr. 2 AktG) unter der Bilanz zu berichten. 158

Werden die eigenen Aktien zu einem späteren Zeitpunkt von der Gesellschaft veräußert, entspricht die bilanzielle Behandlung nach § 272 Abs. 1b HGB der einer Kapitalerhöhung: Zunächst wird der Vorspaltenausweis in Höhe des Nennwerts der verkauften Aktien rückgängig gemacht und somit das gezeichnete Kapital erhöht. Der Unterschiedsbetrag zwischen Nennwert und Veräußerungserlös wird dann bis zur Höhe der ursprünglichen Anschaffungskosten mit den frei verfügbaren Rücklagen verrechnet, ein darüber hinausgehender Erlös wird der Kapitalrücklage zugeführt. Die Verbuchung des Veräußerungsvorgangs erfolgt also unabhängig von der Höhe des ursprünglichen Kaufpreises und des Veräußerungserlöses erfolgsneutral. Bei der Veräußerung anfallende Nebenkosten sind als Aufwand des Geschäftsjahres zu behandeln. 159

Bei **Einziehung** der Aktien gelten die allgemeinen Vorschriften zur Kapitalherabsetzung durch Einziehung von Aktien (§§ 237–239 AktG). Zu beachten ist, dass das gezeichnete Kapital durch den Erwerb der eigenen Anteile bereits offen gemindert wurde; diese Minderung ist durch die Buchung Gewinnrücklagen an Kapitalrückzahlung zu eliminieren. Anschließend ist das Grundkapital um den auf die eingezogenen Aktien entfallenden Nennbetrag zu mindern. Dieser Betrag ist der Kapitalrücklage zuzuführen. 160

Für den Erwerb eigener Aktien zum Zwecke der Einziehung braucht die Gesellschaft also andere Gewinnrücklagen bzw. Bilanzgewinn in Höhe des gesamten Kaufpreises der eigenen Aktien: Zum Erwerbszeitpunkt sind Gewinnrücklagen bzw. Bilanzgewinn in Höhe des Differenzbetrags zwischen Kaufpreis und Nennwert bzw. rechnerischem Wert der erworbenen Aktien erforderlich, zum Einziehungszeitpunkt werden darüber hinaus Gewinnrücklagen oder Bilanzgewinn in Höhe des Nennwerts bzw. des rechnerischen Werts der Aktien benötigt.[129] 161

---

[127] Vgl. *Coenenberg* S. 358 f. mwN.
[128] Vgl. *Petersen/Zwirner* KoR 2008 Beilage 3, 16.
[129] Vgl. *Oser* StB 1999, 377.

§ 18 Risikomanagement und Früherkennung bestandsgefährdender Entwicklungen

Übersicht

	Rn.
I. Einführung	1–10
1. Entstehung und Motivation des KonTraG	3–6
2. Risikomanagement seit KonTraG	7–10
II. Abgrenzung des Risikofrüherkennungssystems iSv § 91 Abs. 2 AktG vom gesamten Risikomanagement	11–21
III. Maßnahmen des Risikomanagements im Sinne von § 91 Abs. 2 AktG im ‚Einzelnen	22–33
1. Festlegung der Risikofelder, die zu bestandsgefährdenden Entwicklungen führen können	24
2. Risikoerkennung und Risikoanalyse	25–27
3. Risikokommunikation und Berichterstattung	28/29
4. Zuordnung von Verantwortlichkeiten und Aufgaben	30/31
5. Einrichtung eines Überwachungssystems	32
6. Dokumentation der getroffenen Maßnahmen	33
IV. Berichtspflichten über Risiken und Risikomanagement-System	34–37
V. Prüfung des Risikofrüherkennungssystems	38–40
VI. Überwachung des Risikomanagements durch den Aufsichtsrat	41
VII. Zusammenfassung	42/43

Schrifttum: *AK „Externe und Interne Überwachung der Unternehmung" (AKEIÜ) der Schmalenbach-Gesellschaft für Betriebswirtschaft e. V.*, Auswirkungen des KonTraG auf die Unternehmensüberwachung, DB Beilage Nr. 11/2000; *AK „Externe Unternehmensrechnung" (AKEU)/AK „Externe und Interne Überwachung der Unternehmung" (AKEIÜ) der Schmalenbach-Gesellschaft für Betriebswirtschaft e. V.*, Anforderungen an die Überwachungsaufgaben von Aufsichtsrat und Prüfungsausschuss nach § 107 Abs. 3 Satz 2 AktG idF des Bilanzrechtsmodernisierungsgesetzes, DB 2009, 1279 ff.; *AK „Externe und Interne Überwachung der Unternehmung" (AKEIÜ) der Schmalenbach-Gesellschaft für Betriebswirtschaft e. V.*, Der Prüfungsausschuss nach der 8. EU-Richtlinie: Thesen zur Umsetzung in deutsches Recht, DB 2007, 2129 ff.; *A. Andersen* (Hrsg.), Glück oder Geschick?, o. J.; *Auer*, Operationelles Risikomanagement bei Finanzinstituten – Risiken identifizieren, analysieren und steuern, 2008; *Bitz*, Risikomanagement nach KonTraG, 2000; *Bosse*, TransPuG: Änderungen zu den Berichtspflichten des Vorstands und zur Aufsichtsratstätigkeit, DB 2002, 1592 ff.; *Buderath/Amling*, Das Interne Überwachungssystem als Teil des Risikomanagementsystems, in: Dörner/Horvath/Kagermann (Hrsg.), Praxis des Risikomanagements, 2000; *Daum*, Ausstrahlung des § 91 Abs. 2 AktG auf das Risk-Management in der GmbH, in: Lange/Wall (Hrsg.), Risikomanagement nach dem KonTraG, 2001; *Deutsche Gesellschaft für Risikomanagement e. V.* (Hrsg.), Risikoaggregation in der Praxis – Beispiele und Verfahren aus dem Risikomanagement von Unternehmen, 2008; *Diederichs/Eberenz/ Eickmann*, Risikomanagement der Beiersdorf AG, Controlling 2009, 265 ff.; *Diederichs/Form/Reichmann*, Arbeitskreis Risikomanagement/Standard zum Risikomanagement, Controlling 2004, 189 ff.; *Dörner*, Zusammenarbeit von Aufsichtsrat und Wirtschaftsprüfer im Lichte des KonTraG, DB 2000, 101 ff.; *Dörner/Doleczik*, Prüfung des Risikomanagements, in: Dörner/Horvath/Kagermann (Hrsg.), Praxis des Risikomanagements, 2000; *Drygala/Drygala*, Wer braucht ein Frühwarnsystem?, ZIP 7/2000, 297 ff.; *Eggemann/Konradt*, Risikomanagement nach KonTraG aus dem Blickwinkel des Wirtschaftsprüfers, BB 2000, 503 ff.; *Erchinger/Melcher*, Zum Referentenentwurf des Bilanzrechtsmodernisierungsgesetzes (BilMoG): Neuerungen im Hinblick auf die Abschlussprüfung und die Einrichtung eines Prüfungsausschusses, DB Beilage Nr. 1/2008, 56 ff.; *Falter/Michel*, Frühaufklärung und Risikomanagement für Unternehmen der chemischen Industrie, in: Dörner/Horvath/Kagermann (Hrsg.), Praxis des Risikomanagements, 2000; *Franz*, Corporate Governance, in: Dörner/Horvath/Kagermann (Hrsg.), Praxis des Risikomanagements, 2000; *Füser/Gleißner/Meier*, Risikomanagement (KonTraG) – Erfahrungen aus der Praxis, DB 1999, 753 ff.; *Giese*, Die Prüfung des Risikomanagementsystems einer Unternehmung durch den Abschlußprüfer nach KonTraG, WPg 1998, 451 ff.; *Gleißner*, Risikopolitik und Strategische Unternehmensführung, DB 2000, 1625 ff.; *ders.*, Die Aggregation von Risiken im Kontext der Unternehmensplanung, ZfCM 2005, 350 ff.; *ders.*, Grundlagen des Risikomanagements – Mit fundierten Informationen zu besseren Entscheidungen, 3. Aufl. 2017; *ders.*, Was ist eine „bestandsgefährdende Entwicklung" iSd § 91 Abs. 2 AktG

(KonTraG)? – Von der Risikoaggregation zur Risikotragfähigkeit, DB 2017, 2749 ff.; *Gleißner/Wolfrum*, Risikotragfähigkeit, Risikotoleranz, Risikoappetit und Risikodeckungspotential, CM 2017, 77 ff.; *Gromer*, Rating als Herausforderung für Mittelstand und Banken, 2001; *Günther/Smirska/Schiemann/Weber*, Optimierung des Risikomanagementsystems am Beispiel der R.Stahl Technologiegruppe, Controlling 2009, 48 ff.; *Hahn/Krystek*, Früherkennungssysteme und KonTraG, in: Dörner/Horvath/Kagermann (Hrsg.), Praxis des Risikomanagements, 2000; *Hommelhoff/Mattheus*, Gesetzliche Grundlagen: Deutschland und international, in: Dörner/Horvath/Kagermann (Hrsg.), Praxis des Risikomanagements, 2000; *Hommelhoff/Mattheus*, Risikomanagementsystem im Entwurf des BilMoG als Funktionselement der Corporate Governance, BB 2007, 2787 ff.; *Horvath/Gleich*, Controlling als Teil des Risikomanagements, in: Dörner/Horvath/Kagermann (Hrsg.), Praxis des Risikomanagements, 2000; *Hüffer*, Corporate Governance: Früherkennung nach § 91 Abs. 2 AktG – Neue Pflichten des Vorstands zum Risikomanagement?, in: Hermann (Hrsg.), Recht und Vernunft: Festschrift für Hans-Diether Imhoff, 1998; *Johanning/Rudolph* (Hrsg.), Handbuch Risikomanagement, 2000; *Kajüter*, Berichterstattung über Chancen und Risiken im Lagebericht, BB 2004, 427 ff.; *Kamaras/Wolfrum*, Software für Risikoaggregation: Gängige Lösungen und Fallbeispiel, in Gleißner/Klein (Hrsg.), Risikomanagement und Controlling, 2. Aufl. 2017; *Kindler/Pahlke*, Die Überwachungspflichten des Aufsichtsrates im Hinblick auf das Risikomanagement, in: Lange/Wall (Hrsg.), Risikomanagement nach dem KonTraG, 2001; *Knigge*, Änderungen des Aktienrechtes durch das Transparenz- und Publizitätsgesetz, WM 2002, 1729 ff.; *Kromschröder/Lück*, Grundsätze risikoorientierter Unternehmensüberwachung, DB 1998, 1573 ff.; *Kuhl/Nickel*, Risikomanagement in Unternehmen – Stellt das KonTraG neue Anforderungen an die Unternehmen?, DB 1999, 133 ff.; *Melcher/Mattheus*, Zum Referentenentwurf des Bilanzrechtsmodernisierungsgesetzes (BilMoG): Lageberichterstattung, Risikomanagement-Bericht und Corporate Governance-Statement, DB 2008, Beilage 1 zu Heft 7, 52 ff.; *Lange*, Anforderungen an die Berichterstattung zu Risiken in Lagebericht und Konzernlagebericht, in: Lange/Wall (Hrsg.), Risikomanagement nach dem KonTraG, 2001; *Lorenz*, Einführung in die rechtlichen Grundlagen des Risikomanagements, in: Romeike (Hrsg.), Rechtliche Grundlagen des Risikomanagements – Haftungs- und Strafvermeidung für Corporate Compliance, 2008; *Lück*, Managementrisiken im Risikomanagementsystem, DB 2000, 1473 ff.; *ders.*, Elemente eines Risiko-Managementsystems, DB 1998, 8 ff.; *ders.*, Der Umgang mit unternehmerischen Risiken durch ein Risikomanagementsystem und durch ein Überwachungssystem, DB 1998, 1925 ff.; *Nonnenmacher/Pohle/von Werder*, Aktuelle Anforderungen an Prüfungsausschüsse, DB 2007, 2412 ff.; *Pfennig*, Shareholder Value durch unternehmensweites Risikomanagement, in: Johanning/Rudolph (Hrsg.), Handbuch Risikomanagement, Bd. 2, 2000; *Pfitzer/Oser/Orth*, Zur Reform des Aktienrechts, der Rechnungslegung und Prüfung durch das TransPuBG, DB 2002, 157 ff.; *Pfitzer/Oser/Orth*, Reform des Aktien-, Bilanz- und Aufsichtsrechts – BilMoG, MoMiG, TUG, EHUG und weitere Reformgesetze, 3. Aufl. 2008; *Picot*, Überblick über die Kontrollmechanismen im Unternehmen nach KonTraG, in: Lange/Wall (Hrsg.), Risikomanagement nach dem KonTraG, 2001; *Pollanz*, Konzeptionelle Überlegungen zur Einrichtung und Prüfung eines Risikomanagementsystems – Droht eine Mega-Erwartungslücke?, DB 1999, 393 ff.; *Reinhart/Maye*, Risiko-Controlling und Haftungsrisiken bei Unternehmenskrisen, in: Lange/Wall (Hrsg.), Risikomanagement nach dem KonTraG, 2001; *Rudolph/Johanning*, Entwicklungslinien im Risikomanagement, in: Johanning/Rudolph (Hrsg.): Handbuch Risikomanagement, 2000; *Scharpf*, Die Sorgfaltspflichten des Geschäftsführers einer GmbH, DB 1997, 737 ff.; *Schindler/Rabenhorst*, Prüfung des Risikofrüherkennungssystems im Rahmen der Abschlußprüfung, in: Lange/Wall (Hrsg.), Risikomanagement nach dem KonTraG, 2001; *Schüppen*, Der Kodex – Chancen für den Deutschen Kapitalmarkt!, DB 2002, 1117 ff.; *Seibert*, Finanzmarktkrise, Corporate Governance, Aufsichtsrat, DB 2009, 1167 ff.; *Vogler/Gundert*, Einführung von Risikomanagementsystemen, DB 1998, 2377 ff.; *Vogler/Engelhard/Gundert*, Risikomanagementsysteme – Stand der Umsetzung, DB 2000, 1425 ff.; *Wall*, Betriebswirtschaftliches Risikomanagement im Lichte des KonTraG, in: Lange/Wall (Hrsg.), Risikomanagement nach dem KonTraG, 2001; *Weidemann/Wieben*, Zur Zertifizierbarkeit von Risikomanagement-Systemen, DB 2001, 1789 ff.; *von Werder*, Der Deutsche Corporate Governance Kodex – Grundlagen und Einzelbestimmungen, DB 2002, 801 ff.; *Wermelt/Scheffler/Oehlmann*, Risikomanagement und Unternehmenssteuerung – Welchen Mehrwert liefert der neuen IDW PS 981 „Grundsätze ordnungsmäßiger Prüfung von Risikomanagementsystemen"?, CM 2017, 84 ff.; *Wittmann*, Risikomanagement als Bestandteil des Planungs- und Kontrollsystems, in: Lange/Wall (Hrsg.), Risikomanagement nach dem KonTraG, 2001; *Wolf/Runzheimer*, Risikomanagement und KonTraG – Konzeption und Implementierung, 5. Aufl. 2009; *Wolz*, Zum Stand der Umsetzung von Risikomanagementsystemen aus der Sicht börsennotierter Aktiengesellschaften und ihrer Prüfer, WPg 2001, 789 ff.; *Zimmer/Sonneborn*, § 91 Abs. 2 AktG – Anforderungen und gesetzgeberische Absichten, in: Lange/Wall (Hrsg.), Risikomanagement nach dem KonTraG, 2001.

I. Einführung

Seit dem Inkrafttreten des „Gesetzes zur Kontrolle und Transparenz im Unternehmensbereich" (KonTraG)[1] am 1.5.1998 ist das Risikomanagement verstärkt zum Thema in vielen

---

[1] Gesetz zur Kontrolle und Transparenz im Unternehmensbereich (KonTraG) v. 27.4.1998, BGBl. 1998 I S. 786.

Unternehmen geworden, da mit diesem Gesetz erstmals Risikomanagement-Systeme für Unternehmen gesetzlich vorgeschrieben werden. Bemerkenswert ist, dass allerdings der Begriff „Risikomanagement" im Gesetz selbst gar nicht erwähnt wird.[2] Auch bleibt das Gesetz mit seinen Ausführungen bezüglich der konkreten Ausgestaltung von Risikomanagement-Systemen oder -Aktivitäten sehr vage. Durch weitere Reformgesetze und -normen, so zB durch das „Gesetz zur weiteren Reform des Aktien- und Bilanzrechts, zu Transparenz und Publizität" (TransPuG)[3], durch den „Deutschen Corporate Governance Kodex" (DCGK)[4], durch das „Bilanzrechtsreformgesetz" (BilReG)[5] und durch das „Gesetz zur Modernisierung des Bilanzrechts" (BilMoG)[6], ist die Rolle des Risikomanagements noch einmal betont worden, eine Konkretisierung der Inhalte eines solchen Systems erfolgte allerdings bisher nicht. Von verschiedenen Seiten wurde versucht, diese Definitionslücke zu schließen. So wurden in der wirtschaftswissenschaftlichen Theorie verschiedene Ansätze und Methoden für das unternehmerische Risikomanagement konzipiert,[7] Software-Firmen haben spezifische Programme entwickelt, die die Vorgaben des KonTraG erfüllen,[8] und in zahlreichen Unternehmen wurden Risikomanagement-Systeme implementiert, deren Ausgestaltung jedoch zum Teil recht unterschiedlich ist.[9] Die Entwicklung hin zu **einem allgemein akzeptierten Standard,** der sowohl den gesetzlichen als auch den betriebswirtschaftlichen Anforderungen an ein Risikomanagement-System entspricht, ist **bisher noch nicht abgeschlossen.**

2   In diesem Beitrag stehen auf Grund der Zielsetzung dieses Handbuches die **gesetzlichen Implikationen des KonTraG** für ein Risikomanagement im Vordergrund. Betriebswirtschaftliche Überlegungen spielen hier nur im Rahmen der Gesetzesinterpretation eine Rolle.[10] In der Einführung werden zunächst kurz die Entstehung des KonTraG sowie die durch das KonTraG ausgelösten Entwicklungen dargestellt. Zentralen Charakter hat in Abschnitt II die Abgrenzung der gesetzlichen Anforderungen an Risikofrüherkennungssysteme im Sinne von § 91 Abs. 2 AktG von umfassenderen, betriebswirtschaftlich zwar sinnvollen Überlegungen zu Risikomanagement-Systemen, die allerdings keine Begründung im KonTraG finden. Als inhaltliche Vorgabe für ein Risikomanagement wird im darauf folgenden Abschnitt der Prüfungsstandard des Instituts der Wirtschaftsprüfer[11] dargestellt und gewürdigt. Die aus dem KonTraG resultierenden Pflichten zur Risikoberichterstattung werden in Abschnitt IV erläutert. In Abschnitt V. wird die Prüfung des Risikomanagements erläutert. Abschließend wird auf die Überwachungsaufgaben des Aufsichtsrats eingegangen.

1. Entstehung und Motivation des KonTraG

3   Für die breite Öffentlichkeit scheint das KonTraG eine Reaktion des Gesetzgebers auf eine Reihe spektakulärer Unternehmenskrisen gewesen zu sein.[12] Die Kontrollmechanismen zur Überwachung von Aktiengesellschaften waren jedoch bereits über Jahre hinweg Gegenstand der rechtspolitischen Diskussion in Deutschland. Das KonTraG war somit mehr als

---

[2] Allerdings wurde der Begriff in der Begründung der Bundesregierung im Regierungsentwurf vom 28.1.1998 ausdrücklich genannt, BT-Drs. 13/9712.
[3] Gesetz zur weiteren Reform des Aktien- und Bilanzrechts, zu Transparenz und Publizität (TransPuG) v. 25.7.2002, BGBl. 2002 I S. 2681 ff.
[4] Deutscher Corporate Governance Kodex (DCGK), erstmalige Veröffentlichung am 26.2.2002, aktuell gültige Version v. 7.2.2017, veröffentlicht in Internet unter (http://www.dcgk.de/de/kodex.html) sowie im amtlichen Teil des elektronischen Bundesanzeigers; s. auch Anhang V.
[5] Bilanzrechtsreformgesetz (BilreG) v. 4.12.2004, BGBl. 2004 I S. 3166.
[6] Gesetz zur Modernisierung des Bilanzrechts (BilMoG) v. 25.5.2009, BGBl. I S. 1102.
[7] Siehe dazu als Einführung *Wall* 2001, 207–235, sowie *Rudolph/Johanning* 2000, 15.
[8] Siehe zB Gleißner/Klein/*Kamaras/Wolfrum* 2017, S. 289–314.
[9] Siehe verschiedene Praxisberichte in *Dörner/Horvath/Kagermann* (Hrsg.) 2000, oder auch *Diederichs/ Eberenz/Eickmann* Controlling 2009, 265–272; *Günther/Smirska/Schiemann/Weber* Controlling 2009, 48–56.
[10] Für Hinweise zu den betriebswirtschaftlichen Aspekten der Implementierung von Risikomanagement-Systemen sei zB auf *Wolf/Runzheimer* 2009 oder *Gleißner* 2017 verwiesen.
[11] IDW PS 340.
[12] ZB Schneider, Balsam, Metallgesellschaft, KHD, Holzmann, COOP, Südmilch.

eine nur kurzfristig durchgeführte Gesetzesänderung, sondern war **Teil eines umfassenderen Reformvorhabens** des Gesetzgebers.[13]

Nach der allgemeinen Begründung des Gesetzentwurfes der Bundesregierung ist das KonTraG in Zusammenhang mit den folgenden Reformen des Unternehmens- und Kapitalmarktrechtes zu sehen. Ziel dieser verschiedenen Gesetzesänderungen ist die Weiterentwicklung des deutschen Aktien- und Kapitalmarktrechtes und die Anpassung an internationale Standards. Als solches lieferte das KonTraG einen Beitrag zur weiteren Durchsetzung des **Corporate Governance**-Gedankens im deutschen Recht.[14] Diese Entwicklung findet ihre Fortsetzung in der Verabschiedung des TransPuG und des DCGK im Jahre 2002 sowie mit dem Inkrafttreten des BilMoG im Jahre 2009.[15]

Bereits im Jahre 1995 wurde mit den Vorarbeiten an diesem Gesetz begonnen, die mit dem Inkrafttreten am 1.5.1998 ihren Abschluss fanden. Das KonTraG beinhaltet eine Vielzahl von einzelnen Regelungen, die das Aktiengesetz, das Handelsgesetzbuch sowie andere Gesetze geändert haben.[16] Eine **Verpflichtung zur Implementierung eines Risikomanagement-Systems** findet sich jedoch in der endgültigen Fassung des Gesetzes nur in der folgenden kurzen Passage, die als Absatz 2 in **§ 91 AktG** eingefügt wurde:

Der Vorstand hat geeignete Maßnahmen zu treffen, insbesondere ein Überwachungssystem einzurichten, damit den Fortbestand der Gesellschaft gefährdende Entwicklungen früh erkannt werden.

Die in den ursprünglichen Entwürfen zu findenden Regelungen waren dagegen wesentlich umfangreicher. Während des Gesetzgebungsverfahrens wurden Notwendigkeit und Umfang von zusätzlichen Gesetzesnormen bezüglich Frühwarn- oder Risikomanagement-Systemen im Unternehmensbereich zwischen den beteiligten Verbänden und interessierten Kreisen intensiv diskutiert. Resultat der Diskussion war die nun gültige Bestimmung, die allerdings bezüglich ihres sachlichen Gehaltes so vage bleibt, dass bereits von einem „Normvakuum"[17] gesprochen wurde.

Weitere Aussagen zur Ausgestaltung eines Risikomanagement-Systems finden sich im Gesetz nicht. Neben § 91 Abs. 2 AktG wurden durch das KonTraG allerdings auch einige Änderungen im Handelsgesetzbuch eingefügt, die die **Risikoberichterstattung** einerseits sowie die **Prüfung** von Risikomanagement-System und Risikobericht andererseits beinhalten, ohne konkrete inhaltliche Vorgaben für ein Risikomanagement-System zu machen.[18]

2. Risikomanagement seit KonTraG

Obwohl das KonTraG nur sehr kurze Ausführungen zum Risikomanagement enthält, hat das Gesetz bei vielen Unternehmen den Anstoß gegeben, sich im Rahmen der Unternehmenssteuerung **erstmals in systematischer und umfassender Weise**[19] mit Risiken auseinanderzusetzen. In einer ersten Phase wurde dabei in vielen Fällen versucht, wenigstens

---

[13] Siehe insgesamt zur Entstehungsgeschichte und zur Begründung des KonTraG *Lange/Wall/Picot* 2001, 5–11; *Lange/Wall/Zimmer/Sonneborn* 2001, 38–43; *Lange/Wall/Kindler/Pahlke* 2001, 60; *Wolf/Runzheimer* 2001, 18; *Bitz* 2000, 1. Siehe auch den Gesamtüberblick zu den Reformgesetzen im Bereich von Aktien-, Bilanz- und Aufsichtsrecht bei *Pfitzer/Oser/Orth* 2008.
[14] Siehe zum Thema Corporate Governance ua *Schüppen* DB 2002, 1117; *von Werder* DB 2002, 801; Lange/Wall/*Picot* 2001, 10; Dörner/Horvath/Kagermann/*Franz* 2000, 41.
[15] Siehe zur Entwicklung im Überblick beispielsweise *Pfitzer/Oser/Orth* DB 2002, 157 sowie ausführlich *Pfitzer/Oser/Orth* 2008.
[16] Eine Übersicht zu den Bestimmungen des KonTraG bietet zB Lange/Wall/*Picot* 2001, 5; Dörner/Horvath/Kagermann/*Hommelhoff/Mattheus* 2000, S. 5.
[17] *Vogler/Engelhard/Gundert* DB 2000, 1425.
[18] §§ 289 Abs. 1 S. 2, 315 Abs. 1 S. 2, 317 Abs. 2 u. 4, 321 Abs. 1 u. 4 sowie 322 Abs. 3. Durch weitere Reformgesetze wurden diese Normen inzwischen weiterentwickelt. Siehe zu diesen Gesetzen *Pfitzer/Oser/Orth* 2008.
[19] Risiken wurden auch vor Einführung des KonTraG bei den meisten Unternehmen als eine Komponente der Unternehmenssteuerung betrachtet. Allerdings war das Risikomanagement oft in verschiedene Teilbereiche aufgespalten, verschiedenen Verantwortungsbereichen zugeordnet, einzelfallbezogen, vergangenheitsorientiert, eher qualitativ ausgerichtet, nicht auf das gesamte Unternehmen bezogen sowie ohne Berücksichtigung von Wechselwirkungen zwischen verschiedenen Einzelrisiken oder Geschäftsfeldern.

die aus dem Gesetz resultierenden Mindestanforderungen an ein Risikomanagement-System zu erfüllen. Als Mindestanforderungen wurden dabei oft die inhaltlichen Vorgaben der Verlautbarung des Instituts der Wirtschaftsprüfer IDW PS 340 verstanden, da die Wirtschaftsprüfer gemäß § 317 Abs. 4 HGB die Risikomanagement-Systeme (bestimmter Gesellschaften) zu prüfen haben. Umfragen haben gezeigt, dass diese Mindestanforderungen allerdings keinesfalls bei allen Unternehmen und jeweils auch vollumfänglich umgesetzt wurden.[20]

8   Inzwischen haben viele Unternehmen jedoch weitere Schritte unternommen und ihr **Risikomanagement weiterentwickelt** oder befinden sich im Prozess der Überarbeitung ihrer Risikomanagement-Systeme. Es zeigen sich somit ähnliche Tendenzen wie in der Bankenbranche, in der sich die relativ junge Disziplin des Risikomanagements bzw. -controllings ständig weiterentwickelt, zum Teil angetrieben durch gesetzliche Vorgaben (zB Basel II[21] sowie den nachfolgenden Weiterentwicklungen zu Basel III und inzwischen IV), zum Teil durch Entwicklungen aus der Geschäftspraxis heraus.[22] Insbesondere dem Thema Quantifizierung der bzw. aller Unternehmensrisiken und Aggregation zu einem Gesamtrisiko für das Unternehmen wird inzwischen größere Aufmerksamkeit geschenkt. Hierbei finden oft Methoden Anwendung, die in der Bankenbranche zumindest für die Finanzrisiken schon längere Zeit etabliert sind (zB Value at Risk).[23] Allerdings scheinen auf Basis aktueller Untersuchungen immer noch eine substantielle Anzahl von Unternehmen Risikoaggregationen nicht adäquat durchzuführen.[24]

9   Durch die auf das KonTraG folgenden Reformvorhaben wurde die wichtige Rolle von Risikomanagement-Systemen in Unternehmen betont und weiterentwickelt. Der DCGK hebt zB noch einmal hervor, dass der Vorstand für ein „angemessenes Risikomanagement und Risikocontrolling im Unternehmen" zu sorgen hat.[25] Außerdem werden vom DCGK und vom TransPuG auch explizit der **Informationsaustausch zwischen Vorstand und Aufsichtsrat über Risikomanagement und Risikosituation** des Unternehmens vorgeschrieben.[26] Mit dem BilReG wurden die Berichtspflichten zu den unternehmerischen Risiken und zum Risikomanagement weiter ausgeweitet.[27]

---

[20] *Vogler/Engelhard/Gundert* DB 2000, 1425; *Wolz* WPg 2001, 789; *Arthur Andersen* (Hrsg.) oJ. Besonders interessant ist die Tatsache, dass anscheinend Eigen- und Fremdbild der Unternehmen stark voneinander abweichen. *Wolz* hat zB festgestellt, dass zwar aus Sicht der Unternehmen nur in 13,7 % der Stichprobe die Anpassung des Risikomanagements an die Erfordernisse des KonTraG erst nach 2000 erfolgt sein wird. Laut *Wolz* setzen aber die Wirtschaftsprüfer den Anteil dagegen mit 34,1 % wesentlich höher an (*Wolz* WPg 2001, 797). Eine Studie von *Arthur Andersen* belegt dieses Ergebnis durch einen Vergleich zwischen Eigenbild der Unternehmer und Fremdbild der Kapitalgeber bezüglich des Risikomanagements von Unternehmen (A. *Andersen* oJ, 17).
[21] Siehe zu Basel II etwa den Überblick in *Gromer* S. 11.
[22] So beispielsweise Johanning/Rudolph/*Rudolph/Johanning* S. 16: „Induziert durch die hohen Verluste im derivativen Geschäft […] begannen die Banken mit Messverfahren zur frühzeitigen Erkennung hoher Risiken und zum Management der Risikopositionen".
[23] ZB *Füser/Gleißner/Meier* DB 1999, 756, oder die verschiedenen Beiträge in *Deutsche Gesellschaft für Risikomanagement e. V.* (Hrsg.) 2008. Von einem betriebswirtschaftlichen Standpunkt aus sind diese Entwicklungen zu begrüßen. Ob die gesetzlichen Anforderungen solche Methoden auch vorschreiben, ist jedoch eher zu bezweifeln. Dazu auch → Rn. 11–21.
[24] Siehe die Hinweise auf eine Studie von DAX- und MDAX-Unternehmen bei *Gleißner* DB 2017, 2749–2750.
[25] DCGK Rn. 4.1.4. Bemerkenswert ist, dass explizit zwischen Risikomanagement und Risikocontrolling unterschieden wird. Diese Unterscheidung legt eine Funktionstrennung zwischen den Verantwortlichen für das operative Umgehen mit den Unternehmensrisiken einerseits und dem/den Verantwortlichen für das unabhängige Berichtswesen über Unternehmensrisiken andererseits nahe, wie sie bei Banken durch aufsichtsrechtliche Vorgaben bereits existiert. In den gesetzlichen Vorgaben von KonTraG und TransPuG wird diese Unterscheidung aber nicht vorgenommen.
[26] DCGK Rn. 3.4 Satz 2 fordert vom Vorstand die Versorgung des Aufsichtsrates mit Informationen über Risikolage und Risikomanagement (sog. „Muß-Vorschrift"). DCGK Rn. 5.2 Abs. 3 Satz 1 fordert vom Aufsichtsratsvorsitzenden die Beratung mit dem Vorstand über das Risikomanagement (sog. „Soll-Vorschrift"). Außerdem soll laut DCGK Rn. 5.3.2 Satz 1 der Aufsichtsrat einen Prüfungsausschuss einrichten, in dessen Rahmen auch Fragen des Risikomanagements erörtert werden sollen (sog. „Soll-Vorschrift"). Die Würdigung der rechtlichen Verbindlichkeit der Vorschriften des DCGK kann hier nicht durchgeführt werden. Siehe dazu *von Werder* DB 2002, 801; *Schüppen* DB 2002, 1117.
[27] Siehe zum BilReG die Ausführungen bei *Kajüter* BB 2004, 427–433, sowie bei *Pfitzer/Oser/Orth* 2008, 95–129.

Insgesamt kann derzeit allerdings noch nicht von einem allgemein akzeptierten und durchgängig umgesetzten Standard für Risikomanagement-Systeme gesprochen werden. Es bleibt in Analogie zur Bankenbranche zu vermuten, dass sich die Methoden und Strukturen des Risikomanagements in den nächsten Jahren ständig weiterentwickeln werden und sich dabei erst allmählich ein Grundkonsens verfestigen wird.

II. Abgrenzung des Risikofrüherkennungssystems iSv § 91 Abs. 2 AktG vom gesamten Risikomanagement

Die Frage nach dem **sachlichen Gehalt von § 91 Abs. 2 AktG** ist in Literatur und Praxis nach wie vor nicht eindeutig beantwortet. Nach *Kindler/Pahlke* können drei Auffassungen unterschieden werden.[28]

Nach einer **überwiegend von der Betriebswirtschaftslehre und der Prüfungspraxis vertretenen Meinung** fordert § 91 Abs. 2 AktG die Einrichtung eines alle Unternehmensbereiche und alle Einzelrisiken umfassenden Risikomanagement-Systems. Eine Vielzahl von Ansätzen für ein solches Risikomanagement-System wurden entwickelt, so dass allerdings nicht von einem allgemeinen, festgeschriebenen Standard gesprochen werden kann. Allgemein akzeptiert sind jedoch die Grundsätze, dass zu einem solchen System die Risikoidentifikation, die Risikoanalyse und -bewertung, die Risikokommunikation bzw. ein Risikoberichtswesen, Risikobewältigungsmaßnahmen sowie eine Risikokontrolle bzw. eine Überwachung gehören.[29]

Vornehmlich **in der rechtswissenschaftlichen Literatur** wird § 91 Abs. 2 AktG wesentlich enger ausgelegt. Nach dieser Ansicht besteht für den Vorstand nur die Pflicht, angemessene Maßnahmen einzuleiten, die für ihn den Unternehmensbestand gefährdende Entwicklungen frühzeitig erkennbar werden lassen, sowie diese Maßnahmen zu überwachen. Der Fokus der Betrachtung beschränkt sich daher alleine auf bestandsgefährdende Risiken und deren Erkennung, nicht auf deren Bewältigung. Außerdem können laut dieser Auffassung keinerlei Detailanforderungen an Organisation, Struktur und Methodik dieser Risikofrüherkennung gestellt werden. Die Maßnahmen müssten vielmehr bezogen auf die jeweilige Unternehmenssituation und angemessen sein.[30]

Nach der **dritten Auffassung** lassen sich aus § 91 Abs. 2 AktG zwar direkt keine Forderungen nach einem umfassenden Risikomanagement ableiten. Da jedoch der Zweck dieser Regelung die Abwehr existenzgefährdender Unternehmenskrisen sei, müsse indirekt von der Notwendigkeit einer schlüssigen und unternehmensweiten Risikoerfassung ausgegangen werden. Die Detailmaßnahmen der weiten Auffassung seien jedoch keine Rechtspflichten.[31]

Auf Basis der Entstehungsgeschichte des Gesetzes, einer genauen Analyse des Wortlautes des Gesetzestextes und der amtlichen Begründung ist der engen Auslegung zu folgen.[32] Nach dem Willen des Gesetzgebers resultiert aus § 91 Abs. 2 AktG somit alleine „das ordnungsgemäße Erkennen von Entwicklungen mit bestandsgefährdender Natur, verbunden mit einer besonderen Überwachungspflicht für die interne Revision."[33] Damit lässt sich **das Früherkennungs- und das Überwachungssystem nach § 91 Abs. 2 AktG** von einem umfassenden Risikomanagement-System **abgrenzen.** Dies ist schematisch in folgender Übersicht dargestellt.

---

[28] Lange/Wall/*Kindler/Pahlke* S. 62; ähnlich Lange/Wall/*Zimmer/Sonneborn* S. 38.
[29] ZB *Eggemann/Konradt* BB 2000, 505; *Kromschröder/Lück* DB 1998, 1573; *Kuhl/Nickel* DB 1999, 133; *Lück*, Elemente eines Risikomanagement-Systems, DB 1998, 9; *Lück*, Der Umgang mit unternehmerischen Risiken, DB 1998, 1925; *Pollanz* DB 1999, 393; *Diederichs/Form/Reichmann* Controlling 2004, 189–198.
[30] ZB *Hüffer* 1998, 105.
[31] ZB *Drygala/Drygala* ZIP 2000, 299.
[32] Siehe dazu die Argumentation bei Lange/Wall/*Kindler/Pahlke* 2001, S. 61; Lange/Wall/*Zimmer/Sonneborn* S. 49.
[33] Lange/Wall/*Zimmer/Sonneborn* S. 42.

16 Übersicht: Abgrenzung des Risikofrüherkennungssystems[34]

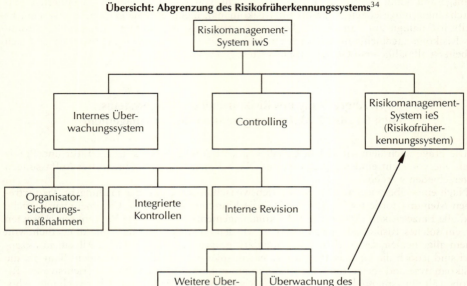

17 Aus dem Wortlaut von § 91 Abs. 2 AktG lassen sich folgende Charakteristika für das Risikomanagement im Sinne von KonTraG bestimmen:

Übersicht: Charakteristika des Risikomanagement-Systems im Sinne von KonTraG

Betroffene Gesellschaften	Alle Aktiengesellschaften; Ausstrahlungswirkung auf GmbHs und andere Gesellschaften, die bestimmte Größenkriterien erfüllen und/oder den Kapitalmarkt in Anspruch nehmen.[35]
Verantwortung	Gesamtverantwortung des Vorstandes[36]
Früherkennung von Entwicklungen	Es geht um Früherkennung. Maßnahmen zur Bewältigung von Risiken sind in diesem System nicht beinhaltet.[37]
Bestandsgefährdung	Fokussierung auf „bestandsgefährdende Entwicklungen"; eine Betrachtung einzelner Risiken ist nicht ausreichend, da sich die Bestandsgefährdung meist erst aus Kombinationseffekten einzelner Risiken ergibt.[38]

---

[34] Vgl. zum Teil etwas abweichende Übersichten bei *Bitz* S. 77; *Eggemann/Konradt* BB 2000, 506; *Lück*, Der Umgang mit unternehmerischen Risiken, DB 1998, 1925; *Lück*, Elemente eines Risiko-Managementsystems, DB 1998, 9.

[35] Zur Ausstrahlungswirkung s. *Daum* 2001, 423; *Drygala/Drygala* ZIP 2000, 300; *Dörner/Horvath/Kargemann/Hommelhoff/Mattheus* S. 26; *Lange/Wall/Picot* S. 14; *Scharpf* DB 1997, 737; *Lange/Wall/Zimmer/Sonneborn* S. 44.

[36] Siehe etwa *Lange/Wall/Zimmer/Sonneborn* S. 43.

[37] Siehe etwa *Dörner/Horvarth/Kargermann/Hommelhoff/Mattheus* S. 14; *Lange/Wall/Picot* S. 13.

[38] *Lange/Wall/Zimmer/Sonneborn* S. 52, weisen zB auf die Fokussierung des Gesetzes alleine auf die bestandsgefährdenden Risiken hin. Es erscheint allerdings die Argumentation von *Wall* S. 231, stichhaltig, dass es notwendig ist, die Risiken umfassend zu ermitteln und zu bewerten, um überhaupt die bestandsgefährdenden Risiken identifizieren zu können. *Gleißner* DB 2017, 2749 sowie *Gleißner/Wolfrum* CM 2017, 77, führen deutlich aus, dass nur eine Risikoaggregation in Verbindung mit einem Risikotragfähigkeit geeignet sein kann, Aussagen zu treffen über den Grad der Bestandsgefährdung eines Unternehmens.

Geeignete Maßnahmen	Kein allgemein verbindlicher Standard für ein Risikomanagement-System; das System muss für Größe, Branche, Struktur und Kapitalmarktzugang angemessen sein.[39]
Überwachungssystem	Prüfung und Kontrolle der Maßnahmen zur Risikofrüherkennung; Aufgabe kann von interner Revision übernommen werden.[40]

Über die Maßgabe nach § 91 Abs. 2 AktG hinaus besteht jedoch für den Vorstand einer AG als Bestandteil seiner **allgemeinen Leitungsaufgabe** eine generelle Verpflichtung zur Risikoidentifizierung und Risikobewältigung. Diese Verpflichtung kann aus der Verantwortung des Vorstandes für die Leitung der Gesellschaft nach § 76 Abs. 1 AktG abgeleitet werden. Zur Leitungsaufgabe gehört nämlich auch als typisches unternehmerisches Handeln das Eingehen von Risiken. Nach § 93 Abs. 1 S. 1 AktG hat der Vorstand dabei die Sorgfalt eines ordentlichen und gewissenhaften Geschäftsführers anzuwenden. Zu dessen Pflichten gehört es, das Unternehmen auf der Basis gesicherter betriebswirtschaftlicher Erkenntnisse zu führen. Im Rahmen der in § 93 Abs. 1 S. 2 AktG zum Ausdruck kommenden **Business Jadgment Rule** wird zudem deutlich, dass das Handeln der Geschäftsleitung auf Basis von „angemessener Information" zu einer essentiellen Komponente wird. Auch wenn ein allumfassender Informationsstand nie erreicht werden kann, so obliegt der Geschäftsleitung die Pflicht eine Bestandsgefährdung generell auszuschließen. Ist das dafür notwendige Risikomanagement nicht umgesetzt, so besteht hierdurch ein Haftungspotential nach § 93 Abs. 2 AktG für die Geschäftsleitung.[41] Es lässt sich also folgern, dass für den Vorstand eine Verpflichtung zu Risikomanagement-Maßnahmen über die Regelungen des KonTraG hinaus besteht.[42]

Durch BilReG und BilMoG wurden die Berichts- und Überwachungspflichten zum Risikomanagement wesentlich erweitert. Es stellt sich die Frage, ob aufgrund dieser zusätzlichen Anforderungen doch eine **indirekte Pflicht zur Implementierung eines umfassenden Risikomanagement-Systems** abgeleitet werden kann. Mit dem BilReG wurde zum einen der bisherige Risikobericht zu einem Chancen- und Risikobericht erweitert. Zum anderen wurde die Darstellung von Methoden und Zielen des Risikomanagements in Bezug auf die Verwendung von Finanzinstrumenten verpflichtend.[43] Das BilMoG geht noch einen Schritt weiter: Mit § 289 Abs. 5 HGB wird für kapitalmarktorientierte Unternehmen im Sinne des § 264d HGB vorgeschrieben, dass „im Lagebericht die wesentlichen Merkmale des internen Kontroll- und des Risikomanagementsystems im Hinblick auf den Rechnungslegungsprozess zu beschreiben" sind. Außerdem wurde durch das BilMoG mit § 107 Abs. 3 AktG explizit kodifiziert, dass es Aufgabe des Aufsichtsrats bzw. dessen Prüfungsausschusses ist, die Wirksamkeit des Risikomanagement-Systems im Hinblick auf das Gesamtunternehmen zu überwachen.[44] Der Gesetzgeber verbindet mit diesen Regelungen keine explizite Pflicht zur Einrichtung eines (umfassenden) Risikomanagement-Systems.[45] In der Literatur wird aber

---

[39] Zur Diskussion der Angemessenheit s. zB Dörner/Horvath/Kagermann/*Hommelhoff*/*Matthues* S. 14.
[40] ZB *Drygala/Drygala* ZIP 2000, 299: „Erforderlich sind daher zwei Systeme, nämlich das eigentliche Früherkennungssystem und das Überwachungssystem, wobei das Letztere die Funktionsfähigkeit des Ersteren überwacht."
[41] *Gleißner* DB 2017, 2749. Siehe die Konkretisierung der Anforderungen durch das Urteil des V. Strafrechtssenats des BGH vom 12.10.2016 (BGH 12.10.2016 – 5 StR 134/15).
[42] ZB Dörner/Horvath/Kagermann*Hommelhoff*/*Matthues* S. 10 ff.; Lange/Wall/*Kindler*/*Pahlke* S. 67.
[43] Mit dem BilReG wurden § 289 Abs. 1 und Abs. 2 neu gefasst, für den Konzernabschluss analog § 315 HGB. Damit einhergehend wurde auch der in § 317 HGB definierte Prüfungsumfang erweitert. Siehe auch die Darstellung bei *Pfitzer/Oser/Orth* 2008, 103–106, 113, 116–117.
[44] AKEU / AKEIÜ der Schmalenbach-Gesellschaft für Betriebswirtschaft e. V. DB 2009, 1279 argumentiert richtigerweise, dass durch die Nennung von Überwachungsaufgaben, die an den Prüfungsausschuss übertragen werden *können*, im Umkehrschluss die originären Pflichten des Aufsichtsrats festgeschrieben werden. Zu diesen Aufgaben gehört eben auch die Überwachung des Risikomanagement-Systems.
[45] Existiert ein solches Risikomanagement-System nicht, so ist jedoch im Lagebericht darauf hinzuweisen. S. auch *Pfitzer/Oser/Orth* 2008, 333.

darauf hingewiesen, dass aus den zusätzlichen gesetzlichen Anforderungen indirekt und für bestimmte Unternehmensformen (insbesondere kapitalmarktorientierte Aktiengesellschaften) durchaus eine Pflicht zur Implementierung eines Risikomanagement-Systems abgeleitet werden kann, das über ein Risikofrüherkennungssystem im Sinne von § 91 Abs. 2 AktG hinausgeht.[46]

20 Außer den oben genannten, recht allgemeinen Charakteristika eines Risikofrüherkennungssystems gemäß § 91 Abs. 2 AktG[47] lassen sich direkt aus KonTraG und der allgemeinen Leitungsaufgabe des Vorstandes gemäß § 76 Abs. 1 AktG keine detaillierten Vorgaben für die Ausgestaltung eines Risikomanagement-Systems ableiten. Die Begründung zu § 91 Abs. 2 AktG gibt allerdings einen Hinweis:

„Die konkrete Ausformung der Pflicht ist von der Größe, Branche, Struktur, dem Kapitalmarktzugang usw. des jeweiligen Unternehmens abhängig."[48]

Die Unternehmen haben damit in Abhängigkeit von der jeweiligen Unternehmenssituation und den Marktverhältnissen relativ große **Freiheiten in der Ausgestaltung ihres Risikomanagement-Systems.**[49] *Kindler/Pahlke* gehen davon aus, dass es nicht einmal notwendigerweise *eines* Risikomanagement-Systems bedarf.[50] Aus betriebswirtschaftlicher Perspektive ist die Erkenntnis wichtig, dass es keine gesetzliche Vorschrift zur Implementierung eines eigenständigen Risikomanagement-Systems gibt. Dies lässt für viele Unternehmen die Möglichkeit offen, Maßnahmen zur Risikofrüherkennung, -steuerung und -bewältigung zu ergreifen, die zB in bestehende Controlling-, Planungs- oder Unternehmenssteuerungssysteme eingebunden sind. Obwohl viele Unternehmen infolge von KonTraG spezifische Risikomanagement-Systeme aufgebaut haben, kann es nämlich durchaus betriebswirtschaftlich sinnvoller sein, den Risikoaspekt in die bestehenden Steuerungssysteme zu integrieren.[51] In welcher Ausgestaltung auch immer das Risikomanagement- bzw. Risikofrüherkennungssystem aufgesetzt wird, so hat sich mittlerweile als zentrale inhaltliche Anforderung die frühe Erkennung „bestandsgefährdender Entwicklungen" durch Quantifizierung und Aggregation einzelner Risiken in Verbindung mit der Messung des „Grads der Bestandsbedrohung" herauskristallisiert.[52]

21 Aus juristischer Sicht ist der wesentliche Ansatzpunkt für die inhaltliche Bestimmung der Pflichten an ein Risikomanagement-System die Tatsache, dass Risikomanagement als Teil der allgemeinen Leitungsaufgabe des Vorstandes mit der **Sorgfalt eines ordentlichen und gewissenhaften Geschäftsführers** zu erfüllen ist. Die von der Wirtschaftswissenschaft entwickelten und von Verbänden oder Arbeitskreisen dargelegten Ansätze und Entwürfe für Risikomanagement-Systeme[53] können für die Bestimmung der Sorgfaltspflichten eines or-

---

[46] Vgl. die Diskussion bei *Hommelhoff/Mattheus* BB 2007, 2787; *Melcher/Mattheus* DB 2008, Beilage 1 zu Heft 7, 52; *AKEU / AKEIÜ der Schmalenbach-Gesellschaft für Betriebswirtschaft e. V.* DB 2009, 1279 ff.; *AKEIÜ der Schmalenbach-Gesellschaft für Betriebswirtschaft e. V.* DB 2007, 2129 ff. *Romeike/Lorenz* S. 11 konstatiert sogar: „Sie [insbesondere den europäischen Vorgaben für die deutschen Gesetze] sind [...] Indikatoren dafür, dass die Rechtsordnung allgemein von der Existenz von [umfassenden] Risikomanagementsystemen als Teil einer „best practice" ausgeht." Aus der Diskussion in der Literatur wird deutlich, dass eine Anpassung des § 91 Abs. 2 AktG dahingehend, dass die Einrichtung eines umfassenden Risikomanagement-Systems verpflichtend wird, zweckmäßig und wünschenswert wäre, um Konsistenz zu den sonstigen gesetzlichen Regelungen herzustellen.
[47] → Rn. 17.
[48] BT-Drs. 13/9712, 15.
[49] Auch der DCGK betont in Rn. 4.1.4 die Angemessenheit des Risikomanagements.
[50] Lange/Wall/*Kindler/Pahlke* S. 70.
[51] Die betriebswirtschaftliche Diskussion kann und soll in dieser Stelle nicht vertieft werden. S. zB *Horvath/Gleich* S. 122: „Das Risiko sollte demzufolge integraler Bestandteil des Management-Konzeptes eines Unternehmens sein." Ähnlich *Falter/Michel* S. 503, zu den Aufgaben des Controlling: „Die Gestaltung und Koordination der ergebnisorientierten Steuerungssysteme, -instrumente und -prozesse des Unternehmens unter dem Aspekt von Frühaufklärungs- und Risikomanagement. Das bedeutet nicht unbedingt den Aufbau von zusätzlichen, gänzlich neuen Informationssystemen."
[52] *Gleißner* DB 2017, 2749.
[53] ZB IDW PS 340; AKEIÜ der Schmalenbach-Gesellschaft für Betriebswirtschaft eV DB Beilage Nr. 11/2000; *Diederichs/Form/Reichmann* Controlling 2004, 189; vgl. Lange/Wall/*Kindler/Pahlke* S. 74. Der in 2017 veröffentlichte IDW PS 981 „Grundsätze ordnungsgemäßer Prüfung von Risikomanagement-

dentlichen und gewissenhaften Geschäftsführers Hinweise geben, wenn sie der tatsächlichen Übung innerhalb der Unternehmen entsprechen. Sie können als Vergleichskriterien dienen, um die im jeweiligen Einzelfall erforderliche Sorgfalt zu ermitteln.[54]

III. Maßnahmen des Risikomanagements im Sinne von § 91 Abs. 2 AktG im Einzelnen

Der vom Institut der Wirtschaftsprüfer am 25.6.1999 verabschiedete **Prüfungsstandard** „Die Prüfung des Risikofrüherkennungssystems nach § 317 Abs. 4 HGB" (IDW PS 340) ist in der Praxis die Grundlage für die nach KonTraG für bestimmte Gesellschaften geforderte Prüfung des Risikofrüherkennungssystems. Auf Grund dessen können die Vorgaben dieses Standards an ein Risikomanagement im Sinne von § 91 Abs. 2 AktG als ein wesentliches Referenzmodell für die Bestimmung der erforderlichen Sorgfalt des Vorstandes dienen und Anhaltspunkte für die inhaltliche Ausgestaltung des Risikomanagements liefern. 22

Die in diesem Standard beschriebenen Bestandteile des Risikomanagements werden im Folgenden erläutert. Es gilt zu beachten, dass dadurch nur das Risikomanagement im Sinne von § 91 Abs. 2 AktG beschrieben werden soll. In bestimmten Punkten gehen die Anforderungen des IDW PS 340 jedoch bereits über die enge Auslegung des § 91 Abs. 2 AktG hinaus und stellen daher sogar eher Aufgaben der allgemeine Leitungsfunktion gem. § 76 Abs. 1 AktG dar. Auf weitere betriebswirtschaftliche Modelle von umfassenden Risikomanagement-Systemen kann hier nicht eingegangen werden, da diese nach derzeitigem Stand wohl nur zum Teil der Verkehrsübung innerhalb der Unternehmen entsprechen.[55] 23

1. Festlegung der Risikofelder, die zu bestandsgefährdenden Entwicklungen führen können

Zwingend vom KonTraG vorgeschrieben ist die Fokussierung auf bestandsgefährdende Risiken. Der Prüfungsstandard geht davon aus, dass diese Risiken nur ermittelt werden können, wenn zuerst in systematischer Weise unternehmensweit Risikofelder bestimmt werden, die als wesentlich für die Risikoberichterstattung angesehen werden. Im Wesentlichen handelt es sich hierbei um eine **Systematisierung bzw. Strukturierung der Risikoquellen**. Ein solches Vorgehen soll gewährleisten, dass keine wesentlichen Risiken unberücksichtigt bleiben.[56] 24

2. Risikoerkennung und Risikoanalyse

Unter Risikoerkennung ist die **Identifikation der einzelnen Risiken** zu verstehen. Wichtig ist dabei nach IDW PS 340, dass ein entsprechendes Risikobewusstsein bei den betroffenen Mitarbeitern durch das Management geschaffen und weiterentwickelt wird.[57] Es darf also nicht eine Unternehmensatmosphäre vorherrschen, in der Mitarbeiter sich scheuen, das Management auf wesentliche Risiken hinzuweisen. Zu Techniken der Risikoidentifikation macht IDW PS 340 allerdings keine Aussage. Dies korrespondiert mit der Tatsache, dass in der Praxis bisher für die Risikoidentifikation keine allgemein gültige Methode entwickelt werden konnte.[58] 25

Die Risikoanalyse beinhaltet im Wesentlichen die Risikobewertung und die Risikoaggregation. IDW PS 340 spricht dabei ausdrücklich eine **Quantifizierung** sowohl von Eintrittswahrscheinlichkeiten und Intensität der Auswirkung an.[59] Eine tatsächliche Quantifizierung der Risiken wird in vielen Fällen schwierig sein. Die Notwendigkeit der Separierung von be- 26

Systemen" ergänzt inzwischen IDW PS 340. IDW PS 981 geht in seinem Anspruch aber über die gesetzlichen Anforderungen hinaus. Siehe auch *Wermelt/Scheffler/Oehlmann* CM 2017, 84 ff.

[54] Siehe Dörner/Horvath/Kargermann/*Hommelhoff*/Mattheus S. 11; Lange/Wall/*Kindler*/Pahlke S. 70.
[55] Zur weiteren Information s. zB Lange/Wall/*Wall* S. 207; *Wolf*/Runzheimer S. 25–28.
[56] IDW PS 340 Rn. 7, 8; vgl. Lange/Wall/*Schindler*/Rabenhorst S. 164.
[57] IDW PS 340 Rn. 9; vgl. Lange/Wall/*Schindler*/Rabenhorst S. 165.
[58] Siehe zB die Darstellung verschiedener Instrumente zur Risikoidentifikation bei *Wolf*/Runzheimer S. 36–44.
[59] IDW PS 340 Rn. 10; vgl. Lange/Wall/*Schindler*/Rabenhorst S. 165.

standsgefährdenden Risiken von den übrigen Risiken macht jedoch eine Quantifizierung – zumindest über Bandbreiten – unumgänglich. IDW PS 340 wird häufig dahingehend interpretiert, dass je Risiko eine spezifische Eintrittswahrscheinlichkeit und eine spezifische Intensität zu ermitteln ist.[60] Für viele Risiken ist aus der betriebswirtschaftlichen Perspektive eine solche vereinfachende Bewertung jedoch nicht ausreichend. Ein einzelnes Risiko wird eben angemessener durch eine Vielzahl verschiedener Zukunftsszenarien mit entsprechenden Eintrittswahrscheinlichkeiten und Intensitäten beschrieben.

27 IDW PS 340 hebt hervor, dass zusätzlich zur Betrachtung einzelner Risiken auch die Einschätzung gehört, ob dieses „sich in ihrem Zusammenwirken oder Kumulation im Zeitablauf zu einem bestandsgefährdenden Risiko aggregieren können".[61] In der Praxis werden daher zum Zwecke der **Risikoquantifizierung und -aggregation** zum Teil bereits **fortschrittlichere Risikobewertungsmethoden** eingesetzt.[62]

3. Risikokommunikation und Berichterstattung

28 Von zentraler Bedeutung für ein Risikofrüherkennungssystem ist die Berichterstattung. Sie muss gewährleisten, dass über alle Unternehmensebenen hinweg die Verantwortlichen frühzeitig über die entsprechenden Risiken in Kenntnis gesetzt werden. IDW PS 340 postuliert dementsprechend sowohl eine **regelmäßige Berichterstattung** über erkannte und nicht bewältigte Risiken als auch eine **Ad-hoc-Berichterstattung,** die bei ungewöhnlichen Entwicklungen eine kurzfristige Information der relevanten Stellen im Unternehmen ermöglicht.[63] In der Praxis resultierte aus dieser Vorgabe des IDW PS 340 in manchen Fällen ein spezielles Risikoberichtswesen losgelöst von dem sonstigen Management-Informationssystem. Dies ist jedoch in vielen Fällen nicht als sinnvoll anzusehen. Eine Integration der Risikoberichterstattung in das allgemeine Berichtswesen ist auch unter den Aspekten der Angemessenheit[64] und Wirtschaftlichkeit zu befürworten.

29 Eine spezifische Risikoberichterstattung wird durch den DCGK hervorgehoben. Dieser fordert nämlich die regelmäßige, zeitnahe und umfassende **Information des Aufsichtsrates** über die Risikolage und das Risikomanagement durch den Vorstand.[65]

4. Zuordnung von Verantwortlichkeiten und Aufgaben

30 Das Risikomanagement-System kann nur funktionieren, wenn **die Verantwortlichkeiten und Aufgaben** im Rahmen des Systems und der damit verbundenen Unternehmensabläufe klar und eindeutig geregelt sind. Der Prüfungsstandard schreibt daher eine solche Zuordnung auf allen Hierarchieebenen des Unternehmens vor.[66]

31 In Art. 1 Nr. 9 des TransPuG wird darüber hinaus vorgeschrieben, dass durch die Satzung oder den Aufsichtsrat zwingend ein Katalog von Geschäften festgelegt werden muss, für die eine Zustimmung des Aufsichtsrats notwendig ist. Die Begründung des Gesetzes im Regierungsentwurf konkretisiert, dass bestimmte Entscheidungen und Maßnahmen, die „die Ri-

---

[60] ZB *Eggemann/Konradt* BB 2000, 505; *Schindler/Rabenhorst* 2001, 165. *Wittmann* 2001, 275, zeigt beispielhaft, dass diese vereinfachende Methodik in der Praxis tatsächlich Anwendung findet.

[61] IDW PS 340 Rn. 10.

[62] Bei diesen Methoden handelt es sich im Wesentlichen um Adaptionen des Value-at-Risk-Ansatzes, der im Bankenbereich bereits längere Zeit Anwendung findet. Lange/Wall/*Wall* S. 224, verdeutlicht, dass es bei den einfachen Bewertungen mittels Kombination von einzelner Eintrittswahrscheinlichkeit und korrespondierender quantitativer Auswirkung zu Fehlsteuerungen kommen kann. *Füser/Gleißner/Meier* DB 1999, 756, beschreiben den Value-at-Risk-Ansatz im Kontext der Aggregation der Einzelrisiken. Nach *Wittmann* S. 275, sind diese Methoden nur für Finanzrisiken praktikabel. Dies ist aus eigener Praxiserfahrung nicht zu bestätigen und erscheint inzwischen als überholt. Auch wurden im Bankenbereich schon länger Value-at-Risk-Ansätze auch für operationelle Risiken eingeführt (siehe zur Ausgestaltung solcher Systeme zur Messung operationeller Risiken zB *Auer* 2008). Möglichkeiten der Umsetzung Risikoquanfizierung und Risikoaggregation mittels Monte-Carlo-Simulation im Nicht-Bankenbereich zeigt etwa *Gleißner* ZfCM 2004, 350 auf.

[63] IDW PS 340 Rn. 11; vgl. Lange/Wall/*Schindler/Rabenhorst* S. 165.

[64] → Rn. 17 mit entsprechender Fußnote.

[65] DCGK Rn. 3.4 Abs. 2 Satz 1. Vgl. auch *von Werder* DB 2002, 805.

[66] IDW PS 340 Rn. 13–14; vgl. Lange/Wall/*Schindler/Rabenhorst* S. 166.

sikoexposition der Gesellschaft grundlegend verändern", in einem solchen Katalog enthalten sein sollten.[67] Für grundlegende Aktivitäten des Risikomanagements wird somit gesetzlich eine **gemeinsame Verantwortlichkeit von Vorstand und Aufsichtsrat** festgelegt.[68]

5. Einrichtung eines Überwachungssystems

§ 91 Abs. 2 AktG formuliert explizit die Einrichtung eines Überwachungssystems. Dieses Überwachungssystem soll nach IDW PS 340 dazu dienen, die Einhaltung und das Funktionieren der Maßnahmen der Risikofrüherkennung zu gewährleisten. Dies kann einerseits durch **prozessimmanente Kontrollen** und andererseits durch Prüfungen **der internen Revision** erfolgen.[69] Jedoch ist zu berücksichtigen, dass die Einrichtung einer eigenständigen Organisationseinheit mit Zuständigkeit für die interne Revision in einem Unternehmen in angemessenem Verhältnis zu Unternehmensgröße, Geschäftsumfang und -komplexität stehen muss.

6. Dokumentation der getroffenen Maßnahmen

Für die dauerhafte, personenunabhängige Funktionsfähigkeit eines Risikomanagement-Systems ist nach IDW PS 340 eine Dokumentation der getroffenen Maßnahmen notwendig. Dies geschieht idealerweise im Rahmen eines **Risikohandbuches**.[70]

IV. Berichtspflichten über Risiken und Risikomanagement-System

Durch das KonTraG wurde nicht nur die Einrichtung von Risikomanagement-Systemen zur Pflicht, sondern es wurden auch zusätzliche Anforderungen an die Berichterstattung im Rahmen des Jahresabschlusses aufgestellt. Aus den Änderungen des KonTraG im HGB ergab sich die Verpflichtung, im Rahmen des Lageberichtes bzw. des Konzernlageberichtes einen sog. Risikobericht zu erstellen. Mit dem BilReG wurde mit den §§ 289 Abs. 1 S. 4 bzw. 315 Abs. 1 S. 5 HGB die Berichtspflicht dahingehend erweitert, dass der Vorstand nunmehr „die voraussichtliche Entwicklung mit ihren wesentlichen Chancen und Risiken zu beurteilen und zu erläutern" hat. Der Risikobericht wurde somit zu einem **Chancen- und Risikobericht** erweitert. Während jedoch die Anordnung zur Einrichtung eines Risikofrüherkennungssystems sich an alle Aktiengesellschaften, beschränkt sich diese Berichtspflicht nur auf Kapitalgesellschaften mit Lageberichtpflicht (sowie gleichgestellte Personengesellschaften).[71]

Das IDW hat darauf hingewiesen, dass sich die Darstellung **auf die wesentlichen Risiken der künftigen Entwicklung beschränken** sollte. Gemeint sind damit die Risiken, die bestandsgefährdend sind oder einen wesentlichen Einfluss auf die Vermögens-, Finanz- oder Ertragslage haben.[72]

Es ist davon auszugehen, dass ein aussagefähiger Risikobericht nur erstellt werden kann, wenn das Unternehmen auch ein funktionierendes Risikomanagement-System besitzt. Nur mit einem solchen lassen sich letztendlich die Risiken im Unternehmen identifizieren und die wesentlichen Risiken von den unwesentlichen trennen. Die Pflicht zur Risikoberichterstattung begründet somit indirekt auch die Notwendigkeit für ein effektives Risikomanagement-System.[73]

---

[67] BGBl. 2002 I S. 2681. Vgl. *Bosse* DB 2002, 1594; *Knigge* WM 2002, 1733; *Pfitzer/Oser/Orth* DB 2002, 162.
[68] Die Aufsichtsratszustimmung befreit jedoch den Vorstand nicht von einer etwaigen Haftung für fehlerhafte Geschäftsführungsmaßnahmen (*Knigge* WM 2002, 1733).
[69] IDW PS 340 Rn. 15–16; vgl. Lange/Wall/*Schindler/Rabenhorst* S. 166.
[70] IDW PS 340 Rn. 17–18; vgl. Lange/Wall/*Schindler/Rabenhorst* S. 166.
[71] S. dazu *Oser/Pfitzer/Orth* S. 103–105, 113–114; *Kajüter* BB 2004, 427 ff.; *Hommelhoff/Mattheus* BB 2007, 2787 f.
[72] IDW RS HFA 1 Rn. 29–36; vgl. DRS 20 Konzernlagebericht, in dem DRS 5 Risikoberichterstattung aufgegangen ist; Lange/Wall/*Lange* S. 137.
[73] Lange/Wall/*Lange* S. 140.

37 Neben der Berichterstattung über die unternehmerischen Risiken muss aufgrund der Gesetzesänderungen durch BilReG und BilMoG aber auch explizit **über das Risikomanagement-System des Unternehmens berichtet werden** – wenn auch nur beschränkt auf bestimmte Teilbereiche. Für alle Kapitalgesellschaften mit Lageberichtspflicht sind in Folge § 289 Abs. 2 Nr. 2a HGB die Risikomanagementziele und -methoden in Bezug auf Finanzinstrumente darzustellen, während auf Basis von § 289 Abs. 5 HGB alle kapitalmarktorientierten Kapitalgesellschaften „die wesentlichen Merkmale des internen Kontroll- und des Risikomanagementsystems im Hinblick auf den Rechnungslegungsprozess zu beschreiben" haben. Es ist davon auszugehen, dass die darzustellenden Risikomanagement-Systeme über den Umfang eines Risikofrüherkennungssystems nach § 91 Abs. 2 AktG hinausgehen. Der Gesetzgeber verbindet mit diesen Publizitätspflichten zwar nicht die Vorgabe zur Einrichtung solcher Systeme. Sollte ein entsprechendes Risikomanagement-System aber im Unternehmen nicht vorhanden sein, so muss im Lagebericht darauf hingewiesen werden.[74] *Hommelhoff/Mattheus* weisen aber zB daraufhin, dass es insbesondere bei kapitalmarktorientierten Aktiengesellschaften in eigenem Interesse sein dürfte, umfassende Risikomanagement-Systeme zu etablieren – um die Publizitätsadressaten mit Aussagen zur etwaigen Nichtexistenz von umfassenden Risikomanagement-Systemen bei gleichzeitig durch § 91 Abs. 2 AktG gesetzlich zwingend vorgegebenen Risikofrüherkennungssystemen zu verwirren.[75]

V. Prüfung des Risikofrüherkennungssystems

38 Mit § 317 Abs. 4 HGB hat der Gesetzgeber die **Prüfung des Risikofrüherkennungssystems als Bestandteil der gesetzlichen Jahresabschlussprüfung** (sog. Funktionsfähigkeitsprüfung) vorgeschrieben.[76] Da es bei dieser Prüfung nicht wie bei der traditionellen Abschlussprüfung tendenziell um eine Kontrolle der Rechnungslegung geht und es sich auf Grund des Fehlens einer eindeutig formulierten Sollvorgabe auch nicht um eine Prüfung im strengen Sinne eines Soll/Ist-Vergleiches handelt, muss der Abschlussprüfer hierbei „eine Aufgabe übernehmen, bei der subjektive Erwägungen das Ergebnis weitaus stärker prägen, als dies bisher bei der Abschlussprüfung der Fall war."[77]

39 Die Prüfungspflicht für das Risikofrüherkennungssystem bezieht sich nur **auf börsennotierte Aktiengesellschaften**.[78] Bei allen anderen Gesellschaften, für die nach § 91 Abs. 2 AktG bzw. nach der Ausstrahlungswirkung aus dieser Regelung die Pflicht zur Einrichtung eines Risikofrüherkennungssystems besteht, sind die Maßnahmen des Risikomanagements nicht unmittelbar prüfungsrelevant. Bei diesen anderen Gesellschaften wird der Abschlussprüfer jedoch Teile des Risikomanagement-Systems zu untersuchen haben, um sich ein Urteil bilden zu können über die Risikoberichterstattung im Lagebericht.[79]

40 Gegenstand der Prüfung nach § 317 Abs. 4 HGB ist die Beurteilung, ob der Vorstand die **Maßnahmen zur Risikofrüherkennung** im Sinne von § 91 Abs. 2 AktG in geeigneter Form durchgeführt hat und ob das Überwachungssystem die Umsetzung dieser Maßnahmen adä-

---

[74] Analoge Berichtspflichten sind im § 315 HGB auch für den Konzernlagebericht vorgeschrieben. Vgl. *Pfitzer/Oser/Orth* S. 105–106, 113–114, 333–334, 347; *Hommelhoff/Mattheus* BB 2007, 2787 f.; Romeike/Lorenz S. 10 f.

[75] *Hommelhoff/Mattheus* BB 2007, 2788.

[76] Neben dieser Systemprüfung obliegt dem Wirtschaftsprüfer nach § 317 Abs. 2 S. 2 HGB auch die Verpflichtung zu prüfen, ob im Lagebericht die Chancen und Risiken der künftigen Entwicklung der Gesellschaft zutreffend dargestellt sind.

[77] Lange/Wall/*Schindler/Rabenhorst* S. 161.

[78] In der Fassung des § 317 Abs. 4 HGB nach dem KonTraG war nur eine Prüfung für amtlich notierte Aktiengesellschaften vorgeschrieben. Dies wurde durch das TransPuG geändert und auf alle börsennotierten erweitert. Damit wurde insbesondere auch den Erfahrungen mit den Unternehmen des Neuen Marktes Rechnung getragen. Vgl. *Pfitzer/Oser/Orth* DB 2002, 163; Lange/Wall/*Schindler/Rabenhorst* S. 161; *AKEU der Schmalenbach-Gesellschaft für Betriebswirtschaft eV* DB Beilage Nr. 11/2000, 8. Ebenfalls zu prüfen sind die Risikofrüherkennungssysteme nach § 53 HGrG bei bestimmten Unternehmen, die sich im Anteilsbesitz von Gebietskörperschaften befinden, vgl. Lange/Wall/*Schindler/Rabenhorst* S. 162.

[79] IDW PS 340 Rn. 2; *AKEU der Schmalenbach-Gesellschaft für Betriebswirtschaft eV* DB Beilage Nr. 11/2000, 8; *Schindler/Rabenhorst* 163.

quat kontrollieren kann. Der Prüfungspflicht unterliegen somit nicht die Maßnahmen der Geschäftsführung zur Risikobewältigung, sondern nur das Risikomanagement-System im engeren Sinne. Nach allgemeiner Auffassung handelt es sich somit um eine **Systemprüfung** und nicht um eine Geschäftsführungsprüfung.[80]

VI. Überwachung des Risikomanagements durch den Aufsichtsrat

Mit dem BilMoG werden durch § 107 Abs. 3 S. 2 AktG alle Aktiengesellschaften ermächtigt, einen Prüfungsausschuss einzurichten und ihm die Überwachung ua des Risikomanagement-Systems der Gesellschaft übertragen. Allerdings ist die Überwachung der Geschäftsführung des Vorstandes und damit zumindest des Risikofrüherkennungssystems, wenn nicht eines umfassenderen Risikomanagement-Systems durch § 111 Abs. 1 AktG ohnehin Aufgabe des Gesamtaufsichtsrates. Mit dem BilMoG werden somit die Plenaraufgaben des Aufsichtsrates nicht angetastet, vielmehr betont und konkretisiert. Diese Aufgaben können zur effizienteren Arbeit an einen Prüfungsausschuss übertragen werden.[81] Im Schrifttum wird allerdings zum Teil gefolgert, dass die Regelung des BilMoG neue Impulse für die angemessene Ausübung des Aufsichtsratsmandats setzen könnte und dass sich die Überwachung des Aufsichtsrats zwangsläufig auf ein umfassenderes Risikomanagement-System als von § 91 Abs. 2 AktG direkt gefordert beziehen muss.[82]

VII. Zusammenfassung

Mit dem KonTraG hat der Gesetzgeber im Wesentlichen für Aktiengesellschaften die Pflicht zur Einrichtung von Risikomanagement-Systemen neu im Aktiengesetz verankert. Mit dem TransPuG, dem Deutschen Corporate Governance Kodex, dem BilReG und dem BilMoG ist die Rolle des Risikomanagements noch einmal betont worden. Der Gesetzgeber hat jedoch **die konkrete Ausgestaltung eines solchen Risikomanagement-Systems offen gelassen.** Die verschiedenen Aussagen zum Risikomanagement (Einrichtung eines Risikomanagement-Systems, Risikoberichterstattung, Prüfung des Risikomanagements, Überwachung des Risikomanagements) wurden im Schrifttum und in der Praxis zum Teil recht unterschiedlich interpretiert. Hier wird der engen Auslegung des KonTraG gefolgt. Darüber hinaus besteht für den Vorstand einer Aktiengesellschaft jedoch aus seiner allgemeinen Leitungsfunktion in Verbindung mit seiner Sorgfaltspflicht die Aufgabe, umfassendere Risikomanagement-Maßnahmen durchzuführen. Kriterien für die Erfüllung der Sorgfaltspflicht liefert die Verkehrsübung der Unternehmen. Außerdem ist zu konstatieren, dass durch die „zunehmende Dichte der Normen, die sich mit Risikomanagement befassen" – es sind insbesondere die gestiegenen Berichtspflichten zu erwähnen – „die Anforderungen an die Ausgestaltung des Risikomanagementsystems stetig steigen."[83]

Die Verkehrsübung der Unternehmen wird zum Teil geprägt durch die Vorgaben, die von verschiedenen Standesorganisationen und Verbänden entwickelt wurden.[84] Umfragen haben

---

[80] IDW PS 340 Rn. 6; *AKEU der Schmalenbach-Gesellschaft für Betriebswirtschaft eV* DB Beilage Nr. 11/2000, 8; *Eggemann/Konradt* BB 2000, 506; Lange/Wall/*Schindler/Rabenhorst* S. 167.
[81] Siehe *AKEU/AKEIÜ der Schmalenbach-Gesellschaft für Betriebswirtschaft e. V.* DB 2009, 1279 ff.; *AKEIÜ der Schmalenbach-Gesellschaft für Betriebswirtschaft e. V.* DB 2007, 2131 f.; *Nonnenmacher/Pohle/von Werder* DB 2007, 2415; *Erchinger/Melcher* Beilage Nr. 1/2008, 58 f.; *Hommelhoff/Mattheus* BB 2007, 2789 f.; *Pfitzer/Oser/Orth* S. 348 f.
[82] Siehe etwa *AKEU/AKEIÜ der Schmalenbach-Gesellschaft für Betriebswirtschaft e. V.* DB 2009, 1279 ff.
[83] So Romeike/*Lorenz* S. 27.
[84] ZB IDW PS 340; DRS 20 Konzernlagebericht; AK „Externe und Interne Überwachung der Unternehmung" *der Schmalenbach-Gesellschaft für Betriebswirtschaft eV* DB Beilage Nr. 11/2000. Im Wesentlichen als Reaktion auf das KonTraG ist zB auch die Risk Management Association eV (www.rma-ev.org) entstanden, die ebenfalls zur Standardisierung und Weiterentwicklung des Risikomanagements in der Unternehmenspraxis beiträgt.

gezeigt, dass die Unternehmen diese Vorgaben noch nicht alle erfüllt haben.[85] Andererseits gibt es insbesondere bei größeren Unternehmen schon wesentlich weiter führende Entwicklungen der Risikomanagement-Systeme. Bei diesen werden zum Teil sehr komplexe Methoden der Risikoquantifizierung eingesetzt wie sie auch aus dem Bankenbereich bekannt sind. Es ist also einerseits insgesamt eine **Tendenz zur stetigen Weiterentwicklung der Risikomanagement-Methoden und -Instrumente**[86] und andererseits eine **Differenzierung des Einsatzes dieser Methoden und Instrumente** je nach Größe und Komplexität des Geschäftsumfanges zu beobachten. Bei der Beurteilung der Angemessenheit von Risikomanagement-Systemen wird daher stets die spezifische Unternehmenssituation das bedeutendste Kriterium sein.

---

[85] *Vogler/Engelhard/Gundert* DB 2000, 1425; *Wolz* WPg 2001, 789; *Arthur Andersen* (Hrsg.) oJ. Siehe auch der Hinweis auf eine Studie zu DAX- und MDAX-Unternehmen bei *Gleißner* DB 2017, 2749.

[86] Allerdings konnten auch die bisher etablierten Risikomanagement-Systeme die Finanzkrise von 2008/2009 nicht verhindern. *Seibert* DB 2009, 1167 ff. zeigt auf, dass zum einen Risikomanagement-Systeme alleine kein Mittel zur Krisenabwehr sind und dass zum anderen sowohl bezüglich des Risikomanagements als auch bezüglich anderer Elemente der Corporate Governance weitere Fortschritte geboten sind.

§ 19 Abschlussprüfung

Übersicht

	Rn.
I. Prüfung durch den Abschlussprüfer	1–46
1. Grundlagen	1–3
2. Prüfungspflicht	4–6
3. Bestellung des Abschlussprüfers	7–31
a) Wahlverfahren	8–10
b) Wählbarer Personenkreis	11–12
c) Ausschlussgründe	13–19
d) Besonderheiten bei Unternehmen öffentlichen Interesses	20–22
e) Folgen des Ausschlusses	23–25
f) Erteilung des Prüfungsauftrags und Annahme durch den Abschlussprüfer	26–29
g) Gerichtliche Bestellung des Abschlussprüfers	30–31
4. Ersetzung des Abschlussprüfers	32–35
a) Eingeschränkte Anfechtbarkeit der Wahl	32
b) Eingeschränkte Kündigungsmöglichkeiten	33
c) Gerichtliches Ersetzungsverfahren	34–35
5. Prüfung und Berichterstattung	36–45
6. Verantwortlichkeit und Haftung des Abschlussprüfers	46
II. Prüfung durch den Aufsichtsrat gem. § 171 AktG	47–60
1. Jahresabschluss	50
2. Lagebericht und gesonderter nichtfinanzieller Bericht	51
3. Vorschlag für die Verwendung des Bilanzgewinns	52–54
4. Ergebnis der Prüfung und Berichterstattung	55–59
5. Sonstige Unterlagen	60
III. Bilanzkontrolle (Enforcement)	61–64
IV. Aktienrechtliche Sonderprüfungen	65–97
1. Sonderprüfung nach § 142 AktG	67–81
a) Grundsätzliches	61–70
b) Bestellung und Auswahl der Sonderprüfer	71–75
c) Prüfungsdurchführung und Berichterstattung	76–81
2. Sonderprüfung wegen unzulässiger Unterbewertung (§§ 258–261 AktG)	82–97
a) Antragstellung	82–90
b) Prüfungsergebnisse	91–97

Schrifttum: *Arbeitskreis Externe und Interne Überwachung der Unternehmung der Schmalenbach-Gesellschaft für Betriebswirtschaft eV* (AKEIÜ), Auswirkungen der Abschlussprüferreform auf den Prüfungsausschuss, DB 2017, 47; *Ballwieser,* Entwicklung und Problemfelder von Wirtschaftsprüfungsgesellschaften im Spannungsfeld von Qualitätssicherung und Wettbewerb, in Ballwieser/Grewe (Hrsg.), FS 100 Jahre Südtren/Deloitte, 2008, 55; *Doralt,* Die Haftung des gesetzlichen Abschlussprüfers, ZGR 2015, 266; *Forster,* Zum Zusammenspiel von Aufsichtsrat und Abschlussprüfer nach dem KonTraG, AG 1999, 193; *Forster,* Fragen der Prüfung des Jahresabschlusses durch den Aufsichtsrat, in Forster ua (Hrsg.), FS Kropff, 1997, 72; *Gelhausen/Hönsch,* Deutscher Corporate Governance Kodex und Abschlußprüfung, AG 2002, 529; *Hachmeister,* Regulierung von Abschlussprüfern und Prüfungsgesellschaften im Spannungsfeld von Qualitätssicherung und Wettbewerb, in Ballwieser/Grewe (Hrsg.), FS 100 Jahre Südtren/Deloitte, 2008, 55; *Hüffer,* Bestellung, Mandatierung und Ersetzung von Abschlussprüfern, in FS Hommelhoff, 2012, 483; *Institut der Wirtschaftsprüfer in Deutschland eV* (IDW), Positionspapiere zu Inhalten und Zweifelsfragen der Verordnung und Abschlussprüferrichtlinie (Stand: 1.5.2018), zur Ausschreibung der Abschlussprüfung für Unternehmen von öffentlichem Interesse (Stand: 1.5.2016) und zu Nichtprüfungsleistungen des Abschlussprüfers (Stand: 9.1.2018); *Köhler/Ratzinger-Sakel,* Aktuelle Entwicklungen auf dem WP-Markt in Deutschland: Umsätze und Mandate der Prüfungsgesellschaften nach Transparenzberichten, DB 2017, 2347; *Lehrbass/Scheipers,* Determinanten der Höhe von Abschlussprüfungshonoraren, WPg 2017, 1437; *Lutter,* Der Bericht des Aufsichtsrats an die Hauptversammlung, in Kirsch/Thiele (Hrsg.), FS Baetge, 2007, 1003; *Mensburger,* Zehn Jahre Enforcement der Rechnungslegung in der EU, WPg 2018, 289; *Nonnenmacher,* Corporate Governance und Abschlussprüfung, in Dobler ua (Hrsg.), FS Ballwieser, 2014, 547; *Quick,* Maßnahmen zur Stärkung der Unabhängigkeit des Abschlussprüfers, in Kirsch/Thiele (Hrsg.), FS Baetge, 2007, 1127; *Ritzer-Augerer,* Allgemeine Auftragsbedingungen (AAB) für Wirtschaftsprüfer, WPg 2017, 1431; *Rodermond,* Frisch auf den Tisch! Neufassung der Allgemeinen Auftragsbedingungen für Wirtschaftsprüfer und Wirtschaftsprüfungsgesellschaften, IDW Life 2017, 127; *Rürup*, Prüfung des Jahresabschlusses und des Lageberichts durch Aufsichtsrat und Abschlussprüfer, in Förschle ua (Hrsg.), in FS Budde, 1995, 543; *Schüppen*, Die europäische Abschlussprüfungsreform und ihre Implementierung in Deutschland – Vom Löwen zum Bettvorleger?, NZG 2016, 247; *ders.*, Prüfung und Beratung – ein Bilanzierungsproblem?, in VMEBF (Hrsg.), FS 10 Jahre VMEBF, 2016, 187; *Spindler*, Risikomanagementpflichten nach § 91 Abs. 2 AktG und Prüfung durch den Abschlussprüfer, in Dobler ua (Hrsg.), FS Ballwieser, 2014, 849; *Staffels*, Zur Wirksamkeit der Haftungsbegrenzung in den Allgemeinen Auftragsbedingungen für Wirtschaftsprüfer und Wirtschaftsprüfungsgesellschaften, ZIP 2016, 2389.

I. Prüfung durch den Abschlussprüfer

1. Grundlagen

1 Die Abschlussprüfung liegt in der Hand von Wirtschaftsprüfern und Wirtschaftsprüfungsgesellschaften (§ 319 Abs. 1 HGB). Diese bedürfen der öffentlichen Bestellung bzw. Zulassung (§ 1 Abs. 1, 3 WPO), üben ihren Beruf aber auf privatrechtlicher Basis aus. Zum 1.1.2018 waren in Deutschland 14.492 Wirtschaftsprüfer und 2.974 Wirtschaftsprüfungsgesellschaften, zusätzlich 2.662 vereidigte Buchprüfer und 93 Buchprüfungsgesellschaften, zugelassen.[1] Wirtschaftsprüfer, die gesetzliche Abschlussprüfungen durchführen (wollen), müssen durch eine Eintragung im Berufsregister die erfolgreiche Teilnahme am System der Qualitätskontrolle (§§ 57a–57e WPO) nachweisen (§ 319 Abs. 1 S. 3 HGB).

2 Der **Abschlussprüfer hat eine Doppelfunktion**[2] und steht in einem mehrdimensionalen Spannungsverhältnis: Die eine Dimension dieses Spannungsverhältnisses ergibt sich aus dem **öffentlichen Auftrag** einerseits, der Stellung als **selbständiger Unternehmer** andererseits.[3] Der öffentliche Auftrag gebietet die Betonung von Unabhängigkeit, kritischer Distanz und Unbestechlichkeit; die Stellung als selbständiger Unternehmer begründet den Wunsch nach Ausweitung der Umsätze mit dem Prüfungsmandanten. Die andere Dimension des Spannungsverhältnisses ist durch die **öffentliche Funktion** der Abschlussprüfung einerseits, die **unternehmensinterne Funktion** des Abschlussprüfers andererseits gekennzeichnet.[4] Letztere kommt darin zum Ausdruck, dass auch eine unabhängige Abschlussprüfung immer eine Beratungskomponente beinhaltet und historisch sowie gesetzlich explizit[5] der Abschlussprüfung auch eine Unterstützungsrolle der Kontrolle der Rechnungslegung durch den Aufsichtsrat („Assistenzfunktion", „Gehilfenfunktion") zukommt. Die Rspr. qualifiziert den Abschlussprüfer als „unparteiischen und unbeteiligten Dritten" mit „öffentlicher Funktion".[6]

3 Die **Europäische Abschlussprüfungsreform**[7] (EU-APrVO und Abschlussprüfer-Änderungsrichtlinie, beide v. 16.4.2014, Umsetzungs- und Ausführungsgesetze in Deutschland APAReg v. 31.3.2016 und AReG v. 10.5.2016) hat in den Rechtsgrundlagen und den regulatorischen Anforderungen an die Abschlussprüfung eine deutliche Differenzierung zwischen der Gesamtheit der prüfungspflichtigen Unternehmen einerseits, den im europäischen Recht sog. „**Unternehmen öffentlichen Interesses**"[8] andererseits eingeführt. Bei Letzteren handelt es sich

---

[1] Wirtschaftsprüferkammer, www.wpk.de/wpk/organisation/mitgliederstatistik, zuletzt abgerufen 4.4.2018.
[2] *Arbeitskreis Bilanzrecht Hochschullehrer Rechtswissenschaft* NZG 2012, 294 (295); IDW-Positionspapier, IDW-FN 2012, 339 Rn. 2 f.; ausf. *Koch* Der Konzern 2005, 723 ff.; *Schüppen* ZIP 2012, 1317 (1326); *Nonnenmacher* FS Ballwieser, 2014, 547 (552 ff.).
[3] *Franz* WPg 2012, 227 (228); berühmt ist die Forderung von *Schmalenbach*, dass „Wirtschaftsprüfung kein Geschäft … sondern ein Amt im besten Sinne des Wortes" werden muss, *Schmalenbach*, Die Aktiengesellschaft, 7. Aufl. 1950, 32.
[4] *Kuhner* ZGR 2010, 980 (991 ff.).
[5] Seit der in § 111 Abs. 2 S. 3 AktG durch das KonTraG begründeten Auftragserteilung durch den Aufsichtsrat; ausf. und unter Hinweis auf das Spannungsverhältnis zur Information des Kapitalmarkts *Hachmeister* DStR 1999, 1453 (1459 f.).
[6] BGH BGHZ 183, 323 = ZIP 2010, 284 Rn 29; dazu EWiR 2010, 267 mAnm *Wahl/Nikoleyczik*; ähnlich zuvor OLG Düsseldorf WM 2006, 2137 (2138); dazu EWiR 2006, 609 mAnm *Wittgens*; anders zunächst BGHZ 16, 17 (25) = NJW 1955, 499 – Organ der Gesellschaft.
[7] Ausf. *Schüppen* NZG 2016, 247.
[8] Die verbindliche Definitionsnorm ist in Art. 2 Nr. 13 Abschlussprüfer-Richtlinie (in der Neufassung durch die Änderungsrichtlinie 2014/56/EU v. 16.4.2014) enthalten; der englische Begriff lautet „Public Interest Entities", die Abkürzung PIE ist auch in vielen deutschen Publikationen gebräuchlich. Die offiziellen deutschen

in Deutschland um die iSd § 264d HGB kapitalmarktorientierten Unternehmen sowie Banken und Versicherungen (vgl. § 317 Abs. 3a, § 340k Abs. 1 S. 4, § 341k Abs. 1 S. 4 HGB). Für sie gelten die §§ 316–324a HGB nur subsidiär, in erster Linie sind für diese Gruppe die Bestimmungen der EU-APrVO als unmittelbar geltendes Recht (Art. 288 Abs. 2 AEUV) maßgeblich. Hieraus ergeben sich insbes. an die Unabhängigkeit des Abschlussprüfers (Art. 4, 5 betr. Prüfung und Beratung, Art. 17 betr. externe und interne Rotation) und an die Auswahl des Abschlussprüfers durch das Unternehmen (Art. 16) verschärfte Anforderungen.

2. Prüfungspflicht

Die **gesetzliche Prüfungspflicht** ergibt sich grds. aus den handelsrechtlichen Vorschriften für Kapitalgesellschaften (§§ 316–324 HGB). Entscheidend ist die Einordnung als mittelgroße oder große Gesellschaft bei Überschreitung von zwei der dreifolgenden **Größenmerkmale** an den Abschlussstichtagen zweier aufeinander folgender Geschäftsjahre (§ 267 Abs. 1–5 HGB):

Bilanzsumme	> 6.000.000 EUR oder
Umsatzerlöse	> 12.000.000 EUR oder
Zahl der Arbeitnehmer im Jahresdurchschnitt:[9]	> 50

Im Fall einer Umwandlung oder Neugründung löst bereits ein Überschreiten der vorstehenden Schwellenwerte am ersten auf diese Ereignisse folgenden Abschlussstichtag eine Prüfungspflicht aus (§ 267 Abs. 4 S. 2 HGB). Eine AG gilt zudem stets als groß und damit als prüfungspflichtig, wenn sie kapitalmarktorientiert iSd 264d HGB ist. Hat eine gesetzliche Pflichtprüfung nicht stattgefunden, kann der Jahresabschluss nicht festgestellt werden (§ 316 Abs. 1 S. 2 HGB). Daher müssen die Größenmerkmale rechtzeitig und zutreffend bestimmt werden, um die Nichtigkeit eines irrtümlich nicht geprüften, aber trotzdem festgestellten Jahresabschlusses zu vermeiden.[10]

Eine Frist für die Durchführung der Prüfung des Jahresabschlusses ergibt sich mittelbar aus den für die Aufstellung und Feststellung des Jahresabschlusses geltenden Fristen sowie der in § 175 Abs. 1 S. 2 AktG normierten Höchstfrist für die Abhaltung der Hauptversammlung.[11] Kapitalmarktorientierte Unternehmen iSd § 264 HGB müssen gem. § 325 Abs. 4 iVm Abs. 1a HGB bereits *spätestens vier Monate nach dem Abschlussstichtag* des Geschäftsjahres den festgestellten Jahresabschluss nebst Bestätigungsvermerk (gleiches gilt ggf. für den Konzernabschluss, § 325 Abs. 3 HGB) zur Veröffentlichung beim Bundesanzeiger einreichen. Da bereits bei der der Feststellung des Jahresabschlusses (Billigung des Konzernabschlusses) dienenden Bilanzsitzung des Aufsichtsrats der Prüfungsbericht vorliegen muss, bleiben bis zum Abschluss der Prüfung bei diesen Unternehmen nach Ende des Geschäftsjahres kaum mehr als drei Monate. Der Abschlussprüfer kann jedoch alle für eine sorgfältige Prüfung notwendigen Aufklärungen und Nachweise auch bereits vor der Aufstellung des Jahresabschlusses verlangen (§ 320 Abs. 2 S. 2 HGB), um einen nah am Bilanzstichtag liegenden Abschluss der Prüfung vorzubereiten.

3. Bestellung des Abschlussprüfers

Mit seiner im AktG als „Bestellung" bezeichneten Wahl und deren Bekanntgabe an ihn erlangt der Wirtschaftsprüfer den korporationsrechtlichen Status als Abschlussprüfer; erst mit Erteilung des Prüfungsauftrags (Abschluss eines zivilrechtlichen Vertrages) und dessen Annahme wird der Wirtschaftsprüfer zum gesetzlichen Abschlussprüfer.[12] Es sind daher folgende Verfahrensschritte erforderlich:

Texte übersetzen „Unternehmen von öffentlichem Interesse", so dass sich als der deutschen Sprache entlehnte Abkürzung „UVO" empfehlen könnte; vorliegend wird keine Abkürzung und statt des Dativ der prägnantere und etwas kürzere Genitiv verwendet.

[9] Zur Durchschnittsberechnung s. § 267 Abs. 5 HGB.
[10] BeckBilKo/*Schmidt/Küster* HGB § 316 Rn. 10 f.
[11] → § 26.
[12] *Hüffer* FS Hommelhoff, 2012, 483 (493 f.); *Schüppen* APr § 318 Rn. 3 HGB.

1. Wahl des Abschlussprüfers;
2. Erteilung des Prüfungsauftrags;
3. Annahme des Auftrags durch den Abschlussprüfer.

8 a) **Wahlverfahren.** Das Recht zur Wahl des gesetzlichen Abschlussprüfers steht ausschließlich der **Hauptversammlung** zu (§ 119 Abs. 1 Nr. 4 AktG; § 318 Abs. 1 S. 1 HGB). Diese Kompetenz ist nicht auf andere Organe oder Gremien der AG übertragbar. Die Hauptversammlung ist dabei nicht an Vorschläge des Aufsichtsrats gebunden. Umgekehrt besteht für den Aufsichtsrat die Pflicht, einen Abschlussprüfer vorzuschlagen (§ 124 Abs. 3 AktG). Die Wahl erfolgt mit einfacher Stimmenmehrheit, soweit die Satzung keine anderen Bestimmungen enthält (§ 133 AktG).

9 Zur wirksamen Beschlussfassung muss die Bekanntmachung der Tagesordnung der Hauptversammlung einen Punkt „Wahl des Abschlussprüfers" und den Beschlussvorschlag des Aufsichtsrats enthalten. Die Wahl des Abschlussprüfers bezieht sich typischer Weise auf die Prüfung des laufenden Geschäftsjahres und kann nach derzeit allgemeiner Ansicht nicht im Voraus mehrere Geschäftsjahre umfassen. Sie soll jeweils vor Ablauf des Geschäftsjahres erfolgen, auf das sich die Prüfungstätigkeit erstreckt (§ 318 Abs. 1 S. 3 HGB). Wenn der Abschlussprüfer bis zum Ablauf des Geschäftsjahres nicht gewählt ist, haben die gesetzlichen Vertreter der AG die Pflicht, bei Gericht einen Antrag auf Bestellung eines Abschlussprüfers zu stellen. Der Aufsichtsrat oder die Gesellschafter haben das Recht, einen solchen Antrag zu stellen (§ 318 Abs. 4 HGB). Die Wahl des Abschlussprüfers kann solange nachgeholt werden, bis eine gerichtliche Bestellung erfolgt ist.[13]

10 Zusätzliche, in Art. 16 EU-APrVO normierte **Anforderungen** ergeben sich hinsichtlich der Vorbereitung der Wahl des Abschlussprüfers bei **Unternehmen öffentlichen Interesses** (→ Rn. 3 (bei Fn. 10)). Generell muss der Wahlvorschlag des Aufsichtsrats an die Hauptversammlung auf einer *Empfehlung des Prüfungsausschusses* beruhen, sofern ein solcher eingerichtet ist. Der Prüfungsausschuss muss dabei erklären, dass seine Empfehlung frei von ungebührlicher Einflussnahme durch Dritte zu Stande gekommen ist und dass keine vertragliche Verpflichtung besteht, die die Auswahlmöglichkeiten auf bestimmte Kategorien oder Listen von Abschlussprüfern beschränkt (Art. 16 Abs. 2 UAbs. 3 und Art. 16 Abs. 6 EU-APrVO). Für den Fall, dass nicht die erneute Bestellung des bisherigen Abschlussprüfers vorgeschlagen werden soll, sondern ein *Prüferwechsel* durchgeführt wird – aufgrund der Vorschriften zur externen Rotation (§ 318 Abs. 1a HGB, Art. 17 EU-APrVO) ist dies mindestens alle zehn Jahre der Fall – oder von der Möglichkeit der *Verlängerung der Rotationsfrist* von zehn auf 20 Jahre Gebrauch gemacht werden soll, ist *zusätzlich ein aufwendiges Vorauswahlverfahren* durchzuführen. Im Rahmen einer Ausschreibung (zu den Einzelheiten Art. 16 Abs. 3 EU-APrVO)[14] muss der Prüfungsausschuss mindestens zwei Vorschläge für das Prüfungsmandat erarbeiten und diese unter begründeter Angabe einer Präferenz dem Aufsichtsrat unterbreiten. Auch der Wahlvorschlag des Aufsichtsrats an die Hauptversammlung enthält die Empfehlung und Präferenz des Prüfungsausschusses; sofern der Aufsichtsrat von der Präferenz des Prüfungsausschusses in seinem Wahlvorschlag abweicht, hat er die Gründe hierfür zu nennen (Art. 16 Abs. 5 EU-APrVO).

11 b) **Wählbarer Personenkreis.** Zum Abschlussprüfer können Wirtschaftsprüfer und Wirtschaftsprüfungsgesellschaften gewählt werden (§ 319 Abs. 1 S. 1 HGB)[15], die durch entsprechende Eintragung im Berufsregister (§ 319 Abs. 1 S. 3 HGB) die erfolgreiche Teilnahme am System der Qualitätskontrolle (§§ 57a–57c WPO) nachweisen.

12 Möglich ist auch die **Wahl mehrerer Abschlussprüfer,** die entweder eine gemeinsame Prüfung (Gemeinschaftsprüfung, „Joint Audit")[16] oder eine voneinander unabhängige Prüfung

---

[13] BeckBilKo/*Schmidt*/*Heinz* HGB § 318 Rn. 102.
[14] *Schüppen* APr Anh. § 318 Rn. 5 ff. HGB.
[15] Wer Wirtschaftsprüfer oder Wirtschaftsprüfungsgesellschaft ist, regelt die Wirtschaftsprüferordnung. Entscheidend ist für den Wirtschaftsprüfer die öffentliche Bestellung, die seine persönliche und fachliche Eignung dokumentiert, sowie bei Prüfungsgesellschaften die Anerkennung, die die verantwortliche Führung der Gesellschaft durch Wirtschaftsprüfer belegt (§ 1 Abs. 1, 3 WPO).
[16] Zur Durchführung von Gemeinschaftsprüfungen IDW PS 208.

durchführen. Im ersten Fall müssen sie gleichzeitig bestellt werden, im zweiten ist auch die nachträgliche Wahl in einer späteren Hauptversammlung zulässig (zB bei Unternehmensübergang nach Wahl des Abschlussprüfers). Bei einer Gemeinschaftsprüfung nehmen beide Abschlussprüfer gemeinsam die Position des gesetzlichen Abschlussprüfers ein[17], bei voneinander unabhängigen Prüfungen ist ein gesetzlicher und ein freiwilliger Abschlussprüfer zu wählen. Im ersten Fall endet die Prüfung mit einem gemeinsam unterschriebenen Bestätigungsvermerk. Während ein Joint Audit in Deutschland völlig ungebräuchlich ist, ist er in Frankreich gesetzlich vorgeschrieben. Der europäische Gesetzgeber bringt ihm gewisse Sympathien entgegen, was ua darin zum Ausdruck kommt, dass im Falle der Durchführung eines Joint Audit ab dem 11. Geschäftsjahr die Höchstlaufzeit des Prüfungsmandats 24 Jahre (statt sonst zehn Jahre bzw. verlängert 20 Jahre) betragen darf (§ 318 Abs. 1a S. 2 HGB in Umsetzung der durch Art. 17 Abs. 1 UAbs. 2 EU-APrVO eingeräumten Mitgliedstaatenoption).

c) **Ausschlussgründe.** *aa) Grundlagen.* Nach der **Generalnorm des § 319 Abs. 2** ist ein Wirtschaftsprüfer als Abschlussprüfer ausgeschlossen, wenn Gründe vorliegen, nach denen die **Besorgnis der Befangenheit** besteht. Nach den im Gesetz genannten Regelbeispielen können sich solche Gründe „insbesondere" aus Beziehungen geschäftlicher, finanzieller oder persönlicher Art ergeben. Ihre berufsrechtliche Grundlage findet diese „InhabilitätsGeneralnorm" in § 43 Abs. 1 WPO, wonach Berufsangehörige ihren Beruf unabhängig auszuüben und sich insbes. bei der Erstattung von Prüfungsberichten unparteiisch zu verhalten haben, sowie § 49 WPO, wonach der Wirtschaftsprüfer seine Tätigkeit zu versagen hat, wenn die Besorgnis der Befangenheit bei der Durchführung eines Auftrags besteht. Eine weitere Konkretisierung dieser Pflichten ergibt sich aus den §§ 28 ff. Berufssatzung WP/vBP[18], in denen die Pflicht zur Unparteilichkeit und Unbefangenheit wiederholt und dadurch erläutert wird, dass zu den die Unbefangenheit gefährdenden Aspekten *Eigeninteresse* (§ 32 Berufssatzung WP/vBP), *Selbstprüfung* (§ 33 Berufssatzung WP/vBP), *Interessenvertretung* (§ 34 Berufssatzung WP/vBP), *persönliche Vertrautheit* (§ 35 Berufssatzung WP/vBP) sowie *Einschüchterung* (§ 36 Berufssatzung WP/vBP) konkretisierende Definitionen und Regelungen aufgestellt worden sind. Grundlegend für die Durchführung von Abschlussprüfungen ist die in der europäischen Abschlussprüferrichtlinie und damit übereinstimmend in § 37 Berufssatzung WP/vBP normierte Anforderung, dass Wirtschaftsprüfer Prüfungen mit einer **kritischen Grundhaltung** („professional scepticism") zu planen und durchzuführen haben; Glaubwürdigkeit, Angemessenheit und Verlässlichkeit der erlangten Prüfungsnachweise sind – ungeachtet möglicherweise bisher stets positiver Erfahren mit der Aufrichtigkeit und Integrität des Managements des geprüften Unternehmens – während der gesamten Prüfung kritisch zu hinterfragen.

bb) Abgrenzung von Beratung und Prüfung. Abschlussprüfer kann nicht sein, wer bei der Buchführung oder Erstellung des zu prüfenden Jahresabschlusses der AG über die Prüfungstätigkeit hinaus mitgewirkt hat oder wer mit einer solchen Person zusammenarbeitet (§ 319 Abs. 3 S. 1 Nr. 3 HGB). Die Rspr. sieht die Grenze zwischen zulässiger Beratung und **unzulässiger Mitwirkung** nicht überschritten, wenn vom Unternehmen vorbehaltene Entscheidungen nicht durch den Abschlussprüfer vorweggenommen werden.[19] Dieser muss sich darauf beschränken, Handlungsalternativen und deren Konsequenzen aufzuzeigen. Auch eine alternativlose Empfehlung kann noch als erlaubt erachtet werden, wenn sie die einzig zulässige Lösung darstellt. Vor diesem Hintergrund müssen die gesetzlichen Vertreter der AG Jahresabschluss, Lagebericht und ggf. Abhängigkeitsbericht ansonsten eigenständig und in eigener Verantwortung aufstellen.[20]

---

[17] BeckBilKo/*Schmidt*/*Küster* HGB § 316 Rn. 2.
[18] Berufssatzung für Wirtschaftsprüfer/Vereidigte Buchprüfer (WP/vBP) idF v. 21.6.2016, Bundesanzeiger AT 22.7.2016 B1.
[19] BGH BGHZ 135, 260 = ZIP 1997, 1162 – Allweiler.
[20] Dasselbe Kriterium gilt auch für die Zulässigkeit steuerlicher Beratung durch den Abschlussprüfer; *Röhricht* WPg 1998, 153 (154).

15 Von der unzulässigen Mitwirkung ausgenommen ist das Recht des Abschlussprüfers, im Rahmen der Prüfung auf Mängel im vorgelegten Jahresabschluss oder Lagebericht hinzuweisen und Änderungen der Buchführung und des Jahresabschlusses in der Absicht vorzuschlagen, einen Bestätigungsvermerk erteilen zu können. Nach hM ist es sogar Teil der Prüfungsaufgabe, eine ordnungsmäßige, den gesetzlichen Anforderungen entsprechende Rechnungslegung der AG herbeizuführen. Die Grenze zur unzulässigen Mitwirkung wird überschritten, wenn das vorgelegte Rechenwerk erst durch umfangreiche Korrekturen des Abschlussprüfers zu einem den gesetzlichen Anforderungen entsprechenden Jahresabschluss und Lagebericht wird.

16 *cc) Weitere Ausschlussgründe.* Neben der Mitwirkung bei der Erstellung der zu prüfenden Unterlagen normiert das Gesetz weitere abschließende Ausschlussgründe für die Wahl des Abschlussprüfers.[21] Sie bestehen im Wesentlichen in der personellen Verflechtung mit der zu prüfenden AG oder in der finanziellen Abhängigkeit von ihr (§ 319 Abs. 2, 3 Nr. 1, 2, 5, 4 HGB). Daneben gelten die allgemeinen Grundsätze zur beruflichen Unabhängigkeit und zur Besorgnis der Befangenheit, die ebenfalls zu einem Ausschluss des Abschlussprüfers führen können (§ 49 Alt. 2 WPO).

17 Gesetzlich ausgeschlossen ist die Tätigkeit als Abschlussprüfer bei jedweder Form der **Beteiligung an der zu prüfenden Gesellschaft** (§ 319 Abs. 3 Nr. 1 HGB). Darunter fallen auch die treuhänderische Verwaltung von Anteilen oder der Besitz in Form von Options- oder Genussrechten, eigenkapitalersetzenden Darlehen oder stillen Beteiligungen. Der „mittelbare" Beteiligungsbesitz über Anteile an Investment-Fonds ist dagegen idR kein Ausschlussgrund.[22]

18 Weiterhin unzulässig ist die **Betätigung in Organfunktionen oder als Arbeitnehmer des zu prüfenden Unternehmens** (§ 319 Abs. 3 Nr. 2 HGB). Gleiches gilt für verbundene Unternehmen sowie für solche, an denen die zu prüfende AG im Zeitpunkt der Prüfung mehr als 20 % der Anteile hält (§ 319 Abs. 3 Nr. 2 HGB).

19 Als **finanziell abhängig** wird ein **Abschlussprüfer** ausgeschlossen, wenn die Einnahmen aus seiner beruflichen Tätigkeit in den letzten fünf Jahren jeweils zu mehr als 30 % aus der Prüfung und Beratung der zu prüfenden AG oder von Gesellschaften, an denen diese zu mehr als 20 % beteiligt ist, stammten und dies auch im laufenden Geschäftsjahr zu erwarten ist (§ 319 Abs. 3 Nr. 5 HGB).

20 **d) Besondere Unabhängigkeitsanforderungen bei der Prüfung von Unternehmen öffentlichen Interesses.** Spezifische und erhöhte Anforderungen ergeben sich in ihrem Anwendungsbereich aus den Regelungen der EU-APrVO. Dies betrifft zunächst die Vereinbarkeit von Prüfung und Beratung: Eine umfangreiche Liste von **Nichtprüfungsleistungen** sind in der sog. „Black List" des Art. 5 Abs. 1 EU-APrVO enthalten und dürfen grds. nicht erbracht werden. Nur für Steuerberatungsleistungen und Bewertungsleistungen bestehen in eingeschränktem Umfang Ausnahmen (iE § 319a HGB, der in der Neufassung keine Verbotsnorm mehr ist, sondern umgekehrt die Voraussetzungen definiert, unter denen ausnahmsweise Steuerberatungsleistungen und Bewertungsleistungen erbracht werden dürfen). Soweit Nichtprüfungsleistungen erbracht werden dürfen, weil sie nicht im Verbotskatalog des Art. 5 Abs. 1 EU-APrVO enthalten sind oder gem. § 319a HGB ausnahmsweise zulässig bleiben, darf ihr Umfang im mehrjährigen Durchschnitt 70 % des Honorare für die gesetzliche Abschlussprüfung nicht übersteigen (Art. 4 EU-APrVO).

21 Der präventiven Sicherung von Unabhängigkeit dienen sollen sodann Regelungen zur externen und internen Rotation des Abschlussprüfers: Gem. Art. 17 Abs. 1 EU-APrVO besteht für das Prüfungsmandat eine Höchstlaufzeit von zehn Jahren. Gem. Art. 17 Abs. 4 EU-APrVO können die Mitgliedstaaten die Rotationsfrist aber auf 20 bzw. 24 Jahre verlängern, wovon Deutschland unter den im Gesetz iE geregelten Voraussetzungen Gebrauch gemacht

---

[21] Die folgenden Ausführungen gelten jeweils sowohl für einzeln tätige Wirtschaftsprüfer als auch für Wirtschaftsprüfungsgesellschaften, soweit keine gesonderten Hinweise erfolgen.
[22] *ADS* HGB § 319 Rn. 40.

hat (vgl. § 318 Abs. 1 HGB).²³ Neben dieser externen Rotation, die die Bestellung einer anderen Prüfungsgesellschaft erfordert, verpflichtet Art. 17 Abs. 7 APrVO zur Rotation des verantwortlichen Prüfungspartners nach spätestens sieben Jahren mit einer anschließenden Cooling off-Periode von mindestens drei Jahren²⁴, sowie darüber hinaus zur Einführung eines „angemessenen graduellen Rotationssystems" für das an der Abschlussprüfung beteiligte Führungspersonal.

Die Satzung der AG kann zwar grds. Bestimmungen enthalten, die den wählbaren Personenkreis einengen. Aufgrund des durch die Europäische Abschlussprüfungsreform eingeführten Verbots sog. „Big 4-Only"-Klauseln (§ 318 Abs. 1b HGB, für Unternehmen öffentlichen Interesses Art. 16 Abs. 6 EU-APrVO) sind allerdings Vereinbarungen – dazu gehören auch Gesellschaftsverträge und Satzungen – die die Wahlmöglichkeit auf bestimmte Kategorien oder Listen von Abschlussprüfern beschränken, nichtig. **22**

e) **Folgen des Ausschlusses.** In den vorstehend aufgeführten Fällen ist der Abschlussprüfer inhabil; er darf den ihm etwa erteilten Prüfungsauftrag nicht annehmen. Den Aufsichtsrat treffen zwar im Vorfeld der Erteilung des Prüfungsauftrags keine Nachforschungspflichten darüber, ob bei dem angesprochenen Abschlussprüfer Ausschlussgründe vorliegen. Bei Unternehmen öffentlichen Interesses ist schon im Vorfeld des Wahlvorschlags eine Unabhängigkeitserklärung des ins Auge gefassten Wirtschaftsprüfers einzuholen (vgl. Art. 6 EU-APrVO, Ziff. 7.2.1 DCGK). **23**

Wird ein Wirtschaftsprüfer zum gesetzlichen Abschlussprüfer bestellt, obwohl die erforderliche Berufszulassung (§§ 15 ff. WPO) nicht vorliegt (§ 319 Abs. 1 HGB), sind der Beschluss der Hauptversammlung betreffend die Wahl des Abschlussprüfers sowie der von ihm geprüfte und von den zuständigen Gesellschaftsorganen festgestellte **Jahresabschluss nichtig**, da es sich hierbei um die Verletzung einer im öffentlichen Interesse bestehenden Vorschrift handelt (§ 256 Abs. 1 Nr. 3 AktG). Auch der Prüfungsauftrag ist nichtig (§ 138 BGB), so dass der Abschlussprüfer sein Honorar zurückzuerstatten hat (§ 812 BGB) bzw. seinen Anspruch darauf verliert.²⁵ Die Nichtigkeit des Jahresabschlusses kann nicht mehr geltend gemacht werden, wenn seit der Bekanntmachung gem. § 325 Abs. 1 Abs. 2 S. 1 HGB sechs Monate verstrichen sind (§ 256 Abs. 6 S. 1 AktG).²⁶ **24**

Bei Vorliegen von **Inhabilitätsgründen** ist der Prüfungsauftrag zwar ebenfalls nichtig. Gem. § 256 Abs. 1 Nr. 3 AktG führt es aber nicht zur Nichtigkeit des Jahresabschlusses, wenn die Prüfung vom inhabilen Abschlussprüfer durchgeführt worden ist. Nur wenn **gar keine Prüfung** stattgefunden hat, führt dies gem. § 256 Abs. 1 Nr. 2 AktG zu einer – unheilbaren – Nichtigkeit des Jahresabschlusses. **25**

f) **Erteilung des Prüfungsauftrags und Annahme durch den Abschlussprüfer.** Dem Aufsichtsrat obliegt die Erteilung des Prüfungsauftrags an den Abschlussprüfer unverzüglich nach dessen Wahl durch die Hauptversammlung (§ 318 Abs. 1 S. 4 HGB; § 111 Abs. 2 S. 3 AktG).²⁷ Eine eigene Entscheidungsbefugnis steht dem Aufsichtsrat nicht mehr zu. Die Auftragsvergabe erfolgt durch die Abgabe eines Angebots über den Abschluss eines Prüfungsvertrages zwischen der AG und dem Abschlussprüfer. Dem Charakter nach handelt es sich um einen Geschäftsbesorgungsvertrag mit überwiegend werkvertraglichen Elementen. Eine besondere Form ist nicht vorgegeben. Im Allgemeinen wird der Abschlussprüfer jedoch Inhalt und Umfang des Auftrags schriftlich bestätigen und der Auftragsdurchführung Allgemeine Auftragsbedingungen²⁸ zugrunde legen. **26**

---

²³ Zu Einzelfragen der externen Rotation *Schüppen* APr Anh. § 319a Rn. 44 ff. HGB.
²⁴ Zu Einzelheiten *Schüppen* APr Anh. § 319a Rn. 52 ff. HGB.
²⁵ Der Abschlussprüfer verliert auch jeden weiteren denkbaren Anspruch, zB aus Bereicherung der AG nach § 817 S. 2 BGB.
²⁶ Vgl. Ausführungen zur Nichtigkeit des Jahresabschlusses in § 17.
²⁷ Zur Beauftragung des Abschlussprüfers IDW PS 220.
²⁸ Von Wirtschaftsprüfern werden idR (standardisierte) Allgemeine Auftragsbedingungen, herausgegeben vom IDW (aktuelle Fassung v. 1.1.2017), verwendet, weil sie hinsichtlich der Haftungsbeschränkung den berufsrechtlichen Anforderungen entsprechen.

27 Der **Inhalt des Auftrags** ist durch Handels- und Berufsrecht weitgehend vorbestimmt. Geregelt werden sollten die zeitlichen und formalen Modalitäten der Prüfung, dh Beginn und Dauer der Prüfung, von der AG bereitzustellende Unterlagen sowie der Zeitpunkt der Auslieferung des Prüfungsberichts. Ferner sind Vereinbarungen über das Honorar zu treffen.

28 Soll die Prüfung über die gesetzlichen Anforderungen hinausgehen, kann dies eine Erweiterung oder Ergänzung des Prüfungsauftrages darstellen.[29] Weder Erweiterung noch Ergänzung des Prüfungsauftrags stellt die Vereinbarung von (jährlich wechselnden) Prüfungsschwerpunkten dar. Einschränkungen der Prüfungsleistung im Rahmen der gesetzlichen Abschlussprüfung sind nicht möglich.

29 Will der Abschlussprüfer den Auftrag nicht annehmen, muss er dies dem Auftraggeber unverzüglich mitteilen. Liegen Ausschluss- oder Befangenheitsgründe vor, muss er diese bereits in einem Vorgespräch mit dem Aufsichtsrat vor der Wahl durch die Hauptversammlung, spätestens aber dort, deutlich machen.

30 **g) Gerichtliche Bestellung des Abschlussprüfers.** Das Gericht kann auf Antrag einen Abschlussprüfer bestellen.

31 Eine ersatzweise Bestellung des Abschlussprüfers durch das Gericht erfolgt auf unverzüglichen Antrag von Vorstand, Aufsichtsrat oder eines Aktionärs, wenn der Abschlussprüfer nicht bis zum Ende des Geschäftsjahres gewählt wurde, ein gewählter Abschlussprüfer die Annahme des Prüfungsauftrags ablehnt, aus anderen Gründen weggefallen ist oder am rechtzeitigen Abschluss der Prüfung verhindert ist (§ 318 Abs. 4 S. 1, 2 HGB). Die Gründe für die Bestellung durch das Gericht sind in § 318 Abs. 4 HGB aufgezählt. Eine gerichtliche Bestellung des gewählten Abschlussprüfers kann vorsorglich beantragt werden, wenn der Wahlbeschluss der Hauptversammlung angefochten worden ist.[30] Lehnt das Gericht die Bestellung eines Abschlussprüfers ab, ist eine Beschwerde möglich, die Bestellung eines Abschlussprüfers ist unanfechtbar (§ 318 Abs. 4 S. 4 HGB). Möglich bleibt aber uU die Rüge des § 44 FamFG bei Verletzung des rechtlichen Gehörs durch das Amtsgericht.

4. Ersetzung des Abschlussprüfers

32 **a) Eingeschränkte Anfechtbarkeit der Wahl.** Die Wahl des Abschlussprüfers durch die Hauptversammlung ist weder mit der Anfechtungs- noch einer Nichtigkeitsklage angreifbar (§ 243 Abs. 3 Nr. 3 AktG).[31] Gleiches gilt bei Verstößen gegen die EU-APrVO (§ 318 Abs. 3 S. 1 HGB). In Betracht kommt in diesen Fällen allein das Ersetzungsverfahren gem. § 318 Abs. 3 HGB, das jedoch nicht mehr durchgeführt werden kann, wenn die Prüfung abgeschlossen ist. Eine Nichtigkeit des Jahresabschlusses wegen dieser Verstöße ist von vornherein ausgeschlossen (§ 256 Abs. 1 Nr. 3 AktG).

33 **b) Eingeschränkte Kündigungsmöglichkeiten.** Hat der Abschlussprüfer den Auftrag angenommen, kann er von beiden Seiten weder ordentlich gekündigt noch einvernehmlich aufgehoben werden. Eine **Kündigung** durch den Abschlussprüfer ist nur aus wichtigem Grund (§ 626 BGB) möglich (§ 318 Abs. 6 S. 1 HGB). Nach angemessener Abwägung der beiderseitigen Interessen muss die Durchführung des Auftrags für den Abschlussprüfer unzumutbar geworden sein. Meinungsverschiedenheiten über den Inhalt des Bestätigungsvermerks, seine Einschränkung oder Versagung reichen hierfür nicht aus (§ 318 Abs. 6 S. 2 HGB). Ein wichtiger Grund kann die massive Behinderung bei der Durchführung des Prüfungsauftrags sein. Der Abschlussprüfer muss die Kündigung aus wichtigem Grund gegenüber dem Aufsichtsrat aussprechen, schriftlich begründen und über das Ergebnis seiner bisherigen Prüfung Bericht erstatten (§ 318 Abs. 6 S. 4 HGB). Der Aufsichtsrat hat Vorstand und Hauptversammlung zu informieren (§ 318 Abs. 7 S. 5 HGB).[32]

---

[29] Zur Unterscheidung von „Erweiterung" einerseits, „Ergänzung" andererseits für die Anwendbarkeit des § 323 HGB und für die Kategorisierung als Abschlussprüfung *Schüppen* APr § 323 Rn. 22 HGB.
[30] OLG Karlsruhe Beschl. v. 27.10.2015 – 11 Wx 87/15, ZIP 2015, 2319.
[31] *Schüppen* APr § 318 Rn 10 ff. HGB.
[32] WP-HdB A 430.

c) Gerichtliches Ersetzungsverfahren. Möglich bleibt eine gerichtliche Ersetzung aus der in der Person des Abschlussprüfers liegenden wichtigen Gründen; antragsberechtigt sind der Vorstand, Aufsichtsrat oder Aktionäre, die zusammen mit 5 % oder Aktien im Börsenwert von 500.000 EUR beteiligt sind (§ 318 Abs. 3 HGB).

Den Antrag können Vorstand, Aufsichtsrat oder Aktionäre stellen. Stellen Vorstand und/oder Aufsichtsrat den Antrag, ist ein entsprechender Beschluss Voraussetzung. Aktionäre können den Antrag stellen, wenn ihre Anteile am Grundkapital mindestens 5 % oder einen Börsenwert von 500.000 EUR erreichen und sie gegen die Wahl des Abschlussprüfers bei der Beschlussfassung der Hauptversammlung Widerspruch eingelegt haben. Die Aktionäre haben ferner glaubhaft zu machen, dass sie seit mindestens drei Monaten vor dem Tag der Hauptversammlung Inhaber der Aktien sind (§ 318 Abs. 3 HGB). Antragsgegner ist die AG, vertreten durch den Vorstand. Alle Beteiligten, einschließlich des abgelehnten und des vorgeschlagenen Abschlussprüfers, müssen gehört werden. Gegen die Entscheidung des Gerichts ist Beschwerde nach den Bestimmungen des FamFG möglich. Im Anschluss an die Bestellung durch das Gericht ist der Prüfungsvertrag mit dem ursprünglich gewählten Abschlussprüfer zu widerrufen (§ 318 Abs. 1 S. 5 HGB). Dieser behält jedoch seinen vollen Vergütungsanspruch, unter Abzug nachweislich ersparter Aufwendungen, sofern der Widerruf nicht wegen eines in seiner Person liegenden Grundes erfolgt.[33]

5. Prüfung und Berichterstattung

Im Rahmen der Abschlussprüfung sind der Jahresabschluss, bestehend aus Bilanz, Gewinn- und Verlustrechnung und Anhang (§§ 242, 264 Abs. 1 HGB), unter Einbeziehung der Buchführung, der Lagebericht (§ 289 HGB)[34] sowie ggf. ein Bericht über die Beziehung zu verbundenen Unternehmen (§ 312 Abs. 1 AktG)[35] zu prüfen (§ 316 Abs. 1 S. 1; § 317 Abs. 1 S. 1 HGB; § 313 Abs. 1 AktG). Bei einer börsennotierten AG ist darüber hinaus das **Risikofrüherkennungssystem** Gegenstand der Prüfung (§ 317 Abs. 4 HGB).[36] Es dient der rechtzeitigen Erfassung bestandsgefährdender Risiken und die Weiterleitung entsprechender Informationen hierüber an die zuständigen Entscheidungsträger.[37] Im Rahmen der Prüfung des Anhangs hat der Abschlussprüfer bei einer börsennotierten AG außerdem zu prüfen, ob die Angabe zur **Entsprechenserklärung** des § 161 Abs. 1 AktG, enthalten und die dazu gemachten Aussagen hinsichtlich ihrer Abgabe und Veröffentlichung zutreffend sind. Eine inhaltliche Überprüfung der sachlichen Richtigkeit der Erklärung ist allerdings ausgeschlossen (§ 317 Abs. 2 S. 6 HGB).[38] Gleiches – dh vorbehaltlich eines gesonderten Auftrags (§ 111 Abs. 2 S. 4 AktG) keine inhaltliche, sondern nur Existenzprüfung – gilt für die im Lagebericht oder gesondert zu machenden nicht-finanziellen Erklärungen (§ 317 Abs. 2 S. 4, 5 HGB).

Der Abschlussprüfer hat bei seiner Prüfung die gesetzlichen Vorschriften und die vom Institut der Wirtschaftsprüfer formulierten Prüfungsstandards (IDW PS) und Prüfungshinweise (IDW PH) als fachliche Regeln iSv § 4 Berufssatzung WP/vBP zu beachten. Hierbei handelt es sich um die Fachmeinung besonders erfahrener und sachverständiger Berufsangehöriger, von der der Abschlussprüfer nicht ohne wichtigen Grund abweichen darf.[39] Die in § 317 Abs. 5 HGB vorgesehene normative Geltung der International Standards on Audi-

---

[33] HFR AktR-HdB/*Henn* § 31 Rn. 1097.
[34] Börsennotierte Unternehmen und AGs, die ausschließlich andere Wertpapiere als Aktien zum Handel an einem organisierten Markt iSv § 2 Abs. 5 WpHG ausgegeben haben und deren ausgegebene Aktien auf eigene Veranlassung über ein multilaterales Handelssystem iSv § 2 Abs. 3 S. 1 Nr. 8 WpHG gehandelt werden, müssen im Lagebericht oder auf ihrer Internetseite eine Erklärung zur Unternehmensführung gem. § 289a HGB abgeben, die neben der Entsprechenserklärung des § 161 AktG weitere Angaben zur Unternehmensführung und zur Arbeitsweise von Vorstand und Aufsichtsrat enthalten muss.
[35] Zur Prüfung dieses Abhängigkeitsberichts durch den Abschlussprüfer → § 53 Rn. 138 ff.
[36] Zur Prüfung des Risikofrüherkennungssystems IDW PS 340.
[37] Hiervon zu unterscheiden ist das Risikomanagementsystem, das den Umgang mit erkannten Risiken dokumentiert. Dieses ist nur mittelbar Gegenstand der Abschlussprüfung.
[38] WP-HdB PS 345.
[39] WP-HdB A 281 ff.

ting (ISA) hängt von deren Anerkennung („endorsement") durch die Europäische Kommission ab, die bisher nicht erfolgt ist.[40] Soll die Beachtung der ISA vertraglich vereinbart werden, ist dies nur insoweit möglich, als es nicht zum Widerspruch zu gesetzlichen Vorgaben kommt.

38 Werden der Jahresabschluss oder der Lagebericht nach Vorlage des Prüfungsberichts geändert, so hat der Abschlussprüfer diese Unterlagen erneut zu prüfen, soweit die Änderung es erfordert (Nachtragsprüfung; § 316 Abs. 3 S. 1 HGB). Über das Ergebnis der Prüfung ist zu berichten und der Bestätigungsvermerk entsprechend zu ergänzen (§ 316 Abs. 3 S. 2 Hs. 2 HGB).

39 Die **Prüfung** des Jahresabschlusses ist keine Prüfung und Beurteilung von Zweckmäßigkeit und „Performance" der Geschäftsführung. Die Prüfung erstreckt sich lediglich auf die Übereinstimmung mit Gesetz und Satzung.[41] Der Lagebericht ist auf seine Übereinstimmung mit dem Jahresabschluss und auf die korrekte Wiedergabe der Lage der AG und die zutreffende Darstellung der Risiken der künftigen Entwicklung zu prüfen.[42]

40 Der Vorstand hat für eine ordnungsmäßige Prüfung Jahresabschluss und Lagebericht unverzüglich nach Aufstellung dem Abschlussprüfer vorzulegen. Darüber hinaus hat er ihm Zugang zu den Büchern und Unterlagen der AG zu verschaffen, um die Prüfung von Vermögensgegenständen und Schulden zu ermöglichen (§ 320 Abs. 1 S. 1, 2 HGB). Dazu muss er alle erforderlichen Aufklärungen und Nachweise erbringen. Nach Abschluss der Prüfung wird der Abschlussprüfer sich dies durch eine Vollständigkeitserklärung vom Vorstand bestätigen lassen.[43] Zur Vorbereitung der Prüfung kann der Abschlussprüfer alle ihm durch das Gesetz zugewiesenen Rechte auch schon vor Aufstellung des Jahresabschlusses geltend machen. Die vorgenannten Informationsrechte und -pflichten gelten sinngemäß auch für den Abhängigkeitsbericht.

41 Nach Abschluss der Prüfung hat der Abschlussprüfer alles, was er zur Auftragsdurchführung erhalten und aus der Geschäftsbesorgung erlangt hat, an den Auftraggeber zurückzugeben (§§ 667, 675 BGB). Dies betrifft insbes. Dokumente, die er aus Anlass seiner Tätigkeit von dem oder für den Auftraggeber erhalten hat.[44] Bestehen noch Honorarforderungen, kann der Prüfer ein Zurückbehaltungsrecht geltend machen. Nicht zu den herausgabepflichtigen Dokumenten gehören die zu internen Zwecken gefertigten Arbeitspapiere des Abschlussprüfers.

42 Das Prüfungsergebnis wird im an die Öffentlichkeit gerichteten Bestätigungsvermerk und einem grds. internen, für Aufsichtsrat und Vorstand bestimmten Prüfungsbericht dokumentiert. Der Abschlussprüfer hat das Ergebnis seiner Prüfung in einem **Bestätigungsvermerk** zusammenzufassen (§ 322 Abs. 1 S. 1 HGB).[45] Neben der Beschreibung von Gegenstand, Art und Umfang der Prüfung ist eine abschließende Beurteilung des Prüfungsergebnisses in Form eines Berichts vorzunehmen. Dies geschieht in Form eines Positivbefundes. Bei Verstößen gegen Rechnungslegungspflichten in begrenztem Rahmen bei einem insgesamt noch positiven Urteil kann eine Einschränkung des Bestätigungsvermerks vorgenommen werden. Ist kein positives Gesamturteil mehr möglich, muss ein Versagungsvermerk erteilt werden.

43 Über Art und Umfang sowie über das Ergebnis seiner Prüfung hat der Abschlussprüfer einen schriftlichen, klar formulierten **Bericht** zu erstatten (§ 321 Abs. 1 S. 1 HGB).[46] Dabei müssen zur Beurteilung der Lage der AG durch den Vorstand, insbes. zur Einschätzung des Fortbestandes und der künftigen Entwicklung unter Berücksichtigung des Lageberichts, gesonderte Feststellungen getroffen werden. Außerdem ist auf Tatsachen einzugehen, die die

---

[40] *Schüppen* APr § 317 Rn. 30 ff. HGB.
[41] Zu Zielen und allgemeinen Grundsätzen der Durchführung von Abschlussprüfungen IDW PS 200; zu Rechnungslegungs- und Prüfungsgrundsätzen für die Abschlussprüfung IDW PS 201.
[42] Zur Prüfung von Ereignissen nach dem Abschlussstichtag IDW PS 203; zur Prüfung des Lageberichts IDW PS 350.
[43] Zu Auskünften der gesetzlichen Vertreter gegenüber dem Abschlussprüfer IDW PS 303.
[44] Herauszugeben sind die Handakten iSv § 51b Abs. 2, 3 WPO.
[45] Zu Inhalt und Formulierung des Bestätigungsvermerks IDW PS 400; Formulierungsbeispiele allg. und für Unternehmen öffentlichen Interesses IDW Life 2017, 1143.
[46] Zur Berichterstattung bei Abschlussprüfungen IDW PS 450.

Entwicklung oder den Bestand der AG wesentlich beeinträchtigen können. Ebenso sind Unrichtigkeiten oder Verstöße gegen gesetzliche Vorschriften sowie schwerwiegende Verstöße von gesetzlichen Vertretern oder Arbeitnehmern gegen Gesetz oder Satzung aufzuführen. Weiterhin muss der Abschlussprüfer das Ergebnis seiner Prüfung des Risikofrüherkennungssystems darstellen sowie darauf eingehen, ob ggf. Verbesserungen des internen Überwachungssystems erforderlich sind (§ 321 Abs. 4 HGB). Stellt der Abschlussprüfer bei seiner Prüfung fest, dass der Abhängigkeitsbericht unvollständig ist, hat er im Bericht über die Prüfung des Abhängigkeitsberichts zu berichten.

Die **Beurteilung des Abhängigkeitsberichts** durch den Abschlussprüfer schließt ebenfalls mit einem Vermerk (§ 313 Abs. 3 S. 1 AktG), dessen Inhalt jedoch gesetzlich normiert ist (§ 313 Abs. 3–5 AktG). Er ist in den Prüfungsbericht über Jahresabschluss und Lagebericht der AG aufzunehmen (§ 313 Abs. 5 S. 2 AktG).

Auch beim Prüfungsergebnis ergeben sich aus der EU-APrVO Besonderheiten für die Unternehmen öffentlichen Interesses. Zur Prüfungsdurchführung und zum Prüfungsbericht sind Besonderheiten in den Art. 7, 11, 12 EU-APrVO geregelt.[47] Der Prüfungsbericht heißt im europäischen Recht „zusätzlicher Bericht an den Prüfungsausschuss", aus Art. 11 EU-APrVO ergeben sich einige weitere, über § 321 HGB hinausgehende Angabepflichten. Zum Bestätigungsvermerk enthält Art. 10 EU-APrVO zusätzliche Anforderungen, die über § 321 HGB hinaus zu beachten sind.[48] Hervorzuheben ist Art. 10 Abs. 2 EU-APrVO, wonach der Bestätigungsvermerk eine Darstellung der „bedeutsamsten beurteilten Risiken wesentlicher falscher Darstellung" und der Reaktionen und Festellungen in Bezug auf diese Risiken (sog. „Key Audit Matters") enthalten muss.

6. Verantwortlichkeit und Haftung des Abschlussprüfers

Der Abschlussprüfer und seine Hilfspersonen haben ihre Aufgabe gewissenhaft, verschwiegen, eigenverantwortlich und unparteiisch auszuführen (§ 323 Abs. 1 HGB; § 43 Abs. 1 WPO). Die Verschwiegenheitspflicht erstreckt sich dabei auf alle wesentlichen Angelegenheiten der AG, insbes. kaufmännische und technische Geheimnisse, wie Preiskalkulationen, Kundenlisten, Modelle, Muster und Erfindungen. Eine ausdrückliche Redepflicht besteht dagegen gegenüber einem Konzernabschlussprüfer oder dem Sonderprüfer (§§ 258; 315 AktG). Bei vorsätzlicher oder fahrlässiger Pflichtverletzung haftet der Abschlussprüfer der Kapitalgesellschaft (§ 323 Abs. 1 S. 3 HGB). Die Haftung ist jedoch auf 1 Mio. EUR je Prüfung, bei AG, deren Aktien zum Handel in einem regulierten Markt zugelassen sind, auf 4 Mio. EUR je Prüfung, beschränkt (§ 323 Abs. 2, S. 1, 2 HGB). Dritte, zB Aktionäre oder Gesellschaftsgläubiger, ausgenommen mit der geprüften Gesellschaft verbundene Unternehmen sind nicht vom Schutzbereich des § 323 HGB erfasst Eine Haftung gegenüber Dritten nach den Grundsätzen des Vertrages mit Schutzwirkung zugunsten Dritter ist zwar nicht grds. ausgeschlossen, kommt aber nur dann in Betracht, wenn gegenüber dem Dritten über die Abschlussprüfung hinaus „Einbeziehungshandlungen" feststellbar sind.[49]

II. Prüfung durch den Aufsichtsrat gem. § 171 AktG

Der Aufsichtsrat kann einen Prüfungsausschuss einrichten, der sich neben der Überwachung der Rechnungslegung, der Wirksamkeit des internen Kontrollsystems, des Risikomanagementsystems und der internen Revision auch mit der Abschlussprüfung, insbes. der Unabhängigkeit des Abschlussprüfers und der von ihm zusätzlich erbrachten Leistungen befassen soll (§ 107 Abs. 3 S. 2 AktG).[50] Die dem Prüfungsausschuss zugewiesenen Aufgaben werden durch den Aufsichtsrat wahrgenommen, wenn ein solcher Ausschuss nicht ein-

---

[47] Zu Einzelheiten *Schüppen* APr Anh. § 321 HGB.
[48] Einzelheiten bei *Schüppen* APr Anh. § 322 HGB.
[49] BGHZ 138, 257; BGH WM 2006, 423.
[50] Diese Regelung ist erst mit dem BilMoG in das AktG aufgenommen worden. Der Deutsche Corporate Governance Kodex sah bereits vorher die Einrichtung eines Prüfungsausschusses vor. Zur Alleinverantwortung des Aufsichtsrats in diesen Bereichen: *Lutter* DB 2009, 775.

gerichtet ist. Mindestens ein Mitglied des Prüfungsausschusses muss über Sachverstand auf dem Gebiet der Rechnungslegung oder Prüfung verfügen (§ 100 Abs. 5, § 10 Abs. 4 AktG). Dies ist zB bei Finanzvorständen, leitenden Angestellten aus dem Bereich des Rechnungswesens oder Controllings sowie von Wirtschaftsprüfern und Steuerberatern anzunehmen.[51]

48 Der Vorstand hat Jahresabschluss, Lagebericht, den Vorschlag, den er der Hauptversammlung für die Verwendung des Bilanzgewinns machen will, und ggf. gesonderte nicht finanzielle Berichte und Abhängigkeitsbericht[52] unverzüglich nach ihrer Aufstellung dem Aufsichtsrat vorzulegen (§ 170 Abs. 1; § 314 Abs. 1 AktG).[53] Dieser hat die vorgelegten Unterlagen zu prüfen (§ 171 Abs. 1; § 314 Abs. 2 AktG). Die vom Abschlussprüfer angefertigten Prüfungsberichte sind dabei wesentliches Hilfsmittel.

49 Gegenstand der Prüfung sind Jahresabschluss und Lagebericht, der Vorschlag zur Verwendung des Bilanzgewinns sowie ggf. nichtfinanzieller Bericht und Abhängigkeitsbericht (§ 170 Abs. 3 AktG iVm § 111 Abs. 5 AktG). Eine bloße Kenntnisnahme oder die Beauftragung einzelner (sachverständiger) Mitglieder oder des Prüfungsausschusses ist, insbes. mit haftungsbefreiender Wirkung, nicht möglich (§ 107 Abs. 3 S. 2 AktG).[54] Dies ist nur zur Vorbereitung der Beurteilung zulässig. **Prüfungsmaßstab** ist die Erfüllung der gesetzlichen und satzungsmäßigen Vorschriften. Darüber hinaus ist auch die Zweckmäßigkeit der vom Vorstand bei der Aufstellung des Jahresabschlusses getroffenen Entscheidungen zu untersuchen. Insbesondere ist dabei der Ausübung von Bilanzierungs- und Bewertungsspielräumen, zB bei der Wahl der Abschreibungsmethoden, der Bestimmung von Nutzungsdauern, der Bemessung von Rückstellungen oder der Vornahme von Wertberichtigungen und Zuschreibungen, Beachtung zu schenken. Der Aufsichtsrat muss dabei jedoch nicht mit der gleichen Intensität und im gleichen Umfang wie der Abschlussprüfer vorgehen. Zum einen liegt der Schwerpunkt seiner Prüfung in der Beurteilung der bilanzpolitischen Entscheidungen des Vorstands. Zum anderen kann er bei einem uneingeschränkten Bestätigungsvermerk davon ausgehen, dass der Jahresabschluss zutreffend aus dem Rechenwerk der AG entwickelt wurde und alle erforderlichen Vorschriften zur Buchführung und Bilanzierung beachtet wurden. Allerdings muss er Bedenken, die der Abschlussprüfer in seinem Bericht äußert – ggf. nicht nur solchen, die zu einer Einschränkung oder Versagung des Bestätigungsvermerks geführt haben – oder die er aus eigenen Erkenntnissen gegenüber den im Prüfungsbericht getroffenen Feststellungen entwickelt hat, nachgehen.

1. Jahresabschluss

50 Der Jahresabschluss muss in Übereinstimmung mit allen weiteren Dokumenten, die in Zusammenhang damit stehen (Lagebericht, Abhängigkeitsbericht), und unter Beachtung der Grundsätze ordnungsmäßiger Buchführung ein den „tatsächlichen Verhältnissen entsprechendes Bild der Vermögens-, Finanz- und Ertragslage" der AG vermitteln. Dies ist im Allgemeinen gegeben, wenn bei der Aufstellung die gesetzlichen Vorschriften und weitere Grundsätze ordnungsmäßiger Buchführung eingehalten wurden. Es wird folglich kein betriebswirtschaftliches, sondern ein bilanzrechtlich orientiertes Bild der Unternehmung dargestellt. Ausnahmen können sich ergeben, wenn die besondere Lage der Gesellschaft eine andere Betrachtungsweise erfordert, zB im Rahmen einer Überschuldung oder Liquidation.

2. Lagebericht und gesonderter nichtfinanzieller Bericht

51 Der Lagebericht ist im Gegensatz zum Jahresabschluss ein im Wesentlichen in die Zukunft gerichtetes Informationsinstrument. Er muss daher sowohl Angaben über die gegenwärtige Situation und voraussichtliche Entwicklung der AG und dabei bestehende wesentliche Chancen und Risiken als auch über konkrete, bereits eingetretene Ereignisse von besonderer Bedeutung nach dem Bilanzstichtag enthalten (§ 289 Abs. 1 HGB). Kapitalmarktorientierte Unternehmen iSv § 264d HGB müssen im Lagebericht zusätzlich die we-

---

[51] *Gruber* NZG 2008, 13.
[52] Zur Prüfung des Abhängigkeitsberichts durch den Aufsichtsrat vgl. § 53 VI. 3.
[53] *Forster* FS Kropff, 1997, 72.
[54] Hüffer/Koch/*Koch* AktG § 171 Rn. 9 f.

sentlichen Merkmale des internen Kontroll- und des Risikomanagementsystems im Hinblick auf den Rechnungslegungsprozess beschreiben (§ 289 Abs. 5 HGB).

3. Vorschlag für die Verwendung des Bilanzgewinns

Der Vorschlag, den der Vorstand der Hauptversammlung für die Verwendung des Bilanzgewinns machen will, ist wie folgt zu gliedern (§ 170 Abs. 2 S. 2 AktG): 52
1. Verteilung an die Aktionäre
2. Einstellung in die/Entnahmen aus den Gewinnrücklagen
3. Gewinnvortrag
4. Bilanzgewinn

Eine abweichende Gliederung ist dann möglich, wenn dies durch den Inhalt des Vorschlags begründet ist (zB keine Einstellung in die Gewinnrücklagen).[55] 53

Die Prüfung auf Übereinstimmung mit den gesetzlichen und satzungsmäßigen Bestimmungen im Hinblick auf Inhalt und Form obliegt dem Aufsichtsrat allein. Darüber hinaus ist eine Stellungnahme erforderlich, ob die einzelnen Bestandteile des Vorschlags der wirtschaftlichen Lage und den Zielsetzungen des Unternehmens nicht zuwider laufen. Dagegen hat der Aufsichtsrat als Aktionärsvertreter das berechtigte Interesse der Anteilseigner an einer Gewinnausschüttung abzuwägen.[56] 54

4. Ergebnis der Prüfung und Berichterstattung

Der Aufsichtsrat hat das Ergebnis seiner Prüfung in einer Sitzung zu einem **einheitlichen Urteil** zusammenzufassen und durch Beschluss zu dokumentieren (Bilanzsitzung; § 108 iVm § 171 Abs. 1 AktG). Der Abschlussprüfer nimmt an den Verhandlungen des Aufsichtsrates, die die Prüfung des Jahresabschlusses, des Lageberichts, des Vorschlags für die Verwendung des Bilanzgewinns sowie ggf. des Abhängigkeitsberichts betreffen, teil und berichtet über die wesentlichen Ergebnisse seiner Prüfung.[57] Diese Pflicht zur Teilnahme gilt auch für eine den Beschluss des Aufsichtsrats vorbereitende Sitzung eines aus Mitgliedern des Aufsichtsrats gebildeten Bilanzausschusses (§ 171 Abs. 1 S. 2; § 314 Abs. 4 AktG). 55

Billigt der Aufsichtsrat den Jahresabschluss, ist dieser grds. auch festgestellt. Vorstand und Aufsichtsrat können allerdings beschließen, die Feststellung des Jahresabschlusses der Hauptversammlung zu überlassen (§ 172 Abs. 1 S. 1 AktG). 56

Umstritten ist, ob der Aufsichtsrat den Jahresabschluss unter der Bedingung billigen kann, dass der Vorstand bestimmte Positionen ändert. Ist die **Änderung** wesentlich, ist sie ohnehin erneut durch den Abschlussprüfer zu prüfen (Nachtragsprüfung; § 316 Abs. 3 HGB). Zur Verdeutlichung, dass die gewünschte Anpassung vorgenommen und der geänderte Abschluss schließlich gebilligt wurde, ist ein erneuter und unbedingter Beschluss durch den Aufsichtsrat erforderlich,[58] durch den der Abschluss dann festgestellt wird.[59] Verweigert der Aufsichtsrat seine Zustimmung wegen der fehlenden Anpassung, fällt die Aufgabe der Feststellung an die Hauptversammlung, die dann auch selbst über Änderungen entscheiden kann (§ 173 Abs. 1 Alt. 2 AktG). Unterbleibt eine erforderliche Nachtragsprüfung, kann der Abschluss nicht festgestellt werden (§ 316 Abs. 1 S. 2 HGB). Schränkt der Abschlussprüfer auf Grund des Nachtrags den Bestätigungsvermerk ein oder versagt er ihn, steht dies der Feststellung nicht entgegen; im Allgemeinen wird der Aufsichtsrat aber auf einen uneingeschränkten Bestätigungsvermerk Wert legen und sich in einer weiteren Sitzung beraten. 57

Beschlüsse über die Verwendung des Bilanzgewinns fasst die Hauptversammlung. Einwendungen des Aufsichtsrats gegen den Vorschlag, den der Vorstand für die Verwendung des Bilanzgewinns machen will, müssen vom Vorstand nicht beachtet werden, sollten aber 58

---

[55] Hüffer/Koch/*Koch* AktG § 170 Rn. 3.
[56] *ADS* AktG § 171 Rn. 40 f.
[57] Zur Zusammenarbeit von Aufsichtsrat und Abschlussprüfer *Forster* AG 1999, 193.
[58] Hüffer/Koch/*Koch* AktG § 172 Rn. 4.
[59] *ADS* AktG § 172 Rn. 19.

der Hauptversammlung zusammen mit den Gründen hierfür und ggf. einem Alternativvorschlag mitgeteilt werden.[60]

59 Der Aufsichtsrat hat über das **Ergebnis seiner Prüfung** schriftlich an die Hauptversammlung zu berichten. Der Inhalt dieses Berichts ist durch aktienrechtliche Vorschriften weitgehend vorgegeben (§ 171 Abs. 2 AktG). Danach ist besonders über die Prüfung von Jahresabschluss, Lagebericht und Gewinnverwendungsvorschlag zu berichten. Mitzuteilen ist auch, wie und in welchem Umfang die Geschäftsführung der AG durch den Vorstand geprüft worden ist. Bei börsennotierten AGs ist anzugeben, welche Ausschüsse gebildet wurden sowie die Anzahl der Sitzungen des Aufsichtsrats und der Ausschüsse. Ferner hat der Aufsichtsrat im Bericht zur Prüfung des Jahresabschlusses und des Lageberichts durch den Abschlussprüfer Stellung zu nehmen. In den Bericht über die Prüfung des Abhängigkeitsberichts ist der vom Abschlussprüfer erteilte Bestätigungsvermerk aufzunehmen (§ 313 Abs. 3 AktG), dessen Versagung ist ausdrücklich mitzuteilen (§ 314 Abs. 2 AktG). Am Schluss des Berichts hat der Aufsichtsrat zu erklären, ob nach dem **abschließenden Ergebnis** seiner Prüfung Einwendungen zu erheben sind (beim Abhängigkeitsbericht gegen die Erklärung des Vorstands am Schluss des Abhängigkeitsberichts) und ob er den vom Vorstand aufgestellten Jahresabschluss billigt. Besondere Feststellungen sowie Einwendungen gegen die Arbeit des Vorstands sind ggf. zusammen mit Änderungsvorschlägen gegenüber der Hauptversammlung hinreichend konkret zu dokumentieren.[61] Die **Form des Berichts** ist gesetzlich nicht geregelt, in der Praxis haben sich hierfür jedoch gewisse Standardformulierungen durchgesetzt, die, soweit keine Einwendungen seitens des Aufsichtsrats bestehen und die Lage der Gesellschaft keine intensivierte Überwachung verlangt, dem Bericht einen standardisierten Charakter geben. Gerade dies kann sich aber für eine kurze und präzise Information der Hauptversammlung empfehlen.[62] Ein **Muster für den Bericht des Aufsichtsrats an die Hauptversammlung** findet sich → Rn. 97. Der Bericht des Aufsichtsrats ist neben den übrigen Unterlagen zum Handelsregister am Sitz der AG einzureichen (§ 325 Abs. 1 S. 1 HGB).

5. Sonstige Unterlagen

60 Veröffentlicht die AG in engem zeitlichem Zusammenhang mit dem Jahresabschluss weitere Dokumente (zB einen Geschäftsbericht), obliegt dem Aufsichtsrat hierzu keine besondere Prüfungspflicht, lediglich im Rahmen seiner allgemeinen Kontrollaufgabe hat er darauf zu achten, dass bspw. sein Bericht an die Hauptversammlung korrekt wiedergegeben wird.

III. Bilanzkontrolle (Enforcement)

61 Mit dem **Enforcement-Verfahren** wurde für kapitalmarktorientierte Unternehmen neben der Überwachungs- und Prüfungspflicht durch den Aufsichtsrat und der gesetzlich vorgeschriebenen Jahresabschlussprüfung ein weiterer Corporate-Governance-Baustein normiert. Ziel des zweistufigen Verfahrens ist die Aufdeckung von Verstößen gegen Rechnungslegungsvorschriften, die weder vom Aufsichtsrat noch vom Abschlussprüfer festgestellt wurden. Dadurch soll die Qualität der Jahresabschlüsse präventiv verbessert und der Kapitalmarkt über aufgetretene Bilanzierungsfehler informiert werden.

62 Auf der ersten Stufe (§§ 342b–342e HGB) prüft seit dem 1.7.2005 die Deutsche Prüfstelle für Rechnungslegung (DPR), entweder wenn konkrete Anhaltspunkte für einen Verstoß gegen Rechnungslegungsvorschriften vorliegen, die Bundesanstalt für Finanzdienstleistungsaufsicht (BaFin) dazu auffordert oder die DPR auf Eigeninitiative Stichprobenprüfungen durchführt. Dabei handelt es sich nicht um eine zweite Abschlussprüfung, sondern es wer-

---

[60] *ADS* AktG § 171 Rn. 41.
[61] *ADS* AktG § 172 Rn. 18.
[62] *ADS* AktG § 171 Rn. 59; krit. im Zusammenhang mit der Überwachungsfunktion des Aufsichtsrats *Theißen/Salzberger* DB 1997, 105.

den je nach Anlass der Prüfung ausgewählte Sachverhalte überprüft. Das geprüfte Unternehmen ist dabei nicht zur Kooperation verpflichtet; auch der betroffene Abschlussprüfer hat keinen Anspruch auf Beteiligung am Verfahren.

Die zweite Stufe des Verfahrens (§§ 106–113 WpHG) tritt in Kraft, wenn das geprüfte Unternehmen die „freiwillige" Mitwirkung an der Prüfung ablehnt, die Beseitigung eines festgestellten Fehlers ablehnt oder die BaFin erhebliche Zweifel an der Richtigkeit des Ergebnisses oder der ordnungsgemäßen Prüfungsdurchführung der DPR hat.

Bei Fehlern, die im Einvernehmen mit dem Unternehmen durch die DPR oder die BaFin festgestellt werden, wird der Fehler öffentlich bekannt gemacht, wenn er von öffentlichem Interesse und nicht geeignet ist, den berechtigten Interessen des Unternehmens zu schaden.

IV. Aktienrechtliche Sonderprüfungen

Neben der für alle großen und mittleren Kapitalgesellschaften bestehenden Prüfungspflicht für Jahresabschluss und Lagebericht kennt das Aktienrecht verschiedene Sonderprüfungen, die nur in bestimmten Situationen oder auf Verlangen der Hauptversammlung bzw. einer qualifizierten Minderheit durchgeführt werden. Dazu zählen:
- die Sonderprüfung nach §§ 142 ff. AktG,
- die Sonderprüfung wegen unzulässiger Unterbewertung nach §§ 258 ff. AktG sowie
- die Prüfung der geschäftlichen Beziehung der Gesellschaft zu dem herrschenden oder einem mit diesem verbundenen Unternehmen nach §§ 315 ff. AktG.

Letztgenannte Prüfung wird im Rahmen der Ausführungen zum Konzernrecht in Teil M behandelt, die allgemeine Sonderprüfung und die Sonderprüfung wegen unzulässiger Unterbewertung sind Thema dieses Kapitels.

1. Sonderprüfung nach § 142 AktG

a) **Grundsätzliches.** Die Sonderprüfung nach § 142 AktG ist in der Praxis bisher nicht besonders häufig vorgekommen; ihre Bedeutung wurde dementsprechend auch eher in der Präventivwirkung der zugehörigen Vorschriften als in der tatsächlichen Durchführung der Prüfung gesehen.[63] Allerdings wurden bei der Neufassung der §§ 142 ff. AktG durch das Gesetz zur Unternehmensintegrität und Modernisierung des Anfechtungsrechts (UMAG) v. 22.9.2005 die Möglichkeiten zur Durchsetzung von Sonderprüfungen erheblich erweitert, die seitdem von „aktiven Aktionären" vermehrt genutzt werden.[64] Eine gewisse Öffentlichkeitswirkung hatte zuletzt die bei der Volkswagen AG wegen des sog. „Dieselskandals" auf Antrag von Aktionären gerichtlich angeordnete Sonderprüfung.[65]

Zweck der allgemeinen Sonderprüfung ist es vor allem, Grundlagen für die Durchsetzung von Schadenersatzansprüchen der AG gegen ihre Gründer oder gegen Mitglieder der Verwaltung zu schaffen.[66] Als **Gegenstand einer Sonderprüfung** nach § 142 AktG kommen Vorgänge bei der Gründung oder der Geschäftsführung sowie bei Maßnahmen der Kapitalbeschaffung und Kapitalherabsetzung in Betracht. Der Begriff der Geschäftsführung ist in diesem Zusammenhang weit zu fassen. Er umfasst neben der Tätigkeit des Vorstands auch die des Aufsichtsrats und der leitenden Angestellten.[67] Eine Sonderprüfung nach § 142 AktG muss sich auf bestimmte Vorgänge beziehen; die Nachprüfung des gesamten Gründungsvorgangs oder der Geschäftsführungsmaßnahmen eines bestimmten Zeitraums sind dagegen in dieser Form nicht möglich. Gegenstand einer Sonderprüfung kann der Erwerb einer Beteiligung sein; ergibt sich bspw. in engem zeitlichem Zusammenhang zum Erwerbszeitpunkt erheblicher Abschreibungsbedarf für diese Beteiligung, dürfte auch der für den

---

[63] *ADS* AktG §§ 142–146 Rn. 3.
[64] *Trölitzsch/Gunßer* AG 2008, 833.
[65] OLG Celle ZIP 2017, 2301 mit Besprechung *Bachmann* in ZIP 2018, 101; BVerfG ZIP 2018, 119, Ablehnung einer einstweiligen Anordnung.
[66] Hüffer/Koch/*Koch* AktG § 142 Rn. 1.
[67] Geßler/Hefermehl/*Hefermehl* AktG § 142 Rn. 2.

Minderheitsantrag nach § 142 Abs. 2 AktG erforderlich Verdacht vorliegen, dass Unredlichkeiten oder grobe Verletzungen von Gesetz oder Satzung vorgekommen sind.

69 Der Jahresabschluss selbst kann nicht Gegenstand einer Sonderprüfung sein.[68] Gem. § 142 Abs. 3 AktG kommt eine Sonderprüfung nach § 142 AktG ebenfalls nicht in Frage, wenn die zu untersuchenden Vorgänge die unzulässige Unterbewertung bestimmter Posten im Jahresabschluss oder eine unvollständige Berichterstattung im Anhang betreffen. In diesen Fällen hat die Sonderprüfung wegen unzulässiger Unterbewertung und mangelhafter Berichterstattung nach §§ 258 ff. AktG Vorrang vor der allgemeinen Sonderprüfung.

70 Nach § 142 Abs. 7 AktG haben Vorstand bzw. Gericht der Bundesanstalt für Finanzdienstleistungsaufsicht die Bestellung des Sonderprüfers und dessen Prüfungsbericht mitzuteilen, wenn die Gesellschaft Wertpapiere iSd § 2 Abs. 1 S. 1 WpHG ausgegeben hat, die an einer inländischen Börse zum Handel im regulierten Markt zugelassen sind; darüber hinaus hat das Gericht auch den Eingang eines Antrags auf Bestellung eines Sonderprüfers mitzuteilen. Die Bundesanstalt für Finanzdienstleistungsaufsicht unterrichtet die DPR gem. § 108 Abs. 3 WpHG.

71 **b) Bestellung und Auswahl der Sonderprüfer.** Die Hauptversammlung kann nach Ankündigung in der Tagesordnung mit einfacher Stimmenmehrheit Sonderprüfer bestellen. Mit der Bestellung der Sonderprüfer ist gleichzeitig die Durchführung der Sonderprüfung beschlossen. Mitglieder des Vorstands und des Aufsichtsrats sind von der Abstimmung ausgeschlossen, wenn die Sonderprüfung mit der Entlastung eines Mitglieds von Vorstand oder Aufsichtsrat oder mit der Einleitung eines Rechtsstreits gegen ein Mitglied der Verwaltung zusammenhängt. Hat die Hauptversammlung einen Antrag auf Bestellung von Sonderprüfern abgelehnt, ist zum **Schutz von Minderheitsaktionären** die Bestellung von Sonderprüfern durch das Registergericht gem. § 142 Abs. 2 AktG möglich. Seit dem UMAG muss der Antrag von Aktionären gestellt werden, die zusammen mindestens 1 % des Grundkapitals oder den anteiligen Betrag von mindestens 100.000 EUR halten.

72 Voraussetzung für eine gerichtliche Bestellung ist außerdem, dass die Sonderprüfung einen Vorgang bei der Gründung oder einen nicht länger als fünf Jahre zurückliegenden Vorgang bei der Geschäftsführung zum Inhalt hat und dass Tatsachen vorliegen, die den Verdacht rechtfertigen, dass bei diesem Vorgang Unredlichkeiten oder grobe Verletzungen des Gesetzes oder der Satzung vorgekommen sind. Die Antragsteller haben nachzuweisen, dass sie seit mindestens drei Monaten vor dem Tag der Hauptversammlung Inhaber der Aktien sind und dass sie die Aktien bis zur Entscheidung über den Antrag halten.

73 § 142 Abs. 4 AktG räumt einer qualifizierten Minderheit von Aktionären das Recht ein, bei Gericht die Bestellung eines anderen Sonderprüfers zu beantragen, wenn dies aus einem in der Person des bestellten Sonderprüfers liegendem Grund erscheint. Für die Minderheit gelten die gleichen Kriterien wie für den Antrag auf gerichtliche Bestellung von Sonderprüfern. Durch die Vorschrift soll verhindert werden, dass nicht ausreichend qualifizierte, befangene oder unzuverlässige Prüfer als Sonderprüfer tätig werden.[69] Der Antrag ist innerhalb von zwei Wochen seit dem Tag der Hauptversammlung zu stellen.

74 Das Gericht prüft den Antrag auf Zulässigkeit und Begründetheit und entscheidet dann durch Beschluss. Das Gericht hat die Beteiligten, dh die Antragsteller und den Vorstand als Vertreter der AG, den Aufsichtsrat und im Fall des § 142 Abs. 4 AktG den von der Hauptversammlung bestellten Sonderprüfer zu hören. Gegen die Entscheidung des Gerichts, dh sowohl gegen die Ablehnung des Antrags als auch gegen die Bestellung von Sonderprüfern ist die sofortige Beschwerde zulässig. Beschwerdeberechtigt ist im Fall der Ablehnung des Antrags der Antragsteller, andernfalls die AG sowie am Fall des § 142 Abs. 4 AktG auch die von der Hauptversammlung bestellten Sonderprüfer. Die Beschwerde ist innerhalb von zwei Wochen an das dem Amtsgericht übergeordnete Landgericht zu richten.

75 Die **Auswahl der Sonderprüfer** ist in § 143 AktG geregelt. Die Vorschrift gilt unabhängig davon, ob der Sonderprüfer von der Hauptversammlung oder vom Gericht bestellt wird. Danach können natürliche Personen, die Vorbildung und Erfahrung in der **Buchführung**

---

[68] Hüffer/Koch/*Koch* AktG § 142 Rn. 6.
[69] *ADS* AktG §§ 142–146 Rn. 18.

haben oder Prüfungsgesellschaften, bei denen mindestens einer der gesetzlichen Vertreter die genannten Anforderungen erfüllt, als Sonderprüfer bestellt werden. Einschränkend gelten auch für Sonderprüfer die in § 319 Abs. 2–4 und § 319a Abs. 1 HGB für den Abschlussprüfer aufgezählten Ausschlussgründe. Zweckmäßig dürfte es idR sein, einen Wirtschaftsprüfer bzw. eine Wirtschaftsprüfungsgesellschaft zum Sonderprüfer zu bestellen. Bzgl. der Verantwortung der Sonderprüfer verweist § 144 AktG ebenfalls auf die für Abschlussprüfer geltenden Bestimmungen.

c) **Prüfungsdurchführung und Berichterstattung.** Bei der Durchführung der Prüfung sind die Sonderprüfer auf **Unterlagen der Gesellschaft** und **mündliche Auskünfte** angewiesen. Dazu ist – in Anlehnung an die Ausgestaltung des Auskunftsrechts der Abschlussprüfer in § 320 HGB – in § 145 Abs. 1 AktG geregelt, dass der Vorstand den Sonderprüfern die Prüfung von Büchern und Schriften der Gesellschaft sowie von Vermögensgegenständen, insbes. der Kasse sowie den Wertpapier- und Warenbeständen, zu gestatten hat. Das Prüfungsrecht ist damit nicht auf die zu prüfenden Geschäftsvorfälle beschränkt.[70] Gem. § 145 Abs. 2 AktG können die Sonderprüfer außerdem von den Mitgliedern des Vorstands und des Aufsichtsrats alle Aufklärungen und Nachweise verlangen, die für die sorgfältige Prüfung der Vorgänge notwendig sind. Für die Klärung von Detailfragen ist es häufig erforderlich, Mitarbeiter des zu prüfenden Unternehmens zu befragen. Eine Befragung ist vom Vorstand zu gestatten; die Auskunftserteilung ist ggf. anzuordnen. Ehemalige Mitglieder der Verwaltung haben dagegen keine Auskunftspflicht.[71] Die in Abs. 2 eingeräumten Auskunftsrechte bestehen auch gegenüber Konzernunternehmen sowie gegenüber abhängigen oder herrschenden Unternehmen.

Gem. **§ 145 Abs. 6 AktG** haben die Sonderprüfer über das Ergebnis ihrer Prüfung schriftlich zu berichten. Der **Bericht** hat auch auf Tatsachen einzugehen, deren Bekanntwerden der Gesellschaft oder einem verbundenen Unternehmen einen nicht unerheblichen Nachteil zufügen können, sofern die Kenntnis dieser Tatsachen zur Beurteilung des Sachverhalts durch die Hauptversammlung erforderlich ist. Konkrete Bestimmungen zu Inhalt und Umfang des Berichts liefert das Gesetz nicht. Aus dem Berichtszweck, der Hauptversammlung, also einem relativ großen Kreis von Aktionären ohne besondere Vorkenntnisse, die Beurteilung des Gegenstands der Untersuchung zu ermöglichen, lässt sich folgendes ableiten: erforderlich ist eine umfangreiche und zutreffende Darstellung des Tatbestands sowie die Darstellung und Begründung des auf Grund der Prüfung gebildeten Urteils über den zu untersuchenden Sachverhalt.[72]

Durch das UMAG eingefügt wurde die Regelung, bestimmte Tatsachen nicht in den Sonderprüfungsbericht aufzunehmen, wenn überwiegende Belange der Gesellschaft dies gebieten und sie zur Darlegung der Unredlichkeiten oder groben Verletzungen gem. § 142 Abs. 2 nicht unerlässlich sind. Hierzu hat der Vorstand unverzüglich nach Erhalt des Berichts vom Prüfer beim zuständigen Landgericht einen Antrag zu stellen. Die Entscheidung des Gerichts ergeht als Beschluss; Rechtsmittel ist die Beschwerde. Vor dem Hintergrund dieser Regelung hat der Sonderprüfer dem Vorstand vor einer Veröffentlichung Gelegenheit zur Intervention zu geben; die für die Prüfung durch den Vorstand auf geheimhaltungsbedürftige Informationen und eventuelle „Schwärzungen" benötigte Zeit stellt keine schuldhafte Verzögerung der gem. § 145 Abs. 6 AktG vorgeschriebenen Veröffentlichung des Berichts dar.[73]

Der Bericht über die Sonderprüfung ist von den Sonderprüfern zu unterzeichnen und unverzüglich dem Vorstand zuzuleiten sowie zum **Registergericht** einzureichen. Damit steht er jedermann zur Einsicht offen. Jeder Aktionär hat zudem das Recht auf eine kostenlose Kopie des Berichts. Der Vorstand hat den Bericht dem Aufsichtsrat vorzulegen und bei Einberufung der nächsten Hauptversammlung als Gegenstand der Tagesordnung bekannt zu machen.

---

[70] *ADS* AktG §§ 142–146 Rn. 31.
[71] Hüffer/Koch/*Koch* AktG § 145 Rn. 3.
[72] *ADS* AktG §§ 142–146 Rn. 42.
[73] OLG Düsseldorf AG 2016, 295 = ZIP 2016, 1022.

80 Die **Vergütung** der von der Hauptversammlung bestellten Sonderprüfer richtet sich in erster Linie nach der getroffenen Vereinbarung. Gem. § 142 Abs. 6 AktG haben auch die vom Gericht bestellten Sonderprüfer Anspruch auf Auslagenersatz und auf Vergütung für ihre Tätigkeit, die auf Antrag durch das Gericht festgesetzt wird. Rechtsmittel ist die sofortige Beschwerde. Der rechtskräftige Beschluss ist Vollstreckungstitel nach § 794 Abs. 1 Nr. 3 ZPO.

81 Unabhängig davon, ob der Sonderprüfer durch die Hauptversammlung oder auf Antrag einer Minderheit durch das Gericht bestellt worden ist, sind die Prüfungskosten nach § 146 AktG zunächst stets von der Gesellschaft zu tragen. Bei gerichtlicher Bestellung von Sonderprüfern gehen außerdem die Gerichtskosten zu Lasten der Gesellschaft. Durch das UMAG wurde – als Korrektiv zu den herabgesetzten Schwellen für die Antragstellung – eine Kostenerstattungspflicht der antragstellenden Aktionäre bei vorsätzlich oder grob fahrlässig unrichtigem Vortrag eingeführt. Ziel ist es, Missbräuchen durch ein spürbares Kostenrisiko zu begegnen.[74]

2. Sonderprüfung wegen unzulässiger Unterbewertung (§§ 258–261 AktG)

82 a) **Antragstellung.** Die Sonderprüfung wegen unzulässiger Unterbewertung dient dazu, eine den handelsrechtlichen Vorschriften entsprechende Bewertung und eine vollständige Berichterstattung im Anhang durchzusetzen und schützt damit indirekt die Gewinnverwendungskompetenz und das Informationsrecht der Hauptversammlung.[75]

83 Nach § 258 Abs. 1 AktG hat das Gericht auf Antrag Sonderprüfer zu bestellen, wenn Anlass für die Annahme besteht, dass in einem festgestellten Jahresabschluss bestimmte Posten nicht unwesentlich unterbewertet sind oder der Anhang die vorgeschriebenen Angaben nicht oder nicht vollständig enthält und der Vorstand in der Hauptversammlung die fehlenden Angaben trotz Nachfrage nicht gemacht hat und die Aufnahme der Frage in die Niederschrift verlangt worden ist.

84 Voraussetzung für die Antragstellung ist, dass **konkrete Anhaltspunkte** wie zB Testatseinschränkung bzw. -verweigerung oder nicht erklärbare Unterschiede zum Vorjahresabschluss vorliegen; jedoch kann von den Antragstellern keine Glaubhaftmachung oder Beweisführung verlangt werden.[76]

85 Ein Vergleich mit den Vorschriften zur Nichtigkeit wegen Bewertungsfehlern nach § 256 Abs. 5 AktG ergibt[77], dass zur Nichtigkeit des Jahresabschlusses jede Unterbewertung führt, die eine vorsätzlich unrichtige Wiedergabe oder eine Verschleierung der Vermögens- und Ertragslage zur Folge hat, während für eine Sonderprüfung eine nicht unwesentliche Unterbewertung erforderlich ist. Schwierig ist die Quantifizierung der nicht unwesentlichen Unterbewertung:

86 Der Unterschied zur Nichtigkeitsklage wegen Unterbewertung nach § 256 AktG besteht darin, dass sich die Sonderprüfung nicht gegen die Rechtswirksamkeit des Jahresabschlusses im Ganzen, sondern nur gegen die Bewertung einzelner Bilanzposten richtet. Entsprechend reicht für den Antrag einer Sonderprüfung der plausibel vorgetragene Verdacht einer unzulässigen Unterbewertung, während für die Nichtigkeit nach § 256 Abs. 5 AktG zusätzlich eine vorsätzlich unrichtige Wiedergabe oder eine Verschleierung der Vermögens- und Ertragslage vorausgesetzt wird.[78]

87 Die Sonderprüfung wegen unzulässiger Unterbewertung kann nur von einer **qualifizierten Minderheit von Aktionären** beantragt werden: die Anteile der antragstellenden Aktionäre müssen zusammen 1 % des Grundkapitals oder den anteiligen Betrag von 100.000 EUR ausmachen. Der Antrag muss innerhalb eines Monats nach der Hauptversammlung, in der der Jahresabschluss festgestellt worden ist bzw. in der der festgestellte Jahresabschluss ent-

---

[74] Spindler/Stilz/*Mock* AktG § 146 Rn. 3.
[75] Hüffer/Koch/*Koch* AktG § 258 Rn. 1.
[76] Hüffer/Koch/*Koch* AktG § 258 Rn. 3.
[77] Für die Begriffe „Unterbewertung" und „Posten" kann auf die Erläuterungen zu § 256 Abs. 5 AktG verwiesen werden.
[78] Hüffer/Koch/*Koch* AktG § 256 Rn. 26 ff.

gegengenommen worden ist, gestellt werden. Der Antrag ist beim zuständigen Amtsgericht zu stellen. Bestimmte Formvorschriften sind nicht zu beachten.

Das Gericht prüft den Antrag auf Zulässigkeit und Begründetheit und entscheidet dann 88 durch Beschluss. Wird dem Antrag stattgegeben, sind die Sonderprüfer in der Entscheidung namentlich zu benennen; gleichzeitig ist der Prüfungsauftrag zu formulieren. Vor der Bestellung der Sonderprüfer hat das Gericht den Vorstand, den Aufsichtsrat und den Abschlussprüfer zu hören. Gegen die Entscheidung des Gerichts, dh sowohl gegen die Ablehnung des Antrags als auch gegen die Bestellung von Sonderprüfern ist die sofortige Beschwerde zulässig. Beschwerdeberechtigt ist im Fall der Ablehnung des Antrags der Antragsteller, andernfalls die AG. Die Beschwerde ist innerhalb von zwei Wochen an das dem Amtsgericht übergeordnete Landgericht zu richten.

Gem. § 258 Abs. 4 AktG können nur Wirtschaftsprüfer oder Wirtschaftsprüfungsgesellschaften Sonderprüfer sein. Nicht in Frage kommen allerdings die Abschlussprüfer des im Rahmen der Sonderprüfung untersuchten Jahresabschlusses, ein für das laufende oder ein späteres Geschäftsjahr bereits bestellter Abschlussprüfer sowie die Abschlussprüfer der letzten drei Jahre.[79] Außerdem gelten die Ausschlussgründe des § 319 Abs. 2–4 und des § 319a Abs. 1 HGB. 89

Die Vergütung, die Rechte und die Verantwortlichkeit der Sonderprüfer sowie die Verteilung der durch den Antrag und die Sonderprüfung angefallenen Kosten sind in § 258 Abs. 5 AktG in Anlehnung an die allgemeine Sonderprüfung geregelt, wobei das Auskunftsrecht nach § 145 Abs. 2 AktG auf die Abschlussprüfer der Gesellschaft ausgedehnt wird. 90

b) **Prüfungsergebnisse.** Die Sonderprüfer haben gem. § 259 Abs. 1 AktG über das Ergebnis ihrer Prüfung schriftlich zu berichten. Dabei kommt es auf eine **prägnante Darstellung** an, die eine umfassende, klare und verständliche Unterrichtung der antragstellenden Aktionäre sicherstellt.[80] Hat die Sonderprüfung eine nicht unwesentliche Unterbewertung der bemängelten Posten ergeben, müssen die Sonderprüfer erklären, zu welchem Wert die einzelnen Aktivposten mindestens bzw. die Passivposten höchstens anzusetzen waren und um welchen Betrag sich das Jahresergebnis beim Ansatz dieser Werte verändert. Ein negatives Ergebnis der Sonderprüfung (dh die Feststellung angemessener Bewertung oder nur unwesentlicher Unterbewertung) haben die Sonderprüfer ebenfalls in einem abschließenden Vermerk zusammenfassen. 91

Fand die Sonderprüfung wegen fehlender oder unvollständiger Angaben im **Anhang** statt und hat nach dem Ergebnis der Prüfung der Anhang die erforderlichen Angaben nicht oder nicht vollständig enthalten, sind die fehlenden Angaben in einer abschließenden Feststellung am Schluss des Berichts durch den Sonderprüfer nachzuholen. Andernfalls haben die Sonderprüfer zu erklären, dass keine der vorgeschriebenen Angaben unterlassen worden ist. Stellen die Sonderprüfer bei den Tätigkeiten im Rahmen ihres Prüfungsauftrags fest, dass Posten überbewertet sind, oder dass gegen Gliederungsvorschriften verstoßen wurde oder Formblätter nicht beachtet worden sind, haben sie auch hierüber zu berichten. 92

Der Vorstand hat die abschließenden Feststellungen der Sonderprüfer unverzüglich in den Gesellschaftsblättern **bekannt zu machen.** 93

Nach § 260 AktG kann sowohl die Gesellschaft als auch eine qualifizierte Aktionärsminderheit – die in diesem Fall allerdings 5 % des Grundkapitals oder einen anteiligen Betrag von 500.000 EUR erreichen muss – ein **gerichtliches Nachverfahren** vor dem Landgericht beantragen, wenn sie mit dem Prüfungsbericht der Sonderprüfer nicht einverstanden sind. Wie der Ertrag, der sich aus der höheren Bewertung durch den Sonderprüfer oder das Gericht ergibt, zu verwenden ist, ist in § 261 AktG geregelt. Dabei ist es grds. so, dass die betreffenden Bilanzposten im ersten Jahresabschluss, der nach Ablauf der Frist für das gerichtliche Nachverfahren aufgestellt wird, mit dem durch die Sonderprüfer ermittelten Wert anzusetzen sind. Der Gegenposten wird in der Gewinn- und Verlustrechnung als „Ertrag auf Grund höherer Bewertung gemäß dem Ergebnis der Sonderprüfung" gesondert ausge- 94

---

[79] Hüffer/Koch/*Koch* AktG § 258 Rn. 26.
[80] *ADS* AktG § 259 Rn. 5.

wiesen. Es erfolgt also eine Korrektur in laufender Rechnung, so dass der Jahresabschluss, der Anlass für die Sonderprüfung gegeben hatte, in seiner ursprünglichen Form erhalten bleibt.

95 Über die Verwendung des Ertrags aus höherer Bewertung entscheidet die Hauptversammlung. Dazu stellt § 261 Abs. 3 AktG klar, dass der Ertrag aus höherer Bewertung nicht zum Jahresüberschuss rechnet. Damit kann der Ertrag weder durch eine Satzungsbestimmung noch durch Vorstand und Aufsichtsrat im Rahmen der Feststellung des Jahresabschlusses in freie Gewinnrücklagen eingestellt werden; vielmehr hat die Hauptversammlung volle Verfügungsmacht über diesen Betrag.

96 Nach § 261a AktG hat das Gericht der Bundesanstalt für Finanzdienstleistungsaufsicht den Eingang eines Antrags auf Bestellung eines Sonderprüfers, jede rechtskräftige Entscheidung über die Bestellung von Sonderprüfern, den Prüfungsbericht sowie eine rechtskräftige gerichtliche Entscheidung über abschließende Feststellungen der Sonderprüfer nach § 260 AktG mitzuteilen, wenn die Gesellschaft Wertpapiere iSd § 2 Abs. 1 S. 1 WpHG herausgegeben hat, die an einer inländischen Börse zum Handel im regulierten Markt zugelassen sind. Die Bundesanstalt für Finanzdienstleistungsaufsicht unterrichtet die Prüfstelle gem. § 108 Abs. 3 WpHG. Die Sonderprüfung nach § 258 AktG hat Vorrang vor der Enforcement-Prüfung.

97 **Strukturraster und Musterformulierungen:**
Bericht des Aufsichtsrats an die Hauptversammlung gem. § 171 Abs. 2 AktG
und bei Abhängigkeit und Fehlen eines Beherrschungsvertrages (§§ 311 f. AktG)
zusätzlich gem. § 314 Abs. 2, 3 AktG

1. Begrüßung
Im zurückliegenden Geschäftsjahr hat ... [Beschreibung wesentlicher Entwicklungen und Herausforderungen]. Der Aufsichtsrat hat sich den für ihn hieraus folgenden Aufgaben mit großer Intensität und getragen von Verantwortungsbewusstsein gestellt.

2. Überwachung und Beratung der Geschäftsführung (§ 172 Abs. 2 S. 2 AktG)

– **Allgemeines**

Der Aufsichtsrat hat im Geschäftsjahr ... die ihm nach Gesetz und Satzung obliegenden Aufgaben mit großer Sorgfalt wahrgenommen. Er hat die Geschäftsführung des Vorstands regelmäßig überwacht, die strategische Weiterentwicklung der Gesellschaft begleitet und konstruktiv beraten.

Der Vorstand hat den Aufsichtsrat innerhalb und außerhalb der Aufsichtsratssitzungen durch schriftliche und mündliche Berichte ausführlich und regelmäßig unterrichtet. Der Aufsichtsrat hat die Berichte des Vorstands eingehend diskutiert und mit dem Vorstand erörtert. Auch außerhalb der Aufsichtsratssitzungen standen der Vorsitzende des Aufsichtsrats und der Vorstandsvorsitzende in regelmäßigem Kontakt.

Soweit zu Einzelmaßnahmen des Vorstands nach Gesetz oder Satzung die Zustimmung des Aufsichtsrats erforderlich war, hat der Aufsichtsrat darüber beraten und Beschluss gefasst. Im Geschäftsjahr ... betraf dies im Wesentlichen die Zustimmungen zu ... [Einzelangaben wenn anwendbar]

– **Aufsichtsratssitzungen und aufgetretene Interessenkonflikte** (Ziff. 5.4.7, 5.5.2, 5.5.3 DCGK)

Der Aufsichtsrat hat im Geschäftsjahr ... [Zahl der Sitzungen] Sitzungen abgehalten. Mit Ausnahme von ... Sitzungen, bei denen ... Aufsichtsratsmitglieder verhindert waren, haben alle Aufsichtsratsmitglieder an den Sitzungen des Geschäftsjahres teilgenommen. Kein Mitglied des Aufsichtsrats hat an der Hälfte oder weniger der Sitzungen des Aufsichtsrats und der Ausschüsse, denen es angehört, teilgenommen. [ggf. weitere Erläuterungen zur Teilnahme der Aufsichtsratsmitglieder, Mitglieder des Vorstands und weiterer Personen bspw. Sachverständiger]
[Auflistung der einzelnen Aufsichtsratssitzungen mit Datum und wesentlichen Beratungs- und Beschlussgegenständen]

Soweit im Einzelfall Interessenkonflikte auftraten, hat das betroffene Aufsichtsratsmitglied dies gegenüber dem Aufsichtsrat offengelegt. Dies war im abgelaufenen Geschäftsjahr im Wesentlichen bei den Beratungen eines Rahmenvertrages mit einem wesentlichen Lieferanten der Gesellschaft der Fall, bei dem eines unserer Aufsichtsratsmitglieder zur Geschäftsführung gehört. Das betroffene Aufsichtsratsmitglied hat an der Diskussion dieses Rahmenvertrages mit dem Vorstand in der Aufsichtsratssitzung am ... nicht teilgenommen.

– **Aufsichtsratsausschüsse** (Ziff. 5.3.2, 5.3.3 DCGK; § 107 Abs. 3 AktG)

Der Aufsichtsrat hat einen Präsidialausschuss, einen Nominierungsausschuss und einen Prüfungsausschuss eingerichtet.

Der Präsidialausschuss [Beschreibung der Aufgaben und der Sitzungen mit wesentlichen Beratungsgegenständen]

Der Nominierungsausschuss [Beschreibung der Aufgaben, Sitzungstermine mit wesentlichen Beratungsgegenständen]

Der Prüfungsausschuss [Beschreibung der Aufgaben, der Sitzungen und deren wesentlichen Beratungsgegenständen]

[Ein weiterer Schwerpunkt der Arbeit des Prüfungsausschusses lag auf den Vorbereitungen für den Wechsel des Abschlussprüfers für das Geschäftsjahr .... Hierfür hat der Prüfungsausschuss ein Ausschreibungsverfahren nach den neuen gesetzlichen Anforderungen durchgeführt und nach sorgfältiger Prüfung der Bewerber eine Empfehlung an das Aufsichtsratsplenum abgegeben. Zusätzlich hat sich der Prüfungsausschuss regelmäßig mit den durch den Abschlussprüfer erbrachten Nichtprüfungsleistungen befasst.]

3. **Zusammensetzung und Effizienz des Aufsichtsrats** (§ 96 Abs. 3, § 100 Abs. 2, 5 Hs. 2 AktG, Ziff. 5.4.1, 5.4.2, 5.4.4, 5.4.5, 5.6 DCGK)

Für seine Zusammensetzung hat der Aufsichtsrat Besetzungsziele verabschiedet, die auch kompetenzbezogene Zielsetzungen beinhalten. Er verfügt in seiner Gesamtheit über die gesetzlich geforderte Vertrautheit mit dem Sektor, in dem die Gesellschaft tätig ist. Dem Aufsichtsrat gehören ... % Frauen und ... % Männer an; [weder die Seite der Anteilseigner noch die Seite der Arbeitnehmervertreter haben der Gesamterfüllung widersprochen.] [Weitergehende Angaben zur geschlechtlichen Identität der Aufsichtsratsmitglieder dürften trotz des durch den Beschluss des BVerfG v. 10.10.2017 (NJW 2017, 3643 mAnm *Gössl*) überhalten, dem § 96 AktG zugrunde liegenden Grundmuster der „Geschlechtszugehörigkeit" derzeit noch entbehrlich sein.] Dem Aufsichtsrat gehört eine nach seiner Einschätzung und nach den selbstgesetzten Zielen ausreichende Zahl von unabhängigen Mitgliedern an. Ein Aufsichtsratsmitglied überschreitet die vom Aufsichtsrat festgelegte Regelgrenze für die Zugehörigkeitsdauer. Die Zusammensetzung des Aufsichtsrats berücksichtigt dabei auch die internationale Tätigkeit des Unternehmens und potentielle Interessenkonflikte. Ehemalige Vorstandsmitglieder gehören dem Aufsichtsrat nicht an.

[In allen vorgenannten Punkten jeweils Angabe und Erläuterung, soweit die konkrete Situation sich anders darstellt]

Nach einer ausführlichen Effizienzprüfung im Vorjahr hat der Aufsichtsrat die Effizienz seiner Tätigkeit im abgelaufenen Geschäftsjahr ... mittels eines strukturierten Fragebogens erhoben. Ergänzend bestand die Gelegenheit zu Einzelgesprächen der Aufsichtsratsmitglieder mit dem Aufsichtsratsvorsitzenden. Das Ergebnis dieser Selbstüberprüfung wurde im Aufsichtsratsplenum diskutiert. Insgesamt wurde die Arbeit als effizient eingeschätzt, wesentlicher Veränderungsbedarf wurde nicht festgestellt.

4. **Jahres- und Konzernabschluss** (§ 172 Abs. 2 S. 1, 3, 5 AktG; Ziff. 7.2.3, 7.2.4 DCGK); **Schlusserklärung** (§ 172 Abs. 2 S. 4 AktG)

Die Abschlüsse für das abgelaufene Geschäftsjahr ... und der zusammengefasste Lagebericht, die Prüfungsberichte des Abschlussprüfers und der Gewinnverwendungsvorschlag des Vorstands lagen allen Mitgliedern des Aufsichtsrats rechtzeitig vor. In seiner Sitzung am ... hat zunächst der Prüfungsausschuss diese Unterlagen sorgfältig geprüft und eingehend erörtert. Hierbei hat sich der Prüfungsausschuss ausführlich mit den im Bestätigungsvermerk dargestellten besonders wichtigen Prüfungssachverhalten befasst und diese mit dem Abschlussprüfer diskutiert.

In seiner Sitzung am ... hat der Aufsichtsrat sich eingehend mit den Vorlagen des Vorstands befasst, nachdem der Vorsitzende des Prüfungsausschusses über die Sitzung des Prüfungsausschusses berichtet hatte. An der Sitzung nahmen auch Vertreter des Abschlussprüfers teil, die über wesentliche Ergebnisse ihrer Prüfung und die besonders wichtigen Prüfungssachverhalte berichteten. Die Vertreter des Abschlussprüfers bestätigten, dass das vom Vorstand eingerichtete Risikomanagementsystem geeignet ist, Entwicklungen frühzeitig zu erkennen, die den Fortbestand der Gesellschaft gefährden könnten. Sie erklärten, keine wesentlichen Schwächen des internen Kontrollsystems und Risikomanagementsystems bezogen auf den Rechnungslegungsprozess festgestellt zu haben.

Der Abschlussprüfer für den Jahresabschluss und den Konzernabschluss des abgelaufenen Geschäftsjahres, die ... Wirtschaftsprüfungsgesellschaft, hat für den Jahresabschluss und den Konzernabschluss uneingeschränkte Bestätigungsvermerke erteilt. Dem Ergebnis der Abschlussprüfung haben wir uns nach eigener gründlicher Überprüfung im Prüfungsausschuss und im Aufsichtsrat angeschlossen. Nach dem abschließenden Ergebnis unserer Prüfung waren gegen den vom Vorstand aufgestellten Jahresabschluss, den vom Vorstand aufgestellten Konzernabschluss, die Anhänge und den zusammengefassten Lagebericht keine Einwendungen zu erheben; wir haben diese gebilligt, sodass der Jahresabschluss festgestellt ist.

Auch den Vorschlag des Vorstands, den Bilanzgewinn für die Ausschüttung einer Dividende iHv ... EUR pro dividendenberechtigter Stammaktie zu verwenden haben wir geprüft, halten diesen für angemessen und haben uns diesem daher angeschlossen.

Ferner haben sich Prüfungsausschuss und Aufsichtsrat mit der im Lagebericht des Unternehmens erstmals enthaltenen nichtfinanziellen Erklärung befasst. Der vom Aufsichtsrat beauftragte Abschlussprüfer hat insofern eine Prüfung mit dem Maßstab „limited assurance" (Erlangung begrenzter Sicherheit) durchgeführt und einen uneingeschränkten Vermerk erteilt. Dieser Bestandteil des Lageberichts wurde vom Prüfungsausschuss in einer Sitzung am ... und vom Aufsichtsrat in seiner Sitzung am ... sorgfältig geprüft und im Rahmen der Billigung des zusammengefassten Lageberichts zustimmend zur Kenntnis genommen. [Prüfung und Billigung durch den Aufsichtsrat sind auch erforderlich, wenn die nichtfinanziellen Erklärungen nicht Teil des Lageberichts, sondern als gesonderter nichtfinanzieller Bericht bzw. gesonderter nichtfinanzieller Konzernbericht (§§ 289b, 315b HGB) vom Vorstand als gesonderte Dokumente erstellt werden, § 171 Abs. 1 S. 4 AktG].

5. Abhängigkeitsbericht (§ 314 Abs. 2 AktG; Ziff. 7.1.4 DCGK); **Schlusserklärung** (§ 314 Abs. 3 AktG)

Da die Gesellschaft im Sinne der aktienrechtlichen Bestimmungen abhängig ist, hat der Vorstand einen Bericht über Beziehungen zu verbundenen Unternehmen gem. § 312 AktG erstellt. Im Übrigen sind die Beziehungen zu Aktionären, die als nahestehende Personen qualifizieren, auch im Konzernabschluss näher erläutert (Ziff. 7.1.4 DCGK).

Wir haben den Bericht des Vorstands geprüft. Der Bericht ist auch gem. § 313 AktG durch den Abschlussprüfer geprüft worden. Dieser hat an den Verhandlungen des Prüfungsausschusses und des Aufsichtsrats wie bereits erwähnt teilgenommen und auch über die wesentlichen Ergebnisse seiner Prüfung hinsichtlich des Berichtes über die Beziehungen zu verbundenen Unternehmen berichtet. Nach dem abschließenden Ergebnis von dessen Prüfung waren keine Einwendungen zu erheben. Dies hat der Abschlussprüfer wie folgt bestätigt:

Nach unserer pflichtmäßigen Prüfung und Beurteilung bestätigen wir, dass

1. die tatsächlichen Angaben des Berichts richtig sind,

2. bei den im Bericht aufgeführten Rechtsgeschäften die Leistung der Gesellschaft nicht unangemessen hoch war oder Nachteile ausgeglichen worden sind,

3. bei den im Bericht aufgeführten Maßnahmen keine Umstände für eine wesentlich andere Beurteilung als die durch den Vorstand sprechen.

[Der Abschlussvermerk des Abschlussprüfers ist wörtlich wiederzugeben, sodass auch der Bericht des Aufsichtsrats selbstverständlich bei abweichender Feststellung anders lautet]

Der Bericht des Vorstands und der Prüfungsbericht des Abschlussprüfers lagen dem Prüfungsausschuss und dem Aufsichtsrat rechtzeitig vor. Der Prüfungsausschuss und der Aufsichtsrat haben den Bericht des Vorstands sorgfältig geprüft und mit dem Vorstand sowie mit dem Abschlussprüfer in den Sitzungen am ... und am ... erörtert. Nach dem abschließenden Ergebnis unserer Prüfung sind Einwendungen gegen die Erklärung des Vorstands am Schluss seines Berichts über die Beziehungen zu verbundenen Unternehmen nicht zu erheben.

6. Dank

Den Mitgliedern des Vorstands sowie allen Mitarbeiterinnen und Mitarbeitern weltweit danken wir für ihre gemeinsamen Anstrengungen und Leistungen und ihren persönlichen Beitrag zum Erfolg des Geschäftsjahres ....

Ort, Datum

....

Unterschrift Aufsichtsratsvorsitzender

§ 20 Unternehmensbewertung

Übersicht

	Rn.
I. Grundlagen der Unternehmensbewertung	1–17
1. Vorbemerkung	1–4
2. Bewertungsanlässe	5–10
3. Bewertungszwecke	11–17
II. Bewertungsverfahren	18–84
1. Kapitalwertorientierte Verfahren	18–55
a) Bewertungsgrundsätze	23–31
b) Ertragswertverfahren	32–42
c) Discounted Cash Flow-Verfahren	42–54
d) Vereinfachtes Ertragswertverfahren	55
2. Substanzwertverfahren	56–59
3. Vergleichsverfahren	60–64
a) Multiplikatorverfahren	60/61
b) Comparative Company-Ansatz	62–64
4. Mischverfahren	65/66
5. Relevanz von Börsenkursen	67–73
6. Besonderheiten bei der Unternehmensbewertung	74–84
a) Bewertung wachstumsstarker Unternehmen	75–79
b) Bewertung ertragsschwacher Unternehmen	80–84

Schrifttum: *Ballhorn/König*, Unternehmensbewertung im Familien- und Erbrecht – der neue IDW ES 13 und die Vorgaben der BGH-Rechtsprechung, BB 2015, S. 1899; *Ballwieser/Franken/Ihlau/Jonas/Kohl/Mackenstedt/Popp/Siebler*, Besonderheiten bei der Ermittlung eines objektivierten Unternehmenswerts kleiner und mittelgroßer Unternehmen (IDW Praxishinweis 1/2014), WPg 2014, S. 463; *Ballwieser/Hachmeister*, Unternehmensbewertung, 4. überarb. Aufl., 2013; *Ballwieser/Hippe* (Hrsg.); Mergers & Acquisitions, 66. Deutscher Betriebswirtschafter-Tag 2012, 2012, S. 113; *Ballwieser/Leuthier*, Betriebswirtschaftliche Steuerberatung: Grundprinzipien, Verfahren und Probleme der Unternehmensbewertung (I + II), DStR 1986, S. 545, 604; *Barthel*, Unternehmenswert: Die vergleichsorientierten Bewertungsverfahren, DB 1996, S. 149; *Barthel*, Unternehmenswert: Konsequenzen aus der Subprime-Krise, DB 2009, S. 1025; *Beisel/Klumpp*, Der Unternehmenskauf, 7. Aufl. 2015; *Böhm*, Praxisorientierte Methoden der Unternehmensbewertung, CM 2000, S. 301; *Bungert/Leyendecker-Langner*, Börsenkursrechtsprechung beim vorgeschalteten Delisting, BB 2014, S. 521; *Busse von Colbe/Becker/Berndt/Geiger/Schmitt/Seeberg*, Ergebnis nach DVFA/SG, 3. grundl. überarb. Aufl. Stuttgart 2000; *Creutzmann*, Unternehmensbewertung im Steuerrecht – Neuregelung des Bewertungsgesetzes ab 1.1.2009, DB 2008, S. 2784; *Frühling*, Unternehmensbewertung und ewige Rente, FB 2009, S. 200; *Diedrich/Dierkes*, Kapitalmarktorientierte Unternehmensbewertung, 2015; *Diedrich/Dierkes* Equity-Verfahren der Unternehmensbewertung, WPg 2017, S. 204; *Fleischer* Unternehmensbewertung bei aktienrechtlichen Abfindungsansprüchen: Bestandsaufnahme und Reformperspektiven im Lichte der Rechtsvergleichung, AG 2014, S. 97; *Gleißner*, Börsenkurs und „wahrer Wert" in Abfindungsfällen WPg 2015, S. 72; *Gleißner* Ermittlung eines objektivierten Unternehmenswerts von KMU, WPg 2015, S. 908; *Habersack/Huber/Spindler* (Hrsg.); Festschrift für Eberhard Stilz zum 65. Geburtstag, 1. Aufl. 2014; *Hachmeister/Ruthardt* Börsenkurs und/oder Ertragswert in Squeeze Out Fällen – Der Fall Hoechst-AG, NZG 2014, S. 455; *Hachmeister/Ruthardt*, Unternehmensbewertung mit Multiplikatoren (Teil I+II), DStR 2015, S. 1702, 1769; *Hachmeister/Ruthardt*, Verkehrswert des Anteils und Verkehrswert des Unternehmens; WPg 2016, S. 411; *Hachmeister/Wiese*, Der Zinsfuß in der Unternehmensbewertung: Aktuelle Probleme und Rechtsprechung, WPg 2009, S. 54; *Hallermayer/Land* Grenzen der Bedeutung des Börsenkurses bei der Unternehmensbewertung im Rahmen von Strukturmaßnahmen AG 2015, S. 659; *Holzapfel/Pöllath*, Unternehmenskauf in Recht und Praxis, 15. neu bearb. Aufl. 2016; *Hommel/Pauly/Schuster*, Unternehmensbewertung und Unternehmenssteuerreform 2008, FB 2008, S. 412; *IDW* WPH 2014 Wirtschaftsprüfung, Rechnungslegung, Beratung Bd. II, Düsseldorf 2014; *IDW*-Standard: Grundsätze zur Durchführung von Unternehmensbewertungen (IDW S 1 i.d.F. 2008), FN-IDW 2008, S. 273; IDW Praxishinweis 1/2014: Besonderheiten bei der Ermittlung eines objektivierten Unternehmenswerts kleiner und mittelgroßer Unternehmen, FN-IDW 2014, S. 282; *Jonas*, Die Bewertung mittelständischer Unternehmen – Vereinfachungen und Abweichungen, WPg 2011, S. 299; *Knott* (Hrsg.), Unternehmenskauf, 5. Aufl., 2016; *Kasperzak/Bastini*, Unternehmensbewertung zum Liquidationswert, WPg 2015, S. 285; *Knoll*, Wertrelevanz des Ausschüttungsverhaltens bei objektivierter Unternehmensbewertung, WPg 2015, S. 327; *Knoll*, Unternehmensbewertung – bis zur Ewigkeit dauert's länger!, DB 2016, S. 544; *Kohl*, Unternehmensbewertung und persönliche Verhältnisse, WPg 2015, S. 1130; *Krieger/Lutter/Schmidt*, Festschrift für Michael Hoffmann-Becking zum 70. Geburtstag, 1. Aufl. München 2013; *Lappe/Stafflage,* Unternehmensbewertungen nach dem Wertpapiererwerbs- und Übernahmegesetz, BB 2002, S. 2185; *Mandl/Rabel*, Unternehmensbewertung, Wien 2003; *Meitner/Streitferdt* Ermittlung des sicheren Zinses in der Unternehmensbewertung, WPG 2017, S. 98; *Mertens*, Die Information des Erwerbers einer wesentlichen Unternehmensbeteiligung an einer Aktiengesellschaft durch deren Vorstand, AG 1997, S. 541; *Möllmann*, Erbschaft- und schenkungsteuerliche Unternehmensbewertung anhand von Börsenkursen und stichtagsnahen Veräußerungsfällen, BB 2010, S. 408; *Niewiarra*, Unternehmenskauf, 3. Aufl. 2006; *Obermaier*, Die kapitalmarktorientierte Bestimmung des Basiszinssatzes für die Unternehmensbewertung: the Good, the Bad and the Ugly, FB 2008, S. 493; *Olbrich/Rapp*, Zur Berücksichtigung des Börsenkurses bei der Unternehmensbewertung zum Zweck der Abfindungsbemessung DStR 2011, S. 2005; *Peemöller (Hrsg.)*, Praxishandbuch der Unternehmensbewertung, 6. Aufl. Herne/Berlin 2014; *Piehler/Schwetzler*, Zum Wert ertragsteuerlicher Verlustverträge, Zfbf 2010, S. 60; *Piltz*, Die Unternehmensbewertung in der Rechtsprechung, 3. neu bearb. Aufl., Düsseldorf 1994; *Reuter*, Börsenkurs und Unternehmenswertvergleich aus Eignersicht, DB 2001, S. 2483; *Ruthardt/Hachmeister* Unternehmensbewertung im Spiegel der neueren gesellschaftsrechtlichen Rechtsprechung WPg 2016, S. 687; *Schaumburg*, Unternehmenskauf im Steuerrecht, 3. Aufl., Stuttgart 2004; *Schneider/Hommelhoff/Schmidt*, Festschrift für Marcus Lutter zum 70. Geburtstag, 1. Aufl. 2000; *Schultze*, Methoden der Unternehmensbewertung, 2. Aufl. Düsseldorf 2003; *Schüppen*, Vorstandsvergütung – (K)ein Thema für die Hauptversammlung?, ZIP 2010, S. 905; *ders.*, Due Diligence-Prüfung im Lichte jüngerer BGH-Rechtsprechung – Kür oder Pflicht?, BB 2012, Nr. 39, S. I; *ders.*, Wirtschaftsprüfer und Aufsichtsrat – alte Fragen und aktuelle Entwicklungen, ZIP 2012, S. 1317; *ders.*, Brot, Steine und Glatteis – Der „Solange-Beschluss" des BGH zur Unternehmensbewertung unter rückwirkender Anwendung von IDW S 1 (2005), ZIP 2016, S. 1413; *Schwetzler*, Unternehmensbewertung bei nicht zeitnaher Abfindung – geänderte Bewertungsfaktoren während des Spruchstellenverfahrens und „volle Entschädigung", FB 2008, S. 30; *Sinewe*, Die Relevanz des Börsenkurses im Rahmen des § 255 II AktG, NZG 2002, S. 314; *Streitferdt*, Unternehmensbewertung mit dem DCF-Verfahren nach der Unternehmenssteuerreform 2008, FB 2008, S. 268; *Sureth/Nordhoff*, Kritische Anmerkungen zur Ermittlung des tatsächlichen Werts einer Familienpersonengesellschaft nach neuer Rechtslage, DB 2008, S. 305; *Wasmann* Endlich Neuigkeiten zum Börsenkurs, ZGR 2011, S. 83; *Wiesner/Wobbe*, Das Zinsniveau sowie weitere Parameter der Unternehmensbewertung im aktuellen Niedrigzinsumfeld, DB 2017, 1725; *Wollny*, Der objektivierte Unternehmenswert, 3. Aufl., 2018; *Wollny*, Fairness Opinion und Angemessenheitsprüfung des Kaufpreises – Lehren aus dem Fall EnBW, DStR 2013, S. 482; *Wollny*, Der Bewertungssichtag für Unternehmenswerte bei aktienrechtlichen Abfindungen, M&A-Transaktionen und Schadensersatz, DStR 2017, S. 949; *Wüstemann/Brauchle*, BB-Rechtsprechungsreport Unternehmensbewertung 2014/2015, BB 2015, S. 1643; *Zieger/Schütte-Biastoch*, Gelöste und ungelöste Fragen bei der Bewertung von kleineren und mittleren Unternehmen (KMU), FB 2008, S. 590.

I. Grundlagen der Unternehmensbewertung

1. Vorbemerkung

Unternehmensbewertung ist die Zuordnung eines Wertes in Geldeinheiten zu einem Unternehmen (oder zu abgrenzbaren Unternehmensteilen). Die Nutzentheorie bezeichnet als Unternehmenswert den subjektiven Nutzen, den die Eigentümer auf Grund der Eigenschaften und speziellen Umstände aus dem Unternehmen ziehen können. Die Investitionstheorie definiert als Unternehmenswert den Grenzpreis, der sich aus dem Vergleich mit einer alternativen Investitionsmöglichkeit, zB Kauf oder Verkauf, ergibt. 1

Zu unterscheiden ist der Wert eines Unternehmens von dessen Preis. Beide sind nur unter eng definierten Bedingungen identisch. Der Preis ist das Entgelt pro Einheit, für das ein Objekt (bei einer Vielzahl von Transaktionen) auf einem Markt mit einer Vielzahl von Anbietern und Nachfragern den Eigentümer wechselt. Er wird von der Nutzenschätzung der Beteiligten und von der in ihr zum Ausdruck kommenden Zahlungsbereitschaft bestimmt. Die Einflussmöglichkeiten der Unternehmenseigner auf die Unternehmenspolitik (bei Alleineigentum, qualifizierter oder einfacher Mehrheit, Sperrminorität oder Streubesitz) können die Preisbildung mehr oder weniger stark beeinflussen; dies gilt auch für Börsenkurse.[1] 2

Steuerfolgen eines Eigentümerwechsels können sowohl den Wert als auch den Preis von Unternehmen beeinflussen. So mindern zB persönliche Ertragsteuern auf einen Veräußerungsgewinn beim Verkäufer den Entscheidungswert. Je nach Verhandlungsposition von Käufer und Verkäufer wird dies auch den Preis beeinflussen.[2] 3

Ziel einer Unternehmensbewertung ist die Bewertung des Nutzens, den ein Anteilseigner aus der Beteiligung an dem Unternehmen ziehen kann. Ihr Ergebnis kann zur Argumenta- 4

---

[1] IDW-Standard: Grundsätze zur Durchführung von Unternehmensbewertungen (*IDW* S 1) idF 2008, FN-IDW 2008, S. 273 (im Folgenden: IDW S 1), TZ 13 ff.
[2] Zur formelmäßigen Umsetzung: *Diedrich/Dierkes* WPg 2017, 204.

tion in Preisverhandlungen dienen. Umgekehrt können tatsächlich gezahlte Preise für Unternehmen(santeile) zur Beurteilung der Plausibilität von Unternehmenswerten und Anteilswerten dienen. Eine Unternehmensbewertung ersetzen sie aber nicht.

2. Bewertungsanlässe

5 Die Anlässe für eine Unternehmensbewertung sind vielfältig. Sie kann zB als **Grundlage der Preisbestimmung** bei Anteilstransaktionen, aber auch als **Erfolgsmaßstab unternehmerischen Handelns** im Zusammenhang mit shareholder- oder stakeholder-orientierter Unternehmensführung dienen. Denkbar sind:
- Bewertungen mit und ohne Eigentümerwechsel und
- Bewertungen auf Grund gesetzlicher, vertraglicher oder sonstiger Anlässe.

6 Ein **Eigentümerwechsel** erfolgt bspw. beim Kauf oder Verkauf von Unternehmen bzw. Unternehmensanteilen, beim Ein- und Austritt von Gesellschaftern, bei Barabfindungen oder Abfindungen in Aktien, Erbauseinandersetzungen uä. **Kein Eigentümerwechsel** im wirtschaftlichen Sinne liegt bei einer Verschmelzung durch Aufnahme oder Neugründung, Ausgliederung oder bei einem Formwechsel vor. Gleiches gilt für Kreditwürdigkeitsprüfungen, Schadensermittlungen, Liquidationen oder für eine an der Steigerung des Unternehmenswertes orientierte Entlohnung von Führungskräften.

7 **Gesetzliche Bewertungsanlässe** sind va im Aktien- und Umwandlungsrecht normiert. So müssen außenstehende Aktionäre beim Abschluss von Unternehmensverträgen (§§ 291 f. AktG), wie Beherrschungs-, Gewinn- oder Betriebsüberlassungsverträgen, bei einer Eingliederung oder einem Squeeze-out (zwangsweiser Ausschluss von Minderheitsaktionären) einen angemessenen Wertersatz erhalten (§§ 304, 305 AktG). Bei Unternehmensverträgen ist dafür der Gewinnanteil zu ermitteln, der nach der bisherigen Ertragslage der Gesellschaft und ihren künftigen Ertragsaussichten unter Berücksichtigung angemessener Abschreibungen und Wertberichtigungen, jedoch ohne Bildung anderer Gewinnrücklagen, voraussichtlich als durchschnittlicher Gewinnanteil auf die einzelne Aktie verteilt werden könnte (§ 304 Abs. 2 S. 1 AktG). Auch bei einem Squeeze-out errechnet sich nach aktueller Rechtsprechung die Abfindung aus dem Ertragswert des Unternehmens, jedenfalls dann, wenn dieser höher ist als der Barwert der dem Minderheitsaktionär zustehenden Ausgleichszahlungen aufgrund des (Beherrschungs- und) Gewinnabführungsvertrags.[3] Das Umwandlungsgesetz verlangt eine Unternehmensbewertung für die Ermittlung des Umtauschverhältnisses sowie von Barabfindungen bei Verschmelzungen oder Spaltungen.

Andere gesetzliche Bewertungsanlässe finden sich im Steuerrecht: Erbschafts- und Schenkungsfälle sowie die Verlagerung betrieblicher Funktionen ins Ausland erfordern ebenfalls eine Bewertung von Unternehmen bzw. Unternehmensteilen.

8 Bei Bewertungen auf **vertraglicher Grundlage** oder auf Grund **sonstiger Willenserklärungen** ist häufig ein bestimmtes Verfahren vorgegeben, wobei neben kapitalwertorientierten Verfahren auch komplexitätsreduzierende Verfahren, wie Vergleichs- oder Mischverfahren, Anwendung finden, zB im Gesellschaftsvertrag zur der Abfindung ausscheidender Gesellschafter. Hierzu getroffene Regelungen sind an den gesetzlichen Vorgaben zu messen, die bei einer Personengesellschaft als Abfindung eine Zahlung in der Höhe vorsehen, die sich im Fall einer Auflösung der Gesellschaft im Zeitpunkt des Ausscheidens für den Gesellschafter ergeben hätte (§ 738 BGB). Neben dem Ein- und Austritt von Gesellschaftern können Erbauseinandersetzungen, Abfindungsfälle im Familienrecht und Schiedsverträge[4] Anlässe für Bewertungen auf vertraglicher Grundlage sein.

9 **Sonstige Bewertungen** basieren auf freiwilliger unternehmerischer Initiative und betreffen häufig den Bereich der Eigen- oder Fremdkapitalzuführung, zB im Rahmen eines Börsengangs oder einer Kreditwürdigkeitsprüfung. Des Weiteren können sie im Bereich so genannter Performance-Messungen zur Beurteilung von Führungskräften, Teilbetrieben oder Unternehmenssparten Anwendung finden.

---

[3] BGH 12.1.2016 – II ZB 25/14, NZG 2016, 461 mit Besprechung *Schüppen* ZIP 2016 (1413).
[4] S. hierzu den IDW-Standard „Besonderheiten bei der Unternehmensbewertung zur Bestimmung von Ansprüchen im Familien- und Erbrecht" (IDW S 13), IDW Life 2016, S. 574.

Eine weitere Form der Systematisierung von Bewertungsanlässen unterscheidet auf einer 10
ersten Stufe **entscheidungsabhängige** von **entscheidungsunabhängigen Bewertungsanlässen**,
dh Anlässen, bei denen das Ergebnis der Bewertung zu einer Entscheidung über den Bewertungsgegenstand führt oder nicht.[5] Der erste Fall tritt ein bei tatsächlichen oder potenziellen
Änderungen der Eigentumsverhältnisse (zB beim Kauf/Verkauf von Unternehmen, der Abfindung von Minderheitsgesellschaftern oder bei Erbauseinandersetzungen), im zweiten Fall
findet keine Änderung der Eigentumsverhältnisse statt (zB bei einer Kreditwürdigkeitsprüfung oder der wertorientierten Vergütung von Managern). Auf einer zweiten Stufe werden
entscheidungsabhängige Anlässe in **dominierte und nicht dominierte Konfliktsituationen**
unterschieden. Bei dominierten Situationen ist eine Partei in der Lage, eine Änderung der
Eigentumsverhältnisse auch gegen den Willen der anderen Partei durchzusetzen (zB bei Ausscheiden eines Gesellschafters durch Kündigung oder bei Erbauseinandersetzung). In einer
nicht dominierten Entscheidungssituation ist dies nicht möglich (zB beim Kauf/Verkauf eines Unternehmens oder bei der Neuaufnahme eines Gesellschafters ohne Ausscheiden eines
bisherigen Gesellschafters). Dominierte und nicht dominierte Anlässe können in einem dritten Schritt in **Konfliktsituationen vom Typ Kauf/Verkauf und vom Typ Fusion** unterschieden werden, abhängig davon, ob eine der Parteien ihr Eigentum am Unternehmen gegen
eine Gegenleistung aufgeben soll oder ob die Beteiligten eine Zusammenführung ihrer Unternehmen zu einer neuen Einheit anstreben.

3. Bewertungszwecke

Die an der Bestimmung des Unternehmenswertes interessierten Parteien haben subjektive, 11
in der Regel unterschiedliche Vorstellungen über das zu bewertende Unternehmen und dessen Preis. Durch Verhandlungen kann es zu einer Einigung kommen, die zwischen der Preisuntergrenze des Verkäufers und der Preisobergrenze des Käufers liegen wird. Sind auf
Grund deutlicher Informationsasymmetrien oder aus Schutzerwägungen gegenüber einer
Vertragsseite Verhandlungen nicht möglich, wird ein Unternehmenswert durch einen **Gutachter** in Anlehnung an die subjektiven Wertvorstellungen der Parteien festgelegt.[6] Da die
getroffenen Annahmen Einfluss auf das Ergebnis der Bewertung nehmen, ist vorab der
Zweck zu klären und im Rahmen der Auftragserteilung festzulegen.

In Abhängigkeit von Anlass und Zweck der Unternehmensbewertung lassen sich folgende 12
Funktionen des mit der Bewertung beauftragten Sachverständigen unterscheiden:[7]
- Ermittlung eines objektivierten Unternehmenswerts im Rahmen der Tätigkeit als neutraler Gutachter
- Ermittlung subjektiver Entscheidungswerte im Rahmen der Tätigkeit als Berater
- Ermittlung eines Einigungswerts im Rahmen der Tätigkeit als Schiedsgutachter

Der im Rahmen der **Funktion als neutraler Gutachter** zu ermittelnde **objektivierte Unter-** 13
nehmenswert wird auf der Grundlage von aus der Vergangenheit und/oder aus Plausibilitätsüberlegungen ableitbaren künftigen Ertragsüberschüssen ermittelt. Im Hinblick auf die
Funktion des Bewerters als neutraler Gutachter ist hierbei ein unparteiischer Ansatz geboten. Rein verkäufer- oder rein käuferorientierte Wert- und Nutzenvorstellungen bleiben unberücksichtigt. Ermittelt wird stattdessen ein Wert, der für eine größere Anzahl von Individuen als typisch gelten kann. Das Ergebnis ist ein typisierter fiktiver Entscheidungswert, der
individuelle Verhältnisse in normierter Form abbildet. Der objektivierte Unternehmenswert
entspricht damit dem Zukunftserfolgswert bei **konzeptionell unveränderter Fortführung des
Unternehmens** und bei realistischer Einschätzung zukünftiger Marktchancen, finanzieller
Möglichkeiten und sonstiger Einflussfaktoren.[8]

Vom objektivierten Unternehmenswert zu unterscheiden ist der in früheren Theorien 14
verwandte Begriff des **objektiven Unternehmenswertes**. Ihm lag die Vorstellung von einem
Wert des Unternehmens an sich, der für jedermann gültig und daher unabhängig von den

---
[5] *Ballwieser* DStR 1986, 545 (546).
[6] WP-HdB II, A 27.
[7] *Schultze* S. 5 ff.
[8] WP-HdB II, A 82.

Vorstellungen der Parteien und dem Bewertungsanlass sei, zugrunde.[9] Wenn der Wert eines Unternehmens allerdings für alle Beteiligten gleich wäre, gäbe es keinen Grund für einen Kauf oder Verkauf. Wegen dieses Widerspruchs wurde die Theorie des objektiven Werts aufgegeben.[10]

15   Bei einer **Tätigkeit als Berater einer Vertragsseite** werden deren entscheidungsorientierten Wertinteressen in die Bewertung einbezogen. Ziel der Wertfindung ist die Ermittlung der Grenze der Konzessionsbereitschaft für die an der Änderung der Eigentumsverhältnisse interessierte Partei: Es ist derjenige Preis zu finden, bei dem ein Kauf/Verkauf gerade noch vorteilhaft erscheint. Das Ergebnis ist ein individueller, **subjektiver Entscheidungswert.** Er gibt die Verknüpfung der individuellen Zielplanung als Ausdruck des Gewollten mit dem konkreten Entscheidungsumfeld als Ausdruck der Möglichkeiten der jeweiligen Partei wieder. Zur Annäherung daran kann in einem ersten Schritt ein objektivierter Unternehmenswert ermittelt werden, der in einem zweiten Schritt durch die Berücksichtigung spezifischer Konzepte und Möglichkeiten des Erwerbers, zB hinsichtlich Unternehmensfortführung und Synergieeffekten, angepasst wird. Für dieses zweistufige Vorgehen spricht einmal, dass ein Unternehmen durch die vielfältige Eingliederung in seine Umwelt genügend vom jeweiligen Unternehmenseigner unabhängige und unbeeinflussbare wertbestimmende Faktoren besitzt. Weiterhin ist das Unternehmen in seiner bestehenden Konzeption Ausgangspunkt für Änderungsüberlegungen des Käufers und damit auch Grundlage für die Ermittlung seiner eigenen Wertvorstellungen.[11]

16   Im Rahmen eines **Schiedsgutachtens** wird der Unternehmenswert ohne die wertbildende Mitwirkung der Parteien ermittelt. Der dabei erzielte **Einigungswert** soll jedoch als fairer Kompromiss zwischen den subjektiven Wertvorstellungen von Käufer und Verkäufer liegen, so dass gewisse Anhaltspunkte über Preisober- und Preisuntergrenze offengelegt werden müssen. Der Gutachter muss in diesem Rahmen eine angemessene und gerechte Entscheidung nach rationalen, ökonomisch vertretbaren und nachvollziehbaren Kriterien treffen. Die Schiedsaufgabe findet va in der Rechtsprechung Anwendung, wo in Ausgleich gegenläufiger Interessen geschaffen werden muss. Zur Vereinheitlichung des Verfahrens gehen die Gerichte von einer typisierenden Betrachtungsweise aus. Maßstab ist der Wert, den das Unternehmen für einen „objektiven" Dritten hätte, wenn dieser es anstelle des Inhabers fortführen würde. Der ermittelte Wert entspricht dem objektivierten Unternehmenswert,[12] subjektive Vorstellungen der Parteien finden keine Berücksichtigung. Dies ist zB bei Fragen der Erbauseinandersetzung der Fall, bei denen der gerechte Ausgleich beider Seiten im Vordergrund steht,[13] soweit Testament oder letztwillige Verfügung nichts anderes vorsehen. Hierzu wird ein objektivierter Wert in einem Schiedsgutachten unter Berücksichtigung subjektiver Werteinschätzungen und Synergieeffekte auf einen fairen Einigungswert übergeleitet.

17   Von der Unternehmensbewertung abzugrenzen ist die im Transaktionsgeschäft zum Standard gewordene Fairness Opinion. Allgemein handelt es sich hierbei um eine von einem unabhängigen Sachverständigen verfasste Stellungnahme zur finanziellen Angemessenheit einer unternehmerischen Entscheidung, in der Regel mit Bezug zu einer Unternehmenstransaktion.[14] Dabei liegt bereits ein Wert oder Preis vor, dessen Angemessenheit zu beurteilen ist. Ein Hauptanwendungsfall liegt in der Stellungnahme des Managements der Zielgesellschaft zur Angemessenheit eines Übernahmeangebots (§§ 13, 14 WpÜG). Hier müssen Aufsichtsrat, Vorstand oder Geschäftsführung im Hinblick auf den Preis einer Transaktion dokumen-

---

[9] *Mandl/Rabel* Unternehmensbewertung, 2003, S. 6 f.
[10] *Wollny* DStR 2017, 949 (950).
[11] WP-HdB II, A 24 f.
[12] *Piltz* S. 98.
[13] WP-HdB II, A 28 f.
[14] Die Deutsche Vereinigung für Finanzanalyse und Asset Management (DVFA) sowie das Institut der Wirtschaftsprüfer (IDW) haben Grundsätze für die Erstellung von Fairness Opinions entwickelt: DVFA: Grundsätze für Fairness Opinions Version 2.0 2008; IDW Standard (IDW S 8): Grundsätze für die Erstellung von Fairness Opinions vom 17.1.2011, FN-IDW 3/2011, S. 151 ff. *Wollny* 2013, S. 482; *Schüppen* in *Ballwieser/Hippe* S. 113.

tieren können, dass sie auf Basis angemessener Information gehandelt haben, andernfalls droht Organhaftung.[15]

II. Bewertungsverfahren

1. Kapitalwertorientierte Verfahren

Zur Bewertung von Unternehmen ist eine Vielzahl von Verfahren verfügbar.[16] Das Spektrum der in der Theorie diskutierten Methoden ist ähnlich breit wie die Vielfalt der in der Praxis anzutreffenden Verfahren. Welches im Einzelfall sachgerecht ist, hängt vom jeweiligen Bewertungsanlass ab sowie davon, in welcher der oben beschriebenen Funktionen der Unternehmensbewerter tätig wird. In jedem Fall muss das Verfahren im Rahmen des Entscheidungsprozesses folgende vier Hauptfunktionen erfüllen können:
- Abschätzen des Investitionsrahmens und des Finanzierungsbedarfs im Vorfeld
- Bereitstellung von wert-/preisrelevanten Informationen zur Verhandlungsführung
- Ermittlung von Entscheidungswerten zur Bestimmung einer Preisuntergrenze oder -obergrenze
- Identifikation des Marktpreises zur subjektiven Grenzwertindikation

Die Verfahren der Unternehmensbewertung lassen sich ganz überwiegend drei Gruppen zuordnen:
- Überschussorientierte Verfahren (Ertragswertverfahren, Discounted Cash Flow-Verfahren)
- Vergleichsverfahren
- Substanzwertorientierte Verfahren

Dabei sind in der Bewertungspraxis eindeutig **überschussorientierte Verfahren** (Kapitalwertverfahren) vorherrschend, da sie als einzig geeignet gelten, den Wert einer Unternehmung zutreffend zu ermitteln. Den beiden Varianten dieses Verfahrens, dem Ertragswertverfahren und dem Discounted Cash Flow-Verfahren, ist gemeinsam, dass der Unternehmenswert sich aus der Diskontierung zukünftiger Erfolge ableitet. Dafür wird das Unternehmen als Bewertungseinheit betrachtet, so dass sich dessen Wert aus dem im Hinblick auf diese Einheit insgesamt zu erwartenden Zukunftserfolg ergibt (Gesamtbewertungsverfahren).[17]

Wegen ihrer einfachen und schnellen Berechnung sind **Vergleichsverfahren** in Form von Multiplikatorverfahren oder eines Comparative Company-Ansatzes in der Praxis weit verbreitet. Hier wird der Wert des Unternehmens anhand der Börsen- oder Marktpreise für äquivalente Objekte, zT unter Einsatz branchenspezifischer Erfahrungswerte, bestimmt.

Allen bisher genannten Bewertungsverfahren ist gemeinsam, dass das Unternehmen als Gesamtheit betrachtet wird, dessen Wert sich aus den zukünftigen Erfolgen ableiten lässt. Dagegen berechnen **substanzwertorientierte Verfahren** den Unternehmenswert grundsätzlich als Summe der einzelnen Vermögensgegenstände abzüglich der Schulden des Unternehmens zu einem Bewertungsstichtag, angesetzt mit Wiederbeschaffungs- oder Liquidationswerten (Einzelbewertungsverfahren).

Daneben existieren so genannte **Mischverfahren**, die jeweils Elemente der vorgenannten Verfahren beinhalten.

a) **Bewertungsgrundsätze.** Vom Hauptfachausschuss des Instituts der Wirtschaftsprüfer in Deutschland eV *(IDW)* ist im Jahr 2000 ein Standard zur Durchführung von Unternehmensbewertungen *(IDW S 1)*[18] verabschiedet worden. Unternehmensbewertungen sind

---

[15] So die laufende Rechtsprechung: OLG Stuttgart 29.2.2012 – 20 U 3/11, ZIP 2012, 625, bestätigt durch Nichtannahmebeschluss des BGH 6.11.2012 – II ZR 111/12, ZIP 2012, 2438; 20.9.2011 – II ZR 234/09, DStR 2011, 2362; 27.3.2012 – II ZR 171/10, ZIP 2012, 1174 und BGH 14.5.2007 – II ZR 48/06, ZIP 2007, 1265.
[16] Einen Überblick hierzu geben *Mandl/Rabel* S. 66 ff.
[17] Dahinter steht, im Gegensatz zur Konzeption des Substanzwertverfahrens, der Gedanke, dass die Einheit mehr wert ist als die Summe der einzelnen Teile.
[18] IDW S 1, FN-IDW 2008, S. 273.

zwar keine Vorbehaltsaufgabe von Wirtschaftsprüfern, in der Praxis werden aber häufig Wirtschaftsprüfer bei gerichtlichen und außergerichtlichen Bewertungsfragen zu Rate gezogen. Verlautbarungen des *IDW* geben die allgemeine, aus der Entwicklung von Theorie, Praxis und Rechtsprechung gewonnene Ansicht der Berufsträger zu diesem Thema wieder. Sie haben keinen gesetzlich verbindlichen Charakter; eine Abweichung bedarf jedoch stets der ausdrücklichen Rechtfertigung durch den Wirtschaftsprüfer. Der *IDW* S 1 hat sich als Standard etabliert, der auch von vielen Unternehmensbewertern angewendet wird, die nicht Wirtschaftsprüfer sind. Im Folgenden werden daher die wichtigsten vom *IDW* entwickelten Grundsätze zur Durchführung von Unternehmensbewertungen erläutert, bevor auf die einzelnen Bewertungsverfahren eingegangen wird.

24 Das *IDW* erkennt als **zulässige Verfahren der Unternehmensbewertung** sowohl das in Deutschland häufig angewandte Ertragswertverfahren als auch das international bevorzugte Discounted Cash Flow-Verfahren an.[19] Die nachstehenden Grundsätze beziehen sich auf diese beiden Methoden. An der Substanz orientierten Bewertungsverfahren wird keine eigenständige Bedeutung bei der Ermittlung des Unternehmenswertes eingeräumt. Keine Berücksichtigung finden Vergleichsverfahren, da sie häufig nur zu einer ersten, überschlägigen Einschätzung des Unternehmenswertes herangezogen werden.

25 Wie dargelegt, gilt bei der Ermittlung von Unternehmenswerten die **Maßgeblichkeit des Bewertungszwecks**.[20] Aus dem Bewertungsanlass und dem Bewertungsziel können unterschiedliche Annahmen hinsichtlich der Prognose und Diskontierung der künftigen finanziellen Überschüsse folgen. Für eine sachgerechte Ermittlung des Unternehmenswerts sind diese Punkte daher vorab zu definieren.

26 Die Bewertung künftiger finanzieller Überschüsse basiert auf der Grundannahme, dass durch das Zusammenwirken aller materiellen und immateriellen Faktoren eines Unternehmens finanzielle Überschüsse erzielt werden können, deren Barwert über der Summe der Einzelwerte der eingesetzten Vermögensgegenstände liegt. Daher bestimmt sich der Wert eines Unternehmens nach dem Grundsatz der **Bewertung der wirtschaftlichen Unternehmenseinheit** im Normalfall nicht durch die Summe der Einzelwerte von Vermögensgegenständen und Schulden, die zu seiner Errichtung erforderlich waren oder zu einem Wiederaufbau notwendig wären, sondern nach dem Gebrauchswert (Nutzen), den das Unternehmen als wirtschaftliche Einheit besitzt.[21] Aufgabe des Unternehmensbewerters ist es, das Bewertungsobjekt zu bestimmen und den Umfang des betriebsnotwendigen Vermögens so abzugrenzen, dass alle für eine übertragbare Ertragskraft relevanten Faktoren berücksichtigt sind.

27 Der Wert eines Unternehmens richtet sich nach den finanziellen und nicht finanziellen Vorteilen, die seinen aktuellen oder potenziellen Eignern aus der Nutzung ihres Eigentums künftig erwachsen werden (Nutzwert).[22] Da die nicht finanziellen Vorteile (zB der Nutzen aus der Verwendung oder Veräußerung von Gegenständen oder Rechten; gesellschaftliche oder politische Vorteile) im Allgemeinen nicht isoliert und ihre Höhe sowie zeitlicher Anfall nicht (exakt) bestimmt werden können, wird bei der Bewertung von den nicht finanziellen Vorteilen abstrahiert und ein **partieller Zukunftserfolg** bestimmt.

28 In der Vergangenheit erzielte Vorteile sind nur insofern von Bedeutung, als angenommen werden kann, dass sie in Zukunft wiederkehren und sie damit als Basis für eine Zukunftsprognose herangezogen werden können. Die finanziellen Vorteile bestehen vorrangig in der Realisierung von Ansprüchen der Eigner auf vom Unternehmen erzielte Überschüsse, ggf. gemindert um zu leistende Einlagen. Darüber hinaus sind im Rahmen einer Nutzwertbestimmung weitere mit dem Eigentum am Unternehmen verbundene Zahlungsströme, zB persönliche Steuern, in die Berechnung einzubeziehen. Nach dem Grundsatz der **Bewertung künftiger finanzieller Überschüsse** ergibt sich der Wert des Unternehmens für seine Eigner bei Berücksichtigung ausschließlich finanzieller Zielsetzungen somit als Barwert ihrer Nettoeinnahmen aus dem Unternehmen.

---

[19] IDW S 1, 7.1., TZ 101.
[20] IDW S 1, 4.1., TZ 17.
[21] IDW S 1, 4.1., TZ 17.
[22] IDW S 1, 4.2., TZ 18.

29 Die Bewertung erfolgt nach dem **Stichtagsprinzip** bezogen auf einen gesetzlich oder vertraglich bestimmten Zeitpunkt. Vor diesem angefallene finanzielle Überschüsse sind bereits den Alteigentümern zugeflossen und werden daher bei der Ermittlung der zu diskontierenden Einnahmenüberschüsse nicht mehr berücksichtigt, nach diesem Datum zu erwartende bzw. schon realisierte Überschüsse werden den Neueigentümern zugerechnet und gehen somit in die Wertermittlung ein.[23] Für die Bewertung maßgebend ist bei Auseinanderfallen des Bewertungsstichtags und des Zeitpunkts der Durchführung der Bewertung nur der Informationsstand über die mögliche Entwicklung des Unternehmens, den die Parteien bei angemessener Sorgfalt zum Bewertungsstichtag hätten haben können, soweit nicht abweichend die Berücksichtigung bestimmter Ereignisse oder Entwicklungen nach dem Stichtag vereinbart wird.[24] Außerdem ist der Bewertungsstichtag entscheidend für die Bestimmung des Kapitalisierungszinssatzes, der sich aus den Renditemöglichkeiten einer Alternativinvestition in Abhängigkeit der vier Faktoren Sicherheit, Struktur, Fristigkeit und Besteuerung der Finanzanlage ableitet.

30 Neben dem betriebsnotwendigen Vermögen verfügt ein Unternehmen vielfach auch über nicht betriebsnotwendiges Vermögen. Nach dem Grundsatz der **gesonderten Bewertung des nicht betriebsnotwendigen Vermögens** sind sämtliche Vermögensteile und Schulden, die veräußert werden können, ohne dass davon die eigentliche Unternehmensaufgabe berührt würde, mit ihren Nettoveräußerungserlösen anzusetzen (funktionale Betrachtungsweise), da es sich hierbei um Überschusssubstanz handelt, die außerhalb des funktionalen Zusammenhangs der Werte im Betriebsgeschehen steht.[25] Welche Vermögensteile dies betrifft, hängt wesentlich von der Art der beabsichtigten Unternehmensfortführung (Unternehmensplanung) ab. Bei eingeschränkter Fortführung zB werden Anlageobjekte überzählig sein, die es bei unveränderter Fortführung nicht wären. In jedem Fall ist der Wert des nicht betriebsnotwendigen Vermögens dem – gleich nach welcher Methode ermittelten – Kapitalwert der zukünftigen Erfolge hinzuzurechnen.

31 Das für die Erstellung von handelsrechtlichen Jahresabschlüssen maßgebende Vorsichtsprinzip bildet die zT gegenläufigen Interessen von Gläubigern (Kapitalerhaltung durch Ausschüttungssperren) und Unternehmenseignern (volle Ausschüttbarkeit erwirtschafteter Gewinne) in ungleicher Gewichtung ab. Wird der Unternehmensbewerter in der Funktion eines neutralen Gutachters tätig, hat er, dem Gebot der Unparteilichkeit folgend, die ungewisse zukünftige Entwicklung nicht in einer Weise berücksichtigen, die eine der beteiligten Vertragsparteien einseitig benachteiligt.[26] Diese **Unbeachtlichkeit des (handelsrechtlichen) Vorsichtsprinzips** bedeutet jedoch nicht zwingend die Berücksichtigung der individuellen Risikoeinstellung des Investors. Bei der Ermittlung objektivierter Unternehmenswerte hat der Gutachter vielmehr eine typisierte Risikoeinstellung anzunehmen. Im Rahmen der Bestimmung subjektiver Entscheidungswerte muss dagegen die konkrete Risikoeinstellung des Auftraggebers berücksichtigt werden.

32 b) **Ertragswertverfahren.** Das Ergebnis des Ertragswertverfahrens[27] und damit der zu ermittelnde Unternehmenswert ist der **Bruttokapitalwert des Investitionsobjekts „Unternehmen"**, dh der Kapitalwert vor Abzug der Anschaffungskosten. Erträge sind die den Unternehmenseignern künftig zufließenden finanziellen Überschüsse, die aus den künftigen handelsrechtlichen Erfolgen (Ertragsüberschussrechnung) ermittelt werden.[28]

33 Die Ableitung des Unternehmenswertes aus den zukünftigen, prognostizierten Erträgen erfolgt in vier Schritten:
1. Analyse der Vergangenheitsergebnisse
2. Prognose der Ertragskraft

---

[23] IDW S 1, 4.3., TZ 23.
[24] Sog. Wurzeltheorie des BGH (17.1.1973 – IV ZR 142/70, NJW 1973, 509): Wertaufhellende Sachverhalte dürfen nur insoweit berücksichtigt werden, als ihre Wurzeln bereits vor dem Bewertungsstichtag begründet wurden.
[25] IDW S 1, 4.5., TZ 61.
[26] IDW S 1, 4.6., TZ 64.
[27] IDW S 1, 7.2., TZ 102 ff.
[28] IDW S 1, 7.2.1., TZ 103.

3. Ermittlung des Kapitalisierungszinssatzes
4. Berücksichtigung von Steuern auf der Ebene des Erwerbers

34 Die bisherige leistungs- und finanzwirtschaftliche Entwicklung eines Unternehmens ist das Resultat seiner Geschäftstätigkeit unter bestimmten Markt- und Umweltbedingungen. Durch eine **vergangenheitsbezogene Analyse** dieser Rahmendaten sollen die **Einflussfaktoren auf die bereits erreichte Ertragskraft, die Vermögens- und Finanzverhältnisse** des Unternehmens ermittelt werden, um daraus die Basis für zukunftsorientierte Plausibilitätsüberlegungen zur weiteren Unternehmensentwicklung zu gewinnen. Die zu untersuchenden Bereiche lassen sich wie folgt systematisieren:

- Analyse politischer, gesellschaftlicher, gesamtwirtschaftlicher und technischer Entwicklungen
- Analyse der Branche
- Analyse der Marktstellung des Unternehmens

35 Vor diesem Hintergrund werden dann die unternehmensspezifischen Daten analysiert. Dazu werden zunächst die Jahresabschlüsse (Bilanzen sowie Gewinn- und Verlustrechnungen), Kapitalflussrechnungen oder interne Ergebnisrechnungen der nächstzurückliegenden Geschäftsjahre – üblicherweise der letzten drei – zunächst um folgende **Sondereinflussfaktoren** bereinigt:[29]

- handelsrechtlich bedingte Abweichungen vom Entstehungszeitpunkt der Erfolge (zB bei langfristiger Fertigung; zur Korrektur des Imparitätsprinzips sind vorgezogenen Verlustrealisierungen der Periode der tatsächlichen Entstehung zuzuordnen)
- Ausübung von Bilanzierungs- und Bewertungswahlrechten
- nicht in den Erfolgsrechnungen erfasste bzw. nicht dem Unternehmen innewohnende Ertragsfaktoren (zB kalkulatorischer Unternehmerlohn)
- Änderungen in den Folgejahren auf Grund der Korrekturen in den vergangenen Geschäftsjahren

36 Die bereinigten Vergangenheitsergebnisse stellen den **Ist- Zustand** dar und bilden den Ausgangspunkt für die **Prognose der künftigen Entwicklung.** Zum einen werden Erwartungen hinsichtlich der künftigen Markt- und Umweltbedingungen formuliert. Zum anderen wird der Werdegang des Unternehmens in die Zukunft fortgeschrieben. Dafür sind – mit abnehmender Detailgenauigkeit im Zeitablauf – Prognoserechnungen, insbesondere für die Umsatz- und Ergebnisentwicklung sowie den zukünftigen Investitions- und Finanzierungsbedarf, zu erstellen. Hierzu wird der Betrachtungszeitraum üblicher Weise in **zwei Phasen** eingeteilt:[30]

Phase I: Nächstliegende, noch detailliert planbare Zukunft mit Einzelplanansätzen (bis zu fünf Jahre)

Phase II: Entwicklung des nachhaltigen Erfolges auf einem bestimmten Niveau (pauschales Wachstum) oder Ansatz eines Restwertes (ewige Rente)[31]

37 Der Unternehmenswert wird durch die **Abzinsung der Zukunftserfolge** auf den Bewertungsstichtag ermittelt. Mit Hilfe des hierfür erforderlichen **Kapitalisierungszinssatzes** werden die erwarteten Erfolge des Unternehmens einer Alternativanlage gegenübergestellt. Es wird verglichen, welche Mittel alternativ aufgewandt werden müssten, um Überschüsse in derselben Höhe wie aus dem Unternehmen zu erzielen. Dazu werden die risikoangepasste Renditeforderungen der Anleger auf der Grundlage kapitalmarkttheoretischer Modelle ermittelt. Dafür kommt typischerweise das Capital Asset Pricing Model (CAPM), ggf. auch in der Variante des Tax-CAPM zur Ermittlung von Nachsteuerrenditen, zur Anwendung,[32] auch wenn dessen **Aussagekraft** in neuerer Zeit in Frage gestellt wird. In der Literatur werden alternativ Modelle diskutiert, die weitere Faktoren zur Bestimmung des Zinssatzes berücksichti-

---

[29] Vgl. hierzu WP-HdB II, A 256 ff.
[30] Vgl. hierzu WP-HdB II, A 232 ff.
[31] *Frühling* FB 2009, 200.
[32] Nach dem CAPM ermittelt sich der Risikozuschlag als Produkt aus dem Marktpreis für die Übernahme des Risikos auf dem Kapitalmarkt und der unternehmensindividuellen Risikohöhe. Vgl. hierzu WP-HdB II, A 327 ff.

gen (so genannte Mehrfaktorenmodelle), wie zB das Arbitrage Pricing Model (APT). Diese (deutlich komplexeren) Modelle sind jedoch in der Praxis nur eingeschränkt einsetzbar.

Der Kapitalisierungszins setzt sich zusammen aus der **Rendite einer risikofreien Anlage (Basiszins) zuzüglich** einer allgemeinen und einer unternehmensspezifischen **Risikoprämie**.

Bei der Bestimmung des **Basiszinssatzes** ist vom landesüblichen Zinssatz für eine (quasi)risikofreie Kapitalanlage auszugehen.[33] Risikogesichtspunkte, wie Zins-, Währungs- oder Terminrisiken müssen außen vor[34] bleiben. Zugrunde gelegt werden daher die Renditen deutscher Staatsanleihen, die wegen des fehlenden Insolvenzrisikos das Kriterium der Risikofreiheit erfüllen. Allerdings muss die Geldanlage im Unternehmen mit einer fristkongruenten Anlage am Kapitalmarkt verglichen werden; Staatsanleihen haben eine maximale Laufzeit von dreißig Jahren, für Unternehmen wird dagegen in der Regel eine unbegrenzte Lebensdauer unterstellt. Um dem Rechnung zu tragen, wird die sog. Zinsstrukturkurve, dh die Abfolge laufzeitspezifischer Zinssätze für einzelne Zahlungen in aufeinanderfolgenden Perioden, im 30. Jahr mit dem dann geltenden Zinssatz fortgeschrieben.[35] Mit einem Inflationsabschlag soll die Geldentwertung bei festverzinslichen Anlagen berücksichtigt werden. Demgegenüber bietet die Beteiligung an einem Unternehmen die Chance, dass das Unternehmen durch Überwälzung den gestiegenen Kosten zumindest in gewissem Umfang entgegentreten kann. In diesem Maße ist ein Abschlag vom Basiszinssatz gerechtfertigt. 38

Die **allgemeine Risikoprämie** (Marktrisikoprämie) wird im CAPM als durchschnittliche Rendite des Aktienmarktes abzüglich der Rendite für risikofreie Kapitalanlagen ermittelt. Nach herrschender Meinung ist in der Langfristbetrachtung von einer durchschnittlichen Rendite am Aktienmarkt nach persönlichen Steuern von 4–5 % auszugehen.[36] 39

Durch einen Zuschlag für das **Unternehmerrisiko** (Beta-Faktor) wird berücksichtigt, dass eine Anlage in einem Unternehmen ein höheres Risiko beinhaltet als die Anlage in öffentlichen Anleihen, und zwar insbesondere das operative Risiko aus der betrieblichen Tätigkeit und das Finanzierungsrisiko in Abhängigkeit von der Finanzierungsstruktur. Der Beta-Faktor gibt dabei an, wie stark die Rendite des Unternehmens im Vergleich zum Gesamtmarkt schwankt. Ein Faktor von 1,0 bedeutet eine proportionale Entwicklung des unternehmensspezifischen Risikos im Verhältnis zu den Risiken der Unternehmen im Gesamtmarkt, entsprechend bedeutet ein Faktor größer (kleiner) 1,0 in Relation ein größeres (kleineres) Risiko.

Nach Auffassung des *IDW* sind neben den **Ertragsteuern** des Unternehmens auch die persönlichen Ertragsteuern der Unternehmenseigner (Einkommensteuer, Solidaritätszuschlag, ggf. Kirchensteuer) bei der Bewertung zu berücksichtigen, da der Wert eines Unternehmens für den Investor durch die Höhe der ihm zur freien Verfügung stehenden Zuflüsse bestimmt wird.[37] 40

Sofern dem Gutachter die individuellen steuerlichen Verhältnisse des aktuellen oder potenziellen Unternehmenseigners nicht bekannt sind, kann nur ein **typisierter Ertragsteuersatz** zugrunde gelegt werden.[38] Dafür sind die Verhältnisse eines im Inland ansässigen unbeschränkt steuerpflichtigen Anteilseigners einer Kapitalgesellschaft, der die Anteile im Privatvermögen hält, zu unterstellen. Da auch die Erträge aus der Alternativinvestition am Kapitalmarkt der persönlichen Steuerpflicht unterliegen, ist der Kapitalisierungszinssatz um die 41

---

[33] IDW S 1, 7.2.4, TZ 116. Zu Details der Bestimmung des Basiszinssatzes: *Meitner/Streitferdt* WPG 2017, 98; sowie *Wiesner/Wobbe* DB 2017, 1725.
[34] WP-HdB II, A 351.
[35] Die Zinssätze für die hier zugrunde zulegenden Null-Kupon-Anleihen werden tagesaktuell von der Deutschen Bundesbank veröffentlicht und dann mit Hilfe der sog. *Svensson*-Methode in eine Zinsstrukturkurve umgerechnet.
[36] In der aktuellen Situation auf den Finanzmärkten reichen die in der Vergangenheit gemessenen Marktrisikoprämien nicht mehr aus, um das allgemeine dem Markt innewohnende sogenannte systematische Risiko abzubilden. Daher sind die Marktrisikoprämie bei einer Betrachtung vor persönlichen Steuern auf 5,5 %–7 % und nach persönlichen Steuern auf 5 %–6 % anzupassen. FAUB des IDW FN-IDW 2009, S. 696 ff. dazu: *Ruthardt/Hachmeister* WPg 2016, 687.
[37] IDW S 1, 4.4.1.2., TZ 28.
[38] Vgl. hierzu WP-HdB II, A 80 ff.

Steuerbelastung zu reduzieren.[39] Ein Steuersatz in Höhe der Abgeltungssteuer (25 %) gilt als angemessen und vertretbar.

42 Verfügt die AG über einen steuerlichen Verlustvortrag, führt eine dadurch realisierbare zukünftige Steuerersparnis zu einer Erhöhung der Unternehmenserträge und damit auch des Entscheidungswertes eines potenziellen Käufers oder Verkäufers.[40] Allerdings sind bei einem Eigentümerwechsel die steuerlichen Voraussetzungen für den Übergang des Verlustvortrags auf einen Erwerber zu beachten (§ 8c KStG; § 10a GewStG).

43 **c) Discounted Cash Flow-Verfahren.** Neben dem Ertragswertverfahren erkennt das *IDW* die international vorherrschenden Discounted Cash Flow-Verfahren (DCF-Verfahren) als weitere zulässige Methoden zur Unternehmenswertermittlung an.[41] Damit soll der Globalisierung der Märkte und der damit einhergehenden Zunahme grenzüberschreitender Aktivitäten Rechnung getragen werden.

44 Die DCF-Verfahren beruhen auf den gleichen investitionstheoretischen Grundlagen wie das Ertragswertverfahren und führen unter Verwendung derselben Bewertungsannahmen bzw. -vereinfachungen, insbesondere hinsichtlich der Finanzierung, zum gleichen Ergebnis. In der Praxis beobachtbare unterschiedliche Unternehmenswerte auf Grund beider Verfahren beruhen regelmäßig auf unterschiedlichen Annahmen hinsichtlich der Zielkapitalstruktur, des Risikozuschlags oder sonstiger Plandaten.

45 Das DCF-Verfahren bestimmt den Wert des Unternehmens durch **Diskontierung zukünftiger erwarteter Zahlungsströme** an den Investor mit einem Kapitalisierungszinssatz auf den Bewertungsstichtag. Dabei ergeben sich die Zahlungsströme als Saldo der Ein- und Auszahlungen eines Geschäftsjahres. Die Analyse der Vergangenheitsergebnisse und die Prognose künftiger Einzahlungsüberschüsse eines Unternehmens erfolgen dabei grundsätzlich nach demselben Schema wie beim Ertragswertverfahren.[42]

46 Im Einzelnen können drei verschiedene Varianten der DCF-Verfahren unterschieden werden, die wiederum unter sonst gleichen Bedingungen bzw. Annahmen zu denselben Ergebnissen führen. Es handelt sich um den Equity-Ansatz, den Entity-Ansatz sowie den Adjusted-Present-Value-Ansatz.

47 Beim **Equity-Ansatz** als Nettoverfahren werden die im Zusammenhang mit Fremdkapital stehenden Zahlungen, dh sowohl Zinsen als auch die aus deren steuerlicher Abzugsfähigkeit resultierende Steuerersparnis, bei der Bestimmung der Cash Flows zum Abzug gebracht.[43] Es verbleiben allein die **Nettoauszahlungen an die Eigenkapitalgeber**.[44]

48 Beim **Entity-Ansatz** als Bruttoverfahren wird zunächst der Gesamtwert des Unternehmens, ausgedrückt im Wert des Gesamtkapitals, ermittelt, indem der Barwert der Zahlungen an Eigenkapitalgeber (zB Ausschüttungen) und Fremdkapitalgeber (zB Zinsen, Tilgung) berechnet wird. Um den Unternehmenswert als Wert des Eigenkapitals für die Anteilseigner zu erhalten, wird dann der Wert des Fremdkapitals abgezogen.

49 Als zu diskontierende Zahlungsreihe wird der **freie Cash Flow** zukünftiger Perioden verwendet. Dieser setzt sich wie folgt zusammen:

	operatives Ergebnis
−	Steuern auf das operative Ergebnis
+	Veränderung der Rückstellungen
+	Abschreibungen auf Sachanlagevermögen und immaterielle Vermögensgegenstände
+	nicht operativer freier Cash Flow
=	freier Cash Flow

---

[39] Obwohl die Zahlungsüberschüsse aus dem Unternehmen und die Erträge einer Alternativinvestition am Kapitalmarkt gleichermaßen einer Ertragsbesteuerung unterliegen, können auf Grund steuerlicher Vorschriften Umfang und Zeitpunkt der Besteuerung in beiden Fällen unterschiedlich sein, so dass Ertragsteuern bei der Ermittlung des Unternehmenswertes eine wertbeeinflussende Rolle spielen.
[40] *Phieler/Schwetzler* Zfbf 2010, 60.
[41] IDW S 1, 7., TZ 101 ff.
[42] Vgl. hierzu die Ausführungen unter b).
[43] IDW S 1, 7.3.4., TZ 138; WP-HdB II, A 175 ff.
[44] Diese sind grundsätzlich mit den Einzahlungsüberschüssen des Unternehmens nach der Ertragswertmethode vergleichbar.

Der Kapitalisierungszinssatz berücksichtigt neben den Eigenkapital- auch Fremdkapitalkosten. Er wird mit Hilfe eines **gewogenen Kapitalkostensatzes** (Weighted Average Cost of Capital – WACC) ermittelt.[45]

Als **Vorteile** des Entity-Ansatzes sind insbesondere folgende Argumente zu nennen:
- Die zu prognostizierenden freien Cash Flows sind finanzierungsunabhängig. Das erleichtert die Planung, insbesondere wenn es sich um Geschäftsbereiche eines Konzerns handelt, die nicht über eine eigenständige Erfolgsermittlung verfügen.
- Die Unabhängigkeit der Cash Flows von der Finanzierungsform macht den Werthebel der Finanzierung besonders deutlich.
- Käufer und Verkäufer gehen uU von verschiedenen Finanzierungsüberlegungen aus. Mit Hilfe des Entity-Ansatzes erfolgt eine Bewertung ohne die subjektiven Finanzierungsüberlegungen der Beteiligten.

Beim **Adjusted-Present-Value-Ansatz** (APV-Ansatz) wird zunächst der Marktwert des Gesamtkapitals unter der Annahme einer vollständigen Eigenfinanzierung des Unternehmens ermittelt.[46] Dazu werden die entsprechend dem Entity-Ansatz berechneten Cash Flows mit der Renditeforderung der Eigenkapitalgeber für das unverschuldete Unternehmen diskontiert. Dieser Wert wird auch als **Marktwert des unverschuldeten Unternehmens** bezeichnet.

In einem zweiten Schritt werden die **Auswirkungen der Fremdfinanzierung** berücksichtigt. Die steuerliche Abzugsfähigkeit der Fremdkapitalzinsen führt dabei zu einer Erhöhung des Marktwertes des Gesamtkapitals in Form eines so genannten **tax shield**. Die Summe aus dem Marktwert des unverschuldeten Unternehmens und der Marktwerterhöhung auf Grund einer teilweisen Fremdfinanzierung ergibt den Marktwert des Gesamtkapitals des verschuldeten Unternehmens. Wird davon der Marktwert des Fremdkapitals abgezogen, erhält man den gesuchten Wert, den **Marktwert des Eigenkapitals**.

Der **Vorteil** des APV-Ansatzes gegenüber dem Entity-Ansatz wird insbesondere darin gesehen, dass sich Änderungen der Kapitalstruktur des Bewertungsobjekts nicht auf die Höhe des Eigenkapitalansatzes auswirken, sondern lediglich die Höhe des tax shield beeinflussen. Der Marktwert des Unternehmens kann daher für verschiedene Verschuldungsgrade unmittelbar errechnet werden. Demgegenüber erfordern Änderungen des Verschuldungsgrades beim Entity-Ansatz jeweils eine Änderung des gewichteten Kapitalkostensatzes WACC.

d) **Vereinfachtes Ertragswertverfahren.** Dieses Verfahren dient allein der Unternehmens- und Anteilsbewertung für steuerliche Zwecke (§ 199 BewG).[47] Dabei wird der bereinigte, durchschnittliche Jahresertrag nach Steuern der letzten drei Jahre vor dem Bewertungsstichtag mit einem typisierten Kapitalisierungsfaktor multipliziert. Der Basiszins für die Kapitalisierung wird ebenfalls aus den Zinsstrukturdaten der Deutschen Bundesbank für längerfristige öffentliche Anleihen errechnet und einmal jährlich veröffentlicht. Der Zuschlag für das Unternehmerrisiko und andere Unwägbarkeiten, wie zB die Fungibilität der Anteile, erwartete Wachstumsraten oder inhaberbezogene Aspekte, darauf beträgt pauschal 4,5 %. Der Kapitalisierungsfaktor ergibt sich als die Umkehrung der Summe aus Basiszins und Risikozuschlag. Nicht betriebsnotwendige Vermögens- und Schuldpositionen sind gesondert mit ihrem gemeinen Wert (§ 9 BewG), vereinfachend dem Verkehrswert, anzusetzen, nachdem die damit zusammenhängenden Aufwendungen und Erträge aus dem og Jahresertrag herausgerechnet wurden.

2. Substanzwertverfahren

Bei den substanzwertorientierten Verfahren ist danach zu differenzieren, ob von einer **Fortführung** oder von einer **Aufgabe der Unternehmenstätigkeit** ausgegangen wird.[48] Wird die Fortführung angenommen, ergibt sich der Unternehmenswert aus der Summe aller Einzelwerte der Vermögensgegenstände abzüglich der Schulden zu einem bestimmten Bewertungsstichtag, wobei sich die Wertermittlung an einer Rekonstruktion des zu bewertenden

---
[45] Vgl. hierzu WP-HdB II, A 178 ff.
[46] IDW S 1.7.3.3., TZ 136; WP-HdB II, A 187 ff.
[47] Als solches gehört es nicht zu den vom IDW anerkannten Methoden der Unternehmensbewertung.
[48] IDW S 1, 8.4, TZ 170.

Unternehmens und den in diesem Fall entstehenden Kosten orientiert. Maßgebend sind daher **Wiederbeschaffungs- oder Zeitwerte der Vermögensgegenstände und Schulden.** Zum „Nachbau" des Unternehmens sind sämtliche Vermögenswerte des Unternehmens erforderlich und müssen bei einer Bewertung Berücksichtigung finden, unabhängig davon, ob sie in der Handelsbilanz ausgewiesen werden oder nicht. Zum Reproduktionswert des betriebsnotwendigen Vermögens rechnen daher auch die originären, nicht aktivierten immateriellen Vermögenswerte, wie selbstgeschaffene Patent- oder Markenrechte. Schwierig zu erfassende und zu quantifizierende immaterielle Werte, wie Kundenbeziehungen, der Standort des Unternehmens oder die Qualität des Personals, werden dagegen in der Regel nicht berücksichtigt. Trotz dieser und weiterer Unzulänglichkeiten ist der Substanzwert jedoch nicht bedeutungslos, da die Kenntnis der Substanz die Basis für die Ermittlung des zukünftigen Investitionsbedarfs und des Zukunftserfolgs der Unternehmung ist.

57 Der Ansatz von **Liquidationswerten** kann für nicht betriebsnotwendiges Vermögen, für Geschäftsbereiche, die eingestellt werden sollen oder auch für das gesamte Unternehmen in Frage kommen, wenn der daraus erwartete Erlös höher ist als der aus den diskontierten zukünftigen Erträgen oder Cash Flows ermittelte Barwert.[49] In Bezug auf die Bewertung des ganzen Unternehmens bildet der Liquidationswert bei unterstelltem ökonomischem Verhalten der Entscheidungsträger die Wertuntergrenze,[50] wenn nicht ein rechtlicher oder tatsächlicher Zwang die Unternehmensfortführung auch bei fehlenden Erträgen vorschreibt.[51]

58 Bei einer Liquidationsbetrachtung werden die einzelnen Vermögensgegenstände mit den im Rahmen der Auflösung des Unternehmens erwarteten **Verwertungserlösen** angesetzt. Als Einheit veräußerungsfähige Teile sind als solche anzusetzen. Die Höhe der zu erzielenden Erlöse wird wesentlich durch die Zerschlagungsgeschwindigkeit beeinflusst, da sich die Veräußerungsbedingungen bei einer Liquidation unter Zeitdruck verschlechtern. Daher ist zwischen einer sofortigen und einer planmäßigen Liquidation (Abwicklung) zu unterscheiden. Von beiden ist stets das unter den gegebenen Umständen bestmögliche **Zerschlagungskonzept** zu unterstellen. Beansprucht die Liquidation einen längeren Zeitraum, ist auf den Barwert der Erlöse abzustellen.

59 Von dem unter Auflösungsannahme ermittelten Vermögen sind die Schulden des Unternehmens abzuziehen. Dabei ist zu beachten, dass erst infolge der Liquidation entstehende Passivposten (zB Sozialplanverpflichtungen, Vorfälligkeitsentschädigungen, Steuern auf den Liquidationsgewinn) vollständig erfasst und mit der Liquidation entfallende Posten (Kulanz-, Aufwandsrückstellungen) gekürzt werden.

3. Vergleichsverfahren

60 a) **Multiplikatorverfahren.** Oftmals ist in der Praxis eine **schnelle, überschlägige Bewertung** erforderlich, die auf wenigen Prognosekennzahlen basiert und keine detaillierte Analyse und Aufbereitung der verschiedenen Wertdeterminanten und deren Einflussfaktoren enthält. Die Multiplikatormethode liefert hier eine erste Einschätzung in Form einer Überschlagsrechnung, indem versucht wird, den aktuellen **Unternehmenswert als Vielfaches einer Bezugsgröße** auszudrücken.[52] Die verwendeten Multiplikatoren sind in der Regel branchenabhängig und stellen mehr oder weniger grobe Erfahrungswerte dar, die aus den in der Vergangenheit realisierten Preisen bei Unternehmensverkäufen im betreffenden Geschäftszweig abgeleitet wurden. Denkbar sind grundsätzlich unterschiedliche Bezugsgrößen, zB Jahresüberschuss, Bilanzgewinn, Umsatzerlöse oder Cash Flow. In einigen Branchen sind aber auch Multiplikatoren gebräuchlich, die sich auf Mengengrößen beziehen, zB die Verkaufsfläche bei Einzelhandelsunternehmen, die Anzahl der Nutzer bei Telekommunikations- oder Internetunternehmen. In solchen Branchen, in denen die Anzahl der Kunden als beson-

---

[49] Vgl. hierzu WP-HdB II, A 193 ff.
[50] IDW S 1, 7.4, TZ 140.
[51] In Frage kommen als solche Zwänge: Testamentarische Auflagen, Vorschriften der Arbeitnehmermitbestimmung, öffentlich-rechtliche Bindungen oder öffentlicher Druck.
[52] IDW S 1, 8.3.4., Tz. 164 ff.; zu einzelnen Multiplikatorverfahren: *Hachmeister/Ruthardt* DStR 2015, 1702 (1769).

ders wertbestimmend angesehen wird, findet der **Client Contribution Approach** Anwendung. Im Rahmen einer zweistufigen Bewertung wird zunächst der Wert eines Kunden ermittelt (Nettokundenwert) und anschließend die Anzahl der Neukunden im Prognosezeitraum einschließlich ihrer Konsequenzen auf die Erfolgsgröße bestimmt. Zunächst wird der Jahresumsatz eines Durchschnittskunden berechnet, aus dem der Gewinnbeitrag pro Kunde abgeleitet wird. Der Nettokundenwert ergibt sich als Barwert der geschätzten Erfolgsbeiträge eines Kunden. Im zweiten Schritt erfolgt die Bestimmung der im Prognosezeitraum zu erwartenden Veränderung der Kundenzahl pro Jahr. Das Produkt aus Nettokundenwert und Anzahl der Kunden pro Jahr ergibt in Summe den Unternehmenswert.

Wird auf eine Gewinn- oder Cash Flow-Größe nach Zinsen abgestellt, erhält man durch Anwendung des Multiplikators den potenziellen Marktpreis des verschuldeten Unternehmens. Die Heranziehung dieser Größen vor Zinsen führt zum potenziellen Marktpreis des fiktiv unverschuldeten Unternehmens. Bei einem Abstellen auf Mengengrößen oder Umsatzerlöse führt die Anwendung des Multiplikators je nach Branche häufig nur zum potenziellen Marktpreis für den Geschäftswert (good will). Durch Addition des Substanzwertes erhält man den potenziellen Marktpreis des Unternehmens. Bei Gewinnmultiplikatoren zeigen die teilweise stark voneinander abweichenden Mindest- und Höchstsätze,[53] dass die Anwendung von Multiplikatoren mitunter eine **große Spannweite möglicher Unternehmenswerte** impliziert. Es wird hier deutlich, dass die Multiplikatormethode weniger eine eigenständige Bewertungsmethode darstellt, sondern eher im Hinblick auf die **Plausibilisierung alternativ ermittelter Unternehmenswerte** bzw. für die Argumentation in Verhandlungen bedeutsam ist. **61**

b) Comparative Company-Ansatz. Beim Comparative Company-Ansatz orientiert sich die Bestimmung des Unternehmenswerts unmittelbar an konkreten, tatsächlich realisierten Marktpreisen für vergleichbare Unternehmen. Anhand dieser Marktpreise wird der potenzielle Marktpreis für das Bewertungsobjekt geschätzt. Die **Auswahl der Vergleichsunternehmen** bildet daher den zentralen Ansatzpunkt des Verfahrens, die jedoch gleichzeitig in der praktischen Umsetzung die meisten Schwierigkeiten bereitet. In zweiter Linie ist die Kenntnis von möglichst zeitnahen, tatsächlich realisierten Marktpreisen für Anteile an Vergleichsunternehmen erforderlich. Sieht man von den Börsenkursen notierter Unternehmen ab, sind derartige Daten im deutschen Sprachraum kaum vorhanden[54] und allenfalls Insidern (zB Investmentbanken) zugänglich, während insbesondere in den USA auf mehrere Datenbanken und Informationsquellen zurückgegriffen werden kann. **62**

Als Ausprägungen des Comparative Company-Ansatzes werden der **Similar Public Company-Ansatz,** der den Wert nicht börsennotierter Unternehmen aus den Marktpreisen börsennotierter Vergleichsunternehmen ableitet, sowie der **Recent Acquisitions-Ansatz,** bei dem der Unternehmenswert nicht aus den Marktpreisen börsennotierter Unternehmen, sondern aus tatsächlich realisierten Kaufpreisen für Vergleichsunternehmen abgeleitet wird, gezählt.[55] Beim **Initial Public Offering-Ansatz** wird der potenzielle Marktpreis eines Unternehmens aus Emissionspreisen für Anteile an Vergleichsunternehmen, die in der nahen Vergangenheit an der Börse eingeführt wurden, bestimmt. **63**

Zur Wertfindung werden die erhobenen Marktpreise der Vergleichsunternehmen mit bestimmten Performance-Daten (zB Periodengewinngrößen, Dividendenzahlungen, Cash Flows) in Relation gesetzt. Die daraus resultierenden Verhältniszahlen werden dann auf die für das zu bewertende Unternehmen errechneten Vergleichsgrößen angewendet. Ein auf diese Weise ermittelter Unternehmenswert wird noch um Anpassungen korrigiert, ua in Form von pauschalen Abschlägen für geringere Fungibilität der Anteile auf Grund fehlender Börsennotierung („discount for lack of marketability"). **64**

---

[53] Eine Veröffentlichung von Multiples vom Mai/Juni 2018 gibt zB für Beratungsunternehmen kleiner Größe einen EBIT (Earnings before interest and tax)– Multiple zwischen 6,4 und 8,5 und für Beratungsunternehmen mittlerer Größe zwischen 7,0 und 9,0 an. Börsennotierte Unternehmen werden allgemein höher bewertet als nicht notierte. www.finance-magazin.de.
[54] Eine öffentlich zugängliche Datenbank mit rund 8.500 aktuellen Unternehmenskäufen, -verkäufen, -fusionen und -beteiligungen bietet www.finance-dealbank.de.
[55] Zu den Methoden der Multiplikator-Bewertung: *Hachmeister/Ruthardt* DStR 2015, 1702 (1769).

4. Mischverfahren

65 In der Praxis ist vielfach die **Kombination von Substanz- und Ertragswertverfahren** zur Unternehmenswertermittlung üblich. Das **Mittelwertverfahren**, auch **Praktikermethode** oder **Berliner Verfahren** genannt, errechnet den Unternehmenswert, indem Ertrags- und Substanzwert addiert werden und die Hälfte der Summe als Unternehmenswert angesehen wird. Bisweilen wird beiden Komponenten nicht das gleiche Gewicht zugemessen, sondern ein gewichtetes Mittel gewählt, etwa 2 : 1 zugunsten des Ertragswertes.

66 Das zur Ermittlung des **gemeinen Wertes von Anteilen nicht notierter Kapitalgesellschaften** (§ 12 Abs. 1 S. 1 ErbStG iVm § 11 Abs. 2 S. 1 BewG) von der Finanzverwaltung für Zwecke der Erbschaft- und Schenkungsteuer entwickelte so genannte **Stuttgarter Verfahren** (R 96 ff. ErbStR) wird nach der Reform des Erbschaft- und Schenkungsteuerrechts nur noch in Ausnahmefällen zur Anwendung kommen, ist aber zB immer noch in vielen Gesellschaftsverträgen als Verfahren zur Bestimmung eines Abfindungsanspruchs im Fall des Ausscheidens vereinbart.[56] Das Verfahren basiert auf der Annahme, dass ein potenzieller Erwerber neben dem Vermögenswert des Unternehmens auch dessen Ertragsaussichten bei der Bemessung des Kaufpreises berücksichtigen wird. Der Vermögenswert als Substanzkomponente ist das Ergebnis des Verhältnisses zwischen dem (modifiziertem) Wert des Betriebsvermögens und Nennkapital der Gesellschaft im Besteuerungszeitpunkt. Bei der Ermittlung der Erfolgskomponente in Form eines so genannten Ertragshundertsatzes erfolgt eine Schätzung des voraussichtlichen künftigen Jahresertrages auf der Grundlage von in der Vergangenheit erzielten (modifizierten) Durchschnittserträgen. Dieser Jahresertrag wird in Relation zum Nennkapital gesetzt. Der gemeine Wert ergibt sich als Vermögenswert, erhöht oder vermindert um die zusätzliche oder verminderte Rendite, die eine Anlage in dem Unternehmen im Vergleich zu einer Anlage am Kapitalmarkt bezogen auf fünf Jahre aufweist. Dabei wird ein Zinssatz von 9 % zugrunde gelegt (R 100 ErbStR). Die gemeinsame gedankliche Basis der Mischverfahren liegt in der Annahme, dass der Substanzwert den „Normalwert" eines Unternehmens bilde. Dies ist Ausdruck eines Misstrauens gegen die Schätzung von Erträgen und versucht, dies durch einen fiktiven Normalertrag zu korrigieren.

5. Relevanz von Börsenkursen

67 Die Unternehmensbewertung anhand von Börsenkursen hat erst durch die jüngere Rechtsprechung an Bedeutung gewonnen. Der Börsenkurs eines Unternehmens entspricht dem Preis, den Marktteilnehmer bereit sind, zu einem bestimmten Zeitpunkt für einen Unternehmensanteil zu zahlen. Er wird außer durch den Wert des Unternehmens an sich auch von vielfältigen unternehmensexternen Faktoren, wie zB Spekulationen der Marktteilnehmer, Marktentwicklungen, Änderungen des Zinsniveaus oder der Wechselkurse, beeinflusst. Börsenkurse dienen daher vorrangig zur Plausibilisierung des Unternehmenswerts.[57] Das BVerfG hat jedoch in seinem Grundsatzurteil vom 27.4.1999[58] entschieden, dass im Zusammenhang mit **Beherrschungs- oder Gewinnabführungsverträgen** (§§ 304, 305 AktG) sowie der **Eingliederung** des Unternehmens in eine andere AG (§ 320b AktG) bei der Bestimmung des Ausgleichs oder der Abfindung für außenstehende oder ausgeschiedene Aktionäre der Börsenkurs der abhängigen Gesellschaft nicht außer Betracht gelassen werden darf.

68 Scheidet ein Aktionär auf Grund einer der genannten Vorschriften aus der Gesellschaft aus, muss er eine Entschädigung für den Verlust seiner Aktionärsstellung erhalten, die gemäß Art. 14 Abs. 1 GG dem vollen Wert, mindestens aber dem Verkehrswert der gesellschaftsrechtlichen Stellung an dem arbeitenden Unternehmen entspricht. Zur Ermittlung dieser Entschädigung muss bei verkehrsfähigen Anteilen neben dem Ertragswertverfahren

---

[56] Der Gesetzgeber hat nun einem (vereinfachten) Ertragswertverfahren den Vorzug gegeben. s. *Creutzmann* DB 2008, 2784. Daneben kann der Unternehmenswert für Steuerzwecke auch aus Börsenkursen oder stichtagsnahen Veräußerungen abgeleitet werden; s. *Möllmann* BB 2010, 408.
[57] IDW S 1, 3, TZ 15.
[58] BVerfG WPg 1999, 784.

bzw. den DCF-Verfahren grundsätzlich auch der Börsenkurs der abhängigen Gesellschaft herangezogen werden, da der Aktionär nicht schlechter gestellt werden darf, als wenn er seine Beteiligung frei auf dem relevanten Markt veräußert (so genanntes Meistbegünstigungsprinzip).[59]

Der offensichtliche Vorteil des Börsenkurses – seine verglichen mit der Komplexität von Bewertungsfragen im Rahmen der Ertragswertmethode leichte Bestimmbarkeit verschafft ihm in der Literatur starke Fürsprecher; zumindest in Spruchverfahren, die Strukturmaßnahmen börsennotierter Aktiengesellschaften betreffen, sollte dadurch die Überprüfung der zugrundeliegenden Unternehmensbewertung erleichtert und objektiviert werden.[60]

Da der Börsenkurs in der Regel dem Verkehrswert entspricht, bildet er nach dem Meistbegünstigungsprinzip die Entschädigungsuntergrenze. Auch bei einer Abfindung in Aktien der Hauptgesellschaft oder der herrschenden Gesellschaft sowie bei der Bestimmung des variablen Ausgleichs ist stets der Börsenkurs des zu bewertenden Unternehmens, dh der Untergesellschaft, maßgebend; der Börsenkurs der Obergesellschaft ist insoweit nicht von Bedeutung. Eine Unterschreitung des Börsenkurses hält die Rechtsprechung bei einem fehlenden Handel über einen längeren Zeitraum, bei Marktenge, Kursmanipulation oder schlechter Verfassung der Kapitalmärkte für sachgerecht.

Der Beschluss des BVerfG enthält keine Hinweise dazu, wie der relevante Börsenkurs zu ermitteln ist, dh ob der Börsenkurs des Bewertungsstichtags oder der durchschnittliche Kurs eines Referenzzeitraums maßgebend sein soll. Der BGH hält einen Referenzzeitraum von drei Monaten vor dem Bewertungsstichtag, dh dem Tag der Hauptversammlung der Untergesellschaft, auf der über den Unternehmensvertrag abgestimmt wird, für angemessen, um einerseits Kursmanipulationen zu verhindern und andererseits einen Wert zu ermitteln, der dem Wert am Stichtag nahe kommt.[61] Im Schrifttum wird die Wahl eines Referenzzeitraums bis zur Hauptversammlung kritisiert und stattdessen vorgeschlagen, analog zu § 5 WpÜG-Angebotsverordnung („AngebotsVO") den Referenzzeitraum mit dem Tag der Bekanntgabe der Konzernierungsmaßnahme zu beenden, um Kursmanipulationen zu verhindern.[62]

Die Übertragbarkeit der Bewertung anhand von Börsenkursen auf die **Verschmelzung** börsennotierter gleichberechtigter Gesellschaften hat das BayObLG mit Beschluss vom 18.12.2002 abgelehnt.[63] Bei einer Verschmelzung stehen sich, im Unterschied zu Unternehmensverträgen, die Interessen der Aktionäre beider Gesellschaften gleichberechtigt gegenüber: dem nach Art. 14 Abs. 1 GG geschützten Aktieneigentum der Aktionäre der übertragenden Gesellschaft steht das nicht minder geschützte Aktieneigentum der Aktionäre der übernehmenden Gesellschaft gegenüber. In der Folge hat die Rechtsprechung allerdings in weiteren Verschmelzungsfällen dem Börsenkurs den Vorzug gegeben.[64] So hat etwa das OLG Frankfurt a. M. in seiner T-Online-Entscheidung die börsenkursorientierte Wertermittlung insbesondere bei Gesellschaften als „deutlich überlegen" angesehen, deren Aktien in

---

[59] AG 2001, 417 (419) – DAT/Altana IV; AG 2001, 186 (229) – Stollwerck; BayObLG AG 2000, 390 (391) – Rieter II; BayObLG AG 2000, 392 (394) – Ytong; OLG Düsseldorf NZG 2003, 588 (592) – Siemens/SNI; AG 2003, 688 (691) – Veba; NZG 2004, 622 (624) = AG 2004, 212 (214) – Krupp/Hoesch-Krupp; OLG Stuttgart AG 2004, 43 (44) – Vereinigte Filzfabriken; Emmerich/Habersack/*Emmerich* Rn. 42 ff.; Kölner KommAktG/*Koppensteiner* Rn. 100, 112.
[60] *Emmerich* FS Stilz, 2014, 135 ff.; *Busse von Colbe* FS Lutter, 1053 (1058 ff.); *Hüttemann* FS Hoffmann-Becking, 2013, 603 (611 ff.); Spindler/Stilz/*Veil* Rn. 55; *Fleischer* AG 2014, 97 ff.
[61] BGH DStR 2001, 754. Vergleichbar legt das OLG Düsseldorf in einem Urteil vom 31.1.2003, NZG 2003, 588, den ungewichteten durchschnittlichen Börsenkurs der letzten drei Monate vor der Hauptversammlung der Untergesellschaft zugrunde. Dagegen will das BayObLG NZG 1998, 23, ganz allgemein den Börsenkurs zum Stichtag unter Berücksichtigung der Entwicklung der Aktienkurse im Allgemeinen und im Besonderen für die zu bewertende Aktie heranziehen.
[62] WP-HdB II, A 516.
[63] BayObLG ZIP 2003, 253.
[64] OLG Stuttgart DB 2009, 1583 (1588 f.) (Squeeze-out); OLG Frankfurt a. M. AG 2010, 751 – DTK/T-Online (Verschmelzung), nachgehend BVerfG AG 2011, 511; OLG München AG 2012, 749 (Verschmelzung); KG Konzern 2007, 65 (67) (Verschmelzung).

einen bedeutenden Aktienindex aufgenommen sind und in einem hochliquiden Markt gehandelt werden.[65] Eine Verfassungsbeschwerde der Kleinaktionäre, die sich gegen die Verwendung des Börsenkurses und stattdessen auf eine Abfindung auf Basis des höheren Ertragswerts richtete, blieb erfolglos.[66]

73 Das zum 1.1.2002 in Kraft getretene „Wertpapiererwerbs- und Übernahmegesetz" (WpÜG) ermöglicht entsprechend den §§ 327a ff. AktG den Ausschluss von Minderheitsaktionären im Rahmen des sog. **Squeeze out**, s. hierzu grundlegend unten *Riehmer* in § 44. Ein Mehrheitsaktionär oder eine Gruppe, die mindestens 95 % der Anteile auf sich vereinigt, hat die Möglichkeit, Minderheiten durch Mehrheitsbeschluss auf der Hauptversammlung auch gegen deren Willen gegen angemessene Entschädigungsleistung aus der Gesellschaft auszuschließen. Bei der Bestimmung der Angemessenheit der Gegenleistung ist gemäß § 31 Abs. 1 WpÜG grundsätzlich der durchschnittliche Börsenkurs der Aktien der Zielgesellschaft (sog. „Börsenpreisregel") und die Erwerbe von Aktien der Zielgesellschaft durch den Bieter, mit ihm gemeinsam handelnde Personen oder deren Tochterunternehmen (sog. „Gleichpreisregel") zu berücksichtigen.[67] Unter Bezugnahme auf § 31 Abs. 7 WpÜG konkretisieren die §§ 3–7 AngebotsVO die gesetzlichen Vorgaben hinsichtlich der Ermittlung des relevanten Börsenkurses: Die Gegenleistung muss mindestens den im Rahmen von Vorerwerben von Aktien der Zielgesellschaft gezahlten Preisen innerhalb der letzten drei Monate vor der Veröffentlichung der Entscheidung zur Abgabe des Übernahmeangebots entsprechen (§ 4 S. 1 AngebotsVO). Zudem muss bei Aktien, die zum Handel an einer deutschen Börse zugelassen sind, der „gewichtete durchschnittliche Börsenkurs" dieser Aktien während der letzten drei Monate vor der Veröffentlichung der Entscheidung zur Abgabe des Übernahmeangebots als Untergrenze der Gegenleistung berücksichtigt werden (§ 5 Abs. 1 AngebotsVO). Die Gegenleistung darf den durchschnittlichen Börsenkurs nicht unterschreiten (§ 3 S. 2 AngebotsVO). Anstelle der Berücksichtigung des durchschnittlichen Börsenkurses ist eine Unternehmensbewertung – mit Hilfe des Ertragswert- oder des DCF-Verfahrens – zur Angemessenheitsprüfung der angebotenen Gegenleistung bei öffentlichen Übernahmeangeboten erforderlich, wenn nur an weniger als einem Drittel der Börsentage Börsenkurse während des Referenzzeitraums festgestellt worden sind und mehrere nacheinander festgestellte Börsenkurse um mehr als fünf Prozent voneinander abweichen (§§ 5 Abs. 4; 6 Abs. 6 AngebotsVO).

6. Besonderheiten bei der Unternehmensbewertung

74 Art und Größe eines Unternehmens spielen bei seiner Bewertung grundsätzlich keine Rolle. Stehen ausschließlich finanzielle Ziele im Fokus, kommt es allein darauf an, inwieweit das Unternehmen entsprechende Überschüsse erzielen kann. In Einzelfällen können bei der Bewertung allerdings Besonderheiten zu beachten sein, ohne dass diese zu einer eigenen Bewertungslehre oder -methodik führten. Neben wachstumsstarken und ertragsschwachen Unternehmen kann dies bei kleinen oder mittelgroßen Unternehmen, bei Bewertungen nach dem Aktien- oder Umwandlungsrecht, dem Familien- oder Erbrecht sowie für Zwecke der Bilanzierung der Fall sein.[68]

75 **a) Bewertung wachstumsstarker Unternehmen.** Wachstumsunternehmen sind häufig durch Produkt- und Leistungsinnovationen, wachsenden Kapitalbedarf auf Grund hoher Investitionen, und – damit verbunden – progressiv steigende Umsatzerlöse gekennzeichnet.[69] Dabei besteht **Unsicherheit in zweifacher Hinsicht,** zum einen hinsichtlich der Funktionsfähigkeit entwickelter Technologien, Produkte oder Präparate (ggf. erforderliche Zulassung von Aufsichtsbehörden, Etablierung als technischer Standard, Übergang zur Serienferti-

---

[65] Dazu in der Literatur ua: *Hallermayer/Land* AG 2015, 659; *Bungert/Leyendecker-Langner* BB 2014, 521; *Hachmeister/Ruthardt* NZG 2014, 455; *Gleißner* WPg 2015, 72; *Olbrich/Rapp* DStR 2011, 2005; *Wasmann* ZGR 2011, S. 83.
[66] BVerfG 26.4.2011 – 1 BvR 2658/10.
[67] *Lappe/Stafflage* BB 2002, 2185.
[68] WP-HdB II, A 413.
[69] IDW S 1, 8.1, TZ 146.

gung), zum anderen hinsichtlich deren Absatz- und Umsatzpotential (Umfang und Wachstum des Gesamtmarktes, Eintritt neuer Wettbewerber, die Entwicklung des eigenen Marktanteils).

Bei diesen Unternehmen liefert ein Blick in die Vergangenheit im Allgemeinen keinen geeigneten Anhaltspunkt für Prognosen und Plausibilitätsüberlegungen zur künftigen Entwicklung. Insbesondere die Prognose finanzieller Überschüsse für den Zeitraum der Phase II,[70] die eine Stabilisierung des Erfolgs auf einem konstanten Niveau unterstellt, unterliegt **erheblichen Unsicherheiten und Schwankungen,** verbunden mit einer hohen Sensitivität von Planungsparametern. Die Analyse der Rahmendaten muss sich daher auf externer Seite insbesondere auf die nachhaltige Markt- und Wettbewerbsfähigkeit des Produkt- und Leistungsprogramms, die Verfügbarkeit der erforderlichen Ressourcen sowie auf interner Seite auf die infolge des Wachstums notwendige Fähigkeit zu dessen Finanzierung und weitere erforderliche Anpassungsmaßnahmen konzentrieren. In der Risikoprämie und über einen Wachstumsabschlag werden schließlich die Besonderheiten der schnell wachsenden Unternehmen berücksichtigt.

Der Unternehmenswert wird durch einen Vergleich mit geeigneten, börsennotierten Unternehmen ermittelt. Kriterien für die Unternehmensauswahl können zB die Branche oder das erwartete Umsatz- oder Ergebniswachstum sein. Für die ausgewählten Vergleichsunternehmen werden grundsätzlich die aktuellen Börsenkurse herangezogen, um möglichst zeitnahe Marktpreise zugrunde zu legen. Als **Multiplikator** wird das **Kurs-Gewinn-Verhältnis (KGV)**, dh die Relation von Börsenkurs zu Gewinn pro Aktie, verwendet. Es drückt aus, wie der Gewinn eines Unternehmens an der Börse bewertet wird. In der Praxis ist zu beobachten, dass für Vergleichsunternehmen auch bei ähnlichem laufendem oder geplantem Gewinn unterschiedliche Kurse existieren, so dass eine Bandbreite vergleichbarer KGV ermittelt werden kann. Auf das hieraus ermittelte Durchschnitts-KGV der Vergleichsunternehmen werden unternehmensindividuelle Zu- oder Abschläge vorgenommen. Der Emissionspreis pro Aktie ergibt sich aus der Multiplikation des **unternehmensindividuellen KGV** mit dem der jeweiligen Bewertung zugrunde gelegten Gewinn je Aktie des emittierenden Unternehmens.

Bei der KGV-Ermittlung muss gewährleistet sein, dass die geplanten Gewinne der betrachteten Unternehmen vergleichbar sind. Dazu hat die Deutsche Vereinigung für Finanzanalyse und Anlageberatung (DVFA) in Zusammenarbeit mit der Schmalenbach-Gesellschaft (SG) das so genannte. **DVFA/SG-Ergebnis** entwickelt, um den nach deutschen Rechnungslegungsvorschriften ermittelten Jahresüberschuss um ungewöhnliche oder dispositionsbedingte Komponenten zu bereinigen, so dass ein **Vergleich im Zeitablauf und zwischen verschiedenen Unternehmen** möglich wird und eine Basis für die Ergebnisabschätzung entsteht.

Beim KGV-Konzept wird der Börsenkurs zu einem bestimmten Zeitpunkt und der Gewinn einer bestimmten Periode zugrunde gelegt. In diesem **statischen Verfahren** kann der Zeitfaktor im Vergleich zu dynamischen Methoden (Barwert- bzw. Present Value-Ansätze) nur unvollständig abgebildet werden. Trotz dieser bewertungstheoretischen Kritik findet das KGV-Verfahren im Rahmen der **Emissionspreisfindung** bei Börsengängen häufig Anwendung. Dies liegt ua darin begründet, dass das KGV-Verfahren im Gegensatz zu Ertragswert- und DCF-Verfahren sämtliche von den Marktteilnehmern berücksichtigten Anlage- und Preiskriterien, die sich im Börsenkurs ausdrücken, abbildet. Es stellt somit einen deduktiven Vergleichsmaßstab zur Ermittlung eines erzielbaren Marktpreises dar. Das Verfahren erlaubt eine **schnelle und finanzmathematisch einfache Beurteilung** der Preiswürdigkeit von Aktien und vermittelt so einen Anhaltspunkt über den erzielbaren Emissionskurs.

b) Bewertung ertragsschwacher Unternehmen. Im Allgemeinen wird als ertragsschwach ein Unternehmen bezeichnet, dessen Rentabilität, dh das Verhältnis von Ertrag zum eingesetzten Kapital, unter dem Kapitalisierungszinssatz liegt.[71] Dann reicht der erzielte Ertrag nicht, um das Unternehmen (langfristig) zu erhalten. In Abhängigkeit von der Dauer kann

---

[70] Vgl. hierzu die Ausführungen unter → Rn. 36.
[71] IDW S 1, 8.2., TZ 149 ff.; WP-HdB II, A 416 ff.; zum Kapitalisierungszinssatz sa Fn. 37.

zwischen **chronischer und temporärer Ertragsschwäche** unterschieden werden. Chronische Ertragsschwäche ist durch eine als unabänderlich anzusehende nachhaltige Unterverzinsung des Kapitaleinsatzes gekennzeichnet, wohingegen bei temporärer Ertragsschwäche die Unterverzinsung auf einen mehr oder weniger langen Zeitraum begrenzt ist.

81 Die Einschätzung der Ertragsschwäche kann Schwierigkeiten bereiten, weil auch eine **scheinbar hohe Rentabilität** eine tatsächliche Ertragsschwäche verdecken kann, wie es zB **in folgenden Fällen** denkbar ist:

82 • Im Bereich **verbundener Unternehmen** werden Erfolgsbestandteile berücksichtigt, die nicht allein auf das betrachtete Unternehmen, sondern auf dessen Stellung in einem Verbund zurückzuführen sind. Da das Unternehmen aber isoliert beurteilt wird, sind diese Erfolgsfaktoren zu eliminieren, da sie bei Lösung des Unternehmens aus dem Verbund nicht übertragbar wären und somit ausblieben. In diesem Zusammenhang sind quantifizierbare Größen relativ leicht zu ermitteln, Schwierigkeiten ergeben sich allerdings, wenn die Ursachen der positiven Erfolgsbestandteile ausschließlich in den begünstigenden Umständen der Beteiligungsverhältnisse liegen.

83 • Die **tatsächliche wirtschaftliche Lage** zeigt sich nicht im handelsrechtlichen Jahresabschluss, obwohl dieser nach den gesetzlichen Vorschriften aufgestellt ist. Werden Projekte in die Zukunft verschoben oder Aufwendungen eingespart, die der langfristigen Ergebnissicherung dienen (zB Aufwendungen für Forschung und Entwicklung), kann zeitweilig eine günstigere Ergebnissituation vorgetäuscht werden. Gleiches gilt, wenn das Jahresergebnis Scheingewinne enthält, die zB darauf zurückzuführen sind, dass handelsrechtlich nicht von den uU stark gestiegenen Wiederbeschaffungskosten, sondern nur von den niedrigeren Anschaffungskosten der Anlagegüter abgeschrieben werden darf.

84 Wird bei der Bewertung ertragsschwacher Unternehmen von deren **Fortführung** ausgegangen, ist das zugrunde gelegte Unternehmenskonzept besonders im Hinblick auf die darin geplanten Maßnahmen zur Überwindung der Ertragsschwäche sowie auf die Realisierbarkeit der geplanten finanziellen Überschüsse hin zu untersuchen Bei Ermittlung eines objektivierten Unternehmenswerts sind lediglich bereits eingeleitete Maßnahmen zur Überwindung der Ertragsschwäche zu berücksichtigen, während ein subjektiver Entscheidungswert zusätzlich geplante, aber noch nicht realisierte Maßnahmen abbildet. Neben den Plänen zur Fortführung des Unternehmens müssen auch **Zerschlagungskonzepte** in die Beurteilung einbezogen werden, sofern sie eine reelle Handlungsalternative darstellen.

§ 21 Gesellschafterdarlehen und eigenkapitalähnliche Finanzierung

Übersicht

	Rn.
I. Typische Beratungssituationen	1/2
II. Gesellschafterdarlehen	3–66
1. Grundlagen	3
2. Gesellschafterdarlehen und Kapitalerhaltung	4–6
3. Rückzahlung von Aktionärsdarlehen	7–66
a) Grundlagen	7–9
b) Vor Inkrafttreten des MoMiG: Umqualifizierung als Eigenkapitalersatz	10–20
c) Rechtslage nach Inkrafttreten des MoMiG	21–40
d) Übergangsvorschriften	41
e) Steuerliche Behandlung des Ausfalls von Gesellschafterdarlehen	42–44
f) Exkurs: Aufstrebende Sicherheitenbestellung	45–66
III. Eigenkapitalähnliche Finanzierung	67–129
1. Genussrechte	67–110
a) Attraktivität von Genussrechten zur Unternehmensfinanzierung	67
b) Begriff und Rechtsnatur	68–71
c) Abgrenzung zu anderen Rechtsinstituten	72–77
d) Verbriefung	78/79
e) Inhaltliche Ausgestaltung	80–89
f) Keine Anwendung von Darlehensrecht	90–92
g) Schranken der Gestaltungsfreiheit	93–101
h) Ausgabe von Genussrechten	102–110
2. Stille Beteiligung	111–129
a) Grundlagen	112–114
b) Begründung einer stillen Beteiligung	115–118
c) Ausgestaltung der stillen Beteiligung	119–129

Schrifttum: *Altmeppen*, Das neue Recht der Gesellschafterdarlehen in der Praxis, NJW 2008, 3601 ff.; *Altmeppen*, „Upstream-loans", Cash Pooling und Kapitalerhaltung nach neuem Recht, ZIP 2009, 49 ff.; *Bastuck*, Kreditbesicherung im Konzern – geklärte Fragen, offene Fragen und Vertragsgestaltung, WM 2000, 1091 ff.; *Bayer*, Zentrale Konzernfinanzierung, Cash Management und Kapitalerhaltung, Festschrift für Lutter, 2000, 1011 ff.; *Becker*, Gesellschaftsrechtliche Probleme der Finanzierung von Leveraged Buy-Outs, DStR 1998, 1429 ff.; *Betsch/Groh/Lohmann*, Corporate Finance: Unternehmensbewertung, M&A und innovative Kapitalmarktfinanzierung, 1998, 216 ff.; *Busch*, Aktienrechtliche Probleme der Begebung von Genussrechten zwecks Eigenkapitalverbreiterung, AG 1994, 93 ff.; *Claussen*, Genuss ohne Reue, AG 1985, 77 ff.; *Diem*, Zur Vermeidung des Eigenkapitalersatzes von Bankkrediten, BKR 2002, 1034 ff.; *Fleischer*, Finanzielle Unterstützung des Aktienerwerbs und Leveraged Buy-Out, AG 1996, 494 ff.; *Fleischer*, Covenants und Kapitalersatz, ZIP 1998, 313 ff.; *Frantzen*, Genussscheine, 1993, zzgl. Bonn Univ., Diss., 1992; *Früh*, Eigenkapitalersetzende Gesellschafterkredite, GmbHR 1999, 842 ff.; *Gehling*, „Obligationsähnliche Genussrechte": Genussrechte oder Obligation?, WM 1992, 1093 ff.; *Habersack*, Genussrechte und sorgfaltswidrige Geschäftsführung, ZHR 155 (1991), 378 ff.; *ders.*, Gesellschafterdarlehen nach MoMiG: Anwendungsbereich, Tatbestand und Rechtsfolgen der Neuregelung, ZIP 2007, 2145 ff.; *Hammen*, Unzulässigkeit aktiengleicher Genussrechte?, DB 1988, 2549 ff.; *Hey*, Eigenkapitalersetzender Charakter der stillen Einlage des GmbH-Gesellschafters, GmbHR 2001, 1100 ff.; *Hirte*, Genussscheine mit Eigenkapitalcharakter in der Aktiengesellschaft, ZIP 1988, 477 ff.; *Kiefner/Theusinger*, Aufsteigende Darlehen und Sicherheitenbegebung im Aktienrecht nach dem MoMiG, NZG 2008, 801 ff.; *Krolop*, Anwendung der MoMiG-Regelungen zu Gesellschafterdarlehen auf gesellschaftsfremde Dritte, GmbHR 2009, 397 ff.; *Lutter*, Genussrechtsfragen, ZGR 1993, 291 ff.; *Lutter/Wahlers*, Der Buyout: Amerikanische Fälle und die Regel des deutschen Rechts, AG 1989, 1 ff., *Meilicke*, Welchen Genuss gewährt der Genussschein?, BB 1987, 1609 ff.; *ders.*, Inwieweit können Verluste aus Genussscheinen steuerlich geltend gemacht werden?, BB 1989, 465 ff.; *Mock*, Stille im MoMiG zur stillen Gesellschaft?, DStR 2008, 1645 ff.; *Pitschke/Kreuter*, Immobilien Manager 2003 (August), 12 ff.; *Reuter*, Genuss ohne Reue?, AG 1985, 104 ff.; *Schäfer*, Genussscheine mit Eigenkapitalcharakter, WM 1991, 1941 ff.; *Schön*, Kreditbesicherung durch abhängige Kapitalgesellschaften, ZHR 159 (1995), 351 ff.; *Schrell/Kirchner*, Mezzanine Finanzierungsstrategien, BKR 2003, 13 ff.; *Sethe*, Genussrechte: rechtliche Rahmenbedingungen und Anlegerschutz, Teil I AG 1993, 293 ff., Teil II AG 1993, 351 ff.; *Sonnenhol/Groß*, Besicherung von Krediten Dritter an

Konzernunternehmen, ZHR 159 (1995), 388 ff.; *Spliedt,* MoMiG in der Insolvenz – ein Sanierungsversuch, ZIP 2009, 149 ff.; *Wand/Tillmann/Heckenthaler,* Aufsteigende Sicherheiten bei Aktiengesellschaften nach dem MoMiG und der MPS-Entscheidung des BGH, AG 2009, 148 ff.; *Wengel,* Die handelsrechtliche Eigen- und Fremdkapitalqualität von Genussrechtskapital, DStR 2001, 1316 ff.; *Winter,* Upstream-Finanzierung nach dem MoMiG-Regierungsentwurf – Rückkehr zum bilanziellen Denken, DStR 2007, 1484 ff.

I. Typische Beratungssituationen

1   Es gibt häufig Situationen, in denen die Gesellschaft zusätzliche Finanzmittel benötigt, sich eine Kapitalerhöhung jedoch aus verschiedenen Gründen nicht anbietet. Dies kann zB der Fall sein, wenn der Gesellschaft das Kapital nicht dauerhaft zur Verfügung gestellt werden soll, oder wenn sich das Verfahren einer Kapitalerhöhung wegen des Erfordernisses eines Hauptversammlungsbeschlusses und der Eintragung im Handelsregister als zu aufwändig oder langsam erweist (etwa bei börsennotierten Gesellschaften). Hier stellt sich uU ein Gesellschafterdarlehen als einfache und flexible Alternative dar. Zudem erfolgt die Vergütung des Eigenkapitals aus grds. steuerpflichtigem Gewinn, während Zinsen auf Darlehen regelmäßig steuerlich abzugsfähiger Aufwand sind.[1]

2   Häufig soll auch schlicht eine Verwässerung der Beteiligungsverhältnisse vermieden werden. Hier können eigenkapitalähnliche Finanzierungsformen eine interessante Alternative zu teuren Bankkrediten darstellen. In Betracht kommen insbes. die Ausgabe von Genussrechten oder die Beteiligung eines Investors als stiller Gesellschafter.

II. Gesellschafterdarlehen

1. Grundlagen

3   Die Aktiengesellschaft kann grds. mit Aktionären wie mit Dritten Rechtsgeschäfte eingehen. Bei der Gewährung eines Aktionärsdarlehens sind jedoch einige Besonderheiten zu beachten. Zum einen gilt bei der Aktiengesellschaft das Prinzip der strengen Kapitalbindung, so dass Aktionärsdarlehen keine marktunüblich hohe Verzinsung vorsehen dürfen. Aktionäre haben ferner zu berücksichtigen, dass gemäß der durch das Gesetz zur Modernisierung des GmbH-Rechts und zur Bekämpfung von Missbräuchen (**MoMiG**) v. 23.10.2008[2] geschaffenen Rechtslage von Aktionären, die mehr als eine Kleinbeteiligung von 10 % an der Aktiengesellschaft halten, der Gesellschaft gewährte Darlehen grds. von Gesetzes wegen nachrangig sind. Dies hat zur Folge, dass (wie nach bisheriger Rechtslage gemäß den Grundsätzen als eigenkapitalersetzend qualifizierter Aktionärsdarlehen) erbrachte Tilgungsleistungen bzw. bestellte Sicherheiten im Falle einer Insolvenz der Aktiengesellschaft ggf. zurückzuerstatten sind.

2. Gesellschafterdarlehen und Kapitalerhaltung

4   Gibt ein Aktionär ein Darlehen an die Gesellschaft, ist der Grundsatz der strengen Kapitalbindung zu beachten. Leistung und Gegenleistung müssen in einem ausgeglichenen Verhältnis zueinander stehen. Besteht ein objektives Missverhältnis zwischen der Leistung des Aktionärs und der Gegenleistung der Aktiengesellschaft zu Lasten der Aktiengesellschaft, liegt darin eine verdeckte Einlagenrückgewähr. Die Annahme einer verdeckten Einlagenrückgewähr ist nach hM unabhängig von subjektiven Elementen:[3] Es kommt nicht darauf an, dass die Leistung der Aktiengesellschaft nur deshalb erbracht wird, weil der Vertragspartner zugleich Aktionär der Gesellschaft ist *(causa societatis).* Die Höhe des Anteilsbesitzes ist damit unerheblich für die Frage, ob eine verdeckte Einlagenrückgewähr vorliegt. Ist der Kreditgeber also Aktionär des Kreditnehmers, darf die Verzinsung des Darlehens nicht

---
[1] Hier sind jedoch steuerliche Abzugsbeschränkungen, wie zB § 4h EStG zu beachten.
[2] BGBl. 2008 I 2026 (2047), in Kraft getreten am 1.11.2008.
[3] BGH NJW 1987, 1194 (1195); BGH NJW 1996, 589 (590); OLG Karlsruhe WM 1984, 656 (660); Hüffer/Koch/*Koch* AktG § 57 Rn. 11.

über den marktüblichen Zinssätzen liegen. Andernfalls ist der überhöhte Zins auch steuerlich als verdeckte Gewinnausschüttung zu behandeln.

Grundsätzlich muss sich eine Darlehensgewährung nur an den Grundsätzen der Kapitalerhaltung messen lassen, wenn zum Zeitpunkt des Vertragsschlusses der Darlehensgeber Aktionär war. Die Grundsätze greifen jedoch auch dann, wenn die Leistung der Gesellschaft wegen einer früheren oder künftigen Aktionärseigenschaft des Kreditgebers erfolgt.[4] Dies ist zB zu beachten, wenn der Kreditgeber kurz nach Abschluss des Kreditvertrages Anteile am Kreditnehmer erwerben soll.

Entgegen den früheren hM[5] bewirken Verstöße keine Nichtigkeit des Erfüllungs- und Verpflichtungsgeschäfts. Die Rechtsfolge richtet sich vielmehr nach § 62 AktG, der eine abweichende Vorschrift zu § 134 BGB darstellt.[6] Durch die durch das MoMiG neu eingeführten S. 3 u. 4 des § 57 Abs. 1 AktG ergeben sich jedoch Aufweichungen des Verbots der Einlagenrückgewähr.[6a]

3. Rückzahlung von Aktionärsdarlehen

a) **Grundlagen.** Der Aktionär ist in seiner Entscheidung grds. frei, ob er der Gesellschaft Fremdkapital oder Eigenkapital zur Verfügung stellen will. Diese Wahlfreiheit wird jedoch durch die Finanzierungsverantwortlichkeit des Gesellschafters für die Gesellschaft eingeschränkt.

Im Hinblick auf diese Verantwortlichkeit sind aufgrund der durch das MoMiG geschaffenen neuen Rechtslage Darlehen von Aktionären an die Aktiengesellschaft stets nachrangig im Insolvenzverfahren. Aus dem Zusammenspiel der insolvenzrechtlichen Regelungen und § 57 AktG ergibt sich das neue Regime für die Rückgewähr von Aktionärsdarlehen.

Vor Inkrafttreten des MoMiG sah die Rspr. als entscheidende Zäsur das Bestehen einer Krise der Aktiengesellschaft an, in der sich der Aktionär zu entscheiden hatte, ob er der Aktiengesellschaft Kapital zuführen und damit Finanzierungsverantwortlichkeit übernehmen wollte. Der Aktionär war zwar auch in der Krise nicht verpflichtet, fehlendes Kapital aus seinem Vermögen nachzuschießen. Entschied er sich aber statt Liquidation der Gesellschaft für eine weitere Finanzierung, konnte er sich seiner Finanzierungsverantwortung nicht dadurch entziehen, dass er statt Eigenkapital „nur" Fremdkapital stellte. Ein unter diesen Umständen gewährtes Darlehen wurde in haftendes Eigenkapital umqualifiziert (sog. eigenkapitalersetzendes Aktionärsdarlehen).

b) **Vor Inkrafttreten des MoMiG: Umqualifizierung als Eigenkapitalersatz.** aa) *Voraussetzungen.* Die Grundsätze über eigenkapitalersetzende Gesellschafterdarlehen wurden zunächst für das GmbH-Recht entwickelt. Aufgrund der bei einer Aktiengesellschaft grds. gleichen Interessenlage sind die Regeln über Eigenkapitalersatz jedoch nach ganz hM auch auf Aktiengesellschaften anzuwenden.[7] Auf Grund der strukturellen Unterschiede zwischen einer GmbH und einer Aktiengesellschaft sind jedoch einige Besonderheiten zu beachten. Diese Besonderheiten betreffen zum einen die Frage, ab welcher Beteiligung ein Aktionär unter die Eigenkapitalersatzregeln fällt, und zum anderen den Umfang der Umqualifizierung.

Die Regeln des Eigenkapitalersatzes gelten nicht nur für ein „klassisches" Darlehen, sondern auch für ähnliche Rechtshandlungen mit wirtschaftlich einer Darlehensgewährung gleichstehenden Tatbeständen wie das unechte Factoring,[8] eine stille Beteiligung des Aktionärs,[9] eine Fälligkeitsvereinbarung zugunsten der Aktiengesellschaft[10] sowie Nutzungsüber-

---

[4] Hüffer/Koch/*Koch* AktG § 57 Rn. 18; KölnKomm AktG/*Drygala* § 57 Rn. 119.
[5] MAH AktR/*Stamm*, 2. Aufl. 2010, Rn. 6.
[6] BGHZ 196, 312 = NJW 2013, 1742, Hüffer/Koch/*Koch* AktG § 57 Rn. 32.
[6a] → Rn. 21.
[7] BGH NJW 1984, 1893 (1894); OLG Düsseldorf AG 1991, 401 (402); Hüffer/Koch/*Koch* AktG § 57 Rn. 28; KölnKomm AktG/*Drygala* § 57 Rn. 139.
[8] OLG Köln ZIP 1986, 1585; Baumbach/Hueck/*Hueck/Fastrich*, 18. Aufl. 2006, § 32a Rn. 29.
[9] Baumbach/Hueck/*Hueck/Fastrich*, 18. Aufl. 2006, § 32a Rn. 30; Hey GmbHR 2001, 1100 (1102).
[10] OLG Karlsruhe DB 1989, 316; OLG Hamm GmbHR 1992, 753; Baumbach/Hueck/*Hueck/Fastrich*, 18. Aufl. 2006, § 32a Rn. 31.

lassungen.[11] Nach der Rspr. des BGH wird auch das Nichtabziehen von Fremdkapital (Stehenlassen von Krediten) in Eigenkapital umqualifiziert, wenn der Aktionär eine Finanzierungsentscheidung trifft. Eine solche sieht die Rspr. darin, dass der Gesellschafter die Mittel nicht abzieht, nachdem er die Möglichkeit hatte, die Krise zu erkennen und auch objektiv in der Lage war, sein Engagement durch Kündigung des Krediets (ggf. auf Grundlage des Kündigungsrechts wegen Vermögensverschlechterung des Darlehensnehmers gem. § 490 Abs. 1 BGB) oder bei entsprechender Stimmenmehrheit durch Liquidation der Gesellschaft zu beenden.[12] Dem Aktionär dürfte für die Entscheidung, ob er finanzielle Mittel abziehen möchte, jedoch eine Überlegungszeit von zwei bis drei Wochen zustehen.[13]

12 Der Kreditgeber muss Aktionär oder eine ihm gleichgestellte (s. unten Exkurs) Person sein. Dies allein genügt jedoch noch nicht. Dem Aktionär muss zudem eine Finanzierungsverantwortung zukommen. Die Rspr. geht davon aus, dass eine solche ab einer Beteiligung in Höhe der Sperrminorität von 25% des Grundkapitals gegeben ist.[14] Unterhalb einer Beteiligungsgrenze von 25% kommt eine Umqualifizierung nur bei Hinzutreten weiterer Umstände in Betracht, die auf eine ausreichende Einflussmöglichkeit und damit Finanzierungsverantwortung schließen lassen. Das Stellen eines einzigen Aufsichtsratsmitglieds ist auch für Fremdkapitalgeber nicht ungewöhnlich und soll für sich genommen die Einflussnahme nicht begründen.[15] Hier wird man sämtliche Umstände des Einzelfalls und die tatsächliche Einbindung des Aktionärs in die Geschicke der Aktiengesellschaft heranziehen müssen.

13 Die Aktiengesellschaft muss sich zum Zeitpunkt der Darlehensgewährung bzw. im Falle des Stehenlassens eines Kredits im Zeitpunkt der Finanzierungsentscheidung in einer Krise befunden haben. Eine Krise tritt ein mit Kreditunwürdigkeit, also mit einer Situation, in der die Gesellschaft von Dritten keinen Kredit mehr zu marktüblichen Bedingungen erhalten hätte bzw. beim Stehenlassen, wenn ein Drittgläubiger die kreditierenden Finanzmittel trotz der dadurch ggf. ausgelösten Insolvenz alsbald, nämlich mit der nächsten Kündigungsmöglichkeit, abgezogen hätte.[16]

14 Auch das Aktienrecht gilt das Sanierungsprivileg iSv § 32a Abs. 3 S. 3 GmbHG.[17] Danach gelten die Eigenkapitalersatzregeln nicht, wenn ein Darlehensgeber in der Krise der Gesellschaft zum Zwecke der Sanierung eine Beteiligung an der Aktiengesellschaft erwirbt oder eine nicht unternehmerische Kleinbeteiligung zu Sanierungszwecken aufstockt.

15 *bb) Rechtsfolgen.* Wird ein Darlehen unter den oben genannten Voraussetzungen in Eigenkapital umqualifiziert, darf eine Rückzahlung nur unter Beachtung der Kapitalerhaltungsvorschriften erfolgen. Hierbei stellt sich insbes. die Frage nach dem Umfang der Kapitalbindung. Diese Frage ist in der Lit. umstritten. Die wohl überwiegende Meinung geht davon aus, dass sich die Kapitalbindung nur auf das Grundkapital und die gesetzliche Rücklage bezieht.[18]

16 Wird das Darlehen aus dem gebundenen Vermögen zurückgezahlt, hat die Aktiengesellschaft einen Erstattungsanspruch analog § 62 AktG.[19] Für das Darlehen bestellte Sicherhei-

---

[11] Ausf. Michalski/*Heidinger*, 2. Aufl. 2010, § 32a, 32b Rn. 172 ff.; Baumbach/Hueck/*Hueck/Fastrich*, 18. Aufl. 2006, § 32a Rn. 32 ff.; grdl. BGHZ 109, 55 (57 ff.) = NJW 1990, 516 ff. – Lagergrundstück I; BGHZ 121, 31 (37 ff.) = BB 1993, 240 (241 ff.) – Lagergrundstück II; BGHZ 127, 1 (4 ff.) = DStR 1994, 1353 (1354 ff.) – Lagergrundstück III; BGHZ 127, 17 (21 ff.) = DStR 1994, 1357 ff. – Lagergrundstück IV; BGH NJW 1997, 3026 f. – Lagergrundstück V.
[12] BGHZ 121, 31 (35 ff.) = BB 1993, 240 (241 ff.); BGHZ 127, 336 (341) = NJW 1995, 326 (328 ff.); BGH NJW 1995, 457 (459); BGH NJW 1996, 722 f.; Hüffer/*Hüffer*, 8. Aufl. 2008, AktG § 57 Rn. 16a.
[13] BGH NJW 1995, 658 (659); *Diem* BKR 2002, 1034 (1041).
[14] BGH AG 2005, 617 (618); BGH NJW 1984, 1893 (1895); Hüffer/*Hüffer*, 8. Aufl. 2008, AktG § 57 Rn. 18.
[15] BGH AG 2005, 617 (618); BGH NJW 1984, 1893 (1896).
[16] BGHZ 81, 252 (263) = NJW 1981, 2570 (2573); BGH NJW 1984, 1893 (1895); Hüffer/*Hüffer*, 8. Aufl. 2008, AktG § 57 Rn. 16a; KölnKomm AktG/*Drygala* § 57 Rn. 140.
[17] Hüffer/*Hüffer*, 8. Aufl. 2008, AktG § 57 Rn. 18a.
[18] Hüffer/*Hüffer*, 8. Aufl. 2008, AktG § 57 Rn. 19; KölnKomm AktG/*Drygala* § 57 Rn. 132 ff.
[19] KölnKomm AktG/*Drygala* § 57 Rn. 95.

ten sind in der Insolvenz anfechtbar, § 135 InsO. Nach hM kann der Insolvenzverwalter zudem auch ohne Anfechtung eine Absonderung verweigern.[20]

cc) Exkurs: Umqualifizierung von Bankkrediten. Ein Thema, mit dem ein Rechtsanwalt in der Kreditpraxis häufig konfrontiert wird, ist die Frage, ob und unter welchen Voraussetzungen Bankkredite selbst dann dem Eigenkapitalersatz unterfallen, wenn die kreditgebende Bank keine Beteiligung am Kreditnehmer hält. Anknüpfungspunkt ist eine Entscheidung des BGH aus dem Jahr 1992 für das GmbH-Recht, nach der ein Pfandgläubiger für Zwecke des Eigenkapitalersatzes einem Gesellschafter dann gleichzustellen sei, wenn er ähnlich wie ein Gesellschafter die Geschicke der Gesellschaft mitbestimmen kann.[21]

Die teilweise vertretene Ansicht, das Risiko einer Umqualifizierung in Eigenkapital käme bei einer Kreditvergabe an eine Aktiengesellschaft nicht in Betracht, da einem Dritten gegenüber dem gesellschaftsrechtlich alleinverantwortlichen Vorstand (§ 76 Abs. 1 AktG) keine weitreichenden Befugnisse zur Einflussnahme auf die Geschäftsführung und Gestaltung eingeräumt werden könnten,[22] ist uE in dieser Pauschalisierung nicht überzeugend. Denn der BGH bejaht die Finanzierungsverantwortung eines Aktionärs generell bei einer Beteiligung von 25 % am Grundkapital. Auch ein Aktionär mit Sperrminorität hat kein Mitspracherecht in der Geschäftsführung und kann dem Vorstand auch keine Weisungen erteilen. Für das Aktienrecht bejaht der BGH eine Finanzierungsverantwortung bereits bei einem „Mindestmaß an Einfluss", das dem Aktionär ein Mitspracherecht bei Angelegenheiten, die für die Geschicke der Gesellschaft besonders wichtig sind und bei denen die Hauptversammlung mit qualifizierter Mehrheit beschließen muss, sichert.[23] Nur wo eine Sperrminorität nicht gegeben ist, müssen weitere Umstände hinzutreten, die einen ausreichenden Einfluss auf die Unternehmensleitung vermuten lassen.

Eine Umqualifizierung in Eigenkapitalersatz kommt dann in Betracht, wenn sich der Kreditgeber die Anteile an der kreditaufnehmenden Aktiengesellschaft verpfänden und durch zusätzliche Nebenabreden eine Position einräumen lässt, die im wirtschaftlichen Ergebnis der Stellung eines Aktionärs mit Sperrminorität gleicht oder doch jedenfalls nahe kommt.[24] Erforderlich sind weitreichende Befugnisse zur Einflussnahme auf die Geschäftsführung und die Gestaltung der Gesellschaft. Im vom BGH entschiedenen Fall hatte sich der Pfandgläubiger die Teilnahme an vermögenswerten Mitgliedschaftsrechten gesichert (Abtretung der Gewinn-, Abfindungs- und Liquidationsüberschussansprüche) sowie weitreichende Mitwirkungsrechte in innergesellschaftlichen Angelegenheiten einräumen lassen (Zustimmung zu Gewinnverwendungsbeschluss, Änderung des Gesellschaftsvertrages und Einbringung des Unternehmens in eine andere Gesellschaft).

Die Rspr. hat bislang keine klaren Abgrenzungskriterien herausgearbeitet und trifft die Entscheidung auf Grund einer Gesamtschau aller Umstände des jeweiligen Einzelfalls. In der Lit. wurden verschiedene Ansätze gemacht, die Grundsätze des BGH zu konkretisieren.[25] Die bisherige Lit. bezieht sich dabei ausschließlich auf das GmbH-Recht. Für das Aktienrecht dürften die Anforderungen an eine Umqualifizierung in Eigenkapitalersatz höher sein als im GmbH-Recht.[26] Im Folgenden soll versucht werden, einige Anhaltspunkte dafür zu geben, unter welchen Voraussetzungen im Aktienrecht für Nicht-Gesellschafter als Darlehensgläubiger eine Umqualifizierung in Eigenkapitalersatz drohen kann:
- Financial Covenants, dh schuldrechtliche Auflagen an den Kreditnehmer, bestimmte Finanzkennzahlen (zB Zinsdeckungsverhältnis, Verschuldungsgrad, etc) einzuhalten, dürften dann unschädlich sein, wenn diese zu Vertragsbeginn festgelegt werden.[27] Dann setzen

---

[20] OLG Celle NZG 1999, 75 (77).
[21] BGH NJW 1992, 3035 (3036).
[22] *Diem* BKR 2002, 1034 (1037).
[23] BGH AG 2005, 617 (618); BGH NJW 1984, 1893 (1895).
[24] BGH NJW 1992, 3035 (3036).
[25] *Diem* BKR 2002, 1034 ff.; *Fleischer* ZIP 1998, 313 ff.; *Früh* GmbHR 1999, 842 f.
[26] BGH NJW 1984, 1893 (1895).
[27] *Diem* BKR 2002, 1034 (1038); *Früh* GmbHR 1999, 842 (843); *Fleischer* ZIP 1998, 313 (320) „Financial Covenants, die entsprechende Mitwirkungsrechte vorsehen".

sie dem Vorstand lediglich vertragliche Grenzen, die er bei Ausübung seines Leitungsermessens zu beachten hat, gewähren dem Kreditgeber aber während der Laufzeit keine weiteren Einflussmöglichkeiten auf die Geschäftsführung.[28]
- Informationsrechte dürften als übliche Gläubigerrechte ebenfalls unschädlich sein;[29]
- ein Weisungsrecht gegenüber dem Vorstand kommt nicht in Betracht, § 76 AktG;
- Zustimmungsrechte sind dann schädlich, wenn sie sich auf strukturändernde Maßnahmen, Satzungsänderungen generell oder Kapitalmaßnahmen beziehen;[30]
- ein Verbot von Dividendenausschüttungen sollte unschädlich sein;[31]
- eine Vertretung im Aufsichtsrat sollte solange unschädlich sein, als nicht die Mehrheit im Aufsichtsrat erlangt wird oder zumindest eine solche Beteiligung, die zu einer faktischen Beherrschung des Aufsichtsrats führt.[32] Denn dem Aufsichtsrat fällt nicht nur die Bestellungskompetenz des Vorstandes zu, sondern auch über Zustimmungsvorbehalte wesentlicher Einfluss auf die Geschäftsführung.

21 **c) Rechtslage nach Inkrafttreten des MoMiG.** *aa) Einlagenrückgewähr.* Die bestehende Regelung des § 57 AktG wurde durch das MoMiG im Grundsatz nicht geändert. Das generelle Verbot der Einlagenrückgewähr an Aktionäre nach § 57 Abs. 1 S. 1 AktG bleibt auch nach Erlass des MoMiG bestehen, und gem. § 57 Abs. 3 AktG darf vor Auflösung der Gesellschaft grds. nur der Bilanzgewinn an die Aktionäre verteilt werden. Rechtsfolge einer Leistung an die Aktionäre entgegen dem Verbot des § 57 AktG ist weiterhin die Pflicht zur Rückgewähr der empfangenen Leistung durch den Aktionär gem. § 62 Abs. 1 S. 1 AktG. **Die durch das MoMiG neu eingefügten S. 3 u. 4 des § 57 Abs. 1 AktG eröffnen jedoch nun ausdrücklich Ausnahmen** von diesem grundsätzlichen Verbot. Danach sind Leistungen, die bei Bestehen eines Beherrschungs- oder Gewinnabführungsvertrags iSv 291 AktG erfolgen oder durch einen vollwertigen Gegenleistungs- oder Rückgewähranspruch gegen den Aktionär gedeckt sind, nicht als Einlagenrückgewähr verboten. Dasselbe gilt für die Rückgewähr eines Aktionärsdarlehens durch die Gesellschaft und Leistungen auf Forderungen aus Rechtshandlungen, die einem Aktionärsdarlehen wirtschaftlich entsprechen. Durch diesen letzten Halbsatz sollen die von der Rspr. entwickelten weiteren vergleichbaren Tatbestände zulässig werden, die bisher ebenso wie Aktionärsdarlehen von dem Verbot umfasst waren.

22 Die Ausnahme des § 57 Abs. 1 **S. 3 Alt. 1** AktG nF setzt, wie sich aus dem Verlauf des Gesetzgebungsverfahrens ergibt,[33] lediglich das Bestehen eines Beherrschungs- oder Gewinnabführungsvertrages voraus, nicht hingegen, dass der Aktionär, der von der Ausnahme Gebrauch machen möchte, zugleich Partei dieses Vertrages sein müsste. Eine analoge Ausnahme wird in § 71a Abs. 1 S. 3 AktG nF für das Verbot der finanziellen Unterstützung beim Erwerb von Aktien derselben Gesellschaft nach § 71a Abs. 1 S. 1 AktG gemacht.

23 Im Rahmen der Ausnahme nach § 57 Abs. 1 **S. 3 Alt. 2** AktG nF wird die von einem Drittvergleich ausgehende und auf das liquide Vermögen der Gesellschaft gerichtete Sicht der Rspr.,[34] nach der (jedenfalls unbesicherte) aufsteigende Darlehen auch dann als unzulässige Einlagenrückgewähr anzusehen sind, wenn sie bilanzneutral sind, durch eine bilanzielle Betrachtungsweise abgelöst: Danach ist die Auszahlung eines aufsteigenden Darlehens an den Aktionär, die im „Austausch" gegen einen vollwertigen Gegenleistungs- oder Rückgewähranspruch vorgenommen wird, nunmehr grds. zulässig. Für die Vergleichsrechnung zur Beurteilung der Gleichwertigkeit sollen nach der Gesetzesbegründung[35] die allgemeinen Bilanzierungsgrundsätze gelten. Der BGH hat diese bilanzielle Betrachtungsweise unter Aufgabe seiner früheren Rspr. auch für Altfälle übernommen.[36]

---

[28] Zum Ganzen *Kästle*, Rechtsfragen der Verwendung von Covenants in Kreditverträgen, 2003, 151 ff.
[29] *Fleischer* ZIP 1998, 313 (319).
[30] *Fleischer* ZIP 1998, 313 (320).
[31] *Diem* BKR 2002, 1034 (1039).
[32] BGH NJW 1984, 1893 (1895), der selbst bei einem Aktionär die Entsendung eines Vertreters in den Aufsichtsrat nicht genügen ließ.
[33] Referentenentwurf v. 29.5.2006, S. 16; BT-Drs. 16/6140, 13 v. 25.7.2007.
[34] BGHZ 157, 72 ff. = NJW 2004, 1111 ff. – Novemberurteil.
[35] BT-Drs. 16/6140, 41 v. 25.7.2007; BR-Drs. 354/07, 94 v. 25.5.2007.
[36] BGH NJW 2009, 850.

Daher wird für die Anerkennung der Zulässigkeit aufgrund der bilanziellen Gleichwertigkeit von Auszahlung und Rückgewähranspruch gegen den Gesellschafter die Voraussetzung gemacht, dass der Rückgewähranspruch gegen den Gesellschafter vollwertig ist. Teil der **Definition des Begriffs der Vollwertigkeit ist** nach der Gesetzesbegründung die Durchsetzbarkeit der Forderung; dabei sollen spätere nicht vorhersehbare negative Entwicklungen der Forderung gegen den Gesellschafter und bilanzielle Abwertungen nicht nachträglich zu einer verbotenen Auszahlung führen.[37] Das heißt, es genügt für die Erfüllung des Vollwertigkeitsgebots, wenn zum Zeitpunkt der Auszahlung (und Einbuchung der Forderung) bilanziell kein Abwertungsbedarf besteht und die Durchsetzbarkeit nicht gefährdet erscheint.[38] Das ist der Fall, wenn die Forderung nach allgemeinen handelsrechtlichen Grundsätzen mit ihrem vollen Betrag bilanziert werden kann, also zum relevanten Zeitpunkt der Leistung unter Berücksichtigung des Niederstwertprinzips des § 253 Abs. 3 HGB kein Abschreibungsbedarf besteht, weil die Einbringung zweifelhaft wäre. Dabei können nach Literaturansicht Investment-Grade-Rating des Schuldners oder gestellte Sicherheiten auf die Beurteilung Einfluss haben, sollen aber nicht Voraussetzung der Vollwertigkeit sein.[39]

Neben der Vollwertigkeit ist das **Deckungsgebot** einzuhalten, wonach die Leistung der Gesellschaft und der Anspruch nach Marktwerten (dh nicht nur buchmäßig) gleichwertig zu sein haben, was jedoch nur bei Austauschverträgen Relevanz besitzt.

Ob ein Konditionenvergleich mit Darlehen an Dritte nach der neuen Rechtslage überhaupt nicht mehr erforderlich ist, ist dementsprechend strittig,[40] weil bei einer unangemessen niedrigen Verzinsung von Darlehensforderungen, insbes. bei fehlender Besicherung, das Deckungsgebot verletzt sein könnte. Eine Verzinsung dürfte jedenfalls zumindest bei längerfristigen Krediten erforderlich sein;[41] bei fehlender Verzinsung ist allerdings nur die Zinsdifferenz ausgleichspflichtiger Nachteil.[42]

Als **Rechtsfolge eines Verstoßes** gegen das Verbot der Einlagenrückgewähr nach § 57 AktG bestimmt das Gesetz weder die Nichtigkeit des Verpflichtungs- noch des Erfüllungsgeschäfts.[43] Vielmehr besteht ein Anspruch gegen den Aktionär gem. § 62 Abs. 1 AktG. Bei Verschulden der Organe der Aktiengesellschaft kommt eine Haftung des Vorstandes nach § 93 Abs. 3 Nr. 1 AktG bzw. des Aufsichtsrates nach § 116 S. 1 AktG in Betracht. Dabei gilt nicht der Maßstab der vernünftigen unternehmerischen Entscheidung iSv § 93 Abs. 1 S. 2 AktG, sondern es handelt sich um eine gesetzlich gebundene Entscheidung,[44] wobei freilich der unbestimmte Rechtsbegriff der Vollwertigkeit einen gewissen Bewertungsspielraum eröffnet. Um eine Haftung zu vermeiden und eine pflichtgemäße Bewertung zu dokumentieren, sollten die Beschaffung von Informationen als Bewertungsgrundlage, Annahmen und Maßstäbe schriftlich festgehalten, und erforderlichenfalls ein Wirtschaftsprüfer befasst werden.[45] Dabei kommt es grds. auf den Zeitpunkt der Auszahlung an. Der BGH hat jedoch (im Vorgriff auf die neue Rechtslage) einen Sorgfaltspflichtverstoß angenommen, wenn die Verwaltungsorgane der Aktiengesellschaft es unterlassen, laufend etwaige Änderungen des Kreditrisikos des Schuldners zu prüfen und auf eine sich nachträglich andeutende Bonitätsverschlechterung mit einer Kündigung des Darlehens oder der Anforderung von Sicherhei-

---

[37] BR-Drs. 354/07, 94 v. 25.5.2007; BT-Drs. 16/6140, 41 v. 25.7.2007 zu § 30 Abs. 1 S. 2 GmbHG nF.
[38] *Kiefner/Theusinger* NZG 2008, 801 (804). Wann Zweifel an der Bonität des Schuldners einen Abwertungsbedarf auslösen, ist in der Lit. sehr umstritten, *Spliedt* ZIP 2009, 149 (150); *Altmeppen* ZIP 2009, 49 (53) mwN.
[39] *Wand/Tillmann/Heckenthaler* AG 2009, 148 (151); *Drygala/Kremer* ZIP 2007, 1289 (1293).
[40] *Winter* DStR 2007, 1484 (1487 f.); insgesamt krit. gegenüber der Konzeption der Vollwertigkeit, ua im Hinblick auf das nicht beseitigte Klumpenrisiko und die Unklarheit, unter welchen Voraussetzungen eine Verzinsung erforderlich und ausreichend sei: *Spliedt* ZIP 2009, 149 (150); aA die wohl hM bei *Altmeppen* ZIP 2009, 49 (52); *Wand/Tillmann/Heckenthaler* AG 2009, 148 (151); *Drygala/Kremer* ZIP 2007, 1289 (1293).
[41] BGHZ 179, 71 Rn. 10 = NJW 2009, 850 (851); *Altmeppen* ZIP 2009, 47 (52 f.) geht von Längerfristigkeit bei einer Laufzeit von sechs Monaten aus.
[42] BGHZ 179, 71 Rn. 17 = NJW 2009, 850 (852).
[43] BGH NJW 2013, 1742.
[44] *Kiefner/Theusinger* NZG 2008, 801 (805 f.); aA *v. Falkenhausen/Kocher* BB 2009, 121 (122).
[45] *Wand/Tillmann/Heckenthaler* AG 2009, 148 (153); *Kiefner/Theusinger* NZG 2008, 801 (805 f.).

ten zu reagieren.[46] Dementsprechend ist ggf. auch die Entscheidung, warum eine Rückforderung noch nicht erforderlich scheint, zu dokumentieren.

28 Neu ist in diesem Zusammenhang auch ein weiterer Haftungstatbestand in § 92 Abs. 2 S. 3 AktG nF[47], wonach Vorstandsmitglieder für Zahlungen an Aktionäre haften, die zur Zahlungsunfähigkeit der Gesellschaft führen mussten. Das Zahlungsverbot greift aber nicht bei Zahlungen auf fällige einredefreie Forderungen. Da solche Forderungen in der Liquiditätsbilanz zu berücksichtigen sind, bestand bereits vor der Zahlung eine Zahlungsunfähigkeit.[48]

29 *bb) Aktionärsdarlehen.* Für alle Darlehen von Aktionären führte das MoMiG ein insolvenzrechtliches Sonderregime ein. Gem. § 39 Abs. 1 Nr. 5 InsO nF sind nun Forderungen auf Rückgewähr eines Gesellschafterdarlehens oder Forderungen aus Rechtshandlungen, die einem solchen Darlehen wirtschaftlich entsprechen, stets nachrangig. Leistungen auf Gesellschafterdarlehen und wirtschaftlich gleichgestellte Forderungen, die im Zeitraum von einem Jahr vor Stellung des Antrags auf Insolvenzeröffnung erfolgt sind, sind gem. § 135 Abs. 1 InsO nF grds. anfechtbar (bzw. nach § 6 Abs. 1 AnfG nF, durch einen Gläubiger, der einen vollstreckbaren Titel gegen die Gesellschaft erlangt hat, wenn eine Zwangsvollstreckungsmaßnahme in das Vermögen des Schuldners nicht zu seiner vollständigen Befriedigung geführt hat oder wenn anzunehmen ist, dass sie nicht dazu führen würde).

30 Eine Ausnahme vom generellen Nachrang gilt gem. § 39 Abs. 4 S. 2, § 39 Abs. 5 und § 135 Abs. 4 InsO nF bei Darlehen von Gesellschaftern mit Kleinbeteiligungen, die 10 % nicht überschreiten (sog. Kleinbeteiligungsprivileg) sowie in Fällen des Sanierungsprivilegs, dh bei Erwerb einer Beteiligung im unmittelbaren Zusammenhang mit der Sanierung der Gesellschaft. Die für die Annahme einer nicht mehr nur kleinen Beteiligung relevante Schwelle ist niedriger als die bisher angenommenen 25 % des Aktienkapitals, die nach alter Rechtslage für die Annahme von Finanzierungsverantwortung bei einem Aktionär als Voraussetzung einer Qualifizierung von Aktionärsdarlehen als eigenkapitalersetzend erforderlich waren.

31 Die Neuregelung in § 57 Abs. 1 S. 4 AktG nF, wonach die Rückzahlung eines Aktionärsdarlehens keine verbotene Einlagenrückgewähr darstellt, ist Konsequenz dieser insolvenzrechtlichen Lage, dass bei Aktionärsdarlehen gem. § 135 Abs. 1 InsO nF stets ein Anfechtungsrecht hinsichtlich erfolgter Darlehensrückzahlungen und damit ein möglicher Anspruch der Gesellschaft auf erneute Gewährung des zurückgezahlten Aktionärsdarlehens innerhalb eines Jahres nach Auszahlung besteht.[49] Sie stellt insofern einen Spezialfall der Ausnahme vom Verbot der Einlagenrückgewähr nach § 57 Abs. 1 S. 3 AktG nF dar. Soweit gem. § 39 Abs. 4 S. 2, § 39 Abs. 5 InsO nF sowie § 135 Abs. 4 InsO nF hinsichtlich des Anfechtungsrechts die Ausnahme für Kleinbeteiligungen, die 10 % nicht überschreiten, greift, rechtfertigt sich die Neuregelung wohl durch die fehlende Finanzierungsverantwortung des betreffenden Aktionärs.

32 *cc) Betroffener Personenkreis.* Die personelle Reichweite des § 57 AktG nF beschränkt sich auf Aktionäre. Es ist jedoch nicht ausgeschlossen, dass die Gerichte in Fortsetzung der Rspr. zum Eigenkapitalersatz die aktienrechtlichen Kapitalschutzregelungen auf einen weiteren Personenkreis, dem im Einzelfall Finanzierungsverantwortung für die Aktiengesellschaft zukommt, entsprechend anwenden, zumal die Formulierung in § 39 Abs. 1, § 135 Abs. 1 InsO nF, wonach auch Rechtshandlungen, die einem Gesellschafterdarlehen wirtschaftlich entsprechen, erfasst sein sollen, dafür einen Ansatzpunkt bietet.[50] In der Lit. scheint aller-

---

[46] BGHZ 179, 71 Rn. 14 = NJW 2009, 850 (852).
[47] Bei der Formulierung von § 92 S. 3 AktG nF („Die gleiche Verpflichtung trifft den Vorstand für Zahlungen an Aktionäre, soweit diese zur Zahlungsunfähigkeit der Gesellschaft führen mussten, es sei denn, dies war auch bei Beachtung der in § 93 Abs. 1 Satz 1 bezeichneten Sorgfalt nicht erkennbar.") liegt wohl ein redaktionelles Versehen vor, weil anders als bei dem gleichlautenden § 64 S. 3 GmbHG nF die vorangegangenen Sätze keine Rückzahlungsverpflichtung enthalten.
[48] BGHZ 195, 42 = NZG 2012, 1379.
[49] BR-Drs. 354/07, 95 v. 25.5.2007; BT-Drs. 16/6140, 26, 42 v. 25.7.2007 zu § 30 Abs. 1 S. 3 GmbHG nF.
[50] Die Begr. führt entspr. zum GmbHG aus, dass „der bisherige § 32a Abs. 3 Satz 1 GmbHG in personeller (Dritte) … Hinsicht übernommen" werde (BT-Drs. 16/6140, 56 v. 25.7.2007).

dings die Ansicht vorzuherrschen, dass für die Annahme von Finanzierungsverantwortung mit noch mehr Recht als bisher schon regelmäßig eine der Stellung eines Gesellschafters angenäherte Beteiligung am Vermögen der Gesellschaft zu verlangen sei, was bei Fremdkapitalgebern nahezu niemals der Fall sei,[51] da der tragende Grund der Annahme von Finanzierungsverantwortung des Gesellschafters die Verhinderung der missbräuchlichen Ausnutzung der Haftungsbeschränkung bei der Kapitalgesellschaft[52] sei. Dem ist zuzustimmen, zumal die Beteiligung an den unternehmerischen Chancen und damit auch an den Chancen einer Sanierung und des Fortbestands der Gesellschaft in jedem Fall allein einem Gesellschafter zugutekommt.[53]

Aus diesem Grunde finden sich andererseits in der Lit. gleichzeitig Stimmen, wonach die für Gesellschafterdarlehen anwendbaren Regelungen eher als bisher auf „Risikokapital" in Gestalt von gewinnbeteiligten Genussrechten, partiarischen Darlehen, stillen Gesellschaften[54] oder mezzaninen Finanzierungen (insbes. bei Vereinbarung eines sog. Equity Kicker) entsprechende Anwendung finden könnten, ohne dass es dabei entscheidend auf den wesentlichen Einfluss auf die Geschicke der Gesellschaft ankomme.[55] Für die Rückgewähr des aufgrund des stillen Gesellschaftsverhältnisses selbst hingegebenen Kapitals ist allerdings weiter allein die Spezialregelung in § 136 InsO maßgeblich. 33

Eine weitere beachtliche Möglichkeit, wie das Regime der § 39 Abs. 1, § 135 Abs. 1 InsO nF auf gesellschaftsfremde Dritte angewendet werden kann, ist allerdings im Fall der Abtretung gegeben, da der Nachrang gem. § 39 Abs. 1 Nr. 5 InsO nF gem. § 404 BGB auch bei Übertragung eines Darlehens, dessen Gläubiger zu irgendeinem Zeitpunkt ein Gesellschafter war, auf einen Rechtsnachfolger erhalten bleibt.[56] 34

dd) *Praxishinweis: Stehenlassen von Darlehen.* Zum einen muss der Gesellschafter sich darüber im Klaren sein, dass durch das Inkrafttreten des MoMiG sämtliche, selbst von Anfang an besicherte, Gesellschafterdarlehen[57] nachrangig werden und Rückzahlungen der Anfechtung unterliegen. Zum anderen stellt sich die Frage im Hinblick auf eine drohende Krise der Gesellschaft: Während nach alter Rechtslage die Kündigung eines Gesellschafterdarlehens vor einer drohenden Krise eine legitime und in vielen Fällen wirtschaftlich sinnvolle Handlungsmöglichkeit darstellte, selbst wenn die Kündigung die finanzielle Situation der Gesellschaft verschlechterte, ist die wirtschaftliche Zweckmäßigkeit wegen der grundsätzlichen Anfechtbarkeit der Rückzahlung von Gesellschafterdarlehen nach § 135 Abs. 1 Nr. 2 InsO nun anders zu beurteilen. Sinnvoll für den kapitalgebenden Gesellschafter ist nun regelmäßig nur entweder die frühzeitige Rückzahlung des Darlehens vor der Frist von einem Jahr vor Eröffnung des Insolvenzverfahrens oder aber das Stehenlassen des Darlehens. Bei Vereinbarung der Kündigungsrechte des Gesellschafters ist daher darauf zu achten, dass der Gesellschafter ausreichend früh kündigen kann, da das gesetzliche Kündigungsrecht wegen Vermögensverschlechterung gem. § 490 Abs. 1 BGB häufig zu spät wirksam wird. 35

ee) *Exkurs: Cash-Pooling.* Innerhalb des (faktischen bzw. Vertrags-)Konzerns kann in vielen Fällen ein erheblicher finanzieller Vorteil durch geringeren Bedarf an Fremdfinanzierung und eine verminderte Zinslast für alle Konzerngesellschaften erzielt werden, indem sämtli- 36

---

[51] *Habersack* ZIP 2007, 2145 (2148 f.), der einer der beiden Verfasser des durch das MoMiG in wesentlichen Teilen übernommenen Vorschlages war, führt aus, dass „der durch Covenants gesicherte Gläubiger [...] keinesfalls" unter § 39 Abs. 1 Nr. 5 InsO falle, und ebenso wenig ein Pfandgläubiger (*Habersack* ZIP 2008, 2385 (2388)).
[52] *Habersack* ZIP 2007, 2145 (2147).
[53] *Krolop* GmbHR 2009, 397 (400).
[54] Für die atypische stille Gesellschaft *Habersack* ZIP 2007, 2145 (2148). Nach der bisherigen Rspr. kam die Anwendung von Eigenkapitalersatzrecht auf stille Gesellschafter nur in Frage, wenn dieser aufgrund der vertraglichen Ausgestaltung des stillen Gesellschaftsverhältnisses hinsichtlich seiner vermögensmäßigen Beteiligung und seines Einflusses auf die Geschicke der Gesellschaft weitgehend einem Gesellschafter gleichstand, BGH WM 2006, 691.
[55] *Krolop* GmbHR 2009, 397 (401 f.); aA wohl *Mock* DStR 2008, 1645 (1647).
[56] *Habersack* ZIP 2007, 2145 (2149).
[57] Sofern die Sicherheitenbestellung nicht ihrerseits anfechtbar war, konnte die Sicherheit bislang nach rechtzeitiger Kündigung weiterhin verwertet werden; *Spliedt* ZIP 2009, 149 (153); MüKoInsO/*Stodolkowitz/Gehrlein* § 135 Rn. 4.

che im Gesamtkonzern vorhandene Liquidität durch die Einrichtung eines Cash-Pool-Systems genutzt wird. Es war eines der Anliegen des MoMiG-Gesetzgebers die rechtlich einwandfreie Gestaltung eines solchen Systems zu erleichtern.[58]

37 Aufgrund der in § 57 Abs. 1 S. 3 AktG enthaltenen Ausnahme vom Verbot der Einlagenrückgewähr bei Bestehen eines Beherrschungs- oder Gewinnabführungsvertrags (im Hinblick auf den der beherrschten Gesellschaft zustehenden Verlustausgleichsanspruch) ist die bislang mit der Gewährung bzw. Rückgewähr von Darlehen im Rahmen des Cash-Pooling verbundene Problematik im Vertragskonzern weitgehend beseitigt worden.[59]

38 Soweit wegen des Fehlens eines Beherrschungsvertrags die Vorgaben des § 311 AktG einzuhalten sind, weist der BGH auf die bei einem Cash-Management-System nach einer für die Aktiengesellschaft ex ante nicht nachteiligen Darlehensausreichung bestehende Verpflichtung hin, laufend etwaige Änderungen des Kreditrisikos zu prüfen und auf eine sich nach der Darlehensausreichung andeutende Bonitätsverschlechterung mit einer Kreditkündigung oder der Anforderung von Sicherheiten zu reagieren. Das macht die Einrichtung eines geeigneten Informations- oder „Frühwarnsystems" zwischen Mutter- und Tochtergesellschaft erforderlich. Die Unterlassung solcher Maßnahmen einschließlich einer rechtzeitigen Kreditkündigung kann ihrerseits auch unter § 311 AktG fallen und Schadensersatzansprüche nach §§ 317 f. AktG (neben solchen aus § 93 Abs. 2, § 116 AktG) auslösen.[60]

39 Es erscheint, auch im Lichte des Verbots der Einlagenrückgewähr, vertretbar, auf eine Verzinsung eines aufstrebend bestehenden Saldos innerhalb des konzerninternen Cash-Pools zu verzichten, wenn die darlehensgewährende Gesellschaft ihrerseits in den Genuss eines zinslosen Darlehens kommen kann. Dieser Vorteil sollte das Vorliegen eines Nachteils iSd § 311 AktG zumindest dann ausschließen, wenn ein betriebswirtschaftlich angemessenes System betrieben wird und es nicht vollkommen unwahrscheinlich erscheint, dass die jeweils darlehensgewährende Aktiengesellschaft selbst in kaufmännisch sinnvoller Weise davon profitieren kann.[61]

40 In der Lit. wird jedoch darauf hingewiesen, dass jenseits des Problemkreises der verbotenen Einlagenrückgewähr durch die Verlagerung der für das Verhältnis von Gesellschafter und Gesellschaft relevanten Regelungen ins Insolvenz- und Anfechtungsrecht die Verrechnung innerhalb des Cash-Pools rechtlich problematisch geworden ist: Wurde zunächst ein positives zugunsten der Tochtergesellschaft bestehendes Guthaben auf deren Verrechnungskonto zugunsten der Cash-Pool-Muttergesellschaft vermindert und dadurch gleichzeitig gegen diese ein Ausgleichsanspruch geschaffen, der später mit einem entgegengesetzten Anspruch der Muttergesellschaft verrechnet wird, ist nicht ausgeschlossen, dass diese Verrechnung der Anfechtung unterliegt. In diesem Fall könnte der Insolvenzverwalter der Tochtergesellschaft Verrechnungen im Rahmen des Cash-Pool-Systems mindestens innerhalb des letzten Jahres vor Insolvenzeröffnung anfechten.[62]

41 d) **Übergangsvorschriften.** Auf Rechtshandlungen, die vor dem 1.11.2008 vorgenommen wurden, sind nach § 103d S. 2 EGInsO die bis dahin geltenden Anfechtungsvorschriften der Insolvenzordnung anzuwenden. Vor dem 1.11.2008 gewährte Befriedigungen bzw. Sicherheitenbestellungen für Gesellschafterdarlehen sind daher nur anfechtbar, wenn das Gesellschafterdarlehen kapitalersetzend iSv § 135 InsO aF war (ausf. zum Übergangsrecht MAH AktR/*Stamm*, 2. Aufl. 2010, Rn. 35–39).

---

[58] BT-Drs. 16/6140, 25, 41 v. 25.7.2007.
[59] *Altmeppen* ZIP 2009, 47 (55) verlangt allerdings die Kontrolle der Werthaltigkeit des Verlustausgleichsanspruchs durch die Geschäftsleiter und Aufsichtsratsmitglieder der beherrschten Aktiengesellschaft und, im Hinblick auf eine Haftung nach § 309 AktG, durch die Geschäftsleiter des herrschenden Unternehmens.
[60] BGHZ 179, 71 (Ls.), Rn. 14 = NJW 2009, 850 (852).
[61] *Altmeppen* ZIP 2009, 47 (52); aA *Spliedt* ZIP 2009, 149 (150).
[62] *Klinck/Gärtner* NZG 2008, 457 (459 f.) nehmen an, dass Verrechnungen als Aufrechnung nach § 96 Abs. 1 Nr. 3 InsO sogar für einen Zeitraum von zehn Jahren anfechtbar seien, weil es sich bei der Verminderung des Kontosaldos der Tochtergesellschaft um eine Sicherung iSd § 135 Abs. 1 Nr. 1 InsO nF handele, wohingegen *Spliedt* ZIP 2009, 149 (151) von einem Zeitraum von einem Jahr ausgeht, in dem eine solche Verminderung anfechtbar sei, weil (und sofern) die Forderung, für die Sicherung gewährt werde, bereits getilgt sei.

e) Steuerliche Behandlung des Ausfalls von Gesellschafterdarlehen. Vor Geltend des Mo- 42
MiG entstanden bei Ausfall des Darlehens nachträgliche Anschaffungskosten iSv § 17
Abs. 2 EStG, wenn das Darlehen handelsrechtlich eigenkapitalersetzend war. Diese an der
zivilrechtlichen Haftung orientierte Auslegung hat der BFH nach Geltung des MoMiG aufgegeben.[63] Der nach Geltung des MoMiG bestehende insolvenzrechtliche Nachrang gem.
§ 39 Abs. 1 Nr. 5 InsO, sowie die Anfechtungsmöglichkeit etwaiger Tilgungsleistungen gem.
§ 135 InsO rechtfertigen nicht die Aufgabe der Trennung zwischen Besteuerung der Forderung gem. § 20 EStG und der Besteuerung der Beteiligung gem. § 17 EStG. Der BFH wendet
nunmehr den handelsrechtlichen Anschaffungskostenbegriff an. Im Zusammenhang mit Gesellschafterdarlehen getätigte Aufwendungen zählen grds. nicht zu den Anschaffungskosten.
Lediglich wenn das Darlehen im Falle eines Rangrücktritts gem. § 5 Abs. 2a EStG steuerlich
Eigenkapital darstellt, soll die dadurch bewirkte Einlage zu nachträglichen Anschaffungskosten auf die Beteiligung führen. Ein Rangrücktritt gem. § 5 Abs. 2a EStG, der ein Passivie-
rungsverbot in der Steuerbilanz anordnet, liegt nur dann vor, wenn die Rückzahlung des
Darlehens nur aus künftigen Gewinnen erfolgen darf. Ist eine Tilgungsmöglichkeit auch aus
dem sog. freien Vermögen vereinbart, bleibt das Darlehen Fremdkapital.[64] Liegt ein Rangrücktritt gem. § 5 Abs. 2a EStG vor, erfolgt die Bewertung der Einlage, die mit der Höhe der
nachträglichen Anschaffungskosten korrespondiert, mit dem Teilwert des Darlehens im
Zeitpunkt des Rangrücktritts.[65]

Ein Rangrücktritt gem. § 5 Abs. 2a EStG birgt allerdings auf Ebene der Gesellschaft steu- 43
erliche Risiken, da er in Höhe des Nennwerts der Darlehensforderung zu einem Ertrag bei
der Gesellschaft führt. Ein solcher kann nur gem. § 8 Abs. 3 S. 3 KStG durch eine verdeckte
Einlage neutralisiert werden. Allerdings erfolgt die verdeckte Einlage mit dem Teilwert der
Forderung.[66] Diese wird aber im Zeitpunkt des krisenbedingten Rangrücktritts in der Regel
wertlos sein. Auch wenn der Rangrücktritt nicht gesellschaftsrechtlich veranlasst ist, sondern betriebsbedingt erfolgt, ist der dadurch verursachte Sanierungsgewinn nach aktueller
Rechtsprechung aufgrund der Rspr. des BFH zum sog. Sanierungserlass der Verwaltung nicht
steuerbefreit.[67] Die gesetzliche Neuregelung in § 3a EStG steht unter dem Vorbehalt der
Notifizierung durch die EU-Kommission.

Die Änderung der BFH-Rechtsprechung zu den nachträglichen Anschaffungskosten wur- 44
de allerdings durch die Rspr. des BFH zur Berücksichtigung von Darlehensverlusten im
Rahmen von § 20 EStG jedenfalls für Beteiligungen ab 10 % an der kreditnehmenden Gesellschaft weitgehend entschärft. Demnach ist der endgültige Ausfall von Darlehen gem.
§ 20 Abs. 1 Nr. 7 EStG steuerbar. Zwar besteht gem. § 20 Abs. 6 EStG ein Verrechnungs-
verbot mit anderen Einkunftsarten, jedoch gilt dies gem. § 32d Abs. 2 S. 1 Nr. 1 lit. b iVm
§ 32d Abs. 2 S. 2 EStG nicht ab einer Beteiligung von mindestens 10 %. Da in diesem Fall
der persönliche Steuersatz greift, ist die Erfassung über § 20 EStG in der Regel günstiger als
die Besteuerung der Einkünfte gem. § 17 EStG im Teileinkünfteverfahren.

f) Exkurs: Aufstrebende Sicherheitenbestellung. In der Praxis wird der Anwalt gerade bei 45
Akquisitionsfinanzierungen häufig mit dem Wunsch der Banken konfrontiert, dass sämtliche Unternehmen der Unternehmensgruppe Sicherheiten für ein an die Konzernmutter gewährtes Darlehen stellen. Dies wird insbes. bei einem sog. Leveraged Buy-out der Fall sein,
wenn der Erwerb über eine eigens dafür gegründete Zweckgesellschaft erfolgt, die den
Kaufpreis über ein oder mehrere Darlehen finanziert. Da die Zweckgesellschaft über keine
eigenen Vermögenswerte außer dem erworbenen Unternehmen bzw. Unternehmensgruppe
verfügt, kann eine Besicherung weitgehend nur durch von der Unternehmensgruppe gestellte Sicherheiten erfolgen.[68]

---

[63] BFH BFH/NV 2017, 1501 = DStR 2017, 2098.
[64] Zur Abgrenzung BFH BStBl. II 2015, 769 = DStR 2015, 1551 mAnm *Hoffmann*.
[65] Schmidt/*Weber-Grellet* EStG § 17 Rn. 16.
[66] BFH BStBl. II 1998, 307 = NJW 1997, 2837.
[67] BFH BStBl. II 2017, 393 = DStR 2017, 305.
[68] Zum Ganzen ausf. *Becker* DStR 1998, 1429 ff.

46 Während das Problem sog. aufstrebender Sicherheiten im Falle einer GmbH über eine sog. *Limitation Language*,[69] dh vertragliche Beschränkungen der Vollstreckbarkeit der Sicherheit im Falle einer Unterkapitalisierung, zu lösen versucht wird, bereitet dieses Problem im Aktienrecht größere Schwierigkeiten. Hier stellt sich zum einen das Problem der Kapitalerhaltungsregeln und zum anderen das Problem der Finanzierung des Anteilserwerbs, § 71a AktG.

47 Die durch das MoMiG eingeführten Ausnahmen vom Verbot der Einlagenrückgewähr bzw. der Unterstützung beim Erwerb von Aktien derselben Gesellschaft in § 57 Abs. 1 S. 3 und § 71a Abs. 1 S. 3 AktG nF besitzen wesentliche Bedeutung für diese Problematik.

48 Aus Sicht des Erwerbers ist es überdies günstig, wenn er nicht nur über den Bilanzgewinn der erworbenen Gesellschaft, sondern darüber hinaus auch mittels aufsteigender Darlehen über deren weitere Liquidität verfügen kann, um seine Finanzierungskosten zu reduzieren.

49 *aa) Kapitalerhaltung.* Die Bestellung einer Sicherheit für eine Verbindlichkeit des Aktionärs stellt eine Leistung an den Aktionär dar. Dabei ist die Leistung nach wohl überwiegender Ansicht bereits in der Sicherheitenbestellung und nicht erst in deren Verwertung zu sehen.[70] Die Sicherheitenbestellung kann eine verdeckte Einlagenrückgewähr darstellen, wenn ihr keine entsprechende Gegenleistung seitens des Aktionärs gegenüber steht (etwa Befreiung der Aktiengesellschaft von einer Verbindlichkeit in gleicher Höhe). Eine Einlagenrückgewähr kommt nur in Betracht, wenn der Freistellungsanspruch nicht vollwertig ist. Vollwertigkeit ist anzunehmen, wenn nach einer vernünftigen kaufmännischen Beurteilung im Zeitpunkt der Besicherung ein Forderungsausfall unwahrscheinlich ist.[71]

50 Steht dem Stellen der Sicherheit durch die Aktiengesellschaft keine entsprechende Gegenleistung seitens des Aktionärs gegenüber, ist die Sicherheitenbestellung grds. als verbotene Einlagenrückgewähr zu qualifizieren. Es kamen jedoch schon vor Inkrafttreten des MoMiG Ausnahmen in Betracht:
- Durchreichen des Darlehens an die Aktiengesellschaft: Nach überwiegender Ansicht soll kein Verstoß gegen § 57 AktG vorliegen, wenn das Darlehen zumindest in Höhe des Wertes der bestellten Sicherheit an die Aktiengesellschaft weitergeleitet wird;[72]
- sonstiger Vorteil für die Gesellschaft (Corporate Benefit): Eine verbotene Einlagenrückgewähr soll auch dann nicht vorliegen, wenn das besicherte Darlehen zwar nicht direkt an die Gesellschaft weitergeleitet wird, das Darlehen aber für konzerninterne Maßnahmen verwendet wird, die auch der Gesellschaft zugutekommen und die Gesellschaft sich damit eigene Aufwendungen erspart.[73] Bei dieser Fallgruppe dürfte in der Praxis Zurückhaltung geboten sein, da sich die Vorteile für die Gesellschaft bei der Verwendung des Darlehens im Konzern in aller Regel kaum messen lassen. Nur dort, wo sich die Vorteile bilanziell nachweisen oder zumindest fundiert begründen lassen, kommt eine Ausnahme vom Verbot der Einlagenrückgewähr in Betracht.

51 Vor dem Hintergrund der überaus strengen Maßstäbe des BGH bei aufstrebenden Darlehen an Gesellschafter ist jedoch fraglich, ob diese Ausnahmen auch in der Rspr. Akzeptanz fänden.[74]

52 Nach Inkrafttreten des MoMiG ist zu erwarten, dass die allgemeine bilanzielle Betrachtungsweise, die in § 57 Abs. 1 S. 3, 4 AktG nF zum Ausdruck kommt, auch auf aufsteigende Sicherheiten anzuwenden ist. Gem. §§ 251, 268 Abs. 7 HGB sind Haftungsverhältnisse aus

---

[69] *Bastuck* WM 2000, 1091 (1097 ff.).
[70] BGH DStR 2017, 733; OLG Düsseldorf AG 1980, 273 (274); OLG Hamburg AG 1980, 275 (279); MüKoAktG/*Bayer* § 57 Rn. 104.
[71] BGH NZG 2017, 344; zur Rechtslage MoMiG MAH AktR/*Stamm*, 2. Aufl. 2010, Rn. 44; MüKoAktG/*Bayer* § 57 Rn. 183 ff.
[72] *Bayer* FS Lutter, 2000, 1011 (1025); *Schön* ZHR 159 (1995), 351 (368).
[73] *Bayer* FS Lutter, 2000, 1011 (1025).
[74] In einem obiter dictum zu seinem sog. Novemberurteil (BGHZ 157, 72 ff. Rn. 15 = NJW 2004, 1111 (1112)) stellt der BGH dafür, dass die Darlehensgewährung an den GmbH-Gesellschafter im Einzelfall zulässig sein könnte, die Voraussetzungen auf, dass sie im Interesse der Gesellschaft lag, die Bedingungen einem Drittvergleich standhielten und die Kreditwürdigkeit des Gesellschafters über jeden Zweifel erhaben oder durch werthaltige Sicherheiten gewährleistet war.

der Bestellung von Sicherheiten für fremde Verbindlichkeiten unter der Bilanz zu vermerken, sofern der Sachverhalt nicht als Verbindlichkeit oder Rückstellung zu passivieren ist. Voraussetzung dafür ist, dass mit dem Eintritt nicht ernsthaft zu rechnen ist.[75]

Im nächsten Schritt kommt es für die Prüfung des Vollwertigkeitsanspruchs auf den Regressanspruch der Aktiengesellschaft gegen den Aktionär nach Inanspruchnahme der Sicherheit an. Ob es dabei auf den Zeitpunkt der Bestellung der Sicherheiten oder den Zeitpunkt einer drohenden Inanspruchnahme durch den Gläubiger bzw. die Verwertung ankommt, ist in der Lit. strittig.[76] In jedem Fall bestehen jedoch, wenn der Aktionär zugleich Schuldner der besicherten Forderung ist, gegen die Vollwertigkeit stets Bedenken, weil das Eintreten des Sicherungsfalles und damit das Entstehen eines Regressanspruches regelmäßig nur bei Zahlungsschwierigkeiten des Schuldners zu erwarten sind; wenn es auf den Zeitpunkt der drohenden Verwertung ankäme, wäre die Vollwertigkeit praktisch ausgeschlossen.[77] Ganz allgemein dürften sich die Bedenken, die einer Sicherheitenbestellung für Verbindlichkeiten von Aktionären außerhalb des (faktischen) Konzerns gegenüberstehen, durch das MoMiG kaum vermindert haben.

Bei Vorliegen eines Beherrschungsvertrages waren bereits vor Inkrafttreten des MoMiG die strengen Kapitalerhaltungsvorschriften aufgeweicht. Gem. § 291 Abs. 3 AktG aF galten Leistungen der Aktiengesellschaft, die auf Grund des Beherrschungsvertrages erbracht wurden, nicht als Verstoß gegen das Verbot einer Einlagenrückgewähr. Leistungen auf Grund eines Beherrschungsvertrages waren dabei solche Leistungen, die in Folge einer rechtmäßigen Ausübung der Weisungsbefugnis des § 308 AktG erfolgten. Dies eröffnete die Möglichkeit einer Besicherung von Verbindlichkeiten des herrschenden Unternehmens, solange die Sicherheitenbestellung im Konzerninteresse lag und die Aktiengesellschaft (insbes. im Falle einer Sicherheitenverwertung) nicht in ihrer eigenen wirtschaftlichen Existenz gefährdet wurde. Gerade die Frage einer Existenzgefährdung war im Hinblick darauf, ob im Falle einer Verwertung der Sicherheit der Ausgleichsanspruch gegen das beherrschende Unternehmen werthaltig ist, regelmäßig problematisch, wenn es sich – wie bei Leveraged Buy-outs häufig – um bloße Zweckgesellschaften handelte.

Eine Weisung ist nach der neuen Rechtslage gem. § 57 Abs. 1 S. 3 Alt. 1 und § 291 Abs. 3 AktG nF nun nicht mehr erforderlich, und auch iÜ formuliert das Gesetz keine Anforderungen an die Gewährung von Leistungen der Aktiengesellschaft als beherrschtes Unternehmen mehr. Dennoch ist zu fragen, ob im Hinblick auf den hinter der Neuregelung stehenden Rechtsgedanken des Schutzes der Gläubiger durch vollwertige Erstattungsansprüche nicht wenigstens der Verlustausgleichsanspruch der beherrschten Gesellschaft gem. § 302 AktG werthaltig sein müsste.[78] In diesem Fall würden die materiellen Voraussetzungen einer Leistung an die beherrschende Gesellschaft den Voraussetzungen vor Inkrafttreten des MoMiG ähneln.

Eine Neuerung gegenüber der bestehenden Rechtslage ist, dass das Bestehen eines Gewinnabführungsvertrages dem Bestehen eines Beherrschungsvertrages im Hinblick auf § 57 Abs. 1, § 291 Abs. 3 AktG gleichsteht.

Keine Änderung bringt die durch das MoMiG geschaffene neue Gesetzeslage für die Upstream-Besicherung im Rahmen eines faktischen Konzerns. Die wohl hM ging davon aus, dass die Regelung des § 311 AktG die strikte Vermögensbindung auflockert, so dass die Stellung einer Sicherheit für eine Verbindlichkeit des (faktisch) herrschenden Unternehmens durch die abhängige Aktiengesellschaft zulässig ist, wenn ein Nachteilsausgleich iSv § 311 Abs. 1 oder Abs. 2 AktG vorgenommen wird.[79] Der BGH hat diese Position nun insofern gestärkt, als er im Vorgriff auf die neue Rechtslage entschieden hat,[80] dass (auch für Alt-

---

[75] EBJS/*Böcking/Gros* HGB § 251 Rn. 1.
[76] *Wand/Tillmann/Heckenthaler* AG 2009, 148 (152); *Drygala/Kremer* ZIP 2007, 1289 (1295); *Splindt* ZIP 2009, 149 (152).
[77] *Wand/Tillmann/Heckenthaler* AG 2009, 148 (152).
[78] *Wand/Tillmann/Heckenthaler* AG 2009, 148 (154); *Altmeppen* ZIP 2009, 49 (55).
[79] OLG Stuttgart AG 1994, 411 (412); OLG Frankfurt AG 1996, 324 (327); OLG Hamm AG 1995, 512 (516); Hüffer/Koch/*Koch* AktG § 311 Rn. 49 mwN; *Sonnenhol/Groß* ZHR 159 (1995), 388 (410).
[80] BGHZ 179, 71 = NJW 2009, 850.

fälle) die Gewährung eines unbesicherten kurzfristig rückforderbaren upstream-Darlehens kein per se nachteiliges Rechtsgeschäft iSv § 311 AktG sei und § 311 AktG eine die §§ 57, 62, und § 93 Abs. 3 Nr. 1 AktG verdrängende Sonderregelung enthalte. Danach werde der Nachteil iSv § 311 Abs. 1 AktG ebenfalls anhand eines bilanziellen Maßstabs geprüft.[81]

58 Auch für die Sicherheitenbestellung wird es entsprechend diesen Vorgaben im ersten Schritt auf das Vorliegen einer konkreten Gefährdung der Vermögens- und Ertragslage des abhängigen Unternehmens ankommen.[82] Im nächsten Schritt müsste eine Bewertung bzw. der Ausgleich im Einzelfall ggf. anzunehmender Nachteile vorgenommen werden.

59 Auch bei dieser Fallgruppe ist in der Praxis damit weiterhin Vorsicht geboten. Zum einen ist im Hinblick auf den ggf. erforderlichen Nachteilsausgleich zu berücksichtigen, dass es sich bei dem herrschenden Unternehmen – wie im Falle eines Leveraged Buy-outs häufig – um eine Zweckgesellschaft handeln kann, die außer der Beteiligung an der Aktiengesellschaft keine weiteren Vermögensgegenstände hält. Ein Ausgleichsanspruch dürfte gerade im Fall der Inanspruchnahme der Sicherheit aber wertlos sein, weswegen ein Nachteilsausgleich faktisch nicht möglich sein kann. Jedenfalls muss auch laufend sichergestellt werden, dass die Sicherheit nicht ohne Rückgriffsmöglichkeit der abhängigen Aktiengesellschaft in Anspruch genommen werden kann.[83]

60 Verstößt eine Sicherheitenbestellung gegen das Verbot der Einlagenrückgewähr, führt dies *nicht zur Nichtigkeit im Verhältnis zum Sicherungsnehmer*. Die Kapitalbindung gilt nämlich grds. nur im Verhältnis Aktiengesellschaft zum Aktionär. Der Aktionär ist damit gem. § 62 AktG verpflichtet, für die Freistellung der Gesellschaft von der Sicherheit zu sorgen.[84] Im Verhältnis zum Sicherungsnehmer ist die Sicherheit hingegen wirksam.[85]

61 Zu beachten ist auch die verschuldensabhängige Haftung der Mitglieder des Vorstandes nach § 93 Abs. 3 Nr. 1 AktG bzw. des Aufsichtsrates gem. § 116 AktG iVm § 93 Abs. 2 AktG. Darüber hinaus kommt eine gesamtschuldnerische Haftung der gesetzlichen Vertreter des herrschenden Unternehmens und des Vorstands und Aufsichtsrats der beherrschten Gesellschaft bei einer rechtswidrigen Weisung gem. §§ 309 f. AktG in Betracht.

62 *bb) Finanzierung des Anteilserwerbs.* Neben den Regeln der Kapitalerhaltung ist bei der Bestellung von Sicherheiten durch eine Aktiengesellschaft für Verbindlichkeiten ihres Aktionärs die Vorschrift des § 71a AktG zu beachten. Danach ist das Stellen einer Sicherheit durch die Gesellschaft zum Zwecke des Erwerbs von Aktien dieser Gesellschaft nichtig. Eine solche Fallgestaltung wird häufig bei einem Leveraged Buy-out gegeben sein, wenn der Erwerb einer Aktiengesellschaft fremdfinanziert und das Darlehen durch das Zielunternehmen (die Aktiengesellschaft) besichert werden soll.

63 Für die Anwendung des § 71a AktG ist es nach wohl hM unerheblich, ob die Sicherheitenbestellung erst zu einem Zeitpunkt erfolgen soll, in dem der Erwerb der Aktien bereits abgeschlossen ist, oder bereits vorher. Denn nach der herrschenden Meinung ist die Vorschrift des § 71a AktG weit auszulegen und erfasst auch die Bestellung solcher Sicherheiten, die „im Hinblick auf den Erwerb" durchgeführt wird.[86]

64 Nicht vollständig eindeutig ist trotz der Neuregelung weiterhin auch die Lage im Vertragskonzern: § 71a Abs. 1 S. 3 AktG nF schließt die Anwendung des Verbots nach § 71a Abs. 1 AktG im Falle eines Bestehens eines Gewinnabführungs- oder Beherrschungsvertrags aus.[87] Denn § 71a AktG basiert wie § 57 AktG auf dem Prinzip der Kapitalerhaltung, welches im Vertragskonzern gem. § 291 Abs. 3 AktG aber gerade aufgeweicht ist. Es ist deswe-

---

[81] BGHZ 179, 71 Rn. 12 f. = NJW 2009, 850 (851).
[82] *Wand/Tillmann/Heckenthaler* AG 2009, 148 (157) unter Hinweis auf dieses Kriterium, das der BGHZ 179, 71 Rn. 13 = NJW 2009, 850 (852) nennt.
[83] *Altmeppen* ZIP 2009, 47 (53).
[84] *Hüffer/Koch/Koch* AktG § 57 Rn. 33.
[85] BGH AG 1981, 227; OLG Düsseldorf AG 1980, 273 (274); *Bastuck* WM 2000, 1091 (1097).
[86] *Hüffer/Koch/Koch* AktG § 71a Rn. 3 f. mit Verweis auf die der Norm zugrunde liegende, an die Stelle der Kapitalrichtlinie getretene Gesellschaftsrechtlinie; *Fleischer* AG 1996, 494 (500).
[87] Dieses Ergebnis wurde in der Lit. bereits vor Inkrafttreten des MoMiG vertreten, soweit die §§ 291 ff. AktG einen ausreichenden Schutz der Gesellschaft sicherstellten; *Becker* DStR 1998, 1429 (1431); *Fleischer* AG 1996, 494 (505 f.); aA *Lutter/Wahlers* AG 1989, 1 (9 f.).

gen zu erwarten, dass Voraussetzung für diese Ausnahme ist, dass der Aktiengesellschaft ein vollwertiger Ausgleichsanspruch gegen das beherrschende Unternehmen zusteht. Dies dürfte bei einem Leveraged Buy-out in der Regel nicht gegeben sein, da das beherrschende Unternehmen meist lediglich eine Zweckgesellschaft ist, die außer der Beteiligung an der Aktiengesellschaft keine nennenswerten Vermögensgegenstände hält.

Verstößt eine Sicherheitenbestellung gegen § 71a AktG, ist sie grds. nichtig. Diese Nichtigkeit gilt – anders als bei § 57 AktG – in jedem Fall auch gegenüber dem Sicherungsgeber.

cc) Lösungsmöglichkeiten für die Praxis. Für die Praxis bieten sich die folgenden Lösungsmöglichkeiten an:

- **Gewinnabführungs- oder Beherrschungsvertrag:** Bei Vorliegen eines Gewinnabführungs- oder Beherrschungsvertrages kommt auch im Falle einer Akquisitionsfinanzierung eine Besicherung durch die abhängige Aktiengesellschaft in Betracht. Es ist jedoch zu erwarten, dass dies weiterhin nicht gilt, wenn der Erwerb über eine Zweckgesellschaft erfolgen soll, und der Ausgleichsanspruch faktisch wertlos ist. Die Sicherheitenbestellung bzw. deren Verwertung darf in keinem Fall zu einer Existenzgefährdung der Aktiengesellschaft führen.
- **Verschmelzung der Aktiengesellschaft auf den Kreditnehmer:** Eine Lösungsmöglichkeit besteht darin, dass die Aktiengesellschaft, die vom Kreditnehmer erworben wurde, auf den Kreditnehmer verschmolzen wird („Upstream Merger"). Sämtliche Vermögensgegenstände der aufgelösten Aktiengesellschaft gehen damit auf den Kreditnehmer über und können von diesem als Sicherheit für das an ihn gewährte Darlehen verwendet werden.
- **Verschmelzung des Kreditnehmers auf die Aktiengesellschaft:** Auch der umgekehrte Fall ist denkbar, nämlich dass der Kreditnehmer (zB eine Zweckgesellschaft) auf die Aktiengesellschaft verschmolzen wird („Downstream Merger"). Mit der Verschmelzung geht die Verbindlichkeit aus dem Kredit zur Finanzierung des Anteilserwerbs auf die Aktiengesellschaft über. Diese kann nun ohne weiteres Sicherheiten bestellen, da es sich um die Besicherung einer eigenen Verbindlichkeit handelt.

In den zuletzt genannten Fällen sollte die Sicherheitenbestellung jedoch erst nach Durchführung der Verschmelzung erfolgen. Andernfalls wären die Sicherheiten wegen Verstoßes gegen § 71a AktG nichtig, wobei die Nichtigkeit nicht durch die anschließende Verschmelzung geheilt würde.

III. Eigenkapitalähnliche Finanzierung

1. Genussrechte

a) **Attraktivität von Genussrechten zur Unternehmensfinanzierung.** Seit Beginn der 80er Jahre werden Genussrechte als alternatives Mittel der Eigenkapitalbeschaffung anstelle einer Kapitalerhöhung eingesetzt. Ursprünglich haben dabei meist Kreditinstitute dieses Finanzierungsinstrument eingesetzt. Genussrechte werden aber in zunehmendem Maße auch von Industrieunternehmen und sonstigen Unternehmen entdeckt, insbes. da in den Jahren 2002–2007 sog. „Programm-Mezzanine" im Gesamtvolumen von rund 4,7 Mrd. EUR an Unternehmen des Mittelstands vergeben wurde.[88] Die Vorteile einer Genussrechtsemission zur Kapitalbeschaffung lassen sich dabei wie folgt zusammenfassen:

- **Flexible Gestaltungsmöglichkeit:** Das Genussrechtskapital unterliegt keiner dem Grundkapital vergleichbaren Bindung. Die Genussrechtsbedingungen können weitgehend frei gestaltet werden und machen das Genussrecht zu einem äußerst flexiblen Finanzierungsinstrument.
- **Eigenkapital- oder Fremdkapitalcharakter:** Genussrechte können so ausgestaltet werden, dass sie bilanziell entweder Fremdkapital oder Eigenkapital darstellen. Zudem lassen sich Genussrechte so strukturieren, dass sie bilanziell als Eigenkapital, steuerlich jedoch als Fremdkapital zu behandeln sind (sog. Hybridkapital).[89]

---

[88] HMS Kapitalmarktinf-HdB/*Stamm/Ries* § 20 Rn. 17.
[89] Neuerdings seitens der Finanzverwaltung in Zweifel gezogen, OFD Rheinland DB 2012, 21 = BeckVerw 256248; OFD Nordrhein-Westfalen DB 2016, 1407 = BeckVerw 328839; hingegen IDW HFA-Stellungnahme

- Keine Mitgliedschaftsrechte: Genussrechte gewähren keine Mitgliedschaftsrechte und ermöglichen damit eine Kapitalaufnahme, ohne dass gesetzliche Mitbestimmungsrechte auf die Kapitalgeber übertragen werden müssten (üblich sind allerdings gewisse schuldrechtliche Vorbehalte).

68 **b) Begriff und Rechtsnatur.** Das Gesetz verwendet den Begriff Genussrecht an verschiedener Stelle (zB in § 221 Abs. 3 AktG, § 10 Abs. 5 KWG und § 53c VAG), definiert ihn jedoch nicht. Die vielgestaltigen Erscheinungsformen von Genussrechten in der Praxis erschweren die Entwicklung einer einheitlichen Definition. Die hM leitet den Begriff des Genussrechts aus § 221 Abs. 3 AktG ab, der (im Gegensatz zu einer Ausgabe von gewöhnlichen Schuldverschreibungen) bei der Ausgabe von Genussrechten die Mitwirkung der Aktionäre verlangt.[90] Danach liegt ein Genussrecht dann vor, wenn auf Grundlage eines schuldrechtlichen Vertrages dem Erwerber vermögensrechtliche Ansprüche gegenüber der Aktiengesellschaft eingeräumt werden, die typischerweise einem Aktionär zustehen können.[91] Typische Aktionärsrechte sind insoweit die Beteiligung am Gewinn und am Liquidationserlös. Werden solche Rechte eingeräumt, findet in jedem Fall und unabhängig von einer weiteren Abgrenzung zu anderen Rechtsinstituten (dazu unten) § 221 Abs. 3 AktG Anwendung und ist ein Hauptversammlungsbeschluss erforderlich.

69 Für die Einordnung als Genussrecht ist es unerheblich, ob die Verzinsung gewinnorientiert (dh die Höhe der Verzinsung hängt von der Höhe des Gewinns ab) oder lediglich gewinnabhängig (feste Verzinsung, die entfällt, sobald Bilanzverlust besteht oder durch Zinszahlung entstehen würde) ausgestaltet ist.[92]

70 Genussrechte begründen keine mitgliedschaftlichen Rechte, sondern ausschließlich schuldrechtliche Gläubigerrechte.[93] Insbesondere können das Stimmrecht, das Recht zur Einberufung der Hauptversammlung und das Anfechtungsrecht Genussrechtsinhabern nicht eingeräumt werden.[94] Als zulässig wird hingegen angesehen, mitgliedschaftsähnliche Rechte zu begründen, sofern sie die autonome Verbandsführung nicht beeinträchtigen. Folgende aktionärsähnlichen Rechte können Genussrechtsinhabern eingeräumt werden:
- das passive Teilnahmerecht an der Hauptversammlung ohne Rede- und Antragsrecht;
- das Recht auf Einsichtnahme in den Jahresabschluss, Lagebericht, etc und das Recht auf Zusendung einer Abschrift;
- das Recht auf Unterrichtung über die Einberufung der Hauptversammlung und deren Tagesordnung; und
- das Recht auf schriftliche Mitteilung von Hauptversammlungsbeschlüssen.

71 Nach hM liegt der Ausgabe von Genussrechten ein Dauerschuldverhältnis sui generis zugrunde.[95]

72 **c) Abgrenzung zu anderen Rechtsinstituten.** *aa) Partiarisches Darlehen.* Ein partiarisches Darlehen ist ein Darlehen, das in Ausgestaltung des Zinsanspruchs eine Gewinnbeteiligung vorsieht. Die Abgrenzung zum Genussrecht kann mitunter schwierig sein. Eindeutig sind die Fälle, in denen die Genussrechtsbedingungen eine Verlustbeteiligung vorsehen, da in diesem Fall die Annahme eines partiarischen Darlehens nicht in Betracht kommt.[96] Ist eine Verlustbeteiligung in den Genussrechtsbedingungen ausgeschlossen, hat die Abgrenzung danach zu

---

I/1994 WPg 1994, 419; *Breuninger* JbFStR 2012/2013, 308; Blümich/*Krumm* EStG § 5 Rn. 920 „Genussrechte"; Hennrichs/Schlotter DB 2016, 2072, Aufsätze; → Rn. 78.

[90] Hüffer/Koch/*Koch* AktG § 221 Rn. 22 f.; *Busch* AG 1994, 93 (95); *Sethe* AG 1993, 293 (297).
[91] Hüffer/Koch/*Koch* AktG § 221 Rn. 26; *Gehling* WM 1992, 1093 (1094); *Sethe* AG 1993, 293 (297); MHdB GesR IV/*Scholz* § 64 Rn. 69.
[92] HM, BGH NJW 1993, 400 (401), Bremer Bankverein; Hüffer/Koch/*Koch* AktG § 221 Rn. 25 f.; MHdB GesR IV/*Scholz* § 64 Rn. 77; *Sethe* AG 1993, 293 (298 ff.); *Busch* AG 1994, 93 (95); aA *Gehling* WM 1992, 1093 (1094); *Lutter* ZGR 1993, 291 (306 f.).
[93] BGH NJW 1993, 57 (58), Klöckner; BGH NJW 1993, 400 (401), Bremer Bankverein; Hüffer/Koch/*Koch* AktG § 221 Rn. 27; KölnKomm AktG/*Drygala* § 221 Rn. 197; MHdB GesR IV/*Krieger* § 63 Rn. 48.
[94] BGH ZIP 1992, 57 (59); KölnKomm AktG/*Florstedt* § 221 Rn. 514.
[95] BGH NJW 1993, 57 (63); Hüffer/Koch/*Koch* AktG § 221 Rn. 27; *Sethe* AG 1993, 293 (297).
[96] OLG Dresden DStR 2000, 649; OLG Stuttgart NZG 2000, 93 (94); *Sethe* AG 1993, 293 (297).

erfolgen, ob dem Genussrechtsinhaber aktionärsähnliche Rechte eingeräumt werden oder eher kreditgeberähnliche Rechte.

bb) Stille Beteiligung. Eine Mindermeinung in der Lit. nimmt an, ein Genussrecht würde 73 per se eine stille Beteiligung darstellen.[97] Diese Ansicht kann nicht überzeugen. Eine stille Beteiligung ist eine Innengesellschaft bürgerlichen Rechts und erfordert die Verfolgung eines gemeinsamen Zwecks. Genussrechte hingegen gewähren grds. ausschließlich Gläubigerrechte, erschöpfen sich im Wesentlichen in einem bestimmten geldwerten Anspruch und führen nicht automatisch zur Annahme einer gemeinsamen Zweckverfolgung.[98] Zwar hat der Genussrechtsinhaber, dessen Verzinsung (der Höhe nach oder im Hinblick auf die Anspruchsentstehung) an den Gewinn der Gesellschaft gekoppelt ist, ein Interesse an einem möglichst hohen Gewinn. Diese Zielsetzung entspricht aber auch der eines partiarischen Darlehensgebers und reicht nicht für die Annahme einer gemeinsamen Zweckverfolgung.[99] In zivilen Streitigkeiten war die Abgrenzung bislang nur ausnahmsweise vorzunehmen, wohingegen die Finanzgerichte die Frage nach der Art der steuerlichen Einkünfte und damit der Einordnung der jeweiligen Kapitalüberlassung regelmäßig beschäftigt. Die Maßstäbe sind jedoch auch für die zivilrechtliche Abgrenzung nutzbar. Auch nach der *finanzgerichtlichen Rspr.* verlangt ein gemeinsamer Zweck zwischen dem Anleger und dem Unternehmen ein substantielles „Mehr" als die bloße Hingabe von Kapital und dessen Verwendung.[100]

Die Abgrenzung hat daher im Einzelfall auf Grund einer Gesamtschau zu erfolgen. Dabei 74 müssen die gemeinsamen Grundlagen und Ziele zum Vertragsinhalt geworden sein (im Unterschied zu bloßen Motiven)[101], wobei die von den Parteien in ihren Vereinbarungen gewählten Formulierungen indizielle Bedeutung haben können.[102] Die folgenden Punkte sprechen dabei tendenziell für die Annahme einer stillen Beteiligung:[103]

- Einräumung von Kontroll- und Informationsrechten iSv § 233 HGB (insbes. das Recht, die Richtigkeit des Jahresabschlusses unter Einsicht der Bücher und Papiere zu prüfen);[104]
- Zustimmungserfordernis zur Änderung des Unternehmensgegenstandes oder Veräußerung, Verpachtung und Einstellung des Unternehmens;
- Beschränkung der Übertragbarkeit der Rechte des Finanzierungsgebers.

Tendenziell für ein Genussrecht spricht dagegen:
- Zahlung eines (gewinnabhängigen) Festzinses;
- völliger Ausschluss von der Mitwirkung an der Geschäftsführung (insbes. auch keine Zustimmungsvorbehalte für grundlegende Geschäftsführungsmaßnahmen).

Ein Genussrecht soll nach der Rspr. des BFH jedenfalls vorliegen, wenn dem Rechtsin- 75 haber zwar schuldrechtliche Ansprüche, nicht aber gesellschaftsrechtlich geprägte Rechte vermittelt werden, ihm Vermögensrechte zugestanden werden, die typischerweise nur Gesellschaftern zustehen, die Rechte in großer Zahl und nicht nur vereinzelt begeben und dem Rechtsinhaber keine aktiven Mitverwaltungsrechte eingeräumt werden.[105]

cc) Vorzugsaktien. Vorzugsaktien vermitteln anders als Genussrechte mitgliedschaftliche 76 Rechte wie zB das Recht auf Teilnahme an der Hauptversammlung, das Auskunftsrecht iSv § 131 AktG, das Anfechtungsrecht sowie das Bezugsrecht nach § 186 AktG. Bis auf eine (passive) Teilnahme an der Hauptversammlung können Genussrechte nicht mit diesen Rechten ausgestaltet werden.

dd) Gewinnschuldverschreibung. Gewinnschuldverschreibungen sind für Zwecke des 77 § 221 AktG ein Unterfall von Genussrechten.[106] Soweit die Genussrechtsbedingungen je-

---

[97] *Meilicke* BB 1987, 1611 ff.; 1989, 465 f.
[98] BGH NJW 2003, 3412 (3413 f.); BGH WM 1959, 434.
[99] HM, KölnKomm AktG/*Florstedt* § 221 Rn. 531; *Frantzen*, Genussscheine, 1993, 15; *Sethe* AG 1993, 293 (297); *Busch* AG 1994, 93 (97); iErg Hüffer/Koch/*Koch* AktG § 221 Rn. 27.
[100] BFH DStR 2008, 1629 (Ls.); BFH DStR 2008, 1629 (1631).
[101] BFH DStR 2008, 2305 Rn. 34.
[102] BFH DStR 2008, 1629 (1631).
[103] Zum zulässigen Umfang solcher Rechte → § 21 Rn. 115ff.
[104] BGH NJW 2003, 3412 (3414).
[105] BFH DStR 2008, 1629 (Ls.); BFH DStR 2008, 1629 (1632).
[106] KölnKomm AktG/*Florstedt* § 221 Rn. 687.

doch eine Verlustbeteiligung vorsehen, liegt nur noch ein Genussrecht und keine Gewinnschuldverschreibung vor.

78 **d) Verbriefung.** Genussrechte können, müssen jedoch nicht in Genussscheinen verbrieft werden. Eine Verbriefung kommt in Form von Inhaber-, Order- oder Namenspapieren in Betracht. Denkbar ist auch die Ausgabe bloßer Beweisurkunden, die nicht mit einer wertpapierrechtlichen Legitimationsfunktion versehen sind.[107]

79 Üblicherweise werden Genussscheine in einer Sammelurkunde verbrieft. Die Sammelurkunde ist über ein Kreditinstitut (Clearing Bank) bei einer Wertpapiersammelbank (zB Clearstream Banking AG, Frankfurt) zu hinterlegen. Scheut ein Unternehmen, das Genussscheine ausgeben will, die Kosten einer Girosammelverwahrung, können auch Einzelurkunden ausgegeben werden. Typischerweise bestehen diese aus einem Mantel- und einem Zinscouponbogen. Der Mantel hat die folgenden Angaben zu enthalten: Bezeichnung als Genussschein, Emittent, Nennwert, Angabe, ob der Genussschein auf den Inhaber, an Order oder auf Namen lautet, Ausgabetag, Unterschrift des Vorstandes (Faksimile); ferner sollten die Genussscheinbedingungen abgedruckt sein.

80 **e) Inhaltliche Ausgestaltung.** *aa) Allgemeines.* Hinsichtlich der inhaltlichen Ausgestaltung der Genussrechtsbedingungen besteht ein weiter Gestaltungsspielraum. Üblicherweise enthalten die Genussrechtsbedingungen jedoch Bestimmungen über
- die Höhe des Nennwerts,
- die Verzinsung,
- die Laufzeit,
- Kündigungsmöglichkeiten,
- die wertpapierrechtliche Ausgestaltung,
- Informationsrechte der Genussrechtsinhaber,
- Rückzahlungsmodalitäten,
- (nachrangiges) Rangverhältnis zu anderen Gesellschaftsgläubigern (einschließlich Gesellschafterdarlehen)[108]
- eventuelle Nachzahlungspflichten,
- eine eventuelle Verlustbeteiligung (und deren Wiederaufholung),
- eine Herabsetzung des Genussrechtskapitals und
- ggf. eine Beteiligung am Liquidationserlös.

81 *bb) Zulässigkeit „aktiengleicher" Genussrechte.* Heftig umstritten ist die Frage, ob die Ausgabe „aktiengleicher" Genussrechte zulässig ist. Dies wird zum Teil als Umgehung der §§ 139 ff. AktG verneint, wenn die Genussscheine inhaltlich so ausgestaltet sind, dass sie ähnliche Rechte wie eine Vorzugsaktie gewähren.[109] Dieser Streit dürfte jedoch mehr dogmatischer Natur sein, da es in der Praxis „aktiengleiche" Genussrechte nicht gibt. Denn der BGH hat die Sperrwirkung des § 139 AktG (und damit das Vorliegen „aktiengleicher" Genussrechte) bereits dann verneint, wenn die Genussrechte, die keine Mitgliedschaftsrechte vermitteln können, im Rang den Aktionären vorgehen.[110] Dies ist aber in aller Regel der Fall. Um das Risiko einer drohenden Nichtigkeit wegen Umgehung des § 139 AktG zu vermeiden, sollte daher selbst bei Genussrechten mit Eigenkapitalcharakter ein derartiger Vorrang aufgenommen werden.

82 *cc) Bilanzrechtliche Qualifizierung als Eigenkapital.* Genussrechte können so ausgestaltet sein, dass sie Fremdkapital oder Eigenkapital darstellen. Die Qualifizierung als bilanzielles Eigenkapital richtet sich nach der Gläubigerschutzfunktion des Jahresabschlusses und hängt davon ab, ob das überlassene Genussrechtskapital eine ausreichende Haftungsqualität auf-

---

[107] Hüffer/Koch/*Koch* AktG § 221 Rn. 28; MHdB GesR IV/*Scholz* § 64 Rn. 72.
[108] Diesbzgl. ist die etwaige Anwendung der Anfechtungsvorschriften des § 135 InsO zu prüfen (→ Rn. 3 ff.).
[109] *Habersack* ZHR 155 (1991), 378 (385 f.); *Schäfer* WM 1991, 1941 (1943); *Reuter* AG 1985, 104 ff.; *Hirte* ZIP 1988, 477 (478 ff.); aA *Claussen* AG 1985, 77 (78 f.); *Hammen* DB 1988, 2549 (2553); iErg wohl auch OLG Düsseldorf AG 1991, 438 (441).
[110] BGH NJW 1993, 57 – Klöckner; Hüffer/Koch/*Koch* AktG § 221 Rn. 33.

weist. Nach der HFA-Stellungnahme 1994[111] des IDW kommt Genussrechtskapital nach HGB dann Eigenkapitalcharakter zu, wenn kumulativ die folgenden Kriterien erfüllt sind:
- **Nachrangigkeit:** Das Genussrechtskapital muss gegenüber Forderungen von Drittgläubigen nachrangig sein, dh im Insolvenz- oder Liquidationsfall darf ein Rückzahlungsanspruch der Genussrechtsinhaber erst nach Befriedigung aller anderen Gläubiger, deren Kapitalüberlassung nicht den Kriterien für ein Eigenkapitalausweis genügt, geltend gemacht werden können.[112]
- **Erfolgsabhängigkeit der Vergütung:** Die Vergütung für die Überlassung des Genussrechtskapitals muss unter der Bedingung stehen, dass sie nur aus Eigenkapitalbestandteilen geleistet werden darf, die nicht besonders gegen Ausschüttungen geschützt sind.[113] Jede erfolgsunabhängige Mindestvergütung führt zu einer Qualifizierung als Fremdkapital. Möglich ist jedoch die Zahlung eines Festzinses, solange dieser unter der Bedingung steht, dass eine Zinszahlung nicht erfolgt, soweit ein Bilanzverlust besteht oder durch die Zinszahlung entstehen würde. Unschädlich ist die Einräumung eines Nachholungsanspruches für eine unterbliebene Mindestvergütung, sofern die unterbliebene Kapitalvergütung in Folgeperioden aus frei verfügbaren Eigenkapitalbestandteilen vor der Bedienung anderer Eigenkapitalgeber nachgeholt werden kann.
- **Verlustbeteiligung bis zur vollen Höhe:** Eigenkapitalqualität kommt Genussrechten nur dann zu, wenn sie bis zur vollen Höhe am Verlust der Gesellschaft teilnehmen. Das heißt, das Genussrechtskapital muss spätestens im Zeitpunkt seiner Rückzahlung in dem Umfang an den während der Laufzeit aufgelaufenen Verlusten teilnehmen, in dem diese Verluste nicht von Eigenkapitalbestandteilen getragen werden können, die gegen Ausschüttungen nicht besonders geschützt sind. Eine Verrechnung eingetretener Verluste mit Bestandteilen des bilanziellen Eigenkapitals, das gegen Ausschüttungen besonders geschützt ist, darf erst erfolgen, wenn das Genussrechtskapital durch Verlustverrechnung vollständig aufgezehrt ist.
- **Längerfristigkeit der Kapitalüberlassung:** Eine Qualifizierung als Eigenkapital kommt nur dann in Betracht, wenn das Genussrechtskapital für einen längerfristigen Zeitraum überlassen wird, während dessen sowohl für den Genussrechtsemittenten als auch den Genussrechtsinhaber die Rückzahlung ausgeschlossen ist. Die HFA-Stellungnahme enthält keine konkrete Grenze, so dass diese Frage in der Lit. heftig umstritten ist. Die überwiegende Ansicht bejaht das Kriterium der Längerfristigkeit in Anlehnung an § 10 Abs. 5 KWG dann, wenn die Genussrechte eine Mindestlaufzeit von fünf Jahren haben und nur mit einer Zweijahresfrist gekündigt werden können.[114]

Für die Bilanzierung von Mezzanine-Finanzierungen gelten auch nach Inkrafttreten des Bilanzrechtsmodernisierungsgesetzes[115] (BilMoG) keine ausdrücklich gesetzlich geregelten Besonderheiten. Der Gesetzgeber hat davon abgesehen, Vorschläge aus der Lehre aufzunehmen, Mezzanine-Finanzierungen in der Bilanzgliederung (durch Zuweisung an Eigen- oder Fremdkapital bzw. Bildung eines Sonderpostens) oder im Anhang (sog. Mezzanine-Spiegel, ggf. mit Bericht wesentlicher Vertragsbestandteile) besonders zu berücksichtigen. Der Gesetzgeber begründet dies durch die noch im Gang befindliche Diskussion über die Frage der Abgrenzung von Eigen- und Fremdkapital auf internationaler Ebene.[116] Er hält weiter fest, dass mezzanine Finanzierungen derzeit in der Bilanz je nach Klassifizierung in- **83**

---

[111] HFA-Stellungnahme I/1994 ,WPg 1994, 419.
[112] Im Hinblick auf die generelle Einordnung von Gesellschafterdarlehen in den Rang des § 39 Abs. 1 Nr. 5 InsO durch das MoMiG und den grundsätzlichen Wegfall des eigenkapitalersetzenden Charakters, könnte künftig bei wörtlicher Anwendung dieses Kriteriums des IDW eine Nachrangigkeit von Genussrechten zu Gesellschafterdarlehen gefordert werden, um dieses bilanzielle Kriterium zu erfüllen.
[113] Auch insoweit könnte sich durch die Veränderung der gesellschaftsrechtlichen Vorschriften zum Schutz des Eigenkapitals iSv § 57 I S. 4 AktG ein geringerer Umfang des insoweit geschützten Eigenkapitals und damit eine höhere Ausschüttungsbasis für die Bedienung des Genussrechtskapitals ergeben.
[114] *Küting/Kessler* BB 1994, 2103 (2112 f.); *Wengel* DStR 2001, 1316 (1321); ähnlich *Lutter* DB 1993, 2441 (2444 f.).
[115] G zur Modernisierung des Bilanzrechts v. 26.5.2009, BGBl. 2009 I 1102 (1137), in Kraft getreten am 28.5.2009.
[116] Vgl. den Gesetzentwurf der BReg, BT-Drs. 16/10067, 38 v. 30.7.2008.

nerhalb des Eigenkapitals, innerhalb des Fremdkapitals oder als Sonderposten zwischen dem Eigen- und dem Fremdkapital ausgewiesen und ggf. im Anhang erläutert werden. Dementsprechend ist davon auszugehen, dass jede dieser Alternativen gesetzlich zulässig ist.

> **Muster: Bedingungen für Genussrechte mit bilanziellem Eigenkapitalcharakter**
>
> ...
>
> **[3.] Nachrangigkeit**
> Die Rechte der Inhaber von Genussscheinen haben Vorrang vor den Rechten der Aktionäre der Gesellschaft. Sie stehen jedoch im Rang nach den Rechten der Gläubiger [einschließlich der Forderungen aus Gesellschafterdarlehen] der Gesellschaft.
>
> **[4.] Gewinnbeteiligung**
> a) Die Genussscheininhaber erhalten jährlich eine Ausschüttung iHv x % des Nennbetrags der Genussscheine. Eine Ausschüttung findet nicht statt, soweit ein Bilanzverlust besteht oder durch die Ausschüttung entstehen würde.
>
> b) Soweit eine Ausschüttung nach vorstehendem Absatz unterblieben ist, ist der fehlende Betrag in den folgenden Geschäftsjahren nachzuzahlen, wobei zunächst die Rückstände, sodann die letztfälligen Ausschüttungsansprüche zu befriedigen sind. Die Nachzahlungspflicht besteht nur während der Laufzeit der Genussscheine.
>
> **[5.] Verlustbeteiligung**
> Die Genussscheininhaber nehmen an einem etwaigen Verlust (Jahresfehlbetrag) in voller Höhe durch Verminderung ihrer Rückzahlungsansprüche im Verhältnis der Rückzahlungsansprüche zu dem in der Bilanz ausgewiesenen Eigenkapital (einschließlich Genussscheinkapital, jedoch ohne andere nachrangige Verbindlichkeiten) teil. Werden nach einer Teilnahme der Genussscheininhaber am Verlust in den folgenden Geschäftsjahren Jahresüberschüsse erzielt, so sind aus diesen – nach der gesetzlich vorgeschriebenen Wiederauffüllung der gesetzlichen Rücklage – die Rückzahlungsansprüche bis zum Nennbetrag der Genussscheine zu erhöhen, bevor eine anderweitige Verwendung der Jahresüberschüsse vorgenommen wird. Diese Verpflichtung besteht nur während der Laufzeit der Genussscheine.

84 *dd) Steuerrechtliche Qualifizierung als Eigenkapital.* Die handelsrechtliche Qualifizierung als Fremd- oder Eigenkapital gem. IDW HFA 1/1994 ist für die steuerliche Beurteilung nicht maßgeblich. Eine andere Auffassung vertreten Teile der Finanzverwaltung.[117] Diese Auffassung ist aber abzulehnen, da § 8 Abs. 3 S. 2 KStG eine steuerliche Sonderregelung enthält, die eine Durchbrechung der Maßgeblichkeit beinhaltet.[118] Das schuldrechtliche Genussrecht hat nach den steuerlichen Wertungen nur dann Eigenkapitalcharakter, wenn damit das Recht am Gewinn und am Liquidationserlös der Kapitalgesellschaft verbunden ist. Nur bei einer Beteiligung an einem Liquidationsgewinn wird der Gläubiger auch an den stillen Reserven beteiligt.[119] Derartige Genussrechte beeinflussen die Steuerkraft eines Unternehmens nicht anders als die Ausgabe von Aktien.[120] Ausschüttungen an Aktionäre sind steuerlich keine abzugsfähigen Betriebsausgaben.

85 In der Praxis sollte die steuerliche Behandlung bei einer Umwandlung einer Forderung in ein Genussrecht beachtet werden. Stellt das Genussrecht steuerlich Eigenkapital dar, entsteht in Höhe des Nennbetrags der aufzulösenden passivierten Verbindlichkeit ein Ertrag, der beim Gesellschafter allenfalls durch eine verdeckte Einlage neutralisiert werden kann.[121]

86 *ee) Aufsichtsrechtliche Behandlung als Eigenmittel.* Wirtschaftlich an Bedeutung haben Genussrechte ursprünglich vor allem dadurch erlangt, dass gem. § 10 Abs. 5 KWG das Ge-

---

[117] OFD Rheinland DB 2012, 21 = BeckVerw 256248; OFD Nordrhein-Westfalen DB 2016, 1407 = BeckVerw 328839.
[118] *Breuninger*, JbFStR 2012/2013, S. 308; Blümich/*Krumm* EStG § 5 Rn. 920 „Genussrechte"; *Hennrichs/Schlotter*, DB 2016, 2072.
[119] *Knobbe-Keuk*, Bilanz- und Unternehmenssteuerrecht, 9. Aufl. 1993, 589 ff.
[120] RFH 17.4.1934 – I A 316/32, RStBl 1934, 773.
[121] Zur identischen Diskussion beim Rangrücktritt → Rn. 43.

nussrechtskapital unter bestimmten Voraussetzungen dem haftenden Eigenkapital eines Kreditinstituts hinzuzurechnen ist. Seit Einführung dieser Vorschrift zum 1.1.1985 haben daher Banken Genussrechte dazu benutzt, ihre Eigenkapitalausstattung zu verbessern.

Genussrechtskapital ist nach § 10 Abs. 5 KWG dem haftenden Eigenkapital zuzurechnen, wenn 87
- die Genussrechte in voller Höhe am Verlust teilnehmen;
- die Forderungen der Genussrechtsinhaber im Falle einer Insolvenz der Bank nachrangig gegenüber sonstigen nicht nachrangigen Gläubigern der Gesellschaft befriedigt werden;
- die Genussrechte eine Mindestlaufzeit von fünf Jahren haben;
- der Rückzahlungsanspruch nicht in weniger als zwei Jahren fällig wird oder auf Grund des Vertrages fällig werden kann;
- die Genussrechtsbedingungen keine Besserungsabrede enthalten, nach der eine Verlustbeteiligung durch Gewinne, die nach mehr als vier Jahren nach Fälligkeit des Rückzahlungsanspruchs entstehen, wieder ausgeglichen wird; und
- bei Zeichnung der Genussrechte ausdrücklich und schriftlich darauf hingewiesen wurde, dass die Teilnahme am Verlust nicht zum Nachteil der Bank geändert, der Nachrang nicht beschränkt sowie die Laufzeit und Kündigungsfrist nicht verkürzt werden kann sowie dass ein vorzeitiger Rückerwerb oder eine anderweitige Rückzahlung grds. ausgeschlossen ist und etwaige Leistungen der Bank zurückgefordert werden können.

ff) Genussrechte mit Wandlungs- und Optionsrechten. Genussrechte können mit Wandel- und Optionsrechten ausgestattet werden.[122] Weitgehend unproblematisch ist ein solches Wandel- bzw. Optionsrecht dort, wo statt Rückzahlung des Nennwerts die Lieferung von bestimmten Vermögensgegenständen der Gesellschaft (zB Aktien eines anderen Unternehmens) vorgesehen ist. 88

Nach hM ist jedoch auch ein Wandel- oder Optionsrecht hinsichtlich Anteilen an der emittierenden Aktiengesellschaft selbst und die Absicherung dieser Rechte durch die Einrichtung eines bedingten Kapitals gem. § 192 Abs. 2 Nr. 1 AktG als zulässig anzusehen.[123] Voraussetzung für die Zulässigkeit ist jedoch, dass das Genussrecht nach seiner Ausgestaltung nicht nur auf die Verwertung der Umtausch- oder Optionsrechte gerichtet sein darf, sondern eine darüber hinausgehende Finanzierungsfunktion erfüllen muss.[124] Das Umtausch- und Optionsrecht ist daher nur in Verbindung mit einer Schuldverschreibung zulässig. 89

f) Keine Anwendung von Darlehensrecht. Im Bürgerlichen Gesetzbuch und ebenso in der sonstigen allgemeinen Zivilgesetzgebung fehlen besondere gesetzliche Regeln, die auf Genussrechte anwendbar wären. Vereinzelt wird jedoch eine Anwendung der besonderen Regeln des Darlehensrechts auf Genussrechte diskutiert, was etwa bei den außerordentlichen Kündigungsrechten des Schuldners bzw. des Kapitalgebers nach §§ 489 f. BGB relevant wäre, und insbes. bei dem außerordentlichen Kündigungsrecht des Kapitalgebers nach § 490 Abs. 1 BGB bei Vermögensverschlechterung des Schuldners. Die Anwendung dieses Kündigungsrechts würde jedoch zu der spezifischen, vom Darlehensvertrag sehr verschiedenen Risikoverteilung beim Genussrecht im Widerspruch stehen. Insbesondere bei der typischen Teilnahme des Genussrechtskapitals an Verlusten der Gesellschaft (in Gestalt einer Minderung des Rückzahlungsanspruches) ist eine Teilnahme am unternehmerischen Risiko der Gesellschaft intendiert,[125] wohingegen nach § 488 Abs. 1 S. 2 BGB die Darlehensvaluta stets vollständig rückzahlbar ist. Aber auch in dem Fall, dass die Genussrechtsbedingungen keine Verlustteilnahme des Genussrechtskapitals vorsehen, ist aufgrund der Vereinbarung einer gewinnabhängigen Verzinsung davon auszugehen, dass der Genussrechtsinhaber im Gegensatz zu einem sonstigen Fremdkapitalgeber an den unternehmerischen Risiken und 90

---

[122] *Frantzen*, Genussscheine, 1993, 160 ff.; KölnKomm AktG/*Florstedt* § 221 Rn. 552 ff.
[123] KölnKomm AktG/*Florstedt* § 221 Rn. 552; BGHZ 202, 7 = BGH ZIP 2014, 1876; Hüffer/Koch/*Koch* AktG § 192 Rn. 9 mwN.
[124] KölnKomm AktG/*Florstedt* § 221 Rn. 552.
[125] KölnKomm AktG/*Florstedt* § 221 Rn. 552; HMS Kapitalmarktinf-HdB/*Berghaus/Bardelmeier* § 14 Rn. 17; ebenso HMS Kapitalmarktinf-HdB/*Stamm/Ries* § 24 Rn. 57 ff.; *Meilicke* BB 1989, 525.

Chancen der Gesellschafter teilhaben soll. Dafür, dass eine solche Teilnahme am Unternehmenserfolg intendiert ist, spricht auch die jeweilige Ausgestaltung mit aktionärsähnlichen Rechten, die für die Abgrenzung zum partiarischen Darlehen erforderlich ist.

91 In gleicher Weise wäre umgekehrt aus Sicht des emittierenden Unternehmens in einem solchen Fall die Anwendung etwa des Kündigungsrechts für den Darlehensschuldner nach § 488 Abs. 2 BGB bei Zinsänderungen auf Genussrechte widersprüchlich, weil sich in Folge der Gewinnabhängigkeit kein unvorhersehbar hohes Zinsrisiko für das emittierende Unternehmen ergibt, vor dem § 489 Abs. 2 BGB nach dem der Vorschrift zugrunde liegenden Rechtsgedanken schützen soll.

92 Im Ergebnis ist Darlehensrecht auf Genussrechte nicht anwendbar. Eine Rspr., die diesen Grundsatz bestätigt hätte, ist freilich bislang nicht ersichtlich. Für als Inhaberpapiere verbriefte Genussscheine ist generell Darlehensrecht nicht anwendbar, da die Begründung der Forderungen aus dem Wertpapier hier durch ein abstraktes Schuldversprechen erfolgt.[126]

93 **g) Schranken der Gestaltungsfreiheit.** *aa) Inhaltskontrolle und neues SchVG.* Die Genussrechtsbedingungen werden üblicherweise für eine Vielzahl von Verträgen vorformuliert und vom Emittenten den Erwerbern der Genussrechte gestellt und unterliegen daher in aller Regel der Inhaltskontrolle der §§ 305 ff. BGB. Insbesondere findet die Ausnahme des § 310 Abs. 4 S. 1 BGB für Verträge auf dem Gebiet des Gesellschaftsrechts keine Anwendung, da Genussrechte keine gesellschaftsrechtlich geprägten Mitgliedschaftsrechte, sondern schuldrechtliche Gläubigerrechte begründen.[127] Dagegen ist ein besonderer Hinweis auf die Genussrechtsbedingungen, der gem. § 305 Abs. 1 BGB für Allgemeine Geschäftsbedingungen erforderlich ist, nicht erforderlich, um diese in das Rechtsverhältnis zwischen Emittent und dem jeweiligen Genussrechtsinhaber einzubeziehen.[128]

94 Besondere Regelungen zu verbrieften schuldrechtlichen Verpflichtungen enthält das SchVG. Bis zum Inkrafttreten des Gesetzes zur Neuregelung der Rechtsverhältnisse bei Schuldverschreibungen aus Gesamtemissionen, das der Bundestag am 3.7.2009[129] (mit Zustimmung des Bundesrats am 10.7.2009) beschlossen hat und das am 5.8.2009 in Kraft getreten ist, wendete die Rspr. das bestehende SchVG jedoch auf Genussscheine, die eine Verlustbeteiligung vorsehen, nicht an, weil diese keinen (im Voraus bestimmbaren) Rückzahlungs-Nennbetrag vorsähen;[130] für andere Genussscheine ist dies nicht eindeutig. Im Unterschied dazu ist das SchVG auf sämtliche Arten von nach deutschem Recht begebenen Genussscheinen (unabhängig vom Sitz des Emittenten) anwendbar, sofern mehrere Genussscheine in einer Gesamtemission begeben werden (vgl. § 1 SchVG). Gem. § 2 SchVG müssen sich die Bedingungen des Genussscheines aus der Urkunde oder, im Fall von Urkunden, die nicht zum Umlauf bestimmt sind, aus durch Verweis einbezogenen Bedingungen ergeben, und Änderungen der Genussscheinbedingungen werden erst mit Vollzug in der Urkunde oder den Bedingungen wirksam. § 3 SchVG sieht ein Transparenzgebot für das Leistungsversprechen vor: Danach muss die versprochene Leistung durch einen Anleger, der hinsichtlich der jeweiligen Art von Schuldverschreibungen sachkundig ist, nach den Anleihebedingungen ermittelt werden können. Das Gesetz richtet sich dabei in erster Linie gegen komplizierte strukturierte Produkte, „da vielen Anlegern die Risiken aus diesen Produkten nicht hinreichend verständlich waren, weil sie anhand der Anleihebedingungen nicht nachvollziehen konnten, unter welchen Voraussetzungen und in welchem Umfang sich das Leistungsversprechen des Emittenten vermindert".[131] Diese Begründung der Regelung könnte allerdings gleichermaßen auf Genussscheinbedingungen und die Formulierung der ggf. vorgesehenen Verlustteilnahme zutreffen. Der SchVG führt in seiner Begründung aus, dass die

---

[126] KölnKomm AktG/*Florstedt* § 221 Rn. 239.
[127] BGH NJW 1993, 57 (58); Hüffer/Koch/*Koch* AktG § 221 Rn. 35.
[128] Allg. für die Bedingungen von Inhaberschuldverschreibungen BGHZ 163, 311 (Ls.) Rn. 16 ff. = NJW 2005, 2917, der jedoch gleichzeitig bestätigt, dass es sich bei Anleihebedingungen um Allgemeine Geschäftsbedingungen iSd §§ 305 ff. BGB handelt.
[129] Vgl. den Gesetzentwurf der BReg und die Beschlussempfehlung des Rechtsausschusses, BT-Drs. 16/12814 v. 29.4.2009, BT-Drs. 16/13672 v. 1.7.2009.
[130] OLG Frankfurt WM 2007, 828 ff.
[131] BT-Drs. 16/12814, 13 v. 29.4.2009.

Rechtsfolgen eines Verstoßes gegen das Transparenzgebot sich nach den allgemeinen Vorschriften richten sollen. Je nach Schwere des Verstoßes komme dabei zB eine Auslegung der Anleihebedingungen, ein Anspruch aus § 311 Abs. 2 iVm § 241 Abs. 2 BGB oder eine Nichtigkeit wegen Verstoßes gegen ein gesetzliches Verbot (§ 134 BGB) in Betracht. § 4 SchVG normiert nunmehr ein umfassendes Gebot der Gleichbehandlung der Genussscheininhaber durch den Emittenten: Danach können die Genussscheinbedingungen durch Rechtsgeschäft während der Laufzeit nur durch gleichlautenden Vertrag mit sämtlichen Inhabern oder durch einen Beschluss, wie ihn der SchVG in seinem weiteren Inhalt vorsieht, geändert werden, und der Emittent muss die Inhaber insoweit gleich behandeln. §§ 5 ff. SchVG ermöglichen in den Bedingungen vorzusehen, dass die Inhaber desselben Genussscheins durch Mehrheitsbeschluss Änderungen der Bedingungen zustimmen und zur Wahrnehmung ihrer Rechte einen gemeinsamen Vertreter bestellen können. Insbesondere können die Inhaber danach folgenden Maßnahmen zustimmen:

- Veränderung der Fälligkeit, der Verringerung oder dem Ausschluss der Zinsen;
- Veränderung der Fälligkeit der Hauptforderung;
- Verringerung der Hauptforderung;
- Nachrang der Forderungen im Insolvenzverfahren;
- Umwandlung oder Umtausch in Gesellschaftsanteile, andere Wertpapiere oder andere Leistungsversprechen;
- Verzicht auf das Kündigungsrecht der Gläubiger oder dessen Beschränkung;
- Schuldnerersetzung.

Die oben genannten Maßnahmen bedürfen einer qualifizierten Mehrheit von 75 % der teilnehmenden Stimmrechte, anderen Maßnahmen wie der Änderung oder Aufhebung von Nebenbestimmungen kann mit einfacher Mehrheit zugestimmt werden. Ist vorgesehen, dass die Kündigung von ausstehenden Genussscheinen nur von mehreren Gläubigern und einheitlich erklärt werden kann, darf gem. § 5 Abs. 5 SchVG der für die Kündigung erforderliche Mindestanteil nicht mehr als 25 % betragen. Die Wirkung einer solchen Kündigung entfällt allerdings, wenn die Inhaber dies binnen drei Monaten mit Mehrheit beschließen. **95**

Die Regelungen zur Transparenz des Leistungsversprechens nach § 2 SchVG gehen über die bisherigen aus §§ 305 ff. BGB abgeleiteten Grundsätze der Inhaltskontrolle hinaus, wonach Regelungen über die Hauptleistungspflichten keiner Inhaltskontrolle unterlagen.[132] Einer Inhaltskontrolle entzogen war danach die Festlegung des Ausgabepreises, die Höhe der Verzinsung, die Berechnung der Gewinnbeteiligung und die Frage, ob und in welcher Höhe die Genussrechte am Verlust der Gesellschaft teilnehmen.[133] Der Inhaltskontrolle unterlagen dagegen stets alle sonstigen Bestimmungen sowie etwaige Regelungen über die Einschränkung oder die Änderung der Hauptleistungspflichten. **96**

Aufgrund der Vielgestaltigkeit der Genussrechte lässt sich ein abschließender Katalog unzulässiger Klauseln kaum aufstellen. Bei folgenden Klauseln dürfte jedoch Vorsicht geboten sein: **97**

- **Änderungsvorbehalt:** Ein genereller Änderungsvorbehalt der Genussrechtsbedingungen für den Emittenten dürfte unwirksam sein.[134] Im Übrigen dürfte ein Änderungsvorbehalt nur dann wirksam sein, wenn das Recht zur Anpassung der Bedingungen auf das nachträgliche Entstehen von Äquivalenzstörungen und Regelungslücken beschränkt und inhaltlich so bestimmt ist, dass der Änderungsvorbehalt dem Transparenzgebot genügt.[135] Nach dem SchVG kann aber ein Vorbehalt für Änderungen durch Mehrheitsbeschluss der Versammlung der Inhaber vorgesehen werden.
- **Nachrangvorbehalt gegenüber weiteren Genussrechtsemissionen:** Problematisch sind auch Klauseln, nach denen sich die Gesellschaft das Recht vorbehält, weitere Genussrechte zu begeben, und diese neuen Genussrechte vorrangig bedient werden können. Solche Klauseln sind jedenfalls dann als unzulässig anzusehen, wenn durch eine vorrangige

---
[132] BGH NJW 1993, 57 (59); KölnKomm AktG/*Florstedt* § 221 Rn. 112; *Sethe* AG 1993, 351 (368).
[133] KölnKomm AktG/*Florstedt* § 221 Rn. 112; *Sethe* AG 1993, 351 (368).
[134] §§ 307, 308 Nr. 4 BGB.
[135] BGHZ 136, 394 (397 ff.) = BB 1997, 2551 ff.; BGH NJW 1999, 1865 (1866).

- **Verschleierter Umtauschzwang:** Wegen potentiellem Verstoß gegen das Transparenzgebot problematisch sind auch Klauseln, die ein Umtauschrecht einräumen, faktisch jedoch auf einen Umtauschzwang hinauslaufen. Dies ist zB dann der Fall, wenn bei Nichtausübung des Umtauschrechts die Gesellschaft das Recht hat, anstelle des Genussscheininhabers das Umtauschrecht auszuüben, die eingetauschten Gegenstände zu verwerten und den Verwertungserlös mit befreiender Wirkung zu hinterlegen.[137] Ein deutlich als solcher gekennzeichneter Umtauschzwang ist dagegen grds. zulässig.

98 *bb) Schutz vor Beeinträchtigung der Rechtsposition.* Im Falle einer Kapitalerhöhung besteht ein gesetzlicher Schutz der Genussrechtsinhaber vor einer Verwässerung ihrer Rechte nur im Falle des § 216 Abs. 3 AktG für eine Kapitalerhöhung aus Gesellschaftsmitteln. Bei einer Kapitalerhöhung gegen Einlagen kann sich eine Beeinträchtigung der Genussrechte dadurch ergeben, dass die neuen Aktien unter ihrem tatsächlichen („inneren") Wert ausgegeben werden. Die Rspr. hat bisher einen gesetzlichen Verwässerungsschutz der Genussscheine verneint.[138] Die heute hL will demgegenüber einen Schutz aus dem Rechtsgedanken des § 216 Abs. 3 AktG bzw. über eine ergänzende Vertragsauslegung herleiten.[139] Auf diese Frage kommt es in der Praxis häufig nicht an, da die Genussrechtsbedingungen üblicherweise eine Schutzklausel vorsehen. Diese kann entweder in Form der Gewährung von Bezugsrechten für die neuen Aktien, bei Genussrechten mit Umtauschrecht in der Ermäßigung des Umtauschpreises oder in Form einer angemessenen Barabfindung erfolgen.

99 Bei einer Kapitalherabsetzung wird konsequenterweise eine Anpassung zu Lasten der Genussrechtsinhaber vorgenommen. Eine Klausel, nach der bei einer Herabsetzung des Grundkapitals das Genussrechtskapital im gleichen Verhältnis vermindert wird, ist zulässig.[140] Nach hM kann eine solche Anpassung auch bei Fehlen einer entsprechenden Anpassungsklausel erfolgen.[141]

100 Bei einer Verschmelzung, Spaltung oder Formwechsel sind den Genussrechtsinhabern gleichwertige Rechte gegenüber dem übernehmenden Rechtsträger zu gewähren.[142] Bei einer Vermögensübertragung haben die Genussrechtsinhaber einen Anspruch auf Barabfindung.[143]

101 Eingeschränkter Schutz kommt den Genussrechtsinhabern auch bei Sorgfaltspflichtverstößen der Geschäftsführung zu, die den wirtschaftlichen Wert der Genussrechte beeinträchtigen. Zwar stehen den Genussrechtsinhabern keine Mitwirkungsrechte zu, Sorgfaltspflichtverstöße des Vorstandes zu verhindern. Der BGH bejaht jedoch einen Schadenersatzanspruch aus positiver Vertragsverletzung (nunmehr § 280 Abs. 1 BGB) des den Genussrechten zugrunde liegenden Dauerschuldverhältnisses, wenn sich die Geschäftsführung außerhalb des von der Satzung vorgegebenen Unternehmensgegenstandes bewegt oder es sich um eine Geschäftsführungsmaßnahme handelt, die schlechterdings kein seriöser Kaufmann durchführen würde.[144]

102 *h) Ausgabe von Genussrechten. aa) Gesellschaftsrechtliche Aspekte.* Gem. § 221 Abs. 3 AktG erfordert die Ausgabe von Genussrechten einen Beschluss der Hauptversammlung, der grds. von einer Mehrheit von mindestens drei Viertel des bei der Beschlussfassung vertretenen Grundkapitals getragen werden muss. Die Satzung kann eine geringere oder höhere Kapitalmehrheit bestimmen, § 221 Abs. 3, Abs. 2 S. 3 AktG. Sind mehrere Gattungen von

---

[136] KölnKomm AktG/*Florstedt* § 221 Rn. 125.
[137] *Frantzen,* Genussscheine, 1993, 164.
[138] BGHZ 28, 259 (277) = NJW 1959, 31 (34) – Harpen-Bonds.
[139] Hüffer/Koch/*Koch* AktG § 221 Rn. 67 mwN; MHdB GesR IV/*Scholz* § 64 Rn. 83; KölnKomm AktG/ *Drygala* § 221 Rn. 622 ff.; *Sethe* AG 1993, 351 (364).
[140] BGH NJW 1993, 57 (59).
[141] MHdB GesR IV/*Scholz* § 64 Rn. 83; KölnKomm AktG/*Florstedt* § 221 Rn. 628; *Sethe* AG 1993, 351 (365).
[142] §§ 23, 36 Abs. 1, §§ 125, 204 UmwG.
[143] § 176 Abs. 2 S. 4, § 177 Abs. 2, § 178 Abs. 2, § 179 Abs. 2 UmwG.
[144] BGH NJW 1993, 57 (63).

stimmberechtigten Aktien (nicht also stimmrechtslose Vorzugsaktien) vorhanden, so bedarf der Beschluss der Hauptversammlung zu seiner Wirksamkeit der Zustimmung der Aktionäre jeder Gattung.[145]

Inhaltlich hat der Hauptversammlungsbeschluss eine Ermächtigung des Vorstandes zur Ausgabe der Genussscheine vorzusehen. Die Ermächtigung kann – muss aber nicht – die wesentlichen Eckpunkte der Genussrechtsbedingungen festlegen. Die Ermächtigung kann für höchstens fünf Jahre erteilt werden.[146] 103

Gem. § 221 Abs. 4 AktG steht den Aktionären bei der Ausgabe von Genussrechten grds. ein Bezugsrecht zu, das unter den Voraussetzungen des § 186 AktG ausgeschlossen werden kann. Der Beschluss über den Bezugsrechtsausschluss unterliegt neben der formellen grds. auch der materiellen Inhaltskontrolle, so dass es nicht nur eines Vorstandsberichts iSv § 186 Abs. 4 S. 2 AktG, sondern auch der sachlichen Rechtfertigung bedarf. Der BGH hält jedoch eine sachliche Rechtfertigung dann für entbehrlich, wenn die Genussrechte nach ihrer vertraglichen Ausgestaltung die vermögensrechtliche Stellung der Aktionäre nicht beeinträchtigen.[147] Dies ist etwa bei obligationsähnlichen Genussrechten der Fall, die weder eine Gewinnbeteiligung noch eine Beteiligung am Liquidationserlös vorsehen. Eine sachliche Rechtfertigung ist allerdings dann erforderlich, wenn die Genussrechte gewinnabhängig bzw. gewinnorientiert verzinst werden, eine Beteiligung am Liquidationserlös vorsehen, Optionsrechte auf Aktien der Emittentin gewähren oder eine marktunüblich hohe Verzinsung enthalten.[148] 104

Formulierungsvorschlag:

Hauptversammlungsbeschluss zur Ermächtigung des Vorstandes zur Ausgabe von Genussrechten mit Bezugsrechtsausschluss der Aktionäre

Der Vorstand wird ermächtigt, vom Tag der Beschlussfassung bis längstens zum … [Anm.: Tag, der höchstens fünf Jahre nach dem Tag der Hauptversammlung liegen darf] ein- oder mehrmals Genussrechte im Betrag von insgesamt bis zu … EUR (in Worten: … Euro) auszugeben.

Die Laufzeit der Genussrechte beträgt höchstens Jahre. Die Genussrechte sehen eine feste Verzinsung iHv … % des Nennwerts p. a. vor. Darüber hinaus gewähren die Genussrechte eine gewinnabhängige Verzinsung, die jedoch … % p. a. des Nennwerts nicht überschreiten darf.

Der Vorstand wird ermächtigt, bei der Ausgabe von Genussrechten [mit Zustimmung des Aufsichtsrats] die Bedingungen und Ausgestaltung des Genussrechts festzulegen. Die Genussrechte sind mindestens zum Nennwert der Genussrechte auszugeben.

Der Vorstand wird ermächtigt, das Bezugsrecht der Aktionäre [einmalig oder mehrmalig für einen Nennwert von insgesamt bis zu … EUR] auszuschließen.

Nach hM bedürfen weder der Hauptversammlungsbeschluss noch die Ausgabe der Genussrechte der Eintragung im Handelsregister.[149] Zwar wird man Genussrechte, die eine gewinnabhängige oder gewinnorientierte Verzinsung vorsehen, wohl als Teilgewinnabführungsverträge anzusehen haben.[150] Denn ein Teilgewinnabführungsvertrag liegt bereits dann vor, wenn die Zahlungspflicht der Aktiengesellschaft an den Bilanzgewinn oder den Jahresabschluss anknüpft.[151] Die hM geht jedoch zu Recht davon aus, dass die § 292 Abs. 1 Nr. 2, 105

---

[145] § 221 Abs. 3, Abs. 1 S. 4, § 182 Abs. 2 AktG.
[146] § 221 Abs. 2 S. 1 AktG.
[147] BGH NJW 1993, 400, Bremer Bankverein.
[148] MHdB GesR IV/*Scholz* § 64 Rn. 82.
[149] *Busch* AG 1994, 93 (97); *Gehling* WM 1992, 1093 (1096); *Hirte* ZIP 1988, 477 (485); *Sethe* AG 1993, 293 (310); MHdB GesR IV/*Scholz* § 64 Rn. 80.
[150] *Busch* AG 1994, 93 (97); iErg MHdB GesR IV/*Krieger* § 63 Rn. 55; MüKoAktG/*Altmeppen* § 292 Rn. 69, der auch das partiarische Darlehen als Teilgewinnabführungsvertrag ansieht; aA *Gehling* WM 1992, 1093 (1096); *Sethe* AG 1993, 293 (310).
[151] Hüffer/Koch/*Koch* AktG § 292 Rn. 13.

§ 294 AktG von § 221 AktG als lex specialis verdrängt werden.[152] Denn wären Genussscheine per se als Teilgewinnabführungsvertrag anzusehen, wäre die Vorschrift des § 221 Abs. 3 AktG überflüssig, da § 293 Abs. 1 AktG bereits das Erfordernis eines Hauptversammlungsbeschlusses mit Dreiviertelmehrheit vorsieht. Es bliebe allein die Eintragung im Handelsregister nach § 294 AktG. Bei Genussrechten, die als Mittel der Kapitalbeschaffung meist öffentlich angeboten werden, ist eine Registerpublizität aber in aller Regel nicht erforderlich. Es ist daher davon auszugehen, dass § 221 AktG die Ausgabe von Genussrechten abschließend regeln sollte und die §§ 292 ff. AktG nicht zur Anwendung kommen.

106 *bb) Aufsichtsrechtliche Behandlung als Einlagengeschäft und Anlageverwaltung.* Die Entwicklung von Angeboten für Programm-Mezzanine in den Jahren 2002–2007 sowie die generelle Öffnung des Markts von Finanzierungen außerhalb der Kapitalmärkte (sog. „Private Debt") führt dazu, dass es Unternehmen des Mittelstandes grds. auch ermöglicht wird, direkt bei Anlegern Fremdkapital aufzunehmen. In einigen Fällen wurden an das Publikum gerichtete Angebote stiller Beteiligungen (gleiches kann jedoch für Genussrechte und andere Finanzierungsformen gelten) von der Bundesanstalt für Finanzdienstleistungsaufsicht (BaFin) und ihren Vorgänger-Behörden als Bankgeschäft iSd § 1 Abs. 1 S. 2 Nr. 1 KWG (Einlagengeschäft) und damit bei entsprechendem Umfang als erlaubnispflichtig gem. § 32 Abs. 1 S. 1 KWG angesehen, was zu einer Untersagung[153] führte, daneben aber auch die Anordnung der Rückabwicklung nach § 37 KWG und strafrechtliche Folgen nach § 54 Abs. 1 Nr. 2 KWG nach sich ziehen kann.

107 Der durch die 6. KWG-Novelle vom 5.6.1997 über den Begriff der Einlage im engeren Sinne auf die Annahme sämtlicher unbedingt rückzahlbarer Gelder erweiterte Tatbestand des Einlagengeschäfts ist jedoch, wie sich aus dem Merkblatt der BaFin mit Hinweisen zum Tatbestand des Einlagengeschäfts[154] ergibt, sehr viel weiter als der bis dahin in Aufsichts- und gerichtlicher Praxis gebräuchliche Tatbestand.[155] Die bisher zu bewertenden Indizien,[156] sind nach Aussagen des Merkblattes nur für den Begriff der Einlage relevant und sollen angesichts des weiten Auffangtatbestands kaum noch praktische Bedeutung haben. Danach ist das nunmehr nahezu allein entscheidende Kriterium dasjenige der unbedingten Rückzahlbarkeit nach § 1 Abs. 1 S. 2 Nr. 1 KWG. Daran fehlt es nach dem Merkblatt,[157] wenn vertraglich eine Verlustteilnahme der angenommenen Gelder vorgesehen ist, wie es bei stillen Gesellschaften und bei Genussrechten häufig der Fall ist.

108 Für Nachrang- und partiarische Darlehen hingegen sowie andere Formen mezzaniner Finanzierungen, die keine Verlustbeteiligung vorsehen, ist nach dem Merkblatt ein qualifizierter Rangrücktritt erforderlich, um eine unbedingte Rückzahlbarkeit auszuschließen, dh ein Rangrücktritt für den Fall der Insolvenz hinter alle anderen Gläubiger, sowie eine Vereinbarung, dass die Geltendmachung des Rückzahlungsanspruchs solange und soweit ausgeschlossen ist, wie sie einen Grund für die Eröffnung des Insolvenzverfahrens über das Vermögen des geldannehmenden Unternehmens herbeiführen würde.

109 Auf andere Tatbestandsmerkmale kann sich das Unternehmen iErg dieser Auslegung des Auffangtatbestands durch die BaFin in der Praxis kaum stützen, um eine Einordnung als Einlagengeschäft zu vermeiden. Insbesondere der Begriff der Gelder des Publikums iSd § 1 Abs. 1 Nr. 1 KWG soll ausschließlich eine Klarstellung hinsichtlich der Hereinnahme von Geldern verbundener Unternehmen bzw. von „institutionellen Anlegern", insbes. Kreditin-

---

[152] MüKoAktG/*Altmeppen* § 292 Rn. 69; 71 mwN; MHdB GesR IV/*Scholz* § 64 Rn. 80; *Busch* AG 1994, 93 (97); *Gehling* WM 1992, 1093 (1096); Sethe AG 1993, 293 (310); aA *Reuter* FS Fischer, 1979, 605 (617); Hirte ZBB 1992, 72 (73 f.).
[153] VG Berlin DB 1999, 1377.
[154] Veröffentlicht am 9.1.2009.
[155] Merkblatt der BaFin mit Hinweisen zum Tatbestand des Einlagengeschäfts, Ziff. 1c zum Spezialfall der Alt. 1: „als Einlage".
[156] Ua, dass laufend von einer Vielzahl von Geldgebern auf der Grundlage typisierter Verträge, die ihrer Art nach nicht banküblich besichert sind, Gelder entgegengenommen wurden; VG Berlin DB 1999, 1377 ff.; Stille Ges-HdB/*Blaurock* Rn. 19.84 f.
[157] Merkblatt der BaFin mit Hinweisen zum Tatbestand des Einlagengeschäfts, Ziff. 1b, bb zum Merkmal der unbedingten Rückzahlbarkeit.

stituten, Kapitalanlagegesellschaften und Versicherungsunternehmen sowie Unternehmensbeteiligungsgesellschaften iSd § 2 Abs. 1 Nr. 6 KWG dienen.[158] Eine „Privatplazierung" außerhalb dieses Personenkreises von Finanzierungen, die weder eine Verlustbeteiligung noch einen qualifizierten Rangrücktritt vorsehen, ist damit unzulässig.

Machen Geschäfte mit Finanzinstrumenten einen wesentlichen Teil der Geschäftstätigkeit des Unternehmens, dem Kapital überlassen werden soll, aus, so ist außerdem eine Erlaubnispflicht nach § 32 KWG aufgrund des durch das Gesetz v. 20.3.2009 zur Fortentwicklung des Pfandbriefrechts neu geschaffenen Tatbestands einer Finanzdienstleistung nach § 1 Abs. 1 S. 2 Nr. 11 KWG (Anlageverwaltung)[159] zu beachten. Das Unternehmen kann dabei auch dann für eine Gemeinschaft von Anlegern tätig werden, wenn diesen aufgrund des Kapitalüberlassungsverhältnisses nur indirekt die wirtschaftlichen Vorteile der Anschaffung der Finanzinstrumente zugutekommen. 110

2. Stille Beteiligung

Eine weitere Möglichkeit der Finanzierung einer Aktiengesellschaft liegt darin, einen Investor im Wege einer stillen Beteiligung an der Gesellschaft bzw. an abgrenzbaren Teilen davon (Teilbetrieb) zu beteiligen. Ähnlich wie bei einem Genussrecht besteht bei der stillen Beteiligung grds. ein weitreichender Gestaltungsfreiraum, der es ermöglicht, die Beteiligung des stillen Gesellschafters an die konkreten Bedürfnisse des Einzelfalles anzupassen. Bei einer stillen Beteiligung an einer Aktiengesellschaft setzt das an vielen Stellen zwingende Aktienrecht der Gestaltungsfreiheit bestimmte Grenzen, etwa bei der Einräumung von Mitwirkungsrechten an der Geschäftsführung oder der Mitbestimmung an strukturändernden Maßnahmen. 111

a) **Grundlagen.** aa) *Begriff und Rechtsnatur.* Eine stille Gesellschaft ist die Beteiligung des stillen Gesellschafters am Handelsgewerbe eines anderen, wobei die Einlage des stillen Gesellschafters so zu leisten ist, dass sie in das Vermögen des anderen übergeht.[160] Die stille Beteiligung ist eine Personengesellschaft in Form einer reinen Innengesellschaft. Es besteht daher kein gemeinsames Gesellschaftsvermögen von stillem Gesellschafter und dem Unternehmen.[161] Die stille Gesellschaft tritt als solche auch nicht im Außenverhältnis auf und ist selbst kein Unternehmen.[162] Der stille Gesellschafter überträgt vielmehr seine Einlage auf das Handelsgewerbe eines anderen, der allein in seinem Namen das Handelsgewerbe betreibt und daraus berechtigt und verpflichtet wird.[163] 112

bb) *Abgrenzung zu anderen Rechtsinstituten.* Ein unabdingbares Merkmal der stillen Beteiligung ist die Gewinnbeteiligung; ohne eine Gewinnbeteiligung liegt keine stille Gesellschaft vor.[164] Insoweit können sich Abgrenzungsschwierigkeiten zu partiarischen Darlehen (und Genussrechten[165]) ergeben. Die Abgrenzung zwischen diesen beiden Rechtsinstituten ist wegen unterschiedlicher Rechtsfolgen bei der Beendigung des Rechtsverhältnisses (Auseinandersetzung bei einer stillen Gesellschaft bzw. Rückzahlungsanspruch bei einem Darlehen) sowie unterschiedlicher steuerlicher Behandlung von erheblicher Bedeutung. Im Gegensatz zum partiarischen Darlehen ist eine stille Beteiligung eine Gesellschaft. Die Abgrenzung erfolgt daher danach, ob die Parteien die Verfolgung eines gemeinsamen Zweckes vereinbart haben oder jede Partei ausschließlich eigene Interessen verfolgt. Unzweifelhaft ist das Vorliegen eines partiarischen Darlehens zu verneinen, wenn eine Verlustbeteiligung vorgesehen 113

---

[158] Merkblatt der BaFin mit Hinweisen zum Tatbestand des Einlagengeschäfts, Ziff. 1a, cc.
[159] Danach ist die Anschaffung und die Veräußerung von Finanzinstrumenten für eine Gemeinschaft von Anlegern, die natürliche Personen sind, mit Entscheidungsspielraum, bei der Auswahl der Finanzinstrumente, sofern dies im Schwerpunkt der angebotenen Produktes zu dem Zweck erfolgt, dass diese Anleger an der Wertentwicklung der erworbenen Finanzinstrumente teilnehmen, Finanzdienstleistung.
[160] § 230 HGB.
[161] MHdB GesR II/*Keul* § 72 Rn. 22; Baumbach/Hopt/*Roth* HGB § 230 Rn. 2.
[162] Stille Ges-HdB/*Blaurock* Rn. 4.10 ff.
[163] BGHZ 7, 378 = NJW 1953, 138.
[164] § 231 Abs. 2 HGB.
[165] Vgl. § 21 Rn. 72 ff.

ist, da dies der Annahme eines Darlehens zwingend entgegensteht.[166] Ist eine solche nicht vorgesehen, hat die Abgrenzung auf Grund einer Gesamtschau aller Umstände zu erfolgen. Für die Annahme einer stillen Beteiligung sprechen dabei u. a.:[167]
- die Vereinbarung eines Zustimmungsvorbehaltes zu strukturändernden Maßnahmen (wie etwa der Änderung des Unternehmensgegenstandes oder der Veräußerung, Verpachtung oder Einstellung des Unternehmens);[168]
- die Einräumung des Rechtes zur Einflussnahme auf die Geschäftsführung;[169] oder
- ein Zustimmungserfordernis zur Übertragung der stillen Beteiligung.

Die Einräumung einer Mindestverzinsung neben der Gewinnbeteiligung steht der Annahme einer stillen Gesellschaft nicht entgegen.[170]

114 Eine Unterbeteiligung ist wie eine stille Gesellschaft eine mittelbare Beteiligung am Geschäft eines anderen. Der Unterschied besteht darin, dass bei einer stillen Beteiligung der Vertragspartner das Handelsgewerbe selbst ist, während bei einer Unterbeteiligung der Inhaber des Geschäfts Vertragspartner ist.[171] Im Übrigen bestehen viele Gemeinsamkeiten zwischen einer Unterbeteiligung und einer stillen Gesellschaft und es werden die §§ 230 ff. HGB teilweise analog angewendet.[172]

115 **b) Begründung einer stillen Beteiligung.** Die Begründung einer stillen Gesellschaft mit der Aktiengesellschaft erfordert den Abschluss eines Gesellschaftsvertrages zwischen der Aktiengesellschaft, vertreten durch den Vorstand, und dem stillen Gesellschafter.

116 Beschränkungen in der Vertretungsbefugnis des Vorstandes nach der Satzung oder aufgrund eines Beschlusses der Hauptversammlung nach § 119 Abs. 2 AktG sind gem. § 82 AktG grds. nur im Innenverhältnis wirksam.[173] Nach allgemeiner Meinung stellt eine (typische oder atypische) stille Beteiligung allerdings einen Teilgewinnabführungsvertrag iSv § 292 Abs. 1 Nr. 2 AktG dar.[174] Die Einordnung der stillen Beteiligung als Teilgewinnabführungsvertrag hat folgende Auswirkungen für die Begründung der stillen Beteiligung:
- Der Gesellschaftsvertrag bedarf gem. § 293 Abs. 3 AktG mindestens der Schriftform. Das Schriftformerfordernis bezieht sich nicht nur auf den Gesellschaftsvertrag, sondern auch auf weitere Urkunden, die Vertragsinhalt sein sollen, wie zB ein Emissionsprospekt.[175] Darüber hinaus kann eine notarielle Beurkundung erforderlich sein, etwa dann, wenn die Einlage des stillen Gesellschafters in der Einbringung eines Grundstücks besteht.[176]
- Gem. § 293 Abs. 1 AktG hat die Hauptversammlung der Aktiengesellschaft dem Abschluss des Gesellschaftsvertrages zuzustimmen. Der Beschluss erfordert eine Mehrheit von mindestens Dreivierteln des bei der Beschlussfassung vertretenen Grundkapitals. Die Satzung kann eine größere, nicht aber eine kleinere Kapitalmehrheit vorsehen.
- Das Bestehen einer stillen Beteiligung sowie der Name des stillen Gesellschafters sind gem. § 294 AktG zur Eintragung in das Handelsregister anzumelden. Bei stillen Beteiligungen in Gestalt eines Publikumsfonds, bei denen eine Vielzahl natürlicher Personen sich im Rahmen eines Projektes an einer Aktiengesellschaft beteiligen, kann anstelle der Namen der stillen Gesellschafter auch eine andere Bezeichnung eingetragen werden, die den jeweiligen Beteiligungsvertrag konkret bestimmt und dem Rechtsverkehr deutlich macht, worum es geht (etwa: Beteiligungsfonds Nr. × im Gesamtvolumen von × mit einer Min-

---

[166] BGHZ 25, 174 (177 f.) = NJW 1957, 1515 (1516 f.); OLG Stuttgart NZG 2000, 93 (94); Blaurock Stille Ges-HdB/*Blaurock* Rn. 8.20 ff.; MHdB GesR II/*Keul* § 73 Rn. 14.
[167] Blaurock Stille Ges-HdB/*Blaurock* Rn. 8.33 ff.
[168] Zur Zulässigkeit der Einräumung solcher Rechte bei einer stillen Beteiligung an einer Aktiengesellschaft s. unten.
[169] Zur Zulässigkeit der Einräumung solcher Rechte bei einer stillen Beteiligung an einer Aktiengesellschaft s. unten.
[170] BFH DStR 2009, 959 (Ls.); BFH DStR 2009, 959 Rn. 23.
[171] MüKoHGB/*K. Schmidt* § 230 Rn. 51; MHdB GesR II/*Keul* § 73 Rn. 8.
[172] MüKoHGB/*K. Schmidt* § 230 Rn. 204.
[173] Blaurock Stille Ges-HdB/*Blaurock* Rn. 9.63 ff.
[174] OLG Celle NZG 2000, 85; OLG Stuttgart NZG 2000, 93, 94; Blaurock Stille Ges-HdB/*Blaurock* Rn. 7.19 ff.; Hüffer/Koch/*Koch* AktG § 292 Rn. 15; MHdB GesR II/*Keul* § 87 Rn. 15.
[175] OLG Celle NZG 2000, 85 (86); OLG Stuttgart NZG 2000, 93 (94).
[176] § 311b BGB.

destzeichnungssumme von x).[177] Der Anmeldung zum Handelsregister sind der Gesellschaftsvertrag, das Protokoll der Hauptversammlung hinsichtlich des Zustimmungsbeschlusses und dessen Anlagen im Original, Ausfertigung oder öffentlich beglaubigte Abschrift beizufügen. Der Vertrag wird erst mit Eintragung im Handelsregister wirksam.[178]

> **Praxistipp:**
> Dem Registergericht obliegt nicht nur eine formelle, sondern auch eine materielle Prüfung. Die Prüfung in materieller Hinsicht erstreckt sich insbes. auf die Wirksamkeit des Gesellschaftsvertrages und des Zustimmungsbeschlusses der Hauptversammlung. Bei Gestaltungen, bei denen eine Vielzahl von stillen Gesellschaftern an der Aktiengesellschaft beteiligt werden sollen – etwa im Wege eines öffentlichen Angebots einer stillen Beteiligung als Publikumsprodukt – kann dies zu erheblichen Verzögerungen führen.[179]

Ist die stille Beteiligung nicht schriftlich abgeschlossen worden oder wurde sie nicht in das Handelsregister eingetragen, führt dieser Formmangel wohl nicht zur Nichtigkeit der stillen Beteiligung. Mit Vollzug der stillen Beteiligung (also zumindest mit Leistung der Einlage durch den stillen Gesellschafter) sind zumindest auf Basis der bisherigen Rspr. die Grundsätze über die fehlerhafte Gesellschaft anwendbar.[180] Sowohl der Aktiengesellschaft als auch dem stillen Gesellschafter steht danach ein außerordentliches Kündigungsrecht zu, durch das die stille Beteiligung ex nunc zur Abwicklung gebracht wird. Die Auseinandersetzung richtet sich nach den Regelungen des Gesellschaftsvertrages bzw. bei deren Fehlen nach § 235 HGB.[181]

117

In der jüngeren Rspr. wird die Anwendung der Grundsätze über die fehlerhafte Gesellschaft dann verneint, wenn der stille Gesellschafter ein vorrangiges Interesse an der Rückzahlung seiner Einlage hat und die Rückzahlung der Einlage unabhängig von einer Auseinandersetzung des Gesellschaftsverhältnisses keine Gefahr der Schädigung der Gesellschaftsgläubiger oder einer Ungleichbehandlung der Mitgesellschafter begründet. Da es sich bei einer stillen Gesellschaft um eine reine Innengesellschaft handelt, käme eine Schädigung der Gläubiger nicht in Betracht, da diese keine direkten Ansprüche gegen den stillen Gesellschafter erwerben würden.[182] Handelt es sich lediglich um eine zweigliedrige stille Gesellschaft, bestünde auch keine Gefahr einer Ungleichbehandlung der Mitgesellschafter, zumindest dann, wenn die Aktiengesellschaft des stillen Gesellschafters im Hinblick auf die Unwirksamkeit nicht schutzbedürftig ist. Die Rspr. hat dies für Fälle bejaht, in denen der Beitritt als stiller Gesellschafter nach den Vorschriften über Haustürgeschäfte widerrufen wurde.[183] Dieser Gedanke lässt sich jedoch auch auf einen Formmangel im Hinblick auf eine unterlassene Eintragung in das Handelsregister übertragen, da diese allein im Einflussbereich der Aktiengesellschaft liegt. Soweit ersichtlich, hat die Rspr. bislang die Grundsätze über die fehlerhafte Gesellschaft auf Fälle der unterbliebenen Eintragung in das Handelsregister angewendet. Es ist jedoch nicht auszuschließen, dass sich diese Rspr. mit Blick auf die jüngste Rspr. im Zusammenhang mit Haustürgeschäften ändern wird.

118

Hinsichtlich der aufsichtsrechtlichen Behandlung von stillen Gesellschaften ist das Risiko einer Einordnung als erlaubnispflichtiges Einlagengeschäft zu beachten.[184]

---

[177] Hüffer/Koch/*Koch* AktG § 294 Rn. 6; *Schulte/Waechter* GmbHR 2002, 189 (190 ff.).
[178] § 294 Abs. 2 AktG.
[179] Für die Abschaffung der materiellen Prüfungspflicht daher *Schulte/Waechter* GmbHR 2002, 189 (191 ff.).
[180] OLG Celle NZG 2000, 85 (86); OLG Stuttgart NZG 2000, 93 (94); OLG Braunschweig AG 2003, 573.
[181] OLG Stuttgart DB 2003, 764; OLG Dresden ZIP 2002, 1293; Baumbach/Hopt/*Hopt* HGB § 230 Rn. 11, HGB § 105 Rn. 90.
[182] OLG Jena ZIP 2003, 1444 (1446).
[183] OLG Jena ZIP 2003, 1444 (1447); OLG Schleswig ZIP 2003, 74 (76).
[184] → Rn. 107.

119 c) *Ausgestaltung der stillen Beteiligung. aa) Gestaltungsmöglichkeiten.* Hinsichtlich der Ausgestaltung der stillen Beteiligung herrscht grds. Vertragsfreiheit. Ihre Grenze findet die Gestaltungsfreiheit jedoch in teilweise zwingendem Recht der Gesellschaft einerseits und zwingendem Aktienrecht andererseits. Zwingend nach dem Recht der stillen Beteiligung sind:
- die Gewinnbeteiligung des stillen Gesellschafters, § 231 Abs. 2 HGB;
- ein außerordentliches Informationsrecht;[185]
- das außerordentliche Kündigungsrecht, § 234 Abs. 1 S. 2 HGB;
- das außerordentliche Kündigungsrecht des pfändenden Gläubigers, § 135 HGB iVm § 234 Abs. 1 S. 1 HGB wobei der Gesellschaftsvertrag ein automatisches Ausscheiden des stillen Gesellschafters bereits bei privatgläubiger Pfändung vorsehen kann;[186]
- die Einzahlungspflicht rückständiger Einlage im Falle der Insolvenz, § 236 Abs. 2 HGB; und
- das besondere Insolvenzanfechtungsrecht nach § 136 InsO.

In aktienrechtlicher Hinsicht sind insbes. die Kompetenzverteilung der Organe zu beachten, die zwingenden Vertretungsregelungen und die Verschwiegenheitspflicht der Organmitglieder.

120 Zu unterscheiden ist zwischen der *typischen* und der *atypischen stillen Gesellschaft*. Eine *typische stille Gesellschaft* ist eine solche, die sich an dem Leitbild der §§ 230 ff. HGB orientiert, so dass der stille Gesellschafter keine Geschäftsführungsbefugnisse hat und nicht an den stillen Reserven des Unternehmens beteiligt ist.[187] In der Praxis häufig anzutreffen ist die *atypische stille Gesellschaft*.

121 In *steuerrechtlicher Hinsicht* ist diese Unterscheidung insoweit relevant, als eine atypische stille Gesellschaft zu Einkünften aus Gewerbebetrieb führt,[188] während eine typische stille Gesellschaft im steuerrechtlichen Sinn zu Einkünften aus Kapitalvermögen führt.[189] Eine *atypische stille Gesellschaft* im steuerrechtlichen Sinn liegt vor, wenn der stille Gesellschafter als *Mitunternehmer* anzusehen ist. Das erfordert, dass er Unternehmerinitiative entfalten kann und Unternehmerrisiko trägt. Dies ist dann der Fall, wenn die Stellung des stillen Gesellschafters der Stellung eines Kommanditisten entspricht.[190] Eine Mitunternehmerinitiative liegt vor, wenn dem stillen Gesellschafter zumindest die Kontrollrechte des § 716 Abs. 1 BGB zustehen.[191] Der stille Gesellschafter trägt dann das unternehmerische Risiko, wenn er nicht nur am Gewinn oder Verlust des Unternehmens teilnimmt, sondern auch an den stillen Reserven beteiligt ist.[192] Die Abgrenzung zwischen typischer und atypischer stiller Gesellschaft hat anhand einer Gesamtschau zu erfolgen. Ein Mehr an Unternehmerinitiative kann ein Weniger an Unternehmerrisiko ausgleichen und umgekehrt.

122 *In gesellschaftsrechtlicher Hinsicht* liegt eine atypische stille Gesellschaft vor, wenn dem stillen Gesellschafter Geschäftsführungsbefugnisse eingeräumt werden, eine Vertretungsmacht gewährt wird oder er abweichend von den §§ 232, 235 HGB am Vermögen des Unternehmens beteiligt wird (dazu unten). Soweit nicht zugleich eine atypische stille Gesellschaft im steuerrechtlichen Sinn vorliegt, hat diese Qualifikation lediglich dogmatische Bedeutung.

123 *bb) Beteiligung des stillen Gesellschafters an der Geschäftsführung.* Der stille Gesellschafter ist grds. nicht zur Geschäftsführung berechtigt. Bei einer stillen Beteiligung an einer Personengesellschaft können dem stillen Gesellschafter grds. nicht nur Widerspruchsrechte und Zustimmungsrechte, sondern auch Geschäftsführungsbefugnisse übertragen werden.[193] Bei

---

[185] Die hL leitet dieses aus § 233 Abs. 3 HGB her, MüKoHGB/*K. Schmidt* § 233 Rn. 13; Baumbach/Hopt/*Hopt* HGB § 233 Rn. 6.
[186] BGHZ 51, 205 = NJW 1969, 793 f.; Baumbach/Hopt/*Roth* HGB § 135 Rn. 13.
[187] BGHZ 127, 176 (181) = BB 1994, 2436 (2438).
[188] § 15 Abs. 1 S. 1 Nr. 2 EStG.
[189] § 20 Abs. 1 Nr. 4, § 43 Abs. 1 Nr. 3 EStG.
[190] BFH NJW 1985, 93 (96); BFH NJW 1997, 2702 (2703).
[191] BFH DB 1981, 1700 (1702).
[192] BFH DB 2000, 1942 (1945); BFH NJW 1997, 2702 (2703); BFH NJW 1996, 414.
[193] BGH NJW 1992, 2696; Baumbach/Hopt/*Hopt* HGB § 230 Rn. 3; MüKoHGB/*K. Schmidt* § 230 Rn. 77.

einer stillen Beteiligung an einer Aktiengesellschaft ist jedoch die eigenverantwortliche Leitungsmacht des Vorstandes zu beachten. Eine gesellschaftsrechtliche Übertragung der Geschäftsführungsbefugnis scheidet damit von Vornherein aus. Fraglich ist jedoch, inwieweit sich der Vorstand schuldrechtlich verpflichten kann, den stillen Gesellschafter in die Geschäftsführung etwa durch Zustimmungsvorbehalte einzubeziehen. Zustimmungsvorbehalte werden teilweise als problematisch angesehen, weil durch potentielle Schadensersatzansprüche gegen die Gesellschaft bei Zuwiderhandlung gegen den Zustimmungsvorbehalt die Leitungsmacht des Vorstandes eingeschränkt wird. Zustimmungsvorbehalte könnten nach dieser Ansicht daher außerhalb eines Beherrschungsvertrages nur mit der Wirkung vereinbart werden, dass bei Zuwiderhandeln ein außerordentliches Kündigungsrecht des stillen Gesellschafters bestehe.[194] Die Leitungsfunktion des Vorstandes wird nach allgemeiner Ansicht mit den Aufgaben Unternehmensplanung, -koordination, -kontrolle und Besetzung der Führungsstellen umschrieben.[195] Zustimmungsvorbehalte, die sich auf diese Leitungsfunktionen des Vorstandes beziehen, können daher allenfalls ein Kündigungsrecht des stillen Gesellschafters begründen. Ob sonstige Zustimmungsvorbehalte für einzelne bestimmte Geschäfte, etwa hinsichtlich der Vornahme bestimmter Maßnahmen wie Kreditaufnahmen, Veräußerung von Teilbetrieben etc, können (schuldrechtlich) bindend auch mit der Folge, dass eine Nichtbefolgung zu Schadensersatzansprüchen gegen die Gesellschaft führt, vereinbart werden können, ist zweifelhaft.

Dem stillen Gesellschafter steht grds. keine Vertretungsmacht der Aktiengesellschaft zu. Ihm kann jedoch rechtsgeschäftliche Vertretungsmacht eingeräumt werden, etwa in Form einer Prokura.

cc) Mitwirkung bei strukturändernden Maßnahmen. Grundsätzlich bedürfen die Veränderung, Veräußerung sowie die Einstellung des Handelsgeschäfts der Zustimmung des stillen Gesellschafters.[196] Auch hier stellt sich die Frage, inwieweit der Vereinbarung eines solchen Zustimmungsvorbehaltes die Kompetenzverteilung in der Aktiengesellschaft entgegensteht. In der Aktiengesellschaft ist für solche Maßnahme die Hauptversammlung zuständig.[197] Es erscheint in der Tat problematisch, wenn der Vorstand die Entscheidungskompetenz in der Hauptversammlung dadurch faktisch beeinträchtigen könnte, dass er im Rahmen einer stillen Beteiligung Zustimmungsvorbehalte in diesem Bereich vereinbart, deren Zuwiderhandeln Schadensersatzansprüche gegen die Gesellschaft begründen kann. Zu beachten ist freilich, dass die Hauptversammlung der Begründung der stillen Beteiligung wegen deren Charakters als Teilgewinnabführungsvertrag zustimmen muss.[198] Da sich der Zustimmungsbeschluss auf den gesamten Vertragsinhalt beziehen muss, der Hauptversammlung insbes. der gesamte Vertragstext zur Beschlussfassung vorzulegen ist, stimmt die Hauptversammlung mit dem Beschluss iSv § 293 AktG auch dem Zustimmungsvorbehalt zu. Gleichwohl erscheint es problematisch, wenn die Hauptversammlung durch den Zustimmungsbeschluss ihre Entscheidungskompetenz aus der Hand geben könnte. Die Nichtbefolgung eines so weitgehenden Zustimmungsvorbehaltes kann in einem solchen Fall allenfalls zu einem außerordentlichen Kündigungsrecht des stillen Gesellschafters führen.[199]

dd) Informationsrechte des stillen Gesellschafters. § 233 HGB sieht ein ordentliches Informationsrecht des stillen Gesellschafters vor, nach dem er zumindest Abschrift des Jahresabschlusses verlangen und dessen Richtigkeit unter Einsicht der Bücher und Papiere prüfen darf. Das weitergehende Informationsrecht nach § 716 BGB steht dem stillen Gesellschafter grds. nicht zu. Darüber hinaus nimmt die hM das Bestehen eines außerordentlichen Informationsrechtes an, bei Vorliegen eines wichtigen Grundes neben Bilanz und Jahresabschluss

---

[194] *Bachmann/Veil* ZIP 1999, 348 (350).
[195] Hüffer/Koch/*Koch* AktG § 76 Rn. 8; KölnKomm AktG/*Maertens* § 76 Rn. 5.
[196] BGH WM 1963, 1210; Baumbach/Hopt/*Hopt* HGB § 230 Rn. 13.
[197] Vgl. § 119 Abs. 1 Nr. 8 AktG, Auflösung der Gesellschaft; § 119 Abs. 1 Nr. 5 AktG, Satzungsänderung. Eine wesentliche Änderung des Geschäftsbetriebes wird in der Regel eine Änderung des Unternehmensgegenstandes und damit eine Satzungsänderung erfordern.
[198] BGHZ 82, 188 (196 ff.) = NJW 1982, 933 (935 ff.); Hüffer/Koch/*Koch* AktG § 293 Rn. 3.
[199] Tendenziell strenger *Bachmann/Veil* ZIP 1999, 348 (349 f.).

auch sonstige Aufklärung sowie Vorlegung (bzw. Einsicht) der Bücher und Papiere und Zwischenabschlüsse verlangen zu können.[200]

127 Hinsichtlich der Frage, ob die Informationsrechte des § 233 HGB uneingeschränkt bestehen bzw. vertraglich noch erweitert werden können, ist zu berücksichtigen, dass der Vorstand gem. § 93 AktG zur Verschwiegenheit verpflichtet ist. § 93 AktG enthält zwingendes Recht.[201] Soweit es sich um die Auslegung einer Kopie des Jahresabschlusses handelt, dürfte dieses als in der Regel öffentliches Dokument[202] nicht der Verschwiegenheitspflicht unterfallen. Darüber hinaus gilt die Verschwiegenheitspflicht auch dann nicht, wenn die Informationen an eine Vertragspartei gegeben werden, mit der eine Vertraulichkeitsvereinbarung abgeschlossen wurde, die auch über die Beendigung des Vertrages hinaus besteht.[203] Soweit der Vertrag über die stille Beteiligung eine derartige Vertraulichkeitsvereinbarung enthält, können auch über § 233 HGB hinausgehende Informationsrechte vereinbart werden. Der Vorstand ist jedoch verpflichtet, im Einzelfall zu prüfen, ob ausnahmsweise das Interesse der Gesellschaft an einer vertraulichen Behandlung überwiegt.[204]

128 *ee) Vermögensrechtliche Beteiligung des stillen Gesellschafters.* In einer typischen stillen Gesellschaft nimmt der stille Gesellschafter nicht an stillen Reserven teil. Es kann jedoch vereinbart werden, dass der stille Gesellschafter (schuldrechtlich) am gesamten Geschäftsvermögen gesamthänderisch beteiligt ist, so dass ihm Wertveränderungen des gesamten Geschäftsvermögens zugutekommen.[205] Eine solche Regelung dürfte auch bei einer stillen Beteiligung an einer Aktiengesellschaft zulässig sein.

129 *ff) Beteiligung an einem Teilbetrieb.* Die stille Gesellschaft kann sich auf die Aktiengesellschaft als Ganzes oder aber auch nur auf einen Teilbetrieb beziehen. Voraussetzung ist allerdings, dass es sich um einen selbständig abgrenzbaren Geschäftszweig handelt.[206] Der BFH hat dies dahin gehend konkretisiert, dass für den Geschäftszweig eine besondere Bilanz oder besondere Gewinn- und Verlustrechnung aufzustellen sind, in der alle Aufwendungen und Erträge anzusetzen sind, die durch den betreffenden Geschäftszweig verursacht sind. Dazu sollen nicht nur die variablen Kosten, sondern auch ein angemessener Anteil an dem allgemeinen Betriebs- und Verwaltungskosten anzusetzen sein.[207] Die Gewinnbeteiligung und bei Beendigung der Anspruch auf Zahlung eines Auseinandersetzungsguthabens beziehen sich dann ausschließlich auf den Teilbetrieb.

---

[200] Baumbach/Hopt/*Hopt* HGB § 233 Rn. 6, HGB § 166 Rn. 10; MüKoHGB/*K. Schmidt* § 233 Rn. 13.
[201] Hüffer/Koch/*Koch* AktG § 93 Rn. 29 ff.; MHdB GesR IV/*Wiesner* § 25 Rn. 46 ff.
[202] Vgl. § 325 HGB.
[203] Ähnlich Hüffer/Koch/*Koch* AktG § 93 Rn. 30.
[204] *Bachmann/Veil* ZIP 1999, 348 (352).
[205] BGHZ 7, 174 (178); Baumbach/Hopt/*Hopt* HGB § 230 Rn. 3.
[206] BFH GmbHR 1975, 188; Blaurock Stille Ges-HdB/*Blaurock* Rn. 5.35; Baumbach/Hopt/*Hopt* HGB § 230 Rn. 1.
[207] BFH GmbHR 1975, 187 (188).

Teil E. Vorstand und Aufsichtsrat – Corporate Governance und Corporate Compliance

§ 22 Vorstand

Übersicht

	Rn.
I. Der Vorstand als Vertreter der Gesellschaft – Vertretung im Außenverhältnis *(Ritter)*	1–27
1. Grundsatz – Gesamtvertretung	1–9
a) Notwendiges Organ der Gesellschaft *(Ritter)*	1
b) Eintragung ins Handelsregister	2
c) Gesamtvertretung	3
d) Satzungsmäßiger Einzelvorstand	4/5
e) Verhinderung eines Vorstands	6
f) Ausübung Gesamtvertretung	7/8
g) Vollmachterteilung an Dritte	9
h) Gerichtliche Vertretung der AG; Parteivernahme; Anhörung § 141 ZPO	10–12
i) Umfang der Vertretungsmacht des AG-Vorstands	13/14
j) Willensmängel; Zurechnung	15–17
k) Abgabe und Zugang von Willenserklärungen	18
l) Vorstandsfehlverhalten und Zurechnung	19
2. Abweichende Regelungen der Vertretungsmacht	20–25
a) Formen abweichender Regelung	20
b) Satzungsregelung	21
c) Einzelvertretung	22
d) Mitwirkung Prokurist	23/24
e) Ausnahme Grundsatz Gesamtvertretung: Insolvenzantrag	25
3. Ausschluss bzw. Einschränkung der Vertretungsmacht des Vorstands	26–27
a) Verträge mit Vorstandsmitgliedern	26
b) Mitwirkung anderer Gesellschaftsorgane	27
II. Die Geschäftsführung und Leitung der AG durch den Vorstand *(Ritter)*	28–55
1. Maßnahmen der Geschäftsführung und Leitung	28–38
a) Begriff der „Geschäftsführung"	28/29
b) Begriff der „Leitung"	30–32
c) Weisungsunabhängigkeit des Vorstands	33
d) Abgrenzung zu Grundlagengeschäften	34–37
e) Voluntative Beteiligung der Hauptversammlung	38
2. Inhalte der Leitung des Unternehmens	39–42
a) Rentabilitätsmaxime	40
b) Aktionärsinteressen und Shareholder Value	41
c) Arbeitnehmerinteressen	42
3. Delegation von Leitungs- und Geschäftsführungsaufgaben	43–48
a) Grundsatz	43
b) Grenzen der Delegation von Aufgaben und Kompetenzen	44
c) Zuständigkeiten aufgrund gesetzlicher Vorgaben	45
d) Besondere Vorstandsmitglieder	46–48
4. Willensbildung im Vorstand	49–55
a) Grundsatz der Gesamtgeschäftsführung	49
b) Beschlüsse des Vorstands	50/51
c) Geschäftsverteilung innerhalb des Vorstands	52–55
III. Organpflichten des AG-Vorstands *(Ritter)*	56–118
1. Systematisierung Organpflichten AG-Vorstand	57–61
2. Treuepflicht	62–64
3. Verschwiegenheitspflicht (§ 93 Abs. 1 S. 3 AktG)	65–68
a) Allgemeines	65
b) Geheimnisbegriff	66
c) Verschwiegenheit und Due Diligence	67/68

	Rn.
4. Sorgfaltspflicht (§ 93 Abs. 1 S. 1 AktG)	69–95
a) Allgemeines	69
b) Legalitätspflicht	70–72
c) Informationsbeschaffungspflicht	73
d) Organisationspflicht/Compliance	74–84
e) Business Judgment Rule	85–95
5. Sorgfaltspflicht bei der Gründung der Gesellschaft	96
6. Pflichten des AG-Vorstands zur Kapitalerhaltung	97
7. Pflichten des AG-Vorstands in der Krise der AG	98–102
a) Allgemeines	99
b) Zahlungsunfähigkeit der AG	100
c) Überschuldung der AG	101
d) Hinweispflichten des Steuerberaters betreffend Insolvenzantrag	102
8. Berichtspflichten des AG-Vorstands	103–106
9. Pflichten zur ordnungsgemäßen Buchführung und Bilanzierung	107/108
10. Pflichten des AG-Vorstands im Rechtsverhältnis zur Hauptversammlung – Auskunftspflichten	109–117
a) Allgemeines	109
b) § 131 Abs. 1 S. 1 AktG	110–117
11. Pflichten des AG-Vorstands im Rechtsverhältnis zum Aufsichtsrat – unbedingte Offenheit	118
IV. Muster: Geschäftsordnung für den Vorstand *(Ritter)*	119
V. Das Anstellungsverhältnis der Vorstandsmitglieder *(Nehls)*	120–275
1. Rechtliche Einordnung des Anstellungsverhältnisses	120–125
a) Allgemeines	120
b) Qualifikation als Dienstverhältnis	121
c) Anwendbarkeit arbeitsrechtlicher Regelungen?	122–124
d) Sozialversicherungsrechtliche Behandlung	125
2. Begründung des Anstellungsverhältnisses	126–143
a) Zuständigkeit des Aufsichtsrats	126–134
b) Vertragsschluss	135/136
c) Drittanstellung	137–143
3. Inhalt des Anstellungsverhältnisses	144–222
a) Aufgaben des Vorstandsmitglieds	146–153
b) Regelungen zur Laufzeit	154–166
c) Vergütung	167–209
d) Wettbewerbsverbot	210–218
e) Erfindungen	219
f) Verschwiegenheit	220
g) Urlaub	221
h) Entgeltfortzahlung im Krankheitsfall	222
4. Freistellung/Annahmeverzug	223/224
5. Das Anstellungsverhältnis nach Ende des Vorstandsmandats	225/226
6. Beendigung des Anstellungsverhältnisses	227–253
a) Allgemeines/Beendigung durch Fristablauf	227
b) Zuständigkeit des Aufsichtsrats	228/229
c) Form	230
d) Ordentliche Kündigung	231/232
e) Fristlose Kündigung	233–243
f) Kündigung durch das Vorstandsmitglied	244–248
g) Aufhebungsvertrag	249–253
7. Anstellungsverhältnis als Vorstand und früheres Arbeitsverhältnis	254
8. Rechtsstreitigkeiten aus dem Anstellungsverhältnis	255–261
a) Allgemeines	255/256
b) Bestandsstreitigkeiten	257/258
c) Leistungsklagen	259–261
9. Das fehlerhafte Anstellungsverhältnis	262–275
a) Allgemeines	262/263
b) Entstehung eines fehlerhaften Anstellungsverhältnisses	264/265
c) Genehmigung des Anstellungsvertrages	266/267
d) Treu und Glauben	268–270
e) Beendigung	271–273
f) Haftungsfragen	274
g) Rechtsstreitigkeiten	275

§ 22 Vorstand

Schrifttum: *Andert,* Aktionärsmacht und Aktienrecht, 1. Aufl. 2017; *Bachmann,* Die Geschäftsleiterhaftung im Fokus von Rechtsprechung und Rechtspolitik, BB 2015, 771; *Bachmann,* Das „vernünftige" Vorstandsmitglied – Zum richtigen Verständnis der deutschen Business Judgment Rule (§ 93 Abs. 1 S. 2 AktG), in FS Stilz, 2014, 25; *Banerjea,* Due Diligence beim Erwerb von Aktien über die Börse, ZIP 2003, 1730; *Baur/Holle,* Untreue und unternehmerische Entscheidung, ZIP 2017, 555; *Beiner/Braun,* Der Vorstandsvertrag, 2. Aufl. 2014; *Bauer/Diller,* Wettbewerbsverbote, 5. Aufl. 2009; *Beiner,* Der Vorstandsvertrag, 2005; *Bezzenberger,* Der Vorstandsvorsitzende der Aktiengesellschaft, ZGR 1996, 661; *Bergau,* Praxishandbuch Unternehmenskauf, 2015; *Berger,* Vorstandshaftung und Beratung, 2015; *Bergmoser/Theusinger/Gushurst,* Corporate Compliance – Grundlagen und Umsetzung, BB Special 5/2008, 1; *Besse/Heuser,* Zur Vereinbarkeit der vorzeitigen Wiederbestellung von Vorständen mit § 84 Abs. 1 S. 3 AktG, DB 2012, 2385; *Bicker,* Legalitätspflicht des Vorstands – ohne Wenn und Aber?, AG 2014, 8; *Binder/Kraayvanger,* Regress der Kapitalgesellschaft bei der Geschäftsleitung für gegen das Unternehmen verhängte Geldbußen, BB 2015, 1219; *Bormann,* Zusammenspiel von Abschlussprüfung und Prüfung durch den Aufsichtsrat, DStR 2011, 368; *Buck-Heeb,* Private Kenntnis in Banken und Unternehmen, WM 2008, 281; *Buck-Heeb,* Wissenszurechnung und Verschwiegenheitspflicht von Aufsichtsratsmitgliedern, WM 2016, 1469; *Buck-Heeb,* Die Haftung von Mitgliedern des Leitungsorgans bei unklarer Rechtslage, BB 2013, 2247; *Bürkle,* Aufsichtsrechtliches Legal Judgment: Sachlicher Anwendungsbereich und prozedurale Voraussetzungen, VersR 2013, 792; *Cahn,* Business Judgement Rule und Rechtsfragen, ILF Working Paper Series Nr. 144, 2015; *Crezelius,* Die Stellung der Vertretungsorgane in § 32 MitbestG, ZGR 1980, 359; *Ditges,* Hinweispflicht des Steuerberaters bei Insolvenzverdacht, NWB 2014, 1670; *Ek,* Haftungsrisiken für Vorstand und Aufsichtsrat, 2. Aufl. 2010; *Drexl,* Wissenszurechnung im Konzern, ZHR 161 (1997), 491; *Eichler,* Beschränkung der Vertretungsmacht des Vorstands durch § 32 MitbestG?, BB 1977, 1064; *Fleischer* (Hrsg.), Handbuch des Vorstandsrechts, 2006; *ders.,* Aktienrechtliche Compliance-Pflichten im Praxistest: Das Siemens/Neubürger-Urteil des LG München I, NZG 2014, 322; *ders.,* Aktienrechtliche Legalitätspflicht und „nützliche" Pflichtverletzungen von Vorstandsmitgliedern, ZIP 2005, 141; *ders.,* Konkurrenzangebote und Due Diligence, ZIP 2002, 651; *ders.,* Zur Leitungsaufgabe des Vorstands im Aktienrecht, ZIP 2003, 1; *ders.,* Das Gesetz zur Angemessenheit der Vorstandsvergütung, NZG 2009, 801; *ders.,* Vorstandsverantwortlichkeit und Fehlverhalten von Unternehmensangehörigen – Von der Einzelüberwachung zur Errichtung einer Compliance-Organisation, AG 2003, 291; *ders.,* Zum Grundsatz der Gesamtverantwortung im Aktienrecht, NZG 2003, 449; *ders.,* Zur aktienrechtlichen Verantwortlichkeit faktischer Organe, AG 2004, 517; *ders.,* Die „Business Judgement Rule": Vom Richterrecht zur Kodifizierung, ZIP 2004, 685; *ders.,* Unternehmensspenden und Leitungsermessen des Vorstands im Aktienrecht, AG 2001, 171; *ders.,* Zur Leitungsaufgabe des Vorstands im Aktienrecht, ZIP 2003, 1; *ders.,* Unternehmensspenden und Leitungsermessen des Vorstandes im Aktienrecht, AG 2001, 172; *ders.,* Zur organschaftlichen Treuepflicht der Geschäftsleiter im Aktien- und GmbH-Recht, WM 2003, 1045; *ders.,* Zum Grundsatz der Gesamtverantwortung im Aktienrecht, NZG 2003, 449; *ders.,* Zur Privatsphäre von GmbH-Geschäftsführern und Vorständen: Organpflichten, organschaftliche Zurechnung und private Umstände, NJW 2006, 3239; *Fölsing,* Mindestanforderungen an die Prüfung eines Jahresabschlusses, StuB 2010, 661; *Fuhst,* Anmerkung BGH 6.2.2014 – IX ZR 53/13, DStR 2014, 975; *Goette,* Zur Verteilung der Darlegungs- und Beweislast der objektiven Pflichtwidrigkeit bei der Organhaftung, ZGR 1995, 648; *Goette,* Leitung, Aufsicht, Haftung – zur Rolle der Rechtsprechung bei der Sicherung einer modernen Unternehmensführung, FS 50 Jahre BGH, 2000, 123; *Götz,* Corporate Governance multinationaler Konzerne und deutsches Unternehmensrecht, ZGR 2003, 1; *Gran,* Abläufe bei Mergers & Acquisitions, NJW 2008, 1409; *Grundei/v. Werder,* Die Angemessenheit der Informationsgrundlage als Anwendungsvoraussetzung der Business Judgement Rule, AG 2005, 825; *Haas/Ohlendorf,* Anstellungsvertrag des Vorstandsmitglieds der Aktiengesellschaft, 2004; *Habersack,* „Germany first"? – Kritische Bemerkungen zum EuGH-Urteil in Sachen „Erzberger ./. TUI AG", NZG 2017, 2021; *ders.,* Verschwiegenheitspflicht und Wissenszurechnung – insbes. im Konzern und mit Blick auf die Pflicht zur Ad-hoc-Publizität, DB 2016, 1551; *ders.,* Gesteigerte Überwachungspflichten des Leisters eines „sachnahen" Vorstandsressorts?, WM 2005, 2360; *ders.,* „Klöckner" und das KWG – Zu den Grenzen der Verlustteilnahme von KWG-Genussrechten, AG 2009, 801; *Harbarth,* Anforderungen an die Compliance-Organisation in börsennotierten Unternehmen, ZHR 2015, 136; *Hasselbach/Ebbinghaus,* Anwendung der Business Judgement Rule bei unklarer Rechtslage, AG 2014, 873; *Hauptmann/Müller-Dott,* Pflichten und Haftungsrisiken der Leitungsorgane einer Aktiengesellschaft und ihrer Tochtergesellschaften in der Insolvenz, BB 2003, 2521; *Henze,* Leitungsverantwortung des Vorstands – Überwachungspflicht des Aufsichtsrats, BB 2000, 209; *Holle,* Legalitätskontrolle im Kapitalgesellschafts- und Konzernrecht, 2014; Handelsrechtsausschuss des DAV, Stellungnahme zum Entwurf eines Gesetzes zur Angemessenheit der Vorstandsvergütung, NZG 2009, 612; *Hauschka,* Grundsätze pflichtgemäßer Unternehmensführung – Entwurf eines Gesetzes zur Unternehmensintegrität und Modernisierung des Anfechtungsrechts (UMAG), ZRP 2004, 65; *ders.,* Ermessensentscheidungen bei der Unternehmensführung, GmbHR 2007, 11; *Hemeling,* Gesellschaftsrechtliche Fragen der Due Diligence beim Unternehmenskauf, ZHR 169 (2005), 274; *Henze,* Leitungsverantwortung des Vorstands – Überwachungspflicht des Aufsichtsrates, BB 2000, 209; *Hoelters/Weber,* AktG, 2017; *Hoffmann-Becking,* Zur rechtlichen Organisation der Zusammenarbeit im Vorstand der AG, ZGR 1998, 497; *Hohenstatt,* Das Gesetz zur Angemessenheit der Vorstandsvergütung, ZIP 2009, 1349; *Baur/Holle,* Untreue und unternehmerische Entscheidung, ZIP 2017, 555; *Hoor,* Die Präzisierung der Sorgfaltsanforderungen nach § 93 Abs. 1 AktG durch den Entwurf des UMAG, DStR 2004, 2104; *Horn,* Die Haftung des Vorstands der AG nach § 93 AktG und die Pflichten des Aufsichtsrats, ZIP 1997, 1129; *Hüffer,* Das Leitungsermessen des Vorstandes in der Aktiengesellschaft, FS Raiser, 2005, 163; *Ihrig,* Reformbedarf beim Haftungstatbestand des § 93 AktG, WM 2004, 2098; *Janzen,* Vorzeitige Beendigung von Vorstandsamt und -vertrag, NZG 2003, 468; *Kersting,* Anmerkung BGH 5.11.2013 – II ZB 28/12, ZIP 2013, 2454; *Keßler,* Strafrechtliche Aspekte von Corporate Governance, 1. Aufl. 2012; *Kind,* Darf der Vorstand einer AG Spenden an politische Parteien vergeben?, NZG 2000, 567; *Klühs/Habermehl,* Grenzen der Rechtsprechung über fehlerhafte Anstellungsverträge, BB 2007, 2342; *Kocher/Lönner,* Erforderlichkeit, Nachfrageobliegenheiten und Gremienvertraulichkeit – Begrenzungen des Auskunftsrechts in der Hauptversammlung, AG 2014, 81; *Kliemt/Tiling,* Das Schicksal des Vorstandsvertrags beim Formwechsel der AG in eine GmbH, ArbRB 2006, 25; *Köhler,* Fehlerhafte Vorstandsverträge, NZG 2008, 161; *Kutscher,* Organhaftung als Instrument der aktienrechtlichen Corporate Governance, 1. Aufl. 2017; *Laub,* Grenzen der Spendenkompetenz des Vorstands, AG 2002, 308; *Leuering/Rubner,* Keine Neujustierung der Auskunftsansprüche der Aktionäre, NJW Spezial 2014, 79; *Lingemann/Siemer,* Wirksamkeit einer Kündigung bei Ausspruch durch Personalleiter, NJW 2014, 3595; *Lohse,* Unternehmerisches Ermessen, 2005; *Lücke/Schaub* (Hrsg.), Beck'sches Mandatshandbuch Vorstand der AG, 2. Aufl. 2010; *Lutter,* Die Business Judgement Rule und ihre praktische Anwendung, ZIP 2007, 841; *ders.,* Interessenkonflikte und Business Judgement Rule, FS Canaris, 2007, 245 ff.; *Lutter/Krieger,* Rechte und Pflichten des Aufsichtsrats, 5. Aufl. 2008; *Martens,* Der Grundsatz gemeinsamer Vorstandsverantwortung, FS Fleck, 1988, 191; *Martens,* Die Organisation des Konzernvorstands, in FS Heinsius, 1994, 523; *Merbecks,* Tax Due Diligence als Instrument für das Controlling von M&A-Transaktionen, BB 2012, 2423; *Merkt,* Rechtliche Grundlagen der Business Judgement Rule im internationalen Vergleich zwischen Divergenz und Konvergenz, ZGR 2017, Bd. 46 Heft 4; *ders.,* Verhaltenspflichten des Vorstandes der Zielgesellschaft bei feindlichen Übernahmen, ZHR 166 (2001), 224; *Meyer,* Compliance-Verantwortlichkeit von Vorstandsmitgliedern – Legalitätsprinzip und Risikomanagement, DB 2014, 1063; *Mülbert/Sajnovits,* Verschwiegenheitspflichten von Aufsichtsratsmitgliedern als Schranken der Wissenszurechnung, NJW 2016, 2540; *Nägele/Böhm,* Praxisrelevante Probleme der Vertretung nach § 112 AktG, BB 2005, 2200; *Noack,* „Holzmüller" in der Eigenverwaltung – Zur Stellung von Vorstand und Hauptversammlung im Insolvenzverfahren, ZIP 2002, 1873; *Oppenheim,* Die Pflicht des Vorstands zur Einrichtung einer auf Dauer angelegten Compliance-Organisation, DStR 2014, 1063; *Paefgen,* Organhaftung: Bestandsaufnahme und Zukunftsperspektiven, AG 2014, 554; *ders.,* Unternehmerische Entscheidungen und Rechtsbindung der Organe in der AG, 2002; *Paschos/von den Linden,* Vorzeitige Wiederbestellung von Vorstandsmitgliedern, AG 2012, 736; *Pfeiffer,* Organwissen und Grenzen der sekundären Darlegungslast, ZIP 2017, 2078; *Priester,* Stichentscheid beim zweiköpfigen Vorstand, AG 1984, 253; *ders.,* Neufestsetzung der Amtszeit von Vorstandsmitgliedern, ZIP 2012, 1781; *Rack,* Die häufigsten Fehler der Unternehmensorganisation, CB 2014, 104; *ders.,* Die Verantwortung des Aufsichtsrats für das Compliance-Management-System im Unternehmen – Teil I, CB 2017, 59; *Raiser,* Kenntnis und Kennenmüssen von Unternehmen, in FS Bezzenberger, 2000, 561; *Reinert,* Unechte Gesamtvertretung und unechte Gesamtprokura im Recht der Aktiengesellschaft, 1990; *Reuter,* Krisenrecht im Vorfeld der Insolvenz – das Beispiel der börsennotierten AG, BB 2003, 1797; *ders.,* Wissenszurechnung in Unternehmen, ZIP, 2017, 310; *Roquette,* Rechtsfragen zur unechten Gesamtvertretung im Rahmen der gesetzlichen Vertretung von Kapitalgesellschaften, in FS Oppenhoff, 1985, 335; *Roschmann/Frey,* Geheimhaltungsverpflichtungen der Vorstandsmitglieder von Aktiengesellschaften bei Unternehmenskäufen, AG 1996, 449; *Roth,* Das unternehmerische Ermessen des Vorstands, BB 2004, 1066; *Schäfer,* Die Binnenhaftung von Vorstand und Aufsichtsrat nach der Renovierung durch das UMAG, ZIP 2005, 1253; *Schaller,* Ressortmäßige Aufteilung der Zuständigkeit zweier gesamtvertretungsberechtigter Gesellschafter-Geschäftsführer mit Einzelvertretungsbefugnis, Anmerkung zu OLG München 19.9.2013 – 23 U 1003/13, EWiR 2014, 111; *Scherb-Da Col,* Die Ausstattung des Aufsichtsrats, 1. Aufl. 2018; *Schiessl,* Gesellschafts- und mitbestimmungsrechtliche Probleme der Spartenorganisation, ZGR 1992, 64; *Schneider, U. H.,* Haftungsmilderung für Vorstand und Geschäftsführer bei fehlerhafter Unternehmensleitung?, FS Werner, 1984, 795; *ders.,* Compliance als Aufgabe der Unternehmensleitung, ZIP 2003, 645; *Schoberth/Wittmann,* Financial und Tax Due Diligence bei der Akquisition von Familienunternehmen – Besonderheiten und Handlungsempfehlungen, BB 2012, 759; *Schwark,* Virtuelle Holding und Bereichsvorstände, in FS Ulmer, 2003, 605; *ders.,* Spartenorganisation in Großunternehmen und Unternehmensrecht, ZHR 142 (1978), 203; *Schwarz,* Vertretungsregelungen durch den Aufsichtsrat (§ 78 Abs. 3 S. 2 AktG) und durch Vorstandsmitglieder (§ 78 Abs. 4 S. 1 AktG), ZHR 166 (2002), 625; *ders.,* Die Gesamtvertretungsermächtigung, NZG 2001, 529; *ders.,* Vertretungsregelungen durch den Aufsichtsrat (§ 78 Abs. 3 S. 2 AktG) und durch Vorstandsmitglieder (§ 78 Abs. 4 S. 1 AktG), ZHR 166 (2002), 625; *Schweitzer/Kuhnert,* Anmerkung zu BGH 22.4.2015 – XII ZR 55/14, ZfIR 2015, 564; *Seibert,* Das VorstAG, WM 2009, 1489; *Semler,* Zur aktienrechtlichen Haftung der Organmitglieder einer Aktiengesellschaft, AG 2005, 321; *Semler/v. Schenck,* Arbeitshandbuch für Aufsichtsratsmitglieder, 3. Aufl. 2009; *Spicker,* Die haftungsrechtliche Verantwortlichkeit der Mitglieder eines mehrköpfigen Vorstandes in der nichtkonzerngebundenen AG, DB 1962, 927; *Teicke/Matthiesen,* Compliance-Klauseln als sinnvoller Bestandteil eines Compliance-Systems, BB 2013, 771; *Theusinger/Rüppel,* Nichtigkeit von Aufsichtsratsbeschlüssen: Vorstandsbestellung und Abschluss von Beraterverträgen, DB 2017, 896; *Thümmel,* Persönliche Haftung von Managern und Aufsichtsräten, 3. Aufl. 2003; *ders.,* Aufgaben und Haftungsrisiken des Managements in der Krise des Unternehmens, BB 2002, 1105; *ders.,* Organhaftung nach dem Referentenentwurf des Gesetzes zur Unternehmensintegrität und Modernisierung des Anfechtungsrechts (UMAG) – Neue Risiken für Manager?, DB 2004, 471; *Timme/Hülk,* Schriftform bei Mietvertrag mit einer Aktiengesellschaft, NZG 2010, 177; *Tschöpe/Wortmann,* Abberufung und außerordentliche Kündigung von geschäftsführenden Organvertretern, NZG 2009, 85 (161); *Thüsing,* Das Gesetz zur Angemessenheit der Vorstandsvergütung, AG 2009, 517; *Vetter,* Shareholder Communication – Wer spricht mit den institutionellen Investoren, AG 2015, 873; *Waltermann,* Die Wissenszurechnung, AcP 192 (1992), 181; *Verse,* Organhaftung bei unklarer Rechtslage – Raum für eine Legal Judgement Rule, ZGR 2017, 174; *ders.,* Compliance im Konzern, ZHR 175 (2011), 401; *Vetter,* Drittanstellung von Vorstandsmitgliedern, aktienrechtliche Kompetenzverteilung und Exkulpation des Vorstands bei rechtlicher Beratung, NZG 2015, 889; *Wachter,* Anmerkung BGH 5.11.2013 – II ZB 28/12, NJW 2014, 541; *Wagner,* Anmerkung BGH 5.11.2013 – II ZB 28/12, BB 2014, 331; *Weitemeyer,* Der BGH stärkt das Auskunftsrecht der Aktionäre nach einer Fusion, NZG 2005, 341; *Weiner,* Schriftformanforderungen bei einem gewerblichen Mietvertrag mit einer AG, MDR 2010, 184; *Weiss/Buchner,* Wird das UMAG die Haftung und Inanspruchnahme der Unternehmensleiter verändern?, WM 2005, 162; *Wilsing/Paul,* Anmerkung BGH 17.7.2012 – II ZR 55/11, BB 2012, 2455.

I. Der Vorstand als Organ und Vertreter der Gesellschaft – Vertretung im Außenverhältnis

1. Grundsatz – Gesamtvertretung

a) Notwendiges Organ der Gesellschaft. Die AG muss einen Vorstand haben, was sich schon aus §§ 33, 36 Abs. 1, 37 Abs. 4, 39 AktG ergibt und der Vorstand muss mindestens in der Satzung und im Rechtsverkehr nach außen auch so heißen.[1] Auf allen Geschäftsbriefen gleichviel welcher Form, die an einen bestimmten Empfänger gerichtet werden, müssen alle Vorstandsmitglieder mit dem Familiennamen und mindestens einem ausgeschriebenen Vornamen angegeben werden und der Vorsitzende des Vorstands ist als solcher zu bezeichnen (§ 80 Abs. 1 AktG). 1

b) Eintragung ins Handelsregister. Publizität der Vertretungsverhältnisse. Die Gesellschaft ist bei dem Registergericht gem. § 36 Abs. 1 AktG von allen Gründern und Mitgliedern des Vorstands und des Aufsichtsrats zur Eintragung in das Handelsregister anzumelden. Der Anmeldung sind gem. § 37 Abs. 4 Nr. 3 AktG die Urkunden über die Bestellung des Vorstands und des Aufsichtsrats beizufügen. Eine **Entstehung der Aktiengesellschaft** ohne **Etablierung eines Vorstands** ist also nicht möglich, da § 38 AktG insoweit ein Eintragungshindernis begründet. Betreffend die **Vertretung der bereits eingetragenen AG im Außenverhältnis** ist zu beachten, dass die Eintragung eines (neuen) Vorstandsmitglieds in das Handelsregister (§ 81 AktG) für dessen Bestellung (§ 84 AktG) eine geringere rechtliche Bedeutung hat als die Eintragung der Gesellschaft selber in das Handelsregister (§§ 36, 38, 39 AktG) für das Entstehen der AG (vgl. § 41 AktG).[2] Die **Vorstandsbestellung** wird aktienrechtlich grds. außerhalb des Handelsregisters wirksam. Der Vorstand wird mit der Bestellung durch den Aufsichtsrat bereits gesetzlicher Vertreter der Gesellschaft. Eine zunächst unwirksame Bestellung später gelangt allerdings nicht allein durch die Handelsregistereintragung und deren Bekanntmachung konstitutiv zur Wirksamkeit.[3] Die **Eintragung des Vorstandsmitglieds in das Handelsregister** hat **deklaratorische Bedeutung** und bewirkt rechtlich den **Schutz gutgläubiger Dritter im Rechtsverkehr** (Publizität der Vertretungsverhältnisse).[4] Dem Registergericht obliegt insoweit keine gesonderte Prüfung.[5] 2

c) Gesamtvertretung. Gem. § 78 Abs. 2 AktG sind, sofern der Vorstand aus mehreren Personen besteht, nur sämtliche Vorstandmitglieder gemeinschaftlich zur Vertretung der Gesellschaft befugt, es sei denn, die Satzung sieht etwas anderes vor. Das Erfordernis der Gesamtvertretung ist insbes. dann zu beachten, wenn **Schriftformerfordernisse** bestehen. Dabei hat der BGH betreffend das Schriftformerfordernis des **§ 550 BGB** zunächst[6] ausgesprochen, dass bei **Abschluss eines Mietvertrags** durch eine Aktiengesellschaft die Schriftform nur dann gewahrt ist, wenn alle Vorstandsmitglieder unterzeichnen oder eine Unterschrift den 3

---

[1] Hüffer/Koch/*Koch* AktG § 76 Rn. 6.
[2] BSG 5.3.2014 – B 12 KR 1/12 R, BeckRS 2014, 71159.
[3] Hüffer/Koch/*Koch* AktG § 81 Rn. 9; BSG 5.3.2014 – B 12 KR 1/12 R, BeckRS 2014, 71159 mwN.
[4] Hüffer/Koch/*Koch* AktG § 81 Rn. 9.
[5] BSG 5.3.2014 – B 12 KR 1/12 R, BeckRS 2014, 71159.
[6] BGH 4.11.2009 – XII ZR 86/07, NJW 2010, 1453; *Timme/Hülk* NZG 2010, 177; *Weiner* MDR 2010, 184.

Hinweis enthält, dass das unterzeichnende Vorstandsmitglied auch die Vorstandsmitglieder vertreten will, die nicht unterzeichnet haben. **Später**[7] stellte der **BGH** zum Schriftformerfordernis des § 550 BGB den Grundsatz auf, dass in dem Falle, dass das Rubrum eines mit einer Aktiengesellschaft abgeschlossenen Mietvertrags oder eines Nachtrags keine Angaben über die Vertretungsregelung der Gesellschaft enthält, die Schriftform des Vertrags auch dann gewahrt ist, wenn nur ein Vorstandsmitglied ohne Vertretungszusatz unterzeichnet hat. Der Berater wird in solchen Fällen (vgl. zB auch das im **arbeitsrechtlichen Bereich** bestehende **Schriftformerfordernis des § 623 BGB iVm § 626 BGB**)[8] – auch zur Wahrung des sichersten Wegs[9] – jeweils anraten, dass zur Minimierung der Risiken statt einer Vertretung anderer Vorstände bei der Unterzeichnung die Unterzeichnung durch die Vorstände selber vorzugswürdig ist.

4 d) **Satzungsmäßiger Einzelvorstand.** Die gesetzliche Regelung des § 78 Abs. 2 AktG geht davon aus, dass es sich um einen mehrköpfigen Vorstand handelt. Hat die Gesellschaft jedoch nur ein Vorstandsmitglied, was ebenfalls zulässig ist, so ist dieses zwingend allein zur Vertretung der Gesellschaft befugt. Das **Verbot von Insichgeschäften (§ 181 BGB)** gilt auch für den AG-Vorstand[10] und insbes. auch für den Alleinvorstand, der zugleich Alleinaktionär ist,[11] wobei die in § 181 BGB vorgesehene vom Verbot **befreiende Gestattung der Mehrvertretung** jedenfalls in der Satzung enthalten sein kann (§ 78 Abs. 3 S. 1 AktG analog) oder vom Aufsichtsrat ausgesprochen werden kann, der dafür aber analog § 78 Abs. 3 S. 2 AktG einer Satzungsermächtigung bedarf, sofern es sich um eine generalisierende Gestattung handelt.[12]

Formulierungsvorschlag Satzung Vertretung Einzelvorstand:

Vorstand

5 (1) Der Vorstand der Gesellschaft besteht aus einer oder mehreren Personen. Die Zahl der Mitglieder des Vorstandes bestimmt der Aufsichtsrat. Der Aufsichtsrat kann einen Vorsitzenden und einen stellvertretenden Vorsitzenden des Vorstandes ernennen.

(2) Ist nur ein Vorstand bestellt, so vertritt dieser die Gesellschaft allein. Besteht der Vorstand aus mehreren Personen, so wird die Gesellschaft durch zwei Vorstandsmitglieder oder durch ein Vorstandsmitglied gemeinschaftlich mit einem Prokuristen vertreten. Der Aufsichtsrat kann einzelnen Vorstandsmitgliedern Einzelvertretungsbefugnis erteilen.

(3) Der Aufsichtsrat kann einzelne oder alle Vorstände von den Beschränkungen des § 181 BGB befreien.

---

6 e) **Verhinderung eines Vorstands.** Aus der Regelung des § 78 Abs. 2 AktG folgt, dass bei einer Verhinderung eines Vorstandsmitgliedes die AG nicht wirksam vertreten werden kann, solange nicht die Verhinderung behoben ist oder der Aufsichtsrat gem. § 84 AktG oder das Gericht gem. § 85 AktG ein neues Vorstandmitglied bestellt hat. Gem. § 78 Abs. 4 AktG, § 125 Abs. 2 S. 2 HGB **kann ein gesamtvertretungsberechtigter Vorstand** vom Mitvorstand **zwar** zur **Vornahme eines bestimmten Geschäfts** oder **einer bestimmten Art von Geschäften**

---

[7] BGH 22.4.2015 – XII ZR 55/14, NJW 2015, 2034; Anm. *Schweitzer/Kuhnert* ZfIR 2015, 564.
[8] Die Zweiwochenfrist des § 626 BGB ist eine Ausschlussfrist bzw. ein gesetzlich konkretisierter Verwirkungstatbestand (BAG 6.7.1972 – 2 AZR 386/71, AP BGB § 626 Ausschlussfrist Nr. 3; 5.6.2008 – 2 AZR 234/07, NZA-RR 2008, 630; LAG Düsseldorf 13.6.2016 – 9 Sa 233/16, BeckRS 2016, 71239), was bedeutet, dass bei einem Formfehler die außerordentliche Kündigung nach Ablauf dieser Frist nicht nachgeholt werden kann.
[9] BGH NJW 2012, 2435; 2009, 1589; 2007, 2486; 2006, 3494; OLG Hamm 30.5.2017 – I-28 U 125/16, NJW-RR 2017, 1267.
[10] BGH 19.4.1971 – II ZR 98/68, NJW 1971, 1355; Hüffer/Koch/*Koch* AktG § 78 Rn. 6 und § 22 I 3a.
[11] Hüffer/Koch/*Koch* AktG § 78 Rn. 6.
[12] Hüffer/Koch/*Koch* AktG § 78 Rn. 7.

ermächtigt werden,[13] wobei diese Ermächtigung auch formlos und konkludent erteilt werden kann.[14] Die Ermächtigung bedeutet einen organschaftlichen Akt besonderer Art, durch den die Gesamtvertretungsmacht zur Alleinvertretungsmacht erstarkt.[15] **Nicht zulässig** ist hingegen eine **Generalermächtigung**, mit der ein Vorstand so gestellt wird, als ob er umfassende Alleinvertretungsbefugnis hat, da die satzungsmäßige Gesamtvertretungsbefugnis dem **Schutz der Gesellschafter vor** einem **Missbrauch der Vertretungsmacht** durch die Vorstände dient.[16] Daher dürfen satzungsmäßig gesamtvertretungsberechtigte Vorstände nicht eigenmächtig einem Vorstand im Wege der Bevollmächtigung faktisch – gegen den Willen der Gesellschafter – Einzelvertretungsbefugnis erteilen.[17] Auch darf zum Schutz der Gesellschafter die Ermächtigung eines Vorstands nicht einen Umfang erreichen, der **faktisch** einer umfassenden Einzelvertretungsbefugnis gleichkommt.[18] Eine Erweiterung der Befugnisse der verbleibenden Vorstandsmitglieder kann daher im Falle der Verhinderung eines Vorstandsmitglieds grds. nicht eintreten.[19] Bei **endgültigem Wegfall eines Vorstandsmitglieds** (zB Widerruf der Bestellung, Amtsniederlegung, Tod) kommt es darauf an, ob die nach Gesetz und Satzung zur Vertretung erforderliche Anzahl von Vorstandmitgliedern noch vorhanden ist oder nicht. Bei endgültigem Wegfall eines Vorstandsmitglieds reicht die Vertretungsmacht der übrigen daher nur dann aus, wenn die von der Satzung festgelegte Zahl von Vorstandsmitgliedern nicht unterschritten wird. Bleibt die Mindestzahl der Vorstandsmitglieder trotz des Wegfalls erhalten, können die verbliebenen Vorstandsmitglieder die AG weiterhin gemeinschaftlich vertreten.[20] Eine Satzungsregelung, wonach bei Verhinderung oder Wegfall eines Vorstandsmitglieds Einzelvertretung oder Vertretung durch eine begrenzte Zahl von Vorstandsmitgliedern eintreten soll, ist unzulässig, da es ihr an der notwendigen Bestimmtheit fehlt.[21]

f) **Ausübung Gesamtvertretung.** Die Ausübung der Gesamtvertretung kann in der Praxis dadurch erfolgen, dass die Vorstandsmitglieder entweder gemeinsame Erklärungen, oder – **soweit nicht** besondere **Formvorschriften** zu beachten sind – getrennte, inhaltlich übereinstimmende Erklärungen abgeben, oder indem ein Vorstandsmitglied eine Erklärung für die AG unter nachträglicher Zustimmung der anderen Vorstandmitglieder abgibt. Das wird regelmäßig in die Satzung aufgenommen.

Formulierungsvorschlag Beschlussfassung Vorstand in der Satzung:

Der Vorstand ist beschlussfähig, wenn alle Mitglieder eingeladen sind und mindestens die Hälfte seiner Mitglieder an der Beschlussfassung teilnimmt. Der Vorstand fasst seine Beschlüsse nach vorheriger gemeinsamer Absprache mit der einfachen Stimmenmehrheit. Abwesende Mitglieder des Vorstands können ihre Stimmen schriftlich, in Textform oder fernmündlich abgeben. Vertretung ist unzulässig. Beschlüsse können auch im Umlaufwege gefasst werden, wenn kein Vorstandsmitglied widerspricht. Bei Stimmengleichheit gibt die Stimme des Vorstandsvorsitzenden den Ausschlag. Ist der Vorstandsvorsitzende abwesend oder verhindert, so ist bei Stimmengleichheit der Beschlussvorschlag abgelehnt.

---

g) **Vollmachtserteilung an Dritte.** Vom Rechtsakt der Bevollmächtigung und der Ermächtigung der Vorstandsmitglieder untereinander einerseits für vorstandsinterne und andrer-

---

[13] BGH NJW 1988, 1199 (1200); 1961, 506 (507); OLG München 19.9.2013 – 23 U 1003/13, NZG 2013, 1225.
[14] OLG München 19.9.2013 – 23 U 1003/13, NZG 2013, 1225; Anm. *Schaller* EWiR 2014, 111.
[15] OLG München 19.9.2013 – 23 U 1003/13, NZG 2013, 1225 mwN.
[16] OLG München 19.9.2013 – 23 U 1003/13, NZG 2013, 1225.
[17] BGH NJW 1961, 506 (507); 25.11.1985 – II ZR 115/85, NJW-RR 1986, 778; OLG München 19.9.2013 – 23 U 1003/13, NZG 2013, 1225.
[18] BGH 25.11.1985 – II ZR 115/85, NJW-RR 1986, 778; OLG München 19.9.2013 – 23 U 1003/13, NZG 2013, 1225.
[19] BGHZ 34, 27 (29) = NJW 1961, 506.
[20] BGH ZIP 2002, 172 (173); 2002, 216 (217); OLG Hamburg DB 1987, 2037, zur GmbH.
[21] Hölters/*Weber* AktG § 78 Rn. 20 ff.

seits unmittelbare vorstandsexterne Erklärungen gegenüber Dritten ist der **Rechtsakt der Bevollmächtigung Dritter durch den Vorstand** zum Zwecke der Abgabe von Erklärungen gegenüber Dritten zu unterscheiden. Hier ist **besonderes Augenmerk auf § 174 BGB** zu richten. Danach ist ein einseitiges Rechtsgeschäft, das ein Bevollmächtigter einem anderen gegenüber vornimmt, unwirksam, wenn der Bevollmächtigte eine Vollmachtsurkunde nicht vorlegt und der andere das Rechtsgeschäft aus diesem Grunde **unverzüglich zurückweist**. Die Zurückweisung ist ausgeschlossen, wenn der Vollmachtgeber den anderen von der Bevollmächtigung in Kenntnis gesetzt hatte. Das bedeutet zunächst, dass betreffend die Bevollmächtigung und die vom Vertreter vorgelegten Vollmachtsurkunden eine **geschlossene Legitimationskette**[22] nachweisbar sein muss und mithin – soweit nicht Einzelvertretungsbefugnis besteht – alle Vorstände die Vollmachtsurkunde zu unterzeichnen haben und diese Originalurkunde der vom Vertreter angegebenen Erklärung beizufügen ist. **Ausnahmen** können sich **zB im Bereich des Arbeitsrechts** ergeben, wenn das Erfordernis des In-Kenntnis-Setzens iSd § 174 BGB dadurch erfüllt ist, dass der Arbeitgeber bestimmte Mitarbeiter – zB durch die Bestellung zum **Prokuristen, Generalbevollmächtigten** oder **Leiter der Personalabteilung** – in eine **Stelle** berufen hat, **mit der üblicherweise ein Kündigungsrecht verbunden ist**.[23] Dabei reicht die interne Übertragung einer solchen Funktion nicht aus.[24] Erforderlich ist, dass sie auch nach außen im Betrieb ersichtlich ist oder eine sonstige Bekanntmachung erfolgt.[25] Der Erklärungsempfänger muss davon in Kenntnis gesetzt werden, dass der Erklärende die Stellung tatsächlich innehat.[26]

10 h) **Gerichtliche Vertretung der AG; Parteivernahme; Anhörung § 141 ZPO.** Der Vorstand ist organschaftlicher Vertreter, dh durch sein Handeln wird die AG gem. §§ 164 Abs. 1, 3 BGB berechtigt und verpflichtet. Die **außergerichtliche Vertretung** der AG durch den Vorstand umfasst den gesamten Privatrechtsverkehr sowie die Vertretung gegenüber Behörden. Neben der außergerichtlichen Vertretung ist der Vorstand für die **gerichtliche Vertretung der AG** zuständig. Im Rahmen der gerichtlichen Vertretung tritt der Vorstand allerdings nur insoweit für die prozessual parteifähige AG auf, als es keine Rechtsstreitigkeiten der Gesellschaft mit Vorstandsmitgliedern – auch mit ausgeschiedenen Vorstandsmitgliedern[27] – betrifft; in diesem Fall wird die Gesellschaft durch den Aufsichtsrat vertreten, § 112 AktG, wobei die für die Vertretung wie auch sonst erforderliche Willensbildung des Aufsichtsrats durch ausdrücklichen Beschluss nach § 108 Abs. 1 AktG erfolgt.[28]

11 Als juristische Person ist die AG prozessfähig und der Vorstand ist ihr gesetzlicher Vertreter iSv § 51 ZPO. Die **Vorstandsmitglieder können** in einem Gerichtsprozess daher **nicht als Zeugen auftreten**, sondern nur als Partei gem. §§ 445 ff. ZPO vernommen werden. Dabei gehen einer **Parteivernahme des Vorstands** grds. andere Beweismittel, insbes. der Zeugenbeweis nach §§ 373 ff. ZPO vor.[29] Die Parteivernehmung nach §§ 445 ff. ZPO ist ein **subsidiäres Beweismittel**.[30] In der Beantwortung der in der Praxis wichtigen Frage, welche **Voraussetzungen für eine Parteivernehmung des AG-Vorstands** weitergehend zu erfüllen sind, ist die **Rspr. uneinheitlich**. Als Voraussetzung für eine Parteivernehmung der beweispflichtigen Partei gem. § 448 ZPO wird gefordert, dass für die zu beweisende Tatsache aufgrund einer vorausgegangenen Beweisaufnahme oder des sonstigen Verhandlungsinhalts eine ge-

---

[22] BGH Beschl. v. 20.7.2016 – VIII ZR 238/15, WuM 2016, 682.
[23] BAG 25.9.2014 – 2 AZR 567/13, NJW 2014, 3595; 30.5.1972 – 2 AZR 298/71, BAGE 24, 273; 14.4.2011 – 6 AZR 727/09, BAGE 137, 347; Lingemann/Siemer NJW 2014, 3595.
[24] BAG Zwischen25.9.2014 – 2 AZR 567/13, NJW 2014, 3595.
[25] BAG 14.4.2011 – 6 AZR 727/09, BAGE 137, 347; 20.8.1997 – 2 AZR 518/96, NZA 1997, 1343; 25.9.2014 – 2 AZR 567/13, NJW 2014, 3595.
[26] BAG 14.4.2011 – 6 AZR 727/09, BAGE 137, 347; 29.10.1992 – 2 AZR 460/92, NJW 1993, 1286; BGH 20.10.2008 – II ZR 107/07, NJW 2009, 293.
[27] BGH 29.1.2013 – II ZB 1/11, NJW-RR 2013, 485; 16.2.2009 – II ZR 282/07, NZG 2009, 466.
[28] BGH 27.10.2015 – II ZR 296/14, NJW 2016, 1236; Zwischen29.1.2013 – II ZB 1/11, NJW-RR 2013, 485.
[29] BAG 14.11.2013 – 8 AZR 813/12, NJW 2014, 1326.
[30] BAG 14.11.2013 – 8 AZR 813/12, NJW 2014, 1326 mwN.

wisse Wahrscheinlichkeit spricht.[31] Insbesondere das **BAG**[32] hat eine Verpflichtung zur Vernehmung einer beweispflichtigen Partei nach § 448 ZPO oder zur Anhörung derselben nach § 141 ZPO nur für den Fall gesehen, dass „ein Gespräch allein zwischen den Parteien stattgefunden hat und deshalb kein Zeuge, auch kein ‚gegnerischer' Zeuge zugegen ist". **In weiteren Entscheidungen,** in denen das **BAG** eine Pflicht zur Parteivernehmung nach § 448 ZPO bejahte bzw. eine solche nicht beanstandet worden war, stand einer Partei ein Zeuge für ein **Vier-Augen-Gespräch** zur Verfügung, welcher vernommen worden war.[33] Nach dem **EGMR**[34] und dem **BVerfG**[35] ergibt sich aus dem **Grundsatz der prozessualen Waffengleichheit** das Recht einer Partei, ihre Wahrnehmungen über eine streitige Tatsache dem Gericht für eine Würdigung zu präsentieren, wenn sie sich in Beweisnot befindet.[36] Dieses „Präsentieren" muss dabei **nicht zwangsläufig im Rahmen einer Parteivernehmung** geschehen, vielmehr genügt es, wenn die betreffende Partei **gem. § 141 Abs. 1 ZPO** angehört wird.[37]

Die Norm des § 78 Abs. 1 AktG ist zwingendes Recht. Die Vertretung der AG kann daher nicht durch die Satzung auf gesellschaftsfremde Dritte oder auf ein anderes Gesellschaftsorgan, etwa den Aufsichtsrat, übertragen werden. 12

i) Umfang der Vertretungsmacht des AG-Vorstands. Die **Vertretungsbefugnis** des Vorstands ist im **Außenverhältnis** gem. § 78 Abs. 1 AktG **unbeschränkt;** sie ist gem. § 82 AktG im Außenverhältnis auch nicht beschränkbar. Beschränkungen im Hinblick auf die rechtsgeschäftlichen Handlungsbefugnisse können auch nicht aus der Satzung, dem Gesellschaftszweck oder dem Unternehmensgegenstand abgeleitet werden. Insbesondere führt auch eine etwaige interne Beschränkung der Geschäftsführungsbefugnis (zB durch besondere Zuständigkeitszuweisungen durch die Geschäftsordnung des Vorstands oder bei zustimmungspflichtigen Geschäften iSv § 111 Abs. 4 AktG) nicht zu einer Beschränkung der Vertretungsmacht im Außenverhältnis, macht Rechtsgeschäfte, welche wider der internen Beschränkungen eingegangen wurden, mithin grds. nicht gem. § 177 BGB schwebend unwirksam.[38] Allerdings gelten auch hier die **Grundsätze über missbräuchliches Vertretungshandeln,** so dass die AG nicht durch das Handeln des Vorstands verpflichtet wird, wenn der Vorstand mit einer Person **kollusiv** zum Nachteil der AG zusammenwirkt oder dem anderen Vertragsteil, ohne dass die Voraussetzungen der Kollusion vorliegen, der Missbrauch der Vertretungsmacht positiv bekannt war, dh wenn er wusste, dass der Vorstand sich auf Grund interner Bestimmungen der AG außerhalb seiner Geschäftsführungsbefugnis bewegt und seine Vertretungsmacht missbraucht.[39] Ein Missbrauch kann dabei schon vorliegen, wenn der Vertreter von seiner Vertretungsmacht **in verdächtiger Weise** Gebrauch macht und sich dem anderen Vertragsteil der begründete Verdacht eines Treueverstoßes aufdrängen musste.[40] Insbesondere kann ein solcher Fall vorliegen, wenn der Vertreter einen arglosen Untervertreter einschaltet oder er aufgrund seiner Vertretungsmacht einen weiteren, arglosen (Mit-)Vertreter zu dem Geschäft veranlasst und so das Insichgeschäft verschleiert.[41] 13

---

[31] BAG 14.11.2013 – 8 AZR 813/12, NJW 2014, 1326; BGH 9.3.1990 – V ZR 244/88, BGHZ 110, 363; 16.7.1998 – I ZR 32/96, NJW 1999, 363; BAG 16.9.1999 – 2 AZR 712/98, NZA 2000, 208; 6.12.2001 – 2 AZR 396/00, BAGE 100, 52.
[32] BAG 22.5.2007 – 3 AZN 1155/06, BAGE 122, 347; 14.11.2013 – 8 AZR 813/12, NJW 2014, 1326.
[33] BAG 14.11.2013 – 8 AZR 813/12, NJW 2014, 1326; 6.12.2001 – 2 AZR 396/00, BAGE 100, 52; 19.11.2008 – 10 AZR 671/07, NJW 2009, 1019.
[34] EGMR 27.10.1993 – 37/1992/382/460, NJW 1995, 1413.
[35] BVerfG 21.2.2001 – 2 BvR 140/00, NJW 2001, 2531; BVerfG 27.2.2008 – 1 BvR 2588/06, NJW 2008, 2170.
[36] KG 11.7.2017 – 21 U 100/16, NJW 2018, 239; BGH 14.5.2013 – VI ZR 325/11, NJW 2013, 2601.
[37] BVerfG 27.2.2008 – 1 BvR 2588/06, NJW 2008, 2170; BGH 27.9.2005 – XI ZR 216/04, NJW-RR 2006, 61; 25.9.2003 – III ZR 384/02, NJW 2003, 3636; KG 11.7.2017 – 21 U 100/16, NJW 2018, 239.
[38] *Spindler* Recht und Konzern, 1993, 235 ff.; *Crezelius* ZGR 1980, 359 (369 ff.).
[39] BGHZ 50, 112 (114); BGH NJW-RR 2004, 247 f.
[40] BGH 28.1.2014 – II ZR 371/12, WM 2014, 628; 25.3.1968 – II ZR 208/64, BGHZ 50, 112; 31.1.1991 – VII ZR 291/88, BGHZ 113, 315; 2.7.2007 – II ZR 111/05, ZIP 2007, 1942; 1.2.2012 – VIII ZR 307/10, WM 2012, 2020.
[41] BGH 28.1.2014 – II ZR 371/12, WM 2014, 628.

14 § 78 Abs. 1 AktG gilt nur für die werbende Gesellschaft. Für die Vertretung einer aufgelösten **AG** gelten die §§ 265, 269 AktG. Gem. § 269 AktG wird die aufgelöste Gesellschaft gerichtlich und außergerichtlich von den Abwicklern vertreten.

15 **j) Willensmängel; Zurechnung.** Das **Wissen der Leitungsorgane** der AG wird der Gesellschaft **in entsprechender Anwendung der §§ 166, 31 BGB zugerechnet.**[42] Dabei wird im Schrifttum zutreffend die Meinung vertreten, dass **privat erlangtes Wissen eines Organmitglieds** der Gesellschaft nur dann zuzurechnen sei, wenn der Wissensträger selbst gehandelt hat.[43] **Ob dem zu folgen ist,** hat der **BGH** in seiner Entscheidung vom 9.7.2013[44] **offen gelassen** aber ausgeführt, dass diese Einschränkung jedenfalls dann nicht gelten könnte, wenn es sich bei dem privat erlangten Wissen um einen Umstand handelt, der für den Erfolg des Gesellschaftsunternehmens von ganz wesentlicher Bedeutung und bei jedem Vertriebsvorgang zu beachten ist.

16 Willensmängel iSd §§ 116 ff. BGB sind der AG bereits dann als eigene zuzurechnen, wenn sie in der Person auch nur eines einzigen Vorstandsmitglieds vorliegen.[45] Die Anfechtung einer vom Vorstand abgegebenen Willenserklärung durch die AG gem. § 119 BGB ist daher immer dann möglich, wenn sich auch nur eines der Vorstandsmitglieder geirrt hat. Ebenso muss sich die AG das Kennen bzw. Kennenmüssen auch nur eines Vorstandsmitglieds als eigenes zurechnen lassen.[46] Ein gutgläubiger Erwerb durch die AG ist demnach ausgeschlossen, wenn nur eines von mehreren Vorstandsmitgliedern wusste (§§ 892, 932 BGB) oder infolge grober Fahrlässigkeit nicht wusste (§ 932 BGB), dass der Veräußerer nicht Eigentümer ist.

17 Speziell zur **Haftung einer juristischen Person aus § 826 BGB iVm § 31 BGB** wird vom **BGH**[47] vorausgesetzt, dass ein verfassungsmäßig berufener Vertreter iSd § 31 BGB den objektiven und subjektiven Tatbestand des § 826 BGB verwirklicht hat. Das **Wollenselement des Schädigungsvorsatzes** gem. § 826 BGB setzt **grds. korrespondierende Kenntnisse derselben natürlichen Person** voraus und dies steht der Anwendung der Grundsätze der Wissenszurechnung und Wissenszusammenrechnung iRd § 826 BGB regelmäßig entgegen.[48]

18 **k) Abgabe und Zugang von Willenserklärungen.** Das in § 78 Abs. 2 AktG normierte Prinzip der Gesamtvertretung gilt nicht für Willenserklärungen, welche gegenüber der AG abzugeben sind. Gem. § 78 Abs. 2 S. 2 AktG genügt die Abgabe der Willenserklärung gegenüber nur einem Vorstandmitglied. Bei der Passivvertretung gilt somit auch bei einem mehrköpfigen Vorstand der Grundsatz der Einzelvertretung.

19 **l) Vorstandsfehlverhalten und Zurechnung.** Aus der Organfunktion des Vorstands ergibt sich, dass die AG für das Handeln der Vorstandsmitglieder über **§ 31 BGB** haftet.[49] Die AG haftet danach für jegliche Art von Pflichtverstoß, sei es aus Vertragsverletzung, aus culpa in contrahendo, aus unerlaubter Handlung oder aus Gefährdungshaftung. § 31 BGB rechnet die Pflichtverletzung des Organwalters dem Organträger wie eine eigene Pflichtverletzung bzw. wie ein eigenes Delikt zu.[50] Die Haftung der AG nach § 31 BGB besteht allerdings nicht für solche Pflichtverstöße des Vorstandsmitglieds gegenüber der Gesellschaft, die zu einem die interne Haftung des § 93 AktG auslösenden Schaden führen.[51]

---

[42] BGH 9.7.2013 – II ZR 9/12, NJW-RR 2013, 1255; BGH 2.2.1996 – V ZR 239/94, BGHZ 132, 30.
[43] *Fleischer* NJW 2006, 3239 (3242); *Buck-Heeb* WM 2008, 281 (283); vgl. auch BGH 9.4.1990 – II ZR 1/89, ZIP 1990, 636 (637); BGH 30.4.1955 – II ZR 5/54, WM 1955, 830.
[44] BGH 9.7.2013 – II ZR 9/12, NJW-RR 2013, 1255.
[45] RGZ 78, 347 (354); BGH WM 1955, 830 (832); BGHZ 62, 166 (173).
[46] RGZ 53, 227 (231); RGZ 59, 400 (408); BGHZ 20, 149 (153); BGHZ 41, 282 (287).
[47] BGH 28.6.2016 – VI ZR 536/15, NJW 2017, 250; vgl. dazu *Reuter* ZIP, 2017, 310.
[48] BGH 28.6.2016 – VI ZR 536/15, NJW 2017, 250; zu den Grenzen sekundärer Darlegungslasten der Gesellschaft *Pfeiffer* ZIP 2017, 2078.
[49] BGH 28.6.2016 – VI ZR 536/15, NJW 2017, 250; BGH 9.7.2013 – II ZR 9/12, NJW-RR 2013, 1255; BGH 2.2.1996 – V ZR 239/94, BGHZ 132, 30; zur Wissenszurechnung vgl. → § 22 I 1j).
[50] BGHZ 90, 92 (95); BGHZ 110, 323 (327).
[51] Zur zivilrechtlichen Haftung des AG-Vorstands: → § 24 I.

2. Abweichende Regelungen der Vertretungsmacht

a) Formen abweichender Regelung. § 78 Abs. 3 AktG lässt Regelungen, welche vom 20 Grundsatz der Gesamtvertretungsbefugnis abweichen, durch entsprechende individuelle Satzungsregelungen zu. Danach kann die Satzung bspw. bestimmen, dass einzelne Vorstandmitglieder die Gesellschaft **allein vertreten** oder sie in **Gemeinschaft mit einem Prokuristen (sog unechte Gesamtvertretung)**[52] zur Vertretung der Gesellschaft befugt sind. Darüber hinaus kann, obwohl § 78 Abs. 3 AktG dies nicht ausdrücklich vorsieht, auch die **gemeinschaftliche Vertretung durch zwei oder mehrere Vorstandsmitglieder** festgelegt werden. Eine besondere Form ist die **halbseitige Gesamtvertretung**, bei der ein Vorstandsmitglied Einzelvertretungsmacht hat, während das andere nur unter seiner Mitwirkung vertreten kann.[53]

b) Satzungsregelung. Die von dem Prinzip der gemeinschaftlichen Vertretung abweichen- 21 den Regelungen müssen jedoch **zwingend durch die Satzung bestimmt** werden, wobei die Satzung insoweit auch den **Aufsichtsrat ermächtigen** kann, entsprechende Regelungen zu treffen.[54] Solche Regelungen kann der Aufsichtsrat zB im Rahmen der von ihm erlassenen Geschäftsordnung für den Vorstand treffen. Gem. § 107 Abs. 3 AktG kann der Aufsichtsrat die Regelung einem Ausschuss überlassen.[55] Die Hauptversammlung kann durch die Satzung hingegen nicht zur Bestimmung der Vertretungsmacht des Vorstands ermächtigt werden, da die Bestellung der Vorstandsmitglieder ausschließlich dem Aufsichtsrat obliegt. Auch kann grds. eine Regelung der Vertretungsmacht des Vorstands nicht durch Beschluss der Hauptversammlung nach § 119 AktG erfolgen. Allenfalls bei Erreichen der für eine Satzungsänderung erforderlichen Mehrheit kann eine konkludente Satzungsänderung in Betracht kommen. Daher kann die Hauptversammlung eine Änderung der Vertretungsbefugnis des Vorstands nur im Wege der Satzungsänderung regeln.

c) Einzelvertretung. Einzelvertretung iSv § 78 Abs. 3 AktG liegt damit vor, wenn ein 22 Vorstandsmitglied oder mehrere Vorstandsmitglieder ohne Mitwirkung der anderen Vorstandsmitglieder die AG vertreten können. Wird nur einem oder einigen Vorstandmitgliedern Einzelvertretungsbefugnis eingeräumt, so verbleibt es für die übrigen Vorstandsmitglieder bei dem Erfordernis der Gesamtvertretung. Die Einzelvertretungsbefugnis darf sich nicht nur auf bestimmte Geschäfte oder Geschäftsarten beschränken – dies ist nur in Form der Ermächtigung möglich.

d) Mitwirkung Prokurist. Die **Mitwirkung eines Prokuristen** im Rahmen der **unechten** 23 **Gesamtvertretung darf** die Vertretungsbefugnis des Vorstandsmitglieds **nur erleichtern, nicht** hingegen darf die Mitwirkung eines Prokuristen bestimmt werden, um die Einzelvertretungsbefugnis des Vorstandsmitgliedes **einzuschränken.**[56] Der Umfang der Vertretungsmacht des Prokuristen richtet sich bei unechter Gesamtvertretung nicht nach der erteilten Prokura, sondern nach der Vertretungsbefugnis des Vorstandsmitgliedes, weil ihm die Mitwirkung des Prokuristen eine organschaftliche Einzelvertretungsmacht im Umfang der ohnehin bestehenden Gesamtvertretungsmacht verschaffen soll. So umfasst in den Fällen der gemischten Gesamtvertretung die Vertretungsbefugnis des Prokuristen auch die Befugnis, einen weiteren Prokuristen zu berufen.[57]

Der **Widerruf der Ermächtigung** ist formlos und jederzeit ohne Begründung möglich.[58] 24 Wird die AG im **Bereich des Arbeitsrechts** aktiv, so ist zu beachten, dass in der Rspr. des BAG[59] beim **Ausspruch einer Kündigung durch den Prokuristen** die Zurückweisung der

---

[52] Hüffer/Koch/*Koch* AktG § 78 Rn. 16.
[53] RG 9.3.1917 – Rep. II 1/17, RGZ 90, 21; BGH 14.2.1974 – II ZB 6/73, NJW 1974, 1194.
[54] Hüffer/Koch/*Koch* AktG § 78 Rn. 14.
[55] Hüffer/Koch/*Koch* AktG § 78 Rn. 14.
[56] BGH 31.3.1954 – II ZR 57/53, NJW 1954, 1158.
[57] OLG München 26.11.2009 – 23 U 2306/06, BeckRS 2009, 87515.
[58] Hüffer/Koch/*Koch* AktG § 78 Rn. 22; Schmidt/Lutter/*Seibt* AktG § 78 Rn. 26.
[59] BAG 14.4.2011 – 6 AZR 727/09, NJW 2011, 2317.

Kündigung nach § 174 BGB auch dann ausgeschlossen ist, wenn der Erklärungsempfänger keine Kenntnis von der Erteilung der Prokura bzw. der Prokuristenstellung hat und der Vertreter ohne Hinweis auf seine Prokura handelt. In dieser Konstellation wird die nach § 174 S. 2 BGB erforderliche Kenntnis des Erklärungsempfängers von der Bevollmächtigung im Interesse der Sicherheit und Leichtigkeit des Rechtsverkehrs nach der Eintragung der Prokura in das Handelsregister durch **§ 15 Abs. 2 HGB** fingiert.[60] Aufgrund der Regelung in § 15 Abs. 2 S. 1 HGB muss sich der Dritte so behandeln lassen, als ob er die länger als 15 Tage eingetragene Tatsache kennt.[61]

25 **e) Ausnahme Grundsatz Gesamtvertretung: Insolvenzantrag.** Eine **gesetzlich geregelte Ausnahme** von dem Grundsatz der Gesamtvertretung stellt § 15 Abs. 1 InsO dar. Danach kann jedes einzelne Vorstandsmitglied einen Insolvenzantrag ohne die Mitwirkung der anderen Vorstandsmitglieder stellen. Wird der Antrag nicht von allen Mitgliedern des Vertretungsorgans, allen persönlich haftenden Gesellschaftern, allen Gesellschaftern der juristischen Person, allen Mitgliedern des Aufsichtsrats oder allen Abwicklern gestellt, so ist er zulässig, wenn der Eröffnungsgrund glaubhaft gemacht wird (§ 15 Abs. 2 S. 1 InsO).

3. Ausschluss bzw. Einschränkung der Vertretungsmacht des Vorstands

26 **a) Verträge mit Vorstandsmitgliedern.** Gesetzliche Beschränkungen der Vertretungsbefugnis ergeben sich insbes. aus § 112 AktG, wonach bei Vertragsabschlüssen zwischen der AG und Vorstandmitgliedern sowie bei Rechtsstreitigkeiten zwischen Vorstand und der Gesellschaft die AG durch den Aufsichtsrat vertreten werden muss. Ein Insichgeschäft, bei dem der Vorstand die AG gegenüber einzelnen Vorstandsmitgliedern vertritt, ist durch das AktG damit grds. ausgeschlossen und § 112 AktG stellt insoweit eine Spezialnorm dar, so dass für die **Anwendung von § 181 BGB** daneben **grds. kein Raum** ist.[62] § 181 BGB kann **tatbestandlich** in der **Variante der Mehrvertretung** verwirklicht sein.[63] Der **BGH**[64] hat dabei klargestellt, dass ein **rechtsgeschäftliches Handeln der Gesellschaft gegenüber einem Vorstandsmitglied nicht** vorliegt, **wenn** Gesellschaft und Vorstandsmitglied im Rahmen eines Vertrags keine gegenläufigen, sondern **parallele Willenserklärungen** gegenüber einem Dritten abgeben.

27 **b) Mitwirkung anderer Gesellschaftsorgane.** Für ein wirksames Handeln der AG im Rechtsverkehr normiert das AktG in einigen Fällen ausdrücklich die Mitwirkung weiterer Gesellschaftsorgane, dh die Wirksamkeit dieser Geschäfte im Außenverhältnis hängt von der Mitwirkungshandlung dieser Organe ab. So müssen in bestimmten Fällen Vorstand und Aufsichtsrat Beschlüsse gemeinsam zur Eintragung im Handelsregister anmelden (vgl. §§ 184, 188 Abs. 1, 195 Abs. 1, 207 Abs. 2, 223, 229 Abs. 3, 237 Abs. 4 S. 5 AktG). Für den Abschluss eines Nachgründungsvertrages iSv § 52 Abs. 1 AktG bedarf der Vorstand der Zustimmung der Hauptversammlung. Gleiches gilt gem. § 179a Abs. 1 AktG für den Fall, dass die AG einen Vertrag schließt, in welchem sie sich zur Übertragung ihres gesamten Vermögens verpflichtet.

II. Die Geschäftsführung und Leitung der AG durch den Vorstand

1. Maßnahmen der Geschäftsführung und Leitung

28 **a) Begriff der „Geschäftsführung".** Gem. § 77 Abs. 1 AktG ist der Vorstand zur Geschäftsführung berufen. Entsprechend dem Grundsatz der Gesamtvertretung gem. § 78 Abs. 2 AktG besteht beim **mehrgliedrigen Vorstand** der **Grundsatz der Gesamtgeschäftsfüh-**

---

[60] BAG 14.4.2011 – 6 AZR 727/09, NJW 2011, 2317.
[61] BAG 11.7.1991 – 2 AZR 107/91, AP BGB § 174 Nr. 9; BAG 14.4.2011 – 6 AZR 727/09, NJW 2011, 2317 mwN.
[62] Hüffer/Koch/*Koch* AktG § 78 Rn. 6 mwN.
[63] Hüffer/Koch/*Koch* AktG § 78 Rn. 7 mwN.
[64] BGH 25.7.2017 – II ZR 235/15, NJW-RR 2017, 1317.

rung gem. § 77 Abs. 1 AktG. Eine Sonderregel für Maßnahmen, die wegen **Gefahr im Verzug** keinen Aufschub dulden, findet sich in § 77 AktG nicht. Diese Fallgruppe wird über eine **analoge Anwendung von § 115 Abs. 2 HGB, § 744 Abs. 2 BGB** gelöst mit der Verpflichtung, abwesende, unerreichbare und übergangene Vorstandsmitglieder **umgehend nachträglich zu unterrichten,** verbunden mit deren **Recht,** der Maßnahme – soweit sie noch nicht vollzogen ist – **zu widersprechen.**[65]

Der Begriff der Geschäftsführung umfasst jedes Handeln des Vorstands für die Gesellschaft, gleichgültig ob tatsächlicher oder rechtlicher Natur. Sie umfasst bspw. die Unternehmensleitung der AG, aber auch jede Einzelmaßnahme, die der Vorstand intern (zB Beschlussfassung als Vorgang der Willensbildung) oder gegenüber Dritten vornimmt. Die Unterscheidung von Geschäftsführung (Innenverhältnis) und Vertretung (Außenverhältnis) bewirkt also keine unterschiedliche Zuordnung der jeweiligen Maßnahme sondern es geht um die rechtliche Perspektive, dass Geschäftsführung das rechtliche Dürfen im Innenverhältnis und die Vertretungsmacht das rechtliche Können im Außenverhältnis umschreibt.[66]

b) Begriff der „Leitung". Gem. § 76 Abs. 1 AktG „leitet" der Vorstand die AG unter eigener Verantwortung. Der Begriff der „Leitung" iSv § 76 Abs. 1 AktG ist ausweislich des Gesetzeswortlauts nicht deckungsgleich mit jenem der „Geschäftsführung" in § 77 Abs. 1 AktG. Teilweise erfolgt die Auslegung dahingehend, dass die Begriffe der Leitung und der Geschäftsführung identisch seien.[67] Teilweise werden die Bereiche der „Leitung" und der „Geschäftsführung" im Sinne sich schneidender Kreise aufgefasst.[68] **Andere** interpretieren die Geschäftsführung wohl als (unteren) Teil der Geschäftsführung.[69] Nach **herrschender Ansicht** wird die Leitung jedoch als lediglich **herausgehobener Teil der Geschäftsführung** betrachtet.[70] Leitung ist demnach als Anführung, Anleitung oder Lenkung, bspw. in den Bereichen der Unternehmensplanung, Unternehmenskoordination, Unternehmenskontrolle und Besetzung der nachgeordneten Führungspositionen zu verstehen. Hingegen meint Geschäftsführung ein Handeln im noch weiteren Sinne, vergleichbar dem weit gefassten Geschäftsbesorgungsbegriff. Bei der Abgrenzung kommt es auf die Erheblichkeit einer Maßnahme zur Verwirklichung der Ziele der Unternehmenspolitik an. Je gewichtiger eine Maßnahme ist, umso eher ist sie dem Bereich der Leitung zuzurechnen. Eine scharfe Abgrenzung zur Geschäftsführung ist allerdings nicht möglich.[71] **Relevant** ist die Frage der **Einordnung einer Maßnahme als Geschäftsführungsmaßnahme oder Leitungsmaßnahme** für die **Delegationsfähigkeit.** Als delegationsfähig werden nämlich nur Maßnahmen der Geschäftsführung (§ 77 AktG), nicht aber Maßnahmen der Leitung (§ 76 AktG) angesehen. Insbesondere muss bei Maßnahmen der Leitung die Letztverantwortung beim Vorstand verbleiben, die Organisation und Überwachung muss also so erfolgen, dass die Leitungskompetenz nicht gestört wird und der Vorstand unterhalb der leitungsebene ausgeführte Aufgaben jederzeit an sich ziehen kann.[72]

Zu den **normierten Leitungsaufgaben des Vorstands** gehören der Abschluss von unternehmens- und umwandlungsrechtlichen Verträgen nach § 83 AktG, die Berichtspflicht gegenüber dem Aufsichtsrat gem. § 90 AktG, die Buchführungspflicht nach § 91 Abs. 1 AktG, die Einrichtung und Unterhaltung eines Überwachungssystems nach § 91 Abs. 2 AktG, die Handlungspflichten des Vorstands bei Verlust, Überschuldung und Zahlungsunfähigkeit der AG nach § 92 AktG, die Pflicht zur Einberufung des Aufsichtsrats gem. § 110 Abs. 1 AktG, die Teilnahme an Hauptversammlungen nach § 118 Abs. 2 AktG, das Vorstandsverlangen gem. § 119 Abs. 2 AktG, Einberufung der Hauptversammlung gem. § 121 Abs. 2

---

[65] Hüffer/Koch/*Koch* AktG § 77 Rn. 6 mwN.
[66] Hüffer/Koch/*Koch* AktG § 76 Rn. 3 mwN.
[67] *Semler*, Leitung und Überwachung der Aktiengesellschaft, 1996, Rn. 3 ff.
[68] *Henze* BB 2000, 209.
[69] *Schwark* ZHR 142 (1978), 203 (215).
[70] Hüffer/Koch/*Koch* AktG § 76 Rn. 8; Baumbach/Hueck/*Haas* AktG § 76 Rn. 8; Schmidt/Lutter/*Seibt* § 76 Rn. 9.
[71] Lücke/Schaub/*Lücke* § 3 Rn. 6.
[72] Hüffer/Koch/*Koch* AktG § 76 Rn. 8 mwN.

AktG,⁷³ die Erklärung zum Corporate Governance Kodex gem. § 161 AktG, die Pflicht zur Vorlage des Geschäftsabschlusses und des Lageberichts nach § 170 Abs. 1 AktG, die Anfechtungsbefugnis nach § 245 Nr. 4 AktG und der Antrag auf Eröffnung eines Insolvenzverfahrens gem. § 15 InsO.⁷⁴ Zu den Leitungsaufgaben, die den Gesamtvorstand treffen, ist außerdem die Verpflichtung zu rechnen, der Hauptversammlung zu den einzelnen Tagesordnungspunkten Vorschläge zur Beschlussfassung zu unterbreiten, § 124 Abs. 3 S. 1 AktG.⁷⁵ Ferner bestehen unterschiedlichste ungeschriebene Leitungsaufgaben des Vorstands, welche jedoch nicht minder wichtig sind, wie insbes. die Bestimmung der Geschäftspolitik und ihre Umsetzung in die Finanz-, Investitions- und Personalplanung, über welche der Vorstand wiederum gem. §§ 90 Abs. 1 Nr. 1 AktG Bericht zu erstatten hat. **Ferner sind die interne Unternehmenskoordination und die betriebswirtschaftliche Unternehmenskontrolle in personeller und sachlicher Hinsicht** als Leitungsaufgaben zu nennen.

32 Eine Änderung der Unternehmenspolitik, etwa eine Neudefinition des Gesellschaftszwecks oder auch eine Überschreitung des Gesellschaftszwecks bzw. des durch den Gesellschaftszweck umrissenen Unternehmensgegenstands ist nicht mehr von der Leitungskompetenz des Vorstands getragen. Je enger der Unternehmensgegenstand gefasst ist, umso stärker ist die Leitungs- und Geschäftsführungsbefugnis des Vorstands von vornherein beschränkt. **Ein Handeln außerhalb des Unternehmensgegenstandes** stellt im **Innenverhältnis** – also im Rechtsverhältnis des Vorstands zur Gesellschaft – **grds.** einen **Satzungsverstoß** dar. Dies schließt allerdings Zuwendungen zur Förderung der Kunst, Wissenschaft, des Sports uÄ nicht von vornherein aus, da diese nicht direkt am Unternehmenszweck orientierten Aufwendungen den Ruf der AG als „Good Corporate Citizen" begründen bzw. pflegen und damit indirekt dem Gesellschaftszweck dienlich sind.⁷⁶ Zu beachten ist dabei, dass der BGH betreffend die Fallgruppe der Überschreitung des Unternehmensgegenstands für die **Haftung der Aktiengesellschaft im Außenverhältnis** *andere Grundsätze* anwendet. So wurde zB festgestellt, dass die Gesellschaft den **Genussscheininhabern** nicht für jedes Versehen und jede Fehlentscheidung⁷⁷ und insbes. auch nicht für jede Tätigkeit, die fahrlässig außerhalb des Unternehmensgegenstandes entfaltet wird, haftet. Die Haftung der Gesellschaft gegenüber den Genussscheininhabern entspricht nicht der Haftung der Vorstände gegenüber der Gesellschaft nach § 93 AktG für fehlerhafte Geschäftsführung, sondern ist an **engere Voraussetzungen** geknüpft.⁷⁸ Das gilt *angesichts der Auslegungsbedürftigkeit der Satzungsbestimmungen* auch für eine Tätigkeit, mit der der Unternehmensgegenstand überschritten wird. Die *Gesellschaft haftet* aber für eine Tätigkeit außerhalb des Unternehmensgegenstandes, die ein **seriöser Kaufmann**, der die ihm mit dem Unternehmensgegenstand gezogenen Grenzen grds. beachtet, *schlechterdings nicht durchführen würde*.⁷⁹

33 c) **Weisungsunabhängigkeit des Vorstands.** Der Vorstand leitet die AG gem. § 76 Abs. 1 AktG in eigener Verantwortung. Der Vorstand ist grds. weder direkt noch indirekt an die Weisungen eines Mehrheitsaktionärs, eines sonstigen Aktionärs, einer Aktionärsgruppe oder der Hauptversammlung gebunden, er ist vielmehr – anders als das Geschäftsführungsorgan der GmbH – weisungsunabhängig.⁸⁰ Zwischen einzelnen Aktionären und dem Vorstand bzw. zwischen der Hauptversammlung und dem Vorstand besteht kein Auftrags- oder auftragsähnliches Verhältnis.⁸¹ Nicht einmal der Aufsichtsrat kann dem Vorstand im Rahmen seiner Überwachungsaufgaben Weisungen erteilen. Eine Ausnahme bildet § 119 Abs. 2 AktG, denn die dort vorgesehene Entscheidung der Hauptversammlung durch Beschluss

---

⁷³ BGHZ 149, 158 (160).
⁷⁴ *Scherb-Da Col*, Die Ausstattung des Aufsichtsrats, 89 mwN.
⁷⁵ BGHZ 149, 158 (160).
⁷⁶ Vgl. dazu und insbes. zur Abgrenzung von Spenden und Sponsoring → § 24 Rn. 60 ff.
⁷⁷ BGH 29.4.2014 – II ZR 359/12, WM 2014, 1076; BGH 5.10.1992 – II ZR 172/91, BGHZ 119, 305 (331).
⁷⁸ BGH 29.4.2014 – II ZR 359/12, WM 2014, 1076; aA *Habersack* AG 2009, 801 (804).
⁷⁹ BGH 5.10.1992 – II ZR 172/91, BGHZ 119, 305 (331); BGH 29.4.2014 – II ZR 359/12, WM 2014, 1076.
⁸⁰ BGH 5.5.2008 – II ZR 108/07, BB 2008, 1421.
⁸¹ BGH 30.3.1967 – II ZR 245/63, NJW 1967, 1462 (1463).

bindet den Vorstand wie eine Weisung, sofern sie nicht zwangsläufig eine Gesetzesverletzung zur Folge hätte oder bereits an sich rechtswidrig ist. Dabei **unterliegt** – wie der BGH ausdrücklich klarstellt[82] – auch in den nicht unmittelbar von § 119 Abs. 2 AktG erfassten Bereichen das **Leitungsermessen des AG-Vorstands trotz der Weisungsunabhängigkeit rechtlichen Grenzen.** So sind nach § 82 Abs. 2 AktG der durch die Satzung festgelegte Unternehmensgegenstand, die Geschäftsordnung sowie die Zuständigkeiten anderer Organe zu beachten.[83] Über diese Regelungen hinaus wird den Geschäftsleitern bei **unternehmerischen Entscheidungen** ein **weiter wirtschaftlicher Entscheidungsspielraum** eingeräumt, ohne den eine unternehmerische Tätigkeit schlechterdings nicht denkbar ist. Sind jedoch diese in § 93 Abs. 1 AktG normierten äußersten Grenzen unternehmerischen Ermessens überschritten und ist damit eine Hauptpflicht gegenüber dem zu betreuenden Unternehmen verletzt worden, so liegt eine Verletzung gesellschaftsrechtlicher Pflichten vor, die (gleichsam „automatisch") so gravierend ist, dass sie zugleich eine Pflichtwidrigkeit iSv § 266 StGB begründet.[84] Angesichts des durch § 93 Abs. 1 AktG eingeräumten weiten unternehmerischen Entscheidungsspielraums ist **für eine gesonderte Prüfung der Pflichtverletzung als „gravierend" bzw. „evident" kein Raum.**[85]

d) **Abgrenzung zu Grundlagengeschäften.** Die Leitungs- und sonstigen Geschäftsführungsakte des Vorstands sind von den Grundlagengeschäften, bei denen Hauptversammlungskompetenzen bestehen, abzugrenzen. Denn soweit anderen Organen Entscheidungszuständigkeiten zugewiesen sind, besteht daneben kein Raum für die ansonsten grds. unbeschränkte und unbeschränkbare Leitungs- und Geschäftsführungskompetenz des Vorstands. Die *Einschränkung* kann sich aus **gesetzlich normierten,** aber auch aus **ungeschriebenen Kompetenzen** ergeben. 34

Gesetzlich normiert sind Hauptversammlungszuständigkeiten in **§ 179 AktG** betreffend Satzungsänderungen und in **§ 179a AktG** bzgl. Verträgen, in welchen sich die AktG zur Übertragung ihres gesamten Geschäftsvermögens verpflichtet, ohne dass die Übertragung unter die Vorschriften des Umwandlungsgesetzes fällt.[86] Ferner begründet **§ 119 Abs. 1 AktG** Hauptversammlungszuständigkeiten bei der Bestellung von Aufsichtsratsmitgliedern, der Verwendung des Bilanzgewinns, etc. 35

Daneben wurden vom **BGH** im Zuge der **sog „Holzmüller"-Entscheidung**[87] **ungeschriebene Hauptversammlungszuständigkeiten**[88] postuliert, welche jedoch – anders als bspw. bei den Mitwirkungshandlungen der Hauptversammlung nach § 179a AktG – nach Auffassung des BGH nicht im Außenverhältnis wirken. Dies bedeutet, dass eine solchermaßen pflichtwidrige Maßnahme im Außenverhältnis von der Vertretungsmacht des Vorstands nach § 82 Abs. 1 AktG gedeckt und damit wirksam ist. 36

Die Entscheidung betraf die **Ausgliederung der wesentlichen Betriebsteile eines Unternehmens** auf eine Tochtergesellschaft. Der BGH sah hierin eine unzulässige Verwässerung der Rechte der Aktionäre, welche durch diese Strukturmaßnahme in der Form mediatisiert wurden, dass sie keinen Einfluss mehr auf die Gewinnverwendung des rentabelsten Betriebsteiles hatten. Man hätte diese Rechtsfolge aus § 179a AktG analog herleiten können.[89] Der BGH hat die ungeschriebenen Hauptversammlungskompetenzen jedoch in § 119 Abs. 2 AktG mit der Folge verortet, dass diese Maßnahmen durch die Vertretungsmacht des Vorstandes im Außenverhältnis gedeckt und damit wirksam waren. Im Ergebnis bedeutet dies eine **Reduzierung des Ermessens des Vorstands** dergestalt, dass bestimmte Fragen der Geschäftsführung **zwingend der Hauptversammlung nach § 119 Abs. 2 AktG vorzulegen** sind. Dies betrifft, wie bspw. in dem entschiedenen Fall, Maßnahmen, die zu erheblichen Struk- 37

---

[82] BGH 12.10.2016 – 5 StR 134/15, NJW 2017, 578; *Baur/Holle* ZIP 2017, 555.
[83] BGH 12.10.2016 – 5 StR 134/15, NJW 2017, 578.
[84] BGH 12.10.2016 – 5 StR 134/15, NJW 2017, 578; BGH 22.11.2005 – 1 StR 571/04, NStZ 2006, 221.
[85] BGH 12.10.2016 – 5 StR 134/15, NJW 2017, 578 mwN.
[86] *Andert,* Aktionärsmacht und Aktienrecht, 1. Aufl. 2017, 240.
[87] BGHZ 83, 122.
[88] BGHZ 153, 32; BGHZ 159, 30.
[89] *Fleischer* NJW 2004, 2335 (2337).

turveränderungen und damit zu einer Mediatisierung der Aktionärsrechte führen, und bei welchen der Vorstand deshalb vernünftigerweise nicht annehmen kann, er dürfe solche Maßnahmen in ausschließlich eigener Verantwortung ohne Beteiligung der Hauptversammlung treffen. Welche weiteren Fälle darüber hinaus unter die ungeschriebenen Hauptversammlungszuständigkeiten fallen, ist problematisch.[90] Das ganz praktische Problem ungeschriebener Hauptversammlungszuständigkeiten besteht nicht in deren rechtlicher Herleitung aus der einen oder der anderen Norm, sondern in der auf den Einzelfall bezogenen Abgrenzung von Maßnahmen der Geschäftsführung, für die der Vorstand zuständig ist, von dem Bereich, über welche die Hauptversammlung zu entscheiden hat. **Kriterien für eine eindeutige Abgrenzung** der ungeschriebenen Hauptversammlungsbefugnisse zur Geschäftsführungsbefugnis des Vorstands **liegen noch nicht vor**.[91] Bei der Bestimmung der „roten Linie", die hier vom Vorstand nicht überschritten werden darf und kann, wird man zunächst im Grundsatz davon auszugehen haben, dass es sich bei ungeschriebenen Hauptversammlungszuständigkeiten um die **absolute Ausnahme** handelt.[92] Für die Abgrenzung sind die im Aktien- und Umwandlungsrecht gesetzlich geregelten Fälle der Beschlusskompetenz der Hauptversammlung unter **vergleichender Wertung** heranzuziehen. Eine ungeschriebene Hauptversammlungskompetenz kommt demnach allenfalls bei Maßnahmen in Betracht, welche die Gesellschafter in ihren mitgliedschaftlichen Rechten vergleichbar gravierend beeinträchtigen, wie die im Gesetz genannten Fälle, in denen ein Zustimmungsbeschluss der Hauptversammlung erforderlich ist. Abzustellen ist insoweit auf die **rechtlichen Auswirkungen der Maßnahme in qualitativer und quantitativer Hinsicht, nicht auf die wirtschaftlichen**. Auch für die Gesellschaft und die Aktionäre wirtschaftlich sehr bedeutende Entscheidungen der Unternehmensplanung und Unternehmenspolitik, welche sich im Rahmen des Unternehmensgegenstandes halten, begründen daher nicht aufgrund der wirtschaftlichen Tragweite allein die Zuständigkeit der Hauptversammlung. Der BGH spricht von „**Satzungsnähe**"[93] und von Maßnahmen, „**die an die Notwendigkeit einer Satzungsänderung heranreichen**".[94] Allerdings findet die „Holzmüller"-Rechtsprechung bei insolventen Aktiengesellschaften in Eigenverwaltung nach zutreffender Auffassung[95] keine Anwendung.[96]

38 **e) Voluntative Beteiligung der Hauptversammlung.** Der Vorstand kann zur Vermeidung von Auseinandersetzungen die Hauptversammlung über deren Zuständigkeitsbereich hinaus an Maßnahmen der Geschäftsführung beteiligen: Die dem Vorstand jederzeit mögliche Einholung der Zustimmung der Hauptversammlung zu einer geplanten Entscheidung gem. § 119 Abs. 2 AktG wirkt gem. § 93 Abs. 4 S. 1 AktG haftungsausschließend. Es ist jedoch klarzustellen, dass die Beschlussfassung der Hauptversammlung, egal ob ablehnend oder zustimmend, keine Bindungswirkung für den Vorstand bzgl. der zur Abstimmung gestellten Frage entfaltet. Für das Eintreten der Rechtsfolgen des § 93 Abs. 4 S. 1 AktG ist ein gesetzmäßig ergangener, formeller Hauptversammlungsbeschluss erforderlich, wobei aber ein gem. § 242 AktG[97] geheilter Beschluss oder ein anfechtbarer aufgrund Fristablaufs bestandskräftig gewordener Beschluss auch enthaftend wirkt.[98]

---

[90] LG Frankfurt a.M. 15.12.2009 BeckRS 2010, 02351 = NJW-Special 2010, 177, Erwerb der Dresdner Bank AG durch die Commerzbank AG.
[91] *Andert*, Aktionärsmacht und Aktienrecht, 1. Aufl. 2017, 240; zu Versuchen der Konkretisierung in Rspr. und Lit. Bürgers/Körber/*Reger*, AktG, 4. Aufl. 2017, AktG § 119 Rn. 13 ff. mwN.
[92] BGHZ 159, 30; Bürgers/Körber/*Reger*, AktG, 4. Aufl. 2017, AktG § 119 Rn. 14.
[93] BGHZ 83, 122 (131); BGHZ 159, 30 (40).
[94] BGHZ 159, 30 (40).
[95] Hirte/Mülbert/Roth/*Mülbert*, AktG, 5. Aufl. 2017, AktG § 119 Rn. 57.
[96] *Noack* ZIP 2002, 1873 (1877); Hirte/Mülbert/Roth/*Kort*, AktG, 5. Aufl. 2014, § 76 Rn. 129.
[97] § 242 AktG erfasst auch nichtige Beschlüsse über Satzungsänderungen (BGH 15.7.2014 – II ZB 18/13, NJW-RR 2015, 162). Die strittige Frage, ob darin eine Heilung im Sinne einer Veränderung der materiellen Rechtslage zu sehen ist oder ob die Vorschrift lediglich dazu führt, dass niemand mehr die Nichtigkeit geltend machen kann – außer dem Registergericht in dem Verfahren nach § 398 FamFG, wenn die Beseitigung des Beschlusses im öffentlichen Interesse erforderlich erscheint – hat der BGH ausdrücklich offen gelassen (BGH 15.7.2014 – II ZB 18/13, NJW-RR 2015, 162).
[98] Wachter/*Eckert* AktG § 93 Rn. 41.

2. Inhalte der Leitung des Unternehmens

Nachfolgend werden einige jener Interessen beschrieben, an welchen die Unternehmensleitung in erster Linie auszurichten ist.

a) Rentabilitätsmaxime. Als zentrale Leitungsaufgabe des Vorstands nennt Ziff. 4.1.2 DCGK die Entwicklung der strategischen Ausrichtung des Unternehmens und ihre Umsetzung, womit zur Leitungsaufgabe die Festlegung der Unternehmenspolitik (Investitionen in eine neue Fertigungsanlage zwecks Kapazitätsausweitung, Markteinführung eines neuen Produktes, Erwerb eines ausländischen Großhändlers zur Erschließung des Marktes) sowie die Entscheidung über die zu übernehmenden geschäftlichen und finanziellen Risiken und die Maßnahmen, die der organisatorischen Durchsetzung der Unternehmenspolitik dienen, wie etwa Planung, Steuerung und Ausrichtung des Produktionsprozesses, Koordination, Marktanalyse, **Sicherung der Rentabilität,** Finanzierung und Sozialgestaltung gehören.[99] Die Leitung der Gesellschaft im Interesse der Gesellschaft bzw. des Gesellschaftszwecks verlangt vom Vorstand also, die Aktiengesellschaft auf Dauer rentabel zu halten.[100] Die **Sicherung der dauerhaften Rentabilität** und damit des Bestands des Unternehmens liegt **im primären Interesse aller Aktionäre** einer wirtschaftlichen Zielen dienenden Aktiengesellschaft.[101] Aus der Pflicht, die dauerhafte Rentabilität der AG zu gewährleisten, folgt zugleich, dass der Fortbestand der AG zwar allgemeines Ziel des Vorstandshandelns sein muss, der Vorstand aber nicht verpflichtet ist, den Bestand der Gesellschaft um jeden Preis zu erhalten, denn die Fortführung einer andauernd unrentablen Gesellschaft liegt nicht im Unternehmens- bzw. Aktionärsinteresse. Die Rentabilitätsmaxime schließt auch nicht aus, Unternehmensziele zu verfolgen, welche über einen absehbaren Zeitraum keinen Gewinn versprechen oder voraussehbar zu einer Gewinnschmälerung führen. So kann bspw. in Investitionsanlaufphasen oder zwecks Inanspruchnahme steuerlicher Absetzungen für Abnutzung (AfA), aber ggf. auch aus Image- oder Marketinggründen, kurz- oder mittelfristig auf die Erzielung einer Rendite verzichtet werden, gerade um diese langfristig dann doch wieder zu gewährleisten. Die Leitung der Gesellschaft unter dem Gesichtspunkt der Rentabilität ist nicht nur eine betriebswirtschaftlich gebotene Maxime, sondern begründet auch eine Rechtspflicht des Vorstands zur Leitung der Gesellschaft in diesem Sinne. Die zentrale Bedeutung der Orientierung der Unternehmensleitung an der dauerhaften Rentabilität der Gesellschaft führt dazu, dass bei der Abwägung der verschiedenen vom Vorstand zu berücksichtigenden Interessen in fast allen Fällen die Rentabilität des Unternehmens den Ausschlag geben wird.

b) Aktionärsinteressen und Shareholder Value. Im Zuge der Definition der „richtigen" Unternehmenspolitik iSv § 76 Abs. 1 AktG stellt sich die Frage, inwiefern die Leitung der Gesellschaft zu einer Steigerung des „Shareholder Value" führen muss.[102] Dieses Konzept des wertorientierten Managements **bedeutet, dass die Unternehmensführung auf eine Steigerung der Ertragskraft des Unternehmens zu zielen hat.** Zwar ist die Steigerung des Börsenkurses der Aktien nicht das primäre Ziel des Unternehmenszwecks. Da die Orientierung am Gesellschaftsinteresse die Berücksichtigung der gebündelten Gesellschafterinteressen jedoch nicht ausschließt und die dauerhafte Rentabilität sich idR auch im Börsenkurs der Aktien des Unternehmens widerspiegelt, ist eine generelle und grundsätzliche Ausrichtung der Leitung der AG am Shareholder Value, also an einer Steigerung des inneren Werts des Anteils, geboten, zumal der Unternehmensbetrieb in der Rechtsform der AG zuförderst eine „Veranstaltung der Aktionäre" ist.[103] Die Orientierung der Geschäftsleitung an einer Steigerung des Börsenwertes ist letztlich auch Wettbewerbsparameter für das Unternehmen, da die Wertschätzung des Unternehmens ua die Kosten für die Beschaffung von Eigen- und

---
[99] Henssler/Strohn/*Dauner-Lieb*, Gesellschaftsrecht, 2016, AktG § 76 Rn. 5 ff.
[100] OLG Hamm 10.5.1995 – 8 U 59/94, AG 1995, 512; *Morgenroth,* Organhaftung bei Immaterialgüterverletzungen, 1. Aufl. 2017, 281.
[101] Hölters/*Weber* AktG § 76 Rn. 19 ff.
[102] Zur Frage der Zuständigkeit des die sog Investor Relations zu seinen Kernaufgaben zählenden Vorstands für den Dialog mit institutionellen Investoren im Verhältnis zum Aufsichtsrat *Vetter* AG 2015, 873.
[103] *Fleischer,* Handbuch des Vorstandsrechts, § 1 Rn. 30.

Fremdkapital bestimmt. Auch aus diesem Grund ist eine Orientierung des Vorstands am Shareholder Value im Interesse der Gesellschaft geboten. Dabei hat sich das **Konzept des moderaten Shareholder Value** durchgesetzt,[104] das auch im **Corporate Governance Kodex** seinen Ausdruck findet, wo es in der **Präambel** heißt: „Der Kodex verdeutlicht die Verpflichtung von Vorstand und Aufsichtsrat, im Einklang mit den Prinzipien der sozialen Marktwirtschaft für den Bestand des Unternehmens und seine nachhaltige Wertschöpfung zu sorgen". Zudem in Ziff. 4.1.1 DCGK: „Der Vorstand leitet das Unternehmen in eigener Verantwortung im Unternehmensinteresse, also unter Berücksichtigung der Belange der Aktionäre, seiner Arbeitnehmer und der sonstigen dem Unternehmen verbundenen Gruppen (Stakeholder) mit dem Ziel nachhaltiger Wertschöpfung."

42 c) **Arbeitnehmerinteressen.** Neben den durch die Rentabilität und das „Shareholder Value"-Konzept geprägten Gesellschaftsinteressen, die bei der Leitung der Gesellschaft vom Vorstand vordringlich zu beachten sind, hat der Vorstand auch die Interessen der Arbeitnehmer zu beachten.[105] Unterliegt die Aktiengesellschaft einem der Mitbestimmungsgesetze, so ist der Aufsichtsrat mit Arbeitnehmervertretern paritätisch zu besetzen. Ferner fließen Arbeitnehmerinteressen durch die betriebliche Mitbestimmung, wie sie das BetrVG vorsieht, faktisch in die Leitung des Unternehmens durch den Vorstand ein. Da so gut wie alle Aktiengesellschaften betriebsratsfähig sind und der ganz überwiegende Anteil der Aktiengesellschaften auch tatsächlich einen Betriebsrat hat, spielt die Beachtung der Arbeitnehmerinteressen bei der Leitung durch den Vorstand auch auf diese Weise eine maßgeblich Rolle. Der **EuGH** hat dabei im **Urteil v. 18.7.2017**[106] zum deutschen **Mitbestimmungsgesetz** festgestellt, dass Art. 45 AEUV dahin auszulegen ist, dass er einer Regelung eines Mitgliedstaats wie der im Ausgangsverfahren fraglichen nicht entgegensteht, wonach die bei den inländischen Betrieben eines Konzerns beschäftigten Arbeitnehmer das **aktive und passive Wahlrecht bei den Wahlen der Arbeitnehmervertreter im Aufsichtsrat** der in diesem Mitgliedstaat ansässigen Muttergesellschaft des Konzerns sowie ggf. das **Recht auf Ausübung oder weitere Ausübung eines Aufsichtsratsmandats verlieren,** wenn sie ihre Stelle in einem solchen Betrieb aufgeben und eine Stelle bei einer in einem anderen Mitgliedstaat ansässigen Tochtergesellschaft dieses Konzerns antreten. Nach dem **OLG München**[107] verstößt auch die **paritätische Besetzung des Aufsichtsrats einer deutschen AG** durch Arbeitnehmervertreter nach den Bestimmungen des deutschen Mitbestimmungsrechts nicht gegen Art. 45 AEUV.

3. Delegation von Leitungs- und Geschäftsführungsaufgaben

43 a) **Grundsatz.** Die Notwendigkeit der Etablierung des Organs „Vorstand" mit seiner im Grundsatz nicht abdingbaren Aufgaben- und Kompetenzzuweisung in §§ 76 ff. AktG bedeutet vor dem Hintergrund des § 23 Abs. 5 AktG, wonach von dieser gesetzlichen Regelung nicht abgewichen werden darf, dass die Aktiengesellschaft *einen* Vorstand haben muss,[108] dass also ein zweites, vorstandsähnliches oder die Vorstandsrechte beeinflussendes Gremium in der Aktiengesellschaft nicht gebildet werden darf. Die **Leitungsaufgabe ist originäre und damit zwingende Aufgabe des Gesamtvorstands** und kann daher weder ganz noch in Teilen nachgeordneten Führungsebenen übertragen werden.[109] Hingegen können (einfache) Geschäftsführungsaufgaben auf nachgeordnete Führungsebenen delegiert oder dem Einflussbereich (außenstehender) Dritter unterworfen werden.[110] Zulässig ist auch eine Binnendifferenzierung im Vorstand. So können Vorstandausschüsse gebildet werden, in denen bestimmte Geschäftsführungsfunktionen gebündelt werden, da der Grundsatz der Gesamtgeschäftsführung in wesentlichen Bereichen nicht zwingend ist. Die gesetzliche Grund-

---

[104] *Kutscher,* Organhaftung als Instrument der aktienrechtlichen Corporate Governance, 30.
[105] Lücke/Schaub/*Lücke* § 1 Rn. 9 ff.
[106] EuGH 18.7.2017 – C-566/15, NJW 2017, 2603 (Anm. *Monz/Wendler* BB 2017, 1785; *Kainer* NJW 2017, 2603); *Habersack* NZG 2017, 2021.
[107] OLG München 6.3.2018 – 31 Wx 321/15, ZIP 2018, 876.
[108] § 22 I 1a AktG mwN.
[109] § 22 II 1b AktG mwN.
[110] *Stein* ZGR 1988, 163 (168) zur Delegation von EDV-Aufgaben.

konzeption der Leitungsverantwortung darf durch die **Einrichtung eines Vorstandsausschusses** aber nicht angetastet werden.[111]

b) Grenzen der Delegation von Aufgaben und Kompetenzen. Für die gesellschaftsinterne 44 Delegation gilt folgendes: Die Eigenverantwortlichkeit des Vorstands bei Ausübung seiner Leitungsmacht hat zur Folge, dass der Vorstand die Leitung nicht durch Dritte, auch nicht unternehmensinterne Personen, ausüben lassen darf.[112] Die **Leitungsaufgabe** ist **originäre Aufgabe des Vorstands** und kann daher weder ganz noch in Teilbereichen nachgeordneten Führungsebenen übertragen werden. Hingegen können einfache Geschäftsführungsaufgaben unter verantwortlicher Weisung bzw. Überwachung des Vorstands delegiert werden.[113] Insoweit trifft den Vorstand eine Organisations- und Überwachungspflicht, durch welche sichergestellt wird, dass seine Leitungskompetenz nicht durch Fehler auf diesen Ebenen gestört wird.[114] Die Übertragung originärer Leitungsaufgaben auf Fremdfirmen und sonstige Dritte ist hingegen unzulässig.

c) Zuständigkeiten aufgrund gesetzlicher Vorgaben. Arbeitsdirektor, §§ 13 MontanMit- 45 **bestG, MitbestErgG, § 33 MitbestG.** Greifen die Vorschriften der Mitbestimmungsgesetze für den Betrieb der AktG, so sehen diese zwingend einen sog Arbeitsdirektor vor. Dieser muss bei der AG Vorstandsmitglied sein. Daraus folgt, dass diese Gesellschaft wenigstens zwei Mitglieder haben muss.[115] Dem Arbeitsdirektor ist damit qua Gesetzes ein bestimmter Mindestzuständigkeitsbereich („Kernbereich") zugewiesen, welcher ihm auch durch die Satzung bzw. Geschäftsordnung des Vorstands nicht entzogen werden kann, und zwar die **Zuständigkeit für Arbeit und Soziales**.[116] Der Arbeitsdirektor **darf** auch **bei Abstimmungen nicht schlechter gestellt werden,** als die übrigen Organmitglieder, was Konsequenzen für die Anerkennung von Stichentscheid und Vetorecht haben kann.[117] So ist es in einem der Mitbestimmung unterliegenden Unternehmen mit Rücksicht auf die Rechtsstellung des Arbeitsdirektors unzulässig, dem Vorsitzenden der Geschäftsführung ein allgemeines **Vetorecht** einzuräumen.[118] Der Arbeitsdirektor wird allerdings wie jedes andere Vorstandsmitglied vom Aufsichtsrat ernannt und hat vor allen Dingen die Interessen der Gesellschaft zu vertreten.[119] Weder haben die Arbeitnehmer der AG noch die Arbeitnehmervertreter im Aufsichtsrat bei der Wahl des Arbeitsdirektors ein besonderes Vorschlags- oder Vetorecht. Der Arbeitsdirektor kann also auch gegen die Stimmen der Arbeitnehmervertreter in den Aufsichtsrat gewählt werden.

d) Besondere Vorstandsmitglieder. *aa) Vorstandsvorsitzender, § 84 Abs. 2 AktG.* Gem. 46 § 84 Abs. 2 AktG ist es möglich, ein Mitglied des Vorstands zum Vorstandsvorsitzenden zu bestimmen. Zuständig für die Ernennung zum Vorstandsvorsitzenden ist entsprechend seiner Zuständigkeit bei der Bestellung von Vorstandsmitgliedern der Gesamt-Aufsichtsrat, eine Delegation auf Aufsichtsratsausschüsse ist unzulässig, § 107 Abs. 3 S. 2 AktG. Der Vorstandsvorsitzende ist zwar gem. § 80 Abs. 1 S. 2 AktG auf den Geschäftsbriefen der Gesellschaft zu bezeichnen, ansonsten aber ein normales Mitglied des Vorstands, was daraus folgt, dass das AktG keine Regelungen über weitergehende Rechte, Aufgaben oder Befugnisse des Vorstandsvorsitzenden enthält. In der Praxis werden dem Vorstandsvorsitzenden in der Satzung oder Geschäftsordnung des Vorstands jedoch regelmäßig gewisse Zusatzrechte bzw. Funktionen aus den Bereichen der internen Organisation der Vorstandsarbeit einschließlich der Leitung der Vorstandssitzungen, der Koordination und Ansprechpartnerfunktion im Verhältnis zum Aufsichtsrat und der Repräsentation der Gesellschaft gegenüber der Öffent-

---

[111] Hüffer/Koch/*Koch* AktG § 76 Rn. 6 mwN.
[112] Hüffer/Koch/*Koch* AktG § 76 Rn. 8 f.; zur Delegationsfähigkeit von Vorstandsaufgaben § 22 II 1b AktG mwN.
[113] Hüffer/Koch/*Koch* AktG § 76 Rn. 8 f.
[114] *Fleischer* ZIP 2003, 1 (10); *Stein* ZGR 1988, 163 (171 ff.).
[115] Hüffer/Koch/*Koch* AktG § 76 Rn. 57.
[116] Hüffer/Koch/*Koch* AktG § 76 Rn. 57.
[117] Hüffer/Koch/*Koch* AktG § 77 Rn. 13 ff.
[118] BGH 14.11.1983 – II ZR 33/83, NJW 1984, 733.
[119] OLG Frankfurt a. M. 23.4.1985 – 5 U 149/84, BB 1985, 1286 (1288).

lichkeit zugewiesen (vgl. → Rn. 119). Dem Vorstandsvorsitzenden können in der Satzung bzw. Geschäftsordnung des Vorstands zudem auch materielle Zusatzrechte eingeräumt werden, zB kann seine Stimme im Fall einer **Pattsituation** bei einer Abstimmung des Vorstands den Ausschlag geben[120] oder ihm kann ein **Veto-Recht** gegen Beschlüsse des Vorstandsgremiums eingeräumt werden, soweit nicht die AG der Mitbestimmung unterliegt.[121]

47 bb) *Stellvertretende Vorstandsmitglieder, § 94 AktG.* Gem. § 94 AktG finden die Vorschriften über Vorstandsmitglieder auch Anwendung auf stellvertretende Vorstandsmitglieder. Auch diese sind echte Vorstandsmitglieder und werden daher durch den Aufsichtsrat bestellt, unterliegen der gleichen Pflichtenbindung und haben die gleichen Rechte wie „normale" Vorstandsmitglieder.[122] Die Bestellung erfolgt idR nur für den Verhinderungsfall ordentlicher Vorstandsmitglieder, allerdings nicht als deren Vertreter, sondern als in der Vorstandshierarchie nach Maßgabe der Geschäftsordnung hinter den anderen Vorstandsmitgliedern zurückstehend.[123] Ihnen können aber auch untergeordnete Tätigkeiten zugewiesen werden. Da das Handelsregister nicht unübersichtlich werden oder zu Missverständnissen Anlass geben darf[124] und sich letzteres bei der Eintragung des Stellvertreterzusatzes nicht ausschließen lässt, sind **stellvertretende Vorstandsmitglieder ohne Vertreterzusatz in das Handelsregister** einzutragen.[125]

48 cc) *Kommissarische Vorstandsmitglieder, § 105 Abs. 2 AktG.* Aufsichtsratsmitglieder dürfen gem. § 105 Abs. 1 AktG nicht zugleich Mitglieder des Vorstands sein, da dann die Handelnden durch sich selbst kontrolliert würden, was dem zweigliedrigen Strukturprinzip der AktG in Deutschland widerspricht. Eine Ausnahme sieht § 105 Abs. 2 AktG für den Fall des Fehlens oder der Verhinderung eines Vorstandsmitglieds vor. Ein Aufsichtsratsmitglied kann demnach vorübergehend für einen im Voraus bestimmten Zeitraum, maximal ein Jahr, in den Vorstand wechseln. Für diese Zeit ruht jedoch sein Aufsichtsratsmandat.

4. Willensbildung im Vorstand

49 a) **Grundsatz der Gesamtgeschäftsführung.** Weder § 76 AktG noch § 77 AktG schreiben eine besondere Vorstandsorganisation bzw. Form der Willensbildung des Vorstandes vor. Es gilt damit der **Grundsatz der Gesamtgeschäftsführung**, dh sämtliche Vorstandsmitglieder sind gemeinsam für alle Bereiche der Geschäftsführung zuständig und müssen bei Vornahme einer Geschäftsführungsmaßnahme grds. alle mit dieser einverstanden sein (Einstimmigkeitsprinzip).[126] Der Grundsatz der Gesamtgeschäftsführung ist jedoch nicht zwingend. Eine hiervon abweichende Zuständigkeitsregelung muss gem. § 77 Abs. 1 S. 2 AktG ausdrücklich in der Satzung oder in der Geschäftsordnung des Vorstands vorgesehen werden. Ohne eine solche ausdrückliche Regelung besteht der Grundsatz der Gesamtgeschäftsführung fort und wird auch nicht aus anderen Regelungen betreffend die Handlungsbefugnisse einzelner Vorstandsmitglieder außer Kraft gesetzt. So kann bspw. aus einer bestehenden Vertretungsmacht nicht auf die Zuordnung eines bestimmten Kompetenzbereichs geschlossen werden. Auch Bestimmungen, wie die Vertretungsbefugnis vom einzelnen Vorstandsmitglied auszuüben ist, können nicht ohne weiteres als stillschweigende Zuständigkeitszuweisung betreffend die Geschäftsführung gewertet werden.[127]

50 b) **Beschlüsse des Vorstands.** Ein aus mehreren Mitgliedern bestehender Vorstand fasst seine Entscheidungen durch Beschluss, der nach § 77 Abs. 1 S. 1 grds., dh sofern nicht etwas Abweichendes geregelt ist, Einstimmigkeit erfordert. Eine **bestimmte Form** ist für Vorstandsbeschlüsse **nicht vorgesehen,** sie können daher ohne weiteres mündlich, fernmündlich

---

[120] Hüffer/Koch/*Koch* AktG § 84 Rn. 29; aA *Bezzenberger* ZGR 1996, 661 (662 ff.).
[121] § 22 II 3c AktG; BGH 14.11.1983 – II ZR 33/83, NJW 1984, 733.
[122] BayObLGZ 1997, 107 (111 ff.); Bürgers/Körber/*Bürgers*, AktG, 4. Aufl. 2017, AktG § 94 Rn. 1 mwN.
[123] KG OLGR 22, 34.
[124] OLG Hamm 1.3.2017 – 2 W 141/16, BeckRS 2017, 108466.
[125] BGH 10.11.1997 – II ZB 6/97, NJW 1998, 1071.
[126] Hüffer/Koch/*Koch* AktG § 77 Rn. 6; zur Rechtslage bei Gefahr im Verzug § 22 II 1a.
[127] Hüffer/Koch/*Koch* AktG § 77 Rn. 9.

oder in anderer Form[128] gefasst werden und nicht anwesende Vorstandsmitglieder können deshalb einem Beschluss auch noch nachträglich zustimmen. Die für Vorstandbeschlüsse eines Vereins geltenden §§ 28 Abs. 1, 32, 34 BGB gelten analog. Nicht einmal die Protokollierung der gefassten Beschlüsse ist vorgeschrieben, wie sich aus dem Umkehrschluss aus § 107 Abs. 2 AktG ergibt. Allerdings wird der Vorstand aus Haftungs- und Dokumentationsgründen regelmäßig Protokolle führen. Der Beschluss ist in der Einladung zur Vorstandssitzung genau zu bezeichnen. Ein ohne entsprechende Ankündigung etwa gefasster Beschluss ist nichtig.[129] Kann sich der Vorstand nicht einstimmig auf einen Beschluss verständigen, so kann die beabsichtigte Geschäftsführungsmaßnahme nicht durchgeführt werden. In diesem Fall kann zwar noch der Aufsichtsrat um Vermittlung ersucht werden, jedoch kann weder der Aufsichtsrat noch die Hauptversammlung die Entscheidung für den Vorstand treffen, da dies gegen die zwingende Aufgabenverteilung in der AktG verstoßen würde. Die Zustimmung des einzelnen Vorstandsmitglieds zu einem Beschlussgegenstand ist eine **bedingungsfeindliche Willenserklärung**, die mit dem Zugang an die anderen Vorstandsmitglieder wirksam wird und den allgemeinen Regelungen über Willenserklärungen unterliegt. Die **allgemeinen Vorschriften über Willenserklärungen sind anwendbar**, wobei im Falle einer **Anfechtung gem. § 119ff. BGB** diese nur auf den ergangenen Beschluss durchschlägt, wenn das Ergebnis bei mangelfreier Stimmabgabe so nicht zustande gekommen wäre.[130] Stimmabgabe über einen **Boten** ist **zulässig**, eine **Stellvertretung** bei der Stimmrechtsausübung ist hingegen **unzulässig** und kann auch nicht durch Satzungsregelung erlaubt werden, da es um eine höchstpersönliche Entscheidung des Organmitglieds geht.[131]

Das aus dem Grundsatz der Gesamtgeschäftsführung fließende Einstimmigkeitsprinzip 51 erschwert die Handlungsfähigkeit des Vorstands, so dass bei größeren Vorständen regelmäßig in der Satzung oder Geschäftsordnung des Vorstands das Mehrheitsprinzip für Abstimmungen vorgesehen wird. In der Satzung oder in der Geschäftsordnung des Vorstands kann dann weiter geregelt werden, ob ein Beschluss mit einfacher oder mit qualifizierter Mehrheit zustande kommen soll, ob die Zahl der abgegebenen Stimmen oder auch die Enthaltungen zu werten sind etc.[132] Bei Stimmengleichheit bzw. Nichterreichung einer erforderlichen qualifizierten Mehrheit ist ein Beschluss nicht zustande gekommen. Die Satzung oder die Geschäftsordnung für den Vorstand kann für solche Fälle auch bestimmen, dass die Stimme des Vorstandsvorsitzenden oder eines anderen Mitglieds den Ausschlag gibt (sog Stichentscheidsrecht),[133] dies aber nur insoweit, als Rechte des Arbeitsdirektors nicht berührt werden.[134] Allerdings ist zu beachten, dass gem. § 77 Abs. 1 S. 2 Hs. 2 AktG weder einem noch mehreren Vorstandsmitgliedern das Recht zur alleinigen Entscheidung gegen die Mehrheit der übrigen Vorstandsmitglieder eingeräumt werden darf.[135] Bei einem bloß zweigliedrigen Vorstand ist der Stichentscheid eines Vorstandsmitglieds daher unzulässig, da dies einem unzulässigen Alleinentscheidungsrecht eines Organmitglieds entsprechen würde.[136] Die Satzung oder die Geschäftsführung für den Vorstand kann im Gegensatz dazu allerdings einem Vorstandsmitglied ein Veto-Recht einräumen.[137] Dies folgt aus dem grundsätzlichen Einstimmigkeitsprinzip iSv § 77 Abs. 1 S. 1 AktG. Das Veto-Recht kann mit endgültiger oder mit Suspensivwirkung (für einen bestimmten Zeitraum, bspw. bis zur weiteren Beschlussfassung) ausgestaltet werden.[138] Bei mitbestimmten Gesellschaften, die der Verpflichtung unterliegen, einen Arbeitsdirektor zu bestellen, ist es hingegen unzulässig, einem oder mehreren Vorstandsmitgliedern ein endgültig wirkendes Veto-Recht einzuräumen.[139] Überstimmte

---

[128] Lücke/Schaub/*Lücke* § 3 Rn. 38.
[129] OLG Schleswig 5.2.1960 – 5 U 114/59, NJW 1960, 1862.
[130] Hüffer/Koch/*Koch* AktG § 77 Rn. 7 mwN.
[131] Hüffer/Koch/*Koch* AktG § 77 Rn. 7.
[132] Hüffer/Koch/*Koch* AktG § 77 Rn. 11.
[133] BGHZ 89, 48 (59).
[134] Vgl. § 22 II 3c AktG; BGH 14.11.1983 – II ZR 33/83, NJW 1984, 733.
[135] Hüffer/Koch/*Koch* AktG § 77 Rn. 16.
[136] OLG Karlsruhe 9.6.1999 – 1 U 288/98, AG 2001, 93 (94); OLG Hamburg AG 1985, 251.
[137] OLG Karlsruhe 9.6.1999 – 1 U 288/98, AG 2001, 93 (94); aA *Bezzenberger* ZGR 1996, 661 (667).
[138] Hüffer/Koch/*Koch* AktG § 77 Rn. 12 mwN.
[139] BGH 14.11.1983 – II ZR 33/83, NJW 1984, 733.

Vorstandsmitglieder sind an einen ordnungsgemäß zustande gekommenen und rechtmäßigen Beschluss gebunden und verpflichtet, diesen umzusetzen.

52 **c) Geschäftsverteilung innerhalb des Vorstands.** Durch Satzung oder Geschäftsordnung des Vorstands können die Geschäftsführungsstrukturen abweichend vom Gesamtgeschäftsführungsprinzip geregelt werden. In einer Geschäftsordnung können nur dispositive Regelungen zur Binnenorganisation und Geschäftsverteilung geregelt werden. Aus der Personalkompetenz des Aufsichtsrats über den Vorstand folgt als „Minus" auch das vorrangige Recht, eine Geschäftsordnung für den Vorstand zu erlassen wobei eine **subsidiäre Erlasskompetenz des Vorstands gegenüber der Erlasskompetenz des Aufsichtsrats** besteht.[140] Die Zuständigkeit zum Erlass einer Geschäftsordnung kann hingegen keinem Aufsichtsratsausschuss übertragen werden (§ 107 Abs. 3 S. 2 AktG). Macht also der Aufsichtsrat von seiner Kompetenz zum Erlass einer Geschäftsordnung keinen Gebrauch, so ist der Vorstand selbst berufen, sich eine Geschäftsordnung zu geben. Für ihren **Erlass**, ihre **inhaltliche Änderung** und ihre **Aufhebung** ist stets **ein einstimmiger Beschluss aller Vorstandsmitglieder notwendig**, ein Mehrheitsentscheid ist hier also nicht zulässig (§ 77 Abs. 2 S. 3). Wird ein neues Vorstandsmitglied bestellt oder tritt ein Mitglied aus, so bleibt die Geschäftsordnung weiterhin maßgeblich, auch wenn das neue Mitglied bzw. die verbleibenden Mitglieder nicht ausdrücklich oder konkludent zustimmen. Auch die Satzung kann gem. § 77 Abs. 2 S. 2 AktG Einzelfragen der Geschäftsordnung verbindlich regeln, zB die Geschäftsverteilung, die Bildung von Ausschüssen oder sonstige Aspekte der Zusammenarbeit im Vorstand. Die Regelungskompetenz der Satzung ist jedoch begrenzt. In ihr dürfen nur „Einzelfragen" bestimmt werden, also die Grundkompetenz von Aufsichtsrat und Vorstand zur Gestaltung der Geschäftsordnung nicht ausgeschaltet werden. Die Satzung darf auch den Aufsichtsrat nicht vom Erlass einer Geschäftsordnung ausschließen und dieses Recht nur dem Vorstand zuweisen.[141] Erlässt der Aufsichtsrat eine Geschäftsordnung für den Vorstand, so ist der Beschluss in eine Niederschrift aufzunehmen, die der Vorsitzende des Aufsichtsrats unterzeichnet (§ 107 Abs. 2 AktG). Allerdings hängt die Wirksamkeit des Beschlusses nicht von der Einhaltung dieser Form ab (§ 107 Abs. 2 S. 3 AktG). Die Geschäftsordnung ist schriftlich niederzulegen wobei es nicht der eigenhändigen Unterschrift des § 126 BGB bedarf.[142] Jedes Vorstandsmitglied ist verpflichtet, die Geschäftsordnung oder die in der Satzung vorgegebenen Einzelregelungen zu beachten. Die **Nichtbeachtung der Vorgaben einer wirksam beschlossenen Geschäftsordnung** für den Vorstand stellt eine **Verletzung von § 82 Abs. 2 AktG** und damit eine **Verletzung der sich aus § 93 Abs. 1 S. 1 AktG ergebenden Pflichten** dar und gibt zugleich eine grds. taugliche **Grundlage für eine Abberufung aus wichtigem Grund nach § 84 Abs. 3 AktG**.[143]

53 Eine Geschäftsordnung gilt solange, bis der Zeitpunkt ihrer zeitlichen Befristung (zB Ende der Amtsperiode) eingetreten ist oder sie geändert oder aufgehoben wird.

54 Gewöhnlich werden die Fragen der Geschäftsverteilung in der Geschäftsordnung geregelt. Vielfach erfolgt eine **Zuständigkeitsverteilung nach funktionalen Kriterien**. Dementsprechend können im Vorstand einzelne Mitglieder für Teilbereiche der Unternehmenstätigkeit bestimmt werden, so zB für Akquise, Verkauf, Finanzen etc. Zunehmend wird statt der funktionalen Gliederung die sog Spartenorganisation gewählt. Bei der Spartenorganisation wird einzelnen Vorstandsmitgliedern die Verantwortung für einzelne Produkt- bzw. Dienstleistungsgruppen des Unternehmens zugeordnet. Innerhalb eines solchen Produkt- oder Dienstleistungsbereichs (zB bestimmte Arzneimittel beim Pharmaunternehmen) sind sämtliche Funktionen (Herstellung, Absatz, Finanzen, Recht und Personal etc.) zusammengefasst. Allerdings darf weder durch eine funktionale Gliederung noch durch eine Spartenorganisation der Grundsatz der Gesamtgeschäftsführung für die Leitung der Gesellschaft untergraben werden.[144] Daher haben alle anderen Vorstandsmitglieder das Vorstandsmitglied, das

---

[140] Hüffer/Koch/*Koch* AktG § 77 Rn. 19 mwN.
[141] Hüffer/Koch/*Koch* AktG § 77 Rn. 19.
[142] Hüffer/Koch/*Koch* AktG § 77 Rn. 21.
[143] OLG Stuttgart 28.5.2013 – 20 U 5/12, NZG 2013, 1101.
[144] Hüffer/Koch/*Koch* AktG § 77 Rn. 15.

eine Leitungsaufgabe in einem Funktionsbereich bzw. in der ihm zugewiesenen Sparte wahrnimmt, zu überwachen und zu kontrollieren. Sie bleiben damit haftungsrechtlich auch für die Zuständigkeitsbereiche der anderen Vorstandsmitglieder verantwortlich. Die Geschäftsverteilung modifiziert jedoch die von ihnen zu beachtende Sorgfaltspflicht iSv § 93 AktG nach Inhalt und Ausmaß. Alle Vorstandsmitglieder müssen dementsprechend für einen regelmäßigen und ausreichenden Informationsfluss innerhalb des Gesamtorgans sorgen. **Insbesondere aus §§ 76 Abs. 1, 77 Abs. 1 S. 1 AktG folgt, dass der Vorstand** unabhängig von einer internen Zuständigkeitsregelung **insgesamt verantwortlich für die Geschäftsführung** ist, dh jeder Vorstand grds. für die Tätigkeit insgesamt haftet.[145] Die **haftungsrechtliche Verantwortung** ist aber **in größeren Unternehmen beschränkt** und der einzelne Vorstand kann sich grds. darauf verlassen, dass der intern zuständige Kollege ordnungsgemäß handelt (**Vertrauensgrundsatz**).[146] Verletzt erkennbar das intern zuständige Vorstandsmitglied Pflichten, so verpflichten die bestehenden Überwachungspflichten zum Eingreifen.[147] Schließlich können einzelne Vorstandsmitglieder besondere Überwachungspflichten treffen, zB das für die Bereiche Controlling und Revision zuständige Vorstandsmitglied; auch an den Vorstandsvorsitzenden werden insoweit regelmäßig höhere Anforderungen zu stellen sein, weil die Gesamtüberwachung der Unternehmensleitung meistens einen Schwerpunkt seines Amtes bildet.

Bei der Ausgestaltung der Geschäftsverteilung ergeben sich Grenzen aus dem Prinzip der 55 Gesamtgeschäftsführung. Danach dürfen einzelne Vorstandsmitglieder zwar mit der Vorbereitung, nicht aber mit der Durchführung der Unternehmungsleitung betraut werden, denn die Unternehmensleitung iSv § 76 Abs. 1 AktG ist zwingende Aufgabe des Kollegialorgans. Daraus folgt ferner, dass die Pflicht zur Selbstkontrolle nicht delegiert und dass die Willensbildung im Vorstand nicht gegen die Mehrheit erfolgen darf.

III. Organpflichten des AG-Vorstands

Gegenstand dieses Abschnitts sind **Organpflichten des AG-Vorstands.** Die Organpflichten 56 beruhen auf der Organstellung des AG-Vorstands und sind nach der sog Trennungstheorie[148] von den sich aus dem Anstellungsverhältnis[149] des Vorstands ergebenden Pflichten zu unterscheiden.[150] **Aktiviert werden die Organpflichten des AG-Vorstands** grds. mit **Wirksamwerden der Bestellung**,[151] also dem körperschaftlichen Akt, durch den die Mitgliedschaft einer Person im Vorstand einer Aktiengesellschaft begründet wird.[152] Alle dafür erforderlichen Handlungen und Erklärungen auf Seiten der Gesellschaft (Aufsichtsratsbeschluss und Kundgabe gegenüber dem künftigen Vorstandsmitglied) obliegen gem. § 84 AktG dem Aufsichtsrat.[153] Der Aufsichtsrat hat bei der Entscheidung über die Bestellung eines Vorstands ein breites, eigenes unternehmerisches Ermessen; er hat das Recht zur selbstständigen Auswahl der Vorstandsmitglieder und ist dabei keinerlei Weisungen, verbindli-

---

[145] OLG Hamm DB 2012, 1975 = BeckRS 2012, 16355 (Rev. dazu anhängig, BGH II ZR 249/12).
[146] OLG Hamm 12.7.2012 – I-27 U 12/10, DB 2012, 1975 = BeckRS 2012, 16355.
[147] OLG Hamm 12.7.2012 – I-27 U 12/10, DB 2012, 1975 = BeckRS 2012, 16355; vgl. auch BGH 26.6.1995 – II ZR 109/94, NJW 1995, 2850 (2851); BGH 15.10.1996 – VI ZR 319/95, NJW 1997, 130 (132) zur GmbH.
[148] BGH 10.1.2000 – II ZR 251/98, NJW 2000, 1846; BGH 23.10.1995 – II ZR 130/94, NJW-RR 1996, 156; BGH 21.1.1991 – II ZR 144/90, NJW 1991, 1727; BGH 29.5.1989 – II ZR 220/88, NJW 1989, 2683; ArbG Stuttgart 21.12.2016 – 26 Ca 735/16, NZA-RR 2017, 69.
[149] Vgl. dazu → § 22 V.
[150] *Kliemt/Tiling* ArbRB 2006, 25 (26).
[151] Auch die Wiederbestellung eines Vorstandsmitglieds für (höchstens) fünf Jahre nach einverständlicher Amtsniederlegung früher als ein Jahr vor Ablauf der ursprünglichen Bestelldauer ist grds. zulässig und stellt auch dann, wenn für diese Vorgehensweise keine besonderen Gründe gegeben sind, keine unzulässige Umgehung des § 84 Abs. 1 S. 3 AktG dar; BGH 17.7.2012 – II ZR 55/11, DNotZ 2013, 65; vgl. dazu *Besse/Heuser* DB 2012, 2385; *Paschos/v. d. Linden* AG 2012, 736; *Priester* ZIP 2012, 1781; *Wilsing/Paul* BB 2012, 2455.
[152] *Beiner/Braun*, Der Vorstandsvertrag, 2. Aufl. 2014, Kap. 2 A I, S. 55 Rn. 31.
[153] *Beiner/Braun*, Der Vorstandsvertrag, 2. Aufl. 2014, Kap. 2 A I, S. 55 Rn. 31; vgl dazu auch *Fleischer* ZIP 2003, 1; *Henze* BB 2000, 209.

chen Vorschlagsrechten oder Zustimmungsvorbehalten unterworfen, sondern berechtigt und verpflichtet, eigenständig zu entscheiden.[154] **Deaktiviert werden** die **Organpflichten** mit Beendigung der Organstellung, die in der Regel durch **Abberufung oder Amtsniederlegung** eintritt. Die Beendigung der Organstellung und damit der Organpflichten kann aber auch als Folge des **Erlöschens der AG** im Zuge ihrer **Verschmelzung** auf einen anderen Rechtsträger eintreten.[155]

1. Systematisierung Organpflichten AG-Vorstand

57 Die Rechtsstellung und insbes. die **Pflichtenstellung des AG-Vorstands** ist **äußerst komplex.** Eine Systematisierung dieser Pflichtenposition erfolgt unter verschiedenen Gesichtspunkten.

58 Bei der Bearbeitung von Fällen im Bereich des AG-Vorstandsrechts ist vom Rechtsanwalt die **Systematisierung** der Organpflichten[156] des AG-Vorstands **unter dem Gesichtspunkt der jeweils am Rechtsverhältnis Beteiligten**[157] in den Blick zu nehmen und zu beachten, wobei hier **zudem** nach **Rechtsverhältnissen innerhalb** und Rechtsverhältnissen **außerhalb** der durch das AktG vorgegebenen und durch dieses determinierten **AG-Verfassung**[158] zu differenzieren ist:

Systematik der Pflichten des AG-Vorstands unter Berücksichtigung der Beteiligten
1. Rechtsverhältnisse innerhalb der AG-Verfassung
   a) Pflichten AG-Vorstand im Rechtsverhältnis zum Aufsichtsrat
   b) Pflichten AG-Vorstand im Rechtsverhältnis zur Hauptversammlung
   c) Pflichten AG-Vorstand im Rechtsverhältnis zur Gesellschaft
2. Rechtsverhältnisse außerhalb der AG-Verfassung
   a) Pflichten AG-Vorstand im Rechtsverhältnis zu Aktionären
   b) Pflichten AG-Vorstand im Rechtsverhältnis zu Anlegern
   c) Pflichten AG-Vorstand im Rechtsverhältnis zu Gesellschaftsgläubigern (zB Arbeitnehmer, Kunden, Wettbewerber)

---

59 Die gedankliche **Trennlinie zwischen intra-AG-verfassungsrechtlichen Rechtsverhältnissen und extra-AG-verfassungsrechtlichen Rechtsverhältnissen** ist im Bereich der Organhaftung systematisch relevant und bedeutsam bei der Begründung des grundsätzlichen Ausschlusses der Außenhaftung und dabei auch bei der Begrenzung einzelner Organpflichten wie zB bei der Bestimmung des Anwendungsbereichs der Legalitätspflicht.[159]

60 Des Weiteren ist die **Systematisierung der Organpflichten** des AG-Vorstands unter dem Gesichtspunkt der **Besonderheiten des Unternehmens** und den unternehmensspezifischen Vorgaben des **Konzernrechts**[160] und des Rechts der **börsennotierten Gesellschaften**[161] zu beachten:

---

[154] OLG München 12.1.2017 – 23 U 3582/16, NZG 2017, 378; vgl. dazu *Theusinger/Rüppel* DB 2017, 896.
[155] BGH 18.6.2013 – II ZA 4/12, ZIP 2013, 1467; 10.1.2000 – II ZR 251/98, ZIP 2000, 508; BAG 13.2.2003 – 8 AZR 654/01, NJW 2003, 2473.
[156] Betr. die Differenzierung Organpflichten einerseits und Pflichten aus dem Anstellungsverhältnis andererseits → Rn. 96 ff., 120 ff.
[157] Vgl. zB *Lücke/Schaub* AG-Vorstand §§ 4, 5, 6.
[158] Davon zu unterscheiden ist die auf der systematisch nachgelagerten Ebene vorgenommene Differenzierung zwischen Innenhaftung und Außenhaftung; → § 24 Rn. 55 ff., 116 ff; derzeit Übersicht → Rn. 9.
[159] Vgl. BGH 15.12.2015 – X ZR 30/14 – GRUR 2016, 257; BGH 18.6.2014 – I ZR 242/12, NJW-RR 2014, 1382; BGH 10.7.2012 – VI ZR 341/10, NJW 2012, 3439; vgl. nachfolgend § 22 III 4b.
[160] Zu den besonderen Pflichten im Konzern *Ek* Haftungsrisiken Kap. B I 4; *Lücke/Schaub* AG-Vorstand § 14.
[161] Zu den besonderen Pflichten in börsennotierten Aktiengesellschaften *Lücke/Schaub* AG-Vorstand § 12; *Ek* Haftungsrisiken Kap. B II 6.

§ 22 Vorstand

Systematik der Pflichten des AG-Vorstands unter Berücksichtigung des Unternehmens
1. Allgemeine Pflichten AG-Vorstand
2. Besondere Pflichten AG-Vorstand im Konzern
3. Besondere Pflichten AG-Vorstand in börsennotierten Unternehmen

Systematisierungen im Bereich des AG-Vorstandsrechts erfolgen weiterhin nach dem Inhalt[162] der Pflichten des AG-Vorstands, wobei hier teilweise nach **allgemeinen und besonderen Pflichten**[163] sowie teilweise nach **ausdrücklich geregelten**[164] Pflichten einerseits und allgemeinen Pflichten andererseits[165] **differenziert wird**. 61

Systematik Organpflichten AG-Vorstand- Allgemeine und besondere Pflichten
1. Allgemeine Organpflichten AG-Vorstand
   a) Treuepflicht (Rspr. iVm § 88 AktG)
   b) Verschwiegenheitspflicht betreffend Betriebs- und Geschäftsgeheimnisse § 93 Abs. 1 S. 3 AktG)
   c) Sorgfaltspflicht (§ 93 Abs. 1 S. 1 AktG), insbes. Legalitätspflicht, Informationsbeschaffungspflicht, Organisationspflicht
2. Besondere Organpflichten AG-Vorstand
   a) Sorgfaltspflicht bei Gründung der Gesellschaft
   b) Pflichten zur Kapitalerhaltung
   c) Pflichten in der Krise der AG
   d) Berichtspflichten
   e) Pflichten zur ordnungsgemäßen Buchführung und Bilanzierung
   f) Pflichten im Rechtsverhältnis zur Hauptversammlung – Auskunftspflichten
   g) Pflichten im Rechtsverhältnis zum Aufsichtsrat – unbedingte Offenheit

2. Treuepflicht

Vorstands- und Aufsichtsratsmitglieder trifft gegenüber der Gesellschaft eine **ungeschriebene Treue- und Loyalitätspflicht, die ihre Grundlage in der Organstellung** hat.[166] Eine gesetzliche Ausprägung hat die Treuepflicht im Wettbewerbsverbot des § 88 AktG und in der Verschwiegenheitspflicht des § 93 Abs. 1 S. 3 AktG gefunden.[167] Auch in den Ziff. 4.3.1–4.3.5 DCGK findet sie ihren Niederschlag.[168] 62

Aus der Treue- und Loyalitätspflicht ergibt sich, dass sich das Organmitglied **bei der Wahrnehmung seiner Aufgaben allein vom Interesse des geführten oder beaufsichtigten Unternehmens leiten lassen darf und muss**.[169] Kommt es zu einer anders nicht lösbaren **Pflichtenkollision** im Einzelfall, so ist zu erwarten, dass das Organmitglied dies offenbart und von seiner Mitwirkung absieht.[170] 63

Aus der Treue- und Loyalitätspflicht wird auch hergeleitet, dass es dem Vorstand ohne ausdrückliche Erlaubnis **nicht gestattet ist, im Geschäftszweig der Gesellschaft Geschäfte für** 64

---

[162] *Ek* Haftungsrisiken Kap. B I, B II.
[163] Vgl. Übersicht Organpflichten bei der AG: *Plück/Lattwein,* Haftungsrisiken für Manager, 2. Aufl. 2004, 34; wohl auch *Ek* Haftungsrisiken Kap. B I 2, 3.
[164] *Ek* Haftungsrisiken Kap. B I 2.
[165] *Ek* Haftungsrisiken Kap. B I 3.
[166] *Krieger/Schneider,* Handbuch Managerhaftung, 2. Aufl. 2010, § 3 Rn. 31 mwN.
[167] *Krieger/Schneider,* Handbuch Managerhaftung, 2. Aufl. 2010, § 3 Rn. 31 mwN.
[168] *Wachter/Eckert* AktG § 93 Rn. 15 mwN.
[169] OLG Stuttgart 24.2.2017 – 20 W 8/16, ZIP 2017, 671; OLG Schleswig 26.4.2004 – 2 W 46/04, WM 2004, 2019; BGH 21.12.1979 – II ZR 244/78, NJW 1980, 1629.
[170] OLG Stuttgart 24.2.2017 – 20 W 8/16, ZIP 2017, 671; OLG Schleswig 26.4.2004 – 2 W 46/04, WM 2004, 2019 mwN.

eigene Rechnung zu tätigen oder tätigen zu lassen oder den Vollzug bereits von der Gesellschaft abgeschlossener Verträge durch Abwicklung auf eigene Rechnung oder in sonstiger Weise zu beeinträchtigen oder zu vereiteln.[171] Der Vorstand **darf Geschäftschancen nicht für sich, sondern nur für die Gesellschaft ausnutzen** und hat ihr, wenn er hiergegen verstößt, einen dadurch entstandenen Schaden zu ersetzen.[172] Ein Vorstand darf keine Geschäfte an sich ziehen, die in den Geschäftsbereich der Gesellschaft fallen und dieser aufgrund bestimmter konkreter Umstände bereits zugeordnet sind (sog **Geschäftschancenlehre**).[173] Wann diese Voraussetzung iE erfüllt ist, wird in der Judikatur nicht allgemein, sondern nur anhand des konkreten Einzelfalls bestimmt.[174]

3. Verschwiegenheitspflicht (§ 93 Abs. 1 S. 3 AktG)

65 a) **Allgemeines.** Gem. § 93 Abs. 1 S. 3 AktG haben Vorstandsmitglieder über vertrauliche Angaben und Geheimnisse der Gesellschaft, namentlich Betriebs- oder Geschäftsgeheimnisse, die den Vorstandsmitgliedern durch ihre Tätigkeit im Vorstand bekanntgeworden sind, Stillschweigen zu bewahren. Die durch das AktG konstituierte AG-Verfassung darf im Punkt Verschwiegenheit nicht privatautonom verändert werden. Nach der Rspr. des BGH ist die in § 93 Abs. 1 S. 3 AktG normierte Verschwiegenheitspflicht eine **abschließende Regelung** und **kann durch anderweitige Regelungen,** insbes. Satzung, Geschäftsordnung oder Anstellungsvertrag **weder gemildert noch verschärft werden.**[175] Die Verschwiegenheitspflicht ist nicht auf die Zeit der Bestellung beschränkt, sondern dauert über die Amtszeit des Vorstands hinaus fort.[176] Zu beachten ist, dass sich ein Vorstandsmitglied, das seine **Pflicht zur Verschwiegenheit verletzt**, nicht nur schadensersatzpflichtig macht, sondern dass in § 404 AktG auch **strafrechtliche Konsequenzen** normiert sind.

66 b) **Geheimnisbegriff.** Geheimnisse der Gesellschaft sind Tatsachen, die nicht offenkundig sind und nach dem geäußerten oder aus Gesellschaftsinteresse ableitbaren mutmaßlichen Willen der AG auch nicht offenkundig werden sollen, sofern ein **objektives Geheimhaltungsbedürfnis** besteht.[177] Die Reichweite des Terminus **vertrauliche Angaben** geht inhaltlich über den Begriff des Geheimnisses hinaus. Hierunter fallen auch (nicht mehr) geheime Informationen, solange die Gesellschaft unter den gegebenen Umständen ein Interesse daran hat, dass die Information nicht an Dritte weitergegeben wird.[178]

67 c) **Verschwiegenheit und Due Diligence.** Im Zuge von **Unternehmensveräußerungen** ist darauf zu achten, dass die **Durchführung einer „Due Diligence"**[179] nicht **mit der Verschwiegenheitspflicht** gem. § 93 Abs. 1 S. 3 AktG **in Konflikt gerät.**[180] Die generelle oder zumindest im Regelfall bestehende Verpflichtung von Leitungsorganen und insbes. des AG-Vorstands zur Durchführung einer „Due Diligence" vor einem Unternehmenserwerb wird jedenfalls dann angenommen, wenn nicht ausreichende, gesicherte Erkenntnisse über das zu erwer-

---

[171] OLG Köln 9.8.2017 – 2 U 77/15, BeckRS 2017, 138005; BGH 4.12.2012 – II ZR 159/10, NJW-RR 2013, 363; BGH 26.10.1964 – II ZR 127/62, WM 1964, 1320; BGH 11.10.1976 – II ZR 104/75, WM 1977, 194; BGH 24.11.1975 – II ZR 104/73, WM 1976, 77.
[172] BGH 16.3.2017 – IX ZR 253/15, ZIP 2017, 779; BGH 4.12.2012 – II ZR 159/10, NJW-RR 2013, 363; BGH 21.2.1983 – II ZR 183/82, ZIP 1983, 689; BGH 23.9.1985 – II ZR 257/84, ZIP 1985, 1482; BGH 23.9.1985 – II ZR 246/84, ZIP 1985, 1484; BGH 8.5.1989 – II ZR 229/88, ZIP 1989, 986.
[173] BGH 16.3.2017 – IX ZR 253/15, ZIP 2017, 779; BGH 4.12.2012 – II ZR 159/10, NJW-RR 2013, 363.
[174] BGH 4.12.2012 – II ZR 159/10 – NJW-RR 2013, 363; BGH 8.5.1989 – II ZR 229/88, ZIP 1989, 986.
[175] BGH 26.4.2016 – XI ZR 108/15, NJW 2016, 2569; BGH 5.6.1975 – II ZR 156/73, NJW 1975, 1412; BayVGH 8.5.2006 – 4 BV 05.756, NVwZ-RR 2007, 622; vgl. dazu auch *Mülbert/Sajnovits* NJW 2016, 2540; *Buck-Heeb* WM 2016, 1469; *Habersack* DB 2016, 1551.
[176] KölnKommAktG/*Mertens/Cahn* § 93 Rn. 122.
[177] BGH 26.4.2016 – XI ZR 108/15, NJW 2016, 2569; BGH 5.11.2013 – II ZB 28/12, NJW 2014, 541 mAnm *Wachter*; BGH 5.6.1975 – II ZR 156/73, NJW 1975, 1412; vgl. auch RGZ 149, 329; *Wachter/Eckert* AktG § 93 Rn. 18 mwN; *Kocher/Lönner* AG 2014, 81, Kommentar zu BGH 5.11.2013 – II ZB 28/12.
[178] *Wachter/Eckert* AktG § 93 Rn. 19 mwN.
[179] Vgl. *Gran* NJW 2008, 1409; *Merbecks* BB 2012, 2423; *Schoberth/Wittmann* BB 2012, 759.
[180] Der Begriff „Due Diligence" stammt aus dem anglo-amerikanischen Rechtsraum und bedeutet übersetzt etwa „gebotene Sorgfalt"; *Bergau/Stabenau/Hoff*, Praxishandbuch Unternehmenskauf, 2015, Kap. 6 A I Rn. 2.

bende Unternehmen vorhanden sind oder wenn vorhandene Informationen Unklarheiten aufweisen.[181] „Due Diligence" bedeutet die umfassende Prüfung des Kaufgegenstands in technischer, wirtschaftlicher und rechtlicher Hinsicht.[182] Die **Offenlegung geheimer vertraulicher Informationen** zur Ermöglichung einer Due Diligence-Prüfung beim Unternehmenskauf **durch den Vorstand einer Ziel-AG** wird im Blick auf die Verschwiegenheitspflicht als zulässig angesehen, sofern die **Gesellschaft ein eigenes, ihr Geheimhaltungsinteresse überwiegendes Interesse an dem Zustandekommen des Erwerbsgeschäfts** hat[183] und durch geeignete Prozessgestaltung sichergestellt wird, dass das Geheimhaltungsinteresse soweit wie möglich geschützt bleibt (Verschwiegenheitserklärung; nach dem Grad der Geheimhaltungsbedürftigkeit und dem Verhandlungsfortschritt gestufte Informationserteilung uÄ).[184] Um sich nicht in Haftungsrisiken zu bringen, sollten Leitungsorgane einen **einstimmigen Gesellschafterbeschluss für die Durchführung einer Due Diligence** und insbes. die Weitergabe von Geschäftsunterlagen an Wettbewerber einholen.[185]

Wird ein anwaltlicher Berater vom AG-Vorstand im Rahmen einer Due Diligence beauftragt (**Legal Due Diligence;** Due Diligence-Kurzgutachten (sog Red Flag Due Diligence)), hängt das **Haftungsrisiko** von der sich aus dem jeweiligen Anwaltsvertrag ergebenden Pflichtenposition ab.[186] Die vom anwaltlichen Berater geschuldete Leistung richtet sich nach dem Umfang und dem Inhalt des zwischen dem Mandanten und dem Berater bestehenden Vertrags.[187] 68

4. Sorgfaltspflicht (§ 93 Abs. 1 S. 1 AktG)

a) **Allgemeines.** Gem. § 93 Abs. 1 S. 1 AktG haben die Vorstandsmitglieder bei ihrer Geschäftsführung die **Sorgfalt eines ordentlichen und gewissenhaften Geschäftsleiters** anzuwenden. Dabei ist dem Vorstand bei der Leitung der Geschäfte ein weiter **Handlungsspielraum** zuzubilligen, ohne den eine unternehmerische Tätigkeit schlechterdings nicht denkbar ist.[188] Dieser Handlungsspielraum kann auch im Ansatz das bewusste Eingehen geschäftlicher Risiken mit der Gefahr von Fehlbeurteilungen und Fehleinschätzungen umfassen, der jeder Unternehmensleiter, mag er auch noch so verantwortungsbewusst handeln, ausgesetzt ist.[189] Er ist erst dann überschritten, wenn aus der Sicht eines ordentlichen und gewissenhaften Geschäftsleiters des jeweiligen Unternehmens das hohe Risiko eines Schadens unabweisbar ist und keine vernünftigen geschäftlichen Gründe dafür sprechen, es dennoch einzugehen.[190] Eine Schadenersatzpflicht des Vorstandes kann damit erst in Betracht kommen, wenn die Grenzen, in denen sich ein von Verantwortungsbewusstsein getragenes, ausschließlich am Unternehmenswohl orientiertes, auf sorgfältiger Ermittlung der Entscheidungsgrundlagen beruhendes unternehmerisches Handeln bewegen muss, deutlich überschritten sind, die Bereitschaft, unternehmerische Risiken einzugehen, in unverantwortlicher Weise überspannt worden ist oder das Verhalten des Vorstands aus anderen Gründen als pflichtwidrig gelten muss.[191] 69

---

[181] OLG Oldenburg 22.6.2006 – 1 U 34/03, BB 2007, 66; *Böttcher* NZG 2005, 49; *Haas/Müller* GmbHR 2004, 1169 (1179); *Hemeling* ZHR 169 (2005), 274; *Kiethe* NZG 1999, 976; *Mutschler/Mersmann* DB 2003, 79; *Ulmer* DB 2004, 859; *Werner* ZIP 2000, 989.
[182] BGH 1.2.2013 – V ZR 72/11, NJW 2013, 1807.
[183] Schmidt/Lutter/*Krieger/Sailer-Coceani* AktG § 93 Rn. 22; KölnKommAktG/*Mertens/Cahn* § 93 Rn. 120.
[184] *Krieger/Schneider*, Handbuch Managerhaftung, 2. Aufl. 2010, § 3 Rn. 36; *Banerjea* ZIP 2003, 1730 f.; *Fleischer* ZIP 2002, 651.
[185] LG Köln 26.3.2008 – 90 O 11/08, BeckRS 2008, 21808; OLG Köln 31.10.2013 – 18 W 66/13, BeckRS 2013, 19480 mwN; *Engelhardt* GmbHR 2009, 237.
[186] KG Berlin 17.9.2013 – 7 U 160/12, AnwBl. 2014, 449; LG Düsseldorf 15.10.2013 – 7 O 6/12, BeckRS 2014, 10799.
[187] LG Düsseldorf 15.10.2013 – 7 O 6/12 Rn. 34, BeckRS 2014, 10799 mwN.
[188] KG 22.3.2005 – 14 U 248/03, WM 2005, 1570; BGH 12.10.2016 – 5 StR 134/15, NJW 2017, 578; vgl. auch *Baur/Holle* ZIP 2017, 555.
[189] KG 22.3.2005 – 14 U 248/03, WM 2005, 1570.
[190] KG 22.3.2005 – 14 U 248/03, WM 2005, 1570.
[191] BGH 21.4.1997 – II ZR 175/95, NJW 1997, 1926; BGH 3.12.2001 – II ZR 308/99, MDR 2002, 401; KG 22.3.2005 – 14 U 248/03, WM 2005, 1570.

70 **b) Legalitätspflicht.** Aus der Sorgfaltspflicht wird die **Legalitätspflicht**[192] abgeleitet. Insbesondere umfassen die Pflichten zur ordnungsgemäßen Geschäftsführung, die den Mitgliedern des Vorstands einer Aktiengesellschaft aufgrund ihrer Organstellung obliegen (§ 93 Abs. 1 S. 1 AktG),[193] auch die **Verpflichtung, dafür zu sorgen, dass sich die Gesellschaft rechtmäßig verhält und ihren gesetzlichen Verpflichtungen nachkommt.**[194] Dass der Vorstand für die Einhaltung der gesetzlichen Bestimmungen zu sorgen hat, ist auch in Ziff. 4.1.3 DCGK in der aktuellen Fassung[195] ausdrücklich klargestellt.

71 Zu beachten ist, dass die **Legalitätspflicht des AG-Vorstands** aus § 93 Abs. 1 S. 1 AktG **grds. nur der Gesellschaft gegenüber besteht** und nicht auch im Verhältnis zu außenstehenden Dritten. Dies, da die Bestimmung des § 93 Abs. 1 S. 1 AktG allein die Pflichten des Vorstandsmitglieds aus seinem durch die Bestellung begründeten Rechtsverhältnis zur Gesellschaft regelt und die Pflicht nicht dem Zweck dient, Gesellschaftsgläubiger vor den mittelbaren Folgen einer sorgfaltswidrigen Geschäftsleitung zu schützen.[196] Wie sich aus § 93 Abs. 2 AktG ergibt, lässt eine Verletzung der Pflichten zur ordnungsgemäßen Geschäftsführung Schadensersatzansprüche nur der Gesellschaft, nicht hingegen der Gläubiger entstehen.[197] Aus diesem Grund ist die Bestimmung des **§ 93 Abs. 1 AktG**[198] auch **kein Schutzgesetz iSd § 823 Abs. 2 BGB**[199] und es ist zwischen den Interessen der eigenen Gesellschaft und denen außenstehender Dritter zu differenzieren.[200] Eine Außenhaftung des Mitglieds des Vorstands einer Aktiengesellschaft kommt nur in begrenztem Umfang aufgrund besonderer Anspruchsgrundlagen in Betracht.[201] So haftet das Vorstandsmitglied persönlich, wenn es den Schaden selbst durch eine unerlaubte Handlung herbeigeführt hat.[202]

72 Nach der heutigen[203] Rspr.[204] ist der **Anwendungsbereich der Legalitätspflicht nicht auf die Einhaltung des deutschen Rechts beschränkt**; soweit das Handeln der jeweiligen Aktiengesellschaft auch ausländischem Recht unterworfen ist, muss der Vorstand kraft seiner nach deutschem Recht gegenüber der Gesellschaft bestehenden Pflicht, geltendes Recht zu respektieren, auch auf dessen Beachtung hinwirken.[205] So kann etwa der UK Bribery Act

---

[192] *Holle*, Legalitätskontrolle im Kapitalgesellschafts- und Konzernrecht, 2014, § 4 II 3a, 44; *Bicker* AG 2014, 8; *Fleischer* ZIP 2005, 141.
[193] Vgl. auch § 43 GmbHG.
[194] BAG 23.2.2016 – 9 AZR 293/15, NJW 2016, 2204; LAG Düsseldorf 20.1.2015 – 16 Sa 459/14, NZA-RR 2015, 317; BGH 10.7.2012 – VI ZR 341/10, NJW 2012, 3439; BGH 15.10.1996 – VI ZR 319/95, BGHZ 133, 370; BGH 28.4.2008 – II ZR 264/06, BGHZ 176, 204; *Verse* ZHR 175 (2011), 401; *Hasselbach/Ebbinghaus* AG 2014, 873.
[195] In der aktuellen Fassung sind die in der Plenarsitzung am 7.2.2017 beschlossenen Änderungen berücksichtigt und die Bekanntmachung der geänderten Fassung ist am 24.4.2017 im Bundesanzeiger erfolgt.
[196] BGH 15.12.2015 – X ZR 30/14, GRUR 2016, 257; BGH 18.6.2014 – I ZR 242/12, NJW-RR 2014, 1382; BGH 10.7.2012 – VI ZR 341/10, NJW 2012, 3439.
[197] BGH 10.7.2012 – VI ZR 341/10, NJW 2012, 3439; BGH 14.5.1974 – VI ZR 8/73, NJW 1974, 1371; BGH 5.12.1989 – VI ZR 335/88, BGHZ 109, 297; BGH 9.7.1979 – II ZR 211/76, NJW 1979, 1829; BGH 19.2.1990 – II ZR 268/88, BGHZ 110, 342; BGH 13.4.1994 – II ZR 16/93, BGHZ 125, 366.
[198] Entspr. § 43 Abs. 1 GmbHG.
[199] BGH 10.7.2012 – VI ZR 341/10, NJW 2012, 3439; BGH 9.7.1979 – II ZR 211/76, WM 1979, 853; BGH 19.2.1990 – II ZR 268/88, BGHZ 110, 342; BGH 13.4.1994 – II ZR 16/93, BGHZ 125, 366; BGH 1.12.2015 – X ZR 170/12, NJW 2016, 2110.
[200] BGH 10.7.2012 – VI ZR 341/10, NJW 2012, 3439; BGH 17.7.2009 – 5 StR 394/08, BGHSt 54, 44.
[201] BGH 10.7.2012 – VI ZR 341/10, NJW 2012, 3439 mwN.
[202] BGH 10.7.2012 – VI ZR 341/10, NJW 2012, 3439; BGH 14.5.1974 – VI ZR 8/73, NJW 1974, 1371; BGH 5.12.1989 – VI ZR 335/88, BGHZ 109, 297; BGH 12.3.1996 – VI ZR 90/95, VersR 1996, 713; BGH 31.3.1971 – VIII ZR 256/69, BGHZ 56, 73; BGH 5.12.2008 – V ZR 144/07, NJW 2009, 673.
[203] In BGH 8.5.1985 – IVa ZR 138/83 (NJW 1985, 2405) wurde noch ausgeführt: „Von einem deutschen Unternehmer kann zwar nicht erwartet werden, dass er in den Ländern, in denen staatliche Aufträge nur durch Bestechung der zuständigen Staatsorgane zu erlangen sind, auf dieses Mittel völlig verzichtet und damit das Geschäft weniger gewissenhaften Konkurrenten überlässt. Er wird daher seinen Angestellten und Handelsvertretern, die bei der Bewerbung um solche Aufträge in ortsüblicher Weise mit Schmiergeldern arbeiten, nicht den Vorwurf einer Verletzung ihrer Dienst- oder Vertragspflichten machen können; er wird ihnen uU sogar die von ihnen verauslagten Schmiergelder gem. §§ 670, 675 BGB, 87d HGB ersetzen müssen."
[204] LG München I 10.12.2013 – 5 HK O 1387/10, ZIP 2014, 570; vgl. dazu auch *Bachmann* BB 2015, 771; *Fleischer* NZG 2014, 322; *Harbarth* ZHR 2015, 136; *Meyer* DB 2014, 1063; *Oppenheim* DStR 2014, 1063.
[205] LG München I 10.12.2013 – 5 HK O 1387/10, ZIP 2014, 570.

oder der Foreign Corrupt Pratices Act das Ergreifen von Compliance Maßnahmen gebieten.[206]

c) **Informationsbeschaffungspflicht.** Aus der Sorgfaltspflicht des § 93 Abs. 1 S. 1 AktG und § 93 Abs. 1 S. 2 AktG („auf der Grundlage angemessener Information") wird die **Informationsbeschaffungspflicht des Vorstands** abgeleitet.[207] Dabei hatte schon das RG dem AG-Vorstand einer AG eine allgemeine Informationsbeschaffungspflicht auferlegt, **um die Risiken im Unternehmen überwachen zu können.**[208] Die Erfüllung der Informationsbeschaffungspflicht ist dabei nach dem Wortlaut eine der tatbestandlichen Voraussetzungen für ein Eingreifen der sog Business-Judgment-Rule, die in ihrem – beschränkten[209] – Anwendungsbereich zur Verneinung der Haftung führen kann. Allerdings kommt es nach der Rspr. beim Handeln eines Vorstands auf § 93 Abs. 1 S. 2 AktG von vornherein nicht an, wenn der Vorstand eine **Ermessensentscheidung** trifft, die zwar **auf mangelnder Informationsbasis** beruht, aber dennoch **iErg nicht** zu beanstanden und nicht **pflichtwidrig** ist.[210] Aus § 93 Abs. 1 S. 2 AktG kann **nicht** der **Umkehrschluss** gezogen werden, dass bei Verletzung der Business Judgment Rule aufgrund mangelnder Informationen in jedem Fall eine objektive Pflichtverletzung vorliegt.[211]

d) **Organisationspflicht/Compliance.** *aa) Allgemeines.* Aus der **Sorgfaltspflicht des § 93 Abs. 1 S. 1 AktG** ergibt sich für den AG-Vorstand eine **Organisationspflicht.**[212] Wird die **Pflicht zur Anordnung einer Unternehmensorganisation** zur Aufsicht unterlassen – sei es, dass sie ganz fehlt, sei es, dass die lückenhaft ist oder im konkreten Schadensfall versagt hat – wurde und wird regelmäßig eine Verletzung der Organisationspflicht und ein Organisationsverschulden der Leitungsorgane festgestellt.[213] Teilweise werden heute für besondere Wirtschaftsbereiche von den Aufsichtsbehörden Vorgaben für die Ausübung der Organisationspflicht und der Compliance veröffentlicht, so zB von der Bundesanstalt für Finanzdienstleistungsaufsicht (BaFin) im Rundschreiben 01/2017 (WA) – Mindestanforderungen an das Risikomanagement von Kapitalverwaltungsgesellschaften – „KAMaRisk" idF v. 10.1.2017.[214]

bb) Compliance-Management. In Ziff. 4.1.3 DCGK in der aktuellen Fassung[215] ist vorgegeben:

---

[206] GroßkommAktG/*Kort*, Stand: 1.10.2014, § 91 IV 1, S. 908 Rn. 121; *Teicke/Matthiesen* BB 2013, 771; *Fett* CCZ 2014, 142 (144).
[207] *Kauer,* Die Informationsbeschaffungspflicht des Vorstands einer AG, 2015, Teil 1, Kap. A III, S. 48; vgl. auch LG Stuttgart 28.2.2017 – 22 AR 1/17 Kap, WM 2017, 1451.
[208] RG 14.12.1911 – VI 75/11, RGZ 78, 107.
[209] Die Business-Judgment-Rule gilt nach der Rspr. für den Bereich unternehmerischer Entscheidungen und nicht im Anwendungsbereich des Legalitätsprinzips, str.; vgl. nachfolgend → Rn. 85 ff.
[210] OLG München 12.1.2017 – 23 U 3582/16, NZG 2017, 378.
[211] OLG München 12.1.2017 – 23 U 3582/16, NZG 2017, 378 mwN.
[212] *Rack* CB 2014, 104.
[213] RG 14.12.1911 – VI 75/11, RGZ 78, 107; RG 28.11.1913 – III 194/13, RG Warn 1914, 35 (50); RG 18.4.1914 – VI 55/14, RGJW 1914, 759; RG 25.2.1915 – VI 526/14, RGZ 87 (1916), 1; RG 27.11.1916 – VI 275/16, RGZ 89, 136; RG 19.2.1923 – IV 427/22, RGJW (1923), 1026; RG 12.1.1938 – VI 172/37, RGJW 1938, 1651; RG 12.10.1938 – VI 96/38, RGJW 1938, 3162; BGH 25.10.1951 – III ZR 95/50, BGHZ 4, 1; BGH 4.11.1953 – VI ZR 64/52, BGHZ 11, 151; BGH 13.5.1955 – I ZR 137/53, BGHZ 17, 214; BGH 10.5.1957 – I ZR 234/55, BGHZ 24, 200; BGH 6.11.1956 – VI ZR 71/56, MDR 1957, 214; BGH 9.2.1960 – VIII ZR 51/59, BGHZ 32, 53; BGH 28.10.1958 – V ZR 54/56, VersR 1959, 104; BGH 13.12.1960 – VI ZR 42/60, NJW 1961, 455; BGH 8.11.1963 – VI ZR 257/62, VersR 1964, 297; BGH 17.10.1967 – VI ZR 70/66, NJW 1968, 247; BGH 20.4.1971 – VI ZR 232/69, NJW 1971, 1313; BGH 30.5.1978 – VI ZR 113/77, JZ 1978, 475; OLG Düsseldorf 9.12.2009 – 6 W 45/09, NJW 2010, 1537; *Matusche-Beckmann,* Organisationsverschulden, 2001, 53, 71, 206; *Rack* CB 2014, 104.
[214] Darin heißt es zB unter Ziff. 11.1 DCGK: „Die Gesellschaft hat angemessene Grundsätze aufzustellen, Mittel vorzuhalten und Verfahren einzurichten und auf Dauer einzuhalten, die darauf ausgelegt sind, jedes Risiko der Nichteinhaltung der im KAGB festgelegten Pflichten sowie die damit verbundenen Risiken aufzudecken." Weiter zB unter Ziff. 11.3 DCGK: „Eine dauerhafte Compliance-Funktion impliziert, dass Überwachungshandlungen nicht nur anlassbezogen, sondern regelmäßig erfolgen. In Überwachungshandlungen sind alle wesentlichen Bereiche unter Berücksichtigung des Risikogehalts der Geschäftsbereiche regelmäßig einzubeziehen."
[215] In der aktuellen Fassung sind die in der Plenarsitzung am 7.2.2017 beschlossenen Änderungen berücksichtigt und die Bekanntmachung der geänderten Fassung ist am 24.4.2017 im Bundesanzeiger erfolgt.

„Der Vorstand hat für die Einhaltung der gesetzlichen Bestimmungen und der unternehmensinternen Richtlinien zu sorgen und wirkt auf deren Beachtung durch die Konzernunternehmen hin (Compliance). Er soll für angemessene, an der Risikolage des Unternehmens ausgerichtete Maßnahmen (Compliance Management System) sorgen und deren Grundzüge offenlegen. Beschäftigten soll auf geeignete Weise die Möglichkeit eingeräumt werden, geschützt Hinweise auf Rechtsverstöße im Unternehmen zu geben; auch Dritten sollte diese Möglichkeit eingeräumt werden."

76   In Ziff. 4.1.4 DCGK heißt es:
„Der Vorstand sorgt für ein angemessenes Risikomanagement und Risikocontrolling im Unternehmen."

77   Das Ziel der auf die Erfüllung der Organisationspflicht gerichteten Einrichtung von Compliance-Systemen ist es, auf die Einhaltung gesetzlicher Normen oder unternehmensdefinierter Vorgaben hinzuwirken, um dadurch Haftungsansprüche oder andere Rechtsnachteile, wie Rufschädigungen, für das Unternehmen, seine Mitarbeiter und Organe zu vermeiden (**Risikobegrenzungsfunktion**).[216] Darüber hinaus haben Compliance-Systeme eine auf die Herstellung von Transparenz gerichtete allgemeine **Informationsfunktion**, so dass die bereitzustellenden Informationen als Entscheidungsgrundlage für Management, Arbeitnehmer und Anteilseigner zur Verfügung stehen sowie eine **Kontrollfunktion**, die sowohl die Überwachung der Unternehmensorganisation durch das Management als auch die Kontrolle des Managements durch Anteilseigner und Arbeitnehmer umfasst und schließlich eine **Marketingfunktion**, da die Unternehmensleitung mit einem Compliance-System gezielt Informationen erzeugen kann, die geeignet sind, Stellung und Ansehen des Unternehmens in Märkten und Öffentlichkeit zu stärken.[217]

78   Ob sich aus der aus der gesetzlich geregelten Sorgfaltspflicht (§ 93 Abs. 1 S. 1 AktG) abgeleiteten Organisationspflicht weitergehend eine ausnahmslose Verpflichtung für AG-Vorstände ergibt, ein Compliance-System einzurichten, um Rechtsverstöße zu verhindern, wird unterschiedlich beurteilt. Eine generelle ausdrückliche gesetzliche Verpflichtung existiert derzeit nicht; die in den §§ 90, 91 Abs. 2 und § 161 AktG geregelten Organisationspflichten regeln nur einzelne Aspekte des Vorstandshandelns. Im Blick auf die seit der Überarbeitung des DCGK 2007 in Ziff. 4.1.3 aufgenommene Regelung, wonach der Vorstand ... für die Einhaltung der gesetzlichen Bestimmungen unter unternehmerischen Richtlinien (sorgt) und ... auf deren Beachtung durch die Konzernunternehmen hin(wirkt) (Compliance), ist die Schaffung eines Compliance-Systems eine **Aufgabe des Vorstands,** über dessen Erfüllung auch der Aufsichtsrat zu wachen hat.[218] Ob daraus allerdings eine **allgemeine Rechtspflicht** abgeleitet werden kann, ist im Blick auf die fehlende normative Kraft des Kodex zweifelhaft.[219] Der Kodex ist kein Gesetz und auch kein sonstiger Akt staatlicher Rechtsetzung.[220] Es kann auch ein kleines in der Form der Aktiengesellschaft organisiertes Unternehmen nicht derselben Pflicht zur Einrichtung einer Compliance-Organisation unterworfen werden wie etwa eine DAX 30-Gesellschaft.[221]

79   Allerdings hat **2013** das **LG München**[222] ausgesprochen, dass ein Vorstandsmitglied im Rahmen seiner Legalitätspflicht dafür Sorge zu tragen hat, dass das Unternehmen so organisiert und beaufsichtigt wird, dass keine Gesetzesverstöße wie Schmiergeldzahlungen an Amtsträger eines ausländischen Staates oder an ausländische Privatpersonen erfolgen. Seiner

---

[216] *Falk*, IT-Compliance in der Corporate Governance: Anforderungen und Umsetzung, 2012, Kap. 3.2.2, S. 51; *Hauschka*, Corporate Compliance, 2007, § 1 Rn. 24; *Bergmoser/Geusinger/Thushurst* BB-Spezial 2008, 1 (2).
[217] *Bergmoser/Geusinger/Thushurst* BB-Spezial 2008, 1 (2).
[218] Semler/v. Schenck AR-HdB/*v. Schenck* § 7 Rn. 120; Lutter/Krieger AR § 7 Rn. 120.
[219] Ausweislich der Begr. des Gesetzentwurfs handelt es sich um unverbindliche Verhaltensempfehlungen, Begr. RegE, BT-Drs. 14/8769, 21.
[220] *Keßler*, Strafrechtliche Aspekte von Corporate Governance, 1. Aufl. 2012, 127 mwN.
[221] *Lies* BB-Spezial 2008, 17.
[222] LG München I 10.12.2013 – 5 HK O 1387/10, ZIP 2014, 570; vgl. dazu auch *Bachmann* BB 2015, 771; *Bachmann* Anm. LG München I 10.12.2013 – 5 HK O 1387/10, ZIP 2014, 570; *Fleischer* NZG 2014, 322; *Harbarth* ZHR 2015, 136; *Grützner* Anm. LG München I 10.12.2013 – 5 HK O 1387/10, BB 2014, 850; *Meyer* DB 2014, 1063; *Beisheim/Hecker* KommJur 2015, 49; *Werner* NWB 2014, 1952; *Oppenheim* DStR 2014, 1063.

Organisationspflicht genügt ein Vorstandsmitglied bei entsprechender Gefährdungslage nur dann, wenn er eine auf Schadensprävention und Risikokontrolle angelegte Compliance-Organisation einrichtet.[223] Entscheidend für den Umfang iE sind dabei Art, Größe und Organisation des Unternehmens, die zu beachtenden Vorschriften, die geografische Präsenz wie auch Verdachtsfälle aus der Vergangenheit.[224] Die Einhaltung des Legalitätsprinzips und demgemäß die **Einrichtung eines funktionierenden Compliance-Systems gehört zur Gesamtverantwortung des Vorstands.**[225]

Es ist mithin auch im Lichte der verfassungsrechtlich gewährleisteten Unternehmerfreiheit (Art. 12, 14 GG; Art. 16 GRCh) und der Berufsfreiheit (Art. 12 Abs. 1 GG; Art. 15 GRCh), die bei der Auslegung und Interpretation und Auslegung der einzelnen Normen der durch das AktG konstituierten AG-Verfassung und insbes. des § 76 Abs. 1 AktG („eigene Verantwortung") im Zusammenspiel mit § 93 Abs. 1 S. 2 AktG (BJR) zu berücksichtigen sind, **grds.** eine **Ermessensentscheidung des Vorstands,** ob er sich selbst hinreichend informieren und kompetent halten kann, um die Rechtstreue seines Unternehmens zu gewährleisten oder ob er dazu eine eigene Organisationseinheit und Organisationsstruktur im Unternehmen bilden will.[226] Allerdings **reduziert sich** regelmäßig das **Ermessen des Vorstands** bei der Frage der Einrichtung eines Compliance-Systems **iErg auf Null**[227] und es kommt zu einer **Rechtspflicht des Vorstands** und der Vorstand verhält sich bei Zugrundelegung dieser Rspr. pflichtwidrig und er bringt sich in ein hohes Haftungsrisiko, wenn er kein Compliance-System einrichtet. Entsprechend kann auch der Vorstand eines kleinen in der Form der Aktiengesellschaft organisierten Unternehmens sein Haftungsrisiko erheblich absenken, wenn er im Falle der Inanspruchnahme auf Schadenersatz beim Nachweis der Einhaltung der im Verkehr erforderlichen Sorgfalt auf ein ordnungsgemäß eingerichtetes Compliance-System verweisen kann. Dabei gilt seit dem 15.12.2014 die neue ISO 19600 als Benchmark für ordnungsgemäße Unternehmensorganisation für Geschäftsleiter, die im Rahmen der Selbstregulierung die Organisationspflicht mit internationaler Geltung formuliert.[228] Wird auch nur eine dieser sechs Aufgaben nicht erfüllt, kann es zum Verstoß gegen Rechtspflichten des Unternehmens und zu einem dadurch verursachten Schaden kommen.[229] 80

cc) Checklisten Compliance-Beratung. Compliance-Systeme können nicht schematisch eingerichtet werden sondern es sind vom Berater für das jeweilige Unternehmen und dessen spezifisches Tätigkeitsfeld und im Blick auf die relevanten rechtlichen Rahmenbedingungen Lösungen zu entwickeln, weiterzuentwickeln und ggf. zeitlich später anzupassen. Nachfolgend werden beispielhaft für die praktisch relevanten Bereiche der Korruptionsbekämpfung[230] und des Datenschutzes Checklisten dargestellt, die zum einen das Verfahren der Compliance und der Entwicklung von konkreten Compliance-Systemen und Compliance-Regelungen erläutern und deutlich machen und zum anderen dem Berater einen ersten Einstieg für diese Bereiche geben können. 81

Bei der Einrichtung von Compliance-Systemen zur Korruptionsbekämpfung ist regelmäßig die Abgrenzung zur legalen Kundenpflege erforderlich und nicht unproblematisch. Hier kann dem beratenden Rechtsanwalt das vom Arbeitskreis Corporate Compliance 2009 erarbeitete und verabschiedete sog „Ampel-System"[231] eine Grundstruktur für die Erarbeitung und Systematisierung konkret unternehmensbezogener und für die jeweilige Gesellschaft und deren Tätigkeitsfeld passender Regelungen geben. Es werden hier in einem ersten Schritt zunächst relevante Prüfkriterien ermittelt und festgestellt und daraus in einem zweiten Schritt Prüffragen entwickelt, die dann im Blick auf die jeweils in Rede stehende Zuwendung beantwortet und einzelnen sowie zusammenfassend bewertet werden: 82

---

[223] LG München I 10.12.2013 – 5 HK O 1387/10, ZIP 2014, 570.
[224] LG München I 10.12.2013 – 5 HK O 1387/10, ZIP 2014, 570.
[225] LG München I 10.12.2013 – 5 HK O 1387/10, ZIP 2014, 570.
[226] *Lies* BB-Special 2008, 17.
[227] Semler/*v. Schenck* AR-HdB/*v. Schenck* § 7 Rn. 120; *Lutter/Krieger* AR § 3 Rn. 72.
[228] *Rack* CB 2017, 59; *Rack* CB 2014, 279.
[229] *Rack* CB 2017, 59.
[230] Vgl. auch den Sachverhalt von LG München I 10.12.2013 – 5 HK O 1387/10, ZIP 2014, 570.
[231] Vgl.: http://www.ihk-koeln.de/upload/Kodex_Arbeitskreis_Corporate_Compliance_2010_11767.pdf.

Prüfkriterium	Prüffrage	Sachverhalt, Ergebnis	Score (I=grün, 5=rot)
Zielsetzung	Bestehen Anhaltspunkte dafür, dass mit der in Rede stehenden Zuwendung eine unlautere Beeinflussung des Adressaten angestrebt wird und dass eine bestimmte, pflichtwidrige Handlung/Unterlassung intendiert ist?		
Stellung des Adressaten	a) Sind Amtsträger oder Geschäftspartner aus dem Wirtschaftsleben beteiligt? b) Welche Funktion, Managementebene bzw. Besoldungsstufe haben die Beteiligten?		
Anwesenheit des Einladenden	Ist die/der Einladende oder Beauftragte selber anwesend und betreut sie/er die Gäste?		
Beziehung zwischen den Beteiligten	Gibt es enge geschäftliche/dienstliche Berührungspunkte zwischen den Beteiligten?		
Vorgehensweise	Sind die Umstände der in Rede stehenden Zuwendung sowohl intern als auch extern hinreichend transparent?		
Art	Welchen Grad der Unternehmens- oder Produktnähe hat die in Rede stehende Zuwendung?		
Wert	Welchen monetären Wert hat die Zuwendung?		
Anzahl	Wie oft kam es innerhalb der letzten 12 Monate zu solch einer oder einer ähnlichen Art der Zuwendung an die jeweilige Zielgruppe?		
Zeitpunkt	Liegt der der Zeitpunkt der Zuwendung vor dem Zeitpunkt oder in dem Zeitabschnitt der Umsetzung einer geschäftlichen Entscheidung?		
Summe/Gesamteinschätzung			

83   Geht es um die Einrichtung eines Compliance-Systems in einer Aktiengesellschaft bzw. einem Unternehmen, das im Internet grenzüberschreitend aktiv ist, so sind bei der Einrichtung eines Compliance-Systems Datenschutz mehrere Rechtsordnungen und Jurisdiktionen zu beachten. Für den beratenden Rechtsanwalt kann für den Bereich des Datenschutzes folgende Checkliste[232] das „Verfahren" der Compliance verdeutlichen und einen Einstieg

---

[232] Grundlage dieser Checkliste ist wesentlich die Checkliste in *Determann,* Datenschutz – International Compliance Field Guide, 2017, 199–201. Der Autor dankt *Prof. Determann* für sein Einverständnis zur Aufnahme in den hiesigen Text. Vgl. vertiefend *Determann,* Datenschutz – International Compliance Field Guide, 2017, 199–201; zur Einrichtung internationaler Datenschutzprogramme *Determann,* Datenschutz – International Compliance Field Guide, 2017, 3 ff.; zur internationalen Datenübermittlung *Determann,* Datenschutz – International Compliance Field Guide, 2017, 33 ff.; zur Dokumentation *Determann,* Datenschutz – International Compliance Field Guide, 2017, 55 ff.; zur Wartung und Prüfung von Datenschutzprogrammen *Determann,* Datenschutz – International Compliance Field Guide, 2017, 105 ff.

geben um größere Lücken im Compliance-System des Unternehmens zu entdecken und ggf. Verbesserungsvorschläge zu machen und Regelungen für nachfolgende Hierarchieebenen zu entwickeln und zu formulieren:

> **Checkliste[233] zur Feststellung größerer Lücken im Compliance-System eines über Ländergrenzen hinaus tätigen Unternehmens betreffend Datenschutz**
>
> 1. Wer ist im Unternehmen für den Datenschutz verantwortlich?
> 1.1. Sind Datenschutzbeauftragte bestellt, soweit gesetzlich vorgeschrieben?
> 1.2. Sind auch für Länder oder Situationen, wo keine Rechtspflicht zur Bestellung von Datenschutzbeauftragten besteht, zumindest intern Verantwortliche und Ansprechpartner des Datenschutzes bestellt und benannt?
> 2. Was unternimmt der Betrieb, um Daten sicher zu bewahren?
> 2.1. Sind im Unternehmen unternehmensspezifische und aufgabenspezifische Datensicherheitsrichtlinien, die hinreichend physische, technische und administrative Datensicherheitsmaßnahmen beschreiben, zB bzgl. Datenzugang und -verschlüsselung, wirksam in Kraft gesetzt?
> 2.2. Wurden alle Mitarbeiter mit den Richtlinien vertraut gemacht, in deren Anwendung eingewiesen und halten die Mitarbeiter diese Richtlinien ein?
> 2.3. Werden Dienstleister sorgfältig ausgesucht, angewiesen und überwacht, was Datensicherheit betrifft? Sind angemessene Verträge wirksam abgeschlossen?
> 2.4. Ist das Unternehmen auf Datensicherheitsverstöße hinreichend vorbereitet, was Benachrichtigungspflichten Entschädigungspflichten betrifft?
> 2.5. Hat das Unternehmen zuverlässige Datenlöschverfahren etabliert, die sicherstellen, dass nicht mehr benötigte Daten dauerhaft gelöscht werden?
> 3. Sind alle Belehrungen und Einwilligungen akkurat erteilt worden?
> 3.1. Werden im Unternehmen wirksame Datenschutzbelehrungen für Arbeitnehmer, wirksame Datenschutzbelehrungen für Webseitenbesucher, wirksame Datenschutzbelehrungen für Internetüberwachung, E-Mail-Überwachung, Telefonüberwachung und Sicherheitskameras verwendet? Ist gewährleistet, dass gesetzliche Änderungen betreffend vorgenannte Erklärungen durch Anpassung der Formulierungen der Belehrungen umgesetzt werden?
> 3.2. Wird über die gesetzlichen Vorgaben zu Belehrungen und Einwilligungen hinaus geprüft, ob besondere vertragliche Verpflichtungen für Belehrungen und Einwilligungen im Bereich des Datenschutzes zu beachten sind?
> 4. Hat das Unternehmen alle erforderlichen Meldungen an Datenschutzbehörden gesandt und Erlaubnisse eingeholt, soweit erforderlich? Haben sich Tatsachen seit der letzten Meldung geändert, so dass ggf. eine Änderungsmeldung erforderlich ist?
> 4.1. Wird für jedes Land, in dem das Unternehmen tätig ist und ein Büro unterhält, Mitarbeiter beschäftigt oder eine sonstige physische Vertretung unterhält, überprüft, ob Meldungen an Datenschutzbehörden oder Erlaubnisse erforderlich sind?
> 4.2. Ist organisatorisch gewährleistet, dass in allen Ländern, in denen das Unternehmen im Sinne des vorigen Absatzes (4.1.) tätig ist, gesetzliche Änderungen im Bereich des Datenschutzes umgesetzt werden?
> 5. Übermittelt das Unternehmen Daten über Ländergrenzen?
> 5.1. Wenn das Unternehmen personenbezogene Daten in andere Länder übermittelt oder vom Ausland erhält: Wurden Rechtfertigungsmaßnahmen ergriffen, zB die Einwilligung der Betroffenen wirksam eingeholt, wurden Verträge mit EU-Standardvertragsklauseln abgeschlossen oder wurden behördlich genehmigte unternehmensinterne Datenschutzvorschriften implementiert (Binding Corporate Rules).

---

[233] Checklisten können helfen, eine Agenda für Besprechungen, Prüfverfahren und Arbeitspläne zu erstellen. Sie sollten aber keine falschen Vorstellungen erzeugen, was deren Vollständigkeit betrifft. Mit der hier angegebenen Checkliste sollte eine Grundlage dafür gegeben sein, größere Datenschutzdefizite zu identifizieren und eine Reaktionsprozess in Gang zu setzen, *Determann*, Datenschutz – International Compliance Field Guide, 2017, 199.

5.2. Ist gewährleistet, dass Rechtsänderungen in anderen Ländern in verwendeten Vertragsmustern und unternehmensinternen Datenschutzvorschriften umgesetzt werden?

6. Überwacht das Unternehmen Mitarbeiter mittels Whistleblower-Hotline oder -Technologien?

6.1. Wenn das Unternehmen eine Whistleblower-Hotline unterhält, über die Mitarbeiter auch anonym Probleme anzeigen können: Sind die Kategorien von anzeigbaren Verstößen im Einklang mit dem jeweils lokal und territorial geltenden Datenschutzrecht festgelegt, – soweit – vorhanden der Betriebsrat oder die Mitarbeitervertretung konsultiert, wurden Mitarbeiter ordnungsgemäß benachrichtigt und erforderliche Meldungen an die Datenschutzbehörden übermittelt?

6.2. Wurden bei der Beteiligung des Betriebsrats oder der Mitarbeitervertretung, der Benachrichtigung und ggf. der Einwilligung von Betroffenen und behördlichen Meldungen auch der E-Mail-Filter, Telefonüberwachung, Videokameras oder andere technologische Überwachungsmaßnahmen mit einbezogen?

7. Hält das Unternehmen Datenschutz- und Wettbewerbsrecht im Zusammenhang mit Werbemaßnahmen ein?

7.1. Werden Einwilligungen – soweit erforderlich – eingeholt bspw. vor Zusendung von Direktwerbung, für Web-Cookies oder vor Erstellung von Nutzerprofilen?

7.2. Bietet das Unternehmen effektive Optionen an, mithilfe derer Empfänger weitere Werbe-E-Mails abbestellen können? Beachtet das Unternehmen alle Abbestellungen?

7.3. Wird beim Erwerb von Adresslisten von anderen Unternehmen deren Datenschutzrechtseinhaltung überprüft und werden vertragliche Zusicherungen hinsichtlich der Rechtmäßigkeit der Datenübermittlung eingeholt?

8. Gestaltet das Unternehmen Produkte, Prozesse und Allgemeine Geschäftsbedingungen so, dass seine Mitarbeiter, Kunden, Geschäftspartner und Produktbenutzer Datenschutzrecht einhalten können?

8.1. Werden vor der Entwicklung neuer Produkte und Verfahrensweisen Bedürfnisse der Kunden und Produktbenutzer hinsichtlich der Einhaltung des Datenschutzrechtes festgestellt?

8.2. Werden früh im Entwicklungsprozess Stellungnahmen von betrieblichen Datenschutzexperten eingeholt zB dem Datenschutzbeauftragten oder Justiziaren?

8.3. Werden den Produktbenutzer Hinweise zur Einhaltung von Datenschutzrecht gegeben, zB Produktbeschreibungen und Nutzungsanleitungen?

8.4. Sind die Allgemeinen Geschäftsbedingungen des Unternehmens so gestaltet, dass sie den Kunden und Geschäftspartnern alle gesetzlich erforderlichen Versicherungen geben und abnehmen, zB im Zusammenhang mit Auftragsdatenverarbeitung?

85 e) **Business Judgment Rule.** *aa) Allgemeines.* Bei der Prüfung der Pflichtenstellung des AG-Vorstands kommt seit der ARAG/Garmenbeck-Entscheidung des BGH[234] sowie nachfolgend der Neuregelung des § 93 Abs. 1 S. 2 AktG[235] im deutschen Recht geltenden Business Judgment Rule erhebliche haftungsbegrenzende Bedeutung zu. Dabei ist zu beachten, dass die Regelung der **US-Business Judgment Rule** anders als die des deutschen Rechts strukturiert ist und insbes. im Blick auf den erfassten Personenkreis sowie die Unterscheidung zwischen Verhaltensanforderungen und Prüfungsanforderungen nicht mit der deutschen Regelung übereinstimmt,[236] dies mit der Folge, dass dortige Wertungen und Argumentationen nicht ohne weiteres herangezogen werden können.

86 Die **deutsche**, für die Prüfung der Vorstandshaftung maßgebliche Regelung der **Business Judgment Rule** ordnet zusammengefasst an,
- dass eine Pflichtverletzung nicht vorliegt,
- wenn ein Vorstandsmitglied bei unternehmerischen Entscheidungen,

---

[234] BGHZ 135, 244.
[235] UMAG 22.9.2005, BGBl. 2005 I 2802.
[236] Vgl. dazu Semler/v. Schenck AR-HdB/*Doralt* § 13 Rn. 54 ff.; *Merkt* ZGR 4/2017, Bd. 46.

- vernünftigerweise annehmen durfte,
- auf der Grundlage angemessener Informationen,
- zum Wohl der Gesellschaft zu handeln.[237]

Festzuhalten ist dazu zunächst, dass in § 93 Abs. 1 S. 2 AktG mehrere auslegungsbedürftige unbestimmte Rechtsbegriffe (unternehmerische Entscheidung, vernünftigerweise, annehmen, durfte, angemessener, Wohl der Gesellschaft) enthalten sind,[238] die im Lichte der Werteordnung des GG und jedenfalls seit dem Inkrafttreten der EU-Grundrechte-Charta im Lichte der objektiven europäischen Werteordnung und des Systems objektiver europäischer Wertnormen auszulegen sind,[239] wenn die Voraussetzungen des Art. 51 Abs. 1 GRCH und eine Durchführung des Rechts der Union vorliegen[240] und insbes. ein hinreichender Zusammenhang von gewissen Grad gegeben ist, der darüber hinausgeht, dass die fraglichen Sachverhalte benachbart sind oder der eine, von ihnen mittelbare Auswirkungen auf den anderen haben kann.[241] Bedeutsam ist im Anwendungsbereich der GRCH vor allem **Art. 16 GRCh** in dem neben dem Eigentumsgrundrecht (Art. 17 GRCh) und der Berufsfreiheit (Art. 15 GRCh) die **Unternehmerfreiheit** besonders geregelt ist. Im Gegensatz zum Grundgesetz räumt mithin die europäische Werteordnung der Unternehmerfreiheit durch Sonderregelung ein besonderes Gewicht ein, was zur Folge hat, dass das gerichtlich nicht überprüfbare unternehmerische Ermessen und der Handlungsspielraum der Unternehmensleitung sowie das vom Vorstand geforderte „aktive Unternehmertum"[242] insbes. auch im Rahmen der Business Judgment Rule durch die Rspr. im Wege der einzelfallbezogenen **Auslegung** nur eingeschränkt werden darf, wenn erhebliche – ebenfalls grundrechtlich gewährleistete – schwerwiegende Belange entgegenstehen und die Einschränkung unternehmerischen Ermessens erforderlich machen.

Die deutsche Regelung der Business Judgment Rule knüpft dabei systematisch bei der Pflichtwidrigkeit, verstanden als **Rechtswidrigkeit des Verhaltens** und nicht bei einem Verschulden an, womit bei einem der Business Judgment Rule entsprechenden Verhalten bereits die Pflichtwidrigkeit des Verhaltens der Organmitglieder entfällt.

bb) Darlegungslast des AG-Vorstands. Um eine Haftung über die Business Judgment Rule bereits dem Grunde nach auszuschließen, hat der mit einem Haftungsanspruch überzogene Vorstand darzulegen, dass er die **Grenzen unternehmerisch erlaubten Risikos** nicht überschritten hat.[243] Er muss darlegen, dass keine sorgfaltspflichtwidrige unternehmerische (Fehl-)Entscheidung vorliegt, sondern ein bloßer Fehlschlag und Irrtum trotz Einhaltung der erforderlichen Sorgfalt.[244]

cc) Beurteilungszeitpunkt. Maßgeblicher Beurteilungszeitpunkt betreffend das Eingreifen der Business Judgment Rule ist die **verobjektivierte ex-ante-Sicht** im Zeitpunkt der Entscheidung oder Handlung, aus der sich eine Pflichtwidrigkeit ergeben soll. Die Bejahung einer die Haftung dem Grunde nach auslösenden Pflichtwidrigkeit kommt nur in Betracht, wenn aus dieser verobjektivierten ex-ante-Sicht heraus das **Vorliegen eines Leitungsfehlers evident** war oder sich das Vorliegen eines Fehlverhaltens für das in Anspruch genommene Vorstandsmitglied aus anderen Gründen **aufdrängte**.[245] Maßgeblich sind hier die Umstände des Einzelfalls unter Berücksichtigung der Marktlage und Struktur der Aktiengesell-

---

[237] Semler/v. Schenck AR-HdB/*Doralt* § 13 Rn. 65.
[238] Semler/v. Schenck AR-HdB/*Doralt* § 13 Rn. 66.
[239] *Ritter* NJW 2010, 1110; sowie → § 24 I 1.
[240] Vgl. zB betr. die Haftung von Organmitgliedern die RL 2006/46/EG zur Abänderung der 4. und 7. gesellschaftsrechtlichen Richtlinie für die Fallgruppen der Erstellung und Offenlegung des Jahresabschlusses und des Lageberichts der Gesellschaft sowie Corporate Governance Statement.
[241] EuGH 6.3.2014 – C-206/13, NVwZ 2014, 575 Rn. 24 – Siragusa; BAG 11.9.2013 – 7 AZR 843/11, BAGE 146, 48; ArbG Stuttgart 21.12.2016 – 26 Ca 735/16, NZA-RR 2017, 69.
[242] Lücke/Schaub AG-Vorstand/*Schnabel/Lücke* § 6 Rn. 11 mwN.
[243] Lücke/Schaub AG-Vorstand/*Schnabel/Lücke* § 6 Rn. 1 mwN.
[244] Lücke/Schaub AG-Vorstand/*Schnabel/Lücke* § 6 Rn. 55 mwN.
[245] Lücke/Schaub AG-Vorstand/*Schnabel/Lücke* § 6 Rn. 57; beispielhaft OLG Jena NZG 2001, 86 (87 f.); oder BGHZ 135, 244 – ARAG/Garmenbeck; sowie „Risikogeschäfte" bei Lücke/Schaub AG-Vorstand/*Schnabel/Lücke* § 6 Rn. 379 ff.

schaft sowie bestehende Geschäftsverbindungen, Geschäftschancen und Geschäftsrisiken.[246]

91   Dabei kommt der Einhaltung des im unternehmerischen Entscheidungszeitpunkt aktuellen **Corporate Governance Kodex Indizwirkung** dafür zu, dass die vom Vorstand zu beachtende Sorgfalt beachtet wurde. Dies ergibt sich auch aus der Entscheidung des BGH v. 16.2.2009, in der der BGH auch die unterjährige Pflicht zur Aktualisierung der Entsprechenserklärung gem. § 161 AktG ausdrücklich statuiert hat.[247] Dieser Argumentation ist immanent, dass das Handeln gem. den Vorgaben des Corporate Governance Kodex grds. richtig ist und ein erhebliches Indiz dafür gibt, dass die erforderliche Sorgfalt beobachtet wurde, wenn vom Vorstand nachgewiesen werden kann, dass ein die konkreten Verhältnisse der jeweiligen Gesellschaft erfassendes Umsetzungs- und Überwachungssystem eingerichtet wurde.

92   *dd) Business Judgment Rule und Legalitätspflicht; Legal Judgment Rule.* **Unterschiedlich beurteilt** wird die Frage, **ob bzw. inwieweit die Business Judgment Rule auch das Legalitätsprinzip einschränkt oder einschränken kann.**

93   Die Business Judgment Rule wird teilweise interpretiert als ein richterlicher Nachprüfung entzogener unternehmerischer Ermessensspielraum,[248] teilweise wird sie als unwiderlegbare Vermutung objektiv rechtmäßigen Verhaltens eingeordnet[249] und teilweise wird vertreten, dass im Anwendungsbereich der Business Judgment Rule eine Haftung gegenüber der Gesellschaft nur ab der Grenze der groben Fahrlässigkeit in Betracht kommt.[250]

94   Der **BGH**[251] geht in seiner Argumentation davon aus, dass grds. den Schuldner das Risiko, die Rechtslage zu verkennen, trifft. Ein **Vorstandsmitglied** einer Aktiengesellschaft **kann sich nach dem BGH nur ausnahmsweise wegen eines Rechtsirrtums entlasten,** wenn es sich unter umfassender Darstellung der Verhältnisse der Gesellschaft und Offenlegung der erforderlichen Unterlagen von einem unabhängigen, für die zu klärende Frage fachlich qualifizierten Berufsträger hat beraten lassen und den erteilten Rechtsrat einer sorgfältigen Plausibilitätskontrolle unterzogen hat.[252]

95   Diese vom BGH aufgestellten Anforderungen und diese Interpretation der sich aus § 93 AktG (BJR) iVm § 76 Abs. 1 AktG („Leitung in eigener Verantwortung") ergebende Pflichtenposition des AG-Vorstands in der durch das AktG konstituierten AG-Verfassung stellen eine **unverhältnismäßige und mit den verfassungsrechtlichen Wertentscheidungen unvereinbare Auslegung** dar. Wie in allen anderen Rechtsbereichen auch,[253] sind beim Vorhandensein unbestimmter Rechtsbegriffe diese im Lichte der Werteordnung des GG[254] und der GRCh[255] zu interpretieren und anzuwenden.[256] Bereits ein ausnahmsloses Außerachtlassen des zeitlichen Drucks, unter dem Entscheidungen von AG-Vorständen insbes. auch bei unklarer Rechtslage in den meisten Fällen getroffen werden müssen, ist mit der durch Art. 12 Abs. 1 GG und Art. 15 GRCh geschützten Berufsfreiheit nicht vereinbar. Zudem wird mit der Rspr. des BGH[257] iErg dem AG-Vorstand eine dem Rechtsanwalt ähnliche Pflichtenstel-

---

[246] Lücke/Schaub AG-Vorstand/*Schnabel/Lücke* § 6 Rn. 57; *Abeltshauser*, Leitungshaftung im Kapitalgesellschaftsrecht, 1998, 75 ff.; *Paefgen*, Unternehmerische Entscheidungen und Rechtsbindung der Organe in der Aktiengesellschaft, 2002, 134 ff.
[247] BGH 10.7.2012 – II ZR 48/1, NJW 2012, 3235; BGH 16.2.2009 – II ZR 185/07, DB 2008, 500; vgl. auch OLG Stuttgart 17.11.2010 – 20 U 2/10, BB 2010, 2969.
[248] Bürgers/Körber/*Israel*, AktG, 3. Aufl. 2014, AktG § 93 Rn. 9.
[249] Hüffer/Koch/*Koch* AktG § 93 Rn. 14.
[250] *Bachmann* FS Stilz, 2014, 25 (29 ff.).
[251] BGH 28.4.2015 – II ZR 63/14, NJW-RR 2015, 988; vgl. dazu *Vetter* NZG 2015, 889.
[252] BGH 28.4.2015 – II ZR 63/14, NJW-RR 2015, 988; BGH 20.9.2011 – II ZR 234/09, ZIP 2011, 2097.
[253] Vgl. nur BVerfG 11.9.2008 – 1 BvR 2007/05, NJW 2008, 3698; BGH 23.6.2009 – VI ZR 196/08, NJW 2009, 2888; BAG 18.8.2009 – 1 ABR 43/08, NJW 2009, 1334; *Ritter* NJW 2010, 1110 (1111) mwN.
[254] BVerfGE 7, 189 – Lüth.
[255] *Ritter* NJW 2010, 1110; NJW 2012, 1549; im Blick auf die weitgehende Determinierung des Gesellschaftsrechts durch EU-Recht vgl. zur Anwendbarkeit der GRCh auch EuGH 26.2.2013 – C-617/10, NJW 2013, 1415.
[256] AA wohl *Großfeld* ZIP 1986, 1023; *Reuter* ZGR 1987, 489 (503).
[257] BGH 28.4.2015 – II ZR 63/14, NJW-RR 2015, 988; vgl. dazu *Vetter* NZG 2015, 889.

lung auferlegt dahin gehend, dass stets der rechtlich sicherste Weg erkannt und gegangen werden muss.²⁵⁸ Das ist mit der in der durch das AktG konstituierten AG-Verfassung und insbes. der durch § 93 Abs. 1 S. 2 AktG und § 76 Abs. 1 AktG einfachgesetzlich konkretisierten und gewährleisteten Unternehmerfreiheit (Art. 12, 14 GG, Art. 15, 16, 17 GRCh) unvereinbar. Der AG-Vorstand ist kein Rechtsanwalt und er soll nach dem gesetzgeberischen Willen die Unternehmer- und Berufsfreiheit der AG wie auch seine eigene Berufsfreiheit ausüben und konkretisieren wobei das Legalitätsprinzip und insbes. das Legalitätsprinzip – verstanden im Sinne unmittelbar anwaltlicher Berufsausübung – nur ein Handlungsmotiv im Motivbündel unternehmerischen Handelns ist und sein soll. Wie in der Gesetzesbegründung zu § 93 Abs. 1 S. 2 AktG klargestellt, beruhen unternehmerische Entscheidungen *„häufig auch auf Instinkt, Erfahrung, Phantasie und einem Gefühl für die Märkte und die Reaktion der Abnehmer und Konkurrenten. Dies lässt sich nicht vollständig durch objektive Information ersetzen".*²⁵⁹ **Nach alledem kann** entgegen dem BGH **das Legalitätsprinzip nicht vollständig vom Anwendungsbereich der Business Judgment Rule ausgenommen werden,** sondern es ist in der Fallgruppe des Rechtsirrtums wie auch der Fallgruppe der unklaren Rechtslage im Rahmen von Entscheidungen des AG-Vorstands zu prüfen, ob die Pflichtenstellung eines ordentlichen und gewissenhaften Geschäftsleiters oder Überwachers verletzt wurde.²⁶⁰ Die Business Judgment Rule ist auch bei der Bestimmung der Rechtsermittlungspflicht des AG-Vorstands zu berücksichtigen und anzuwenden. Es greift – **zugunsten des AG-Vorstands** – eine „Legal Judgment Rule".²⁶¹ Bei komplexen Sachverhalten und unklarer Rechtslage ist dem AG-Vorstand die Verteidigung möglich, er habe sich nach umfassender Erkundigung und Abwägung für eine vertretbare Meinung entschieden, was die Pflichtwidrigkeit seines Handelns ausschließt,²⁶² jedenfalls aber – systematisch nachgelagert – das Verschulden.²⁶³

5. Sorgfaltspflicht bei der Gründung der Gesellschaft

Besondere Pflichten des AG-Vorstands ergeben sich bereits bei Gründung der Gesellschaft (§ 48 S. 1 AktG) wobei in diesem Stadium daneben gem. § 48 S. 2 AktG auch bereits die „allgemeine" Haftung nach § 93 AktG steht.²⁶⁴ § 48 AktG dient dem **Schutz der Gesellschaft vor Schädigungen im Rahmen der Gründung** und insbes. dem **Schutz der Kapitalaufbringung.**²⁶⁵

6. Pflichten des AG-Vorstands zur Kapitalerhaltung

Pflichten des AG-Vorstands zur Kapitalerhaltung ergeben sich aus § 93 Abs. 3 AktG. Danach sind die Vorstandsmitglieder zum Schadenersatz verpflichtet, wenn entgegen dem AktG Einlagen an die Aktionäre zurückgewährt werden, Aktionären Zinsen oder Gewinnanteile gezahlt werden, eigene Aktien der Gesellschaft oder einer anderen Gesellschaft gezeichnet, erworben, als Pfand genommen oder eingezogen werden, Aktien vor der vollen

---

²⁵⁸ Zur Pflichtenstellung des Rechtsanwalts und dort insbes. zum Erfordernis und dem Grundsatz des sichersten Wegs OLG Düsseldorf 6.4.2017 – I-6 U 164/16, BeckRS 2017, 108434; OLG Hamm 17.3.2015 – 28 U 208/13, BeckRS 2015, 06911; BGH 10.5.2012 – IX ZR 125/10, NJW 2012, 2435; 15.1.2009 – IX ZR 166/07, NJW 2009, 1589; 1.3.2007 – IX ZR 261/03, NJW 2007, 2485; 29.6.2006 – IX ZR 76/04, NJW 2006, 3494; *Zugehör/Vill,* Handbuch der Anwaltshaftung, 3. Aufl. 2011, Rn. 631; *Fahrendorf/Mennemeyer/Terbille,* Die Haftung des Rechtsanwalts, 8. Aufl. 2010, Rn. 429, 566; *Vollkommer/Greger/Heinemann,* Anwaltshaftungsrecht, 2014, § 13 Rn. 1 ff.
²⁵⁹ Begr. RegE, BT-Drs. 15/5092, 11 f.
²⁶⁰ Betr. die Fallgruppe Rechtsirrtum auch *Cahn,* Business Judgment Rule und Rechtsfragen, ILF Working Paper Series Nr. 144, 2015, Kap. IV, 17.
²⁶¹ Vgl. *Binder/Kraayvanger* BB 2015, 1219 (1221 f.); *Buck-Heeb* BB 2013, 2247; *Berger,* Vorstandshaftung und Beratung, 2015, 307 ff.; *Bürkle* VersR 2013, 792; *Paefgen* AG 2014, 554.
²⁶² *Hasselbach/Ebbinghaus* AG 2014, 873; *Bürkle* VersR 2013, 792; *Bicker* AG 2014, 8; *Binder/Kraayvanger* BB 2015, 1219 (1222); vgl. auch *Verse* ZGR 2017, 174.
²⁶³ *Buck-Heeb* BB 2013, 2247; *Paefgen* AG 2014, 554.
²⁶⁴ *Ek* Haftungsrisiken Kap. B I 2a, S. 39.
²⁶⁵ *Ek* Haftungsrisiken Kap. B I 2a, S. 39.

Leistung des Ausgabebetrags ausgegeben werden, Gesellschaftsvermögen verteilt wird, Zahlungen entgegen § 92 Abs. 2 AktG geleistet werden, Vergütungen an Aufsichtsratsmitglieder gewährt werden, Kredit gewährt wird und bei der bedingten Kapitalerhöhung außerhalb des festgesetzten Zwecks oder vor der vollen Leistung des Gegenwerts Bezugsaktien ausgegeben werden. Die in § 93 Abs. 3 AktG genannten Tatbestände sind keine abschließende Aufzählung der Kapitalerhaltungspflichten des AG-Vorstands.[266] Die **Kapitalerhaltungspflicht** des AG-Vorstands **verbietet jede gesetzeswidrige Minderung des Gesellschaftsvermögens.**[267]

7. Pflichten des AG-Vorstands in der Krise der AG

98 Die Phase der Krise ist der Zeitraum, während dessen sich entscheidet, ob eine finanzielle Schieflage der AG durch Restrukturierungsmaßnahmen aufgefangen werden kann, oder zum Scheitern des Unternehmens und damit zur Insolvenz führt.[268] In der Krise der AG[269] hat der Vorstand besondere Pflichten wie die Verdichtung der Berichtspflichten gegenüber dem Aufsichtsrat,[270] Einberufungspflichten zur Hauptversammlung, den Zeitpunkt des Eintritts der Insolvenzantragspflicht und ggf. nach Eintritt der Insolvenz die dortige Pflichtensituation[271] zu beachten. Besonders praxisrelevant ist die Insolvenzantragspflicht des AG-Vorstands.

99 a) **Allgemeines.** Wird eine Aktiengesellschaft **zahlungsunfähig** oder **überschuldet**, so haben **die AG-Vorstände als Mitglieder des Vertretungsorgans, die Pflicht, ohne schuldhaftes Zögern, spätestens aber drei Wochen nach Eintritt der Zahlungsunfähigkeit oder Überschuldung, einen Insolvenzeröffnungsantrag** zu stellen (§ 15a Abs. 1 InsO).[272] Das Antragsrecht ist in § 15 InsO geregelt. Zu beachten ist dabei, dass durch das ESUG die formalen Anforderungen an die ordnungsgemäße (und den Vorstand sodann entlastende) Antragstellung deutlich erhöht wurden.[273] Der Antrag kann, sofern eine Sanierung noch möglich ist, vor Verfahrenseröffnung vom Antragsteller zurückgenommen werden.[274] Die Pflicht zur Stellung des Insolvenzantrags bei Vorliegen der Voraussetzungen besteht für jedes Mitglied des AG-Vorstands, unabhängig von der Geschäftsverteilung.

100 b) **Zahlungsunfähigkeit der AG.** Zahlungsunfähigkeit liegt nach § 17 Abs. 2 S. 1 InsO vor, wenn die Insolvenzschuldnerin **nicht in der Lage ist, ihre fälligen Zahlungspflichten zu erfüllen**. Kann sie sich **innerhalb von drei Wochen** die zur Begleichung ihrer fälligen Forderungen benötigten finanziellen Mittel nicht beschaffen, liegt nach der Rspr. Zahlungsunfähigkeit und nicht mehr eine nur rechtlich unerhebliche **Zahlungsstockung** vor.[275] Beträgt die Liquiditätslücke der Schuldnerin 10 % oder mehr, ist regelmäßig von Zahlungsunfähigkeit auszugehen, sofern nicht ausnahmsweise mit an Sicherheit grenzender Wahrscheinlichkeit zu erwarten ist, dass die Liquiditätslücke demnächst vollständig oder fast vollständig geschlossen wird und den Gläubigern ein Zuwarten nach den besonderen Umständen des Einzelfalles zuzumuten ist.[276] In die zur Feststellung der Zahlungsunfähigkeit aufzustellende Liquiditätsbilanz sind auf der Aktivseite neben den verfügbaren Zahlungsmitteln (sog **Aktiva I**) die innerhalb von drei Wochen flüssig zu machenden Mittel (sog **Aktiva II**) einzubezie-

---

[266] *Ek* Haftungsrisiken Kap. B I 2b, S. 44; *Thümmel*, Persönliche Haftung von Managern und Aufsichtsräten, 3. Aufl. 2003, Rn. 106.
[267] *Ek* Haftungsrisiken Kap. B I 2b, S. 44; *Semler* AG 2005, 321.
[268] Lücke/Schaub AG-Vorstand/*Schnabel/Lücke* § 6 Rn. 134; *Thümmel* BB 2002, 1105.
[269] Zur Pflichtensituation im Vorfeld der Insolvenz *Reuter* BB 2003, 1797.
[270] Lücke/Schaub AG-Vorstand/*Schnabel/Lücke* § 6 Rn. 129 mwN.
[271] Zur Pflichtensituation in der Insolvenz *Hauptmann/Müller-Dott* BB 2003, 2521.
[272] Vgl. auch § 92 Abs. 2 AktG aF.
[273] Braun/*Bußhardt*, InsO, 5. Aufl. 2012, InsO § 15a, Rn. 10.
[274] Schmidt/Ahrens/Brinkmann/*Gundlach*, InsO, 18. Aufl. 2013, § 13 Rn. 35.
[275] BGH 19.12.2017 – II ZR 88/16, WM 2018, 277; OLG Brandenburg 13.1.2015 – 6 U 195/12, BeckRS 2015, 01192; BGH 9.6.2016 – IX ZR 174/15, NZI 2016, 736.
[276] BGH 17.11.2016 – IX ZR 65/15, NZG 2017, 310; OLG Brandenburg 13.1.2015 – 6 U 195/12, BeckRS 2015, 01192; BGHZ 163, 134, 139 ff.; BGH ZIP 2006, 222; BGH ZIP 2007, 1469; BGH ZIP 2012, 1174 Rn. 10; BGH 19.12.2017 – II ZR 88/16, WM 2018, 277.

hen und zu den am Stichtag fälligen und eingeforderten Verbindlichkeiten (sog **Passiva I**) sowie den innerhalb von drei Wochen fällig werdenden und eingeforderten Verbindlichkeiten (sog **Passiva II**) in Beziehung zu setzen, wobei auch die innerhalb von drei Wochen fällig werdenden Verbindlichkeiten (Passiva II) bei der Feststellung der Zahlungsunfähigkeit zu berücksichtigen sind.[277]

c) **Überschuldung der AG.** Ob eine Gesellschaft in einem bestimmten Zeitpunkt überschuldet ist, ist **anhand eines Vermögensstatus der Gesellschaft (Überschuldungsbilanz) festzustellen**, in dem ihre Vermögenswerte mit den Verkehrs- oder Liquidationswerten ausgewiesen sind.[278] Bei der Ermittlung des Vermögensstands dürfen **stille Reserven** berücksichtigt werden.[279] Eine **Unterbilanz** schadet dagegen im Grundsatz nicht.[280] Die Erfüllung eines Anspruchs kann eine Unterbilanz oder Überschuldung weder herbeiführen noch vertiefen, weil der Verminderung der Aktivseite eine entsprechende Verringerung der Verbindlichkeiten gegenübersteht, die Erfüllung also bilanzneutral ist.[281]

d) **Hinweispflichten des Steuerberaters betreffend Insolvenzantrag.** Die Pflichtenstellung des Steuerberaters der AG gegenüber den AG-Vorständen hängt vom erteilten Auftrag und den Kommunikationsinhalten der Beratungsgespräche ab. Der Steuerberater unterliegt bei einem **ausdrücklichen Auftrag zur Prüfung der Insolvenzreife** eines Unternehmens einer vertraglichen Haftung für etwaige Fehlleistungen.[282] Dies gilt auch dann, wenn der vertraglich **lediglich mit der Erstellung der Steuerbilanz betraute** Steuerberater weitergehend erklärt, dass eine insolvenzrechtliche Überschuldung nicht vorliege.[283] Der **lediglich mit der allgemeinen steuerlichen Beratung einer Gesellschaft beauftragte** Berater ist hingegen nicht verpflichtet, die Gesellschaft bei einer Unterdeckung in der Handelsbilanz auf die Pflicht ihres Geschäftsführers ungefragt hinzuweisen, eine Überprüfung, ob Insolvenzreife bestehe, in Auftrag zu geben oder selbst vorzunehmen,[284] wobei dieser Grundsatz uneingeschränkt gilt, wenn der Berater **ausschließlich mit den steuerlichen Angelegenheiten der Gesellschaft befasst** ist.[285] Den Steuerberater treffen **jedoch weitergehende vertragliche Hinweispflichten**, wenn er bei einem rein steuerrechtlichen Mandat mit dem Vertretungsorgan in **konkrete Erörterungen über eine etwaige Insolvenzreife** der von ihm beratenen Gesellschaft eintritt.[286] Insoweit gilt nichts anderes als in sonstigen Fällen, in denen der Berater außerhalb des bestehenden Mandatsverhältnisses für die Entschließung des Mandanten erkennbar erhebliche Erklärungen abgibt, die sich als unzutreffend erweisen.[287]

8. Berichtspflichten des AG-Vorstands

Der AG-Vorstand hat Berichtspflichten gegenüber im Rechtsverhältnis zum Aufsichtsrat und gegenüber der Hauptversammlung zu beachten.

Die Pflicht zur Erstattung der sog **Regelberichte** an den Aufsichtsrat hat ihren Rechtsgrund in § 90 Abs. 1 S. 1, 2 AktG. Danach hat der Vorstand dem Aufsichtsrat über die beabsichtigte Geschäftspolitik und andere grundsätzliche Fragen der Unternehmensplanung (insbes. die Finanz-, Investitions- und Personalplanung), wobei auf Abweichungen der tat-

---

[277] BGH 19.12.2017 – II ZR 88/16, WM 2018, 277.
[278] BGH 19.1.2016 – II ZR 61/15, BeckRS 2016, 05435.
[279] BGH 19.1.2016 – II ZR 61/15, BeckRS 2016, 05435; BGH 21.2.1994 – II ZR 60/93, BGHZ 125, 141; BGH 10.7.2012 – II ZR 212/10, ZIP 2012, 1857.
[280] BGH 19.1.2016 – II ZR 61/15, BeckRS 2016, 05435; BGH 26.3.1984 – II ZR 14/84, BGHZ 90, 370; BGH 21.2.1994 – II ZR 60/93, BGHZ 125, 141.
[281] BGH 19.1.2016 – II ZR 61/15, BeckRS 2016, 05435; BGH 10.7.2012 – II ZR 212/10, ZIP 2012, 1857.
[282] BGH 6.2.2014 – IX ZR 53/13, NJW-RR 2014, 827; BGH 7.3.2013 – IX ZR 64/12, WM 2013, 802; BGH 6.6.2013 – IX ZR 204/12, VersR 2014, 753; vgl. auch *Fuhst* Anm. BGH 6.2.2014 – IX ZR 53/13, DStR 2014, 975; *Ditges* NWB 2014, 1670.
[283] BGH 6.2.2014 – IX ZR 53/13, NJW-RR 2014, 827; BGH 6.6.2013 – IX ZR 204/12, VersR 2014, 753.
[284] OLG Saarbrücken 9.12.15 – 1 U 13/12, NZG 2016, 385; BGH 6.2.2014 – IX ZR 53/13, NJW-RR 2014, 827; BGH 6.6.2013 – IX ZR 204/12, VersR 2014, 753.
[285] BGH 6.2.2014 – IX ZR 53/13, NJW-RR 2014, 827; OLG Saarbrücken 9.12.15 – 1 U 13/12, NZG 2016, 385.
[286] BGH 6.2.2014 – IX ZR 53/13, NJW-RR 2014, 827.
[287] BGH 6.2.2014 – IX ZR 53/13, NJW-RR 2014, 827.

sächlichen Entwicklung von früher berichteten Zielen unter Angabe von Gründen einzugehen ist, die Rentabilität der Gesellschaft, insbes. die Rentabilität des Eigenkapitals, den Gang der Geschäfte, insbes. den Umsatz, und die Lage der Gesellschaft und Geschäfte, die für die Rentabilität oder Liquidität der Gesellschaft von erheblicher Bedeutung sein können, zu berichten. Die Pflicht des AG-Vorstands zur Erstattung von **Sonderberichten** hat ihren Rechtsgrund in § 90 Abs. 1 S. 3 AktG. Danach ist dem Vorsitzenden des Aufsichtsrats vom Vorstand aus wichtigen Anlässen zu berichten wobei als wichtiger Anlass auch ein dem Vorstand bekanntgewordener geschäftlicher Vorgang bei einem verbundenen Unternehmen anzusehen ist, der auf die Lage der Gesellschaft von erheblichem Einfluss sein kann. Die Pflicht des Vorstands zur Erstattung von **Anforderungsberichten** hat ihren rechtlichen Grund in § 90 Abs. 3 AktG. Danach kann der Aufsichtsrat vom Vorstand jederzeit einen Bericht verlangen über Angelegenheiten der Gesellschaft, über ihre rechtlichen und geschäftlichen Beziehungen zu verbundenen Unternehmen sowie über geschäftliche Vorgänge bei diesen Unternehmen, die auf die Lage der Gesellschaft von erheblichem Einfluss sein können. Auch ein einzelnes Mitglied kann einen Bericht, jedoch nur an den Aufsichtsrat, verlangen.

105 Anders als bei der Verschwiegenheitspflicht, bei der privatautonome Abweichungen – sowohl Milderungen als auch Verschärfungen – von der durch das AktG konstituierten AG-Verfassung unzulässig sind,[288] können zu den Berichtspflichten **über die gesetzlichen Vorgaben hinaus** noch **konkretisierende Regelungen in die Geschäftsordnung des Vorstands** der AG aufgenommen werden.

Formulierungsvorschlag Zusatzregelung Berichtspflicht Vorstand an den Aufsichtsrat in der Geschäftsordnung des AG-Vorstands:

§ X GO-AG-Vorstand

106 (1) Der Vorstand ist verpflichtet, unbeschadet bestehender Zustimmungsvorbehalte des Aufsichtsrats und der in § 90 AktG in seiner jeweils gültigen Fassung festgelegten Berichtspflichten, regelmäßig über den Gang der Geschäfte und die Lage der Gesellschaft und ihrer verbundenen Unternehmen zu unterrichten, insbes. auch über alle Angelegenheiten, die für die Gesellschaft von besonderem Gewicht sind.

(2) Der Vorstand ist insbes. verpflichtet, dem Aufsichtsrat, in der Regel in Textform, insbes. zu folgenden Themen zu berichten:
- Die beabsichtigte Geschäftspolitik und andere grundsätzliche Fragen der Unternehmensplanung, insbes. über die Finanz-, Investitions- und Personalplanung, wobei auf Abweichungen von früher formulierten Zielen unter Angabe von Gründen einzugehen ist (mindestens einmal jährlich).
- Die Rentabilität der Gesellschaft, insbes. die Rentabilität des Eigenkapitals (einmal jährlich bei Vorlage des Jahresabschlusses).
- Den Gang der Geschäfte, insbes. den Umsatz und die Lage der Gesellschaft (mindestens vierteljährlich).
- Über Geschäfte, die für die Rentabilität oder Liquidität von erheblicher Bedeutung sein können;

Der Vorstand hat den Aufsichtsrat laufend zu informieren über folgende Themen:
- Die Strategie des Unternehmens.
- Die Geschäftsentwicklung der einzelnen Unternehmensbereiche.
- Die Risikolage und die Entwicklung des Risikomanagements des Unternehmens.
- Den Stand der Einhaltung der gesetzlichen Bestimmungen und der unternehmensinternen Richtlinien des Unternehmens (Compliance).
- Außergewöhnliche Ereignisse, die für die Beurteilung der Lage und der Entwicklung sowie für die Leitung des Unternehmens von wesentlicher Bedeutung sind.

(3) In Konkretisierung der in Abs. 2 genannten Informations- und Berichtspflichten ist der Vorstand verpflichtet, dem Aufsichtsrat in schriftlicher Form insbes. Monatsberichte, eine regelmäßig aktualisierte Prognose („Forecast") für das laufende Geschäftsjahr (mindestens dreimal jährlich) sowie spätestens zum ...... die Unternehmensplanung (einschließlich des Jahresbudgets) für die nächsten ...... Jahre zuzuleiten.

---

[288] Vgl. → Rn. 65.

9. Pflichten zur ordnungsgemäßen Buchführung und Bilanzierung

Gem. § 238 Abs. 1 S. 1 HGB ist jeder Kaufmann – also auch die AG als **Formkaufmann** 107 (§ 6 Abs. 1 HGB; § 3 Abs. 1 AktG) – verpflichtet, Bücher zu führen, aus denen sich seine Handelsgeschäfte und die Lage seines Vermögens nach den Grundsätzen einer ordnungsgemäßen Buchführung ergeben.[289] Die Buchführungspflicht obliegt dem AG-Vorstand. Eine ausdrückliche Normierung hat die Buchführungspflicht für die AG in § 91 Abs. 1 AktG gefunden. Der AG-Vorstand ist somit zur **Aufstellung des Jahresabschlusses und des Lageberichtes** verpflichtet (§ 264 Abs. 1 HGB).[290] Die Buchführungspflicht umfasst die Unterzeichnung des festgestellten[291] Jahresabschlusses (§ 245 S. 1 HGB) durch sämtliche Vorstandsmitglieder und die Beachtung der Aufbewahrungsfristen gem. §§ 257 ff. HGB. Verpflichtet ist der Gesamtvorstand, der diese Aufgabe regelmäßig auf den für den kaufmännischen Bereich zuständigen Finanzvorstand überträgt, der wiederum die Aufgaben ganz oder teilweise auf Mitarbeiter seines Bereichs oder Externe, zB eine Steuerberatungsgesellschaft delegiert.[292]

Stützt sich die Gesellschaft im Prozess gegen die Unternehmensleitung auf vorhandene 108 Buchungen und Buchungsunterlagen, obliegt es dem Vorstand, eine etwaige Unrichtigkeit der Buchhaltung darzulegen und zu beweisen.[293] Dabei ist das von der Gesellschaft in Anspruch genommene Leitungsorgan berechtigt, zum Zwecke der Beweisführung Einsicht in die Buchhaltung der Gesellschaft zu nehmen.[294]

10. Pflichten des AG-Vorstands im Rechtsverhältnis zur Hauptversammlung – Auskunftspflichten

a) Allgemeines. Im Rechtsverhältnis zur Hauptversammlung[295] hat der AG-Vorstand 109 Pflichten bei der Vorbereitung und Einberufung, die Berichts- und Mitteilungspflichten, die Pflichten zur Auslegung von Unterlagen, Pflichten beim Versand an die Aktionäre und bei Internetveröffentlichungen, Pflichten in der Hauptversammlung und nach der Beendigung der Hauptversammlung zu beachten.

b) § 131 Abs. 1 S. 1 AktG. Besondere Praxisrelevanz hat die sich für den Vorstand aus 110 § 131 Abs. 1 S. 1 AktG ergebende Pflicht, da unter Bezug auf diese Norm häufig Anfechtungsklagen von Aktionären erhoben werden. Gem. § 131 Abs. 1 S. 1 AktG ist jedem Aktionär auf Verlangen in der Hauptversammlung von dem Vorstand Auskunft über Angelegenheiten der Gesellschaft zu geben, soweit sie **zur sachgerechten Beurteilung des Gegenstands der Tagesordnung erforderlich** ist.

aa) Tagesordnungspunkt Unternehmensvertrag. Ist Gegenstand der Tagesordnung ein **Un-** 111 **ternehmensvertrag**, ist jedem Aktionär nach § 293g Abs. 3 AktG in der Hauptversammlung Auskunft auch über alle für den Vertragsschluss wesentlichen Angelegenheiten des anderen Vertragsteils zu geben. Gem. § 243 Abs. 4 S. 1 AktG kann wegen unrichtiger, unvollständiger oder verweigerter Erteilung der Information nur angefochten werden, wenn ein objektiv urteilender Aktionär die Erteilung der Information als wesentliche Voraussetzung für die sachgerechte Wahrnehmung seiner Teilnahme- und Mitgliedschaftsrechte angesehen hätte.[296]

bb) Grundsatz: mündliche Auskunft. Die Aktionäre haben aus § 131 Abs. 1 AktG grds. 112 nur Anspruch auf Erteilung einer mündlichen Auskunft in der Hauptversammlung.[297] Der

---

[289] Lücke/Schaub AG-Vorstand/*Lücke* § 3 Rn. 81; BGH 27.8.2010 – 2 StR 111/09, NJW 2010, 3458.
[290] Lücke/Schaub AG-Vorstand/*Schaub* § 5 Rn. 8 ff.
[291] OLG Stuttgart 5.11.2008 – 20 U 8/08, DB 2009, 1521; vgl. auch *Fölsing* StuB 2010, 661; *Bormann* DStR 2011, 368.
[292] Lücke/Schaub AG-Vorstand/*Lücke* § 3 Rn. 82.
[293] BGH 19.12.2017 – II ZR 88/16, WM 2018, 277 Rn. 17 mwN.
[294] BGH 19.12.2017 – II ZR 88/16, WM 2018, 277 Rn. 24 mwN.
[295] Vgl. oben Übersicht Systematik Pflichten AG-Vorstand unter Berücksichtigung der Beteiligten → Rn. 58.
[296] OLG Stuttgart 2.12.2014 – 20 AktG 1/14, ZIP 2015, 1120; LG Frankfurt a.M. 16.2.16 – 3–05 O 132/15, ZIP 2016, 1535.
[297] OLG München 11.6.2015 – 23 U 4375/14, ZIP 2015, 168.

Umstand, dass die Gesellschaft einem Aktionär während der Hauptversammlung Einsicht in vorbereitete Unterlagen gewähren kann,[298] ist nicht dazu geeignet, einen Anspruch des Aktionärs auf ein solches Vorgehen zu begründen.[299]

113 *cc) Tagesordnungspunkt Entlastung Vorstand.* Ein Anspruch auf Auskunft gem. § 131 Abs. 1 S. 1 AktG besteht, soweit die **Auskunft zur sachgemäßen Beurteilung** des betreffenden Gegenstandes der Tagesordnung erforderlich ist, dh **von einem objektiv urteilenden Aktionär als wesentliches Beurteilungselement benötigt** wird.[300] Richten sich Ansprüche auf mündliche Auskunft in der Hauptversammlung zB auf die **Entlastungsentscheidung für Vorstand**, so müssen sie sich grds. **auf den Zeitraum beziehen, für den Entlastung erteilt werden soll**. Durch die gesetzliche Vorgabe des § 120 Abs. 3 AktG über die Verbindung der Verhandlungen über die Entlastung und die Verwendung des Bilanzgewinnes sowie die Verpflichtung zur Vorlage von Jahresabschluss, Lagebericht und Bericht des Aufsichtsrates wird zugleich der Rahmen aufgezeigt, in dem die Aktionäre mit der Entscheidung über die Entlastung eine Gesamtwürdigung vornehmen sollen.[301] Dies führt grds. dazu, dass hier ein Auskunftsrecht nur besteht, wenn die Fragen auf das **Geschäftsjahr** gerichtet sind, **für das die Entlastung erteilt werden soll**, wobei hinsichtlich von Fragen zu Entlastung von Vorstand und Aufsichtsrat **auch zu beachten** ist, dass eine **Versagung der Entlastung nur bei schwerwiegenden und eindeutigen Gesetzes- oder Satzungsverstößen der Organe** in Betracht kommt.[302]

114 *dd) Erforderlichkeit iSd § 131 Abs. 1 AktG.* Die **Begriffe „erforderlich"** in § 131 Abs. 1 AktG und **„wesentlich"** in § 243 Abs. 4 S. 1 AktG sowie § 293g Abs. 3 AktG sind **inhaltsgleich**: Auskünfte, die aus der Sicht eines objektiven Durchschnittsaktionärs zur sachgemäßen Beurteilung eines Gegenstands der Tagesordnung nicht erforderlich sind, können aus Sicht eines objektiv urteilenden Aktionärs für die sachgerechte Wahrnehmung seiner Teilnahme- und Mitgliedschaftsrechte bei der Beschlussfassung zu diesem Tagesordnungspunkt nicht wesentlich sein.[303]

115 *ee) Verlesung von Verträgen oder Passagen.* Insbesondere **wenn bei der Erläuterung des Inhalts eines Vertrages Widersprüche aufgetreten** sind, kann ein Anspruch auf **Verlesung der einschlägigen Passagen** bestehen.[304] Ausnahmsweise erscheint auch ein Anspruch auf Verlesung des gesamten Vertrages denkbar.[305] Aus der Mündlichkeit der Auskunftserteilung und dem Fehlen eines Einsichtsrechts kann nicht gefolgert werden, § 131 AktG gebe keinen Anspruch auf die Verlesung von Urkunden.[306] Solange man den vollen Wortlaut einer Urkunde oder eines ganzen Vertragswerks nicht kennt, kann nicht gesagt werden, ob der wesentliche Inhalt mitgeteilt und wirklich sinngerecht berichtet wurde.[307] Was wesentlich ist, wird oft ganz verschieden beurteilt; hierfür gibt es keinen einheitlichen Maßstab. Wesentlich kann auch das sein, was unausgesprochen geblieben ist; das wird bei bloßer inhaltlicher Wiedergabe nicht offenbar, sondern kann nur durch Lesen oder Verlesen erfasst werden.[308]

---

[298] BGH 9.2.1987 – II ZR 119/86, NJW 1987, 3186.
[299] BGH 5.4.1993 – II ZR 238/91, NJW 1993, 1976; OLG München 11.6.2015 – 23 U 4375/14, ZIP 2015, 168.
[300] BGH 18.10.2004 – II ZR 250/02, NJW 2005, 828; OLG München 11.6.2015 – 23 U 4375/14, ZIP 2015, 1680.
[301] LG Frankfurt a. M. 16.2.2016 – 3-05 O 132/15, ZIP 2016, 1535; OLG Frankfurt a. M. 4.8.1993 – 20 W 295/90, NJW-RR 1994, 104; OLG Frankfurt a. M. 13.10.2006 – 20 W 54/05.
[302] OLG Frankfurt a. M. 16.2.2016 – 3-05 O 132/15, ZIP 2016, 1535 mwN; dazu *Kraack* Anm. LG Frankfurt a. M. BB 2016, 2260.
[303] OLG Stuttgart 2.12.2014 – 20 AktG 1/14, ZIP 2015, 1120; OLG Stuttgart 29.2.2012 – 20 W 5/11, AG 2011, 73; Spindler/Stilz/*Würthwein*, AktG, 2. Aufl. 2010, AktG § 243 Rn. 251; Spindler/Stilz/*Veil*, AktG, 2. Aufl. 2010, AktG § 293g Rn. 8.
[304] OLG München 11.6.2015 – 23 U 4375/14, ZIP 2015, 1680 mwN.
[305] OLG München 11.6.2015 – 23 U 4375/14, ZIP 2015, 1680.
[306] BGH 30.3.1967 – II ZR 245/63, NJW 1967, 1462; OLG München 11.6.2015 – 23 U 4375/14, ZIP 2015, 1680.
[307] OLG München 11.6.2015 – 23 U 4375/14, ZIP 2015, 1680.
[308] BGH 30.3.1967 – II ZR 245/63, NJW 1967, 1462; OLG München 11.6.2015 – 23 U 4375/14, ZIP 2015, 1680.

§ 22 Vorstand

116 Daraus kann jedoch nicht gefolgert werden, dass allein von Aktionären geäußerte Zweifel, ob die inhaltliche Wiedergabe eines Vertragswerks vollständig war, zu einem Anspruch auf vollständiges Verlesen der gesamten Urkunde führen.[309] Es reicht vielmehr im Allgemeinen aus, wenn über die Urkunde referiert und ihr wesentlicher Inhalt mitgeteilt wird.[310] Deshalb geht der **Auskunftsanspruch in der Regel nicht auf Verlesung**. Dem Antrag auf Verlesung von Urkunden über Vorgänge von nicht lebenswichtiger Bedeutung wird, wenn kein Anhaltspunkt dafür besteht, dass bei ihrer inhaltlichen Wiedergabe etwas Wesentliches verschwiegen wird, im allgemeinen entgegenstehen, dass für eine Auskunftserteilung in ihrer umfassendsten Form, also durch Verlesung, kein schutzwertes Interesse besteht und der Aktionär sein Auskunftsrecht nicht rechtsmissbräuchlich ausüben darf.[311] Bei Verträgen über lebenswichtige Vorgänge wird ein Anspruch auf Verlesung dagegen nur verneint werden können, wenn sich die Verlesung wegen der Länge der dafür benötigten Zeit, wegen der vorgerückten Stunde oder aus anderen überragenden Gründen der Verhandlungsführung nicht durchführen lässt.[312]

117 *ff) Auskunftsverweigerungsrecht des Vorstands wegen Vertraulichkeit.* Auf Aktionärsfragen darf der Vorstand regelmäßig die **Auskunft verweigern,** wenn sich das Auskunftsverlangen auf **vertrauliche Vorgänge in den Sitzungen des Aufsichtsrats** oder der von ihm **nach § 107 Abs. 3 S. 1 AktG bestellten Ausschüsse** richtet.[313] Die Diskussionen im Aufsichtsrat und das Abstimmungsverhalten der Mitglieder des Aufsichtsrats sind vertraulich, und zwar unabhängig davon, ob dies auch für den Gegenstand der Beratung selbst gilt.[314] Der BGH hat dabei in der Entscheidung v. 5.11.2013[315] die streitige Frage, ob sich das Auskunftsverweigerungsrecht darüber hinaus auch auf den Gegenstand einer Aufsichtsratssitzung oder den Inhalt eines in ihr gefassten Beschlusses erstreckt oder ob die Frage der Auskunftspflicht von den konkreten Umständen des Einzelfalls abhängt, ausdrücklich offen gelassen, weil im dort entschiedenen Fall die Vertraulichkeit der verlangten Informationen offensichtlich gegeben war. Entscheidendes Kriterium ist insoweit ein objektives Bedürfnis der Geheimhaltung im Interesse des Unternehmens.[316]

11. Pflichten des AG-Vorstands im Rechtsverhältnis zum Aufsichtsrat – unbedingte Offenheit

118 Der AG-Vorstand hat gegenüber dem Aufsichtsrat Berichterstattungspflichten, Vorlagepflichten und Pflichten zur Einholung der Zustimmung des Aufsichtsrats.[317] Dabei **muss das Verhältnis zwischen Vorstand und Aufsichtsrat insgesamt auf gegenseitigem Vertrauen beruhen.**[318] Daraus folgt, dass ein Vorstandsmitglied abberufen werden kann, wenn das notwendige Vertrauen des Aufsichtsrats zerstört ist.[319] Insbesondere wird die Aufzählung von Abberufungsgründen in § 84 Abs. 3 AktG als nicht abschließend angesehen und der Verstoß

---

[309] OLG München 11.6.2015 – 23 U 4375/14, ZIP 2015, 1680.
[310] OLG München 11.6.2015 – 23 U 4375/14, ZIP 2015, 1680.
[311] BGH 5.11.2013 – II ZB 28/12, NJW 2014, 541 mAnm *Wachter;* (vgl. dazu auch *Kersting* Anm. BGH 5.11.2013 – II ZB 28/12 – ZIP 2013, 2454; *Kocher/Lönner* AG 2014, 81; *Leuering/Rubner* NJW-Spezial 2014, 79; *Wachter* Anm. BGH 5.11.2013 – II ZB 28/12, NJW 2014, 541; *Wagner* Anm. BGH 5.11.2013 – II ZB 28/12, BB 2014, 331).
[312] BGH 30.3.1967 – II ZR 245/63, NJW 1967, 1462; OLG München 11.6.2015 – 23 U 4375/14, ZIP 2015, 1680.
[313] BGH 5.11.2013 – II ZB 28/12, NJW 2014, 541 mAnm *Wachter;* OLG Stuttgart AG 1995, 234; LG Mannheim 7.4.2005 – 23 O 102/04, AG 2005, 780.
[314] BGH 5.11.2013 – II ZB 28/12, NJW 2014, 541 mAnm *Wachter;* BGH 5.6.1975 – II ZR 156/73, BGHZ 64, 325.
[315] BGH 5.11.2013 – II ZB 28/12, NJW 2014, 541 mAnm *Wachter.*
[316] BGH 5.11.2013 – II ZB 28/12, NJW 2014, 541 mAnm *Wachter;* BGH 5.6.1975 – II ZR 156/73, BGHZ 64, 325.
[317] Vgl. Lücke/Schaub AG-Vorstand/*Klose* § 4 III, IV, VI.
[318] BGH 26.3.1956 – II ZR 57/55, NJW 1956, 906; OLG München 14.3.2012 – 7 U 681/11, AG 2012, 753.
[319] BGH 26.3.1956 – II ZR 57/55, NJW 1956, 906; OLG München 14.3.2012 – 7 U 681/11, AG 2012, 753; OLG München 28.4.2016 – 23 U 2314/15, BeckRS 2016, 08385.

des Vorstandsmitglieds gegen das Gebot der unbedingten Offenheit gegenüber dem Aufsichtsrat ist als Abberufungsgrund anerkannt.[320]

IV. Muster: Geschäftsordnung für den Vorstand

Geschäftsordnung für den Vorstand

§ 1 Allgemeines

(1) Der Vorstand führt die Geschäfte der Gesellschaft nach Maßgabe der Gesetze, der Satzung, der Konzernrichtlinien und dieser Geschäftsordnung. Er arbeitet mit den übrigen Organen der Gesellschaft zum Wohle des Unternehmens vertrauensvoll zusammen.

(2) Die Verteilung der Ressorts auf die einzelnen Mitglieder des Vorstands ergibt sich aus dem als Anlage beigefügten Geschäftsverteilungsplan, der Bestandteil dieser Geschäftsordnung ist.

§ 2 Gesamtverantwortung und Führung der Geschäftsbereiche

(1) Die Mitglieder des Vorstands tragen gemeinsam die Verantwortung für die gesamte Geschäftsführung. Sie arbeiten kollegial zusammen und unterrichten sich gegenseitig laufend über wichtige Maßnahmen und Vorgänge in ihren Ressorts. Jedes Vorstandsmitglied wird Interessenkonflikte dem Aufsichtsrat gegenüber unverzüglich offen legen. Die Verfahrensweise bei der Offenlegung ist mit dem Aufsichtsratsvorsitzenden abzustimmen, die anderen Vorstandsmitglieder sind unverzüglich zu informieren.

(2) Der Vorstand wird den Aufsichtsrat im Rahmen seiner Berichtspflichten gem. § 90 AktG über grundsätzliche Fragen der Unternehmensplanung unterrichten. Der Vorstand stimmt die strategische Ausrichtung der Gesellschaft und des Konzerns mit dem Aufsichtsrat ab und erörtert mit ihm in regelmäßigen Abständen den Stand der Strategieumsetzung.

Die Interessen des Konzerns haben Vorrang vor den Interessen der einzelnen Gesellschaften und Beteiligungen.

Jedes Mitglied ist verpflichtet, bei schwerwiegenden Bedenken bzgl. einer Angelegenheit eines anderen Ressorts eine Beschlussfassung des Vorstands herbeizuführen, wenn die Bedenken nicht durch eine Aussprache mit dem anderen Mitglied des Vorstands behoben werden können.

(3) Der Vorstand entscheidet durch Beschluss
a) in allen Angelegenheiten, in denen nach dem Gesetz, der Satzung oder dieser Geschäftsordnung eine Beschlussfassung durch den Vorstand vorgeschrieben ist, insbes. über
   aa) die Aufstellung des Einzelabschlusses und des Konzernabschlusses und der Lageberichte,
   bb) die Einberufung der Hauptversammlung und die Vorschläge zur Beschlussfassung der Hauptversammlung,
   cc) die periodische Berichterstattung an den Aufsichtsrat,
   dd) die Geschäfte, die der Zustimmung des Aufsichtsrats bedürfen,
   ee) den Erlass von Richtlinien für den Konzern,
b) in allen Angelegenheiten, die dem Vorstand durch ein Mitglied zur Beschlussfassung vorgelegt werden,
c) über grundsätzliche Fragen der Organisation und der Geschäftspolitik der Gesellschaft und des Konzerns, Planungen für die Gesellschaft und den Konzern sowie Grundsätze der Zusammenarbeit der Business Areas untereinander,
d) über Sachinvestitionen außerhalb der genehmigten Investitionsplanung innerhalb des Konzerns, soweit das Antragsvolumen der Investition im Einzelfall den Betrag von € 2,5 Mio. übersteigt,
e) über Finanzinvestitionen außerhalb der genehmigten Investitionsplanung innerhalb des Konzerns, soweit das Antragsvolumen der Investition im Einzelfall 10 Mio. EUR oder mehr beträgt.

---

[320] BGH 26.3.1956 – II ZR 57/55, NJW 1956, 906; OLG München 14.3.2012 – 7 U 681/11 – AG 2012, 753 mwN; OLG München 28.4.2016 – 23 U 2314/15, BeckRS 2016, 08385.

(4) Das einzelne Mitglied des Vorstands führt das ihm zugewiesene Ressort im Rahmen der Vorstandsbeschlüsse in eigener Verantwortung. Soweit Maßnahmen und Geschäfte eines Ressorts zugleich ein oder mehrere andere Ressorts betreffen, muss sich das Mitglied des Vorstands zuvor mit den anderen beteiligten Mitgliedern abstimmen. Wenn eine Einigung nicht zustande kommt oder nicht rechtzeitig herbeigeführt werden kann, ist jedes beteiligte Mitglied des Vorstands verpflichtet, eine Beschlussfassung des Vorstands herbeizuführen.

(5) Maßnahmen und Geschäfte eines Ressorts, die für das Ressort, die Gesellschaft oder den Konzern von außergewöhnlicher Bedeutung sind oder mit denen ein außergewöhnliches wirtschaftliches Risiko verbunden ist, bedürfen der vorherigen Zustimmung des Vorstands. Dasselbe gilt für solche Maßnahmen und Geschäfte, bei denen der Vorsitzende des Vorstands die vorherige Beschlussfassung des Vorstands verlangt.

(6) Kann eine Entscheidung des Vorstands nach Abs. 4 S. 3 und Abs. 5 nicht rechtzeitig herbeigeführt werden und ist eine Verzögerung zur Vermeidung unmittelbar drohender schwerer Nachteile für das Ressort, die Gesellschaft oder den Konzern nicht vertretbar, so entscheiden die erreichbaren Mitglieder des Vorstands. Über die Entscheidung sind die übrigen Vorstandsmitglieder unverzüglich zu unterrichten.

(7) Jedes Vorstandsmitglied berichtet dem Vorstand über für das Ressort, die Gesellschaft oder den Konzern wichtige Maßnahmen, Geschäfte, Vorgänge und Entwicklungen in seinem Ressort. Die Berichterstattung soll so früh wie möglich erfolgen. Über Maßnahmen und Geschäfte, die der Zustimmung des Vorstands bedürfen, ist dem Vorstand vorab zu berichten.

(8) Für den Fall der Abwesenheit eines Mitglieds regeln die Mitglieder des Vorstands in Abstimmung mit dem Vorsitzenden die Betreuung des betreffenden Ressorts für die Zeit der Abwesenheit.

§ 3 Vorsitzender des Vorstands

(1) Dem Vorsitzenden des Vorstands obliegt die Koordination aller Ressorts des Vorstands. Er hat darauf hinzuwirken, dass die Geschäftsführung aller Ressorts einheitlich auf die durch die Beschlüsse des Vorstands festgelegten Ziele ausgerichtet wird. Der Vorsitzende des Vorstands kann jederzeit von den Mitgliedern des Vorstands Auskünfte über einzelne Angelegenheiten ihrer Ressorts verlangen und bestimmen, dass er über bestimmte Arten von Geschäften im Vorhinein unterrichtet wird.

(2) Der Vorsitzende des Vorstands repräsentiert den Vorstand und die Gesellschaft gegenüber der Öffentlichkeit, insbes. gegenüber Behörden, Verbänden, Wirtschaftsorganisationen und Publikationsorganen.

(3) Dem Vorsitzenden des Vorstands obliegt die Federführung im Verkehr mit dem Aufsichtsrat und dessen Mitgliedern. Er hält mit dem Vorsitzenden des Aufsichtsrats regelmäßig Kontakt und berät mit ihm die Strategie, die geschäftliche Entwicklung und das Risikomanagement des Unternehmens. Bei wichtigen Ereignissen, die für die Beurteilung der Lage und der Entwicklung sowie der Leitung der Gesellschaft oder des Konzerns von wesentlicher Bedeutung sind, hat der Vorsitzende des Vorstands dem Vorsitzenden des Aufsichtsrats unverzüglich zu berichten.

§ 4 Sitzungen und Beschlüsse

(1) Der Vorstand beschließt in der Regel in Sitzungen, die mindestens zweimal im Monat stattfinden sollen. Die Tagesordnung sowie die Beschlussvorschläge und die erforderlichen Unterlagen zu den Punkten der Tagesordnung sollen nicht später als drei Tage vor der Sitzung übermittelt werden. Jedes Mitglied des Vorstands kann die Einberufung einer Sitzung unter Mitteilung des Beratungsgegenstandes verlangen; ebenso kann jedes Mitglied verlangen, dass ein Gegenstand in die Tagesordnung einer Sitzung aufgenommen wird.

(2) Der Vorsitzende des Vorstands leitet die Sitzungen. Im Falle einer Verhinderung leitet der stellvertretende Vorsitzende des Vorstands die Sitzung. Der Sitzungsleiter bestimmt die Reihenfolge, in der die Gegenstände der Tagesordnung behandelt werden, und die Art und Folge der Abstimmungen. Der Vorstand kann sich darauf verständigen, dass Personen, die nicht dem Vorstand angehören, zur Beratung über einzelne Gegenstände zugezogen werden. Der Vorsitzende kann verlangen, dass die Beschlussfassung zu einem einzelnen Punkt der Tagesordnung vertagt wird.

(3) Der Vorstand ist beschlussfähig, wenn alle Mitglieder eingeladen sind und mindestens die Hälfte der Mitglieder in der Sitzung anwesend ist. Abwesende Mitglieder können ihre Stimmen schriftlich, durch Telefax oder fernmündlich abgeben. Fernmündliche Stimmabgaben sind schriftlich zu bestätigen. Die abwesenden Mitglieder sind unverzüglich über die in ihrer Abwesenheit gefassten Beschlüsse zu unterrichten. Über Angelegenheiten aus dem Ressort eines abwesenden Mitglieds soll – außer in Notfällen – nur nach vorheriger Kontaktaufnahme mit dem abwesenden Mitglied verhandelt und beschlossen werden.

(4) Auf Anordnung des Vorsitzenden des Vorstands können Beschlüsse auch außerhalb von Sitzungen durch mündliche, fernmündliche, schriftliche, durch Telefax oder unter Verwendung eines anderen gebräuchlichen Kommunikationsmittels übermittelte Stimmabgaben gefasst werden, wenn kein Mitglied des Vorstands diesem Verfahren widerspricht. Mündliche und fernmündliche Stimmabgaben sind schriftlich zu bestätigen.

(5) Der Vorstand beschließt in Sitzungen mit einfacher Mehrheit der abgegebenen Stimmen, außerhalb von Sitzungen mit einfacher Mehrheit seiner Mitglieder. Jedes Vorstandsmitglied hat das Recht, einem Beschluss zu widersprechen, der wesentliche Interessen seines Ressorts oder seiner Business Area betrifft. Der Widerspruch hat zur Wirkung, dass der Beschluss zunächst nicht ausgeführt wird, sondern über den Gegenstand in einer weiteren Vorstandssitzung erneut zu beraten und zu beschließen ist. Beschließt der Vorstand erneut gegen die Stimme des Widersprechenden, so ist der Beschluss wirksam; der Vorsitzende des Vorstands hat dem Vorsitzenden des Aufsichtsrats von dem Widerspruch Kenntnis zu geben.

(6) Über die Sitzungen des Vorstands ist eine Niederschrift anzufertigen. Die Niederschrift wird von dem Leiter der Sitzung unterzeichnet und allen Mitgliedern des Vorstands in Abschrift übermittelt. Die Niederschrift gilt als genehmigt, wenn kein Mitglied des Vorstands in der nächsten, dem Zugang der Niederschrift folgenden Sitzung, widerspricht. Beschlüsse des Vorstands, die außerhalb von Sitzungen gefasst worden sind, sind gesondert zu protokollieren oder in die Niederschrift über die nächste Sitzung des Vorstands aufzunehmen.

§ 5 Information des Aufsichtsrats

(1) Der Vorstand informiert den Aufsichtsrat regelmäßig, zeitnah und umfassend über alle für die Gesellschaft und den Konzern relevanten Fragen der Planung, der Geschäftsentwicklung, der Risikolage, des Risikomanagements und der Compliance. Er geht auf Abweichungen des Geschäftsverlaufs von den aufgestellten Plänen und Zielen unter Angabe von Gründen ein.

(2) Berichte des Vorstands an den Aufsichtsrat sind in der Regel in Textform zu erstatten.

(3) Entscheidungsnotwendige Unterlagen, insbes. der Einzelabschluss, der Konzernabschluss und der Prüfungsbericht, werden den Mitgliedern des Aufsichtsrats rechtzeitig vor der Sitzung zugeleitet.

§ 6 Besondere Geschäfte

(1) Die Ausübung von Nebentätigkeiten, insbes. die Übernahme von Aufsichtsratsmandaten außerhalb des Konzerns, bedarf der vorherigen Zustimmung des Aufsichtsrats.

(2) Geschäfte eines Vorstandsmitglieds mit der Gesellschaft sind nach § 112 AktG durch den Aufsichtsrat für die Gesellschaft abzuschließen. Wesentliche Geschäfte (Wertgrenze 1 Mio. EUR), die eine dem Vorstandsmitglied nahestehende Person (Ehepartner, eingetragener Lebenspartner, Verwandter 1. Grades) mit der Gesellschaft oder einem Konzernunternehmen abschließt, bedürfen der vorherigen Zustimmung des Aufsichtsrats. Das gleiche gilt für wesentliche Geschäfte, die ein Unternehmen, auf das ein Mitglied des Vorstands oder eine ihm nahe stehende Person maßgeblichen Einfluss ausüben kann, mit der Gesellschaft oder mit einem Konzernunternehmen abschließt. Die Zustimmungsanträge sind von dem betreffenden Vorstandsmitglied an den Aufsichtsrat zu richten. In dem Zustimmungsantrag soll dargelegt werden, dass das Geschäft branchenüblichen Standards entspricht.

(3) In den Fällen des Abs. 1 und Abs. 2 S. 1 unterrichtet das betreffende Vorstandsmitglied den Vorsitzenden des Vorstands unverzüglich über den entsprechenden Antrag an den Aufsichtsrat und über die Entscheidung des Aufsichtsrats.

In den Fällen des Abs. 2 S. 2, 3 unterrichtet das betreffende Vorstandsmitglied gleichzeitig die übrigen Mitglieder des Vorstands.

V. Das Anstellungsverhältnis der Vorstandsmitglieder

1. Rechtliche Einordnung des Anstellungsverhältnisses

a) Allgemeines. Die Mitglieder des Vorstands stehen in einer **doppelten Rechtsbeziehung** 120 zur Aktiengesellschaft. Neben dem oben dargestellten **gesellschaftsrechtlichen Organverhältnis** verbindet sie regelmäßig ein **schuldrechtlicher Anstellungsvertrag** mit der Gesellschaft (vgl. § 84 Abs. 1 S. 5, Abs. 3 S. 5 AktG). In diesem Vertrag werden, in dem durch Gesetz, Satzung und eine mögliche Geschäftsordnung vorgegebenen Rahmen, die Pflichten des Vorstandsmitglieds definiert und sein Vergütungsanspruch geregelt. Darüber hinaus werden sonstige Rechte und Pflichten der Parteien wie vertragliche Wettbewerbsverbote, Urlaub, Entgeltfortzahlung im Krankheitsfall etc. vereinbart. Organverhältnis und Anstellungsverhältnis sind eng miteinander verflochten, jedoch **rechtlich getrennt** zu beurteilen, wie sich insbes. daran zeigt, dass die Bestellung zum Vorstand und der Anstellungsvertrag von unterschiedlicher Dauer sein können.[321] Auch ist die Wirksamkeit einer Bestellung zum Vorstandsmitglied nicht etwa dadurch in Frage gestellt, dass die Modalitäten des Anstellungsverhältnisses noch nicht verhandelt sind.[322] Der Anstellungsvertrag ist dem Organverhältnis rechtlich nachrangig; er entfaltet also nur Geltung, soweit nicht die Regelungen des AktG über die Organpflichten des Vorstands entgegenstehen.[323]

b) Qualifikation als Dienstverhältnis. Der Anstellungsvertrag des Vorstandsmitglieds ist 121 nach seiner Rechtsnatur ein Dienstvertrag.[324] Das Vorstandsmitglied schuldet die Leistung von Diensten in Form einer Geschäftsbesorgung (§ 675 BGB).[325] Die Gesellschaft schuldet als Gegenleistung die Vergütung. Soweit nicht im Anstellungsvertrag abweichend geregelt, bestimmen sich die Rechte und Pflichten der Parteien daher nach den §§ 611 ff. BGB unter Beachtung der spezialgesetzlichen Vorgaben des Aktienrechts.[326] Wird ein Vorstandsmitglied unentgeltlich tätig, handelt es sich um ein Auftragsverhältnis iSd §§ 662 ff. BGB.[327]

c) Anwendbarkeit arbeitsrechtlicher Regelungen? Vorstandsmitglieder sind keine Arbeit- 122 nehmer der Gesellschaft. Arbeitnehmer ist, wer im Dienste eines anderen zur Leistung weisungsgebundener, fremdbestimmter Arbeit in persönlicher Abhängigkeit verpflichtet ist, § 611a Abs. 1 S. 1 BGB.[328] Der Vorstand der Aktiengesellschaft ist hingegen gerade **nicht weisungsabhängig,** sondern leitet die Gesellschaft „unter eigener Verantwortung", § 76 Abs. 1 AktG. Gegenüber den Arbeitnehmern der Gesellschaft übt er selbst das Weisungsrecht des Arbeitgebers aus.[329] Folglich unterliegt das Anstellungsverhältnis der Vorstandsmitglieder auch grds. nicht den arbeitsrechtlichen Regeln.[330] Die Grundsätze der Danosa-Entscheidung des EuGH[331] sind auf die Mitglieder des Vorstands nicht übertragbar.[332] Teils ist die Nichtanwendbarkeit arbeitsrechtlicher Regelungen auch ausdrücklich ausgeschlossen, etwa in § 14 Abs. 1 Nr. 1 KSchG, § 5 Abs. 2 Nr. 1 BetrVG und § 5 Abs. 1 S. 3 ArbGG. Das für Arbeitnehmer gem. § 623 BGB geltende Schriftformerfordernis für Kündigungen

---

[321] Fleischer VorstandsR-HdB/*Thüsing* § 4 Rn. 1 ff.; Hüffer/Koch/*Koch* AktG § 84 Rn. 14; *Beiner/Braun* Vorstandsvertrag Rn. 231; Semler/Peltzer/Kubis/*Kubis* Vorstands-HdB § 3 Rn. 1 ff.
[322] OLG München BeckRS 2017, 100878.
[323] BGH NJW 1989, 2683; 2010, 2343; MHdB GesR IV/*Wiesner* § 21 Rn. 2; MüKoAktG/*Spindler* § 84 Rn. 56; *Seyfarth* VorstandsR § 4 Rn. 2; Kelber/Zeißig/Birkefeld/*Zeißig* Führungskräfte-HdB Kap. D Rn. 266.
[324] *Beiner/Braun* Vorstandsvertrag Rn. 231.
[325] BGH NJW 1962, 240; MHdB GesR IV/*Wiesner* § 21 Rn. 1; Schmidt/Lutter/*Seibt* AktG § 84 Rn. 23.
[326] MHdB GesR IV/*Wiesner* § 21 Rn. 1; Schmidt/Lutter/*Seibt* AktG § 84 Rn. 23; Hüffer/Koch/*Koch* AktG § 84 Rn. 14; *Seyfarth* VorstandsR § 4 Rn. 3.
[327] *Seyfarth* VorstandsR § 4 Rn. 3.
[328] Vgl. zu der, durch Inkrafttreten des § 611a BGB nicht veränderten, Rechtslage vor dem 1.4.2017: BAG NZA 2015, 101; Küttner/*Bauer*, Personalbuch 2016, Arbeitnehmer (Begriff), Rn. 1 f.
[329] BGHZ 36, 142 (143); Hüffer/Koch/*Koch* AktG § 84 Rn. 14; KölnKommAktG/*Mertens/Cahn* § 84 Rn. 35 f.; *Seyfarth* VorstandsR § 4 Rn. 7.
[330] Fleischer VorstandsR-HdB/*Thüsing* § 4 Rn. 54; Hüffer/Koch/*Koch* AktG § 84 Rn. 14, 24 ff.; MüKoAktG/*Spindler* § 84 Rn. 56, 59 f.; *Beiner/Braun* Vorstandsvertrag Rn. 240 ff.; Kelber/Zeißig/Birkefeld/*Zeißig* Führungskräfte-HdB Kap. D Rn. 267.
[331] EuGH NZA 2011, 143.
[332] *Seyfarth* VorstandsR § 4 Rn. 7; vgl. auch *Beiner/Braun* Vorstandsvertrag Rn. 243.

und Aufhebungsverträge findet auf das Anstellungsverhältnis des Vorstands keine Anwendung.[333] Auch im Sinne des Diskriminierungsschutzes sind Vorstände keine Arbeitnehmer; ihr Schutz bestimmt sich daher lediglich nach § 6 Abs. 3 AGG.[334]

123 Allerdings können im Hinblick auf die regelmäßig gegebene wirtschaftliche Abhängigkeit der Vorstandsmitglieder von der Gesellschaft und die dienstvertragliche Treuepflicht **einzelne arbeitsrechtliche Bestimmungen** anwendbar sein.[335] Die Rspr.[336] hat dies etwa anerkannt für den Pfändungsschutz gemäß den §§ 850 ff. ZPO[337] und die Kündigungsfrist des § 622 Abs. 1 BGB.[338] Vertreten werden ferner eine Anwendbarkeit von § 622 Abs. 2 BGB betreffend die Verlängerung der gesetzlichen Kündigungsfrist für Vorstandsmitglieder ohne wesentliche Kapitalbeteiligung[339] sowie ein aus der Treuepflicht folgender Urlaubsanspruch des Vorstandsmitglieds.[340] Ein Anspruch der Vorstandsmitglieder auf Erteilung eines Zeugnisses folgt aus der (dienstvertraglichen) Vorschrift des § 630 BGB.[341] Der arbeitsrechtliche Grundsatz der Gleichbehandlung soll für Vorstandsmitglieder nicht umfassend gelten.[342] Gleichwohl kann er etwa für Vergütungsfragen Bedeutung erlangen, namentlich für die Höhe von Ruhegeldern.[343] Bisher nur vereinzelt in der Lit. diskutiert wird eine Beschränkung der Organhaftung nach den für Arbeitnehmer geltenden Grundsätzen des innerbetrieblichen Schadensausgleichs.[344]

124 Eine **Vereinbarung,** nach der die Regelungen des Kündigungsschutzgesetzes auf das Anstellungsverhältnis Anwendung finden sollen, ist zwischen Aktiengesellschaft und Vorstandsmitglied, anders als zwischen GmbH und Geschäftsführer,[345] nicht möglich.[346] Denn hierdurch würde die aus § 84 Abs. 1 S. 5 AktG folgende Entschließungsfreiheit des Aufsichtsrats unzulässig beeinträchtigt.[347]

125 **d) Sozialversicherungsrechtliche Behandlung.** Vorstandsmitglieder und ihre Stellvertreter sind keine Beschäftigten iSv § 7 Abs. 1 SGB IV.[348] Eine Tätigkeit nach Weisungen und eine

---

[333] MüKoAktG/*Spindler* § 84 Rn. 61.
[334] *Kort* NZG 2013, 601 (605); ErfK/*Schlachter* AGG § 6 Rn. 5; MüKoAktG/*Spindler* § 84 Rn. 66; vgl. auch MAH ArbR/*Eckhoff* § 81 Rn. 24; *Reufels/Molle* NZA-RR 2011, 281; vgl. *Kliemt* RdA 2015, 232 der annimmt, dass Vorstände ausnahmsweise Arbeitnehmer im Sinne des Unionsrechts sein können; vgl. zum Konflikt zwischen AGG und dem Gesetz für die gleichberechtigte Teilhabe von Frauen und Männern an Führungspositionen *Olbrich/Krois* NZA 2015, 1288.
[335] Fleischer VorstandsR-HdB/*Thüsing* § 4 Rn. 54; Hüffer/Koch/*Koch* AktG § 84 Rn. 24 ff.; KölnKomm AktG/*Mertens/Cahn* § 84 Rn. 37 ff.; MüKoAktG/*Spindler* § 84 Rn. 59, 64; Schmidt/Lutter/*Seibt* AktG § 84 Rn. 23; *Henssler* RdA 1992, 289 (297); *Haas/Ohlendorf,* Anstellungsvertrag, 13 ff.; *Beiner/Braun* Vorstandsvertrag Rn. 241 ff.; MAH ArbR/*Eckhoff* § 81 Rn. 6; Kelber/Zeißig/Birkefeld/*Zeißig* Führungskräfte-HdB Kap. D Rn. 274.
[336] Vgl. die Übersicht bei Henze/Born/Drescher/*Henze* AktR Rn. 371 ff.
[337] BGH WM 1978, 109, Ruhestandsbezüge; Schmidt/Lutter/*Seibt* AktG § 84 Rn. 32; *Beiner/Braun* Vorstandsvertrag Rn. 242.
[338] BGHZ 79, 291 = NJW 1981, 1270; BGHZ 91, 217 = NJW 1984, 2528; vgl. auch *Beiner/Braun* Vorstandsvertrag Rn. 242.
[339] ErfK/*Müller-Glöge* BGB § 622 Rn. 7 mwN; MHdB GesR IV/*Wiesner* § 21 Rn. 13.
[340] MHdB GesR IV/*Wiesner* § 21 Rn. 61; *Beiner/Braun* Vorstandsvertrag Rn. 249.
[341] *Beiner/Braun* Vorstandsvertrag Rn. 242.
[342] MAH ArbR/*Eckhoff* § 81 Rn. 6; MüKoAktG/*Spindler* § 84 Rn. 66; Spindler/Stilz/*Fleischer* AktG § 84 Rn. 28.
[343] BGH NJW-RR 1995, 796; MüKoAktG/*Spindler* § 84 Rn. 66; Spindler/Stilz/*Fleischer* AktG § 84 Rn. 28; dagegen *Seyfarth* VorstandsR § 4 Rn. 11, der den Gleichbehandlungsgrundsatz jedoch bei einer Herabsetzung der Vorstandsbezüge gem. § 87 Abs. 2 AktG für anwendbar hält, → AktG § 5 Rn. 172.
[344] *Bachmann* ZIP 2017, 841; vgl. auch zu einem Vermögensschutz des Vorstandsmitglieds durch Anstellungsvertrag *Seibt* NZG 2015, 1097; dagegen *Habersack* NZG 2015, 1297.
[345] BGH NZG 2010, 827.
[346] MüKoAktG/*Spindler* § 84 Rn. 60 mwN; *Rasmussen-Bonne/Raif* ArbRAktuell 2010, 544, die eine solche Vereinbarung allerdings dann für möglich halten, sofern sie nur für die durch § 84 Abs. 1 S. 1 AktG vorgesehene Frist getroffen wird; *Otte* GWR 2011, 25 (26).
[347] MüKoAktG/*Spindler* § 84 Rn. 60 mwN; *Otte* GWR 2011, 25 (26).
[348] BSG NZG 2002, 431; BSGE 85, 214 zur Unfallversicherung; KassKomm/*Seewald* SGB IV § 7 Rn. 99; Henssler/Willemsen/Kalb/*Ricken* SGB IV § 7 Rn. 28; Fleischer VorstandsR-HdB/*Thüsing* § 4 Rn. 58; *Beiner/Braun* Vorstandsvertrag Rn. 244 ff.; ausf. *Haas/Ohlendorf,* Anstellungsvertrag, 39 ff.; *Seyfarth* VorstandsR § 11 Rn. 4 ff.

Eingliederung in die Arbeitsorganisation (vgl. § 7 Abs. 1 S. 2 SGB IV) sind bei ihnen nicht gegeben. Dementsprechend unterliegen sie grds. **nicht der Versicherungspflicht in der Sozialversicherung.** Für die Rentenversicherung ist dies durch § 1 S. 4 SGB VI ausdrücklich ausgeschlossen. Gleiches gilt gem. § 27 Abs. 1 Nr. 5 SGB III für die Arbeitslosenversicherung. Für die Krankenversicherung fehlt eine ausdrückliche gesetzliche Regelung. Ganz überwiegend wird jedoch aus § 7 Abs. 1 SGB IV abgeleitet, dass Vorstandsmitglieder auch hier versicherungsfrei sind und keine Ansprüche auf Arbeitgeberzuschüsse zur Krankenversicherung und zur Pflegeversicherung haben.[349] Gleiches gilt für die Unfallversicherung.

2. Begründung des Anstellungsverhältnisses

a) **Zuständigkeit des Aufsichtsrats.** Bei dem Abschluss des Anstellungsvertrages mit dem Vorstandsmitglied wird die Gesellschaft, ebenso wie bei der Bestellung, ausschließlich durch den Aufsichtsrat vertreten, §§ 112, 84 Abs. 1 S. 5 AktG; gleiches gilt für spätere Änderungen und Ergänzungen.[350] Eine auch nur indirekte Mitwirkung der Hauptversammlung oder gar gesellschaftsfremder Dritter durch Einräumung von Weisungsrechten gegenüber dem Aufsichtsrat, Zustimmungsvorbehalte oÄ ist unzulässig.[351] Ebenso wenig kann die Satzung der Aktiengesellschaft dem Aufsichtsrat Vorgaben für den Inhalt des Anstellungsverhältnisses machen.[352] Die Vor-AG wird bei Abschluss eines Dienstvertrages mit einem Vorstandsmitglied durch den Aufsichtsrat vertreten.[353] Bei dem Formwechsel von einer GmbH in eine Aktiengesellschaft findet § 112 AktG vor Eintragung in das Handelsregister bereits auf solche Rechtsgeschäfte Anwendung, die die Bestellung des Vorstands und möglicherweise die hierfür erforderlichen vertraglichen Vereinbarungen betreffen.[354] Die Zuständigkeit des Aufsichtsrats gilt auch in der Insolvenz der Gesellschaft.[355]

126

Voraussetzung für eine wirksame Willenserklärung der Gesellschaft ist gem. § 108 Abs. 1 AktG ein **Beschluss des Aufsichtsrats.**[356] Die Abgabe einer Erklärung nur durch den Vorsitzenden, ohne entsprechende Beschlussfassung, führt zur Nichtigkeit des Anstellungsvertrages.[357] Eine Haftung der Gesellschaft wegen Verschuldens bei Vertragsschluss aus den §§ 280 Abs. 1, 311 Abs. 2 Nr. 1 BGB wird nur ausnahmsweise in Betracht kommen.[358]

127

Die Zuständigkeit für den Abschluss des Anstellungsvertrages kann, anders als die Zuständigkeit für die Bestellung, von dem Aufsichtsratsplenum auf einen **Ausschuss** übertragen werden. Denn § 84 Abs. 1 S. 5 AktG betreffend den Anstellungsvertrag ist in dem Katalog der zwingend dem Plenum zugewiesenen Aufgaben des § 107 Abs. 3 S. 2 AktG nicht erwähnt.[359] Allerdings ist die Möglichkeit einer Delegation durch das am 5.8.2009 in Kraft

128

---

[349] Vgl. einerseits BSG BeckRS 2008, 54574; andererseits BSG NZA-RR 2000, 434; MHdB GesR IV/*Wiesner* § 21 Rn. 19; MüKoAktG/*Spindler* § 84 Rn. 62; *Beiner/Braun* Vorstandsvertrag Rn. 248.
[350] BAG NZG 2017, 69; Schmidt/Lutter/*Seibt* AktG § 84 Rn. 24; Hüffer/Koch/*Koch* AktG § 84 Rn. 12; *Beiner/Braun* Vorstandsvertrag Rn. 252; *Seyfarth* VorstandsR § 4 Rn. 25 ff.; *Diekmann/Punte* WM 2016, 681.
[351] BGHZ 41, 282 = NJW 1964, 1367; *Lutter/Krieger/Verse* AR § 7 Rn. 387; MHdB GesR IV/*Wiesner* § 21 Rn. 20; *Beiner/Braun* Vorstandsvertrag Rn. 254 mit Hinweis auf § 120 Abs. 4 AktG; vgl. aber *Schüppen* ZIP 2010, 905 zur Vorstandsvergütung.
[352] *Lutter/Krieger/Verse* AR § 7 Rn. 387 mit Nachweisen auch zur Gegenansicht; MHdB GesR IV/*Wiesner* § 21 Rn. 20; MüKoAktG/*Spindler* § 84 Rn. 68; aA *Beiner/Braun* Vorstandsvertrag Rn. 193 für statutarische Richtlinien; vgl. auch *Thüsing* AG 2009, 517.
[353] OLG München NJW-Spezial 2017, 593.
[354] BAG NZA 2017, 644.
[355] OLG Nürnberg, NJW-RR 1992, 230; Hüffer/Koch/*Koch* AktG § 84 Rn. 14; MüKoAktG/*Spindler* § 84 Rn. 73; *Beiner/Braun* Vorstandsvertrag Rn. 253; *Seyfarth* VorstandsR § 4 Rn. 25; für die Herabsetzung der Bezüge gem. § 87 Abs. 2 AktG offen gelassen BGH NZG 2016, 264.
[356] OLG Frankfurt a. M. NJW-Spezial 2011, 73; Hüffer/Koch/*Koch* AktG § 84 Rn. 12; *Beiner/Braun* Vorstandsvertrag Rn. 262.
[357] OLG Frankfurt a. M. NJW-Spezial 2011, 73; → Rn. 190; vgl. auch OLG Hamm ZIP 2016, 1925, alleinige Zusage des Vorsitzenden des Verwaltungsrats gegenüber Vorstand nicht verbindlich für Sparkasse.
[358] LG München I NZG 2013, 260; MüKoAktG/*Spindler* § 84 Rn. 56; MHdB GesR IV/*Wiesner* § 21 Rn. 22.
[359] Hüffer/Koch/*Koch* AktG § 84 Rn. 12; Fleischer VorstandsR-HdB/*Thüsing* § 4 Rn. 63 ff. mwN; Schmidt/Lutter/*Seibt* AktG § 84 Rn. 25 mwN; *Lutter/Krieger/Verse* AR § 7 Rn. 388; *Beiner/Braun* Vorstandsvertrag Rn. 257 ff.

getretene Gesetz zur Angemessenheit der Vorstandsvergütung (VorstAG)[360] erheblich eingeschränkt worden. Die ausschließliche Zuständigkeit des Plenums gem. § 107 Abs. 3 S. 3 AktG erstreckt sich nunmehr auch auf § 87 Abs. 1, 2 S. 1, 2 AktG betreffend die Festsetzung der Vorstandsvergütung.[361] Die mögliche Kompetenz eines Personalausschusses ist damit auf die Vorbereitung der Vergütungsfestsetzung[362] und die übrigen Fragen des Anstellungsverhältnisses beschränkt. Angesichts der Bedeutung der Vergütungsregelung wird der Vertrag damit wohl in der Regel vollständig dem Plenum vorgelegt.[363]

129 Die **Bildung** des Personalausschusses bedarf gem. § 108 Abs. 1 AktG zwingend eines Beschlusses des Plenums.[364] Anderenfalls fehlt ihm die korporationsrechtliche Legitimation zur Vertretung der Gesellschaft gegenüber den Vorstandsmitgliedern.

130 Der Personalausschuss muss gem. § 108 Abs. 2 S. 3 AktG **mindestens drei Mitglieder** haben.[365] Auch der Personalausschuss muss als Kollektivorgan gem. § 108 Abs. 1 AktG seinerseits durch **Beschluss** handeln; anderenfalls fehlt es an einer wirksamen Vertretung der Gesellschaft bei dem Abschluss des Anstellungsvertrags.[366]

131 Auf **andere Organe** außerhalb des Aufsichtsrats kann die Zuständigkeit für den Abschluss des Anstellungsvertrages angesichts der zwingenden Kompetenzordnung des Aktiengesetzes **nicht** übertragen werden.[367] Anders als bei der GmbH ist damit insbes. eine Übertragung der Zuständigkeit auf fakultative Gremien wie einen Beirat ausgeschlossen.

132 Der Personalausschuss muss bei Abschluss oder Kündigung des Anstellungsvertrages die dem **Plenum** verbleibende Zuständigkeit für die **Bestellung** zum Vorstand berücksichtigen. Er darf also insbes. nicht durch den Abschluss oder die Kündigung des Anstellungsvertrages eine noch nicht erfolgte Bestellung oder Abberufung faktisch vorwegnehmen.[368] Ebenso wenig kann der Personalausschuss im Rahmen des Anstellungsvertrages – oder außerhalb – eine Festlegung der Ressortzuständigkeit der Vorstandsmitglieder vornehmen, wie aus den § 107 Abs. 3 S. 2, § 77 Abs. 2 AktG folgt.[369]

> **Praxistipp:**
> Ist gewünscht, den Anstellungsvertrag schon vor der Bestellung und der Befassung des Plenums mit der Vergütungsregelung zu unterzeichnen, kann dem dadurch Rechnung getragen werden, dass der Anstellungsvertrag unter der **aufschiebenden Bedingung der Bestellung zum Vorstand** und der Zustimmung des Plenums zur Vergütungsregelung abgeschlossen wird.

133 Teils wird vertreten, das Plenum des Aufsichtsrats oder des Personalausschusses könnte über den „wesentlichen Vertragsinhalt" beschließen und sodann dem Aufsichtsratsvorsit-

---

[360] BGBl. 2009 I 2509.
[361] Hüffer/Koch/*Koch* AktG § 84 Rn. 15; Semler/Peltzer/Kubis/*Kubis* Vorstands-HdB § 3 Rn. 16; Zuvor existierte lediglich eine Empfehlung in Ziff. 4.2.2 DCGK idF v. 6.6.2008, das Vergütungssystem für den Vorstand zu beschließen.
[362] Hüffer/Koch/*Koch* AktG § 84 Rn. 15; Semler/Peltzer/Kubis/*Kubis* Vorstands-HdB § 3 Rn. 16; vgl. Begr. des Gesetzentwurfs BT-Drs. 16/12278, 7; vgl. hierzu *Fleischer* NZG 2009, 801; *Thüsing* AG 2009, 517; großzügiger *Seibert* WM 2009, 1489 (1491).
[363] MHdB GesR IV/*Wiesner* § 21 Rn. 21; Spindler/Stilz/*Fleischer* AktG § 84 Rn. 34; Hüffer/Koch/*Koch* AktG § 84 Rn. 15; MüKoAktG/*Spindler* § 84 Rn. 69; *Beiner/Braun* Vorstandsvertrag Rn. 258; MAH ArbR/*Eckhoff* § 81 Rn. 19; *Seyfarth* VorstandsR § 4 Rn. 27.
[364] Schmidt/Lutter/*Drygala* AktG § 107 Rn. 39; Semler/v. Schenck AR-HdB/*Gittermann* § 6 Rn. 49; Lutter/Krieger/*Verse* AR § 7 Rn. 761.
[365] BGH NJW 1976, 145; Hüffer/Koch/*Koch* AktG § 84 Rn. 16, § 107 Rn. 21; Schmidt/Lutter/*Seibt* AktG § 84 Rn. 25; MüKoAktG/*Spindler* § 84 Rn. 69; *Beiner/Braun* Vorstandsvertrag Rn. 263.
[366] Schmidt/Lutter/*Seibt* AktG § 84 Rn. 25.
[367] MHdB GesR IV/*Wiesner* § 21 Rn. 20; → Rn. 19.
[368] BGH ZIP 2009, 1058; BGHZ 79, 38 (42); 83, 144 (150); BGH ZIP 1989, 1190 (1191); MüKoAktG/*Spindler* § 84 Rn. 69; Lutter/Krieger/*Verse* AR § 7 Rn. 390; Semler/Peltzer/Kubis/*Kubis* Vorstands-HdB § 3 Rn. 18.
[369] KölnKommAktG/*Mertens/Cahn* § 84 Rn. 49 ff.; Hüffer/Koch/*Koch* AktG § 84 Rn. 12; MüKoAktG/*Spindler* § 84 Rn. 69 f.; Lutter/Krieger/*Verse* AR § 7 Rn. 390; *Beiner/Braun* Vorstandsvertrag Rn. 601; *Seyfarth* VorstandsR § 4 Rn. 28.

zenden die Formulierung von Einzelheiten überlassen.³⁷⁰ Aufgrund der offenkundigen Abgrenzungsschwierigkeiten zwischen wesentlichen Vertragsbestandteilen und Formulierungsfragen ist ein solches Vorgehen aber mit Risiken verbunden.³⁷¹ Werden die durch den Aufsichtsratsvorsitzenden vorgenommenen Änderungen später, etwa im Rahmen einer gerichtlichen Auseinandersetzung, doch als wesentliche Vertragsbestandteile qualifiziert, begründet die Unterzeichnung des Anstellungsvertrages mangels ausreichender Beteiligung des Aufsichtsrats nur ein sog. faktisches Anstellungsverhältnis.³⁷²

Bei der Auswahl der für den Vorstand der Aktiengesellschaft zu bestellenden Personen hat der Aufsichtsrat ein weitreichendes unternehmerisches Ermessen; zwingende gesetzliche Anforderungen ergeben sich nur aus § 76 Abs. 3 AktG.³⁷³ Auswahlkriterien können sich aber aus der Satzung ergeben.³⁷⁴ Ferner hat der Aufsichtsrat von Gesellschaften, die börsennotiert sind oder der Mitbestimmung unterliegen, nach dem zum 1.5.2015 in Kraft getretenen FührposGleichberG³⁷⁵ für den Frauenanteil im Vorstand Zielgrößen festzulegen.³⁷⁶ Die Verletzung der Festlegungspflicht soll eine Schadensersatzpflicht gem. § 116 S. 1 AktG auslösen können, wobei ein Schaden in der Regel nicht darlegbar sein wird.³⁷⁷ Die Verfehlung einer festgelegten Zielgröße ist sanktionslos.³⁷⁸ Gem. § 289f Abs. 2 Nr. 4 HGB hat die Aktiengesellschaft die Festlegungen nach § 111 Abs. 5 AktG und die Angabe, ob die festgelegten Zielgrößen während des Bezugszeitraums erreicht worden sind, und, wenn nicht, Angaben zu den Gründen in die Erklärung zur Unternehmensführung aufzunehmen. Für börsennotierte Gesellschaften gilt ferner gem. Ziff. 5.1.2 S. 2 DCGK die Empfehlung, dass der Aufsichtsrat bei der Zusammensetzung des Vorstands auch auf Vielfalt (Diversity) achten soll.³⁷⁹ Auch diese Regelung ist sanktionsfrei.³⁸⁰ **134**

b) Vertragsschluss. Die für den Abschluss des Anstellungsvertrages erforderliche Willenserklärung wird für die Gesellschaft in der Regel durch den **Aufsichtsratsvorsitzenden** abgegeben, der hierfür **besonders ermächtigt** wird. Die Ermächtigung zum Vertragsschluss kann sich aus der Geschäftsordnung des Aufsichtsrats, der Satzung oder aus einem Beschluss des Aufsichtsrats ergeben.³⁸¹ Das Amt des Aufsichtsratsvorsitzenden als solches ist nicht ausreichend, um die Gesellschaft bei dem Vertragsschluss vertreten zu können.³⁸² Auch andere Aufsichtsratsmitglieder,³⁸³ Vorstandsmitglieder³⁸⁴ oder Dritte können durch Beschluss des Aufsichtsrats zur Unterzeichnung des Anstellungsvertrages für die Gesellschaft **ermächtigt** werden. Die Annahmeerklärung durch das Vorstandsmitglied kann gegenüber dem Vorsit- **135**

---

³⁷⁰ *Beiner/Braun* Vorstandsvertrag Rn. 267; MHdB GesR IV/*Wiesner* § 21 Rn. 22 „technische Einzelheiten ohne materielle Bedeutung"; wohl auch Schmidt/Lutter/*Seibt* AktG § 84 Rn. 25; weitere Nachw. bei Fleischer VorstandsR-HdB/*Thüsing* § 4 Rn. 64; *Lutter/Krieger/Verse* AR § 7 Rn. 391, nur Ausformulierung des vom Aufsichtsrat beschlossenen Vertragsinhalts.
³⁷¹ MüKoAktG/*Spindler* § 84 Rn. 71.
³⁷² → Rn. 262.
³⁷³ OLG München BeckRS 2017, 100878; zur Zuständigkeit des Aufsichtsrats im Verfahren zur Anbahnung einerr Vorstandstätigkeit *Diekmann/Punte* WM 2016, 681; zur Rechtsstellung designierter Vorstandsmitglieder *Seibt/Philipp* AG 2017, 557.
³⁷⁴ OLG München BeckRS 2017, 100878.
³⁷⁵ G für die gleichberechtigte Teilhabe von Frauen und Männern an Führungspositionen in der Privatwirtschaft und im öffentlichen Dienst v. 24.4.2015, BGBl. 2015 I 642.
³⁷⁶ Hüffer/Koch/*Koch* AktG § 111 Rn. 58; *Röder/Arnold* NZA 2015, 1281; *Drygala* NZG 2015, 1129; *Junker/Schmidt-Pfitzner* NZG 2015, 929; *Seyfarth* VorstandsR § 3 Rn. 24 ff.; Spindler/Stilz/*Spindler* AktG § 111 Rn. 77a ff.
³⁷⁷ Hüffer/Koch/*Koch* AktG § 111 Rn. 58; Spindler/Stilz/*Spindler* AktG § 111 Rn. 77a ff.
³⁷⁸ Hüffer/Koch/*Koch* AktG § 111 Rn. 58; Spindler/Stilz/*Spindler* AktG § 111 Rn. 77a ff.
³⁷⁹ Kremer/Bachmann/*Kremer* DCGK Rn. 1236 ff.
³⁸⁰ *Seyfarth* VorstandsR § 3 Rn. 19.
³⁸¹ Spindler/Stilz/*Fleischer* AktG § 84 Rn. 37; *Beiner/Braun* Vorstandsvertrag Rn. 266; vgl. auch MAH ArbR/*Eckhoff* § 81 Rn. 21.
³⁸² OLG Frankfurt a.M. NJW-Spezial 2011, 73; *Beiner/Braun* Vorstandsvertrag Rn. 266; Spindler/Stilz/*Fleischer* AktG § 84 Rn. 37; vgl. auch MAH ArbR/*Eckhoff* § 81 Rn. 21; anders *Seyfarth* VorstandsR § 4 Rn. 29 unter Hinweis auf § 164 Abs. 1 S. 2 BGB; KölnKommAktG/*Mertens/Cahn* § 84 Rn. 50.
³⁸³ MüKoAktG/*Spindler* § 84 Rn. 73; *Beiner/Braun* Vorstandsvertrag Rn. 266.
³⁸⁴ OLG Brandenburg DStR 2015, 1877; *Fuhrmann* NZG 2017, 291.

zenden des Aufsichtsrats,³⁸⁵ aber auch gegenüber einem sonstigen Aufsichtsratsmitglied abgegeben werden,³⁸⁶ in der Regel durch Übergabe des gegengezeichneten Anstellungsvertrags.

136 Der Vertrag unterliegt **keinem Formerfordernis**.³⁸⁷ Mangels Arbeitnehmereigenschaft der Vorstandsmitglieder greift bei Abschluss des, gem. § 84 Abs. 1 AktG befristet abzuschließenden, Anstellungsvertrages auch das Schriftformerfordernis des § 14 Abs. 4 TzBfG nicht ein.³⁸⁸ Doch ist ein schriftlicher Vertragsschluss zu Dokumentations- und Beweiszwecken üblich und dringend anzuraten.³⁸⁹ Ist kein schriftlicher Anstellungsvertrag geschlossen, das Vorstandsmitglied aber **wirksam bestellt** und für die Aktiengesellschaft **tätig** geworden, ist zu prüfen ob ein **konkludenter Vertragsschluss** erfolgt ist.³⁹⁰ Der Vertragsinhalt und namentlich die Höhe der Vergütung bestimmen sich dann nach den §§ 611 ff. BGB unter Berücksichtigung der Satzung und den Vorschriften des Aktiengesetzes.³⁹¹ Allerdings kann die Abgrenzung zu einem nur faktischen Anstellungsverhältnis Schwierigkeiten bereiten.³⁹²

137 c) **Drittanstellung.** Die Zulässigkeit der Anstellung eines Vorstandsmitglieds bei einer dritten Gesellschaft ist nicht abschließend geklärt.³⁹³ Praktische Relevanz hat diese Frage insbes. für **Konzerngesellschaften,** wenn deren Vorstand durch Mitarbeiter der Muttergesellschaft oder anderer Gruppengesellschaften besetzt werden soll.³⁹⁴ In jüngerer Zeit ist darüber hinaus die vertragliche Gestaltung des Einsatzes von sog. **Interims-Managern** bzw. **-Vorständen** diskutiert worden³⁹⁵ und sind hierzu erste Gerichtsentscheidungen ergangen.³⁹⁶

138 Bedenken gegen eine Drittanstellung werden geltend gemacht, weil das Aktiengesetz, namentlich in § 76 AktG, die Unabhängigkeit und Eigenverantwortlichkeit des Vorstands hervorhebt.³⁹⁷ Insoweit bestehe ein Unterschied zur Stellung des Geschäftsführers der GmbH, der gem. § 37 Abs. 1 GmbHG den Weisungen der Gesellschafterversammlung unterworfen ist³⁹⁸ und für den die Zulässigkeit einer Drittanstellung anerkannt ist.³⁹⁹ Die Unabhängigkeit des Vorstands dürfe nicht dadurch in Frage gestellt werden, dass er aus seinem Anstellungsvertrag dem Weisungsrecht eines Dritten unterstehe.⁴⁰⁰

---

[385] *Beiner/Braun* Vorstandsvertrag Rn. 267.
[386] MAH ArbR/*Eckhoff* § 81 Rn. 21.
[387] *Beiner/Braun* Vorstandsvertrag Rn. 650; MHdB GesR IV/*Wiesner* § 21 Rn. 23.
[388] *Haas/Ohlendorf* Anstellungsvertrag, 16.
[389] Schmidt/Lutter/*Seibt* AktG § 84 Rn. 27 mit Hinweis auf die Pflichten des Aufsichtsrats aus § 116 AktG.
[390] OLG Stuttgart AG 2003, 211; MüKoAktG/*Spindler* § 84 Rn. 74; Schmidt/Lutter/*Seibt* AktG § 84 Rn. 27; *Beiner/Braun* Vorstandsvertrag Rn. 268; zurückhaltend MHdB GesR IV/*Wiesner* § 21 Rn. 23.
[391] OLG Stuttgart AG 2003, 211; MüKoAktG/*Spindler* § 84 Rn. 74; Schmidt/Lutter/*Seibt* AktG § 84 Rn. 29.
[392] → Rn. 262.
[393] Schmidt/Lutter/*Seibt* AktG § 84 Rn. 26; Hüffer/Koch/*Koch* AktG § 84 Rn. 14; MüKoAktG/*Spindler* § 84 Rn. 76; MHdB GesR IV/*Wiesner* § 21 Rn. 3 ff.; Semler/Peltzer/Kubis/*Kubis* Vorstands-HdB § 3 Rn. 10 ff.; *Beiner/Braun* Vorstandsvertrag Rn. 234 ff.; *Seyfarth* VorstandsR § 7 Rn. 34 ff.; Braun/Wisskirchen/*Süßbrich/Rütz*, Konzernarbeitsrecht, 1. Aufl. 2015, Teil I Absch. III Rn. 352 ff.; *Fonk* NZG 2010, 368 (370); *Jooß* NZG 2011, 1130; *Vetter* NZG 2015, 889; *Diekmann/Punte* WM 2016, 681.
[394] *Deilmann/Dornbusch* NZG 2016, 201; *Vetter* NZG 2015, 889; *Fonk* NZG 2010, 368; *Diekmann/Punte* WM 2016, 681; MHdB GesR IV/*Wiesner* § 21 Rn. 3; MAH ArbR/*Eckhoff* § 81 Rn. 22.
[395] *Fuhrmann* NZG 2017, 291; *Vetter* NZG 2015, 889; *Uffmann* ZGR 2013, 273; *Jooß* NZG 2011, 1130; *Reuter* AG 2011, 274; MHdB GesR IV/*Wiesner* § 21 Rn. 3 „Vorstandsgestellungen"; *Diekmann/Punte* WM 2016, 681; *Theiselmann* ZIP 2015, 1712; *Vetter* NZG 2015, 889.
[396] BGH NZG 2015, 792; OLG Celle AG 2012, 41; hierzu auch BGH 17.5.2011 – II ZR 32/10, BeckRS 2011, 19847, Hinweisbeschluss; KG NZG 2011, 865.
[397] *Fleischer* VorstandsR-HdB/*Thüsing* § 4 Rn. 68; Hüffer/Koch/*Koch* AktG § 84 Rn. 17 ff; *Haas/Ohlendorf*, Anstellungsvertrag, 15; MüKoAktG/*Spindler* § 84 Rn. 76; Semler/Peltzer/Kubis/*Kubis* Vorstands-HdB § 3 Rn. 12.
[398] MüKoAktG/*Spindler* § 84 Rn. 76; Hüffer/Koch/*Koch* AktG § 84 Rn. 17 ff.
[399] BAG NZA 2003, 552 Rn. 49; BGH NJW 1980, 595; weitere Nachw. bei MüKoAktG/*Spindler* § 84 Rn. 69; allerdings soll dies nicht für die mitbestimmte GmbH gelten, vgl. KölnKommAktG/*Mertens/Cahn* § 84 Rn. 56.
[400] *Fleischer* VorstandsR-HdB/*Thüsing* § 4 Rn. 68; Hüffer/Koch/*Koch* AktG § 84 Rn. 18; *Haas/Ohlendorf*, Anstellungsvertrag, 15; Semler/Peltzer/Kubis/*Kubis* Vorstands-HdB § 3 Rn. 12.

139 Die Gegenansicht hält eine Drittanstellung trotz dieser Einwände für zulässig.[401] Dies soll jedenfalls dann gelten, wenn die Drittgesellschaft den Vorrang der aktienrechtlichen Pflichten des Vorstands vor dem arbeitsrechtlichen Weisungsrecht ausdrücklich akzeptiere.[402] Ferner sei eine Drittanstellung dann möglich, wenn zwischen der Aktiengesellschaft und der anstellenden Drittgesellschaft ein Beherrschungsvertrag oder eine Eingliederung bestehe; die §§ 308 Abs. 2, 323 Abs. 1 AktG sollen dann § 76 Abs. 1 AktG überlagern.[403] Sanierungsbedürftige Aktiengesellschaften hätten Schwierigkeiten, geeignete Vorstandsmitglieder zu finden, wenn keine Sicherheit hinsichtlich der zugesagten Vergütung aus dem Dienstvertrag bestehe.[404]

140 Im Ergebnis überwiegen die Einwände gegen eine Drittanstellung.[405] Denn sie unterläuft die gesetzliche Kompetenzordnung der Aktiengesellschaft. Nicht nur die Unabhängigkeit des Vorstands ist kompromittiert, wenn er aus seinem Anstellungsverhältnis den Weisungen eines Dritten unterworfen ist. Auch die Zuständigkeit des Aufsichtsrats wird verletzt, wenn durch das Anstellungsverhältnis ein Dritter in die Lage versetzt wird, dem Vorstandsmitglied Weisungen für Maßnahmen zu erteilen, die einem Zustimmungserfordernis des Aufsichtsrats unterliegen. Auch das gem. § 84 Abs. 3 AktG ausschließlich dem Aufsichtsrat zustehende Recht zur Abberufung wird umgangen, wenn ein Dritter den Anstellungsvertrag kündigen und so dem Vorstandsmitglied seine wirtschaftliche Existenzgrundlage nehmen kann.[406] Ebenso problematisch ist eine mögliche Umgehung der in § 87 AktG geregelten Verantwortlichkeit des Aufsichtsrats für die Vorstandsvergütung, die durch das Gesetz zur Angemessenheit der Vorstandsvergütung (VorstAG)[407] noch hervorgehoben wurde. Insbesondere kann der mit einer Drittgesellschaft geschlossene Anstellungsvertrag Leistungsanreize vorsehen, die die Interessen der Gesellschaft nicht oder nicht angemessen berücksichtigen. Das Argument, sanierungsbedürftige Aktiengesellschaften seien auf eine Drittanstellung angewiesen, um dem Vorstandsmitglied eine Sicherheit hinsichtlich seiner Vergütung bieten zu können, hat wenig Überzeugungskraft. Denn auch bei einer direkten Anstellung bei der Gesellschaft kann ein Dritter Sicherheiten stellen, etwa eine Bürgschaft für die Vergütungsansprüche des Vorstandsmitglieds übernehmen.[408] Ohnehin dürften die Motive für eine Drittanstellung in Sanierungsfällen regelmäßig nicht in einer Sicherung der Vergütung liegen, sondern in einer straffen Konzernführung und einem verbesserten Informationsfluss.[409]

141 Auch die eine Zulässigkeit grds. bejahende Auffassung muss iÜ weit reichende Einschränkungen machen. Außerhalb einer Konzernierung durch Beherrschungsvertrag oder Eingliederung soll Voraussetzung für die Drittanstellung ein Verzicht der anstellenden Gesellschaft auf Weisungsbefugnisse gegenüber dem Vorstandsmitglied sein.[410] Auch bedürften der Abschluss, die Änderung und die Beendigung eines Anstellungsvertrages eines Vorstandsmitglieds mit einer dritten Gesellschaft jeweils der Zustimmung des Aufsichtsrats der Aktiengesellschaft.[411] Dies widerspricht aber schon typischerweise dem Interesse der

---

[401] So wohl KG NZG 2011, 865; LAG Köln ZIP 2006, 1012; *Vetter* NZG 2015, 889; *Martens* FS Hilger und Stumpf, 1983, 437 (442); Schmidt/Lutter/*Seibt* AktG § 84 Rn. 26; MHdB GesR IV/*Wiesner* § 21 Rn. 5; *Mutter/Frick* AG 2006 R 32; *Beiner/Braun* Vorstandsvertrag Rn. 236 ff. für Konzernanstellung; *Seyfarth* VorstandsR § 7 Rn. 35; *Diekmann/Punte* WM 2016, 681; Braun/Wisskirchen/*Süßbrich/Rütz*, Konzernarbeitsrecht, 1. Aufl. 2015, Teil I Absch. III Rn. 362, 368, Zulässigkeit ausnahmsweise bei Beherrschung.
[402] *Vetter* NZG 2015, 889; Schmidt/Lutter/*Seibt* AktG § 84 Rn. 26; vgl. auch Lutter/Krieger/*Verse* AR § 7 Rn. 438.
[403] Hüffer/Koch/*Koch* AktG § 84 Rn. 18; *Beiner/Braun* Vorstandsvertrag Rn. 238; dagegen MüKoAktG/*Spindler* § 84 Rn. 76.
[404] LAG Köln ZIP 2006, 1012.
[405] Fleischer VorstandsR-HdB/*Thüsing* § 4 Rn. 68; MüKoAktG/*Spindler* § 84 Rn. 76; *Fonk* NZG 2010, 368 (370); Hüffer/Koch/*Koch* AktG § 84 Rn. 17 ff.
[406] Fleischer VorstandsR-HdB/*Thüsing* § 4 Rn. 68.
[407] → Rn. 96.
[408] Fleischer VorstandsR-HdB/*Thüsing* § 4 Rn. 68, der einseitig verpflichtende Zusagen einer Konzerngesellschaft an das Vorstandsmitglied für möglich hält.
[409] *Fuhrmann* NZG 2017, 291; vgl. auch Fleischer VorstandsR-HdB/*Fleischer* § 18 Rn. 126 zu Doppelmandaten.
[410] Schmidt/Lutter/*Seibt* AktG § 84 Rn. 26; Lutter/Krieger/*Verse* AR § 7 Rn. 439; MHdB GesR IV/*Wiesner* § 21 Rn. 5; *Seyfarth* VorstandsR § 7 Rn. 36.
[411] MHdB GesR IV/*Wiesner* § 21 Rn. 5; Lutter/Krieger § 7 Rn. 431.

Drittgesellschaft und löst nicht das Problem, dass das Vorstandsmitglied in aller Regel wirtschaftlich von dieser abhängig und somit durch diese beeinflussbar ist. Zivilrechtsdogmatisch ist die Geltung eines Zustimmungserfordernisses des Aufsichtsrats der Aktiengesellschaft für das Vertragsverhältnis zwischen Vorstandsmitglied und Drittgesellschaft ebenfalls kaum zu begründen. Um seine Geltung sicherzustellen, müsste der Anstellungsvertrag selbst daher ausdrücklich vorsehen, dass jegliche Änderungen und insbes. eine Beendigung der Zustimmung des Aufsichtsrats der Aktiengesellschaft bedürfen. Auch dann verbliebe aber das Problem, dass der Aufsichtsrat der Aktiengesellschaft noch nicht die Möglichkeit hätte, das Anstellungsverhältnis, etwa bei Pflichtverletzungen des Vorstandsmitglieds, aus eigener Kraft zu beenden. Der mit der Drittgesellschaft geschlossene Anstellungsvertrag müsste daher auch vorsehen, dass die Drittgesellschaft auf Verlangen des Aufsichtsrats der Aktiengesellschaft zu einer Kündigung verpflichtet ist. Die Möglichkeit einer Abberufung als Vorstand wäre nicht ausreichend. Gänzlich ungeklärt ist auch etwa die Frage, wie ein nachvertragliches Wettbewerbsverbot, an dem die Aktiengesellschaft ein vitales Interesse haben kann, im Falle einer Drittanstellung realisiert werden könnte. Auch bei Vorliegen eines Beherrschungsvertrages oder einer Eingliederung muss die Zulässigkeit einer Drittanstellung verneint werden. Denn die Frage, was bei einem späteren Wegfall dieser Voraussetzungen gelten soll, kann nicht befriedigend beantwortet werden. Der Praxis kann daher eine Drittanstellung nicht empfohlen werden.[412]

142 Die vertragliche Situation von **Interims-Vorständen** ist dadurch gekennzeichnet, dass die Aktiengesellschaft nicht mit dem Interims-Vorstand selbst, sondern mit einer Agentur oder einem Beratungsunternehmen einen Vertrag schließt, der die zeitweise Tätigkeit einer bestimmten Person als Vorstand vorsieht.[413] Vertreten wird die Gesellschaft hierbei, in entsprechender Anwendung des § 112 AktG, durch den Aufsichtsrat.[414] Die Aktiengesellschaft zahlt der Agentur bzw. dem Beratungsunternehmen für die Überlassung/Gestellung des Vorstandsmitglieds eine Vergütung; das Vorstandsmitglied seinerseits erhält eine Vergütung nur von dem Drittunternehmen.[415] Die Rspr. hat solche Gestaltungen in ersten Entscheidungen für zulässig gehalten, wenn die aus § 76 AktG folgende autonome Leitungsbefugnis des Interimsvorstands durch den Vertrag zwischen Aktiengesellschaft und Agentur bzw. Beratungsunternehmen gewährleistet, also eine Einflussnahme vertraglich ausgeschlossen ist.[416] Auch hier bestehen jedoch grds. die oben dargestellten Bedenken. Die Situation unterscheidet sich von derjenigen der Konzernanstellungsverträge dadurch, dass mit der Agentur oder Beratungsgesellschaft ein scheinbar neutraler Beschäftigungsträger Vertragspartner des Vorstandsmitglieds ist. Ferner schließt die Aktiengesellschaft mit diesem Beschäftigungsträger einen Vertrag, der ausdrücklich vorsehen kann, dass eine Einflussnahme auf das Vorstandsmitglied ausgeschlossen ist.[417] Da der überlassende Beschäftigungsträger seine Vergütung von der Aktiengesellschaft erhält, scheint die Aktiengesellschaft auch insoweit in geringerem Umfang Fremdeinflüssen ausgesetzt zu sein. Insbesondere in den Fällen einer bloßen Vermittlung des Interims-Vorstands durch eine Agentur ist schließlich auch zunächst kein Eigeninteresse des Anstellungsträgers an der Führung der Geschäfte der Aktiengesellschaft erkennbar. Indessen ist nicht zu übersehen, dass Interims-Vorstände in der wohl überwiegenden Zahl der Fälle auf Initiative entweder von Aktionären oder aber Geschäftspartnern der Aktiengesellschaft, namentlich Banken, eingesetzt werden. Das Risiko einer Beeinflussung ist damit kaum geringer als in den Fällen einer Drittanstellung im Konzern.[418]

---

[412] Hüffer/Koch/*Koch* AktG § 84 Rn. 14; *Haas/Ohlendorf*, Anstellungsvertrag, 15; *Lutter/Krieger/Verse* AR § 7 Rn. 438; MAH ArbR/*Eckhoff* § 81 Rn. 22.
[413] *Fuhrmann* NZG 2017, 291; MHdB GesR IV/*Wiesner* § 21 Rn. 6; *Vetter* NZG 2015, 889; *Theiselmann* ZIP 2015, 1712; *Beauregard/Baur* DB 2017, 2033.
[414] OLG München BeckRS 2017, 100878; BGH NZG 2015, 792; OLG Celle AG 2012, 41; MHdB GesR IV/*Wiesner* § 21 Rn. 6; allerdings soll von Bedeutung sein, ob und in welchem Umfang das Vorstandsmitglied an dem Beratungsunternehmen beteiligt ist, vgl. *Fuhrmann* NZG 2017, 291.
[415] MHdB GesR IV/*Wiesner* § 21 Rn. 6.
[416] KG NZG 2011, 865; OLG Celle AG 2012, 41, bestätigt durch Hinweisbeschluss BGH 17.5.2011 – II ZR 32/10, BeckRS 2011, 19847.
[417] *Fuhrmann* NZG 2017, 291.
[418] *Fuhrmann* NZG 2017, 291.

Unterstellt man mit der hier vertretenen Auffassung, dass eine Drittanstellung in Widerspruch zu der Kompetenzordnung des Aktiengesetzes steht, schließt sich die Frage an, welche **Rechtsfolgen** eine gleichwohl durchgeführte Drittanstellung auslöst. Eine Unwirksamkeit des mit der Drittgesellschaft geschlossenen Anstellungsvertrages und/oder der Bestellung zum Vorstand gem. § 134 BGB kommt nicht in Betracht, da es an einem gesetzlichen Verbot fehlt. Denkbar ist aber eine Verpflichtung des Aufsichtsrats, die Bestellung des Vorstandsmitglieds zu widerrufen.[419] Denn durch die Drittanstellung kann die unabhängige und damit pflichtgemäße Amtsführung des Vorstandsmitglieds in Frage gestellt sein. In Betracht kommt auch eine Schadensersatzhaftung des Aufsichtsrats gem. §§ 116 S. 1, 93 AktG. Ferner ist eine Drittanstellung von konzernrechtlicher Relevanz. Sie wirft vergleichbare Haftungsfragen auf, wie sie im Zusammenhang mit Vorstands-Doppelmandaten diskutiert werden.[420]

Probleme kann auch eine **Drittvergütung** von Vorstandsmitgliedern aufwerfen, also eine Vergütung, die das Vorstandsmitglied von einem Dritten erhält, ohne dass ein (Dritt-)Anstellungsvertrag besteht.[421] Konstellationen in der Praxis sind einerseits Vergütungen, die durch Teilhaber der Aktiengesellschaft gewährt werden, insbes. durch übergeordnete Konzerngesellschaften im Rahmen von Management-Vergütungsprogrammen, andererseits Transaktions-Boni, die Vorständen durch Teilhaber der Aktiengesellschaft oder andere Dritte zugesagt werden.[422] Eine Drittvergütung soll zulässig sein, wenn sie den Vorstand in seiner Leitungsaufgabe gem. § 76 AktG nicht beeinflussen.[423] Ferner soll die Zustimmung des Aufsichtsrats erforderlich sein.[424] Auch bei dessen Zustimmung verbleiben allerdings aus den oben dargestellten Gründen Bedenken.

3. Inhalt des Anstellungsvertrags

Der Anstellungsvertrag definiert die wechselseitigen Rechte und Pflichten des Vorstandsmitglieds und der Aktiengesellschaft aus dem Anstellungsverhältnis. Anders als bei dem Anstellungsvertrag des Geschäftsführers einer GmbH[425] scheidet aber die Möglichkeit satzungskonkretisierender oder satzungsdurchbrechender Regelungen aus. Dies folgt bereits daraus, dass die Aktiengesellschaft bei dem Abschluss des Anstellungsvertrages durch den Aufsichtsrat vertreten wird, der seinerseits keine Satzungskompetenz hat.[426]

Der Anstellungsvertrag des Vorstands unterliegt der Inhaltskontrolle der §§ 307 ff. BGB.[427] Da Vorstandsmitglieder Verbraucher iSd § 13 BGB sind, gilt dies auch für vorformulierte Klauseln, die nur zur einmaligen Verwendung bestimmt sind, § 310 Abs. 3 Nr. 2 BGB.[428] Die typischen Regelungsgegenstände des Anstellungsvertrages sind:

a) **Aufgaben des Vorstandsmitglieds.** *aa) Pflicht zur Geschäftsführung.* Die gesetzliche Organpflicht aus § 76 Abs. 1 AktG zur Führung der Geschäfte der Gesellschaft ist zugleich

---

[419] Fleischer VorstandsR-HdB/*Thüsing* § 4 Rn. 68; vgl. aber auch Semler/Peltzer/Kubis/*Kubis* Vorstands-HdB § 3 Rn. 13, der in Konzernsituationen einen konkludenten Abschluss eines Anstellungsvertrages zwischen Tochtergesellschaft und Vorstandsmitglied annimmt.
[420] MüKoAktG/*Spindler* § 84 Rn. 77, § 87 Rn. 64 ff.; s. zu Doppelmandaten Fleischer VorstandsR-HdB/*Fleischer* § 18 Rn. 126; *Fonk* NZG 2010, 368 (370).
[421] *Fuhrmann* NZG 2017, 291; *Kalb/Fröhlich* NZG 2014, 167; *Diekmann/Punte* WM 2016, 681; MüKoAktG/*Spindler* § 87 Rn. 73; *Seyfarth* VorstandsR § 7 Rn. 40 ff.; Braun/Wisskirchen/*Süßbrich/Rütz*, Konzernarbeitsrecht, 1. Aufl. 2015, Teil I Abschn. III Rn. 392 ff.; vgl. zu Drittvergütungen für Aufsichtsratsmitglieder *Neuhaus/Gelißen* NZG 2011, 1361.
[422] *Kalb/Fröhlich* NZG 2014, 167; *Beiner/Braun* Vorstandsvertrag Rn. 469.
[423] MüKoAktG/*Spindler* § 87 Rn. 73; *Seyfarth* VorstandsR § 7 Rn. 41; *Diekmann/Punte* WM 2016, 681.
[424] MüKoAktG/*Spindler* § 87 Rn. 73; *Seyfarth* VorstandsR § 7 Rn. 41; anders *Kalb/Fröhlich* NZG 2014, 167.
[425] Scholz/*U. H. Schneider/Sethe* GmbHG § 35 Rn. 156 ff.
[426] S. zum rechtlichen Vorrang des Organverhältnisses → Rn. 65.
[427] Hüffer/Koch/*Koch* AktG § 84 Rn. 21; MHdB GesR IV/*Wiesner* § 21 Rn. 15; Semler/v. Schenck AR-HdB/*Fonk* § 10 Rn. 80; Haas/Ohlendorf, Anstellungsvertrag, 63 ff.; MAH ArbR/*Eckhoff* § 81 Rn. 7; *Seyfarth* VorstandsR § 4 Rn. 19 ff.; ausf. Rieble/Schmittlein Vergütung Rn. 102 ff.
[428] OLG Hamm AG 2007, 910; Hüffer/Koch/*Koch* AktG § 84 Rn. 21; MHdB GesR IV/*Wiesner* § 21 Rn. 15; gegen eine Qualifikation von Vorstandsmitgliedern als Verbraucher *Seyfarth* VorstandsR § 4 Rn. 17 f.

Primärpflicht des Vorstands im Rahmen des Anstellungsverhältnisses.[429] Welche Aufgaben dies iE umfasst, ist im AktG nicht geregelt und hängt naturgemäß von dem Unternehmenszweck und dem Tätigkeitsbereich der jeweiligen Gesellschaft ab. Grundsätzlich ist unter dem Begriff der Geschäftsführung jede tatsächliche oder rechtsgeschäftliche Tätigkeit für die Gesellschaft zu verstehen, die der **Verwirklichung des Unternehmenszwecks** dient.[430] Der Begriff der Geschäftsführung deckt sich damit nur teilweise mit dem der Vertretung. Denn jegliche Maßnahme der Vertretung, also des rechtsgeschäftlichen Handelns für die Gesellschaft nach außen, ist zugleich ein Akt der Geschäftsführung. Andererseits liegt nicht in jeder Geschäftsführungsmaßnahme zugleich eine Vertretung der Gesellschaft. Der Begriff der Geschäftsführung ist also umfassender.

147 Der Anstellungsvertrag sieht regelmäßig als Generalklausel eine allgemeine Verpflichtung des Vorstands zur Führung der Geschäfte der Gesellschaft vor.[431] Nähere Regelungen und ggf. Einschränkungen der Geschäftsführungsbefugnis können durch eine gem. § 77 AktG erlassene Geschäftsordnung des Vorstands bestimmt werden. Die Befugnis zum Erlass einer Geschäftsordnung steht primär dem Aufsichtsrat zu, nur nachrangig dem Vorstand selbst, § 77 Abs. 2 AktG. Der Anstellungsvertrag kann auf eine, existierende oder noch zu erlassende, Geschäftsordnung verweisen und das Vorstandsmitglied zu ihrer Beachtung verpflichten.[432] Hierdurch können Zweifel vermieden werden, ob eine durch den Vorstand erlassene Geschäftsordnung auch für neu hinzukommende Vorstandsmitglieder verbindlich ist.[433] Eine durch den Aufsichtsrat erlassene Geschäftsordnung ist für die Vorstandsmitglieder in jedem Falle verbindlich, auch ohne Bezugnahme im Anstellungsvertrag. Gegenstand der Geschäftsordnung können etwa die Festlegung von Ressortzuständigkeiten der einzelnen Vorstandsmitglieder[434] sowie von Zustimmungserfordernissen des Aufsichtsrats sein.

148 Die Festlegung eines bestimmten zeitlichen Umfangs der Tätigkeit im Anstellungsvertrag ist unüblich, aber rechtlich zulässig.[435] Ganz überwiegend wird vereinbart, dass das Vorstandsmitglied der Gesellschaft seine gesamte Arbeitskraft zur Verfügung stellt.[436] Die Zeiten seiner Tätigkeit für die Aktiengesellschaft kann der Vorstand unter Berücksichtigung der geschäftlichen Notwendigkeiten selbst bestimmen.[437] Eine Abgeltung von Überstunden kommt grds. nicht in Betracht.[438] In der Regel wird dies schon daran scheitern, dass Überstunden mangels Festlegung einer bestimmten Dienstzeit gar nicht ermittelt werden können.

149 *bb) Vertretung der Gesellschaft.* Gem. § 82 AktG kann die **Vertretungsbefugnis** des Vorstands **nicht beschränkt** werden. Diese Regelung dient dem Schutz des Rechtsverkehrs, der sich darauf verlassen können muss, dass die vom Vorstand abgegebenen Willenserklärungen die Aktiengesellschaft binden.[439] Im Verhältnis zur Gesellschaft haben die Vorstandsmitglieder gem. § 82 Abs. 2 AktG demgegenüber die Beschränkungen zu beachten, die ihnen durch die Satzung, den Aufsichtsrat, die Hauptversammlung und die Geschäftsordnungen des Vorstands und des Aufsichtsrats **hinsichtlich der Geschäftsführungsbefugnis** auferlegt worden

---

[429] MüKoAktG/*Spindler* § 84 Rn. 104 mwN; *Beiner/Braun* Vorstandsvertrag Rn. 597; *Haas/Ohlendorf* Anstellungsvertrag, 29; MAH ArbR/*Eckhoff* § 81 Rn. 30, 31.
[430] KölnKommAktG/*Mertens/Cahn* § 77 Rn. 2; *Hüffer/Koch/Koch* AktG § 77 Rn. 3; *Haas/Ohlendorf* Anstellungsvertrag, 29 f.
[431] *Haas/Ohlendorf* Anstellungsvertrag, 90; Semler/Peltzer/Kubis/*Kubis* Vorstands-HdB § 3 Rn. 20.
[432] Semler/Peltzer/Kubis/*Kubis* Vorstands-HdB § 3 Rn. 20; *Beiner/Braun* Vorstandsvertrag Rn. 600, 601; *Haas/Ohlendorf* Anstellungsvertrag, 33.
[433] Vgl. hierzu *Haas/Ohlendorf* Anstellungsvertrag, 33; eine Verbindlichkeit bejahen *Beiner/Braun* Vorstandsvertrag Rn. 601; *Hüffer/Koch/Koch* AktG § 77 Rn. 22; MHdB GesR IV/*Wiesner* § 22 Rn. 31.
[434] *Beiner/Braun* Vorstandsvertrag Rn. 600.
[435] Spindler/Stilz/*Fleischer* AktG § 84 Rn. 79; *Beiner/Braun* Vorstandsvertrag Rn. 654; MAH ArbR/*Eckhoff* § 81 Rn. 35; *Seyfarth* VorstandsR § 4 Rn. 50.
[436] MAH ArbR/*Eckhoff* § 81 Rn. 34; *Seyfarth* VorstandsR § 4 Rn. 50.
[437] MAH ArbR/*Eckhoff* § 81 Rn. 35; Spindler/Stilz/*Fleischer* AktG § 84 Rn. 79; *Beiner/Braun* Vorstandsvertrag Rn. 654; *Seyfarth* VorstandsR § 4 Rn. 50.
[438] Spindler/Stilz/*Fleischer* AktG § 84 Rn. 79; *Beiner/Braun* Vorstandsvertrag Rn. 654; *Seyfarth* VorstandsR § 4 Rn. 50.
[439] *Hüffer/Koch/Koch* AktG § 82 Rn. 3.

sind. Die nach § 82 Abs. 2 AktG zulässigen Einschränkungen der Geschäftsführungsbefugnis können auch Gegenstand des Anstellungsvertrages sein.[440] Wird dem Vorstand durch den Anstellungsvertrag eine bestimmte Vertretungsbefugnis zugesagt, schließt dies eine abweichende Regelung durch die Satzung oder den ermächtigten Aufsichtsrat nicht aus. Jedoch kommt in diesem Fall ein Recht des Vorstands zur außerordentlichen Kündigung des Anstellungsvertrags in Betracht.[441]

Verstößt das Vorstandsmitglied gegen ihm auferlegte Beschränkungen der Geschäftsführungsbefugnis, verletzt es seinen Anstellungsvertrag. Folge ist eine **Haftung** gegenüber der Gesellschaft gem. § 93 Abs. 2 AktG sowie aus dem Anstellungsvertrag. Je nach Schwere des Verstoßes kann zudem der Widerruf der Bestellung gem. § 84 Abs. 3 AktG und eine fristlose Kündigung des Anstellungsvertrages gem. § 626 BGB in Betracht kommen. Die Maßnahme selber bleibt hingegen wirksam, da die Überschreitung der Geschäftsführungsbefugnis die Wirksamkeit der Vertretung unberührt lässt. Etwas anderes ergibt sich erst dann, wenn zugleich ein Missbrauch der Vertretungsmacht vorliegt, zB im Falle eines kollusiven Zusammenwirkens mit einem Geschäftspartner.[442]

150

cc) Position im Vorstand. Der Anstellungsvertrag kann dem Vorstandsmitglied eine Position als Vorsitzender des Vorstands iSv § 84 Abs. 2 AktG zuweisen.[443] Ist dies der Fall und wird dem Vorstandsmitglied diese Position ohne wichtigen Grund durch Widerruf entzogen, kann er zur Niederlegung seines Vorstandsmandats und zur außerordentlichen Kündigung seines Anstellungsvertrages berechtigt sein.[444] Gleiches wird gelten müssen, wenn ein zweiter Vorsitzender des Vorstands bestellt wird,[445] ohne dass dies im Anstellungsvertrag des bisherigen Vorstandsvorsitzenden vorgesehen ist. Der Anstellungsvertrag soll auch eine Position als Sprecher des Vorstands vorsehen können.[446] Allerdings ist dies dann zweifelhaft, wenn man die Zuständigkeit für die Ernennung eines Sprechers nicht bei dem Aufsichtsrat sieht, sondern bei dem Vorstand als Gremium.[447] Der für den Abschluss des Anstellungsvertrages zuständige Aufsichtsrat könnte dann keine Zusage für die Position des Sprechers machen. Auch der nachträgliche Entzug der Position des Sprechers kann einen Grund zur Niederlegung des Vorstandsmandats und außerordentlichen Kündigung des Anstellungsvertrags darstellen.[448] Schließlich kann der Anstellungsvertrag auch eine Tätigkeit als stellvertretendes Vorstandsmitglied gem. § 94 AktG regeln.

151

dd) Weitere Aufgaben, insbes. Übernahme von Organfunktionen in anderen Gesellschaften. Üblich ist eine Verpflichtung des Vorstandsmitglieds, auf Verlangen der Gesellschaft **Aufsichtsratsmandate und ähnliche Ämter in verbundenen Gesellschaften** zu übernehmen.[449] Eine gesonderte Vergütung wird hierfür regelmäßig nicht vorgesehen. Wird doch eine Vergütung gezahlt, kann der Anstellungsvertrag eine Anrechnung auf die Bezüge des Vorstands vorsehen.[450] Die mit der Übernahme zusätzlicher Mandate verbundene Steigerung des Haftungsrisikos kann zudem die Frage nach einer Erweiterung des Versicherungsschutzes im Rahmen einer D & O-Versicherung aufwerfen. Der Anstellungsvertrag verpflichtet den Vorstand in der Regel, die bei verbundenen Gesellschaften übernommenen Ämter bei Ausscheiden aus der Gesellschaft niederzulegen. Die Wirksamkeit einer solchen Bestimmung ist allerdings dann zweifelhaft, wenn das übernommene Amt ein Vorstandsmandat bei einer Aktiengesellschaft ist. Denn die gegenüber einem Dritten übernommene

152

---

[440] KölnKommAktG/*Mertens/Cahn* § 82 Rn. 42; Schmidt/Lutter/*Seibt* AktG § 82 Rn. 18.
[441] *Haas/Ohlendorf* Anstellungsvertrag, 36.
[442] Hüffer/Koch/*Koch* AktG § 78 Rn. 9.
[443] *Seyfarth* VorstandsR § 4 Rn. 43.
[444] Spindler/Stilz/*Fleischer* AktG § 84 Rn. 91; *Haas/Ohlendorf* Anstellungsvertrag, 38; Fleischer VorstandsR-HdB/*Kort* § 3 Rn. 68; *Seyfarth* VorstandsR § 4 Rn. 46 ff.
[445] Zu dieser Möglichkeit MHdB GesR IV/*Wiesner* § 24 Rn. 2.
[446] MHdB GesR IV/*Wiesner* § 24 Rn. 7.
[447] So Spindler/Stilz/*Fleischer* AktG § 84 Rn. 91 mit Nachweisen auch zur Gegenansicht.
[448] MHdB GesR IV/*Wiesner* § 24 Rn. 7.
[449] Semler/Peltzer/Kubis/*Kubis* Vorstands-HdB § 3 Rn. 36 sieht dies auch ohne vertragliche Regelung als Bestandteil der Aufgaben des Vorstands an.
[450] *Haas/Ohlendorf* Anstellungsvertrag, 102.

Verpflichtung zur Niederlegung eines Vorstandsmandats stellt einen unzulässigen Eingriff in die Kompetenzordnung des Aktiengesetzes dar.[451]

153 ee) *Deutscher Corporate Governance Kodex.* Um die Erklärung gem. § 161 AktG über die Beachtung der Empfehlungen des Deutschen Corporate Governance Kodex abgeben zu können, muss die börsennotierte Aktiengesellschaft die Vorstandsmitglieder zur **Einhaltung** der sich für sie aus dem Kodex ergebenden **Verhaltensempfehlungen** verpflichten.[452] Diese Verpflichtung kann sie entweder in einer Geschäftsordnung regeln oder in den Anstellungsvertrag des Vorstandsmitglieds aufnehmen.[453]

154 b) **Regelungen zur Laufzeit.** § 84 Abs. 1 S. 5 AktG schreibt eine **Höchstdauer** des Anstellungsvertrages von **fünf Jahren** vor. Ebenso wie die Bestellung zum Organmitglied, kann ein neuer Anstellungsvertrag nach dieser Vorschrift frühestens ein Jahr vor Ablauf des Vertrages vereinbart werden. Zulässig ist gem. § 84 Abs. 1 S. 5 Hs. 2 AktG hingegen, dass der Anstellungsvertrag für den Fall einer Verlängerung der Amtszeit als Vorstand bis zu deren Ablauf weiter gilt.[454] Allerdings wird von dieser Möglichkeit nicht allzu häufig Gebrauch gemacht, da beide Vertragsparteien sich regelmäßig die Option von Neuverhandlungen vor Vereinbarung einer neuen Amtszeit erhalten wollen. Gebräuchlicher sind Regelungen, nach denen der Aufsichtsrat das Vorstandsmitglied innerhalb einer bestimmten Frist vor Ende des Vorstandsmandats und des Anstellungsvertrages darüber informiert, ob die Gesellschaft eine Fortsetzung der Zusammenarbeit beabsichtigt.[455] Sofern die Zuständigkeit für den Anstellungsvertrag einem Personalausschuss zugewiesen ist, wird die Dauer des Vertrages in jedem Falle durch die **Dauer des Vorstandsmandats** begrenzt. Denn der Ausschuss darf den Beschluss des Plenums über die Bestellung zum Vorstand nicht vorwegnehmen.

155 Eine **Mindestdauer** ist aktienrechtlich nicht vorgeschrieben. Jedoch darf die Laufzeit nicht unangemessen kurz sein, da eine eigenverantwortliche Leitung der Gesellschaft eine gewisse Dauer von Bestellung und Anstellungsvertrag voraussetzt.[456] Als Untergrenze kann eine Dauer von einem Jahr angesehen werden.[457] Allerdings führt eine unangemessen kurze Dauer von Bestellung oder Anstellungsvertrag nicht zur Unwirksamkeit, sondern zu einer Pflichtwidrigkeit des Aufsichtsrats und damit zu einer möglichen Haftung auf Schadensersatz.[458]

156 Bestimmt der Anstellungsvertrag, dass das Anstellungsverhältnis nach Beendigung der Organstellung **als Arbeitsverhältnis fortgesetzt** werden soll, kann hierin eine zur Unwirksamkeit führende Umgehung der durch § 84 Abs. 1 S. 5 AktG vorgeschriebenen Höchstdauer liegen.[459]

157 **Vergütungsleistungen**, die dem Vorstand nach **Beendigung seiner Amtszeit** zustehen sollen, bedürfen der Überprüfung, ob sie die Entschließungsfreiheit des Aufsichtsrats über eine erneute Bestellung beeinträchtigen können.[460] Dies gilt für die Vereinbarung eines Über-

---

[451] S. zur Frage der Drittanstellung → Rn. 137.
[452] Schmidt/Lutter/*Spindler* § 161 Rn. 47 ff.; vgl. zur praktischen Umsetzung des DCGK *Eisenschmidt/Bilgenroth* DStR 2016, 551.
[453] Schmidt/Lutter/*Spindler* § 161 Rn. 49 f.; *Lutter/Krieger/Verse* AR § 7 Rn. 385; *Beiner/Braun* Vorstandsvertrag Rn. 671 ff.
[454] BGHZ 10, 187; Hüffer/Koch/*Koch* AktG § 84 Rn. 6, 15; MüKoAktG/*Spindler* § 84 Rn. 79; Fleischer VorstandsR-HdB/*Thüsing* § 4 Rn. 73; *Lutter/Krieger/Verse* AR § 7 Rn. 392; Semler/Peltzer/Kubis/*Kubis* Vorstands-HdB § 3 Rn. 51; MHdB GesR IV/*Wiesner* § 21 Rn. 24; krit. *Haas/Ohlendorf* Anstellungsvertrag, 17.
[455] MHdB GesR IV/*Wiesner* § 21 Rn. 26; *Beiner/Braun* Vorstandsvertrag Rn. 281; Semler/v. Schenck AR-HdB/*Fonk* § 10 Rn. 216, 217.
[456] OLG München BeckRS 2017, 100878; MHdB GesR IV/*Wiesner* § 21 Rn. 25; MAH ArbR/*Eckhoff* § 81 Rn. 13; Spindler/Stilz/*Fleischer* AktG § 84 Rn. 12 mwN; *Bauer/von Medem* NZA 2014, 238.
[457] MAH ArbR/*Eckhoff* § 81 Rn. 13; Spindler/Stilz/*Fleischer* AktG § 84 Rn. 12 mwN; KölnKommAktG/*Mertens/Cahn* § 84 Rn. 54.
[458] OLG München BeckRS 2017, 100878: Wirksamkeit einer Bestellung für acht Monate; Pflichtwidrigkeit offen gelassen; vgl. hierzu *Theusinger/Rüppell* DB 2017, 896.
[459] BAG NZA 2009, 1205; offen gelassen OLG Nürnberg NJW-RR 1992, 30; diff. MüKoAktG/*Spindler* § 84 Rn. 85; vgl. ferner *Rasmussen-Bonne/Raif* ArbRAktuell 2010, 544.
[460] BGH NZG 2008, 471 zur Genossenschaft; MüKoAktG/*Spindler* § 84 Rn. 82; MHdB GesR IV/*Wiesner* § 21 Rn. 26.

gangsgeldes, das für den Fall gezahlt werden soll, dass keine erneute Bestellung erfolgt;⁴⁶¹ eine Zusage für den Fall einer außerordentlichen Kündigung durch die Gesellschaft ist in jedem Falle nichtig.⁴⁶² Aber auch Ruhegeldzusagen und im Rahmen nachvertraglicher Wettbewerbsverbote vereinbarte Karenzentschädigungen müssen an diesem Maßstab gemessen werden.⁴⁶³

Eine **die Dauer der Bestellung unterschreitende Dauer des Anstellungsvertrages** unterliegt 158 Bedenken, da der Vorstand noch während seiner Amtszeit erneut über die Konditionen seiner Beschäftigung verhandeln müsste und daher in seiner Unabhängigkeit beeinträchtigt wäre.⁴⁶⁴ Und der Aufsichtsrat bzw. die Aktiengesellschaft hätte umgekehrt keine Gewähr, dass der Vorstand seine Amtszeit erfüllt. Denn mit Beendigung des Anstellungsvertrages könnte er sein Mandat in der Regel sanktionsfrei niederlegen.

Aus diesem Grunde ist auch eine Regelung unzulässig, die der **Aktiengesellschaft** ein or- 159 **dentliches Kündigungsrecht** unabhängig von der Dauer der Bestellung einräumt.⁴⁶⁵ Dies wäre mit der durch § 84 Abs. 3 S. 1 AktG geschützten Unabhängigkeit des Vorstands nicht zu vereinbaren. Danach kann die Bestellung zum Vorstand – anders als bei der GmbH – gerade nicht frei, sondern nur aus wichtigem Grund widerrufen werden. Diese Vorschrift würde unterlaufen, wenn der Aufsichtsrat dem Vorstandsmitglied durch eine ordentliche Kündigung des Anstellungsvertrages, die keiner Begründung bedürfte, die wirtschaftliche Grundlage seiner Tätigkeit entziehen könnte.⁴⁶⁶ Möglich sind demgegenüber Regelungen, die der Gesellschaft ein Kündigungsrecht nach Beendigung des Vorstandsmandats einräumen. So kann der Anstellungsvertrag etwa vorsehen, dass die Gesellschaft nach einer Abberufung gem. § 84 Abs. 3 S. 1 AktG eine Kündigung erklären kann.⁴⁶⁷

Eine **die Dauer der Bestellung überschreitende Dauer des Anstellungsvertrages** kann in- 160 nerhalb des Fünfjahreszeitraums des § 84 Abs. 1 AktG im Grundsatz vereinbart werden, unterliegt aber deshalb Bedenken, weil die Entscheidungsfreiheit des Aufsichtsrats hinsichtlich einer Neubestellung beeinträchtigt wird.⁴⁶⁸

Eine Vereinbarung über eine Verlängerung der Zusammenarbeit zwischen Aktiengesell- 161 schaft und Vorstand kann auch **früher als ein Jahr vor Ablauf der Amtszeit und des Anstellungsvertrages** erreicht werden. Möglich ist dies dadurch, dass zunächst die Bestellung und der Anstellungsvertrag beendet werden. Hinsichtlich der Bestellung wird dies in der Regel durch eine Niederlegung des Mandats seitens des Vorstands erfolgen. Der Anstellungsvertrag kann von den Parteien einvernehmlich aufgehoben werden. Sodann bestellt der Aufsichtsrat den Vorstand erneut und schließen die Parteien einen neuen Anstellungsvertrag, beides mit einer Laufzeit, die über die bisherige hinausgeht. Hierin liegt keine unzulässige Umgehung von § 84 Abs. 1 S. 3 AktG.⁴⁶⁹ Für börsennotierte Gesellschaften enthält Ziff. 5.1.2 Abs. 2 S. 2 DCGK die Empfehlung, dass eine Wiederbestellung vor Ablauf eines Jahres vor dem Ende der Bestelldauer bei gleichzeitiger Aufhebung der laufenden Bestellung nur bei Vorliegen besonderer Umstände erfolgen soll.⁴⁷⁰

Eine Verlängerung des Anstellungsvertrages eines Vorstands gem. § 625 BGB über eine 162 Dauer von fünf Jahren hinaus durch Fortsetzung seiner Tätigkeit ist nicht möglich.⁴⁷¹ Anderenfalls wäre der Aufsichtsrat in seiner Entscheidung über eine Neubestellung nicht mehr

---

⁴⁶¹ MüKoAktG/*Spindler* § 84 Rn. 82; MHdB GesR IV/*Wiesner* § 21 Rn. 26; *Bauer/Baeck/von Medem* NZG 2010, 721.
⁴⁶² MHdB GesR IV/*Wiesner* § 21 Rn. 26; vgl. auch Ziff. 4.2.3 Abs. 4 S. 2 DCGK.
⁴⁶³ MüKoAktG/*Spindler* § 84 Rn. 82; MHdB GesR IV/*Wiesner* § 21 Rn. 26
⁴⁶⁴ MüKoAktG/*Spindler* § 84 Rn. 80.
⁴⁶⁵ Semler/v. Schenck AR-HdB/*Fonk* § 10 Rn. 212.
⁴⁶⁶ Semler/v. Schenck AR-HdB/*Fonk* § 9 Rn. 212; *Steinbeck/Menke* DStR 2003, 940.
⁴⁶⁷ *Bauer/Krieger/Arnold* Aufhebungsverträge Kap. D Rn. 64.
⁴⁶⁸ *Haas/Ohlendorf*, Anstellungsvertrag, 17.
⁴⁶⁹ BGH NZG 2012, 1027; MüKoAktG/*Spindler* § 84 Rn. 50, 81; *Priester* ZIP 2012, 1781, der jedoch einen besonderen rechtfertigenden Grund für erforderlich hält.
⁴⁷⁰ Hierzu Kremer/Bachmann/*Kremer* DCGK Rn. 1252.
⁴⁷¹ ErfK/*Müller-Glöge* BGB § 625 Rn. 2; MüKoAktG/*Spindler* § 84 Rn. 80; *Haas/Ohlendorf*, Anstellungsvertrag, 17; vgl. auch MüKoBGB/*Henssler* 625 Rn. 6; Schmidt/Lutter/*Seibt* AktG § 84 Rn. 28; KölnKommAktG/*Mertens/Cahn* § 84 Rn. 53.

frei.⁴⁷² Innerhalb einer Gesamtdauer von fünf Jahren ist eine Anwendbarkeit von § 625 BGB dagegen denkbar.⁴⁷³ Vorsorglich kann die Geltung des § 625 BGB im Anstellungsvertrag abbedungen werden.⁴⁷⁴ Unabhängig von § 625 BGB kann bei einer Neubestellung zum Vorstand und Fortsetzung der Tätigkeit aber eine konkludente Vereinbarung über die Verlängerung des bisherigen oder Abschluss eines neuen Anstellungsvertrages anzunehmen sein.⁴⁷⁵

163 Ob sog. **Koppelungsklauseln** wirksam sind, die eine automatische Beendigung des Anstellungsverhältnisses bei Beendigung der Organstellung vorsehen, ist nicht unbestritten.⁴⁷⁶ So ist noch nicht abschließend geklärt, ob Koppelungsklauseln gem. § 622 Abs. 6 BGB unwirksam sind.⁴⁷⁷ Nach dieser Vorschrift, die auch auf Organmitglieder Anwendung findet,⁴⁷⁸ darf für die Kündigung des Arbeitnehmers keine längere Frist vereinbart werden als für die Kündigung des Arbeitgebers. Eben diese Wirkung haben jedoch Koppelungsklauseln, da die Aktiengesellschaft das Anstellungsverhältnis mit Umweg über die Abberufung kurzfristig beenden können soll, während das Vorstandsmitglied an die vereinbarte Vertragsdauer gebunden ist.⁴⁷⁹ In jedem Falle muss die Regelung die gesetzliche Mindestkündigungsfrist respektieren.⁴⁸⁰ Eine Koppelungsklausel, die eine sofortige Beendigung des Anstellungsvertrages bei Abberufung vorsieht, ist unwirksam und kann auch nicht einschränkend dahin ausgelegt werden, dass die Beendigung mit der gesetzlichen Mindestkündigungsfrist eintreten soll.⁴⁸¹ Ist der Vertrag nach einer Gesamtwürdigung aller Umstände auf eine langfristige Zusammenarbeit angelegt, kann auch eine Regelung, die die Einhaltung der gesetzlichen Mindestkündigungsfrist vorsieht, überraschend und damit unwirksam sein.⁴⁸² Ein Anwendungsbereich für Koppelungsklauseln kann sich in Situationen eröffnen, in denen die Gesellschaft die Zusammenarbeit mit dem Vorstand vorzeitig beenden will und die Gründe hierfür zwar gem. § 84 Abs. 3 S. 1 AktG eine Abberufung rechtfertigen, nicht aber gem. § 626 Abs. 1 BGB eine fristlose Kündigung des Anstellungsvertrags.⁴⁸³ Erfasst ist damit auch ein Widerruf der Bestellung nach Vertrauensentzug durch die Hauptversammlung gem. § 84 Abs. 3 S. 2 Alt. 3 AktG.⁴⁸⁴ Da die Beweislast dafür, dass der Vertrauensentzug aus offenbar unsachlichen Gründen erfolgt ist, bei dem Vorstandsmitglied liegt,⁴⁸⁵ kann die Koppelungsklausel jedenfalls in Gesellschaften mit überschaubarem Aktionärskreis eine für das Vorstandsmitglied bedeutsame Einschränkung der Bestandssicherheit seines Dienstverhältnisses darstellen.⁴⁸⁶ Die Aktionäre⁴⁸⁷ können durch eine außerordentliche Hauptversamm-

---

⁴⁷² Henze/Born/Drescher/*Henze* AktR Rn. 376; MüKoBGB/*Henssler* § 625 Rn. 6; ErfK/*Müller-Glöge* BGB § 625 Rn. 2; MüKoAktG/*Spindler* § 84 Rn. 80.
⁴⁷³ Henze/Born/Drescher/*Henze* AktR Rn. 376; MüKoBGB/*Henssler* § 625 Rn. 6; MHdB GesR IV/*Wiesner* § 21 Rn. 24.
⁴⁷⁴ *Nehls* DB 2001, 2718 (2720); ErfK/*Müller-Glöge* BGB § 625 Rn. 9.
⁴⁷⁵ Vgl. zum konkludenten Vertragsschluss → Rn. 78.
⁴⁷⁶ Bejahend LG Essen BeckRS 2016, 03713; BGH NJW 1989, 2683; *Lutter/Krieger/Verse* AR § 7 Rn. 424; MüKoAktG/*Spindler* § 84 Rn. 80, 193; *Beiner/Braun* Vorstandsvertrag Rn. 277 ff.; *Seyfarth* VorstandsR § 20 Rn. 5 ff.; *Tschöpe/Wortmann* NZG 2009, 85 (87); Semler/Peltzer/Kubis/*Kubis* Vorstands-HdB § 3 Rn. 9; diff. *Bauer/Diller* GmbHR 1998, 809; Bauer/Krieger/Arnold Aufhebungsverträge Kap. D Rn. 71 ff.; *Bauer/von Medem* NZA 2014, 238; ausf. zuletzt *Westphalen* BB 2015, 834.
⁴⁷⁷ *Bauer/von Medem* NZA 2014, 238; dagegen *Werner* NZA 2015, 1234.
⁴⁷⁸ MüKoBGB/*Hesse* BGB § 622 Rn. 10; *Bauer/von Medem* NZA 2014, 238; anders *Werner* NZA 2015, 1234.
⁴⁷⁹ *Bauer/von Medem* NZA 2014, 238.
⁴⁸⁰ BGH NJW 1981, 2748; Fleischer VorstandsR-HdB/*Thüsing* § 4 Rn. 73; *Beiner/Braun* Vorstandsvertrag Rn. 278; MüKoAktG/*Spindler* § 84 Rn. 80, 193; Bauer/Krieger/Arnold Aufhebungsverträge Kap. D Rn. 72.
⁴⁸¹ OLG Karlsruhe NZG 2017, 226 zur GmbH.
⁴⁸² *Beiner/Braun* Vorstandsvertrag Rn. 279; vgl. auch MüKoAktG/*Spindler* § 84 Rn. 194; MHdB GesR IV/*Wiesner* § 21 Rn. 28; *Werner* NZA 2015, 1234; Kelber/Zeißig/Birkefeld/*Zeißig* Führungskräfte-HdB Kap. C Rn. 631; Wirksamkeit der Koppelungsklausel bejaht im Fall LG Essen BeckRS 2016, 03713.
⁴⁸³ *Ihrig/Schäfer* Vorstand § 11 Rn. 170; vgl. zu den unterschiedlichen Anforderungen OLG München NJW-Spezial 2012, 496.
⁴⁸⁴ BGH NZG 2017, 261.
⁴⁸⁵ BGH NZG 2017, 261; ohnehin können „offenbar unsachliche Gründe" nur in Ausnahmefällen angenommen werden, vgl. LG Essen BeckRS 2016, 03713, vgl. auch *Schrader/Felsmann* GWR 2017, 393.
⁴⁸⁶ *Bauer/von Medem* NZA 2014, 238; *Schrader/Felsmann* GWR 2017, 393.
⁴⁸⁷ Im Falle BGH NZG 2017, 261 handelte es sich um einen Alleinaktionär.

lung einen Vertrauensentzug beschließen und damit den Weg für eine Abberufung öffnen, die zugleich das Dienstverhältnis beendet. Die dem Vorstandsmitglied obliegende Beweislast dafür, dass der Vertrauensentzug aus offenbar unsachlichen Gründen erfolgte, wird in der Praxis häufig nur schwer zu erbringen sein. Ferner ergibt sich ein Anwendungsbereich für Koppelungsklauseln in Situationen, in denen zwar ein wichtiger Grund iSv § 626 Abs. 1 BGB vorliegt, aber die Zweiwochenfrist des § 626 Abs. 2 BGB nicht eingehalten wurde.[488] Letztlich beurteilt sich die Wirksamkeit von Koppelungsklauseln nach den Grundsätzen, die für ein ordentliches Kündigungsrecht der Aktiengesellschaft gelten. Ein Unterschied liegt lediglich darin, dass eine Koppelungsklausel die Beendigung des Anstellungsverhältnisses automatisch herbeiführen soll, ausgelöst durch eine Beendigung des Vorstandsmandats, ohne dass eine Kündigungserklärung abgegeben werden müsste.

Praxistipp:
Auf die Vereinbarung von Koppelungsklauseln sollte verzichtet werden. Denn ihre rechtliche Wirksamkeit ist jedenfalls nicht zweifelsfrei und sie bieten der Aktiengesellschaft gegenüber der Vereinbarung eines ordentlichen Kündigungsrechts keinen signifikanten Vorteil. Will die Aktiengesellschaft sich die Möglichkeit offen halten, den Anstellungsvertrag bei Vorliegen der Voraussetzungen des § 84 Abs. 3 S. 1 AktG mit ordentlicher Frist zu beenden, sollte ein Kündigungsrecht vereinbart werden. Eine Koppelungsklausel kann sich für die Gesellschaft zudem in Situationen als nachteilig erweisen, in denen zwar eine Abberufung des Vorstandsmitglieds erfolgen, das Anstellungsverhältnis aber noch für eine gewisse Zeit fortgesetzt werden soll, sei es auch nur, um das Vorstandsmitglied an seinem vertraglichen Wettbewerbsverbot festzuhalten. Hier kann die mit der Abberufung automatisch ausgelöste Beendigung des Anstellungsverhältnisses den Interessen der Gesellschaft im Wege stehen.

Change of Control-Klauseln gewähren dem Vorstand für definierte Situationen des Kontrollwechsels in der Aktiengesellschaft ein befristetes Recht zur Niederlegung des Mandats und Kündigung des Anstellungsvertrags, verbunden mit einer Zahlung der Gesellschaft.[489] Die Zahlung setzt sich zumeist zusammen aus einer Abgeltung der Bezüge für die Restlaufzeit des Anstellungsvertrages sowie einer Abfindung.[490] Die grundsätzliche Zulässigkeit solcher Regelungen wird überwiegend bejaht.[491] Voraussetzung ist aber, nach dem Mannesmann-Urteil des BGH,[492] dass eine entsprechende Vereinbarung schon vor dem Kontrollwechsel getroffen wurde bzw. dieser nicht bereits konkret bevorstand.[493] Ferner müssen die dem Vorstandsmitglied zugesagten Leistungen angemessen sein.[494] Nach Ziff. 4.2.3. Abs. 5 DCGK sollen die Leistungen aus einer Change of Control-Klausel 150 % des Abfindungs-Caps (zwei Jahresvergütungen) nicht übersteigen. Die Leistungen stellen einen Bestandteil der Vergütung des Vorstandsmitglieds dar und unterliegen daher der Angemessenheitsprüfung des § 87 Abs. 1 AktG. Bei börsennotierten Gesellschaften kann für Change of Control-Klauseln von Bedeutung sein insbes. das Erfordernis einer Begrenzungsmöglichkeit für variable Vergütungsbestandteile, § 87 Abs. 1 S. 3 AktG.[495] Angesichts der Vielgestaltigkeit der verwendeten Regelungen[496] muss stets eine Prüfung im Einzelfall erfolgen.

164

---
[488] *Ihrig/Schäfer* Vorstand § 11 Rn. 170.
[489] *Beiner/Braun* Vorstandsvertrag Rn. 465 ff.; MHdB GesR IV/*Wiesner* § 21 Rn. 55; *Ihrig/Schäfer* Vorstand § 11 Rn. 174; Semler/Peltzer/Kubis/*Kubis* Vorstands-HdB § 3 Rn. 126 ff.; *Seyfarth* VorstandsR § 20 Rn. 62 ff.
[490] MHdB GesR IV/*Wiesner* § 21 Rn. 55 f., 126; *Lutter/Krieger/Verse* AR § 7 Rn. 413.
[491] *Lutter/Krieger/Verse* AR § 7 Rn. 413; MHdB GesR IV/*Wiesner* § 21 Rn. 55; *Bauer/Krieger/Arnold* Aufhebungsverträge Kap. D Rn. 100 ff.; Semler/v. Schenck AR-HdB/*Fonk* § 10 Rn. 179.
[492] → Rn. 106.
[493] *Kort* AG 2006, 106 (108); MHdB GesR IV/*Wiesner* § 21 Rn. 56; vgl. aber auch Semler/v. Schenck AR-HdB/*Fonk* § 10 Rn. 179.
[494] MHdB GesR IV/*Wiesner* § 21 Rn. 56, 413; *Bauer/Krieger/Arnold* Aufhebungsverträge Kap. D Rn. 191 ff.
[495] Beschlussempfehlung des Rechtsausschusses BT-Drs. 16/13433, 16.
[496] Semler/Peltzer/Kubis/*Kubis* Vorstands-HdB § 3 Rn. 133 f.

165 Rechtlich zulässig sein sollen auch Klauseln, die dem **Vorstand** ohne besondere Voraussetzungen ein Recht zur **ordentlichen Kündigung** des Anstellungsvertrages einräumen.[497] Zweifel können insoweit bestehen als die Aktiengesellschaft dann keine Gewähr dafür hat, dass der Vorstand die volle Dauer seiner Bestellung erfüllt. Die Vereinbarung eines Kündigungsrechts des Vorstandsmitglieds bedarf in jedem Falle der Zustimmung des Aufsichtsratsplenums.[498]

166 Die Vereinbarung einer **Altersgrenze** im Anstellungsvertrag ist grds. zulässig, und zwar auch dann, wenn die Regelaltersgrenze der gesetzlichen Rentenversicherung unterschritten wird.[499] Allerdings unterfällt die Entscheidung des Aufsichtsrats über eine Verlängerung von Bestellung und Anstellungsvertrag dem Prüfungsmaßstab des AGG, wenn die Position wieder besetzt werden soll und das Vorstandsmitglied sich hierauf bewirbt.[500]

167 c) **Vergütung.** Essentieller Regelungsgegenstand des Anstellungsvertrages ist naturgemäß die Vergütung des Vorstandsmitglieds als Gegenleistung für die von ihm übernommenen Aufgaben in der Gesellschaft.[501]

168 *aa) Allgemeines.* Die Vergütungsregelungen des Dienstvertragsrechts (§ 612 BGB) werden durch § 87 AktG ergänzt und überlagert, der allgemeine Grundsätze für die Vorstandsvergütung definiert. § 87 AktG ist durch das **Gesetz zur Angemessenheit der Vorstandsvergütung (VorstAG)**[502] mit Wirkung zum 5.8.2009 neu gefasst worden. Sonderregeln gelten für Vorstände von Finanzinstituten[503] und Versicherungsunternehmen.[504] Gem. § 87 Abs. 1 AktG hat der Aufsichtsrat bei der Festsetzung der Gesamtbezüge dafür zu sorgen, dass diese „in einem angemessenen Verhältnis zu den Aufgaben und Leistungen des Vorstandsmitglieds sowie zur Lage der Gesellschaft stehen und die übliche Vergütung nicht ohne besondere Gründe übersteigen". Zweck der Vorschrift ist, Gläubiger, Aktionäre und Arbeitnehmer vor einer finanziellen Schädigung der Gesellschaft durch überhöhte Vorstandsbezüge zu schützen.[505] Dementsprechend setzt § 87 Abs. 1 AktG den Bezügen lediglich eine Grenze, begründet jedoch keinen Anspruch der Vorstandsmitglieder auf eine angemessene Vergütung.[506] Zur Begründung von Vergütungsansprüchen des Vorstandsmitglieds kommt bei Fehlen einer Vereinbarung nur ein Rückgriff auf § 612 Abs. 2 BGB in Betracht.[507]

---

[497] MHdB GesR IV/*Wiesner* § 21 Rn. 21; *Lutter/Krieger/Verse* AR § 7 Rn. 435; Semler/v. Schenck AR-HdB/*Fonk* § 10 Rn. 213; KölnKommAktG/*Mertens/Cahn* § 84 Rn. 108; *Steinbeck/Menke* DStR 2003, 940.
[498] MHdB GesR IV/*Wiesner* § 21 Rn. 21; *Lutter/Krieger/Verse* AR § 7 Rn. 435; Semler/v. Schenck AR-HdB/*Fonk* § 10 Rn. 213.
[499] *Kliemt* RdA 2015, 232; Kremer/Bachmann/*Kremer* DCGK Rn. 1256; vgl. aber auch *Bauer/von Medem* NZA 2014, 238; vgl. OLG Hamm NZG 2016, 1065 zu einem Kündigungsrecht der Gesellschaft gegenüber einem GmbH-Geschäftsführer bei Vollendung des 60. Lebensjahrs.
[500] *Kliemt* RdA 2015, 232; vgl. auch *Reufels/Molle* NZA-RR 2011, 281.
[501] Angaben zu Vergütungsmodellen in der Praxis bei *Seyfarth* VorstandsR § 5 Rn. 1 ff.
[502] BGBl. 2009 I 2509; vgl. zum VorstAG *Rieble/Schmittlein* Vergütung Rn. 1 ff.; *Fleischer* NZG 2009, 801; *Thüsing* AG 2009, 517; *Bosse* BB 2009, 1650; *Hohenstatt* ZIP 2009, 1349; *Seibert* WM 2009, 1489; *van Kann/Keiluweit* DStR 2009, 1587; *Ihrig/Wandt/Wittgens* ZIP-Beilage 40/2012.
[503] Institutsvergütungsverordnung (InstitutsvergV) v. 25.7.2017, BGBl. 2017 I 3042; ; vgl. hierzu MüKoAktG/*Spindler* § 87 Rn. 9 ff.; *Seyfarth* VorstandsR § 5 Rn. 89 ff.; *Bauerfeind* GWR 2016, 89; *Löw* NZA 2017, 1366; *Annuß/Sappa* BB 2017, 2612; *Rubner/Raible* NZG 2017, 1052.
[504] Versicherungs-Vergütungsverordnung (VersVergV) v. 18.4.2016, BGBl. 2016 I 763; vgl. hierzu MüKoAktG/*Spindler* § 87 Rn. 9 ff.; *Seyfarth* VorstandsR § 5 Rn. 89 ff.
[505] Vgl. zur bisherigen Fassung Hüffer/Koch/*Koch* AktG § 87 Rn. 1; *Hoffmann-Becking* NZG 1999, 797 (798); zur Neufassung Begr. Gesetzentwurf, BT-Drs. 16/12278, 5 ff.; Beschlussempfehlung des Rechtsausschusses BT-Drs. 16/13433, 14 ff.; vgl. auch MüKoAktG/*Spindler* § 87 Rn. 1 ff.
[506] MHdB GesR IV/*Wiesner* § 21 Rn. 38; Schmidt/Lutter/*Seibt* AktG § 87 Rn. 16; Fleischer VorstandsR-HdB/*Thüsing* § 6 Rn. 26 mwN; *Beiner/Braun* Vorstandsvertrag Rn. 312; *Rieble/Schmittlein* Vergütung Rn. 111 ff.; *Hoffmann-Becking* NZG 1999, 797 (798); vgl. auch Handelsrechtsausschuss DAV NZG 2009, 612; Beschlussempfehlung des Rechtsausschusses BT-Drs. 16/13433, 15, mit dem Hinweis, dass eine übliche Vergütung nicht notwendigerweise angemessen ist.
[507] OLG Stuttgart NZG 2002, 971; *Ihrig/Schäfer* Vorstand § 11 Rn. 195; MAH ArbR/*Eckhoff* § 81 Rn. 3; *Seyfarth* VorstandsR § 5 Rn. 22.

169 Dem Prüfungsmaßstab der Angemessenheit unterliegen die **Gesamtbezüge** des Vorstandsmitglieds;[508] die Aufzählung von Vergütungsbestandteilen in § 87 Abs. 1 S. 1 AktG ist nur beispielhaft.[509] Gem. § 87 Abs. 1 S. 4 AktG gelten die Grundsätze zur Angemessenheit sinngemäß für Ruhegehalt, Hinterbliebenenbezüge und Leistungen verwandter Art.

170 Die **Aufgaben** des Vorstandsmitglieds iSv § 87 Abs. 1 AktG beschreiben den ihm zugewiesenen Geschäftsbereich bzw. die ihm übertragenen Funktionen.[510] Dementsprechend ist die angemessene Vergütung des Vorstandsvorsitzenden oder -sprechers typischerweise höher als die der übrigen Vorstandsmitglieder.[511] Von Bedeutung ist insoweit ferner die Größe der Gesellschaft, die Wahrnehmung von Aufgaben in Konzerngesellschaften etc.[512]

171 Seit Inkrafttreten des VorstAG sind auch die **Leistungen** des Vorstandsmitglieds in § 87 Abs. 1 S. 1 AktG ausdrücklich als Kriterium für die Angemessenheit seiner Vergütung genannt. Da bei Abschluss des Anstellungsvertrags noch nicht bekannt ist, welche Leistungen der Vorstand während seiner Amtszeit bzw. der Laufzeit des Anstellungsvertrages (zukünftig) erbringen wird, muss auf den erwarteten Erfolg seiner Tätigkeit abgestellt werden.[513] Dementsprechend kann dieses Kriterium im Wesentlichen dadurch Berücksichtigung finden, dass variable, an die persönliche Leistung geknüpfte, Vergütungsbestandteile vereinbart werden.[514]

172 Das weitere in § 87 Abs. 1 S. 1 AktG genannte Parameter **Lage der Gesellschaft** kann auch bei einer schlechten Lage eine hohe Vergütung rechtfertigen. Insbesondere in Sanierungssituationen kann es erforderlich sein, ein den hohen Anforderungen entsprechend qualifiziertes Vorstandsmitglied auf hohem Niveau zu entlohnen.[515] Eine Sanierungssituation kann ein „besonderer Grund" sein, der eine Überschreitung der üblichen Vergütung rechtfertigt. Grundsätzlich bezeichnet dieses Kriterium die wirtschaftliche Gesamtsituation der Gesellschaft einschließlich der (absehbaren) zukünftigen Entwicklung.[516] Auch die wirtschaftliche Situation konzernverbundener Unternehmen soll berücksichtigt werden können.[517]

173 Die in § 87 Abs. 1 S. 1 AktG erwähnte **„übliche Vergütung"** zielt auf eine horizontale und vertikale Vergleichbarkeit.[518] Horizontal ist auf Branchen-, Größen- und Landesüblichkeit abzustellen. Mit „Landesüblichkeit" ist der Geltungsbereich des Gesetzes also Deutschland gemeint,[519] wohl um Vergütungsvereinbarungen angelsächsischer Prägung aus dem Vergleich auszuschließen.[520] Vertikal ist das Lohn- und Gehaltsgefüge im Unternehmen der Gesellschaft zu betrachten.[521] Vor Inkrafttreten des VorstAG wurden neben Aufgaben und Leistungen des Vorstandsmitglieds als **weitere Kriterien** insbes. als berücksichtigungsfähig

---

[508] *Hohenstatt* ZIP 2009, 1349 (1350); *Seyfarth* VorstandsR § 5 Rn. 51 ff; KölnKommAktG/*Mertens/Cahn* § 87 Rn. 6.
[509] Vgl. zu den üblichen Vergütungsbestandteilen und ihrer Gewichtung MHdB GesR IV/*Wiesner* § 21 Rn. 36; vgl. MAH ArbR/*Eckhoff* § 81 Rn. 42 zu D & O-Versicherungen; MAH ArbR/*Eckhoff* § 81 Rn. 52 zu Ansprüchen auf Entgeltfortzahlung.
[510] *Beiner/Braun* Vorstandsvertrag Rn. 296; MüKoAktG/*Spindler* § 87 Rn. 43; *Seyfarth* VorstandsR § 5 Rn. 55.
[511] *Beiner/Braun* Vorstandsvertrag Rn. 296; MüKoAktG/*Spindler* § 87 Rn. 43; Spindler/Stilz/*Fleischer* AktG § 87 Rn. 10.
[512] *Beiner/Braun* Vorstandsvertrag Rn. 296.
[513] MHdB GesR IV/*Wiesner* § 21 Rn. 41; MüKoAktG/*Spindler* § 87 Rn. 47, 48; *Seyfarth* VorstandsR § 5 Rn. 56.
[514] MHdB GesR IV/*Wiesner* § 21 Rn. 41; MüKoAktG/*Spindler* § 87 Rn. 47, 48; MAH ArbR/*Eckhoff* § 81 Rn. 44.
[515] *Van Kann/Keiluweit* DStR 2009, 1587 (1587); MüKoAktG/*Spindler* § 87 Rn. 53; *Rieble/Schmittlein* Vergütung Rn. 206; MAH ArbR/*Eckhoff* § 81 Rn. 44.
[516] LG Düsseldorf NJW 2004, 3275; MHdB GesR IV/*Wiesner* § 21 Rn. 42; MüKoAktG/*Spindler* § 87 Rn. 51.
[517] *Seyfarth* VorstandsR § 5 Rn. 58.
[518] Beschlussempfehlung des Rechtsausschusses BT-Drs. 16/13433, 15.
[519] Beschlussempfehlung des Rechtsausschusses BT-Drs. 16/13433, 15.
[520] Vgl. zur Berücksichtigung von Karrierechancen des Vorstandsmitglieds im Ausland aber auch *Fleischer* NZG 2009, 801 (802); *Hohenstatt* ZIP 2009, 1349 (1351); ferner *Beiner/Braun* Vorstandsvertrag Rn. 304; Vergütungspraxis im angloamerikanischen Ausland kann nur ausnahmsweise berücksichtigt werden; ebenso *Rieble/Schmittlein* Vergütung Rn. 144.
[521] Beschlussempfehlung des Rechtsausschusses BT-Drs. 16/13433, 15; *Seibert* WM 2009, 1489 (1490).

für die Festsetzung der Vergütung angesehen: Qualifikation, Marktwert, konkrete Verhandlungslage, Dauer der Zugehörigkeit zur Gesellschaft und familiäre Verhältnisse.[522] Diese Gesichtspunkte können im Rahmen der Üblichkeit der Vergütung auch weiterhin berücksichtigt werden.[523] In Betracht kommt namentlich der „Marktwert" des Vorstands.[524] Für die familiären Verhältnisse des Vorstandsmitglieds ist dies nicht unbestritten.[525] Die ausdrückliche Erwähnung von Hinterbliebenenbezügen in § 87 Abs. 2 S. 2 AktG dürfte für eine Berücksichtigungsfähigkeit sprechen.

174 Das Kriterium der Üblichkeit dient einerseits der Konkretisierung der Angemessenheit der Bezüge des Vorstands, definiert aber zugleich eine insgesamt zu beachtende Obergrenze, stellt also ein zusätzliches Korrektiv dar.[526] Empirisch kann die Üblichkeit der Bezüge des Vorstands durch Rückgriff auf die im Vergütungsregister veröffentlichten Daten abgesichert werden.[527] Ferner kommt die Einschaltung von Vergütungsberatern in Betracht.[528]

175 Bei börsennotierten Gesellschaften ist die Vergütungsstruktur gem. § 87 Abs. 1 S. 2 AktG auf eine **„nachhaltige Unternehmensentwicklung"** auszurichten. Diese Gesellschaften haben zudem die Ziff. 4.2.2 bis 4.2.5 DCGK zu berücksichtigen. Als, freilich nur grobe, Orientierung hinsichtlich des Erfordernisses der Nachhaltigkeit kann dienen, dass der Gesetzgeber durch das VorstAG auf Erfahrungen aus der Finanzkrise reagieren wollte. Als eine Ursache der Krise wurden Vergütungsregelungen von Vorständen angesehen, die es ermöglichten, durch das kurzfristige Erreichen von Gewinnen unter Eingehung unverantwortlicher Risiken teils exorbitante Boni zu verdienen.[529] Eine nachhaltige Unternehmensentwicklung iSd § 87 Abs. 1 S. 2 AktG fördern daher nur solche Regelungen, die entsprechende Anreize vermeiden bzw., positiv gewendet, Anreize dafür geben, einen langfristigen Erfolg des Unternehmens unter Eingehung vertretbarer Risiken zu verfolgen. Tendenziell dürfte dies für Vergütungssysteme sprechen, die die Unternehmensentwicklung über einen längeren Zeitraum berücksichtigen, wie § 87 Abs. 1 S. 3 AktG dies für die variablen Vergütungsbestandteile auch explizit verlangt. Gleichwohl sind auch kurzfristige Anreize sowie die Vereinbarung von Antritts-, Halte- und Beendigungsprämien möglich.[530] Eine praxistaugliche Konkretisierung des Erfordernisses der Nachhaltigkeit bereitet Schwierigkeiten.[531] Einigkeit besteht aber wohl, dass nicht ökologische oder soziale Gesichtspunkte angesprochen sind.[532] Vielmehr ist der Begriff der Nachhaltigkeit in dem vorliegenden Kontext als zeitliche Dimension zu verstehen: Der Vorstand soll das langfristige Wohlergehen der Gesellschaft zum Ziel seines Handelns machen und die Vergütungsregelung soll entsprechende Anreize setzen.[533] Bei der Ausgestaltung von Vergütungsregelungen, die diesen Vorgaben

---

[522] BGH WM 1976, 1226 (1228); BGHZ 111, 224 (228); BGH NJW 1992, 2894 (2896); Henze/Born/Drescher/*Henze* AktR Rn. 382; vgl. auch MüKoAktG/*Spindler* § 87 Rn. 44.

[523] *Thüsing* AG 2009, 517 (518); *van Kann/Keilweit* DStR 2009, 1587 (1588); MHdB GesR IV/*Wiesner* § 21 Rn. 39; MHdB GesR IV/*Wiesner* § 21 Rn. 39, 44; *Ihrig/Schäfer* Vorstand § 12 Rn. 212; vgl. auch *Rieble/Schmittlein* Vergütung Rn. 165.

[524] MHdB GesR IV/*Wiesner* § 21 Rn. 44; Semler/v. Schenck AR-HdB/*Fonk* § 10 Rn. 144; *Beiner/Braun* Vorstandsvertrag Rn. 289.

[525] Bejahend MüKoAktG/*Spindler* § 87 Rn. 44; *Beiner/Braun* Vorstandsvertrag Rn. 289; dagegen MHdB GesR IV/*Wiesner* § 21 Rn. 44.

[526] MüKoAktG/*Spindler* § 87 Rn. 54.

[527] www.bundesanzeiger-verlag.de; vgl. MHdB GesR IV/*Wiesner* § 21 Rn. 43; *Beiner/Braun* Vorstandsvertrag Rn. 302.

[528] *Seyfarth* VorstandsR § 5 Rn. 76 ff.

[529] *Fleischer* NZG 2009, 801 (802); *Thüsing* AG 2009, 517 (519); *Seibert* WM 2009, 1489 (1489); *Habersack* NZG 2018, 127.

[530] MHdB GesR IV/*Wiesner* § 21 Rn. 45; *Ihrig/Schäfer* Vorstand § 11 Rn. 225; *Rieble/Schmittlein* Vergütung Rn. 183; *Fleischer* NZG 2009, 801 (803); *Thüsing* AG 2009, 517 (520); *Hohenstatt* ZIP 2009, 1349 (1351); *Seibert* WM 2009, 1489 (1490); zweifelnd noch *Hanau* NJW 2009, 1652 (1653).

[531] *Rieble/Schmittlein* Vergütung Rn. 175 ff.; *Thüsing* AG 2009, 517 (519); *Fleischer* NZG 2009, 801 (802); *Seyfarth* VorstandsR § 5 Rn. 65; *Hommelhoff* NZG 2017, 1361, Einbeziehung von Leistungen der Vorstandsmitglieder auch im nichtfinanziellen Bereich.

[532] MüKoAktG/*Spindler* § 87 Rn. 75; Spindler/Stilz/*Fleischer* § 87 Rn. 27; anders *Ihrig/Schäfer* Vorstand § 11 Rn. 220, 221 mwN.

[533] MüKoAktG/*Spindler* § 87 Rn. 75; Spindler/Stilz/*Fleischer* § 87 Rn. 27; *Beiner/Braun* Vorstandsvertrag Rn. 292 ff.

Rechnung tragen sollen, wird man dem Aufsichtsrat angesichts der Komplexität der hiermit verbundenen unternehmerischen Fragestellungen und der Unschärfe der gesetzlichen Regelung ein erhebliches Gestaltungsermessen zubilligen müssen.[534] In der Praxis dominieren die kurzfristigen Vergütungsbestandteile wohl auch nach Inkrafttreten des VorstAG.[535] Unzulässig sind jedoch ausschließlich umsatzbezogene Vergütungsbestandteile.[536]

Der in § 87 Abs. 1 S. 2, 3 AktG formulierte Nachhaltigkeitsgedanke soll nach dem Willen 176 des Gesetzgebers grds. auch von **nicht börsennotierten Gesellschaften** berücksichtigt werden.[537] Durch die Beschränkung des Anwendungsbereichs auf börsennotierte Gesellschaften soll lediglich vermieden werden, dass diese Regelungen auch auf die GmbH und die Personenhandelsgesellschaften angewandt werden.[538] Für diese nimmt der Gesetzgeber an, dass sie typischerweise von Eigentümern geführt seien. Diesen soll es überlassen bleiben, die richtigen Instrumente zu finden.[539]

Adressat des § 87 Abs. 1 AktG ist der **Aufsichtsrat**.[540] Ob die Satzung trotz der Zuständigkeit des Aufsichtsrats Regelungen über die Vorstandsvergütung treffen darf, ist streitig.[541] Die Betonung der Verantwortlichkeit des Aufsichtsrats für die Vorstandsvergütung durch das VorstAG spricht dagegen. 177

Rechtsfolge einer nach diesen Grundsätzen unangemessenen und damit unzulässigen Festsetzung der Vergütung des Vorstands ist eine Schadensersatzpflicht des Aufsichtsrats, § 116 S. 3 AktG.[542] Auf die Festlegung eines Mindestschadensersatzes in Höhe der Differenz zwischen der vereinbarten und der angemessenen Vergütung hat das VorstAG allerdings verzichtet.[543] Auch eine Haftung des Vorstandsmitglieds kommt in Betracht.[544] Hingegen führt ein Verstoß gegen § 87 Abs. 1 AktG nicht zur Unwirksamkeit des Anstellungsvertrages oder auch nur der Vergütungsabrede. Diese tritt erst dann ein, wenn die Grenze der Sittenwidrigkeit gem. § 138 BGB überschritten ist.[545] In Extremfällen unangemessener Vorstandsvergütung kommt eine Strafbarkeit des Aufsichtsrats gem. § 266 StGB in Betracht.[546]

Gem. § 120 Abs. 4 AktG kann die **Hauptversammlung** einer börsennotierten Gesellschaft 178 einen **Beschluss über die Billigung des Systems zur Vergütung der Vorstandsmitglieder** fas-

---

[534] *Seyfarth* VorstandsR § 5 Rn. 70.
[535] MüKoAktG/*Spindler* § 87 Rn. 7 mwN.
[536] MHdB GesR IV/*Wiesner* § 21 Rn. 46.
[537] Beschlussempfehlung des Rechtsausschusses BT-Drs. 16/13433, 16.
[538] Beschlussempfehlung des Rechtsausschusses BT-Drs. 16/13433, 16.
[539] Beschlussempfehlung des Rechtsausschusses BT-Drs. 16/13433, 16; vgl. hierzu *Handelsrechtsausschuss DAV* NZG 2009, 612.
[540] MüKoAktG/*Spindler* § 87 Rn. 126; MHdB GesR IV/*Wiesner* § 21 Rn. 20 ff., 50; *Seyfarth* VorstandsR § 5 Rn. 47.
[541] Abl. MHdB GesR IV/*Wiesner* § 21 Rn. 20; *Lutter/Krieger/Verse* AR § 7 Rn. 387; Spindler/Stilz/*Fleischer* AktG § 84 Rn. 33; MAH ArbR/*Eckhoff* § 81 Rn. 18; *Seyfarth* VorstandsR § 4 Rn. 26; KölnKommAktG/*Mertens/Cahn* § 84 Rn. 51; bejahend *Beiner/Braun* Vorstandsvertrag Rn. 307 für statutarische Richtlinien; *Ihrig/Schäfer* Vorstand § 11 Rn. 218; vgl. auch *Thüsing* AG 2009, 517 (525); Schmidt/Lutter/*Seibt* AktG § 87 Rn. 3 für kapitalmarktferne Gesellschaften.
[542] MüKoAktG/*Spindler* § 87 Rn. 126 ff.; *Rieble/Schmittlein* Vergütung Rn. 93; *Habersack* NZG 2018, 127 „Ausdruck überflüssiger Symbolpolitik".
[543] Vgl. hierzu Beschlussempfehlung des Rechtsausschusses BT-Drs. 16/13433, 18; MüKoAktG/*Spindler* § 87 Rn. 135, nur bei pflichtwidriger Beeinflussung des Aufsichtsrats.
[544] KölnKommAktG/*Mertens/Cahn* § 87 Rn. 5, nur unter strengen Voraussetzungen; Fleischer VorstandsR-HdB/*Thüsing* § 6 Rn. 26; *Semler/v. Schenck* AR-HdB/*Fonk* § 10 Rn. 120; vgl. aber zur Neufassung *Hanau* NJW 2009, 1652 (1653), Haftung des Vorstands könnte durch Umkehrschluss zu verneinen sein; gegen eine Verantwortlichkeit des Vorstandsmitglieds aus § 87 Abs. 1 AktG auch Schmidt/Lutter/*Seibt* AktG § 87 Rn. 17; *Rieble/Schmittlein* Vergütung Rn. 94; *Seyfarth* VorstandsR § 5 Rn. 84; vgl. auch MHdB GesR IV/*Wiesner* § 21 Rn. 38, Haftung des Vorstands nur in Ausnahmefällen.
[545] MHdB GesR IV/*Wiesner* § 21 Rn. 38; *Rieble/Schmittlein* Vergütung Rn. 92; MAH ArbR/*Eckhoff* § 81 Rn. 43; *Seyfarth* VorstandsR § 5 Rn. 80; vgl. aber MüKoAktG/*Spindler* § 87 Rn. 138 ff., der eine Unwirksamkeit auch unter dem Gesichtspunkt des Missbrauchs der Vertretungsmacht für möglich hält; vgl. auch Spindler/Stilz/*Fleischer* AktG § 87 Rn. 58; vgl. auch OLG München BeckRS 2017, 100878, Nichtigkeit eines Aufsichtsratsbeschlusses über die Vorstandsvergütung, wenn dem Aufsichtsrat mangels Informationen keine Prüfung der Angemessenheit und Üblichkeit der Vergütung möglich war.
[546] BGH NJW 2006, 522; *Seyfarth* VorstandsR § 5 Rn. 50; vgl. auch Spindler/Stilz/*Fleischer* AktG § 87 Rn. 58, ggf. Strafbarkeit auch des Vorstands.

sen.⁵⁴⁷ Der Beschluss begründet jedoch bereits nach dem ausdrücklichen Wortlaut des Gesetzes weder Rechte noch Pflichten und lässt insbes. die Pflichten des Aufsichtsrats aus § 87 AktG und seine Haftung aus § 116 AktG unberührt.⁵⁴⁸ Die durch das Europäische Parlament am 14.3.2017 verabschiedete Richtlinie zur Änderung der Aktionärsrechte-Richtlinie sieht neue Hauptversammlungszuständigkeiten vor:⁵⁴⁹ Eine in vierjährigem Abstand abzuhaltende, auf die Zukunft gerichtete Abstimmung über die Vergütungspolitik und eine Abstimmung über den Vergütungsbericht für das vergangene Geschäftsjahr.⁵⁵⁰ Die Vorschriften sind innerhalb von zwei Jahren in nationales Recht umzusetzen, also bis zum 10.9.2019.⁵⁵¹

179 *bb) Vergütungsbestandteile.* Wichtigster Vergütungsbestandteil ist unverändert das **Festgehalt**, auch wenn der Anteil der variablen Vergütung an den Gesamtbezügen der Vorstandsmitglieder in der jüngeren Vergangenheit zugenommen hat.⁵⁵² Es wird üblicherweise definiert durch ein Jahresgehalt, das in zwölf gleichen monatlichen Raten zur Auszahlung kommt.

Neben dem Festgehalt werden **variable Vergütungsbestandteile** vereinbart.⁵⁵³ Der zum 26.7.2002 gestrichene § 86 Abs. 1 AktG⁵⁵⁴ hatte vorgesehen, dass den Vorstandsmitgliedern für ihre Tätigkeit eine Beteiligung am Gewinn gewährt werden konnte; diese sollte in der Regel in einem Anteil am Jahresgewinn der Gesellschaft bestehen. Auch nach Streichung des § 86 AktG sind **Gewinntantiemen** aber weiter zulässig.⁵⁵⁵ Daneben sind **weitere Gestaltungen** möglich.⁵⁵⁶ So kommen etwa Ermessens- oder Garantietantiemen in Betracht. Letztere sind nicht variabel und damit im eigentlichen Sinne keine Tantiemen. Die Bezeichnung als Tantieme dient hier idR lediglich dazu, einen Teil des Gehalts abzugrenzen, der für die Berechnung von Ruhegeldansprüchen außer Betracht bleiben soll.⁵⁵⁷ Im Bereich der börsennotierten Gesellschaften werden variable Vergütungen vielfach in Form von unmittelbaren oder mittelbaren bzw. virtuellen Beteiligungen vereinbart.⁵⁵⁸

180 In **börsennotierten Gesellschaften** sollen variable Vergütungsbestandteile, gem. § 87 Abs. 1 S. 3 AktG zur Ausrichtung auf eine **nachhaltige Unternehmensentwicklung** eine **mehrjährige Bemessungsgrundlage** haben. Ferner soll der Aufsichtsrat für außerordentliche Entwicklungen eine **Begrenzungsmöglichkeit** vereinbaren. Auf welchem Wege, insbes. mit welchen Vergütungsinstrumenten, diese Ziele erreicht werden, steht im Ermessen des Aufsichtsrats.⁵⁵⁹ Die Vorgabe einer mehrjährigen Bemessungsgrundlage soll aber nur dann erfüllt sein, wenn nicht nur die Auszahlung der Vergütung aufgeschoben ist, sondern die variable Vergütung auch an negativen Entwicklungen im gesamten Bemessungszeitraum teilnimmt.⁵⁶⁰ Zur Konkretisierung des Zeithorizonts der Bemessungsgrundlage kann auf die vierjährige Haltefrist des § 193 Abs. 2 Nr. 4 AktG für Aktienoptionen⁵⁶¹ sowie auf die übliche Bestellungsdauer von Vorstandsmitgliedern von drei bis fünf Jahren zurückgegriffen werden.⁵⁶² Allerdings sind, wie sich aus der Formulierung von § 87 Abs. 1 S. 3 AktG als Soll-Regelung ergibt, auch kurzfristige Anreize zulässig, sofern sie einer nachhaltigen Unter-

---

⁵⁴⁷ *Seibert* WM 2009, 1489 (1491); *Schüppen* ZIP 2010, 905; *Seyfarth* VorstandsR § 5 Rn. 13 ff.
⁵⁴⁸ Näher hierzu MüKoAktG/*Kubis* § 120 Rn. 47, 50; Hüffer/Koch/*Koch* AktG § 120 Rn. 24; *Seyfarth* VorstandsR § 5 Rn. 21.
⁵⁴⁹ *Leuering* NZG 2017, 646; *Habersack* NZG 2018, 127.
⁵⁵⁰ *Leuering* NZG 2017, 646; *Habersack* NZG 2018, 127.
⁵⁵¹ *Leuering* NZG 2017, 646; *Habersack* NZG 2018, 127.
⁵⁵² *Beiner/Braun* Vorstandsvertrag Rn. 305; vgl. hierzu *Wighard/Berger* NZG 2017, 1370.
⁵⁵³ Zu Modellen variabler Vergütung: *Seyfarth* VorstandsR § 5 Rn. 97 ff.
⁵⁵⁴ Aufgehoben durch Art. 1 TrPublG v. 19.7.2002, BGBl. 2002 I 2681.
⁵⁵⁵ Fleischer VorstandsR-HdB/*Thüsing* § 6 Rn. 48 ff.; MHdB GesR IV/*Wiesner* § 21 Rn. 51, 52.
⁵⁵⁶ Überblick bei MüKoAktG/*Spindler* § 87 Rn. 94 ff.
⁵⁵⁷ MHdB GesR IV/*Wiesner* § 21 Rn. 52; Semler/Peltzer/Kubis/*Kubis* Vorstands-HdB § 3 Rn. 112.
⁵⁵⁸ MHdB GesR IV/*Wiesner* § 21 Rn. 36.
⁵⁵⁹ Beschlussempfehlung des Rechtsausschusses BT-Drs. 16/13433, 16; *Thüsing* AG 2009, 517 (521); MüKoAktG/*Spindler* § 87 Rn. 88.
⁵⁶⁰ Beschlussempfehlung des Rechtsausschusses BT-Drs. 16/13433, 16.
⁵⁶¹ Vgl. BT-Drs. 16/13433, 6; *Fleischer* NZG 2009, 801 (803); MüKoAktG/*Spindler* § 87 Rn. 88; Ihrig/ *Schäfer* Vorstand § 11 Rn. 234 f.
⁵⁶² *Fleischer* NZG 2009, 801 (803); dagegen MüKoAktG/*Spindler* § 87 Rn. 88; vgl. auch Spindler/Stilz/ *Fleischer* AktG § 87 Rn. 31.

nehmensentwicklung dienen.⁵⁶³ Die durch § 87 Abs. 1 S. 3 AktG geforderte Begrenzungsmöglichkeit für außerordentliche Entwicklungen zielt ausweislich der Gesetzesbegründung insbes. auf Unternehmensübernahmen, Veräußerungen von Unternehmensteilen, Hebung stiller Reserven und nicht näher definierte „externe Einflüsse" ab.⁵⁶⁴ „Windfall-Profits" der Vorstandsmitglieder, die ihnen unabhängig von ihrer Leistung zufallen, sollen vermieden werden.⁵⁶⁵

Eine Verpflichtung der Aktiengesellschaft, dem Vorstandsmitglied eine variable Vergütung **181** zu gewähren, wird durch § 87 Abs. 1 S. 2, 3 AktG nicht begründet.⁵⁶⁶ Auch die Vereinbarung einer reinen Festvergütung steht im Ermessen des Aufsichtsrats.⁵⁶⁷ Für börsennotierte Gesellschaften ist jedoch Ziff. 4.2.3 Abs. 2 S. 2 DCGK zu beachten; danach sollen die monetären Vergütungsbestandteile fixe und variable Bestandteile umfassen.⁵⁶⁸

Mitunter enthalten Vorstands-Anstellungsverträge Klauseln, die einen Verfall der in dem **182** jeweiligen Geschäftsjahr erworbenen Ansprüche auf variable Vergütung für den Fall einer vorzeitigen Beendigung des Anstellungsvertrages vorsehen. Teils wird der Verlust der variablen Vergütung dabei an bestimmte Beendigungsgründe geknüpft, zB eine Eigenkündigung des Vorstandsmitglieds oder eine Kündigung der Gesellschaft aus wichtigem Grund. Teils wird aber auch pauschal auf eine Beendigung des Anstellungsvertrages vor Ende seiner regulären Dauer abgestellt. Derartige Klauseln unterliegen erheblichen Bedenken, da sie dem Vorstandsmitglied die vereinbarte Vergütung für von ihm bereits geleistete Dienste außerhalb einer Herabsetzung iSv § 87 Abs. 2 AktG nachträglich entziehen. Der Sache nach können diese Regelungen wohl am ehesten als Vereinbarung einer Vertragsstrafe qualifiziert werden.⁵⁶⁹ Allerdings sind die Wirksamkeitserfordernisse für eine Vertragsstrafe in der Regel nicht erfüllt, da die Höhe nicht ausreichend erkennbar ist und häufig Sachverhalte erfasst werden, die nicht wirksam mit Strafe belegt werden können. Auf derartige Klauseln sollte daher verzichtet werden.

Durch das Mannesmann-Urteil⁵⁷⁰ hat der BGH festgestellt, dass die **nachträgliche Bewil- 183 ligung** einer zuvor im Dienstvertrag nicht vereinbarten **Sonderzahlung** für eine bereits erbrachte, dienstvertraglich geschuldete, Leistung mit ausschließlich belohnendem Charakter und ohne zukunftsbezogenen Nutzen für das Unternehmen („kompensationslose Anerkennungsprämie") eine treupflichtwidrige Schädigung des anvertrauten Gesellschaftsvermögens durch den Aufsichtsrat darstellt. Einmalige Sonderzahlungen sind hiernach nur zulässig, wenn sie entweder im Vorhinein mit dem Vorstandsmitglied vereinbart worden sind oder aber mit ihnen ein zukunftsbezogener Nutzen für die Gesellschaft verbunden ist. Letzteres kommt in Betracht, wenn von der Sonderzahlung eine für das Unternehmen vorteilhafte Anreizwirkung für das betroffene Vorstandsmitglied oder andere Führungskräfte ausgeht.⁵⁷¹ Dies setzt wohl voraus, dass das Vorstandsmitglied bzw. die Führungskräfte auch nach Gewährung der Sonderzahlung weiter für die Gesellschaft tätig sind, es sich also nicht um eine

---
⁵⁶³ *Rieble/Schmittlein* Vergütung Rn. 217; *Thüsing* AG 2009, 517 (520).
⁵⁶⁴ Beschlussempfehlung des Rechtsausschusses BT-Drs. 16/13433, 16; vgl. MüKoAktG/*Spindler* § 87 Rn. 91.
⁵⁶⁵ *Hohenstatt* ZIP 2009, 1349 (1352); *Seibert* WM 2009, 1489 (1490); MüKoAktG/*Spindler* § 87 Rn. 91.
⁵⁶⁶ *Ihrig/Schäfer* Vorstand § 11 Rn. 227 ff.; *Rieble/Schmittlein* Vergütung Rn. 135; *Thüsing* AG 2009, 517 (519); *Fleischer* NZG 2009, 801 (803); *Hohenstatt* ZIP 2009, 1349 (1351); vgl. zum Gesetzgebungsverfahren Handelsrechtsausschuss DAV NZG 2009, 612.
⁵⁶⁷ Beschlussempfehlung des Rechtsausschusses BT-Drs. 16/13433, 16: „Dieses Ziel kann mit verschiedenen Vergütungsinstrumenten angestrebt werden. Bei variablen Vergütungsbestandteilen ist auf ... zu achten."; *Spindler/Stilz/Fleischer* AktG § 87 Rn. 35; *Ihrig/Schäfer* Vorstand § 11 Rn. 229; *Hohenstatt* ZIP 2009, 1349 (1351); *Fleischer* NZG 2009, 801 (803); vgl. auch *Handelsrechtsausschuss DAV* NZG 2009, 612 (613); anders *Rieble/Schmittlein* Vergütung Rn. 224, 225; vgl. auch *Wighard/Berger* NZG 2017, 1370.
⁵⁶⁸ *Kremer/Bachmann/Bachmann* DCGK Rn. 993.
⁵⁶⁹ Vgl. Fleischer VorstandsR-HdB/*Thüsing* § 4 Rn. 107 zur Kürzung von Bezügen bei Wettbewerbsverstößen.
⁵⁷⁰ BGH NJW 2006, 522; vgl. hierzu *Hoffmann-Becking* NZG 2006, 127; *Dreher* AG 2006, 213; *Peltzer* ZIP 2006, 205; *Seyfarth* VorstandsR § 5 Rn. 38 ff.; *Semler/v. Schenck* AR-HdB/*Fonk* § 10 Rn. 151; *Lutter/Krieger/Verse* AR § 7 Rn. 408, 411 ff.
⁵⁷¹ BGH NJW 2006, 522 Rn. 18, 27; *Semler/v. Schenck* AR-HdB/*Fonk* § 10 Rn. 151; *Lutter/Krieger/Verse* AR § 7 Rn. 408.

unmittelbar bei Ausscheiden gezahlte Sonderprämie handelt.⁵⁷² Die Praxis hat auf das Mannesmann-Urteil dadurch reagiert, dass in die Anstellungsverträge von Vorstandsmitgliedern ausdrückliche Regelungen zu nachträglichen Prämienzahlungen aufgenommen werden.⁵⁷³ Eine Option soll auch sein, im Rahmen einer Aufhebungsvereinbarung ein nachvertragliches Wettbewerbsverbots zu regeln, das Zahlungen an das Vorstandsmitglied in Gestalt einer Karenzentschädigung vorsieht.⁵⁷⁴ Inwieweit solche Regelungen ausreichen können, um den Vorwurf der treuepflichtwidrigen Schädigung des Gesellschaftsvermögens zu vermeiden, ist allerdings nicht abschließend geklärt.⁵⁷⁵ Gleichgültig, ob die Sonderzahlung auf einer vorher getroffenen Vereinbarung beruht oder ohne eine Vereinbarung der Aktiengesellschaft einen zukunftsbezogenen Nutzen bringt, unterliegt sie dem Angemessenheitsgebot des § 87 Abs. 1 AktG.⁵⁷⁶

184 *cc) Versorgungsansprüche.* Typischer Bestandteil des Anstellungsvertrages und für das Vorstandsmitglied von herausragender wirtschaftlicher Bedeutung sind Versorgungszusagen der Aktiengesellschaft.⁵⁷⁷ Gegenstand der Zusage sind in der Regel eine Altersrente, eine Hinterbliebenenversorgung sowie eine Invaliditätsrente. Als Durchführungsweg wird in der Praxis überwiegend die einzelvertragliche Direktzusage gewählt.⁵⁷⁸ Als Vergütungsbestandteil unterliegen Versorgungszusagen dem Angemessenheitsgebot des § 87 Abs. 1 AktG.⁵⁷⁹ Angesichts des typischerweise erheblichen finanziellen Volumens und der hiermit verbundenen Belastungen der Gesellschaft bedürfen Versorgungszusagen einer sorgfältigen Prüfung durch den Aufsichtsrat.⁵⁸⁰

185 Ein gesetzlicher oder aus der Fürsorgepflicht der Gesellschaft abgeleiteter Anspruch von Vorstandsmitgliedern auf Gewährung einer Versorgungszusage besteht ebenso wenig wie bei Arbeitnehmern. Es bedarf vielmehr einer **ausdrücklichen Vereinbarung**.⁵⁸¹ Ausnahmsweise kann sich ein Anspruch auch ohne ausdrückliche Vereinbarung ergeben, etwa bei Gewährung einer Versorgungszusage in einem vorangegangenen Arbeitsverhältnis oder unter dem Gesichtspunkt der Gleichbehandlung mit anderen Vorstandsmitgliedern.⁵⁸²

186 Verbreitet wird Vorstandsmitgliedern auch ein Anspruch auf Zahlung eines sog. **Übergangsgeldes** gewährt („Dritter Pensionsfall"), das der Überbrückung der Zeit zwischen dem Ausscheiden des Vorstandsmitglieds und dem Eintritt des Versorgungsfalls dient.⁵⁸³ Der Sache nach handelt es sich nicht um eine Maßnahme der Altersvorsorge im eigentlichen Sin-

---

⁵⁷² BGH NJW 2006, 522 Rn. 18, Zulässigkeit auch denkbar, wenn das Vorstandsmitglied „demnächst" ausscheidet; *Lutter/Krieger/Verse* AR § 7 Rn. 408; MHdB GesR IV/*Wiesner* § 21 Rn. 57; offener *Semler/ v. Schenck* AR-HdB/*Fonk* § 10 Rn. 147 ff.; Spindler/Stilz/*Fleischer* AktG § 87 Rn. 50, 51.

⁵⁷³ *Lutter/Krieger/Verse* AR § 7 Rn. 408; MHdB GesR IV/*Wiesner* § 21 Rn. 57; MAH ArbR/*Eckhoff* § 81 Rn. 47; vgl. zu einzelnen Gestaltungen Semler/v. Schenck AR-HdB/*Fonk* § 10 Rn. 147; Spindler/Stilz/*Fleischer* AktG § 87 Rn. 52.

⁵⁷⁴ *Seyfarth* VorstandsR § 10 Rn. 47.

⁵⁷⁵ LG Essen BeckRS 2014, 22313; Semler/v. Schenck AR-HdB/*Fonk* § 109 Rn. 146 ff.

⁵⁷⁶ BGH NJW 2006, 522 Rn. 18; Semler/v. Schenck AR-HdB/*Fonk* § 10 Rn. 150; Spindler/Stilz/*Fleischer* AktG § 87 Rn. 51; *Beiner/Braun* Vorstandsvertrag Rn. 459 ff.; zum nachvertraglichen Wettbewerbsverbot *Seyfarth* VorstandsR § 10 Rn. 47.

⁵⁷⁷ Ausf. Semler/v. Schenck AR-HdB/*Fonk* § 10 Rn. 236 ff.; *Beiner/Braun* Vorstandsvertrag Rn. 471 ff.; *Seyfarth* VorstandsR § 6 Rn. 1 ff.; Fleischer VorstandsR-HdB/*Thüsing* § 6 Rn. 78 ff.; MHdB GesR IV/*Wiesner* § 21 Rn. 70 ff.

⁵⁷⁸ Semler/v. Schenck AR-HdB/*Fonk* § 10 Rn. 236 ff.; *Beiner/Braun* Vorstandsvertrag Rn. 490; *Haas/ Ohlendorf*, Anstellungsvertrag, 213; Semler/Peltzer/Kubis/*Kubis* Vorstands-HdB § 3 Rn. 96, 90 % der Pensionszusagen; MHdB GesR IV/*Wiesner* § 21 Rn. 71.

⁵⁷⁹ *Beiner/Braun* Vorstandsvertrag Rn. 491; MHdB GesR IV/*Wiesner* § 21 Rn. 70; *Seyfarth* VorstandsR § 6 Rn. 10 ff.

⁵⁸⁰ MHdB GesR IV/*Wiesner* § 21 Rn. 70.

⁵⁸¹ MHdB GesR IV/*Wiesner* § 21 Rn. 72.

⁵⁸² MHdB GesR IV/*Wiesner* § 21 Rn. 72; Semler/v. Schenck AR-HdB/*Fonk* § 10 Rn. 239; *Beiner/Braun* Vorstandsvertrag Rn. 475; abl. MüKoAktG/*Spindler* § 84 Rn. 210; *Seyfarth* VorstandsR § 6 Rn. 8.

⁵⁸³ *Bauer/Baeck/von Medem* NZG 2010, 721; Fleischer VorstandsR-HdB/*Thüsing* § 6 Rn. 82; *Beiner/Braun* Vorstandsvertrag Rn. 472, 505 ff.; MHdB GesR IV/*Wiesner* § 21 Rn. 70, 84; *Rieble/Schmittlein* Vergütung Rn. 113 ff., 129; Semler/Peltzer/Kubis/*Kubis* Vorstands-HdB § 3 Rn. 105; *Seyfarth* VorstandsR § 6 Rn. 34 ff.; zu möglichen Bedenken wegen einer unzulässigen Bindung der Gesellschaft durch Vereinbarung eines Übergangsgeldes → Rn. 94.

ne.⁵⁸⁴ Die Parteien können aber vereinbaren, dass das Übergangsgeld als Altersversorgung behandelt und den Regelungen des BetrAVG unterworfen sein soll.⁵⁸⁵ Als Voraussetzung für die Zahlung des Übergangsgeldes wird regelmäßig vereinbart, dass die Beendigung der Zusammenarbeit von der Gesellschaft ausgeht, sei es auch nur dadurch, dass die Gesellschaft dem Vorstandsmitglied kein Angebot für eine Verlängerung von Bestellung und Anstellungsvertrag mindestens zu den bisherigen Bedingungen macht.⁵⁸⁶ Als Teil der Vergütung unterliegt es dem Angemessenheitserfordernis des § 87 Abs. 1 S. 4 AktG.⁵⁸⁷ Die Zusage eines Übergangsgeldes soll von der Aktiengesellschaft unter weniger strengen Voraussetzungen widerrufen werden können als eine Altersversorgungszusage.⁵⁸⁸

Auch die Gewährung einer Versorgungszusage, gleich ob im Anstellungsvertrag selbst oder in einer gesonderten Versorgungsvereinbarung geregelt, fällt in die ausschließliche **Zuständigkeit des Aufsichtsrats**.⁵⁸⁹ Eine Delegation auf den Personalausschuss ist nicht möglich, da es sich um einen Vergütungsbestandteil handelt.⁵⁹⁰ Die Zuständigkeit des Aufsichtsrats gilt auch für eine spätere Vereinbarung über einen Verzicht auf Versorgungsansprüche. Anderenfalls ist die Vereinbarung unwirksam und bleiben dem Vorstandsmitglied seine Ansprüche erhalten.⁵⁹¹ Die Zuständigkeit des Aufsichtsrats setzt sich auch nach Ausscheiden des Vorstandsmitglieds und Eintritt des Versorgungsfalls fort. In einem Rechtsstreit über Leistungen aus der Versorgungszusage wird die Gesellschaft daher durch den Aufsichtsrat vertreten.⁵⁹² Dies gilt auch dann, wenn die Witwe des verstorbenen Vorstandsmitglieds die Ansprüche geltend macht.⁵⁹³

Ebenso wie der Anstellungsvertrag unterliegt die Versorgungszusage **keinem Schriftformerfordernis**.⁵⁹⁴ Das Interesse beider Parteien an einer Dokumentation ist hier angesichts der Komplexität der Regelungen und ihrer zeitlichen Dimension aber noch ausgeprägter als bei den übrigen Regelungen des Anstellungsverhältnisses. Zudem ist die Schriftform für die steuerliche Anerkennung von Pensionsrückstellungen erforderlich.⁵⁹⁵

Versorgungszusagen für Vorstandsmitglieder unterfallen gem. § 17 Abs. 1 S. 2 BetrAVG dem Geltungsbereich der **§§ 1–16 BetrAVG**, sofern das Vorstandsmitglied Fremdorgan ist.⁵⁹⁶ Keine Anwendung findet das BetrAVG demgegenüber für ein Vorstandsmitglied, das das Unternehmen gleichsam als sein eigenes betrachten kann.⁵⁹⁷ Dies ist typischerweise bei einem Vorstandsmitglied der Fall, das über eine Mehrheitsbeteiligung verfügt.⁵⁹⁸ Aber auch ein Vorstandsmitglied mit einer „nicht ganz unbedeutenden" Minderheitsbeteiligung, das gemeinsam mit anderen Aktionären über eine durch Anteilsbesitz oder in anderer Weise institutionell verfestigte Mehrheitsmacht verfügt, kann von dem Geltungsbereich des BetrAVG

---

⁵⁸⁴ *Beiner/Braun* Vorstandsvertrag Rn. 472, 505 ff.; Fleischer VorstandsR-HdB/*Thüsing* § 6 Rn. 82; MüKo-AktG/*Spindler* § 84 Rn. 215; vgl zur Abgrenzung *Bauer/Baeck/von Medem* NZG 2010, 721.
⁵⁸⁵ *Beiner/Braun* Vorstandsvertrag Rn. 479; Fleischer VorstandsR-HdB/*Thüsing* § 6 Rn. 82; vgl. aber *Bauer/Baeck/von Medem* NZG 2010, 721.
⁵⁸⁶ *Beiner/Braun* Vorstandsvertrag Rn. 507; *Seyfarth* VorstandsR § 6 Rn. 34.
⁵⁸⁷ *Bauer/Baeck/von Medem* NZG 2010, 721.
⁵⁸⁸ *Bauer/Baeck/von Medem* NZG 2010, 721; *Beiner/Braun* Vorstandsvertrag Rn. 521; Kelber/Zeißig/Birkefeld/Zeißig Führungskräfte-HdB Kap. D Rn. 351.
⁵⁸⁹ *Beiner/Braun* Vorstandsvertrag Rn. 473.
⁵⁹⁰ → Rn. 128.
⁵⁹¹ OLG Frankfurt a. M. BeckRS 2008, 09147.
⁵⁹² BGH NZG 2007, 31; vgl. auch BGH NZG 2004, 327 zur GmbH mit fakultativem Aufsichtsrat; *Beiner/Braun* Vorstandsvertrag Rn. 474; Diekmann/Punte WM 2016, 681.
⁵⁹³ BGH NZG 2007, 31; krit. *Seyfarth* VorstandsR § 6 Rn. 5.
⁵⁹⁴ BGH NZA 1996, 367; NJW-RR 1994, 357; *Beiner/Braun* Vorstandsvertrag Rn. 476; MHdB GesR IV/*Wiesner* § 21 Rn. 72.
⁵⁹⁵ *Beiner/Braun* Vorstandsvertrag Rn. 476; MHdB GesR IV/*Wiesner* § 21 Rn. 72.
⁵⁹⁶ BAG NZG 2017, 69; *Beiner/Braun* Vorstandsvertrag Rn. 477 ff.; MHdB GesR IV/*Wiesner* § 21 Rn. 73; *Seyfarth* VorstandsR § 6 Rn. 50; krit. MüKoAktG/*Spindler* § 84 Rn. 215 ff.; *Bauer/Baeck/von Medem* NZG 2010, 721.
⁵⁹⁷ BGH NZA-RR 2006, 534; Blomeyer/Rolfs/Otto/Otto BetrAVG § 17 Rn. 90 ff.; *Langohr-Plato*, Betriebliche Altersversorgung, 6. Aufl. 2013, Rn. 987 ff.; *Beiner/Braun* Vorstandsvertrag Rn. 477 ff.; MHdB GesR IV/*Wiesner* § 21 Rn. 73.
⁵⁹⁸ BAG NZG 2017, 69; NZA 1999, 380; Fleischer VorstandsR-HdB/*Thüsing* § 6 Rn. 79; *Beiner/Braun* Vorstandsvertrag Rn. 478; MHdB GesR IV/*Wiesner* § 21 Rn. 73.

ausgenommen sein.⁵⁹⁹ Die Höhe des Anteilsbesitzes, die für eine „nicht ganz unbedeutende" Minderheitsbeteiligung erreicht sein muss, ist noch nicht abschließend geklärt.⁶⁰⁰ Bedeutung hat die Anwendbarkeit des BetrAVG insbes. für die Unverfallbarkeit und die Insolvenzsicherung der Versorgungszusage.⁶⁰¹ Während die Unverfallbarkeit auch durch Parteivereinbarungen geregelt werden kann, greift die Insolvenzsicherung nur nach Maßgabe des § 7 BetrAVG ein.⁶⁰²

190 Unterliegen Vorstandsmitglieder nach diesen Grundsätzen im Einzelfall dem Anwendungsbereich des BetrAVG, sind dessen Regelungen jedoch in einem weiteren Umfang **abdingbar** als bei Versorgungszusagen gegenüber Arbeitnehmern. Und zwar kann in Verträgen mit Organmitgliedern in entsprechender Anwendung des § 17 Abs. 3 S. 1 BetrAVG insoweit von den gesetzlichen Vorgaben abgewichen werden als diese tarifdispositiv sind.⁶⁰³ Dem liegt die Überlegung zugrunde, dass das Vorstandsmitglied sich gegenüber der Gesellschaft nicht in einer Situation der Verhandlungsunterlegenheit befindet.⁶⁰⁴ Ein Spielraum der Parteien besteht damit namentlich für abweichende Vereinbarungen betreffend den Anspruch auf Entgeltumwandlung, die Höhe der unverfallbaren Anwartschaft, Abfindungsregelungen, Übertragung von Versorgungsansprüchen, Auskunftsansprüche, Regelungen zur Auszehrung und Anrechnung, der Anpassungsprüfung und der Verjährung.⁶⁰⁵ Von praktischer Relevanz sind Abfindungsregelungen,⁶⁰⁶ aber auch Anpassungsprüfungen der Höhe der Versorgungsansprüche.⁶⁰⁷

191 Aus dem Vergütungscharakter der Versorgungszusage sowie aus ihrer besonderen Bedeutung für die wirtschaftliche Absicherung des Vorstandsmitglieds folgt, dass ein **Widerruf** durch die Gesellschaft nur in Ausnahmefällen möglich ist.⁶⁰⁸ Ein Widerruf kommt in Betracht, wenn das Vorstandsmitglied seine Pflichten in so grober Weise verletzt hat, dass sich die in der Vergangenheit bewiesene Betriebstreue nachträglich als wertlos herausstellt.⁶⁰⁹ Ein wichtiger Grund, der gem. § 626 Abs. 1 BGB zum Ausspruch einer fristlosen Kündigung berechtigen würde oder auch die Verletzung strafrechtlicher Vorschriften reichen nicht aus. Vielmehr muss der Versorgungsberechtigte den Versprechenden in eine existenzbedrohende Lage gebracht haben.⁶¹⁰ Der Sache nach geht es bei dem „Widerruf" der Versorgungszusage um den Einwand des Rechtsmissbrauchs; eine rechtsgestaltende Erklärung der Gesellschaft und die Einhaltung einer Erklärungsfrist ist daher nicht erforderlich.⁶¹¹ Der Wegfall der Versorgungsansprüche kann grds. zu jeder Zeit und in jeglicher Weise gegenüber dem Vorstandsmitglied geltend gemacht werden.

192 *dd) Herabsetzung der Bezüge.* § 87 Abs. 2 AktG ermöglicht es der Aktiengesellschaft, die Bezüge des Vorstands herabzusetzen. Dogmatisch handelt es sich um ein einseitiges Leis-

---

⁵⁹⁹ BGH NJW 1980, 2257; MHdB GesR IV/*Wiesner* § 21 Rn. 73; *Beiner/Braun* Vorstandsvertrag Rn. 478.
⁶⁰⁰ *Beiner/Braun* Vorstandsvertrag Rn. 478: 10 %; MHdB GesR IV/*Wiesner* § 21 Rn. 73: 10 % in Anlehnung an § 39 Abs. 5 InsO; diff. ErfK/*Steinmeyer* BetrAVG § 17 Rn. 11; vgl. auch MAH ArbR/*Eckhoff* § 81 Rn. 52.
⁶⁰¹ MHdB GesR IV/*Wiesner* § 21 Rn. 73 ff.
⁶⁰² Semler/Peltzer/*Kubis/Kubis* Vorstands-HdB § 3 Rn. 102, 103.
⁶⁰³ BGH BeckRS 2017, 115827; BAG NJOZ 2010, 190; hierzu *Thüsing/Granetzny* NZG 2010, 229; *Bauer/Baeck/von Medem* NZG 2010, 721; *Beiner/Braun* Vorstandsvertrag Rn. 482 ff.; MHdB GesR IV/*Wiesner* § 21 Rn. 75; *Seyfarth* VorstandsR § 6 Rn. 67 ff.
⁶⁰⁴ BAG NJOZ 2010, 190.
⁶⁰⁵ *Beiner/Braun* Vorstandsvertrag Rn. 482 ff.; Thüsing/Granetzny NZG 2010, 229.
⁶⁰⁶ *Beiner/Braun* Vorstandsvertrag Rn. 483; *Bauer/Baeck/von Medem* NZG 2010, 721.
⁶⁰⁷ *Bauer/Baeck/von Medem* NZG 2010, 721.
⁶⁰⁸ BAG NZG 2017, 69; NJOZ 2015, 349 zur Versorgungszusage gegenüber einem Arbeitnehmer; BGH NZG 2002, 1207; NZA 2002, 511; 2001, 612; *Beiner/Braun* Vorstandsvertrag Rn. 516 ff.; Semler/Peltzer/Kubis/*Kubis* Vorstands-HdB § 3 Rn. 121; MHdB GesR IV/*Wiesner* § 21 Rn. 82; Fleischer VorstandsHdB/*Thüsing* § 6 Rn. 91 f.; Semler/v. Schenck AR-HdB/*Fonk* § 10 Rn. 263 ff.; MüKoAktG/*Spindler* § 84 Rn. 213, 226 ff.; *Seyfarth* VorstandsR § 6 Rn. 85 ff.; *Böhm* NZA 2009, 767 (768); vgl. zur Möglichkeit einer Kürzung gem. § 87 Abs. 2 AktG → Rn. 96.
⁶⁰⁹ Semler/Peltzer/*Kubis/Kubis* Vorstands-HdB § 3 Rn. 121.
⁶¹⁰ BGH NZG 2002, 1207; NZA 2002, 511; 2001, 612; krit. *Seyfarth* VorstandsR § 6 Rn. 87.
⁶¹¹ BGH NZA 2002, 511; MHdB GesR IV/*Wiesner* § 21 Rn. 82; Semler/Peltzer/Kubis/*Kubis* Vorstands-HdB § 3 Rn. 121 ff.

tungsbestimmungsrecht der Gesellschaft.⁶¹² § 87 Abs. 2 AktG ist zwingendes Recht, eine abweichende Regelung zu Gunsten des Vorstandsmitglieds durch Dienstvertrag oder Satzung ist daher nicht möglich.⁶¹³

Vor Inkrafttreten des VorstAG zum 5.8.2009 war Voraussetzung für eine Herabsetzung der Vorstandsvergütung eine so wesentliche Verschlechterung in den Verhältnissen der Gesellschaft, dass eine Weitergewährung der Bezüge eine schwere Unbilligkeit für die Gesellschaft bedeutet hätte. Zudem war der Aufsichtsrat zu der Herabsetzung lediglich berechtigt, nicht aber verpflichtet. Die Vorschrift wurde restriktiv interpretiert.⁶¹⁴ Die Gesellschaft musste sich in einer wirtschaftlichen Notlage befinden, die ihre Existenz ernstlich bedrohte.⁶¹⁵ Praktische Bedeutung hatte die Möglichkeit einer Herabsetzung der Vorstandsbezüge nach der alten Gesetzesfassung nicht erlangt.⁶¹⁶ Reduzierungen der Vergütung von Vorständen wurden nur einvernehmlich vorgenommen, etwa in Form eines befristeten Verzichts.⁶¹⁷   193

Wesentliches Anliegen der durch das VorstAG eingeführten Änderungen war eine **erleichterte Herabsetzung** von Vorstandsbezügen.⁶¹⁸ Nach der Neufassung des § 87 Abs. 2 AktG soll der Aufsichtsrat die Bezüge des Vorstands auf die angemessene Höhe herabsetzen, wenn sich die Lage der Gesellschaft nach Festsetzung der Bezüge so verschlechtert, dass ihre Weitergewährung für die Gesellschaft unbillig wäre. Ruhegehalt, Hinterbliebenenbezüge und Leistungen verwandter Art können gem. § 87 Abs. 2 S. 2 AktG nur in den ersten drei Jahren nach Ausscheiden aus der Gesellschaft herabgesetzt werden.   194

Eine Veränderung gegenüber der bis 2009 geltenden Fassung lag zunächst darin, dass der Aufsichtsrat bei Vorliegen der Voraussetzungen die Vorstandsbezüge herabsetzen „**soll**", während er zuvor nur zur Herabsetzung berechtigt gewesen war. Wenngleich die im Gesetzgebungsverfahren zunächst vorgesehene „Muss-Regelung" nicht realisiert wurde, lag hierin eine deutliche Verschärfung gegenüber dem vorherigen Stand. Der Vorstand soll „an dem Schicksal der Gesellschaft teilhaben".⁶¹⁹ Nach der Vorstellung des Gesetzgebers kann der Aufsichtsrat nur bei Vorliegen besonderer Umstände von einer Herabsetzung absehen.⁶²⁰ Zur Vermeidung einer eigenen Haftung muss der Aufsichtsrat die Angemessenheit der Vorstandsvergütung kontinuierlich prüfen.⁶²¹   195

Auch wurden die **materiellen Voraussetzungen** für eine Herabsetzung der Vorstandsvergütung abgesenkt. Eine „wesentliche" Verschlechterung der Verhältnisse der Gesellschaft (bzw. nach neuer Gesetzesfassung: „Lage der Gesellschaft") wird nicht mehr verlangt; ebenso wenig eine „schwere" Unbilligkeit. Wann eine Verschlechterung der Lage der Gesellschaft vorliegt, die eine Herabsetzung der Vorstandsvergütung gebietet, ist indessen auch in der neuen Gesetzesfassung nicht definiert. Die Begründung des Gesetzentwurfs führt aus, dass eine Verschlechterung bspw. vorliegen kann, wenn die Gesellschaft Entlassungen oder Lohnkürzungen vornehmen muss und keine Gewinne mehr ausschütten kann. Insolvenz oder „unmittelbare Krise" sollen die Voraussetzungen des § 87 Abs. 2 AktG stets erfüllen, aber nicht notwendig sein.⁶²² Hierin läge eine massive Erweiterung der Herabsetzungsmöglichkeit (und -pflicht) des Aufsichtsrats gegenüber der zuvor geltenden Rechtslage.⁶²³ Gleiches gilt   196

---

⁶¹² BGH NZG 2016, 264; *Seyfarth* VorstandsR § 5 Rn. 154 mwN; OLG Frankfurt a. M. NJW-Spezial 2011, 73 zu § 87 Abs. 2 AktG aF.
⁶¹³ *Seyfarth* VorstandsR § 5 Rn. 156.
⁶¹⁴ LG Essen NZG 2006, 356; *Wilsing/Kleißl* BB 2008, 2422; *Weisner/Kölling* NZG 2003, 465; vgl. zur Entstehungsgeschichte MüKoAktG/*Spindler* § 87 Rn. 6 f.
⁶¹⁵ LG Essen NZG 2006, 356.
⁶¹⁶ *Martens* ZHR 169 (2005), 124 (130) „Papiernes Recht".
⁶¹⁷ *Beiner/Braun* Vorstandsvertrag Rn. 320 mit Beispielsfällen.
⁶¹⁸ Vgl. Begr. des Gesetzentwurfs BT-Drs. 16/12278, 7.
⁶¹⁹ BGH NZG 2016, 264.
⁶²⁰ Vgl. Beschlussempfehlung und Bericht des Rechtsausschusses BT-Drs. 16/13433, 16; BGH NZG 2016, 264.
⁶²¹ *Keiser* RdA 2010, 280; *Fleischer* NZG 2009, 801; demgegenüber geht *Hohenstatt* ZIP 2009, 1349 (1354), davon aus, dass § 116 AktG nicht für eine pflichtwidrig unterlassene Herabsetzung der Vorstandsbezüge gilt.
⁶²² Begr. des Gesetzentwurfs BT-Drs. 16/12278, 7.
⁶²³ Krit. daher *Handelsrechtsausschuss DAV* NZG 2009, 612 (613); *Fleischer* NZG 2009, 801 (804); *Thüsing* AG 2009, 517 (522); *Hohenstatt* ZIP 2009, 1349 (1352); vgl. auch *Seyfarth* VorstandsR § 5 Rn. 162 f.

hinsichtlich der vorausgesetzten (einfachen) Unbilligkeit der Weitergewährung der Bezüge für die Gesellschaft. Wie schon nach der vorherigen Gesetzesfassung, sollen auch die persönlichen Verhältnisse des Vorstandsmitglieds zu berücksichtigen sein.[624] Maßgeblich für eine etwaige Herabsetzung der Vorstandsbezüge ist nur die Lage der Gesellschaft, nicht des Konzerns.[625]

197 In einer ersten Grundsatzentscheidung hat der BGH Hinweise zu den nach Inkrafttreten des VorstAG geltenden Voraussetzungen für eine Herabsetzung der Bezüge gegeben.[626] Im Lichte der Art. 2 Abs. 1, Art. 14 Abs. 1 GG soll § 87 Abs. 2 AktG weiterhin restriktiv auszulegen sein. Eine Verschlechterung der Lage der Gesellschaft iSv § 87 Abs. 2 AktG trete aber jedenfalls dann ein, wenn die Gesellschaft insolvenzreif wird. Die Weiterzahlung der Bezüge sei unbillig, wenn der Vorstand pflichtwidrig gehandelt habe, oder ihm zwar kein pflichtwidriges Verhalten vorzuwerfen sei, die Verschlechterung der Lage der Gesellschaft jedoch in die Zeit seiner Vorstandsverantwortung falle und ihm zurechenbar sei.[627] Zu Gunsten des Vorstands sei es zu berücksichtigen, wenn variable Vergütungsbestandteile durch die Lage wegfielen.[628]

198 Das VorstAG hat auch den **Umfang** einer möglichen Herabsetzung neu bestimmt. War nach früherer Gesetzeslage eine Herabsetzung nur insoweit möglich, als eine Weitergewährung sich als schwer unbillig dargestellt hätte, also bis zur Grenze des nicht mehr schwer Unbilligen,[629] soll der Aufsichtsrat die Vergütung nunmehr „auf die angemessene Höhe" herabsetzen. Dem Wortlaut nach erhält die Gesellschaft damit die Möglichkeit, in der Krise eine Korrektur einer iSv § 87 Abs. 1 AktG nicht angemessenen Vergütung herbeizuführen, obwohl eine Unangemessenheit nicht mit einer Unbilligkeit iSv § 87 Abs. 2 AktG gleichzusetzen sein muss.[630] Der BGH hat allerdings klargestellt, dass trotz des geänderten Wortlauts des § 87 Abs. 2 AktG für die jetzige Fassung iErg dasselbe gilt wie vor Inkrafttreten des VorstAG.[631] § 87 Abs. 2 AktG erlaube keine Herabsetzung der Bezüge des Vorstandsmitglieds, die weiter gehe, als es die Billigkeit angesichts der Verschlechterung der Lage der Gesellschaft erfordere. Die für einen weitergehenden Eingriff in die vertraglich vereinbarte Vergütung durch einseitige Erklärung des Aufsichtsrats nach Art. 2 Abs. 1, Art. 14 Abs. 1 GG notwendige gesetzliche Grundlage lasse sich § 87 Abs. 2 AktG nicht entnehmen. Die Befugnis zur Herabsetzung der vereinbarten Bezüge sei ersichtlich an die Bedingung geknüpft, dass deren Weitergewährung für die Gesellschaft angesichts der dem Vorstand zurechenbaren Verschlechterung der Lage der Gesellschaft unbillig sei und könne daher nur eine Korrektur auf einen (gerade noch) der Billigkeit entsprechenden Betrag rechtfertigen.[632] Andererseits stellten die Gehälter der leitenden Angestellten keine Untergrenze der nach § 87 Abs. 2 AktG herabgesetzten Vorstandsvergütung dar.[633] Dass die Vergütung des Vorstands in der Krise der Gesellschaft die Vergütung der leitenden Angestellten unterschreiten könne, sei Ausdruck der besonderen Treuepflicht des Vorstands.[634]

199 Die Herabsetzung hat **Wirkung nur für die Zukunft**; bereits erworbene Vergütungsansprüche des Vorstandsmitglieds bleiben unberührt.[635] Dies gilt selbst dann, wenn die vereinbarte Vergütung gem. § 87 Abs. 1 AktG unangemessen ist. Denn der Verstoß gegen § 87 Abs. 1 AktG führt nicht zur Nichtigkeit der Vereinbarung.[636]

---

[624] BGH NZG 2016, 264; MHdB GesR IV/*Wiesner* § 21 Rn. 61; anders *Seyfarth* VorstandsR § 5 Rn. 166; vgl. auch KölnKommAktG/*Mertens/Cahn* § 87 Rn. 14 f., Eingehen persönlicher Risiken oder früherer Gehaltsverzicht berücksichtigungsfähig.
[625] Krit. *Seyfarth* VorstandsR § 5 Rn. 162.
[626] BGH NZG 2016, 264; hierzu *Than* WuB 2016, 277; *Müller* LMK 2016, 376389; *Kort* AG 2016, 209; *Weber* DB 2016, 815.
[627] BGH NZG 2016, 264
[628] BGH NZG 2016, 264; zust. *Seibt* EWIR 2016, 199.
[629] *Beiner/Braun* Vorstandsvertrag Rn. 325.
[630] *Thüsing* AG 2009, 517 (522).
[631] BGH NZG 2016, 264.
[632] BGH NZG 2016, 264; krit. *Seibt* EWIR 2016, 199.
[633] BGH NZG 2016, 264.
[634] BGH NZG 2016, 264; krit. *Than* WuB 2016, 277; anders auch *Seyfarth* VorstandsR § 5 Rn. 181.
[635] Handelsrechtsausschuss DAV NZG 2009, 612 (614): ferner *Hohenstatt* ZIP 2009, 1349 mit verfassungsrechtlichen Bedenken auch für die Herabsetzung zukünftiger Ansprüche.
[636] → Rn. 177.

200 Nach der Rechtslage vor Inkrafttreten des VorstAG sollte eine mangelhafte **Leistung** des Vorstandsmitglieds für die Frage einer Herabsetzung der Vergütung außer Betracht bleiben.[637] In der Begründung des Gesetzentwurfs des VorstAG ist demgegenüber ausgeführt, dass eine Weiterzahlung der Bezüge unbillig ist, wenn der Vorstand pflichtwidrig gehandelt hat, aber auch dann, wenn ihm kein pflichtwidriges Verhalten vorzuwerfen ist, die Verschlechterung der Lage der Gesellschaft jedoch in die Zeit seiner Vorstandsverantwortung fällt und ihm zurechenbar ist.[638] Hiergegen bestehen systematische Bedenken jedenfalls insoweit, als eine bloße „Zurechenbarkeit" ohne Pflichtwidrigkeit ausreichen soll. Denn hierdurch würde das Haftungsregime des § 93 AktG unterlaufen. Danach haften die Vorstandsmitglieder der Gesellschaft auf Schadensersatz, wenn sie die Sorgfalt eines ordentlichen und gewissenhaften Geschäftsleiters verletzen. Wollte man für eine Herabsetzung der vertraglich zugesicherten Bezüge schon eine in ihren Voraussetzungen unklare Zurechenbarkeit ausreichen lassen, würde indirekt eine Schadensersatzhaftung des Vorstandsmitglieds unterhalb des Haftungsmaßstabs des § 93 AktG eingeführt. Der BGH hat indessen angenommen, dass zu berücksichtigen sei, in welchem Grad die Verschlechterung dem Vorstandsmitglied zurechenbar ist und ob er sie ggf. sogar pflichtwidrig herbeigeführt hat.[639]

201 Geht man davon aus, dass eine Reduzierung der Bezüge ihre Ursache nicht in der Leistung der Vorstandsmitglieder hat, sind mehrere Vorstandsmitglieder konsequenterweise gleichmäßig zu belasten.[640]

202 Eine Herabsetzung ist nur für die **Dauer der Krise** zulässig, muss also entweder befristet oder jedenfalls Gegenstand regelmäßiger Überprüfung sein.[641] Die Kürzung der Vorstandsbezüge gem. § 87 Abs. 2 AktG erfolgt durch eine **einseitige gestaltende Erklärung des Aufsichtsrats**.[642] Den hierzu erforderlichen Beschluss sollte nach der Rechtslage vor Inkrafttreten des VorstAG auch der Personalausschuss treffen können.[643] Da es sich um eine Entscheidung über die Vergütung der Vorstandsmitglieder handelt, ist nunmehr ein Beschluss des Gesamtaufsichtsrats notwendig.[644]

203 Dem Vorstandsmitglied ist im Falle der Herabsetzung seiner Bezüge durch § 87 Abs. 2 S. 3 AktG das Recht eingeräumt, seinen Anstellungsvertrag mit einer Frist von sechs Wochen zum Ende des nächsten Quartals zu **kündigen**. Es ist dabei grds. gehalten, das Kündigungsrecht zu dem nächstmöglichen Termin auszuüben. Anderenfalls darf die Gesellschaft davon ausgehen, dass es die Reduzierung akzeptiert. Allerdings wird man dem Vorstandsmitglied eine angemessene Überlegungsfrist zugestehen müssen. Wird die Herabsetzung der Bezüge etwa nur wenige Tage vor der Quartalsmitte beschlossen und hat Vorstandsmitglied dementsprechend kaum Zeit, mit der sechswöchigen Frist zum Quartalsende zu kündigen, bleibt eine Kündigung zum Ende des nächstfolgenden Quartals möglich. Der Aufsichtsrat muss das Kündigungsrecht des Vorstandsmitglieds bei Abwägung seiner Entscheidung über eine Herabsetzung der Bezüge berücksichtigen. Selbstverständlich hat das Vorstandsmitglied aber auch die Möglichkeit, das Anstellungsverhältnis fortzusetzen und sich gegen die Herabsetzung seiner Vergütung zur Wehr zu setzen. Primär kommt hierfür eine **Leistungsklage** auf Fortzahlung der bisherigen Bezüge in Betracht.[645] Aber auch eine Bestimmung einer an-

---

[637] MüKoAktG/*Spindler* § 87 Rn. 173.
[638] BT-Drs. 16/12278, 7; vgl. auch MüKoAktG/*Spindler* § 87 Rn. 173; krit. *Hohenstatt* ZIP 2009, 1349 (1353).
[639] BGH NZG 2016, 264.
[640] Hüffer/Koch/*Koch* AktG § 87 Rn. 9 zur Rechtslage vor Inkrafttreten des VorstAG; *Hohenstatt* ZIP 2009, 1349 (1353), der allerdings eine leistungsbezogene Differenzierung hinsichtlich des Umfangs der Herabsetzung zulassen will.
[641] OLG Frankfurt a. M. NJW-Spezial 2011, 753; Hüffer/Koch/*Koch* AktG § 87 Rn. 9; *Wilsing/Kleißl* BB 2008, 2422; *Weisner/Kölling* NZG 2003, 465; *Seyfarth* VorstandsR § 5 Rn. 186.
[642] BGH NZG 2016, 264; Hüffer/Koch/*Koch* AktG § 87 Rn. 10.
[643] Hüffer/Koch/*Koch* AktG § 87 Rn. 10; *Beiner/Braun* Vorstandsvertrag Rn. 330.
[644] Schmidt/Lutter/*Seibt* AktG § 87 Rn. 19; *Beiner/Braun* Vorstandsvertrag Rn. 330; *Than* WuB 2016, 277.
[645] So im Falle BGH NZG 2016, 624; Schmidt/Lutter/*Seibt* AktG § 87 Rn. 20; MHdB GesR IV/*Wiesner* § 21 Rn. 65.

gemessenen Herabsetzung durch gerichtliches Gestaltungsurteil gem. § 315 Abs. 3 S. 2 BGB soll möglich sein.⁶⁴⁶

204 Sofern sich die Herabsetzung der Bezüge als ungerechtfertigt und grob unbillig darstellt, kann dem Vorstandsmitglied im Einzelfall ferner ein Recht zur **fristlosen Kündigung** aus wichtigem Grund zustehen.⁶⁴⁷ In der Konsequenz kann das Vorstandsmitglied dann auch einen auf § 628 Abs. 2 BGB gestützten **Schadensersatzanspruch** gegen die Aktiengesellschaft geltend machen.⁶⁴⁸

Eine **Heraufsetzung der Bezüge** bei ungewöhnlich positiver Geschäftsentwicklung ist durch § 87 AktG nicht vorgesehen. Das Vorstandsmitglied kann eine solche daher nur durch Nachverhandlungen erreichen.⁶⁴⁹

205 § 87 Abs. 2 AktG erlaubt nicht nur die Herabsetzung der Bezüge aktiver, sondern auch der Bezüge **ausgeschiedener Vorstandsmitglieder,** die nach einer Beendigung ihres Mandats noch in einem auslaufenden Dienstverhältnis zur Gesellschaft stehen.⁶⁵⁰

206 Durch das VorstAG eingeführt wurde auch die Möglichkeit, in **Ruhestandsbezüge** der Vorstandsmitglieder einzugreifen.⁶⁵¹ Zuvor war dies ausgeschlossen gewesen. § 87 Abs. 2 S. 1 AktG aF verwies ausdrücklich auf die in § 87 Abs. 1 S. 1 AktG aF genannten Vergütungsbestandteile, nicht auf die in § 87 Abs. 1 S. 2 AktG aF genannten Ruhestandsbezüge. Nunmehr sieht § 87 Abs. 2 S. 2 AktG vor, dass Ruhestandsbezüge (nur) in den ersten drei Jahren nach Ausscheiden aus der Gesellschaft herabgesetzt werden können. Hinsichtlich einer möglichen Herabsetzung von Ruhestandsbezügen ist damit nach jetziger Gesetzeslage wie folgt zu differenzieren:

207 Möglich ist zunächst die Herabsetzung des zukünftigen Erwerbs von Anwartschaften in einem **aktiven Anstellungsverhältnis.**⁶⁵² Diese Möglichkeit ergibt sich aus § 87 Abs. 1 S. 1 AktG. Bei Verschlechterung der Lage der Gesellschaft und Unbilligkeit der Weitergewährung können die Bezüge des Vorstandsmitglieds insgesamt, also auch der Erwerb von Anwartschaften aus einer Versorgungszusage, herabgesetzt werden. Dass § 87 Abs. 2 S. 2 AktG diese Möglichkeit ausschließen und eine Kürzung von Ruhestandsbezügen nur im Zeitraum nach Ausscheiden des Vorstandsmitglieds aus der Gesellschaft zulassen will, ist nicht ersichtlich.

208 **Nach Ausscheiden** des Vorstandsmitglieds aus der Gesellschaft lässt § 87 Abs. 2 AktG eine Herabsetzung zu, sofern die Entscheidung innerhalb von drei Jahren nach dem Ausscheiden getroffen wird.⁶⁵³ Da die Ruhestandsbezüge die Gegenleistung für bereits erbrachte Tätigkeiten des Vorstandsmitglieds darstellen, setzt sich diese Regelung in Widerspruch zu dem oben erwähnten Grundsatz, dass eine Herabsetzung von Bezügen nur mit Wirkung für die Zukunft möglich ist⁶⁵⁴ und zu den Grundsätzen über den Widerruf von Versorgungszusagen.⁶⁵⁵ Sie unterliegt daher erheblichen verfassungsrechtlichen Bedenken.⁶⁵⁶ Diese Bedenken können auch nicht durch einen Hinweis auf Eingriffsmöglichkeiten in Versorgungsansprüche von Arbeitnehmern ausgeräumt werden.⁶⁵⁷ Eingriffe in erworbene Versorgungsanwartschaften von Arbeitnehmern sind nach gefestigter Rspr. des Bundesarbeitsgerichts nur bei Vorliegen zwingender Gründe möglich.⁶⁵⁸ Die durch § 87 Abs. 2 AktG

---

⁶⁴⁶ MHdB GesR IV/*Wiesner* § 21 Rn. 65; *Seyfarth* VorstandsR § 5 Rn. 185; *Wilsing/Kleißl* BB 2008, 2422; *Weisner/Kölling* NZG 2003, 465.
⁶⁴⁷ *Weisner/Kölling* NZG 2003, 465; Schmidt/Lutter/*Seibt* AktG § 87 Rn. 21.
⁶⁴⁸ *Weisner/Kölling* NZG 2003, 465.
⁶⁴⁹ MHdB GesR IV/*Wiesner* § 21 Rn. 66.
⁶⁵⁰ BGH NZG 2016, 264.
⁶⁵¹ KölnKommAktG/*Mertens* § 87 Rn. 17; Hüffer/Koch/*Koch* AktG § 87 Rn. 9; *Beiner/Braun* Vorstandsvertrag Rn. 255, 402; MHdB GesR IV/*Wiesner* § 21 Rn. 64; *Bauer/Baeck/von Medem* NZG 2010, 721.
⁶⁵² Handelsrechtsausschuss DAV NZG 2009, 612 (614); *Hohenstatt* ZIP 2009, 1349 (1353).
⁶⁵³ *Hohenstatt* ZIP 2009, 1349 (1353).
⁶⁵⁴ Handelsrechtsausschuss DAV NZG 2009, 612 (614); *Hohenstatt* ZIP 2009, 1349 (1353).
⁶⁵⁵ → Rn. 191 ff.
⁶⁵⁶ Handelsrechtsausschuss DAV NZG 2009, 612 (614); *Hohenstatt* ZIP 2009, 1349 (1353); zweifelnd wohl auch *Böhm* NZA 2009, 767 (768); vgl. aber auch *Seibert* WM 2009, 1489 (1491); *Seyfarth* VorstandsR § 6 Rn. 81.
⁶⁵⁷ So aber *Thüsing* AG 2009, 517 (523).
⁶⁵⁸ *Langohr-Plato,* Betriebliche Altersversorgung, 6. Aufl. 2013, Rn. 1392 ff.; WHSS Umstrukturierung/*Schnitker* Kap. J Rn. 655 ff.

nunmehr vorausgesetzte Verschlechterung der Verhältnisse der Gesellschaft und die Unbilligkeit der Weitergewährung der Bezüge ist mit solchen zwingenden Gründen aber gerade nicht gleichzusetzen.[659] Zusätzlich ist zu berücksichtigen, dass Vorstandsmitglieder, anders als Arbeitnehmer, gem. § 1 S. 4 SGB VI keine Ansprüche aus der gesetzlichen Rentenversicherung erwerben. Ihre Altersvorsorge stützt sich damit ausschließlich auf die betriebliche Altersversorgung bzw. Pensionszusagen der Gesellschaft und Maßnahmen der privaten Vorsorge. Umso weniger kann ein Eingriff in erworbene Anwartschaften mit einer vermeintlichen Parallele zu Versorgungsansprüchen von Arbeitnehmern gerechtfertigt werden. Schließlich ist von Bedeutung, dass ausgeschiedene Vorstandsmitglieder nicht das durch § 87 Abs. 2 S. 3 AktG vorgesehene Sonderkündigungsrecht nutzen können, um sich einer Herabsetzung ihrer Vergütung zu entziehen.[660]

Abfindungen, die dem Vorstandsmitglied im Rahmen eines Aufhebungsvertrages zugesagt worden sind, sollen nicht gem. § 87 Abs. 2 AktG gekürzt werden können, da es sich insoweit nicht um „Bezüge" handele.[661] Eine Abfindung wird nicht als Gegenleistung für eine Tätigkeit gezahlt, sondern für die Beendigung des Anstellungsverhältnisses.[662]

d) **Wettbewerbsverbot/Verbot anderweitiger Tätigkeit.** aa) *Gesetzliches Wettbewerbsverbot.* Die Vorstandsmitglieder unterliegen gem. § 88 AktG einem an ihre **Organstellung** anknüpfenden gesetzlichen Wettbewerbsverbot. Ohne Einwilligung des Aufsichtsrats dürfen sie weder ein Handelsgewerbe betreiben noch im Geschäftszweig der Gesellschaft für eigene oder fremde Rechnung Geschäfte machen. In gleicher Weise ist es ihnen untersagt, Mitglied des Vertretungsorgans oder persönlich haftender Gesellschafter einer anderen Handelsgesellschaft zu sein. Normzweck des § 88 AktG ist der Schutz der Gesellschaft vor Wettbewerbshandlungen und vor anderweitigem Einsatz der Arbeitskraft ihrer Vorstandsmitglieder.[663] Unter den Begriff des „Geschäftemachens" fällt jede, auch nur spekulative, auf Gewinnerzielung gerichtete Teilnahme am geschäftlichen Verkehr, die nicht nur zur Befriedigung eigener privater Bedürfnisse erfolgt, also nicht lediglich persönlichen Charakter hat.[664] Das Verbot, Mitglied des Vertretungsorgans oder persönlich haftender Gesellschafter einer anderen Handelsgesellschaft zu sein, erstreckt sich auch auf Unternehmen, die keine Konkurrenzunternehmen der Gesellschaft sind.[665] Auch eine Übernahme von Mandaten in Konzerngesellschaften unterfällt § 88 Abs. 1 AktG; bei Vorstandsdoppelmandaten müssen die Aufsichtsräte beider Gesellschaften zustimmen.[666] Von § 88 Abs. 1 AktG nicht erfasst ist die Übernahme von Aufsichtsratsmandaten in anderen Gesellschaften.[667] Gleiches gilt für Beteiligungen als stiller Gesellschafter, Kommanditist, Aktionär, Kommanditaktionär oder GmbH-Gesellschafter.[668]

Die **Einwilligung des Aufsichtsrats** kann gem. § 88 Abs. 1 S. 3 AktG nur für bestimmte Handelsgewerbe oder Handelsgesellschaften oder für bestimmte Arten von Geschäften und nur im Voraus erteilt werden.[669] Die Einwilligung kann unwiderruflich oder widerruflich erteilt werden.[670] Auch eine befristete Einwilligung ist möglich. Eine nachträglich erteilte Genehmigung des Aufsichtsrats ist rechtlich bedeutungslos.[671] Insbesondere liegt hierin, wie sich aus § 93 Abs. 4 S. 2 AktG ergibt, kein wirksamer Verzicht der Gesellschaft auf etwaige

---

[659] Handelsrechtsausschuss *DAV* NZG 2009, 612 (614).
[660] *Hohenstatt* ZIP 2009, 1349 (1353), *von Kann/Keiluweit* DStR 2009, 1587 (1590).
[661] *Diller* NZG 2009, 1006 mwN; anders: MAH ArbR/*Eckhoff* § 81 Rn. 50; *Seyfarth* VorstandsR § 5 Rn. 177 ff.; vgl. auch *Jaeger* NZA 2010, 128.
[662] *Diller* NZG 2009, 1006.
[663] BGH NJW 2001, 2476; NJW 1997, 2055; Schmidt/Lutter/*Seibt* AktG § 88 Rn. 1; *Beiner/Braun* Vorstandsvertrag Rn. 618 f.; *Bauer/von Medem* ArbRAktuell 2011, 473.
[664] BGH NJW 2001, 2055; BAG NJW 1962, 136.
[665] MHdB GesR IV/*Wiesner* § 21 Rn. 93.
[666] Hüffer/Koch/*Koch* AktG § 88 Rn. 4.
[667] Schmidt/Lutter/*Seibt* AktG § 88 Rn. 8; Hüffer/Koch/*Koch* AktG § 88 Rn. 4.
[668] Schmidt/Lutter/*Seibt* AktG § 88 Rn. 8.
[669] KölnKommAktG/*Mertens/Cahn* § 88 Rn. 16; Hüffer/Koch/*Koch* AktG § 88 Rn. 5.
[670] Fleischer VorstandsR-HdB/*Thüsing* § 4 Rn. 92.
[671] MHdB GesR IV/*Wiesner* § 21 Rn. 93.

Schadensersatzansprüche gegen das Vorstandsmitglied.[672] Bedeutung kann eine nachträgliche Genehmigung allenfalls insoweit erlangen, als die Gesellschaft hierdurch gehindert sein kann, eine Abberufung aus wichtigem Grund gem. § 84 Abs. 3 S. 1 AktG sowie eine außerordentliche Kündigung des Anstellungsvertrages auf die Wettbewerbsverstöße des Vorstandsmitglieds zu stützen.

> **Praxistipp:**
> Die Einwilligung des Aufsichtsrats zu Wettbewerbstätigkeiten des Vorstandsmitglieds sollte stets befristet oder unter dem Vorbehalt eines Widerrufs aus sachlichem Grund erteilt werden. Die für einen Widerruf in Betracht kommenden sachlichen Gründe für einen Widerruf sollten exemplarisch genannt werden.

212 Bei **Verstößen** gegen das Wettbewerbsverbot kann die Gesellschaft **Unterlassung** verlangen. Ein Verschulden des Vorstandsmitglieds ist hierfür nicht vorausgesetzt.[673] Der Unterlassungsanspruch kann und sollte im Sinne einer effektiven Rechtsverfolgung bei aktuellen oder drohenden Wettbewerbsverstößen im Wege des einstweiligen Rechtsschutzes geltend gemacht werden. Unter dem Gesichtspunkt des unlauteren Wettbewerbs kann im Einzelfall auch ein Anspruch gegen das Konkurrenzunternehmen in Betracht kommen, eine weitere Beschäftigung des Vorstandsmitglieds zu unterlassen. Dies kann etwa Fall sein, wenn das Konkurrenzunternehmen das Vorstandsmitglied zum Vertragsbruch verleitet hat.[674] Auch ein solcher Unterlassungsanspruch kann im Wege des einstweiligen Rechtsschutzes durchgesetzt werden. Nach allgemeinen Grundsätzen kann die Gesellschaft bei Vorliegen erheblicher Anhaltspunkte für Wettbewerbsverstöße von dem Vorstandsmitglied **Auskunft** über mögliche Wettbewerbsgeschäfte verlangen.[675] Erteilt das Vorstandsmitglied Auskunft und besteht Grund zu der Annahme, dass es die Angaben nicht mit der erforderlichen Sorgfalt gemacht hat, kommt gemäß den §§ 259 ff. BGB ein Anspruch der Gesellschaft auf eidesstattliche Versicherung der Richtigkeit in Betracht. Ferner haften die Vorstandsmitglieder der Gesellschaft im Falle von schuldhaften Wettbewerbsverstößen auf **Schadensersatz**. Alternativ kann die Gesellschaft gem. § 88 Abs. 2 S. 2 AktG ein **Eintrittsrecht** geltend machen. Das Eintrittsrecht hat keine Außenwirkung, die Gesellschaft kann nicht die pflichtwidrig durch das Vorstandsmitglied begründeten Rechtsbeziehungen auf sich überleiten.[676] Jedoch kann die Gesellschaft von dem Vorstandsmitglied verlangen, den verbotswidrig erzielten Geschäftsgewinn an sie auszuzahlen.[677] Bei der Verfolgung von Ansprüchen der Gesellschaft wegen Wettbewerbsverstößen des Vorstands ist besonderes Augenmerk auf die kurzen **Verjährungsfristen** des § 88 Abs. 3 AktG zu richten. Danach verjähren Ansprüche der Gesellschaft in drei Monaten seit dem Zeitpunkt, in dem die übrigen Vorstandsmitglieder und die Aufsichtsratsmitglieder von der zum Schadensersatz verpflichtenden Handlung Kenntnis erlangen oder ohne grobe Fahrlässigkeit erlangen müssten, in jedem Falle aber in fünf Jahren von ihrer Entstehung an. Schließlich kommt bei Wettbewerbsverstößen regelmäßig eine **Abberufung** des Vorstandsmitglieds gem. § 84 Abs. 3 S. 1 AktG aus wichtigem Grund sowie eine **außerordentliche Kündigung** des Anstellungsvertrages in Betracht.

213 Das Wettbewerbsverbot aus § 88 AktG **endet** mit der Organstellung als Vorstandsmitglied, also mit Fristablauf des Mandats, Abberufung, Niederlegung oder einvernehmlicher Beendigung. Bei einer unberechtigten Amtsniederlegung durch das Vorstandsmitglied kann

---

[672] Hüffer/Koch/*Koch* AktG § 88 Rn. 5; MHdB GesR IV/*Wiesner* § 21 Rn. 93; Fleischer VorstandsR-HdB/*Thüsing* § 4 Rn. 92.
[673] Schmidt/Lutter/*Seibt* AktG § 88 Rn. 11.
[674] BGH NJW 2007, 2999; *Köhler/Bornkamm* UWG § 4 Rn. 4.107 ff.
[675] BAG AP BGB § 242 Auskunftspflicht Nr. 12; AP BGB § 242 Auskunftspflicht Nr. 13; AP BGB § 242 Auskunftspflicht Nr. 25.
[676] Fleischer VorstandsR-HdB/*Thüsing* § 4 Rn. 96.
[677] Fleischer VorstandsR-HdB/*Thüsing* § 4 Rn. 96.

das Wettbewerbsverbot trotz Beendigung des Mandats fortgelten.[678] Erklärt die Gesellschaft einen Widerruf der Bestellung, jedoch keine Kündigung des Anstellungsvertrages und zahlt auch die Bezüge weiter, soll § 88 AktG nach einer Entscheidung des OLG Frankfurt a. M. ebenfalls fortgelten.[679] Hiergegen bestehen angesichts der Anknüpfung von § 88 AktG an das Vorstandsmandat Bedenken.[680] Erklärt die Gesellschaft mit dem Widerruf der Bestellung zugleich eine Kündigung des Anstellungsvertrages, so entfällt das Wettbewerbsverbot auch dann, wenn das Vorstandsmitglied die Wirksamkeit der Kündigung bestreitet.[681]

Nach Beendigung des Wettbewerbsverbots aus § 88 AktG können sich Einschränkungen der Wettbewerbstätigkeit aus der **Geschäftschancenlehre** ergeben.[682] Dem Vorstandsmitglied kann es auch nach Beendigung seiner Tätigkeit unter dem Gesichtspunkt der Treuepflicht untersagt sein, Geschäftschancen, an denen die Gesellschaft ein Interesse hat, an sich zu ziehen.[683]

bb) Vertragliches/Nachvertragliches Wettbewerbsverbot. Das gesetzliche Wettbewerbsverbot kann durch vertragliche Regelungen **erweitert und ergänzt** werden.[684] Eine § 88 AktG ergänzende Regelung für die Laufzeit des Anstellungsvertrages ist aus Sicht der Gesellschaft schon deshalb sinnvoll, weil die Dauer des Vorstandsmandats und des Anstellungsverhältnisses auseinanderfallen können.[685] Durch eine Wettbewerbsabrede im Anstellungsvertrag kann vermieden werden, dass schon mit der Abberufung eines Vorstandsmitglieds auch seine Verpflichtung zur Unterlassung von Wettbewerb endet. § 60 Abs. 1 HGB findet auf Vorstandsmitglieder keine Anwendung, da sie nicht Handlungsgehilfen bzw. Arbeitnehmer der Gesellschaft sind.[686] Darüber hinaus sind inhaltliche Erweiterungen des Wettbewerbsverbots möglich.[687] In Betracht kommt etwa die Einbeziehung von Aufsichtsratsmandaten in anderen Gesellschaften sowie die Einbeziehung von Konzerngesellschaften in das Wettbewerbsverbot.[688] Sinnvoll kann ferner eine, uU auch nur deklaratorische, Konkretisierung des Wettbewerbsverbots sein, etwa durch Nennung bestimmter Geschäftsfelder oder bestimmter Märkte. Bei der Vertragsgestaltung ist hier aber darauf zu achten, dass die Gesellschaft nicht dauerhaft auf solche Angaben festgelegt ist, sondern diese einem späteren Wechsel des unternehmerischen Tätigkeitsbereichs anpassen kann. Weiter kann im Anstellungsvertrag eine **Vertragsstrafe** für den Fall der Verletzung des Wettbewerbsverbotes vereinbart werden.[689] Die Gesellschaft ist dann nicht auf die durch § 88 Abs. 2 AktG vorgesehenen Ansprüche auf Schadensersatz oder Eintritt in das Geschäft beschränkt. Im Hinblick auf die regelmäßig schwierige Schadensberechnung bei Wettbewerbsverstößen kann eine solche Regelung für die Gesellschaft von erheblichem Vorteil sein.

Ferner kann die Aktiengesellschaft mit dem Vorstandsmitglied ein **nachvertragliches Wettbewerbsverbot** vereinbaren.[690] Ob die §§ 74 ff. HGB hierbei Anwendung finden, ist

---

[678] Hüffer/Koch/*Koch* AktG § 88 Rn. 2; diff. Fleischer VorstandsR-HdB/*Thüsing* § 4 Rn. 86; vgl. auch Schmidt/Lutter/*Seibt* AktG § 88 Rn. 5.
[679] OLG Frankfurt a. M. NZG 2000, 738.
[680] Fleischer VorstandsR-HdB/*Thüsing* § 4 Rn. 85; Hüffer/Koch/*Koch* AktG § 88 Rn. 2; Schmidt/Lutter/*Seibt* AktG § 88 Rn. 5; zust. dagegen MHdB GesR IV/*Wiesner* § 21 Rn. 94.
[681] OLG Frankfurt a. M. NZG 2000, 738; Fleischer VorstandsR-HdB/*Thüsing* § 4 Rn. 85 unter Hinweis auf die abweichende Bewertung des BAG zum Arbeitsverhältnis; MHdB GesR IV/*Wiesner* § 21 Rn. 94.
[682] *Beiner*/*Braun* Vorstandsvertrag Rn. 623 ff.; Fleischer VorstandsR-HdB/*Thüsing* § 4 Rn. 90; *Fleischer* NZG 2003, 985.
[683] *Beiner*/*Braun* Vorstandsvertrag Rn. 623 ff.; *Thüsing* NZG 2004, 9 (15).
[684] Fleischer VorstandsR-HdB/*Thüsing* § 4 Rn. 105.
[685] Hüffer/Koch/*Koch* AktG § 88 Rn. 10.
[686] EBJS/*Boecken* HGB § 60 Rn. 9.
[687] Schmidt/Lutter/*Seibt* AktG § 88 Rn. 16; *Fleischer* AG 2005, 336 (244); Fleischer VorstandsR-HdB/*Thüsing* § 4 Rn. 105.
[688] Fleischer VorstandsR-HdB/*Thüsing* § 4 Rn. 105.
[689] Hüffer/Koch/*Koch* AktG § 88 Rn. 10; *Bauer*/*Diller* Wettbewerbsverbote Rn. 1112 zu nachvertraglichen Wettbewerbsverboten.
[690] *Seyfarth* VorstandsR § 10 Rn. 34 ff.; *Bauer*/*von Medem* ArbRAktuell 2011, 473; Formulierungsbeispiele bei *Beiner*/*Braun* Vorstandsvertrag S. 411 f.; *Haas*/*Ohlendorf*, Anstellungsvertrag, 179.

nicht abschließend geklärt.[691] Der BGH hat bisher jedenfalls eine unmittelbare Anwendung auf Organmitglieder abgelehnt und überprüft die Wirksamkeit nachvertraglicher Wettbewerbsverbote von Organmitgliedern an dem Maßstab der Sittenwidrigkeit aus § 138 BGB und der durch Art. 12 GG geschützten Berufsfreiheit unter Heranziehung der in den §§ 74 ff. HGB zum Ausdruck gekommenen Rechtsgrundsätze.[692] Nach der wohl überwiegenden Ansicht in der Lit. sollen die §§ 74 ff. HGB demgegenüber jedenfalls dann gelten, wenn es sich um ein Fremdorgan handelt.[693] Selbstverständlich können die §§ 74 ff. HGB zur Vermeidung der bestehenden Rechtsunsicherheit durch eine Vereinbarung im Anstellungsvertrag, ggf. auch nur ergänzend, für anwendbar erklärt werden.[694] Beschränkungen für die Zulässigkeit nachvertraglicher Wettbewerbsverbote mit Vorstandsmitgliedern können sich auch aus § 1 GWB ergeben, wenn das Vorstandsmitglied in einer selbständigen unternehmerischen Betätigung beeinträchtigt wird.[695]

217 Wenngleich in vielerlei Hinsicht Unsicherheiten bestehen,[696] können folgende Leitlinien für die Beurteilung nachvertraglicher Wettbewerbsverbote von Organmitgliedern ausgemacht werden: Voraussetzung ist einerseits ein **berechtigtes Interesse** der Gesellschaft an dem vereinbarten Verbot. Andererseits darf das Verbot die Berufsausübung des Vorstandsmitglieds nicht unbillig erschweren.[697] Ein berechtigtes Interesse der Gesellschaft ist gegeben, wenn das Wettbewerbsverbot dazu dient, sie vor einer Verwertung ihr zustehender Unternehmenserfolge, Betriebs- und Geschäftsgeheimnisse und Lieferanten- und Kundenbeziehungen zu schützen.[698] Zulässig sind daher Regelungen, die ein Eindringen in bestehende Kundenbeziehungen untersagen.[699] Aber auch vollständige Tätigkeitsverbote können von einem berechtigten Interesse gedeckt sein.[700] Das bloße Ausschalten des Vorstandsmitglieds als Wettbewerber ist demgegenüber kein legitimes Ziel.[701] Hinsichtlich der zeitlichen Dauer gilt auch für Organmitglieder jedenfalls im Regelfall eine Höchstgrenze von zwei Jahren.[702] Räumlich ergibt sich eine Einschränkung auf das Gebiet, in dem die Gesellschaft tatsächlich aktiv ist.[703] Maßgeblicher Zeitpunkt für die Beurteilung des berechtigten Interesses der Gesellschaft an dem Wettbewerbsverbot ist nicht der Vertragsschluss, sondern das Ausscheiden des Vorstandsmitglieds.[704] Dies führt zu dem Risiko, dass auch ursprünglich wirksame Vereinbarungen sich in dem Zeitpunkt, in dem sie zur Anwendung kommen sollen, als unwirksam erweisen.

> **Praxistipp:**
>
> Nachvertragliche Wettbewerbsverbote mit Vorstandsmitgliedern bedürfen einer periodischen Überprüfung ihrer Wirksamkeit. Zu prüfen ist insbes., ob ein berechtigtes Interesse der Gesellschaft durch tatsächliche Entwicklungen, etwa dem Rückzug aus vormals bearbeiteten Märkten, nachträglich entfallen ist.

---

[691] *Bauer/Diller* Wettbewerbsverbote Rn. 1033 ff; *Bauer/von Medem* ArbRAktuell 2011, 473; *Thüsing* NZG 2004, 9.
[692] BGH NJW 1984, 2366; zuletzt BGH NZG 2002, 476; MHdB GesR IV/*Wiesner* § 21 Rn. 99; weitere Nachw. bei *Bauer/Diller* Wettbewerbsverbote Rn. 1035 ff.
[693] Nachw. bei *Bauer/Diller* Wettbewerbsverbote Rn. 1038 ff.
[694] *Seyfarth* VorstandsR § 19 Rn. 34; *Beiner/Braun* Vorstandsvertrag Vorstandsvertrag Rn. 627 ff.; *Bauer/Diller* Wettbewerbsverbote Rn. 1039 ff., die darauf hinweisen, dass durch eine ergänzende Inbezugnahme der §§ 74 ff. HGB eine geltungserhaltende Reduktion vertraglicher Regelungen ermöglicht wird.
[695] Hüffer/Koch/*Koch* AktG § 88 Rn. 10; *Beiner/Braun* Vorstandsvertrag Rn. 638 f.
[696] *Bauer/Diller* Wettbewerbsverbote Rn. 1037; vgl. auch Semler/v. Schenck AR-HdB/*Fonk* § 10 Rn. 186; Haas/Ohlendorf Anstellungsvertrag, 182 f.
[697] *Bauer/Diller* Wettbewerbsverbote Rn. 1071; *Seyfarth* VorstandsR § 10 Rn. 38.
[698] *Beiner/Braun* Vorstandsvertrag Rn. 632 mwN.
[699] *Bauer/Diller* Wettbewerbsverbote Rn. 1050 ff.
[700] *Bauer/Diller* Wettbewerbsverbote Rn. 1054.
[701] *Bauer/Diller* Wettbewerbsverbote Rn. 1054; *Beiner/Braun* Vorstandsvertrag Rn. 631.
[702] BGH NJW 2005, 3061; *Beiner/Braun* Vorstandsvertrag Rn. 634; MHdB GesR IV/*Wiesner* § 21 Rn. 100; Semler/v. Schenck/*Fonk* § 10 Rn. 191.
[703] *Bauer/Diller* Wettbewerbsverbote Rn. 1060; *Beiner/Braun* Vorstandsvertrag Rn. 636; *Seyfarth* VorstandsR § 10 Rn. 40.
[704] *Bauer/Diller* Wettbewerbsverbote Rn. 1061.

Ob und inwieweit zu weit gefasste nachvertragliche Wettbewerbsverbote mit Organmitgliedern einer geltungserhaltenden Reduktion zugänglich sind, ist nicht abschließend geklärt.[705] Eine salvatorische Klausel im Anstellungsvertrag kann hierfür einen Ansatzpunkt bieten und sollte daher vereinbart werden.[706] Auch bei Bejahung eines berechtigten Interesses der Gesellschaft ist das nachvertragliche Wettbewerbsverbot nur dann wirksam, wenn es das **berufliche Fortkommen des Vorstandsmitglieds nicht unbillig erschwert**. Dies erfordert im Regelfall die Vereinbarung einer angemessenen Karenzentschädigung.[707] Ohnehin ist ein entschädigungsloses nachvertragliches Wettbewerbsverbot in der Praxis regelmäßig nicht verhandelbar. 218

e) **Erfindungen.** Das Arbeitnehmererfindergesetz findet auf Vorstandsmitglieder keine Anwendung.[708] Sofern dieser Bereich regelungsbedürftig ist, etwa bei Vorstandsmitgliedern mit Ressortzuständigkeit Technik und entsprechenden Qualifikationen, können die Parteien einzelvertragliche Gestaltungen treffen.[709] Nicht selten wird hierbei eine teilweise oder auch umfassende Geltung des Arbeitnehmererfindungsgesetzes vereinbart. Aber auch eine Rechteübertragung an die Gesellschaft ohne gesonderte Vergütung ist möglich. Fehlt es an einer spezifischen Regelung und ist dem Anstellungsvertrag auch nicht durch Auslegung zu entnehmen, dass Rechte aus Erfindungen bereits durch die reguläre Vergütung abgegolten sein sollen, können dem Vorstandsmitglied Vergütungsansprüche aus § 612 Abs. 2 BGB zustehen.[710] 219

f) **Verschwiegenheit.** § 93 Abs. 1 S. 3 AktG unterwirft die Vorstandsmitglieder einer Verpflichtung, Stillschweigen über vertrauliche Angaben und Geheimnisse der Gesellschaft zu wahren, die ihnen durch ihre Tätigkeit im Vorstand bekannt geworden sind. Handeln die Vorstandsmitglieder dieser Verpflichtung zuwider, kommen neben **Schadensersatzansprüchen** der Gesellschaft, eine **Abberufung** gem. § 84 Abs. 3 AktG sowie eine **fristlose Kündigung** des Anstellungsvertrages gem. § 626 BGB in Betracht. § 404 AktG stellt Verstöße unter **Strafandrohung**. Wird die Tat zu Zwecken des Wettbewerbs begangen, ist zusätzlich eine Strafbarkeit nach § 17 UWG möglich. Anders als das Wettbewerbsverbot gem. § 88 AktG besteht die Verpflichtung zur Verschwiegenheit über die Beendigung des Amtes als Vorstand hinaus fort.[711] Die gesetzliche Verpflichtung zur Verschwiegenheit kann durch Satzung, Geschäftsordnung oder Anstellungsvertrag weder erweitert noch beschränkt werden.[712] Eine Regelung im Anstellungsvertrag ist daher zwar üblich, hat aber lediglich eine Appellfunktion. 220

g) **Urlaub.** Da Vorstandsmitglieder weder Arbeitnehmer noch arbeitnehmerähnliche Personen sind, findet das **Bundesurlaubsgesetz** auf sie gem. § 2 BUrlG **keine Anwendung**. Gleichwohl haben sie einen aus der dienstvertraglichen Treuepflicht abgeleiteten Urlaubsanspruch gegen die Gesellschaft.[713] In der Praxis werden durchweg vertragliche Urlaubsregelungen getroffen. Diese sehen in der Regel einen über den für Arbeitnehmer geltenden Mindestanspruch von vier Wochen deutlich hinausgehenden Urlaubsanspruch vor.[714] Festgelegt werden sollten darüber hinaus insbes. Regeln dazu, wann der Urlaub, ggf. in Abstimmung mit anderen Vorstandsmitgliedern, genommen werden kann, welche Dauer ein einzelner Urlaub haben darf und wann Urlaubsansprüche verfallen oder abzugelten sind.[715] Ergänzend 221

---

[705] Verneinend Schmidt/Lutter/*Seibt* AktG § 88 Rn. 16; vgl. auch *Bauer/Diller* Wettbewerbsverbote Rn. 1062 ff.; Hüffer/Koch/*Koch* AktG § 88 Rn. 10; *Beiner/Braun* Vorstandsvertrag Rn. 649 ff.
[706] *Bauer/Diller* Wettbewerbsverbote Rn. 1070.
[707] *Bauer/Diller* Wettbewerbsverbote Rn. 1071 ff.; Semler/v. Schenck AR-HdB/*Fonk* § 10 Rn. 192 ff.; *Seyfarth* VorstandsR § 10 Rn. 44.
[708] BGH NJW-RR 2007, 103; Semler/v. Schenck AR-HdB/*Fonk* § 10 Rn. 175.
[709] Semler/v. Schenck AR-HdB/*Fonk* § 10 Rn. 175.
[710] BGH WM 1990, 350.
[711] Hüffer/Koch/*Koch* AktG § 93 Rn. 7.
[712] MüKoAktG/*Spindler* § 93 Rn. 142; Schmidt/Lutter/*Seibt* AktG § 93 Rn. 22; vgl. aber auch Fleischer VorstandsR-HdB/*Thüsing* § 4 Rn. 102.
[713] KölnKommAktG/Mertens/*Cahn* § 84 Rn. 87; Schmidt/Lutter/*Seibt* AktG § 84 Rn. 33; vgl. auch *Haas/Ohlendorf* Anstellungsvertrag, 156, im Zweifel Anwendung der allgemeinen Grundsätze des Urlaubsrechts.
[714] *Seyfarth* VorstandsR § 4 Rn. 25, bis 30 Kalendertage pro Jahr.
[715] *Haas/Ohlendorf*, Anstellungsvertrag, 156 f.

können Vereinbarungen über eine Erreichbarkeit im Urlaub etc. getroffen werden. Vor Beendigung des Anstellungsverhältnisses steht dem Vorstandsmitglied gem. § 629 BGB angemessene Freizeit zur Stellensuche zu.[716]

222 h) **Entgeltfortzahlung im Krankheitsfall.** Ebenso wie das Bundesurlaubsgesetz findet auch das **Entgeltfortzahlungsgesetz** auf Vorstandsmitglieder **keine Anwendung.** Vorstandsmitglieder haben daher einen Anspruch auf Vergütungsfortzahlung lediglich gem. § 616 BGB, wenn sie für eine „verhältnismäßig nicht erhebliche Zeit" ohne Verschulden an der Dienstleistung gehindert sind.[717] Ein Zeitraum von sechs Wochen, wie durch das Entgeltfortzahlungsgesetz vorgesehen, wird hiermit nicht erreicht.[718] Vielmehr ist die Anspruchsdauer auch bei schwerwiegenden Umständen stets auf wenige Tage beschränkt.[719] Da dies keine ausreichende Absicherung darstellt, wird die Entgeltfortzahlung regelmäßig anstellungsvertraglich geregelt. Hierbei werden Zeiträume vereinbart, die nicht nur über § 616 BGB, sondern auch über den Rahmen des Entgeltfortzahlungsgesetzes hinausgehen; üblich sind Zeiträume von drei bis sechs Monaten, teils auch darüber hinaus.[720] Flankierend werden Regelungen über die Anrechnung von Versicherungsleistungen und die Abtretung von möglichen Schadensersatzansprüchen gegen Dritte vereinbart. Aus Sicht der Gesellschaft ist es gerade bei der Vereinbarung einer langfristigen Entgeltfortzahlung sinnvoll, eine mögliche Beendigung des Anstellungsverhältnisses als Höchstgrenze vorzusehen.[721] Da die arbeitnehmerschützenden Restriktionen des Entgeltfortzahlungsgesetzes nicht gelten, kann die vertraglich vereinbarte Fortzahlung auch auf bestimmte Gehaltsbestandteile, zB auf das Festgehalt, beschränkt werden.[722] Zusätzlich zur Vergütungsfortzahlung im Krankheitsfall sieht der Anstellungsvertrag von Vorstandsmitgliedern oftmals die Zahlung eines Sterbegeldes vor, das im Falle des Ablebens an die Hinterbliebenen zu zahlen ist. Üblich ist hierbei die Zahlung der (Fest-)Vergütung für den Sterbemonat sowie für die folgenden drei bis sechs Monate.

4. Freistellung/Annahmeverzug

223 Arbeitsverträge sehen regelmäßig ein Recht des Arbeitgebers vor, den Arbeitnehmer bei Vorliegen eines sachlichen Grundes von seiner Verpflichtung zur Arbeitsleistung freizustellen.[723] Für Vorstandsmitglieder ist zu beachten, dass eine Freistellung sie an der Wahrnehmung ihrer Organpflichten hindert. Eine Suspendierung von dem Amt als Vorstand ist aber nur eingeschränkt zulässig.[724] Der Anstellungsvertrag kann daher eine Möglichkeit zur Freistellung nur für den Zeitraum **ab einem Widerruf der Bestellung oder einer Suspendierung von dem Vorstandsmandat** vorsehen.[725]

224 Wird dem Vorstand die Leistung aus einem von der Gesellschaft zu vertretenden Grunde unmöglich oder befindet sich die Gesellschaft in Annahmeverzug, behält der Vorstand seinen **Anspruch auf die vertraglich vereinbarte Vergütung.**[726] Er muss sich jedoch gem. § 326 Abs. 2 S. 2, § 615 S. 2 BGB dasjenige **anrechnen** lassen, was er infolge des Unterbleibens seiner Dienstleistung erspart oder durch eine anderweitige Verwendung seiner Dienste er-

---

[716] Schmidt/Lutter/*Seibt* AktG § 84 Rn. 33; ErfK/*Müller-Glöge* BGB § 629 Rn. 2.
[717] Schmidt/Lutter/*Seibt* AktG § 84 Rn. 30; zu den Rechtsfragen bei Gesundheitsproblemen von Vorstandsmitgliedern *Fleischer* NZG 2010, 561.
[718] Fleischer VorstandsR-HdB/*Thüsing* § 4 Rn. 78; anders MHdB GesR IV/*Wiesner* § 21 Rn. 37; ErfK/*Dörner* BGB § 616 Rn. 10a; anders *Haas/Ohlendorf* Anstellungsvertrag, 154.
[719] Fleischer VorstandsR-HdB/*Thüsing* § 4 Rn. 78; Schmidt/Lutter/*Seibt* AktG § 84 Rn. 30 mwN, maximal zwei Wochen.
[720] *Haas/Ohlendorf* Anstellungsvertrag, 154; Spindler/Stilz/*Fleischer* § 84 Rn. 47; MAH ArbR/*Eckhoff* § 81 Rn. 51 geht von einer zulässigen Höchstdauer von 12 Monaten aus; ebenso *Seyfarth* VorstandsR § 4 Rn. 71.
[721] Laut *Seyfarth* VorstandsR § 4 Rn. 71 besteht ohnehin kein Anspruch über die Vertragslaufzeit hinaus.
[722] *Haas/Ohlendorf* Anstellungsvertrag, 154.
[723] ErfK/*Müller-Glöge* BGB § 620 Rn. 43 ff.
[724] *Beiner/Braun* Vorstandsvertrag Rn. 176 ff.; Fleischer VorstandsR-HdB/*Thüsing* § 5 Rn. 42; *Haas/Ohlendorf* Anstellungsvertrag, 10; ausf. *Dörrwächter* NZG 2018, 54.
[725] Fleischer VorstandsR-HdB/*Pentz* § 16 Rn. 23.
[726] MHdB GesR IV/*Wiesner* § 21 Rn. 69; Schmidt/Lutter/*Seibt* AktG § 84 Rn. 30.

wirbt oder zu erwerben böswillig unterlässt. Bei einer unberechtigten Kündigung durch die Gesellschaft ist es ausreichend, dass der Vorstand der Kündigung deutlich widerspricht, um die Gesellschaft in Annahmeverzug zu setzen; ein ausdrückliches Leistungsangebot ist nicht erforderlich.[727] Für die Gesellschaft kann es, gerade im Falle längerer gerichtlicher Auseinandersetzungen, sinnvoll sein, auf das Wettbewerbsverbot des Vorstands zu verzichten. Der Vorstand kann sich dann nicht darauf berufen, durch das Wettbewerbsverbot an der Erzielung anderweitigen Einkommens gehindert zu sein. Hat die Gesellschaft umgekehrt ein Interesse daran, dass der Vorstand während einer Freistellung an sein Wettbewerbsverbot gebunden bleibt, ist bei der Formulierung der Freistellungserklärung mit Sorgfalt zu verfahren. Denn nach der Rspr. des Bundesarbeitsgerichts liegt in einer Freistellung unter Hinweis auf die Verpflichtung zur Erzielung anderweitigen Einkommens ein konkludenter Verzicht auf das Wettbewerbsverbot.[728]

5. Das Anstellungsverhältnis nach Ende des Vorstandsmandats

Aus der rechtlichen Trennung von Vorstandsamt und Anstellungsverhältnis folgt, dass das **Anstellungsverhältnis** auch nach einer Abberufung des Vorstandsmitglieds **fortbestehen kann**. Eine solche Situation kann sich etwa ergeben, wenn eine Abberufung aus wichtigem Grund gem. § 84 Abs. 3 S. 1 AktG erfolgt, die – höheren – Anforderungen für eine fristlose Kündigung des Anstellungsvertrages[729] aber nicht erfüllt sind. Möglich ist ferner die einvernehmliche Beendigung des Vorstandsmandats bei Fortsetzung des Anstellungsverhältnisses. 225

Endet das Vorstandsmandat vor einer Beendigung des Anstellungsvertrages, bleiben dem Vorstandsmitglied seine Rechte aus dem Anstellungsvertrag, namentlich die Vergütungsansprüche, erhalten.[730] Im Gegenzug ist das Vorstandsmitglied verpflichtet, weiterhin für die Gesellschaft tätig zu werden.[731] Die Qualifikation als Dienstverhältnis wird hierdurch jedenfalls dann nicht verändert, wenn zugleich mit der Abberufung auch eine Entscheidung über die Beendigung des Anstellungsverhältnisses getroffen wird und dieses im Folgenden nur ausläuft.[732] Anders liegt es, wenn die Parteien ihre Zusammenarbeit nach der Beendigung des Vorstandsamts insgesamt neu organisieren und ggf. neue Vereinbarungen über die weitere Zusammenarbeit treffen. Hier kann sich das Dienstverhältnis im Einzelfall in ein **Arbeitsverhältnis umwandeln**.[733] In diesem Falle wird die Aktiengesellschaft fortan gegenüber dem früheren Vorstandsmitglied nicht mehr durch den Aufsichtsrat, sondern durch den Vorstand vertreten. Dieser ist auch ausschließlich für eine etwaige spätere Kündigung zuständig.[734] Bei Ausspruch dieser Kündigung ist das zwingende Schriftformerfordernis des § 623 BGB zu beachten. Ferner ist der Betriebsrat/Sprecherausschuss zu beteiligen. Rechtsstreitigkeiten fallen dann in die Zuständigkeit der Gerichte für Arbeitssachen.[735] 226

6. Beendigung des Anstellungsverhältnisses

a) Allgemeines/Beendigung durch Fristablauf. Regelfall der Beendigung des Anstellungsvertrags des Vorstandsmitglieds ist der Ablauf der, gem. § 84 Abs. 3 S. 5, Abs. 1 S. 1 AktG gesetzlich vorgegebenen, Befristung. Bei wirksamer Vereinbarung einer Koppelungsklausel[736] wird die Beendigung des Anstellungsvertrags durch einen Widerruf der Bestellung ausgelöst, somit durch Eintritt einer auflösenden Bedingung.[737] Daneben kann der Anstel- 227

---

[727] MHdB GesR IV/*Wiesner* § 21 Rn. 38; Schmidt/Lutter/*Seibt* AktG § 84 Rn. 30.
[728] BAG NZA 2007, 36 (38); vgl. auch BAG NZA 2013, 207; hierzu *Diller* ArbRAktuell 2012, 556.
[729] Semler/Peltzer/Kubis/*Kubis* Vorstands-HdB § 3 Rn. 8.
[730] KölnKommAktG/*MertensCahn* § 84 Rn. 107.
[731] BGH AG 1966, 366.
[732] BGH NZA 2003, 439; 2000, 376; MHdB GesR IV/*Wiesner* § 21 Rn. 29.
[733] Lutter/Krieger/*Verse* AR § 7 Rn. 425.
[734] BGH DB 1974, 34; vgl. auch BGH NJW 1995, 1750; Lutter/Krieger/*Verse* AR § 7 Rn. 425; MHdB GesR IV/*Wiesner* § 21 Rn. 29.
[735] MHdB GesR IV/*Wiesner* § 21 Rn. 30; *Bauer* DB 1992, 1413.
[736] → Rn. 163.
[737] *Seyfarth* VorstandsR § 20 Rn. 8.

lungsvertrag durch Kündigung einer der Vertragsparteien oder durch Aufhebungsvertrag beendet werden.

228 b) **Zuständigkeit des Aufsichtsrats.** Ebenso wie bei der Begründung des Anstellungsverhältnisses, wird die Aktiengesellschaft auch bei seiner Beendigung durch den **Aufsichtsrat** vertreten, der diese Kompetenz seinerseits auf den **Personalausschuss** übertragen kann.[738] Die durch das VorstAG begründete Zuständigkeit des Plenums für die Festsetzung der Vorstandsvergütung schließt die Delegation der Befugnis zur Beendigung des Anstellungsvertrages auf den Personalausschuss nicht aus. Auch im Zusammenhang mit einer Kündigung des Anstellungsverhältnisses muss der Personalausschuss aber die ausschließliche Zuständigkeit des Plenums für die Dauer des Vorstandsmandats respektieren. Er kann daher erst dann über eine Kündigung oder eine einvernehmliche Beendigung des Anstellungsverhältnisses beschließen, wenn das Plenum über eine Abberufung oder eine anderweitige Beendigung des Mandats Beschluss gefasst hat.[739] Da eine Kündigung als Gestaltungserklärung bedingungsfeindlich ist, kann der Personalausschuss auch nicht etwa unter der aufschiebenden Bedingung kündigen, dass das Plenum einen Widerruf der Bestellung beschließt.[740]

229 Der Aufsichtsrat bzw. der Personalausschuss muss über die Kündigung oder den Abschluss eines Aufhebungsvertrags einen **Beschluss** fassen. Ein fehlerhafter Beschluss kann entsprechend § 244 AktG geheilt werden.[741] Zum Vollzug des Beschlusses, nämlich zur Abgabe der Kündigungserklärung oder Unterschrift des Aufhebungsvertrages, ist es erforderlich, dass der Aufsichtsrat eine oder mehrere Personen ermächtigt.[742] In der Regel fällt diese Aufgabe dem Aufsichtsratsvorsitzenden zu. Ist das Vorstandsmitglied bei der Beschlussfassung des Aufsichtsrats anwesend, kann ihm der Beschluss auch unmittelbar, etwa durch Übergabe eines Protokolls, bekanntgegeben werden. Eine Kündigungserklärung oder Zustimmung zu einem Aufhebungsvertrag, die ohne einen Beschluss des Aufsichtsrats, zB nur durch den Aufsichtsratsvorsitzenden, für die Gesellschaft abgegeben wird, ist mangels ordnungsgemäßer Vertretung der Aktiengesellschaft unwirksam. Sofern das betroffene Vorstandsmitglied den Mangel der Vertretungsmacht bei Ausspruch einer Kündigung nicht beanstandet, kann der Aufsichtsrat die Kündigung aber gem. §§ 180 S. 2, 177 Abs. 1 BGB nachträglich genehmigen.[743] Im Falle einer außerordentlichen Kündigung muss die Genehmigung innerhalb der Frist des § 626 Abs. 2 BGB erklärt werden.[744] Legt eine durch Beschluss des Aufsichtsrats ermächtigte Person beim Ausspruch der Kündigung keine schriftliche Vollmacht des Aufsichtsrats, also ein Protokoll des entsprechenden Beschlusses vor, kann das Vorstandsmitglied die Kündigung gem. § 174 BGB zurückweisen.[745] Eine Genehmigung der Kündigung ist hier nicht mehr möglich. Vielmehr bedarf es eines neuen Beschlusses und einer neuen Kündigungserklärung.

> **Praxistipp:**
> Bei dem Ausspruch der Kündigung durch ein ermächtigtes Mitglied des Aufsichtsrats oder des Vorstands sollte dem zu kündigenden Vorstandsmitglied ein im Original unterschriebenes Protokoll des Aufsichtsratsbeschlusses übergeben werden.

---

[738] → Rn. 128.
[739] BGH NZG 2009, 664 zum Abwickler einer AG; BGH NJW 1981, 757; *Tschöpe/Wortmann* NZG 2009, 85 (88); Hüffer/Koch/*Koch* AktG § 84 Rn. 38; Lutter/Krieger/*Verse* AR § 7 Rn. 426; *Beiner/Braun* Vorstandsvertrag Rn. 702.
[740] *Beiner/Braun* Vorstandsvertrag Rn. 702 mwN.
[741] *Seyfarth* VorstandsR § 20 Rn. 14.
[742] Möglich ist selbstverständlich auch, dass sämtliche Aufsichtsratsmitglieder die erforderlichen Erklärungen gemeinsam abgeben, doch wird dies allenfalls bei kleineren Gremien praktiziert.
[743] BAG NJW 1987, 1038; OLG Brandenburg OLG-NL 2006, 121; MüKoBGB/*Schubert* § 180 Rn. 13; BeckOK BGB/*Habermeier* § 180 Rn. 2; dagegen OLG Celle ZMR 1999, 237; Palandt/*Ellenberger* BGB § 180 Rn. 1; wohl auch *Tschöpe/Wortmann* NZG 2009, 85 (88); vgl. auch OLG Frankfurt a. M. NZG 2015, 1112.
[744] BAG NJW 1987, 1038.
[745] OLG Düsseldorf AG 2014, 511; OLG Düsseldorf AG 2004, 321; MHdB GesR IV/*Wiesner* § 21 Rn. 105; anders für den Vorsitzenden des Aufsichtsrats *Seyfarth* VorstandsR § 20 Rn. 45 mwN.

c) **Form.** Das gesetzliche **Schriftformerfordernis des § 623 BGB** ist für die Kündigung des Anstellungsverhältnisses von Vorstandsmitgliedern **nicht anwendbar.**[746] Auch eine analoge Anwendung kommt nicht in Betracht, da es an einer Regelungslücke fehlt.[747] Vertragliche Schriftformerfordernisse sind üblich, stellen aber weniger weitreichende Anforderungen als § 623 BGB und können ggf. auch konkludent abbedungen werden.[748] Unabhängig von der Frage eines Formerfordernisses ist zu Beweiszwecken dringend zu empfehlen, dem Vorstandsmitglied eine schriftliche Kündigungserklärung zuzustellen.

d) **Ordentliche Kündigung.** Sofern im Anstellungsvertrag in zulässiger Weise geregelt,[749] kann die Aktiengesellschaft das Anstellungsverhältnis des Vorstandsmitglieds ordentlich kündigen. Eines **materiellen Grundes** bedarf die ordentliche Kündigung des Anstellungsvertrages über die Erfordernisse des § 84 Abs. 3 S. 1 AktG hinaus **nicht.** Ebenso wenig kann sich das Vorstandsmitglied auf einen Sonderkündigungsschutz, etwa nach dem SGB IX (wegen Schwerbehinderung) oder nach dem Mutterschutzgesetz, berufen.[750] In jedem Falle sind aber die **gesetzlichen Mindestfristen** des § 622 BGB zu beachten.[751]

Eine durch den Aufsichtsrat ausgesprochene **Abberufung** des Vorstandsmitglieds soll im Regelfall zugleich als Kündigung des Anstellungsvertrags auszulegen sein.[752] Angesichts der rechtlichen Trennung von Vorstandsmandat und Anstellungsverhältnis ist gleichwohl dringend zu empfehlen, eine gesonderte Kündigungserklärung abzugeben.[753]

e) **Fristlose Kündigung.** Anderen Regeln unterliegt die fristlose Kündigung des Anstellungsvertrages. Sie richtet sich nach § 626 BGB. Im Unterschied zu einer ordentlichen Kündigung ist hier ein Grund für die Kündigung erforderlich, nämlich ein **wichtiger Grund.** Ein solcher besteht in Tatsachen, „auf Grund derer dem Kündigenden unter Berücksichtigung aller Umstände des Einzelfalles und unter Abwägung der Interessen beider Vertragsteile die Fortsetzung des Dienstverhältnisses bis zum Ablauf der Kündigungsfrist oder bis zu der vereinbarten Beendigung des Dienstverhältnisses nicht zugemutet werden kann", § 626 Abs. 1 S. 1 BGB. Ferner muss die Kündigung gem. § 626 Abs. 2 BGB innerhalb einer **Frist von zwei Wochen** ausgesprochen werden, nachdem der Kündigungsberechtigte von den für die Kündigung maßgebenden Tatsachen Kenntnis erlangt hat.

aa) **Wichtiger Grund.** Bei der Beurteilung, ob ein wichtiger Grund für eine fristlose Kündigung vorliegt, ist die herausgehobene und in besonderem Maße unabhängige Position des Vorstands einer Aktiengesellschaft zu berücksichtigen. Diese führt zu **erhöhten Anforderungen** an die **Sorgfalt** und an die **Loyalität** der Vorstandsmitglieder. Dementsprechend kann eine Unzumutbarkeit der Fortsetzung des Anstellungsverhältnisses für die Gesellschaft bei Vorstandsmitgliedern eher anzunehmen sein als bei Arbeitnehmern.[754] Zu Gunsten des Vorstandsmitglieds können im Rahmen der Interessenabwägung dagegen eine langwährende Tätigkeit und seine Verdienste um das Unternehmen wie ggf. auch die sozialen Folgen einer fristlosen Kündigung zu berücksichtigen sein.[755] Endet das Anstellungsverhältnis ohnehin demnächst oder kann es kurzfristig durch eine ordentliche Kündigung beendet werden, steigen die Anforderungen an eine fristlose Kündigung entsprechend.[756]

---

[746] KR/*Spilger* BGB § 623 Rn. 40; *Zimmer* BB 2003, 1175; MüKoBGB/*Henssler* § 623 Rn. 6; MüKoAktG/*Spindler* § 84 Rn. 61; *Lohr* NZG 2001, 826; *Bauer/Krieger* ZIP 2004, 1247; *Beiner/Braun* Vorstandsvertrag Rn. 708; *Tschöpe/Wortmann* NZG 2009, 85 (89); anders *Seyfarth* VorstandsR § 20 Rn. 44 für die fristlose Kündigung.
[747] MüKoBGB/*Henssler* § 623 Rn. 6.
[748] *Seyfarth* VorstandsR § 20 Rn. 44; *Beiner/Braun* Vorstandsvertrag Rn. 708.
[749] → Rn. 165.
[750] BAG NZA 1999, 988 zur Geschäftsführerin einer GmbH.
[751] Henze/Born/Drescher/*Henze* AktR Rn. 398 f.; *Bauer/Krieger/Arnold* Aufhebungsverträge Kap. D Rn. 67 f.
[752] OLG Hamburg, GmbHR 1992, 43; MHdB GesR IV/*Wiesner* § 21 Rn. 103; KölnKommAktG/*Mertens/Cahn* § 84 Rn. 106; *Lutter/Krieger/Verse* AR § 7 Rn. 424; Fleischer VorstandsR-HdB/*Thüsing* § 5 Rn. 1; diff. *Beiner/Braun* Vorstandsvertrag Rn. 706; *Janzen* NZG 2003, 468 (472); *Tschöpe/Wortmann* NZG 2009, 85 (89).
[753] Schmidt/Lutter/*Seibt* AktG § 84 Rn. 60.
[754] Henze/Born/Drescher/*Henze* AktR Rn. 414.
[755] Henze/Born/Drescher/*Henze* AktR Rn. 411.
[756] BGH WM 1962, 811; 1976, 77, zur GmbH; MHdB GesR IV/*Wiesner* § 21 Rn. 108.

235 Naturgemäß besteht kein abschließender Katalog der zum Ausspruch einer fristlosen Kündigung berechtigenden wichtigen Gründe.[757] In Betracht kommen etwa die Ausnutzung von Geschäftschancen der Gesellschaft,[758] unberechtigte Amtsniederlegung, Aufstellung falscher Bilanzen, die Nutzung von Betriebsmitteln der Gesellschaft für eigene Zwecke, Bestechlichkeit, Straftaten gegen die Gesellschaft, Geheimnisverrat etc.[759] Auch eine sogenannte Druckkündigung ist nicht ausgeschlossen, wenn die Gesellschaft von Dritten unter Androhung erheblicher Nachteile zur Beendigung der Zusammenarbeit mit dem Vorstandsmitglied aufgefordert wird und die Kündigung das einzige Mittel ist, um diese Nachteile zu vermeiden.[760]

236 Zu beachten ist, dass der gem. § 626 Abs. 1 BGB für eine außerordentliche Kündigung vorausgesetzte „wichtige Grund" höhere Voraussetzungen hat als der „wichtige Grund" iSv § 84 Abs. 3 S. 1 AktG für eine Abberufung des Vorstandsmitglieds.[761] Eine Beendigung des mit umfassenden Kompetenzen ausgestatteten Vorstandsmandats muss schon aus weniger schwerwiegenden Gründen möglich sein. Dementsprechend gestattet § 84 Abs. 3 S. 2 AktG eine vorzeitige Beendigung des Vorstandsmandats auch bei einem Vertrauensentzug durch die Hauptversammlung, sofern dieser nicht aus offenbar unsachlichen Gründen erfolgt. Demgegenüber sind bei einer fristlosen Kündigung des Anstellungsvertrages schutzwürdige Interessen des Vorstandsmitglieds an der Erhaltung seiner wirtschaftlichen Existenzgrundlage zu beachten. Möglich ist aber eine vertragliche Vereinbarung, nach der ein wichtiger Grund für eine Abberufung iSv § 84 Abs. 3 S. 2 AktG zugleich eine außerordentliche Kündigung des Anstellungsvertrages mit gesetzlicher Mindestfrist zulässt.[762]

237 Eine Erschwerung der Kündigungsmöglichkeiten der Gesellschaft, etwa durch Vereinbarung einer Abfindung oder einer Vertragsstrafe für den Fall der Kündigung, ist demgegenüber nicht zulässig.[763] Aus diesem Grunde ist auch eine Vereinbarung unwirksam, die eine außerordentliche Kündigung von einem schuldhaften Verhalten des Vorstands abhängig macht.[764]

238 Eine **Abmahnung** des Vorstandsmitglieds vor Ausspruch einer Kündigung ist **grds. nicht erforderlich;** auch dies folgt aus der herausgehobenen Position der Vorstandsmitglieder als Vertreter des Arbeitgebers und den entsprechend gesteigerten Anforderungen.[765] Der BGH hat diese Rspr. ausdrücklich auch für die Rechtslage nach Inkrafttreten des § 314 Abs. 2 BGB bestätigt.[766]

239 Eine fristlose Kündigung soll ausnahmsweise auch durch Gründe gerechtfertigt sein können, die in der **Sphäre der Gesellschaft** liegen, etwa wenn die wirtschaftliche Situation der Gesellschaft eine auch nur zeitweise Weiterbeschäftigung des Vorstandsmitglieds zu ange-

---

[757] Beispiele aus der Rspr. bei *Tschöpe/Wortmann* NZG 2009, 161 (163); vgl. ferner *Seyfarth* VorstandsR § 20 Rn. 28 ff.
[758] LG Münster BeckRS 2016, 118841.
[759] MHdB GesR IV/*Wiesner* § 21 Rn. 109 f.; KölnKommAktG/*Mertens/Cahn* § 84 Rn. 153 ff.; Henze/Born/Drescher/*Henze* AktR Rn. 408 ff.; MüKoAktG/*Spindler* § 84 Rn. 181 mwN; *Tschöpe/Wortmann* NZG 2009, 161 (163).
[760] Offen gelassen OLG München BeckRS 2011, 29040; vgl. zu Maßnahmen gegenüber Vorstandsmitgliedern auf Verlangen von Aktionären und Investoren: *Schockenhoff* ZIP 2017, 1785.
[761] BGH NJW 1981, 2748; OLG Karlsruhe NZA 2005, 300; LG Münster BeckRS 2016, 118841; *Fleck* WM 1994, 1957; Hüffer/Koch/*Koch* AktG § 84 Rn. 39 mwN; *Lutter/Krieger/Verse* AR § 7 Rn. 428; *Haas/Ohlendorf* Anstellungsvertrag, 19; *Beiner/Braun* Vorstandsvertrag Rn. 710; → Rn. 94.
[762] Fleischer VorstandsR-HdB/*Thüsing* § 5 Rn. 58; s. zu sog Koppelungsklauseln, die zu einer automatischen Beendigung führen sollen → Rn. 94.
[763] MHdB GesR IV/*Wiesner* § 21 Rn. 107; Schmidt/Lutter/*Seibt* AktG § 84 Rn. 62; MüKoAktG/Spindler § 84 Rn. 165; *Lutter/Krieger/Verse* AR § 7 Rn. 429.
[764] OLG Thüringen NZG 1999, 1069.
[765] BGH NZG 2007, 674; ZIP 2000, 667; 2001, 1957; ebenso offenbar OLG Köln BeckRS 2008, 01839; offen gelassen OLG München ZIP 2005, 1781; *Lutter/Krieger/Verse* AR § 7 Rn. 429; Schmidt/Lutter/*Seibt* AktG § 84 Rn. 66; MHdB GesR IV/*Wiesner* § 21 Rn. 13, 115; Hüffer/Koch/*Koch* AktG § 84 Rn. 39; anders *Haas/Ohlendorf* Anstellungsvertrag, 21; *Horstmeier* GmbHR 2006, 400; *Koch* ZIP 2005, 1621.
[766] BGH NZG 2007, 674; vgl. hierzu MüKoAktG/*Spindler* § 84 Rn. 174 f.; *Tschöpe/Wortmann* NZG 2009, 161 (163); *Bauer/von Medem* NZA 2014, 238.

messenen Bedingungen nicht zulässt.⁷⁶⁷ In der Praxis kommt dies nicht vor. Die Anforderungen dürften zudem durch die mit dem VorstAG erweiterten Möglichkeiten einer Herabsetzung der Bezüge noch weiter gesteigert sein, da eine Reduzierung der Vergütung ein milderes Mittel gegenüber einer Beendigung des Anstellungsverhältnisses ist.

bb) Zweiwochenfrist. Eine fristlose Kündigung muss innerhalb von **zwei Wochen nach** 240
Kenntnis des Kündigungsberechtigten von den maßgebenden Tatsachen ausgesprochen werden. Kündigungsberechtigter auf Seiten der Gesellschaft ist der **Aufsichtsrat,** so dass auf seine Kenntnis abzustellen ist. Der Aufsichtsrat hat erst dann Kenntnis, wenn er als **Kollegialorgan** informiert worden ist.⁷⁶⁸ Dies setzt in der Regel voraus, dass die Aufsichtsratsmitglieder auf einer Sitzung des Aufsichtsrats über den Kündigungssachverhalt informiert worden sind. Die außerhalb einer solchen Sitzung erlangte Kenntnis einzelner Aufsichtsratsmitglieder oder auch des Aufsichtsratsvorsitzenden ist unerheblich, denn sie sind alleine nicht handlungsfähig.⁷⁶⁹ Selbst die Kenntniserlangung aller Aufsichtsratsmitglieder außerhalb einer Sitzung ist nicht ausreichend.⁷⁷⁰

Ferner wird die Zweiwochenfrist erst dann in Gang gesetzt, wenn der Aufsichtsrat sich 241
ein **abschließendes Bild von dem Sachverhalt** gemacht hat, auf den die fristlose Kündigung gestützt werden soll.⁷⁷¹ Hierzu können ergänzende Ermittlungen wie auch ggf. eine Anhörung des Vorstandsmitglieds⁷⁷² erforderlich sein.

Allerdings muss der Aufsichtsrat sowohl hinsichtlich der Ermittlung des Sachverhalts als 242
auch hinsichtlich der Herbeiführung eines Beschlusses mit **angemessener Beschleunigung** handeln.⁷⁷³ Ergänzende Untersuchungen dürfen nicht verzögert angegangen werden. Hat ein Aufsichtsratsmitglied Kenntnis von kündigungsrelevanten Vorwürfen gegen den Vorstand erlangt, muss es unverzüglich den Aufsichtsratsvorsitzenden informieren, damit dieser eine Sitzung des Aufsichtsrats einberufen kann.⁷⁷⁴ Werden die Ermittlungen oder die Herbeiführung einer Beschlussfassung von den Verantwortlichen verzögert, muss die Aktiengesellschaft sich so behandeln lassen, als ob die erforderlichen Maßnahmen mit der gebotenen Beschleunigung durchgeführt worden wären und insbes. die Sitzung des Aufsichtsrats in angemessener Zeit einberufen worden wäre.⁷⁷⁵ Die Zweiwochenfrist beginnt dann ab dem Zeitpunkt zu laufen, zu dem die Sitzung stattgefunden hätte. Für eine Überlegungsfrist des Aufsichtsratsvorsitzenden zwischen (abschließender) Kenntnis von den Kündigungsgründen und Einberufung des Aufsichtsrats ist kein Raum.⁷⁷⁶ Es ist nicht ersichtlich, warum die Aktiengesellschaft insoweit gegenüber anderen Dienstgebern privilegiert sein sollte.

---

⁷⁶⁷ Henze/Born/Drescher/*Henze* AktR Rn. 419.
⁷⁶⁸ OLG München NJW-Spezial 2012, 496; BGH NZG 2002, 46, zur GmbH; BGH ZIP 1998, 1269, zur GmbH; BGH ZIP 2001, 1957, zur GmbH; OLG München NZG 2009, 665, zur GmbH; OLG München ZIP 2005, 1781; OLG Thüringen NZG 1999, 1069; LG Münster BeckRS 2016, 118841; Schmidt/Lutter/*Seibt* AktG § 84 Rn. 64; MüKoAktG/*Spindler* § 84 Rn. 171.
⁷⁶⁹ OLG München NJW-Spezial 2012, 496; BGH NZG 2002, 46, zur GmbH; BGH ZIP 1998, 1269, zur GmbH; vgl. auch LG Münster BeckRS 2016, 118841; Schmidt/Lutter/*Seibt* AktG § 84 Rn. 64; MüKoAktG/ *Spindler* § 84 Rn. 171; vgl. aber auch *Seyfarth* VorstandsR § 20 Rn. 36, nicht alle Mitglieder des Aufsichtsrats müssen Kenntnis haben; ferner *Rickert/Heinrichs* GWR 2017, 112.
⁷⁷⁰ Lutter/Krieger/*Verse* AR § 7 Rn. 430; *Seyfarth* VorstandsR § 20 Rn. 36.
⁷⁷¹ BAG NJW 1996, 1403, zum Arbeitsverhältnis; BGH ZIP 1996, 636, zur GmbH; OLG München ZIP 2005, 1781; MHdB GesR IV/*Wiesner* § 21 Rn. 116.
⁷⁷² BGH NJW-RR 1992, 292 zur Verwirkung des Rechts zur Abberufung in der GmbH; *Seyfarth* VorstandsR § 20 Rn. 38.
⁷⁷³ BGH NJW 1976, 797, zur GmbH, „Gebotene Eile"; OLG München ZIP 2005, 1781; OLG Thüringen NZG 1999, 1069; Lutter/Krieger/*Verse* AR § 7 Rn. 430; *Seyfarth* VorstandsR § 20 Rn. 38; *Janzen* NZG 2003, 468 (474); *Tschöpe/Wortmann* NZG 2009, 85 (90).
⁷⁷⁴ OLG München NJW-Spezial 2012, 496; OLG München ZIP 2005, 178; MHdB GesR IV/*Wiesner* § 21 Rn. 116; vgl. aber *Seyfarth* VorstandsR § 20 Rn. 36, Überlegungsfrist von bis zu zwei Wochen.
⁷⁷⁵ BGH ZIP 1996, 636, zur GmbH; OLG München ZIP 2005, 1781; OLG Karlsruhe NZA 2005, 300; OLG Thüringen NZG 1999, 1069; Bauer/Krieger/Arnold Aufhebungsverträge Kap. D Rn. 87; Lutter/Krieger/ *Verse* AR § 7 Rn. 430.
⁷⁷⁶ So aber MüKoAktG/*Spindler* § 84 Rn. 171; Schmidt/Lutter/*Seibt* AktG § 84 Rn. 64.

> **Praxistipp:**
> Die Frage, wann noch von einer „angemessenen Beschleunigung" bei der Sachverhaltsermittlung und der Herbeiführung der Beschlussfassung des Aufsichtsrats gesprochen werden kann, ist im Einzelfall schwierig abzugrenzen. Da die Gesellschaft im Rechtsstreit mit dem Vorstandsmitglied für die Einhaltung der Zweiwochenfrist darlegungs- und beweisbelastet ist, empfiehlt es sich, die einzelnen Schritte ab dem Eingang erster Informationen sorgfältig zu dokumentieren.

243 Hat der Aufsichtsrat Kenntnis von einem zur außerordentlichen Kündigung berechtigenden wichtigen Grund erlangt, muss die Kündigung zwingend innerhalb von zwei Wochen ab diesem Zeitpunkt zugehen. Anderenfalls ist sie unwirksam. Kraft unwiderleglicher gesetzlicher Vermutung gilt, dass die Fortsetzung des Dienstverhältnisses bei Versäumung der Frist nicht unzumutbar ist.[777] Eine Verlängerung dieser Frist ist nicht möglich.[778]

244 f) **Kündigung durch das Vorstandsmitglied.** Auch das Vorstandsmitglied kann zum Ausspruch einer Kündigung des Anstellungsvertrages vor Ablauf der Befristung berechtigt sein.

245 Zunächst kann der Anstellungsvertrag dem Vorstandsmitglied das Recht zur **ordentlichen Kündigung**, auch vor dem Ablauf der Bestellung, einräumen.[779] Darüber hinaus gewährt § 87 Abs. 2 Satz 3 AktG dem Vorstandsmitglied ein gesetzliches Kündigungsrecht im Falle einer wirksamen Herabsetzung seiner Bezüge wegen einer wesentlichen Verschlechterung der Verhältnisse der Gesellschaft.

Praktisch relevanter sind **außerordentliche Kündigungen** aus wichtigem Grund. Ein wichtiger Grund kann für das Vorstandsmitglied vorliegen ua bei einem Widerruf der Bestellung ohne wichtigen Grund,[780] bei einer Nichtzahlung der Vergütung durch die Gesellschaft, einer entgegen § 87 Abs. 2 AktG grob unbilligen Herabsetzung der Bezüge[781] oder unzulässigen Eingriffen des Aufsichtsrats in die Geschäftsführung.[782] Ferner bei einer Abberufung als Vorsitzender oder Sprecher des Vorstands.[783] Gegebenenfalls können dem Vorstandsmitglied bei einer durch ihn selbst ausgesprochenen, aber von der Aktiengesellschaft verschuldeten außerordentlichen Kündigung Schadensersatzansprüche aus § 628 Abs. 2 BGB zustehen.[784]

246 Das Vorstandsmitglied muss die Kündigung gem. § 112 AktG **gegenüber dem Aufsichtsrat** erklären. Wie der durch das MoMiG eingeführte § 112 S. 2 AktG durch Verweisung auf § 78 Abs. 2 S. 2 AktG klarstellt, ist der Zugang bei einem Mitglied des Aufsichtsrats ausreichend.[785]

247 Als wichtiger Grund für eine außerordentliche Kündigung des Vorstandsmitglieds kann im Anstellungsvertrag ein Wechsel der Kontrolle der Gesellschaft vereinbart werden („**Change-of-Control-Klausel**").[786]

248 Eine Abberufung des Vorstandsmitgliedes durch den Aufsichtsrat soll im Regelfall zugleich als Kündigung des Anstellungsverhältnisses auszulegen sein.[787] Ob auch eine durch das Vorstandsmitglied erklärte **Niederlegung seines Vorstandsmandats** als Kündigung des Anstellungsvertrags ausgelegt werden kann, dürfte demgegenüber zweifelhaft sein.[788] Da

---

[777] MüKoBGB/*Henssler* § 626 Rn. 318.
[778] OLG Thüringen NZG 1999, 1069, keine Verlängerung aufgrund einer Fürsorgepflicht; anders Schmidt/Lutter/*Seibt* AktG § 84 Rn. 64 „Wertungsoffene Verwirkungsfrist".
[779] MHdB GesR IV/*Wiesner* § 21 Rn. 120; *Steinbeck/Menke* DStR 2003, 940; → Rn. 94.
[780] MHdB GesR IV/*Wiesner* § 21 Rn. 125; Fleischer VorstandsR-HdB/*Thüsing* § 5 Rn. 77.
[781] *Weisner/Kölling* NZG 2003, 465; Schmidt/Lutter/*Seibt* AktG § 87 Rn. 21.
[782] Fleischer VorstandsR-HdB/*Thüsing* § 5 Rn. 77; MüKoAktG/*Spindler* § 84 Rn. 198, beide mit weiteren Beispielen.
[783] → Rn. 151.
[784] MüKoAktG/*Spindler* § 84 Rn. 198; *Seyfarth* VorstandsR § 20 Rn. 58.
[785] Anders aber weiterhin Semler/v. Schenck AR-HdB/*Semler* § 4 Rn. 152.
[786] → Rn. 164.
[787] → Rn. 232.
[788] *Bauer/Krieger/Arnold* Aufhebungsverträge Kap. D Rn. 56; vgl. auch Semler/v. Schenck AR-HdB/*Fonk* § 10 Rn. 319 f.; vgl. aber MüKoAktG/*Spindler* § 84 Rn. 204.

das Anstellungsverhältnis regelmäßig die wirtschaftliche Existenzgrundlage des Vorstandsmitglieds darstellt, ist hier durch Auslegung im Einzelfall sorgfältig zu ermitteln, ob die abgegebene Erklärung auf eine Beendigung auch des Anstellungsvertrages abzielt. Auch Vorstandsmitgliedern ist zu empfehlen, in ihrer Erklärung deutlich zu machen, ob sie nur ihr Amt als Vorstand niederlegen oder zugleich auch den Anstellungsvertrag kündigen wollen.

g) **Aufhebungsvertrag.** Der Anstellungsvertrag des Vorstandsmitglieds kann schließlich auch durch einen Aufhebungsvertrag beendet werden. In der Praxis ist dies das am häufigsten verwendete Instrument zur vorzeitigen Beendigung der Zusammenarbeit. Auch hier verbleibt es bei der Zuständigkeit des **Aufsichtsrats** und bei der Notwendigkeit der kollektiven Willensbildung durch Beschluss.[789] Eine Delegation auf den Personalausschuss ist zwar grds. möglich. Wenn, was typischerweise der Fall ist, aber zugleich auch über die Beendigung des Vorstandsmandats zu entscheiden ist, ist eine Befassung des Plenums unvermeidlich. Zudem werden in einem Aufhebungsvertrag nahezu immer auch über die restlichen Bezüge des Vorstandsmitglieds geregelt, die gem. § 107 Abs. 3 S. 3 AktG zwingend dem Plenum zugewiesen sind. In der Praxis wird daher immer das Plenum über einen Aufhebungsvertrag entscheiden.[790] Ein Aufhebungsvertrag kann jederzeit geschlossen werden und kann das Anstellungsverhältnis zu einem von den Parteien frei gewählten Zeitpunkt beenden.[791] Kernelemente des Aufhebungsvertrages sind neben der Beendigung des Dienstverhältnisses die Beendigung des Vorstandsmandats und die Zahlung von restlichen Bezügen sowie ggf. einer Abfindung.[792] 249

Bei der Vereinbarung einer **Abfindung** sind die von dem BGH in der Mannesmann-Entscheidung[793] formulierten Grundsätze zu beachten. Danach bestehen in der Regel keine Bedenken gegen eine Abfindung, die der Abgeltung der vertraglich vereinbarten Vergütungsansprüche dient, die dem Vorstandsmitglied durch ein vorzeitiges Ausscheiden entgehen.[794] Denn für diese besteht eine Grundlage im Anstellungsvertrag. Zusätzliche Abfindungszahlungen über die anstellungsvertraglichen Ansprüche hinaus sind demgegenüber daran zu messen, ob sie für die Gesellschaft einen zukunftsbezogenen Nutzen bringen, etwa eine Anreizwirkung für sonstige Führungskräfte haben.[795] Mangels konkretisierender Folgerechtsprechung zur Mannesmann-Entscheidung bestehen in der Beurteilung zusätzlicher Abfindungszahlungen bisher noch erhebliche Unsicherheiten.[796] Auch aus § 87 AktG in der durch das VorstAG geschaffenen Fassung ergeben sich Anforderungen an die Gestaltung von Aufhebungsverträgen.[797] Zu prüfen ist insbes., wie unter Beachtung der Kriterien des § 87 Abs. 1 AktG mit den variablen Vergütungsbestandteilen umzugehen ist, wenn hierfür festgelegte Bemessungszeiträume nicht mehr erfüllt werden können.[798] Ferner, wie bei Vereinbarung eines in der Zukunft liegenden Beendigungszeitpunkts und Freistellung des Vorstandsmitglieds dessen Bezüge für die Restlaufzeit geregelt werden können; hier besteht für das Vorstandsmitglied das Risiko, dass seine Bezüge gem. § 87 Abs. 2 AktG noch herabgesetzt werden können.[799] Gleiches gilt für Versorgungsansprüche des Vorstandsmitglieds.[800] Schließlich ist auch zu klären, ob eine vereinbarte Abfindung im Einzelfall gem. § 87 Abs. 2 AktG herabgesetzt werden könnte und inwieweit vertragliche Gestaltungen möglich sind.[801] 250

---

[789] BAG NZG 2017, 69; *Seyfarth* VorstandsR § 21 Rn. 9 ff.
[790] *Seyfarth* VorstandsR § 21 Rn. 14 ff.
[791] Eine rückwirkende Aufhebung kommt allerdings nur dann in Betracht, wenn das Anstellungsverhältnis bereits außer Vollzug gesetzt worden war, vgl. zum Arbeitsverhältnis BAG NZA 1999, 422.
[792] *Seyfarth* VorstandsR § 20 Rn. 14.
[793] → Rn. 183.
[794] *Bauer/Krieger/Arnold* Aufhebungsverträge Kap. D Rn. 217 ff.; Semler/v. Schenck AR-HdB/*Fonk* § 10 Rn. 351 ff.
[795] *Bauer/Krieger/Arnold* Aufhebungsverträge Kap. D Rn. 221.
[796] Semler/v. Schenck AR-HdB/*Fonk* § 10 Rn. 358.
[797] *Jaeger* NZA 2010, 128.
[798] *Jaeger* NZA 2010, 128.
[799] *Jaeger* NZA 2010, 128.
[800] *Jaeger* NZA 2010, 128.
[801] *Jaeger* NZA 2010, 128.

251 Besonderheiten bei dem Abschluss von Aufhebungsverträgen mit Vorstandsmitgliedern ergeben sich ferner hinsichtlich der Vereinbarung einer **Generalquittung** über die Erledigung aller wechselseitigen Ansprüche. Gem. § 93 Abs. 4 S. 3 AktG kann die Aktiengesellschaft auf einen **Schadensersatzanspruch** gem. § 93 Abs. 1 AktG wegen Sorgfaltspflichtverletzung gegen das Vorstandsmitglied erst **drei Jahre nach dessen Entstehung** verzichten oder sich hierüber vergleichen. Weiter ist vorausgesetzt, dass die Hauptversammlung zustimmt und nicht eine Minderheit widerspricht, deren Anteile zusammen 10 % des Grundkapitals erreichen. Entgegenstehende Vereinbarungen mit dem Vorstandsmitglied sind nichtig. Als Möglichkeit zur Erreichung eines vergleichbaren wirtschaftlichen Ergebnisses kommt eine Freistellungsvereinbarung mit einem Dritten, zB einem Aktionär, in Betracht, durch die dieser eine Garantiehaftung dafür übernimmt, dass die Gesellschaft keine Ersatzansprüche geltend machen wird.[802]

252 Ebenso wie die Kündigung, unterliegt der Abschluss eines Aufhebungsvertrages mit einem Vorstandsmitglied **keinem Schriftformerfordernis**,[803] ist aber zu Dokumentationszwecken dringend anzuraten.

253 Im Rahmen eines Aufhebungsvertrages von Interesse ist auch ein, schon im Anstellungsvertrag enthaltenes oder ggf. auch neu zu vereinbarendes, nachvertragliches Wettbewerbsverbot des Vorstandsmitglieds.[804] Ist ein nachvertragliches Wettbewerbsverbot im Anstellungsvertrag vereinbart, aber das Interesse der Gesellschaft an seiner Aufrechterhaltung nicht mehr gegeben, kann der Wegfall im Aufhebungsvertrag geregelt werden. Vorsorglich sollte dies nicht nur im Rahmen einer allgemeinen Erledigungsregelung geschehen, sondern durch eine ausdrückliche Regelung zur Aufhebung des nachvertraglichen Wettbewerbsverbots. Anderenfalls besteht ein Risiko, dass keine wirksame Beendigung vorliegt.[805] Ist kein nachvertragliches Wettbewerbsverbot vereinbart, kann dies im Rahmen des Aufhebungsvertrags nachgeholt werden. Allerdings darf dies nicht dazu dienen, dem Vorstandsmitglied in Gestalt der Karenzentschädigung eine Abfindung zuzuwenden, die aktienrechtlich unzulässig wäre.[806]

7. Anstellungsverhältnis als Vorstand und früheres Arbeitsverhältnis

254 Mit Abschluss des Anstellungsvertrags als Vorstand wird ein mit der Aktiengesellschaft bestehendes Arbeitsverhältnis im Zweifel aufgehoben.[807] Vorausgesetzt ist die Wahrung des Schriftformerfordernisses des § 623 BGB,[808] was jedoch bei Abschluss eines Vorstandsanstellungsvertrages typischerweise der Fall ist.[809] Die Vertretung der Gesellschaft durch den Aufsichtsrat soll, trotz der für die Aufhebung des Arbeitsvertrages eigentlich gegebenen Zuständigkeit des Vorstands, qua Annexkompetenz ausreichen.[810] Das Arbeitsverhältnis besteht also in der Regel nicht ruhend fort.[811]

---

[802] *Bauer/Krets* DB 2003, 811 (812); Bauer/Krieger/Arnold Aufhebungsverträge Kap. D Rn. 300; MAH ArbR/*Eckhoff* § 81 Rn. 71.
[803] *Bauer/Krieger/Arnold* Aufhebungsverträge Kap. A Rn. 29.
[804] *Seyfarth* VorstandsR § 21 Rn. 22.
[805] BAG NZA 2003, 100 (103).
[806] *Seyfarth* VorstandsR § 21 Rn. 22.
[807] BAG NZA 2006, 1154 für die GmbH; MüKoAktG/*Spindler* § 84 Rn. 58; Fleischer VorstandsR-HdB/*Thüsing* § 4 Rn. 60; MHdB GesR IV/*Wiesner* § 21 Rn. 23; *Haas/Ohlendorf* Anstellungsvertrag, 23 ff.; Seyfarth VorstandsR § 4 Rn. 12 ff.; Kelber/Zeißig/Birkefeld/*Zeißig* Führungskräfte-HdB Kap. D Rn. 270; vgl. auch *Beiner/Braun* Vorstandsvertrag Rn. 695.
[808] LAG Bremen NZA-RR 2006, 321; *Bauer/Krieger/Arnold* Aufhebungsverträge Kap. D Rn. 161; offen gelassen BAG NZA 2006, 1154; *Beiner/Braun* Vorstandsvertrag Rn. 271; MHdB GesR IV/*Wiesner* § 21 Rn. 23.
[809] BAG GWR 2011, 32833 zum Geschäftsführer; MHdB GesR IV/*Wiesner* § 21 Rn. 23.
[810] Fleischer VorstandsR-HdB/*Thüsing* § 4 Rn. 60; MüKoAktG/*Spindler* § 84 Rn. 58; vgl. auch *Bauer/Krieger/Arnold* Aufhebungsverträge Kap. D Rn. 164; *Seyfarth* VorstandsR § 4 Rn. 14; offen gelassen *Beiner/Braun* Vorstandsvertrag Rn. 271.
[811] Fleischer VorstandsR-HdB/*Thüsing* § 4 Rn. 60; MüKoAktG/*Spindler* § 84 Rn. 58.

> **Praxistipp:**
> Um das Restrisiko des Fortbestehens eines Arbeitsverhältnisses auszuschließen, empfiehlt es sich, das bisherige Arbeitsverhältnis bei Bestellung zum Vorstand und Abschluss eines Vorstands-Anstellungsvertrages ausdrücklich und unter Beachtung der Schriftform des § 623 BGB aufzuheben. Da die Auffassung, dass dem Aufsichtsrat eine Annexkompetenz zur Beendigung eines Arbeitsverhältnisses zusteht, durch die Rspr. noch nicht bestätigt wurde, sollte die Aktiengesellschaft hierbei durch den Vorstand vertreten werden.

8. Rechtsstreitigkeiten aus dem Anstellungsverhältnis

a) Allgemeines. Für Rechtsstreitigkeiten aus dem Anstellungsverhältnis ist die Zuständigkeit der **ordentlichen Gerichte** begründet; die Arbeitsgerichte sind nur dann zuständig, wenn die Parteien dies gem. § 2 Abs. 4 ArbGG vereinbaren. In der Praxis wird von dieser Möglichkeit kein Gebrauch gemacht. Verweist das angerufene ordentliche Gericht den Rechtsstreit an die Gerichte für Arbeitssachen, ist diese Rechtswegentscheidung für die Gerichte für Arbeitssachen verbindlich, soweit sie sich nicht ausnahmsweise als willkürlich erweist.[812] Innerhalb der ordentlichen Gerichtsbarkeit sind gem. § 95 Abs. 1 Nr. 4a GVG die **Kammern für Handelssachen** zuständig. Die Rechtsstreitigkeiten unterliegen den Regeln der ZPO. Anders als vor den Arbeitsgerichten gelten keine Sonderregeln über eine Begrenzung des Streitwerts in Bestandsstreitigkeiten und den Ausschluss der Kostentragungspflicht. Das finanzielle Risiko der Parteien ist damit deutlich höher als in arbeitsgerichtlichen Verfahren.

Die durch § 112 AktG festgeschriebene **Zuständigkeit des Aufsichtsrats** für die Vertretung der Aktiengesellschaft gegenüber Vorstandsmitgliedern ist im Zusammenhang mit Rechtsstreitigkeiten von besonderer Bedeutung. Erhebt ein Vorstandsmitglied Klage gegen die Aktiengesellschaft, vertreten durch den Vorstand, ist die Gesellschaft nicht ordnungsgemäß vertreten und die Klage damit als unzulässig abzuweisen.[813] Dies gilt auch dann, wenn das Vorstandsmitglied bereits ausgeschieden ist[814] und sogar dann, wenn er nach Abberufung und Kündigung des Anstellungsvertrages Ansprüche aus einem bis dahin ruhenden Arbeitsverhältnis geltend macht und die Kündigungsgründe in unmittelbarem Zusammenhang mit seiner Tätigkeit als Vorstand stehen.[815] Entsprechendes gilt, wenn die Aktiengesellschaft ein Verfahren gegen ein Vorstandsmitglied anstrengt und sich hierbei durch den Vorstand vertreten lässt. Allerdings hat die Gesellschaft bis zum Schluss der mündlichen Verhandlung noch die Möglichkeit, die bisherige Prozessführung durch den Aufsichtsrat zu genehmigen und so die Zulässigkeit der Klage herbeizuführen. Dies kann auch konkludent dadurch geschehen, dass der Aufsichtsrat sich mit dem Verfahren befasst und steuernd auf dieses einwirkt.[816] Das Vorstandsmitglied hat bei einem von ihm gegen die Gesellschaft betriebenen Rechtsstreit keine entsprechende Möglichkeit. Insbesondere kann es die Klage auch nicht im Wege einer Rubrumsberichtigung nachträglich zulässig machen.[817] Ihm bleibt nur der – kostspielige – Weg einer Rücknahme und Neueinreichung der Klage.

b) Bestandsstreitigkeiten. Gegenstand von Rechtsstreitigkeiten zwischen Vorstandsmitgliedern und der Aktiengesellschaft können Fragen der Beendigung bzw. des Fortbestehens des Anstellungsvertrages sein. Da die Vorstandsmitglieder keinen Kündigungsschutz genießen, können Gegenstand gerichtlicher Überprüfung bei **ordentlichen Kündigungen,** sofern solche ausnahmsweise durch den Anstellungsvertrag zugelassen sind, nur **formelle Aspekte**

---

[812] BAG BeckRS 2017, 129754.
[813] BGH NZG 2009, 466; AP BGB § 622 Nr. 15; ZIP 1997, 1108; BAG NZA 2002, 401; OLG Hamburg NZG 2001, 898; Hüffer/Koch/*Koch* AktG § 112 Rn. 3; KölnKommAktG/*Mertens/Cahn* § 112 Rn. 13; *Seyfarth* VorstandsR § 22 Rn. 3, 14; vgl. zur Vertretung der AG in Verfahren mit Vorstandsmitgliedern Born/Ghassemi-Tabar/Gehle NJW 2015, 2215.
[814] BGH NZG 2009, 466; AP BGB § 622 Nr. 15; ZIP 1997, 1108; OLG Hamburg NZG 2001, 898.
[815] BAG NZA 2002, 401.
[816] BGH NJW 1999, 3263; BGH NZG 2009, 466.
[817] BAG NZA 2002, 401; BAG NZG 2009, 466.

sein, wie die Beachtung der Zuständigkeit des Aufsichtsrats, seine ordnungsgemäße Beschlussfassung, die Einhaltung von Kündigungsfrist und (vertraglichen) Formerfordernissen. Im Falle **außerordentlicher Kündigungen** muss die Gesellschaft – oder auch das kündigende Vorstandsmitglied – demgegenüber das Vorliegen eines **wichtigen Grundes** iSv § 626 Abs. 1 BGB darlegen und beweisen. Zusätzlich muss die Einhaltung der Zweiwochenfrist des § 626 Abs. 2 BGB nachgewiesen werden.

258 Die Unwirksamkeit einer Kündigung kann durch eine **Feststellungsklage** gem. § 256 Abs. 1 ZPO geltend gemacht werden. Durch den Ausspruch der Kündigung bestreitet der Kündigende den Fortbestand des Anstellungsverhältnisses ab dem Kündigungstermin, so dass ein Feststellungsinteresse ohne weiteres gegeben ist. Anders als im arbeitsrechtlichen Kündigungsschutzverfahren gilt für die Feststellungsklage eines Vorstandsmitglieds auf Fortbestand des Anstellungsverhältnisses keine feste Klagefrist; allerdings kann das Rechtsschutzinteresse durch Verwirkung erlöschen.[818]

259 c) **Leistungsklagen.** Im Bereich der Leistungsklagen dürfte der häufigste Anwendungsfall von Klagen des Vorstands gegen die Gesellschaft die Verfolgung von Vergütungsansprüchen sein, insbes. nach Ausspruch einer außerordentlichen Kündigung durch die Gesellschaft.

260 Aus Sicht der Gesellschaft können Gegenstand einer Leistungsklage gegen ein Vorstandsmitglied die Geltendmachung von **Schadensersatzansprüchen** oder auch die **Unterlassung von Wettbewerb** sein. Im Zusammenhang mit möglichen Wettbewerbsverstößen sind auch die – von Organmitgliedern oftmals unterschätzten – Auskunftspflichten des zur Unterlassung von Wettbewerb Verpflichteten von Bedeutung: Kann die Gesellschaft eine hohe Wahrscheinlichkeit darlegen, dass das Vorstandsmitglied unerlaubt Wettbewerb gemacht hat, ist dieses verpflichtet, über die getätigten Geschäfte Auskunft zu erteilen und Rechnung zu legen.[819] Besteht Grund zu der Annahme, dass Auskünfte nicht mit der erforderlichen Sorgfalt erteilten wurden, kann das Vorstandsmitglied gem. § 259 Abs. 2 BGB verpflichtet werden, die Richtigkeit an Eides Statt zu versichern.

261 Hat die Gesellschaft das Anstellungsverhältnis außerordentlich gekündigt und die Zahlung der Vergütung eingestellt, kann das Vorstandsmitglied seinen Zahlungsanspruch ggf. im **Urkundenprozess** verfolgen.[820] Dies bietet dem Vorstandsmitglied taktische Vorteile in den Fällen, in denen die Gesellschaft nicht in der Lage ist, Kündigungsgründe mit den im Urkundenprozess allein zugelassenen Beweismitteln, Urkunden und Parteivernehmung, zu beweisen. Das Vorstandsmitglied wird seinerseits den Vergütungsanspruch regelmäßig durch eine Urkunde, nämlich seinen Anstellungsvertrag, belegen können. Zudem ist im Urkundenprozess eine Widerklage nicht zugelassen. Das Vorstandsmitglied kann daher uU schneller einen Vollstreckungstitel gegen die Gesellschaft erlangen als im Regelverfahren. Die Statthaftigkeit des Urkundenprozesses wird nicht dadurch in Frage gestellt, dass die Aktiengesellschaft im Nachverfahren mit hoher Wahrscheinlichkeit Erfolg haben wird.[821] Ebenso wenig kann ein Einwand aus einer (entsprechenden) Anwendung des § 46 Abs. 2 ArbGG abgeleitet werden, der den Urkundenprozess vor den Arbeitsgerichten ausschließt.[822] Auch das Gebot der Waffengleichheit und der Gewährung rechtlichen Gehörs schließen die Statthaftigkeit des Urkundenprozesses für die Vergütungsklage des Vorstands nicht aus.[823] Allerdings sind der Beschleunigung in der Praxis dadurch Grenzen gesetzt, dass die beklagte Gesellschaft im Zweifel kein Einverständnis mit einer Entscheidung durch den Vorsitzenden allein gem. § 349 Abs. 3 ZPO erklären wird, was dem Gericht eine kurzfristige Terminierung erschwert. Zudem hat das Vorstandsmitglied das Risiko einer Schadensersatzhaftung aus § 302 Abs. 4 S. 3 ZPO bei Vollstreckung aus einem im Urkundenprozess ergangenen

---

[818] *Seyfarth* VorstandsR § 22 Rn. 22.
[819] → Rn. 212 ff.
[820] OLG München BeckRS 2011, 29040; vgl. auch *Bauer/Lingemann/Diller/Haußmann*, Anwalts-Formularbuch Arbeitsrecht, 6. Aufl. 2017, Kap. M 12.6 Fn. 7; *Pesch* NZA 2003, 958; *Pröpper* BB 2003, 202; *Fischer* NJW 2003, 333; *Tschöpe/Wortmann* NZG 2009, 161 (167); *Seyfarth* VorstandsR § 22 Rn. 1 ff.
[821] OLG München BeckRS 2011, 29040.
[822] OLG München BeckRS 2011, 29040.
[823] OLG München BeckRS 2011, 29040.

Vorbehaltsurteil zu beachten.[824] Dieses Risiko dürfte im Hinblick auf die limitierten Beweismittel höher sein als Haftungsrisiko aus § 717 Abs. 2 ZPO im regulären Verfahren. Das Vorstandsmitglied muss also erwägen, ob die Gesellschaft etwa im Nachverfahren mit erweiterten Beweismöglichkeiten in der Lage sein könnte, eine Aufhebung des Vorbehaltsurteils zu erreichen und Schadensersatz für dessen Vollstreckung zu erlangen. Enthält der Anstellungsvertrag eine wirksame Koppelungsklausel, soll die Gesellschaft nur dafür darlegungs- und beweispflichtig sein, dass die Bestellung zum Vorstand durch Beschluss des Aufsichtsrats und Mitteilung an das Vorstandsmitglied beendet wurde.[825] Auch in dieser Situation bietet der Urkundenprozess für das Vorstandsmitglied keine signifikanten Vorteile.

9. Das fehlerhafte Anstellungsverhältnis

a) Allgemeines. Bei dem Abschluss des Anstellungsvertrages mit einem Vorstandsmitglied wird die Aktiengesellschaft, wie oben dargestellt, gem. § 112 AktG durch den Aufsichtsrat vertreten. Der Aufsichtsrat kann als Kollektivorgan nur durch Beschluss handeln, § 108 Abs. 1 AktG. Fehlt es an einer wirksamen Willensbildung des Aufsichtsrats durch Beschluss, so ist die Gesellschaft nicht wirksam vertreten. Der Anstellungsvertrag des Vorstandsmitglieds erweist sich dann als fehlerhaft.

Die praktische Relevanz dieser Fragestellung ist nicht zu unterschätzen. Vielfach besteht die Neigung, Anstellungsverträge des Vorstands nicht oder nur eingeschränkt im Plenum des Aufsichtsrats zu behandeln, da insbes. hinsichtlich der Vergütung Diskretion gewahrt werden soll. Die Zuständigkeit für die Anstellungsverträge der Vorstandsmitglieder wurde daher vor Inkrafttreten des VorstAG regelmäßig einem Personalausschuss zugewiesen. Auch innerhalb der Personalausschüsse wurde die dort ebenso gem. § 108 Abs. 1 AktG notwendige Beschlussfassung aber häufig auf der Grundlage eher oberflächlicher Informationen über den Inhalt des jeweiligen Vertrages durchgeführt. Das VorstAG hat die Festsetzung der Vergütung der Vorstandsmitglieder nunmehr zwingend dem Aufsichtsratsplenum zugewiesen. Weiterhin dürfte es aber die Neigung geben, auch und gerade bei einer Befassung des Plenums die Vorstandsverträge nicht in jedem Detail darzulegen. Sofern die Gesellschaft es für die Fragen außerhalb der Vergütung bei der Zuständigkeit des Personalausschusses belässt, gestaltet sich das Verfahren der Willensbildung zudem komplizierter als bisher. Bei Auseinandersetzungen zwischen Vorstandsmitglied und Gesellschaft muss daher auch die Frage, ob überhaupt ein Anstellungsverhältnis wirksam begründet wurde, stets sorgfältig geprüft werden.

b) Entstehung eines fehlerhaften Anstellungsverhältnisses. An einer wirksamen Vertretung der Aktiengesellschaft bei Vertragsschluss mit dem Vorstandsmitglied fehlt es, wenn der Aufsichtsrat oder, im Rahmen seiner Zuständigkeit, der Personalausschuss **nicht oder nicht ordnungsgemäß Beschluss** gefasst hat.[826] Dies ist evident, wenn der Aufsichtsratsvorsitzende oder ein anderes Mitglied des Aufsichtsrats ohne vorherige Beschlussfassung gehandelt hat. Schwieriger zu beurteilen sind diejenigen – häufigeren – Fälle, in denen zwar eine Beschlussfassung durchgeführt wurde, die Aufsichtsratsmitglieder aber nur teilweise Kenntnis von dem Inhalt des Anstellungsvertrages hatten. Es handelt sich typischerweise um Situationen, in denen der Aufsichtsratsvorsitzende den mit dem Vorstandsmitglied ausgehandelten Vertrag zur Abstimmung stellt, obwohl das Aufsichtsratsplenum bzw. der Personalausschuss über dessen Konditionen nur oberflächlich informiert wurde. Stimmt der Aufsichtsrat einem Abschluss des Anstellungsvertrages trotz ungenügender Information zu, ist eine Fehlerhaftigkeit der Willensbildung grds. zu verneinen. Denn die Mitglieder des Aufsichtsrats bzw. des Personalausschusses können sich durch Nachfragen bei dem Vorsitzenden oder Einsichtnahme in den Vertrag über die Konditionen informieren. Indem sie ihre Stimme abgeben ohne dies zu tun, verzichten sie auf ihr Informationsrecht mit der Folge, dass die Gesellschaft sich nicht darauf berufen kann, dass die Beschlussfassung auf unzureichender

---

[824] *Seyfarth* VorstandsR § 22 Rn. 13.
[825] *Seyfarth* VorstandsR § 22 Rn. 10.
[826] So im Falle OLG Frankfurt a. M. NJW-Spezial 2011, 73.

Informationsgrundlage erfolgt ist.[827] Der Fall liegt nicht anders als bei der Abgabe einer Willenserklärung in dem Bewusstsein, ihren Inhalt nicht zu kennen.[828] Auch diese verpflichtet den Erklärenden.[829] Anders ist die Situation zu beurteilen, in der die Abstimmung durchgeführt wird, obwohl die Konditionen des Anstellungsvertrages noch gar nicht abschließend mit dem Vorstandskandidaten verhandelt worden sind. Hier fehlt es an einem konkreten Beschlussgegenstand bzw. erteilt der Aufsichtsrat oder der Personalausschuss möglicherweise dem Verhandlungsführer den Auftrag, selbst über den Inhalt des Anstellungsvertrages zu entscheiden. Dies ist nach § 112 AktG unzulässig[830] und führt zu einer Fehlerhaftigkeit des gleichwohl abgeschlossenen Anstellungsvertrages.

265 Handelt ein **Personalausschuss**, kann eine ordnungsgemäße Vertretung der Gesellschaft auch deshalb fehlen, weil der Personalausschuss seinerseits nicht wirksam gebildet wurde. Dies ist dann der Fall, wenn das Aufsichtsratsplenum keinen oder keinen ordnungsgemäßen Beschluss über die Bildung des Personalausschusses gefasst hat oder dieser nicht ordnungsgemäß besetzt ist.[831] Im Übrigen kann sich eine Fehlerhaftigkeit der Beschlussfassung aus einer Verletzung der allgemeinen Anforderungen an die Wirksamkeit von Aufsichtsratsbeschlüssen ergeben.[832]

266 c) **Genehmigung des Anstellungsvertrages.** War die Gesellschaft bei dem Abschluss des Anstellungsvertrages nicht ordnungsgemäß vertreten, ist dieser gem. § 177 Abs. 1 BGB schwebend unwirksam, aber **genehmigungsfähig**.[833] Nach einer Gegenansicht soll § 177 Abs. 1 BGB durch § 134 BGB überlagert werden und der Anstellungsvertrag daher nichtig und nicht genehmigungsfähig sein.[834] Für eine Anwendbarkeit von § 177 Abs. 1 BGB spricht jedoch namentlich, dass § 112 AktG eine Kompetenzregelung ist, die nicht den rechtsgeschäftlichen Erfolg unberechtigten Handelns ächten will.[835] Die schwebende Unwirksamkeit des Geschäfts ist daher eine ausreichende Sanktion.[836]

267 Die **Genehmigung** eines fehlerhaften Anstellungsvertrages bedarf nach allgemeinen Regeln eines Beschlusses des Aufsichtsrats[837] und der Abgabe einer Erklärung gegenüber dem Vorstandsmitglied. Eine Genehmigung kann aber auch konkludent erfolgen. Voraussetzung ist in jedem Falle, dass dem Aufsichtsrat die Fehlerhaftigkeit des Anstellungsvertrages bekannt war oder er insoweit mindestens Zweifel hatte. Denn nur dann kann ein Wille des Aufsichtsrats angenommen werden, die Fehlerhaftigkeit durch eine Genehmigung zu heilen.[838] Nur unter dieser Voraussetzung kann etwa in dem späteren Abschluss von Vereinbarungen mit Bezug zum Anstellungsvertrag, etwa dem Abschluss eines Pensionsvertrages, eine Genehmigung des fehlerhaften Anstellungsvertrages liegen. In keinem Falle ausreichend ist die bloße Kenntnis des Aufsichtsrats von der Tätigkeit des Vorstandsmitglieds ohne Abgabe weiterer Erklärungen.[839]

268 d) **Treu und Glauben.** Haben die Parteien den fehlerhaften Anstellungsvertrag über einen langen Zeitraum zur Grundlage ihrer Zusammenarbeit gemacht und ist dieser auch nicht durch die Gesellschaft genehmigt worden wäre, kann sich ein **Berufen der Gesellschaft** auf

---

[827] KG NZG 2007, 312.
[828] Palandt/*Ellenberger* BGB § 119 Rn. 9.
[829] Palandt/*Ellenberger* BGB § 119 Rn. 9.
[830] → Rn. 78; anders *Köhler* NZG 2008, 161 f.
[831] MHdB GesR IV/*Hoffmann-Becking* § 32 Rn. 16 ff.
[832] MHdB GesR IV/*Hoffmann-Becking* § 31 Rn. 109 ff.; *Köhler* NZG 2008, 161 f.
[833] BGH NJW 1967, 1711; OLG Karlsruhe AG 1996, 224; OLG München WM 2008, 73; OLG Celle AG 2003, 433; OLG München AG 1986, 234; offen gelassen BGH WM 2008, 1314 zur Genossenschaft; BGH NZG 2005, 276; NJW-RR 1993, 1250; *Henze/Rosch* ArbRAktuell 2010, 310; *Köhler* NZG 2008, 161 (162); Semler/v. Schenck AR-HdB/*Fonk* § 10 Rn. 232; Hüffer/Koch/*Koch* AktG § 112 Rn. 7; *Nägele/Böhm* BB 2005, 2197 (2198).
[834] OLG Stuttgart AG 1993, 85; *Stein* AG 1999, 28 (31 ff.).
[835] OLG München WM 2008, 73.
[836] *Köhler* NZG 2008, 161 (162).
[837] *Köhler* NZG 2008, 161 (163).
[838] BGH WM 2008, 1314; BGH NZA 2000, 945.
[839] BGH NJW 1991, 1727; *Köhler* NZG 2008, 161 (163); vgl. auch MüKoAktG/*Spindler* § 84 Rn. 247; anders wohl *Nägele/Böhm* BB 2005, 2197 (2200).

seine Fehlerhaftigkeit gleichwohl als **treuwidrig** und damit unwirksam erweisen.[840] Allerdings stellt die Rspr. insoweit hohe Anforderungen.[841] Auch eine mehrjährige Tätigkeit soll für sich genommen noch nicht ausreichen.[842] Diese Rspr. ist kritikwürdig. Sie berücksichtigt nicht, dass die Fehlerhaftigkeit des Anstellungsvertrages wegen einer unterlassenen oder nicht ordnungsgemäßen Beschlussfassung des Aufsichtsrats ausschließlich der Sphäre der Gesellschaft zuzuordnen ist. Da der Anstellungsvertrag, auch bei regulärem Verlauf der Willensbildung im Aufsichtsrat, typischerweise nur durch den Aufsichtsratsvorsitzenden unterschrieben wird, ist die unterbliebene oder fehlerhafte Willensbildung des Aufsichtsrats für das Vorstandsmitglied zumeist nicht erkennbar. Hinzu kommt, dass der Anstellungsvertrag regelmäßig die Grundlage der wirtschaftlichen Existenz des Vorstandsmitglieds darstellt. Vor diesem Hintergrund erscheint es unangemessen, dass die Gesellschaft sich zeitlich nahezu unbeschränkt, ohne Begründungserfordernis und mit sofortiger Wirkung (→ Rn. 271) von dem Vorstandsmitglied trennen können soll.

Jedenfalls nach **Kenntniserlangung** von der Fehlerhaftigkeit des Anstellungsvertrages muss die Gesellschaft innerhalb kurzer Frist entscheiden, ob sie sich von dem Vertrag lösen oder diesen fortsetzen will. Dies ergibt sich bereits aus dem Rechtsgedanken des § 314 Abs. 3 BGB, der eine Kündigung von Dauerschuldverhältnissen aus wichtigem Grund nur innerhalb angemessener Frist ab Kenntnis des Kündigungsgrundes zulässt. In Anlehnung an die Grundsätze zur Kenntnis von Kündigungsgründen[843] wird man auch hier maßgeblich auf eine Kenntnis des Aufsichtsrats als Gremium abstellen müssen, reicht also eine Kenntnis einzelner Mitglieder des Aufsichtsrats von der Fehlerhaftigkeit des Anstellungsvertrages nicht aus. 269

Ein Berufen der Gesellschaft auf die Fehlerhaftigkeit des Anstellungsvertrages kann in der Regel dann nicht treuwidrig sein, wenn das **Vorstandsmitglied bei Vertragsschluss seinerseits Kenntnis** von der fehlenden Beschlussfassung des Aufsichtsrats hatte; in diesem Falle ist sein Vertrauen auf eine Fortsetzung des Vertrages durch die Gesellschaft nicht schutzwürdig. 270

e) **Beendigung.** Ist der Anstellungsvertrag fehlerhaft, können sich beide Parteien durch formlose Erklärung ohne wichtigen Grund mit sofortiger Wirkung von ihm **lösen**.[844] Allerdings scheidet bei einem vollzogenen Vertrag die Rückgewähr der wechselseitig erbrachten Leistungen aus, hat die Beendigung also **nur Wirkung für die Zukunft**.[845] Insbesondere bleiben dem Vorstandsmitglied seine bis zur Beendigung erdienten Vergütungsansprüche einschließlich unverfallbarer Anwartschaften auf Altersversorgung erhalten.[846] Anders kann es im Einzelfall liegen, wenn dem Vorstandsmitglied die Fehlerhaftigkeit der Vereinbarungen bekannt war.[847] 271

Besonderheiten ergeben sich, wenn zwar der Anstellungsvertrag fehlerhaft, die **Bestellung** zum Vorstandsmitglied jedoch **wirksam** erfolgt ist. Hier soll die Gesellschaft verpflichtet sein, dem Vorstandsmitglied den Abschluss eines neuen Anstellungsvertrages anzubieten.[848] Dieser Auffassung ist zuzustimmen. Die Gesellschaft kann auch bei einer Fehlerhaftigkeit des Anstellungsvertrages die Bestellung zum Vorstandsmitglied nur unter den Voraussetzungen des § 84 Abs. 3 S. 1 AktG widerrufen. Sie kann aber nicht verlangen, dass das Vor- 272

---

[840] OLG Frankfurt a. M. NJW-Spezial 2011, 73; BGH NZA 2000, 945; BGH NJW 1991, 1727; BGH WM 1973, 506; OLG Schleswig NZG 2001, 275; *Köhler* NZG 2008, 161 (165); *Beiner/Braun* Vorstandsvertrag Rn. 284; MüKoAktG/*Spindler* § 84 Rn. 248; *Klühs/Habermehl* BB 2007, 2342 (2343).
[841] OLG Schleswig NZG 2001, 275 „nur in engen Ausnahmefällen".
[842] BGH NZA 2000, 945.
[843] → Rn. 155.
[844] BGH NZA 2000, 945; *Köhler* NZG 2008, 161 (164); *Beiner/Braun* Vorstandsvertrag Rn. 283; MüKoAktG/*Spindler* § 84 Rn. 248.
[845] BGH NZA 2000, 945; *Köhler* NZG 2008, 161 (164); *Beiner/Braun* Vorstandsvertrag Rn. 283; MüKoAktG/*Spindler* § 84 Rn. 248.
[846] *Beiner/Braun* Vorstandsvertrag Rn. 283; MüKoAktG/*Spindler* § 84 Rn. 248; vgl. aber auch *Meier* NZA 2011, 267, Anspruch nur auf die gem. § 87 Abs. 1 AktG angemessene Vergütung.
[847] LG Zweibrücken BB 2007, 2350; hierzu *Klühs/Habermehl* BB 2007, 2342 (2344 f.).
[848] MHdB GesR IV/*Wiesner* § 21 Rn. 33; Semler/v. Schenck AR-HdB/*Fonk* § 10 Rn. 234 f.; MAH ArbR/ *Eckhoff* § 81 Rn. 23.

standsmitglied sein Amt ohne einen Anstellungsvertrag ausübt. Alternativ kommt in Betracht, der Gesellschaft für die Dauer der Bestellung eine Lösung von dem fehlerhaften Anstellungsvertrag zu versagen.

273 **Zuständig** für die Beendigung eines fehlerhaften Anstellungsvertrages ist auf Seiten der Gesellschaft der Aufsichtsrat.[849] Dieser muss einen Beschluss fassen, auf dessen Grundlage die Beendigung erklärt wird.[850]

274 f) **Haftungsfragen.** Ist der Anstellungsvertrag ohne Beschlussfassung des Aufsichtsrats unterzeichnet worden, kommt eine Haftung des als Vertreter der Gesellschaft Handelnden aus § 179 Abs. 1 BGB in Betracht.[851] Eine solche Haftung ist für den Handelnden, etwa den Aufsichtsratsvorsitzenden, nicht zuletzt deshalb heikel, weil in der Unterzeichnung eines Anstellungsvertrages mit einem Vorstandsmitglied ohne Beschlussfassung des Aufsichtsrats regelmäßig eine wissentliche Pflichtverletzung liegen dürfte, die den Versicherungsschutz aus einer D & O-Versicherung gefährden kann.[852] Eine Haftung ist ausgeschlossen, wenn das Vorstandsmitglied die Fehlerhaftigkeit der Vertretung kannte oder kennen musste, § 179 Abs. 3 S. 1 BGB.[853]

275 g) **Rechtsstreitigkeiten.** Erklärt eine Partei die Lösung des nach ihrer Auffassung fehlerhaften Anstellungsvertrages, kann die andere Partei die Wirksamkeit im Wege einer **Feststellungsklage** gerichtlich geltend machen. Im Wesentlichen kann hierzu auf die Ausführungen unter 8. verwiesen werden. Erklärt die Gesellschaft die Lösung des Anstellungsvertrages, ist sie für dessen Fehlerhaftigkeit darlegungs- und beweisbelastet. Denn eine ordnungsgemäße Willensbildung des Aufsichtsrats zu einem Anstellungsvertrag ist die Regel, ihr Fehlen die Ausnahme. Insoweit besteht eine Ausnahme von dem Grundsatz, dass derjenige die Beweislast für das Bestehen einer Vertretungsmacht trägt, der sich auf die Wirksamkeit des Vertretergeschäfts beruft.[854] Macht das Vorstandsmitglied im **Urkundsverfahren**[855] Ansprüche auf **Zahlung** der vertraglichen Vergütung geltend, wird die Gesellschaft den ihr obliegenden Beweis für die fehlende Beschlussfassung in der Regel nicht führen können. Denn durch die Vorlage von Sitzungsprotokollen kann nicht nachgewiesen werden, dass ein Beschluss über den Anstellungsvertrag nicht gefasst wurde. Im Prozess wird die Gesellschaft durch den **Aufsichtsrat** vertreten, auch wenn dieser an dem Abschluss des Vertrages nicht beteiligt war.

---

[849] Fleischer VorstandsR-HdB/*Thüsing* § 5 Rn. 52; Semler/v. Schenck AR-HdB/*Fonk* § 10 Rn. 233.
[850] Semler/v. Schenck AR-HdB/*Fonk* § 10 Rn. 233.
[851] *Köhler* NZG 2008, 161 (163); Semler/v. Schenck AR-HdB/*Fonk* § 10 Rn. 234; *Nägele/Böhm* BB 2005, 2197 (2200); *Henze/Rosch* ArbRAktuell 2010, 310; offen gelassen BGH NZG 2005, 276.
[852] Fleischer VorstandsR-HdB/*Thüsing* § 12 Rn. 50; vgl. auch *Henze/Rosch* ArbRAktuell 2010, 310
[853] So im Fall BGH NZG 2005, 276; vgl. auch *Henze/Rosch* ArbRAktuell 2010, 310.
[854] Palandt/*Ellenberger* BGB § 164 Rn. 18.
[855] → Rn. 261.

§ 23 Aufsichtsrat

Übersicht

	Rn.
I. Rechte und Pflichten des Aufsichtsrats und seiner Mitglieder	1–47
1. Überblick	1–7
a) Der Aufsichtsrat als notwendiges Organ der AG	1
b) Aufgaben und Rechte des Aufsichtsrats	2
c) Verhältnis zwischen Aufsichtsrat und Hauptversammlung	3/4
d) Verhältnis zwischen Aufsichtsrat und Vorstand	5–7
2. Rechtliche Stellung der Aufsichtsratsmitglieder	8–17
a) Gleichheit und Weisungsfreiheit aller Aufsichtsratsmitglieder	8/9
b) Höchstpersönliche Amtsausübung	10
c) Vergütung und Auslagenerstattung	11–13
d) Dienst-, Werk- und Kreditverträge	14–17
3. Aufgaben und Kompetenzen des Aufsichtsrats	18–29
a) Personalkompetenz für das Geschäftsleitungsorgan	18
b) Überwachung der Geschäftsführung	19–23
c) Vertretung der Gesellschaft gegenüber Vorstandsmitgliedern	24–26
d) Vertretung der Gesellschaft gegenüber dem Abschlussprüfer und ‚beauftragten Sachverständiger	27/28
e) Weitere Aufgaben des Aufsichtsrats	29
4. Pflichtenkreis der Aufsichtsratsmitglieder	30–40
a) Pflicht zur sorgfältigen Wahrnehmung der Organfunktionen	30
b) Sorgfaltspflicht und Haftung	31
c) Organschaftliche Treuebindungen; Interessenkollision	32/33
d) Verschwiegenheitspflicht	34–39
e) Besondere kapitalmarktrechtliche Pflichten	40
5. Klagerechte einzelner Aufsichtsratsmitglieder	41–47
a) Durchsetzung persönlicher Rechte außerhalb organschaftlicher Befugnisse	41
b) Gesetzlich geregelte Antrags- und Klagebefugnisse	42/43
c) Fehlerhafte Aufsichtsratsbeschlüsse	44
d) Durchsetzung organschaftlicher Befugnisse als Mitglied	45/46
e) Interorganstreit zwischen Vorstand und Aufsichtsrat	47
II. Größe und Zusammensetzung des Aufsichtsrats, Modelle der Mitbestimmung der Arbeitnehmer	48–123
1. Überblick	48/49
2. Aufsichtsrat bestehend aus Aktionärsvertretern nach dem AktG	50–54
a) Größe des Aufsichtsrats	51/52
b) Zusammensetzung des Aufsichtsrats	53/54
3. Aufsichtsrat nach dem MitbestG	55–90
a) Überblick über die Voraussetzungen der Anwendung des MitbestG	55/56
b) Rechtsform	57–59
c) In der Regel mehr als 2.000 Arbeitnehmer	60/61
d) Kein Tendenzunternehmen	62–64
e) Sonderregelungen der Mitbestimmung in AG und KGaA als persönliche haftender Gesellschafter einer Kommanditgesellschaft und im Konzern	65–76
f) Tendenzkonzern	77–80
g) Rechtsfolgen der Anwendbarkeit des MitbestG	81–90
4. Aufsichtsrat nach dem DrittelbG	91–102
a) Voraussetzungen der Anwendung des DrittelbG	92–95
b) Mitbestimmung im Konzern/Gemeinschaftsunternehmen	96–100
c) Rechtsfolgen der Anwendbarkeit des DrittelbG	101/102
5. Aufsichtsrat nach dem MgVG	103–106
a) Voraussetzungen der Anwendung des MgVG	103
b) Zusammensetzung des Aufsichtsrats	104–106
6. Mitbestimmungserweiterung durch Vereinbarung	107–114
a) Statusändernde Mitbestimmungsvereinbarungen	108–111
b) Schaffung zusätzlicher Organe oder Gremien	112

	Rn.
c) Rationalisierungs- und Anpassungsvereinbarungen	113
d) Klärung zweifelhafter Rechts- und Sachfragen	114
7. Status- oder Überleitungsverfahren	115–123
a) Verfahrenszweck	115/116
b) Außergerichtliche Klärung	117/118
c) Gerichtliche Entscheidung	119/120
d) Überleitung auf das neue Recht	121–123
III. Begründung und Beendigung der Mitgliedschaft	124–164
1. Persönliche Voraussetzungen für die Begründung der Mitgliedschaft	124–131
a) Allgemein	124–127
b) Besonderheiten börsennotierter AG	128–131
2. Bestellung und gerichtliche Einigung	132–144
a) Bestellung als Aufsichtsratsmitglied, korporationsrechtliches Verhältnis	132–137
b) Ersatzmitglieder	138
c) Unvollständig besetzter Aufsichtsrat	139–142
d) Rechtsfolgen fehlerhafter Bestellung	143/144
3. Beendigung der Mitgliedschaft	145–164
a) Ablauf der Amtszeit als Aufsichtsratsmitglied	145–147
b) Abberufung als Aufsichtsratsmitglied	148–159
c) Anderweitige Amtsbeendigung	160–164
IV. Innere Ordnung des Aufsichtsrats	165–205
1. Überblick	165
2. Die Geschäftsordnung des Aufsichtsrats	166–168
3. Der Aufsichtsratsvorsitzende und sein Stellvertreter	169–175
4. Aufsichtsratssitzungen	176–193
a) Einberufung	177
b) Sitzungsteilnahme (§ 109 AktG)	178
c) Beschlussfassung des Aufsichtsrats	179–185
d) Fehlerhafte Beschlüsse	186–191
e) Sitzungsniederschrift (§ 107 Abs. 2 AktG)	192/193
5. Ausschüsse des Aufsichtsrats (§ 107 Abs. 3 AktG)	194–205
a) Überblick	194–197
b) Einzelheiten	198–204
c) Prüfungsausschuss („Audit Commitee")	205
V. Muster: Geschäftsordnung für den Aufsichtsrat	206

Schrifttum: *Buck-Heeb,* Wissenszurechnung und Verschwiegenheitspflicht von Aufsichtsratsmitgliedern, WM 2016, 1469; *Böcking ua,* Aufsichtsratsvergütung im DAX, MDax, SDax und TecDax 2014, 2016, Entwicklung und Denkanstöße, Der Konzern 2018, 1; *Boujong,* Rechtliche Mindestanforderungen an eine ordnungsgemäße Vorstandskontrolle und -beratung, AG 1995, 203; *Claussen,* Abgestufte Überwachungspflicht des Aufsichtsrats?, AG 1984, 20; *Deckert,* Organschaftliche und vertragliche Beratungspflichten des Aufsichtsratsmitglieds, AG 1997, 109; *Deilmann,* Die Zurechnung von Arbeitnehmern nach dem neuen Drittelbeteiligungsgesetz, NZG 2006, 659; *Dreher/Hoffmann,* Die Wirksamkeitsprüfung durch den Prüfungsausschuss nach § 107 Abs. 3 S. 2 AktG, ZGR 2016, 445; *Duden,* Beschlussfassung im Dreier-Aufsichtsrat, BB 1950, 803; *Edenfeld/Neufang,* Die Haftung der Arbeitnehmervertreter im Aufsichtsrat, AG 1999, 49; *Geßler,* Zum Erlöschen des Aufsichtsratsamts, DB 1965, 1469; *Gimmy,* Das neue Drittelbeteiligungsgesetz, FS ARGE ArbR im DAV 2006, 857; *Götz,* Die Pflicht des Aufsichtsrats zur Haftbarmachung von Vorstandsmitgliedern, NJW 1997, 3275; *ders.,* Rechte und Pflichten des Aufsichtsrats nach dem Transparenz- und Publizitätsgesetz, NZG 2002, 599; *Habersack,* Die Konzernmitbestimmung nach § 5 MitbestG und § 2 DrittelbG, AG 2007, 641; *Henze,* Prüfungs- und Kontrollaufgaben des Aufsichtsrats in der Aktiengesellschaft, NJW 1998, 3309; *Hoffmann-Becking,* Unabhängigkeit im Aufsichtsrat, NZG 2014, 801; *Hüffer,* Die Unabhängigkeit von Aufsichtsratsmitgliedern nach Ziff. 5.4.2 DCGK, ZIP 2006, 637; *Kiem,* Drittvergütung von Aufsichtsratsmitgliedern, in Habersack/Huber/Spindler (Hrsg.), FS Stilz, 2014, 329; *Kindl,* Unternehmerisches Ermessen und Pflichtenbindung, ZHR 162 (1998), 101; *Koch,* Investorengespräche des Aufsichtsrats, AG 2017, 129; *Kremer/von Werder,* Unabhängigkeit von Aufsichtsratsmitgliedern: Konzept, Kriterien und Kandidateninformationen, AG 2013, 340; *Kropff,* Die Unternehmensplanung im Aufsichtsrat, NZG 1998, 613; *Lunk/Hinrichs,* Die Mitbestimmung der Arbeitnehmer bei grenzüberschreitenden Verschmelzungen nach dem MgVG, NZA 2007, 773; *Lutter,* Die innere Organisation des Aufsichtsrats, ZGR 1977, 293; *Lutter/Kremer,* Die Beratung der Gesellschaft durch Aufsichtsratsmitglieder, ZGR 1992, 87; *Mader,* Die internationale Besetzung des Aufsichtsrats einer deutschen Aktiengesellschaft, ZGR 2014, 430; *Martens,* Die Tendenzunternehmen im Konzern, AG 1980, 289; *Mertens,* Beratungsverträge mit Aufsichtsratsmitgliedern, FS Steindorff, 1990, 173; *Redeke,* Zur Unternehmensmitbestimmung auf der Ebene von Konzernzwischengesellschaften, DB 2008, 2408; *Priester,* Stimmverbot beim dreiköpfigen Aufsichtsrat, AG 2007, 190; *Rönnau/Hohn,* Die Festsetzung (zu) hoher Vorstandsvergütungen durch den Aufsichtsrat – ein Fall für den Staatsanwalt?, NStZ 2004, 113; *Scholderer/von Werder,* Dissens im Aufsichtsrat, ZGR 2017, 865; *Schüppen,* Vorstandsvergütung – (k)ein Thema für die Hauptversammlung?, ZIP 2010, 905; *ders.,* Zustimmungspflichtige Geschäfte – überflüssig, sinnvoll und notwendig, Der Aufsichtsrat 05/2004, 3; *Seibert,* Was ist Corporate Governance und warum beschäftigt sie die Gesetzgebung so intensiv?, in Erle ua (Hrsg.), FS Hommelhoff, 2012, 1111; *Semler/Stengel,* Interessenkonflikte bei Aufsichtsratsmitgliedern von Aktiengesellschaften am Beispiel von Konflikten bei Übernahme, NZG 2003, 1; *Spieker,* Die Verschwiegenheitspflicht der Aufsichtsratsmitglieder, NJW 1965, 1937; *Steinmann/Klaus,* Zur Rolle des Aufsichtsrats als Kontrollorgan, AG 1987, 29; *Theisen,* Die Überwachungsberichterstattung des Aufsichtsrats, BB 1988, 705; *Trittin/Gilles,* Mitbestimmung im internationalen Konzern, AuR 2008, 136; *Ulmer,* Aufsichtsratsmandat und Interessenkollision, NJW 1980, 1603; *Vetter,* Der Aufsichtsrat im Rechtsvergleich Österreich/Deutschland, in Kalss/Kunz (Hrsg.), Handbuch für den Aufsichtsrat, 2016, 52; *von Werder,* Erfolgsfaktoren eines exzellenten Aufsichtsrats, DB 2017, 977; *ders.,* Selbstregulierung der Corporate Governance und Selbstkontrolle – Muss immer erst etwas passieren, bevor etwas geschieht?, in Siekmann (Hrsg.), FS Baums, 2017, 1395; *Wahlers,* Statusbegründende Mitbestimmungserweiterung bei der Aktiengesellschaft durch Stimmbindungsvertrag mit dem Mehrheitsaktionär, ZIP 2008, 1897; *Wardenbach,* Interessenkonflikte und mangelnde Sachkunde als Bestellungshindernisse zum Aufsichtsrat der AG, 1996.

I. Rechte und Pflichten des Aufsichtsrats und seiner Mitglieder

1. Überblick

a) Der Aufsichtsrat als notwendiges Organ der AG. Jede dem deutschen Gesellschaftsrecht unterliegende Aktiengesellschaft muss einen Aufsichtsrat haben.[1] Weder Satzung noch Hauptversammlung können die Abschaffung des Aufsichtsrats als Organ vorsehen.[2] Fehlt es der AG an einem nach den maßgeblichen gesetzlichen Bestimmungen zusammengesetzten und ordnungsgemäß besetzten Aufsichtsrat, hat der Vorstand dafür zu sorgen, dass insoweit rechtmäßige Zustände geschaffen werden, denn dem Vorstand obliegt es insbes., die ordnungsgemäße Besetzung des Aufsichtsrats zu überwachen.[3] Gegebenenfalls ist der Vorstand verpflichtet, die gerichtliche Bestellung von Aufsichtsratsmitgliedern gem. § 104 Abs. 1 S. 2 AktG zu beantragen.[4]

b) Aufgaben und Rechte des Aufsichtsrats. Die Aufgaben und Rechte des Aufsichtsrats und seiner Mitglieder sind in § 111 AktG geregelt. § 111 AktG stellt jedoch keine abschließende Regelung dar.[5] Vielmehr bezweckt § 111 AktG, die Überwachungsfunktion des Aufsichtsrats hervorzuheben und die Kompetenzen des Aufsichtsrats gegenüber denjenigen des Vorstands und der Hauptversammlung abzugrenzen.[6] Nach der gesetzlichen Verfassung sind dem Aufsichtsrat als wesentliche Aufgaben die Bestellung und Abberufung des Vorstands, der Abschluss, die Änderung und Beendigung des Anstellungsvertrags zwischen Vorstandsmitglied und Gesellschaft, die Kontrolle der Geschäftsführung des Vorstands, die Beauftragung des Abschlussprüfers sowie die laufende Beratung des Vorstands zugewiesen.[7] Zusammen mit dem Vorstand bildet der Aufsichtsrat die Verwaltung der Gesellschaft (§ 120 Abs. 2 S. 1 AktG). Der Aufsichtsrat nimmt seine Aufgaben als Kollegialorgan wahr. Dem einzelnen Aufsichtsratsmitglied stehen die dem Aufsichtsrat als Organ eingeräumten Befugnisse grds.[8] nicht zu.[9]

---

[1] MüKoAktG/*Habersack* Vor § 95 Rn. 1; *Lutter/Krieger* AR § 1 Rn. 7; Marsch-Barner/Schäfer AG-HdB/*E. Vetter* § 23 Rn. 12; Entsprechendes gilt gem. § 278 Abs. 3 für die KGaA. Nur bei der Europäischen Aktiengesellschaft (SE) besteht die Möglichkeit zur Einführung eines monistischen Systems (Art. 34 Abs. 4 SE-VO), das im Unterschied zum dualistischen System mit Vorstand und Aufsichtsrat nur den Verwaltungsrat kennt (Art. 38b SE-VO, §§ 20 ff. SEAG).

[2] Spindler/Stilz/*Spindler* AktG § 95 Rn. 4; GroßkommAktG/*Hopt/Roth* § 95 Rn. 35.

[3] Marsch-Barner/Schäfer AG-HdB/*E. Vetter* § 23 Rn. 12; MüKoAktG/*Habersack* § 104 Rn. 14; Hüffer/Koch/*Koch* AktG § 104 Rn. 2; KölnKommAktG/*Mertens/Cahn,* 2. Aufl. § 104 Rn. 7.

[4] Marsch-Barner/Schäfer AG-HdB/*E. Vetter* § 23 Rn. 12.

[5] Hüffer/Koch/*Koch* AktG § 111 Rn. 1; MüKoAktG/*Habersack* § 111 Rn. 1.

[6] Hüffer/Koch/*Koch* AktG § 111 Rn. 1; MüKoAktG/*Habersack* § 111 Rn. 1.

[7] Marsch-Barner/Schäfer AG-HdB/*E. Vetter* § 23 Rn. 1; MüKoAktG/*Habersack* Vor § 95 Rn. 2.

[8] Soweit auch ein einzelnes Aufsichtsratsmitglied vom Vorstand die Vorlage eines Berichts iSd § 90 Abs. 1 S. 1 AktG verlangen kann, ist der Bericht nicht an das einzelne Aufsichtsratsmitglied, sondern an den Gesamtaufsichtsrat zu erstatten, § 90 Abs. 3 S. 2 AktG.

[9] *Lutter/Krieger* AR § 1 Rn. 39; Marsch-Barner/Schäfer AG-HdB/*E. Vetter* § 24 Rn. 27.

3 **c) Verhältnis zwischen Aufsichtsrat und Hauptversammlung.** Die Hauptversammlung wählt die Anteilseignervertreter im Aufsichtsrat. Hierzu muss der Aufsichtsrat der Hauptversammlung nach § 124 Abs. 3 S. 1 AktG Wahlvorschläge unterbreiten, wobei auch die Aktionäre Vorschläge vorlegen können.[10] Neben der Pflicht zur Prüfung des Einzel- und des Konzernabschlusses einschließlich der jeweiligen Lageberichte, des Gewinnverwendungsvorschlages und eines etwaigen gesonderten nichtfinanziellen Berichts (§ 171 Abs. 1 AktG) ist der Aufsichtsrat gem. § 171 Abs. 2 AktG zur schriftlichen Berichterstattung gegenüber der Hauptversammlung, insbes. über das Ergebnis seiner Prüfung sowie über die Wahrnehmung seiner Aufgaben im abgelaufenen Geschäftsjahr, verpflichtet.[11] Schließlich beschließt die Hauptversammlung über die Entlastung sämtlicher Mitglieder des Aufsichtsrats (§ 120 AktG).

4 Gefestigt wird der Einfluss der Hauptversammlung durch den durch das VorstAG eingefügten § 120 Abs. 4 AktG. Hierdurch wird die Hauptversammlung einer börsennotierten AG ermächtigt, einen Billigungsbeschluss über das Vergütungssystem des Vorstands herbeizuführen, der zwar weder Rechte noch Pflichten begründet und anders als der Entlastungsbeschluss nicht einmal anfechtbar ist, jedoch erhebliche symbolische Bedeutung haben kann.[12] Im Falle originärer Geschäftsführungskompetenzen des Aufsichtsrats wie bspw. Vergütungsentscheidungen gem. § 87 Abs. 1 oder Abs. 2 AktG kommt darüber hinaus eine Vorlage an die Hauptversammlung durch den Aufsichtsrat gem. § 119 Abs. 2 AktG (analog) in Betracht.[13]

5 **d) Verhältnis zwischen Aufsichtsrat und Vorstand.** Aufgabe des Aufsichtsrats ist zunächst die Bestellung und Anstellung des Vorstands, die Überwachung der Geschäftsführung des Vorstands sowie die Prüfung und Feststellung des Jahresabschlusses; eine direkte Einwirkungsmöglichkeit auf die Geschäftsführung durch den Vorstand besteht nicht.[14] Maßnahmen der Geschäftsführung können dem Aufsichtsrat nicht übertragen werden (§ 111 Abs. 4 S. 1 AktG).

6 Allerdings dürfen bestimmte Arten von Geschäften nur mit Zustimmung des Aufsichtsrats vorgenommen werden (§ 111 Abs. 4 S. 2 AktG). Insoweit steht dem Aufsichtsrat ein **Vetorecht** zu;[15] wird die Zustimmung versagt, muss die Maßnahme unterbleiben.[16] Verweigert der Aufsichtsrat seine Zustimmung zu zustimmungspflichtigen Geschäften (§ 111 Abs. 4 S. 2 AktG), kann die Hauptversammlung auf Verlangen des Vorstands die Zustimmung des Aufsichtsrats mit einer Mehrheit von mindestens drei Viertel der abgegebenen Stimmen erteilen.

7 Für die Geschäftsordnung des Vorstands ist der Aufsichtsrat vorrangig zuständig (§ 77 Abs. 2 S. 1 AktG). Diese vorrangige Zuständigkeit resultiert daraus, dass der Aufsichtsrat die ausschließliche Personalkompetenz[17] gegenüber dem Vorstand besitzt und daher auch befugt sein soll, den von ihm bestellten Organwaltern bestimmte Aufgabenbereiche zuzuweisen.[18]

2. Rechtliche Stellung der Aufsichtsratsmitglieder

8 **a) Gleichheit und Weisungsfreiheit aller Aufsichtsratsmitglieder.** Alle Aufsichtsratsmitglieder haben unabhängig davon, ob sie ihr Amt als Vertreter der Anteilseigner oder als Vertreter der Arbeitnehmer oder als entsandtes Mitglied innehaben, die gleichen Rechte und Pflichten.[19] Zwar gewährt das MitbestG der Anteilseignerseite ein leichtes Übergewicht im

---

[10] Marsch-Barner/Schäfer AG-HdB/*E. Vetter* § 24 Rn. 15.
[11] Hüffer/Koch/*Koch* AktG § 171 Rn. 17 ff.; Marsch-Barner/Schäfer AG-HdB/*E. Vetter* § 23 Rn. 16; *Drygala* AG 2007, 381 (382).
[12] *Schüppen* ZIP 2010, 905 (907 ff.).
[13] *Schüppen* ZIP 2010, 905 (909 f.).
[14] Marsch-Barner/Schäfer AG-HdB/*E. Vetter* § 23 Rn. 20.
[15] Näher → Rn. 23; *Schüppen* Der Aufsichtsrat 5/2004, 3.
[16] Hüffer/Koch/*Koch* AktG § 111 Rn. 49; Lutter/Krieger AR § 3 Rn. 103.
[17] Ausf. Semler/v. Schenck AR-HdB/*Semler* § 1 Rn. 43 f.
[18] *Hoffmann-Becking* ZGR 1998, 497 (502 f.); Spindler/Stilz/*Fleischer* AktG § 77 Rn. 62.
[19] BVerfGE 34, 103 (112); BGHZ 64, 325 (330); BGHZ 83, 151 (154); Marsch-Barner/Schäfer AG-HdB/*E. Vetter* AktG § 29 Rn. 988; MüKoAktG/*Habersack* § 111 Rn. 17.

Aufsichtsrat. Auf die Rechtstellung der einzelnen Aufsichtsratsmitglieder schlägt dies jedoch nicht durch.[20] Insbesondere kommen allen Aufsichtsratsmitgliedern die gleichen Informations- und Mitwirkungsrechte zu.[21] Etwas anderes ergibt sich (nur) dann und insoweit, als das Gesetz dem Aufsichtsratsvorsitzenden besondere Befugnisse[22] einräumt.[23]

> **Praxistipp:**
> Weder die Satzung noch die Geschäftsordnung dürfen daher einen über die §§ 25 ff. MitbestG hinausgehenden Unterschied zwischen Anteilseigner- und Arbeitnehmervertretern machen.

9 Stets haben die Aufsichtsratsmitglieder ihr Amt jeweils eigenverantwortlich auszuüben[24] und sind allein auf die Wahrung des **Unternehmensinteresses** verpflichtet.[25] An Aufträge und Weisungen sind sie nicht gebunden;[26] **Stimmbindungsverträge**, mit denen sich Aufsichtsratsmitglieder verpflichten, ihre Stimme nach Weisung irgendeiner Person (Vorstand, Großaktionär oÄ) abzugeben, sind unwirksam.[27]

10 b) **Höchstpersönliche Amtsausübung.** Die Bedeutung der Aufsichtsratstätigkeit hebt das Gesetz besonders hervor, indem § 111 Abs. 5 AktG klarstellt, dass die Aufgabe für jedes Aufsichtsratsmitglied höchstpersönlicher Natur ist und nicht delegiert werden kann.[28] Dabei es dem Aufsichtsratsmitglied nicht verboten, sich im Einzelfall der **Dienste Dritter** zur Erledigung bestimmter Aufgaben zu bedienen, solange es sich hierbei nur um unterstützende Hilfsfunktionen handelt, wie zB zur Klärung von speziellen Fragestellungen, die über die üblicherweise anfallenden Geschäftsvorgänge hinaus gehen.[29]

11 c) **Vergütung und Auslagenerstattung.** Den Aufsichtsratsmitgliedern kann für ihre Tätigkeit eine Vergütung gezahlt werden (§ 113 Abs. 1 S. 1 AktG).[30] Sie kann in der Satzung festgesetzt oder von der Hauptversammlung bewilligt werden und soll in einem angemessenen Verhältnis zu den Aufgaben der Aufsichtsratsmitglieder und zur Lage der Gesellschaft stehen (§ 113 Abs. 1 S. 2, 3 AktG). Ist die Vergütung in der Satzung festgesetzt, so kann die Hauptversammlung eine Satzungsänderung, wodurch die Vergütung herabgesetzt werden soll, ausnahmsweise mit einfacher Mehrheit beschließen (§ 113 Abs. 1 S. 4 AktG).

12 Die Vergütung kann in festen Beträgen und/oder in einem Anteil am Jahresgewinn (Tantiemen), wofür § 103 Abs. 3 AktG verbindliche Berechnungsvorschriften vorsieht, bestehen. In der Praxis besteht die Vergütung der Aufsichtsratsmitglieder häufig aus der Kombination eines festen Betrags mit einer an der Dividende orientierten gewinnabhängigen Vergütung.[31] **Aktienoptionen** können Aufsichtsratsmitgliedern weder im Verfahren nach § 71 Abs. 1 Nr. 8 AktG noch durch Unterlegung mit bedingtem Kapital (§ 192 Abs. 2 Nr. 3 AktG) ge-

---

[20] BGHZ 64, 330; 83, 106 (112); BGHZ 83, 151 (154 ff.); *Raiser/Veil* KapGesR § 15 Rn. 98.
[21] Beck AG-HB/*Schiedermair/Kolb* § 7 Rn. 241.
[22] Näher → Rn. 169 ff.
[23] *Lutter/Krieger* AR § 12 Rn. 822; Marsch-Barner/Schäfer AG-HdB/*E. Vetter* AktG § 29 Rn. 3.
[24] Marsch-Barner/Schäfer AG-HdB/*E. Vetter* AktG § 29 Rn. 5.
[25] BGHZ 64, 325 (331); KölnKommAktG/*Mertens/Cahn* Vor § 95 Rn. 15; Marsch-Barner/Schäfer AG-HdB/ *E. Vetter* AktG § 29 Rn. 5; MüKoAktG/*Habersack* § 111 Rn. 17; zum Unternehmensinteresse *Schüppen* FS Tiedemann 2008, 749 (756).
[26] BGHZ 36, 296 (306 f.); BGHZ 169, 98 (106); *Raiser/Veil* KapGesR § 15 Rn. 97 mit dem zutreffenden Hinweis, dass dies auch für ein nach § 101 Abs. 2 AktG entsandtes Aufsichtsratsmitglied gilt.
[27] *Lutter/Krieger* AR § 12 Rn. 823; *Raiser/Veil* KapGesR § 15 Rn. 97.
[28] Spindler/Stilz/*Spindler* § 111 AktG Rn. 1.
[29] Marsch-Barner/Schäfer AG-HdB/*E. Vetter* AktG § 29 Rn. 8; *Lutter/Krieger* DB 1995, 257 (259); *Semler* FS *Claussen* 1997, 381 (392).
[30] Wird den Aufsichtsratsmitgliedern der Gesellschaft eine Vergütung gewährt, haben auch die gerichtlich bestellten Aufsichtsratsmitglieder Anspruch auf Vergütung (§ 104 Abs. 6 S. 1 AktG), der sich grds. der Höhe nach an der Vergütung der anderen Aufsichtsratsmitglieder orientiert, Hüffer/Koch/*Koch* AktG § 104 Rn. 17.
[31] *Raiser/Veil* KapGesR § 15 Rn. 85.

währt werden.³² Grundsätzlich haben alle Aufsichtsratsmitglieder Anspruch auf die gleiche Vergütung. Jedoch gestattet das Gesetz die Höhe der Vergütung nach den Aufgaben der Aufsichtsratsmitglieder abzustufen (§ 113 Abs. 1 S. 3 AktG). Der Vergütungsanspruch erlischt mit Beendigung der Organstellung.³³

13 Die von den Aufsichtsratsmitgliedern jeweils im Zusammenhang mit der Organtätigkeit getätigten Aufwendungen (Auslagen) sind gem. §§ 670, 675 BGB grds. von der Gesellschaft zu tragen (**Auslagenersatz**). Daran vermag auch eine noch so hohe satzungsmäßige Vergütung der Aufsichtsratsmitglieder nichts zu ändern.³⁴ Auch die gerichtlich bestellen Aufsichtsratsmitglieder haben Anspruch auf Ersatz angemessener barer Auslagen und Vergütung (§ 104 Abs. 6 S. 1 AktG).

14 d) **Dienst-, Werk- und Kreditverträge.** Dienst- und Werk-, namentlich **Beraterverträge** eines Aufsichtsratsmitglieds **mit der Gesellschaft** bedürfen zu ihrer Wirksamkeit gem. § 114 AktG der Zustimmung des Aufsichtsrats, der vor allem die dafür gewährte Vergütung kontrollieren soll.³⁵ Dies gilt auch für den Fall, dass die Gesellschaft mit einem Unternehmen einen Beratungsvertrag schließt, an dem ein Aufsichtsratsmitglied (nicht notwendig beherrschend) beteiligt ist, da es unerheblich ist, ob dem Aufsichtsratsmitglied eine ungerechtfertigte Sonderleistung unmittelbar oder mittelbar über die Beteiligung an einem Beratungsunternehmen zufließt.³⁶ Diese Rechtsgrundsätze kommen auch zur Anwendung, wenn das Aufsichtsratsmitglied Partner einer Rechtsanwalts-, Steuerberater- oder Wirtschaftsprüfer-Sozietät ist.³⁷

15 Rechtlich zulässig sind Beratungsverträge eines Aufsichtsratsmitglieds mit der Gesellschaft grds. dann, wenn die zu leistenden Dienste Fragen eines besonderen Fachgebiets betreffen und über die von jedem Aufsichtsratsmitglied geschuldete Beratung hinausgehen;³⁸ Beratungsverträge mit einem Aufsichtsratsmitglied, die nicht über die von jedem Aufsichtsratsmitglied geschuldete Beratung hinausgehen, sind nichtig, da sie auf eine unzulässige verdeckte Sondervergütung einzelner Aufsichtsratsmitglieder hinauslaufen.³⁹

16 Wurde ein Beratungsvertrag **vor der Berufung zum Aufsichtsratsmitglied** geschlossen, verliert er für die Dauer des Aufsichtsratsmandats seine Wirkung,⁴⁰ wenn der Aufsichtsrat nicht nachträglich zustimmt.⁴¹

17 **Kredite** darf die Gesellschaft ihren Aufsichtsratsmitgliedern sowie deren Ehegatten, minderjährigen Kindern uÄ nur mit Zustimmung des Aufsichtsrats gewähren, § 115 AktG.

3. Aufgaben und Kompetenzen des Aufsichtsrats

18 a) **Personalkompetenz für das Geschäftsleitungsorgan.** Allein der Aufsichtsrat hat die Personalkompetenz für das Geschäftsleitungsorgan Vorstand, die zugleich zu den wichtigsten Aufgaben des Aufsichtsrats gehört. Von der Personalkompetenz ist vorrangig umfasst (i) die Festsetzung der Zahl der Mitglieder des Vorstands, sofern dies noch nicht durch die Satzung geschehen ist, sowie (ii) die Bestellung, Anstellung und Abberufung von Vorstandsmitgliedern.⁴² Stets muss der Aufsichtsrat für eine sachgerechte Nachwuchspolitik im Hinblick auf

---

³² Vgl. BGH NZG 2008, 114; zur Vergütung der Aufsichtsratsmitglieder vgl. auch Ziff. 5.4.6 DCGK.
³³ RGZ 68, 223 (225 f.); KölnKommAktG/*Mertens/Cahn* § 103 Rn. 5; MüKoAktG/*Habersack* § 103 Rn. 21.
³⁴ Semler/v. Schenck AR-HdB/*Semler* § 1 Rn. 279.
³⁵ *Raiser/Veil* KapGesR § 15 Rn. 87; *Lutter/Krieger* ZGR 1992, 87, 105 f.; *Rellermeyer* ZGR 1993, 77 (88); Marsch-Barner/Schäfer AG-HdB/*E. Vetter* AktG § 30 Rn. 3.
³⁶ BGH ZIP 2007, 22 (23); 2006, 1529; *Raiser/Veil* KapGesR § 15 Rn. 90.
³⁷ BGH ZIP 2007, 1056 (1058); OLG Hamburg ZIP 2007, 814 (816); *Raiser/Veil* KapGesR § 15 Rn. 90.
³⁸ BGHZ 114, 127 (132); BGHZ 126, 340 (344 f.); *Lutter/Krieger* AR § 12 Rn. 859; *Raiser/Veil* KapGesR § 15 Rn. 88; KölnKommAktG/*Mertens/Cahn* § 114 Rn. 6; Marsch-Barner/Schäfer AG-HdB/*E. Vetter* AktG § 30 Rn. 3; Semler/v. Schenck AR-HdB/*Semler* § 1 Rn. 276.
³⁹ BGHZ 114, 127 (129); BGHZ 126, 340 (345 f.); Semler/v. Schenck AR-HdB/*Semler* § 1 Rn. 276.
⁴⁰ BGHZ 114, 127; diese Wirkung tritt auch ein, wenn der Vertrag dem Aufsichtsrat nicht zur Zustimmung vorgelegt wird, BGHZ 126, 340 (347 f.).
⁴¹ BGHZ 126, 340 (346 ff.); *Raiser/Veil* KapGesR § 15 Rn. 91.
⁴² Näher hierzu → § 22.

den späteren Bedarf an Vorstandsmitgliedern sorgen;[43] der DCGK empfiehlt (Ziff. 5.1.2 S. 2 DCGK), dass er gemeinsam mit dem Vorstand für eine langfristige Nachfolgeplanung sorgen soll.

b) Überwachung der Geschäftsführung. § 111 Abs. 1 AktG weist dem Aufsichtsrat die Aufgabe einer sowohl vergangenheitsorientierten als auch zukunftsbezogenen Überwachung der Geschäftsführung zu,[44] wobei der Schwerpunkt auf der vorbeugenden Kontrolle und Beratung des Vorstands liegt.[45]

Zur vergangenheitsgerichteten Überwachung durch den Aufsichtsrat zählen die Geltendmachung von **Schadensersatzansprüchen der Gesellschaft gegen den Vorstand** sowie die der Geltendmachung vorangegangene Entscheidung über die Anspruchsverfolgung.[46] Kommt der Aufsichtsrat zu dem Ergebnis, dass der Gesellschaft durchsetzbare Schadensersatzansprüche zustehen,[47] kann er von der Verfolgung nur ausnahmsweise absehen, wenn gewichtige Gründe des Gesellschaftswohl dagegen sprechen, überwiegen oder zumindest gleichwertig sind; anderen, außerhalb des Gesellschaftswohls liegenden, die Vorstandsmitglieder persönlich betreffenden Gesichtspunkten darf der Aufsichtsrat nur in Ausnahmefällen Raum geben.[48] Im herrschenden Unternehmen eines **Konzerns** erstreckt sich die Aufsicht auch auf die Konzernleitung und auf Vorgänge in abhängigen Unternehmen, soweit sie den Leitungsmaßnahmen des Vorstands des herrschenden Unternehmens zugänglich sind.[49]

Zur Überwachung der Geschäftsführung gehört weiter die Pflicht des Aufsichtsrats, den vom Vorstand aufgestellten und von den Abschlussprüfern geprüften Jahresabschluss sowie den Lagebericht zu prüfen und darüber schriftlich an die Hauptversammlung zu berichten (§§ 170 ff. AktG). Billigt der Aufsichtsrat den Jahresabschluss, so ist dieser festgestellt; die Hauptversammlung beschließt nur noch über dessen Verwendung (§§ 172, 174 AktG).

Wichtige **Mittel** zur Wahrnehmung der Überwachungsaufgabe stellen das in § 90 AktG geregelte **Informationsrecht** sowie die in § 111 Abs. 2 AktG geregelten **Einsichtsrechte** dar. Ein weiteres Mittel der Aufsicht stellt der in § 111 Abs. 4 S. 2 AktG geregelte **Zustimmungsvorbehalt** dar, den die Satzung oder der Aufsichtsrat für bestimmte Arten von Geschäften zu bestimmen haben. Sofern die Satzung keine Festlegungen in Form eines Katalogs zustimmungspflichtiger Geschäfte trifft,[50] muss der Aufsichtsrat im Rahmen seines pflichtgemäßen Ermessens die zustimmungspflichtigen Geschäfte festlegen.[51] Inhaltlich hat er sich dabei von dem Ziel des TransPuG leiten zu lassen, die grundlegenden unternehmensbedeutsamen Maßnahmen und Geschäfte zu erfassen.[52] Erfasst werden sollen entsprechend der Empfehlung in Ziff. 3.3 DCGK nur Geschäfte von erheblicher Bedeutung, insbes. solche, die die Vermögens-, Finanz- und Ertragslage möglicherweise grdl. verändern.[53] Die Vorbehalte dürfen nicht so weit reichen, dass die eigenverantwortliche Unternehmensleitung des Vorstands in Frage gestellt wird.[54] Nach allgA kann ein Zustimmungsvorbehalt jederzeit

---

[43] Semler/v. Schenck AR-HdB/*Semler* § 1 Rn. 1 f.; → § 9.
[44] Gem. der zutreffenden Umschreibung des BGH hat der Aufsichtsrat insbes. auch die unternehmerische Tätigkeit des Vorstands „im Sinne einer präventiven Kontrolle begleitend" mitzugestalten, BGHZ 135, 244 (255).
[45] BGHZ 114, 127 (129); BGHZ 126, 340 (344); *Raiser/Veil* KapGesR § 15 Rn. 2.
[46] BGHZ 135, 244; Hüffer/Koch/*Koch* AktG § 111 Rn. 34; MüKoAktG/*Habersack* § 111 Rn. 34; *Heermann* AG 1998, 201 ff.; *Henze* NJW 1998, 3309 ff.; *Horn* ZIP 1997, 1129 ff.; *Kindler* ZHR 1998, 101 ff.
[47] Dabei hat der Aufsichtsrat keinen Beurteilungs- oder Ermessensspielraum, sondern entscheidet in gerichtlich voll nachprüfbarer Weise, BGHZ 135, 244 (254); Hüffer/Koch/*Koch* AktG § 111 Rn. 8; MüKoAktG/ *Habersack* § 111 Rn. 35.
[48] BGHZ 135, 244 (255 ff.).
[49] *Raiser/Veil* KapGesR § 15 Rn. 3; *Lutter/Krieger* AR § 4 Rn. 132; *Hoffmann-Becking* ZHR 1995, 325; *Hommelhoff* AG 1995, 225; *Götz* ZGR 1998, 524.
[50] Näheres zu Inhalt und Umfang eines Zustimmungskatalogs *Schüppen* Der Aufsichtsrat 05/2004, 3.
[51] Spindler/Stilz/*Spindler* AktG § 111 Rn. 68.
[52] Begr. RegE BT-Drs. 14/8769, 17.
[53] Begr. RegE BT-Drs. 14/8769, 17; Spindler/Stilz/*Spindler* AktG § 111 Rn. 69; Hüffer/Koch/*Koch* AktG § 111 Rn. 36; *Götz* NZG 2002, 599 (602 f.); *Schwark* ZHR 2002, 75 (92 f.).
[54] *Lutter/Krieger* AR § 3 Rn. 112; *Raiser/Veil* KapGesR § 15 Rn. 8.

23 **Überwachungsmaßstab** ist ein recht-, ordnungs- und zweckmäßiges Vorstandshandeln, worüber der Aufsichtsrat nach eigenem unternehmerischem Ermessen entscheidet.[57] Die Überwachungsfunktion ist wie die Geschäftsführungsfunktion dauerhaft auszuüben.[58]

ad hoc für ein einzelnes Geschäft beschlossen werden.[55] Üblich sind Zustimmungsvorbehalte für Grundstücksgeschäfte, Begründung und Veräußerung von Beteiligungen, Übernahme von Bürgschaften, Gewährung von Darlehen außerhalb des gewöhnlichen Geschäftsverkehrs, Errichtung oder Auflösung von Zweigniederlassungen oder Tochtergesellschaften.[56]

24 c) **Vertretung der Gesellschaft gegenüber Vorstandsmitgliedern.** Gem. § 112 S. 1 AktG vertritt der Aufsichtsrat Vorstandsmitgliedern gegenüber die Gesellschaft gerichtlich und außergerichtlich soweit es um Rechtsgeschäfte oder Rechtshandlungen zwischen der Gesellschaft und den Vorstandsmitgliedern geht.[59] Dabei erstreckt sich die Vertretungsmacht nicht nur auf amtierende, sondern **auch auf ausgeschiedene Vorstandsmitglieder.**[60] Die Regelung in § 112 AktG bezweckt, die unbefangene Wahrung der Gesellschaftsbelange sicherzustellen, wobei nicht erheblich ist, ob im Einzelfall Interessen der AG tatsächlich gefährdet erscheinen.[61] Maßgeblich ist eine abstrakte Interessengefährdung, die sich bei typisierender Betrachtung ergibt.[62] Damit sind nicht zuletzt alle Streitigkeiten der Zuständigkeit des Aufsichtsrats unterstellt, die in der gegenwärtigen oder einer früheren Vorstandstätigkeit ihren Ursprung haben.[63] Auch die Geltendmachung von Schadensersatzansprüchen gegen rechtswidrig handelnde Vorstandsmitglieder ist von der Vertretungsmacht umfasst.[64]

25 Insbesondere beim Abschluss von **Vorstandsanstellungsverträgen** wird die Gesellschaft durch den Aufsichtsrat vertreten, der auch für die Festsetzung der Vorstandsvergütung zuständig ist. Bei der **Festsetzung der Gesamtbezüge** des einzelnen Vorstandsmitglieds hat der Aufsichtsrat dafür zu sorgen, dass diese in einem angemessenen Verhältnis zu den Aufgaben und Leistungen des Vorstandsmitglieds sowie zur Lage der Gesellschaft stehen und die übliche Vergütung nicht ohne besondere Gründe übersteigen (§ 87 Abs. 1 S. 1 AktG).

26 Im Falle von **Vertretungsmängeln** gilt: Nach früher hM führen Verstöße gegen § 112 AktG zur Nichtigkeit von Rechtsgeschäften gem. § 134 BGB.[65] Nach richtiger Ansicht sind die §§ 177 ff. BGB mit der Folge anzuwenden, dass das Geschäft schwebend unwirksam ist und genehmigungsfähig bleibt.[66] **In prozessualer Hinsicht** führt ein Vertretungsmangel zur Unzulässigkeit der Klage, es sei denn, der Vertretungsmangel tritt erst nachträglich ein.[67] Jedoch kann der Aufsichtsrat in den Prozess mit eintreten und die Prozessführung des Vorstands genehmigen.[68]

27 d) **Vertretung der Gesellschaft gegenüber dem Abschlussprüfer und beauftragten Sachverständigen.** Die **Bestellung** des Abschlussprüfers erfolgt durch die Hauptversammlung (§ 318 Abs. 1 S. 1 HGB, § 119 Abs. 1 Nr. 4 AktG). Diese ist ein kooperationsrechtlicher Akt

---

[55] BGHZ 124, 111 (127), wonach der Aufsichtsrat sogar verpflichtet ist, einen Zustimmungsvorbehalt zu beschließen, wenn er eine gesetzeswidrige Maßnahme des Vorstands anders nicht verhindern kann; *Götz* ZGR 1990, 633 (642); *Boujong* AG 1995, 203; *Raiser/Veil* KapGesR § 15 Rn. 8.
[56] *Raiser/Veil* KapGesR § 15 Rn. 10.
[57] Hüffer/Koch/*Koch* AktG § 111 Rn. 14 mit Nachw. in Fn 6 auch zur Rspr. im Hinblick auf Ordnungs- und Zweckmäßigkeit; MüKoAktG/*Habersack* § 111 Rn. 42; *Raiser/Veil* KapGesR § 15 Rn. 9.
[58] MüKoAktG/*Habersack* § 111 Rn. 18; KölnKommAktG/*Mertens/Cahn* § 111 Rn. 18; *Ferk* AG 1995, 212.
[59] Hüffer/Koch/*Koch* AktG § 112 Rn. 1.
[60] BGH NJW-RR 2009, 690; BGH AG 1994, 35; BGH AG 1997, 417; BGHZ 130, 108 für Genossenschaften; Hüffer/Koch/*Koch* AktG § 112 Rn. 2 mwN zur Rspr.
[61] Hüffer/Koch/*Koch* AktG § 112 Rn. 1, 3.
[62] BGH AG 1991, 269; BGH NJW 1997, 2342; Spindler/Stilz/*Spindler* AktG § 112 Rn. 3; Hüffer/Koch/*Koch* AktG § 112 Rn. 1, 3.
[63] *Werner* ZGR 1989, 369 (380 f.); *Rellermeyer* ZGR 1993, 77 (80 f.); *Lutter/Krieger* AR § 7 Rn. 436.
[64] BGHZ 135, 244; *Raiser/Veil* KapGesR § 15 Rn. 14, 103 f.
[65] OLG Hamburg WM 1986, 972; OLG Stuttgart AG 1993, 85 (86); KölnKommAktG/*Mertens/Cahn* § 113 Rn. 5.
[66] OLG Celle AG 2003, 433; Spindler/Stilz/*Spindler* AktG § 112 Rn. 44.
[67] BGH NJW 2004, 1528; Hüffer/Koch/*Koch* AktG § 112 Rn. 13.
[68] BGH NJW-RR 2009, 690; BGH NJW 1999, 3263; BGH NJW 1989, 2055 f.; BGH NJW 1987, 254; Hüffer/Koch/*Koch* AktG § 112 Rn. 13 mit dem zutreffenden Hinweis, dass sich ein Aufsichtsrat der beklagten Gesellschaft kaum veranlasst sehen wird, eine Klage des Vorstands zulässig zu machen.

und für die Erlangung des Amtes maßgeblich.[69] Für die Erteilung des nach der Rspr. als Werkvertrag qualifizierenden[70] **Prüfungsauftrags** ist gem. § 111 Abs. 2 S. 3 AktG der Aufsichtsrat zuständig, der insoweit die Gesellschaft gegenüber dem Abschlussprüfer vertritt. In entsprechender Anwendung wird man eine Vertretungsbefugnis des Aufsichtsrats auch annehmen müssen bei der Beauftragung einer **freiwilligen Abschlussprüfung**[71] und einer etwaigen **Prüfung der nichtfinanziellen Erklärung** gem. § 111 Abs. 2 S. 4 AktG (idF durch das CSR-Richtlinie-Umsetzungsgesetz).

Gem. § 111 Abs. 2 S. 5 AktG hat der Aufsichtsrat in Ausübung seiner Einsichts- und Prüfungsrechte generell die Kompetenz, Sachverständige im Namen der Gesellschaft zu beauftragen. Insoweit steht ihm nicht nur die Geschäftsführungsbefugnis, sondern auch die gesetzliche Vertretung der Gesellschaft zur Erteilung von Prüfungsaufträgen und in der Folge zur außergerichtlichen und gerichtlichen Vertretung der Gesellschaft zu.[72] Es handelt sich dabei um eine **Kompetenz für Hilfsgeschäfte,** die sich auf die gesetzlich zugewiesene Aufgabenwahrnehmung bezieht und die über das Kriterium der Sachnähe hinaus durch die der gesetzlichen Aufgabenverteilung innewohnenden Zwecke der Unabhängigkeit und Eigenverantwortlichkeit des Aufsichtsrats fundiert ist.[73] 28

e) **Weitere Aufgaben des Aufsichtsrats.** Die Prüfung des Einzel- und des Konzernabschlusses einschließlich der jeweiligen Lageberichte, des Gewinnverwendungsvorschlags und ggf. des nichtfinanziellen Berichts (§ 171 Abs. 1 AktG) gehört zu den zentralen Aufgaben des Aufsichtsrats. Weitere Aufgaben des Aufsichtsrats finden sich in einzelnen Normen des AktG, insbes. in § 90 AktG (Entgegennahme und Anforderung von Vorstandsberichten), § 161 AktG (Abgabe der Entsprechenserklärung des Aufsichtsrats),[74] § 204 Abs. 1 AktG (Mitwirkung bei der Festlegung der Konditionen einer Aktienausgabe unter Ausnutzung genehmigten Kapitals) sowie in § 314 AktG (Prüfung des Abhängigkeitsberichts).[75] 29

4. Pflichtenkreis der Aufsichtsratsmitglieder

a) **Pflicht zur sorgfältigen Wahrnehmung der Organfunktionen.** Jedes Aufsichtsratsmitglied hat die Pflicht, bei der Erfüllung der Organfunktionen mitzuwirken.[76] Hierzu gehört insbes. die Pflicht eines jeden Aufsichtsratsmitglieds zur **kollegialen Zusammenarbeit** mit den übrigen Aufsichtsratsmitgliedern.[77] Inhaltlich ist die Pflicht zur kollegialen Zusammenarbeit durch positive Mitwirkungshandlungen des einzelnen Aufsichtsratsmitglieds wie bspw. die Einhaltung der Geschäftsordnung des Aufsichtsrats, die Einsetzung von Aufsichtsratsausschüssen, die Mitarbeit in Ausschüssen, die sorgfältige Sitzungsvorbereitung sowie die eigenverantwortliche Urteilsbildung über die Beschlussgegenstände gekennzeichnet.[78] Im Zusammenhang mit der Pflicht zur kollegialen Zusammenarbeit ist die Pflicht zur regelmäßigen Teilnahme an Aufsichtsratssitzungen sowie die offene, vollständige und rechtzeitige Unterrichtung der anderen Aufsichtsratsmitglieder über alle für die Arbeit des Aufsichtsrats relevanten Vorgänge und Entwicklungen besonders hervorzuheben.[79] 30

b) **Sorgfaltspflicht und Haftung.** Gem. § 116 S. 1 AktG gilt für die Sorgfaltspflicht und Verantwortlichkeit der Aufsichtsratsmitglieder § 93 AktG über die Sorgfaltspflicht und Verantwortlichkeit der Vorstandsmitglieder sinngemäß.[80] 31

---

[69] *Schüppen* APr § 318 HGB Rn. 3 mwN.
[70] BGH NJW 2000, 1107; die Lit. nimmt überwiegend „Geschäftsbesorgungsvertrag mit Werkvertragscharacter" an, sie *Schüppen* APr § 318 HGB Rn. 17.
[71] Hüffer/Koch/*Koch* AktG § 111 Rn. 26; MüKoAktG/*Habersack* § 111 Rn. 80.
[72] BGH 20.3.2018 – II ZR 359/16, NZG 2018, 629, insbes. Rn. 16, 20.
[73] BGH 20.3.2018 – II ZR 359/16, NZG 2018, 629, Rn. 19, 25 f.
[74] Ausf. Semler/v. Schenck AR-HdB/*Semler* § 1 Rn. 86 ff.
[75] S. hierzu Hüffer/Koch/*Koch* AktG § 111 Rn. 1.
[76] KölnKommAktG/*Mertens/Cahn* § 116 Rn. 9 ff.
[77] Marsch-Barner/Schäfer AG-HdB/*E. Vetter* AktG § 29 Rn. 10; KölnKommAktG/*Mertens/Cahn* § 116 Rn. 10.
[78] Lutter/Krieger AR § 12 Rn. 885 ff.; Marsch-Barner/Schäfer AG-HdB/*E. Vetter* AktG § 29 Rn. 10.
[79] Marsch-Barner/Schäfer AG-HdB/*E. Vetter* AktG § 29 Rn. 10; KölnKommAktG/*Mertens/Cahn* § 116 Rn. 10; *Raiser/Veil* KapGesR § 15 Rn. 107.
[80] Zur Haftung von Aufsichtsratsmitgliedern bei Verletzung von Sorgfaltspflichten s. → § 24.

32 c) **Organschaftliche Treuebindungen; Interessenkollision.** Aufsichtsratsmitglieder unterliegen kraft ihrer Bestellung organschaftlichen Treuebindungen,[81] die einen festen Bestandteil der Sorgfaltspflichten des Aufsichtsratsmitglieds bilden.[82] Demnach hat ein jedes Aufsichtsratsmitglied stets das Interesse des Unternehmens zu wahren, in dessen Aufsichtsrat es tätig ist, und alles zu unterlassen, was diese Interessen schädigt.[83] Allerdings kommt für die Mitglieder des Aufsichtsrats eine pauschale Übernahme der Grundsätze über die Loyalitäts- und Treuepflichten des Vorstands, der eine hauptberufliche Aufgabe wahrnimmt, nicht in Betracht.[84] Stattdessen bedarf es einer sachgerechten Differenzierung.[85] Da es sich bei dem Aufsichtsratsmandat um ein Nebenamt handelt, kann nicht verlangt werden, dass das Aufsichtsratsmitglied stets und in allen Situationen den Interessen der AG Vorrang gibt.[86] Vielmehr ist nach verbreiteter Ansicht zur Bestimmung der Pflichtenstellung eines Aufsichtsratsmitglieds auf den jeweiligen Tätigkeitsbereich abzustellen, in dem die Interessenkollision aufgetreten ist.[87] Eigene Geschäftsbeziehungen zur AG müssen stets vertretbar ausgestaltet sein; treuwidrig handelt, wer als Aufsichtsratsmitglied die Gesellschaft unter Ausnutzung von Informationen aus seiner Amtstätigkeit übervorteilt.[88]

33 Ergibt sich für das Aufsichtsratsmitglied aus anderweitiger Pflichtenbindung eine **Interessenkollision** zwischen seinen aus dem Amt als Aufsichtsrat resultierenden Pflichten und den eigenen Interessen oder Drittinteressen, zB als Vertreter, Aufsichtsratsmitglied oder Berater eines anderen Unternehmens, mag es häufig genügen, wenn das Aufsichtsratsmitglied an der Beratung des Aufsichtsrats oder an der Abstimmung nicht teilnimmt oder sich der Stimme enthält, um eine Beeinflussung des Beschlussergebnisses zu vermeiden.[89] Im Zweifel gebietet es die Loyalitäts- und Treuepflicht jedoch, den Interessenkonflikt dem Aufsichtsrat gegenüber offen zu legen.[90] Dies empfiehlt auch Ziff. 5.5.2 DCGK. Allgemein gilt, dass bei unvermeidbaren Interessenkollisionen jedes Aufsichtsratsmitglied infolge seiner Loyalitäts- und Treuepflicht gegenüber dem Unternehmen stets verpflichtet ist, dem Unternehmensinteresse den Vorrang gegenüber den anderen Interessen einzuräumen und sich für das Unternehmensinteresse einzusetzen.[91] Verdichtet sich die Interessenkollision zum andauernden Pflichtenwiderstreit und findet sich keine andere Lösung, muss das Aufsichtsratsmitglied eines der kollidierenden Ämter niederlegen.[92]

34 d) **Verschwiegenheitspflicht.** Auch die in § 93 Abs. 1 S. 3, § 116 S. 2 AktG ausdrücklich genannte Verschwiegenheitspflicht ist Ausdruck der Treuepflicht eines jeden Aufsichtsratsmitglieds.[93] Gem. § 116 S. 1 AktG iVm § 93 Abs. 1 S. 3 AktG sind alle Aufsichtsratsmitglieder verpflichtet, über vertrauliche Angaben und Geheimnisse der Gesellschaft, die ihnen durch ihre Tätigkeit im Aufsichtsrat bekannt geworden sind, Stillschweigen zu bewahren. Außerdem sind sie zur Verschwiegenheit über erhaltene vertrauliche Berichte und vertrauliche Beratungen verpflichtet (§ 116 S. 2 AktG).

---

[81] Unstr., vgl. statt vieler Hüffer/Koch/*Koch* § 116 Rn. 7; Spindler/Stilz/*Spindler* § 116 Rn. 55 ff.; *Möllers* 2006, 1645 f.
[82] BGHZ 64, 325 (327); Marsch-Barner/Schäfer AG-HdB/*E. Vetter* AktG § 29 Rn. 12; Hüffer/Koch/*Koch* AktG § 116 Rn. 7.
[83] Marsch-Barner/Schäfer AG-HdB/*E. Vetter* AktG § 29 Rn. 26; KölnKommAktG/*Mertens/Cahn* § 116 Rn. 27.
[84] Marsch-Barner/Schäfer AG-HdB/*E. Vetter* AktG § 29 Rn. 26; Hüffer/Koch/*Koch* AktG § 116 Rn. 8; *Ulmer* NJW 1980, 1603 (1604).
[85] Zu dieser Differenzierung *Ulmer* NJW 1980, 1603 (1604).
[86] Hüffer/Koch/*Koch* AktG § 108 Rn. 10 ff.; *Ulmer* NJW 1980, 1603 (1606).
[87] Marsch-Barner/Schäfer AG-HdB/*E. Vetter* AktG § 29 Rn. 26; Raiser/Veil KapGesR § 15 Rn. 115.
[88] Hüffer/Koch/*Koch* AktG § 116 Rn. 7.
[89] Lutter/Krieger AR § 12 Rn. 902; Marsch-Barner/Schäfer AG-HdB/*E. Vetter* AktG § 29 Rn. 27; KölnKommAktG/*Mertens/Cahn* § 116 Rn. 23.
[90] Marsch-Barner/Schäfer AG-HdB/*E. Vetter* AktG § 29 Rn. 27.
[91] Marsch-Barner/Schäfer AG-HdB/*E. Vetter* AktG § 29 Rn. 27; Edenfeld/Neufang AG 1999, 49 (51); *Ulmer* NJW 1980, 1603 (1605).
[92] Marsch-Barner/Schäfer AG-HdB/*E. Vetter* AktG § 29 Rn. 27; Semler/Stengel NZG 2003, 1, 6; ausf. zum Interessenkonflikt Semler/v. Schenck AR-HdB/*Marsch-Barner* § 12 Rn. 79 ff.
[93] BGHZ 64, 325 (327); Marsch-Barner/Schäfer AG-HdB/*E. Vetter* AktG § 29 Rn. 12.

Geheimnisse sind relativ unbekannte Tatsachen, deren Weitergabe an Dritte für die Gesellschaft schädlich sein könnte.[94] Zu den **vertraulichen Angaben** zählen alle Informationen, deren Weitergabe an Dritte nicht dem Unternehmensinteresse entspricht.[95] Vertrauliche Angaben sind insbes. die Beratungsgegenstände des Aufsichtsrats und seiner Ausschüsse, vertrauliche Berichte des Vorstands, des Abschlussprüfers oder von Sachverständigen, der Verlauf der Sitzung einschließlich der Abstimmung sowie die Stellungnahmen und die Stimmabgabe einzelner Aufsichtsratsmitglieder.[96] 35

Die Verschwiegenheitspflicht trifft alle Aufsichtsratsmitglieder in gleicher Weise; eine Differenzierung zwischen den Aufsichtsratsmitgliedern der Anteilseigner und der Arbeitnehmer kommt nicht in Betracht.[97] Etwas anderes gilt gem. § 394 S. 1 AktG nur für die auf Veranlassung einer Gebietskörperschaft in den Aufsichtsrat entsandten Mitglieder.[98] 36

Die Verschwiegenheitspflicht gilt nicht nur gegenüber der allgemeinen Öffentlichkeit, sondern auch gegenüber den Aktionären, der Belegschaft, dem Betriebsrat[99] und Wirtschaftsausschuss sowie gegenüber den Gewerkschaften. Bedient sich ein Aufsichtsratsmitglied bei der Wahrnehmung seiner Aufgaben ausnahmsweise der Hilfe Dritter (Sachverständige etc), hat es diese sorgfältig auszusuchen und deren Verpflichtung zur Vertraulichkeit sicherzustellen.[100] 37

Die Entscheidung darüber, ob eine Information nach § 116 AktG geheimhaltungsbedürftig ist, hat jedes Aufsichtsratsmitglied in eigener Verantwortung zu fällen.[101] Sie kann nicht durch Anordnungen des Vorstands, des Aufsichtsratsvorsitzenden oder durch Mehrheitsbeschluss des Aufsichtsrats getroffen werden. Auch durch Satzung und Geschäftsordnung kann die Verschwiegenheitspflicht weder gemildert noch verschärft werden.[102] 38

> **Praxistipp:**
> Zulässig sind jedoch „**erläuternde Hinweise**" und „**Richtlinien**", die dem einzelnen Aufsichtsratsmitglied Anhaltspunkte geben, wann es besonders auf die Gefahr einer Verletzung gesetzlich geschützter Geheimhaltungsinteressen achten muss.[103] Ein solcher Richtlinienkatalog kann in die Geschäftsordnung des Aufsichtsrats integriert werden, so dass sichergestellt ist, dass er auch jedem Aufsichtsratsmitglied bei Antritt seines Aufsichtsratsmandats zur Kenntnis gebracht wird.[104]

Bei schuldhafter Verletzung der Verschwiegenheitspflicht haftet das Aufsichtsratsmitglied der Gesellschaft auf Schadensersatz (§ 116 iVm § 93 Abs. 2 AktG).[105] Daneben kommt eine Strafbarkeit nach § 404 Abs. 1, 2 AktG in Betracht. 39

e) **Besondere kapitalmarktrechtliche Pflichten.** Bei börsennotierten Gesellschaften ergeben sich besondere kapitalmarktrechtliche **Mitteilungspflichten** nicht nur für die Mitglieder des Vorstands, sondern auch für die Mitglieder des Aufsichtsrats unter dem Gesichtspunkt des **director's dealings**.[106] Gem. Art. 19 MMVO sind sie verpflichtet, von ihnen vorgenommene 40

---

[94] BGHZ 64, 325 (329); MüKoAktG/*Habersack* § 116 Rn. 52.
[95] *Lutter/Krieger* AR § 6 Rn. 264; Marsch-Barner/Schäfer AG-HdB/*E. Vetter* AktG § 29 Rn. 19; KölnKommAktG/*Mertens/Cahn* § 116 Rn. 45.
[96] BGHZ 64, 325 (332); Marsch-Barner/Schäfer AG-HdB/*E. Vetter* AktG § 29 Rn. 19.
[97] BGHZ 64, 325 (330); Marsch-Barner/Schäfer AG-HdB/*E. Vetter* AktG § 29 Rn. 14; MüKoAktG/*Habersack* § 116 Rn. 55; KölnKommAktG/*Mertens/Cahn* § 116 Rn. 36.
[98] Marsch-Barner/Schäfer AG-HdB/*E. Vetter* AktG § 29 Rn. 14; *Lutter/Grunewald* WM 1984, 385 (397); *Schwintowski* NJW 1990, 1009.
[99] Vgl. hierzu jüngst auch BAG NZA 2009, 855.
[100] BGHZ 64, 325 (332); Marsch-Barner/Schäfer AG-HdB/*E. Vetter* AktG § 29 Rn. 16; *Hommelhoff* ZGR 1983, 551 (567); *Lutter/Krieger* DB 1995, 257 (259).
[101] *Raiser/Veil* KapGesR § 15 Rn. 101.
[102] Beck AG-HB/*Schiedermair/Kolb* § 7 Rn. 268.
[103] BGHZ 64, 325 (328); *Raiser/Veil* KapGesR § 15 Rn. 101.
[104] Marsch-Barner/Schäfer AG-HdB/*E. Vetter* AktG § 29 Rn. 21.
[105] Zur Haftung von Aufsichtsratsmitgliedern bei Verletzung von Sorgfaltspflichten s. → § 24.
[106] Marsch-Barner/Schäfer AG-HdB/*E. Vetter* AktG §§ 29 Rn. 31, 15, 3 ff.; eing. *Fleischer* ZIP 2002, 1217 ff.; *Schneider* BB 2002, 1817 ff.; *Schüppen* in IDW (Hrsg.), WP Handbuch, Bd. II, 13. Aufl. 2008, Kap. R Rn. 131 ff.

Wertpapiergeschäfte, die sich auf Aktien der eigenen Gesellschaft beziehen, der Gesellschaft und der BaFin mitzuteilen. **Insidergeschäfte** (Art. 8 MMVO), die unbefugte Weitergabe oder Zugänglichmachung von **Insiderinformationen** (Art. 7 MMVO) sowie die Empfehlung oder Verleitung zum Erwerb oder zur Veräußerung von Insiderpapieren sind verboten. Der Verstoß gegen Art. 14 MMVO kann gem. § 119 Abs. 3 WpHG strafbar sein.

5. Klagerechte einzelner Aufsichtsratsmitglieder

41 **a) Durchsetzung persönlicher Rechte außerhalb organschaftlicher Befugnisse.** Unproblematisch zulässig ist die klageweise Geltendmachung von Individualansprüchen außerhalb der organschaftlichen Befugnisse wie bspw. der Anspruch auf Zahlung der Aufsichtsratsvergütung und des Aufwendungsersatzes; solche Ansprüche kann jedes Aufsichtsratmitglied im Wege der Leistungsklage gegen die Gesellschaft, vertreten durch den Vorstand, verfolgen.[107]

42 **b) Gesetzlich geregelte Antrags- und Klagebefugnisse.** Unproblematisch sind darüber hinaus die Fälle, in denen das Gesetz ausdrücklich eine Klage- und Antragsbefugnis einzelner Aufsichtsratsmitglieder vorsieht. So ist jedes Aufsichtsratmitglied nach näherer Maßgabe von § 245 Nr. 5 AktG befugt, eine Anfechtungs- oder Nichtigkeitsklage gegen einen fehlerhaften Hauptversammlungsbeschluss zu erheben. Die Klage richtet sich gegen die Gesellschaft, vertreten durch den Vorstand, § 246 Abs. 2 S. 3 AktG. Auch für eine Klage auf Feststellung der Nichtigkeit des Jahresabschlusses sind die einzelnen Mitglieder des Aufsichtsrats gem. § 256 Abs. 7 iVm § 249 Abs. 1 AktG klagebefugt.[108]

43 Weitere Klagebefugnisse zugunsten einzelner Aufsichtsratsmitglieder bestehen im Hinblick auf die ordnungsgemäße Zusammensetzung des Aufsichtsrats (§ 98 Abs. 2 S. 1 Nr. 2 AktG) oder im Hinblick auf die Besetzung des beschlussfähigen oder unterbesetzten Aufsichtsrats.[109]

44 **c) Fehlerhafte Aufsichtsratsbeschlüsse.** Der BGH unterscheidet nicht zwischen nichtigen und „lediglich" anfechtbaren Aufsichtsratsbeschlüssen.[110] Eine analoge Anwendung der §§ 241ff. AktG hält der BGH sachlich nicht für angemessen; dem Bedürfnis, die Nichtigkeitsfolgen im Interesse der Rechtssicherheit zurück zu drängen, folgt der BGH mit „flexibleren Mitteln" wie bspw. der Begrenzung des klagebefugten Personenkreises und den Einsatz des Rechtsinstituts der Verwirkung. Nach der Rspr. des BGH kann jedes Aufsichtsratmitglied die Nichtigkeit eines fehlerhaften Aufsichtsratsbeschlusses im Wege der Klage, die sich gegen die Gesellschaft,[111] vertreten durch den Vorstand, richtet, gerichtlich feststellen lassen.

45 **d) Durchsetzung organschaftlicher Befugnisse als Mitglied.** Geht es um die Austragung eines **organinternen Streits**, dh ein Aufsichtsratmitglied rügt die Verletzung seiner individuellen Befugnisse als Organmitglied durch den Aufsichtsrat oder den Aufsichtsratsvorsitzenden, ist umstritten, ob der Aufsichtsrat oder der Aufsichtsratsvorsitzende oder die Gesellschaft, vertreten durch den Vorstand, zu verklagen ist.[112] Im Falle einer Klage eines Aufsichtsratsmitglieds gegen Maßnahmen des Aufsichtsratsvorsitzenden hat der BGH die

---

[107] *Marsch-Barner/Schäfer* AG-HdB/*E. Vetter* AktG § 29 Rn. 81; *Hüffer/Koch/Koch* AktG § 90 Rn. 21 f. zu Individualansprüchen auf Information.
[108] BGHZ 124, 111.
[109] *Lutter/Krieger* AR § 12 Rn. 833 f.; *Marsch-Barner/Schäfer* AG-HdB/*E. Vetter* AktG § 29 Rn. 80.
[110] BGHZ 122, 342 (346 ff.); BGHZ 124, 111 (115); aA aus dem Schrifttum, die zwischen unheilbarer Nichtigkeit und heilbaren Beschlussmängeln differenziert KölnKommAktG/*Mertens/Cahn* § 108 Rn. 82; Semler/v. Schenck AR-HdB/*Semler* § 1 Rn. 200 ff.
[111] BGHZ 135, 244; vgl. auch BGHZ 83, 144 (146); BGHZ 122, 342 (350); OLG Hamburg WM 1992, 1278; KölnKommAktG/*Mertens/Cahn* § 108 Rn. 89; aA *Hommelhoff* ZHR 1979, 288 (314 f.); *Häsemeyer* ZHR 1980, 265 (274); *Bork* ZIP 1991, 137 (143 f.); zur fehlerhaften Beschlussfassung → Rn. 179 ff.
[112] LG Düsseldorf AG 1988, 386 für eine Klage gegen den Vorstand; *Bork* ZIP 1991, 137 (143); und *Stodolkowitz* ZHR 1990, 1 (16) für eine Klage gegen den Aufsichtsrat; *Häsemeyer* ZHR 144 (1980) 265 (284) für eine Klage gegen den Aufsichtsratsvorsitzenden.

AG als die richtige Beklagte angesehen, da nur zwischen dem Aufsichtsratsmitglied und ihr ein „unmittelbares Rechtsverhältnis" besteht.[113]

Geht es stattdessen um eine Verletzung der Befugnisse des einzelnen Aufsichtsratsmitgliedes durch ein anderes Organ, finden sich für bestimmte Fälle gesetzliche (Hilfs-)Befugnisse. Zu nennen ist in diesem Zusammenhang § 90 Abs. 3 S. 2 AktG, der dem einzelnen Aufsichtsratsmitglied das Recht gewährt, vom Vorstand eine Berichterstattung an den Aufsichtsrat zu verlangen. Will ein Aufsichtsratsmitglied nach § 90 Abs. 3 S. 2 AktG einen vom Vorstand verweigerten Bericht erzwingen, muss es nach verbreiteter Auffassung gegen alle Mitglieder des Vorstands als notwendige Streitgenossen klagen.[114] Nach anderer Auffassung ist der Vorstand richtiger Beklagter.[115] Der BGH würde vermutlich die Gesellschaft, vertreten durch den Vorstand, als passiv legitimiert ansehen.[116] 46

e) **Interorganstreit zwischen Vorstand und Aufsichtsrat.** Ob der Aufsichtsrat als solcher gegen die AG, vertreten durch den Vorstand, oder gegen den Vorstand als Partei auf Berichterstattung klagen kann (Interorganstreit), ist streitig. Höchstrichterliche Rspr. hierzu gibt es nicht.[117] In der Sache ist die Möglichkeit eines Interorganstreits abzulehnen.[118] Die Klagebefugnis einzelner Aufsichtsratsmitglieder anstelle des Gesamtorgans Aufsichtsrat hat der BGH im Zusammenhang mit der Frage, ob einzelne Aufsichtsratsmitglieder anstelle des Gesamtorgans Aufsichtsrat gegen kompetenzwidriges oder sogar nur allgemein rechtswidriges Vorstandshandeln durch Klage vorgehen können, mit der Begründung verneint, die Überwachung des Vorstands nach § 111 AktG stehe dem Aufsichtsrat *insgesamt* zu.[119] 47

II. Größe und Zusammensetzung des Aufsichtsrats, Modelle der Mitbestimmung der Arbeitnehmer

1. Überblick

Größe und Zusammensetzung des Aufsichtsrats einer AG (KGaA) richten sich nach ihrem Grundkapital und der Zahl der beschäftigten Arbeitnehmer. Aktienrechtlich sind die Größe und die Zusammensetzung des Aufsichtsrats in den §§ 95 ff. AktG geregelt. Aufsichtsratsmandate werden von Personen wahrgenommen, die von den Aktionären oder Arbeitnehmern gewählt, von entsendungsberechtigten Personen entsandt oder vom Gericht bestellt werden. Die aktienrechtliche Grundform ist der ausschließlich aus Vertretern der Aktionäre zusammengesetzte, gem. § 101 Abs. 1 S. 1 Alt. 1 AktG durch Beschluss der Hauptversammlung gewählte Aufsichtsrat (§ 96 Abs. 1 6. Fall AktG). Bei Vorliegen der Voraussetzungen für eine Mitbestimmung der Arbeitnehmer werden die aktienrechtlichen Regelungen durch die jeweils einschlägigen Gesetze zur Mitbestimmung ergänzt und zum Teil überlagert. 48

Die Mitbestimmung der Arbeitnehmer im Aufsichtsrat ist im Wesentlichen im Mitbestimmungsgesetz 1976 (MitbestG), im Montan-Mitbestimmungsgesetz (MontanMitbestG), im Montan-Mitbestimmungsergänzungsgesetz (MontanMitbestErgG), im Drittelbeteiligungsgesetz (DrittelbG) sowie im Gesetz über die Mitbestimmung der Arbeitnehmer bei einer grenzüberschreitenden Verschmelzung (MgVG) geregelt. Die Bestimmungen des Montan-MitbestG und des MontanMitbestErgG erfassen heute nur noch wenige Unternehmen, da 49

---

[113] BGHZ 85, 293 (295); aA im Falle eines organinternen Streits *Bork* ZIP 1991, 135 (141); Marsch-Barner/Schäfer AG-HdB/*E. Vetter* AktG § 29 Rn. 83; *Hommelhoff* ZHR 1979, 288 (313 ff.); *Häsemeyer* ZHR 1980, 265 (284); *Säcker* NJW 1979, 1521 (1526).
[114] LG Dortmund Die Mitbestimmung 1984, 410; LG Bonn AG 1987, 24; *Stodolkowitz* ZHR 154, 1 (15).
[115] *Bork* ZIP 1991, 135 (141); Marsch-Barner/Schäfer AG-HdB/*E. Vetter* AktG § 29 Rn. 84.
[116] Vgl. BGHZ 85, 293 (295); 106, 54 (62), worin der BGH das Individualrecht des § 90 Abs. 3 S. 2 AktG erwähnt aber offen lässt, gegen wen es geltend zu machen ist; für die Passivlegitimation der Gesellschaft. Für die Passivlegitimation der Gesellschaft KölnKommAktG/*Mertens/Cahn* § 90 Rn. 53; MüKoAktG/*Spindler* § 90 Rn. 61 mwN in Fn 119; Hüffer/Koch/*Koch* AktG § 90 Rn. 22.
[117] BGHZ 106, 54 (60 ff.) lässt die Entscheidung ausdrücklich offen.
[118] Hüffer/Koch/*Koch* AktG § 90 Rn. 19; KölnKommAktG/*Mertens/Cahn* § 90 Rn. 53, Vor § 76 Rn. 4 ff.
[119] BGHZ 106, 54 (63); dazu *Raiser* AG 1989, 185 (189); OLG Stuttgart NZG 2007, 549; OLG Celle AG 1990, 264.

sie nur auf solche Unternehmen Anwendung finden, deren überwiegender Betriebszweck im Montanbereich (Eisen, Kohle, Stahl) liegt.[120] Die nachfolgenden Ausführungen beschränken sich daher auf die Darstellung der aktienrechtlichen Grundregelungen zur Größe und Zusammensetzung des Aufsichtsrats sowie der Mitbestimmungsmodelle des MitbestG, des DrittelbG sowie des MgVG. Abschließend soll der Blick darauf gerichtet werden, inwieweit eine Mitbestimmungserweiterung durch Vereinbarung in Betracht kommt.

2. Aufsichtsrat bestehend aus Aktionärsvertretern nach dem AktG

50 Die gesetzliche Grundform des Aufsichtsrats ist in den §§ 95 ff. AktG geregelt. Für die Größe und Zusammensetzung des Aufsichtsrats gilt hiernach folgendes:

51 a) **Größe des Aufsichtsrats.** Gem. § 95 S. 1 AktG besteht der Aufsichtsrat aus **mindestens drei Mitgliedern**. Die Satzung kann zwar eine höhere, aber keine niedrigere Zahl festsetzen.[121] Setzt die Satzung eine **höhere Zahl** an Aufsichtsratsmitgliedern fest, muss diese bestimmt und soweit dies zur Erfüllung mitbestimmungsrechtlicher Vorgehen erforderlich ist **durch drei teilbar** sein. Eine variable Regelung, wie zB die Festlegung lediglich einer Unter- und/oder Obergrenze ist unzulässig.[122] Der Höhe nach ist die Zahl der Aufsichtsratsmitglieder zudem in Abhängigkeit von der Höhe des Grundkapitals begrenzt (§ 95 S. 4 AktG). Die Obergrenze beträgt bei Gesellschaften

- mit einem Grundkapital bis zu 1,5 Mio. EUR 9
- mit einem Grundkapital von mehr als 1,5 Mio. EUR bis 10 Mio. EUR 15
- und mit einem Grundkapital von mehr als 10 Mio. EUR 21

52 Abweichende Vorschriften des MitbestG, des MontanMitbestG und des MontanMitbestErgG bleiben gem. § 95 S. 5 AktG hiervon unberührt. Die mitbestimmungsrechtlichen Regelungen, die nicht auf das Grundkapital, sondern auf die Zahl der bei der Gesellschaft beschäftigten Arbeitnehmer abstellen, gehen also vor.[123]

53 b) **Zusammensetzung des Aufsichtsrats.** Die Zusammensetzung des Aufsichtsrats ist in § 96 AktG geregelt. **§ 96 Abs. 1 AktG** enthält **fünf Verweisungen** (1.–5. Fall) auf **vorrangige mitbestimmungsrechtliche Vorschriften** und bestimmt, dass nur für den Fall, dass keine dieser Verweisungen eingreift, die eigentliche aktienrechtliche Grundform des ausschließlich aus Vertretern der Aktionäre zusammengesetzten Aufsichtsrats (6. Fall) zum Tragen kommt. Für die Zusammensetzung des Aufsichtsrats gilt hiernach folgendes:
- Bei Gesellschaften, für die das MitbestG gilt, besteht der Aufsichtsrat aus Mitgliedern der Aktionäre und der Arbeitnehmer (§§ 7 ff. MitbestG).
- Bei Gesellschaften, für die das MontanMitbestG gilt, besteht der Aufsichtsrat aus Vertretern der Aktionäre und der Arbeitnehmer sowie weiteren Mitgliedern (§§ 4, 9 MontanMitbestG).
- Bei Gesellschaften, für die die §§ 5–13 MontanMitbestErgG gelten, besteht der Aufsichtsrat aus Mitgliedern der Aktionäre und der Arbeitnehmer sowie aus einem weiteren Mitglied (§ 5 MontanMitbestErgG).
- Bei Gesellschaften, für die das Drittelbeteiligungsgesetz gilt, besteht der Aufsichtsrat aus Mitgliedern der Aktionäre und der Arbeitnehmer (§§ 4, 7 DrittelbG).
- Bei Gesellschaften, für die das Gesetz über die Mitbestimmung der Arbeitnehmer bei einer grenzüberschreitenden Verschmelzung gilt, besteht der Aufsichtsrat aus Mitgliedern der Aktionäre und der Arbeitnehmer sowie ggf. weiteren Mitgliedern (§§ 4, 5, 23 MgVG).

54 Nur wenn keine der vorgenannten Verweisungen greift, kommt § 96 Abs. 1 6. Fall AktG zum Tragen, wonach sich der Aufsichtsrat bei allen übrigen Gesellschaften nur aus Mitgliedern der Aktionäre zusammensetzt.

---

[120] WHSS Umstrukturierung/*Seibt* Kap. F Rn. 9.
[121] Hüffer/Koch/*Koch* AktG § 95 Rn. 3.
[122] Hüffer/Koch/*Koch* AktG § 95 Rn. 3; KölnKommAktG/*Mertens/Cahn* § 95 Rn. 14.
[123] Hüffer/Koch/*Koch* AktG § 95 Rn. 6.

3. Aufsichtsrat nach dem MitbestG

a) Überblick über die Voraussetzungen der Anwendung des MitbestG. Sofern nicht die 55
vorrangigen Vorschriften des MontanMitbestG oder des MontanMitbestErgG Anwendung
finden, ist hinsichtlich der Zusammensetzung und Größe des Aufsichtsrats zu prüfen, ob das
MitbestG zur Anwendung kommt; das DrittelbG findet nachrangig Anwendung, § 1 Abs. 3
MitbestG. Nach den Regelungen des MitbestG haben die Arbeitnehmer ein Mitbestimmungsrecht in Unternehmen,
- die in der Rechtsform einer AG, KGaA, GmbH oder einer Genossenschaft betrieben werden (§ 1 Abs. 1 Nr. 1 MitbestG),
- in der Regel mehr als 2.000 Arbeitnehmer beschäftigen (§ 1 Abs. 1 Nr. 2 MitbestG) und
- keinen Tendenzschutz genießen (§ 1 Abs. 4 MitbestG).

Sonderregelungen gelten hinsichtlich der Ermittlung der in der Regel beschäftigten Ar- 56
beitnehmer für die Komplementärin einer KG sowie im Konzern (s. 3e). Besondere Zweifelsfragen treten zudem hinsichtlich des Tendenzschutzes im Konzern auf (s. 3f). Im Einzelnen gilt:

b) Rechtsform. Gem. § 1 Abs. 1 Nr. 1 MitbestG werden von der Mitbestimmung nach 57
dem MitbestG nur Unternehmen in der Rechtsform einer AG, KGaA, GmbH oder einer Genossenschaft erfasst. Die vormals aufgeführte Rechtsform der bergrechtlichen Gewerkschaft
ist durch das Bundesberggesetz abgeschafft und daher auch aus dem Text des § 1 Abs. 1
Nr. 1 MitbestG gestrichen worden.[124] Die Aufzählung der Rechtsformen ist abschließend,
eine analoge Anwendung der Vorschrift auf andere Rechtsformen ist nicht zulässig.[125]

Das MitbestG beschränkt sich auf Grund des **Territorialitätsprinzips** grds. auf Unter- 58
nehmen, die ihren Sitz im Inland haben; es erfasst also nicht solche Unternehmen, die ihren
Verwaltungssitz im Ausland haben.[126] Verlegt aber eine nach deutschem Recht verfasste
Kapitalgesellschaft ihren Verwaltungssitz ins Ausland, was aufgrund der Änderung von
§§ 4a GmbHG, 5 AktG durch das MoMiG[127] nunmehr möglich ist, steht das der Anwendbarkeit des MitbestG nicht entgegen.[128]

Problematisch und streitig ist die Behandlung von Unternehmen, die nach ausländischem 59
Recht gegründet sind und ihren Sitz formal im Ausland haben, deren tatsächlicher Verwaltungssitz aber im Inland liegt.[129] Praktische Bedeutung hat diese Konstellation vor allem bei
einer inländischen KG, deren Komplementär eine ausländische Kapitalgesellschaft ist.[130] Die
wohl überwiegende Meinung verneint diesbezüglich die Anwendbarkeit des MitbestG.[131]

c) In der Regel mehr als 2.000 Arbeitnehmer. Zur Definition des **Arbeitnehmerbegriffs** 60
verweist § 3 Abs. 1 MitbestG auf die in § 5 BetrVG 1972 (BetrVG) enthaltenen Begriffsbestimmungen.[132] Demnach sind Arbeitnehmer iSd § 1 Abs. 1 Nr. 2 MitbestG alle Arbeiter
und Angestellten des Unternehmens mit Ausnahme der in § 5 Abs. 2 BetrVG bezeichneten
Personen (ua Mitglieder des Vorstands einer AG) unter Einbeziehung der leitenden Ange-

---

[124] G zur Vereinfachung der Wahl der Arbeitnehmervertreter in den Aufsichtsrat v. 23.3.2003 (BGBl. 2003 I 1130).
[125] ErfK/*Oetker* MitbestG § 1 Rn. 2; UHH/*Ulmer/Habersack* MitbestG § 1 Rn. 31; GroßkommAktG/*Oetker* MitbestG § 1 Rn. 5; MüKoAktG/*Gach* MitbestG § 1 Rn. 9.
[126] OLG Stuttgart 10.3.1995 – 8 W 355/93, ZIP 1995, 1004; ErfK/*Oetker* MitbestG § 1 Rn. 3; MHdB ArbR/*Wißmann* § 279 Rn. 1; MüKoAktG/*Gach* MitbestG § 1 Rn. 13; UHH/*Ulmer/Habersack* MitbestG § 1 Rn. 33; GroßkommAktG/*Oetker* MitbestG § 1 Rn. 8.
[127] G zur Modernisierung des GmbH-Rechts und zur Bekämpfung von Missbräuchen v. 23.10.2008 (BGBl. 2008 I 2026).
[128] ErfK/*Oetker* MitbestG § 1 Rn. 2; MHdB ArbR/*Wißmann* § 279 Rn. 1; *Habersack* AG 2007, 641 (644).
[129] Überblick s. ErfK/*Oetker* MitbestG § 1 Rn. 3 ff.
[130] OLG Stuttgart 30.3.1995 – 8 W 355/93, ZIP 1995, 1004 (1006); OLG Saarbrücken 21.4.1989 – 5 W 60/88, DB 1989, 1076 f.; MHdB ArbR/*Wißmann* § 279 Rn. 1 mwN; ErfK/*Oetker* MitbestG § 1 Rn. 3.
[131] ErfK/*Oetker* MitbestG § 1 Rn. 4 mwN; GroßkommAktG/*Oetker* MitbestG § 1 Rn. 10; MüKoAktG/*Gach* MitbestG § 1 Rn. 14; MHdB ArbR/*Wißmann* § 279 Rn. 1 jedenfalls hinsichtlich Unternehmen mit Satzungssitz in anderen EG-Staaten; UHH/*Ulmer/Habersack* MitbestG § 1 Rn. 8a.
[132] MHdB ArbR/*Wißmann* § 279 Rn. 2, § 299 Rn. 38 ff., §§ 24, 25; zum betriebsverfassungsrechtlichen Arbeitnehmerbegriff sa Richardi/*Richardi* BetrVG § 5 Rn. 6 ff.

stellten (§ 3 Abs. 1 S. 1 Nr. 2 MitbestG).[133] Auch befristet Beschäftigte, Teilzeitbeschäftigte und zu ihrer Berufsausbildung beschäftigte Arbeitnehmer (Praktikanten, Umschüler, Volontäre) fallen unter das MitbestG.[134] Im Urlaub befindliche sowie krankheitsbedingt abwesende Arbeitnehmer, Arbeitnehmer, die ihren Wehr- oder Zivildienst[135] ableisten sowie Arbeitnehmer in Elternzeit[136] zählen ebenfalls mit. Unerheblich ist, ob die Arbeitnehmer im Unternehmen, im Außendienst oder in Telearbeit beschäftigt sind (§ 5 Abs. 1 S. 2 BetrVG). Leiharbeitnehmer sind mitzuzählen, soweit sie auf Stammarbeitsplätzen beschäftigt werden.[137] Helfer im freiwilligen sozialen Jahr sind nicht mitzuzählen.[138] Die Überschreitung des Schwellenwerts kann sich auch daraus ergeben, dass dem Unternehmen Arbeitnehmer anderer Unternehmen nach der Konzernvorschrift des § 5 Abs. 1 MitbestG zugerechnet werden.[139]

61   Für die Ermittlung der **Zahl der idR beschäftigten Arbeitnehmer** ist nicht die Beschäftigtenzahl zu einem bestimmten Stichtag, sondern der regelmäßige Beschäftigungsstand, der unter Berücksichtigung der Vergangenheit des Unternehmens und seiner zukünftigen Entwicklung zu bestimmen ist, maßgebend.[140] Hierzu ist eine angemessene Referenzperiode festzulegen, deren Dauer dem Zweck dienen soll, häufige Wechsel der Mitbestimmungsform durch Schwankungen der Belegschaftszahl zu vermeiden.[141] Eine Berücksichtigung der Unternehmensplanung über 17–20 Monate hinweg wird dabei für erforderlich, aber auch ausreichend gehalten.[142] Ein nur vorübergehendes Absinken der Arbeitnehmerzahl unter die Grenze von 2.000 Mitarbeitern muss dementsprechend nicht zur Beendigung der Mitbestimmung führen.[143] Nach überwiegender, aber nicht zweifelsfreier Ansicht sind nur im Inland beschäftigte Arbeitnehmer zu berücksichtigen.[144]

62   d) **Kein Tendenzunternehmen.** Negative Voraussetzung für die Anwendbarkeit des MitbestG ist, dass für das Unternehmen kein Tendenzschutz besteht. Gem. § 1 Abs. 4 S. 1 MitbestG genießt ein Unternehmen **Tendenzschutz,** wenn es unmittelbar und überwiegend politischen, koalitionspolitischen, konfessionellen, karitativen, erzieherischen, wissenschaftlichen oder künstlerischen Bestimmungen oder Zwecken der Berichterstattung oder Meinungsäußerung iSv Art. 5 Abs. 1 S. 2 GG dient. Das Gleiche gilt für Religionsgemeinschaften und deren karitative und erzieherische Einrichtungen, unbeschadet von deren Rechtsform (§ 1 Abs. 4 S. 2 MitbestG). Diese Privilegierung soll denjenigen Unternehmen eine von Mitbestimmungseinflüssen ungestörte Tendenzverfolgung ermöglichen, die einem besonderen, über die Erwerbswirtschaft hinausgehenden Zweck dienen.[145]

---

[133] ErfK/*Oetker* MitbestG § 3 Rn. 1.
[134] Richardi/*Richardi* BetrVG § 5 Rn. 52, 54, 68.
[135] BAG 16.4.2003 – 7 ABR 53/02, AP BetrVG 1972 § 9 Nr. 7, Wehr- und Zivildienst; BAG 29.3.1974 – 1 ABR 27/73, AP BetrVG 1972 § 19 Nr. 2, Wehrdienst; Richardi/*Richardi* BetrVG § 5 Rn. 90.
[136] BAG 16.4.2003 – 7 ABR 53/02, AP BetrVG 1972 § 9 Nr. 7.
[137] Erst-Recht-Schluß auf der Grundlage von BAG 4.11.2015 – 7 ABR 42/13, ZIP 2016, 783, auch wenn zu § 9 MitbestG entschieden und die Frage zu § 1 Abs. 1 Nr. 2 MitbestG ausdrücklich offen gelassen; ebenso MHdB ArbR/*Wißmann* § 279 Rn. 5; aA OLG Hamburg DB 2007, 2762, zum DrittelbG.
[138] Richardi/*Richardi* BetrVG § 5 Rn. 137.
[139] Hierzu unter → 3e bb; Zur Zurechnung von Arbeitnehmern eines anderen Unternehmens bei Vorliegen eines gemeinschaftlichen Betriebes s. LG Hamburg 21.10.2008 – 417 O 171/07, ZIP 2008, 2364 mwN.
[140] LG Nürnberg-Fürth BB 1982, 1625; ErfK/*Oetker* MitbestG § 1 Rn. 6; MHdB ArbR/*Wißmann* § 279 Rn. 10.
[141] ErfK/*Oetker* MitbestG § 1 Rn. 6.
[142] OLG Düsseldorf DB 1995, 277 (278); LG Nürnberg-Fürth DB 1983, 2675; ErfK/*Oetker* MitbestG § 1 Rn. 6; MHdB ArbR/*Wißmann* § 279 Rn. 10; für kürzere Referenzperiode zwischen 6 und 12 Monaten *Ulmer* FS Heinsius, 1991, 855 (863 f.).
[143] OLG Frankfurt a. M. EWiR 1988, 607; MHdB ArbR/*Wißmann* § 279 Rn. 10; ErfK/*Oetker* MitbestG § 1 Rn. 6.
[144] Für Berücksichtigung der Mitarbeiter im Ausland LG Frankfurt a. M. AG 2015, 371, dagegen LG Frankfurt a. M. und LG Hamburg 6.2.2018 – 403 HKO 130/17, AG 2018, 285; hierzu *Behme* AG 2018/1 einerseits, *Ott/Groette* NZG 2018, 281 andererseits. Zur Europarechtskonformität der deutschen Mitbestimmungsregeln ohne Behandlung dieser Streitfrage EuGH Urt. v. 18.7.2017 – Rs C-566/15, ZIP 2017, 1413.
[145] GroßkommAktG/*Oetker* MitbestG § 1 Rn. 22 f.; MHdB ArbR/*Wißmann* § 279 Rn. 21.

Allgemeine Voraussetzung für die Privilegierung ist gem. § 1 Abs. 4 S. 1 MitbestG, dass 63
das Unternehmen „unmittelbar und überwiegend" einer der geschützten Bestimmungen
(Tendenzen) dient. Eine **unmittelbare Tendenzverfolgung** liegt vor, wenn der Unternehmenszweck selbst auf die Verfolgung einer geistig-ideellen Zielsetzung ausgerichtet ist.[146] Es
genügt daher nicht, dass lediglich ein einzelner Betrieb oder die Abteilung eines Betriebes
tendenzgeschützte Zwecke verfolgt oder dass das Unternehmen lediglich die Tendenzverfolgung durch andere wirtschaftlich fördern soll.[147] Ein Unternehmen **dient** nach hM **überwiegend** einer **tendenzgeschützten Tätigkeit**, wenn die unmittelbar tendenzbezogene Tätigkeit
ein quantitatives Übergewicht hat, wobei es in erster Linie auf den Einsatz personeller und
sachlicher Mittel ankommt.[148] Auch Tendenzunternehmen können grds. Erwerbszwecken
dienen (zB Presseunternehmen), sofern dies nicht mit der im Einzelfall verfolgten Tendenz
(zB karitative Bestimmung) unvereinbar ist.[149]

Die in § 1 Abs. 4 S. 1 MitbestG genannten Fallgruppen sind in ihren tatbestandlichen 64
Voraussetzungen dem § 118 BetrVG nachgebildet, so dass hinsichtlich der Auslegung der
Tatbestandsmerkmale – auch wenn der absolute Tendenzschutz des § 1 Abs. 4 MitbestG
iErg weiter geht als der Tendenzschutz nach § 118 Abs. 1 BetrVG – auf die dort gewonnenen Erkenntnisse zurückgegriffen werden kann.[150]

e) **Sonderregelungen der Mitbestimmung in AG und KGaA als persönlich haftender Ge-** 65
sellschafter einer Kommanditgesellschaft und im Konzern. *aa) Zurechnung von Arbeitnehmern zur Komplementärin einer KG.* **Der Komplementärin** einer KG, die auch in Form
einer **AG** oder **KGaA** betrieben werden kann (§ 1 Abs. 1 Nr. 1 MitbestG) und deren Anteils-
oder Stimmenmehrheit ihre Kommanditisten innehaben, werden gem. § 4 Abs. 1 S. 1 MitbestG **die Arbeitnehmer der KG zugerechnet, sofern** sie **nicht** selbst über einen Geschäftsbetrieb mit in der Regel mehr als 500 Mitarbeitern verfügt. Sind die vorgenannten Voraussetzungen erfüllt und ergibt sich nach Hinzurechnung der Arbeitnehmer zur Komplementärin,
dass diese in der Regel mehr als 2.000 Arbeitnehmer beschäftigt, ist bei dieser – und nicht
bei der KG – ein mitbestimmter Aufsichtsrat zu bilden, sofern auch die übrigen Voraussetzungen des § 1 MitbestG erfüllt sind. Ist die Komplementärin als solche an mehreren Kommanditgesellschaften sternförmig beteiligt, so werden ihr alle Arbeitnehmer der Kommanditgesellschaften, bei denen die Voraussetzungen des § 4 Abs. 1 S. 1 MitbestG vorliegen,
zugerechnet.[151]

Hat eine KG mehrere AGs und/oder KGaAs als persönlich haftende Gesellschafter, so 66
werden jeder von ihnen alle Arbeitnehmer der KG zugerechnet.[152] Durch § 4 Abs. 1 S. 2, 3
MitbestG wird der Anwendungsbereich des § 4 Abs. 1 S. 1 MitbestG auch auf die doppel-
und mehrstöckige Kapitalgesellschaft & Co. KG ausgedehnt.[153] Damit die mittelbare Mit-

---

[146] GroßkommAktG/*Oetker* MitbestG § 1 Rn. 34; MüKoAktG/*Gach* MitbestG § 1 Rn. 31 f.; UHH/*Ulmer/
Habersack* MitbestG § 1 Rn. 58.
[147] OLG Stuttgart 3.5.1989 – 8 W 38/89, DB 1989, 1128 f.; GroßkommAktG/*Oetker* MitbestG § 1 Rn. 34;
MHdB ArbR/*Wißmann* § 279 Rn. 21; UHH/*Ulmer/Habersack* MitbestG § 1 Rn. 58; zum BetrVG BAG
31.10.1975 – 1 ABR 64/74, AP BetrVG 1972 § 118 Nr. 3; 7.11.1975 – 1 AZR 282/74, AP BetrVG 1972 § 118
Nr. 4; 21.6.1989 – 7 ABR 58/87, AP BetrVG 1972 § 118 Nr. 43, ferner Fitting/*Engels/Schmidt/Trebinger/
Linsenmaier* BetrVG § 118 Rn. 13, 14.
[148] BAG 21.6.1989 – 7 ABR 58/87, AP BetrVG 1972 § 118 Nr. 43; GroßkommAktG/*Oetker* MitbestG § 1
Rn. 35 f.; MüKoAktG/*Gach* MitbestG § 1 Rn. 33; MHdB ArbR/*Wißmann* § 279 Rn. 21; Fitting/*Engels/
Schmidt/Trebinger/Linsenmaier* BetrVG § 118 Rn. 6; aA wenn die unmittelbar tendenzbezogene Tätigkeit
qualitativ überwiegt: OLG Hamburg 22.1.1980 – 11 W 38/79, NJW 1980, 1803; UHH/*Ulmer/Habersack*
MitbestG § 1 Rn. 59; KölnKommAktG/*Mertens/Cahn* Anh. § 117 B, MitbestG § 1 Rn. 14; Richardi/*Thüsing*
BetrVG § 118 Rn. 33 f.
[149] BAG 15.2.1989 – 7 ABR 12/87, AP BetrVG 1972 § 118 Nr. 39; GroßkommAktG/*Oetker* MitbestG § 1
Rn. 23; UHH/*Ulmer/Habersack* § 1 Rn. 61 zum BetrVG; Fitting/*Engels/Schmidt/Trebinger/Linsenmaier*
BetrVG § 118 Rn. 10.
[150] ErfK/*Oetker* MitbestG § 1 Rn. 9; GroßkommAktG/*Oetker* MitbestG § 1 Rn. 25 f.; MHdB ArbR/
Wißmann § 279 Rn. 22; zu § 118 BetrVG s. ua ErfK/*Kania* BetrVG § 118; Fitting/*Engels/Schmidt/Trebinger/
Linsenmaier* BetrVG § 118; Richardi/*Thüsing* BetrVG § 118.
[151] ErfK/*Oetker* MitbestG § 4 Rn. 6.
[152] ErfK/*Oetker* MitbestG § 4 Rn. 6.
[153] ErfK/*Oetker* MitbestG § 4 Rn. 7.

bestimmung in der KG nach § 4 Abs. 1 S. 1 MitbestG nicht dadurch unterlaufen wird, dass die dem MitbestG unterworfene Komplementärkapitalgesellschaft von der Geschäftsführung ausgeschlossen wird, erklärt § 4 Abs. 2 MitbestG dies für unzulässig.[154]

67 bb) *Konzernmitbestimmung gem. § 5 Abs. 1 MitbestG.* Gem. § 5 Abs. 1 S. 1 MitbestG **gelten die Arbeitnehmer eines Konzernunternehmens als Arbeitnehmer des herrschenden Konzernunternehmens** (§ 18 Abs. 1 AktG), wenn dieses seiner Rechtsform nach unter § 1 Abs. 1 Nr. 1 MitbestG fällt.[155] Das Gleiche gilt für die Arbeitnehmer eines Unternehmens iSv § 1 Abs. 1 MitbestG, das Komplementärin einer abhängigen KG (§ 18 Abs. 1 AktG) ist (§ 5 Abs. 1 S. 2 MitbestG). Ist eine KG, bei der die Arbeitnehmer gem. § 4 Abs. 1 MitbestG als Arbeitnehmer der Komplementärin gelten, herrschendes Unternehmen eines Konzerns, gelten im Rahmen des MitbestG die Arbeitnehmer der Konzernunternehmen ebenfalls als Mitarbeiter der Komplementärin; die § 5 Abs. 1 S. 2, § 4 Abs. 2 MitbestG sind entsprechend anzuwenden (§ 5 Abs. 2 MitbestG).

68 Auch beim herrschenden Unternehmen ist daher – unabhängig davon, ob es sich um einen faktischen Konzern oder einen Vertragskonzern handelt – ein mitbestimmter Aufsichtsrat zu bilden, sofern auch bei diesem die weiteren Voraussetzungen des § 1 MitbestG für eine Zurechnung der Arbeitnehmer der Konzernunternehmen erfüllt sind. Die Arbeitnehmer der Konzernunternehmen sind dabei in gleicher Weise wie die Arbeitnehmer des herrschenden Unternehmens wahlberechtigt und wählbar.[156]

69 Herrschendes Unternehmen eines Konzerns (§ 18 Abs. 1 AktG) iSv § 5 Abs. 1 S. 1 MitbestG kann jedes Unternehmen sein, das in einer der in § 1 Abs. 1 Nr. 1 genannten Rechtsform verfasst ist, wobei es iRd § 5 Abs. 1 MitbestG keiner eigenen Unternehmenstätigkeit und keiner maßgeblichen Beteiligung des herrschenden Unternehmens an weiteren Gesellschaften bedarf.[157] Auch eine arbeitnehmerlose Gesellschaft kann deshalb herrschendes Unternehmen sein.[158] Eine besondere Rechtsform für das **abhängige Unternehmen**[159] schreibt § 5 Abs. 1 S. 1 MitbestG nicht vor. Als abhängige Unternehmen kommen daher namentlich auch Personengesellschaften[160] und Auslandsgesellschaften mit tatsächlichem Verwaltungssitz im Inland[161] in Betracht Ob Auslandsgesellschaften darüber hinaus zu berücksichtigen sind, ist streitig (s. oben → Rn. 61).

70 cc) *„Konzern im Konzern".* Die Frage, ob und unter welchen Voraussetzungen innerhalb eines mehrstufigen Konzerns die Arbeitnehmer einer Untergesellschaft neben der Konzernspitze (§ 5 Abs. 1 MitbestG) auch einer Konzernzwischengesellschaft zugerechnet werden können, ohne dass die besonderen Voraussetzungen für die Mitbestimmung im Teilkonzern des § 5 Abs. 3 MitbestG erfüllt sind, ist umstritten. In Rspr. und Lit. wird eine solche Zurechnung heute überwiegend für möglich gehalten, sofern eine Konzernzwischengesellschaft einen ihr von der Konzernspitze eingeräumten eigenen Entscheidungsspielraum hat und insoweit selbstständig die Leitungsmacht über die ihr nachgeordneten Konzernunternehmen ausüben kann, ohne der Kontrollbefugnis der Muttergesellschaft zu unterliegen (Zwischenobergesellschaft).[162] Es kommt darauf an, ob die Konzernspitze ihre zentrale Leitungsbe-

---

[154] Vgl. BT-Drs. 7/2172 S. 21; ErfK/*Oetker* MitbestG § 4 Rn. 8.
[155] OLG München AG 2009, 339; MüKoAktG/*Gach* MitbestG § 5 Rn. 22.
[156] MHdB ArbR/*Wißmann* § 279 Rn. 13.
[157] OLG Frankfurt a. M. ZIP 2008, 880 (881); BayObLG DB 1998, 973 (975); OLG Stuttgart BB 1989, 1005 (1006); ErfK/*Oetker* MitbestG § 5 Rn. 3; UHH/*Habersack* MitbestG § 5 Rn. 16.
[158] BayObLG DB 1998, 973 (975); OLG Stuttgart BB 1989, 1005 (1006); ErfK/*Oetker* MitbestG § 5 Rn. 3; UHH/*Habersack* MitbestG § 5 Rn. 16; aA OLG Hamburg DB 1980, 1332 (1334).
[159] Näheres zum mitbestimmungsrechtlich relevanten Konzernbegriff, insbes. zum Abhängigkeitsbegriff sowie zum Begriff der „einheitlichen Leitung" s. statt vieler ErfK/*Oetker* MitbestG § 5 Rn. 5, 6; UHH/*Habersack* MitbestG § 5 Rn. 17 ff.
[160] UHH/*Habersack* MitbestG § 5 Rn. 18; ErfK/*Oetker* MitbestG § 5 Rn. 5.
[161] *Habersack* AG 2007, 641 (645).
[162] OLG München AG 2009, 339; OLG Frankfurt a. M. DB 1986, 2658; OLG Zweibrücken DB 1984, 107 f.; LG Nürnberg-Fürth AG 1984, 54 ff.; OLG Düsseldorf DB 1979, 699 f.; Frage offen gelassen OLG Düsseldorf ZIP 1997, 547; LG München AG 1996, 187; Überblick bei ErfK/*Oetker* MitbestG § 5 Rn. 8 f. mwN; MüKoAktG/*Gach* MitbestG § 5 Rn. 24 ff.; KölnKommAktG/*Mertens/Cahn* Anh. § 117 B, MitbestG § 5 Rn. 32.

fugnis in vollem Umfang abgegeben hat, so dass zwischen ihr und der Zwischengesellschaft nur noch eine lose Rechtsbeziehung verbleibt und der Aufsichtsrat des herrschenden Unternehmens seine Aufsichtsfunktion hinsichtlich des „ausgelagerten" Geschäftsbereichs nicht mehr wahrzunehmen vermag.[163]

Ob eine **Verlagerung einheitlicher Leitungsmacht auf eine Zwischenobergesellschaft** und damit ein „Konzern im Konzern" vorliegt, ist nach den Umständen des Einzelfalls zu entscheiden.[164] Soweit ersichtlich, wurde dies bisher in allen zu entscheidenden Fällen verneint. Dennoch wird die Anwendung des MitbestG auf der Basis des „Konzerns im Konzern" teilweise praktiziert.[165] Im Ergebnis hat die Anwendung des § 5 Abs. 1 MitbestG auf eine Konzernzwischengesellschaft zur Folge, dass die Arbeitnehmer der untergeordneten Konzernunternehmen sowohl dieser Gesellschaft als herrschendem Unternehmen des Teilkonzerns als auch dem herrschenden Unternehmen des Gesamtkonzerns nach § 5 Abs. 1 MitbestG zuzurechnen sind.[166]

Bei einem **Sachverhalt mit Auslandsbezug** steht es einer Zurechnung von Arbeitnehmern eines inländischen Enkelunternehmens nach § 5 Abs. 1 nicht entgegen, wenn dieses über eine ausländische Tochtergesellschaft einer inländischen Konzernspitze angehört.[167] Hat eine Konzernspitze ihren Sitz im Ausland, kommt eine Zurechnung der Arbeitnehmer nach § 5 Abs. 1 MitbestG nicht in Betracht;[168] vielmehr kommt in diesem Fall die Teilkonzernregelung des § 5 Abs. 3 MitbestG zur Anwendung.[169]

dd) Gemeinschaftsunternehmen. Bei Gemeinschaftsunternehmen stellt sich die Frage, ob ein Tochterunternehmen, das von zwei oder mehr Muttergesellschaften in der Weise beherrscht wird, dass nicht jede Obergesellschaft für sich, sondern nur alle Obergesellschaften zusammen auf Grund gemeinsamer Willensbildung Einfluss auf das Unternehmen nehmen können, mehreren Konzernen angehört, so dass jeder der Obergesellschaften die Arbeitnehmer des Gemeinschaftsunternehmens nach § 5 Abs. 1 MitbestG zuzurechnen sind.[170] Nach heute wohl überwiegender Meinung besteht ein Konzernverhältnis mit mehreren Obergesellschaften (mehrfache Konzernzugehörigkeit) dann, wenn diese tatsächlich gemeinsam die Leitungsmacht über das Gemeinschaftsunternehmen ausüben und damit jeweils eine konzernrechtlich relevante Abhängigkeit besteht.[171] Das Vorliegen der Voraussetzungen einer mehrfachen Konzernzugehörigkeit ist dabei jeweils im Einzelfall zu prüfen.[172]

Bei einer **paritätischen Beteiligung zweier Mutterunternehmen** (je 50%) an dem Gemeinschaftsunternehmen liegt auf Grund der Pattsituation die Vermutung nahe, dass die Mutterunternehmen dauerhaft und zwangsläufig einheitlich auf das Gemeinschaftsunternehmen einwirken und damit die (in § 17 Abs. 1 AktG vorausgesetzte) Abhängigkeit des Gemeinschaftsunternehmens von beiden Mutterunternehmen gegeben ist.[173] **Sind mehr als zwei Mutterunternehmen** an einem Gemeinschaftsunternehmen beteiligt **oder** liegt eine **imparitätische Beteiligung** vor, so ist das Gemeinschaftsunternehmen von jedem Mutterunternehmen nur dann iSv § 17 Abs. 1 AktG abhängig, wenn jedes Mutterunternehmen eine gesicherte Beherrschungsmöglichkeit über das Gemeinschaftsunternehmen besitzt.[174] Hierzu bedarf es regelmäßig einer vertraglichen oder sonstigen Ausgestaltung, zB im Rahmen eines Konsor-

---

[163] OLG Düsseldorf 27.12.1996 – 19 W 4/96 AktE, ZIP 1997, 546 (547); ErfK/*Oetker* MitbestG § 5 Rn. 9
[164] ErfK/*Oetker* MitbestG § 5 Rn. 9 mit Beispielen und mwN.
[165] Überblick s. MHdB ArbR/*Wißmann* § 279 Rn. 15 mwN.
[166] MHdB ArbR/*Wißmann* § 279 Rn. 15.
[167] UHH/*Ulmer/Habersack* MitbestG § 5 Rn. 55; ErfK/*Oetker* MitbestG § 5 Rn. 14; relevant wird diese Frage natürlich nur, wenn nicht ohnehin die Mitarbeiter in ausländischen Tochtergesellschaften mitzuzählen sind, zu dieser Streitfrage s. oben → Rn. 61.
[168] LG Stuttgart 11.5.1993 – 2 AktE 1/92, BB 1993, 1541; UHH/*Ulmer/Habersack* MitbestG § 5 Rn. 55.
[169] ErfK/*Oetker* MitbestG § 5 Rn. 14; *Henssler* ZfA 2005, 289 ff.
[170] ErfK/*Oetker* MitbestG § 5 Rn. 10, 13; MHdB ArbR/*Wißmann* § 279 Rn. 16.
[171] BAG AG 1988, 106; MHdB ArbR/*Wißmann* § 279 Rn. 16; ErfK/*Oetker* MitbestG § 5 Rn. 10 ff.; UHH/*Ulmer/Habersack* MitbestG § 5 Rn. 47; KölnKommAktG/*Mertens/Cahn* Anh. § 117 B, MitbestG § 5 Rn. 34 f.; GroßkommAktG/*Oetker* MitbestG § 5 Rn. 28.
[172] ErfK/*Oetker* MitbestG § 5 Rn. 10; KHzA/*Klinkhammer* 7.1 Rn. 55.
[173] MHdB ArbR/*Wißmann* § 279 Rn. 16; ErfK/*Oetker* MitbestG § 5 Rn. 11.
[174] ErfK/*Oetker* MitbestG § 5 Rn. 12; MHdB ArbR/*Wißmann* § 279 Rn. 16.

tial- oder Poolvertrages, die eine ständige einheitliche Einflussnahme aller Muttergesellschaften sicherstellt.[175]

75   *ee) Mitbestimmung im Teilkonzern gem. § 5 Abs. 3 MitbestG.* Der unter cc) dargestellte Grundsatz, dass im Konzern die Mitbestimmung auch im herrschenden Konzernunternehmen stattzufinden hat, scheitert, wenn dieses selbst nicht mitbestimmungspflichtig ist, weil es sich zB um eine Personengesellschaft oder natürliche Person[176] handelt, das Unternehmen seinen Sitz im Ausland hat[177] oder Tendenzschutz genießt oder bei einer Kapitalgesellschaft & Co. KG die Voraussetzungen des § 4 Abs. 1 S. 1 MitbestG nicht vorliegen.[178] Um diese Lücke zu schließen, fingiert § 5 Abs. 3 MitbestG dasjenige abhängige Unternehmen, das dem herrschenden Unternehmen am nächsten steht und in einer von § 5 Abs. 1 oder 2 MitbestG genannten Rechtsform verfasst ist, als herrschendes Unternehmen iSv § 5 Abs. 1, 2 MitbestG, wenn die Konzernspitze über dieses oder mehrere solcher Unternehmen die Konzernleitung über andere Konzernunternehmen ausübt[179] und verlagert die Mitbestimmung auf eine Teilkonzernspitze indem er anordnet, dass *dort* unter Zurechnung der Arbeitnehmer der untergeordneten Unternehmen ein mitbestimmter Aufsichtsrat zu bilden ist.[180]

76   Die Rspr. will es entgegen gewichtigen Stimmen in der Lit. für die Anwendung des § 5 Abs. 3 MitbestG genügen lassen, wenn die Konzernzwischengesellschaft auf Grund ihrer Beteiligung an nachfolgenden Unternehmen die Leitungsmacht der Konzernspitze vermittelt, eine Leitungsmacht *ausüben* muss sie nicht.[181]

77   **f) Tendenzkonzern.** Besondere mitbestimmungsrechtliche Fragen wirft der Tendenzkonzern auf.[182] Das MitbestG selbst enthält keine ausdrückliche Regelung des Tendenzschutzes im Konzern, woraus sich in der Praxis eine Reihe von Zweifelsfragen ergibt.

78   *aa) Tendenzunternehmen als Konzernspitze.* Hat das herrschende Unternehmen selbst Tendenzcharakter iSd § 1 Abs. 4 MitbestG, so entfällt eine Arbeitnehmerzurechnung nach § 5 Abs. 1 MitbestG zu diesem.[183] Dies gilt auch dann, wenn das/die abhängige(n) Unternehmen keinen Tendenzschutz genießt/genießen.[184] Die Mitbestimmung bei dem/den abhängigen tendenzfreien Unternehmen wird hierdurch nicht berührt.[185]

79   *bb) Tendenzunternehmen als Tochterunternehmen.* Für ein Tendenzunternehmen als Konzerntochter gilt, dass dieses gem. § 1 Abs. 4 MitbestG nicht unter das MitbestG fällt. Die Arbeitnehmer des abhängigen Tendenzunternehmens nehmen aber grds. dennoch gem.

---

[175] ErfK/*Oetker* MitbestG § 5 Rn. 12; GroßkommAktG/*Oetker* MitbestG § 5 Rn. 29; UHH/*Ulmer/Habersack* MitbestG § 5 Rn. 51; MHdB ArbR/*Wißmann* § 279 Rn. 16; eing. *Böttcher/Liekefett* NZG 2003, 703 ff.

[176] OLG Frankfurt a. M. 21.4.2008 – 20 W 8/07, ZIP 2008, 880 (881); BayObLG 6.3.2002 – 3Z BR 343/00, NZA 2002, 691.

[177] OLG Frankfurt a. M. 21.4.2008 – 20 W 342/07, ZIP 2008, 878 (879); ErfK/*Oetker* MitbestG § 5 Rn. 18; *Henssler* ZfA 2005, 289 ff.

[178] Übersicht in ErfK/*Oetker* MitbestG § 5 Rn. 18; MHdB ArbR/*Wißmann* § 279 Rn. 17.

[179] BAG 6.3.2002 – 3 Z BR 343/00, NZA 2002, 691 (694); ErfK/*Oetker* MitbestG § 5 Rn. 18; MHdB ArbR/*Wißmann* § 279 Rn. 17.

[180] ErfK/*Oetker* MitbestG § 5 Rn. 18.

[181] OLG Frankfurt a. M. 21.4.2008 – 20 W 8/07, ZIP 2008, 880 (882); OLG Frankfurt a. M. 21.4.2008 – 20 W 342/07, ZIP 2008, 878 (879) im Anschluss an OLG Stuttgart 30.3.1995 – 8 W 355/93, ZIP 1995, 1004; und OLG Düsseldorf 30.10.2006 – I-26 W 14/06 AktE, ZIP 2006, 2375; zust. MüKoAktG/*Gach* MitbestG § 5 Rn. 38; *Trittin/Gilles* AuR 2008, 136 (138 f.); aA LG Stuttgart 11.5.1993 – 2 AktE 1/92, BB 1993, 1541 (1542); ErfK/*Oetker* MitbestG § 5 Rn. 21; *Habersack* AG 2007, 641 (647 f.); *Henssler* ZfA 2005, 289 (308).

[182] GroßkommAktG/*Oetker* MitbestG § 5 Rn. 36.

[183] OLG Hamburg DB 1980, 635; GroßkommAktG/*Oetker* MitbestG § 5 Rn. 36.

[184] GroßkommAktG/*Oetker* MitbestG § 5 Rn. 36; MüKoAktG/*Gach* MitbestG § 5 Rn. 27; KölnKommAktG/*Mertens/Cahn* Anh. § 117 B, MitbestG § 1 Rn. 38; UHH/*Ulmer/Habersack* MitbestG § 5 Rn. 58; aA MHdB ArbR/*Wißmann* § 279 Rn. 24.

[185] BAGE 27, 301 (309) = BB 1976, 136; GroßkommAktG/*Oetker* MitbestG § 5 Rn. 36; KölnKommAktG/*Mertens/Cahn* Anh. § 117 B, MitbestG § 1 Rn. 38; MüKoAktG/*Gach* MitbestG § 5 Rn. 27; *Martens* AG 1980, 289 (295).

§ 5 Abs. 1 MitbestG an der Mitbestimmung beim herrschenden Unternehmen teil, wenn dieses selbst tendenzfrei ist.[186]

Umstritten ist die Frage, wie zu entscheiden ist, wenn das herrschende Unternehmen die Tendenzvoraussetzungen zwar selbst nicht erfüllt, im Konzern der Tendenzcharakter aber insgesamt überwiegt, etwa weil die Konzernspitze als Holdinggesellschaft abhängige Tendenzunternehmen ausschließlich verwaltet.[187] Teilweise wurde in der Rspr. eine Arbeitnehmerzurechnung nach § 5 Abs. 1 MitbestG bejaht und die Anwendung des § 1 Abs. 4 MitbestG auf das herrschende Unternehmen abgelehnt, weil dieses nicht unmittelbar eine tendenzgeschützte Tätigkeit verfolge.[188] Eine analoge Anwendung des § 1 Abs. 4 MitbestG wurde mit der Begründung abgelehnt, dass § 1 Abs. 4 MitbestG als Ausnahmevorschrift nicht auf vom Gesetzgeber nicht vorgesehene Fälle angewendet werden dürfe.[189] Dies wird jedoch iErg dem Schutzzweck des § 1 Abs. 4 MitbestG nicht gerecht[190] und daher von der wohl hM zu Recht abgelehnt: eine Mitbestimmung der Arbeitnehmer im Aufsichtsrat des herrschenden, selbst nicht tendenzgeschützten Unternehmens widerspricht in diesem Fall dem Ziel, die Leitung solcher Unternehmen aus verfassungsrechtlichen Gründen vom Einfluss der Arbeitnehmerseite freizuhalten, sodass § 1 Abs. 4 MitbestG auf die Konzernspitze des/der Tendenzunternehmen(s) analog anzuwenden ist und eine Arbeitnehmerzurechnung nach § 5 Abs. 1 MitbestG ausscheidet.[191]

g) Rechtsfolgen der Anwendbarkeit des MitbestG. Sind die Voraussetzungen für die Anwendung des MitbestG erfüllt, ist bei den in § 1 Abs. 1 MitbestG genannten Unternehmen gem. § 6 Abs. 1 MitbestG ein Aufsichtsrat zu bilden, soweit sich dies nicht bereits aus anderen gesetzlichen Vorschriften ergibt. Für die Aktiengesellschaft folgt die Bildung eines Aufsichtsrats bereits aus den §§ 95 ff. AktG.

Die Bildung und die Zusammensetzung des Aufsichtsrats sowie die Bestellung und Abberufung seiner Mitglieder richten sich nach den §§ 7–24 MitbestG und subsidiär nach §§ 96 Abs. 2, 97–101 Abs. 1, 3 und §§ 102–106 AktG, wobei allerdings die Maßgabe gilt, dass die Wählbarkeit eines Prokuristen zum Aufsichtsratsmitglied der Arbeitnehmer ausgeschlossen ist, wenn dieser dem zur gesetzlichen Vertretung des Unternehmens befugten Organ unmittelbar unterstellt und zur Ausübung der Prokura für den gesamten Geschäftsbereich des Organs ermächtigt ist (§ 6 Abs. 2 S. 1 MitbestG). Andere gesetzliche Vorschriften und Bestimmungen der Satzung über die Zusammensetzung des Aufsichtsrats sowie die Bestellung und Abberufung seiner Mitglieder bleiben unberührt, soweit diese den Vorschriften des MitbestG nicht entgegenstehen.

Die Wahl der Arbeitnehmervertreter richtet sich nach den §§ 9 ff. MitbestG und drei Wahlordnungen.[192] Abhängig von der regelmäßigen Arbeitnehmerzahl des Unternehmens oder einem Beschluss der Arbeitnehmer (§ 9 Abs. 3 MitbestG) ist die Wahl als unmittelbare Wahl (Urwahl, § 18 MitbestG) oder als mittelbare Wahl durch Delegierte (§§ 10–17 MitbestG) durchzuführen, § 9 Abs. 1, 2 MitbestG.

Bei börsennotierten Gesellschaften, für die das MitbestG gilt, setzt sich der Aufsichtsrat zu jeweils mindestens **30 % aus Frauen und Männern** zusammen (§ 96 Abs. 2 AHG idF durch das FüPoTeiG).[193] Diese Quote gilt grds. für den Gesamtaufsichtsrat, jedoch können sowohl die Anteilseigner – als auch die Arbeitnehmervertreter der Gesamterfüllung wider-

---

[186] BAG 30.6.1981 – 1 ABR 30/79, AP BetrVG 1972 § 118 Nr. 20; OLG Hamburg 22.1.1980 – 11 W 38/79, NJW 1980, 1803 f.; ErfK/*Oetker* MitbestG § 5 Rn. 15; KölnKommAktG/*Mertens/Cahn* Anh. § 117 B, MitbestG § 1 Rn. 16; MHdB ArbR/*Wißmann* § 279 Rn. 24.
[187] ErfK/*Oetker* MitbestG § 5 Rn. 16.
[188] OLG Stuttgart BB 1989, 1005; LG Stuttgart AG 1989, 445 (446); LG Hamburg 24.9.1979 – 71 T 31/1978, DB 1979, 2279; ErfK/*Oetker* MitbestG § 5 Rn. 16.
[189] LG Hamburg 24.9.1979 – 71 T 31/1978, DB 1979, 2279; ErfK/*Oetker* MitbestG § 5 Rn. 16.
[190] ErfK/*Oetker* MitbestG § 5 Rn. 16.
[191] ErfK/*Oetker* MitbestG § 5 Rn. 16; MHdB ArbR/*Wißmann* § 279 Rn. 24; iE auch OLG Hamburg DB 1980, 635 (636); und LG Hamburg 24.6.1999 – 321 T 86/98, NZA-RR 2000, 209 (210) unter direkter Anwendung von § 1 Abs. 4 MitbestG.
[192] WahlOMitbestG 27.5.2002 (BGBl. 2002 I 1682); 2. WahlOMitbestG 27.5.2002 (BGBl. 2002 I 1708); 3. WahlOMitbestG 27.5.2002 (BGBl. 2002 I 1741).
[193] Hierzu *Schüppen/Tretter*, Wp 2015, 643 (652 ff.).

sprechen (§ 96 Abs. 2 S. 2 u. 3 AktG).[194] Im Falle eines solchen Widerspruchs müssen gem. § 7 Abs. 3 MitbestG Frauen und Männer unter den Aufsichtsratsmitgliedern der Arbeitnehmer jeweils mit einem Anteil von mindestens 30 % vertreten sein.

85 Der mitbestimmte Aufsichtsrat setzt sich gem. § 7 Abs. 1 Nr. 1–3 MitbestG aus jeweils sechs, acht oder zehn Arbeitnehmer- und Anteilseignervertretern zusammen. Die Zahl der zu wählenden Aufsichtsräte ist davon abhängig, ob die Arbeitnehmerzahl in der Regel nicht mehr als 10.000, zwischen 10.000 und 20.000 oder mehr als 20.000 beträgt. Gem. § 7 Abs. 2 MitbestG müssen sich in einem Aufsichtsrat mit sechs oder acht Arbeitnehmervertretern unter diesen zwei Vertreter von Gewerkschaften und in einem Aufsichtsrat mit zehn Arbeitnehmern drei Vertreter von Gewerkschaften befinden.

86 Gem. § 27 Abs. 1 MitbestG wählt der Aufsichtsrat aus seiner Mitte einen Vorsitzenden und einen stellvertretenden Vorsitzenden mit einer Mehrheit von jeweils 2/3. Werden die erforderlichen Mehrheiten im ersten Wahlgang nicht erreicht, wählen die Anteilseignervertreter im zweiten Wahlgang den Vorsitzenden und die Arbeitnehmervertreter den Stellvertreter (§ 27 Abs. 2 MitbestG).

87 Der Aufsichtsrat ist gem. § 28 MitbestG beschlussfähig, wenn mindestens die Hälfte der Mitglieder, aus denen er insgesamt zu bestehen hat, an der Beschlussfassung teilnimmt. Beschlüsse des Aufsichtsrats bedürfen, soweit in den §§ 27, 29 Abs. 2, 31, 32 MitbestG nicht etwas anderes bestimmt ist, der Mehrheit der abgegebenen Stimmen (§ 29 Abs. 1 MitbestG). Bei Stimmengleichheit hat der Aufsichtsratsvorsitzende bei einer erneuten Abstimmung über denselben Gegenstand zwei Stimmen (§ 29 Abs. 2 MitbestG).

88 Die innere Ordnung, die Beschlussfassung sowie die Rechte und Pflichten des Aufsichtsrats bestimmen sich nach den §§ 27–29, 31, 32 MitbestG und, soweit diese Vorschriften dem nicht entgegenstehen, nach den Vorschriften des AktG (§ 25 Abs. 1 MitbestG). Andere gesetzliche Vorschriften, Bestimmungen der Satzung oder der Geschäftsordnung des Aufsichtsrats bleiben unberührt, soweit § 25 Abs. 1 MitbestG dem nicht entgegensteht.

89 Die Bestellung und Abberufung des Vorstands der Aktiengesellschaft vollziehen sich im mitbestimmten Aufsichtsrat gem. § 31 MitbestG dergestalt, dass der Beschluss über die Bestellung (bzw. deren Widerruf), abweichend von den aktienrechtlichen Regelungen, einer 2/3-Mehrheit bedarf, § 31 Abs. 2 MitbestG. Kommt diese Mehrheit nicht zustande, macht der sog Vermittlungsausschuss (vgl. § 27 Abs. 3 MitbestG) innerhalb eines Monats dem Aufsichtsrat einen Vorschlag (§ 31 Abs. 4 Abs. 5 MitbestG). Der Aufsichtsrat stimmt in diesem Fall erneut ab, sodann mit einfacher Mehrheit. Kommt diese Mehrheit nicht zustande, hat der Aufsichtsratsvorsitzende bei der dann folgenden dritten Abstimmung ein doppeltes Stimmrecht (§ 31 Abs. 4 MitbestG). Auf diesem Wege wird gewährleistet, dass sich letztlich die Seite der Anteilseigner durchsetzen kann.

90 Abweichend von der nach dem AktG geltenden Kompetenzverteilung sieht § 32 MitbestG vor, dass grundlegende Beteiligungsrechte, die ein mitbestimmtes Unternehmen in einem anderen mitbestimmten Unternehmen ausübt, nicht durch den Vorstand allein, sondern durch den Vorstand auf Grund von Beschlüssen des (mitbestimmten) Aufsichtsrats ausgeübt werden. Allerdings reicht die Mehrheit der Stimmen der Anteilseignervertreter zur Beschlussfassung aus (§ 32 Abs. 1 S. 2 MitbestG).

4. Aufsichtsrat nach dem DrittelbG

91 Das Drittelbeteiligungsgesetz (Gesetz über die Drittelbeteiligung der Arbeitnehmer im Aufsichtsrat – Drittelbeteiligungsgesetz v. 18.5.2004[195] (DrittelbG)) führt im Wesentlichen die früheren §§ 76 ff. BetrVG 1952 fort.[196] Ziel des Gesetzes war es, durch eine redaktionelle Neufassung der bisherigen unübersichtlichen Regelungen eine Vereinfachung und Straffung des Wahlverfahrens zu erreichen.[197]

---

[194] Zu Besonderheiten bei der börsennotierten SE siehe *Schüppen/Tretter* WPg 2015, 643 (653 f.).
[195] BGBl. 2004, I 974.
[196] Spindler/Stilz/*Spindler* AktG § 96 Rn. 16; Schmidt/Lutter/*Drygala* AktG § 96 Rn. 13.
[197] RegE zum Zweiten Gesetz zur Vereinfachung der Wahl der Arbeitnehmer in den Aufsichtsrat, BR-Drs. 10/04, 18 f.; Schmidt/Lutter/*Drygala* AktG § 96 Rn. 13.

a) Voraussetzungen der Anwendung des DrittelbG. Sind das MontanMitbestG, das 92
MontanMitbestErgG sowie das MitbestG nicht einschlägig, können die Regelungen des
DrittelbG Anwendung finden (§ 1 Abs. 3 MitbestG, § 1 Abs. 2 S. 1 Nr. 1 DrittelbG). Gem.
§ 1 Abs. 1 DrittelbG gelten die Bestimmungen über die Vertretung der Arbeitnehmer im
Aufsichtsrat für folgende Unternehmen:
- für jede bis zum 10.8.1994 eingetragene AG (KGaA), ausgenommen Familiengesellschaften mit weniger als 500 Arbeitnehmern (§ 1 Abs. 1 Nr. 1, 2 DrittelbG),
- für jede nach dem 10.8.1994 eingetragene AG (KGaA) mit mindestens 500 – aber weniger als 2.000 – Arbeitnehmern (§ 1 Abs. 1 Nr. 1, 2 DrittelbG),
- für jede GmbH mit mehr als 500 Arbeitnehmern (§ 1 Abs. 1 Nr. 3 DrittelbG),
- für jeden Versicherungsverein auf Gegenseitigkeit mit in der Regel mehr als 500 Arbeitnehmern und einen Aufsichtsrat (§ 1 Abs. 1 Nr. 4 DrittelbG) sowie
- für jede Genossenschaft mit mehr als 500 Arbeitnehmern (§ 1 Abs. 1 Nr. 5 DrittelbG)

Neben der Rechtsform des Unternehmens hängt die Anwendung des Gesetzes grds. davon 93
ab, ob das Unternehmen eine bestimmte Anzahl von Arbeitnehmern beschäftigt. § 1 DrittelbG verlangt eine **regelmäßige Arbeitnehmeranzahl von mehr als 500.** Nur bei einer vor
dem 10.8.1994 eingetragenen AG (KGaA) greift das Gesetz auch ein, wenn diese in der Regel weniger als 500 Arbeitnehmer beschäftigt, wobei allerdings entsprechend § 1 Abs. 1
BetrVG eine Mindestanzahl von fünf Arbeitnehmern vorhanden sein muss.[198]

Wie § 3 Abs. 1 MitbestG verweist § 3 Abs. 1 DrittelbG auf den **Arbeitnehmerbegriff** des 94
§ 5 Abs. 1 BetrVG, so dass insoweit auf die Ausführungen zu § 3 Abs. 1 MitbestG[199] verwiesen werden kann.[200]

Gem. § 1 Abs. 2 S. 1 Nr. 2 DrittelbG besteht eine allgemeine **Ausnahme von der Anwendung des DrittelbG** bzgl. **tendenzgeschützter Unternehmen**, die als solche unmittelbar und 95
überwiegend politischen, koalitionspolitischen, konfessionellen, karitativen, erzieherischen,
wissenschaftlichen oder künstlerischen Bestimmungen oder unmittelbar und überwiegend
Zwecken der Berichterstattung oder Meinungsäußerung, auf die Art. 5 Abs. 1 S. 2 GG anzuwenden ist, dienen, sowie bzgl. Religionsgemeinschaften und deren karitative und erzieherische Einrichtungen unbeschadet deren Rechtsform (§ 1 Abs. 2 S. 2 DrittelbG). Insoweit
entsprechen die Regelungen des § 1 Abs. 2 S. 1 Nr. 2, S. 2 jeweils der Parallelnorm in § 1
Abs. 4 MitbestG, der seinerseits mit § 118 BetrVG übereinstimmt,[201] sodass an dieser Stelle
auf die Ausführungen zu § 1 Abs. 4 MitbestG, insbes. zum Erfordernis der unmittelbaren
und überwiegenden Tendenzverfolgung[202] verwiesen werden kann.

b) Mitbestimmung im Konzern/Gemeinschaftsunternehmen. Gem. § 2 Abs. 1 DrittelbG 96
haben die Arbeitnehmer aller Konzernunternehmen ein **aktives und passives Wahlrecht** bei
der Wahl der Vertreter der Arbeitnehmer für den Aufsichtsrat des herrschenden Unternehmens eines Konzerns (§ 18 Abs. 1 AktG), sofern bei dem herrschenden Unternehmen ein
nach § 4 Abs. 1 DrittelbG zusammengesetzter Aufsichtsrat zu bilden ist.[203] Dies wiederum
richtet sich nach § 1 Abs. 1 DrittelbG, wobei für die Überschreitung des dort festgelegten
Schwellenwerts von in der Regel mehr als 500 Arbeitnehmern im Konzern die Zurechnungsvorschrift des § 2 Abs. 2 DrittelbG zu berücksichtigen ist.[204] Eine Wahlberechtigung

---
[198] BGH 7.2.2012 – II ZB 14/11, ZIP 2012, 669.
[199] → Rn. 60.
[200] UHH/*Henssler* DrittelbG § 3 Rn. 3.
[201] ErfK/*Oetker* DrittelbG § 1 Rn. 31.
[202] → Rn. 62 ff.
[203] Da § 2 Abs. 1 DrittelbG die Bildung eines mitbestimmten Aufsichtsrats voraussetzt, muss das in einer der Rechtsformen des § 1 Abs. 1 verfasste herrschende Unternehmen entweder die Schwellenwerte des § 1 Abs. 1 überschreiben – sei es selbst oder aufgrund der Zurechnung nach § 2 Abs. 2 DrittelbG – oder eine vor dem 10.8.1994 eingetragene AG, die nicht Familiengesellschaft ist, sein und darf keinen Tendenzschutz nach § 1 Abs. 1 S. 1 Nr. 2, S. 2 DrittelbG genießen, UHH/*Habersack* DrittelbG § 2 Rn. 6.
[204] OLG München AG 2009, 339, MitbestG; OLG Zweibrücken NZG 2006, 31; UHH/*Habersack* DrittelbG § 2 Rn. 6; ErfK/*Oetker* DrittelbG § 2 Rn. 7 mwN ua; LAG München 21.12.2006 – 4 TaBV 61/06, BeckRS 2007, 42402; *Seibt* NZA 2004, 767; MüKoAktG/*Gach* DrittelbG § 1 Rn. 13, der im Hinblick darauf, dass die Wahlordnung einen in der Regel aus drei wahlberechtigten Arbeitnehmern bestehenden Vorstand vor-

nach § 2 Abs. 1 DrittelbG kommt nicht in Betracht, wenn das herrschende Unternehmen trotz Erreichen des Schwellenwerts nicht in einer von § 1 Abs. 1 DrittelbG erfassten Rechtsform betrieben wird oder § 1 Abs. 2 DrittelbG die Bildung eines nach § 4 Abs. 1 DrittelbG zusammengesetzten Aufsichtsrat ausschließt.[205] Wahlberechtigt im herrschenden Unternehmen sind unter Anwendung des § 2 Abs. 1 DrittelbG sowohl Arbeitnehmer abhängiger Unternehmen, die selbst einen mitbestimmten Aufsichtsrat gebildet haben[206] als auch Arbeitnehmer solcher abhängiger Unternehmen, bei denen kein nach den Vorschriften des DrittelbG mitbestimmter Aufsichtsrat zu bilden ist.[207] Auch juristische Personen ausländischen Rechts mit Verwaltungssitz im Inland kommen als abhängige Unternehmen in Betracht.[208] In einem **mehrstufigen Konzern** haben neben den Arbeitnehmern des Tochterunternehmens auch die Arbeitnehmer des/der Enkelunternehmen(s) ein Wahlrecht bzgl. der Arbeitnehmervertreter, die in den Aufsichtsrat des herrschenden Unternehmens zu wählen sind.[209]

97 Der **Konzernbegriff des § 2 Abs. 1 DrittelbG** ist identisch mit dem Konzernbegriff des § 18 Abs. 1 AktG und verlangt die Zusammenfassung eines oder mehrerer abhängiger Unternehmen unter einheitlicher Leitung des herrschenden Unternehmens (§ 18 Abs. 1 S. 1 AktG). Von einem abhängigen Unternehmen wird vermutet, dass es mit dem herrschenden Unternehmen einen Konzern bildet (§ 18 Abs. 1 S. 3 AktG).

98 *aa) Zurechnung von Arbeitnehmern im Konzern.* Gem. **§ 2 Abs. 2 DrittelbG** gelten für den Fall, dass die Beteiligung der Arbeitnehmer im Aufsichtsrat des herrschenden Unternehmens vom Vorhandensein oder der Zahl von Arbeitnehmern abhängt, die Arbeitnehmer eines Konzernunternehmens nur dann als solche des herrschenden Unternehmens, wenn zwischen den Unternehmen ein **Beherrschungsvertrag** besteht oder das abhängige Unternehmen in das herrschende Unternehmen eingegliedert ist. Eine Beherrschung der Tochtergesellschaften durch die Konzernmutter in anderer Weise, etwa kraft Mehrheit der Stimmen (faktischer Konzern), reicht für die Anwendung des § 2 Abs. 2 DrittelbG – anders als für den Konzernbegriff iSd § 2 Abs. 1 DrittelbG/§ 18 Abs. 1 AktG und anders als im MitbestG – nicht aus.[210] Im Gegensatz zum MitbestG enthält das DrittelbG auch **weder eine dem § 5 Abs. 3 MitbestG entsprechende Zurechnungsregelung im Teilkonzern, noch** eine § 4 MitbestG entsprechende **Regelung zur Zurechnung der Arbeitnehmer einer KG zu ihrer Komplementärin**.

99 *bb) Konzern im Konzern/Gemeinschaftsunternehmen.* Hat in einem mehrstufigen Konzern das Tochterunternehmen eigene wesentliche Leitungsbefugnisse über das/die Enkelunternehmen, bildet dieses mit den Enkelunternehmen einen „Konzern im Konzern"[211] mit der Folge, dass die Arbeitnehmer der Enkelgesellschaften (auch) an der Wahl der Arbeitnehmervertreter im Aufsichtsrat der Tochtergesellschaft teilnahmeberechtigt sind.[212] Wegen gleichlautender Streitstände zu der Frage, wann die Voraussetzungen eines „Konzerns im Konzern" gegeben sind, kann an dieser Stelle auf die Ausführungen zu § 5 Abs. 1 MitbestG[213] verwiesen werden.[214]

---

sieht, verlangt, dass das herrschende Unternehmen selbst (dh ohne Zurechnung) mindestens über drei wahlberechtigte Arbeitnehmer verfügt mwN zum Streitstand.

[205] ErfK/*Oetker* DrittelbG § 2 Rn. 6.
[206] ErfK/*Oetker* DrittelbG § 2 Rn. 5.
[207] ErfK/*Oetker* DrittelbG § 2 Rn. 4, 5; UHH/*Habersack* DrittelbG § 2 Rn. 7.
[208] ErfK/*Oetker* DrittelbG § 2 Rn. 4; UHH/*Habersack* DrittelbG § 2 Rn. 7.
[209] BAG 13.6.1970 – 1 ABR 3/70, AP BetrVG § 76 Nr. 20; ErfK/*Oetker* DrittelbG § 2 Rn. 9; UHH/*Habersack* DrittelbG § 2 Rn. 9.
[210] KG 7.6.2007 – 2 W 8/07, NZG 2007, 913; LG Berlin 19.12.2006 – 102 O 59/06 AktG, ZIP 2007, 424; OLG Zweibrücken 18.10.2005 – 3 W 136/05, NZG 2006, 31; BayObLG ZIP 1993, 263 (264 f.), § 77a BetrVG 1952; OLG Düsseldorf 27.12.1996 – 19 W 4/96 AktE, ZIP 1997, 546 (548), § 77a BetrVG 1952; ErfK/*Oetker* DrittelbG § 2 Rn. 18; näher zur Zurechnung von Arbeitnehmern nach dem DrittelbG auch *Deilmann* NZG 2005, 659.
[211] ErfK/*Oetker* DrittelbG § 2 Rn. 9.
[212] ErfK/*Oetker* DrittelbG § 2 Rn. 9; UHH/*Habersack* DrittelbG § 2 Rn. 9 f.; aA *Lutter* ZGR 1977, 195 (211); *Gimmy* FS ARGE ArbR im DAV 2006, 857 (862 f.).
[213] → Rn. 70 ff.
[214] Spindler/Stilz/*Spindler* AktG § 96 Rn. 18; ErfK/*Oetker* DrittelbG § 2 Rn. 9.

Ein Unternehmen kann auch von zwei oder mehreren Muttergesellschaften beherrscht 100
werden (**Gemeinschaftsunternehmen**) mit der Folge, dass das/die beherrschte(n) Unternehmen zu jeder Obergesellschaft in einem Konzernverhältnis stehen, wenn die Obergesellschaften den Konzern aufgrund gemeinsamer Willensbildung leiten.[215] Ist dies der Fall, sind die Arbeitnehmer des abhängigen Unternehmens an der Wahl der Arbeitnehmervertreter zu den Aufsichtsräten aller Obergesellschaften teilnahmeberechtigt.[216] Auch was die Frage der Unternehmensmitbestimmung im Gemeinschaftsverhältnis anbelangt kann aufgrund Gleichlaufs der Streitstände iÜ auf die Ausführungen zu § 5 Abs. 1 MitbestG[217] verwiesen werden.[218]

c) **Rechtsfolgen der Anwendbarkeit des DrittelbG.** Gem. § 4 Abs. 1 DrittelbG muss der 101
Aufsichtsrat zu einem Drittel aus Arbeitnehmervertretern bestehen, sog drittelparitätische Mitbestimmung. Da das DrittelbG wie schon das BetrVG 1952 keine Bestimmung zur Gesamtzahl der Mitglieder des zusammengesetzten Aufsichtsrats enthält, bestimmt sich die Zahl der Mitglieder nach § 95 AktG, die Wahl der Anteilseignervertreter nach § 101 AktG. Die Wahl der Arbeitnehmervertreter im Verfahren der Urwahl[219] richtet sich nach §§ 5 ff. DrittelbG und der zum DrittelbG ergangenen Wahlordnung.[220]

Ist ein Aufsichtsratsmitglied der Arbeitnehmer oder sind zwei Aufsichtsratsmitglieder der 102
Arbeitnehmer zu wählen, so müssen diese als Arbeitnehmer im Unternehmen beschäftigt sein (§ 4 Abs. 2 S. 1 DrittelbG). Sind mehr als zwei Aufsichtsratsmitglieder der Arbeitnehmervertreter zu wählen, so müssen mindestens zwei Aufsichtsratsmitglieder als Arbeitnehmer im Unternehmen beschäftig sein (§ 4 Abs. 2 S. 2 DrittelbG). § 4 Abs. 3 DrittelbG regelt erstmalig die persönlichen Wählbarkeitsvoraussetzungen der unternehmensangehörigen Arbeitnehmer und stellt dabei einen Gleichlauf mit der Regelung des § 7 Abs. 3 MitbestG her.[221] Unter den Aufsichtsratsmitgliedern der Arbeitnehmer **sollen Frauen und Männer entsprechend ihrem zahlenmäßigen Verhältnis im Unternehmen** vertreten sein (§ 4 Abs. 4 DrittelbG). Gem. § 5 Abs. 1 DrittelbG werden die Aufsichtsratsmitglieder der Arbeitnehmer für die Zeit gewählt, die im Gesetz oder in der Satzung für die von der Hauptversammlung zu wählenden Aufsichtsratsmitglieder bestimmt ist.

5. Aufsichtsrat nach dem MgVG

a) **Voraussetzungen der Anwendung des MgVG.** Das Gesetz über die Mitbestimmung der 103
Arbeitnehmer bei grenzüberschreitender Verschmelzung vom 21.12.2006[222] (MgVG) setzt die Vorgaben der RL 2005/56/EG (Verschmelzungsrichtlinie) zur Mitbestimmung der Arbeitnehmer bei grenzüberschreitenden Verschmelzungen in nationales Recht um[223] und regelt parallel zu den gesellschaftsrechtlichen Regelungen in §§ 122a–123 UmwG[224] das Mitbestimmungsrecht, das bei einer grenzüberschreitenden Verschmelzung auf eine Gesellschaft mit Sitz in Deutschland greift. Gem. § 3 Abs. 1 S. 1 MgVG gilt das Gesetz für eine aus einer grenzüberschreitenden Verschmelzung hervorgehende Gesellschaft mit Sitz im Inland. Hat diese Gesellschaft ihren Sitz nicht im Inland, so gilt das MgVG nach § 3 Abs. 1 S. 2 unabhängig davon für im Inland beschäftigte Arbeitnehmer dieser Gesellschaft sowie für inländische beteiligte Gesellschaften, betroffene Tochtergesellschaften und betroffene Betriebe.

b) **Zusammensetzung des Aufsichtsrats.** Was die Mitbestimmung der Arbeitnehmer anbe- 104
langt, so bestimmt § 4 MgVG vorbehaltlich des § 5 MgVG, dass die Regelungen über die

---

[215] BAG 16.8.1995 – 7 ABR 57/94, AP BetrVG § 76 Nr. 30; BAG 13.6.1970 – 1 ABR 3/70, AP BetrVG § 76 Nr. 20.; ErfK/*Oetker* DrittelbG § 2 Rn. 10.
[216] BAG 13.6.1970 – 1 ABR 3/70, AP BetrVG § 76 Nr. 20.
[217] → Rn. 73 ff.
[218] UHH/*Habersack* DrittelbG § 2 Rn. 9.
[219] Spindler/Stilz/*Spindler* AktG § 96 Rn. 19.
[220] Wahlordnung zum Drittelbeteiligungsgesetz – WODrittelbG 9.6.2004 (BGBl. 2004 I 1393).
[221] Spindler/Stilz/*Spindler* AktG § 96 Rn. 19; ErfK/*Oetker* DrittelbG § 4 Rn. 9; *Huke/Prinz* BB 2004, 2633 (2635); *Boewer/Gaul/Otto* GmbHR 2004, 1065 (1067); *Seibt* NZA 2004, 767 (771).
[222] BGBl. 2006 I 3332.
[223] Ausf. zum MgVG *Lunk/Hinrichs* NZA 2007, 773.
[224] Zweites Gesetz zur Änderung des Umwandlungsgesetzes v. 19.4.2007 (BGBl. 2007 I 542).

Mitbestimmung der Arbeitnehmer in den Unternehmensorganen des Mitgliedsstaates Anwendung finden, in dem die Gesellschaft ihren Sitz hat.[225] Etwas anderes kann unter den Voraussetzungen des § 5 nach § 22 MgVG zwischen den Leitungen der unmittelbar an der Verschmelzung beteiligten Gesellschaften oder der aus einer grenzüberschreitenden Verschmelzung hervorgehenden Gesellschaft selbst[226] und einem besonderen Verhandlungsgremium[227] **vereinbart**[228] werden **oder nach §§ 23 ff. MgVG gelten.**[229]

105 Gem. § 5 MgVG ist das MgVG einschlägig, wenn (i) mindestens eine der beteiligten Gesellschaften in den ersten sechs Monaten vor der Veröffentlichung des Verschmelzungsplans (§ 122d UmwG) durchschnittlich mehr als 500 Arbeitnehmer beschäftigte und in dieser Gesellschaft ein Mitbestimmungssystem iSd § 2 Abs. 7 MgVG bestand (§ 5 Nr. 1 MgVG), oder (ii) das für die aus einer grenzüberschreitenden Verschmelzung hervorgehende Gesellschaft maßgebliche innerstaatliche Recht nicht mindestens den gleichen Umfang an Mitbestimmung der Arbeitnehmer vorsieht, der in den jeweiligen an der Verschmelzung beteiligten Gesellschaften bestand (§ 5 Nr. 2 MgVG) oder (iii) wenn das für die aus einer grenzüberschreitenden Verschmelzung hervorgehenden Gesellschaft maßgebliche innerstaatliche Recht für Arbeitnehmer in Betrieben dieser Gesellschaft, die sich in anderen Mitgliedstaaten befinden, nicht den gleichen Anspruch auf Ausübung von Mitbestimmung vorsieht, wie sie den Arbeitnehmern in demjenigen Mitgliedstaat gewährt werden, in dem die aus der grenzüberschreitenden Verschmelzung hervorgehende Gesellschaft ihren Sitz hat (§ 5 Nr. 3 MgVG).[230]

106 Soweit es nicht, zu einer abweichenden Vereinbarung nach § 22 MgVG kommt, bemisst sich gem. §§ 5, 24 Abs. 2 S. 2 MgVG die Zahl der Arbeitnehmervertreter im Aufsichts- oder Verwaltungsorgan der aus der grenzüberschreitenden Verschmelzung hervorgehenden Gesellschaft nach dem höchsten Anteil an Arbeitnehmervertretern, der in den Organen der beteiligten Gesellschaften vor der Eintragung der aus der grenzüberschreitenden Verschmelzung hervorgehenden Gesellschaft bestanden hat. Die Zahl der Sitze wird nach § 25 Abs. 1 S. 1 MgVG auf die Mitgliedstaaten, in denen Mitglieder zu wählen oder zu beteiligen sind, verteilt, wobei sich die Verteilung gem. § 25 Abs. 1 S. 2 MgVG nach dem jeweiligen Anteil der in den einzelnen Mitgliedstaaten beschäftigten Arbeitnehmer richtet. Nach § 25 Abs. 3 S. 2, § 8 Abs. 2 MgVG können Arbeitnehmer (§ 2 Abs. 1 MgVG) und Gewerkschaftsvertreter gewählt werden. Hinsichtlich der persönlichen Wählbarkeitsvoraussetzungen trifft das MgVG selbst keine Aussage, sodass diesbezüglich das Rechts des Sitzstaats anzuwenden ist (§ 4 MgVG).[231]

6. Mitbestimmungserweiterung durch Vereinbarung

107 Die Zulässigkeit sogenannter privatautonomer Mitbestimmungsvereinbarungen ist in Rspr. und Lit. umstritten.[232] Grundsätzlich sind die gesetzlich verankerten Mitbestimmungsregelungen zwingender Natur.[233] Die überwiegende Meinung geht daher davon aus, dass

---

[225] Befindet sich der Gesellschaftssitz in Deutschland, sind die genannten Vorschriften des MitbestG, des MontanMitbestG, des MontanMitbestErgG bzw. des DrittelbG anzuwenden.
[226] Zum Begriff der Leitung s. § 2 Abs. 5 MgVG.
[227] Zu dessen Zusammensetzung s. § 7 MgVG.
[228] Mit dem MgVG hat der deutsche Gesetzgeber die Verhandlungslösung verdeckt in das deutsche Gesellschaftsrecht eingeführt. Eine deutsche AG kann im Anwendungsbereich des MgVG ihr Mitbestimmungsmodell mit der Belegschaft aushandeln. Zu (weiteren) Reformvorschlägen betr. das deutsche Mitbestimmungsrecht sowie zur Größe des mitbestimmten Aufsichtsrats s. Entwurf einer Regelung zur Mitbestimmungsvereinbarung des Arbeitskreises „Unternehmerische Mitbestimmung" in ZIP 2009, 885 sowie Beiträge zur Tagung zu diesem Entwurf am 6.10.2009 in Frankfurt a. M. von *Habersack, Hanau, Jacobs, Teichmann, Veil* und Diskussionsbericht von *Florstedt* in der Beilage zu ZIP 48/2009; sowie *Hommelhoff* ZGR 2010, 49 ff.
[229] Spindler/Stilz/*Spindler* AktG § 96 Rn. 19a.
[230] Die Tatbestände des § 5 Nr. 1–3 MgVG stehen zueinander im Verhältnis der Alternativität, *Nagel* NZG 2007, 57; 2006, 97 (98); *Brandes* ZIP 2008, 2193 (2195).
[231] Spindler/Stilz/*Spindler* AktG § 96 Rn. 19b.
[232] WHSS Umstrukturierung/*Seibt* Kap. F Rn. 13; Zum Stand der Diskussion und rechtspolitischen Vorschlägen *Seibt* AG 2005, 4133 ff.; Zur Unternehmerischen Mitbestimmung aufgrund Vereinbarung s. ferner *Hanau* ZGR 2001, 75.
[233] WHSS Umstrukturierung/*Seibt* Kap. F Rn. 13; KölnKommAktG/*Mertens/Cahn* § 96 Rn. 14; MüKoAktG/*Habersack* § 96 Rn. 26.

privatautonome Mitbestimmungsvereinbarungen regelmäßig unzulässig und wegen Verstoßes gegen zwingendes Gesetzesrecht nichtig sind.[234] Dennoch können bei einer AG (KGaA) Mitbestimmungsvereinbarungen eingeschränkt abgeschlossen werden.[235] Orientiert an der Zielsetzung solcher Mitbestimmungsvereinbarungen, lassen sich die nachfolgenden **Kategorien** herausbilden:[236]
- Statusändernde Mitbestimmungsvereinbarungen.
- Vereinbarungen zur Schaffung zusätzlicher Organe oder Gremien.
- Rationalisierungs- und Anpassungsvereinbarungen.
- Vereinbarungen zur Klärung zweifelhafter Rechts- und Sachfragen.

a) **Statusändernde Mitbestimmungsvereinbarungen.** Insbesondere Mitbestimmungsvereinbarungen, durin einem nicht unter das Mitbestimmungsrecht fallenden Unternehmen die unternehmerische Mitbestimmung der Arbeitnehmer eingeführt werden soll oder in einem der Drittelbeteiligung nach dem DrittelbG unterliegenden Unternehmen das Beteiligungsregime des MitbestG Anwendung finden soll (statusbegründende Mitbestimmungsvereinbarungen), sind von grundlegendem Interesse.[237] Für die Rechtsform der AG ist ihre Zulässigkeit aufgrund des zwingenden Charakters des § 96 AktG allerdings zu verneinen.[238]

108

Auch die Einführung oder Erweiterung der Mitbestimmung der Arbeitnehmer in der AG (KGaA) durch entsprechende **Satzungsregelung** ist nach ganz überwiegender Meinung aufgrund des zwingenden Wortlauts des § 96 Abs. 2 AktG und vor dem Hintergrund des Grundsatzes der Satzungsstrenge (§ 23 Abs. 5 AktG) ausgeschlossen.[239] Daher kann § 96 AktG auch nicht durch **Tarifvertrag** geändert oder ergänzt werden, wobei eine Vereinbarung oder Erweiterung der Mitbestimmung der Arbeitnehmer im Aufsichtsrat durch tarifvertragliche Regelung schon deshalb nicht in Betracht kommt, da Fragen der Mitbestimmung nicht zu den Materien gehören, die nach § 1 TVG Gegenstand normativer Tarifvereinbarungen sein können.[240] Mangels spezieller Kompetenzregeln im Betriebsverfassungsgesetz können privatautonome Mitbestimmungsvereinbarungen auch nicht durch **Betriebsvereinbarungen** Geltung erlangen.[241]

109

Allerdings kommt im Bereich des DrittelbG eine Mitbestimmungserweiterung durch die **freiwillige Zuwahl weiterer Belegschaftsvertreter oder Gewerkschafter** durch die Hauptversammlung in Betracht mit dem Ergebnis, dass die paritätische Mitbestimmung indirekt wieder hergestellt wird, obwohl das MitbestG keine Anwendung mehr findet. Dabei gilt es jedoch zu beachten, dass die auf diesem Wege in den Aufsichtsrat gelangten Arbeitnehmervertreter formal keine „Vertreter der Arbeitnehmer" im Sinne des DrittelbG sind, sondern zur Gruppe der Anteilseigner gehören.[242] Bei der Auswahl der zu wählenden Person gilt es, die Inkompatibilitätsvorschrift des § 105 Abs. 1 AktG sowie die Erfordernisse des § 100 Abs. 1, 2 AktG zu beachten; ihre Abberufung richtet sich nach § 103 AktG.[243] Umstritten ist, ob Satzungsbestimmungen, die vorsehen, dass ein bestimmter Teil der von der Haupt-

110

---

[234] WHSS Umstrukturierung/*Seibt* Kap. F Rn. 13; Hüffer/Koch/*Koch* AktG § 96 Rn. 3 mwN; KölnKommAktG/*Mertens*/*Cahn* § 96 Rn. 14 ff.; Henssler ZfA 2000, 241 (262).
[235] *Hanau* ZGR 2001, 75 (76 f.); WHSS Umstrukturierung/*Seibt* Kap. F Rn. 14.
[236] *Hanau* ZGR 2001, 75 (77); MHdB ArbR/*Wißmann* § 278 Rn. 10; andere Einteilung WHSS Umstrukturierung/*Seibt* Kap. F Rn. 14.
[237] Näheres zu den Hintergründen *Wahlers* ZIP 2008, 1897.
[238] Hüffer/Koch/*Koch* AktG § 96 Rn. 3; UHH/*Ulmer* MitbestG Einl. Rn. 49; MHdB ArbR/*Wißmann* § 278 Rn. 11; *Hanau* ZGR 2001, 75 (77); WHSS Umstrukturierung/*Seibt* Kap. F Rn. 14; Spindler/Stilz/*Spindler* AktG § 96 Rn. 21.
[239] *Hanau* ZGR 2001, 75 (89); WHSS Umstrukturierung/*Seibt* Kap. F Rn. 14; MHdB ArbR/*Wißmann* § 278 Rn. 11; KölnKommAktG/*Mertens*/*Cahn* § 96 Rn. 14; *Wahlers* ZIP 2008, 1897; aA *Fabricius* FS Hilger/Stumpf, 1983, 155 (158); *Zacher* AuR 1985, 201 (208 f.).
[240] OLG Hamburg AG 1972, 183 (194); *Hanau* ZGR 2001, 75 (80 ff.); MHdB ArbR/*Wißmann* § 278 Rn. 8.
[241] OLG Hamburg AG 1972, 183 (184); GroßkommAktG/*Oetker* MitbestG Vorb. § 1 Rn. 110; *Hanau* ZGR 2001, 75 (86); *Lutter* ZGR 1977, 195 (196); *Raiser* BB 1977, 1461 (1464).
[242] BGH NJW 1975, 1657 (1658); OLG Hamburg AG 1972, 183 (184 ff.); *Hanau* ZGR 2001, 75 (90 f.); Spindler/Stilz/*Spindler* AktG § 96 Rn. 22; *Seibt* AG 2005, 413 (415); *Wahlers* ZIP 2008, 1897 (1900).
[243] Spindler/Stilz/*Spindler* AktG § 96 Rn. 22; *Ihrig*/*Schlitt* NZG 1999, 334 f.; *Hanau* ZGR 2001, 75 (90 f.); KHzA/*Klinkhammer* 7.1 Rn. 206.

versammlung zu wählenden Aufsichtsratsmitglieder als Arbeitnehmer im Unternehmen tätig sein muss, von § 100 Abs. 4 AktG gedeckt sind[244] Die Frage ist zu bejahen, da keine überzeugenden Gründe ersichtlich sind, insoweit die durch das Gesetz eröffnete Satzungsautonomie einzuschränken.

111 Ähnlich umstritten ist, ob **unbefristete Stimmbindungsverträge** mit dem Ziel, den Mitbestimmungsstatus der Gesellschaft durch Zuwahl von Arbeitnehmern durch die Hauptversammlung faktisch und dauerhaft zu ändern, zulässig sind.[245] Jedenfalls zulässig ist eine auf eine unmittelbar bevorstehende Wahl beschränkte Verpflichtung, da hier mit Ablauf der Amtsperiode die automatische Rückkehr zum gesetzlich vorgesehenen Statut erfolgt.[246]

112 b) **Schaffung zusätzlicher Organe oder Gremien.** Vereinbarungen über die Schaffung gesetzlich nicht vorgesehener Organe sind zulässig, sofern sie nicht in die Kompetenzen der gesetzlichen Unternehmensorgane eingreifen.[247] Vereinbarungen dieser Art sind vor allem aus der Montanindustrie bekannt, wo zB im Gefolge von Verschmelzungen, durch die mitbestimmte Montanunternehmen als rechtlich selbstständige Einheiten zu existieren aufhörten, für die aus den verschmolzenen Unternehmen hervorgegangenen Teile des neuen Unternehmens Beiräte gebildet wurden, in denen die Belegschaften vertreten sind.[248]

113 c) **Rationalisierungs- und Anpassungsvereinbarungen.** Eine weitere Fallgruppe zulässiger mitbestimmungsrechtlicher Absprachen bilden Vereinbarungen, wonach die gesetzlichen Mitbestimmungsregelungen vereinfacht und an die Bedürfnisse des Unternehmens angepasst werden sollen, ohne dass damit zugleich qualitative Veränderungen des gesetzlich geltenden Mitbestimmungsregimes einhergehen.[249] Regelbar sind demnach Modalitäten des Wahlverfahrens ohne materiellen Gehalt wie bspw. die Erweiterung der Zuständigkeit eines Wahlvorstands auf mehrere kleine Betriebe.[250] Absprachen über die Ausschussbesetzung und sonstige Aspekte der inneren Ordnung des Aufsichtsrats verstoßen dagegen bereits gegen dessen Organisationsautonomie.[251]

114 d) **Klärung zweifelhafter Rechts- und Sachfragen.** Vereinbarungen zur Beilegung streitiger Rechts- und Sachfragen werden ebenfalls überwiegend für zulässig gehalten.[252] Eine solche Vereinbarung kommt bspw. im Rahmen der Konzernmitbestimmung bei Unklarheiten über den Montanbezug eines Unternehmens[253] oder vorbehaltlich des im Folgenden näher dargestellten, vorrangigen Statusverfahrens nach §§ 97, 98 AktG bei Zweifeln über das Vorliegen der tatsächlichen Voraussetzungen eines Konzerns im Konzern oder der Mitbestimmungspflichtigkeit von Gemeinschaftsunternehmen[254] in Betracht. Streitig ist hier allerdings, wer Vertragspartner einer solchen Vereinbarung sein kann. Im Schrifttum werden teils die Hauptversammlung und die Belegschaft,[255] teils die Aufsichtsratsmitglieder der Aktionäre und die Arbeitnehmer[256] für zuständig gehalten.

---

[244] Gegen Zulässigkeit *Ihrig/Schlitt* NZG 1999, 333 (335); *Seibt* AG 2005, 414 (415); UHH/*Ulmer/ Habersack* MitbestG § 1 Rn. 21; dafür *Henssler* ZfA 2000, 241 (263 f.); offen gelassen BGH NJW 1975, 1657 (1658).
[245] Spindler/Stilz/*Spindler* AktG § 96 Rn. 22 mwN auch zur aA; UHH/*Ulmer Habersack* MitbestG § 1 Rn. 21; offen gelassen BGH NJW 1975, 1657 (1658).
[246] Spindler/Stilz/*Spindler* AktG § 96 Rn. 23; *Hommelhoff* ZHR 1984, 118 (140).
[247] MHdB ArbR/*Wißmann* § 278 Rn. 12; *Hanau* ZGR 2001, 75 (77).
[248] MHdB ArbR/*Wißmann* § 278 Rn. 12 mwN.
[249] Spindler/Stilz/*Spindler* AktG § 96 Rn. 24; *Seibt* AG 2005, 413 (415); *Ihrig/Schlitt* NZG 2009, 333 (334); für die generelle Unzulässigkeit von Rationalisierungsabreden UHH/*Ulmer* MitbestG Einl. Rn. 45; *Mertens* AG 1982, 151; Hüffer/Koch/*Koch* AktG § 96 Rn. 3.
[250] Spindler/Stilz/*Spindler* AktG § 96 Rn. 24; GroßkommAktG/*Oetker* MitbestG Vorb. Rn. 104; *Raiser* BB 1977, 1461 (1466 f.).
[251] Spindler/Stilz/*Spindler* AktG § 96 Rn. 24; *Seibt* AG 413, 416 f.; GroßkommAktG/*Oetker* MitbestG Vorb. Rn. 104.
[252] *Hanau* ZGR 2001, 75 (77); Hüffer/Koch/*Koch* AktG § 96 Rn. 3; Spindler/Stilz/*Spindler* AktG § 96 Rn. 25; GroßkommAktG/*Oetker* MitbestG Vorb. Rn. 107.
[253] BGH NJW 1983, 1617; Spindler/Stilz/*Spindler* AktG § 93 Rn. 25 mwN.
[254] Spindler/Stilz/*Spindler* AktG § 96 Rn. 25; *Seibt* AG 2005, 413 (419); UHH/*Ulmer* MitbestG Einl. Rn. 47.
[255] UHH/*Ulmer* MitbestG Einl. Rn. 46.
[256] *Raiser* BB 1977, 1461 (1464).

7. Status- oder Überleitungsverfahren

a) Verfahrenszweck. Aufgrund der unterschiedlichen Modelle für die Zusammensetzung 115 des Aufsichtsrats einer AG können Zweifel entstehen, ob und von welchem Zeitpunkt an welches gesetzliche Modell auf die Gesellschaft anzuwenden ist.[257] Im Übrigen kann es vorkommen, dass innerhalb eines Mitbestimmungsmodells die Aufsichtsratsgröße wegen einer Veränderung der Arbeitnehmerzahl nicht mehr den zwingenden gesetzlichen Vorschriften entspricht und ein Wechsel von dem bisher angewandten Modell für die Zusammensetzung des Aufsichtsrats zu einem anderen Modell in Betracht kommt. Um in solchen Fällen Klarheit zu schaffen, wurde mit dem AktG 1965 das Statusverfahren nach §§ 97–99 AktG eingeführt.[258] Auch im Falle einer **Umwandlung** kommen die §§ 97ff. AktG zur Anwendung.[259] Entsprechende Anwendung finden die §§ 97 bis 99 AktG gem. § 31 Abs. 3 AktG für den Fall, dass im Wege der **Sachgründung** ein Unternehmen oder Unternehmensteil eingebracht werden soll.

Solange das Verfahren nicht abgeschlossen ist, bleibt der Aufsichtsrat rechtmäßig zusammengesetzt und uneingeschränkt handlungsfähig, auch wenn die Voraussetzungen für die bisher angewandten Vorschriften unstreitig entfallen sind (**Status quo-Prinzip**, § 96 Abs. 4 AktG).[260] 116

b) Außergerichtliche Klärung. Die außergerichtliche Klärung im Verfahren nach § 97 117 AktG obliegt dem Vorstand. Ist der Vorstand der Ansicht, dass der Aufsichtsrat nicht nach den für ihn maßgebenden gesetzlichen Vorschriften zusammengesetzt ist, so hat er dies unverzüglich nach § 97 Abs. 1 S. 1 AktG unter Benennung der nach seiner Ansicht maßgeblichen Vorschriften in den Gesellschaftsblättern[261] und gleichzeitig durch Aushang in sämtlichen Betrieben der Gesellschaft und ihrer Konzernunternehmen bekannt zu machen.[262]

Wird nicht innerhalb eines Monats[263] nach der Bekanntmachung ein Antrag nach § 98 118 Abs. 1 AktG auf gerichtliche Feststellung der maßgeblichen gesetzlichen Vorschriften gestellt, ist die Bekanntmachung des Vorstands für alle Beteiligten verbindlich und der neue Aufsichtsrat nach den in der Bekanntmachung des Vorstands angegebenen gesetzlichen Vorschriften zusammenzusetzen (§ 97 Abs. 1 S. 1 AktG).[264]

c) Gerichtliche Entscheidung. Ist zwischen den Parteien streitig oder ungewiss, nach welchen gesetzlichen Vorschriften der Aufsichtsrat zusammenzusetzen ist, kann die gerichtliche Entscheidung über die Zusammensetzung des Aufsichtsrats auch ohne eine vorangegangene Bekanntmachung des Vorstands nach § 97 AktG beantragt werden (§ 98 Abs. 1 AktG). Antragsberechtigt sind gem. § 98 Abs. 2 S. 1 Nr. 3 AktG insbes. der Gesamtbetriebsrat der Gesellschaft oder, wenn in der Gesellschaft nur ein Betriebsrat besteht, der Betriebsrat.[265] 119

Über den Antrag entscheidet das Landgericht, in dessen Bezirk die Gesellschaft ihren Sitz 120 hat auf Grundlage des FamFG durch Beschluss(§ 99 Abs. 1 AktG). Das Gericht kann den Antrag entweder abweisen oder aussprechen, dass der Aufsichtsrat nach anderen, im Beschluss näher bezeichneten Vorschriften zusammenzusetzen ist.[266] Kosten der Beteiligten werden nicht erstattet (§ 99 Abs. 6 S. 9 AktG).[267]

d) Überleitung auf das neue Recht. Steht aufgrund der unangefochten gebliebenen Bekanntmachung des Vorstands oder aufgrund rechtskräftiger Entscheidung des Gerichts fest, 121

---

[257] BAG AG 2008, 708 zur GmbH.
[258] OLG Hamburg WM 1988, 1487 (1488); Hüffer/Koch/*Koch* AktG § 97 Rn. 3.
[259] Begr. RegE zum UmwG, BT-Drs. 12/6699, 76ff.
[260] OLG Düsseldorf ZIP 1995, 1752; Hüffer/Koch/*Koch* AktG § 96 Rn. 28.
[261] Dh auf jeden Fall im Bundesanzeiger (§ 25 AktG).
[262] Spindler/Stilz/*Spindler* AktG § 97 Rn. 18.
[263] Maßgeblich für den Lauf der Monatsfrist zur Anrufung des Gerichts ist der Zeitpunkt der Bekanntmachung im Bundesanzeiger, auf den Aushang in den Betrieben kommt es nicht an.
[264] Spindler/Stilz/*Spindler* AktG § 97 Rn. 25.
[265] Zur Antragsberechtigung s. näher Spindler/Stilz/*Spindler* AktG § 98 Rn. 8.
[266] Hüffer/Koch/*Koch* AktG § 98 Rn. 6.
[267] LAG Schleswig-Holstein LAGE § 40 BetrVG 1972 Nr. 53; Spindler/Stilz/*Spindler* AktG § 99 Rn. 21.

dass andere als die bisher angewandten Vorschriften maßgeblich sind, beginnt die Überleitung auf das neue Recht. Hierzu bedarf es insbes. der Anpassung der Satzung, der Beendigung des Mandats der bisherigen Aufsichtsratsmitglieder sowie der Bestellung der neuen Mitglieder nach den nunmehr geltenden Vorschriften.

122 Wird das Gericht nicht innerhalb eines Monats nach der Bekanntmachung im elektronischen Bundesanzeiger angerufen, so ist der neue Aufsichtsrat nach den in der Bekanntmachung des Vorstands angegebenen gesetzlichen Vorschriften zusammenzusetzen (§ 97 Abs. 2 S. 1 AktG). Die Satzungsbestimmungen über die Zusammensetzung des Aufsichtsrats, die Zahl seiner Mitglieder sowie über die Wahl, Abberufung und Entsendung von Aufsichtsratsmitgliedern treten mit der Beendigung der ersten Hauptversammlung, die nach Ablauf der Anrufungsfrist einberufen wird, spätestens sechs Monate nach Ablauf dieser Frist insoweit außer Kraft, als sie den nunmehr anzuwendenden Vorschriften widersprechen (§ 97 Abs. 2 S. 2 AktG) und nicht eine anderweitige Satzungsregelung getroffen wurde mit der Folge, dass die gesetzlichen Regelungen gelten. In demselben Zeitpunkt erlischt das Amt der bisherigen Aufsichtsratsmitglieder (§ 97 Abs. 2 S. 3 AktG).

123 Bei der **gerichtlichen Festlegung der anzuwendenden Vorschriften** gilt die Frist von sechs Monaten ab Eintritt der Rechtskraft (§ 98 Abs. 4 S. 2 AktG). Die Satzungsanpassung innerhalb der Sechsmonatsfrist erleichtert das Gesetz dadurch, dass es abweichend von § 179 Abs. 2 AktG die einfache Stimmenmehrheit genügen lässt (§ 97 Abs. 2 S. 4 AktG). Verstreicht die Sechsmonatsfrist ohne eine Hauptversammlung oder findet eine Hauptversammlung statt, ohne dass dabei eine Satzungsänderung beschlossen wird, treten die mit dem neuen gesetzlichen Aufsichtsratsstatut unvereinbaren Satzungsbestimmungen außer Kraft und es gelten stattdessen die gesetzlichen Vorschriften.

III. Begründung und Beendigung der Mitgliedschaft

1. Persönliche Voraussetzungen für die Begründung der Mitgliedschaft im Aufsichtsrat

124 a) **Allgemein.** Mitglied des Aufsichtsrats kann jede **natürliche, unbeschränkt geschäftsfähige Person** sein (§ 100 Abs. 1 S. 1 AktG). Ein Betreuter, der bei der Besorgung seiner Vermögensangelegenheiten ganz oder teilweise einem Einwilligungsvorbehalt (§ 1903 BGB) unterliegt, kann nicht Mitglied des Aufsichtsrats sein (§ 100 Abs. 1 S. 2 AktG). Mitglied des Aufsichtsrat kann ferner nicht sein, wer bereits in zehn Handelsgesellschaften, die gesetzlich einen Aufsichtsrat zu bilden haben, Aufsichtsratsmitglied ist (§ 100 Abs. 2 S. 1 Nr. 1 AktG), gesetzlicher Vertreter eines von der Gesellschaft abhängigen Unternehmens ist (§ 100 Abs. 2 S. 1 Nr. 2 AktG), gesetzlicher Vertreter einer anderen Kapitalgesellschaft ist, deren Aufsichtsrat ein Vorstandsmitglied der Gesellschaft angehört (§ 100 Abs. 2. S. 1 Nr. 3 AktG). **Juristische Personen** oder sonstige Gesellschaften sind als Aufsichtsratsmitglieder ausgeschlossen.[268]

125 Eine **gleichzeitige Mitgliedschaft im Aufsichtsrat und im Vorstand** ist gem. § 105 Abs. 1 AktG grds. **nicht zulässig.**[269] Ebenso inkompatibel ist gem. § 105 Abs. 1 AktG das Amt als Aufsichtsratsmitglied mit der Stellung als Stellvertreter eines Vorstandsmitglieds, mit der Stellung eines Prokuristen (§ 48 Abs. 1 HGB) oder eines zum gesamten Geschäftsbetrieb ermächtigten Handlungsbevollmächtigten (§ 54 Abs. 1, 1. Fall HGB).[270] Der Inkompatibilitätsregelung des § 105 Abs. 1 AktG liegt der Gedanke der strikten Trennung von Leitung und Kontrolle zugrunde. § 105 Abs. 2 AktG lässt daher gewisse Ausnahmen nur für den Notfall zu. Im Geltungsbereich des MitbestG ist die Inkompatibilität insofern eingeschränkt, als Prokuristen als Aufsichtsratsmitglieder der Arbeitnehmer nur ausgeschlossen sind, wenn sie dem Vorstand unmittelbar unterstellt und für das gesamte Unternehmen bestellt sind (§ 6 Abs. 2 MitbestG).[271]

---

[268] Hüffer/Koch/*Koch* AktG § 100 Rn. 2.
[269] Marsch-Barner/Schäfer AG-HdB/*E. Vetter* § 23 Rn. 1.
[270] Gemeint ist die Generalhandlungsvollmacht iSd § 54 Abs. 1 1. Fall HGB im Unterschied zur Art- oder Einzelvollmacht des § 54 Abs. 1, 2. und 3. Fall, unstr. Hüffer/Koch/*Koch* AktG § 105 Rn. 4.
[271] *Raiser/Veil* KapGesR § 15 Rn. 34 weisen zutr. darauf hin, dass diese Ausnahme auf einen Generalbevollmächtigten einer Gesellschaft im Geltungsbereich des MitbestG entsprechend angewandt werden muss.

126 Die **Satzung** kann weitere persönliche Voraussetzungen, zB bestimmte Qualifikationen, festlegen, allerdings nur für Aufsichtsratsmitglieder, die von der Hauptversammlung ohne Bindung an Wahlvorschläge gewählt oder auf Grund der Satzung in den Aufsichtsrat entsandt werden (§ 100 Abs. 4 AktG).

127 **Weitere persönliche Wählbarkeitsvoraussetzungen** der Aufsichtsratsmitglieder der Arbeitnehmer sowie der weiteren Mitglieder bestimmen sich nach dem Mitbestimmungsgesetz, dem Montan-Mitbestimmungsgesetz, dem Mitbestimmungsergänzungsgesetz, dem Drittelbeteiligungsgesetz und dem Gesetz über die Mitbestimmung der Arbeitnehmer bei einer grenzüberschreitenden Verschmelzung (§ 100 Abs. 3 AktG).[272]

128 **b) Besonderheiten börsennotierter AG.** An Mitglieder des Aufsichtsrats einer börsennotierten AG und dessen Zusammensetzung stellen das Gesetz sowie der Deutsche Corporate Governance Kodex besondere Anforderungen. Mitglied des Aufsichtsrats einer börsennotierten AG kann nicht sein, wer in den letzten zwei Jahren Vorstandsmitglied derselben börsennotierten Gesellschaft war, es sei denn, seine Wahl erfolgt auf Vorschlag von Aktionären, die mehr als 25 % der Stimmrechte an der Gesellschaft halten (§ 100 Abs. 2 S. 1 Nr. 4 AktG). Die Karenzzeit für ehemalige Vorstände soll verhindern, dass ein ehemaliges Vorstandsmitglied den neuen Vorstand behindert und die Bereinigung strategischer Fehler oder die Beseitigung von Unregelmäßigkeiten aus der eigenen Vorstandszeit unterbindet.[273] Mit dem Ziel der Herstellung bzw. Erhöhung von Diversität und Geschlechtergerechtigkeit schreibt § 96 Abs. 2 AktG (idF des FüPoTeiG) vor, dass der Aufsichtsrat jeweils zu mindestens 30 % aus Frauen und Männern bestehen muss, wenn die Gesellschaft „voll mitbestimmt" (MitbestG, Montan-MitbestG, MitbestErgG) ist.[274]

129 Bei **Gesellschaften iSd § 264d HGB**[275], Banken und Versicherungen[276] muss mindestens ein **unabhängiges Mitglied** des Aufsichtsrats **über Sachverstand** auf den Gebieten **Rechnungslegung** oder **Abschlussprüfung** verfügen (§ 100 Abs. 5 AktG), sog „Finanzexperte".[277] Für die Erfüllung des Tatbestandsmerkmals „Sachverstand auf den Gebieten Rechnungslegung oder Abschlussprüfung" nicht erforderlich ist, dass das maßgebliche Aufsichtsratsmitglied Organmitglied einer Kapitalgesellschaft mit dem Zuständigkeitsbereich für diese Bereiche oder auch nur schwerpunktmäßig beruflich mit diesen Bereichen befasst gewesen sein müsste.[278] Außerdem müssen die Mitglieder des Aufsichtsrats in ihrer Gesamtheit mit dem Sektor, auf dem die Gesellschaft tätig ist, vertraut sein (§ 100 Abs. 5 Hs. 2 AktG).[279] Das zuvor für den Finanzexperten bestehende Unabhängigkeitserfordernis hat der Gesetzgeber mit dem AReG bewusst gestrichen.

130 Ziff. **5.4.2 S. 1 DCGK** empfiehlt jedoch, dass dem Aufsichtsrat eine **ausreichende Anzahl unabhängiger Mitglieder** angehören soll. Maßgeblich ist dabei die Einschätzung des Aufsichtsrats, der seine Befassung mit der Kodex-Empfehlung im Beschlussprotokoll dokumentieren sollte. Gemäß der Kodex-Empfehlung ist ein Aufsichtsratsmitglied nicht als unabhän-

---

[272] S. insbes. §§ 7 Abs. 3, 15 Abs. 2, 24 MitbestG, §§ 4, 6 MontanMitbestG, §§ 66 ff. MitbestErgG.
[273] Vgl. Begr. Beschlussempfehlung und Bericht des Rechtsausschusses zum VorstAG BT-Drs. 16/13433, 17 sowie Ziff. 5.4.4 DCGK.
[274] → Rn. 34; → § 1 Rn. 39.
[275] Gesellschaften iSd § 264d HGB überschneiden sich im Wesentlichen mit den börsennotierten Gesellschaften iSd § 3 Abs. 2 AktG, umfassen jedoch darüber hinaus Gesellschaften, die „kapitalmarktorientiert" sind weil sie einen organisierten Markt für Schuldtitel in Anspruch nehmen oder einen Antrag auf Zulassung gestellt haben.
[276] Die sperrige Definition des Anwendungsbereiches in § 100 Abs. 5 AktG ist der Umsetzung geänderten Abschlussprüferrichtlinie (RL 2014/56 Nr. L 158/196 v. 27.5.2014) geschuldet und soll die dort in Art. 2 Nr. 13 definierten „Unternehmen von öffentlichem Interesse" erfassen.
[277] Auch Ziff. 5.4.2 DCGK empfiehlt börsennotierten Gesellschaften zur Ermöglichung eine unabhängigen Beratung und Überwachung des Vorstands durch den Aufsichtsrat, dass dem Aufsichtsrat eine nach seiner Einschätzung ausreichende Anzahl unabhängiger Mitglieder angehören soll, wobei ein Aufsichtsratsmitglied dabei als unabhängig anzusehen ist, wenn es in keiner geschäftlichen oder persönlichen Beziehung zu der Gesellschaft oder deren Vorstand steht, die einen Interessenkonflikt begründet. Darüber hinaus sollen Aufsichtsratsmitglieder keine Organfunktion oder Beratungsaufgaben bei wesentlichen Wettbewerbern des Unternehmens ausüben. Zur Empfehlung in Ziff. 5.4.2 DCGK iVm § 161 AktG sa BGH WM 2009, 658.
[278] LG München ZIP 2010, 627.
[279] Hierzu *Schüppen* NZG 2016, 247 (254).

gig anzusehen, wenn es in einer persönlichen oder einer geschäftlichen Beziehung zu der Gesellschaft, deren Organen, einem kontrollierenden Aktionär oder einem mit diesem verbundenen Unternehmen steht, die einen nicht nur vorübergehenden Interessenkonflikt begründen kann (Ziff. 5.4.2 S. 2 DCGK). Um dem Merkmal der Unabhängigkeit gerecht zu werden, sollen Aufsichtsratsmitglieder auch keine Organfunktion oder Beratungsaufgaben bei wesentlichen Wettbewerbern des Unternehmens ausüben (Ziff. 5.4.2 S. 4 DCGK). Ferner sollen dem Aufsichtsrat nicht mehr als zwei ehemalige Mitglieder des Vorstands angehören (Ziff. 5.4.2 S. 3 DCGK).

131 Bezogen auf seine Zusammensetzung soll der Aufsichtsrat konkrete Ziele benennen, die die internationale Tätigkeit des Unternehmens, potentielle Interessenkonflikte, die Anzahl der unabhängigen Aufsichtsratsmitglieder, eine festzulegende Altersgrenze, eine festzulegende Grenze der Zugehörigkeitsdauer und Vielfalt (Diversity) berücksichtigen und die für seine Wahlvorschläge an die Hauptversammlung leitend sein sollen. (Ziff. 5.4.1 DCGK).

2. Bestellung und gerichtliche Ernennung

132 **a) Bestellung als Aufsichtsratsmitglied, korporationsrechtliches Verhältnis.** Der Oberbegriff „Bestellung" in § 101 AktG meint die Wahl der Aufsichtsratsmitglieder durch die Hauptversammlung (mit oder ohne Bindung an Wahlvorschläge) sowie die Entsendung und Wahl durch die Arbeitnehmer oder durch Delegierte.[280] Die Bestellung durch Wahlbeschluss oder durch Entsendung ist ein korporationsrechtliches Rechtsgeschäft, das nur wirksam wird, wenn der Gewählte annimmt. Die Annahme kann in der Hauptversammlung durch Erklärung gegenüber dem Wahlorgan erfolgen. Ansonsten wird die AG als Erklärungsempfängerin durch den Vorstand vertreten.[281]

133 Die **Aufsichtsratsmitglieder der Aktionäre** werden gewöhnlich auf Vorschlag des Aufsichtsrats von der Hauptversammlung mit einfacher Mehrheit gewählt (§§ 101 Abs. 1, 119 Abs. 1 Nr. 1, 124 Abs. 3 S. 3, 133 AktG). Die Aktionäre sind an die Wahlvorschläge nicht gebunden. Gemäß dem Mehrheitsprinzip kann der Mehrheitsaktionär oder eine Gruppe von Aktionären, die zusammen die Mehrheit bilden, alle Aufsichtsratssitze besetzen.[282] Auf Seiten der Anteilseigner kann die **Satzung** nach § 101 Abs. 2 AktG für höchstens ein Drittel der Aufsichtsratssitze anstelle der Wahl ein **Entsendungsrecht** zugunsten bestimmter Aktionäre begründen (§ 101 Abs. 2 S. 1 AktG).[283]

134 Die Wahlvorschriften für die **Arbeitnehmervertreter** sind differenziert. In Fällen der **Drittelbeteiligung** können die Betriebsräte, ein Zehntel der Arbeitnehmer eines Betriebs oder 100 Arbeitnehmer Wahlvorschläge machen (§ 6 DrittelbG); ein Wahlvorschlagsrecht der Gewerkschaften besteht nicht. Die Wahl erfolgt nach den Grundsätzen der Mehrheitswahl (§ 5 Abs. 1 DrittelbG).[284] Die Arbeitnehmer von Konzernunternehmen sind gem. § 2 Abs. 1 DrittelbG wahlberechtigt.

135 Im Anwendungsbereich des **MitbestG** müssen Wahlvorschläge für reguläre Arbeitnehmer mindestens von einem Fünftel oder mindestens Hundert der wahlberechtigten Gruppenangehörigen unterbreitet werden (§ 15 Abs. 2 Nr. 1 MitbestG). Die Kandidaten der leitenden Angestellten werden aufgrund eines Mehrheitsbeschlusses dieser Gruppe benannt (§ 15 Abs. 2 Nr. 2 MitbestG). Im Unternehmen vertretenen Gewerkschaften stehen Vorschlagsrechte für Gewerkschaftsvertreter zu (§ 16 Abs. 2 MitbestG). Im Normalfall gelten die Regeln der Verhältniswahl (§ 15 Abs. 1 MitbestG), es sei denn, es wurde nur ein Wahlvorschlag für die Vertreter der Arbeitnehmer und/oder der leitenden Angestellten gemacht (§ 15 Abs. 3 MitbestG).[285] In Konzernen sind auch die Arbeitnehmer abhängiger Unternehmen wahlberechtigt.[286]

---

[280] Hüffer/Koch/*Koch* AktG § 101 Rn. 5.
[281] Hüffer/Koch/*Koch* AktG § 101 Rn. 8; MüKoAktG/*Semler* § 142 Rn. 142.
[282] *Raiser/Veil* KapGesR § 15 Rn. 37.
[283] Zur Beschlussfassung der Hauptversammlung über die Begründung eines Entsendungsrechts jüngst OLG Hamm NZG 2008, 914 nrkr.
[284] Zu den Einzelheiten des Wahlverfahrens s. WO DrittelbG v. 9.6.2004, BGBl. 2004 I 1393.
[285] Weitere Einzelheiten finden sich in drei WO, BGBl. 1977 I 861 (893, 934), zuletzt geänd. am 27.5.2002.
[286] *Raiser/Veil* KapGesR § 15 Rn. 41.

136 Das AktG schreibt für die Aufsichtsratswahl kein bestimmtes **Abstimmungsverfahren** vor. Nach hM zulässig[287] und in der Praxis (entgegen der in Ziff. 5.4.3 DCGK empfohlenen Einzelwahl) allgemein üblich ist die „Globalwahl" oder „Blockwahl", wonach mehrere oder alle Kandidaten *en bloc* zur Abstimmung stehen,[288] insbes. dann, wenn (i) der Versammlungsleiter vor der Abstimmung darauf hinweist, dass Aktionäre, die auch nur mit einem Vorgeschlagenen nicht einverstanden sind, die Liste insgesamt ablehnen müssen und bei Scheitern des Vorschlags Einzelabstimmung stattfindet und (ii) kein erschienener Aktionär dieser Vorgehensweise widerspricht.[289]

137 Mit der Bestellung zum Aufsichtsratsmitglied und ihrer Annahme entsteht ein **korporationsrechtliches Verhältnis** zwischen der Gesellschaft und dem Organmitglied. Ein von der Organstellung zu unterscheidendes schuldrechtliches Anstellungsverhältnis besteht – anders als beim Vorstand – daneben nicht.[290]

138 **b) Ersatzmitglieder.** § 101 Abs. 3 AktG lässt die Bestellung von Stellvertretern nicht zu. Dadurch soll die ungeteilte Verantwortlichkeit eines jeden Aufsichtsratsmitglieds gewährleistet werden.[291] Grundsätzlich zulässig ist dagegen die Bestellung von Ersatzmitgliedern (§ 101 Abs. 2 S. 2 AktG), also Personen, die bei Wegfall[292] eines Aufsichtsratsmitglieds für den Rest der Amtszeit nachrücken. Jedes Ersatzmitglied muss gleichzeitig mit dem Aufsichtsratsmitglied bestellt werden, für das es nachrücken soll (§ 101 Abs. 3 S. 3 AktG). Ein Ersatzmitglied kann auch für mehrere bestimmte Aufsichtsratsmitglieder bestellt werden,[293] sofern sie derselben Gruppe angehören.[294] Es können auch mehrere Ersatzmitglieder für ein Aufsichtsratsmitglied bestellt werden, sofern die Reihenfolge des Nachrückens bestimmt ist.[295] Das Amt des Ersatzmitglieds erlischt spätestens mit Ablauf der Amtszeit des weggefallenen Aufsichtsratsmitglieds (§ 102 Abs. 2 AktG).

139 **c) Unvollständig besetzter Aufsichtsrat.** Gehört dem Aufsichtsrat die **zur Beschlussfähigkeit nötige Zahl von Mitgliedern** nicht an, so hat ihn das Gericht auf Antrag des Vorstands, eines Aufsichtsratsmitglieds oder eines Aktionärs auf diese Zahl zu ergänzen (§ 104 Abs. 1 S. 1 AktG). Mitbestimmungsrechtliche Besonderheiten (§ 104 Abs. 3, 4 AktG) sind dabei ebenso zu beachten wie die Amtsdauer und Rechte gerichtlich bestellter Aufsichtsratsmitglieder (§ 104 Abs. 5, 6 AktG).

140 Der Vorstand ist verpflichtet, den Antrag unverzüglich zu stellen, es sei denn, dass die rechtzeitige Ergänzung vor der nächsten Aufsichtsratssitzung zu erwarten ist (§ 104 Abs. 1 S. 2 AktG). Antragsberechtigt neben dem Vorstand ist jedes Aufsichtsratsmitglied und jeder Aktionär. Gehören dem Aufsichtsrat auch Arbeitnehmer an, sind insbes. auch der Gesamtbetriebsrat oder, wenn ein solcher nicht besteht, der Betriebsrat antragsberechtigt (§ 104 Abs. 1 S. 3 AktG). Kommt der Vorstand seiner Verpflichtung zur Antragstellung nicht nach, ist es stattdessen die Pflicht eines jeden Aufsichtsratsmitglieds, diesen Antrag zu stellen.[296] Gehören dem Aufsichtsrat, ohne dass die Beschlussfähigkeit tangiert wird, **weniger Mitglieder an, als durch Gesetz oder Satzung festgesetzt**, so findet auf Antrag ebenfalls eine gericht-

---

[287] LG Dortmund AG 1968, 390 (391); Hüffer/Koch/*Koch* AktG § 101 Rn. 6; KölnKommAktG/*Mertens/Cahn* § 101 Rn. 16.
[288] Marsch-Barner/Schäfer AG-HdB/*E. Vetter* § 25 Rn. 24; *Segna* DB 2004, 1135 mwN; *Rammert* NJW 1991, 2753; *Zöllner* ZGR 1974, 18; weitere Nachweise zum Begriff bei *Austmann* FS Sandrock, 1995, 277 (278).
[289] BGH AG 2003, 625 (626) zur Blockabstimmung über mehrerer Verträge; KG AG 2003, 625 (626); LG München I AG 2004, 330 (331) zur Listenwahl; Hüffer/Koch/*Koch* AktG § 101 Rn. 6.
[290] MüKoAktG/*Habersack* § 101 Rn. 67; Hüffer/Koch/*Koch* AktG § 101 Rn. 2 mit einem Überblick zum Meinungsstand, ob neben dem korporationsrechtlichen Verhältnis noch ein Anstellungsverhältnis besteht und wenn ja, ob dieses durch konkludenten Vertragsschluss oder ohne solchen durch Bestellung und Annahme zustande kommt; Spindler/Stilz/*Spindler* AktG § 101 Rn. 8; aA noch RGZ 123, 351 (354); RGZ 146, 145 (152); RGZ 152, 273 (278).
[291] Hüffer/Koch/*Koch* AktG § 101 Rn. 13.
[292] Vorübergehende Verhinderung genügt nicht, Hüffer/Koch/*Koch* AktG § 101 Rn. 13.
[293] BGHZ 99, 211 (214) = NJW 1987, 902; OLG Karlsruhe WM 1986, 101.
[294] Hüffer/Koch/*Koch* AktG § 101 Rn. 17.
[295] BGHZ 99, 211 (214); MüKoAktG/*Habersack* § 101 Rn. 83; Hüffer/Koch/*Koch* AktG § 101 Rn. 18.
[296] Semler/v. Schenck AR-HdB/*Semler* § 2 Rn. 42; KölnKommAktG/*Mertens/Cahn* § 104 Rn. 9.

liche Bestellung statt, wenn dieser Zustand mehr als drei Monate angedauert hat. (§ 104 Abs. 2 AktG).

141 Das Gericht – zuständig ist das Amtsgericht am Sitz der Gesellschaft – wird nur auf Antrag tätig und entscheidet dabei ohne Bindung an den Antrag und Vorschlag des Antragstellers nach pflichtgemäßem Ermessen,[297] wobei das Gericht nach § 104 Abs. 4 S. 3 AktG in jedem Fall darauf zu achten hat, dass die gesetzlichen und evtl. von der Satzung bestimmten persönlichen Wählbarkeitsvoraussetzungen erfüllt sind (§ 104 Abs. 4 S. 3 AktG). Der Bestellung dürfen keine überwiegenden Belange der Gesellschaft und/oder der Allgemeinheit entgegenstehen. Insbesondere muss der zu Bestellende zur pflichtgemäßen Mandatsausübung hinreichend qualifiziert sein und darf sich nicht in einem Interessenkonflikt befinden.[298] Auch für den Fall, dass mehrere Vorschlagsberechtigte[299] dem Gericht unterschiedliche Vorschläge unterbreiten, bestimmt das Gericht einen Kandidaten nach seinem Ermessen.[300] Wer von der Hauptversammlung mutmaßlich bestellt worden wäre, kann für die Entscheidung des Gerichts nur dann eine Rolle spielen, wenn jeder der vorgeschlagenen Kandidaten für die Bestellung zum Aufsichtsratsmitglied grds. geeignet ist.[301] Die Entscheidung des Gerichts ergeht im FamFG-Verfahren durch **Beschluss**.

142 Die gerichtlich bestellten Aufsichtsratsmitglieder verlieren ihr Amt automatisch, sobald der Mangel behoben ist (§ 104 Abs. 5 AktG). Vor Behebung des Mangels kann das Amt durch gerichtliche Abberufung enden.[302]

143 **d) Rechtsfolgen fehlerhafter Bestellung.** Die Bestellung von Aufsichtsratsmitgliedern kann aus verschiedenen Gründen unwirksam sein. Hinsichtlich der Rechtsfolgen ist insbes. im Hinblick auf die Beschlussfassung zwischen der unwirksamen Bestellung eines einzelnen Aufsichtsratsmitglieds und der unwirksamen Einsetzung des gesamten Aufsichtsrats zu unterscheiden. Wirken einzelne, unwirksam bestellte Aufsichtsratsmitglieder an der Beschlussfassung mit, ist der Beschluss nicht bereits deshalb als nichtig anzusehen.[303]

144 War der Aufsichtsrat auch nach Abzug der nichtig bestellten Mitglieder beschlussfähig und bleibt die erforderliche Mehrheit erhalten, so ist der gefasste Beschluss gültig.[304] Ist der Aufsichtsrat insgesamt nicht ordnungsgemäß bestellt, sind dessen Beschlüsse als nichtig anzusehen.[305] Ein Aufsichtsrat, dessen Wahl unwirksam war oder dessen reguläre Amtszeit nach § 102 AktG abgelaufen oder im Rahmen eines Statusverfahrens[306] nach § 97 Abs. 2 S. 3 AktG vorzeitig beendet worden ist, kann keine wirksamen Beschlüsse fassen.[307]

3. Beendigung der Mitgliedschaft

145 **a) Ablauf der Amtszeit als Aufsichtsratsmitglied.** Aufsichtsratsmitglieder können nicht für längere Zeit als bis zur Beendigung der Hauptversammlung bestellt werden, die über die Entlastung für das vierte Geschäftsjahr nach dem Beginn der Amtszeit beschließt, wobei das

---

[297] BayObLG NZG 1998, 69; OLG Schleswig NZG 2004, 669; Semler/v. Schenck AR-HdB/*Semler* § 2 Rn. 37; Hüffer/Koch/*Koch* AktG § 104 Rn. 3, 5.
[298] *Schüppen* Börsen-Zeitung v. 4.3.2009, S. 2, Interessenkonflikt eines juristischen Beraters und engen Vertrauten des Bieters; Spindler/Stilz/*Spindler* AktG § 104 Rn. 21 mit Nachw.; ausf. zu den Ermessenskriterien bei der Auswahl GroßkommAktG/*Hopt/Roth* § 104 Rn. 83 ff.
[299] Anders bei fehlendem Vorschlagsrecht eines von zwei Gremien, MüKoAktG/*Habersack* § 104 Rn. 35 mit Nachw. in Fn. 78.
[300] BayObLG AG 2005, 350 (351); *Schüppen* Börsen-Zeitung v. 4.3.2009, S. 2; Schmidt/Lutter/*Drygala* AktG § 104 Rn. 19.
[301] *Schüppen* Börsen-Zeitung v. 4.3.2009, S. 2; Schmidt/Lutter/*Drygala* AktG § 104 Rn. 19; MüKoAktG/*Habersack* § 104 Rn. 35 f.; GroßkommAktG/*Hopt/Roth* § 104 Rn. 85 ff.
[302] Hüffer/Koch/*Koch* AktG § 104 Rn. 15 f. mit Nachw.
[303] BGHZ 47, 341 f. unter Aufgabe von BGHZ 12, 327 (330 f.) = NJW 1954, 797; Hüffer/Koch/*Koch* AktG § 101 Rn. 20.
[304] BGHZ 47, 341 (346); Hüffer/Koch/*Koch* AktG § 101 Rn. 20; Marsch-Barner/Schäfer AG-HdB/*E. Vetter* § 25 Rn. 76; *Baums* ZGR 1983, 300 (320); KölnKommAktG/*Mertens/Cahn* § 101 Rn. 94.
[305] BGHZ 11, 231 (246) zur GmbH; Hüffer/Koch/*Koch* AktG § 101 Rn. 20.
[306] Näheres zum Statusverfahren → Rn. 115 ff.
[307] Marsch-Barner/Schäfer AG-HdB/*E. Vetter* § 25 Rn. 78.

Geschäftsjahr, in dem die Amtszeit beginnt, nicht mitgerechnet wird (§ 102 Abs. 1 AktG, § 15 Abs. 1 MitbestG, § 5 Abs. 1 DrittelbG, § 10c MitbestErgG).[308]

Die **Satzung** kann sowohl eine kürzere Amtszeit als auch voneinander abweichende Amtszeiten für verschiedene Aufsichtsratsmitglieder festlegen,[309] wobei es eine unzulässige Diskriminierung darstellen würde, die Amtszeit der Arbeitnehmervertreter generell kürzer zu bestimmen als die der Anteilseignervertreter.[310] Die **Hauptversammlung** kann durch Wahlbeschluss und innerhalb des Rahmens des § 102 AktG die Dauer sowie Beginn und Ende der Amtszeit der **Anteilseigner** bestimmen, soweit es in der Satzung an einer entsprechenden Regelung fehlt oder die Satzung Raum lässt für eine abweichende Beschlussfassung.[311] **146**

Eine (wiederholte) **Wiederbestellung** von Aufsichtsratsmitgliedern ist zulässig,[312] jedoch nicht in der Weise, dass vor Ablauf der Amtszeit für eine volle weitere Amtsperiode gewählt wird.[313] Die Amtszeit eines **Ersatzmitglieds** ist auf die Restamtsdauer des weggefallenen Aufsichtsratsmitglieds begrenzt (§ 102 Abs. 2 AktG).[314] **147**

b) Abberufung als Aufsichtsratsmitglied. *aa) Abberufung durch die Hauptversammlung.* Gem. § 103 Abs. 1 AktG kann die Hauptversammlung die von ihr gewählten Mitglieder vor Ablauf der Amtszeit jederzeit und ohne Angabe von Gründen abberufen, wenn sie nicht an einen Wahlvorschlag gebunden war (§ 101 Abs. 1 S. 2 AktG). Dem auf die Abberufung gerichteten Antrag des Aufsichtsrats muss in der Hauptversammlung mit einer Mehrheit von mindestens drei Viertel der abgegebenen Stimmen stattgegeben werden, sofern die Satzung keine andere Mehrheit oder weitere Erfordernisse bestimmt. Weicht die Satzung von dem Erfordernis einer Dreiviertelmehrheit ab, muss sie für die Abberufung aller von der Hauptversammlung gewählten Aufsichtsratsmitglieder die gleiche Mehrheit (und die gleichen weiteren Erfordernisse) vorsehen.[315] Ferner dürfen keine unterschiedlichen Mehrheiten entsprechend dem Anlass der Abberufung vorgesehen werden.[316] **148**

Die Verweigerung der Entlastung eines einzelnen Aufsichtsratsmitglieds durch die Hauptversammlung gem. § 120 Abs. 1 S. 2 AktG stellt keine Abberufung gem. § 103 Abs. 1 AktG dar.[317] Der Vertrauensentzug durch Hauptversammlungsbeschluss genügt nur dann für die Amtsbeendigung, wenn der Beschluss die Abberufung zum Gegenstand hat.[318] **149**

bb) Abberufung durch den Entsender. Ein Aufsichtsratsmitglied, das aufgrund der Satzung in den Aufsichtsrat entsandt ist, kann von dem Entsendungsberechtigten jederzeit abberufen und durch eine andere Person ersetzt werden (§ 103 Abs. 2 S. 1 AktG). Die Möglichkeit der jederzeitigen Abberufung kann weder durch Satzung noch durch eine vertragliche Vereinbarung zwischen Entsender und der Gesellschaft ausgeschlossen oder eingeschränkt werden.[319] Die Hauptversammlung kann nach § 103 Abs. 2 S. 2 AktG ein entsandtes Aufsichtsratsmitglied ausnahmsweise dann abberufen, wenn die in der Satzung bestimmten Voraussetzungen des Entsendungsrechts weggefallen sind; das Recht der **150**

---

[308] Fehlt es an einem Entlastungsbeschluss der Hauptversammlung, endet die Zugehörigkeit zum Aufsichtsrat spätestens in dem Zeitpunkt, in dem die Hauptversammlung über die Entlastung für das vierte Geschäftsjahr seit Amtsantritt hätte beschließen müssen, OLG München NJW-RR 2010, 108 im Anschluss an BGH NJW-RR 2002, 1461.
[309] BGHZ 99, 211; OLG Frankfurt a. M. WM 1986, 1437 (1438); *Raiser/Veil* KapGesR § 15 Rn. 45; KölnKommAktG/*Mertens/Cahn* § 102 Rn. 6; Spindler/Stilz/*Spindler* AktG § 102 Rn. 11.
[310] *Lutter/Krieger* AR § 1 Rn. 28; *Raiser/Veil* KapGesR § 15 Rn. 45.
[311] MüKoAktG/*Habersack* § 102 Rn. 12.
[312] AllgM, statt vieler Hüffer/Koch/*Koch* AktG § 102 Rn. 6; Spindler/Stilz/*Spindler* AktG § 103 Rn. 18.
[313] RGZ 129, 180; RGZ 166, 175 (187); *Raiser/Veil* KapGesR § 15 Rn. 45.
[314] Zur Amtsdauer des Ersatzmitglieds s. MüKoAktG/*Habersack* § 102 Rn. 15, 19.
[315] BGHZ 1999, 211 (215 ff.); Hüffer/Koch/*Koch* AktG § 103 Rn. 4 mwN.
[316] Hüffer/Koch/*Koch* AktG § 103 Rn. 4; MüKoAktG/*Habersack* § 103 Rn. 17; KölnKommAktG/*Mertens/Cahn* § 103 Rn. 15; aA Spindler/Stilz/*Spindler* § 103 Rn. 13.
[317] Marsch-Barner/Schäfer AG-HdB/*E. Vetter* § 25 Rn. 58; Hüffer/Koch/*Koch* AktG § 103 Rn. 3.
[318] Hüffer/Koch/*Koch* AktG § 103 Rn. 3.
[319] KölnKommAktG/*Mertens/Cahn* § 103 Rn. 21; MüKoAktG/*Habersack* § 103 Rn. 24.

Hauptversammlung aus § 103 Abs. 2 S. 2 AktG tritt dann an die Stelle des Abberufungsrechts des (vormals) Entsendungsberechtigten.[320]

151 *cc) Abberufung von Arbeitnehmervertretern und Ersatzmitgliedern.* Für die Abberufung der Aufsichtsratsmitglieder, die weder von der Hauptversammlung ohne Bindung an einen Wahlvorschlag gewählt worden sind, noch auf Grund der Satzung in den Aufsichtsrat entsandt sind, gelten außer § 103 Abs. 3 AktG das Mitbestimmungsgesetz (§ 23 MitbestG), das Montan-Mitbestimmungsgesetz (§ 11 MontanMitbestG), das Mitbestimmungsergänzungsgesetz (§ 10m MitbestErgG), das Drittelbeteiligungsgesetz (§ 12 DrittelbG), das SE-Beteiligungsgesetz (§ 37 SEBG) und das Gesetz über die Mitbestimmung der Arbeitnehmer bei einer grenzüberschreitenden Verschmelzung (§ 26 MgVG). Für die Abberufung eines **Ersatzmitglieds** gelten die Vorschriften über die Abberufung des Aufsichtsratsmitglieds, für das es bestellt ist (§ 103 Abs. 5 AktG).

152 *dd) Abberufung durch das Gericht.* Gem. § 103 Abs. 3 AktG kann ein Aufsichtsratsmitglied auf Antrag des Aufsichtsrats, der dies mit einfacher Mehrheit beschließen kann, auch durch eine gerichtliche Entscheidung abberufen werden, wenn in dessen Person ein **wichtiger Grund** vorliegt (§ 103 Abs. 3 S. 1 AktG). Aufsichtsratsmitglieder, die aufgrund der Satzung in den Aufsichtsrat entsandt wurden, können auch auf Antrag von Aktionären, deren Anteile zusammen den zehnten Teil des Grundkapitals oder den anteiligen Betrag von einer Mio. Euro erreichen, bei Vorliegen eines wichtigen Grunds abberufen werden (§ 103 Abs. 3 S. 3 AktG). Der wichtige Grund muss in der Person des abzuberufenden Aufsichtsratsmitglieds begründet sein (§ 103 Abs. 3 S. 1 AktG).

153 Ob ein wichtiger Grund vorliegt, beurteilt sich entsprechend § 84 Abs. 3 S. 2 AktG.[321] Danach ist unter Würdigung des **Einzelfalls** nach erfolgter **Interessenabwägung** zu entscheiden, ob der AG die Fortsetzung des Amtsverhältnisses bis zum Ablauf der Amtszeit des Aufsichtsratsmitglieds unzumutbar ist.[322] Entscheidend ist, ob das weitere Verbleiben im Amt die Funktionsfähigkeit des Aufsichtsrats nicht unerheblich beeinträchtigt oder eine sonstige Schädigung der Gesellschaft erwarten lässt.[323] Auf ein **Verschulden** kommt es dabei nicht an,[324] wobei das Verschulden und sein Ausmaß im Rahmen der Interessenabwägung und der Beurteilung der Schwere der Pflichtverletzung zu berücksichtigen ist.[325] Eine einmalige schuldhafte Pflichtverletzung muss nicht zwangsläufig zur Abberufung führen.[326]

154 Namentlich kommt die Abberufung aus wichtigem Grund bei Behinderung der Arbeit des Aufsichtsrats und der Gefährdung der Gesellschaft und ihrer Interessen,[327] ua durch heimliche Weitergabe von nachteiligen Informationen über das Unternehmen an die Kartellbehörden,[328] bei Verletzung der Verschwiegenheitspflicht,[329] bei der eigenmächtigen Aufnahme von Kontakten mit Geschäftspartnern wegen angeblich unzureichender Information durch den Vorstand[330] sowie bei Verstoß eines Aufsichtsratsmitglieds gegen Insiderhandelsverbo-

---

[320] KölnKommAktG/*Mertens/Cahn* § 103 Rn. 51; MüKoAktG/*Habersack* § 103 Rn. 29; Spindler/Stilz/*Spindler* AktG § 103 Rn. 23.
[321] Hüffer/Koch/*Koch* AktG § 103 Rn. 10, § 84 Rn. 34 ff.
[322] OLG Frankfurt a. M. NZG 2008, 272; LG Frankfurt a. M. NJW 1987, 505 f.; AG Frankfurt a. M. EWiR 1985, 933; MüKoAktG/*Habersack* § 103 Rn. 39 ff.; Hüffer/Koch/*Koch* AktG § 103 Rn. 10; Semler/v. Schenck AR-HdB/*Semler* § 1 Rn. 308.
[323] MüKoAktG/*Habersack* § 103 Rn. 39.
[324] GroßkommAktG/*Hopt/Roth/Peddinghaus* § 103 Rn. 53; MüKoAktG/*Habersack* § 103 Rn. 40; *Hofmann* BB 1973, 1081 (1086); *Eckardt* NJW 1967, 1010 (1011); einschr. *Säcker* NJW 1986, 803 (810).
[325] MüKoAktG/*Habersack* § 103 Rn. 40; KölnKommAktG/*Mertens/Cahn* § 103 Rn. 35; GroßkommAktG/*Hopt/Roth/Peddinghaus* § 103 Rn. 53.
[326] AG München ZIP 1986, 1139; KölnKommAktG/*Mertens/Cahn* § 103 Rn. 35; MüKoAktG/*Habersack* § 103 Rn. 40.
[327] OLG Frankfurt a. M. AG 2008, 456; OLG Hamburg AG 1990, 218 (219).
[328] LG Frankfurt a. M. AG 1987, 160 (161); sa OLG Zweibrücken AG 1991, 70; Marsch-Barner/Schäfer AG-HdB/*E. Vetter* § 25 Rn. 61; KölnKommAktG/*Mertens/Cahn* § 103 Rn. 32.
[329] Vgl. OLG Stuttgart NZG 2007, 72 (73), Andeutungen gegenüber dem Betriebsrat aus denen sich Inhalt des vertraulichen Vorgangs ableiten lässt; sa BAG NZA 2009, 855; AG München AG 1986, 170 – eine fahrlässige Verletzung der Verschwiegenheitspflicht soll nur im Wiederholungsfall zur Abberufung berechtigen.
[330] OLG Zweibrücken DB 1990, 1401; AG Pirmasens WM 1990, 1387; *Theisen* AG 1993, 49 (57); aA *Altmeppen* EWiR 1990, 631 (632).

te³³¹ in Betracht. Auch eine gravierende und dauerhafte **Pflichtenkollision** kann einen wichtigen Grund für die Abberufung darstellen.³³²

Ein wichtiger Grund für eine Abberufung kann ferner gegeben sein, wenn ein Aufsichtsratsmitglied die Zusammenarbeit im Aufsichtsrat behindert und durch sein intrigantes Verhalten das Vertrauensverhältnis zerstört,³³³ wiederholt unentschuldigt den Aufsichtsratssitzungen fernbleibt³³⁴ oder sich an einem rechtswidrigen Streik beteiligt.³³⁵ Ein wichtiger Grund ist auch dann anzunehmen, wenn ein Aufsichtsratsmitglied bei seiner Wahl die Tätigkeit im Aufsichtsrat eines Konkurrenzunternehmens entgegen § 125 Abs. 1 S. 3 AktG verschwiegen hat.³³⁶ Die Tätigkeit im Aufsichtsrat eines Konkurrenzunternehmens stellt jedoch nicht stets einen wichtigen Grund zur Abberufung dar.³³⁷ Dass der Wegfall der satzungsmäßigen Voraussetzungen einen wichtigen Grund zur gerichtlichen Abberufung gem. § 103 Abs. 3 AktG darstellt, kann allenfalls in besonderen Ausnahmefällen angenommen werden.³³⁸

Die fristlose Kündigung eines Arbeitsverhältnisses der Gesellschaft mit dem Aufsichtsratsmitglied bzw. die hierfür maßgeblichen Gründe stellen nicht notwendig einen wichtigen Grund zur Abberufung als Aufsichtsratsmitglied dar.³³⁹

Über den Antrag des Aufsichtsrats auf Abberufung eines Aufsichtsratsmitglieds aus wichtigem Grund entscheidet das Amtsgericht am Sitz der Gesellschaft im FamFG-Verfahren.³⁴⁰ Über seine Antragstellung beschließt der Aufsichtsrat mit einfacher Mehrheit (§ 103 Abs. 3 S. 2 AktG). Das Aufsichtsratsmitglied, dessen Abberufung beantragt werden soll, ist insoweit gemäß dem Grundsatz des Verbots des Richtens in eigener Sache nicht stimmberechtigt.³⁴¹

ee) Rechtsfolgen der Abberufung. Die Abberufung führt zum Erlöschen des korporationsrechtlichen Verhältnisses zwischen dem betroffenen Aufsichtsratsmitglied und der Gesellschaft. Damit erlöschen alle organschaftlichen Rechte und Pflichten mit Ausnahme derjenigen Organpflichten, deren Erfüllung sich durch das Ausscheiden aus dem Aufsichtsrat nicht erledigt hat; hierzu zählen insbes. die Verschwiegenheitspflicht³⁴² und im Einzelfall sonstige Treuepflichten.³⁴³

> **Praxistipp:**
> Zulässig und in der Praxis häufig sind Regelungen in der Satzung und/oder Geschäftsordnung des Aufsichtsrats, die vorsehen, dass das Mitglied des Aufsichtsrat verpflichtet ist, nach Abberufung sämtliche in seinem Besitz befindlichen Unterlagen unverzüglich an die Gesellschaft zurück zu geben.³⁴⁴ Sollen von der Rückgabepflicht auch Duplikate und Kopien erfasst sein, empfiehlt es sich, die Herausgabepflicht in der Geschäftsordnung explizit auch hierauf zu erstrecken.

---

[331] MüKoAktG/*Semler*, 2. Aufl. 2003, § 103 Rn. 65; Marsch-Barner/Schäfer AG-HdB/*E. Vetter* § 25 Rn. 61.
[332] LG Hamburg WM 1989, 1934; OLG Hamburg AG 1990, 218; *Semler/Stengel* NZG 2003, 1 (6); Spindler/Stilz/*Spindler* AktG § 103 Rn. 35; MüKoAktG/*Habersack* § 103 Rn. 42.
[333] *Säcker* NJW 1986, 803 (810); MüKoAktG/*Habersack* § 103 Rn. 41; vgl. auch LG Köln 14.3.1988 – 91 T 1/87, nv; Hüffer/Koch/*Koch* AktG § 103 Rn. 11.
[334] KölnKommAktG/*Mertens/Cahn* § 103 Rn. 2; MüKoAktG/*Habersack* § 103 Rn. 41; *Bender* DB 1994, 1945 im Rahmen eines Gesetzgebungsvorschlags.
[335] MüKoAktG/*Habersack* § 103 Rn. 41, § 100 Rn. 51; GroßkommAktG/*Hopt/Roth/Peddinghaus* § 103 Rn. 65; *Gaumann/Schafft* DB 2000, 1514 (1518); *Mertens* AG 1977, 306 (318).
[336] Marsch-Barner/Schäfer AG-HdB/*E. Vetter* § 25 Rn. 62 mwN.
[337] MüKoAktG/*Habersack* § 103 Rn. 42; Spindler/Stilz/*Spindler* AktG § 103 Rn. 35.
[338] Marsch-Barner/Schäfer AG-HdB/*E. Vetter* § 25 Rn. 66; KölnKommAktG/*Mertens/Cahn* § 100 Rn. 34.
[339] BGHZ 39, 116 (123); BAG NZA 2009, 855; MüKoAktG/*Habersack* § 103 Rn. 41; dies betrifft im Wesentlichen als Vertreter der Gewerkschaft gewählte Arbeitnehmer. Bei Arbeitnehmervertretern, die als unternehmensangehörige Aufsichtsratsmitglieder gem. § 7 Abs. 2 MitbestG gewählt worden sind, erlischt das Amt nach § 24 Abs. 1 MitbestG mit der kündigungsbedingten Beendigung des Arbeitsverhältnisses.
[340] Vor dem 1.9.2009 im Verfahren nach dem FGG.
[341] Marsch-Barner/Schäfer AG-HdB/*E. Vetter* § 25 Rn. 63.
[342] → Rn. 24 ff.
[343] MüKoAktG/*Habersack* § 103 Rn. 20.
[344] BGH DStR 2008, 2075 zur Zulässigkeit einer Geschäftsordnungsregelung betr. die Herausgabepflicht von Originalunterlagen verbunden mit der Feststellung, dass für Duplikate oder Kopien nichts anderes gelten könne; OLG Düsseldorf AG 2007, 747 (748), das bei Nichterfüllung ein Zurückbehaltungsrecht hinsichtlich noch geschuldeter Vergütung bejaht hat; Hüffer/Koch/*Koch* AktG § 103 Rn. 6.

159 Da ein von der Organstellung zu unterscheidendes Anstellungsverhältnis nicht besteht,[345] erübrigt sich eine gesonderte Kündigung.[346] Ein abberufenes Aufsichtsratsmitglied kann sein Amt nur durch erneute Bestellung zurück erlangen; ein Widerruf der Abberufung ist nicht möglich.[347] Sonstige Verträge des Aufsichtsratsmitglieds mit der Gesellschaft, insbes. nach Maßgabe der §§ 114, 115 AktG zustande gekommene **Beratungs- und Kreditverträge,** lässt die Abberufung insoweit unberührt, als dass sie allenfalls aus wichtigem Grund gekündigt werden können, wenn sie auf dem Aufsichtsratsmandat basieren.[348]

160 c) **Anderweitige Amtsbeendigung.** Außer durch Abberufung kann das Amt als Aufsichtsratsmitglied auch aus anderen Gründen enden.[349] Neben der Abberufung kommen persönliche Beendigungsgründe in Betracht wie etwa der Tod des Aufsichtsratsmitglieds,[350] die erfolgreiche Anfechtung der Aufsichtsratswahl (§ 251 AktG) und insbes. die **Amtsniederlegung durch das Aufsichtsratsmitglied.** Nach hM ist die Amtsniederlegung auch ohne wichtigen Grund zulässig, wenn sie nicht zur Unzeit erfolgt.[351] Erfolgt die Amtsniederlegung dennoch zur Unzeit, führt dies nicht zu ihrer Unwirksamkeit, sondern zur Schadensersatzpflicht des Aufsichtsratsmitglieds.[352]

161 Die Niederlegung erfolgt durch zugangsbedürftige Willenserklärung. Ist in der Satzung nichts anderes bestimmt,[353] so ist die Erklärung nach hM an die AG, vertreten durch den Vorstand, zu richten.[354] Neben dem Vorstand ist die Hauptversammlung für die Entgegennahme der Willenserklärung zuständig, soweit sie das Aufsichtsratsmitglied als Wahlorgan bestellt hat.[355] Die Erklärung gegenüber dem Aufsichtsratsvorsitzenden genügt nicht; sie geht erst dann im Rechtssinne zu, wenn sie von diesem an den Vorstand weiter geleitet worden ist.[356] Geht die Niederlegung nicht dem zuständigen Organ zu, so ist sie unwirksam und das Aufsichtsratsmitglied bleibt im Amt.

162 Der **Wegfall der nach der Satzung gem. § 100 Abs. 4 AktG erforderlichen Wählbarkeitsvoraussetzungen** für die Mitgliedschaft im Aufsichtsrat führt nicht automatisch zum Amtsverlust des Aufsichtsratsmitglieds, sondern kann lediglich Anlass für eine Abberufung durch die Hauptversammlung nach § 103 Abs. 1 AktG sein.[357] Das Amt **gerichtlich bestellter Aufsichtsratsmitglieder**[358] endet, sobald der Mangel, der die gerichtliche Bestellung erforderlich gemacht hat, behoben ist (§ 104 Abs. 5 AktG).[359]

163 Beendigungsgründe können sich ferner aus den Gesellschaftsverhältnissen ergeben. Zum Amtsende in diesem Zusammenhang führen **Vollbeendigung** und **Verschmelzung** der Gesellschaft.[360] Darüber hinaus führt nach hM auch der **Formwechsel** der AG zum Amtsende;[361] dies gilt nur dann nicht, wenn die neue Rechtsform dem gleichen Aufsichtsratsstatut

---

[345] → Rn. 137.
[346] MüKoAktG/*Habersack* § 103 Rn. 20.
[347] KGJ 29 A 98; MüKoAktG/*Habersack* § 103 Rn. 20; *Natzel* DB 1964, 1180 (1181).
[348] Hüffer/Koch/*Koch* AktG § 103 Rn. 6.
[349] Lutter/Krieger AR § 1 Rn. 27; Hüffer/Koch/*Koch* AktG § 103 Rn. 1, 16.
[350] Höchstpersönlicher Charakter des Amtes.
[351] Hüffer/Koch/*Koch* AktG § 103 Rn. 17; KölnKommAktG/*Mertens/Cahn* § 103 Rn. 56; MüKoAktG/*Habersack* § 103 Rn. 60; Spindler/Stilz/*Spindler* AktG § 103 Rn. 58.
[352] Spindler/Stilz/*Spindler* AktG § 103 Rn. 59 mwN in Fn. 185; Lutter/Krieger AR § 1 Rn. 31.
[353] Die Satzung kann den Zugang regeln und bspw. die Erklärung gegenüber dem Vorsitzenden des Aufsichtsrats vorsehen, LG Flensburg AG 2004, 623 (624).
[354] Hüffer/Koch/*Koch* AktG § 103 Rn. 17.
[355] Hüffer/Koch/*Koch* AktG § 103 Rn. 17.
[356] MüKoAktG/*Habersack* § 104 Rn. 61; Lutter/Krieger AR § 1 Rn. 33 f.
[357] Marsch-Barner/Schäfer AG-HdB/*E. Vetter* § 25 Rn. 66 mwN in Fn. 6; Spindler/Stilz/*Spindler* AktG § 103 Rn. 57.
[358] → Rn. 138.
[359] Zur Frage, wie der Mangel behoben sein/werden kann s. Hüffer/Koch/*Koch* AktG § 104 Rn. 12 f. mwN.
[360] AllgM, Hüffer/Koch/*Koch* AktG § 103 Rn. 16; *Wulff/Buchner* ZIP 2007, 314.
[361] Hüffer/Koch/*Koch* AktG § 103 Rn. 16; *Hoffmann-Becking* AG 1980, 269 f.; *Zöllner* DB 1073, 2077 (2078); aA *Heinsius* FS Stimpel, 1985, 571 (575 ff.); *Köstler* BB 1993, 81 f. für die GmbH mit obligatorischem Aufsichtsrat.

unterliegt wie die alte (§ 203 UmwG).³⁶² Die **Auflösung der Gesellschaft**³⁶³ oder die **Eröffnung des Insolvenzverfahrens**³⁶⁴ bewirken dagegen nicht das Amtsende der Aufsichtsratsmitglieder.³⁶⁵

Hat bei der Gesellschaft ein **Statusverfahren**³⁶⁶ nach den §§ 97–99 AktG stattgefunden, das durch eine unanfechtbare Bekanntmachung des Vorstands (§ 97 Abs. 2 AktG) oder durch Rechtskraft der gerichtlichen Entscheidung (§ 98 Abs. 4 S. 2 iVm § 97 Abs. 2 AktG) abgeschlossen ist, ist die Gesellschaft zur Einberufung einer Hauptversammlung und zur Änderung ihrer Satzung entsprechend den nunmehr anzuwendenden Vorschriften und zur Neuwahl des Aufsichtsrats innerhalb eines Zeitraums von sechs Monaten nach dem rechtskräftigen Abschluss des Statusverfahrens verpflichtet. Mit **Beendigung dieser Hauptversammlung** erlischt das Amt der bisherigen Aufsichtsratsmitglieder gem. § 97 Abs. 2 S. 3 AktG.³⁶⁷ Findet in dieser Frist keine Hauptversammlung statt, treten die bisherigen Satzungsbestimmungen insoweit außer Kraft, als sie den nunmehr maßgeblichen gesetzlichen Vorschriften widersprechen. Zum selben Zeitpunkt endet auch das Amt aller Mitglieder des Aufsichtsrats gem. § 97 Abs. 2 S. 3 AktG ohne weitere Erklärungen.³⁶⁸

IV. Innere Ordnung des Aufsichtsrats

1. Überblick

Was die innere Ordnung, Arbeitsweise und Zusammenarbeit des Aufsichtsrats anbelangt, so regelt das Gesetz in §§ 107–110 AktG nur wenige Einzelfragen, insbes. die Rechtsstellung des Aufsichtsratsvorsitzenden und seines Stellvertreters, der Ausschüsse sowie die Pflichten zur Niederschrift über die Sitzungen. Andere Fragen zur inneren Ordnung des Aufsichtsrats stehen zur Disposition der Satzung oder Geschäftsordnung bzw. eines Beschlusses des Aufsichtsrats,³⁶⁹ wobei der Satzung stets der Vorrang gegenüber der Geschäftsordnung des Aufsichtsrats oder entsprechenden Einzelbeschlüssen des Aufsichtsrats³⁷⁰ zukommt. Die nähere Ausgestaltung der in §§ 107 Abs. 1, 108 Abs. 2 S. 1 AktG und § 109 Abs. 3 AktG genannten Regelungsgegenstände ist ausschließlich der Satzung vorbehalten. Im Hinblick auf die Bildung und Besetzung von Aufsichtsratsausschüssen weist § 107 Abs. 3 S. 1 AktG dem Aufsichtsrat eine besondere ausschließliche Regelungsermächtigung zu, die durch Satzung nicht eingeschränkt werden kann.³⁷¹

2. Die Geschäftsordnung des Aufsichtsrats

Die Zulässigkeit einer Geschäftsordnung des Aufsichtsrats ist im Gesetz nicht explizit geregelt, wird aber vorausgesetzt, wie sich aus den § 82 Abs. 2 AktG und § 108 Abs. 4 AktG ergibt. Die Geschäftsordnung des Aufsichtsrats ist wesentliches Instrument seiner Selbstorganisation und liegt deshalb auch in seiner Zuständigkeit.³⁷² Der Aufsichtsrat beschließt die Geschäftsordnung mit einfacher Mehrheit.³⁷³

Die Geschäftsordnung kann diejenigen Fragen regeln, die nicht gesetzlich oder zulässigerweise in der Satzung geregelt sind.³⁷⁴ In der Praxis finden sich in der Geschäftsordnung

---

³⁶² *Raiser/Veil* KapGesR § 15 Rn. 46.
³⁶³ BGHZ 32, 114 (117) zur Genossenschaft.
³⁶⁴ Hüffer/Koch/*Koch* AktG § 264 Rn. 8; Spindler/Stilz/*Spindler* AktG § 103 Rn. 61.
³⁶⁵ Hüffer/Koch/*Koch* AktG § 104 Rn. 16.
³⁶⁶ Näheres zum Statusverfahren → Rn. 114 ff.
³⁶⁷ Marsch-Barner/Schäfer AG-HdB/*E. Vetter* § 25 Rn. 68.
³⁶⁸ Marsch-Barner/Schäfer AG-HdB/*E. Vetter* § 25 Rn. 69 mwN in Fn. 3; MüKoAktG/*Habersack* § 97 Rn. 34.
³⁶⁹ Spindler/Stilz/*Spindler* AktG § 107 Rn. 4.
³⁷⁰ BGHZ 64, 325 (328).
³⁷¹ BGHZ 83, 106 (112); Marsch-Barner/Schäfer AG-HdB/*E. Vetter* § 27 Rn. 2.
³⁷² Hüffer/Koch/*Koch* AktG § 107 Rn. 34.
³⁷³ Hüffer/Koch/*Koch* AktG § 107 Rn. 34; in der paritätisch mitbestimmten AG kann der Aufsichtsratsvorsitzende sein Zweitstimmrecht nach § 29 MitbestG einsetzen, UHH/*Ulmer/Habersack* MitbestG § 25 Rn. 14.
³⁷⁴ Hüffer/Koch/*Koch* AktG § 107 Rn. 34, 23; Lutter/Krieger AR § 11 Rn. 653.

des Aufsichtsrats insbes. Regelungen über die Sitzungseinladung, die Bekanntgabe der Tagesordnung und zugehörige Fristen, erläuternde Hinweise zur Verschwiegenheitspflicht[375] sowie über die Einsetzung, Besetzung und Arbeitsweise von Ausschüssen.[376]

168 Die Geschäftsordnung des Aufsichtsrats bleibt solange in Kraft, bis der Aufsichtsrat sie durch Mehrheitsbeschluss ändert oder aufhebt;[377] insbes. endet die Geltung der Geschäftsordnung nicht mit Ablauf der Amtsperiode.[378]

3. Der Aufsichtsratsvorsitzende und seine Stellvertreter

169 Gem. § 107 Abs. 1 AktG hat der Aufsichtsrat nach näherer Bestimmung der Satzung aus seiner Mitte einen Vorsitzenden und mindestens einen Stellvertreter zu wählen. Nach allgemeiner Meinung ist der Vorsitzende des Aufsichtsrats **kein eigenständiges Organ** der Gesellschaft; vielmehr hat er „nur" die Befugnisse, die einem Vorsitzenden eines Gremiums üblicherweise zustehen, um dessen Handlungs- und Entscheidungsfähigkeit zu gewährleisten.[379]

170 Was die **Aufgaben und Befugnisse** des Aufsichtsratsvorsitzenden anbelangt, so fehlt es an einer zusammenfassenden gesetzlichen Regelung. Ganz generell kommen dem Aufsichtsratsvorsitzenden zunächst diejenigen Aufgaben und Befugnisse zu, die dem Vorsitzenden eines Kollegialorgans üblicherweise zukommen.[380] Insbesondere zählt es zu den Aufgaben des Aufsichtsratsvorsitzenden, die Sitzungen des Aufsichtsrats einzuberufen, vorzubereiten und zu leiten, Ausschüsse zu befassen und deren Arbeitsergebnisse in das Plenum einzubringen.[381] Der Aufsichtsratsvorsitzende ist ferner Repräsentant des Aufsichtsrats, insbes. gegenüber dem Vorstand.[382]

171 Eine typische Aufgabe, die dem Aufsichtsratsvorsitzenden regelmäßig aufgrund Satzungsregelung zufällt, ist die **Leitung der Hauptversammlung**. Auf jeden Fall erläutert der Aufsichtsratsvorsitzende den Aufsichtsratsbericht (§ 176 Abs. 1 S. 2 AktG) über den Jahresabschluss, den Lagebericht und den Gewinnverwendungsvorschlag (§ 171 AktG).[383] Diverse Einzelvorschriften[384] betreffen darüber hinaus im Wesentlichen die Mitwirkung bei Anmeldungen zum Handelsregister.

172 Gem. § 107 Abs. 1 S. 3 AktG muss der Aufsichtsratsvorsitzende **mindestens einen Stellvertreter** haben. Dem Stellvertreter des Aufsichtsratsvorsitzenden stehen die Rechte und Pflichten des Aufsichtsratsvorsitzenden gem. § 103 Abs. 1 S. 3 AktG nur dann zu, wenn dieser verhindert ist. Verhinderung in diesem Sinne liegt vor, wenn der Vorsitzende eine ihm obliegende Maßnahme in der hierfür verfügbaren Zeit nicht selbst vornehmen kann.[385] Die vorübergehende Verhinderung genügt, wenn die Angelegenheit keinen Aufschub duldet.[386] Die Verhinderung muss objektiv vorliegen; dadurch, dass der Vorsitzende sein Amt nicht ausüben will, obwohl er dazu in der Lage wäre, wird ein Vertretungsfall nicht begründet.[387]

---

[375] BGHZ 64, 325 (328).
[376] Hüffer/Koch/*Koch* AktG § 107 Rn. 34; Muster zur Geschäftsordnung des Aufsichtsrats einer (börsennotierten) AG finden sich ua von *Hoffmann/Becking* in Beck'sches Formularbuch Bürgerliches, Handels- und Wirtschaftsrecht, 10. Aufl. 2010 Nr. 18, von *Siebel/v. Schenck* in Semler/v. Schenck AR-HdB Anl. § 3-2; sowie → Rn. 208.
[377] Hüffer/Koch/*Koch* AktG § 108 Rn. 35; *Obermüller* DB 1971, 952; KölnKommAktG/*Mertens/Cahn* § 107 Rn. 165.
[378] OLG Hamburg WM 1982, 1090 (1092).
[379] Marsch-Barner/Schäfer AG-HdB/*E. Vetter* § 27 Rn. 7; MüKoAktG/*Habersack* § 107 Rn. 43.
[380] Hüffer/Koch/*Koch* AktG § 107 Rn. 8; *Lutter/Krieger* AR § 11 Rn. 675; Marsch-Barner/Schäfer AG-HdB/*E. Vetter* § 27 Rn. 7; MüKoAktG/*Habersack* § 107 Rn. 43.
[381] Hüffer/Koch/*Koch* AktG § 107 Rn. 8; MüKoAktG/*Habersack* § 107 Rn. 43 ff.; *Raiser/Veil* KapGesR § 15 Rn. 54.
[382] Hüffer/Koch/*Koch* AktG § 107 Rn. 8; MüKoAktG/*Habersack* § 107 Rn. 57 f.; *Raiser/Veil* KapGesR § 15 Rn. 54; vgl. hierzu auch Ziff. 5.2. DCGK.
[383] Hüffer/Koch/*Koch* AktG § 107 Rn. 8.
[384] §§ 184 Abs. 1, 188 Abs. 1, 195 Abs. 1, 207 Abs. 2, 223, 229 Abs. 3, 237 Abs. 2 AktG.
[385] MüKoAktG/*Kalls* § 107 Rn. 70; KölnKommAktG/*Mertens/Cahn* § 107 Rn. 65.
[386] MüKoAktG/*Kalls* § 107 Rn. 70; KölnKommAktG/*Mertens/Cahn* § 107 Rn. 66; Marsch-Barner/Schäfer AG-HdB/*Vetter* § 27 Rn. 16.
[387] Hüffer/Koch/*Koch* AktG § 107 Rn. 10; MüKoAktG/*Habersack* § 107 Rn. 70.

Die **Wahl** des Aufsichtsvorsitzenden und des Stellvertreters erfolgt, sofern die Satzung 173 nichts anderes bestimmt und vorbehaltlich der Regelung in § 27 MitbestG, der ein potentiell zweistufiges Wahlverfahren vorsieht,[388] mit einfacher Mehrheit, wobei der Kandidat jeweils mitstimmen darf.[389] Kommt der Aufsichtsrat seiner Wahlpflicht nicht nach, ist analog § 104 Abs. 2 AktG eine **gerichtliche Ersatzbestellung** zuzulassen.[390] Ist weder durch Satzung noch durch Geschäftsordnung geregelt, wie viele Stellvertreter der Aufsichtsratsvorsitzende haben soll, spricht vieles dafür, dass der Dienstälteste die Stellvertretung übernimmt.[391]

In der Regel erfolgt die Bestellung zum Aufsichtsratsvorsitzenden ebenso wie die Bestel- 174 lung des stellvertretenden Aufsichtsratsvorsitzenden für die Dauer der Mitgliedschaft im Aufsichtsrat.[392] Die Amtszeit beginnt mit der Annahme der Wahl und endet spätestens mit dem Ende der Amtszeit, für die das betreffende Aufsichtsratsmitglied gewählt ist.[393] Außerhalb des Geltungsbereichs des MitbestG kann die Amtszeit für den Aufsichtsratsvorsitzenden und den Stellvertreter unterschiedlich bemessen werden.[394] Eine Regelung des Aufsichtsrats, wonach sich die Amtszeit des Vorsitzenden oder Stellvertreters im Falle der Wiederwahl automatisch über die laufende Amtsperiode hinweg fortsetzt, ist zulässig.[395]

Die **Abberufung** als Vorsitzender oder Stellvertreter des Aufsichtsrats ist jederzeit möglich 175 und bedarf eines Beschlusses des Aufsichtsrats mit derselben Mehrheit, der es für die Wahl bedurfte.[396] Die Satzung oder die Geschäftsordnung des Aufsichtsrats können vorsehen, dass eine Abberufung **nur aus wichtigem Grund** in Betracht kommt. Die Abberufung aus wichtigem Grund ist mit einfacher Mehrheit möglich, wobei der Betroffene nicht mitstimmen darf.[397]

4. Aufsichtsratssitzungen

Der Aufsichtsrat berät und entscheidet in Sitzungen.[398] Das Gesetz sieht im Grundsatz[399] 176 für alle Aktiengesellschaften zwei Aufsichtsratssitzungen im Kalenderjahr vor (§ 110 Abs. 3 S. 1 AktG). Für nicht börsennotierte Aktiengesellschaften gilt im Grundsatz dieselbe Sitzungsfrequenz, jedoch kann der Aufsichtsrat mit einfacher Mehrheit beschließen, dass nur eine Sitzung pro Kalenderjahr abgehalten wird (§ 110 Abs. 3 S. 2). Ergibt sich aus besonderen Gründen eine Notwendigkeit, eine Sitzung abzuhalten, so kommt jederzeit die Einberufung einer außerordentlichen Sitzung in Betracht.[400] Die Sitzungen sind nicht öffentlich; es dürfen an ihnen grds. nur die Aufsichtsrats- und Vorstandsmitglieder teilnehmen, wobei letztere keinen Anspruch auf Teilnahme haben.[401]

a) **Einberufung.** Die Einberufung der Aufsichtsratssitzungen ist grds. Sache des Aufsichts- 177 ratsvorsitzenden. Dies geht aus § 110 Abs. 1 AktG hervor. Ist der Vorsitzende verhindert, so beruft gem. § 107 Abs. 3 AktG sein Stellvertreter die Sitzung ein. Jedes Aufsichtsratsmitglied oder der Vorstand[402] können unter Angabe des Zwecks und der Gründe verlangen, dass der Vorsitzende des Aufsichtsrats unverzüglich den Aufsichtsrat einberuft (§ 110 Abs. 1 S. 1

---

[388] Vgl. hierzu *Raiser/Veil* KapGesR § 15 Rn. 52 mwN.
[389] Hüffer/Koch/*Koch* AktG § 107 Rn. 4; *Lutter/Krieger* AR § 11 Rn. 660.
[390] Hüffer/Koch/*Koch* AktG § 107 Rn. 6; KölnKommAktG/*Mertens/Cahn* § 107 Rn. 18; Spindler/Stilz/*Spindler* AktG § 107 Rn. 26 f.
[391] Str.; für den Lebensältesten Hüffer/Koch/*Koch* AktG § 107 Rn. 10.
[392] Hüffer/Koch/*Koch* AktG § 107 Rn. 7.
[393] Hüffer/Koch/*Koch* AktG § 107 Rn. 7; Marsch-Barner/Schäfer AG-HdB/*E. Vetter* § 27 Rn. 22; KölnKommAktG/*Mertens/Cahn* § 207 Rn. 26.
[394] Marsch-Barner/Schäfer AG-HdB/*E. Vetter* § 27 Rn. 22; KölnKommAktG/*Mertens/Cahn* § 207 Rn. 25.
[395] *Lutter/Krieger* AR § 11 Rn. 662.
[396] Hüffer/Koch/*Koch* AktG § 107 Rn. 7 mwN.
[397] Hüffer/Koch/*Koch* AktG § 107 Rn. 7; sa BGH NJW 1988, 969; 1983, 938.
[398] Semler/v. Schenck AR-HdB/*Semler* § 1 Rn. 193.
[399] Der Aufsichtsrat nicht börsennotierter Gesellschaften kann beschließen, dass lediglich eine Sitzung im Halbjahr abzuhalten ist (§ 110 Abs. 3 AktG).
[400] *Lutter/Krieger* AR § 11 Rn. 693; Marsch-Barner/Schäfer AG-HdB/*E. Vetter* § 27 Rn. 29.
[401] *Raiser/Veil* KapGesR § 15 Rn. 57; *Behr* AG 1984, 281.
[402] Hierfür ist ein Beschluss des Gesamtvorstands erforderlich, Hüffer/Koch/*Koch* § 110 Rn. 6.

AktG). Einem solchen Verlangen muss der Vorsitzende des Aufsichtsrats nachkommen, es sei denn, dass das Verlangen rechtsmissbräuchlich ist.[403] Wird dem Verlangen nicht entsprochen, können das Aufsichtsratsmitglied oder der Vorstand unter Mitteilung des Sachverhalts und der Angabe einer Tagesordnung selbst den Aufsichtsrat einberufen (§ 110 Abs. 2 AktG).

178 b) **Sitzungsteilnahme (§ 109 AktG).** Aufsichtsratsmitglieder sind zur Teilnahme an Sitzungen nicht nur berechtigt, sondern auch verpflichtet; andernfalls verletzt das nicht teilnehmende Mitglied seine Sorgfaltspflichten nach § 116 AktG.[404]

179 c) **Beschlussfassung des Aufsichtsrats.** Die Willensbildung des Aufsichtsrats als Gremium erfolgt gem. § 108 Abs. 1 AktG durch Beschluss.[405] Beschlüsse des Aufsichtsrats können in Präsenzsitzungen, im schriftlichen Verfahren, auf fernmündlichem Weg oder auch mittels anderer vergleichbarer Kommunikationsformen (zB Telefon- oder Videokonferenz) gefasst werden, sofern kein Aufsichtsratsmitglied dieser Art von Beschlussfassung widerspricht (§ 108 Abs. 4 AktG).

> **Praxistipp:**
> Die Satzung oder die Geschäftsordnung des Aufsichtsrats können das Widerspruchsrecht ausschließen oder modifizieren, was im Hinblick auf eine größere Flexibilität des Aufsichtsrats ratsam ist.[406]

180 Zulässig ist auch, bestimmte Formen der Beschlussfassung gänzlich zu untersagen.[407] Auch eine kombinierte Beschlussfassung kann nach hM zugelassen werden.[408]

181 Jeder Beschluss muss ausdrücklich gefasst werden, konkrete Aufsichtsratsbeschlüsse sind nicht anerkannt.[409] Um Beschlüsse fassen zu können, muss der Aufsichtsrat **beschlussfähig** sein. Dies ist nach der gesetzlichen Regel der Fall, wenn mindestens die Hälfte der Mitglieder, aus denen der Aufsichtsrat nach Gesetz oder Satzung besteht, mindestens jedoch drei Mitglieder an der Abstimmung teilnehmen, § 108 Abs. 2 S. 2, 3 AktG. Während die Teilnahme von drei Mitgliedern nicht dispositiv ist, steht das gesetzliche Anwesenheitsquorum ausdrücklich unter dem Vorbehalt abweichender Satzungsregelung sowie abweichender gesetzlicher Regelung, zB § 10 MontanMitbestG, § 11 MontanMitbestErgG, § 28 MitbestG. Soweit solche speziellen gesetzlichen Regeln nicht entgegenstehen können in der der Satzung sowohl höhere als auch geringere Anforderungen an die Beschlussfähigkeit gestellt werden, stets unzulässig sind allerdings Bestimmungen, die nach Zugehörigkeit zur Anteilseigner- bzw. Arbeitnehmerseite differenzieren. Der Beschlussfähigkeit steht nämlich nicht entgegen, dass dem Aufsichtsrat weniger Mitglieder als die durch Gesetz oder Satzung festgesetzte Zahl angehören, auch wenn das für seine Zusammensetzung maßgebende zahlenmäßige Verhältnis zwischen Anteilseigner- und Arbeitnehmervertretern nicht gewahrt ist (§§ 108 Abs. 2 S. 4 AktG, § 28 MitbestG, § 10 MontanMitbestG, § 11 MitbestErgG). Dies gilt auch für einen nach dem DrittelbG mitbestimmten Aufsichtsrat; auch bei ihm gibt es keinen Gruppenschutz.[410] In einem **dreiköpfigen Aufsichtsrat** führt der Ausschluss des Stimmrechts eines von drei Aufsichtsratsmitgliedern im Einzelfall entsprechend § 34 BGB nicht zur Beschlussunfähigkeit des Organs, sondern nur dazu, dass das betreffende Aufsichtsratsmitglied sich bei der Abstimmung der Stimme zu enthalten hat.[411]

---

[403] Marsch-Barner/Schäfer AG-HdB/*E. Vetter* § 27 Rn. 31; KölnKommAktG/*Mertens/Cahn* § 110 Rn. 11: sa OLG Köln WM 1959, 1402 (1404).
[404] AllgM, Hüffer/Koch/*Koch* AktG § 109 Rn. 2; Spindler/Stilz/*Spindler* AktG § 109 Rn. 5.
[405] Marsch-Barner/Schäfer AG-HdB/*E. Vetter* § 23 Rn. 27, § 27 Rn. 47.
[406] Vgl. *Kindl* ZHR 2002, 335 (338); Marsch-Barner/Schäfer AG-HdB/*E. Vetter* § 27 Rn. 54.
[407] Hüffer/Koch/*Koch* AktG § 108 Rn. 21 ff.; Marsch-Barner/Schäfer AG-HdB/*E. Vetter* § 27 Rn. 54.
[408] Hüffer/Koch/*Koch* AktG § 108 Rn. 23 mwN.
[409] Zuletzt BGH AG 1991, 398 (653).
[410] MüKoAktG/*Habersack* § 108 Rn. 45.
[411] BGH NZG 2007, 516.

Für den **paritätisch mitbestimmten Aufsichtsrat** setzt § 28 MitbestG zwingend die Teilnahme von mindestens der Hälfte der Mitglieder voraus, aus denen der Aufsichtsrat zu bestehen hat. Satzungsregelungen, die gegen den Grundsatz der gleichen Rechtstellung der Aufsichtsratsmitglieder verstoßen sind auch in diesem Zusammenhang unwirksam.[412]

Teilnahme bedeutet zunächst die verbindliche Äußerung zum Beschlussantrag, sei es durch Ja- oder Neinstimmen. Darüber hinaus zählen auch Stimmenthaltungen als Teilnahme an der Beschlussfassung.[413] Gewichtige Stimmen in der Lit. sehen bereits die Beteiligung an der dem Abstimmungsvorgang vorangehenden Beratung sowie die Einbringung eines Beschlussantrags als Teilnahme an der Beschlussfassung an.[414] Auf die Wirksamkeit der einzelnen Stimmabgabe kommt es bei der Feststellung der Beschlussfähigkeit nicht an.[415] Verweigern eines oder mehrerer der Mitglieder des Aufsichtsrats treuwidrig die Teilnahme[416] und **führen** dadurch **treuwidrig die Beschlussunfähigkeit des Aufsichtsrats herbei**, können in Anlehnung an die für die GmbH entwickelten Grundsätze[417] Beschlüsse trotz der Verfehlung des Quorums gefasst werden und die verantwortlichen Aufsichtsratsmitglieder dürfen sich nicht auf die Beschlussunfähigkeit berufen.

Damit ein Beschluss zustande kommt, bedarf es entsprechend § 32 Abs. 1 S. 3 BGB **grds. der einfachen Mehrheit** der abgegebenen Stimmen, sofern nicht das Gesetz oder die Satzung in zulässiger Weise andere Mehrheiten vorsehen.[418] Bei Stimmengleichheit ist der Antrag abgelehnt.[419]

Jedem Aufsichtsratsmitglied steht das gleiche Stimmrecht zu. Mehrfachstimmrechte oder Vetorechte lässt das Gesetz – mit Ausnahme eines eventuellen Stichentscheids des Aufsichtsratsvorsitzenden – nicht zu, auch nicht durch Satzung.[420] Wird ein Aufsichtsratsmitglied von einer Beschlussfassung unmittelbar betroffen, greift ein **Stimmrechtsausschluss** ein,[421] der als solcher keine Auswirkung auf die Beschlussfähigkeit des Aufsichtsrats hat. Insbesondere darf das Aufsichtsratsmitglied nicht in eigener Sache richten.[422] Die Wahl als Akt körperschaftlicher Willensbildung vermag kein Stimmverbot mit sich zu bringen,[423] weshalb ein Aufsichtsratsmitglied auch bei der eigenen Wahl zum Aufsichtsratsvorsitzenden mitwirken kann.[424] Droht eine Beschlussunfähigkeit des Aufsichtsrats, wenn das mit seinem Stimmrecht ausgeschlossene Aufsichtsratsmitglied nicht teilnimmt, muss es an der Beschlussfassung mit einer Enthaltung mitwirken.[425]

d) Fehlerhafte Beschlüsse. Als ein körperschaftliches Rechtsgeschäft kann ein Aufsichtsratsbeschluss an Fehlern leiden. Ein Aufsichtsratsbeschluss ist fehlerhaft, wenn das Beschlussverfahren unter einem Mangel leidet oder der Beschluss seinem Inhalt nach gegen

---

[412] BGHZ 83, 151 (154) im Hinblick auf eine Satzungsbestimmung, die für die Beschlussfähigkeit des Aufsichtsrats verlangte, dass mindestens die Hälfte der Aufsichtsratsmitglieder der Anteilseigner anwesend ist und sich unter ihnen der Aufsichtsratsvorsitzende befindet.
[413] BGH AG 2007, 484 (485); OLG Karlsruhe AG 1981, 102 (103); MüKoAktG/*Habersack* § 108 Rn. 36; KölnKommAktG/*Mertens/Cahn* § 108 Rn. 57.
[414] *Priester* AG 2007, 190 (192 f.); ebenso wohl *Duden* BB 1950, 803 unter weiterführender Analyse der Gesetzeshistorie; aA Hüffer/Koch/*Koch* AktG § 108 Rn. 15; MüKoAktG/*Habersack* § 108 Rn. 37; KölnKommAktG/*Mertens/Cahn* § 108 Rn. 57.
[415] BGHZ 83, 85 (86); OLG Hamburg AG 1984, 248; KölnKommAktG/*Mertens/Cahn* § 108 Rn. 57; Marsch-Barner/Schäfer AG-HdB/*E. Vetter* § 27 Rn. 48.
[416] Zur (treuwidrigen) Instrumentalisierung der Beschlussunfähigkeit in der GmbH OLG Hamburg WM 1992, 272.
[417] Hierzu Großkommentar zum GmbHG/*Hüffer*, Bd. 2, 2006, § 47 Rn. 6.
[418] Spindler/Stilz/*Spindler* AktG § 108 Rn. 21; KölnKommAktG/*Mertens/Cahn* § 108 Rn. 41.
[419] Raiser/Veil KapGesR § 15 Rn. 59 mit näheren Ausführungen zu der für diesen Fall im Anwendungsbereich des MitbestG geltenden Sonderregelung.
[420] Spindler/Stilz/*Spindler* AktG § 108 Rn. 24.
[421] Spindler/Stilz/*Spindler* AktG § 108 Rn. 28.
[422] BayObLG AG 2003, 427 (428); vgl. auch BGH NZG 2007, 516; Raiser/Veil KapGesR § 15 Rn. 60; Hüffer/Koch/*Koch* AktG § 108 Rn. 9; KölnKommAktG/*Mertens/Cahn* § 108 Rn. 49.
[423] Spindler/Stilz/*Spindler* AktG § 108 Rn. 30; *Wilhelm* NJW 1983, 912 (914).
[424] Spindler/Stilz/*Spindler* AktG § 108 Rn. 30, § 107 Rn. 18; *Ulmer* NJW 1982, 2288 (2291).
[425] Spindler/Stilz/*Spindler* AktG § 108 Rn. 33; KölnKommAktG/*Mertens/Cahn* § 108 Rn. 49.

Gesetz oder Satzung verstößt. **Mängel der einzelnen Stimmabgabe** führen dagegen nicht ohne weiteres zur Fehlerhaftigkeit des Beschlusses. Sie sind vielmehr nur relevant, wenn sich infolge der Nichtigkeit der Stimme das Abstimmungsergebnis verändert.[426]

187 Die **Rechtsfolgen fehlerhafter Beschlüsse** sind im AktG nicht geregelt und waren lange umstritten. Der BGH hat sich bei der Behandlung der Fehlerhaftigkeit von Aufsichtsratsbeschlüssen grds. gegen eine Differenzierung zwischen anfechtbaren und nichtigen Aufsichtsratsbeschlüssen ausgesprochen und eine Analogie zu den Vorschriften der §§ 241 ff. AktG ausdrücklich abgelehnt.[427] Vielmehr hält der BGH in stRspr[428] daran fest, dass fehlerhafte Aufsichtsratsbeschlüsse gem. §§ 134, 138 nichtig sind.[429] Allerdings – so der BGH – kann die Nichtigkeit nicht beliebig von jeder Person und zu jedem Zeitpunkt geltend gemacht werden. Der BGH bedient sich insoweit nicht zuletzt um Klarheit und Rechtssicherheit über das Zustandekommen des (vermeintlich) nichtigen Beschluss zu erlangen, des Rechtsinstituts der Verwirkung und zieht eine Begrenzung des zur Geltendmachung des Mangels erforderlichen Rechtsschutzinteresses in Betracht.[430] Ist nur ein Teil des Beschlussgegenstands nichtig, so kommt § 139 BGB zur Anwendung und der ganze Beschluss ist als nichtig anzusehen, sofern nicht anzunehmen ist, dass er auch ohne den nichtigen Teil gefasst worden wäre.[431]

188 Im Falle eines **Verfahrensfehlers** ist der Beschluss nur nichtig, wenn der Fehler die Interessen der Aufsichtsratsmitglieder berührt hat, sich sachgemäß an der Willensbildung im Aufsichtsrat zu beteiligen. Verstöße gegen reine Organisationsvorschriften rechtfertigen die Nichtigkeitsfolge nicht.[432] Auch die Teilnahme einer nicht nach § 109 AktG berechtigten Person an der Aufsichtsratssitzung und die Stimmabgabe eines Unbefugten haben nicht die Nichtigkeit des in ihrer Anwesenheit gefassten Beschlusses zur Folge.[433] Führt ein Teil der anwesenden und an der Beratung der Beschlussfassung beteiligten Mitglieder des Aufsichtsrats die Beschlussunfähigkeit aufgrund Nichtteilnahme an der Beschlussfassung mutwillig herbei, können Beschlüsse selbst dann wirksam gefasst werden, wenn das zur Beschlussfassung erforderliche Quorum nicht erreicht ist und mindestens drei Aufsichtsratsmitglieder an der Beschlussfassung teilnehmen. Als nichtig anzusehen sind dagegen Beschlüsse, die unter Verstoß gegen die Beschlussfähigkeit und über das Abstimmungsverfahren getroffen wurden.[434] Beschlüsse, die ihrem **Inhalt** nach gegen das Gesetz, die Satzung, die Geschäftsordnung oder gegen die guten Sitten verstoßen, sind grds. nichtig, es sei denn, bei der verletzten Norm handelt es sich lediglich um eine Ordnungsvorschrift.[435]

189 Die **Nichtigkeit** eines Aufsichtsratsbeschlusses **wirkt** grds. **ex tunc**.[436] Allerdings kommt die Beschränkung der rückwirkenden Geltung in Betracht, wenn eine Rückabwicklung aufgrund der in der Zwischenzeit geschaffenen Lage unmöglich wäre oder zu unangemessenen Ergebnissen führen würde oder wenn durch den Beschluss Vertrauenspositionen geschaffen wurden, die nicht mehr ohne weiteres entzogen werden können.[437]

190 Die Nichtigkeit eines Aufsichtsratsbeschlusses kann nur mittels **Feststellungsklage** nach § 256 ZPO geltend gemacht werden.[438] Die Klage kann von jedem Aufsichtsratsmitglied er-

---

[426] Hüffer/Koch/*Koch* AktG § 108 Rn. 25, liegt die für die Mehrheit erforderliche Zahl von Ja-Stimmen in Wirklichkeit nicht vor, ist kein positiver Beschluss zustande gekommen.
[427] BGHZ 122, 342 (347f.); BGHZ 124, 111 (115); zust. Hüffer/Koch/*Koch* AktG § 109 Rn. 28 mwN.
[428] Vgl. BGHZ 124, 111 (115); BGHZ 135, 244; KG AG 2005, 205 (206).
[429] Vor BGHZ 122, 342 schon BGHZ 47, 341; BGHZ 83, 144; BGHZ 1985, 293.
[430] BGHZ 122, 342 (351); MüKoAktG/*Habersack* § 108 Rn. 78.
[431] Vgl. BGHZ 124, 111 (122 ff.); *Raiser/Veil* KapGesR § 15 Rn. 63.
[432] *Raiser/Veil* KapGesR § 15 Rn. 64; Marsch-Barner/Schäfer AG-HdB/*E. Vetter* § 27 Rn. 78.
[433] BGHZ 47, 341; anders noch BGHZ 12, 327 (331); *Raiser/Veil* KapGesR § 15 Rn. 64.
[434] *Raiser/Veil* KapGesR § 15 Rn. 64.
[435] *Lutter/Krieger* AR § 11 Rn. 735, 737; Marsch-Barner/Schäfer AG-HdB/*E. Vetter* § 27 Rn. 78 mwN und Beispielen aus der Rspr.
[436] Spindler/Stilz/*Spindler* AktG § 108 Rn. 81.
[437] *Raiser/Veil* KapGesR § 15 Rn. 71f.; Spindler/Stilz/*Spindler* AktG § 108 Rn. 81; KölnKommAktG/ *Mertens/Cahn* § 108 Rn. 86.
[438] BGHZ 122, 342 (347); BGHZ 124, 111 (125); Marsch-Barner/Schäfer AG-HdB/*E. Vetter* § 27 Rn. 78 mwN auch zur aA.

hoben werden und richtet sich gegen die Gesellschaft, vertreten durch den Vorstand gem. § 78 Abs. 1 AktG.[439] Auch die Gesellschaft kann, vertreten durch ihren Vorstand, zur Klageerhebung berechtigt sein.[440] Nachzuweisen ist allerdings ein Rechtschutzinteresse in Gestalt eines Feststellungsinteresses. Ein solches ist bei den Mitgliedern des Aufsichtsrats und des Vorstands regelmäßig zu bejahen.[441] Wenn die Klage nur aus eigensüchtigen Motiven oder zugunsten von außerhalb des Unternehmens stehenden Personen erhoben wurde, kann das Rechtsschutzinteresse fehlen.[442]

Der Beschlussmangel ist innerhalb einer angemessenen **Frist** zur rechtlichen Prüfung geltend zu machen. Die Erklärung kann formlos gegenüber dem Aufsichtsratsvorsitzenden erfolgen.[443] Auch die Klage ist innerhalb einer angemessenen Frist[444] zu erheben; andernfalls ist die Klagebefugnis verwirkt.[445]

Von der fehlerhaften Beschlussfassung (Verfahrens- und Inhaltsmängel) zu unterscheiden ist die fehlerhafte Stimmabgabe bei Beschlussfassung (→ Rn. 186).

e) **Sitzungsniederschrift (§ 107 Abs. 2 AktG).** Sitzungen des Aufsichtsrats sind gem. § 107 Abs. 2 AktG per Sitzungsniederschrift zu protokollieren, die der Aufsichtsratsvorsitzende zu unterzeichnen hat. Die Protokollierung darf an einen Protokollführer delegiert werden, der nicht Mitglied des Aufsichtsrats (und auch nicht Mitglied des Vorstands) sein muss, wenn kein Aufsichtsratsmitglied widerspricht. Umstritten ist, ob die Zuziehung eines externen Protokollführers bei Widerspruch mit Mehrheit beschlossen werden kann; richtiger Weise ist dies zu verneinen, da schon die Zulassung bei allseitigem Einverständnis eine Einschränkung des § 109 Abs. 1 S. 1 AktG (wonach an den Sitzungen nur Aufsichtsrats- und Vorstandsmitglieder teilnehmen sollen) darstellt, die nicht überdehnt werden darf.[446] In der Niederschrift sind, sofern nicht Satzung oder Geschäftsordnung weitere Anforderungen stellen, gem. § 107 Abs. 2 S. 2 AktG der Ort und der Tag der Sitzung, die Teilnehmer, die Gegenstände der Tagesordnung, der wesentliche Inhalt der Verhandlungen und die Beschlüsse des Aufsichtsrats anzugeben. Die inhaltliche Richtigkeit des Protokolls verantwortet auch bei Hinzuziehung eines externen Protokollführers der Vorsitzende, der jedenfalls auch unterzeichnet und bei Meinungsverschiedenheiten entscheidet.[447] Rechtlich kommt der Niederschrift „bloße" **Beweisfunktion** zu.

> **Praxistipp:**
>
> Auch wenn die Sitzungsniederschrift keine Wirksamkeitsvoraussetzung für gefasste Aufsichtsratsbeschlüsse ist, ist die Protokollierung der Sitzungen des Aufsichtsrats per Sitzungsniederschrift insbes. im Hinblick auf den Inhalt der gefassten Aufsichtsratsbeschlüsse von eminenter Bedeutung, da sie die tatsächliche Vermutung trägt, dass beschlossen wurde wie protokolliert.[448]

Jedes Aufsichtsratsmitglied hat einen Anspruch auf Aushändigung einer Protokollabschrift und muss sich nicht mit der bloßen Einsichtnahme zufrieden geben (§ 107 Abs. 2

---

[439] BGHZ 83, 144 (146); BGHZ 122, 342 (345); Hüffer/Koch/*Koch* AktG § 109 Rn. 30; Marsch-Barner/Schäfer AG-HdB/*E. Vetter* § 27 Rn. 81.
[440] BGHZ 122, 342 (352); Hüffer/Koch/*Koch* AktG § 108 Rn. 30.
[441] BHZ 135, 244 (250); *Raiser/Veil* KapGesR § 15 Rn. 67; Spindler/Stilz/*Spindler* AktG § 108 Rn. 75.
[442] *Raiser/Veil* KapGesR § 15 Rn. 67; Stodolkowitz ZHR 1990, 1 (17); Mertens ZHR 1990, 24 (28 ff.); vgl. ferner *Bork* ZIP 1991, 137 (146); *Raiser* ZGR 1989, 44 (66 ff.).
[443] Vgl. BGHZ 122, 342 (352); *Raiser/Veil* KapGesR § 15 Rn. 68.
[444] Im Fall BGHZ 124, 111 war die Klage nach fünf Monaten, im Fall BGHZ 122 rechtzeitig nach zwei Jahren erhoben.
[445] OLG Düsseldorf AG 1995, 416 (418); *Raiser/Veil* KapGesR § 15 Rn. 68; Spindler/Stilz/*Spindler* AktG § 108 Rn. 77.
[446] Hüffer/Koch/*Koch* AktG, § 107 Rn. 13; KölnKommAktG/*Mertens/Cahn* § 107 Rn. 80, auch mit Nachw. der Gegenansicht.
[447] Hüffer/Koch/*Koch* AktG, § 107 Rn. 13.
[448] Hüffer/Koch/*Koch* AktG § 107 Rn. 15.

S. 4 AktG). Unterbleibt eine Aushändigung trotz entsprechendem Verlangen eines einzelnen Aufsichtsratsmitglieds, muss es Klage gegen die Gesellschaft, vertreten durch den Vorstand, erheben.[449]

5. Ausschüsse des Aufsichtsrats (§ 107 Abs. 3 AktG)

194 **a) Überblick.** Zur Arbeitserleichterung sowie zur Effizienzsteigerung kann der Aufsichtsrat *aus seiner Mitte* einen oder mehrere vorbereitende und/oder beschließende Ausschüsse bilden (§ 107 Abs. 3 AktG). Der Corporate Governance Kodex empfiehlt in Ziff. 5.3.1 DCGK „abhängig von den spezifischen Gegebenheiten des Unternehmens" die Errichtung von „fachlich qualifizierten" Ausschüssen. Als eine Art „Mindeststandard" empfiehlt der Kodex die Einrichtung eines Prüfungsausschusses (Ziff. 5.3.2 DCGK, → Rn. 205) und eines Nominierungsausschusses (Ziff. 5.3.1 DCGK). Die **Einsetzung** von Ausschüssen und die **Wahl der Ausschussmitglieder** erfolgt **durch Beschluss**.[450]

195 **Vorbereitende Ausschüsse** haben die ihnen zugewiesenen Angelegenheiten zu prüfen und für die endgültige Beschlussfassung durch das Aufsichtsratsplenum Entscheidungsvorschläge zu erarbeiten. **Beschließende Ausschüsse** dagegen entscheiden abschließend an Stelle des Aufsichtsratsplenums über die ihnen zugewiesenen Angelegenheiten.[451]

196 § 107 Abs. 3 S. 4 AktG enthält einen Katalog von Aufgaben, die **zwingend dem Aufsichtsratsplenum** zur Erledigung **zugewiesen** sind und die nicht an einen beschließenden Ausschuss delegiert werden können. Insbesondere die Organisationsautonomie zur Einrichtung und Besetzung von Ausschüssen steht gem. § 107 Abs. 3 AktG einzig dem Aufsichtsratsplenum zu.[452] Die Hauptversammlung kann darauf weder aufgrund einer Satzungsregelung noch durch gewöhnlichen Beschluss Einfluss nehmen.[453] Zu den in der Praxis wichtigen Aufgaben, die dem Aufsichtsratsplenum vorbehalten sind, zählen die Wahl des Aufsichtsratsvorsitzenden und seines Stellvertreters (§ 107 Abs. 1 AktG), die Bestellung und Abberufung von Vorstandsmitgliedern (§ 84 Abs. 1 AktG), die Festsetzung der Vorstandsvergütung (§ 87 Abs. 1 S. 1 AktG), der Erlass einer Geschäftsordnung für den Vorstand (§ 77 Abs. 2 S. 1 AktG), die Festlegung von zustimmungspflichtigen Geschäften (§ 111 Abs. 4 S. 2 AktG), die Prüfung des Jahresabschlusses und Lageberichts sowie die Prüfung des Konzernabschlusses und Konzernlageberichts (§ 171 Abs. 1 AktG) sowie die Feststellung des Jahresabschlusses und des Konzernabschlusses (§ 171 Abs. 2 S. 4, 5 AktG).[454]

197 Neben den genannten bestehen auch **ungeschriebene Delegationsverbote**. So kann nur das Aufsichtsratsplenum selbst Entscheidungen über seine eigene **innere Ordnung** und Arbeitsweise treffen.[455] Nicht delegierbar ist ferner die **allgemeine Überwachungsaufgabe** des Aufsichtsrats im Hinblick auf die Geschäftsführung.[456] Ein Delegationsverbot besteht schließlich auch hinsichtlich der Entscheidung über die Abgabe der **Entsprechenserklärung des Aufsichtsrats** gem. § 161 AktG). Besteht ein Delegationsverbot, kann der Aufsichtsratsausschuss keine Beschlüsse an Stelle des Aufsichtsratsplenums fassen; ein dennoch gefasster Beschluss ist nichtig.[457]

198 **b) Einzelheiten.** Hat der Ausschuss einen **Vorsitzenden**, was nicht zwingend, aber ratsam ist, so hat dieser grds. die gleichen Rechte und (sitzungsleitende) Befugnisse wie der Vorsit-

---

[449] Hüffer/Koch/*Koch* AktG § 107 Rn. 14, § 90 Rn. 22; s. dazu auch *Peus* ZGR 1987, 545 (546 ff.) der aber wohl den Aufsichtsratsvorsitzenden als passiv legitimiert ansieht.
[450] Hüffer/Koch/*Koch* AktG § 107 Rn. 16; *Lutter/Krieger* AR § 11 Rn. 753.
[451] Marsch-Barner/Schäfer AG-HdB/*E. Vetter* § 28 Rn. 3.
[452] BGHZ 83, 106 (118); Hüffer/Koch/*Koch* AktG § 107 Rn. 19.
[453] BGHZ 83, 106 (117 f.); hL *Raiser/Veil* KapGesR § 15 Rn. 77; *Semler* AG 1988, 60 (62 f.).
[454] Marsch-Barner/Schäfer AG-HdB/*E. Vetter* § 28 Rn. 8; im faktischen Konzern ist auch die Prüfung des Berichts des Vorstands über die Beziehungen zu verbundenen Unternehmen (§ 314 Abs. 2, 3 AktG) als nicht delegationsfähige Aufgabe des Aufsichtsrats zu nennen.
[455] Marsch-Barner/Schäfer AG-HdB/*E. Vetter* § 28 Rn. 9; MüKoAktG/*Habersack* § 107 Rn. 134; *Semler* AG 1988, 60 (61).
[456] Marsch-Barner/Schäfer AG-HdB/*E. Vetter* § 28 Rn. 11; MüKoAktG/*Habersack* § 107 Rn. 134.
[457] MüKoAktG/*Habersack* § 107 Rn. 146.

zende des Aufsichtsrats.⁴⁵⁸ Auch die Beschlussfassung innerhalb des Ausschusses erfolgt wie im Aufsichtsratsplenum.⁴⁵⁹ Gem. § 107 Abs. 3 S. 4 AktG muss der Ausschuss das Aufsichtsratsplenum regelmäßig und fortlaufend über seine Arbeit informieren.⁴⁶⁰ Während ein vorbereitender Ausschuss die Verantwortung des Aufsichtsrats für die Entscheidung in der Sache unberührt lässt, tritt der beschließende Ausschuss im Prozess der Entscheidungsfindung für den delegierten Aufgabenbereich an die Stelle des Aufsichtsratsplenums.

Zu der erforderlichen **Mindest- oder Höchstzahl von Ausschussmitgliedern** macht das Gesetz keine Angaben. Ein Einmann-Ausschuss ist jedoch bereits begrifflich ausgeschlossen.⁴⁶¹ Mit Beschlusskompetenz ausgestattete Ausschüsse müssen mindestens drei Mitglieder haben.⁴⁶² Grundsätzlich können Aufsichtsratsausschüsse auch ohne Arbeitnehmervertreter gebildet werden; formal steht dem nichts im Wege.⁴⁶³ Jedoch darf durch nicht paritätisch besetzte Ausschüsse der Sinn und Zweck des MitbestG nicht unterlaufen werden.⁴⁶⁴ Stets kann statt einem vorbereitenden Ausschuss auch ein einzelnes Aufsichtsratsmitglied mit der entsprechenden Aufgabe betraut werden.⁴⁶⁵ 199

Die **Beschlussfähigkeit** eines (beschließenden) Aufsichtsratsausschusses setzt in entsprechender Anwendung des § 108 Abs. 2 S. 3 AktG die Mitwirkung von mindestens drei Mitgliedern voraus.⁴⁶⁶ Beschlüsse kommen mit der Mehrheit der abgegebenen Stimmen zustande. Das Zweitstimmrecht nach §§ 29 Abs. 2, 31 Abs. 4 MitbestG steht dem Ausschussvorsitzenden von Gesetzes wegen nicht zu; eine dahin gehende Regelung in der Geschäftsordnung des Aufsichtsrats ist jedoch zulässig.⁴⁶⁷ 200

Neben den Ausschussmitgliedern sind grds. auch die übrigen Aufsichtsratsmitglieder zur **Teilnahme an den Ausschusssitzungen** berechtigt (§ 109 Abs. 2 AktG). Nur der Aufsichtsratsvorsitzende kann sie von der Teilnahme ausschließen.⁴⁶⁸ 201

Einziger gesetzlich zwingender Ausschuss ist der **Vermittlungsausschuss** gem. § 27 Abs. 3 MitbestG, der dem Plenum Beschlussvorschläge zur Besetzung des Vorstands vorlegt, falls im ersten Wahlgang eine Personalentscheidung des Plenums die nach § 31 Abs. 3, 5 MitbestG erforderliche Mehrheit von zwei Dritteln der Stimmen nicht erreicht hat. Der Ausschuss besteht zwingend aus vier Mitgliedern, namentlich aus dem Vorsitzenden des Aufsichtsrats, seinem Stellvertreter sowie je einem Aufsichtsratsmitglied der Arbeitnehmer- und der Anteilseignerseite. Daneben findet sich ungeachtet dessen häufig ein **Personal-, Finanz-, und Investitionsausschuss**.⁴⁶⁹ 202

Einem **Personalausschuss** sind die Personalangelegenheiten der Vorstandsmitglieder zugewiesen. Geht es um die Bestellung oder Abberufung von Vorstandsmitgliedern, kann der Personalausschuss allerdings wegen des Delegationsverbots in § 107 Abs. 3 S. 2 AktG nur in Vorbereitung für die Beschlussfassung des Aufsichtsratsplenums tätig werden.⁴⁷⁰ Mangels Delegationsverbot kann der Personalausschuss über die **Bedingungen des Anstellungsvertrags** 203

---

⁴⁵⁸ Hüffer/Koch/*Koch* AktG § 107 Rn. 29.
⁴⁵⁹ Hüffer/Koch/*Koch* AktG § 107 Rn. 29; Lutter/Krieger AR § 11 Rn. 768.
⁴⁶⁰ KölnKommAktG/*Mertens/Cahn* § 107 Rn. 128.
⁴⁶¹ Hüffer/Koch/*Koch* AktG § 107 Rn. 21; MüKoAktG/*Habersack* § 107 Rn. 123.
⁴⁶² BGH AG 1991, 398 (399); BGH NJW 1989, 1928 (1929); BGH AG 1976, 43; MüKoAktG/*Habersack* § 107 Rn. 123 mwN; *Raiser/Veil* KapGesR § 15 Rn. 77.
⁴⁶³ BGHZ 83, 144; *Raiser/Veil* KapGesR § 15 Rn. 78.
⁴⁶⁴ BGHZ 83, 144 (149); 122, 342 (357); *Raiser/Veil* KapGesR § 15 Rn. 78, die einen vollständigen Ausschluss von Arbeitnehmervertretern nur ausnahmsweise, etwa bei Kreditausschüssen der Banken, für gerechtfertigt halten. Nach OLG München ZIP 1995, 1753 ist die Beteiligung wenigstens eines Aufsichtsratsmitglieds der Arbeitnehmer auch an einem Präsidialausschuss erforderlich, der über Zustimmungsvorbehalte nach § 111 Abs. 6 S. 2 AktG in großer Zahl entscheidet und dadurch erheblichen Einfluss auf die Unternehmensleitung ausübt.
⁴⁶⁵ Hüffer/Koch/*Koch* AktG § 107 Rn. 21.
⁴⁶⁶ BGHZ 65, 190 (192); *Raiser/Veil* KapGesR § 15 Rn. 80.
⁴⁶⁷ BGHZ 83, 106 (117 f.); BGHZ 83, 144 (146 ff.); *Raiser/Veil* KapGesR § 15 Rn. 80.
⁴⁶⁸ BGHZ 122, 342 (361); LG München NZG 2008, 348; MüKoAktG/*Habersack* § 107 Rn. 150; *Raiser/Veil* KapGesR § 15 Rn. 81.
⁴⁶⁹ Hüffer/Koch/*Koch* AktG § 107 Rn. 20.
⁴⁷⁰ BGHZ 1983, 144 (150); Marsch-Barner/Schäfer AG-HdB/*E. Vetter* § 28 Rn. 29; KölnKommAktG/*Mertens/Cahn* § 107 Rn. 95.

mit Ausnahme der Vergütungsregelung (§ 103 Abs. 3 S. 3 AktG iVm § 87 Abs. 1 S. 1 AktG)[471] abschließend entscheiden, sofern er dadurch nicht die Fortsetzung oder Beendigung der Organtätigkeit vorwegnimmt.[472] Der Vorsitzende des Personalausschusses ist in der Praxis regelmäßig der Vorsitzende des Aufsichtsrats, was auch Ziff. 5.2 Abs. 2 DCGK empfiehlt.[473]

204 In vielen Gesellschaften hat der Aufsichtsrat ein **Aufsichtsratspräsidium** gebildet, dem vor allem die Vorbereitung der Aufsichtsratssitzungen und die Koordination der Sitzungen der Ausschüsse sowie die ständige Verbindung mit dem Vorstand obliegen.[474] Der Vorsitzende des Aufsichtsrats sowie sein Stellvertreter sind „geborene" Mitglieder des Präsidiums und können, wenn sich das Plenum zur Einrichtung eines Präsidiums entschließt, nicht übergangen werden.[475]

205 **c) Prüfungsausschuss ("Audit Commitee").**[476] Im Gesetz besonders hervorgehoben wird der Prüfungsausschuss (§ 107 Abs. 3 S. 2, 3, Abs. 4 AktG); Ziff. 5.3.2 DCGK empfiehlt seine Einrichtung. Die gesetzliche Regelung (zunächst durch das BilMoG, zuletzt geändert durch das AReG) geht zurück auf die europäische Abschlussprüferrichtlinie[477] und versteht sich als dessen Umsetzung. Das Europäische Recht, insbes. die für Unternehmen öffentlichen Interesses anwendbare EU-APrVO[478], ist, des internen Revisionssystems und der Abschlussprüfung zu überwachen, sich mit der Auswahl und Unabhängigkeit des Abschlussprüfers zu befassen und ggf. Empfehlungen zur Gewährleistung der Integrität des Rechnungslegungsprozesses zu unterbreiten (§ 107 Abs. 3 S. 2, 3 AktG). Dabei handelt es sich entgegen des missverständlichen Wortlauts ("kann insbesondere") nicht um Regelbeispiele, sondern um einen aufgrund der Richtlinienvorgaben zwingenden Mindestkatalog von Aufgaben, falls ein solcher Ausschuss eingerichtet wird. Existiert kein Prüfungsausschuss, sind die Aufgaben vom Aufsichtsrat wahrzunehmen. Ebenso sind die bei kapitalmarkorientierten Unternehmen, Banken und Versicherungen besonderen Anforderungen des § 100 Abs. 5 AktG (Finanzexperte, gesamthafte Sektor-Vertrautheit) entweder im Prüfungsausschuss oder – wenn ein solcher nicht besteht – im Aufsichtsrat zu erfüllen (§ 107 Abs. 4 AktG).

V. Muster: Geschäftsordnung für den Aufsichtsrat

Geschäftsordnung für den Aufsichtsrat der M-AG

206 Der Aufsichtsrat der M-AG (im folgenden „Gesellschaft" oder „Unternehmen") gibt sich gem. § … der Satzung (durch Beschluss vom …) die folgende Geschäftsordnung:

§ 1 Allgemeines, Zusammenarbeit mit dem Vorstand

(1) Der Aufsichtsrat übt seine Tätigkeit nach Maßgabe der gesetzlichen Bestimmungen, der Regelungen der Satzung, des Deutschen Corporate Governance Kodex und dieser Geschäftsordnung aus. Seine Mitglieder haben die gleichen Rechte und Pflichten, soweit nicht Gesetz oder Satzung etwas anderes bestimmen. Sie sind an Aufträge und Weisungen nicht gebunden und nur dem Wohl des Unternehmens verpflichtet.

---

[471] Das Delegationsverbot im Hinblick auf die Festsetzung der Vergütung der Vorstandsmitglieder wurde durch das Gesetz zur Angemessenheit der Vorstandsvergütung (VorstAG) v. 31.7.2009 neu eingeführt und soll einen Beitrag zur Verbesserung der Transparenz der Vergütungsfestsetzung leisten, BT-Drs. 16/12278, Begr. zu Art. 1 Nr. 2 lit. a.

[472] BGHZ 79, 38 (40); BGHZ 83, 144 (150); BGHZ 89, 48 (55); Marsch-Barner/Schäfer AG-HdB/*E. Vetter* § 28 Rn. 29; *Hoffmann-Becking* FS Stimpel 1985, 589 (599), *Mertens* ZGR 1983, 189 (200); *Säcker* BB 1979, 1321 (1322).

[473] Marsch-Barner/Schäfer AG-HdB/*E. Vetter* § 28 Rn. 30.

[474] Marsch-Barner/Schäfer AG-HdB/*E. Vetter* § 28 Rn. 31 mwN in Fn. 8.

[475] Marsch-Barner/Schäfer AG-HdB/*E. Vetter* § 28 Rn. 32; KölnKommAktG/*Mertens/Cahn* § 107 Rn. 113; *Krieger* ZGR 1995, 338 (363).

[476] *Arbeitskreis Externe und Interne Überwachung der Unternehmung der Schmalenbach-Gesellschaft für Betriebswirtschaft eV* (AKEI) DB 2017, 47; *Habersack* AG 2008, 101; *Merkt* ZHR 2015 (179), 601; *Nonnenmacher* FS W. Haarmann, 2015, 143; *Nonnenmacher/Wemmer/von Werder* DB 2016, 2826.

[477] RL 2006/43/EG v. 17.5.2006, ABl. 9.6.2006, geänd. durch RL 2014/56/EU v. 16.4.2014, ANr. L 158/196 v. 27.5.2014.

[478] VO (EU) Nr. 537/2014 v. 16.4.2014, AB1EU Nr. L 158/77 v. 27.5.2014.

(2) Der Aufsichtsrat berät den Vorstand bei der Leitung des Unternehmens und überwacht die Geschäftsführung. Aufsichtsrat und Vorstand arbeiten zum Wohl der Gesellschaft eng zusammen.

(3) Der Aufsichtsrat erlässt eine Geschäftsordnung für den Vorstand, in der insbes. der Katalog zustimmungspflichtiger Geschäfte, die dem Gesamtvorstand vorbehaltenen Angelegenheiten sowie die erforderlichen Beschlussmehrheiten bei Vorstandsbeschlüssen geregelt sind.

(4) Der Aufsichtsrat kann zur Erfüllung seiner Aufgaben nach seinem pflichtgemäßen Ermessen Wirtschaftsprüfer, Rechtsanwälte und Steuerberater und sonstige interne und externe Berater hinzuziehen.

(5) Der Aufsichtsrat überprüft regelmäßig, mindestens einmal nach der Hälfte der regelmäßigen Amtszeit seiner Mitglieder, die Effizienz seiner Tätigkeit.

§ 2 Mitgliedschaft im Aufsichtsrat, Interessenkonflikte

(1) Jedes Aufsichtsratsmitglied muss über die zur Wahrnehmung ihrer Aufgaben erforderlichen Kenntnisse, Fähigkeiten und fachlichen Erfahrungen verfügen und unabhängig sein.

(2) Jedes Aufsichtsratsmitglied achtet darauf, dass ihm für die Wahrnehmung seines Mandats genügend Zeit zur Verfügung steht. Aufsichtsratsmitglieder, die außerdem dem Vorstand einer börsennotierten Gesellschaft angehören, dürfen insgesamt nicht mehr als drei Aufsichtsratsmandate in konzernexternen börsennotierten Gesellschaften wahrnehmen.

(3) Mindestens ein unabhängiges Mitglied des Aufsichtsrats muss über Sachverstand auf den Gebieten Rechnungslegung oder Abschlussprüfung verfügen („Financial Expert" iSv § 100 Abs. 5 AktG).

(4) Dem Aufsichtsrat dürfen nicht mehr als zwei ehemalige Vorstandsmitglieder angehören. Dem Aufsichtsrat darf auch nicht angehören, wer in den letzten zwei Jahren Vorstandsmitglied der Gesellschaft war, es sei denn, seine Wahl erfolgt auf Vorschlag von Aktionären, die mehr als 25 % der Stimmrechte an der Gesellschaft halten.

(5) Aufsichtsratsmitglieder sollen in der Regel nicht länger amtieren als bis zum Ende der Hauptversammlung, die auf die Vollendung ihres zweiundsiebzigsten Lebensjahres folgt.

(6) Bei Vorschlägen an die Hauptversammlung zur Wahl von Aufsichtsratsmitgliedern sind die vorstehenden Regeln zu beachten. Außerdem soll auch auf die internationale Tätigkeit des Unternehmens, auf potenzielle Interessenkonflikte sowie auf Vielfalt (Diversity) geachtet werden.

(7) Jedes Aufsichtsratsmitglied legt Interessenkonflikte, insbes. solche, die aufgrund einer Beratung oder Organfunktion bei Kunden, Lieferanten, Kreditgebern oder sonstigen Geschäftspartnern entstehen können, dem Aufsichtsrat gegenüber offen. Der Aufsichtsrat informiert in seinem Bericht an die Hauptversammlung über aufgetretene Interessenkonflikte und deren Behandlung. Wesentliche und nicht nur vorübergehende Interessenkonflikte in der Person eines Aufsichtsratsmitglieds führen zur Beendigung des Mandats.

§ 3 Vorsitzender und Stellvertreter

(1) Der Aufsichtsrat wählt aus seiner Mitte einen Vorsitzenden und einen oder mehrere Stellvertreter. Die Wahlhandlung leitet das dienstälteste, anwesende Aufsichtsratsmitglied.

(2) Die Wahl erfolgt jeweils für die Amtszeit des gewählten Aufsichtsratsmitglieds oder eines kürzeren vom Aufsichtsrat bestimmten Zeitraums. Wenn der Vorsitzende oder einer seiner Stellvertreter während ihrer Amtszeit aus dem Aufsichtsrat ausscheidet, ist unverzüglich eine Neuwahl für die restliche Amtszeit des Ausgeschiedenen vorzunehmen.

(3) Der Stellvertreter tritt in allen Fällen an die Stelle des Vorsitzenden, in denen dieser verhindert ist, soweit sich nicht aus der Satzung oder aus dieser Geschäftsordnung etwas Abweichendes ergibt. Er hat in allen Fällen, in denen er in Stellvertretung des Vorsitzenden handelt, die gleichen Rechte wie der Vorsitzende. Unter mehreren Stellvertretern gilt die bei ihrer Wahl bestimmte Reihenfolge.

§ 4 Sitzungen

(1) Die Sitzungen des Aufsichtsrats finden unter Beachtung von § 110 Abs. 3 AktG am Sitz der Gesellschaft oder an einem anderen in der Einladung bekanntzugebenden Tagungsort statt. Eine Videokonferenz gilt als Sitzung.

(2) Die Sitzungen des Aufsichtsrats werden durch den Vorsitzenden des Aufsichtsrats unter Bestimmung der Form der Sitzung mit einer Frist von vierzehn Tagen in Textform einberufen. Bei der Berechnung der Frist werden der Tag der Absendung der Einladung und der Tag der Sitzung nicht mitgerechnet. In dringenden Fällen kann der Vorsitzende diese Frist angemessen verkürzen und mündlich, fernmündlich, oder mittels sonstiger gebräuchlicher Telekommunikationsmittel einberufen. Die Regelungen von § 110 Abs. 1 und 2 AktG bleiben unberührt.

(3) Mit der Einberufung sind die Gegenstände der Tagesordnung mitzuteilen. Ist ein Gegenstand der Tagesordnung nicht ordnungsgemäß angekündigt worden, darf hierüber nur beschlossen werden, wenn kein Aufsichtsratsmitglied widerspricht. Abwesenden Aufsichtsratsmitgliedern ist in einem solchen Fall Gelegenheit zu geben, binnen einer vom Vorsitzenden zu bestimmenden angemessenen Frist der Beschlussfassung zu widersprechen oder ihre Stimme schriftlich, per Tele- oder Computerfax, telegrafisch, fernmündlich, elektronisch (zB per E-Mail), im Wege der Videokonferenz oder mittels sonstiger gebräuchlicher Telekommunikationsmittel abzugeben. Der Beschluss wird erst wirksam, wenn die abwesenden Aufsichtsratsmitglieder innerhalb der Frist nicht widersprochen oder wenn sie zugestimmt haben.

(4) Von Mitgliedern des Aufsichtsrats spätestens zehn Tage vor der Sitzung dem Aufsichtsratsvorsitzenden genannte Gegenstände sind auf die Tagesordnung zu setzen.

(5) Den Vorsitz führt der Vorsitzende des Aufsichtsrats oder, im Falle seiner Verhinderung, dessen Stellvertreter.

(6) Der Abschlussprüfer nimmt an den Beratungen des Aufsichtsrats über den Jahres- und Konzernabschluss sowie an den Erörterungen der Halbjahres- und Quartalsfinanzberichte teil und steht dort für Rückfragen zur Verfügung.

§ 5 Beschlussfassung

(1) Beschlüsse des Aufsichtsrats werden in der Regel in Sitzungen gefasst. Beschlüsse können auch außerhalb von Sitzungen schriftlich, per Tele- oder Computerfax, telegrafisch, fernmündlich, elektronisch (zB per E-Mail) oder mittels sonstiger gebräuchlicher Telekommunikationsmittel gefasst werden, wenn der Vorsitzende dies anordnet. Der Widerspruch eines Mitglieds oder mehrerer Mitglieder ist insoweit unbeachtlich. Solche Beschlüsse werden vom Vorsitzenden schriftlich festgestellt und allen Aufsichtsratsmitgliedern zugeleitet. Für Abstimmungen außerhalb von Sitzungen gelten die nachstehenden Bestimmungen entsprechend.

(2) Der Aufsichtsrat ist beschlussfähig, wenn an der Beschlussfassung mindestens … Mitglieder teilnehmen und sämtliche Mitglieder ordnungsgemäß eingeladen wurden. Ein Mitglied nimmt auch dann an der Beschlussfassung teil, wenn es sich in der Abstimmung der Stimme enthält.

(3) Abwesende Aufsichtsratsmitglieder können an Abstimmungen des Aufsichtsrats dadurch teilnehmen, dass sie durch andere Aufsichtsratsmitglieder schriftliche Stimmabgaben überreichen lassen. Darüber hinaus können abwesende Aufsichtsratsmitglieder ihre Stimme während der Sitzung oder nachträglich innerhalb einer von dem Vorsitzenden zu bestimmenden angemessenen Frist mündlich, telefonisch, schriftlich, per Tele- oder Computerfax, per E-Mail oder mittels sonstiger gebräuchlicher Telekommunikationsmittel abgeben, insbes. per Videozuschaltung, sofern kein in der Sitzung anwesendes Aufsichtsratsmitglied widerspricht; ein Widerspruch kann jedoch nicht erhoben werden, wenn das abwesende und die anwesenden Aufsichtsratsmitglieder untereinander im Wege allseitigen und gleichzeitigen Sehens und Hörens in Verbindung stehen und den Beschlussgegenstand erörtern können.

(4) Beschlüsse des Aufsichtsrats werden, soweit das Gesetz nicht zwingend etwas anderes bestimmt, mit einfacher Mehrheit der abgegebenen Stimmen gefasst. Dabei gilt Stimmenthaltung nicht als Stimmenabgabe. Bei Wahlen genügt die verhältnismäßige Mehrheit. Bei Stimmengleichheit gibt die Stimme des Vorsitzenden des Aufsichtsrats den Ausschlag; das gilt auch bei Wahlen. Nimmt der Vorsitzende des Aufsichtsrats an der Abstimmung nicht teil, so gibt die Stimme des an seine Stelle tretenden Stellvertreters den Ausschlag. Die Art der Abstimmung bestimmt der Vorsitzende. Beantragt jedoch ein Mitglied des Aufsichtsrats geheime Abstimmung, so ist geheim abzustimmen.

(5) An den Sitzungen des Aufsichtsrats nehmen die Mitglieder des Vorstands teil. Bei Bedarf soll der Aufsichtsrat ohne den Vorstand tagen. Zu den Ausschusssitzungen können auf Veranlassung des betreffenden Ausschusses Vorstandsmitglieder hinzugezogen werden.

(6) Willenserklärungen des Aufsichtsrats werden im Namen des Aufsichtsrats durch den Vorsitzenden und bei dessen Verhinderung durch seinen Stellvertreter abgegeben und entgegengenommen.

(7) Die Unwirksamkeit oder Rechtswidrigkeit von Beschlüssen des Aufsichtsrats kann nur innerhalb einer Ausschlussfrist von einem Monat nach der auf die Beschlussfassung folgenden Sitzung des Aufsichtsrats oder, soweit dieser Zeitpunkt der spätere ist, einen Monat seit Kenntnis von der Beschlussfassung gerichtlich geltend gemacht werden.

§ 6 Verschwiegenheitspflicht

(1) Jedes Mitglied des Aufsichtsrats ist verpflichtet, Stillschweigen über alle vertraulichen Angaben, insbes. vertrauliche Berichte und vertrauliche Beratungen, und Geheimnisse der Gesellschaft, namentlich über Betriebs- und Geschäftsgeheimnisse, zu bewahren, die ihm durch seine Tätigkeit im Aufsichtsrat bekannt geworden sind, und zwar auch über die Beendigung seines Amtes als Aufsichtsratsmitglied hinaus. Jedes Aufsichtsratsmitglied stellt sicher, dass auch seine Mitarbeiter die Verschwiegenheitspflicht in gleicher Weise einhalten. Bei Ablauf des Mandats sind alle vertraulichen Unterlagen an den Vorsitzenden des Aufsichtsrats zurückzugeben.

(2) Will ein Mitglied des Aufsichtsrats irgendwelche von ihm als nicht vertraulich eingestufte Information an Dritte weitergeben, die es in seiner Eigenschaft als Aufsichtsratsmitglied erfahren hat, so hat es hierüber den Vorsitzenden des Aufsichtsrats vorab zu unterrichten. Für den Fall, dass der Vorsitzende des Aufsichtsrats der Weitergabe widerspricht, hat er einen Beschluss des Aufsichtsrats über die Weitergabe herbeizuführen.

(3) Berichte des Vorstands in Textform an den Aufsichtsrat, Prüfungsberichte der Abschlussprüfer, Abhängigkeitsberichte und eventuelle Sonderberichte werden den Mitgliedern des Aufsichtsrats ausgehändigt, soweit nicht der Aufsichtsrat im Einzelfall etwas anderes beschließt.

§ 7 Ausschüsse

(1) Der Aufsichtsrat kann Ausschüsse bilden.

(2) Die Ausschüsse erfüllen im Namen und in Vertretung des Gesamtaufsichtsrats die ihnen durch diese Geschäftsordnung und besondere Beschlüsse des Aufsichtsrats übertragenen Funktionen. Der Aufsichtsratsvorsitzende koordiniert die Arbeit der Ausschüsse.

(3) Für die Ausschüsse gelten die Bestimmungen der Satzung für den Aufsichtsrat sinngemäß, soweit diese Geschäftsordnung nicht Abweichendes anordnet.

(4) Der Aufsichtsrat bestellt jeweils ein Ausschussmitglied zum Ausschussvorsitzenden.

(5) Bei Abstimmungen und bei Wahlen gibt im Falle der Stimmengleichheit die Stimme des Ausschussvorsitzenden den Ausschlag.

(6) Von einem Aufsichtsratsausschuss beschlossene Willenserklärungen gibt im Namen des Ausschusses dessen Vorsitzender ab.

(7) Der Ausschussvorsitzende kann Aufsichtsratsmitglieder, die dem Ausschuss nicht angehören, beratend hinzuziehen.

(8) Dem Aufsichtsrat ist durch den Ausschussvorsitzenden regelmäßig über die Arbeit der Ausschüsse zu berichten.

(9) Die Ausschüsse sind nur beschlussfähig, wenn alle Mitglieder mitwirken. Beschlüsse der Ausschüsse werden mit einfacher Stimmenmehrheit gefasst, soweit das Gesetz und die Satzung nichts anderes bestimmen. Im Übrigen gelten die Bestimmungen der Satzung und dieser Geschäftsordnung für Beschlüsse der Ausschüsse soweit erforderlich entsprechend.

§ 8 Niederschriften

Über die Verhandlungen und Beschlüsse des Aufsichtsrats und seiner Ausschüsse sind Niederschriften anzufertigen, die vom Vorsitzenden der Sitzung oder bei Abstimmungen außerhalb von Sitzungen vom Leiter der Abstimmung zu unterzeichnen und allen Mitgliedern zuzuleiten sind.

§ 9 Salvatorische Klausel
Sollten einzelne Bestimmungen dieser Geschäftsordnung ganz oder teilweise unwirksam oder unanwendbar sein oder sollte sich in der Geschäftsordnung eine Lücke befinden, so soll hierdurch die Gültigkeit der übrigen Bestimmungen nicht berührt werden. Anstelle der unwirksamen oder unanwendbaren Bestimmung oder zur Ausfüllung der Lücke soll eine angemessene Regelung treten, die, soweit rechtlich möglich, dem am nächsten kommt, was gewollt war oder nach dem Sinn und Zweck dieser Geschäftsordnung gewollt worden sein konnte, wenn dieser Punkt bedacht worden wäre.

§ 10 Inkrafttreten
Diese Geschäftsordnung tritt am . . . . . . in Kraft.

§ 24 Haftung von Vorstands- und Aufsichtsratsmitgliedern

Übersicht

	Rn.
I. Privatrechtliche Haftung der Vorstandsmitglieder der AG *(Ritter)*	1–148
1. Entwicklungslinien des Rechtsrahmens der Haftung von AG-Leitungsorganen	1–5
2. Allgemeines	6–54
a) Systematik der Rechtsgrundlagen der Vorstandshaftung; Innenhaftung und Außenhaftung	6–9
b) Adressaten der Vorstandshaftung	10/11
c) Vorstandshaftung und Einholung fachkundigen Rats	12–18
d) Rechtsbegriffe aus dem angloamerikanischen Rechtsraum	19–34
e) Gesamtschuld im Vorstandshaftungsrecht	35–39
f) Vorstandshaftung und Dokumentation	40/41
g) Haftungshöchstgrenzen und Haftungsbeschränkungen	42–54
3. Außenhaftung des AG-Vorstands	55–115
a) Haftung des Vorstands gegenüber Aktionären und Anlegern	56–87
b) Haftung des Vorstands gegenüber Gesellschaftsgläubigern	88–115
4. Innenhaftung des AG-Vorstands	116–140
a) Vorstandsinnenhaftung Fallgruppe Gesamtschuldnerregress der Gesellschaft gegenüber dem Vorstand (§ 426 BGB)	117/118
b) Sonstige Vorstandsinnenhaftung gem. § 93 AktG	119–130
c) Haftung wegen positiver Vertragsverletzung des Anstellungsvertrags	131
d) Einzelfälle Organpflichtverletzungen	132–140
5. Vorstandshaftung in besonderen Aktiengesellschaften	141
6. Versicherungen	142–148
II. Privatrechtliche Haftung der Aufsichtsratsmitglieder der AG *(Ritter)*	149–233
1. Grundsätzliches	149–157
a) Systematik der Rechtsgrundlagen der Aufsichtsratshaftung; Innenhaftung und Außenhaftung	149–151
b) Pflichtenstellung des Aufsichtsrats	152–157
2. Außenhaftung des Aufsichtsrats	158–186
a) Aufsichtsratsaußenhaftung gegenüber Aktionären und Anlegern	159–181
b) Aufsichtsratsaußenhaftung gegenüber Gesellschaftsgläubigern und Dritten	182–186
3. Innenhaftung des Aufsichtsrats	187–198
a) Innenhaftung: Gesamtschuldnerregress der Gesellschaft	188
b) Sonstige Innenhaftung	189–198
4. Haftung des Aufsichtsrates in der Gründungsphase der AG gem. § 41 Abs. 1 S. 2 AktG	199–203
a) § 41 Abs. 1 S. 2 AktG	199–202
b) § 48 AktG	203
5. Haftung des Aufsichtsrats wegen Verstoßes gegen das VorstAG	204–210
6. Verschulden	211/212
7. Rahmenbedingungen der Haftung des Aufsichtsrats bei besonderen Aktiengesellschaften	213–220
a) Haftung des Aufsichtsrats einer dualistisch organisierten SE mit Sitz in Deutschland	214
b) Haftung des Aufsichtsrats einer AG in öffentlicher Hand	215–219
c) Haftung des Aufsichtsrats einer AG in kirchlicher Hand	220
8. Durchsetzung der Haftungsansprüche gegen den Aufsichtsrat	221–228
a) Vorstand/Insolvenzverwalter	222–224
b) Aktionärsklage	225–228
9. Versicherungen	229–233
III. Überblick über die strafrechtliche Verantwortlichkeit *(Schüppen)*	234–261
1. Bedeutung des Strafrechts in der Beratung von Organmitgliedern	234–238
2. Wesentliche Tatbestandskomplexe	239–253
a) Gründung, Kapitalerhöhung, Aktienrecht	239/240
b) Rechnungslegung und Kapitalmarkt	241–244
c) Geheimnisschutz	245

	Rn.
d) Öffentliche Finanzinteressen	246/247
e) Vorfeld der Insolvenz	248/249
f) Vermögensinteressen der Aktiengesellschaft und ihrer Tochtergesellschaften (§ 266 StGB)	250–253
3. Typische Probleme im Allgemeinen Teil des StGB	254–258
4. Strafbarkeit von Aufsichtsratsmitgliedern	259–261

Schrifttum: *Abeltshauser,* Leitungshaftung im Kapitalgesellschaftsrecht, 1998; *Abram,* Ansprüche von Anlegern wegen Verstoßes gegen Publizitätspflichten oder den Deutschen Corporate Governance Kodex?, NZG 2003, 307; *Achenbach/Wannemacher* (Hrsg.), Beraterhandbuch zum Steuer- und Wirtschaftsstrafrecht, Loseblattsammlung, Stand: 1999; *Achsnich,* Die Haftung faktischer Organe in der AG, Hamburg, 2010; *Altenhain,* Der strafbare falsche Bilanzeid, WM 2008, 1141; *Arnold,* Vorstandshaftung wegen pflichtwidrigen Abschlusses eines Beratervertrags mit Regelungen zur Vorstandsvergütung, DB 2015, 1650; *Assmann/Schneider,* WpHG, 6. Aufl. 2012; *Bachmann,* Die Beschränkung der Organhaftung nach den Grundsätzen des Arbeitsrechts, ZIP 2017, 841; *ders.,* Compliance – Rechtsgrundlagen und offene Fragen, VGR 2008, 66; *ders.,* Der „Deutsche Corporate Governance Kodex": Rechtswirkungen und Haftungsrisiken, WM 2003, 2137; *Bayer/Scholz,* Zulässigkeit und Grenzen des Kartellbußgeldregresses, GmbHR 2015, 449; *Beck,* Haftung wegen Insolvenzverschleppung bei bestehendem Cash-Pool, GmbHR 2015, 287; *Beck'sches Formularbuch für den Strafverteidiger,* 5. Aufl. 2010; *Behringer,* Die Organisation von Compliance in internationalen Unternehmen, ZRFC 2010, 6; *Berger,* Vorstandshaftung und Beratung, 2015; *Berg/Stöcker,* Anwendungs- und Haftungsfragen zum Deutschen Corporate Governance Kodex, WM 2002, 1569; *Bergmoser/Geusinger/Thushurst,* Corporate Compliance – Grundlagen und Umsetzung, BB-Spezial 2008, 1; *Binder,* Geschäftsleiterhaftung und fachkundiger Rat, AG 2008, 274; *Bischke/Brack,* Neuere Entwicklungen im Kartellrecht – LAG Düsseldorf schließt Regress von Unternehmensgeldbußen bei Geschäftsleitern aus, NZG 2015, 349; *Böttcher,* Direktanspruch gegen den D&O-Versicherer – Neue Spielregeln im Managerhaftungsprozess?, NZG 2008, 645; *Borchardt,* Die rechtlichen Grundlagen der Europäischen Union, 3. Aufl. 2006; *Buchta,* Die Haftung des Vorstands einer Aktiengesellschaft – aktuelle Entwicklungen in Gesetzgebung und Rechtsprechung, Teil I, DStR 2003, 694; *Buck-Heeb,* Kapitalmarktrecht, 7. Aufl. 2014; *Cannivé/Seebach,* Vorstandsvergütung als neue Haftungsfalle für Aufsichtsratsmitglieder?, Der Konzern 2009, 593; *Cramer/Cramer* (Hrsg.), Anwaltshandbuch Strafrecht, 2002; *Daghles,* Die Aktienrechtsnovelle 2016, GWR 2016, 45; *Dauner-Lieb,* Die Verrechtlichung der Vorstandsvergütung durch das VorstAG als Herausforderung für den Aufsichtsrat, Der Konzern 2009, 583; *Eisenberg,* Die Sorgfaltspflichten im amerikanischen Gesellschaftsrecht, Der Konzern 2004, 386; *Eschenfelder,* Accounting Compliance – Haftungsrisiken und Organisationsanforderungen bei der Rechnungslegung in Kapitalgesellschaften, BB 2014, 685; *Escher-Weingart/Lägeler/Eppinger,* Schadensersatzanspruch, Schadensart und Schadensberechnung gem. der §§ 37b, 37c WpHG, WM 2004, 1845; *Feddersen,* Neue gesetzliche Anforderungen an den Aufsichtsrat, AG 2000, 385; *Fischer,* Kommentar zum StGB, 57. Aufl. 2010; *Fleischer,* Aktienrechtliche Legalitätsprüfung und „nützliche" Pflichtverletzungen von Vorstandsmitgliedern, ZIP 2005, 141; *ders.,* Die „Business Judgement Rule" – Vom Richterrecht zur Kodifizierung, ZIP 2004, 685; *ders.,* Die „Business Judgement Rule" im Spiegel von Rechtsvergleichung und Rechtsökonomie, in Festschrift Wiedemann, 2002, 827; *ders.,* Handbuch des Vorstandsrechts, 1. Aufl. 2006; *ders.,* Vorstandshaftung und Vertrauen auf anwaltlichen Rat, AG 2010, 121; *ders./Schmolke,* Faktische Geschäftsführung in der Sanierungssituation, WM 2011, 1009; *Fonk,* Zustimmungsvorbehalte des AG-Aufsichtsrats, ZGR 2006, 841; *Freyschmidt,* § 7: Strafrechtliche Ermittlungen gegen Vorstandsmitglieder, in Lücke (Hrsg.), Beck'sches Mandatshandbuch Vorstand der AG, 2. Aufl. 2010; *Frenz,* Handbuch Europarecht – Europäische Grundrechte, Bd. 4, 1. Aufl. 2009; *Friedl,* Die Haftung des Vorstands und Aufsichtsrats für eine fehlerhafte Stellungnahme gem. § 27 I WpÜG, NZG 2004, 448; *Geilen,* Aktienstrafrecht, 1984; *Frodermann/Janott,* Handbuch des Aktienrechts, 9. Aufl. 2017; *Göhler,* Kommentar zum OWiG, 1. Aufl. 2009; *Goette,* Zur Verteilung der Darlegungs- und Beweislast der objektiven Pflichtwidrigkeit bei der Organhaftung, ZGR 1995, 648; *Götze,* Aktienrechtsnovelle – und ein (vorläufiges) Ende!, NZG 2016, 48; *Göppert,* Die Reichweite der Business Judgement Rule bei unternehmerischen Entscheidungen des Aufsichtsrats der Aktiengesellschaft, 1. Aufl. 2010; *Goslar/von Linden,* Anfechtbarkeit von Hauptversammlungsbeschlüssen aufgrund fehlerhafter Entsprechenserklärungen zum Deutschen Corporate Governance Kodex – Zugleich Besprechung des BGH-Urteils v. 16.2.2009 – II ZR 185/07 – Kirch/Deutsche Bank, DB 2009, 500; *Grooterhorst,* Das Einsichtnahmerecht des ausgeschiedenen Vorstandsmitgliedes in Geschäftsunterlagen im Haftungsfall, AG 2011, 389; *Gruson,* Prospekterfordernisse und Prospekthaftung bei unterschiedlichen Anlageformen nach amerikanischem und deutschem Recht, WM 1995, 89; *Hauschka,* Grundsätze der pflichtgemäßen Unternehmensführung, ZRP 2004, 65; *Heck,* Haftungsrisiken im Zusammenhang mit der Entsprechenserklärung zum Deutschen Corporate Governance Kodex gem. § 161 AktG, Hamburg, 2006; *Heermann,* Unternehmerisches Ermessen, Organhaftung und Beweislastverteilung, ZIP 1998, 761; *Hefendehl,* Der Bilanzeid: Erst empört zurückgewiesen, dann bereitwillig aus den USA importiert, in Festschrift Tiedemann, 2008, 1065; *Knauer,* Die Kollegialentscheidung im Strafrecht, 2001; *Held,* D&O-Versicherung als Manager-Airbag?, CB 2014, 29; *Hellgardt,* Die deliktische Außenhaftung von Gesellschaftsorganen für unternehmensbezogene Pflichtverletzungen – Überlegungen vor dem Hintergrund des Kirch/Breuer-Urteils des BGH, WM 2006, 1514; *ders.,* Fehlerhafte Ad-hoc-Publizität als strafbare Marktmanipulation – Der Beweis von Täterfolg und Kausalität, ZIP 2005, 2000; *Hopt/Voigt,* Prospekt- und Kapitalmarktinformationshaftung, 2005; *Jaeger,* Die Auswirkungen des VorstAG auf die Praxis von Aufhebungsvereinbarungen, NZA 2010, 128; *Jarass,* EU-Grundrechte, 2005; *Karabulut,* Die steuerliche Inhaftungnahme gesetzlicher Vertreter nach der deutsche Abgabenordnung, 2015; *Klöhn,* Die Haftung wegen fehlerhafter Ad-hoc-Publizität gem. §§ 37b, 37c WpHG nach dem IKB-Urteil des BGH, AG 2012, 345; *ders,* Nach 26 Jahren: US Supreme Court verfeinert die fraud-on-the-market theory, Zugleich Besprechung der Entscheidung Halliburton von Erica P. John Fund (II), AG 2014, 807; *Knapp,* Auswirkungen des MoMiG auf Aktiengesellschaften und ihre Organmitglieder, DStR 2008, 2371; *Koch,* Das Gesetz zur Unternehmensintegrität und Modernisierung des Anfechtungsrechts (UMAG), ZGR 2006, 769; *ders.,* Ersatzfähigkeit von Kartellbußen – Zugleich Anmerkung zum Urteil des LAG Düsseldorf v. 20.1.2015, VersR 2015, 655; *Kock/Dinkel,* Die zivilrechtliche Haftung von Vorständen für unternehmerische Entscheidungen, NZG 2004, 441; *Kort,* Beziehungen des Vorstandsmitglieds der AG zu Dritten: Drittanstellung, Interim Management, Personalleasing und Vergütung durch Dritte, AG 2015, 531; *Kowalewski/Hellgardt,* Der Stand der Rechtsprechung zur deliktsrechtlichen Haftung für vorsätzlich falsche Ad-hoc-Mitteilungen, DB 2005, 1839; *Krekeler/Tiedemann/Ulsenheimer/Weinmann* (Hrsg.), Handwörterbuch des Wirtschafts- und Steuerstrafrechts, Loseblattsammlung, 1985; *Meyer-Goßner,* Kommentar zur StPO, 52. Aufl. 2009; *Krienke/Schnell,* VorstAG und weitere Neuregelungen als Reaktion auf die Finanzkrise, NZA 2010, 135; *Küppers,* Die patentrechtliche Schadensersatzhaftung von Handelsunternehmen in 80 Jahre Patentgerichtsbarkeit in Düsseldorf, 2016, 329; *Leuschner,* Zum Kausalitätserfordernis des § 826 BGB bei unrichtigen Ad-hoc-Mitteilungen, ZIP 2008, 1050; *Lindner/Thelen,* Innenregresshaftung der GmbH-Geschäftsführers für Kartellverstöße, GmbH-StB 2015, 167; *Linker/Zinger,* Rechte und Pflichten der Organe der Aktiengesellschaft bei der Weitergabe vertraulicher Unternehmensinformationen, NZG 2002, 497; *Lücke/Schaub,* Beck's ches Mandatshandbuch Vorstand der AG, 2. Aufl. 2010; *Lutter,* Die Erklärung zum Corporate Governance Kodex gem. § 161 AktG: Pflichtverstöße und Binnenhaftung von Vorstands- und Aufsichtsratsmitgliedern, ZHR 166 (2002), 523; *ders.,* Kodex guter Unternehmensführung und Vertrauenshaftung, in Festschrift Druey, 2002, 463; *ders./Krieger,* Rechte und Pflichten des Aufsichtsrats, 5. Aufl. 2008; *Möller,* Die rechtliche Stellung und Funktion des Aufsichtsrats in öffentlichen Unternehmen der Kommunen, 1999; *Müller,* Grenzenlose Organhaftung für Patentverletzungen?, GRUR 2016, 570; *Müller-Guggenberger/Bieneck,* Wirtschaftsstrafrecht, 6. Aufl. 2015; *Müller-Michaels,* Haftung des Aufsichtsrats bei unzureichender Überwachung der Geschäftsführung, ZCG, 2007, 73; *Otto,* Aktienstrafrecht, 1997 (= Sonderausgabe der Kommentierung der §§ 399ff. AktG in: Hopt/Wiedemann (Hrsg.), Großkommentar zum AktG); *Paefgen,* Die Darlegungs- und Beweislast bei der Business Judgement Rule, NZG 2009, 891; *ders.,* Dogmatische Grundlagen, Anwendungsbereich und Formulierungen einer Business Judgement Rule im künftigen UMAG, AG 2004, 245; *ders.,* Unternehmerische Entscheidungen und Rechtsbindung der Organe in der Aktiengesellschaft, 2002, 134ff.; *Pahlke,* Risikomanagement nach dem KonTraG – Überwachungspflichten und Haftungsrisiken für den Aufsichtsrat, NJW 2002, 1680; *Papier,* Grundgesetz und Wirtschaftsverfassung, WM 2009, 1869; *Park,* Der strafbare Bilanzeid gem. § 331 Nr. 3a HGB, in Festschrift E. Müller, 2008, 531; *Paschos/Goslar,* Die Aktienrechtsnovelle 2016 – Ein Überblick, NJW 2016, 359; *Peltzer,* Handlungsbedarf in Sachen Corporate Governance, NZG 2002, 593; *Pitkowitz,* Praxishandbuch Vorstands- und Aufsichtsratshaftung, 1. Aufl. 2014; *Raguss,* Der Vorstand einer Aktiengesellschaft – Vertrag und Haftung von Vorstandsmitgliedern, 2. Aufl. 2009; *Th. Raiser,* Recht der Kapitalgesellschaften, 2. Aufl. 1992; *Ritter,* Kunstfreiheit und Gesundheitsschutz, NVwZ 2008, 960; *ders.,* Neue Werteordnung für die Gesetzesauslegung durch den Lissabon-Vertrag, NJW 2010, 1110; *Rönnau/Samson,* Wirtschaftsstrafrecht aus Sicht der Strafverteidigung, 2003; *M. Roth,* Unternehmerisches Ermessen und Haftung des Vorstandes, 2001; *Schaal,* Die Haftung der Geschäftsführungsorgane der eigenverwaltenden GmbH oder AG, 1. Aufl. 2017; *Schilmar,* Kapitalschutz beim Cash Management, DStR 2006, 568; *Karsten Schmidt,* Verfolgungspflichten, Verfolgungsrechte und Aktionärsklagen: Ist die Quadratur des Zirkels näher gerückt?, NZG 2005, 796; *Schmidt-Leithoff,* Die Verantwortung der Unternehmensleitung, 1. Aufl. 1989; *Schmittmann,* Rechte und Grundsätze in der Grundrechtecharta, 2007; *Schönke/Schröder,* Kommentar zum StGB, 27. Aufl. 2006; *Schüppen,* To comply or not to comply – that's the question!, ZIP 2002, 1269; *ders.,* Transaction-Boni für Vorstandsmitglieder der Zielgesellschaft: Business Judgement oder strafbare Untreue?, in Festschrift Tiedemann, 2008, 749; *ders.,* Vorstandsvergütung – (k)ein Thema für die Hauptversammlung?, ZIP 2010, 905; *Seibt,* Deutscher Corporate Governance Kodex und Entsprechenserklärungen, AG 2002, 249; *J. Semler,* Zustimmungsvorbehalte als Instrument der Überwachung durch den Aufsichtsrat, in Festschrift P. Doralt, 2004, 609; *ders./v. Schenck,* Arbeitshandbuch für Aufsichtsratsmitglieder, 3. Aufl. 2009; *Spahlinger/Wegen/Wendt,* Internationales Gesellschaftsrecht in der Praxis, 2005; *Spindler,* Haftung und Aktionärsklagen nach dem neuen UMAG, NZG 2005, 865; *Stiglbauer,* Kommunizierte Compliance zum Deutschen Corporate Governance Kodex, ZRFC 2010, 33; *Tiedemann,* Wirtschaftsstrafrecht – Einführung und Allgemeiner Teil, 3. Aufl. 2010; *ders.,* Der – Untreuetatbestand – ein Mittel zur Begrenzung von Managerbezügen?, in Festschrift Weber, 2004, 319; *ders.,* Untreue bei Interessenskonflikten – am Beispiel der Tätigkeit von Aufsichtsratsmitgliedern, in Festschrift Tröndle, 1989, 319; *ders.,* GmbH- Strafrecht, 5. Aufl. 2010 (= Sonderausgabe der Kommentierung der §§ 82ff. in Scholz, Kommentar zum GmbHG, 10. Aufl. 2010); *ders.,* Insolvenzstrafrecht, 2. Aufl. 1995 (= Sonderausgabe der Kommentierung der §§ 283ff. im Leipziger Kommentar zum StGB); *Thüsing/Traut,* Angemessener Selbstbehalt bei D&O-Versicherungen – Ein Blick auf die Neuerungen nach dem VorstAG NZA 2010, 140; *Usslar,* Kirchlich-sozialer Wohnungsbau, KuR 2009, 510; *Vetter,* Drittanstellung von Vorstandsmitgliedern, aktienrechtliche Kompetenzverteilung und Exkulpation des Vorstands bei rechtlicher Beratung, NZG 2015, 889; *Volk* (Hrsg.), Münchener Anwaltshandbuch Verteidigung in Wirtschafts- und Steuerstrafsachen, 2006; *Wabnitz/Janovsky*

(Hrsg.), Handbuch des Wirtschafts- und Steuerstrafrechts, 3. Aufl. 2007; *Wachter,* AktG, 2. Aufl. 2014; *Wandt/Ihrig,* Die Aktienrechtsnovelle 2016, BB 2016, 6; *Weber,* Unterwegs zu einer europäischen Prospektkultur – Vorgaben der neuen Prospektrichtlinie v. 4.11.2003, NZG 2004, 360; *Weber/Brügel,* Die Haftung des Managements in der Unternehmenskrise: Insolvenz, Kapitalerhaltung und existenzvernichtender Eingriff, DB 2004, 1923; *Weiss/Buchner,* Wird das UMAG die Haftung und Inanspruchnahme der Unternehmensleiter verändern?, WM 2005, 162; *Werner,* Übernahme von Geldsanktionen gegen Vorstandsmitglieder durch die AG, NWB 2015, 110; *Westermann,* Zur Übernahme der einem Vorstand gem. § 153a StPO auferlegten Geldauflage durch die Gesellschaft, DZWIR 2015, 149; *Werder/Bartz,* Die aktuellen Änderungen des Deutschen Corporate Governance Kodex, DB 2015, 1577; *Werder/Turkali,* Corporate Governance Report 2015: Kodexakzeptanz und Kodexanwendung, DB 2015, 1357; *Wiese,* Verantwortlichkeit des Aufsichtsrats – Aktuelle Entwicklungen im Bereich der Corporate Governance, DB 2000, 1901; *Wirth,* Anforderungsprofil und Inkompatibilitäten für Aufsichtsratsmitglieder, ZGR 2005, 327; *Zumbansen/Lachner,* Die Geheimhaltungspflicht des Vorstands bei der Due Diligence: Neubewertung im globalisierten Geschäftsverkehr, BB 2006, 613.

I. Privatrechtliche Haftung der Vorstandsmitglieder der AG

1. Entwicklungslinien des Rechtsrahmens der Haftung von AG-Leitungsorganen

1 Über die Verantwortung der Unternehmensführung der AG und insbes. die privatrechtliche Haftung des Vorstands einer AG konnte 1992 noch gesagt werden, dass diese zwar besonders streng ausgestaltet, aber in der Praxis wenig bedeutsam sei.[1] Das ist zwischenzeitlich völlig anders. Die für die Unternehmensführung der AG maßgeblichen **Rahmenbedingungen in Gesetzgebung und Rspr.** haben sich infolge eines teilweise eklatanten Vorstandsmissverhaltens, das wegen höherer Aktienvolatilität massive finanzielle Auswirkungen hatte, sowie zunehmender Ausgestaltung und Kodifizierung von Risikomanagement- und Reportingverpflichtungen in einer Weise **verschärft** und entwickelt, die zutreffenderweise mit „Einschlägen auf einem Schlachtfeld" verglichen werden kann.[2]

2 Die in materiell-rechtlicher Hinsicht scharfe und sich **in der Judikatur rechtssystematisch** über eine Anspannung der Legalitätspflicht kombiniert mit einer Verdichtung der per Auslegung aus der gesetzlichen Sorgfaltspflicht (§ 93 Abs. 1 S. 1 AktG) abgeleiteten Organisationspflicht immer weiter verschärfende[3] Haftung[4] der Mitglieder von Vorständen und Aufsichtsräten einer Aktiengesellschaft nach §§ 93, 116 AktG wurde ua auf dem DJT 2014[5] diskutiert nachdem zahlreiche Sachverhalte deutlich werden ließen, dass selbst bei geringfügigem Verschulden („culpa levissima") Schäden in Milliardenhöhe entstehen können, die durch eine D&O-Versicherung auch nicht annähernd gedeckt werden können, so dass sich die Organmitglieder dem Risiko einer existenzbedrohenden persönlichen Haftung ausgesetzt sehen, wobei erschwerend hinzukommt, dass pflichtwidriges Verhalten und Verschulden des Organmitglieds vermutet werden und die Haftung weder durch die Satzung noch durch den Anstellungsvertrag beschränkt oder gar ausgeschlossen werden kann und die vergleichsweise Erledigung eines Haftungsfalles erst drei Jahre nach Entstehung des Anspruchs und nur mit Zustimmung der Hauptversammlung möglich ist.[6] Gesetzesänderun-

---

[1] *Th. Raiser,* Recht der Kapitalgesellschaften, 2. Aufl. 1992, § 13 Rn. 76.
[2] Lücke/Schaub AG-Vorstand S. V.
[3] Vgl. zB LG München I 10.12.2013 – 5 HK O 1387/10, ZIP 2014, 570; vgl. dazu auch *Bachmann* BB 2015, 771; *Bachmann* Anm. LG München I 10.12.2013 – 5 HK O 1387/10, ZIP 2014, 570; *Fleischer* NZG 2014, 322; *Harbarth* ZHR 2015, 136; *Grützner* Anm. LG München I 10.12.2013 – 5 HK O 1387/10, BB 2014, 850; *Meyer* DB 2014, 1063; *Beisheim/Hecker* KommJur 2015, 49; *Werner* NWB 2014, 1952; *Oppenheim* DStR 2014, 1063.
[4] Vgl. zB BGH 12.1.2017 – I ZR 253/14, NJW 2017, 36 betr. Organhaftung im Bereich Wettbewerbshandlungen oder zur Organhaftung im Bereich Patentverletzung BGH 15.12.2015 – X ZR 30/14, ZIP 2016, 263 (vgl. dazu auch *Müller* GRUR 2016, 570) oder OLG München 22.9.2016 – 6 U 5037/09, CR 2016, 781 betr. Organhaftung im Bereich Urheberrechtsverletzung (§ 823 Abs. 2 BGB iVm § 95a Abs. 3 Nr. 3 UrhG (Schutz technischer Maßnahmen).
[5] Vgl. Tagungsprogramm 70. DJT 2014, 14.
[6] Vgl. nur *Bachmann,* Verhandlungen des 70. DJT Hannover 2014, Bd. I: Gutachten Teil E: Reform der Organhaftung? – Materielles Haftungsrecht und seine Durchsetzung in privaten und öffentlichen Unternehmen, 1. Aufl. 2014; *Fleischer* ZIP 2014, 1305; AG 2014, 457; DB 2014, 1971.

§ 24 Haftung von Vorstands- und Aufsichtsratsmitgliedern

gen sind allerdings nicht erfolgt. Es kam im Zuge der zum **1.1.2016 in Kraft getretenen Aktienrechtsnovelle** zwar zu **Neuregelungen** betreffend die Immobilisierung der Inhaberaktie, die Liberalisierung der Vorzugsaktie, das erweiterte Umtauschrecht bei Wandelschuldverschreibungen, die Transparenz der Beteiligungsverhältnisse bei nichtbörsennotierten AG und den Berichtspflichten der von Gebietskörperschaften entsandten Aufsichtsratsmitglieder **nicht aber der Organhaftung bei der AG**.[7]

Ob sich die Entwicklung hin zu einer immer schärferen Haftung der AG-Leitungsorgane weiter fortsetzen wird, bleibt abzuwarten. So enthält das Recht für die Haftung von AG-Vorständen relevante Recht (vgl. nur §§ 76 Abs. 1, 93 AktG, § 826 BGB) zahlreiche **unbestimmte Rechtsbegriffe**. Solche unbestimmten Rechtsbegriffe werden in allen anderen Rechtsbereichen[8] im Lichte der Werteordnung des GG[9] und der GRCh[10] interpretiert und im Wege praktischer Konkordanz[11] angewandt. Eine solche **Auslegung der unbestimmten Rechtsbegriffe im Gesellschaftsrecht und insbes. im Recht der AG-Leitungsorgane im Lichte der verfassungsrechtlichen Wertentscheidungen** erfolgt nicht und wird abgelehnt.[12] In der Rspr. wird dabei die verfassungsrechtlich gebotene Abwägung zwischen den grundrechtlich geschützten Positionen des Vorstands einerseits und der Gesellschaft andererseits sogar ausdrücklich abgeschnitten und nur das Interesse der Gesellschaft als rechtlich relevant qualifiziert. So statuiert zB das OLG Stuttgart betreffend die Prüfung des Aufsichtsrats, ob Schadenersatzansprüche gegenüber dem Vorstand geltend gemacht werden, den Rechtssatz, dass von der Geltendmachung voraussichtlich begründeter Schadensersatzansprüche gegen einen pflichtwidrig handelnden Vorstand nur dann ausnahmsweise abgesehen werden darf, „wenn gewichtige Interessen und Belange der Gesellschaft dafür sprechen, den ihr entstandenen Schaden ersatzlos hinzunehmen".[13] Das ist **mit den verfassungsrechtlichen Vorgaben des deutschen wie auch des europäischen Rechts nicht vereinbar**. Der AG-Vorstand hat wie der Arbeitnehmer gegenüber seinem Arbeitgeber[14] oder wie sogar der Notar trotz seiner Funktion als Träger eines öffentlichen Amtes (§ 1 BNotO)[15] gegenüber dem Staat eine grds. durch die Berufsfreiheit grundrechtlich geschützte Rechtsposition, die im Wege praktischer Konkordanz unter Prüfung der Verhältnismäßigkeit und insbes. auch der Verhältnismäßigkeit im engen Sinne zur Wirkung zu bringen ist. **Gerichte sind wegen ihrer durch Art. 1 Abs. 3 GG angeordneten Grundrechtsbindung gehindert, bei der Auslegung und Anwendung zivilrechtlicher Normen (also insbes. auch der §§ 76 Abs. 1, 93 AktG, § 826 BGB) das völlige Zurückweichen eines Grundrechts zugunsten eines anderen hinzunehmen.**[16] Sie sind gehalten, im Wege einer Güterabwägung nach dem Grundsatz der praktischen Konkordanz einen Ausgleich der jeweils widerstreitenden grundrechtlichen Gewährleistungen herbeizuführen.[17] Schon insoweit kann im Wege der Auslegung und Interpretation des Rechts der Haftung der AG-Organe keine weitere Verschärfung durch die Gerichte erfolgen sondern es ist im Gegenteil zur Vermeidung eines unverhältnismäßigen Eingriffs in die grundrechtlich geschützte Position des AG-Leitungsorgans mindestens in der **Fallgruppe des Zusammentreffens einer „culpa levissima" mit einer drohenden Existenzvernichtung** zur

---

[7] Vgl. dazu *Böttcher/Carl/Schmidt/Seibert*, Die Aktienrechtsnovelle, 1. Aufl. 2016, §§ 4 ff.; *Daghles* GWR 2016, 45; *Götze* NZG 2016, 48; *Paschos/Goslar* NJW 2016, 359; *Wandt/Ihrig* BB 2016, 6.
[8] Vgl. nur BVerfG 11.9.2008 – 1 BvR 2007/05, NJW 2008, 3698; BGH 23.6.2009 – VI ZR 196/08, NJW 2009, 2888; BAG 18.8.2009 – 1 ABR 43/08, NJW 2009, 1334; *Ritter* NJW 2010, 1110 (1111) mwN.
[9] BVerfGE 7, 189 – Lüth; *Papier* WM 2009, 1869 (1870).
[10] *Ritter* NJW 2010, 1110; 2012, 1549; im Blick auf die weitgehende Determinierung des Gesellschaftsrechts durch EU-Recht vgl. zur Anwendbarkeit der GRCh auch EuGH 26.2.2013 – C-617/10, NJW 2013, 1415.
[11] BVerfG 31.5.2006 – 2 BvR 1693/04, FamRZ 2006, 1094; BVerfGE 93, 1 (21); *Winter* NZA 2013, 473 (477); EuGH NJW 2012, 1641 Rn. 46.
[12] *Großfeld* ZIP 1986, 1023; *Reuter* ZGR 1987, 489 (503).
[13] OLG Stuttgart 8.7.2015 – 20 U 2/14, BB 2015, 2177 auch unter Verweis auf BGH 21.4.1997 – II ZR 175/95, NJW 1997, 1926, ARAG/Garmenbeck.
[14] BAG 24.9.2014 – 5 AZR 611/12, NZA-RR 2015, 292.
[15] Vgl. BGH 20.7.2015 – NotZ(Brfg) 13/14, NJW 2015, 3034.
[16] BAG 24.9.2014 – 5 AZR 611/12, NZA-RR 2015, 292.
[17] BVerfG 24.11.2010 – 1 BvF 2/05, BVerfGE 128, 1 Rn. 147; BAG 20.11.2012 – 1 AZR 179/11, AP GG Art. 9 Arbeitskampf Nr. 179 Rn. 113; BAGE 143, 354; BAG 24.9.2014 – 5 AZR 611/12, NZA-RR 2015, 292.

Geltung zu bringen und zB der Haftungsmaßstab entsprechend der Rspr. des BAG zur Arbeitnehmerhaftung zu modifizieren und **die Haftung zu beschränken**[18] und **bei der Entscheidung des Aufsichtsrats** über die Inanspruchnahme von Vorständen **nicht nur die Interessen der Gesellschaft zu berücksichtigen sondern** die Interessen der Gesellschaft **mit denen des Vorstands abzuwägen.**

4 Die Tendenz der Rspr. hin zur ständigen Verschärfung der Haftung von AG-Leitungsorganen steht betreffend den Bereich der Innenhaftung zudem im **Widerspruch zu den Entwicklungslinien im europäischen Recht.** So wird dort der Begriff des „Arbeitnehmers" in EU-Normen nicht durch Verweisung auf die Rechtsvorschriften der Mitgliedstaaten definiert, sondern der Begriff wird innerhalb der Unionsrechtsordnung autonom und einheitlich ausgelegt.[19] Dem europäischen Begriff des Arbeitnehmers ist dabei nicht die strenge Entgegensetzung und Abgrenzung zu den Leitungsorganen juristischer Personen immanent sondern im Gegenteil eine Tendenz zur Inklusion der Leitungsorgane in die Anwendungsbereiche von Normen, die auf den Schutz von Arbeitnehmern gerichtet sind. Die Eigenschaft als „Arbeitnehmer" iSd. Unionsrechts hängt von den Bedingungen ab, unter denen das Mitglied des Leitungsorgans bestellt wurde, der Art der ihm übertragenen Aufgaben, dem Rahmen, in dem diese Aufgaben ausgeführt werden, dem Umfang der Befugnisse des Mitglieds und der Kontrolle, der es innerhalb der Gesellschaft unterliegt, sowie der Umstände, unter denen es abberufen werden kann.[20] So bejahte der EuGH das Vorliegen eines Arbeitsverhältnisses für eine in einem Geschäftsführungsverhältnis nach lettischem Recht stehende Person und sprach die Schutzwirkung der Mutterschutzrichtlinie (RL 92/85/EWG) und damit auch des nationalen lettischen Arbeitsrechts zu.[21] Zudem hat der EuGH vorgegeben, dass Geschäftsführer bei Massenentlassungen wie Arbeitnehmer anzuzeigen sind.[22] Der EuGH hat dabei rechtsgrundsätzlich Kriterien dahin aufgestellt, dass „ein Mitglied der Unternehmensleitung, das gegen Entgelt Leistungen gegenüber der Gesellschaft erbringt, die es bestellt hat und in die es eingegliedert ist, das seine Tätigkeit nach der Weisung oder unter der Aufsicht eines anderen Organs dieser Gesellschaft ausübt und das jederzeit ohne Einschränkung von seinem Amt abberufen werden kann, dem ersten Anschein nach die Voraussetzungen von Arbeitnehmers erfüllt".[23] Ob damit nur GmbH-Geschäftsführer vom europäischen Arbeitnehmerbegriff erfasst werden können oder auch AG-Vorstände, da diese auch rechenschaftspflichtig sind, auch einer kontinuierlichen Kontrolle unterliegen und nach § 84 Abs. 1 S. 1 AktG nur befristet bestellt sind, ist in der Judikatur des EuGH ungeklärt.[24] Die sich aus dem europäischen Recht ergebende Aufwertung der Schutzinteressen von Leitungsorganen im Rechtsverhältnis zur juristischen Person ist in dem weitgehend europäisch determinierten[25] Gesellschaftsrecht bei der Auslegung und Anwendung unbestimmter Rechtsbegriffe und insbes. der §§ 76 Abs. 1, 93 AktG, § 826 BGB neben den sich aus dem GG ergebenden Wertentscheidungen **mindestens in der Fallgruppe des Zusammentreffens von „culpa levissima" mit drohender Existenzvernichtung haftungsreduzierend zu berücksichtigen.**

5 Dass eine **weitere Verschärfung der rechtlichen Rahmenbedingungen** im Bereich der Organhaftung für den **Bereich der Außenhaftung** nicht erfolgen kann, ergibt sich aus dem Umstand, dass bei der Auslegung und Interpretation der sich aus der durch das AktG konstituierten AG-Verfassung ergebenden Rechtsstellung des AG-Vorstands die Vorgaben und Wertungen der seit Inkrafttreten des EUV-Lissabon am 1.12.2009 geltenden **EU-Grundrechte-Charta**[26] zu berücksichtigen sind. Mit Inkrafttreten des EUV-Lissabon erlangte die

---

[18] Vgl. dazu iE § 24 I 2g) ee).
[19] EuGH 11.11.2015 – C-422/14, EuZW 2016, 25.
[20] BAG 17.1.2017 – 9 AZR 76/16, NJW 2017, 630; dazu Anm. *Kothe-Heggemann* GmbHR 2017, 748; EuGH 9.7.2015 – C-229/14, NJW 2015, 2481; EuGH 11.11.2010 – C-232/09, NJW 2011, 2343; EuGH 10.9.2015 – C-47/14, NZA 2016, 183.
[21] EuGH 11.11.2010 – C-232/09, NJW 2011, 2343.
[22] EuGH 9.7.2015 – C-229/14, NJW 2015, 2481.
[23] EuGH 11.11.2010 – C-232/09, NJW 2011, 2343.
[24] *Graewe* Wirtschaftsrecht 2017, 207 Ziff. 3.1.4.2.2.
[25] Vgl. *Spahlinger/Wegen/Wendt*, Internationales Gesellschaftsrecht in der Praxis, 2005, Rn. 815 ff. mwN.
[26] ABl. EU 2007 Nr. C 303 S. 1; BGBl. 2008 II 1165 ff.

Grundrechte-Charta der EU und damit das jetzt auch **kodifizierte System objektiver europäischer Wertnormen** über Art. 6 EUV-Lissabon ausdrücklich Rechtsverbindlichkeit, dies mit der Folge, dass gerade bei der Auslegung des weitgehend europäisch determinierten Gesellschaftsrechts[27] nicht mehr nur auf die objektive Werteordnung des Grundgesetzes sondern mindestens kumulativ auf die objektive europäische Werteordnung abzustellen ist.[28] Das BVerfG stellt im Lissabon-Urteil auch ausdrücklich fest, dass sich mit Inkrafttreten des EUV-Lissabon der Grundrechtsschutz in der EU ändert.[29] Die Bindung an europäische Grundrechte und die objektive europäische Werteordnung entfällt dabei auch dann nicht, wenn das europäische Recht Spielräume lässt, da diese Spielräume unter Beachtung der EU-Grundrechte zu nutzen sind.[30] Rechtlich relevant sind die unterschiedlichen Vorgaben deutschen und europäischen Verfassungsrechts zur Wirtschaftsverfassung und zur Unternehmerfreiheit. Das GG wurde vom BVerfG als wirtschaftspolitisch offen und dahingehend bestimmt, dass sich das Grundgesetz nicht für eine bestimmte Wirtschaftsordnung entschieden habe.[31] Demgegenüber orientiert sich die zentrale Vorschrift der **Wirtschaftsverfassung** der EU, Art. 2 EGV bzw. Art. 3 EUV-Lissabon, ausdrücklich am marktwirtschaftlichen Modell des sog. magischen Vierecks, das von Preisstabilität, hohem Beschäftigungsgrad, außerwirtschaftlichem Gleichgewicht und beständigem Wirtschaftswachstum gebildet wird.[32] Zudem ist im europäischen Recht im Gegensatz zum GG die **Unternehmerfreiheit** nicht – wie im Grundgesetz – aus der Eigentumsfreiheit und der Berufsfreiheit abzuleiten sondern vielmehr als eigenes Grundrecht (Art. 16 der GRCH) neben der gesondert geregelten Berufsfreiheit (Art. 15 GRCH) und Eigentumsfreiheit (Art. 17 GRCH) ausgestaltet und so in die objektive europäische Werteordnung eingestellt. Der Verbraucherschutz in Art. 38 GRCH ist hingegen nicht als Grundrecht ausgestaltet sondern nur als Grundsatz mit der Union als Adressaten.[33] Dies spricht im Bereich der **Außenhaftung der AG-Leitungsorgane** dafür, dass in der objektiven europäischen Werteordnung die **Stellung von Unternehmen** und insbes. der AG und ihrer Leitungsorgane (§ 76 Abs. 1 AktG (Eigene Leitungsverantwortung des Vorstands)) im Verhältnis zu anderen am Wirtschaftsleben teilnehmenden Rechtssubjekten **gestärkt** wird und so eine Verschärfung der Haftung der AG-Leitungsorgane im Verhältnis zu anderen Marktteilnehmern aus europäischem Recht und insbes. dem nunmehr in der Grundrechte-Charta kodifizierten System europäischer Wertnormen im Wege der Auslegung unbestimmter Rechtsbegriffe etwa in der Business Judgment Rule (§ 93 AktG) oder in Generalklauseln wie § 826 BGB oder des Begriffs der eigenen Leitungsverantwortung in § 76 Abs. 1 AktG nicht abgeleitet werden kann. Es ist im Gegenteil aus der durch die gesetzliche AG-Verfassung konstituierte, weite eigene Leitungsverantwortung des Vorstands (§§ 76 Abs. 1; 93 AktG) iVm der bei der Auslegung zu berücksichtigenden Unternehmerfreiheit nach dem GG (Art. 12, 14 GG), die durch Art. 15, 16, 17 GRCh noch gestärkt wurde, **aus verobjektivierter Sicht das bei Investitionen in Aktien bestehende Investitionsrisiko erkennbar, das grds. nicht im Nachhinein auf die Leitungsorgane gelegt werden kann.** Ausgehend von der **Auslegung und Interpretation der §§ 76 Abs. 1, 93 AktG im Lichte der Unternehmerfreiheit** kann auch das Legalitätsprinzip nicht vollständig vom Anwendungsbereich der Business Judgment Rule ausgenommen werden sondern es greifen die Grundsätze zur **Legal Judgment Rule.**[34]

2. Allgemeines

a) **Systematik der Rechtsgrundlagen der Vorstandshaftung; Innenhaftung und Außen-** 6
haftung. Denkbar wäre es, die Rechtsgrundlagen für Haftungsansprüche gegenüber AG-

---

[27] Vgl. *Spahlinger/Wegen/Wendt,* Internationales Gesellschaftsrecht in der Praxis, 2005, Rn. 815 ff. mwN.
[28] *Ritter* NJW 2010, 1110.
[29] BVerfG NJW 2009, 2267.
[30] *Jarass,* EU-Grundrechte, 2005, § 4 Rn. 13.
[31] BVerfGE 50, 290 (336 f.).
[32] *Borchardt,* Die rechtlichen Grundlagen der Europäischen Union, 3. Aufl. 2006, § 7 Rn. 702, S. 287.
[33] *Frenz,* Handbuch Europarecht – Europäische Grundrechte, Bd. 4, 1. Aufl. 2009, § 11 S. 134, Rn. 443; *Schmittmann,* Rechte und Grundsätze in der Grundrechtecharta, S. 94 ff.
[34] Vgl. dazu → § 22 Rn. 92 mwN.

Vorständen insgesamt im Aktiengesetz bzw. in einem „**Vorstandshaftungsgesetz**" zu regeln. Diesen Weg hat der Gesetzgeber nicht beschritten. Das Aktiengesetz selbst enthält als Anspruchsgrundlage nur die Regelungen betreffend die Haftung der Vorstandsmitglieder gegenüber der Aktiengesellschaft in § 93 AktG. Diese Normengruppe wird üblicherweise als **Innenhaftung** bezeichnet. Ihr steht gegenüber der Bereich der **Außenhaftung**, also die Normengruppe betreffend die Haftung gegenüber Aktionären, Anlegern und Gesellschaftsgläubigern.[35] Die neben § 93 AktG bestehenden weiteren Rechtsgrundlagen, aus denen sich Ansprüche gegenüber AG-Vorständen ergeben können, sind über andere Gesetze verstreut, insbes. dem BGB, dem OWIG, dem VerkProspG, dem WpHG oder der AO oder sie ergeben sich § 823 II BGB iVm als Schutzgesetz zu qualifizierenden Normen des AktG oder anderer Gesetze.

7 Anknüpfend an die ausdrückliche gesetzliche Regelung des (Innen-)Haftungstatbestandes im Aktiengesetz (§ 93 AktG) wird bei der Darstellung des Haftungsrechts der AG-Vorstände traditionell zunächst die Innenhaftung und anschließend die Außenhaftung des Vorstands dargestellt.[36]

8 Unter Verweis auf die Verlagerung des Schwergewichts der Haftungsfälle von AG-Leitungsorganen in der Rechtswirklichkeit auf den Bereich der Außenhaftung[37] und zudem die systematische Verzahnung des überwiegenden Teils der Außenhaftungstatbestände über die wegen grds. Gesamtschuld eingreifenden Regressregelungen der für die Pflichtverletzungen ihrer Vorstände haftenden AG in §§ 31, 420 BGB, § 93 Abs. 2 S. 1 AktG, § 426 BGB mit der Innenhaftung wird **hier zunächst die Außenhaftung und dann erst die Innenhaftung dargestellt**. Zudem sind im Blick auf die sowohl im Verhältnis zur Gesellschaft als auch innerhalb des Vorstands sowie im Rechtsverhältnis zum Aufsichtsrat eingreifenden Gesamtschuldregeln, die jeweiligen Regressrechtsverhältnisse betreffend Schadenersatzansprüche in die Systematik einzustellen. Dies auch wegen der bei der Fallbearbeitung und insbes. der Vertretung eines auf Schadenersatz in Anspruch genommenen Vorstands oder der verklagten Gesellschaft jeweils zu entscheidenden Frage, ob und ggf. gegenüber wem eine **Streitverkündung** gem. §§ 72 ff. ZPO erforderlich und geboten ist. Insbesondere gem. § 72 Abs. 1 ZPO kann eine Partei, die für den Fall des ihr ungünstigen Ausganges des Rechtsstreits einen Anspruch auf Gewährleistung oder Schadloshaltung gegen einen Dritten erheben zu können glaubt oder den Anspruch eines Dritten besorgt, bis zur rechtskräftigen Entscheidung des Rechtsstreits den Dritten in den Rechtsstreit einbeziehen und sich so bei Erfüllung der gesetzlichen Voraussetzungen Rechtskraftwirkungen für den Folgeprozess – hier den Regressprozess unter den Gesamtschuldnern – sichern.[38] **Ausgleichsansprüche unter Gesamtschuldnern** sind Ansprüche auf Schadloshaltung iSd § 72 Abs. 1 ZPO.[39] Betreffend **Verjährung** ist zu beachten, dass die **Hemmungswirkung gem. § 204 Abs. 1 Nr. 6 BGB** nicht nur durch das Erfordernis der Zulässigkeit der Streitverkündung, sondern auch durch den Inhalt der Streitverkündungsschrift begrenzt wird, die den sich aus § 73 Abs. 1 ZPO ergebenden Konkretisierungserfordernissen genügen muss.[40]

9 **Übersicht: Systematik der Rechtsverhältnisse bei der AG-Vorstandshaftung**

I. Außenhaftung (Haftung gegenüber Aktionären, Anlegern und Gesellschaftsgläubigern)
 1. Haftung gem. § 823 Abs. 1 BGB
  > Für die Vorstandshaftung relevant sind die Fallgruppen des mitgliedschaftsbezogenen Eingriffs, des Organisationsverschuldens, des Eingriffs in Gewerbebetrieb und der nicht durch das ProdHaftG erfassten Produzentenhaftung

---

[35] Lücke/Schaub AG-Vorstand/*Schnabel/Wicke* § 6 Rn. 218.
[36] Vgl. etwa in der 2. Aufl. 2010 MAH AktR/*Tomat* § 24 Rn. 6 ff., 27 ff.; Lücke/Schaub AG-Vorstand/*Schnabel/Wicke* § 6 Rn. 11 ff., 218 ff.
[37] Semler/v. Schenck AR-HdB/*Doralt* § 13 Rn. 177; *Hellgardt* WM 2006, 1514; *Hellgardt* ZIP 2005, 2000.
[38] Zur Geltendmachung eines Direktanspruchs gegen den Versicherer aus abgetretenem Recht: *Böttcher* NZG 2008, 645.
[39] BGH 7.5.2015 – VII ZR 104/14, ZIP 2015, 1189.
[40] BGH 11.2.2009 – XII ZR 114/06, NJW 2009, 1488; 6.12.2007 – IX ZR 143/06, NJW 2008, 519; BGH 7.5.2015 – VII ZR 104/14, ZIP 2015, 1189.

2. Haftung gem. § 823 Abs. 2 BGB iVm Schutzgesetz
   > Für die Vorstandshaftung unter dem Gesichtspunkt Schutzgesetz relevant sind die §§ 399, 400, 401 AktG, § 331 Nr. 3a HGB, § 95a Abs. 3 Nr. 3 UrhG (Schutz technischer Maßnahmen) und §§ 263, 264a, 266 und 266a StGB
3. Haftung gem. § 826 BGB
   > Hier sind relevant die Fallgruppen des existenzvernichtenden Eingriffs und der unrichtigen Ad-hoc-Mitteilungen
4. Haftung gem. § 117 AktG
5. Haftung wegen Insolvenzverschleppung
6. Haftung gem. Prospekthaftung
7. Haftung gem. § 311 Abs. 2 BGB (cic)
8. Haftung gem. §§ 34, 69 AO

II. Innenhaftung (Haftung des Vorstands gegenüber der Gesellschaft)
1. Gesamtschuldnerregress der gegenüber Aktionären, Anlegern und Gesellschaftsgläubigern aufgrund Verstößen des Vorstands gem. Außenhaftungstatbeständen oben Ziff. I 1–4, 6 u. 7 haftenden Gesellschaft gegenüber dem jeweiligen Vorstand gem. §§ 31, 420, 840 BGB, § 93 Abs. 2 S. 1 AktG, § 426 BGB
2. Sonstige Innenhaftung gem. § 93 AktG
   > Vorstand verletzt geschütztes Recht oder geschütztes Rechtsgut der Gesellschaft, etwa durch Verjährenlassen einer Forderung.
   > Verletzung Treuepflicht
   > Verletzung Verschwiegenheitspflicht betreffend Betriebs- und Geschäftsgeheimnisse (§ 93 Abs. 1 S. 3 AktG)
   > Verletzung allgemeine Sorgfaltspflicht (§ 93 Abs. 1 S. 1 AktG), insbes. Legalitätspflicht
   > Verletzung Informationsbeschaffungspflicht
   > Verletzung Organisationspflicht
   > Verletzung Sorgfaltspflichten bei Gründung der Gesellschaft
   > Verletzung Pflichten zur Kapitalerhaltung
   > Verletzung Pflichten in der Krise der AG
   > Verletzung Berichtspflichten
   > Verletzung Pflichten zur ordnungsgemäßen Buchführung und Bilanzierung
   > Verletzung Pflichten im Rechtsverhältnis zur Hauptversammlung, zB Auskunftspflichten
   > Verletzung Pflichten im Rechtsverhältnis zum Aufsichtsrat, zB Pflicht zur unbedingten Offenheit
3. Innenhaftung aus positiver Vertragsverletzung des Anstellungsvertrags
   > Pflichtverletzungen des Vorstands sind regelmäßig auch Verletzungen der Pflichtenstellung aus dem Anstellungsvertrag wobei diese Haftung grds. gegenüber der Haftung gem. § 93 AktG subsidiär ist.

III. Regressanspruch wegen Schadenersatz des einen gesamtschuldnerisch in Anspruch genommenen Vorstands gegen andere Vorstände, § 93 Abs. 2 S. 1 AktG, §§ 426, 840 BGB

IV. Regressanspruch wegen Schadenersatz des gesamtschuldnerisch in Anspruch genommenen Vorstands gegen den Aufsichtsrat, §§ 116, 93 Abs. 2 S. 1 AktG, §§ 426, 840 BGB

b) **Adressaten der Vorstandshaftung.** Die Vorstandshaftung betrifft alle Vorstandsmitglieder, auch die stellvertretenden sowie die gerichtlich bestellten. Zeitpunkt des Beginns der Haftung ist – soweit nicht bereits vorab mit Billigung des Aufsichtsrats die Tätigkeit aufgenommen wurde[41] – das **Wirksamwerden der Bestellung**, also der Annahme des Amtes. Zeitpunkt des Endes der Vorstandshaftung ist der **Ablauf der Amtszeit** sowie der wirksame Widerruf der Bestellung. Mit der Annahme der Wahl durch den jeweils gewählten Vorstand wird gleichzeitig ein gesetzliches Schuldverhältnis des Organmitglieds mit der Gesellschaft, nicht den Aktionären, begründet.[42] Ob ein Anstellungsvertrag geschlossen wurde, ist für die an die Or-

---

[41] Lücke/Schaub AG-Vorstand/*Schnabel/Lücke* § 6 Rn. 14 mwN.
[42] *Frodermann/Janott/Henning*, Handbuch des Aktienrechts, 9. Aufl. 2017, Kap. 8 III 2 S. 460, Rn. 34 mwN.

ganpflichten anknüpfende Haftung unerheblich.[43] **Kommissarische** Leitungsorgane haften ebenfalls.[44] Für die Organhaftung ist unerheblich, ob die Bestellung bereits im Handelsregister eingetragen ist.[45] Eine Beurlaubung, eine Suspendierung oder eine Freistellung lassen die Haftung unberührt.[46]

11 Auch **fehlerhaft bestellte Vorstandsmitglieder** sind grds. betroffen.[47] Streitig,[48] aber grds. zu bejahen ist die Haftung sog. **faktischer Vorstandsmitglieder.** Über die anzuwendenden Kriterien besteht eine beträchtliche Unsicherheit.[49] So wird angegeben, dass derjenige, der wie ein Geschäftsführungsmitglied handelt, ohne dazu berufen zu sein, auch die Verantwortung zu tragen und wie ein solches zu haften hat.[50] Als entscheidend wird angesehen, dass der Betreffende die Geschicke der Gesellschaft – über die interne Einwirkung auf die satzungsmäßige Geschäftsführung hinaus – durch eigenes Handeln im Außenverhältnis, das die Tätigkeit des rechtlichen Geschäftsführungsorgans nachhaltig prägt, maßgeblich in die Hand genommen hat.[51] Der BFH hatte keine Einwände gegen die Zustellung eines Steuerbescheides an ein faktisches Vorstandsmitglied.[52] Der Vorstand kann sich mithin grds. durch Amtsniederlegung und vollständige Aufgabe der Tätigkeit für die AG von der Haftung für die nach seinem Ausscheiden liegenden Vorgänge befreien.

12 c) **Vorstandshaftung und Einholung fachkundigen Rats.** Zunehmend schärfer ausgeprägte Haftungstatbestände sowie die für AG-Vorstände bestehende Verschuldenshaftung bedingen die Frage, inwieweit die Möglichkeit der Exkulpation durch Einholung fachkundigen Rates besteht.[53] Durch die Einholung fachkundigen Rates kann der Vorstand sein Haftungsrisiko erheblich herabmindern. Erforderlich ist dabei die Auswahl eines verlässlichen Beraters, der Gewähr für eine objektive, sorgfältige, pflichtgemäße und verantwortungsbewusste Auskunft bietet. Dies setzt sowohl **fachliche Sachkunde** als auch **persönliche Zuverlässigkeit** voraus.[54] Nach dem BGH[55] kann der organschaftliche Vertreter einer Gesellschaft, der selbst nicht über die erforderliche Sachkunde verfügt, den strengen Anforderungen an eine ihm obliegende Prüfung der Rechtslage und an die Beachtung von Gesetz und Rspr. nur genügen, wenn er sich unter umfassender Darstellung der Verhältnisse der Gesellschaft und Offenlegung der erforderlichen Unterlagen von einem unabhängigen, für die zu klärende Frage fachlich qualifizierten Berufsträger beraten lässt und den erteilten Rechtsrat einer sorgfältigen Plausibilitätskontrolle unterzieht.

13 Wann ein Berater über **spezifische Sachkunde** verfügt, wird dabei unterschiedlich beurteilt. Teilweise wird vertreten, dass sich etwa der Rechtssuchende grds. auf die **Formalqualifikation** seines Beraters, also zB auf dessen Anwaltszulassung verlassen dürfe.[56] Andere

---

[43] BGH 18.6.2013 – II ZR 86/11, NJW 2013, 3636; BGH 12.6.1989 – II ZR 334/87, ZIP 1989, 1390; BGH 10.2.1992 – II ZR 23/91, WM 1992, 691; BGH 21.4.1994 – II ZR 65/93, NJW 1994, 2027; BGH 25.6.2001 – II ZR 38/99, NJW 2001, 3123.
[44] OLG München 5.10.2016 – 7 U 1996/16, GmbHR 2017, 147 = LSK 2016, 113188.
[45] OLG München 5.10.2016 – 7 U 1996/16, GmbHR 2017, 147 = LSK 2016, 113188; BGH 20.3.1986 – II ZR 114/85, WM 1986, 789, zu § 43 GmbHG.
[46] Lücke/Schaub AG-Vorstand/*Schnabel/Lücke* § 6 Rn. 15.
[47] BGH 9.12.1996 – II ZR 240/95, ZIP 1997, 199 (200); BGH 12.6.1989 – II ZR 334/87, ZIP 1989, 1390 (1392); BGHZ 41, 282 (287).
[48] Lücke/Schaub AG-Vorstand/*Schnabel/Lücke* § 6 Rn. 17 mwN.
[49] FG Münster 27.1.2016 – 10 K 1167/13 K,G,F, BeckRS 2016, 94480; *Michalski/Haas/Ziemons*, GmbHG, 2. Aufl. 2010, GmbHG § 43 Rn. 28 mwN; *Schmucker* ZJS 2011, 30 (35 ff.).
[50] OLG München 8.9.2010 – 7 U 2568/10, WM 2011, 40; BGH 21.3.1988 – II ZR 194/87, NJW 1988, 1789; FG Münster 27.1.2016 – 10 K 1167/13 K,G,F, BeckRS 2016, 94480.
[51] OLG München 8.9.2010 – 7 U 2568/10, WM 2011, 40 mwN; vgl. dazu auch *Fleischer/Schmolke* WM 2011, 1009.
[52] BFH 27.7.2009 – I B 219/08, BeckRS 2009, 25015710.
[53] Vgl. dazu auch § 22 III 7d) zu den Hinweispflichten des Steuerberaters in der Krise der Gesellschaft und § 22 Abs. 3 S. 4e dd zur Legal Judgment Rule.
[54] *Fleischer* NZG 2010, 121 (125).
[55] BGH 28.4.2015 – II ZR 63/14, NJW-RR 2015, 988; BGH 20.9.2011 – II ZR 234/09, NJW-RR 2011, 1670.
[56] BGHZ 89, 296 (303); BGH NJW 1970, 463 (464); BGHZ 1994, 2754 (2755); BGHZ 2001, 3114; *Berger*, Vorstandshaftung und Beratung, 2015, 217 ff.

stellen strengere Anforderungen auf, indem sie die Hinzuziehung eines anerkannten Spezialisten oder eines „erfahrenen" Anwalts verlangen.[57] Zu folgen ist grds. der erstgenannten Ansicht. Dies, da der Rechtsunkundige häufig gar nicht in der Lage ist, die fachliche Qualifikation seines Gegenübers zu beurteilen und er sich daher nur an der Formalqualifikation orientieren kann.[58]

Zu berücksichtigen ist hierbei aber auch der für Vorstandsmitglieder geltende objektive Sorgfaltsmaßstab. Vorstandsmitglieder einer Aktiengesellschaft müssen – schon um ein Übernahmeverschulden zu vermeiden – über die Kenntnisse und Fähigkeiten eines ordentlichen Organmitglieds verfügen. Dazu gehört auch, dass sie sich spätestens mit Amtsübernahme über ihr **aktienrechtliches „Grundpflichtenheft"**[59] unterrichten.[60] Vorausgesetzt wird bei Geschäftsleitern von Kapitalgesellschaften umfassendes unternehmerisches Erfahrungswissen.[61] Vertiefte juristische Kenntnisse werden aber nicht abverlangt, und sie dürfen zur Wahrung ihrer Organpflichten Sachverständigenrechtsrat grds. einholen und sich darauf verlassen. Es ist aber im Einzelfall zu prüfen, ob aus der Pflichtenstellung als Organmitglied und den Anforderungen an juristische Kenntnisse konkret die Verpflichtung besteht, besonders qualifizierte Rechtsberater einzuschalten. Verfügt ein Organmitglied über beruflich erworbene Spezialkenntnisse, so unterliegt es, soweit sein Spezialgebiet betroffen ist, einem erhöhten Sorgfaltsmaßstab.[62]

Persönlich zuverlässig ist der Rechtsberater, wenn er mit der Erteilung der Auskunft keine Eigeninteressen verfolgt und Anhaltspunkte dafür fehlen, dass er unseriös oder käuflich ist.[63] Es besteht regelmäßig kein Grund generell an der Objektivität von Hausjuristen der Aktiengesellschaft zu zweifeln, soweit die oben genannten Voraussetzungen für die Einholung fachlichen Rats an die Auswahl des Beraters erfüllt sind.

Zu beachten ist weiterhin, dass die Vorstandsmitglieder um ihren Pflichten zu genügen, ihrem Rechtsberater selbstverständlich auch den zu beurteilenden Sachverhalt zutreffend und vollständig schildern müssen. Dies unter umfassender Darstellung der Verhältnisse der Gesellschaft und Offenlegung der erforderlichen Unterlagen.[64] Wird der Rechtsberater **vorsätzlich falsch oder unvollständig informiert**, so kann sich der Vorstand nicht auf dessen Auskünfte verlassen.[65] Dabei verlangt eine Entlastung aufgrund eines Rechtsirrtums nicht, dass ein Prüfauftrag ausdrücklich für eine bestimmte Rechtsfrage erteilt wird, sondern nur, dass die Prüfung aus der Sicht des nicht fachkundigen Organs die zweifelhafte Frage umfasst.[66] Selbst wenn sich der dem sachkundigen Dritten erteilte Auftrag auf eine anderweitige Aufgabenstellung richtet, kann es das Organ entlasten, wenn es sich nach den Umständen der Auftragserteilung darauf verlassen durfte, die Fachperson habe im Rahmen der anderweitigen Aufgabenstellung auch die zweifelhafte Frage geprüft.[67] Wichtig ist zudem, dass Vorstandsmitglieder den ihnen erteilten Rechtsrat nicht ungesehen übernehmen dürfen, sondern dass stets auch eine **Plausibilitätskontrolle** durchzuführen ist.[68] Dies umfasst die Prüfung, ob die von dem Vorstand beabsichtigte Maßnahme durch die Auskunft des Rechtsberaters überhaupt gedeckt ist.[69]

---

[57] KG WuW/OLG 2205, 2207; BGH NJW 1961, 929; BGH JR 1962, 348 sowie weitere Nachw. bei *Fleischer* NZG 2010, 121 (123) Fn. 22–24.
[58] *Fleischer* NZG 2010, 121 (123) mwN.
[59] Vgl. zum Begriff „Grundpflichtenheft" im Bereich der Errichtung eines Compliance-Systems: *Schneider* ZIP 2003, 645; *Hauschka* ZIP 2004, 877; *Klein*, Anwendbarkeit und Umsetzung von Risikomanagementsystemen auf Compliance-Risiken im Unternehmen 2008, 242 f.
[60] BGH NJW 1953, 1151; BGH NJW 1954, 482; BGH NJW 1966, 842.
[61] *Binder* AG 2008, 274 (287).
[62] BGH 20.9.2011 – II ZR 234/09, NJW-RR 2011, 1670.
[63] *Fleischer* NZG 2010, 121 (125).
[64] BGH 28.4.2015 – II ZR 63/14, NJW-RR 2015, 988; BGH 26.1.2016 – II ZR 394/13, ZIP 2016, 1119.
[65] *Fleischer* NZG 2010, 121 (125).
[66] BGH 28.4.2015 – II ZR 63/14, NJW-RR 2015, 988; vgl. dazu auch *Vetter* NZG 2015, 889.
[67] BGH 27.3.2012 – II ZR 171/10, ZIP 2012, 1174; BGH 28.4.2015 – II ZR 63/14, NJW-RR 2015, 988.
[68] BGH 28.4.2015 – II ZR 63/14, NJW-RR 2015, 988; BGH 20.9.2011 – II ZR 234/09, ZIP 2011, 2097.
[69] *Fleischer* NZG 2010, 121 (125).

17 Insbesondere betreffend die Prüfung und Feststellung der Insolvenzreife hat der BGH dabei festgestellt, dass ein organschaftlicher Vertreter einer Gesellschaft seine Insolvenzantragspflicht dann nicht schuldhaft verletzt, wenn er bei fehlender eigener Sachkunde zur Klärung des Bestehens der Insolvenzreife der Gesellschaft den Rat eines unabhängigen, fachlich qualifizierten Berufsträgers einholt, diesen über sämtliche für die Beurteilung erheblichen Umstände ordnungsgemäß informiert und nach eigener Plausibilitätskontrolle der ihm daraufhin erteilten Antwort dem Rat folgt und von der Stellung eines Insolvenzantrags absieht.[70]

18 Ist Gegenstand des von der Aktiengesellschaft mit einem Anwalt geschlossenen Beratungsvertrags die Beratung für Entscheidungen des Mandanten – der AG –, hat der **Anwaltsvertrag im allgemeinen keine Schutzwirkungen zugunsten des Vorstands** als dem gesetzlichen Vertreter für Vermögenseinbußen, die darauf zurückzuführen sind, dass dem Vorstand im Zusammenhang mit dem Gegenstand der anwaltlichen Beratung zu Recht oder zu Unrecht eigene Pflichtverletzungen vorgeworfen werden.[71] Wenn ausnahmsweise Voraussetzungen für eine Schutzwirkung gegeben sind, dann reicht die Schutzwirkung zugunsten Dritter nicht weiter als die dem Berater gegenüber seiner eigentlichen Vertragspartei obliegenden Beratungs-, Warn- und Hinweispflichten.[72] Insbesondere der **Schutz des allgemeinen Persönlichkeitsrechts** ist für sich genommen **nicht geeignet, Schutzwirkungen** eines auf die vermögensrechtliche Entscheidung der Gesellschaft gerichteten Beratungsvertrags zugunsten des AG-Vorstands **zu begründen**.[73]

19 d) **Rechtsbegriffe aus dem angloamerikanischen Rechtsraum.** Im Bereich der Vorstandshaftung haben Begrifflichkeiten und Regelungstypen aus dem angloamerikanischen Rechtsraum Eingang gefunden: Business Judgment Rule, Corporate Governance, Compliance und Fraud-of-the-Market-Theorie.

20 *aa) Business Judgment Rule und Vorstandshaftung.* Bei der Prüfung von Haftungsansprüchen gegenüber dem AG-Vorstand kommt der seit der ARAG/Garmenbeck-Entscheidung des BGH[74] sowie nachfolgend der Neuregelung des § 93 Abs. 1 S. 2 AktG[75] im deutschen Recht geltenden Business Judgment Rule erhebliche haftungsbegrenzende Bedeutung zu. Dabei ist zu beachten, dass die Regelung der **US-Business Judgment Rule** anders strukturiert ist und insbes. im Blick auf den erfassten Personenkreis sowie die Unterscheidung zwischen Verhaltensanforderungen und Prüfungsanforderungen nicht mit der deutschen Regelung übereinstimmt,[76] dies mit der Folge, dass dortige Wertungen und Argumentationen nicht ohne weiteres herangezogen werden können.

21 Die **deutsche,** für die Prüfung der Vorstandshaftung maßgebliche Regelung der **Business Judgment Rule** ordnet zusammengefasst an,
- dass eine Pflichtverletzung nicht vorliegt,
- wenn ein Vorstandsmitglied bei unternehmerischen Entscheidungen,
- vernünftigerweise annehmen durfte,
- auf der Grundlage angemessener Informationen,
- zum Wohl der Gesellschaft zu handeln.[77]

22 Festzuhalten ist dazu, dass viele auslegungsbedürftige unbestimmte Rechtsbegriffe enthalten sind,[78] die jedenfalls seit dem Inkrafttreten der EU-Grundrechte-Charta im Lichte der objektiven europäischen Werteordnung und des Systems objektiver europäischer Wertnormen auszulegen sind.[79]

---

[70] BGH 14.5.2007 – II ZR 48/06, NJW 2007, 1265; vgl. auch BAG 20.3.2014 – 8 AZR 45/13, NJW 2014, 2669; vgl. hierzu auch → § 22 Rn. 102.
[71] BGH 21.7.2016 – IX ZR 252/15, VersR 2017, 425.
[72] BGH 21.7.2016 – IX ZR 252/15, VersR 2017, 425; BGH 7.3.2013 – IX ZR 64/12, WM 2013, 802.
[73] BGH 21.7.2016 – IX ZR 252/150, VersR 2017, 425.
[74] BGHZ 135, 244.
[75] UMAG 22.9.2005, BGBl. 2005 I 2802.
[76] Vgl. dazu *Semler/v. Schenck* AR-HdB/*Doralt* § 13 Rn. 54 ff.
[77] *Semler/v. Schenck* AR-HdB/*Doralt* § 13 Rn. 65.
[78] *Semler/v. Schenck* AR-HdB/*Doralt* § 13 Rn. 66.
[79] *Ritter* NJW 2010, 1110; → Rn. 5.

Die deutsche Regelung der Business Judgment Rule knüpft dabei systematisch bei der Pflichtwidrigkeit, verstanden als **Rechtswidrigkeit des Verhaltens** und nicht bei einem Verschulden an, womit bei einem der Business Judgment Rule entsprechenden Verhalten bereits die Pflichtwidrigkeit des Verhaltens der Organmitglieder entfällt.

Um eine Haftung bereits dem Grunde nach auszuschließen, hat der mit einem Haftungsanspruch überzogene Vorstand mithin darzulegen, dass er die **Grenzen unternehmerisch erlaubten Risikos** nicht überschritten hat.[80] Er muss darlegen, dass keine sorgfaltspflichtwidrige unternehmerische (Fehl-)Entscheidung vorliegt, sondern ein bloßer Fehlschlag und Irrtum trotz Einhaltung der erforderlichen Sorgfalt.[81]

Maßgeblich ist dabei die **verobjektivierte ex-ante-Sicht** im Zeitpunkt der Entscheidung oder Handlung, aus der sich die Haftung ergeben soll. Die Bejahung einer die Haftung dem Grunde nach auslösenden Pflichtwidrigkeit kommt nur in Betracht, wenn aus dieser verobjektivierten ex-ante-Sicht heraus das **Vorliegen eines Leitungsfehlers evident** war oder sich das Vorliegen eines Fehlverhaltens für das in Anspruch genommene Vorstandsmitglied aus anderen Gründen **aufdrängte**.[82] Maßgeblich sind hier die Umstände des Einzelfalls unter Berücksichtigung der Marktlage und Struktur der Aktiengesellschaft sowie bestehende Geschäftsverbindungen, Geschäftschancen und Geschäftsrisiken.[83] Dabei greift zugunsten der Leitungsorgane nach zutreffender Auffassung auch eine **Legal Judgment Rule**.[84]

Der Einhaltung des **Corporate Governance Kodex Indizwirkung** kommt dafür zu, dass die vom Vorstand zu beachtende Sorgfalt beachtet wurde. Dies ergibt sich auch aus der Entscheidung des BGH v. 16.2.2009, in der der BGH auch die **unterjährige Pflicht zur Aktualisierung der Entsprechenserklärung gem. § 161 AktG** ausdrücklich statuiert hat.[85] Ist die Entsprechenserklärung von vornherein in einem nicht unwesentlichen Punkt unrichtig[86] oder wird sie bei einer später eintretenden Abweichung von den DCGK-Empfehlungen in einem solchen Punkt nicht umgehend berichtigt, so liegt darin ein Gesetzesverstoß, der dazu führen kann, dass eine unter Verstoß gegen § 120 Abs. 2 S. 1 AktG dennoch erteilte Entlastung anfechtbar ist iSd § 243 Abs. 1 AktG.[87] Dieser Argumentation ist immanent, dass das Handeln gem. den Vorgaben des Corporate Governance Kodex grds. richtig ist und ein erhebliches Indiz dafür gibt, dass die erforderliche Sorgfalt beobachtet wurde, wenn vom Vorstand nachgewiesen werden kann, dass ein die konkreten Verhältnisse der jeweiligen Gesellschaft erfassendes Umsetzungs- und Überwachungssystem eingerichtet wurde.[88]

bb) Corporate Governance Kodex und Vorstandshaftung. Der Corporate Governance Kodex[89] wird vom Bundesministerium der Justiz im amtlichen Teil des elektronischen Bundesanzeigers bekannt gemacht. Bei der Prüfung von Haftungsansprüchen gegenüber dem Vorstand kann dem Corporate Governance Kodex haftungsbegrenzende Bedeutung zukommen. Die Regeln des Corporate Governance Kodex enthalten zahlreiche verbindliche **Standards guter Unternehmensführung**, soweit sie deklaratorisch geltendes Recht zu beschreiben versuchen. Zudem enthält der Deutsche Corporate Governance Kodex **Empfehlungen und Anregungen für die Unternehmensführung**.

---

[80] Lücke/Schaub AG-Vorstand/*Schnabel/Lücke* § 6 Rn. 1 mwN.
[81] Lücke/Schaub AG-Vorstand/*Schnabel/Lücke* § 6 Rn. 55 mwN.
[82] Lücke/Schaub AG-Vorstand/*Schnabel/Lücke* § 6 Rn. 57; vgl. beispielhaft OLG Jena NZG 2001, 86 (87 f.); oder BGHZ 135, 244, ARAG/Garmenbeck; sowie „Risikogeschäfte" bei Lücke/Schaub AG-Vorstand/*Schnabel/Lücke* § 6 Rn. 379 ff.
[83] Lücke/Schaub AG-Vorstand/*Schnabel/Lücke* § 6 Rn. 57; *Abeltshauser*, Leitungshaftung im Kapitalgesellschaftsrecht, 1998, 75 ff.; *Paefgen*, Unternehmerische Entscheidungen und Rechtsbindung der Organe in der Aktiengesellschaft, 2002, 134 ff.
[84] Vgl. dazu → § 22 III 4e) dd) mwN.
[85] BGH 10.7.2012 – II ZR 48/11, NJW 2012, 3235; BGH 16.2.2009 – II ZR 185/07, NJW 2009, 2207; BGH 7.12.2009 – II ZR 63/08, NJW-RR 2010, 954.
[86] Vgl. *Goette* FS Hüffer, 2010, 225; *Mutter* ZGR 2009, 788; *Bröcker* Der Konzern 2011, 313.
[87] BGH 10.7.2012 – II ZR 48/11, NJW 2012, 3235; BGH 21.9.2009 – II ZR 174/08, BGHZ 182, 272 Rn. 16, Umschreibungsstopp; BGH 16.2.2009 – II ZR 185/07, BGHZ 180, 9 Rn. 19, Kirch/Deutsche Bank.
[88] Vgl. dazu auch § 22 III 4d).
[89] Vgl. *v. Werder/Turkali* DB 2015, 1357; *v. Werder/Bartz* DB 2015, 1577; *Krieger* ZGR 2012, 202.

28 Allerdings kann davon, dass sich der AG-Vorstand haftungsrechtlich bereits mit der bloßen Beachtung des Corporate Governance Kodex auf der sicheren Seite befinde,[90] in der Rechtswirklichkeit im Blick auf die Unverbindlichkeit des Kodex gem. § 161 AktG sowie die Rspr., wonach die Einhaltung oder Nichteinhaltung nur ein Indiz unter mehreren ist,[91] nicht ausgegangen werden.[92] Die Vorgaben des Kodex müssen jeweils unter **Beachtung der konkreten Verhältnisse des Unternehmens** angewandt und umgesetzt werden. Kann der mit einem Haftungsanspruch überzogene Vorstand allerdings darlegen und beweisen, dass er bei der jeweils streitgegenständlichen und vom Anspruchsteller als pflichtwidrig qualifizierten Entscheidung oder Handlung die Vorgaben des Kodex beachtet und zudem ein die Umstände des Einzelfalls erfassendes Prüfungs- und Überwachungssystem etabliert und durchgeführt hat[93] und er die angegriffene Entscheidung auf den Ergebnissen dieses Systems getroffen hat, ist die Vorstandsentscheidung oder Vorstandshandlung grds. als vertretbar und im Rahmen des zulässigen unternehmerischen Ermessens liegend anzusehen.

29 *cc) Compliance und Vorstandshaftung.* Bedeutung für die Vorstandshaftung hat neben der „Business Judgment Rule" und dem „Corporate Governance Kodex" der weitere aus dem anglo-amerikanischen Rechtskreis stammende Begriff der „Compliance".[94] Compliance bzw. **Compliance-Management** bedeutet die Einhaltung von gesetzlichen und unternehmerischen Vorgaben durch Überwachungssysteme.[95]

30 Das Ziel von Compliance ist es in erster Linie, auf die Einhaltung gesetzlicher Normen oder unternehmensdefinierter Vorgaben hinzuwirken, um dadurch Haftungsansprüche oder andere Rechtsnachteile, wie Rufschädigungen, für das Unternehmen, seine Mitarbeiter und Organe zu vermeiden (**Risikobegrenzungsfunktion**).[96]

31 Ob eine Verpflichtung des Vorstands besteht, ein Compliance-System einzurichten, um Rechtsverstöße zu verhindern, wird unterschiedlich beurteilt,[97] wobei mit der Entscheidung des **LG München aus 2013**[98] die **Einrichtung eines funktionierenden Compliance-Systems als grds. zur Gesamtverantwortung des AG-Vorstands gehörend** angesehen werden muss.

32 Es bleibt mithin im Blick auf die bei der Auslegung und Anwendung der §§ 76 Abs. 1, 93 AktG zu berücksichtigende Unternehmerfreiheit (Art. 12, 14 GG; Art. 15, 116 17 GRCh) eine **Ermessensentscheidung des Vorstands,** ob er sich selbst hinreichend informieren und kompetent halten kann, um die Rechtstreue ihres Unternehmens zu gewährleisten oder ob er dazu eine eigene Organisationseinheit und Organisationsstruktur im Unternehmen bilden will.[99] Allerdings reduziert sich im Lichte der aktuellen strengen und sich verschärfenden Rspr. das Ermessen des Vorstands bei der Frage der Einrichtung eines Compliance-Systems in der Regel auf Null[100] und es kommt zu einer Rechtspflicht des Vorstands und der Vorstand verhält sich pflichtwidrig und er bringt sich in ein hohes Haftungsrisiko, wenn er kein Compliance-System in den jeweils relevanten Bereichen[101] einrichtet. Entsprechend kann auch der Vorstand eines kleinen in der Form der Aktiengesellschaft organisierten Unternehmens sein Haftungsrisiko erheblich absenken, wenn er im Falle der Inanspruchnahme

---

[90] *Seibt* AG 2002, 249 (251); *Schüppen* ZIP 2002, 1269 (1271).
[91] OLG Schleswig 19.9.2002 – 5 U 164/01, NZG 2003, 176 (179).
[92] Lücke/Schaub AG-Vorstand/*Schnabel/Lücke* § 6 Rn. 51.
[93] Vgl. → § 22 III 4d), Organisationspflicht/Compliance mwN.
[94] Vgl. *Hauschka,* Corporate Compliance, 2007; *Bachmann* VGR 2008, 66 mwN.
[95] Vgl. → § 22 III 4d), Organisationspflicht/Compliance mwN.
[96] *Hauschka,* Corporate Compliance, 2007, § 1 Rn. 24; *Bergmoser/Geusinger/Thushurst* BB-Spezial 2008, 1 (2); wegen weiterer Funktionen vgl. → § 22 III 4d) bb), Compliance-Management.
[97] Vgl. dazu → § 22 III 4d) bb), Compliance-Management.
[98] LG München I 10.12.2013 – 5 HK O 1387/10, ZIP 2014, 570; vgl. dazu auch *Bachmann* BB 2015, 771; *Bachmann* Anm. LG München I 10.12.2013 – 5 HK O 1387/10, ZIP 2014, 570; *Fleischer* NZG 2014, 322; *Harbarth* ZHR 2015, 136; *Grützner* Anm. LG München I 10.12.2013 – 5 HK O 1387/10, BB 2014, 850; *Meyer* DB 2014, 1063; *Beisheim/Hecker* KommJur 2015, 49; *Werner* NWB 2014, 1952; *Oppenheim* DStR 2014, 1063.
[99] *Lies* BB-Special 2008, 17.
[100] *Semler/v. Schenck* AR-HdB/*v. Schenck* § 7 Rn. 120; *Lutter/Krieger* AR § 3 Rn. 72.
[101] Vgl. Beispiele in → § 22 III 4d) cc).

auf Schadenersatz beim Nachweis der Einhaltung der im Verkehr erforderlichen Sorgfalt auf ein ordnungsgemäß eingerichtetes Compliance-System verweisen kann.

ee) Vorstandshaftung und Fraud-on-the-market-Theorie. Wie dargelegt sind aus dem anglo-amerikanischen Rechtsraum die Begriffe der Business Judgment Rule, der Compliance und der Corporate Governance ins deutsche Recht gelangt. Fraglich ist, ob das auch für die Grundsätze der Fraud-on-the-market-Theorie[102] zutrifft, die Anlegern **Beweiserleichterungen** bringt. Insbesondere soll nach dieser Theorie das enttäuschte allgemeine Anlegervertrauen für Schadensersatzansprüche ausreichen. 33

In Entscheidungen von Instanzgerichten wurde zwar nicht ausdrücklich aber im Sinne dieser Theorie argumentiert.[103] Der BGH hat die Anwendung dieser beweiserleichternden Theorie aber zutreffend selbst für Fälle extrem unseriöser Kapitalmarktinformation ausdrücklich abgelehnt.[104] Selbst das durch extrem unseriöse Marktinformation hervorgerufene Vertrauen des potentiellen Anlegers in die Richtigkeit allgemeiner Informationen über die Gesellschaft und der daraus resultierende Glaube an die wirtschaftliche Substanz und den langfristigen Erfolg des Unternehmens reichen zur Bejahung der haftungsbegründenden Kausalität nicht aus.[105] Derartige Ansichten laufen darauf hinaus, iRd § 826 BGB auf den **Nachweis des konkreten Kausalzusammenhangs** zwischen der Täuschung und der Willensentscheidung des Anlegers zu verzichten und stattdessen an das enttäuschte allgemeine Anlegervertrauen in die Integrität der Marktpreisbildung anzuknüpfen. Dieser Denkansatz würde zu einer uferlosen Ausweitung des ohnehin offenen Haftungstatbestandes der sittenwidrigen vorsätzlichen Schädigung auf diesem Gebiet führen, weshalb er abzulehnen ist.[106] Die Fraud-on-the-market-Theorie hat mithin im Bereich der Vorstandshaftung im Gegensatz zu den anderen aus dem anglo-amerikanischen Rechtsraum kommenden Begriffen keine Relevanz. 34

e) **Gesamtschuld im Vorstandshaftungsrecht.** Die Prüfung von Gesamtschuldverhältnissen hat im Vorstandshaftungsrecht materiell-rechtlich wie auch prozessual wegen etwa erforderlicher **Streitverkündungen** Bedeutung. Gesamtschuld liegt gem. § 412 BGB vor, wenn mehrere eine Leistung in der Weise schulden, dass jeder die ganze Leistung zu bewirken verpflichtet, der Gläubiger aber die Leistung nur einmal zu fordern berechtigt ist. Ist das der Fall, so kann der Gläubiger die Leistung nach seinem Belieben von jedem der Schuldner ganz oder zu einem Teil fordern. Bis zur Bewirkung der ganzen Leistung bleiben sämtliche Schuldner verpflichtet. Dieses bei der Gesamtschuld bestehende Gläubigerwahlrecht wird im Anschluss an *Heck,*[107] plastisch als **„Paschastellung" des Gläubigers** beschrieben. Dabei ist im Blick auf den die Fallgruppen unmittelbarer Vorstandshaftung neben der AG-Haftung betreffenden § 31 BGB und den Umstand, dass durch die Pflichtverletzung des Organs und insbes. die Verletzung der im Rechtsverhältnis zu Dritten auftretenden (juristischen) Person AG[108] dieser selbst obliegenden Organisationspflicht zur Gewährleistung der Legalitätspflicht grds. kein weiteres Haftungssubjekt zur Entstehung gelangt und auch aus objektiver Sicht Dritter kein weiteres Haftungssubjekt in Form der (natürlichen) Person des Vorstands zur Entstehung gelangen soll,[109] bei den Konstellationen der Gesamtschuld im Vorstandshaftungsrecht zwischen der Außenhaftung und der Innenhaftung zu unterscheiden. Bei der Bearbeitung von Mandaten im Bereich der Vorstandshaftung ergeben sich so regelmäßig folgende Gesamtschuldrechtsverhältnisse zur Untersuchung und Prüfung: 35

---

[102] Vgl. zur Rechtsentwicklung in USA: *Klöhn* AG 2014, 807.
[103] Vgl. LG München I 5.7.2006 – 20 O 23958/04, ZIP 2006, 1586; OLG München 28.4.2005 – 23 U 4675/04, ZIP 2005, 1141.
[104] OLG Braunschweig 12.1.2016 – 7 U 59/14, ZIP 2016, 414 Rn. 87 mwN.
[105] BGH 28.11.2005 – II ZR 80/04, NZG 2007, 345 Rn. 10 – ComROAD I.
[106] BGHZ 160, 134 – Infomatec I; BGH ZIP 2005, 1270 (1274) – EM. TV; BGH NZG 2007, 345 Rn. 11 – ComROAD I; BGH ZIP 2007, 680 Rn. 8 – ComROAD II; BGH NZG 2007, 269 Rn. 5 – ComROAD III; BGH NZG 2007, 708 – ComROAD IV.
[107] *Heck,* Grundriss des Schuldrechts, 1929, § 76 4a).
[108] Vgl. § 1 Abs. 1 AktG. Die Aktiengesellschaft ist eine Gesellschaft mit eigener Rechtspersönlichkeit.
[109] Vgl. *Spindler,* Unternehmensorganisationspflichten – Zivilrechtliche und öffentlich-rechtliche Regelungskonzepte, 2. Aufl. 2011, Kap. C.IV (iii) S. 858 f.

36 Übersicht: Gesamtschuldverhältnisse im Vorstandshaftungsrecht
1. Außenhaftung
> Gesamtschuld zwischen dem einzelnen pflichtwidrig handelnden Vorstand und der Gesellschaft wegen unmittelbarer Haftung des Vorstands und Zurechnung an die Gesellschaft über § 31 BGB
> Gesamtschuld zwischen mehreren Vorständen und der Gesellschaft, wobei einerseits alle Vorstände pflichtwidrig handeln können oder nur einzelne Vorstände wegen unmittelbarer Haftung und Zurechnung an die Gesellschaft über § 31 BGB
2. Innenhaftung
> Gesamtschuld zwischen einzelnem Vorstand und anderen Vorständen. Hier kann es um Regress der Gesellschaft unter Bezug auf interne Haftungsquoten gehen.
> Gesamtschuld zwischen einzelnem Vorstand, mehreren Vorständen oder dem Gesamtvorstand und einzelnen oder mehreren Aufsichtsräten oder dem Gesamtaufsichtsrat. Hier kann es um Regress der Gesellschaft unter Bezug auf interne Haftungsquoten gehen.

37 Aktiengesellschaften haften bei Realisierung von Außenhaftungstatbeständen über § 31 BGB analog für Pflichtverletzungen ihrer Organe und insbes. des einzelnen Vorstands oder mehrerer Vorstände.[110] Bei der Verteilung der Haftung im Innenverhältnis zwischen Gesellschaft und Vorstand greift dann **§ 93 Abs. 2 S. 1 AktG**. Es handelt sich um eine **Gesamtschuldanordnung iSd §§ 421 ff. BGB**.[111] So kann die Gesellschaft jedes gesamtschuldnerisch haftende Vorstandsmitglied hinsichtlich des Gesamtschadens in Anspruch nehmen, wogegen die Vorstände im Innenverhältnis grds. zu gleichen Teilen haften und der in Anspruch genommene Vorstand seine mithaftenden Kollegen anteilig in Regress nehmen kann.

38 Hier ist zu prüfen ob bzw. inwieweit wirksam etwa durch **Geschäftsordnung** oder durch die **Satzung** eine **Ressortzuständigkeit** und damit ein unterschiedliches Verantwortungsniveau der Vorstandsmitglieder begründet wurde, dies mit der Folge, dass von der grundsätzlichen Verteilung der Haftung nach Köpfen abzuweichen ist.[112] Das hilft aber grds. **nur im Innenverhältnis**, da sich im Außenverhältnis bei nicht ressortführenden Managern die Pflicht zur ordnungsgemäßen Geschäftsführung in eine Überwachungspflicht verwandelt.[113] Selbst wenn einem Organ wirksam ein eigenes Arbeitsgebiet oder ein eigenes Ressort zugewiesen worden ist, haben die übrigen Organmitglieder insoweit wenigstens eine Überwachungspflicht, die sie zwingt einzugreifen, wenn sich Anhaltspunkte ergeben, dass der zuständige Vorstand in seinem Arbeitsbereich die Geschäfte nicht ordnungsgemäß führt.[114] Eine gesamtschuldnerische Haftung kann sich auch zwischen Vorstand und Aufsichtsrat ergeben, wenn ein Schaden vorliegt, der auf einer Pflichtverletzung von Mitgliedern beider Gesellschaftsorgane beruht.[115]

39 Im Prozess ist zu prüfen, ob gesamtschuldnerische Regressansprüche durch Streitverkündung gem. §§ 72 ff. ZPO zu sichern sind und möglicherweise beschleunigt durchgesetzt werden können. Dies auch deshalb, weil D&O-Versicherer regelmäßig die Feststellung von Ansprüchen durch gerichtliche Entscheidung verlangen.[116] **Ausgleichsansprüche unter Gesamtschuldnern** sind **Ansprüche auf Schadloshaltung iSd § 72 Abs. 1 ZPO**.[117]

40 f) Vorstandshaftung und Dokumentation. Für das Haftungsrecht in anderen Bereichen – etwa im Bereich der Arzthaftung – hat die **schriftliche Dokumentation** bereits erhebliche und in weiten Teilen streitentscheidende Bedeutung und die dort Haftenden können ihr

---

[110] OLG Frankfurt a. M. 17.3.2005 – 1 U 149/04, NZG 2005, 516; BGH 15.10.2013 – VI ZR 124/12, NJW 2014, 1380; OLG Braunschweig 12.1.2016 – 7 U 59/14, NJW-RR 2016, 624.
[111] Lücke/Schaub AG-Vorstand/*Schnabel/Lücke* § 6 Rn. 31.
[112] Lücke/Schaub AG-Vorstand/*Schnabel/Lücke* § 6 Rn. 31 f.
[113] *Held* CB 2014, 29 (30).
[114] BGH 8.7.1985 – II ZR 198/84, NJW 1986, 54.
[115] *Semler/v. Schenck* AR-HdB/*Doralt* § 13 Rn. 139; KölnKommAktG/*Mertens* § 93 Rn. 21.
[116] Zur Geltendmachung eines Direktanspruchs gegen den Versicherer aus abgetretenem Recht: *Böttcher* NZG 2008, 645.
[117] BGH 7.5.2015 – VII ZR 104/14, ZIP 2015, 1189.

Haftungsrisiko im Wege ausreichender schriftlicher Dokumentation erheblich absenken.[118] Die Entwicklung im Bereich der Vorstandshaftung geht in eben diese Richtung.

Kann ein Vorstand die Einhaltung des Corporate Governance Kodex,[119] die Abgabe jeweils aktueller Entsprechenserklärungen gem. § 161 AktG,[120] die Einrichtung und Durchführung eines die konkreten Umstände der Gesellschaft berücksichtigenden Compliance-Systems,[121] die Beachtung der Grenzen der Business Judgment Rule,[122] die ordnungsgemäße Beteiligung fachlicher Berater[123] oder sein ablehnendes Abstimmungsverhalten bei pflichtwidrigen Vorstandsbeschlüssen[124] im gegen ihn geführten Haftungsprozess durch entsprechende schriftliche Vermerke, durch Berichte, durch schriftliche Anweisungen oder Auftragsschreiben an rechtliche, steuerliche oder sonstige Berater belegen und beweisen, dann ist sein Haftungsrisiko erheblich gemindert und eingeschränkt. Empfohlen wird insbes. auch, auf die einzelnen Prüfungselemente der des unternehmerischen Ermessensspielraums (BJR) einzugehen.[125]

g) **Haftungshöchstgrenzen und Haftungsbeschränkungen.** aa) *Haftungsausschluss und Beschlüsse der Hauptversammlung.* Eine durch die Hauptversammlung erteilte **Entlastung** schließt Ersatzansprüche gegen den Vorstand nicht aus (§ 120 Abs. 2 S. 2 AktG). Gem. § 93 Abs. IV S. 1 AktG entfällt aber die persönliche Haftung des Vorstands gegenüber der Gesellschaft vollständig, wenn die schadensstiftende Geschäftsführungsmaßnahme auf einem vorherigen und rechtmäßigen, also weder nichtigen noch anfechtbaren Hauptversammlungsbeschluss beruht.[126] Handelt es sich um eine Aktiengesellschaft mit überschaubarem Aktionärskreis kann von den Vorständen zur eigenen Absicherung bei geplanten bedeutenden und schadensgeneigten Maßnahmen unterhalb der „Holzmüller-Schwelle"[127] nach § 119 AktG ein Hauptversammlungsbeschluss herbeigeführt werden.[128] Für das Eintreten der Rechtsfolgen des § 93 Abs. 4 S. 1 AktG ist ein gesetzmäßig ergangener, formeller Hauptversammlungsbeschluss erforderlich, wobei aber ein gem. § 242 AktG[129] geheilter Beschluss oder ein anfechtbarer aufgrund Fristablaufs bestandskräftig gewordener Beschluss auch enthaftend wirkt.[130]

Der Ausschluss gem. § 93 Abs. 4 S. 1 AktG wirkt nur gegenüber der Gesellschaft (nicht gegenüber den Gläubigern, § 93 Abs. 5 S. 3 AktG).[131] § 93 Abs. 4 S. 1 AktG soll vermeiden, dass der Vorstand in Anspruch genommen wird, obwohl er gem. § 83 Abs. 2 AktG dazu verpflichtet ist, die von der Hauptversammlung im Rahmen ihrer Kompetenzen beschlossenen Maßnahmen auszuführen.[132]

---

[118] *Pitkowitz*, Praxishandbuch Vorstands- und Aufsichtsratshaftung, 1. Aufl. 2014, § 5 Rn. 470; *Buchta* DStR 2003, 694 (696).
[119] → Rn. 27.
[120] → Rn. 26.
[121] → Rn. 29; § 22 III 4d).
[122] → Rn. 20; § 22 III 4e).
[123] Vgl. dazu *Binder* AG 2008, 274; *Fleischer* NZG 2010, 121; → Rn. 12; sowie → § 22 III 7d).
[124] Vgl. dazu *Schaub/Schnabel/Lücke* § 6 Rn. 39 ff.
[125] *Pitkowitz*, Praxishandbuch Vorstands- und Aufsichtsratshaftung, 1. Aufl. 2014, § 5 Rn. 470.
[126] Lücke/Schaub AG-Vorstand/*Schnabel/Lücke* § 6 Rn. 194.
[127] BGH 25.2.1982 – II ZR 174/80, NJW 1982, 1703; vgl. auch BGHZ 159, 30; BGH ZIP 2004, 1001; *Emmerich/Habersack* Konzernrecht § 9 mwN. Nach der „Holzmüller"-Rechtsprechung besteht eine ungeschriebene Kompetenz der Hauptversammlung nur in engen Grenzen, zB dann, wenn ein Betrieb, welcher den wertvollsten Teil des Gesellschaftsvermögens ausmacht, auf eine Tochtergesellschaft ausgegliedert wird, OLG Frankfurt a. M. 1.10.2013 – 5 U 214/12, NZG 2014, 1017.
[128] Lücke/Schaub AG-Vorstand/*Schnabel/Lücke* § 6 Rn. 196.
[129] § 242 AktG erfasst auch nichtige Beschlüsse über Satzungsänderungen, BGH 15.7.2014 – II ZB 18/13, NJW-RR 2015, 162; die strittige Frage, ob darin eine Heilung im Sinne einer Veränderung der materiellen Rechtslage zu sehen ist oder ob die Vorschrift lediglich dazu führt, dass niemand mehr die Nichtigkeit geltend machen kann – außer dem Registergericht in dem Verfahren nach § 398 FamFG, wenn die Beseitigung des Beschlusses im öffentlichen Interesse erforderlich erscheint – hat der BGH ausdrücklich offengelassen, vgl. BGH 15.7.2014 – II ZB 18/13, NJW-RR 2015, 162.
[130] Wachter/*Eckert* AktG § 93 Rn. 41.
[131] Wachter/*Eckert* AktG § 93 Rn. 40.
[132] Wachter/*Eckert* AktG § 93 Rn. 40 mwN.

44 *bb) Haftungsausschluss und Beschlüsse des Aufsichtsrats.* Gem. §§ 93 Abs. 4 S. 2 AktG wird die Haftung des Vorstands durch eine **Billigung des Aufsichtsrats** nicht berührt. Dies, da der Aufsichtsrat dem Vorstand Geschäftsführungsmaßnahmen nicht bindend vorschreiben kann, sondern insofern auf die Überwachung und ggf. Verhinderung beschränkt ist (§ 111 Abs. 1, 4 AktG).[133]

45 *cc) Haftungsausschluss und Vereinbarungen in der Satzung, in der Geschäftsordnung oder im Anstellungsvertrag.* Aus Vereinbarungen in der Satzung, in der Geschäftsordnung oder im Anstellungsvertrag kann eine Haftungsbeschränkung nicht abgeleitet werden, da die **Haftungsvorschriften zwingenden Charakter** haben.[134]

46 *dd) Verzicht und Vergleich.* Wegen § 93 Abs. 4 S. 3, 4 AktG sind Verzichts- und Vergleichsregelungen mit haftungsbeschränkender und haftungsausschließender Wirkung erst nach drei Jahren seit Entstehung der Ansprüche, mit entsprechendem Hauptversammlungsbeschluss und fehlendem Widerspruch zur Niederschrift von mindestens 10 % des Grundkapitals möglich. Das ist insbes. bei der Beratung des Vorstands oder der Gesellschaft bei **Aufhebungsverhandlungen** zu beachten. Über den rechtlichen Rahmen des § 93 Abs. 4 AktG hinausgehende **Abgeltungsklauseln** in Aufhebungsverträgen oder gerichtlichen Vergleichen sind unwirksam und würden über § 139 BGB zumindest bei fehlender salvatorischer Klausel die Wirksamkeit der erzielten Vereinbarung gefährden.[135]

47 Mit der Regelung des § 93 Abs. 4 S. 3 AktG soll kollusivem Zusammenwirken von Vorstand und Aufsichtsrat vorgebeugt werden.[136] Erforderlich ist ein **formeller Beschluss der Hauptversammlung**, für den – vorbehaltlich abweichender Satzungsregelungen – die **einfache Stimmenmehrheit** ausreicht (§ 133 AktG).[137] Die Dreijahresfrist des § 93 Abs. 4 S. 3 AktG berechnet sich nach §§ 187, 188 BGB und beginnt mit der Entstehung des Ersatzanspruchs wobei nicht notwendig ist, dass der Schaden bereits voll entwickelt und bezifferbar ist.[138]

48 *ee) Vorstandshaftung und Rspr. des BAG zur Arbeitnehmerhaftung.* Das **Bundesarbeitsgericht** räumt dem bei einer AG beschäftigten und die AG **schädigenden Arbeitnehmer** ohne ausdrückliche gesetzliche Grundlage in stRspr **Haftungsvergünstigungen** ein. Dabei finden die Grundsätze über die Beschränkung der Arbeitnehmerhaftung auf alle Arbeiten Anwendung, die durch den Betrieb veranlasst sind und auf Grund eines Arbeitsverhältnisses geleistet werden.[139]

49 Nach dieser Rspr. sind vorsätzlich verursachte Schäden in vollem Umfang zu tragen. Bei grober Fahrlässigkeit hat der Schädiger in aller Regel den gesamten Schaden zu tragen, wobei eine Haftungserleichterung von einer Abwägung im Einzelfall abhängig ist. Bei leichtester Fahrlässigkeit haftet der Schädiger dagegen nicht, während bei normaler Fahrlässigkeit der Schaden in aller Regel zwischen Arbeitgeber und Arbeitnehmer quotal zu verteilen ist. Ob und ggf. in welchem Umfang der Arbeitnehmer an den Schadensfolgen zu beteiligen ist, richtet sich im Rahmen einer Abwägung der Gesamtumstände, insbes. von Schadensanlass und Schadensfolgen, nach Billigkeits- und Zumutbarkeitsgesichtspunkten. Zu den Umständen, denen je nach Lage des Einzelfalles ein unterschiedliches Gewicht beizumessen ist und die im Hinblick auf die Vielfalt möglicher Schadensursachen auch nicht abschließend bezeichnet werden können, gehören der Grad des dem Arbeitnehmer zur Last fallenden Verschuldens, die Gefahrgeneigtheit der Arbeit, die Höhe des Schadens, ein vom Arbeitgeber einkalkuliertes oder **durch Versicherung abdeckbares Risiko**, die Stellung des Arbeitnehmers im Betrieb und die **Höhe des Arbeitsentgelts,** in dem möglicherweise eine Risikoprämie ent-

---

[133] OLG Stuttgart 25.11.2009 – 20 U 5/09 – NZG 2010, 141; Wachter/*Eckert* AktG § 93 Rn. 40 mwN.
[134] Lücke/Schaub AG-Vorstand/*Schnabel/Lücke* § 6 Rn. 42.
[135] Lücke/Schaub AG-Vorstand/*Schnabel/Lücke* § 6 Rn. 202.
[136] MüKoAktG/*Spindler* § 93 Rn. 222.
[137] MüKoAktG/*Spindler* § 93 Rn. 222; Wachter/*Eckert* AktG § 93 Rn. 45.
[138] MüKoAktG/*Spindler* § 93 Rn. 221; Wachter/*Eckert* AktG § 93 Rn. 46.
[139] BAG 18.1.2007 – 8 AZR 250/06, NJW 2007, 3305; BAGE 78, 56; BAG 21.5.2015 – 8 AZR 116/14, 8 AZR 867/13, DB 2015, 2882.

halten ist. Auch können uU die persönlichen Verhältnisse des Arbeitnehmers zu berücksichtigen sein.[140]

Mangels Arbeitnehmereigenschaft finden diese haftungsbeschränkenden Grundsätze des BAG **auf AG-Vorstände** nach bisher hM **keine Anwendung**.[141] Im Blick auf die AG-Verfassung ist dabei für das **Horizontalverhältnis der AG-Organe untereinander** grds. zu beachten, dass innerhalb einer juristischen Person, die als solche nicht handeln kann, die Pflichten der für sie tätigen Organe so ausgestaltet sind, dass sie nebeneinander bestehen.[142] Jedes Organ ist für die Erfüllung seiner Pflichten im Rahmen seines gesetzlichen und satzungsmäßigen Geschäftsbereichs selbständig verantwortlich.[143] Es hat deshalb im Falle einer Pflichtwidrigkeit für den verursachten Schaden der juristischen Person auch voll einzustehen.[144] Kein Organ kann danach prinzipiell der juristischen Person gegenüber einwenden, seine Ersatzpflicht sei gemindert, weil ein anderes Organ für den Schaden mitverantwortlich sei.[145] Die Organe vertreten im Innenverhältnis nicht die juristische Person gegenüber den anderen Organen.[146]

Bei der Bewertung des **Vertikalverhältnisses des AG-Vorstands zur Gesellschaft** ist demgegenüber eine andere Betrachtungsweise geboten. Im vertikalen Rechtsverhältnis AG-Vorstand/Gesellschaft steht die Gesellschaft als juristische Person dem (Einzel-)Vorstand bzw. im Blick auf den gesamten Vorstand den (Einzel-)Vorständen als natürlichen Personen gegenüber. Bei der Bestimmung dieses vertikalen Rechtsverhältnisses Vorstand/Gesellschaft können die verfassungsrechtlichen Wertentscheidungen und insbes. die Werteordnung des GG und der GRCh nicht unberücksichtigt bleiben.[147] Es sind nach deutschem[148] wie auch europäischem[149] Verfassungsrecht im Wege praktischer Konkordanz die jeweils konfligierenden Grundrechtspositionen in ihrer Wechselwirkung zu sehen und so zu begrenzen, dass die geschützten Rechtspositionen für alle Beteiligten möglichst weitgehend wirksam werden.[150]

Nach den für die Auslegung der normativen Vorgaben im Bereich der Vorstandshaftung maßgeblichen verfassungsrechtlichen Wertentscheidungen und insbes. dem Gleichheitsgrundsatz muss dabei wesentlich Gleiches gleich und wesentlich Ungleiches ungleich behandelt und es muss bei einer Ungleichbehandlung ein legitimes Ziel verfolgt werden.[151] Die Pflichtenstellung von Arbeitnehmern wird vom BAG dahingehend bestimmt, dass ein Arbeitnehmer tun muss, was er soll, und zwar so gut, wie er kann.[152] Der Arbeitnehmer schuldet die Arbeitsleistung, die er **bei angemessener Anspannung seiner geistigen und körperlichen Kräfte auf Dauer ohne Gefährdung seiner Gesundheit zu leisten imstande ist**.[153] Die Leistungspflicht des Arbeitnehmers wird nicht als starr, sondern als dynamisch bestimmt und orientiert sich an dessen Leistungsfähigkeit.[154] Ein objektiver Maßstab ist für Arbeit-

---

[140] BAG 18.1.2007 – 8 AZR 250/06, NJW 2007, 3305; BAGE 78, 56; BAG 21.5.2015 – 8 AZR 116/14, 8 AZR 867/13, DB 2015, 2882.
[141] Lücke/Schaub AG-Vorstand/*Schnabel/Lücke* § 6 Rn. 213. Vgl. dazu: Bachmann, ZIP 2017, 841.
[142] OVG Münster 26.1.2016 – 15 A 333/14, BeckRS 2016, 43180.
[143] OVG Münster 26.1.2016 – 15 A 333/14, BeckRS 2016, 43180.
[144] OVG Münster 26.1.2016 – 15 A 333/14, BeckRS 2016, 43180.
[145] OVG Münster 26.1.2016 – 15 A 333/14, BeckRS 2016, 43180.
[146] BGH 22.11.2014 – III ZR 509/13, BayVBl 2015, 760; 26.11.2007 – II ZR 161/06, NJW-RR 2008, 484; BGH 14.2.2015 – IX ZR 145/83, NJW 1985, 2194; BGH 14.3.1983 – II ZR 103/82, NJW 1983, 1856; OVG Münster 26.1.2016 – 15 A 333/14, BeckRS 2016, 43180.
[147] Selbst Notare als Träger eines öffentlichen Amtes (§ 1 BNotO) können sich auf Grundrechte des GG sowie der GRCh berufen, vgl. BGH 20.7.2015 – NotZ(Brfg) 13/14, NJW 2015, 3034; vgl. auch → Rn. 3.
[148] BVerfG 31.5.2006 – 2 BvR 1693/04, FamRZ 2006, 1094; BVerfGE 93, 1 (21).
[149] *Winter* NZA 2013, 473 (477); EuGH NJW 2012, 1641 Rn. 46.
[150] BAG 10.10.2002 – 2 AZR 472/01, NJW 2003, 1685; BVerfG 19.10.1993 – 1 BvR 567/89; BVerfG 19.10.1993 – 1 BvR 1044/89, NJW 1994, 36; vgl. auch → Rn. 3.
[151] BVerfG 26.7.2010 – 2 BvR 2227/08, 2 BvR 2228/08, NVwZ 2010, 1429; *Frenz*, Handbuch Europarecht – Europäische Grundrechte, Bd. 4, 1. Aufl. 2009, S. 965, Rn. 3219.
[152] BAG 11.12.2003 – 2 AZR 667/02, NJW 2004, 2545.
[153] LAG Hamm 22.4.2016 – 16 Sa 1668/15, DB 2016, 1445 mwN.
[154] BAG 11.12.2003 – 2 AZR 667/02, NJW 2004, 2545.

nehmer nicht anzusetzen.¹⁵⁵ Entsprechend kann auch bei AG-Vorständen **kein objektiver Maßstab bei der Bestimmung von deren Dienstleistungspflicht** angesetzt werden. So ist die Dienstleistungspflicht vom Vorstand höchstpersönlich (§ 613 BGB) zu erfüllen, weshalb die AG den Vorstand mit all seinen Stärken und Schwächen akzeptieren muss¹⁵⁶ und die AG das Risiko trägt, den Vorstand richtig einzuschätzen und zu beurteilen.¹⁵⁷ Zudem kennen die insoweit auch für den Anstellungsvertrag des AG-Vorstands maßgeblichen §§ 611 ff. BGB¹⁵⁸ keine Gewährleistungsvorschriften und es ist insbes. eine Minderung bei Mängeln der erbrachten Dienstleistung nicht möglich,¹⁵⁹ was ebenfalls für den individuellen Maßstab spricht.¹⁶⁰ Zudem wird mit der Annahme der Wahl durch den jeweils gewählten Vorstand und der Aktivierung der **für den Bereich der Innenhaftung relevanten Organpflichten** gleichzeitig ein gesetzliches Schuldverhältnis des Organmitglieds mit der Gesellschaft, nicht den Aktionären, begründet.¹⁶¹ In diesem gesetzlichen Schuldverhältnis gilt auch § 241 Abs. 2 BGB, wonach das Schuldverhältnis nach seinem Inhalt jeden Teil zur Rücksicht auf die Rechte, Rechtsgüter und Interessen des anderen Teils verpflichten kann. Über diese Norm gelangen Schutzpflichten gem. §§ 241 Abs. 2, 280, 242 BGB,¹⁶² zur Anwendung, was bedeutet, dass sich die Gesellschaft bei Durchführung und Abwicklung des Schuldverhältnisses so zu verhalten hat, dass Rechtsgüter des Vorstands nicht verletzt werden, wobei auch dessen Vermögen geschützt wird.¹⁶³

53 Bereits insoweit stehen AG-Vorstände mit Arbeitnehmern wesentlich gleich. Eine entsubjektivierte Bestimmung der Pflichtenstellung von AG-Vorständen wäre im Blick auf Art. 12 Abs. 1 GG sowie Art. 15 Abs. 1 GRCh unverhältnismäßig. Eine vollständige und ausnahmslose Verobjektivierung des Sorgfaltsmaßstabs und Sorgfaltsbegriffs im Bereich der Vorstandshaftung würde im Blick auf den Umstand, dass auch sorgfältigst arbeitende Vorstände – wie auch sorgfältigst arbeitende Arbeitnehmer – nicht verhindern können, dass es doch einmal zu einem Fehler kommt, zu einer der Gefährdungshaftung nahekommenden Einstandspflicht führen, die nicht nur den Arbeitnehmer sondern jeden, der eine Tätigkeit in fremdem Interesse ausführt, überlastet.¹⁶⁴

54 Dazuhin ist eine Bestimmung der Pflichtenstellung des AG-Vorstands unverhältnismäßig ieS, bei der nicht die Fälle des **Zusammentreffens leichtesten Verschuldens (culpa levissima) mit einer Existenzvernichtung** aus dem Haftungstatbestand ausgeschieden sind. Zu berücksichtigen sind bei den Fällen **leichtester Fahrlässigkeit** zudem die Entwicklung der Versicherbarkeit des Vorstandshandelns und die Risikoausschlüsse in den Bedingungen der D&O-Versicherungen, die Regelungsziele des VorstAG und die Verschärfung der Außenhaftung der AG-Vorstände. Zweifelhaft ist zudem das **Vorliegen eines legitimen Zieles,** wenn die Kriterien der Versicherbarkeit und des Verhältnisses der Schadenshöhe zum Verdienst bei der Frage einer Haftungsbegrenzung beim Vorstand im Gegensatz zum Arbeitnehmer in den Fällen leichtester Fahrlässigkeit überhaupt keine Berücksichtigung finden.

Nach alledem ist der Haftungsmaßstab auch für AG-Vorstände dahingehend modifiziert, dass bei Vorliegen leichtester Fahrlässigkeit (culpa levissima) eine Haftung grds. nicht eintritt.¹⁶⁵

---

¹⁵⁵ BAG 11.12.2003 – 2 AZR 667/02, NJW 2004, 2545; ArbG Düsseldorf 13.1.2017 – 14 Ca 3558/16, BeckRS 2017, 104598.
¹⁵⁶ *Maschmann* NZA Beilage 1/2006, 13 (15), entspr. für Arbeitnehmer.
¹⁵⁷ *Rüthers* ZfA 1973, 399 (403), entspr. für Arbeitnehmer.
¹⁵⁸ MAH ArbR/*Moll/Eckhoff*, 4. Aufl. 2017, § 28 Rn. 4 mwN.
¹⁵⁹ LAG Bln-Bbg 24.8.2011 – 15 Sa 980/11, FD-ArbR 2011, 324807; BAG 18.7.2007 – 5 AZN 610/07, BB 2007, 1903; aA LAG Köln 16.6.2000 – 11 Sa 1511/99, NZA-RR 2000, 630.
¹⁶⁰ *Maschmann* NZA Beilage 1/2006, 13 (15), entspr. für Arbeitnehmer.
¹⁶¹ *Frodermann/Janott/Henning*, Handbuch des Aktienrechts, 9. Aufl. 2017, Kap. 8 III 2 S. 460, Rn. 34 mwN.
¹⁶² Palandt/*Grüneberg* BGB § 241 Rn. 7, § 280 Rn. 28, § 242 Rn. 35.
¹⁶³ Palandt/*Grüneberg* BGB § 280 Rn. 28.
¹⁶⁴ *Richardi* JZ 1986, 796; *Sandmann*, Die Haftung von Arbeitnehmern, Geschäftsführern und leitenden Angestellten, 2001, Kap. B II 2c, S. 22 mwN.
¹⁶⁵ *Bachmann* ZIP 2017, 841.

3. Außenhaftung des AG-Vorstands

Die **Außenhaftung** des AG-Vorstands umfasst die Haftung gegenüber Gläubigern der Gesellschaft, gegenüber Aktionären, Anlegern und sonstigen Dritten wie dem Fiskus und den Sozialversicherungsträgern.[166]

a) *Haftung des Vorstands gegenüber Aktionären und Anlegern. aa) Grundsatz: Keine Haftung.* Die unmittelbare Haftung von Vorstandsmitgliedern gegenüber Aktionären scheidet mangels haftungsrechtlich relevanter Sonderbeziehung in diesem Rechtsverhältnis in der Regel aus und ist **nur in Ausnahmefällen** möglich. Dies erscheint auch solange richtig, wie der Schaden der Aktionäre nur ein Reflex des der Gesellschaft zugefügten Schadens ist und es daher wertungsmäßig fehlerhaft wäre, wenn der lediglich mittelbare Schaden beim Gesellschafter aber unmittelbare Schaden bei der Gesellschaft dadurch ausgeglichen würde, dass Schadenersatz in das Privatvermögen des Aktionärs geleistet wird.[167] Die unmittelbare Haftung im Rechtsverhältnis vom Vorstand zum Aktionär kommt aber ausnahmsweise dann in Betracht, wenn gesetzliche Spezialtatbestände oder das allgemeine Deliktsrecht greifen.

bb) Haftung des Vorstands gegenüber Aktionären gem. § 823 Abs. 1 BGB. Die Mitgliedschaft in einer Aktiengesellschaft stellt ein anerkanntes Schutzgut des § 823 Abs. 1 BGB dar.[168] Als „sonstiges Recht" iSv § 823 Abs. 1 BGB wird gegen Eingriffe Dritter geschützt, welche sich unmittelbar gegen seinen Bestand oder die in ihm verkörperten Rechte richten.[169] Ein anspruchsbegründender Eingriff in **mitgliedschaftliche Rechte** liegt aber nur dann vor, wenn gesetzliche Rechte oder Kompetenzen der Aktionäre missachtet werden. Erforderlich dazu ist eine Abgrenzung gewöhnlicher Leitungs- und Geschäftsführungsakte von **mitgliedschaftsbezogenen Eingriffen**. Unter letztere fallen Maßnahmen der Geschäftsleitung, bei denen Hauptversammlungskompetenzen bestehen. Kompetenzen der Hauptversammlung ergeben sich aus dem Gesetz, bspw. aus §§ 119, 179 AktG. Ein mitgliedschaftlicher Eingriff liegt zudem bspw. vor bei Missachtung der Gleichbehandlungspflicht der Aktionäre aus § 53a AktG.[170]

cc) Haftung des Vorstands gegenüber Aktionären gem. § 823 Abs. 2 BGB iVm Schutzgesetz. Schutzgesetze iSd § 823 Abs. 2 BGB, über die sich für Aktionäre Haftungsansprüche gegenüber dem Vorstand ergeben können, sind diejenigen Rechtsnormen, die neben generalpräventiven Aspekten und dem Schutz der Allgemeinheit **zumindest auch dem Schutz des Verletzten** – hier dem Aktionär und nicht der Gesellschaft – **dienen**.[171] Das ist bei § 399,[172] § 400[173] und § 401[174] AktG und § 331 Abs. 1 Nr. 2 HGB[175] sowie § 263,[176] § 264a, § 266a und § 266 StGB der Fall,[177] nicht aber zB bei § 20a WpHG.[178]

Gem. **§ 400 Abs. 1 Nr. 1 AktG** wird bestraft, wer als Mitglied des Vorstands oder Aufsichtsrats die Verhältnisse der Gesellschaft in Darstellungen oder Übersichten über den Vermögens-

---

[166] Lücke/Schaub AG-Vorstand/*Schnabel* § 6 Rn. 218; vgl. auch Übersicht → Rn. 9.
[167] *Hommel/Knecht/Wohlenberg*, Handbuch Unternehmensrestrukturierung, 2006, 667.
[168] Schon RGZ 158, 248 (255); Palandt/*Sprau* BGB § 823 Rn. 21; MüKoAktG/*Hefermehl/Spindler* § 93 Rn. 169 ff.
[169] BGHZ 110, 323 (327, 334); LG Arnsberg 27.3.2013 – 3 S 6/13, BeckRS 2014, 09462 für eingetragene Vereine; RGZ 100, 274 (278) für die GmbH; MüKoAktG/*Hefermehl/Spindler* § 93 Rn. 169 mwN.
[170] MüKoAktG/*Hefermehl/Spindler* § 93 Rn. 171.
[171] Lücke/Schaub AG-Vorstand/*Schnabel* § 6 Rn. 230.
[172] OLG Hamm 3.2.2014 – 8 U 47/10, BeckRS 2015, 00257; BGH 26.9.2005 – II ZR 380/03, WM 2005, 2095.
[173] BGH 13.12.2011 – XI ZR 51/10, NJW 2012, 1800; BGH 19.7.2004 – II ZR 402/02, NJW 2004, 2971; OLG München ZIP 2006, 1247.
[174] LG Bonn AG 2001, 484.
[175] OLG Düsseldorf 7.4.2011 – I-6 U 7/10, BB 2011, 2446 mwN.
[176] BGH 16.11.2016 – VIII ZR 297/15, NJW-RR 2017, 380.
[177] Lücke/Schaub AG-Vorstand/*Schnabel* § 6 Rn. 237; OLG Celle GmbHR 2006, 377 (387); OLG Frankfurt a. M. NJW-RR 2003, 1532 (1537); OLG Düsseldorf WM 1997, 1866 (1869).
[178] OLG Stuttgart 26.3.2015 – 2 U 102/14, WM 2015, 875; BGH 13.12.2011 – XI ZR 51/10, NJW 2012, 1800.

stand unrichtig wiedergibt oder verschleiert. Insbesondere § 400 Abs. 1 Nr. 1 AktG ist Schutzgesetz iSd § 823 Abs. 2 BGB.[179] Davon ausgehend bejaht der BGH grds. auch über diese Rechtsgrundlage die Möglichkeit einer Vorstandshaftung bei **falschen ad-hoc -Mitteilungen**. Voraussetzung eines Schadensersatzanspruchs aus § 823 Abs. 2 BGB iVm § 400 Abs. 1 Nr. 1 AktG ist aber, dass die jeweils streitgegenständliche fehlerhafte Ad-hoc-Mitteilung für die individuelle Anlageentscheidung des Anspruchsstellers ursächlich war. Die deliktische Haftung für eine fehlerhafte Ad-hoc-Mitteilung erfordert dabei im haftungsbegründenden Tatbestand die Kausalität zwischen der Pflichtverletzung und der Anlageentscheidung.[180]

60   Ob bzw. inwieweit **Spenden, Sponsoring oder Mäzenatentum** zu einer Haftung des Vorstands gem. § 823 Abs. 2 BGB iVm § 266 StGB führen, hängt von den Umständen des Einzelfalls ab. Unumstritten ist dabei, dass eine Beteiligung der Aktiengesellschaft am Sozialleben durch mildtätige, politische, kulturelle oder an den Sport gerichtete Zuwendungen im Rahmen ihrer Geschäftstätigkeit gesellschaftsrechtlich grds. zulässig ist.[181] Das kann im Blick auf die durch § 76 Abs. 1 AktG (eigene Leitungsverantwortung des Vorstands) gewährleistete Unternehmerfreiheit (Art. 12, 14 GG; Art. 15, 16, 17 GRCh)[182] auch nicht anders sein, die als verfassungsrechtliche Wertentscheidung auch bei der Auslegung und Anwendung des im Blick auf den das Bestimmtheitsgebot des Art. 103 Abs. 2 GG schon per se nicht unproblematischen § 266 StGB[183] zu berücksichtigen ist.

61   Die Erscheinungsformen dieser Unternehmensförderung werden generell nach dem jeweils primär verfolgten eigennützigen, steuerlichen oder altruistischen Zweck in **drei große Gruppen** eingeteilt, nämlich das klassische Sponsoring, bei dem Geld oder geldwerte Vorteile unter gleichzeitiger Verfolgung eigener unternehmensbezogener Ziele der Werbung oder Öffentlichkeitsarbeit gegeben werden,[184] der Spendenvergabe an gemeinnützige Organisationen und in der Regel ohne die Erwartung auf eine unmittelbare Gegenleistung jedoch unter steuerlicher Absetzbarkeit (§ 10b EStG, § 9 KStG oder § 9 Nr. 5 GewStG) und das Mäzenatentum, bei dem der Mäzen regelmäßig keine Gegenleistung für seine Unterstützung erwartet und dieser sogar häufig auch darauf verzichtet, über seine Förderung öffentlich zu sprechen.[185]

62   Werden vom AG-Vorstand aus dem Gesellschaftsvermögen solche Zuwendungen zur Förderung, von Kunst, Wissenschaft, Sozialwesen oder Sport vergeben, genügt für die Entstehung eines Anspruchs gem. § 823 Abs. 2 BGB iVm § 266 StGB nicht jede **gesellschaftsrechtliche Pflichtverletzung**; diese muss vielmehr **gravierend** sein.[186] Ob eine Pflichtverletzung gravierend ist, bestimmt sich aufgrund einer Gesamtschau insbes. der gesellschaftsrechtlichen Kriterien. Bedeutsam sind dabei: Fehlende Nähe zum Unternehmensgegenstand, Unangemessenheit im Hinblick auf die Ertrags- und Vermögenslage,[187] fehlende

---

[179] OLG Düsseldorf 7.4.2011 – I-6 U 7/10, BB 2011, 2446; BGH 17.9.2001 – II ZR 178/99, NJW 2001, 3622; MüKoAktG/*Schaal* § 400 Rn. 3; *Müller-Michaels/Wecker* ZCG 2007, 207 (209).
[180] OLG Stuttgart 26.3.2015 – 2 U 102/14, ZIP 2015, 781; BGH 19.7.2004 – II ZR 218/03, DStR 2004, 1486; BGH 19.7.2004 – II ZR 217/03, NJW 2004, 2668; BGH 19.7.2004 – II ZR 402/02, NJW 2004, 2664 (2667) – Infomatec; BGH 9.5.2005 – II ZR 287/02, NJW 2005, 2450 (2453) – EM.T; OLG Frankfurt a. M. NZG 2005, 516 (517) – ComROAD; *Hutter/Stürwald* NJW 2005, 2428 (2430); *Kort* AG 2005, 21 (25 f.); *Veil* ZHR 167, 139 (182).
[181] BGH 6.12.2001 – 1 StR 215/01, NJW 2002, 1585; BGHZ 23, 150 (157); Hüffer/Koch/*Koch* AktG § 76 Rn. 35 ff.; GroßkommAktG/*Hopt* § 93 Rn. 120; KölnKommAktG/*Mertens/Cahn* § 76 Rn. 33 f.; *Fleischer* AG 2001, 171 (175); *Mertens* AG 2000, 157 ff. zur Beteiligung von Aktiengesellschaften an der Stiftungsinitiative der Deutschen Wirtschaft: „Erinnerung, Verantwortung und Zukunft"; *Kind* NZG 2000, 567 ff. zur Zulässigkeit von Parteispenden durch den Vorstand einer Aktiengesellschaft; *Westermann* ZIP 1990, 771 ff.; *Vorderwülbecke* BB 1989, 505 ff. jeweils mwN.
[182] → Rn. 5.
[183] Vgl. nur BVerfG 23.6.2010 – 2 BvR 2559/08, 2 BvR 105/09, 2 BvR 491/09, NJW 2010, 3209.
[184] *Bruhn-Mehlinger*, Rechtliche Gestaltung des Sponsoring 2. Aufl. 1995, Bd. I, 3 ff.; *Krome* DB 1999, 2030.
[185] BGH 6.12.2001 – 1 StR 215/01, NJW 2002, 1585 f.
[186] BGH 13.4.2011 – 1 StR 94/10, NJW 2011, 1747; BGH 15.11.2001 – 1 StR 185/01, NJW 2002, 1211; BGH 6.12.2001 – 1 StR 215/01, NJW 2002, 1585; NJW 1997, 1926; OLG Braunschweig 14.6.2012 – Ws 44/12, Ws 45/12, NJW 2012, 3798.
[187] OLG Düsseldorf 29.4.2015 – III-1 Ws 429/14, wistra 2015, 482.

innerbetriebliche Transparenz sowie Vorliegen sachwidriger Motive, namentlich Verfolgung rein persönlicher Präferenzen. Jedenfalls dann, wenn bei der Vergabe sämtliche dieser Kriterien erfüllt sind, liegt eine Pflichtverletzung zur Begründung eines Anspruchs gem. § 823 Abs. 2 BGB iVm § 266 StGB nicht vor.

Die Abgrenzung, inwieweit im Einzelfall Unternehmensinteressen verfolgt oder ob mit dem Geld der Gesellschaft ausschließlich Privatbelange gefördert werden, obliegt grds. der **Beurteilung des Vorstands**.[188] Zwar darf er mit dem Geld der Gesellschaft auch seine eigene politische Überzeugung, private Liebhaberei für Kunst und Wissenschaft oder seine Begeisterung für eine bestimmte Sparte des Sports verfolgen. Hier gilt aber: Je loser die Verbindung zwischen dem Geförderten und dem Unternehmensgegenstand, desto enger ist der Handlungsspielraum des Vorstands und desto größer sind die Anforderungen an die interne Publizität.[189]

dd) Haftung des Vorstands gem. § 826 BGB. (1) Vorstandshaftung gem. § 826 BGB wegen existenzvernichtenden Eingriffs. Der selbstständige Haftungstatbestand des existenzvernichtenden Eingriffs im Sinne einer Durchgriffshaftung gegen die Gesellschafter wurde von der Rspr. aufgegeben[190] und es wird statt dessen die Existenzvernichtungshaftung der Gesellschafter an die missbräuchliche Schädigung des im Gläubigerinteresse zweckgebundenen Gesellschaftsvermögens angeknüpft und – in Gestalt einer schadensersatzrechtlichen Innenhaftung gegenüber der Gesellschaft – allein in § 826 BGB als eine **besondere Fallgruppe der sittenwidrigen vorsätzlichen Schädigung** eingeordnet.

Ein Schadensersatzanspruch aus § 826 BGB kommt in Betracht, wenn der Schuldner planmäßig mit eingeweihten Helfern zusammenwirkt, um sein wesentliches Vermögen dem Zugriff von Gläubigern zu entziehen.[191] Nach diesen Grundsätzen kann auch der AG-Vorstand in Anspruch genommen werden.[192] Dabei kam eine Organhaftung in diesen Fällen grds. nur unter dem Gesichtspunkt der **Beihilfe (§ 830 BGB)** in Betracht.[193] Diese Lücke wurde mit dem Inkrafttreten des MoMiG am 1.1.2008 durch § 92 Abs. 2 S. 3 AktG iVm § 93 Abs. 3 Nr. 6 AktG geschlossen.[194]

Um allerdings eine Haftung des AG-Vorstandes nach diesen Grundsätzen zu begründen, reichen **bloße Managementfehler** nicht aus.[195] Erforderlich ist der gezielte betriebsfremde Eingriff etwa durch Verlagerung des Kundenstamms oder Warenbestands auf ein anderes abhängiges Unternehmen oder die Eingehung hochspekulativer Geschäfte, die in ihrem Verlustpotential deutlich über die Eigenkapitalausstattung hinausgehen.[196] Nur ungerechtfertigte und kompensationslose Eingriffe in das der Zweckbindung zur vorrangigen Befriedigung der Gesellschaftsgläubiger dienende Gesellschaftsvermögen sind nicht ausreichend, sondern es wird auch die dadurch hervorgerufene Insolvenz der Gesellschaft bzw. deren Vertiefung vorausgesetzt.[197] Die Vorstandshaftung ist dabei begrenzt auf die **Höhe der veranlassten Zahlungen**. In der Neuregelung ist zugleich eine Enthaftungsmöglichkeit vorgesehen dahingehend, dass der Vorstand nicht haftet, wenn es für ihn auch bei Beachtung der ihm obliegenden Sorgfaltspflichten nicht erkennbar war, dass die Zahlung an den Aktionär zur Zahlungsunfähigkeit der Gesellschaft führen musste. Um sich vor Haftungsrisiken zu schützen sollte der Vorstand bei dieser Sachlage eine aussagekräftige **Dokumentation** der finanziellen Situation der Gesellschaft fertigen, bevor er entsprechende Zahlungen vornimmt.

(2) Vorstandshaftung gem. § 826 BGB wegen unrichtigen Ad-hoc-Mitteilungen. Beeinflusst der Vorstand die Aktionäre oder Anleger direkt vorsätzlich und unlauter durch grob

---

[188] BGH 6.12.2001 – 1 StR 215/01, NJW 2002, 1585 f.
[189] BGH 6.12.2001 – 1 StR 215/010 NJW 2002, 1585 f.
[190] BGH 16.11.2007 – IX ZR 194/04, NJW 2008, 655; BGH 24.7.2012 – II ZR 177/11, NJW 2007, 2689; BGH 24.7.2012 – II ZR 177/11, NJW 2012, 3231; BAG 15.9.2015 – 3 AZR 839/13, NZA 2016, 235.
[191] BGH 16.11.2007 – IX ZR 194/04, NJW 2008, 655; BGHZ 130, 314 (331); BGH NJW 1996, 2231.
[192] OLG Köln AG 2007, 371.
[193] *Knapp* DStR 2008, 2371 (2373).
[194] *Knapp* DStR 2008, 2371 (2373).
[195] OLG Köln AG 2007, 371 (373); BGH NZG 2005, 214 (215).
[196] OLG Köln AG 2007, 371 (373) mwN.
[197] BAG 15.9.2015 – 3 AZR 839/13, NZA 2016, 235; BAG 17.6.2014 – 3 AZR 298/13, BAGE 148, 244.

unrichtige Ad-hoc-Mitteilungen, so verstößt das gegen die Mindestanforderungen des lauteren Rechtsverkehrs auf dem Kapitalmarkt und begründet im Falle der Ursächlichkeit für den Kaufentschluss des potentiellen Aktienerwerbers diesem gegenüber eine grds. auf **Naturalrestitution** gerichtete Schadensersatzhaftung nach § 826 BGB.[198]

68 Entscheidende Bedeutung für die Haftung des Vorstands im Rahmen der **Informationsdeliktshaftung** hat dabei der **Kausalitätsnachweis.** Dazu gelten folgende Grundsätze: Die Anlageentscheidung eines potentiellen Aktienerwerbers stellt einen durch vielfältige rationale und irrationale Faktoren, insbes. teils durch spekulative Elemente beeinflussten, sinnlich nicht wahrnehmbaren individuellen Willensentschluss dar, so dass es bei derartigen individuell geprägten Willensentschlüssen grds. keinen Anscheinsbeweis für sicher bestimmbare Verhaltensweisen von Menschen in bestimmten Lebenslagen gibt.[199]

69 Dementsprechend **lassen sich auch nicht** die von der **Rspr.** zur **Prospekthaftung** nach dem Börsengesetz aF **entwickelten Grundsätze** über den Anscheinsbeweis bei Vorliegen einer **Anlagestimmung** ohne weiteres auf die Deliktshaftung nach § 826 BGB im Hinblick auf fehlerhafte Ad-hoc-Mitteilungen iSd § 15 Abs. 1–3 WpHG aF **übertragen.** Denn der Informationsgehalt der Ad-hoc-Mitteilung beschränkt sich im Allgemeinen ausschnittartig auf wesentliche aktuelle, neue Tatsachen aus dem Unternehmensbereich, die zumeist für eine individuelle zeitnahe Entscheidung zum Kauf oder Verkauf der Aktien relevant sein können, jedoch in der Regel nicht geeignet sind, eine sog. Anlagestimmung hervorzurufen. Zwar ist denkbar, dass sich im Einzelfall – je nach Tragweite der Information – aus positiven Signalen einer Ad-hoc-Mitteilung auch eine regelrechte Anlagestimmung für den Erwerb von Aktien entwickeln kann; jedoch verbietet sich selbst dann bei der Beurteilung ihrer Art und Dauer jede schematische, an einen bestimmten, festen Zeitraum angelehnte Betrachtungsweise.[200]

70 Die **allgemeine Marktsituation** genügt für den konkreten Kausalitätsnachweis nicht. Selbst bei extrem unseriöser Kapitalmarktinformation reicht das dadurch hervorgerufene Vertrauen des potentiellen Anlegers in die Richtigkeit allgemeiner Informationen über die Gesellschaft und der daraus resultierende Glaube an die wirtschaftliche Substanz und den langfristigen Erfolg des Unternehmens zur Bejahung der haftungsbegründenden Kausalität nicht aus.[201] Die **Fraud-on-the-Market-Theorie** findet keine Anwendung.[202] Es muss vielmehr zutreffender Weise auch im Rahmen der **Informationsdeliktshaftung** gem. § 826 BGB der Nachweis des konkreten Kausalzusammenhangs zwischen einer fehlerhaften Ad-hoc-Mitteilung und der individuellen Anlageentscheidung auch dann geführt werden, wenn die Kapitalmarktinformation vielfältig und extrem unseriös gewesen ist.

71 Dabei ist bei der Frage, welche Anforderungen an die haftungsbegründende Kausalität im Rahmen der Fallgruppe der sog. Informationsdeliktshaftung nach § 826 BGB auf dem Primärmarkt wie auch auf dem Sekundärmarkt zu stellen sind, die – im Strafrecht geltende – reine **Bedingungstheorie** (condicio-sine-qua-non-Formel) ein **untaugliches Instrument,** weil im Zivilrecht – namentlich im Bereich des Rechts der unerlaubten Handlungen (§§ 823 ff. BGB) – auf die **adäquate Kausalität** und ergänzend auf den **Schutzzweck der Norm** abzustellen ist.[203] **Geschützt wird** sowohl im Bereich des **Primärmarktes** der sog. **Verkaufsprospekthaftung** als auch bei der den **Sekundärmarkt** betreffenden Informationsdeliktshaftung die Integrität der Willensentschließung des potentiellen Anlegers.[204]

72 Der im Rahmen der persönlichen Haftung der Vorstandsmitglieder einer AG nach § 826 BGB für fehlerhafte Ad-hoc-Mitteilungen zu ersetzende Schaden ist dabei nicht nur der **Dif-**

---

[198] OLG Stuttgart 26.3.2015 – 2 U 102/14, WM 2015, 875; BGHZ 160, 134 – Infomatec I; BGHZ 160, 149 – Infomatec II; BGH NZG 2007, 708 – ComROAD IV.
[199] BGHZ 160, 134 (144 ff.) mwN – Infomatec I; vgl. auch *Leuschner* ZIP 2008, 1050.
[200] BGHZ 160, 134 (146 f.); BGH NZG 2007, 708 – ComROAD IV; BGH WM 2007, 1560.
[201] BGH NZG 2007, 345 Rn. 10 – ComROAD I.
[202] → Rn. 33 f.; → § 24 I 2d) ee).
[203] OLG Stuttgart 26.3.2015 – 2 U 102/14, WM 2015, 875; BGHZ 57, 137 (142); BGH 11.11.1985 – II ZR 109/84, ZIP 1986, 14 (16).
[204] OLG Stuttgart 26.3.2015 – 2 U 102/14, WM 2015, 875; BGH 3.3.2008 – II ZR 310/06, NJW-RR 2008, 1004 – ComROAD VIII; BGH 4.6.2007 – II ZR 147/05, ZIP 2007, 1560 (1563) – ComROAD IV; BGH 7.1.2008 – II ZR 229/05, II ZR 68/06, ZIP 2008, 407 – ComROAD VI, VII.

ferenzschaden des Kapitalanlegers in Höhe des Unterschiedsbetrages zwischen dem tatsächlichen Transaktionspreis und dem Preis, der sich bei pflichtgemäßem Publizitätsverhalten gebildet hätte; der Anleger kann vielmehr **Naturalrestitution** in Form der Erstattung des gezahlten Kaufpreises gegen Übertragung der erworbenen Aktien oder – sofern diese wegen zwischenzeitlicher Veräußerung nicht mehr vorhanden sind – gegen Anrechnung des an ihre Stelle getretenen Veräußerungspreises verlangen.[205]

Gem. **§ 37b Abs. 1 WpHG** kann ein Anleger **wegen unterlassener Veröffentlichung einer** 73 **Ad-hoc-Mitteilung** auch den **Erwerbsschaden**, also die Rückzahlung des Erwerbsentgelts Zug um Zug gegen Hingabe der erworbenen Finanzinstrumente verlangen kann und es besteht nur der **Mindestschaden** im Umfang lediglich des **Kursdifferenzschadens**.[206] Für den Anwendungsbereich des § 37c WpHG (Schadensersatz wegen Veröffentlichung unwahrer Insiderinformationen) gilt nichts anderes.[207] Als Mindestschaden und insbs. **Kursdifferenzschaden** ist der Unterschiedsbetrag zwischen dem tatsächlich gezahlten Transaktionspreis und dem Preis, der sich bei pflichtgemäßem Publizitätsverhalten gebildet hätte, zu erstatten. Dabei hat der BGH[208] ausdrücklich klargestellt, dass weder der Wortlaut noch die Entstehungsgeschichte und auch nicht die Systematik der §§ 37, 37c WpHG Anhaltspunkte dafür geben, dass die verletzte Publizitätspflicht aus § 15 WpHG eine Einschränkung des Anspruchsumfangs gebietet. Zur Schadensberechnung bzw. Schadensschätzung, § 287 ZPO, auch unter Zuhilfenahme von Sachverständigen, kann auf die Methoden der modernen Finanzwissenschaft zurückgegriffen werden.[209] Dabei kann als Richtgröße die Kursveränderung dienen, die das Finanzinstrument unmittelbar nach Bekanntwerden der wahren Sachlage genommen hat und sodann mittels „rückwärtiger Induktion" auf den wahren Wert des Papiers am Tag des Geschäftsabschlusses näherungsweise geschlossen werden.[210]

ee) Haftung des Vorstands gem. § 117 AktG. Wer vorsätzlich unter **Benutzung seines Ein-** 74 **flusses auf die Gesellschaft** ein Mitglied des Vorstands oder des Aufsichtsrats, einen Prokuristen oder einen Handlungsbevollmächtigten dazu bestimmt, zum Schaden der Gesellschaft oder ihrer Aktionäre zu handeln, ist der Gesellschaft zum Ersatz des ihr daraus entstehenden Schadens verpflichtet. Er ist auch den Aktionären zum Ersatz des ihnen daraus entstehenden Schadens verpflichtet, soweit sie, abgesehen von einem Schaden, der ihnen durch die Schädigung der Gesellschaft zugefügt worden ist, geschädigt worden sind (§ 117 Abs. 1 AktG).

Aus § 117 AktG ergibt sich ein **eigenständiger Schadenersatzanspruch** der Aktionäre ge- 75 genüber dem Vorstand. Welcher Art und Weise dabei der Einfluss ist und auf welche Art und Weise die Einflussnahme erfolgt, ist umfassend zu verstehen.[211] Kommt es zu einer Inanspruchnahme des Vorstands auf dieser Rechtsgrundlage so trägt der Vorstand für die fehlende Pflichtwidrigkeit die Darlegungs- und Beweislast (§ 117 Abs. 2 S. 2 AktG). Dabei ergibt sich aus dem Umstand, dass Ersatzansprüche nach § 117 AktG in § 147 AktG ausdrücklich genannt sind, dass die Minderheit erzwingen kann, dass solche Ansprüche **ggf. auch gegen eine beherrschende Gesellschaft** geltend gemacht werden.[212]

Zu beachten ist, dass gem. **§ 147 Abs. 1 AktG** Ersatzansprüche der Gesellschaft aus der 76 Gründung gegen die nach den §§ 46–48, 53 AktG verpflichteten Personen oder aus der Geschäftsführung gegen die Mitglieder des Vorstands und des Aufsichtsrats oder aus **§ 117 AktG** geltend gemacht werden müssen, wenn es die Hauptversammlung mit einfacher Stimmenmehrheit beschließt und, dass gem. **§ 147 Abs. 2 S. 1 AktG** die **Hauptversammlung** zur Geltendmachung eines Ersatzanspruchs gem. § 147 Abs. 1 AktG einen **besonderen Ver-**

---

[205] BGH ZIP 2004, 1593 (1597) –BGHZ 160, 149; BGH NJW 2005, 2450.
[206] OLG München 15.12.2014 – KAP 3/10, ZIP 2015, 689; BGH 13.12.2011 – XI ZR 51/10, NJW 2012, 1800.
[207] OLG München 15.12.2014 – KAP 3/10, ZIP 2015, 689.
[208] BGH 13.12.2011 – XI ZR 51/10, NJW 2012, 1800; vgl. auch *Klöhn* AG 2012, 345.
[209] BGH 9.5.2005 – II ZR 287/02, WM 2005, 1358; *Escher-Weingart/Lägeler/Eppinger* WM 2004, 1845; OLG München 15.12.2014 – KAP 3/10, ZIP 2015, 689.
[210] BGH 9.5.2005 – II ZR 287/02, WM 2005, 1358; *Assmann/Schneider/Sethe*, WpHG, 6. Aufl. 2012, WpHG §§ 37b, 37c Rn. 93 mwN; OLG München 15.12.2014 – KAP 3/10, ZIP 2015, 689.
[211] Lücke/Schaub AG-Vorstand/*Schnabel/Lücke* § 6 Rn. 240.
[212] OLG Köln 9.3.2017 – 18 U 19/16, BeckRS 2017, 106344 mwN.

treter bestellen kann. Hieraus folgt, dass die Hauptversammlungsbeschlüsse den von § 147 AktG vorgegebenen rechtlichen Rahmen verlassen, soweit ein besonderer Vertreter ermächtigt wurde, um Ansprüche gegen Aktionäre gem. § 62 Abs. 1 AktG oder § 823 Abs. 2 BGB iVm § 20 Abs. 1 AktG geltend zu machen.[213] Gegenstand eines Beschlusses nach § 147 Abs. 1 S. 1 AktG können neben Ersatzansprüchen aus der Gründung nur Ersatzansprüche gegen den Vorstand und den Aufsichtsrat der Gesellschaft, Ersatzansprüche nach **§ 117 AktG** und – nach teilweise vertretener Auffassung – konzernrechtliche Ersatzansprüche nach §§ 317, 318 AktG sein.[214]

77 *ff) Haftung des Vorstands wegen falschen Bilanzeids gem. § 823 Abs. 2 BGB iVm § 331 Nr. 3a HGB.* Mit dem Transparenzrichtlinie-Umsetzungsgesetz[215] wurde 2007 die Verpflichtung des Vorstands zur Abgabe des sog. Bilanzeids in das deutsche Recht aufgenommen. Aufgrund dieser Änderung handels- und aktienrechtlicher Regelungen müssen **Vorstände von börsennotierten Unternehmen** in Deutschland für alle Jahres- und Konzernabschlüsse der Geschäftsjahre seit 2007 eine Erklärung über die Richtigkeit und Vollständigkeit der Abschlüsse abgeben („Bilanzeid").

78 Die Verpflichtung zur Abgabe des Bilanzeids ergibt sich für den Jahresabschluss aus § 264 Abs. 2 S. 3 HGB, für den Lagebericht aus § 289 Abs. 1 S. 5 HGB, für den Konzernabschluss aus § 297 Abs. 2 S. 4 HGB, für den Konzernlagebericht aus § 316 Abs. 1 S. 6 HGB und für den verkürzten Abschluss und den Zwischenlagebericht für die ersten sechs Monate eines Geschäftsjahres aus § 37w Abs. 2 Nr. 3 WpHG bzw. § 37y Nr. 2 WpHG. Der Bilanzeid soll sicherstellen, dass die beim Emittenten verantwortlichen Personen die Verhältnisse des Unternehmens in den Finanzberichten richtig darstellen.[216] Es soll mit dem Bilanzeid dazu beigetragen werden, der Forderung nach einer **Verschärfung der Strafvorschriften im Kapitalmarktbereich** als Reaktion auf die verschiedenen **Finanzskandale** der letzten Jahre nachzukommen.[217]

79 Hinsichtlich des Bilanzeids gem. § 37y Nr. 1 WpHG iVm §§ 297 Abs. 2 S. 4 und § 315 Abs. 1 S. 6 HGB einigte sich der Deutsche Standardisierungsrat (DSR) in seiner 114. Sitzung (5./6.11.2007) unter Berücksichtigung eingegangener Anmerkungen auf die folgende Formulierung für den Konzernabschluss:

„Wir versichern nach bestem Wissen, dass gemäß den anzuwendenden Rechnungslegungsgrundsätzen der Konzernabschluss ein den tatsächlichen Verhältnissen entsprechendes Bild der Vermögens-, Finanz- und Ertragslage des Konzerns vermittelt und im Konzernlagebericht der Geschäftsverlauf einschließlich des Geschäftsergebnisses und die Lage des Konzerns so dargestellt sind, dass ein den tatsächlichen Verhältnissen entsprechendes Bild vermittelt wird, sowie die wesentlichen Chancen und Risiken der voraussichtlichen Entwicklung des Konzerns beschrieben sind."[218]

80 Eine garantieähnliche Einstandspflicht des Vorstands für die materielle Richtigkeit des Abschlusses ergibt sich aus solchen im Rahmen des Bilanzeids abgegebenen Erklärungen nicht.[219] Da aber für § 331 Nr. 3a HGB der **Schutzgesetzcharakter** bejaht wurde,[220] kann

---

[213] LG Heidelberg 21.3.2017 – 11 O 11/16 KfH, BB 2017, 980.
[214] LG Heidelberg 21.3.2017 – 11 O 11/16 KfH, BB 2017, 980; OLG München 27.8.2008 – 7 U 5678/07, ZIP 2008, 1916; OLG Köln 9.3.2017 – 18 U 19/16, BeckRS 2017, 106344.
[215] BGBl. 2007 I 10.
[216] Begr. des Regierungsentwurfs, S. 64.
[217] Begr. des Regierungsentwurfs, S. 132.
[218] Der Standardisierungsrat hat der Vollständigkeit halber darauf hingewiesen, dass im Falle einer Verpflichtung zur Erstellung eines Jahresfinanzberichts gem. § 37v Abs. 1, 2 WpHG zusätzlich die Vorgaben der § 264 Abs. 2 S. 3 und § 289 Abs. 1 S. 5 HGB (Einzelabschluss) zu beachten sind.
[219] *Fleischer* ZIP 2007, 97 (103).
[220] OLG Hamm 3.2.2014 – 8 U 47/10, BeckRS 2015, 00257; LG Bonn AG 2001, 484 (486).

sich über § 823 Abs. 2 BGB eine Haftung des Vorstands bei falschem Bilanzeid ergeben.[221] Soweit allerdings die Abschlüsse von externen Beratern erstellt wurden, der Vorstand die Grundsätze für die Einholung fachkundigen Rates beachtet hat und auf die Richtigkeit der Abschlüsse vertrauen durfte,[222] wird regelmäßig mangels Verschuldens die Haftung iErg zu verneinen sein. Schadenansprüche wegen falschen Bilanzeids können sich entweder über §§ 31, 823 Abs. 2 BGB iVm §§ 37y, 37v Abs. 2 WpHG iVm §§ 264 Abs. 2 S. 2, 289 Abs. 1 S. 5, 297 Abs. 2 S. 3, 315 Abs. 1 S. 6 HGB oder über §§ 31, 823 Abs. 2 BGB iVm §§ 331 Nr. 3a, 264 Abs. 2 S. 3, 289 Abs. 1 S. 5, 297 Abs. 2 S. 4, 315 Abs. 1 S. 6 HGB ergeben.[223]

gg) Haftung des Vorstands gegenüber Aktionären und Anlegern aus Prospekthaftung. Die von der Rspr. entwickelten Prospekthaftungsgrundsätze, die an ein **typisiertes Vertrauen des Anlegers** auf die Richtigkeit und Vollständigkeit der von den Prospekthaftungsverantwortlichen gemachten Angaben anknüpfen,[224] finden auch auf Prospekte Anwendung, mit denen für den Erwerb von Aktien außerhalb der geregelten Aktienmärkte geworben wird.[225] 81

Der Emissionsprospekt muss dem Anlageinteressenten ein **zutreffendes Bild von der angebotenen Kapitalbeteiligung** vermitteln.[226] Dazu gehört, dass sämtliche Umstände, die für die Anlageentscheidung von Bedeutung sind oder sein können, richtig und vollständig dargestellt werden, wobei der BGH[227] auch ausgesprochen hat, dass das **Unterlassen einer für die Anlageentscheidung erheblichen Information** in einem Prospekt **für sich genommen nicht verwerflich** sei. Gegen die guten Sitten verstößt ein Prospektverantwortlicher nach der zitierten Entscheidung des BGH aber bspw. dann, wenn er Anlageinteressenten durch eine bewusste Täuschung zur Beteiligung bewegt, etwa dadurch, dass er einen ihm bekannten Umstand bewusst verschweigt, um unter Ausnutzung der Unkenntnis der Anlageinteressenten möglichst viele Beitritte zu erreichen.[228] Ändern sich die relevanten Umstände nach der Herausgabe des Prospekts, haben die Verantwortlichen davon durch **Prospektberichtigung** oder durch entsprechende **Hinweise bei Abschluss des Vertrages** Mitteilung zu machen. So ist der Prospekt eines geschlossenen Immobilienfonds, der die öffentliche Anschlussförderung als gesichert darstellt, fehlerhaft und haftungsbegründend, wenn die Anteile an der Gründungsaktiengesellschaft mehrheitlich von dem Bundesland gehalten werden, in dem die Immobilien belegen sind und es dann zu einem Wegfall der Förderung kommt.[229] **Ursächlich für die Anlageentscheidung** ist ein Prospektfehler bereits dann, wenn der Prospekt entsprechend dem Vertriebskonzept der Anlagegesellschaft von den Anlagevermittlern als alleinige Arbeitsgrundlage für ihre Beratungsgespräche benutzt wird.[230] 82

Werden der Prospekt und die ggf. ergänzend zu erteilenden Hinweise diesen Anforderungen nicht gerecht, hat der auf dieser Grundlage geworbene Anleger, wenn er sich bei Kenntnis der ihm verschwiegenen Umstände nicht beteiligt hätte, gegen den schuldhaft handelnden Prospektverantwortlichen einen Anspruch auf Ersatz seiner Aufwendungen Zug um Zug gegen Abtretung seiner Beteiligung.[231] 83

Ein Anleger, der mit einem in erheblichen Punkten unrichtigen oder unvollständigen Prospekt geworben worden ist, kann, wenn er die Beteiligung in Kenntnis der ihm verschwiegenen oder unrichtig dargestellten Umstände nicht erworben hätte, im Wege des 84

---

[221] *Müller/Michaels/Wecker* ZCG 2007, 207 (210); OLG Düsseldorf 4.3.2010 – I-6 U 94/09, AG 2011, 31.
[222] Vgl. dazu *Binder* AG 2008, 274; *Fleischer* NZG 2010, 121; vgl. auch § 24 I 2c) und § 22 III 7d) jeweils mwN.
[223] OLG Düsseldorf 4.3.2010 – I-6 U 94/09, AG 2011, 31; vgl. dazu Anm. *Pitsch* GWR 2010, 353.
[224] BGHZ 71, 284.
[225] BGH 19.7.2004 – II ZR 218/03, DStR 2004, 1486; BGH 19.7.2004 – II ZR 217/03, NJW 2004, 2668; BGH 19.7.2004 – II ZR 402/02, NJW 2004, 2664; BGH BGHZ 123, 106.
[226] BGH BKR 2008, 163 = DStR 2008, 515.
[227] BGH 28.6.2016 – VI ZR 536/15, NJW 2017, 250; OLG München 13.2.2017 – 21 U 2159/14.
[228] BGH 28.6.2016 – VI ZR 536/15, NJW 2017, 250; OLG München 13.2.2017 – 21 U 2159/14.
[229] BGH 22.3.2010 – II ZR 66/08, NJW 2010, 10.
[230] KG 27.8.2015 – 2 U 57/09, WM 2015, 2365; BGH 6.11.2008 – III ZR 290/07, BeckRS 2008, 23805.
[231] BGH BKR 2008, 163 = DStR 2008, 515; BGH BGHZ 71, 284 (286 ff.); BGH 79, 337 (340 ff.); BGH 123, 106 (109 f.); BGH WM 2002, 813; BGH 2004, 379 (381); BGH 2004, 928 (929 f.); BGHZ 115, 214 (217 f.); im Grundsatz ebenso für die gesetzliche Prospekthaftung nach §§ 44 f. BörsG BGH WM 1982, 862, und nach § 20 KAGG; BGH WM 2005, 782 (784).

Schadensersatzes **Rückgängigmachung seiner Beteiligung** verlangen, auch wenn die im Prospekt unrichtig dargestellten Risiken nicht mit denjenigen identisch sind, die zu dem späteren Wertverfall der Anlage geführt haben.[232] Die allgemeinen Grundsätze der bürgerlich-rechtlichen Prospekthaftung sind in ihrer Bedeutung allerdings seit Inkrafttreten des AnSVG Mitte 2005, wonach auch die Anlageformen des Grauen Marktes einer Prospektpflicht (§§ 8f, 13, 13a VerkProspG) unterliegen, reduziert.[233]

85   Neben der allgemeinen Prospekthaftung gibt es **spezielle Prospekthaftungstatbestände**[234] in §§ 44 BörsG, in § 13 VerkProspG, § 127 InvG. Zu beachten ist bei den Mindestanforderungen an den Prospektinhalt insbes. seit Umsetzung der Finanzmarktrichtlinie Mitte 2007 nicht mehr §§ 13 BörsZulV, sondern § 7 Wertpapierprospektgesetz in Verbindung mit der EU-Prospektverordnung.[235]

86   Nach § 44 Abs. 1 S. 1 BörsG kann der Erwerber von Wertpapieren, die auf Grund eines Prospekts zum Börsenhandel zugelassen sind, diejenigen, die für den Prospekt die Verantwortung übernommen haben (Nr. 1) und diejenigen, von denen der Erlass des Prospekts ausgeht (Nr. 2), in Anspruch nehmen.[236] Für den Prospekt die Verantwortung iSd § 44 Abs. 1 S. 1 Nr. 1 BörsG übernimmt derjenige, der nach außen erkennbar zu denen gehört, die den Prospekt erlassen haben, also insbes. der/die Prospektunterzeichner wie der Emittent und das emissionsbegleitende Kredit- oder Finanzdienstleistungsinstitut.[237] Daneben haftet nach § 44 Abs. 1 S. 1 Nr. 2 BörsG derjenige, von dem der Prospekt ausgeht, also derjenige, der nicht durch seine Unterschrift die Verantwortung übernommen hat, aber als tatsächlicher Urheber des Prospekt anzusehen ist.[238] Diese Haftung trifft diejenigen, von denen der Erlass des Prospektes ausgeht, da sie ein eigenes geschäftliches Interesse an der Emission haben wie eine Konzernmuttergesellschaft oder ein Großaktionär.[239]

Mit dem Anlegerschutz- und Funktionsverbesserungsgesetz v. 5.4.2011[240] sind zwischenzeitlich schriftliche Informationspflichten und eine obligatorische Risikoaufklärung der Kunden in Schriftform mit § 31 Abs. 3 S. 4, Abs. 3a WpHG in das Gesetz aufgenommen worden.[241]

87   *hh) Insiderhandel.* Vorstände sind als Organe börsennotierter Aktiengesellschaften zwar Insider im Sinne WpHG und unterliegen den beschränkenden Bestimmungen über den sog Insiderhandel. Allerdings wird die **Schutzgesetzqualität** des § 14 WpHG überwiegend **abgelehnt**[242] so dass Anleger aus einem solchen Verstoß gegenüber dem AG-Vorstand keine unmittelbaren Ansprüche geltend machen können.[243]

88   **b) Haftung des Vorstands gegenüber Gesellschaftsgläubigern.** *aa) Haftung des Vorstands gegenüber Gesellschaftsgläubigern in der Gründungsphase der AG.* In der Zeit von notarieller Satzungsfeststellung bis zur Eintragung ins Handelsregister besteht eine sog **Vor-AG**, außer im Fall der Einmann-AG[244] eine **Gesamthandsgemeinschaft eigener Art.**[245] Eine Vorge-

---

[232] BGHZ 123, 106.
[233] Lücke/Schaub AG-Vorstand/*Schnabel/Lücke* § 6 Rn. 260 mwN.
[234] Zur speziellen Prospekthaftung Lücke/Schaub AG-Vorstand/*Schnabel* § 6 Rn. 260 ff.
[235] VO Nr. 809/2004 ABlEU Nr. I, 149 v. 30.4.2004, S. 1 ff.; zur speziellen Prospekthaftung Lücke/Schaub AG-Vorstand/*Schnabel* § 6 Rn. 262.
[236] LG Hamburg 12.6.2013 – 309 O 425/08, BeckRS 2013, 10766.
[237] LG Hamburg 12.6.2013 – 309 O 425/08, BeckRS 2013, 10766; Assmann/Schütze/*Assmann*, Handbuch des Kapitalanlagerechts, 3. Aufl. 2007, § 6 Rn. 222.
[238] LG Hamburg 12.6.2013 – 309 O 425/08, BeckRS 2013, 10766 unter Verweis auf RegE 3.FFG BT-Drs. 13/8933 v. 6.11.1997, 54 (78).
[239] LG Hamburg 12.6.2013 – 309 O 425/08, BeckRS 2013, 10766.
[240] BGBl. 2011 I 538.
[241] OLG Schleswig-Holstein 23.5.2013 – 5 U 140/12, ZIP 2013, 5.
[242] Vgl. *Buck-Heeb*, Kapitalmarktrecht, 7. Aufl. 2014, § 6 Rn. 320
[243] Lücke/Schaub AG-Vorstand/*Schnabel/Lücke* § 6 Rn. 281 mwN.
[244] Kommt es nicht zur Eintragung in das Handelsregister, so tritt bei der Ein-Mann-AG der Alleingesellschafter „im Wege der Gesamtrechtsnachfolge" ohne Liquidation in sämtliche Recht und Pflichten der Vor-AG ein, BGH 24.2.1999 – VIII ZR 158/98, ZIP 1999, 612; str.
[245] Lücke/Schaub AG-Vorstand/*Schnabel/Lücke* § 6 Rn. 286; BGH 23.10.2006 – II ZR 162/05, NJW 2007, 589; BVerfG 14.1.2014 – 1 BvR 2998/11, 1 BvR 236/12, NJW 2014, 613.

sellschaft unterliegt grds. dem Recht der angestrebten Gesellschaftsform, soweit dieses mit ihrem besonderen Zweck als Vorgesellschaft vereinbar ist und nicht die Eintragung im Handelsregister voraussetzt.[246] Die Vor-AG kann bereits selber rechtsgeschäftlich verpflichtet und berechtigt werden. Die Vor-AG begründet ihre Rechte und Verbindlichkeiten durch ihre für sie handelnden Organe, insbes. also durch den Vorstand.[247] Gem. § 41 Abs. 1 S. 2 AktG haftet dabei derjenige persönlich, der vor Eintragung der Gesellschaft ins Handelsregister im Namen der Gesellschaft handelt. Die Haftung nach § 41 Abs. 1 S. 2 AktG setzt voraus, dass die **Gesellschaft bereits errichtet, aber noch nicht in das Handelsregister eingetragen** ist.[248] Tritt eine Person bereits vor Feststellung der Satzung (§ 23 AktG) im Namen einer Aktiengesellschaft oder einer in Gründung befindlichen Aktiengesellschaft auf, wird der wahre Rechtsträger aus dem Rechtsgeschäft berechtigt und verpflichtet, wenn der Handelnde entsprechend bevollmächtigt ist.[249] Andernfalls haftet der Handelnde nach **§ 179 BGB**.[250] Bei Handeln mehrerer besteht ein Gesamtschuldverhältnis. Die Handelndenhaftung erlischt mit Eintragung der AG ins Handelsregister.

bb) Haftung des AG-Vorstands gegenüber Gesellschaftsgläubigern gem. § 823 Abs. 1 **89** *BGB. (1) Haftung des Vorstands wegen Organisationsverschuldens.* Der Vorstand ist verpflichtet, sein Unternehmen dergestalt zu organisieren, dass die **Rechtmäßigkeit des Geschäftsbetriebes möglichst vollständig gesichert** ist und eine Verletzung der Rechte oder (absoluten) Rechtsgüter Dritter weitestgehend vermieden wird.[251] Hier sind von der Rspr. **branchenspezifisch oder branchenbezogene statuierte Organisationspflichten zu beachten**.

Organisationspflichten des Vorstands realisieren sich zB **branchenunabhängig im Rechts-** **90** **verhältnis zu den Arbeitnehmern der AG**, wenn es zu **Mobbing**handlungen kommt. So obliegt der Gesellschaft als Arbeitgeberin und insbes. dem Vorstand die **Pflicht, die Persönlichkeitsrechte ihrer Arbeitnehmer zu schützen** und nicht zu verletzen. Der Arbeitnehmer darf keinem Verhalten ausgesetzt werden, das bezweckt oder bewirkt, dass seine Würde verletzt und ein von Einschüchterungen, Anfeindungen, Erniedrigungen, Entwürdigungen und Beleidigungen gekennzeichnetes Umfeld geschaffen wird.[252] Dem Arbeitgeber obliegt es aufgrund seiner Fürsorgepflicht (§ 241 Abs. 2 BGB), **sich selbst** der Herabwürdigung und Missachtung eines Arbeitnehmers zu **enthalten** und **darüber hinaus dafür Sorge zu tragen**, dass auf das Wohl und die berechtigten Interessen des Arbeitnehmers Rücksicht genommen wird und, dass der Arbeitnehmer vor Gesundheitsgefahren, auch psychischer Art, geschützt wird; dies beinhaltet, **dass** der Arbeitnehmer keinem Verhalten ausgesetzt wird, das die Verletzung seiner Würde bezweckt oder bewirkt und ein von Einschüchterungen, Anfeindungen, Erniedrigungen, Entwürdigungen oder Beleidigungen gekennzeichnetes **Umfeld geschaffen wird**.[253] Dabei hat der Arbeitnehmer im Falle von Mobbing Anspruch auf Beseitigung der fortwährenden Beeinträchtigung und auf das Unterlassen weiterer Verletzungshandlungen.[254] Daraus folgt, dass der Arbeitgeber die Pflicht hat, seine Arbeitnehmer vor Belästigungen durch Vorgesetzte, Mitarbeiter oder Dritte, auf die er Einfluss hat, zu schützen und ihnen einen menschengerechten Arbeitsplatz zur Verfügung zu stellen.[255] Hier hat der Vorstand **für eine ausreichende Binnenorganisation der Gesellschaft zu sorgen und er hat Maßnahmen zu treffen, die Mobbinghandlungen gegenüber Mitarbeitern verhindern**.

---

[246] BVerfG 14.1.2014 – 1 BvR 2998/11, 1 BvR 236/12, NJW 2014, 613; BGH 23.10.2006 – II ZR 162/05, NJW 2007, 589.
[247] BGH 9.3.1981 – II ZR 54/80, NJW 1981, 1373.
[248] BAG 12.7.2006 – 5 AZR 613/05, NJW 2006, 3230.
[249] BAG 12.7.2006 – 5 AZR 613/05, NJW 2006, 3230.
[250] BAG 12.7.2006 – 5 AZR 613/05, NJW 2006, 3230.
[251] Lücke/Schaub AG-Vorstand/*Schnabel* § 6 Rn. 295; BGH 5.12.1989 – VI ZR 335/88, NJW 1990, 976; vgl. § 22 III 4d), Organisationspflicht/Compliance.
[252] LAG Düsseldorf 26.3.2013 – 17 Sa 602/12, BeckRS 2013, 67558; LAG RhPf 6.6.2016 – 1 Sa 189/15, BeckRS 2016, 69964.
[253] LAG RhPf 6.6.2016 – 1 Sa 189/15, BeckRS 2016, 69964; LAG RhPf 19.3.2012 – 5 Sa 70/11, BAG 28.10.2010 – 8 AZR 546/09, BeckRS 2011, 69020.
[254] BAG 25.10.2007 – 8 AZR 593/06, NZA 2008, 223; AP BGB § 611 Personalakte Nr. 1 = EzA BGB 2002 § 611 Persönlichkeitsrecht Nr. 4; LAG RhPf 5.6.2014 – 2 Sa 394/13, BeckRS 2014, 73110.
[255] BAG NZA 2008, 223.

Der Vorstand kann sich dabei auch nicht durch „Delegation" auf die Ebene der Personalabteilung seiner Haftung aus § 823 Abs. 1 BGB entziehen. So verurteilte zB das LAG Baden-Württemberg die Daimler AG wegen mehrjährigen Mobbings eines Vorstandsmitglieds gegenüber einem nachgeordneten Mitarbeiter gem. § 280 Abs. 1 S. 2 iVm §§ 278, 31 BGB bzw. gem. § 823 Abs. 1 BGB iVm § 31 BGB zur Schadenersatzzahlung.[256] Das Gericht stellte fest, dass das Unternehmen für das Verschulden seiner Organe einzutreten habe und dass **„letztlich der Vorstand" den Konflikt hätte lösen müssen**, der zwischen dem sich um eine Vermittlung des Mitarbeiters bemühenden Personalbereich und den sich ablehnend verhaltenden Geschäftsbereichen bestand.[257] Dieser Entscheidung hätte sich der Vorstand der Gesellschaft pflichtwidrig entzogen.[258] Er habe die **Organisationsinteressen der Gesellschaft über den Beschäftigungsanspruch des Mitarbeiters gestellt**, obwohl das Bestehen des Beschäftigungsanspruchs offensichtlich war und habe hierbei die negativen Folgen für den Mitarbeiter billigend in Kauf genommen.[259]

91 **Branchenspezifisch von der Rspr. statuierte Organisationspflichten** bestehen zB im **Rechtsverhältnis von Banken zu ihren Kunden.** Dort gilt die Vorgabe, dass eine Bank ihren Geschäftsbetrieb zum Schutz des Rechtsverkehrs **so organisieren muss, dass bei ihr vorhandenes Wissen den Mitarbeitern, die für die betreffenden Geschäftsvorgänge zuständig sind, zur Verfügung steht und von diesen auch genutzt wird.**[260] Dabei liegt ein vorsätzliches Organisationsverschulden der Bank vor, wenn sie ihre Verpflichtung zur Aufklärung der Kunden gekannt oder zumindest für möglich gehalten hat (bedingter Vorsatz) und es gleichwohl bewusst unterlassen hat, ihre Anlageberater anzuweisen, die Kunden entsprechend aufzuklären.[261]

92 *(2) Eingriff in den eingerichteten und ausgeübten Gewerbebetrieb.* Dass es im Rahmen der Vorstandsaußenhaftung auch ein Eingriff in den eingerichteten und ausgeübten Gewerbebetrieb kommen kann, wurde zunächst verneint.[262] Der BGH hat in seinem Urteil v. 24.1.2006[263] dann aber ausgesprochen, dass es durch eine Interview-Äußerung des Vorstandsvorsitzenden einer AG zu einem Eingriff kommen kann. Dabei tritt im Rahmen des **deliktischen Schutzes der Geschäftsehre** der Anspruch aus dem eingerichteten und ausgeübten Gewerbebetrieb iSd § 823 Abs. 1 BGB gegenüber § 824 BGB und § 823 Abs. 2 BGB iVm § 186 StGB systematisch zurück, soweit es um die Abwehr unwahrer Tatsachenbehauptungen geht.[264] Bei **Verbaleingriffen** ist auf Seiten des Verletzers zudem die Meinungsfreiheit nach Art. 5 GG zu beachten. Der Schutz der Meinungsfreiheit gebietet es, dass der Unternehmer Kritik an seiner Geschäftstätigkeit hinnehmen muss, solange sie sachlich bleibt und die Öffentlichkeit berührende Fragen betrifft.[265]

93 *(3) Vorstandsaußenhaftung und Produzenten- und Produkthaftung.* Der BGH hat zu § 823 BGB Grundsätze zur Produzentenhaftung entwickelt.[266] Zudem gibt es die spezialgesetzlichen Regelungen des ProdHaftG. Die nach dem **ProdHaftG** vorgesehene Haftung trifft ausschließlich die produzierende oder betreibende Gesellschaft.

94 Bei der Produzentenhaftung gem. § 823 BGB kann es aber zu einer Haftung der Organe und insbes. des Vorstands kommen, wenn für den Vorstand im konkreten Fall eine Rechtspflicht zum Handeln bestand und dieser nichts getan hat. Hier bestehen insbes. Verkehrssicherungspflichten zur Vermeidung von Rechtsgutsverletzungen Dritter durch **Produktfehler.**

---

[256] LAG BW 12.6.2006 – 4 Sa 68/05, BeckRS 2011, 65832.
[257] LAG BW 12.6.2006 – 4 Sa 68/05, BeckRS 2011, 65832.
[258] LAG BW 12.6.2006 – 4 Sa 68/05, BeckRS 2011, 65832.
[259] LAG BW 12.6.2006 – 4 Sa 68/05, BeckRS 2011, 65832.
[260] BGH 12.5.2009 – XI ZR 586/07, NJW 2009, 2298; BGH 27.11.2014 – III ZR 294/13, NJW-RR 2015, 368.
[261] BGH 12.5.2009 – XI ZR 586/07, NJW 2009, 2298; vgl. dazu auch *Schäfer/Zeller* BB 2009, 1706.
[262] OLG München 10.12.2003 – 21 U 2392/03, NJW 2004, 224.
[263] BGH 24.1.2006 – XI ZR 384/03, DB 2006, 607.
[264] OLG Hamm 24.9.2009 – 4 U 117/09, BeckRS 2009, 86156 mwN.
[265] OLG Hamm 24.9.2009 – 4 U 117/09, BeckRS 2009, 86156; BGH NJW 2008, 2110 (2115).
[266] BGH NJW 1999, 2815; BGH NJW 1995, 2162; BGH BGHZ 51, 91.

Hier sind zwei Fallgruppen besonders relevant: Einmal kann es an ausreichender Unter- 95
nehmensorganisation und/oder ausreichender personeller und materieller Ausstattung fehlen damit Produktfehler wie betreffend Konstruktion, Instruktion oder Fabrikation frühzeitig erkannt werden können umso unverzüglich über die weiteren Pflichten – entweder einen
Warnhinweis oder einen **Rückruf** – beraten und beschließen zu können oder es geht um die
nachgelagerten Warn- und/oder Rückrufpflichten.[267] Eine solche Warnpflicht besteht nicht
nur in Bezug auf den bestimmungsgemäßen Gebrauch des Produkts; sie erstreckt sich innerhalb des allgemeinen Verwendungszwecks auch auf einen naheliegenden Fehlgebrauch.[268] Diese Pflicht entfällt nur dann, wenn das Produkt nach den berechtigten Erwartungen des Herstellers ausschließlich in die Hand von Personen gelangen kann, die mit den
Gefahren vertraut sind, wenn die Gefahrenquelle offensichtlich ist oder wenn es um die
Verwirklichung von Gefahren geht, die sich aus einem vorsätzlichen oder äußerst leichtfertigen Fehlgebrauch ergeben.[269]

Eine Exkulpation per se mit dem Verweis auf die Einhaltung öffentlich-rechtlicher Vorga- 96
ben ist nicht möglich. Im Haftungsrecht gilt der insbes. zu § 823 Abs. 1 BGB und **zur Produkthaftung entwickelte allgemeine Grundsatz, dass öffentlich-rechtliche Anforderungen
und Vorgaben das Maß der zivilrechtlich im Verkehr erforderlichen Sorgfalt nicht verbindlich und abschließend determinieren** können.[270] Daraus folgt, dass die behördliche Billigung
eines Verhaltens grds. nichts am Inhalt der eigenständig geltenden zivilrechtlichen Sorgfaltspflichten ändert.[271] Die Verantwortung für die Einhaltung der im Verkehr erforderlichen
Sorgfalt kann nicht ohne Weiteres an den Staat delegiert werden.[272] Wenn allerdings öffent-
lich-rechtlich Vorgaben eingehalten wurden, besteht ein Indiz dafür, dass auch die erforderliche Sorgfalt iSd § 93 AktG beachtet wurde.[273]

cc) Haftung des Vorstands gegenüber Gesellschaftsgläubigern gem. § 311 Abs. 2 BGB 97
(cic). Der Vorstand der AG vertritt die Gesellschaft auch bei Vertragsverhandlungen (§ 78
AktG). Verletzt der Vorstand die bereits im Stadium der Verhandlungen bestehen Schutz-,
Obhuts- und Fürsorgepflichten, so haftet grds. die Gesellschaft über § 31 BGB für diese
Pflichtwidrigkeiten.[274] So wird durch ein **Vergabeverfahren** ein **vorvertragliches Schuldverhältnis** begründet.[275] Hieraus resultiert für die beteiligten Gesellschaften die Verpflichtung
zur gegenseitigen Rücksichtnahme (§ 241 Abs. 2 BGB) sowie zur Einhaltung der sich aus
der VOB/A ergebenden Regeln.[276] Verletzungen von § 20 Nr. 2 Abs. 1 VOB/A 2006 begründen daher Schadensersatzpflichten.[277]

Ganz ausnahmsweise kann sich ein **Direktanspruch gegen den handelnden Vorstand** er- 98
geben.[278] Die Voraussetzungen für einen **Anspruch nach § 311 Abs. 3 iVm § 241 Abs. 2
BGB** richten sich nach den Grundsätzen, die die zivil- und arbeitsgerichtliche Rspr. für die
sogenannte **Sachwalterhaftung** aufgestellt hat.[279] Danach sind zwar Sachwalter und Vertre-

---

[267] Lücke/Schaub AG-Vorstand/*Schnabel* § 6 Rn. 323.
[268] OLG Stuttgart 13.8.2015 – 13 U 28/15, SVR 2016, 300.
[269] OLG Stuttgart 13.8.2015 – 13 U 28/15, SVR 2016, 300 mwN.
[270] *Schäfer/Zeller* BB 2009, 1706 (1710).
[271] *Schäfer/Zeller* BB 2009, 1706 (1710).
[272] BGH 18.5.1999 – VI ZR 192/98, NJW 1999, 2815 (2816); BGH 7.10.1986 – VI ZR 187/85, NJW 1987, 372 (373); BGH 9.12.1986 – VI ZR 65/86, BB 1987, 717; *Schäfer/Zeller* BB 2009, 1706 (1710).
[273] *Schäfer/Zeller* BB 2009, 1706 (1710).
[274] Lücke/Schaub AG-Vorstand/*Schnabel* § 6 Rn. 291.
[275] OLG Hamm 6.8.2015 – I-17 U 130/12, BeckRS 2015, 18892; BGH VergabeR 2008, 219; OLG München NZBau 2013, 525; OLG Stuttgart VergabeR 2011, 144; OLG Düsseldorf 15.12.2008 – I-27 U 1/07, VergabeR 2009, 501.
[276] OLG Hamm 6.8.2015 – I-17 U 130/12, BeckRS 2015, 18892.
[277] OLG Hamm 6.8.2015 – I-17 U 130/12, BeckRS 2015, 18892; OLG Düsseldorf NZBau 2003, 459; BGH VergabeR 2008, 219; OLG München NZBau 2013, 525; OLG Stuttgart VergabeR 2011, 144; OLG Düsseldorf 15.12.2008 – I-27 U 1/07, VergabeR 2009, 501.
[278] BGH BB 2008, 1078; BGH WM 1985, 384; BGH NJW 1988, 2234; BGH NJW 1994, 2220; BGH ZIP 1994, 1103.
[279] BAG 18.8.2011 – 8 AZR 220/10, AP BGB § 311 Nr. 1; BGH 13.2.2007 – 9 AZR 106/06, AP BGB § 611 Haftung des Arbeitgebers Nr. 40; BGH 24.11.2005 – 8 AZR 1/05, NZA 2006, 914; BGH 20.3.2014 – 8 AZR 45/13, NJW 2014, 2669.

ter in der Regel nur aus Delikt in Anspruch zu nehmen.[280] Ausnahmsweise kann aber ein Sachwalter auch persönlich wegen Verschuldens bei Vertragsschluss in Anspruch genommen werden, wenn er die Verhandlungen oder **den Vertragsschluss in unmittelbarem eigenen wirtschaftlichen Interesse herbeigeführt** oder dadurch, **dass er ein besonderes persönliches Vertrauen in Anspruch genommen hat,** erheblich beeinflusst hat.[281] Nach dem mit der Schuldrechtsreform 2002 eingeführten § 311 Abs. 3 BGB kann, entsprechend diesen Grundsätzen, ein Schuldverhältnis mit der Folge einer persönlichen Haftung auch zu Personen entstehen, die nicht selbst Vertragspartei werden sollten oder geworden sind.[282] Das in § 311 Abs. 3 S. 2 BGB aufgeführte Beispiel für einen Haftungsgrund des in besonderem Maße in Anspruch genommenen Vertrauens stellt jedoch keine abschließende Regelung dar.[283] Es bleibt bei den bisher von der Rspr. angewandten Grundsätzen.[284]

99   *dd) Vorstandsaußenhaftung wegen Insolvenzverschleppung.* Liegt Zahlungsunfähigkeit vor, so ist der Vorstand dazu verpflichtet Insolvenzantrag zu stellen. Nach § 17 Abs. 2 S. 1 InsO ist der Schuldner zahlungsunfähig, wenn er nicht in der Lage ist, die fälligen Zahlungspflichten zu erfüllen. Auf die Merkmale der „Dauer" und der „Wesentlichkeit" hat der Gesetzgeber der Insolvenzordnung bei der Umschreibung der Zahlungsunfähigkeit verzichtet.[285]

100 Eine Zahlungsunfähigkeit, die sich voraussichtlich innerhalb kurzer Zeit beheben lässt, ist dabei lediglich als **Zahlungsstockung** anzusehen und sie stellt keinen Insolvenzeröffnungsgrund dar.[286] Als Zahlungsstockung ist deshalb nur noch eine Illiquidität anzusehen, die den Zeitraum nicht überschreitet, den eine kreditwürdige Person benötigt, um sich die benötigten Mittel zu leihen.[287] Als Zeitraum für die Kreditbeschaffung sind zwei bis drei Wochen erforderlich, aber auch ausreichend.[288] Beträgt die Liquiditätslücke der Schuldnerin 10 % oder mehr, ist regelmäßig von Zahlungsunfähigkeit auszugehen, sofern nicht ausnahmsweise mit an Sicherheit grenzender Wahrscheinlichkeit zu erwarten ist, dass die Liquiditätslücke demnächst vollständig oder fast vollständig geschlossen wird und den Gläubigern ein Zuwarten nach den besonderen Umständen des Einzelfalles zuzumuten ist.[289]

101 Die **Darlegungs- und Beweislast** für den objektiven Tatbestand einer haftungsbegründenden Insolvenzverschleppung und damit auch für die Überschuldung der Gesellschaft liegt beim Gläubiger.[290] Er hat die Überschuldung grds. durch Vorlage eines Überschuldungsstatus darzulegen, in dem die stillen Reserven aufzudecken und Vermögensgegenstände zu Veräußerungswerten anzusetzen sind.[291] Dabei sind auf der Aktivseite des Überschuldungsstatus grds. alle Vermögenswerte anzusetzen, die im Falle der Insolvenzeröffnung nach § 35 InsO zu den verwertbaren Bestandteilen der Masse gehören.[292] Auf der Passivseite sind alle Verbindlichkeiten anzusetzen, die aus dem Gesellschaftsvermögen zu befriedigen sind, unabhängig von ihrer Fälligkeit.[293] Bei streitigen oder ungewissen Verbindlichkeiten muss eine hinreichende Wahrscheinlichkeit für das Bestehen der Verbindlichkeit vorhanden und mit

---

[280] BGH 4.7.1983 – II ZR 220/82, BGHZ 88, 67.
[281] HessLAG 27.3.2015 – 3 Sa 696/14, BeckRS 2016, 66743; BGH 3.4.1990 – XI ZR 206/88, NJW 1990, 1907; 24.5.2005 – IX ZR 114/01, NJW-RR 2005, 1137; BAG 20.3.2014 – 8 AZR 45/13, NJW 2014, 2669.
[282] BAG 20.3.2014 – 8 AZR 45/13, NJW 2014, 2669.
[283] BAG 20.3.2014 – 8 AZR 45/13, NJW 2014, 2669.
[284] BAG 20.3.2014 – 8 AZR 45/13, NJW 2014, 2669 mwN.
[285] BGH 24.5.2005 – IX ZR 123/04, NJW 2005, 3062; *Himmelsbach/Thonfeld* NZI 2001, 11 f.
[286] OLG Hamburg 6.3.2015 – 11 U 222/13, ZIP 2015, 867; BGH 24.5.2005 – IX ZR 123/04, NJW 2005, 3062; vgl. auch § 22 III 7b).
[287] Vgl. auch → § 22 III 7b).
[288] LG Bonn ZIP 2001, 346; BGH 9.6.2016 – IX ZR 174/15, NZI 2016, 736; vgl. auch → § 22 III 7b).
[289] OLG München 18.1.2018 – 23 U 2702/17, BeckRS 2018, 276; BGH 17.11.2016 – IX ZR 65/15, NZG 2017, 310; OLG Brandenburg 13.1.2015 – 6 U 195/12, BeckRS 2015, 01192; BGHZ 163, 134 (139 ff.); BGH ZIP 2006, 222; 2007, 1469; 2012, 1174 Rn. 10.
[290] BGH 27.4.2009 – II ZR 253/07, ZIP 2009, 1220; 12.3.2007 – II ZR 315/05, ZIP 2007, 1060.
[291] OLG Brandenburg 13.1.2015 – 6 U 195/12, GmbHR 2015, 1094 mwN.
[292] OLG Brandenburg 13.1.2015 – 6 U 195/12, GmbHR 2015, 1094; BGH NJW 1983, 676 (677); OLG Hamburg GmbHR 2011, 371 (372).
[293] OLG Brandenburg 13.1.2015 – 6 U 195/12, GmbHR 2015, 1094.

einer Inanspruchnahme ernsthaft zu rechnen sein.²⁹⁴ Ist der Insolvenzverwalter diesen Anforderungen nachgekommen, ist es Sache des beklagten Geschäftsführers, im Rahmen seiner sekundären Darlegungslast iE vorzutragen, in welchen Punkten stille Reserven oder sonstige für eine Überschuldungsbilanz maßgebliche Werte nicht abgebildet sind.²⁹⁵

Zu beachten ist, dass der Vorstand in der Krisensituation gem. § 93 Abs. 1 S. 1 AktG auch dazu verpflichtet ist, zu prüfen und zu entscheiden, ob nicht andere, **weniger einschneidende Maßnahmen** besser als der Antrag auf Eröffnung des Insolvenzverfahren geeignet sind, Schaden von der Gesellschaft, ihren Gläubigern und der Allgemeinheit abzuwenden.²⁹⁶ Hier hat der Vorstand sehr sorgfältig alle für und gegen den Insolvenzantrag sprechenden Umstände abzuwägen.²⁹⁷ Stellt der Vorstand eine günstige **Fortbestehensprognose**²⁹⁸ so hat er grds. einen **Beurteilungsspielraum,**²⁹⁹ iÜ aber die Umstände darzulegen und zu beweisen, aus denen sich die günstige Fortbestehensprognose ergibt. Daher kommt es nicht auf nachträgliche Erkenntnisse (ex post), sondern auf die damalige Sicht (ex ante) eines ordentlichen Geschäftsmanns an.³⁰⁰ **102**

Dabei hat der **Neugläubiger,** der in Unkenntnis der Insolvenzreife einer Gesellschaft noch in Rechtsbeziehung zu ihr getreten ist, Anspruch auf Ersatz des Vertrauensschadens, der ihm dadurch entstanden ist, dass er einer solchen Gesellschaft, zB durch eine Vorleistung, Kredit gewährt hat, ohne einen werthaltigen Gegenanspruch zu erlangen.³⁰¹ Er ist deshalb so zu stellen, wie wenn er mit der insolvenzreifen Gesellschaft keinen Vertrag geschlossen hätte. Der danach zu ersetzende Schaden besteht nicht in dem wegen Insolvenz der Schuldnerin „entwerteten" Erfüllungsanspruch und umfasst deshalb den in dem Kaufpreis der gelieferten Waren enthaltenen **Gewinnanteil** grds. nicht. Auszugleichen ist vielmehr in der Regel lediglich das **negative Interesse,** zB in Form von Aufwendungen für Waren- und Lohnkosten, die der Neugläubiger wegen des Vertragsschlusses mit der Schuldnerin erbracht hat.³⁰² Ein Anspruch auf Ersatz entgangenen Gewinns (§ 252 BGB) kann einem Neugläubiger allerdings dann zustehen, wenn ihm wegen des Vertragsschlusses mit der insolventen Gesellschaft ein Gewinn entgangen ist, den er ohne diese anderweitig hätte erzielen können.³⁰³ Zu beachten ist, dass sich im Rahmen der Insolvenzverschleppungshaftung des Vertretungsorgans die Abgrenzung zwischen sog. Alt- und Neugläubigern nicht allein nach dem Zeitpunkt des Vertragsschlusses bestimmt.³⁰⁴ Neugläubiger ist auch derjenige, der zwar vor Eintritt der Insolvenzreife Verträge mit der später insolventen Gesellschaft abschließt, jedoch erst nach Eintritt der Insolvenzreife ungesichert Leistungen erbringt, obwohl ihm bei Kenntnis der Insolvenzreife jedenfalls ein Leistungsverweigerungsrecht nach § 321 BGB (sog. Dürftigkeitseinrede) zugestanden hätte; denn bei rechtzeitiger Antragstellung wäre dieser Schaden zu verhindern gewesen.³⁰⁵ **103**

Ob bzw. inwieweit sich der wegen Insolvenzverschleppung in Anspruch genommene Vorstand einer auch in einem Steuerberatungsverhältnis stehenden AG zur Exkulpation auf die- **104**

---

²⁹⁴ OLG Brandenburg 13.1.2015 – 6 U 195/12, GmbHR 2015, 1094; OLG Naumburg, DStR 2007, 1220.
²⁹⁵ BGH 16.3.2009 – II ZR 280/07, ZIP 2009, 860; OLG Brandenburg 13.1.2015 – 6 U 195/12, GmbHR 2015, 1094.
²⁹⁶ Lücke/Schaub AG-Vorstand/*Lücke* § 6 Rn. 359.
²⁹⁷ BGHZ 75, 96 (108 ff.).
²⁹⁸ Hier war zunächst das Finanzmarktstabilisierungsgesetz zu beachten (§ 19 Abs. 1 S. 1 InsO; Art. 5, 6 Abs. 2, Art. 7 Abs. 2 FMStG), wonach – zunächst befristet bis zum 31.12.2010 die Fortbestehensprognose zum Ausschlussmerkmal für das Vorliegen einer Überschuldung erhoben wurde. Die Norm wurde zwischenzeitlich entfristet.
²⁹⁹ OLG Schleswig ZIP 2010, 516; OLG Frankfurt a. M. 20.3.2009 – 10 U 148/08, BeckRS 2009, 25567; OLG Koblenz DB 2003, 712.
³⁰⁰ OLG Frankfurt a. M. 20.3.2009 – 10 U 148/08, BeckRS 2009, 25567; BGHZ 126, 181 (199); OLG Naumburg GmbHR 2004, 361 (363).
³⁰¹ BGHZ 126, 181 (192); BGHZ 164, 50 (60).
³⁰² BGH ZIP 2007, 1060; 1999, 967.
³⁰³ BGHZ 171, 46; BGH NJW 2006, 60 (62 f.); BGH NJW 1988, 2234 (2236); BGH NJW 1984, 1950 f.
³⁰⁴ OLG Oldenburg 2.12.2009 – 1 U 74/08, FD-InsR 2010, 300533.
³⁰⁵ OLG Oldenburg 2.12.2009 – 1 U 74/08, FD-InsR 2010, 300533; OLG Celle 5.12.2001 – 9 U 204/01, NZG 2002, 730.

ses Steuerberatungsverhältnis berufen kann, hängt von dem dem Steuerberater erteilten Auftrag und den Kommunikationsinhalten der Beratungsgespräche ab.[306]

105 *ee) Haftung des AG-Vorstands für Steuerschulden der Gesellschaft (§§ 34, 69 AO).* Als gesetzlicher Vertreter hat der Vorstand nach § 34 Abs. 1 AO die steuerlichen Pflichten der AG zu erfüllen und insbes. dafür zu sorgen, dass die Steuern aus Mitteln, die er verwaltet, entrichtet werden.[307] Er haftet nach § 69 AO, soweit Ansprüche aus dem Steuerschuldverhältnis (§ 37 AO) infolge vorsätzlicher oder grob fahrlässiger Verletzung der ihm auferlegten Pflichten nicht oder nicht rechtzeitig festgesetzt oder erfüllt worden sind. Entscheidend und ausreichend ist dabei die faktische Bestellung zum Vorstand, wie sie im Handelsregister aufgenommen ist.[308] Ob und wie der bestellte Vorstand die Tätigkeit ausübt, ist für die Frage der Steuerschulden irrelevant.[309]

106 Zu den Pflichten eines Vorstands gehört es insbes., fällige und nicht von der Vollziehung ausgesetzte Steuerforderungen zu begleichen. Das gilt auch dann, wenn ein Antrag auf **Aussetzung der Vollziehung** gestellt ist, über den die Finanzbehörde zum Zeitpunkt der Fälligkeit noch nicht entschieden hat.[310] Diese Pflicht entfällt nicht rückwirkend durch die Gewährung der Aussetzung der Vollziehung. Eine nach Fälligkeit der Steuerschuld rückwirkend erfolgte **Stundung** steht einer Haftungsinanspruchnahme nicht entgegen, weil der mit der Nichtbegleichung der Steuerschuld verwirklichte Haftungstatbestand nicht auf Grund späterer Ereignisse als wieder entfallen angesehen werden könne.[311] Entsprechendes gilt, wenn ein Antrag auf Aussetzung der Vollziehung erst nach Eintritt der gesetzlichen Fälligkeit gestellt wurde oder über einen solchen Antrag zu diesem Zeitpunkt noch nicht entschieden war.[312]

107 Grundsätzlich haftet der AG-Vorstand dabei nur für **eigenes Verschulden**. Das gilt in diesem Bereich auch dann, wenn er sich zur Erfüllung seiner Pflichten fremder Hilfe bedient.[313] Bei mangelnder Sachkunde ist der Vorstand sogar verpflichtet, fremde Hilfe durch einen Angehörigen eines rechts- oder steuerberatenden Berufs in Anspruch zu nehmen.[314] In diesem Fall ändert sich Pflichtenstellung dahingehend, dass er die Personen, denen er die Erledigung der ihm auferlegten steuerlichen Pflichten übertragen hat, laufend und sorgfältig zu überwachen hat, so dass er ein Fehlverhalten rechtzeitig erkennen kann. Das Maß dieser Verpflichtung hängt von den jeweiligen Umständen des Einzelfalls ab. Insbesondere hat der Vorstand die Grundsätze zu beachten, die für die Einholung fachkundigen Rats gelten.[315] Dementsprechend trifft den AG-Vorstand persönlich kein Auswahl- oder Überwachungsverschulden und hat er keinen Anlass, die inhaltliche Richtigkeit der von dem steuerlichen Berater gefertigten Steuererklärungen zu überprüfen, treten die haftungsrechtlichen Folgen des § 69 AO nicht ein.[316]

108 Nach der bisherigen Rspr. des BFH[317] **steht die Zustimmung des Finanzamts zu einem Insolvenzplan** in dem Insolvenzverfahren über das Vermögen einer AG **der persönlichen Inanspruchnahme von Mitgliedern des Vorstands** durch einen Haftungsbescheid **nicht entgegen, wenn die Haftungsvoraussetzungen der §§ 69, 34 AO** erfüllt sind. Die mit dem Insolvenzplan bewirkte (teilweise) Befreiung von der Steuerschuld soll nicht zu einem Erlöschen der

---

[306] Vgl. dazu → § 22 III 7d) mwN.
[307] Lücke/Schaub AG-Vorstand/*Schnabel/Lücke* § 6 Rn. 309 ff.; BGH 25.1.2011 – II ZR 196/09, WM 2011, 406.
[308] → Rn. 10 f. mwN.
[309] FG München 28.2.2008 – 14 K 4468/06, BeckRS 2008, 26025354.
[310] BFH 11.3.2004 – VII R 19/02, BStBl. II 2004, 967; OVG Münster 29.8.2012 – 14 B 787/12, BeckRS 2012, 56248.
[311] BFH 25.2.1998 – VII B 191/97, BFH/NV 1998, 1199; *Karabulut*, Die steuerliche Inhaftungnahme gesetzlicher Vertreter nach der deutsche Abgabenordnung, 2015, Kap. III S. 117 mwN.
[312] BFH 11.3.2004 – VII R 19/02, BStBl. II 2004, 967.
[313] BFH 4.5.2004 – VII B 318/03, BFH/NV 2004, 1363 mwN; OVG Münster 28.10.2013 – 14 B 535/13, KStZ 2014, 56 ff.
[314] FG München 28.2.2008 – 14 K 4468/06, BeckRS 2008, 26025354.
[315] → Rn. 12; → § 22 III 7d).
[316] BFH 4.5.2004 – VII B 318/03, BFH/NV 2004, 1363.
[317] BFH 15.5.2013 – VII R 2/12, ZIP 2013, 1732.

Steuerforderung iSd § 47 AO führen und sie nur die Durchsetzbarkeit, nicht aber den Bestand der Forderung berühren und keinen Erlass darstellen.[318] Gegen die zitierte Entscheidung des BFH vom 15.5.2013 wurde Verfassungsbeschwerde eingelegt, die aber nicht zur Entscheidung angenommen wurde.[319]

ff) Haftung des AG-Vorstands für in der Krise der AG (nicht) abgeführte Sozialversicherungsbeiträge. Nach früherer Rspr. befand sich der AG-Vorstand nach Eintritt eines Insolvenzgrunds stets in einer **Pflichtenkollision**. Einerseits war er unter Strafandrohung zur **Abführung von Sozialversicherungsbeiträgen verpflichtet** (§ 266a StGB), andererseits machte er sich der Gesellschaft gegenüber schadensersatzpflichtig, wenn er nach diesem Zeitpunkt Zahlungen leistete, die nicht mit der „Sorgfalt eines ordentlichen und gewissenhaften Geschäftsleiters vereinbar sind" (Verstoß gegen das Zahlungsverbot: § 92 Abs. 3 AktG; § 64 Abs. 2 GmbHG). Der **BGH** hat im **Urteil v. 14.5.2007** in Anbetracht der gefestigten Rspr. des 5. Strafsenats des BGH seine bisherige Rspr. aufgegeben, nach der die Abführung von Sozialversicherungsbeiträgen in der Krise einen Verstoß gegen das Zahlungsverbot darstellt. Der BGH hat ausgesprochen, dass ein organschaftlicher Vertreter, der bei Insolvenzreife der Gesellschaft den sozial- oder steuerrechtlichen Normbefehlen folgend **Arbeitnehmeranteile** der Sozialversicherung oder Lohnsteuer abführt, mit der Sorgfalt eines ordentlichen und gewissenhaften Geschäftsleiters handelt und nicht nach § 92 Abs. 3 AktG oder § 64 Abs. 2 GmbHG der Gesellschaft gegenüber erstattungspflichtig ist.[320] Wie später klargestellt wurde, bezieht sich diese Rspr. nicht nur auf laufende, erst nach Eintritt der Insolvenzreife fällig werdende Steuerforderungen, sondern auch auf Steuerrückstände.[321] Die persönliche Haftung und folglich auch die **Pflichtenkollision für Leitungsorgane** sind damit **teilweise entfallen**.

Es ist aber zu beachten, dass die **Arbeitgeberanteile nicht von § 266a StGB erfasst sind**[322] und so an der Privilegierung nicht teilhaben. Ihre Abführung während der Insolvenzreife fällt unter das jeweils einschlägige Zahlungsverbot und begründet eine Haftung des Organs.[323] Dabei stellt die Strafvorschrift des § 266a Abs. 3 StGB, mit welcher der Gesetzgeber treuwidrige Verhaltensweisen des Arbeitgebers im Grenzbereich von Betrug und Untreue erfassen wollte,[324] das **heimliche Nichtabführen von einbehaltenen Teilen des dem Arbeitnehmer zustehenden Arbeitsentgelts durch den Arbeitgeber** unter Strafe.[325] Erforderlich ist eine den Arbeitgeber treffende rechtliche **Verpflichtung** zur Abführung von Entgeltteilen des Arbeitnehmers an Dritte, die sich **neben gesetzlichen Regelungen auch aus vertraglichen Vereinbarungen** zwischen Arbeitgeber und Arbeitnehmer ergeben kann.[326] Tatbestandlich geschützt sind ausschließlich Bestandteile des dem Arbeitnehmer zustehenden Entgelts; Zahlungen, die der Arbeitgeber aufgrund einer eigenen, wenn auch im Interesse der Arbeitnehmer bestehenden Beitragsverpflichtung zu erbringen hat, unterfallen dagegen nicht der Strafnorm des § 266a Abs. 3 StGB.[327]

In der Fallgruppe der Organhaftung nach § 266a StGB sind auch **Informationspflichten zu beachten**. Führt ein Arbeitgeber zB die **Beiträge an eine Pensionskasse** nicht ab und **unterrichtet das Leitungsorgan die Arbeitnehmer nicht spätestens bei Fälligkeit oder unverzüg-

---

[318] BFH 15.5.2013 – VII R 2/12, ZIP 2013, 1732.
[319] BVerfG 12.2.2014 – 1 BvR 2368/13.
[320] BGH 14.5.2007 – II ZR 48/06, NJW 2007, 2118 (vgl. auch BGH 25.1.2011 – II ZR 196/09, WM 2011, 406; OLG Brandenburg 12.1.2016 – 6 U 123/13, ZInsO 2016, 852). Insoweit – Aufgabe von BGHZ 146, 264; BGH ZIP 2005, 1026.
[321] BGH 25.1.2011 – II ZR 196/09, WM 2011, 406.
[322] BGH 8.6.2009 – II ZR 147/08, NJW 2009, 2599; OLG München 23.10.2013 – 7 U 50/13, BeckRS 2013, 19364.
[323] PricewaterhouseCoopers AG WPG, Steueränderungen 2014, Kap. H – Unternehmen in der Krise, 502 mwN.
[324] Vgl. Entwurf der BReg für ein Zweites Gesetz zur Bekämpfung der Wirtschaftskriminalität, BT-Drs. 10/318, 13 (29); BGH 11.4.2017 – 4 StR 252/16, NStZ-RR 2017, 214.
[325] BGH 11.4.2017 – 4 StR 252/16, NStZ-RR 2017, 214.
[326] Vgl. BT-Drs. 10/318, 29; BGH 11.4.2017 – 4 StR 252/16, NStZ-RR 2017, 214.
[327] BGH 11.4.2017 – 4 StR 252/16, NStZ-RR 2017, 214; BAG 18.8.2005 – 8 AZR 542/04, NJW 2005, 3739; LAG Hamm 18.7.2014 – 10 Sa 1492/13, BeckRS 2014, 74300.

lich danach, kommt die **deliktische Haftung des Organs aus § 823 Abs. 2 StGB iVm § 266a Abs. 3 StGB** in Betracht.[328] Dies gilt, wenn die **Beiträge aus Entgeltbestandteilen der Arbeitnehmer** bezahlt werden, sei es im Wege der Entgeltumwandlung oder weil es sich um einen Zuschuss des Arbeitgebers zur Entgeltumwandlung handelt, der ebenfalls Entgeltbestandteil ist.[329] Gleiches gilt für einen **tariflichen Altersvorgebeitrag**, wenn die Auslegung des Tarifvertrags ergibt, dass es sich dabei um einen Entgeltbestandteil handelt.[330] Ob dieser an den Arbeitnehmer unmittelbar hätte ausgezahlt werden dürfen, ist unerheblich.[331] Für die Strafbarkeit des § 266a Abs. 3 StGB ist es nicht erforderlich, dass der Arbeitnehmer Versicherungsnehmer der Pensionskasse ist.[332] Es reicht aus, wenn der Arbeitgeber als Versicherungsnehmer Beiträge zu Gunsten des Arbeitnehmers als versicherter Person aus dessen Entgelt an die Pensionskasse abzuführen hatte.[333]

112 Der BGH hat klargestellt, dass der Umstand, ob sich die Eigenschaft des Organs oder des Beauftragten bei der Tat des § 266a StGB auf eine ausländische Gesellschaft bezieht, einer Einordnung als Täter nach § 14 Abs. 1 Nr. 1 StGB oder § 14 Abs. 2 StGB nicht entgegensteht.[334]

113 *gg) Haftung des Vorstands gegenüber Gesellschaftsgläubigern wegen unlauteren Wettbewerbshandlungen.* Ein Leitungsorgan haftet bei **unlauteren Wettbewerbshandlungen** der von ihm vertretenen Gesellschaft oder bei der **Verletzung absoluter Rechte** durch die von ihm vertretene Gesellschaft als Täter oder Teilnehmer, wenn er an den deliktischen Handlungen entweder durch **positives Tun** beteiligt war **oder** er sie aufgrund einer nach allgemeinen Grundsätzen des Deliktsrechts begründeten **Garantenstellung** hätte verhindern müssen.[335] Eine Beteiligung durch positives Tun liegt vor, wenn das Leitungsorgan ein **auf Rechtsverletzungen angelegtes Geschäftsmodell** selbst ins Werk gesetzt hat.[336] Weiter kann bei Maßnahmen der Gesellschaft, über die typischerweise auf Geschäftsführungsebene entschieden wird, **nach dem äußeren Erscheinungsbild** und mangels abweichender Feststellungen davon ausgegangen werden, dass sie von Leitungsorganen veranlasst worden sind.[337]

114 *hh) Haftung des Vorstands gegenüber Gesellschaftsgläubigern wegen Urheberrechtsverletzung (§ 823 Abs. 2 BGB iVm § 95a Abs. 3 Nr. 3 UrhG (Schutz technischer Maßnahmen)).* Eine persönliche Haftung von Leitungsorganen als Täter oder Teilnehmer auf Schadensersatz für einen Verstoß der Gesellschaft gegen § 823 Abs. 2 BGB iVm § 95a Abs. 3 Nr. 3 UrhG erfordert, dass die Rechtsverletzung auf einem Verhalten beruht, das nach seinem äußeren Erscheinungsbild und mangels abweichender Feststellungen dem Leitungsorgan anzulasten ist. Dazu rechnen Maßnahmen, über die typischerweise auf Geschäftsebene entschieden wird.[338]

115 *ii) Haftung des Vorstands gegenüber Gesellschaftsgläubigern wegen Patentrechtsverletzungen der Gesellschaft (§ 139 Abs. 2 PatG).* Eine Haftung des Leitungsorgans für Patentrechtsverletzungen der Gesellschaft kommt ausnahmsweise bei Vorliegen einer **Garantenstellung** in Betracht. Eine Garantenstellung kann insbes. dann bestehen, wenn der Schutz von Rechten Dritter eine **organisatorische Aufgabe** ist, zu der zu allererst der gesetzliche Vertreter berufen ist.[339] Für praktisch jeden Bereich der Technik ist eine Vielzahl von Patenten mit unterschiedlichsten Gegenständen in Kraft, weshalb ein Unternehmen vor Aufnah-

---

[328] LAG Düsseldorf 2.9.2015 – 12 Sa 175/15, ZInsO 2016, 530.
[329] LAG Düsseldorf 2.9.2015 – 12 Sa 175/15, ZInsO 2016, 530.
[330] LAG Düsseldorf 2.9.2015 – 12 Sa 175/15, ZInsO 2016, 530.
[331] LAG Düsseldorf 2.9.2015 – 12 Sa 175/15, ZInsO 2016, 530.
[332] LAG Düsseldorf 2.9.2015 – 12 Sa 175/15, ZInsO 2016, 530.
[333] LAG Düsseldorf 2.9.2015 – 12 Sa 175/15, ZInsO 2016, 530.
[334] BGH 11.6.2013 – II ZR 389/12, NJW 2013, 3303.
[335] BGH 12.1.2017 – I ZR 253/14, NJW 2017, 36; BGH 18.6.2014 – I ZR 242/12, BGHZ 201, 344; BGH 27.11.2014 – I ZR 124/11, GRUR 2015, 672; 22.1.2015 – I ZR 107/13, GRUR 2015, 909.
[336] BGH 12.1.2017 – I ZR 253/14, NJW 2017, 36 mwN.
[337] BGH 12.1.2017 – I ZR 253/14, NJW 2017, 36 mwN.
[338] OLG München 22.9.2016 – 6 U 5037/09, CR 2016, 781; BGH 18.6.2014 – I ZR 242/12, GRUR 2014, 883; 5.11.2015 – I ZR 76/11, GRUR 2016, 487).
[339] BGH 15.12.2015 – X ZR 30/14, ZIP 2016, 263; BGH 5.12.1989 – VI ZR 335/88, NJW 1990, 976; vgl. auch *Müller* GRUR 2016, 570; *Küppers*, Die patentrechtliche Schadensersatzhaftung von Handelsunternehmen in 80 Jahre Patentgerichtsbarkeit in Düsseldorf, 2016, 329 ff.

me einer der genannten Tätigkeiten prüfen muss, ob seine Erzeugnisse oder Verfahren in den Schutzbereich fremder Rechte fallen.[340] Diese Verpflichtung beruht **nicht allein** auf der **allgemeinen Pflicht zum Schutz fremder Rechtsgüter.** Sie ist vielmehr Ausdruck der **gesteigerten Gefährdungslage, der technische Schutzrechte typischerweise ausgesetzt sind** und der aus solchen Rechten resultierende, ohnehin nur für begrenzte Zeit bestehende Schutz wäre nicht in hinreichender Weise gewährleistet, wenn andere Marktteilnehmer der Frage, ob ihre Tätigkeit fremde Schutzrechte verletzt, nur untergeordnete Bedeutung beimäßen.[341] Kraft seiner Verantwortung für die Organisation und Leitung des Geschäftsbetriebes und der damit verbundenen Gefahr, dass dieser so eingerichtet wird, dass die Produktion oder Vertriebstätigkeit des Unternehmens die fortlaufende Verletzung technischer Schutzrechte Dritter zur Folge hat, ist der gesetzliche Vertreter einer Gesellschaft deshalb grds. gehalten, die gebotenen Überprüfungen zu veranlassen oder **den Geschäftsbetrieb so zu organisieren, dass die Erfüllung dieser Pflicht durch dafür verantwortliche Mitarbeiter gewährleistet ist.**[342] Er muss insbes. dafür sorgen, dass grundlegende Entscheidungen über die Geschäftstätigkeit der Gesellschaft nicht ohne seine Zustimmung erfolgen und dass die mit Entwicklung, Herstellung und Vertrieb betrauten Mitarbeiter der Gesellschaft die **gebotenen Vorkehrungen treffen, um eine Verletzung fremder Patente zu vermeiden.**[343]

4. Innenhaftung des AG-Vorstands

Bei der **Innenhaftung**[344] handelt es sich um die Normengruppe, in der die Haftung des Vorstands gegenüber der Gesellschaft selber geregelt ist.[345]

a) **Vorstandsinnenhaftung Fallgruppe Gesamtschuldnerregress der Gesellschaft gegenüber dem Vorstand (§ 426 BGB).** Bei Pflichtverletzungen des Vorstands als Ganzem wie auch eines einzelnen Vorstands können Dritte über § 31 BGB die Gesellschaft in Anspruch nehmen.[346] Da allerdings bei Pflichtverletzungen der Organe im Innenverhältnis grds. das Organ haftet, kann die Gesellschaft über § 93 AktG, §§ 420, 426 BGB bei **Außenhaftungstatbeständen** Regress beim pflichtwidrig handelnden Vorstand(-smitglied) nehmen. Kommt es bspw. aufgrund einer direkten vorsätzlichen unlauteren Beeinflussung des Sekundärmarktpublikums durch grob unrichtige Ad-hoc-Mitteilungen des Vorstands zu einer Informationsdelikstshaftung des Vorstands so haftet neben dem Vorstand für die vom diesem als verfassungsmäßig berufenem Vertreter durch solche falschen Ad-hoc-Mitteilungen begangenen sittenwidrigen vorsätzlichen Schädigungen auch die Gesellschaft **analog § 31 BGB gesamtschuldnerisch**[347] mit der Folge des gesamtschuldnerischen Regressanspruchs der Gesellschaft gegenüber dem Vorstand. Dies entsprechend bei anderen Außenhaftungstatbeständen wie zB Prospekthaftung,[348] Außenhaftung wg. Organisationsverschulden betreffend Mobbing,[349] Außenhaftung wegen Eingriffs in den eingerichteten und ausgeübten Gewerbebetrieb,[350] Produkthaftung,[351] Haftung wegen unlauteren Wettbewerbs,[352] Urheberrechtsverletzung[353] oder wegen Patentrechtsverletzung.[354] Das Ermessen des Aufsichtsrats,

---

[340] BGH 14.1.1958 – I ZR 171/56, GRUR 1958, 288; BGH 3.3.1977 – X ZR 22/73, GRUR 1977, 598; BGH 29.4.1986 – X ZR 28/85, GRUR 1986, 803; BGH 15.12.2015 – X ZR 30/14, ZIP 2016, 263.
[341] BGH 15.12.2015 – X ZR 30/14, ZIP 2016, 263.
[342] BGH 15.12.2015 – X ZR 30/14, ZIP 2016, 263.
[343] BGH 15.12.2015 – X ZR 30/14, ZIP 2016, 263; vgl. dazu auch *Müller* GRUR 2016, 570.
[344] Zur Außenhaftung vgl. → § 24 I 3.
[345] Vgl. auch Übersicht → Rn. 9.
[346] OLG Frankfurt a. M. 17.03.2005 – 1 U 149/04, NZG 2005, 516; BGH 15.10.2013 – VI ZR 124/12, NJW 2014, 1380; OLG Braunschweig 12.1.2016 – 7 U 59/14, NJW-RR 2016, 624.
[347] OLG Braunschweig 12.1.2016 – 7 U 59/14, ZIP 2016, 414; BGH 4.6.2007 – II ZR 147/05, II ZR 173/05, NZG 2007, 708 – ComROAD IV.
[348] → Rn. 69 und Rn. 81.
[349] → Rn. 90.
[350] → Rn. 92.
[351] → Rn. 93.
[352] → Rn. 113.
[353] → Rn. 114.
[354] → Rn. 119.

bestehende Regressansprüche gegen den (Gesamt-)Vorstand auch tatsächlich durchzusetzen ist dabei nach der aktuellen Rspr. grds. auf Null reduziert.[355] Die diesbezügliche Entscheidung des Aufsichtsrats, ob ein Vorstandsmitglied auf Schadensersatz in Anspruch genommen werden soll, erfordert zunächst die **Feststellung des zum Schadensersatz verpflichtenden Tatbestandes** in tatsächlicher wie rechtlicher Hinsicht sowie eine **Analyse des Prozessrisikos und der Beitreibbarkeit der Forderung**.[356] Eine Entscheidungsprärogative des Aufsichtsrats besteht insoweit **nicht**.[357] Aus der grundsätzlichen „Allzuständigkeit" der Leitungsorgane ergibt sich dabei betreffend etwaige Ressortzuständigkeiten, dass Haftung schon dann eintritt, wenn **gegen pflichtwidriges Handeln** der Mitvorstände **nicht eingeschritten** wird.[358]

118 Führt eine sorgfältig und sachgerecht vorgenommene Prozessrisikoanalyse zu dem Ergebnis, dass der Gesellschaft voraussichtlich Schadensersatzansprüche gegen eines ihrer Vorstandsmitglieder zustehen, kann sich die Frage stellen, ob der Aufsichtsrat **gleichwohl von einer Verfolgung des Anspruchs absehen kann**.[359] Auch bei dieser Entscheidung steht dem Aufsichtsrat **kein autonomer unternehmerischer Ermessensspielraum** zu.[360] Da die Entscheidung dem Unternehmenswohl verpflichtet ist, das grds. die Wiederherstellung des geschädigten Gesellschaftsvermögens verlangt, wird der Aufsichtsrat von der Geltendmachung voraussichtlich begründeter Schadenersatzansprüche gegen einen pflichtwidrig handelnden Vorstand nach dem OLG Stuttgart[361] **nur dann ausnahmsweise absehen dürfen, wenn gewichtige Interessen und Belange der Gesellschaft dafür sprechen, den ihr entstandenen Schaden ersatzlos hinzunehmen.**[362] Diese **Anforderungen** werden in der Rspr. als „sehr streng" interpretiert.[363]

119 b) *Sonstige Vorstandsinnenhaftung gem. § 93 AktG.* aa) *Bestimmung der Pflichtverletzung beim AG-Vorstand.* Bei der Vorstandshaftung geht es um Haftung auf Schadensersatz, also um Haftung im Sinne eines Einstehenmüssens[364] für (Vermögens-)Einbußen desjenigen, der den Ersatzanspruch geltend macht. Den Haftungsnormen gemeinsam ist das Tatbestandsmerkmal der Pflichtwidrigkeit bzw. der Pflichtverletzung. Dies macht bei der Fallbearbeitung die **konkret einzelfallbezogene Bestimmung der Pflichtenposition des Vorstands** zum **Ausgangspunkt der Prüfung,** ob der Vorstand haftet oder nicht. Besonderheiten gegenüber der üblichen Feststellung von Pflichtverletzungen ergeben sich aus der durch die AG-Verfassung konstituierten Pflichtenposition des AG-Vorstands (§§ 76 Abs. 1, 93 Abs. 1 S. 1 AktG) iVm der sog. Business Judgment Rule (BJR).

120 Gem. § 76 Abs. 1 AktG hat der Vorstand die Gesellschaft **unter eigener Verantwortung** zu leiten. Gem. § 93 Abs. 1 S. 1 AktG haben die Vorstandsmitglieder bei ihrer Geschäftsführung die **Sorgfalt eines ordentlichen und gewissenhaften Geschäftsleiters** anzuwenden. Der Vorstand unterliegt dabei keinen Weisungen der Hauptversammlung und auch keinen eines Großaktionärs oder des Aufsichtsrats.[365] Bei der Prüfung der Pflichtstellung des

---

[355] BGH 21.4.1997 – II ZR 175/95, NJW 1997, 1926, ARAG/Garmenbeck; OLG Stuttgart 8.7.2015 – 20 U 2/14, BB 2015, 2177; vgl. dazu Anm. *Linnerz* BB 2015, 2258.
[356] OLG Stuttgart 8.7.2015 – 20 U 2/14, BB 2015, 2177.
[357] OLG Stuttgart 8.7.2015 – 20 U 2/14, BB 2015, 2177.
[358] OLG München 22.10.2015 – 23 U 4861/14, ZIP 2016, 621; OLG Düsseldorf 16.9.2014 – I-21 U 38/14, NZI 2015, 517; BGH 28.4.2015 – II ZR 63/14, NJW-RR 2015, 988; BGH 15.1.2013 – II ZR 90/11, NJW 2013, 1958.
[359] OLG Stuttgart 8.7.2015 – 20 U 2/14, BB 2015, 2177.
[360] OLG Stuttgart 8.7.2015 – 20 U 2/14, BB 2015, 2177.
[361] → Rn. 3, aus verfassungsrechtlichen Gründe sind stets und jedenfalls in der Fallgruppe des Zusammentreffens von „culpa levissima" mit drohender Existenzvernichtung, entgegen dem OLG Stuttgart auch die Interessen des Vorstands gegenüber dem Unternehmensinteresse in die Entscheidung einzustellen und abzuwägen.
[362] BGH 21.4.1997 – II ZR 175/95, NJW 1997, 1926, ARAG/Garmenbeck; OLG Stuttgart 8.7.2015 – 20 U 2/14, BB 2015, 2177.
[363] OLG Hamm 17.3.2016 – 27 U 36/15, BeckRS 2016, 05297; vgl. dazu auch *Schmidt/Schantz* NZS 2014 5 (11).
[364] Zu den verschiedenen Haftungsbegriffen vgl. Palandt/*Heinrichs*, 74. Aufl. 2015, BGB Einl. § 241 Rn. 10 f.
[365] Lücke/Schaub AG-Vorstand/*Lücke* § 3 Rn. 9.

§ 24 Haftung von Vorstands- und Aufsichtsratsmitgliedern

AG-Vorstands kommt der seit der ARAG/Garmenbeck-Entscheidung des BGH[366] sowie nachfolgend der Neuregelung des § 93 Abs. 1 S. 2 AktG[367] im deutschen Recht geltenden *Business Judgment Rule (BJR)* erhebliche **haftungsbegrenzende Bedeutung** zu.[368]

Eine **Erfolgshaftung der Organmitglieder** gegenüber der Gesellschaft **besteht nicht.**[369] Die Regelung des § 93 Abs. 1 S. 2 AktG geht von einer Differenzierung zwischen fehlgeschlagenen unternehmerischen Entscheidungen einerseits und der Verletzung sonstiger Pflichten andererseits (Treuepflichten; Informationspflichten; sonstige allgemeine Gesetzes- und Satzungsverstöße) aus.[370] Ein Verstoß gegen diese letztere Pflichtengruppe ist von der Bestimmung des § 93 Abs. 1 S. 2 AktG nicht erfasst.[371]

Eine Verletzung von Pflichten, die in keinem sachlichen Zusammenhang mit den dienstlichen (organbezogenen) Aufgaben des Vorstandsmitglieds stehen, begründet keine Schadensersatzpflicht nach § 93 Abs. 2 AktG.[372]

Im Blick auf die Business Judgment Rule ist dem Vorstand bei der Leitung der Geschäfte ein weiter **Handlungsspielraum** zuzubilligen, ohne den eine unternehmerische Tätigkeit schlechterdings nicht denkbar ist.[373] Dieser Handlungsspielraum kann auch im Ansatz das bewusste Eingehen geschäftlicher Risiken mit der Gefahr von Fehlbeurteilungen und Fehleinschätzungen umfassen, der jeder Unternehmensleiter, mag er auch noch so verantwortungsbewusst handeln, ausgesetzt ist.[374] Der für den Vorstand bestehende Handlungsspielraum ist erst dann überschritten, wenn aus der Sicht eines ordentlichen und gewissenhaften Geschäftsleiters des jeweiligen Unternehmens das hohe Risiko eines Schadens unabweisbar ist und keine vernünftigen geschäftlichen Gründe dafür sprechen, es dennoch einzugehen.[375] Eine Schadenersatzpflicht des Vorstandes kann damit erst in Betracht kommen, wenn die Grenzen, in denen sich ein von Verantwortungsbewusstsein getragenes, ausschließlich am Unternehmenswohl orientiertes, auf sorgfältiger Ermittlung der Entscheidungsgrundlagen[376] beruhendes unternehmerisches Handeln bewegen muss, deutlich überschritten sind, die Bereitschaft, unternehmerische Risiken einzugehen, in unverantwortlicher Weise überspannt worden ist oder das Verhalten des Vorstands aus anderen Gründen als pflichtwidrig gelten muss.[377] Tendenziell wird dabei **in der Judikatur in rechtssystematischer Hinsicht die Legalitätspflicht immer weiter angespannt, dies kombiniert mit einer Verdichtung der per Auslegung aus der gesetzlichen Sorgfaltspflicht (§ 93 Abs. 1 S. 1 AktG) abgeleiteten Organisationspflicht.**[378] *Umstritten* ist dabei, ob bzw. inwieweit eine „Legal Judgment Rule" besteht.[379]

Eine grundsätzliche gesetzliche Regelung zur **Beweislast** enthält § 93 Abs. 2 S. 2 AktG. Ist streitig, ob Vorstandsmitglieder die Sorgfalt eines ordentlichen und gewissenhaften Geschäftsleiters angewandt haben, so trifft sie die Beweislast. Die Gesellschaft hat mithin darzulegen und ggf. zu beweisen, dass ihr durch ein möglicherweise pflichtwidriges Verhalten

---

[366] BGH 21.4.1997 – II ZR 175/95, NJW 1997, 1926.
[367] UMAG v. 22.9.2005, BGBl. 2005 I 2802.
[368] Vgl. dazu → § 22 III 4e).
[369] RegE zum UMAG v. 7.1.2005, BT-Drs. 3/05, 21.
[370] RegE zum UMAG v. 7.1.2005, BT-Drs. 3/05, 21.
[371] RegE zum UMAG v. 7.1.2005, BT-Drs. 3/05, 21; zur Legal Judgment Rule vgl. → § 22 III 4e) dd) mwN.
[372] Wachter/*Eckert* AktG § 93 Rn. 26 mwN.
[373] KG 22.3.2005 – 14 U 248/03, WM 2005, 1570; BGH 12.10.2016 – 5 StR 134/15, NJW 2017, 578; vgl. auch *Baur/Holle* ZIP 2017, 555.
[374] KG 22.3.2005 – 14 U 248/03, WM 2005, 1570.
[375] KG 22.3.2005 – 14 U 248/03, WM 2005, 1570.
[376] Zur Informationsbeschaffungspflicht vgl. § 22 III 4c).
[377] BGH 21.4.1997 – II ZR 175/95, NJW 1997, 1926; BGH 3.12.2001 – II ZR 308/99, MDR 2002, 401; KG 22.3.2005 – 14 U 248/03, WM 2005, 1570.
[378] Vgl. zB BGH 12.1.2017 – I ZR 253/14, NJW 2017, 36 betr. Organhaftung im Bereich Wettbewerbshandlungen oder zur Organhaftung im Bereich Patentverletzung BGH 15.12.2015 – X ZR 30/14, ZIP 2016, 263; vgl. dazu auch *Müller* GRUR 2016, 570; oder OLG München 22.9.2016 – 6 U 5037/09, CR 2016, 781 betr. Organhaftung im Bereich Urheberrechtsverletzung (§ 823 Abs. 2 BGB iVm § 95a Abs. 3 Nr. 3 UrhG, Schutz technischer Maßnahmen.
[379] Vgl. dazu § 22 III 4e) dd) mwN; *Verse* ZGR 2017, 174.

des in Anspruch genommenen Vorstandsmitglieds ein Schaden entstanden ist.[380] Gelingt der Gesellschaft dieser Beweis, hat das Vorstandsmitglied gem. § 93 Abs. 2 S. 2 AktG wiederum darzulegen und zu beweisen, dass sein Verhalten entweder nicht pflichtwidrig oder nicht schuldhaft war.[381] Weitere Beweiserleichterungen für die Gesellschaft ergeben sich bei einem Verstoß gegen die in § 93 Abs. 3 AktG aufgeführten Sondertatbestände.[382] § 93 Abs. 3 AktG enthält neun Sondertatbestände, die nach eigenständige Anspruchsgrundlagen für eine Schadensersatzpflicht der Vorstandsmitglieder darstellen.[383]

125 Die Feststellung der Pflicht und deren Verletzung durch den Vorstand hat Bedeutung für den **Beginn des Laufes der Verjährung**. Insbesondere beginnt der Lauf der fünfjährigen[384] Verjährungsfrist nach § 93 Abs. 6 AktG mit der Entstehung des Anspruchs und damit mit dem Eintritt des Schadens dem Grunde nach.[385]

126 *bb) Kausalität.* Das Vorstandsmitglied muss den Schaden der Gesellschaft durch sein pflichtwidriges Verhalten verursacht haben. Hier gelten die allgemeinen Regeln des Schadensersatzrechts über die Kausalität. Nach der allgemeinen schadensersatzrechtlichen Dogmatik ist ein **Ursachenzusammenhang** zwischen der Handlung/Unterlassung des Vorstands(-mitglieds) und der Rechtsgutsverletzung und zwischen der Rechtsgutsverletzung und dem bei der Gesellschaft eingetretenen Schaden erforderlich.[386] Nach den Grundsätzen des § 93 Abs. 2 S. 2 AktG trifft die Gesellschaft – ggf. mit der Erleichterung des § 287 ZPO – die **Darlegungs- und Beweislast für einen Schaden und dessen Verursachung** durch ein Verhalten des Geschäftsleiters in seinem Pflichtenkreis, das als pflichtwidrig überhaupt in Betracht kommt, sich also insofern als „möglicherweise" pflichtwidrig darstellt.[387] Der **Einwand rechtmäßigen Alternativverhaltens** steht dem Vorstand grds. zu. Kann das Vorstandsmitglied beweisen, dass der Schaden auch bei rechtmäßigem Alternativverhalten eingetreten wäre, so entfällt die Schadensersatzpflicht.[388] Nach der bisher hL soll das allerdings nicht gelten bei der **Verletzung von Kompetenz-, Organisations- und Verfahrensregeln**, da anderenfalls deren Schutzzweck unterlaufen würde.[389] Nach dem BGH – soweit er zum Verstoß gegen kompetenzrechtliche Vorgaben des GmbH-Rechts judizierte – soll allein der Verstoß eines Organs gegen die innergesellschaftliche Kompetenzordnung noch nicht zur Schadensersatzpflicht führen, sondern es wird ein durch den Kompetenzverstoß verursachter Schaden vorausgesetzt.[390] In der Entscheidung v. 28.4.2015 hat der BGH zum Aktienrecht klar festgestellt, dass ein Vorstandsmitglied seine Pflichten verletzt, wenn es die aktienrechtliche Kompetenzverteilung missachtet (vgl. § 82 Abs. 2 AktG), wobei dort ein durch die Pflichtverletzung verursachter Schaden vorlag.[391]

127 *cc) Schaden.* Die Ersatzpflicht des Vorstands(-mitglieds) setzt voraus, dass der Gesellschaft durch sein pflichtwidriges Verhalten ein Schaden entstanden ist. Es gilt grds. der **allgemeine Schadensbegriff** wonach ein Schaden jede Minderung des Gesellschaftsvermögens ist,[392] wobei auch eine unterbliebene Mehrung des Gesellschaftsvermögens einen Schaden darstellen kann.[393]

---

[380] BGH 22.2.2011 – II ZR 146/09, ZIP 2011, 766 (767); BGH 4.11.2002 – II ZR 224/00, BGHZ 152, 280 (284); *Goette* ZGR 1995, 648 (671).
[381] Wachter/*Eckert* AktG § 93 Rn. 31.
[382] Wachter/*Eckert* AktG § 93 Rn. 31.
[383] Wachter/*Eckert* AktG § 93 Rn. 38 mwN; str., aA *Habersack/Schürnbrand* WM 2005, 957.
[384] Es ging dort um eine nicht börsenotierte Gesellschaft.
[385] BGH 28.4.2015 – II ZR 63/14, NJW-RR 2015, 988; vgl. auch BGH 21.2.2005 – II ZR 112/03, ZIP 2005, 852 (853) zur GmbH.
[386] Lücke/Schaub AG-Vorstand/*Lücke* § 6 Rn. 25.
[387] BGH 4.11.2002 – II ZR 224/00, NJW 2003, 358; OLG Stuttgart 25.11.2009 – 20 U 5/09, AG 2010, 133; *Goette* ZGR 1995, 648 (671 ff.).
[388] Wachter/*Eckert* AktG § 93 Rn. 88 mwN.
[389] Wachter/*Eckert* AktG § 93 Rn. 89 mwN.
[390] BGH 11.12.2006 – II ZR 166/05, ZIP 2007, 268; BGH 21.7.2008 – II ZR 39/07, ZIP 2008, 1818; BGH 13.3.2012 – II ZR 50/09, NJW-RR 2012, 728.
[391] BGH 28.4.2015 – II ZR 63/14, NJW-RR 2015, 988.
[392] Hüffer/Koch/*Koch* AktG § 93 Rn. 47; Lücke/Schaub AG-Vorstand/*Lücke* § 6 Rn. 21.
[393] MHdB AktG/*Wiesner* § 26 Rn. 7; Lücke/Schaub AG-Vorstand/*Lücke* § 6 Rn. 21.

Die **Darlegungs- und Beweislast für den Eintritt und die Höhe des entstandenen Schadens** 128
in einem gegen ein Vorstandsmitglied nach § 93 AktG geführten Schadensatzprozess liegt
bei der Gesellschaft.[394] Geht es in dem Schadensersatzprozess um einen **Sondertatbestand**
nach § 93 Abs. 3 AktG, so wird bei einem der dort näher bezeichneten Pflichtverstöße vermutet, dass der Gesellschaft ein Schaden in Höhe der abgeflossenen Mittel entstanden ist.[395]
Dies stellt eine **Modifizierung** der sonst im Schadensersatzrecht geltenden **Gesamtvermögensbetrachtung** dar.[396] Das Vorstandsmitglied kann sich nur durch den Nachweis entlasten,
dass eine Schädigung der Gesellschaft nicht mehr möglich ist, weil der abgeflossene Betrag
dem Gesellschaftsvermögen endgültig wieder zugeführt ist.[397] Fließen der Gesellschaft in
Folge eines Pflichtenverstoßes geldwerte Vorteile zu und werden diese nicht durch Strafzahlungen oder Gewinnabschöpfung konsumiert, mindern diese den ersatzpflichtigen Schaden.[398]

dd) *Verschulden.* Vorstandshaftung ist **Verschuldenshaftung.** So sind gem. § 93 Abs. 2 129
AktG Vorstandsmitglieder, die ihre Pflichten verletzen, der Gesellschaft zum Ersatz des daraus entstehenden Schadens als **Gesamtschuldner** verpflichtet.

Ist streitig, ob der Vorstand die **Sorgfalt eines ordentlichen und gewissenhaften Geschäfts-** 130
leiters angewandt hat, so trifft ihn die **Beweislast.** Der in Anspruch genommene Vorstand
oder das in Anspruch genommene Vorstandsmitglied haben mithin **darzulegen** und ggf. **zu**
beweisen, dass sie **kein Verschulden** trifft.[399] Damit tragen die Vorstandsmitglieder die Beweislast auch für das Vorliegen der Voraussetzungen der Business Judgment Rule aus § 93
Abs. 1 S. 2 AktG.[400] Insoweit unterscheidet der Wortlaut des § 93 Abs. 2 S. 2 AktG nicht
zwischen objektiver Pflichtwidrigkeit (Rechtswidrigkeit) und subjektiver Pflichtwidrigkeit
(Schuld).[401] Dabei gelten diese Darlegungs- und Beweislastregeln ebenso, wenn dem Vorstand oder dem Vorstandsmitglied das pflichtwidrige Unterlassen einer bestimmten Maßnahme vorgeworfen werden[402] und sie greifen insbes. auch für ausgeschiedene Vorstandsmitglieder ein.[403] Da **ausgeschiedene Vorstandsmitglieder** keinen Zugriff auf Unterlagen
mehr haben, steht diesen **ein aus § 810 BGB sowie der Treuepflicht der Gesellschaft gegenüber ihrem ehemaligen Organmitglied hergeleiteter Anspruch auf Einsichtnahme in die**
maßgeblichen Unterlagen zu.[404]

c) **Haftung wegen positiver Vertragsverletzung des Anstellungsvertrags.** AG-Vorstände 131
sind regelmäßig aufgrund eines Anstellungsvertrags tätig. Kommt es zu Pflichtverletzungen,
so stellen diese jeweils auch eine positive Vertragsverletzung (**§ 280 Abs. 1 BGB**) dar. Eine
eigenständige Bedeutung kommt dem so begründeten Anspruch der Gesellschaft aber nicht
zu, da dieser in dem gesetzlich geregelten **Spezialfall** des § 93 Abs. 2 AktG aufgeht.[405]

---

[394] BGH AG 2003, 381; OLG Stuttgart 25.11.2009 – 20 U 5/09, AG 2010, 133; Spindler/Stilz/*Fleischer*
AktG § 93 Rn. 208; K. Schmidt/Lutter/*Krieger/Sailer* AktG § 93 Rn. 31; MüKoAktG/*Spindler*, 3. Aufl. 2008,
AktG § 93 Rn. 167.
[395] OLG Stuttgart 25.11.2009 – 20 U 5/09, AG 2010, 133 (134); Spindler/Stilz/*Fleischer* AktG § 93
Rn. 214; MüKoAktG/*Spindler,* 3. Aufl. 2008, AktG § 93 Rn. 167, 193.
[396] OLG Stuttgart 25.11.2009 – 20 U 5/09, AG 2010, 133 (134); GroßkommAktG/*Hopt*, 4. Aufl. 2006,
AktG § 93 Rn. 167.
[397] OLG Stuttgart 25.11.2009 – 20 U 5/09, AG 2010, 133 (134); MüKoAktG/*Spindler*, 3. Aufl. 2008, AktG
§ 93 Rn. 193; GroßkommAktG/*Hopt* AktG § 93 Rn. 235.
[398] Wachter/*Eckert* AktG § 93 Rn. 29 mwN.
[399] OLG Stuttgart 19.6.2012 – 20 W 1/12, ZIP 2012, 1965; OLG Stuttgart AG 2010, 133 (134); Spindler/
Stilz/*Fleischer* AktG § 93 Rn. 209.
[400] Wachter/*Eckert* AktG § 93 Rn. 31 mwN; aA *Paefgen* NZG 2009, 891 ff.
[401] OLG Stuttgart 25.11.2009 – 20 U 5/09, AG 2010, 133 (134); MüKoAktG/*Spindler* AktG § 93 Rn. 193;
Spindler/Stilz/*Fleischer* AktG § 93 Rn. 209.
[402] BGHZ 152, 280, 284; OLG Stuttgart 25.11.2009 – 20 U 5/09, AG 2010, 133 (134); Spindler/
Stilz/*Fleischer* AktG § 93 Rn. 209.
[403] BGHZ 152, 280 (285); OLG Stuttgart 25.11.2009 – 20 U 5/09, AG 2010, 133 (134); Spindler/
Stilz/*Fleischer* AktG § 93 Rn. 211; Bürgers/Körber/*Bürgers/Israel*, 1. Aufl. 2008, AktG § 93 Rn. 29.
[404] Wachter/*Eckert* AktG § 93 Rn. 32; *Grooterhorst* AG 2011, 389 (393 ff.).
[405] BGH 26.11.2007 – II ZR 161/06, NJW-RR 2008, 484; BGH 9.12.1996 – II ZR 240/95, ZIP 1997, 199
(200); BGH 12.6.1989 – II ZR 334/87, ZIP 1989, 1390 (1392); Lücke/Schaub AG-Vorstand/*Lücke* § 6 Rn. 9
mwN.

132 d) **Einzelfälle Organpflichtverletzungen.** Dem AG-Vorstand obliegen als Organpflichten, deren Verletzung zu Schadenersatzpflichten nach den Grundsätzen der Vorstandsinnenhaftung führen kann, die Treuepflicht,[406] die Verschwiegenheitspflicht betreffend Betriebs- und Geschäftsgeheimnisse (§ 93 Abs. 1 S. 3 AktG),[407] die allgemeine Sorgfaltspflicht (§ 93 Abs. 1 S. 1 AktG),[408] insbes. die Legalitätspflicht,[409] die Informationsbeschaffungspflicht,[410] die Organisationspflicht[411] sowie Sorgfaltspflichten bei Gründung der Gesellschaft,[412] die Pflichten zur Kapitalerhaltung,[413] die Pflichten in der Krise der AG,[414] die Berichtspflichten,[415] die Pflichten zur ordnungsgemäßen Buchführung und Bilanzierung,[416] die Pflichten im Rechtsverhältnis zur Hauptversammlung wie zB Auskunftspflichten[417] und besondere Pflichten im Rechtsverhältnis zum Aufsichtsrat wie zB die Pflicht zur unbedingten Offenheit.[418]

133 aa) *Haftung für Kartellbußen.* Teil der von einem Organ der Gesellschaft geschuldeten Sorgfalt ist die Legalitätspflicht,[419] die ihn verpflichtet, sämtliche Rechtsvorschriften zu beachten, die die Gesellschaft im Außenverhältnis treffen.[420] Diese Pflicht ist verletzt, wenn das Organ gegen Vorschriften des europäischen und deutschen Kartellrechts verstößt.[421] Dabei ist es unerheblich, ob der Gesetzesverstoß im (vermeintlichen) Interesse der Gesellschaft begangen wurde, da ein unternehmerisches Ermessen des Organvertreters zur Begehung „nützlicher" Gesetzesverstöße als unzulässig angesehen wird.[422] Gleichwohl kommt eine Haftung des Organs für einen Schaden in Form einer Kartellbuße unabhängig davon, ob und in welchem Umfang die von der Gesellschaft erhobenen Vorwürfe berechtigt sind, von vornherein nicht in Betracht und es kann im Innenverhältnis kein Regress genommen werden.[423] Die Trennung zwischen ordnungsrechtlicher Sanktionierung und zivilrechtlicher Lastentragung spricht nicht dafür, dass eine Geldbuße stets ein ersatzfähiger Schaden ist.[424] Die gesetzgeberische Wertung, dass Normadressat der Geldbuße das Unternehmen ist und nicht die für sie handelnden Personen, ist auch im Zivilrecht zu berücksichtigen.[425] Dies gilt zumindest für vom Bundeskartellamt verhängte Kartellbußen, die nach § 81 Abs. 5 GWB fakultativ die Abschöpfung des beim Unternehmen erzielten Vorteils beinhalten können und nach § 81 Abs. 4 GWB sowohl gegen das Unternehmen selbst als auch gegen die für das Unternehmen handelnden Personen unter Berücksichtigung eines unterschiedlichen Dotierungsrahmens verhängt werden können.[426] Hier ist die **weitere Rspr. zu beobachten.** Das

---

[406] Vgl. dazu → § 22 III 2.
[407] Vgl. dazu → § 22 III 3.
[408] Vgl. dazu → § 22 III 4.
[409] Vgl. dazu → § 22 III 4b), e) dd).
[410] Vgl. dazu → § 22 III 4c).
[411] Vgl. dazu → § 22 III 4d).
[412] Vgl. dazu → § 22 III 5.
[413] Vgl. dazu → § 22 III 6.
[414] Vgl. dazu → § 22 III 7.
[415] Vgl. dazu → § 22 III 8.
[416] Vgl. dazu → § 22 III 9.
[417] Vgl. dazu → § 22 III 10.
[418] Vgl. dazu → § 22 III 11.
[419] Vgl. dazu → § 22 III 4 B) und insbes. zur Legal Judgment Rule → § 22 III 4e) dd).
[420] BGH 10.7.2012 – II ZR 48/11, NJW 20012, 3235; BGH 27.8.2010 – 2 StR 111/09, NJW 2010, 3458; LAG Düsseldorf 20.1.2015 – 16 Sa 459/14, NZA-RR 2015, 317.
[421] Wachter/*Eckert* AktG § 93 Rn. 79; *Krause* BB-Beilage 7/2007, 2; *Fleischer* ZIP 2005, 141; LAG Düsseldorf 20.1.2015 – 16 Sa 459/14, NZA-RR 2015, 317.
[422] *Fleischer* BB 2008, 1070; LAG Düsseldorf 20.1.2015 – 16 Sa 459/14, NZA-RR 2015, 317.
[423] LAG Düsseldorf 20.1.2015 – 16 Sa 459/14, NZA-RR 2015, 317; vgl. dazu auch Anm. *Bachmann* BB 2015, 907; Anm. *Kollmann/Aufdermauer* BB 2015, 1018; Anm. *Labusga* VersR 2015, 629; *Koch* VersR 2015, 655; *Lindner/Thelen* GmbH-StB 2015, 167; *Bischke/Brack* NZG 2015, 349; *Bayer/Scholz* GmbHR 2015, 449.
[424] LAG Düsseldorf 20.1.2015 – 16 Sa 459/14, NZA-RR 2015, 317; aA Wachter/*Eckert* AktG § 93 Rn. 29 mwN.
[425] LAG Düsseldorf 20.1.2015 – 16 Sa 459/14, NZA-RR 2015, 317.
[426] LAG Düsseldorf 20.1.2015 – 16 Sa 459/14, NZA-RR 2015, 317.

BAG[427] hat das zitierte Urteil des LAG Düsseldorf[428] wegen Entscheidung entgegen den Vorgaben des § 87 S. 2 GWB aufgehoben und zurückverweisen und das LAG Düsseldorf hat die Sache an das LG Dortmund verwiesen.[429]

Die **Zahlung einer Geldstrafe durch die Gesellschaft erfüllt weder** den Tatbestand der **Be- 134 günstigung (§ 257 StGB)** noch der **Strafvereitelung (§ 258 StGB)**.[430] Erst recht gilt dies für die Übernahme einer Geldauflage bei einer Einstellung des Straf- oder Ermittlungsverfahrens nach § 153a StPO.[431] Wenn das Vorstandsmitglied einer AG dabei durch eine Handlung, die Gegenstand eines Ermittlungs- oder Strafverfahrens ist, gleichzeitig seine Pflichten gegenüber der Gesellschaft verletzt hat, ist – etwa beim Abschluss von Abfindungsvergleichen – zu beachten, dass die **Hauptversammlung einer Übernahme der Geldstrafe, Geldbuße oder Geldauflage durch die Gesellschaft zustimmen muss**.[432]

bb) Zahlungen ohne Absicherung. Erbringt ein Organ Anzahlungen an eine im Grün- 135 dungsstadium befindliche Gesellschaft auf einen Kfz-Verkauf, ohne diese durch Aval- oder Vertragserfüllungsbürgschaften abzusichern, entspricht dies nicht den Sorgfaltspflichten eines ordentlichen Geschäftsmanns.[433]

cc) Missachtung der AG-Verfassung. Ein Vorstandsmitglied verletzt seine Pflichten, wenn 136 es die aktienrechtliche Kompetenzverteilung missachtet (vgl. § 82 Abs. 2 AktG).[434] So ist für die Entscheidung über die Vergütung der Vorstandsmitglieder und für den Abschluss der die Vergütung betreffenden Verträge gem. § 84 Abs. 1 S. 5 iVm S. 1, § 87, § 112 AktG der Aufsichtsrat zuständig.[435] Der Abschluss dieser Verträge fällt auch dann in die Zuständigkeit des Aufsichtsrats, wenn sie von der Gesellschaft nicht mit dem Vorstandsmitglied selbst, sondern einem Dritten abgeschlossen werden und mit diesem eine Vergütung für die Vorstandstätigkeit vereinbart wird.[436] Nur dadurch ist der Gleichlauf von Bestellungs- und Anstellungskompetenz gewährleistet.[437] Unter diese „**Drittanstellungsverträge**" fällt auch bei der Bestellung eines vorübergehenden Vorstandsmitglieds, das selbst in einem Vertragsverhältnis zu einem Dritten steht, der Abschluss eines Vertrags über die Vergütung dieses Dritten für die Vermittlung sowie Stellung des Vorstandsmitglieds und für seine Vorstandstätigkeit.[438]

Die schuldhafte Nichtbeachtung der nach der AG-Verfassung bestehenden Kompetenzen 137 führt zur **Haftung für diejenigen Schäden, die der Gesellschaft durch die Kompetenzüberschreitung entstanden sind und entstehen werden**.[439] Beim Abschluss von schuldrechtlichen Verträgen unter Kompetenzüberschreitung haftet das Organ grds. auf Freistellung von den für die Gesellschaft begründeten Verbindlichkeiten[440] bzw. auf (Rück-)Zahlung bereits erbrachter Geldleistungen.[441]

dd) Masseschmälerungshaftung. Masseschmälerungshaftung (§§ 93 Abs. 2 S. 1, Abs. 3 138 Nr. 6 iVm § 92 Abs. 2 AktG; § 64 S. 1 GmbHG) ist als reine Innenhaftung ausgestaltet und

---

[427] BAG 29.6.2017 – 8 AZR 189/15, NJW 2018, 184.
[428] LAG Düsseldorf 20.1.2015 – 16 Sa 459/14, NZA-RR 2015, 317.
[429] LAG Düsseldorf 29.1.2018 – 14 Sa 886/17; vgl. auch LAG Düsseldorf 29.1.2018 – 14 Sa 591/17, BeckRS 2018, 2688.
[430] BGH 8.7.2014 – II ZR 174/13, ZIP 2014, 1728; BGH 6.4.1964 – II ZR 11/62, BGHZ 41, 223 (229); BGH 7.11.1990 – 2 StR 439/90, BGHSt 37, 226 (229).
[431] BGH 8.7.2014 – II ZR 174/13, ZIP 2014, 1728.
[432] BGH 8.7.2014 – II ZR 174/13, ZIP 2014, 1728; vgl. dazu Anm. *Tröger* JZ 2015, 257; *Westermann* DZWIR 2015, 149; *Werner* NWB 2015, 110.
[433] OLG Koblenz 23.12.2014 – 3 U 1544/13, GmbHR 2015, 357.
[434] BGH 28.4.2015 – II ZR 63/14, NJW-RR 2015, 988; vgl. dazu auch Anm. *Merkelbach* BB 2015, 1743; Anm. *Naber/Beckmann* BB 2015, 2367; *Kort* AG 2015, 531; *Vetter* NZG 2015, 889; *Arnold* DB 2015, 1650.
[435] BGH 28.4.2015 – II ZR 63/14, NJW-RR 2015, 988.
[436] BGH 28.4.2015 – II ZR 63/14, NJW-RR 2015, 988 mwN.
[437] BGH 28.4.2015 – II ZR 63/14, NJW-RR 2015, 988.
[438] BGH 28.4.2015 – II ZR 63/14, NJW-RR 2015, 988 mwN.
[439] OLG Naumburg 23.1.2014 – 2 U 57/13, ZIP 2014, 1735.
[440] BGH 9.12.1996 – II ZR 240/95, NJW 1997, 741; KG Berlin 17.12.2004 – 14 U 226/03, GmbHR 2005, 477.
[441] OLG Naumburg 23.1.2014 – 2 U 57/13, ZIP 2014, 1735.

begründet keine Ansprüche der Gläubiger.⁴⁴² Für vom Vorstand veranlasste **Zahlungen nach Insolvenzreife** entfällt die Ersatzpflicht des Leitungsorgans, soweit die durch die Zahlung verursachte Schmälerung der Masse in einem unmittelbaren Zusammenhang mit ihr ausgeglichen wird; erforderlich ist ein unmittelbarer, wirtschaftlicher, nicht notwendig zeitlicher Zusammenhang mit der Zahlung.⁴⁴³ Um die Masseverkürzung ausgleichen zu können, muss die in die Masse gelangende Gegenleistung für eine Verwertung durch die Gläubiger geeignet sein.⁴⁴⁴ Dafür, dass einzelne Zahlungen mit der Sorgfalt eines ordentlichen Kaufmanns vereinbar waren, ist der Vorstand darlegungs- und beweispflichtig.⁴⁴⁵ Der anzulegende Maßstab bestimmt sich nicht allein nach den allgemeinen Verhaltenspflichten eines Vorstands, der bei seiner Amtsführung Recht und Gesetz zu wahren hat; er ist vielmehr an dem besonderen Zweck des § 64 S. 1 GmbHG bzw. des § 92 AktG auszurichten. Insbesondere soweit durch Leistungen des Leitungsorgans in der Insolvenzsituation größere Nachteile für die Masse abgewendet werden, kann das Verschulden ausnahmsweise zu verneinen sein.⁴⁴⁶ Dies kommt insbes. bei **Zahlungen** in Betracht, **ohne die der Betrieb im Zweifel sofort hätte eingestellt werden müssen,** was jede Chance auf Sanierung oder Fortführung im Insolvenzverfahren zunichte gemacht hätte.⁴⁴⁷ **Zahlungen zur Erhaltung der Sanierungschancen** sind jedoch nur für einen kurzfristigen Zeitraum privilegiert.⁴⁴⁸ In der Regel wird von einer Dauer von **drei Wochen** auszugehen sein, innerhalb derer die Sanierungsbemühungen abgeschlossen sein müssen,⁴⁴⁹ was jedoch wiederum ein tragfähiges Sanierungskonzept voraussetzt.⁴⁵⁰

139 *ee) Cash-Pooling.* Zur **Vorstandsaußenhaftung wegen Insolvenzverschleppung** kann es **im Konzern** beim sogenannten **Cash-Pooling** kommen. Cash-Pooling bzw. Cash-Pool-Management bedeutet einen **Finanzierungs- und Liquiditätsausgleich zwischen verbundenen Unternehmen.**⁴⁵¹ Für den Vorstand der Konzernholding können Schadenersatzverpflichtungen wegen Insolvenzverschleppung dadurch entstehen, dass Tochtergesellschaften weiter in den Cash-Pool des Konzerns einzahlen, obwohl bereits Zahlungsunfähigkeit eingetreten, jedoch noch kein Insolvenzantrag für die Konzernmutter gestellt worden ist.⁴⁵² Insbesondere ergibt sich bei Eintritt der Insolvenzreife einer Konzernobergesellschaft unter den Voraussetzungen des § 823 Abs. 2 BGB iVm § 15a InsO eine Verantwortlichkeit der Konzernobergesellschaft gegenüber ihren Gläubigern⁴⁵³ wobei zu diesen Gläubigern auch die Konzernuntergesellschaften gehören, die durch ihre Beteiligung am Cash-Pool eine Gläubigerstellung gegenüber dem herrschenden Unternehmen erlangen.⁴⁵⁴ Dabei kann an der Zahlungsunfähigkeit einer Schuldnerin ein „Cash-Pooling" zwischen Muttergesellschaft und Schuldnerin nur dann etwas ändern, wenn es eine Zahlungszusage der Muttergesellschaft gibt, wonach diese sich gegenüber der Schuldnerin verpflichtet hat, die zur Erfüllung der jeweils fälligen Verbindlichkeiten benötigten Mittel zur Verfügung zu stellen, wobei weitere Voraussetzung ist, dass der Schuldnerin ein ungehinderter Zugriff auf die Mittel eröffnet wird oder die Mut-

---

⁴⁴² BGH 18.3.1974 – II ZR 2/72, NJW 1974, 1088 (1089); *Schaal,* Die Haftung der Geschäftsführungsorgane einer insolvenzrechtlich eigenverwaltenden GmbH oder AG, 1. Aufl. 2017, 122 mwN.
⁴⁴³ BGH 18.11.2014 – II ZR 231/13, BGHZ 203, 218; OLG München 18.1.2018 – 23 U 2702/17, DB 2018, 570.
⁴⁴⁴ OLG München 18.1.2018 – 23 U 2702/17, DB 2018, 570; BGH 4.7.2017 – II ZR 319/15, ZIP 2017, 1619.
⁴⁴⁵ BGH 8.1.2001 – II ZR 88/99, BGHZ 146, 264; OLG München 18.1.2018 – 23 U 2702/17, DB 2018, 570.
⁴⁴⁶ OLG München 18.1.2018 – 23 U 2702/17, DB 2018, 570 mwN.
⁴⁴⁷ OLG München 18.1.2018 – 23 U 2702/17, DB 2018, 570; BGH 5.11.2007 – II ZR 262/06, DStR 2008, 1246.
⁴⁴⁸ OLG München 18.1.2018 – 23 U 2702/17, DB 2018, 570 mwN.
⁴⁴⁹ OLG Hamburg 25.6.2010 – 11 U 133/06, DStR 2010, 2047; OLG München 18.1.2018 – 23 U 2702/17, DB 2018, 570.
⁴⁵⁰ OLG München 18.1.2018 – 23 U 2702/17, DB 2018, 570.
⁴⁵¹ OLG München 24.11.2005 – 23 U 3480/05, ZIP 2006, 2131; vgl. dazu auch Anm. *Blöse* GmbHR 2006, 146; Anm. *Habersack/Schürnbrand* BB 2006, 288; *Schilmar* DStR 2006, 568.
⁴⁵² OLG Düsseldorf 20.12.2013 – I-17 U 51/12, ZIP 2015, 73.
⁴⁵³ BGH 22.10.2013 – II ZR 394/12, NJW 2014, 698.
⁴⁵⁴ *Beck* GmbHR 2015, 287.

tergesellschaft ihrer Ausstattungsverpflichtung tatsächlich nachkommt.[455] **Leitungsorgane von Konzernuntergesellschaften** verstoßen gegen ihre Sorgfaltspflichten, wenn sie trotz Kenntnis oder fahrlässigen Unkenntnis des Vorliegens der Voraussetzungen der Insolvenzantragspflicht betreffend die Konzernobergesellschaft **Zahlungen in den Cash-Pool nicht stoppen** und es so zu Vermögenseinbußen der Konzernuntergesellschaft kommt.

ff) Verletzung von Buchführungs- und Rechnungslegungspflichten. Verletzen Mitglieder der Geschäftsleitung der AG schuldhaft die ihnen obliegende Pflicht zur Buchführung[456] und Rechnungslegung, haften sie gegenüber der Gesellschaft gem. § 93 Abs. 2 AktG.[457] Die Gesellschaft hat einen Anspruch auf Ersatz des eingetretenen Schadens, wenn eine konkrete Pflichtverletzung bei der Wahrnehmung der Buchführungsaufgaben und ein Verschulden des Vorstandsmitglieds vorliegt, ein Vermögensschaden entstanden ist (der häufig in der Anspruchsgeltendmachung Dritter gegen die Gesellschaft liegt) und das Handeln bzw. Unterlassen des Organmitglieds ursächlich für den Eintritt des Schadens war.[458]

5. Vorstandshaftung in besonderen Aktiengesellschaften

Besondere Aktiengesellschaft sind die kleine Aktiengesellschaft, die gemeinnützige Aktiengesellschaft, die REIT-AG, die InvAG oder die **europäische Aktiengesellschaft (SE)** sowie die Aktiengesellschaften in öffentlicher und kirchlicher Hand.[459] Die rechtlichen Rahmenbedingungen für die Vorstandshaftung sind grds. dieselben wie die für andere in Deutschland tätige Aktiengesellschaften wobei jeweils die sich aus den besonderen betrieblichen Umständen ergebenden Gegebenheiten bei der Prüfung des jeweils erforderlichen Compliance-Systems, der jeweils erforderlichen Prüfungsvoraussetzungen etc. zu berücksichtigen sind. So bindet zB der Gleichheitssatz des Art. 3 Abs. 1 GG staatliche Stellen wie auch **von der öffentlichen Hand beherrschte oder im Alleineigentum der öffentlichen Hand stehende Aktiengesellschaften**[460] bei der **Vergabe öffentlicher Aufträge**.[461] Betreffend die Haftung des Vorstands einer dualistisch[462] organisierten SE mit Sitz in Deutschland ist auszuführen, dass **Art. 51 SE-VO** diese dem nationalstaatlichen Regime unterstellt, und zwar in vollem Umfang. Da weder die Verordnung (EG) Nr. 2157/2001 des Rates v. 8.10.2001 über das Statut der Europäischen Gesellschaft (SE)[463] noch das deutsche SE-Ausführungsgesetz eine besondere Regelung zur Organhaftung enthalten, unterliegt die Gesellschaft gem. Art. 9 Abs. 1 Buchst. c ii der SE-VO insoweit den nationalen Rechtsvorschriften, die auf eine nach dem Recht des Sitzstaats der SE gegründete Aktiengesellschaft Anwendung finden würden, mithin den Regeln des deutschen Aktiengesetzes.[464] Sowohl die Innenhaftung gem. §§ 93 AktG wie auch das sonstige deutsche Haftungsrecht wie § 823 Abs. 2 BGB iVm Schutzgesetz und § 117 AktG sind anzuwenden.[465]

---

[455] OLG München 5.10.2016 – 7 U 1996/16, GmbHR 2017, 147 = LSK 2016, 113188; BGH 26.1.2016 – II ZR 394/13, GmbHR 2016, 701.
[456] Lücke/Schaub AG-Vorstand/*Lücke* § 3 Rn. 81; BGH 27.8.2010 – 2 StR 111/09, NJW 2010, 3458; vgl. dazu auch → § 22 Rn. 107 f.
[457] *Fleischer* WM 2006, 2021 (2025); *Eschenfelder* BB 2014, 685 (686).
[458] *Eschenfelder* BB 2014, 685 (686).
[459] Zu den besonderen Erfordernissen der Compliance bei gemeinnützigen Aktiengesellschaften → § 55 Rn. 39, 41–45.
[460] BVerfG 22.2.2011 – 699/06, NJW 2011, 1201; BGH 16.3.2017 – I ZR 13/16, NJW 2017, 3153.
[461] BVerfG 13.6.2006 – 1 BvR 1160/03, NJW 2006, 3701.
[462] Die SE mit Sitz in Deutschland kann auch mit monistischer Verfassung gegründet werden (Art. 43 ff. SE-VO). Dann besteht in dieser Gesellschaft kein Aufsichtsorgan, Lutter/Krieger AR, 2. Aufl. 2008, § 19 Rn. 1351; Lutter/Hommelhoff/Teichmann/*Teichmann*, SE Kommentar, 2. Aufl. 2015, SE-VO Art. 43 Rn. 63 ff.
[463] SE-VO, ABl. L 294 v. 10.11.2001, S. 1.
[464] BGH 21.10.2014 – II ZR 330/13, NJW 2015, 336; BGH 10.7.2012 – II ZR 48/11, BGHZ 194, 14 Rn. 8.
[465] Lutter/Krieger AR § 19 Rn. 1402; Lutter/Hommelhoff/Teichmann/*Teichmann*, SE Kommentar, 2. Aufl. 2015, SE-VO Art. 51 Rn. 13, 15; Manz/Mayer/Schröder/*Manz*, Europäische Aktiengesellschaft SE, 2. Aufl. 2010, SE-VO Art. 51 Rn. 11.

6. Versicherungen

142 Zur Versicherung des Haftungsrisikos werden von den Gesellschaften üblicherweise Vermögensschadenshaftpflichtversicherungen für das Management abgeschlossen für die sich – abgeleitet von der amerikanischen Directors' and Officers' Liability Insurance – die Kurzbezeichnung **D&O-Versicherung** durchgesetzt hat.[466] D&O-Versicherungen sind jedenfalls für den Bereich börsennotierter Aktiengesellschaften zum Standard geworden.[467]

143 Die D&O-Versicherung ist eine **Fremdhaftpflichtversicherung**,[468] die eine Gesellschaft als Versicherungsnehmerin zu Gunsten ihrer Organmitglieder und leitenden Angestellten (Managern) als versicherten Personen abschließt. Eine D&O-Versicherung, welche auch Schadensersatzansprüche der Versicherungsnehmerin und ihrer Tochterunternehmen gegen versicherte Personen deckt, ist **Versicherung für fremde Rechnung iSd §§ 43 ff. VVG**.[469]

144 Nach der Neuregelung des VorstAG[470] ist in § 93 Abs. 2 S. 3 AktG ein **obligatorischer Selbstbehalt** von mindestens 10 % des Schadens bis mindestens zur Höhe des 1,5-fachen der jährlichen Festvergütung des Vorstandsmitglieds vorgesehen.[471] Es handelt sich hierbei um einen Mindestselbstbehalt und diese Gesellschaft kann, muss aber nicht höhere Selbstbehalte vereinbaren.[472] Der Mindestselbstbehalt findet nach zutreffender Auffassung[473] – anders als seine Stellung in § 93 Abs. 2 S. 3 AktG vermuten lässt – nicht nur auf Fälle der Innenhaftung nach § 93 Abs. 2 S. 1 AktG Anwendung, sondern, wenn die D&O-Versicherung die Inanspruchnahme der Vorstandsmitglieder durch Dritte abdeckt,[474] auch in den Fällen der Außenhaftung.[475] Die Neuregelung des obligatorischen Selbstbehalts in § 93 Abs. 2 S. 3 AktG erlaubt es den Vorständen, ihre Selbstbehalte selbst anderweitig zu versichern.[476] Hier kann auch nicht der Einwand der Gesetzesumgehung ins Feld geführt werden, da sich der Gesetzgeber trotz Hinweises im Gesetzgebungsverfahren[477] bewusst gegen ein Verbot der Eigenversicherung entschieden hat.[478]

145 Ein Verstoß gegen die **Pflicht zur Vereinbarung eines Selbstbehalts iSv § 93 Abs. 2 S. 3 AktG führt** nach zutreffender Ansicht auch **nicht zur Nichtigkeit des zwischen der Gesellschaft und dem Versicherer bestehenden Vertrags**.[479] Dies, da weder die Voraussetzungen des § 134 BGB vorliegen, noch eine solche Rechtsfolge sachgerecht ist.[480] So ist nicht nur ein kompliziertes Rückabwicklungsverhältnis zu vermeiden, sondern es wäre vor allem die Gesellschaft, der aus der Nichtigkeit ein Schaden droht.[481]

146 Bei der Prozessvertretung in Vorstandshaftungssachen sollte von dem die Gesellschaft vertretenden Anwalt auch geprüft werden, ob ein **Direktprozess gegen den Versicherer** geführt werden kann. Der **Direktprozess nach Abtretung** bringt Erleichterungen für die geschädigte Gesellschaft und das Organmitglied, da die Schadensregulierung beschleunigt wird, das Verhältnis zwischen Gesellschaft und Organmitglied weniger stark belastet wird, wenn sich diese nicht als Gegner im Prozess gegenüberstehen und zudem der Gesellschaft mit dem Or-

---

[466] *Lutter/Krieger* AR § 13 Rn. 1024.
[467] *Thüsing/Traut* NZA 2010, 140.
[468] *Krieger/Schneider/Sieg*, Handbuch Managerhaftung, 2007, § 16 Rn. 23 mwN.
[469] BGH 5.4.2017 – IV ZR 360/15, ZIP 2017 881; BGH 13.4.2016 – IV ZR 51/14, AG 2016, 395; BGH BGHZ 209, 373.
[470] *Ihrig/Wandt/Wittgens* ZIP-Beilage 40/2012, 1.
[471] *Dauner-Lieb/Tettinger* ZIP 2009, 1555; *Dreher* AG 2008, 429; *van Kann* NZG 2009, 1010; *Gädtke* VersR 2009, 1565.
[472] *Thüsing/Traut* NZA 2010, 140 (140).
[473] *Thüsing/Traut* NZA 2010, 140 (141).
[474] S. Nr. 1.1 AVB-AVG 2008 Ziff. 5.9.
[475] AA *Olbrich/Kassing* BB 2009, 1010 (1011); *Lange* VW 2009, 918; *Schulz* VW 2009, 1410 (1411).
[476] *Thüsing/Traut* NZA 2010, 140 (142); *Dauner-Lieb/Tettinger* ZIP 2009, 1555 (1557); *Hoffmann-Becking/Krieger* NZG-Beilage 26/2009, Rn. 56; *van Kann* NZG 2009, 1010 (1012).
[477] *Goette*, Stellungnahme, S. 7; *Thüsing*, Stellungnahme S. 13 f.
[478] *Thüsing/Traut* NZA 2010, 140 (143).
[479] So etwa *Dauner-Lieb/Tettinger* ZIP 2009, 1555 (1556); *van Kann* NZG 2009, 1010 (1013); aA *Lange* VW 2009, 918; *Ihrig/Wandt/Wittgens* ZIP-Beilage 40/2012, 1 (30).
[480] *Ihrig/Wandt/Wittgens* ZIP-Beilage 40/2012, 1 (30).
[481] Vgl. zu dieser Argumentation *Fiedler* MDR 2009, 1077 (1079).

ganmitglied als Zeugen eine neue Beweismöglichkeit zur Verfügung steht.[482] Der den Vorstand beratende Anwalt muss hier allerdings im Auge haben, dass bei einer wegen Durchgreifen des Vorsatzeinwandes[483] erfolglosen Inanspruchnahme der Versicherung der Folgeprozess gegen den Vorstand mit entgegen gesetzter und auf seine Entlastung gerichteter Interessenlage des Vorstands persönlich droht. Es wird in diesem Fall zu prüfen sein, ob eine Abtretung der Ansprüche gegen den Versicherer Zug-um-Zug gegen die Zusage, ihn nicht mehr persönlich in Anspruch zu nehmen,[484] im Blick auf die engen Voraussetzungen der Vereinbarung von Haftungsbeschränkungen (§ 93 Abs. 4 S. 3, 4 AktG)[485] geregelt werden kann.

Der in der Haftpflichtversicherung geltende Trennungsgrundsatz steht auch einer Vereinigung von Haftpflicht- und Freistellungsanspruch in einer Hand bei **Versicherung für fremde Rechnung iSd §§ 43 ff. VVG** nicht entgegen.[486] Mit der Abtretung des Deckungsanspruchs der versicherten Person an den geschädigten Versicherungsnehmer oder das geschädigte, in den Versicherungsschutz einbezogene Tochterunternehmen, wandelt sich dieser Anspruch in einen Zahlungsanspruch.[487]

Zu beachten ist, dass gem. § 23 Abs. 1 S. 1 EGAktG die Neuregelung des § 93 Abs. 2 S. 3 AktG ab dem 1.7.2010 grds. auch auf vor Inkrafttreten des Gesetzes geschlossene Versicherungsverträge anzuwenden ist. Der Gesetzgeber bezweckt damit ausweislich der Gesetzesbegründung, dass laufende Verträge bis zum genannten Stichtag an das neue Regime angepasst werden.[488] Eine **Ausnahme** ist in **§ 23 Abs. 1 S. 2 EGAktG** ausdrücklich geregelt. Ist die Gesellschaft gegenüber dem Vorstand aus einer vor dem 5.8.2009 geschlossenen Vereinbarung zur Gewährung einer Versicherung ohne Selbstbehalt iSd § 93 Abs. 2 S. 3 AktG verpflichtet, so darf sie diese Verpflichtung erfüllen. Diese Regelung erfasst auch die Fälle in denen der vertraglich vereinbarte Selbstbehalt geringer ist als der gesetzlich vorgegebene.[489] Bei Verlängerung eines Vorstandsvertrags gilt die Privilegierung des § 23 Abs. 1 S. 2 EGAktG allerdings nicht mehr.[490] Neben der ausdrücklichen Altfallregelung in § 23 Abs. 1 S. 2 EGAktG ergibt sich im Blick auf die verhaltenslenkende Funktion des Selbstbehalts die Notwendigkeit einer teleologische Reduktion dahingehend, dass § 93 Abs. 2 S. 3 AktG zwingend nur dann Anwendung finden kann, wenn die Pflichtverletzung vor dem 4.8.2009 begangen wurde.[491]

II. Privatrechtliche Haftung der Aufsichtsratsmitglieder der AG

1. Grundsätzliches

a) **Systematik der Rechtsgrundlagen der Aufsichtsratshaftung; Innenhaftung und Außenhaftung.** Die Rechtsgrundlagen für Haftungsansprüche gegenüber AG-Aufsichtsräten könnten insgesamt im Aktiengesetz oder in einem besonderen „**Aufsichtsratshaftungsgesetz**" geregelt werden. Weder den einen noch den anderen Weg hat der Gesetzgeber beschritten. Das Aktiengesetz selber enthält zwar einerseits als Anspruchsgrundlagen die Regelungen betreffend die Haftung der Aufsichtsratsmitglieder gegenüber der Aktiengesellschaft in §§ 116 S. 1, 93 AktG und in § 117 Abs. 1 S. 1 AktG,[492] wobei diese Normen dem Bereich der In-

---

[482] *Böttcher* NZG 2008, 645 (650).
[483] *Held* CB 2014, 29 (32); *Seitz* VersR 2007, 1476.
[484] So *Böttcher* NZG 2008, 645 (650).
[485] → Rn. 46.
[486] BGH 13.4.2016 – IV ZR 51/14, BeckRS 2016, 07881.
[487] BGH 13.4.2016 – IV ZR 51/14, BeckRS 2016, 07881.
[488] BT-Drs. 16/13433, 19.
[489] *Koch* AG 2009, 637 (640); *Hohenstatt* ZIP 2009, 1349 (1354).
[490] BT-Drs. 16/13433, 12.
[491] *Franz* DB 2009, 2764 (2772); *Koch* AG 2009, 637 (640).
[492] Der Täter iSd § 117 AktG qualifiziert sich allein durch seinen Einfluss und dessen Ausübung, so dass auch ein Verwaltungsmitglied und insbes. ein Aufsichtsrat Täter sein kann, Hüffer/Koch/*Koch* AktG § 117 Rn. 3; BGH 4.3.1985 – II ZR 271/83, NJW 1985, 1777.

nenhaftung zuzurechnen sind⁴⁹³ und andererseits die Regelung des § 117 Abs. 1 S. 2 AktG, die zum Bereich der **Außenhaftung** zu rechnen ist. Diese unmittelbar im Aktiengesetz enthaltenen Regelungen zur Innen- und zur Außenhaftung werden aber nicht als abschließende Regelung ausgelegt und es wird nicht der Umkehrschluss (argumentum e contrario) gezogen, dass die Anwendung anderer gesetzlicher Anspruchsgrundlagen aus dem allgemeinen Deliktsrecht⁴⁹⁴ (§§ 823, 826 BGB) ausgeschlossen wäre. Die Rechtsgrundlagen der Aufsichtsratshaftung sind so in verschiedenen Gesetzen enthalten.

150 Anknüpfend an die ausdrückliche gesetzliche Regelung des (Innen-)Haftungstatbestandes im Aktiengesetz (§§ 116, 93 AktG) wird bei der Darstellung des Haftungsrechts des AG-Aufsichtsrats traditionell zunächst die Innenhaftung und anschließend die Außenhaftung des Aufsichtsrats dargestellt.⁴⁹⁵ Unter Verweis auf die Entwicklung der Zahl der Haftungsfälle im Bereich der Außenhaftung und zudem die systematische Verzahnung des überwiegenden Teils der Außenhaftungstatbestände über die Regressregelungen der für die Pflichtverletzungen ihrer Aufsichtsräte haftenden AG in § 31 BGB, §§ 116, 93 Abs. 2 S. 1, § 117 Abs. 2 AktG, § 426 BGB mit der Innenhaftung wird hier zunächst die Außenhaftung und dann erst die Innenhaftung dargestellt. Zudem sind im Blick auf die sowohl im Verhältnis zur Gesellschaft als auch innerhalb des Aufsichtsrats sowie im Rechtsverhältnis zum Vorstand eingreifenden **Gesamtschuldregeln** die jeweiligen **Regressrechtsverhältnisse** betreffend Schadenersatzansprüche in die Übersicht einzustellen. Dies auch wegen der bei der Fallbearbeitung und insbes. der Vertretung eines auf Schadenersatz in Anspruch genommenen Aufsichtsrats oder der Vertretung der auf Schadenersatz verklagten Gesellschaft jeweils zu entscheidenden Frage, ob und ggf. gegenüber wem eine **Streitverkündung** erforderlich und geboten ist. **Ausgleichsansprüche unter Gesamtschuldnern** sind **Ansprüche auf Schadloshaltung iSd § 72 Abs. 1 ZPO**.⁴⁹⁶ Betreffend **Verjährung** ist zu beachten, dass die **Hemmungswirkung gem. § 204 Abs. 1 Nr. 6 BGB** nicht nur durch das Erfordernis der Zulässigkeit der Streitverkündung, sondern auch durch den Inhalt der Streitverkündungsschrift begrenzt wird, die den sich aus § 73 Abs. 1 ZPO ergebenden Konkretisierungserfordernissen genügen muss.⁴⁹⁷

151 Übersicht: Systematik der Rechtsverhältnisse bei der AG-Aufsichtsratshaftung

I. Aufsichtsratsaußenhaftung (Haftung gegenüber Aktionären, Anlegern und Gesellschaftsgläubigern)
   1. Haftung gem. § 823 Abs. 1 BGB
   2. Haftung gem. § 823 Abs. 2 BGB iVm Schutzgesetz
   3. Haftung gem. § 826 BGB
   4. Haftung gem. § 826 BGB (Prospekthaftung)
   5. Haftung gem. § 117 Abs. 1 S. 2 AktG
   6. Haftung gem. § 41 Abs. 1 S. 2 AktG

II. Aufsichtsratsinnenhaftung (Haftung des Aufsichtsrats gegenüber der Gesellschaft)
   1. Gesamtschuldnerregress der gegenüber Aktionären, Anlegern und Gesellschaftsgläubigern – wegen Aufsichtsratsaußenhaftung – gem. § 31 BGB, § 93 Abs. 2 S. 1 AktG, §§ 421, 840 BGB haftenden Gesellschaft gegenüber dem Aufsichtsrat
   2. Sonstige Innenhaftung gem. §§ 116, 93, 117 Abs. 1 S. 1 AktG
   3. Haftung wegen Verstoßes gegen Vorgaben des VorstAG

III. Regressanspruch wegen Schadenersatz des einen gesamtschuldnerisch in Anspruch genommenen Aufsichtsrats gegen andere Aufsichtsräte, §§ 116, 93 Abs. 2 S. 1, 117 Abs. 2 AktG, §§ 426, 840 BGB

---

⁴⁹³ *Lutter/Krieger* AR § 13 Rn. 981 f.
⁴⁹⁴ § 117 AktG ist nach Entstehungsgeschichte und Textfassung ein Tatbestand des Deliktsrechts, Hüffer/Koch/*Koch* AktG § 117 Rn. 2; BGH 22.6.1992 – II ZR 178/90, NJW 1992, 3167 (3172).
⁴⁹⁵ Vgl. zB *Lutter/Krieger* AR § 13 Rn. 981 ff., 1018 ff.
⁴⁹⁶ BGH 7.5.2015 – VII ZR 104/14, ZIP 2015, 1189.
⁴⁹⁷ BGH 11.2.2009 – XII ZR 114/06, NJW 2009, 1488; BGH 6.12.2007 – IX ZR 143/06, NJW 2008, 519; BGH 7.5.2015 – VII ZR 104/14, ZIP 2015, 1189.

IV. Regressanspruch wegen Schadenersatz des gesamtschuldnerisch in Anspruch genommenen Aufsichtsrats gegen den Vorstand oder andere Vorstände, §§ 116, 93 Abs. 2 S. 1, 117 Abs. 2 AktG, §§ 426, 840 BGB

b) **Pflichtenstellung des Aufsichtsrats.** Im Rahmen seines gesetzlichen Aufgabenkreises obliegt dem Aufsichtsrat die Pflicht, die Interessen der Gesellschaft in eigener Verantwortung sachgemäß wahrzunehmen.[498] Der Aufsichtsrat hat die **Rechtmäßigkeit des Vorstandshandelns** zu prüfen. Zudem hat er die **unternehmerische Zweckmäßigkeit der Maßnahmen des Vorstands** zu überprüfen.[499] Den Aufsichtsrat treffen Informations-, Beratungs- und Überwachungspflichten. Der Umfang der **Überwachungspflichten** des Aufsichtsrats ist von den Umständen des Einzelfalls abhängig.[500] Grundsätzlich ist die laufende Überwachung des Vorstands in allen Einzelheiten weder zu erwarten noch zulässig, vielmehr genügt es, dass sich der Aufsichtsrat ein Bild über die wesentlichen Grundlagen der Geschäftsführung und die wichtigsten Geschäftsvorfälle macht.[501] Eine Verpflichtung, Berichte anzufordern und an dem Vorstand vorbei Nachforschungen anzustellen, ergibt sich nur sekundär, wenn die Berichte des Vorstands unklar, unvollständig oder erkennbar unrichtig sind oder der Aufsichtsrat glaubwürdige Hinweise auf ein Fehlverhalten des Vorstands erhält.[502] Es ist deshalb grds. nicht Aufgabe der Aufsichtsräte, einzelne Forderungen und Zahlungseingänge sowie die Buchhaltung der Gesellschaft iE zu prüfen.[503] Bei Anhaltspunkten für eine Verletzung der Geschäftsführungspflichten und insbes. bei Hinweisen auf **existenzgefährdende Geschäftsführungsmaßnahmen** ist eine **intensivere Überwachungstätigkeit** erforderlich.[504] Auch bei einer neu gegründeten Gesellschaft können die Anforderungen an die Überwachungspflichten des Aufsichtsrats gesteigert sein.[505] Ist eine Gesellschaft „erst vor verhältnismäßig kurzer Zeit angelaufen"[506] so besteht genügend Grund, sich eingehend über die rechtlichen, sachlichen und vor allem finanziellen Bedingungen zu informieren, um so die nötige Grundlage für eine laufende Überwachung der Geschäftsführung zu gewinnen. Dazu hat sich der Aufsichtsrat wenigstens in groben Zügen ein Bild davon zu machen suchen, inwieweit zB die in einem **Werbeprospekt** dargestellten Vorhaben bereits in Angriff genommen und mit den vorhandenen oder sicher zu erwartenden Mitteln überhaupt durchführbar sind.[507] Der Aufsichtsrat muss sich grds. ein genaues Bild von der **wirtschaftlichen Situation der Gesellschaft** verschaffen und insbes. in einer Krisensituation alle ihm nach §§ 90 Abs. 3, 111 Abs. 2 AktG zur Verfügung stehenden Erkenntnisquellen ausschöpfen.[508] Der Aufsichtsrat haftet demgegenüber **nicht für Versäumnisse im Tagesgeschäft**, weil dieses nicht seiner Überwachung unterliegt.[509] Entsprechend obliegt die Überwachung **nachgeordneter Führungsebenen** oder von **untergeordneten Konzerngesellschaften** dem Vorstand, so dass auch hier eine Haftung des Aufsichtsrats grds. ausscheidet.[510] Die Pflichtenstellung des Aufsichtsrats beinhaltet zudem, dass er die Geschäftsführung des Vorstands auch betreffend be-

---

[498] BAG 20.9.2016 – 3 AZR 77/15, NZG 2017, 69; BGH 21.4.1997 – II ZR 175/95, BGHZ 135, 244.
[499] OLG Düsseldorf 22.6.1995 – 6 U 104/94, NJW-RR 1995, 1371.
[500] OLG Stuttgart 19.6.2012 – 20 W 1/12, ZIP 2012, 1965.
[501] OLG Stuttgart 19.6.2012 – 20 W 1/12, ZIP 2012, 1965 mwN.
[502] OLG Stuttgart 19.6.2012 – 20 W 1/12, ZIP 2012, 1965 mwN.
[503] OLG Stuttgart 19.6.2012 – 20 W 1/12, ZIP 2012, 1965.
[504] Schmidt/Lutter/*Drygala*, 2. Aufl. 2010, AktG § 116 Rn. 17; OLG Stuttgart 19.6.2012 – 20 W 1/12, ZIP 2012, 1965.
[505] OLG Stuttgart 19.6.2012 – 20 W 1/12, ZIP 2012, 1965 mwN.
[506] BGH 22.10.1979 – II ZR 151/77, WM 1979, 1425, zu einem Beirat.
[507] BGH 22.10.1979 – II ZR 151/77, WM 1979, 1425, zu einem Beirat.
[508] BGH 1.12.2008 – II ZR 102/07, NJW 2009, 850; OLG Düsseldorf 31.5.2012 – I-16 U 176/10, ZIP 2012, 2299; BGH 16.3.2009 – II ZR 280/07, NJW 2009, 2454.
[509] OLG Köln 31.1.2013 – 18 U 21/12, ZIP 2013, 516; OLG Frankfurt a. M. 23.7.2010 – 5 W 91/09, BeckRS 2010, 21954.
[510] *Lederer*, Die Haftung von Aufsichtsratsmitgliedern und nicht geschäftsführenden Direktoren, 2011, Kap. 6 II 1, S. 91 mwN.

reits abgeschlossene Geschäftsvorgänge überwacht (§ 111 Abs. 1 AktG), um dadurch erforderlichenfalls Schäden von der Gesellschaft abzuwenden.[511]

153   aa) *Pflicht zur Geltendmachung von Ansprüchen.* Der Aufsichtsrat ist nach der Rspr. des BGH[512] gem. §§ 111 Abs. 1, 112 AktG grds. gehalten, **Schadensersatzansprüche der Gesellschaft gegen Vorstandsmitglieder** geltend zu machen. Ebenso hat er einen Anspruch auf Herausgabe einer ungerechtfertigten Bereicherung nach § 812 BGB zu verfolgen. Es gehört zu seinen allein am Unternehmenswohl orientierten Pflichten, die Rechtslage zu begutachten, die Prozessrisiken abzuwägen, die Beitreibbarkeit der Forderung abzuschätzen und zu prüfen, ob ausnahmsweise Gründe vorliegen, die es angezeigt erscheinen lassen, die Forderung dennoch nicht oder nicht in voller Höhe geltend zu machen. Je nach dem Ergebnis dieser Prüfungen hat er die Pflicht, den Anspruch gegen das Vorstandsmitglied durchzusetzen. Da die Entscheidung dem Unternehmenswohl verpflichtet ist, das grds. die Wiederherstellung des geschädigten Gesellschaftsvermögens verlangt, wird der Aufsichtsrat von der Geltendmachung voraussichtlich begründeter Schadenersatzansprüche gegen einen pflichtwidrig handelnden Vorstand nach dem OLG Stuttgart[513] **nur dann ausnahmsweise absehen dürfen, wenn gewichtige Interessen und Belange der Gesellschaft dafür sprechen, den ihr entstandenen Schaden ersatzlos hinzunehmen.**[514] Diese **Anforderungen** werden in der Rspr. als „sehr streng" interpretiert.[515] Verstößt der Aufsichtsrat gegen die betreffend die Geltendmachung von Ansprüchen bestehenden Pflichten, haftet er seinerseits nach §§ 116, 93 AktG.

154   bb) *Aufsichtsratshaftung und Compliance.* Bedeutung für die Aufsichtsratshaftung hat der aus dem anglo-amerikanischen Rechtskreis stammende Begriff der „Compliance".[516] Compliance bzw. **Compliance-Management** bedeutet die Einhaltung von gesetzlichen und unternehmerischen Vorgaben durch Überwachungssysteme. Das Ziel von Compliance ist es, auf die **Einhaltung gesetzlicher Normen oder unternehmensdefinierter Vorgaben** hinzuwirken, um dadurch Haftungsansprüche oder andere Rechtsnachteile, wie Rufschädigungen für das Unternehmen, seine Mitarbeiter und Organe zu vermeiden.[517] Die Einrichtung und Ausgestaltung eines angemessenen und effektiven Compliance-Systems ist zwar in der AG dem Vorstand übertragen,[518] wobei die Entscheidung des LG München v. 10.12.2013[519] klargestellt hat, dass sich der Vorstand dieser Organisationspflicht[520] auch nicht entziehen kann. Die Pflicht des Vorstands bedingt aber eine entsprechende Pflicht des Aufsichtsrats, die ordnungsgemäße Umsetzung des vom Vorstand eingerichteten Systems zu überwachen.[521] Ausgehend von der Aufgabenverteilung zwischen Vorstand und Aufsichtsrat gehört es so zu den Aufgaben des Aufsichtsrats zu überwachen, ob der Vorstand seinen Führungs- und Überwachungsaufgaben auf nachgeordnete Führungsebenen und Konzerntöchter durch Schaffung

---

[511] BAG 20.9.2016 – 3 AZR 77/15, NZG 2017, 69; BGH 21.4.1997 – II ZR 175/95, BGHZ 135, 244.
[512] BGH 21.4.1997 – II ZR 175/95, NJW 1997, 1926, ARAG/Garmenbeck; BGH 16.3.2009 – II ZR 280/07, NJW 2009, 2454 = NZG 2009, 550; vgl. auch *Paefgen* AG 2008, 761.
[513] → Rn. 3, aus verfassungsrechtlichen Gründe sind stets und jedenfalls in der Fallgruppe des Zusammentreffens von „culpa levissima" mit drohender Existenzvernichtung, entgegen dem OLG Stuttgart auch die Interessen des Vorstands gegenüber dem Unternehmensinteresse in die Entscheidung einzustellen und abzuwägen.
[514] OLG Stuttgart 8.7.2015 – 20 U 2/14, BB 2015, 2177; BGH 21.4.1997 – II ZR 175/95, NJW 1997, 1926, ARAG/Garmenbeck.
[515] OLG Hamm 17.3.2016 – 27 U 36/15, BeckRS 2016, 05297; vgl. dazu auch *Schmidt/Schantz* NZS 2014, 5 (11).
[516] *Rack* CB 2017, 59; 2017, 105; *Reichert/Ott* NZG 2014, 241; *Grützner/Behr* DB 2013, 561; vgl. auch *Hauschka*, Corporate Compliance, 2007; *Bachmann* VGR 2008, 66 mwN.
[517] *Hauschka*, Corporate Compliance, 2007, § 1 Rn. 24.
[518] Vgl. auch Ziff. 4.1.3. DCGK.
[519] LG München I 10.12.2013 – 5 HK O 1387/10, ZIP 2014, 570; vgl. dazu auch *Bachmann* BB 2015, 771; *Bachmann* Anm. ZIP 2014, 570; *Fleischer* NZG 2014, 322; *Harbarth* ZHR 2015, 136; *Grützner* Anm. BB 2014, 850; *Meyer* DB 2014, 1063; *Beisheim/Hecker* KommJur 2015, 49; *Werner* NWB 2014, 1952; *Oppenheim* DStR 2014, 1063.
[520] Vgl. § 22 III 4d).
[521] *Habersack* AG 2014, 1 (3 f.); *Goette* CCZ 2014, 49; *Reichert/Ott* NZG 2014, 241 (244 f.).

§ 24 Haftung von Vorstands- und Aufsichtsratsmitgliedern

geeigneter Organisationsrichtlinien, ein konzernweites Controlling und ein konzernweites Compliance-System nachkommt. Aus der Verantwortlichkeit des Aufsichtsrats für die **Einhaltung von Recht und Gesetz in der Gesellschaft und im Konzern** ergibt sich für ihn auch die Rechtspflicht, sich von der **Plausibilität des vom Vorstand eingerichteten Systems** zu überzeugen und sich regelmäßig vom Vorstand über dessen Maßnahmen und das Feedback aus dem Unternehmen berichten zu lassen.[522]

cc) Aufsichtsratshaftung und Business Judgment Rule. Gem. § 116 S. 1 AktG gilt die Business Judgment Rule entsprechend für die Mitglieder des Aufsichtsrats.[523] Es wirkt sich dabei zum einen[524] die Anwendung dieser Regel auf den Vorstand auch zugunsten des Aufsichtsrats aus. Hat der Vorstand bei einer unternehmerischen Entscheidung die Voraussetzungen für die Anwendung der Business Judgment Rule erfüllt, kommt auch eine Haftung der Aufsichtsratsmitglieder nicht in Betracht was selbst dann gilt, wenn der Aufsichtsrat seine Überwachungspflicht nicht erfüllt hat, da bei einer pflichtgemäßen Entscheidung des Vorstands tatbestandlich keine Pflicht des Aufsichtsrat zum Einschreiten entstehen kann.[525] Zum anderen[526] hat die Business Judgment Rule eine eigenständige Bedeutung für Mitglieder des Aufsichtsrats dann, wenn der Aufsichtsrat selbst an einer unternehmerischen Entscheidung mitwirkt und dabei eine andere geschäftspolitische Auffassung vertritt als der Vorstand. Relevant sind hier[527] insbes. die Entscheidung über die Zustimmungserteilung bei zustimmungsbedürftigen Rechtsgeschäften, die Auswahl von Vorstandsmitgliedern einschließlich der Festlegung eines Vergütungssystems (§§ 84, 87 AktG), die Mitwirkung bei der Feststellung des Jahresabschlusses und der Dotierung von anderen Gewinnrücklagen (§ 58 Abs. 2 AktG), der Vorschlag für die Auswahl von Aufsichtsratsmitgliedern (§ 124 Abs. 3 S. 1 AktG) und des Abschlussprüfers (§ 318 Abs. 1 HGB, § 119 Abs. 1 Nr. 4, § 124 Abs. 3 S. 1 AktG) einschließlich der Auftragserteilung und der Festlegung der Prüfungsschwerpunkte (§ 111 Abs. 2 S. 3 AktG), der Vorschlag für die Gewinnverwendung (§ 124 Abs. 3 S. 1 AktG), die Zustimmung zu Abschlagszahlungen auf den Bilanzgewinn (§ 59 Abs. 3 AktG), die Entscheidung über die Bedingung der Aktienausgabe beim genehmigten Kapital (§ 204 Abs. 1 AktG), die Zustimmung zu Verträgen mit Vorstands- oder Aufsichtsratsmitgliedern (§§ 89, 114, 115 AktG), sowie die Mitwirkung bei der Ausübung von Beteiligungsrechten (§ 32 MitbestG, § 15 MitbestErgG) und an übernahmerechtlichen Stellungnahmen und Maßnahmen (§§ 27, 33 Abs. 1 S. 2 WpÜG).[528] Es obliegt dem Aufsichtsrat, die Sorgfalt der Entscheidungsfindung des Vorstands zu prüfen und etwaige **Bedenken gegen die Zweckmäßigkeit des Vorstandshandels darzulegen und zu diskutieren.**[529] Der Aufsichtsrat hat sich dabei einen Überblick über die wesentlichen Grundlagen der Geschäftsführung und die wichtigeren Geschäftsvorfälle zu verschaffen.[530] Solange das Zweckmäßigkeitsurteil des Vorstands **kaufmännisch vertretbar** bleibt muss der Aufsichtsrat sein Zweckmäßigkeitsurteil nicht durchsetzen. Unvertretbare Maßnahmen hat der Aufsichtsrat zu verhindern.[531] Das ist zB dann der Fall, wenn der Aufsichtsrat der Veräußerung eines Grundstücks mit einem Verkehrswert von 34 Mio. DM für nur 14 Mio. DM zustimmt.[532] Der Aufsichtsrat handelt pflichtwidrig, wenn er nicht mit allen zur Verfügung stehenden Mitteln gegen ungewöhnlich leichtfertige Maßnahmen des Vorstands einschreitet.[533] Notfalls hat der Aufsichtsrat zur Verhinderung unvertretbarer Geschäftsführungsmaßnahmen ad hoc einen

---

[522] *Semler/v. Schenck* AR-HdB § 7 Rn. 120; *Lutter/Krieger* AR § 3 Rn. 72.
[523] OLG München 12.1.2017 – 23 U 3582/16, WM 2017, 1415.
[524] *Cahn*, Aufsichtsrat und Business Judgment Rule, ILF-Working-Paper Series Nr. 141/2013, 1 (3).
[525] *Cahn*, Aufsichtsrat und Business Judgment Rule, ILF-Working-Paper Series Nr. 141/2013, 1 (3) mwN.
[526] *Cahn*, Aufsichtsrat und Business Judgment Rule, ILF-Working-Paper Series Nr. 141/2013, 1 (3).
[527] *Cahn*, Aufsichtsrat und Business Judgment Rule, ILF-Working-Paper Series Nr. 141/2013, 1 (3); Kölner Komm AktG/*Mertens/Cahn* § 116 Rn. 68; *Ihrig* WM 2004, 2098 (2106); *Schäfer* ZIP 2005, 1253 (1258).
[528] *Cahn*, Aufsichtsrat und Business Judgment Rule, ILF-Working-Paper Series Nr. 141/2013, 1 (3) mwN.
[529] *Lutter/Krieger* AR § 13 Rn. 986.
[530] *Semler/v. Schenck* AR-HdB/*Doralt* § 13 Rn. 49 mwN.
[531] *Krieger/Schneider*, Handbuch Managerhaftung, 2. Aufl. 2010, § 3 Rn. 26 mwN.
[532] LG Stuttgart 29.10.1999 – 4 KfH O 80/98, AG 2000, 237; *Lutter/Krieger* AR § 13 Rn. 986.
[533] *Krieger/Schneider*, Handbuch Managerhaftung, 2. Aufl. 2010, § 3 Rn. 26 mwN.

Zustimmungsvorbehalt einzurichten und die Zustimmung sodann zu verweigern,[534] erforderlichenfalls muss er ein ihm unzuverlässig erscheinendes Vorstandsmitglied abberufen.[535]

156 dd) *Selbstorganisation.* Ein pflichtwidriges Handeln des Aufsichtsrates kann darin liegen, dass er die zur ordnungsgemäßen Erfüllung seiner Aufgaben nötige Selbstorganisation vernachlässigt.[536] So muss der Aufsichtsrat die erforderliche Anzahl von Sitzungen abhalten, Ausschüsse einrichten, ein Berichtssystem zwischen Ausschuss und Plenum schaffen und die Zuziehung von Beratern veranlassen, wo dies nötig ist.[537] Eine gesetzliche Pflicht zum Erlass einer Geschäftsordnung durch den Aufsichtsrat gibt es nicht, die Geschäftsordnung wird aber als zulässig vorausgesetzt (§ 82 Abs. 2 AktG).[538] Gem. Ziff. 5.1.3 DCGK soll sich der Aufsichtsrat eine Geschäftsordnung geben. Der Aufsichtsrat wird sich so schon zur Reduzierung des Haftungsrisikos und zum Zwecke der Abwehr der Argumentation, es seien mangels Erlasses einer Geschäftsordnung Selbstorganisationspflichten verletzt worden,[539] unter Beachtung von Satzungsregelungen in Geschäftsordnungsfragen, die den Aufsichtsrat binden,[540] eine Geschäftsordnung geben.

157 ee) *Aufsichtsratshaftung und Dokumentation von Geschäftsvorgängen und Handlungen.* Für das Haftungsrecht in anderen Bereichen – etwa im Bereich der Arzthaftung – hat die **schriftliche Dokumentation** bereits erhebliche und in weiten Teilen streitentscheidende Bedeutung und die dort Haftenden können ihr Haftungsrisiko im Wege ausreichender schriftlicher Dokumentation erheblich absenken.[541] Die Entwicklung im Bereich der Aufsichtsratshaftung geht in eben diese Richtung. Kann ein Aufsichtsrat die sorgfaltsgemäße Überwachung der Einhaltung des Corporate Governance Kodex, die Überwachung der Abgabe jeweils aktueller Entsprechenserklärungen gem. § 161 AktG, die Überwachung der Einrichtung und Durchführung eines Compliance-Systems, die Überwachung der Beachtung der Grenzen der Business Judgment Rule sowie selber die Einhaltung der Business Judgment Rule, die ordnungsgemäße Beteiligung fachlicher Berater[542] oder sein ablehnendes Abstimmungsverhalten bei pflichtwidrigen Aufsichtsratsbeschlüssen[543] im gegen ihn geführten Haftungsprozess durch entsprechende schriftliche Vermerke, durch Berichte, durch schriftliche Anweisungen oder Auftragsschreiben an rechtliche, steuerliche oder sonstige Berater belegen und beweisen, dann ist sein Haftungsrisiko erheblich gemindert und eingeschränkt.

---

[534] BGH 15.11.1993 – II ZR 235/92, NJW 1994, 520; LG Bielefeld 16.11.1999 – 15 O 91/98, WM 1999, 2457 (2465); *Krieger/Schneider,* Handbuch Managerhaftung, 2. Aufl. 2010, § 3 Rn. 26.
[535] BGH 16.3.2009 – II ZR 280/07, NJW 2009, 2454; *Krieger/Schneider,* Handbuch Managerhaftung, 2. Aufl. 2010, § 3 Rn. 26.
[536] *Sarges/Krieger,* Management-Diagnostik, 4. Aufl. 2013, Kap. 10.7, 1064.
[537] BGH 21.12.2005 – 3 StR 470/04, ZIP 2006, 72.
[538] Hüffer/Koch/*Koch* AktG § 107 Rn. 34.
[539] OLG Stuttgart 19.6.2012 – 20 W 1/12, WM 2012, 2004.
[540] BGH 5.6.1975 – II ZR 156/73, NJW 1975, 1412; *Lutter/Krieger* AR/*Verse,* 6. Aufl. 2014, § 11 Kap. I 2.
[541] *Pitkowitz,* Praxishandbuch Vorstands- und Aufsichtsratshaftung, 1. Aufl. 2014, § 5 Rn. 470; *Buchta* DStR 2003, 694 (696).
[542] *Semler/v. Schenck* AR-HdB/*Doralt* § 13 Rn. 99 ff.; *Lutter/Krieger* AR § 13 Rn. 1006; *Binder* AG 2008, 274; *Fleischer* NZG 2010, 121. Nach dem BGH (20.9.2011 – II ZR 234/09, NJW-RR 2011, 1670) kann der organschaftliche Vertreter einer Gesellschaft, der selbst nicht über die erforderliche Sachkunde verfügt, den strengen Anforderungen an eine ihm obliegende Prüfung der Rechtslage und an die Beachtung von Gesetz und Rspr. nur genügen, wenn er sich unter umfassender Darstellung der Verhältnisse der Gesellschaft und Offenlegung der erforderlichen Unterlagen von einem unabhängigen, für die zu klärende Frage fachlich qualifizierten Berufsträger beraten lässt und den erteilten Rechtsrat einer sorgfältigen Plausibilitätskontrolle unterzieht. Dabei unterliegt das Aufsichtsratsmitglied, das über beruflich erworbene Spezialkenntnisse verfügt, soweit sein Spezialgebiet betroffen ist, einem erhöhten Sorgfaltsmaßstab, BGH 20.9.2011 – II ZR 234/090, NJW-RR 2011, 1670; vgl. auch BGH 28.4.2015 – II ZR 63/14, NJW-RR 2015, 988.
[543] *Semler/v. Schenck* AR-HdB/*Doralt* § 13 Rn. 99 ff.; *Lutter/Krieger* AR § 13 Rn. 994 ff.

2. Außenhaftung des Aufsichtsrats

Die **Innenhaftung** des Aufsichtsrats[544] bezeichnet die Normengruppe, aus der sich die Haftung gegenüber der Gesellschaft und die **Außenhaftung**[545] des Aufsichtsrats die Normengruppe, aus der sich eine Haftung gegenüber Dritten, insbes. Aktionären, Anlegern, Gesellschaftsgläubigern sowie sonstigen Gläubigern ergeben kann.[546]

a) **Aufsichtsratsaußenhaftung gegenüber Aktionären und Anlegern.** aa) *Aufsichtsratsaußenhaftung gem. § 823 Abs. 1 BGB.* Die Mitgliedschaft in einer Aktiengesellschaft stellt ein anerkanntes Schutzgut des § 823 Abs. 1 BGB dar.[547] Als „sonstiges Recht" iSv § 823 Abs. 1 BGB wird es gegen Eingriffe Dritter geschützt, welche sich unmittelbar gegen seinen Bestand oder die in ihm verkörperten Rechte richten.[548] Ein anspruchsbegründender Eingriff in **mitgliedschaftliche Rechte** liegt aber nur dann vor, wenn gesetzliche Rechte oder Kompetenzen der Aktionäre missachtet werden. Erforderlich dazu ist eine Abgrenzung gewöhnlicher Leitungs- und Geschäftsführungsakte von **mitgliedschaftsbezogenen Eingriffen.** Eine solche unmittelbare Verletzung von Mitgliedschaftsrechten und damit eine unmittelbare Haftung des Aufsichtsrats kommt etwa in Betracht bei der Durchführung von Umstrukturierungsmaßnahmen unter Missachtung von Mitentscheidungsbefugnissen der Hauptversammlung, insbes. auch dann, wenn der Aufsichtsrat der Maßnahme des Vorstands zustimmt oder sie trotz Erkennbarkeit der bevorstehenden Rechtsverletzung nicht verhindert.[549]

bb) Aufsichtsratsaußenhaftung gem. § 826 BGB. (1) *Aufsichtsratshaftung gem. § 826 BGB wegen Verletzung der Überwachungspflicht bei strafbarem Handeln des Vorstands.* Eine bloße Verletzung von Aufsichtspflichten führt nicht unmittelbar zu einer vorsätzlichen sittenwidrigen Schädigung gem. § 826 BGB durch die Aufsichtsratsmitglieder, sondern es muss ein sittenwidriges Verhalten des Vorstands gefördert worden sein.[550] Insbesondere darf der Aufsichtsrat den Informationen des Vorstands vertrauen und er ist nicht zu Nachforschungen verpflichtet.[551] Zu den Pflichten des Aufsichtsrats gehört aber nicht nur, sich um den wirtschaftlichen Erfolg der Aktiengesellschaft und ihrer Tochtergesellschaften zu kümmern; vielmehr gehört es zu den wesentlichen Pflichten des Aufsichtsrats, **Rechtsverstöße des Vorstands zu verhindern.** Dies ist Teil der Überwachungspflicht gem. § 111 Abs. 1 AktG.[552]

Bei drohenden Rechtsverstößen muss der Aufsichtsrat einschreiten. Er ist insbes. verpflichtet, alle zur Verfügung stehenden Mittel einzusetzen, um den Vorstand von bestimmten rechtswidrigen Maßnahmen abzubringen.[553] Zu den Handlungsmöglichkeiten gehört zunächst die **Beratung des Vorstands.** Der Aufsichtsratsvorsitzende kann darüber hinaus einen förmlichen (Meinungs-)Beschluss herbeiführen. Schließlich kann der Aufsichtsrat bei drohenden Gefahren – insbes. auch bei drohenden Rechtsverstößen – einen **Zustimmungsvorbehalt** gem. § 111 Abs. 4 S. 2 AktG für bestimmte Arten von Geschäften **beschließen.**[554]

---

[544] Zur Außenhaftung des Aufsichtsrats Ek Haftungsrisiken S. 211 f., *Semler/v. Schenck* AR-HdB/*Doralt* § 13 Rn. 177 ff.; *Lutter/Krieger* AR § 13 Rn. 1018 ff.; sowie Übersicht → Rn. 151.

[545] *Semler/v. Schenck* AR-HdB/*Doralt* § 13 Rn. 177 ff.; *Lutter/Krieger* AR § 13 Rn. 1018 ff. sowie Übersicht → Rn. 151.

[546] *Lutter/Krieger* AR § 13 Rn. 1018.

[547] Vgl. schon RGZ 158, 248 (255).

[548] BGHZ 110, 323, 327 (334); und LG Arnsberg 27.3.2013 – 3 S 6/13, BeckRS 2014, 09462 für eingetragene Vereine; RGZ 100, 274 (278) für die GmbH.

[549] *Thümmel* DB 1999, 885 (887); BGH 25.2.1982 – II ZR 174/80, NJW 1982, 1703.

[550] OLG Düsseldorf 23.6.2008 – I-9 U 22/08, ZIP 2008, 1922; OLG München 19.2.2014 – 13 U 820/13, BeckRS 2014, 03988.

[551] OLG Düsseldorf 23.6.2008 – I-9 U 22/08, ZIP 2008, 1922.

[552] OLG Karlsruhe 4.9.2008 – 4 U 26/06, WM 2009, 1147; BGH 25.3.1991 – II ZR 188/89, NJW 1991, 1830 (1831); *Thümmel* DB 1999, 885 (886 f.).

[553] OLG Braunschweig 14.6.2012 – Ws 44/12, Ws 45/12, NJW 2012, 3798; zu den Handlungspflichten des Aufsichtsrats gegenüber dem Vorstand vgl. auch BGH 4.7.1977 – II ZR 150/75, NJW 1977, 2311 (2312).

[554] Zur Verhinderung strafbarer Handlungen des Vorstands durch den Aufsichtsrat BGH 9.7.1979 – II ZR 118/77, NJW 1979, 1823 (1826).

162 Billigt ein Aufsichtsrat die **Ankündigung strafbarer Handlungen durch den Vorstand** so ist dies als **psychische Beihilfe** zu den strafbaren Handlungen zu werten.[555] Aufgrund der Überwachung des Vorstands durch den Aufsichtsrat spielt die Billigung – oder Ablehnung – einer bestimmten Geschäftstätigkeit für den Vorstand eine wesentliche Rolle. Der Vorstand einer Aktiengesellschaft muss bei jeglicher Tätigkeit mit der Kontrolle durch den Aufsichtsrat rechnen. Ist sich der Vorstand bei bestimmten Maßnahmen – insbes. bei beabsichtigten Rechtsverstößen – der Zustimmung des Aufsichtsrats nicht sicher, so muss er mit der Möglichkeit rechnen, dass der Aufsichtsrat einschreitet und die geplanten Maßnahmen mit den ihm zu Gebote stehenden Mitteln verhindert. Spricht der Aufsichtsrat gegenüber dem Vorstand hingegen seine ausdrückliche Billigung aus, fallen dieses Risiko und diese Unsicherheit für den Vorstand weg. Die Billigung eines geplanten Betrugs durch den Aufsichtsrat ist daher generell geeignet, die Haupttat zu unterstützen und zu fördern, also den Tatbestand der **Beihilfe** zu verwirklichen.[556]

163 Nach dem OLG Braunschweig haben Aufsichtsratsmitglieder eine **Garantenstellung iSd § 13 StGB**.[557] Erlangt der Aufsichtsrat im Rahmen seiner Überwachungspflicht Kenntnis von rechtswidrigen Handlungen, dann besteht die Garantenpflicht, zumindest faktisch auf den Vorstand einzuwirken, um den Pflichtverstoß zu verhindern.[558] Kommt das Aufsichtsratsmitglied dieser Pflicht nicht nach, ist der Aufsichtsrat **selbst dann Täter, wenn er eine Straftat nur zulässt.**[559] Hier ist ggf. der Aufsichtsrat gem. § 110 Abs. 1 AktG einzuberufen, um einen Beschluss des Aufsichtsrats (§ 108 Abs. 1 AktG) zu erwirken, der den Vorstand zur Änderung der rechtswidrigen Vorgehensweise anhält.[560] Sind Personen nur einfache Aufsichtsratsmitglieder, so haben sie – bei Weigerung des Aufsichtsratsvorsitzenden – der Garantenpflicht dadurch nachzukommen, dass sie den Aufsichtsrat selbst gem. § 110 Abs. 2 AktG einberufen.[561] Aufsichtsratsmitglieder können sich auch nicht darauf berufen, dass bei einer Aufsichtsratssitzung die erforderliche Stimmenmehrheit verfehlt worden wäre.[562] Von der strafrechtlichen Mitverantwortung werden sie nur befreit, wenn sie alles Zumutbare tun, um die notwendige Kollegialentscheidung herbeizuführen.[563]

164 Bei der Prüfung von Schadenersatzansprüchen gegenüber einem Aufsichtsrat stellt sich auch die Frage nach dem Vorliegen eines haftungsausschließenden **Verbotsirrtums** des Aufsichtsrats. Im Zivilrecht setzt das Verschulden durch vorsätzliches Verhalten das **Bewusstsein der Rechtswidrigkeit** voraus, welches bei einem Verbotsirrtum fehlt.[564] Ist das Schutzgesetz iSv § 823 Abs. 2 S. 1 StGB eine Strafnorm, so muss der Vorsatz nach strafrechtlichen Maßstäben beurteilt werden, was auch dann gilt, wenn das verletzte Schutzgesetz selbst keine Strafnorm ist, seine Missachtung aber unter Strafe gestellt wird.[565] Gem. § 17 S. 1 StGB führt ein unvermeidbarer Verbotsirrtum zur Schuldlosigkeit, lässt den Vorsatz jedoch unberührt. Führt ein unvermeidbarer Verbotsirrtum gem. § 17 S. 1 StGB zur Schuldlosigkeit, so schließt dies auch eine Haftung nach § 823 Abs. 2 BGB

---

[555] OLG Karlsruhe 4.9.2008 – 4 U 26/06, BeckRS 2009, 20896; OLG München 19.2.2014 – 13 U 820/13, BeckRS 2014, 03988; BGH 26.10.2004 – XI ZR 279/03, NJW-RR 2005, 556.
[556] Zur psychischen Beihilfe BGH 31.1.1978 – VI ZR 32/77, NJW 1978, 816 (819); 21.10.2003 – 1 StR 544/02, BeckRS 2003, 09868.
[557] OLG Braunschweig 14.6.2012 – Ws 44/12, Ws 45/12, NJW 2012, 3798; *Tiedemann* FS Tröndle, 1989, 321.
[558] BGH 6.12.2001 – 1 StR 215/01, NJW 2002, 1585; OLG Braunschweig 14.6.2012 – Ws 44/12, Ws 45/12, NJW 2012, 3798.
[559] BGH 12.1.1956 – 3 StR 626/54, NJW 1956, 1326; OLG Braunschweig 14.6.2012 – Ws 44/12, Ws 45/12, NJW 2012, 3798.
[560] OLG Braunschweig 14.6.2012 – Ws 44/12, Ws 45/12, NJW 2012, 3798; mAnm *Mutter/Kruchen* CCZ 2013, 123.
[561] OLG Braunschweig 14.6.2012 – Ws 44/12, Ws 45/12, NJW 2012, 3798.
[562] OLG Braunschweig 14.6.2012 – Ws 44/12, Ws 45/12, NJW 2012, 3798.
[563] OLG Braunschweig 14.6.2012 – Ws 44/12, Ws 45/12, NJW 2012, 3798.
[564] BGH 12.5.1992 – VI ZR 257/91, BGHZ 118, 201 (208); 16.5.2017 – VI ZR 266/16, NJW 2017, 2463; mAnm *Bausch* NJW 2017, 2463.
[565] BGH 16.5.2017 – VI ZR 266/16, NJW 2017, 2463; BGH 15.5.2012 – VI ZR 166/11, NJW 2012, 3177; BGH 10.7.1984 – VI ZR 222/82, NJW 1985, 134.

aus.⁵⁶⁶ Hat sich dabei das Aufsichtsratsmitglied **anwaltlichen Rat** eingeholt, so ist zu beachten, dass das Vertrauen auf eingeholten rechtsanwaltlichen Rat nicht in jedem Fall einen unvermeidbaren Verbotsirrtum des Täters zu begründen vermag.⁵⁶⁷ Wendet sich dieser an einen auf dem betreffenden Rechtsgebiet versierten Anwalt, so hat er damit zwar vielfach das zunächst Gebotene getan.⁵⁶⁸ Jedoch ist weiter erforderlich, dass der Täter auf die Richtigkeit der Auskunft nach den für ihn erkennbaren Umständen vertrauen darf was nicht der Fall ist, wenn die Unerlaubtheit des Tuns für ihn bei auch nur mäßiger Anspannung von Verstand und Gewissen leicht erkennbar ist oder er nicht mehr als eine Hoffnung haben kann, das ihm bekannte Strafgesetz greife hier noch nicht ein.⁵⁶⁹ Daher darf der Täter sich auf die Auffassung eines Rechtsanwalts etwa nicht allein deswegen verlassen, weil sie seinem Vorhaben günstig ist und eher zur Absicherung als zur Klärung bestellte „**Gefälligkeitsgutachten**" scheiden als Grundlage unvermeidbarer Verbotsirrtümer aus.⁵⁷⁰ Auskünfte, die erkennbar vordergründig und mangelhaft sind oder nach dem Willen des Anfragenden lediglich eine „**Feigenblattfunktion**" erfüllen sollen, können den Täter ebenfalls nicht entlasten und insbes. bei komplexen Sachverhalten und erkennbar schwierigen Rechtsfragen ist regelmäßig ein detailliertes, schriftliches Gutachten erforderlich, um einen unvermeidbaren Verbotsirrtum zu begründen.⁵⁷¹ Dagegen ist die Aussagekraft einer Auskunft beschränkt, wenn sie nur einzelne rechtliche Aspekte umfasst.⁵⁷²

(2) *Haftung des Aufsichtsrats gem. § 826 BGB bei Unterstützung von Kapitalerhöhungen.* Der Aufsichtsrat ist nur gegenüber der Aktiengesellschaft vermögensbetreuungspflichtig.⁵⁷³ Er hat gem. § 111 Abs. 1 AktG die Geschäftsführung zu überwachen. Dabei stützt er sich in erster Linie auf die vom Vorstand in seinen schriftlichen und mündlichen Berichten mitgeteilten Tatsachen. Nur in Ausnahmefällen übernimmt es der Aufsichtsrat selbst, Tatsachenfeststellungen herbeizuführen. **Grundsätzlich darf er den Informationen des Vorstands vertrauen; er ist nicht zu eigenen Nachforschungen verpflichtet.**⁵⁷⁴

165

Die Verantwortung des Aufsichtsrats unterscheidet sich grds. von der eines Vorstandes. Der Aufsichtsrat führt grds. keinen eigenen unternehmerischen Entscheidungsprozess durch. Er prüft nicht alle unternehmerischen Details einer Entscheidung. Er berät nicht und führt grds. kein Risikomanagement durch. Insbesondere ist der Aufsichtsrat auch **kein Garant für die Ordnungsmäßigkeit der Unternehmensführung durch den Vorstand.**⁵⁷⁵ Insofern ist ein Mitglied des Aufsichtsrates grds. nur gegenüber der Gesellschaft – also unter dem Gesichtspunkt der Innenhaftung – ersatzpflichtig, wenn er die ihm in dieser Funktion obliegenden Pflichten verletzt.⁵⁷⁶ Die für den Aufsichtsrat zu beachtenden Überwachungspflichten bestehen neben den Pflichten des Vorstands (§ 93 Abs. 4 S. 2 AktG), was umgekehrt bedeutet, dass sich der Vorstand nicht unter Berufung auf eine unzutreffende Beratung durch den Aufsichtsrat im Rahmen seiner Aufsichtsratstätigkeit, die Teil der Überwachungspflicht ist,⁵⁷⁷ entlasten kann.⁵⁷⁸

166

---

⁵⁶⁶ BGH 16.5.2017 – VI ZR 266/16, NJW 2017, 2463; BGH 15.5.2012 – VI ZR 166/11, NJW 2012, 3177; BGH 10.7.1984 – VI ZR 222/82, NJW 1985, 134; BGH 26.2.1962 – II ZR 22/61, NJW 1962, 910.
⁵⁶⁷ BGH 16.5.2017 – VI ZR 266/16, NJW 2017, 2463.
⁵⁶⁸ BGH 16.5.2017 – VI ZR 266/16, NJW 2017, 2463.
⁵⁶⁹ BGH 16.5.2017 – VI ZR 266/16, NJW 2017, 2463.
⁵⁷⁰ BGH 16.5.2017 – VI ZR 266/16, NJW 2017, 2463.
⁵⁷¹ BGH 21.12.2016 – 1 StR 253/16, NJW 2017, 1487; BGH 4.4.2013 – 3 StR 521/12, NStZ 2013, 461; BGH 20.9.2011 – II ZR 234/09, NJW-RR 2011, 1670; BGH 28.5.2013 – II ZR 83/12, NZG 2013, 1028; BGH 16.5.2017 – VI ZR 266/16, NJW 2017, 2463.
⁵⁷² BGH 3.4.2008 – 3 StR 394/07, BGHR StGB § 17 Vermeidbarkeit 8 Rn. 40; BGH 19.5.1999 – 2 StR 86/99, BGHSt 45, 97 (102 f.); BGH 16.5.2017 – VI ZR 266/16, NJW 2017, 2463.
⁵⁷³ BGH 26.11.2015 – 3 StR 17/15, NJW 2016, 2585.
⁵⁷⁴ OLG Düsseldorf 23.6.2008 – I-9 U 22/08, ZIP 2008, 1922; zu der aus der Treue- und Loyalitätspflicht resultierenden Vermögensbetreuungspflicht vgl. auch BGH 21.12.2005 – 3 StR 470/04, NJW 2006, 522, Mannesmann.
⁵⁷⁵ OLG Düsseldorf 23.6.2008 – I-9 U 22/08, ZIP 2008, 1922.
⁵⁷⁶ BGH 14.4.1986 – II ZR 123/85, NJW-RR 1986, 1158 (1159); OLG Düsseldorf 23.6.2008 – I-9 U 22/08, ZIP 2008, 1922.
⁵⁷⁷ BGH 25.3.1991 – II ZR 188/89, NJW 1991, 1830.
⁵⁷⁸ BGH 20.9.2011 – II ZR 234/09, NJW-RR 2011, 1670.

167 Eine Haftung eines Aufsichtsratsmitglieds ist jedoch zu bejahen, wenn er ein **strafbares oder sittenwidriges Verhalten des Vorstandes** im Zusammenhang mit Kapitalerhöhungen vorsätzlich **veranlasst** oder aktiv **unterstützt**. Der Aufsichtsrat wirkt nämlich gem. § 202 Abs. 3 S. 2 AktG bei den Kapitalerhöhungen im Rahmen des genehmigten Kapitals mit, der Vorsitzende des Aufsichtsrates darüber hinaus gem. § 184 AktG auch durch die Anmeldung der Erhöhung des Grundkapitals zur Eintragung in das Handelsregister. Da es sich bei der Kapitalerhöhung um eine Maßnahme der Geschäftsführung handelt,[579] die damit der Kontrolle des Aufsichtsrates unterliegt, kann die Mitwirkung bei der Kapitalerhöhung nicht losgelöst von einem in diesem Zusammenhang begangenen betrügerischen oder sittenwidrigen Verhalten des Vorstands gesehen werden. Diese Mitwirkung stellt eine **ausreichende objektive Beihilfeleistung** dar, weil hierdurch das betrügerische und sittenwidrige Verhalten des Vorstandes gefördert worden ist.[580] Insbesondere bei großen Unternehmensakquisitionen gehören die Beratung zur Beschaffung von Aktien und die Mitwirkung bei der Durchführung einer Kapitalerhöhung zu den Aufgaben des Aufsichtsrats.[581] Die Beschaffung der Aktien für große Unternehmensakquisitionen zählt zu den übergeordneten Fragen der Unternehmenspolitik, mit denen sich der Aufsichtsrat im Rahmen seiner Überwachungstätigkeit zu befassen hat.[582] Mit der Durchführung der Kapitalerhöhung muss der Aufsichtsrat schon wegen der nach § 205 Abs. 2 S. 2 AktG erforderlichen Zustimmung befassen.[583] Im Rahmen ihrer Überwachungspflichten haben die Aufsichtsratsmitglieder auch im Rahmen von Kapitalerhöhungsmaßnahmen dafür zu sorgen, dass der Vorstand seine Aufgaben ordnungsgemäß in Übereinstimmung mit Gesetz und Satzung erfüllt, und haben ggf. einzugreifen und den Vorstand zu richtigem Verhalten anzuhalten.[584]

168 Für den Vorsatz des Aufsichtsrats reicht dabei **bewusstes Sichverschließen** aus.[585] Ein bewusstes Verschließen vor der Kenntnis von Tatumständen ist dann anzunehmen, wenn die Unkenntnis auf einem gewissenlosen oder grob fahrlässigen (leichtfertigen) Handeln beruht,[586] etwa Berufspflichten in solchem Maße leichtfertig verletzt wurden, dass das Verhalten als bedenken- und gewissenlos zu bezeichnen ist.[587] Aus der Art und Weise des sittenwidrigen Handelns kann sich die Schlussfolgerung ergeben, dass mit Schädigungsvorsatz gehandelt worden ist; von vorsätzlichem Handeln ist auszugehen, wenn der Schädiger so leichtfertig gehandelt hat, dass er eine Schädigung des anderen Teils in Kauf genommen haben muss.[588] Bewusst verschließt sich, wer trotz starker Verdachtsmomente Möglichkeiten, sich Klarheit zu verschaffen nicht wahrnimmt, weil er gerade vermeiden will, dass aus einem Verdacht Gewissheit wird, was etwa der Fall sein kann, wenn Kapitalerhöhungen trotz fehlenden Umsätzen und fehlendem operativen Geschäft Bilanzverluste in Millionenhöhe gegenüber stehen.[589]

169 *(3) Haftung des Aufsichtsrates gem. § 826 BGB bei pflichtwidriger Zustimmung zum Vorstandshandeln.* Auf der Grundlage des § 111 Abs. 4 S. 2 AktG können Zustimmungsvorbehalte in die Satzung aufgenommen werden. Solche Zustimmungsvorbehalte sind das **Instrument vorbeugender Kontrolle** des Aufsichtsrats[590] um Maßnahmen der Geschäftsleitung, die möglicherweise nicht mehr rückgängig gemacht werden können, von vornherein zu unterbinden. Die Aufsichtsratsmitglieder trifft eine – ggf. neben die Haftung der ge-

---

[579] MüKoAktG/*Bayer* § 202 Rn. 86.
[580] Vgl. zur Beihilfeleistung BGH 20.9.1999 – 5 StR 729/98, NStZ 2000, 34; 21.8.2014 – 1 StR 13/14, NStZ-RR 2014, 316.
[581] BGH 20.9.2011 – II ZR 234/09, NJW-RR 2011, 1670.
[582] BGH 25.3.1991 – II ZR 188/89, NJW 1991, 1830; BGH 20.9.2011 – II ZR 234/09, NJW-RR 2011, 1670.
[583] BGH 20.9.2011 – II ZR 234/09, NJW-RR 2011, 1670.
[584] BGH 20.9.2011 – II ZR 234/09, NJW-RR 2011, 1670.
[585] BGH 11.9.2012 – VI ZR 92/11, ZIP 2012, 2302; OLG München 23.6.2014 – 19 U 1422/14, BeckRS 2014, 15915.
[586] BGH 20.3.1995 – II ZR 205/94, BGHZ 129, 136 (176).
[587] BGH 11.9.2012 – VI ZR 92/11, ZIP 2012, 2302; BGH 6.5.2008 – XI ZR 56/07, BGHZ 176, 281.
[588] BGH 9.3.2010 – XI ZR 93/09, BGHZ 184, 365; BGH 11.9.2012 – VI ZR 92/11, ZIP 2012, 2302.
[589] OLG Düsseldorf 23.6.2008 – I-9 U 22/08, WM 2008, 1829.
[590] BGH 11.12.2006 – II ZR 243/05, NJW-RR 2007, 390.

schäftsführenden Organe tretende – Schadensersatzpflicht, wenn sie die Zustimmung zu einem Geschäft erteilen, die sie bei pflichtgemäßem Handeln hätten verweigern müssen.[591] Der Aufsichtsrat verletzt seine zur Haftung führenden organschaftlichen Pflichten dabei ggf. nicht erst dann, wenn er die Geschäftsführung an von seiner Zustimmung nicht gedeckten Zahlungen nicht hindert, sondern bereits dann, wenn er ohne gebotene Information und darauf aufbauender Chancen- und Risikoabschätzung seine Zustimmung zu nachteiligen Geschäften erteilt.[592]

(4) Haftung des Aufsichtsrates gem. § 826 BGB aus Prospekthaftung. Der Tatbestand des § 826 BGB kann auch dadurch verwirklicht werden, dass ein **Prospektverantwortlicher** Anlageinteressenten mittels eines fehlerhaften oder unvollständigen Prospekts zum Abschluss eines Vertrages veranlasst, den sie sonst nicht geschlossen hätten.[593] Erforderlich ist allerdings, dass das Verhalten des Prospektverantwortlichen als sittenwidrig zu werten ist und er mit Schädigungsvorsatz gehandelt hat. Beides ist getrennt festzustellen.[594] Zum Eingreifen der Prospekthaftung eines Aufsichtsrats muss entweder dargelegt werden, dass dieser die ihm obliegenden Überwachungspflichten verletzt hat[595] oder er die Voraussetzungen eines unmittelbar Prospektverantwortlichen erfüllt. Hier geht es um die Darlegung maßgeblicher Einflussnahme. So haften neben der emittierenden Gesellschaft für fehlerhafte oder unvollständige Angaben in einem Emissionsprospekt einer Kapitalanlage die Gründer, Initiatoren und Gestalter der Gesellschaft, soweit sie das Management bilden oder beherrschen.[596] Es haften als **sogenannte Hintermänner** alle Personen, die hinter der Gesellschaft stehen und auf ihr Geschäftsgebaren oder die Gestaltung des konkreten Anlagemodells besonderen Einfluss ausüben und deshalb Mitverantwortung tragen.[597] Maßgeblich für die Haftung des Hintermannes ist sein **Einfluss auf die Gesellschaft bei der Initiierung des Projekts**.[598] Er muss eine Schlüsselposition besitzen, die mit derjenigen der Geschäftsleitung vergleichbar ist.[599]

Nach der Sondernorm des § 21 WpPG haftet die AG gegenüber den Erwerbern von Aktien, die aufgrund eines Prospekts zum Börsenhandel zugelassen wurden, auf Schadensersatz, wenn in dem Prospekt wesentliche Angaben für die Beurteilung der Aktien unrichtig oder unvollständig sind, wobei zudem gem. § 21 Abs. 1 Nr. 2 WpPG diejenigen haften, von denen der Erlass des Prospekts ausgeht (wirtschaftliche Urheber). Auch hier muss zur Inanspruchnahme eines Aufsichtsrats also dessen maßgebliche Einflussnahme auf und daraus resultierend die Verantwortlichkeit für den Prospekt und den Börsengang dargelegt werden.

cc) Aufsichtsratsaußenhaftung gem. § 117 Abs. 2 S. 1; Abs. 1 S. 2 AktG. Wer vorsätzlich unter **Benutzung seines Einflusses auf die Gesellschaft** ein Mitglied des Vorstands oder des Aufsichtsrats, einen Prokuristen oder einen Handlungsbevollmächtigten dazu bestimmt, zum Schaden der Gesellschaft oder ihrer Aktionäre zu handeln, ist der Gesellschaft zum Ersatz des ihr daraus entstehenden Schadens verpflichtet. Er ist auch den Aktionären zum Ersatz des ihnen daraus entstehenden Schadens verpflichtet, soweit sie, abgesehen von einem Schaden, der ihnen durch die Schädigung der Gesellschaft zugefügt worden ist, geschädigt worden sind (§ 117 Abs. 1 AktG).

Aus dieser Norm ergibt sich ein **eigenständiger Schadenersatzanspruch der Aktionäre** gegenüber dem Aufsichtsrat.[600] Welcher Art und Weise dabei der Einfluss ist und auf welche

---

[591] BGH 11.12.2006 – II ZR 243/05, NJW-RR 2007, 390.
[592] BGH 11.12.2006 – II ZR 243/05, NJW-RR 2007, 390.
[593] BGH 28.6.2016 – VI ZR 541/15, BeckRS 2016, 17389; BGH 3.12.2013 – XI ZR 295/12, NJW 2014, 1098; BGH 28.2.2005 – II ZR 13/03, NJW-RR 2005, 751; BGH 26.10.2004 – XI ZR 279/03, WM 2005, 28.
[594] BGH 28.6.2016 – VI ZR 541/15, BeckRS 2016, 17389; 15.10.2013 – VI ZR 124/12, NJW 2014, 1380.
[595] → § 24 Rn. 152.
[596] BGH 17.11.2011 – III ZR 103/10, NJW 2012, 758.
[597] BGH 17.11.2011 – III ZR 103/10, NJW 2012, 758; BGH 6.3.2008 – III ZR 298/05, NJW-RR 2008, 1365; BGH 14.6.2007 – III ZR 185/05, NJW-RR 2007, 1479.
[598] BGH 17.11.2011 – III ZR 103/10, NJW 2012, 758.
[599] BGH 19.11.2009 – III ZR 109/08, NJW 2010, 1279; BGH 17.11.2011 – III ZR 103/10, NJW 2012, 758.
[600] *Kuhlmann/Ahnis* KonzernR § 5 Rn. 767 mwN.

Art und Weise die Einflussnahme erfolgt, ist umfassend zu verstehen.[601] Die Benutzung eines Einflusses auf die Gesellschaft liegt zB vor, wenn jemand das Gewicht des Amtes des Aufsichtsratsvorsitzenden gegenüber einem Vorstandsmitglied zur Geltung bringt.[602] Kommt es zu einer Inanspruchnahme des Vorstands auf dieser Rechtsgrundlage so trägt der Vorstand für die fehlende Pflichtwidrigkeit die Darlegungs- und Beweislast (§ 117 Abs. 2 S. 2 AktG). Erforderlich ist dabei, dass der den Anspruch gegenüber dem Aufsichtsrat geltend machende Aktionär einen über die Schädigung der Gesellschaft hinausgehenden Schaden nachweist.[603] So hat der BGH[604] festgestellt, dass bei einer Bestimmung eines Vorstandsmitglieds durch den Aufsichtsratsvorsitzenden zu einer Handlung, die zum Zusammenbruch der Gesellschaft geführt hat, der Aufsichtsratsvorsitzende einem Aktionär zum Schadensersatz verpflichtet sein kann, der der Gesellschaft ein Darlehen zur Überbrückung von Liquiditätsschwierigkeiten gegeben hat, das dadurch uneinbringlich geworden ist, wobei der Aktionär aber Ersatz des Wertverlusts, den seine Aktien infolge der Schädigung der Gesellschaft erlitten haben, nach § 117 Abs. 1 S. 2 AktG nicht verlangen kann.

174 *dd) Aufsichtsratsaußenhaftung und Entsprechenserklärung gem. § 161 AktG zum Corporate Governance Kodex.* Gem. § 161 AktG erklären Vorstand und Aufsichtsrat der börsennotierten Gesellschaft jährlich, dass den vom Bundesministerium der Justiz im amtlichen Teil des elektronischen Bundesanzeigers bekannt gemachten Empfehlungen der „Regierungskommission Deutscher Corporate Governance Kodex" entsprochen wurde und wird oder welche Empfehlungen nicht angewendet wurden oder werden und warum nicht. **§ 161 AktG** wird **nicht als Schutzgesetz iSd § 823 Abs. 2 BGB angesehen.**[605] Damit scheidet eine unmittelbare Aufsichtsratshaftung über § 823 Abs. 2 BGB gegenüber Anlegern und Aktionären bei Verletzung der Vorgaben des § 161 AktG aus. Die Kodex-Empfehlungen haben ebenfalls nicht die Qualität von Gesetzesrecht.[606]

175 Eine Haftung kann sich aber ergeben, wenn eine **Entsprechenserklärung nicht ernsthaft abgegeben** wurde oder wenn eine abgegebene **Entsprechenserklärung schuldhaft nicht befolgt** wird.[607]

176 Der BGH hat bereits mit Urteil v. 16.2.2009[608] entschieden, dass Vorstand und Aufsichtsrat gem. § 161 AktG zur umgehenden **Aktualisierung** der letzten Entsprechenserklärung zum DCGK verpflichtet sind, wenn entgegen den darin erklärten Absichten unterjährig von einer Kodex-Empfehlung abgewichen wird. Verletzungen dieser Aktualisierungspflicht können nach dem BGH schwerwiegende Gesetzesverstöße darstellen und die Anfechtung gleichwohl erteilter Entlastungsbeschlüsse der Hauptversammlung rechtfertigen. Bei Verstoß gegen die Aktualisierungspflicht ergibt sich mithin dem Grunde nach eine unmittelbare Aufsichtsratshaftung.[609] Dabei ist unter Berücksichtigung der Umstände des Einzelfalls die konkret vorliegende Unrichtigkeit zu prüfen, nachdem der BGH für die Frage der Anfechtbarkeit von Entlastungsbeschlüssen ausgeführt hat, dass – um einen schwerwiegenden Gesetzesverstoß darzustellen – die Unrichtigkeit der Entsprechenserklärung **über einen Formalverstoß hinausgehen und auch im konkreten Einzelfall Gewicht haben muss.**[610]

177 § 161 AktG wurde nach der Entscheidung des BGH durch das Gesetz zur Modernisierung des Bilanzrechts (**BilMoG**) v. 25.5.2009 um eine **Pflicht zur Begründung der Abweichung von Kodex-Empfehlungen** ergänzt (Abs. 1 S. 1 nF) und in persönlicher Hinsicht auf Vorstand und Aufsichtsrat solcher Gesellschaften erstreckt, die ausschließlich andere Wertpapiere als Aktien zum Handel an einem organisierten Markt iSd § 2 Abs. 5 WpHG ausge-

---

[601] Lücke/Schaub AG-Vorstand/*Schnabel* § 6 Rn. 240.
[602] BGH 4.3.1985 – II ZR 271/83, NJW 1985, 1777 mwN.
[603] *Lutter/Krieger* AR § 13 Rn. 1020.
[604] BGH 4.3.1985 – II ZR 271/83, NJW 1985, 1777.
[605] *Vetter* DNotZ 2003, 748 (762).
[606] OLG Stuttgart 8.7.2015 – 20 U 2/14, Rn. 310, BB 2015, 2177.
[607] *Semler/v. Schenck* AR-HdB § 13 Rn. 202 mwN.
[608] BGH 16.2.2009 – II ZR 185/07, NJW 2009, 2207; vgl. auch BGH 10.7.2012 – II ZR 48/11, NJW 2012, 3235; BGH 7.12.2009 – II ZR 63/08, NJW-RR 2010, 954; *Goette* FS Hüffer, 2010, 225.
[609] *Semler/v. Schenck* AR-HdB § 13 Rn. 202 mwN; vgl. auch *Lutter/Krieger* AR § 13 Rn. 1021.
[610] BGH 14.5.2013 – II ZR 196/12, AG 2013, 643.

geben haben und deren Aktien auf eigene Veranlassung über ein multilaterales Handelssystem gehandelt werden (Abs. 1 S. 2 nF).⁶¹¹

Da die jährliche Abgabe der Entsprechenserklärung nicht ausreicht, wird zur Erfüllung 178 der Verpflichtungen aus § 161 AktG ein System benötigt, welches Aktualisierungen und Berichtigungen jederzeit auch unterjährig ermöglicht.⁶¹² Hier hat der Aufsichtsrat aus seiner Verantwortlichkeit für die **Einhaltung von Recht und Gesetz in der Gesellschaft und im Konzern** auf die Einrichtung eines entsprechenden Compliance-Systems hinzuwirken oder ein vom Vorstand zu diesem Zweck eingerichtetes Compliance-System zu überwachen, sich von der **Plausibilität des vom Vorstand eingerichteten Systems** zu überzeugen und sich regelmäßig vom Vorstand über dessen Maßnahmen und das Feedback aus dem Unternehmen berichten zu lassen.⁶¹³

Da es sich um eine **Vertrauenshaftung** handelt, ist der ggf. zu ersetzende Schaden auf den 179 **Vertrauensschaden** beschränkt, dh der Geschädigte ist so zu stellen, wie wenn er die Aktie nicht gekauft hätte.⁶¹⁴

Betreffend die **interne Haftungsverteilung** zwischen Vorstand und Aufsichtsrat bei 180 Inanspruchnahmen unter Verweis auf § 161 AktG und die Entsprechenserklärung⁶¹⁵ ist dabei grds. von **Gesamtverantwortung** auszugehen. Dies, da sich die Kodex-Empfehlungen an die Verwaltung insgesamt richten mit der Folge, dass eine Unrichtigkeit dieser Erklärung jedem der Organe insofern zur Last fällt, als die Mitglieder die anfängliche oder später eintretende Unrichtigkeit der Erklärung kannten oder kennen mussten und trotzdem nicht für eine Berichtigung gesorgt haben.⁶¹⁶

ee) Aufsichtsratshaftung und Übernahme der Gesellschaft. Im Rahmen der Entscheidung 181 über Übernahmeangebote kann sich eine Aufsichtsratshaftung ergeben. § 27 WpÜG verpflichtet den **Aufsichtsrat der Zielgesellschaft,** eine **begründete Stellungnahme** zu dem Angebot abzugeben. Den Mindestinhalt der Stellungnahme regelt § 27 Abs. 1 S. 2 WpÜG. Dazu hat der Aufsichtsrat eine eigene Meinung, insbes. auch zur **Angemessenheit der Gegenleistung** zu bilden, die sich auf aussagekräftige Unterlagen stützen muss.⁶¹⁷ Hier kann der Aufsichtsrat sein Haftungsrisiko absenken, wenn er zur Gewährleistung der Einhaltung der Sorgfaltspflicht unter Beachtung der Grundsätze für die Einholung fachkundigen Rats⁶¹⁸ je nach Komplexität des Falls eine Investmentbank oder einen anderen geeigneten Finanzberater heranzieht.⁶¹⁹ Nach dem BGH⁶²⁰ kann sich allerdings der organschaftliche Vertreter einer Gesellschaft, der selbst nicht über die erforderliche Sachkunde verfügt, den strengen Anforderungen an eine ihm obliegende Prüfung der Rechtslage und an die Beachtung von Gesetz und Rspr. nur genügen, wenn er sich unter umfassender Darstellung der Verhältnisse der Gesellschaft und Offenlegung der erforderlichen Unterlagen von einem unabhängigen, für die zu klärende Frage fachlich qualifizierten Berufsträger beraten lässt und den erteilten Rechtsrat einer sorgfältigen Plausibilitätskontrolle unterzieht. Dabei unterliegt das Aufsichtsratsmitglied, das über beruflich erworbene Spezialkenntnisse verfügt, soweit sein Spezialgebiet betroffen ist, einem erhöhten Sorgfaltsmaßstab.⁶²¹

b) Aufsichtsratsaußenhaftung gegenüber Gesellschaftsgläubigern und Dritten. *aa) Auf-* 182 *sichtsratsaußenhaftung gem. § 823 Abs. 2 BGB iVm §§ 116 Abs. 1, 93 Abs. 3 Nr. 6, 92*

---

⁶¹¹ *Goslar/von der Linden* DB 2009, 500.
⁶¹² *Ehmann* GWR 2009, 278034; *Seibert* BB 2002, 581 (583); Hüffer/Koch/*Koch* AktG § 161 Rn. 20; RKLW/*Ringleb,* Deutscher Corporate Governance Kodex, 5. Aufl. 2014, Rn. 1579; aA betr. unterjährige Aktualisierung *Heckelmann* WM 2008, 2146 (2148).
⁶¹³ *Semler/v. Schenck* AR-HdB § 7 Rn. 120; *Lutter/Krieger* AR § 3 Rn. 72; → Rn. 154.
⁶¹⁴ *Semler/v. Schenck* AR-HdB § 13 Rn. 202.
⁶¹⁵ *Semler/v. Schenck* AR-HdB § 1 Rn. 82 ff.
⁶¹⁶ K. Schmidt/Lutter/*Spindler* AktG § 161 Rn. 65.
⁶¹⁷ *Lutter/Krieger* AR § 8 Rn. 516.
⁶¹⁸ *Fleischer* NZG 2010, 121; *Binder* AG 2008, 274; → Rn. 12.
⁶¹⁹ *Lutter/Krieger* AR § 8 Rn. 516; *Schiessl* ZGR 2003, 814 (827 f.).
⁶²⁰ BGH 20.9.2011 – II ZR 234/09, NJW-RR 2011, 1670.
⁶²¹ BGH 20.9.2011 – II ZR 234/09, NJW-RR 2011, 1670; vgl. auch BGH 28.4.2015 – II ZR 63/14, NJW-RR 2015, 988; zur Legal Judgment Rule vgl. → § 92 III Rn. 92 ff.

Abs. 2 S. 1 AktG. Gem. § 92 Abs. 2 S. 1 AktG darf der AG-Vorstand, nachdem die **Zahlungsunfähigkeit** der Gesellschaft eingetreten ist oder sich ihre **Überschuldung** ergeben hat, keine Zahlungen leisten.[622] Das Zahlungsverbot des § 92 Abs. 2 S. 1 AktG richtet sich nach seinem Wortlaut nur an den Vorstand als das geschäftsleitende Organ der Aktiengesellschaft.

183 Den Aufsichtsrat treffen **Informations-, Beratungs- und Überwachungspflichten.** Er muss sich ein genaues Bild von der wirtschaftlichen Situation der Gesellschaft verschaffen und insbes. in einer Krisensituation alle ihm nach §§ 90 Abs. 3, 111 Abs. 2 AktG zur Verfügung stehenden Erkenntnisquellen ausschöpfen.[623] Stellt er dabei fest, dass die Gesellschaft insolvenzreif ist, hat er darauf hinzuwirken, dass der Vorstand rechtzeitig einen Insolvenzantrag stellt und keine Zahlungen leistet, die mit der Sorgfalt eines ordentlichen und gewissenhaften Geschäftsleiters nicht vereinbar sind. Erforderlichenfalls muss er ein ihm unzuverlässig erscheinendes Vorstandsmitglied abberufen.[624]

184 Dabei hat im Prozess die Gesellschaft bei Inanspruchnahme des Aufsichtsrats nur **darzulegen und zu beweisen**, dass ihr durch ein möglicherweise pflichtwidriges Verhalten – ggf. durch ein Unterlassen – des Organmitglieds ein Schaden oder ein Vermögensverlust iSd § 93 Abs. 3 Nr. 6 AktG entstanden ist. Das Aufsichtsratsmitglied muss dagegen nach §§ 116, 93 Abs. 2 S. 2 AktG darlegen und beweisen, dass es diese Pflichten erfüllt hat oder dass ihn jedenfalls an der Nichterfüllung kein Verschulden trifft.[625]

185 *bb) Aufsichtsratshaftung gem. § 823 Abs. 2 BGB iVm sonstigen Schutzgesetzen.* Eine Haftung des Aufsichtsrats kann sich auch ergeben, wenn der Vorstand Schutzgesetze aus dem Bereich des **Strafrechts**, der **Produkthaftung**, der **Umwelthaftung** oder des **Wettbewerbsrechts** verletzt oder wenn vom Vorstand **steuerliche oder sozialversicherungsrechtliche Pflichten** nicht eingehalten werden. Voraussetzung ist im Blick auf die Stellung des Aufsichtsrats als Innenorgan der Gesellschaft hier grds. die Erfüllung des Tatbestands der vorsätzlichen **Anstiftung oder Beihilfe** zu einer entsprechenden Pflichtverletzung des Vorstands.[626] Dabei ist zB **§ 266 StGB Schutzgesetz iSd § 823 Abs. 2 BGB**. Dem Aufsichtsrat obliegt gem. § 111 Abs. 1 AktG die Aufgabe, den Vorstand bei dessen Geschäftsleitungsmaßnahmen (§ 76 Abs. 1 AktG) zu überwachen.[627] Damit ist notwendig die Pflicht des Aufsichtsratsmitglieds verbunden, den Vorstand der Aktiengesellschaft nicht von sich aus zu einer Handlung zu veranlassen, die dieser nicht vornehmen darf.[628] Nach dem OLG Braunschweig haben Aufsichtsratsmitglieder eine Garantstellung im Sinne des auf den Untreuetatbestand anwendbaren § 13 StGB und so in Erfüllung dieser Garantenpflicht den Aufsichtsrat einzuberufen, wenn etwa der Aufsichtsratsvorsitzende Kenntnis von bevorstehenden, satzungswidrigen Zahlungen an andere Aufsichtsratsmitglieder erlangt, um dort einen Beschluss (§ 108 Abs. 1 AktG) zu erwirken, der den Vorstand zur Änderung der rechtswidrigen Vorgehensweise anhält.[629]

186 *cc) Aufsichtsratsaußenhaftung und Bilanzeid.* Normadressat des „Bilanzeids" ist der Vorstand als gesetzlicher Vertreter der emittierenden AG.[630] Die Erklärung ist vom Gesamtvorstand abzugeben, der auch gesamtschuldnerisch für die Richtigkeit haftet. Der Aufsichtsrat ist von der Erklärungspflicht nicht betroffen. Allerdings hat er im Rahmen seiner Prüfung

---

[622] → Rn. 99.
[623] OLG Hamburg 6.3.2015 – 11 U 222/13, NZG 2015 756; dazu Anm. *Lammel* BB 2015, 1681; OLG Düsseldorf 31.5.2012 – I-16 U 176/10, ZIP 2012, 2299; BGH 1.12.2008 – II ZR 102/07, ZIP 2009, 70; BGH 16.3.2009 – II ZR 280/07, NJW 2009, 2454.
[624] OLG Düsseldorf 31.5.2012 – I-16 U 176/10, ZIP 2012, 2299; BGH 16.3.2009 – II ZR 280/07, NJW 2009, 2454.
[625] BGH 1.12.2008 – II ZR 102/07, ZIP 2009, 70; BGHZ 152, 280 (284); BGH 16.3.2009 – II ZR 280/07, NJW 2009, 2454.
[626] *Lutter/Krieger* AR § 13 Rn. 1023.
[627] OLG Braunschweig 14.6.2012 – Ws 44/12, Ws 45/12, NJW 2012, 3798.
[628] BGH 6.12.2001 – 1 StR 215/01, BGHSt 47, 187 (201); OLG Braunschweig 14.6.2012 – Ws 44/12, Ws 45/12, NJW 2012, 3798.
[629] OLG Braunschweig 14.6.2012 – Ws 44/12, Ws 45/12, NJW 2012, 3798.
[630] → Rn. 77.

des Jahresabschlusses auch die Richtigkeit der Erklärung des Vorstands inzident mit zu überprüfen.

3. Innenhaftung des Aufsichtsrats

Die **Innenhaftung**[631] des Aufsichtsrats bezeichnet die Normengruppe, aus der sich eine Haftung gegenüber der Gesellschaft ergeben kann.[632] 187

a) **Innenhaftung: Gesamtschuldnerregress der Gesellschaft.** Verletzt der Aufsichtsrat seine Pflichten so können Dritte gem. § 31 BGB wegen Organhaftung[633] die Gesellschaft in Anspruch nehmen. Da allerdings bei Pflichtverletzungen der Organe im Innenverhältnis grds. das Organ haftet, kann die Gesellschaft über §§ 116, 93 AktG, §§ 420, 426 BGB bei Außenhaftungstatbeständen **Regress** beim pflichtwidrig handelnden Aufsichtsrat nehmen. 188

b) **Sonstige Innenhaftung.** Zur Schadenersatzverpflichtung des Aufsichtsrats im Bereich der Innenhaftung kann es im Blick auf das komplexe Pflichtensystem des AktG und die zur Überwachung anstehende komplexe Pflichtenstellung des Vorstands in vielfältiger Weise kommen. Es kann der Aufsichtsrat die für ihn bestehenden ausdrücklich geregelten Pflichten verletzen, so die allgemeine Überwachungspflicht (§ 111 Abs. 1 AktG), die Informationspflicht (§ 111 Abs. 2 AktG), die Pflicht zur Einberufung der Hauptversammlung (§ 111 Abs. 3 AktG), die Pflicht zur Begründung und Ausübung von Zustimmungsvorbehalten, die Verletzung der Pflicht zur Prüfung von Jahresabschluss, Lagebericht und Gewinnverwendungsvorschlag (§ 171 Abs. 1 S. 1 AktG),[634] die Verletzung der Pflicht zur Berichterstattung an die Hauptversammlung (§ 171 Abs. 2 AktG) und die Verletzung der Pflicht zur Bestellung und Abberufung des Vorstands.[635] Weiterhin kann die Pflicht zur angemessene Festsetzung der Vorstandsbezüge,[636] die Verletzung der Pflicht zur Verfolgung von Ersatzansprüchen gegen Vorstandsmitglieder,[637] der Verstoß gegen den Grundsatz der Kapitalerhaltung oder gegen das Verbot schädigenden Verhaltens zu Schadenersatzverpflichtungen führen.[638] 189

aa) Verletzung der Treuepflicht („duty of loyality"). Die Mitglieder des Aufsichtsrats trifft eine **Treuepflicht ("duty of loyalty")** gegenüber der Gesellschaft.[639] 190

Verletzt wird die Treuepflicht, wenn im Widerstreit von Interessen der Vorstand zu einer für die Gesellschaft schädlichen, einem anderen Unternehmen aber günstigen Maßnahme veranlasst wird[640] oder wenn vom Aufsichtsrat Informationen, die er in seiner Eigenschaft als Aufsichtsratsvorsitzender erhalten hat benutzt werden, um Geschäftschancen der Gesellschaft für sich selbst zu nutzen.[641] 191

Aus der Treuepflicht folgt das Verbot, das Amt des Aufsichtsrats bzw. den damit verbundenen Einfluss auszunutzen, um der Gesellschaft zugunsten eigener Interessen oder der Interessen Dritter einen Nachteil zuzufügen.[642] Bereits eine Gefährdung der Interessen der Gesellschaft ist unzulässig.[643] So verletzen zB Mitglieder des Aufsichtsrats, die durch öffentliche „pointierte Meinungsäußerungen" im Rahmen eines unternehmensinternen Konflikts 192

---

[631] Zur Innenhaftung des Aufsichtsrats *Semler/v. Schenck* AR-HdB/*Peter Doralt/Walter Doralt* § 14 Rn. 31, S. 827 ff.
[632] *Lutter/Krieger* AR § 13 Rn. 1018.
[633] BGH 4.6.2007 – II ZR 147/05, DStR 2007, 1684 – ComROAD IV.
[634] *Eschenfelder* BB 2014, 685 (686).
[635] Ek Haftungsrisiken Kap. C 1c S. 178 ff. mwN.
[636] Ausf. *Ihrig/Wittgens* ZIP-Beilage 40/2012, 1 ff.
[637] BGH 21.4.1997 – II ZR 175/95, NJW 1997, 1926, ARAG/Garmenbeck; BGH 16.3.2009 – II ZR 280/07, NJW 2009, 2454; vgl. dazu auch bereits → Rn. 153.
[638] Ek Haftungsrisiken Kap. C 1d, e, f, g, S. 193 ff. mwN.
[639] *Semler/v. Schenck* AR-HdB/*Peter Doralt/Walter Doralt* § 14 II 4 Rn. 63, S. 834; OLG Stuttgart 29.2.2012 – 20 U 3/11, BB 2012, 650.
[640] BGH 21.12.1979 – II ZR 244/78, NJW 1980, 1629; LG Braunschweig 28.12.2011 – 6 KLs 54/11, Konzern 2012, 146.
[641] BGH WM 1985, 1443; vgl. auch Ziff. 5.5.1 S. 2 DCGK.
[642] OLG Stuttgart 29.2.2012 – 20 U 3/11, BB 2012, 650.
[643] OLG Stuttgart 29.2.2012 – 20 U 3/11, BB 2012, 650.

die Kreditwürdigkeit der Gesellschaft gefährden, grds. ihre Treuepflicht der Gesellschaft gegenüber.[644]

193 Ist ein **Aufsichtsrat Doppelmandatsträger** so hat er wegen der ihm obliegenden Treuepflicht bei seinen Entscheidungen stets die **Interessen des jeweiligen Pflichtenkreises wahrzunehmen**.[645] So ist es zwar rechtlich zulässig und tatsächlich üblich, dass zwischen herrschenden und beherrschten Unternehmen personelle Verflechtungen auf Leitungsebene bestehen und herrschende Unternehmen Organe der abhängigen Gesellschaft mit eigenen Organmitgliedern im Wege eines Doppelmandats oder mit Personen ihres Vertrauens besetzen.[646] Hieraus ergibt sich für die Organe aber trotz der hiermit verbundenen Einflussmöglichkeiten des herrschenden Unternehmens sowie des mit dem gleichzeitigen Einsatz bei zwei Gesellschaften verbundenen Loyalitätskonflikts kein Freibrief zu Gunsten der Konzernspitze, vielmehr haben die Organe bei ihren Entscheidungen die Interessen des jeweiligen Pflichtenkreises wahrzunehmen.[647]

194 *bb) Verletzung der Verschwiegenheitspflicht.* Aufsichtsratsmitglieder – auch Arbeitnehmervertreter[648] – haben über vertrauliche Angaben und Geheimnisse der Gesellschaft, die ihnen durch ihre Tätigkeit im Aufsichtsrat bekannt geworden sind, Stillschweigen zu bewahren (§ 116 S. 2 AktG).[649] Eine Verletzung dieser Pflicht kann Schadenersatzansprüche nach sich ziehen, wenn sie zu einem bezifferbaren Schaden der Gesellschaft führt.[650] Zu beachten, dass im Rahmen der zum 1.1.2016 in Kraft getretenen **Aktienrechtsnovelle § 394 AktG** in S. 2 dahin gehend ergänzt wurde, dass die Berichtspflicht nach § 394 S. 1 AktG auf Gesetz, auf Satzung oder auf Aufsichtsrat in Textform mitgeteilten Rechtsgeschäft berufen kann.[651] Mit § 394 AktG existiert eine Ausnahme zur grds. für Aufsichtsratsmitglieder bestehende umfassende Verschwiegenheitspflicht, die nach § 116 S. 1 iVm §§ 93 Abs. 1 S. 3, 116 S. 2 AktG gerade auch gegenüber den Aktionären besteht.[652]

195 *cc) Verletzung der Überwachungspflicht.* Ein Aufsichtsrat handelt pflicht- und damit gesetzeswidrig (§ 116 S. 1 AktG iVm § 93 AktG), wenn er seiner Überwachungspflicht nicht genügt.[653] Zu der Überwachungspflicht des Aufsichtsrats gehört es, dass er sich über erhebliche Risiken, die der Vorstand mit Geschäften eingeht, kundig macht und ihr Ausmaß unabhängig vom Vorstand selbständig abschätzt.[654] Dabei können unterschiedliche Rechtsmeinungen einem Gesetzesverstoß die Eindeutigkeit nehmen.[655]

196 *dd) Überwachungspflicht Frauen in Führungspositionen.* Der Aufsichtsrat hat auch zu überwachen, ob die Vorgaben des am 1.5.2015 in Kraft getretenen **Gesetzes für die gleichberechtigte Teilhabe von Frauen und Männern an Führungspositionen in der Privatwirtschaft und im öffentlichen Dienst**[656] eingehalten werden. Das Gesetz hat neben einer gesetzlichen Quote iHv 30 % für den Aufsichtsrat von börsennotierten und paritätisch mitbestimmten Unternehmen auch die Verpflichtung für bestimmte Unternehmen eingeführt, sich selbst Zielgrößen zum Frauenanteil und Fristen zu deren Erreichung zu setzen. Danach mussten Unternehmen, die entweder börsennotiert oder mitbestimmt sind, erstmals zum 30.9.2015 Zielgrößen für den Frauenanteil im Aufsichtsrat und im Vorstand (§ 111 Abs. 5 AktG) sowie für die zwei Führungsebenen unterhalb des Vorstands/der Geschäftsführung (§ 76 Abs. 4 AktG) festlegen. Die bis zum 30.9.2015 erstmals festzulegenden Fristen zur Erreichung der Zielgrößen durften nicht länger als bis zum 30.6.2017 dauern. Die folgenden

---

[644] OLG Stuttgart 29.2.2012 – 20 U 3/11, BB 2012, 650.
[645] BGH 9.3.2009 – II ZR 170/07, DNotZ 2009, 776.
[646] OLG Stuttgart 2.12.2014 – 20 AktG 1/14, ZIP 2015, 1120 mwN.
[647] OLG Stuttgart 2.12.2014 – 20 AktG 1/14, ZIP 2015, 1120 mwN.
[648] BGHZ 64, 325 (331).
[649] *Semler/v. Schenck* AR-HdB/*Doralt* § 13 Rn. 102.
[650] *Lutter/Krieger* AR § 13 Rn. 1004.
[651] Vgl. dazu BCSS Aktienrechtsnovelle § 4 Rn. 44 f.
[652] BCSS Aktienrechtsnovelle § 4 Rn. 44 f. mwN.
[653] BGH 6.11.2012 – II ZR 111/12 – ZIP 2012, 2438.
[654] BGH 6.11.2012 – II ZR 111/12 – ZIP 2012, 2438.
[655] BGH 10.7.2012 – II ZR 48/11 – ZIP 2012, 1807; BGH 6.11.2012 – II ZR 111/12 – ZIP 2012, 2438.
[656] BGBl. 2015 I Nr. 17, 642.

Fristen dürfen nicht länger als fünf Jahre sein. Dabei ist auch betreffend die Besetzung des Aufsichtsrats selber die Sanktion der Nichteinhaltung der gesetzlichen Vorgaben scharf. Wird ein Mann als Mitglied des Aufsichtsrats gewählt, obwohl die Mindestquote noch nicht erreicht ist, ist die Wahl nichtig (§ 250 Abs. 1 Nr. 5 AktG nF).[657]

ee) Innenhaftung wegen Verletzung von Buchführungs- und Rechnungslegungsvorschriften. Verletzt ein Aufsichtsratsmitglied die ihm im Zusammenhang mit der **Buchführung und Rechnungslegung** obliegenden Pflichten, ist der Aufsichtsrat der Gesellschaft gem. § 116 iVm § 93 Abs. 2 AktG zum Schadensersatz verpflichtet.[658] Eine Schadensersatzpflicht setzt voraus, dass eine schuldhafte Pflichtverletzung des betroffenen Aufsichtsratsmitglieds vorliegt und der Gesellschaft konkret hierdurch ein Schaden entstanden ist.[659] 197

ff) Innenhaftung gem. § 117 Abs. 1 S. 1 AktG. Wer vorsätzlich unter Benutzung seines Einflusses auf die Gesellschaft ein Mitglied des Vorstands oder des Aufsichtsrats, einen Prokuristen oder einen Handlungsbevollmächtigten dazu bestimmt, zum Schaden der Gesellschaft oder ihrer Aktionäre zu handeln, **ist der Gesellschaft zum Ersatz des ihr daraus entstehenden Schadens verpflichtet.** Der **Täter iSd § 117 AktG** qualifiziert sich allein durch seinen Einfluss und dessen Ausübung, so dass auch ein Verwaltungsmitglied und insbes. ein Aufsichtsrat Täter sein kann.[660] Welcher Art und Weise dabei der Einfluss ist und auf welche Art und Weise die Einflussnahme erfolgt, ist umfassend zu verstehen.[661] Die Benutzung eines Einflusses auf die Gesellschaft liegt zB vor, wenn jemand das Gewicht des Amtes des Aufsichtsratsvorsitzenden gegenüber einem Vorstandsmitglied zur Geltung bringt.[662] 198

4. Haftung des Aufsichtsrates in der Gründungsphase der AG gem. § 41 Abs. 1 S. 2 AktG und § 48 AktG

a) § 41 Abs. 1 S. 2 AktG. Mit der notariellen Beurkundung der Gründung einer Aktiengesellschaft kommt eine sog. Vor-AG zustande.[663] Es handelt sich um eine juristische Person eigener Art, die – nach allgemeiner Ansicht jedenfalls für mit der Gründung zusammenhängende Rechtsgeschäfte – rechtsfähig ist und insoweit durch ihre (aktienrechtlichen) Organe, also Vorstand und Aufsichtsrat vertreten wird.[664] Die Tatsache, dass es sich um eine Einpersonengründung handelte, rechtfertigt keine andere Beurteilung.[665] Wer vor der Eintragung der AG in ihrem Namen handelt, haftet persönlich; handeln mehrere, so haften sie als Gesamtschuldner (§ 41 Abs. 1 S. 2 AktG). Als für die Vorgesellschaft handelndes Organ nach § 41 Abs. 1 S. 2 AktG kommt grds. auch der Aufsichtsrat in Betracht. Das gilt nicht allein dann, wenn er „**wie ein Vorstand**" handelt, also im Gründungsstadium dessen Aufgaben an sich zieht. Da dem Aufsichtsrat etwa gem. § 112 AktG die alleinige Vertretungskompetenz für den Abschluss von Anstellungsverträgen mit den Vorstandsmitgliedern zugewiesen ist, ist er in diesem Bereich an sich der „geborene" Handelnde iSv § 41 Abs. 1 S. 2 AktG. 199

Zu beachten sind bei der Anwendung dieser Norm auf den Aufsichtsrat aber die Grenzen und der Anwendungsbereich der Handelndenhaftung. **Schutzzweck der Handelndenhaftung** ist es, dem Vertragspartner der Vorgesellschaft einen Schuldner zu verschaffen, wenn die Gesellschaft mangels wirksamer Ermächtigung der Handelnden nicht leisten muss. § 41 Abs. 1 S. 2 AktG ist restriktiv auszulegen.[666] 200

---

[657] *Eisenhardt/Wackerbarth* GesR I § 30 Rn. 569, S. 219; zu verfassungsrechtlichen Bedenken *Teichmann/Rüb* BB 2015, 257 (261); vgl. betr. die Umsetzung in Hinsicht auf den Betriebsrat auch *Röder/Arnold* NZA 2015, 279.
[658] *Eschenfelder* BB 2014, 685 (686).
[659] *Eschenfelder* BB 2014, 685 (686).
[660] Hüffer/Koch/*Koch* AktG § 117 Rn. 3; BGH 4.3.1985 – II ZR 271/83, NJW 1985, 1777.
[661] Lücke/Schaub AG-Vorstand/*Schnabel* § 6 Rn. 240.
[662] BGH 4.3.1985 – II ZR 271/83, NJW 1985, 1777 mwN.
[663] OLG München 9.8.2017 – 7 U 2663/16, BB 2017, 2003.
[664] OLG München 9.8.2017 – 7 U 2663/16, BB 2017, 2003 mwN.
[665] OLG München 9.8.2017 – 7 U 2663/16, BB 2017, 2003; Hüffer/Koch/*Koch* AktG § 41 Rn. 17a ff. mwN.
[666] OLG Köln 20.12.2001 – 18 U 152/01, BeckRS 2002, 07530.

201 Davon ausgehend werden **Gründungsgesellschafter** oder **mit den Verhältnissen vertraute, zum Beitritt entschlossene Personen** nicht durch die Handelndenhaftung geschützt.[667]

202 Auch **die zum ersten Vorstand berufenen Personen** sind nach der ganzen Struktur des Gründungsverfahrens typischerweise mit den internen Verhältnissen der Gesellschaft vertraut oder können sich die notwendigen Informationen unschwer beschaffen und müssen – anders als **außenstehende Dritte,** die mit der Vorgesellschaft in rechtsgeschäftlichen Kontakt treten und regelmäßig nicht wissen können, ob die handelnden Organe mit Ermächtigung der Gründer handeln – nicht geschützt werden.[668] Die Mitglieder des ersten Vorstands können schon im Gründungsstadium durch entsprechende Vereinbarungen mit den Gründern die Erfüllung ihrer Vergütungsansprüche sicherstellen. Des Schutzes der Handelndenhaftung bedürfen sie ebensowenig, wie es gerechtfertigt ist, sie in der Insolvenz der Vorgesellschaft dadurch besser zu stellen, dass sie nicht darauf beschränkt sind, ihre Vergütungsforderung zur Tabelle anzumelden, sondern außerdem die Aufsichtsratsmitglieder persönlich belangen können.

203 **b) § 48 AktG.** Mitglieder des Vorstands und des Aufsichtsrats, die bei der Gründung ihre Pflichten verletzen, sind der Gesellschaft zum Ersatz des daraus entstehenden Schadens als Gesamtschuldner verpflichtet; sie sind insbesondere dafür verantwortlich, dass eine zur Annahme von Einzahlungen auf die Aktien bestimmte Stelle (§ 54 Abs. 3 AktG) hierzu geeignet ist, und dass die eingezahlten Beträge zur freien Verfügung des Vorstands stehen. Für die Sorgfaltspflicht und Verantwortlichkeit der Mitglieder des Vorstands und des Aufsichtsrats bei der Gründung gelten iÜ §§ 93, 116 AktG mit Ausnahme von § 93 Abs. 4 S. 3, 4, Abs. 6 AktG. Die Vorschrift bezweckt, die Gesellschaft vor Schädigungen im Rahmen der Gründung zu schützen und dient damit ebenso wie die §§ 46, 47 AktG, die die Haftung der Gründer bzw. der Gründergenossen und Emittenten regeln, dem Schutz der Kapitalaufbringung.[669]

5. Haftung des Aufsichtsrats wegen Verstoßes gegen das VorstAG

204 Am 5.8.2009 ist das VorstAG[670] in Kraft getreten. Vor dem Hintergrund der Finanzkrise sollten die aus der Vergütung des Vorstands einer Aktiengesellschaft resultierenden Verhaltensanreize in Richtung auf eine nachhaltige und auf Langfristigkeit ausgerichtete Unternehmensführung gestärkt werden.[671] Mit diesem Gesetz wurde die **Pflichtenstellung des Aufsichtsrates verschärft.**

205 **Nach altem Recht** mussten die Gesamtbezüge des Vorstands einer AG, die durch den Aufsichtsrat festgesetzt bzw. auf Grundlage entsprechender Aufsichtsratsbeschlüsse mit dem Vorstandsmitglied ausgehandelt werden, in einem angemessenen Verhältnis zu den Aufgaben des Vorstandsmitglieds und zur Lage der Gesellschaft stehen. Nach dem VorstAG muss der Aufsichtsrat die Vergütung des Vorstands so festsetzen, dass sie in angemessenem Verhältnis zu den Leistungen des Vorstands steht und die landes- und branchenübliche Vergütung nicht ohne besondere Gründe übersteigt. Bonussysteme müssen an langfristigen Zielen ausgerichtet werden. Optionen dürfen frühestens nach vier Jahren ausgeübt werden. Nach zuvor geltendem Recht konnten Aktienoptionen frühestens zwei Jahre nach Einräumung der Option ausgeübt werden (§ 193 Abs. 2 Nr. 4 AktG). Die nach bisherigem Recht bereits bestehende Möglichkeit des Aufsichtsrats, die Vorstandsbezüge bei einer Verschlechterung der Lage des Unternehmens nachträglich zu reduzieren (§ 87 Abs. 2 AktG), wurde verschärft. Bisher war Voraussetzung für einen solchen Eingriff in bestehende Verträge, dass eine „wesentliche" Verschlechterung in den Verhältnissen der Gesellschaft eingetreten ist, so dass die Weitergewährung der vereinbarten Bezüge eine „schwere" Unbilligkeit für die Gesellschaft wäre.

---

[667] BGH 14.6.2004 – II ZR 47/02, NJW 2004, 2519.
[668] BGH 14.6.2004 – II ZR 47/02, NJW 2004, 2519; *Riedel* NJW 1970, 404 (406) re. Sp.
[669] *Ek* Haftungsrisiken Kap. C I 1b S. 178 mwN.
[670] G zur Angemessenheit der Vorstandsvergütung v. 31.7.2009 (VorstAG) BGBl. 2009 I 2509; vgl. dazu *Krienke/Schnell* NZA 2010, 135; *Cannivé/Seebach* Der Konzern 2009, 593; *Dauner-Lieb* Der Konzern 2009, 583.
[671] *Ihrig/Wandt/Wittgens* ZIP-Beilage 40/2012, 1.

Nach der Neuregelung des VorstAG genügt eine Verschlechterung in den Verhältnissen 206
der AG und eine **daraus resultierende Unbilligkeit der Fortentrichtung der vereinbarten Gehälter**. Verstößt der Aufsichtsrat gegen seine Pflicht zur Festsetzung einer angemessenen Vorstandsvergütung, haftet er der Gesellschaft auf Schadensersatz. Damit wird klargestellt, dass die angemessene Vergütungsfestsetzung zu den wichtigsten Aufgaben des Aufsichtsrats gehört und er für Pflichtverstöße persönlich haftet.

Eine **Verschlechterung der Lage der Gesellschaft iSd § 87 Abs. 2 AktG** – bei dem es sich 207
um **einseitiges Gestaltungsrecht der Aktiengesellschaft** handelt – tritt dann ein, wenn die **Gesellschaft insolvenzreif** wird.[672] Die Weiterzahlung der Vorstandsbezüge ist unbillig iSd § 87 Abs. 2 S. 1 AktG, wenn der Vorstand pflichtwidrig gehandelt hat oder ihm zwar kein pflichtwidriges Verhalten vorzuwerfen ist, die Verschlechterung der Lage der Gesellschaft jedoch in die Zeit seiner Vorstandsverantwortung fällt und ihm zurechenbar ist.[673] Der Aufsichtsrat soll mit der Regelung des § 87 Abs. 2 AktG eine **Handhabe** erhalten, **unter Abweichung von dem Grundsatz „pacta sunt servanda"** den Vorstand im Rahmen von dessen **Treuepflicht an dem Schicksal der Gesellschaft teilhaben zu lassen**.[674] Die Herabsetzung der Bezüge muss mindestens auf einen Betrag erfolgen, dessen Gewährung angesichts der Verschlechterung der Lage der Gesellschaft nicht mehr als unbillig angesehen werden kann. Die Vorschrift erlaubt andererseits keine Herabsetzung der Bezüge des Vorstandsmitglieds, die weiter geht, als es die Billigkeit angesichts der Verschlechterung der Lage der Gesellschaft erfordert.[675]

Das Haftungsrisiko des einzelnen Aufsichtsratsmitglieds steigt dabei insbes. dadurch, dass 208
der Aufsichtsrat nunmehr als Gesamtgremium über Vergütungen zu befinden hat und dass vor allem das Gebot, die Vergütungsstruktur auf eine nachhaltige Unternehmensentwicklung auszurichten und die Aufnahme des Maßstabs der „Üblichkeit" zu **gesteigerten Anforderungen an den Entscheidungsprozess im Aufsichtsrat und seiner Dokumentation** führen.[676]

Die erleichterte Möglichkeit der Herabsetzung der Vorstandsvergütung erfordert, dass der 209
Aufsichtsrat **kontinuierlich prüft**, ob die Voraussetzungen für diesbezügliches Tätigwerden vorliegen.[677] Im Falle der Unterlassung einer solchen Prüfung und zudem einer beweiskräftigen Dokumentation, kann dies weitreichende haftungsrechtliche Folgen haben.

Zu beachten ist, dass die Vorgaben des VorstAG auch beim **Abschluss von Aufhebungs-** 210
vereinbarungen mit Vorständen haftungsrechtliche Relevanz entfalten. Der Aufsichtsrat muss insbes. im Zuge von **Vertragsaufhebungsverhandlungen mit Vorständen** die durch das VorstAG verschärfte Haftung im Visier behalten und kann finanziellen Zugeständnissen sowie einem Ausschluss der durch das VorstAG erweiterten Möglichkeiten zur Herabsetzung von Bezügen und Ruhegeldleistungen nur zustimmen, wenn dies nach sorgfältiger Abwägung im Interesse der Gesellschaft vertretbar erscheint, um eine vorzeitige Beendigung des Dienstvertrags herbeizuführen.[678] Zudem ist der Entscheidungsprozess zum Zwecke der Reduzierung des Haftungsrisikos ausreichend zu dokumentieren.[679]

6. Verschulden

Aufsichtsratshaftung ist Verschuldenshaftung.[680] Dabei gilt ein **objektivierter Verschul-** 211
densmaßstab für alle Aufsichtsratsmitglieder ohne Unterschiede ihrer persönlichen Kenntnisse und Fähigkeiten.[681] Alle Aufsichtsratsmitglieder haben für diejenige Sorgfalt einzuste-

---

[672] Begr. des Entwurfs des VorstAG, BT-Drs. 16/12278, 6; BGH 27.10.2015 – II ZR 296/14, DB 2016, 403 mwN.
[673] BT-Drs. 16/12278, 6; BGH 27.10.2015 – II ZR 296/14, DB 2016, 403.
[674] OLG Düsseldorf 17.11.2003 – I-15 U 225/02, ZIP 2004, 1850 (1854); *Weller* NZG 2010, 7 (10); *Diller* NZG 2009, 1006 (1007); BGH 27.10.2015 – II ZR 296/14, DB 2016, 403 mwN.
[675] BGH 27.10.2015 – II ZR 296/14, DB 2016, 403.
[676] *Cannivé/Seebach* Der Konzern 2009, 593 (600).
[677] *Cannivé/Seebach* Der Konzern 2009, 593 (601).
[678] *Jaeger* NZA 2010, 128 (135).
[679] *Cannivé/Seebach* Der Konzern 2009, 593 (599) mwN.
[680] *Ek* Haftungsrisiken Kap. C I 3 S. 209 mwN.
[681] *Lutter* ZHR 145, 224 (237 ff.); *Ek* Haftungsrisiken Kap. C I 3 S. 209.

hen, die von einem durchschnittlichen Aufsichtsratsmitglied erwartet werden kann.[682] Ein strengerer Maßstab besteht für Aufsichtsratsmitglieder mit besonderen Funktionen. Sie haben für die Kenntnisse und Fähigkeiten einzustehen, die ihre Funktion erfordert, und wenn sie diese nicht haben, dürfen sie diese nicht übernehmen.[683] Einem verschärften Maßstab für Übernahmeverschulden unterliegen dabei insbes. Mitglieder des Prüfungsausschusses (Audit Committee) wie er zB in Ziff. 5.3.2 S. 1 DCGK empfohlen ist.[684] Im Zivilrecht setzt dabei das Verschulden durch vorsätzliches Verhalten das **Bewusstsein der Rechtswidrigkeit** voraus, welches bei einem **Verbotsirrtum** fehlt.[685] Gem. § 17 S. 1 StGB führt ein unvermeidbarer Verbotsirrtum zur Schuldlosigkeit, lässt den Vorsatz jedoch unberührt. Führt ein unvermeidbarer Verbotsirrtum gem. § 17 S. 1 StGB zur Schuldlosigkeit, so schließt dies auch eine Haftung nach § 823 Abs. 2 BGB aus.[686]

212 Bedeutung hat dabei wie bei der Prüfung der Rechtmäßigkeit des Vorstandshandelns die **Business Judgment Rule**.[687] Die im deutschen Recht geltende Business Judgment Rule verneint bei einem dieser Vorgabe entsprechenden Verhalten die Pflichtwidrigkeit des Verhaltens der Organmitglieder.[688]

7. Rahmenbedingungen der Haftung des Aufsichtsrats bei besonderen Aktiengesellschaften

213 Besondere Formen der Aktiengesellschaft sind die **Europäische Aktiengesellschaft – SE –** mit Sitz in Deutschland, die **AG in öffentlicher Hand** und die **AG in kirchlicher Hand**. Im Folgenden werden die für die Aufsichtsräte solcher Aktiengesellschaften geltenden rechtlichen Rahmenbedingungen betreffend Haftung dargestellt.

214 **a) Haftung des Aufsichtsrats einer dualistisch organisierten SE mit Sitz in Deutschland.** Art. 51 SE-VO unterstellt die Haftung des Aufsichtsrats einer dualistisch[689] organisierten SE mit **Sitz in Deutschland** dem **nationalstaatlichen Regime**, und zwar in vollem Umfang. Sowohl die Innenhaftung gem. §§ 116, 93 AktG wie auch das sonstige **deutsche Haftungsrecht** wie § 823 Abs. 2 BGB iVm Schutzgesetz und § 117 AktG sind **anzuwenden**.[690]

215 **b) Haftung des Aufsichtsrats einer AG in öffentlicher Hand.** Für Aufsichtsräte von Unternehmen mit Beteiligung der öffentlichen Hand gelten für deren Kompetenzen und Aufgaben grds. die allgemeinen Regeln der jeweiligen Rechtsform.[691] Die besondere Pflichtenbindung und Aufgabenstellung der öffentlichen Hand begründet aber eine **Konfliktlage zwischen öffentlichem und privatem Recht**, die sich auch bei der Bestimmung der Rechts- und Pflichtenstellung und damit auch auf den Haftungsrahmen des Aufsichtsrats solcher Unternehmen zeigt.[692]

216 Häufig werden den von Kommunen entsandten Mitgliedern des Aufsichtsrats kommunaler Aktiengesellschaften **Weisungen der Gebietskörperschaft** erteilt, wie der jeweilige Aufsichtsrat abzustimmen habe. So kann das kommunale Aufsichtsratsmitglied zB angewiesen werden, einer von der Geschäftsführung oder dem Vorstand befürworteten Erhöhung der

---

[682] BGH 15.11.1982 – II ZR 27/82, NJW 1983, 991.
[683] Hüffer/Koch/*Koch* AktG § 116 Rn. 3; *Lutter/Krieger* AR § 13 Rn. 1008; *Semler/v. Schenck* AR-HdB/ *Doralt* § 13 Rn. 85 ff.
[684] *Zenke/Schäfer/Brocke/Füller*, Risikomanagement, Compliance für Unternehmer, 1. Aufl. 2015, Kap. 15 Rn. 62, S. 456 mwN.
[685] BGH 12.5.1992 – VI ZR 257/91, BGHZ 118, 201 (208); 16.5.2017 – VI ZR 266/16, NJW 2017, 2463; dazu Anm. *Bausch* NJW 2017, 2463.
[686] BGH 16.5.2017 – VI ZR 266/16, NJW 2017, 2463; 15.5.2012 – VI ZR 166/11, NJW 2012, 3177; 10.7.1984 – VI ZR 222/82, NJW 1985, 134; 26.2.1962 – II ZR 22/61, NJW 1962, 910.
[687] *Cahn*, Aufsichtsrat und Business Judgment Rule, ILF-Working-Paper Series Nr. 141/2013, 1; → Rn. 120.
[688] *Cahn*, Aufsichtsrat und Business Judgment Rule, ILF-Working-Paper Series Nr. 141/2013, 1; → Rn. 120.
[689] Die SE mit Sitz in Deutschland kann auch mit monistischer Verfassung gegründet werden (Art. 43 ff. SE-VO). Dann besteht in dieser Gesellschaft kein Aufsichtsorgan, *Lutter/Krieger* AR § 19 Rn. 1351; Lutter/ Hommelhoff/Teichmann/*Teichmann*, SE Kommentar, 2. Aufl. 2015, SE-VO Art. 43 Rn. 63 ff.
[690] *Lutter/Krieger* AR § 19 Rn. 1402; Lutter/Hommelhoff/Teichmann/*Teichmann*, SE Kommentar, 2. Aufl. 2015, SE-VO Art. 51 Rn. 13, 15; NK-SE/*Manz* SE-VO Art. 51 Rn. 11.
[691] *Lutter/Krieger* AR § 20 Rn. 1422; *Nowak/Wanitschek-Klein* Der Konzern 2007, 665.
[692] Hoppe/Uechtritz/Reck/*Oebbecke*, Handbuch Kommunale Unternehmen, 3. Aufl. 2012, § 9 Rn. 1; Cronauge/*Westermann*, Kommunale Unternehmen, 6. Aufl. 2016, Rn. 209; *Lutter/Krieger* AR § 20 Rn. 1422.

Erdgas- und Wärmeabgabepreise nicht zuzustimmen oder sich für die Fortführung einer Buslinie in den Abendstunden einzusetzen, obwohl die Einstellung aus Rentabilitätsgesichtspunkten geboten ist.[693]

Hier ist zu beachten, dass auch Aufsichtsratsmitglieder einer Aktiengesellschaft, die auf Vorschlag der öffentlichen Hand gewählt oder von dieser entsandt wurden, in dieser Funktion **allein dem Unternehmensinteresse verpflichtet** sind und nicht den Interessen der Gebietskörperschaft, von der sie entsandt wurden.[694] Soweit mithin das von dem jeweils von der öffentlichen Hand entsandten und durch die Gebietskörperschaft angewiesenen Mitglied des Aufsichtsrats verfolgte öffentliche Interesse nicht mit dem Unternehmensinteresse übereinstimmt, handelt der entsandte und weisungsgemäß abstimmende Aufsichtsrat aktienrechtlich pflichtwidrig. 217

Da die Vorschriften des öffentlichen Haushaltsrechts Beteiligungen der öffentlichen Hand in der Regel davon abhängig machen, dass die öffentliche Hand einen angemessenen tatsächlichen Einfluss insbes. im Aufsichtsrat erhält[695] – dies mit der Folge, dass die jeweilige Beschlussfassung von dem Stimmverhalten des „öffentlichen" Aufsichtsratsmitglieds gelenkt wird –, begründen solche Mitglieder für sich selber dem Grunde nach ein persönliches Haftungsrisiko, wenn sie entgegen dem Unternehmensinteresse den Weisungen ihres Dienstherrn folgen. 218

Betreffend die auf Veranlassung von Gebietskörperschaften in den Aufsichtsrat gewählten Personen ist zu beachten, dass im Rahmen der zum 1.1.2016 in Kraft getretenen **Aktienrechtsnovelle § 394 AktG** in S. 2 dahin gehend ergänzt wurde, dass die Berichtspflicht nach § 394 S. 1 AktG auf Gesetz, auf Satzung oder auf Aufsichtsrat in Textform mitgeteilten Rechtsgeschäft berufen kann.[696] Mit § 394 AktG existiert eine Ausnahme zur grds. für Aufsichtsratsmitglieder bestehenden umfassenden Verschwiegenheitspflicht, die nach § 116 S. 1 iVm §§ 93 Abs. 1 S. 3, 116 S. 2 AktG gerade auch gegenüber den Aktionären besteht.[697] 219

c) **Haftung des Aufsichtsrats einer AG in kirchlicher Hand.** Die Kirchen – insbes. die Katholische und die Evangelische Kirche – können zur Wahrnehmung ihrer Aufgaben auch die Rechtsform der Kapitalgesellschaft wählen.[698] In diesem Fall sind regelmäßig – wie auch bei Aktiengesellschaften in öffentlicher Hand – die Mehrheitsverhältnisse und Abstimmungsverhältnisse insbes. auch im Aufsichtsrat so ausgestaltet, **dass der kirchliche Träger bestimmenden Einfluss ausüben kann.** Dabei ist zu beachten, dass auch das kirchlich entsandte und vom kirchlichen Träger angewiesene Mitglied des Aufsichtsrats verpflichtet ist, **allein im Unternehmensinteresse** zu handeln. Stimmt dieses nicht mit dem der jeweiligen kirchlichen Weisung zugrundeliegenden Interesse überein, bringt sich das jeweilige Aufsichtsratsmitglied in die persönliche Haftung, wenn es entgegen dem Unternehmensinteresse nach der Weisung abstimmt. Des Weiteren besteht **Compliance** als **organisationale Regeltreueverantwortung** unabhängig von der Frage der Gewinnerzielungsabsicht.[699] 220

---

[693] VG Arnsberg 13.7.2007 – 12 K 3965/06, ZIP 2007, 1988; BVerwG 31.8.2011 – 8 C 16.10, NJW 2011, 3735; vgl. dazu Anm. *Brötzmann* GmbHR 2011, 1205; *Pauly/Schüler* DÖV 2012, 339; *Schiffer/Wurzel* KommJur 2012, 52; *Heidel* NZG 2012, 48; *Möller*, Die rechtliche Stellung und Funktion des Aufsichtsrats in öffentlichen Unternehmen der Kommunen, 1999, 76; *Lutter/Krieger* AR § 20 Rn. 1425.

[694] *Lutter/Krieger* AR § 20 Rn. 1427.

[695] Vgl. zB § 65 Abs. 1 Nr. 3 BHO; § 65 Abs. 1 Nr. 3 LHO Berlin; § 65 Abs. 1 Nr. 3 LHO NW; § 108 Abs. 1 S. 1 Nr. 6 GO NW; Art. 92 Abs. 1 Nr. 2 GO Bay.

[696] Vgl. dazu *BCSS* Aktienrechtsnovelle § 4 Rn. 44 f.

[697] *BCSS* Aktienrechtsnovelle § 4 Rn. 44 f. mwN.

[698] Beispielhaft genannt seien insbes. die kirchlichen Siedlungswerke, vgl. dazu *Usslar* KuR 2009, 510 ff.; eine Aktiengesellschaft aus dem Bereich der Evangelischen Kirche ist die EFJ gAG oder die AGAPLESION gAG.

[699] *Rieble* CCZ 2010, 107; *Hemel* CB 9/2013, I; *Vogelbusch*, Verschärfte Anforderungen an Mitglieder von Aufsichtsgremien in Non-Profit-Unternehmen, Zeitschrift für das Recht der Non Profit Organisationen, 2013, 130.

8. Durchsetzung der Haftungsansprüche gegen den Aufsichtsrat

221 Ansprüche gegen den Aufsichtsrat können vom Vorstand, vom Insolvenzverwalter oder im Wege einer Aktionärsklage geltend gemacht werden. Für auf §§ 116, 93 Abs. 2 AktG gestützte Ansprüche wegen Pflichtverletzung durch Mitglieder des Vorstands oder Aufsichtsrats ist der Gerichtsstand des Erfüllungsorts am Sitz der Gesellschaft begründet.[700]

222 a) **Vorstand/Insolvenzverwalter.** Nach dem System des Aktienrechts obliegt grds. über § 78 Abs. 1 AktG dem Vorstand die **Pflicht zur Geltendmachung von Haftungsansprüchen** gegenüber dem Aufsichtsrat.[701]

223 Allerdings sitzen Vorstand und Aufsichtsrat – wenn es um Haftung geht – regelmäßig in einem Boot, so dass sich die Inanspruchnahme pflichtwidrig handelnder Aufsichtsräte auf diesem Wege in praktischer und tatsächlicher Hinsicht als **Schwachstelle der gesetzlichen Regelung** darstellt.[702] Dabei ist aber zu beachten, dass der Vorstand bei Vorliegen erfolgversprechender Haftungsansprüche gegenüber dem Aufsichtsrat grds. **kein Ermessen hat, sondern dass er rechtlich verpflichtet ist, diese Ansprüche gegenüber dem Aufsichtsrat durchzusetzen,** will er sich nicht selbst wieder schadenersatzpflichtig machen.[703]

224 Kommt es zur **Krise der AG,** so stellt sich allerdings die **Interessenlage anders** dar. Der Insolvenzverwalter sucht möglichst viele Haftungsschuldner zum Zwecke der **Erhöhung der Insolvenzmasse** und braucht zudem keine Rücksicht auf eigenes pflichtwidriges Verhalten zu nehmen. Haftungsansprüche gegen den Aufsichtsrat werden so regelmäßig erst im Insolvenzverfahren geltend gemacht.[704]

225 b) **Aktionärsklage.** Durch das UMAG wurde die Aktionärsklage gegen den Vorstand und den Aufsichtsrat eingeführt. Um die Durchsetzung von Haftungsansprüchen einer Aktiengesellschaft gegen ihre Organmitglieder[705] zu erleichtern, wird sowohl für Organhaftungsklagen als auch für Sonderprüfungsanträge das **Minderheitenquorum** gegenüber dem geltenden Recht stark abgesenkt.[706] Das UMAG räumt einer Aktionärsminderheit, deren Anteile im Zeitpunkt der Antragstellung zusammen 1 % des Grundkapitals oder einen anteiligen Betrag des Grundkapitals von 100.000 EUR erreichen, die Möglichkeit ein, eine Haftungsklage zu erzwingen.[707]

226 Klagewillige Aktionäre können sich in einem **Aktionärsforum des elektronischen Bundesanzeigers** sammeln, um Mitstreiter für das Erreichen des gesetzlichen Quorums zu gewinnen. Neu ist auch, dass eine Aktionärsminderheit, soweit diese bestimmte Voraussetzungen erfüllt, Haftungsansprüche der Gesellschaft im eigenen Namen für diese geltend machen kann.

227 Zur Verhinderung des Missbrauchs von Klagen zur Durchsetzung von Schadensersatzansprüchen gegen Organmitglieder wurde geregelt, dass die Aktionäre, die eine Klage gegen Organmitglieder erzwingen wollen, ein **Klagezulassungsverfahren** durchlaufen müssen. Das Landgericht, in dessen Bezirk die Gesellschaft ihren Sitz hat, entscheidet in diesem Verfahren über die Zulassung der Klage. Das Klagezulassungsverfahren ist der Klage vorgeschaltet und an strenge Kriterien gebunden. So müssen die Aktionäre in diesem Verfahren u. a. nachweisen, dass sie die Aktien vor dem Zeitpunkt erworben haben, an dem sie von den behaupteten Pflichtverstößen oder dem behaupteten Schaden auf Grund einer Veröffentlichung Kenntnis erlangen mussten. Auch müssen sie die Gesellschaft unter Setzung einer angemessenen Frist vergeblich aufgefordert haben, selbst Klage gegen die Organmitglieder zu erheben.

228 Der **Anwendungsbereich der §§ 311, 317 AktG ist auch dann eröffnet,** wenn eine Gebietskörperschaft oder ein anderer öffentlich-rechtlicher Rechtsträger herrschendes Unter-

---

[700] OLG München 21.12.2016 – 34 AR 135/16, NZG 2017, 235.
[701] *Lutter/Krieger* AR § 13 Rn. 1013.
[702] *Zieglmeier* ZGR 2007, 144 (145); *Paal* DStR 2005, 382 (384); *Müller-Michels* ZCG 2007, 73 (75).
[703] *Lutter/Krieger* AR § 13 Rn. 1013.
[704] *Müller-Michels* ZCG 2007, 73 (75).
[705] *Paschos/Neumann* DB 2005, 1779.
[706] *Lutter/Krieger* AR § 13 Rn. 1014 ff.
[707] *Lutter/Krieger* AR § 13 Rn. 1015.

nehmen ist.⁷⁰⁸ Es hat sich allerdings ungeachtet zahlreicher Managementfehler im Zuge der Finanzkrise die Aktionärsklage nicht als wirksames Kontrollinstrument etabliert.⁷⁰⁹

9. Versicherungen

Zur Versicherung des Haftungsrisikos werden von den Gesellschaften üblicherweise Vermögensschadenshaftpflichtversicherungen für das Management abgeschlossen für die sich – abgeleitet von der amerikanischen Directors' and Officers' Liability Insurance – die Kurzbezeichnung **D&O-Versicherung** durchgesetzt hat.⁷¹⁰ D&O-Versicherungen sind jedenfalls für den Bereich börsennotierter Aktiengesellschaften zum Standard geworden.⁷¹¹ Das Prämienvolumen liegt bei über 300 Mio. EUR.⁷¹² 229

Die D&O-Versicherung ist eine **Fremdhaftpflichtversicherung**,⁷¹³ die eine Gesellschaft als Versicherungsnehmerin zu Gunsten ihrer Organmitglieder und leitenden Angestellten (Managern) als versicherten Personen abschließt. In der Regel gewährt sie eine Innenverhältnisdeckung (die Deckung von Haftungsansprüchen der Gesellschaft als Versicherungsnehmerin gegen die versicherten Organmitglieder) und eine Außenverhältnisdeckung (die Deckung von Haftungsansprüchen Dritter gegen die Organmitglieder).⁷¹⁴ Eine D&O-Versicherung, welche auch Schadensersatzansprüche der Versicherungsnehmerin und ihrer Tochterunternehmen gegen versicherte Personen deckt, ist **Versicherung für fremde Rechnung iSd §§ 43 ff. VVG.**⁷¹⁵ 230

Nach der Neuregelung des VorstAG⁷¹⁶ ist in § 93 Abs. 2 S. 3 AktG ein **obligatorischer Selbstbehalt** von mindestens 10 % des Schadens bis mindestens zur Höhe des 1,5-fachen der jährlichen Festvergütung des Vorstandsmitglieds vorgesehen.⁷¹⁷ Es handelt sich hierbei um einen Mindestselbstbehalt und diese Gesellschaft kann, muss aber nicht höhere Selbstbehalte vereinbaren.⁷¹⁸ Der Mindestselbstbehalt findet nach zutreffender Auffassung⁷¹⁹ – anders als seine Stellung in § 93 Abs. 2 S. 3 AktG vermuten lässt – nicht nur auf Fälle der Innenhaftung nach § 93 Abs. 2 S. 1 AktG Anwendung, sondern, wenn die D&O-Versicherung die Inanspruchnahme der Vorstandsmitglieder durch Dritte abdeckt,⁷²⁰ auch in den Fällen der Außenhaftung.⁷²¹ Die Neuregelung des obligatorischen Selbstbehalts in § 93 Abs. 2 S. 3 AktG erlaubt es Aufsichtsräten und Vorständen, ihre Selbstbehalte selbst anderweitig zu versichern.⁷²² Hier kann auch nicht der Einwand der Gesetzesumgehung ins Feld geführt werden, da sich der Gesetzgeber trotz Hinweises im Gesetzgebungsverfahren⁷²³ bewusst gegen ein Verbot der Eigenversicherung entschieden hat.⁷²⁴ 231

Ein Verstoß gegen die **Pflicht zur Vereinbarung eines Selbstbehalts** iSv § 93 Abs. 2 S. 3 AktG **führt** nach zutreffender Ansicht auch **nicht zur Nichtigkeit des zwischen der Gesellschaft und dem Versicherer bestehenden Vertrags.**⁷²⁵ Dies, da weder die Voraussetzungen 232

---

⁷⁰⁸ BGH 3.3.2008 – II ZR 124/06, BGHZ 175, 365; BGH 31.5.2011 – II ZR 141/09, NJW 2011, 2719.
⁷⁰⁹ *Haar/Grechenig* AG 2013, 653.
⁷¹⁰ *Semler/v. Schenck* AR-HdB/*Doralt* § 13 Rn. 212; *Lutter/Krieger* AR § 13 Rn. 1024.
⁷¹¹ *Thüsing/Traut* NZA 2010, 140.
⁷¹² *Semler/v. Schenck* AR-HdB/*Doralt* § 13 Rn. 212 mwN.
⁷¹³ Vgl. dazu *Krieger/Schneider/Sieg*, Handbuch Managerhaftung, 3. Aufl. 2017, § 16 Rn. 23 mwN.
⁷¹⁴ *Böttcher* NZG 2008, 645 (646).
⁷¹⁵ BGH 5.4.2017 – IV ZR 360/15, ZIP 2017, 881; 13.4.2016 – IV ZR 51/14, AG 2016, 395; BGHZ 209, 373.
⁷¹⁶ Vgl. dazu *Ihrig/Wandt/Wittgens* ZIP-Beilage 40/2012, 1.
⁷¹⁷ *Dauner-Lieb/Tettinger* ZIP 2009, 1555; *Dreher* AG 2008, 429; *van Kann* NZG 2009, 1010; *Gädtke* VersR 2009, 1565.
⁷¹⁸ *Thüsing/Traut* NZA 2010, 140 f.
⁷¹⁹ *Thüsing/Traut* NZA 2010, 140 (141).
⁷²⁰ S. Nr. 1.1 AVB-AVG 2008 Ziff. 5.9.
⁷²¹ AA *Olbrich/Kassing* BB 2009, 1010 (1011); *Lange* VW 2009, 918; *Schulz* VW 2009, 1410 (1411).
⁷²² *Thüsing/Traut* NZA 2010, 140 (142); *Dauner-Lieb/Tettinger* ZIP 2009, 1555 (1557); *Hoffmann-Becking/Krieger* NZG-Beilage 26/2009, Rn. 56; *van Kann* NZG 2009, 1010 (1012).
⁷²³ *Goette*, Stellungnahme, S. 7; *Thüsing*, Stellungnahme S. 13 f.
⁷²⁴ *Thüsing/Traut* NZA 2010, 140 (143).
⁷²⁵ So etwa *Dauner-Lieb/Tettinger* ZIP 2009, 1555 (1556); *van Kann* NZG 2009, 1010 (1013); aA *Lange* VW 2009, 918; *Ihrig/Wandt/Wittgens* ZIP-Beilage 40/2012, 1 (30).

233 des § 134 BGB vorliegen, noch eine solche Rechtsfolge sachgerecht ist.[726] So ist nicht nur ein kompliziertes Rückabwicklungsverhältnis zu vermeiden, sondern es wäre vor allem die Gesellschaft, der aus der Nichtigkeit ein Schaden droht.[727]

233 Bei der Prozessvertretung in Aufsichtsratshaftungssachen sollte von dem die Gesellschaft vertretenden Anwalt auch geprüft werden, ob ein **Direktprozess gegen den Versicherer** geführt werden kann. Der Direktprozess nach Abtretung bringt Erleichterungen für die geschädigte Gesellschaft und das Organmitglied, da die Schadensregulierung beschleunigt wird, das Verhältnis zwischen Gesellschaft und Organmitglied weniger stark belastet wird, wenn sich diese nicht als Gegner im Prozess gegenüberstehen und zudem der Gesellschaft mit dem Organmitglied als Zeugen eine neue Beweismöglichkeit zur Verfügung steht.[728] Der den Aufsichtsrat beratende Anwalt muss hier allerdings im Auge haben, dass bei einer wegen Durchgreifens des Vorsatzeinwandes[729] erfolgloser Inanspruchnahme der Versicherung der Folgeprozess gegen den Aufsichtsrat mit entgegen gesetzter und auf seine Entlastung gerichteter Interessenlage des Aufsichtsrats persönlich droht. Es wird in diesem Fall zu prüfen sein, ob eine Abtretung der Ansprüche gegen den Versicherer Zug-um-Zug gegen die Zusage, ihn nicht mehr persönlich in Anspruch zu nehmen,[730] im Blick auf die engen Voraussetzungen der Vereinbarung von Haftungsbeschränkungen (§ 93 Abs. 4 S. 3, 4 AktG)[731] geregelt werden kann. Der in der Haftpflichtversicherung geltende Trennungsgrundsatz steht auch einer Vereinigung von Haftpflicht- und Freistellungsanspruch in einer Hand bei **Versicherung für fremde Rechnung iSd §§ 43 ff. VVG** nicht entgegen.[732] Mit der Abtretung des Deckungsanspruchs der versicherten Person an den geschädigten Versicherungsnehmer oder das geschädigte, in den Versicherungsschutz einbezogene Tochterunternehmen, wandelt sich dieser Anspruch in einen Zahlungsanspruch.[733]

III. Überblick über die strafrechtliche Verantwortlichkeit

1. Bedeutung des Strafrechts in der Beratung von Organmitgliedern

234 Da Straftatbeständen ganz überwiegend auch individualschützende Funktion zuerkannt wird, führt strafbares Verhalten in der Folge über § 823 Abs. 2 BGB auch zu zivilrechtlichen Haftungsansprüchen, wie oben (→ Rn. 50 ff.) bereits dargestellt. Aber schon die **reine strafrechtliche Verantwortlichkeit** für sich genommen hat in der Praxis erhebliche Bedeutung, weil Vorstände und Aufsichtsräte – zu Recht – das Risiko strafbaren Verhaltens im Normalfall noch stärker scheuen als den Graubereich sonstiger, „einfacher" Gesetzesverstöße. Die Präventions- und Steuerungswirkung strafrechtlicher Normen ist gerade im Wirtschaftsstrafrecht deutlich.

235 Auch für die Organmitglieder, die sich stets um gesetzeskonformes Verhalten bemühen und auch nur den Graubereich strafbaren Verhaltens strikt meiden, ist ein nicht geringes Risiko festzustellen, mit strafrechtlichen Vorwürfen und staatsanwaltschaftlichen Ermittlungen konfrontiert zu werden. Die Gründe hierfür sind komplex. Gerne werden Strafanzeigen als Mittel zivilrechtlicher Auseinandersetzungen eingesetzt. Die in Wirtschaftssachen tätigen (Schwerpunkt-)Staatsanwaltschaften haben zum Teil radikale Denk- und Arbeitsmuster entwickelt, die sie in bestimmten Konstellationen einen Anfangsverdacht schnell bejahen lässt. Auf nachgelagerten Hierarchieebenen begangene Gesetzesverstöße lassen regelmäßig (auch) die Frage nach einer Verantwortlichkeit der Unternehmensleitung aufkommen. Solche Faktoren lassen es angeraten erscheinen, dass Vorstands- und Aufsichtsratsmitglieder auch dann, wenn sie sich zurecht fern jeden strafbaren Verhaltens sehen, eine **allgemeine**

---

[726] *Ihrig/Wandt/Wittgens* ZIP-Beilage 40/2012, 1 (30).
[727] Vgl. zu dieser Argumentation *Fiedler* MDR 2009, 1077 (1079).
[728] *Böttcher* NZG 2008, 645 (650).
[729] *Held* CB 2014, 29 (32); *Seitz* VersR 2007, 1476.
[730] So *Böttcher* NZG 2008, 645 (650).
[731] *Lutter/Krieger* AR § 13 Rn. 1011.
[732] BGH 13.4.2016 – IV ZR 51/14, BeckRS 2016, 07881.
[733] BGH 13.4.2016 – IV ZR 51/14, BeckRS 2016, 07881.

strafrechtliche und strafprozessuale Vorfeldberatung in Anspruch nehmen und sich auf zwar unwahrscheinliche, aber doch denkbare Situationen strafrechtlicher Ermittlungsverfahren einstellen, insbes. für mögliche Durchsuchungen und Beschlagnahmen in den Geschäftsräumen Verhaltensrichtlinien aufstellen.[734]

Das geltende Recht kennt **keine strafrechtlichen Sanktionen gegen Unternehmen.**[735] Möglich ist gem. § 30 OWiG eine Geldbuße gegen juristische Personen, wenn jemand als vertretungsberechtigtes Organ oder als Mitglied eines solches Organs eine Straftat oder Ordnungswidrigkeit begangen hat, durch die Pflichten verletzt worden sind, die die juristische Person betreffen oder durch die die juristische Person bereichert worden ist.[736] Die Geldbuße kann im Falle einer vorsätzlichen Straftat bis zu 1 Mio. EUR betragen (§ 30 Abs. 2 Nr. 1 OWiG). Möglich sind außerdem als Nebenfolge einer Straftat die Anordnung des Verfalls (§§ 73 ff. StGB) oder der Einziehung (§§ 74 ff. StGB) hinsichtlich der Vorteile, die die Aktiengesellschaft aus der Straftat eines für sie handelnden Organmitglieds erlangt hat.

Im Übrigen kommt eine **Strafbarkeit** aber nur **der Organmitglieder selbst** in Betracht, wenn diese rechtswidrig und schuldhaft einen Straftatbestand verwirklicht haben. Von Bedeutung ist in diesem Zusammenhang der allgemeine **Strafausdehnungsgrund des § 14 Abs. 1 StGB**, wonach in Fällen, in denen erst besondere persönliche Merkmale die Strafbarkeit begründen, die in der vertretenen juristischen Person erfüllten persönlichen Merkmale dem vertretungsberechtigten Organ oder dem Mitglied eines solchen Organs zugerechnet werden, wenn er in dieser Eigenschaft für die juristische Person handelt. Für Fälle, in denen das handelnde Organmitglied Vertretungsberechtigter der an sich qualifizierten, aber deliktsunfähigen juristischen Person ist, wird damit eine Strafbarkeitslücke geschlossen.[737]

Vorrangig vor der Frage, ob es über § 14 StGB zu einer solchen Zurechnung von Merkmalen der juristischen Person an die Organmitglieder kommt, ist aber zu prüfen, ob sich der Normbefehl eines Straftatbestandes unmittelbar an die Vorstands- und/oder Aufsichtsratsmitglieder richtet. Insbesondere die im Aktiengesetz enthaltenen Straftatbestände richten sich teilweise ausdrücklich an Vorstands- und Aufsichtsratsmitglieder. Im Übrigen ist für die **Frage des Normadressaten** jeweils die gesellschaftsrechtliche und zivilrechtliche Verantwortlichkeit maßgebend, so dass als Leitungsorgan der Gesellschaft in erster Linie die Vorstandsmitglieder betroffen sind. Soweit Aufsichtsratsmitglieder allerdings an dieser Leitungsaufgabe teilhaben (bspw. hinsichtlich Anstellung und Vergütung von Vorstandsmitgliedern oder bei zustimmungspflichtigen Geschäften) sind sie in gleicher Weise Normadressaten der einschlägigen Straftatbestände.

2. Wesentliche Tatbestandskomplexe

a) **Gründung, Kapitalerhöhung, Aktienrecht.** Das Aktiengesetz selbst enthält in §§ 399–404 eine Reihe von Straftatbeständen und in §§ 405–406 Ordnungswidrigkeiten und Tatbestände, so dass man die §§ 399–406 AktG als ein „**Aktienstrafrecht im engeren Sinne**" bezeichnen könnte. Tatsächlich ist das Feld der für die Aktiengesellschaft und ihre Organmitglieder relevanten Straftatbestände aber wesentlich weiter und umfasst das gesamte Wirtschaftsstrafrecht.[738] Daneben ist aber selbstverständlich auch das Kernstrafrecht zu beachten, insbes. sind in den Produkthaftungsfällen die Körperverletzungs- und Tötungsdelikte die einschlägigen Normen. Vor diesem Hintergrund ist der nachfolgende Überblick notwendig kursorisch und lückenhaft. Hervorzuheben sind vor allem aktuellen Entwicklungen in der Rspr. zum Untreuetatbestand, der sich zu einer Art strafrechtlicher „Business Judgment Rule" entwickelt hat (→ Rn. 69 f.).

---

[734] Ausf. mit Checkliste zum Verhalten bei Durchsuchung und weiteren Hinweisen zu Rechten und Pflichten bei Zwangsmaßnahmen der Ermittlungsbehörden Lücke/Schaub AG-Vorstand/*Freyschmidt* § 7 Rn. 166 ff.
[735] Nachw. zur Diskussion de lege ferenda über die Einführung einer Verbandsstrafbarkeit *Fischer* StGB § 14 Rn. 1c.
[736] Zu § 30 OWiG vgl. die Kommentierung bei *Göhler* OWiG und den ausführlichen Überblick von Haarmann/Schüppen/*Rönnau* WpÜG Vor § 60 Rn. 130 ff.
[737] Vgl. ausf. Schönke/Schröder/*Perron*, 29. Aufl. 2014, StGB § 14 Rn. 1 ff.
[738] Erster Überblick über die insgesamt in Betracht kommenden Materien des Besonderen Teils mit Systematisierungsversuchen bei *Tiedemann* WirtschaftsStrafR AT S. 6 ff.

§ 24 240–245　　　　　　　　　　　　　　　　　　Teil E. Vorstand und Aufsichtsrat

240　　Ein wesentlicher Teil der Strafbestimmungen des Aktiengesetzes betrifft die Richtigkeit der Angaben von Vorstands- und Aufsichtsratsmitgliedern bei der Gründung der Gesellschaft (Eintragung, Übernahme von Aktien, Einzahlung auf die Aktien, Verwendung der eingezahlten Beträge, Ausgabebetrag, Sondervorteile, Gründungsaufwand, Sacheinlagen) und bei einer Erhöhung des Grundkapitals (§ 399 AktG).[739] Ordnungswidrigkeiten sind Verstöße gegen die Vorschriften über die Ausgabe von Aktien (§ 405 Abs. 1 Nr. 1–3 AktG) und in einer Reihe von Fällen der verbotene Erwerb eigener Aktien (§ 405 Abs. 1 Nr. 4 AktG). Der sog. „Stimmenkauf" ist keine Straftat mehr, sondern (nur noch) gem. § 405 Abs. 3 Nr. 2 und 3 AktG ordnungswidrig.

241　　**b) Rechnungslegung und Kapitalmarkt.** Von großer Bedeutung ist das Bilanzstrafrecht, dessen Zentralnorm der § 331 HGB ist.[740] Danach kann mit Freiheitsstrafe bis zu drei Jahren bestraft werden, wer als Mitglied des vertretungsberechtigten Organs oder des Aufsichtsrats einer Kapitalgesellschaft, deren Verhältnisse in der Eröffnungsbilanz, im Jahresabschluss, im Lagebericht oder im Zwischenabschluss unrichtig wiedergibt oder verschleiert (§ 331 Nr. 1 HGB). §§ 331, 332 HGB sind als Blanketttatbestände aus verfassungsrechtlichen Gründen allerdings restriktiv auszulegen, so dass nur erhebliche Verstöße gegen Bilanzierungspflichten erfasst werden; die Bilanzierung muss schlechthin unvertretbar sein, um eine Strafbarkeit zu begründen.[741] Für den Konzernabschluss gilt Entsprechendes (§ 331 Nr. 2, 3 HGB). Daneben sind „Unrichtige Darstellungen" gem. § 400 AktG strafbar, der im Verhältnis zu § 331 Nr. 1 HGB subsidiär ist. Der Anwendungsbereich von § 400 AktG ist allerdings insofern weiter, als er nicht nur die in § 331 HGB genannten Abschlüsse und Abschlussbestandteile erfasst, sondern auch sämtliche sonstigen „Darstellungen oder Übersichten über den Vermögensstand" und darüber hinaus auch die unrichtige Darstellung der Verhältnisse der Gesellschaft „in Vorträgen oder Auskünften in der Hauptversammlung".

242　　Strafbar sind ebenfalls falsche Angaben in Aufklärungen oder Nachweisen gegenüber dem Abschlussprüfer der Gesellschaft (§ 331 Nr. 4 HGB, § 400 Abs. 1 Nr. 2 AktG).

243　　Die gesetzlichen Vertreter börsennotierter Gesellschaften sind zudem verpflichtet, die Gesetzeskonformität von Jahresabschluss (§ 264 Abs. 2 S. 3 HGB), Lagebericht (§ 289 Abs. 1 S. 5 HGB), Konzernabschluss (§ 297 Abs. 2 S. 4 HGB) und Konzernabschluss (§ 315 Abs. 1 S. 6 HGB) schriftlich zu versichern. Die **unrichtige Abgabe** dieser Erklärung, des sog. „Bilanzeides" ist gem. § 331 Nr. 3a HGB strafbar.[742] Das Unterbleiben oder die verspätete Abgabe stellt gem. § 39 Abs. 2 Nr. 25 iVm § 37v Abs. 2 Nr. 3 WpHG eine Ordnungswidrigkeit dar.

244　　In den Zusammenhang der Finanzmarktkommunikation lassen sich neben der externen Rechnungslegung auch die im WpHG geregelten **kapitalmarktrechtlichen Pflichten** einordnen, die allerdings nur börsennotierte Gesellschaften betreffen. Strafbar sind gem. § 38 iVm § 14 WpHG Verstöße gegen das Verbot von **Insider-Geschäften** sowie gem. § 38 Abs. 1 Nr. 4 iVm § 39 iVm § 20a WpHG bestimmte Verstöße gegen das Verbot der **„Kurs- und Marktpreismanipulation"**. Verstöße gegen die zahlreichen Meldepflichten des WpHG iÜ sind überwiegend in § 39 WpHG (nur) als Ordnungswidrigkeiten erfasst.[743]

245　　**c) Geheimnisschutz.** Gem. § 404 AktG ist die Verletzung der Geheimhaltungspflicht durch Vorstands- oder Aufsichtsratsmitgliedern mit Freiheitsstrafe bedroht; für börsennotierte Gesellschaften wurde der Strafrahmen durch das TransPuG unlängst von ein auf zwei Jahre Freiheitsstrafe erhöht. Der Gesetzgeber wollte damit die herausragende Bedeutung der Verschwiegenheitspflicht – gerade der Aufsichtsratsmitglieder – für das Corporate Governance

---

[739] Zu Einzelheiten vgl. die Kommentierung der Vorschrift von GroßkommAktG/*Otto*.
[740] Zu Einzelheiten vgl. die Kommentierungen von *Tiedemann*, GmbH-Strafrecht, 5. Aufl. 2010, Vor §§ 82 Rn. 63 ff.; GroßkommHGB/*Dannecker*, 4. Aufl. 2002; sowie *Schüppen*, Systematik und Auslegung des Bilanzstrafrechts, 1993.
[741] BVerfG 15.8.2006 – 2 BvR 822/06, NJW-RR 2006, 1627; KG 11.2.2010 – 2 AR 67/03, 1 Ws 212/08, ZIP 2010, 1447.
[742] Ausf. *Hefendehl* FS Tiedemann, 2008, 1065.
[743] Zu den Einzelheiten der Straf- und Bußgeldvorschriften des WpHG vgl. die Kommentierung von *Assmann/Schneider/Vogel*, WpHG, 6. Aufl. 2012.

§ 24 Haftung von Vorstands- und Aufsichtsratsmitgliedern

System der Aktiengesellschaft hervorheben.[744] Von Bedeutung ist daneben vor allem § 17 UWG, der den Verrat von Geschäfts- oder Betriebsgeheimnissen mit Freiheitsstrafe bis zu drei Jahren bedroht, wenn dieses unbefugt an jemand zu Zwecken des Wettbewerbs, aus Eigennutz, zu Gunsten eines Dritten oder in der Absicht, dem Inhaber des Geschäftsbetriebs Schaden zuzufügen, mitgeteilt wird.

d) **Öffentliche Finanzinteressen.** Den praktischen Schwerpunkt des Finanzstrafrechts bildet § 370 AO, der die Verkürzung von Steuern oder die Erlangung ungerechtfertigter Steuervorteile mit Freiheitsstrafe bis zu fünf Jahren bedroht, wenn gegenüber den Finanzbehörden unrichtige oder unvollständige Angaben gemacht werden oder pflichtwidrig steuerlich erhebliche Tatsachen nicht angegeben werden.[745] Eine Steuerverkürzung kann auch bereits in einer verspäteten Abgabe von Steuererklärungen zu sehen sein. Neben dem Steuerstrafrecht werden die öffentlichen Finanzinteressen, insbes. durch § 264 StGB geschützt, die verschiedenen Varianten des Subventionsbetruges mit Strafe bedroht.[746]

In einem weiteren Sinne öffentliche Finanzinteressen schützt auch § 266a StGB, wonach die Nichtabführung der Arbeitnehmerbeiträge zur Sozialversicherung mit Freiheitsstrafe bis zu fünf Jahren bedroht ist.[747] Diese Vorschrift hat insbes. in der Unternehmenskrise erhebliche Bedeutung und hat zu einer umfangreichen Rspr. der Straf- und Zivilgerichte geführt. Nach der Rspr. der Strafsenate des BGH ergibt sich aus § 266a StGB, insbes. dessen Abs. 6, ein Vorrang der Ansprüche der Sozialversicherungsträger vor den Ansprüchen anderer Gläubiger.[748] Nach der früheren Zivilrechtsprechung wurde ein solcher Vorrang im Rahmen der gesellschaftsrechtlichen Auszahlungsverbote in §§ 92 Abs. 2 AktG, 64 GmbHG nicht akzeptiert. Inzwischen hat allerdings auch die Zivilrechtsprechung klargestellt, dass zur Wahrung der Einheit der Rechtsordnung und zur Vermeidung von Widersprüchen zur strafgerichtlichen Rspr. die Abführung der Arbeitnehmerbeiträge nach Eintritt der Insolvenzreife grds. als mit der Sorgfalt eines ordentlichen und gewissenhaften Geschäftsleiters vereinbar anzusehen ist.[749]

e) **Vorfeld der Insolvenz.** Von erheblicher strafrechtlicher und zivilrechtlicher (iVm § 823 Abs. 2 BGB) Bedeutung sind die **im Zusammenhang mit der Unternehmenskrise stehenden Straftatbestände.** Gem. § 401 Abs. 1 Nr. 2 AktG sind Vorstandsmitglieder mit Freiheitsstrafe bis zu drei Jahren bedroht, wenn sie bei Vorliegen eines Insolvenzgrundes (Zahlungsunfähigkeit oder Überschuldung) nicht rechtzeitig Insolvenzantrag stellen.[750] Ebenfalls mit Freiheitsstrafe bis zu drei Jahren ist das Unterlassen von Anzeige und Hauptversammlungseinberufung bei Verlust in Höhe der Hälfte des Grundkapitals (§ 92 Abs. 1 AktG) bedroht (§ 401 Abs. 1 Nr. 1 AktG).

Daneben sind die **Insolvenzstraftatbestände der §§ 283 ff. StGB** einschlägig, die eine Vielzahl von Bankrotthandlungen unter Strafe stellen.[751] Dabei ist der Eintritt der Insolvenz bloße objektive Strafbarkeitsbedingung, braucht also nicht vom Vorsatz umfasst zu sein (§ 283 Abs. 6 StGB). Problematisch ist in diesem Zusammenhang insbes. § 283b StGB, der bei Eintritt dieser objektiven Strafbarkeitsbedingung auch bloß fahrlässige Verletzungen der Buchführungspflicht mit Strafe bedroht.

f) **Vermögensinteressen der Aktiengesellschaft und ihrer Tochtergesellschaften (§ 266 StGB).** Vorstandsmitglieder und Aufsichtsratsmitglieder sind vermögensbetreuungspflichtig, so dass prinzipiell beide taugliche Täter einer Untreue gem. § 266 StGB in beiden Tat-

---

[744] Vgl. Gesetzesbegründung zum RegE zu Nr. 10 (§ 116 AktG), BT-Drs. 14/8769, 18.
[745] Zu den Einzelheiten vgl. *Franzen/Gast/Joecks*, Steuerstrafrecht, 4. Aufl. 1996.
[746] Zu den Einzelheiten vgl. die Kommentierung von Schönke/Schröder/*Perron*, StGB.
[747] Zu den Einzelheiten vgl. die Kommentierung von Schönke/Schröder/*Perron*, StGB.
[748] BGHSt 47, 320 mAnm Radtke NStZ 2003, 154.
[749] BGH NJW 2009, 2599; BGH NZG 2011, 314; weitere Einzelheiten zu Möglichkeit und Zumutbarkeit der Zahlung bei Schönke/Schröder/*Perron*, StGB § 266a Rn. 10.
[750] Zu den Einzelheiten vgl. *Otto*, Aktienstrafrecht, Kommentierung zu § 401 AktG sowie – zu den parallelen Problemen der GmbH – *Tiedemann*, GmbH-Strafrecht, 5. Aufl. 2010, Komm. § 84.
[751] Zu den Einzelheiten vgl. *Tiedemann*, Insolvenzstrafrecht; *Tiedemann*, GmbH-Strafrecht, 5. Aufl. 2010, Vor § 82 Rn. 26 ff.; Schönke/Schröder/*Stree/Heine* StGB §§ 283 ff.

bestandsvarianten, dem Missbrauchstatbestand und dem Treuebruchtatbestand, sein können.[752] Beide Alternativen des Straftatbestandes verweisen für den Pflichtinhalt auf das Gesellschaftsrecht.[753] Vor diesem Hintergrund stellte sich die Frage, ob jeder Verstoß gegen gesellschaftsrechtliche Pflichten, der zu einem Vermögensnachteil für die Gesellschaft geführt hat, zugleich strafbare Untreue ist. In zwei grundlegenden Entscheidungen zum Sponsoring[754] und zur riskanten Kreditvergabe[755] hat der BGH den Maßstab des Unternehmensinteresses und des Ermessens bei unternehmerischen Entscheidungen auch für die strafrechtliche Lösung herangezogen. Im Ergebnis dieser Rspr. genügt für die Annahme einer strafbaren Pflichtwidrigkeit nicht jede gesellschaftsrechtliche Pflichtverletzung, vielmehr muss diese gravierend sein. Ob dies der Fall ist bestimmt sich aus einer Gesamtschau. Bedeutsam sollen insbes. sein: (fehlende) Nähe zum Unternehmensgegenstand, Unangemessenheit im Hinblick auf die Ertrags- und Vermögenslage, fehlende innerbetriebliche Transparenz, Vorliegen sachwidriger Motive, namentlich die Verfolgung rein persönlicher Präferenzen.[756] Hiervon ist der BGH allerdings in seiner **Mannesmann-Entscheidung**[757] abgerückt. Es hält zwar daran fest, dass bei unternehmerischen Entscheidungen die zivilrechtliche Business Judgment Rule maßgeblich sei. Da diese aber bereits einen weiten Spielraum eröffne, sei über die gesellschaftsrechtliche Pflichtverletzung hinaus nicht zusätzlich eine Qualifikation als „gravierend" erforderlich.

251 In einem wegweisenden **Beschluss v. 23.6.2010** hat aber das **BVerfG**[758] bis auf Weiteres geklärt, dass der Untreuetatbestand zwar mit dem Bestimmtheitsgebot des Art. 103 Abs. 2 GG zu vereinbaren ist, dies aber nur unter der Prämisse einer von Verfassungs wegen gebotenen restriktiven Auslegung. **Die Anwendung des Untreuetatbestandes ist auf Fälle klarer und eindeutiger (evidenter) Fälle pflichtwidrigen Handelns zu beschränken,** nur dann liegt die erforderliche gravierende Pflichtverletzung vor. Auch darf das Tatbestandsmerkmal des Vermögensnachteils nicht mit dem Pflichtwidrigkeitsmerkmal verschliffen werden. Ein Vermögensnachteil sei der Höhe nach zu beziffern und die Ermittlung wirtschaftlich nachvollziehbar darzustellen; strafbarkeitsbegrenzend kann dies insbes. in Fällen der bloßen Vermögensgefährdung wirken.

252 Eine strafbare Untreue kann in bestimmten Konstellationen auch in der **mangelnden Rücksichtnahme auf die Vermögensinteressen von 100%igen Tochtergesellschaften** liegen. Denn sowohl für Vorstand/Geschäftsführer als auch für Aktionäre/Gesellschafter ist das Vermögen der juristischen Person „fremdes" Vermögen.[759] Zwar schießt die Einwilligung des Alleingesellschafters eine strafbare Untreue prinzipiell aus, weil Verfügungen, die in Übereinstimmung mit dem Vermögensinhaber erfolgen, grds. nicht pflichtwidrig sind. Auch insoweit gibt es jedoch einen Bereich, der den Dispositionsmöglichkeiten der Gesellschafter entzogen ist. Tatbestandsausschließende Wirkung hat die Zustimmung des Geschäftsherrn nur dann, wenn sie nicht ihrerseits gesetzeswidrig ist.[760] Dies gilt nach der Rspr. der Strafsenate des BGH insbes. für Vermögensverfügungen, die geeignet sind, das Stammkapital der Gesellschaft zu beeinträchtigen oder durch die eine konkrete und unmittelbare Existenzgefährdung der Gesellschaft eintritt. Der Vorstand der Muttergesellschaft ist zwar für das Vermögen von Tochtergesellschaften grds. nicht vermögensbetreuungspflichtig. Eine solche Vermögensbetreuungspflicht ergibt sich jedoch, wenn Vermögen aus den Tochtergesellschaften durch den Vorstand der Muttergesellschaft in die Einflusssphäre des Konzerns übernommen wird, bspw. durch Cash-Management-Systeme.[761] Wenn das im Konzerninteresse

---

[752] Einzelheiten zum Untreuetatbestand bei Schönke/Schröder/*Perron* StGB.
[753] BGHSt 47, 192; LK-StGB/*Schünemann* § 266 Rn. 94; *Tiedemann* FS Weber, 2004.
[754] „SSV Reutlingen" – BGHSt 47, 187 ff. = NStZ 2002, 322 ff.
[755] „Sparkasse Mannheim" – BGHSt 47, 148 ff.
[756] Ausf. Lücke/Schaub AG-Vorstand/*Freyschmidt* § 7 Rn. 13 ff.
[757] BGHSt 50, 331 = NJW 2006, 522; hierzu *Hohn* wistra 2006, 161; *Rönnau* NStZ 2006, 218; *Vogel*/*Hocke* JZ 2006, 218; *Schüppen* FS Tiedemann, 2008, 749 (761 ff.) mwN.
[758] BVerfG 23.6.2010 – 2 BvR 2559/08, 105, 491/09, NStZ 2010, 626 = WM 2010.
[759] *Fischer* StGB § 266 Rn. 13 mit Nachw. der umfangreichen BGH-Rechtsprechung.
[760] OLG Stuttgart MDR 1978, 593; *Fischer* StGB § 266 Rn. 92.
[761] BGH ZIP 2004, 1200 (1206).

genutzte Vermögen der Tochtergesellschaften ohne ausreichende Sicherheit bleibt und die Tochtergesellschaften später mit Rückforderungsansprüchen ausfallen, besteht ein erhebliches Strafbarkeitsrisiko.

Eine wichtige Rolle haben in der jüngsten Vergangenheit **Korruptionsdelikte** gespielt. Neben den eigentlichen Korruptionsdelikten (§ 298 StGB, § 299 StGB, §§ 331 ff. StGB)[762] spielt dabei ebenfalls § 266 StGB eine entscheidende Rolle, da der BGH entschieden hat, dass allein das Einrichten und Unterhalten einer „schwarzen Kasse" bzw. entsprechender Konten in der Regel den Untreuetatbestand verwirklicht.[763]

3. Typische Probleme im Allgemeinen Teil des StGB

Aus dem Blickwinkel der Organmitglieder einer Aktiengesellschaft liegt ein wesentlicher Teil der strafrechtlichen Themenstellungen nicht in den einzelnen Straftatbeständen, sondern in den Besonderheiten, die sich aus der Organisationsverfassung des Aktienrechts und den Organisationsstrukturen großer Unternehmen für die allgemeinen Lehren des Strafrechts (Täterschaft und Teilnahme, Begehung durch Unterlassen, Versuch, Kausalität, Rechtfertigung und Rechtfertigungsgründe, Schuld – Vorsatz, Fahrlässigkeit, Irrtum) ergeben.

Typischerweise handelt es sich in Vorstand und Aufsichtsrat um **Kollegialentscheidungen**.[764] In strafrechtlicher Sicht ist dabei vor allem die Frage wichtig, inwieweit der Beitrag des einzelnen Vorstandsmitglieds für später eintretende Entscheidungen und durch sie herbeigeführte Ereignisse als ursächlich angesehen werden kann. Die Rspr. stellt dabei auf die Ursächlichkeit der Kollektiventscheidung insgesamt ab. Es erfolgt prinzipiell eine **mittäterschaftliche Zurechnung unter Verzicht auf die Feststellung der objektiven (Einzel-)Kausalität**.[765] Nur diejenigen Mitglieder des Kollegiums, die der Entscheidung nicht zustimmen, sind grds. auch nicht Beteiligte der Tat. In Produkthaftungsfällen hat der BGH jedoch darüber hinaus verlangt, dass das Vorstandsmitglied unter vollem Einsatz seiner jeweiligen Mitwirkungsrechte das Mögliche und Zumutbare tut, um einen Beschluss des Vorstands mit einem strafbaren Inhalt zu unterbinden.[766] In der Lit. wird zum Teil verlangt, dass ein in der Abstimmung unterlegenes Vorstandsmitglied mindestens den Aufsichtsrat, ggf. auch Behörden oder Öffentlichkeit, informiert und sein Amt niederlegt.[767]

Neben der Frage der Kausalität bei Kollegialentscheidungen stellt sich im Zusammenhang mit dem Kollegialprinzip des Aktienrechts die Frage, welchen Einfluss eine **Geschäftsverteilung innerhalb des Vorstands** („horizontale Delegation") auf die Verantwortlichkeit des einzelnen Vorstandsmitglieds hat. Grundsätzlich hat die Strafrechtsprechung die Beschränkung von Funktions- und Verantwortungsbereichen anerkannt. Jeder Beteiligte kann im Prinzip davon ausgehen, dass andere Personen, die ihnen nach dem Organisationsplan zugewiesenen Aufgaben erfüllen.[768] Der Grundsatz der Generalverantwortung des Vorstands greift aber ein, wenn der Vorstand insgesamt zum Handeln verpflichtet ist. Dies soll insbs. der Fall sein bei Entscheidungen mit ressortübergreifendem Charakter, bei Entscheidungen während einer wirtschaftlichen Krise des Unternehmens, bei Entscheidungen, die für den Geschäftsbetrieb des Unternehmens von wesentlicher Bedeutung sind, bei Anhaltspunkten für Zweifel an der Ordnungsmäßigkeit der Pflichtenwahrnehmung des zuständigen Vorstandsmitglieds und bei der Erfüllung öffentlich-rechtlicher Pflichten, wo insbs. für die Erfüllung steuerlicher Pflichten (§ 370 AO), die Abführung der Sozialversicherungsbeiträge (§ 266a StGB) und die externe Rechnungslegung (§ 331 HGB) verschärfte Kontrollpflichten bestehen, die eine Ressortaufteilung kaum zulassen.[769]

---
[762] Überblick bei Lücke/Schaub AG-Vorstand/*Freyschmidt* § 7 Rn. 75 ff.
[763] Ausführlicher *Fischer* StGB § 266 Rn. 74 ff.
[764] Hierzu *Knauer*, Die Kollegialentscheidung im Strafrecht, 2001.
[765] BGHSt 48, 77 (94 f.); *Tiedemann* WirtschaftsStrafR AT S. 76 ff.; *Fischer* StGB § 25 Rn. 42.
[766] BGHSt 37, 106 (126, 133 f.) = NStZ 1990, 588 (591) „Lederspray".
[767] Ausf. zum Vorstehenden Lücke/Schaub AG-Vorstand/*Freyschmidt* § 7 Rn. 34 ff.
[768] *Tiedemann* WirtschaftsStrafR AT S. 101 ff.
[769] Ausführlicher hierzu Lücke/*Freyschmidt* Rn. 41 ff.

257 Ebenso problematisch im Hinblick auf Kausalitätsüberlegungen und die Bestimmung der Pflichtwidrigkeit eines Verhaltens erweist sich die in einer arbeitsteiligen Wirtschaft unvermeidliche „**vertikale Delegation**" durch Einschaltung von Mitarbeitern nachgelagerter Hierarchie-Ebenen. Das Vorstandsmitglied hat in diesem Zusammenhang folgende Pflichten: Auswahlpflicht, Instruktionspflicht, Kontroll- und Eingriffspflicht.[770] Ein Verstoß gegen diese Organisations- und Überwachungspflichten führt zu einer Garantenstellung des Vorstandsmitglieds, das dazu verpflichtet wird (würde), Maßnahmen zur Verhinderung der fehlerhaften Aufgabenerfüllung durch den Mitarbeiter zu ergreifen.

258 Darüber hinaus hat die strafrechtliche BGH-Rechtsprechung im Hinblick auf die vertikale Unternehmensgliederung die Figur der **mittelbaren Täterschaft kraft Organisationsherrschaft** entwickelt, eine Ausdehnung der mittelbaren Täterschaft von ihrer ursprünglichen Aushilfsfunktion zu einer selbstständigen Form der Täterschaft in Unternehmen. Die Schaffung einer bestimmten Organisationsstruktur kann dabei ebenso wie die Erteilung allgemeiner Weisungen die mittelbare Täterschaft begründen.[771] So soll bspw. die auf Grund der Leitungsmacht des Vorstands im Konzern erfolgte Einrichtung eines Cash-Management-Systems eine gemeinsame (mittäterschaftliche) strafrechtliche Verantwortlichkeit der Vorstandsmitglieder der Konzernmutter kraft Organisationsherrschaft begründen, ohne dass es darauf ankommt, ob einzelne Vorstandsmitglieder von einzelnen Kapitaltransfers Kenntnis erlangt haben. Eine solche mittelbare Täterschaft kraft Organisationsherrschaft soll nach den Ausführungen des BGH nicht nur durch das erstmalige Schaffen einer Organisation möglich sein, sondern auch als strafbares Unterlassen, wenn die zunächst unproblematische Organisation später zu strafrechtlichen Gefährdungslagen führt und dann eine Änderung der Organisation versäumt wird.[772]

4. Strafbarkeit von Aufsichtsratsmitgliedern

259 Auch Aufsichtsratsmitglieder sind im Prinzip taugliche Täter sowohl der Missbrauchs- als auch der Treuebruchsvariante des § 266 StGB. Aufgrund der Funktionen und Aufgaben der Aufsichtsratsmitglieder haben diese für unmittelbares eigenes strafbares Verhalten allerdings weniger „Gelegenheit" als Vorstandsmitglieder. Latent gefährlich sind insbes. Vergütungsentscheidungen gem. § 87 AktG, die bei Überschreitung des unternehmerischen Ermessens[773] schnell in strafbare Vermögensschädigungen umschlagen können. Mit § 404a (iVm § 405) AktG ist 2016 ein die abschlussprüfungsbezogenen Pflichten des Aufsichtsrats betreffender Spezialstraftatbestand in das Aktiengesetz eingefügt worden.[774]

260 Eine Vermögensbetreuungspflicht besteht aber nicht nur im Bereich unternehmerischer Leitungsaufgaben, sondern auch im Bereich der Überwachungsaufgaben des Aufsichtsrats.[775] Deshalb machen sich Aufsichtsratsmitglieder nach der Rspr. der Oberlandesgerichte wegen (psychischer) **Beihilfe strafbar, wenn sie Straftaten des Vorstands nicht verhindern**.[776] Zwar handelt es sich hier um Entscheidungen von Zivilgerichten, die mit strafrechtlichen Begriffen und Kategorien außerordentlich leichtfertig und falsch[777] umgehen. Gleichwohl ist eine ungute Tendenz erkennbar, den Aufsichtsrat aufgrund seiner unbestrittenen Pflicht, den

---

[770] Ausführlicher Lücke/*Freyschmidt* S. 331 ff., Rn. 53 ff.
[771] *Tiedemann* WirtschaftsStrafR AT S. 120; BGHSt 40, 218 (236 ff.) „Mauerschützen"; BGH 13.5.2004 – 5 StR 73/03, ZIP 2004, 1200 (1207) „Bremer Vulkan".
[772] BGH 13.5.2004 – 5 StR 73/03, ZIP 2004, 1200 (1207) „Bremer Vulkan".
[773] Hierzu *Schüppen* ZIP 2010, 905 mwN.
[774] Neufassung durch das Abschlussprüfungsreformgesetz v. 10.5.2016 (BGBl. 2016 I 1142), das seinerseits Art. 30a der geänderten europäischen Abschlussprüfungs-Richtlinie (RL 2014/56/EU, ABl. 2014 L 158, 196), → § 19 Rn. 3, umsetzt.
[775] *Tiedemann* FS Tröndle, 1989, 319 (322), *Rönnau/Hohn* NStZ 2004, 113 (114); *Fischer* StGB § 266 Rn. 48 „Aufsichtsrat"; BGH 26.11.2015 – 3 StR 17/15, WM 2016, 926 Rn. 51 ff.
[776] OLG Düsseldorf ZIP 2008, 1922; OLG Karlsruhe AG 2008, 900; s. demgegenüber aber BGH 11.9.2012 – VI ZR 92/11, WM 2012, 2195 mit zutreffenden strengen Anforderungen an den Nachweis des Gehilfenvorsatzes.
[777] Ebenso zu einer anders gelagerten aber insoweit symptomatischen zivilrechtlichen Entscheidung des OLG München BVerfG ZIP 2008, 1078.

§ 24 Haftung von Vorstands- und Aufsichtsratsmitgliedern

Vorstand auch im Hinblick auf die Sicherung der Legalität im Unternehmen zu überwachen,[778] zu einer Art oberster Strafverfolgungsbehörde im Unternehmen zu machen.

Wenn und soweit Aufsichtsratsmitgliedern eine Teilnahme an Straftaten von Vorstandsmitgliedern vorgeworfen werden kann, wird dies in aller Regel an das **Unterlassen** der Verhinderung der Tat anknüpfen. Diese Anknüpfung ist strafrechtlich nur bei Feststellung einer **Garantenstellung** (§ 13 StGB) möglich. Diese ist wohl im Hinblick auf das Vermögen der Gesellschaft zu bejahen, jedoch – anders als beim **Compliance Officer**[779] – nicht im Hinblick auf aus dem Unternehmen gegen Dritte begangene Straftaten.[780]

261

---

[778] Hierzu ausf. *Lutter* FS Hüffer, 2010, 617.
[779] Hierzu BGH ZIP 2009, 1867, besonders Rn. 25 ff.
[780] Ebenso und ausf. *Krause* FS J. Wessing, 2015, 241 ff.

Teil F. Hauptversammlung

§ 25 Stellung der Hauptversammlung im Organisationsgefüge

Übersicht

	Rn.
I. Beratungssituationen	1–11
1. Die Hauptversammlung als Organ	1–3
2. Mandatstypen im Zusammenhang mit der Hauptversammlung	4–11
a) Vorbereitung der Hauptversammlung	4–8
b) Konflikte im Anschluss an eine Hauptversammlung	9
c) Zustimmungsbedürftigkeit von Vorstandshandeln	10/11
II. Die Zuständigkeiten der Hauptversammlung	12–19
1. Enumerationsprinzip	12
2. Strukturentscheidungen	13
3. Personalentscheidungen, insbesondere Entlastungsbeschlüsse	14–18
4. Weitere Zuständigkeiten	19
III. Einfluss der Hauptversammlung auf Fragen der Geschäftsführung	20–30
1. Fragen der Geschäftsführung	20
2. Keine Möglichkeit direkter Einflussnahme	21
3. Möglichkeiten indirekter Einflussnahme	22–24
4. Entscheidungsverlangen nach § 119 Abs. 2 AktG	25–30
a) Zweck und Wirkung	25–27
b) Verfahren	28–30
IV. Vorbereitung und Ausführung von Hauptversammlungsbeschlüssen, § 83 AktG	31–33
1. Ausführungspflicht nach § 83 Abs. 2 AktG	31/32
2. Vorbereitungspflicht § 83 Abs. 1 AktG	33
V. Gesetzlich geregelte Zustimmungsvorbehalte	34–55
1. Einleitung	34
2. Squeeze out	35
3. Satzungsänderungen und Kapitalmaßnahmen	36/37
4. Umwandlungsrecht	38/39
5. Eingliederung	40
6. Unternehmensverträge	41/42
7. § 179a AktG	43–50
8. Abwehrmaßnahmen gegen Übernahmeangebote	51/52
9. Tatsächliche Veränderung des Unternehmensgegenstandes	53–55
VI. Gesetzlich nicht geregelte Zustimmungsvorbehalte	56–106
1. Einleitung	56–58
2. Tatbestandliche Erfassung	59–75
a) Das „Holzmüller"-Urteil	59
b) Übertragung auf andere Fälle	60–68
c) Wichtige Fallgruppen	69–73
d) Zusammenrechnung von Maßnahmen	74
e) Satzungsbestimmungen	75
3. Beratung des Vorstandes	76–97
a) Entscheidung über die Befassung der Hauptversammlung	76/77
b) Rechtsfolgen fehlender Zustimmung	78
c) Rechtsfolgen verweigerter Zustimmung	79
d) Rechtsfolgen der Anfechtung des Hauptversammlungsbeschlusses	80/81
e) Anforderungen an „Holzmüller"-Beschlüsse	82–92
f) Ermächtigung durch die Hauptversammlung	93–95
g) Nachträgliche Zustimmung	96–99
4. Beratung der (Minderheits-)Aktionäre	100–106
a) Vorgehen gegen die Geschäftsführungsmaßnahme	100/101
b) Anfechtung des Zustimmungsbeschlusses	102
c) Vorgehen gegen die Vorstandsmitglieder	103–105
d) Vorgehen gegen einen Mehrheitsaktionär	106

Schrifttum: *Adolff,* Zur Reichweite des verbandsrechtlichen Abwehranspruchs des Aktionärs gegen rechtswidriges Verwaltungshandeln, ZHR 169 (2005) 311; *Arnold,* Mitwirkungsbefugnisse der Aktionäre nach Gelatine und Macroton, ZIP 2005, 1573; *Baums/Vogel,* Die konzerntypischen Rechtsfragen der Eigenkapitalfinanzierung, in: Lutter/Scheffler/Schneider, Handbuch der Konzernfinanzierung, 1998, S. 247; *Bayer,* Aktionärsklagen de lege lata und de lege ferenda, NJW 2000, 2609; *Grundmann/Möslein,* Europäisierung, in: Bayer/Habersack, Aktienrecht im Wandel II, 2007, S. 31; *Becker/Horn,* Ungeschriebene Aktionärsrechte nach Holzmüller und Gelatine, JuS 2005, 1067; *Becker/Fett,* Börsengang im Konzern, WM 2001, 549; *Bergau,* Einführung von Aufsichtsratsvorbehalten durch Hauptversammlungsbeschluss, AG 2006, 769; *Bernhardt,* Unternehmensführung und Hauptversammlung, DB 2000, 1873; *Beusch,* Die Aktiengesellschaft – eine Kommanditgesellschaft in der Gestalt einer juristischen Person?, FS Werner, 1984, S. 1; *Binge,* Gesellschafterklagen gegen Maßnahmen der Geschäftsführer in der GmbH, 1994; *Brand,* Die Strafbarkeit des Vorstandes gem. § 266 StGB trotz Zustimmung aller Aktionäre, AG 2007, 681; *Bredthauer,* Zum Anwendungsbereich des § 179a AktG, NZG 2008, 816; *Breschendorf/Wallner,* Neues im Umwandlungsrecht durch das Dritte Gesetz zur Änderung des UmwG, GWR 2011, 511; *Bungert,* Ausgliederung durch Einzelrechtsübertragung und analoge Anwendung des Umwandlungsgesetzes, NZG 1998, 367; *ders.,* Festschreibung der ungeschriebenen „Holzmüller"-Hauptversammlungszuständigkeiten bei der Aktiengesellschaft, BB 2004, 1345; *Busch/Groß,* Vorerwerbsrechte der Aktionäre bei Verkauf von Tochtergesellschaften über die Börse?, AG 2000, 503; *Butzke,* Veröffentlichungs- und Vorlagepflichten bei Erfordernis der Zustimmung der Hauptversammlung zu einem Vertrag, WuB II A § 124 AktG 1.06; *ders.,* Die Hauptversammlung der Aktiengesellschaft, 5. Aufl., 2011; *Cahn,* Pflichten des Vorstandes beim genehmigten Kapital mit Bezugsrechtsausschluß, ZHR 163 (1999) 554; *DAV – Handelsrechtsausschuss,* Stellungnahme des Handelsrechtsausschusses des Deutschen Anwaltsvereins e. V. zur Ergänzung des AktG durch einen Titel „Aktienerwerb durch den Hauptaktionär", NZG 1999, 850; DNotI-Report 2009, 81; *Dietz-Vellmer,* Hauptversammlungsbeschlüsse nach § 119 II AktG – geeignetes Mittel zur Haftungsvermeidung für Organe?, NZG 2014, 721; *Drinkuth,* Formalisierte Informationsrechte bei Holzmüller-Beschlüssen?, AG 2001, 256; *Faßbender,* Die Hauptversammlung der Aktiengesellschaft aus notarieller Sicht, RNotZ 2009, 425; *Feldhaus,* Der Verkauf von Unternehmensteilen einer Aktiengesellschaft und die Notwendigkeit einer außerordentlichen Hauptversammlung, BB 2009, 562; *Findeisen,* Kapitalmaßnahmen börsennotierter Unternehmen im Zeichen der Finanzkrise, ZIP 2009, 1647; *Fleischer,* Börseneinführung von Tochtergesellschaften, ZHR 165 (2001) 513; *ders.,* Vorstandspflichten bei rechtswidrigen Hauptversammlungsbeschlüssen, BB 2005, 2025; *ders.,* Kompetenzüberschreitungen von Geschäftsleitern im Personen- und Kapitalgesellschaftsrecht – Schaden – rechtmäßiges Alternativverhalten – Vorteilsausgleichung, DStR 2009, 1204; *ders.,* Kompetenzen der Hauptversammlung – eine rechtsgeschichtliche, rechtsdogmatische und rechtsvergleichende Bestandsaufnahme, in: Bayer/Habersack, Aktienrecht im Wandel II, 2007, S. 430; *ders.,* Gesellschaftsrechts-Geschichten – Annäherung an die narrative Seite des Gesellschaftsrecht, NZG 2015, 769; *Flick,* Die Niederschrift einer Hauptversammlung einer nicht börsennotierten AG, NJOZ 2009, 4485; *Fuchs,* Der Schutz der Aktionäre beim Börsengang der Tochtergesellschaft, in Henze/Hoffmann-Becking (Hrsg.), Gesellschaftsrecht 2001, RWS Forum 20, 2001, S. 259; *Fuhrmann,* „Gelatine" und Holmüller-Doktrin: Ende einer juristischen Irrfahrt, AG 2004, 339; *Geßler,* Einberufung und ungeschriebene Hauptversammlungzuständigkeiten, FS Stimpel, 1985, 771; *Goette,* Organisation und Zuständigkeit im Konzern, AG 2006, 522; *Götze,* „Gelatine" statt „Holzmüller" – Zur Reichweite ungeschriebener Mitwirkungsbefugnisse der Hauptversammlung, NZG 2004, 585; *Goj,* Ungeschriebenes Hauptversammlungserfordernis beim Beteiligungserwerb, 2017; *Groß,* Vorbereitung und Durchführung von Hauptversammlungsbeschlüssen zu Erwerb oder Veräußerung von Unternehmensbeteiligungen, AG 1996, 111; *ders.,* Kollektive Informationsrechte bei Hauptversammlungsbeschlüssen nach § 119 Abs. 2 AktG, Verschwiegenheitspflicht und Auskunftsverweigerungsrecht, WuB II A § 119 AktG 1.96; *ders.,* Zuständigkeit der Hauptversammlung bei Erwerb und Veräußerung von Unternehmensbeteiligungen, AG 1994, 266; *Grumann/Gillmann,* Abberufung und Kündigung von Vorstandsmitgliedern einer Aktiengesellschaft, DB 2003, 770; *Grunewald,* Rückverlagerung von Entscheidungskompetenzen der Hauptversammlung auf den Vorstand, AG 1990, 133; *Grün,* Informationspflichten des Vorstands bei „HolzmüllerBeschlüssen", 2007; *Habersack,* „Holzmüller" und die schönen Töchter – Zur Frage eines Vorerwerbsrechts der Aktionäre beim Verkauf von Tochtergesellschaften, WM 2001, 545; *ders.,* Europäisches Gesellschaftsrecht, 2006; *Haertlein,* Vorstandshaftung wegen (Nicht-)Ausführung eines Gewinnverwendungsbeschlusses mit Dividendenausschüttung, ZHR 168 (2004), 437; *Hanft,* Bewilligung kompensationsloser Anerkennungsprämien durch den Aufsichtsrat einer Aktiengesellschaft als Untreue – Fall Mannesmann, Jura 2007, 58; *Heckschen,* Die Formbedürftigkeit der Veräußerung des gesamten Vermögens im Wege des „asset deal", NZG 2006, 772; *Henze,* Holzmüller vollendet das 21. Lebensjahr, FS Ulmer, 2003, S. 211; *ders.,* Pünktlich zur Hauptversammlungssaison: Ein Rechtsprechungsüberblick zu Informations- und Auskunftsrechten, BB 2002, 893; *Hirte,* Bezugsrechtsausschluß und Konzernbildung, 1986; *Hölters,* Handbuch Unternehmenskauf, 2015; *Hoffmann-Becking,* Gesetz zur „kleinen AG" – unwesentliche Randkorrekturen oder grundlegende Reform?, ZIP 1995, 1; *Hofmeister,* Veräußerung und Erwerb von Beteiligungen bei der Aktiengesellschaft: Denkbare Anwendungsfälle der Gelatine-Rechtsprechung?, NZG 2008, 47; *Hüffer/Koch,* Zur Holzmüller-Problematik: Reduktion des Vorstandsermessens oder Grundlagenkompetenz der Hauptversammlung, FS Ulmer, 2003, S. 279; *Kiefner,* Beteiligungserwerb und ungeschriebene Hauptversammlungszuständigkeit, ZIP 2011, 545; *ders.,* Konzernumbildung und Börsengang der Tochter, 2005; *Kiem,* Das Beurkundungserfordernis beim Unternehmenskauf im Wege des Asset Deals, NJW 2006, 2363; *Kiesewetter/Spengler,* Hauptversammlungszuständigkeit bei Veräußerung und Erwerb von Gesellschaftsvermögen im Rahmen von M&A-

Transaktionen, Konzern 2009, 451; *Koppensteiner,* „Holzmüller" auf dem Prüfstand, Konzern 2004, 381; *Kort,* Bekanntmachungs-, Berichts- und Informationspflichten bei „Holzmüller"-Beschlüssen der Mutter im Falle von Tochter-Kapitalerhöhungen zu Sanierungszwecken, ZIP 2002, 685; *ders.,* Bezugsrechtsfragen und „Holzmüller"-Fragen einer Tochter-Kapitalerhöhung aus Sanierungsgründen, AG 2002, 369; *ders.,* Neues zu „Holzmüller": Bekanntmachungspflichten bei wichtigen Verträgen, AG 2006, 272; *Krieger,* Aktionärsklage zur Kontrolle des Vorstands- und Aufsichtsratshandelns, ZHR 163 (1999) 343; *Labudda,* Die Kompetenzverteilung zwischen Verwaltung und Hauptversammlung bei Strukturänderungen im deutschen und englischen Aktienrecht, 2007; *Leinekugel,* Die Ausstrahlungswirkungen des Umwandlungsgesetzes, 2000; *Liebscher,* Ungeschriebene Hauptversammlungszuständigkeiten im Lichte von Holzmüller, Macotron und Gelatine, ZGR 2005, 1; *Linden,* Kann die Satzung eine Börsennotierung vorschreiben?, NZG 2015, 176; *Lorenz,* Die Zuständigkeit der Hauptversammlung im deutschen und US-amerikanischen Gesellschaftsrecht, 2009; *Lorenz/Pospiech,* Holzmüller Reloaded – Hauptversammlungskompetenz beim Beteiligungserwerb?, DB 2010, 1925; *Lüders/Wulff,* Rechte der Aktionäre der Muttergesellschaft bei Börsengang der Tochterunternehmens, BB 2001, 1209; *Lutter,* Das Vor-Erwerbsrecht/Bezugsrecht der Aktionäre beim Verkauf von Tochtergesellschaften über die Börse, AG 2000, 342; *ders.,* Organzuständigkeiten im Konzern, FS Stimpel, 1985, S. 825; *ders.,* Ehrenämter im Aktien- und GmbH-Recht, ZIP 1984, 645; *ders.,* Zur Vorbereitung und Durchführung von Grundlagenbeschlüssen in Aktiengesellschaften, FS Fleck 1988, S. 169; *Lutter/Drygala,* Rechtsfragen im Gang an die Börse, FS Raisch, 1995, S. 239; *Lutter/Leinekugel,* Der Ermächtigungsbeschluß der Hauptversammlung zu grundlegenden Strukturmaßnahmen – zulässige Kompetenzübertragung oder unzulässige Selbstentmachtung?, ZIP 1998, 805; *dies.,* Kompetenzen von Hauptversammlung und Gesellschafterversammlung beim Verkauf von Unternehmensteilen, ZIP 1998, 225; *Markwardt,* „Holzmüller" im vorläufigen Rechtsschutz, WM 2004, 211; *Marsch-Banner,* Zur „Holzmüller"-Doktrin nach „Gelatine" in: Grundmann/Schwintowski/Singer/Weber, Anleger- und Funktionsschutz durch Kapitalmarktrecht, Band 7, 2004, S. 105 ff.; *Mecke,* Konzernstruktur und Aktionärsentscheid, 1992; *Mertens,* Die Übertragung des ganzen Vermögens ist die Übertragung des (so gut wie) ganzen Vermögens, FS Zöllner, 1998, S. 385; *ders.,* Das Aktienrecht im Wissenschaftsprozeß, ZGR 1998, 386; *Mielke,* Die Abberufung von Vorstandsmitgliedern wegen Vertrauensentzugs durch die Hauptversammlung – beweis- und verfahrensrechtliche Fragen, BB 2014, 1035; *Mock,* Richtlinienwidriges Finanzmarktstabilisierungsrecht, EuR 2009, 693; *Müller,* Unternehmenskauf und notarielle Beurkundung nach § 311b III BGB, NZG 2007, 201; *Nikoleyczik/Gubitz,* Erwerb der Dresdner-Bank durch die Commerzbank – Beteiligungserwerb kein „Holzmüller"-Fall, NZG 2011, 91; *Noack,* „Holzmüller" in der Eigenverwaltung – Zur Stellung von Vorstand und Hauptversammlung in Insolvenzverfahren, ZIP 2002, 873; *Pliquett,* Die Haftung des Hauptversammlungsleiters, 2015; *Priester,* Aktionärsentscheid zum Unternehmenserwerb, AG 2011, 654; *ders.,* Die klassische Ausgliederung – ein Opfer des Umwandlungsgesetzes 1994?, ZHR 163 (1999) 187; *Ransiek,* Anerkennungsprämien und Untreue – Das „Mannesmann"-Urteil des BGH, NJW 2006, 814; *Rehbinder,* Zum konzernrechtlichen Schutz der Aktionäre einer Obergesellschaft, ZGR 1983, 92; *Reichert,* Die Spaltung im neuen Umwandlungsrecht und ihre Rechtsfolgen (Symposion Ulmer), ZHR Beiheft 68 S. 25; *ders.,* Mitwirkungsrechte und Rechtsschutz der Aktionäre nach Macrotron und Gelatine, AG 2005, 150; *Rhode/Geschwandtner,* Zur Beschränkbarkeit der Geschäftsführungsbefugnis des Vorstands einer Aktiengesellschaft, NZG 2005, 996; *Saenger,* EWiR 1997, 1109; *Schmidt,* Integrationswirkung des Umwandlungsgesetzes, FS Ulmer, 2003, S. 557; *ders.,* Aktionärs- und Gesellschafterzuständigkeiten bei der Freigabe vinkulierter Aktien und Geschäftsanteile, FS Beusch, 1993, S. 759; *Schmiegel,* Informationspflichten der Geschäftsführung bei Strukturmaßnahmen in Kapitalgesellschaften, 2011; *Schneider/Raskin,* WuB II A § 124 AktG 1.00; *Schnorbus,* Die Sachdividende, ZIP 2003, 509; *Schockenhoff,* Informationsrechte der HV bei Veräußerung eines Tochterunternehmens, NZG 2001, 921; *Schürnbrand,* Rechtsstellung und Verantwortlichkeit des Leiters der Hauptversammlung, ZIP 2014, 1211; *Schubert,* Anmerkung zu BGH, Beschl. v. 6.11.2012 – II ZR 111/12, CCZ 2013, 174; *Schwark/Geiser,* Delisting, ZHR 161 (1997), 739; *Sethe,* Die aktienrechtliche Zulässigkeit der sogenannten „Teilentlastung", ZIP 1996, 1321; *Siebel,* Der Ehrenvorsitzende, FS Peltzer, 2001, S. 519; *Stöber,* Ungeschriebene Hauptversammlungskompetenzen am Beispiel des Börsenrückzugs und der fakultativen Insolvenzantragsstellung, WM 2014, 1757; *Streuer,* Der statutarische Unternehmensgegenstand, 2001; *Strohn,* Zur Zuständigkeit der Hauptversammlung bei Zusammenschlussvorhaben unter Gleichen, ZHR 182 (2018), 114; *Stukenberg,* Ungeschriebene „Holzmüller"-Zuständigkeiten der Hauptversammlung im Lichte der „Macrotron"- und „Gelatine"-Entscheidungen des BGH, 2007; *Theusinger/Schilha,* Gerichtliche Bestimmung eines unparteiischen Versammlungsleiters für einzelne Tagesordnungspunkte der Hauptversammlung, NZG 2016, 56; *Trapp/Schick,* Die Rechtsstellung des Aktionärs der Obergesellschaft beim Börsengang von Tochtergesellschaften, AG 2001, 381; *Tröger,* Vorbereitung von Zustimmungsbeschlüssen bei Strukturmaßnahmen, ZIP 2001, 2029; *Tschöpe/Wortmann,* Der wichtige Grund bei Abberufungen und außerordentlichen Kündigungen von geschäftsführenden Organvertretern, NZG 2009, 161; *Vollmer,* Die Verteilung der Finanzierungskompetenzen bei der Aktiengesellschaft, AG 1991, 94; *Wackerbarth,* Aktionärsrechte beim Börsengang einer Tochter – obey the law, if not the spirit, AG 2002, 14; *Wagner,* Ungeschriebene Kompetenzen der Hauptversammlung, 2007; *Wahlers,* Konzernbildungskontrolle durch die Hauptversammlung der Obergesellschaft, 1995; *Wallisch,* Unternehmerische Entscheidungen der Hauptversammlung, 2014; *Wasmann,* Einbringung einer Beteiligung in eine Tochtergesellschaft, DB 2002, 1096; *Weishaupt,* Der „eigentliche" Holzmüller-Beschluß, Über Dogmatik und Anforderungen eines Instruments aktienrechtlicher Zuständigkeitsordnung, NZG 1999, 804; *Wertenbruch,* Gesellschafterbeschluss für Insolvenzantrag bei drohender Zahlungsunfähigkeit?, DB 2013, 1592; *Westermann,* Die Holzmüller-Doktrin – 19 Jahre danach, FS Koppensteiner, 2001, S. 259; *Wieneke/Fett,* Das neue Finanzmarktstabilisierungsgesetz unter besonderer Berücksichtigung der aktienrechtlichen Sonderregelungen, NZG 2009, 8; *Wirth,* „Holzmüller"-Zuständigkeit der Hauptversammlung – auch in der beherrschten Aktiengesellschaft (Vertragskonzern)?, FS Bechthold, 2006, 647; *Wolff/Jansen,* Ausschluss der Haftung der Vorstandsmitglieder durch formlose Billigung des Vorstandshandelns durch die Aktionäre?, NZG 2013, 1165; *Wollburg/Gehling,* Umgestaltung des Konzerns – Wer entscheidet über die Veräußerung von Beteiligungen einer Aktiengesellschaft?, FS Lieberknecht, 1997, S. 133; *Ziegler,* Der Börsengang von Tochtergesellschaften, 2005; *Zimmermann/Pentz,* „Holzmüller" – Ansatzpunkt, Klagefristen, Klageantrag, FS Welf Müller, 2001, S. 151; *Zientek,* Ungeschriebene Hauptversammlungskompetenzen bei Unternehmensakquisitionen einer Aktiengesellschaft, 2016. Weitere Nachweise auch zum älteren Schrifttum zum Beispiel bei MünchHdbGesR (IV); Krieger, Vorb. § 69, *Dietz,* Die Ausgliederung nach dem UmwG und nach Holzmüller, 2002.

I. Beratungssituationen

1. Die Hauptversammlung als Organ

1   Die Hauptversammlung ist das Organ der AG, das die Interessen der Anteilseigner am unmittelbarsten repräsentiert. Ob man sie als **„oberstes Organ der AG"** bezeichnen kann, ist umstritten. Die Frage ist rein terminologischer Natur.[1] Zu einzelnen Rechtsfragen kann man aus der Antwort nichts herleiten.

2   Die Hauptversammlung handelt durch **Beschlüsse**, die in einem formalisierten Verfahren gefasst werden müssen.[2] Sie kann auf diese Weise ihren Willen bilden. Sofern die Hauptversammlung, wie bei der Bestellung eines Sonderprüfers nach § 142 Abs. 1 AktG, eine Willenserklärung abgibt, bedarf der im Beschlusswege gebildete Wille noch der Kundgabe. Ist der Betreffende bei der Verkündung des Abstimmungsergebnisses anwesend, ist der Beschluss damit gleichzeitig auch kundgegeben. Andernfalls muss die Hauptversammlung eine beliebige Person zur Kundgabe bevollmächtigen.[3] Eine weitergehende tatsächliche Umsetzung ihres Willens im Außenverhältnis kann die Hauptversammlung selbst nicht vornehmen, denn sie besitzt **keine** entsprechende **Handlungsorganisation**. Dementsprechend ist der Vorstand nach § 83 Abs. 2 AktG zur Durchführung der von der Hauptversammlung im Rahmen ihrer Zuständigkeit beschlossenen Maßnahmen verpflichtet.[4]

3   Die Hauptversammlung ist **kein ständiges Organ der AG**.[5] Sie muss zunächst nach §§ 121 ff. AktG einberufen werden, um Beschlüsse fassen zu können. Dies geschieht nach § 121 Abs. 2 S. 1 AktG durch den Vorstand, in der Regel einmal im Jahr (§ 120 Abs. 1 AktG). Lediglich dann, wenn alle Aktionäre erschienen sind oder sich vertreten lassen, kann auch eine Aktionärsversammlung, die nicht ordnungsgemäß einberufen wurde, gemäß § 121 Abs. 6 AktG als Hauptversammlung Beschlüsse fassen.[6]

2. Mandatstypen im Zusammenhang mit der Hauptversammlung

Da sie die Gesellschaft nicht nach außen vertreten kann,[7] wird ein Mandat mit Bezug zu den Hauptversammlungszuständigkeiten nicht durch die Hauptversammlung selbst erteilt.

---

[1] GroßkommAktG/*Mülbert* Vorb. §§ 118–147 Rn. 43 mwN; MüKoAktG/*Kubis* § 118 Rn. 10.
[2] Dazu im Einzelnen → § 26 und § 27.
[3] Schmidt/Lutter/*Spindler* § 142 Rn. 35; Hüffer/Koch/*Koch* AktG § 142 Rn. 11; allgemein KölnKommAktG/*Mertens* § 78 Rn. 5.
[4] Dazu → Rn. 31 ff.
[5] Hüffer/Koch/*Koch* AktG § 118 Rn. 6; Henn/Frodermann/Jannott/*Göhmann* Kap. 9 Rn. 1; aA GroßkommAktG/*Mülbert* Vorb. §§ 118–147 Rn. 25.
[6] *Hoffmann-Becking* ZIP 1995, 1 (6 f.); MHdB GesR IV/*Bungert* § 35 Rn. 71; Hüffer/Koch/*Koch* AktG § 121 Rn. 19 f. Dazu im Einzelnen → § 26 Rn. 79 f.
[7] Umstritten ist, ob § 142 AktG diesbezüglich eine Ausnahme enthält, wie es die hM annimmt, zB GroßkommAktG/*Mülbert* Vorb. §§ 118–147 Rn. 22; Schmidt/Lutter/*Spindler* § 142 Rn. 35; GroßkommAktG/*Bezzenberger* § 142 Rn. 39; Hüffer/Koch/*Koch* AktG § 142 Rn. 11. AA Spindler/Stilz/*Mock* AktG § 142 Rn. 95, der nur dem Vorstand Vertretungsbefugnis zuspricht.

a) **Vorbereitung der Hauptversammlung.** Die meisten Mandate, die die Hauptversammlung und ihre Beschlüsse betreffen, beziehen sich formal auf die Vorbereitung einer Hauptversammlung und die Unterstützung bei der Durchführung („*back office*"). Ein solches Mandat wird geraume Zeit vor dem Versammlungstermin erteilt. Die Einberufung der Hauptversammlung obliegt gemäß § 121 Abs. 2 S. 1 AktG dem **Vorstand**. Er legt die Tagesordnung fest und macht zu jedem Tagesordnungspunkt, zu dem ein Beschluss gefasst werden soll, nach § 124 Abs. 3 S. 1 AktG einen Beschlussvorschlag, sofern es nicht um die Wahl von Aufsichtsratsmitgliedern oder Prüfern geht. Zieht der Vorstand bei der Erfüllung dieser Aufgaben rechtliche Berater hinzu, wird das **Mandat vom Vorstand** im Namen der AG **erteilt**.

Der Vorstand ist aber zur Einberufung der Hauptversammlung, zur Festlegung der Tagesordnung und zur Erarbeitung von Beschlussvorschlägen nicht ausschließlich zuständig. Da der **Aufsichtsrat** nach § 124 Abs. 3 AktG ebenfalls zu jedem Beschlussgegenstand einen Beschlussvorschlag abgeben muss, entsteht auch hier Beratungsbedarf, wenn der Aufsichtsrat mit dem Beschlussvorschlag des Vorstandes nicht einverstanden ist und er daher einen inhaltlich abweichenden eigenen Beschlussvorschlag machen muss.[8] Gleiches gilt, wenn der Aufsichtsrat selbst nach § 111 Abs. 3 AktG die Hauptversammlung einberuft. Ein entsprechendes Mandat kann vom Aufsichtsrat im Namen und auf Kosten der AG erteilt werden.[9] Regelmäßig wird aber der Vorstand auf eine Bitte des Aufsichtsrates hin im Namen der AG mandatieren.

Zunehmend in den Blickpunkt rechtlichen Interesses rückt der **Versammlungsleiter**.[10] Er ist kein selbständiges Organ der AG, sondern nur Teil der Binnenorganisation der Hauptversammlung.[11] Gleichwohl kann auch in seiner Person vor und während der Hauptversammlung erheblicher Beratungsbedarf entstehen.[12] Dieser Beratungsbedarf wird regelmäßig von dem Berater gedeckt, den der Vorstand für die Vorbereitung der Hauptversammlung hinzuzieht. Wird ein professioneller externer Versammlungsleiter hinzugezogen, ist es aber auch möglich, dass dieser seine rechtliche Beratung selbst beauftragt. Wichtig ist es, dies im Rahmen der Beauftragung zu regeln.

Nach § 122 Abs. 1 AktG können **Aktionäre**, deren Anteile zusammen 5 % des Grundkapitals erreichen, vom Vorstand die **Einberufung** der Hauptversammlung verlangen. Wird dem Verlangen nicht entsprochen, können die Aktionäre ihr Verlangen nach § 122 Abs. 3 AktG gerichtlich durchsetzen.[13] Aktionäre, deren Anteile zusammen 5 % des Grundkapitals oder den anteiligen Betrag von 500.000,– EUR erreichen, können für den Fall, dass zwar eine Hauptversammlung einberufen ist, aber ein von ihnen gewünschter Tagesordnungspunkt fehlt, nach § 122 Abs. 2 AktG verlangen, dass **zusätzliche Gegenstände auf die Tagesordnung** gesetzt werden. Das ist deshalb von Bedeutung, weil nach § 124 Abs. 4 AktG über Gegenstände, die nicht ordnungsgemäß bekannt gemacht worden sind, keine Beschlüsse gefasst werden dürfen. Auch dieses Verlangen kann nach § 122 Abs. 3 AktG gerichtlich durchgesetzt werden. Bereits zur Vorbereitung eines Verlangens nach § 122 Abs. 1 oder 2 AktG werden die Aktionäre regelmäßig rechtliche Beratung in Anspruch nehmen. Das Mandat erteilen die Aktionäre im eigenen Namen und auf eigene Kosten. Von Gesetzes wegen trägt die Gesellschaft nach § 122 Abs. 4 AktG gegenüber den Aktionären lediglich die Gerichtskosten für den Fall, dass diese mit ihrem Einberufungsverlangen vor Gericht erfolgreich sind. Die Beratungskosten trägt die Gesellschaft dagegen nur, wenn das Gericht die Erstattung nach § 81 FamFG anordnet oder wenn die Hauptversammlung beschließt, die Kosten zu übernehmen.[14]

---

[8] Dazu GroßkommAktG/*Butzke* AktG § 124 Rn. 72, Hüffer/Koch/*Koch* AktG § 124 Rn. 16; Schmidt/Lutter/*Ziemons* AktG § 124 Rn. 19.
[9] Vgl. *Raiser/Veil* KapGesR § 15 Rn. 14.
[10] Vgl. dazu *Pliquett*, Die Haftung des Hauptversammlungsleiters, 2015, S. 1 ff. mwN, danach zB noch *Theusinger/Schilha* NZG 2016, 56.
[11] LG Ravensburg ZIP 2014, 1632 (1633); MüKoAktG/*Kubis* § 119 Rn. 184; Schmidt/Lutter/*Ziemons* § 129 Rn. 44; aA zB *Schürnbrand* NZG 2014, 1211 (1212).
[12] *Pliquett*, Die Haftung des Hauptversammlungsleiters, 2015, S. 153.
[13] Dazu → § 26 Rn. 45 ff.
[14] GroßkommAktG/*Butzke* AktG § 122 Rn. 115.

8 Häufiger werden von Aktionären **Gegenanträge** zu einzelnen bekannt gemachten Tagesordnungspunkten gestellt, die dann in der Regel vom Vorstand gemäß § 126 Abs. 1 S. 1 AktG zugänglich gemacht werden müssen.[15] Will sich der betreffende Aktionär bei der Vorbereitung des Antragsinhaltes oder bei der Durchsetzung der Mitteilungspflicht rechtlich beraten lassen, so muss er im eigenen Namen ein Mandat erteilen und die Kosten tragen.

9 b) **Konflikte im Anschluss an eine Hauptversammlung.** Gegenstand eines Mandates kann auch eine **nachträgliche Auseinandersetzung** über das Handeln der Hauptversammlung sein. So kann ein **Beschluss** gefasst worden sein, der – nach Ansicht einer Konfliktpartei – so nicht hätte gefasst werden dürfen, oder es wurde ein bestimmter – nach Ansicht einer Konfliktpartei gebotener – Beschluss nicht gefasst, weil in der betreffenden Frage etwas anderes oder aber gar nichts beschlossen wurde. Solche Konflikte werden im Wege der Anfechtungsklage,[16] gegebenenfalls in Verbindung mit einer positiven Beschlussfeststellungsklage,[17] oder im Wege der Nichtigkeitsklage,[18] in bestimmten Konstellationen auch über das Spruchstellenverfahren[19] ausgetragen.

10 c) **Zustimmungsbedürftigkeit von Vorstandshandeln.** Schließlich entsteht Beratungsbedarf, wenn unsicher oder streitig ist, ob eine Maßnahme des Vorstandes der Zustimmung der Hauptversammlung bedarf. Ein solches Mandat ist von den zuvor geschilderten Mandatstypen zu unterscheiden. Nicht das Handeln der Hauptversammlung, sondern das Handeln des Vorstandes ist hier Gegenstand des rechtlichen Interesses. Inhaltlich geht es darum, wie weit die Geschäftsführungskompetenz des Vorstandes gegenüber der Entscheidungskompetenz der Hauptversammlung reicht. Solche **Mandate gehen von einem Vorstand** aus, der wissen möchte, ob eine geplante Geschäftsführungsmaßnahme der Zustimmung der Hauptversammlung bedarf, bzw. wie eine Geschäftsführungsmaßnahme auszugestalten ist, damit sie ohne Zustimmung vorgenommen werden darf. Hier stellt sich seitens der Vorstandsmitglieder fast immer auch die Frage nach dem Haftungsrisiko und seiner Begrenzung für den Fall der Fehleinschätzung. Erteilt wird ein solches Mandat von der AG, vertreten durch den Vorstand.

11 Auf der anderen Seite stehen die Interessen an der Wahrung des Zustimmungsvorbehaltes der Hauptversammlung. Hier muss für jeden Regelungsbereich gesondert geprüft werden, welche **Maßnahmen** seitens **der Aktionäre** erforderlich und möglich sind. Teilweise knüpft bereits das Gesetz die Wirksamkeit des Vorstandshandelns an die Zustimmung der Hauptversammlung (zum Beispiel § 293 Abs. 1 und 2 AktG). Teilweise sind besondere Verfahren vorgesehen, mit denen die Entscheidungskompetenz der Hauptversammlung abgesichert werden kann (zum Beispiel § 62 Abs. 2 UmwG). Sofern solche gesetzlichen Mechanismen nicht vorhanden sind, können Konflikte um Eingriffe des Vorstandes in die Kompetenzen der Hauptversammlung stets nachträglich durch Geltendmachung von Schadenersatzansprüchen ausgetragen werden,[20] sofern ein Schaden entstanden ist. Fehlt es an einem Schadenersatzanspruch, so kommt im Einzelfall auch eine Feststellungsklage in Betracht.[21] Befindet sich die Maßnahme des Vorstandes noch in der Planungsphase oder ist sie noch nicht abgeschlossen, so können einzelne Aktionäre auch im Wege der Unterlassungsklage und der Feststellungsklage vorgehen.[22]

II. Die Zuständigkeiten der Hauptversammlung

1. Enumerationsprinzip

12 Gemäß § 119 Abs. 1 AktG beschließt die Hauptversammlung in den im Gesetz und in der Satzung ausdrücklich bestimmten Fällen. Gemeint ist, dass die Hauptversammlung **nur**

---

[15] → § 26 Rn. 74 ff.
[16] → § 38.
[17] → § 41 Rn. 24 ff.
[18] → § 39.
[19] → § 40.
[20] → § 24.
[21] → Rn. 98.
[22] → Rn. 98.

in diesen Fällen entscheidet. Die Kompetenzen der Hauptversammlung lassen sich abschließend aufzählen (Enumerationsprinzip).[23] § 119 Abs. 1 AktG nennt einige dieser Kompetenzen, ist aber, wie sich bereits aus dem Wortlaut ergibt („namentlich"), selbst nicht abschließend. Die Kompetenzzuweisung an die Hauptversammlung weist kein einheitliches Muster auf. Zwar kann man einzelne Kompetenzen unter bestimmten Aspekten zusammenfassen.[24] Eine **vollständige Systematisierung scheitert** aber an der Vielgestaltigkeit der Hauptversammlungskompetenzen.[25] Jede Typisierung bleibt deskriptiv. Daraus, dass bestimmten Kompetenzen ein einheitlicher Gedanke zugrunde liegt, kann nicht auf eine Zuständigkeit für vergleichbare Bereiche geschlossen werden. Zwar ist die Zuständigkeit der Hauptversammlung entgegen § 119 Abs. 1 AktG auch für Fälle anerkannt worden, die weder im Gesetz noch in der Satzung genannt sind.[26] Insgesamt muss es aber beim Enumerationsprinzip bleiben: Die Fallgruppen müssen tatbestandlich eng gefasst werden und jede einzelne von ihnen bedarf einer eigenen Begründung aus aktienrechtlichen Grundprinzipien heraus. Diese Forderung zielt nicht auf die Begrenzung der Hauptversammlungskompetenzen. Vielmehr spielt in der aktienrechtlichen Machtbalance die **Rechtssicherheit** eine wichtige Rolle. Die Herausbildung von tatbestandlich vage gefassten Zustimmungsvorbehalten gegenüber Maßnahmen des Vorstandes in Rechtsprechung und Literatur würde das Gewicht wegen der inhärenten Haftungsfrage überproportional in Richtung Hauptversammlung verschieben. Denn der Vorstand wird bei der Prognose des persönlichen Haftungsrisikos häufig von einem weiten Verständnis des Zustimmungsvorbehaltes ausgehen.

2. Strukturentscheidungen

Einer Anzahl von Hauptversammlungskompetenzen ist gemein, dass sie sich auf Strukturveränderungen beziehen. **Ohne Zustimmung** der Hauptversammlung sind diese Strukturmaßnahmen **nicht möglich**.[27] Zu nennen sind folgende Zuständigkeiten:
- Ermächtigung zum Erwerb eigener Aktien, zu ihrer Einziehung und zu bestimmten Formen ihrer Veräußerung, § 71 AktG;[28]
- Satzungsänderungen, § 179 AktG;[29]
- Zustimmung zur Übertragung des gesamten Vermögens, § 179a AktG;[30]
- Maßnahmen der Kapitalbeschaffung, §§ 182 Abs. 1, 192 Abs. 1, 202 Abs. 2, 207 Abs. 1, 221 AktG, und ein damit gegebenenfalls verbundener gesonderter Ausschluss des Bezugsrechtes, §§ 186 Abs. 3, 203 Abs. 1 und 2, 221 Abs. 4 S. 2 AktG;[31]
- Maßnahmen der Kapitalherabsetzung, §§ 222, 229, 237 AktG;[32]
- Auflösung der Gesellschaft, § 262 Abs. 1 Nr. 2 AktG, und Fortsetzung der aufgelösten Gesellschaft, § 274 AktG;[33]
- Zustimmung zu Abschluss und Änderung von Unternehmensverträgen bei der abhängigen und bei der herrschenden Gesellschaft, §§ 293 Abs. 1 und 2, 295 AktG;[34]

---

[23] MHdB GesR IV/*Bungert* § 35 Rn. 10.
[24] Siehe zB GroßkommAktG/*Mülbert* § 119 Rn. 12–15; Hüffer/Koch/*Koch* AktG § 119 Rn. 5 f.: „Regelmäßig wiederkehrende Maßnahmen", „Strukturmaßnahmen". Rechtsvergleichend *Fleischer* in Bayer/Habersack, Aktienrecht im Wandel II, S. 442 ff.; *Labudda*, Die Kompetenzverteilung zwischen Verwaltung und Hauptversammlung bei Strukturveränderungen im deutschen und englischen Aktienrecht, 2007; *Lorenz*, Die Zuständigkeit der Hauptversammlung im deutschen und US-amerikanischen Gesellschaftsrecht 2009.
[25] Vgl. wiederum GroßkommAktG/*Mülbert* § 119 Rn. 15; Hüffer/Koch/*Koch* AktG § 119 Rn. 8 f.: „Sonderfälle".
[26] Grundlegend BGHZ 83, 122 = NJW 1982, 1703 – Holzmüller. → Rn. 56 ff.
[27] Zu den insoweit abweichenden Regelungen des Finanzmarktstabilisierungsgesetzes → Rn. 36.
[28] → § 31.
[29] → § 29.
[30] → Rn. 43 ff.
[31] → Teil H.
[32] → § 42 und § 43.
[33] → § 15.
[34] → § 54.

- Zustimmung zur Eingliederung bei der einzugliedernden und bei der eingliedernden Gesellschaft, §§ 319 Abs. 1 und 2, 320 Abs. 1 AktG;[35]
- Umwandlungen nach dem UmwG;[36]
- Ermächtigung zu strukturverändernden Abwehrmaßnahmen bei Übernahmeangeboten, § 33 Abs. 2 WpÜG.[37]

3. Personalentscheidungen, insbesondere Entlastungsbeschlüsse

14   Eine weitere Gruppe von Hauptversammlungszuständigkeiten lässt sich unter dem Gesichtspunkt bilden, dass sie die Mitglieder der anderen Organe betreffen. Sie sind naturgemäß für das Machtverhältnis zwischen den Organen besonders bedeutsam. Zwar führen diese Kompetenzen nicht unmittelbar zu einem stärkeren Einfluss der Hauptversammlung auf Sachfragen. Da die Organmitglieder jedoch von den Personalentscheidungen der Hauptversammlung persönlich betroffen sind, werden sie die Anliegen der Aktionärsmehrheit oder qualifizierter Minderheiten regelmäßig auch bei den Entscheidungen berücksichtigen, auf die die Hauptversammlung nicht unmittelbar Einfluss nehmen kann. Für die Aktionäre ist es daher wichtig, das zur Verfügung stehende Instrumentarium differenziert einsetzen zu können.

15   Am stärksten ist die Stellung der Hauptversammlung gegenüber den **Aufsichtsratsmitgliedern**. Sie werden nach § 101 Abs. 1 AktG und § 103 Abs. 1 AktG von der Hauptversammlung nach freiem Ermessen **bestellt und abberufen**.[38] Eine Ausnahme bilden solche Aufsichtsratsmitglieder, deren Mandat auf Mitbestimmungsregeln[39] oder satzungsmäßigen Vorschlags- und Entsenderechten beruht.[40] Außerhalb dieser Bereiche sind dauerhafte Konflikte zwischen der Aktionärsmehrheit und den Mitgliedern des Aufsichtsrates naturgemäß selten. Die Hauptversammlung regelt nach § 113 AktG auch die **Vergütung** der Aufsichtsratsmitglieder, die aber – schon weil eine Pflicht zur Gleichbehandlung der Aufsichtsratsmitglieder besteht – kein geeigneter Ansatzpunkt ist, um Konflikte zwischen einzelnen Aufsichtsratsmitgliedern und der Aktionärsmehrheit auszutragen.[41] Will die Aktionärsmehrheit auf ein Aufsichtsratsmitglied in ihrem Sinne einwirken, ohne mit dem für die Abberufung erforderlichen Quorum drohen zu können, so bietet die **Entlastungsentscheidung** nach §§ 119 Abs. 1 Nr. 3, 120 AktG den notwendigen Ansatzpunkt. Die Entlastung wird regelmäßig für alle Mitglieder des Aufsichtsrates einheitlich erteilt. Es kann aber nach § 120 Abs. 1 S. 2 AktG für einzelne Mitglieder gesondert abgestimmt werden. Die Verweigerung der Entlastung hat für das Aufsichtsratsmitglied zwar keine unmittelbaren rechtlichen Konsequenzen.[42] Auch muss die Ankündigung einer **gesonderten Entlastung** nicht zwingend ein Hinweis auf einen Konflikt sein, da diese Gestaltung auch gewählt wird, um Stimmverbote nach § 136 Abs. 1 AktG zu vermeiden, wenn einzelne der zu Entlastenden selbst Aktien halten. Liegt indes tatsächlich ein Konflikt zugrunde, muss der Betroffene damit rechnen, dass seine Amtsführung kritisch gewürdigt wird. Die informelle Wirkung wird noch einmal erheblich gesteigert, wenn einem einzelnen Mitglied die Entlastung tatsächlich verweigert wird. Dies gilt umso mehr, als die Verweigerung der Entlastung in manchen Fällen anzeigt, dass die Gesellschaft Schadenersatzansprüche gegen den Betreffenden geltend machen will. Da die gesonderte Abstimmung gemäß § 120 Abs. 1 S. 2 Alt. 2 AktG bereits auf Verlangen einer Minderheit durchgeführt werden muss, deren Anteil 10 % des Grundkapitals oder den anteiligen Betrag von 1.000.000,– EUR erreicht, liegt in der Androhung eines entsprechenden Verfahrensantrages für die Minderheit im Vorfeld der Hauptversammlung bereits ein Mittel, um Druck auszuüben. Nach zutreffender Ansicht ist auch eine Teilentlastung in der Weise möglich, dass bestimmte klar abgrenzbare Teile der

---

[35] → § 45.
[36] → Rn. 38 f. und § 44.
[37] → § 52.
[38] → § 23 Rn. 124 ff.; zu beachten ist dabei ggf. eine Geschlechterquote gemäß § 96 Abs. 2.
[39] → § 23 Rn. 8 ff.
[40] → § 23 Rn. 132 f.
[41] KölnKommAktG/*Mertens* § 113 Rn. 9. → § 23.
[42] GroßkommAktG/*Mülbert* § 120 Rn. 47 f.; Schmidt/Lutter/*Spindler* § 120 Rn. 43.

Tätigkeit, die nicht den Kern der Amtsführung betreffen, von der Entlastung ausgenommen werden.[43] Der Antrag auf Teilentlastung ist ein Gegenantrag eines Aktionärs iSd § 126 AktG. Er muss daher nach § 126 Abs. 1 S. 1 AktG zugänglich gemacht werden.

Auch die **Entlastung der Mitglieder des Vorstandes** wird im Normalfall für alle Mitglieder einheitlich erteilt. Da die Hauptversammlung dem Vorstand keine Weisungen erteilen und ihn nicht einmal selbst abberufen kann, sind die Aktionäre im Konfliktfall noch stärker auf den informellen Druck der Entlastungsentscheidung angewiesen. Andererseits ist der informelle Druck, der von einer gesonderten Abstimmung oder gar einer verweigerten Entlastung ausgeht, hier größer als beim Aufsichtsrat. Denn während dieser fast ausschließlich im Innenverhältnis zu den anderen Organen agiert, sind die Vorstandsmitglieder auf ihr Ansehen und ihre Position innerhalb der Gesellschaft gegenüber Kunden, Lieferanten und Arbeitnehmern angewiesen.[44] Noch einschneidender wirkt der Entzug des Vertrauens gegenüber einem Vorstandsmitglied nach § 84 Abs. 3 S. 2 AktG.[45] Dieser bildet für sich allein bereits einen Grund zum Widerruf der Bestellung durch den Aufsichtsrat und hat eine noch größere Signalwirkung nach außen. 16

Der Antrag auf **Einzelentlastung** kann in der Hauptversammlung auch von einem Aktionär gestellt werden, der nicht über die für ein Minderheitsverlangen nach § 120 Abs. 1 S. 2 Alt. 2 AktG erforderliche Stimmenzahl verfügt. Es handelt sich dann um einen gewöhnlichen Antrag zur Geschäftsordnung, über den abzustimmen ist. Erreicht der Antrag zwar nicht die Mehrheit, aber das für ein Minderheitsverlangen erforderliche Quorum, so kann der Aktionär im Anschluss ein entsprechendes Minderheitsverlangen vortragen, sofern der Versammlungsleiter das Abstimmungsergebnis nicht von sich aus als solches wertet. Es empfiehlt sich, bei jedem Antrag deutlich zu machen, ob es sich um ein Minderheitsverlangen oder einen Geschäftsordnungsantrag handelt, damit der Versammlungsleiter weiß, ob er dem Aktionär Gelegenheit zum Nachweis geben muss, dass dieser das Quorum erreicht, oder ob er gleich zur Abstimmung über den Antrag zur Geschäftsordnung schreiten kann.[46] 17

Eine wichtige Personalentscheidung der Hauptversammlung ist die **Bestellung des Abschlussprüfers** bzw. Konzernabschlussprüfers nach § 119 Abs. 1 Nr. 4 AktG, § 318 HGB. Weicht die Hauptversammlung vom Beschlussvorschlag des Aufsichtsrates ab, liegt auch hierin ein nach außen sichtbares Signal. Zu nennen sind schließlich noch die Kompetenzen im Zusammenhang mit Ersatzansprüchen gegen Organmitglieder[47] und die Personalkompetenzen im Abwicklungsstadium, §§ 265 Abs. 2 S. 1 und Abs. 5 S. 1, §§ 269 Abs. 3 S. 2, 270 Abs. 2 S. 1 AktG. 18

4. Weitere Zuständigkeiten

Weitere Zuständigkeiten, die in anderen Kapiteln dieses Handbuchs dargestellt sind und auf die deshalb hier nicht näher eingegangen werden soll, sind: 19
- Zustimmung zu Nachgründungsverträgen, § 52 Abs. 1 AktG;[48]
- Zustimmung auf Verlangen des Vorstandes zu Geschäften, die der Zustimmung des Aufsichtsrates bedürfen, § 111 Abs. 4 S. 3 AktG;[49]
- Beschluss einer Geschäftsordnung für die Hauptversammlung, § 129 Abs. 1 S. 1 AktG;[50]
- Bestellung von Sonderprüfern, § 142 Abs. 1 AktG;[51]

---

[43] GroßkommAktG/*Mülbert* § 120 Rn. 104; Hüffer/Koch/*Koch* AktG § 120 Rn. 12a; *Butzke,* Hauptversammlung Rn. I-14; aA zB OLG Düsseldorf 22.2.1996 – 6 U 20/95, AG 1996, 273 (274 f.); eingehend zum Ganzen *Sethe* ZIP 1996, 1321 ff.
[44] *Raiser/Veil* KapGesR § 16 Rn. 5; MHdB GesR IV/*Bungert* § 35 Rn. 37.
[45] BGH 28.4.1954 – II ZR 211/53, BGHZ 13, 188 (192 f.); OGH (öst) 28.4.1998 – 1 Ob 294/97k, AG 1999, 140 (141). Das Verhältnis der beiden Rechtsinstitute zueinander ist streitig, KölnKommAktG/*Mertens* § 84 Rn. 105; Spindler/Stilz/*Fleischer* AktG § 84 Rn. 109 ff., jeweils mwN. → § 22.
[46] Zum Ganzen auch *Butzke* Hauptversammlung Rn. I-22 ff.
[47] → § 24.
[48] → § 14.
[49] → § 23.
[50] → § 27 Rn. 73 ff.
[51] → § 19.

- Feststellung des Jahresabschlusses in besonderen Fällen, §§ 173 Abs. 1, 234 Abs. 2 AktG;[52]
- Verwendung des Bilanzgewinns, § 174 Abs. 1 AktG;[53]
- Verwendung des durch höhere Bewertung auf Grund einer Sonderprüfung entstandenen Ertrages, § 261 Abs. 3 S. 2 AktG;[54]
- Feststellung der Liquidationseröffnungsbilanz und der Jahresabschlüsse während der Liquidation, § 270 Abs. 2 S. 1 AktG.[55]

III. Einfluss der Hauptversammlung auf Fragen der Geschäftsführung

1. Fragen der Geschäftsführung

20 Nach § 119 Abs. 2 AktG kann die **Hauptversammlung** über Fragen der Geschäftsführung **grundsätzlich nicht entscheiden.** Mit dem Terminus „Fragen der Geschäftsführung" nimmt § 119 Abs. 2 AktG nicht auf bestimmte tatbestandlich gefasste Merkmale Bezug, anhand derer sich entscheiden ließe, ob eine Maßnahme des Vorstandes unter den Begriff zu subsumieren ist. Die Zuständigkeitsverteilung zwischen den Organen wird vielmehr vorausgesetzt.[56] Die Zuständigkeitsabgrenzung ergibt sich aus anderen Vorschriften. Nur wenn eine Maßnahme nicht in die originäre Zuständigkeit der Hauptversammlung oder des Aufsichtsrates fällt, greift § 119 Abs. 2 AktG mit der Folge, dass die Hauptversammlung nur auf Verlangen des Vorstandes entscheiden kann.[57]

2. Keine Möglichkeit direkter Einflussnahme

21 Zunächst einmal folgt aus § 119 Abs. 2 AktG, dass die Hauptversammlung nicht selbst zur Geschäftsführung berufen ist. Sie kann die AG auch nicht nach außen vertreten.[58] Zur dauerhaften Geschäftsführung ist die Hauptversammlung wegen des Fehlens einer entsprechenden Handlungsorganisation ohnehin nicht geeignet. Die Hauptversammlung kann in Fragen der Geschäftsführung auch keinen direkten Einfluss auf den Vorstand als primäres Geschäftsführungsorgan nehmen.[59] Anders als die Gesellschafterversammlung der GmbH kann sie **dem Vorstand keine Weisungen** erteilen; eine dem § 37 Abs. 1 GmbHG vergleichbare Vorschrift fehlt im AktG.[60] Weisungen sind vielmehr durch § 76 Abs. 1 AktG ausdrücklich ausgeschlossen.

3. Möglichkeiten indirekter Einflussnahme

22 Auch mittelbar über den Aufsichtsrat können keine Weisungen der Hauptversammlung an den Vorstand gerichtet werden. Es fehlt der Hauptversammlung bereits an der Kompetenz, gegenüber dem Aufsichtsrat Weisungen auszusprechen. Darüber hinaus kann auch der Aufsichtsrat dem Vorstand keine Weisungen in Geschäftsführungsfragen erteilen.[61] Möchte der Vorstand eine Geschäftsführungsmaßnahme vornehmen, die rechtlich zulässig ist, aber nicht dem Willen der Aktionärsmehrheit entspricht, so bleibt den Mehrheitsaktionären formal betrachtet nur, auf den Aufsichtsrat einzuwirken, damit dieser die Bestellung des Vorstandes bei Vorliegen eines wichtigen Grundes widerruft. Sind entsprechende Konflikte absehbar oder sollen sie von vornherein vermieden werden, empfiehlt es sich, in der Satzung

---

[52] → § 19.
[53] → § 30.
[54] Dazu Hüffer/Koch/*Koch* AktG § 261 Rn. 9 f.
[55] → § 15.
[56] Vgl. GroßkommAktG/*Mülbert* AktG § 119 Rn. 49.
[57] Vgl. aber auch zum Entscheidungsverlangen nach den „Holzmüller"-Grundsätzen → Rn. 82.
[58] Hüffer/Koch/*Koch* AktG § 119 Rn. 11 mwN.
[59] KölnKommAktG/*Mertens/Cahn* § 76 Rn. 42; Spindler/Stilz/*Fleischer* AktG § 76 Rn. 56 f.
[60] *Karsten Schmidt*, GesR § 28 II 1a).
[61] KölnKommAktG/*Mertens* Vorb. § 95 Rn. 4; Hüffer/Koch/*Koch* AktG § 76 Rn. 5; *Schubert*, Anmerkung zu BGH Beschl. v. 6.11.2012 – II ZR 111/12, CCZ 2013, 174 (175).

vorzusehen, dass der Vorstand bestimmte Geschäfte nur mit Zustimmung des Aufsichtsrates vornehmen darf.[62] Nicht möglich ist es hingegen, die Vornahme bestimmter Geschäfte durch eine Satzungsbestimmung von der Zustimmung der Hauptversammlung selbst abhängig zu machen.[63] Des Weiteren ist die Hauptversammlung auch nicht befugt, die Durchführung einer bestimmten Geschäftsführungsmaßnahme durch den Vorstand im Einzelfall von der Zustimmung des Aufsichtsrates abhängig zu machen. Zur Einführung von Zustimmungsvorbehalten muss die Hauptversammlung stets den Weg der Satzungsänderung wählen und gemäß § 111 Abs. 4 S. 3 AktG entsprechende Regelungen in die Satzung aufnehmen.[64] Stellt sich der Aufsichtsrat in einem praktisch seltenen Konflikt zwischen dem Vorstand und den Mehrheitsaktionären auf die Seite des Vorstandes, so bleibt den Aktionären nur, den Aufsichtsrat schnellstmöglich mit der notwendigen Mehrheit abzuberufen und neue Aufsichtsratsmitglieder zu bestellen. Der neu besetzte Aufsichtsrat kann dann den Vorstand abberufen, falls ein wichtiger Grund vorliegt.

Die Hauptversammlung kann die Abberufung des Vorstandes durch den Aufsichtsrat auch dadurch zu erwirken versuchen, dass sie ihm gemäß § 84 Abs. 3 S. 2 Fall 3 AktG durch Beschluss das Vertrauen entzieht. Den Vorstand träfe dann grundsätzlich die Beweislast dafür, dass kein sachlicher Grund für den Vertrauensentzug vorlag (§ 84 Abs. 3 S. 2 Hs. 2 AktG).[65] Das wird diesem in der Praxis nur sehr schwer gelingen, da ein entsprechender Hauptversammlungsbeschluss keiner in den Beschlusstext aufzunehmenden Begründung bedarf.[66] Will allerdings eine Aktionärsgemeinschaft die Initiative für den Vertrauensentzug ergreifen, wäre der dementsprechende Antrag für die Hauptversammlung seinerseits gemäß § 126 Abs. 1 AktG zu begründen[67] und insoweit zu rechtfertigen. Außerdem verbleibt die letztendliche Entscheidung über die Abberufung in der Kompetenz und im Ermessen des Aufsichtsrats, welcher in dieser Sache nicht an den Hauptversammlungsbeschluss gebunden ist.[68] Die genannten Verfahrensweisen setzen allerdings die zeitaufwändige Einberufung der Hauptversammlung voraus, die gegen den Willen des Vorstandes nur mit erheblichem zusätzlichen Aufwand zu erreichen ist,[69] sofern nicht eine Vollversammlung nach § 121 Abs. 6 AktG abgehalten werden kann. Steht die Durchführung einer umstrittenen Maßnahme unmittelbar bevor, wird die Abberufung des Vorstands auf diesem Wege daher aus Zeitgründen häufig keine gangbare Lösung darstellen. 23

Mit dieser formalen Betrachtung der Einflussmöglichkeiten der Hauptversammlung gegenüber dem Vorstand ist das Verhältnis der beiden Organe jedoch nicht vollständig dargestellt. Dem Vorstand wird lediglich in seltenen Ausnahmefällen daran gelegen sein, gegen den erklärten Willen der Hauptversammlungsmehrheit zu agieren. Zum einen ist es bereits mittelfristig ausgeschlossen, das Unternehmen ohne Mitwirkung der Hauptversammlung erfolgreich zu führen. Dagegen steht die Abhängigkeit des Vorstandes von der Zustimmung der Hauptversammlung bei der Durchführung von Kapital- und Strukturmaßnahmen. Aber auch die oben geschilderte[70] Zuständigkeit für bestimmte Personalentscheidungen kann einen erheblichen tatsächlichen Druck auf die Vorstandsmitglieder ausüben. 24

---

[62] → § 23.
[63] MüKoAktG/*Kubis* § 119 Rn. 17; Hüffer/Koch/*Koch* AktG § 119 Rn. 10; missverständlich daher LG Heidelberg 1.12.1998 – O 95/98 KfH I, AG 1999, 135 (137).
[64] Zur Kompetenz des Aufsichtsrats, Maßnahmen auch ohne Satzungsbestimmung von seiner Zustimmung abhängig zu machen, → § 23 Rn. 23 sowie ausführlich *Bergau* AG 2006, 769 (777f.).
[65] BGH Urt. v. 3.7.1975 – II ZR 35/73; *Grumann/Gillmann* DB 2003, 770 (772); differenzierend allerdings *Mielke* BB 2014, 1035 (1038), der für den Fall eines Mehrheitsaktionärs mit entsprechendem Einfluss auf den Aufsichtsrat eine Verlagerung der Beweislast auf die Gesellschaft zur Vermeidung von Missbrauch annimmt; dagegen aber *Tschöpe/Wortmann* NZG 2009, 161 (166); MüKoAktG/*Spindler* § 84 Rn. 109.
[66] *Mielke* BB 2014, 1035 (1036); MüKoAktG/*Spindler* § 84 Rn. 137; Spindler/Stilz/*Fleischer* AktG § 84 Rn. 109.
[67] Hüffer/Koch/*Koch* AktG § 126 Rn. 3; *Mielke* BB 2014, 1035 (1036); differenzierend, aber im Ergebnis ebenfalls bejahend Spindler/Stilz/*Rieckers* AktG § 126 Rn. 11 ff.
[68] MüKoAktG/*Spindler* § 84 Rn. 139; KölnKommAktG/*Mertens/Cahn* § 84 Rn. 129.
[69] → § 26 Rn. 45 f.
[70] → Rn. 14 ff.

4. Entscheidungsverlangen nach § 119 Abs. 2 AktG

25 a) Zweck und Wirkung. Nach § 119 Abs. 2 AktG hat der Vorstand die Möglichkeit, der Hauptversammlung Fragen der Geschäftsführung zur Entscheidung vorzulegen. Der Vorstand will mit dem Entscheidungsverlangen regelmäßig auch sein Haftungsrisiko vermindern. Denn nach § 93 Abs. 4 S. 1 AktG führt eine Sorgfaltspflichtverletzung entgegen § 93 Abs. 2 AktG dann nicht zur Ersatzpflicht des Vorstandes gegenüber der Gesellschaft, wenn die betreffende Handlung auf einem gesetzmäßigen Hauptversammlungsbeschluss beruht.[71] Der Hauptversammlungsbeschluss muss jedoch der Handlung vorangehen.[72] Eine nachträgliche Billigung führt nicht zum **Haftungsausschluss**, vgl. auch § 120 Abs. 2 S. 2 AktG. Insbesondere vermag eine formlose Bestätigung des Vorstandshandelns, sei es in Form einer Duldung oder der formlosen Genehmigung, keinen Haftungsausschluss zu bewirken.[73] Die formlose Zustimmung des Alleinaktionärs bzw. der Aktionärsgesamtheit hat keine rechtliche Qualität und rechtfertigt daher auch kein Haftungsprivileg für den Vorstand.[74] Entscheidet die Hauptversammlung über die geplante Geschäftsführungsmaßnahme, so ist der Vorstand nach § 83 Abs. 2 AktG **verpflichtet,** sich nach dieser Entscheidung zu richten und die Maßnahme zu **unterlassen bzw. durchzuführen.**[75] Sofern es sich noch um dieselbe vorgelegte „Frage der Geschäftsführung handelt", kann die Hauptversammlung auch Änderungen gegenüber der Vorstandsvorlage beschließen, die für den Vorstand dann ebenfalls bindend sind.[76] Der Haftungsausschluss ist das Äquivalent zur Ausführungspflicht.[77] Es ist daher nicht möglich, die Frage in der Weise vorzulegen, dass die Entscheidung zwar haftungsausschließend wirkt, aber unverbindlich ist. Die Hauptversammlung muss die Frage nicht entscheiden. Ihr steht es frei, unverbindliche Empfehlungen auszusprechen oder eine Sachentscheidung ganz abzulehnen. Der Vorstand kann die Hauptversammlung nach § 119 Abs. 2 AktG nicht zu einer Haftungsfreistellung zwingen.[78] Da die Vorlage die Zuständigkeit der Hauptversammlung begründet, darf der Vorstand die Maßnahme nach der Vorlage, dh nachdem er den betreffenden Antrag auf Beschlussfassung gestellt hat, nicht durchführen, solange die Hauptversammlung nicht abschließend entschieden hat. Eine solche abschließende Entscheidung liegt auch vor, wenn die Hauptversammlung beschließt, endgültig keine Entscheidung in der Sache zu treffen. Die Kompetenz fällt dann an den Vorstand zurück. Vertagt die Hauptversammlung hingegen den Beschluss oder wird ein Zustimmungsbeschluss mit überwiegender Erfolgsaussicht angefochten, so darf der Vorstand die Maßnahme nicht durchführen, solange die Hauptversammlung nicht doch noch einen fehlerfreien oder bestandskräftigen Zustimmungsbeschluss gefasst hat oder aber die Zuständigkeit im Beschlusswege wieder auf den Vorstand übertragen hat. Der Vorstand ist auch dann berechtigt und verpflichtet von der Umsetzung der Maßnahme abzusehen, wenn sich wesentliche dem Beschluss zugrunde liegende Umstände geändert haben.

---

[71] → § 24 Rn. 19 ff.; zur gegebenenfalls weiterhin möglichen Inanspruchnahme durch die Gesellschaftsgläubiger → § 24 Rn. 31 ff.

[72] Hüffer/Koch/*Koch* AktG § 93 Rn. 73.

[73] OLG Köln 25.10.2012 – 18 U 37/12; *Wolff/Jansen* NZG 2013, 1165; aA OLG Celle Entsch. v. 4.4.1984.

[74] *Wolff/Jansen* NZG 2013, 1165; Spindler/Stilz/*Fleischer* AktG § 93 Rn. 266; differenzierend, aber im Ergebnis ebenso *Dietz-Vellmer* NZG 2014, 721 (725 f.), der die Haftungsbefreiung nicht aus der Verknüpfung zur Ausführungspflicht, sondern „schlicht" aus § 94 Abs. 4 S. 1 AktG herleitet.

[75] BGH Urt. v. 26.6.2012 – II ZR 30/11 Entscheidungspunkt 18, NZG 2012, 1030 (1031); BGHZ 146, 289 (293) = ZIP 2001, 416 (417); KölnKommAktG/*Zöllner* § 119 Rn. 37; GroßkommAktG/*Mülbert* § 119 Rn. 208; MHdBGesRIV/*Semler* § 34 Rn. 18; Schmidt/Lutter/*Spindler* § 119 Rn. 25; Henn/Frodermann/Jannott/*Göhmann* Kap. 9 Rn. 11. AA *Rhode/Geschwandtner* NZG 2005, 996 (997 f.), die § 83 Abs. 2 AktG aus gesetzessystematischen Gründen restriktiv auslegen und daher auf Fälle des § 119 Abs. 2 AktG nicht anwenden wollen.

[76] BGHZ 146, 289 (293) = ZIP 2001, 416 (417); Spindler/Stilz/*Hoffmann* AktG § 119 Rn. 17; MüKoAktG/*Kubis* § 119 Rn. 27.

[77] Vgl. Hüffer/Koch/*Koch* § 119 Rn. 15; MüKoAktG/*Kubis* § 119 Rn. 29; *Wolff/Jansen* NZG 2013, 1165 (1167).

[78] Vgl. GroßkommAktG/*Mülbert* § 119 Rn. 207; Hüffer/Koch/*Koch* AktG § 119 Rn. 15; Spindler/Stilz/*Hoffmann* AktG § 119 Rn. 16.

In diesem Fall obliegt es ihm, einen erneuten Beschluss der Hauptversammlung herbeizuführen.[79]

Sofern die Hauptversammlung einer Geschäftsführungsmaßnahme nach § 119 Abs. 2 **26**
AktG mit einfacher Mehrheit zugestimmt hat und der Beschluss unanfechtbar geworden ist, darf und muss der Vorstand die Maßnahme auch dann durchführen, wenn tatsächlich ein Fall einer ungeschriebenen Hauptversammlungszuständigkeit nach den „Holzmüller"-Grundsätzen[80] vorlag, der an sich eine Zustimmung mit qualifizierter Mehrheit erfordert hätte. Aus Gründen der Rechtssicherheit muss ein nicht mehr anfechtbarer Beschluss nach § 119 Abs. 2 AktG als verbindliche Entscheidung der Hauptversammlung über die betreffende Geschäftsführungsmaßnahme angesehen werden.[81]

Das **Verfahren nach § 119 Abs. 2 AktG** wird in der Praxis außerhalb der ursprünglich in **27**
erweiternder Auslegung dieser Norm begründeten ungeschriebenen Kompetenzen der Hauptversammlung[82] relativ **selten beschritten.** Bei großen Aktiengesellschaften wird es regelmäßig schon wegen der **Kosten** nur im Rahmen einer ordentlichen Hauptversammlung durchgeführt werden.[83] Bei nicht zustimmungspflichtigen Maßnahmen, die nicht bis zur nächsten ordentlichen Hauptversammlung warten können, wird man daher ein Entscheidungsverlangen allein zum Zwecke des Haftungsausschlusses nur in Ausnahmefällen erwägen. Die Bindungswirkung auch einer ablehnenden Entscheidung dürfte die Attraktivität des Verfahrens ebenfalls mindern. Nicht zuletzt wird die praktische Relevanz der Möglichkeit einer Haftungsbefreiung nach § 119 Abs. 2 AktG wohl auch dadurch begrenzt, dass recht hohe formale Anforderungen an derartige Beschlüsse erfüllt werden müssen, damit der angestrebte Grad der Rechtssicherheit auch tatsächlich erreicht werden kann.[84]

b) **Verfahren.** Das Entscheidungsverlangen muss vom Vorstand als **Kollegialorgan** ausge- **28**
hen.[85] Auf die **Tagesordnung** nach § 121 Abs. 3 S. 2 AktG muss ein entsprechender Gegenstand gesetzt werden.[86] Vorstand und Aufsichtsrat müssen **Beschlussvorschläge** machen. Wie auch sonst ist der Vorstand aber nicht verpflichtet, den betreffenden Beschlussantrag auf der Hauptversammlung tatsächlich zu stellen. Die Zuständigkeit der Hauptversammlung wird erst durch das Stellen des Beschlussantrages auf der Hauptversammlung selbst begründet.

Soll der Beschluss haftungsausschließende Wirkung nach § 93 Abs. 4 S. 1 AktG haben, **29**
muss der Antrag so bestimmt sein, dass dem Beschluss zu entnehmen ist, welche Maßnahme der Vorstand nach § 83 Abs. 2 AktG ausführen muss.[87] Haftungsausschließend wirken auch solche Beschlüsse, die das Vorstandshandeln unter eine Bedingung stellen, solange der Vorstand auf den Eintritt der Bedingung keinen Einfluss nehmen kann.[88]

Legt der Vorstand eine Geschäftsführungsmaßnahme nach § 119 Abs. 2 AktG vor, so **30**
muss er der Hauptversammlung – nicht zuletzt in Hinblick auf die haftungsausschließende Wirkung[89] – die **Informationen** geben, die sie **für eine sachgerechte Willensbildung** benötigt.[90] Werden Verträge zur Zustimmung vorgelegt, muss analog § 124 Abs. 2 S. 2 AktG zumindest ihr wesentlicher Inhalt bekannt gemacht werden.[91] Im Einzelfall kommt auch die

---

[79] GroßkommAktG/*Mülbert* § 119 Rn. 208; Spindler/Stilz/*Hoffmann* AktG § 119 Rn. 20; MüKoAktG/*Spindler* § 83 Rn. 19; teilweise abweichend MüKoAktG/*Kubis* § 119 Rn. 27, der eine Pflicht zur erneuten Vorlage an die Hauptversammlung verneint.
[80] → Rn. 56 ff.
[81] Vgl. auch KölnKommAktG/*Zöllner* § 181 Rn. 36; MHdB GesR IV/*Semler* § 39 Rn. 74.
[82] → Rn. 56 ff. Zu den besonderen Verfahrensanforderungen → Rn. 81 ff.
[83] *Beusch* in: FS Werner, S. 1 (19 ff.).
[84] *Dietz-Vellmer* NZG 2014, 721 (722).
[85] → § 22.
[86] Zu den Einladungsförmlichkeiten → § 26 Rn. 56 ff.
[87] Vgl. GroßkommAktG/*Hopt/Roth* § 93 Rn. 474.
[88] Vgl. *Lutter/Leinekugel* ZIP 1998, 805 (809).
[89] OLG München DB 1996, 1172; ähnlich *Schockenhoff* NZG 2001, 921 (924 f.); *Saenger* EWiR 1997, 1109 (1110).
[90] BGHZ 146, 288 (294) = NJW 2001, 1277 (1278) – Altana/Milupa; *Dietz-Vellmer* NZG 2014, 721 (726).
[91] BGHZ 146, 288 (294 f.) = NJW 2001, 1277 (1278 f.) – Altana/Milupa; OLG München DB 1996, 1172; GroßkommAktG/*Butzke* § 124 Rn. 49; Hüffer/Koch/*Koch* AktG § 124 Rn. 10; *U. H. Schneider/Raskin* WuB II

analoge Anwendung anderer Vorschriften in Betracht. In dieser Beziehung unterscheiden sich die Anforderungen an ein freiwilliges Entscheidungsverlangen des Vorstandes nach § 119 Abs. 2 AktG nicht von denen, die an eine Vorlage auf Grund einer ungeschriebenen Kompetenz nach den „Holzmüller"-Grundsätzen zu stellen sind.[92]

IV. Vorbereitung und Ausführung von Hauptversammlungsbeschlüssen, § 83 AktG

1. Ausführungspflicht nach § 83 Abs. 2 AktG

31 Der Vorstand ist nach § 83 Abs. 2 AktG **zur Ausführung** von Maßnahmen **verpflichtet**, die die Hauptversammlung im Rahmen ihrer Zuständigkeiten beschlossen hat. Ausführungshandlungen sind zum Beispiel bei Beschlüssen über Satzungsänderungen (§§ 179, 181 Abs. 3 AktG), Kapitalerhöhungen (§§ 182 ff. AktG), Umwandlungen nach dem UmwG oder der Verwendung des Bilanzgewinns (§§ 174, 58 Abs. 3 AktG) notwendig. Legt der Vorstand der Hauptversammlung eine Geschäftsführungsmaßnahme nach § 119 Abs. 2 AktG vor, so muss er sich ebenfalls gemäß § 83 Abs. 2 AktG nach der Entscheidung richten.[93] Will der Vorstand die Entscheidung auf Grund veränderter Umstände nicht ausführen, wird er spätestens auf der nächsten Hauptversammlung erneut eine Entscheidung nach § 119 Abs. 2 AktG herbeiführen müssen.[94]

32 Die in § 83 AktG normierten Pflichten treffen den Vorstand **nur, wenn** der **Beschluss** der Hauptversammlung **gesetzmäßig** iSd § 93 Abs. 4 S. 1 AktG ist,[95] denn nur so wird die Haftung des Vorstandes gegenüber der Gesellschaft ausgeschlossen, so dass er der Weisung der Hauptversammlung ohne eigenes Risiko nachkommen kann.[96] Ist die Rechtmäßigkeit zweifelhaft, muss der Vorstand eine entsprechende Prüfung vornehmen und sich dabei rechtlich beraten lassen.[97] Noch nicht abschließend geklärt ist die Frage, ob ihn während der Prüfung bereits die Ausführungspflicht nach § 83 Abs. 1 AktG trifft, zum Beispiel, wenn eine Anfechtungsklage angekündigt oder erhoben wurde. Dabei ist zwischen der objektiven Pflicht zur Ausführung wirksamer, aber rechtlich umstrittener Beschlüsse einerseits und der subjektiven Erkennbarkeit rechtlicher Risiken andererseits zu unterscheiden. Eine Pflicht zur Ausführung dürfte zumindest bei evident unzulässigen oder unbegründeten Anfechtungsklagen bestehen.[98] Ein schwer zu erkennendes Rechtsrisiko kann dagegen im Rahmen der Verschuldenshaftung des ausführenden Organs nach § 93 Abs. 2 AktG relevant werden.[99] In diesem Sinne muss der Vorstand unter Ausnutzung eines Beurteilungsspielraumes entscheiden, ob er die Maßnahme ausführt und dabei die Erfolgsaussichten der Anfechtungsklage ebenso berücksichtigen, wie die Folgen einer bis zum Ende des Prozesses verzögerten Ausführung.[100] Gegebenenfalls lässt sich in einem solchen Fall durch einen Bestätigungsbeschluss höhere Rechtssicherheit erreichen. Ist keine Klage erhoben worden, kann der Vorstand – gerade wenn er sich wegen der Beschlussmängel an der Ausführung gehindert

---

A § 124 AktG 1.00; *Drinkuth* AG 2001, 256 (258); *Groß* AG 1996, 111 (115); aA für nicht einer ungeschriebenen Hauptversammlungskompetenz unterfallende Verträge GroßkommAktG/*Mülbert* § 119 Rn. 205; *Tröger* ZIP 2001, 2029 (2031) mwN.

[92] → Rn. 82.
[93] → Rn. 25.
[94] Spindler/Stilz/*Hoffmann* AktG § 83 Rn. 20; aA *Findeisen* ZIP 2009, 1647 (1652), je mwN.
[95] → § 24 Rn. 19 ff.
[96] Zu der zuletzt vermehrt diskutierten Frage, ob solche Beschlüsse der Hauptversammlung im Rahmen des § 266 StGB als strafbefreiendes Einverständnis anzusehen sind, vgl. zB *Brand* AG 2007, 681 (683); *Hanft* Jura 2007, 58 (60), sowie *Ransiek* NJW 2006, 814 (815).
[97] Spindler/Stilz/*Fleischer* AktG § 83 Rn. 12; *Haertlein* ZHR 168 (2004) 437 (464 f.).
[98] Spindler/Stilz/*Fleischer* § 83 Rn. 12; KölnKommAktG/*Mertens/Cahn* § 83 Rn. 10 anders (wenn auch im Ergebnis identisch) LG München I BB 2007, 2030 (2032), das unabhängig von der Begründetheit einer erhobenen Anfechtungsklage von einer unbedingten Ausführungspflicht des Vorstandes für Maßnahmen ausgeht, die von der Hauptversammlung im Rahmen ihrer Zuständigkeit beschlossen worden sind. Mangels Entscheidungserheblichkeit ist diese Frage in der nächsten Instanz nicht mehr geprüft worden, vgl. OLG München NZG 2008, 230–235.
[99] Spindler/Stilz/*Fleischer* § 83 Rn. 11; MüKoAktG/*Spindler* § 83 Rn. 20.
[100] *Haertlein* ZHR 168 (2004), 437 (447 ff.) mwN; *Fleischer* BB 2005, 2025 (2026).

sieht – auch selbst eine Anfechtungs- oder Nichtigkeitsklage erheben. Kann ein rechtswidriger Beschluss nicht mehr angegriffen werden (vgl. §§ 242, 246 AktG), muss der Vorstand ihn ausführen. Er haftet nur dann, wenn er selbst bereits die Anfechtung pflichtwidrig unterlassen hat.[101]

2. Vorbereitungspflicht § 83 Abs. 1 AktG

Der Vorstand ist nach § 83 Abs. 1 S. 1 AktG **zur Vorbereitung** von Maßnahmen **verpflichtet**, die in die Zuständigkeit der Hauptversammlung fallen. Die Vorbereitungspflicht wird durch einen entsprechenden Weisungsbeschluss begründet, den die Hauptversammlung mit der nach § 83 Abs. 1 S. 3 erforderlichen Mehrheit fasst.[102] Der Weisungsbeschluss ist von dem Beschluss, mit dem die Hauptversammlung die Maßnahme selbst beschließt und den der Vorstand nach § 83 Abs. 2 AktG ausführen muss, zu unterscheiden.[103] Ein Weisungsbeschluss nach § 83 Abs. 1 S. 1 AktG kommt in solchen Fällen in Betracht, in denen die Maßnahme zwar nicht den Abschluss eines Vertrages voraussetzt (Fall des § 83 Abs. 1 S. 2 AktG – dazu sogleich), die Hauptversammlung die Maßnahme aber gleichwohl nicht ohne Mitwirkung des Vorstandes beschließen kann, weil die Beschlussfassung das Tätigwerden des Vorstandes voraussetzt. So kann die Hauptversammlung beispielsweise eine Abspaltung zur Neugründung nicht ordnungsgemäß beschließen, wenn der Vorstand nicht zunächst eine Spaltungsprüfung veranlasst und einen Spaltungsbericht erstattet hat. Entsprechendes gilt für einen Formwechsel. Nach § 83 Abs. 1 S. 2 AktG ist der Vorstand verpflichtet, Verträge, die nur mit Zustimmung der Hauptversammlung wirksam werden, vorzubereiten und abzuschließen.[104] Der Wirksamkeitsvorbehalt muss sich bereits aus dem Gesetz und nicht etwa nur aus dem Vertrag selbst ergeben. **Außerhalb der gesetzlichen Zuständigkeiten** der Hauptversammlung besteht eine entsprechende Vorbereitungspflicht **nicht**. Die Hauptversammlung kann den Vorstand also nicht anweisen, eine Geschäftsführungsmaßnahme vorzubereiten und der Hauptversammlung vorzulegen.[105] Dies muss – entgegen der wohl herrschenden Ansicht[106] – auch für solche Geschäftsführungsmaßnahmen gelten, die nach den „Holzmüller/Gelatine"-Grundsätzen zustimmungspflichtig wären.[107] Für Verträge ergibt sich dies bereits aus dem Wortlaut des § 83 Abs. 1 S. 2 AktG, da im Bereich ungeschriebener Hauptversammlungskompetenzen die Wirksamkeit nicht von der Zustimmung der Hauptversammlung abhängt.[108] Für andere Maßnahmen muss Gleiches gelten. Im Rahmen des § 119 Abs. 2 AktG liegt die Kompetenz, eine Frage der Hauptversammlung vorzulegen, allein beim Vorstand. Für ein Verlangen der Hauptversammlung nach § 83 Abs. 1 AktG, eine solche Vorlage an die Hauptversammlung vorzubereiten, ist daher kein Raum. Denn sonst würde die Kompetenz des Vorstandes, die Frage der Hauptversammlung vorzulegen, de facto ausgehöhlt. Diese Kompetenz des Vorstandes endet erst mit der Stellung seines entsprechenden Beschlussantrages in der Hauptversammlung.[109, 110] Erst nach dem Übergang der Zuständigkeit greift auch in diesem Bereich § 83 Abs. 1 S. 1 AktG. Auch bei den ungeschriebenen Kompetenzen der Hauptversammlung nach den „Holzmüller/Gelatine"-Grundsätzen geht es nicht um originäre Kompetenzen der Hauptversammlung, zu deren Wahrnehmung sie der Vorbereitung durch den Vorstand bedarf. Vielmehr sind wiederum Geschäftsführungsmaßnahmen Gegenstand der Beschlussfassung, die aber wegen ihrer Bedeutung und nicht aufgrund eines Verlangens des Vorstandes die

---

[101] MüKoAktG/*Spindler* § 83 Rn. 21; GroßKommAktG/*Habersack/Foerster* § 83 Rn. 13; Spindler/Stilz/ *Fleischer* AktG § 83 Rn. 15.
[102] Hüffer/Koch/*Koch* § 83 Rn. 2 und 4 mwN.
[103] GroßkommAktG/*Mülbert* § 119 Rn. 208.
[104] MüKoAktG/*Spindler* § 83 Rn. 10; KölnKommAktG/*Mertens/Cahn* § 83 Rn. 4.
[105] MüKoAktG/*Spindler* § 83 Rn. 6 f.; Hüffer/Koch/*Koch* AktG § 83 Rn. 2.
[106] GroßKommAktG/*Habersack/Foerster* § 83 Rn. 6; KölnKommAktG/*Mertens/Cahn* § 83 Rn. 4; Schmidt/ Lutter/*Seibt* § 83 Rn. 4; MüKoAktG/*Spindler* § 83 Rn. 6.
[107] Zu diesen Grundsätzen → Rn. 56 ff.
[108] BGHZ 146, 288 (294 f.) = NJW 2001, 1277 (1279) – Altana/Milupa. → Rn. 76.
[109] So auch MüKoAktG/*Spindler* § 83 Rn. 2; Hüffer/Koch/*Koch* § 83 Rn. 76.
[110] Vgl. → Rn. 28.

Zustimmung der Hauptversammlung erfordern.¹¹¹ Hätte die Hauptversammlung die Möglichkeit, den Vorstand nach § 83 Abs. 1 AktG zur Vorbereitung von „Holzmüller"- Maßnahmen zu verpflichten, käme es zu einer Verlagerung des Initiativrechts hinsichtlich solcher besonders bedeutenden unternehmerischen Entscheidungen.¹¹²

V. Gesetzlich geregelte Zustimmungsvorbehalte

1. Einleitung

34 Fallen Strukturentscheidungen in die Zuständigkeit der Hauptversammlung, so liegt der Grund für diese Kompetenzzuweisung darin, dass in das Mitgliedschaftsrecht der Aktionäre eingegriffen wird. Dabei kann es sich um unmittelbare Veränderungen der Rechte des Aktionärs als auch um Eingriffe in die Unternehmens- und Vermögensstruktur handeln. Die Regelungstechniken zur Absicherung der Hauptversammlungskompetenzen tragen diesen Unterschieden Rechnung. Eine Hauptversammlungszuständigkeit führt darüber hinaus aber auch zu einem geordneten Verfahren und – über die Beschlussanfechtungsrechte der (Minderheits-)Aktionäre – auch zu einer nachträglichen Rechtmäßigkeitskontrolle, die den Verantwortlichen regelmäßig auch präventiv zu größerer Sorgfalt anhält. Wenn es wie beim Zwangsausschluss nach § 327a AktG zur Ermittlung des Willens der – ggf. qualifizierten – Aktionärsmehrheit an sich keines Hauptversammlungsbeschlusses mehr bedürfte, steht dieser Verfahrensaspekt als Grund für die Hauptversammlungszuständigkeit sogar im Vordergrund.¹¹³ Einige Hauptversammlungszuständigkeiten gründen zudem auf europäischem Recht.¹¹⁴ Die verschiedenen **strukturbezogenen Hauptversammlungskompetenzen** sind größtenteils an anderer Stelle ausführlich behandelt.¹¹⁵ Soweit dies der Fall ist, werden sie im Folgenden im Sinne einer Beschränkung auf das Wesentliche nur exemplarisch nach verschiedenen Regelungsmustern dargestellt.

2. Squeeze out

35 Die in § 327a AktG enthaltene Regelung, die Aktien eines Minderheitsaktionärs gegen Barabfindung gegen seinen Willen auf den Hauptaktionär zu übertragen („Squeeze out"), ermöglicht den denkbar schwersten Eingriff in das Mitgliedschaftsrecht des Minderheitsaktionärs. Die Frage nach der Reichweite der Geschäftsführungskompetenz des Vorstandes stellt sich in diesem Zusammenhang nicht unmittelbar. Die Übertragung nach § 327a AktG betrifft ausschließlich die Zusammensetzung des Aktionärskreises, nicht aber die Unternehmensstruktur. Dementsprechend wird das Verfahren nach der Konzeption des Gesetzes auch nicht vom Vorstand, sondern vom Hauptaktionär angestoßen.¹¹⁶ Der Vorstand ist davon nur insoweit betroffen, als nach dem Ausscheiden des Minderheitsaktionärs zustimmungspflichtige Strukturmaßnahmen in Abstimmung mit dem Alleingesellschafter ohne Rücksicht auf ein Anfechtungsrisiko geplant und durchgeführt werden können. Das Beschlusserfordernis hat – da die Mehrheit ohnehin erreicht wird – vornehmlich den Zweck, ein geordnetes Verfahren für den Ausschluss bereitzustellen.¹¹⁷ Dementsprechend sieht das in den §§ 39a–c WpÜG geregelte übernahmerechtliche „Squeeze out"-Verfahren¹¹⁸ keinen

---

¹¹¹ Vgl. → Rn. 56 ff.
¹¹² Gegen ein Initiativrecht der Hauptversammlung zB auch GroßKomm/*Werner* § 122 Rn. 28, *Stukenberg*, Ungeschriebene „Holzmüller"-Zuständigkeiten der Hauptversammlung im Lichte der „Macrotron"- und „Gelatine"-Entscheidungen des BGH, 2007, S. 232. AA zB GroßKommAktG/*Habersack/Foerster* § 83 Rn. 6; KölnKommAktG/*Mertens/Cahn* § 83 Rn. 2; *Arnold* ZIP 2005, 1573 (1578).
¹¹³ Vgl. unter → Rn. 35.
¹¹⁴ Siehe dazu GroßKommAktG/*Mülbert* § 119 Rn. 10 ff.; *Grundmann/Möslein* in Bayer/Habersack, Aktienrecht im Wandel II, S. 55 ff.
¹¹⁵ Siehe die Übersicht → Rn. 13.
¹¹⁶ Dazu im Einzelnen → § 44.
¹¹⁷ Hüffer/Koch/*Koch* AktG § 327a Rn. 12 DAV-Handelsrechtsausschuss NZG 1999, 850 (851 f.); Schmidt/Lutter/*Schnorbus* § 327a Rn. 21, Fn. 55.
¹¹⁸ Dazu im Einzelnen → § 44; vgl. auch Geibel/Süßmann/*Angerer* WpÜG § 1 Rn. 7 ff. und Rn. 91 ff. mwN.

Beschluss der Hauptversammlung vor. Die Verfahrenskontrolle wird hier durch die Entscheidungszuständigkeit des Landgerichts Frankfurt am Main gewährleistet.

3. Satzungsänderungen und Kapitalmaßnahmen

Satzungsänderungen und Kapitalmaßnahmen[119] stehen nach §§ 179 ff. AktG in der Kompetenz der Hauptversammlung. Sie sind vielfach mit Konsequenzen für die künftige Wahrnehmung der Leitungskompetenz durch den Vorstand verbunden. Dementsprechend geht nach der Konzeption des Gesetzes die Initiative für derartige Hauptversammlungsbeschlüsse regelmäßig vom Vorstand aus, der die entsprechenden Maßnahmen auf die Tagesordnung der Hauptversammlung setzt. Er ist aber auf die Hauptversammlung zwingend angewiesen. Ohne einen entsprechenden Beschluss trägt der Registerrichter Satzungsänderungen oder Kapitalmaßnahmen nicht ein, so dass sie nicht wirksam werden können. Die **Kompetenz der Hauptversammlung** ist dadurch **abgesichert**.[120] Diese grundsätzliche Kompetenzzuweisung wird durch das **Finanzmarktstabilisierungsgesetz** (FMStG) durchbrochen. Danach kann der Vorstand mit Zustimmung des Aufsichtsrates eine Kapitalerhöhung ohne entsprechenden Beschluss der Hauptversammlung durchführen. Allerdings wird diese Regelung überwiegend als Verstoß gegen Art. 25 der zweiten gesellschaftsrechtlichen Richtlinie (77/91/EWG)[121] gesehen und daher für europarechtswidrig gehalten.[122]

36

Gerade bei Kapitalerhöhungen wird der **Vorstand** in vielfältiger Weise bereits vor der Hauptversammlung **vorbereitend** auch rechtsgeschäftlich **tätig** (Verhandlung von Sacheinlagevereinbarungen, Konsortialverträge). Auch in dieser Phase ist der Zustimmungsvorbehalt der Hauptversammlung rechtlich abgesichert. So kann der Vorstand die Gesellschaft nicht in der Weise verpflichten, dass sie zur Durchführung der Kapitalerhöhung oder zu einem Bezugsrechtsausschluss verpflichtet wäre. Vereinbarte Bezugsrechte sind zum Beispiel nach § 187 Abs. 2 AktG vor der Eintragung der Durchführung der Kapitalerhöhung gegenüber der Gesellschaft wirkungslos.[123] Etwas anders gestaltet ist die Absicherung der Hauptversammlungszuständigkeit für die Kapitalerhöhung bei der Sacheinlagenvereinbarung. Diese steht unter der aufschiebenden Bedingung, dass die Kapitalerhöhung gegen Sacheinlage beschlossen wird.[124] Zwar kann der Vorstand den Gegenstand einer möglichen Sacheinlage isoliert auch unbedingt erwerben. Er kann den Beschluss einer Sachkapitalerhöhung aber nicht präjudizieren oder mittelbar erzwingen.

37

4. Umwandlungsrecht

Maßnahmen nach dem UmwG werden zunächst vom Vorstand vorbereitet. Die Hauptversammlungen beteiligter Aktiengesellschaften müssen der Maßnahme jedoch – mit einer Ausnahme – zustimmen. Ohne den Zustimmungsbeschluss wird die Maßnahme nicht eingetragen und damit nicht wirksam (vgl. § 20 Abs. 1 UmwG). Einer vergleichbaren Absicherung bedarf es, wenn der Maßnahme, wie bei der Verschmelzung zur Aufnahme oder der Spaltung zur Aufnahme, ein Vertrag mit einem anderen Rechtsträger zugrunde liegt. Für diesen Fall bestimmt § 13 Abs. 1 UmwG, dass der Verschmelzungs- oder Spaltungsvertrag vor der Zustimmung nicht wirksam wird. Der Vorstand kann also die Gesellschaft ohne Mitwirkung der Hauptversammlung nicht gegenüber einem anderen beteiligten Rechtsträger zur Durchführung der Maßnahme verpflichten. Auch hier wird die Kompetenz der

38

---

[119] → Rn. 13.
[120] Die Holzmüller-Doktrin auch bei der Ausnutzung des genehmigten Kapitals anzuwenden, wie es *Westermann* in: FS Koppensteiner, S. 259 (268) erwägt, würde hingegen zu einer unnötigen Verdoppelung der Hauptversammlungszuständigkeit führen. Kritisch, insbesondere im Hinblick auf die entstehende Rechtsunsicherheit auch *Cahn* ZHR 163 (1999), 554 (582).
[121] ABl. 1976 L 26, S. 1.
[122] Eingehend zur Frage der Europarechtskonformität *Wieneke/Fett* NZG 2009, 8 (11 ff.); *Mock* EuR 2009, 693 ff.
[123] Hüffer/Koch/*Koch* AktG § 187 Rn. 5 f.
[124] Hüffer/Koch/*Koch* AktG § 183 Rn. 6 mwN.

Hauptversammlung also über die **schwebende Unwirksamkeit**[125] der Durchführungsmaßnahmen des Vorstandes **abgesichert**.

39 Hält eine AG alle Anteile am übertragenden Rechtsträger, so muss zur Durchführung einer Verschmelzung gemäß § 68 Abs. 1 Nr. 1 UmwG keine Kapitalerhöhung stattfinden, da keine Anteile gewährt werden. Eine Veränderung der Beteiligungsverhältnisse in der übernehmenden AG erfolgt dann nicht. Nach § 62 Abs. 1 UmwG bedarf es in diesem Fall keines Verschmelzungsbeschlusses der Hauptversammlung der übernehmenden Gesellschaft. Die Regelung greift zur **Vereinfachung des Verfahrens** sogar noch weiter aus und verzichtet bereits dann auf das zwingende Erfordernis eines Verschmelzungsbeschlusses, wenn sich mindestens 90 % der Anteile des übertragenden Rechtsträgers in der Hand der übernehmenden AG befinden. Daran ist kritisiert worden, dass in anderen Fällen (zum Beispiel Abschluss eines Unternehmensvertrages, Eingliederung) eine Zustimmung der Hauptversammlung deshalb notwendig ist, weil das wirtschaftliche Risiko eines anderen Rechtsträgers übernommen wird.[126] Der Verzicht auf die Zustimmung nach § 62 Abs. 1 UmwG sei daher nicht systemgerecht. Diese Bedenken greifen nicht durch, denn der Vorstand kann die Verschmelzung nicht gegen den Willen der Aktionäre durchführen. Gemäß § 62 Abs. 2 UmwG kann bereits eine Aktionärsminderheit von 5 % die Einberufung einer Hauptversammlung verlangen und so das Erfordernis eines Verschmelzungsbeschlusses begründen. Auch der übertragenden Gesellschaft ist es seit Einführung des § 62 Abs. 4 UmwG durch Umsetzung einer EG-Richtlinie im Juli 2011 möglich, die Verschmelzung unabhängig von einer Beschlussfassung der Hauptversammlung herbeizuführen.[127] Dies gilt zunächst, wie schon nach § 62 Abs. 1, sofern sich das gesamte Stamm- oder Grundkapital der übertragenden Gesellschaft in der Hand einer übernehmenden AG befindet (Satz 1). Nach Satz 2 bedarf es außerdem keines Beschlusses, wenn ein – durch § 65 Abs. 5 UmwG zeitgleich eingeführter – umwandlungsrechtlicher Squeeze out beschlossen und ins Handelsregister eingetragen wurde. Da der Verschmelzungsbeschluss als zeitlicher Bezugspunkt für die Frist des § 64 Abs. 3 UmwG dann entfällt, sind die erforderlichen Unterlagen den Aktionären für die Dauer eines Monats nach Abschluss des Verschmelzungsvertrages zur Verfügung zu stellen.[128]

5. Eingliederung

40 Nach § 319 Abs. 2 AktG wird die Eingliederung einer hundertprozentigen Tochtergesellschaft nur wirksam, wenn die Hauptversammlung der zukünftigen Hauptgesellschaft zustimmt. Auf die Mitgliedschaft in der Hauptgesellschaft hat die Eingliederung keine unmittelbaren Auswirkungen, da keine Anteile gewährt werden müssen und daher eine Verwässerung nicht eintritt. Die Beschränkung der Geschäftsführungskompetenz des Vorstandes durch das Beschlusserfordernis findet seine Rechtfertigung darin, dass das **wirtschaftliche Risiko eines anderen Rechtsträgers** übernommen wird.[129] Bei der Mehrheitseingliederung ist ein Hauptversammlungsbeschluss der Hauptgesellschaft zudem wegen der Veränderung der Anteilsverhältnisse in der Hauptgesellschaft auf Grund der Verpflichtung nach § 320b Abs. 1 S. 2 AktG erforderlich.

6. Unternehmensverträge

41 Nach § 293 Abs. 1 AktG wird ein Unternehmensvertrag nach §§ 291f. AktG[130] nur mit Zustimmung der Hauptversammlung der Untergesellschaft wirksam, denn der Vertrag verändert die Struktur der Gesellschaft gegenüber der ursprünglich satzungsmäßig vorgesehenen und greift damit unmittelbar in das Mitgliedschaftsrecht der Aktionäre ein. Abgesichert wird der Zustimmungsvorbehalt der Hauptversammlung der Untergesellschaft dadurch,

---

[125] Zum Eintritt der Bindungswirkung mit Vorliegen des Zustimmungsbeschlusses Widmann/Mayer/*Heckschen* UmwG § 13 Rn. 236 f.; Semler/Stengel/*Gehling* UmwG § 13 Rn. 61 ff. mwN.
[126] Vgl. Lutter/*Grunewald* UmwG § 62 Rn. 1; Widmann/Mayer/*Rieger* UmwG § 62 Rn. 6.
[127] *Breschendorf/Wallner* GWR 2011, 511 (512).
[128] Semler/Stengel/*Diekmann* UmwG § 62 Rn. 32a; *Breschendorf/Wallner* GWR 2011, 511 (512).
[129] *Emmerich/Habersack* KonzernR § 319 Rn. 13.
[130] → § 53.

dass die Vertretungsmacht des Vorstandes nach § 78 Abs. 1 AktG im Außenverhältnis eingeschränkt wird.[131] Wird ein Unternehmensvertrag ohne eine entsprechende Einwilligung (§ 183 BGB)[132] zu einem mit dem Vertrag übereinstimmenden[133] Entwurf abgeschlossen, so handelt der Vorstand als Vertreter ohne Vertretungsmacht. Dem Haftungsrisiko nach § 179 BGB ist er allerdings nach Abs. 3 Satz 1 nicht ausgesetzt.[134] Zur wirksamen Vertretung ist in diesem Fall die Genehmigung (§ 184 BGB) durch die Hauptversammlung erforderlich. Der **Vertrag** selbst wird nach § 294 Abs. 2 AktG **erst mit Eintragung wirksam**.[135]

Schließt eine AG als Obergesellschaft einen Unternehmensvertrag, so bedarf es zur wirksamen Vertretung durch den Vorstand nach § 293 Abs. 2 AktG auch der Zustimmung der Hauptversammlung dieser Gesellschaft. Solange sie fehlt, wird der Vertrag im Handelsregister nicht eingetragen[136] und daher nach § 294 Abs. 2 AktG nicht wirksam. Als Begründung für die Hauptversammlungskompetenz kann zunächst auf die Veränderung des Einflusses der Altgesellschafter der Obergesellschaft durch die Beteiligung der Anteilseigner der Untergesellschaft nach § 305 AktG verwiesen werden.[137] Vorwiegend wird zur Begründung aber auf die Verlustausgleichspflicht nach §§ 302 f. AktG abgestellt: Mit dem Unternehmensvertrag werden die wirtschaftlichen Risiken eines anderen Rechtsträgers übernommen.[138] Allerdings ist allein das hohe Risiko als Begründung nicht ausreichend, da der Vorstand andere Rechtsgeschäfte mit einem hohen Verlustrisiko ohne Zustimmung der Hauptversammlung vornehmen kann. Dieses Risiko haben die Aktionäre jedoch durch ihr Investment in Kauf genommen[139] und der Vorstand wird diesbezüglich von dem durch die Hauptversammlung bestellten Aufsichtsrat unmittelbar kontrolliert. Im Falle eines Unternehmensvertrages muss die AG aber auch solche Verluste tragen, die das Management eines anderen Rechtsträgers verursacht, das im Ausgangspunkt nicht in gleicher Weise kontrolliert wird. Damit findet eine **Veränderung der Organisationsstruktur** statt,[140] die den Zustimmungsvorbehalt rechtfertigt.[141]

7. § 179a AktG

Nach § 179a AktG bedarf ein Vertrag, durch den sich die AG zur Übertragung ihres ganzen Vermögens verpflichtet, der Zustimmung der Hauptversammlung.[142] Der **Anwendungsbereich** der Vorschrift ist damit relativ **eng begrenzt**. Zwar ist § 179a AktG auch dann anwendbar, wenn nur ein unwesentlicher Teil des Vermögens bei der übertragenden AG zurückbleibt. Maßgeblich ist insoweit, ob die AG mit dem zurückbehaltenen Vermögen ihr in der Satzung festgelegtes Unternehmensziel noch weiterverfolgen kann.[143] Der Erweiterung des Anwendungsbereiches sind aber enge Grenzen gezogen, da die Vorschrift nach ganz hM **restriktiv auszulegen** ist.[144] Die strenge Orientierung am gesetzlichen Tatbestand

---

[131] *Emmerich/Habersack* KonzernR § 293 Rn. 24; MüKoAktG/*Altmeppen* § 293 Rn. 5.
[132] MüKoAktG/*Altmeppen* § 293 Rn. 34; *Emmerich/Habersack* KonzernR § 293 Rn. 25; nunmehr auch für die vorherige Einwilligung ebenfalls zustimmend KölnKommAktG/*Koppensteiner* § 293 Rn. 6.
[133] Dazu BGHZ 82, 188 (194 f.) = NJW 1982, 933 (935) – Hoesch.
[134] *Emmerich/Habersack* KonzernR § 293 Rn. 15.
[135] MüKoAktG/*Altmeppen* § 293 Rn. 64.
[136] Hüffer/Koch/*Koch* AktG § 294 Rn. 11 f.
[137] Vgl. MüKoAktG/*Altmeppen* § 293 Rn. § 96.
[138] BGHZ 105, 324 (335 f.) = NJW 1989, 295 (297 f.) – Supermarkt; BGH ZIP 1992, 395 (397); Reg. Begr. *Kropff* S. 381; *Emmerich/Habersack* KonzernR § 293 Rn. 2.
[139] BGHZ 105, 324 (336) = NJW 1989, 295 (297) – Supermarkt.
[140] BGHZ 105, 324 (336) = NJW 1989, 295 (297 f.) – Supermarkt.
[141] Zur Frage der Hauptversammlungszuständigkeit nach den „Holzmüller"-Grundsätzen bei mehrstufigen Unternehmensverbindungen → Rn. 56.
[142] Gegen die Anwendung der Vorschrift im Rahmen der insolvenzrechtlichen Eigenverwaltung *Noack* ZIP 2002, 1873 (1878).
[143] BGHZ 83, 122 (128) = NJW 1982, 1703 (1704) – Holzmüller; Hüffer/Koch/*Koch* § 179a Rn. 5; *Wollburg/Gehling* in FS Lieberknecht, S. 133 (146) mwN. – AA *Mertens* in: FS Zöllner, S. 385 (391 f.), der zunächst ein rein quantitatives Kriterium heranziehen will und nur in Zweifelsfällen nach dem hier genannten Kriterium entscheiden will.
[144] BGHZ 83, 122 (129) = NJW 1982, 1703 (1705) – Holzmüller (zu § 361 aF); Hüffer/Koch/*Koch* AktG § 179a Rn. 23; MüKoAktG/*Stein* § 179a Rn. 20. Strikt gegen eine Erweiterung *Bredthauer* NZG 2008, 816 f.

ist nicht zuletzt wegen der **Wirkung im Außenverhältnis** geboten.[145] Denn die Hauptversammlungszuständigkeit wird nach § 179a Abs. 1 AktG dergestalt abgesichert, dass die Vertretungsmacht des Vorstandes begrenzt ist. Bis zur Zustimmung der Hauptversammlung, die als Einwilligung (§ 183 BGB) oder als Genehmigung (§ 184 BGB) erfolgen kann, ist der Vertrag **schwebend unwirksam**.[146]

44 Ein Vertrag, der in den Anwendungsbereich des § 179a AktG fällt, muss nach § 179a Abs. 2 S. 1 AktG **schriftlich** abgeschlossen werden. Der notariellen Beurkundung bedarf er nur, soweit sich dies aus anderen als aktienrechtlichen Vorschriften ergibt. Die §§ 361 Abs. 1 S. 4, 341 Abs. 1 AktG aF, die eine Beurkundungspflicht vorsahen, sind aufgehoben. Nach der hM zu § 179a AktG ist der Vertrag jedoch nach § 311b Abs. 3 BGB notariell zu beurkunden.[147] Im Hinblick auf die Dogmatik des § 311b Abs. 3 BGB könnte man zwar erwägen, die Beurkundungspflicht auf solche Fälle zu beschränken, in denen die zu übertragenden Vermögensgegenstände nicht bestimmt sind, sondern pauschal „das Vermögen" oder Ähnliches übertragen wird und daher der Gegenstand der Vereinbarung den Parteien uU nicht genau bekannt ist.[148] Solange die Frage nicht höchstrichterlich geklärt ist, sollte es im Rahmen der vorsorgenden Beratung aber schon aus Gründen der Rechtssicherheit bei einer Beurkundung bleiben. Da der Vertrag zu seiner Wirksamkeit der **Eintragung nicht bedarf** und er auch nicht eingetragen werden kann, käme es nicht zur Heilung des Beurkundungsmangels, wie sie zum Beispiel in § 20 Abs. 1 Nr. 4 UmwG vorgesehen ist. Auch eine Heilung durch Erfüllung wie beim Grundstücksgeschäft nach § 311b Abs. 1 S. 2 BGB fände nicht statt.[149] Die Unsicherheit der Formunwirksamkeit bliebe daher dauerhaft erhalten. Sofern das übertragene Vermögen auch Grundstücke enthält, bedarf der Vertrag gemäß § 311b Abs. 1 BGB ohnehin der notariellen Beurkundung. In diesem Fall ist dann regelmäßig der gesamte Vorgang beurkundungspflichtig, auch wenn der Grundstückskaufvertrag in einem gesonderten Vertrag enthalten ist, da der Grundstückskaufvertrag mit den anderen Verträgen zusammen steht und fällt (Geschäftseinheit).[150] Gleiches gilt gemäß § 15 Abs. 4 GmbHG, sofern zu dem zu übertragenden Vermögen Geschäftsanteile an einer GmbH gehören.

45 Der Vertrag ist von der Einberufung der Hauptversammlung an in dem Geschäftsraum der AG zur **Einsicht der Aktionäre zugänglich zu machen** und auf Verlangen jedem Aktionär in Abschrift zu **übersenden**, § 179a Abs. 2 S. 1 und 2 AktG. Dies gilt jedoch dann nicht, wenn der Vertrag im gleichen Zeitraum über die Internetseite der Gesellschaft abrufbar ist, § 179a Abs. 2 S. 3. In der Hauptversammlung ist der Vertrag zugänglich zu machen, und der Vorstand hat ihn zu Beginn der Verhandlung zu diesem Tagesordnungspunkt zu erläutern, § 179a Abs. 2 S. 4 und 5 AktG. Soll die Hauptversammlung ihre Einwilligung zu einem schriftlichen Entwurf erteilen, gilt das Vorstehende für den Entwurf entsprechend.[151]

46 Gegenstand des Beschlusses muss das gesamte Vertragswerk sein. Dazu gehören **alle** in Hinblick auf die Vermögensübertragung getroffenen **rechtsverbindlichen Abreden,** die miteinander **stehen und fallen** und daher iSd § 139 BGB zusammenhängen. Eine Übertragung des ganzen Vermögens iSd § 179a AktG liegt daher auch dann vor, wenn mehrere Verträge, die zusammen das ganze Vermögen der Gesellschaft ausmachen, mit verschiedenen Ver-

---

[145] BGHZ 83, 122 (129) = NJW 1982, 1703 (1705) – Holzmüller (zu § 361 aF); Hüffer/Koch/*Koch* AktG § 179a Rn. 23.
[146] Hüffer/Koch/*Koch* AktG § 179a Rn. 7 und 13; *Bredthauer* NZG 2008, 816 ff., will § 179a AktG daher nur anwenden, wenn der Vertragspartner weiß, dass es sich um (nahezu) das gesamte Vermögen handelt.
[147] Hüffer/Koch/*Koch* AktG § 179a Rn. 16; MüKoAktG/*Stein* § 179a Rn. 31. Aus dem Schrifttum zu § 311b Abs. 3 BGB ebenso *Heckschen* NZG 2006, 772 ff.; Palandt/*Grüneberg* BGB § 311b Rn. 66; Bamberger/Roth/*Gerlein* BGB § 311b Rn. 44.
[148] Für eine Beschränkung des § 311b Abs. 3 BGB in diesem Sinnen zB Staudinger/*Schumacher* § 311b Abs. 3 BGB Rn. 11; *Kiem* NJW 2006, 2363 ff.; *Müller* NZG 2007, 201 ff.
[149] Hüffer/Koch/*Koch* AktG § 179a Rn. 16.
[150] BGH v. 12.2.2009 – VII ZR 230/07, BeckRS 2009, 11 336; BGH WM 2001, 45 (46); NJW 2000, 951 f.; BGHZ 101, 393 (396) = NJW 1988, 132 f.
[151] Hüffer/Koch/*Koch* AktG § 179a Rn. 7 und 19; MüKoAktG/*Stein* § 179a Rn. 59.

tragspartnern geschlossen werden, sofern die Verträge nach der Vorstellung der beteiligten Parteien nicht unabhängig voneinander geschlossen werden würden.[152]

Die Hauptversammlung muss über den Vertrag in seiner endgültigen Fassung abstim- 47 men. Eine wirksame Zustimmung liegt daher nicht vor, soweit nach dem Vertrag oder dem Entwurf die Regelung von Einzelheiten der Verwaltung überlassen ist.[153] Wird über einen Entwurf abgestimmt, muss der später geschlossene Vertrag mit diesem in allen Punkten übereinstimmen.[154]

Der Hauptversammlungsbeschluss bedarf gemäß § 179a Abs. 1 S. 1, § 179 Abs. 2 S. 1 48 AktG der **Mehrheit von drei Vierteln** des bei der Beschlussfassung vertretenen Grundkapitals und überdies der einfachen Stimmenmehrheit gemäß § 133 Abs. 1 AktG. Die Satzung kann nach § 179a Abs. 1 S. 2 AktG keine geringere Kapitalmehrheit bestimmen. Einer sachlichen Rechtfertigung bedarf der Beschluss nicht.[155]

Soweit die erforderliche Zustimmung fehlt, ist die AG nicht wirksam verpflichtet. Verwei- 49 gert die Hauptversammlung die Zustimmung, ist der bereits geschlossene Vertrag endgültig unwirksam. Sofern die Zustimmung lediglich hinsichtlich eines Teiles fehlt, weil nach der Zustimmung zum Entwurf der Vertrag in abgeänderter Form abgeschlossen wurde, richtet sich das Schicksal des Vertrages nach § 139 BGB, sodass regelmäßig der gesamte Vertrag schwebend unwirksam ist.[156] Dem Vorstand ist es in dieser Situation unbenommen, der Hauptversammlung den Vertrag in seiner ergänzten Form erneut vorzulegen und um Zustimmung zu ersuchen. Stimmt die Hauptversammlung dem Entwurf oder dem Vertrag nur unter Änderungen gegenüber der Vorlage zu, so ist die Zustimmung zu dem vorgelegten Vertragswerk jedoch endgültig verweigert.[157]

Sofern das Vermögen, wie es häufiger der Fall ist, unmittelbar oder mittelbar vom Mehr- 50 heitsaktionär übernommen wird, besteht die Gefahr, dass die Gegenleistung zu niedrig bemessen ist. Ein Minderheitsaktionär kann dies im Wege der **Anfechtungsklage** geltend machen, die darauf gestützt ist, dass der Mehrheitsaktionär sich Sondervorteile zu verschaffen versucht.[158] Im Falle des Obsiegens ist der genannte Vertrag unwirksam. Die analoge Anwendung der Vorschriften über das **Spruchstellenverfahren** nach §§ 15, 29, 34, 305 ff. UmwG kommt **nicht in Betracht**.[159]

8. Abwehrmaßnahmen gegen Übernahmeangebote

Wurde eine Entscheidung zur Abgabe eines Übernahmeangebotes veröffentlicht, darf der 51 Vorstand der Zielgesellschaft nach § 33 Abs. 1 WpÜG keine Abwehrmaßnahme ergreifen, denen der **Aufsichtsrat** nicht zugestimmt hat.[160] Zulässig sind dagegen Abwehrmaßnahmen auf Grund einer Ermächtigung durch die **Hauptversammlung** nach § 33 Abs. 2 WpÜG. Nach dem insoweit noch im letzten Stadium des Gesetzgebungsverfahrens veränderten Entwurfstext war die Zulässigkeit von Abwehrmaßnahmen durch den Vorstand dagegen stets von der Zustimmung der Hauptversammlung abhängig.[161] Darin zeigt sich, dass die gesetzliche Abgrenzung der Kompetenzen von Vorstand und Hauptversammlung sich nicht deduktiv aus der Dogmatik des AktG ergibt, sondern anhand einer Interessenabwägung in Hinblick auf den jeweiligen Regelungsbereich vorgenommen wird.[162]

---

[152] MüKoAktG/*Stein* § 179a Rn. 30 mwN; dazu auch BGHZ 82, 188 (197 f.) = NJW 1982, 933 (936) – Hoesch.
[153] Hüffer/Koch/*Koch* AktG § 179a Rn. 10, § 293 Rn. 5.
[154] BGHZ 82, 188 (194) = NJW 1982, 933 (935) – Hoesch.
[155] BayObLG ZIP 1998, 2002 (2005); Hüffer/Koch/*Koch* AktG § 179a Rn. 10, § 293 Rn. 6 f.
[156] Vgl. Hüffer/Koch/*Koch* AktG § 293 Rn. 12.
[157] Vgl. Hüffer/Koch/*Koch* AktG § 293 Rn. 13.
[158] BayObLG ZIP 1998, 2002 (2005); BVerfG NZG 2000, 1117 (1119).
[159] BayObLG ZIP 1998, 2002 (2004 f.); BVerfG NZG 2000, 1117 (1119); MüKoAktG/*Stein* § 179a Rn. 80 mwN.
[160] → unten § 52.
[161] FrankfKommWpÜG/*Röh* § 33 Rn. 9.
[162] Zu den verschiedenen Interessen im Rahmen des § 33 WpÜG KölnKommWpÜG/*Hirte* § 33 Rn. 22 f.; FrankfKommWpÜG/*Röh* WpÜG § 33 Rn. 1.

52 Im Unterschied zu den vorhergehend behandelten Einschränkungen der Geschäftsführungskompetenz des Vorstandes enthält § 33 WpÜG keine Einschränkung der Vertretungsmacht. Kompetenzverletzende Maßnahmen sind gleichwohl nach § 82 Abs. 1 AktG im Außenverhältnis grundsätzlich wirksam. Die Durchführung der gesetzlichen Kompetenzverteilung wird nur durch die drohenden Schadenersatzansprüche sichergestellt.[163]

9. Tatsächliche Veränderung des Unternehmensgegenstandes

53 Die Leitungskompetenz wird im Innenverhältnis durch den nach § 23 Abs. 3 Nr. 2 AktG in der Satzung festgelegten Unternehmensgegenstand begrenzt.[164] **Tätigkeiten, die ihrer Art nach aus dem Unternehmensgegenstand herausfallen,** auch unter dem Stichwort „faktische Satzungsänderung" diskutiert, stellen eine **Pflichtverletzung** dar, die zur Ersatzpflicht nach § 93 Abs. 2 AktG führen kann.[165] Will der Vorstand den Unternehmensgegenstand derart überschreiten, muss er daher zunächst eine entsprechende Satzungsänderung nach § 179 AktG herbeiführen. Der Unternehmensgegenstand begrenzt jedoch nicht die Vertretungsmacht des Vorstandes nach § 82 Abs. 1 AktG.[166] Eine Ausnahme wird für kollusives Handeln gemacht.[167]

54 Eine Satzungsänderung ist auch dann erforderlich, wenn der **Unternehmensgegenstand „unterschritten"** wird.[168] Denn der Unternehmensgegenstand begrenzt die Geschäftsführungsbefugnis nicht nur. Die entsprechende Satzungsbestimmung kann auch die Pflicht des Vorstandes begründen, in den vom Gegenstand erfassten Bereichen bzw. Sektoren entsprechend unternehmerisch tätig zu bleiben oder zu werden. Durch die objektive Auslegung der Satzungsbestimmung ist zu ermitteln, ob lediglich eine Begrenzung gewollt ist oder ob der Vorstand auch auf eine entsprechende Tätigkeit festgelegt werden soll.[169] Im Zweifel ist jedoch nur von einer Begrenzung nach oben auszugehen, da mit der Ausfüllungspflicht eine nicht unerhebliche Einengung des unternehmerischen Gestaltungsspielraums des Vorstandes einhergeht.[170] Steht allerdings fest, dass eine satzungsgemäße Pflicht besteht, darf der Vorstand die betreffenden Tätigkeiten nur auf der Grundlage einer entsprechenden Änderung des Unternehmensgegenstandes in der Satzung dauerhaft aufgeben.[171] Ob diese noch vor der geplanten Maßnahme zu erfolgen hat[172] oder ob eine nachträgliche Satzungsänderung[173] ausreicht, ist noch nicht höchstrichterlich geklärt.

55 Offen ist zudem die Frage, ob es für die Ausfüllung des Unternehmensgegenstands ausreicht, dass die betreffenden Tätigkeiten in einer Tochtergesellschaft ausgeführt werden. Teilweise wird vertreten, dass die Muttergesellschaft grundsätzlich den Unternehmensgegenstand unmittelbar auszuüben hat. Dies gelte nur dann nicht, wenn schon die Satzung die

---

[163] → unter § 52.
[164] Dazu im Einzelnen KölnKommAktG/*Zöllner* § 179 Rn. 119; → § 8.
[165] Der Begriff ist insofern missverständlich, als ein solcher (pflichtwidriger) Satzungsverstoß gerade nicht zu einer Satzungsänderung führt. Neben einer Ersatzpflicht kann auch ein Anspruch der Aktionäre auf Rückgängigmachung der unter Verstoß gegen die Satzung getroffenen Maßnahme bestehen vgl. Hüffer/Koch/*Koch* AktG § 179 Rn. 9; MüKoAktG/*Stein* § 179 Rn. 103 f.
[166] Dies ist in Art. 9 Abs. 1 der Ersten gesellschaftsrechtlichen Richtlinie 68/151/EWG auch europarechtlich festgeschrieben. Die vor dem Erlass der Richtlinie in vielen EG-Staaten gültige Beschränkung der Vertretungsmacht auf den Unternehmensgegenstand (ultra-vires-Lehre) ist damit in wesentlichen Teilen der europarechtlichen Harmonisierung des Gesellschaftsrechts gewichen, vgl. *Habersack,* Europäisches Gesellschaftsrecht, 2006, Rn. 26.
[167] Hüffer/Koch/*Koch* AktG § 82 Rn. 6 f. mwN.
[168] Hüffer/Koch/*Koch* AktG § 179 Rn. 9a; *Kiefner,* Konzernumbildung und Börsengang der Tochtergesellschaft, 113 f.; *Lutter/Leinekugel* ZIP 1998, 225 (227 ff.) mwN; OLG Stuttgart DB 2001, 854 (856) für die GmbH; zum Ganzen auch *Streuer,* Der statutarische Unternehmensgegenstand, 2001, S. 89 f.
[169] Hüffer/Koch/*Koch* AktG § 179 Rn. 9a; *Lutter/Leinekugel* ZIP 1998, 225 (227); *Ziegler,* Börsengang von Tochtergesellschaften, 2005, S. 98 ff., OLG Stuttgart DB 2001, 854 (856) für die GmbH; eingehend zur Gegenstandsauslegung *Streuer,* Der statutarische Unternehmensgegenstand, 2001, 73 ff.
[170] Ebenso *Feldhaus* BB 2009, 562 (565).
[171] *Lutter/Leinekugel* ZIP 1998, 225 (228 f.).
[172] OLG Köln 15.1.2009 – 18 U 205/07, BeckRS 2009, 04001; *Kiesewetter/Spengler* Konzern 2009, 451 (459).
[173] OLG Stuttgart AG 2005, 693 (696).

Delegierung auf Tochtergesellschaften zulässt,[174] sogenannte Konzernklausel. Die Tochtergesellschaft stellt sich bei einer einheitlichen Betrachtung des Konzerns indes lediglich als ein weiteres Instrument der Ausübung des Unternehmensgegenstandes dar. Demgemäß ist es im Zweifel als ausreichend anzusehen, dass die betreffenden Tätigkeiten in einer Tochtergesellschaft ausgeführt werden, sofern die Muttergesellschaft ihre unternehmerische Tätigkeit fortführt, also nicht nur zu einer Holding wird.[175] In der Praxis empfiehlt es sich, die vorstehend dargestellten Fragen in der Satzung eindeutig zu regeln.[176]

VI. Gesetzlich nicht geregelte Zustimmungsvorbehalte

1. Einleitung

Die Zuweisung der Zuständigkeiten an die Hauptversammlung nach dem Enumerationsprinzip führt zwangsläufig dazu, dass der Vorstand bestimmte Maßnahmen nach dem Wortlaut des Gesetzes auch ohne Hauptversammlungsbeschluss durchführen kann, obwohl sie mit den gesetzlich geregelten Eingriffen in Mitgliedschafts- und Vermögensinteressen an Intensität vergleichbar sind. In seiner „Holzmüller"-Entscheidung hat der BGH grundsätzlich anerkannt, dass die Geschäftsführungskompetenz des Vorstandes auch außerhalb der gesetzlich geregelten Hauptversammlungszuständigkeiten unter dem Vorbehalt der Achtung des Mitgliedschaftsrechts der Aktionäre in allen seinen Ausprägungen steht.[177] Nach der **historischen Urteilsbegründung** gibt es „grundlegende Entscheidungen, die durch die Außenvertretungsmacht des Vorstandes, seine gemäß § 82 Abs. 2 AktG begrenzte Geschäftsführungsbefugnis wie auch durch den Wortlaut der Satzung formal noch gedeckt sind, gleichwohl aber so tief in die Mitgliedsrechte der Aktionäre und deren im Anteilseigentum verkörpertes Vermögensinteresse eingreifen, dass der Vorstand vernünftigerweise nicht annehmen kann, er dürfe sie in ausschließlich eigener Verantwortung treffen, ohne die Hauptversammlung zu beteiligen".[178] Zur Übertragbarkeit der Grundsätze der Entscheidung über den entschiedenen Fall hinaus, hatte sich der BGH (wohl bewusst)[179] nicht geäußert. Dementsprechend fand im Anschluss an diese Entscheidung eine **ausufernde Diskussion** um die Begründung und die Reichweite ungeschriebener Hauptversammlungszuständigkeiten statt. Das Meinungsspektrum reichte von Äußerungen, die ungeschriebene Hauptversammlungszuständigkeiten ganz ablehnen,[180] bis hin zu solchen Ansichten, die eine abstrakt-generelle tatbestandliche Eingrenzung solcher Kompetenzen ganz ablehnen und auf die Bedeutung der konkreten Maßnahme für das konkrete Unternehmen der Gesellschaft abstellen wollen.[181]

Resultat dieser Diskussion war eine bisweilen **erhebliche Rechtsunsicherheit** in Bezug auf die Zustimmungsbedürftigkeit von wichtigen Geschäftsführungsmaßnahmen.[182] Diese hat dazu geführt, dass Vorstände ihre Hauptversammlungen vermehrt an wichtigen Entscheidungen beteiligten.[183] Tendenziell war aber auch nicht ausgeschlossen, dass Maßnahmen im Hinblick auf den zeitlichen Vorlauf und die Kosten einer außerordentlichen Hauptversammlung unterlassen wurden, obwohl sie betriebswirtschaftlich sinnvoll gewesen wären und ein

---

[174] So *Emmerich/Habersack* KonzernR Vor § 311 Rn. 31; KölnerKommAktG/*Koppensteiner* Vorb. § 291 Rn. 36 ff.; MüKoAktG/*Stein* § 179 Rn. 113.
[175] Wie hier OLG Köln v. 15.1.2009 – 18 U 205/07, BeckRS 2009, 04001; Hüffer/Koch/*Koch* § 179 Rn. 9 a; *Reichert* ZHR Beiheft 68 S. 25 (40 f.); Semler/Stengel/*Schlitt*, Anh. § 173 Rn. 24 mwN; *Wagner*, Ungeschriebene Kompetenzen der Hauptversammlung, 2007, S. 65.
[176] Zu möglichen Formulierungen *Feldhaus* BB 2009, 562 (566).
[177] Zur geschichtlichen Entwicklung vor „Holzmüller" *Fleischer* in Bayer/Habersack, Aktienrecht im Wandel II, S. 432 ff.
[178] BGHZ 83, 122 (131) = NJW 1982, 1703 (1705) – Holzmüller.
[179] Vgl. LM § 118 AktG Nr. 1 Bl. 765 aE (Fleck).
[180] ZB *Beusch* in: FS Werner, S. 1 ff.
[181] ZB *Priester* ZHR 163 (1999), 187 (195).
[182] Vgl. LG München ZIP 2001, 1148 (1151); aus der Literatur zB *Mertens* ZGR 1998, 386 (393 ff.); *Schmidt*, in: FS Ulmer, S. 557 (575); *Fleischer* NZG 2015, 769 (775).
[183] Vgl. nur die Beispiele bei *Wollburg/Gehling* in: FS Lieberknecht, S. 133 (134 f.).

Mitentscheidungsrecht der Hauptversammlung nur nicht mit der von der Verwaltung gewünschten Sicherheit ausgeschlossen werden konnte.

58 Mehr als 22 Jahre nach der „Holzmüller"-Entscheidung hat der BGH seine Rechtsprechung in zwei Urteilen präzisiert, die nach dem Haupttätigkeitsfeld der betroffenen Gesellschaft als **„Gelatine"-Entscheidungen** bezeichnet werden.[184] Eine im Gesetz nicht ausdrücklich vorgesehene Mitwirkung der Hauptversammlung bei Geschäftsführungsmaßnahmen des Vorstandes kann danach „nur in engen Grenzen, nämlich dann in Betracht kommen, wenn sie an der Kernkompetenz der Hauptversammlung, über die Verfassung der Gesellschaft zu bestimmen, rühren und in ihren Auswirkungen einem Zustand nahezu entsprechen, der allein durch eine Satzungsänderung herbeigeführt werden kann. Die Überschreitung der im Schrifttum in diesem Zusammenhang genannten Schwellenwerte (...) kann danach nicht ausreichen; die beschriebenen Voraussetzungen, die zur Durchbrechung der vom Gesetz vorgesehenen Kompetenz- und Arbeitsteilung führen, werden vielmehr regelmäßig erst dann erfüllt sein, wenn der Bereich, auf den sich die Maßnahme erstreckt, in seiner Bedeutung für die Gesellschaft die Ausmaße der Ausgliederung in dem vom Senat entschiedenen „Holzmüller"-Fall erreicht."[185] Der BGH beseitigt damit die Rechtsunsicherheit nicht vollständig. Er begrenzt sie aber deutlich: Die zur Begründung einer ungeschriebenen Hauptversammlungskompetenz zu überschreitende Erheblichkeitsschwelle[186] wird zwar nicht exakt bestimmt, sie ist aber jedenfalls sehr hoch anzusetzen. In den meisten der vor den „Gelatine"-Urteilen nur schwer zu entscheidenden Fällen kann der Vorstand daher in Zukunft mit ausreichender Sicherheit von seiner alleinigen Zuständigkeit ausgehen. Dort allerdings, wo die Bedeutung der Maßnahme sich der Erheblichkeitsschwelle nähert, aber nicht eindeutig darüber liegt, verbleibt die Rechtsunsicherheit. Der Berater sollte in diesen Fällen dann gegebenenfalls aufzeigen, wie groß das Risiko einer Fehleinschätzung im Einzelfall sein kann, damit **Rechtsrat** auf der einen und die **unternehmerisch zu treffende Entscheidung** über die Inkaufnahme eventueller Restrisiken auf der anderen Seite **sauber voneinander geschieden werden** können. Die Entscheidung über das weitere Vorgehen muss der Mandant in Abwägung der tatsächlichen und rechtlichen Möglichkeiten und Risiken selbst treffen.

> **Praxistipp:**
> Zu berücksichtigen sind in tatsächlicher Hinsicht zum Beispiel die verbleibende Zeit, die Mehrheitsverhältnisse in der Hauptversammlung, die Klagebereitschaft von Minderheitsaktionären und die Wahrscheinlichkeit von Vermögenseinbußen auf Grund der Maßnahme sowie in rechtlicher Hinsicht die Rechtsfolgen der fehlenden Zustimmung sowie die Rechtsfolgen einer Anfechtung des Zustimmungsbeschlusses, jeweils für den Fall der Zustimmungsbedürftigkeit und für den Fall, dass die Maßnahme nicht zustimmungsbedürftig ist.

2. Tatbestandliche Erfassung

59 **a) Das „Holzmüller"-Urteil.** Das „Holzmüller"-Urteil des BGH[187] betraf den Fall, dass **80 % der Aktiva**[188] einer AG von dieser auf eine Tochtergesellschaft übertragen wurden, wobei der Kernbereich der Unternehmenstätigkeit betroffen war und die Unternehmensstruktur der Obergesellschaft infolge der eintretenden Mediatisierung des Aktionärseinflusses von Grund auf geändert wurde.[189] Eine solche Strukturänderung schwächt „selbst dann, wenn sämtliche Anteile in den Händen der Obergesellschaft verbleiben, die Rechtsstellung der Aktionäre. Diese verlieren dadurch namentlich die Möglichkeit, im Rahmen der gemäß

---

[184] BGH NJW 2004, 1860 = BGHZ 159, 30; BGH NZG 2004, 575 – Gelatine.
[185] BGH NJW 2004, 1860 (1864) = BGHZ 159, 30; BGH NZG 2004, 575 (579) – Gelatine.
[186] → Rn. 66 ff.
[187] BGHZ 83, 122 = NJW 1982, 1703 – Holzmüller.
[188] Angabe aus dem Urteil der Berufungsentscheidung OLG Hamburg ZIP 1980, 1000 (1005).
[189] BGHZ 83, 122 (131 f.) = NJW 1982, 1703 (1705) – Holzmüller.

§ 119 AktG der Hauptversammlung vorbehaltenen Befugnisse den Einsatz des abgespaltenen Betriebskapitals, das Risiko seines Verlustes und die Verwendung seiner Erträge unmittelbar zu beeinflussen. Denn alle Gesellschafterrechte im Tochterunternehmen übt bei hundertprozentiger Beteiligung der Vorstand der Obergesellschaft aus ..."[190] Der entscheidende Aspekt ist damit die **Verlagerung von Entscheidungskompetenzen** von der **Hauptversammlung** der Obergesellschaft **auf** deren **Vorstand**.[191] Aus der Formulierung ("selbst dann, wenn") lässt sich auch schließen, dass die Hauptversammlung erst recht zu beteiligen ist, wenn nicht alle Anteile in den Händen der Obergesellschaft verbleiben.

b) Übertragbarkeit auf andere Fälle. *aa) Rechtsgrundlage.* Der BGH ging in der „Holzmüller"-Entscheidung noch davon aus, dass der Vorstand der Hauptversammlung die Ausgliederung nach § 119 Abs. 2 AktG hätte vorlegen müssen.[192] In den betroffenen Fällen verdichtet sich nach diesem Konzept die Möglichkeit eines Entscheidungsverlangens zur Vorlagepflicht. Die herrschende Meinung in der Literatur wollte die ungeschriebenen Zuständigkeiten der Hauptversammlung hingegen im Wege der Analogie aus den gesetzlichen Zuständigkeiten ableiten.[193] In den „Gelatine"-Entscheidungen ist der BGH dagegen zu der Überzeugung gelangt, dass die ungeschriebenen Hauptversammlungszuständigkeiten das Ergebnis „einer offenen Rechtsfortbildung" sind.[194] Letztlich ist Grundlage der Hauptversammlungskompetenz bei „Strukturentscheidungen" das Mitverwaltungsrecht jedes Aktionärs, das als Mitgliedsrecht auf Entscheidungsteilhabe unmittelbar aus der Mitgliedschaft folgt.[195] 60

bb) Qualitative Erfassung. In den „**Gelatine**"-**Entscheidungen** hatte der BGH über die Einbringung von Beteiligungen an Tochtergesellschaften in eine andere Tochtergesellschaft zu entscheiden (sog **Verenkelung**). In der Begründung stellt das Gericht fest, dass die Grundsätze der „Holzmüller"-Entscheidung über die bisher entschiedenen Konstellationen hinaus auch auf andere Fallgruppen übertragbar sind.[196] So weist der BGH darauf hin, dass eine (weitere) Machtverschiebung zulasten der Aktionäre auch bei der Umstrukturierung des Beteiligungsbesitzes auftreten kann. Dabei macht er deutlich, dass er damit über den **Anwendungsbereich der „Holzmüller"-Rechtsprechung nicht abschließend entschieden** hat.[197] Damit spiegelt die Rechtsprechung des BGH den Stand der Diskussion wieder, in der sich bisher kein geschlossener Katalog von Maßnahmen herausgebildet hat, die ihrer Art nach einem ungeschriebenen Zustimmungsvorbehalt unterliegen können.[198] 61

Diskutiert werden Zustimmungsvorbehalte zum Beispiel auch für die **Bargründung von Tochtergesellschaften**,[199] die **Teilfusion**,[200] sog. **Busines Combination Agreements**,[201] **Konzernumbildungen**,[202] bei grundlegenden, für Aktionäre der Muttergesellschaft bedeutsamen 62

---

[190] BGHZ 83, 122 (136) = NJW 1982, 1703 (1706) – Holzmüller.
[191] *Emmerich/Habersack* KonzernR Vorb. § 311 Rn. 34. Siehe auch BGH Nichtannahmebeschluss NZG 2007, 234.
[192] BGHZ 83, 122 (131) = NJW 1982, 1703 (1705) – Holzmüller. Aus der Literatur zustimmend zB Hüffer/*Koch*, in: FS Ulmer, S. 279 (284 ff.).
[193] Siehe nur *Lutter/Leinekugel* ZIP 1998, 805 (806); *Lutter*, in: FS Fleck, 1988, 169 (182 ff.); *Rehbinder* ZGR 1983, 92 (98); *Geßler*, in: FS Stimpel, 1985 S. 771 (786 f.), je mwN.
[194] BGH NJW 2004, 1860 = BGHZ 159, 30; BGH NZG 2004, 575 – Gelatine. Methodologische Kritik bei *Koppensteiner* Konzern 2004, 381 (383 ff.).
[195] Vgl. für die GmbH *Binge*, Gesellschafterklagen gegen Maßnahmen der Geschäftsführer in der GmbH, 1994, S. 59 ff.
[196] BGH NJW 2004, 1860 (1863) = BGHZ 159, 30; BGH NZG 2004, 575 (577 f.) – Gelatine.
[197] Ebd. *Goj*, Ungeschriebenes Hauptversammlungserfordernis, S. 341, will hingegen im Mediatisierungseffekt das einzige qualitative Kriterium nach der Rechtsprechung des BGH sehen; ähnlich auch *Zientek*, Ungeschriebene Hauptversammlungskompetenzen, S. 337.
[198] Übersichten über diskutierte Fallgruppen auch bei *Lutter/Leinekugel* ZIP 1998, 805, GroßkommAktG/*Mülbert* § 119 Rn. 63; *Weishaupt* NZG 1999, 804 ff.; Schmidt/Lutter/*Spindler* § 119 Rn. 30 ff.; MüKoAktG/*Kubis* § 119 Rn. 65 ff.; eine detaillierte Aufstellung findet sich auch bei Beck AG-HB/*Reichert* § 5 Rn. 31 ff.
[199] *Wahlers*, Konzernbildungskontrolle S. 94 f.
[200] ZB MüKoAktG/*Altmeppen* § 292 Rn. 23 ff.; *Groß* AG 1994, 267 ff.
[201] Eingehend dazu *Strohn*, ZHR 182 (2018), 114 ff.
[202] BGH NJW 2004, 1860 (1863) = BGHZ 159, 30; BGH NZG 2004, 575 (578) – Gelatine.

Entscheidungen in einer Tochtergesellschaft,[203] wie zum Beispiel die Aufnahme Dritter in Tochtergesellschaften,[204] einschließlich deren Börsengang,[205] der Abschluss von Gewinnabführungsverträgen der Tochter mit Dritten,[206] der Abschluss von Betriebspacht- und Überlassungsverträgen einer Tochter,[207] der **Erwerb**[208] und die **Veräußerung**[209] **wesentlicher Beteiligungen** oder **Unternehmensbereiche, wesentliche Kapitalstrukturänderungen**, zum Beispiel durch Aufnahme von Fremdkapital,[210] oder auch die **Übertragung** von einzelnen **besonders bedeutsamen Vermögenspositionen.**[211] Diesen Maßnahmen ist gemeinsam, dass sie zu einer zustimmungspflichtigen Strukturveränderung für die Aktionäre der AG nur dann führen, wenn sie ein gewisses wirtschaftliches Gewicht haben. Bei solchen Maßnahmen hat der Gedanke einer **Erheblichkeitsschwelle**[212] seine Berechtigung.[213]

63 Andere Maßnahmen, für die ein Zustimmungsvorbehalt diskutiert wird, können hingegen nicht in ihrem wirtschaftlichen Umfang variieren. Bei ihnen ist die Frage nach Erheblichkeitsschwellen sinnlos.[214] Solche Maßnahmen sind zum Beispiel die **fakultative Insolvenzantragsstellung bei drohender Zahlungsunfähigkeit,**[215] **Listing** und **Delisting,**[216] **Aktienoptionspläne,**[217] die Zustimmung zur **Übertragung vinkulierter Namensaktien,**[218] Bildung von **Aktionärsausschüssen**[219] und die Vergabe von **Ehrenämtern.**[220]

64 Die Diskussion um Fallgruppen oder abstrakte Merkmale von Maßnahmen, die ihrer Art nach einem Zustimmungsvorbehalt unterliegen können, stellt an den Berater hohe Anforderungen. Der Stand der Diskussion erlaubt es nicht, den Kreis der möglicherweise zustimmungspflichtigen Maßnahmen von vornherein eindeutig abzugrenzen. Beim derzeitigen Stand der Rechtsentwicklung wird man immer wieder auf die Vorgaben des BGH zurückgeworfen, die nur bedingt Einschränkung hinsichtlich der Art der Maßnahme zulassen.

---

[203] BGH BGHZ 83, 122 (139 f.) = NJW 1982, 1703 (1707) – Holzmüller.
[204] ZB *Lutter*, in: FS Stimpel, S. 825 (849); *Kort* AG 2002, 369 (373 ff.); *Nottmeier*, Börseneinführung von Tochtergesellschaften, 2007, S. 108 ff.
[205] ZB *Becker/Fett* WM 2001, 549 ff.; *Busch/Groß* AG 2000, 503 ff.; *Fleischer* ZHR 165 (2001), 513; *Fuchs* in Henze/Hoffmann-Becking (Hrsg.), Gesellschaftsrecht 2001, RWS-Forum 20, 259 ff.; *Habersack* WM 2001, 545 ff.; *Lutter* AG 2000, 342 ff.; *Trapp/Schick* AG 2001, 381 ff.; MüKoAktG/*Kubis* § 119 Rn. 85; Schmidt/Lutter/*Spindler* § 119 Rn. 37 f. mwN. Diskutiert wird – im Ergebnis überwiegend ablehnend – insbesondere die Frage eines Bezugsrechtes der Aktionäre der Obergesellschaft. Dazu eingehend *Kiefner* S. 200 ff.; *Nottmeier* S. 134 ff., S. 137 ff.
[206] BGHZ 83, 122 (140) = NJW 1982, 1703 (1707) – Holzmüller (Unternehmensverträge); *Lutter* in: FS Stimpel, S. 825 (849); *Emmerich/Habersack* KonzernR Vorb. § 311 Rn. 49; MHdB GesR IV/*Krieger* § 70 Rn. 46; DNotI-Report 2009, 81 (83).
[207] *Mecke*, Konzernstruktur und Aktionärsentscheid, S. 276; einschränkend KölnKommAktG/*Koppensteiner* Vorb. § 291 Rn. 105 iVm 103. Für die AG selbst ist die Maßnahme bereits nach § 292 Abs. 1 S. 3 AktG zustimmungspflichtig.
[208] Dazu unten in → Rn. 69.
[209] In → Rn. 69.
[210] *Vollmer* AG 1991, 94 (100 f.); Lutter/Scheffler/Schneider/*Baums*/*Vogel*, Handbuch der Konzernfinanzierung, S. 247, 263; MHdB GesR IV/*Krieger* § 70 Rn. 46.
[211] *Zimmermann/Pentz*, in: FS Welf Müller, S. 151 (168 f.). Zum Sonderfall der Sachausschüttung von Beteiligungen vgl. *Schnorbus* ZIP 2003, 509 (513).
[212] *Leinekugel* Ausstrahlungswirkung S. 69.
[213] → Rn. 66 ff.
[214] Missverständlich daher *Schwark/Geiser* ZHR 161 (1997), 739 (762).
[215] Dafür *Wertenbruch* DB 2013, 1592 (1594); wohl auch OLG München NZG 2013, 742 ff. Dagegen ua UhlenbruckInsO/*Mock* § 18 Rn. 72.
[216] Dazu → Rn. 71a, Siehe auch unten §§ 47 und 50.
[217] So noch GroßkommAktG/*Mülbert*, 4. Auflage 2005, § 119 Rn. 30; gegen einen Zustimmungsvorbehalt aber OLG Stuttgart ZIP 2001, 1367 (1371); Hüffer/Koch/*Koch* AktG § 119 Rn. 22.
[218] Für einen Zustimmungsvorbehalt bei der Überschreitung von rechtlich relevanten Schwellenwerten zB *Karsten Schmidt* in FS Beusch, S. 759 (768 ff.); MüKoAktG/*Bayer* § 68 Rn. 64. Dagegen Hüffer/Koch/*Koch* AktG § 68 Rn. 15, der eine Beteiligung von anderen Organen als dem Vorstand nur bei entsprechenden Satzungsregelungen für möglich hält.
[219] Geßler/Hefermehl/Eckardt/Kropff/*Eckardt* Vorb. § 118 Rn. 24.
[220] *Lutter* ZIP 1984, 645 (649); *Siebel* in FS Peltzer, S. 519 (527 ff.); gegen ein Zustimmungserfordernis *Becker/Horn* JuS 2005, 1067 (1070).

In Anlehnung an *Priester*[221] kann man sich die „Holzmüller"- und „Gelatine"-Rechtsprechung daher auch als eine ungeschriebene Ergänzung nach § 119 Abs. 1 Nr. 8 AktG denken:

„9. sonstige die Struktur der Gesellschaft betreffenden Entscheidungen, die wesentlich in die Mitgliedschaftsrechte der Aktionäre eingreifen und in ihren Auswirkungen einem Zustand, der allein durch eine Satzungsänderung herbeigeführt werden kann, nahezu entsprechen, soweit sie nicht anderweitig gesetzlich geregelt sind."

cc) Quantitatives Element. Die Ausgliederung von Unternehmensteilen auf eine Tochtergesellschaft, wurde vom BGH in der „Holzmüller"-Entscheidung einem Zustimmungsvorbehalt unterworfen, weil sie sich im „Kernbereich der Unternehmenstätigkeit" abspielte, den „wertvollsten Betriebszweig" betraf und die Unternehmensstruktur von Grund auf änderte.[222] Hier findet der Gedanke einer **Erheblichkeitsschwelle** seine Grundlage: Die wirtschaftliche Bedeutung einer Maßnahme muss einen gewissen Umfang erreichen, um als wesentlicher Eingriff in die Mitgliedsrechte der Aktionäre und deren im Anteilseigentum verkörpertes Vermögensinteresse gelten zu können.

Es sind in der Literatur verschiedentlich Vorschläge zur Quantifizierung der Erheblichkeitsschwelle gemacht worden. Es liegt aber auf der Hand, dass der Versuch, einen allgemein gültigen starren Schwellenwert für alle Arten von Maßnahmen zu bilden, nicht weiterführen wird. Feststehen dürfte aufgrund der „Gelatine"-Entscheidungen allerdings, dass mindestens bei einer der im konkreten Fall bedeutsamen Kenngrößen die Schwelle von 50 % in Bezug auf die Kenngröße deutlich überschritten sein muss.[223] Als **Richtwert** scheint sich die bereits in der „Holzmüller"-Entscheidung genannte Größe von 80 % der relevanten Kenngröße durchzusetzen.[224] Den Organmitgliedern der Gesellschaft ist auf Grundlage des Meinungsstandes wenigstens ab Überschreiten einer Schwelle von zwei Dritteln einer relevanten Kenngröße aus Sorgfaltsgesichtspunkten zu raten, sich eingehender mit der Frage der Pflicht einer Vorlage an die Hauptversammlung auseinanderzusetzen und dafür auch rechtliche Beratung in Anspruch zu nehmen.

Ungeklärt ist zudem, in Bezug auf welche Größe die Strukturmaßnahme die Erheblichkeitsschwelle überschreiten muss. Grundsätzlich wird eine Relation zu der jeweiligen Kenngröße der **Gesellschaft** vorgenommen. Steht die Gesellschaft an der Spitze eines Konzerns, so sollte der Schwellenwert auf die Kenngröße des **Konzerns** Bezug nehmen.[225]

Offen ist bisher auch, mit Hilfe welcher Kenngröße die Erheblichkeit der Maßnahme ermittelt wird. Die „Holzmüller"- und „Gelatine"-Rechtsprechung des BGH führte ausdrücklich bestimmte Kenngrößen an, so Bilanzsumme, Eigenkapital, Umsatz und Ergebnis vor Steuern.[226] Diese Liste wurde durch die nachfolgende Literatur und Rechtsprechung[227] ausgeweitet. Aus der Gesamtschau des Meinungsspektrums lässt sich eine Auflistung mit aus Sicht der Autoren absteigender Relevanz vornehmen: so werden Bilanzsumme[228]

---

[221] *Priester* ZHR 163 (1999), 187 (195); ähnlich auch *ders.* AG 2011, 654 (656 f.).
[222] BGHZ 83, 122 (131 f.) = NJW 1982, 1703 (1705) – Holzmüller.
[223] BGH NJW 2004, 1860 (1864) = BGHZ 159, 30; BGH NZG 2004, 575 (579) – Gelatine.
[224] Vgl. OLG Köln AG 2009, 416 (418); OLG Stuttgart WM 2006, 1708 (1711); *Feldhaus* BB 2009, 562 (568); Schmidt/Lutter/*Spindler* § 119 Rn. 31; Hüffer/Koch/*Koch* § 119 Rn. 18b. Für eine Schwelle von 75% zB *Goj*, Ungeschriebenes Hauptversammlungserfordernis, S. 345, und *Zientek*, Ungeschriebene Hauptversammlungskompetenzen, S. 340.
[225] Vgl. MüKoAktG/*Kubis* § 119 Rn. 50.
[226] BGHZ 83, 122 = NJW 1982, 1703 (1705) – Holzmüller, mit alleiniger Bezugnahme auf die Bilanzsumme; BGH NJW 2004, 1860 (1865) = BGHZ 159, 30; BGH NZG 2004, 575 (578) – Gelatine, auf eine Feststellung tatsächlich anwendbarer Größen kam es jedoch nicht an.
[227] Das OLG Frankfurt a. M. NZG 2011, 62 (63 f.) beschreibt als unstreitige Bezugsgrößen die Bilanzsumme, den Ertragswert, die Mitarbeiterzahl und das Kreditvolumen.
[228] MüKoAktG/*Kubis* § 119 Rn. 50; Henssler/Strohn/*Liebscher* § 119 Rn. 15; Nikoleyczik/Gubitz NZG 2011, 91 (93); *Priester* AG 2011, 654 (661); OLG Frankfurt a. M. NZG 2011, 62 (63 f.); *Lorenz/Pospiech* DB 2010, 1925 (1930); OLG Schleswig Holstein NZG 2006, 951 (953); OLG Stuttgart AG 2005, 693 (695); OLG Frankfurt a. M. NZG 2005, 558 (560); Hüffer/*Koch*, in: FS Ulmer, S. 279 (295); LG Frankfurt a. M.

bzw. Aktiva,[229] Ertragswert,[230] Umsatzerlös,[231] Ergebnis vor Steuern[232], Anlagevermögen[233], Eigenkapital,[234] Zahl der Arbeitnehmer, gezeichnetes Kapital[235] und der Verkehrswert[236] herangezogen. Handelt es sich bei der Gesellschaft um eine Bank, so kann auch Bezug auf das Kreditvolumen genommen werden. Kaum geeignet dürfte die Bezugnahme auf die Grundkapitalziffer sein, da diese in keiner nachweisbaren Relation zu den betriebswirtschaftlich relevanten Kenngrößen der Gesellschaft steht. Auch beim Vergleich von Umsatzzahlen verschiedener Sparten eines Konzerns ist Vorsicht geboten, da die Relation von Umsatz und Ertrag sehr unterschiedlich sein kann. Stets von besonderer Bedeutung dürften die zukünftig zu erwartenden Erträge bzw. der aus diesen abgeleitete Unternehmenswert sein. Letztlich wird man aber die Relevanz und Aussagekraft der ausgewählten Kenngrößen jeweils im Hinblick auf die konkrete Situation der Gesellschaft begründen und eine einzelfallbezogene Gesamtbetrachtung vornehmen müssen.[237] Weiterhin unklar ist der **zeitliche Bezugspunkt** für den Wert der jeweiligen Kenngröße.[238] Vorzugswürdig erscheint die Heranziehung des für die Zukunft prognostizierten Wertes der Kenngröße. Fällt die Zukunftsprognose einer Sparte deutlich schlechter aus, als die Werte der Vergangenheit, so haben der Vorstand sowie die Aktionäre der Gesellschaft ein großes Interesse an der raschen strukturellen Veränderung ohne vorherige Einberufung der Hauptversammlung. Ebenso kann eine Sparte erst in der Zukunftsprognose rentabel sein, weshalb die Aktionäre ein hohes Interesse an der Entscheidungsfindung haben. Je nach Art der Strukturmaßnahme kann jedoch ein **Rückblick** oder eine **Prognose** interessengerecht sein.

68 Teilweise wird eine zweistufige Prüfungsfolge vertreten: Das Überschreiten der Erheblichkeitsschwelle sei lediglich Voraussetzung dafür, anhand qualitativer Kriterien zu prüfen, ob ein Eingriff in den Kernbereich der Unternehmenstätigkeit vorliegt.[239] Da die qualitativen Kriterien vage bleiben, bietet die Zweistufigkeit der Prüfung letztlich kein Mehr an Rechtssicherheit. Das qualitative und das quantitative Element müssen stets kumulativ vorliegen.[240] Sie sind aufeinander bezogen und können nicht isoliert betrachtet werden.

69 c) **Wichtige Fallgruppen.** *aa) Erwerb von Beteiligungen und Unternehmensteilen.* Für den Beteiligungserwerb hat der BGH die Rechtsunsicherheit sogar selbst so gesehen: „Da um-

---

NZG 1998, 113 (115). Als Bezugsgröße mit eingeschränkter Aussagekraft betrachtend: *Liebscher* ZGR 2005, 1 (16); *Götze* NZG 2004, 585 (589).
[229] MüKoAktG/*Kubis* § 119 Rn. 50; BGHZ 83, 122 = NJW 1982, 1703 – Holzmüller.
[230] OLG Frankfurt a.M NZG 2011, 62 (63 f.); *Lorenz/Pospiech* DB 2010, 1925 (1929); *Feldhaus* BB 2009, 562 (568); *Reichert* AG 2005, 150 (154); *Liebscher* ZGR 2005, 1 (16). Streitig in Erwerbsfällen, dazu → Rn. 69.
[231] Henssler/Strohn/*Liebscher* § 119 Rn. 15; *Priester* AG 2011, 654 (661); *Lorenz/Pospiech* DB 2010, 1925 (1929); OLG Stuttgart AG 2005, 693 (695); *Reichert* AG 2005, 150 (154); *Hüffer/Koch*, in: FS Ulmer, S. 279 (295); OLG Stuttgart NZG 2003, 778 (784); LG Frankfurt a. M. AG 2001, 431 (433); LG Frankfurt a. M. NZG 1998, 113 (115); OLG Köln NJW-RR 1993, 804 (806).
Während sich die Rechtsprechung in Anlehnung an „Holzmüller" oftmals auf die bilanzbezogenen Kenngrößenzahlen stützt, verweisen einige Stimmen in der Literatur auf die vorrangige Betrachtung des Ertragswertes und des Umsatzerlöses. Die mit der Bilanz verbundenen Parameter, wie das Anlagevermögen, die Aktiva, das Eigenkapital oder die Bilanzsumme, könnten aufgrund der Regelungen des Bilanzrechtes verzerrt sein, vgl. *Reichert* AG 2005, 150 (154).
[232] *Reichert* AG 2005, 150 (154); BGH NJW 2004, 1860 (1865) = BGHZ 159, 30; BGH NZG 2004, 575 (580) – Gelatine.
[233] *Feldhaus* BB 2009, 562 (568); OLG Stuttgart AG 2005, 693 (695); *Götze* NZG 2004, 585 (589).
[234] OLG Frankfurt a. M. NZG 2011, 62 (63 f.); OLG Stuttgart AG 2005, 693 (695); wohl auch BGH NJW 2004, 1860 (1865) = BGHZ 159, 30; BGH NZG 2004, 575 (580) – Gelatine.
[235] Dafür: *Geßler,* in: FS Stimpel, S. 787; Henssler/Strohn/*Liebscher* § 119 Rn. 15; LG Frankfurt a. M. 1993, 287 (288). Dagegen: *Götze* NZG 2004, 585 (589).
[236] Generell *Fuhrmann* AG 2004, 339 (341). Für wirtschaftliche Vermögenspositionen, die nicht in der Bilanz erfasst werden können (ua Marken- und sonstige Schutzrecht) MüKoAktG/*Kubis* § 119 Rn. 50.
[237] *Priester* AG 2011, 654 (661). Vor 2010: *Goette* AG 2006, 522 (526); *Reichert* AG 2005, 150 (154); *Götze* NZG 2004, 585 (589); *Bungert* BB 2004, 1345 (1347).
[238] Kritisch zur Verwendung gegenwarts- und vergangenheitsbezogener Kriterien *Fleischer* ZHR 165 (2001), 513 (527 f.).
[239] So zB *Grün* S. 54 ff.; *Stukenberg* S. 122 ff.; ähnlich offenbar auch *Ziegler* S. 147.
[240] Vgl. MüKoAktG/*Kubis* § 119 Rn. 48.

stritten und nicht geklärt ist, ob und unter welchen Voraussetzungen der Beteiligungserwerb zu einer ungeschriebenen, auf einer richterlichen Rechtsfortbildung beruhenden Hauptversammlungszuständigkeit führt, haben sich Vorstand und Aufsichtsrat nicht über eine zweifelsfreie Gesetzeslage hinweggesetzt, als sie für den Erwerb (...)keine Zustimmung der Hauptversammlung (...) eingeholt haben."[241] In solchen Fällen ist für die Frage einer Befassung der Hauptversammlung zunächst sauber zwischen einer ungeschriebenen Zuständigkeit und der Notwendigkeit einer Satzungsänderung wegen Über- oder Unterschreitung des Unternehmensgegenstandes zu unterscheiden.[242] Dass die neuen Aktivitäten ein anderes Risikoprofil haben, begründet für sich keine Hauptversammlungszuständigkeit. Denn der satzungsmäßige Unternehmensgegenstand steckt diesbezüglich den Rahmen ab, in welchem sich der Vorstand zu bewegen hat.[243] Wird dieser Rahmen (bewusst) weit gezogen, so besteht aus Aktionärssicht kein Schutzdefizit. Die Frage der wirtschaftlichen Auswirkungen und des Risikopotenzials ist daher richtigerweise bei der individuellen Verantwortung der handelnden Person gemäß § 93 AktG im Rahmen der Business Judgment Rule zu stellen.[244] Grundsätzlich muss beim Beteiligungserwerb neben der Überschreitung einer relevanten Erheblichkeitsschwelle ein weiteres qualitatives Element hinzukommen, das eine Beeinträchtigung der Aktionärsrechte begründet: Zwar tritt auch bei einem Beteiligungserwerb gegen Geldleistung ein Mediatisierungseffekt ein; denn die finanziellen Mittel und hieraus resultierenden Erträge werden dem unmittelbaren Zugriff der Aktionäre entzogen.[245] Im Vergleich mit anderen Investitionsmaßnahmen, die nicht der Zustimmung der Hauptversammlung unterliegen, ergibt sich im Regelfall aber kein Unterschied.[246] Es handelt sich um eine Maßnahme der Mittelverwendung.[247] Eine allgemeine Mittelverwendungskontrolle widerspräche jedoch der Systematik des Aktienrechts und führte zu einer Aushöhlung der dort angelegten Vorstandsautonomie. Beim unmittelbaren Erwerb von Unternehmen (*Asset Deal*) gilt gleiches. Hier fehlt es bereits an der Mediatisierung des Aktionärseinflusses, da die Vermögenswerte in die unmittelbare Verfügungsgewalt der Aktionäre gelangen. Wendet man den quantitativen Schwellenwert von jedenfalls mehr als zwei Dritteln, zB der Aktiva, auf diese Konstellation an, ist ein Zustimmungsvorbehalt ohnehin nur gegeben, wenn ein nahezu gleich großes Unternehmen erworben wird.[248] Daher empfehlen Befürworter einer weiten Hauptversammlungszuständigkeit, hier auch auf Werte wie die Eigenkapitalquote, den Verschuldungsgrad oder die zu erwartende Veränderung des Ratings abzustellen.[249] Umstritten ist zudem, ob in Erwerbsfällen in Bezug auf die quantitative Komponente überhaupt (auch) auf den Ertragswert abgestellt werden kann. Denn dies würde dazu führen, dass gerade solche Maßnahmen nicht der Entscheidung durch die Hauptversammlung unterlägen, die eine niedrige Umsatzrendite aufweisen.[250]

bb) Veräußerung von Unternehmensteilen und Beteiligungen. Zur Veräußerung von Unternehmensteilen und Beteiligungen hat sich der BGH[251] in der „Altana/Milupa"-Entscheidung geäußert. Dort ging es um die Zustimmung der Hauptversammlung zu der Veräußerung des gesamten Vermögens einer hundertprozentigen Tochtergesellschaft, die mit

---

[241] BGH NJW-RR 2012, 558 (558). In den Vorinstanzen war zunächst für und sodann gegen eine Hauptversammlungszuständigkeit entschieden worden; siehe LG Frankfurt a. M. AG 2010, 416 ff. einerseits und OLG Frankfurt a. M. NZG 2011, 62 ff. andererseits.
[242] *Priester* AG 2011, 654 (657).
[243] *Kiefner* ZIP 2011, 545 (550).
[244] Vgl. MüKoAktG/*Kubis* § 119 Rn. 48; *Kiefner* ZIP 2011, 545 (549); anders noch LG Frankfurt a. M. AG 2010, 416 (417 f.).
[245] *Priester* AG 2011, 654 (658).
[246] *Kiefner* ZIP 2011, 545 (547 f.).
[247] OLG Frankfurt a. M. NZG 2011, 62 (63 f.). AA (Barerwerb qualitativ stets ausreichend) *Goj*, Ungeschriebenes Hauptversammlungserfordernis, S. 343 ff.; *Zientek*, Ungeschriebene Hauptversammlungskompetenzen, S. 337 f.
[248] Spindler/Stilz/*Hoffmann* § 119 Rn. 30c ff.
[249] Spindler/Stilz/*Hoffmann* § 119 Rn. 30c ff.
[250] *Nikoleyczik/Gubitz* NZG 2011, 91 (93); *Priester* AG 2011, 654 (661). Für die Anwendung: OLG Frankfurt a. M. NZG 2011, 62 ff.
[251] BGHZ 146, 288 = NJW 2001, 1277 – Altana/Milupa.

einem Anteil von 30 % am Gesamtumsatz und von 23 % an der Bilanzsumme einen wesentlichen Geschäftsbereich des Konzerns der Muttergesellschaft darstellte. Während das LG Frankfurt a. M.[252] in diesem Fall entschieden hatte, dass die Maßnahme der Zustimmung der Hauptversammlung bedürfe, hat der BGH die Frage der Vorlagepflicht in demselben Fall noch offen gelassen und darauf abgestellt, dass der Vorstand die Hauptversammlung von sich aus befasst hatte. Das LG Duisburg hat in einem Veräußerungsfall, der zu einer Verringerung der Beteiligungsquote auf unter 50 % führte, auf das Verhältnis zwischen dem Wert der veräußerten Beteiligung und dem Wert der veräußernden Gesellschaft abgestellt und letzteren aus der Börsenkapitalisierung gewonnen.[253] Im fraglichen Fall war der Wert der veräußerten Beteiligung sogar größer als die Börsenkapitalisierung der veräußernden Gesellschaft. Das Gericht, das im Ergebnis vom Bestehen einer Hauptversammlungskompetenz ausging, hat daneben auch die nach dem Mehrheitsverlust nicht mehr mögliche Einbindung in das konzernweite Cash-Management angeführt. Letzteres ein Umstand, der aufgrund der hohen Liquidität der Tochtergesellschaft große Bedeutung hatte. Das OLG Köln hat demgegenüber wegen der fehlenden Mediatisierung eine Anwendung der „Holzmüller"-Grundsätze in Veräußerungsfällen grundsätzlich abgelehnt.[254] Schließlich hatte sich das OLG Stuttgart mit der Veräußerung von Beteiligungen zu befassen und kam zu der Auffassung, die Wertung des § 179a AktG spreche insgesamt dagegen, dass Veräußerungsvorgänge unterhalb der durch § 179a AktG gezogenen Grenze zustimmungspflichtig sein können.[255] Der BGH hat die Beschwerde gegen die Nichtzulassung der Revision gegen dieses Urteil zurückgewiesen und dies damit begründet, dass in dem zugrundeliegenden Fall ein Mediatisierungseffekt wie in den Fällen der Gelatine-Entscheidung nicht vorgelegen habe und darüber hinaus die Grenze des § 179a AktG nicht erreicht sei.[256] Auch das Anteilseigentum des Aktionärs wird in Veräußerungskonstellationen regelmäßig nicht beeinträchtigt.[257] Teilweise wird daher vertreten, die Veräußerung von Beteiligungen oder Unternehmensteilen könne generell kein zustimmungspflichtiger Tatbestand sein, da es stets an dem qualitativen Erfordernis fehle.[258] Gleichwohl sollte auch in Veräußerungsfällen eine Prüfung und vor allen auch eine Dokumentation der Entscheidung erfolgen, wenn relevante Schwellenwerte erreicht werden. Denn es können sich aus den Besonderheiten des Einzelfalls (weitere) Aspekte ergeben, die – gerade bei einer späteren Rückschau – für eine Vorlagepflicht sprechen.[259]

71   cc) *Ausgliederung.* Die Zustimmungsbedürftigkeit der Ausgliederung von Unternehmensteilen in Tochtergesellschaften beruht auf der dadurch eintretenden Mediatisierung des Einflusses der Hauptversammlung.[260] Der BGH ging in der „Holzmüller"-Entscheidung, die eine solche Konstellation betraf, vom Überschreiten der Erheblichkeitsschwelle aus, weil der ausgegliederte Betriebsteil 80 % des Aktivvermögens ausmachte. Die „Gelatine"-Entscheidungen bestätigen diesen Richtwert für den Regelfall.[261]

---

[252] AG 1998, 45 ff.
[253] LG Duisburg AG 2003, 390 f.
[254] OLG Köln AG 2009, 416 (418).
[255] OLG Stuttgart WM 2005, 1708 ff. Das OLG hat die Frage im Ergebnis aber dahin stehen lassen.
[256] BGH NZG 2007, 234 ff.
[257] BVerfG NZG 2011, 1379 (1380) für den Fall der Veräußerung eines unselbständigen Unternehmensteils.
[258] In diesem Sinne *Hofmeister* NZG 2008, 47 ff.; *Arnold* ZIP 2005, 1573 (1576); *Goette* AG 2006, 522 (527). AA *Lutter/Leinekugel* ZIP 1998, 225 (230); wohl auch *Feldhaus* BB 2009, 562 (567). *Emmerich/Habersack* KonzernR Vorb. § 311 Rn. 42 mwN; *Hölters/Drinhausen* § 119 Rn. 21; *Hölters*, HdB Unternehmenskauf, 10.157; *Hüffer/Koch/Koch* AktG § 119 Rn. 22; *Schmiegel* S. 64 f.; *Wachter* § 119 Rn. 26; Hensler/Strohn/*Liebscher* § 119 Rn. 14; *Wallisch* S. 40 f.; *Ziemons/Binnewies* HdbAG I Rn. 10.83. Für eine Einbeziehung dieser Fälle zB Spindler/Stilz/*Hoffmann* AktG § 119 Rn. 30 f.
[259] Vgl. zB OLG Celle ZIP 2001, 613 (615): Zustimmungspflicht auch bei Veräußerung durch Holding-AG, wenn es sich um die einzige Beteiligung handelt und weitere Aktivitäten nicht beabsichtigt sind. Ähnlich OLG München AG 1995, 232 (233).
[260] Eingehend OLG Köln AG 2009, 416 ff.
[261] BGH NJW 2004, 1860 (1864) = BGHZ 159, 30; BGH NZG 2004, 575 (579) – Gelatine. Auch *Hüffer/Koch*, in: FS Ulmer, S. 279 (295), orientiert sich an diesem Wert und schlägt eine Schwelle von 75 % vor, die er aus Gründen der Rechtssicherheit auf den Buchwert des Vermögens oder den Umsatz bezieht.

§ 25 Stellung der Hauptversammlung im Organisationsgefüge

dd) Maßnahmen in Tochtergesellschaften. Maßnahmen innerhalb einer Tochtergesellschaft, wie zB eine Kapitalerhöhung, können ebenfalls einem Zustimmungsvorbehalt nach den „Holzmüller"-Grundsätzen unterliegen.[262] Anders als bei der Ausgliederung handelt es sich hier nicht um eine Frage der Konzernbildungs-, sondern um eine Frage der Konzernleitungskontrolle. Die Zustimmungsbedürftigkeit setzt auch hier voraus, dass die Maßnahme bezogen auf den Gesamtkonzern der Muttergesellschaft wesentlich ist.[263] Abzustellen ist wiederum auf den Einzelfall, wobei man bei Maßnahmen, die bezogen auf den Gesamtkonzern bei keiner der relevanten Kenngrößen[264] die Schwelle von zwei Dritteln überschreiten, eine Vorlagepflicht allenfalls bei Vorliegen besonderer Umstände annehmen kann. Trotz Überschreiten der Erheblichkeitsschwelle bedarf die Maßnahme keiner gesonderten Zustimmung, wenn sie von einer bereits vorliegenden Zustimmung zur Konzernbildung – zB nach dem UmwG oder nach den „Holzmüller"-Grundsätzen – gedeckt wird. Ob ein Hauptversammlungsbeschluss zur Konzernbildung auch die jeweilige Konzernleitungsmaßnahme erfasst, ist durch Auslegung des Beschlusses zu ermitteln.[265] Dabei wird man im Zweifel davon ausgehen können, dass Maßnahmen, die sich ausschließlich innerhalb des Konzerns abspielen, von der ursprünglichen Zustimmung gedeckt sind.[266] Auch der Abschluss von Unternehmensverträgen zwischen Tochter- und Enkelgesellschaft bedarf – zumindest wenn kein Beherrschungsvertrag zwischen der Mutter- und der Tochtergesellschaft besteht – keiner (zusätzlichen) Zustimmung der Hauptversammlung der Muttergesellschaft.[267] Es handelt sich hier lediglich um Folgen der Mediatisierung des Aktionärseinflusses, die Gegenstand des Beschlusses zur Konzernbildung gewesen ist. Nach der Rechtsprechung des BGH wird man dabei allerdings dem Aspekt der Verstärkung der Mediatisierung durch das Zwischenschalten zusätzlicher Gesellschaften (sog. Verenkelung) besondere Beachtung schenken müssen.[268] Werden Dritte an der Tochter beteiligt, dürfte dies im Zweifel nicht mehr vom ursprünglichen Beschluss gedeckt sein,[269] da hier über die Mediatisierung des Einflusses hinaus die Prägung des Unternehmens[270] geändert wird.[271] Voraussetzung bleibt aber stets, dass die Erheblichkeitsschwelle bezogen auf den Gesamtkonzern überschritten wird. Ob ein Hauptversammlungsbeschluss der beherrschten Gesellschaft notwendig ist, wenn die „Holzmüller"-Maßnahmen auf einer aufgrund eines Beherrschungsvertrages erteilten Anweisung beruhen, ist ungeklärt.[272]

ee) Delisting. Eine ungeschriebene Zuständigkeit der Hauptversammlung folgt im Falle eines Delisting nicht aus den „Holzmüller"-Grundsätzen. Nach der Entscheidung des BVerfG, dass das reguläre Delisting nicht in den Schutzbereich des Eigentums eingreift,[273] hat der BGH mit der „Frosta"-Entscheidung festgestellt, dass es einer Befassung der Haupt-

---

[262] BGHZ 83, 122 (139 f.) = NJW 1982, 1703 (1707) – Holzmüller.
[263] *Lutter* AG 2000, 342 (343); *Trapp/Schick* AG 2001, 381 (388). Nicht ausreichend ist es daher, wenn es sich um eine Maßnahme handelt, die lediglich für die Tochtergesellschaft wesentlich ist.
[264] → Rn. 67.
[265] *Lutter* AG 2000, 342.
[266] Noch weitergehend *Lutter* AG 2000, 342. Kritisch *Wackerbarth* AG 2002, 14 (23).
[267] Vgl. Henn/HdbAktR/*Schubel* Kap. 14 Rn. 179, *Emmerich/Habersack* KonzernR § 293 Rn. 11 ff.; Hüffer/*Koch* AktG § 293 Rn. 20; Schmidt/Lutter/*Langenbucher* § 293 Rn. 31; MHdB GesR IV/*Krieger* § 70 Rn. 45; DNotI-Report 2009, 81 (82), jeweils mwN zum Streitstand.
[268] BGH NJW 2004, 1860 (1863) = BGHZ 159, 30; BGH NZG 2004, 575 (577 f.) – Gelatine.
[269] Im Ergebnis ebenso *Henze*, in: FS Ulmer, S. 211 (231); *Wackerbarth* AG 2002, 14 (15 ff.).
[270] → Rn. 66.
[271] Zu einem anderen Ergebnis gelangt man, wenn man in den „Holzmüller"-Grundsätzen lediglich ein Instrument der Konzernbildungskontrolle sieht, wie zB *Kort* AG 2002, 369 (374). Ausdrücklich offen lässt die Frage der erneuten Zustimmungsbedürftigkeit BGHZ 83, 122 (140) = NJW 1982, 1703 (1707) – Holzmüller.
[272] Für eine Ausnahme von der „Holzmüller"-Doktrin im Vertragskonzern zB MHdB GesR IV/*Krieger* § 71 Rn. 177; *Arnold* ZIP 2005, 1572 (1578); *Wirth*, in: FS Bechtold, 2006, S. 647 (659 f.). AA *Marsch-Barner* in Grundmann/Schwintowski/Singer/Weber, Anleger- und Funktionsschutz durch Kapitalmarktrecht, 2006, 105, 119; sowie *Liebscher* ZGR 2005, 1 (32) der eine Weisungsbefugnis des herrschenden Unternehmens in „Holzmüller"-Fällen verneint und im Ergebnis die Zuständigkeit der Hauptversammlung annimmt.
[273] BVerfG NJW 2012, 3081 ff.

versammlung nicht bedarf,²⁷⁴ und seine gegenteilige auf Art. 14 GG gestützte Auffassung aufgegeben.²⁷⁵

74   **d) Zusammenrechnung von Maßnahmen.** Für die Praxis von erheblicher Bedeutung ist die Frage, ob jede Maßnahme des Vorstandes isoliert auf ihre Zustimmungsbedürftigkeit hin überprüft werden muss oder ob unter bestimmten Voraussetzungen oder in bestimmten Zeiträumen mehrere Maßnahmen als Ganzes an den Vorgaben des „Holzmüller"-Urteils gemessen werden müssen. Zurückzuweisen ist die Ansicht, dass alle gleichartigen Maßnahmen in einem bestimmten Zeitraum zusammen zu betrachten sind.²⁷⁶ Zunächst einmal gibt es keinen Grund dafür, mehrere Maßnahmen, die in Ausführung einer einheitlichen Strukturentscheidung vorgenommen werden, zum Beispiel der Verkauf einer Beteiligung, um eine andere zu erwerben, nur deshalb isoliert zu betrachten, weil sie nicht gleichartig sind. Andererseits kann man auch nicht alle Maßnahmen des Vorstandes in einem bestimmten Zeitraum zusammennehmen. Maßgebend muss vielmehr die unternehmerische Entscheidung sein, die den Maßnahmen zugrunde liegt. Denn die Hauptversammlung soll davor geschützt werden, dass der Vorstand **Entscheidungen** trifft, die der Hauptversammlung vorbehalten sind.²⁷⁷ Es handelt sich also um ein **subjektives Kriterium** im Sinne eines einheitlichen, von Anfang an bestehenden Gesamtplans.²⁷⁸ Ein zeitlicher und wirtschaftlicher Zusammenhang²⁷⁹ zwischen mehreren Maßnahmen kann hierfür zwar ein Indiz sein. Man darf dieses Indiz aber nicht überbewerten. Denn gerade in Fällen, in denen der Vorstand auf aktuelle Entwicklungen reagiert, wird man den verschiedenen Maßnahmen häufig kein einheitlicher Plan zugrunde liegen. So wird man einem Vorstand, der zur Vermeidung eines Liquiditätsengpasses eine Beteiligung unterhalb der Erheblichkeitsschwelle verkauft, nicht vorhalten können, er hätte dazu bereits die Zustimmung der Hauptversammlung einholen müssen, wenn er später auf Grund von Entwicklungen, die er nicht vorausgesehen hat, weitere Verkäufe vornimmt.²⁸⁰ Denkbar ist allerdings, dass eine Maßnahme deshalb der Hauptversammlung vorzulegen ist, weil der Vorstand vor dem Hintergrund bereits durchgeführter Maßnahmen nicht weiterhin ohne Zustimmung der Hauptversammlung agieren darf. Die Zustimmungsbedürftigkeit muss sich dann aber allein in Hinblick auf die aktuell zu treffende Entscheidung ergeben, weil diese Entscheidung so tief in die Mitgliedsrechte der Aktionäre und deren im Anteilseigentum verkörpertes Vermögensinteresse eingreift, dass die Hauptversammlung beteiligt werden muss.²⁸¹ Denkbar ist dies zum Beispiel, wenn die einzelne Maßnahme für sich zwar nicht bedeutend ist, damit aber eine bereits vorher in Gang gesetzte Entwicklung unumkehrbar wird. Wie stets kommt es auf den Einzelfall an.

75   **e) Satzungsbestimmungen.** Die Frage ungeschriebener Zustimmungsvorbehalte zugunsten der Hauptversammlung kann auch durch Regelungen in der Satzung nicht entschärft werden. Während eine solche Gestaltung im Bereich der gesetzlichen Hauptversammlungszuständigkeiten bereits an § 23 Abs. 5 AktG scheitert,²⁸² muss man im Bereich der ungeschriebenen Hauptversammlungszuständigkeiten differenzieren. Ein **genereller Verzicht** auf ungeschriebene Hauptversammlungszuständigkeiten in der Satzung ist rechtlich **unzulässig**,²⁸³ die entsprechende Klausel ist nichtig. Satzungsklauseln, die eine bereits geplante,

---

²⁷⁴ BGH NZG 2013, 1342 ff.; siehe auch Linden NZG 2015, 176 (177 f.).
²⁷⁵ BGH NJW 2003, 1032 ff. Aus jüngerer Zeit noch *Stöber* WM 2014, 1757 (1760 ff.).
²⁷⁶ So zB *Hirte*, Bezugsrechtsausschluss und Konzernbildung, S. 181, der alle Maßnahmen der letzten fünf Jahre addieren will.
²⁷⁷ Vgl. LG Frankfurt a. M. DB 2001, 751 (752).
²⁷⁸ Vgl. auch BGH NJW 2004, 1860 (1861) = BGHZ 159, 30 – Gelatine; OLG Hamm NZG 2008, 155 (157 f.). – ARCANDOR. Für eine Zusammenrechnung auch OLG Frankfurt a. M. NZG 2011, 62 (64).
²⁷⁹ Darauf abstellend MHdB GesR IV/*Krieger* § 70 Rn. 11.
²⁸⁰ OLG Hamm NZG 2008, 155 (157 f.) – ARCANDOR, wobei das Gericht zwar ein planvolles Handeln des Vorstandes und die Verfolgung strategischer Ziele unterstellt, eine Zustimmungsbedürftigkeit aber dennoch ablehnt, weil kein klar vorgezeichneter Weg verfolgt worden sei.
²⁸¹ BGHZ 83, 122 (131) = NJW 1982, 1703 (1705) – Holzmüller.
²⁸² Dazu BGHZ 82, 188 (197) = NJW 1982, 933 (936) – Hoesch; *Westermann* in FS Koppensteiner, S. 259 (269); für Übertragung des ganzen Vermögens ausdrücklich MüKoAktG/*Stein* § 179a Rn. 42; Spindler/Stilz/*Holzborn* § 179a Rn. 14.
²⁸³ *Lutter/Leinekugel* ZIP 1998, 805 (808); MüKoAktG/*Kubis* § 119 Rn. 98 mwN.

konkret benannte Maßnahme allein dem Vorstand zuweisen, sind ebenfalls nicht hilfreich, da dieselbe Wirkung durch einen Ermächtigungsbeschluss[284] in einem weniger aufwändigen Verfahren zu erreichen ist.[285] Allgemein gehaltene Ermächtigungen in der Satzung (zum Beispiel „Die Gesellschaft kann ihr gesamtes Unternehmen oder Teile davon auf Tochtergesellschaften übertragen") können zwar bei der Frage, ob die Maßnahme in Hinblick auf den Unternehmensgegenstand einer vorherigen Satzungsänderung bedarf, eine Rolle spielen.[286] Zu einer Verlagerung der Hauptversammlungszuständigkeit auf den Vorstand führen sie jedoch nicht, so dass ein auf die konkrete Maßnahme bezogener Hauptversammlungsbeschluss notwendig bleibt.[287] Aus denselben Gründen führt eine Konkretisierung der Erheblichkeitsschwelle in der Satzung[288] nicht weiter.

3. Beratung des Vorstandes

a) **Entscheidung über die Befassung der Hauptversammlung.** Die Entscheidung über die Vorlage einer Strukturmaßnahme an die Hauptversammlung setzt die Antwort auf zwei aufeinander aufbauende Teilfragen voraus. Zunächst stellt sich die (Vor-)Frage, ob eine ungeschriebene Vorlagepflicht trotz der hier bestehenden Rechtsunsicherheit[289] bereits tatbestandlich ausgeschlossen werden kann. Ist dies der Fall, stellt sich dann nur noch die Frage, ob der Vorstand die Hauptversammlung ausnahmsweise freiwillig nach § 119 Abs. 2 AktG mit der Entscheidung befassen will.[290] Ist das Bestehen einer ungeschriebenen Hauptversammlungskompetenz sicher oder jedenfalls nicht auszuschließen, so muss entschieden werden, ob die Hauptversammlung mit dem Vorgang befasst werden soll. Bei bestehender Rechtsunsicherheit handelt es sich dabei dann vielfach mehr um eine **unternehmerische Entscheidung über die Vermeidung bzw. Inkaufnahme rechtlicher Risiken** als um eine reine juristische Subsumtion. Die Aufgabe des Beraters besteht in erster Linie darin, diese **rechtlichen Risiken aufzuzeigen und wenn möglich zu quantifizieren.** Unangemessen wäre es in einem solchen Fall, dem Vorstand ein Ergebnis als rechtlich völlig zweifelsfrei darzustellen. 76

Die Entscheidung darüber, in welcher Weise die Zustimmung der Hauptversammlung eingeholt werden soll, setzt theoretisch die Entscheidung, dass die Zustimmung eingeholt werden soll, voraus. Praktisch lassen sich die Fragen aber nicht so klar voneinander trennen. Ist zum Beispiel die geplante Maßnahme zum Zeitpunkt der ordentlichen Hauptversammlung noch nicht vorlagereif und sprechen die hohen Kosten einer außerordentlichen Hauptversammlung gegen eine Vorlage zu einem späteren Zeitpunkt, so kann auch ein Ermächtigungsbeschluss[291] erwogen werden, dem das Kostenargument nicht entgegenstünde. 77

b) **Rechtsfolgen fehlender Zustimmung.** Nimmt der Vorstand eine zustimmungspflichtige Geschäftsführungsmaßnahme ohne Zustimmung der Hauptversammlung vor, so ist die Maßnahme im **Außenverhältnis** gleichwohl **wirksam.**[292] Anders als zum Beispiel eine Ver- 78

---

[284] → Rn. 91 ff.
[285] *Lutter/Leinekugel* ZIP 1998, 805 (808).
[286] BGHZ 83, 122 (130 f.) = NJW 1982, 1703 (1705) – Holzmüller; BGH NJW 2004, 1860 (1864) = BGHZ 159, 30; BGH NZG 2004, 575 (579) – Gelatine; MüKoAktG/*Kubis* § 119 Rn. 98; *Lutter/Leinekugel* ZIP 1998, 805 (808); aA LG Stuttgart WM 1992, 58 (61 f.), das eine solche Satzungsbestimmung als nichtig angesehen hat.
[287] BGHZ 83, 122 (130 f.) = NJW 1982, 1703 (1705) – Holzmüller; BGH NJW 2004, 1860 (1864) = BGHZ 159, 30; BGH NZG 2004, 575 (579) – Gelatine; MüKoAktG/*Kubis* § 119 Rn. 98; *Lutter/Leinekugel* ZIP 1998, 805 (808). Tendenziell anders OLG Frankfurt a.M. NZG 2011, 62 (63 f.). Dagegen wiederum *Kiefner* ZIP, 2011, 545 (547).
[288] Vgl. *Westermann,* in: FS Koppensteiner, S. 259 (269 f.), der dies aber auch für keinen umfassenden Problemlösungsansatz hält. Gegen die Möglichkeit der Tatbestandskonkretisierung durch Satzungsbestimmungen *Tröger* ZIP 2001, 2029 (2038).
[289] → Rn. 56 ff.
[290] → Rn. 25 ff.
[291] → Rn. 91 ff.
[292] BGHZ 83, 122 (132) = NJW 1982, 1703 (1705) – Holzmüller; BGHZ 146, 288 (294 f.) = NJW 2001, 1277 (1279) – Altana/Milupa; BGH NJW 2004, 1860 (1863) = BGHZ 159, 30; BGH NZG 2004, 575 (578) – Gelatine.

pflichtung zur Übertragung des gesamten Gesellschaftsvermögens,[293] ein Unternehmensvertrag[294] oder ein Verschmelzungsvertrag,[295] ist die Zustimmung der Hauptversammlung also kein Wirksamkeitserfordernis. Jedoch kann jeder einzelne **Aktionär** die **Unterlassung der Maßnahme** – gegebenenfalls in einem Verfahren des vorläufigen Rechtsschutzes – gerichtlich **erzwingen**,[296] sofern die Zustimmung nicht nachgeholt wird. Ist die Maßnahme bereits durchgeführt, kann ein Aktionär innerhalb bestimmter Fristen verlangen, dass die Maßnahme rückgängig gemacht wird. Auch dieser Anspruch entfällt jedoch mit der in bestimmten Konstellationen möglichen nachträglichen Zustimmung der Hauptversammlung.[297] Im Einzelfall können auch **Schadenersatzansprüche** der Gesellschaft **gegen die Vorstandsmitglieder** persönlich entstehen.[298] Dieser Aspekt ist für die Vorstandsmitglieder regelmäßig von besonderer Bedeutung. Derartige Ansprüche werden auch durch eine nachträgliche Zustimmung der Hauptversammlung zu der Maßnahme nicht ausgeschlossen.[299] Lässt sich die Frage nach der Zustimmungsbedürftigkeit der Maßnahme auf Grund der bestehenden Rechtsunsicherheit rechtlich nicht eindeutig beantworten, wird es aber regelmäßig am anspruchsbegründenden Verschulden des Vorstandes fehlen, wenn er Rechtsrat eingeholt hat.[300]

> **Praxistipp:**
> In weit geringerem Umfang wird sich hingegen der Rechtsberater auf die bestehende Rechtsunsicherheit berufen können, wenn er zu offensiv beraten hat. Vor diesem Hintergrund empfiehlt sich in diesen Fällen stets die Vereinbarung einer angemessenen Haftungsbegrenzung.

Eine **Klage auf Einberufung** einer (außerordentlichen) Hauptversammlung zur Sicherung der ungeschriebenen Hauptversammlungskompetenz kommt ebenso wenig in Betracht, wie eine Verhängung von **Zwangsgeld** analog § 407 Abs. 1 AktG iVm § 175 AktG.[301]

79 c) **Rechtsfolgen verweigerter Zustimmung.** Verweigert die Hauptversammlung die Zustimmung, darf der Vorstand die Maßnahme nicht durchführen.

80 d) **Rechtsfolgen der Anfechtung des Hauptversammlungsbeschlusses.** Häufig ist dem Vorstand die notwendige Mehrheit auf der Hauptversammlung ohnehin sicher. Ist unklar, ob eine Geschäftsführungsmaßnahme zustimmungsbedürftig ist, kann der Vorstand erwägen, sie „zur Sicherheit" der Hauptversammlung vorzulegen. **Damit** können die **Risiken,** die sich aus einer **fehlenden Zustimmung** ergeben, **vermieden** werden.[302] Allerdings entsteht mit dem Beschluss zugleich ein **Anfechtungsrisiko,**[303] das nicht geringer ist als das Risiko, dass Aktionäre unmittelbar gegen die Durchführung der Maßnahme vorgehen, zumal „räuberische" Aktionäre die Anfechtungsklage wegen des geringeren Kostenrisikos vorzuziehen pflegen.[304]

81 **Endgültige Rechtssicherheit** tritt also erst ein, wenn der Beschluss entweder **nicht angefochten** wird oder die **Anfechtungsklage** rechtskräftig abgewiesen wird. In beiden Fällen muss der Vorstand die Maßnahme nach § 83 Abs. 2 AktG durchführen, wenn sich die Umstände nicht grundlegend verändert haben. Wird der **Beschluss angefochten,** muss der Vor-

---

[293] → Rn. 43 ff.
[294] → Rn. 41 f.
[295] → Rn. 38 f.
[296] → Rn. 98.
[297] Dazu im Einzelnen → Rn. 94 ff.
[298] Dazu im Einzelnen → Rn. 100.
[299] → Rn. 94.
[300] Vgl. auch BGH NZG 2012, 347.
[301] Arbeitshandbuch Hauptversammlung, *Reichert/Schlitt* I B 197. Zum Verfahren nach § 122 Abs. 2 AktG s. zB *Strohn,* ZHR 182 (2018), 114 (124 ff.).
[302] → Rn. 77 f.
[303] *Groß* AG 1996, 111.
[304] Siehe auch die Beispiele bei *Bernhardt* DB 2000, 1873 (1879 ff.).

stand die **Erfolgsaussichten der Anfechtungsklage prognostizieren** und sie **gegen** den aus der Verzögerung erwachsenden **Schaden** im Falle einer erfolglosen Klage **abwägen**.[305] In den Fällen, in denen eine Anfechtung des Beschlusses zu erwarten ist, wird die **Rechtsunsicherheit** daher **kaum vermindert**, insbesondere da angesichts der höchstrichterlich nur teilweise geklärten Verfahrensanforderungen[306] eine offensichtlich unbegründete und daher unbeachtliche Anfechtungsklage vielfach nicht vorliegen wird. Das Risiko, pflichtwidrig zu handeln, vergrößert sich in diesem Fall zudem dadurch, dass die Vorlage die Zuständigkeit der Hauptversammlung auf jeden Fall begründet und der Vorstand sich daher nicht mehr darauf berufen kann, dass er (unverschuldet) geglaubt habe, die Maßnahme ohne Zustimmung der Hauptversammlung durchführen zu dürfen. Ist die Anfechtungsklage wegen eines Verfahrensfehlers erfolgreich, wird der Vorstand die Frage auf Grund der mit der ersten Vorlage begründeten Hauptversammlungszuständigkeit regelmäßig erneut vorlegen müssen.[307] In der Zwischenzeit können einzelne Aktionäre unmittelbar gegen etwaige Durchführungsmaßnahmen vorgehen.[308]

e) Anforderungen an „Holzmüller"-Beschlüsse. *aa) Verfahren.* Die Vorlage einer Vorstandsmaßnahme nach den „Holzmüller"-Grundsätzen erfolgt nicht nach § 119 Abs. 2 AktG. Es handelt sich vielmehr um eine eigenständige im Wege der offenen Rechtsfortbildung entwickelten Zuständigkeitsregel. Der BGH ist in den „Gelatine"-Entscheidungen vom „Holzmüller"-Urteil insoweit abgerückt und hat gleichzeitig das Erfordernis einer qualifizierten Mehrheit aufgestellt.[309] In Hinblick auf die weiteren Verfahrensanforderungen wird man sich gleichwohl an § 119 Abs. 2 AktG orientieren müssen, sofern nicht der Umstand, dass „Holzmüller"-Beschlüsse einer Mehrheit bedürfen, die mindestens drei Viertel des bei der Beschlussfassung vertretenen Grundkapitals umfasst,[310] etwas anderes gebietet. Das Verfahren beginnt damit, dass der Vorstand als Kollegialorgan[311] beschließt, das Entscheidungsverlangen auf die Tagesordnung zu setzen. Ein entsprechender Tagesordnungspunkt muss nach § 124 Abs. 1 AktG bekannt gemacht werden. Ist der Vorstand der Ansicht, dass ein Fall einer ungeschriebenen Hauptversammlungszuständigkeit vorliegt, sollte er dies im Beschlussvorschlag nach § 124 Abs. 3 AktG nach Möglichkeit zugunsten der dadurch erhöhten Transparenz kenntlich machen und angeben, ob er die Zustimmung der Hauptversammlung nach den „Holzmüller"-Grundsätzen oder nach § 119 Abs. 2 AktG einholt.[312] Der Inhalt des Beschlussvorschlages des Vorstandes hängt von der Art der konkreten Maßnahme und vom Stand ihrer Durchführung ab. Soll der Beschluss auch haftungsbeschränkende Wirkung zeitigen, muss die Maßnahme bereits in ihren Einzelheiten beschrieben werden, darf aber noch nicht durchgeführt worden sein. Geht es, wie zumeist, um den Abschluss von Verträgen, kann zum Beispiel ein vollständig ausformulierter Vertragsentwurf oder ein unter aufschiebender Bedingung bereits geschlossener Vertrag oder auch eine Ermächtigung[313] Gegenstand der Vorlage sein.

Die Vorlage eines bereits unter der aufschiebenden Bedingung der Zustimmung durch die Hauptversammlung geschlossenen Vertrages stellt dabei eine Ausnahme dar. Hierzu kommt es nur dann, wenn der Vertragspartner der AG bereit ist, dass Stillhalterisiko zu tragen. In der Regel wird der Vertragspartner allerdings nicht bereit sein, die Transaktion einseitig bindend abzuschließen und das Risiko einer Versagung einer Genehmigung durch die Hauptversammlung einzugehen.

Weitaus effektiver erscheint dagegen die Möglichkeit, die Zustimmung der Hauptversammlung zu dem der Gesamttransaktion zugrunde liegenden unternehmerischen Konzept

---

[305] → Rn. 33.
[306] → Rn. 82.
[307] → Rn. 25 zur gleichgelagerten Fragestellung bei § 119 Abs. 2 AktG.
[308] → Rn. 98 ff.
[309] BGH NJW 2004, 1860 (1863 f.) = BGHZ 159, 30; BGH NZG 2004, 575 (578 f.) – Gelatine.
[310] → Rn. 90.
[311] → § 22.
[312] Ein unanfechtbarer Beschluss nach § 119 Abs. 2 AktG stellt aber in jedem Fall eine ausreichende Grundlage für die Durchführung der Maßnahme dar, → Rn. 26.
[313] → Rn. 91 ff.

in Form eines **Konzeptbeschlusses** einzuholen, welche von der überwiegenden Meinung als zulässig erachtet wird.[314] Erforderlich ist dabei vor allem eine hinreichende Konkretisierung des Konzepts, um eine unzulässige Generalermächtigung zu vermeiden. Der Hauptvorteil besteht in einer gesteigerten Flexibilität der Unternehmensführung, indem alternativ geplante und anstehende Vorgehensweisen mit vorab erteilter Zustimmung der Aktionäre durchgeführt werden können. Würde man dem Vorstand stets abverlangen, ausformulierte Verträge oder entsprechende Entwürfe vorzulegen, wäre ihm die Reaktion auf sich ändernde Marktverhältnisse oder steuerliche Rahmenbedingungen erschwert.[315] Erlaubt man ihm jedoch die Wahl zwischen Handlungsalternativen, die innerhalb eines bestimmten Konzeptes liegen, kann ein erheblicher Zeitgewinn die Folge sein. Denn die ggf. mehrmalige Vorlage von Einzelmaßnahmen, jeweils unter zeitaufwändiger Einberufung einer Hauptversammlung, kann vermieden werden. Erforderlich ist aber, dass die beabsichtigten Maßnahmen und die zur Umsetzung des Konzepts erforderlichen Schritte im Zeitpunkt der Beschlussfassung in ihren Umrissen feststehen und klar dargestellt werden, um die Aktionäre umfassend über Inhalt und Grenzen der erteilten Ermächtigung zu informieren.[316] Hierunter fallen auch etwaige Handlungsalternativen und die wirtschaftlichen Chancen und Risiken der vorgeschlagenen Maßnahme, so zB Auswirkungen auf die Mitgliedschaft, Bilanz und Ertragskraft der Aktiengesellschaft.[317] Die Ermächtigung ist dabei auf den Zeitraum bis zur nächsten ordentlichen Hauptversammlung zu beschränken.[318] Die Zustimmung zu einem unternehmerischen Konzept durch die Hauptversammlung mit haftungsbeschränkender Wirkung ist jedoch dann nicht mehr möglich, wenn bereits ein hinreichend konkretisierter Vertragsentwurf vorliegt.[319] In dem Fall ist der Vertragsentwurf selbst vorzulegen. Somit bildet die Vorlage ausformulierter Verträge oder hinreichend konkreter Vertragsentwürfe zwar nicht die effektivste, jedoch stets die verlässlichste Methode, um das Einverständnis der Aktionäre und damit die Haftungsfreizeichnung nach § 93 Abs. 4 S. 1 AktG zu erwirken.

> **Formulierungsvorschlag: Bekanntmachung eines „Holzmüller"-Beschlusses nach § 124 AktG**
>
> 4. Beschlussfassung über die [zustimmungsbedürftige Maßnahme]
>
> Der Vorstand beabsichtigt, [die zustimmungsbedürftige Maßnahme] durchzuführen. In den gesetzlichen Vorschriften ist ein Zustimmungsvorbehalt der Hauptversammlung zu dieser Maßnahme nicht enthalten. Der Vorstand ist jedoch der Ansicht, dass diese Maßnahme in ihren Auswirkungen einem Zustand nahezu entspricht, der allein durch eine Satzungsänderung herbeigeführt werden kann. Demzufolge darf die Maßnahme nach der Rechtsprechung des Bundesgerichtshofes nur durchgeführt werden, wenn die Hauptversammlung ihr mit einer Mehrheit zustimmt, die mindestens drei Viertel des bei der Beschlussfassung vertretenen Grundkapitals umfasst.
>
> Vorstand und Aufsichtsrat schlagen daher vor, folgenden Beschluss zu fassen:
>
> Die Hauptversammlung stimmt der [zustimmungsbedürftigen Maßnahme] zu.
>
> Schriftlicher Bericht des Vorstandes an die Hauptversammlung
>
> Der Vorstand hat den nachfolgenden Bericht über die Gründe für die zu Punkt 4 der Tagesordnung vorgeschlagene Zustimmung zur [zustimmungsbedürftigen Maßnahme] erstattet. Der Bericht ist vom Tage der Einberufung der Hauptversammlung an in den Geschäftsräumen der Gesellschaft zur Einsichtnahme für die Aktionäre zugänglich. Auf Verlangen wird der Bericht jedem Aktionär unverzüglich kostenlos übersandt. [Anm.: Übersendungsangebot ist entbehrlich, wenn der Bericht für denselben Zeitraum auf der Internetseite der Gesellschaft zugänglich gemacht wird.] Der Bericht hat folgenden wesentlichen Inhalt: (... ...)

---

[314] LG Frankfurt a.M. AG 2001, 431 (433); Müller/Röder/*Reichert* Beck.Hdb.AG § 5 Rn. 50 f.; Hüffer/*Koch* § 119 Rn. 29, MüKoAktG/*Kubis* § 119 Rn. 53; Emmerich/Habersack KonzernR Vorb. Zu § 311 Rn. 51 jeweils mwN.
[315] Emmerich/Habersack KonzernR Vorb. Zu § 311 Rn. 51; MüKoAktG/*Kubis* § 119 Rn. 53.
[316] Hölters/*W.Hölters*/*T.Hölters* Rn. 10.178; Müller/Rödder/*Liebscher* Beck.Hdb.AG § 15 Rn. 61.
[317] Müller/Rödder/*Liebscher* Beck.Hdb.AG § 15 Rn. 61.
[318] Hölters/*W.Hölters*/*T.Hölters* Rn. 10.178.
[319] Hölters/*W.Hölters*/*T.Hölters* Rn. 10.179.

"Holzmüller"-Beschlüsse unterliegen **besonderen Verfahrensanforderungen**,[320] deren Umfang aber noch **nicht abschließend geklärt ist.** In der „Altana/Milupa"-Entscheidung[321] hat der BGH in einem Fall, in dem der Vorstand eine Strukturmaßnahme von sich aus der Hauptversammlung nach § 119 Abs. 2 AktG vorgelegt hat, bezüglich der Informationsrechte der Aktionäre festgestellt, dass das **Verfahren nach § 119 Abs. 2 AktG im Einzelfall um spezielle Verfahrensvorschriften** aus dem Bereich der gesetzlich geregelten Strukturmaßnahmen **anzureichern ist.**[322] Allerdings bedarf es dabei „stets einer Prüfung im Einzelfall, ob eine der jeweiligen speziellen Norm vergleichbare Fallkonstellation vorliegt, die ihre entsprechende Anwendung (…) rechtfertigt".[323] Diese **Aussagen** wird man **auf „Holzmüller"-Beschlüsse übertragen** müssen. Als Berater sollte man daher auf Einhaltung aller auf Grund einer **Analogie zu gesetzlich geregelten Strukturentscheidungen** in Betracht kommenden Verfahrensschritte raten, um das Anfechtungsrisiko möglichst gering zu halten.[324]

86

Ein relativ hohes Maß an Verfahrenssicherheit besteht, wenn die Maßnahme eine Tochtergesellschaft betrifft und dort von Gesetzes wegen eine Zustimmung der Hauptversammlung erforderlich ist (zum Beispiel eine Umwandlung der Tochter oder die Übertragung ihres ganzen Vermögens). Legt der Vorstand der Muttergesellschaft einen solchen Vorgang der eigenen Hauptversammlung zur Zustimmung vor, so wird man aus dem „Altana/Milupa"-Urteil[325] folgern dürfen, dass es jedenfalls ausreicht, die betreffenden aktionärsschützenden Verfahrensvorschriften bei der Vorbereitung der Hauptversammlung der Muttergesellschaft analog zu beachten.[326] Allenfalls ist zu erwägen, auch bei der Vermögensübertragung über § 179a AktG hinaus einen Bericht zu erstellen.

87

Im Übrigen gilt Folgendes: Geht es um die Zustimmung zu einem **Vertrag**, ist jedenfalls der **wesentliche Inhalt** entsprechend § 124 Abs. 2 S. 3 AktG[327] **bekannt zu machen.**[328] Handelt es sich nicht um einen Vertrag (sondern zum Beispiel um die Stilllegung eines wesentlichen Betriebsteiles), ist der Ablauf der Maßnahme im Einzelnen darzustellen.[329] Dabei geht es darum, den Gegenstand der Zustimmung festzulegen. Ungeklärt ist, welche Freiheit der Vorstand bei der Bestimmung des Beschlussgegenstandes hat. Nach einer Ansicht im Schrifttum[330] kann der Vorstand, der einen zustimmungspflichtigen Verkauf plant, statt der Zustimmung zu dem Vertrag lediglich die Zustimmung zum Verkauf als solchem auf die Tagesordnung setzen und so der Anwendung der auf die Zustimmung zu Verträgen bezogenen Vorschriften entgehen. Der BGH hat diese Frage in der „Altana/Milupa"-Entscheidung[331] nicht beantwortet, sondern den Beschlussantrag dahingehend ausgelegt, dass eine Zustimmung zum Vertrag und nicht lediglich zu der zugrunde liegenden Unternehmensentscheidung beantragt worden war.[332] Bei Maßnahmen, deren Durchführung zu wesentlichen Teilen im Abschluss von Verträgen besteht, sollte daher zur Vermeidung von Anfechtungsrisiken (auch) der **Vertrag selbst** zum **Gegenstand des Hauptversammlungsbeschlusses** gemacht werden.

88

Die Begründung der Maßnahme, insbesondere das unternehmerische Konzept, ist Gegenstand des Vorstandsberichts. Ob ein solcher „Holzmüller"-Bericht[333] rechtlich notwendig

89

---

[320] Zu den allgemeinen Verfahrensanforderungen bei Hauptversammlungsbeschlüssen unten → § 26 und § 27.
[321] BGHZ 146, 288 = NJW 2001, 1277 – Altana/Milupa.
[322] BGHZ 146, 288 (294 ff.) = NJW 2001, 1277 (1278 f.) – Altana/Milupa.
[323] BGHZ 146, 288 (295 f.) = NJW 2001, 1279) – Altana/Milupa.
[324] Gegen allzu hohe Verfahrensanforderungen jedoch *Kort* ZIP 2002, 685 ff.
[325] BGHZ 146, 288 (294 ff.) = NJW 2001, 1277 (1278 f.) – Altana/Milupa.
[326] Vgl. OLG Schleswig AG 2006, 120 (123); *Henze* BB 2002, 893 (895); DNotI-Report 2009, 81 (83).
[327] → § 26 Rn. 66 f.
[328] BGHZ 146, 288 (294 f.) = NJW 2001, 1277 (1278 f.) – Altana/Milupa; LG München I AG 2007, 336 (337); DNotI-Report 2009, 81 (83); *Kort* AG 2006, 272 (275); *Butzke* WuB II A. § 124 AktG 1.06; OLG Schleswig AG 2006, 120 (123).
[329] *Henze* BB 2002, 893 (895).
[330] *Groß* WuB II A § 119 AktG 1.96.
[331] BGHZ 146, 288 (291 f.) = NJW 2001, 1277 (1278) – Altana/Milupa. DNotI-Report 2009, 81 (83).
[332] OLG München DB 1996, 1172 ist auf die Differenzierung nicht eingegangen; vgl. *Groß* WuB II A § 119 AktG 1.96.
[333] *Tröger* ZIP 2001, 2029 (2035).

ist, ist umstritten³³⁴ und angesichts des Fehlens einer Berichtspflicht in § 179a AktG jedenfalls nicht a priori zu bejahen.³³⁵ Angesichts einer fehlenden gesetzlichen Regelung ist aber dennoch dringend anzuraten, stets einen **Vorstandsbericht** zu erstellen, wie er in § 186 Abs. 4, § 293a, § 319 Abs. 3 Nr. 3 AktG, § 8 Abs. 1 S. 1, §§ 127, 192 UmwG vorgesehen ist. Wird lediglich ein Strukturkonzept ohne konkrete Vertragsabrede vorgelegt, ergibt sich die Erforderlichkeit eines Berichts bereits aus dem andernfalls zu hohen Abstraktionsgrad der zu beschließenden Maßnahme.³³⁶ Die gesetzlich geregelten Berichte behandeln aber inhaltlich nicht stets dieselben Punkte, sodass der Berater entscheiden muss, welche Fragen zu behandeln sind. Weist die geplante Strukturmaßnahme Ähnlichkeit mit einer gesetzlich geregelten Maßnahme auf, gelten die dort geregelten Anforderungen entsprechend. So wird man einen Bericht über eine Ausgliederung im Wege der Einzelrechtsnachfolge inhaltlich an §§ 127, 8 UmwG orientieren. Die Hauptversammlung muss auf Grund des Berichtes die Plausibilität der Maßnahme und ihre unmittelbaren wirtschaftlichen Auswirkungen auf die Gesellschaft sowie auf den Wert und auf die Mitgliedsrechte beurteilen können. **Nicht erforderlich** sind Angaben zur **Information der Arbeitnehmer**³³⁷ und eine **Zuleitung** an den **Betriebsrat** entsprechend § 5 Abs. 3 UmwG.

90

Checkliste für den „Holzmüller"-Bericht:

Der Bericht des Vorstandes über den Abschluss eines zustimmungspflichtigen Rechtsgeschäfts/die Durchführung einer zustimmungspflichtigen Maßnahme muss so gestaltet sein, dass die Aktionäre den Inhalt der Maßnahme erfassen, ihre Hintergründe und Zwecke verstehen, ihre wirtschaftlichen Auswirkungen für die Gesellschaft und die Aktionäre abschätzen und auf dieser Grundlage die Plausibilität des Beschlussvorschlages des Vorstandes prüfen können. Es bietet sich die Behandlung der folgenden Punkte an, sofern sie inhaltlich im Rahmen der konkreten Maßnahme von Interesse sind, wobei weitere Punkte, die auf Grund der Besonderheiten der einzelnen Maßnahme für die Hauptversammlung von Bedeutung sein können, ebenfalls aufzunehmen sind.

- ☐ Informationen über die Beteiligten
  - Name, Sitz und Registerinformationen
  - Kapitalstruktur und Gesellschafterkreis
  - Bisherige Entwicklung
  - Beteiligungen und Konzernstruktur

- ☐ Hintergrund und Zweck der Maßnahme
  - Ausgangslage
  - Angestrebte Ziele
  - Wirkungsweise der Maßnahme im Hinblick auf die Ziele
  - Alternative Maßnahmen und Abwägung

- ☐ Beschreibung und Erläuterung der Maßnahme (gegebenenfalls untergliedert nach den einzelnen Schritten bzw. den einzelnen rechtlichen Regelungen)

- ☐ Rechtliche Auswirkungen für die Gesellschaft
  - Gesellschaftsrechtliche Folgen
  - Bilanzielle Folgen
  - Steuerliche Folgen
  - Andere Rechtsfolgen

---

³³⁴ Für eine Berichtspflicht zB LG Karlsruhe ZIP 1998, 385 ff.; *Groß* AG 1996, 111 (116); *Tröger* ZIP 2001, 2029 (2035) mwN; *Grün* S. 88 ff.; DNotI-Report 2009, 81 (83); dagegen zB LG Hamburg AG 1997, 238; Hüffer/Koch/*Koch* AktG § 124 Rn. 11; *Priester* ZHR 163 (1999), 187 (200); *Bungert* NZG 1998, 367 (370).
³³⁵ Für eine Beschränkung der Berichtspflicht auf komplexe Maßnahmen OLG München ZIP 2001, 700 (703 f.). Gegen eine Berichtspflicht beim Delisting BGH ZIP 2010, 622.
³³⁶ MüKoAktG/*Kubis* § 119 Rn. 55.
³³⁷ AA LG Karlsruhe ZIP 1998, 385 (390).

☐ Rechtliche Auswirkungen für die Aktionäre
☐ Wirtschaftliche Folgen für die Gesellschaft (soweit nicht unter II.)
☐ Wirtschaftliche Folgen für die Aktionäre

Von der Einberufung der Hauptversammlung an muss der – gegebenenfalls zusätzlich in die deutsche Sprache zu übersetzende[338] – Vertrag oder sein Entwurf und der „Holzmüller"-Bericht im Geschäftsraum der Gesellschaft **zugänglich gemacht**[339] und auf Verlangen jedem Aktionär kostenlos **übersandt werden** oder für denselben Zeitraum auf der **Internetseite der Gesellschaft zugänglich sein.**[340] Das LG Karlsruhe[341] hat darüber hinaus in einem Ausgliederungsfall die Einhaltung von § 63 Abs. 1 Nr. 1–4 UmwG verlangt. In der **Hauptversammlung** sind diese **Unterlagen auszulegen.**[342] Der Vorstand hat die Maßnahme am Beginn der Verhandlung über den Tagesordnungspunkt **mündlich zu erläutern.**[343] Der Vertrag ist dem **Protokoll** als **Anlage** beizufügen. Zum Handelsregister anzumelden ist nichts.[344] 91

bb) Erforderliche Mehrheit und Form. Der Beschluss der Hauptversammlung bedarf nach der „Gelatine"-Entscheidung einer Mehrheit, die **mindestens drei Viertel des** bei der Beschlussfassung vertretenen **Grundkapitals** umfasst.[345] Die zuvor überwiegend vertretene Ansicht, dass es nur einer einfachen Stimmenmehrheit bedürfe,[346] ist damit – jedenfalls für die Praxis – obsolet und wurde, soweit erkennbar, auch von ihren Vertretern im Schrifttum aufgegeben.[347]. Obwohl der BGH die ungeschriebene Zuständigkeit der Hauptversammlung damit begründet, dass die Auswirkungen solcher Maßnahmen denen einer Satzungsänderung nahe kommen, kann man besondere Mehrheitserfordernisse, die die Satzung nach § 179 Abs. 2 S. 2 AktG für Satzungsänderungen vorsieht, nicht auf „Holzmüller"-Beschlüsse übertragen, vgl. § 293 Abs. 1 S. 4, § 319 Abs. 1 S. 2 AktG. Eine Herabsetzung des Mehrheitserfordernisses für „Holzmüller"-Beschlüsse in der Satzung ist entsprechend §§ 179 Abs. 2 S. 2, 179a Abs. 1 S. 2, 293 Abs. 1 S. 3, 319 Abs. 2 S. 3 AktG unzulässig.[348] Zulässig dürfte dagegen die Regelung strengerer Anforderungen an „Holzmüller"-Beschlüsse durch die Satzung entsprechend §§ 179 Abs. 2 S. 2, 179a Abs. 1 S. 2, 293 Abs. 1 S. 3, 319 Abs. 2 S. 3 AktG, §§ 13, 65 Abs. 1 S. 2 UmwG sein.[349] Wird ein „Holzmüller"-Beschluss gefasst, muss auch die Hauptversammlung einer nichtbörsennotierten Gesellschaft entsprechend § 130 Abs. 1 S. 3 AktG **beurkundet** werden.[350] 92

f) Ermächtigung durch die Hauptversammlung. Neben der vorherigen Einwilligung zu einem genau bezeichneten Geschäft und einer in bestimmten Konstellationen möglichen nachträglichen Zustimmung[351] zu einer zustimmungspflichtigen Geschäftsführungsmaßnahme kommt auch ein Ermächtigungsbeschluss in Betracht, der dem Vorstand Entscheidungsspielräume belässt und daher zu einer Zurückverlagerung der Kompetenz auf den Vorstand[352] führt. Solche Ermächtigungsbeschlüsse werden überwiegend in solchen Fällen für zulässig gehalten, in denen die Gesellschaft auf eine gesteigerte Handlungsfähigkeit angewiesen ist, 93

---

[338] LG München ZIP 2001, 1148 (1151); Hüffer/Koch/*Koch* § 119 Rn. 28.
[339] Eingehend *Grün* S. 105 ff.
[340] Vgl. OLG Schleswig AG 2006, 120 (123); *Butzke* WuB II A § 124 AktG 1.06.
[341] O 43/97 KfH I, ZIP 1998, 385 (390).
[342] ZB OLG Karlsruhe DB 2002, 1094 (1095 f.); *Hüffer* § 119, 8. Auflage 2008, Rn. 20; *Obermüller/Werner/Winden* L-Rn. 83.
[343] *Stukenberg* S. 145.
[344] Arbeitshandbuch Hauptversammlung *Volhard* § 13 Rn. 76 und § 42 Rn. 6 f.
[345] NJW 2004, 1860 (1864) = BGHZ 159, 30; BGH NZG 2004, 575 (579) – Gelatine.
[346] ZB OLG Karlsruhe DB 2002, 1094 (1095 f.).
[347] Hüffer/Koch/*Koch* AktG § 119 Rn. 29; *Butzke*, Hauptversammlung der AG L-Rn. 83.
[348] NJW 2004, 1860 (1864) = BGHZ 159, 30; BGH NZG 2004, 575 (579) – Gelatine.
[349] Vgl. MüKoAktG/*Kubis* § 119 Rn. 59.
[350] *Priester* ZHR 163 (1999), 187 (201); *Flick* NJOZ 2009, 4485 (4489); *Faßbender* RNotZ 2009, 425 (428).
[351] → Rn. 94 ff.
[352] *Grunewald* AG 1990, 133 ff.; *Wagner* S. 68 ff.

um ihre Aktionsfähigkeit im Markt zu erhalten.³⁵³ Maßgeblicher Zeitpunkt ist der des Hauptversammlungsbeschlusses. Sind zu diesem Zeitpunkt die fraglichen Verträge bereits geschlossen, ist für eine Ermächtigung regelmäßig kein Raum mehr.³⁵⁴ Aus dem Zweck der Steigerung der Handlungsfähigkeit der AG wird gefolgert, dass die **Ermächtigung** auf die **Zeit bis zur nächsten Hauptversammlung** zu begrenzen sei.³⁵⁵ Diese zeitliche Begrenzung sei in den Ermächtigungsbeschluss selbst aufzunehmen.³⁵⁶

94 Wie bei einem Beschluss über die Zustimmung zu einer konkreten Maßnahme ist auch beim Ermächtigungsbeschluss eine ausreichende **Information der Hauptversammlung** erforderlich, die es der Hauptversammlung ermöglicht, die Tragweite ihrer Entscheidung zu beurteilen und die geplante Strukturentscheidung gegenüber anderen Alternativen abzuwägen.³⁵⁷ Zur Sicherheit sollte auch hier stets ein Vorstandsbericht erstattet werden, der auszulegen und jedem Aktionär auf Verlangen zuzusenden oder auf der Internetseite der Gesellschaft zugänglich zu machen ist.³⁵⁸

95 Allerdings sind Ermächtigungsbeschlüsse mit gewissen rechtlichen Unsicherheiten behaftet. So ist nicht sicher, ob ein Ermächtigungsbeschluss überhaupt zulässig ist und welchen Grad der Konkretisierung die geplante Maßnahme mindestens erreicht haben muss,³⁵⁹ sodass ein erhebliches Anfechtungsrisiko besteht, das durch die nicht höchstrichterlich geklärten Verfahrensanforderungen unterstrichen wird.³⁶⁰ Zum Haftungsausschluss nach § 93 Abs. 4 S. 1 AktG führt der Ermächtigungsbeschluss nicht, da der Vorstand nicht zur Ausführung der Maßnahme verpflichtet ist.³⁶¹ Lediglich der Vorwurf einer pflichtwidrigen Verletzung der Hauptversammlungskompetenz kann durch einen Ermächtigungsbeschluss vermieden werden. Bevor man einen Ermächtigungsbeschluss zur Entscheidung vorlegt, sollte man daher stets prüfen, ob nicht zeitnah zur Durchführung der Maßnahme eine außerordentliche Hauptversammlung einberufen werden kann. Dessen ungeachtet wird man zum Ermächtigungsbeschluss raten, wenn die Maßnahme in ihrer endgültigen Form der Hauptversammlung nicht vor ihrer Durchführung zur Zustimmung vorgelegt werden kann, zum Beispiel weil der Vertragspartner keinen Zustimmungsvorbehalt im Vertrag akzeptiert.

96 g) **Nachträgliche Zustimmung.** Die **nachträgliche Befassung der Hauptversammlung** ist grundsätzlich **möglich** und führt dazu, dass Abwehr- und Beseitigungsansprüchen der Aktionäre die Grundlage entzogen wird.³⁶² Die Pflichtwidrigkeit des Eingriffs in die Hauptversammlungskompetenz wird hingegen nicht beseitigt, sodass ein Haftungsausschluss für den Vorstand nach § 93 Abs. 4 AktG nicht erfolgt.³⁶³

97 Der Vorstand kann jedoch die Maßnahme dergestalt durchführen, dass er sie unter die aufschiebenden **Bedingung der Zustimmung** (§ 158 BGB) oder den **Vorbehalt der Genehmigung** (§ 184 BGB) der Hauptversammlung stellt oder einen **Rücktrittsvorbehalt** vereinbart.³⁶⁴

98 Von der unzulässigen nachträglichen Zustimmung zu unterscheiden ist ein **bestätigender Beschluss** nach § 244 AktG, der notwendig wird, wenn die Zustimmung der Hauptversammlung zwar rechtzeitig eingeholt, der Beschluss aber angefochten wurde.³⁶⁵

---

³⁵³ LG Frankfurt a. M. DB 2001, 751 (752); *Henze*, in: FS Ulmer, S. 211 (231) mwN.
³⁵⁴ LG Frankfurt a. M. DB 2001, 751 (752).
³⁵⁵ *Henze*, in: FS Ulmer, S. 211 (233); *Lutter/Leinekugel* ZIP 1998, 805 (816).
³⁵⁶ LG Frankfurt a. M. DB 2001, 751 (753).
³⁵⁷ LG Frankfurt a. M. DB 2001, 751 (753).
³⁵⁸ Für rechtlich erforderlich halten einen Bericht *Lutter/Leinekugel* ZIP 1998, 805 (814), wohl auch LG Frankfurt a. M. DB 2001, 751 (753). Kritisch zu übermäßigen Anforderungen an Ermächtigungsbeschlüsse *Henze*, in: FS Ulmer, S. 211 (233 f.).
³⁵⁹ Für einen Mindestgrad an Konkretisierung zB *Grün* S. 155 f.
³⁶⁰ Vgl. LG Frankfurt a. M. DB 2001, 751 ff.
³⁶¹ → Rn. 25.
³⁶² BGHZ 83, 122 (132) = NJW 1982, 1703 (1706) – Holzmüller; Schmidt/Lutter/*Spindler* § 119 Rn. 41; *Emmerich/Habersack* KonzernR vor § 311 Rn. 51; *Bayer* NJW 2000, 2609 (2612) mit ausdrücklichem Hinweis darauf, dass etwaige Schadensersatzansprüche gegen den Vorstand bestehen bleiben.
³⁶³ → Rn. 25.
³⁶⁴ BGHZ 146, 288 (293 ff.) = NJW 2001, 1277 (1278 f.) – Altana/Milupa.
³⁶⁵ → § 38 Rn. 78 ff.

Ebenfalls zulässig ist es, die Hauptversammlung mit der **Frage** zu befassen, ob eine vom **99** Vorstand kompetenzwidrig durchgeführte Maßnahme **rückgängig** gemacht werden soll. Die Pflichtwidrigkeit des ursprünglichen Vorstandshandelns wird dadurch zwar nicht beseitigt. Der Vorstand kann auf diesem Weg aber die mit der Rückabwicklung der Maßnahme entstehenden **Kosten vermeiden,** wenn die Hauptversammlung den Vorstand anweist, die Maßnahme nicht rückgängig zu machen. Ein entsprechender Beschluss bedarf wiederum der für „Holzmüller"-Beschlüsse erforderlichen Mehrheit.[366]

4. Beratung der (Minderheits-)Aktionäre

a) Vorgehen gegen die Geschäftsführungsmaßnahme. Hat der Vorstand eine zustim- **100** mungspflichtige Maßnahme ohne Zustimmung der Hauptversammlung vorgenommen, so kann der Aktionär dagegen im Wege der **Feststellungsklage** vorgehen, sofern er diese Möglichkeit nicht durch Zeitablauf verwirkt hat.[367] Eine Klage auf **Beseitigung** des rechtswidrigen Zustandes ist ebenfalls möglich.[368] Ist die Maßnahme noch nicht durchgeführt, so kann eine **Unterlassungsklage** erhoben werden.[369] Auch eine Feststellungsklage ist in dieser Situation möglich. Diese ist gegenüber der Unterlassungsklage nicht subsidiär, wenn es dem Kläger nicht um das Unterbleiben der Maßnahme geht, sondern um die Befassung der Hauptversammlung, zB weil er dort die zur Beurteilung der Maßnahme notwendigen Informationen erhalten will.[370] Liegt der durchgeführten oder geplanten Maßnahme ein **Hauptversammlungsbeschluss** zugrunde, so muss der Aktionär zugleich gegen diesen vorgehen.

Eine Klage auf Beseitigung der Maßnahme wird aber, wenn sie sich nur auf das Fehlen **101** der Zustimmung der Hauptversammlung stützt, in dem Augenblick unbegründet, in dem die Hauptversammlung nachträglich beschließt,[371] dass die Maßnahme nicht rückgängig gemacht werden soll.

b) Anfechtung des Zustimmungsbeschlusses. Die Anfechtung des Zustimmungsbeschlus- **102** ses unterliegt grundsätzlich **keinen Besonderheiten.**[372] Der Anfechtungskläger ist allerdings bei der Abschätzung des Prozessrisikos mit derselben Rechtsunsicherheit hinsichtlich der Verfahrensanforderungen an die Vorbereitung der Hauptversammlung konfrontiert wie der Vorstand bei der Vorbereitung.[373] Sofern dem Vorstand eine breite Mehrheit zur Seite stand, sollte von der Anfechtung abgesehen werden, wenn die Anfechtungsklage lediglich auf Fehler im Beschlussverfahren, nicht aber auch auf materielle Verstöße gestützt werden kann. Denn in diesem Fall wird der Vorstand unter Beachtung der gerügten Verfahrensanforderungen einen bestätigenden Beschluss nach § 244 AktG herbeiführen können und der Aktionär gewinnt im Ergebnis nichts. Leidet der Beschluss hingegen an einem materiellen Mangel, zum Beispiel weil der Mehrheitsaktionär einen Sondervorteil zu erlangen sucht,[374] so wird dem Beschluss nach § 244 AktG derselbe Mangel anhaften. Der Aktionär muss diesen dann ebenfalls anfechten. Nicht im Rahmen der Anfechtungsklage überprüft werden kann die Zweckmäßigkeit der Maßnahme.[375]

---

[366] → Rn. 94.
[367] → § 41 Rn. 24 ff.; BGHZ 83, 122 (140) = NJW 1982, 1703 (1707) – Holzmüller; BGH DStR 2005, 2092 ff.; OLG Stuttgart WM 2005, 1708 (1709 f.); OLG Hamm NZG 2008, 155 ff.; aA: *Nottmeier* S. 122 ff. (Vorrang der Leistungsklage). Dazu, dass diese Form der Rechtmäßigkeitskontrolle auf andere Bereiche nicht übertragbar ist *Adolff* ZHR 169 (2005), 311 (319 ff.).
[368] → § 41 Rn. 32 ff.; *Bayer* NJW 2000, 2609 (2610); *Krieger* ZHR 163 (1999), 343 (354 f.).
[369] → § 41 Rn. 32 ff.; Schmidt/Lutter/*Spindler* § 119 Rn. 48 mwN; vgl. zum vorläufigen Rechtsschutz in dieser Konstellation LG Duisburg AG 2003, 390 (391); *Markwardt* WM 2004, 211 ff.
[370] OLG Stuttgart NZG 2003, 778 (782); LG München I ZIP 2006, 2036 (2037 f.).
[371] → Rn. 97.
[372] Allgemein zu Anfechtungs- und Nichtigkeitsklage → § 38 und → § 39.
[373] → Rn. 82.
[374] Siehe zB den bei *Bernhardt* DB 2000, 1873 (1878) geschilderten Verkauf des Turbolader-Geschäfts der Kühnle Kopp & Kausch AG an ihren Großaktionär. Hier erhöhte sich der Kaufpreis im Laufe der Auseinandersetzung von DM 102 Mio. auf DM 180,5 Mio.; sowie LG München I NZG 2002, 826 ff. zu einem vergleichbaren Fall.
[375] *Westermann* in FS Koppensteiner, S. 259 (276).

103 c) **Vorgehen gegen die Vorstandsmitglieder.** Nimmt der Vorstand eine Maßnahme ohne die notwendige Zustimmung der Hauptversammlung vor, so handelt er pflichtwidrig. Eine Haftung nach § 93 Abs. 2 AktG hat dies aber nur zur Folge, wenn die Pflichtwidrigkeit schuldhaft erfolgte, also unter Außerachtlassung „der Sorgfalt eines ordentlichen und gewissenhaften Geschäftsleiters", und ein Schaden zurechenbar verursacht wurde.[376] Verkennt der Vorstand die Vorlagepflicht, so liegt kein Verschulden vor, wenn er die Frage der Vorlagepflicht eingehend geprüft hat und zu einem vertretbaren Ergebnis gelangt ist. Dies gilt insbesondere dann, wenn er sich, wie von der Rechtsprechung verlangt, bei Fehlen eigener umfassender Rechtskenntnis in dem betroffenen Bereich **unabhängiger fachkundiger Hilfe** bedient hat.[377]

104 Auch wird sich in den Fällen, in denen die Maßnahme wirtschaftlich sinnvoll war und sich die Pflichtwidrigkeit nur aus dem Eingriff in die Hauptversammlungskompetenz ergibt, **häufig kein Schaden** beziffern lassen. Soweit die Maßnahme die Gesellschaft nicht unmittelbar wirtschaftlich schädigt – denkbar ist eine unmittelbare Schädigung zum Beispiel, wenn dem Mehrheitsaktionär ein Sondervorteil gewährt wird oder das Verhältnis von Leistung und Gegenleistung nicht angemessen ist – wird der Vermögensvergleich nach § 249 S. 1 BGB nicht automatisch einen zurechenbaren wirtschaftlichen Schaden ergeben. Ungeklärt ist allerdings die Frage, ob im Falle des Unternehmenserwerbs unter Missachtung der Hauptversammlungskompetenzen auch ein vom Vorstand nicht verschuldeter oder nicht voraussehbarer **Wertverlust des erworbenen Unternehmens**, zum Beispiel durch eine Wirtschaftskrise, in den Vermögensvergleich nach § 249 S. 1 BGB einzubeziehen ist.[378] Man wird hier jedenfalls in den Fällen, in denen die Maßnahme auf Grund einer Aktionärsklage rückgängig gemacht werden muss, den Zurechnungszusammenhang kaum verneinen können. Die **Kosten der Rückabwicklung** selbst stellen ohnehin **stets** einen **zu ersetzenden Schaden** dar. Allerdings wird dieser Fall nur dann eintreten, wenn der Vorstand die Hauptversammlung nicht mit der Frage befasst, ob er die Maßnahme rückgängig machen soll.[379] Spricht sich die Hauptversammlung gegen die Rückabwicklung aus, so muss der Vorstand dem folgen. Kosten für die Beseitigung der Maßnahme entstehen dann nicht.

105 Das Geltendmachen[380] von Schadenersatzansprüchen wird daher eher in solchen Situationen in Betracht kommen, in denen die Maßnahme auch aus anderen Gründen als dem Fehlen der Zustimmung der Hauptversammlung rechtswidrig ist.

106 d) **Vorgehen gegen einen Mehrheitsaktionär.** Opponiert ein Minderheitsaktionär gegen die geplante oder durchgeführte Strukturmaßnahme, weil dem Mehrheitsaktionär wirtschaftliche Vorteile zu Lasten der AG zufließen, und legt der Vorstand eine solche Maßnahme der Hauptversammlung vor, ist ein zustimmender Beschluss nach § 243 Abs. 2 AktG anfechtbar.[381] Regelmäßig wird in solchen Fällen auch eine verdeckte Gewinnausschüttung zugunsten des Mehrheitsaktionärs oder dessen konzernrechtliche Haftung gegeben sein.[382]

---

[376] Dazu im Einzelnen → § 24 Rn. 9 ff.
[377] Vgl. BGH NZG 2007, 545 ff.; BGH NJW-RR 2015, 988 (992).
[378] Vgl. allgemein zu Schadensverursachung durch Kompetenzüberschreitungen von Geschäftsführungsorganen: *Fleischer* DStR 2009, 1204 ff. sowie BGH DStR 2007, 310; 2008, 1599 (1600).
[379] → Rn. 97.
[380] Zum Verfahren → § 24 Rn. 25 f.
[381] Dazu → § 38 Rn. 62 ff.
[382] Vgl. *Bernhardt* DB 2000, 1873 (1878).

§ 26 Vorbereitung der Hauptversammlung

Übersicht

	Rn.
I. Vorbemerkung	1–13
1. Aufgabe und Funktion der Hauptversammlung	1–5
2. Ordentliche und außerordentliche Hauptversammlung	6/7
3. Kompetenzen der Hauptversammlung	8–13
a) Rechtsstellung	8/9
b) Gesetzliche Zuständigkeiten	10
c) Satzungsmäßige Zuständigkeiten	11
d) Ungeschriebene Zuständigkeiten	12/13
II. Organisatorische Vorbereitungen	14–42
1. Terminplan	14
2. Überblick	15
3. Verantwortliches Personal	16–24
a) Rechtsabteilung	17
b) Presse- und Öffentlichkeitsarbeit	18
c) Werbung	19
d) Aktienregisterverwaltung	20
e) EDV	21
f) Vorstandsbüro	22
g) Bilanzbüro	23
h) Backoffice	24
4. Ablaufplan	25
5. Termin	26
6. Veranstaltungsort	27–36
a) Zulässige Orte	27–31
b) Hauptversammlung an mehreren Orten	32
c) Tagungslokal	33/34
d) Prognose der Teilnehmerzahlen	35/36
7. Technik	37
8. Einlasskontrolle	38
9. Sicherheit	39
10. Abstimmung mit dem Notar	40
11. Regularien	41
12. Sprache	42
III. Einberufung	43–81
1. Einberufungsgründe	43–53
a) Gesetz	43
b) Satzung	44
c) Gesellschaftswohl	45
d) Minderheitsverlangen	46–53
2. Zuständigkeit	54/55
3. Art und Weise der Einberufung	56–64
a) Einberufungsfrist	56/57
b) Bekanntmachung	58–60
c) Inhalt	61
d) Veröffentlichung auf der Internetseite	63/64
4. Tagesordnung	65–73
a) Bekanntmachung	65–67
b) Beschlussvorschläge	68
c) Besondere Gegenstände	69/70
d) Folgen fehlerhafter Bekanntmachung	71–73
5. Mitteilungen und Zugänglichmachen	74–76
6. Gegenanträge und Wahlvorschläge der Aktionäre	77–83
7. Vollversammlung	84/85
8. Rechtsfolgen bei fehlerhafter Einberufung	86/87
IV. Berichts- und Mitteilungspflichten	88–102
1. Gesetzliche Berichtspflichten	89–97
a) Berichtspflichten des Vorstands	89–93
b) Sonstige Berichtspflichten	94–97

	Rn.
2. Ungeschriebene Berichtspflichten	98–100
3. Anfechtungsrisiken	101/102
V. Jahresabschluss	103–111
1. Aufstellung	104
2. Prüfung	105
3. Feststellung	106–111
VI. Auslegung von Unterlagen, Versand an die Aktionäre und alternative Internetveröffentlichung	112–124
1. Gegenstand der Auslegungspflicht	112–117
2. Ort und Zeitpunkt der Auslegung	118/119
3. Übersendung an Aktionäre	120
4. Alternative Veröffentlichung auf der Internetseite	121/122
5. Änderungen der ausgelegten Dokumente	123
6. Anfechtungsrisiken	124
VII. Ort der Hauptversammlung	125–134
1. Gesellschaftssitz	125
2. Börsensitz	126
3. Satzung	127/128
4. Hauptversammlung im Ausland	129
5. Abweichen von der gesetzlichen oder satzungsmäßigen Regelung	130
6. Versammlungsraum	131
7. Änderung des Versammlungsorts oder -raums	132/133
8. Rechtsfolgen der Einberufung an einen unzulässigen Ort	134

Schrifttum: *Butzke,* Die Hauptversammlung der Aktiengesellschaft, 5. Aufl., 2011; *Drinhausen/Marsch-Barner,* Zur Rechtsstellung des Aufsichtsratsvorsitzenden als Leiter der Hauptversammlung einer börsennotierten Gesellschaft, AG 2014, 757; *Ek,* Praxisleitfaden für die Hauptversammlung, 3. Aufl. 2017; *Frodermann/Jannott,* Handbuch des Aktienrechts, 9. Aufl. 2016; *Grigoleit,* Aktiengesetz, 1. Aufl. 2013; *Happ/Groß,* Aktienrecht, 4. Aufl. 2015; *Hensseler/Strohn,* Gesellschaftsrecht, 3. Auflage 2016; *Hölters,* Aktiengesetz 3. Aufl. 2017; *Hüffer/Koch,* Aktiengesetz, 13. Aufl., 2018; *Martens,* Leitfaden für die Leitung der Hauptversammlung einer Aktiengesellschaft, 3. Aufl. 2015; *Mohamed,* Die Sprachverwirrung in der ausländisch geprägten Hauptversammlung von AG oder SE, NZG 2015, 1263; Münchener Kommentar zum Aktiengesetz, 4. Aufl. 2018; *Schaaf,* Die Praxis der Hauptversammlung, 2011; *Semler/Volhard/Reichert,* Arbeitshandbuch für die Hauptversammlung, 4. Aufl. 2018; *Spindler/Stilz,* Aktiengesetz, 3. Aufl. 2015.

I. Vorbemerkung

1. Aufgabe und Funktion der Hauptversammlung

1 Die Hauptversammlung ist das „**Forum der Aktionäre**", in dem sie gemeinsam ihre Rechte ausüben. Der vielfach verwendete Ausdruck der „Aktionärsdemokratie"[1] geht nicht nur deshalb fehl, weil die Stimmrechte nach der Beteiligung bemessen werden, sondern vor allem deshalb, weil die Aktionäre nicht der Souverän der AG sind, sondern nur eines von drei Organen, zwischen denen zumindest das gesetzgeberische Leitbild eine gewisse Machtbalance vorsieht.[2]

2 Die Hauptversammlung tritt als **zentrales Willensbildungsorgan** neben die beiden Handlungsorgane Vorstand und Aufsichtsrat.[3] Ihre Organqualität ist unbestritten.[4] Von der Organfunktion ist die Hauptversammlung als tatsächliches Geschehen der Zusammenkunft der Aktionäre zu unterscheiden.[5]

3 Die Gesamtheit der Aktionäre bildet nicht per se eine Hauptversammlung. Voraussetzung für die wirksame Ausübung der Verwaltungsrechte der **Aktionäre** ist, dass diese sich als **Mitglieder zur Hauptversammlung versammeln**.[6] Außerhalb derselben können die Aktionäre allenfalls ihre Vermögensrechte wahrnehmen. Das Gesetz zur Umsetzung der Aktionärsrech-

---

[1] *Schaaf* Rn. 1; *Martens* S. 1.
[2] Hüffer/Koch/*Koch* AktG § 118 Rn. 4.
[3] Zum Verhältnis der Organe zueinander → Teil E.
[4] Hüffer/Koch/*Koch* AktG § 118 Rn. 2; GroßkommAktG/*Mülbert* Vor §§ 118–147 Rn. 19; *Henn* Rn. 685.
[5] GroßkommAktG/*Mülbert* Vor §§ 118–147 Rn. 8 ff.
[6] Hüffer/Koch/*Koch* AktG § 118 Rn. 7 f.; GroßkommAktG/*Mülbert* Vor §§ 118–147 Rn. 11.

terichtlinie (ARUG) hat erstmalig Ausnahmen von einer physischen Zusammenkunft insofern zugelassen, als unter bestimmten Voraussetzungen **auch ohne physische Anwesenheit am Ort der Hauptversammlung** die Aktionäre ihre Rechte im Wege elektronischer Kommunikation ausüben können[7] oder ihre Stimmen in Form der Briefwahl schriftlich oder im Wege elektronischer Kommunikation abgeben dürfen.[8] Damit ist der Weg für eine **Online-Hauptversammlung** frei. Dennoch handelt es sich bei der Online-Hauptversammlung nicht um eine virtuelle Hauptversammlung, da die Präsenzversammlung nach wie vor als Grundlage dient, zu der die Aktionäre – theoretisch auch sämtliche Aktionäre – online zugeschaltet werden.

Obwohl die Hauptversammlung als Organ den Willen der Gesellschaft selbst bildet, steht ihr Vertretungsbefugnis regelmäßig nur im Verbandsinnenverhältnis zu. Dies folgt unmittelbar aus §§ 78, 112 AktG, die die Vertretung der AG in die Hände von Vorstand und Aufsichtsrat legen. Im Außenverhältnis wird die Hauptversammlung allenfalls durch die Zustimmung zu Rechtsgeschäften tätig, wenn diese ausnahmsweise auch nach außen hin Wirksamkeitserfordernis ist, wie beispielsweise bei Unternehmensverträgen.[9] Eine echte Ausnahme bildet nach einer Ansicht die Bestellung des Sonderprüfers,[10] wobei bereits der Beschluss die Willenserklärung der AG zum Abschluss des Prüfungsvertrages darstellen soll, den der Vorstand nur als Bote zu überbringen habe.[11] Nach der Gegenmeinung obliegt hier die Vertretung der Gesellschaft dem Aufsichtsrat.[12] In der Tat ist der Wortlaut unklar, jedoch folgt aus dem Sinn der Abschlussprüfung, dass der Prüfungsauftrag nicht von den Handlungen der übrigen Organe der Gesellschaft abhängen darf, so dass die AG hier von der Hauptversammlung wirksam vertreten wird.

In tatsächlicher Hinsicht ist die Hauptversammlung als Zusammenkunft der Aktionäre zumindest **bei Publikumsgesellschaften ein organisatorischer Kraftakt,** der mit erheblichen Kosten verbunden ist. Bei sog kleinen Aktiengesellschaften mit einer Handvoll Aktionäre hingegen trifft man sich eher kurzfristig, um das Verlesen eines vorgefertigten Protokolls durch den Sitzungsleiter zu vernehmen.

2. Ordentliche und außerordentliche Hauptversammlung

Das Gesetz hebt in den §§ 175, 176 AktG die **ordentliche Hauptversammlung** hervor. Dies meint die **jährlich zwingend vorgeschriebene Hauptversammlung,** die das Pflichtprogramm bestehend aus Entgegennahme des Jahresabschlusses und des Lageberichts sowie Beschlussfassung über die Verwendung des Bilanzgewinns, bei einem Mutterunternehmen auch die Entgegennahme des Konzernabschlusses und des Konzernlageberichts zu bewältigen hat. Sie hat in den ersten acht Monaten des Geschäftsjahres stattzufinden[13] und dient dem Management regelmäßig zur Darstellung der eigenen Erfolge und manchen Aktionären zur „großen Abrechnung" mit Vorstand und Aufsichtsrat.[14] Wenngleich in §§ 175, 176 AktG nicht erwähnt, gehören zum Pflichtprogramm der ordentlichen Hauptversammlung auch die Entlastung von Vorstand und Aufsichtsrat sowie die Wahl des Abschlussprüfers.

Alle anderen Hauptversammlungen werden folgerichtig als **außerordentliche** bezeichnet und haben entweder rein informativen Charakter oder dienen der Beschlussfassung über dringende strukturelle Fragen der Gesellschaft wie Fusionen, Kapitalerhöhungen oder auch über Abwehrmaßnahmen gegen feindliche Übernahmen.[15] Angesichts der Kosten einer großen Hauptversammlung wird dies nur in dringenden Fällen vorkommen.

---

[7] § 118 Abs. 1 S. 2 AktG.
[8] § 118 Abs. 2 AktG.
[9] § 293 Abs. 1 AktG.
[10] § 142 Abs. 1 AktG.
[11] GHEK/*Hefermehl* AktG § 142 Rn. 18.
[12] So ADS §§ 142–146 Rn. 13 noch nach alter Rechtslage für den Vorstand, was den Sinn der Sonderprüfung in Frage gestellt hätte; unklar GroßkommAktG/*Bezzenberger* § 142 Rn. 23; vermittelnd Hüffer/Koch/ *Koch* AktG § 142 Rn. 11, der allerdings verkennt, dass Analogie zu § 318 Abs. 1 S. 4 HGB inzwischen zur Kompetenz des Aufsichtsrats führt.
[13] § 175 Abs. 1 S. 2 AktG.
[14] Als Beispiel kann der Fall Wenger/Daimler genannt werden, der selbst das BVerfG beschäftigte, BVerfG NJW 2000, 349 = NZG 2000, 192.
[15] Vgl. §§ 16, 33 Abs. 2 WpÜG.

3. Kompetenzen der Hauptversammlung

8 **a) Rechtsstellung.** Der Hauptversammlung als nichtständigem Organ obliegen die naturgemäß selten zu treffenden **Grundlagenentscheidungen**.[16] Sie hat insbesondere die Hoheit über die Satzung und damit über wesentliche Fragen wie den Geschäftsgegenstand, die Firma und die Kapitalausstattung. Dadurch wird der rechtliche und finanzielle Rahmen abgesteckt, in dem sich Vorstand und Aufsichtsrat bewegen.

9 Außerdem sind zahlreiche Grundlagenentscheidungen mit strategischer Bedeutung vom Votum der Hauptversammlung abhängig, was ihr zusätzliche Macht verleiht. Dies sollte jedoch nicht darüber hinwegtäuschen, dass die Möglichkeit zur freien Ausübung ihrer Rechte von den Informationen abhängt, die der Hauptversammlung zur Verfügung stehen. Hinzu kommt, dass nicht immer die erforderliche Mehrheit der Aktionäre denselben Schluss aus den zumeist von der Verwaltung gelieferten Informationen zieht, obwohl die Hauptversammlung meistens den Beschlussempfehlungen von Vorstand und Aufsichtsrat folgt.

10 **b) Gesetzliche Zuständigkeiten.** Die Hauptversammlung hat in vielen Einzelfällen Beschluss zu fassen, die **verstreut in mehreren Gesetzen** geregelt sind. Sie lassen sich wie folgt gliedern:

Übersicht: Gesetzliche Zuständigkeiten der Hauptversammlung

Regelmäßige Beschlüsse:
- Wahl des Aufsichtsrats[17]
- Verwendung des Bilanzgewinns[18]
- Entlastung von Vorstand und Aufsichtsrat[19]
- Wahl des Abschlussprüfers[20]

Kapitalmaßnahmen:
- Kapitalerhöhung gegen Einlagen[21]
- Ausschluss des Bezugsrechts[22]
- Bedingte Kapitalerhöhung[23]
- Genehmigtes Kapital[24]
- Kapitalerhöhung aus Gesellschaftsmitteln[25]
- Ausgabe von Wandel- und Gewinnschuldverschreibungen[26]
- Ordentliche Kapitalherabsetzung[27]
- Vereinfachte Kapitalherabsetzung[28]
- Zwangseinziehung von Aktien[29]

Strukturänderungen:
- Satzungsänderungen[30]
- Übertragung des Gesellschaftsvermögens[31]
- Auflösung der Gesellschaft[32]

---

[16] *Schaaf* Rn. 9.
[17] §§ 101 Abs. 1, 119 Abs. 1 Nr. 1 AktG.
[18] §§ 174 Abs. 1 S. 1, 119 Abs. 1 Nr. 2 AktG.
[19] §§ 120, 119 Abs. 1 Nr. 3 AktG.
[20] §§ 318 Abs. 1 S. 1 HGB, 119 Abs. 1 Nr. 4 AktG.
[21] §§ 182 Abs. 1 S. 1, 119 Abs. 1 Nr. 6 AktG.
[22] §§ 186 Abs. 3 S. 1, 119 Abs. 1 Nr. 6 AktG.
[23] §§ 192 Abs. 1, 119 Abs. 1 Nr. 6 AktG.
[24] §§ 202 Abs. 2, 119 Abs. 1 Nr. 6 AktG.
[25] §§ 207 Abs. 1, 119 Abs. 1 Nr. 6 AktG.
[26] §§ 221 Abs. 1 S. 1, 119 Abs. 1 Nr. 6 AktG.
[27] §§ 222 Abs. 1, 119 Abs. 1 Nr. 6 AktG.
[28] §§ 229 Abs. 1 S. 2, 119 Abs. 1 Nr. 6 AktG.
[29] §§ 237, 119 Abs. 1 Nr. 6 AktG.
[30] §§ 179 Abs. 1 S. 1, 119 Abs. 1 Nr. 5 AktG.
[31] § 179a AktG.
[32] §§ 262 Abs. 1 Nr. 2, 119 Abs. 1 Nr. 8 AktG.

- Eingliederung[33]
- Formwechsel[34]

Kontroll- und Prüfungsbeschlüsse:
- Bestellung von Sonderprüfern[35]
- Geltendmachung von Ersatzansprüchen[36]
- Verzicht auf Ersatzansprüche[37]

Ermächtigungs- und Zustimmungsbeschlüsse:
- Erwerb eigener Aktien[38]
- Unternehmensverträge[39]
- Nachgründung[40]
- Ausschluss von Minderheitsaktionären (Squeeze out)[41]
- Verschmelzung[42]
- Spaltung[43]
- Abwehrmaßnahmen gegen feindliche Übernahme[44]

Ersatz- bzw. Hilfskompetenzen:
- Fragen der Geschäftsführung[45]
- Feststellung des Jahresabschlusses[46]
- Billigung des Konzernabschlusses[47]

Eigene Angelegenheiten:
- Geschäftsordnung[48]

c) **Satzungsmäßige Zuständigkeiten.** Weitere Kompetenzen können der Hauptversammlung in der Satzung zugewiesen werden, soweit dadurch nicht das zwingende[49] Kompetenzgefüge des AktG verlassen wird. So kann beispielsweise die Zustimmung zur Übertragung von Namensaktien der Hauptversammlung übertragen werden,[50] was jedoch angesichts des Interesses an baldiger Zustimmung jedenfalls bei Publikumsgesellschaften äußerst unpraktikabel erscheint.[51]

d) **Ungeschriebene Zuständigkeiten.** Der Wortlaut des § 119 Abs. 1 AktG („namentlich") schließt die Existenz weiterer Kompetenzen der Hauptversammlung nicht aus, was die Rechtsprechung zum Anlass genommen hat, die Rechte der Hauptversammlung weiter auszudehnen. Nach der sog „Holzmüller"-Entscheidung[52] hat der Vorstand zu wichtigen strukturellen Fragen die Zustimmung der Hauptversammlung einzuholen. Dagegen bedarf es nach der Frosta-Entscheidung des BGH,[53] die von einer früheren Entscheidung des BGH[54] abweicht, für das sog Delisting, dh den vollständigen Rückzug von der Börse, nicht mehr

---

[33] §§ 319 Abs. 1 S. 1, 320 Abs. 1 S. 1 AktG.
[34] §§ 193 Abs. 1, 233 Abs. 1, 240 Abs. 1 UmwG.
[35] §§ 142 Abs. 1, 119 Abs. 1 Nr. 7 AktG.
[36] § 147 AktG.
[37] §§ 50, 93 Abs. 4, 116 AktG.
[38] § 71 Abs. 1 Nr. 8 AktG.
[39] § 293 Abs. 1 S. 1 AktG.
[40] § 52 Abs. 1 S. 1 AktG.
[41] § 327a AktG.
[42] §§ 13 Abs. 1, 65 Abs. 1 UmwG.
[43] §§ 125, 13 Abs. 1, 128 UmwG.
[44] § 33 Abs. 2 WpÜG.
[45] § 119 Abs. 2 AktG.
[46] § 173 Abs. 1 S. 1 AktG.
[47] § 173 Abs. 1 S. 2 AktG.
[48] § 129 Abs. 1 S. 1 AktG.
[49] § 23 Abs. 5 AktG.
[50] § 68 Abs. 2 S. 3 AktG.
[51] *Schaaf* Rn. 13.
[52] BGHZ 83, 122 (131) = NJW 1982, 1703 – Holzmüller; Überblick über den Meinungsstand bei Hüffer/Koch/*Koch* AktG § 119 Rn. 16; im Einzelnen hierzu → § 25.
[53] 8.10.2013 – II ZB 26/12.
[54] 25.11.2002 – II ZR 133/01 = ZIP 2003, 387 ff. – Macrotron.

der Zustimmung der Hauptversammlung. Die Grenze dieser „Grundkompetenz" ist derzeit weder im Schrifttum noch in der Rechtsprechung einheitlich bestimmt, was eine erhebliche Rechtsunsicherheit verursacht, die durch die **Gelatine-Entscheidungen** allerdings deutlich vermindert wurde.[55]

13 Ferner ist unbestritten, dass der Hauptversammlung die Ordnung ihrer inneren Angelegenheiten obliegt. Als Annex zur Geschäftsordnungskompetenz[56] kann die Hauptversammlung auch über Einzelfragen des Sitzungsverlaufs oder über den Ausschluss von Pressevertretern[57] entscheiden.

II. Organisatorische Vorbereitungen

1. Terminplan

14

Checkliste: Zeitplan für die Vorbereitung der Hauptversammlung	
Ereignis	**Frist (spätestens)**
• Zugang des Textes der Einladung an den **Bundesanzeiger**	• drei Arbeitstage vor Veröffentlichung
• **Einberufung** der Hauptversammlung	• ohne Nachweis- oder Anmeldeerfordernis: Satzung; mindestens dreißig Tage vor dem Tag der Hauptversammlung, der Tag der Einberufung ist nicht mitzurechnen[58] • bei Nachweis- oder Anmeldeerfordernis: Verlängerung der Mindestfrist von dreißig Tagen um die Tage der Anmelde-, bzw. Nachweisfrist[59]
• **Auslage oder Zugänglichmachen** des Jahresabschlusses, des Lageberichtes, des Berichts des Aufsichtsrats, des Vorschlags für die Verwendung des Bilanzgewinns; bei börsennotierten Gesellschaften Zugänglichmachen[60] eines erläuternden Berichts zu den Angaben nach § 289 Abs. 4, § 315 Abs. 4 HGB; gegebenenfalls Auslage oder Zugänglichmachen von Konzernabschluss, Konzernlagebericht, Abschlüssen zurückliegender Geschäftsjahre, gegebenenfalls auch von anderen durch die Beschlussfassung betroffenen Gesellschaften (zB bei Unternehmensverträgen, Verschmelzung, Spaltung, Ausgliederung nach UmwG) und von Strukturberichten.	• vom Tag der Einberufung an Auslage im Geschäftsraum der Gesellschaft, bzw. Zugänglichmachen über die Internetseite der Gesellschaft
• **Verbreitung in der Europäischen Union** durch Zuleitung an Medien zur Veröffentlichung (nur bei börsennotierten Gesellschaften)	• spätestens zum Zeitpunkt der Bekanntmachung[61]

---

[55] Vgl. → 25 Rn. 56 ff.
[56] § 129 Abs. 1 S. 1 AktG.
[57] Hüffer/Koch/*Koch* AktG § 119 Rn. 10; aA GroßkommAktG/*Mülbert* § 118 Rn. 75.
[58] § 123 Abs. 1 AktG.
[59] § 123 Abs. 2 S. 4, Abs. 3 S. 1 Hs. 2 AktG.
[60] Seit der Aktienrechtsnovelle 2016 Klarstellung in § 175 AktG, dass es keiner Auslegung bedarf, sondern nur eines Zugänglichmachens gemäß § 176 AktG.
[61] § 121 Abs. 4a AktG.

Ereignis	Frist (spätestens)
• **Veröffentlichung auf der Internetseite** des Inhalts der Einberufung; und sonstiger Angaben	• alsbald nach der Einberufung[62]
• **Bekanntmachung von Tagesordnungsanträgen** einer Aktionärsminderheit und bei börsennotierten Gesellschaften **Veröffentlichung auf der Internetseite**	• unverzüglich nach Zugang des Verlangens[63]
• **Mitteilung an die Aktionäre,** Kreditinstitute und Aktionärsvereinigungen	• 21 Tage vor der Hauptversammlung[64]
• **Zugänglichmachen** von Gegenanträgen und Vorschlägen zur Wahl von Aufsichtsratsmitgliedern oder Abschlussprüfern seitens der Aktionäre	• mindestens 14 Tage vor der Hauptversammlung[65]
• **Nachweisstichtag**	• gem. Satzung; bei börsennotierten Gesellschaften der Beginn des 21. Tages vor der Hauptversammlung[66]
• **Zugänglichmachen von Auskünften**	• ggf. durchgängig mindestens sieben Tage vor Beginn und in der Hauptversammlung, um ein Auskunftsverweigerungsrecht zu begründen[67]
• **Einreichung der Nachweisbescheinigung** bei der Gesellschaft	• gem. Satzung; bei börsennotierten Gesellschaften mindestens sechs Tage vor der Hauptversammlung, falls die Satzung keine kürzere Frist vorsieht[68]
• **Anmeldung** zur Hauptversammlung durch Aktionäre	• gem. Satzung; Satzung darf nicht anordnen, dass Anmeldung früher als sechs Tage vor der Hauptversammlung erfolgen muss[69]
• **Hauptversammlung**	• ordentliche Hauptversammlung innerhalb der ersten acht Monate eines Geschäftsjahres[70]
• Einreichung der **Niederschrift** zum Handelsregister	• unverzüglich[71]
• **Veröffentlichung des Abstimmungsergebnisses** bei börsennotierten Gesellschaften auf der Internetseite	• sieben Tage nach der Hauptversammlung[72]
• Stellung des Antrags auf **Auskunftserzwingung** bzw. des Antrags auf Bestellung eines anderen **Sonderprüfers**	• zwei Wochen nach der Hauptversammlung[73]
• Erhebung der **Anfechtungsklage**	• ein Monat nach der Hauptversammlung[74]

[62] § 124a AktG.
[63] § 124 Abs. 1 AktG, § 124a AktG.
[64] § 125 Abs. 1 AktG.
[65] §§ 126, 127 AktG.
[66] § 123 Abs. 4 AktG.
[67] § 131 Abs. 3 S. 1 Nr. 7 AktG.
[68] § 123 Abs. 4 AktG.
[69] § 123 Abs. 2 AktG.
[70] § 175 Abs. 1 AktG.
[71] § 130 Abs. 5 AktG.
[72] § 130 Abs. 6 AktG.
[73] §§ 132 Abs. 2 S. 2 AktG, 142 Abs. 4 S. 2 AktG.
[74] § 246 Abs. 1 AktG.

2. Überblick

15 Die Organisation einer Hauptversammlung stellt **hohe Anforderungen an das zuständige Personal**. Sie verlangt langfristige Planung. Trotzdem können besondere Situationen es erfordern, innerhalb weniger Wochen eine Hauptversammlung zu organisieren, die wichtige Entscheidungen über Fusionen oder Übernahmen zu treffen hat. Der größte Teil des Aufwands konzentriert sich jedoch auf die letzten zwei Monate. Hier ist zudem verstärkt an die rechtlichen Vorgaben für die Einladung und den Ablauf der Hauptversammlung zu denken. Bei Aktiengesellschaften mit kleinerem Aktionärskreis kann eine Hauptversammlung schon mit wesentlich weniger Aufwand zu organisieren sein. Allein die Größe des Versammlungsraums bestimmt viele Parameter wie Übertragungstechnik, Einlasskontrolle oder Abstimmungsverfahren, so dass hiervon im Wesentlichen das Ausmaß der Bemühungen abhängt.

3. Verantwortliches Personal

16 Da bei der Vorbereitung einer Hauptversammlung viele Aspekte zu berücksichtigen sind, kommen dabei naturgemäß Experten aus verschiedenen Abteilungen des Unternehmens zum Einsatz. Deshalb ist es sinnvoll, eine **Projektgruppe aus den Teilverantwortlichen** zu bilden,[75] in die auch externe Berater eingebunden werden können. Dieses Team wird von wenigen Koordinatoren geleitet, die möglichst direkt dem zuständigen Vorstandsmitglied unterstellt sind und Entscheidungskompetenz in strittigen Fragen haben. Das ganze Team trifft sich in regelmäßigen Intervallen, um die Einhaltung des Ablaufplans zu überwachen und strittige Fragen zu diskutieren und zu klären. In der Projektgruppe sollten vertreten sein:

17 a) **Rechtsabteilung.** Dass eine Hauptversammlung an sich ein Ereignis mit großer rechtlicher Relevanz darstellt, versteht sich fast von selbst. Bereits bei der Vorbereitung sind zahlreiche rechtliche Anforderungen zu beachten: Gestaltung und rechtzeitige Veröffentlichung der Einladung, korrekte Handhabung des Stimmrechts, ausreichende Teilnahmemöglichkeiten für alle Aktionäre usw. Es ist deshalb unerlässlich, die eigene Rechtsabteilung oder ggf. einen Rechtsanwalt in das Projektteam einzubinden.

18 b) **Presse- und Öffentlichkeitsarbeit.** Die Hauptversammlung ist längst keine reine Innenveranstaltung mehr. Als Großereignis bietet sie eine ideale Gelegenheit für die **Unternehmenskommunikation**. Die in den letzten Jahren gewachsene Aktienkultur in Deutschland führt auch zu einer verstärkten Wahrnehmung von Hauptversammlungen in den Medien. Die Außenwirkung der Hauptversammlung ist deshalb in die Kommunikationsstrategie des Unternehmens einzubetten, was die Mitarbeit der zuständigen PR-Abteilung erfordert. Ihr obliegt die Information und Einladung von Presse- und Medienvertretern, die Bereitstellung von Pressemappen und ggf. die Verpflegung dieser Gäste. Sollte es eine eigene Abteilung für „Investor Relations" geben, ist deren Mitarbeit natürlich ebenso unabdingbar. Möglicherweise obliegt ihr sogar die Leitung des Projektteams.

19 c) **Werbung.** Die Hauptversammlung bietet neben der allgemeinen Öffentlichkeitsarbeit auch die Möglichkeit, die **Produkte des Unternehmens** bzw. des Konzerns zu präsentieren. Beliebtes Mittel sind die Informationsstände im Foyer, die auch den Besuchern zugänglich sind. Um dies angemessen berücksichtigen zu können, ist die Einbindung der Abteilung Werbung zu empfehlen.

20 d) **Aktienregisterverwaltung.** Bei **Namensaktien** hat die Gesellschaft ein Aktienregister[76] zu führen, aus dem sich die Berechtigung der Aktionäre ergibt.[77] Auch wenn dieser Bereich auf externe Dienstleister ausgelagert wird, sollte der zuständige Mitarbeiter für das Projektteam greifbar sein.

---

[75] *Schaaf* Rn. 20 ff.
[76] Vor Inkrafttreten des NaStraG am 25.1.2001 verwendete das Aktiengesetz in § 67 den Begriff Aktienbuch.
[77] § 67 Abs. 2 AktG.

e) **EDV.** Eine große **Publikumshauptversammlung** ist ohne Einsatz elektronischer Datenverarbeitung und Kommunikation heute kaum noch denkbar. Angefangen bei der Dokumentenerstellung und der Führung von Teilnehmerverzeichnissen und Rednerlisten bis zum umfangreichen Datenzugriff auf das Unternehmensnetzwerk, um Fragen der Aktionäre beantworten zu können, ist der erfolgreiche Verlauf einer Hauptversammlung in hohem Maße von elektronischen Helfern abhängig. Zur Bereitstellung der nötigen Infrastruktur sollte die EDV-Abteilung in dem Projektteam ebenfalls vertreten sein. Dies gilt erst recht, wenn die Gesellschaft von der Möglichkeit einer **Online-Hauptversammlung** Gebrauch macht. Hierbei sind Lösungen zu finden, wie der online zugeschaltete Aktionär sicher identifiziert werden kann, wie seine Teilnahme im Teilnehmerverzeichnis automatisch aufgezeichnet wird oder wie das Bestehen einer störungsfreien Verbindung zu ihm automatisch überprüft wird.

f) **Vorstandsbüro.** Der Vorstand ist zur Teilnahme an der Hauptversammlung grundsätzlich **verpflichtet.**[78] Deshalb ist die Koordination mit dem Vorstandsbüro in zahlreichen Fragen wie Terminen, Beratungspersonal etc erforderlich. Außerdem wird der Vorstand im Vorfeld der Hauptversammlung Kontakt zu den Schutzvereinigungen der Aktionäre sowie zu institutionellen Anlegern aufnehmen, was ebenfalls mit dem Projektteam abgestimmt werden sollte.

g) **Bilanzbüro.** Gerade bei der ordentlichen Hauptversammlung gehört die **Entgegennahme des Jahresabschlusses** zu den wesentlichen Ereignissen, so dass zahlreiche Fragen diesbezüglich zu erwarten sind. Deshalb kommt der Einbindung der für das Rechnungswesen zuständigen Abteilung entscheidende Bedeutung zu. Schließlich muss auch gewährleistet werden, dass der Geschäftsbericht rechtzeitig fertig gestellt und den Aktionäre zugänglich gemacht werden kann.

h) **Backoffice.** Das Projektteam braucht während der Hauptversammlung vor Ort eine gute Infrastruktur, um seine Aufgaben zu bewältigen. Neben Druckkapazitäten und ausreichender Computerausstattung ist an **Unterstützungspersonal** zu denken, das verschiedene Teilaufgaben übernimmt. Die Zusammenfassung solcher Aufgaben im sog Backoffice schafft eine zentrale Anlaufstelle. Zudem kann hier der Beraterstab des Vorstands untergebracht werden, der die Antworten auf Fragen der Aktionäre vorbereitet. Es versteht sich von selbst, dass der Leiter des Backoffice zum Projektteam gehört.

4. Ablaufplan

Die Vorbereitung der Hauptversammlung besteht aus unzähligen kleinen Aufgaben, die alle rechtzeitig erledigt werden müssen. Es ist deshalb ratsam, einen detaillierten Ablaufplan zu erstellen, in dem alle Aufgaben verzeichnet, den zuständigen Bearbeitern zugeteilt und zeitlich fixiert werden. Dies kann entweder mit spezieller Projektmanagement-Software oder mit Hilfe jeder Tabellenfunktion erfolgen. In jedem Fall müssen alle Mitglieder des Projektteams Zugriff auf den Plan haben. Schließlich sollten Erledigungsvermerke vorgesehen werden. Ebenso sind automatische Warnhinweise bei Verstreichen eines Erledigungstermins möglich. Da ordentliche Hauptversammlungen gerne in den urlaubsträchtigen Sommermonaten stattfinden, sollte auch die Urlaubsplanung einbezogen werden.[79]

5. Termin

Strenge rechtliche Vorgaben für den Termin einer Hauptversammlung existieren nur für die ordentliche. Diese hat in den ersten acht Monaten des Geschäftsjahres stattzufinden.[80] Ansonsten gilt lediglich das Gebot der Unverzüglichkeit.[81] Gerade bei größeren Hauptversammlungen ist jedoch die Abstimmung mit Hauptversammlungen anderer Gesellschaften und Großereignissen zu suchen, um die Verkehrsinfrastruktur und die Sicherheitskräfte

---

[78] Dazu → 27 Rn. 36 f.
[79] Ein Muster für einen Generalplan findet sich bei *Schaaf* Anlage 1.
[80] § 175 Abs. 1 S. 2 AktG.
[81] § 92 Abs. 1 AktG.

nicht über Gebühr zu belasten. Da der Veranstaltungssaal meist jedoch schon längere Zeit im Voraus gebucht wird, ist hier oft nur wenig Spielraum.

Hinsichtlich der Uhrzeit für den Beginn der Versammlung sollte abgewogen werden zwischen dem Interesse auswärtiger Aktionäre an einer angemessenen Anreisemöglichkeit und dem Interesse an einer Beendigung der Hauptversammlung rechtzeitig vor Mitternacht bei einem eventuell zu erwartenden umfangreichen Fragenkatalog kritischer Aktionäre. Bei einem Beginn der Versammlung gegen 10 Uhr wird man dem Vorstand kaum einen Vorwurf machen können.

6. Veranstaltungsort

27 a) **Zulässige Orte.** Die Hauptversammlung soll grundsätzlich am **Sitz der Gesellschaft** stattfinden. Bei Börsenzulassung zum Handel im regulierten Markt ist auch der Sitz der Börse zulässig.[82] Diese Orte sollen zwar in der Regel maßgeblich sein, jedoch kann eine Hauptversammlung bei beachtlichen Gründen auch an andere Orte einberufen werden.[83]

28 In jedem Fall kann die **Satzung** Abweichungen zulassen bzw. vorschreiben.[84] Dabei ist die Satzung grundsätzlich frei, es muss sich nur um einen Ort handeln, den jeder Aktionär ohne unverhältnismäßige Schwierigkeiten erreichen kann.[85] Die Satzung kann auch mehrere Orte zur Wahl stellen oder die Orte nach allgemeinen Kriterien eingrenzen und im Übrigen dem Einberufer die Wahl lassen. Fraglich ist jedoch, ob sie dem Einberufer auch völlig freie Wahl lassen kann ohne Bindung an irgendwelche Kriterien. Obwohl dies dem Wortlaut des § 121 Abs. 5 AktG nach nicht auszuschließen ist, muss die Zulässigkeit der Einberufung an jeden beliebigen Ort abgelehnt werden, da sie dem Einberufer die Möglichkeit gibt, die Teilnahme der Aktionäre in subtiler Weise zu erschweren.[86]

29 Soll von der gesetzlichen oder satzungsmäßigen Regelung abgewichen werden, so setzt dies das Vorliegen **besonderer Sachgründe** voraus.[87] Außerdem muss eine Satzungsregelung überhaupt Spielraum lassen, also ebenfalls als Soll-Vorschrift gefasst sein, was aus Gründen der Flexibilität jedenfalls zu empfehlen ist. Besondere Sachgründe sind zum Beispiel das Fehlen eines geeigneten Versammlungslokals oder die Störung der Verkehrsverbindungen zum gesetzlichen bzw. satzungsmäßigen Versammlungsort.[88]

30 Umstritten war, ob eine **Hauptversammlung im Ausland** zulässig ist. Nach früher herrschender Meinung war eine Hauptversammlung an einem ausländischen Ort unzulässig.[89] Diese Frage ist mittlerweile vom BGH[90] entschieden, der für den Fall einer SE klargestellt hat, dass durch die Satzung ein Hauptversammlungsort im Ausland bestimmt werden kann, der Aktionär soll lediglich vor Willkür geschützt werden. Danach sind Hauptversammlungen im Ausland möglich, wenn die Satzung einen Ort im Ausland bestimmt oder die Voraussetzungen einer Vollversammlung erfüllt sind.[91] Eventuell notwendige Beurkundungen sind entweder von einem ausländischen Notar[92] oder von einem Konsularbeamten[93] vorzunehmen. Außerdem sollten formelle Fragen zuvor mit dem örtlichen Registergericht abgestimmt werden.[94]

31 Wird eine Hauptversammlung an einen unzulässigen Ort einberufen, so sind die dort gefassten **Beschlüsse** nach allgemeiner Meinung **anfechtbar.** Nach herrschender Meinung gilt

---

[82] § 121 Abs. 5 S. 1, 2 AktG.
[83] GroßkommAktG/*Werner* § 121 Rn. 52.
[84] § 121 Abs. 5 AktG.
[85] GroßkommAktG/*Werner* § 121 Rn. 46.
[86] GroßkommAktG/*Werner* § 121 Rn. 50; Hüffer/Koch/*Koch* AktG § 121 Rn. 13; KölnKommAktG/*Zöllner* § 121 Rn. 34.
[87] GroßkommAktG/*Werner* § 121 Rn. 52; Hüffer/Koch/*Koch* AktG § 121 Rn. 12.
[88] Hüffer/Koch/*Koch* AktG § 121 Rn. 12; KölnKommAktG/*Zöllner* § 121 Rn. 35.
[89] OLG Hamburg AG 1993, 384.
[90] NJW 2015, 336.
[91] Ebenso Hüffer/Koch/*Koch* AktG § 121 Rn. 15.
[92] Art. 11 Abs. 1 Alt. 2 EGBGB; so auch der BGH NJW 2015, 336.
[93] § 10 Konsulargesetz.
[94] Zu besonderen Anforderungen der Registergerichte Hüffer/Koch/*Koch* AktG § 121 Rn. 16.

dies auch bei der Abweichung von der gesetzlichen Regelung ohne sachlichen Grund.[95] Jedoch muss der Fehler kausal für die Beschlussfassung gewesen sein, sich also auf das Ergebnis ausgewirkt haben.[96] Bei vom Gesellschafts- oder Börsensitz abweichenden Orten ist deshalb Vorsicht und Zurückhaltung geboten.

b) Hauptversammlung an mehreren Orten. Der Einsatz moderner Kommunikations- und Übertragungstechniken bei Hauptversammlungen hat die Frage aufgeworfen, ob eine solche auch an mehreren Orten abgehalten werden kann. Denkbar ist, dass zwei Versammlungsorte derart audiovisuell miteinander vernetzt sind, dass Redebeiträge und die Stimmabgabe übertragen werden. Dagegen könnte sprechen, dass das AktG davon auszugehen scheint, dass die Hauptversammlung an „einem" Ort einzuberufen und abzuhalten ist. Obwohl diese Auffassung bei einer teleologischen Gesetzesauslegung überwunden werden könnte, besteht weiterhin ein **erhebliches Anfechtungsrisiko,** so dass nur klare Gesetzesänderungen Auswirkungen auf die Praxis haben werden.[97] Der Gesetzgeber hat jedoch neuerdings Erleichterungen hin zu Online-Hauptversammlungen insofern vorgesehen, als eine Gesellschaft mittlerweile eine Teilnahme an der Hauptversammlung und eine Ausübung des Stimmrechts auf elektronischem Wege zulassen kann.[98] Erstmals wird damit eine Online-Hauptversammlung ermöglicht, bei der die Aktionäre nicht nur passiv über das Internet zuschauen. Vielmehr gilt die Online-Zuschaltung als echte aktienrechtliche Teilnahme, bei der die Ausübung von Aktionärsrechten – insbesondere auch des Stimmrechts – in Echtzeit möglich ist. Dennoch handelt es sich bei der Online-Hauptversammlung nicht um eine virtuelle Hauptversammlung, da die Präsenzversammlung nach wie vor als Grundlage dient, zu der die Aktionäre – theoretisch auch sämtliche Aktionäre – online zugeschaltet werden. Die Präsenz von Vorstand und Aufsichtsrat bleibt dagegen ebenso verpflichtend wie die Protokollierung durch den Notar, bzw. Vorsitzenden des Aufsichtsrats am Ort der Versammlung.

c) Tagungslokal. Hohe Anforderungen sind an den Tagungssaal zu stellen. Neben ausreichendem **Fassungsvermögen** für die erwartete Teilnehmerzahl (dazu sogleich) ist darauf zu achten, dass es die **Akustik** jedem Aktionär erlaubt, dem Geschehen zu folgen. Ferner sollte eine Absperrung des Präsenzbereichs ohne weiteres möglich sein. Für Notfälle sollten kurzfristige Erweiterungsmöglichkeiten in Nachbarsälen bereitgehalten werden. Daneben spielen Kriterien wie Anbindung an öffentliche Verkehrsmittel, die Erreichbarkeit mit dem Auto sowie ausreichende Parkmöglichkeiten eine Rolle.

Schließlich empfiehlt es sich, eine **zweite Halle** anzumieten, um die Versammlung kurzfristig verlegen zu können, falls beispielsweise ein Bombenalarm oder sonstige Sicherheitsrisiken drohen. Eine solche Verlegung in ein anderes Tagungslokal am selben Ort wird allgemein auch kurzfristig als zulässig angesehen, sofern für eine Benachrichtigung auch später eintreffender Teilnehmer gesorgt wird und mit der Hauptversammlung im neuen Lokal entsprechend später begonnen wird.[99]

d) Prognose der Teilnehmerzahlen. Eine erfolgreiche Hauptversammlung erfordert einen „passenden" Versammlungssaal. Nichts ist peinlicher, als mit wenigen Aktionären ein ganzes Kongresszentrum zu besetzen. Ebenso kann ein zu kleiner Saal, der nicht alle Aktionäre fasst, die ganze Versammlung sprengen. Schließlich ist die Zahl der Teilnehmer auch für die Planung der Verpflegung von Bedeutung. Die Wahl der richtigen Größe wird dadurch erschwert, dass die Präsenz auf Hauptversammlungen in der Regel gering ist und bei besonderen Anlässen erheblich steigt.

Eine Prognose kann sich zuerst nur an Erfahrungswerten aus vorangegangenen Jahren orientieren. Die Hauptversammlungen vergleichbarer Gesellschaften können in Ausnahmefällen – insbesondere bei jungen Gesellschaften – erste Hinweise geben, sind aber mit Vorsicht zu betrachten und nicht ohne gehörigen Unsicherheitszuschlag zu berücksichtigen. Mit

---

[95] Hüffer/Koch/*Koch* AktG § 121 Rn. 12; Semler/Volhard/*Zuther* Rn. I B 573 mwN.
[96] Hüffer/Koch/*Koch* AktG § 243 Rn. 12 mwN; aA GroßkommAktG/*K. Schmidt* § 243 Rn. 21 ff.
[97] Eingehend zu diesem Thema *Noack* BB 1998, 2533; *ders.* ZGR 1998, 592.
[98] § 118 AktG.
[99] GroßkommAktG/*Werner* § 121 Rn. 45; KölnKommAktG/*Zöllner* § 121 Rn. 37.

steigenden Teilnehmerzahlen ist zu rechnen, wenn besondere Strukturentscheidungen anstehen oder die Gesellschaft in eine Krise geraten ist. Beispiele hierfür sind außerordentlich schlechte Geschäftsergebnisse, Dividendenausfall, Verlustanzeigen, staatsanwaltschaftliche Ermittlungen, Fusionen, Übernahmen oder bedeutende Akquisitionen.[100] Solche Ereignisse können auch sehr kurzfristig eintreten, so dass auch kurzfristiges Umdisponieren erforderlich werden kann.

7. Technik

37 Gerade große Hauptversammlungen sind heute ohne den massiven Einsatz technischer Hilfsmittel kaum noch vorstellbar – angefangen bei Präsentationsmitteln wie Tageslicht- oder Videoprojektoren (sog Beamer) bis hin zu Videoeinwänden, Tonbandgeräten und Abstimmungsanlagen. Ohne über Sinn oder Unsinn solch multimedialer Wunderwerke zu berichten, soll hier nur darauf hingewiesen werden, dass einmal für notwendig erachtetes Gerät möglichst langfristig gebucht wird, um die Verfügbarkeit sicherzustellen. Ebenso sind Testläufe zu empfehlen, um peinliche Pannen zu vermeiden.

8. Einlasskontrolle

38 Die Hauptversammlung ist eine Veranstaltung der Aktionäre und **nicht öffentlich**.[101] Demnach muss der Zugang zum Präsenzbereich überwacht und grundsätzlich den Aktionären vorbehalten bleiben. Dazu sind neben dem erforderlichen Personal Teilnehmerlisten vorzuhalten. Auch elektronische Überwachungssysteme sind möglich, die den Eintritt beispielsweise von dem Besitz einer nur an Aktionäre ausgegebenen Chipkarte abhängig machen.

9. Sicherheit

39 Aktionäre gehören zwar im Allgemeinen nicht zu den Menschen, die unverhofft einen Tumult losbrechen, eine gut besuchte Hauptversammlung stellt jedoch wie jede Großveranstaltung ein **nicht ganz unerhebliches Sicherheitsrisiko** dar. So ist zu überlegen, ob ein Wach- und Sicherheitsdienst für das Gebäude beauftragt wird und ob Personenschutz für die Mitglieder von Vorstand und Aufsichtsrat erforderlich ist. In Ausnahmefällen ist auch das Einschalten der Sicherheitsbehörden zu empfehlen, wenn beispielsweise Demonstrationen von Gruppen erwartet werden, die mit dem Gegenstand des Unternehmens oder dessen Geschäftspolitik nicht einverstanden sind.

10. Abstimmung mit dem Notar

40 Bei **börsennotierten Aktiengesellschaften** sind die Beschlüsse der Hauptversammlung durch einen Notar zu beurkunden.[102] Ansonsten genügt eine vom Versammlungsleiter zu unterschreibende Niederschrift, sofern nicht Beschlüsse mit besonderer Mehrheit getroffen werden. Dem Notar obliegt zwar keine Beratungspflicht, jedoch eine gewisse Rechtmäßigkeitskontrolle, so dass er nicht über evidente Rechtsverstöße hinweggehen darf.[103] Es ist deshalb zu empfehlen, den Notar vorab über die Beschlussempfehlungen zu unterrichten und kritische Fragen vorab zu klären. Ebenso sollte man mit dem Notar vor der Versammlung das Versammlungslokal besichtigen und die Abstimmungstechnik testen. Da der Notar den Leitfaden für den Versammlungsleiter regelmäßig zur Grundlage seines Protokolls macht, ist es tunlich, diesen Leitfaden frühzeitig dem Notar zu übermitteln.

11. Regularien

41 Der Leiter der Hauptversammlung hat während des Verlaufs gewisse Formalia und Regularien zu beachten, die es geboten erscheinen lassen, für den Leiter eine **Leitnotiz** anzuferti-

---

[100] Vgl. Semler/Volhard/*Rappers* Rn. I B 132.
[101] Hüffer/Koch/*Koch* AktG § 118 Rn. 16.
[102] § 130 Abs. 1 AktG.
[103] Hüffer/Koch/*Koch* AktG § 130 Rn. 12.

gen, die zu den vorgesehenen Tagesordnungspunkten die notwendigen Anweisungen enthält. Und es sollte sichergestellt werden, dass der Versammlungsleiter sich auch daran hält. Zudem sollten Leitnotizen für die wichtigsten außerordentlichen Situationen wie Antrag auf Einzelentlastung, Sonderprüfung oder andere Minderheitsverlangen, Redezeitbeschränkung und Störfallszenarien wie zB Saalverweis bereit liegen. Solche Leitnotizen sollten der Diktion des Versammlungsleiters entsprechen und zuvor mit ihm abgesprochen werden.

12. Sprache

Die Sprache der Hauptversammlung ist deutsch.[104] Dies gilt auch bei einer im Ausland abgehaltenen Hauptversammlung. Redebeiträge von Aktionären in einer anderen Sprache als deutsch sollten nur zugelassen werden, wenn auch ihre Übersetzung in die deutsche Sprache gewährleistet ist.[105] Ist der Leiter der Hauptversammlung der deutschen Sprache nicht mächtig, bedarf es einer Simultanübersetzung durch geeignete Dolmetscher.[106]

III. Einberufung

1. Einberufungsgründe

a) **Gesetz.** Die Hauptversammlung ist einzuberufen, wenn Gesetz oder Satzung dies bestimmen oder das Wohl der Gesellschaft es erfordert.[107] **Gesetzliche Einberufungsgründe** sind:
- Ordentliche Hauptversammlung nach Eingang des Berichts des Aufsichtsrats über die Prüfung des Jahresabschlusses,[108]
- Verlust des hälftigen Grundkapitals,[109]
- Minderheitsverlangen von 5 % des Grundkapitals,[110]
- Minderheitsverlangen im Falle der Verschmelzung durch Aufnahme durch 5 % des Grundkapitals der aufnehmenden Gesellschaft,[111]
- Verlangen von Aufsichtsbehörden,[112]
- Hauptversammlungsbeschluss.[113]

Zu den gesetzlichen Einberufungsgründen zählen nach allgemeiner Ansicht auch solche, die nicht ausdrücklich im Gesetz erwähnt sind. Vielmehr genügt es, dass eine Maßnahme ansteht, für die die Hauptversammlung zuständig ist.[114]

b) **Satzung.** Der Bestimmung von Einberufungsgründen durch die Satzung setzt das zwingende Kompetenzgefüge der AG klare Grenzen. Möglich ist beispielsweise die Einberufung, wenn die Hauptversammlung über die Zustimmung der Gesellschaft zur Übertragung vinkulierter Namensaktien zu entscheiden hat.[115] Auch die satzungsgemäße Einberufung auf Verlangen einer geringeren als in § 122 Abs. 1 S. 2 AktG bestimmten Minderheit fällt unter diese Kategorie.

c) **Gesellschaftswohl.** Die Einberufung aus Gründen des Gesellschaftswohls liegt im pflichtgemäßen Ermessen des einberufenden Organs.[116] Umstritten sind jedoch die Voraus-

---

[104] Hüffer/Koch/*Koch* AktG 3 118 Rn. 20.
[105] Hüffer/Koch/*Koch* AktG 3 118 Rn. 20.
[106] Hüffer/Koch/*Koch* AktG 3 129 Rn. 18.
[107] §§ 121 Abs. 1, 111 Abs. 3 AktG.
[108] § 175 Abs. 1 S. 1 AktG.
[109] § 92 Abs. 1 AktG.
[110] § 122 Abs. 1 AktG.
[111] § 62 Abs. 2 UmwG.
[112] §§ 44 Abs. 5 S. 1 KWG, 3 Abs. 1 BausparkG, 83 Abs. 1 S. 1 Nr. 6 VAG.
[113] Vgl. § 124 Abs. 4 S. 2 AktG.
[114] Hüffer/Koch/*Koch* AktG § 121 Rn. 3; GroßkommAktG/*Werner* § 121 Rn. 4; aA KölnKommAktG/*Zöllner* § 121 Rn. 13, der diese Fälle in die Tatbestände einordnet, in denen das Wohl der Gesellschaft es erfordert.
[115] § 68 Abs. 2 S. 3 Fall 2 AktG.
[116] GroßkommAktG/*Werner* § 121 Rn. 16.

setzungen für eine Einberufung. Während eine Ansicht die Entscheidungskompetenz der Hauptversammlung über den jeweiligen Gegenstand verlangt,[117] geht die Gegenansicht davon aus, dass dies gerade nicht erforderlich ist.[118] Einigkeit besteht lediglich darin, dass die Befassung der Hauptversammlung mit dem Gegenstand den Interessen und dem Wohl der Gesellschaft dient. Auch wenn der ersten Meinung zuzugeben ist, dass der Einberufungsgrund der Erfordernis des Gesellschaftswohls nicht geeignet ist, weitere Zuständigkeiten der Hauptversammlung zu begründen, kann nicht übersehen werden, dass alle Fälle, in denen die Hauptversammlung bereits zuständig ist, allgemein zu den gesetzlichen Einberufungsgründen gezählt werden.[119] Demzufolge muss zum Wohle der Gesellschaft die Einberufung der Hauptversammlung auch ohne deren Entscheidungskompetenz möglich sein, beispielsweise um die Aktionäre über bestimmte Vorgänge zu informieren oder Konflikte zwischen den Organen einer gütlichen Einigung zuzuführen.

46 **d) Minderheitsverlangen.** Eine Hauptversammlung ist einzuberufen, wenn Aktionäre, deren Aktien zusammen **5 % des Grundkapitals** betragen, dies verlangen.[120] Hierbei kommt es nicht auf die Gattung der gehaltenen Aktien an, sondern vielmehr darauf, ob sie ein Teilnahmerecht an der Hauptversammlung vermitteln,[121] so dass auch stimmrechtslose Vorzugsaktien ausreichen;[122] das Gleiche muss gelten bei Namensaktien, bei denen nach § 67 Abs. 2 S. 2 und 3 AktG keine Stimmrechte bestehen. Besteht an den Aktien ein Pfandrecht, bleibt der Eigentümer antragsberechtigt. Beim Nießbrauch kommt es auf die konkrete Ausgestaltung an: Antragsberechtigt ist derjenige, der das Recht zur Teilnahme an der Hauptversammlung hat. Bei der sog Wertpapierleihe ist die Eigentumsposition maßgeblich. Im Fall der unregelmäßigen Verwahrung,[123] welche in der Praxis den Regelfall bildet, erlangt der Verwahrer das Eigentum an den Aktien und damit das Antragsrecht. Bleibt hingegen der Entleiher Eigentümer, so muss er das Minderheitsverlangen unterstützen.[124]

47 Bei der **Berechnung des Quorums** sind zum Grundkapital auch eigene Aktien der Gesellschaft und solche Aktien, auf die nur ein Teil der Einlage geleistet wurde, mit zu rechnen. Aktien aus einer Kapitalerhöhung sind erst zu berücksichtigen, wenn diese im Handelsregister eingetragen ist. Bei bedingtem Kapital zählen auch diejenigen Aktien, die während des Geschäftsjahres als Bezugsaktien ausgegeben worden sind. Die Ausgabe der Bezugsaktien muss logischerweise vor dem Zugang des Minderheitsverlangens erfolgt sein, denn sonst könnte der Vorstand gerade bei kleinen Gesellschaften durch Ausübung etwaiger Optionsrechte das Erreichen des Quorums nachträglich verhindern. Nicht zum Grundkapital zu rechnen sind Aktien, aus denen wegen Verletzung von Mitteilungspflichten gemäß § 20 Abs. 7 AktG bzw. § 28 WpHG keine Rechte erwachsen. Wohl aber sind Namensaktien zum Grundkapital zu rechnen, bei denen gemäß § 67 Abs. 2 S. 2 und 3 AktG lediglich keine Stimmrechte bestehen. Die antragstellenden Aktionäre haben nachzuweisen, dass sie seit mindestens 90 Tagen vor dem Tag des Zugangs des Verlangens Inhaber der Aktien sind und dass sie die Aktien bis zur Entscheidung des Vorstands über den Antrag halten.[125]

48 Mit der Einführung einer eigenständigen Regelung in § 122 AktG anstelle des früheren Verweises auf § 142 AktG sollte der frühere Streit darüber, ob das **Quorum bis zur Hauptversammlung gehalten** werden muss, erledigt sein. Ein Fortbestehen des Quorums bis zur Hauptversammlung kann nicht gefordert werden.[126] In Extremfällen kann das Verbot der

---

[117] Hüffer/Koch/*Koch* AktG § 111 Rn. 13.
[118] GroßkommAktG/*Werner* § 121 Rn. 16.
[119] So selbst Hüffer/Koch/*Koch* AktG § 121 Rn. 3.
[120] § 122 Abs. 1 S. 1 AktG.
[121] Hüffer/Koch/*Koch* AktG § 122 Rn. 2.
[122] Hüffer/Koch/*Koch* AktG § 122 Rn. 2; GroßkommAktG/*Werner* § 122 Rn. 5.
[123] § 700 BGB.
[124] GroßkommAktG/*Werner* § 122 Rn. 10.
[125] § 122 Abs. 1 S. 3.
[126] Ebenso Hüffer/Koch/*Koch* AktG § 122 Rn. 3; KölnKommAktG/*Zöllner* § 122 Rn. 16.

rechtsmissbräuchlichen Rechtsausübung den Vorstand zum Widerruf der Einberufung berechtigen. Unstreitig muss das Quorum auch noch während der Antragstellung bei Gericht bis zur Entscheidung erfüllt sein.[127]

Das Verlangen ist in **Schriftform an den Vorstand** zu richten. Das Antragsschreiben haben alle Aktionäre, die das Quorum bilden, zu unterschreiben. Sie können sich dabei vertreten lassen. Ob die Vollmacht in schriftlicher Form vorliegen muss, ist umstritten.[128] In der Praxis ist wegen der Möglichkeit des Vorstands, die Vorlage der Vollmachtsurkunde zu verlangen,[129] zur Schriftform zu raten. 49

Im Minderheitsverlangen sind der **Zweck** und die **Gründe** für die Hauptversammlung anzugeben. Unter Zweck ist die Angabe der Beschlussgegenstände zu verstehen. Die teilweise verlangte Angabe einer kompletten Tagesordnung[130] ist ausreichend, nicht jedoch unbedingt erforderlich.[131] Bei Satzungsänderungen und Zustimmungen zu Unternehmensverträgen ist § 124 Abs. 2 S. 3 AktG zu beachten. In den Gründen ist anzugeben, warum die Hauptversammlung überhaupt und warum gerade zum gewünschten Zeitpunkt einberufen werden soll. Insbesondere ist darzulegen, warum die Angelegenheit so dringlich ist, dass nicht bis zur nächsten ordentlichen Hauptversammlung gewartet werden kann. 50

Ein Minderheitsverlangen ist dann unbeachtlich, wenn es sich als **Rechtsmissbrauch** darstellt. Dies ist beispielsweise dann der Fall, wenn die Hauptversammlung unzuständig, die angestrebte Beschlussfassung gesetz- oder satzungswidrig ist oder wenn die behauptete Eilbedürftigkeit der Beschlussfassung nur vorgeschoben ist.[132] In diesem Fall braucht der Vorstand dem Verlangen nicht zu entsprechen. Den Aktionären bleibt die Möglichkeit des gerichtlichen Verfahrens.[133] 51

Liegen die Voraussetzungen für ein Minderheitsverlangen vor, ist der Vorstand **zur Einberufung verpflichtet**. Er hat bei seiner Entscheidung lediglich zu prüfen, ob das Quorum erreicht ist, ob die Schriftform gewahrt und Zweck und Grund des Verlangens angegeben sind. Unerheblich ist, ob der Vorstand die verlangte Beschlussfassung für zweckmäßig und sachdienlich hält. Eine Ablehnung eines formell ordnungsgemäßen Minderheitsverlangens kommt nur in den Fällen des Rechtsmissbrauchs in Betracht. Der Vorstand entscheidet über das Einberufungsverlangen nach überwiegender Ansicht mit einfacher Mehrheit.[134] Er hat diesen Beschluss unverzüglich[135] herbeizuführen. Dies ist nach der Rechtsprechung bei einer Woche noch der Fall,[136] jedenfalls nicht mehr nach sieben Wochen.[137] 52

Dass eine Hauptversammlung vom Vorstand aufgrund eines Minderheitsverlangens nach § 122 AktG einberufen worden ist, ändert nach einem Urteil des BGH[138] nichts an der grundsätzlichen Kompetenz des Vorstands zur Zurücknahme der Einladung.

Entspricht der Vorstand dem Verlangen nicht, kann das Gericht auf Antrag die Aktionäre zur Einberufung einer Hauptversammlung ermächtigen. Zuständig ist – vorbehaltlich einer anderweitigen Ermächtigung der Landesregierung – das **Amtsgericht, in dessen Bezirk sich ein Landgericht befindet, für den Bezirk des Landgerichts am Gesellschaftssitz**.[139] Die Aktionäre müssen dies bei der Einberufung deutlich machen, wofür nach überwiegender Ansicht der Zusatz „kraft gerichtlicher Ermächtigung" ausreicht.[140] Die Kosten der Hauptver- 53

---

[127] § 122 Abs. 3 S. 5 AktG.
[128] Dagegen AG Nürtingen AG 1995, 287; GroßkommAktG/*Werner* § 122 Rn. 14; *Schaaf* Rn. 82; aA Hüffer/Koch/*Koch* AktG § 122 Rn. 3.
[129] § 174 BGB.
[130] GroßkommAktG/*Werner* § 122 Rn. 15.
[131] Ebenso Hüffer/Koch/*Koch* AktG § 122 Rn. 4.
[132] *Schaaf* Rn. 88; Hüffer/Koch/*Koch* AktG § 122 Rn. 6; GroßkommAktG/*Werner* § 122 Rn. 32 ff. jeweils mit weiteren Beispielen.
[133] § 122 Abs. 3 AktG.
[134] *Schaaf* Rn. 89a; Hüffer/Koch/*Koch* AktG § 122 Rn. 7; aA GroßkommAktG/*Werner* § 124 Rn. 71.
[135] § 121 Abs. 1 S. 1 BGB.
[136] RGZ 92, 409 (410).
[137] BGH WM 1985, 567 (568). Genauer hierzu Hüffer/Koch/*Koch* AktG § 122 Rn. 7.
[138] 30.6.2015 – II ZR 142/14.
[139] §§ 375 Nr. 3, 376, 377 FamFG, 14 AktG.
[140] *Schaaf* Rn. 92; Hüffer/Koch/*Koch* AktG § 122 Rn. 12; GroßkommAktG/*Werner* § 122 Rn. 69.

sammlung gehen zu Lasten der Gesellschaft.[141] Da die einberufende Minderheit jedoch nicht im Namen der Gesellschaft handeln kann, steht ihr lediglich ein Freistellungs- oder Erstattungsanspruch zu.[142]

2. Zuständigkeit

54 Die Einberufung hat grundsätzlich der **Vorstand** vorzunehmen, der darüber mit einfacher Mehrheit beschließt.[143] Dies gilt auch und gerade für die Fälle der Verlustanzeige und der ordentlichen Hauptversammlung.[144] Außer den ordnungsgemäß bestellten Vorstandsmitgliedern können auch bereits abberufene, aber noch im Handelsregister eingetragene Vorstände die Einberufung vornehmen.[145] Zum Wohle der Gesellschaft kann auch der **Aufsichtsrat** eine Hauptversammlung einberufen.[146] Weigert sich der Vorstand, auf Verlangen einer Minderheit die Einberufung vorzunehmen, kann das Gericht die Minderheitsaktionäre zur Vornahme der Einberufung ermächtigen.[147]

55 Die Zuständigkeit für die Einberufung gilt ebenfalls für die **Zurücknahme der Einberufung**. Dass eine Hauptversammlung vom Vorstand aufgrund eines Minderheitsverlangens nach § 122 AktG einberufen worden ist, ändert nach einem Urteil des BGH[148] nichts an der grundsätzlichen Kompetenz des Vorstands zur Zurücknahme der Einladung. Die Zuständigkeit zur **Zurücknahme der Einberufung** endet, wenn sich die am Versammlungsort erschienenen Aktionäre nach dem in der Einberufung für den Beginn der Hauptversammlung angegebenen Zeitpunkt im Versammlungsraum eingefunden haben.[149]

3. Art und Weise der Einberufung

56 a) **Einberufungsfrist.** Die Hauptversammlung ist **mindestens dreißig Tage** vor dem Tage der Versammlung einzuberufen.[150] Diese **Frist verlängert** sich um die Tage der gegebenenfalls satzungsgemäß bestimmten Anmeldefrist nach § 123 Abs. 2 S. 5 AktG und/oder um die gegebenenfalls satzungsgemäß bestimmten Tage der Nachweisfrist nach § 123 Abs. 3 AktG.[151] Der Fristbeginn ist das Erscheinen des letzten Gesellschaftsblattes, bei der Bekanntmachung mittels eingeschriebenen Briefs der Tag der Absendung.[152] Verspätete freiwillige Veröffentlichungen sind unschädlich. Bei Auseinanderfallen von Erscheinungs- und Impressumsdatum gilt das spätere.[153]

57 Die Berechnung von Fristen und Terminen erfolgt nach der Vorschrift des § 121 Abs. 7 AktG nicht mehr nach den allgemeinen Vorschriften; die §§ 187–193 BGB sind ausdrücklich nicht entsprechend anzuwenden. Der Tag der Versammlung ist bei Fristen und Terminen, die von der Versammlung zurückberechnet werden, nicht mitzurechnen. Der Tag der Einberufung ist nach der Neufassung des Gesetzes ebenfalls ausdrücklich nicht mitzurechnen.[154] Der Gesetzgeber hat damit früher umstrittene Fragen geklärt. Fällt ein Termin auf einen Sonntag, Samstag oder Feiertag, kommt eine Verlegung auf einen zeitlich vorausgehenden oder nachfolgenden Werktag nicht in Betracht.[155] Jedoch ist die Einladung in diesem Fall, falls sie am Sonntag nicht bewirkt werden kann, rechtzeitig vorher bekannt zu machen, da es sich um eine Mindestfrist handelt.[156] Lediglich bei nichtbörsennotierten Ge-

---

[141] § 122 Abs. 4 AktG.
[142] *Schaaf* Rn. 93; Hüffer/Koch/*Koch* AktG § 122 Rn. 13.
[143] § 121 Abs. 1, 2 S. 1 AktG.
[144] Hüffer/Koch/*Koch* AktG § 92 Rn. 5; GroßkommAktG/*Brönner* § 121 Rn. 7.
[145] § 121 Abs. 2 S. 2 AktG; dazu Hüffer/Koch/*Koch* AktG § 121 Rn. 7.
[146] § 111 Abs. 3 AktG.
[147] § 122 Abs. 3 AktG, dazu → unter Rn. 46.
[148] 30.6.2015 – II ZR 142/14.
[149] BGH 30.6.2015 – II ZR 142/14.
[150] § 123 Abs. 1 AktG.
[151] § 123 Abs. 2 S. 5, Abs. 3 Hs. 2 AktG.
[152] § 121 Abs. 4 S. 2 Hs. 2 AktG.
[153] Hüffer/Koch/*Koch* AktG § 123 Rn. 2.
[154] § 123 Abs. 1 S. 2 AktG.
[155] § 121 Abs. 7 AktG.
[156] Hüffer/Koch/*Koch* AktG § 123 Rn. 3.

sellschaften kann die Satzung eine andere Berechnung der Frist bestimmen[157] – nicht jedoch zwingende Fristen ändern.

b) Bekanntmachung. Die Bekanntmachung der Einberufung hat in den **Gesellschaftsblättern** zu erfolgen. Alleiniges Gesellschaftsblatt mit rechtlicher Relevanz ist seit der Aktienrechtsnovelle 2016 nach § 25 AktG der Bundesanzeiger. Der bisherige Satz 2 von § 25 AktG, wonach die Satzung auch andere Gesellschaftsblätter vorschreiben kann, wurde gestrichen. Bereits vor der Aktienrechtsnovelle bestehende Satzungsregelungen bleiben wirksam, weshalb das Gesetz wohl auch weiterhin von „Gesellschaftsblättern" spricht; rechtliche Relevanz hat jedoch künftig nur der Bundesanzeiger. Bei der Veröffentlichung im Bundesanzeiger ist darauf zu achten, dass die Unterlagen dem Bundesanzeigerverlag rechtzeitig, in der Regel drei Tage, vor der Veröffentlichung vorliegen müssen.[158] Im Bundesanzeiger wird regelmäßig von montags bis freitags mit Ausnahme gesetzlicher Feiertage publiziert. 58

Statt der Bekanntmachung in den Gesellschaftsblättern kann die Bekanntmachung der Einberufung durch **eingeschriebenen Brief** erfolgen, wenn alle Aktionäre dem Einberufer namentlich bekannt sind.[159] Dies ist bei Namensaktien stets der Fall, da im Verhältnis zur Gesellschaft nur die im Aktienregister eingetragenen Aktionäre materiell berechtigt sind.[160] Inhaberaktien können ohne Kenntnisnahme der Gesellschaft übertragen werden, so dass die Aktionäre in der Regel nicht mit hinreichender Sicherheit als „bekannt" im Sinne des Gesetzes gelten können. Auch Vereinbarungen mit den Aktionären helfen nicht, da sie schuldrechtlich nicht für den Erwerber gelten können. Teilweise wird deshalb vertreten, dass nur zu vertretende Irrtümer über den Gesellschafterbestand als Ladungsmangel anzusehen seien.[161] Dem ist jedoch entgegen zu halten, dass das Schutzbedürfnis des Erwerbers auch dessen ordnungsgemäße Einladung erfordert.[162] Wer also in den Genuss der Einberufung mittels eingeschriebenen Briefs kommen möchte, muss entweder die Aktien in Namensaktien umwandeln oder die Hauptversammlung so rechtzeitig einberufen, dass etwaige Erwerber noch rechtzeitig nachgeladen werden können. In ganz außergewöhnlichen Fällen kann die Treuepflicht den übergangenen Aktionär zur Genehmigung der gefassten Beschlüsse[163] verpflichten. Die Form des Einschreibens verlangt **schriftliche,** nicht aber eine unterschriebene Mitteilung.[164] 59

Ferner ist fraglich, ob mit eingeschriebenem Brief einberufen werden kann, wenn die Satzung Bekanntmachung in den Gesellschaftsblättern vorschreibt. Richtigerweise besteht die vom Gesetz vorgesehene Einberufungsmöglichkeit per eingeschriebenen Brief stets unabhängig von Satzungsbestimmungen.[165] Zusätzlich zur bloßen Bekanntmachung der Einberufung in Deutschland besteht eine Verpflichtung zur **Weiterleitung,** um auf eine Bekanntmachung in der gesamten **Europäischen Union** hinzuwirken. Bei **börsennotierten** Gesellschaften, die nicht ausschließlich Namensaktien ausgegeben haben oder die Einberufung nicht unmittelbar den Aktionären mit eingeschriebenem Brief übersenden, ist die Einberufung spätestens zum Zeitpunkt der Bekanntmachung solchen Medien zur Veröffentlichung zuzuleiten, bei denen davon ausgegangen werden kann, dass sie die Information in der gesamten Europäischen Union verbreiten.[166] Seit der Aktienrechtsnovelle 2016 ist dabei klargestellt, dass beide Voraussetzungen alternativ vorliegen können. Insbesondere ist 60

---

[157] § 121 Abs. 7 S. 4 AktG.
[158] Genaue zeitliche Vorgaben sowie die Voraussetzungen für die elektronische Datenübermittlung werden unter www.bundesanzeiger.de mitgeteilt.
[159] § 121 Abs. 4 S. 2 AktG.
[160] § 67 Abs. 2 S. 1 AktG.
[161] *Lutter* AG 1994, 429 (438); Hüffer/Koch/*Koch* AktG § 121 Rn. 11c.
[162] Im Ergebnis auch Seibert/Kiem/*Zimmermann* Rn. 533.
[163] Vgl. § 242 Abs. 2 S. 4 AktG.
[164] Hüffer/Koch/*Koch* AktG § 121 Rn. 11e.
[165] So überzeugend *Behrends* NZG 2000, 578 (580); aA Hüffer/Koch/*Koch* AktG § 121 Rn. 11a; Seibert/Kiem/*Zimmermann* Rn. 53 mwN.
[166] § 121 Abs. 4a AktG.

eine ausreichende Information bei ausschließlicher Ausgabe von Namensaktien bereits nach § 125 Abs. 2 AktG sichergestellt, ohne dass auf eine europaweite Verbreitung abgestellt werden müsste.

61 **c) Inhalt.** Unabhängig von der Form der Einberufung muss sie zumindest folgende Angaben enthalten:
- Firma und Sitz der Gesellschaft,
- Zeit und Ort der Hauptversammlung,[167]
- Tagesordnung mit Beschlussvorschlägen der Verwaltung.[168]

Ferner sind bei Aufsichtsratswahlen die gesetzlichen Bestimmungen hierfür anzugeben. Dagegen sind seit der Aktienrechtsnovelle 2016 Bindungen an Wahlvorschläge nur noch dann anzugeben, wenn sie tatsächlich bestehen; Fehlanzeigen sind nicht mehr erforderlich.[169] Satzungsänderungen sind im Wortlaut zu verkünden und zustimmungspflichtige Verträge[170] sind dem wesentlichen Inhalt nach (nicht im Wortlaut) zu beschreiben.[171] Umstritten ist, ob auch der wesentliche Inhalt gesetzlich vorgeschriebener Berichte zu solchen Verträgen in der Einberufung anzugeben ist. Der BGH hat dies bisher nur für den Bericht über den Bezugsrechtsausschluss[172] bejaht,[173] dies jedoch implizit auf eine analoge Anwendung des § 124 Abs. 2 S. 3 AktG gestützt, denn beim Bezugsrechtsausschluss handelt es sich gerade nicht um eine Zustimmung zu einem Vertrag. Demnach muss dies erst recht für Berichte über zustimmungspflichtige Verträge gelten.[174] Deshalb ist für die Praxis zu empfehlen, den wesentlichen Inhalt solcher Berichte bereits in der Einberufung darzustellen. Seit der Neufassung von § 126 AktG ist es zweckmäßig, in der Einberufung eine Adresse für etwaige Gegenanträge oder Wahlvorschläge mitzuteilen. Bei **börsennotierten** Gesellschaften besteht die **Pflicht zu erweiterten Angaben**. Die Einberufung muss zusätzlich folgende Angaben enthalten:
- Voraussetzungen für die Teilnahme an der Versammlung und die Ausübung des Stimmrechts sowie gegebenenfalls den Nachweisstichtag nach § 123 Abs. 4 S. 2 AktG und dessen Bedeutung,
- Verfahren für die Stimmabgabe durch einen Bevollmächtigten unter Hinweis auf die Formulare, die für die Erteilung einer Stimmrechtsvollmacht zu verwenden sind, und auf die Art und Weise, wie der Gesellschaft ein Nachweis über die Bestellung eines Bevollmächtigten elektronisch übermittelt werden kann,
- Verfahren für die Stimmabgabe durch Briefwahl oder im Wege der elektronischen Kommunikation, soweit die Satzung eine entsprechende Form der Stimmrechtsausübung vorsieht,
- Rechte der Aktionäre zur Ergänzung der Tagesordnung, zu Gegenanträgen, zu Vorschlägen für die Wahl von Aufsichtsratsmitgliedern und Abschlussprüfern sowie zu Auskünften,
- die Internetseite, über die die Informationen der Gesellschaft zur Hauptversammlung gemäß § 124a AktG zugänglich sind.[175]

Die Angaben zu den Rechten der Aktionäre zur Ergänzung der Tagesordnung, zu Gegenanträgen, zu Vorschlägen für die Wahl von Aufsichtsratsmitgliedern und Abschlussprüfern sowie zu Auskünften können sich auf die Fristen für die Ausübung dieser Rechte beschränken, wenn im Übrigen ein Hinweis auf weitergehende Erläuterungen auf der Internetseite der Gesellschaft aufgenommen wird.

---

[167] § 121 Abs. 3 S. 1 AktG.
[168] § 121 Abs. 3 S. 2 iVm § 124 Abs. 3 AktG.
[169] § 124 Abs. 2 S. 1 AktG.
[170] → Rn. 10.
[171] § 124 Abs. 2 S. 3 AktG.
[172] § 186 Abs. 4 S. 2 AktG.
[173] BGHZ 120, 141 (156) = ZIP 1992, 1728 (1732).
[174] Im Ergebnis ebenso Hüffer/Koch/*Koch* AktG § 186 Rn. 23; *Schaaf* Rn. 125c f.; Seibert/Kiem/*Zimmermann* Rn. 537; Semler/Volhard/*Reichert/Schlitt* Rn. I B 348; aA *Marsch* AG 1981, 211 (213).
[175] § 121 Abs. 3 S. 3 AktG.

Bei einer Wahl von Aufsichtsratsmitgliedern börsennotierter Gesellschaften, für die das 62
Mitbestimmungsgesetz, das Montan-Mitbestimmungsgesetz oder das Mitbestimmungsergänzungsgesetz gilt, muss die Bekanntmachung ferner enthalten:
- Angabe, ob der Gesamterfüllung nach § 96 Abs. 2 S. 3 AktG widersprochen wurde, und
- Angabe, wie viele der Sitze im Aufsichtsrat mindestens jeweils von Frauen und Männern besetzt sein müssen, um das Mindestanteilsgebot nach § 96 Abs. 2 S. 1 AktG zu erfüllen.[176]

d) **Veröffentlichung auf der Internetseite.** Zusätzlich besteht bei **börsennotierten** Gesell- 63
schaften eine Pflicht zur Veröffentlichung auf einer Internetseite, die in der Einberufung anzugeben ist. Alsbald nach Einberufung der Hauptversammlung muss auf dieser Internetseite folgendes zugänglich sein:
- der Inhalt der Einberufung,
- eine Erläuterung, wenn zu einem Gegenstand der Tagesordnung kein Beschluss gefasst werden soll,
- die der Versammlung zugänglich zu machenden Unterlagen,
- die Gesamtzahl der Aktien und der Stimmrechte im Zeitpunkt der Einberufung, einschließlich getrennter Angaben zur Gesamtzahl für jede Aktiengattung,
- gegebenenfalls die Formulare, die bei Stimmabgabe durch Vertretung oder bei Stimmabgabe mittels Briefwahl zu verwenden sind, sofern diese Formulare den Aktionären nicht direkt übermittelt werden.[177]

Ein später eingegangenes Minderheitsverlangen nach Ergänzung der Tagesordnung ist 64
unverzüglich nach Eingang bei der Gesellschaft in gleicher Weise zugänglich zu machen.

4. Tagesordnung

a) **Bekanntmachung.** Die Einberufung der Hauptversammlung hat die Tagesordnung an- 65
zugeben.[178] Bei der Einberufung durch eingeschriebenen Brief muss die Tagesordnung nicht mehr zusätzlich in den Gesellschaftsblättern bekannt gemacht werden, es genügt, dass sie in der Einberufung enthalten ist. Die Bekanntmachung der Tagesordnung hat den Zweck, den Aktionären eine sinnvolle Vorbereitung auf die Hauptversammlung zu ermöglichen.[179] Demzufolge hat die Angabe der einzelnen Beratungsgegenstände so konkret zu erfolgen, dass erkennbar ist, worüber Beschluss gefasst werden soll.[180] Darüber hinaus sind auch Gegenstände anzugeben, über die nicht Beschluss gefasst werden soll.[181]
Typische Beschlussgegenstände sind:[182]
- Gewinnverwendung,
- Entlastung von Vorstand und Aufsichtsrat,
- Wahl des Abschlussprüfers,
- Satzungsänderungen,
- Kapitalmaßnahmen,
- Wahl des Aufsichtsrats.

Typische Gegenstände ohne Beschlussfassung sind:
- Vorlage des Jahresabschlusses, bei Mutterunternehmen auch des Konzernabschlusses
- Bericht von Vorstand und Aufsichtsrat,
- Anzeige des Verlusts der Hälfte des Grundkapitals.[183]

Auf **Antrag einer Minderheit,** die 5 % des Grundkapitals oder den anteiligen Betrag von 66
500.000,– EUR repräsentiert, hat der Vorstand die Tagesordnung durch neue Gegenstände zu ergänzen und diese Gegenstände bekannt zu machen.[184] Dies ist im Hinblick auf § 124

---
[176] § 124 Abs. 2 S. 2 AktG.
[177] § 124a AktG.
[178] § 121 Abs. 3 S. 2 AktG.
[179] GroßkommAktG/*Werner* § 124 Rn. 2.
[180] GroßkommAktG/*Werner* § 124 Rn. 18.
[181] *Schaaf* Rn. 117.
[182] Weitere Beschlussgegenstände ergeben sich aus dem Zuständigkeitskatalog → I 3 Rn. 10.
[183] § 92 Abs. 1 AktG.
[184] § 122 Abs. 2 AktG.

Abs. 4 AktG zwingendes Erfordernis für eine wirksame Beschlussfassung. Für die Berechnung des Quorums und die Entscheidung des Vorstands gelten hier dieselben Grundsätze wie bei § 122 Abs. 1 AktG.[185] Jedem neuen Gegenstand muss eine Begründung oder eine Beschlussvorlage beiliegen.[186] Das Recht auf Bekanntmachung der Beschlussgegenstände beinhaltet kein Recht darauf, dass der Vorstand seinerseits Beschlussvorschläge hierzu unterbreitet.[187] Der Vorstand entscheidet mit einfacher Mehrheit[188] und hat dem Verlangen grundsätzlich stattzugeben, wenn die formellen Voraussetzungen erfüllt sind. Ausnahmen gelten auch hier für rechtsmissbräuchliche Verlangen,[189] wobei hier die Voraussetzungen strenger zu beurteilen sind als bei der Einberufung einer Hauptversammlung auf Verlangen einer Minderheit, da die finanziellen Folgen für die Gesellschaft wesentlich geringer sind.[190] Das Verlangen auf Ergänzung der Tagesordnung muss der Gesellschaft mindestens 24 Tage, bei börsennotierten Gesellschaften mindestens 30 Tage vor der Hauptversammlung zugehen, wobei der Tag des Zugangs nicht mitzurechnen ist.[191] Das Verlangen auf Ergänzung der Tagesordnung ist entweder bereits mit der Einberufung oder andernfalls unverzüglich nach Zugang des Verlangens bekannt zu machen.[192] Für die Form der Einberufung gilt dasselbe wie für die Einberufung selbst, dh entweder Bekanntmachung in den Gesellschaftsblättern oder durch eingeschriebenen Brief.[193] Bei börsennotierten Gesellschaften besteht wie für die Einberufung die Pflicht zur Zuleitung des Minderheitsverlangens an Medien, bei denen davon ausgegangen werden kann, dass sie die Information in der gesamten Europäischen Union verbreiten.[194] Bei börsennotierten Gesellschaften besteht ebenfalls die Pflicht zur Zugänglichmachung des Minderheitsverlangens auf der Internetseite, entweder gleichzeitig mit dem Zugänglichmachen des Inhalts der Einberufung oder andernfalls unverzüglich nach Eingang bei der Gesellschaft.[195] Bekanntmachung, Zuleitung und Zugänglichmachung auf der Internetseite haben in gleicher Weise wie bei der Einberufung zu erfolgen.

67 Eine wirksame Beschlussfassung setzt grundsätzlich eine **ordnungsgemäße Bekanntmachung des Beschlussgegenstandes** voraus.[196] Ausnahmen macht das Gesetz[197] nur in bestimmten Fällen. Dazu zählen Verhandlungen ohne Beschlussfassung und Anträge auf Einberufung einer neuen Hauptversammlung. Darunter ist ebenfalls die Vertagung zu verstehen. Allerdings kann diese neue Hauptversammlung auch zur Behandlung neuer Gegenstände einberufen werden. Wenn dies eine Minderheit verlangen kann,[198] muss dies erst recht von der Mehrheit durchgesetzt werden können.[199] Ohne Bekanntmachung können auch Anträge zu Gegenständen der Tagesordnung behandelt werden. Dazu gehören jedenfalls einzelne Geschäftsordnungsanträge, nicht jedoch die Beschlussfassung über eine ständige Geschäftsordnung. Ebenfalls hierunter fallen Anträge auf Abweichung von den Beschlussvorschlägen, solange sie inhaltlich nicht wesentlich darüber hinausgehen. Bekanntmachungspflichtig sind jedoch Anträge, die materiell und wirtschaftlich ein ganz anderes Ziel verfolgen als der bekannt gemachte Vorschlag.[200]

68 b) **Beschlussvorschläge.** Zu jedem Gegenstand der Tagesordnung, über den die Hauptversammlung beschließen soll, haben der Vorstand und der Aufsichtsrat in der Bekanntma-

---

[185] Vgl. → Rn. 51.
[186] § 122 Abs. 2 S. 2 AktG.
[187] *Mertens* AG 1997, 481 (485); *Schaaf* Rn. 131a.
[188] *Mertens* AG 1997, 481 (486); *Schaaf* Rn. 131b; aA GroßkommAktG/*Werner* § 122 Rn. 71.
[189] Vgl. → Rn. 51; Beispiele bei *Mertens* AG 1997, 481 (488 ff.).
[190] *Schaaf* Rn. 131c; GroßkommAktG/*Werner* § 122 Rn. 51.
[191] § 122 Abs. 2 S. 3 AktG.
[192] § 124 Abs. 1 S. 1 AktG.
[193] § 124 Abs. 1 S. 2 AktG iVm § 121 Abs. 4 AktG.
[194] § 124 Abs. 1 S. 2 AktG iVm § 121 Abs. 4a AktG.
[195] § 124a AktG.
[196] § 124 Abs. 4 S. 1 AktG.
[197] § 124 Abs. 4 S. 2 AktG.
[198] Vgl. § 122 Abs. 2 AktG.
[199] Hüffer/Koch/*Koch* AktG § 124 Rn. 19; GroßkommAktG/*Werner* § 124 Rn. 63.
[200] Im Einzelnen hierzu GroßkommAktG/*Werner* § 124 Rn. 82 ff.

chung Vorschläge zur Beschlussfassung zu machen. Hinsichtlich der Wahl von Aufsichtsratsmitgliedern und Prüfern ist allein der Aufsichtsrat für die Vorschläge zur Beschlussfassung zuständig.[201]

c) Besondere Gegenstände. Bei besonderen Gegenständen der Tagesordnung können erweiterte Bekanntmachungsvorschriften erforderlich werden. Dies betrifft Satzungsänderungen, bei denen zusätzlich zum Beschlussvorschlag der Wortlaut der vorgeschlagenen Satzungsänderung bekannt zu machen ist.[202] Ist Gegenstand der Tagesordnung die Zustimmung zu einem Vertrag, so ist auch der wesentliche Inhalt des Vertrages bekannt zu machen.[203] Bei dem Vorschlag des Aufsichtsrats zur Wahl von Aufsichtsratsmitgliedern oder Prüfern hat der Aufsichtsrat deren Namen, ausgeübten Beruf und Wohnort anzugeben.[204] Bei kapitalmarktorientierten Gesellschaften im Sinne des § 264d HGB ist der Vorschlag des Aufsichtsrats zur Wahl des Abschlussprüfers auf die Empfehlung des Prüfungsausschusses zu stützen. 69

Schließlich können besondere Vorstandsberichte erforderlich werden, falls bestimmte Maßnahmen zur Beschlussfassung anstehen. Dies betrifft zB die Bekanntmachung des Bezugsrechtsausschlusses,[205] die Einbringung von Sacheinlagen bei einer Kapitalerhöhung gegen Sacheinlage mit Angabe des Gegenstandes der Sacheinlage, der Person, von der die Gesellschaft den Gegenstand erwirbt, und des Nennbetrages, bei Stückaktien die Zahl der bei der Sacheinlage zu gewährenden Aktien[206] sowie bei zustimmungsbedürftigen Strukturmaßnahmen der wesentliche Inhalt des Strukturberichtes sowie ein Hinweis auf ausliegende und den Aktionären auf Anforderung zur Verfügung stehende Unterlagen. Hierauf wird bei den einzelnen besonderen Beschlussfassungen gesondert hingewiesen. 70

d) Folgen fehlerhafter Bekanntmachung. Über Gegenstände der Tagesordnung, die nicht ordnungsgemäß bekannt gemacht sind, dürfen keine Beschlüsse gefasst werden.[207] Wird daher gegen die Bekanntmachungsvorschriften der §§ 121 Abs. 3 S. 2, 124 AktG verstoßen, sind dennoch gefasste Beschlüsse wegen Verletzung des Gesetzes **anfechtbar**.[208] Da in diesem Falle jeder, auch der nicht erschienene Aktionär, anfechtungsbefugt ist,[209] kommt es nicht darauf an, ob sämtliche Erschienenen mit der Beschlussfassung einverstanden sind. Vielmehr sind auch und gerade die nicht erschienenen Aktionäre zu schützen, da nicht ausgeschlossen werden kann, dass sie gerade wegen der nicht ordnungsgemäßen Bekanntmachung nicht erschienen sind. Auf einen Widerspruch zur Niederschrift kommt es nicht an. 71

Trotz fehlerhafter Bekanntmachung handelt ein Versammlungsleiter nicht pflichtwidrig, wenn er eine Beschlussfassung zulässt und davon ausgehen kann, dass eine Anfechtungsklage nicht zu erwarten ist. Die Einberufung einer zweiten Hauptversammlung wäre in diesem Fall die schlechtere Lösung.[210] Nur wenn einem Verstoß gegen die Bekanntmachungsvorschriften die erforderliche Relevanz fehlt,[211] ist eine Anfechtbarkeit zu verneinen. 72

Zur Beschlussfassung über den in der Versammlung gestellten Antrag auf Einberufung einer Hauptversammlung, zu Anträgen, die zu Gegenständen der Tagesordnung gestellt werden, und zu Verhandlungen ohne Beschlussfassung bedarf es keiner Bekanntmachung.[212] In diesen Fällen sind dennoch gefasste Beschlüsse daher wirksam. Unter Anträgen zu Gegen- 73

---

[201] § 124 Abs. 3 S. 1 AktG.
[202] § 124 Abs. 2 S. 2 AktG.
[203] § 124 Abs. 2 S. 2 AktG.
[204] § 124 Abs. 3 S. 3 AktG.
[205] § 186 Abs. 4 S. 1 AktG.
[206] § 183 Abs. 1 AktG.
[207] § 124 Abs. 4 S. 1 AktG.
[208] § 243 Abs. 1 AktG.
[209] § 245 Nr. 2 Alt. 3 AktG.
[210] Hüffer/Koch/*Koch* AktG § 124 Rn. 18; GroßkommAktG/*Werner* § 124 Rn. 101 f.; KölnKommAktG/*Zöllner* § 124 Rn. 42.
[211] ZB ist bei einem Wahlvorschlag aus Versehen der Wohnort mit dem Dienstsitz verwechselt worden.
[212] § 124 Abs. 4 S. 2 AktG.

ständen der Tagesordnung versteht man sowohl Geschäftsordnungsanträge als auch Gegenanträge zu den Verwaltungsvorschlägen oder sachlich ergänzende Anträge.[213]

5. Mitteilungen und Zugänglichmachen

74 Nach § 125 AktG hat der Vorstand mindestens 21 Tage vor der Hauptversammlung Mitteilung zu machen über:
- Die Einberufung der Hauptversammlung;
- bei börsennotierten Gesellschaften ist dem Vorschlag zur Wahl von Aufsichtsratsmitgliedern deren Mitgliedschaft in anderen gesetzlich zu bildenden Aufsichtsräten anzugeben, gegebenenfalls auch Angaben zu ihrer Mitgliedschaft in vergleichbaren in- und ausländischen Kontrollgremien von Wirtschaftsunternehmen;
- im Falle einer Ergänzung der Tagesordnung aufgrund eines Minderheitsverlangens ist bei börsennotierten Gesellschaften die geänderte Tagesordnung mitzuteilen.

In der Mitteilung ist zudem auf die Möglichkeiten der Ausübung des Stimmrechts durch einen Bevollmächtigten, auch durch eine Vereinigung von Aktionären, hinzuweisen.

Bei der Fristberechnung ist der Tag der Mitteilung nicht mitzurechnen.

75 Adressaten der Mitteilung sind zunächst zwingend Kreditinstitute[214] sowie Vereinigungen von Aktionären, die in der letzten Hauptversammlung Stimmrechte für Aktionäre ausgeübt haben. Ferner ist die Mitteilung zwingend den Aktionären zu machen, die zu Beginn des 14. Tages vor der Hauptversammlung als Aktionär im Aktienregister der Gesellschaft eingetragen sind, hierbei kann die Satzung die Übermittlung auf den Weg elektronischer Kommunikation beschränken.[215]

76 Die Mitteilung nach § 125 AktG kann ferner jedes Kreditinstitut und jede Vereinigung von Aktionären verlangen. Schließlich ist sie auch jedem Aktionär mitzuteilen, der sie verlangt, wobei in diesem Fall die Satzung die Übermittlung auf den Weg elektronischer Kommunikation beschränken kann. Jedes Aufsichtsratsmitglied kann ferner verlangen, dass ihm der Vorstand ein Exemplar der gleichen Mitteilungen übersendet. Unter den Voraussetzungen des § 128 AktG hat ein Kreditinstitut die Mitteilungen nach § 125 AktG unverzüglich an die Aktionäre weiterzugeben. Auch in diesem Fall kann die Satzung die Übermittlung auf den Weg elektronischer Kommunikation beschränken; das Kreditinstitut ist dann auch nicht aus anderen Gründen zu mehr als zur Übertragung auf elektronischem Wege verpflichtet, kann dies jedoch selbstverständlich freiwillig tun. Gegenanträge von Aktionären sowie Wahlvorschläge von Aktionären sind zwar nicht mehr nach § 125 AktG mitzuteilen, sie sind jedoch den oben genannten Adressaten unter den Voraussetzungen des § 125 AktG zugänglich zu machen, wobei ein Zugänglichmachen zB auf den Internetseiten der Gesellschaft ausreicht. Zu beachten ist, dass **börsennotierte** Gesellschaften jedoch zum Zugänglichmachen über die **Internetseite der Gesellschaft verpflichtet** sind. Zusammen mit einem etwaigen Gegenantrag oder Vorschlag eines Aktionärs zur Wahl von Aufsichtsratsmitgliedern oder Abschlussprüfern ist der Name des Aktionärs, seine Begründung und eine etwaige Stellungnahme der Verwaltung zugänglich zu machen.

6. Gegenanträge und Wahlvorschläge der Aktionäre

77 Jeder Aktionär ist berechtigt, Gegenanträge zu den Gegenständen der Tagesordnung zu stellen, wobei unter Gegenantrag ein vom Vorschlag der Verwaltung materiell abweichender Antrag eines Aktionärs zu verstehen ist.[216] Prinzipiell ist die Stellung von Gegenanträgen jederzeit möglich, auch noch in der Hauptversammlung, wobei diese vorher nicht angekün-

---

[213] ZB Bestellung von Sonderprüfern im Rahmen des Entlastungsantrages; vgl. Hüffer/Koch/*Koch* AktG AktG § 124 Rn. 19; GroßkommAktG/*Werner* § 124 Rn. 87; KölnKommAktG/*Zöllner* § 124 Rn. 16.
[214] Die Gleichstellung von Finanzdienstleistungsinstituten und sonstigen nach § 53 Abs. 1 S. 1 oder § 53b Abs. 1 S. 1 oder Abs. 7 des Gesetzes über das Kreditwesen tätigen Unternehmen nach § 125 Abs. 5 AktG ist zu beachten.
[215] § 125 Abs. 2 AktG.
[216] Hüffer/Koch/*Koch* AktG § 126 Rn. 2.

digt werden müssen.²¹⁷ Lediglich dann, wenn der Aktionär ein Zugänglichmachen seines Gegenantrages nach § 126 AktG, das bei börsennotierten Gesellschaften zwingend über deren Internetseite zu erfolgen hat, erreichen will, hat er die Voraussetzungen dieser Bestimmung zu beachten, dh:
- der Gegenantrag ist der Gesellschaft mindestens 14 Tage vor der Hauptversammlung zu übersenden,
- der Gegenantrag ist mit einer Begründung zu versehen.

Bei der Fristberechnung ist der Tag des Zugangs bei der Gesellschaft nicht mitzurechnen. **78** Für die Fristwahrung kommt es nach allgemeinen Grundsätzen darauf an, ob der Gegenantrag, der eine Pflicht zum Zugänglichmachen auslösen soll, der Gesellschaft, dh dem Vorstand, unter der in der Einberufung hierfür mitgeteilten Adresse zugegangen ist. Die Absendung der Mitteilung innerhalb der Frist ist nicht ausreichend.²¹⁸ Für den Zugang sind die allgemeinen Vorschriften maßgeblich, wobei ein Urteil des OLG Frankfurt a. M.²¹⁹ Unsicherheit hinsichtlich der Uhrzeit des Zugangs hervorgerufen hat. Nach allgemeinen Vorschriften gilt ein Gegenantrag nur dann als rechtzeitig zugegangen, wenn er so rechtzeitig in den Machtbereich der Gesellschaft gelangt ist, dass mit seiner Kenntnisnahme unter normalem Geschäftsablauf gerechnet werden kann, wobei es auf die konkrete Kenntnisnahme durch den Vorstand nicht ankommt. Dies würde bedeuten, dass nur der Eingang zu normalen Geschäftszeiten ausreicht. Dagegen hat das OLG Frankfurt a. M. die Frist auch dann noch als gewahrt angesehen, wenn der Gegenantrag bis 24.00 Uhr des letzten Tages bei der Gesellschaft eingeht. Aus Gründen der Vorsicht sollte daher zurzeit jeder Gegenantrag beachtet werden, der noch bis 24.00 Uhr des letzten Tages des Fristablaufs eingeht.

Unter bestimmten, in § 126 Abs. 2 AktG aufgezählten Gründen braucht ein Gegenantrag **79** und dessen Begründung nicht zugänglich gemacht zu werden. Danach ist eine Pflicht zum Zugänglichmachen dann nicht gegeben, wenn:
- sich der Vorstand durch das Zugänglichmachen – auch der Begründung – strafbar machen würde oder
- der Gegenantrag zu einem gesetz- oder satzungswidrigen Beschluss führen würde, dh der Beschluss nichtig oder anfechtbar wäre. Für die Annahme eines anfechtbaren Beschlusses genügt es bereits, dass der Gegenantrag nicht zu einem Gegenstand der Tagesordnung gestellt wird und damit nicht mehr ordnungsgemäß bekannt gemacht werden könnte.²²⁰

Ferner entfällt die Pflicht zum Zugänglichmachen unter bestimmten Voraussetzungen bei **80** bereits zugänglich gemachten Anträgen oder fehlender Ernsthaftigkeit, wenn der Aktionär in den letzten zwei Jahren in zwei Hauptversammlungen einen von ihm mitgeteilten Gegenantrag nicht gestellt hat oder nicht hat stellen lassen.²²¹

Lediglich die Pflicht zum Zugänglichmachen hinsichtlich der Begründung, nicht aber hinsichtlich des Gegenantrages entfällt, wenn die Begründung mehr als 5.000 Zeichen umfasst.²²² Der Vorstand ist zu einer Zusammenfassung der Gegenanträge und ihrer Begründung berechtigt, wenn mehrere Aktionäre zu demselben Gegenstand der Beschlussfassung Gegenanträge stellen.²²³ **81**

Für Vorschläge eines Aktionärs zur Wahl von Aufsichtsratsmitgliedern oder von Abschlussprüfern gelten die obigen Ausführungen sinngemäß mit der Maßgabe, dass die Wahlvorschläge nicht zu begründen sind. Jedoch entfällt in diesem Fall die Pflicht zum Zugänglichmachen, wenn der Wahlvorschlag nicht die erforderlichen Angaben von Name, ausgeübtem Beruf und Wohnort des Vorgeschlagenen sowie – bei börsennotierten Gesellschaften – die erforderlichen Angaben zu den Mitgliedschaften in anderen gesetzlich zu bildenden Aufsichtsräten enthält.²²⁴ Der Vorstand hat den Vorschlag eines Aktionärs zur Wahl **82**

---
²¹⁷ § 124 Abs. 4 S. 2.
²¹⁸ Hüffer/Koch/*Koch* AktG § 126 Rn. 4.
²¹⁹ OLG Frankfurt a. M. ZIP 1998, 1532.
²²⁰ § 124 Abs. 4 AktG.
²²¹ § 126 Abs. 2 Nr. 7 AktG.
²²² § 126 Abs. 2 S. 2 AktG.
²²³ § 126 Abs. 3 AktG.
²²⁴ § 127 AktG.

von Aufsichtsratsmitgliedern einer börsennotierten Gesellschaft, für die das Mitbestimmungsgesetz, das Montan-Mitbestimmungsgesetz oder das Mitbestimmungsergänzungsgesetz gilt, mit folgenden Inhalten zu versehen:
- Hinweis auf die Anforderungen des § 96 Abs. 2 AktG;
- Angabe, ob der Gesamterfüllung nach § 96 Abs. 2 S. 3 AktG widersprochen wurde; und
- Angabe, wie viele der Sitze im Aufsichtsrat mindestens jeweils von Frauen und Männern besetzt sein müssen, um das Mindestanteilsgebot des § 96 Abs. 2 S. 1 AktG zu erfüllen.[225]

83 Zu Stellungnahmen zu Gegenanträgen von Aktionären und zu Wahlvorschlägen der Aktionäre ist die Verwaltung berechtigt, aber nicht verpflichtet. Das Gesetz spricht insoweit nur von einer „etwaigen" **Stellungnahme der Verwaltung.** Da mit Verwaltung üblicherweise Vorstand und Aufsichtsrat gemeint sind, wird bei Gegenanträgen von Aktionären von einer Berechtigung zu einer gemeinsamen Stellungnahme von Vorstand und Aufsichtsrat sowie zu jeweils getrennten Stellungnahmen auszugehen sein. Dagegen sollte bei Wahlvorschlägen von Aktionären nur der Aufsichtsrat zu einer Stellungnahme berechtigt sein, da § 127 AktG die Regelung des § 126 AktG nur sinngemäß für anwendbar erklärt und nach § 124 Abs. 3 S. 1 AktG nur der Aufsichtsrat zu Beschlussvorschlägen für die Wahl des Aufsichtsrats zuständig ist.

7. Vollversammlung

84 Auf die Einhaltung von Einberufungsformalitäten kann **verzichtet** werden. Dies setzt jedoch voraus, dass alle Aktionäre erschienen oder vertreten sind und ferner kein Aktionär der Beschlussfassung widerspricht.[226] Hierbei kommt es darauf an, dass sämtliche teilnahmeberechtigten Aktionäre anwesend oder vertreten sind, es genügt mit anderen Worten nicht, dass nur stimmberechtigte Aktionäre, zB unter Ausschluss der Inhaber stimmrechtsloser Vorzugsaktien oder unter Ausschluss von nach § 136 AktG oder § 67 Abs. 3 AktG vom Stimmrecht ausgeschlossenen Aktionären, anwesend oder vertreten sind.[227] Bei einer Vollversammlung kann dann auf die Einberufungsfrist, auf Nachweis des Anteilsbesitzes und Anmeldung oder auf Bekanntgabe der Tagesordnung verzichtet werden. Nicht zulässig ist dagegen ein Verzicht auf die Aufstellung eines Teilnehmerverzeichnisses oder die Aufnahme einer Niederschrift, da dies nicht zu den Einberufungsformalitäten gehört.[228]

85 **Widerspricht** ein an einer Vollversammlung teilnehmender Aktionär der Beschlussfassung, treten die Rechtsfolgen der Vollversammlung nicht ein, vielmehr sind etwa dennoch gefasste Beschlüsse nach § 241 Ziff. 1 AktG **nichtig.**

8. Rechtsfolgen bei fehlerhafter Einberufung

86 Die Einhaltung der Einberufungsformalitäten ist deswegen besonders zu beachten, weil bei der Nichtbeachtung bestimmter Formalitäten Rechtsfolge die Nichtigkeit der gefassten Beschlüsse ist und nicht lediglich die Anfechtbarkeit. Dies bedeutet, dass selbst dann, wenn innerhalb der Anfechtungsfrist keine Anfechtungsklage erhoben wird, gefasste Beschlüsse nichtig sind, wenn unter Verstoß gegen § 121 Abs. 2 und 3 S. 1 oder Abs. 4 AktG einberufen worden war.[229] Zu diesen zwingend einzuhaltenden Vorschriften gehört die Einberufung durch den Vorstand oder durch sonstige auf Grund von Gesetz oder Satzung zur Einberufung berechtigte Personen. Ferner gehört hierzu eine ordnungsgemäße Bekanntmachung, sei es durch Veröffentlichung im Bundesanzeiger oder durch eingeschriebenen Brief bei namentlicher Kenntnis sämtlicher Aktionäre, unter Angabe von Firma, Sitz, Zeit und Ort der

---

[225] § 127 S. 4 AktG.
[226] § 121 Abs. 6 AktG.
[227] Hüffer/Koch/*Koch* AktG § 126 Rn. 20.
[228] Semler/Volhard/*Reichert/Schlitt* Rn. I B 468.
[229] § 241 Nr. 1 AktG.

Hauptversammlung. Im Gegensatz zur Rechtslage vor dem Inkrafttreten des Gesetzes zur Umsetzung der Aktionärsrechterichtlinie (ARUG) führen Fehler bei der Angabe der Teilnahmebedingungen nicht mehr zur Nichtigkeit der gefassten Beschlüsse, sondern nur noch zur Anfechtbarkeit.

Dagegen nennt § 241 AktG nicht § 123 AktG, so dass eine Einladung unter Verstoß gegen die Einberufungsfrist lediglich zur Anfechtbarkeit, nicht aber zur Nichtigkeit der gefassten Beschlüsse führt. Verstöße börsennotierter Gesellschaften gegen ihre Pflicht zur Zuleitung der Einberufung an Medien zum Zwecke der Verbreitung in der gesamten Europäischen Union sowie Verstöße börsennotierter Gesellschaften gegen die Pflicht zum Zugänglichmachen der Einberufung auf der Internetseite führen nicht einmal zur Anfechtbarkeit; auf einen Verstoß gegen diese Einberufungsformalitäten kann eine Anfechtung nicht gestützt werden.[230]

IV. Berichts- und Mitteilungspflichten

Grundsätzlich hat die Verwaltung einer Aktiengesellschaft mit der Bekanntmachung ihrer Beschlussvorschläge in der Einladung zur Hauptversammlung alles getan, um die Aktionäre über den von ihnen zu fassenden Beschluss in der Hauptversammlung zu informieren. Eine allgemeine Pflicht des Vorstands zur Berichterstattung über den zur Abstimmung gestellten Beschlussvorschlag der Verwaltung besteht nicht.

1. Gesetzliche Berichtspflichten

a) **Berichtspflichten des Vorstands.** Lediglich bei besonderen, für die Aktionäre in der Regel **einschneidenden Maßnahmen** wird vom Gesetz eine **Berichterstattungspflicht des Vorstandes** angeordnet. Gesetzeszweck ist es dabei, den Aktionären über die Berichtspflicht eine sachgerechte Ausübung ihres Stimmrechts zu ermöglichen, da nach der Auffassung des Gesetzgebers in diesen Fällen der Inhalt der zu beschließenden Maßnahme nicht ausreicht, sondern für die sachgerechte Beurteilung der Maßnahme die Aktionäre auch die Gründe kennen sollen, die aus der Sicht der Verwaltung für die vorgeschlagene Maßnahme sprechen.[231]

Diese gesetzlich angeordneten Berichtspflichten sind in verschiedenen Gesetzen verstreut und finden sich meistens bei derjenigen gesetzlichen Regelung, die den entsprechenden Beschlussgegenstand regelt. Hierbei kann zwischen gesetzlich angeordneten Berichtspflichten, die sich im Aktiengesetz finden, und solchen, die in anderen Gesetzen normiert sind, unterschieden werden.

Zu den im **Aktiengesetz** genannten Berichtspflichten gehören insbesondere
- der Ausschluss des Bezugsrechts im Rahmen einer Kapitalerhöhung,[232]
- der Abschluss von Unternehmensverträgen,[233]
- die Eingliederung.[234]

Im Übrigen normiert der Gesetzgeber einzelne Berichtspflichten vornehmlich im Zusammenhang mit **Umwandlungsvorgängen** wie
- der Verschmelzung,[235]
- der Spaltung,[236]
- der rechtsformwechselnden Umwandlung.[237]

---

[230] § 243 Abs. 3 Nr. 2 AktG.
[231] Semler/Volhard/*Reichert*/*Schlitt* Rn. I B 473.
[232] § 186 Abs. 4 S. 2 AktG.
[233] § 293a AktG.
[234] § 319 AktG.
[235] § 8 UmwG.
[236] § 127 UmwG iVm § 8 UmwG.
[237] § 192 UmwG.

93 In der Regel kann auf die Berichterstattung durch sämtliche Aktionäre verzichtet werden. Ferner ist der Bericht in der Regel der Hauptversammlung zugänglich zu machen. Oftmals ist der Bericht von der Einberufung der Hauptversammlung an sowie zusätzlich in der Hauptversammlung auszulegen und auf Verlangen jedem Aktionär in Abschrift zuzusenden. Die Pflichten zur Auslegung und zum Versand entfallen in der Regel, wenn die Berichte für den Zeitraum der Auslegungspflicht über die Internetseiten der Gesellschaft zugänglich sind. Die Einzelheiten ergeben sich dabei aus den konkreten gesetzlichen Vorschriften; auf die Ausführung zu den einzelnen Beschlussgegenständen, die gesetzliche Berichtspflichten statuieren, wird verwiesen.

94 **b) Sonstige Berichtspflichten.** In Ausnahmefällen sieht das Gesetz neben den Berichtspflichten des Vorstandes besondere Berichtspflichten für den Aufsichtsrat, den Wirtschaftsprüfer sowie den Hauptaktionär vor. Nach § 52 Abs. 3 AktG hat der **Aufsichtsrat** vor der Beschlussfassung der Hauptversammlung einen Nachgründungsvertrag zu prüfen und einen schriftlichen Bericht zu erstatten. Besondere **Berichtspflichten des Wirtschaftsprüfers** bestehen bei:
- Sachkapitalerhöhungen,[238]
- Nachgründungsverträgen,[239]
- Unternehmensverträgen,[240]
- der Eingliederung,[241]
- dem Ausschluss von Minderheitsaktionären,[242]
- Verschmelzungen,[243]
- Spaltungen,[244]

95 Bei der Vorbereitung der Hauptversammlung ist darauf zu achten, dass, soweit einen Wirtschaftsprüfer Berichtspflichten treffen, dieser zunächst vom Gericht zu bestellen ist, der Vorstand – bzw. beim Ausschluss von Minderheitsaktionären der Hauptaktionär – mithin für seine rechtzeitige gerichtliche Bestellung zu sorgen hat.

96 Mit Einführung der Bestimmungen über den üblicherweise auch als „Squeeze-out" bezeichneten Ausschluss von Minderheitsaktionären hat das Gesetz erstmalig Berichtspflichten für einen Aktionär eingeführt. Nach § 327c Abs. 2 AktG hat der Hauptaktionär im Falle eines beabsichtigten Squeeze-out der Hauptversammlung einen schriftlichen Bericht zu erstatten, in dem die Voraussetzungen für die Übertragung dargelegt und die Angemessenheit der Barabfindung erläutert und begründet werden. Dieser Bericht ist bereits von der Einberufung der Hauptversammlung an auszulegen sowie auf Verlangen jedem Aktionär in Abschrift zuzusenden. Die Pflicht zur Auslegung und zum Versand entfällt, wenn der Bericht für den Zeitraum der Auslegungspflicht über die Internetseite der Gesellschaft zugänglich ist. In jedem Fall ist der Bericht jedoch in der Hauptversammlung zugänglich zu machen, eine Auslegung in Papierform ist nicht mehr erforderlich.

97 Eine Berichtspflicht im weiteren Sinne, die jedoch nicht zwingend im Zusammenhang mit der Hauptversammlung zu erfüllen ist, ist in der sog Entsprechungserklärung zu sehen. Nach § 161 AktG haben Vorstand und Aufsichtsrat von börsennotierten Gesellschaften jährlich zu erklären, dass den Empfehlungen der Regierungskommission Deutscher Corporate Governance Kodex entsprochen wurde und wird oder welche Empfehlungen nicht angewendet wurden oder werden. Diese Erklärung ist den Aktionären dauerhaft zugänglich zu machen.

2. Ungeschriebene Berichtspflichten

98 Aus Gründen der Rechtssicherheit sollten grundsätzlich über die im Gesetz ausdrücklich normierten hinaus keine zusätzlichen formalen Anforderungen an die Vorbereitung und

---

[238] § 194 Abs. 4 AktG.
[239] § 52 Abs. 6 AktG.
[240] § 293e AktG.
[241] § 320 AktG.
[242] § 327c Abs. 2 S. 4 AktG iVm § 293e AktG.
[243] §§ 9, 12 UmwG.
[244] § 125 UmwG.

Abhaltung einer Hauptversammlung gestellt werden. Teilweise[245] wird jedoch bei strukturellen Änderungen generell eine Berichtspflicht bejaht. Richtigerweise wird eine solche ungeschriebene Berichtspflicht jedoch nur dann anzunehmen sein, wenn eine ungeschriebene Hauptversammlungskompetenz besteht. Wie bereits oben[246] ausgeführt, besteht eine erhebliche Rechtsunsicherheit bei der Frage, inwieweit ungeschriebene Hauptversammlungskompetenzen zwingend bestehen, dh inwieweit der Vorstand verpflichtet ist, Geschäftsführungsmaßnahmen der Hauptversammlung zur Entscheidung vorzulegen.

Lediglich wenn eine solche ungeschriebene Hauptversammlungskompetenz bejaht wird, sollte daran gedacht werden, zur Vermeidung etwaiger Anfechtungsrisiken einen Bericht des Vorstands zu erstellen. Der Vorstand wird sich hierbei an den analog heranzuziehenden Vorschriften über die Anforderungen an den Bericht in anderen Fällen zu orientieren haben. Vorschriften des Umwandlungsgesetzes können dabei als eine Leitlinie verstanden werden. 99

Die Berichte sind vom Vorstand schriftlich abzufassen und in vertretungsberechtigter Zahl zu unterschreiben. Auch bei der Annahme einer ungeschriebenen Berichtspflicht wird man davon ausgehen können, dass ein Verzicht durch sämtliche Anteilseigner möglich ist. Ebenso wenig wie die Berichtspflicht selbst ist dabei die Form des Verzichtes im Gesetz nicht geregelt. Höchst vorsorglich wird man dabei in Anlehnung an die Vorschriften des Umwandlungsgesetzes gegebenenfalls eine notarielle Beurkundung vornehmen lassen. 100

3. Anfechtungsrisiken

In der Praxis ist **umstritten**, wann ein **unvollständiger oder fehlerhafter Bericht**, der zur Vorbereitung einer Beschlussfassung in der Hauptversammlung erforderlich ist, eine erfolgreiche Anfechtung begründet. Teilweise[247] wird vertreten, jeder formelle oder materielle Mangel eines Berichts begründe die Anfechtbarkeit, während andererseits stärker auf die Kausalität bzw. auf die Relevanz abgestellt wird. In diesem Fall ist eine Anfechtung begründet, wenn die in dem Bericht nicht oder nicht richtig wiedergegebenen Informationen aus der Sicht eines objektiv urteilenden Aktionärs für dessen Abstimmungsverhalten von Bedeutung sind.[248] Geht man von Sinn und Zweck der gesetzlichen Anordnung einer Berichtspflicht aus, sollte darauf abgestellt werden, ob der Bericht den ihm zugedachten Zweck erfüllt und dem Aktionär insgesamt eine Plausibilitätsprüfung im Hinblick auf die von ihm geforderte Beschlussfassung ermöglicht. In diesem Fall sollten einzelne Mängel nicht zu einer erfolgreichen Anfechtung führen, wenn davon auszugehen ist, dass der Beschluss ebenso bei vollständiger oder richtiger Information gefasst worden wäre.[249] Dem entspricht auch der Ansatz des BGH,[250] der danach differenziert, ob die Verletzung von Informations-, Auskunfts- oder Berichtspflichten im Zusammenhang steht mit im Spruchstellenverfahren erheblichen Umständen. Danach können zB die Barabfindung gemäß § 207 UmwG betreffende abfindungswertbezogene Informationsmängel ausschließlich im Spruchverfahren und damit gerade nicht in einer Anfechtungsklage gerügt werden.[251] 101

Ebenso umstritten ist, ob etwaige Mängel des Berichts durch zusätzliche **mündliche Informationen in der Hauptversammlung** geheilt werden können. Unstreitig dürfte dies der Fall sein, soweit sich die Zusätze auf erst in der Zwischenzeit eingetretene Ereignisse beziehen und daher bereits aus diesem Grunde nicht in den Bericht aufgenommen werden konnten. Im Übrigen wird vertreten, dass eine Nachholung von Informationen zulässig ist, soweit sie nicht den Kernbereich der Informationspflicht berühren.[252] 102

---

[245] *Lutter*, in: FS Fleck, 1988, 169 (170); *Groß* AG 1996, 111 (116 f.); *Reichert*, Die Ausstrahlungswirkung der Ausgliederungsvoraussetzungen nach Umwandlungsgesetz auf andere Strukturänderungen, in *Habersack/Koch/Winter* (Hrsg.), ZHR Beiheft Band 68, 26 ff.
[246] Vgl. § 26 I. 2. lit. d.
[247] OLG Hamm WM 1988, 1164; OLG Köln WM 1988, 1792; *Bayer* AG 1988, 323.
[248] Vgl. BGH WM 1989, 1128; 1990, 140.
[249] *Lutter* UmwG § 8 Rn. 51; Semler/Volhard/*Reichert/Schlitt* I B 536.
[250] BGH NJW 2001, 1425 ff.
[251] Vgl. auch *Kleindiek* NZG 2001, 552; *Sinewe* DB 2001, 690; *Kallmeyer* GmbHR 2001, 204; *Bärwaldt* GmbHR 2001, 251; *Luttermann* BB 2001, 382.
[252] Vgl. Kallmeyer/*Marsch-Barner* UmwG § 8 Rn. 35.

> **Praxistipp:**
> Ein vorsichtiger Berater wird wegen des nicht zu unterschätzenden Anfechtungsrisikos daher in Zweifelsfällen eher mehr als zu wenig Informationen in den Bericht aufnehmen und zu einer umfassenden Beantwortung ergänzender Fragen in der Hauptversammlung raten.

V. Jahresabschluss

103 In der Praxis wird der Jahresabschluss regelmäßig dadurch festgestellt, dass der **Aufsichtsrat** den vom Vorstand aufgestellten Abschluss billigt.[253] Lediglich in Ausnahmefällen ist die Hauptversammlung für die Feststellung des Jahresabschlusses zuständig. An dieser Stelle soll nicht auf die einzelnen Vorschriften über die Aufstellung, Prüfung und Feststellung des Jahresabschlusses näher eingegangen werden, da dies bereits an anderer Stelle[254] ausführlich dargestellt wurde. Vielmehr beschränken sich die Ausführungen an dieser Stelle auf die Feststellung des Jahresabschlusses durch die Hauptversammlung und die daraus resultierenden Besonderheiten.

1. Aufstellung

104 Handelsrechtlich sind für die Aufstellung des Jahresabschlusses, bestehend aus Bilanz, Gewinn- und Verlustrechnung sowie Anhang[255] die **gesetzlichen Vertreter** einer Kapitalgesellschaft **zuständig**. Neben dem Jahresabschluss ist – mit Ausnahme bei kleinen Kapitalgesellschaften – ein **Lagebericht** aufzustellen. Hierfür ist nach der internen Kompetenzordnung in der Aktiengesellschaft der Gesamtvorstand zuständig.[256] Lediglich im Innenverhältnis kann die Aufstellung einem oder mehreren Vorstandsmitgliedern, regelmäßig dem für das Ressort Finanzen zuständigen Vorstandsmitglied, übertragen werden.

2. Prüfung

105 Der vom Vorstand aufgestellte Jahresabschluss – und gegebenenfalls der Konzernabschluss – ist nach handelsrechtlichen Vorschriften zunächst durch einen von der Hauptversammlung gewählten[257] und vom Aufsichtsrat beauftragten[258] **externen Abschlussprüfer** zu prüfen. Diese Prüfung durch den externen Abschlussprüfer ist nur bei kleinen Kapitalgesellschaften nicht erforderlich.[259] Hat eine handelsrechtlich vorgeschriebene externe Prüfung nicht stattgefunden, kann der Jahresabschluss nicht festgestellt werden.

3. Feststellung

106 Wie bereits erwähnt, wird in der Praxis der Jahresabschluss in der Regel derart festgestellt, dass der Aufsichtsrat den vom Vorstand aufgestellten Jahresabschluss billigt. Die Feststellung bedarf daher lediglich des Zusammenwirkens von Vorstand und Aufsichtsrat, die **Hauptversammlung** ist grundsätzlich **nicht einbezogen**.

107 Die Einbeziehung der Hauptversammlung hängt danach maßgeblich vom Verhalten von Vorstand und Aufsichtsrat ab. Auch wenn der Aufsichtsrat den Jahresabschluss gebilligt hat, können Vorstand und Aufsichtsrat beschließen, die Feststellung des Jahresabschlusses der Hauptversammlung zu überlassen.[260] Hierzu bedarf es zweier getrennter, übereinstimmender Beschlüsse beider Organe, die sich wegen der zwingenden Normen des Aktiengesetzes jeweils nur auf ein Jahr beziehen können, da ansonsten die Kompetenzordnung in der Ak-

---

[253] § 172 Abs. 1 AktG.
[254] → § 19.
[255] § 242 iVm § 264 HGB.
[256] § 77 Abs. 1 AktG.
[257] § 119 Abs. 1 Nr. 4 AktG, § 318 Abs. 1 S. 1 HGB.
[258] § 111 Abs. 2 S. 3 AktG.
[259] § 316 Abs. 1 S. 1 HGB.
[260] § 173 Abs. 1 S. 1 Alt. 1 AktG.

tiengesellschaft verschoben würde.²⁶¹ Trotz der Billigung durch den Aufsichtsrat ist die Hauptversammlung nicht an den gebilligten Jahresabschluss gebunden.²⁶² Eine Bindung an die Entscheidung von Vorstand und Aufsichtsrat, den Jahresabschluss durch die Hauptversammlung feststellen zu lassen, entsteht erst mit Einberufung der Hauptversammlung.²⁶³ Bis zu diesem Zeitpunkt können Vorstand und Aufsichtsrat ihre Beschlüsse zurücknehmen, mit der Folge, dass der vom Aufsichtsrat gebilligte Jahresabschluss dann festgestellt und die Hauptversammlung an diese Feststellung gebunden ist.

Wenn der Aufsichtsrat den vom Vorstand aufgestellten Jahresabschluss nicht billigt, ist in jedem Fall die Hauptversammlung für die Feststellung des Jahresabschlusses zuständig,²⁶⁴ bei Mutterunternehmen entsprechend für die Billigung des Konzernabschlusses.²⁶⁵ Dies gilt entsprechend, falls das Gesetz die Nichtbilligung fingiert, weil der Aufsichtsrat seinen Bericht trotz Fristsetzung dem Vorstand nicht zuleitet.²⁶⁶ Ferner sieht das Gesetz die Feststellungskompetenz der Hauptversammlung in besonderen Fällen vor. Hierzu gehört die rückwirkende Kapitalherabsetzung²⁶⁷ sowie die Abwicklung der Gesellschaft.²⁶⁸ 108

Die Fälle, dass die **Hauptversammlung für die Feststellung des Jahresabschlusses zuständig** ist, lassen sich daher wie folgt zusammenfassen: 109
- Der Aufsichtsrat hat den vom Vorstand aufgestellten Jahresabschluss nicht gebilligt,
- Vorstand und Aufsichtsrat haben die Feststellung durch übereinstimmende Beschlüsse der Hauptversammlung überlassen,
- rückwirkende Kapitalherabsetzung sowie
- Abwicklung der Gesellschaft.

Dagegen ist die Hauptversammlung eines Mutterunternehmens nur in dem einen Fall der Nichtbilligung durch den Aufsichtsrat für die Billigung des Konzernabschlusses zuständig.

Stellt die Hauptversammlung den Jahresabschluss fest, ist sie an die Aufstellung durch den Vorstand nicht gebunden, vielmehr kann sie den **Jahresabschluss selbst gestalten**, ohne für die richtige Bilanzierung strafrechtlich verantwortlich zu sein.²⁶⁹ Für die Dotierung der Gewinnrücklagen sieht das Gesetz bei der Feststellung des Jahresabschlusses durch die Hauptversammlung besondere Regelungen vor. Nach § 173 Abs. 2 S. 2 AktG darf die Hauptversammlung nur die Beträge in Gewinnrücklagen einstellen, die nach Gesetz oder Satzung einzustellen sind. Dies bedeutet, dass eine Zuführung zu den Gewinnrücklagen nur im Fall einer satzungsmäßigen Ermächtigung erfolgen kann. Wenn die Hauptversammlung den Jahresabschluss feststellt, steht den Aktionären ein erweitertes Auskunftsrecht zu.²⁷⁰ 110

Nach § 173 Abs. 3 AktG werden die von der Hauptversammlung gefassten Beschlüsse über die Feststellung des Jahresabschlusses und die Gewinnverwendung, bei denen die Hauptversammlung einen von einem Abschlussprüfer auf Grund gesetzlicher Verpflichtung geprüften Jahresabschluss ändert, erst wirksam nach erneuter Prüfung nach § 316 Abs. 3 HGB, wenn auf Grund der erneuten Prüfung ein hinsichtlich der Änderungen uneingeschränkter Bestätigungsvermerk erteilt worden ist. Die Beschlüsse werden dagegen unheilbar nichtig, wenn nicht binnen zwei Wochen seit der Beschlussfassung ein hinsichtlich der Änderungen uneingeschränkter Bestätigungsvermerk erteilt wird.²⁷¹ In diesem Fall ist das Verfahren erneut durchzuführen. 111

---

²⁶¹ Hüffer/Koch/*Koch* AktG § 172 Rn. 7.
²⁶² Argument e contrario aus § 174 Abs. 1 S. 2 AktG.
²⁶³ § 175 Abs. 4 S. 1 AktG.
²⁶⁴ § 173 Abs. 1 S. 1 Alt. 2 AktG.
²⁶⁵ § 173 Abs. 1 S. 2 AktG.
²⁶⁶ § 171 Abs. 3 AktG.
²⁶⁷ § 234 Abs. 2 S. 1 AktG.
²⁶⁸ § 270 Abs. 2 AktG.
²⁶⁹ Vgl. ADS AktG § 172 Rn. 2.
²⁷⁰ § 131 Abs. 3 Nr. 4 AktG.
²⁷¹ § 173 Abs. 3 S. 2 AktG.

VI. Auslegung von Unterlagen, Versand an die Aktionäre und alternative Internetveröffentlichung

1. Gegenstand der Auslegungspflicht

112 Der Gesetzgeber hat in zahlreichen Fällen, sowohl im Aktiengesetz als auch in anderen Gesetzen, eine Pflicht der Verwaltung statuiert, Unterlagen vom Zeitpunkt der Einberufung der Hauptversammlung an zur Einsicht der Aktionäre auszulegen. Während die Auslegungspflicht früher auch in der Hauptversammlung selbst bestand, genügt mittlerweile ein Zugänglichmachen. Eine Auslegung der Unterlagen während der Hauptversammlung in Papierform ist nicht mehr erforderlich, kann aber selbstverständlich weiter praktiziert werden.

Unterlagen in einer anderen **Sprache** als deutsch, sind zusätzlich mit einer Übersetzung in die deutsche Sprach zu versehen, die ebenfalls auszulegen ist.[272]

113 Der wichtigste Fall einer solchen Auslegungspflicht betrifft den Jahresabschluss sowie bei Mutterunternehmen auch den Konzernabschluss. Von der Einberufung der ordentlichen Hauptversammlung an sind neben dem Bericht des Aufsichtsrats der Jahresabschluss, ein vom Aufsichtsrat gebilligter Einzelabschluss nach § 325 Abs. 2a HGB, der Lagebericht und der Vorschlag des Vorstands für die Verwendung des Bilanzgewinns im Geschäftsraum der Gesellschaft zur Einsicht auszulegen,[273] bei Mutterunternehmen gilt dies auch für den Konzernabschluss, den Konzernlagebericht und den Bericht des Aufsichtsrats hierüber.[274] Die Verpflichtung zur Auslegung entfällt, wenn die jeweiligen Unterlagen für denselben Zeitraum über die Internetseite der Gesellschaft zugänglich sind.[275] Bei börsennotierten Gesellschaften sollte nicht das Missverständnis entstehen, dass der erläuternde Bericht des Vorstands zu den Angaben nach § 289 Abs. 4, § 315 Abs. 4 HGB nicht mehr erforderlich sei oder erst später erstellt werden könnte, nur weil er nicht mehr ab der Einberufung der Hauptversammlung auszulegen ist. Die Pflicht, den erläuternden Bericht während der Hauptversammlung zugänglich zu machen, besteht weiter.[276] Aus diesem Grunde besteht ohnehin die für börsennotierte Gesellschaften allgemein geltende Pflicht zur Veröffentlichung auf der Internetseite,[277] so dass lediglich das Auslegen in Papierform freiwillig und zusätzlich erfolgen kann; die Informationsrechte der Aktionäre werden daher nicht eingeschränkt. Die Verpflichtung zur Auslegung des Jahresabschlusses betrifft aber nicht nur die ordentliche Hauptversammlung, wenngleich es der in der Praxis weitaus häufigste Fall ist. Daneben sieht das Gesetz vor, die Jahresabschlüsse und Lageberichte der an bestimmten Maßnahmen beteiligten Rechtsträger für die letzten drei Geschäftsjahre auszulegen. Dies betrifft die folgenden Strukturmaßnahmen:
- Eingliederung,[278]
- Ausschluss von Minderheitsaktionären,[279]
- Zustimmung zu einem Unternehmensvertrag,[280]
- Umwandlungsbeschlüsse wie Verschmelzung[281] und Ausgliederung.[282]

Auch in diesem Fall entfällt die Verpflichtung zur Auslegung, wenn die jeweiligen Unterlagen für denselben Zeitraum über die Internetseite der Gesellschaft zugänglich sind.

114 Soweit die dieser Beschlussfassung zugrunde liegende Maßnahme einen nicht länger als acht Monate zurückliegenden Abschluss erfordert, bedarf es neben der Auslegung der Jah-

---

[272] Hüffer/Koch/*Koch* AktG § 193f Rn. 3 mwN.
[273] § 175 Abs. 2 S. 1 AktG.
[274] § 175 Abs. 2 S. 3 AktG.
[275] § 175 Abs. 2 S. 4 AktG.
[276] § 176 Abs. 1 S. 1 AktG.
[277] § 124a S. 1 Nr. 3 AktG.
[278] § 319 Abs. 3 Nr. 2 AktG.
[279] § 327c Abs. 3 Nr. 2 AktG.
[280] § 293f Abs. 1 Nr. 2 AktG.
[281] § 63 Abs. 1 Nr. 2 UmwG.
[282] § 125 UmwG iVm § 63 Abs. 2 Nr. 2 UmwG.

resabschlüsse zusätzlich eines Zwischenabschlusses, der ebenfalls auszulegen ist.[283] Die Verpflichtung zur Auslegung entfällt, wenn der Zwischenabschluss für denselben Zeitraum über die Internetseite der Gesellschaft zugänglich ist. Neben den Jahresabschlüssen sieht das Gesetz jedoch auch teilweise eine Auslegung weiterer Unterlagen vor. Soweit die Hauptversammlung über die Zustimmung zu Verträgen beschließen soll, besteht häufig eine gesetzlich normierte Pflicht der Verwaltung, den Vertrag oder zumindest seinen Entwurf vom Zeitpunkt der Einberufung der Hauptversammlung an zur Einsicht der Aktionäre auszulegen. Dies gilt für folgende Verträge:
- Nachgründungsverträge,[284]
- Verträge über die Übertragung des ganzen Gesellschaftsvermögens,[285]
- Unternehmensverträge,[286]
- Verschmelzungs- und Spaltungsverträge.[287]

Die Verpflichtung zur Auslegung entfällt, wenn die Verträge für denselben Zeitraum über die Internetseite der Gesellschaft zugänglich sind.

Da bei der Eingliederung kein Vertrag zugrunde liegt, ist Gegenstand der Auslegungspflicht der Entwurf des Eingliederungsbeschlusses.[288] Entsprechend ist beim Squeeze-out der Entwurf des Übertragungsbeschlusses auszulegen.[289] Die Verpflichtung zur Auslegung entfällt, wenn die Beschlussentwürfe für denselben Zeitraum über die Internetseite der Gesellschaft zugänglich sind. Im Anschluss an diese gesetzlich geregelte Auslegungspflicht in Bezug auf Verträge bzw. Vertragsentwürfe wird angenommen, dass eine korrespondierende Pflicht besteht, wenn die Hauptversammlung außerhalb der gesetzlich ausdrücklich normierten Fälle über die Zustimmung zu Verträgen Beschluss fassen soll. Dies gilt sowohl bei einer Vorlagepflicht auf Grund der Holzmüller/Gelatine-Rechtsprechung[290] als auch bei einer freiwilligen Vorlage des Vorstandes gemäß § 119 Abs. 2 AktG.[291] Ob eine mit der Auslegungspflicht in Bezug auf Verträge korrespondierende Auslegungspflicht in Bezug auf die Jahresabschlüsse für die vergangenen drei Geschäftsjahre besteht im Falle von gesetzlich nicht normierten Strukturmaßnahmen, ist umstritten. Teilweise[292] wird eine entsprechende Pflicht zur Auslegung der Jahresabschlüsse und der Lageberichte angenommen, wenn die Ausgliederung im Wege der Einzelrechtsnachfolge auf Grund der Holzmüller-Entscheidung der Hauptversammlung zur Beschlussfassung vorgelegt wird, aber auch beim Verkauf von Betrieben, Teilbetrieben und Tätigkeitsbereichen. Grundsätzlich sollte eine derartige gesetzlich nicht ausdrücklich normierte formale Anforderung an die Abhaltung von Hauptversammlungen abgelehnt werden. Bei der Zustimmung zu Verträgen sind diese auszulegen, da das Gesetz dies generell bei der Zustimmung zu Verträgen vorsieht. Dagegen besteht eine Pflicht zur Auslegung der Jahresabschlüsse für die vergangenen drei Geschäftsjahre nur ausnahmsweise, bei diesen Ausnahmen sollte es aus Gründen der Rechtssicherheit bleiben.[293] In Analogie zu den gesetzlichen Vorschriften sollten gesetzlich nicht ausdrücklich normierte Auslegungspflichten ebenfalls entfallen, wenn die jeweiligen Unterlagen für denselben Zeitraum über die Internetseite der Gesellschaft zugänglich sind.

Im Zusammenhang mit der Auslegungspflicht in Bezug auf Verträge bzw. Vertragsentwürfe sieht das Gesetz ferner häufig eine Verpflichtung der Verwaltung vor, im Zusammenhang mit den zur Beschlussfassung anstehenden Strukturmaßnahmen zu erstattende Be-

---

[283] § 209 AktG, § 63 Abs. 1 Nr. 3 UmwG, § 125 UmwG.
[284] § 52 Abs. 2 S. 2 AktG.
[285] § 179a Abs. 2 AktG.
[286] § 293f Abs. 1 Nr. 1 AktG.
[287] §§ 63, 125 UmwG.
[288] § 319 Abs. 3 Nr. 1 AktG.
[289] § 327c Abs. 3 Nr. 1 AktG.
[290] → Rn. 12 f.
[291] BGH WM 2001, 569 ff.; OLG München NJW-RR 1997, 544.
[292] *Reichert*, Die Ausstrahlungswirkung der Auslegungsvoraussetzungen nach Umwandlungsgesetz auf andere Strukturänderungen, in *Habersack/Koch/Winter* (Hrsg.) ZHR Beiheft Band 68, 60 f.; LG Karlsruhe AG 1998, 100.
[293] Vgl. auch *Bungert* NZG 1998, 367; *Lutter*, in: FS Fleck, 169 ff.

richte ebenfalls von der Einberufung der Hauptversammlung an, die über die Maßnahmen Beschluss fassen soll, in den Geschäftsräumen der Gesellschaft auszulegen. Dies betrifft die folgenden Vorgänge:
- Abschluss von Unternehmensverträgen,[294]
- Eingliederung,[295]
- Ausschluss von Minderheitenaktionären,[296]
- Verschmelzung,[297]
- Spaltung,[298]
- Formwechsel.[299]

117 Die Verpflichtung zur Auslegung entfällt, wenn die Berichte für denselben Zeitraum über die Internetseite der Gesellschaft zugänglich sind. Auch soweit eine ungeschriebene Berichtspflicht angenommen wird,[300] ist eine Verpflichtung anzunehmen, die Berichte auszulegen. In Analogie zu den gesetzlichen Vorschriften sollten bei ungeschriebenen Berichtspflichten die Auslegungspflichten ebenfalls entfallen, wenn die Berichte für denselben Zeitraum über die Internetseite der Gesellschaft zugänglich sind.

2. Ort und Zeitpunkt der Auslegung

118 Soweit eine Auslegungspflicht besteht, sind die Unterlagen vom Zeitpunkt der Einberufung der Hauptversammlung an, die über die Durchführung der Maßnahme bzw. über die Zustimmung zu dem Vertrag entscheidet, im Geschäftsraum der Gesellschaft auszulegen. Dabei handelt es sich um den Sitz der Hauptverwaltung, der nicht notwendigerweise mit dem Sitz der Gesellschaft übereinstimmen muss. Zur Vermeidung von Anfechtungsrisiken empfiehlt es sich jedoch, bei Auseinanderfallen von Sitz der Hauptverwaltung und satzungsgemäßem Sitz die Unterlagen an beiden Orten auszulegen. Während der Hauptversammlung selbst genügt im Gegensatz zur früheren Rechtslage ein Zugänglichmachen der Unterlagen, für die eine Auslegungspflicht vor der Hauptversammlung bestanden hatte. Eine Auslegung der Unterlagen während der Hauptversammlung in Papierform ist daher nicht mehr erforderlich, kann aber selbstverständlich weiter praktiziert werden. Werden die Unterlagen nicht in Papierform ausgelegt, hat die Gesellschaft dafür zu sorgen, dass die zugänglich zu machenden Unterlagen während der Hauptversammlung von den erschienenen Aktionären tatsächlich eingesehen werden können. Die Gesellschaft kann ihrer Verpflichtung in diesem Fall zB dadurch genügen, dass sie Monitore aufstellt, über die auf die Internetseite der Gesellschaft Zugriff genommen werden kann. Der bloße Umstand, dass die Unterlagen über die Internetseite der Gesellschaft zwar zugänglich sind, ein erschienener Aktionär jedoch nicht in der Lage ist, während der Hauptversammlung tatsächlich Zugriff zu nehmen, wäre nicht ausreichend.

119 Da im Bundesanzeiger montags bis freitags mit Ausnahme gesetzlicher Feiertage publiziert wird, kann es vorkommen, dass die Bekanntmachung der Einberufung zur Hauptversammlung an einem nicht bundeseinheitlichen Feiertag, zB am Dreikönigstag erfolgt. Fraglich ist in diesem Fall, ab welchem Zeitpunkt die Auslegung zu erfolgen hat. Wenngleich bei der Berechnung der Einberufungsfrist § 193 BGB nach der ausdrücklichen gesetzlichen Regelung nicht entsprechend anzuwenden ist, sollte es nach dem Rechtsgedanken des § 193 BGB ausreichen, wenn in diesem Fall die Unterlagen am nächsten Werktag zur Einsichtnahme ausliegen.[301] Hierbei ist zu berücksichtigen, dass die Gesellschaft nicht verpflichtet ist, den Zugang zu ihrem Geschäftsraum an einem gesetzlichen Feiertag zu eröffnen, so dass eine Einsichtnahme ohnehin nicht möglich wäre.

---

[294] § 293f Abs. 1 Nr. 3 AktG.
[295] § 319 Abs. 3 Nr. 3 AktG.
[296] § 327c Abs. 3 Nr. 3 AktG.
[297] § 63 Abs. 1 Nr. 4 UmwG.
[298] § 125 UmwG iVm § 63 Abs. 1 Nr. 4 UmwG.
[299] § 230 Abs. 2 S. 1 UmwG, § 238 S. 1 UmwG.
[300] → Rn. 90 f.
[301] Zur früheren Rechtslage vgl. Semler/Volhard/*Reichert/Schlitt* Rn. I B 552.

3. Übersendung an Aktionäre

Regelmäßig besteht bei den gesetzlich normierten Auslegungspflichten eine korrespondierende Verpflichtung der Gesellschaft, jedem Aktionär auf dessen Verlangen eine Abschrift der auszulegenden Unterlagen zu erteilen.[302] In Analogie hierzu sollte bei den ungeschriebenen Auslegungspflichten ebenfalls dem Verlangen eines Aktionärs zur Übersendung einer Abschrift der auszulegenden Unterlagen entsprochen werden. Die Abschrift ist den Aktionären unverzüglich und kostenlos zu übersenden. Die Pflicht zur Übersendung entfällt, wenn die jeweiligen Unterlagen während des Auslegungszeitraums über die Internetseite der Gesellschaft zugänglich sind. Dies sollte in Analogie zu den gesetzlichen Vorschriften bei ungeschriebenen Berichtspflichten ebenfalls gelten. Eine Gesellschaft mit großem Aktionärskreis kann sich daher hohe Kosten ersparen, indem sie von der Möglichkeit zur Veröffentlichung im Internet Gebrauch macht.

4. Alternative Veröffentlichung auf der Internetseite

Die Pflicht zur Auslegung und zur Erteilung von Abschriften entfällt, wenn die auszulegenden, bzw. zu übersendenden Unterlagen für den Zeitraum der Auslegungspflicht über die Internetseite der Gesellschaft zugänglich sind.

Bei börsennotierten Gesellschaften entfällt nach der Systematik des Gesetzes stets die Pflicht zur Auslegung von Unterlagen und zur Erteilung von Abschriften. Börsennotierte Gesellschaften müssen verpflichtend sämtliche der Hauptversammlung zugänglich zu machende Unterlagen über ihre Internetseite veröffentlichen.[303] Dennoch sind die unterschiedlichen Rechtsfolgen zu beachten. Während ein schlichter Verstoß gegen die Internetveröffentlichung gemäß § 124a AktG nicht zur Anfechtung berechtigt,[304] führt ein Verstoß gegen die alternative Internetveröffentlichung bei der Pflicht zur Auslegung von Unterlagen und zur Erteilung von Abschriften sehr wohl zur Anfechtbarkeit der gefassten Beschlüsse.

5. Änderungen der ausgelegten Dokumente

Wenn nicht ein bereits abgeschlossener Vertrag der Hauptversammlung zur Zustimmung vorgelegt wird, sondern lediglich berechtigterweise ein Vertragsentwurf,[305] stellt sich die Frage, inwiefern das Auslegungsverfahren zu wiederholen ist und bei Verstreichen der Ladungsfrist gegebenenfalls erneut zu laden und erneut die Zustimmung der Hauptversammlung einzuholen ist, wenn der Vertragsentwurf in der Zeit zwischen der Einberufung der Hauptversammlung und dem Vertragsschluss geändert wird.[306] Im Hinblick auf den Zweck der Auslegungspflichten sollte von einer Wiederholung abgesehen werden, wenn die Änderungen rein redaktioneller Art sind, der Beseitigung von Rechtsmängeln dienen oder nicht die Essentialia des Vertrages berühren. Dagegen erscheint es bei wesentlichen Änderungen zwingend, das gesamte Verfahren zu wiederholen und gegebenenfalls eine neuerliche Hauptversammlung einzuberufen.[307]

6. Anfechtungsrisiken

Grundsätzlich führt die Nichtbeachtung der Auslegungspflicht zur Anfechtbarkeit des entsprechenden Hauptversammlungsbeschlusses. Inwieweit eine mangelhafte oder unvollständige Auslegung allerdings zu einer erfolgreichen Anfechtung führt, hängt von der Kausalität bzw. der Relevanz des Auslegungsmangels ab. Hierzu kann auf die Ausführungen zu dem Anfechtungsrisiko bei unvollständiger oder mangelhafter Berichterstattung verwiesen

---

[302] §§ 52 Abs. 2 S. 3, 175 Abs. 2 S. 2, 179a Abs. 2 S. 2, 293f Abs. 2, 319 Abs. 3 S. 2, 327c Abs. 4 AktG, § 63 Abs. 3, 230 Abs. 2 S. 2 UmwG.
[303] § 124a S. 1 Nr. 3 AktG.
[304] § 243 Abs. 3 Nr. 2 AktG.
[305] Vgl. hierzu BGHZ 82, 188 (194 f.); dagegen KölnKommAktG/*Koppensteiner* § 293 Rn. 5.
[306] Vgl. Hüffer/Koch/*Koch* AktG § 293 Rn. 4.
[307] Ebenso Semler/Volhard/*Reichert/Schlitt* Rn. I B 555.

werden.³⁰⁸ Dieselben Kriterien gelten für einen Verstoß gegen die alternative Internetveröffentlichung bei der Pflicht zur Auslegung von Unterlagen und zur Erteilung von Abschriften. Es kommt allein auf die Nichtbeachtung der Alternative zur Auslegungspflicht an; unerheblich ist, dass ein schlichter Verstoß gegen die Internetveröffentlichung nicht zur Anfechtung berechtigt.³⁰⁹ Soweit eine technische Störung bei der alternativen Internetveröffentlichung zu einer Verletzung der Auslegungspflicht führt, sollte in analoger Anwendung von § 243 Abs. 3 Nr. 1 AktG eine Anfechtung ausgeschlossen sein, wenn der Gesellschaft weder Vorsatz noch grobe Fahrlässigkeit noch ein in der Satzung etwa bestimmter strengerer Verschuldensmaßstab vorzuwerfen ist. Da es sich um eine gesetzlich vorgesehene Alternative zur Auslegungspflicht und nicht um eine Alternative aufgrund einer Satzungsbestimmung oder Satzungsermächtigung handelt, ist der gesetzliche Anfechtungsausschluss nicht unmittelbar anwendbar. Die Situation ist jedoch vergleichbar, es handelt sich offensichtlich um ein Redaktionsversehen des Gesetzgebers.³¹⁰

VII. Ort der Hauptversammlung

1. Gesellschaftssitz

125 In der Regel wird die **Satzung** der Aktiengesellschaft festlegen, an welchem Ort die Hauptversammlung stattfinden soll. Falls in der Satzung nichts anderes bestimmt ist, sieht das Gesetz vor, dass die Hauptversammlung am Sitz der Gesellschaft stattfinden soll.³¹¹ Dabei ist es zulässig, falls die Gesellschaft einen Doppelsitz aufweist, die Hauptversammlung an jeden Sitz einzuberufen.³¹²

2. Börsensitz

126 Nur wenn die Aktien der Gesellschaft an einer deutschen Börse **zum Handel im regulierten Markt zugelassen** sind, kann mangels anderweitiger Satzungsbestimmung die Hauptversammlung auch am **Sitz der Börse** stattfinden.³¹³ Zwar stellt das Gesetz nicht mehr wie früher auf die Zulassung zum amtlichen Markt ab, jedoch ist diese Bestimmung nach wie vor nicht auf Aktiengesellschaften anwendbar, deren Aktien zum Freiverkehr zugelassen sind. Es empfiehlt sich daher, bei börsennotierten Gesellschaften, deren Aktien nicht zum amtlichen Markt noch zum geregelten Markt, sondern nur zum Freiverkehr zugelassen sind, eine Satzungsbestimmung aufzunehmen, dass die Hauptversammlung auch am Sitz der Börse stattfinden kann.

3. Satzung

127 Im Übrigen schweigt der Gesetzgeber, welche Möglichkeiten die Gesellschaft bei der Gestaltung ihrer Satzung in Bezug auf den **Hauptversammlungsort** hat. Jedenfalls wird es als **unzulässig** angesehen, wenn die Satzung die Wahl des Versammlungsorts dem freien Ermessen des Einberufenden überlässt.³¹⁴ Unzulässig ist daher eine Satzungsbestimmung, die festlegt, dass die Hauptversammlung an jeden Ort in Deutschland einberufen werden kann. Ebenso wird es als unzulässig angesehen, die Hauptversammlung in der Satzung zu ermächtigen, den Ort der nächsten Hauptversammlung zu bestimmen.³¹⁵ Begründet wird dies damit, dass dies mit dem Schutzzweck der Verhinderung einer willkürlichen Auswahl des Versammlungsortes nicht zu vereinbaren sei. Dagegen wird es als **zulässig** angesehen, wenn die Satzung einen bestimmten Ort als Hauptversammlungsort festlegt, selbst wenn

---

³⁰⁸ → Rn. 99 ff.
³⁰⁹ § 243 Abs. 3 Nr. 2 AktG.
³¹⁰ Vgl. Begründung BR-Drs. 847/08, 35 (Zu Nummer 5 Zu Buchstabe a Zu Doppelbuchstabe aa).
³¹¹ § 121 Abs. 5 S. 1 AktG.
³¹² Hüffer/Koch/*Koch* AktG § 121 Rn. 12.
³¹³ § 121 Abs. 5 S. 2 AktG.
³¹⁴ Hüffer/Koch/*Koch* AktG § 121 Rn. 13.
³¹⁵ BGH AG 1994, 177.

dieser schwer erreichbar sein sollte.³¹⁶ Wesentlich ist allein, dass der Ort für jeden Aktionär unter normalen Bedingungen überhaupt erreichbar ist.³¹⁷

Die Satzung muss sich dabei nicht auf einen einzigen Ort beschränken, sondern kann mehrere Orte aufzählen, die dem Einberufenden zur freien Auswahl stehen.³¹⁸ Bei der Aufzählung mehrerer Orte ist es auch möglich, hierfür eine abstrakte Umschreibung, wie zB „eine Stadt im Freistaat Bayern mit mehr als 100.000 Einwohnern" oder „an einem Ort im Umkreis von 50 km um den Sitz der Gesellschaft" zu benutzen.³¹⁹ 128

4. Hauptversammlung im Ausland

Nach der Entscheidung des BGH³²⁰ ist mittlerweile geklärt, dass es **zulässig** ist, eine Hauptversammlung im Ausland abzuhalten, wenn die Satzung ein Versammlungsort im Ausland bestimmt. 129

5. Abweichen von der gesetzlichen oder satzungsmäßigen Regelung

Lediglich wenn **besondere sachliche Gründe** vorliegen, wird man eine Abweichung von der gesetzlichen oder satzungsmäßigen Regelung bei der Einberufung der Hauptversammlung zulassen können. Ob solche besondere Gründe vorliegen, ist nach dem Zweck des Gesetzes³²¹ zu beurteilen. Dabei wird zu berücksichtigen sein, dass die Aktionäre vor einer willkürlichen Auswahl des Hauptversammlungsortes zu schützen sind. Solche besonderen Gründe werden daher in der Praxis dann vorkommen, wenn sich eine Naturkatastrophe ereignet hat, die den gesetzlich oder satzungsmäßig vorgesehenen Hauptversammlungsort nicht mehr erreichen lässt oder dort geeignete Versammlungsräume zerstört hat. 130

6. Versammlungsraum

In der Wahl des Versammlungsraumes ist der Einberufende nicht an konkrete Vorgaben von Gesetz und Satzung gebunden. Dennoch sind hohe Anforderungen an den Tagungssaal zu stellen. Insbesondere ist auf ausreichendes Fassungsvermögen für die erwartete Teilnehmerzahl zu achten. Ferner muss die Akustik es jedem Aktionär erlauben, dem Geschehen zu folgen, damit die Aktionäre ihr Teilnahme-, Stimm- und Auskunftsrecht ausüben können,³²² eine Übertragung in untergeordnete Nebenräume, wie zB Catering-Bereich, Raucherräume oder Toiletten, ist jedoch nicht geboten.³²³ 131

7. Änderung des Versammlungsorts oder -raums

Da bei der Einladung zur Hauptversammlung zwingend der Versammlungsort bekannt zu machen ist,³²⁴ ist eine Änderung des Versammlungsortes nur möglich, wenn er unter Beachtung der Formen und Fristen für die Einberufung erfolgt. Dagegen werden diese Anforderungen an eine Verlegung allein des Versammlungsraumes nicht gestellt, wenn besondere Umstände aus sachlichen Gründen³²⁵ eine Verlegung erforderlich machen.³²⁶ Dabei ist jedoch zu berücksichtigen, dass die Teilnahmeberechtigten den neuen Versammlungsraum in zumutbarer Weise, insbesondere innerhalb angemessener Zeit, erreichen können. Damit den Aktionären auch eine konkrete Kenntnisnahme vom neuen Versammlungsraum möglich ist, ist unbedingt im ursprünglich vorgesehenen Versammlungsraum ein deutlich sichtbarer 132

---

³¹⁶ GroßkommAktG/*Werner* § 121 Rn. 46.
³¹⁷ GroßkommAktG/*Werner* § 121 Rn. 46.
³¹⁸ Hüffer/Koch/*Koch* AktG § 121 Rn. 13.
³¹⁹ Hüffer/Koch/*Koch* AktG § 121 Rn. 13.
³²⁰ NJW 2015, 336.
³²¹ BGH AG 1994, 177; 1985, 188.
³²² Vgl. auch → Rn. 33 ff.
³²³ BGH NZG 2013, 1430.
³²⁴ § 121 Abs. 3 S. 1 AktG.
³²⁵ ZB technische Störungen, Notsituationen, unerwartet hohe Teilnehmerzahl.
³²⁶ Martens S. 25.

Hinweis auf den neuen Tagungsort anzubringen. Ferner sollte mit dem Beginn der Hauptversammlung abgewartet werden, bis auch ein am ursprünglich vorgesehenen Versammlungsraum rechtzeitig eingetroffener Aktionär den neuen Tagungsraum zeitlich erreichen kann.[327]

133 Eingeschränkte Anforderungen an den Versammlungsraum sind nur dann zulässig, wenn kurzfristig in Notfällen eine Verlegung des Tagungsortes erforderlich wird, zB wegen einer Bombendrohung. In diesem Fall ist nicht zwingend erforderlich, dass der Tagungsraum sämtliche Aktionäre umfasst. Doch sollte auch in diesem Fall wenn möglich dafür gesorgt werden, dass sämtliche Aktionäre die Versammlung akustisch verfolgen können. Lediglich wenn dies nicht möglich ist, ist daran zu denken, die Aktionäre um die Ausstellung von Vollmachten und Weisungserteilung zu bitten, damit die Hauptversammlung mit wenigen Aktionärsverretern durchgeführt werden kann.

8. Rechtsfolgen der Einberufung an einen unzulässigen Ort

134 Die Einberufung der Hauptversammlung an einen unzulässigen Ort begründet grundsätzlich die Anfechtbarkeit der von der Hauptversammlung gefassten Beschlüsse. Hinsichtlich der Erfolgsaussichten einer Anfechtungsklage wird auf die obigen Ausführungen verwiesen.[328]

---

[327] KölnKommAktG/*Zöllner* § 121 Rn. 37.
[328] → Rn. 81.

§ 27 Durchführung der Hauptversammlung

Übersicht

	Rn.
I. Teilnahmerecht	1–34
1. Aktionäre	3–18
a) Teilnahmevoraussetzungen	4–12
b) Rechtsgemeinschaft, Verpfändung, Sicherungsübereignung	13–15
c) Legitimation	16/17
d) Umschreibestopp	18
2. Aktionärsvertreter	19–26
a) Gesetzliche Vertretung	20
b) Vertreter kraft Vollmacht	21
c) Vertreter kraft Ermächtigung	22
d) Kreditinstitute	23/24
e) Aktionärsvereinigungen	25
f) Treuhänder	26
3. Vorstands- und Aufsichtsratsmitglieder	27
4. Abschlussprüfer	28/29
5. Behördenvertreter	30/31
6. Notar	32
7. Medienvertreter	33
8. Gäste	34
II. Teilnahmepflicht	35–41
1. Vorstandsmitglieder	36/37
2. Aufsichtsratsmitglieder	38/39
3. Abschlussprüfer	40/41
III. Teilnehmerverzeichnis	42–49
1. Zweck	43
2. Inhalt	44/45
3. Aufstellung	46
4. Einsichtnahme	47
5. Änderungen während der Hauptversammlung	48
6. NaStraG	49
IV. Versammlungsleitung	50–76
1. Der Versammlungsleiter	51–53
2. Aufgaben und Befugnisse	54–65
3. Eröffnung und Beendigung der Hauptversammlung	66–71
4. Geschäftsordnung	72–75
V. Beschlussfassung	76–90
1. Beschlussgegenstände, Wahlen, materielle Beschlusskontrolle	76/77
2. Beschlussfähigkeit	78
3. Mehrheiten	79–85
4. Art und Weise der Abstimmung	86–90
VI. Rechte der Aktionäre	91–109
1. Rederecht	92
2. Fragerecht	93–97
3. Einsichtsrecht	98/99
4. Stimmrecht	100–108
5. Widerspruchsrecht	109
VII. Protokollierung	110–126
1. Notarielle Niederschrift	112–119
2. Einfache Niederschrift	120/121
3. Stenografisches Protokoll	122
4. Tonband- und Filmaufnahmen	123
5. Übertragung in Bild und Ton, Online-Hauptversammlung	124–126

Schrifttum: *Butzke,* Die Hauptversammlung der Aktiengesellschaft, 5. Auflage 2011; *Drinhausen/Marsch-Barner,* Zur Rechtsstellung des Aufsichtsratsvorsitzenden als Leiter der Hauptversammlung einer börsennotierten Gesellschaft, AG 2014, 757; *Ek,* Praxisleitfaden für die Hauptversammlung, 3. Aufl. 2017; *Martens,* Leitfaden für die Leitung der Hauptversammlung einer Aktiengesellschaft, 3. Auflage 2015; *Mohamed,* Die Sprachverwirrung in der ausländisch geprägten Hauptversammlung von AG oder SE, NZG 2015, 1263; *Schaaf,* Die Praxis der Hauptversammlung, 2011; *Semler/Volhard/Reichert,* Arbeitshandbuch für die Hauptversammlung, 4. Auflage 2018.

I. Teilnahmerecht

1 Die Hauptversammlung einer Aktiengesellschaft ist kein öffentliches Forum. Der Teilnehmerkreis ist vielmehr grundsätzlich – auch bei einer Publikumsgesellschaft – beschränkt. Bei der Durchführung einer Hauptversammlung ist daher streng darauf zu achten, wer an der Versammlung teilnehmen darf. Dabei ist zwischen einem Teilnahmerecht einerseits und gegebenenfalls einer Teilnahmepflicht andererseits zu unterscheiden.

2 Wer berechtigt ist, an der Hauptversammlung teilzunehmen, hat das Recht auf Zutritt und Anwesenheit in der Hauptversammlung sowie das Recht, zu den einzelnen Tagesordnungspunkten zu reden. Ob zu dem Teilnahmerecht auch das Recht gehört, Anträge zu stellen, wird unterschiedlich beurteilt.[1] Dagegen ist das Stimmrecht von dem Teilnahmerecht strikt zu trennen, da zwar jeder Aktionär ein Teilnahmerecht hat, aber bereits die Inhaber von stimmrechtslosen Vorzugsaktien nicht notwendigerweise ein Stimmrecht besitzen.

1. Aktionäre

3 Das Teilnahmerecht ist unmittelbarer Ausfluss des Mitgliedschaftsrechts eines Aktionärs und entsteht grundsätzlich mit dem Erwerb der Gesellschafterstellung.[2] Da das Teilnahmerecht daher der Aktionärsstellung immanent ist, steht es grundsätzlich **jedem Aktionär** zu. Es ist dabei ohne Bedeutung, ob der Aktionär gleichzeitig stimmberechtigt ist. Auch die Inhaber stimmrechtsloser Vorzugsaktien sind teilnahmeberechtigt.[3] Auch kommt es nicht darauf an, ob der Aktionär etwa einem Stimmverbot unterliegt,[4] in seinem Stimmrecht beschränkt ist[5] oder derzeit kein Stimmrecht hat.[6] Lediglich, wenn das Gesetz statuiert, dass einem Aktionär überhaupt keine Rechte zustehen,[7] besteht ebenfalls kein Teilnahmerecht.[8]

4 a) **Teilnahmevoraussetzungen.** Wenngleich das Teilnahmerecht dem Aktionär originär zusteht, kann die **Satzung** besondere formelle Voraussetzungen für die Teilnahme statuieren.[9] Ferner ist an eine materielle Einschränkung zu denken, wenn ein Aktionär sein Teilnahmerecht dazu **missbraucht,** den reibungslosen Ablauf der Hauptversammlung zu stören.

5 *aa) Beschränkung durch Satzung.* Die Satzung einer Aktiengesellschaft kann festlegen, dass eine Teilnahme an der Hauptversammlung oder die Ausübung des Stimmrechts nur zulässig sind, wenn der Aktionär sich rechtzeitig vor der Hauptversammlung **anmeldet.**[10] Die früher vor allem bei Inhaberaktien als Nachweis für die Aktionärseigenschaft übliche Hinterlegung ist nicht mehr zulässig. Stattdessen sieht das Gesetz jetzt besondere Nachweisbestimmungen vor.[11] Bei Inhaberaktien kann die Satzung bestimmen, wie die Berechtigung zur Teilnahme an der Hauptversammlung oder zur Ausübung des Stimmrechts nachzuweisen

---

[1] Vgl. einerseits Hüffer/Koch/*Koch* AktG § 118 Rn. 9 und andererseits Semler/Volhard/*Bärwaldt* Rn. I C 4.
[2] Semler/Volhard/*Bärwaldt* Rn. I C 9.
[3] § 140 Abs. 1 AktG.
[4] ZB aus § 136 Abs. 1 S. 1 AktG.
[5] Vgl. § 328 Abs. 1 S. 1 AktG.
[6] Vgl. § 134 Abs. 2 S. 1 AktG.
[7] ZB bei Verstoß gegen Meldepflichten gemäß § 20 Abs. 7, § 21 Abs. 4 AktG oder §§ 21, 22, 28 WpHG.
[8] Anders als nach der Vorgängerregelung, bei der bei einem Verstoß gegen die Meldepflichten lediglich ein Stimmrechtsverbot bestand.
[9] Vgl. § 121 Abs. 3 S. 3 AktG.
[10] § 123 Abs. 2 S. 1 AktG.
[11] § 123 Abs. 3 AktG.

ist. Zu beachten ist, dass sich in diesem Fall die Mindestfrist für die Einberufung der Hauptversammlung um die Tage der Anmeldefrist, bzw. der Nachweisfrist verlängert.[12]

Die **Anmeldefrist** beträgt mindestens sechs Tage, sofern die Satzung keine kürzere, in Kalendertagen zu bemessende Frist vorsieht. Innerhalb der Anmeldefrist muss die Anmeldung der Gesellschaft unter der in der Einberufung genannten Adresse zugehen. Der Tag des Zugangs ist nicht mitzurechnen.

Sieht die Satzung bei Inhaberaktien eine Nachweispflicht vor, so genügt bei börsennotierten Gesellschaften ein in Textform erstellter besonderer Nachweis des Anteilsbesitzes durch das depotführende Institut. Zu beachten ist, dass es sich um einen besonderen Nachweis handeln muss, ein allgemeiner Depotauszug daher nicht ausreicht.[13]

Nachweisstichtag ist bei börsennotierten Gesellschaften zwingend der Beginn des einundzwanzigsten Tages vor der Versammlung.[14] Unerheblich ist, ob es sich dabei um einen Samstag, Sonn- oder Feiertag handelt, da der Nachweis selbst nicht am selben Tag zu erbringen ist, sondern an einem späteren Werktag auf den Nachweisstichtag bezogen werden kann.

Die **Nachweisfrist** beträgt mindestens sechs Tage, sofern die Satzung keine kürzere, in Kalendertagen zu bemessende Frist vorsieht. Innerhalb der Nachweisfrist muss der Nachweis der Gesellschaft unter der in der Einberufung genannten Adresse zugehen. Der Tag des Zugangs ist nicht mitzurechnen. Die früher strittige Frage der Fristberechnung, wenn das Fristende auf einen Samstag, Sonn- oder Feiertag fällt, ist durch § 121 Abs. 7 AktG vom Gesetzgeber geklärt.

Während sich bei Namensaktien die Legitimation des Aktionärs unmittelbar aus dem Aktienregister ergibt, gilt bei Inhaberaktien im Verhältnis zur Gesellschaft für die Teilnahme an der Versammlung oder die Ausübung des Stimmrechts als Aktionär nur, wer den Nachweis erbracht hat. Sieht die Satzung einen Nachweis vor, kommt es daher nicht darauf an, ob der Aktionär, der den Nachweis erbracht hat, am Tag der Versammlung tatsächlich noch Aktionär ist. Umgekehrt ist ein Aktionär, der am Tag der Versammlung tatsächlich Aktionär ist, aber den Nachweis nicht erbracht hat oder nicht erbringen konnte, weil er am Nachweisstichtag nicht Aktionär war, weder zur Teilnahme an der Versammlung noch zur Ausübung des Stimmrechts berechtigt. Im Innenverhältnis zwischen dem zur Teilnahme berechtigten Vorbesitzer und dem nicht teilnahmeberechtigten Erwerber können selbstverständlich Vereinbarungen über die Ausübung des Stimmrechts getroffen werden, die jedoch bei Missachtung im Verhältnis zur Gesellschaft unbeachtlich sind. Weitere Voraussetzungen für die Teilnahme, die das Teilnahmerecht erschweren, sind nicht zulässig.[15]

bb) Beschränkung wegen Missbrauchs. Eine materielle Beschränkung des Teilnahmerechts kann **nur unter engen Voraussetzungen** angenommen werden. ZB kommt ein Saalverweis in Betracht, wenn der Aktionär den reibungslosen Ablauf der Hauptversammlung stört. Dabei sind die Grundsätze der Verhältnismäßigkeit und Gleichbehandlung zu wahren.[16] Insbesondere ist zunächst an eine Ermahnung zu denken, danach an die Androhung des Saalverweises. Der **Saalverweis** selbst kann nur **ultima ratio** sein.[17]

Auch eine **Redezeitbegrenzung** ist eine Beschränkung des Teilnahmerechts, für das die eben genannten Voraussetzungen sinngemäß gelten. Eine Redezeitbegrenzung kommt daher insbesondere dann in Betracht, wenn wegen der Einberufung auf lediglich einen Tag und des Vorliegens zahlreicher Wortmeldungen ohne eine Redezeitbeschränkung eine Beendigung der Hauptversammlung vor 24.00 Uhr nicht mehr möglich erscheint.[18] Allerdings ist umstritten, ob die Redezeit bereits von Anbeginn an beschränkt werden darf.[19] Ausnahmen hiervon sind durch satzungsmäßige Regelung möglich; eine statutarische Beschränkung der

---

[12] Vgl. oben → 26 Rn. 56.
[13] § 123 Abs. 4 AktG.
[14] Hüffer/Koch/*Koch* AktG § 123 Rn. 12; GroßkommAktG/*Werner* § 123 Rn. 43.
[15] OLG Düsseldorf WM 1991, 2145 (2147); GroßkommAktG/*Werner* § 123 Rn. 63; Baumbach/Hueck AktG § 123 Rn. 3; aA GHEK/*Eckardt* § 123 Rn. 56 f., der für weitere Erfordernisse enge Grenzen setzt.
[16] Hüffer/Koch/*Koch* AktG § 129 Rn. 23; Semler/Volhard/*Richter* Rn. I D 129.
[17] BGHZ 44, 245; Hüffer/Koch/*Koch* AktG § 129 Rn. 23.
[18] Hierzu Semler/Volhard/*von Hülsen* Rn. I D 80 ff.
[19] Dagegen LG München I ZIP 2009, 663; anders OLG Frankfurt a. M. NZG 2015, 1357.

Frage- und Redezeit der Aktionäre in der Hauptversammlung ist ebenso wie die Regelung eines konkreten Zeitrahmens für die Gesamtdauer der Hauptversammlung zulässig.[20]

13 **b) Rechtsgemeinschaft, Verpfändung, Sicherungsübereignung.** Steht eine Aktie mehreren Berechtigten gemeinsam zu, können diese das Teilnahmerecht nur durch einen **gemeinschaftlichen Vertreter** ausüben.[21] Dies betrifft grundsätzlich Erbengemeinschaften, eheliche Gütergemeinschaften oder Bruchteilsgemeinschaften. Dagegen gilt nach allgemeiner Auffassung ein Aktionär, dessen Aktien sich in Girosammelverwahrung befinden, als alleine berechtigt, obwohl auch Miteigentum nach Bruchteilen besteht.[22]

14 Nach allgemeinen Regeln bleibt ein Aktionär, der seine Aktie **verpfändet** hat, Eigentümer und ist damit teilnahmeberechtigt.[23] Der Nachweis der Inhaberschaft ist auch nach dem Wegfall der Vorschriften über die Hinterlegung der Aktienurkunde wegen des Auseinanderfallens von Inhaberschaft und Urkundenbesitz weiterhin problematisch. Da die Rückgabe der Aktie an den Aktionär das Erlöschen des Pfandrechts zur Folge hätte,[24] hat der Pfandgläubiger dem depotführenden Institut die Inhaberschaft offenzulegen und das depotführende Institut einen entsprechenden Nachweis zu erstellen.

15 Dagegen ist ein Aktionär, der seine Aktie einem Dritten **sicherungsübereignet** hat, nicht mehr Inhaber der Aktie und damit rein formal nicht mehr Aktionär. Da die Sicherungsübereignung jedoch wirtschaftlich einer Verpfändung gleichzustellen ist, wird die Sicherungsabrede dahingehend auszulegen sein, dass der Sicherungsgeber weiterhin teilnahmeberechtigt sein soll.[25] In der Praxis wird man sich dadurch helfen müssen, dass entweder der Sicherungsnehmer dem Sicherungsgeber Vollmacht erteilt oder der Sicherungsgeber auf Grund der Sicherungsvereinbarung weiterhin in unmittelbarem Besitz der Aktie verbleibt und dann als Legitimationszessionar in der Hauptversammlung auftritt.

16 **c) Legitimation.** Unabhängig von den formalen Teilnahmevoraussetzungen bei einer satzungsgemäß vorgeschriebenen Anmeldung oder Nachweispflicht hat ein Aktionär seine **Aktionärseigenschaft nachzuweisen,** wenn er an einer Hauptversammlung teilnehmen will. Sieht die Satzung die genannten formellen Schranken vor, erschöpft sich dieser Nachweis in der Erfüllung der Teilnahmevoraussetzungen. Bei Namensaktien ist der Nachweis der Aktionärseigenschaft stets leicht zu führen, da gegenüber der Gesellschaft nur derjenige als Aktionär gilt, der im Aktienregister eingetragen ist.[26] Dasselbe gilt bei Inhaberaktien bei einer satzungsgemäß bestimmten Nachweispflicht, da im Verhältnis zur Gesellschaft für die Teilnahme an der Versammlung oder die Ausübung des Stimmrechts als Aktionär nur gilt, wer den Nachweis erbracht hat.[27] Im Übrigen hat der Versammlungsleiter die Teilnahmevoraussetzungen und damit den Nachweis der Legitimation zu überprüfen.[28]

17 Daher ist am Tag der Hauptversammlung von der Gesellschaft lediglich die **Personenidentität** zu überprüfen. Bei öffentlichen Hauptversammlungen wird sich die Gesellschaft bei dem großen Teilnehmerkreis auf eine Plausibilitätsprüfung beschränken und nur bei gegebenem Anlass eine Überprüfung anhand von Ausweis, Pass oder ähnlichem verlangen. Ergeben sich Zweifel an der Berechtigung zur Teilnahme, hat hierüber der Versammlungsleiter zu entscheiden.[29] Die Entscheidung über die Zulassung oder Nichtzulassung ist nur inzidenter im Wege der Anfechtung der von der Hauptversammlung gefassten Beschlüsse einer gerichtlichen Überprüfung zugänglich. Wurde ein nicht zur Teilnahme Berechtigter zugelassen, wird eine Anfechtungsklage mit Erfolg erhoben werden können, wenn die Beschlussfassung

---

[20] BGH NJW-Spezial 2010, 209.
[21] § 69 Abs. 1 AktG.
[22] GroßkommAktG/*Werner* § 123 Rn. 36.
[23] Hüffer/Koch/*Koch* AktG § 118 Rn. 15; GroßkommAktG/*Mülbert* 123 Rn. 50.
[24] §§ 1278, 1253 Abs. 1 S. 1 BGB.
[25] Semler/Volhard/*Bärwaldt* Rn. I C 12; Obermüller/Werner/Winden Rn. C 7; aA Hüffer/Koch/*Koch* AktG § 118 Rn. 15; GroßkommAktG/*Mülbert* 123 Rn. 50.
[26] § 67 Abs. 2 AktG.
[27] § 123 Abs. 4 S. 5 AktG.
[28] Semler/Volhard/*Bärwaldt* Rn. I C 75.
[29] So heute die hM, vgl. GroßkommAktG/*Werner* § 123 Rn. 66; KölnKommAktG/*Zöllner* § 123 Rn. 48; *Obermüller/Werner/Winden* Rn. C51; Semler/Volhard/*Bärwaldt* Rn. I C 74.

der Hauptversammlung auf der Mitwirkung des zu Unrecht Zugelassenen beruht. Wird dagegen ein Aktionär fehlerhaft nicht zur Teilnahme zugelassen, wird er eine Anfechtungsklage mit Erfolg erheben können, wenn ihm die Zulassung zu Unrecht verweigert wurde.[30]

d) **Umschreibestopp.** Da gegenüber der Gesellschaft bei Namensaktien nur derjenige als Aktionär gilt, der im Aktienregister eingetragen ist, sehen manche Satzungen bei Namensaktien Umschreibestopps vor, damit ein reibungsloser Ablauf der Hauptversammlung gewährleistet werden kann. Mit einem Umschreibestopp sollen kurzfristige Änderungen des Aktienregisters dadurch erschwert werden, dass Anträge auf Umschreibung innerhalb eines kurzen Zeitraums vor der Hauptversammlung nicht bearbeitet werden. Allgemein wird dies als rechtlich zulässig angesehen, solange dafür lediglich ein kurzer Zeitraum gewählt wird.[31] Überlegungen, auch für Namensaktien wie für Inhaberaktien einen Stichtag vorzusehen, wurden bei der Reform des § 123 AktG durch die Aktienrechtsnovelle 2016 nicht umgesetzt.

2. Aktionärsvertreter

Nach allgemeinen Grundsätzen des Zivilrechtes wird ein Aktionär in der Hauptversammlung durch seinen gesetzlichen Vertreter vertreten, daneben kann er auch rechtsgeschäftliche Vollmacht erteilen.

a) **Gesetzliche Vertretung.** Hinsichtlich der gesetzlichen Vertretung gibt es keine Besonderheiten. Als gesetzliche Vertreter kommen zunächst die Eltern,[32] der Vormund[33] sowie der Pfleger[34] eines Aktionärs in Betracht. Neben den gesetzlichen Vertreter hat der Aktionär kein eigenes Teilnahmerecht,[35] während bei mehreren gesetzlichen Vertretern[36] sämtliche Vertreter teilnahmeberechtigt und zur Hauptversammlung zuzulassen sind. Wie gesetzliche Vertreter werden ebenfalls Insolvenz- und Nachlassverwalter behandelt.[37] Ebenfalls nach allgemeinen zivilrechtlichen Grundsätzen ist eine juristische Person oder eine rechtlich verselbständigte Gesamthandsgemeinschaft durch ihre vertretungsberechtigten Organmitglieder, bei mehreren Mitgliedern grundsätzlich sämtliche Mitglieder, teilnahmeberechtigt.

b) **Vertreter kraft Vollmacht.** Grundsätzlich ist jeder Aktionär berechtigt, sich durch eine beliebige Person in der Hauptversammlung vertreten zu lassen. Gegenüber dem allgemeinen Zivilrecht sieht das Aktienrecht jedoch **formale Schranken** vor. Während früher die Vollmacht grundsätzlich der Schriftform bedurfte,[38] sind mittlerweile zahlreiche Erleichterungen eingetreten und führt das Schriftformerfordernis für alle Vollmachten in der Einladung zur Nichtigkeit der Hauptversammlungsbeschlüsse.[39] Nach § 134 AktG bedürfen die Erteilung der Vollmacht, ihr Widerruf und der Nachweis der Bevollmächtigung gegenüber der Gesellschaft der Textform, wenn die Satzung nichts Abweichendes bestimmt. Bei börsennotierten Gesellschaften ist eine Verschärfung der Anforderungen an die Vollmacht durch die Satzung nicht zulässig; lediglich Erleichterungen können vorgesehen werden.[40] Darüber hinaus haben börsennotierte Gesellschaften zumindest einen Weg **elektronischer Kommunikation** des Nachweises zwingend anzubieten.[41] Danach ist bei börsennotierten Gesellschaften das Vorhalten eines Faxgerätes nicht ausreichend; vielmehr bedarf es eines PC-gestützten Kommunikationsweges, wie zB Bildschirmformular, Internetdialog. Dagegen können nicht börsennotierte Gesellschaften in der Satzung nach wie vor die Vorlage der Originalvollmachts-

---

[30] Vgl. OLG Düsseldorf WM 1991, 2145.
[31] BGH 21.9.2009 – II ZR 174/08, *Schaaf* Rn. 308 ff.
[32] § 1629 BGB.
[33] § 1793 BGB.
[34] §§ 1909 ff. BGB.
[35] Semler/Volhard/*Bärwaldt* Rn. I C 18.
[36] ZB beide Elternteile eines minderjährigen Aktionärs.
[37] Hüffer/Koch/*Koch* AktG § 134 Rn. 31.
[38] § 134 Abs. 3 S. 2 AktG alter Fassung.
[39] LG Frankfurt a. M. BB 2008, 2141 ff. – Leica.
[40] § 134 Abs. 3 S. 3 AktG.
[41] § 134 Abs. 3 S. 4 AktG.

urkunde vorschreiben. Soweit bestehende Gesellschaften in ihrer bisherigen Satzung lediglich das früher bestehende gesetzliche Schriftformerfordernis wiederholen, gilt für börsennotierte Gesellschaften wegen der Satzungsstrenge des § 23 Abs. 5 AktG zwingend die neue gesetzliche Formerleichterung. Dagegen bleibt in diesem Fall bei nichtbörsennotierten Gesellschaften unklar, ob die nunmehr vorgesehenen gesetzlichen Formerleichterungen gelten sollen oder ob die Satzung eine Verschärfung vorschreibt. Gerade kleinere Gesellschaften ohne dauerhafte aktienrechtliche Beratung werden bei Abfassung der Satzung Wert darauf gelegt haben, dass sie ihre Rechte und Pflichten anhand einer einzigen Satzungsurkunde erkennen können, ohne stets parallel ins Gesetz schauen zu müssen. Diese Gesellschaften haben dann häufig den von ihnen ohnehin als zwingend und unabänderlich empfundenen Gesetzestext einfach abgeschrieben. Es wäre unbillig, diese Gesellschaften bei Gesetzesänderungen schlechter zu stellen als Gesellschaften, die überhaupt nichts in die Satzung aufgenommen haben und für die die neue gesetzliche Formerleichterung daher automatisch gilt. Aus diesen Erwägungen heraus sollte bei nichtbörsennotierten Gesellschaften, die lediglich die frühere Gesetzesfassung zur Schriftform der Vollmacht abgeschrieben haben, die nunmehr vorgesehene Formerleichterung gelten. Bis zu einer höchstrichterlichen Klärung dieser Rechtsfrage empfiehlt sich in der Praxis jedoch dringend eine Klarstellung, was tatsächlich gewollt ist.[42] Werden von der Gesellschaft benannte Stimmrechtsvertreter bevollmächtigt, so ist die Vollmachtserklärung von der Gesellschaft drei Jahre nachprüfbar festzuhalten.[43] Wenn der Aktionär mehr als eine Person bevollmächtigt, kann die Gesellschaft eine oder mehrere von diesen zurückweisen.[44] Ein Verbot der Mehrfachbevollmächtigung wurde vom Gesetzgeber ausdrücklich als eine zu unflexible Regelung abgelehnt.

22   c) **Vertreter kraft Ermächtigung.** Schließlich ist es zulässig, dass der Aktionär eine dritte Person, den so genannten Legitimationsaktionär, ermächtigt, für ihn das Stimmrecht im eigenen Namen auszuüben.[45] Gegenüber dem Teilnahmerecht des Aktionärs selbst ergeben sich diesbezüglich keine Besonderheiten. Insbesondere muss der Legitimationsaktionär keine Vollmacht vorlegen, er hat sich vielmehr formell so zu legitimieren, wie es der Aktionär selbst tun müsste. Insbesondere ist die Ermächtigung selbst nicht nachzuweisen, da die Übertragung des Stimmrechts gerade den Zweck hat, die Person des Aktionärs nicht offenzulegen. Lediglich bei der Aufstellung des Teilnehmerverzeichnisses ist durch die Angabe „Fremdbesitz" offenzulegen, dass fremde Stimmrechte im eigenen Namen ausgeübt werden.[46]

23   d) **Kreditinstitute.** Für das als „Depotstimmrecht" üblicherweise bezeichnete Auftreten von Kreditinstituten für Aktien, die ihnen nicht selber gehören, sieht das Gesetz besondere Regelungen vor. Auch diesbezüglich war in der Vergangenheit schriftliche Bevollmächtigung erforderlich. Das Kreditinstitut hat den Aktionär jährlich und deutlich hervorgehoben auf die Möglichkeiten des jederzeitigen Widerrufs der Vollmacht und der Änderung des Bevollmächtigten hinzuweisen.[47] Die Vollmacht darf nur einem bestimmten Kreditinstitut erteilt werden, die Vollmachtserklärung muss vollständig sein und darf nur mit der Stimmrechtsausübung verbundene Erklärungen enthalten. Sie ist vom Kreditinstitut nachprüfbar festzuhalten.[48] Unabhängig davon, ob das Kreditinstitut das Stimmrecht im Namen des Aktionärs oder im Namen dessen, den es angeht, ausübt, genügt zum Nachweis der Stimmberechtigung des Kreditinstituts gegenüber der Gesellschaft die Erfüllung der in der Satzung für die Ausübung des Stimmrechts vorgesehenen Erfordernisse; bei börsennotierten Gesellschaften genügt in jedem Fall zum Nachweis der Stimmberechtigung gegenüber der Gesellschaft die Vorlegung eines Berechtigungsnachweises gemäß § 123 Abs. 3 AktG. Die Vorlage

---

[42] Zur vergleichbaren Frage der Auslegung von Alt-Satzungen bei Gesetzesänderungen (Umstellung auf den elektronischen Bundesanzeiger) OLG München DB 2005, 2291 f. = DNotZ 2006, 222.
[43] § 134 Abs. 3 S. 5 AktG.
[44] § 134 Abs. 3 S. 2 AktG.
[45] § 129 Abs. 3 AktG.
[46] GroßkommAktG/*Werner* § 123 Rn. 31.
[47] § 135 Abs. 1 S. 6 AktG.
[48] § 135 Abs. 1 S. 2, Abs. 3 AktG.

einer Vollmachtsurkunde ist nicht mehr erforderlich.[49] Die Kreditinstitute sind im Zuge der vom Gesetzgeber beabsichtigten Arbeits- und Kostenentlastung nicht mehr verpflichtet, eigene Abstimmungsvorschläge zu erarbeiten und den Aktionären mitzuteilen. Nunmehr haben die Kreditinstitute – bei Fehlen von Einzelweisungen – zwei Möglichkeiten zur Gestaltung der Vollmacht, die alternativ oder kumulativ angeboten werden können: wie bisher die Erarbeitung eigener Abstimmungsvorschläge oder generell ein Abstimmen im Sinne der Vorschläge der Verwaltung, bei abweichenden Verwaltungsvorschlägen im Sinne der Vorschläge des Aufsichtsrats. Generell reicht es aus, die eigenen Abstimmungsvorschläge zugänglich zu machen. Ein Zugänglichmachen der Verwaltungsvorschläge wird dagegen eine Ausnahme bleiben, da diese bereits von der Gesellschaft zugänglich gemacht worden sind. In jedem Fall ist das Kreditinstitut verpflichtet, zugleich auch anzubieten, die zur Stimmrechtsausübung erforderlichen Unterlagen nach Wahl des Aktionärs an eine Aktionärsvereinigung oder einen sonstigen Vertreter weiterzuleiten.[50] Entsprechendes gilt für die Ermächtigung zur Ausübung des Stimmrechts für Namensaktien durch ein Kreditinstitut, das als Inhaber der Aktien im Aktienregister eingetragen ist, wenn ihm diese Aktien nicht gehören. Für die Ermächtigung gelten dieselben formellen und materiellen Vorschriften wie für die Vollmacht.[51]

Besonderen Regelungen unterliegt dagegen die Ausübung des Stimmrechts aus fremden Aktien in der **eigenen Hauptversammlung des Kreditinstituts** sowie in Hauptversammlungen von **Gesellschaften, an denen das Kreditinstitut selbst beteiligt ist.** Für die Ausübung des Stimmrechts in der eigenen Hauptversammlung durch das bevollmächtigte Kreditinstitut ist eine ausdrückliche Weisung des Aktionärs zu den einzelnen Gegenständen der Tagesordnung erforderlich.[52] Dasselbe gilt in Hauptversammlungen einer Gesellschaft, an der das Kreditinstitut mit mehr als 20% des Grundkapitals unmittelbar oder mittelbar beteiligt ist.[53]

e) **Aktionärsvereinigungen.** Aktionärsvereinigungen, die für ihre Mitglieder auftreten, sowie Personen, die sich geschäftsmäßig gegenüber Aktionären zur Ausübung des Stimmrechts in der Hauptversammlung anbieten, unterscheiden sich zunächst nicht von allgemeinen rechtsgeschäftlich Bevollmächtigten. Für sie sind jedoch die Einschränkungen bei der Ausübung des „Depotstimmrechts" entsprechend anwendbar.[54] Ebenso wie bei den Kreditinstituten ist bei den Aktionärsvereinigungen die bisherige Verpflichtung zur Unterbreitung eigener Abstimmungsvorschläge zu den einzelnen Gegenständen der Tagesordnung entfallen. Den Aktionärsvereinigungen obliegt auch nicht mehr die Verpflichtung zur Weitergabe der Mitteilungen der Gesellschaft.[55]

f) **Treuhänder.** Treuhänder sind nach ihrer zivilrechtlichen Stellung Aktionäre der Gesellschaft, deren Aktien sie im eigenen Namen – jedoch auf fremde Rechnung – halten. Insofern haben sie dieselben Rechte und Pflichten wie die Aktionäre, Besonderheiten ergeben sich lediglich im Innenverhältnis zu dem Treugeber. Treuhänder sind daher unter denselben Voraussetzungen wie Aktionäre **teilnahmeberechtigt** an der Hauptversammlung.[56]

3. Vorstands- und Aufsichtsratsmitglieder

Aus der gesetzlichen Vorschrift, wonach Mitglieder des Vorstands und des Aufsichtsrats an der Hauptversammlung teilnehmen sollen,[57] folgt zwangsläufig, dass diese Personen ein **Teilnahmerecht** besitzen. Im Gegensatz zum Teilnahmerecht eines Aktionärs sind die Mit-

---

[49] § 135 Abs. 5 S. 4 AktG.
[50] Vgl. die detaillierte Regelung in § 135 AktG.
[51] § 135 Abs. 6 AktG.
[52] § 135 Abs. 3 S. 3 AktG.
[53] § 135 Abs. 3 S. 4 AktG.
[54] § 135 Abs. 8 AktG.
[55] § 128 Abs. 5 AktG wurde aufgehoben.
[56] Hüffer/Koch/*Koch* AktG § 118 Rn. 15; GroßkommAktG/*Werner* § 118 Rn. 50.
[57] § 118 Abs. 3 AktG.

glieder von Vorstand und Aufsichtsrat nicht berechtigt, ihr Teilnahmerecht zu übertragen; es handelt sich vielmehr um ein **höchstpersönliches Recht**. Dieses Teilnahmerecht erstreckt sich jedoch nur auf die Vorstands- und Aufsichtsratsmitglieder, die am Tage der Hauptversammlung noch im Amt sind, ausgeschiedene Mitglieder sind nicht teilnahmeberechtigt.[58]

4. Abschlussprüfer

28 In den seltenen Ausnahmefällen, dass der Jahresabschluss von der Hauptversammlung festzustellen oder der Konzernabschluss von der Hauptversammlung zu billigen ist, steht dem Abschlussprüfer ein eigenes Teilnahmerecht zu.[59] Dieses Teilnahmerecht beschränkt sich auf die Anwesenheit beim Tagesordnungspunkt „Feststellung des Jahresabschlusses", bzw. „Billigung eines Konzernabschlusses".[60]

29 Aus der bei Publikumsgesellschaften[61] üblichen Praxis, dass der Abschlussprüfer während der gesamten Dauer der Hauptversammlung anwesend ist, ergibt sich kein Teilnahmerecht.[62] Dies bedeutet, dass, sollte ein Aktionär Widerspruch gegen die Anwesenheit des Abschlussprüfers als Gast einlegen, ein Hauptversammlungsbeschluss über die Zulassung des Abschlussprüfers zur Hauptversammlung herbeizuführen wäre.

5. Behördenvertreter

30 In bestimmten, gesetzlich festgelegten Ausnahmefällen sind Vertreter staatlicher Aufsichtsbehörden berechtigt, an Hauptversammlungen der ihrer Aufsicht unterstellten Aktiengesellschaften teilzunehmen. Solche Teilnahmerechte bestehen für die Bundesanstalt für Finanzdienstleistungsaufsicht bei Hauptversammlungen von Kreditinstituten,[63] Bausparkassen,[64] Hypothekenbanken,[65] bei ihrer Aufsicht unterliegenden Versicherungsaktiengesellschaften[66] sowie für das Deutsche Patent- und Markenamt bei Verwertungsgesellschaften in der Rechtsform einer Aktiengesellschaft.[67]

31 Während die Bundesanstalt für Finanzdienstleistungsaufsicht bei Kreditinstituten, Bausparkassen und Hypothekenbanken einen Vertreter entsenden kann, der nicht notwendigerweise Bediensteter der Behörde selbst sein müsste,[68] wird bei ihrem Teilnahmerecht bei Versicherungsaktiengesellschaften sowie beim Deutschen Patent- und Markenamt angenommen, dass nur Bedienstete des jeweiligen Amtes selbst dessen Vertreter sein können.[69] Große praktische Bedeutung kommt diesen Vorschriften nicht zu.

6. Notar

32 Soweit das Gesetz bestimmt, dass Beschlüsse der Hauptversammlung notariell zu beurkunden sind,[70] wird von einem Teilnahmerecht des Notars gesprochen. Hierbei handelt es sich jedoch nicht um ein eigenes Teilnahmerecht des Notars selbst, vielmehr liegt in seiner Beauftragung durch den Vorstand zugleich die Zulassung zur Hauptversammlung, der daher von einem Aktionär nicht mehr gesondert widersprochen werden kann.[71]

---

[58] *Vetter*, Die Teilnahme ehemaliger Vorstandsmitglieder an der Hauptversammlung, AG 1991, 171.
[59] § 176 Abs. 2 S. 1 und 2 AktG.
[60] Zu den Fällen, wann die Hauptversammlung einen Jahresabschluss feststellt, vgl. oben § 26 V.
[61] Publikumsgesellschaften sind stets prüfungspflichtig.
[62] Hüffer/Koch/*Koch* AktG § 176 Rn. 8; KölnKommAktG/*Zöllner* § 118 Rn. 26; anderer Ansicht: KölnKommAktG/*Claussen* § 176 Rn. 14; GHEK/*Eckardt* AktG § 118 Rn. 30.
[63] § 44 Abs. 4 KWG.
[64] § 3 Abs. 1 S. 1 Bausparkassengesetz iVm § 44 Abs. 4 KWG.
[65] § 3 Hypothekenbankgesetz iVm § 44 Abs. 4 KWG.
[66] § 83 Abs. 1 Nr. 5 VAG.
[67] § 19 Abs. 3 Wahrnehmungsgesetz.
[68] § 8 Abs. 1 KWG.
[69] § 83 Abs. 3 VAG bzw. der Wortlaut des § 19 Abs. 3 Wahrnehmungsgesetz, der der Behörde selbst, nicht aber ihrem Vertreter, ein Teilnahmerecht zuspricht.
[70] § 130 Abs. 1 AktG; nicht beurkundete Beschlüsse sind nichtig gemäß § 241 Nr. 2 AktG.
[71] GroßkommAktG/*Mülbert* § 118 Rn. 73; GHEK/*Eckardt* § 118 Rn. 39; Semler/Volhard/*Bärwaldt* Rn. I C 55; *Wilhelmi* BB 1987, 1331 (1332); aA *Obermüller* NJW 1969, 265.

7. Medienvertreter

Auch wenn ein großes öffentliches Interesse an den Hauptversammlungen von großen Publikumsgesellschaften besteht und die Medien regelmäßig in der Praxis auf den Hauptversammlungen vertreten sind, ist die Anwesenheit von Medienvertretern – im Gegensatz zur Anwesenheit des Notars – für die Handlungsfähigkeit einer Hauptversammlung nicht zwingend erforderlich, so dass ein selbst gewohnheitsrechtlich anerkanntes Teilnahmerecht der Medienvertreter abgelehnt wird.[72] Zuständig für die Zulassung von Medienvertretern ist der jeweilige Versammlungsleiter.[73]

8. Gäste

Ebenso wenig wie Medienvertreter sind sonstige an der Hauptversammlung interessierte Personen teilnahmeberechtigt. Die Zulassung weiterer Personen hat daher reinen Gefälligkeitscharakter.

II. Teilnahmepflicht

Neben dem Teilnahmerecht statuiert das Gesetz teilweise auch Teilnahmepflichten. Eine solche Teilnahmepflicht, die lediglich eine Pflicht zur Anwesenheit, nicht jedoch zur aktiven Beteiligung umfasst, besteht für Vorstands- und Aufsichtsratsmitglieder sowie – in praktisch seltenen Ausnahmefällen – für den Abschlussprüfer. Für Aktionäre besteht dagegen keine mitgliedschaftliche Teilnahmepflicht, eine solche kann sich allenfalls schuldrechtlich, zB im Falle eines Stimmenpools oder einer Stimmbindungsvereinbarung, ergeben.

1. Vorstandsmitglieder

Das Gesetz sieht vor, dass Mitglieder des Vorstands an der Hauptversammlung teilnehmen sollen.[74] Damit besteht prinzipiell eine Pflicht der Mitglieder des Vorstands zur Anwesenheit in der Hauptversammlung. Darüber, wann Ausnahmen von dieser Pflicht zu machen sind, bestehen unterschiedliche Auffassungen, da das Gesetz das Wort „müssen" nicht verwendet. Teilweise wird angenommen, dass neben Krankheit auch Dienstreisen oder Terminüberschneidungen ausreichende Verhinderungsgründe darstellen.[75] Üblicherweise wird jedoch angenommen, dass nur wichtige Gründe als ausreichende Entschuldigung dienen können. Hierzu zählen schwere Krankheit, ein Sterbefall in der Familie, aber auch ausnahmsweise eine dienstliche Verpflichtung zum Wohl der Gesellschaft.[76] Die Teilnahmepflicht betrifft lediglich die amtierenden Vorstandsmitglieder, nicht hingegen ehemalige Vorstandsmitglieder, die jedoch als Gäste zugelassen werden können.[77] Eine Vertretung von Vorstandsmitgliedern ist nicht zulässig,[78] vielmehr handelt es sich um eine höchstpersönliche, nicht übertragbare Pflicht.

Die Nichtteilnahme an der Hauptversammlung durch ein Mitglied des Vorstands ist vom Gesetz allerdings nicht direkt sanktioniert. Weder die Gesellschaft noch die Aktionäre können die Teilnahme unmittelbar erzwingen. Als Sanktion kommen allenfalls die Verweigerung der Entlastung oder – bei Vorliegen eines Schadens – ein Schadensersatzanspruch in Betracht. Lediglich in Ausnahmefällen wird das Fernbleiben eine grobe Pflichtverletzung darstellen, die zur Abberufung des Vorstandes führen kann.[79] Eine indirekte Folge der

---

[72] Vgl. Semler/Volhard/*Bärwaldt* Rn. I C 53; *Obermüller* NJW 1969, 265.
[73] Hüffer/Koch/*Koch* AktG § 118 Rn. 16; GHEK/*Eckardt* § 118 Rn. 42.
[74] § 118 Abs. 3 AktG.
[75] GroßkommAktG/*Mülbert* § 118 Rn. 40; Semler/Volhard/*Rodewig/Schlitt* Rn. I E 21; Obermüller/Werner/Winden Rn. C 25.
[76] Semler/Volhard/*Bärwaldt* Rn. I C 61 f.
[77] Obermüller/Werner/Winden Rn. C 24.
[78] Hüffer/Koch/*Koch* AktG § 118 Rn. 10; KölnKommAktG/*Zöllner* § 118 Rn. 25; GroßkommAktG/*Mülbert* § 118 Rn. 45.
[79] § 84 Abs. 3 S. 2 AktG.

Nichtteilnahme des Vorstands kann es sein, dass etwaige Auskunftsansprüche der Aktionäre nicht erfüllt werden können mit der weiteren Folge, dass dennoch gefasste Beschlüsse der Hauptversammlung aus diesem Grund anfechtbar sind.

2. Aufsichtsratsmitglieder

38 Ebenso wie bei den Mitgliedern des Vorstands sieht das Gesetz für Aufsichtsratsmitglieder vor, dass sie an der Hauptversammlung teilnehmen sollen.[80] Die obigen Ausführungen zur Teilnahmepflicht der Vorstandsmitglieder gelten entsprechend. Auch insoweit kann nur ein wichtiger Grund als ausreichende Entschuldigung angesehen werden. Die Verpflichtung trifft ferner sämtliche amtierenden Aufsichtsratsmitglieder, nicht jedoch ausgeschiedene Aufsichtsratsmitglieder oder Ersatzmitglieder, bevor der Ersatzfall eingetreten ist.

39 Ebenso wenig wie bei Mitgliedern des Vorstandes wird eine Verletzung der Teilnahmepflicht bei Aufsichtsratsmitgliedern vom Gesetz direkt sanktioniert. Schadensersatzansprüche dürften allerdings kaum vorstellbar sein, da lediglich der Vorstand zur Auskunft verpflichtet ist und die Hauptversammlung berechtigt ist, bei Abwesenheit des Aufsichtsrats einen eigenen Versammlungsleiter zu wählen. Realistischerweise dürfte daher allenfalls eine Verweigerung der Entlastung als Sanktionsmöglichkeit dienen, während eine Abberufung nur unter erschwerten Bedingungen vorstellbar ist. Zunächst bedarf die Abberufung einer Dreiviertelmehrheit[81] und ist nicht zulässig, wenn das Mitglied mit Bindung an einen Wahlvorschlag gewählt wurde. Ferner dürfte eine Abberufung während der laufenden Hauptversammlung ohnehin nicht vorstellbar sein, da eine wirksame Beschlussfassung nur erfolgen kann, wenn die Abberufung des Aufsichtsratsmitglieds als Tagesordnungspunkt ordnungsgemäß bekannt gemacht ist.

3. Abschlussprüfer

40 Nur in den praktisch seltenen Fällen,[82] in denen die Hauptversammlung den Jahresabschluss feststellt oder den Konzernabschluss billigt, ist der Abschlussprüfer verpflichtet, an der Hauptversammlung teilzunehmen.[83] Dabei beschränkt sich die Teilnahmepflicht nach dem Gesetzeswortlaut auf den Tagesordnungspunkt „Feststellung des Jahresabschlusses", bzw. „Billigung eines Konzernabschlusses". Die Teilnahmepflicht umfasst jedoch nach dem ausdrücklichen Wortlaut des Gesetzes[84] keine Auskunftspflicht, dem Abschlussprüfer steht lediglich ein Rederecht zu.

41 Im Gegensatz zur Teilnahmepflicht der Vorstands- und Aufsichtsratsmitglieder wird die Teilnahmepflicht des Abschlussprüfers nicht als höchstpersönliche Pflicht angesehen, so dass sich der entschuldigt fehlende Abschlussprüfer auch durch einen qualifizierten Vertreter in der Hauptversammlung vertreten lassen kann.[85] Ob die Nichtteilnahme des Abschlussprüfers die Anfechtbarkeit des Beschlusses der Hauptversammlung über die Feststellung des Jahresabschlusses oder die Billigung eines Konzernabschlusses begründet, ist streitig.[86]

III. Teilnehmerverzeichnis

42 Nach dem Gesetz ist in der Hauptversammlung sobald wie möglich ein Verzeichnis der erschienenen und vertretenen Aktionäre oder Aktionärsvertreter zu erstellen.[87]

---

[80] § 118 Abs. 3 AktG.
[81] § 103 Abs. 1 AktG.
[82] Vgl. hierzu → 26 Rn. 96 ff.
[83] § 176 Abs. 2 AktG.
[84] § 176 Abs. 2 S. 3 AktG.
[85] Semler/Volhard/*Bärwaldt* Rn. I C 72.
[86] Vgl. Hüffer/Koch/*Koch* AktG § 176 Rn. 10 mwN.
[87] § 129 Abs. 1 AktG.

§ 27 Durchführung der Hauptversammlung

1. Zweck

Das Teilnehmerverzeichnis hat den Zweck, festzuhalten, welche Personen an der Hauptversammlung teilgenommen haben, um auf diese Weise die Durchführung der Hauptversammlung zu erleichtern. Insbesondere ist auch festzuhalten, wer bei der jeweiligen Beschlussfassung anwesend war. Auf diese Weise werden die Auszählung der Stimmen, die Feststellung der Beschlussfähigkeit der Hauptversammlung sowie die Feststellung des Beschlussergebnisses erleichtert. Schließlich ermöglicht das Teilnehmerverzeichnis eine nachträgliche Überprüfung der Rechtmäßigkeit der von der Hauptversammlung gefassten Beschlüsse.[88]

2. Inhalt

Nach § 129 AktG hat das Teilnehmerverzeichnis die folgenden Angaben zu enthalten:
- Die erschienenen oder vertretenen Aktionäre mit Angabe des Namens und Wohnorts; die Legitimationsaktionäre sind dabei mit dem Zusatz „F"[89] zu kennzeichnen;
- die offenen Vertreter mit Angabe des Namens und Wohnorts;
- Betrag bzw. bei Stückaktien Anzahl und Gattung der durch die erschienenen Aktionäre oder die offenen Vertreter vertretenen Aktien (so genannter Eigenbesitz);
- Betrag bzw. bei Stückaktien Anzahl und Gattung der in verdeckter Stellvertretung durch Kreditinstitute und gleichgestellte Personen repräsentierten Aktien (so genannter Vollmachtsbesitz);[90]
- Betrag bzw. bei Stückaktien Anzahl und Gattung von Aktien, für die ein Legitimationsaktionär die Aktionärsrechte kraft Ermächtigung selbst oder kraft Vertretung ausübt (Fremdbesitz).

Üblich, wenngleich nicht erforderlich, ist die Angabe der Stimmenzahl. Danach sind die Aktionäre mit Namen, Wohnort, Gesamtnennbetrag bzw. bei Stückaktien Zahl und Gattung der Aktien aufzuführen, wobei das Gesetz nicht die Offenlegung von Vertretungsverhältnissen, wohl aber deren Kennzeichnung als solche im oben aufgeführten Umfang verlangt. Treuhandverhältnisse sind nie offen zu legen. Wird ein Vertretungsverhältnis durch einen offenen Stellvertreter offen gelegt, ist der Name des Vertreters neben dem Namen des Aktionärs mit eigenem Namen und Wohnort in das Verzeichnis aufzunehmen. Ungeklärt ist die Frage, ob eigene Aktien der Gesellschaft im Teilnehmerverzeichnis anzugeben sind. Nach § 71b AktG stehen der Gesellschaft aus eigenen Aktien keine Rechte zu. Die Gesellschaft hat daher aus eigenen Aktien kein Recht zur Teilnahme an der Hauptversammlung. Dies würde dafür sprechen, dass eigene Aktien nicht in das Teilnehmerverzeichnis aufzunehmen wären, da die Aktien in der Hauptversammlung nicht vertreten sind. Diese Auffassung ließe jedoch außer Acht, dass insbesondere bei Universalversammlungen dieser Umstand nicht aus dem Teilnehmerverzeichnis ersichtlich wäre. Um die etwaige Differenz des bei einer Universalversammlung vertretenen Grundkapitals zu dem eingetragenen Grundkapital aufzuzeigen, empfiehlt es sich daher, den Bestand der eigenen Aktien im Teilnehmerverzeichnis ausdrücklich gesondert anzugeben.

3. Aufstellung

Wenngleich vom Gesetz nicht ausdrücklich geregelt, ist aus praktischen Gründen allein die Gesellschaft verpflichtet, das Teilnehmerverzeichnis vorzubereiten und aufzustellen, da nur die Gesellschaft selbst die nötigen Informationen besitzt. Das Gesetz schrieb früher lediglich vor, dass das Teilnehmerverzeichnis vom Vorsitzenden der Hauptversammlung zu unterzeichnen ist. Der Leiter der Hauptversammlung hat daher dafür Sorge zu tragen, dass das Verzeichnis von der Gesellschaft ordnungsgemäß aufgestellt und geführt wird.

---

[88] Hüffer/Koch/*Koch* AktG § 129 Rn. 1; GroßkommAktG/*Werner* § 129 Rn. 1 ff.; teilweise abweichend GHEK/*Eckardt* Rn. 7.
[89] „F" für Fremdbesitz.
[90] § 135 Abs. 5 und 8 AktG.

Dadurch, dass durch das NaStraG die Unterzeichnung nicht mehr vorgeschrieben ist, hat sich an dieser grundsätzlichen Zuständigkeit nichts geändert.

4. Einsichtnahme

47   Da das Verzeichnis vor der ersten Abstimmung zugänglich gemacht sein muss,[91] ist dies der späteste Zeitpunkt für die Erstellung des Verzeichnisses. Es ist während der gesamten Dauer der Hauptversammlung zur Einsichtnahme zur Verfügung zu stellen. Das Recht auf Einsichtnahme steht sämtlichen Teilnahmeberechtigten zu, nicht dagegen bloßen Gästen oder Pressevertretern. Die Einsichtnahme muss ohne größeren Zeitaufwand möglich sein.[92] Bei einer Publikumsversammlung empfiehlt es sich daher, entweder mehrere Teilnehmerverzeichnisse zur Einsicht auszulegen oder die Einsichtnahme in ein elektronisch geführtes Teilnehmerverzeichnis über mehrere Terminals zu ermöglichen. Auch nach der Hauptversammlung ist jedem Aktionär auf Verlangen bis zu zwei Jahre Einsicht in das Teilnehmerverzeichnis zu gewähren.[93]

5. Änderungen während der Hauptversammlung

48   In der Praxis ist es nicht ungewöhnlich, dass Aktionäre erst nachträglich erscheinen oder die Hauptversammlung bereits vorzeitig verlassen. Derartige Änderungen in der Anwesenheit sind im Teilnehmerverzeichnis mit Angabe der Uhrzeit zu vermerken.[94] Das Teilnehmerverzeichnis ist dabei fortlaufend zu führen, Gründe der Praktikabilität sprechen jedoch dafür, Änderungen nur zu bestimmten Abschnitten der Hauptversammlung festzuhalten. Hierbei ist es erforderlich, insbesondere bei den einzelnen Abstimmungspunkten etwaige Änderungen erneut festzuhalten.

6. NaStraG

49   Das NaStraG hat bei der Erstellung des Teilnehmerverzeichnisses einige **Erleichterungen** mit sich gebracht. So ist das Teilnehmerverzeichnis nicht mehr zwingend schriftlich zu erstellen und vom Versammlungsleiter zu unterzeichnen, eine Führung des Teilnehmerverzeichnisses in elektronischer Form ist ausreichend. Der ursprünglichen Auslegung des schriftlichen Teilnehmerverzeichnisses entspricht die jetzige gesetzliche Vorschrift, wonach das – etwa elektronisch geführte – Teilnehmerverzeichnis allen Teilnehmern zugänglich zu machen ist. Da nicht mehr notwendigerweise ein schriftliches Teilnehmerverzeichnis vorliegt, entfällt ebenfalls die frühere Vorschrift, das Teilnehmerverzeichnis der Urkunde über die Hauptversammlung beizuheften und zum Registergericht einzureichen. Nach der neuen Rechtslage genügt es, wenn die Gesellschaft das Teilnehmerverzeichnis weiterhin zur Einsichtnahme aufbewahrt.

IV. Versammlungsleitung

50   Das Aktiengesetz schweigt weitestgehend zu den Fragen der Versammlungsleitung und enthält nur einige wenige Regelungen, die insbesondere die Bestimmungen über das Teilnehmerverzeichnis und das Protokoll betreffen. Erst durch das **KonTraG** wurde die Bestimmung des § 129 Abs. 1 S. 1 AktG eingefügt, wonach die Hauptversammlung sich mit einer Mehrheit, die mindestens drei Viertel des bei der Beschlussfassung vertretenen Grundkapitals umfasst, eine Geschäftsordnung mit Regeln für die Vorbereitung und Durchführung der Hauptversammlung geben kann. Diese werden meistens fehlen, so dass auf allgemeine Grundsätze zurückzugreifen ist.[95]

---

[91] § 129 Abs. 4 AktG.
[92] Hüffer/Koch/*Koch* AktG § 129 Rn. 13.
[93] § 129 Abs. 4 S. 2 AktG.
[94] Hüffer/Koch/*Koch* AktG § 129 Rn. 10.
[95] Zur Versammlungsleitung *Wicke* NZG 2007, 771.

§ 27 Durchführung der Hauptversammlung

1. Der Versammlungsleiter

Das Aktiengesetz kennt lediglich Regelungen, die inzidenter die Existenz eines Versammlungsleiters bzw. Vorsitzenden der Hauptversammlung voraussetzen. So kann das Gericht in bestimmten Fällen den Vorsitzenden der Hauptversammlung bestimmen.[96] Ferner hat der Vorsitzende das Ergebnis der Beschlussfassung festzustellen.[97] Vor Inkrafttreten des NaStraG hatte der Vorsitzende ferner das Teilnehmerverzeichnis zu unterzeichnen.[98]

In der Praxis enthält zumeist die Satzung eine Bestimmung, wer den Vorsitz in der Hauptversammlung übernimmt. Dies ist in der Regel der Aufsichtsratsvorsitzende, bei seiner Verhinderung sein Stellvertreter.[99] Soweit die Satzung keine Bestimmung trifft oder die nach der Satzung berufene Person zur Übernahme des Amtes nicht bereit ist, kann die Hauptversammlung ihren Versammlungsleiter selbst wählen.[100]

Da es zu den Aufgaben des Versammlungsleiters gehört, die Hauptversammlung zu eröffnen, ist die Wahl des Versammlungsleiters noch nicht Teil der Hauptversammlung selbst, sondern erst deren Voraussetzung.[101] In der Regel wird daher ein Vorstandsmitglied oder ein Aktionär für die Wahl des Vorsitzenden vorübergehend die Sitzungsleitung übernehmen.[102] Da die Niederschrift die Feststellung des Vorsitzenden über die Beschlussfassung anzugeben hat,[103] sind ohne Vorsitzenden gefasste Beschlüsse nichtig, da sie nicht ordnungsgemäß protokolliert sein können. Ein gewählter Versammlungsleiter kann jederzeit mit einfacher Mehrheit abberufen werden.[104] Dagegen wird ein satzungsgemäß berufener Versammlungsleiter wohl nur mit einer Mehrheit von mindestens drei Vierteln des bei der Beschlussfassung vertretenen Grundkapitals abberufen werden können.[105] Ungeklärt ist die Frage, ob ein Versammlungsleiter sein Amt niederlegen kann und zu welchem Zeitpunkt dies möglich ist.[106]

2. Aufgaben und Befugnisse

Der Versammlungsleiter hat folgende, größtenteils ungeschriebene Aufgaben und Befugnisse:
- Bestimmung der Einzelheiten des Abstimmungsverfahrens,
- Änderungen der Reihenfolge der Tagesordnungspunkte,
- Einzelentlastungen,
- Aufrechterhaltung der Ordnung während der Hauptversammlung,
- Beendigung der Hauptversammlung.[107]

Insbesondere die **Verfahrensleitung** verleiht dem Versammlungsleiter zahlreiche weitere Befugnisse, die er aus eigenem Recht wahrnimmt und nicht etwa von der Hauptversammlung ableitet. In erster Linie hat der Vorsitzende für einen ordnungsgemäßen Ablauf der Hauptversammlung zu sorgen, indem die einzelnen Tagesordnungspunkte ordnungsgemäß, ohne unnötige Verzögerung und sachlich erörtert werden, wobei darauf zu achten ist, dass die relevanten Fragen ausreichend beantwortet und die Beschlüsse der Hauptversammlung ordnungsgemäß gefasst werden.[108] Bei der Ausübung seiner Befugnisse ist der Versamm-

---

[96] § 122 Abs. 3 S. 2 AktG.
[97] § 130 Abs. 2 AktG.
[98] § 129 Abs. 4 S. 2 AktG aF.
[99] Semler/Volhard/*von Hülsen* Rn. I D 4; GroßkommAktG/*Mülbert* Vor §§ 118–147 Rn. 76.
[100] Semler/Volhard/*von Hülsen* Rn. I D 5; GroßkommAktG/*Mülbert* Vor §§ 118–147 Rn. 77.
[101] Semler/Volhard/*von Hülsen* Rn. I D 6.
[102] Semler/Volhard/*von Hülsen* Rn. I D 7; GroßkommAktG/*Mülbert* Vor §§ 118–147 Rn. 78.
[103] § 130 Abs. 2 AktG.
[104] Semler/Volhard/*von Hülsen* Rn. I D 12; GroßkommAktG/*Mülbert* Vor §§ 118–147 Rn. 82.
[105] Str., wie hier Semler/Volhard/*von Hülsen* Rn. I D 13; aA GroßkommAktG/*Mülbert* Vor §§ 118–147 Rn. 83, der Abberufung nur bei Vorliegen eines wichtigen Grundes, allerdings mit einfacher Mehrheit zulassen will.
[106] LG München I AG 2008, 830.
[107] Semler/Volhard/*von Hülsen* Rn. I D 21.
[108] Semler/Volhard/*von Hülsen* Rn. I D 51; GroßkommAktG/*Mülbert* Vor §§ 118–147 Rn. 95.

lungsleiter jedoch an die Grundsätze der Verhältnismäßigkeit sowie der Gleichbehandlung der Aktionäre gebunden.[109]

56 Nach dem **Grundsatz der Verhältnismäßigkeit** dürfen schwerere Ordnungsmaßnahmen nur dann angewandt werden, wenn weniger einschneidende Maßnahmen erfolglos geblieben sind oder völlig aussichtslos erscheinen. Dabei hat der Versammlungsleiter auch zu berücksichtigen, dass die Hauptversammlung praktisch die einzige Möglichkeit für einen Aktionär darstellt, sein Mitgliedschaftsrecht auszuüben, und dass Maßnahmen, die dies verhindern, deshalb nur als ultima ratio angewandt werden sollten.[110]

57 Zur Ausübung seiner Leitungsbefugnis gehört es auch, die **Reihenfolge der Tagesordnungspunkte** zu bestimmen,[111] wobei unter Umständen eine Abänderung der in der Einladung vorgesehenen Reihenfolge im Interesse einer zügigen Abwicklung der Hauptversammlung geboten sein kann. In diesem Fall ist streitig, ob bei Fehlen einer entsprechenden Regelung in der Satzung die Entscheidung des Vorsitzenden endgültig ist oder die Hauptversammlung etwa eine solche Entscheidung widerrufen und eine Änderung der Reihenfolge der Tagesordnungspunkte beschließen kann.[112]

58 Ferner umfasst die Leitungsbefugnis auch das Recht, die **Reihenfolge der Behandlung von Anträgen** zu bestimmen.[113] Lediglich in zwei Sonderfällen sieht das Gesetz eine verbindliche Reihenfolge vor. Hat ein Aktionär einen Vorschlag zur Wahl von Aufsichtsratsmitgliedern nach § 127 AktG gemacht, ist über seinen Wahlvorschlag zuerst abzustimmen, wenn es eine qualifizierte Minderheit der Aktionäre, deren Anteile zusammen 10 % des vertretenen Grundkapitals erreichen, verlangt.[114] Ferner ist über die Entlastung eines einzelnen Vorstands- oder Aufsichtsratsmitglieds gesondert abzustimmen, wenn die Hauptversammlung es beschließt oder eine Minderheit es verlangt, deren Anteile zusammen den zehnten Teil des Grundkapitals oder den anteiligen Betrag von 1 Mio. EUR erreichen.[115]

59 Schließlich verleiht die Leitungsbefugnis dem Versammlungsleiter ebenfalls das Recht, die **Reihenfolge von Wortmeldungen** zu bestimmen.[116] Der Vorsitzende ist auch in diesem Fall an die chronologische Reihenfolge des Eingangs der Wortmeldungen nicht gebunden, sondern sollte sich von den Grundsätzen der Verfahrensökonomie und der Gleichbehandlung der Aktionäre leiten lassen. Danach sollten diejenigen Wortmeldungen vorgezogen werden, bei denen zu erwarten ist, dass sie von der Mehrheit der Aktionäre als besonders sachdienlich und informativ angesehen werden. Aus diesem Grunde ist es in Hauptversammlungen von Publikumsgesellschaften üblich, zunächst den erschienenen Vertretern von Aktionärsvereinigungen und Depotbanken das Wort zu erteilen.[117] Der Grundsatz der Gleichbehandlung gebietet es dabei, auch kritischen Aktionären rechtzeitig das Wort zu erteilen.

60 In der Praxis hat es sich häufig auch bewährt, die Aussprache über sämtliche oder zumindest sämtliche zusammenhängende Tagesordnungspunkte vorab en bloc durchführen zu lassen, um auf diese Weise eine Wiederholung von Redebeiträgen und Fragen zu vermeiden, aber auch um es einzelnen Aktionären, die Beiträge zu mehreren Tagesordnungspunkten haben, zu ersparen, mehrfach das Wort ergreifen zu müssen.[118]

---

[109] Semler/Volhard/*von Hülsen* Rn. I D 57; GroßkommAktG/*Mülbert* Vor §§ 118–147 Rn. 95 f.
[110] BGHZ 44, 245.
[111] Semler/Volhard/*von Hülsen* Rn. I D 59; GroßkommAktG/*Mülbert* Vor §§ 118–147 Rn. 108.
[112] Für eine abschließende Entscheidung KölnKommAktG/*Zöllner* § 119 Rn. 34; *Baumbach/Hueck* AktG § 119 Rn. 12; *Martens* WM 1981, 1010 (1014); *Max* AG 1991, 77 (86); Semler/Volhard/*von Hülsen* Rn. I D 59; Semler/Volhard/*Semler* Rn. I A 150; anderer Ansicht GroßkommAktG/*Mülbert* Vor §§ 118–147 Rn. 108; *Bezzenberger* ZGR 1998, 352 (361 f.); *Stützle/Walgenbach* ZHR 155 (1991), 513 (529); *Henn* § 23 Rn. 818.
[113] LG Hamburg AG 1996, 233; Semler/Volhard/*von Hülsen* Rn. I D 64; GroßkommAktG/*Mülbert* Vor §§ 118–147 Rn. 115 ff.
[114] § 137 AktG.
[115] § 120 Abs. 1 S. 2 AktG.
[116] Semler/Volhard/*von Hülsen* Rn. I D 68; GroßkommAktG/*Mülbert* Vor §§ 118–147 Rn. 110.
[117] Semler/Volhard/*von Hülsen* Rn. I D 69.
[118] *Obermüller/Werner/Winden* Rn. D 30 f.

§ 27 Durchführung der Hauptversammlung

Im Allgemeinen wird der Versammlungsleiter **ohne nähere Begründung** die einzelnen Redner aufrufen. Sollte aus den Reihen der Aktionäre **Widerspruch** gegen die Reihenfolge erhoben werden, empfiehlt es sich, wie folgt zu antworten: 61

> **Formulierungsvorschlag:**
> Als Versammlungsleiter bin ich im Interesse aller Teilnehmer verpflichtet, die Hauptversammlung zügig durchzuführen und für eine ordnungsgemäße Beschlussfassung zu sorgen. Hierzu gehört es auch, die zur Diskussion anstehenden Themen mit einer gewissen Ordnung anzugehen. Die Erfahrung hat uns gezeigt, dass es sinnvoll ist, denjenigen Aktionärsvertretern, die ein großes Gewicht haben und von denen ein fundierter Vortrag zu erwarten ist, zunächst das Wort zu erteilen. Auf diese Weise werden viele Fragen, die auch andere Aktionäre zu stellen beabsichtigen, frühzeitig angesprochen und wird eine Straffung der Diskussion ermöglicht. Ich habe mich daher dafür entschieden, die Reihenfolge der Worterteilung nach der Sachdienlichkeit und nicht nach dem Zufall des zeitlichen Eingangs vorzunehmen.[119]

62

Dem Zwecke einer zügigen und sachgemäßen Erledigung der Tagesordnung dient es auch, im Rahmen der Versammlungsleitung erforderlichenfalls die **Redezeit zu beschränken.** Im Allgemeinen verbietet sich eine Beschränkung der Redezeit,[120] da das Rederecht des Aktionärs eines seiner wesentlichen Rechte ist und der Aktionär von der Kompetenzstruktur einer Aktiengesellschaft her gesehen seine Rechte ohnehin nur selten und nur in der Hauptversammlung ausüben kann. Etwas anderes gilt nur dann, wenn zu befürchten ist, dass die uneingeschränkte Ausübung des Rederechts dazu führen würde, dass die Hauptversammlung nicht mehr vor Mitternacht beendet werden kann.[121] Die Hauptversammlung darf grundsätzlich nicht über Mitternacht hinaus in den nächsten Tag hinein fortgesetzt werden oder zum Zwecke der Fortsetzung am nächsten Tag unterbrochen werden, es sei denn, es wäre auch für den nächsten Tag eingeladen worden. Aus diesem Grunde ist eine statutarische Beschränkung der Frage- und Redezeit der Aktionäre in der Hauptversammlung ebenso wie die Regelung eines konkreten Zeitrahmens für die Gesamtdauer der Hauptversammlung zulässig.[122] 63

Bei der Redezeitbeschränkung ist eine allgemeine Redezeitbeschränkung, die für alle Redner ab dem Zeitpunkt ihrer Anordnung gilt, von der individuellen Redezeitbeschränkung zu unterscheiden, die nur einen bestimmten Redner betrifft.[123] Bei beiden Arten der Redezeitbeschränkung ist der **Grundsatz der Verhältnismäßigkeit** zu wahren, wobei die individuelle Redezeitbeschränkung bei Nichtbeachtung zum Wortentzug und schließlich zum Saalverweis führen kann.[124] Beide Sanktionen, sowohl der Wortentzug als auch der Saalverweis, setzen eine vorherige Abmahnung voraus, die den Grund nennt und zum Ausdruck bringt, dass sie im Interesse der übrigen Versammlungsteilnehmer erfolgt. 64

Ungeachtet dessen, ob die Zeit bereits fortgeschritten ist, ist der Versammlungsleiter stets berechtigt, eine **missbräuchliche Ausübung des Fragerechts** zu unterbinden. Von einer missbräuchlichen Ausübung des Fragerechts ist auszugehen, wenn langatmige Fragenkataloge den Vorstand unverhältnismäßig belasten und die weitere Behandlung der Tagesordnung unverhältnismäßig einschränken. Indizien hierfür liegen vor, wenn sowohl die Anzahl der gestellten Fragen unverhältnismäßig groß[125] ist oder ihr Inhalt und Umfang eine Beantwortung verlangt, die den Ablauf der Hauptversammlung erheblich beeinträchtigen würde.[126] 65

---

[119] Ähnlich Semler/Volhard/*von Hülsen* Rn. I D 70.
[120] LG München I ZIP 2009, 663.
[121] Semler/Volhard/*von Hülsen* Rn. I D 81.
[122] BGH NJW-Spezial 2010, 209.
[123] Hüffer/Koch/*Koch* AktG § 129 Rn. 20; Semler/Volhard/*von Hülsen* Rn. I D 86, 94; GroßkommAktG/*Mülbert* Vor §§ 118–147 Rn. 152, 158.
[124] Hüffer/Koch/*Koch* AktG § 129 Rn. 22; Semler/Volhard/*von Hülsen* Rn. I D 134; GroßkommAktG/*Mülbert* Vor §§ 118–147 Rn. 161.
[125] 50 oder mehr Fragen.
[126] Semler/Volhard/*FS Hülsen* Rn. I D 121 ff.; GroßkommAktG/*Decher* § 131 Rn. 281.

In diesem Fall ist der Versammlungsleiter befugt, den Redner zu bitten, aus dem von ihm aufgestellten Fragenkatalog eine Auswahl derjenigen Fragen vorzunehmen, die zur sachgemäßen Beurteilung der Tagesordnung erforderlich sind. Wenn der Redner dieser Aufforderung nicht nachkommt, kann der Fragenkatalog insgesamt zurückgewiesen werden.[127] Entgegen früherer Auffassung gehört zur Leitungsbefugnis des Versammlungsleiters nicht die Bestimmung der Verhandlungssprache. Die Sprache der Hauptversammlung ist deutsch.[128] Dies gilt auch bei einer im Ausland abgehaltenen Hauptversammlung. Redebeiträge von Aktionären in einer anderen Sprache als deutsch sollten nur zugelassen werden, wenn auch ihre Übersetzung in die deutsche Sprache gewährleistet ist.[129] Ist der Leiter der Hauptversammlung der deutschen Sprache nicht mächtig, bedarf es einer Simultanübersetzung durch geeignete Dolmetscher.[130]

3. Eröffnung und Beendigung der Hauptversammlung

66 Beginn und Ende der Hauptversammlung werden vom Vorsitzenden der Hauptversammlung markiert. Sobald der Vorsitzende nach eigenverantwortlicher Prüfung positiv festgestellt hat, dass die gesetzlichen Einberufungsvorschriften beachtet worden sind, eröffnet er die Hauptversammlung. Kommt er bei seiner Prüfung zu dem Ergebnis, dass die gesetzlichen Einberufungsvorschriften nicht beachtet worden sind, darf er die Hauptversammlung nicht eröffnen.[131] Nach einer neueren Entscheidung des BGH[132] ist jedoch noch vor der Eröffnung durch den Vorsitzenden der Zeitpunkt von Bedeutung, wenn sich die am Versammlungsort erschienen Aktionäre nach dem in der Einberufung für den Beginn der Hauptversammlung angegebenen **Zeitpunkt im Versammlungsraum eingefunden** haben. Bis zu diesem Zeitpunkt darf der Vorstand die von ihm einberufene Hauptversammlung nämlich noch wirksam absagen. Erst danach ist eine Absage nicht mehr wirksam.

67 **Nach der Eröffnung** begrüßt der Vorsitzende die erschienenen Aktionäre, Gäste und Pressevertreter und stellt die Mitglieder der Verwaltung und den beurkundenden Notar vor. Gegebenenfalls hat er die nicht erschienenen Vorstands- bzw. Aufsichtsratsmitglieder zu entschuldigen. Im Anschluss daran erfolgt die formelle Feststellung des Vorsitzenden, dass die Hauptversammlung ordnungsgemäß einberufen wurde, wobei er die Veröffentlichung im Bundesanzeiger bzw. etwaigen weiteren Gesellschaftsblättern konkret angibt.[133]

68 **Nach Erledigung der Tagesordnung** hat der Vorsitzende der Hauptversammlung die Hauptversammlung zu **schließen.** Vor der Beendigung der Hauptversammlung hat der Versammlungsleiter jedoch eigenständig zu prüfen, ob die Tagesordnung ordnungsgemäß und ausreichend behandelt worden ist. Eine vorzeitige Beendigung der Hauptversammlung kommt dann in Betracht, wenn der Vorsitzende nachträglich auf Grund neuer Umstände feststellt, dass die Hauptversammlung fehlerhaft einberufen wurde oder dass die Beschlussfähigkeit nicht gegeben, bzw. inzwischen entfallen ist.[134]

69 Für die Beendigung der Hauptversammlung ist allein der Versammlungsleiter zuständig, gegen seinen Willen kann die Hauptversammlung ihre Beendigung nicht beschließen.[135] Umgekehrt wird der Hauptversammlung jedoch die Befugnis zugesprochen, mit einfacher Mehrheit die Fortsetzung einer vom Versammlungsleiter beendeten Hauptversammlung zu beschließen.[136]

---

[127] *Hefermehl* FS Duden, 1977, 109 (130).
[128] Hüffer/Koch/*Koch* AktG § 118 Rn. 20.
[129] Hüffer/Koch/*Koch* AktG § 118 Rn. 20.
[130] Hüffer/Koch/*Koch* AktG § 129 Rn. 18.
[131] KölnKommAktG/*Zöllner* § 119 Rn. 50; Semler/Volhard/*von Hülsen* Rn. I D 22; GroßkommAktG/*Mülbert* Vor §§ 118–147 Rn. 99.
[132] Urt. v. 30.6.2015 – II ZR 142/14.
[133] Semler/Volhard/*von Hülsen* Rn. I D 23; GroßkommAktG/*Mülbert* Vor §§ 118–147 Rn. 103 f.
[134] Semler/Volhard/*von Hülsen* Rn. I D 266; GroßkommAktG/*Mülbert* Vor §§ 118–147 Rn. 133.
[135] So die hM, vgl. KölnKommAktG/*Zöllner* § 119 Rn. 69; Semler/Volhard/*von Hülsen* Rn. I D 267; *Martens* WM 1981, 1010 (1014); *Max* AG 1991, 77 (94); aA GroßkommAktG/*Mülbert* Vor §§ 118–147 Rn. 133; Semler/Volhard/*Semler* Rn. I A 142.
[136] Strittig, vgl. KölnKommAktG/*Zöllner* § 119 Rn. 69.

§ 27 Durchführung der Hauptversammlung

In der Praxis ist eine **Wiedereröffnung** der Hauptversammlung nach ihrer Schließung so 70 gut wie nicht möglich. Voraussetzung für eine Wiedereröffnung ist zunächst, dass sich noch sämtliche anwesenden Aktionäre im Versammlungsraum befinden, da ansonsten die Hauptversammlung in der Gestalt, wie sie einmal einberufen wurde, nicht mehr besteht.[137] Materiell bedarf die Wiedereröffnung besonderer Umstände,[138] die durch einfache Mehrheit von der Hauptversammlung beschlossen werden kann.[139]

Umstritten ist, ob eine bereits eröffnete Hauptversammlung vom Vorsitzenden oder durch 71 Beschluss der Hauptversammlung **vertagt** werden kann. Dies wird teilweise ohne nähere Begründung bejaht.[140] Dies kann jedoch zu Wertungswidersprüchen führen, wenn man es mit der herrschenden Meinung für unzulässig hält, dass die Hauptversammlung ihre Beendigung beschließt. Auch die zeitliche Begrenzung der Hauptversammlung spricht dafür, ihr die Vertagung insgesamt zu versagen.[141] Ihr bleibt jedoch die Möglichkeit, die noch nicht behandelten Gegenstände von der Tagesordnung abzusetzen und zu vertagen, was unstreitig möglich ist.[142] Dies hat zur Folge, dass für die Einberufung der neuen Hauptversammlung mit den vertagten Tagesordnungspunkten weiterhin der Vorstand zuständig bleibt und nicht die Hauptversammlung außerhalb der aktienrechtlichen Kompetenzordnung terminiert. Soweit jedoch die Hauptversammlung auf Verlangen einer Minderheit einberufen oder auf Verlangen einer Minderheit Tagesordnungspunkte in die Tagesordnung aufgenommen wurden, sollte ein wirksamer Minderheitenschutz es erfordern, dass eine solche Vertagung nur mit Zustimmung dieser Minderheit oder aus wichtigem Grund erfolgen darf. Ob dies der Fall ist, könnte angesichts einer Entscheidung des BGH[143], wonach der Vorstand eine auf Verlangen einer Minderheit einberufene Hauptversammlung grundsätzlich wieder absagen darf, fraglich sein.

> **Praxistipp:**
> Als Berater ist deshalb darauf zu achten, dass nicht die gesamte Hauptversammlung vertagt wird, sondern nur die einzelnen Tagesordnungspunkte.

4. Geschäftsordnung

Die Hauptversammlung kann sich mit einer Mehrheit, die mindestens drei Viertel des bei 72 der Beschlussfassung vertretenen Grundkapitals umfasst, eine Geschäftsordnung mit Regeln für die Vorbereitung und Durchführung der Hauptversammlung geben.[144] In der Normenhierarchie ist die Geschäftsordnung mit **Nachrang hinter Gesetz und Satzung** angesiedelt.[145] Wie jegliche Beschlussfassung der Hauptversammlung bedarf es für den Beschluss über die Einführung einer Geschäftsordnung sowie über ihre Änderung und Aufhebung einer ordnungsgemäßen Bekanntmachung bei der Einladung zur Hauptversammlung.[146] Beschlüsse, die nicht in einem von einer etwaig bestehenden Geschäftsordnung vorgesehenen Verfahren zustande gekommen sind, können unter Umständen anfechtbar sein.[147]

---

[137] Semler/Volhard/*von Hülsen* Rn. I D 268; GroßkommAktG/*Mülbert* Vor §§ 118–147 Rn. 134.
[138] Unterlassen einer rechtserheblichen Bekanntmachung durch den Vorsitzenden, Unterlassen einer rechtlich bedeutsamen Feststellung durch den Vorsitzenden, Berichtigung eines bei der Abstimmung unterlaufenen Fehlers.
[139] Semler/Volhard/*von Hülsen* Rn. I D 269, 270.
[140] Hüffer/Koch/*Koch* AktG § 129 Rn. 19; Semler/Volhard/*von Hülsen* Rn. I D 271; *Henn* § 23 Rn. 831 (unter unzutreffender Berufung auf KölnKommAktG/*Zöllner*[1] § 119 Rn. 70).
[141] GroßkommAktG/*Mülbert* Vor §§ 118–147 Rn. 135.
[142] KölnKommAktG/*Zöllner*[1] § 119 Rn. 65; GroßkommAktG/*Mülbert* Vor §§ 118–147 Rn. 130; *Max* AG 1991, 77 (91).
[143] Urt. v. 30.6.2015 – II ZR 142/14.
[144] § 129 Abs. 1 S. 1 AktG.
[145] Hüffer/Koch/*Koch* AktG § 129 Rn. 1b; GroßkommAktG/*Mülbert* Vor §§ 118–147 Rn. 181.
[146] Hüffer/Koch/*Koch* AktG § 129 Rn. 1d und 1e.
[147] Hüffer/Koch/*Koch* AktG § 129 Rn. 1g.

73 Soweit – wie in der Praxis üblich – eine Geschäftsordnung in der Hauptversammlung nicht besteht, obliegt dem Vorsitzenden der Hauptversammlung die Leitungsmacht. Lediglich echte Geschäftsordnungsanträge obliegen nicht allein dem Versammlungsleiter, sondern müssen der Hauptversammlung auf Antrag zur Beschlussfassung vorgelegt werden. Echte Geschäftsordnungsanträge sind folgende Anträge:
- Abberufung des Vorsitzenden,
- Vertagung einer bereits eröffneten Hauptversammlung,
- Unterbrechung der Hauptversammlung,
- Fortsetzung der Hauptversammlung nach deren Beendigung durch den Vorsitzenden,
- Absetzung oder Vertagung eines Tagesordnungspunkts,
- Änderung der vom Vorsitzenden angeordneten Reihenfolge der Tagesordnungspunkte, sofern nicht auf Grund der Satzung eine ausschließliche Kompetenz des Vorsitzenden besteht,
- Schließung der Hauptversammlung vor abschließender Behandlung der Tagesordnung,
- Wiederaufnahme der Verhandlung über bereits abgeschlossene Tagesordnungspunkte, wenn neue Tatsachen bekannt werden,
- Einzelheiten des Abstimmungsverfahrens, sofern nicht satzungsgemäß eine ausschließliche Befugnis des Vorsitzenden besteht,
- Abstimmung über eine etwaige Einzelentlastung von Vorstands- und Aufsichtsratsmitgliedern.[148]

74 Auch bei der Behandlung von Geschäftsordnungsanträgen hat der Versammlungsleiter sich an einer zügigen und sachgemäßen Erledigung der Tagesordnung zu orientieren, er ist insbesondere nicht verpflichtet, Wortmeldungen zur Geschäftsordnung vorrangig zu berücksichtigen.[149]

75 Entscheidungen des Vorsitzenden zur Geschäftsordnung unterliegen als solche nicht der Anfechtung.[150] Jedoch können Verstöße inzidenter überprüft werden bei der Anfechtung eines Beschlusses der Hauptversammlung, wobei das Gericht zu überprüfen hat, ob die fehlerhafte Behandlung der Geschäftsordnung ursächlich geworden ist für die Beschlussfassung der Hauptversammlung in der Sache.

V. Beschlussfassung

1. Beschlussgegenstände, Wahlen, materielle Beschlusskontrolle

76 Neben den – praktisch seltenen[151] – Tagesordnungspunkten, zu denen es keiner Beschlussfassung bedarf, umfasst in der Regel jeder Tagesordnungspunkt einen **Beschlussvorschlag der Verwaltung**,[152] über den die Hauptversammlung Beschluss fasst. Die wesentliche Tätigkeitsform der Hauptversammlung ist die Beschlussfassung, während die übrigen Tätigkeitsformen, wie die Redebeiträge der Aktionäre, die Fragen der Aktionäre und die damit korrespondierende Auskunftspflicht des Vorstands sowie die Entgegennahme der Berichte der Verwaltung, vornehmlich der Vorbereitung der Beschlussfassung dienen. Lediglich theoretischer Art ist die Unterscheidung zwischen Beschlüssen und Wahlen, da auch eine Wahl als Zustimmungsbeschluss zu einem Wahlvorschlag angesehen werden kann.

77 An dieser Stelle können nicht einzelne Beschlussgegenstände aufgeführt werden, diese sind vielmehr jeweils in den verschiedenen Abschnitten, zu denen sie materiell gehören, genannt. Allgemein bleibt an dieser Stelle lediglich festzuhalten, dass Beschlüsse der Hauptversammlung neben einer **formellen Beschlusskontrolle**, dh ob sie in einem ordnungsgemäßen Verfahren und mit der erforderlichen Mehrheit zu Stande gekommen sind, auch einer **mate-**

---
[148] § 120 Abs. 1 S. 2 AktG.
[149] Semler/Volhard/*von Hülsen* Rn. I D 75.
[150] *Steiner*, Die Hauptversammlung der AG, 1995, S. 182 mwN.
[151] Eine praktisch wichtige Ausnahme ist die Vorlage des festgestellten Jahresabschlusses und des Lageberichts sowie ggf. des gebilligten Konzernabschlusses und des Konzernlageberichts in der ordentlichen Hauptversammlung, § 175 Abs. 1 S. 1 AktG.
[152] Bei Wahlen zum Aufsichtsrat sowie bei der Wahl des Abschlussprüfers nur des Aufsichtsrats.

riellen **Beschlusskontrolle** unterliegen. Unter materieller Beschlusskontrolle wird dabei die auf eine **Anfechtungsklage**[153] hin durchzuführende gerichtliche Kontrolle daraufhin verstanden, ob der durch einen Beschluss hervorgerufene Eingriff in die Rechte der Minderheit sachlich gerechtfertigt erscheint.[154] Ausgehend von Beschlüssen über den Ausschluss des gesetzlichen Bezugsrechts der Aktionäre bei Kapitalerhöhungsmaßnahmen hat sich eine Rechtsprechung herausgebildet, die für Beschlüsse, die die Rechte und Interessen der überstimmten Minderheit beeinträchtigen, eine sachliche Rechtfertigung verlangt.[155] Diese materielle Beschlusskontrolle wird jedoch nicht bei jeder Art von Beschlussfassung verlangt, vielmehr gibt es nach der Rechtsprechung auch Beschlüsse, deren sachliche Rechtfertigung alleine in der Mehrheitsentscheidung liegt.[156] Eine einheitliche Linie ist noch nicht ersichtlich, so dass insoweit die Rechtsunsicherheit erheblich bleibt. Ob und inwiefern eine sachliche Rechtfertigung erforderlich ist und inwiefern der Beschluss seine Rechtfertigung in sich trägt, ist in den verschiedenen Abschnitten zu den einzelnen materiellen Beschlüssen aufgeführt. An dieser Stelle soll lediglich darauf hingewiesen werden, dass vorsorglich bei der Vorbereitung von Beschlüssen stets daran gedacht werden sollte, ob die von der Verwaltung gewählten Beschlussvorschläge im Gesellschaftsinteresse liegen und zur Erreichung ihres Zieles geeignet und erforderlich sind.[157]

2. Beschlussfähigkeit

Im Gegensatz zu anderen Gesellschaftsformen, bei denen im Gesellschaftsvertrag bzw. der Satzung häufig ein Quorum vorgesehen ist, das für die Beschlussfähigkeit der Gesellschafterversammlung erforderlich ist, kennt das Aktiengesetz **mit einer einzigen Ausnahme keine Bestimmung über die Beschlussfähigkeit**. Dies bedeutet, dass auch bei Anwesenheit nur einer einzigen Aktie die Hauptversammlung stets beschlussfähig ist.[158] Lediglich im Fall der **Nachgründung** schreibt das Gesetz vor, dass, wenn der Nachgründungsvertrag im ersten Jahre nach der Eintragung der Gesellschaft in das Handelsregister geschlossen wird, neben der erforderlichen qualifizierten Mehrheit von drei Vierteln des vertretenen Grundkapitals die Anteile der zustimmenden Mehrheit mindestens ein Viertel des gesamten Grundkapitals erreichen müssen.[159] Durch diese Bestimmung wird indirekt ein Quorum für die Beschlussfähigkeit gefordert.

78

3. Mehrheiten

Beschlüsse der Hauptversammlung bedürfen grundsätzlich der **Mehrheit der abgegebenen Stimmen (einfache Stimmenmehrheit)**, soweit nicht Gesetz oder Satzung eine größere Mehrheit oder weitere Erfordernisse bestimmen.[160] Lediglich für Wahlen kann die Satzung eine andere Bestimmung treffen, dh auch eine geringere Mehrheit vorsehen.[161] Neben dieser Stimmenmehrheit sieht das Gesetz teilweise eine Kapitalmehrheit vor, wenn es eine Mehrheit des bei der Beschlussfassung vertretenen Grundkapitals verlangt.[162] In diesem Fall müssen kumulativ sowohl die einfache Stimmenmehrheit als auch die Kapitalmehrheit für eine wirksame Beschlussfassung vorliegen.

79

Wegen dieser Unterscheidung zwischen Stimmen- und Kapitalmehrheit ist bei Satzungsbestimmungen, die eine einfache Mehrheit genügen lassen wollen, wenn nicht das Gesetz

80

---

[153] §§ 243 ff. AktG.
[154] BGHZ 65, 15 (18 f.); Hüffer/Koch/*Koch* AktG § 243 Rn. 24; MüKoAktG/*Hüffer* § 243 Rn. 47 ff.; GHEK/*Hüffer* Rn. 40 ff.; GroßkommAktG/*K. Schmidt* § 243 Rn. 45 ff.
[155] BGHZ 71, 40 (44); 133, 135.
[156] BGHZ 76, 352 (353); 103, 184 (189 f.).
[157] Hüffer/Koch/*Koch* AktG § 243 Rn. 24; MüKoAktG/*Hüffer* § 243 Rn. 7; GHEK/*Hüffer* Rn. 51; GroßkommAktG/*K. Schmidt* § 243 Rn. 45.
[158] Hüffer/Koch/*Koch* AktG § 133 Rn. 8.
[159] § 52 Abs. 5 S. 2 AktG.
[160] § 133 Abs. 1 AktG.
[161] § 133 Abs. 2 AktG.
[162] ZB § 179 Abs. 2 AktG.

zwingend eine andere Mehrheit vorschreibt, diese Unterscheidung eindeutig mit aufzunehmen. Es empfiehlt sich in diesem Fall folgende satzungsmäßige Formulierung:

> **Formulierungsvorschlag:**
> 81 Bei Beschlussfassungen in der Hauptversammlung genügt die einfache Mehrheit, soweit nicht das Gesetz zwingend eine andere Mehrheit vorschreibt. Sieht das Gesetz daneben eine Mehrheit des Grundkapitals vor, genügt auch insofern die einfache Mehrheit, soweit nicht das Gesetz zwingend etwas anderes vorschreibt.

82 Ein solches Mehrheitserfordernis des Gesetzes ist auch dann zwingend, wenn das Gesetz zwar eine abweichende Regelung in der Satzung vorsieht, jedoch eine größere Mehrheit verlangt.[163]

83 Eine **qualifizierte Stimmenmehrheit** wird in folgenden Fällen vorgesehen:
- Vorzeitige Abberufung von Aufsichtsratsmitgliedern.[164]
- Zustimmung zu Geschäftsordnungsmaßnahmen, die der Zustimmung des Aufsichtsrats bedürfen, dessen Zustimmung jedoch nicht gefunden haben.[165]
- Beschluss über die Aufhebung oder Beschränkung des Vorzugs von Vorzugsaktien oder über die Ausgabe von mit bestehenden Vorzugsaktien gleichrangigen oder vorrangigen Vorzugsaktien.[166]

84 Eine **Kapitalmehrheit** sieht das Aktiengesetz[167] in folgenden Fällen vor:
- Nachgründungen[168],
- Geschäftsordnung für die Hauptversammlung,[169]
- Satzungsänderungen,[170]
- Kapitalerhöhungen,[171]
- bedingte Kapitalerhöhung,[172]
- genehmigtes Kapital,[173]
- Ausgabe von Wandelschuldverschreibungen und Gewinnschuldverschreibungen,[174]
- ordentliche Kapitalherabsetzung,[175]
- vereinfachte Kapitalherabsetzung,[176]
- Kapitalherabsetzung durch Einziehung von Aktien,[177]
- Auflösung,[178]
- Fortsetzung einer aufgelösten Gesellschaft,[179]
- Zustimmung zu Unternehmensverträgen,[180]

---

[163] ZB bei der Änderung des Gegenstands des Unternehmens, § 179 Abs. 2 S. 2 AktG.
[164] § 103 Abs. 1 S. 2 AktG.
[165] § 111 Abs. 4 S. 4 AktG.
[166] § 141 Abs. 3 S. 2 AktG.
[167] Weitere Fälle außerhalb des Aktiengesetzes sind Zustimmungsbeschlüsse nach dem Umwandlungsgesetz. Auch Holzmüller-Beschlüsse bedürfen nach der Rechtsprechung des BGH in seinen Gelatine-Urteilen einer qualifizierten Kapitalmehrheit von mindestens drei Viertel des bei der Beschlussfassung vertretenen Grundkapitals, → 25 Rn. 56 ff.
[168] § 52 Abs. 5 AktG.
[169] § 129 Abs. 1 S. 1 AktG.
[170] § 179 Abs. 2 AktG.
[171] § 182 Abs. 1 S. 1 AktG.
[172] § 193 Abs. 1 S. 1 AktG.
[173] § 202 Abs. 2 S. 2 AktG.
[174] § 221 Abs. 1 S. 2 AktG.
[175] § 222 Abs. 1 S. 1 AktG.
[176] § 229 Abs. 3 AktG.
[177] § 237 Abs. 2 S. 1 AktG.
[178] § 262 Abs. 1 Ziff. 2 AktG.
[179] § 274 Abs. 1 S. 2 AktG.
[180] § 293 Abs. 1 S. 2 AktG.

- Änderung von Unternehmensverträgen,[181]
- Eingliederung,[182]
- Eingliederung durch Mehrheitsbeschluss.[183]

Schließlich verlangt das Gesetz bei **Bestehen mehrerer Aktiengattungen** häufig einen Sonderbeschluss der verschiedenen Gattungen.[184] Teilweise sieht das Gesetz vor, dass eine Mehrheit nicht ausreichend ist, wenn beim Verzicht auf Schadensersatzansprüche der Gesellschaft eine Minderheit von 10 % Widerspruch zu Protokoll erklärt.[185]

4. Art und Weise der Abstimmung

Die Beschlussfassung der Hauptversammlung erfolgt durch Abstimmung. Grundsätzlich ist der **Vorsitzende der Hauptversammlung** befugt, sowohl die Art der Abstimmung als auch die Auszählungsmethode zu bestimmen.[186] Während bei kleineren Aktiengesellschaften die Abstimmung in der Regel durch Zuruf oder Handzeichen erfolgen kann, ist in Publikumsgesellschaften die Wahl eines EDV-gestützten Abstimmungsverfahrens praktisch unerlässlich, um in einem angemessenen zeitlichen Rahmen und auf kostengünstige Weise das Abstimmungsergebnis zu ermitteln. In jedem Fall ist bei der Abstimmung neben der Möglichkeit mit Ja oder Nein zu stimmen, stets eine **Stimmenthaltung** zu berücksichtigen.

Zur Ermittlung des Abstimmungsergebnisses werden in der Praxis zwei Verfahren angewandt: Die Subtraktions- und die Additionsmethode. Bei der **Additionsmethode** werden die Ja- und Nein-Stimmen gezählt und jeweils durch Addition ermittelt. Da Stimmenthaltungen als nicht abgegeben gelten, kommt es auf sie bei der Feststellung der Mehrheit nicht an, so dass sie auch nicht zu zählen sind.[187] Diese Abstimmungsmethode wird vornehmlich bei **kleineren Gesellschaften** mit überschaubarem Aktionärskreis angewandt.

Dagegen wird in der Praxis bei **Publikumsgesellschaften** häufig die **Subtraktionsmethode** angewandt, da davon ausgegangen wird, dass in der Regel die Vorschläge der Verwaltung Zustimmung finden werden und diese Auszählungsmethode dazu führt, dass weniger Stimmen letztlich gezählt werden müssen. Bei der Subtraktionsmethode wird prinzipiell von der Präsenz gemäß dem Teilnehmerverzeichnis ausgegangen, und zur Ermittlung der Ja-Stimmen werden sowohl die Stimmenthaltungen als auch die Nein-Stimmen von der Präsenz abgezogen.[188] Aus diesem Grunde ist es unerlässlich, die bei der Abstimmung aktuelle Präsenz durch ein gegebenenfalls aktualisiertes Teilnehmerverzeichnis festzustellen.

Gerade bei streitgeneigten Hauptversammlungen oder wenn Störungen zu erwarten sind, kann es zu empfehlen sein, die Additionsmethode anzuwenden. Hierdurch wird vermieden, dass Fehler bei der Erstellung eines aktualisierten Teilnehmerverzeichnisses sich auf das Abstimmungsergebnis auswirken. Im Einzelnen wird grundsätzlich wie folgt vorzugehen sein:

---

[181] § 295 Abs. 1 AktG.
[182] § 319 Abs. 2 S. 2 AktG.
[183] § 320 Abs. 1 AktG.
[184] In folgenden Fällen: §§ 141, 179 Abs. 3, 182 Abs. 2, 193 Abs. 1 S. 3, 202 Abs. 2 S. 4, 221 Abs. 1 S. 4, 222 Abs. 2, 229 Abs. 3, 237 Abs. 2, 295 Abs. 2, 319 Abs. 2 S. 2 AktG.
[185] §§ 50 S. 1, 93 Abs. 4 S. 3, 116, 117 Abs. 4, 309 Abs. 3 S. 1, 317 Abs. 4 AktG.
[186] Hüffer/Koch/*Koch* AktG § 134 Rn. 34; Semler/Volhard/*Richter* Rn. I D 142; GHEK/*Eckardt* § 134 Rn. 70.
[187] Hüffer/Koch/*Koch* AktG § 133 Rn. 23; Semler/Volhard/*Richter* Rn. I D 165 f.
[188] Hüffer/Koch/*Koch* AktG § 133 Rn. 24; Semler/Volhard/*Richter* Rn. I D 167 ff.; GHEK/*Eckardt* § 133 Rn. 15 ff.

90   **Checkliste: Stimmenauswertung**

- ☐ Festlegung der Art und Form der Abstimmung durch den Vorsitzenden der Hauptversammlung und Bekanntgabe an die anwesenden Aktionäre.
- ☐ Feststellung und Verlesung der Präsenz.
- ☐ Hinweis auf den, gegebenenfalls Verlesung des Beschlussvorschlages der Verwaltung.
- ☐ Aufruf an die Teilnehmer, beim Subtraktionsverfahren Nein-Stimmen und Stimmenthaltungen[189] des dem Tagesordnungspunkt entsprechenden Stimmabschnittes auf der Stimmkarte bereitzuhalten, sich den Mitarbeitern bemerkbar zu machen und in die bereitgestellten Urnen einzuwerfen.
- ☐ Sich vergewissern darüber, dass sämtliche Stimmen abgegeben sind und Feststellung der Vollständigkeit der Stimmabgabe.
- ☐ Ermittlung des Abstimmungsergebnisses.
- ☐ Feststellung des Abstimmungsergebnisses durch den Vorsitzenden – bei börsennotierten Gesellschaften unter Angabe:
  - der Zahl der Aktien, für die gültige Stimmen abgegeben wurden
  - des Anteils des durch die gültigen Stimmen vertretenen Grundkapitals am eingetragenen Kapital
  - der Zahl der für einen Beschluss abgegebenen Stimmen, Gegenstimmen und gegebenenfalls der Zahl der Enthaltungen.[190]

VI. Rechte der Aktionäre

91   Da die Aktionäre ihre Rechte in den Angelegenheiten der Gesellschaft in der Hauptversammlung ausüben,[191] ist dies der vom Gesetz vorgesehene Ort, an dem die Aktionäre an „ihrer" Gesellschaft mitwirken können. Nach Inkrafttreten des Gesetzes zur Umsetzung der Aktionärsrechterichtlinie (ARUG) ist es unter bestimmten Voraussetzungen erstmalig möglich, dass die Aktionäre ihre Rechte ganz oder teilweise auch ohne Anwesenheit am Ort der Hauptversammlung im Wege elektronischer Kommunikation ausüben können[192] oder ihre Stimmen in Abwesenheit in Form der Briefwahl schriftlich oder im Wege elektronischer Kommunikation abgeben dürfen.[193]

1. Rederecht

92   Das Rederecht des Aktionärs ist unmittelbarer Ausfluss des Teilnahmerechts und besteht **unabhängig von einem etwaigen Stimmverbot**.[194] In der Praxis werden die Aktionäre üblicherweise gebeten, sich durch Abgabe von Wortmeldezetteln an den Wortmeldetischen zu Wort zu melden, wenn sie von ihrem Rederecht Gebrauch machen wollen. Es obliegt dabei dem Versammlungsleiter, ob er eine Generaldebatte zu sämtlichen Tagesordnungspunkten anordnet und in welcher Reihenfolge den Aktionären das Wort erteilt wird.[195] In der Regel wird eine Generaldebatte angeordnet werden, damit sich die Aktionäre zu sämtlichen Tagesordnungspunkten äußern können, ohne auf Überschneidungen Rücksicht nehmen zu müssen, sowie um den Aktionären ein mehrfaches Erscheinen am Redepult zu ersparen. Dessen ungeachtet sind Aktionäre, denen das Wort bereits erteilt worden war, erneut aufzurufen, wenn sie sich erneut zu Wort melden, was vor allem dann geschehen wird, wenn ihnen die Beantwortung ihrer Frage nicht ausreichend erscheint. Die Einfügung von

---

[189] Beim Additionsverfahren entsprechend Ja- und Nein-Stimmen.
[190] § 130 Abs. 2 AktG.
[191] § 118 Abs. 1 AktG.
[192] § 118 Abs. 1 S. 2 AktG.
[193] § 118 Abs. 2 AktG.
[194] Semler/Volhard/*Volhard* Rn. I F 4.
[195] Semler/Volhard/*von Hülsen* Rn. I D 68; *Obermüller/Werner/Winden* Rn. D 34; GroßkommAktG/ *Mülbert* Vor §§ 118–147 Rn. 110.

§ 131 Abs. 2 S. 2 AktG erlaubt in der Satzung oder in einer Geschäftsordnung gemäß § 129 AktG eine Ermächtigung an den Versammlungsleiter, das Frage- und Rederecht des Aktionärs zeitlich angemessen zu beschränken, und Näheres dazu zu bestimmen.

2. Fragerecht

Das Fragerecht des Aktionärs ist wesentliche Grundlage dafür, dass dem Aktionär ausreichende Informationen vorliegen, um eine Entscheidung über die anstehenden Beschlussvorschläge treffen zu können. Das Gesetz sieht jedoch vor, dass das Fragerecht **sämtlichen Aktionären** zusteht,[196] dh auch den Vorzugsaktionären ohne Stimmrecht, obwohl diese keine Entscheidung zu treffen haben. Dagegen steht denjenigen Aktionären, denen überhaupt kein Recht zusteht,[197] auch kein Fragerecht zu. Das Fragerecht eines Aktionärs ist umfassend und in der Praxis einer der beliebtesten Anfechtungsgründe, falls die Frage nicht ausreichend beantwortet worden ist. Jedem Aktionär ist auf Verlangen in der Hauptversammlung vom Vorstand Auskunft über Angelegenheiten der Gesellschaft zu geben, soweit sie zur sachgemäßen Beurteilung des Gegenstands der Tagesordnung erforderlich ist.[198] Auskunftsverpflichtet ist dabei nach dem Gesetz der Vorstand, wenngleich in der Praxis in der Regel der Aufsichtsrat solche Fragen beantworten wird, die Angelegenheiten des Aufsichtsrats betreffen.

Das Fragerecht erstreckt sich dabei auf **alle Angelegenheiten der Gesellschaft**. Daher müssen sämtliche Fragen **beantwortet** werden, wenn nicht ausnahmsweise ein Auskunftsverweigerungsrecht besteht.[199] Wenngleich das Gesetz vorsieht, dass Auskunftsrechte nur bestehen, soweit die Auskunft zur sachgemäßen Beurteilung des Gegenstands der Tagesordnung erforderlich ist, ist zu berücksichtigen, dass der Begriff der „sachgemäßen Beurteilung" gerade dann, wenn der Jahresabschluss vorgelegt wird und über die Entlastung von Vorstand und Aufsichtsrat zu beschließen ist, grundsätzlich weit zu verstehen ist.[200] Die Einfügung von § 131 Abs. 1 S. 4 AktG hat die Auskunftspflicht von Mutterunternehmen erstreckt auf die Lage des Konzerns und der in den Konzernabschluss einbezogenen Unternehmen. Der Vorstand hat sich dabei umfassend vorzubereiten und erforderlichenfalls Unterlagen bereitzuhalten, damit er noch in der Hauptversammlung zeitnah die erforderliche Auskunft geben kann. Ein Vorstand wird daher gut daran tun, sich ausführlich auf die Hauptversammlung vorzubereiten und zusätzlich ein „Back Office" während der Hauptversammlung bereitzuhalten.[201] Die Einfügung von § 131 Abs. 3 S. 1 Nr. 7 AktG ermöglicht es erstmalig, eine – mündliche – Auskunft durch eine rechtzeitige elektronische Zugänglichmachung zu ersetzen. Es empfiehlt sich, bei zu erwartenden Standardfragen die Hauptversammlung entsprechend vorzubereiten, um unter Inanspruchnahme dieser Möglichkeit die zeitaufwändige Beantwortung von Standardfragen in der Hauptversammlung zu vermeiden.

Der Vorstand darf die Auskunft lediglich aus den in **§ 131 Abs. 3 S. 1 AktG** abschließend[202] aufgezählten Gründen verweigern. **Verweigerungsgründe** sind die folgenden:
- Die Erteilung der Auskunft ist nach vernünftiger kaufmännischer Beurteilung geeignet, der Gesellschaft oder einem verbundenen Unternehmen einen nicht unerheblichen Nachteil zuzufügen.
- Die Auskunft bezieht sich auf steuerliche Wertansätze oder die Höhe einzelner Steuern.
- Die Auskunft bezieht sich auf den Unterschied zwischen dem Wert, mit dem Gegenstände in der Jahresbilanz angesetzt worden sind, und einem höheren Wert dieser Gegenstände.[203]
- Die Auskunft bezieht sich auf die Bilanzierungs- und Bewertungsmethoden und die Angabe dieser Methoden im Anhang ist ausreichend, um ein den tatsächlichen Verhältnissen

---

[196] § 131 Abs. 1 S. 1 spricht von „jedem Aktionär".
[197] ZB wegen Verstoßes gegen Mitteilungspflichten, §§ 20, 21, 28 WpHG.
[198] § 131 Abs. 1 S. 1 AktG.
[199] § 131 Abs. 3 AktG.
[200] Hüffer/Koch/*Koch* AktG § 131 Rn. 12; GHEK/*Eckardt* § 131 Rn. 36.
[201] BGHZ 32, 159 (165); Hüffer/Koch/*Koch* AktG § 131 Rn. 9 mwN.
[202] § 131 Abs. 3 S. 2 AktG.
[203] Dies gilt nicht, wenn die Hauptversammlung den Jahresabschluss feststellt, § 131 Abs. 3 Nr. 3 AktG.

entsprechendes Bild der Vermögens-, Finanz- und Ertragslage der Gesellschaft zu vermitteln.[204]
- Wenn sich der Vorstand durch die Erteilung der Auskunft strafbar machen würde.
- Wenn bei einem Kreditinstitut oder Finanzdienstleistungsinstitut Angaben über angewandte Bilanzierungs- und Bewertungsmethoden sowie vorgenommene Verrechnungen im Jahresabschluss, Lagebericht, Konzernabschluss oder Konzernlagebericht nicht gemacht zu werden brauchen.
- Wenn und soweit die Auskunft auf der Internetseite der Gesellschaft über mindestens sieben Tage vor Beginn und in der Hauptversammlung durchgängig zugänglich ist.

96 Eine Auskunft darf jedoch dann nicht verweigert werden, wenn einem Aktionär wegen seiner Eigenschaft als Aktionär eine Auskunft außerhalb der Hauptversammlung gegeben worden ist.[205]

97 Wird einem Aktionär eine Auskunft verweigert, kann er verlangen, dass seine Frage und der Grund, aus dem die Auskunft verweigert worden ist, in die Niederschrift über die Verhandlung aufgenommen werden.[206] Nicht zu protokollieren ist dagegen eine erteilte Antwort.[207] Lediglich in dem Fall, dass der Vorstand davon ausgeht, eine Frage beantwortet zu haben, während der Aktionär der Ansicht ist, die Frage sei nicht ausreichend beantwortet, wird der Notar eigenverantwortlich darüber entscheiden, ob er die Frage und die Antwort protokolliert. Im Zweifel wird zu empfehlen sein, sowohl Frage als auch Antwort in die Urkunde aufzunehmen, da sie Beweiszwecken dient. Jedoch steht weder dem Aktionär noch dem Vorstand das Recht zu, dem Notar zur Protokollierung Weisungen zu erteilen. Die Einfügung von § 131 Abs. 2 S. 2 AktG erlaubt in der Satzung oder in einer Geschäftsordnung gemäß § 129 AktG eine Ermächtigung an den Versammlungsleiter, das Frage- und Rederecht des Aktionärs zeitlich angemessen zu beschränken, und Näheres dazu zu bestimmen. Unabhängig davon ist das Fragerecht des Aktionärs nach der Natur der Sache zeitlich beschränkt. Zwar hat eine vom Versammlungsleiter angeordnete allgemeine Redezeitbeschränkung grundsätzlich keinen Einfluss auf das Fragerecht,[208] jedoch kann nach Durchführung der Abstimmung zu sämtlichen Tagesordnungspunkten, bzw. nach Eintritt in eine gesamte Abstimmung zu allen Tagesordnungspunkten ein Auskunftsverlangen nicht mehr gestellt werden.[209]

3. Einsichtsrecht

98 Im Gegensatz zum Gesellschafter einer GmbH[210] hat der Aktionär einer Aktiengesellschaft grundsätzlich **kein Recht zur Einsicht in Unterlagen und Geschäftsbücher** der Gesellschaft. Prinzipiell hat der Aktionär daher lediglich Anspruch auf mündliche Auskunft in der Hauptversammlung.[211]

99 Nur in **Ausnahmefällen** korrespondiert mit der Pflicht des Vorstands zur Auslegung von Unterlagen und zur Übersendung an die Aktionäre[212] ein Einsichtsrecht der Aktionäre in die entsprechenden Unterlagen. Über die gesetzlich geregelten Fälle hinaus hat der Bundesgerichtshof dann ein Einsichtsrecht und eine damit korrespondierende Auslegungspflicht bejaht, wenn der Hauptversammlung gemäß § 119 Abs. 2 AktG eine Geschäftsführungsmaßnahme zur Entscheidung vorgelegt wird, die die Zustimmung zu einem Vertrag umfasst.[213]

---

[204] Dies gilt nicht, wenn die Hauptversammlung den Jahresabschluss feststellt, § 131 Abs. 3 Nr. 4 AktG.
[205] § 131 Abs. 4 AktG.
[206] § 131 Abs. 5 AktG.
[207] Semler/Volhard/*Volhard* Rn. I F 58.
[208] GroßkommAktG/*Werner* § 131 Rn. 111.
[209] Str., wie hier GroßkommAktG/*Werner* § 131 Rn. 106; aA *Heidel* Aktienrecht § 131 Rn. 13; vgl. auch BVerfG AG 2000, 74 (75) = ZIP 1999, 1798.
[210] § 51a GmbHG.
[211] § 131 AktG.
[212] Vgl. oben → § 26 VI.
[213] BGH WM 2001, 569 ff.

4. Stimmrecht

Neben dem Teilnahmerecht ist das Stimmrecht eines der wichtigsten Rechte des Aktionärs. Beide Rechte dürfen nicht miteinander verwechselt werden. Insbesondere sind auch die Inhaber stimmrechtsloser Vorzugsaktien oder die von einem Stimmverbot betroffenen Aktionäre berechtigt, an der Hauptversammlung teilzunehmen.[214] Entsprechend ist ein Aktionär, der zB durch einen Saalverweis nicht mehr zur Teilnahme berechtigt ist, gleichwohl berechtigt, sein Stimmrecht durch einen Bevollmächtigten ausüben zu lassen.[215]

100

Nach dem gesetzlichen Grundsatz beginnt das Stimmrecht mit der **vollständigen Leistung der Einlage**.[216] Die Satzung kann bestimmen, dass das Stimmrecht beginnt, wenn auf die Aktie die gesetzliche oder höhere satzungsmäßige Mindesteinlage geleistet ist. In diesem Fall gewährt die Leistung der Mindesteinlage eine Stimme; bei höheren Einlagen richtet sich das Stimmenverhältnis nach der Höhe der geleisteten Einlagen. Bestimmt die Satzung nicht, dass das Stimmrecht vor der vollständigen Leistung der Einlage beginnt, und ist noch auf keine Aktie die Einlage vollständig geleistet, so richtet sich das Stimmenverhältnis nach der Höhe der geleisteten Einlagen; dabei gewährt die Leistung der Mindesteinlage eine Stimme. Bruchteile von Stimmen werden in diesen Fällen nur berücksichtigt, soweit sie für den stimmberechtigten Aktionär volle Stimmen ergeben.[217]

101

Grundsätzlich wird das Stimmrecht **nach Aktiennennbeträgen, bei Stückaktien** nach deren **Zahl** ausgeübt.[218] Mehrstimmrechte sind unzulässig.[219] Etwa bestehende Mehrstimmrechte erloschen spätestens am 1.6.2003.[220] Höchststimmrechte, dh die Beschränkung von Stimmrechten in der Satzung durch Festsetzung eines Höchstbetrags oder von Abstufungen für den Fall, dass einem Aktionär mehrere Aktien gehören, können nur bei nicht börsennotierten Gesellschaften vorgesehen werden.[221] Um Umgehungen zu vermeiden, kann die Satzung außerdem bestimmen, dass zu den Aktien, die dem Aktionär gehören, auch die Aktien rechnen, die einem anderen für seine Rechnung gehören. Für den Fall, dass der Aktionär ein Unternehmen ist, kann die Satzung ferner bestimmen, dass zu den Aktien, die ihm gehören, auch die Aktien rechnen, die einem von ihm abhängigen oder ihn beherrschenden oder einem mit ihm konzernverbundenen Unternehmen oder für Rechnung solcher Unternehmen einem Dritten gehören. Die Beschränkungen können nicht für einzelne Aktionäre angeordnet werden. Im Übrigen bleiben diese Beschränkungen bei der Berechnung einer nach Gesetz oder Satzung erforderlichen Kapitalmehrheit außer Betracht.[222]

102

Vorzugsaktien können ohne Stimmrecht ausgegeben werden, wenn sie mit einem Vorzug bei der Verteilung des Gewinns ausgestattet sind.[223] Seit der Aktienrechtsnovelle 2016 ist der Vorzug nicht mehr zwingend nachzuzahlen, um das Stimmrecht ausschließen zu können. Das Stimmrecht der Vorzugsaktien kann jedoch wieder aufleben. Das Aufleben des Stimmrechts hängt davon ab, ob der Vorzug nachzuzahlen ist oder nicht. Ist der Vorzug nachzuzahlen und wird der Vorzugsbetrag in einem Jahr nicht oder nicht vollständig gezahlt und der Rückstand im nächsten Jahr nicht neben dem vollen Vorzug dieses Jahres nachgezahlt, so lebt das Stimmrecht auf, bis die Rückstände nachgezahlt sind. Ist der Vorzug nicht nachzuzahlen lebt das Stimmrecht früher wieder auf. Wird bei nicht nachzuzahlendem Vorzug der Vorzugsbetrag in einem Jahr nicht oder nicht vollständig gezahlt, so haben die Vor-

103

---

[214] Hüffer/Koch/*Koch* AktG § 118 Rn. 12; GroßkommAktG/*Mülbert* § 118 Rn. 48.
[215] *Obermüller/Werner/Winden* Rn. D 72; GroßkommAktG/*Mülbert* § 118 Rn. 48.
[216] § 134 Abs. 2 S. 1 AktG.
[217] § 134 Abs. 2 AktG.
[218] § 134 Abs. 1 S. 1 AktG.
[219] § 12 Abs. 2 AktG.
[220] Vgl. § 5 EGAktG mit weiteren Einzelheiten.
[221] § 134 Abs. 1 S. 2 AktG; zur mittlerweile ausgelaufenen Übergangsregelung bei börsennotierten Gesellschaften vgl. § 5 Abs. 7 EGAktG.
[222] § 134 Abs. 1 AktG.
[223] § 12 Abs. 1 S. 2 iVm § 139 Abs. 1 AktG.

zugsaktionäre das Stimmrecht, bis der Vorzug in einem Jahr vollständig bezahlt ist. Solange das Stimmrecht besteht, sind die Vorzugsaktien auch bei der Berechnung einer nach Gesetz oder Satzung erforderlichen Kapitalmehrheit zu berücksichtigen.[224]

104 Das früher im Wertpapierhandelsgesetz vorgesehene Ruhen des Stimmrechts, falls die Mitteilungspflichten nicht erfüllt wurden, gibt es nicht mehr; stattdessen führt ein Verstoß gegen die Mitteilungspflicht dazu, dass überhaupt keine Rechte aus diesen Aktien mehr bestehen.[225] Die Regelung entspricht damit der Regelung bei eigenen Aktien der Gesellschaft.

105 Während das Stimmrecht in den oben genannten Fällen entweder generell besteht oder generell nicht besteht, kennt das Gesetz einen Ausschluss des Stimmrechts in konkreten Einzelfällen, um eine abstrakte Interessenkollision auszuschließen. Niemand kann für sich oder für einen anderen das Stimmrecht ausüben, wenn darüber Beschluss gefasst wird,
- ob er zu entlasten oder
- von einer Verbindlichkeit zu befreien ist oder
- ob die Gesellschaft gegen ihn einen Anspruch geltend machen soll.[226]

106 Für Aktien, aus denen der Aktionär in den genannten Fällen das Stimmrecht nicht ausüben kann, kann das Stimmrecht auch nicht durch einen anderen ausgeübt werden. Kein Stimmverbot besteht dagegen bei nahen Angehörigen, die gleichwohl ihren Ehepartner, ihre Eltern oder Kinder entlasten dürfen.[227]

107 Zweifel bestehen hinsichtlich des Stimmverbots, wenn andere Gesellschaften beteiligt sind, deren Geschäftsführer oder Mitglieder einem Stimmverbot unterliegen würden. In diesen Fällen wird nicht automatisch ein Stimmverbot für die Gesellschaft angenommen. Vielmehr ist darauf abzustellen, ob der vom Verbot betroffene Geschäftsführer oder Gesellschafter auf die Gesellschaft maßgeblichen Einfluss ausüben kann.[228] Ebenso erstreckt sich ein für eine Gesellschaft bestehendes Stimmverbot auf den persönlichen Aktienbesitz ihrer Gesellschafter, wenn gesellschaftsrechtlich fundierte nachhaltige Interessenverknüpfung zu dieser Gesellschaft besteht und intensiver ist als diejenige zur Aktiengesellschaft.[229]

108 Eine trotz Ausschluss vom Stimmrecht abgegebene Stimme ist wegen Verstoßes gegen ein gesetzliches Verbot nichtig.[230] Beschlüsse, die wegen der Berücksichtigung nichtiger Stimmen falsch festgestellt sind, sind anfechtbar.

5. Widerspruchsrecht

109 Da die Anfechtungsbefugnis eines Aktionärs, von Ausnahmefällen abgesehen, nur besteht, wenn er Widerspruch zur Niederschrift erklärt hat,[231] ist ihm auch ein Widerspruchsrecht eingeräumt.[232]

VII. Protokollierung

110 Jeder Beschluss der Hauptversammlung ist durch eine über die Verhandlung aufgenommene Niederschrift zu beurkunden. Das Gesetz unterscheidet dabei zwischen einer notariell aufgenommenen Niederschrift und einer vom Vorsitzenden des Aufsichtsrats zu unterzeichnenden Niederschrift und geht von einer **notariellen Beurkundung als Regel** aus. Seit 1995 besteht bei nichtbörsennotierten Gesellschaften in bestimmten Fällen die Möglichkeit, keine notarielle Niederschrift, sondern lediglich eine vom Vorsitzenden des Aufsichtsrats zu unterzeichnende Niederschrift aufzunehmen.

---

[224] § 140 Abs. 2 AktG.
[225] § 28 WpHG.
[226] § 136 Abs. 1 AktG.
[227] BGHZ 49, 183 (194); 51, 209 (219); Hüffer/Koch/*Koch* AktG § 136 Rn. 16; GHEK/*Eckardt* § 136 Rn. 26.
[228] Hüffer/Koch/*Koch* AktG § 136 Rn. 10.
[229] Streitig, vgl. Hüffer/Koch/*Koch* AktG § 136 Rn. 12 mwN.
[230] § 134 BGB.
[231] § 245 Ziff. 1 AktG.
[232] Zum Zeitpunkt des Widerspruchs BGH AG 2007, 863.

Beurkundungsfehler können zur Nichtigkeit der Beschlüsse führen. Nichtig ist ein Beschluss, der nicht nach § 130 Abs. 1, 2 und 4 AktG beurkundet ist.[233] Dies bedeutet, dass Beschlüsse, die nicht oder nicht vollständig oder nicht richtig beurkundet worden sind, nichtig sind. Eine Anfechtbarkeit wird man bei sonstigen Beurkundungsmängeln dagegen kaum annehmen können, da es regelmäßig an der Kausalität fehlen dürfte. Ein Beschluss ist mit seiner Feststellung zu Stande gekommen, die Beurkundung folgt regelmäßig nach. Dieser nachfolgende Verstoß kann daher für die Beschlussfassung kaum ursächlich geworden sein.[234]

1. Notarielle Niederschrift

Notarielle Beurkundung ist stets vorgeschrieben bei
- börsennotierten[235] Aktiengesellschaften, unabhängig von der Art der gefassten Beschlüsse sowie
- nichtbörsennotierten Gesellschaften, wenn Beschlüsse gefasst werden, für die das Gesetz eine Dreiviertel- oder größere Mehrheit bestimmt.

Es kommt dabei alleine darauf an, dass das Gesetz eine qualifizierte Mehrheit vorschreibt, so dass auch dann, wenn auf Grund der Satzungsregelung eine einfache Mehrheit für die konkrete Beschlussfassung genügen sollte, dennoch notarielle Beurkundung erforderlich ist. Mithin ist nicht erforderlich, dass das Gesetz zwingend eine qualifizierte Mehrheit vorschreibt.[236]

Das Gesetz spricht im Hinblick auf das Beurkundungserfordernis nur von einer Mehrheit, ohne zwischen Stimmen- und Kapitalmehrheit zu unterscheiden. Aus Vorsichtsgründen sollte daher stets die notarielle Form gewahrt werden, auch wenn keine Kapital-, sondern lediglich eine qualifizierte Stimmenmehrheit verlangt wird.[237]

Nicht ausdrücklich gesetzlich geregelt ist die Frage, wie zu verfahren ist, wenn in einer Hauptversammlung sowohl Beschlüsse gefasst werden sollen, die mit einfacher Mehrheit zu Stande kommen können, als auch solche, wofür das Gesetz die qualifizierte Mehrheit erfordert. Nach dem reinen Gesetzeswortlaut, der lediglich von der Beurkundungspflicht des „Beschlusses" spricht, nicht jedoch von der Beurkundungspflicht der Hauptversammlung insgesamt, könnte davon ausgegangen werden, dass insofern eine Trennung vorgenommen werden dürfte. Diese Trennung wird von der Praxis aus Gründen der Kostenersparnis vielfach gewünscht. Mittlerweile hat der BGH die Frage der Zulässigkeit einer solchen **gemischten Protokollierung** entgegen der bislang herrschenden Auffassung bejaht.[238]

Die notarielle Niederschrift ist eine „sonstige Beurkundung" im Sinne der §§ 36 f. Beurkundungsgesetz, für die grundsätzlich die Vorschriften des Aktiengesetzes maßgeblich sind. Da es sich nicht um die Beurkundung rechtsgeschäftlicher Willenserklärungen handelt, muss die Niederschrift den Beteiligten nicht vorgelesen, von ihnen nicht genehmigt und nicht unterzeichnet werden.[239] Die notarielle Niederschrift kann auch noch nach Beendigung der Hauptversammlung im Einzelnen ausgearbeitet und unterzeichnet werden.[240] Lediglich wenn, wie zB bei der Zustimmung des persönlich haftenden Gesellschafters einer KGaA[241] oder bei Verzichtserklärungen der Gesellschafter nach dem Umwandlungsgesetz, ausnahmsweise Willenserklärungen mit zu beurkunden sind, sind die Förmlichkeiten der Beurkundung von Willenserklärungen einzuhalten. Hierbei handelt es sich in der Regel um getrennte Urkunden, da die zu berücksichtigenden Förmlichkeiten systematisch anders geregelt sind. Insbesondere die Beurkundung von Verzichtserklärungen ist in der Praxis nur bei

---

[233] § 241 Ziff. 2 AktG.
[234] Strittig, wie hier Hüffer/Koch/*Koch* AktG § 130 Rn. 32 mwN; GroßkommAktG/*Werner* § 130 Rn. 118; aA GHEK/*Eckardt* § 130 Rn. 80.
[235] Vgl. die Legaldefinition in § 3 Abs. 2 AktG.
[236] Hüffer/Koch/*Koch* AktG § 130 Rn. 14b; *Hoffmann-Becking* ZIP 1995, 1 (7 f.).
[237] Streitig, vgl. Hüffer/Koch/*Koch* AktG § 130 Rn. 14b.
[238] Urt. v. 19.5.2015 – II ZR 176/14.
[239] § 13 BeurkG gilt nur für die Beurkundung von Willenserklärungen.
[240] BGH NJW 2009, 2207.
[241] § 285 Abs. 2 AktG.

Vollversammlungen sinnvoll, da in der Regel alle Gesellschafter entsprechende Verzichtserklärungen abgeben müssen. Teilweise umstritten ist, ob der Notar berechtigt oder sogar verpflichtet ist, die **Beurkundung von Beschlüssen** zu verweigern. Generell soll ein Notar die Beurkundung ablehnen, wenn es mit seinen Amtspflichten nicht vereinbar wäre, insbesondere wenn seine Mitwirkung bei Handlungen verlangt wird, bei denen erkennbar unerlaubte oder unredliche Zwecke verfolgt werden.[242] Von diesem Ausnahmefall abgesehen, wird man jedoch eine Beurkundungspflicht annehmen, weil nicht beurkundete Beschlüsse nichtig sind.[243] Hingegen sollte es nicht zulässig sein, dass der Notar auch die Beurkundung nur anfechtbarer Beschlüsse verweigern darf, da es ihm nicht obliegt, die Rechtsfolge der Anfechtbarkeit gegen die der Nichtigkeit auszutauschen.[244] Das Protokoll hat folgende Angaben zwingend zu enthalten:[245]

116

Checkliste: Inhalt des Protokolls

- ☐ Ort und Tag der Verhandlung,
- ☐ Name des Notars,
- ☐ Angaben zur Art der Abstimmung,
- ☐ Ergebnis der Abstimmung,
- ☐ Feststellung des Vorsitzenden über die Beschlussfassung – bei börsennotierten Gesellschaften unter Angabe:
  - der Zahl der Aktien, für die gültige Stimmen abgegeben wurden
  - des Anteils des durch die gültigen Stimmen vertretenen Grundkapitals am eingetragenen Grundkapital
  - der Zahl der für einen Beschluss abgegebenen Stimmen, Gegenstimmen und gegebenenfalls der Zahl der Enthaltungen,[246]
- ☐ Minderheitsverlangen,[247]
- ☐ auf Verlangen Fragen eines Aktionärs und der Grund, warum die Antwort verweigert wurde,[248]
- ☐ Ordnungsmaßnahmen des Vorsitzenden,[249]
- ☐ Widerspruch zu Protokoll,[250]
- ☐ Unterschrift des Notars.[251]

117 Bei den zu protokollierenden Angaben über die Art der Abstimmung ist anzugeben, in welchem Verfahren[252] abgestimmt wurde, welche Stimmen[253] abgegeben wurden, wie die Stimmen abgegeben wurden,[254] wie die Stimmen ausgezählt wurden[255] und ob eventuell getrennt nach Aktiengattungen abgestimmt wurde.

Die Einfügung von § 130 Abs. 2 S. 2 AktG erfordert zwingende Angaben zur Feststellung des Vorsitzenden über die Beschlussfassung bei börsennotierten Gesellschaften. Praktische Auswirkungen auf die Beschlussfeststellung sind damit kaum verbunden, da es sich um Parameter handelt, die für eine ordnungsgemäße Beschlussfeststellung ohnehin erforderlich

---

[242] § 4 BeurkG.
[243] § 241 Nr. 2 AktG.
[244] Vgl. Hüffer/Koch/*Koch* AktG § 130 Rn. 13 mwN.
[245] § 130 Abs. 2 AktG; ein Verstoß hiergegen führt zur Nichtigkeit gemäß § 241 Nr. 2 AktG.
[246] § 130 Abs. 2 S. 2 AktG.
[247] § 130 Abs. 1 S. 2 AktG.
[248] § 131 Abs. 5 AktG.
[249] Teilweise strittig, vgl. Hüffer/Koch/*Koch* AktG § 130 Rn. 5.
[250] § 245 Nr. 1 AktG.
[251] § 130 Abs. 4 AktG.
[252] Subtraktionsverfahren oder Additionsverfahren.
[253] Ja, Nein oder Enthaltungen.
[254] Handaufheben, Zuruf, Stimmkarten uä.
[255] Manuell oder maschinell.

sind. Allenfalls wird dadurch mehr Transparenz erzeugt. Dass Enthaltungen nicht in jedem Fall mit anzugeben sind, ist durch die unterschiedlichen Abstimmungsverfahren begründet. Enthaltungen sind nicht abgegebene Stimmen, werden bei Anwendung der Additionsmethode folglich nicht mitgezählt und sind daher auch nicht anzugeben. Bei Anwendung der Subtraktionsmethode gelten Enthaltungen zwar auch als nicht abgegebene Stimmen, sie sind jedoch wesentlich für die Ermittlung des Abstimmungsergebnisses und daher bei der Feststellung ausdrücklich anzugeben

Neben diesen zwingend vorgeschriebenen Angaben enthält das notarielle Protokoll üblicherweise ebenfalls Angaben über die Begrüßung, die Erläuterungen zum Ablauf, wie zB die Präsenzkontrolle und ausliegende Dokumente, die Angaben über das Teilnehmerverzeichnis sowie die Aussprache, damit die Niederschrift, auch ohne den Wortlaut der Verhandlung wiederzugeben, den zeitlichen Ablauf der Hauptversammlung besser nachvollziehen lässt.[256]

Das Verzeichnis der Teilnehmer muss der Niederschrift nicht als Anlage beigefügt werden. Das Protokoll erhält jedoch die folgenden Anlagen:
- Belege über die Einberufung, wenn sie nicht unter Angabe ihres Inhalts in der Niederschrift aufgeführt werden.[257]
- Abschrift der Verträge, die zu ihrer Wirksamkeit der Zustimmung der Hauptversammlung bedürfen, dh Nachgründungsverträge, Unternehmensverträge und Verträge nach dem Umwandlungsgesetz.[258]

Unabhängig von der Verhandlungssprache in der Hauptversammlung[259] ist die Urkundssprache des Hauptversammlungsprotokolls deutsch. Lediglich wenn alle Beteiligten dies verlangen, kann der Notar das notarielle Protokoll nach § 5 Abs. 2 BeurkG in einer fremden Sprache errichten. In diesem Fall ist im Hinblick auf den Publizitätsgrundsatz dem beim Handelsregister einzureichenden Protokoll stets eine deutsche Übersetzung beizufügen.[260]

2. Einfache Niederschrift

Wie bereits erwähnt, reicht bei nichtbörsennotierten Gesellschaften eine vom Vorsitzenden des Aufsichtsrats zu unterzeichnende Niederschrift aus, soweit keine Beschlüsse gefasst werden, für die das Gesetz eine Dreiviertel- oder größere Mehrheit bestimmt.[261] Die herrschende Ansicht legt diese Vorschrift dahingehend aus, dass entgegen dem Gesetzeswortlaut die Niederschrift vom jeweiligen Versammlungsleiter zu unterzeichnen ist, unabhängig davon, ob es sich dabei um den Aufsichtsratsvorsitzenden oder um eine dritte Person handelt. Begründet wird dies damit, dass der Gesetzeswortlaut nur vom Regelfall ausgeht, dass aber der Aufsichtsratsvorsitzende nicht die Verantwortung für die Protokollierung übernehmen kann, wenn er nicht selbst leitet.[262]

Bei einem privatschriftlichen Protokoll genügt es, dass eine vom Vorsitzenden des Aufsichtsrats unterzeichnete Abschrift dieses Protokolls zum Handelsregister eingereicht wird, während das Original bei der Gesellschaft verbleibt. Eine öffentliche Beglaubigung wird als nicht sinnvoll erachtet, es ist jedoch zu beachten, dass die Abschrift unterzeichnet ist.[263]

3. Stenografisches Protokoll

Von der Niederschrift iSd § 130 AktG streng zu unterscheiden ist ein etwa ergänzendes stenografisches Protokoll. Die Führung eines stenografischen Protokolls wird in der Praxis

---

[256] Zur Überwachungsfunktion des Notars, zur Abstimmung der Urkundsentwürfe vorab zwischen Notar und Beteiligten sowie zur späteren Korrektur notarieller Hauptversammlungsprotokolle BGH DB 2009, 500 = NotBZ 2009, 128.
[257] § 130 Abs. 3 AktG.
[258] Siehe Aufzählung bei Hüffer/Koch/*Koch* AktG § 130 Rn. 25.
[259] → Rn. 65.
[260] Teilweise streitig, vgl. ausführlich Gutachten des DNotI in DNotI-Report 2003, 81 f.
[261] § 130 Abs. 1 S. 3 AktG.
[262] Hüffer/Koch/*Koch* AktG § 130 Rn. 14e.
[263] Hüffer/Koch/*Koch* AktG § 130 Rn. 27a.

zunehmend seltener, eine Verpflichtung der Gesellschaft besteht nicht.[264] Ebensowenig haben Aktionäre Anspruch auf Aushändigung des stenografischen Protokolls.[265] Ein Anspruch besteht lediglich auf eine auszugsweise Abschrift mit den eigenen Ausführungen des Aktionärs und den Antworten der Verwaltung darauf.[266]

4. Tonband- und Filmaufnahmen

123 Im Gegensatz zum stenografischen Protokoll, zu dessen Führung die Gesellschaft jederzeit berechtigt ist, sind Tonband- oder Filmaufnahmen mit Rücksicht auf das Persönlichkeitsrecht der Aktionäre nur eingeschränkt möglich. Nach einer verbreiteten Auffassung darf ein **Tonbandprotokoll** nur geführt werden, wenn der Hauptversammlungsleiter davor ausdrücklich hierauf aufmerksam gemacht hat und das Einverständnis der Teilnehmer der Versammlung eingeholt hat.[267] Dagegen geht eine im Vordringen befindliche Auffassung davon aus, dass Tonbandaufnahmen jederzeit zulässig seien, sofern der Versammlungsleiter vorher darauf aufmerksam gemacht hat und auf das Recht eines jeden Teilnehmers hinweist, der Aufnahme seines Redebeitrags zu widersprechen und die Abschaltung des Tonbands zu verlangen.[268] Dagegen besteht kein Recht zur Anfertigung privater Tonbandaufnahmen. Für Filmaufnahmen gelten die gleichen Voraussetzungen wie für Tonbandaufnahmen.

5. Übertragung in Bild und Ton, Online-Hauptversammlung

124 Zur Ton- und Videoübertragung, die nicht mit einer Aufzeichnung verbunden ist, ist die Gesellschaft nicht nur berechtigt, sondern auch verpflichtet, wenn die Übertragung in Nebenräume erfolgt, die mit zum Präsenzbereich gehören. Nur auf diese Weise ist sichergestellt, dass sämtliche Aktionäre der Debatte folgen und erforderlichenfalls sich zum Zwecke der Abstimmung in den vom Präsenzbereich zu unterscheidenden Abstimmungsbereich begeben können, um an der Abstimmung teilzunehmen.[269]

125 Mittlerweile stellt das Gesetz klar, dass eine Übertragung in Bild und Ton jederzeit zugelassen werden kann, wenn die Satzung oder eine von der Hauptversammlung mit qualifizierter Mehrheit erlassene Geschäftsordnung nach § 129 Abs. 1 AktG dies so vorsieht. Die Satzung oder die Geschäftsordnung können den Vorstand dazu ermächtigen, die Bild- und Tonübertragung der Versammlung zuzulassen.[270] Da die Möglichkeit zur Online-Teilnahme maßgeblich davon abhängt, welche technischen Möglichkeiten zu ihrer Umsetzung tatsächlich vorhanden sind, empfiehlt es sich, von starren Satzungsregelungen abzusehen und von der Möglichkeit zur Kompetenzverlagerung auf den Vorstand Gebrauch zu machen. Zulässig ist auch, dass die Satzung nur einige grundlegende Vorgaben macht und im Übrigen den Vorstand ermächtigt, nähere Bestimmungen zum Verfahren zu treffen.

126 Durch die Einführung der neuen Medien wird die Mitwirkungsmöglichkeit der Aktionäre verbessert. Es steht der Gesellschaft frei, ob und wie sie von diesen Mitwirkungsmöglichkeiten Gebrauch macht. Eine Teilnahme auf elektronischem Wege ist nicht zwingend vorgeschrieben – aber auch nicht verboten. Erstmals wird damit eine Online-Hauptversammlung ermöglicht, bei der die Aktionäre nicht nur passiv über das Internet zuschauen. Vielmehr gilt die Online-Zuschaltung als echte aktienrechtliche Teilnahme, bei der die Ausübung von Aktionärsrechten – insbesondere auch des Stimmrechts – in Echtzeit möglich ist. Dennoch handelt es sich bei der Online-Hauptversammlung nicht um eine virtuelle Hauptversammlung, da die Präsenzversammlung nach wie vor als Grundlage dient, zu der die Aktionäre – theoretisch auch sämtliche Aktionäre – online zugeschaltet werden. Die Präsenz von Vor-

---

[264] BGH NJW 1994, 3094 (3095).
[265] BGH NJW 1994, 3094 (3095).
[266] BGH NJW 1994, 3094 (3095).
[267] Hüffer/Koch/*Koch* AktG § 130 Rn. 33.
[268] Semler/Volhard/*Volhard* Rn. I H 91; GroßkommAktG/*Werner* § 130 Rn. 124.
[269] Semler/Volhard/*Richter* Rn. I B 569.
[270] § 118 Abs. 4 AktG.

stand und Aufsichtsrat bleibt dagegen ebenso verpflichtend wie die Protokollierung durch den Notar, bzw. Vorsitzenden des Aufsichtsrats am Ort der Versammlung. Die online zugeschalteten Aktionäre zählen zur „Präsenz" und sind bei der Abstimmung – sofern ihnen das Stimmrecht gewährt wird – mit zu berücksichtigen.

§ 28 Nachbereitung der Hauptversammlung

Übersicht

	Rn.
I. Registergericht	1/2
II. Publizität des Jahresabschlusses	3/4
III. Ausführung der Beschlüsse	5–7
IV. Mitteilungspflichten nach der Hauptversammlung	8/9

Schrifttum: *Butzke*, Die Hauptversammlung der Aktiengesellschaft, 5. Auflage 2011; *von Drinhausen/Marsch-Barner*, Zur Rechtsstellung des Aufsichtsratsvorsitzenden als Leiter der Hauptversammlung einer börsennotierten Gesellschaft, AG 2014, 757; *Ek*, Praxisleitfaden für die Hauptversammlung, 3. Aufl. 2017; *Martens*, Leitfaden für die Leitung der Hauptversammlung einer Aktiengesellschaft, 3. Auflage 2015; *Mohamed*, Die Sprachverwirrung in der ausländisch geprägten Hauptversammlung von AG oder SE, NZG 2015, 1263; Münchener Kommentar zum Aktiengesetz, 4. Auflage 2018; *Schaaf,* Die Praxis der Hauptversammlung, 2011; *Semler/Volhard/Reichert*, Arbeitshandbuch für die Hauptversammlung, 4. Auflage 2018.

I. Registergericht

1 **Unverzüglich** nach der Hauptversammlung hat der Vorstand eine **öffentlich beglaubigte Abschrift der notariellen Niederschrift** und ihrer Anlagen zum **Handelsregister** einzureichen.[1] Bei einem privatschriftlichen Protokoll genügt es, dass eine vom Vorsitzenden des Aufsichtsrats unterzeichnete Abschrift dieses Protokolls zum Handelsregister eingereicht wird. Das Registergericht kann die Einreichung durch Festsetzung von Zwangsgeld bis zum Betrag von 5.000,– EUR erzwingen.[2] Beim Handelsregister ist die Abschrift des Protokolls von jedermann einsehbar, allerdings auch nach der Novellierung von § 9a HGB noch nicht im automatisierten Abrufverfahren.

2 Unabhängig von der Einreichung der Niederschrift besteht die Verpflichtung zur Anmeldung von denjenigen Hauptversammlungsbeschlüssen, die zum Handelsregister einzureichen sind.[3] Die Anmeldung wird nicht durch die Einreichung der Niederschrift ersetzt. Ausreichend ist jedoch, der Anmeldung zum Handelsregister die Niederschrift als Anlage beizufügen.[4] Ebenso reicht es im Falle einer Satzungsänderung für die Anmeldung nach § 181 AktG aus, dass bei der Anmeldung auf eine schon vorliegende Niederschrift verwiesen wird.[5]

II. Publizität des Jahresabschlusses

3 **Unverzüglich** nach der ordentlichen Hauptversammlung, in der der Jahresabschluss den Aktionären vorgelegt wird, hat der Vorstand den **Jahresabschluss mit dem Bestätigungsvermerk** beim Betreiber des Bundesanzeigers elektronisch in einer Form einzureichen, die ihre Bekanntmachung ermöglicht.[6] Zusammen mit dem Jahresabschluss sind folgende Unterlagen einzureichen:
- Lagebericht
- Bericht des Aufsichtsrats
- Gewinnverwendungsvorschlag und -beschluss unter Angabe des Jahresergebnisses, soweit aus dem eingereichten Jahresabschluss nicht ersichtlich

---

[1] § 130 Abs. 5 AktG.
[2] § 14 HGB.
[3] ZB §§ 52 Abs. 6 S. 1, 106, 181 Abs. 1 S. 1, 294 Abs. 1 S. 1, 319 Abs. 4 S. 1 AktG, §§ 16 Abs. 1 S. 1, 125 UmwG.
[4] Hüffer/Koch/*Koch* AktG § 130 Rn. 27.
[5] Hüffer/Koch/*Koch* AktG § 130 Rn. 27.
[6] § 325 Abs. 1 S. 1 und 2 HGB.

- Bestätigungsvermerk oder Vermerk über dessen Versagung
- Entsprechenserklärung nach § 161 AktG.

Unverzüglich nach der Einreichung hat der Vorstand die vorgenannten Unterlagen im **Bundesanzeiger** bekanntmachen zu lassen.[7] Die Publizität des Jahresabschlusses kann vom Bundesamt für Justiz durch Festsetzung eines Ordnungsgelds nach Maßgabe von § 335 HGB erzwungen werden. Das Handelsgesetzbuch sieht ferner Erleichterungen bei der Offenlegung vor.[8]

III. Ausführung der Beschlüsse

Soweit Hauptversammlungsbeschlüsse nicht per se ohne weiteren Umsetzungsakt wirksam sind,[9] ist der Vorstand verpflichtet, die von der Hauptversammlung im Rahmen ihrer Zuständigkeit beschlossenen Maßnahmen auszuführen.[10] Diese Ausführungspflicht gilt jedoch nur bei gesetzmäßigen Beschlüssen der Hauptversammlung, da sich der Vorstand andernfalls schadensersatzpflichtig machen könnte.[11] Nichtige Beschlüsse hat der Vorstand daher nicht auszuführen. Gegen anfechtbare Hauptversammlungsbeschlüsse ist der Vorstand selbst zur Anfechtung befugt.[12] Eine Verpflichtung zur Erhebung der Anfechtungsklage wird man jedoch nur bei gesellschaftsschädlichen Beschlüssen annehmen können.[13] Vor Ablauf der Anfechtungsfrist trifft den Vorstand daher bei anfechtbaren Beschlüssen keine Ausführungspflicht. Dagegen wird der Beschluss mit Ablauf der Anfechtungsfrist gesetzmäßig und muss ausgeführt werden.[14] Nicht geklärt ist dagegen die Rechtslage, wie bei bestandskräftigen Beschlüssen zu verfahren ist, die die Gesellschaft schädigen können. Teilweise wird vertreten, dass in diesem Fall eine Ausführungspflicht des Vorstands besteht, er sich aber zugleich wegen pflichtwidriger Unterlassung der Anfechtung ersatzpflichtig macht.[15] Andererseits wird vertreten, dass in diesem Falle keine Ausführungspflicht besteht, wenn die Ausführung eine grobe Verletzung der Sorgfalt eines ordentlichen und gewissenhaften Geschäftsmannes wäre, da in diesem Fall die Haftung der Vorstands gegenüber den Gläubigern nicht ausgeschlossen ist.[16]

In der Praxis kommt es gelegentlich vor, dass die Hauptversammlung dem Vorstand Weisungen hinsichtlich der Abfolge von Handelsregisteranmeldungen erteilt. Soweit nicht der Beschluss der Hauptversammlung unter Bedingungen steht, wie zB der Wirksamkeit eines anderen Beschlusses, oder sich eine bestimmte Reihenfolge juristisch zwingend ergibt, kann zweifelhaft sein, ob solche Weisungen zulässig sind, da der Vorstand einer Aktiengesellschaft grundsätzlich nicht weisungsgebunden ist. Allerdings ist der Vorstand verpflichtet, die von der Hauptversammlung im Rahmen ihrer Zuständigkeit beschlossenen Maßnahmen auszuführen.[17] Soweit die Beschlussfassung an eine bestimmte Reihenfolge der Handelsregisteranmeldungen geknüpft wird, dürfte diese Verknüpfung noch zur Zuständigkeit der Hauptversammlung gehören, da sie den Beschluss auch unter einer aufschiebenden Bedingung der Eintragung des anderen Beschlusses hätte fassen können. Unter diesem Gesichtspunkt ist eine Erteilung von Weisungen an den Vorstand hinsichtlich der Abfolge von Handelsregisteranmeldungen durch die Hauptversammlung zulässig.

Kommen Vorstandsmitglieder ihrer Ausführungspflicht nicht nach, machen sie sich gemäß § 93 AktG schadensersatzpflichtig.[18] Gleichzeitig kann diese Pflichtverletzung einen

---

[7] § 325 Abs. 2 HGB.
[8] §§ 326 f. HGB.
[9] ZB die Entlastungsbeschlüsse oder die Wahl von Aufsichtsratmitgliedern.
[10] § 83 Abs. 2 AktG.
[11] Vgl. § 93 Abs. 4 S. 1 AktG.
[12] § 245 Ziff. 4 und 5 AktG.
[13] Hüffer/Koch/*Koch* AktG § 243 Rn. 50.
[14] Hüffer/Koch/*Koch* AktG § 243 Rn. 50.
[15] Hüffer/Koch/*Koch* AktG § 243 Rn. 50.
[16] Vgl. § 93 Abs. 5 AktG.
[17] § 83 Abs. 2 AktG.
[18] Hüffer/Koch/*Koch* AktG § 83 Rn. 6.

wichtigen Grund für die Abberufung des Vorstands oder für die Verweigerung der Entlastung durch die Hauptversammlung darstellen. Nach herrschender Meinung kann die Aktiengesellschaft, vertreten durch den Aufsichtsrat, gegen den Vorstand auch auf Erfüllung klagen.[19] Die Gegenansicht lehnt dagegen eine solche Klage als unzulässigen Organstreit ab.[20]

IV. Mitteilungspflichten nach der Hauptversammlung

8   Jedem Mitglied des Aufsichtsrats und jedem Aktionär sind auf Verlangen die in der Hauptversammlung gefassten Beschlüsse mitzuteilen.[21] Mit dieser Neufassung von § 125 Abs. 4 AktG durch das NaStraG wird der Verbreitung der elektronischen Medien Rechnung getragen. Der Gesetzgeber ist davon ausgegangen, dass ein Versand nicht mehr erforderlich ist. Insbesondere dürfte eine Veröffentlichung der Beschlüsse auf der Internetseite der Gesellschaft bereits in den meisten Fällen dazu führen, dass keine weiteren Mitteilungspflichten mehr bestehen. Die Mitteilung hat unverzüglich[22] zu erfolgen. Eine Verletzung der Mitteilungspflicht hat keine Auswirkungen auf die bereits gefassten Beschlüsse.

9   **Börsennotierte Gesellschaften** sind zusätzlich verpflichtet, die festgestellten Abstimmungsergebnisse auf ihrer Internetseite zu veröffentlichen unter Angabe
- der Zahl der Aktien, für die gültige Stimmen abgegeben wurden,
- des Anteils des durch die gültigen Stimmen vertretenen Grundkapitals am eingetragenen Grundkapital,
- der Zahl der für einen Beschluss abgegebenen Stimmen, Gegenstimmen und gegebenenfalls der Zahl der Enthaltungen.[23]

Die Veröffentlichung hat innerhalb von sieben Tagen nach der Hauptversammlung zu erfolgen.[24] Eine Verletzung der Veröffentlichungspflicht hat keine Auswirkungen auf die bereits gefassten Beschlüsse.

---

[19] Hüffer/Koch/*Koch* AktG § 83 Rn. 6 mwN.
[20] KölnKommAktG/*Mertens* § 83 Rn. 8.
[21] § 125 Abs. 4 AktG.
[22] Hüffer/Koch/*Koch* AktG § 125 Rn. 8.
[23] § 130 Abs. 6 iVm Abs. 2 S. 2 AktG.
[24] § 130 Abs. 6 AktG.

Teil G. Hauptversammlungsthemen

§ 29 Satzungsänderungen

Übersicht

	Rn.
I. Grundlagen	1–24
1. Echte und unechte Satzungsbestandteile	2–10
a) Notwendigkeit der Differenzierung	2/3
b) Echte Satzungsbestandteile	4/5
c) Unechte Satzungsbestandteile	6–10
2. Inhaltsänderungen und Fassungsänderungen	11–15
3. Grundlagenänderungen und Strukturänderungen	16–18
4. Satzungsdurchbrechung	19–22
a) Punktuelle Satzungsdurchbrechung	20/21
b) Zustandsbegründende Satzungsdurchbrechung	22
5. Faktische Satzungsänderung	23/24
II. Inhalt und Schranken satzungsändernder Beschlüsse	25–36
1. Befristung und Bedingung	25–29
a) Befristung	25–27
b) Bedingung	28/29
2. Rückwirkung	30
3. Gründung und Abwicklung	31/32
4. Sachliche Schranken	33–35
5. Auslegung als Inhalt	36
III. Zuständigkeit	37–39
IV. Verfahren der Hauptversammlung	40–54
1. Vorbereitung der Hauptversammlung	40
2. Beschlussmehrheiten	41–47
a) Kapitalmehrheit und Stimmenmehrheit	41–44
b) Regelungen in der Satzung	45–47
3. Sonderbeschlüsse	48–50
4. Sonstige Erfordernisse	51–53
5. Aufhebungs- und Änderungsbeschlüsse	54
V. Eintragungsverfahren	55–72
1. Anmeldung	56–61
a) Inhalt	57–59
b) Beizufügende Unterlagen	60/61
2. Prüfung durch das Registergericht	62–67
a) Grundlagen	62
b) Prüfungsumfang	63–67
3. Inhalt der Eintragung	68/69
4. Heilungswirkung	70–72
a) Beschlussmängel	71
b) Fehlerhafte Anmeldung	72

Schrifttum: *Bayer*, Delisting: Korrektur der Frosta-Rechtsprechung durch den Gesetzgeber, NZG 2015, 1169; *Feldhaus*, Der Verkauf von Unternehmensteilen einer Aktiengesellschaft und die Notwendigkeit einer außerordentlichen Hauptversammlung, BB 2009, 562; *Habersack*, Unwirksamkeit „zustandsbegründender" Durchbrechungen der GmbH-Satzung sowie darauf gerichteter schuldrechtlicher Nebenabreden, ZGR 1994, 354; *Hofmeister*, Veräußerung und Erwerb von Beteiligungen bei der Aktiengesellschaft: Denkbare Anwendungsfälle der Gelatine-Rechtsprechung, NZG 2008, 47; *Junker/Schmidt-Pfitzner*, Quoten und Zielgrößen für Frauen (und Männer) in Führungspositionen, NZG 2015, 929; *Lutter*, Die Eintragung anfechtbarer Hauptversammlungsbeschlüsse im Handelsregister, NJW 1969, 1873; *ders.*, Die entschlussschwache Hauptversammlung, FS Quack 1991, 301; *Lutter*, Der Erwerb der Dresdner Bank durch die Commerzbank – ohne ein Votum der Hauptversammlung?, ZIP 2012, 351; *Meyer-Landrut*, Satzungen und Hauptversammlungsbeschlüsse der AG, RWS-Vertragsmuster 20, 2001; *Renner*, Hauptversammlungszuständigkeit und Organadäquanz, AG 2015, 513; *Säcker*, Inhaltskontrolle von Satzungen mitbestimmter Unternehmen durch das Registergericht, FS Stimpel, 1985, S. 867; *Semler/Volhard/Reichert*, Arbeitshandbuch für die Hauptversammlung, 3. Auflage 2011; *Schüppen*, Satzung der kleinen AG, RWS-Vertragsmuster 14, 2001.

I. Grundlagen

1 Die §§ 179–181 AktG enthalten den „allgemeinen Teil" der Vorschriften über Satzungsänderungen und sind daher vorbehaltlich bestehender Spezialregelungen bei jeder Änderung der Satzung zu beachten. Demnach ist das für Satzungsänderungen allein zuständige Organ die Hauptversammlung der Gesellschaft, sofern nicht bloß redaktionelle Änderungen vorgenommen werden, zu denen die Hauptversammlung den Aufsichtsrat der Gesellschaft ermächtigen kann, § 179 Abs. 1 S. 2 AktG. Gemäß § 179 Abs. 2 S. 1 AktG bedarf der satzungsändernde Hauptversammlungsbeschluss grundsätzlich einer Mehrheit von drei Vierteln des vertretenen Grundkapitals.[1] In der Praxis, insbesondere bei börsennotierten Gesellschaften, wird die satzungsändernde Mehrheit regelmäßig gemäß § 179 Abs. 2 S. 2 AktG auf die einfache Mehrheit des bei der Beschlussfassung vertretenen Grundkapitals abgesenkt. Die Ausnahme in § 179 Abs. 2 S. 2 Hs. 2 AktG für die Änderung des Gegenstands des Unternehmens ist zu beachten. Wirksamkeit erlangt ein satzungsändernder Beschluss erst mit Eintragung in das Handelsregister, § 181 Abs. 3 AktG.

1. Echte und unechte Satzungsbestandteile

2 **a) Notwendigkeit der Differenzierung.** Nicht nur korporative Bestimmungen können in den Text der Satzungsurkunde aufgenommen werden, sondern auch Regelungen, die lediglich schuldrechtlicher Natur sind oder deklaratorischen Charakter haben. Teilweise ist jedoch strittig, ob und welche Vorschriften der §§ 179–181 AktG auf das Einfügen, Ändern und Aufheben nicht-korporativer Bestandteile der Satzung Anwendung finden, so dass eine Differenzierung notwendig ist.

3 Die im Text der Satzung enthaltenen Bestimmungen lassen sich in drei Gruppen einteilen: In **notwendig echte, notwendig unechte** sowie **indifferente Satzungsbestandteile**.[2] Notwendig echte Satzungsbestimmungen erlangen ohne Aufnahme in das formelle Satzungsstatut keine Wirksamkeit. Demgegenüber können sogenannte notwendig unechte Satzungsbestandteile nicht mit körperschaftlicher Wirkung vereinbart werden, weil sie über die Satzungsautonomie des § 23 Abs. 5 AktG hinausreichen und dem gemäß nur schuldrechtlich vereinbart werden können.[3] Sog. indifferente Satzungsbestimmungen können sowohl korporativen als auch schuldrechtlichen Charakter aufweisen. Insofern besteht ein Gestaltungswahlrecht.

4 **b) Echte Satzungsbestandteile.** Ausgehend von dieser Differenzierung sind echte und damit ohne weiteres den §§ 179–181 AktG unterfallende Satzungsbestandteile sämtliche notwendig echten Satzungsbestandteile sowie diejenigen indifferenten Satzungsbestimmungen, die auf Grund des Gestaltungswahlrechts korporativ vereinbart werden. Nicht abschließend geklärt ist die Frage, ob die §§ 179–181 AktG auch auf Satzungsbestandteile Anwendung finden, die keine Rechtswirkungen mehr entfalten und lediglich aus der Urkunde entfernt werden sollen.[4]

---

[1] → Rn. 42 ff.
[2] Zu beachten ist, dass hins. der Terminologie keine Einigkeit besteht. So werden bspw. von *Hüffer/Koch* AktG § 23 Rn. 2 ff. die Begriffe der notwendig echten Satzungsbestimmungen und materiellen Satzungsbestimmungen sowie der notwendig unechten und formellen Satzungsbestandteile jeweils als Synonyme verwendet. Demgegenüber sieht GroßKommAktG/*Wiedemann* § 179 Rn. 34 sowohl materielle als auch formelle Satzungsbestandteile als notwendig echte Satzungsbestandteile an und fragt lediglich, ob diese Regelungen auch Wirkung für die zukünftige Ordnung des Verbandes entfalten (dann materiell), oder ob sich ihre Funktion durch die Aufnahme in das Satzungsstatut – wie zB bei §§ 26, 27, 183 AktG – erschöpft hat (dann formell).
[3] Hierbei handelt es sich oft um Aktionärsvereinbarungen, → § 11.
[4] Dafür ua Hüffer/Koch/*Koch* AktG § 179 Rn. 4, MüKoAktG/*Stein* § 179 Rn. 29, *Grigoleit/Ehmann* § 179 Rn. 7; kritisch MHdBGesR IV/*Austmann* § 40 Rn. 75; → Rn. 8, da Streitstand bzgl. Änderungen der Satzungsurkunde bei Satzungsbestandteilen, die keine Rechtswirkung mehr entfalten, und unechten Satzungsbestandteilen identisch.

> **Übersicht: Die wichtigsten echten Satzungsbestandteile** 5
>
> A. Notwendig echte Satzungsbestandteile
>   I. § 23 Abs. 3 und 4 AktG
>   - Firma und Sitz der Gesellschaft
>   - Gegenstand des Unternehmens
>   - Höhe des Grundkapitals
>   - Zerlegung des Grundkapitals in Nennbetrags- oder Stückaktien sowie Aktiengattungen
>   - Inhaber- oder Namensaktien
>   - Anzahl der Vorstandsmitglieder
>   - Form der Bekanntmachungen
>   II. Begründung oder Änderung
>   1. der Zuständigkeit aktienrechtlicher Organe, zB
>   - Geschäftsführung, § 77 Abs. 1 S. 2 AktG
>   - Vertretung, § 78 Abs. 2 S. 1 AktG
>   - Zahl der Aufsichtsratsmitglieder, § 95 S. 2 AktG[5]
>   - Gewinnrücklage, § 58 Abs. 2 S. 2 AktG
>   - Gewinnverteilung, § 60 Abs. 3 AktG
>   - Konkretisierung der Organpflichten der Vorstands- und Aufsichtsratsmitglieder
>   2. mitgliedschaftlicher Rechte oder Pflichten, zB
>   - Einberufung der Hauptversammlung, § 122 Abs. 1 S. 2 AktG
>   - Sondervorteil, § 26 Abs. 1 AktG
>   - Sacheinlagen, § 27 Abs. 1 S. 1 AktG
>   - Entsendungsrechte in den Aufsichtsrat, § 101 Abs. 2 S. 1 AktG[6]
>   III. Spezialregelungen
>   - Dauer der Gesellschaft, §§ 39 Abs. 2, 262 Abs. 1 Nr. 1 AktG
>   - Bestimmung des Geschäftsjahres
> B. Korporativ ausgestaltete indifferente Satzungsbestimmungen, zB
>   - Vergütung der Aufsichtsratsmitglieder, § 113 Abs. 1 S. 2 AktG
>   - Nebenleistungspflichten, § 55 AktG

c) Unechte Satzungsbestandteile. Nicht im Anwendungsbereich der §§ 179 bis 181 AktG 6 liegen als unechte Satzungsbestimmungen die **notwendig unechten Satzungsbestandteile** und die **schuldrechtlich vereinbarten indifferenten Satzungsbestimmungen**. Sollen diese geändert werden, ist zwischen dem materiellen Regelungsgehalt der Bestimmungen einerseits sowie ihrer etwaigen Verkörperung im Wortlaut des Satzungstextes andererseits zu unterscheiden.

Eine **Änderung oder Aufhebung** der zwischen den beteiligten Personen vereinbarten ma- 7 teriellen **Rechtswirkungen** unterliegt nach allgemeinen Grundsätzen denjenigen Vorschriften, auf denen das betreffende Rechtsverhältnis beruht. Ist beispielsweise eine Aktionärsvereinbarung in die Satzungsurkunde aufgenommen worden, kann diese gleichwohl als mehrseitiger schuldrechtlicher Vertrag grundsätzlich nur einstimmig durch alle Beteiligten geändert werden.[7] Eine Abänderung durch Beschluss der Hauptversammlung der Gesellschaft mit der Mehrheit des § 179 Abs. 2 AktG kommt dagegen nicht in Betracht. Sollen das zugrunde liegende Rechtsverhältnis und die daraus für die Beteiligten folgenden Rechtswirkungen geändert werden, ist die Abänderung des Wortlauts der Satzung hierfür kein Wirk-

---

[5] Oberhalb der Mindestzahl von drei Mitgliedern kann die Zahl der Aufsichtsratsmitglieder nunmehr idR frei durch die Satzung festgelegt werden, die Pflicht zur Dreiteilbarkeit in S. 3 ist mit der Aktienrechtsnovelle 2016 entfallen.
[6] Vor dem Hintergrund der Einführung der „Frauenquote" durch das Führungspositionen-Teilhabegesetz empfiehlt sich evtl. eine Einschränkung bestehender Entsendungsrechte, vgl. näher *Junker/Schmidt-Pfitzner* NZG 2015, 929 (931).
[7] Ein Einstimmigkeitserfordernis ist in der praktischen Umsetzung allerdings nur schwer zu handhaben. Daher wird in Aktionärsvereinbarungen häufig vereinbart, dass jedenfalls zur Abänderung bestimmter Regelungskomplexe eine (qualifizierte) Mehrheitsentscheidung ausreichend ist, → § 11.

samkeitserfordernis.[8] Anders als bei echten Satzungsbestandteilen besteht auch keine konstitutive Notwendigkeit einer Handelsregistereintragung. Wenn sich jedoch aus der Auslegung der Abrede ergibt, dass die Aktionäre durch ihre Aufnahme in die Satzungsurkunde der Hauptversammlung gerade eine Regelungsbefugnis einräumen wollten, dann finden nach herrschender Meinung die §§ 179–181 AktG Anwendung.[9]

8 Ob sich das bei der Änderung unechter Satzungsbestandteile gesondert zu betrachtende Verfahren zur **Änderung des Satzungstextes** nach den §§ 179–181 AktG richtet, ist umstritten. Während nach einer Ansicht abweichend von § 179 Abs. 2 S. 1 AktG die einfache Mehrheit für den Änderungsbeschluss genügen soll,[10] werden nach überzeugender Ansicht die §§ 179–181 AktG uneingeschränkt angewendet.[11] Anderer Erleichterungen bedarf es nicht: Änderungen unechter Satzungsbestandteile können auf den Aufsichtsrat delegiert werden, da sie ebenso wie bloße Fassungsänderungen keine korporativen Rechtswirkungen im Verhältnis der Gesellschaft zu ihren Gesellschaftern oder innerhalb des Gesellschafterkreises entfalten.[12]

9 Nach richtiger Auffassung ist die Änderung des Satzungstextes zur Eintragung im **Handelsregister** anzumelden.[13] Die Parteien haben ihre schuldrechtliche Vereinbarung durch Aufnahme in den Text der Satzungsurkunde willentlich an der Publizitätswirkung des Handelsregisters teilhaben lassen. Eine Änderung dieser Vereinbarung sollte daher den gleichen Publizitätserfordernissen unterliegen. Die geänderte Fassung der Satzung ist somit gemäß § 181 Abs. 1 AktG – wenn auch ohne die konstitutive Wirkung des § 181 Abs. 3 AktG – zur Eintragung in das Handelsregister anzumelden. Wollen die Parteien der Vereinbarung diese Konsequenz vermeiden, dürfen sie ihre Abrede nicht in den Text der Satzungsurkunde aufnehmen.

> **Praxistipp:**
>
> 10 Es sollte nach Möglichkeit vermieden werden, unechte Satzungsbestimmungen in die Satzungsurkunde aufzunehmen. Nicht nur ist die **Abgrenzung** zwischen echten und unechten Satzungsbestandteilen nicht immer zweifelsfrei vorzunehmen. Auch laufen die Gesellschafter Gefahr, dass die unechten Satzungsbestandteile wegen eines Verstoßes gegen das Gebot der Satzungsstrenge gemäß § 23 Abs. 5 AktG als nichtig eingestuft werden könnten.[14] Jedenfalls sollten alle Änderungen des Satzungstextes unter strikter Beachtung der §§ 179 ff. AktG vorgenommen werden.

2. Inhaltsänderungen und Fassungsänderungen

11 Während Inhaltsänderungen den materiellen Gehalt echter Satzungsbestandteile betreffen, handelt es sich bei der bloßen Fassungsänderung um **Änderungen der sprachlichen Form**, die den sachlichen Gehalt der echten Satzungsbestandteile nicht betreffen. Inhaltsänderungen gehören zur ausschließlichen Zuständigkeit der Hauptversammlung, während bei Fassungsänderungen,[15] der Hauptversammlung in **§ 179 Abs. 1 S. 2 AktG** das Recht zugestanden wird, die Änderung auf den Aufsichtsrat zu übertragen. Für den Fall, dass unechte Satzungsbestimmungen im Text der Satzungsurkunde enthalten sind, kann der Aufsichtsrat ebenfalls analog § 179 Abs. 1 S. 2 AktG ermächtigt werden, derartige Satzungsbestimmungen zu ändern oder zu streichen.

---

[8] Ausgenommen hiervon ist natürlich der Fall, dass kraft Parteivereinbarung gerade die Aufnahme der geänderten Bestimmungen in den Text der Satzungsurkunde zum Wirksamkeitserfordernis erhoben worden ist.
[9] Vgl. Grigoleit/*Ehmann* § 179 Rn. 6; MüKoAktG/*Stein* § 179 Rn. 31; Hüffer/Koch/*Koch* AktG § 179 Rn. 5.
[10] GroßKommAktG/*Wiedemann* § 179 Rn. 51; KölnKomm AktG/*Zöllner* § 179 Rn. 83 f., 87.
[11] Vgl. Hölters/*Haberstock/Greitemann* § 179 Rn. 32; Hüffer/Koch/*Koch* AktG § 179 Rn. 6, MüKoAktG/*Stein* § 179 Rn. 33.
[12] Vgl. Spindler/Stilz/*Holzborn* AktG § 179 Rn. 41; Grigoleit/*Ehmann* § 179 Rn. 7; Hüffer/Koch/*Koch* AktG § 179 Rn. 6; näher zur Fassungsänderung → Rn. 11 ff.
[13] Vgl. ua Schmidt/Lutter/*Seibt* § 179 Rn. 8; GroßKommAktG/*Wiedemann* § 179 Rn. 51; bzgl. GmbH vertretene aA hat sich im Aktienrecht nicht durchgesetzt.
[14] Vgl. hierzu NK AktR/*Braunsfeld* § 23 Rn. 50 mwN.
[15] Vgl. MüKoAktG/*Stein* § 179 Rn. 160; GroßKommAktG/*Wiedemann* § 179 Rn. 106.

Wird von diesem Recht Gebrauch gemacht, so entscheidet der **Aufsichtsrat** oder einer 12
seiner Ausschüsse durch Beschluss, der zwar keiner notariellen Beurkundung bedarf, über
den jedoch eine **Niederschrift gemäß § 107 Abs. 2 AktG** anzufertigen ist. Im Anschluss teilt
der Aufsichtsrat dem Vorstand das Ergebnis seines Beschlusses mit, woraufhin dieser das
Eintragungsverfahren nach § 181 AktG durchführt. Das Registergericht wird den Eintragungsantrag ablehnen, wenn dem Aufsichtsratsbeschluss keine Ermächtigung durch die
Hauptversammlung zugrunde lag, diese überschritten wurde oder aber die Ermächtigung
der Hauptversammlung und der anschließende Beschluss des Aufsichtsrates auf eine inhaltliche Änderung echter Satzungsbestimmungen gerichtet waren.

Die **Abgrenzung zwischen Inhalts- und Fassungsänderungen** ist im Einzelfall nicht immer 13
zweifelsfrei vorzunehmen, so dass im Zweifel eine Delegationsbefugnis der Hauptversammlung abzulehnen ist.[16] Häufig wiederkehrende und anerkannte Fallkonstellationen,[17] in denen eine bloße Fassungsänderung der Satzung vorliegt und demzufolge der Aufsichtsrat zur
Durchführung der Satzungsänderung ermächtigt werden kann, sind:

> **Übersicht: Anerkannte Fallgruppen von Fassungsänderungen** 14
>
> - Streichung einer Satzungsbestimmung, die durch eine Gesetzesänderung überflüssig oder unwirksam geworden ist[18]
> - Anpassung der Satzung an einen geänderten Wortlaut des Gesetzes
> - Anpassung des Finanzierungsrahmens bei einer bedingten Kapitalerhöhung oder einer Kapitalerhöhung aus genehmigtem Kapital an den Verbrauch der Kapitalia
> - Streichung obsolet gewordener Regelungen über Sondervorteile, Sachübernahmen, Sacheinlagen und Gründeraufwand
> - Formulierung des konkreten Wortlautes einer inhaltlich beschlossenen Satzungsänderung

Die Streichung einer Satzungsregelung über eine bedingte Kapitalerhöhung ist nicht nur, 15
wenn die Bezugsrechte ausgeübt worden sind, sondern auch, wenn sie aufgrund von Fristablauf obsolet geworden sind, eine bloße Fassungsänderung.[19] Dies trifft nach richtiger Ansicht auch auf den Fall zu, dass eine Satzungsbestimmung geändert wurde und die alte
nunmehr unpassende Überschrift nachträglich angepasst werden soll.

3. Grundlagenänderungen und Strukturänderungen

Grundlagen- und Strukturänderungen sind Maßnahmen, welche die **Identität** (Verschmel- 16
zung, Aufspaltung), den **Gesellschaftszweck** (Liquidation, Konzernierung), die Rechtsform
(Formwechsel), die **Kapitalstruktur** oder die **Organzuständigkeiten** der Gesellschaft ändern.[20] Viele dieser Grundlagen- und Strukturänderungen unterliegen hinsichtlich Zuständigkeit, Ablauf und Verfahren ausdrücklichen gesetzlichen Regelungen, etwa des Umwandlungsgesetzes oder auch des Aktiengesetzes. Prominentes Beispiel einer gesetzlich nicht
geregelten aber anerkannten Grundlagen- und Strukturänderung ist der Sachverhalt der sogenannten **Holzmüller-Entscheidung** des BGH.[21] Dem Fall lag die Ausgliederung des wertvollsten Teils des Betriebsvermögens der Holzmüller AG (ein florierender Seehafenbetrieb)
auf eine 100%ige Tochtergesellschaft zugrunde. Der Bundesgerichtshof kam zu dem Ergebnis, dass bei schwerwiegenden Eingriffen in die Rechte und Interessen der Aktionäre der
Vorstand ausnahmsweise nicht nur berechtigt, sondern auch verpflichtet sei, eine Entscheidung der Hauptversammlung über diese Maßnahme herbeizuführen. Die Entscheidung hat-

---

[16] MüKoAktG/*Stein* § 179 Rn. 160; Hüffer/Koch/*Koch* AktG § 179 Rn. 11.
[17] Vgl. KölnKomm AktG/*Zöllner* § 179 Rn. 147.
[18] RG 19.5.1922 – II 550/21, RGZ 104, 349 (351).
[19] OLG München 31.7.2014 – 31 Wx 274/14, DStR 2014, 1933.
[20] GroßKommAktG/*Wiedemann* § 179 Rn. 45.
[21] BGH 25.2.1982 – II ZR 174/80, BGHZ 83, 122 – Holzmüller.

te eine teils sehr kritisch geführte Diskussion ausgelöst, war jedoch in der Literatur und der unterinstanzlichen Rechtsprechung als sogenannte Holzmüller-Doktrin anerkannt und praktiziert.[22] In den sogenannten **Gelatine-Entscheidungen** hat der BGH festgestellt, dass nur in Fällen, die dem Holzmüller-Sachverhalt von der Schwere des Eingriffs vergleichbar seien, eine Hauptversammlungszuständigkeit anzunehmen sei.[23] In diesen Fällen entsprechen Änderungen in der Gesellschaft nahezu einer Satzungsänderung und bedürfen daher nach Auffassung des BGH eines Beschlusses der Hauptversammlung mit einer Mehrheit von 75 % des vertretenen Grundkapitals.[24]

17 Trotz dieser Entscheidungen existiert keine einheitliche Auffassung darüber, welche Fälle von der Gelatine-Rechtsprechung erfasst werden. Für den Fall der Beteiligungsveräußerung hat der BGH mit Beschl. v. 20.11.2006[25] festgestellt, dass – jedenfalls im Fall einer 50%igen Veräußerung – keine Hauptversammlungszuständigkeit begründet wird.[26] Umstritten ist ebenfalls, ob bei einem Beteiligungserwerb von wesentlicher Bedeutung ebenfalls die Zustimmung der Hauptversammlung erforderlich ist und welche Wesentlichkeitskriterien gelten sollen.[27]

18 Den Meinungsstreit, ob ein **Delisting** eine gesellschaftsrechtliche Strukturveränderung oder nur einen kapitalmarktrechtlichen Vorgang darstellt, hat der Gesetzgeber im Jahr 2015 zugunsten der kapitalmarktrechtlichen Lösung entschieden und den Schutz der Minderheitsaktionäre nunmehr in § 39 BörsG geregelt. Die Gesetzesänderung schließt eine durch eine Rechtsprechungswende des BGH im Jahr 2013 entstandene Schutzlücke für Anleger. In der Macrotron-Entscheidung[28] hatte der BGH noch eine Hauptversammlungs-Kompetenz bejaht, diese Rechtsprechung in der Frosta-Entscheidung[29] jedoch aufgegeben vor dem Hintergrund, dass das BVerfG der dogmatischen Herleitung des BGH aus Art. 14 GG eine Absage erteilt hatte.[30] Zu beobachten bleibt darüber hinaus der Einfluss der EU-Gesetzgebung. Es wird im Rahmen der Überarbeitung der Aktionärsrechte-Richtlinie (2007/36/EG) eine Ausweitung der HV-Zuständigkeit auf Related Party Transactions (Geschäfte mit nahestehenden Unternehmen und Personen) ab 5 % des Unternehmensvermögens sowie bzgl. der Vergütung von Funktionsträgern (Say on Pay) überlegt. In der Literatur wird dies stark kritisiert und insbesondere die mangelnde Nähe zu Strukturänderungen ins Feld geführt.[31]

4. Satzungsdurchbrechung

19 Eine „Satzungsdurchbrechung" liegt vor, wenn die Hauptversammlung einen Beschluss fasst, der zwar einer wirksamen Satzungsbestimmung widerspricht, aber dennoch als satzungskonform gewollt ist.[32] Klärungsbedürftig ist, ob auch für Satzungsdurchbrechungen die Regelungen der §§ 179–181 AktG Anwendung finden, oder ob Satzungsdurchbrechungen erleichterten Anforderungen unterliegen. Hierzu sind die Satzungsdurchbrechungen nach ihrer Wirkungsrichtung zu unterscheiden:

20 a) **Punktuelle Satzungsdurchbrechung.** Erschöpft sich die bezweckte Wirkung des Hauptversammlungsbeschlusses darin, **im Einzelfall** eine Entscheidung als rechtmäßig gelten zu

---

[22] Vgl. etwa Hüffer/Koch/*Koch* AktG § 119 Rn. 16 ff. mN zum Meinungsstand vor den Gelatine-Entscheidungen des BGH.
[23] BGH 26.4.2004 – II ZR 155/02, BGHZ 159, 30 = NJW 2004, 1860 – Gelatine I.
[24] Da der BGH sich in der Gelatine-Entscheidung nicht mehr auf § 119 Abs. 2 AktG stützt, wird nunmehr einheitlich angenommen, dass es für jede Grundlagen- und Strukturänderung einer qualifizierten Kapitalmehrheit bedarf; so nun auch MHdBGesR IV/*Bungert* § 35 Rn. 55 f.
[25] BGH 20.11.2006 – II ZR 226/05, NZG 2007, 234.
[26] BGH aaO; *Hofmeister* NZG 2008, 47 (50 ff.); *Feldhaus* BB 2009, 562 jeweils mwN.
[27] Offengelassen in BGH 7.2.2012 – II ZR 253/10, NZG 2012, 347; dagegen OLG Frankfurt Urt. v. 7.12.2010 – 5 U 29/10, ZIP 2011, 75, dafür *Lutter* ZIP 2012, 351; Hüffer/Koch/*Koch* AktG § 119 Rn. 21.
[28] BGH 25.11.2002 – II ZR 133/01, BGHZ 153, 47.
[29] BGH 8.10.2013 – II ZB 26/12, NJW 2014, 146.
[30] BVerfG 11.7.2012 – 1 BvR 3142/07, 1569/08, BVerfGE 132, 99.
[31] Vgl. zur Diskussion *Renner* AG 2015, 513 ff.
[32] Siehe dazu: BGH 7.6.1992 – II ZR 81/92, BGHZ 123, 15 = NJW 1993, 2246 (zur GmbH); *Habersack* ZGR 1994, 355.

lassen, obwohl sie der Satzung widerspricht, und soll die Satzung im Übrigen unverändert fortbestehen, so spricht man von einer punktuellen Satzungsdurchbrechung.[33]

Beispiel:
Durchführung der Hauptversammlung an einem nach der Satzung nicht zugelassenen Ort.

Die Wirksamkeit einer derartigen Satzungsdurchbrechung setzt unstreitig einen Beschluss mit satzungsändernder Mehrheit sowie seine notarielle Beurkundung gemäß § 130 Abs. 1 S. 1 AktG voraus. Überwiegend wird darüber hinaus die Eintragung des Beschlusses in das Handelsregister gemäß § 181 Abs. 3 AktG gefordert,[34] und der Beschluss bei fehlender Eintragung als unwirksam angesehen.[35] Insofern ergeben sich bezüglich einer punktuellen Satzungsdurchbrechung keine inhaltlichen Abweichungen gegenüber einer ordentlichen Satzungsänderung.

b) Zustandsbegründende Satzungsdurchbrechung. Eine zustandsbegründende Satzungsdurchbrechung liegt im Gegensatz zu einer punktuellen Satzungsdurchbrechung dann vor, wenn sich die Wirkung des Hauptversammlungsbeschlusses nicht nur auf eine einmalige legalisierte Durchbrechung der Satzung beschränkt, sondern **Dauerwirkung** entfalten soll.[36] Eine derartige zustandsbegründende Satzungsdurchbrechung ist nach allgemeiner Auffassung nur dann rechtsfehlerfrei, wenn sie als Satzungsänderung beschlossen wird.

5. Faktische Satzungsänderung

Durch den Begriff der faktischen Satzungsänderung werden Sachverhalte erfasst, in denen die **Verwaltungsorgane** einer Aktiengesellschaft **Maßnahmen durchführen, die von der Satzung nicht gedeckt sind**.[37] Entgegen der irreführenden Bezeichnung handelt es sich bei der faktischen Satzungsänderung somit nicht um eine Änderung der Satzung, sondern um einen **länger währenden Satzungsverstoß**.[38] Eine Art Gewohnheitssatzungsrecht durch eine lang andauernde praktische Abweichung von der Satzung widerspricht der Formstrenge des Aktienrechts und ist daher abzulehnen.

Aufgrund der Bindung der Verwaltungsorgane an die Satzung der Gesellschaft sind derartige Satzungsverletzungen zugleich Pflichtverletzungen der handelnden Organe, welche sowohl einen wichtigen Grund zur Abberufung bilden als auch zu Schadensersatzansprüchen führen können. Wird jedoch beispielsweise der Unternehmensgegenstand der Gesellschaft mittels Aufnahme neuer Geschäftsbereiche faktisch erweitert, und entwickeln sich diese Geschäftsbereiche gewinnbringend, so kann unter Umständen sogar eine Pflicht der Aktionäre bestehen, einer Erweiterung des Unternehmensgegenstandes in der Satzung zuzustimmen.[39]

II. Inhalt und Schranken satzungsändernder Beschlüsse

1. Befristung und Bedingung

a) Befristung. Sollen die Rechtswirkungen der Satzungsänderung erst ab oder bis zu einem gewissen Zeitpunkt oder aber nur innerhalb eines bestimmten Zeitraums eintreten, so kann die Hauptversammlung die Rechtswirkungen der geänderten Satzungsbestimmung befristen (sog echte Befristung). Eine solche befristete Satzungsänderung, deren Eintragung in das Handelsregister schon vor dem beabsichtigten Geltungszeitraum zulässig ist, kommt **insbesondere in zwei Fällen** in Betracht:

---

[33] Hüffer/Koch/*Koch* AktG § 179 Rn. 7; Spindler/Stilz/*Holzborn* AktG § 179 Rn. 49.
[34] So Hüffer/Koch/*Koch* AktG § 179 Rn. 8; KölnKomm AktG/*Zöllner* § 179 Rn. 98; Spindler/Stilz/*Holzborn* AktG § 179 Rn. 51; MHdBGesR IV/*Austmann* § 40 Rn. 76.
[35] Vgl. Hüffer/Koch/*Koch* AktG § 179 Rn. 8 mwN; für bloße Anfechtbarkeit Spindler/Stilz/*Würthwein* AktG § 243 Rn. 70; MHdBGesR IV/*Austmann* § 40 Rn. 76; Schmidt/Lutter/*Seibt* § 179 Rn. 20, jedoch nur für „nichtkapitalmarktnahe AG"; offen lassend BGH 7.6.1992 – II ZR 81/92, BGHZ 123, 15 (19) (für GmbH).
[36] Hüffer/Koch/*Koch* AktG § 179 Rn. 7.
[37] KölnKomm AktG/*Zöllner* § 179 Rn. 109.
[38] KölnKomm AktG/*Zöllner* § 179 Rn. 109; MHdBGesR IV/Austmann § 40 Rn. 77.
[39] Vgl. hierzu MüKoAktG/*Stein* § 179 Rn. 105; KölnKomm AktG/*Zöllner* § 179 Rn. 110.

26 Zum einen kann die Ungewissheit über den Zeitpunkt des Eintritts der Rechtswirkungen der Satzungsänderung, die aus der nicht exakt terminierbaren Eintragung im Handelsregister resultiert, vermieden werden. Zum anderen kann sich ein ansonsten notwendiger, die Rechtswirkungen aufhebender Beschluss der Hauptversammlung erübrigen. Wird von der Möglichkeit einer echten Befristung Gebrauch gemacht, so muss die gesetzte Frist aus der entsprechenden Satzungsklausel auch für Dritte eindeutig und objektiv erkennbar sein. Nicht erforderlich ist dagegen die kalendermäßige Bestimmtheit der Frist; eine Bestimmbarkeit in dem Sinne, dass der Fristeintritt ohne Schwierigkeiten anhand eindeutiger Kriterien ermittelt werden kann, reicht aus.[40]

27 Im Gegensatz zu dieser sog echten Befristung, die am materiellen Regelungsgehalt ansetzt, kann die Hauptversammlung auch beschließen, den Vorstand eine Satzungsänderung erst nach Ablauf einer bestimmten Frist zur Eintragung in das Handelsregister anmelden zu lassen (sog unechte Befristung). Dabei darf weder dem Vorstand ein Ermessen im Hinblick auf das „ob" der Anmeldung zur Eintragung der Satzungsänderung eingeräumt werden, noch darf die Frist über den Ablauf der nächsten ordentlichen Hauptversammlung hinausgehen.[41]

Beispiel: Befristete Satzungsänderungen
Die Neufassung von § ...... der Satzung ist erstmals anwendbar am ......

28 **b) Bedingung.** Ebenso wie bei der Befristung wird auch bei Bedingungen zwischen **echten und unechten Bedingungen** unterschieden. Eine **unechte Bedingung** liegt vor, wenn die Hauptversammlung den Vorstand anweist, einen satzungsändernden Beschluss nur bei Eintritt eines bestimmten Umstandes zur Eintragung in das Handelsregister anzumelden. Die unechte Bedingung ist nach allgemeiner Auffassung zulässig.[42] Die Anmeldung zur Eintragung in das Handelsregister kommt jedoch erst mit Bedingungseintritt in Betracht. Ein praxisrelevanter Fall der unechten Bedingung ist der Erwerb von Vorratsgesellschaften. Hierbei sollen häufig umfangreiche Satzungsänderungen beschlossen werden und eine Verlegung des Sitzes der Gesellschaft erfolgen. Zur Beschleunigung des Vorgangs wird in der Praxis häufig hierüber zwar in einer Hauptversammlung beschlossen, dem Registergericht am bisherigen Sitz aber das Hauptversammlungsprotokoll nur im Auszug, nämlich betreffend die Satzungsänderungen unter Ausschluss des Beschlusses über die Sitzverlegung, zur Anmeldung zum Handelsregister eingereicht. In einem weiteren Schritt wird dann die Sitzverlegung angemeldet. Ein weiterer Fall der unechten Bedingung ist der Asset-Deal, bei dem der Erwerber auch die Firma des Veräußerers übernimmt. Hier erfolgt eine „Zug-um-Zug-Anmeldung", dh gestaffelt wird zunächst die Firma beim Veräußerer geändert und erst nach der Eintragung der Firmenänderung bei der veräußernden Gesellschaft wird die Firmenänderung beim Erwerber zum Handelsregister angemeldet.

29 Bei der **echten Bedingung** ist zu unterscheiden: Nach überwiegender Auffassung zulässig ist ein **bedingter Hauptversammlungsbeschluss,** dh ein Beschluss der Hauptversammlung, dessen Wirksamkeit nach dem Willen der Hauptversammlung von dem Eintritt einer Bedingung abhängen soll. Bis zum Eintritt der Bedingung ist der Beschluss schwebend unwirksam und kann nicht eingetragen werden.[43] Unzulässig ist hingegen eine bedingte Satzungsbestimmung. Sie knüpft wie die echte Befristung am materiellen Regelungsgehalt einer Satzungsbestimmung an und macht den Eintritt der Rechtswirkungen von einer Bedingung abhängig. Aufgrund einer derartigen Regelung bemisst sich der Geltungsbereich von Satzungsbestimmungen danach, ob bestimmte Ereignisse eintreten oder nicht. Eine solche Ungewissheit der Rechtslage ist aber mit der gebotenen Rechtssicherheit unvereinbar.[44] Die Grundordnung einer Organisation wie der Aktiengesellschaft, die auf eine unbestimmte Anzahl von Mitgliedern ausgelegt ist, muss in ihrer Geltung aus sich heraus eindeutig feststellbar sein, nur allgemein bekannte oder erkennbare Umstände können bei der Auslegung ei-

---

[40] Hüffer/Koch/*Koch* AktG § 179 Rn. 25.
[41] KölnKomm AktG/*Zöllner* § 179 Rn. 195 ff.; Hüffer/Koch/*Koch* AktG § 179 Rn. 25 aE.
[42] Schmidt/Lutter/*Seibt* § 179 Rn. 38 mwN.
[43] Vgl. MüKoAktG/*Stein* § 179 Rn. 50; Schmidt/Lutter/*Seibt* § 179 Rn. 35; Hüffer/Koch/*Koch* AktG § 179 Rn. 26; aA GroßKommAktG/*Wiedemann* § 179 Rn. 161.
[44] Hüffer/Koch/*Koch* AktG § 179 Rn. 26.

ner Satzung berücksichtigt werden.⁴⁵ Nach Bedingungseintritt ist jedoch nach herrschender Meinung eine Eintragung möglich, da die bisher schwebend unwirksame Satzungsklausel nunmehr unbedingt geworden ist.⁴⁶

Beispiel: Unechte Bedingung für Satzungsänderung
Der Vorstand soll dafür Sorge tragen, dass diese Kapitalerhöhung erst nach Eintragung der unter Tagesordnungspunkt [......] beschlossenen Maßnahme in das Handelsregister eingetragen wird.

2. Rückwirkung

Eine Rückwirkung satzungsändernder Beschlüsse ist nicht, auch nicht auf Grund von § 181 Abs. 3 AktG, gemeinhin unzulässig. Außerhalb des Regelungsbereichs von Sonderbestimmungen⁴⁷ bestimmt sich die Zulässigkeit rückwirkender Satzungsänderungen nach allgemeinen Grundsätzen des Vertrauensschutzes. Demzufolge ist eine rückwirkende Satzungsänderung insoweit unzulässig, als Dritte, die Allgemeinheit oder Aktionäre auf den bestehenden Rechtszustand vertrauen durften bzw. vertraut haben.

Beispiele: Unzulässige Rückwirkung⁴⁸
- Kapitalerhöhung und -herabsetzung (mit Ausnahme der §§ 234, 235 AktG) als Sondervorschriften
- Änderung des Geschäftsjahres nach Geschäftsjahresende
- Änderung des Gesellschaftszwecks
- Änderung des Unternehmensgegenstandes
- Änderung des Gesellschaftssitzes
- Änderung der zustimmungsbedürftigen Geschäfte nach § 111 Abs. 4 S. 2 AktG
- Umwandlung von Inhaber- in Namensaktien
- Vinkulierung von Namensaktien
- Änderung der Vertretungsbefugnis für Vorstandsmitglieder (Einzel- in Gesamtvertretung und auch umgekehrt)
- Abschluss von Beherrschungsverträgen
- Herabsetzung der Vergütung der Aufsichtsratsmitglieder (Ausnahme: entgegen aufsichtsrechtlichen Vorschriften gewährt)

3. Gründung und Abwicklung

Auf eine sich noch im **Gründungsstadium** befindende Gesellschaft (sog „Vor-AG") finden alle Regeln über die bereits entstandene Gesellschaft Anwendung, soweit dies nicht ihre Eintragung im Handelsregister voraussetzt.⁴⁹ Die Vorschriften über Satzungsänderungen können auf die Gesellschaft im Gründungsstadium keine Anwendung finden. Im Gegensatz zur Rechtslage nach Eintragung ist vorher jeder Gründer gemäß §§ 32, 36, 46 AktG dafür verantwortlich, dass die Gesellschaft mit der vereinbarten Satzung als gemeinsame Grundordnung eingetragen wird. Folglich sind die §§ 179–181 AktG nicht anwendbar, so dass eine Änderung der Satzung in der Vor-AG nur einstimmig vorgenommen werden kann.

Während der **Abwicklung** der Gesellschaft bleibt § 179 AktG über die Verweisung des § 264 Abs. 3 AktG grundsätzlich anwendbar. Ebenso wie in der Insolvenz können sich aber sachliche Beschränkungen aus dem Sinn und Zweck der Abwicklung ergeben. Eine Satzungsänderung darf daher nicht dem Zweck und Wesen der Abwicklung (bzw. des Insolvenzverfahrens) widersprechen.⁵⁰

---

⁴⁵ BGH 11.10.1993 – II ZR 155/92, BGHZ 123, 347 (350).
⁴⁶ Schmidt/Lutter/*Seibt* § 179 Rn. 36 mwN; aA GroßKommAktG/*Wiedemann* § 179 Rn. 161.
⁴⁷ §§ 234, 235 AktG erlauben ausdrücklich eine Rückwirkung von Kapitalmaßnahmen, während die übrigen Vorschriften über Kapitalerhöhungen und -herabsetzungen diese verbieten, §§ 189, 200, 203, 211, 224, 238 AktG.
⁴⁸ Vgl. hierzu *Hüffer*/Koch/*Koch* AktG § 179 Rn. 28 mwN; Spindler/Stilz/*Holzborn* AktG § 179 Rn. 167.
⁴⁹ Vgl. Spindler/Stilz/*Heidinger* AktG § 41 Rn. 46 mwN, BGH 12.7.1956 – II ZR 218/54, BGHZ 21, 242 (246) (für die GmbH).
⁵⁰ Zu Einzelheiten vgl. MüKoAktG/*Koch* § 264 Rn. 27; GroßKommAktG/*Wiedemann* § 179 Rn. 167.

4. Sachliche Schranken

33 Satzungsänderungen sind nur insoweit zulässig, als sie nicht gegen gesetzliche Vorschriften verstoßen. Werden in einem Beschluss mehrere in innerem Zusammenhang stehende Satzungsänderungen zusammengefasst, führt die Nichtigkeit einer dieser Satzungsänderungen zur Gesamtnichtigkeit.[51] Sachliche Schranken ergeben sich insbesondere aus der **Satzungsstrenge des § 23 Abs. 5 AktG,** der von den Vorschriften des Aktiengesetzes abweichende oder diese ergänzende Regelungen nur in engen Grenzen zulässt. Weitere sachliche Schranken ergeben sich aus den aktienrechtlichen Grenzen der Mehrheitsherrschaft. Zwar folgt aus der körperschaftlichen Organisation der Aktiengesellschaft, dass sich einzelne Aktionäre grundsätzlich Mehrheitsentscheidungen beugen müssen. Diese Mehrheitsmacht kollidiert indessen mit dem Prinzip des Minderheitenschutzes und stößt daher an verschiedene Grenzen:

34 Einerseits gibt es **bestimmte Rechtspositionen,** die **unentziehbar** sind. Hierzu zählen beispielsweise das Recht auf Teilnahme an der Hauptversammlung, das Auskunfts- und Anfechtungsrecht sowie das Stimmrecht (ausgenommen sind selbstverständlich Vorzugsaktien ohne Stimmrecht). **Andere Rechtspositionen** können nur bei **Zustimmung aller betroffenen Aktionäre** entzogen werden, wie etwa das Recht auf Gleichbehandlung gemäß § 53a AktG oder durch die Satzung eingeräumte Sonderrechte.[52] Des Weiteren sind solche **Rechtspositionen, die nicht korporativ begründet worden sind** – beispielsweise Drittgläubigeransprüche, dem Zugriff der Mehrheit entzogen.

35 Schließlich können satzungsändernde Hauptversammlungsbeschlüsse einer **materiellen Beschlusskontrolle** unterworfen sein. Mit der Fähigkeit der Mehrheitsgesellschafter, auf die Interessen der Minderheit einzuwirken, korreliert eine aus der mitgliedschaftlichen Treuepflicht[53] resultierende Pflicht zur Rücksichtnahme auf die Minderheitsgesellschafter. Nach insbesondere im Zusammenhang mit der Rechtsprechung zum Bezugsrechtsausschluss entwickelter und lange Zeit vorherrschender Dogmatik ist ein in die Mitgliedschaft der Minderheitsaktionäre eingreifender Hauptversammlungsbeschluss nur rechtmäßig, wenn er durch das Gesellschaftsinteresse sachlich gerechtfertigt und nach Abwägung des Gesellschaftsinteresses und der Interessen der betroffenen Minderheitsaktionäre verhältnismäßig ist.[54] In jüngerer Zeit im Vordringen ist allerdings das Prinzip des Minderheitenschutzes durch Abfindung, vgl. etwa die Regelungen zum Squeeze-Out (§§ 327a ff. AktG) oder zum Delisting (§ 39 BörsG).[55]

5. Auslegung als Inhalt

36 Eine Satzungsänderung in Form eines satzungsauslegenden Beschlusses ist grundsätzlich unzulässig, ein entsprechender Beschluss der Hauptversammlung ist anfechtbar.[56]

III. Zuständigkeit

37 Gemäß **§ 179 Abs. 1 S. 1 AktG** bedarf jede Satzungsänderung eines Beschlusses der Hauptversammlung. Damit wird die Hauptversammlung als grundsätzlich für Satzungsänderungen zuständiges Organ bestimmt. Allerdings lässt das Gesetz einige wenige **Ausnahmen** zu, in denen die Hauptversammlung ihre Zuständigkeit delegieren kann.

---

[51] BGH 19.5.2015 – II ZR 176/14, BGHZ 205, 319.
[52] Vgl. hierzu MHdBGesR IV/*Austmann* § 42 Rn. 67.
[53] Grundlegend hierzu BGH 5.6.1975 – II ZR 23/74, BGHZ 65, 15 – ITT (für die GmbH) und BGH 20.3.1995 – II ZR 205/94, BGHZ 129, 136 – Girmes (für die AG).
[54] Vgl. Hüffer/Koch/*Koch* AktG § 243 Rn. 24.
[55] Vgl. zum Abfindungsangebot beim Delisting *Bayer* NZG 2015, 1169 (1174 ff.).
[56] Vgl. BGH 25.11.2002 – II ZR 69/01, NZG 2003, 127.

> **Übersicht: Wichtigste Ausnahmen der Zuständigkeit der Hauptversammlung für Satzungsänderungen**
>
> - Übertragung von Fassungsänderungen auf den Aufsichtsrat, § 179 Abs. 1 S. 2 AktG
> - Entscheidung des Vorstands über Kapitalherabsetzung durch Einziehung von Aktien, § 237 Abs. 6 AktG
> - Entscheidung des Vorstands über Kapitalerhöhung durch Ausnutzung eines genehmigten Kapitals, § 202 Abs. 1 AktG

38

Greifen gesetzlich definierte Ausnahmen nicht ein, so ist die Zuständigkeit der Hauptversammlung zwingend und kann nicht delegiert werden. Aus diesem Grunde kann die Hauptversammlung die Satzungsänderung auch nicht von der Zustimmung von Personen abhängig machen, die keine Aktionäre der Gesellschaft sind.[57]

39

IV. Verfahren der Hauptversammlung

1. Vorbereitung der Hauptversammlung

Die Durchführung einer Hauptversammlung bedarf einer sorgfältigen und rechtzeitigen Vorbereitung. Insbesondere ist in die bei der Einberufung der Hauptversammlung bekannt zu machende Tagesordnung bereits ein **Vorschlag zum Wortlaut** der zu beschließenden Satzungsänderung aufzunehmen, **§ 124 Abs. 2 S. 3 AktG,** von dem nur in engen Grenzen bei der Beschlussfassung abgewichen werden kann.[58]

40

2. Beschlussmehrheiten

a) **Kapitalmehrheit und Stimmenmehrheit.** Gemäß § 179 Abs. 2 S. 1 AktG bedarf ein satzungsändernder Beschluss einer **Hauptversammlungsmehrheit von drei Viertel** des vertretenen Grundkapitals.[59] Darüber hinaus ist allerdings auch die Grundregel des § 133 Abs. 1 AktG für Hauptversammlungsbeschlüsse zu beachten,[60] so dass ein satzungsändernder Beschluss nicht nur eine qualifizierte Kapitalmehrheit, sondern auch eine einfache Stimmenmehrheit erfordert. Die Unterscheidung zwischen Kapital- und Stimmenmehrheit wird relevant, wenn bei Stückaktien die Anzahl der Stimmrechte nicht mit der Anzahl der Stückaktien übereinstimmt bzw. bei Nennbetragsaktien das Stimmgewicht nicht mit dem entsprechenden Nennbetrag korreliert.

41

> **Übersicht: Auseinanderfallen von Kapital- und Stimmengewichtung**
>
> - Stimmrechtsbegrenzung, § 134 Abs. 1 AktG
> - Teileingezahlte Aktien, § 134 Abs. 2 AktG
> - Mehrstimmrechte, § 12 Abs. 2 AktG, § 5 EGAktG[61]

42

Geht das Gesetz mithin bei satzungsändernden Beschlüssen von einer qualifizierten Kapitalmehrheit und einer einfachen Stimmenmehrheit als Regelfall aus, so weicht es doch für bestimmte Satzungsbestimmungen von dieser Regel ab und stellt andere Erfordernisse auf:

43

---

[57] Ein derartiges sonstiges Erfordernis iSd § 179 Abs. 2 S. 3 AktG ist nichtig, → Rn. 49.
[58] Die zu berücksichtigenden Gesichtspunkte werden in → § 26 dargestellt.
[59] Zu beachten ist, dass dieser Beschluss auch bei nichtbörsennotierten AGs einer notariellen Beurkundung bedarf.
[60] In dogmatischer Hinsicht ist § 179 Abs. 2 AktG somit ein weiteres Erfordernis iSd § 133 Abs. 1 Hs. 2 AktG; vgl. Hüffer/Koch/*Koch* AktG § 179 Rn. 14 mwN.
[61] Mehrstimmrechte sind zwar durch das KonTraG in § 12 Abs. 2 AktG für unzulässig erklärt worden, jedoch ermöglichte die Übergangsregelung des § 5 Abs. 1 S. 1 EGAktG bis zum Stichtag 1.6.2003 die Fortgeltung bereits bestehender Mehrheitsstimmrechte durch die Hauptversammlung zu beschließen.

44 Übersicht: Gesetzliche Ausnahmen vom Erfordernis einfacher Stimmenmehrheit sowie qualifizierter Kapitalmehrheit

I. Einfache Stimmenmehrheit genügt
- Satzungsbestimmung über Zusammensetzung des Aufsichtsrates, § 97 Abs. 2 S. 4, § 98 Abs. 4 S. 2 AktG
- Herabsetzung der Vergütung der Aufsichtsratsmitglieder, § 113 Abs. 1 S. 4 AktG
- Kapitalherabsetzung durch Einziehung von Aktien, § 237 Abs. 4 S. 2 AktG
- Erstmalige Anwendung des Mitbestimmungsgesetzes auf ein Unternehmen, § 37 Abs. 1 S. 2 MitbestG.

II. Zustimmung aller Aktionäre
- Änderung des Gesellschaftszwecks, § 33 Abs. 1 S. 2 BGB[62]

45 b) **Regelungen in der Satzung.** Gemäß § 179 Abs. 2 S. 2 AktG kann die Satzung eine andere Kapitalmehrheit vorschreiben, also sowohl **Erschwerungen** wie auch **Erleichterungen** einführen. Unzulässig ist dagegen ein Verzicht auf das Erfordernis einer Kapitalmehrheit. Darüber hinaus bestehen gesetzliche Regelungen, die den Grundsatz des § 179 Abs. 2 S. 2 AktG einschränken. Dazu gehören zum einen die oben erwähnten zwingenden Vorschriften, die eine einfache Stimmenmehrheit genügen lassen und daher die Einführung des Erfordernisses einer Kapitalmehrheit verbieten. Zum anderen schließen etliche Vorschriften die Erleichterung der gesetzlich vorgesehenen Kapitalmehrheit aus, so dass die Satzung nur eine Erschwerung des Mehrheitserfordernisses vorsehen kann, zB §§ 179 Abs. 2 S. 2, 182 Abs. 1 S. 1, 186 Abs. 3 S. 3, 202 Abs. 2 S. 3, 222 Abs. 1 S. 2 AktG, § 65 Abs. 1 S. 2 UmwG.

46 Soll in der Satzung vom gesetzlichen Erfordernis einer qualifizierten Kapitalmehrheit abgewichen werden, so muss dies auf Grund des im Aktienrecht geltenden **Deutlichkeitserfordernisses** eindeutig zum Ausdruck kommen.[63] Dem ist nicht genügt, wenn die Satzung lediglich festsetzt, dass für Beschlüsse der Hauptversammlung eine einfache Stimmenmehrheit ausreicht, soweit nicht zwingende gesetzliche Vorschriften entgegenstehen. Vielmehr muss die mehrheitsregelnde Satzungsbestimmung deutlich zum Ausdruck bringen, dass von ihr auch Satzungsänderungen erfasst sein sollen.[64] Allerdings reicht hierfür aus, wenn die Satzung bestimmt, dass in dem Fall, in dem das Gesetz eine Kapitalmehrheit neben der Stimmenmehrheit vorschreibt, die einfache Kapitalmehrheit – sofern gesetzlich zulässig – ausreicht.[65]

Formulierungsvorschlag: Erleichterung der Kapitalmehrheit

47 § ...... Beschlussmehrheiten
(1) Die Hauptversammlung beschließt, soweit nicht zwingende gesetzliche Vorschriften entgegenstehen, mit der Mehrheit der abgegebenen Stimmen.
(2) Soweit das Gesetz außer der Stimmenmehrheit eine Kapitalmehrheit vorschreibt, genügt die einfache Mehrheit des vertretenen Kapitals, soweit nicht zwingende gesetzliche Bestimmungen etwas anderes vorschreiben.

---

[62] Die Frage, ob Änderungen des Gesellschaftszwecks der Zustimmung aller Aktionäre bedürfen, ist umstritten. Während dies zum Teil unter Berufung auf § 33 Abs. 1 S. 2 BGB bejaht wird, folgert die Gegenmeinung aus §§ 262, 274, 293 AktG, dass das AktG für wesentliche Strukturänderungen eine Mehrheitsentscheidung ausreichen lässt und dies daher auch für Änderungen des Gesellschaftszwecks gelten müsse. Die vereinsrechtliche Grundnorm des § 33 BGB werde somit von aktienrechtlichen Besonderheiten überlagert. Einigkeit besteht jedoch insoweit, als § 33 BGB auf Grund von § 40 BGB dispositiv ist und daher durch eine entsprechende Satzungsregelung bis zur analog anwendbaren Grenze des § 179 Abs. 2 S. 2 AktG über den Unternehmensgegenstand abgeändert werden kann. Vgl. hierzu GroßKommAktG/*Wiedemann* § 179 Rn. 55 f.; Spindler/Stilz/*Holzborn* AktG § 179 Rn. 60 f.
[63] BGH 29.6.1989 – II ZR 242/86, NJW 1988, 260 (261); GroßKommAktG/*Wiedemann* § 179 Rn. 118.
[64] BGH 28.11.1974 – II ZR 176/72, NJW 1975, 212; 29.6.1987 – II ZR 242/86, NJW 1988, 260.
[65] BGH 13.3.1980 – II ZR 54/78, BGHZ 76, 191.

3. Sonderbeschlüsse

Soll durch eine Satzungsänderung das Verhältnis mehrerer bereits bestehender Aktiengattungen[66] zueinander zu Lasten[67] einer Gattung abgeändert werden, so bedarf es gemäß § 179 Abs. 3 AktG eines Sonderbeschlusses der benachteiligten Aktionäre. Entgegen dem ersten Anschein stellt diese Vorschrift keine Erschwerung, sondern eine Erleichterung eines derartigen Beschlusses dar, da der Eingriff in ein Sonderrecht an sich der Zustimmung aller betroffenen Aktionäre bedarf.[68] Gemäß § 179 Abs. 3 S. 3 AktG ist auf diesen Sonderbeschluss das Mehrheitserfordernis für Satzungsänderungen anwendbar, so dass es nicht mehr eines einstimmigen, sondern regelmäßig nur noch eines qualifiziert mehrheitlichen Beschlusses bedarf. 48

Ist ein Sonderbeschluss nach § 179 Abs. 3 AktG erforderlich, so ist das vorgeschriebene Verfahren in § 138 AktG geregelt. Bis zur Fassung des Sonderbeschlusses ist der entsprechende Hauptversammlungsbeschluss schwebend unwirksam. 49

Die §§ 182 Abs. 2 und 222 Abs. 2 AktG über die Notwendigkeit von Sonderbeschlüssen jeder Gattung stimmberechtigter Aktien bei Kapitalherabsetzungen und Kapitalerhöhungen gehen § 179 Abs. 3 AktG als Spezialregelungen vor. Gleiches gilt für die Bestimmungen in den § 141 Abs. 1 und Abs. 2 AktG betreffend eine Aufhebung oder Beschränkung des Vorzugs bei Vorzugsaktien oder die Ausgabe von Vorzugsaktien, die anderen Vorzugsaktien ohne Stimmrecht vorgehen. Im Übrigen ist in anderen Fällen, in denen das bisherige Verhältnis mehrerer Aktiengattungen zum Nachteil der Vorzugsaktionäre geändert wird, § 179 Abs. 3 anwendbar.[69] 50

4. Sonstige Erfordernisse

Neben der Kapital- und Stimmenmehrheit können weitere Anforderungen an eine Satzungsänderung bestehen. Diese ergeben sich einerseits aus gesetzlichen Spezialregelungen. 51

Übersicht: Weitere gesetzliche Voraussetzungen 52

Zustimmung sämtlicher betroffenen Aktionäre bei
- Auferlegung von Nebenverpflichtungen, §§ 55, 180 Abs. 1 AktG
- Vinkulierung von Namensaktien oder Zwischenscheinen, §§ 68, 180 Abs. 2 AktG
- Eingriffe in Sonderrechte[70]
- Verstöße gegen das Gleichbehandlungsgebot nach § 53a AktG

Andererseits eröffnet § 179 Abs. 2 S. 3 AktG die Möglichkeit, in der Satzung weitere Erfordernisse festzusetzen. Dies kann allgemein oder nur für bestimmte Beschlussgegenstände geschehen, nicht aber, wenn eine Erschwerung der Beschlussmehrheit verwehrt ist. Zulässige sonstige Erfordernisse sind beispielsweise **Veto- oder Zustimmungsrechte** bestimmter Aktionäre oder die Anwesenheit eines bestimmten Bruchteils des Grundkapitals (**Quorum**). Nicht zulässig ist es dagegen, die Satzungsänderung von der Zustimmung des Aufsichtsrates, des Vorstandes oder außenstehender Dritter abhängig zu machen.[71] Dies würde gegen die grundsätzlich zwingende und ausschließliche Zuständigkeit der Hauptversammlung in Bezug auf Satzungsänderungen verstoßen.[72] 53

---

[66] → § 10.
[67] Saldierungen von Vor- und Nachteilen sind dabei unzulässig, vgl. Semler/Volhard/Reichert/*Schröer* § 19 Rn. 11.
[68] → Rn. 35.
[69] Spindler/Stilz/*Holzborn* AktG § 179 Rn. 179. GroßKommAktG/*Wiedemann* § 179 Rn. 140.
[70] Vgl. hierzu GroßKommAktG/*Wiedemann* § 179 Rn. 128.
[71] Vgl. Hüffer/Koch/*Koch* AktG § 179 Rn. 23; Spindler/Stilz/*Holzborn* AktG § 179 Rn. 152 f.
[72] → Rn. 38 ff.

5. Aufhebungs- und Änderungsbeschlüsse

54 Da eine Satzungsänderung gemäß § 181 Abs. 3 AktG mit Eintragung in das Handelsregister wirksam wird, ist jede Aufhebung oder Änderung des satzungsändernden Beschlusses nach seiner Eintragung im Handelsregister eine eigene Satzungsänderung und richtet sich in ihren Voraussetzungen nach §§ 179–181 AktG. Vor der Eintragung der Satzungsänderung ist jedoch zu differenzieren: Soll der satzungsändernde Beschluss lediglich aufgehoben werden, so stellt dies keine Änderung der gültigen Satzung dar und ist mit einfacher Stimmenmehrheit nach § 133 Abs. 1 AktG möglich. Soll der Beschluss dagegen abgeändert werden, so führt dies zu einer Änderung der gültigen Satzung und erfordert die Einhaltung der §§ 179–181 AktG.

V. Eintragungsverfahren

55 Das Erfordernis der Eintragung der Satzungsänderung in das Handelsregister und der nachfolgenden Bekanntmachung ist eine Konsequenz des bereits bei Gründung der Aktiengesellschaft geltenden Systems der gesetzlichen Normativbedingungen und ergänzt daher die §§ 36 ff. AktG.

1. Anmeldung

56 Gemäß § 181 Abs. 1 AktG hat der Vorstand in vertretungsberechtigter Zahl die Satzungsänderung zur Eintragung in das Handelsregister anzumelden. Die Pflicht des Vorstandes zur Anmeldung ist keine öffentlich-rechtliche Pflicht, sondern eine organschaftliche und obliegt dem Vorstand daher im Verhältnis zur Gesellschaft. Die Anmeldung kann auch im Falle, dass **Gesamtvertretung** für Vorstandsmitglieder gilt, durch ein Vorstandsmitglied und einen Prokuristen in so genannter **unechter Gesamtvertretung** erfolgen.[73] Der Vorstand kann auch einen Dritten zur Handelsregisteranmeldung bevollmächtigen, die **Vollmacht** muss in öffentlich beglaubigter Form erteilt werden, § 12 Abs. 1 S. 2 HGB. Eine Bevollmächtigung ist nicht zulässig, wenn an die Erklärungen in der Handelsregisteranmeldung strafrechtliche oder zivilrechtliche Sanktionsfolgen anknüpfen.[74] Bei Kapitalmaßnahmen muss die Anmeldung zusätzlich durch den Aufsichtsratsvorsitzenden, bzw. bei dessen Verhinderung durch dessen Vertreter, unterschrieben werden, vgl. §§ 184 Abs. 1 S. 1, 188 Abs. 1, 195 Abs. 1, 223 AktG. Grundsätzlich ist die Satzungsänderung unverzüglich anzumelden, jedoch kann die Hauptversammlung den Vorstand auch anweisen, die Anmeldung erst später vorzunehmen. Möglich ist es auch, die Anmeldung unter eine unechte Bedingung zu stellen.

57 **a) Inhalt.** Die Anmeldung der beschlossenen Satzungsänderung hat gemäß § 12 Abs. 1 HGB in **öffentlich beglaubigter Form** zu erfolgen und richtet sich daher nach § 129 BGB. Der Inhalt der Anmeldung ist davon abhängig, welche Satzungsbestimmungen geändert worden sind. Bezieht sich die Änderung auf einen der Gegenstände des **§ 39 AktG**, muss in der Anmeldung der Inhalt der Änderung angegeben werden. Die genaue Angabe des Wortlauts der neuen Satzungsbestimmung ist jedoch nicht erforderlich, vielmehr genügt es die Änderung schlagwortartig zu umreißen.

58

Übersicht: Inhalt der Änderungsanmeldung
• Firma und Sitz der Gesellschaft • Inländische Geschäftsanschrift • Unternehmensgegenstand • Höhe des Grundkapitals

---

[73] Hüffer/Koch/*Koch* AktG § 78 Rn. 17.
[74] BayObLG 12.6.1986 – BReg 3 Z 29/86, NJW 1987, 136 f.

- Vertretungsbefugnis der Vorstandsmitglieder
- Dauer der Gesellschaft
- Genehmigtes Kapital

Bezieht sich die Satzungsänderung dagegen auf keinen dieser Regelungsgegenstände, so genügt gemäß § 181 Abs. 2 S. 1 AktG die Bezugnahme auf die eingereichten Unterlagen, insbesondere auf das eingereichte Hauptversammlungsprotokoll. 59

b) Beizufügende Unterlagen. Der Anmeldung ist gemäß § 181 Abs. 1 S. 2 AktG der **vollständige Wortlaut der neuen Satzung** beizufügen, welcher mit der Bescheinigung des einreichenden Notars versehen sein muss, dass die geänderten Bestimmungen der Satzung mit dem Beschluss über die Satzungsänderung und die unveränderten Bestimmungen mit dem zuletzt zum Handelsregister eingereichten vollständigen Wortlaut der Satzung übereinstimmen. Ebenso ist die notarielle Niederschrift des Hauptversammlungsbeschlusses beizufügen, § 130 Abs. 5 AktG.[75] Bedarf die Satzungsänderung einer staatlichen Genehmigung oder eines Sonderbeschlusses, so ist der Anmeldung auch die Genehmigungsurkunde oder die Niederschrift des Sonderbeschlusses beizufügen. Das Gleiche gilt für sonstige nachzuweisende gesetzliche oder satzungsmäßig vereinbarte Voraussetzungen der Satzungsänderung. Diesbezüglich ist insbesondere auf die speziellen Vorschriften zur Kapitalerhöhung hinzuweisen.[76] 60

Muster: Anmeldung einer Satzungsänderung zur Eintragung in das Handelsregister

In der Registersache der 61
...... XY – AG, HRB 1234
melden wir als gesamtvertretungsberechtigte Vorstandsmitglieder zur Eintragung in das Handelsregister an:
1. Die Hauptversammlung der XY – AG hat am ...... beschlossen, den Unternehmensgegenstand zu ändern. Der neue Unternehmensgegenstand lautet ......
2. Die Hauptversammlung der XY – AG hat am ...... des Weiteren beschlossen, die Satzung teilweise abzuändern und insgesamt neu zu fassen. Hierzu verweisen wir auf den beigefügten vollständigen Wortlaut der neuen Satzung.

Wir reichen ein:
1. Vollständiger Wortlaut der neuen Satzung nebst Beglaubigungsvermerk des Notars
2. Hauptversammlungsprotokoll der Hauptversammlung der XY – AG vom ......

[Unterschrift]

[Beglaubigungsvermerk]

2. Prüfung durch das Registergericht

a) Grundlagen. § 181 AktG sieht eine registergerichtliche Prüfung der angemeldeten Satzungsänderung anders als im Falle der Gründung der Aktiengesellschaft nicht vor. Nach allgemeiner Auffassung hat das Gericht jedoch auch bei der Anmeldung von Satzungsänderungen eine **formelle und materielle Prüfung** vorzunehmen, deren Umfang allerdings streitig ist. 62

b) Prüfungsumfang. Das Registergericht überprüft formell das Vorliegen einer ordnungsgemäßen Anmeldung.[77] 63

---

[75] Ein vom Aufsichtsratsvorsitzenden gemäß § 130 Abs. 1 S. 3 AktG unterzeichnetes Protokoll ist dagegen nicht ausreichend, da das Gesetz für satzungsändernde Beschlüsse eine drei Viertel Mehrheit verlangt.
[76] → § 33 Rn. 142 ff.
[77] Vgl. ausführlich GroßKommAktG/*Wiedemann* § 181 Rn. 21 ff.

64 Übersicht: Prüfungsumfang bzgl. ordnungsgemäßer Anmeldung

- Örtliche und sachliche Zuständigkeit des Registergerichts
- Befugnis der Anmelder
- Form der Anmeldung
- Urkunden und Nachweise
- Übereinstimmung von Satzungsänderungsbeschluss und eingereichter Satzungsurkunde

65 Inwieweit das Registergericht die Wirksamkeit des satzungsändernden Beschlusses überprüfen kann, ist im Einzelnen streitig. Die hM differenziert zwischen unwirksamen, nichtigen und anfechtbaren Hauptversammlungsbeschlüssen.[78]

66 Ist ein Hauptversammlungsbeschluss entweder (schwebend) **unwirksam**, etwa weil ein Sonderbeschluss oder eine erforderliche Zustimmung fehlt[79], oder gemäß § 241 AktG **nichtig**, besteht weitgehend Einigkeit darüber, dass der satzungsändernde Beschluss nicht eingetragen werden darf – das Registergericht muss die Eintragung ablehnen.[80] Sofern eine Nichtigkeitsklage erhoben oder angekündigt ist, die Gesellschaft selber jedoch den Beschluss als jedenfalls nicht nichtig ansieht, kann das Registergericht gemäß **§ 21 Abs. 1 FamFG** die Entscheidung über die Eintragung aussetzen, bis über die Nichtigkeitsklage entschieden ist. Wird eine Satzungsänderung durch Urteil eines Prozessgerichts für nichtig erklärt, so ist das Registergericht gemäß **§ 248 AktG** hieran gebunden.[81]

67 Hinsichtlich der Behandlung von **anfechtbaren** Hauptversammlungsbeschlüssen muss nach heute herrschender Auffassung das Registergericht die Eintragung ablehnen, wenn eine Vorschrift verletzt ist, die zwar nicht ausschließlich oder überwiegend aber doch auch im öffentlichen Interesse erlassen worden ist und auch die zukünftigen Aktionäre der Gesellschaft schützen soll.[82] Wenn fristgerecht Anfechtungsklage erhoben wurde, kann das Registergericht nach pflichtgemäßem Ermessen gemäß § 21 Abs. 1 FamFG das Verfahren bis zur Entscheidung des Gerichts in der Hauptsache aussetzen. Abzuwägen ist dabei zwischen den Erfolgsaussichten der Klage und dem Interesse der Aktiengesellschaft an einer baldigen Entscheidung.[83] Ein Freigabeverfahren für angefochtene Beschlüsse nach § 246a AktG kommt nicht in Betracht, da der Anwendungsbereich dieser Norm lediglich Unternehmensverträge und Maßnahmen der Kapitalbeschaffung oder -herabsetzung umfasst.

3. Inhalt der Eintragung

68 Das Gesetz unterscheidet hinsichtlich des Inhalts der Eintragung im Handelsregister zwischen ausdrücklich einzutragenden Satzungsänderungen und bezugnehmenden Eintragungen. Ähnlich wie beim Inhalt der Anmeldung muss bei Satzungsänderungen, welche **Gegenstände nach § 39 AktG** betreffen, nicht der genaue Wortlaut der geänderten Vorschrift, sondern **nur der neue Inhalt genau bezeichnet** werden, also beispielsweise die geänderte Firma der Gesellschaft. Bei sonstigen Satzungsänderungen genügt die Eintragung der Tatsache der Satzungsänderung unter Bezugnahme auf die eingereichten Unterlagen. Der jeweilige Beschlussgegenstand soll nach § 43 Nr. 6 lit. 1 HRV allgemein bezeichnet werden. Hierbei handelt es sich jedoch nicht um eine Wirksamkeitsvoraussetzung der Satzungsänderung.[84]

---

[78] Vgl. Hüffer/Koch/*Koch* AktG § 181 Rn. 14.
[79] Zwar macht auch eine fehlende behördliche Genehmigung den Beschluss unwirksam, jedoch besteht nach dem AktG keine Pflicht (mehr) zur Beifügung der Genehmigungsurkunde, so dass dies vom Registergericht nicht überprüft werden kann; vgl. näher KeidelFamFG/Heinemann § 374 Rn. 61.
[80] Vgl. MüKoAktG/Stein § 181 Rn. 42 (Nichtigkeit), 44 (Unwirksamkeit) jeweils mwN.
[81] Vgl. MüKoAktG/Stein § 181 Rn. 43.
[82] GroßKommAktG/*Wiedemann* § 181 Rn. 25; Hüffer/Koch/*Koch* AktG § 181 Rn. 14; MüKoAktG/Stein AktG § 181 Rn. 46; jedoch erfolgt in der Praxis zumindest nach Ablauf der Anfechtungsfrist keine Prüfung durch das Registergericht mehr.
[83] MüKoAktG/*Hüffer/Schäfer* § 243 Rn. 135.
[84] Vgl. MüKoAktG/Stein § 181 Rn. 58 f.

Der Tag der Eintragung ist gemäß § 382 Abs. 2 FamFG für beide Arten von Satzungsänderungen einzutragen. Dies erklärt sich im Hinblick auf § 181 Abs. 3 AktG, um den Zeitpunkt des Wirksamwerdens der Satzungsänderung bestimmen zu können. Die Eintragung des Datums des Hauptversammlungsbeschlusses ist nicht notwendig.[85] 69

4. Heilungswirkung

Grundsätzlich hat die Eintragung der Satzungsänderung im Handelsregister gemäß § 181 Abs. 3 AktG nur die Wirkung, dass die Satzungsänderung sowohl im Verhältnis zur Gesellschaft als auch gegenüber Dritten wirksam wird. Eine generelle Wirkung dergestalt, dass durch die Eintragung fehlerhafte Satzungsbeschlüsse geheilt werden, kommt der Eintragung dagegen nicht zu.[86] In bestimmten Fällen kommt jedoch eine Heilungswirkung der Eintragung in Betracht: 70

a) **Beschlussmängel.** Ist der Beschluss über die Satzungsänderung fehlerhaft, so hat die Eintragung der Satzungsänderung in den Fällen des **§ 242 AktG** die Heilung nichtiger Satzungsänderungsbeschlüsse zur Folge. Danach werden Beurkundungsmängel unmittelbar, Einberufungs- und Inhaltsmängel nach Ablauf einer **Frist von drei Jahren** geheilt, wenn man von der grundsätzlichen Anwendbarkeit der Vorschrift auf satzungsändernde Hauptversammlungsbeschlüsse ausgeht.[87] Die schwebende Unwirksamkeit eines Hauptversammlungsbeschlusses, etwa im Hinblick auf einen fehlenden Sonderbeschluss, soll gleichfalls der Heilung nach § 242 AktG zugänglich sein.[88] 71

b) **Fehlerhafte Anmeldung.** Ist nicht der Satzungsänderungsbeschluss, sondern die Handelsregisteranmeldung fehlerhaft, so ist zu differenzieren: Fehlt die Anmeldung, erfolgt die Eintragung durch ein unzuständiges Gericht oder wird etwas anderes als das Angemeldete eingetragen, entfaltet die Eintragung keine Wirkung. Ist dagegen die Anmeldung lediglich unvollständig oder weist sie Formmängel auf, so wird die Satzungsänderung wirksam, wenn sie trotz dieser Mängel in das Handelsregister eingetragen wird.[89] 72

---

[85] Hüffer/Koch/*Koch*AktG § 181 Rn. 21; aA (noch) GroßKommAktG/*Wiedemann* § 181 Rn. 37.
[86] Unstr.; vgl. Schmidt/Lutter/*Seibt* § 181 Rn. 39.
[87] Zustimmend MüKoAktG/*Stein* § 181 Rn. 84 mwN; aA *Säcker* FS Stimpel, 1985, 867 (884).
[88] OLG Hamburg 3.7.1970 – 11 U 29/70, AG 1970, 230 (231).
[89] Vgl. NK-AktR/*Wagner* § 181 Rn. 20; Spindler/Stilz/*Holzborn* AktG § 181 Rn. 49; entgegen der hM geht MüKoAktG/*Stein* § 181 Rn. 90 davon aus, dass Eintragungsfehler von Amts wegen zu berichtigen sind und so geheilt werden.

§ 30 Gewinnverwendung

Übersicht

	Rn.
I. Grundlagen	1–14
1. Praktische Bedeutung	1–3
2. Gewinnbegriffe	4–7
3. Ermittlung des ausschüttungsfähigen Gewinns	8–13
4. Gewinnverendungsvorschlag	14
II. Gewinnverwendungskompetenz	15–20
1. Vorstand und Aufsichtsrat	15–18
2. Hauptversammlung	19/20
III. Gewinnverteilung	21–25
1. Gesetzliche Regelung	21
2. Gestaltungsmöglichkeiten	22
3. Dividendenverzicht	23–25
IV. Gewinnanspruch	26–44
1. Mitgliedschaftsrecht und Zahlungsanspruch	26–31
2. Materielle Vorgaben	32–38
3. Sachdividenden	39–41
4. Zwischendividenden	42
5. Gewinnabführungsverträge	43/44
V. Dividendenzahlung	45/46
VI. Checklisten: Anwaltliche Gestaltung und Durchsetzungsberatung	47

Schrifttum: *Bareis/Siegel*, Sachausschüttungen und ihre körperschaftsteuerliche Behandlung de lege lata und de lege ferenda, BB 2008, 479; *Baums*, Rücklagenbildung und Gewinnausschüttung im Aktienrecht, in: Bitter u.a. (Hrsg.), FS Karsten Schmidt (2009), S. 57; *Erle*, Dividendenausschüttungen in der Vorerbschaft, ZHR 2017 (181), 816; *Gelhausen/Althoff*, Die Bilanzierung ausschüttungs- und abführungsgesperrter Beträge im handelsrechtlichen Jahresabschluss nach dem BilMoG, WPg 2009, 584 und 629; *Habersack*, „Superdividenden", in: Bitter u.a. (Hrsg.), FS Karsten Schmidt (2009), S. 523; *Haertlein*, Vorstandshaftung wegen (Nicht-)Ausführung eines Gewinnverwendungsbeschlusses mit Dividendenausschüttung, ZHR 2004 (168), 437; *Harbarth/Zeyher/Brechtel*, Gestaltung einer von der Satzung und dem gesetzlichen Regelfall abweichenden Gewinnauszahlungsabrede in der Aktiengesellschaft, AG 2016, 801; *Holzborn/Bunnemann*, Gestaltung einer Sachausschüttung und Gewährleistung im Rahmen der Sachdividende, AG 2003, 671; *Hornbach*, Der Gewinnverzicht des Großaktionärs, AG 2001, 78; *König*, Der Dividendenverzicht des Mehrheitsaktionärs, AG 2001, 399; *Lanfermann/Röhricht*, § 268 Abs. 8 HGB als neue Generalnorm für außerbilanzielle Ausschüttungssperren, DStR 2009, 1216; *Mylich*, Gegenstandsbezogene Ausschüttungssperren und gesellschaftsrechtliche Kapitalschutzmechanismen, ZHR 2017 (181), 87; *Orth*, Sachdividenden – Zu deren Kodifizierung und den offen gebliebenen ... Fragen, WPg 2004, 777; *Schnorbus*, Die Sachdividende, ZIP 2003, 509; *Schnorbus/Plassmann*, Die Sonderdividende, ZGR 2015, 446; *Schüppen*, Kapitalerhaltung – Ein Auslaufmodell?, in: Institut Österreichischer Wirtschaftsprüfer (Hrsg.), Wirtschaftsprüfer Jahrbuch 2008, S. 11; *ders.*, Dividende ohne Hauptversammlungsbeschluss? – Zur Durchsetzung des mitgliedschaftlichen Gewinnanspruchs in Pattsituationen, in: Crezelius/Hirte/Vieweg, (Hrsg.), FS Röhricht (2005), S. 571; *Siebel/Gebauer*, Interimsdividende, AG 1999, 385; *Sünner*, Grenzen der Gewinnabführung von AG und GmbH aufgrund Gewinnabführungsvertrag, AG 1989, 414; *Waclawik*, Die neue Sachdividende: Was ist sie wert?, WM 2003, 2266.

I. Grundlagen

1. Praktische Bedeutung

1 Der **Gewinnanspruch** stellt vor anderen Ansprüchen (Anspruch auf Liquidationserlös, ggf. Bezugsrecht bei Kapitalerhöhungen) das **wichtigste mit der Aktie verbundene Vermögensrecht** dar.[1] In der Praxis wird seine Bedeutung aus der Sicht des Aktionärs jedenfalls bei börsennotierten Gesellschaften häufig überlagert durch die Chance, durch geschickte Wahl

---

[1] Zutr. KölnKommAktG/*Drygala* § 58 Rn. 112; zweifelnd MüKoAktG/*Bayer* § 58 Rn. 96.

des richtigen Kauf- bzw. Verkaufszeitpunktes Wertsteigerungsgewinne zu realisieren. Aber auch bei börsennotierten Gesellschaften gibt es nach wie vor eine Reihe von Groß- und Kleinaktionären, für die die laufende Dividendenrendite (gemessen als Relation der Bruttodividende zum jeweils aktuellen Kurswert) von eminenter Bedeutung ist.[2] Umgekehrt gibt es viele Fälle börsennotierter und nicht börsennotierter (Familien-)Gesellschaften, bei denen die Dividende im Vordergrund des Interesses steht, da sie für die Lebensführung der Gesellschafter benötigt wird und eine Veräußerungsmöglichkeit aus faktischen Gründen nicht, nur zu ungünstigen Bedingungen und/oder zu einem unkalkulierbaren künftigen Zeitpunkt besteht. Schließlich können Dividenden als Mittel der Desinvestition und des „Financial Engineering" für Finanzinvestoren eine wichtige Rolle spielen.[3]

Aus der Sicht der Aktiengesellschaft geht es bei der Gewinnverwendung um die Frage, inwieweit sie ihre **Geschäftstätigkeit und Investitionen aus thesaurierten Gewinnen und damit aus Eigenkapital** finanzieren kann. Dabei handelt es sich um „schnelles" und „billiges" Eigenkapital, da es nicht erst besonders bei aktuellen und potenziellen Aktionären (ggf. am Kapitalmarkt) im Wege der Kapitalerhöhung eingeworben werden muss. Neben dieser Bedeutung der Gewinnverwendung für die Eigenkapitalfinanzierung ist auch der Liquiditätsaspekt von Gewinnausschüttungen zu bedenken. Erzielte Gewinne stehen keineswegs stets in Form von Liquidität zur Verfügung, so dass die Gesellschaft darauf achten muss, durch die Auszahlung von Dividenden nicht die für die geplante Geschäfts- und Investitionstätigkeit erforderliche Liquidität zu gefährden.

Der nach dem Gesagten nicht zwangsläufige, aber doch häufige **Interessenkonflikt zwischen Aktionär und Gesellschaft** (bzw. der die Interessen der Gesellschaft im Einzelfall definierenden Verwaltung) macht die Gewinnverwendung relativ streitanfällig. Außerdem ist zu bedenken, dass die gesetzliche Regelung eine Reihe von Gestaltungsspielräumen eröffnet. Für die anwaltliche Beratung handelt es sich daher um einen wichtigen Bereich; Gestaltungsspielräume und typische Streitpunkte sind unten in Abschnitt VI. (→ Rn. 47 f.) zusammengefasst.

2. Gewinnbegriffe

Betriebswirtschaftslehre und Finanzpraxis verwenden eine Vielzahl von Gewinnbegriffen und Ertragskennziffern. Nur beispielhaft zu nennen sind EBIT (Earnings before interest and tax) bzw. EBT (Earnings before Tax) oder das „Ergebnis nach DVFA", ein für Vergleichszwecke um Sondereffekte bereinigtes, „normalisiertes" Ergebnis.[4] Keine Ertragskennziffer, sondern – wie der Name schon sagt – eine Liquiditätskennziffer ist der „Cash Flow", der allerdings anhand weiterer Rechnungslegungsinformationen ausgehend vom Jahresüberschuss abgeleitet wird.[5]

Solche und ähnliche Kennzahlen sind für die Gewinnverwendung bedeutungslos. Das Gleiche gilt prinzipiell für das Konzernergebnis. Unbeschadet der Aufwertung durch das TransPuG (nun auch – vergleichbar der Feststellung des Einzelabschlusses – Billigungserfordernis für den Konzernabschluss, § 171 Abs. 2 S. 5, Abs. 3 S. 3 AktG) hat der Konzernabschluss (bisher) ausschließlich Informationsfunktion. Für die Ausschüttungsbemessung ist – ebenso wie für andere, an Bilanzzahlen anknüpfende Normen – allein der handelsrechtliche, nach den Vorschriften des HGB aufgestellte Einzelabschluss der Gesellschaft maßgeblich. Aus diesem und auf dessen Grundlage ergeben sich daher die beiden für die Gewinnverwendung der Aktiengesellschaft maßgeblichen Gewinnbegriffe, Jahresüberschuss (→ Rn. 6) und Bilanzgewinn (→ Rn. 7).

---

[2] Und auch in Deutschland gab und gibt es börsennotierte Gesellschaften, die neben einer guten Chance auf solide Wertsteigerungen nachhaltig Dividendenrenditen bieten, die ähnlich oder besser sind als die Verzinsung von Bundesanleihen.
[3] → Rn. 37 f.
[4] Ausführliche Darstellung *Busse v. Colbe/Becker* ua, Ergebnis je Aktie nach DVFA/SG, Stuttgart 2000.
[5] Zu Cash Flow – Statements/Kapitalflussrechnungen vgl. IDW (Hrsg.), WP-HdB Abschn. G Rn. 814 ff., Abschn. K Rn. 31 ff. und Abschn. M Rn. 394 f.

6   Der Jahresüberschuss (oder Jahresfehlbetrag) schließt im gesetzlichen Gliederungsschema (§ 275 HGB) die Gewinn- und Verlustrechnung ab und bezeichnet damit als Saldo der nach handelsrechtlichen Ansatz- und Bewertungsvorschriften ermittelten Erträge und Aufwendungen das im jeweiligen Geschäftsjahr erzielte Gesamtergebnis. Der Jahresüberschuss ist der Ausgangspunkt aller Gewinnverwendungsüberlegungen. In einem ersten Gewinnverwendungsschritt ist der Bilanzgewinn zu ermitteln (sogleich → Rn. 7). Unter Berücksichtigung etwaiger Ausschüttungssperren (→ Rn. 12 f.) ergibt sich sodann der ausschüttungsfähige Gewinn.

7   Der Jahresüberschuss ist nach dem gesetzlichen Schema des § 158 AktG überzuleiten in den Bilanzgewinn:[6]

> **Jahresüberschuss (Jahresfehlbetrag)**
> \+   Gewinnvortrag
> ./. Verlustvortrag
> \+   Entnahmen aus Kapitalrücklage
> \+   Entnahmen aus Gewinnrücklagen
> ./. Einstellungen in Gewinnrücklagen
> =   **Bilanzgewinn (Bilanzverlust)**

Ob ein Gewinnvortrag oder ein Verlustvortrag besteht, ergibt sich aus dem Vorjahresabschluss. Die Kompetenz und Möglichkeit bzw. Verpflichtung zur Dotierung und/oder Auflösung von Rücklagen ergibt sich aus den im Einzelfall anwendbaren Bestimmungen von Gesetz und Satzung. Der Gewinnanspruch der Aktionäre richtet sich auf den Bilanzgewinn (§ 58 Abs. 4 AktG), der – unter Berücksichtigung etwaiger Ausschüttungssperren – Substrat des Gewinnverwendungsbeschlusses (§ 174 Abs. 1 AktG) ist.

3. Ermittlung des ausschüttungsfähigen Gewinns

8   Die grundsätzliche Anknüpfung von Ausschüttungen an die Gesellschafter an den handelsrechtlichen Jahresüberschuss ist in jüngerer Zeit Gegenstand einer umfangreichen **rechtspolitischen Diskussion** gewesen. Ausgehend von einem Aktionsplan der Europäischen Kommission[7] ist diskutiert worden, ob das bilanzbezogene Kapitalerhaltungs- und Ausschüttungssystem durch einen liquiditätsbasierten „Solvenztest" ersetzt werden soll.[8] Solche Überlegungen, die mit der Aufgabe einer Unterscheidung zwischen Gewinnausschüttungen und sonstigen Auszahlungen an Gesellschafter einhergehen, haben durchaus auch in Deutschland Anhänger gefunden.[9] Nachdem die von der EU-Kommission in Auftrag gegebenen „Feasibility-Study" der KPMG zu dem Ergebnis gekommen war, dass es keine zwingenden Gründe für ein geändertes Kapitalerhaltungssystem gäbe,[10] sind solche Überlegungen auf der europäischen Ebene ad acta gelegt worden.[11] Auch in Deutschland ist die Diskussion (die im Zusammenhang mit der GmbH-Reform ua auf dem Deutschen Juristentag in Stuttgart geführt wurde) bis auf Weiteres beendet. Es bleibt also bei der Maßgeblichkeit der Ausgangsgröße „Jahresüberschuss", die durch den handelsrechtlichen Einzelabschluss definiert wird. Aufstellung und Feststellung des Jahresabschlusses sind daher die maßgeblichen Gewinnermittlungsschritte.

---

[6] Ausführlich zu den einzelnen Positionen der Überleitung von Jahresüberschuss zu Bilanzgewinn IDW (Hrsg.), WP-HdB Abschn. 7 Rn. 852 ff.; HKMS/*Schüppen* HGB § 275 Rn. 57 f.

[7] Mitteilung der Kommission an den Rat und das Europäische Parlament – Modernisierung des Gesellschaftsrechts und Verbesserung der Corporate Governance in der Europäischen Union – Aktionsplan KOM(2003), 284.

[8] Ausführlich *Schüppen* in Institut Österreichischer Wirtschaftsprüfer (Hrsg.), Wirtschaftsprüferjahrbuch 2008, 13 ff. mit zahlreichen Nachweisen.

[9] Vgl. den Sammelband von *Lutter* (Hrsg.), Das Kapital der Aktiengesellschaft in Europa, 2007 sowie IDW IDW-Fachnachrichten 2006, 677 ff.

[10] KPMG, Feasibility-Study, Contract ED/2006/IM/F2/71, 2008.

[11] Position der GD-Binnenmarkt und Dienstleistungen, http://ec.europa.eu/internal_markt/company/capital/index_de.htm (letzter Abruf: 13.3.2008).

Die **Aufstellung des Jahresabschlusses** liegt in der Hand des Vorstands (§ 264 Abs. 1 HGB 9 iVm § 78 AktG). Er muss hierbei über die Ausübung gesetzlicher und faktischer Ansatz- und Bewertungswahlrechte und eventuelle rechnungslegungsbezogene Sachverhaltsgestaltungen entscheiden. Aufgrund dieser bilanzpolitischen Spielräume ist die Grenze zwischen Gewinnermittlung und Gewinnverwendung nur formell, nicht jedoch materiell trennscharf.[12]

Billigt der Aufsichtsrat den durch den Vorstand vorgelegten Jahresabschluss, so ist dieser 10 **festgestellt (§ 172 S. 1 AktG).** Dieser Billigungsentscheidung geht eine Prüfung des Jahresabschlusses auf Gesetzmäßigkeit und Ordnungsmäßigkeit – insoweit bei gem. § 316 HGB prüfungspflichtigen Gesellschaften unterstützt durch die Prüfung durch den Abschlussprüfer – und auf Zweckmäßigkeit[13] durch den Aufsichtsrat voran (vgl. § 171 Abs. 1 AktG).

Mit der Feststellung erlangt der Jahresabschluss Rechtsverbindlichkeit für die Gesell- 11 schaftsorgane und die Aktionäre sowie die Inhaber sonstiger gewinnabhängiger Rechte.[14] Billigt der Aufsichtsrat den vorgelegten Jahresabschluss innerhalb der gesetzlichen Fristen (vgl. § 171 Abs. 3 AktG, ca. zwei Monate ab Vorlage) nicht, gilt dies als (endgültige) Ablehnung der Billigung mit der Folge, dass die Kompetenz zur Feststellung des Jahresabschlusses auf die Hauptversammlung übergeht (§ 173 Abs. 1 Alt. 2 AktG). Im Übrigen könnten Vorstand und Aufsichtsrat auch einvernehmlich beschließen, die Feststellung des Jahresabschlusses der Hauptversammlung zu überlassen (§ 173 Abs. 1 Alt. 1 AktG). Beides kommt aber praktisch außerordentlich selten vor.[15]

Durch das Bilanzrechtsmodernisierungsgesetz (BilMoG)[16] gewinnen **ausschüttungs- und** 12 **abführungsgesperrte Beträge im handelsrechtlichen Jahresabschluss** praktische Bedeutung. Nach **§ 268 Abs. 8 HGB** in der Fassung des BilMoG dürfen Gewinne nur ausgeschüttet werden, wenn die nach der Ausschüttung verbleibenden frei verfügbaren Rücklagen zuzüglich eines Gewinnvortrags und abzüglich eines Verlustvortrags mindestens den Betrag der in der Bilanz aktivierten selbstgeschaffenen immateriellen Vermögensgegenstände des Anlagevermögens, des Saldos aus aktivierten und passivierten latenten Steuern sowie des Planvermögens im Sinne des § 246 Abs. 2 S. 2 HGB abzüglich der hierfür gebildeten passiven latenten Steuern erreichen. Hierdurch sollen Beträge neutralisiert werden, die in der Neufassung des HGB durch das BilMoG im Hinblick auf eine verbesserte Informationsfunktion und eine Annäherung an IFRS-Usancen im Jahresabschluss aktiviert werden können, ohne dass es sich um im herkömmlichen Sinne realisierte Ergebnisbeträge handelt.[17]

Ergänzt wird die Ausschüttungssperrvorschrift durch eine Berichtspflicht über die aus- 13 schüttungsgesperrten Beträge im Anhang (**§ 285 Nr. 28 HGB**). Im Ergebnis ist damit der Bilanzgewinn nur insoweit ausschüttungsfähig, als die nach der Ausschüttung verbleibenden frei verfügbaren Rücklagen[18] mindestens die Höhe der ausschüttungsgesperrten Beträge erreichen oder diese überschreiten. Insoweit ist ein weiterer Rechenschritt erforderlich geworden.[19]

---

[12] Überblick über „Formen der Gewinnthesaurierung" bei KölnKommAktG/*Lutter,* 2. Aufl. 1988, § 58 Rn. 7 ff.

[13] Gegenstand der Prüfung durch den AR sind also auch – über die Prüfung des Abschlussprüfers hinausgehend – die bilanzpolitischen Ermessensentscheidungen und die Bildung und Auflösung von Rücklagen, ausf. MüKoAktG/*Hennrichs/Pöschke* § 171 Rn. 36 ff.

[14] Hüffer/Koch/*Koch* AktG § 172 Rn. 2 f.; deswegen werden Vorlage durch den Vorstand und Billigung durch den Aufsichtsrat in ein mehraktiges korporationsrechtliches Rechtsgeschäft eigener Art eingeordnet, vgl. BGHZ 124, 111 (116) = NJW 1994, 520; MüKoAktG/*Hennrichs/Pöschke* § 172 Rn. 22.

[15] In jedem Fall bleibt es bei der Verpflichtung des Aufsichtsrates, den Jahresabschluss zu prüfen und über das Ergebnis seiner Prüfung schriftlich an die Hauptversammlung zu berichten, § 171 Abs. 2 AktG.

[16] Gesetz zur Modernisierung des Bilanzrechts (Bilanzrechtsmodernisierungsgesetz – BilMoG) vom 25.5.2009, BGBl. I S. 1102.

[17] Ausführlich zu Funktionsweise und Einzelheiten der neuen Ausschüttungssperren *Gelhausen/Althoff* WPg 2009, (584 und 629); *Lanfermann/Röhricht* DStR 2009, 1216; IdW (Hrsg.), WP-HdB Abschn. F Rn. 519 ff.

[18] Dies sind bei der Aktiengesellschaft die Gewinnrücklagen und frei verfügbare Kapitalrücklagen im Sinne des § 272 Abs. 2 Nr. 4 HGB.

[19] Allerdings ergibt sich die Höhe der ausschüttungsgesperrten Beträge gerade aus dem Ansatz bestimmter Bilanzposten, so dass die Bezeichnung als „außerbilanzieller Ausschüttungssperren" (*Lanfermann/Röhricht* DStR 2009, 1216) zumindest missverständlich ist.

4. Gewinnverwendungsvorschlag

14 Zusammen mit dem Jahresabschluss (und dem Lagebericht) hat der Vorstand dem Aufsichtsrat einen Gewinnverwendungsvorschlag vorzulegen, der wie folgt zu gliedern ist (§ 170 Abs. 2 AktG):

> 1. Verteilung an die Aktionäre
> 2. Einstellung in Gewinnrücklagen
> 3. Gewinnvortrag
> 4. Bilanzgewinn

Der Gewinnverwendungsvorschlag wird ebenfalls durch den Aufsichtsrat geprüft (§ 171 Abs. 1 AktG) und bedarf – ohne dass dies im Gesetz ausdrücklich gesagt wird – ebenfalls der Zustimmung des Aufsichtsrats. Dies folgt aus der gemeinsamen Feststellungs- und Rücklagenkompetenz von Vorstand und Aufsichtsrat (§ 58 Abs. 2 AktG).[20]

II. Gewinnverwendungskompetenz

1. Vorstand und Aufsichtsrat

15 Unabhängig davon, ob die Gewinnverwendungskompetenz bei Vorstand und Aufsichtsrat oder bei der Hauptversammlung liegt, ist der **erste Gewinnverwendungsschritt** stets ein **gesetzlicher Automatismus**: Vom Jahresüberschuss sind zunächst vorab ein etwa vorhandener Verlustvortrag sowie die Dotierung der gesetzlichen Rücklage gemäß § 150 Abs. 2 AktG (5 % des um einen Verlustvortrag geminderten Jahresüberschusses, bis die gesetzliche Rücklage und die Kapitalrücklagen den zehnten oder in der Satzung bestimmten höheren Teil des Grundkapitals erreichen) abzuziehen. Auf den danach verbleibenden Jahresüberschuss sind die gesetzlichen Gewinnverwendungskompetenznormen mit ihren Höchstgrenzen anzuwenden.

16 Die Gewinnverwendungskompetenz von Vorstand und Aufsichtsrat ergibt sich aus den allgemeinen Regeln über die Aufstellung und Feststellung des Jahresabschlusses[21] sowie insbesondere aus **§ 58 Abs. 2 AktG in Verbindung mit der Satzung**. Im Normalfall der Feststellung des Jahresabschlusses durch Vorstand und Aufsichtsrat sind diese Organe gemeinsam berechtigt, bis zu 50 % des Jahresüberschusses in die Gewinnrücklagen einzustellen. Allerdings ist diese Gewinnverwendungskompetenz satzungsdispositiv: Die Satzung kann die Ermächtigung von Vorstand und Aufsichtsrat einschränken oder erweitern, im Extremfall auf 0 % oder 100 %;[22] eine Pflicht zur Rücklagendotierung kann die Satzung demgegenüber nicht vorsehen.[23] Einstellungen in die Gewinnrücklagen sind gem. § 158 Abs. 1 Nr. 4 AktG in der Gewinn- und Verlustrechnung der Aktiengesellschaft gesondert auszuweisen. Soweit die Gewinnverwendungskompetenz der Verwaltung durch Satzungsklausel über die 50 %-Grenze hinaus ausgeweitet ist, bleibt die gesetzliche Obergrenze der Hälfte des Jahresüberschusses in jedem Fall maßgeblich, wenn die Gewinnrücklagen bereits die Hälfte des Grundkapitals übersteigen oder soweit sie nach ihrer Dotierung diese Grenze übersteigen würden (§ 58 Abs. 2 S. 3 AktG). Bei einer wirtschaftlich erfolgreichen Aktiengesellschaft, bei der die gesetzliche Rücklage voll dotiert ist, die Gewinnrücklagen 50 % des Grundkapitals übersteigen und kein Verlustvortrag besteht, steht also immer mindestens die Hälfte des Jahresüberschusses als Bilanzgewinn zur Beschlussfassung über die Gewinnverwendung durch die Hauptversammlung an.

---

[20] Nur in den theoretischen Fällen der Feststellung des Jahresabschlusses durch die Hauptversammlung (§ 173 Abs. 2 AktG) wären voneinander abweichende Gewinnverwendungsvorschläge von Aufsichtsrat und Vorstand denkbar, §§ 124 Abs. 3, 174 Abs. 1 AktG.
[21] → Rn. 8 ff.
[22] Hüffer/Koch/*Koch* AktG § 58 Rn. 12.
[23] Arg. e § 58 Abs. 1 S. 1; ADS AktG § 58 Rn. 51.

Für **zwei Spezialfälle** (Eigenkapitalanteil von Wertaufholungen; Eigenkapitalanteil von bei der steuerrechtlichen Gewinnermittlung gebildeten Passivposten, die nicht im Sonderposten mit Rücklagenanteil ausgewiesen werden dürfen) enthält § 58 Abs. 2a AktG eine zusätzliche Kompetenz zur Rücklagenbildung zu Lasten des Jahresüberschusses für Vorstand und Aufsichtsrat.[24] Hintergrund dieser Regelung ist der Gedanke, nicht realisierte Gewinne von der Gewinnverwendungsentscheidung durch die Hauptversammlung ausnehmen zu können.

Im Gesetz nicht geregelt ist die **Kompetenz zur Auflösung von Gewinnrücklagen,** obwohl es sich hierbei in der Sache um eine aufgeschobene Gewinnverwendung handelt. Die Auflösung von Rücklagen (das Gesetz spricht von „Entnahmen aus Rücklagen") ist in der Gewinn- und Verlustrechnung ebenso wie die Einstellung in Rücklagen im Einzelnen auszuweisen (§ 158 Abs. 1 Nr. 2 und 3 AktG). Anders als die Verwendung der gesetzlichen Rücklage und der Kapitalrücklagen (§ 150 Abs. 3 und 4 AktG) unterliegt die Auflösung von Gewinnrücklagen keinen speziellen Beschränkungen. Ob die Kompetenz für die Auflösung von Rücklagen bei Vorstand und Aufsichtsrat oder bei der Hauptversammlung liegt, ist nicht eindeutig. Hält man sie für Gewinnverwendung, so fehlt es an der zugunsten von Vorstand und Aufsichtsrat erforderlichen Kompetenznorm. Tatsächlich handelt es sich bei der Auflösung von Rücklagen aber wohl um einen Vorgang, der dem Bereich der Aufstellung und Feststellung des Jahresabschlusses zuzuordnen ist und damit in die Kompetenz des hierfür jeweils zuständigen Organs – im Normalfall also Vorstand und Aufsichtsrat – fällt.

2. Hauptversammlung

Die Gewinnverwendungskompetenz der Hauptversammlung ergibt sich für den **Ausnahmefall,** dass auch die Feststellung des Jahresabschlusses durch die Hauptversammlung erfolgt (§ 173 Abs. 1 AktG) aus den allgemeinen Regeln über die Aufstellung des Jahresabschlusses in Verbindung mit § 58 Abs. 1 AktG. Stellt die Hauptversammlung den Jahresabschluss fest, so steht grundsätzlich der gesamte Jahresüberschuss zur Gewinnverwendungsentscheidung der Hauptversammlung an. Etwas anderes kann sich nur dann ergeben, wenn die Satzung eine Zwangsdotierung von Gewinnrücklagen vorsieht; (nur) für den Fall, dass die Hauptversammlung den Jahresabschluss feststellt, ist eine solche Satzungsbestimmung möglich (§ 58 Abs. 1 AktG). Allerdings ist auch diese Zwangsthesaurierung auf die Hälfte des Jahresüberschusses (nach Abzug der Dotierung der gesetzlichen Rücklage und eines etwaigen Verlustvortrages) begrenzt. Etwaige Ausschüttungssperren (→ Rn. 12f.) sind auch von der Hauptversammlung zu beachten.

Im **Normalfall der Feststellung des Jahresabschlusses durch Vorstand und Aufsichtsrat** ist die Gewinnverwendungskompetenz der Hauptversammlung auf den sich aus dem festgestellten Jahresabschluss ergebenden Bilanzgewinn beschränkt (§ 174 Abs. 1 AktG). Der Inhalt des Gewinnverwendungsbeschlusses ist im Einzelnen in § 174 Abs. 2 AktG vorgegeben; allerdings können sich aus § 58 Abs. 3 AktG weitere Beschlussinhalte ergeben, da bei entsprechender Satzungsermächtigung gemäß § 58 Abs. 3 S. 2 AktG auch eine „andere Verwendung" des Bilanzgewinns, nämlich die Zuwendung an Dritte, möglich ist. Die in der Praxis wesentlichen Entscheidungsmöglichkeiten sind (i) den Bilanzgewinn ganz oder teilweise auf neue Rechnung vorzutragen, (ii) in Gewinnrücklagen einzustellen oder (iii) an die Aktionäre auszuschütten.

III. Gewinnverteilung

1. Gesetzliche Regelung

Die **Anteile der Aktionäre am Gewinn** bestimmen sich nach ihren **Anteilen am Grundkapital.** Diese naheliegende und ohne weiteres einleuchtende Gewinnverteilungsregel ist so wörtlich in § 60 Abs. 1 AktG enthalten. Besonderheiten ergeben sich, wenn die Einlagen auf

---

[24] Ausführlicher Hüffer/Koch/*Koch* AktG § 58 Rn. 18 ff.; MüKoAktG/*Bayer* § 58 Rn. 72 ff., jeweils mit Nachweisen.

das Grundkapital nicht auf alle Aktien in demselben Verhältnis geleistet sind oder wenn Einlagen erst im Laufe des Geschäftsjahres geleistet wurden, ein Fall der insbesondere bei Kapitalerhöhungen häufiger vorkommt. Für diese Sonderfälle enthält § 60 Abs. 2 AktG detaillierte Regelungen, die allerdings nur dann einschlägig sind, wenn sich nicht aus der Satzung bzw. einem auf einer Satzungsermächtigung beruhenden Hauptversammlungsbeschluss Abweichendes ergibt. Die Hauptversammlung entscheidet nur über den Gesamtbetrag der Ausschüttung (§ 174 Abs. 2 Nr. 2 AktG); der auf die einzelne Aktie entfallende Betrag oder Sachwert ergibt sich aus dem Gesetz oder der Satzung, sodass ein nachrichtlicher Ausweis des auf die einzelne Aktie entfallenden Betrages zwar nicht schadet, am beschlossenen Gesamtausschüttungsbetrag aber auch nichts ändert.[25] Dies soll nach der nicht ganz zweifelsfreien Ansicht des BGH auch in Fällen gelten, in denen ein Teil der Aktien wegen unterbliebener Stimmrechtsmitteilungen in Zeitpunkt des Gewinnverwendungsbeschlusses einem Rechtsverlust unterliegt.[26] Zu beachten ist aber, dass diese Äußerung des II. Senats nur die Rechtsqualität eines Obiter Dictums hat, weil es aufgrund des veröffentlichten Hinweises nicht zu einer Entscheidung gekommen ist, denn die vom OLG zugelassene und zunächst eingelegte Revision wurde aufgrund des veröffentlichten Hinweises des BGH zurück genommen, sodass es nicht zu einer förmlichen Gerichtsentscheidung kam.

2. Gestaltungsmöglichkeiten

Die Satzungsdispositivität der Gewinnverteilungsregeln in § 60 Abs. 1 und 2 AktG ergibt sich aus der ausdrücklichen Regelung in § 60 Abs. 3 AktG. In der Praxis ist es insbesondere für erst im Laufe eines Geschäftsjahres entstehende Aktien üblich, eine Gewinnberechtigung für das gesamte laufende Geschäftsjahr vorzusehen, da die gesetzliche Normalregelung zu komplizierten Berechnungen zwingt und – im Falle börsennotierter Aktien – die Einführung einer weiteren Wertpapierkennnummer erzwingen würde. Möglich ist eine solche **abweichende Bestimmung der Gewinnberechtigung** aber nur, wenn die **Satzung** die entsprechende Ermächtigung vorsieht. Nach herrschender Meinung ist allerdings – weil jede Kapitalerhöhung Satzungsänderung ist – eine abweichende Regelung über die Gewinnbeteiligung auch im Kapitalerhöhungsbeschluss selbst möglich, und zwar auch ohne Zustimmung der betroffenen Altaktionäre, weil der erforderliche Interessenausgleich im Bezugsrecht liegen soll.[27]

3. Dividendenverzicht und disquotale Gewinnverteilung

In der Praxis eine Rolle spielt gelegentlich ein Dividendenverzicht eines Großaktionärs, um eine Dividende an die „Minderheitsaktionäre" zu ermöglichen oder zu verbessern. Nach der überwiegenden Auffassung soll ein solcher Dividendenverzicht rechtssicher als verfügender Verzichtsvertrag des Hauptaktionärs über den künftigen Dividendenzahlungsanspruch analog § 397 BGB konstruiert werden können, ohne dass der Anwendungsbereich des § 60 AktG berührt würde.[28] Diese rein schuldrechtliche Lösung kann nicht überzeugen, denn sie wirft ungelöste Probleme auf: Da ein bedingter Verzicht nicht möglich ist, wäre der Vorstand in der Verwendung des freiwerdenden Dividendenbetrages frei und nicht verpflichtet, diesen zugunsten der anderen Aktionäre zu verwenden; auf schuldrechtlicher Basis unlösbar ist auch die Veräußerung der Aktien im Zeitraum zwischen Abschluss des Erlassvertrages und Hauptversammlungsbeschluss. Schließlich spricht einiges dafür, dass ein Erlassvertrag über den (künftigen) konkreten Gewinnauszahlungsanspruch als Disposition über diesen Anspruch angesehen wird und damit steuerlich zum Zufluss beim verzichtenden Aktionär führt; angesichts der sich hieraus ergebenden steuerlichen Folgeprobleme (Kapitalertragsteuer, Steuerbescheinigungen, etc) verbietet sich diese Lösung schon aufgrund des steuerlichen Risikos. Tatsächlich ist die einzig sinnvolle Rechtsgrundlage des Dividenden-

---

[25] BGH 28.6.1982 – II ZR 69/81, BGHZ 84, 303 (311); 29.4.2014 – II ZR 262/13, ZIP 2014, 1677 Rn. 10.
[26] BGH 29.4.2014 – II ZR 262/13, ZIP 2014, 1677 Rn. 11.
[27] Hüffer/Koch/*Koch* AktG § 60 Rn. 9.
[28] *König* AG 2001, 399 (404); *Horbach* AG 2001, 78 (82); MüKoAktG/*Bayer* § 60 Rn. 38; Hüffer/Koch/ *Koch* AktG § 60 Rn. 11 f.

verzichts der – ohnehin notwendige – Gewinnverwendungsbeschluss der Hauptversammlung. Eine solche disproportionale Gewinnverteilung – der Dividendenverzicht des Großaktionärs ist nur ein Unterfall dieser größeren Fallgruppe – ist der idealtypische Fall einer Abweichung von § 60 Abs. 1 AktG.

Diese Abweichung kann entweder im Wege der Satzungsdurchbrechung geschehen oder auf der Grundlage einer entsprechenden Satzungsermächtigung, die § 60 Abs. 3 AktG ausdrücklich zulässt und die man rechtzeitig schaffen sollte, wenn man Fälle disproportionaler Gewinnverteilungsbeschlüsse für möglich hält. Eine entsprechende **Satzungsbestimmung** könnte lauten:[29]

> **Formulierungsvorschlag:**
>
> § ...... Die Gewinnberechtigung von im Rahmen einer Kapitalerhöhung ausgegebenen Aktien kann für das Geschäftsjahr, in dem die Kapitalerhöhung durchgeführt wird, abweichend von § 60 Abs. 2 AktG geregelt werden. Die Hauptversammlung kann auch beschließen, dass abweichend von § 60 Abs. 1 AktG einzelne Aktionäre, die dem zugestimmt haben, keinen Anteil am Gewinn erhalten; der Bilanzgewinn ist dann an die übrigen Aktionäre, im Verhältnis dieser untereinander gem. § 60 Abs. 1 AktG, zu verteilen, soweit nicht zugleich die Einstellung in Gewinnrücklagen oder der Vortrag auf neue Rechnung beschlossen wird.

In der Praxis ist die Bedeutung der angesichts des Meinungsstandes in der Literatur verbleibenden Rechtsunsicherheit gering, weil der Dividendenverzicht eines Großaktionärs für die außenstehenden Aktionäre ausschließlich vorteilhaft ist und daher kaum je zu Anfechtungsklagen führen wird; das Fehlen von Rechtsprechung mag als Beleg hierfür dienen. Problematischer sind disquotale Gewinnverteilungsabreden in **Venture Capital Situationen**. Auch hier zeigt sich die Schwäche schuldrechtlicher Vereinbarungen. Zutreffend hat das LG Frankfurt a. M. entschieden, dass eine von der gesetzlichen Regelung des § 60 Abs. 1 bzw. Abs. 2 AktG abweichende Gewinnverteilung oder Liquidationsverteilung stets in der Satzung selbst angeordnet werden muss.[30] Zwar können sich die Aktionäre untereinander auch schuldrechtlich verpflichten, entstandene Gewinnansprüche abweichend zu verteilen und – wenn die Gesellschaft an dieser schuldrechtlichen Vereinbarung beteiligt ist – die Gesellschaft um entsprechend disquotale Auszahlung bitten.[31] Auch insoweit sind aber die steuerlichen Folgen problematisch, weil zunächst ein quotaler steuerlicher Zufluss von Kapitalerträgen stattfindet und die Beurteilung der abweichenden Verteilung als negative Einkünfte bzw. zusätzliche Einkünfte aus Kapitalvermögen nicht ohne weiteres klar ist.

IV. Gewinnanspruch

1. Mitgliedschaftsrecht und Zahlungsanspruch

Dogmatischer Ausgangspunkt des „Rechtes der Gewinnverwendung" ist die **fundamentale Unterscheidung zwischen dem mitgliedschaftlichen Recht auf Gewinnbeteiligung und dem konkreten Gewinnauszahlungsanspruch**. Die Feststellung in § 58 Abs. 4 AktG: „Die Aktionäre haben Anspruch auf den Bilanzgewinn ......" bezeichnet den mitgliedschaftlichen Gewinnanspruch, der seine Rechtsgrundlage in der Mitgliedschaft des Aktionärs hat und der mit der Feststellung des einen Bilanzgewinn ausweisenden Jahresabschlusses entsteht.[32] Die-

---

[29] Zutreffender Hinweis von MüKoAktG/*Bayer* § 60 Rn. 39 aE auf Vorzugswürdigkeit einer Satzungsklausel.
[30] LG Frankfurt a. M. 23.12.2014 – 3 – 5 O 47/14, ZIP 2015, 931.
[31] Hierzu in (allerdings als unterlegene Prozessbevollmächtigte parteiischer) Auseinandersetzung mit der vorgenannten Entscheidung des LG Frankfurt a. M. *Harbarth/Zeyher/Brechtel* AG 2016, 801.
[32] BGHZ 65, 230 (235) = NJW 1976, 241; BGHZ 124, 27 (31) = NJW 1994, 323; Hüffer/Koch/*Koch* AktG § 58 Rn. 26; MüKoAktG/*Bayer* § 58 Rn. 97 ff.

ser mitgliedschaftliche **Dividendenanspruch ist nicht verkehrsfähig,** insbesondere nicht abtretbar, weil er untrennbar mit der Aktie verbunden ist und deshalb nur dem Aktionär zustehen kann.[33]

27 Der **konkrete Gewinnauszahlungsanspruch** als auf Zahlung der Dividende gerichtetes Gläubigerrecht entsteht demgegenüber erst mit Wirksamwerden des Gewinnverwendungsbeschlusses gemäß § 174 AktG.[34] Mit der Beschlussfassung entsteht der Dividendenzahlungsanspruch als unentziehbares und grundsätzlich sofort fälliges und selbständig verkehrsfähiges Gläubigerrecht. Allerdings ist eine abweichende Fälligkeitsbestimmung im Gewinnverwendungsbeschluss selbst grundsätzlich möglich.

28 **Steuerlich** ist insoweit von Bedeutung, dass gemäß § 20 Abs. 5 EStG die Dividende dem Anteilseigner zuzurechnen ist und als Anteilseigner stets derjenige gilt, dem die Anteile im Zeitpunkt des Gewinnverteilungsbeschlusses zuzurechnen sind. An dieser steuerlichen Zurechnungsnorm ändern abweichende Fälligkeitsabreden nichts. Gemäß § 43 Abs. 1 Nr. 1 EStG ist auf Dividenden ein Kapitalertragsteuerabzug in Höhe von 25 % des Kapitalertrags (§ 43a Abs. 1 Nr. 1 EStG) vorzunehmen. Schuldner der Kapitalertragsteuer ist die Gesellschaft (§ 44 Abs. 1 S. 1 EStG). Gemäß § 44 Abs. 1 und 2 EStG wird die Kapitalertragsteuer an dem im Gewinnverwendungsbeschluss als Auszahlungstag bestimmten Tag fällig oder – soweit ein bestimmter Auszahlungstag nicht festgelegt worden ist – am Tag nach der Beschlussfassung durch die Hauptversammlung.

29 Aufgrund des dargestellten Zusammenhangs zwischen Mitgliedschaftsrecht und Zahlungsanspruch wird dem Aktionär nach der Feststellung des Jahresabschlusses ein notfalls **gerichtlich durchsetzbarer Anspruch auf die Herbeiführung des Gewinnverwendungsbeschlusses** zugebilligt.[35] Wie ein solcher Anspruch praktisch durchsetzbar sein soll, wenn die Gewinnverwendung zwar auf der Tagesordnung steht, kein Beschlussvorschlag aber die erforderliche Mehrheit findet, ist ungeklärt. Tatsächlich wird man in einer solchen „Patt-Situation" den Aktionären die aus dem mitgliedschaftlichen Anspruch auf den Bilanzgewinn aus § 58 Abs. 4 AktG und der Regelung in § 60 Abs. 1 AktG abgeleitete Möglichkeit geben müssen, mit einer positiven Beschlussfeststellungsklage oder einer Zahlungsklage die Auszahlung ihres Anteils am Bilanzgewinn unmittelbar zu erzwingen.[36]

30 Ebenfalls relativiert wird die Bedeutung des Gewinnverwendungsbeschlusses im Verhältnis zwischen verbundenen Unternehmen. Mutterunternehmen, die am Abschlussstichtag und im Zeitpunkt des Gewinnverwendungsbeschlusses über die nach Gesetz, Satzung oder Gesellschaftsvertrag erforderliche Mehrheit zur Herbeiführung der Beschlussfassung verfügen, sind nämlich unabhängig vom förmlichen Vorliegen eines Gewinnverwendungsbeschlusses verpflichtet, die Beteiligungserträge bereits in dem Geschäftsjahr zu vereinnahmen, in dem das Tochterunternehmen den Gewinn erzielt hat (sogenannte „phasengleiche Gewinnvereinnahmung"), wenn die Geschäftsjahre deckungsgleich sind, der Jahresabschluss des Tochterunternehmens vor dem des Mutterunternehmens festgestellt wird und über die Gewinnverwendung des Tochterunternehmens zwar nach dem Bilanzstichtag, aber vor Beendigung der Abschlussprüfung des Mutterunternehmens beschlossen wird.[37] Unter diesen Voraussetzungen ist der Zahlungsanspruch am Bilanzstichtag so gut wie sicher[38], sodass ein Rechtsanspruch besteht und keine ausschüttungsbegrenzende Rücklage gem. § 272 Abs. 5 S. 1 HGB zu bilden ist.[39]

31 Der Dividendenzahlungsanspruch kann in einem Wertpapier, dem sogenannten „**Coupon**" (**Dividendenschein**) verbrieft werden. Wenn die Satzung nichts anderes regelt, soll den

---

[33] Hüffer/Koch/*Koch* AktG § 58 Rn. 26; OLG München 17.9.2014 – 7 U 3876/13, ZIP 2014, 1980.
[34] Hüffer/Koch/*Koch* AktG § 58 Rn. 28 und § 174 Rn. 4; MüKoAktG/*Bayer* § 58 Rn. 102 ff.
[35] BGHZ 124, 111 (123); BGH ZIP 1998, 1836 (1837); Hüffer/Koch/*Koch* AktG § 58 Rn. 26.
[36] Ausführlicher *Schüppen* FS Röhricht, 571 (575 ff.); ebenso *Cahn/Senger* in Spindler/Stilz AktG § 58 Rn. 92.
[37] EuGH 27.6.1996, WPG 1996, 524; BGH 12.1.1998, DB 1998, 567; *Schüppen* DB 1996, 1481; HKMS/*Schüppen* Bilanzrecht HGB § 275 Rn. 31.
[38] Beschlussempfehlung und Bericht des Rechtsausschusses zum BilRUG, BT-Drs. 18/5256, 83.
[39] Siehe mit weiteren Nachw. IDW (Hrsg.), WP-Handbuch, 15. Aufl. 2017, Abschn. F Rn. 498 f.

Aktionären ein Anspruch auf eine solche Verbriefung zustehen. Der Coupon ist ein Inhaberpapier, die rechtliche Behandlung folgt den Regeln in §§ 793 ff. BGB. Im heute üblichen Girosammelverkehr ist die Verbriefung von Dividendenansprüchen zunehmend unüblich geworden.[40]

2. Materielle Vorgaben

Die Gewinnverwendungsvorschriften des AktG regeln im Wesentlichen Kompetenzen, Bilanzierungstechnik und Verfahren. Immerhin lässt sich der mit „Anfechtung des Beschlusses über die Verwendung des Bilanzgewinns" überschriebenen Spezialnorm des § 254 AktG ein Minimum an materiellen Vorgaben entnehmen. Nach dieser Vorschrift ist ein **Gewinnverwendungsbeschluss anfechtbar,** wenn der Bilanzgewinn ganz oder teilweise nicht ausgeschüttet wird und hierdurch den Aktionären **kein Gewinn in Höhe von mindestens 4 % des Grundkapitals** verbleibt.[41] Weitere Voraussetzung der Anfechtbarkeit ist allerdings auch, dass der Ausschluss von Teilen des Bilanzgewinns von der Verteilung an die Aktionäre nicht bei „vernünftiger kaufmännischer Beurteilung notwendig ist, um die Lebens- und Widerstandsfähigkeit der Gesellschaft" zu sichern. Zwar handelt es sich um unbestimmte Begriffe, aber „Lebens- und Widerstandsfähigkeit der Gesellschaft" dürften generell als materielle Kriterien nicht nur im Rahmen des § 254 AktG, sondern auch für die vorgelagerten Thesaurierungsentscheidungen der Verwaltung gelten.

Die gesetzliche Idee einer Mindestrendite von 4 % unter dieser Nebenbedingung ist grundsätzlich ebenfalls bemerkenswert. Da die gesetzliche Regelung aber weder auf das Eigenkapital noch auf den Verkehrswert der Aktien abstellt, sondern auf das Grundkapital, sichert sie im Regelfall keine überhaupt nennenswerte Rendite und ist daher praktisch bedeutungslos. **De lege ferenda** sollte der Maßstab der 4 %igen Mindestdividende verändert werden;[42] da die Heranziehung des an sich relevanten Anteilswertes unpraktikabel ist, sollte bei der gebotenen Änderung der Norm auf das bilanzielle Eigenkapital abgestellt werden.

Fraglich ist, ob **Vorstand und Aufsichtsrat bereits im Vorfeld pflichtwidrig** handeln können, wenn sie Teile des Jahresüberschusses im Rahmen der gesetzlichen oder satzungsmäßigen Ermächtigung in die Rücklagen einstellen, obwohl dies bei „vernünftiger kaufmännischer Beurteilung" für die „Lebens- und Widerstandsfähigkeit der Gesellschaft" nicht erforderlich wäre. Die Antwort ist umstritten.[43]

Bei **Entscheidungen der Hauptversammlung, Beträge in die Rücklagen einzustellen** oder vorzutragen kann neben der Anfechtungsregelung des § 254 AktG die gesellschaftsrechtliche **Treuepflicht in Extremfällen,** insbesondere in Fällen des so genannten „Aushungerns" einer Minderheit durch eine Mehrheit von Aktionären, zu Korrekturen zwingen.[44]

Ein typisches Problem in diesem Zusammenhang ist auch die **Rücklagenbildung im Konzern,** da es der Vorstand der Muttergesellschaft aufgrund seines Weisungsrechts und/oder der Übernahme von Geschäftsführungspositionen in Tochtergesellschaften in der Hand hat, durch Ausschüttung oder Nicht-Ausschüttung von Gewinnen aus den Tochtergesellschaften den Jahresüberschuss der Muttergesellschaft zu steuern. Auch bei Einhaltung der Thesaurierungsgrenzen des § 58 Abs. 2 AktG kann es daher dazu kommen, dass weit mehr als die Hälfte des Konzerngewinns von der Gewinnverwendungsentscheidung durch die Hauptversammlung ausgeschlossen ist. Eine Mindermeinung nimmt deshalb an, dass für Konzern-

---

[40] Vgl. ausführlicher und mit ergänzendem Hinweis auf den Erneuerungsschein (Talon) Hüffer/Koch/*Koch* AktG § 58 Rn. 29 f.
[41] Seltens Anschauungsmaterial am Exemplar der Deutschen Bank LG Frankfurt a. M. 15.12.2016 – 3–5 O 154/16, iuris.
[42] Ebenso *Baums* FS Karsten Schmidt, 57 (82).
[43] Ablehnend KölnKommAktG/*Drygala* § 58 Rn. 57; anders Hüffer/Koch/*Koch* AktG § 58 Rn. 10: trotz weiten unternehmerischen Entscheidungsspielraums Pflichtverletzung wie bei anderen Maßnahmen der Geschäftsführung grds. möglich.
[44] Zutreffend *Baums* FS Karsten Schmidt, 57 (80); aA – gegen jede materielle Beschlusskontrolle – *Habersack* FS Karsten Schmidt, 523 (531 f.).

sachverhalte in § 58 AktG eine Regelungslücke besteht, die dadurch zu schließen ist, dass die in beherrschten Unternehmen gebildeten Rücklagen zu berücksichtigen sind, wobei das „Wie" dieser Berücksichtigung wiederum umstritten ist.[45] Die überwiegende und für die Praxis maßgebliche Auffassung folgt dem Wortlaut des § 58 AktG und wendet diesen für jede Aktiengesellschaft isoliert an mit der Folge, dass eine Rücklagenzurechnung nicht stattfindet.[46]

37 Häufiger in den Blick geraten ist in jüngerer Zeit die umgekehrte Fragestellung, ob ein formell und bilanztechnisch ordnungsgemäßer Gewinnausschüttungsbeschluss deshalb rechtswidrig sein kann, weil er gegen eine ungeschriebene materielle Obergrenze verstößt und eine **zu hohe Gewinnausschüttung** vorsieht. Hintergrund sind nach der Mehrheitsübernahme durch Finanzinvestoren gelegentlich zu beobachtende **„Super-Dividenden"**. Diese können als Element eines „Financial Engineering" auf die Ersetzung von Eigenkapital durch Fremdkapital zielen, um durch eine Erhöhung des „Leverage" die Eigenkapitalrendite zu erhöhen (solange die Rendite der unternehmerischen Tätigkeit höher ist als die Fremdkapitalzinsen, erhöht jede Ausweitung der Fremdfinanzierung die Eigenkapitalrendite). Zum anderen kann es sich um eine Desinvestition mit dem Ziel handeln, die zum Erwerb des Unternehmens aufgenommenen Akquisitionsdarlehen aus dem Vermögen des übernommenen Unternehmens zu tilgen. Selbstverständlich sind auch Kombinationen dieser beiden Motive möglich.

38 Nach einer verbreiteten Auffassung trägt der Gewinnverwendungsbeschluss „seine Rechtfertigung in sich" und ist jenseits der in § 254 AktG definierten Mindestdividende einer Inhaltskontrolle nicht zugänglich. Für eine Angemessenheitskontrolle des Gewinnverwendungsbeschlusses sei schon im Ansatz kein Raum; im Übrigen sähe der Gesetzgeber das Desinvestitionsinteresse der Aktionärsmehrheit auch sonst als besonders schutzwürdig an.[47] Weitgehend unstrittig ist allerdings, dass eine Treupflichtverletzung vorliegen kann, wenn der Gesellschaft durch den Gewinnverwendungsbeschluss liquide Mittel entzogen werden, auf die sie im Interesse ihres Fortbestandes dringend angewiesen ist.[48] Darüber hinaus wird man einen Gewinnverwendungsbeschluss aber auch dann als wegen Treuflichtverletzung anfechtbar einstufen müssen, wenn das herrschende Unternehmen oder eine strategisch zusammenwirkende Gruppe von Investoren ohne Rücksicht auf die Finanzierungsbedürfnisse der Gesellschaft ihre eigenen Interessen durchsetzt.[49]

3. Sachdividenden

39 Nach dem durch das **TransPuG** neu eingefügten **§ 58 Abs. 5 AktG** kann die Satzung der Aktiengesellschaft Sachausschüttungen zulassen. Diese können dann durch Mehrheitsbeschluss der Hauptversammlung beschlossen werden, während nach früher überwiegender Meinung Sachdividenden nur einstimmig möglich waren.[50] Die wohl wichtigste Frage ist zunächst, ob die Möglichkeit der Sachdividende auf qualifizierte Sachwerte, namentlich liquide Aktien[51] begrenzt ist. Selbstverständlich besteht die Möglichkeit einer entsprechend einschränkenden Satzungsklausel; aber der Gesetzeswortlaut sieht eine solche Beschränkung nicht vor, so dass auch weitergefasste Satzungsklauseln prinzipiell möglich sind.[52] Es liegt aber auf der Hand, dass die Ausschüttung anderer als liquider Sachwerte zu erheblichen Problemen der Gleichbehandlung (§ 53a AktG) nicht nur führen kann, sondern bei hetero-

---

[45] Gegen schematische Zurechnung, aber für spezielle Pflichtbindung der Verwaltung überzeugend MüKoAktG/*Bayer* § 58 Rn. 51 ff., 66 ff. mit Nachweisen.
[46] Hüffer/Koch/*Koch* AktG § 58 Rn. 17; *Thomas* ZGR 1985, 365; H. P. *Westermann* FS Pleyer, 1986, 421 (437 ff.); *Werner* FS Stimpel, 1985, 935 (952).
[47] *Habersack* FS Karsten Schmidt, 523 (528 ff.).
[48] *Baums* FS Karsten Schmidt, 57 (68); *Habersack* FS Karsten Schmidt, 523 (532).
[49] *Baums* FS Karsten Schmidt, 57 (81).
[50] *Baums* (Hrsg.), Bericht der Regierungskommission Corporate Governance, 2001, Tz. 200; Hüffer/Koch/*Koch* AktG § 58 Rn. 31.
[51] Zum Begriff der „liquiden Aktien" vgl. § 31 Abs. 2 WpÜG und hierzu die Kommentierung Haarmann/Schüppen/*Haarmann* WpÜG § 31 Rn. 82 ff.
[52] So ausdrücklich Reg. Begr., BT-Drs. 14/87/69 S. 27 Abs. 2.

genem Aktionärskreis führen muss. Solche Gewinnverwendungsbeschlüsse unterliegen einer gerichtlichen Inhaltskontrolle im Rahmen der Anfechtungsklage.[53]

In allen Fällen stellen sich **erhebliche Probleme bei der handelsrechtlichen und der steuer- 40 rechtlichen Bewertung.** Relativ leicht lösbar ist die handelsrechtliche Situation, wo die Ausschüttung zum bilanziellen Buchwert als zulässig angesehen werden muss.[54] Komplexer stellt sich die steuerliche Situation dar. Trotz fehlender gesetzlicher Tatbestände wird überwiegend angenommen, dass eine Ausschüttung steuerlich auf der Ebene der Gesellschaft einen Realisierungsvorgang darstellt.[55] Praktische Probleme tauchen auch auf der Ebene der Aktionäre auf, bei denen steuerlich in jedem Fall ein Zufluss in Höhe des Verkehrswertes anzunehmen ist, und insbesondere bei der von der Gesellschaft einzubehaltenden Kapitalertragsteuer. Im gegenwärtigen steuerlichen Umfeld ist daher eine Sachdividende – selbst unter Inkaufnahme steuerlicher Rechtsunsicherheiten – wohl nur als kombinierte Bar- und Sachausschüttung praktikabel.

Keine Sachdividenden, sondern Bardividenden sind in der Dividendenpraxis deutscher 41 börsennotierter Gesellschaften seit 2013 zu beobachtende **Wahldividenden** *("Scrip Dividends").* Den Aktionären wird hierbei angeboten, den Nettobetrag der beschlossenen Bardividende als Sacheinlage für den Bezug von Aktien aus einer Kapitalerhöhung (gegebenenfalls auch zum Erwerb eigener Aktien) zu verwenden.[56] Es handelt sich mithin um eine Art *„Debt Equity Swap",* weil das mit dem Gewinnverwendungsbeschluss entstandene und aus der Sicht der Gesellschaft eine Verbindlichkeit darstellende Forderungsrecht des Aktionärs in Eigenkapital „umgewandelt" wird. Aus der Sicht der Gesellschaft ist diese Form der Dividendenabwicklung liquiditätsschonend und stärkt das Eigenkapital; um die Wahldividende attraktiv zu machen, werden die zu erwerbenden Aktien daher typischer Weise mit einem kleinen Abschlag auf den aktuellen Börsenkurs angeboten, um einen Anreiz zugunsten der Aktiendividende zu schaffen. In Höhe dieses Abschlags besteht auch ein Vorteil für diejenigen Aktionäre, die es ohnehin für attraktiv halten, den Nettozufluss in Aktien der Gesellschaft zu reinvestieren (was hiervon abgesehen bei liquiden Aktien auch bei einfachen Bardividenden durch Erteilung eines entsprechenden Kaufauftrags an die Depotbank ohne Weiteres möglich ist).

4. Zwischendividenden

Die Möglichkeit zur Zahlung von Zwischendividenden („Abschlagszahlungen auf den Bi- 42 lanzgewinn") ist im geltenden Aktienrecht **außerordentlich restriktiv geregelt.** Die Möglichkeit des Vorstands, eine solche Abschlagszahlung mit Zustimmung des Aufsichtsrates (§ 59 Abs. 3 AktG) zu beschließen, setzt zunächst eine entsprechende ausdrückliche Ermächtigung durch die Satzung voraus (§ 59 Abs. 1 AktG). Weitere Voraussetzungen einer solche Abschlagszahlung sind (§ 59 Abs. 2 AktG):
- Ausweis eines Jahresüberschusses in einem vorläufigen Abschluss;
- Begrenzung auf die Hälfte des Betrages der von dem vorläufigen Jahresüberschuss nach Abzug der nach Gesetz oder Satzung in die Gewinnrücklagen einzustellenden Beträge verbleibt;
- Begrenzung auf die Hälfte des vorjährigen Bilanzgewinns.

Vor allem und praktisch bei weitem am bedeutendsten ist jedoch die Restriktion, dass eine solche Zwischendividende **erst nach Ablauf den Geschäftsjahres** (§ 59 Abs. 1 AktG) in

---

[53] So bereits *Schüppen* ZIP 2002, 1269 (1277); *Hüffer* AktG § 58 Rn. 32; **anders** aber die Gesetzbegründung, wonach von der Existenz einer weitgefassten Satzungsklausel eine entsprechende Warnfunktion ausgehen soll, so dass Mehrheitsbeschlüsse über Sachausschüttungen ohne Inhaltskontrollen möglich sein sollen, Reg. Begr., BT-Drs. 14/8769, 38.

[54] Sehr str., *Lutter/Leinekugel/Rödder* ZGR 2002, 204 (218 ff.); *Schüppen* ZIP 2002, 1269 (1277); MüKoAktG/*Bayer* § 58 Rn. 130 f.; aA *Hüffer* AktG § 58 Rn. 33; *W. Müller* NZG 2002, 752 (758 f.); für Wahlrecht mit Pflicht zur Angabe von Buchwert und Zeitwert im Beschluss IdW (Hrsg.), WP-HdB Abschn. F Rn. 506.

[55] *Lutter/Leinekugel/Rödder* ZGR 2002, 204 (229); **aA** *Schüppen* ZIP 2002, 1269 (1277).

[56] Siehe mit weiteren Einzelheiten und Nachweisen *Schmidtmann* DB 2017, 2695; Hüffer/Koch/*Koch* AktG § 58 Rn. 33a.

Betracht kommt. Während des laufenden Geschäftsjahres können also keine Vorabdividenden bezahlt werden, die US-amerikanische Praxis der „Quartalsdividenden" ist mit geltendem Recht nicht nachzuahmen, auch wenn die Gesellschaft Quartalsabschlüsse erstellt und veröffentlicht. Die praktische Bedeutung der Zwischendividende ist daher derzeit relativ gering.[57] Es spricht alles dafür, die Möglichkeiten zur Zahlung von Zwischendividenden de lege ferenda zu verbessern.[58]

5. Gewinnabführungsverträge

43 Eine vollständige Umgestaltung erfährt das Gewinnverwendungsregime der Aktiengesellschaft, wenn sie als abhängige Gesellschaft Partei eines Gewinnabführungsvertrages wird. Durch den Gewinnabführungsvertrag verpflichtet sich die Gesellschaft, ihren ganzen Gewinn an ein anderes Unternehmen abzuführen (§ 291 Abs. 1 S. 1 AktG). Da kein Bilanzgewinn entstehen kann, wird dem mitgliedschaftlichen Dividendenrecht aus § 58 Abs. 4 AktG sein Substrat entzogen.[59]

44 Allerdings muss ein Gewinnabführungsvertrag als Ausgleich für die Gewinnabführung eine **„auf die Anteile am Grundkapital bezogene wiederkehrende Geldleistung (Ausgleichszahlung)"** vorsehen (§ 304 Abs. 1 S. 1 AktG). Diese „Garantiedividende" muss dem Betrag entsprechen, der nach der bisherigen Ertragslage der Gesellschaft und ihren künftigen Ertragsaussichten voraussichtlich als durchschnittlicher Gewinnanteil auf die einzelne Aktie verteilt werden könnte, und zwar unter Berücksichtigung angemessener Abschreibung und Wertberichtigungen, jedoch ohne Berücksichtigung von Bildung von Gewinnrücklagen (§ 304 Abs. 2 S. 1 AktG). Möglich ist auch eine an der Dividende des herrschenden Unternehmens orientierte variable Ausgleichszahlung, wenn das herrschende Unternehmen eine Aktiengesellschaft oder Kommanditgesellschaft auf Aktien ist (§ 304 Abs. 2 S. 2 AktG). In beiden Fällen ist die Ausgleichszahlung jedoch kein Dividendenanspruch, sondern ein sich aus dem Gewinnabführungsvertrag ergebender vertraglicher Zahlungsanspruch.[60] Schuldner der Ausgleichsleistung ist auch nicht die Gesellschaft, sondern der andere Vertragsteil.[61]

V. Dividendenzahlung

45 Der Vorstand ist grundsätzlich verpflichtet, den Gewinnverwendungsbeschluss zu vollziehen (§ 83 Abs. 2 AktG).[62] Allerdings besteht eine **Ausführungspflicht** nicht bei gesetz- und satzungswidrigen Hauptversammlungsbeschlüssen.[63] Bejaht man die Inhaltskontrolle des Gewinnverwendungsbeschlusses unter dem Gesichtspunkt möglicher Treupflichtverletzungen, so hat das Vorstandsmitglied den Hauptversammlungsbeschluss vor der Auszahlung der Dividende auch unter diesem Gesichtspunkt zu prüfen.

46 Auch einen gesetzmäßigen Dividendenbeschluss darf der Vorstand nicht ausführen, wenn die **Auszahlung zur Insolvenz der Gesellschaft** führt. Zwar ist er gegebenenfalls zur Kreditfinanzierung der Ausschüttung verpflichtet. Sofern aber hierdurch der für absehbare Auszahlungen erforderliche Finanzierungsspielraum fehlt und die Zahlungsunfähigkeit der Gesellschaft herbeigeführt würde, scheidet eine Auszahlung aus. Dies ergab sich schon immer aus allgemeinen Grundsätzen und ist nunmehr in **§ 92 Abs. 2 AktG** in der Neufassung

---

[57] In Einzelfällen kann es allerdings, insbesondere in Konzernverhältnissen, wichtig sein, einige Monate vor der ordentlichen Hauptversammlung an in der AG vorhandene Liquidität heranzukommen, was aufgrund der BGH-Entscheidungen zur Darlehensgewährung an Gesellschafter als Verstoß gegen die Kapitalerhaltungsvorschriften auch in Form von Darlehen nicht uneingeschränkt möglich ist.
[58] Vgl. ausführlich *Siebel/Gebauer* AG 1999, 385 ff.; ebenso Hüffer/Koch/*Koch* AktG § 59 Rn. 5.
[59] Hüffer/Koch/*Koch* AktG § 304 Rn. 1.
[60] Gleichwohl bleibt für die Bewertung der Beteiligung der Minderheitsaktionäre – zB im Rahmen des § 327b AktG – der volle anteilige Unternehmenswert maßgeblich, zutreffend BGH 12.1.2016 – II ZB 25/14, ZIP 2016, 666 m. Bespr. *Schüppen* ZIP 2016, 1413.
[61] Hüffer/Koch/*Koch* AktG § 304 Rn. 4.
[62] *Habersack* FS Karsten Schmidt, 523 (533).
[63] Vgl. zu Vorstandspflichten bei anfechtbarem Dividendenbeschluss *Haertlein* ZHR 2004 (168), 437 (447 ff.).

durch das MoMiG ausdrücklich geregelt: Nach Abs. 2 S. 3 iVm S. 1 darf der Vorstand keine Zahlungen an die Aktionäre leisten, soweit diese zur Zahlungsunfähigkeit der Gesellschaft führen müssen. Hierbei ist auf einen üblichen Liquiditätsplanungszeitraum von zumindest sechs bis zwölf Monaten abzustellen. Ein Verstoß gegen dieses Zahlungsverbot führt zu einer Schadensersatzpflicht nach § 93 Abs. 3 Nr. 6 AktG.

VI. Checklisten: Anwaltliche Gestaltung und Durchsetzungsberatung

Checkliste: Satzungsgestaltung

Satzungsspielräume aufgrund gesetzlicher Öffnungsklauseln:
- ☐ Zwangsdotierung der Rücklagen bei JA-Feststellung durch Hauptversammlung (§ 58 Abs. 1 AktG)?
- ☐ Einschränkung oder Erweiterung der Verwaltungskompetenz zur Rücklagendotierung (§ 58 Abs. 2 AktG)?
- ☐ Ermächtigung der Hauptversammlung, Auszahlungen des Bilanzgewinns an Dritte (zB gemeinnützige Zwecke) zu beschließen (§ 58 Abs. 3 S. 2 AktG)?
- ☐ Ermächtigung der Hauptversammlung, (qualifizierte?) Sachausschüttungen zu beschließen (§ 58 Abs. 5 AktG)?
- ☐ Ermächtigung des Vorstands, Abschlagszahlungen auf den Bilanzgewinn zu leisten (§ 59 Abs. 1 AktG)?
- ☐ Ermächtigung der Hauptversammlung, von § 60 Abs. 1, Abs. 2 AktG abweichende Gewinnverteilung zu beschließen?
- ☐ Zwangsdotierung von Rücklagen durch Erhöhung der Obergrenze für gesetzliche Rücklagen (§ 150 Abs. 2 AktG)?
- ☐ Erhöhtes Mehrheitserfordernis für Gewinnverwendungsbeschluss (§ 174 iVm § 133 Abs. 1 AktG)?

Typische Streitpunkte:
- ☐ Mindestdividende; Rücklagen im Konzern; übermäßige Rücklagendotierung; fehlende Mehrheiten.
- ☐ Gewinnverwendungsbeschluss anfechtbar wegen Unterschreitens der gesetzlichen „Mindestdividende" § 254 AktG?
- ☐ Gewinnverwendungsbeschluss wegen Verstoß gegen § 174 Abs. 2 AktG anfechtbar?
- ☐ Gewinnverwendungsbeschluss nichtig, weil Feststellung des Jahresabschlusses nichtig (§ 253 AktG iVm § 256 AktG)?
- ☐ Jahresabschluss nichtig, weil bei Feststellung Vorschriften von Gesetz oder Satzung über Einstellung in/Auflösung von Rücklagen verletzt (§ 256 Abs. 1 Nr. 4 AktG)?
- ☐ Gewinnverwendungsbeschluss wegen Verstoß gegen gesellschaftsrechtliche Treuepflicht anfechtbar?
  – Wegen zu niedriger Dividende?
  – Zu hoher(!) Dividende?
- ☐ Erzwingung eines (unterbliebenen oder nicht zustande gekommenen) Gewinnverwendungsbeschlusses erforderlich?
- ☐ Entlastung von Vorstand/Aufsichtsrat anfechtbar wegen Gesetzesverstoß
  – Übermäßige Rücklagendotierung?
  – Überhöhter Ausschüttungsvorschlag?

§ 31 Erwerb eigener Aktien

Übersicht

	Rn.
I. Einleitung	1/2
II. Übernahme- und Zeichnungsverbot – Originärer Erwerb	3–8
1. Verbot und Rechtsfolgen	3/4
2. Umgehungsgeschäfte	5–7
3. Kollisionsrecht	8
III. Derivativer Erwerb	9–55
1. Verbot	10–12
2. Erlaubnistatbestände des § 71 Abs. 1 AktG	13–40
a) Erwerb zur Schadensabwehr (Nr. 1)	15/16
b) Belegschaftsaktien (Nr. 2)	17–19
c) Abfindung von Aktionären (Nr. 3)	20/21
d) Unentgeltlicher Erwerb und Einkaufskommission	22
e) Gesamtrechtsnachfolge (Nr. 5)	23
f) Einziehung (Nr. 6)	24
g) Handelsbestand (Nr. 7)	25
h) Ermächtigungsbeschluss ohne positive Zweckvorgabe (Nr. 8)	26–38
i) Erwerbsschranken, allgemeine Voraussetzungen (§ 71 Abs. 2 AktG)	39/40
3. Rechtsfolgen	41–48
a) Pflichten nach (zulässigem) Erwerb (§ 71 Abs. 3, § 71c Abs. 2, 3)	41–43
b) Rechte und Pflichten beim Halten eigener Aktien (§ 71b)	44/45
c) Rechtsfolgen eines unzulässigen Erwerbs (§ 71 Abs. 4, § 71c Abs. 1, 3)	46–48
4. Sonderfälle	49–54
a) Umgehungsgeschäfte und Erweiterung des Kapitalschutzes (§ 71a)	49–52
b) Dritterwerb	53
c) Inpfandnahme (§ 71e)	54
5. Internationales Privatrecht	55
IV. Kapitalmarktrecht, insbesondere Informations- und Publizitätspflichten	56–64
1. Aktienrecht	56
2. Kapitalmarktrecht	57–64
a) Unionsrechtlicher Hintergrund	57
b) WpÜG	58
c) WpHG und Marktmissbrauchsverordnung (EU Nr. 596/2014)	59–64
V. Steuerrecht und bilanzielle Behandlung	65/66
VI. Arbeitshilfen	67–82
1. Checkliste Beratungssituation	68–75
2. Checkliste Verfahren und Rechtsfolgen	76–81
3. Muster: (Anschluss-)Ermächtigung zum Erwerb und zur Verwendung eigener Aktien	82

Schrifttum: *Bayer/Hoffmann/Weinmann,* Kapitalmarktreaktionen bei Ankündigung des Rückerwerbs eigener Aktien über die Börse, ZGR 2007, 457; *Bedkowki,* Der neue Emittentenleitfaden der BaFin, BB 9.2009, 394; *Benckendorff,* Erwerb eigener Aktien im deutschen und US-amerikanischen Recht, 1998; *Bezzenberger,* Eigene Aktien und ihr Preis – auch beim Erwerb mit Hilfe von Kaufoptionen, ZHR 180 (2016), 8; *ders.,* Erwerb eigener Aktien durch die AG, 2002; *Binder,* Mittelbare Einbringung eigener Aktien als Sacheinlage und Informationsgrundlagen von Finanzierungsentscheidungen in Vorstand und Aufsichtsrat, ZGR 2012, 757; *Bosse,* Mitarbeiterbeteiligung und Erwerb eigener Aktien, NZG 2001, 594; *ders.,* Probleme des Rückkaufs eigener Aktien, NZG 2000, 923; *Bredow/Sickinger,* Rückkaufprogramme für Mittelstandsanleihen – vorzugsweise als öffentliches Rückkaufangebot, AG 2012, R257; *Breuninger/Müller,* Erwerb und Veräußerung eigener Anteile nach dem BilMoG – Steuerrechtliche Behandlung – Chaos perfekt?, GmbHR 1/2011, 10; *Brill,* Gesellschafts- und steuerrechtliche Behandlung eigener Anteile, kösdi 2015, 19279; *Büchele,* Österreichisches Kapitalgesellschaftsrecht, ZVglRWiss 113 (2014), 213; *Busch,* Eigene Aktien bei der Stimmrechtsmitteilung – Zähler, Nenner, Missstand, AG 2009, 425; *Cahn,* Die Auswirkungen der Richtlinie zur Änderung der Kapitalrichtlinie auf den Erwerb eigener Aktien, Der Konzern 2007, 385; *Cahn/Ostler,* Eigene Aktien und Wertpapieranleihe, AG 2008, 221; *Claussen,* 25 Jahre deutsches Aktiengesetz von 1965 (II), AG 1991, 10; *Escher-Weingart/Kübler,* Erwerb eigener Aktien, ZHR 162 (1998), 537; *Fleischer,* Zulässigkeit und Grenzen von Break-Free-Vereinbarungen im Aktien- und Kapitalmarktrecht, AG 2009, 345; *Fleischer/Körber,* Der Rückerwerb eigener

Aktien und das Wertpapiererwerbs- und Übernahmegesetz, BB 2001, 2589; *Gätsch/Bracht,* Die Behandlung eigener Aktien im Rahmen der Mitteilungs- und Veröffentlichungspflichten nach §§ 21,22 und 26a WpHG, AG 2011, 813; *Grüger,* Kurspflegemaßnahmen durch den Erwerb eigener Aktien – Verstoß gegen das Verbot der Marktmanipulation nach § 20a WpHG, BKR 2010, 221; *Günther/Muche/White,* Zulässigkeit des Rückkaufs eigener Aktien in den USA und Deutschland – vor und nach KonTraG, RIW 1998, 337; *Habersack,* Das Andienungs- und Erwerbsrecht bei Erwerb und Veräußerung eigener Anteile, ZIP 2004, 1121; *ders.,* Verdeckte Sacheinlage und Hin- und Herzahlen nach dem ARUG – gemeinschaftlich betrachtet, AG 2009, 557; *Hartmann,* Einlage eigener Aktien, ErbStB 2012, 244; *Heckschen/Weitbrecht,* Formwechsel und eigene Anteile, ZIP 2017, 1257; *Heer,* Unternehmensfinanzierung im Wege der Sachkapitalerhöhung – im Spannungsfeld zwischen Differenzhaftung und verbotenem Erwerb eigener Aktien, ZIP 2012, 2325; *Henze,* Optionsvereinbarungen der Aktiengesellschaft über den Erwerb eigener Aktien, FS Schneider (2011), 507; *Hitzer/Simon/Düchting,* Behandlung eigener Aktien der Zielgesellschaft bei öffentlichen Übernahmeangeboten, AG 2012, 237; *Hüffer,* Aktienbezugsrechte als Bestandteil der Vergütung von Vorstandsmitgliedern und Mitarbeitern – gesellschaftsrechtliche Analyse, ZHR 161 (1997), 214; *Johannesmann/Herr,* Rückkauf eigener Aktien beim Eigenhandel von Kreditinstituten, BB 2015, 2158; *Johannsen-Roth,* Der Einsatz von Eigenkapitalderivaten beim Erwerb eigener Aktien nach § 71 Abs. 1 Nr. 8 AktG, ZIP 2011, 407; *Kallmeyer,* Aktienoptionspläne für Führungskräfte im Konzern, AG 1999, 97; *Kallweit/Simons,* Aktienrückkauf zum Zweck der Einziehung und Kapitalherabsetzung, AG 2014, 352; *Kessler/Suchan,* Erwerb eigener Aktien und dessen handelsbilanzielle Behandlung, BB 2000, 2529; *Keul/Semmer,* Das zulässige Gesamtvolumen von Aktienoptionsplänen, DB 2002, 2255; *Kiem,* Der Erwerb eigener Aktien bei der kleinen AG, ZIP 2000, 209; *Klöhn,* Ad-hoc-Publizität und Insiderbot im neuen Marktmissbrauchsrecht, AG 2016, 423; *Knott/Jacobsen,* Die Verpflichtung des (Belegschafts-)Aktionärs zur Rückübertragung seiner Aktie, NZG 2014, 372; *Kocher,* Sind Ermächtigungen der Hauptversammlung zur Verwendung eigener Aktien analog § 202 I AktG auf fünf Jahre befristet?, NZG 2010, 172; *Kopp/Metzner,* Rechtliche Aspekte der Finanzierung des Rückkaufs von Wandelschuldverschreibungen durch vorherige Kapitalerhöhung oder Emission neuer Wandelschuldverschreibungen, AG 2012, 856; *Kort,* Pflichten von Vorstands- und Aufsichtsratsmitgliedern beim Erwerb eigener Aktien zwecks Vorstandsvergütung, NZG 2007, 823; *Krämer/Heinrich,* Emittentenleitfaden „reloaded", ZIP 2009, 1737; *Krämer/Kiefer,* Ad-hoc-Publizität nach dem Final Report der ESMA, AG 2016, 621; *Krause,* Eigene Aktien bei Stimmrechtsmitteilung und Pflichtangebot, AG 2015, 553; *Kruchen,* Risikoabsicherung aktienbasierter Vergütung mit eigenen Aktien, AG 2014, 655; *Krüger,* Erwerb eigener Aktien durch die Gesellschaft, IStR 2002, 552; *Kumpan,* Ad-hoc-Publizität nach der Marktmissbrauchsverordnung, DB 2016, 2039; *Lenz/Linke,* Rückkauf eigener Aktien nach dem Wertpapiererwerbs- und Übernahmegesetz, AG 2002, 420; *Leuering,* Der Erwerb eigener Aktien im Auktionsverfahren, AG 2007, 435; *Leyendecker-Langner,* (Un-)Zulässigkeit von Aktienrückkaufprogrammen bei öffentlichen Unternehmen, BB 2013, 2051; *Lieder,* Eigene Geschäftsanteile im Umwandlungsrecht, GmbHR 2014, 232; *ders.,* Eigene Geschäftsanteile im GmbH-Recht – Umgehungsprobleme und Zeitpunktstreit –, GmbHR 2014, 57; *Markwardt,* Erwerb eigener Aktien: In der „Falle" des § 71 Abs. 1 Nr. 8 AktG, BB 2002, 1108; *Martens,* Erwerb und Veräußerung eigener Aktien im Börsenhandel, AG 1996, 337; *ders.,* Eigene Aktien und Stock-Options in der Reform, AG 1997, August-Sonderheft, 83; *Merkt/Mylich,* Einlage eigener Aktien und Rechtsrat durch den Aufsichtsrat, NZG 2012, 525; *Möllers/Leisch,* Offene Fragen zum Anwendungsbereich der §§ 37b und 37c WpHG, NZG 2003, 112; *Mutter,* Darf's ein bisschen mehr sein? – Überlegungen zum Gesamtvolumen von Aktienoptionsprogrammen, ZIP 2002, 295; *Oechsler,* Die Änderung der Kapitalrichtlinie und der Rückerwerb eigener Aktien, ZHR 170 (2006), 72; *ders.,* Die neue Kapitalgrenze beim Rückerwerb eigener Aktien (§ 71 Abs. 2 Satz 2 AktG), AG 2010, 105; *ders.,* Die Wertpapierleihe im Anwendungsbereich des § 71 AktG, AG 2010, 526; *Paefgen,* Eigenkapitalderivate bei Aktienrückkäufen und Managementbeteiligungsmodellen, AG 1999, 67; *Peltzer,* Die Neuregelung des Erwerbs eigener Aktien im Lichte der historischen Erfahrungen, WM 1998, 322; *Pluskat,* Rückerwerb eigener Aktien nach WpÜG – auch offiziell kein Anwendungsfall mehr, NZG 2006, 731; *Poelzig,* Insider- und Marktmanipulationsverbot im neuen Marktmissbrachsrecht, NZG 2015, 528; *Porzelt,* Kapitalaufbringung und Kapitalerhaltung in der börsennotierten AG, KSzW 2015, 160; *Reichert/Harbarth,* Veräußerung und Einziehung eigener Aktien, ZIP 2001, 1441; *Rieckers,* Ermächtigung des Vorstands zu Erwerb und Einziehung eigener Aktien, ZIP 2009, 700; *Rodewald/Pohl,* Neuregelungen des Erwerbs von eigenen Anteilen durch die GmbH im Bilanzrechtsmodernisierungsgesetz (BilMoG), GmbHR 2009, 32; *Roser,* Aktuelle Fragen zu eigenen Anteilen, Folgerungen aus dem BMF-Schreiben vom 27. November 2013 GmbH-StB 2014, 55–59; *Schander,* Der Rückkauf eigener Aktien nach dem KonTraG und Einsatzpotenziale bei Übernahmetransaktionen, ZIP 1998, 2087; *Schanz,* Feindliche Übernahmen und Strategien der Verteidigung, NZG 2000, 337; *Schanz/Mühlhäuser,* Rechtsfragen des Einsatzes von Aktienderivaten beim Aktienrückkauf, AG 2001, 493; *dies.,* Die Gegenleistung beim Erwerb eigener Aktien mittels Optionen, AG 2004, 342; *Schmidbauer,* Die Bilanzierung eigener Aktien im internationalen Vergleich, DStR 2002, 187; *Schmolke,* Das Verbot der Marktmanipulation nach dem neuen Marktmissbrauchsregime, AG 2016, 434; *Schneider,* Aktienoptionen als Bestandteil der Vergütung von Vorstandsmitgliedern, ZIP 1996, 1769; *Schockenhoff/Wagner,* Ad-hoc-Publizität beim Aktienrückkauf, AG 1999, 548; *Schulz,* Strategien zum Umgang mit eigenen Anteilen bei der Vorbereitung eines Börsengangs, ZIP 2015, 510; *Schwartzkopff/Hoppe,* Ermächtigungen an den Vorstand beim Formwechsel einer AG in eine SE, NZG 2013, 733; *Seibt/Bremkamp,* Erwerb eigener Aktien und Ad-hoc-Publizitätspflicht, AG 2008, 469; *Siebert/Ivzhenko-Siebert,* Die Veräußerung eigener Anteile durch die Kapitalgesellschaft, FR Ertragsteuerrecht 2012, 285; *Simon,* Vorstandsermächtigungen, KSzW 2010, 15; *Singhof/Weber,* Neue kapitalmarktrechtliche Rahmenbedingungen für den Erwerb eigener Aktien, AG 2005, S. 549 ff.; *Spickhoff,* Der verbotswidrige Rückerwerb eigener Aktien: Internationales Privatrecht und europäische Rechtsangleichung, BB 1997, 2593; *Stallknecht/Schulze-Uebbing,* Der Rückerwerb eigener Aktien durch nicht börsennotierte Aktiengesellschaften, AG 2010, 657; *Stenzel,* Managementbeteilung und Marktmissbrauchsverordnung, DStR 2047, 883; *Strauß,* Akquisitionsfinanzierung durch genehmigtes Kapital, AG 2010, 192; *Stüber,* Bekanntmachung von durchgeführten Transaktionen im Rahmen von Mitarbeiteraktienprogrammen nach der Safe Harbor-VO, ZIP 2015, 1374; *Tountopoulos,* Rückkaufprogramme und Safe-Harbor-Regelungen im Europäischen Kapitalmarktrecht, EWS 2012, 449; *Umnuß/Ehle,* Aktienoptionsprogramme für Arbeitnehmer auf der Basis von § 71 Abs. 1 Nr. 2 AktG, BB 2002, 1042; *Vetter,* Die Gegenleistung bei Erwerb eigener Aktien mittels Call Optionen, AG 2004, S. 344 ff.; *Vogel,* Aktienoptionsprogramme für nicht börsennotierte AG – Anforderungen an Hauptsammlungsbeschlüsse, BB 2000, 937; *Wagner,* Zur aktienrechtlichen Zulässigkeit von Share Matching-Plänen, BB 2013, 1739; *Wastl,* Der Handel mit größeren Aktienpaketen börsennotierter Unternehmen, NZG 2000, 505; *Weber,* Kursmanipulationen am Wertpapiermarkt, NZG 2000, 113; *Weiss,* Put option auf eigene Aktien kraft Gesamtrechtsnachfolge?, AG 2004, 127; *Weitnauer,* Das Übernahmesonderrecht des KAGB und seine Auswirkungen auf die Private-Equity-Branche, AG 2013, 672; *Widder,* Masterpläne, Aktienrückkaufprogramme und das Spector-Urteil des EuGH bei M&A-Transaktionen, BB 2010, 515; *Widder/Kocher,* Die Behandlung eigener Aktien im Rahmen der Mitteilungspflichten nach § 21 WpHG, AG 2007, S. 13; *Wienecke,* Der Einsatz von Aktien als Akquisitionsgewährung, NZG 2004, S. 61 ff.; *ders.,* Rückerwerb und Wiederveräußerung von Wandelschuldverschreibungen durch die emittierende Gesellschaft, WM 2013, 1540; *Wiese/Lukas,* Steuerliche Behandlung des Erwerbs eigener Anteile nach dem BMF-Schreiben vom 27.11.2013, GmbHR 2014, 238; *Wilsing/Siebmann,* Die Wiederveräußerung eigener Aktien außerhalb der Börse gem. § 71 Abs. 1 Nr. 8 S. 5 AktG, DB 2006, S. 881; *Winter/Harbarth,* Verhaltenspflichten von Vorstand und Aufsichtsrat bei feindlichen Übernahmen, ZIP 2002, 1; *Ziebe,* Die Regelung des Erwerbs eigener Aktien in den Mitgliedstaaten der Europäischen Gemeinschaft, AG 1982, 175.

I. Einleitung

1   Grundsätzlich geht das deutsche Aktienrecht mit den Regelungen in §§ 56 f., 71 ff. AktG davon aus, dass der Erwerb eigener Aktien durch die Gesellschaft nicht zulässig ist. Diese Regelungen finden ihre Raison d´tre im Grundgedanken, dass eine Gesellschaft grundsätzlich nicht ihr eigenes Mitglied sein kann, sowie im gläubigerschützenden Grundsatz der Kapitalerhaltung, der eine Einlagenrückgewähr durch die Deckung eigenen Kapitals mit eigenem Kapital grundsätzlich ausschließt.[1]

2   Das Aktiengesetz des Norddeutschen Bundes von 1870[2] hatte diese Grundkonzeption letabliert, die durch die Aktienrechtsreform des Reichsgesetzgebers im Jahr 1884[3] teilweise geändert wurde; das Verbot des Erwerbs eigener Anteile war fortan faktisch nur noch eine Sollvorschrift, was insbesondere in der Wirtschaftskrise nach 1928 fatale Wirkung hatte.[4] Die Wiederherstellung des Erwerbsverbots im Wege der Notverordnung 1931[5] sah nunmehr nur noch Ausnahmen in Form von Erlaubnistatbeständen (zB zur Abwendung schwerer Schäden für die Gesellschaft) vor, die durch die Novellen des Aktiengesetzes in den Jahren 1937[6] und 1965[7] (unentgeltlicher Erwerb, Gesamtrechtsnachfolge, Weitergabe an Mitarbeiter, Abfindung ausscheidender Mehrheitsaktionäre), die Umsetzung der Kapitalmarktrichtlinie von 1976[8] im Jahr 1978[9] (Zwang zur Rücklagenbildung), das 2. Finanzmarktförde-

---

[1] Dazu *Werneburg* ZHR 90 1927, 211; *Kropff* Aktiengesetz, 90; KölnKommAktG/*Lutter/Drygala* § 71 Rn. 31.

[2] Gesetz betreffend die Kommanditgesellschaft auf Aktien und die Aktiengesellschaft vom 11.6.1870, Bundes-Gesetzblatt des Norddeutschen Bundes, 1870, Nr. 21, 375. Zur Entstehungsgeschichte ein Überblick bei *Müller* Rückerwerb eigener Aktien (2005), Rn. 403 ff.

[3] Gesetz betreffend die Kommanditgesellschaft auf Aktien und die Aktiengesellschaft vom 18.7.1884, RGBl. 1884, Nr. 22, 123.

[4] Dazu *Peltzer* WM 1998, 325; *Escher-Weingart/Kübler* ZHR 162 1998, 539.

[5] Verordnung des Reichspräsidenten über Aktienrecht, Bankenaufsicht und über eine Steueramnestie vom 19.9.1941, RGBl. 1931 I S. 493.

[6] Gesetz über Aktiengesellschaften und Kommanditgesellschaften auf Aktien (Aktiengesetz) vom 30.1.1937, RGBl. 1937 I S. 493, ergänzt auf 588 und 1140.

[7] Aktiengesetz vom 6. September 2965, BGBl. 1965 I S. 1089.

[8] Zweite Richtlinie des Rates der Europäischen Gemeinschaften zur Koordinierung des Gesellschaftsrechts vom 13.12.1976 (77/91/EWG), ABl. 1977 L 26, S. 1.

[9] Gesetz zur Durchführung der Zweiten Richtlinie des Rates der Europäischen Gemeinschaften zur Koordinierung des Gesellschaftsrechts vom 13.12.1976, BGBl. 1978 I S. 1959.

rungsgesetz (1994)[10] (spezieller Erlaubnistatbestand für Banken, § 71 Abs. 1 Nr. 7 AktG) und schließlich durch das KonTraG von 1998[11] (Rückkauf auf Ermächtigung durch die HV) ergänzt wurden. Das BilMoG[12] befreite von der Bildung von Rücklagen für den Erwerb eigener Aktien.[13] In Wahrung der Option der Richtlinie 2006/68/EG[14] und in Übereinstimmung mit der Ermächtigungsdauer für das genehmigte Kapital (§ 202 Abs. 1, Abs. 2 S. 1 AktG) wurde die Ermächtigungsdauer in § 71 Abs. 1 Nr. 8 AktG durch das ARUG[15] von 18 Monaten auf 5 Jahre erhöht. Dabei kann § 71 Abs. 1 Nr. 8 AktG als eine entscheidende Aufweichung des grundsätzlichen Rückerwerbsverbots gelten, die bedenklich weit reicht.

II. Übernahme- und Zeichnungsverbot – Originärer Erwerb

1. Verbot und Rechtsfolgen

Die Zeichnung eigener (neuer) Aktien (**Übernahme**) ist der AG verboten (§ 56 Abs. 1 AktG). Dies gilt bei der Gründung (§ 29 AktG),[16] bei ordentlichen Kapitalerhöhungen (§ 185 AktG), im Rahmen genehmigten Kapitals (§§ 203 Abs. 1 S. 1, 185 AktG) und auch bei Ausübung von Bezugs- und Tauschrechten (§§ 192 Abs. 5, 198 AktG) aus bedingten Kapitalerhöhungen.[17] Zulässig ist der Erwerb eigener Aktien lediglich, wenn eine Kapitalerhöhung aus Gesellschaftsmitteln erfolgt (§ 215 Abs. 1 AktG).[18]

Eine Zeichnung eigener bzw. eine Bezugserklärung für eigene Aktien ist nichtig (§ 134 BGB, § 56 Abs. 1 AktG), eine Eintragung im Handelsregister darf nicht erfolgen. Allerdings wird von der hM vertreten, dass die Nichtigkeit durch die Eintragung der Durchführung einer Kapitalerhöhung bzw. Ausgabe geheilt werde,[19] was weder konsequent noch zwingend erscheint und letztlich nur durch den Aufwand einer Rückabwicklung der fehlerhaft eingetragenen Kapitalerhöhung zu rechtfertigen ist.[20] Jedes Vorstandsmitglied haftet bei fehlerhafter Zeichnung eigener Aktien auf die volle Einlage und trägt die Beweislast für fehlendes eigenes Verschulden (§ 56 Abs. 4 AktG).[21] Der Gesellschaft stehen aus eigenen Anteilen keine Rechte zu (§ 71d AktG), sie muss sie binnen Jahresfrist veräußern oder hernach einziehen (§§ 71c Abs. 1, 3 analog, 237 AktG).

2. Umgehungsgeschäfte

§ 56 Abs. 2 AktG erstreckt das Verbot originären Erwerbs eigener Aktien auf abhängige oder in Mehrheitsbesitz der AG stehende Unternehmen (§§ 16, 17 AktG). Sie scheiden als Gründer (§ 28 AktG), Zeichner (§ 185 AktG) oder Austausch- bzw. Bezugsberechtigte bei bedingten Kapitalerhöhungen (§ 198 AktG) aus. Gleichwohl bleibt ein mittelbarer Erwerb wirksam (§ 56 Abs. 2 S. 2 AktG); er wird aber nur ins Register eingetragen, wenn es sich um eine bedingte Kapitalerhöhung handelt.[22] Auch den Unternehmen stehen keine Rechte zu, soweit keine Kapitalerhöhung aus Gesellschaftsmitteln erfolgt (§§ 215 Abs. 1, 186

---

[10] Gesetz vom 26.7.1994, BGBl. 1994 I S. 1749 (1777).
[11] Gesetz zur Kontrolle und Transparenz im Unternehmensbereich vom 27.4.1998, BGBl. 1998 I S. 728.
[12] Gesetz zur Modernisierung des Bilanzrechts vom 28.5.2009, BGBl. 2009 I S. 1102.
[13] → Rn. 40.
[14] Richtlinie 2006/68/EG des Europäischen Parlaments und des Rates vom 6.9.2006 zur Änderung der Richtlinie 77/91/EWG des Rates in Bezug auf die Gründung von Aktiengesellschaften und die Erhaltung und Änderung ihres Kapitals, ABl. 2006 L 264, S. 32, 1.
[15] Gesetz zur Umsetzung der Aktionärsrichtlinie vom 4.8.2009, BGBl. 2009 I S. 2479.
[16] Dazu *Lutter* Kapital (1964), 105 f.
[17] Für alle mwN KölnKommAktG/*Drygala* AktG § 56 Rn. 6.
[18] Bürgers/Körber/*Westermann* § 56 Rn. 1; Hüffer/Koch/*Koch* AktG § 56 Rn. 3.
[19] Für alle MüKoAktG/*Oechsler* § 56 Rn. 13 f. mwN.
[20] Ein (potentieller) Schadensersatzanspruch ist kein gleichwertiger Ersatz für nicht vorhandene Einlagen; so auch Hüffer/Koch/*Koch* AktG § 56 Rn. 5.
[21] Weitergehende Ersatzansprüche der Gesellschaft gem. § 93 AktG, insbesondere dessen Abs. 3 Nr. 3, bleiben unberührt; ausführlich MüKoAktG/*Henze* § 56 Rn. 19 ff.
[22] §§ 200, 201 AktG; KölnKomm AktG/*Drygala* § 56 Rn. 28 f.

AktG) und ein Bezugsrecht veräußert wird. Der Vorstand haftet für Schäden aus einer verbotenen Zeichnung i.R. einer Kapitalerhöhung gem. § 56 Abs. 4 S. 1 AktG. Die AG muss für verbotswidrig durch Tochterunternehmen erworbene Aktien im Anhang gem. § 160 Abs. 1 Nr. 1 AktG Angaben zu Bestand, Zugang, Verwertung und Erlösverwendung machen.[23]

6   Diese Regeln gelten auch für den Erwerb von Aktien für Rechnung der AG oder eines abhängigen oder im Mehrheitsbesitz stehenden Unternehmens (§ 56 Abs. 3 AktG). Erfasst sind alle Erwerbskonstruktionen, in denen die AG bzw. das Unternehmen das wirtschaftliche Risiko der Übernahme ganz oder teilweise trägt (zB Treuhandverhältnisse, Auftragsverhältnisse, Kommissionsgeschäfte oder andere Geschäftsbesorgungen). Das schließt auch Kapitalerhöhungen ein, bei denen Dritte (zB eine Emissionsbank) das Platzierungsrisiko nicht vollständig übernehmen.[24] Eine Aktienübernahme entgegen der Vorschrift ist zwar wirksam,[25] Rechte aus der Aktie werden jedoch erst mit Übernahme auf eigene Rechnung erworben (§ 56 Abs. 3 S. 3 AktG), obwohl den erwerbenden Dritten mit Erwerb alle Pflichten aus der Aktie treffen. Erschwert wird die Lage des Dritten weiter dadurch, dass zwar auch seine Rechte aus dem vertraglichen Schuldverhältnis mit der AG suspendiert sind, nicht jedoch seine Pflichten (zB kein Aufwendungsersatz gem. § 670 BGB trotz Pflicht zur Herausgabe des Erlöses gem. § 667 BGB bzw. § 384 Abs. 2 Hs. 2 HGB). Die Übernahme der Aktien erfolgt regelmäßig nur durch Aufhebung dieses Schuldverhältnisses.[26]

7   Richtigerweise beschränkt zusätzlich § 71a AktG auch die Finanzierungsmöglichkeiten für den originären Erwerb von Aktien (→ Rn. 50).[27]

3. Kollisionsrecht

8   § 56 AktG soll nicht zu einer kollisionsrechtlich allseitig wirkenden Verbotsnorm ausgebaut werden, sondern nur für den Erwerb von Aktien an Gesellschaften gelten, die ein deutsches Gesellschaftsstatut haben.[28]

III. Derivativer Erwerb

9   §§ 71–71e AktG schützen mit dem Verbot auch des derivativen Erwerbs eigener Aktien das Kapital der Gesellschaft und sichern mit abschließend gesetzlich geregelten Durchbrechungen Kapitalerhaltung und Kapitalaufbringung. Darüber hinaus schreiben sie verbandsrechtliche Kompetenzen von Hauptversammlung und Vorstand im Zusammenhang mit dem Erwerb eigener Aktien fest.

1. Verbot

10 Der Gesetzgeber sieht in § 71 Abs. 1 AktG ein Verbot des Erwerbs eigener Aktien, das „nur" durch die Erlaubnistatbestände der Nr. 1–8 durchbrochen wird. Außerhalb dieser Tatbestände liegt ein Gesetzesverstoß vor, auch wenn das die Vermögensinteressen der Gläubiger, Gesellschafter oder der Gesellschaft betroffen oder gefährdet sein müssten.[29] Dabei ist der Begriff des „Erwerbs" weit auszulegen;[30] er umfasst alle dinglichen und verpflichtenden Rechtsgeschäfte (Kauf, Tausch, Schenkung, Verwahrung, Treuhandabreden, Sicherungsabreden, Zuschlag in der Zwangsversteigerung, wohl auch Sicherungsübereig-

---

[23] Schmidt/Lutter/*Fleischer* § 56 Rn. 29.
[24] Dazu KölnKommAktG/*Drygala* § 56 Rn. 61, 62.
[25] HM, s. Hüffer/Koch/*Koch* AktG § 56 Rn. 14; aA Spindler/Stitz/Cahn/*v. Spannenberg* § 56 Rn. 53 ff.
[26] Schmidt/Lutter/*Fleischer* § 56 Rn. 27, 28.
[27] Mittlerweile unter Hinweis auf Art. 25 der Kapitalrichtlinie (PL 2012/39/EU, ABl. EU Nr. L 315, S. 74) ganz hM; KölnKommAkt/*Lutter/Drygala* § 71a Rn. 21 ff.; Hüffer/Koch/*Koch* AktG § 71a Rn. 1.
[28] KölnKommAktG/*Drygala* § 56 Rn. 94–96.
[29] RGZ 167, 40 (48).
[30] Umstritten war die Erfassung verpflichtender Rechtsgeschäfte, die aber im Hinblick auf die angeordnete Rechtsfolge (§ 71 Abs. 4 AktG) nicht mehr in Frage stehen kann; mwN MüKoAktG/*Oechsler* § 71 Rn. 73 f.

nung),³¹ die eine AG ganz, teilweise, zeitweise oder auf Dauer zum Inhaber einer Aktie machen oder entsprechende Ansprüche/Titel verschaffen (zB §§ 389 ff., 433 BGB, bei verkörperten Aktien §§ 929 ff. BGB). Soweit eine Verpflichtung erst mit Ausübung einer Option zu Stande kommt (*Call-Option*), fällt nur die Erklärung der Ausübung der Option in das Verbot. Kann die Gesellschaft schon im Zeitpunkt des Begebens einer *Put-Option* das Entstehen der Verpflichtung nicht beeinflussen, greift § 71 Abs. 1 AktG unmittelbar.³² Gleiches gilt für Wertpapierdarlehen.³³

Haben Rechtgeschäfte nicht Aktien, sondern lediglich aktienbezogene Rechte zum Gegenstand (zB Erwerb von Schuldverschreibungen (§ 221 Abs. 1), Options- und Genussscheine (§ 221 Abs. 3), Dividendenscheine, Bezugsrechte) bleiben sie grundsätzlich zulässig. Eine Verwertung darf lediglich nicht durch Ausübung der Rechte geschehen.³⁴ Der mittelbare Erwerb eigener Aktien durch Beteiligung an einer (Wandel-)Gesellschaft, die eigene Aktien hält, ist zulässig, soweit ihr Vermögen sich nicht weit überwiegend aus eigenen Aktien zusammensetzt.³⁵ Einer Inhaberschaft der Aktie nicht gleichgestellt ist die Verfügungsbefugnis über die Aktie (zB bei Tauschverwahrung, Verwaltungstreuhand, Legitimationsübertragung).³⁶

Vom Anwendungsbereich der §§ 71 ff. AktG ausgenommen bleibt die Kaduzierung (§§ 64 f. AktG als leges speciales) und die Inpensionnahme eigener Aktien durch eine Bank als wirtschaftliches Kreditgeschäft (§ 340b Abs. 1 HGB).

2. Erlaubnistatbestände des § 71 Abs. 1 AktG

Rechtsgeschäfte mit eigenen Aktien bleiben zulässig, wenn sie von einem Erlaubnistatbestand gedeckt sind; für das Vorliegen der Tatbestandsmerkmale eines Erlaubnistatbestands ist beweisbelastet, wer sich auf den Tatbestand (und damit die Wirksamkeit des Kausalgeschäfts) beruft.³⁷ Einen ersten Überblick über die Erlaubnistatbestände bietet die folgende Übersicht:

Regelung § 71 Abs. 1 AktG	Situation	Beteiligung HV	Beschluss Vorstand	10 %-Grenze § 71 Abs. 2 S. 1 AktG	Rücklagenbildung § 71 Abs. 2 S. 2 AktG	Volleinzahlung § 71 Abs. 2 S. 3 AktG	Besonderheiten bei der Veräußerung
Nr. 1	Schadensabwehr	Information unter Beleg konkreter Notwendigkeit	ja	ja	ja	ja	–
Nr. 2	Angebot an Arbeitnehmer	Information	ja	ja	ja	ja	Jahresfrist
Nr. 3	Abfindung von Aktionären	Information Beschluss (vorlaufend) bei bestimmten Abfindungstatbeständen	ja	ja	ja	nein	–

---

³¹ Dazu Hüffer/Koch/*Koch* AktG § 71 Rn. 4.
³² Dazu *Johannsen-Roth* ZIP 2011, 407 (408 f.).
³³ *Cahn/Ostler* AG 2008, 221 (231 ff.).
³⁴ Dazu MüKoAktG/*Oechsler* § 71 Rn. 94; *Kopp/Metzner* AG 2012, 856–867; *Wieneke* WM 2013, 1540–1550; zur Wertpapieranleihe *Oechsler* AG 2010, 526–532; zur Option *Henze*, in: FS Schneider, 2011, 507 (517).
³⁵ KölnKommAktG/*Lutter/Drygala* § 71 Rn. 44.
³⁶ KölnKommAktG/*Lutter/Drygala* § 71 Rn. 41 ff.
³⁷ Hüffer/Koch/*Koch* AktG § 71 Rn. 3.

Regelung § 71 Abs. 1 AktG	Situation	Beteiligung HV	Beschluss Vorstand	10 %-Grenze § 71 Abs. 2 S. 1 AktG	Rücklagenbildung § 71 Abs. 2 S. 2 AktG	Volleinzahlung § 71 Abs. 2 S. 3 AktG	Besonderheiten bei der Veräußerung
Nr. 4	(1) unentgeltlicher Erwerb (2) Einkaufskommission Kreditinstitut	Information	ja	nein	nein	ja	§ 71c AktG
Nr. 5	Gesamtrechtsnachfolge	Information	ja	nein	nein	nein	§ 71c AktG
Nr. 6	Einziehung von Aktien	Beschluss (vorlaufend)	ja	nein (§§ 237, 225 AktG gelten weiter)	nein	nein	§ 71c AktG
Nr. 7	Wertpapierhandel bei Kreditinstitut, Finanzdienstleistungsinstitut, Finanzunternehmen	Beschluss (vorlaufend)	ja	ja	ja	ja	–
Nr. 8	Ermächtigung unter Zweckbestimmung	Beschluss (vorlaufend), Information (nachlaufend)	ja	ja	ja	ja	–

Übersicht angelehnt an *Bezzenberger* S. 26

15 **a) Erwerb zur Schadensabwehr (Nr. 1).** Die Zulässigkeit eines Erwerbs zur Schadensabwehr setzt voraus, dass der Gesellschaft (nicht den Aktionären)[38] schwerer Schaden unmittelbar bevorsteht und dadurch der Erwerb eigener Aktien notwendig wird. Der Begriff des Schadens entspricht zumindest[39] dem der §§ 249 ff. BGB, wobei schwierig zu ermitteln ist, was ein „schwerer" Schaden ist. Man wird auf Grundlage der Größe und der Ertrags- bzw. Finanzkraft der AG entscheiden müssen, ob der potentielle Schaden so beachtlich ist, dass nach den Vorstellungen eines sorgfältig handelnden Kaufmanns Abwehrmaßnahmen erforderlich erscheinen – ohne dass mit dieser Beschreibung die Kontur des Begriffs erheblich deutlicher geworden wäre. Existenzbedrohend muss der Schaden jedenfalls nicht sein. Wer es ablehnt, mit der sogenannten Relationstheorie einen schweren Schaden anzunehmen, wenn der Erwerb eigener Aktien als geringeres Risiko erscheint,[40] wird nur auf eine Entscheidung gemäß unternehmerischer Sorgfalt abstellen können, die zwingend einen gewissen Spielraum eröffnet. Einen „schweren" Schaden will die Literatur annehmen, wenn nur durch die Realisierung eigener Aktien die Leistungsfähigkeit eines Schuldners der AG aufrecht erhalten werden kann,[41] bei gezielten Baisseangriffen (Gefährdung der Kreditwürdigkeit der Gesellschaft)[42] oder bei Bedrohung der aufnehmenden Gesellschaft bei Verschmelzungsverhandlungen durch Kursangriffe.[43] Ein schwerer Schaden soll ferner das Scheitern einer Emission sein (Börseneinführung oder Neuemission), das nur durch den kursstabilisie-

---

[38] Dazu BFHE 122, 52 (54); hM Hüffer/Koch/*Koch* AktG § 71 Rn. 7 mwN.
[39] Entscheidend ist, dass sich das Schadensereignis potentiell wirtschaftlich auswirkt (zB Reputationsschaden); dazu MüKoAktG/*Oechsler* § 71 Rn. 104.
[40] So Hüffer/Koch/*Koch* AktG § 71 Rn. 7 mwN.
[41] Dazu MüKoAktG/*Oechsler* § 71 Rn. 114 mwN.
[42] Dazu KölnKommAktG/*Lutter/Drygala* § 71 Rn. 50.
[43] Dazu *Kuhn* NJW 1973, 833 f.; Hüffer/Koch/*Koch* AktG § 71 Rn. 9.

renden Erwerb eigener Aktien verhindert werden kann.[44] Ein schwerer Schaden droht nicht, wenn lediglich eine Übernahme bevorsteht und diese nicht gezielt für die widerrechtliche Schädigung der Gesellschaft eingesetzt wird.[45] Anfechtungsklagen gelten nur als „schwerer Schaden", soweit sie wichtige Maßnahmen verhindern und gleichzeitig eindeutig aussichtslos sind,[46] so dass der Vorstand den querulierenden Aktionär die „Klage abkaufen" darf.

Der Schaden muss unmittelbar bevorstehen, muss sich also bereits erkennbar konkretisiert haben – wobei ein spezifischer zeitlicher Horizont nicht vorausgesetzt wird[47] – oder bereits eingetreten sein. Der Erwerb eigener Aktien ist notwendig, wenn vernünftige Alternativen nicht erkennbar sind.[48]

> **Praxistipp:**
> Um Zweifel an der Willensrichtung des Vorstands auszuräumen und einer Haftung auf Grund einer (behaupteten) Unzulässigkeit des Aktienerwerbs vorzubeugen, sollte der handelnde Vorstand seine Absicht dokumentieren. Daher sollten zumindest das Ziel und die Rahmenkonditionen des geplanten Erwerbs sowie des beabsichtigten Wiederverkaufs im Protokoll eines Vorstandsbeschlusses niedergelegt werden.[49]

b) **Belegschaftsaktien (Nr. 2).** Zulässig ist der Erwerb zur Weitergabe an Arbeitnehmer oder verbundene Unternehmen (§ 15 AktG) als Belegschaftsaktien.[50] Die Aktien müssen gegenwärtigen oder ehemaligen (Betriebsrentner, Pensionäre) Arbeitnehmern oder leitenden Angestellten (nicht Organmitgliedern!) ohne Verpflichtungen zur Rückerstattung angeboten werden.[51]

> **Praxistipp:**
> Möglich ist nach hM die Ausgabe von Aktien aus genehmigtem Kapital ohne Bezugsrechte an eine Emissionsbank, um diese ausschließlich zu erwerben.[52]

Über Erwerb und Angebot eigener Aktien gemäß Nr. 2 entscheidet der Vorstand nach pflichtgemäßem Ermessen, wobei eine „ernstliche Absicht" erforderlich ist, die durch einen Beschluss dokumentiert werden muss, der auch die Kondition für den Erwerb durch die Arbeitnehmer festlegt.[53] Dabei kann ein Angebot unter dem Börsenkurs erfolgen,[54] soweit dies angemessen erscheint. Eine Beteiligung des Betriebsrates (§ 87 Abs. 1 BetrVG) muss nicht erfolgen.[55] Im Rahmen von sogen. *Share-Matching-Plänen* (Mitarbeiterbeteiligungsprogrammen) muss beachtet werden, dass der Aktienerwerb wegen § 71 Abs. 3 S. 2 AktG auf die Planlaufzeit abgestimmt sein muss.[56]

---

[44] KölnerKommAktG/*Lutter/Drygala* § 71 Rn. 51 ff. mwN; letztlich auch OLG Frankfurt AG 1992, 194 (196 f.), mit beachtlichen Argumenten aA *Grüger* BKR 2016, 221 (222 ff.).
[45] Unklar BGHZ 33, 175 (186); str. mit Hinweis auf Neutralitätspflicht des Vorstands und § 33 WpÜG MüKoAktG/*Oechsler* § 71 Rn. 122 f., Hüffer/Koch/*Koch* AktG § 71 Rn. 9 möchte den Nachweis von „Tatsachen […], aus denen sich ernsthafte Besorgnis der Schädigungsabsicht ergibt" ausreichen lassen, um die Beweislast für einen „schweren Schaden" zu erfüllen. ME kann es auf eine Schädigungsabsicht in der Übernahmesituation nicht ankommen; es reicht aus, dass Anhaltspunkte für einen erheblichen Schaden als Konsequenz der Übernahme bzw. Überfremdung vorliegen.
[46] *Lutter* ZGR 1987, 347 (358 ff.), Spindler/Stilz/*Cahn* § 71 Rn. 56; liberaler *Büscher* (2013), S. 78, 79.
[47] Reg. Begr. BT-Drs. 8/1678, 14, 15.
[48] ZB OLG Hamburg AG 2010, 502 (505).
[49] Vgl. Hüffer/Koch/*Koch* AktG § 71 Rn. 13; KölnKommAktG/*Lutter/Drygala* § 71 Rn. 68; *Bosse* NZG 2001, 594 (596).
[50] BAG WM 1990, 824 ff.
[51] *Schneider* ZIP 1996, 1769 ff.; BayObLG ZIP 1959, 638 ff.; zur Zulässigkeit von Verfallsklauseln BAG AG 2008, 632 ff.; *Knott/Jacobsen* NZG 2014, 372 (375) zur Nichtigkeit von Rückübertragungsverpflichtungen BGH NZG 2013, 220 ff.; *Knott/Jacobsen* NZG 2014, 372–377.
[52] Hüffer/Koch/*Koch* AktG § 202 Rn. 29, mwN; aA wohl Spindler/Stilz/*Cahn* § 21 Rn. 142.
[53] Hüffer/Koch/*Koch* AktG § 71 Rn. 13.
[54] MüKoAktG/*Oechsler* § 71 Rn. 146 mwN.
[55] MüKoAkt/*Oechsler* § 71 Rn. 142; aA Spindler/Stilz/*Cahn* § 71 Rn. 63.
[56] Dazu *Wagner* BB 2010, 1789 (1740 f.).

19 Umstritten ist, ob Nr. 2 auch die Aktienbeschaffung für Optionspläne deckt oder nur ein Angebot im Wege des Verkehrsgeschäfts zulässt.[57] Zur Sicherheit sollte deshalb bei solchen Plänen stets ein Ermächtigungsbeschluss gem. Nr. 8 gefasst werden, der die Erwerbsgeschäfte deckt.

20 **c) Abfindung von Aktionären (Nr. 3).** Zulässig bleibt der Erwerb eigener Aktien, wenn er der Abfindung ausscheidender Aktionäre dient. Das Gesetz verweist auf mehrere Abfindungstatbestände:
- § 305 Abs. 2 Nr. 1 AktG verpflichtet die AG, die begünstigte Gesellschaft in einem Beherrschungs- oder Gewinnabführungsvertrag ist, im Rahmen dieses Vertrags außenstehenden Aktionären eigene Aktien anzubieten.[58]
- § 305 Abs. 1 Nr. 2 AktG gibt der herrschenden Gesellschaft für bestimmte beherrschte oder abhängige Gesellschaften (§§ 16, 17 AktG) ein Wahlrecht zwischen dem Angebot eigener Aktien oder dem Angebot einer Barabfindung.[59]
- § 320b AktG gibt i. R. einer Eingliederung ausgeschiedener Aktionären einen Anspruch auf Aktien der Hauptgesellschaft und für den Fall, dass diese abhängig (§ 17 AktG) ist, wahlweise Anspruch auf eine Barabfindung.
- Umwandlungsrechtliche Erwerbsfälle sind von § 71 Abs. 1 Nr. 3 AktG ebenfalls gedeckt; dies gilt nicht nur für die im Gesetzestext genannte Verschmelzung (§ 29 Abs. 1 UmwG), Auf- und Abspaltung (§§ 29 Abs. 1 S. 1 UmwG) und Formwechsel (§ 207 Abs. 1 S. 1 UmwG), sondern nach ganz hM auch für die Verschmelzung (§ 62 UmwG).[60]

21 All diese Tatbestände zulässigen Erwerbs verlangen ebenfalls eine ernstliche Verwendungsabsicht des Vorstands und einen Zustimmungsbeschluss der HV der Gesellschaften (§§ 293 Abs. 1 und 2, 319 Abs. 2, 320 Abs. 1 AktG, §§ 13, 125 S. 1, 193 UmwG).[61] Verstöße gegen § 71 AktG lassen in den Tatbeständen des Umwandlungsgesetzes das zu Grunde liegende schuldrechtliche Geschäft unberührt, § 71 Abs. 4 S. 2 AktG wird insoweit von § 29 Abs. 1 S. 1 Hs. 2 UmwG derogiert.[62] § 71c Abs. 2 AktG muss gleichwohl befolgt werden. Die Rechtsprechung lässt nach § 71 Abs. 1 Nr. 3 AktG zudem auch den Rückerwerb eigener Aktien zur Leistung von Naturalrestitution zu, wenn zB wegen Verstößen gegen Prospektpflichten oder Ad-hoc-Mitteilungspflichten Schadensersatz zu leisten ist. Selbst § 71 Abs. 2 S. 2 AktG muss dann nicht befolgt werden.[63] Freilich bleibt eine (dokumentierte) ernstliche Verwendungsabsicht notwendig. Umstritten ist der Umgang mit dem Rückerwerb eigener Aktien beim Delisting zur Abfindung widersprechender Aktionäre.[64]

22 **d) Unentgeltlicher Erwerb und Einkaufskommission (Nr. 4).** Praktische Relevanz hat der Erlaubnistatbestand für unentgeltlichen Erwerb (also nicht für den Erwerb auf Grundlage gemischter Schenkungen oder auflagenbeschwerte Vermächtnisse)[65] nur im Rahmen von „Sanierungsschenkungen".[66] Die Rückübertragung eigener Aktien aus einem Wertpapierdarlehen ist nicht unentgeltlicher Erwerb. Der Durchgangserwerb eigener Aktien durch eine Bank (§§ 1 Abs. 1, 2 Abs. 1 KWG) bei der Einkaufskommission (§ 385 Abs. 1 HGB) ist gestattet, soweit er nicht vorsorglich erfolgt; erfüllt die AG das *Kommissionsgeschäft* durch Selbsteintritt (§ 400 HGB), kann sie korrelierend weitere eigene Aktien erwerben.[67] Umstritten ist, ob die *Aktien-*

---

[57] Für letzteres Hüffer/Koch/*Koch* ZHR 161 (1997), 214 (220 f.); *Weiß* Aktienoptionspläne (1999), S. 242–244; Schmidt/Lutter/*Bezzenberger* § 71 Rn. 35; Hüffer/Koch/*Koch* AktG § 71 Rn. 12.
[58] Hüffer/Koch/*Koch* AktG § 305 Rn. 13 ff., 24 ff.
[59] Hüffer/Koch/*Koch*, aaO.
[60] Hüffer/Koch/*Koch* AktG § 71 Rn. 15; KölnKommAktG/*Lutter/Drygala* § 71 Rn. 94; MüKoAktG/*Oechsler* § 71 Rn. 157; Spindler/Stilz/*Cahn* § 71 Rn. 72; Schmidt/Lutter/*Bezzenberger* § 71 Rn. 42; unklar Fraktionsbegr. BT-Drs. 12/6699, 177.
[61] KölnKommAktG/*Lutter/Drygala* § 71 Rn. 105.
[62] Für alle und mwN Spindler/Stilz/*Cahn* § 71 Rn. 70 f.
[63] BGH NJW 2005, 2450 (2452 f.); ZIP 2012, 318 (323 ff.) zu §§ 37b, 37c WpHG; kritisch KölnKommAktG/*Lutter/Drygala* § 71 Rn. 99 ff.
[64] Dazu Hüffer/Koch/*Koch* AktG § 119 Rn. 31 ff., § 71 Rn. 15a.
[65] Dazu MüKoAktG/*Oechsler* § 71 Rn. 166.
[66] Soweit diese nicht von § 71 Abs. 1 Nr. 6 AktG gedeckt sind, dazu *Ziebe* AG 1982, 175 (177) auch MüKoAktG/*Oechsler* aaO.
[67] Hüffer/Koch/*Koch* AktG § 71 Rn. 17 mwN; aA Schmidt/Lutter/*Bezzenberger* § 71 Rn. 45.

leihe von § 71 Abs. 1 Nr. 4 AktG erfasst ist, für die Verknüpfung mit der Ausgabe von Aktien hat dies der BGH wohl verneint.[68] Str. sind auch die Rechtsfolgen beim Scheitern des Geschäfts; zur Sicherheit sollte in Übereinstimmung mit § 71c Abs. 1 AktG eine Veräußerung im Laufe eines Jahres vorgenommen werden.[69] Für eine Verkaufskommission gilt § 71 Abs. 1 AktG nicht, ein Eintritt (§ 400 HGB) ist jedoch wegen dauerhaften Erwerbs durch die AG ausgeschlossen.[70]

e) **Gesamtrechtsnachfolge (Nr. 5).** Erlaubt ist der Erwerb in jeder Form der Gesamtrechtsnachfolge: § 1929 BGB, §§ 20 Abs. 1 Nr. 1, 73 UmwG (Verschmelzung), § 131 Abs. 1 Nr. 1 UmwG (Spaltung, str.) und § 140 Abs. 1 S. 2 HBG (Anwachsung an einen Gesellschafter). Verboten bleibt der Erwerb im Wege der Legalzession (zB § 86 VVG).[71] 23

f) **Einziehung (Nr. 6).** Der Erwerb eigener Aktien ist zulässig im Fall der Einziehung gemäß § 237 Abs. 1 Fall 2 AktG; Voraussetzung ist aber, dass ein Beschluss der Hauptversammlung zur Kapitalherabsetzung bzw. Einziehung vor dem Erwerb gefasst wurde.[72] Zur Einziehungsermächtigung nach § 71 Abs. 1 Nr. 8 S. 6 AktG → Rn. 32. 24

g) **Handelsbestand (Nr. 7).** Als Kreditinstitut (§§ 1 Abs. 1, 2 Abs. 1 KWG), Finanzdienstleistungsinstitut (§§ 1 Abs. 1a, 2 Abs. 6 KWG) oder Finanzierungsunternehmen (§ 1 Abs. 3 KWG) darf die AG eigene Aktien erwerben, wenn damit der Wertpapierhandel (Eigenhandel) bezweckt ist und ein Beschluss der HV vorliegt.[73] Dieser Beschluss (§ 133 Abs. 1 AktG) muss festlegen,[74] dass 25
– die eigenen Aktien dem Handelsbestand zugeführt werden,
– der Bestand an eigenen Aktien 5 % des Grundkapitals am Ende eines jeden Kalendertags nicht übersteigen darf,
– der Erwerb nur gegen Gebot des im Beschluss festgelegten Mindestpreises und ohne Überschreitung des im Beschluss festgelegten Höchstpreises erfolgen darf
und
– die Ermächtigung höchstens für fünf Jahre besteht.[75] Bei jedem Erwerbsvorgang sind (auch untertägig) zudem die Beschränkungen des § 71 Abs. 2 AktG zu beachten (→ Rn. 39 f.).

h) **Ermächtigungsbeschluss ohne positive Zweckvorgabe (Nr. 8).** Das Gesetz erlaubt schließlich den Erwerb eigener Aktien ohne Zweckbindung auf Grundlage einer entsprechenden Ermächtigung der Hauptversammlung (§ 71 Abs. 1 Nr. 8 AktG). Solche Ermächtigungen sind insbesondere bei börsennotierten Gesellschaften üblich, um für flexibles Eigenkapital zu sorgen, eine Einziehung vorzubereiten (ohne dass es eines Beschlusses der HV gem. § 222 iVm 237 Abs. 2 S. 1 AktG oder § 237 Abs. 4 S. 1 AktG bedarf) oder Aktienoptionen zu bedienen.[76] § 71 Abs. 1 Nr. 8 AtkG erlaubt und beschränkt auch den Einsatz von Eigenkapitalderivaten beim Erwerb eigener Aktien.[77] 26

aa) **Ermächtigungsbeschluss.** Der Ermächtigungsbeschluss muss **vor** dem Erwerb mit einfacher Mehrheit gefasst werden (§ 133 Abs. 1 AktG).[78] Der Beschluss muss, um wirksam zu sein, folgende Bestandteile enthalten: 27
1) Das Ende (Datum) der Ermächtigungsdauer von maximal fünf Jahren.[79]

---

[68] BGH NZG 2011, 1271, Überblick bei *Merkt/Mylich* NZG 2014, 525 (526).
[69] So auch Schmidt/Lutter/*Bezzenberger* § 71 Rn. 35; Grigoleit/*Rachnitz* AktG § 71 Rn. 43; KölnKommAktG/*Lutter/Grigoleit* § 71 Rn. 222; Hüffer/Koch/*Koch* AktG § 71 Rn. 17.
[70] Evtl. jedoch Ausnahme gem. § 71 Abs. 1 Nr. 7 AktG, dazu KölnKommAktG/*Lutter/Drygala* § 71 Rn. 224 ff.
[71] Einzelheiten und mwN jeweils MüKoAktG/*Oechsler* § 71 Rn. 26.
[72] Einzelheiten Hüffer/Koch/*Koch* AktG § 237 Rn. 19 ff., 222 Rn.
[73] Zu Gestaltungsalternativen *Johannesmann/Herr* BB 2015, 2158–2161.
[74] Dazu Hüffer/Koch/*Koch* AktG § 71 Rn. 19b.
[75] Einzelheiten bei Hüffer/Koch/*Koch* AktG § 71 Rn. 19b.
[76] *Rieckers* ZIP 2009, 700 ff.; ausführlich KölnKommAktG/*Lutter/Drygala* § 71 Rn. 120 ff.
[77] Dazu *Johannsen-Roth* ZIP 2011, 407–415.
[78] Ganz hM Hüffer/Koch/*Koch* AktG § 71 Rn. 19d; aA GroßkommAktG/*Merkt* § 71 Rn. 298, mE mit nicht verfangender Begründung.
[79] Zur Ermittlung des Zeitraumes ausführlich *Bezzenberger* ZHR 180 (2016), 8–44.

> **Praxistipp:**
> Bei der Beschlussfassung über eine Anschlussermächtigung ist darauf zu achten, dass sich diese nicht mit der alten Ermächtigung zeitlich überschneidet und dadurch ggf. eine Überschreitung der Erwerbsgrenze (10 %) bewirkt wird. Dies würde zur Nichtigkeit der Anschlussermächtigung führen. Daher sollte stets die vorherige Ermächtigung für die Zeit ab Wirksamwerden der Anschlussermächtigung aufgehoben werden, soweit sie zeitlich noch gültig ist.

28 2) Die Festlegung des niedrigsten und des höchsten Gegenwerts.[80] Diese kann betragsmäßig oder in Relation zum Börsenkurs im Erwerbszeitpunkt erfolgen. Die Praxis arbeitet mit einem Korridor von 5 bis 10 % Über- bzw. Unterschreitung des Börsenkurses unter Zugrundelegung eines Durchschnittkurses der letzten drei bis zehn Handelstage.[81]

> **Praxistipp:**
> Der Gegenwert bei einer *Call-Option* ist die Summe aus Optionswert (Basispreis minus tatsächlicher Kurs) und Ausübungspreis bei Ausübung der Option. Alternativ kann im Ermächtigungsbeschluss als Gegenwert die Summe aus Basispreis und Optionsprämie vorgesehen sein.[82]

29 3) Anteile iHv maximal 10 % am Grundkapital der Gesellschaft. Die Grenze (sogen. **Erwerbsgrenze**) bezieht sich hier nicht auf den Bestand eigener Aktien insgesamt – § 71 Abs. 2 AktG gilt insoweit fort -, sondern auf die Höchstzahl der Aktien, deren Erwerb der Beschluss gestattet, wobei mehrere Beschlüsse diese Grenze in Addition nicht überschreiten dürfen und nachlaufende Einziehungen und Veräußerungen eigener Aktien die Ermächtigung nicht wieder aufladen.[83]

> **Praxistipp:**
> Wenn in der Hauptversammlung, die eine Erwerbsermächtigung festgestellt hat, eine Kapitalerhöhung beschlossen wird, kann die Erwerbsgrenze auf das erhöhte Grundkapital berechnet werden, indem der Ermächtigungsbeschluss aufschiebend bedingt auf die Eintragung der Durchführung der Kapitalerhöhung gefasst wird. Hierbei sollte aber bedacht werden, dass in diesem Fall die Erwerbsermächtigung nicht wie sonst unmittelbar mit der Beschlussfassung wirksam wird.

30 4) Eine Zweckangabe, (nur) wenn der Erwerb die Unterlegung eines Aktienprogramms bezweckt (§ 71 Abs. 1 Nr. 8 S. 5 iVm § 193 Abs. 2 Nr. 4 AktG). Der Ermächtigungsbeschluss muss also auch Angaben zur Aufteilung, zu Erwerbsvoraussetzungen und Erwerbszeiträumen sowie zu Ausübungssperren (mind. 4 Jahre) enthalten. Einen Mindestpreis für die nachfolgende Veräußerung muss der Beschluss nicht festlegen.[84]

31 *bb) Erwerbszweck.* Grundsätzlich dürfen Aktien auf Grundlage des Ermächtigungsbeschlusses zu jedem Zweck erworben werden.[85] Ausgeschlossen ist durch das Gesetz der Erwerb zum Zweck des Handels in eigenen Aktien (§ 71 Abs. 1 Nr. 8 S. 2 AktG), also der

---

[80] Dazu *Kocher* NZG 2010, 172–174.
[81] S. Arbeitshilfe → Rn. 82; OLG Hamburg ZIP 2005, 1047 (1079); RegBegr. BT-Drs. 13/9712, 13; großzügiger tw. die Literatur, zB MüKoAktG/*Oechsler* § 71 Rn. 199.
[82] Dazu Bürgers/Körber/*Wieneke* § 71 Rn. 32. *Johannsen-Roth* ZIP 2011, 407 (412 f.); *Henze*, in: FS Schneider, 2011 S. 507 ff.
[83] Hüffer/Koch/*Koch* AktG § 71 Rn. 19e; Hölters/*Solveen* § 71 Rn. 20.
[84] LG München I AG 2009, 213 f. (296 ff.).
[85] Als Sacheinlage taugen eigene Aktien nicht, BGH NZG 2011, 1271 dazu *Binder* ZGR 2012, 757–775. Überblick Hüffer/Koch/*Koch* AktG § 71 Rn. 19g.

Erwerb nur zum Erzielen von Handelsgewinnen (Eigenhandel). Inwieweit diese Norm im Verhältnis zu kapitalmarktrechtlichen Vorschriften (→ Rn. 56 ff.) noch eigenständige Bedeutung hat, ist unklar.

Der BGH hat 2004[86] entschieden, dass die Stellung von Aktienoptionen für den Aufsichtsrat kein zulässiger Erwerbszweck sei; aus Wortlaut und Schutzwecke der Norm lässt sich diese Beschränkung nicht herleiten, zu beachten bleibt sie im Rahmen der Rechtsberatung gleichwohl.[87] Zulässig ist wohl der Erwerb bzw. der Einsatz von Optionen zur Risikoabsicherung aktienbasierter Vergütungen von Vorstandsmitgliedern und Arbeitnehmern.[88] In der Praxis werden Ermächtigungsbeschlüsse vor allem mit folgenden Zwecksetzungen gefasst:
– Auflösung freier Rücklagen zur Herabsetzung des Eigenkapitals[89]
– Abwehr feindlicher Übernahmen, wobei der Vorstand bei Umsetzung des Ermächtigungsbeschlusses in börsennotierten Gesellschaften § 33 WpÜG zu beachten hat[90]
– Eindämmung oder Abschaffung einer Aktiengattung, insbesondere von Vorzugsaktien
– Bedienung von Aktienoptionen ohne den Einsatz bedingten Kapitals gem. §§ 192 ff. AktG
– Einziehung von Aktien (gem. § 237 Abs. 1 S. 1 Fall 2 AktG ohne entsprechenden Beschluss) und Kapitalherabsetzung.[91] Dabei ist § 71 Abs. 1 Nr. 8 S. 6 AktG mit Art. 41 Abs. 1 der Kapitalrichtlinie 2012[92] vereinbar, eines erneuten Hauptversammlungsbeschlusses bei Einziehung bedarf es bei entsprechender Ermächtigung nicht.[93] Dabei muss die Einziehungsermächtigung nach hA zwingend uno actu mit dem Ermächtigungsbeschluss mit einfacher Mehrheit beschlossen werden.[94]

cc) Umsetzung. Für den Ermächtigungsbeschluss ist nur die Hauptversammlung zuständig, sie kann den Vorstand bei Betätigung der Ermächtigung der Zustimmung des Aufsichtsrats unterwerfen und bestimmte Erwerbszwecke sowie Verfahren für Erwerb oder Veräußerung vorsehen.[95] Dabei muss bei Fassung des Ermächtigungsbeschlusses ein zulässiger Zweck nicht erkennbar sein, die Hauptversammlung kann die Zweckwidmung bewusst dem Vorstand überlassen. Soweit vertreten wird, ein Beschluss sei anfechtbar oder gar nichtig,[96] wenn keine Aussicht darauf bestehe, die bei Ausübung der Ermächtigung vorgeschriebene Rücklage zu bilden, vermag dies nicht zu überzeugen. Entscheidend dürfte sein, ob zum Zeitpunkt der Betätigung des Ermächtigungsbeschlusses ein Erwerb zulässig ist; setzt sich der Vorstand dabei über die Grenzen des Beschlusses oder zwingende gesetzliche Grenzen hinweg, macht er sich schadensersatzpflichtig, ohne dass im Außenverhältnis eine Unwirksamkeit eintritt.[97]

Der Vorstand muss bei Erwerb und Veräußerung – wie im Übrigen stets – den Gleichbehandlungsgrundsatz beachten (§§ 71 Abs. 1 Nr. 5 S. 3, 53a AktG), eine Veräußerung über die Börse ist dafür ausreichend. Läuft dem schon der Ermächtigungsbeschluss zuwider, ist er

---

[86] BGHZ 158, 122 (125 ff.).
[87] Wie hier Hüffer/Koch/*Koch* AktG § 71 Rn. 19h mwN.
[88] Dazu *Kruchen* AG 2014, 655–662; *Wagner* BB 2010, 1739 ff. (1741 ff.).
[89] KölnKommentarAktG/*Lutter/Drygala* § 71 Rn. 119.
[90] Einzelheiten mit Nachweisen zum Meinungsstand KölnKommentarAktG/*Lutter/Drygala* § 71 Rn. 147 f., *Leyendecker-Langer* BB 2013, 2051 ff.; *Düchting/Hitzer/Simon* AG 2012, 237 ff.
[91] Reg. Begr. BT-Drs. 13/9712, 13 und unter Wegfall der Fristbedingung von 5 Jahren, dazu OLG München NotBZ 2012, 317–318; *Kallweit/Simons* AG 2014, 352–359.
[92] Richtlinie 2012/30/EU des Europäischen Parlaments und des Rates vom 25.10.2012 zur Koordinierung der Schutzbestimmungen, die in den Mitgliedstaaten den Gesellschaften im Sinne des Artikels 54 Absatz 2 des Vertrages über die Arbeitsweise der Europäischen Union im Interesse der Gesellschafter sowie Dritter für die Gründung der Aktiengesellschaft sowie für die Erhaltung und Änderung ihres Kapitals vorgeschrieben sind, um diese Bestimmungen gleichwertig zu gestalten (ABl. Nr. L 315, S. 74), zuletzt geändert durch RL 2014/59/EU des EP und des Rates vom 15.5.2014 (ABl. Nr. L 173, S. 190).
[93] Reg. Begr. BT-Drs. 13/9712, 13; MüKoAktG/*Oechsler* § 71 Rn. 277.
[94] KölnKommAktG/*Lutter/Drygala* § 71 Rn. 197; aA Spindler/Stiltz/*Cahn* § 71 Rn. 145 jeweils mwN.
[95] Für alle Hüffer/Koch/*Koch* AktG § 71 Rn. 19 f. mwN.
[96] OLG München ZIP 2002, 1353 ff. (unter unklarem Zitat von BGHZ 85, 350 (360 f.)) geht von Anfechtbarkeit aus; für Nichtigkeit gar MüKoAktG/*Oechsler* § 71 Rn. 193.
[97] Wie hier Hüffer/Koch/*Koch* AktG § 71 Rn. 19f mwN.

anfechtbar, verstoßende Geschäfte sind nichtig (§ 134 BGB).[98] Ein Paketerwerb (*negotiated repurchase*) scheidet damit grundsätzlich aus;[99] trifft der Beschluss keine Festlegung für den zurückzukaufenden Aktientyp, müssen Stamm- und Vorzugsaktien gleichermaßen gekauft werden, wenn beide börsengehandelt sind.[100] Ein Rückkauf kann über die Börse oder im Wege eines öffentlichen Rückkaufangebots erfolgen. Ob den Aktionären ein Andienungsrecht unabhängig von der Ausgabe von *Transferable Put Rights* zusteht, ist str., dürfte aber zu bejahen und damit vom Vorstand zu beachten sein.[101]

35 Soweit eine Veräußerung nicht an der Börse erfolgt, haben die Aktionäre umgekehrt ein Bezugsrecht, § 186 Abs. 3 und 4 AktG gelten entsprechend.[102]

> **Praxistipp:**
> § 186 Abs. 3 AktG verlangt für den Ermächtigungsbeschluss zusätzlich zur einfachen Stimmenmehrheit eine qualifizierte Kapitalmehrheit von drei Vierteln des vertretenen Grundkapitals, soweit nicht ein vereinfachter Bezugsrechtsausschluss vorliegt.

36 Auf die Ausnutzung der 10%-Grenze (Erwerbsgrenze) für die Dauer der Ermächtigung sind Wandlungs- und Optionsrechte anzurechnen (§ 186 Abs. 3 S. 4 AktG).[103] Durch den Verweis auf § 193 Abs. 2 Nr. 4 AktG (§ 71 Abs. 1 Nr. 8 S. 5 AktG) werden die Anforderungen für die Begründung von Bezugsrechten durch bedingtes Kapital übernommen; damit ist auch klar, dass im Rahmen eines Ermächtigungsbeschlusses Optionen aus eigenen Aktien bedient werden dürfen.[104] Aus dem Erfordernis der qualifizierten Kapitalmehrheit folgt, dass von der Erleichterung des § 130 Abs. 1 S. 3 AktG (privatschriftliches Protokoll der Hauptversammlung) kein Gebrauch gemacht werden kann und somit der Ermächtigungsbeschluss auch bei nichtbörsennotierten Gesellschaften der notariellen Beurkundung bedarf.

37 Aufgrund des unklaren Verweises in § 71 Abs. 1 Nr. 8 S. 5 AktG empfiehlt es sich, Ermächtigungsbeschlüsse unter Berücksichtigung der Anforderungen von § 186 Abs. 3 und 4 AktG sowie ggf. § 193 Abs. 2 Nr. 4 AktG mit einer qualifizierten Kapitalmehrheit zu fassen, wenn der Gesellschaft andere Veräußerungsarten als über die Börse zu Verfügung stehen.

38 Ein Hauptversammlungsbeschluss, der die Veräußerung von eigenen Aktien außerhalb der Börse vorsieht, hat nur dann die besonderen Angaben des § 193 Abs. 2 Nr. 4 AktG zu enthalten, wenn eigene Aktien zur Bedienung von Aktienoptionen eingesetzt werden sollen. Hingegen sind die Bestimmungen über den Bezugsrechtsausschluss immer zu beachten, wenn eine andere Veräußerung als diejenige über die Börse erlaubt sein soll. Dies bedeutet, dass es für solche Beschlussfassungen zusätzlich einer qualifizierten Kapitalmehrheit bedarf. Die Erwerbsermächtigung und der Beschluss über eine andere Veräußerungsart im Sinne des § 71 Abs. 1 Nr. 8 S. 5 AktG sollten in einem einheitlichen Beschlusskomplex erfolgen. § 71 Abs. 1 Nr. 8 S. 5 AktG erzwingt für von § 71 Abs. 1 Nr. 8 S. 3 und 4 AktG abweichende Arten der Veräußerungen, (als solche, die eine formale Ungleichbehandlung darstellen), dass der Ermächtigungsbeschluss und der Beschluss über eine „andere" Veräußerungsart gemeinsam gefasst werden.[105]

---

[98] MüKoAktG/*Oechsler* § 71 Rn. 250 mit dem Hinweis auf mögliche Schadensersatzansprüche.
[99] Reg. Begr. BT-Drs. 13/9712, 13 (14).
[100] Hüffer/Koch/*Koch* AktG § 71 Rn. 19k; *Hillebrandt/Schremper* BB 2001, 533 (535).
[101] So auch OLG Hamburg ZIP 2005, 1074 (1079); Hüffer/Koch/*Koch* AktG § 71 Rn. 19k; *Habersack* ZIP 2004, 1121 (1123 ff.); aA Bürgers/Körber/*Wieneke* § 71 Rn. 38; *Johanssen-Roth* ZIP 2011, 407 (412) alle mwN.
[102] Für alle Hüffer/Koch/*Koch* AktG § 71 Rn. 19m; MHdB GesR V/*Rückers* § 15 Rn. 25 mwN.
[103] *Reichert/Harbarth* ZIP 2001, 1441 (1443 f.).
[104] Hüffer/Koch/*Koch* AktG § 71 Rn. 12, 30.
[105] MüKoAktG/*Oechsler* § 71 Rn. 256 n.w.N.; unklar LG Berlin NZG 2000, 945; aA Bürgers/Körber/*Wieneke* § 71 Rn. 42.

> **Praxistipp:**
> Es ist empfehlenswert, den Beschluss über den Erwerb und den Beschluss über die Veräußerung eigener Aktien in einer Hauptversammlung stets zusammen zu fassen, wenn die Veräußerung der eigenen Aktien in anderer Weise als über die Börse geplant ist.

i) **Erwerbsschranken, allgemeine Voraussetzungen (§ 71 Abs. 2 AktG).** Das Gesetz setzt einem Erwerb, der von einem Erlaubnistatbestand gedeckt ist, Grenzen: 39
- Für einen Erwerb gem. § 71 Abs. 1 Nr. 5 und 6 AktG ergeben sich aus § 71 Abs. 2 AktG keine Beschränkungen.
- Auch für nach § 71 Abs. 1 Nr. 1, 2, 4, 7 und 8 AktG erworbene Aktien muss der volle Ausgabebetrag eingezahlt sein, auch das korporative Agio (§ 71 Abs. 2 S. 3 AktG).
- Beim Erwerb nach § 71 Abs. 1 Nr. 1, 2, 3, 7 und 8 AktG gilt die 10%-Grenze (§ 71 Abs. 2 S. 1 AktG, sogen. **Bestandsgrenze**) im Verhältnis zur Grundkapitalziffer (§ 266 Abs. 3 HGB), wobei alle eigenen, also auch durch abhängige oder in Mehrheitsbesitz befindliche Gesellschaften und von Dritten zurechenbar (§ 71d AktG) gehaltenen und in Pfand genommenen Aktien mitzuzählen sind; genehmigtes und bedingtes Kapital wird nicht hinzugerechnet. Betrachtungszeitpunkt sind sowohl der Abschluss des Kausalgeschäfts für den Erwerb eigener Aktien als auch seine Erfüllung.[106]

Die sogen. **hypothetische Kapitalgrenze** (§ 71 Abs. 2 S. 2 AktG), zwingt zur fiktiven Bildung einer **Rücklage** in Höhe der Erwerbsaufwendungen ohne Minderung des Grundkapitals oder der gesetzlichen oder satzungsgemäßen Rücklagen;[107] der Erwerb darf nur erfolgen, wenn er aus diesen Rücklagen auf Grundlage eines fiktiven Zwischenabschlusses erfolgen könnte.[108] Die Pflichten gem. § 71c Abs. 2 und 3 AktG (→ Rn. 41 f.) bleiben von diesen Beschränkungen unberührt. 40

3. Rechtsfolgen

a) **Pflichten nach (zulässigem) Erwerb (§ 71 Abs. 3, § 71c Abs. 2, 3 AktG).** Beim Erwerb eigener Aktien gem. **Nr. 1** und bei Betätigung eines Ermächtigungsbeschlusses gem. **Nr. 8** muss der Vorstand die nächste HV über die Gründe und den Zweck des Erwerbs sowie über die Zahl der erworbenen Aktien, den auf sie entfallenden Betrag des Grundkapitals, ihren Anteil am Grundkapital und den Gegenwert der Aktien unterrichten. Die HV muss auf dieser Informationsgrundlage in der Lage sein, die Zulässigkeit des Erwerbs zu überprüfen;[109] im Fall des Nr. 1 muss der Vorstand die Notwendigkeit des Erwerbs konkret belegen. Weil Angaben zu eigenen Aktien in den Anhang des Geschäftsberichts gehören (§ 160 Abs. 1 Nr. 2 AktG), bedarf es einer gesonderten Unterrichtung nicht, wenn die nächste HV ohnehin den Anhang entgegennimmt.[110] Die Informationstiefe im Anhang muss der gesonderten Information entsprechen,[111] der Bericht sollte darüber hinaus Angaben zu Veräußerungsvorgängen machen.[112] 41

Gem. **Nr. 2** erworbene Aktien sind binnen eines Jahres ab Erwerb auszugeben, die Verpflichtung bleibt auch nach Ablauf der Jahresfrist bestehen. Sobald eine Ausgabe nicht mehr möglich erscheint oder eine Umsetzungsabsicht nicht mehr erkennbar ist, soll eine Veräußerungspflicht gem. § 71c Abs. 1 AktG analog entstehen, ohne dass der Erwerb insgesamt unzulässig würde.[113] 42

---

[106] Str.; zum Streitstand Hüffer/Koch/*Koch* AktG § 71 Rn. 21.
[107] Beim Erwerb eigener Aktien durch Unternehmen iSd §§ 16, 17 AktG ist § 272 Abs. 4 HGB zu beachten; eine gem. § 268 Abs. 8 HGB gesperrte Rücklage bleibt ohne Berücksichtigung; ausführlich *Oechsler* AG 2010, 105–110.
[108] OLG Stuttgart WM 2010, 120 (122), weist richtig darauf hin, dass ein solcher zu erstellen ist.
[109] BGHZ 101, 1 (17); MüKoAktG/*Oechsler* § 71 Rn. 331.
[110] RegBegr. BT-Drs. 8/1678, 15; *Hüffer* NJW 1979, 1065 (1068 f.).
[111] Hüffer/Koch/*Koch* AktG § 71 Rn. 22; GroßkommAktG/*Merks* § 71 Rn. 347.
[112] BGH 136, 133 (140); BGHZ 164, 241.
[113] MüKoAktG/*Oechsler* § 71 Rn. 335 f., der auch auf eine potentielle Schadensersatzpflicht des Vorstands aufmerksam macht; Spindler/Stilz/*Cahn* § 71 Rn. 61; Bürgers/Körber/*Wieneke* § 71 Rn. 48.

43 Überschreitet durch den Erwerb der Bestand eigener Aktien 10 % des Grundkapitals (sogen. **Veräußerungsgrenze**), müssen die nach **Nr. 4–6** erworbenen überzähligen *eigenen Aktien* binnen drei Jahren veräußert werden (§ 71c Abs. 2 AktG).[114] Gleiches gilt, wenn die Aktien auf Grundlage eines Pflichtangebots gem. § 29 Abs. 1 iVm §§ 125, 207 Abs. 1 UmwG erworben wurden[115] oder die 10 %-Schwelle durch Dritterwerb zulässig (§ 71d S. 3 AktG) oder durch Inpfandnahme überschritten wurde.[116] Der Vorstand muss den Erwerbszweck und das Gleichbehandlungsgebot berücksichtigen, wenn er nach pflichtgemäßem Ermessen zum bestmöglichen Preis veräußert.[117] Gelingt eine fristgerechte[118] Veräußerung nicht, sind die Aktien einzuziehen (§§ 71c Abs. 3, 237 AktG).

44 b) **Rechte und Pflichten beim Halten eigener Aktien (§ 71b AktG).** § 71b AktG suspendiert die Rechte der AG aus eigenen Aktien, wobei § 71d S. 4 AktG diese Wirkung auf durch bestimmte Dritte gehaltene Aktien erweitert. Unberührt bleiben Rechte aus in Pfand genommenen Aktien, soweit nicht der mitgepfändete Anspruch auf den Gewinnanteil in Frage steht.[119] Die AG ist auch nach einer Legitimationszession nicht stimmberechtigt und kann ihr fiktives Dividendenrecht nicht abtreten. Eine Ausnahme gilt gem. § 215 Abs. 1 AktG bei der Erhöhung des Grundkapitals. § 71b AktG wirkt rechtshindernd.[120]

45 Die mitgliedschaftlichen Pflichten der AG ruhen mit eigenem Erwerb, fällige Pflichten gehen durch Konfusion unter. Mit Veräußerung der Aktien an Dritte leben die Pflichten wieder auf. Pflichten aus Aktien, die Dritte gem. § 71d AktG halten, bestehen fort.

46 c) **Rechtsfolgen eines unzulässigen Erwerbs (§ 71 Abs. 4, § 71c Abs. 1, 3 AktG).** Das dingliche Erwerbsgeschäft bleibt trotz Verstoßes gegen § 71 Abs. 1 oder 2 AktG wirksam, das Kausalgeschäft ist nichtig (§ 71 Abs. 4 S. 2 AktG), soweit nicht ein Fall der §§ 29 Abs. 1 S. 1, 125 S. 1, 207 Abs. 1 S. 1 Hs. 2 UmwG vorliegt; ein Erfüllungsanspruch besteht nicht. Der auf das nichtige Kausalgeschäft geleistete Erwerbspreis ist als verbotene Einlagenrückgewähr gem. § 62 AktG auszugleichen.[121]

47 Aktionäre können gewährte Aktien kondizieren, wobei Zurückbehaltungsrechte ausgeschlossen sein sollen.[122] Organverwalter in Vorstand (§ 93 AktG) und Aufsichtsrat (§ 110 AktG) können sich durch verbotene Erwerbsgeschäfte schadensersatzpflichtig machen[123] und eine Ordnungswidrigkeit (§ 405 Abs. 1 Nr. 4a AktG) begehen.[124] Entgegen § 71 Abs. 1, 2 AktG erworbene Aktien sind binnen Jahresfrist ab Abschluss des unzulässigen Kausalgeschäfts[125] im Falle des Verstoßes gegen § 71 Abs. 1 AktG bzw. ab Überschreiten der Grenzen des § 71 Abs. 2 AktG (§ 71c Abs. 1 AktG) zu veräußern. Dabei sind die erworbenen Aktien abzugeben;[126] der Vorstand muss über die Veräußerung berichten (§ 160 Abs. 1 Nr. 2 S. 2 AktG) und dem Veräußerer zur Haftungsvermeidung die Aktien andienen.

48 Kommt eine fristgemäße Veräußerung nicht zu Stande, sind die Aktien gem. §§ 71c Abs. 3, 237 AktG einzuziehen; scheitert dies, muss unverzüglich veräußert werden.[127] Auch hier gilt, dass Organwalter schadensersatzpflichtig werden können und im Fall eines Verstoßes Ordnungswidrigkeiten begehen (§ 405 Abs. 1 Nr. 4b und Nr. 4c AktG).

---

[114] In den anderen Fällen des § 71 Abs. 1 AktG handelt es sich wegen § 71 Abs. 2 S. 1 AktG bereits um einen unzulässigen Erwerb, sodass § 71c Abs. 1 AktG einschlägig ist.
[115] Hölters/*Solveen* § 71 Rn. 3; Kallmeyer/*Marsch-Berner* UmwG § 29 Rn. 26.
[116] Auf die Rechtmäßigkeit der Inpfandnahme kommt es dabei nicht an, KölnKommAktG/*Lutter-Drygala* § 71c Rn. 14; Hüffer/Koch/*Koch* AktG § 71d Rn. 7, 8. Zum Zweck der Kaduzierung (§ 64) erworbene Aktien bleiben unberücksichtigt, Spindler/Stilz/*Cahn* § 71c Rn. 4.
[117] KölnKommAktG/*Lutter/Drygala* § 71d Rn. 38.
[118] Zur Berechnung Hüffer/Koch/*Koch* AktG § 71c Rn. 5.
[119] KölnKomm AktG/*Lutter/Drygala* § 71 Rn. 40.
[120] Einzelheiten Hüffer/Koch/*Koch* AktG § 71b Rn. 5.
[121] OLG Stuttgart WM 2010, 120 (125).
[122] Hüffer/Koch/*Koch* AktG § 71 Rn. 24; aA *Hüffer* NZW 1979, 1065 (1069).
[123] Dazu OLG Stuttgart AG 2010, 133 ff. das eine eigenständige Prüfung der Erwerbsvoraussetzungen zu jedem Erwerbszeitpunkt verlangt.
[124] OLG Frankfurt a. M. NZG 2008, 836 (837).
[125] Str. wie hier MüKoAktG/*Oechsler* § 71c Rn. 11 mwN.
[126] Zum Problem der Individualisierbarkeit KölnKomm AktG/*Lutter/Drygala* § 71c Rn. 25, 26.
[127] Dazu MüKoAktG/*Oechsler* § 71c Rn. 24 mwN.

4. Sonderfälle

a) **Umgehungsgeschäfte und Erweiterung des Kapitalschutzes (§ 71a AktG).** Der Gesetzgeber hat mit § 71a AktG nicht nur einen Schutz gegen Umgehungsgeschäfte bezweckt, sondern einen von den Erlaubnistatbeständen des § 71 Abs. 1 AktG unabhängigen Kapital- und Vermögensschutz.[128] § 71a Abs. 1 AktG erfasst Vorschüsse (alle vorfälligen Leistungen der AG), Darlehen (alle Formen der Kreditgewährung) und die Gewährung von Sicherheiten (weite Auslegung).[129] Die Aufzählung ist nicht abschließend, erfasst sein soll jedes Rechtsgeschäft, durch das der Aktienerwerb ermöglicht wird. Es darf kein Vermögen der AG zum Erwerb von Aktien eingesetzt werden.[130]

49

Der Gesetzgeber anerkennt Ausnahmen von diesen Regeln: Finanzierungsgeschäfte und Sicherheitsleistungen eines Kredit- oder Finanzdienstleistungsinstituts (§§ 1 Abs. 1, 1a, 2 Abs. 1, 6 KWG) im Rahmen des laufenden Geschäfts[131] und Finanzierungsgeschäfte und Sicherheitsleistungen für den Erwerb von Belegschaftsaktien (nicht für Organmitglieder, str.)[132] sind zulässig. Allerdings muss auch hier die hypothetische Kapitalgrenze wie beim Erwerb eigener Aktien eingehalten werden (→ Rn. 40). Auch wenn zwischen den Vertragspartnern ein Beherrschungs- und Gewinnabführungsvertrag besteht, gilt das Verbot nicht (§ 71a Abs. 1 S. 3). Welche Regeln im faktischen Konzern gelten, ist bisher nicht endgültig geklärt.[133]

50

§ 71a Abs. 2 AktG erweitert den Schutz auf Geschäfte, die auf einen Erwerb auf Rechnung der AG bzw. von ihr abhängigen oder ihrem Mehrheitsbesitz stehenden Unternehmen gerichtet sind. Im Umkehrschluss heißt dies, dass eine Stellvertretung und auch eine Geschäftsführung ohne Auftrag (§§ 677 ff. BGB) zulässig sind, wenn sie durch einen Erlaubnistatbestand des § 71 AktG gedeckt sind.

51

Rechtsfolge eines Verstoßes ist die Nichtigkeit des Kausalgeschäfts, wobei das Erfüllungsgeschäft nur wirksam sein kann, wenn es nicht gegen § 57 Abs. 1 AktG verstößt. Es bestehen keine Erfüllungsansprüche, sondern lediglich Rückgewähransprüche gem. § 62 AktG (sofern der Empfänger bereits Aktionär ist) bzw. §§ 812 ff. BGB.[134] Dies gilt unabhängig davon, ob das Geschäft vor oder nach dem Erwerb abgeschlossen wird.

52

> **Praxistipp:**
> Im Rahmen von **Transaktionen** gilt, dass Break-Fee-Vereinbarungen, soweit sie angemessen sind, zulässig sind.[135] Problematisch sind jedoch vor allem Finanzierungsmodelle: Der *„Leveraged Buyout"* (LBO, Vermögen der Zielgesellschaft als Sicherheit für das Finanzierungsdarlehen des Erwerbers) ist auch bei Zwischenschaltung Dritter ein Verstoß gegen § 57 Abs. 1 S. 1 Akt.[136] Für zulässig gehalten wird dagegen der *„Merger Buyout"* (Verschmelzung bzw. Anwachsung der Zielgesellschaft nach Erwerb der Anteile auf die erwerbende Gesellschaft bzw. umgekehrt).[137] Die Stützung des Erwerbers durch eine Schuldübernahme (§ 415 Abs. 1 S. 1 BGB) ist unzulässig, wenn sich die Werthaltigkeit der Forderung wegen unterlegener Bonität des Erwerbers verschlechtert.[138] Problematisch kann va die Rückabwicklung einer durch eigene Aktien finanzierten Akquisition sein.[139]

---

[128] *Riegger* ZGR 2008, 233 (240); KölnKommAktG/*Lutter/Drygala* § 71a Rn. 8 ff.
[129] *Riegger* ZGR 2008, 233 ff.
[130] Dazu Hüffer/Koch/*Koch* AktG § 71a Rn. 2, 3; *Oechsler* ZHR 170 2006, 72 (81 ff.).
[131] *Singhof* NZG 2002, 745 ff.
[132] Dazu *Kruchen* AG 2014, 655–662.
[133] Dazu Hüffer/Koch/*Koch* AktG § 71a Rn. 6a mwN.
[134] Dazu KölnKommAktG/*Lutter/Drygala* § 71a Rn. 50, 78.
[135] Richtig *Fleischer* AG 2009, 345 (352, 354); aA MüKoAktG/*Oechsler* § 71a Rn. 29.
[136] *Fleischer* AG 1996, 499 ff.
[137] *Eidenmüller* ZHR 171 2007, 643 (662); MüKoAktG/*Oechsler* § 71a Rn. 26; aA *Kerber* DB 2004, 1027 (1028, 1029); differenzierend wohl Schmidt/Lutter/*T.Bezzenberger* § 71a Rn. 19a.
[138] LG Düsseldorf ZIP 2006, 516 (518 ff.); aA MüKoAktG/*Oechsler* § 71a Rn. 28 mwN.
[139] Dazu *Heer* ZIP 2012, 2325–2333.

53 **b) Dritterwerb (§ 71d).** § 71d AktG unterwirft auch den Erwerb bzw. das Halten eigener Aktien durch Dritte im eigenen Namen, aber auf Rechnung der Gesellschaft oder eines abhängigen bzw. und Mehrheitsbesitz befindlichen Unternehmen oder durch ein solches Unternehmen[140] den Regeln des § 71 AktG. Die Aktien gelten als solche der Gesellschaft, sowohl im Hinblick auf die 10 %-Grenzen in §§ 71 Abs. 2 S. 1, 71c Abs. 2 AktG als auch auf die Rechtsfolgen eines Erwerbs (§§ 71 Abs. 4, 71c AktG). Die Rechte der Dritten sind ebenfalls suspendiert; ob dies auch für das Recht auf Auszahlung von Dividenden gilt ist umstritten, wohl aber zu bejahen.[141] § 71d AktG gilt auch für den originären Erwerb. Der Dritte bzw. das Unternehmen müssen der AG auf ihr Anfordern die Inhaberschaft/das Eigentum an den verbotswidrig erworbenen Aktien verschaffen. Umgekehrt steht ihnen ein Anspruch auf Wertersatz zu.

54 **c) Inpfandnahme (§ 71e).** Das Gesetz stellt grundsätzlich die Inpfandnahme dem Erwerb eigener Aktien gleich und unterwirft sie damit den Regeln des §§ 71 ff. AktG, soweit es um vertragliche Pfandrechte geht.[142] Ausnahmen gelten für Kredit- und Finanzdienstleistungsinstitute (§§ 1 Abs. 1, Abs. 1a, 2 Abs. 1 und 6 KWG), die eigenen Aktien bis zur 10 %-Grenze im laufenden Geschäft in Pfand nehmen zu dürfen (§ 71e Abs. 1 S. 2 AktG). In Erweiterung des § 71 Abs. 4 AktG ist bei einem Verstoß gegen § 71e AktG auch der dingliche Übertragungsakt nichtig (§ 71e Abs. 1 AktG).[143]

5. Internationales Privatrecht

55 Die Verbote der §§ 71a, d und e AktG gelten, soweit Gesellschaftsstatut der AG, deren Aktien Gegenstand des Erwerbs sind, deutsches Recht ist. Das gilt grundsätzlich auch für den Fall, dass ein abhängiges bzw. im Mehrheitsbesitz stehendes Unternehmen mit deutschem Gesellschaftsstatut Anteile ihrer „ausländischen Mutter" erwirbt.[144]

IV. Kapitalmarktrecht, insbesondere Informations- und Publizitätspflichten

1. Aktienrecht

56 Auf die Informationspflichten des Vorstands gegenüber der Hauptversammlung ist bereits hingewiesen (→ Rn. 41). Eine Informationspflicht gegenüber der BaFin besteht grundsätzlich nicht mehr.[145]

2. Kapitalmarktrecht

57 **a) Unionsrechtlicher Hintergrund.** Das Kapitalmarktrecht ist durch die Tätigkeit des europäischen Gesetzgebers geprägt, fast alle Änderungen des Kapitalmarktrechts in den letzten Jahren gehen auf seine Konzepte zurück, die in zahlreichen Richtlinien und Verordnungen Niederschlag gefunden haben.[146]

58 **b) WpÜG.** Das WpÜG ist – seit 2006 auch in der Verwaltungspraxis der BaFin – auf öffentliche Angebote zum Rückkauf eigener Aktien über die Börse grundsätzlich nicht anwendbar.[147] Bisher scheint man von diesem Verständnis des § 1 WpÜG nicht abweichen zu wollen, gleichwohl müssen im Rahmen der Rechtsberatung insbesondere bei börsennotier-

---

[140] Ausführlich Hüffer/Koch/*Koch* AktG § 71d Rn. 2 ff.
[141] Wie hier KölnKommAktG/*Lutter/Drygala* § 71d Rn. 55 mwN; aA zB Schmidt/Lutter/*Bezzenberger* § 71d Rn. 54.
[142] Hüffer/Koch/*Koch* AktG § 71 Rn. 2 ff.
[143] Einzelheiten MüKoAktG/*Oechsler* § 71e Rn. 3 ff.
[144] MüKAktG/*Oechsler* § 71 Rn. 61, 64, 65; aA Groß Komm. AktG/*Merkt* § 71 Rn. 411, 412.
[145] Dazu iE *Buck-Heeb*, Kapitalmarktrecht, § 1 Rn. 32–39.
[146] Dazu iE *Buck-Heeb*, Kapitalmarktrecht, § 1 Rn. 32–39.
[147] BaFin, Auslegungsentscheidung vom 9.8.2006, Rückerwerb eigener Aktien nach dem WpÜG, am 15.5.2016 abgerufen unter: http://bafin.de/SharedDocs/Veroeffentlichungen/DE/Auslegungsentscheidung/WA/ae_060809_rueckerwerb.html.

ten Gesellschaften die einschlägigen Vorschriften beachtet werden. So hat der Vorstand der börsennotierten AG in Übernahmesituationen eine Neutralitätspflicht (§ 33 Abs. 1 WpÜG), wenn versucht wird, durch den Rückkauf eigener Aktien (§ 71 Abs. 1 Nr. 1 oder Nr. 8 AktG) eine feindliche Übernahme abzuwenden, soweit man dies nicht ohnedies für unzulässig hält.[148] Bei der Ermittlung der 30%-Schwelle, die zur Unterbreitung eines Pflichtangebots verpflichtet (§§ 35, 29 Abs. 2 WpÜG), werden eigene Aktien nicht mitgezählt.[149]

c) WpHG und Marktmissbrauchsverordnung (EU Nr. 596/2014).[150] Das Insider- und **59** Marktmissbrauchsverbot, das selbstverständlich grundsätzlich auch für eigene Aktien gilt, ist mit Inkrafttreten der Marktmissbrauchverordnung (MAR) zum 3.7.2016 formell, weniger inhaltlich grundlegend umgestaltet worden. Beklagenswert ist die Qualität der deutschen Fassung (von einer Übersetzung kann wegen ihrer Verbindlichkeit eher nicht gesprochen werden) der Verordnung, die mit den englischen und französischen Fassungen nicht selten wenig bis nichts gemein hat; grundsätzlich sollten deshalb immer diese beiden Sprachfassungen mitgelesen werden, um Missverständnisse zu vermeiden.[151] Das Insiderrecht und das Manipulationsverbot finden sich in Art. 7–16 MAR, die §§ 10, 12–14 und 20a WpHG aF sind auf Grundlage der unmittelbaren Geltung der Verordnung gegenstandslos und durch den deutschen Gesetzgeber neu gefasst bzw. aufgehoben worden. In §§ 6, 119 und 120 WpHG sind die Durchsetzung und Sanktionierung des europäischen Rechts geregelt.[152] Die neue Regelung setzt auf dem bisherigen Regelungsbestand[153] auf und schafft für das Verbot von Kursmanipulation (Art. 15 MAR)[154] und Insiderhandel (Art. 14 MAR) für Rückkaufprogramme und Stabilisierungsmaßnahmen in Art. 5 MAR einheitliche Ausnahmetatbestände.

aa) Rückkaufprogramme und Stabilisierungsmaßnahmen. Art. 5 MAR übernimmt die **60** bekannten Tatbestände der Safe-Harbor-Rule der Marktmissbrauchrichtlinie,[155] wie sie sich bisher in § 14 Abs. 2 bzw. § 20a Abs. 3 WpHG aF fanden. Art. 5 Abs. 1 und 2 MAR stellen die materiellen Voraussetzungen für die Zulässigkeit für Rückkaufprogramme auf, Art. 5 Abs. 3 MAR statuiert eine Meldepflicht auch für zulässige Rückkaufprogramme. Zuständige Behörde ist in Deutschland die BaFin. Art. 5 Abs. 4 und 5 MAR lassen den Rückerwerb zur Kursstabilisierung unter Mitteilung an die BaFin zu, Art. 5 Abs. 4 MAR verwendet dabei zahlreiche unbestimmte Rechtsbegriffe („Dauer", „relevante Informationen", „angemessene Grenzen") die durch die technischen Regulierungsstandards der ESMA konkretisiert werden sollen (Art. 5 Abs. 6 MAR).[156] Diese entsprechen im Wesentlichen den bisher geltenden Regulierungen.

cc) Ad-hoc-Publizität gem. Art. 17 und 19 MAR. Für den Erwerb eigner Aktien gelten **61** selbstverständlich die neuen Regeln zur Veröffentlichung von Insiderinformationen gem. Art. 7, 17 MAR, die §§ 12 ff. WpHG aF abgelöst haben.[157] Bei der Auslegung dieser Vorschriften muss zum einen der Final Report der ESMA[158] herangezogen werden, zum anderen sind die FAQs der BaFin vom 19.7.2016[159] bei der praktischen Umsetzung der MAR

---

[148] Dazu MüKoAktG/*Oechsler* § 71 Rn. 122 f.; mit Handlungsempfehlungen für den Vorstand *Hitzer/Simon/Düchting* AG 2012, 237.
[149] Dazu BaFinJournal 12/2014, 5; *Krause* AG 2015, 553 f.
[150] Verordnung (EU) Nr. 596/2014 des Europäischen Parlaments und des Ratesvom 16.4.2014 über Marktmissbrauch (Marktmissbrauchsverordnung) und zur Aufhebung der Richtlinie 2003/6/EG des Europäischen Parlaments und des Rates und der Richtlinien 2003/124/EG, 2003/125/EG und 2004/72/EG der Kommission, ABl. 2016 L 173, S. 1.
[151] Dazu auch *Klöhn* AG 2016, 423 (424).
[152] Überblick bei *Poelzig* NZG 2016, 528 (536 ff.).
[153] Dazu MüKoAktG/*Oechsler* § 71 Rn. 344–352.
[154] Dazu *Schmolke* AG 2016, 434 ff.
[155] Ausführlich *Stüber* ZIP 2015, 1374; MüKoAktG/*Oechsler* § 71 Rn. 348–352a.
[156] ESMA, Final Report vom 28.9.2015, ESMA/2015/1455, S. 12 ff.
[157] Dazu *Kumpan* BB 2016, 2039.
[158] ESMA, Final Report vom 3.7.2016, ESMA/2016/1130; dazu *Krämer/Kiefner* AG 2016, 621.
[159] Am 22.9.2016 abgerufen unter: https://www.bafin.de/SharedDocs/Downloads/DE/FAQ/dl_faq_mar_art_17_Ad-hoc.pdf?__blob=publicationFile&v=5.

extrem hilfreich. Es kann weiter davon ausgegangen werden, dass ein Ermächtigungsbeschluss keine Ad-hoc-Tatsache ist, während der zugehörige Vorstandsbeschluss über die Ausübung zu veröffentlichen ist, wenn diese im Hinblick auf die Zahl der gehandelten Aktien Kursrelevanz hat.[160] Dabei ist zu beachten, dass eine Selbstbefreiung gem. Art. 17 Abs. 4 MAR in Betracht kommen kann.[161] Nach der vorläufigen Verwaltungsauffassung der BaFin unterliegt wie bisher unter dem Regime des § 15a WpHG aF ein Geschäft der Führungskräfte (*directors´dealing*) mit eigenen Aktien nicht der Meldepflicht gem. Art. 19 MAR.[162]

62 dd) *Erklärungen gem. §§ 33, 40 WpHG*. Die Anzeigepflichten des Aktionärs gegenüber dem Emittenten und der BaFin für das Über- und Unterschreiten bestimmter Schwellenwerte im Hinblick auf die Stimmrechte einer börsennotierten Gesellschaft gem. § 33 WpHG sowie die konsekutive Veröffentlichungspflicht gem. § 40 Abs. 1 S. 1 WpHG treffen mittelbar auch AG selbst, obwohl sie aus eigenen Aktien kein Stimmrecht besitzt: § 40 Abs. 1 S. 2 WpHG ordnet in Bezug auf eigene Aktien, die von der Gesellschaft selbst oder über Zweite erworben werden, für Innlandsemittenten eine Erklärung an, die § 33 Abs. 1 S. 1 WpHG entspricht, wenn durch Erwerb, Veräußerung oder auf sonstige Weise eine Schwelle von 5 % oder 10 % der Stimmrechte über- oder unterschritten wird. Weiter ist für Emittenten mit dem Herkunftsland Bundesrepublik Deutschland eine Schwelle von 3 % maßgeblich. Die BaFin ging in ihrem Emittentenleitfaden[163] davon aus, dass nur eine Veröffentlichungspflicht besteht und eine Mitteilung an die BaFin nicht notwendig sei. Das dürfte auch nach der Novellierung des WpHG richtig sein.[164] Für die Aktionäre und ihre Pflichten gem. WpHG ist wichtig, dass die eigenen Aktien der AG bis zu einer Einziehung bei der Ermittlung der Gesamtzahl der Stimmen im Zähler wie im Nenner nach der geänderten Verwaltungspraxis der BaFin nicht mitgezählt werden.[165]

63 ee) *Angaben gem. §§ 49, 41 WpHG*. Mit der Einberufung der Hauptversammlung ist die Gesamtzahl der Aktien und Stimmrechte im Zeitpunkt der Einberufung zu veröffentlichen (**§ 49 Abs. 1 Nr. 1 WpHG**), wobei auch eigene Aktien bei der Zahl der Stimmrechte zu berücksichtigen sind – zusätzlich sollte der Emittent praktischer zugleich angeben, wie viele Aktien er als eigene Aktien iSd § 71 AktG hält. Wird der Vorstand durch Beschluss gem. § 71 Abs. 1 Nr. 8 AktG zugleich zur Einziehung der Aktien oder zur Weiterveräußerung unter Ausschluss des Bezugsrechts der Aktionäre auch nur für bestimmte Erwerbszwecke ermächtigt, liegt eine „Vereinbarung von Bezugsrechten" vor, die ebensowie die Ausübung der Ermächtigung im Bundesanzeiger zu veröffentlichen ist (**§ 49 Abs. 1 Nr. 2 WpHG**).[166] Schließlich muss der (Inlands-)Emittent die Gesamtzahl der Stimmrechte am Ende eines jeden Kalendermonats veröffentlichen, der BaFin mitteilen und dem Unternehmensregister übermitteln, in dem es zu einer Ab- oder Zunahme von Stimmrechten gekommen ist (**§ 41 WpHG**).

64 ff) *Praktische Umsetzung*. Für die Bekanntmachung gem. § 49 WpHG stellt der Bundesanzeiger (nach Registrierung) eine entsprechende elektronische Eingabemaske zur Verfügung. Für alle übrigen Mitteilungen und Bekanntmachungen bieten Dienstleister für europaweite Veröffentlichungen von Kapitalmarktinformationen jeweils passende Eingabemasken an, die Veröffentlichungen per Internet erlauben und über die jeweils auch eine Mitteilung an die BaFin bewerkstelligt werden kann. Bei der Eingabe der entsprechenden Kriterien und Weiterleitungen kann nur größte Sorgfalt angeraten werden.

---

[160] MüKoAktG/*Oechsler* § 71 Rn. 364 mwN; die Zustimmuung des Aufsichtsrats soll grundsätzlich nicht abgewartet dürfen, dazu für § 15 WpHG KölnKomm/*Lutter/Drygala* AktG § 71 Rn. 257; *Rieckers* ZIP 2009, 705.

[161] Dazu *Krämer/Kiefner* AG 2016, 621 (624); für die alte Rechtslag *Seibt/Brenkamp* AG 2008, 469 (474).

[162] FAQ der BaFin zu Eigengeschäften von Führungskräften nach Art. 19 MAR, 5. Version (Stand 9.8.2016), Nr. II. Frage 7, Nr. VII. Frage 1.

[163] Dort S. 155, abzurufen am 23.9.2016 unter: http://www.bafin.de/SharedDocs/Downloads/DE/Leitfaden/WA/dl_emittentenleitfaden_2013.pdf?__blob=publicationFile&v=1.

[164] AA KölnKommAktG/*Lutter/Drygala* § 71 Rn. 259.

[165] BaFinJournal 12/2014, 5; *Krause* AG 2015, 553.

[166] Dazu MüKoAktG/*Oechsler* § 71 Rn. 287; Emittentenleitfaden der BaFin (aaO), S. 169 (170).

V. Steuerrecht und bilanzielle Behandlung

Fragen der bilanziellen Behandlung eigener Aktien sind Gegenstand der Ausführungen in → §§ 17, 19, auf die verwiesen werden kann.

Für steuerrechtliche Fragen kann auf → § 4 verwiesen werden. Die anfängliche Rechtsunsicherheit nach den BilMoG hat das BMF durch sein Schreiben vom 27.11.2013 beseitigt:[167] Der Erwerb eigener Aktien ist steuerrechtlich eine Rückzahlung von Nennkapital; den Nennbetrag übersteigende Beträge sind Leistungen an den Veräußerer, überhöhte Kaufpreise sind versteckte Gewinnausschüttungen. Umgekehrt ist die Weiterveräußerung eigener Anteile als Kapitalerhöhung zu behandeln.[168]

VI. Arbeitshilfen

Von allen in § 71 Abs. 1 AktG genannten Möglichkeiten zum Erwerb eigener Aktien hat die von der Hauptversammlung zu beschließende Erwerbsermächtigung gemäß Nr. 8 die größte praktische Bedeutung. Neben einem Muster für einen solchen Ermächtigungsbeschluss sollen zwei Checklisten die Beratung im Zusammenhang mit einem Aktienrückkauf erleichtern, ohne freilich eine eigene Lektüre einschlägiger Rechtsprechung und Literatur ersetzen zu können.

1. Beratungscheckliste

Beratungscheckliste

Folgende Fragen sollten im Vorfeld einer vertieften Beratung mit dem Mandanten erörtert werden:
1. Aus welchem Grund und innerhalb von welcher Zeitspanne sollen eigene Aktien zurückerworben werden?
2. Für welchen Zweck sollen die erworbenen eigenen Aktien eingesetzt werden?
3. Kann die Gesellschaft die erforderliche (hypothetische) Rücklage in Höhe der Aufwendungen für den Erwerb bilden?
4. Ist auf die Aktien der Ausgabebetrag voll einbezahlt?
5. Wie hoch ist das Grundkapital der Gesellschaft?
6. Handelt es sich um ein börsennotiertes oder nicht börsennotiertes Unternehmen?
7. Sollen eigene Aktien außerhalb der Börse nur von bestimmten Aktionären zurückerworben bzw. nur an bestimmte Aktionäre veräußert werden?

Frage 1. Gründe für einen Erwerb eigener Aktien sind im Regelfall wirtschaftlicher Natur. Lässt sich der Erwerb längerfristig planen, kann eine Beschlussfassung der HV stattfinden, so dass der Erlaubnistatbestand des § 71 Abs. Nr. 8 AktG greift. Ist dieser Weg wegen einer galoppierenden Entwicklung verstellt, sodass die Ladungsfrist des § 123 Abs. 1 AktG nicht halten lässt, kommt lediglich ein durch § 71 Abs. 1 Nr. 1 oder 2 AktG gedeckter Erwerb in Betracht.

Frage 2. Der Zweck des Rückkaufs eigener Aktien hilft bei der Entscheidung, ob und wenn ja mit welcher Mehrheit ein Ermächtigungsbeschluss (§ 71 Abs. 1 Nr. 8 AktG) gefasst werden kann/muss. Soll es möglich sein, die Aktien für ein Optionsprogramm zu verwenden, ist bei der Beschlussfassung zusätzlich zur einfachen Stimmenmehrheit eine qualifizierte Kapitalmehrheit sowie zudem die notarielle Beurkundung des Hauptversammlungsbe-

---
[167] Abgedruckt DB 2013, 280 ff.; dazu *Schiffer* GmbHR 2014, 79 ff.; *Roser* GmbH-Stb 2014, 55–59; *Brill* kösdi 2015, 19279.
[168] Zu Einzelheiten, insbesondere auch zur Besteuerung des Aktionärs s. MHdB GesR III/*Kraft* § 15 Rn. 46–55; *Scharpf/Tissen* AG 2014, 197 f.; *Wiese/Lukas* GmbHR 2014, 238–242.

schlusses erforderlich. Im Beschluss sind die Angaben gem. § 193 Abs. 2 Nr. 4 AktG festzulegen, die Regeln über den Ausschluss des Bezugsrechts gelten entsprechend.

71 **Frage 3.** Ist diese erste Frage zu verneinen, scheidet ein Erwerb eigener Aktien gem. § 71 Abs. 1 Nr. 1–3, 7 und 8 AktG wegen der zwingenden Rücklagenbildung gem. § 71 Abs. 2 S. 2 AktG aus.

72 **Frage 4.** Ein Erwerb gem. § 71 Abs. 1 Nr. 1, 2, 4, 7 und 8 AktG ist nur bei Volleinzahlung des Ausgabebetrags zulässig, wird die Frage verneint scheiden diese Erlaubnistatbestände aus.

73 **Frage 5.** Über die Bestimmung des Grundkapitals kann ermittelt werden, bis zu welcher Erwerbsgrenze im Rahmen eines Ermächtigungsbeschlusses gemäß § 71 Abs. 1 Nr. 8 AktG eigene Aktien erworben werden können und ob dies für den verfolgten Zweck ausreichend erscheint.

74 **Frage 6.** Die Börsennotierung spielt vor allem für die Pflichten des Vorstands bei Fassung und Betätigung eines Ermächtigungsbeschlusses (§ 71 Abs. 1 Nr. 8 AktG) eine bestimmende Rolle: Bei Erwerb und Veräußerung ist besonders auf die Einhaltung des Gleichbehandlungsgebots zu achten, wenn die eigenen Aktien nicht über die Börse ge- bzw. verkauft werden können. Andererseits muss die börsennotierte Gesellschaft ua die weiteren Publizitätspflichten des WpHG bzw. der MAR beachten.

75 **Frage 7.** Beim Erwerb/Verkauf außerhalb der Börse bedarf eine Ungleichbehandlung von Aktionären einer besonderen sachlichen Rechtfertigung; zusätzlich müssen die Regeln über den Bezugsrechtsausschluss beachtet werden (der Beschluss muss also mit besonderer Mehrheit getroffen und notariell beurkundet werden).

2. Checkliste Verfahren und Rechtsfolgen

76 **Checkliste**

1. Muss der Vorstand Beschluss über den Erwerb und die Verwendung eigener Aktien fassen?
2. Wie muss die Hauptversammlung beteiligt werden und welche Informationen müssen zur Verfügung gestellt werden?
3. Welche Informationen müssen veröffentlicht werden?
4. Welche Rechte und Pflichten bestehen aus den eigenen Aktien?
5. Müssen für die Veräußerung eigener Aktien Fristen berücksichtigt werden?

77 **Frage 1.** Grundsätzlich muss der Vorstand unter jedem Erlaubnistatbestand Beschluss über den Erwerb eigener Aktien fassen, Gleiches gilt im Hinblick auf die Verwendung der Aktien. Eindeutig ist dies, soweit es für die Zulässigkeit des Erwerbs auf die Motive des Vorstands ankommt (zB § 71 Abs. 1 Nr. 1 AktG). Auch in allen übrigen Fällen ist eine Beschlussfassung schon zur ausreichenden Dokumentation der Entscheidung und der Entscheidungsgrundlagen unerlässlich.

78 **Frage 2.** Die HV ist in jedem Fall über den Erwerb eigener Aktien zu informieren (Berichtspflicht). Unter den Erlaubnistatbeständen der § 71 Abs. 1 Nr. 7 und 8 AktG sowie im speziellen Fall auch Nr. 3 muss die Hauptversammlung vor dem Erwerb einen entsprechenden Beschluss fassen.

79 **Frage 3.** Eigene Aktien unterliegen zwar nicht dem WpÜG, der Vorstand hat jedoch die Ad-hoc-Pflichten gem. Art. 17, 19 MAR zu erfüllen und die Erklärungen gem. §§ 33, 40, 41, 49 WpHG abzugeben.

80 **Frage 4.** Die Gesellschaft kann aus eigenen Aktien keine Rechte herleiten; die mitgliedschaftlichen Rechte aus eigenen Aktien ruhen.

81 **Frage 5.** Gem. § 71 Abs. 1 Nr. 2 AktG erworbene Aktien sind binnen Jahresfrist auszugeben, unter Verstoß gegen § 71 Abs. 1, 2 AktG erworbene Aktien sind binnen Jahresfrist zu veräußern. Für Aktien, die nach § 71 Abs. 1 Nr. 4–6 AktG zulässig erworben sind, durch de-

ren Erwerb jedoch die Veräußerungsgrenze (10 % des Grundkapitals) überschritten ist, sind innerhalb von 3 Jahren zu veräußern (§ 71c Abs. 2 AktG); dies gilt auch für Aktien, die im Wege eines umwandlungsrechtlichen Pflichtangebots erworben sind (§ 71c Abs. 2 AktG analog).[169] Können die Aktien nicht veräußert werden, sind sie einzuziehen (§§ 71c Abs. 3, 237 AktG).

3. Muster: (Anschluss-)Ermächtigung zum Erwerb und zur Verwendung eigener Aktien

Der Formulierungsvorschlag enthält gesetzlich nicht zwingende Angaben sowie Bestandteile, die nicht in jedem Einzelfall verwendet werden sollten. Zahlen und Daten dienen lediglich als Platzhalter.

> Mit Beschluss der Hauptversammlung vom [*Datum*] (dort unter TOP [*Nummer*]) wurde der Vorstand der Gesellschaft gemäß § 71 Abs. 1 Nr. 8 AktG befristet bis zum [*Datum*] zum Erwerb und zur Verwendung eigener Aktien ermächtigt.
> Im Hinblick auf das baldige Auslaufen der Ermächtigungsfrist, soll dieser Beschluss aufgehoben und zugleich in modifizierter Form neu gefasst werden. Der nachfolgende Beschlussvorschlag regelt sowohl die Modalitäten des Erwerbs eigener Aktien als auch ihre anschließende Verwendung. Vorstand und Aufsichtsrat schlagen daher vor, wie folgt zu beschließen:
> a) Die von der Hauptversammlung am [*Datum*] erteilte Ermächtigung zum Erwerb eigener Aktien wird für den Zeitraum ab der Wirksamkeit der Ermächtigung gem. lit. b–j aufgehoben.
> b) Der Vorstand wird gemäß § 71 Abs. 1 Nr. 8 AktG ermächtigt, im Rahmen der gesetzlichen Grenzen eigene Aktien bis zu einem Anteil in Höhe von insgesamt 10 % des zum Zeitpunkt der Beschlussfassung bestehenden Grundkapitals zu erwerben.
> Dabei dürfen auf die aufgrund dieser Ermächtigung erworbenen Aktien zusammen mit anderen eigenen Aktien, die sich im Besitz der Gesellschaft befinden oder ihr nach den §§ 71a ff. AktG zuzurechnen sind, zu keinem Zeitpunkt mehr als 10 % des Grundkapitals entfallen. Die Ermächtigung darf nicht zum Zwecke des Handels in eigenen Aktien genutzt werden.
> c) Die Ermächtigung unter lit. b kann ganz oder in Teilbeträgen, einmal oder mehrmals, in Verfolgung eines oder mehrerer Zwecke ausgeübt werden, aber auch durch abhängige oder im Mehrheitsbesitz der Gesellschaft stehende Unternehmen oder für ihre oder deren Rechnung durch Dritte durchgeführt werden.
> d) Die Ermächtigung gilt bis zum Ablauf des [*Datum*].
> e) Der Erwerb erfolgt nach Wahl des Vorstands
> 1. über die Börse oder
> 2. mittels eines an alle Aktionäre gerichteten öffentlichen Kaufangebots der Gesellschaft oder
> 3. mittels einer öffentlichen Aufforderung zur Abgabe von Verkaufsangeboten oder
> 4. mittels eines individuellen Kaufangebots (oder der individuellen Aufforderung zur Abgabe eines solchen Angebots) an einen oder mehrere Aktionäre, die jeder für sich zum Zeitpunkt der Abgabe des Kaufangebots durch die Gesellschaft mit mindestens 3 % am Grundkapital beteiligt sind.[170]
>   (1) Erfolgt der Erwerb der Aktien über die Börse, darf der von der Gesellschaft gezahlte Gegenwert je Aktie (ohne Erwerbsnebenkosten) den am Börsenhandelstag durch die Eröffnungsauktion ermittelten Kurs im XETRA-Handel (oder einem vergleichbaren Nachfolgesystem) an der Frankfurter Wertpapierbörse um nicht mehr als [5/10]% überschreiten und um nicht mehr als [5/10/20]% unterschreiten.[171]
>   (2) Erfolgt der Erwerb über ein öffentliches Kaufangebot der Gesellschaft, dürfen der gebotene Kaufpreis oder die Grenzwerte der gebotenen Kaufpreisspanne je Aktie (ohne Erwerbsnebenkosten) den Mittelwert der Schlusskurse im XETRA-Handel (oder einem ver-

---

[169] HM Hüffer/Koch/*Koch* AktG § 71c Rn. 4.
[170] Die Ermächtigung im Hinblick auf ein individuelles Kaufangebot ist eigentlich nur bei nicht börsennotierten Aktiengesellschaften sinnvoll.
[171] Alternativ lässt sich auch auf den arithmetischen Mittelwert der Schlussauktion im XETRA-Handel (oder einem entsprechenden Nachfolgesystem) an der Frankfurter Wertpapierbörse während zB der letzten drei bis zehn Börsenhandelstage vor dem Erwerb der Aktien abstellen.

gleichbaren Nachfolgesystem) an der Frankfurter Wertpapierbörse an den letzten [drei/fünf] Börsenhandelstagen vor dem Tag der endgültigen Entscheidung des Vorstands über das öffentliche Kaufangebot um nicht mehr als [10/15/20]% überschreiten und um nicht mehr als [10/15/20]% unterschreiten.
Ergeben sich nach der Veröffentlichung eines Kaufangebots erhebliche Abweichungen des maßgeblichen Kurses, so kann der Kaufpreis bzw. die Kaufpreisspanne angepasst werden. In diesem Fall bestimmt sich der maßgebliche Betrag nach dem Durchschnittskurs der letzten [drei bis zehn] Börsenhandelstage vor der Veröffentlichung einer etwaigen Anpassung abgestellt. Das Kaufangebot kann neben der Möglichkeit zur Anpassung des Kaufpreises bzw. der Kaufpreisspanne eine Annahmefrist und weitere Bedingungen vorsehen. Das Volumen des öffentlichen Kaufangebots kann begrenzt werden. Sofern das Angebot überzeichnet ist, muss die Annahme im Verhältnis der jeweils angebotenen Aktien erfolgen. Eine bevorrechtigte Annahme geringer Stückzahlen bis zu 100 Stück angedienter Aktien je Aktionär kann vorgesehen werden.

(3) Erfolgt der Erwerb durch eine an alle Aktionäre gerichtete öffentliche Aufforderung zur Abgabe von Verkaufsangeboten, legt die Gesellschaft bei der Aufforderung eine Kaufpreisspanne fest, in der Angebote abgegeben werden können. Die Aufforderung kann eine Angebotsfrist, Bedingungen sowie die Möglichkeit vorsehen, die Kaufpreisspanne während der Angebotsfrist anzupassen, wenn sich nach der Veröffentlichung der Aufforderung während der Angebotsfrist erhebliche Veränderungen im Kurs der Aktie der Gesellschaft ergeben. Bei der Annahme wird aus den vorliegenden Verkaufsangeboten der endgültige Kaufpreis ermittelt. Der Kaufpreis je Aktie der Gesellschaft (ohne Erwerbsnebenkosten) darf den Mittelwert der Schlusskurse der Aktie der Gesellschaft im XETRA-Handel (oder einem vergleichbaren Nachfolgesystem) an der Frankfurter Wertpapierbörse an den letzten [drei bis zehn] Börsenhandelstagen vor dem Tag, an dem die Verkaufsangebote von der Gesellschaft angenommen werden,[172] um nicht mehr als [10/15/20]% über- oder unterschreiten. Sofern die Anzahl der zum Kauf angebotenen Aktien die von der Gesellschaft insgesamt zum Erwerb vorgesehene Aktienanzahl übersteigt, muss die Annahme im Verhältnis der jeweils angebotenen Aktien erfolgen. Eine bevorrechtigte Annahme geringer Stückzahlen bis zu 100 Stück angedienter Aktien je Aktionär kann unter partiellem Ausschluss eines individuellen Andienungsrechts vorgesehen werden.

(4) Erfolgt der Erwerb über ein individuelles Kaufangebot (oder eine individuelle Aufforderung zur Abgabe eines solchen Angebots) von einem oder mehreren Aktionären, dürfen der gebotene Kaufpreis oder die Grenzwerte der gebotenen Kaufpreisspanne je Aktie (ohne Erwerbsnebenkosten) den Mittelwert der Schlusskurse im XETRA-Handel (oder einem vergleichbaren Nachfolgesystem) an der Frankfurter Wertpapierbörse an den letzten [drei/fünf] Börsenhandelstagen vor dem Tag der Abgabe des Angebots um nicht mehr als [5/10/15/20]% überschreiten und um nicht mehr als [5/10/15/20]% unterschreiten. Sofern das Angebot überzeichnet ist, muss die Annahme im Verhältnis der jeweils angebotenen Aktien erfolgen. Der Erwerb über ein individuelles Kaufangebot (oder eine individuelle Aufforderung zur Abgabe eines solchen Angebots) von einem oder mehreren Aktionären, die jeder für sich zum Zeitpunkt der Abgabe des Kaufangebots durch die Gesellschaft mit mindestens 3 % am Grundkapital beteiligt sind, ist nur zulässig, wenn für den Erwerb vom jeweiligen Aktionär ein sachlicher Grund vorliegt, der die Ungleichbehandlung der übrigen Aktionäre rechtfertigt. Als sachlicher Grund gilt insbesondere, aber nicht ausschließlich:

(aa) die Übernahme eines Aktienpakets von einem veräußerungswilligen Aktionär oder

(bb) die Abwehr einer feindlichen Übernahme durch einen Bieter, wenn dies ausnahmsweise im Interesse der Gesellschaft erforderlich erscheint.

f) Der Vorstand wird ermächtigt, eigene Aktien der Gesellschaft mit Zustimmung des Aufsichtsrats in anderer Weise als über die Börse oder ein Angebot an aller Aktionäre zu den nachfolgend genannten Zwecken zu verwenden:

(1) Die eigenen Aktien können eingezogen werden, ohne dass die Einziehung oder ihre Durchführung eines weiteren Hauptversammlungsbeschlusses bedarf. Der Vorstand kann

---

[172] In der Praxis wird zum Teil auch auf den Zeitraum vor dem Tag der öffentlichen Aufforderung zur Abgabe von Verkaufsangeboten abgestellt.

bestimmen, dass das Grundkapital bei der Einziehung herabgesetzt wird oder dass das Grundkapital unverändert bleibt und sich stattdessen durch die Einziehung der Anteil der übrigen Aktien am Grundkapital gemäß § 8 Abs. 3 AktG erhöht. Der Vorstand ist in diesem Fall auch ermächtigt, die Angabe der Zahl der Aktien in der Satzung anzupassen.

(2) Die eigenen Aktien können auch durch ein Angebot an einzelne Aktionäre oder Dritte veräußert werden, wenn die Aktien gegen Barzahlung zu einem Preis veräußert werden, der den Börsenpreis von Aktien der Gesellschaft gleicher Ausstattung zum Zeitpunkt der Veräußerung nicht wesentlich unterschreitet. In diesem Fall darf die Anzahl der zu veräußernden Aktien insgesamt 10% des Grundkapitals nicht überschreiten, und zwar weder im Zeitpunkt der Beschlussfassung der heutigen Hauptversammlung noch – falls dieser Betrag geringer ist – im Zeitpunkt der Ausübung dieser Ermächtigung. Auf diese Begrenzung auf 10% des Grundkapitals sind diejenigen Aktien anzurechnen, die unter Ausnutzung einer zum Zeitpunkt des Wirksamwerdens dieser Ermächtigung geltenden bzw. an deren Stelle tretenden Ermächtigung zur Ausgabe neuer Aktien aus genehmigtem Kapital gemäß § 186 Abs. 3 S. 4 AktG unter Ausschluss des Bezugsrechts ausgegeben werden. Ferner sind auf diese Begrenzung auf 10% des Grundkapitals diejenigen Aktien anzurechnen, die zur Bedienung von Schuldverschreibungen mit Wandlungs- und/oder Optionsrecht ausgegeben bzw. auszugeben sind, sofern die Schuldverschreibungen auf Grund einer zum Zeitpunkt des Wirksamwerdens dieser Ermächtigung geltenden bzw. an deren Stelle tretenden Ermächtigung in entsprechender Anwendung des § 186 Abs. 3 S. 4 AktG unter Ausschluss des Bezugsrechts ausgegeben wurden.

(3) Sie können Dritten gegen Sachleistung angeboten und auf sie übertragen werden, insbesondere auch im Zusammenhang mit Unternehmenszusammenschlüssen und dem Erwerb von Unternehmen, Unternehmensteilen und Unternehmensbeteiligungen.

(4) Die eigenen Aktien können zur Einführung von Aktien der Gesellschaft an einer ausländischen Börse oder einem organisierten Markt verwendet werden, an denen sie bisher nicht zum Handel zugelassen sind. Der Preis, zu dem diese Aktien an weiteren Börsen eingeführt werden, darf den Schlusskurs im XETRA-Handel (oder einem vergleichbaren Nachfolgesystem) am letzten Börsenhandelstag vor der Börseneinführung um nicht mehr als 5% unterschreiten (ohne Nebenkosten).

(5) Die eigenen Aktien können verwendet werden zur Erfüllung von Wandlungs- und/oder Optionsrechten bzw. -pflichten aus Wandel- und/oder Optionsschuldverschreibungen, die von der Gesellschaft und/oder deren Tochtergesellschaften ausgegeben wurden oder werden.

(6) Die eigenen Aktien können verwendet werden zur Bedienung der Rechte von Inhabern von durch die Gesellschaft oder ihre Konzerngesellschaften ausgegebenen Aktienoptionen aus dem in der Hauptversammlung der Gesellschaft vom [*Datum*] zu TOP [*Nummer*] beschlossenen Aktienoptionsprogramm. Auf die Angaben gemäß § 193 Abs. 2 Nr. 4 AktG in dem Beschluss zu TOP [*Nummer*] der Hauptversammlung vom [*Datum*] wird verwiesen. Soweit eigene Aktien Mitgliedern des Vorstands der Gesellschaft übertragen werden sollen, liegt die Zuständigkeit beim Aufsichtsrat der Gesellschaft.[173]

g) Die Ermächtigungen zur Verwendung unter lit. f können einmal oder mehrmals, ganz oder in Teilen, einzeln oder gemeinsam, die Ermächtigungen gemäß lit. f, (2), (3), (5), (6) können auch durch abhängige oder im Mehrheitsbesitz der Gesellschaft stehende Unternehmen oder auf deren Rechnung oder auf Rechnung der Gesellschaft handelnde Dritte ausgenutzt werden.

h) Die Ermächtigungen unter lit. f erfassen auch die Verwendung von Aktien der Gesellschaft, die auf Grund früherer Ermächtigungsbeschlüsse nach § 71 Abs. 1 Nr. 8 AktG erworben wurden, und – mit Ausnahme von zur Einziehung vorgesehener Aktien – von solchen Aktien, die gemäß § 71d S. 5 AktG erworben wurden. Daneben sind auch solche Aktien von den Ermächtigungen von lit. d erfasst, die der Vorstand rechtmäßig auf andere Weise erworben hat, wenn sich nach-

---

[173] Der rechtssicherste Weg ist es, die Eckpunkte des Aktienoptionsprogramms in den Beschluss über den Erwerb und die Verwendung eigener Aktien vollständig aufzunehmen. Die Praxis begnügt sich jedoch neben der vorstehenden Bezugnahme auf die Eckpunkte des Aktienoptionsprogramms häufig mit dem Hinweis, dass der Beschluss über die Schaffung des Aktienoptionsprogramms als Bestandteil der notariellen Niederschrift beim Handelsregister ausliegt, ab Einberufung in den Geschäftsräumen der Gesellschaft und in der Hauptversammlung eingesehen werden kann und den Aktionären auf Anforderung zugesandt wird.

träglich herausstellt, dass sich der ursprüngliche Erwerbszweck nicht mehr realisieren lässt oder die erworbenen Aktien nicht mehr in dem zunächst vorgesehenen Umfang erforderlich sind (Umwidmung).
i) Das Bezugsrecht der Aktionäre auf diese eigenen Aktien wird ausgeschlossen, soweit diese gemäß den vorstehenden Ermächtigungen unter lit. f (2) bis (6) verwendet werden.
j) Die Ausnutzung der Ermächtigung zum Erwerb eigener Aktien durch den Vorstand ist insbesondere auch dann zulässig, wenn und sobald ein Bieter die Entscheidung zur Abgabe eines Übernahmeangebots im Sinne des Wertpapiererwerbs- und Übernahmegesetzes (WpÜG) veröffentlicht hat.[174] In diesem Fall bedarf die Ausnutzung ebenfalls der Zustimmung des Aufsichtsrats.

---

[174] Dieser sog. Vorratsbeschluss ist in der Praxis eher unüblich.

§ 32 Vorstands- und Mitarbeiterbeteiligung

Übersicht

	Rn.
I. Grundlagen	1–10
1. Formen der Mitarbeiterbeteiligung	1/2
2. Ziele der Mitarbeiterbeteiligung	3–7
a) Betriebswirtschaftliche Effekte	4/5
b) Volkswirtschaftliche und sozialpolitische Effekte	6/7
3. Verbreitung in der Praxis	8
4. Ausblick	9/10
II. Stock Options (Aktienoptionen)	11–144
1. Rechtliche Ausgestaltung	11–112
a) Begriff und Grundlagen	11/12
b) Zuständigkeit	13–18
c) Besonderheiten bei Vorstandsvergütung	19–21
d) Formen der Bedienung von Aktienoptionen	22–49
e) Angaben im Hauptversammlungsbeschluss bei bedingtem Kapital	50–92
f) Rechtsfolgen fehlerhafter Hauptversammlungsbeschlüsse	93
g) Sonstige rechtliche Aspekte	94–112
2. Steuerliche Behandlung	113–135
a) Besteuerung beim Mitarbeiter	114–128
b) Lohnsteuerpflichten des Arbeitgebers	129
c) Betriebsausgabenabzug beim Arbeitgeber	130
d) Besteuerung der Aktien nach Erwerb	131–133
e) Exkurs: Sozialversicherung	134
f) Exkurs: Förderung durch Arbeitnehmer-Sparzulage	135
3. Bilanzielle Behandlung	136–144
a) Erfüllung aus eigenen Aktien	137/138
b) Erfüllung aus bedingtem Kapital	139–144
III. Wandel- und Optionsanleihe	145–169
1. Rechtliche Ausgestaltung	145–154
a) Begriff der Wandel- und Optionsanleihe	145–151
b) Gesetzliche Vorgaben für die Ausgestaltung	152–154
2. Steuerliche und bilanzielle Behandlung	155–169
a) Unternehmensebene	155–165
b) Mitarbeiterebene	166–169
IV. Beteiligung am Aktienkapital	170–178
1. Belegschaftsaktien	171–175
a) Rechtliche Ausgestaltung	171–174
b) Steuerliche Behandlung	175
2. Stille Beteiligung und Unterbeteiligung	176–179
a) Rechtliche Ausgestaltung	176/177
b) Steuerliche Behandlung	178
V. Erfolgsorientierte Beteiligungen	179–196
1. Mitarbeiterdarlehen	180–182
a) Rechtliche Ausgestaltung	180/181
b) Steuerliche Behandlung	182
2. Genussrechte	183–185
a) Rechtliche Ausgestaltung	183/184
b) Steuerliche Behandlung	185
3. Tantieme/Bonuszahlungen	186–189
a) Rechtliche Ausgestaltung	186–188
b) Steuerliche Behandlung	189
4. Virtuelle Aktienoptionen (Phantom Stock/SAR)	190–194
a) Rechtliche Ausgestaltung	190–192
b) Steuerliche Behandlung	193
c) Bilanzielle Behandlung	194
5. Matching-Aktien	195/196
a) Rechtliche Ausgestaltung	195
b) Steuerliche Behandlung	196

	Rn.
VI. Mitarbeiterbeteiligungsfonds	197/198
VII. Exkurs: Beteiligungsmodelle für Aufsichtsratsmitglieder	199–219
1. Einleitung	199
2. Aktienoptionen	200–206
a) Aktienoptionen mit bedingtem Kapital	200
b) Aktienoptionen mit eigenen Aktien	201–206
3. Aktienbeteiligungen	207
4. Optionsanleihen und Wandelschuldverschreibungen	208/209
a) Rechtslage	208
b) Folgen für die Praxis	209
5. Virtuelle Aktienoptionen	210
6. Tantiemen	211–218
a) Am Jahresgewinn orientierte Tantieme nach § 113 Abs. 2 AktG	211/212
b) An der Dividende orientierte Tantieme	213
c) An bilanziellen Kennzahlen bzw. Konzernergebniszahlen orientierte Tantieme	214
d) Am langfristigen Unternehmenserfolg orientierte Tantieme	215–217
e) Rechtsfolge bei Verstoß und Zusammenfassung	218
7. Angemessenheit der Vergütung	219
VIII. Beratungscheckliste	220–222

Schrifttum: *Achleitner/Wichels,* Stock Option-Pläne als Vergütungsbestandteil wertorientierter Entlohnungssysteme in Achleitner/Wollmert (Hrsg.), Stock Options, 1. Aufl. 2000, 1; *Ackermann/Suchan,* Repricing von Stock Options – aktienrechtliche Zulässigkeit und bilanzielle Behandlung, BB 2002, 1497; *Assmann/Schneider,* Wertpapierhandelsgesetz (WpHG), Kommentar, 1999; *Baeck/Diller,* Arbeitsrechtliche Probleme bei Aktienoptionen und Belegschaftsaktien, DB 1998, 1405; *Bauer/Göpfert/von Steinau-Steinrück,* Aktienoptionen bei Betriebsübergang, ZIP 2001, 1129; *Baums,* Aktienoptionen für Vorstandsmitglieder, Festschrift für Carsten P. Claussen, 1997, 3; *ders.,* Der Ausschluss von Minderheitsaktionären nach §§ 327a ff. AktG n. F., WM 2001, 1843; *Bender/Vater,* Lückenhaft und unverbindlich – Der Deutsche Corporate Governance Kodex lässt auch nach der Überarbeitung wichtige Kernprobleme der Unternehmensüberwachung ungelöst, DStR 2003, 1807; *Bezzenberger,* Erwerb eigener Aktien durch die AG, Köln 2002; *Binz,* Erfolgsabhängige Vergütung von Vorstandsmitgliedern einer Aktiengesellschaft auf dem Prüfstand, BB 2002, 1273; *Blaurock,* Die GmbH & Still im Steuerrecht BB 1992, 1969; *Bode,* Die Anwendung von § 15a WpHG bei Geschäften innerhalb eines Konzerns, AB 2008, 648; *Bösl,* Aktienoptionen für den Aufsichtsrat – Überlegungen zur Zweckmäßigkeit und zu Gestaltungsempfehlungen nach dem Urteil des BGH, BKR 2004, 474; *Bosse,* Mitarbeiterbeteiligung und Erwerb eigener Aktien, NZG 2001, 594; *ders.,* Melde- und Informationspflicht nach dem Aktiengesetz und Wertpapierhandelsgesetz, ZIP 1999, 2047; *Breinersdorfer,* Praktische Aspekte des neuen Mitarbeiterkapitalbeteiligungsgesetzes, DStR 2009, 453; *Burgard,* Die Berechnung des Stimmrechtsanteils nach §§ 21–23 Wertpapierhandelsgesetz, BB 1995, 2069; *Bürgers,* Keine Aktienoptionen für Aufsichtsräte – Hindernis für die Professionalisierung des Aufsichtsrats, NJW 2004, 3022; *Carlé,* Mitarbeiterkapitalbeteiligungsgesetz, ErbStB 2009, 216; *Casper,* Insiderverstöße bei Aktienoptionsprogrammen, WM 1999, 363; *Claussen,* Der Corporate Governance-Kodex aus der Perspektive der kleinen und mittleren Börsen-AG, DB 2002, 1199; *ders.,* Stock Options – Quo Vadis?, FS Horn, 2006, S. 313; *Deutsches Aktieninstitut/Towers Perrin,* Empfehlungen zur Vergütung des Aufsichtsrats, 2003; *Dreyer/ Herrmann,* Die Besteuerung von Aktien-, Wandel- und Umtauschanleihen, BB 2001, 705; *von Einem,* Stock-Options: Eine aktuelle Gestaltungsform der Mitarbeiterbeteiligung für Wachstumsunternehmen, in Haarmann, Hemmelrath & Partner, Gestaltung und Analyse in der Rechts-, Wirtschafts- und Steuerberatung, 1998; *ders./Götze,* Die Verwendung wirtschaftlicher Erfolgsziele in Aktienoptionsprogrammen, AG 2002, 72; *von Einem/Pajunk,* Gestaltungstool für Start-ups, High-Techs und IPO-Aspiranten, Going Public, Sonderausgabe Praxis, Herbst 1999, 65; *dies.,* Zivil- und gesellschaftsrechtliche Anforderungen an die Ausgestaltung von Stock Options nach deutschem Recht und deren Ausstrahlungswirkung auf die steuerliche und bilanzielle Behandlung, in Achleitner/Wollmert (Hrsg.), Stock Options, 2. Aufl. 2002, 85; *Eisholt/Wickinger,* Mitarbeiterbeteiligung: Endbesteuerung auch im Fall von Wandelschuldverschreibungen?, BB 2001, 122; *Feddersen,* Aktienoptionsprogramme für Führungskräfte aus kapitalmarktrechtlicher und steuerlicher Sicht, ZHR 161 (1997), 269; *Feddersen/Pohl,* Die Praxis der Mitarbeiterbeteiligung seit Einführung des KonTraG, AG 2001, 26; *Fischer,* Zulässigkeit und Grenzen des Betriebsausgabenabzugs der inländischen Tochtergesellschaft bei der Umsetzung internationaler Stock Option-Pläne in Deutschland, DB 2001, 1003; *ders.,* Wettbewerbsverbot im internationalen Konzern bei Ausübung von Aktienoptionen durch Arbeitnehmer, DB 1999, 1702; *Fuchs,* Anmerkung zu BGH 16.2.2004, II ZR 316/02, JZ 2004, 1185; *ders.,* Grenzen für eine aktienkursorientierte Vergütung von Aufsichtsratsmitgliedern, WM 2004, 2233; *Gehling,* Erfolgsorientierte Vergütung des Aufsichtsrats, ZIP 2005, 549; *Grimm/Walk,* Das Schicksal erfolgsbezogener Vergütungsformen beim Betriebsübergang, BB 2003, 577; *Grunewald,* Die neue Squeeze-out-Regelung, ZIP 2002, 18; *Haarmann,* Bilanzierungsfragen bei der Vergütung durch Stock Options in Deutschland in Achleitner/Wollmert (Hrsg.), Stock Options, 1. Aufl. 2000, 113; *Haas/Pötschan,* Ausgabe von Aktienoptionen an Arbeitnehmer und deren lohnsteuerliche Behandlung, DB 1998, 2138; *Habersack,* Die erfolgsabhängige Vergütung des Aufsichtsrats und ihre Grenzen, ZGR 2004, 721; *Habersack/Mayer*, Globalverbriefte Aktien als Gegenstand sachenrechtlicher Verfügungen?, WM 2000, 1678; *Harder-Buschner*, Mitarbeiterkapitalbeteiligungsgesetz, NWB 2009, 1252; *Hasbargen/Seta*, IAS/IFRS Exposure Draft ED 2 „Share-based Payment" – Auswirkungen auf aktienbasierte Vergütung, BB 2003, 515; *Hasbargen/Stanske*, IFRSZ und FASB Eposure Draft „Share-based Payment": Auswirkungen auf Bilanzierung und Gestaltung aktienbasierter Vergütung, BB 2004, 1153; *Heppe*, Zu den Mitteilungspflichten nach § 21 WpHG im Rahmen der Umwandlung von Gesellschaften, WM 2002, 60; *Herzig*, Steuerliche und bilanzielle Probleme bei Stock Options and Stock Appreciation Rights, DB 1999, 1; *Herzig/Lochmann*, Bilanzierung von Aktienoptionsplänen und ähnlichen Entlohnungsformen – Stellungnahme zum Positionspapier des DRS C, Wpg 2001, 82; *Hoffmann-Becking*, Rechtliche Anmerkungen zur Vorstands- und Aufsichtsratsvergütung, ZHR 169 (2005), 155; *ders.*, Gestaltungsmöglichkeiten bei Anreizsystemen in Bühler/Siegert (Hrsg.), Unternehmenssteuerung und Anreizsysteme, 1999, 109; *ders.*, Aktienbezugsrechte als Bestandteil der Vergütung von Vorstandsmitgliedern und Mitarbeitern – gesellschaftsrechtliche Analyse, ZHR 161 (1997), 214; Institut „Finanzen und Steuern" e. V., Zur lohnsteuerlichen Behandlung von Aktienoptionen für Mitarbeiter, IFSt-Schrift 394, 2001; *Ihrig/Wagner*, Volumengrenzen für Kapitalmaßnahmen der AG, NZG 2002, 657; International Accounting Standards Committee (Hrsg.) (1999), International Accounting Standards 1998, London 1998, 805; International Accounting Standards Committee (Hrsg.) (1999): International Accounting Standards 1998, Deutsche Fassung, Stuttgart 1999, 769; *Jacob*, Anmerkung zu BGH, Urt. v. 16.2.2004 – II ZR 316/02, JR 2004, 154; *Jung/Wachtler*, Die Kursdifferenz zwischen Stamm- und Vorzugsaktien, AG 2001, 513; *Kallmeyer*, Aktienoptionspläne für Führungskräfte im Konzern in AG 1999, 97; *Keul/Semmer*, Das zulässige Gesamtvolumen von Aktienoptionsplänen, DB 2002, 2255; *Klemund*, Stock Option Plans, Dipl.-Arbeit, Frankfurt/Main 1999; *Knoll*, Der Wert von Bezugsrechten und die materielle Rechtfertigung des Bezugsrechtsausschlusses bei Wandelschuldverschreibungen, ZIP 1998, 413; *Köhler*, Die Rolle der Banken bei der Beratung und Implementierung innovativer Modelle in Harrer (Hrsg.), Mitarbeiterbeteiligungen und Stock-Option-Pläne, 2000, 187; *Kohler*, Stock Options für Führungskräfte aus der Sicht der Praxis, ZHR 161 (1997), 246; *Krieger*, Gewinnabhängige Aufsichtsratsvergütungen, Festschrift für Röhricht, 2005, 349; *ders.*, Squeeze-out nach neuem Recht: Überblick und Zweifelsfragen, BB 2002, 53; *Kropp*, Aktienoptionen statt finanzielle Gewinnbeteiligung: Wann und in welcher Höhe werden sie aufwandswirksam? DStR 2002, 1919, 1960; *Kunzi/Hasbargen/Kahre*, Gestaltungsmöglichkeiten von Aktienoptionsprogrammen nach US-GAAP, DB 2000, 286; *Legerlotz/Laber*, Arbeitsrechtliche Grundlagen bei betrieblichen Arbeitnehmerbeteiligungen durch Aktienoptionen und Belegschaftsaktien, DStR 1999, 1658; *Lembke*, Die Ausgestaltung von Aktienoptionsplänen in arbeitsrechtlicher Hinsicht, BB 2001, 1469; *Lenenbach*, Kurzkommentar zu BGH, Urt. v. 16.2.2004 – II ZR 316/02, EWiR § 71 AktG 1/04, 413; *Lingemann/Diller/Mengel* Aktienoptionen im internationalen Konzern – ein arbeitsrechtsfreier Raum? NZA 2000, 1191; *Lipinski/ Melms*, Die Gewährung von Aktienoptionen durch Dritte, z. B. eine Konzernmutter – von Dritten geleistetes Arbeitsentgelt? BB 2003, 150; *Lutter*, Zur Zulässigkeit der Vergütung des Aufsichtsrats in Aktien des Gesellschaft, FS Hadding, 2004, 561; *Lutter*, Gescheiterte Kapitalerhöhungen in Festschrift für Wolfgang Schilling (1973), 207; *Lutter/Krieger*, Rechte und Pflichten des Aufsichtsrats, 5., neubearbeitete und erweiterte Auflage 2008; *Maletzky*, Verfallsklauseln bei Aktienoptionen für Mitarbeiter, NZG 2003, 715; *Markwardt*, Erwerb eigener Aktien: In der „Falle" des § 71 Abs. 1 Nr. 8 AktG, BB 2002, 1108; *Marsch-Barner*, Aktuelle Rechtsfragen zur Vergütung von Vorstands- und Aufsichtsratsmitgliedern einer AG, Festschrift für Röhricht, 2005, 401; *Martens*, Die rechtliche Behandlung von Options- und Wandlungsrechten anlässlich der Eingliederung der verpflichteten Gesellschaft, AG 1992, 209; *Martens*, Erwerb und Veräußerung eigener Aktien im Börsenhandel, AG 1996, 337; *Martens*, Eigene Aktien und Stock-Options in der Reform, AG 1997, August-Sonderheft, 83; *Mechlem/Melms*, Verfall- und Rückzahlungsklauseln bei Aktienoptionsplänen, DB 2000, 1614; *Meyer-Landrut*, Satzungen und Hauptversammlungsbeschlüsse der AG, RWS-Vertragsmuster 2001; *Meyer/Ludwig*, Aktienoptionen für Aufsichtsräte ade?, ZIP 2004, 940; *Mikus*, Die Bedienung von Aktienoptionen durch eigene Anteile nach dem Unternehmenssteuerreform, BB 2002, 178; *Mutter*, Die Gestaltung von Aktienoptionsprogrammen, AG 2009, Report, R 352; *Mutter*, Darf's ein bisschen mehr sein? – Überlegungen zum Gesamtvolumen von Aktienoptionsprogrammen, ZIP 2002, 295; *Mutter/Mikus*, Das „Stuttgarter Modell": Steueroptimierte Stock Option-Programme ohne Beschluss der HV, ZIP 2001, 1949; *Nehls/Sudmeyer*, Zum Schicksal von Aktienoptionen bei Betriebsübergang, ZIP 2002, 201; *Niehus*, Zur Internationalisierung der deutschen Konzernrechnungslegung, DB 2002, 53; *Niermann*, Steuerliche Förderung von Mitarbeiterbeteiligungen durch das neue Mitarbeiterkapitalbeteiligungsgesetz, DB 2009, 473; *Paefgen*, Börsenpreisorientierte Vergütung und Überwachungsaufgabe des Aufsichtsrats, WM 2004, 1169; *Pellens/Crasselt*, Bilanzierung von Stock Options, DB 1998, 217; *Peltzer*, Corporate Governance Codices als zusätzliche Pflichtenbestimmung für den Aufsichtsrat, NZG 2002, 10; *Peltzer*, Keine Aktienoptionen mehr für Aufsichtsratsmitglieder, NZG 2004, 509; *Pfitzer/Oser/Orth*, Zur Reform des Aktienrechts, der Rechnungslegung und Prüfung durch das TransPubG, DB 2002, 157; *Plenker*, Die neue steuerliche Förderung der Mitarbeiterkapitalbeteiligung, BRZ 2009, 176; *Portner*, Besteuerung von Stock Options – Zeitpunkt der Bewertung des Sachbezugs, DB 2002, 235; *Prasse*, Aktienrecht – Die Unzulässigkeit von Stock Options für Aufsichtsräte, MDR 2004, 792; *Richter*, Aktienoptionen für den Aufsichtsrat?, BB 2004, 949; *ders./Gittermann*, Die Verknüpfung von Kapitalerhöhung und Rückerwerb eigener Aktien bei Mitarbeiteraktienprogrammen, AG 2004, 277; *Röder/Göpfert*, Aktien statt Gehalt, BB 2001, 2002; *Röhricht*, Aktuelle höchstrichterliche Rechtsprechung, in VGR, Gesellschaftsrecht in der Diskussion 2004, 2005, 1; *von Rosen/Leven*, Mitarbeiterbeteiligungen und Stock-Option-Pläne in Deutschland, in Harrer (Hrsg.), Mitarbeiterbeteiligungen und Stock-Option-Pläne, 2000, 1; *Roß/Pommerening*, Bilanzierung von Mitarbeiterbeteiligungsprogrammen auf Basis von Wandelanleihen, Wpg 2001, 644; *Roth/Schoneweg,* Emission selbständiger Aktienoptionen durch die Gesellschaft, WM 2002, 677; *Schaefer,* Aktuelle Probleme der Mitarbeiterbeteiligung nach Inkrafttreten des KonTraG, NZG 1999, 531; *Schanz,* Mitarbeiterbeteiligungsprogramme, NZA 2000, 626; *ders.,* Mitarbeiterbeteiligung, in Schanz, Börseneinführung, 2000, 583; *Schmidt,* Steuerliche Entwicklung in Gesetzgebung, Verwaltung und Rechtssprechung zu Mitarbeiter- und Managementbeteiligungen im Jahre 2008, DStR 2009, 1986, 1991; *Schmid/Mühlhäuser,* Rechtsfragen des Einsatzes von Aktienderivaten beim Aktienrückkauf, AG 2001, 493; *Schnitker/Grau,* Übergang und Anpassung von Rechten aus Aktionsoptionsplänen bei Betriebsübergang nach § 613a BGB, BB 2002, 2497; *Schockenhoff/Wagner,* Ad-hoc Publizität beim Aktienrückkauf, AG 1999, 548; *Schumacher,* Besteuerung von Umtauschanleihen und vergleichbaren Anleiheformen, DStR 2000, 1218; *Schüppen,* Der Kodex – Chancen für den Deutschen Kapitalmarkt, DB 2002, 1117; *Schüppen,* Übernahmegesetz ante portas!, Wpg 2001, 958; *Seibert,* Unternehmenswertorientierte Entlohnungssysteme, in Pellens (Hrsg.), 1998, 31; *Seibt,* Deutscher Corporate Governance Kodex und Entsprechens-Erklärung (§ 161 AktG-E), AG 2002, 249; *ders./Bremkamp,* Erwerb eigener Aktien und Ad-hoc-Publizitätspflicht, AG 2008, 469; *Tollkühn,* Die Schaffung von Mitarbeiteraktien durch kombinierte Nutzung von genehmigtem Kapital und Erwerb eigener Aktien unter Einschaltung eines Kreditinstituts, NZG 2004, 594; *Umnuß/Ehle,* Aktienoptionsprogramme für Arbeitnehmer auf der Basis von § 71 Abs. 1 Nr. 2 AktG, BB 2002, 1042; *Vater,* Bilanzielle und körperschaftliche Behandlung von Stock Options, DB 2000, 2177; *Vetter,* Stock-Options für Aufsichtsräte – ein Widerspruch? AG 2004, 234; *ders.,* Aufsichtsratsvergütung und Verträge mit Aufsichtsratsmitgliedern, ZIP 2008, 1; *Vogel,* Aktienoptionsprogramme für nicht börsennotierte AG – Anforderungen an Hauptversammlungsbeschlüsse, BB 2000, 937; *Vossius,* Squeeze-out – Checklisten für Beschlussfassung und Durchführung, ZIP 2002, 511; *Warnke,* Förderung der Mitarbeiterbeteiligung durch das Mitarbeiter-kapitalbeteiligungsgesetz, EStB 2009, 168; *Weiß,* Aktienoptionsprogramme nach dem KonTraG, WM 1999, 352; *Weiß,* Anmerkung zu BGH Urt. v. 16.2.2004 – II ZR 316/02, DB 2004, 698; *Wienands,* Unentgeltliche Übertragung von Aktien an verdiente Mitarbeiter der Gesellschaft, GStB 2000, 204; *Wilsing/Kruse,* Zur Behandlung bedingter Aktienbezugsrechte beim Squeeze-out, ZIP 2002, 1465; *Zimmer,* Die Ausgabe von Optionsrechten an Mitglieder des Aufsichtsrats und externe Berater, DB 1999, 999.

I. Grundlagen

1. Formen der Mitarbeiterbeteiligung

1 In der Praxis sind mittlerweile zahlreiche und vielfältige Arten und Formen der Mitarbeiterbeteiligung, dh der Beteiligung der Mitarbeiter (inkl. Vorstand/Geschäftsführung) an der (Wert-)Entwicklung ihres Arbeitgebers, bekannt. Differenziert wird dabei zwischen der reinen Erfolgsbeteiligung des Mitarbeiters, der Beteiligung des Mitarbeiters im Rahmen einer stillen Gesellschaft oder durch Genussrechte (auch „Mezzaninekapital" genannt) sowie der (direkten oder indirekten) Beteiligung des Mitarbeiters am Kapital des Unternehmens. Derartige Mitarbeiterbeteiligungsformen und die sich aus diesen ergebenden wertorientierten Vergütungen haben sich als variable Vergütungsbestandteile insbesondere für Vorstandsmitglieder zu einem festen Bestandteil ihrer Vergütung entwickelt.[1] Einen Überblick über die möglichen Beteiligungsformen und deren jeweilige Zielgruppe sowie über die durch die jeweiligen Beteiligungsformen vermittelten Einflussmöglichkeiten gibt die nachfolgenden differenzierende Darstellung.

2

Beteiligungsform	Art	Einfluss	Vorrangige Zielgruppe
Aktienoptionen	indirekt	Keine Mitwirkungsrechte	Führungsebene
Stock Appreciation Rights (SAR) Phantom Shares	indirekt		Führungsebene
Gewinnbeteiligung	–		Mitarbeiter
Darlehen/Schuldverschreibungen	FK*, direkt	Zunehmende Informations- und Mitwirkungsrechte	Führungsebene
Genussrechte	FK, direkt		Führungsebene/Mitarbeiter
Stille Beteiligung	FK/EK, direkt/indirekt		Führungsebene/Mitarbeiter
Wandelanleihe	FK, direkt		Führungsebene/Mitarbeiter
Belegschafts-/Aktie	EK, direkt		Mitarbeiter

* FK = Fremdkapital, EK = Eigenkapital

---

[1] MüKoAktG/*Spindler* § 87 Rn. 98; *Hüffer* ZHR 161 (1997), 214 (216).

2. Ziele der Mitarbeiterbeteiligung

Die Gründe, Mitarbeiter an der Wertentwicklung des Unternehmens zu beteiligen, sind vielfältig und beeinflussen, abhängig von den Schwerpunkten bei der Zielsetzung, die sachgerechte Form der Beteiligung, also die konkrete Ausgestaltung der Beteiligungsprogramme. Unterschieden werden können betriebswirtschaftliche und volkswirtschaftliche Effekte, die durch Mitarbeiterbeteiligungsprogramme genutzt werden können.

a) Betriebswirtschaftliche Effekte. Die Beteiligung von Mitarbeitern am Erfolg des Unternehmens kann[2] positive Auswirkungen auf die **Motivation** und das unternehmerische Denken der Mitarbeiter entfalten und so zu einer Steigerung des Engagements und der Performance der Mitarbeiter führen. Zudem kann durch die vermögensmäßige Beteiligung der Mitarbeiter deren **Identifikation** mit dem Unternehmen gefördert und in gewisser Weise ein Interessengleichlauf zwischen Unternehmensinhabern und Mitarbeitern (sog Principal-Agent-Konflikt[3]) sowie Arbeitnehmern und Führungskräften hergestellt werden. Das Anbieten eines Mitarbeiterbeteiligungsprogrammes kann Unternehmen außerdem gerade im Wettbewerb mit anderen Unternehmen einen entscheidenden Vorteil bei der Rekrutierung von Fach- wie Führungskräften verschaffen. Sämtliche der vorgenannten Aspekte können schließlich zu einer stärkeren und langfristigen **Bindung** der Mitarbeiter an das Unternehmen führen.

Mitarbeiterbeteiligungen können schlussendlich auch dazu genutzt werden, die Kapitalbasis bzw. die Liquidität insbesondere bei jungen oder sanierungsbedürftigen Unternehmen zu stärken (**Finanzierungseffekte**). Zielführend sind insofern einerseits niedrig verzinste Fremdkapitalgewährungen durch die Mitarbeiter sowie andererseits Vergütungen durch die Ausgabe von Aktien (statt von Barmitteln oder Barlohn).

Um die Effekte tatsächlich realisieren, respektive wahren zu können sind beispielsweise Sperrfristen bis zur Realisierung von Erfolgen und der Verfall der Sondervergütung im Falle des Ausscheidens aus dem Unternehmen zu festzulegen.

b) Volkswirtschaftliche und sozialpolitische Effekte. Die Beteiligung von Mitarbeitern an der Wertentwicklung des sie beschäftigenden Unternehmens ist auch in volkswirtschaftlicher Hinsicht zu begrüßen. Gerade vor dem Hintergrund der derzeit herrschenden Niedrigzinsphase stellen die Mitarbeiterbeteiligungsprogramme eine echte Alternative zu renditeschwachen privaten Geldanlagemöglichkeiten dar und können so entscheidend zur **Vermögensbildung** und privaten **Altersvorsorge** großer Bevölkerungsgruppen beitragen. Durch die Partizipation der Arbeitnehmer an den – historisch gesehen gegenüber Arbeitseinkommen sehr viel stärker gestiegenen – Gewinnen bzw. Kapitaleinkommen kann zudem die Umverteilung von Produktivvermögen angeregt und so der gerade in Deutschland stetig wachsenden Ungleichheit der Vermögensverteilung entgegengewirkt werden.[4] Im Regelfall treffen darüber hinaus erfolgsabhängige (im Gegensatz zu fixen) **Spitzenvergütungen** der Führungsebene bei den Arbeitnehmern und der Öffentlichkeit auf breitere Akzeptanz, insbesondere wenn die Arbeitnehmer selbst an einem Mitarbeiterbeteiligungsprogramm teilnehmen. Im internationalen Standort- bzw. Wohlstandswettbewerb lassen sich zudem gefragte Führungskräfte und Spezialisten eher für inländische Unternehmen gewinnen.

Zu erwähnen ist jedoch auch das sich für Mitarbeiter aus der Beteiligung an der Wertentwicklung des sie beschäftigenden Unternehmens ergebende, latente Risiko, welches insbesondere darin besteht, dass gerade bei höheren Vermögensinvestitionen der Arbeitnehmer und/oder einer Verlagerung der Vermögensbildung auf den Arbeitgeber die Möglichkeit einer übersteigerten **Abhängigkeit** des Arbeitnehmers besteht. Auch kann eine etwaige **Insolvenz** des Unternehmens kumulierte negative Folgen haben (Vermögens- und Arbeitsplatz-

---

[2] Ein Beweis durch eine empirische Studie steht nach teilweise vertretener Ansicht noch aus, vgl. *Bontrup* BB-Special 1/2009, 3; aA *John/Stachel* BB-Special 1/2009, 17.
[3] Vgl. zum sog Principal-Agent-Konflikt, *Achleitner/Wichels* S. 6; *Klemund* S. 23 mwN; MüKoAktG/*Fuchs* § 192 Rn. 65 mwN.
[4] Vgl. *Bontrup* BB-Special 1/2009, 3.

verlust). Weiterhin wird teilweise kritisiert, dass sich die Arbeitskampfbereitschaft von beteiligten Arbeitnehmern reduzieren könnte.

3. Verbreitung in der Praxis

8   Deutschland hinkt wenn es um die Beteiligung von Mitarbeitern an der Wertentwicklung ihres Unternehmens geht im Vergleich zu einem weit überwiegenden Teil der europäischen Länder, in welchen die Mitarbeiterbeteiligung stetig steigt, deutlich hinterher. Während insbesondere die Länder Großbritannien und Österreich einen massiven Ausbau der Förderung von Mitarbeiterbeteiligungsprogrammen verzeichnen können, beabsichtigen die Länder Polen, Schweden und Irland zumindest für kleinere und mittlere Unternehmen entsprechende Maßnahmen. In zahlreichen anderen EU-Ländern erfährt die Mitarbeiterbeteiligung in Gestalt von – im Vergleich zu Deutschland – deutlich höheren steuerlichen Freibeträgen ebenfalls staatliche Förderung. Insoweit hat auch das in Deutschland im Jahre 2009 eingeführte Mitarbeiterbeteiligungsgesetz kaum Wirkung gezeigt. Der in Deutschland gewährte Freibetrag für die Investition in eine Mitarbeiterbeteiligung beträgt nur rund ein Zehntel des beispielsweise in Großbritannien, Ungarn und Österreich gewährten Freibetrages. Insbesondere die steuerlichen Rahmenbedingungen von Mitarbeiterbeteiligungen vermochte das Mitarbeiterbeteiligungsgesetz kaum merklich zu verbessern.

4. Ausblick

9   Die weitere Verbreitung von Beteiligungsmodellen wird wesentlich von den Förderungsmaßnahmen des Gesetzgebers abhängen. Zwar haben die überwiegend als positiv eingeschätzten Effekte bereits zu einer **Förderung** von Mitarbeiterbeteiligungsprogrammen durch den Gesetzgeber geführt. Das im April 2009 verabschiedete Mitarbeiterkapitalbeteiligungsgesetz[5] wird jedoch – trotz einer gesetzlichen Erweiterung in 2010 – praktisch kaum genutzt.[6] Dies liegt unter anderem insbesondere daran, dass der in Deutschland gewährte Freibetrag in Relation zu dem im Zusammenhang mit der Mitarbeiterbeteiligung entstehenden Verwaltungsaufwand schlicht zu gering ist. Zudem muss der Vorteil allen Mitarbeitern offen stehen, die zum Zeitpunkt des Angebots seit mindestens einem Jahr bei dem Unternehmen beschäftigt sind. Dies dürfte eine Beteiligungskultur nicht fördern.[7] Im internationalen Vergleich und in Relation zu den förderungswürdigen Wirkungen besteht in Deutschland jedenfalls vor allem in steuerlicher Hinsicht noch dringender Handlungsbedarf.

10 Das Problem der möglichen (einseitigen) Fokussierung auf den Börsenkurs und die Auswirkungen von extremen Kursentwicklungen hat der Gesetzgeber durch das sog VorstAG[8] angegangen und versucht, mehr Transparenz, Gehaltsbegrenzungsmechanismen und eine längerfristige Orientierung der Vergütung einzuführen. Entsprechend wurde auch der Deutsche Corporate Governance Kodex fortentwickelt.[9] Das grundlegende Prinzip der Mitarbeiterbeteiligung wird jedenfalls ideologieübergreifend, wenn auch mit unterschiedlichen Zielsetzungen unterstützt.[10] Da auch von europäischer Ebene weitere Impulse zu erwarten

---

[5] Gesetz zur steuerlichen Förderung der Mitarbeiterkapitalbeteiligung (Mitarbeiterkapitalbeteiligungsgesetz v. 7.3.2009, BGBl. 2009 I 451); BMF-Schreiben zur lohnsteuerlichen Behandlung der Überlassung von Vermögensbeteiligungen an Arbeitnehmer vom 8.12.2009, IV C 5 – S. 2347/09/10 002, DStR 2009, 2674 mit Kommentierung; *Wünnemann* DStR 2010, 31; zu den vorgesehenen gesetzlichen Nachbesserungen gemäß „Gesetz zur Umsetzung steuerrechtlicher EU-Vorgaben sowie zur Änderung steuerlicher Vorschriften, vgl. Beschluss des Bundeskabinetts v. 16.12.2009, BR-Drs. 4/10; allgemein *Dr. Dr. h. c. Roggemann* ZRP 2011, 49; *Breinersdorfer* DStR 2009, 453; *Carlé* ErbStB 2009, 216; *Harder-Buschner* NWB 2009, 1252; *Niermann* DB 2009, 473; *Plenker* BRZ 2009, 176; *Warnke* EStB 2009, 168.

[6] Vgl. Süddeutsche Zeitung (online-Ausgabe) v. 7.1.2010/mel: „Mitarbeiterbeteiligung. Nicht mehr als ein Flop". Dies wird ua auf die übermäßigen Restriktionen des Gesetzes zurückgeführt.

[7] Das haushaltspolitische Korsett ist offenbar auch für sinnvolle Maßnahmen in diesem Bereich zu eng.

[8] Gesetz zur Angemessenheit der Vorstandsvergütung (VorstAG), BR-Drs. 592/09.

[9] Vgl. *Mutter* AG 2009, 352.

[10] Vgl. Der Spiegel 32/2009, 68 (69), FAZ 25.9.2009, Unternehmen, „Arbeitnehmer sind die besseren Aktionäre".

sind,[11] kann zukünftig mit weiteren Regulierungen und Förderungsmaßnahmen (ggf. sogar bis zur Einführung einer Beteiligungspflicht[12]) gerechnet werden.

II. Stock Options (Aktienoptionen)

1. Rechtliche Ausgestaltung

a) **Begriff und Grundlagen.** Mitarbeiter(aktien)optionen berechtigen unter bestimmten, in einem Optionsvertrag festgelegten Bedingungen zum Bezug von Aktien des Arbeitgeberunternehmens oder dessen Konzernobergesellschaft zu einem bereits im Zeitpunkt der Gewährung der Optionen vereinbarten Preis (sog Basispreis). Die Zulässigkeit von Mitarbeiter(aktien)optionen ist erst seit Inkrafttreten des Gesetzes zur Kontrolle und Transparenz im Unternehmensbereich am 1.5.1998 (KonTraG[13]) ausdrücklich geregelt.[14] Der Gesetzgeber hat damit auf die zunehmende Bedeutung **wertorientierter Vergütungsmodelle** für (börsennotierte) Gesellschaften reagiert.

11

Die Gewährung der Mitarbeiter(aktien)optionen ansich erfolgt für den Begünstigten in der Regel **unentgeltlich.** Die Optionen sind regelmäßig weder übertragbar noch zum Handel an einer Börse zugelassen.[15] Anders als Wandelschuldverschreibungen vermitteln Aktienoptionen das bloße Recht zum Bezug von Aktien ohne dabei mit einer Schuldverschreibung verbunden zu sein und werden daher auch als selbstständige Aktienoptionen bezeichnet (sog *naked warrants*).[16] Im Gegensatz zu dem im Zusammenhang mit einer ordentlichen oder einer genehmigten Kapitalerhöhung entstehenden gesetzlichen Bezugsrecht der Aktionäre,[17] handelt es sich bei Mitarbeiteraktienoptionen regelmäßig um **vertragliche Bezugsrechte.**[18]

12

b) **Zuständigkeit.** Das geltende Aktiengesetz normiert keine einheitlichen Beschlussvoraussetzungen für die Gewährung bzw. Bedienung von Aktienoptionen, wie dies beispielsweise in § 221 AktG für die Ausgabe von Wandel- und Gewinnschuldverschreibungen sowie Genussrechten der Fall ist. Bei Mitarbeiter(aktien)optionen kommt es vielmehr entscheidend auf die Kapitalherkunft an.

13

Sollen die Optionen nach ihrer Ausübung durch Ausgabe von Aktien aus **bedingtem Kapital** bedient werden, so setzt das geltende Aktienrecht bezüglich der Entscheidung über die Gewährung der Aktienoptionen einen von der Hauptversammlung zu fassenden Zustimmungs- oder Ermächtigungsbeschluss voraus. Durch das KonTraG wurden mit den §§ 192 Abs. 2 Nr. 3, 193 Abs. 2 Nr. 4 AktG geänderte Bestimmungen eingeführt, wonach nunmehr die Gewährung von Aktienbezugsrechten an Arbeitnehmer und Mitglieder der Geschäftsführung der Gesellschaft oder eines verbundenen Unternehmens im Wege des Zustimmungs- oder Ermächtigungsbeschlusses ausdrücklich als zulässiger Zweck einer bedingten Kapitalerhöhung anerkannt und Mindestangaben für einen entsprechenden Kapitalerhöhungsbeschluss vorgegeben werden. Möglich ist auch die Gewährung bzw. Bedienung durch sog **genehmigtes Kapital** was ua eine entsprechende Satzungsänderung durch die Hauptversammlung voraussetzt (§ 202 AktG).

14

---

[11] Vgl. das ESOP-Modell, ferner auch die „Pepper-Berichte", *Lowitzsch* BB-Special 1/2009, 12 (13).
[12] Beteiligungspflichten für Arbeitgeber oder Arbeitnehmer sind in anderen Staaten nicht unüblich.
[13] Gesetz vom 27.4.1998, BGBl. 1998 I 786.
[14] Vgl. die gesetzlichen Privilegierungen in den §§ 71 Abs. 1 Nr. 2, 71a Abs. 1 S. 2, 194 Abs. 3, 202 Abs. 4, 203 Abs. 4, 204 Abs. 3, 205 Abs. 5 AktG, vgl. *Bosse* NZG 2001, 595 (Fn. 10); MüKoAktG/*Fuchs* § 192 Rn. 62.
[15] Zur steuerlichen Behandlung von handelbaren Optionen aus Sicht der Finanzverwaltung und der Rechtsprechung der Finanzgerichte, vgl. *Haas/Pötschan* DB 1998, 2138; OFD Berlin DB 1999, 1241; FG Köln EFG 1998, 1634 = DStR 1999, 36, Revision BFH DB 2001, 1173 sowie IStR 1999, 474, Revision BFH DB 2001, 1176.
[16] Zur Zulässigkeit selbständiger Aktienoptionen über die Zweckbestimmungen der § 192 Abs. 2 Nr. 1–3 AktG hinaus, vgl. *Roth/Schoneweg* WM 2002, 677; Hüffer/Koch/*Koch* AktG § 192 Rn. 8, 12.
[17] Vgl. Hüffer/Koch/*Koch* AktG § 186 Rn. 6, § 203 Rn. 7; GroßkommAktG/*Wiedemann* § 186 Rn. 54.
[18] Vgl. GroßkommAktG/*Wiedemann* § 186 Rn. 49.

15 Nach § 71 Abs. 1 Nr. 8 AktG hat ein Unternehmen zudem die Möglichkeit auf Grundlage einer zweckungebundenen, zeitlich auf 5 Jahre befristeten Hauptversammlungsermächtigung selbst Aktien der Gesellschaft zu erwerben (**Erwerb eigener Aktien**). Aktien, die von der Gesellschaft auf Grund einer solchen Ermächtigung erworben wurden, können zur Bedienung von Aktienoptionen verwendet werden, wobei gemäß § 71 Abs. 1 Nr. 8 S. 5 AktG die besonderen Angaben des § 193 Abs. 2 Nr. 4 AktG sowie die Regelungen der § 186 Abs. 3 und 4 AktG über den Ausschluss des Bezugsrechts zu beachten sind.[19]

16 Eines Beschlusses der Hauptversammlung für die Bedienung von Aktienoptionen bedarf es nicht, wenn die Gesellschaft eigene Aktien verwendet, die sie erworben hat, um sie Personen zum Erwerb anzubieten, die in einem Arbeitsverhältnis mit der Gesellschaft oder einem mit ihr verbundenen Unternehmen stehen oder standen (§ 71 Abs. 1 Nr. 2 AktG),[20] oder wenn die Aktienbeschaffung aus der unmittelbaren Übertragung von Aktionären erfolgt. Für den **Aktienrückerwerb** ist ein Beschluss des Gesamtvorstands ausreichend.

17 Sofern die Bezugsaktien aus **Aktionärsbesitz** zur Verfügung gestellt werden sollen, handelt es sich nicht um eine Gewährung von Aktienoptionen der Gesellschaft. Vielmehr unterliegt die Optionsgewährung einer schuldrechtlichen Vereinbarung zwischen den Begünstigten und den Aktionären, für die die allgemeine Vertragsfreiheit gilt und die nur hinsichtlich der Übertragung von Aktien an die Vorschriften des Aktiengesetzes und der Satzung gebunden ist.[21] Stillhalter ist hier nicht die Gesellschaft, sondern der jeweilige Aktionär. Da solche Vereinbarungen eher in kleineren, personalistisch geprägten Aktiengesellschaften vorkommen, soll dieser Fall für die nachfolgenden Betrachtungen außer Acht gelassen werden.

18 Ebenfalls eine eher untergeordnete Rolle dürfte die Gestaltungsalternative für börsennotierte Unternehmen spielen, bei der ohne Hauptversammlungszuständigkeit allein der Vorstand und/oder der Aufsichtsrat den Erwerb von – sofern von einer Bank emittiert – **börsennotierten Aktienoptionen** beschließen und diese handelbaren Aktienoptionen an die Mitarbeiter weitergereicht werden. Aus rechtlicher Sicht dürfte der Erwerb ohne Hauptversammlungsermächtigung zulässig, insbesondere ein Verstoß gegen §§ 71 ff. AktG zu verneinen sein.[22]

19 **c) Besonderheiten bei Vorstandsvergütung.** Nach momentaner Rechtslage kann der Aufsichtsrat, sofern die Hauptversammlung über die Durchführung von Aktienoptionsplänen, deren Ausgestaltung und Zuteilung an Vorstandsmitglieder entscheidet, auch lediglich in diesem Rahmen über die weitere Ausgestaltung und Zuteilung der Aktienoptionspläne entscheiden. Hinsichtlich der Frage, ob und wenn ja in welchem Umfang Aktienoptionspläne überhaupt Bestandteil der Vorstandsvergütung sein sollen, bleibt der Aufsichtsrat jedoch ausschließlich zuständig. Der Aufsichtsrat ist weiter ausschließlich befugt, über die Ausgestaltung der Anstellungsverträge der Vorstandsmitglieder zu befinden. Dies gilt auch bei Stock Options im Rahmen einer genehmigten Kapitalerhöhung, die durch den Vorstand selbst ausgeübt wird, wobei hier ein Zustimmungsvorbehalt des Aufsichtsrates genügt.[23] Der Aufsichtsrat kann den Vorstand auch nicht ermächtigen, Aktienoptionsvergütungen für den Vorstand selbst vorzubereiten, weil dadurch die Unabhängigkeit nicht mehr gewährleistet ist.[24] Die Auswahl der an dem Stock Options-Programm beteiligten Vorstandsmitglieder obliegt im Rahmen der von der Hauptversammlung beschlossenen Kriterien ebenfalls dem

---

[19] Die kumulative Anwendung der Regelungen über den Bezugsrechtsausschluss ist nicht unumstritten, wie hier MüKoAktG/*Oechsler* § 71 Rn. 259 mwN; vgl. hierzu auch die Ausführungen in → § 31 Rn. 70.
[20] Zu Aktienoptionsprogrammen auf Grund von § 71 Abs. 1 Nr. 2 AktG, vgl. *Umnuß/Ehle* BB 2002, 1042; Hüffer/Koch/*Koch* ZHR 161 (1997), 214 (242 f.); MüKoAktG/*Oechsler* § 71 Rn. 135 f.
[21] So bedarf zB die Übertragung von vinkulierten Namensaktien der Zustimmung der Gesellschaft, §§ 67 f. Jedenfalls sind §§ 187, 192, 193, 221 AktG nicht betroffen, vgl. auch MHdB GesR IV/*Krieger* § 63 Rn. 28 mwN.
[22] Vgl. KölnKommAktG/*Lutter* § 71 Rn. 13.
[23] OLG Stuttgart AG 1998, 529 (530); *Semmler* FS Budde, S. 599 ff.; MünchKomm/*Spindler* § 87 Rn. 99; differenzierend *Martens* FS Ulmer, S. 399 (401 f.).
[24] OLG München AG 2003, 164 ff.; MüKoAktG/*Spindler* § 87 Rn. 99.

Aufsichtsrat; auch hier darf der Vorstand nicht mitwirken.[25] Daran wird aller Voraussicht nach auch die Reform der Aktionärsrechte-Richtlinie, die das Europäische Parlament am 14.3.2017 verabschiedet hat, im Ergebnis nichts Grundlegendes ändern. Mit dieser Reform soll unter anderem Art. 9a („Recht auf Abstimmung über die Vergütungspolitik") in die Aktionärsrechte-Richtlinie eingefügt werden. Damit wird insbesondere in den Regelungsbereich der §§ 87, 120 Abs. 4 AktG eingegriffen. Die Mitgliedsstaaten werden nach Inkrafttreten der Richtlinie 24 Monate Zeit für deren Umsetzung haben. Art. 9a Abs. 1 der Aktionärsrechte-Richtlinie wird die Mitgliedsstaaten verpflichten sicherzustellen, dass die Gesellschaften eine Vergütungspolitik[26] in Bezug auf die Mitglieder der Unternehmensführung erarbeiten und dass die Aktionäre nach Art. 9a Abs. 1d Aktionärsrechte-Richtlinie das Recht haben, bei jeder wesentlichen Änderung der Vergütungspolitik, mindestens jedoch alle vier Jahre, über die Vergütungspolitik in der Hauptversammlung abzustimmen.[27] Dabei soll nach Art. 9a Abs. 1a Aktionärsrechte-Richtlinie die Abstimmung verbindlich sein, sog „Decide to Pay". Das geltende Recht eröffnet bisher in § 120 Abs. 4 AktG lediglich die Möglichkeit einer Abstimmung. Art. 9a Abs. 1b Aktionärsrechte-Richtlinie wird den Mitgliedsstaaten jedoch freistellen, der Abstimmung nach Art. 9a Abs. 1 Aktionärsrechte-Richtlinie nur empfehlenden Charakter zuzusprechen, womit sie unverbindlich wäre, sog „Say on Pay". In Anbetracht der momentanen Regelung des § 120 Abs. 4 S. 2 AktG dürfte davon auszugehen sein, dass der deutsche Gesetzgeber von dieser Möglichkeit Gebrauch machen wird. Somit wird zwar eine Pflicht zur Festlegung einer Vergütungspolitik und zur Befassung der Hauptversammlung mit dieser begründet werden. Der entsprechende Beschluss der Hauptversammlung wird aber voraussichtlich weiterhin weder Rechte noch Pflichten der anderen Organe begründen.

Allgemein ist zu berücksichtigen, dass die Vergütungsstruktur von Vorständen bei börsenorientierten Gesellschaften gemäß § 87 Abs. 1 S. 2 AktG auf eine nachhaltige Unternehmensentwicklung auszurichten ist. Diese Anforderung wird mit der Reform der Aktionärsrechte-Richtlinie bestehen bleiben. So wird nach deren neuem Art. 9a Abs. 3 die Vergütungspolitik die Geschäftsstrategie, die langfristigen Interessen und die langfristige Tragfähigkeit der Gesellschaft zu fördern bestimmt sein müssen. Zudem wird die Vergütungspolitik die Zusammensetzung der Vergütung zu beschreiben haben.[28] Sind neben einer Festvergütung variable Vergütungsbestandteile vereinbart, sollen diese daher eine **mehrjährige Bemessungsgrundlage** haben. Wie die mehrjährige Bemessungsgrundlage aussehen soll, sagt der Gesetzgeber allerdings nicht. Dennoch wird ihre Ausgestaltung nach Art. 9a Abs. 3 Aktionärsrechte-Richtlinie in der Vergütungspolitik festgelegt und aufgeschlüsselt dargestellt werden müssen. Es soll nicht ausreichen, wenn nur die Auszahlung hinausgeschoben wird, vielmehr müssen die variablen Bestandteile auch an negativen Entwicklungen im gesamten Bemessungszeitraum teilnehmen.[29] Als eine Möglichkeit zur Umsetzung der mehrjährigen Bemessungsgrundlage werden langfristige Vergütungsbestandteile wie Bonus-Malus-Systeme, Performancebetrachtung über die Gesamtlaufzeit und ein Aufschieben der Auszahlung genannt.[30] Auch kommt beispielsweise in Betracht, dass Boni zwar ausgezahlt werden, je nach Entwicklung in den Folgejahren jedoch zurückverlangt werden können.[31] Jedenfalls wird die Vergütungspolitik klare, umfassende und differenzierte Kriterien für die Gewährung der variablen Vergütungsbestandteile festlegen müssen. Der Aufsichtsrat ist zur Herabsetzung der Bezüge in Vertretung der Gesellschaft gegenüber dem Vorstand verpflichtet, wenn eine Verschlechterung der Lage der Gesellschaft im Sinne von § 87 Abs. 2 AktG eintritt (zB bei Insolvenzreife)[32] und eine unge-

---

[25] Hüffer/Koch/*Koch* AktG Rn. 2a, ZHR 161 (1997), 214 (232); OLG Stuttgart AG 1998, 529 (530); MüKoAktG/*Spindler* § 87 Rn. 100.
[26] Zum Zweck der Vergütungspolitik und zu den Anforderungen an deren Regelungsinhalt siehe Art. 9a Abs. 3 Aktionärsrechte-Richtlinie sowie Erwägungsgrund 16 Aktionärsrechte-Richtlinie.
[27] *Leuering* NZG 2017, 646.
[28] *Leuering* NZG 2017, 646.
[29] BT-Drs. 16/13433, 16.
[30] BT-Drs. 16/13433, 16.
[31] *Lingemann* BB 2009, 1918 (1919).
[32] Vgl. BGH 27.10.2015 – II ZR 296/14.

kürzte Weiterzahlung der Bezüge unbillig erscheint, weil der Vorstand **pflichtwidrig** gehandelt hat oder weil die Verschlechterung der Lage der Gesellschaft in die Zeit seiner Vorstandsverantwortung fällt und ihm **zurechenbar** ist. Der Aktiengesellschaft (vertreten durch den Aufsichtsrat) wird hier gemäß § 87 Abs. 2 AktG ein einseitiges Gestaltungsrecht zugebilligt. Diese Pflicht schwächt der neue Art. 9a Abs. 1c der Aktionärsrechte-Richtlinie in eine Möglichkeit ab. Danach wird es den Mitgliedsstaaten offenstehen, den Gesellschafen zu gestatten, unter außergewöhnlichen Umständen vorübergehend von ihrer Vergütungspolitik abzuweichen. Dies soll jedoch nur dann zulässig sein, wenn die Abweichung notwendig ist, um den langfristigen Interessen und der Tragfähigkeit der Gesellschaft insgesamt zu dienen oder deren Rentabilität zu gewährleisten und wenn die Vergütungspolitik die Vorgehensweise für eine solche Abweichung beschreibt und die Teile der Politik festlegt, von denen abgewichen werden darf. Es scheint damit nicht mehr erforderlich zu sein, dass das Handeln des Vorstandes pflichtwidrig war oder die Verschlechterung der Lage der Gesellschaft in der Zeit seiner Vorstandsverantwortung fällt und ihm zurechenbar ist. Die Herabsetzung der Bezüge muss dann **mindestens** auf einen Betrag erfolgen, dessen Gewährung angesichts der Verschlechterung der Lage der Gesellschaft **nicht mehr als unbillig** angesehen werden kann.[33] Die vom BGH aufgerufenen Auslegungskriterien sind unter anderem der Umfang der Verschlechterung der Lage, Grad der Verantwortlichkeit, persönliche Verhältnisse des Vorstandes, Umfang seiner noch zu erbringenden Tätigkeiten, deren Nutzen etc. Im Ergebnis wird diese Rechtsprechung zur Streitanfälligkeit von Vorstandsvergütungen führen.

21 Aus dem Erfordernis der Nachhaltigkeit in § 87 Abs. 1 S. 2 AktG folgt nicht, dass alle variablen Vergütungsbestandteile als „long term incentives" ausgestaltet sein müssen. Nach der Gesetzesbegründung ist eine **Mischung aus kurz- und langfristigen** Vergütungsbestandteilen weiterhin zulässig, wenn im Ergebnis ein langfristiger Anreiz erzeugt wird.[34] *Weber-Rey* hält ein Verhältnis von 40/20/40 für fixe Vergütung, Jahresbonus und sonstige variable, langfristige Vergütung für angemessen,[35] andere ein Verhältnis von 50 % Festvergütung, 20 % kurzfristige variable und 30 % langfristig variable Bezüge.[36] Was die Frage nach der Dauer des Bemessungszeitraums anbelangt, so dürfte in Anlehnung an die Neuregelung des § 193 Abs. 2 AktG (verlängerte Wartefrist für die erstmalige Ausübung von Aktienoptionen auf nunmehr vier Jahre) ein Bemessungszeitraum von drei bis vier Jahren zulässig sein.[37] Jeweils für den Einzelfall ist gegebenenfalls zu prüfen, ob aktienbezogene Vergütungen als **alleinige variable Vergütungskomponente** zulässig sind. Dies dürfte jedenfalls dann gelten, wenn gleichzeitig die Pflicht der Vorstandsmitglieder zu einem Eigeninvest vereinbart wird, weil diese sich dadurch an den Risiken des Unternehmens beteiligen[38] und damit dem Erfordernis der Nachhaltigkeit Genüge getan sein kann oder Haltefristen bis zum Ende des Dienstvertrags vereinbart sind.[39]

22 **d) Formen der Bedienung von Aktienoptionen.** Es wurde im vorigen Abschnitt gezeigt, dass das geltende Aktienrecht keine einheitliche Ermächtigungsgrundlage für die Gewährung bzw. Bedienung von Aktienoptionen beinhaltet. Vielmehr ergeben sich die Voraussetzungen für die Gewährung von Aktienoptionen aus den Beschlussvorgaben zur Schaffung des jeweiligen „Aktientopfes", der für die Bedienung der Option nach ihrer Ausübung bereitgestellt werden soll. Mit Ausnahme der seltenen Aktienbeschaffung aus der unmittelba-

---

[33] Vgl. BGH 27.10.2015 – II ZR 296/14.
[34] RegE VorstAG BT-Drs. 16/13433, 16; MünchKomm/*Spindler* § 87 Rn. 85; *Hohenstatt* ZIP 2009 1249, (1351); *Bosse* BB 2009, 1650 (1651); *Deilmann/Otte* GWR 2009, 261 (262); *Hohaus/Weber* DB 2009, 1515 (1517).
[35] WM 2009, 2255 (2259) im Hinblick auf die Regelung in Ziffer 4.2.3 DCGK nF.
[36] *Bauer/Arnold* AG 2009, 717 (722); ähnlich *Lingemann* BB 2009, 1918 (1919).
[37] RegE VorstAG BT-Drs. 16/12 278, 6; *Bosse* BB 2009, 1650 (1651); siehe hierzu auch *Weber-Rey* WM 2009, 2255 (2259); für eine mindestens vierjährige Bindungsdauer *Bauer/Arnold* AG 2009, 718 (723).
[38] *Deilmann/Otte* GWR 2009, 261 (263); *Hohaus/Weber* DB 2009, 1515 (1519); *Bauer/Arnold* AG 2009, 717 (723).
[39] *Deilmann/Otte* GWR 2009, 261 (263) mit Hinweis auf *Schoppen*, SpencerStuart, Trends in der Vorstandsvergütung, DAI-Vortrag, S. 4.

ren Übertragung von Aktionären, bleiben hierfür die Schaffung eines bedingten oder eines genehmigten Kapitals und die Ermächtigung zum Erwerb eigener Aktien.

Übersicht: Aktienoptionen   23

	bedingtes Kapital (Aktienoptionen)	Erwerb eigener Aktien	bedingtes Kapital (Wandelschuldverschreibungen)	genehmigtes Kapital
gesetzliche Regelung	§§ 192, 193 Abs. 1, 2 Nr. 1–4 AktG	§§ 71, 193 Abs. 2 Nr. 4 AktG	§§ 221, 193 Abs. 1, 2 Nr. 1–3 AktG §§ 221, 193 Abs. 1, 2 Nr. 1–4 AktG	§ 202 AktG
besondere gesetzliche Anforderungen	ja, § 193 Abs. 2 Nr. 1–4 AktG (bedingtes Kap.), §§ 71 Abs. 1, 2, 193 Abs. 2 Nr. 4 (eigene Aktien)		§ 193 Abs. 2 Nr. 4; Ausschluss des Bezugsrechts, dh materielle Rechtfertigung, erforderlich. Dadurch erhöhtes Anfechtungsrisiko.	
Umfang	jeweils max. 10 % des GK		max. 50 % des GK	
Kreis der Begünstigten	• nur Geschäftsführungsmitglieder und Arbeitnehmer der Gesellschaft und der mit ihr verbundenen Unternehmen		• kein Bezugsrecht für Aufsichtsratmitglieder	• keine Einschränkungen, dh Bezugsrechte auch an Aufsichtsrat und sonstige Dritte (zB Berater)
Vorteile	• einfache Ausgabe der Aktien • gesicherte Rechtsposition der Optionsinhaber		• keine besonderen Einschränkungen der Ausgestaltung für Mitarbeiterbeteiligungsprogramme • Erleichterung bei gen. Kapital gemäß §§ 204 Abs. 3, 205 Abs. 5 AktG	
Nachteile	• Enge gesetzliche Grenzen bei Umfang und Gestaltung, §§ 192 Abs. 3, 193 Abs. 2 Nr. 1–4 AktG bzw. §§ 71 Abs. 2 S. 1, 71 Abs. 1 Nr. 8 S. 5 iVm 193 Abs. 2 Nr. 4		• Komplexeres Verfahren bei der Ausgabe der Aktien, § 203 iVm §§ 185, 188, 189 AktG	
		• Erwerb der Aktien nur innerhalb max. 18 Monaten ab ‚Beschluss	• administrativer Mehraufwand durch Koppelung mit Anleihe (ggf. Zinsen)	• Befristung auf 5 Jahre • kein gesicherter Anspruch auf Aktien

aa) Bedingtes Kapital. Für die Bedienung von Mitarbeiteroptionen bzw. zur Bereitstellung 24 der Aktien ist die Schaffung eines bedingten Kapitals geeignete und verbreitete Form. Die bedingte Erhöhung des Kapitals wird nur soweit durchgeführt, wie die vereinbarten Bezugsrechte tatsächlich ausgeübt und infolgedessen Bezugsaktien benötigt werden.[40] Zudem ist der **gesetzliche Bezugsrechtsausschluss** ein besonderer Vorteil gegenüber den von der Praxis früher gewählten Programmen über die Gewährung von Optionsanleihen oder Wandelschuldverschreibungen, da bei diesen das Bezugsrecht der Aktionäre zu beachten ist.[41] Für die Inanspruchnahme des bedingten Kapitals für Optionsprogramme besteht außerdem keine 5-Jahres-Frist wie beim genehmigten Kapital. Ein Vorstandsbericht gem. § 186 Abs. 4 S. 2 AktG muss nicht erstattet werden.[42] Nachteilig ist jedoch die noch näher dargestellte Begrenzung

---

[40] Schmitt/Lutter/*Veil* § 192 Rn. 20; MüKoAktG/*Fuchs* § 192 Rn. 5 ff.
[41] Vgl. § 221 Abs. 4 AktG.
[42] Vgl. Begr. RegE KonTraG, BT-Drs. 13/9712, 24.

der Kapitalerhöhung auf höchstens 10 % des bei Beschlussfassung bestehenden Grundkapitals.

25 Bedingtes Kapital kann zugunsten von Arbeitnehmern und Mitgliedern des Vorstands geschaffen werden, auch für solche eines mit der Gesellschaft verbundenen Unternehmens. Andere Personen kommen nicht in Betracht (zB ehemalige Beschäftigte oder Aufsichtsratsmitglieder).

26 Sollen die Bezugsrechte über ein bedingtes Kapital bedient werden, müssen die Aktionäre in der Hauptversammlung einen **Beschluss** über eine bedingte Kapitalerhöhung fassen.[43] Der Beschluss bedarf neben der einfachen Stimmenmehrheit einer Kapitalmehrheit, die **mindestens drei Viertel** des bei der Beschlussfassung vertretenen Grundkapitals umfasst, sofern die Satzung nicht eine größere Kapitalmehrheit oder weitere Erfordernisse bestimmt. Der Beschluss ist zur **Eintragung in das Handelsregister** anzumelden.[44] Nach der Eintragung in das Handelsregister können Bezugsrechte durch den Vorstand – sofern dieser selbst betroffen ist, durch den Aufsichtsrat – wirksam begründet werden; zuvor eingeräumte Bezugsrechte werden mit der Eintragung wirksam.

27 Die Schaffung eines bedingten Kapitals zur Gewährung von Mitarbeiteroptionen kann im Wege eines Zustimmungs- oder Ermächtigungsbeschlusses erfolgen.[45] Beim **Zustimmungsbeschluss** kann die Hauptversammlung im Beschluss über die bedingte Erhöhung des Grundkapitals den Vorstand anweisen, die beschlossene Maßnahme auszuführen. Der Zustimmungsbeschluss begründet für den Vorstand eine allgemeine Pflicht zur Umsetzung gemäß § 83 Abs. 2 AktG, so dass insoweit sein Ermessen reduziert ist.[46] In der Praxis finden sich regelmäßig Ermächtigungsbeschlüsse, da sie den Vorteil der für ein Vergütungsinstrument nötigen Handlungsfreiheit für die zuständigen Organe über die Gewährung von Aktienoptionen bieten.[47] Ein **Ermächtigungsbeschluss** ermöglicht es den Vergütungsorganen, nach pflichtgemäßem Ermessen über das Ob, Wann und Wie der Durchführung des Mitarbeiterbeteiligungsprogramms zu bestimmen. Eine zeitliche Befristung der Ermächtigung auf fünf Jahre lässt sich aus Art. 25 Abs. 2 S. 3 der Zweiten Europäischen Kapitalrichtlinie[48] herleiten. Erkennt man diese Befristung als eine dem Beschluss über die bedingte Kapitalerhöhung inhärente zeitliche Beschränkung an,[49] so bezieht sich diese lediglich auf die Ausgabe von Bezugsrechten, die nur innerhalb von fünf Jahren ab Beschlussfassung erfolgen kann.[50]

28 Der in einem Zustimmungs- oder Ermächtigungsbeschluss genannte Kreis der Bezugsberechtigten erhält durch den Beschluss keinen Rechtsanspruch auf Zuteilung von Aktienoptionen. Es entsteht lediglich eine **interne Bindung** des Vorstands und Aufsichtsrats an die Eckdaten des Beschlusses bei seiner Durchführung.[51] Ein gesicherter Rechtsanspruch des Optionsinhabers auf Verschaffung junger Aktien entsteht beim bedingten Kapital – vorbehaltlich anderweitiger Abreden – mit Eintragung des Kapitalerhöhungsbeschlusses im Handelsregister und Abschluss des Optionsvertrags.[52]

29 Die Ausübung der Aktienoption erfolgt während der Laufzeit unter bestimmten Bedingungen durch eine **schriftliche Bezugserklärung** gegenüber der Gesellschaft. Die Bezugserklärung ist gemäß § 198 Abs. 2 AktG dem Zeichnungsschein bei der Kapitalerhöhung gleich gestellt. Bereits durch die Bezugserklärung kann es ausnahmsweise zum Abschluss eines Zeichnungsvertrages kommen, wenn in dem Optionsvertrag mit dem Berechtigten konkrete

---

[43] §§ 193 Abs. 1 und 2, 192 Abs. 2 Nr. 3 AktG.
[44] Für Einzelheiten vgl. § 195 AktG.
[45] Vgl. die Formulierung des § 192 Abs. 2 Nr. 3 AktG. Die Beschlussfassung in der einen oder anderen Weise kann nach einer Literaturmeinung Auswirkungen auf die bilanzielle Behandlung von Optionen haben, vgl. *Haarmann* S. 135.
[46] Vgl. Hüffer/Koch/*Koch* AktG § 192 Rn. 22.
[47] Vgl. die Gesetzesbegründung, *Ernst/Seibert/Stuckert* S. 81; MHdB GesR IV/*Krieger* § 63 Rn. 40.
[48] Zweite Richtlinie vom 13.12.1976 (77/191/EWG), ABl. 1977 L 26, S. 1.
[49] Vgl. *Götze* S. 101; aA ohne Bezugnahme auf das EG-Recht *Kallmeyer* AG 1999, 97 (100).
[50] Vgl. *Götze* S. 102: „Die Besonderheiten des bedingten gegenüber dem genehmigten Kapital rechtfertigen jedoch einen anderen Anknüpfungspunkt."
[51] Vgl. Hüffer/Koch/*Koch* AktG § 193 Rn. 5; KölnKommAktG/*Lutter* § 192 Rn. 23.
[52] Vgl. KölnKommAktG/*Lutter* § 198 Rn. 9; Hüffer/Koch/*Koch* AktG § 198 Rn. 15.

Bezugsbedingungen enthalten sind und daher der Optionsvertrag als befristetes Bezugsangebot ausgelegt werden kann.[53] Der notwendige Inhalt der Bezugserklärung ergibt sich aus § 198 Abs. 1 S. 3 AktG.[54] Allerdings muss die Bezugserklärung entgegen dem Gesetzeswortlaut nicht zwingend sämtliche Angaben des § 193 Abs. 2 Nr. 4 AktG enthalten, da es sich bei dem pauschalen Verweis des § 198 Abs. 1 S. 3 AktG auf § 193 Abs. 2 AktG um ein Redaktionsversehen handeln dürfte.[55] Nach Leistung des vollen Gegenwertes (Basispreis der Option), der sich aus dem Beschluss ergibt, kann bzw. muss der Vorstand die Bezugsaktien ausgeben.[56]

Im Zusammenhang mit Aktienoptionsprogrammen kann die nach wie vor mögliche, aber in der Praxis unübliche Ausgabe von Aktien gegen Forderungen aus Gewinnbeteiligung gemäß § 194 Abs. 3 AktG an dieser Stelle vernachlässigt werden. Hierbei wäre allerdings zu beachten, dass diese Form des Gegenwertes im Beschluss über die bedingte Kapitalerhöhung ausdrücklich vorgesehen werden muss.

Das **aktienrechtliche Mitgliedsrecht** entsteht durch Ausgabe der neuen Aktien, wozu die Ausstellung der Aktienurkunde und der Abschluss eines wertpapierrechtlichen Begebungsvertrages gehören.[57] Bereits durch die Ausübung der Option kann aus dem Optionsvertrag ein Anspruch auf Übereignung der Aktienurkunde zustande kommen,[58] ansonsten kann der sachenrechtliche Begebungsvertrag mit der Ausgabe der Anteile geschlossen werden.[59] Die Verbriefung des Mitgliedsrechts soll bei der bedingten Kapitalerhöhung nach überwiegender Ansicht zwingend sein,[60] weil im Gegensatz zum ordentlichen und genehmigten Kapital bei der bedingten Kapitalerhöhung der Publizitätsakt der Registereintragung für ihre Durchführung fehle.[61]

Für die Praxis ist es wegen des möglichen Verbriefungsausschlusses[62] jedenfalls ausreichend, wenn der Vorstand der Gesellschaft anlässlich der ersten Bezugsrechtsausübung über das gesamte Grundkapital eine sog „bis zu"-Globalurkunde ausstellt, die unter bestimmten Voraussetzungen bei der kleinen AG selbst verwahrt werden kann. Erst am Geschäftsjahresende wird diese über das gesamte bedingte Kapital lautende Globalurkunde gegen eine endgültige Urkunde ausgetauscht, die sämtliche, auf Grund weiterer Bezugsrechtsausübungen innerhalb des Geschäftsjahres entstandenen Mitgliedschaften verkörpert.[63] Dieser Vorgang wiederholt sich dann für jedes Geschäftsjahr.

Bei börsennotierten Gesellschaften wird in der Praxis die „bis zu"-Globalurkunde bereits bei der **Clearstream Banking** AG vorsorglich börsenzugelassen und hinterlegt. Der eigentliche Ausgabeakt erfolgt dann nach der Einlieferung einer Kopie der der Gesellschaft gegenüber abgegebenen Bezugserklärung des Optionsinhabers mittels Einbuchung einer entsprechenden Aktienstückzahl zunächst in das Depot der Gesellschaft. Der eigentliche Nachweis über die Ausgabe erfolgt dann anhand eines von der Clearstream Banking AG ausgestellten sog E-Belegs. Der Aktionär erhält dann Miteigentum an einer börsen- und sammeldepotfähigen Globalurkunde, die bei der Clearstream Banking AG hinterlegt ist.[64] Es verbleiben jedoch erhebliche sachenrechtliche Schwierigkeiten,[65] die das Erfordernis des Verbriefungsanspruchs für die Entstehung der aktienrechtlichen Mitgliedschaft beim bedingten Kapital

---

[53] Vgl. Hüffer/Koch/*Koch* AktG § 198 Rn. 2; KölnKommAktG/*Lutter* § 198 Rn. 3.
[54] Zu den ungeschriebenen Angaben der Bezugserklärung, vgl. GroßkommAktG/*Frey* § 198 Rn. 31 f.; MüKoAktG/*Fuchs* § 198 Rn. 9 ff.
[55] Vgl. *Vogel* BB 2000, 940; Hüffer/Koch/*Koch* AktG § 198 Rn. 9; differenzierend GroßkommAktG/*Frey* § 198 Rn. 28, der wegen des insoweit klaren Wortlauts den wörtlichen Abdruck der entsprechenden Beschlussteile empfiehlt.
[56] Vgl. § 199 Abs. 1 AktG.
[57] Vgl. Hüffer/Koch/*Koch* AktG § 199 Rn. 3, § 200 Rn. 2 jeweils mwN.
[58] Vgl. *Kallmeyer* AG 1999, 99; Hüffer/Koch/*Koch* AktG § 198 Rn. 2.
[59] Vgl. Hüffer/Koch/*Koch* AktG § 199 Rn. 3; MüKoAktG/*Fuchs* § 199 Rn. 4.
[60] Vgl. zum Streitstand GroßkommAktG/*Frey* § 199 Rn. 14 mwN.
[61] Vgl. KölnKommAktG/*Lutter* § 199 Rn. 3; Hüffer/Koch/*Koch* AktG § 199 Rn. 2 mwN.
[62] Vgl. § 10 Abs. 5 AktG.
[63] Vgl. GroßkommAktG/*Frey* § 199 Rn. 19.
[64] Vgl. auch GroßkommAktG/*Frey* § 199 Rn. 18 ff.
[65] Vgl. die praktischen Lösungsvorschläge bei GroßkommAktG/*Frey* § 199 Rn. 20.

zumindest als zweifelhaft erscheinen lassen.⁶⁶ Mit der Ausgabe der Bezugsaktien im vorbezeichneten Sinne wird die bedingte Kapitalerhöhung wirksam;⁶⁷ das Grundkapital ist damit ohne weiteres erhöht.⁶⁸ Die nachfolgende Eintragung der Ausgabe der zwischenzeitlich ausgegebenen Bezugsaktien im Handelsregister nach Ablauf eines jeden Geschäftsjahres hat nur deklaratorische Bedeutung.⁶⁹

> **Praxistipp:**
> Häufig wird dieser Umstand in der Praxis verkannt, woraus unangenehme Folgen für nachfolgende Beschlüsse über Kapitalmaßnahmen resultieren können, wenn zwischenzeitlich ausgegebene Bezugsaktien nicht dem im Handelsregister eingetragenen Grundkapital hinzugerechnet werden. Der Vorstand hat nämlich gemäß § 201 AktG lediglich nach Ablauf eines jeden Geschäftsjahres innerhalb eines Monats anzumelden, in welchem Umfang im abgelaufenen Geschäftsjahr Bezugsaktien aus dem bedingten Kapital ausgegeben worden sind. Der anwaltliche Berater sollte daher bei Vorhandensein eines bedingten Kapitals bei der Gesellschaft nachfragen, ob aus diesem im abgelaufenen bzw. laufenden Geschäftsjahr Bezugsaktien ausgegeben wurden, bevor er in Vorbereitung weiterer Kapitalmaßnahmen Formulierungsvorschläge auf Basis einer sich aus dem Handelsregister ergebenden, unrichtig gewordenen Grundkapitalziffer liefert. Ein anderes, vielfach übersehenes Problem ergibt sich daraus, dass die wegen § 200 AktG ohne weiteres eintretende Kapitalerhöhung Pflichtmitteilungen über die Beteiligungshöhe eines Aktionärs auslösen kann.⁷⁰ Insofern sollte bei jeder Kapitalerhöhung die Beteiligungshöhe des Mandanten im Auge behalten werden, da die damit eintretende Verwässerung ein Absinken unter die gesetzlichen Schwellenwerte der § 20 AktG, § 21 WpHG⁷¹ bewirken kann.

34 Bei der Beschlussfassung ist darauf zu achten, dass das bedingte Kapital den zehnten Teil des Grundkapitals, das zurzeit der Beschlussfassung über die bedingte Kapitalerhöhung vorhanden ist, nicht übersteigen darf.⁷² Abzustellen ist dabei auf das zurzeit der Beschlussfassung im Handelsregister eingetragene Kapital zuzüglich ausgegebener Bezugsaktien, soweit deren Ausgabe noch nicht eingetragen ist.⁷³ Ebenfalls für die Berechnung der **10%-Grenze** zu berücksichtigen sind die Nennbeträge, bei Stückaktien die Summe der auf jeweils eine Aktie entfallenden Beträge am Grundkapital, eines noch nicht ausgeschöpften bedingten Kapitals.⁷⁴ Bei Gesellschaften mit Stückaktien muss sich die Zahl der Aktien in demselben Verhältnis wie das Grundkapital erhöhen.⁷⁵ Bei der Frage, welcher Gesamtbetrag für ein bedingtes Kapital zur Bedienung eines Mitarbeiterbeteiligungsprogramms zur Verfügung steht, sind auch frühere und/oder anderen Zwecken dienende bedingte Kapitalerhöhungen zu berücksichtigen.⁷⁶ Hintergrund der Volumenbegrenzung ist der Schutz der Aktionäre vor Verwässerung ihrer Beteiligung, da beim bedingten Kapital das Bezugsrecht der Aktionäre gesetzlich ausgeschlossen ist.⁷⁷

---

66 Für die Ersetzung der Globalurkunde durch Wertrechte, vgl. *Habersack/Mayer* WM 2000, 1678.
67 Vgl. *Martens* AG 1996, 347; MüKoAktG/*Fuchs* § 199 Rn. 4.
68 Vgl. § 200 AktG.
69 Vgl. auch GroßkommAktG/*Frey* § 201 Rn. 39; Hüffer/Koch/*Koch* AktG § 201 Rn. 2.
70 Vgl. §§ 20, 21 AktG, §§ 21, 28 WpHG. Zum Hintergrund, vgl. GroßkommAktG/*Frey* § 200 Rn. 24.
71 Vgl. hierzu auch → Rn. 105.
72 Vgl. § 192 Abs. 3 S. 1 AktG.
73 Vgl. *Ihrig/Wagner* NZG 2002, 658.
74 Vgl. Hüffer/Koch/*Koch* AktG § 192 Rn. 23.
75 Vgl. § 192 Abs. 3 S. 2 iVm § 182 Abs. 1 S. 5 AktG.
76 MüKoAktG/*Fuchs* § 192 Rn. 146.
77 Vgl. *Mutter* ZIP 2002, 296 mit Hinweis auf den Rechtsausschuss des Bundestages ZIP 1998, 488; MüKoAktG/*Fuchs* § 192 Rn. 145.

> **Praxistipp:**
> In der Beratungspraxis sollte wegen des Wortlauts des § 192 Abs. 3 S. 1 AktG[78] besonderes darauf geachtet werden, dass der Gesamtbetrag der bedingten Kapitalerhöhung nicht bereits im Hinblick auf die neue Grundkapitalziffer festgelegt wird, die erst aus einer noch nicht eingetragenen ordentlichen Kapitalerhöhung resultiert. Auch die Beschlussformulierung, wonach die bedingte Kapitalerhöhung unter der aufschiebenden Bedingung der Eintragung einer bereits zuvor oder in derselben Hauptversammlung beschlossenen ordentlichen Kapitalerhöhung steht, ist nach dem Gesetzeswortlaut unzulässig.

Da Aktionärs- oder Gläubigerschutzinteressen einer Beschlussfassung unter einer aufschiebenden Bedingung erkennbar nicht entgegen stehen, wäre es allerdings aus Sicht der Praxis sachgerecht, einen Beschluss über die Schaffung eines bedingten Kapitals bereits mit dem gewünschten Zielvolumen in derselben Hauptversammlung, in der auch die ordentliche Kapitalerhöhung beschlossen wird, unter der aufschiebenden Bedingung der vorherigen Eintragung derselben zuzulassen.[79] Bei einer Kapitalerhöhung aus Gesellschaftsmitteln entsteht dieses Problem auf Grund der Regelung in § 218 AktG nicht, da sich das bedingte Kapital im gleichen Verhältnis wie das Grundkapital erhöht. 35

> **Praxistipp:**
> Bei der Beschlussfassung sollte darauf geachtet werden, dass die Beschlüsse über die Implementierung des Aktienoptionsprogramms und die bedingte Kapitalerhöhung in derselben Hauptversammlung vor einer Kapitalerhöhung aus Gesellschaftsmitteln gefasst und insbesondere in dieser Reihenfolge zur Eintragung beim Handelsregister angemeldet werden, da insofern das bedingte Kapital wegen § 218 AktG automatisch angepasst wird.

bb) Erwerb eigener Aktien. Die von der Gesellschaft zu liefernden Aktien können auch durch einen Rückkauf der Aktien beschafft werden. Unterschieden werden der Erwerb gem. § 71 Abs. 1 Nr. 8 AktG (Ermächtigungsbeschluss ohne positive gesetzliche Zweckvorgabe) und der Erwerb gem. § 71 Nr. 2 AktG. 36

Der Rückerwerb eigener Aktien kann zur Bedienung von Aktienoptionsprogrammen vorteilhaft sein, weil keine neuen Aktien geschaffen werden müssen und der bei einer Kapitalerhöhung typische Verwässerungseffekt entfällt.[80] Gegen den Erwerb eigener Aktien spricht jedoch die potenziell erhebliche Kursbeeinflussung.[81] Zudem entsteht ein gegen die Gesellschaft erzeugter Spekulationsdruck, da die AG Erwerbspflichten zu einem bestimmten Stichtag unterliegt. Ferner ist nachteilig, dass die Gesellschaft einen Liquiditätsabfluss verkraften muss, um die Aktien zu erwerben und einen Liquiditätsnachteil erleidet, falls die Aktien unter dem Erwerbspreis an die Arbeitnehmer weitergegeben werden.[82] 37

Gem. **§ 71 Abs. 1 Nr. 2 AktG** darf das Unternehmen eigene Aktien auch ohne Ermächtigungsbeschluss der Hauptversammlung erwerben, wenn die Aktien Personen, die im Arbeitsverhältnis der Gesellschaft oder verbundenen Unternehmen stehen oder standen, zum Erwerb angeboten werden sollen. Begünstigt sind mithin auch leitende Angestellte und 38

---

[78] „... das zurzeit der Beschlussfassung über die bedingte Kapitalerhöhung vorhanden ist ...".
[79] Vgl. zu diesem Problem auch GroßkommAktG/*Frey* § 192 Rn. 138.
[80] Vgl. *Bosse* NZG 2001, 598; Hüffer/Koch/*Koch* AktG § 192 Rn. 24 u. § 71 Rn. 19c mwN; Kallmeyer AG 1999, 99; *Schaefer* NZG 1999, 531; Schmid/Mühlhäuser AG 2001, 493 Die Aktionäre können den Verwässerungseffekt regelmäßig nicht steuerlich nutzen, vgl. *Mikus* BB 2002, 178. MüKoAktG/*Oechsler* § 71 Rn. 258.
[81] *Feddersen* ZHR 161 (1997), 269 (289); Feddersen/Pohl AG 2001, 26.
[82] *Richter/Gittermann* AG 2004, 277 (278). Vgl. *Bosse* NZG 2001, 598; *Vater* DB 2000, 2177 (2181); *Schaefer* NZG 1999, 531; *Kallmeyer* AG 1999, 101; *Schanz* S. 594; *Mikus* BB 2002, 179; Schmid/Mühlhäuser AG 2001, 493; zu Einzelheiten auch im Hinblick auf die aktuellen bilanziellen Empfehlungen des E-DRS 11, vgl. BeckBil-Komm/*Hoyos/Pastor* HGB § 266 Rn. 285 ff.

ehemalige Arbeitnehmer, nicht aber Organmitglieder (Vorstände, Aufsichtsratsmitglieder). Die in der Form erworbenen Aktien müssen nach § 71 Abs. 3 S. 2 AktG innerhalb eines Jahres nach ihrem Erwerb an die Mitarbeiter ausgegeben werden. Die zurückzuerwerbenden Aktien müssen allerdings voll eingezahlt sein. Ihr Nennbetrag darf zusammen mit den bereits im Besitz der Gesellschaft befindlichen Aktien das Grundkapital um nicht mehr als 10 % übersteigen. Allerdings ist umstritten, ob auch Aktienoptionspläne für Arbeitnehmer nach § 71 Abs. 1 Nr. 2 AktG bedient werden können. Teilweise wird vertreten, dass nur gem. § 71 Abs. 1 Nr. 8 AktG aufgrund eines Ermächtigungsbeschlusses Aktienoptionspläne bedient werden können, weil der Verwässerungseffekt für die Aktionäre besonders gravierend ist.[83] Selbst wenn auch Aktienoptionsprogramme entsprechend bedient werden können, wäre nachteilig, dass bei dieser Regelung letztlich keine langfristigen Optionsstrategien möglich sind,[84] denn der Vorstand kann die erworbenen Aktien jeweils nur ein Jahr halten, bevor er sie an die Mitarbeiter weitergeben muss.

39 Beim Aktienrückkauf gemäß **§ 71 Abs. 1 Nr. 8 AktG** kann die Hauptversammlung auch über die Ermächtigung zum Erwerb der Aktien als auch über deren Weiterveräußerung beschließen. Im Gegensatz zu einem Rückkauf gemäß § 71 Abs. 1 Nr. 2 AktG können auch Mitglieder der Geschäftsleitung begünstigt werden. Zudem ist vorteilhaft, dass für die nachfolgende Ausgabe keine zeitliche Befristung besteht. Nach herrschender Ansicht kann der Aktienoptionsplan zeitgleich mit der Ermächtigung des Vorstands nach § 71 Abs. 1 Nr. 8 S. 1 AktG beschlossen werden.[85] Es bedarf hierfür eines Ermächtigungsbeschlusses der Hauptversammlung gemäß § 71 Abs. 1 Nr. 8 AktG.[86] Eine Rückkaufermächtigung bietet sich besonders dann an, wenn zur Bedienung von Mitarbeiteroptionen Bezugsaktien über die zulässige 10 %-Grenze für bedingtes Kapital[87] benötigt werden oder neben Arbeitnehmern und Mitgliedern der Geschäftsleitung nicht in einem festen Anstellungsverhältnis Beschäftigten Bezugsrechte gewährt werden sollen. Für die Bedienung des Aktienoptionsprogramms verwendete eigene Aktien sind nicht auf die für das bedingte Kapital geltende Grenze anzurechnen. Dies ist nicht unumstritten.[88]

40 Da der Wortlaut dieser Bestimmung lediglich als Erwerbszweck den Handel mit eigenen Aktien verbietet, ist damit ein Beschluss zur Ermächtigung des Vorstands zum Erwerb eigener Aktien **ohne positive gesetzliche Zweckvorgabe** geschaffen worden.[89] Allerdings wird ein Aktienrückkaufprogramm ohne Zweckvorgabe von den Emissionsbanken und den übrigen Kapitalmarktteilnehmern ungern gesehen,[90] da durch Aktienrückkäufe das ohnehin knappe Handelsvolumen einzelner Titel zu ungewünschten Kursausschlägen führen könnte. Eine Abstimmung insbesondere mit der Emissionsbank im Rahmen eines Börsengangs ist daher empfehlenswert. Als Lösung – auch für die Darstellung im Verkaufsprospekt – bietet sich hier die Aufnahme einer ansonsten nicht zwingend erforderlichen Zweckbindung an, wonach Aktienrückkäufe neben etwaigen anderen Zwecken[91] nur zur Bedienung von ausgeübten Aktienoptionen erlaubt sind.

---

[83] Schmitt/Lutter/*Betzenberger* AktG § 71 Rn. 60, RefE 1996 KonTraG Art. 1 Nr. 4, ZIP 1996, 2129 (2130), *Weiß*, Aktionsoptionspläne für Führungskräfte 1999, S. 242 f.; anderer Ansicht MüKoAktG/*Oechsler* § 71 Rn. 130; *Umnuß/Ehle* BB 2002, 1042.
[84] MüKoAktG/*Oechsler* § 71 Rn. 135.
[85] *Claussen* DB 1998, 177 (180); MüKoAktG/*Oechsler* § 71 Rn. 261.
[86] So das Aktienoptionsprogramm der Siemens AG, abgedruckt im Bundesanzeiger vom 7.1.1999, 134, sowie der aktuelle „Long Term Incentive Plan der SAP AG 2000", abgedruckt im Bundesanzeiger Nr. 233 vom 7.1.1999, S. 19.
[87] Vgl. § 192 Abs. 3 S. 1 Alt. 2 AktG.
[88] Wie hier Hüffer/Koch/*Koch* AktG § 192 Rn. 24; *Mutter* ZIP 2002, 295; *Ihrig/Wagner* NZG 2002, 663; KölnKommAktG/*Lutter* § 71 Rn. 54; aA *Keul/Semmer* DB 2002, 2258; ohne eigene Begründung MHdB GesR IV/*Krieger* § 63 Rn. 30.
[89] Vgl. hierzu auch LG Berlin AG 2000, 329; NZG 2000, 945 = AG 2002, 329; OLG München ZIP 2002, 1354, NZG 2002, 679 = DB 2002, 1544.
[90] So spricht sich zB *Bosse* für eine regelmäßige Angabe des Erwerbszwecks aus, betont aber, dass dies nach dem Gesetzeswortlaut sowie der Gesetzesbegründung nicht zwingend sei, vgl. *Bosse* NZG 2000, 924.
[91] ZB zur Akquisitionsfinanzierung, vgl. *Markwardt* BB 2002, 1109; zu sonstigen Zwecken, vgl. auch Hüffer/Koch/*Koch* AktG § 71 Rn. 19g.

Auf die erworbenen eigenen Aktien dürfen zusammen mit anderen Aktien der Gesellschaft, welche diese bereits erworben hat und noch besitzt, nicht mehr als 10 % des Grundkapitals entfallen (sog **Bestandsgrenze**).[92] Allerdings gilt für den Aktienrückkauf gemäß § 71 Abs. 1 Nr. 8 S. 1 AktG daneben eine **Erwerbsgrenze** von ebenfalls 10 % des Grundkapitals.[93] Im Vergleich zum bedingten Kapital, das grundsätzlich unbefristet zur Verfügung steht,[94] ist die Ermächtigung zum Aktienrückkauf nur für **5 Jahre** gerechnet ab dem Tag der Beschlussfassung gültig. Daneben bestehen weitere Beschränkungen. Ein Erwerb ist nicht zulässig, wenn die Gesellschaft die nach § 272 Abs. 4 HGB vorgeschriebene Rücklage für eigene Aktien nicht bilden kann, ohne das Grundkapital oder eine nach Gesetz oder Satzung zu bildende Rücklage zu mindern, die nicht zu Zahlungen an die Aktionäre verwandt werden darf.

Da Aktienoptionen wegen des Verweises in § 71 Abs. 1 Nr. 8 S. 5 aE AktG auf § 193 Abs. 2 Nr. 4 AktG auch hier erst frühestens vier[95] Jahre nach ihrer Ausgabe ausgeübt werden können, muss sich die Gesellschaft entweder rechtzeitig vor Ablauf der **auf eine Dauer von 5 Jahren begrenzten Ermächtigung** mit ausreichend eigenen Aktien eindecken oder einen erneuten Beschluss der Hauptversammlung herbeiführen (sog Anschlussermächtigung).[96] Die Eindeckung mit eigenen Aktien zu Beginn des Aktienoptionsplans ist aber nicht immer sinnvoll, da die Gesellschaft den Umfang ihrer Lieferverpflichtung noch nicht absehen kann. Gegen das Preisrisiko aus ihrer Stillhalterstellung können sich börsennotierte Gesellschaften ggf. durch Kaufoptionen auf eigene Aktien absichern.[97] Die besonderen Angaben des § 193 Abs. 2 Nr. 4 AktG gelten jedoch nur für die außerbörsliche Veräußerung der eigenen Aktien und finden auf den Ermächtigungsbeschluss zum Erwerb eigener Aktien keine Anwendung.[98]

> **Praxistipp:**
> Da der Hauptversammlungsbeschluss für die Veräußerung der erworbenen eigenen Aktien die besonderen Beschlussanforderungen des § 193 Abs. 2 Nr. 4 AktG enthalten muss,[99] ist von der teilweise zu beobachtenden bisherigen Praxis[100] abzuraten, wonach in einem (ggf. erneuten) Ermächtigungsbeschluss lediglich auf die Angaben des § 193 Abs. 2 Nr. 4 AktG in einem bereits früher gefassten Beschluss zur Implementierung eines Aktienoptionsprogramms verwiesen wird. Vielmehr sollten die besonderen Beschlussanforderungen wegen des eindeutigen Gesetzeswortlauts ausdrücklicher Inhalt des Ermächtigungsbeschlusses sein.[101] Dabei dürfte ein Verweis auf ein in der gleichen Hauptversammlung beschlossenes Aktienoptionsprogramm ausreichen.[102]

Im Hinblick auf die Bedienung von Mitarbeiteroptionen mit eigenen Aktien ist der Verweis auf die Vorschriften des Bezugsrechtsausschlusses unklar, da die Einhaltung der materiellen Voraussetzungen eines **Bezugsrechtsausschlusses** (sachliche Rechtfertigung, Vorstandsbericht) vor dem Hintergrund der vom Gesetzgeber gewollten Gleichbehandlung mit dem ein Bezugsrecht nicht beinhaltenden bedingten Kapital nicht zwingend erscheint.[103]

---

[92] Vgl. § 71 Abs. 2 S. 1 AktG.
[93] Vgl. zu den Grenzen auch *Mutter* ZIP 2002, 296; *Bezzenberger* S. 32.
[94] Vgl. jedoch Art. 25 Abs. 2 S. 3 Zweite Richtlinie vom 13.12.1976 (77/191/EWG, ABl. 1977 L 26, S. 1) und die Ausführungen hierzu oben, vgl. → Rn. 21.
[95] Vgl. § 193 Abs. 2 Nr. 4 AktG idF d. VorstAG.
[96] Vgl. *Schmid/Mühlhäuser* AG 2001, 500; *Bosse* NZG 2001, 598; MüKoAktG/*Oechsler* § 71 Rn. 198.
[97] Zum Einsatz von Aktienderivaten, vgl. *Schmid/Mühlhäuser* AG 2001, 493.
[98] Vgl. LG Berlin AG 2000, 329.
[99] „Eine andere Veräußerung kann die Hauptversammlung beschließen [...]", § 71 Abs. 1 Nr. 8 S. 5 AktG.
[100] Vgl. die Nachweise bei *Bosse* NZG 2001, 597 (Fn. 43 f.).
[101] Ein Verstoß hiergegen würde den Beschluss lediglich anfechtbar, jedoch nicht nichtig machen, vgl. *Vogel* BB 2000, 938; *von Einem/Pajunk,* Zivil- und gesellschaftsrechtliche Anforderungen, 114; GroßkommAktG/*Frey* § 193 Rn. 77 ff. mwN zum Meinungsstand.
[102] So auch *Bosse* NZG 2001, 597.
[103] Vgl. Hüffer/Koch/*Koch* AktG § 71 Rn. 19j; *Bosse* NZG 2001, 597; *Weiß* WM 1999, 353 (360); zum Willen des Gesetzgebers.

Beim Erwerb eigener Aktien zur Bedienung von Aktienoptionsprogrammen bedeutete die Nichtanwendung der § 186 Abs. 3 und 4 AktG hingegen, dass der Beschluss über die Wiederveräußerung eigener Aktien, der das Bezugsrecht der übrigen Aktionäre ausschließt, einer qualifizierten Kapitalmehrheit nicht bedürfte. Dies erscheint nicht sachgerecht.

> **Praxistipp:**
>
> Im Hinblick auf die insoweit auslegungsbedürftige Verweisung des § 71 Abs. 1 Nr. 8 S. 5 AktG empfiehlt es sich zur Vermeidung einer Anfechtungsklage, § 186 Abs. 3 und 4 AktG in jedem Fall entsprechend anzuwenden. Der Verweis auf § 186 Abs. 3 AktG führt jedenfalls dazu, dass der Ermächtigungsbeschluss einer Kapitalmehrheit von drei Vierteln des bei der Beschlussfassung vertretenen Grundkapitals bedarf und auch bei nichtbörsennotierten Gesellschaften[104] notariell beurkundet werden muss.[105]

44 Zum anderen fällt auf, dass im Rahmen des Ermächtigungsbeschlusses der Ausgabebetrag der Aktie nicht festgelegt werden muss, da dieser gemäß § 71 Abs. 1 Nr. 8 AktG nur den Gegenwert für den Erwerb enthalten muss und gerade nicht auf § 193 Abs. 2 Nr. 3 AktG verwiesen wird. Obwohl dies dem vom Gesetzgeber intendierten einheitlichen Transparenzniveau für beide Arten der Bedienung von Aktienoptionen widerspricht, ist die von manchen Autoren[106] geforderte analoge Anwendung von § 193 Abs. 2 Nr. 3 AktG abzulehnen.[107] Ein Ermächtigungsbeschluss ohne die Angabe des Ausgabebetrags wäre daher auf Grund des klaren Gesetzeswortlauts zulässig.[108] Im Ergebnis bleibt daher Raum für eine nachträgliche Anpassung, sofern nicht die Berechnung wie häufig an den Zeitpunkt der Gewährung anknüpft.[109] Wendet man entgegen der hier vertretenen Ansicht die Vorschriften über den Bezugsrechtsausschluss an, ergäbe sich auch aus der durch § 186 Abs. 4 S. 2 AktG vorgesehenen Vorgabe zur Begründung des vorgeschlagenen Ausgabebetrags nicht, dass dieser im Vorstandsbericht genannt werden muss.[110]

45 Hinzuweisen ist noch auf die von den Gesellschaften vorzunehmende **Unterrichtung der BaFin** über die von der Hauptversammlung beschlossene Ermächtigung zum Erwerb eigener Aktien gemäß § 71 Abs. 1 S. 3 AktG.[111] Gemäß § 406 AktG handelt ordnungswidrig, wer vorsätzlich oder leichtfertig die Mitteilung unterlässt, diese unvollständig bzw. unrichtig, oder nicht rechtzeitig abgibt.

> **Praxishinweis:**
>
> Beim sog „Stuttgarter Modell" werden keine eigenen Aktien angekauft, sondern mit Hilfe eines Kreditinstituts auf dem Markt vorhandene Aktienoptionen erworben, wodurch der Anwendungsbereich bzw. die Begrenzungen des § 71 AktG nicht berührt werden. Zudem bietet dieses Modell auch steuerliche Vorteile, da die Optionskosten als Betriebsausgaben abzugsfähig sind.[112]

46 cc) *Genehmigtes Kapital*. Ein genehmigtes Kapital ist zur Bedienung selbstständiger Aktienoptionen zulässig,[113] was sich indirekt bereits aus den gesetzlichen Erleichterungen der

---

[104] Vgl. die ansonsten geltende Erleichterung gemäß § 130 Abs. 1 S. 3 AktG.
[105] Vgl. *Markwardt* BB 2002, 1110; *Kallmeyer* AG 1999, 101.
[106] Vgl. MHdB GesR IV/*Krieger* § 63 Rn. 39.
[107] Vgl. *Bosse* NZG 2001, 596.
[108] So im Ergebnis auch *Bosse* NZG 2001, 596.
[109] MüKoAktG/*Spindler* § 87 Rn. 56; *Ackermann/Suchan* BB 2002, 1497 (1499 f.).
[110] Vgl. Hüffer/Koch/*Koch* AktG § 186 Rn. 24.
[111] Zur einschränkenden Auslegung des § 71 Abs. 3 S. 3 AktG für nicht börsennotierte Gesellschaften, vgl. Hüffer/Koch/*Koch* AktG § 71 Rn. 23a.
[112] *Martens* FS Ulmer, S. 399 (408 ff.); *Mutter/Mikus* ZIP 2001, 1949 ff.; MüKoAktG/*Spindler* § 87 Rn. 54; *Weiß* S. 254 ff.
[113] Vgl. OLG Stuttgart DB 2002, 2638; *Feddersen/Pohl* AG 2001, 33; *Zimmer* DB 1999, 999; *Schaefer* NZG 1999, 533; *Martens* AG 1996, 346.

Ausgabe von Belegschaftsaktien in den §§ 202 Abs. 4, 203 Abs. 4, 204 Abs. 3, 205 Abs. 5 AktG ableiten lässt.[114] Der Beschluss über die genehmigte Kapitalerhöhung unterliegt grundsätzlich denselben Mehrheitserfordernissen wie bei einer ordentlichen Kapitalerhöhung, jedoch im Vergleich zu einem bedingten Kapital **weniger inhaltlichen Beschränkungen**. So gelten nicht die Volumenbeschränkung auf 10 % des Grundkapitals, allerdings darf der Nennbetrag des genehmigten Kapitals die Hälfte des Grundkapitals (zur Zeit der Ermächtigung) nicht überschreiten. Ebenso wenig muss der Beschluss die in § 193 Abs. 2 Nr. 4 AktG vorgesehenen Angaben enthalten, namentlich ua kein Erfolgsziel und keine 4-jährige Mindestwartefrist.[115] Dies scheint alles für ein genehmigtes Kapital zu sprechen.

Dass sich diese Kapitalherkunft nicht durchgesetzt hat,[116] liegt zum einen an der für die Aktienausgabe an eine Vielzahl von Begünstigten **aufwändigen Durchführung** der Kapitalerhöhung. Die Durchführung setzt neben dem Abschluss eines Zeichnungsvertrages, der Einzahlung des Ausgabebetrages und der Aktienausgabe – was für die eingetragene bedingte Kapitalerhöhung bereits ausreichen würde – einen Vorstandsbeschluss, die Zustimmung des Aufsichtsrats, die Handelsregisteranmeldung und die Eintragung im Handelsregister voraus. Ein gesicherter Rechtsanspruch des Begünstigten auf Durchführung der Kapitalerhöhung entsteht hierdurch im Gegensatz zum bedingten Kapital noch nicht, da der Zeichnungsvertrag unter dem Vorbehalt des Wirksamwerdens der Kapitalerhöhung durch Eintragung ihrer Durchführung in das Handelsregister steht.[117] Erst mit der Eintragung ist das Grundkapital erhöht; erst dann entsteht die aktienrechtliche Mitgliedschaft.[118] Es ist insbesondere bei börsennotierten Gesellschaften leicht verständlich, dass dies kein praktikabler Weg zur Bereitstellung von Aktien an Begünstigte eines Aktienoptionsprogramms ist. Die Ausübung von Aktienoptionen sollte zeitlich möglichst nicht ohne sachlichen Grund eingeschränkt werden, damit der Begünstigte auf Grund schwankender Aktienkurse den für ihn günstigsten Ausübungszeitpunkt wählen kann. Wenn jedoch wegen des aufwändigen und zeitintensiven Eintragungsverfahrens die Aktien je nach Bearbeitungszeit des Registergerichts erst Wochen oder Monate nach der Ausübung ausgegeben werden, trüge der Begünstigte das Risiko eines zwischenzeitlichen Kursverfalls. Ein Verkauf der Aktien in der Zeit zwischen Ausübung der Aktienoption und Eintragung der Durchführung der Kapitalerhöhung wäre gemäß § 191 AktG unwirksam.

Aus einem weiteren Grund ist ein genehmigtes Kapital eher ungeeignet. Die Ermächtigung zur Durchführung der genehmigten Kapitalerhöhung ist gemäß § 202 Abs. 2 AktG **befristet auf fünf Jahre**, gerechnet ab der Eintragung des Ermächtigungsbeschlusses im Handelsregister.[119] Eine spätere Durchführung der Kapitalerhöhung wäre unwirksam. Selbst die Eintragung der Durchführung der Kapitalerhöhung auf Grund einer wegen Zeitablaufs nicht mehr bestehenden Ermächtigung hätte keine Heilungswirkung.[120] Ist die Laufzeit der Aktienoption länger als fünf Jahre oder beträgt sie zwar fünf Jahre, wird aber erst später ausgegeben, könnte ein zusammen mit dem Aktienoptionsprogramm geschaffenes genehmigtes Kapital unter Umständen nicht mehr genutzt werden. Im Übrigen sind die materiellen Voraussetzungen eines Bezugsrechtsausschlusses einzuhalten, was grundsätzlich ein gewisses Anfechtungsrisiko in sich birgt.[121] Eines Bezugsrechtsausschlusses bedarf es allerdings nicht, sofern der Ermächtigungsbeschluss der Hauptversammlung zugleich den Inhalt von § 202 Abs. 4 AktG aufweist.

---

[114] Inzidenter OLG München ZIP 2002, 1150 ff., explizit aber die Vorinstanz LG München I ZIP 2001, 287 (289) sowie *Weiß* WM 1999, 353 (363); *Bosse* NZG 2001, 597.

[115] So auch *Weiß* WM 1999, 353 (363).

[116] Vgl. die empirische Untersuchung von *Feddersen/Pohl* AG 2001, 33.

[117] Vgl. BGH NJW 1999, 1252 (1253); KölnKommAktG/*Lutter* § 198 Rn. 9. Zum Ersatz des Vertrauensschadens im Falle einer gescheiterten Kapitalerhöhung, vgl. *Lutter* FS Schilling, 229.

[118] Vgl. § 203 Abs. 1 S. 1, § 189 AktG.

[119] Vgl. *Schanz* S. 598.

[120] Vgl. Hüffer/Koch/*Koch* AktG § 202 Rn. 19 mwN.

[121] Insbesondere seit der vom BGH entwickelten materiellen Beschlusskontrolle, BGHZ 33, 175; 71, 40 – Kali + Salz; 83, 319 – Holzmann; 120, 141 – Bremer Bankverein; 125, 239 – Deutsche Bank; BGHZ 136, 133 (139) = WM 1997, 1704 – Siemens/Nold; einschränkend LG München I AG 2001, 319 – MMH Mode Holding.

49 Sollen (auch) **Vorstandsmitglieder** über genehmigtes Kapital Aktienoptionen erhalten, sollten im Beschluss der Hauptversammlung die Schutzvorschriften des KonTraG zum bedingten Kapital analog angewendet werden und daher bereits Regelungen über die Bezugsberechtigten oder den Ausgabebetrag enthalten (vgl. § 193 Abs. 2 Nr. 3 AktG). Andernfalls würde der begünstigte Vorstand die Bedingungen des Optionsplanes selbst festlegen können und mithin ein Interessenkonflikt bestehen, der nach Teilen der Literatur zur Unzulässigkeit des Optionsplan führen würde.[122]

50 **e) Angaben im Hauptversammlungsbeschluss bei bedingtem Kapital.** Nachfolgend sollen die gesetzlichen Anforderungen an einen Beschluss über eine bedingte Kapitalerhöhung zum Zwecke der Bedienung von selbstständigen Aktienoptionen näher dargestellt werden (vgl. § 193 AktG). Der Hauptversammlungsbeschluss muss Angaben enthalten über: (1) den **Zweck** der bedingten Kapitalerhöhung, der sich bei Aktienoptionsprogrammen aus der Mitarbeiterbeteiligung (Gewährung von Aktienoptionen) ergibt, (2) den Kreis der **Bezugsberechtigten** (Arbeitnehmer und Mitglieder der Geschäftsleitung auch von verbundenen Unternehmen), (3) die **Aufteilung** der Bezugsrechte auf den Kreis der Bezugsberechtigten, (4) den Ausgabebetrag oder die Grundlagen, nach denen dieser Betrag berechnet wird, (5) die **Erfolgsziele**, (6) die **Erwerbs- und Ausübungszeiträume** und (7) die **Wartezeit** für die erstmalige Ausübung (mindestens vier Jahre).[123] Nicht zu den Eckdaten nach § 193 Abs. 2 AktG gehört der Gesamtwert des Aktienoptionsplans, dessen Angabe vereinzelt zur Erläuterung der wirtschaftlichen Tragweite der Einführung eines solchen Plans gefordert wurde.[124] Auch der für deutsche börsennotierte Gesellschaften geltende Deutsche Corporate Governance Kodex empfiehlt in Ziffer 4.2.4 und 4.2.5 nicht mehr ausdrücklich die Veröffentlichung des Wertes der Aktienoptionen, allerdings soll die Gesamtvergütung eines jeden Vorstandsmitglieds, aufgeteilt nach fixen und variablen Vergütungsteilen, in einem Vergütungsbericht als Teil des Corporate Governance Berichts veröffentlicht werden.[125]

51 *aa) Kreis der Bezugsberechtigten.* Im Rahmen des § 192 Abs. 2 Nr. 3 AktG können Begünstigte eines Aktienoptionsprogramms Mitglieder der Geschäftsleitung und Arbeitnehmer der Emittentin oder der mit ihr verbundenen Unternehmen sein. Die Arbeitnehmer müssen in einem gegenwärtigen Arbeitsverhältnis stehen, so dass ehemalige Arbeitnehmer ausscheiden.

52 Ausgenommen vom Kreis der Bezugsberechtigten sind gesellschafts- und konzernfremde Personen sowie Aufsichtsräte. Letzteres erscheint bedauerlich, da die Einbeziehung des Aufsichtsrats in ein Aktienoptionsprogramm im Hinblick auf die weitere Aufwertung und Steigerung seiner Erfolgsverantwortung sachgerecht sein kann.[126]

53 *bb) Aufteilung auf den Kreis der Bezugsberechtigten.* Die Hauptversammlung muss die Aufteilung der zu gewährenden Aktienoptionen auf die verschiedenen Kreise der Bezugsberechtigten festlegen. Der Hauptversammlungsbeschluss über die bedingte Kapitalerhöhung gemäß § 192 Abs. 2 Nr. 3 AktG muss weder die einzelnen Personen noch die auf sie jeweils entfallende Anzahl an Aktienoptionen namentlich enthalten, da dies den Vergütungsorganen vorbehalten bleibt. Eine prozentuale oder zahlenmäßige Angabe der auf die einzelnen Kreise entfallenden Aktienoptionen reicht für die vom Gesetz geforderte Aufteilung aus. Einen Kreis bilden jeweils (1) die Vorstände der Gesellschaft, (2) die Geschäftsführungsmitglieder verbundener Unternehmen sowie (3) die Arbeitnehmer von Mutter- und Tochtergesellschaf-

---

[122] Hüffer/Koch/*Koch* ZHR 161 (1997), 214 (221); *Baums* FS Claussen, S. 3 (35). *Wulff* Aktienoptionen S. 43; für den Ausschluss der Geschäftsführung MüKoAktG/*Bayer* § 202 Rn. 104.
[123] Vgl. § 193 Abs. 2 Nr. 1–4 AktG idF der VorstAG vom 5.8.2009.
[124] Vgl. OLG Stuttgart AG 2001, 540; Vorinstanz LG Stuttgart DB 2000, 2110 (2112) – Wenger/Daimler Benz.
[125] Die bisherige Ziff. 4.2.5 des DCGK vom 14.7.2007 lautete: „Die Offenlegung soll in einem Vergütungsbericht erfolgen, der als Teil des Corporate Governance Berichts auch das Vergütungssystem für die Vorstandsmitglieder in allgemein verständlicher Form erläutert. Die Darstellung der konkreten Ausgestaltung eines Aktienoptionsplans oder vergleichbarer Gestaltungen für Komponenten mit langfristiger Anreizwirkung und Risikocharakter soll deren Wert umfassen. [...]."
[126] So auch Hüffer/Koch/*Koch* AktG § 192 Rn. 21; *Weiß* WM 1999, 353 (357); *Schaefer* NZG 1999, 531; der RefE sah noch die Einbindung von Aufsichtsräten als Organmitgliedern vor. Hierzu auch → Rn. 202 ff.

ten zusammen oder in getrennten Kreisen.[127] Aber auch die sinnvolle Zusammenfassung der Mitglieder des Vorstands der Obergesellschaft und Geschäftsführungsmitglieder der Tochtergesellschaft verstößt nicht gegen den Gesetzeswortlaut, so dass im Ergebnis **zwingend nur zwei Kreise** zu bilden sind.[128] Einzelne Berechtigte können auch zwei Kreisen angehören, so dass – regelmäßig im Hauptversammlungsbeschluss – Vorsorge getragen werden muss, dass keine doppelten Bezüge gewährt werden.[129]

Eine überproportionale Vergabe von Aktienoptionen an die Mitglieder der Geschäftsführung sowie die Führungskräfte der unmittelbar nachfolgenden Hierarchiestufe dürfte dem Gedanken der Steigerung des Shareholder Value besonders Rechnung tragen, da diese Personen durch ihre operativen, investitionellen und finanziellen Entscheidungen einen direkteren Einfluss auf den Unternehmenswert haben.[130] Bei Unternehmen mit einer überschaubaren Anzahl an Mitarbeitern kann es zur Vermeidung einer ggf. so empfundenen „Zwei-Klassengesellschaft" sinnvoll sein, alle Arbeitnehmer in das Mitarbeiterbeteiligungsprogramm einzubeziehen.

cc) Ausgabebetrag (Basispreis). Als Basispreis wird der Betrag bezeichnet, zu dem die Bezugsaktie nach Optionsausübung ausgegeben wird und der gemäß § 199 AktG vor der Aktienausgabe voll zu erbringen ist (vgl. § 193 Abs. 2 Nr. 3 AktG). Regelmäßig entspricht der Basispreis dem (Verkehrs-)Wert der Aktien im Zeitpunkt der Einräumung der Aktienoption, es kann aber auch ein höherer Betrag angesetzt werden.[131] Anstatt eines Betrages können auch nur die Grundlagen zur Ermittlung angegeben werden. Zur Berechnung werden unterschiedliche Methoden zur Basispreisbestimmung vorgeschlagen, nämlich zum einen die Ausgabe- und Abschlagsmethode sowie die Festpreismethode. Bei der **Festpreismethode** steht der Ausübungspreis je Aktie schon bei Hauptversammlungsbeschluss fest.[132] Nachteilig ist, dass die künftige (Börsenkurs-)Entwicklung des Unternehmens nicht hinreichend berücksichtigt werden kann. Bei der **Ausgabemethode** wird als Basispreis der Kurs herangezogen, zu dem die Unternehmensaktie an einem konkreten Tag des Ausgabejahres notiert. Bei der **Abschlagsmethode** bestimmt sich der Basispreis der Option nach dem Kurs am Tag der Optionsausübung, wobei von diesem Kurs ein zuvor festgelegter Abschlag vorgenommen wird.[133] Dadurch kann eine zu starke Wertverwässerung bei den Altaktionären sowie ein sogenanntes *Repricing* vermieden werden. Im Regelfall soll jedoch die künftige (Börsenkurs-)Entwicklung des Unternehmens berücksichtigt werden. In Ausnahmefällen kann der Basispreis den Verkehrswert auch unterschreiten, sofern dies aus sachlichen Gründen gerechtfertigt ist.[134]

> **Praxishinweis:**
> Häufig wird der Ausübungspreis auch als Summe aus einem Referenzpreis und einem Aufschlag festgelegt. Eine entsprechende Regelung könnte wie folgt lauten: „Referenzpreis ist der Durchschnittswert des Kurses der Aktien an der Börse ...... am Tag vor der Sitzung ...... in der über ...... Teil der Vergütung entschieden wird, mindestens aber der auf die Aktie entfallende anteilige Betrag des Grundkapitals. Der Aufschlag beträgt 15 % auf den Referenzpreis als Erfolgsziel." Alternativ kann sich der Ausübungspreis auch als Produkt aus dem Referenzpreis und einem sog Faktor ergeben. Als Faktor kann beispielsweise der Quotient aus dem Stand des DAX oder einem Branchenindex zum Zeitpunkt der Ausübung der Option und zum Zeitpunkt der Einräumung der Option sein.

---

[127] RegBegr. BT-Drs. 13/9712, 23; Hüffer/Koch/*Koch* AktG § 193 Rn. 9; *Weiß* WM 1999, 353 (357); ausführlich zur Gruppenbildung, vgl. GroßkommAktG/*Frey* § 193 Rn. 59 f.; MüKoAktG/*Fuchs* § 193 Rn. 20 ff.
[128] So auch OLG Koblenz NZG 2003, 182; *Vogel* BB 2000, 938.
[129] Vgl. Kessler/Sauter/*Kessler/Suchan* Rn. 143.
[130] Vgl. Achleitner/*Wichels* S. 4, 17.
[131] RegBegr BT-Drs. 13/9712, 23, 24; GroßkommAktG/*Frey* § 193 Rn. 55. Aus bilanziellen Gründen wird vereinzelt auch ein über dem Verkehrswert bzw. Börsenkurs der Aktie liegender Basispreis festgelegt, sog Premiummodell, vgl. *Kunzi/Hasbargen/Kahre* DB 2000, 285; *von Einem/Götze* AG 2002, 76. Zum Premiummodell im Einzelnen, vgl. → Rn. 71 ff.
[132] *Käpplinger* Aktienoptionspläne S. 36; *Götze* Aktienoptionen S. 111; MüKoAktG/*Peifer* § 182 Rn. 48.
[133] Marsch-Barner/Schäfer/*Holzborn* § 53 Rn. 33–35.
[134] Vgl. *Krieger* § 63 Rn. 33, 36; *Hoffmann-Becking* S. 109, 119; GroßkommAktG/*Frey* § 193 Rn. 55.

56 Sofern bei einem entsprechenden Unternehmenserfolg der Aktienkurs des Unternehmens beträchtlich steigt, kann sich die Frage der Angemessenheit der Vergütung verschärfen, wenn der Wert der Aktienoptionen einen unverhältnismäßig hohen Teil der Gesamtvergütung ausmacht.[135] Gegebenenfalls muss der Aufsichtsrat seiner Pflicht nachkommen, einen angemessenen Gesamtrahmen bei der Vorstandsvergütung einzuhalten, so dass er eine **Obergrenze** zahlenmäßig fixieren muss (**cap**), bei deren Überschreitung keine weiteren Bezugsrechte gewährt werden. Dementsprechend verlangt der DCGK die Vereinbarung eines cap für außerordentliche, nicht vorhergesehene Entwicklungen (Ziff. 4.2.3 Abs. 3 S. 4); Abweichungen müssen die Organe nach § 161 AktG begründen. Allgemein dürfen die Stock Options-Programme nicht so ausgestaltet werden, dass Vorstandsmitglieder übermäßige Anreize erhalten, den Börsenkurs der Gesellschaft zu eigenen Gunsten kurzfristig zu erhöhen, dies jedoch zu Lasten der langfristigen Rentabilität des Unternehmens geht. So verlangt der Corporate Governance Kodex, dass die langfristige Wirkung der Anreizwirkung gewahrt sein muss (Ziff. 4.2.3).[136]

57 Es gibt insbesondere bei nicht börsennotierten Wachstumsunternehmen Konstellationen, in denen die Festsetzung auf einen niedrigeren Basispreis als den Verkehrswert der Aktie sinnvoll sein kann. Hier setzen jedoch der im Zusammenhang mit Aktienoptionen entsprechend anwendbare § 255 Abs. 2 AktG und der Grundsatz der Unterpariemission Grenzen, wonach kein niedriger Ausgabebetrag als der Nennbetrag oder der auf die einzelne Stückaktie entfallende anteilige Betrag des Grundkapitals festgesetzt werden darf.[137] Bei der Ausgabe von Aktienoptionen führt eine entsprechende Anwendung von § 255 Abs. 2 AktG dazu, dass auf die Angemessenheit des Basispreises im Verhältnis zum Wert der Aktie im Zeitpunkt der Optionseinräumung abzustellen ist. Die bisherige Rechtsprechung gibt für Mitarbeiteroptionen keinen eindeutigen Aufschluss darüber, wann im Rahmen des § 255 Abs. 2 AktG von einem unangemessen niedrigen Basispreis auszugehen ist.[138] Eine Beurteilung dürfte nur im Einzelfall erfolgen können, die auch den Interessen des neuen Aktionärs am Erwerb der Bezugsaktien und der ggf. strategischen Bedeutung des Aktionärs für die Gesellschaft Rechnung trägt.[139]

> **Praxistipp:**
> Die Aktionäre werden einem Beschluss über die Implementierung eines Aktienoptionsprogramms eher zustimmen, wenn der Basispreis – wie in der Praxis üblich – dem Verkehrswert bzw. bei börsennotierten Gesellschaften dem Kurs der Aktie im Zeitpunkt der Optionsgewährung entspricht, da so eine zu große Wertverwässerung ihrer Beteiligung vermieden wird. In der Praxis wird der für den Basispreis maßgebliche Wert häufig unter Zugrundelegung der gewichteten, durchschnittlichen (Schluss-)Kurse einer bestimmten Anzahl von Börsenhandelstagen ermittelt, die der Optionsgewährung unmittelbar vorausgehen, um kurzfristige Kursspitzen auszugleichen.[140] Bei nicht börsennotierten Unternehmen kann der Verkehrswert der Aktien aus zurückliegenden Aktienverkäufen an gesellschaftsfremde Dritte oder aus der Zeichnung von Aktien im Rahmen einer Kapitalerhöhung abgeleitet werden. Die Vergütungsstruktur börsennotierter Gesellschaften ist allgemein auf eine nachhaltige Unternehmensentwicklung auszurichten. Variable Vergütungsbestandteile sollen daher eine mehrjährige Bemessungsgrundlage haben, für außerordentliche Entwicklungen soll der Aufsichtsrat eine Begrenzungsmöglichkeit vereinbaren.[141]

---

[135] MüKoAktG/*Spindler* § 87 Rn. 49.
[136] Ringleb/Kremer/Lutter/v. Werder/*Ringleb* Rn. 730 ff.
[137] Vgl. Hüffer/Koch/*Koch* AktG § 255 Rn. 8.
[138] Für den Fall einer Kapitalerhöhung gegen Sacheinlagen entschied der BGH, dass nicht der Börsenkurs entscheidet, sondern der wirkliche Wert des Unternehmens (inkl. stiller Reserven und innerer Geschäftswert) maßgebend sei, vgl. BGHZ 71, 40 (51) – Kali + Salz.
[139] Vgl. Hüffer/Koch/*Koch* AktG § 255 Rn. 5; *Zöllner* § 255 Rn. 9 f.
[140] Vielfach ermittelt man den Wert aus den der Optionsgewährung vorangehenden 5 bis 20 Börsenhandelstagen, ggf. werden die Kurse gewichtet, so dass das Volumen der gehandelten Aktien mit einfließt.
[141] *Mutter* AG 2009, 352; dies wird durch Ziff. 4.2.3 DCGK dahingehend ergänzt, dass bei variablen Vergütungsbestandteilen sowohl positiven als auch negativen Entwicklungen Rechnung getragen werden soll.

58 Nicht abschließend geklärt ist, ob bei nicht börsennotierten Gesellschaften für die Bestimmung des Verkehrswerts zum Zwecke der Festlegung des Basispreises zwischen dem **Wert der Stamm- und Vorzugsaktien** unterschieden werden darf.[142] Diese Frage stellt sich häufig bei Wagniskapitalfinanzierungen, bei denen der Kapitalgeber regelmäßig für seinen Finanzierungsbeitrag stimm- und dividendenberechtigte Vorzugsaktien erhält, die mit Sonderrechten, insbesondere für den Fall einer Veräußerung bzw. Liquidation der Gesellschaft, ausgestattet sind. Bis zu einem Börsengang wird der Preis je Vorzugsaktie daher häufig den Wert einer Stammaktie um ein Mehrfaches übersteigen.[143] Meist unterliegen die Stammaktien bis zum Börsengang im Vergleich zu den Vorzugsaktien der Kapitalgeber weiteren Beschränkungen, was ihren Wert im Vergleich zu Vorzugsaktien weiter nachteilig beeinflusst. In diesen Fällen könnte daher der Basispreis einer Aktienoption, die zum Bezug einer Stammaktie berechtigt, unterhalb des Wertes einer mit besonderen wertbeeinflussenden Rechten ausgestatteten Vorzugsaktie angesetzt werden. Denn es erscheint unsachgemäß, wenn Mitarbeiter bei der Ausübung von Aktienoptionen in jedem Fall den gleichen Preis für eine Stammaktie bezahlen müssen, den ein Kapitalgeber für eine mit deutlich mehr Rechten ausgestattete Vorzugsaktie bezahlt hat.

59 *dd) Exkurs: Repricing.* Das **Repricing von Aktienoptionen** bezeichnet die Neufestlegung des Basispreises von bereits gewährten Aktienoptionen. Regelmäßig sollen in Zeiten eines allgemeinen Kursverfalls an den Kapitalmärkten die Aktienoptionen für ihre Inhaber wieder attraktiver gemacht werden.[144] Wenn die Aktienoptionen wirtschaftlich völlig wertlos sind, weil der Aktienkurs weit unter dem Basispreis liegt, werden die mit einem Beteiligungsprogramm möglicherweise verfolgten Zwecke der Mitarbeitermotivation und Mitarbeiterbindung verfehlt. Die grundsätzlich mögliche Ausgabe von neuen Aktienoptionen auf der aktuellen, niedrigeren Bewertung ist für den Begünstigten häufig keine Alternative. Denn die gesetzlich vorgeschriebene vierjährige Mindestwartefrist bis zur ersten Ausübung beginnt mit der Ausgabe der Aktienoption erneut zu laufen.

60 Aus rechtlicher Sicht stellt sich die Frage der **Zulässigkeit** des *Repricing*. Da die Reduzierung des Basispreises – und nur darum geht es in der Praxis – für den Begünstigten lediglich rechtlich vorteilhaft ist, kann seine erforderliche Zustimmung unterstellt werden. Insofern ist die Frage der Zulässigkeit des *Repricing* vor dem Hintergrund der Vorgaben des ursprünglichen Hauptversammlungsbeschlusses zu beantworten, da der Ermächtigungsbeschluss hinsichtlich der Festlegung des Ausgabepreises regelmäßig Angaben enthalten muss.[145] Über die Zulässigkeit einer Änderung des Basispreises einer bereits ausgegebenen Aktienoption wird der Hauptversammlungsbeschluss regelmäßig nichts enthalten. Vorstand und Aufsichtsrat können daher nicht nachträglich die von der Hauptversammlung vorgegebenen Eckdaten der Optionsbedingungen und der Aktienausgabe ändern, ohne einen erneuten Beschluss der Hauptversammlung herbeizuführen.[146] Ein solcher Änderungsbeschluss unterliegt nach allgemeinen Regeln den gleichen Mehrheitserfordernissen wie der ursprüng-

---

Gem. Ziff. 4.2.3 Abs. 2 DCGK sollen Aktienoptionsprogramme ausdrücklich auf anspruchsvolle, relevante Vergleichsparameter bezogen sein und eine nachträgliche Änderung der Erfolgsziele oder der Vergleichsparameter ausgeschlossen. Für außerordentliche Entwicklungen hat der Aufsichtsrat zudem eine Begrenzungsmöglichkeit zu vereinbaren.

[142] Vgl. jedoch *Jung/Wachtler* AG 2001, 518 mwN; BFH DStR 1994, 699; FM Saarland 9.5.1994 – B/V – 376/94 – S 3263, DStR 1994, 861; FM NRW 19.7.1990, 3263 – 54 – V A 4, DStR 1990, 531. Sämtliche Textstellen beschäftigen sich allerdings mit der Ableitung des Werts einer nichtnotierten Aktiengattung vom Börsenkurs einer notierten anderen Aktiengattung.

[143] Zum Börsengang werden die Vorzugsaktien in Stammaktien umgewandelt. Der Wert einer Vorzugsaktie entspricht zu diesem Zeitpunkt demjenigen einer Stammaktie.

[144] Nicht gemeint ist hier das „unechte" *Repricing*, dh die Rücknahme von Aktienoptionen gegen Neuausgabe mit niedrigerem Basispreis. Zur begrifflichen Unterscheidung auch in den USA, vgl. *Ackermann/Suchan* BB 2002, 1498 (Fn. 11).

[145] Vgl. § 193 Abs. 2 Nr. 3 (bedingte Kapitalerhöhung); § 182 Abs. 3 (ordentliche Kapitalerhöhung); Ausnahmen sind das genehmigte Kapital, § 204 Abs. 1 S. 1 sowie der Ermächtigungsbeschluss zum Erwerb eigener Aktien nach § 71 Abs. 1 Nr. 8 S. 5 aE iVm § 193 Abs. 2 Nr. 3. Zu letztem, vgl. *Ackermann/Suchan* BB 2002, 1499.

[146] Vgl. GroßkommAktG/*Frey* § 193 Rn. 46; MüKoAktG/*Fuchs* § 192 Rn. 73.

liche Beschluss.¹⁴⁷ Zusätzlich ist § 192 Abs. 4 AktG zu beachten, wonach die Durchsetzung des Bezugsrechts durch einen nachfolgenden Beschluss nicht erschwert werden darf.¹⁴⁸ Eine Neufestlegung des Basispreises wäre daher ohne Beachtung der genannten Voraussetzungen grundsätzlich unzulässig. Die Hauptversammlung muss jedoch keinen bezifferten Ausübungspreis festsetzen, ausreichend ist ein Beschluss, der Grundlagen zur Ermittlung des Ausübungspreises enthält (§ 193 Abs. 2 Nr. 3 Alt. 2 AktG). Letzterenfalls können Ausübungspreisregelungen getroffen werden, die eine flexiblere Reaktion auf die allgemeine Börsenentwicklung ermöglichen.¹⁴⁹ Unter strengen Anforderungen kann die Hauptversammlung auch den Aufsichtsrat ermächtigen, ein *Repricing* nach eigenem Ermessen durchzuführen.¹⁵⁰

61 Die Neufestlegung führt nicht zu einer Neuausgabe der Aktienoption zu ansonsten gleichen Bedingungen, so dass auch keine neue Mindestwartefrist zu laufen beginnt.¹⁵¹ Hierfür spricht, dass es sich bei den Angaben des § 193 Abs. 2 Nr. 4 AktG um zur Disposition der Hauptversammlung stehende Eckdaten handelt, deren nachträgliche Änderung die Hauptversammlung unter Beachtung des § 192 Abs. 4 AktG beschließen kann. Nimmt die Verwaltung ein *Repricing* pflichtwidrig, dh ohne einen entsprechenden Änderungsbeschluss der Hauptversammlung vor, wäre dies gegenüber dem Optionsinhaber grundsätzlich dennoch wirksam.¹⁵² Die Verwaltung dürfte die Aktien aber nicht zu einem anderen Ausgabepreis ausgeben, als er durch die Hauptversammlung festgelegt wurde. Insofern bestünde ein Schadenersatzanspruch der Gesellschaft gegenüber dem pflichtwidrig handelnden Organ. Der Optionsinhaber hat andererseits einen Schadenersatzanspruch gegen die Gesellschaft, sofern mit ihm ein *Repricing* vereinbart war, ihm aber die Aktien nicht zum verminderten Ausgabepreis gewährt werden.

62 Bevor man ein *Repricing* in Erwägung zieht, sollten die wirtschaftlichen Gründe¹⁵³ hierfür genau analysiert werden. **Wirtschaftlich** ist kritisch zu hinterfragen, ob die Inhaber von Aktienoptionen durch eine Ermäßigung des Basispreises belohnt werden sollen. Dies ließe sich vor den Aktionären und in Hinsicht auf das Shareholder-Value-Prinzip kaum rechtfertigen, wenn der Kursverfall gerade durch die vom *Repricing* begünstigten Optionsinhaber (mit-) verursacht wurde. Anders zu beurteilen ist die Lage ggf. bei Optionsinhabern, die durch ihre Arbeitsleistung in der Regel keinen (unmittelbaren) Einfluss auf die Kursentwicklung haben. Andererseits kann ein *Repricing* für das Unternehmen zum wirtschaftlichen Zwang werden, wenn es wichtige Spezialisten im Unternehmen halten will. Ungerechtfertigte Begünstigungen der Geschäftsleitung sind in jedem Fall zu vermeiden.¹⁵⁴

63 Der **Deutsche Corporate Governance Kodex** empfiehlt unter Ziff. 4.2.3, dass nachträgliche Änderungen der Erfolgsziele oder der Vergleichsparameter ausgeschlossen sein sollen. Streng genommen erfasst der Wortlaut nicht die hier besprochene Anpassung des Basispreises, so dass eine in der Entsprechenserklärung gemäß § 161 AktG offen zu legende Abweichung vom Kodex nicht vorliegt. Diese Sichtweise entspricht allerdings nicht dem in Ziff. 4.2.3 DCGK zum Ausdruck gebrachten Gedanken.

64 Zusätzlich zum Basispreis bzw. den Grundlagen, nach denen dieser Betrag berechnet wird, ist das Bezugsverhältnis anzugeben, dh wie viele Aktien mit einer Aktienoption bezogen werden können.¹⁵⁵ Häufig sehen die Aktienoptionsbedingungen in Anlehnung an die Praxis bei Wandel- oder Optionsanleihen eine Klausel über die **Anpassung des Basispreises**

---

¹⁴⁷ Vgl. GroßkommAktG/*Frey* § 193 Rn. 46.
¹⁴⁸ Vgl. Hüffer/Koch/*Koch* AktG § 192 Rn. 27.
¹⁴⁹ MüKoAktG/*Spindler* § 87 Rn. 55.
¹⁵⁰ *Ringleb/Kremer/Lutter/v. Werder* Rn. 749; kritisch *Thüsing* in: Fleischer Handbuch Vorstandsrecht § 6 Rn. 71 ff.; allg. MüKoAktG/*Spindler* § 87 Rn. 55.
¹⁵¹ Vgl. *von Einem/Pajunk*, Zivil- und gesellschaftsrechtliche Anforderungen, 104.
¹⁵² Vom Sonderfall des Missbrauchs der Vertretungsmacht abgesehen, vgl. *Ackermann/Suchan* BB 2002, 1499.
¹⁵³ Vgl. hierzu *von Einem/Pajunk*, Zivil- und gesellschaftsrechtliche Anforderungen, 104.
¹⁵⁴ Unter Verweis auf die Corporate Governance Grundsätze und die Baums-Kommission, vgl. *Peltzer* NZG 2002, 16. Zum German Code of Corporate Governance (GCCG) des Berliner Initiativkreises vom 6.6.2000, vgl. www.ecgi.org.
¹⁵⁵ Vgl. Hüffer/Koch/*Koch* AktG § 193 Rn. 6 mwN.

oder alternativ des Bezugsverhältnisses vor, wenn bei späteren Kapitalmaßnahmen oder der Ausgabe von weiteren Bezugsrechten Aktionäre neue Aktien beziehen können.[156] Denn außer in den gesetzlich vorgeschriebenen Fällen[157] ist der Optionsinhaber nicht gegen einen Eingriff in den wirtschaftlichen Wert seines Bezugsrechts geschützt. Nach allgemeiner Auffassung ist die Gesellschaft jedoch unter entsprechender Anwendung des § 216 Abs. 3 AktG grundsätzlich zur Anpassung verpflichtet.[158]

> **Praxistipp:**
> Die Optionsbedingungen sollten übliche Anpassungsklauseln aufnehmen oder eine Anpassung ausdrücklich ausschließen. Letzteres ist auf Grund der geltenden Vertragsfreiheit möglich. Anpassungsklauseln müssen bereits im Hauptversammlungsbeschluss festgelegt werden, da sie den Basispreis betreffen.[159] Im Hinblick auf eine mögliche Kapitalherabsetzung ist zudem darauf zu achten, dass sich das Bezugsverhältnis entsprechend verringert, da ansonsten der Optionsinhaber durch Ausübung der Optionen bei unverändertem Bezugsverhältnis überproportional am Grundkapital beteiligt sein würde. Zusätzlich sollte in den Optionsbedingungen bereits die Zustimmung des Optionsinhabers enthalten sein, dass die Gesellschaft ein zur Bedienung der Optionen geschaffenes, bedingtes Kapital im gleichen Verhältnis wie die Kapitalherabsetzung reduzieren kann. Wegen § 192 Abs. 4 AktG könnte die Herabsetzung des bedingten Kapitals ohne diese Vorkehrungen in den Optionsbedingungen nicht ohne die Zustimmung aller Optionsinhaber durchgeführt werden. Die parallele Herabsetzung des bedingten Kapitals kann auch deshalb wichtig sein, weil bei unverändert hohem bedingten Kapital wegen der Prozentgrenzen des § 192 Abs. 3 AktG Maßnahmen zur Schaffung neuer bedingter Kapitalia (zB für Finanzierungszwecke) verhindert werden könnten.

ee) Erfolgsziele. Im Beschluss über die bedingte Kapitalerhöhung sind Erfolgsziele anzugeben. Diese bestimmen, welche Ziele erfüllt sein müssen, damit die Optionen nach Sperrfristablauf ausgeübt werden können. Das Erfolgsziel soll zu einem erhöhten Erfolgsanreiz führen, da die Aktienoption sinnvollerweise nur ausgeübt werden kann, wenn das Unternehmen bzw. das Management eine nicht unerhebliche Kurssteigerung bewirkt hat. Eine genaue Definition der Erfolgsziele enthalten weder das Gesetz noch die Gesetzesbegründung, so dass bei der Festlegung von einem **weiten Gestaltungsspielraum der Hauptversammlung** ausgegangen werden kann. Nicht abschließend geklärt ist, ob es sich bei dem Erfolgsziel um eine oder mehrere aufschiebende **Bedingungen** handelt (enge Auffassung) oder dieser tatsächlich auch einen (wirtschaftlichen) Erfolg verkörpern muss, der einen angemessenen Verwässerungsausgleich sicherstellt.[160] 65

Aufgrund des weitgehenden Ermessens der Hauptversammlung bei der Festlegung eines Erfolgsziels sind sowohl **externe** als auch **interne** Vergleichswerte zulässig. Es besteht ein unternehmerisches Ermessen, das der richterlichen Kontrolle entzogen ist und auch ein „negatives" Erfolgsziel umfasst.[161] Auch eine Kombination verschiedener Werte ist möglich.[162] In der Praxis kommen relative und absolute Erfolgsziele vor.[163] **Relative Er-** 66

---

[156] Zum wirtschaftlichen Schutz der Bezugsrechte vor Verwässerung, vgl. KölnKommAktG/*Lutter* § 221 Rn. 121 ff.
[157] Vgl. §§ 216, 218 AktG.
[158] Vgl. KölnKommAktG/*Lutter* § 221 Rn. 124 mwN, für Formulierungsbeispiele, vgl. dort unter Rn. 131 f.
[159] Anpassungsklauseln gehören nicht zu den „freiwilligen" Festsetzungen, insofern missverständlich GroßkommAktG/*Frey* § 193 Rn. 76.
[160] Vgl. *Feddersen/Pohl* AG 2001, 26 (31); *Sauter/Babel* in: Kessler/Sauter, Stock Options, Rn. 46 ff.
[161] So ausdrücklich OLG Koblenz NZG 2003, 183 (negatives Erfolgsziel); zum Ermessensspielraum vgl. auch bereits OLG Stuttgart ZIP 1998, 1482 (1488) – Wenger/Daimler Benz; *Weiß* WM 1999, 353 (358); zweifelnd Hüffer/Koch/*Koch* AktG § 193 Rn. 9.
[162] ZB 50 % der Aktienoptionen sind ausübbar bei Erreichen eines absoluten Kursziels und der Rest, wenn ein Branchenindex outperformed wurde. Vgl. auch *Kallmeyer* AG 1999, 98; Münch-KommAktG/*Fuchs* § 193 Rn. 23 ff.

folgsziele liegen ua vor, wenn die Performance des Unternehmens im Verhältnis zu unternehmensexternen Vergleichswerten (Benchmark) gemessen wird. Über unternehmensexterne Indexierungen sollen nur solche Wertsteigerungen der Aktien honoriert werden, die über die allgemeine konjunkturelle Steigerung gemäß dem Aktienindex bzw. Branchenindex hinaus gehen.[164] Bei **absoluten Erfolgszielen**[165] wird eine Performancesteigerung allein anhand (die Emittentin ggf. betreffender) Werte festgestellt.[166] Der Begriff Erfolgsziel ermöglicht alternativ zur Anlehnung an die eigene Börsenkursentwicklung oder das Schlagen eines Aktienindex, an andere unternehmensinterne Maßstäbe anzuknüpfen,[167] wie beispielsweise eine jährliche prozentuale Steigerung des DVFA/SG-Ergebnisses,[168] der Eigenkapitalrendite sowie Gewinn-[169] und Umsatzsteigerungen.[170] In der Praxis werden häufig auch externe Erfolgsziele mit internen Kennzahlen kombiniert. Ein von der Hauptversammlung festgelegtes Erfolgsziel kann gerichtlich nicht daraufhin überprüft werden, ob es geeignet ist. Vielmehr kann das Gericht nur nachprüfen, ob das, was die Hauptversammlung als Erfolgsziel festgelegt hat, unter den gesetzlichen Begriff eingeordnet werden kann.[171]

67   Bei der Festlegung des Erfolgsziels spielt die individuelle Situation der Gesellschaft eine bedeutende Rolle. Relative Erfolgsziele sind zu bevorzugen, da zum einen sog **windfall profits**[172] bei einem allgemeinen Kursaufschwung an der Börse trotz relativer Unterperformance des Aktienkurses der Emittentin im Verhältnis zu einem Index vermieden werden. Zum anderen bleibt das Erreichen des relativen Erfolgsziels in Zeiten eines Kursverfalls auch bei relativer Outperformance des Aktienkurses der Emittentin im Vergleich zu allgemeinen Marktverlusten möglich. Unter anderem aus den genannten Gründen empfiehlt der Deutsche Corporate Governance Kodex relative Erfolgsziele sowie eine Anknüpfung an die Entwicklung des Unternehmens und eine Ausrichtung auf eine nachhaltige Unternehmensstruktur.[173] Abweichungen vom Kodex, insbesondere nachträgliche Änderungen der Erfolgsziele oder Vergleichsparameter, müssen gemäß § 161 AktG jährlich offengelegt werden.[174] Gem. Ziff. 4.2.3 Abs. 2 DCGK soll eine nachträgliche Änderung der Erfolgsziele (oder der Vergleichsparameter) ausgeschlossen sein. Bei der Gestaltung der Erfolgsziele ist zudem darauf zu achten, dass diese „anspruchsvoll" sind. Dies dürfte sich auch nach den individuellen Verhältnissen des Unternehmens und der Branche sowie letztlich der gesamtwirtschaftlichen Situation richten.[175]

---

[163] Vgl. *Feddersen/Pohl* AG 2001, 31.
[164] *Schrader,* Arbeitsrechtliches Formular- und Verfahrenshandbuch, 2008, § 20, Fn. 57.
[165] Eine Anknüpfung an ein absolutes Kursziel (Aktienkurs oder Gewinn) wählten: Hoechst, Germania-Epe, Fresenius sowie Fresenius Medical Care, Sachsenring, BAV, HBAG, plenum und Hyde. Eine relatives Kursziel bevorzugten: bit by bit Software, Microbiologica, SAI Automotive, Vossloh, RWE, Hornblower Fisher (vgl. auch die Nachweise bei *Weiß* WM 1999, 353 (358) in Fn. 49, 67, 68; jeweils eigene Vergleichsindizes aus den größten Wettbewerbern haben die Lufthansa AG sowie die Advanced Medien AG (Neuer Markt) gebildet, was aus Sicht der Deutsche Schutzvereinigung für Wertpapierbesitz gelobt wird, vgl. *Seibert* S. 31, 44. Vgl. auch das Benchmarking im „Long Term Incentive Plan der SAP AG 2000", abgedruckt im BAnz. 1999 Nr. 233, S. 780.
[166] Ausdrücklich zulässig, vgl. OLG Stuttgart ZIP 1998, 1482 (1488) – Wenger/Daimler Benz.
[167] Vgl. *Hüffer/Koch/Koch* AktG § 193 Rn. 9; *Seibert* S. 31, 45.
[168] Zum DVFA-Standard, vgl. www.dvfa.de.
[169] Für die Zulässigkeit von Gewinnhürden spricht, dass der Begriff „Kursziel" durch den allgemeinen Begriff „Erfolgsziel" ersetzt wurde, vgl. BT-Drs. 13/10038, 9, 26.
[170] Vgl. LG München I ZIP 2001, 287 (288); *Kohler* ZHR 161, 246 (260).
[171] So LG München I ZIP 2001, 287, im Ergebnis wohl auch OLG Stuttgart, das betont, dass das Gesetz dem Unternehmen bei der Auswahl der geeigneten Erfolgsparameter weitgehende Freiheit lässt, AG 2001, 541 – Wenger/Daimler Benz; s. auch MüKoAktG/*Fuchs* § 193 Rn. 27.
[172] Vgl. die Gesetzesbegründung, *Ernst/Seibert/Stuckert* S. 80.
[173] Vgl. Ziff. 4.2.3 DCGK, abrufbar unter www.corporate-governance-code.de.
[174] Vgl. Ziff. 4.2.3 DCGK; zur sog Entsprechens-Erklärung (§ 161 AktG), vgl. *Seibt* AG 2002, 249; das „Gesetz zur weiteren Reform des Aktien- und Bilanzrechts zu Transparenz und Publizität" (Transparenz- und Publizitätsgesetz = TransPuG) ist abrufbar unter www.bmj.de, vgl. hierzu auch *Pfitzer/Oser/Orth* DB 2002, 157; *Niehus* DB 2002, 53; MüKoAktG/*Spindler* § 87 Rn. 47 ff.
[175] *Müller* AG 2009, R 352.

Praxistipp:
Bei der Wahl und Festlegung des „richtigen" Erfolgsziels sollte sorgfältig auf den Ausgleich zwischen den Interessen der Anteilseigner und der Begünstigten eines Mitarbeiterbeteiligungsprogramms geachtet werden. Die Aktionäre haben ein Interesse daran, dass ihre durch die Aktienausgabe eintretende Verwässerung durch eine möglichst hohe Unternehmenswertsteigerung kompensiert wird. Die Optionsinhaber sind naturgemäß an niedrigen Erfolgszielen interessiert, da sie ggf. Gefahr laufen, ihre Optionen nicht ausüben zu können. Für den Begünstigten wirtschaftlich wertlose, weil nicht ausübbare Optionen erfüllen aber für das Unternehmen und dessen Aktionäre gerade nicht den Zweck nach Mitarbeitermotivation und Mitarbeiterbindung. Eine hohe Fluktuation von Führungskräften wäre eine mögliche Folge, was sich insbesondere bei Unternehmen, die auf das Spezialwissen ihrer Mitarbeiter angewiesen sind, zumindest mittelbar negativ auf die Performance und den Wert des Unternehmens auswirken kann. Die Festlegung zu ehrgeiziger Erfolgsziele kann zum Gegenteil dessen führen, was mit der Mitarbeiterbeteiligung bezweckt werden sollte.[176] Die Outperformance zB des DAX-Index ist aus vielerlei Hinsicht ein ehrgeiziges Ziel. Einerseits wurde die Zusammensetzung des Index häufig geändert, indem man erfolgreichere und idR höher kapitalisierte Titel aufnahm, so dass der Index nicht das reale Bild der Börsenentwicklung abgibt. Andererseits kann ein Index durch einige wenige Index-Schwergewichte oder von der realwirtschaftlichen Situation abgekoppelte Sonderereignisse[177] überproportional beeinflusst werden. Insofern kann es sich anbieten, für die unterschiedlichen Kreise von Bezugsberechtigten verschiedene Erfolgsziele zu vereinbaren,[178] da zB Arbeitnehmer der Emittentin in der Regel keinen und Geschäftsführungsmitglieder von verbundenen Unternehmen zumindest keinen unmittelbaren Einfluss auf die Steigerung des Unternehmenswerts der Emittentin haben.

Eine besondere Ausprägung eines Erfolgsziels stellt das sog **Premiummodell**[179] dar, das entwickelt wurde, um nachteilige Folgen für nach US-GAAP bilanzierende Unternehmen zu vermeiden.[180] Anstelle eines als Ausübungshürde definierten Erfolgsziels, wird ein über dem tatsächlichen Aktienwert im Zeitpunkt der Optionsgewährung liegender Bezugspreis vereinbart, der sich aus dem Verkehrswert der Aktie (Basispreis) und einem (prozentualen) Preisaufschlag (Premium) zusammensetzt. Die Ausübung der Option gegen Zahlung des Basispreises zzgl. Premium ist beim Premiummodell nach Ablauf der gesetzlichen Mindestwartefrist rechtlich grundsätzlich jederzeit möglich, auch ohne dass der Wert der Aktie im Ausübungszeitpunkt den Bezugspreis erreicht. Insofern besteht weder eine dingliche noch eine schuldrechtliche Ausübungsbeschränkung.[181] Vielmehr kann und darf der Optionsinhaber jederzeit ausüben, er wird es jedoch erst dann tun, wenn der erzielbare Marktwert der Aktie seinen Anschaffungspreis (Basispreis zzgl. Premium) übersteigt. Die Zulässigkeit **wirtschaftlicher Erfolgsziele** dürfte nicht ernstlich in Zweifel stehen,[182] allerdings sieht sich das Premiummodell der gleichen Kritik ausgesetzt, wie sie zu absoluten Kurszielen laut wurde, da die Anknüpfung an den eigenen Aktienkurs windfall profits zulässt.[183] Aus Shareholder Value-Gesichtspunkten problematisch ist die Festlegung eines einmaligen Premiums von nur 20 %

68

---

[176] Dann bliebe nur noch die Flucht in das unter → Rn. 61 ff. besprochene *Repricing*.
[177] Beispiel: Extreme Kursentwicklung der börsennotierten Aktien der Volkswagen AG in 2008/2009 aufgrund bestimmter Optionsverhältnisse und Spekulationskonstellationen.
[178] So ansatzweise die Gesetzesbegründung, vgl. *Ernst/Seibert/Stuckert* S. 80; vgl. hierzu auch *Seibert* (1998), 31, 42; *Baums*, 26, 35; *Kallmeyer* AG 1999, 97 (102).
[179] Vgl. zuletzt *von Einem/Götze* AG 2002, 72; *Kunzi/Hasbargen/Kahre* DB 2000, 286.
[180] Vgl. *Hasbargen/Stanske* BB 2004, 1153 (1157).
[181] Zu den unterschiedlichen rechtlichen Ausgestaltungsmöglichkeiten von Ausübungshürden, vgl. GroßkommAktG/*Frey* § 193 Rn. 62; *von Einem/Götze* AG 2002, 73.
[182] Vgl. OLG Stuttgart AG 2001, 540; Vorinstanz LG Stuttgart DB 2000, 2110 (2112) – Wenger/Daimler Benz, jedoch ohne nähere Auseinandersetzung; *von Einem/Pajunk*, Zivil- und gesellschaftsrechtliche Anforderungen, S. 108; *von Einem/Götze* AG 2002, 73 mwN.
[183] Dies war Hintergrund der in zwei Instanzen abgewiesenen Anfechtungsklage gegen das Aktienoptionsprogramm der DaimlerChrysler AG, OLG Stuttgart AG 2001, 540; Vorinstanz LG Stuttgart DB 2000, 2110 (2112) – Wenger/Daimler Benz; *von Einem/Pajunk*, Zivil- und gesellschaftsrechtliche Anforderungen, S. 108.

bei einer Optionslaufzeit von 10 Jahren.[184] Die ggf. sinnvolle Festlegung jährlicher Erhöhungen des zu zahlenden Premiums würde jedoch nicht mehr zu der mit dem Premiummodell bezweckten Vermeidung der bei einer Konzernrechnungslegung nach US-GAAP auftretenden bilanziellen Nachteile führen. Zusätzlich hat das Premiummodell im Vergleich zu einem als Ausübungshürde ausgestalteten Erfolgsziel für die Optionsinhaber den Nachteil, dass es erst von einer über das wirtschaftliche Erfolgsziel hinausgehenden Aktienkurssteigerung profitiert, wenn die Zahlung des Premiums nicht als Bonuszahlung kompensiert wird.[185]

69 *ff) Erwerbs- und Ausübungszeiträume.* Die Hauptversammlung muss einerseits Zeiträume vorgeben, in denen Aktienoptionen durch Abschluss eines Vertrages zwischen der Emittentin und dem Bezugsberechtigten begründet werden können (sog **Erwerbszeiträume** oder **Ausgabefenster**).[186] Andererseits muss sie sog Zeitfenster festlegen, in denen die Ausübung möglich sein soll, wann also der Optionsinhaber die Optionen in Aktien tauschen kann (sog **Ausübungs-Zeiträume**). Eine Ausgabe von Aktienoptionen in mehreren Tranchen über mehrere Jahre hinweg ist möglich.[187] Die Hauptversammlung sollte zumindest die maximale Laufzeit der Option[188] angeben, da sich diese nicht zwingend aus der Zusammenschau von Erwerbs- und Ausübungszeiträumen im hier beschriebenen Sinne ergeben muss.[189]

70 Aus Sicht der Vergütungsorgane und der Begünstigten sollten die Zeitfenster für die Begründung und Ausübung von Aktienoptionen möglichst zahlreich und lang bemessen sein. Die Vergütungsorgane sind dadurch flexibel, zB einem neu zu gewinnenden Manager ohne zeitliche Verzögerung Optionen zu gewähren, die typischerweise einen dem aktuellen Aktienkurs entsprechenden Basispreis haben. Hinsichtlich der Ausübung wäre es demotivierend, wenn der Optionsinhaber bei einem guten Aktienkurs nicht ausüben und die Bezugsaktie nicht verkaufen könnte, weil er ungebührlich lange bis zum nächsten Zeitfenster warten muss. Bei hoher Aktienkursvolatilität, wie häufig bei Wachstumsunternehmen, sollte hierauf zugunsten der Optionsinhaber geachtet werden. Allerdings ist bei der Festlegung der Zeiträume dem gesetzgeberischen Willen nach einer Vermeidung von Insiderverstößen Rechnung zu tragen. Durch die Festlegung von Erwerbszeiträumen auf einen Zeitraum hoher Kapitalmarktinformation soll weitgehend vermieden werden, dass das Vergütungsorgan zulasten der Aktionäre bewusst einen Moment der Kursschwäche zur Ausgabe von Aktienoptionen mit entsprechend niedrigen Basispreisen ausnutzt.[190] Ob die bisherige hM zu §§ 12, 14 WpHG aF, wonach Aktienoptionen nicht von dem Verbot des Insiderhandels erfasst sind, da sie wegen fehlender Handelbarkeit an der Börse nicht als Insiderpapiere iSv § 12 WpHG aF zu verstehen sind, mit der MMVO[191] aufrechterhalten werden kann, ist zu bezweifeln.[192] Jedenfalls verhindert die in der Praxis häufig vorgesehene Berechnung des Basispreises anhand von mehreren Börsenhandelstagen vor der Optionseinräumung die von niedrigen Basispreisen ausgehende Verwässerungsgefahr der Aktionäre. Umgekehrt sollte auch der Begünstigte keinen Einfluss auf die Höhe des Basispreises dadurch erlangen, dass er innerhalb eines Erwerbszeitraums den Zeitpunkt der Begründung der Optionen durch Annahme des Optionsvertrags frei wählen kann.[193] Insofern bietet sich an, den Basispreis für alle Optionsangebote, die innerhalb eines Erwerbszeitraums angenommen werden können, in allen Zeichnungsangeboten einheitlich anzugeben und wie folgt zu formulieren:

---

[184] So im Fall des Mitarbeiterbeteiligungsprogramms der DaimlerChrysler AG. Zur Kritik, vgl. *von Einem/Pajunk*, Zivil- und gesellschaftsrechtliche Anforderungen, S. 108.
[185] So im Fall des Mitarbeiterbeteiligungsprogramms der DaimlerChrysler AG aus dem Jahr 2000.
[186] Vgl. GroßkommAktG/*Frey* § 193 Rn. 69; Hüffer/Koch/*Koch* AktG § 193 Rn. 9.
[187] Vgl. GroßkommAktG/*Frey* § 193 Rn. 69; MüKoAktG/*Fuchs* § 193 Rn. 28; *Weiß* S. 216.
[188] Die Laufzeit bestimmt maßgebend den Optionswert, vgl. *Knoll* ZIP 1998, 413.
[189] Insoweit missverständlich GroßkommAktG/*Frey* § 193 Rn. 69.
[190] Vgl. *von Einem/Pajunk*, Zivil- und gesellschaftsrechtliche Anforderungen, 109; *Weiß* S. 216.
[191] EU-Marktmissbrauchsverordnung (VO Nr. 596/ 2014 des Europäischen Parlaments und des Rates).
[192] Vgl. hierzu *Strenzel* DStR 2017, 883 (885).
[193] Vgl. GroßkommAktG/*Frey* § 193 Rn. 69; *Weiß* WM 1999, 358.

Formulierungsvorschlag:
„Als Ausgabetag der Aktienoption gilt der Tag des Zeichnungsangebots, sofern die Gläubiger dieses innerhalb des in dem Angebot angegebenen Erwerbszeitraums angenommen haben."

Die Zeichnungsfrist sollte dabei in Anlehnung an § 186 Abs. 1 S. 2 AktG mindestens zwei Wochen betragen. Die Ausübung der Aktienoption kann ebenfalls keinen Insiderverstoß darstellen,[194] so dass das Erfordernis der Festlegung von Ausübungszeiträumen als eine übertriebene Missbrauchsvorsorge bezeichnet werden muss. Diese erkennbar auf börsennotierte Gesellschaften zugeschnittenen Vorgaben verfehlen bei nichtbörsennotierten Unternehmen gänzlich ihren gesetzgeberischen Zweck, was eine relativ freie Wahl der Erwerbs- und Ausübungszeiträume zumindest im vorbörslichen Bereich zulässt.[195]

Darüber hinaus ist es üblich, bestimmte Zeiträume festzulegen, in denen eine Ausübung überhaupt nicht möglich sein soll, um bestimmte Abläufe wie Hauptversammlungen oder Kapitalerhöhungen nicht durch die Ausgabe von Bezugsaktien zu stören.

Formulierungsvorschlag:
„Die Ausübung der Aktienoptionen ist ausgeschlossen in dem Zeitraum ab dem letzten Hinterlegungstag für die Aktien vor Hauptversammlungen der Emittentin bis zum dritten Börsenhandelstag nach der jeweiligen Hauptversammlung und von dem Tag an, an dem die Emittentin ein Angebot zum Bezug von neuen Aktien oder Teilschuldverschreibungen mit Wandel- oder Optionsrechten durch Anschreiben an alle Aktionäre oder durch Veröffentlichung in einem Gesellschaftsblatt der Gesellschaft bekannt gibt, bis zu dem Tag, an dem die bezugsberechtigten Aktien von der Emittentin an der Wertpapierbörse erstmals „ex Bezugsrecht" notiert werden."

Einen ähnlichen Hintergrund können **Haltefristen** haben, die ab der Ausgabe der Bezugsaktie zu laufen beginnen und innerhalb derer der Begünstigte diese nicht verkaufen darf. Haltefristen können in Optionsbedingungen vereinbart werden, zB um Lock-up Fristen im Anschluss an einen Börsengang zu gewährleisten. Sie können aber auf Grund der steuerlichen Behandlung zu erheblichen Risiken führen, da sie dem Bezugsberechtigten die Möglichkeit nehmen, im Falle eines Kursverfalls rechtzeitig die bezogenen Aktien zu veräußern.

Unabhängig von der auf Grund der gesetzlichen Unschärfe gebotenen Kritik[196] an dem Erfordernis der Festlegung von Erwerbs- und Ausübungszeiträumen sollte eine Festlegung bereits zur Erleichterung der administrativen Abwicklung erfolgen. Letztlich kommt man auch wegen des klaren Wortlauts des § 193 Abs. 2 Nr. 4 AktG nicht um eine Festlegung herum. Eine kalendermäßige Festlegung ist allerdings nicht erforderlich.[197] Vielmehr erscheint es sinnvoll, einen mehrere Börsenhandels- oder Kalendertage betragenden Zeitraum im Anschluss an zB die Veröffentlichung von Quartalszahlen oder die Bilanzpressekonferenz zu bestimmen, in Zeiten also, in denen die übrigen Marktteilnehmer aktuelle Unternehmenskennzahlen haben.[198] Es hat sich auf Grund der für den Prime Standard der Frankfurter Wertpapierbörse[199] geforderten Pflicht zur Quartalsberichterstattung[200] eingebürgert, vier meist 3-wöchige Ausübungszeiträume festzulegen. Für die Optionsinhaber unbefriedigend ist es jedoch, wenn die Emittentin ihrer Publizitätspflicht nicht oder nur mit erheblicher Verspätung nachkommt und der Beginn des Ausübungszeitraums an die Veröffent-

---

[194] So bereits die Stellungnahme des Bundesaufsichtsamts für den Wertpapierhandel (BAWe), Schreiben vom 1.10.1997; vgl. auch *Casper* WM 1999, 363 (364); *Schaefer* NZG 1999, 534.
[195] So auch GroßkommAktG/*Frey* § 193 Rn. 72.
[196] Vgl. *von Einem/Pajunk*, Zivil- und gesellschaftsrechtliche Anforderungen, 109.
[197] Vgl. GroßkommAktG/*Frey* § 193 Rn. 69.
[198] Vgl. die Gesetzesbegründung, *Ernst/Seibert/Stuckert*, 80.
[199] Zur Aktienmarktneusegmentierung durch die am 1.1.2003 in Kraft getretenen Änderungen der Börsenordnung der Frankfurter Wertpapierbörse (BörsO FWB), vgl. www.deutsche-boerse.de.
[200] Vgl. § 63 Abs. 1 BörsO FWB.

lichung geknüpft ist. Hier sollte – da weder gesellschaftsrechtlich noch insiderrechtlich zwingende Vorgaben existieren – das Zeitfenster spätestens am Ende der für die Gesellschaft für den jeweiligen Berichtszeitraum geltenden Veröffentlichungsfrist[201] beginnen. Ist die Gesellschaft nicht börsennotiert, kann der Beginn der Zeitfenster zB an das jeweilige Kalenderquartal geknüpft werden.

77   gg) *Wartefrist.* Ein weiterer von der Hauptversammlung[202] festzulegender Eckpunkt ist die 4-jährige Mindestwartefrist zwischen Optionseinräumung und Optionsausübung. Das VorstAG hat die Haltefrist für Aktienoptionen von zwei auf vier Jahre verlängert (§ 193 Abs. 2 Nr. 4 AktG). Das individuelle Aktienoptionsprogramm kann lediglich eine längere, nicht mehr aber eine kürzere Haltedauer der Option vorsehen. Damit soll die Anreizwirkung der Option sichergestellt werden, sowie eine an langfristiger Wertsteigerung orientierte Unternehmensstrategie und eine langfristige Verhaltenssteuerung gefördert werden. Die Emittentin kann eine längerfristige Bindung der Mitarbeiter zusätzlich dadurch erreichen, dass sie Optionen in Tranchen über mehrere Jahre an dieselben Begünstigten ausgibt. Da in der Gesetzbegründung ausgeführt wird, dass die (neue) Vier-Jahresfrist eine „Auslegungshilfe für die Formulierung langfristiger Verhaltenanreize i. S. des § 87 Abs. 1 AktG" sei, ist umstritten, ob der Anwendungsbereich des § 193 Abs. 2 Nr. 4 AktG (Wartefrist) über seinen Regelungsstandort hinaus beispielsweise auch bei der Gestaltung virtueller Phantom Stock-Programme zu berücksichtigen ist.[203]

78   Weder der Gesetzeswortlaut noch die Gesetzesbegründung enthalten Aussagen dazu, welche Rechtsfolgen eintreten, wenn ein Optionsinhaber – aus welchem Grund auch immer – vor Ablauf der Wartefrist das Unternehmen verlässt. Eine Kündigung oder ein Verfall der Option in diesen Fällen ist daher nicht zwingend vorgeschrieben, hat sich aber in der Praxis zur wirkungsvollen Mitarbeiterbindung eingebürgert und entspricht der Intention des Gesetzgebers. Optionsbedingungen sehen daher **Kündigungs- und Verfallklauseln** für den Fall des Ausscheidens des Optionsinhabers vor Ablauf der Wartefrist vor.[204]

79   Nimmt man den gesetzlichen Begriff der Wartefrist wörtlich, so hätte die Hauptversammlung lediglich die Wartefrist, dh den Zeitpunkt der frühesten Ausübungsmöglichkeit festzulegen. Enthalten die Optionsbedingungen keine darüber hinausgehenden Kündigungs- oder Verfallklauseln, wird eine Mitarbeiterbindung nicht erreicht, da eine Beendigung des Anstellungsverhältnisses mit dem Begünstigten vor Ablauf der Wartefrist nicht automatisch den Verfall des Optionsrechts bewirkt. Im Ergebnis könnte der Optionsinhaber ggf. noch in der Probezeit aus dem Unternehmen ausscheiden, ohne die Optionen zu verlieren. Er müsste lediglich ab der Optionsgewährung vier Jahre bis zur ersten Ausübungsmöglichkeit warten. Das Gesetz schweigt auch dazu, ob eine Option übertragbar ist.[205] Ohne entgegenstehende Regelung in den Optionsbedingungen ist ein Bezugsrecht und damit eine Aktienoption nach allgemeinen Rechtsgrundsätzen jedoch übertragbar.[206] Zwar geht die Gesetzesbegründung ohne weiteres von der Unübertragbarkeit der Option aus.[207] Für eine Auslegung des Gesetzeswortlauts dahingehend, dass Aktienoptionen per se nicht übertragbar sind, fehlt aber jeglicher Anhaltspunkt. Die zwingende Unübertragbarkeit kann weder aus der Gesetzesbegründung hergeleitet werden,[208] noch wird sie von der Rechtsprechung angenommen.[209]

---

[201] Die Frist ergibt sich aus dem Börsengesetz bzw. der Börsenzulassungsverordnung.
[202] § 193 Abs. 2 Nr. 4 AktG idF der VorstAG.
[203] Vgl. *Müller* AG 2009, R 352.
[204] Vgl. zu Kündigungs- und Verfallklauseln im Einzelnen → Rn. 113.
[205] Die Unübertragbarkeit leiten einige Autoren allerdings aus dem Normzweck her, vgl. MüKoAktG/ *Oechsler* § 71 Rn. 228. Die rechtliche Ausgestaltung der Option als übertrag-/handelbares Wirtschaftsgut kann für die steuerliche Behandlung ausschlaggebend sein, vgl. die mittlerweile vom BFH in der Revision (BFH BStBl. II 2008 S. 826) kassierten Urteile des FG Köln EFG 1998, 1634 sowie IStR 1999, 474; *Herzig* DB 1999, 1.
[206] Vgl. Hüffer/Koch/*Koch* AktG § 198 Rn. 6; MüKoAktG/*Fuchs* § 193 Rn. 37.
[207] Vgl. die Gesetzesbegründung.
[208] Vgl. *von Einem/Pajunk*, Zivil- und gesellschaftsrechtliche Anforderungen, S. 111 mit Hinweis auf BVerfGE 1, 299 (312); 36, 342 (367); 62, 1 (45) mwN.
[209] Vgl. OLG Stuttgart AG 2001, 543 – Wenger/Daimler Benz.

§ 32 Vorstands- und Mitarbeiterbeteiligung

Formulierungsvorschlag:
„Die unter § ...... eingeräumten Optionsrechte sind zu Lebzeiten des Optionsberechtigten nicht übertragbar. Ebenso wenig sind anderweitige Verfügungen über die Optionsrechte, die Gewährung einer Unterbeteiligung oder Treuhanderrichtung daran zulässig. Verstöße gegen diese Vorschrift führen zum Verfall der Optionsrechte."

80

Im Übrigen besteht selbst bei Unveräußerlichkeit, Unbeleihbarkeit oder vorübergehender Unausübbarkeit die Möglichkeit, dass der Optionsberechtigte eine Call-short-Position auf sein Optionsrecht eingeht und damit das gleiche wirtschaftliche Ergebnis erzielt, ohne dies der Gesellschaft mitzuteilen (sog *quiet hedging*). Der Optionsberechtigte verkauft dazu eine Option, die ihn verpflichtet, die gleiche Anzahl Aktien zum gleichen Preis innerhalb derselben Frist zu verkaufen. Über die Prämie, die er als Stillhalter für den Verkauf der Option erhält, kann er sofort verfügen, was einer de-facto-Veräußerung des Optionsrechts entspricht.[210] Dadurch kann die Bindungswirkung der Aktienoption letztlich aufgehoben werden.

81

Praxistipp:
Diese verdeckten Glattstellungsgeschäfte sollten daher in den Optionsbedingungen untersagt werden.[211] Solche Verbotsklauseln haben jedoch lediglich schuldrechtlichen Charakter. Nach Auffassung des BFH würde jedoch die Gestattung der Glattstellung einer Option aus steuerlicher Sicht nichts an deren Unübertragbarkeit/Nichthandelbarkeit ändern.[212]

hh) Freiwillige Festsetzungen. Der Gesetzgeber nennt zahlreiche Regelungen, die freiwillig von der Hauptversammlung vorgesehen werden können.[213] Im Hinblick auf das Bedürfnis der Vergütungsorgane nach größtmöglicher Flexibilität bei der Einstellung und Motivierung von Mitarbeitern sollte die Hauptversammlung über die gesetzlich zwingenden Eckdaten[214] hinaus nur abstrakte Rahmenvorgaben und – soweit vor dem Hintergrund der Systematik der aktienrechtlichen Personalkompetenz dispositiv – die Zuständigkeiten zwischen dem Vorstand und Aufsichtsrat festlegen. Es ist in manchen Unternehmen ratsam, für die Ausgabe von zumindest größeren Optionspaketen die Zustimmung des Aufsichtsrats auch für die Fälle vorzusehen, in denen der Vorstand auf Grund seiner Vergütungskompetenz grundsätzlich allein entscheiden könnte. Die Zustimmung kann dabei allgemein für die vom Vorstand für einen bestimmten Vergütungszeitraum geplante Vergabepolitik erteilt werden, was die reine Überwachungstätigkeit des Aufsichtsrats deutlich machen würde. So kann der Vorstand Vergaberichtlinien festlegen, die dann vom Aufsichtsrat gebilligt werden. Richtlinien könnten ua sein die maximale Optionsanzahl pro Mitarbeiter einer bestimmten Hierarchiestufe oder die Staffelung der Wartefristen.

82

Angaben über die Optionslaufzeit und die (Nicht-)Übertragbarkeit sollten in einem zweckgerichteten Mitarbeiterbeteiligungsprogramm aufgenommen werden, wenngleich diese Angaben nicht zwingend durch die Hauptversammlung getroffen werden müssen.[215] Des Weiteren sollte klarstellend die Freiwilligkeit der Optionsgewährung erwähnt werden, um bei Mehrfachzuwendungen keinen Anspruch des Mitarbeiters aus einer betrieblichen Übung zu begründen.[216] Eine Mitarbeiterbindung wird, wie oben gezeigt, erst durch flankierende

83

---

[210] Vgl. BMF-Schreiben 10.11.1994 – IV B 3 – S 2256-34/94.
[211] *Baums*, Berichte Regierungskommission Corporate Governance 2001, Rn. 47; andere Ansicht *Thüsing* ZGR 2003, 457 (500); allgemein MüKoAktG/*Spindler* § 87 Rn. 57.
[212] BFH DB 2001, 1173 (1174).
[213] RegBegr BT-Drs. 13/9712, 24.
[214] Vorgaben wie sie sich aus §§ 192 Abs. 2 Nr. 3, 193 Abs. 2 Nr. 1–4 AktG ergeben.
[215] Eine Pflicht zur Aufnahme von Verfallklauseln bei Vorständen nimmt offensichtlich *Baums* an, vgl. *Baums* FS Claussen, 1997, 32.
[216] Zum Freiwilligkeitsvorbehalt vgl. zuletzt *Nehls/Sudmeyer* ZIP 2002, 202; *Schanz* NZA 2000, 626.

Kündigungs- oder Verfallklauseln erreicht, so dass diese ebenfalls zu den (freiwilligen) Festsetzungen gehören sollten.

> **Formulierungsvorschlag:**
>
> 84 Eine entsprechende Verfallklausel könnte wie folgt formuliert sein: „Die Optionsrechte verfallen, wenn Herr/Frau ...... sein/ihr Anstellungsverhältnis mit der ...... AG vor dem ...... beendet oder wenn die ...... AG das Anstellungsverhältnis mit Herrn/Frau ...... aus einem wichtigen Grund beendet, den Herr/Frau ...... zu vertreten hat. Tritt Herr/Frau ...... in Ruhestand endet das Optionsrecht spätestens mit Ablauf von ...... Monaten nach Ausscheiden aus der ...... AG."[217]

85 Mittelbar ergibt sich aus den Kündigungs- oder Verfallklauseln und den arbeitsrechtlichen Grundsätzen eine maximal zulässige Wartefrist von fünf Jahren, da unbefristet Beschäftigte durch eine längere Wartefrist faktisch an einer Kündigung gehindert werden könnten.[218] Es erscheint jedoch nicht gerechtfertigt, einen Verfall oder eine Kündigungsmöglichkeit in Bezug auf das Optionsrecht für alle Fälle bereits bei Zugang der Kündigungserklärung anzunehmen, da der Optionsinhaber bei einer ordentlichen Kündigung grundsätzlich verpflichtet ist, noch bis zum Ende der Kündigungsfrist, dh bis zur rechtlichen Beendigung des Dienstverhältnisses, für das Unternehmen tätig zu sein. Es wird im Einzelfall auch darauf ankommen, ob die Aktienoptionen als Arbeitsvergütung anzusehen sind oder nicht.

86 Einerseits sollten die Optionsbedingungen klar erkennen lassen, ob bereits der Zeitpunkt der Kündigungserklärung bzw. deren Zugang oder die rechtliche Beendigung des Dienstverhältnisses dazu führen, dass ab diesem Zeitpunkt keine weiteren Optionsrechte mehr angespart werden können. Für das Abstellen auf den einen oder anderen Zeitpunkt könnte ausschlaggebend sein, wer den Anlass zur Kündigung des Dienstverhältnisses gegeben hat. Kündigt der Mitarbeiter, so erscheint es legitim, bereits ab diesem Zeitpunkt den Verfall der bis dahin nicht ausübbar gewordenen Optionsrechte anzuordnen. Andererseits sollte eine Kündigungs-/Verfallklausel bei Mitgliedern des Vorstands zusätzlich zwischen der Beendigung der Organstellung und des Dienstvertrages unterscheiden, da wegen der dem Aktienrecht zugrunde liegenden Trennungstheorie die Abberufung als solche nicht den Vorstandsdienstvertrag beendet.[219]

> **Praxistipp:**
>
> Bei der Formulierung von Kündigungs- oder Verfallklauseln sollte genau zwischen den denkbaren Szenarien der Beendigung des Dienstverhältnisses und den unterschiedlichen Kreisen der Bezugsberechtigten (Organe, Mitarbeiter) differenziert werden.

87 Selbstverständlich ist, dass die Kündigung des Dienstverhältnisses nur bei einer als auflösend bedingt formulierten Verfallklausel kein weiteres Tätigwerden der Emittentin in Bezug auf das Optionsrecht erfordert. Ist dagegen die Kündigung oder Beendigung des Dienstverhältnisses lediglich Grund zur Kündigung von Optionsrechten, muss die Emittentin ihr Gestaltungsrecht auch ausüben, wenn sie ein weiteres Ansparen von Optionen verhindern will. Die Emittentin mag ein Interesse daran haben zu wissen, ob ausgeschiedene Mitarbeiter ihre Optionen künftig ausüben wollen. Hierfür wird vereinbart, dass eine Ausübung nur noch innerhalb einer bestimmten Frist nach Beendigung des Dienstverhältnisses zulässig ist. Dabei sollte wiederum zwischen dem Normalfall der Beendigung durch Kündigung und der

---

[217] Vgl. *Küttner/Röller*, Personalhandbuch 2007, Aktienoptionen, Rn. 4 mwN.
[218] Vgl. *Baeck/Diller* DB 1998, 1407; *Schanz* NZA 2000, 634; *Mechlem/Melms* DB 2000, 1615; GroßkommAktG/*Frey* § 193 Rn. 74 mwN; *Maletzky* NZG 2003, 715 (717).
[219] Vgl. Hüffer/Koch/*Koch* AktG S. § 84 Rn. 2, 24; MüKoAktG/*Spindler* § 84 Rn. 148 ff.

Beendigung durch Tod unterschieden werden. Für den Normalfall dürften ca. 90 Tage nach Beendigung ausreichen. Im Todesfall können – je nach Vereinbarung – die ausübbaren Optionen auf die **Erben** übergehen. Insofern erscheint eine längere Frist von einem halben bis einem Jahr wegen der ggf. langwierigen Klärung der Erbenstellung angemessen.

> **Praxistipp:**
> In einem solchen Fall sollte der Optionsinhaber genau darauf achten, dass er das Optionsrecht innerhalb der Ausschlussfrist und gegenüber der für den Empfang der Bezugserklärung zuständigen Stelle (sog Ausübungsstelle) erklärt. Dies wird in der Regel die die Option gewährende, im Ausland ansässige Gesellschaft sein und nicht das den Optionsinhaber beschäftigende Tochterunternehmen, das insoweit grundsätzlich nicht zur Weiterleitung einer bei dieser eingehenden Bezugserklärung verpflichtet ist.[220]

Einzelne Gestaltungen sollten auch Regelungen über die Behandlung von **Sonderfällen** wie Vorruhestand, Vererbbarkeit, Erziehungsurlaub uä enthalten. Die Optionsbedingungen sollten darüber hinaus Regelungen vorsehen, wie in Fällen des Wechsels des Begünstigten zu einem Wettbewerber[221] oder der Veräußerung von verbundenen Unternehmen oder Betriebsteilen (Betriebsübergang[222]) zu verfahren ist. Eine Kündigung bzw. ein Verfall von im Zeitpunkt der Veräußerung nicht erdienten Bezugsrechten ist jedenfalls als zulässig anzusehen.[223] 88

Darüber hinaus sind Regelungen zur Dividendenberechtigung sinnvoll. Bei kleineren börsennotierten Unternehmen kann eine **abweichende Gewinnbeteiligung** der Bezugsaktien zur Vermeidung einer illiquiden Zweitnotierung ratsam sein. Denn die Ausgabe von Bezugsaktien bevor ein Gewinnverwendungsbeschluss für das abgelaufene Geschäftsjahr gefasst wird, würde eine separate Aktiengattung mit eigener Wertpapierkennnummer der jungen Aktien und damit eine Zweitnotiz erforderlich machen, wenn die jungen Bezugsaktien nach typischer Beschlussformulierung ab dem Beginn des Geschäftsjahres, in dem sie durch Ausübung des Bezugsrechts entstehen, dividendenberechtigt wären, die „Altaktien" aber noch zusätzlich ein Dividendenrecht bezüglich des abgelaufenen Geschäftsjahres haben. Wenn im Zeitraum zwischen Geschäftsjahresbeginn und Fassung des Gewinnverwendungsbeschlusses für das abgelaufene Geschäftsjahr nur wenige junge Bezugsaktien aus der Ausübung von Bezugsrechten entstehen, ist das Handelsvolumen für die jungen Bezugsaktien sehr gering. Separate Kurse werden häufig nicht gestellt, und ein Verkauf dieser Aktien ist nicht möglich (=> **illiquide Zweitnotierung**).[224] Die abweichende Gewinnberechtigung setzt ggf. eine Satzungsanpassung voraus. Eine Satzungsformulierung könnte lauten: 89

> **Formulierungsvorschlag:**
> „Neue Aktien können rückwirkend am Gewinn des Geschäftsjahres oder einer Teilperiode beteiligt werden. Dies gilt auch für eine Beteiligung am Gewinn eines bereits abgelaufenen Geschäftsjahres, wenn im Zeitpunkt der Entstehung der neuen Aktien die Hauptversammlung noch keinen Beschluss über die Verwendung des Bilanzgewinns dieses Geschäftsjahres gefasst hat." 90

Die Satzungsänderung bedarf auch bei Bezugsrechtsausschluss nicht der Zustimmung der betroffenen Aktionäre. Dies ist nicht unumstritten.[225] Anpassungen der Optionsrechte bei 91

---

[220] Vgl. LAG Hessen MDR 2002, 705.
[221] Vgl. hierzu *Fischer* DB 1999, 1702.
[222] Vgl. hierzu BAG 2003, 1068; *Annuß/Lembke* BB 2003, 2230 ff.; *Lipinski/Melms* BB 2003, 150; *Schnitker/Grau* BB 2002, 2497; *Grimm/Walk* BB 2003, 577; *Tappert,* Auswirkungen eines Betriebsübergangs auf Aktienoptionsrechte von Arbeitnehmern, NZA 2002, 1188.
[223] Wie hier *Bauer/Göpfert/von Steinau-Steinrück* ZIP 2001, 1131, die sogar einen stillschweigenden Vorbehalt annehmen; aA *Nehls/Sudmeyer* ZIP 2002, 205.
[224] Vgl. hierzu auch *Meyer-Landrut* Rn. 669 u. 752.
[225] Wie hier Hüffer/Koch/*Koch* AktG § 60 Rn. 9 mwN; MüKoAktG/*Bayer* § 60 Rn. 23.

zwischenzeitlichen Kapitalerhöhungen gehören dagegen zu den zwingenden Festsetzungen, da sie Auswirkungen auf den Ausgabebetrag bzw. das Bezugsverhältnis haben. Insofern ist hier die Hauptversammlung zuständig.[226]

92

Checkliste für (freiwillige) Festlegungen:

- Mindesthaltefristen für erworbene Aktien?
- Bindungsfristen für Bezugsberechtigte?
- Besondere Formalitäten Durchführung, Zeichnung und Ausübung?
- Anpassungen bei Verwässerung bzw. Kapitalerhöhung?
- Übertragbarkeit bzw. Handelbarkeit?
- Abweichende Dividendenberechtigung?
- Ruhestands- oder Todesfallregelungen?
- Erziehungsurlaubsregelungen?
- Ausscheidensregelungen (ggf. mit Wettbewerbsklausel)?
- Verfallklauseln?
- Kündigungsregelungen?
- Folgen bei Unternehmens- oder Betriebsteilveräußerungen?
- Klarstellender Hinweis auf Freiwilligkeit der Gewährung?
- Gestaltung Konten- oder Depoteinrichtung?
- Bankprovision?

93 **f) Rechtsfolgen fehlerhafter Hauptversammlungsbeschlüsse.** Fehlende oder gegen Vorschriften oder anerkannte Grundsätze des Aktienrechts verstoßende Beschlüsse über eine bedingte Kapitalerhöhung können entweder gemäß § 241 Nr. 3 AktG nichtig oder gemäß §§ 243, 255 AktG anfechtbar sein.[227] Mittlerweile dürfte geklärt sein, dass die Anwendung der für § 193 Abs. 2 Nr. 1–3 AktG vereinzelt angenommene Nichtigkeitsfolge[228] auf die Nr. 4 sachlich nicht gerechtfertigt ist.[229] Sofern der Beschluss Angaben zu den Nr. 1–4 enthält und weder ein unzulässiger Zweck im Sinne der Nr. 1 verfolgt wird noch gegen das Unterpari-Verbot verstoßen wird, werden im Regelfall weder Gläubiger-, Aktionärs- noch Arbeitnehmerinteressen verletzt sein.[230] Daher wird der Beschluss – von den genannten Ausnahmefällen abgesehen – im Ergebnis **allenfalls anfechtbar** sein.[231] Damit ist aber die Frage noch nicht geklärt, ob die Verwaltung ggf. einen von der Hauptversammlung bewusst in Abweichung von den gesetzlichen Vorschriften gefassten Beschluss umsetzen darf oder nach den allgemeinen Regeln ein schadensersatzbewehrtes Vollzugsverbot[232] besteht. Vor dem Hintergrund, dass ein anfechtbarer Beschluss nach Eintragung im Handelsregister Bestandsschutz genießt, spricht grundsätzlich nichts gegen seine Durchführung durch die Verwaltung, sofern die Durchführung nicht ausnahmsweise gesellschaftsschädigend ist.[233]

---

[226] § 193 Abs. 2 Nr. 3 AktG. Vgl. Hüffer/Koch/*Koch* AktG § 193 Rn. 6. Missverständlich GroßkommAktG/*Frey* § 193 Rn. 76.

[227] Da die Hauptversammlung einen Verzicht auf die Anfechtbarkeit beschließen kann, soll nachfolgend nur auf die Rechtsfolge der Nichtigkeit eingegangen werden, vgl. Hüffer/Koch/*Koch* AktG § 246 Rn. 16 (Dispositionsgrundsatz).

[228] Vgl. KölnKommAktG/*Lutter* § 193 Rn. 18 mwN (Nichtigkeit); differenzierend bzgl. Nr. 1 und abweichend bzgl. Nr. 2 und 3 GroßkommAktG/*Frey* § 193 Rn. 77 ff. (Anfechtbarkeit).

[229] So jetzt auch Hüffer/Koch/*Koch* AktG § 193 Rn. 10; differenzierend MüKoAktG/*Fuchs* § 193 Rn. 39.

[230] Vgl. GroßkommAktG/*Frey* § 193 Rn. 77 ff.; *von Einem/Pajunk*, Zivil- und gesellschaftsrechtliche Anforderungen, S. 113.

[231] Wie hier *Vogel* BB 2000, 938; *von Einem/Pajunk*, Zivil- und gesellschaftsrechtliche Anforderungen, 114; GroßkommAktG/*Frey* § 193 Rn. 77 ff. mwN zum Meinungsstand.

[232] Bis zur Eintragung im Handelsregister, vgl. Hüffer/Koch/*Koch* AktG § 243 Rn. 50; *Zimmer* DB 1999, 1002.

[233] Vgl. GroßkommAktG/*Frey* § 193 Rn. 77.

Wenn die Hauptversammlung (möglichst) einstimmig und unter Angabe eines sachlichen Grundes[234] abweichend von den gesetzlichen Vorgaben des § 193 Abs. 2 Nr. 4 AktG eine bedingte Kapitalerhöhung beschließt, dürfte wegen des Fehlens einer Verletzung von Drittinteressen kein Schaden gegeben sein.

g) Sonstige rechtliche Aspekte. aa) Aktienoptionen im Konzern. Die aktienrechtlichen Bestimmungen über das bedingte Kapital sehen bereits vor, dass Aktienoptionen auch an Mitglieder der Geschäftsführung und Mitarbeiter von Konzernunternehmen gewährt werden können (§ 192 Abs. 2 Nr. 3 AktG). Aufgrund der regelmäßig bezweckten Unternehmenswertsteigerung bei der Emittentin können dadurch Zielkonflikte entstehen, dass vom Optionsprogramm der Obergesellschaft begünstigte Geschäftsführer der Tochtergesellschaft verleitet werden, ihre Entscheidungen zulasten der Tochtergesellschaft allein am Konzerninteresse auszurichten.[235] Nach der Gesetzesbegründung bestehen jedenfalls für den Fall des Vertragskonzerns hier keine Probleme.[236] Aufgrund der Weisungsbefugnis des § 323 Abs. 1 S. 1 AktG gilt dies gleichermaßen für die Eingliederung.[237] Schwieriger zu beurteilen sind die Fälle, in denen es sich bei der Tochtergesellschaft nicht um eine 100%ige Konzerntochter handelt, da deren Minderheitsaktionäre ggf. durch die einseitige Ausrichtung an der Wertentwicklung der Obergesellschaft geschädigt werden könnten.[238] Insofern sollte die Einbeziehung der Tochtergesellschaft in den Aktienoptionsplan der Muttergesellschaft den Interessen der Minderheitsaktionäre durch entsprechende Programmgestaltung Rechnung tragen. Ob andernfalls die Einbeziehung der Tochtergesellschaft bereits die Anfechtbarkeit eines entsprechenden Beschlusses bedeutet, muss jedoch bezweifelt werden.[239]

Ebenso wenig dürfte in einem **(qualifiziert) faktischen Konzernverhältnis**[240] ein Anfechtungsgrund hinsichtlich eines Hauptversammlungsbeschlusses der Konzernobergesellschaft bestehen, der die Vorstände der Tochtergesellschaft als Bezugsberechtigte enthält,[241] da hier gleichfalls kein Verstoß gegen den Wortlaut oder die Intention des Gesetzes vorliegt. Eine Anfechtung lässt sich auch nicht mit der Gefahr der Vernachlässigung von Interessen der Tochtergesellschaft zugunsten von Konzerninteressen begründen, weil ein entsprechendes (Fehl-)Verhalten des Vorstands der Tochtergesellschaft eine Haftung wegen pflichtwidrigen Handelns auslösen würde,[242] da dieser verpflichtet ist, allein den Interessen der Tochtergesellschaft zu dienen. Des Weiteren fehlt den (vermeintlich) beeinträchtigten Gläubigern und außenstehenden Aktionären der Tochtergesellschaft bezüglich des Hauptversammlungsbeschlusses der Konzernobergesellschaft die erforderliche Anfechtungsbefugnis. Zumindest bei Tochtergesellschaften in der Rechtsform der AG sind die Interessen der außenstehenden Aktionäre und der Gläubiger durch das Schutzsystem der §§ 311 ff. AktG hinreichend sichergestellt.[243] Die Gefahr der Anfechtbarkeit kann jedenfalls durch die Festlegung von für die Geschäftsführer und Mitarbeiter der Tochtergesellschaft geltenden Erfolgszielen vermieden

---

[234] ZB der Verzicht auf Erwerbs- und Ausübungszeiträume im vorbörslichen Bereich oder – wegen unerwünschter bilanzieller Folgen – auf ein Erfolgsziel.
[235] Vgl. *Zitzewitz* NZG 1999, 698 f.; GroßkommAktG/*Frey* § 192 Rn. 101; *Hoffmann-Becking,* Gestaltungsmöglichkeiten bei Anreizsystemen, NZG 1999, 797 (803).
[236] RegE-KonTraG ZIP 1997, 2059 (2068). Zu den konzernrechtlichen Problemen bei Stock Options, vgl. *Zitzewitz* NZG 1999, 700; GroßkommAktG/*Frey* § 192 Rn. 101.
[237] Vgl. *Zitzewitz* NZG 1999, 699.
[238] Der Gesetzgeber hat dies erkannt, aber keine Lösung vorgegeben, vgl. die Gesetzesbegründung, *Ernst/Seibert/Stuckert* S. 80.
[239] Für Unzulässigkeit wohl *Kallmeyer* AG 1999, 102.
[240] Konzernverbindung, die nicht auf einer Eingliederung oder einem Unternehmensvertrag im Sinne der §§ 291 ff. AktG beruht, die jedoch auf Grund einer entsprechenden Beteiligung zu einer faktischen Abhängigkeit der Tochtergesellschaft von der Obergesellschaft führen kann. Ist die Einflussnahme der Obergesellschaft derart groß, dass die Auswirkungen einzelner Anweisungen nicht mehr isoliert werden können, spricht man von einem qualifiziert faktischen Konzernverhältnis; zur Aufgabe des Haftungsinstituts des (qualifiziert) faktischen Konzerns, vgl. BGH BB 2001, 2233 – Bremer Vulkan.
[241] So aber *Zitzewitz* NZG 1999, 698 (701).
[242] Vgl. §§ 93, 318 AktG.
[243] Vgl. *Krieger* § 63 Rn. 31.

werden, die auf die Wertsteigerung bei der Tochtergesellschaft abstellen.[244] Dies dürfte im Einzelfall auch sachgerecht sein.

96 Die Ansicht der **Rechtsprechung** in diesem Bereich ist noch nicht abschließend geklärt. Gemäß Beschluss des BGH vom 9.11.2009[245] und dessen Vorinstanz darf bei der Festsetzung einer am Aktienkurs der Konzernobergesellschaft orientierten variablen Vergütung des Vorstands zumindest nicht von einem zur **Nichtigkeit** des Entlastungsbeschlusses führenden Gesetzesverstoßes gegen § 87 AktG ausgegangen werden. Denn nur ein Verhalten des Aufsichtsrats, das eindeutig einen schwerwiegenden Gesetzes- oder Satzungsverstoß beinhaltet, führe zur Anfechtbarkeit des Entlastungsbeschlusses.[246] Zu der Frage, inwieweit im faktischen Konzern die Vergütung des Vorstands einer abhängigen Aktiengesellschaft an der Ertragslage der herrschenden Gesellschaft ausgerichtet werden darf, äußerte sich der BGH allerdings nicht. Die Vorinstanz[247] stellt aber heraus, dass einer Vergütungsregelung, die prinzipiell geeignet ist, Entscheidungen des Vorstands zu honorieren, die den Interessen der Gesellschaft zuwider laufen, die Vorschrift des § 87 Abs. 1 AktG entgegensteht. Tatsächlich sah das OLG München einen solchen Verstoß als gegeben an, wenn der Vorstand der abhängigen Gesellschaft in ein am Aktienkurs der herrschenden Unternehmens orientiertes konzernweites Vergütungsprogramm einbezogen wird. Damit wird die aktienrechtliche Zulässigkeit von Vergütungssystemen mit variablen Bestandteilen erstmals obergerichtlich in Frage gestellt. Bis zu einer höchstrichterlichen Entscheidung besteht daher eine Unsicherheit, die durch Alternativgestaltungen möglichst vermieden werden sollte.

97 Nach der Gesetzesbegründung soll die Ausgabe von Aktienoptionen einer Tochtergesellschaft an Organmitglieder und/oder Arbeitnehmer der Obergesellschaft oder anderer Konzerngesellschaften ebenso vermieden werden wie Mehrfachgewährungen auf Grund von Doppelmandaten.[248] Ein hiergegen verstoßender Hauptversammlungsbeschluss ist entgegen einer Kommentarmeinung[249] aber nicht anfechtbar, da sich dies weder aus dem Gesetzeswortlaut, noch dem Gesetzeszweck herleiten lässt.[250] Gleichwohl sprechen gewichtige Gründe dafür, dem Willen des Gesetzgebers durch entsprechende Ausgestaltung des Programms gerecht zu werden. Aus dem Kreis der Bezugsberechtigten sollten daher diejenigen Personen ausgeschlossen sein, die sich durch ihre Stellung oder ihren Einfluss in der Obergesellschaft im Rahmen des Beteiligungsprogramms der Tochtergesellschaft selbst begünstigen könnten.[251] Bei der Implementierung eines Aktienoptionsprogramms bei der Tochtergesellschaft durch die Obergesellschaft stellt sich auf Grund der konzernimmanenten Kompetenzverlagerung von auf die Tochtergesellschaft bezogenen Aktionärsrechten auf den Vorstand die Frage der Konzernleitungskontrolle.[252] Obwohl es zu einer Selbstbedienung dadurch kommen kann, dass der Muttervorstand am Programm der Tochtergesellschaft teilnimmt, ist auch für die Fälle eines mit der Einführung des Programms verbundenen Bezugsrechtsausschlusses oder der besonderen Hauptversammlungskompetenz des § 193 Abs. 2 Nr. 4 AktG keine Zuständigkeit der Hauptversammlung der Muttergesellschaft gegeben.[253]

---

[244] Vgl. *von Einem/Pajunk*, Zivil- und gesellschaftsrechtliche Anforderungen, 105; GroßkommAktG/*Frey* § 192 Rn. 101, § 193 Rn. 68; Hüffer/Koch/*Koch* AktG § 192 Rn. 20.
[245] DStR 2009, 2692.
[246] Im Fall setzte sich die Vergütung des Vorstands aus festen und variablen Vergütungsbestandteilen zusammen. Ein Teil der variablen Vergütungskomponente bestimmte sich nach dem Aktienkurs der Konzernobergesellschaft. Der variable Teil der Vergütung machte etwa 70 % der Gesamtvergütung aus, etwa 80 % der variablen Vergütung wiederum hängen vom Aktienkurs der Konzernobergesellschaft ab.
[247] OLG München 23.8.2007 – 5 HK O 10 734/07, AG 2008, 133.
[248] Vermeidung von Doppelbezügen (Vorstand der Obergesellschaft ist ebenfalls Vorstand der Tochtergesellschaft), RegBegr BT-Drs. 13/9712, 24; GroßkommAktG/*Frey* § 192 Rn. 97 ff.
[249] Vgl. Hüffer/Koch/*Koch* § 192 Rn. 20.
[250] Vgl. MHdB GesR IV/*Krieger* § 63 Rn. 39.
[251] Mit Hinweis auf die Parallelwertung für Aufsichtsräte, GroßkommAktG/*Frey* § 192 Rn. 99 f.
[252] Vor allem geprägt durch die „Holzmüller"-Entscheidung, BGHZ 83, 122; hierauf eingehend *Zitzewitz* NZG 1999, 702.
[253] So im Ergebnis GroßkommAktG/*Frey* § 192 Rn. 102. AA: *Zitzewitz* NZG 1999, 698 (704).

bb) Zulassung der Aktien zum Kapitalmarkt. Erfolgt die Bereitstellung der Aktien im 98 Wege des bedingten oder genehmigten Kapitals, stellt sich die Frage nach einer Zulassung der ausgegebenen Aktien zum Handel am regulierten Markt. Alternativ kommt ein Handel über den sog Freiverkehr in Betracht (§ 48 BörsG, § 2 Abs. 5 WpHG); tatsächlich werden im Freiverkehr vor allem Optionsscheine gehandelt. Beim regulierten Markt muss der Emittent ein Zulassungsverfahren durchlaufen, ua muss er grundsätzlich ein Börsenprospekt erstellen (vgl. §§ 32 ff. BörsG iVm BörsZulV). Für später ausgegebene Aktien muss innerhalb eines Jahres der Antrag zur Zulassung zum Handel gestellt werden, falls die Aktien (auch nur eingeschränkt) handelbar sind.[254] Bei Mitarbeiterbeteiligungen durch Kapitalerhöhung aus bedingtem oder genehmigtem Kapital bestehen Befreiungen von der Prospektpflicht (vgl. § 4 Abs. 1 Nr. 5 Abs. 2 Nr. 6 und Nr. 1 WpPG). Im regulierten Markt betrifft dies die Ausgabe von Mitarbeiteraktien[255] und die Erhöhung von weniger als 10 % der bereits zugelassenen Aktien.[256] Gleichwohl müssen bestimmte Informationen vorgelegt werden, insbesondere die Art des Wertpapiers und Einzelheiten des Optionsangebots. Sofern über den Schwellenwert hinaus Aktien zugelassen werden (sollen), besteht regelmäßig keine Mitwirkungspflicht von Kreditinstituten oder Finanzdienstleistungsinstituten (vgl. § 32 Abs. 2 BörsG) und kann ein Prospekt entbehrlich sein (vgl. § 4 Abs. 2 Nr. 7 WpPG). Sollte ein Prospekt erforderlich sein, wird dieses von der BaFin geprüft.[257]

cc) Verbot von Insidergeschäften. Der Erwerb oder die Veräußerung von Insiderpapieren 99 unter der Verwendung einer Insiderinformation (sog Insidergeschäft) ist untersagt (Art. 7, 8, 14, MMVO). Insiderinformationen sind nicht öffentliche Informationen, die direkt oder indirekt einen oder mehrere Emittenten oder ein oder mehrere Finanzinstrumente betreffen und die, sofern sie öffentlich bekannt würden, den Kurs der Aktien erheblich beeinflussen würden[258]. Regelmäßig dürften Führungskräfte und/oder Aufsichtsgremien schon aufgrund ihres Aufgabenbereiches Insiderinformationen erlangen und mithin als Insider in Betracht kommen. Mit der MMVO wurde der Anwendungsbereich des Marktmissbrauchsrechts erheblich erweitert. So können nun auch Emittenten, deren Finanzinstrumente lediglich im Freiverkehr gehandelt werden, erfasst sein, Art. 2 Abs. 1 lit. d MMVO.[259] Damit können auch Mitarbeiteroptionen Insiderpapiere iSd MMVO sein, auch wenn sie weder an einer inländischen noch an einer ausländischen Börse zum Handel zugelassen sind. Davon betroffen sind nach Art. 3 Abs. 1 Nr. 1 MMVO iVm Art. 4 Abs. 1 Nr. 15 sowie Anh. 1 Abschn. C MiFid II-RL[260]) nicht nur Aktien, sondern auch Optionen in Bezug auf Wertpapiere. Daneben wird zu überdenken sein, ob die bisherige hM mit der Ansicht, virtuelle Aktien und Optionen seien nicht vom Verbot des Insiderhandels erfasst, weiterhin vertreten werden kann. So legt Anh. 1 Abschn. C Nr. 4 zur MIFiD II-RL fest, dass auch Derivatenkontrakte in Bezug auf Wertpapiere, die bar angerechnet werden können, Finanzinstrumente iSd MMVO sind. Da virtuelle Aktien und Optionen regelmäßig derartige Derivate sind, werden sie der MMVO unterfallen.[261] Ebenso vertritt die ESMA diese Auffassung und prüft bei Eigengeschäften von Führungskräften virtuelle Aktien und Optionen am Maßstab der MMVO.[262] Daher kann die Zuteilung und Ausübung von Mitarbeiteroptionen insiderrechtlich erfasst bzw. verboten sein. Daraus folgend kann auch die Vorbereitung und Beschlussfassung zum Aktienoptionsplan sowie die Optionsgewährung bei Verwendung positiver Insiderinformationen Insiderhandel sein.[263] Gerade wenn Aktienoptionsprogramme den Mitarbeitern

---

[254] § 40 Abs. 1 BörsG iVm § 69 BörsZulV.
[255] Vgl. § 4 Abs. 1 Nr. 5, Abs. 2 Nr. 6 WpPG.
[256] Vgl. § 4 Abs. 2 Nr. 1 WpPG.
[257] Vgl. Holzborn/*Israel*/*Holzborn*, WpPG, 2008, § 4 Rn. 10, 19; Richtlinie Nr. 2003/71/EG vom 4.11.2003, ABl. 2003 L 345, S. 64.
[258] Vgl. Art. 7 Abs. 1 lit. a MMVO sowie Erwägungsgründe 16, 18, 20 MMVO.
[259] *Stenzel* DStR 2017, 883 (884).
[260] Richtlinie 2014/65/EU des Europäischen Parlaments und des Rates vom 15.5.2014 über Märkte für Finanzinstrumente sowie zur Änderung der Richtlinien 2002/92/EG und 2011/61/EU.
[261] So *Stenzel* DStR 2017, 883 (885).
[262] ESMA 2015/224, S. 50.
[263] Kessler/Sauter/*Dietborn*, Handbuch Stock Options, Rn. 831; Assmann/Schneider/*Assmann* WpHG § 14 Rn. 714.

„freiwillig" als weiteres Vergütungselement angeboten werden, haben die Berechtigten selbst über die Teilnahme an den Programmen zu entscheiden. Um einen Verstoß gegen das Insiderhandelsverbot zu vermeiden, darf die fragliche Transaktion nicht unter Nutzung der Insiderinformation erfolgt sein, Art. 8 Abs. 1 S. 1 MMVO.[264] Dass die Transaktion unter Nutzung der Insiderinformation erfolgt ist, wird widerleglich vermutet, wenn die Person die Insiderkenntnis hat und entsprechende Transaktionen tätigt.[265] Grundsätzlich wird davon ausgegangen werden dürfen, dass eine Widerlegung dieser Vermutung eher erfolgreich sein wird, je geringer der Entscheidungsspielraum des Mitarbeiters war.[266]

> **Praxistipp:**
> Tatsächlich haben Führungskräfte viel seltener Insiderinformationen als regelmäßig vermutet (keine „Dauerinsider"). Rechtlich problematisch dürften in der Praxis die Fälle sein, bei denen der Emittent die Veröffentlichung von ad-hoc-Mitteilungen gemäß § 15 Abs. 3 WpHG aufgeschoben hat. Bei der insiderrechtlichen Diskussion sollte aber auch die Prävention von Imageschäden wegen nur vermuteter Missbräuche im Fokus stehen.

100 Jedenfalls die durch die Optionsausübung bezogene Aktie ist Insiderpapier im Sinne des WpHG, sofern sie bereits zum Handel zugelassen, in den Handel einbezogen, oder ein entsprechender Antrag gestellt oder öffentlich angekündigt ist.[267] Sofern die Aktien am Ende der Laufzeit automatisch in das Depot des Mitarbeiters eingebucht werden, handelt der Arbeitnehmer bei Einbuchung nicht selbst, sodass es nach Auffassung der BaFin auch unschädlich ist, wenn er zu dem Zeitpunkt Insiderinformationen besitzt.[268] Schädlich wäre demnach, wenn der Mitarbeiter über die Optionsausübung selbst entscheidet. Verkauft der Begünstigte im Anschluss an die Ausübung die Bezugsaktie in Kenntnis einer **negativen Insidertatsache,** so liegt in aller Regel ein Verstoß gegen das strafbewehrte Verbot von Insidergeschäften vor.[269] Dies ist allerdings dann sehr misslich, wenn der Mitarbeiter zur Finanzierung fälliger Steuern (wegen der sog Endbesteuerung) einen Teil der bezogenen Aktien sofort verkaufen muss. Verkauft der Begünstigte die Bezugsaktie in Kenntnis einer **positiven Insidertatsache,** so liegt in aller Regel kein „Ausnutzen" der Tatsache und damit kein Insiderverstoß vor.[270]

101 Ist von der Hauptversammlung eine Ermächtigung zum Erwerb eigener Aktien zum Zwecke der Ausgabe im Rahmen eines Beteiligungsprogramms vorgesehen, stellt der **Rückkauf** die bloße Ausnutzung der Ermächtigung dar, die im freien unternehmerischen Ermessen liegt und per se keine insiderrechtliche Bedeutung entfaltet.[271] Problematisch ist es jedoch, wenn der Zeitpunkt des Erwerbs oder Verkaufs der eigenen Aktien vom Wissen des Organs um eine bestimmte Insidertatsache bestimmt wird oder der Rückkaufplan selbst eine Insidertatsache darstellt, was jedoch nur bei Vorliegen weiterer Umstände anzunehmen ist.[272] Im Zusammenhang mit einem Rückerwerb sollte besonders darauf geachtet werden, dass nicht der Verdacht eines gezielten Aktienrückkaufs mit dem Zweck der Kursbeeinflussung aufkommt, da sich der Vorstand dem Vorwurf einer strafbaren Handlung aussetzen wür-

---

[264] So auch bisher die BaFin (Emittentenleitfaden, III.2.2.1.3, S. 37), die unter „Transaktion" uU bereits die Entscheidung über die Programmteilnahme versteht.
[265] Erwägungsgrund 24 MMVO; vgl. *Kloehn* AG 2016, 423 (433); *Poelzig* NZG 2016, 528 (532).
[266] Vgl. Art. 9 Abs. 3 lit. a MMVO; weiter ausführend *Stenzel* DStR 2017, 883 (885).
[267] Vgl. Ziff. 2, 3 des Rundschreibens des BAWe vom 28.6.1999, www.bawe.de (Gz.: II 2 – W 2310 – 53/98); *Casper* WM 1999, 367; MüKoAktG/*Fuchs* § 193 Rn. 35.
[268] Emittentenleitfaden III.2.2.1.3, S. 37.
[269] Vgl. Assmann/Schneider/*Assmann*/Cramer § 14 Rn. 7.
[270] Vgl. Ziff. 4 des Rundschreibens des BAWe vom 28.6.1999, www.bawe.de (Gz.: II 2 – W 2310 – 53/98); *Casper* WM 1999, 367 Fn. 29; Assmann/Schneider/*Assmann*/Cramer § 14 Rn. 23.
[271] Vgl. Assmann/Schneider/*Assmann*/Cramer § 14 Rn. 39; MüKoAktG/*Oechsler* § 71 Rn. 365.
[272] Vgl. Assmann/Schneider/*Assmann*/Cramer § 14 Rn. 39; zum Begriff der Insidertatsache vgl. → § 13 Rn. 32 ff.; vgl. auch die Empfehlungen der Deutschen Börse AG zu Insiderhandelsverboten, www.deutsche-boerse.com.

de.²⁷³ Unwahrscheinlich dürfte ein Insiderverstoß sein, wenn der Rückkauf in Zeitfenstern erfolgt, die auch für die Optionsausübung vorgesehen sind, und in denen die übrigen Marktteilnehmer aktuelle Unternehmenskennzahlen haben.²⁷⁴

> **Praxistipp:**
> Ist die Emittentin börsennotiert sollte sie unternehmensinterne Insiderrichtlinien auch im Hinblick auf den Verkauf von im Rahmen des Mitarbeiterbeteiligungsprogramms bezogenen Aktien erlassen. Die Vorgabe von Handelsfenstern, dh in welchen Zeitfenstern die Aktien im Anschluss an die Optionsausübung veräußert werden dürfen, kann geboten sein. Jedoch sollte der Handlungsspielraum für die Mitarbeiter und Führungskräfte wegen einer übertriebenen Prävention von möglichen Insiderhandelsverstößen nicht zu sehr eingeschränkt werden. Die Freiheit des Mitarbeiters, die „erarbeitete" Aktie am Markt zum bestmöglichen Kurs verkaufen zu können, sollte nur dann geschmälert werden, wenn andere, weniger geeignete Präventionsmittel nicht zur Verfügung stehen.

dd) Kapitalmarktrechtliche Mitteilungspflichten Unter bestimmten Voraussetzungen besteht die Pflicht eines an einer börsennotierten Gesellschaft beteiligten Aktionärs, das Erreichen, Über- oder Unterschreiten von 5, 10, 25, 50 oder 75 % der Stimmrechte (sog Schwellenwerte) der Gesellschaft und der BaFin mitzuteilen. Die aktienrechtlichen Mitteilungspflichten der §§ 20, 21 AktG gelten insoweit nicht.²⁷⁵ Die **Mitteilungspflichten nach dem WpHG** bestehen insofern nur bei börsennotierten Gesellschaften iSv § 21 Abs. 2 WpHG mit Sitz im Inland.²⁷⁶ Die Verletzung der Meldepflicht führt für die Zeit der unterlassenen Mitteilung zum Rechtsverlust für alle von den Meldepflichten gehaltenen Aktien und zwar ohne Rücksicht auf ein Verschulden.²⁷⁷ Es wurde bereits an anderer Stelle darauf aufmerksam gemacht, dass die Aktienausgabe im Anschluss an die Optionsausübung wegen § 200 AktG ohne weiteres zu einer Kapitalerhöhung führt und dies hinsichtlich der Pflichtmitteilungen über die Beteiligungshöhe eines Aktionärs problematisch sein kann. Insbesondere Aktionäre, die auf Grund der erst nach Ablauf des Geschäftsjahres vorgenommenen deklaratorischen Registereintragung von der bedingten Kapitalerhöhung (zunächst) keine Kenntnis haben, laufen Gefahr, Rechte aus ihren Aktien zu verlieren, da auf Grund des erhöhten Grundkapitals ihre Stimmrechte unter einen Schwellenwert gefallen sein könnten.²⁷⁸ Umgekehrt besteht die Gefahr des Überschreitens eines Schwellenwerts, sofern die Gesellschaft zur Bedienung von Optionsrechten eigene Aktien erwirbt und diese anschließend ohne weiteren Hauptversammlungsbeschluss eingezogen werden.²⁷⁹ Ein solcher Erwerb ist nicht zwingend Ad-hoc-publizitätspflichtig, so dass der Aktionär von der eintretenden Kapitalveränderung ggf. keine Kenntnis erlangen kann. Sollte ein insoweit nicht stimmberechtigter Aktionär in einer nachfolgenden Hauptversammlung dennoch abstimmen, wäre der Beschluss anfechtbar.²⁸⁰ Selbst wenn in der Praxis auf Grund der strengen formalrechtlichen

---

²⁷³ Vgl. Ziff. 2, 3 des Rundschreibens des BAWe vom 28.6.1999, www.bawe.de (Gz.: II 2 – W 2310 – 53/98); *Casper* WM 1999, 367.
²⁷⁴ Vgl. die Gesetzesbegründung zum KonTraG, *Ernst/Seibert/Stuckert* S. 80; Assmann/Schneider/*Assmann/Cramer* WpHG § 14 Rn. 39 ff.
²⁷⁵ Vgl. §§ 20 Abs. 8, 21 Abs. 5 iVm § 21 Abs. 2 WpHG, zuletzt geändert durch Artikel 1 des TransparenzRL-UmsetzungsG vom 5.1.2007 (vgl. BGBl. I S. 10). Vgl. Assmann/Schneider/*Schneider* vor § 21 Rn. 12. Zu den unterschiedlichen Regelungszwecken und Normadressaten der §§ 20, 21 AktG und §§ 21 ff. WpHG vgl. *Heppe* WM 2002, 61.
²⁷⁶ § 21 Abs. 2 WpHG in der Fassung des WpÜG erfasst nunmehr auch die am geregelten Markt notierten Unternehmen.
²⁷⁷ § 28 WpHG. Vgl. Assmann/Schneider/*Schneider* § 28 Rn. 13 ff.; *Burgard* BB 1995, 2071; GroßkommAktG/*Frey* § 200 Rn. 24 mwN; aA Hüffer/Koch/*Koch* AktG Anh. § 22, WpHG § 28 Rn. 3; Schwark/*ders.* KMK WpHG § 28 Rn. 5.
²⁷⁸ Zum Hintergrund, vgl. GroßkommAktG/*Frey* § 200 Rn. 24 mwN.
²⁷⁹ Vgl. Ziff. 4 des Rundschreibens des BAWe zum Erwerb eigener Aktien nach § 71 Abs. 1 Nr. 8 AktG vom 28.6.1999, www.bawe.de (Gz.: II 2 – W 2310-53/98); *Bosse* ZIP 1999, 2050.
²⁸⁰ Vgl. Assmann/Schneider/*Schneider* § 28 Rn. 28; *Heppe* WM 2002, 62.

Voraussetzungen einschließlich der kurzen Anfechtungsfrist kaum Konsequenzen aus der unerlaubten Stimmausübung drohen, entsteht hieraus jedenfalls neues **Anfechtungspotenzial**.[281] Die Anfechtungsklage wäre allerdings nur begründet, wenn die fehlerhafte Berücksichtigung der Stimmen Einfluss auf das Beschlussergebnis hatte.[282]

103 Sofern der Vorstand einer börsennotierten Gesellschaft beschließt, zur Bedienung von Aktienoptionen eine entsprechende Hauptversammlungsermächtigung zum Erwerb eigener Aktien auszunutzen und/oder von der generellen Möglichkeit des § 71 Abs. 1 Nr. 2 AktG Gebrauch zu machen,[283] ist bei Vorliegen weiterer Voraussetzungen die **Ad-hoc-Publizität** des Art. 17 MMVO[284] zu beachten. Regelmäßig wird ein Aktienoptionsplan als Insiderinformation mit Kursbeeinflussungspotential zu qualifizieren sein.[285] Nach entsprechender Veröffentlichung unterfallen die Informationen nicht mehr dem Insiderrecht. Eine weitere Veröffentlichungspflicht gilt in Bezug auf persönliche Wertpapiergeschäfte von Personen mit Führungsaufgaben sowie ihrer Ehepartner, eingetragenen Lebenspartner, unterhaltsberechtigten Kinder oder sonstigen Verwandten, die mit dem Organmitglied seit mindestens einem Jahr im selben Haushalt leben (Art. 19 MMVO, sog **Directors' Dealings**), sofern der Wert der bis zum Ende des Kalenderjahres getätigten Geschäfte 5.000 EUR erreicht oder übersteigt.[286]

104 *ee) Squeeze-out.* Nicht eindeutig geklärt ist das Schicksal von Bezugsrechten auf Aktien aus Wandelschuldverschreibungen oder nackten Optionen beim Squeeze-out.[287] Eine ausdrückliche Regelung enthält das Gesetz hierzu nicht. Einerseits wird vertreten, dass sich auf Grund des gesetzgeberischen Zwecks der Bestimmungen über den Squeeze-out, nämlich den Ausschluss einer Restminderheit zu ermöglichen, sowie unter Anwendung des argumentum a maiori ad minus[288] das Recht zum Bezug einer Aktie mit der Eintragung des Hauptversammlungsbeschlusses über den Squeeze-out (Übertragungsbeschluss) in einen **Barabfindungsanspruch** wandelt.[289] Folgt man dieser Ansicht, ist davon auszugehen, dass dieser Abfindungsanspruch den gleichen Beschränkungen wie das zugrundeliegende Bezugs- oder Wandelungsrecht hinsichtlich des Verfalls und der Ausübbarkeit (zB Vesting) unterliegt. Der Anspruch des Bezugsrechtsinhabers ist demnach erst dann fällig, wenn das Bezugsrecht nach den Optionsbestimmungen berechtigterweise ausgeübt werden kann.[290] Abzufinden ist der Inhaber des Bezugsrechts dann in Höhe des Aktienwertes wie er sich aus dem Übertragungsbeschluss ergibt abzüglich des von ihm bei Ausübung des Rechts zu leistenden Bezugs- oder Wandelungspreises.[291]

105 Andererseits gibt es Stimmen in der Literatur, wonach durch den Ausschluss keine automatische Änderung des Bezugsrechtsanspruchs in einen Abfindungsanspruch erfolgt, sondern die vor der Eintragung des Übertragungsbeschlusses gewährten Bezugsrechte schlicht **erhalten** bleiben sollen.[292] Daneben gibt es differenzierende Lösungsansätze, wonach die automatische Umwandlung des Aktienbezugsanspruchs in einen Abfindungsanspruch dann

---

[281] Vgl. Assmann/Schneider/*Schneider* § 28 Rn. 28.
[282] Vgl. Hüffer/Koch/*Koch* AktG § 243 Rn. 19 mwN.
[283] Beide Möglichkeiten können parallel genutzt werden, vgl. Schmid/*Mühlhäuser* AG 2001, 501; *Schaefer* NZG 1999, 532.
[284] Vgl. (zur alten Rechtslage) Rundschreiben des BAWe vom 28.6.1999, www.bawe.de (Gz.: II 2 – W 2310 – 53/98); *Schockenhoff/Wagner* AG 1999, 553; Schmid/*Mühlhäuser* AG 2001, 501, § 15 WpHG geändert durch Artikel 1 des TransparenzRL-UmsetzungsG vom 5.1.2007 (vgl. BGBl. I S. 10); Assmann/Schneider/*Assmann* WpHG § 15 Rn. 10ff., 51ff.; MüKoAktG/*Oechsler* § 71 Rn. 339, 348ff.
[285] Assmann/Schneider/*Assmann* WpHG § 14 Rn. 172ff.
[286] Art. 19 Abs. 8 MMVO; Vgl. *Bode* AG 2008, 648; *Seibt/Bremkamp* AG 2008, 469.
[287] Vgl. §§ 327a ff. AktG.
[288] So argumentierend der Handelsrechtsausschuss des DAV eV NZG 2001, 431.
[289] Vgl. KölnKommWpÜG/*Hasselbach* § 327e Rn. 21 f.; *Wilsing/Kruse* ZIP 2002, 1465; Hüffer/Koch/*Koch* AktG § 327b Rn. 3 mwN. Zur Eingliederung, vgl. BGH BB 1998, 657 = ZIP 1998, 560 – Siemens/Nixdorf; *Martens* AG 1992, 209; MüKoAktG/*Fuchs* § 192 Rn. 166 f.; Hüffer/Koch/*Koch* AktG § 327b Rn. 3.
[290] Vgl. KölnKommWpÜG/*Hasselbach* § 327e Rn. 22 sowie die Stellungnahme des Handelsrechtsausschusses des DAV eV NZG 2001, 431.
[291] So auch KölnKommWpÜG/*Hasselbach* § 327e Rn. 22; vgl. aber zur Berechnung des Abfindungswerts, *Wilsing/Kruse* ZIP 2002, 1470.
[292] Vgl. *Steinmeyer/Häger* WpÜG § 327e Rn. 33; *Baums* WM 2001, 1849; *Schüppen* Wpg 2001, 975.

nicht erfolgen soll, wenn nach einer Ausübung der Bezugsrechte mehr als 5 % des Grundkapitals in anderen Händen als denjenigen des Hauptaktionärs liegen würden.[293] Diese Unterscheidung ist indes abzulehnen, weil sie kein sachlich überzeugendes Kriterium darstellt.[294] Die Tatsache, dass ausgegebene Aktienbezugsrechte zu einer Beteiligung von mehr als 5 % des Grundkapitals nach der Ausübung führen können, rechtfertigt keine differenzierte Behandlung, da die Bezugsrechte in der Regel nicht einheitlich fällig werden und zudem unklar ist, ob sie überhaupt ausgeübt werden.[295] Im Übrigen wurde die 5 %-Grenze vom BGH[296] in seiner zur Eingliederung ergangenen Entscheidung nur beiläufig erwähnt. Diese Grenze spielte im entschiedenen Fall aber keine Rolle, da sie nicht überschritten wurde. Eine derartige Grenze kennt auch § 23 UmwG nicht, so dass dieser keine entscheidende Relevanz zukommen kann.[297]

> **Praxistipp:**
> Zukünftige Gewährungen von Bezugsrechten sollten der beschriebenen Problematik durch entsprechende schuldrechtliche Vereinbarungen mit den jeweiligen Bezugsrechtsempfängern im Sinne einer der beiden zuerst dargestellten Ansichten Rechnung tragen.

Für vor In-Kraft-Treten der §§ 327a ff. AktG ausgegebene Bezugsrechte, bei denen Vereinbarungen über einen Squeeze-out naturgemäß fehlen werden, ergibt sich eine Gesetzes-/Vertragslücke, die von den Gerichten unter Abwägung des Gesetzeszwecks und der Interessen des Hauptaktionärs, der Minderheitsaktionäre sowie der Inhaber von Aktienbezugsrechten zu schließen sein wird. Sollte sich durchsetzen, dass die Aktienbezugsrechte erhalten bleiben, ist angesichts der zu erwartenden unbefriedigenden Preisfindung nach einem Squeeze-out zu bezweifeln, ob der Inhaber des Bezugsrechts dadurch wirtschaftliche Vorteile hat.[298]

106

ff) Arbeitsrechtliche Aspekte. Aktienoptionen verursachen auch im arbeitsrechtlichen Bereich vielerlei ungeklärte Fragen, da gesetzliche Regelungen weitestgehend fehlen und die Gerichte bisher nur zu Einzelfragen Stellung genommen haben. Umstritten ist bereits, ob Aktienoptionen wegen ihrer gesellschaftsrechtlichen Verknüpfung überhaupt als **Vergütungsleistung** zu qualifizieren sind.[299] Bei einer Finanzierung über eine Kapitalerhöhung geht dies nämlich zu Lasten der Aktionäre; die Vergütung ist aber vom Arbeitgeber zu tragen. Daher ist zu differenzieren: Während die Zusage und Gewährung der Optionen die Mittelaufbringung betreffen und damit arbeitsrechtlicher Natur sind, gilt dies nicht für die Ansprüche auf Aktien aus der Option und den Erwerb der Aktien selbst, also die Mittelverwendung.[300] Aktienoptionen sind mithin Vergütungsleistungen, sie können sowohl als freiwillige Zusatzleistung gewährt werden oder aber als echter Entgeltbestandteil. Bei letzterem ist jedoch auf ein angemessenes Verhältnis zwischen Arbeitsleistung und Vergütung zu achten, Maßstab ist § 138 BGB.[301] Dies bedeutet, dass je nach Position des Mitarbeiters feste Gehaltsbestandteile nur bis zu einem gewissen Prozentsatz durch Aktienoptionen ersetzt werden dürfen.[302] Tarifliche Mindestlöhne dürfen nicht in Aktienoptionen umgewandelt werden.

107

---

[293] Vgl. *Grunewald,* Die neue Squeeze-out-Regelung, ZIP 2002, 18; *Krieger* BB 2002, 61.
[294] Zur Kritik an der 5 %-Grenze, vgl. auch *Baums* WM 2001, 1848; *Wilsing/Kruse* ZIP 2002, 1469.
[295] So auch *Wilsing/Kruse* ZIP 2002, 1469.
[296] Vgl. BGH BB 1998, 657 = ZIP 1998, 560 – Siemens/Nixdorf.
[297] Wie hier auch *Vossius* ZIP 2002, 513.
[298] Vgl. hierzu auch *Wilsing/Kruse* ZIP 2002, 1467.
[299] *Lembke* BB 2001, 1469 (1470); *Röder/Göpfert* BB 2001, 2002; Marsch-Barner/Schäfer/*Holzborn* § 53 Rn. 73.
[300] So auch *Loritz,* Stock Options und sonstige Mitarbeiterbeteiligungen aus arbeitsrechtlicher Sicht, ZTR 2002, 258; Marsch-Barner/Schäfer/*Holzborn* § 53 Rn. 73; *Zöllner/Loritz* S. 195 ff.
[301] *Röder/Göpfert* BB 2001, 2002 (2004).
[302] 15–20 % für einen Außendienstmitarbeiter, BAG NZA 1994, 476; 40 % für einen Chefarzt, BAG DB 1997, 2620; in der Literatur werden 25 % als Grenze diskutiert, s. *Rieble,* Flexible Gestaltung von Entgelt und

108 Die Rechtsgrundlage der Aktienoption ist in der **Optionszusage** zu sehen.[303] Diese kann bereits zu Beginn des Arbeitsvertrages oder aber zu einem späteren Zeitpunkt durch Zusatzvereinbarung als Einzelvereinbarung oder Gesamtzusage abgegeben werden. Eine Optionszusage durch betriebliche Übung kommt nicht in Betracht, da zu ihrer Begründung die gewährte Leistung stets gleich hoch sein muss.[304] Aktienoptionsprogramme schwanken aber in der Regel hinsichtlich ihrer Ausgestaltung, insbesondere aufgrund schwankender Börsenkurse, insofern fehlt es zumeist an der Gleichwertigkeit.[305] Zudem dürfte es aufgrund der zwingenden Zuständigkeit der Hauptversammlung an einem Bindungswillen des Arbeitgebers erkennbar fehlen.[306] Zur Sicherheit sollte eine Gewährung dennoch unter Freiwilligkeitsvorbehalt erfolgen. Eine Zusage ist auch durch Betriebsvereinbarung möglich und üblich. Allerdings ist das *Ob* der Einführung eines Aktienoptionsplans, der Umfang sowie die Finanzierung Sache der Hauptversammlung; hier ist eine Betriebsvereinbarung freiwillig und daher nicht erzwingbar, § 88 Nr. 3 BetrVG. Bei der Einführung einer Mitarbeiterbeteiligung im Betrieb kommt hier eine Mitbestimmung wegen „Einführung, Anwendung und Änderung von Entlohnungsmethoden" in Betracht. Die Ausgestaltung, im Wesentlichen die Aufstellung der Verteilungskriterien und Verfahrensfragen unterliegen jedoch nach § 87 Abs. 1 Nr. 10 BetrVG der Mitbestimmung des Betriebsrates.[307] Das Mitbestimmungsrecht über das *Ob* einer freiwilligen Leistung ist aber insoweit eingeschränkt, als dies erforderlich ist, die Entscheidungsfreiheit des Arbeitgebers darüber zu erhalten, in welchem Umfang er finanzielle Mittel für die Leistung zur Verfügung stellen will[308], zu welchem Zweck er die Leistung erbringen und welchen Personenkreis er mit der Leistung begünstigen will. Der Betriebsrat kann über die Frage der näheren Ausgestaltung die Einigungsstelle anrufen, die die Frage der Ausgestaltung verbindlich entscheiden kann. Diese Entscheidung der Einigungsstelle beschränkt jedoch den Arbeitgeber bzw. vorliegend die Hauptversammlung nicht in der Frage, **ob** überhaupt eine Einführung eines Aktienoptionsplans als Mitarbeiterbeteiligung stattfinden soll. § 87 Abs. 1 Nr. 10, 11 BetrVG gewährt dem Betriebsrat damit lediglich ein Mitbestimmungsrecht in Fragen der betrieblichen Lohngestaltung und nennt als Teile dieser Lohngestaltung die Aufstellung von Entlohnungsgrundsätzen.

> **Praxistipp:**
> Eine Betriebsvereinbarung gilt nach § 5 Abs. 2–4 BetrVG nicht für leitende Angestellte oder für Organmitglieder. Insoweit kann für diese Personengruppen ein Aktienoptionsplan nicht wirksam in einer Betriebsvereinbarung geregelt werden. Für leitende Angestellte bietet sich eine Richtlinie nach § 28 Abs. 2 SprAuG an, für die eine unmittelbare und zwingende Wirkung allerdings ausdrücklich vereinbart werden muss. Für Vorstandsmitglieder ist ohnehin der Aufsichtsrat zuständig, §§ 87 Abs. 1, 112 AktG.

109 Auch eine tarifvertragliche Vereinbarung ist prinzipiell zulässig, bisher aber nicht bekannt. Wegen der Vereinigungs- und Berufsfreiheit sowie der Hauptversammlungsautonomie kann ein Arbeitgeber jedoch nicht in einem Flächentarifvertrag zu einem Aktienoptionsprogramm gezwungen werden.[309] Insofern ist nur ein Firmentarifvertrag möglich.[310]

Arbeitszeit im Arbeitsvertrag, NZA-Beil. 2000, Heft 3, 34 (39); Marsch-Barner/Schäfer/*Holzborn* § 53 Rn. 75; MHdB ArbR/*Krause* Bd. 1 § 58 Rn. 59.

[303] *Baeck/Diller* DB 1998, 1405 (1406); MünchAnwHdbArbR/*Boudon* § 18 Rn. 97; aA BAG NJW 2003, 1755 (1758), dass für den Fall einer ohne vorheriger Zusage übermittelten Optionsgewährungsvertrag die Rechtsgrundlage ausschließlich in letzterem sah.

[304] StRspr, vgl. nur BAG NZA 2003, 875 ff.

[305] *Schanz* NZA 2000, 626 (632); Marsch-Barner/Schäfer/*Holzborn* § 53 Rn. 80; aA *Legerlotz/Laber* DStR 1999, 1658 (1660); MünchAnwHdbArbR/*Boudon* § 18 Rn. 96.

[306] Marsch-Barner/Schäfer/*Holzborn* § 53 Rn. 80.

[307] *Lingemann/Diller/Mengel* NZA 2000, 1191 (1197); MünchAnwHdbArbR/*Hesse* § 21 Rn. 101 f.

[308] Vgl. bereits BAG – Beschl. v. 10.7.1979 – 1 ABR 88/77.

[309] *Legerlotz/Laber* DStR 1999, 1658 f.

[310] Vgl. *Baeck/Diller* DB 1998, 1405 (1406) mwN.

> **Praxistipp:**
> Insgesamt sollte sich der Arbeitgeber nur soweit verpflichten, wie die Hauptversammlung einem Optionsplan bereits zugestimmt hat. Ist eine Zustimmung noch nicht erfolgt, sollte die Zusage nur aufschiebend bedingt erteilt werden. Grundsätzlich sollte sie nicht generell erfolgen, sondern auf konkrete Optionspläne beschränkt bleiben. Bei der Ausgabe der Optionen ist der Gleichbehandlungsgrundsatz zu beachten.[311]

In Aktienoptionsprogramme werden üblicherweise **Verfalls- und Rückübertragungsklauseln** einbezogen.[312] Unter arbeitsrechtlichen Aspekten sind sie an §§ 138, 242 BGB zu messen und dürfen zudem keine unbillige Kündigungserschwerung darstellen. Demnach sind sie dann unzulässig, wenn der Arbeitnehmer seine Gegenleistung bereits erbracht hat. Für ein Ausscheiden des Arbeitnehmers während der Mindestwartefrist für die Ausübung der Optionen sind Verfallsklauseln regelmäßig zulässig.[313] Inwieweit diesbezüglich die Wartefrist auch ausgedehnt werden kann, ist aber ungeklärt. In der Literatur werden Verfallsklauseln für Wartefristen bis zu fünf Jahre analog § 624 BGB für zulässig erachtet.[314] Im Gegensatz zu gewährten Gratifikationen werden Mitarbeitern bei Aktienoptionen jedoch lediglich Gewinnerwartungen und somit lediglich eine Option auf eine Vermehrung des Vermögens gewährt. Die Grundsätze zur Rückforderung von erbrachten Leistungen sind deshalb im Gegensatz zu den Fällen, in denen den Mitarbeitern bereits Vermögen zugeflossen war, vorliegend nicht anzuwenden. Aktienoptionen zeichnen sich dadurch aus, dass sie typischerweise freiwillig gewährt werden. Eine Rückforderungsklausel, die die Ausübung des Bezugsrechts vom Bestand des Arbeitsverhältnisses abhängig macht, stellt keine unangemessene Benachteiligung des Mitarbeiters dar[315] und kann wirksam vereinbart werden.

Nach dem Ablauf der Wartefrist ist ein Verfall der Option unzulässig, da die Gegenleistung des Arbeitnehmers bereits voll erbracht ist.[316] Gleiches gilt für Rückübertragungs- bzw. Gewinnrückzahlungsklauseln für bereits ausgeübte Optionen. Eine Rückübertragungspflicht ist hier nur gegen eine Entschädigung zulässig, die mindestens dem Ausübungspreis entspricht.[317] Ansonsten handelte es sich um eine unzulässige Verlustbeteiligung.

Im Falle eines **Betriebsübergangs** nach § 613a BGB ist zwischen Ansprüchen auf Aktienoptionen aus der Zusage und Ansprüchen auf Aktien aus bereits gewährten Aktienoptionen zu unterscheiden. Erstere gehen aufgrund ihres arbeitsrechtlichen Charakters gemäß § 613a BGB auf den Erwerber über.[318] Ansprüche auf Aktien hingegen sind weiterhin gegen den Veräußerer geltend zu machen, da sie gesellschaftsrechtlichen Charakter haben und somit nicht von § 613a BGB erfasst werden.[319] Ungeklärt sind jedoch die sich daran knüpfenden Rechtsfolgen.[320] Bei einer Lösung über Verfallsklauseln sind die oben aufgestellten Grundsätze zu beachten.[321] Für eine Optionszusage und -gewährung durch die Konzernmutterge-

---

[311] Vgl. hierzu näher *Baeck/Diller* DB 1998, 1405 (1408 f.); *Schanz* NZA 2000, 626 (633 f.); *Moll/Boudon* § 18 Rn. 103 ff.; dies gilt auch für Führungskräfte: BAG DB 2010, 115.
[312] Hierzu ausführlich *Lingemann/Diller/Mengel* NZA 2000, 1191 (1195); *Maletzky* NZG 2003, 715; *Mechlem/Melms* DB 2000, 1614; *Pulz*, Personalbindung mit Aktienoptionen, BB 2004, 1107 (1110 ff.); MünchAnwHdbArbR/*Kolvenbach/Glaser* § 18 Rn. 108 ff.
[313] BAG AG 2008, 852.
[314] Vgl. *Maletzky* NZG 2003, 715 (717); *Mechlem/Melms* DB 2000, 1614 (1615); *Baeck/Diller* DB 1998, 1405 (1408); MünchAnwHdbArbR/*Kolvenbach/Glaser* § 18 Rn. 109.
[315] BAG NZA 2008, 1066; vgl. auch Staake NJW 2010, 3755.
[316] Marsch-Barner/Schäfer/*Holzborn* § 53 Rn. 84.
[317] Marsch-Barner/Schäfer/*Holzborn* § 53 Rn. 86.
[318] *Nehls/Sudmeyer* ZIP 2002, 201 (202 ff.); *Küttner/Bauer/Röller*, „Aktienoptionen", Rn. 13; aA *Bauer/Göpfert/v. Steinau-Steinrück* ZIP 2001, 1129 (1130 f.).
[319] *Bauer/Göpfert/v. Steinau-Steinrück* ZIP 2001, 1129 (1130 f.); *Nehls/Sudmeyer* ZIP 2002, 201 (204 f.); Marsch-Barner/Schäfer/*Holzborn* § 53 Rn. 88; aA *Lembke* BB 2001, 1469 (1474); *Tappert*, Auswirkungen eines Betriebsübergangs auf Aktienoptionsrechte von Arbeitnehmern, NZA 2002, 1188 (1189).
[320] S. hierzu MünchAnwHdbArbR/*Kolvenbach/Glaser* § 18 Rn. 118 f.
[321] S. hierzu auch *Mechlem/Melms* DB 2000, 1614 (1616).

sellschaft hat das BAG jedoch entschieden, dass es sich hierbei nicht um Ansprüche aus dem Arbeitsverhältnis handelt und daher § 613a BGB keine Anwendung findet.[322]

2. Steuerliche Behandlung

113 Der tatsächliche Wert einer aktienbasierten Vergütung für den Mitarbeiter, wie Aktienoptionen, hängt maßgeblich von der darauf entfallenden Steuerlast ab. Diese muss einerseits bei der Gestaltung des Aktienoptionsplans berücksichtigt werden. Andererseits muss der Mitarbeiter zur Begleichung der (teilweise erheblichen) Steuerbelastung auch gegebenenfalls unerwünschte Maßnahmen, wie beispielsweise die sofortige Veräußerung eines Teils der zugeflossenen Aktien, in Betracht ziehen. Nachfolgend werden die für die Praxis besonders wichtigen Fragen, insbesondere der steuerlichen Qualifizierung der Einkünfte sowie des Zeitpunkts und der Höhe ihrer Besteuerung untersucht sowie die Steuerpflichten des Arbeitgebers und Förderungsmöglichkeiten dargestellt.

114 a) **Besteuerung beim Mitarbeiter.** *aa) Zurechnung als steuerpflichtiges Einkommen und Qualifikation.* Regelmäßig qualifizieren aktienbasierte Vergütungen entweder als Einkünfte aus nichtselbständiger Arbeit oder als Einkünfte aus Kapitalvermögen. **Einkünfte aus Kapitalvermögen** liegen dann vor, wenn die Vergütungen als „Frucht der Kapitalüberlassung" angesehen werden können, also beispielsweise bei Zinsen aus Arbeitnehmer-Darlehen. **Einkünfte aus nichtselbständiger Arbeit** sind hingegen anzunehmen, wenn ein sog Veranlassungszusammenhang zwischen den Einkünften und der Tätigkeit besteht, so dass die Vergütungen als „Frucht der Arbeitsleistung" einzustufen sind. Dies ist beim Aktienoptionsprogramm regelmäßig der Fall. Einen solchen Veranlassungszusammenhang bzw. Einkünfte aus nichtselbständiger Arbeit nimmt der BFH beispielsweise auch dann an, wenn der Vorstand einer AG gegen eine Vergütung auf sein Aktienankaufsrecht gegenüber Altaktionären verzichtet, weil die Gewährung des Aktienankaufsrechts gerade mit Rücksicht auf die Stellung als Unternehmensleiter durchgeführt wurde.[323] Nach Ansicht des Gerichts ist es auch unerheblich, wenn auf das Ankaufsrecht gegen das (zu versteuernde) Entgelt eines Dritten – und nicht des Arbeitgebers – verzichtet wurde. In einem weiteren Urteil bestätigt der BFH, dass auch die **Zuwendung durch Dritte** Einkünfte aus nichtselbständiger Arbeit sind, wenn sich die Zuwendung für den Arbeitnehmer als „Frucht seiner Arbeit" darstellt und im Zusammenhang mit seinem Dienstverhältnis steht. Negativ ausgedrückt: Die Zuwendung darf nicht wegen anderer Rechtsverhältnisse oder auf Grund sonstiger, nicht auf dem Dienstverhältnis beruhender Beziehungen erfolgen.[324] Vorstand bzw. Geschäftsführung einer Aktiengesellschaft sind dabei auch zu den Arbeitnehmern im steuerrechtlichen Sinne zu zählen.[325]

115 Gewinne und Verluste aus bereits **erhaltenen Mitarbeiteraktien** sind im Regelfall nicht den Einkünften aus nichtselbständiger Arbeit zuzuordnen, weil die vermögensmäßige Beteiligung an der Arbeitgeberin der privaten Vermögenssphäre zuzuordnen und von der Erwerbstätigkeit des Mitarbeiters zu unterscheiden ist.[326] Etwas anderes könnte nach der erstinstanzlichen Rechtsprechung beispielsweise dann gelten, wenn der Erwerb der Aktien Voraussetzung für die Einstellung gewesen ist. Die mögliche Festigung der Stellung als Vorstandsmitglied durch die Aktionärsstellung soll allerdings nicht ausreichen, um einen wirtschaftlichen Zusammenhang zwischen Vermögensverlusten und Einkünften anzunehmen. Auf Grund der eingelegten Nichtzulassungsbeschwerde bleibt aber die Entscheidung des BFH hierzu abzuwarten.

---

[322] BAG NJW 2003, 1755 (1756 f.).
[323] BFH BStBl. II 2008 S. 826; diff. BFH Urt. v. 4.10.2016 IX R 113/15.
[324] BFH BStBl. II 2009 S. 382; Geserich DStR Beih. 2014, 53.
[325] BFH BStBl. II 1969 S. 185; Schmidt/*Drenseck* EStG § 19 Rn. 15; MüKoAktG/*Spindler* § 87 Rn. 63.
[326] Vgl. FG Berlin-Brandenburg 22.10.2008 – 1 K 6139/05 B: Bei Einstellung hatte ein Vorstandsdienstvertrag das unwiderrufliche Angebot zum Erwerb von Aktien beinhaltet, welches der Vorstand später tatsächlich annahm. Nachdem die Arbeitgeberin insolvent wurde, wollte der Vorstand die Verluste wegen der wertlosen Aktien als Werbungskosten geltend machen. Das Gericht versagte die steuerliche Geltendmachung der Verluste.

bb) Zeitpunkt der Besteuerung. Der Besteuerungszeitpunkt bestimmt sich gemäß dem steuerlichen Zuflussprinzip nach dem Zeitpunkt der Erlangung der wirtschaftlichen Verfügungsmacht über die Vergütung.[327] Zu welchem Zeitpunkt die Einkommensbesteuerung bei Vergütungen durch Aktienoptionen erfolgt, wurde lange kontrovers diskutiert. Im Schrifttum wurde teilweise der Zeitpunkt der Optionsgewährung als maßgeblich eingestuft (sog **Anfangsbesteuerung**).[328] Hingegen entschied der BFH 2001 bzw. 2005 dass die Überlassung der Aktien aus der ausgeübten Option[329] bzw. Wandlung[330] maßgeblich sei (sog **Endbesteuerung**).[331] Auch der Zeitpunkt der erstmals möglichen Optionsausübung (im Falle der Unübertragbarkeit oder Verwertungshindernissen) ist demnach unbeachtlich, weil nicht das Einräumen von Ansprüchen, sondern erst die Erfüllung einen Zufluss bewirkt.[332] Insbesondere die neuere Rechtsprechung hat präzisiert, dass maßgeblicher Zeitpunkt die Einbuchung der Aktien im Depot des Steuerpflichtigen ist. Zur Begründung wird darauf abgestellt, dass sich der Zuflusszeitpunkt bei der Einräumung eines Rechts im Allgemeinen mit dem Zeitpunkt der Erfüllung des Anspruchs decke. Insofern sei in der Zusage des Arbeitgebers, dem Arbeitnehmer künftig Leistungen zu erbringen, regelmäßig noch nicht der Zufluss eines geldwerten Vorteils zu sehen. Dies gilt nach einem Urteil des BFH vom 20.11.2008 sogar bei – in der Praxis allerdings weniger verbreiteten – **handelbaren** Aktienoptionen,[333] also solchen, die der Arbeitnehmer frei veräußern kann und auch nach einem Ausscheiden oder im Todesfall weiter verwertet werden können. Denn auch handelbare Optionen seien nach Ansicht der Rechtsprechung wie ein noch nicht erfüllter Anspruch anzusehen und kein selbständig bewertbares Wirtschaftsgut im lohnsteuerlichen Sinne. Der maßgebliche geldwerte Vorteil (regelmäßig die Preisdifferenz) gelange erst in das wirtschaftliche Eigentum des Mitarbeiters, wenn dieser die Option ausübt oder veräußert bzw. anderweitig verwertet.

Unerheblich ist nach der höchstrichterlichen Rechtsprechung auch, ob die – ggf. nach Optionsausübung – erlangten Aktien einer **schuldrechtlichen Sperr- oder Haltefrist** unterliegen. Denn der Aktienerwerber sei rechtlich und wirtschaftlich bereits nach Ausübung Inhaber der Aktien, vor allem mit Blick auf dessen Stimmrecht und Dividendenanspruch. Die Endbesteuerung bleibt nach einem Urteil des BFH vom 30.9.2008 auch dann maßgeblich, wenn ein Mitarbeiter auf Grund einer Verfallklausel bei früherer Auflösung des Arbeitsverhältnisses zur **Rückübertragung** der Aktien verpflichtet ist. Sollte das Unternehmen dann auf eine Rückübertragung verzichten, wird ein gegebenenfalls entstehender geldwerter Vorteil des Mitarbeiters allerdings nicht (zusätzlich) besteuert.[334] Bei gesetzlichen Sperrfristen oder **dinglichen** Haltefristen, die eine Verfügung rechtlich unmöglich machen, ist ein lohnsteuerlicher Zufluss nach einem Urteil des BFH vom 30.6.2011 jedoch offenbar noch nicht anzunehmen[335].

Bei **börsennotierten** Optionsscheinen soll der Zeitpunkt der erstmaligen Verfügbarkeit bzw. Handelbarkeit der Optionsrechte der maßgebliche Besteuerungszeitpunkt sein.[336] In diesem Fall erhalte der Mitarbeiter ein Wirtschaftsgut, welches einen ohne Weiteres realisierbaren Marktwert enthält und insofern einer börsennotierten Aktie entspreche.

Nach Ansicht des Verfassers sollte es für eine Besteuerung im Zeitpunkt der erstmaligen Handelbarkeit bzw. Verfügbarkeit konsequenterweise nur darauf ankommen, ob die Optionsrechte marktgängig sind, denn die *Art* der **Marktgängigkeit** bestimmt lediglich die Höhe der Transaktionskosten. Diese in unterschiedlichen Facetten vertretene Auffassung[337]

---

[327] BFH BStBl. II 1975 S. 776 ff.; BFH BStBl. II 1986 S. 342 ff.
[328] Vgl. Überblick bei Schmidt/*Heinicke* § 11 Rn. 30.
[329] BFH BStBl. II 2001 S. 512, BFH BStBl. II 2001 S. 686.
[330] BFH BStBl. II 2005 S. 766.
[331] Vgl. BFH DB 2001, 1173 = DStR 2001, DB 2001, 1176 = DStR 2001, 934.
[332] BFH DStR 2001, 1341 ff.; 1999, 1524 (1525); MüKoAktG/*Spindler* § 87 Rn. 64.
[333] BFH BStBl. II 2009 S. 382.
[334] BFH BStBl. II 2009 S. 282.
[335] BFH VI R 37/09, BStBl. II 2011 S. 923.
[336] FG Münster DStRE 2009, 589.
[337] Vgl. Ländererlasse, zB FM NRW 27.3.2003 – S 2332 – 109 – V B 3, DB 2003, 747.

dürfte sich aber, mit einer möglichen Ausnahme im Falle der Börsengängigkeit, derzeit nicht vor Gericht durchsetzen lassen.

120 cc) *Fehlanreize/Billigkeitserlass?* Nach dem status quo wird der Mitarbeiter in vielen Fällen zum sofortigen Verkauf der erlangten Aktien gezwungen sein, um Liquidität zur Tilgung der Steuerlast zu erhalten. Behält der Mitarbeiter die Aktien, wird letztlich eine Art „fiktiver Gewinn" versteuert, wobei sich das Problem dadurch verschärft, dass spätere Aktienverluste nur noch beschränkt (mit Aktiengewinnen) verrechenbar sind. Im Ergebnis wird der politisch bezweckte Anreiz zur langfristigen Mitarbeiterbeteiligung durch Aktien gefährdet und kann der ggf. notwendige sofortige Aktienverkauf auch das Misstrauen des Arbeitgebers hervorrufen. Besonders problematisch in diesem Zusammenhang sind auch **Haltefristen**,[338] wonach es dem Begünstigten für eine bestimmte Zeit nach der Optionsausübung nicht gestattet ist, die erworbene Bezugsaktie zu veräußern. Gleichwohl ist nach der Rechtsprechung von einem Zufluss im Zeitpunkt der Optionsausübung auszugehen.

> **Praxistipp:**
> Nach der jetzigen Rechtslage sollten Haltefristen daher vermieden oder eingeschränkt werden, da sie dem Begünstigten die Möglichkeit nehmen, im Falle eines Kursverfalls rechtzeitig die Bezugsaktien zu veräußern.[339]

121 Im Falle einer Besteuerung trotz Haltefrist oder sonstiger Verfügungsbeschränkung sollte ein Antrag auf **Billigkeitserlass** erwogen werden, falls die Aktien bis zum Zeitpunkt der Verfügbarkeit im Wert gesunken sind. Nach auf die Einkommensteuer übertragbarer Ansicht des Bundesverfassungsgerichts zur Erbschaftssteuer kann ein Erlass aufgrund atypischer Umstände gerechtfertigt sein, wenn der Erbe den Kursverfall seines ererbten Vermögens mangels tatsächlicher Verfügungsmacht weder durch den Verkauf noch andere Maßnahmen verhindern konnte und die Besteuerung den Erben übermäßig belastet.[340] Entsprechend hatte bereits das FG Nürnberg ausgeführt, dass ein Billigkeitserlass dann zu bedenken sei, wenn „der Wertverlust im unmittelbaren zeitlichen Zusammenhang mit dem Erbfall eintritt und eine frühere Realisierung der beim Todestag bestehenden Bereicherung dem Erben wegen **fehlender Verfügungsmöglichkeit** noch nicht möglich gewesen ist".[341] Nach dem Gesetz – so die damit übereinstimmenden Literaturansichten – bestimme zwar der Todestag des Erblassers den Besteuerungsstichtag, jedoch folge aus dem verfassungsrechtlichen Grundsatz des **Leistungsfähigkeitsprinzips**, als maßgeblichen Besteuerungszeitpunkt auf den Zeitpunkt der tatsächlichen „freien Verfügbarkeit" über die Erbschaft abzustellen.[342] Entscheidend seien mithin grundsätzlich die Wertverhältnisse im Zeitpunkt der Erlangung der wirtschaftlichen Verfügungsmacht.[343] Diese in Bezug auf die Erbschaftsteuer aufgestellten Grundsätze sind auch auf die Einkommensteuer bzw. Besteuerung von Aktienoptionen übertragbar. Es ist allgemein anerkannt, dass Ausnahmen vom einkommensteuerlichen Zuflussprinzip auf dem Billigkeitswege möglich sind[344] und in der Rechtsprechung angelegt, dass maßgeblicher Einkommensbesteuerungszeitpunkt der Zeitpunkt der freien „wirtschaftlichen Verfügbarkeit" über das Vermögen sein muss.[345] Letztlich kann über einen Billigkeitserlass daher auf Ebene der Gesetzesanwendung dem Leistungsfähigkeitsprinzip Rechnung getragen werden.

---

[338] Vgl. GroßkommAktG/*Frey* § 193 Rn. 73.
[339] Vgl. hierzu bereits → Rn. 76.
[340] Vgl. BVerfGE 93, 165 – Aachener Wertpapierfall; ferner FG Köln EFG 1998, 1603 (1604).
[341] FG Nürnberg EFG 1991, 548 (549).
[342] *Kapp* DStR 1985, 174 (175); *Geck* FR 2007, 631 (638); *Meincke* DStR 2004, 573 (576).
[343] *Geck* FR 2007, 631 (636).
[344] L. Schmidt/*Heinicke* § 11 Rn. 7.
[345] Vgl. BFH BStBl. II 1975 S. 776; BFH BStBl. II 1998 S. 252.

> **Praxistipp:**
> Bei einer Besteuerung bei Aktienzufluss trotz Haltefrist oder sonstiger Verfügungsbeschränkung sollte ein Antrag auf Billigkeitserlass gestellt werden.

Die derzeitige Gesetzeslage und -auslegung zur Besteuerung der Aktienoptionen ist aus verfassungsrechtlicher und politischer Sicht jedenfalls bedenklich. Es wäre sachgerechter und – auch mit Blick auf die Privilegierungen in anderen (EU-)Staaten[346] – wünschenswert, wenn der von einer aktienbasierten Vergütung Begünstigte erst bei einer Veräußerung der erlangten Aktien (oder Optionen) besteuert wird (**Realisationsbesteuerung**), möglichst zu einem reduzierten Steuersatz.[347] Auch wäre ein Wahlrecht hinsichtlich des Besteuerungszeitpunkts für handelbare bzw. marktfähige[348] Optionen sinnvoll.[349]

dd) Höhe des steuerpflichtigen Einkommens. Prinzipiell richtet sich die Bemessungsgrundlage für die Steuer nach dem Wert des (geldwerten) Vorteils des Mitarbeiters, also grundsätzlich dem sog „gemeinen Wert" der Vergütung im Zeitpunkt ihrer Überlassung (Bewertungsstichtag). Das steuerpflichtige Einkommen errechnet sich also im Zeitpunkt der Depoteinbuchung aus der **Differenz** zwischen dem Verkehrswert der den Optionen zugrunde liegenden Bezugsaktien und dem Bezugs- bzw. Basispreis, den der Begünstigte für eine Aktie zu bezahlen hat.[350] Bei börsennotierten Aktien ist als maßgeblicher Wert nach neuem Recht ebenfalls immer der „gemeine Wert" anzusetzen. Mangels anderer gesetzlicher Regelungen dürfte also auch bei **börsennotierten** Wertpapieren auf den Zufluss des geldwerten Vorteils beim Arbeitnehmer abzustellen sein, also letztlich auf die Einbuchung im Depot des Arbeitnehmers.[351] Der Zeitpunkt der Beschlussfassung ist entgegen der bisherigen Rechtslage unerheblich, was (lediglich) in Zeiten sinkender Kurse vorteilhaft ist. Nach bisherigem Recht war der niedrigste notierte Kurs am Tag der Beschlussfassung zu Grunde zu legen, falls die Überlassung der Aktien innerhalb von 9 Monaten nach der Beschlussfassung erfolgte (§ 19a EStG). Diese Altregelung gilt nur noch dann, wenn die Vermögensbeteiligung vor dem 1.4.2009 überlassen wird oder aufgrund einer am 31.3.2009 bestehenden Vereinbarung ein Anspruch auf die unentgeltliche oder verbilligte Überlassung einer Vermögensbeteiligung wie Aktien besteht sowie die Vermögensbeteiligung vor dem 1.1.2016 überlassen wird und der Arbeitgeber bei demselben Arbeitnehmer im Kalenderjahr nicht § 3 Nr. 39 EStG (Steuerfreibetrag gemäß 5. VermBG) anzuwenden hat (§ 52 Abs. 35 EStG).

Bei **nichtnotierten** Anteilen an Kapitalgesellschaften wie Aktien wird der Wert vorrangig aus zeitnahen Verkäufen vor der Überlassung abgeleitet. Dem Bewertungsstichtag nachfolgende Vorgänge wie zB Kapitalerhöhungen oder Börsengänge, bei denen regelmäßig eine Bewertung von Anteilen erfolgt, sind nach jüngerer Ansicht des FG Hessen[352] grundsätzlich unerheblich, wobei insoweit noch eine höchstrichterliche Entscheidung aussteht.[353] Nur

---

[346] Vgl. den europäischen Überblick in Growth Plus Europe's, Strategies for Growth Companies: Stock Options & Employee Share Ownership Programmes, 1999 Research Report; Besteuerung von Aktienoptionen in Europa, FAZ, Artikel v. 6.9.1999, 32. Schweiz: zB Kreisschreiben Nr. 5 vom 30.4.1997 der eidgenös-sischen Steuerverwaltung (Hauptabteilung direkte Bundessteuer) an die kantonalen Verwaltungen für die direkte Bundessteuer betreffend die Besteuerung von Mitarbeiteraktien und Mitarbeiteroptionen (Steuerperiode 1997/1998); Österreich: Kapitalmarktoffensive-Gesetz (KMOG), österreichisches BGBl. 2000 I S. 2, in Kraft getreten am 1.1.2001. Zu den aktien-, kapitalmarkt- und handelsrechtlichen Neuerungen im österreichischen Aktienoptionengesetz, vgl. österreichisches BGBl. Nr. 42/2001, in Kraft getreten am 1.5.2001 (www.parlament.gv.at).
[347] Dies entspricht den Regelungen für sog qualifizierte Mitarbeiteroptionen *(incentive stock options)* in den USA (Sec. 422 IRC = Internal Revenue Code USA), Großbritannien und Frankreich. Zur Situation in den USA, vgl. *Deutschmann* S. 387; vgl. ferner die Hinweise des Institut „Finanzen und Steuern" eV S. 65.
[348] Zur Abgrenzung zwischen marktfähigen und marktgängigen Optionen, vgl. OFD Berlin 25.3.1999, DB 1999, 1241.
[349] So die Wirtschaftsminister und -senatoren der Länder, vgl. Institut „Finanzen und Steuern" eV S. 67.
[350] Zur Kritik an der Bemessungsgrundlage, vgl. *Portner* DB 2002, 235.
[351] Vgl. BFH 1.2.2007 – VI R 73/04.
[352] FG Hessen 30.5.2007 – 2 K 841/06; *Schüppen* JbFStR 2008/9, 295 ff.
[353] BFH VI R 30/07.

ausnahmsweise soll ein konkreter Kaufpreis für die Anteile auch nach Überlassung berücksichtigt werden können, wenn sich der Preis zum Zeitpunkt der Überlassung aufgrund der Verhandlungen bereits so hinreichend „verdichtet" hatte, so dass die nachträgliche Fixierung nur noch als „formeller Natur" angesehen werden kann.

125 *ee) Progressionsmilderung.* Der geldwerte Vorteil unterliegt bei Aktienoptionen – wie festgestellt – regelmäßig als Arbeitslohn dem individuellen Steuersatz des Mitarbeiters. Auf Antrag des Steuerpflichtigen kann aber die Steuerprogressionsmilderung des § 34 Abs. 2 Nr. 4 EStG, die sog Fünftelregelung, zur Anwendung kommen wenn es sich bei dem geldwerten Vorteil um sog außerordentliche Einkünfte handelt.[354] Der geldwerte Vorteil aus der Option bzw. den verbilligten Aktien muss daher die Vergütung für eine mehrjährige Tätigkeit sein. Dafür müssen zwischen Einräumung und Erfüllung der Option mehr als zwölf Monate liegen und der Arbeitnehmer in diesem Zeitraum beim Arbeitgeber beschäftigt gewesen sein.

126 *ff) Freibetrag/Mitarbeiterkapitalbeteiligungsgesetz.* Im Rahmen einer unentgeltlichen oder verbilligten Überlassung von Aktien an Arbeitnehmer (im steuerlichen Sinne) kann unter bestimmten Voraussetzungen ein Steuerfreibetrag genutzt werden. Der insoweit maßgebliche geldwerte Vorteil des Arbeitnehmers ergibt sich aus dem Unterschied zwischen dem Wert der Vermögensbeteiligung und dem Preis, zu dem die Vermögensbeteiligung dem Arbeitnehmer überlassen wird. Der steuer- und sozialversicherungsfreie **Freibetrag** auf diesen geldwerten Vorteil ist durch das ab 2009 geltende Mitarbeiterkapitalbeteiligungsgesetz[355] von 135 EUR auf 360 EUR p. a. angehoben und die bisherige Begrenzung der Privilegierung auf höchstens den halben Wert der Beteiligung aufgehoben worden. Die Vorgängerregelung galt nur noch für Bestandsfälle bis 2015. Eine parallele Anwendung der Alt- und Neuregelung beim gleichen Arbeitgeber ist allerdings ausgeschlossen. Gefördert werden nach § 3 Nr. 39 EStG Vorteile iSd § 19 Abs. 1 Nr. 1 EStG aus bestimmten Vermögensbeteiligungen iSd § 2 des Fünften Vermögensbildungsgesetzes.

127 Durch das StEUVUmsG[356] wurde die Regelung zusätzlich erweitert. Die Leistung muss demnach weder freiwillig vom Arbeitgeber, noch zusätzlich zum ohnehin geschuldeten Arbeitslohn („on-Top") erfolgen. Zudem wird seit dem auch die Barlohnumwandlung erfasst.

128 Generell muss die Vermögensbeteiligung **allen Arbeitnehmern** offen stehen, die bei Bekanntgabe des Angebots ein Jahr oder länger ununterbrochen in einem Dienstverhältnis zum Unternehmen stehen; der Einbezug kürzerer Dienstverhältnisse ist nicht ausgeschlossen.

> **Praxistipp:**
> Die steuerliche Entlastung p. a. beträgt nach derzeitigem Recht pro Mitarbeiter (lediglich) zwischen 54,00 EUR und 144,00 EUR, die gesparten Sozialabgaben betragen höchstens etwa 120,00 EUR. Die Mitarbeiterbeteiligung könnte daher zumindest auf das Ausschöpfen des Freibetrags hin konzipiert werden. Interessant ist insbesondere die mittlerweile geförderte Kombination von Lohnerhöhung und Mitarbeiterbeteiligung.

129 **b) Lohnsteuerpflichten des Arbeitgebers.** Bei Einkünften aus nichtselbständiger Arbeit wird die Einkommensteuer durch Abzug vom Arbeitslohn erhoben (Lohnsteuer).[357] Der Arbeitnehmer bleibt steuerrechtlich Schuldner der Lohnsteuer, die in dem Zeitpunkt entsteht, in dem der Arbeitslohn dem Arbeitnehmer zufließt. Der Arbeitgeber hat die Lohnsteuer für Rechnung des Arbeitnehmers bei jeder Lohnzahlung vom Arbeitslohn einzubehalten und abzuführen. Hierfür haftet der Arbeitgeber.[358] Diese Pflichten hat der Arbeitgeber auch

---

[354] Bzw. § 34 Abs. 3 EStG aF.
[355] Das zum 1.4.2009 in Kraft getretene Gesetz zur steuerlichen Förderung der Mitarbeiterkapitalbeteiligung zielt darauf, die Beteiligung von Arbeitnehmern am Unternehmen ihres Arbeitgebers besser als bisher zu fördern. Es gilt, soweit es den Steuerpflichtigen begünstigt, bereits (rückwirkend) ab 2009.
[356] G. v. 8.4.2010, BGBl. 2010 I S. 386.
[357] § 38 Abs. 1 S. 1 EStG.
[358] Vgl. § 42d Abs. 1 EStG.

dann zu erfüllen, wenn der Arbeitslohn von einem Dritten stammt, sofern der Arbeitgeber dies erkennen kann. Dies wird angenommen, wenn die Vergütungen von einem konzernverbundenen Unternehmen stammen, beispielsweise der Muttergesellschaft. Der Arbeitnehmer hat den Arbeitgeber über Arbeitlohn von dritter Seite zu informieren (§ 38 Abs. 4 S. 3 EStG). Bei der Besteuerung eines geldwerten Vorteils aus der Optionsausübung[359] ist zu berücksichtigen, dass der (daneben) gewährte Barlohn an den betroffenen Arbeitnehmer häufig nicht ausreichen dürfte, um die gesamte Steuerforderung vollständig zu erfüllen.[360] Die zuwenig erhobene Lohnsteuer wird das Finanzamt dann vom Arbeitnehmer nachfordern.[361] Insoweit haftet der Arbeitgeber nicht, wenn er dem Betriebsstättenfinanzamt angezeigt hat, dass der Fehlbetrag nicht durch den Barlohn des Arbeitnehmers aufgebracht werden kann.[362]

> **Praxistipp:**
> Bei der Gestaltung des Stock Option Modells sollte der mögliche Liquiditätsbedarf des Arbeitnehmers zur Steuertilgung berücksichtigt werden, beispielsweise indem die bezogenen Aktien zumindest teilweise sofort frei veräußert werden dürfen.

c) **Betriebsausgabenabzug beim Arbeitgeber.** Sofern der Arbeitgeber seinen Mitarbeitern **130** über Stock Options Programme Aktien verbilligt überlässt, stellt sich die Frage, ob in Höhe der **Preisdifferenz** steuerlich abzugsfähige Betriebsausgaben entstehen.[363] Dies hängt zum einen davon ab, woher die Aktien für die Mitarbeiter stammen. Werden junge Aktien aus einer Kapitalerhöhung unter Bezugsrechtsausschluss der Altaktionäre verbilligt überlassen, entsteht beim Arbeitgeber kein Aufwand. Erfolgt eine Ausgabe aus eigenen Aktien des Arbeitgebers, entsteht dem Unternehmen zwar Aufwand, soweit es die Aktien zu einem höheren Kurswert erworben hat. Jedoch ist zweifelhaft, ob darin abzugsfähiger Personalaufwand zu sehen ist.[364] Bei eher formeller Betrachtung dürften gemäß § 8b Abs. 3 KStG nicht abzugsfähige Veräußerungsverluste entstehen.[365] Die Kosten der **Konzeption**, Umsetzung und Verwaltung des Stock Options Modells sind hingegen steuerlich abzugsfähig, sofern die betriebliche Veranlassung die gesellschaftsrechtliche Motivation (wie im Regelfall) überlagert.[366]

> **Praxistipp:**
> Sofern die verbilligte Überlassung durch ein konzernverbundenes Unternehmen (zB die Muttergesellschaft) erfolgt, kann sich der Arbeitgeber durch eine **Weiterbelastungsvereinbarung** verpflichten, dem ausgebenden Unternehmen Ausgleichzahlungen für die verbilligte Überlassung zu leisten. Sofern die Vereinbarung vor allem mit Blick auf eine etwaige verdeckte Gewinnausschüttung einem Drittvergleich standhält, kann der Arbeitgeber nach überwiegender Ansicht steuerlich abzugsfähige Betriebsausgaben geltend machen.[367]

d) **Besteuerung der Aktien nach Erwerb.** *aa) Haltephase.* Während der Aktien-Haltephase, **131** sind beim Mitarbeiter Lohneinkünfte nur denkbar, wenn der Arbeitgeber Kosten für die

---

[359] Im Falle der Börsengängigkeit könnte der geldwerte Vorteil bei der ersten Handelbarkeit maßgeblich sein, s. o.
[360] Vgl. § 38 Abs. 4 S. 1 EStG.
[361] Vgl. § 38 Abs. 4 S. 4 EStG.
[362] Vgl. § 38 Abs. 4 S. 3 und 4 EStG.
[363] Vgl. § 4 Abs. 4 EStG.
[364] Dafür *Mikus* BB 2002, 178 (179).
[365] *Gosch* KStG § 8b Rn. 273, 275.
[366] Kessler/Sauter/*Wiesmann* F Rn. 284.
[367] Vgl. *Neyer* BB 1999, 1142; *Fischer* Unternehmensteuerrecht § 13 Rn. 154; *Ackermann/Strnad* DStR 2001, 477 und *Bauer/Strnad* BB 2003, 895.

132 Die laufenden Erträge aus den Aktien sind im Regelfall nicht mehr durch das Arbeitsverhältnis veranlasst, sondern qualifizieren als Einkünfte aus Kapitalvermögen. Dividenden unterliegen grundsätzlich der **Abgeltungssteuer** iHv pauschal 25 % (zzgl. SolZ und ggf. Kirchensteuer). Werbungskosten, insbesondere Finanzierungskosten für den Optionserwerb sind nicht abzugsfähig. Bei einer Beteiligung von über 25 % oder über 1 % bei gleichzeitiger Beschäftigung beim Arbeitgeber[369] wird der Mitarbeiter auf Antrag nach dem Teileinkünfteverfahren besteuert, wonach 60 % der Vergütungen dem individuellen Steuersatz unterliegen. In dem Fall sind die Werbungskosten zu 60 % abzugsfähig.[370]

133 *bb) Veräußerung.* Vor 2009 angeschaffte Aktien können auch nach 2008 steuerfrei veräußert werden, wenn die Anteile länger als ein Jahr im Privatvermögen gehalten wurden und die Beteiligung kleiner als 1 % gewesen ist. Für **ab 2009 angeschaffte Aktien** gilt im Falle des § 17 EStG das Teileinkünfteverfahren, wonach 60 % des Gewinns nach dem individuellen Steuertarif steuerpflichtig sind. Andernfalls werden Veräußerungsgewinne des Mitarbeiters stets mit der Abgeltungssteuer belastet.

134 e) **Exkurs: Sozialversicherung.** Die verbilligte Überlassung von Beteiligungen wie Aktien führen grundsätzlich zur Beitragspflicht bei den Sozialversicherungen. Beitragsfreiheit besteht, soweit Lohnsteuerfreiheit besteht oder sofern die Beitragsbemessungsgrenze (insbesondere schon durch den Barlohn) überschritten wird. Die Beitragspflicht entsteht entsprechend der Lohnsteuer zum Zeitpunkt des Zuflusses der Vergütung.[371] Nicht beitragspflichtig sind Einkünfte ohne Arbeitslohncharakter wie Einkünfte aus Kapitalvermögen (Dividenden, Veräußerungsgewinne).

135 f) **Exkurs: Förderung durch Arbeitnehmer-Sparzulage.** Arbeitnehmer können vermögenswirksame Leistungen auch im eigenen Unternehmen anlegen. Der Fördersatz für in Beteiligungen angelegte vermögenswirksame Leistungen iSd 5. VermBG beträgt 20 % (bis 2009: 18 %), die Einkommensgrenzen 20.000 EUR bzw. 40.000 EUR (Ledige bzw. Ehegatten) (bis 2009: 17.900 EUR bzw. 35.800 EUR). Die staatliche Arbeitnehmer-Sparzulage wird am Ende der sechsjährigen Veräußerungssperrfrist gezahlt und ist weder einkommens- noch sozialversicherungspflichtig. Zu den begünstigten Vermögensbeteiligungen gehören insbesondere Aktien und GmbH-Anteile, Schuldverschreibungen, stille Beteiligungen, Genussrechte, Darlehensforderungen sowie ab 2009 auch Anteile an dem Mitarbeiterkapitalbeteiligungsfonds.

3. Bilanzielle Behandlung

136 Bei der Gewährung von Aktienoptionen erhalten die Mitarbeiter (die Chance auf) einen Vorteil in Höhe der Differenz zwischen Bezugspreis der Optionen und Kurswert der Aktien bei Ausübung. Dieser (mögliche) Vorteil ist eine Gegenleistung für bereits erbrachte und/ oder zukünftige Arbeitsleistungen der Mitarbeiter. Die bilanzielle Kernfrage lautet, ob (und ggf. in welcher Höhe) der Optionswert erfolgswirksam oder erfolgsneutral erfasst wird. Im HGB wird die bilanzielle Behandlung von Aktienoptionen nicht ausdrücklich geregelt, während IFRS 2 ab 2005 die Bilanzierung sämtlicher aktienorientierter Vergütungen (share based payments) festlegt.[372] IFRS ist für kapitalmarktorientierte Unternehmen in Deutschland relevant, weil diese gemäß IAS-Verordnung verpflichtet sind, einen Konzernabschluss nach

---

[368] R 19a Abs. 3 S. 4 LStR 2008.
[369] Im Falle einer Beschäftigung bei einer anderen konzernangehörigen Gesellschaft ist nicht abschließend geklärt, ob ein Werbungskostenabzug möglich ist.
[370] § 32d Abs. 2 Nr. 3a und b.
[371] Vgl. *Fischer* Unternehmensteuerrecht § 13 Rn. 147.
[372] Vgl. *Heuser/Theile* IFRS-HdB Rn. 2502.

IFRS aufzustellen. Maßgeblich für die bilanzielle Behandlung von Aktienoptionen ist, aus welchem „Aktientopf" die Optionen bedient werden.[373]

a) Erfüllung aus eigenen Aktien. Sofern die Optionen durch Aktiengewährung bedient werden, die das Unternehmen von Dritten erwirbt (regelmäßig über den Sekundärmarkt oder von kooperierenden Finanzinstituten)[374] ist der zum Erwerb der Aktien erforderliche Aufwand nach **HGB** als Personalaufwand **erfolgswirksam** zu buchen. Der Aufwand für den Erwerb solcher Fremd-Optionen ist regelmäßig eine Vorleistung auf zukünftige Arbeitsleistungen, mithin Personalaufwand.[375] Liegt der Erwerbszeitpunkt in der Zukunft, ist der zukünftige Aufwand nach herrschender Meinung als Rückstellung[376] nach anderer Ansicht als Verbindlichkeit[377] zu verbuchen. Nicht abschließend geklärt ist, ob der innere Wert oder der Gesamtwert anzusetzen ist (zu den Begriffen nachfolgend). Im Falle einer Laufzeit zwischen Optionsgewährung und voraussichtlicher Aktiengewährung erfolgen die Buchungen ratierlich auf die Laufzeit verteilt. Sind die eigenen Anteile **bereits im Eigentum** des Unternehmens, ist der Differenzbetrag (ggf. zeitanteilig) als Rückstellung (aA Verbindlichkeit) und Personalaufwand zu erfassen. 137

Nach **IFRS** wird der für den Aktienrückkauf aufgewendete Kaufpreis erfolgsneutral vom Eigenkapital abgesetzt, weil der Erwerb als Kaufpreisrückzahlung gilt (IAS 32.32 f.). Dadurch entsteht der Zustand, wie wenn das Unternehmen junge Aktien ausgeben muss (zur Bilanzierung nachfolgend).[378] 138

b) Erfüllung aus bedingtem Kapital. Werden die Mitarbeiteraktienoptionen aus einer Kapitalerhöhung durch **Aktiengewährung** bedient (bedingtes Kapital gemäß §§ 192 ff. AktG), ist sowohl nach **HGB** als auch **IFRS** unstrittig, dass der zu zahlende Ausübungspreis bis zur Höhe des Nennwerts der Aktien als gezeichnetes Kapital und der übersteigende Teil als Kapitalrücklage (§ 272 Abs. 2 Nr. 1 HGB) zu bilanzieren ist (E-DRS[379] 11.19; IFRS 2). 139

aa) Erfolgswirksamkeit? Bei einer Bilanzierung nach IFRS 2 müssen Stock Options als Aufwand verbucht werden, und zwar im Geschäftsjahr der Gewährung zum Zeitwert.[380] Dadurch wird das Unternehmensergebnis entsprechend gemindert. Entsprechendes gilt nun auch für den US-GAAP-Rechnungskreis.[381] Zum **HGB** ist umstritten, ob und ggf. in welcher Höhe der Vorteil des Optionsinhabers bei der Gesellschaft zu (Personal-)Aufwand führt. 140

Plädiert wird für einen Vergleich zum Rückkauf von Optionen von Dritten, wodurch eine Verbindlichkeitenrückstellung nach § 249 Abs. 1 S. 1 HGB und als Gegenposition ein Personalaufwand erforderlich würde. Nach einer stark ökonomisch geprägten Ansicht würden die durch „Verwässerung" betroffenen Altaktionäre hingegen eine Art „Einlage" in die Kapitalrücklage leisten, wobei eine Gegenbuchung beim Personalaufwand erforderlich würde.[382] Nach im Vordringen befindlicher Ansicht, der sich auch E-DRS 11.7, 11.8 und 11.14 angeschlossen hat, ist die Optionsgewährung als Entgelt in Höhe des sog Gesamtwerts der Option zu qualifizieren. Dies entspricht der Regelung gemäß **IFRS** 2 und US-GAAP (SFAS Nr. 123R). Wird die Option demnach für vergangene Arbeitsleistung gewährt, ist der Gesamtwert in die Kapitalrücklage und entsprechend als Personalaufwand zu buchen.[383] Wird 141

---

[373] Vgl. *Hasbargen/Seta* BB 2004, 516; *Deutschmann* IStR 2001, 389.
[374] Vgl. *Herzig* DStR 1999, 1 (11 f.).
[375] MüKoHGB/*Reiner* § 272 Rn. 54.
[376] Vgl. *Herzig* DStR 1999, 1 (9 f.); BeckBil-Komm/*Förschle/Hoffmann* HGB § 272 Rn. 315.
[377] MüKoHGB/*Reiner* § 272 Rn. 55.
[378] Weiterführend *Heuser/Theile* IFRS-HdB Rn. 2541 ff.
[379] Vgl. Deutsche Rechnungslegungs Standards Committee eV (DRS C); Entwurf eines Rechnungslegungsstandards „Bilanzierung von Aktienoptionsplänen und ähnlichen Entgeltformen" E-DRSC 11, abrufbar unter www.drsc.de; vgl. auch die Stellungnahme zum Positionspapier von *Kropp* DStR 2002, 1919 (1960); *Herzig/Lochmann* Wpg 2001, 82.
[380] *Küting/Dürr* WPG 2004, 609 (612); MüKoAktG/*Spindler* § 87 Rn. 62.
[381] *Rossmanith/Funk/Alber* WPG 2006, 664, mwN; MüKoAktG/*Spindler* § 87 Rn. 62.
[382] *Pellens/Crasselt* DB 1998, 217 ferner; *Günkel/Borscho* FR 2003, 497 (500); *Fischer* DB 2001, 1003 (1004); *Neia* BB 1999, 1142; MüKoAktG/*Spindler* § 87 Rn. 61.
[383] *Achleitner/Wollmert/Haarmann* S. 124; *Pellens/Crasselt* DB 1998, 217 (220); BeckBil-Komm/*Förschle/Hofmann* § 272 Rn. 302 ff.

die Option für zukünftige Arbeitsleistungen gewährt, sind die Kapitalrücklage und der entsprechende Personalaufwand ratierlich über den vorgesehenen Zeitraum zu erfassen.

142 Nach (wohl noch) herrschender Ansicht ist eine Buchung als Aufwand jedoch unzulässig. Die Gesellschaft werde bei einer Gewährung von Aktienoptionen, die aus einer Kapitalerhöhung bedient werden, nicht belastet. Die Annahme einer Art „Einlage" wäre systemwidrig, auch könne die Arbeitsleistung des Mitarbeiters bilanziell nicht Entgelt für die Optionsgewährung sein (vgl. § 27 Abs. 2 AktG).[384] Zwar dürfte aus der Perspektive der Altaktionäre eine gewinnmindernde Buchung gewünscht und prinzipiell ein Gleichlauf zum IFRS praktisch sein, handelsbilanzrechtlich bestehe nach derzeitigem Recht jedoch keine Möglichkeit für den Ansatz von Personalaufwand.[385]

143 *bb) Bewertung des Aufwands.* Falls sich die Frage nach einer Bewertung des Personalaufwands stellt, wie jedenfalls im Rahmen des IFRS, ist der **Gesamtwert** der Option maßgeblich, also die Summe aus innerem Wert und Zeitwert der Option.[386] Der **innere Wert** der Option ist der Ausübungserfolg bei unterstellter sofortiger Ausübung und errechnet sich aus der Differenz zwischen aktuellem Aktienkurs und vereinbartem Bezugskurs. Der **Zeitwert** der Option besteht aus der bezifferten Chance, dass sich die Kurse und der Ausübungserfolg zukünftig noch erhöhen können. Er ist umso höher, je länger die verbleibende Frist und je größer die Unsicherheit hinsichtlich der Kursentwicklung ist. Für die Bewertung kann auf Bewertungsmodelle (Optionspreismodelle) zurückgegriffen werden (vgl. Black-Scholes, Binominalmodell; Monte Carlo-Simulation).[387] Maßgebliche Bewertungsparameter sind neben dem Bezugspreis, die erwarteten Dividenden, der Diskontierungszinssatz (wegen Zinsgewinns aus späterer Zahlung Bezugspreis), Laufzeit der Option und die erwarteten Kursschwankungen (Volatilität).[388]

144 Fraglich ist, wie sich „Hürden" bei der Ausübbarkeit der Option auf die Bewertung auswirken. Nach **IFRS** werden nur kapitalmarktabhängige Ausübungshürden in die Berechung des Gesamtwerts mit einbezogen, nicht jedoch andere erfolgsorientierte Ausübungshürden, wie beispielsweise bestimmte Umsatz- oder Gewinnzuwächse oder das Verbleiben des Mitarbeiters im Unternehmen. Werden letztere verfehlt, kommt es zu einer Stornierung der Buchungen bei Kapitalrücklage und Personalaufwand. Bislang ist ungeklärt, ob nach **HGB** entsprechend zu verfahren ist, sofern die Buchung von Aufwand schon generell für zulässig gehalten wird. Nach einem anderen Ansatz gemäß E-DRS 11.17 sollen im Falle des vorzeitigen Ausscheidens die bisherigen Buchungen verbleiben und angesammelte Beträge nicht wieder ausgebucht werden, was entsprechend für andere erfolgsbezogene Hürden gelten dürfte. Solche Hürden müssten bei der Optionsbewertung im Regelfall wertmindernd berücksichtigt werden, wodurch jedoch (eher unerwünschte) erhebliche Bewertungsspielräume entstünden. Daher wird teilweise vertreten, das Konzept des IFRS auf das HGB auch insoweit zu übertragen und diese Faktoren nicht in die Bewertung mit einzubeziehen.[389] Bei Nichterreichen solcher Hürden käme es demnach zu einer Stornierung der Buchungen.

III. Wandel- und Optionsanleihe

1. Rechtliche Ausgestaltung

145 **a) Begriff der Wandel- und Optionsanleihe.** Das Aktienrecht definiert in § 221 AktG Wandelschuldverschreibungen als Schuldverschreibungen, bei denen dem Gläubiger ein Umtausch- oder Bezugsrecht auf Aktien eingeräumt wird. In der üblichen Terminologie wird zwischen Schuldverschreibungen mit Umtauschrecht und solchen mit Bezugsrecht unter-

---

[384] Vgl. auch *Rammert* WPg 1998, 769 ff.; MüKoHGB/*Reiner* § 272 Rn. 59.
[385] Ausführlich MüKoHGB/*Reiner* § 272 Rn. 59.
[386] Vgl. *Heuser/Theile* IFRS-Handbuch Rn. 2511.
[387] Vgl. weiterführend *Franke/Hax*, Finanzwirtschaft des Unternehmens und des Kapitalmarkt, 1999, S. 364–374.
[388] *Heuser/Theile* IFRS-HdB Rn. 2514 ff.
[389] BeckBil-Komm/*Förschle/Hofmann* § 272 Rn. 306.

schieden. Erste werden als Wandelschuldverschreibungen, letzte als Optionsschuldverschreibungen bezeichnet.[390] Synonym wird für Schuldverschreibungen auch der Begriff der Anleihe verwendet. Die Zahlungsansprüche des Inhabers der Wertpapiere (iSd § 793 BGB) werden regelmäßig verbrieft (Inhaberschuldverschreibung).[391] Auf die Übertragung finden die weniger komplizierten Regelungen für Wertpapiere (nicht Kapitalüberlassungen) Anwendung.[392]

Die **Wandelanleihe ("Convertible Bond")** gewährt das Recht am Ende der Laufzeit oder bereits zu einem früheren Zeitpunkt die Anleihe in eine bestimmte Anzahl von Aktien an der Gesellschaft umzutauschen.[393] Die Aktien treten an die Stelle des Rückzahlungsanspruchs, der mit dem Umtausch erlischt. Die Hingabe der Schuldverschreibung im Umtausch gegen Bezugsaktien stellt allerdings keine Sacheinlage dar.[394] Eine getrennte Übertragung von Wandlungsrecht und Anleihe ist nicht möglich. **146**

Im Unterschied zur Wandelanleihe wird dem Inhaber der **Optionsanleihe ("Warrant Bond")** neben dem verbrieften Rückzahlungsanspruch des Nennbetrages ein (Options-)Recht zum Bezug von Aktien zu einem fest vereinbarten Preis gewährt, das bis zur Trennung grundsätzlich mit der Anleihe fest verbunden ist.[395] In der Praxis wird das Optionsrecht häufig verbrieft und von der Schuldverschreibung unabhängig übertragbar ausgestaltet. Übt der Mitarbeiter sein Optionsrecht aus, bleibt das Schuldverhältnis (anders als bei der Wandelanleihe) bestehen. Regelmäßig wird aber die Möglichkeit eingeräumt, die Schuldverschreibung auf den Optionspreis in Zahlung zu geben oder aufzurechnen.[396] Beide Anleiheformen lassen sich für die eigenen Zwecke weitgehend ausgestalten und kombinieren. Im Rahmen von Mitarbeitermodellen wird als Gegenleistung für die Gewährung des Gestaltungsrechts häufig ein niedrig verzinstes Darlehen ("discount convertibles") oder ein unverzinsliches Darlehen ("zero coupon convertibles") oder auch ein offenes Aufgeld vereinbart. **147**

> **Praxistipp:**
> Das Instrument der Wandel- oder Optionsanleihe kann sich zur Verminderung von Kursrisiken besonders anbieten, weil der Arbeitnehmer auch bei stagnierenden oder fallenden Kursen vor Verlusten geschützt ist und zumindest über eine Verzinsung Kapitalerträge generieren kann. Für den Emittent ist diese Form der Fremdfinanzierung im Falle einer geringen Verzinsung und/oder eines hohen Aufgelds vorteilhaft. Die Belastung wird regelmäßig auf die Altaktionäre verlagert, bei denen ein Verwässerungseffekt eintritt, wenn der tatsächliche Aktienkurs (wie im Normalfall) über dem Umtauschkurs liegt.

Für die Ausgabe von Wandel- oder Optionsanleihen erfordert § 221 AktG eine **durch die Hauptversammlung zu erteilende Ermächtigung**.[397] Der Beschluss nach § 221 AktG bedarf **148**

---

[390] Vgl. MüKoHGB/*Reiner* § 272 Rn. 44 f.; Hüffer/Koch/*Koch* AktG § 221 Rn. 3 mwN; MHdB GesR IV/*Krieger* § 63 Rn. 4.
[391] Das Verbriefungserfordernis ergibt sich aus § 793 BGB, vgl. Palandt/*Sprau* § 793 Rn. 1; Hüffer/Koch/*Koch* AktG § 221 Rn. 5 ff.; MüKoAktG/*Habersack* § 221 Rn. 203.
[392] Vgl. *Wagner* StuB 926, 927.
[393] Rechtstechnisch handelt es sich bei dem Wahlrecht des Anleiheinhabers um eine Ersetzungsbefugnis, vgl. Hüffer/Koch/*Koch* AktG § 221 Rn. 4 f. mwN.
[394] Vgl. § 194 Abs. 1 S. 2 AktG.
[395] Vgl. Hüffer/Koch/*Koch* AktG § 221 Rn. 6; MHdB GesR IV/*Krieger* § 63 Rn. 4; MüKoAktG/*Habersack* § 221 Rn. 31 ff.
[396] *Gelhausen/Rimmelspacher* AG 2006, 729 (731).
[397] Mittlerweile ist hinreichend geklärt, dass der vor Inkrafttreten des KonTraG von der Praxis gewählte Weg zur Gewährung von Bezugsrechten an Mitarbeiter und Mitglieder der Geschäftsführung durch Ausgabe von Wandel- oder Optionsanleihen (§§ 221 iVm 192 Abs. 2 Nr. 1 AktG) durch die Neuregelung des § 192 Abs. 2 Nr. 3 AktG nicht abgeschnitten ist, vgl. RegE-KonTraG ZIP 1997, 2059 (2067); ebenso LG Memmingen I nrkr. AG 2001, 375 f.; LG München I ZIP 2001, 287 = AG 2001, 377; OLG Braunschweig ZIP 1998, 1585 (1592) – Wenger/VW; Hüffer/Koch/*Koch* AktG § 192 Rn. 15; MHdB GesR IV/*Krieger* § 63 Rn. 35 mwN; *Zimmer* DB 1999, 1000; *Weiß* WM 1999, 354. Für Aufsichtsräte ist dies seit BGH DB 2004, 696 (698) umstritten. Vgl. hierzu *Wieckers*, ebend. zur Kritik am BGH, vgl. *Vetter* AG 2004, 234.

neben der einfachen Stimmenmehrheit gemäß § 133 Abs. 1 AktG einer Kapitalmehrheit, die mindestens **drei Viertel** des bei der Beschlussfassung vertretenen Grundkapitals umfasst, wobei die Satzung eine geringere oder größere Kapitalmehrheit und weitere Erfordernisse bestimmen kann. Bestehen bei der Gesellschaft mehrere Aktiengattungen, bedarf der **Ermächtigungsbeschluss** der Zustimmung der Aktionäre jeder Gattung durch Sonderbeschlüsse.[398] Die Ermächtigung ist auf maximal **fünf Jahre** beschränkt.[399] Die Frist ist konkret zu bestimmen und beginnt mit der Beschlussfassung.[400] Ohne konkrete Befristung oder bei Überschreiten der Höchstfrist ist die Ermächtigung gemäß § 241 Nr. 3 AktG nichtig.[401] Werden von der Gesellschaft Anleihen ohne entsprechenden Hauptversammlungsbeschluss ausgegeben, sind sie dennoch im Außenverhältnis wirksam.[402]

149 Der Vorstand und der Vorsitzende des Aufsichtsrats haben sowohl den Beschluss über die Ausgabe der Wandelschuldverschreibung als auch eine Erklärung über deren Ausgabe beim Handelsregister zu hinterlegen; in den Gesellschaftsblättern ist ein Hinweis auf den Beschluss und die Erklärung bekanntzumachen.[403]

150 Für die Ausgestaltung der Anleihebedingungen besteht ein weitgehender Gestaltungsspielraum, den die Hauptversammlung auf Grund ihrer Beschlusskompetenz gemäß § 119 Abs. 1 Nr. 6 AktG selbst ausfüllen kann.[404] Die Hauptversammlung kann die Ermächtigung des Vorstands auch an die Zustimmung des Aufsichtsrats knüpfen.[405] Sofern die Ausgabe von Anleihen dem primären Zweck der Gewährung von Umtausch- oder Bezugsrechten im Rahmen eines an der Unternehmenswertsteigerung orientierten Vergütungssystems dient, ist für die weitere Ausgestaltung des Anleiheprogramms das jeweilige Vergütungsorgan zuständig, wenn nicht von der Hauptversammlung bereits im Ermächtigungsbeschluss konkrete Feststellungen getroffen werden.

151 Sollen **Mitgliedern des Vorstands** Umtausch- oder Wandlungsrechte als Vergütung gewährt werden, ist für die Ausgestaltung – sofern die Hauptversammlung keine detaillierten Vorgaben getroffen hat – der Aufsichtsrat zuständig (§ 84 Abs. 1 S. 5 AktG). Aufgrund der Zuständigkeitsnorm des § 112 AktG, wonach der Aufsichtsrat die Gesellschaft gegenüber dem Vorstand vertritt, unterzeichnet der Aufsichtsrat die Anleihebedingungen für den Vorstand, der allerdings wegen § 221 Abs. 2 AktG zumindest an der Ausgabe mitzuwirken hat.[406] Die Höhe der Vergütung muss sich an den Kriterien des durch das VorstAG neugefassten § 87 Abs. 1 S. 1 und 2 AktG orientieren. Sie muss daher in einem angemessenen Verhältnis zu den Aufgaben und der Leistung jedes einzelnen Mitglieds des Vorstands und zur Lage der Gesellschaft stehen, ferner muss sie üblich sein.[407]

152 **b) Gesetzliche Vorgaben für die Ausgestaltung.** Aufgrund der fehlenden gesetzlichen Inhaltsbeschränkung können Wandel- oder Optionsanleihen abweichend von dem häufig gewählten Zweck der Fremdkapitalbeschaffung zur primären Gewährung von Umtausch- oder Bezugsrechten an Arbeitnehmer und Vorstandsmitglieder eingesetzt und grundsätzlich frei gestaltet werden.[408] Sowohl Wandel- als auch Optionsanleihen können verzinslich oder unverzinslich ausgestaltet sowie zu einem Wert unterhalb ihres Nennbetrages oder gar unterhalb des niedrigsten Ausgabebetrages (§ 9 Abs. 1 AktG) ausgegeben wer-

---

[398] Vgl. §§ 221 Abs. 1 S. 4, 182 Abs. 2 AktG.
[399] § 221 Abs. 2 S. 1 AktG.
[400] Vgl. MHdB GesR IV/*Krieger* § 63 Rn. 10 mwN; Hüffer/Koch/*Koch* AktG § 221 Rn. 13; MüKoAktG/*Habersack* § 221 Rn. 157.
[401] Vgl. MHdB GesR IV/*Krieger* § 63 Rn. 10, § 58 Rn. 14 jeweils mwN; Hüffer/Koch/*Koch* AktG § 221 Rn. 13; MüKoAktG/*Habersack* § 221 Rn. 158; aA: KölnKommAktG/*Lutter* § 221 Rn. 80; GHEK/*Karollus* AktG § 221 Rn. 54.
[402] Vgl. Hüffer/Koch/*Koch* AktG § 221 Rn. 52; KölnKommAktG/*Lutter* § 221 Rn. 114; GHEK/*Karollus* AktG § 221 Rn. 69 f.; MHdB GesR IV/*Krieger* § 63 Rn. 13.
[403] § 221 Abs. 2 S. 2 und 3 AktG.
[404] Vgl. MHdB GesR IV/*Krieger* § 63 Rn. 9 mwN; Hüffer/Koch/*Koch* AktG § 221 Rn. 9.
[405] Vgl. Hüffer/Koch/*Koch* AktG § 221 Rn. 13 mwN.
[406] Vgl. MHdB GesR IV/*Krieger* § 63 Rn. 41 mwN. Die Rechtsprechung sieht für die Ausgabe allein den Aufsichtsrat als zuständig an, vgl. OLG Stuttgart ZIP 1998, 1482 (1486) – Wenger/Daimler Benz.
[407] Vgl. §§ 113 Abs. 1 S. 3, 87 Abs. 1 S. 1 AktG.
[408] Vgl. Hüffer/Koch/*Koch* AktG § 221 Rn. 18; MHdB GesR IV/*Krieger* § 63 Rn. 37 mwN.

den.⁴⁰⁹ Daneben gibt es verschiedene Mischformen. So kann – wie bei Wandelanleihen im Rahmen der Mitarbeiterbeteiligung üblich – eine Zuzahlung im Zeitpunkt des Umtauschs vereinbart werden.⁴¹⁰ Einzelheiten werden vielfach in detaillierten Anleihebedingungen festgelegt.

Zwingende inhaltliche Vorgaben ergeben sich für Anleihen – wie bei nackten Aktienoptionen – erst im Rahmen der Entscheidung, wie die Aktien nach einer Wandlung bzw. Bezugsrechtsausübung zur Verfügung gestellt werden sollen. Wie bei Aktienoptionen stehen hier die gleichen „Aktientöpfe" (bedingtes und genehmigtes Kapital sowie eigene Aktien) zur Verfügung, wobei hinsichtlich des Beschlusses über eine bedingte Kapitalerhöhung §§ 192 Abs. 2 Nr. 1, 193 Abs. 2 Nr. 1–3 AktG anwendbar sind. Aufgrund der Einfügung des Verweises in § 221 Abs. 4 S. 2 AktG durch das UMAG gelten nun auch die besonderen Beschlussangaben des § 193 Abs. 2 Nr. 4 AktG für Wandel-/Optionsanleihen, die über bedingtes Kapital bedient werden.⁴¹¹

Im Ergebnis lässt sich ein Anleiheprogramm mit wenigen Besonderheiten wie ein Aktienoptionsprogramm ausgestalten, wobei im Rahmen des bedingten Kapitals für die Ausgabe von Anleihen mit Umtausch- oder Bezugsrechten mehr Gestaltungsspielraum verbleibt. Auf der anderen Seite erfordert der zweckgerichtete Einsatz des Anleiheprogramms, das **gesetzliche Bezugsrecht** auszuschließen, dass hier wegen § 221 Abs. 4 AktG grundsätzlich zu beachten ist. Die Hauptversammlung kann den Vorstand im Rahmen des Ermächtigungsbeschlusses zur Ausgabe von Anleihen auch zum Bezugsrechtsausschluss ermächtigen.⁴¹² Insofern gelten die gleichen Regeln wie beim genehmigten Kapital.⁴¹³ Im Übrigen finden die allgemeinen Regeln über den Bezugsrechtsausschluss Anwendung,⁴¹⁴ insbesondere bedarf der Hauptversammlungsbeschluss zwingend einer Mehrheit von mindestens drei Viertel des bei der Beschlussfassung vertretenen Grundkapitals. An den Vorstandsbericht zur Begründung des Bezugsrechtsausschlusses sind umso höhere Anforderungen zu stellen, je mehr die Ausgestaltung des Umtausch- oder Bezugsrechte ohne hinreichende sachliche Rechtfertigung vom Üblichen abweicht.⁴¹⁵ Der **Vorstandsbericht** soll die Hauptversammlung in die Lage versetzen, die Interessen der Gesellschaft an einer Ausgabe von Anleihen zu bewerten, die möglichen Nachteile für ausgeschlossene Aktionäre zu erkennen und beides gegeneinander abzuwägen.⁴¹⁶ Abstrakte Umschreibungen der Zielsetzung oder die Verwendung von Allgemeinplätzen sollen nach teilweise vertretener Auffassung nicht ausreichen.⁴¹⁷ Vielmehr

---

⁴⁰⁹ Allerdings ist wegen des Verbots der Unter-Pari-Emission die Ausgabe von Bezugsaktien an bestimmte in § 199 Abs. 2 AktG genannten Voraussetzungen geknüpft, vgl. im Einzelnen MHdB GesR IV/*Krieger* § 57 Rn. 47 ff.; Hüffer/Koch/Koch AktG § 199 Rn. 10 f.
⁴¹⁰ Vgl. MHdB GesR IV/*Krieger* § 57 Rn. 47 ff., 49; MüKoAktG/*Habersack* § 221 Rn. 34 f.
⁴¹¹ Vgl. zur bisherigen Rechtslage inzidenter OLG München ZIP 2002, 1150, ausdrücklich aber die Vorinstanz LG München I ZIP 2001, 287 = AG 2001, 377 (lt. mitteilendem Vors. Richter handelt es sich auf S. 289 bzw. S. 378 im ersten Satz des 2. Abs. um einen Druckfehler. Richtigerweise muss dieser Satz lauten: „*Die Vorschrift des § 193 Abs. 2 Nr. 4 AktG ist auf bedingte Kapitalerhöhungen gemäß § 192 Abs. 2 Nr. 1 nicht anwendbar.*"); vgl. auch Feddersen/Pohl AG 2001, 29.
⁴¹² Vgl. OLG München AG 1994, 373; 1991, 211; LG Frankfurt a.M. WM 1990, 1745; MHdB GesR IV/*Krieger* § 63 Rn. 16 ff.; MüKoAktG/*Habersack* § 221 Rn. 171; Hüffer/Koch/Koch AktG § 221 Rn. 39; analog § 203 Abs. 2 S. 1 AktG.
⁴¹³ Zum Bezugsrechtsausschluss bei genehmigtem Kapital, vgl. BGHZ 136, 133 ff. = AG 1997, 465 = DB 1997, 1760, – Siemens/Nold; LG München I AG 2001, 319 – MHM Mode, mit Anm. *Hirte* EWiR § 203 AktG 1/01, 507; *Bungert* BB 2001, 742 mwN.
⁴¹⁴ Vgl. zum Bezugsrechtsausschluss allgemein GroßkommAktG/*Wiedemann* § 186 Rn. 104 ff.; KölnKommAktG/*Lutter* § 186 Rn. 50 ff.; Hüffer/Koch/Koch AktG § 186 Rn. 20 ff.; MüKoAktG/*Peifer* § 186 Rn. 55 ff.; Zur beachtlichen Frage der Beschlusseinheit, vgl. OLG Schleswig AG 2003, 48 f.
⁴¹⁵ So erscheint es sachlich gerechtfertigt, wenn auf ein Erfolgsziel in für US-amerikanische Mitarbeiter vorgesehenen Anleihen verzichtet wird, da sog *hurdle rates* im amerikanischen Rechtskreis nicht üblich sind. Vgl. das Incentive-Programm der SAP AG, abgedruckt im BAnz. 1999 Nr. 233 vom 9.12.1999, 19780.
⁴¹⁶ Zum Bezugsrechtsausschluss, vgl. Hüffer/Koch/Koch AktG § 221 Rn. 39 ff., insbes. 41, 44 jeweils mwN; MüKoAktG/*Habersack* § 221 Rn. 176.
⁴¹⁷ Vgl. LG Memmingen I AG 2001, 375; aA: MHdB GesR IV/*Krieger* § 63 Rn. 65 ff.; Hüffer/Koch/Koch AktG § 221 Rn. 18 jeweils mit Hinweis auf OLG Braunschweig ZIP 1998, 1585 (1592) – Wenger/VW; OLG Stuttgart ZIP 1998, 1482 (1488) – Wenger/Daimler Benz; LG Frankfurt a.M. ZIP 1997, 1030; *Baums*, FS Claussen S. 33.

soll im Bericht ua auf die nachteiligen Auswirkungen der möglichen Aktienausgabe (verminderter Stimmeinfluss, etwaige Wertverwässerung der Beteiligung), die Verwendung der zufließenden Mittel und etwaige Alternativen zur leistungsbezogenen Vergütung[418] hingewiesen und der vorgesehene Ausgabepreis hinreichend begründet werden.[419] Eine über die vorgenannten Grundsätze hinausgehende Angabe zB des wirtschaftlichen Gesamtwerts des Anleiheprogramms oder des Werts der Bezugsrechte ist ebenso wenig wie bei Aktienoptionen erforderlich, da auch hier die §§ 193 Abs. 2 Nr. 1–3, 160 Abs. 1 Nr. 3 u. 5 AktG, § 285 Nr. 9a HGB für die nötige Transparenz der wirtschaftlichen Auswirkungen für den Aktionär sorgen.

2. Steuerliche und bilanzielle Behandlung

155 a) *Unternehmensebene. aa) Wandelanleihe.* Eine Wandelanleihe setzt sich zusammen aus einerseits der Anleihe und andererseits dem Recht, ggf. der Verpflichtung, die Anleihe in Aktien umzutauschen. Beide Anteile sind getrennt zu bilanzieren.

156 Der Betrag, der für das Wandlungsrecht „erzielt" wird, ist in die Kapitalrücklage einzustellen (§ 272 Abs. 2 Nr. 2 HGB) unabhängig davon, in welcher Form er geleistet wird (**offenes oder verdecktes Aufgeld**). Der Vorteil aus einer Minderverzinsung, also der diskontierten Differenz zwischen der marktüblichen und der tatsächlichen Verzinsung, ist dabei zu schätzen, wobei hier mangels abschließender gesetzlicher Vorgaben ein gewisser Beurteilungsspielraum besteht.[420] Da der Vorteil insofern unentziehbar sein muss, ist regelmäßig auf die Laufzeit der Sperrfrist bzw. die erstmalige Ausübbarkeit abzustellen. Das Aufgeld wird erfolgsneutral in die Kapitalrücklage eingestellt, eine ratierliche Dotierung ist unzulässig.[421] Kann das Wandlungsrecht nur mit eigenen Aktien bedient werden (sog Umtauschanleihe = „exchangeable bond"), kommt die Einstellung einer Optionsprämie (offenes oder verdecktes Aufgeld) in die Kapitalrücklage nach § 272 Abs. 2 Nr. 2 HGB nicht in Betracht.[422]

157 Der Anleihe(teil) ist mit dem Rückzahlungsbetrag zu passivieren. Übersteigt der Rückzahlungsbetrag den Ausgabebetrag, kann diese Differenz als **Disagio** als aktiver Rechnungsabgrenzungsposten erfasst werden (§ 250 Abs. 3 S. 1 HGB, § 268 Abs. 6 HGB). Teilweise wird vertreten, dass eine Pflicht zur Aktivierung des Disagios besteht.[423] Das Disagio beträgt höchstens den Vorteil aus der Minderverzinsung, nicht aber den ggf. abweichenden Gesamtwert des Wandlungsrechts. Es ist spiegelbildlich über den angesetzten Zeitraum (der Unentziehbarkeit) ratierlich aufzulösen,[424] im Regelfall in Höhe der Differenz zwischen marktüblichem Zinssatz und den tatsächlichen laufenden Zinszahlungen.

158 Mit der **Ausgabe der Wandelanleihe** verbundene **Kosten** (insbesondere Beratungskosten, Bankprovisionen) sind aufwandswirksame Kosten der Fremdkapitalbeschaffung.

159 Bei Ausübung der Wandelanleihe erlischt die Anleiheverbindlichkeit gegen Gewährung der Aktien. Die Verbindlichkeit ist in das gezeichnete Kapital und der darüber hinausgehende Betrag in die Kapitalrücklage nach § 272 Abs. 2 Nr. 1 HGB umzubuchen. Der in die Kapitalrücklage nach § 272 Abs. 2 Nr. 2 HGB dotierte Betrag bleibt unverändert. Wandelt der Mitarbeiter nicht, ist die Anleihe bei Fälligkeit zurückzuzahlen, der in die Kapitalrücklage nach § 272 Abs. 2 Nr. 2 HGB eingestellte Betrag bleibt dadurch ebenfalls unberührt. Im Anhang der Bilanz sind Angaben zu den Wandelanleihen zu machen, insbesondere Anzahl, Laufzeiten und sonstige Konditionen sowie (voraussichtliche) Aktienherkunft.[425]

160 Gemäß **IFRS** wird die Wandelanleihe ebenfalls in eine Fremdkapitalkomponente (Anleihe) und eine Eigenkapitalkomponente (Wandlungsrecht) aufgeteilt.[426] Die Anleihekom-

---

[418] Vgl. § 113 Abs. 3 AktG.
[419] Vgl. LG Memmingen I AG 2001, 376; Hüffer/Koch/*Koch* AktG § 221 Rn. 41.
[420] *Gelhausen/Rimmelspacher* AG 2006, 729 (731).
[421] Vgl. ADS § 272 Rn. 123; *Gelhausen/Rimmelspacher* AG 2006, 729 (731).
[422] Weiterführend *Gelhausen/Rimmelspacher* AG 2006, 729 (736).
[423] Vgl. MüKoHGB/*Reiner* § 272 Rn. 51 mwN.
[424] Vgl. *Gelhausen/Rimmelspacher* AG 2006, 729 (734).
[425] Weiterführend ADS 385 Rn. 11; AktG § 160 Rn. 44 ff.
[426] *Eilers/Rödding/Schmalenbach* Unternehmensfinanzierung A Rn. 100.

ponente wird im Regelfall in voller Höhe dem Fremdkapital zugeordnet. Das Wandlungsrecht (oder Optionsrecht) ist nur in engen Grenzen als Eigenkapitalinstrument bilanzierbar (IAS 32.16 (b)(ii)).[427]

Grundsätzlich stimmt die steuerbilanzielle Behandlung mit der handelsbilanziellen Behandlung überein. Der ARAP muss allerdings in der Steuerbilanz aktiviert werden. **161**

Steuerbilanziell ist das (ggf. verdeckte) Aufgeld nach dem BFH (immer dann) eine (steuerneutrale) Einlage, wenn die Aktien aus einer bedingten Kapitalerhöhung ausgegeben werden, weil die Gegenleistung des Emittenten dann nicht zu Lasten seines Vermögens geht.[428] Dies gilt unabhängig davon, ob die Option tatsächlich ausgeübt wird oder verfällt. Diese zur Optionsanleihe ergangene Rechtsprechung dürfte auch für die Wandelanleihe gelten.[429] Vor dem Hintergrund ist fraglich, ob die Finanzverwaltung bei ihrer Auffassung bleibt, wonach eine Einlage steuerrechtlich erst bei Optionsausübung angenommen werden könne und bis zur Ausübung steuerlich ein besonderer Passivposten „Anzahlung" zu bilden sei.[430]

Die bilanzsteuerrechtliche Behandlung der Emissionsdisagien ist nicht abschließend geklärt. Das FG Köln hatte trotz handelsbilanzieller Einstellung in einen ARAP steuerbilanziell eine aufwandswirksame Verbuchung zugelassen.[431] Nach umstrittener Auffassung des BFH führt die Ausübung eines Bilanzierungswahlrechts bei Optionsanleihen (und entsprechend bei Wandlungsanleihen) jedoch aus Gründen der Maßgeblichkeit zu einer steuerlichen Bilanzierungspflicht.[432] Jedenfalls für ein bei der Ausgabe einer verbrieften festverzinslichen Schuldverschreibung mit bestimmter Laufzeit vereinbartes Disagio ist daher in der Steuerbilanz ein aktiver Rechnungsabgrenzungsposten zu bilden.[433] **162**

Die **Zinsen** für die Anleihe (einschließlich des etwaigen Aufwands aus der Auflösung des ARAP) unterliegen der Zinsschranke (§ 4h EStG, § 8a KStG) und der gewerbesteuerlichen Hinzurechnung (§ 8 GewStG). **163**

bb) Optionsanleihe. Die bilanzielle und steuerliche Behandlung der Optionsanleihe entspricht grundsätzlich der (zuvor dargestellten) Behandlung der Wandlungsanleihe. **164**

Die von der Gesellschaft für die Begebung der Optionsanleihe bezogenen Beträge sind in der Handelsbilanz zu aktivieren, während die Verbindlichkeit zum vollen Rückzahlungsbetrag (§ 253 Abs. 1 S. 2 HGB) passiviert werden muss.[434] Der Differenzbetrag ist als Disagio einzustufen, so dass die Gesellschaft ein Aktivierungswahlrecht gemäß § 250 Abs. 3 S. 1 HGB hat.[435] Im Falle der Aktivierung ist der Differenzbetrag zwischen Rückzahlungs- und Darlehensbetrag, also dem Preis des Erwerbsrechts (Zinsersparnis des Unternehmens) als aktiver Rechnungsabgrenzungsposten (ARAP) anzusetzen und abzuschreiben (§ 250 Abs. 3 S. 2 HGB).[436] Entscheidet sich das Unternehmen gegen eine Aktivierung soll der Differenzbetrag sofort aufwandswirksam zu verrechnen sein. Aus Transparenzgründen müssen dann im Anhang klärende Ausführungen erfolgen.

Ein möglicherweise durch die Ausgabe erzielter offener Mehrbetrag (Aufgeld) ist in die Kapitalrücklage einzustellen (§ 272 Abs. 2 Nr. 2 HGB),[437] ebenso ein verdecktes Aufgeld in Form eines Zinsverzichts des Mitarbeiters bei einer minderverzinsten Anleihe.[438] Eine ratierliche Rücklagendotierung in Höhe des jährlichen Zinsverzichts ist unzulässig.[439] **165**

---

[427] Vgl. Eilers/Rössing/Schmalenbach/*Müller-Eising* Unternehmensfinanzierung Teil D Rn. 129.
[428] Vgl. BFH DB 2006, 130 und BFH/NV 2006, 616; *Hahne* StuB 2006, 295 f.; *Haisch* DStZ 2006, 229; *Johannesmann* in Lüdicke/Sistermann, Unternehmensteuerrecht, § 10 Rn. 43.
[429] Vgl. *Häuselmann/Wagner* BB 2002, 2431 (2432).
[430] OFD München BB 2000, 2628.
[431] FG Köln 17.3.2003 – 13 K 7115/00, nv.
[432] BFH DB 2006, 130 und I R 26/04, BFH/NV 2006, 616; krit. *Hahne* StuB 2006, 295 f.
[433] BFH DStR 2007, 573 ff.
[434] Vgl. Hüffer/Koch/*Koch* AktG § 221 Rn. 77 mwN.
[435] Vgl. ADS Rn. 125; BeckBil-Komm/*Förschle/Hoffmann* Rn. 62; aA *Döllerer* AG 1986, 237 (239).
[436] Vgl. auch *Rödding* in Unternehmensteuerrecht § 3 Rn. 100; *Johannesmann* in Unternehmensteuerrecht § 10 Rn. 37.
[437] Vgl. GroßkommAktG/*Frey* § 192 Rn. 166; Hüffer/Koch/*Koch* AktG § 221 Rn. 77 mwN. Zu den weiteren Einzelheiten vgl. dort sowie zuletzt *Roß/Pommerening* Wpg 2001, 644.
[438] Vgl. MüKoHGB/*Reiner* § 272 Rn. 49.
[439] Vgl. *Gelhausen/Rimmelspacher* AG 2006, 729 (732); MüKoHGB/*Reiner* § 272 Rn. 50.

Zur steuerlichen Behandlung, insbesondere des Aufgelds und des Disagios, gelten die (zuvor dargestellten) Ausführungen zur Wandelanleihe.[440]

166 b) **Mitarbeiterebene.** Wie bei den Stock Options gilt die steuerliche Behandlung der Gewährung und Ausübung der Options- und Wandelanleihen auf Mitarbeiterebene aufgrund zwischenzeitlicher höchstrichterlicher Rechtsprechung als weitgehend geklärt.[441] Die (oben dargestellten) Besteuerungsgrundsätze bei Aktienoptionen gelten im Grundsatz auch bei Options- und Wandelanleihen. Im Ergebnis erfolgt daher eine sog **Endbesteuerung** im Zeitpunkt der Ausübung des Gestaltungsrechts bzw. eine Besteuerung bei einer etwaigen Veräußerung der Anleihe. Besteuert wird die Differenz zwischen den Anschaffungskosten und dem Wert der erhaltenen Aktien (bei Depoteinbuchung) bzw. der Veräußerungserlös.

167 Hinsichtlich **Wandelanleihen** sind die Gerichte damit von der Rechtsprechung des Reichsfinanzhofs (RFH)[442] abgewichen, wonach in der Ausübung des Wandlungsrechts regelmäßig nicht der entscheidende Erwerbsvorgang gesehen werde, weil die Wandlung lediglich die Ausübung eines Gestaltungsrechts darstelle und im Erwerb der Anleihe bereits die Erlangung des Rechts auf den Erwerb der Aktie zu sehen sei (sog Einheitstheorie). Begründet wird der Ansatz der aktuellen Rechtsprechung insbesondere unter Hinweis auf die besondere Ausgestaltung der Wandelanleihe und die insofern gebotene wirtschaftliche Betrachtungsweise, weil der Erwerb der Wandelanleihe nur den Charakter der Einräumung von Optionsrechten habe, mit der Folge, dass eine Besteuerung wie bei Aktienoptionen erfolgen müsse.[443] Vor dem Hintergrund dürfte die in der Literatur zumindest in der Vergangenheit verbreitete Annahme einer „Nichtbesteuerung" oder Anfangsbesteuerung bei Wandelanleihen[444] vor Gericht nicht haltbar sein.

168 Bei **Optionsanleihen** ist ebenfalls von einer Endbesteuerung auszugehen. Die dagegen vorgebrachte Einheitstheorie gilt hier ohnehin nicht. Auch hier kann auf die Ausführungen im Zusammenhang mit den Stock Options verwiesen werden.

Lediglich bei **börsennotierten** Optionsscheinen soll der Zeitpunkt der erstmaligen Verfügbarkeit bzw. Handelbarkeit der Options-rechte der maßgebliche Besteuerungszeitpunkt sein. In diesem Fall erhalte der Mitarbeiter ein Wirtschaftsgut, welches einen ohne Weiteres realisierbaren Marktwert enthalte und insofern einer börsennotierten Aktie entspreche.[445]

169 Wie bei Aktienoptionen, ist ein geldwerter Vorteil (Arbeitslohn) aus Mitarbeiteranleihen lohnsteuerpflichtig und mit **Sozialabgaben** belastet. Die **Zinsen** auf die Options- oder Wandelanleihe unterliegen bei privat gehaltenen Mitarbeiterbeteiligungen ab VZ 2009 der Abgeltungsteuer (§ 32d EStG). Vom Unternehmen ist Kapitalertragsteuer einzubehalten. Besondere bilanzielle Aspekte ergeben sich bei im Privatvermögen gehaltenen Anleihen von Mitarbeitern, anders als bei bilanzierenden Inhabern, nicht.[446]

> **Praxistipp:**
> Häufig werden Anleihen unter Einschaltung einer ausländischen Finanzierungstochtergesellschaft vergeben und der Emissionserlös an die Muttergesellschaft weitergeleitet. Regelmäßig kann dadurch der Einbehalt von Kapitalertragsteuer vermieden und eine Abwicklung der Emission vereinfacht und beschleunigt werden.

---

[440] Vgl. BFH BFH/NV 2006, 426; 2006, 616.
[441] BFH 19.6.2008 – VI R 4/05; 20.11.2008 – VI R 25/05.
[442] Vgl. RFHE 54, 128; bestätigt: BFHE 109, 22; BFH BB 2000, 393; OFD Frankfurt BB 1995, 1345.
[443] Vgl. FG München 23.10.2001 – 9 V 2545/01 (nv), Abschn. II. b) mit Hinweis auf die Anmerkung zum BFH DStR 2001, 1342.
[444] Vgl. *Eisolt/Wickinger* BB 2001, 125; *Schumacher* DStR 2000, 1218. Zur Besteuerung von Aktien-, Wandel- und Umtauschanleihen, vgl. auch *Dreyer/Herrmann* BB 2001, 705.
[445] Zur Anerkennung von Totalverlusten s. BFH Urt. v. 12.1.2016 – AZ IX R 48, 50/14.
[446] Weiterführend *Gelhausen/Rimmelspacher* AG 2006, 729 (743 f.).

IV. Beteiligung am Aktienkapital

Erhält ein Mitarbeiter eine Kapitalbeteiligung, beteiligt er sich gesellschaftsrechtlich am Unternehmen. Als laufende Vergütung bezieht er im Regelfall Dividenden und damit eine unmittelbare Beteiligung am Gewinn. An der Wertsteigerung des Unternehmens profitiert er durch die entsprechende Wertsteigerung seiner Beteiligung ebenfalls unmittelbar, was er regelmäßig durch eine (spätere) Veräußerung realisieren wird. Die Gesellschafterstellung ermöglicht dem Arbeitnehmer je nach konkreter Ausgestaltung Kontroll- und Mitwirkungsrechte sowie ein Auskunftsrecht in der Hauptversammlung,[447] was mit Blick auf eine etwaige Skepsis der Arbeitgeberseite wegen eines alternativ möglichen Erwerbs über die Börse typischerweise ohnehin nicht verhindert werden kann und sich aufgrund der regelmäßig geringen Anteile praktisch ohnehin nicht auswirkt. Unterschieden werden können unmittelbare Kapitalbeteiligungen in Form von Belegschaftsaktien, mittelbare Kapitalbeteiligungen sowie (rechtlich teilweise anders gelagerte) stille Gesellschaften und Unterbeteiligungen.

1. Belegschaftsaktien

a) Rechtliche Ausgestaltung. Im Falle von Belegschaftsaktien werden dem Mitarbeiter Aktien und damit eine unmittelbare Beteiligung am Unternehmen gewährt. Die Aktien können dabei sämtliche Mitgliedschaftsrechte beinhalten oder als stimmrechtslose Vorzugsaktien ausgestaltet werden. Grundsätzlich ist der Bezugspreis für die Aktien frei wählbar. Typischerweise wird ein **Vorzugspreis** gewährt. Allerdings gelten die rechtlichen Beschränkungen des § 255 Abs. 2 AktG, wonach ein unangemessen niedriger Ausgabebetrag zur Anfechtung des entsprechenden Kapitalerhöhungsbeschlusses berechtigt, sofern das Bezugsrecht der übrigen Aktionäre ausgeschlossen wird.[448]

Die Aktienbeschaffung kann aus der unmittelbaren Übertragung von Aktionären oder aus einer (ordentlichen oder) **genehmigten Kapitalerhöhung**[449] erfolgen. Zudem können auch (ggf. zurückerworbene[450]) **eigene Aktien** der Gesellschaft ausgegeben werden.[451] Allerdings hat letzteres eine Verschlechterung der Liquidität des Unternehmens zur Folge und führt die Differenz zwischen dem zum Erwerb der Aktien aufgewendeten Betrag und dem von dem Mitarbeiter zufließenden Erwerbspreis zu einem Liquiditätsnachteil.[452] Für den mit der Ausgabe von Belegschaftsaktien verbundenen Bezugsrechtsausschluss gelten selbst für den in der Praxis bedeutungslosen Sonderfall des § 202 Abs. 4 AktG die allgemeinen Voraussetzungen.[453] Auch eine **bedingte Kapitalerhöhung**[454] kommt (theoretisch) für den Fall in Betracht, dass Geldforderungen eingelegt werden, die den Mitarbeitern aus einer ihnen von der Gesellschaft eingeräumten Gewinnbeteiligung zustehen.[455] Vom Mitarbeiterbegriff werden außer im Rahmen einer bedingten Kapitalerhöhung auch (ehemalige) Arbeitnehmer von verbundenen Unternehmen erfasst, nicht jedoch Organmitglieder der Gesellschaft oder der mit ihr verbundenen Unternehmen.[456] Werden die Aktien von Aktionären zur Verfügung gestellt, ist die Hauptversammlung nicht zuständig,[457] da sich das Bezugsverhältnis nicht auf

---

[447] § 131 Abs. 1 AktG.
[448] § 255 AktG gilt für ordentliche, genehmigte und bedingte Kapitalerhöhungen, vgl. im Einzelnen Hüffer/Koch/*Koch* AktG § 255 Rn. 1 ff.
[449] § 202 AktG.
[450] § 71 Abs. 1 Nr. 8 AktG.
[451] Vgl. Hüffer/Koch/*Koch* AktG § 71 Rn. 12, § 186 Rn. 29 mwN, § 202 Rn. 23 ff. mwN.
[452] *Rupp* EStB 2006, 192 (195).
[453] Vgl. GroßkommAktG/*Hirte* § 202 Rn. 174 ff.; KölnKommAktG/*Lutter* § 186 Rn. 67, § 202 Rn. 25; Hüffer/Koch/*Koch* AktG § 186 Rn. 29 mwN. Zur Zulässigkeit der Kombination von genehmigter Kapitalerhöhung und Aktienrückkauf, vgl. *Richter/Gittermann* AG 2004, 277 (dafür); *Tollkühn* NZG 2004, 594 (kritisch).
[454] §§ 192 ff. AktG.
[455] Vgl. Hüffer/Koch/*Koch* AktG § 194 Rn. 5; MüKoAktG/*Fuchs* § 194 Rn. 15 ff.
[456] Vgl. GroßkommAktG/*Hirte* § 202 Rn. 185 mwN; KölnKommAktG/*Lutter* § 186 Rn. 67.
[457] Vgl. MHdB GesR IV/*Krieger* § 63 Rn. 24 mwN.

korporationsrechtlicher, sondern auf rein privatrechtlicher Ebene abspielt.[458] Die Beschaffung der Aktien im Wege der Kapitalerhöhung hat den Vorteil einer Stärkung der Eigenkapitalbasis sowie der Verbesserung der Liquiditätssituation des Unternehmens. Allerdings ist der Abzug von Betriebsausgaben hinsichtlich des den Arbeitnehmern eingeräumten Kursvorteils nicht möglich, da der entsprechende Aufwand nicht vom Unternehmen, sondern letztendlich von den Altgesellschaftern getragen wird.[459]

> **Praxistipp:**
> Die Ausgabe von Belegschaftsaktien im Rahmen von **Aktiensparprogrammen** bietet sich insbesondere bei Großkonzernen und der Beteiligung einer Vielzahl von Mitarbeitern an, um die Identifikation mit dem Unternehmen und die Bindung der Mitarbeiter zu fördern. Allerdings muss der Mitarbeiter – vom Sonderfall des § 204 Abs. 3 AktG abgesehen – in der Regel zumindest einen an den Verkehrswert angenäherten Aktienpreis bezahlen, so dass er das volle wirtschaftliche Risiko eines Kapitalanlegers übernimmt. Die Attraktivität eines solchen Programms hängt daher wesentlich vom vergünstigten Bezugspreis und dem Kurs- und Insolvenzrisiko des Unternehmens ab.

173 In Wachstumsunternehmen werden nach wie vor erfahrene Vorstände aus der „Old Economy" mit der Gewährung von nennenswerten Aktienpaketen zu Vorzugskonditionen angeworben. Dies hängt damit zusammen, dass die Unternehmen hohe Barvergütungen regelmäßig (noch) nicht zahlen können und künftige Tantiemen wegen der Anfangsverluste keine echte Alternative darstellen. Das Aktienpaket unterliegt allerdings bestimmten Beschränkungen (sog **Restricted Stock**). So besteht typischerweise ein Rückkaufsrecht *(Call-Option)* der Gesellschaft[460] oder der Aktionäre hinsichtlich aller oder eines Teils der Aktien, wenn das Vorstandsmitglied das Unternehmen vor Ablauf eines bestimmten Zeitraums verlässt oder ihm aus wichtigem Grund gekündigt wird (sog Vesting-Abrede). Bei *Restricted Stock* sind die steuerlichen Auswirkungen besonders zu beachten.[461]

174 Für die Börsenzulassung und die insiderrechtliche Problematik von Belegschaftsaktien gelten die Ausführungen zu den Aktienoptionen.[462]

175 b) **Steuerliche Behandlung.** Steuerlich haben Aktien reinen Eigenkapitalcharakter. Gewinnausschüttungen und Veräußerungsgewinn unterliegen regelmäßig der Abgeltungssteuer (i. H. von 25 % zzgl. SolZ und ggf. Kirchensteuer). Sollte dem Mitarbeiter die Aktie für einen Erwerbspreis überlassen werden, der unter dem gemeinen Wert liegt, ist der Differenzbetrag regelmäßig als Arbeitslohn anzusehen, der der Einkommensteuer unterliegt (§ 19 Abs. 1 EStG), da die verbilligte Überlassung durch das Dienstverhältnis veranlasst sein dürfte. Dies gilt nach der Rechtsprechung auch dann, wenn die Aktien im Rahmen einer Kapitalerhöhung erworben wurden und die verbilligte Überlassung von den Gesellschaftern wirtschaftlich zu tragen ist.[463] Verfügungsbeschränkungen (restricted stocks) haben auf den Zuflusszeitpunkt wohl keinen Einfluss.[464]

---

[458] Vgl. zur steuerlichen Behandlung *Wienands* GStB 2000, 204.
[459] *Rupp* EStB 2006, 192 (195).
[460] Der Rückkauf eigener Aktien ist jedoch nur unter den Voraussetzungen der §§ 71 ff. AktG erlaubt, so dass ggf. eine Ermächtigung zum Rückkauf gemäß § 71 Abs. 1 Nr. 8 AktG erforderlich ist.
[461] Vgl. *Wienands* GStB 2000, 204; BFH BB 2001, 2304.
[462] Vgl. → Rn. 99 ff.
[463] Vgl. BFH BFH/NV 1997, 179.
[464] Vgl. FG Tübingen 14.1.2009, nrkr.

Praxistipp:
Die von den Mitarbeitern gehaltenen Gesellschaftsrechte können in einer **Mitarbeiterbeteiligungsgesellschaft** (oder über ein Treuhandmodell) gebündelt werden. Regelmäßig werden die Mitarbeiter hierzu im Rahmen einer GbR, OHG, KG, eines eingetragenen Vereins oder einer Stiftung zusammengefasst, die Mitarbeitergesamtheit beteiligt sich dann an dieser Gesellschaft. Durch die Ausgestaltung der Geschäftsführung dieser Mitarbeiterbeteiligungsgesellschaft kann die Einflussnahme des einzelnen Mitarbeiters auf diese und in der Folge auf den Arbeitgeber stark begrenzt werden. Entsprechend ist der Gesellschaftsvertrag der Mitarbeiterbeteiligungsgesellschaft auszugestalten. Besonders vorteilhaft an einer Mitarbeiterbeteiligungsgesellschaft ist neben der Beschränkung der Mitsprache- und etwaigen Blockaderechte einzelner Mitarbeiter, dass im Gesellschaftsvertrag Ein- und Austrittsrechte sowie Geschäftsführungsrechte relativ frei gestaltet werden können, während die Aktiengesellschaft insoweit schon vom Gesetz her sehr stark eingeschränkt ist. Zudem kann über die Mitarbeiterbeteiligungsgesellschaft vermieden werden, dass die Beschäftigten die Aktien nach Erhalt wieder unmittelbar verkaufen. Insoweit bietet sich vor allen Dingen die Einrichtung einer Stiftung für die Mitarbeiterschaft an. Dadurch kann ein langfristiges und stabiles Investment durch einen „einheitlichen Aktionär" gewährleistet werden.

2. Stille Beteiligung und Unterbeteiligung

a) **Rechtliche Ausgestaltung.** Im Rahmen einer stillen Beteiligung beteiligt sich der Mitarbeiter mittels Vermögenseinlage an einem Handelsgeschäft und nimmt damit am Gewinn und – sofern dies nicht vertraglich ausgeschlossen wurde – am Verlust des Unternehmens teil. Es handelt sich um eine **Innengesellschaft**, für die die im Wesentlichen abdingbaren §§ 230–237 HGB gelten.[465] Im Unterschied zu einem partiarischen Darlehen stehen dem stillen Gesellschafter bestimmte Kontrollrechte zu (vgl. § 233 HGB). Je nach Ausgestaltung wird zwischen typischer und atypischer stiller Gesellschaft unterschieden. Die Vermögenseinlage eines **typischen** stillen Gesellschafters[466] in eine Kapitalgesellschaft wird als Fremdkapital qualifiziert. Von einer typisch stillen Gesellschaft ist dann auszugehen, wenn die Rechte der stillen Gesellschaft nicht wesentlich über die Rechte gem. der §§ 230 ff. HGB vorgesehenen hinausgehen. Eine atypisch stille Gesellschaft wird regelmäßig dann vorliegen, wenn dem Gesellschafter neben einer Beteiligung an den stillen Reserven und dem Geschäftsfeld des Unternehmens auch Entscheidungsbefugnisse bei der Unternehmensführung eingeräumt werden.[467] Wird eine **atypische** stille Gesellschaft[468] begründet, ist die Einlage des stillen Gesellschafters handelsbilanziell dem Eigenkapital zuzurechnen, soweit es sich – wie im Regelfall – um eine langfristige und nachrangige Vermögensüberlassung handelt und eine Verlustteilnahme bis zur Höhe der Einlage vorgesehen ist.[469] Die stille Beteiligung begründet in beiden Fällen keine echte gesellschaftsrechtliche Beteiligung, dh es besteht kein Gesellschaftsverhältnis mit den übrigen Aktionären und kein aktienrechtliches Mitgliedschaftsrecht. Insofern handelt es sich letztlich auch um eine besondere Form der Mitarbeiterbeteiligung am Unternehmenserfolg. Grundsätzlich unterliegt die stille Beteiligung bei der AG wie das partiarische Darlehen den Regeln über Teilgewinnabführungsverträge,[470] sofern nicht die personenbezogenen Ausnahmen des § 292 Abs. 2 AktG eingreifen.

Sofern eine Innengesellschaft nicht mit dem Unternehmen selbst, sondern einem Gesellschafter geschlossen wird, spricht man von einer **Unterbeteiligung** an den insofern einbezogenen Aktien.

b) **Steuerliche Behandlung.** Die Einlage eines stillen Gesellschafters erfolgt aus versteuertem Einkommen, regelmäßig dem Nettolohn. Im Falle einer Schuldumwandlung von Ar-

---
[465] Vgl. *Baumbach/Hopt* HGB § 230 Rn. 1; EBJS/*Gehrlein* HGB § 230 Rn. 2 ff.
[466] Grundlegend *Blaurock* BB 1992, 1969 (1970 f.).
[467] Vgl. *Rupp* EStB 2006, 192 (193).
[468] Grundlegend BFH BStBl. II 1999 S. 246; weiterführend *Blaurock* BB 1992, 1969 (1970).
[469] Grundlegend BeckBil-Komm/*Hoyos/Ring* HGB § 247 Rn. 233; ADS HGB § 246 Rn. 233 f.; zur Abbildung als handelsrechtliches Eigenkapital: *Blaurock*, HdB Stille Gesellschaft, aaO, Rn. 13.88 ff.; 13.102.
[470] Vgl. Hüffer/Koch/*Koch* AktG § 292 Rn. 15; MüKoAktG/*Altmeppen* § 292 Rn. 65 ff.

beitslohn in eine stille Beteiligung kommt es zu einem Zufluss von Arbeitslohn. Dies ist nicht unproblematisch, weil der Mitarbeiter gerade weniger Liquidität erhält. Typisch stille Beteiligungen haben steuerlich Fremdkapitalcharakter, der Gewinnanteil des Arbeitnehmers führt zu Einkünften aus Kapitalvermögen und qualifiziert beim Arbeitgeber als Betriebsausgabe. Gewerbesteuerlich kann es – wie bei Darlehenszinsen – zu partiellen Hinzurechnungen kommen (§ 8 Nr. 1 lit. c GewStG). Atypisch stille Gesellschaften begründen steuerlich einen Mitunternehmerschaft, sodass dem Arbeitnehmer hieraus gewerbliche Einkünfte nach § 15 Abs. 1 Nr. 2 EStG zufließen. Da Entgelte an Mitunternehmer für Tätigkeiten gegenüber der Mitunternehmerschaft als Sondervergütungen iSv § 15 Abs. 1 Nr. 2 S. 1 Hs. 2 EStG gelten, sind diese Lohnzahlungen nicht abzugsfähig.

> **Praxistipp:**
> Aufgrund des nicht unerheblichen Verwaltungsaufwands bieten sich stille Gesellschaften und Unterbeteiligungen weniger für die Beteiligung einer größeren Zahl von Mitarbeitern an. Die Flexibilität und Anonymität macht eine stille Gesellschaft aber attraktiv für die Beteiligung ausgewählter (Führungs-)Kräfte gerade bei kleineren Aktiengesellschaften.[471] Dabei eignet sich die atypische Gesellschaft aufgrund der einem Gesellschafter angenäherten Rechtsstellung vor allem auch zur Heranführung von Führungskräften an eine spätere Gesellschafterstellung, so beispielsweise zur Einbeziehung familienfremder Geschäftsführer in eine Familien-AG. Die stille Beteiligung kann später über eine Sachkapitalerhöhung gegen Gewährung von Aktien in die Gesellschaft eingebracht werden.

V. Erfolgsorientierte Beteiligungen

179 Mitarbeiter können durch eine schuldrechtliche Vereinbarung am Erfolg des Unternehmens beteiligt werden. Eine Gesellschafterstellung entsteht nicht. Regelmäßig werden dafür neben dem Lohn bzw. Gehalt besondere Zahlungen geleistet (beispielsweise Zinsen oder Boni), die dem Grund und der Höhe nach auch von bestimmten Parametern des Unternehmens, bestimmten Unternehmenseinheiten, dem Mitarbeiter selbst und/oder Dritten abhängen können.[472] Typische Kennzahlen sind Börsenkurse, der handels- oder steuerbilanzielle Gewinn oder der Umsatz, aber auch spezifische Leistungserfolge des Mitarbeiters. Der Ausgestaltung sind hier kaum Grenzen gesetzt und entsprechende Mitarbeitermodelle daher sehr verbreitet.

1. Mitarbeiterdarlehen

180 **a) Rechtliche Ausgestaltung.** Bei dieser rechtsformunabhängigen Beteiligungsform tritt der Mitarbeiter als Kreditgeber auf (vgl. §§ 488 ff. BGB). Typischerweise wird ein solches Darlehen eine gewinnabhängige Verzinsung beinhalten (**partiarisches Darlehen**), um die angestrebte Verhaltenssteuerung und Motivation zu erreichen. In der Praxis erweisen sich die mit der Stellung als Kreditgeber verbundenen allgemeinen Risiken als Hindernis für die weite Verbreitung dieser Beteiligungsform. So können beispielsweise das allgemeine Insolvenzrisiko oder hohe Anfangsverluste der Gesellschaft die Bereitschaft zur Darlehensgewährung von Mitarbeitern hemmen. Nachteilig ist im Übrigen, dass ein partiarisches Darlehensverhältnis bei der AG nicht ohne die Zustimmung der Hauptversammlung abgeschlossen werden kann, da die Vorschriften für Teilgewinnabführungsverträge grundsätzlich auch für partiarische Mitarbeiterdarlehen gelten.[473] Regelmäßig werden im Zusammenhang mit der Mitarbeiterbeteiligung jedoch die Ausnahmetatbestände des § 292 Abs. 2 AktG eingreifen. Nach dieser Vorschrift ist beispielsweise ein Vertrag über eine Gewinnbeteiligung mit Mit-

---

[471] Ein Vertrag über eine Gewinnbeteiligung mit Vorstandsmitgliedern oder einzelnen Arbeitnehmern ist kein Teilgewinnabführungsvertrag, § 292 Abs. 2 AktG.
[472] Vgl. *Sauter/Babel* in: Kessler/Sauter, Stock Options, Rn. 21 f.
[473] Vgl. MüKoAktG/*Altmeppen* § 292 Rn. 68 f. mwN (str.).

gliedern von Vorstand und Aufsichtsrat oder mit einzelnen Arbeitnehmern der Gesellschaft kein Teilgewinnabführungsvertrag. Nicht hierunter fallen jedoch Betriebsvereinbarungen zugunsten der gesamten Belegschaft.[474]

Im Falle einer Darlehensgewährung erhält die Gesellschaft zusätzlich **Liquidität**, was sich gerade in Krisenzeiten anbietet, beispielsweise wenn keine außenstehenden Geldgeber mehr erreicht werden können. Für die potentiellen internen Darlehensgeber stellt sich dann allerdings die Frage, ob das Insolvenzrisiko nicht zu hoch ist; jedenfalls dürfte bei der Verzinsung ein entsprechender Risikoaufschlag gefordert werden können. Die Finanzierung der Darlehensvaluta kann zudem von „innen" erfolgen, indem der Arbeitgeber Prämien oä des Arbeitnehmers „stehen lässt". In dem Fall entsteht dem Unternehmen kein Liquiditätsabfluss. 181

Praxistipp:
Die Vereinbarung von Mitarbeiterdarlehen ist regelmäßig unkompliziert. Die auf Verbraucherkreditverträge anzuwendenden Vorschriften sind nicht einschlägig. Es sind keinerlei Formvorschriften zu beachten, wobei sich aber aus Beweisgründen jedenfalls die Schriftform anbietet. Zu beachten ist das sogenannte **Werkssparkassenverbot** des § 3 Nr. 1 KWG, wonach der Betrieb des Einlagengeschäfts verboten ist, wenn der Kreis der Einleger überwiegend aus Betriebsangehörigen eines Unternehmens besteht. Allerdings greift die Regelung nur dann ein, wenn das Einlagengeschäft einen Umfang erreicht, der eine in kaufmännischer Weise eingerichteten Geschäftsbetrieb iSd § 1 Abs. 1 S. 1 KWG verlangt oder gewerbsmäßig vorgenommen wird. Die Bagatellgrenze wird nach der Verwaltungspraxis der BaFin überschritten, wenn das Gesamtvolumen einen Betrag von 12.500,– EUR überschreitet oder mehr als 25 verschiedene Einlagen angenommen werden. Bei erheblich weniger Einlagen kann der Höchstbetrag auch überschritten werden. Andernfalls ist ein Verstoß nur zu vermeiden, wenn die Rückzahlung der Mitarbeitereinlagen auf Kosten des Unternehmens durch die Bürgschaft eines Kreditinstituts abgesichert ist (§ 1 Abs. 2 Nr. 6 lit. c SparPG in Verbindung mit § 2 Abs. 1 lit. k 5. VermBG). Vor dem Hintergrund sollten Darlehensprogramme vorab mit der BaFin abgestimmt werden.[475]

b) **Steuerliche Behandlung.** Die Gewährung des Darlehens durch den Arbeitnehmer erfolgt aus bereits besteuertem Einkommen bzw. Lohneinkünften. Werden Teile des Arbeitslohns in Darlehen umgewandelt führt dies gleichwohl regelmäßig zum Zufluss von Lohneinkünften beim Arbeitnehmer. Die Zinseinnahmen aus dem Mitarbeiterdarlehen sind Einkünfte aus Kapitalvermögen, die ab 2009 grundsätzlich der Abgeltungssteuer iHv 25 % (zzgl. SolZ und ggf. Kirchensteuer) unterliegen. Beim Arbeitgeber sind die Zinszahlungen Betriebsausgaben. Gewerbesteuerlich kann es bei diesem zu teilweisen Hinzurechnungen kommen (§ 8 Nr. 1 GewStG). 182

2. Genussrechte

a) **Rechtliche Ausgestaltung.** Vom Unternehmen gegen Entgelt ausgegebene Genussrechte vermitteln einen schuldrechtlichen Anspruch auf eine bestimmte Ergebnisbeteiligung. Im Falle einer Verbriefung spricht man von Genussscheinen, die auch als Wertpapier an einer Börse gehandelt werden können. Genussrechte haben rein vermögensrechtlichen und keinen gesellschaftsrechtlichen Charakter. Vorteilhaft ist der weite **Gestaltungsspielraum**, wodurch das Genussrecht in den Genussrechtsbedingungen eher eigenkapitalähnlich oder eher fremdkapitalähnlich ausgeprägt werden kann. (Handelsrechtlicher) Eigenkapitalcharakter des Genussrechts setzt voraus, dass diese im Insolvenz- oder Liquidationsfall erst nach Befriedigung der anderen Gläubiger bedient werden, zudem die Vergütung erfolgsabhängig ist und eine Teilnahme am Verlust besteht sowie die Kapitalüberlassung längerfristig erfolgt.[476] 183

---

[474] Vgl. Hüffer/Koch/*Koch* AktG § 292 Rn. 27; MHdB GesR IV/*Krieger* § 72 Rn. 19.
[475] *Rupp* EStB 2006, 192 (193).
[476] Vgl. IDW-HFA-Stellungnahme I/1994, umstritten ist das Merkmal der Längerfristigkeit: mehr als fünf oder mehr als zehn oder mehr als 30 Jahre?

Eine Einlagepflicht muss nicht vereinbart werden, so dass Arbeitnehmer auch ohne den (ggf. gescheuten) Einsatz eigenen Vermögens beteiligt werden können. Gesellschafterspezifische Rechte (ua Mitwirkung, Kontrolle und Auskunft) können nur entstehen, sofern diese schuldrechtlich (zulässigerweise) vereinbart werden. Eine Beteiligung des Genussrechtsinhabers an der Steigerung des Unternehmenswerts kann durch eine Beteiligung am Liquidationserlös erreicht werden. Soll schon zuvor, beispielsweise im Fall des Verkaufs oder des Rückkaufs des Genussrechts eine Partizipation des Arbeitnehmers am Wertzuwachs ermöglicht werden, müsste das Genussrecht einem Phantom Stock oder SAR angenähert werden.

184 Allerdings wird der Gestaltungsspielraum bei der AG formell dadurch eingeschränkt, dass für die Gewährung von Genussrechten ein **Hauptversammlungsbeschluss** mit einer Mehrheit von drei Vierteln des bei der Beschlussfassung vertretenen Grundkapitals erforderlich ist und das Bezugsrecht der Aktionäre zu beachten ist.[477]

185 **b) Steuerliche Behandlung.** Grundsätzlich sind die Vergütungen auf ein Genussrecht beim Arbeitgeber steuerlich abzugsfähige Betriebsausgaben. Gewerbesteuerlich kann es zu partiellen Hinzurechnungen kommen (§ 8 Nr. 1 GewStG). Die in der Praxis häufige Ausgestaltung des Genussrechts als handelsbilanzielles Eigenkapital (ua für ein besseres Rating) wird steuerlich nur unter bestimmten Voraussetzungen nachvollzogen (§ 8 Abs. 3 S. 2 Alt. 2 KStG). Wenn die Genussrechte jedoch eine Beteiligung am Gewinn und am Liquidationserlös einräumen, sind die Vergütungen steuerlich nicht abzugsfähig, sondern als Gewinn beim Arbeitgeber besteuerbar. In beiden Fällen unterliegen die Vergütungen beim Mitarbeiter im Regelfall der Abgeltungssteuer (vgl. § 32d EStG).

> **Praxistipp:**
> In der Praxis werden Genussrechte als Beteiligungsmodell eher für ausgewählte (Führungs-)Kräfte und in kleineren Unternehmensstrukturen eingesetzt.[478] Vorteilhaft ist der besonders hohe Gestaltungsspielraum.

3. Tantieme/Bonuszahlung

186 **a) Rechtliche Ausgestaltung.** Bei der Tantieme bzw. dem Bonus handelt es sich um erfolgsorientierte Zahlungen, deren Höhe sich nach besonderen Kennzahlen wie dem Gewinn oder Umsatz des Unternehmens bzw. des Konzerns oder untergeordneten Einheiten richten kann und/oder nach persönlichen Erfolgsparametern des Arbeitnehmers. In der jüngeren Praxis finden sich vor allem Tantiemeregelungen, die sich an bilanziellen Kennzahlen wie zB EBIT, EBITA, NOPAT, ROI, ROCE oder an unternehmenswertbasierten Bezugsgrößen wie zB EVA orientieren.[479] Dabei werden Ermessens-, Mindest- oder Garantietantiemen unterschieden.[480]

187 Diese Beteiligungsform am wirtschaftlichen Erfolg des Unternehmens ist unkompliziert durch eine vertragliche Abrede zwischen dem Begünstigten und dem Vergütungsorgan vereinbar. Zudem kann die Tantieme flexibel und individuell ausgestaltet sowie beliebig mit anderen Beteiligungsformen kombiniert werden. Ferner entstehen keine gesellschaftsrechtlichen Beziehungen, sodass der Mitarbeiter keine erhöhten Einflussnahmemöglichkeiten auf das Unternehmen erhält. Auch kann eine automatische Anpassung des Gehalts an die wirtschaftliche Entwicklung des Unternehmens erfolgen. Nachteilig ist allerdings, dass keine über den Arbeits- bzw. Dienstvertrag hinausgehende Bindung des Mitarbeiters an den Ar-

---

[477] Vgl. § 221 Abs. 1 u. 3 AktG; zu Genussrechten allgemein, vgl. Hüffer/Koch/*Koch* AktG § 221 Rn. 22 ff.; MüKoAktG/*Habersack* § 221 Rn. 60 ff.

[478] Ein Vertrag über eine Gewinnbeteiligung mit Vorstandsmitgliedern oder einzelnen Arbeitnehmern ist kein Teilgewinnabführungsvertrag, § 292 Abs. 2 AktG; ferner *von Rosen/Leven* Rn. 170.

[479] Vgl. *Deutsches Aktieninstitut/Towers Perrin* S. 32; Marsch-Barner/Schäfer/*Vetter* § 29 Rn. 41; MüKoAktG/*Spindler* § 87 Rn. 40.

[480] Vgl. Hüffer/Koch/*Koch* AktG (5. Aufl.) § 86 Rn. 2; § 86 wurde aufgehoben durch Art. 1 Nr. 4 TransPuG vom 19.7.2002 (BGBl. I S. 2681).

beitgeber erfolgt und die Liquidität des Unternehmens durch die Zahlung belastet wird, sofern keine aktienbasierte Vergütung erfolgt.

Bei der Bonus-Vereinbarung sollte die Freiwilligkeit der Zahlung klargestellt werden, weil andernfalls ein Zahlungsanspruch des Arbeitnehmers wegen betrieblicher Übung entstehen könnte. Bei Tantiemen an Vorstandsmitglieder ist § 87 AktG idFd VorstAG sowie ggf. Ziff. 4.2.3. DCGK zu beachten, wonach Regeln zur Angemessenheit der Gewinnbeteiligung aufstellt werden. In Bezug auf die Anwendbarkeit der Vorschriften über Teilgewinnabführungsverträge gilt das Gleiche wie für partiarische Darlehen und stille Beteiligungen. 188

b) **Steuerliche Behandlung.** Die Zahlungen qualifizieren beim Mitarbeiter regelmäßig als (lohnsteuerpflichtige) Einkünfte aus nichtselbständiger Tätigkeit (§ 19 EStG) und sind beim Arbeitgeber Personalaufwand. Bei der Ausgestaltung von Tantiemen für an der Gesellschaft beteiligte Vorstände sollte darüber hinaus den Grundsätzen der verdeckten Gewinnausschüttung Rechnung getragen werden, um steuerliche Nachteile zu vermeiden.[481] 189

4. Virtuelle Aktienoptionen (Phantom Stock/SAR)

a) **Rechtliche Ausgestaltung.** Bei virtuellen Aktienoptionen handelt es sich um die Einräumung eines mehrfach bedingten, schuldrechtlichen Zahlungsanspruchs in Anlehnung an die übliche Ausgestaltung von Aktienoptionsprogrammen (zB hinsichtlich der Dauer der Betriebszugehörigkeit, des Eintritts eines Erfolgsziels etc).[482] Werden die Mitarbeiter schuldrechtlich so gestellt, als ob ein Stock Options Plan vereinbart worden wäre, spricht man von **Stock Appreciation Rights (SAR)**.[483] Es handelt sich um virtuelle Optionen, die statt auf die Lieferung von Aktien auf eine Barzahlung gerichtet sind.[484] Unter **Phantom Stocks** versteht man hingegen virtuelle Aktien, für die regelmäßig eine unter dem Börsenkurs liegende Zahlung geleistet werden muss und am Ende deren Laufzeit der aktuelle Aktienkurs ausbezahlt wird.[485] Der Unterschied zwischen beiden Beteiligungsformen besteht letztendlich darin, dass bei Phantom Stocks der Rechtsinhaber nicht nur an der positiven, sondern auch an der negativen Entwicklung des Aktienkurses teilnimmt und Dividenden vergütet werden.[486] Vertragspartner sind einerseits die Gesellschaft, die durch den Vorstand oder – wenn dieser selbst Begünstigter ist – durch den Aufsichtsrat vertreten wird,[487] und andererseits der Empfänger. Die mitgliedschaftliche Position der Aktionäre wird grundsätzlich nicht beeinträchtigt, allerdings werden durch die Zahlungen ihre Vermögensrechte verwässert. Ein Beschluss der Hauptversammlung ist nach herrschender Ansicht gleichwohl nicht (analog § 221 Abs. 3 AktG [Genussrechte]) erforderlich, weil es sich bei der Ausgabe letztlich um eine Geschäftsführungsmaßnahme des Vorstands handelt.[488] Aus kapitalmarktrechtlicher Sicht sind virtuelle Aktienoptionen unkritisch, weil sie keine Insiderpapiere gem. § 12 WpHG sind.[489] 190

Der Zahlungsanspruch entsteht häufig erst bei Erreichen eines Erfolgsziels und bei dauerhafter Betriebszugehörigkeit. Die Berechnung der Anspruchshöhe orientiert sich dabei an der Aktienkursentwicklung und ist gerichtet auf den Ausgleich der Wertdifferenz zwischen einem fiktiven Basispreis (Aktienwert im Zeitpunkt der Einräumung des Anspruchs) und dem Kurs der Aktie bei Fälligkeit des Anspruchs.[490] Insofern kann man auch von Optionen mit Kursdifferenzausgleich sprechen.[491] Im Ergebnis werden damit virtuelle Aktienoptionen 191

---

[481] Vgl. MHdB GesR IV/*Kantenwein* § 49 Rn. 78–88 mwN.
[482] Vgl. *Feddersen/Pohl* AG 2001, 28; *Feddersen* ZHR 161, 285; MüKoAktG/*Spindler* § 87 Rn. 59.
[483] *Baums*, Aktienoptionen für Vorstandsmitglieder 1996, S. 3, *Feddersen* ZAR 161 (1997), 269, 285 (296); MüKoAktG/*Spindler* § 87 Rn. 59.
[484] *Martens* FS Ulmer, 2003, 399 (403).
[485] *Binz/Sorg* BB 2002, 1273 (1275); MüKoAktG/*Spindler* § 87 Rn. 59.
[486] *Feddersen* ZAR 161 (1997), 269 (285); *Kussmaul/Weiss* StB 2001, 300 (302); MüKoAktG/*Spindler* § 87 Rn. 59.
[487] Vgl. § 87 AktG.
[488] Vgl. Kessler/Sauter/*Kessler/Suchan*, Stock Options, Rn. 686 mwN; MüKoAktG/*Spindler* § 87 Rn. 59.
[489] Emittentenleitfaden III.1.3., S. 29; MüKoAktG/*Spindler* § 87 Rn. 60; GroßkommAktG/*Kort* § 87 Rn. 194, *Klaasen* AG 2006, 2427 ff.
[490] Vgl. *Binz* BB 2002, 1275; Kolbenbach/Glaser/*Moll* § 18 Rn. 99; MüKoAktG/*Fuchs* § 192 Rn. 85.
[491] Vgl. MHdB GesR IV/*Krieger* § 63 Rn. 25 mwN.

mit allen (negativen) Konsequenzen für die Liquidität der Gesellschaft und der steuerlichen und bilanziellen Behandlung ausgegeben.[492] Insofern sollte man solche Gestaltungen auch im Hinblick auf die Akzeptanz des Kapitalmarkts genau abwägen.

> **Praxistipp:**
> Virtuelle Aktienoptionen für Vorstände müssen angemessen ausgestaltet sein (§§ 87 Abs. 1, 93 Abs. 1 AktG) und dürfen daher insbesondere nicht die Liquidität der Gesellschaft gefährden. Mit Blick auf mögliche extreme Kursanstiege sollten daher Vorkehrungen durch eine entsprechende absolute Höchstgrenze und/oder eine (ggf. progressive) Minderung der zugrundeliegenden Bemessungsgrundlage (Kurswert) getroffen werden.

192 Nicht abschließend geklärt ist, ob die durch das VorstAG eingeführte 4-Jahres-Wartefrist des § 193 Abs. 2 Nr. 4 AktG auch bei der Gestaltung virtueller Phantom-Stock-Programme zu berücksichtigen ist. Dafür spräche die Gesetzesbegründung, wonach die 4-Jahres-Frist eine „Auslegungshilfe für die Formulierung langfristiger Verhaltensanreize iSd § 87 Abs. 1 AktG" sei. Eine solche Ausdehnung des § 193 Abs. 2 Nr. 4 AktG auf schuldrechtliche Vereinbarungen würde aber verkennen, dass aktienrechtliche Kapitalmaßnahmen einerseits und schuldrechtliche Vorstandsvergütungen andererseits auf dogmatisch unterschiedlicher Grundlage beruhen.[493] Für rein schuldrechtliche Phantom-Stock-Programme sind ausschließlich die Aufsichtsräte zuständig, ein Hauptversammlungsbeschluss ist gerade nicht erforderlich.

> **Praxistipp:**
> Sofern bei virtuellen Aktienoptionen keine 4-Jahresfrist vereinbart werden soll, sollten zumindest sachliche Erwägungen dokumentiert werden, warum die Frist kürzer bemessen wurde, beispielsweise die Notwendigkeit einer Synchronisation mit der Laufzeit der Vorstandsdienstverträge.

193 **b) Steuerliche Behandlung.** Der Anspruch auf Differenzausgleich bei virtuellen Aktien(optionen) wird aus steuerlicher Sicht wie eine Bonuszahlung behandelt.[494] Bei Zahlung hat der Arbeitnehmer also Einkünfte aus nichtselbständiger Tätigkeit, beim Arbeitgeber entstehen Betriebsausgaben.

194 **c) Bilanzielle Behandlung.** Im Falle von Zusagen von Barzahlungen in Höhe des inneren Werts von Aktien (wie bei virtuellen Aktienoptionen) als Gegenleistung für erbrachte und/oder zukünftige Arbeitsleistungen entsteht nach HGB wie nach IFRS ein zu bilanzierender Aufwand, der sich letztlich nach der tatsächlichen Zahlung bemisst.[495] Sind die Zahlungsansprüche nach Gewährung sofort unverfallbar, ist nach IFRS in Höhe des Gesamtwerts (innerer Wert plus Zeitwert[496]) auch sofort erfolgswirksam eine Rückstellung zu bilanzieren und zu jedem Bilanzstichtag anzupassen (IFRS 2.30). Nach HGB soll die Rückstellung nicht unter den Zugangswert angesetzt werden dürfen.[497] Sofern der Zahlungsanspruch erst später unverfallbar wird, ist nach IFRS 2.33 die Rückstellung an jedem Bilanzstichtag ratierlich in Relation der abgelaufenen Wartezeit zur Gesamtwartezeit anzusetzen.[498]

---

[492] Aufgrund der nachteiligen Auswirkungen auf die Gewinn- und Verlustrechnung hat die SAP AG ihr virtuelles „STAR"-Programm aus früheren Jahren (vgl. Börsen-Zeitung vom 3.12.1998 sowie Handelsblatt vom 26.3.1998, S. 17) eingestellt. Zu den Nachteilen, vgl. auch *Feddersen/Pohl* AG 2001, 28.
[493] *Müller* AG 2009, R 352.
[494] *Fischer* in: Unternehmensteuerrecht, § 13 Rn. 172.
[495] BeckBil-Komm/*Förschle/Hoffmann* § 272 Rn. 310 ff.
[496] Vgl. Teil zur bilanziellen Behandlung von Aktienoptionen.
[497] Dafür E-DRS 11.33; dagegen BeckBil-Komm/*Förschle/Hoffmann* § 272 Rn. 311.
[498] Vgl. BeckBil-Komm/*Förschle/Hoffmann* § 272 Rn. 312 zu IFRS/HGB.

5. Matching-Aktien

a) Rechtliche Ausgestaltung. Bei Matching- oder auch Bonus-Aktien wird Mitarbeitern 195
angeboten, durch Eigeninvestments Anteile am Arbeitgeberunternehmen zu erwerben. Der
Aktienkauf selbst ist zwar nicht begünstigt. Sofern der Mitarbeiter die Aktien jedoch für einen bestimmten Zeitraum hält, erhält er für X gehaltene Aktien eine zusätzliche Aktie unentgeltlich vom Arbeitgeberunternehmen. Die Haltefrist kann durch die Verwahrung in
Sammeldepots des Arbeitgebers überwacht werden. Sofern das Arbeitsverhältnis endet oder
die Aktien vorab verkauft werden, entfällt der Anspruch.

b) Steuerliche Behandlung. Der Erhalt der Bonus-Aktien ist einerseits mit Erwerb und 196
Halten der Aktien verknüpft und auch Gegenleistung für die Gewährung von Kapital, weshalb die Gewährung als Dividende gemäß § 20 Abs. 1 Nr. 1 S. 1 EStG eingeordnet werden könnte[499]. Andererseits ist der Bonus Folge einer Kombination aus Aktieninvestment
und haltefristbezogenem Verbleib bei dem Arbeitgeber. Honoriert wird letztlich die
Loyalität zum Arbeitgeber in der Eigenschaft als Mitarbeiter, weniger als Aktionär. Daher
kann der Bonus als Gegenleistung für die haltefristüberdauernde Tätigkeit bei dem Arbeitgeber beim Mitarbeiter als (lohnsteuerpflichtige) Einkünfte aus nichtselbständiger
Tätigkeit (§ 19 EStG) qualifiziert werden. Letztlich hängt die Einstufung vom jeweiligen
Einzelfall ab.

VI. Mitarbeiterkapitalbeteiligungsfonds

Durch das ab 1.4.2009 geltende[500] Mitarbeiterkapitalbeteiligungsgesetz[501] soll die Möglichkeit zur indirekten Beteiligung über spezielle Mitarbeiterbeteiligungsfonds, dem sog 197
„Mitarbeiterbeteiligungs-Sondervermögen", verbessert werden. Insbesondere kleineren
und mittleren Betrieben soll eine attraktivere Mitarbeiterbeteiligung ermöglicht werden.
Damit wird eine neue Fondsart nach dem InvG eingeführt, die von einer Kapitalanlagegesellschaft verwaltet wird und der Aufsicht der BaFin untersteht. Das Portfolio des
Mitarbeiterbeteiligungs-Sondervermögens unterliegt besonderen Restriktionen. Zulässige
Vermögensgegenstände sind im Wesentlichen gesellschaftsrechtliche Beteiligungen am Eigenkapital, typisch stille Beteiligungen, unverbriefte Darlehen, börsennotierte Wertpapiere
und Geldmarktinstrumente, wobei teilweise weitere Einschränkungen bestehen. Zudem
müssen 60 % des Wertes des Mitarbeiterbeteiligungs-Sondervermögens in Beteiligungen an
Arbeitgebern bestehen, die ihren Arbeitnehmern geförderte Anteile gewähren. Höchstens 25 % des Fondsvermögens dürfen in nichtbörsennotierten Beteiligungen oder stillen
Gesellschaften am Arbeitgeber sowie in nichtbörsennotierten Wertpapieren des Arbeitgebers
investiert sein.

Diese neue Anlagekategorie bezweckt vor allem, den Zielkonflikt zwischen direkter 198
Vermögensbeteiligung und dem Insolvenzrisiko zu entschärfen. Zumindest der Theorie
nach sollen die Arbeitgeber daher einen Pool bilden, der das Insolvenzrisiko für den Arbeitnehmer durch Diversifikation abpuffert. Praktisch wird eine höhere Zahl von Arbeitgebern im Pool jedoch zu einer schwindenden *corporate Identity*-Einstellung des
Arbeitnehmers führen. Andererseits werden kleinere Fonds auf Grund der relativ hohen
Verwaltungs- und Transaktionskosten dauerhaft kaum ein ausreichendes Qualitätsniveau
halten können. Da der Arbeitgeber nicht verpflichtet ist, sich aus dem Fonds zu refinanzieren, dürften gerade mittelständische Unternehmen weiterhin andere Finanzierungen vorziehen. Solche Arbeitgeber, die sich für eine Refinanzierung über das Mitarbeiterbeteiligungs-Sondervermögen entscheiden „müssen", werden regelmäßig das Insolvenzrisiko zu
Lasten der Anleger erhöhen.

---

[499] *Grohmann/Reinhold* DStR Beih. 2014, 61 (62).
[500] Änderungen des Investmentsteuergesetzes gelten ab 26.12.2008.
[501] BGBl. 2009 I S. 451.

VII. Exkurs: Beteiligungsmodelle für Aufsichtsratsmitglieder

1. Einleitung

199 Aufsichtsratsmitgliedern kann für ihre Tätigkeit eine Vergütung gewährt werden, § 113 Abs. 1 S. 1 AktG. Über die Art der Vergütung trifft das Gesetz keine Aussage. Während der Deutsche Corporate Governance Kodex (DCGK) in seinen früheren Fassungen neben einer festen auch eine erfolgsabhängige Vergütungskomponente empfahl, enthält er in seiner aktuellsten Fassung (vom 7.2.2017) nunmehr keine solche Empfehlung einer Kombination aus festen und variablen Vergütungsbestandteilen mehr. Ziff. 5.4.6 Abs. 2 enthält lediglich für den Fall, dass weiterhin erfolgsorientierte Vergütungen gewährt werden, die Empfehlung, diese auf eine nachhaltige Unternehmensentwicklung auszurichten. Diese Aufgabe der früheren Empfehlung der Kommission steht im Einklang mit der in jüngerer Zeit hinsichtlich der Gewährung variabler Vergütungsbestandteile zu beobachtenden rückläufigen Tendenz. Zwar hatte sich die Gewährung einer aktienorientierten Vergütung in zurückliegenden Jahren im Zuge der zunehmenden Professionalisierung des Aufsichtsratsamtes zu einem „Muss" für Unternehmen entwickelt. Sie galt als Garant für die Orientierung des Aufsichtsrats am *Shareholder Value*.[502] Indes wird eine Beteiligung der Aufsichtsratsmitglieder am Unternehmensgewinn in jüngerer Zeit zunehmend kritisch betrachtet.[503] Insbesondere auf die Gefahr von Manipulationen, wenn Vorstand und Aufsichtsrat gleichgerichtete Interessen verfolgen, wurde hingewiesen. Im Folgenden sollen die rechtlichen und steuerlichen Implikationen verschiedener Vergütungsmöglichkeiten beleuchtet werden.

2. Aktienoptionen

200 **a) Aktienoptionen mit bedingtem Kapital.** Eine Vergütung der Aufsichtsratsmitglieder durch die Gewährung von reinen Aktienoptionen, die mit bedingtem Kapital bedient werden, ist unzulässig. § 192 Abs. 2 Nr. 3 AktG erlaubt eine bedingte Kapitalerhöhung nur zum Zwecke der Gewährung von Bezugsrechten an Arbeitnehmer oder Mitglieder der Geschäftsführung der Gesellschaft. Dies schließt Aufsichtsratsmitglieder aus.[504] Die ursprüngliche Formulierung des Referentenentwurfs des KonTraG,[505] nach dem die Gewährung von Optionen an „Arbeitnehmer und Organmitglieder" – mithin auch an Aufsichtsratsmitglieder – möglich sein sollte, wurde nach Kritik aus der Literatur[506] geändert. Bemängelt wurde, dass es der Stellung des Aufsichtsrats als Überwachungsorgan widerspreche, diesem ein finanzielles Interesse am Unternehmenserfolg zukommen zu lassen. Zudem sei es der Hauptversammlung lediglich möglich, die Eckpunkte des Aktienprogramms festzulegen, was dazu führe, dass der Aufsichtsrat letztlich selbst über seine Vergütung bestimme.

201 **b) Aktienoptionen mit eigenen Aktien.** Die Gewährung von Aktienoptionen mit zurückgekauften eigenen Aktien an Aufsichtsratsmitglieder wurde lange in der Literatur diskutiert. Ausgangspunkt der Diskussion war die Tatsache, dass § 71 Abs. 1 Nr. 8 AktG den Kreis der Bezugsberechtigten selbst offen lässt, aber in S. 5 auf § 193 Abs. 2 Nr. 4 AktG verweist. Dort werden als Berechtigte nur „Mitglieder der Geschäftsführung und Arbeitnehmer" genannt. Fraglich ist, ob der Verweis sich nur auf die Rechtsfolgen, oder aber auch auf den Kreis der Bezugsberechtigten bezieht.

202 *aa) Rechtslage.* Seit der MobilCom-Entscheidung des BGH[507] ist die Gewährung von Aktienoptionen mit zurückgekauften eigenen Aktien an Aufsichtsratsmitglieder als unzulässig anzusehen. Die Bedenken des BGH gegen eine Einbeziehung des Aufsichtsrats in Aktienoptionsprogramme richteten sich dabei im Rahmen der vorgenannten Entscheidung nicht ge-

---

[502] *Bürgers* NJW 2004, 3022; *Richter* BB 2004, 949.
[503] *Bürgers* NJW 2004, 3022; *Fuchs* WM 2003, 2233; *Prasse* MDR 2004, 792 ff.; *Vetter* ZIP 2008, 1 (5).
[504] BegrRegE KonTraG BT-Drs. 13/9712, 24.
[505] Vgl. RefE ZIP 1996, 2129 (2137 f.).
[506] *DAV* ZIP 1997, 163 (173), Punkt 112; *Fuchs* DB 1997, 661 (668); *Kohler* ZHR 161 (1997), 246 (265).
[507] BGHZ 158, 1222 = BGH NZG 2004, 376 – MobilCom.

gen die Art und Weise der Beschaffung der erforderlichen Aktien, sondern betrafen vielmehr grundsätzliche Einwendungen gegen deren Ausgabe an Aufsichtsratsmitglieder. Er berief sich hierbei auf die Gesetzesbegründung und Entstehungsgeschichte des KonTraG und zog daraus den Schluss, der Gesetzgeber habe unter dem Eindruck der den Erlass des KonTraG begleitenden Diskussionen ersichtlich den Aufsichtsrat vollständig aus dem Kreis der Bezugsberechtigten ausschließen wollen. Die Begründung für diesen Ausschluss in § 192 Abs. 2 Nr. 3 AktG, der Aufsichtsrat dürfe nicht selbst über seine Vergütung bestimmen, sei indes unzureichend und vordergründig. Diese Problematik wäre über eine zwingende und umfassende Zuständigkeit der Hauptversammlung aus dem Weg zu räumen gewesen. Vielmehr sei hierin eine gesetzgeberische Grundsatzentscheidung gegen jegliche aktienkursorientierte Aufsichtsratsvergütung zu sehen. Die Zulässigkeit von Aktienoptionen mit zurückgekauften Aktien würde sonst trotz wirtschaftlicher und konstruktiver Unterschiede eine ungerechtfertigte Ungleichbehandlung darstellen.[508] Weiter führt der BGH aus, dass es zudem der Kontrollfunktion des Aufsichtsrates abträglich sei, wenn die Vergütungsinteressen von Aufsichtsrat und Vorstand parallel verliefen, da der Aktienkurs durch gezielte Sachverhaltsgestaltungen des Managements inner- und außerhalb der Legalität beeinflussbar sei. Erfahrungsgemäß sei er auch sonst nicht zwangsläufig ein zuverlässiger Maßstab für den inneren Wert und den langfristigen Erfolg eines Unternehmens. Dies spreche generell gegen eine aktienkursorientierte Vergütung der Aufsichtsratsmitglieder.[509]

bb) Kritik. Traf die Entscheidung in der Sache auf überwiegende Zustimmung in der Literatur,[510] so wurde sie dennoch angesichts ihrer Begründung teilweise kritisiert. So wurde angeführt, dass die Verwendung eigener Aktien gegenüber der bedingten Kapitalerhöhung ein geringeres Risikopotenzial für die Aktionäre aufweise. Während bei der bedingten Kapitalerhöhung die Verwässerung ihrer Beteiligung, ohne dass ein formeller Bezugsrechtsausschluss sowie eine sachliche Rechtfertigung samt Vorstandsbericht notwendig wären, zu befürchten sei, entstünde bei der Verwendung eigener Aktien lediglich ein Liquiditätsentzug auf Seiten der Gesellschaft; zudem seien die Aktionäre über die analoge Anwendung des § 186 Abs. 3 und 4 AktG geschützt.[511] Außerdem sei der Rückschluss aus den Gesetzesmaterialien nicht zwingend. Die Gesetzesbegründung sei zwar in der Tat unzureichend und vordergründig, sie trage aber eine Interpretation im Sinne einer Grundsatzentscheidung nicht.[512] 203

Neben dieser mehr gegen die Begründung des BGH gewandten Kritik bestehen aber auch Zweifel an der tatsächlichen Notwendigkeit, eine aktienkursorientierte Vergütung von Aufsichtsratsmitgliedern zu verbieten.[513] Ein Verbot des Gleichlaufs von Vergütungsinteressen des Vorstandes und des Aufsichtsrates kann sich nur aus dem Angemessenheitsgebot des § 113 Abs. 1 S. 3 AktG ergeben. Allerdings sieht Ziffer 5.4.6 des Deutschen Corporate Governance Kodex, auch wenn eine erfolgsorientierte Vergütung der Aufsichtsratsmitglieder nicht mehr ausdrücklich empfohlen wird, in Ziff. 5.4.6 Abs. 2 weiterhin die Möglichkeit der Teilhabe des Aufsichtsrates am Unternehmenserfolg vor. Daher können sich Bedenken erst bei einer vollständigen oder weitgehenden Synchronisierung der Parameter ergeben; dies ist aber stets eine Entscheidung des Einzelfalls. Hinzu kommt, dass eine Vergütung mittels Aktienoptionen durchaus zweckmäßig, anreizkompatibel und vernünftig sein kann, insbesondere mit Blick auf die angestrebte Professionalisierung des Aufsichtsratsamts.[514] 204

cc) Folgen für die Praxis. Aktienoptionsprogramme für Aufsichtsratsmitglieder scheiden aufgrund der höchstrichterlichen Rechtsprechung als erfolgsorientierte Vergütungsmethode 205

---

[508] BGHZ 158, 1222 = BGH NZG 2004, 376 f. – MobilCom.
[509] BGHZ 158, 1222 = BGH NZG 2004, 376 (377) – MobilCom.
[510] Vgl. *Jacob* JR 2004, 154; *Hoffmann-Becking* ZHR 169 (2005), 155 (177); *Meyer/Ludwig* ZIP 2004, 940 (942).
[511] OLG Schleswig AG 2003, 102 (103); *Fuchs* WM 2004, 2233 (2236); *ders.* JZ 2004, 1185 (1187); *Richter* BB 2004, 949 (953 f.).
[512] *Richter* BB 2004, 949 (954).
[513] *Paefgen* WM 2004, 1169 (1174).
[514] *Bösl* BKR 2004, 474 (477); *Bürgers* NJW 2004, 3022 (3024 f.).

aus. Ein entsprechender Hauptversammlungsbeschluss ist gesetzeswidrig und somit nach § 243 Abs. 1 AktG anfechtbar. Nichtigkeit hingegen liegt nicht vor, da ein solcher Hauptversammlungsbeschluss weder mit dem Wesen der Aktiengesellschaft unvereinbar ist, noch durch seinen Inhalt Normen verletzt, die im öffentlichen Interesse geboten sind, § 241 Nr. 3 AktG.[515] Sie tritt nur ein, soweit ein Verstoß gegen § 113 Abs. 1 S. 2 AktG hinzukommt.[516] Nach Ablauf der Anfechtungsfrist ist daher ein Beschluss wirksam und allen Beteiligten gegenüber verbindlich. Bereits abgeschlossene Aktienoptionsprogramme haben somit auch künftig Bestand.

206 Weiterhin stellt sich die Frage, wie mit Aktienoptionen, die noch aus einer Vorstandstätigkeit stammen, aber weder verfallen noch ausgeübt sind, bei einer Bestellung zum Aufsichtsratsmitglied umgegangen werden sollte. Nach den oben erläuterten Feststellungen dürfte für ihren Fortbestand kein Raum sein. Zwar resultieren diese Aktienoptionen nicht direkt aus der Aufsichtsratstätigkeit; darauf kann es allerdings nicht ankommen, soweit ihre Unzulässigkeit auf der Erwägung beruht, sie seien der Kontrollfunktion des Aufsichtsrats abträglich.[517] Ausgleichend könnte den früheren Vorstandsmitgliedern im Falle Ihrer Bestellung zum Aufsichtsratsmitglied ein Abfindungsanspruch in Höhe des Wertes der von diesen jeweils gehaltenen Optionsrechte gewährt werden.[518]

3. Aktienbeteiligungen

207 Eine Alternative zu Aktienoptionen stellt die Vergütung von Aufsichtsratsmitgliedern mittels verbilligter Aktien dar.[519] Solange die Aktien ohne Bedingung, also beispielsweise ohne Anknüpfung an den Aktienkurs überlassen werden, steht ein solches Modell der Rechtsprechung des BGH nicht entgegen; das bloße Halten von Aktien ist nicht verboten.[520] Einfacher und steuerlich regelmäßig vorteilhafter wäre es jedoch, den Aufsichtsratsmitgliedern eine Barvergütung zukommen zu lassen und diese an eine Verpflichtung zum Erwerb und Halten der Gesellschaftsaktien über einen längeren Zeitraum zu knüpfen.[521] Eine solche Gestaltung bedürfte wegen § 113 Abs. 1 S. 2 AktG einer Regelung in der Satzung oder eines Hauptversammlungsbeschlusses.

4. Optionsanleihen und Wandelschuldverschreibungen

208 **a) Rechtslage.** Die Zulässigkeit einer erfolgsorientierten Vergütung von Aufsichtsratsmitgliedern durch die Begebung von Optionsanleihen und Wandelschuldverschreibungen war infolge des MobilCom-Urteils des BGH ebenfalls als in Frage gestellt anzusehen. In einem obiter dictum machte der BGH deutlich, dass er von einer gesetzgeberischen Grundsatzentscheidung gegen aktien-kursorientierte Vergütungsmodelle für Aufsichtsratsmitglieder ausgeht. Diese Rechtsauffassung der Rechtsprechung erfuhr schließlich auch durch die durch Art. 1 Nr. 17 erfolgte Ergänzung des § 221 Abs. 4 S. 2 AktG um die Verweisung auf § 193 Abs. 2 Nr. 4 AktG – und hierdurch mittelbar auch auf § 192 Abs. 2 Nr. 3 und das Verbot der Gewährung von Aktienoptionen an Aufsichtsratsmitglieder – Bestätigung. Zwar weisen Teile der Literatur darauf hin, dass sich aus dem Verweis strenggenommen nur besondere Anforderungen an einen Hauptversammlungsbeschluss zugunsten von Arbeitnehmern und Mitgliedern der Geschäftsführung ergäben, dennoch zeigt die Begründung des Regierungsentwurfs, dass mit der Neufassung ein Ausschluss von Optionsanleihen und Wandelschuldverschreibungen für Aufsichtsratsmitglieder intendiert war.

209 **b) Folgen für die Praxis.** Aus diesen Erwägungen folgt, dass von der Unzulässigkeit der erfolgsorientierten Vergütung von Aufsichtsratsmitgliedern durch die Gewährung von Op-

---

[515] *Richter* BB 2004, 949 (955); *Habersack* ZGR 2004, 721 (727 f.); allgemein GroßkommAktG/*Frey* § 192 Rn. 129.
[516] *Habersack* ZGR 2004, 721 (728).
[517] *Habersack* ZGR 2004, 721 (727); *Jacob* JR 2004, 154 (155).
[518] *Habersack* ZGR 2004, 721 (727).
[519] *Peltzer* NZG 2004, 509 (511); *Marsch-Barner* FS Röhricht, S. 401 (417).
[520] Vgl. BGH NZG 2004, 376 (377) – MobilCom; *Gehling* ZIP 2005, 549 (557); *Marsch-Barner* FS Röhricht, S. 401 (418).
[521] *Marsch-Barner* FS Röhricht, S. 401 (418); *Gehling* ZIP 2005, 549 (557).

5. Virtuelle Aktienoptionen

Eine weitere Möglichkeit zur erfolgsorientierten Vergütung von Aufsichtsratsmitgliedern 210
besteht in der Schaffung von „virtuellen", schuldrechtlichen Aktienoptionen, wie beispielsweise *Phantom Stocks* oder *Stock Appreciation Rights (SAR)*. Deren grundsätzliche Zulässigkeit ist nun ebenfalls durch das MobilCom-Urteil des BGH in Zweifel gezogen worden.[523] § 187 AktG steht zunächst der Gewährung von virtuellen Aktienoptionen nicht entgegen, da tatsächlich keine Aktien ausgegeben werden, eine rechtliche Ähnlichkeit mit Aktienoptionen liegt daher nicht vor.[524] Auch materiell besteht der Unterschied, dass durch schuldrechtliche Nachbildungen gerade keine Eignerstellung begründet wird, es besteht somit kein Konfliktpotential im Verhältnis zu den Aktionären.[525] Gegen solche schuldrechtlichen Gestaltungen spricht jedoch das gewichtige Argument, dass sie letztlich eine Umgehung des Verbots von Aktienoptionen auf schuldrechtlicher Ebene darstellen. Inhaltlich wird durch solche Nachbildungen das Vergütungsinteresse des Aufsichtsrats an den Aktienkurs gekoppelt. Dies widerspräche aber der vom BGH angenommenen gesetzgeberischen Entscheidung gegen eine aktienkursorientierte Vergütung. Die Unzulässigkeit entspricht mithin dem Gebot der Folgerichtigkeit.[526]

> **Praxistipp:**
> Virtuelle Aktienoptionen für Aufsichtsräte sind nicht zu empfehlen, da mit der Feststellung der Unzulässigkeit durch die Rechtsprechung gerechnet werden muss.

6. Tantiemen

a) Am Jahresgewinn orientierte Tantieme nach § 113 Abs. 2 AktG. Die einzige im Gesetz 211
ausdrücklich geregelte erfolgsorientierte Vergütung für Aufsichtsratsmitglieder findet sich in § 113 Abs. 3 AktG. Gemäß dieser Vorschrift berechnet sich eine am Jahresgewinn orientierte Vergütung aus dem Bilanzgewinn, vermindert um 4 % des Nennbetrags der Aktien. Damit ähnelt § 113 Abs. 3 AktG dem früheren § 86 Abs. 2 AktG zur Vorstandsvergütung; er ist in der Praxis jedoch weitgehend bedeutungslos geblieben.[527] Dies liegt zum einen daran, dass es Vorstand und Aufsichtsrat möglich ist den Bilanzgewinn durch Gewinnausschüttung und Thesaurierung zu steuern. Zum anderen kann eine Regelung nach § 113 Abs. 3 AktG beispielsweise dann zu einer doppelten Tantiemepflicht führen, wenn die Hauptversammlung Teile des Bilanzgewinns in andere Gewinnrücklagen einstellt und diese später wieder aufgelöst werden.

Vergütungssysteme, die bei einer Anknüpfung an den Jahresgewinn gegen den vorge- 212
schriebenen Berechnungsmodus verstoßen, sind nichtig. Dies wirft daher die Frage auf, ob

---

[522] *Claussen* WM 1997, 1829 f.; *Fuchs* JZ 2004, 1185 (1188); kritisch auch *Wiechers* BB 2004, 698; *Lutter* FS Hadding, S. 561 (564).
[523] So wurde ein entsprechender Vergütungsvorschlag für die Daimler-Aufsichtsräte von der Tagesordnung genommen, vgl. FAZ v. 24.3.2004, S. 17. Ebenfalls kritisch *Meyer/Ludwig* ZIP 2004, 940 (941).
[524] *Gehling* ZIP 2005, 549 (557); *Vetter* AG 2004, 234 (237 f.); *Bösl* BKR 2004, 474; *Hoffmann-Becking* ZHR 169 (2005), 169 (178 f.).
[525] *Feddersen* ZHR 161 (1997), 269 (286) Fn. 64; *Fuchs* WM 2004, 2233 (2239 ff.); *Meyer/Ludwig* ZIP 2004, 940 (944); *Vetter* AG 2004, 234 (237); so auch *Semler/Wagner*, Arbeitshandbuch für Aufsichtsratsmitglieder, § 10 Rn. 43; Marsch-Barner/Schäfer/*Vetter* § 29 Rn. 44.
[526] *Bender/Vater* DStR 2003, 1807 (1811); *Habersack* ZGR 2004, 721 (728); *Jacob* JR 2004, 154 (155); *Lenenbach* EWiR § 71 AktG 1/04, 413. 414; *Meyer/Ludwig* ZIP 2004, 940 (944); *Paefgen* WM 2004, 1169 (1173); *Richter* BB 2004, 949 (956); *Röhricht* S. 1, 16.
[527] *Gehling* ZIP 2005, 549 (555); Marsch-Barner/Schäfer/*Vetter* § 29 Rn. 40.

der Begriff „Anteil am Jahresgewinn" eng oder weit auszulegen ist. Für den § 86 Abs. 2 AktG aF hatte der BGH eine weite Auslegung angenommen, die auch am Cashflow orientierte Tantiemen umfasst.[528] Richtigerweise muss sich die Auslegung am Schutzzweck orientieren, nämlich den Tantiemeanspruch des Aufsichtsrats mit dem Gewinnausschüttungsanspruch der Aktionäre zu harmonisieren. Daher greift § 113 Abs. 3 AktG immer dann ein, wenn Tantieme- und Gewinnausschüttungsanspruch in einem Spannungsverhältnis stehen.[529]

213 b) An der Dividende orientierte Tantieme. Eine nach der Dividende bemessene Tantieme stellte in der Vergangenheit die Regel dar,[530] wobei auch diese Variante der erfolgsorientierten Vergütung nicht völlig frei von Kritik ist.[531] Sie verstößt nicht gegen § 113 Abs. 3 AktG. Im Ergebnis besteht hierüber Einigkeit, die Begründung ist jedoch umstritten.[532] Der BGH und Teile der Literatur neigen dazu, § 113 Abs. 3 AktG zwar auf die dividendenabhängige Tantieme anzuwenden, sie aber deshalb als zulässig anzusehen, weil § 113 Abs. 3 AktG für den Fall abbedungen werden kann, dass die Gesellschaft dadurch bessergestellt wird. Dies sei bei der dividendenabhängigen Tantieme der Fall.[533] Die überwiegende Ansicht im Schrifttum geht allerdings bereits von der Unanwendbarkeit des § 113 Abs. 3 AktG aus, da die Dividende eine qualitativ andere Bemessungsgröße darstelle, als der Jahresgewinn.[534]

> **Praxistipp:**
>
> Die Tantieme kann beispielsweise einen fixen Betrag je Prozentpunkt der Dividende, oder aber einen fixen Betrag pro Dividende je Stückaktie vorsehen. Sonderausschüttungen aus der Auflösung von Rücklagen können für die Aufsichtsratsvergütung berücksichtigt werden, dies sollte die Satzung sinnvollerweise festlegen.

214 c) An bilanziellen Kennzahlen bzw. Konzernergebniszahlen orientierte Tantieme. Neuerdings finden Tantiemeregelungen, die sich an bilanziellen Kennzahlen wie zB EBIT, EBITDA, NOPAT, ROI, ROCE oder an unternehmenswertbasierten Bezugsgrößen wie zB EVA orientieren vermehrt Anwendung.[535] Mangels höchstrichterlicher Entscheidung ist im Schrifttum jedoch umstritten, ob solche Regelungen begrifflich an den Jahresgewinn anknüpfen und daher aufgrund der abweichenden Berechnungsmodalität gemäß § 113 Abs. 3 AktG unzulässig sind.[536] Weitgehend als nicht von § 113 Abs. 3 AktG erfasst und daher als zulässig erachtet wird die Anknüpfung an Konzernergebniszahlen.[537]

215 d) Am langfristigen Unternehmenserfolg orientierte Tantieme. Ziffer 5.4.6 des Deutschen Corporate Governance Kodex empfiehlt eine am langfristigen Unternehmenserfolg orientierte Vergütung. Die Möglichkeit dies über Aktienoptionen zu erreichen, ist wie gezeigt weitgehend weggefallen. Weiterhin offen ist jedoch der Weg über die Gewährung von hieran

---

[528] BGH ZIP 2003, 722; *Hoffmann-Becking* ZHR 169 (2005), 155 (177).
[529] Vetter ZIP 2008, 1 (3); ausführlich *Krieger* FS Röhricht, S. 349 (355 ff.).
[530] *Hoffmann-Becking* ZHR 169 (2005), 155 (175).
[531] *Bender/Vater* DStR 2003, 1807 (1811).
[532] Siehe dazu auch *Krieger* FS Röhricht, S. 349 (354).
[533] *Hoffmann-Becking* ZHR 169 (2005), 155 (175); so auch zur Parallelnorm § 86 Abs. 2 AktG aF: BGHZ 145, 1 (3 ff.); BGH ZIP 2003, 722 (723); OLG Düsseldorf NZG 1999, 595 f.; *Müller*, WP-Handbuch, Bd. I[12], Abschnitt D, Rn. 55; GHEK/*Eckardt/Kropff/Hefermehl* AktG § 86 Rn. 14.
[534] Hüffer/Koch/*Koch* AktG § 113 Rn. 9; MüKoAktG/*Semler*[2] AktG § 113 Rn. 59; KölnKommAktG/*Mertens* AktG § 113 Rn. 37; MHdB GesR IV/*Hoffmann-Becking* § 33 Rn. 20.
[535] Vgl. *Deutsches Aktieninstitut/Towers Perrin* S. 32; Marsch-Barner/Schäfer/*Vetter* § 29 Rn. 41.
[536] Dagegen *Vetter* ZIP 2008, 1 (3); *Krieger* FS Röhricht, S. 349 (359); zweifelnd *Hoffmann-Becking* ZHR 169 (2005), 155 (177); für die Zulässigkeit *Gehling* ZIP 2005, 549 (555); *Lutter/Krieger* § 12 Rn. 857; *Marsch-Barner* FS Röhricht, S. 401 (417); wohl auch Marsch-Barner/Schäfer/*Vetter* § 29 Rn. 41; s. auch *Deutsches Aktieninstitut/Towers Perrin* S. 32.
[537] *Hoffmann-Becking* ZHR 169 (2005), 155 (177); *Gehling* ZIP 2005, 549 (555); *Krieger* FS Röhricht, S. 349 (360); zweifelnd jedoch *Vetter* ZIP 2008, 1 (4); Hüffer/Koch/*Koch* AktG § 113 Rn. 10.

anknüpfenden Tantiemen. Allerdings muss auch bei einer solchen Regelung § 113 Abs. 3 AktG berücksichtigt werden. Letztlich sind verschiedene Anknüpfungspunkte denkbar.

Geht man von der Zulässigkeit einer Anknüpfung an Konzernergebniszahlen aus, so fallen solche Klauseln auch dann nicht unter § 113 Abs. 3 AktG, wenn sie die Entwicklung des Konzernergebnisses als Bemessungsgrundlage verwenden.

Orientiert sich hingegen eine Regelung an den Unternehmenszahlen, so stellt sich wiederum die Frage der Orientierung am Jahresgewinn. § 113 Abs. 3 AktG trifft zwar nur eine Regelung bei Anknüpfung an den Bilanzgewinn eines Jahres, sagt jedoch nichts darüber aus, ob bei einer Zugrundelegung mehrerer Jahre die Vorschrift unanwendbar wird oder aber ob deren inhaltliche Grenzen gewahrt bleiben.[538] Aus dem Blickwinkel der Aktionäre wird es kaum einen Unterschied machen, ob nun statt der Bezugsgröße von einem Jahr mehrere Jahre gewählt werden. Andererseits ist jedoch nicht zu verkennen, dass der Schutzzweck des § 113 Abs. 3 AktG darin besteht, das Konkurrenzverhältnis zu regeln, welches zwischen Gewinnanspruch der Aktionäre und Tantiemeanspruch entstehen kann. Davon ausgehend besteht jedoch bei mehrjähriger Anknüpfung eine solche Konkurrenz nicht, da das Jahresergebnis zur bloßen Berechnungsgröße wird.[539] Weiterhin spricht für die Zulässigkeit solcher Bezugsgrößen, dass der Deutsche Corporate Governance Kodex explizit eine Orientierung am langfristigen Unternehmenserfolg empfiehlt. Nach dem MobilCom-Urteil des BGH fallen hierfür Aktienoptionen weg. Eine Auslegung des § 113 Abs. 3 AktG, die die Befolgung der Anregung damit gänzlich unmöglich machen würde, kann jedoch nicht erwünscht sein.[540]

e) **Rechtsfolge bei Verstoß und Zusammenfassung.** Verstößt eine Vergütungsregelung gegen § 113 Abs. 3 S. 2 AktG, so folgt daraus deren Nichtigkeit. Ein Teil der Literatur hat versucht, diese Konsequenz zu vermeiden und nur den die Grenze des § 113 Abs. 3 AktG übersteigenden Teil der Nichtigkeit zu unterwerfen.[541] Sinngemäß entstünde dadurch eine geltungserhaltende Reduktion der Vergütungsregel auf das Maß des § 113 Abs. 3 AktG, die zwar auf einer Linie mit der BGH-Rechtsprechung zu § 86 Abs. 2 AktG[542] liegt, die mit dem Wortlaut des § 113 Abs. 3 AktG allerdings nur schwer in Einklang zu bringen ist.[543] Anzumerken bleibt, dass aufgrund der zahlreichen Unklarheiten in der Literatur die Forderung nach einer Streichung des § 113 Abs. 3 AktG erhoben wird. Sie stützt sich vor allem auf die Streichung der Parallelnorm des § 86 Abs. 2 AktG und auf eine nicht gerechtfertigte unterschiedliche Behandlung durch den weiterhin geltenden § 113 AktG.[544]

7. Angemessenheit der Vergütung

Gemäß § 113 Abs. 1 AktG kann dem Aufsichtsrat eine angemessene Vergütung gewährt werden. Der Grundsatz der Angemessenheit schließt zum einen übermäßig hohe Vergütungen aus, zum anderen – und dies ist für das hier interessierende Thema besonders relevant – aber auch eine übermäßige Angleichung der Vergütungsinteressen von Vorstand und Aufsichtsrat, da sonst die Neutralität und Unabhängigkeit der Aufsichtsräte gefährdet wäre.[545] Dieses Verbot greift jedoch nicht bereits bei jeder partiellen Übereinstimmung der Vergütungsinteressen, sondern erst bei einer weitgehenden Synchronisierung. Wann eine solche vorliegt, ist eine Entscheidung des Einzelfalls.[546] Ein Verstoß gegen das Angemessenheitsgebot zieht gemäß § 113 Abs. 2 S. 3 AktG die Nichtigkeit des Beschlusses nach sich.

---

[538] *Krieger* FS Röhricht, S. 349 (362).
[539] *Krieger* FS Röhricht, S. 349 (362).
[540] *Krieger* FS Röhricht, S. 349 (362).
[541] *Krieger* FS Röhricht, S. 349 (363 ff.); Hüffer/Koch/*Koch* AktG § 113 Rn. 9.
[542] BGH ZIP 2003, 722 (724).
[543] *Vetter* ZIP 2008, 1 (4).
[544] *Hoffmann-Becking* ZHR 169 (2005), 155 (177); *Vetter* ZIP 2008, 1 (4); *Krieger* FS Röhricht, S. 349 (367).
[545] *Fuchs* WM 2004, 2233 (2238).
[546] *Fuchs* WM 2004, 2233 (2238) mwN; *Habersack* ZGR 2004, 721 (733).

> **Praxistipp:**
> Im Interesse der Unabhängigkeit der Aufsichtsratsmitglieder sollte zum einen darauf geachtet werden, dass der erfolgsabhängige Vergütungsbestandteil stets nur einen Bruchteil der Gesamtvergütung darstellt; empfohlen wird ein Viertel bis ein Drittel. Zum anderen sollte vermieden werden, die Bemessungsgrundlage für die erfolgsabhängige Vergütung des Aufsichtsrates zu stark mit derjenigen des Vorstands zu parallelisieren.

VIII. Beratungscheckliste

220 Die rechtlichen Ausgestaltungsmöglichkeiten von Mitarbeiterbeteiligungsprogrammen sind – je nach Ausgangssituation – vielfältig. Zudem müssen die steuerlichen und bilanziellen Auswirkungen/Beschränkungen mitbedacht werden, was den Komplexitätsgrad für die Entscheidungsfindung erhöht. Aus diesem Grund erscheint es sinnvoll, durch einige gezielte Fragen im Vorfeld der Programmgestaltung eine Auswahl derjenigen Mitarbeiterbeteiligungsmodelle zu treffen, die im Einzelfall überhaupt in Betracht kommen. Die nachfolgende kurze Checkliste soll daher die Suche nach dem „passenden" oder „richtigen" Mitarbeiterbeteiligungsprogramm[547] erleichtern. Themenbedingt soll hier nur von der Situation der AG ausgegangen werden.

221
> **Beratungscheckliste:**
> ☐ Beteiligungsform (Eigen-/Fremdkapital, eigenkapitalähnliche Beteiligung)?
> ☐ Kreis der Begünstigten (nur Mitglieder der Geschäftsführung, angestellte Mitarbeiter oder auch Aufsichtsräte bzw. sonstige Dritte?)
> ☐ Volumen der Eigenkapitalbeteiligung (mehr als 10 %)?
> ☐ Herkunft der zu gewährenden Aktien (von Aktionären, aus Kapitalerhöhung, aus Rückerwerb eigener Aktien)?
> ☐ Soll die Ausgabe von Bezugsrechten für das emittierende Unternehmen erfolgsneutral sein?

222 In diesem Kapitel wurden die verschiedenen Beteiligungsformen angesprochen, so dass aus der Antwort auf die **Frage 1** die entsprechenden Alternativen selektiert werden können. Wird eine Eigenkapitalbeteiligung der Mitarbeiter angestrebt, kommen nur Belegschaftsaktien, Restricted Stock und Aktienbezugsrechte in Form von selbstständigen Aktienoptionen oder unselbständigen Bezugsrechten verbunden mit einer Wandel- oder Optionsanleihe in Betracht. Sollen selbständige Aktienbezugsrechte neben Arbeitnehmern oder der mit ihnen verbundenen Unternehmen auch selbständigen Beratern oder Mitgliedern des Aufsichtsrats gewährt werden (**Frage 2**), scheidet die Erfüllung des Anspruchs des Begünstigten auf Bezug von Aktien mit Hilfe einer bedingten Kapitalerhöhung aus.[548] Hier bleiben nur ein wenig geeignetes genehmigtes Kapital oder die Ausgabe von eigenen Aktien der Gesellschaft.[549] Auch speziell strukturierte Wandelanleiheprogramme, die sich in der Praxis als sinnvolle Gestaltungsvariante für die Gewährung von Bezugsrechten an Aufsichtsräte erwiesen haben, sind nunmehr durch die Änderungen des UMAG ausgeschlossen. Reicht das für die Bedienung von selbständigen Aktienoptionen benötigte bedingte Kapital nicht aus (**Frage 3**), wird man (zusätzlich) auf andere Möglichkeiten der Kapitalherkunft zurückgreifen müssen.[550] Können bei der Gesellschaft nicht die nötigen Rücklagen für eigene Aktien gebildet werden,

---
[547] *Köhler* versucht ebenfalls einen unternehmerischen Entscheidungsbaum für die Wahl des optimalen Programms aufzuzeigen, vgl. *Köhler* S. 192.
[548] Vgl. § 192 Abs. 2 Nr. 3 AktG.
[549] Vgl. hierzu → Rn. 34 ff., 47 ff. Dieser Möglichkeit hat der BGH für Aufsichtsräte einen Riegel vorgeschoben, vgl. DB 2004, 696; aA; OLG Schleswig (Vorinstanz) AG 2003, 102; vgl. → Rn. 204 ff.
[550] Hier sind allerdings Änderungen zu erwarten (Stand: September 2009), vgl. Art. 1 Nr. 15 UMAG-Reg-E.

scheidet als Aktienbeschaffung der Erwerb eigener Aktien aus. Da die Zurverfügungstellung von Aktien von Aktionären allenfalls in personalistisch geprägten Gesellschaften in Frage kommen dürfte, muss der Weg über eine Kapitalerhöhung beschritten werden (**Frage 4**). Weil nur ein bedingtes Kapital ein einfaches und unkompliziertes Verfahren zur Aktienbeschaffung vorsieht, das für selbständige Aktienoptionen zur Verfügung stehende bedingte Kapital jedoch einigen Beschränkungen unterliegt, wird man gleichfalls geneigt sein, ein Wandel- oder Optionsanleiheprogramm aufzulegen. Besteht für das die Bezugsrechte gewährende Unternehmen eine Pflicht zur Konzernrechnungslegung nach internationalen Bilanzierungsvorschriften kann die Ausgabe von selbständigen oder unselbständigen Bezugsrechten zu erhöhtem Personalaufwand führen,[551] was sich negativ auf die Ertragslage und ggf. auf den Aktienkurs auswirken kann (**Frage 5**). Diese Auswirkungen treten insbesondere bei nach US-GAAP bilanzierenden Gesellschaften auf, lassen sich aber dadurch vermeiden, dass man für die Absicherung des Beteiligungsprogramms entweder einen Weg wählt, bei dem ein Erfolgsziel als Ausübungshürde nicht zwingend vorgesehen ist (zB Wandel- oder Optionsanleiheprogramm), oder das Erfolgsziel besonders ausgestaltet[552] wird, so dass die Ausgabe von Aktienoptionen für die Emittentin erfolgsneutral bleibt.

---

[551] Vgl. hierzu → Rn. 108 ff., 132.
[552] Vgl. hierzu → Rn. 71.

Teil H. Kapitalmaßnahmen

§ 33 Ordentliche Kapitalerhöhung

Übersicht

	Rn.
I. Zulässigkeitsvoraussetzungen	1–7
1. Keine ausstehenden Einlagen	2–5
2. Sonstige Zulässigkeitsvoraussetzungen	6/7
II. Kapitalerhöhungsbeschluss	8–71
1. Verfahren	8–11
2. Inhalt	12–47
a) Betrag der Kapitalerhöhung	15–17
b) Art und Gattung der Aktien	18/19
c) Zahl der Aktien	20/21
d) Ausgabebetrag	22–31
e) Gewinnberechtigung	32
f) Durchführungsfrist	33–35
g) Zeichnungsfrist und Bezugsfrist	36
h) Aufteilung in Tranchen	37/38
i) Bezugsrecht und mittelbares Bezugsrecht	39/40
j) Fälligkeit der Einlage	41
k) Satzungsänderung	42
l) Besonderheiten bei „Bis-zu-Beschlüssen"	43–47
3. Zusätzliche Festsetzungen bei Sacheinlagen	48–57
a) Gegenstand	49–51
b) Person	52
c) Nennbetrag/Zahl Aktien	53
d) Ausgabebetrag	54
e) Fälligkeit der Einlage	55
f) Nachgründungsvorschriften	56/57
4. Gemischte Bar-/Sachkapitalerhöhung	58/59
5. Mängel	60–62
6. Aufhebung und Änderung von Kapitalerhöhungsbeschlüssen	63–71
a) Aufhebung des Kapitalerhöhungsbeschlusses	64–69
b) Änderung des Kapitalerhöhungsbeschlusses	70/71
III. Bezugsrecht und Bezugsrechtsausschluss	72–116
1. Inhalt des Bezugsrechts	72
2. Vereinbarung von Bezugsrechten	73
3. Verfahren der Gewährung und Ausübung	74–88
a) Bezugsfrist	74/75
b) Veröffentlichung Bezugsangebot	76–82
c) Ausübung	83–85
d) Bezugsrechtshandel	86
e) Behandlung nicht bezogener Aktien	87/88
4. Bezugsrechtsausschluss	89–102
a) Praktischer Anwendungsbereich	89–91
b) Verfahrensrechtliche Anforderungen	92–96
c) Angemessener Ausgabebetrag	97
d) Gleichbehandlungsgrundsatz	98
e) Sachliche Rechtfertigung	99–102
5. Vereinfachter Bezugsrechtsausschluss (§ 186 Abs. 3 S. 4 AktG)	103–112
a) Börsennotierung	104
b) Orientierung am Börsenpreis	105–107
c) Liquider Börsenhandel nötig?	108
d) Aussagefähiger Börsenkurs	109
e) Häufigkeit der Ausübung	110
f) Höchstgrenze	111
g) Vorstandsbericht an die Hauptversammlung	112
6. Faktischer Bezugsrechtsausschluss	113–116

	Rn.
IV. Zeichnung	117–129
1. Ablauf der Zeichnung	117–120
2. Mängel der Zeichnung	121–129
V. Einlagen und Einlageleistung	130–137
1. Bareinlagen	130–134
a) Leistungsart	130
b) Verfügungen vor Eintragung	131
c) Voreinzahlungen	132–134
2. Sacheinlagen	135/136
3. Sicherung eventueller Rückzahlungsansprüche	137
VI. Mängel der Einlageleistung und der Aktien	138–141
1. Werthaltigkeit von Sacheinlagen	138
2. Verdeckte Sacheinlagen/Schütt-Aus-Hol-Zurück-Verfahren	139
3. Haftung der Gesellschaft für „mangelhafte" Gesellschaftsanteile	140/141
VII. Eintragungsverfahren	142–164
1. Antrag	142–158
a) Kapitalerhöhungsbeschluss	144/145
b) Durchführung der Kapitalerhöhung	146–158
2. Prüfung durch das Registergericht	159–161
3. Rücknahme der Handelsregistereintragung bei gescheiterter Kapitalerhöhung	162
4. Inhalt der Eintragung	163
5. Veröffentlichungspflichten nach Durchführung der Kapitalerhöhung	164
VIII. Veröffentlichungspflichten	165–182
1. Ad-hoc-Mitteilung	166–168
2. Einladung zur Hauptversammlung	169/170
3. Veröffentlichungspflichten nach der Hauptversammlung	171/172
4. Bezugsangebot	173
5. Veröffentlichung gemäß § 41 WpHG	174
6. Mitteilungspflichten der Aktionäre	175/176
7. Directors' Dealings	177
8. Insiderrecht	178–182

Schrifttum: *Bayer,* Neue und neueste Entwicklungen zur verdeckten GmbH-Sacheinlage, ZIP 1998, 1985; *Böttcher,* Die gemischte verdeckte Sacheinlage im Rahmen der Kapitalerhöhung – „Rheinmöve", NZG-B-2003-S-1096-N-1 – FN1, NZG 2008, 416; *Bungert,* Bezugsrechtsausschluß zur Platzierung neuer Aktien im Ausland, WM 1995, 1; *Cahn,* Das neue Insiderrecht, Der Konzern 2005, 5; *Ekkenga,* Kapitalmarktrechtliche Aspekte des Bezugsrechts und Bezugsrechtsausschlusse, AG 1994, S. 59; *Ekkenga/Maas,* Das Recht der Wertpapieremissionen, 2006; *Dryander/Schröder,* Gestaltungsmöglichkeiten für die Gewährung von Aktienoptionen an Vorstandsmitglieder im Lichte des neuen Insiderrechts, WM 2007, 537; *Groß,* Bookbuilding, ZHR 162 (1998), 318, *Grub/Fabian,* Die Anwendung der Nachgründungsvorschriften auf Sachkapitalerhöhungen – Zugleich Besprechung von OLG Oldenburg, Beschluß vom 20.6.2002 – 5 W 95/02, AG 2002, S. 614; *Habersack/Mülbert/Schlitt,* Unternehmensfinanzierung am Kapitalmarkt, 3. Aufl. 2013; *Henze,* Erfordernis der wertgleichen Deckung bei Kapitalerhöhung mit Bareinlagen? – Anmerkung zu BGH, Urteil vom 18.3.2002 – II ZR 363/00, BB 2002, 957 ff., und BGH, Urteil vom 18.3.2002 – II ZR 369/00, BB 2002, 959 f., in: BB 2002, 955; *Hergeth/Eberl,* Schuldrechtliche Zuzahlungspflichten bei der Kapitalerhöhung einer Aktiengesellschaft, DStR 2002, 1818; *Klasen,* Recht der Sacheinlage: Rechtliche Rahmenbedingungen – Neuerungen durch MoMiG und ARUG, BB 2008, 2684; *Kort,* Voreinzahlungen auf künftige Kapitalerhöhungen bei AG und GmbH, DStR 2002, 1223; *Kuthe/Rückert/Sickinger,* Compliance-Handbuch Kapitalmarktrecht, 2. Aufl. 2008; *Lutter,* Das neue „Gesetz für kleine Aktiengesellschaften und zur Deregulierung des Aktienrechts", AG 1994, 429; *ders./Hommelhoff/Timm,* Finanzierungsmaßnahmen zur Krisenabwehr in der Aktiengesellschaft, BB 1980, 737; *ders./Zöllner,* Zur Anwendung der allgemeinen Regeln über die Kapitalerhöhung und das Ausschüttungs-Rückhol-Verfahren, ZGR 1996, 164; *Maidl/Kreifels,* Beteiligungsverträge und ergänzende Vereinbarungen, NZG 2003, 1091; *Marsch-Barner/Schäfer,* Handbuch börsennotierte AG, 2. Aufl. 2009; *Martens,* Der Ausschluß des Bezugsrechts, ZIP 1992, 1677; *Mellert,* Venture Capital Beteiligungsverträge auf dem Prüfstand, NZG 2003, 1096; *Mülbert,* Anwendung der Nachgründungsvorschriften auf die Sachkapitalerhöhung?, AG 2003, 136; *ders.,* Die Anwendung der allgemeinen Formvorschriften bei Sachgründung und Sachkapitalerhöhungen, AG 2003, 281; *Nirk/Reuter/Bächle,* Handbuch der Aktiengesellschaft, 2003; *Pape,* Kapitalmarktorientierte Ausschüttungspolitik am Beispiel der Daimler-Benz AG: Sonderausschüttung und Kapitalerhöhung, BB 1998, 1783; *Pfeiffer/Buchinger,* Rücknahme von Handelsregisteranmeldungen bei gescheiterter Kapitalerhöhung einer Aktiengesellschaft, BB 2006, 2317; *Priester,* Körperschaftsteuerreform und Gewinnverwendung, ZGR 1977, 445; *Raiser,* Recht der Kapitalgesellschaften, 3. Aufl. 2001; *Roth,* JB 1991, 1913; *Schäfer/Grützediek,* Haftung der Gesellschaft für „mangelhafte" Gesellschaftsanteile bei Kapitalerhöhungen, NZG 2006, 204; *Schlitt/Schäfer,* Alte und neue Fragen im Zusammenhang mit 10 %-Kapitalerhöhungen, AG

2005, 67; *Schlitt/Seiler*, Aktuelle Rechtsfragen bei Bezugsrechtsemissionen, WM 2003, 2175; *Schorling/Vogel*, Schuldrechtliche Finanzierungsvereinbarungen neben Kapitalerhöhungsbeschluss und Zeichnung, AG 2003, 86; *Schüppen*, Die sukzessive Durchführung von ordentlichen Kapitalerhöhungen – Eine Gestaltung auf der Grenzlinie zum genehmigten Kapital, AG 2001, 125; *Seibert/Kiem*, Handbuch der kleinen AG, 4. Aufl. 2000; *Seibt/Voigt*, Kapitalerhöhungen zu Sanierungszwecken, AG 2009, 133; *Singler*, Voreinzahlungen auf aktienrechtliche Barkapitalerhöhungen in der Beratungspraxis nach dem 18.3.2002, NZG 2003, 1143; *Szesny/Kuthe*, Kapitalmarkt Compliance 2014; *Technau*, Rechtsfragen bei der Gestaltung von Übernahmeverträgen („Underwriting Agreements") im Zusammenhand mit Aktienemissionen, AG 1998, 445; *Trendelenburg*, Auswirkungen einer nichtigen Kapitalerhöhung auf die Wirksamkeit nachfolgender Kapitalerhöhungen bei Aktiengesellschaften, NZG 2003, 860.

I. Zulässigkeitsvoraussetzungen

Die Kapitalerhöhung gegen Einlagen – im Folgenden ordentliche Kapitalerhöhung – ist in den §§ 182–191 AktG geregelt. Hierbei wird das Grundkapital auf Grund eines Hauptversammlungsbeschlusses gegen Bar- und/oder Sacheinlagen unter Ausgabe neuer Aktien erhöht. Eine Kapitalerhöhung gegen Einlagen stellt sich als Satzungsänderung dar, die den besonderen Voraussetzungen der §§ 182 ff. AktG unterliegt. **1**

1. Keine ausstehenden Einlagen

Gem. § 182 Abs. 4 S. 1 AktG soll das Grundkapital nicht erhöht werden, solange ausstehende Einlagen auf das bisherige Grundkapital noch erlangt werden können. In diesem Fall steht der Aktiengesellschaft eine einfachere Form der Mittelerlangung zu, indem die ausstehenden Einlagen eingefordert werden. Ist eine ausstehende Einlage vom betreffenden Aktionär aufgrund dessen andauernder Vermögenslosigkeit nicht zu erlangen und kann die Kapitalerhöhung nicht abgeschlossen werden, vermag sie die Subsidiarität nicht zu begründen.[1] Versicherungsaktiengesellschaften können in ihrer Satzung gem. § 182 Abs. 4 S. 2 AktG etwas anderes bestimmen. Umstritten ist, ob unter die Einlagen iSd § 182 Abs. 4 S. 1 AktG auch solche Einlagen fallen, die lediglich vorübergehend wegen eines **Leistungshindernisses** nicht erlangt werden können, weil sie nicht fällig sind. Die herrschende Meinung in der Literatur geht davon aus, dass ein solches vorübergehendes Leistungshindernis nicht dazu führt, dass eine Einlage nicht mehr verlangt werden kann, eine Kapitalerhöhung in diesem Fall also nicht möglich ist.[2] **2**

Ebenfalls umstritten ist, inwieweit das Erhöhungsverbot in § 182 Abs. 4 AktG auf den **Erwerb eigener Aktien** anwendbar ist. Ein Teil der Literatur will die Regelung sowohl auf den zulässigen, als auch auf den unzulässigen Erwerb eigener Aktien anwenden, mit der Rechtsfolge, dass die Gesellschaft zunächst zur Kapitalbeschaffung die eigenen Aktien veräußern muss, bzw. für den Fall eines unzulässigen Erwerbs eigener Aktien den Anspruch auf Rückgewähr des Kaufpreises aus dem nichtigen Kaufvertrag realisieren muss.[3] Dem hält ein anderer Teil der Literatur entgegen, dass § 71c AktG die Frage, wann wirksam erworbene eigene Aktien zu veräußern sind, unabhängig davon, ob der Erwerb zulässig war oder nicht, abschließend regelt.[4] Eine vermittelnde Auffassung wendet § 182 Abs. 4 AktG entsprechend auf den Kaufpreisrückgewähranspruch in dem Fall des unzulässigen Erwerbs eigener Aktien an, schließt die Anwendbarkeit des § 182 Abs. 4 AktG für zulässigerweise erworbene eigene Aktien während der Veräußerungsfrist nach § 72c Abs. 2 AktG jedoch aus, ebenso solange noch ein gesetzlich erlaubter Erwerbsgrund nach § 71 AktG besteht.[5] Vorzugswürdig erscheint die vermittelnde Auffassung. Der Gesetzgeber hat in den §§ 71 ff. AktG detailliert Erwerb und Veräußerung eigener Aktien geregelt, es handelt sich hierbei grundsätzlich um abschließende Regelungen. Daher kommt eine indirekte Veräußerungspflicht in Bezug auf **3**

---

[1] Spindler/Stilz/*Servatius* AktG § 182 Rn. 61.
[2] GroßkommAktG/*Wiedemann* § 182 Rn. 82; Hüffer/Koch/*Koch* AktG § 182 Rn. 27; KölnKommAktG/ *Lutter* § 182 Rn. 37; aA MHdB GesR IV/*Scholz* § 57 Rn. 4; Spindler/Stilz/*Servatius* AktG § 182 Rn. 61.
[3] Hüffer/Koch/*Koch* AktG § 182 Rn. 27; AnwKommAktG/*Elser* § 182 Rn. 56.
[4] GroßkommAktG/*Wiedemann* § 182 Rn. 85 f.; MHdB GesR IV/*Scholz* § 57 Rn. 3.
[5] KölnKommAktG/*Lutter* § 182 Rn. 35.

zulässig erworbene eigene Aktien nicht in Betracht. Da bei unzulässig erworbenen eigenen Aktien schon eine Veräußerungspflicht gem. § 71c AktG besteht, erscheint es sinnvoll, die Gesellschaft nach dem Gedanken aus § 182 Abs. 4 AktG zunächst auf diese vorrangige Kapitalbeschaffungsmaßnahme zu verweisen, die ohnehin durchzuführen ist.

4   Gem. § 182 Abs. 4 S. 3 AktG stehen **ausstehende Einlagen** in verhältnismäßig unerheblichem Umfang der Zulässigkeit einer Kapitalerhöhung ebenfalls nicht entgegen. Verhältnismäßig meint dabei das Verhältnis zwischen dem Gesamtbetrag des gezeichneten Kapitals und den ausstehenden Einlagen.[6] Als verhältnismäßig geringer Betrag wird ein Anteil zwischen 1 % und 5 % angesehen.

5   Ein **eventueller Verstoß** gegen § 182 Abs. 4 AktG berührt den Kapitalerhöhungsbeschluss als solchen nicht, dieser ist wirksam und nach zutreffender Ansicht auch nicht anfechtbar, da es sich hierbei lediglich um eine reine Soll-Vorschrift handelt.[7]

2. Sonstige Zulässigkeitsvoraussetzungen

6   Die Zulässigkeit der ordentlichen Kapitalerhöhung als solche ist **nicht vom Vorliegen eines besonderen sachlichen Grundes abhängig**. Ein solcher kann allenfalls für einen Bezugsrechtsausschluss erforderlich sein (→ Rn. 99 ff.).

7   Nach heutzutage herrschender Auffassung in der Literatur und unterinstanzlicher Rechtsprechung hindert die **Eröffnung eines Insolvenzverfahrens** die Durchführung einer Kapitalerhöhung nicht, unabhängig davon, ob der Kapitalerhöhungsbeschluss vor oder nach Eröffnung des Insolvenzverfahrens gefasst wird.[8]

II. Kapitalerhöhungsbeschluss

1. Verfahren

8   Der genaue Verfahrensablauf für eine Kapitalerhöhung richtet sich danach, in welcher konkreten Situation der Kapitalerhöhungsbeschluss gefasst werden soll. Haben Aktionäre in der Hauptversammlung im Hinblick auf den Kapitalerhöhungsbeschluss Widerspruch zur Niederschrift des beurkundenden Notars erklärt, wird eine Durchführung der Kapitalerhöhung beispielsweise aus Gründen der Rechtssicherheit und mit Rücksicht auf die regelmäßig eintretende faktische Registersperre erst in Betracht kommen, wenn diese Widersprüche und ggf. zwischenzeitlich erhobene Anfechtungsklagen zB durch Prozessvergleiche oder außergerichtliche Vergleiche aus dem Weg geräumt wurden.[9] Gem. § 124 Abs. 2 S. 2 AktG ist der genaue **Wortlaut** des Kapitalerhöhungsbeschlusses in der Tagesordnung zur Hauptversammlung **bekannt zu machen**. Gem. § 182 Abs. 1 S. 1, 2 AktG erfordert eine Kapitalerhöhung gegen Einlagen einen Hauptversammlungsbeschluss mit einer Mehrheit von mindestens drei Vierteln des vertretenen Grundkapitals oder einer abweichenden, in der Satzung festgelegten Kapitalmehrheit. Das Mehrheitserfordernis darf jedoch nicht unter die einfache Kapital- und Stimmenmehrheit herabgesenkt werden.[10]

Der grundsätzliche Verfahrensablauf einer Kapitalerhöhung besteht aus den folgenden Schritten:

---

[6] GroßkommAktG/*Wiedemann* § 182 Rn. 88; nach anderer Ansicht sind die ausstehenden Einlagen ins Verhältnis zu den bisher auf das Grundkapital erbrachten Einlageleistungen zu setzen, vgl. Hüffer/Koch/*Koch* AktG § 182 Rn. 28. Letztlich führen beide Auffassungen jedoch zum gleichen Ergebnis.

[7] MHdB GesR IV/*Scholz* § 57 Rn. 6; GroßkommAktG/*Wiedemann* § 182 Rn. 91; KölnKommAktG/*Lutter* § 182 Rn. 40; aA Hüffer/Koch/*Koch* AktG § 182 Rn. 29, wonach der Beschluss anfechtbar sein soll, wenn es sich nicht um eine offenbar unbedeutende Normverletzung handelt.

[8] Hüffer/Koch/*Koch* AktG § 182 Rn. 32; GroßkommAktG/*Wiedemann* § 182 Rn. 95 f.; LG Heidelberg ZIP 1988, 1237.

[9] Seibt/*Voigt* AG 2009, 133 (134).

[10] *Raiser* § 20 Rn. 3.

> **Ablaufplan** 9
>
> - Einberufung einer Hauptversammlung.
> - Veröffentlichung des Kapitalerhöhungsbeschlusses einschließlich eventueller Berichte.[11]
> - Erfüllung sonstiger Veröffentlichungspflichten.[12]
> - Fassung des Kapitalerhöhungsbeschlusses in der Hauptversammlung.
> - Ggf. Durchführung von Anfechtungs- und Nichtigkeitsverfahren, typischerweise ergänzt um ein Freigabeverfahren nach § 246a AktG.
> - Eintragen des Kapitalerhöhungsbeschlusses oder unmittelbar Durchführung der Kapitalerhöhung und Eintragung des Kapitalerhöhungsbeschlusses gemeinsam mit der Durchführung der Kapitalerhöhung.

Soll die Kapitalerhöhung in einer Tochtergesellschaft vorgenommen werden, so kann die 10 jeweilige Obergesellschaft nach dem Holzmüller-Urteil des BGH verpflichtet sein, auch die Zustimmung der Hauptversammlung der Obergesellschaft mit entsprechender Mehrheit herbeizuführen.[13]

Existieren in der Gesellschaft mehrere stimmberechtigte Aktiengattungen, so muss von 11 den **Aktionären jeder Aktiengattung ein gesonderter Zustimmungsbeschluss** gefasst werden, wobei sich die § 181 Abs. 1 AktG entsprechenden Mehrheitserfordernisse, die gem. § 182 Abs. 2 AktG für die Beschlussfassung aller Aktionäre gelten, jeweils auf das vertretene Kapital der betroffenen Gattung beziehen. Die Sonderbeschlüsse gem. § 182 Abs. 2 AktG treten neben den generellen Hauptversammlungsbeschluss. Die Inhaber stimmrechtsloser Vorzugsaktien haben einen solchen Sonderbeschluss nach dem nunmehr eindeutigen Wortlaut von § 182 Abs. 2 AktG („Gattungen von stimmberechtigten Aktien") grundsätzlich nicht zu fassen, sie sind auch hier gem. § 139 AktG von ihrem Stimmrecht ausgeschlossen. Etwas anderes gilt gem. § 141 Abs. 2 AktG nur für den Fall, dass zusätzliche Vorzugsaktien ohne Stimmrecht ausgegeben werden sollen, die den bestehenden Vorzugsaktien vorgehen oder gleichstehen. Falls die Ausgabe vorrangiger oder gleichrangiger Vorzugsaktien nicht vorbehalten war, gilt § 141 Abs. 3 AktG, wonach ein Sonderbeschluss der stimmrechtslosen Vorzugsaktionäre mit einer Mehrheit von mindestens drei Vierteln der abgegebenen Stimmen notwendig ist, abweichende Satzungsbestimmungen sind gem. § 141 Abs. 3 S. 3 AktG nicht möglich.

2. Inhalt

Der Kapitalerhöhungsbeschluss muss zwingend bestimmte **Mindestangaben** enthalten. Im 12 Übrigen steht es der Hauptversammlung frei, weitere Einzelheiten zu regeln oder deren nähere Bestimmung dem Vorstand und/oder Aufsichtsrat zu überlassen.

Zunächst ergeben sich erforderliche Mindestangaben aus § 23 Abs. 2 AktG, der **Vorga-** 13 **ben für die Übernahme** (Zeichnung) von Aktien regelt. Im Einzelnen handelt es sich hierbei um den Nennbetrag der auszugebenden Aktien bei Nennbetragsaktien bzw. die Anzahl der Stückaktien, den Ausgabebetrag und, wenn mehrere Gattungen bestehen, die Gattung der jungen Aktien.

Weitere Mindestangaben des Kapitalerhöhungsbeschlusses ergeben sich aus § 23 Abs. 3 14 AktG zum Inhalt der Satzung. Sieht die Satzung hinsichtlich der nach § 23 Abs. 3 Nr. 4 oder 5 AktG notwendigen Angaben zum Grundkapital und den Aktien generelle Bestimmungen vor, so sind Angaben in einem Hauptversammlungsbeschluss nur notwendig, wenn von diesen generellen Bestimmungen abgewichen werden soll.[14] In der Praxis empfiehlt es sich gleichwohl, aus Gründen der Rechtsklarheit in den Hauptversammlungsbeschluss alle Angaben im Sinne des § 23 Abs. 3 Nr. 4 und 5 AktG (Nennbetragsaktien oder Stückaktien,

---

[11] → Rn. 76 ff.
[12] → Rn. 165 ff.
[13] BGHZ 83, 122 (136) – Holzmüller; vgl. hierzu im Einzelnen → § 25.
[14] GroßkommAktG/*Wiedemann* § 182 Rn. 59 f.

Nennbeträge, Zahl der Aktien, Gattung der Aktien, Inhaber- oder Namensaktien) aufzunehmen.

15 **a) Betrag der Kapitalerhöhung.** Im Hinblick auf § 23 Abs. 3 Nr. 3 AktG muss im Beschluss der Hauptversammlung der Betrag der Kapitalerhöhung festgelegt werden. Dies ist **grundsätzlich ein fester Betrag in Euro,** wobei auch die Angabe eines **Höchstbetrages** oder eines **Mindest- und Höchstbetrages** für die Ausgabe der Aktien zulässig ist.[15] Die Angabe nur eines Mindestbetrages ist unzulässig, weil damit der Umfang der Kapitalerhöhung vollständig im Ermessen des Vorstandes liegen würde. Fehlt ein fester Betrag für die Kapitalerhöhung ebenso wie ein Höchstbetrag, ist der Beschluss gem. § 241 Nr. 3 AktG nichtig.[16] Die Angabe eines Höchstbetrages bietet sich für den Fall an, dass ungewiss ist, in welchem Umfang Aktien gezeichnet werden. Daher wird in der Praxis insbesondere bei Publikumsgesellschaften häufig die Durchführung einer „**Bis zu**"-**Kapitalerhöhung** gewählt, bei der die Kapitalerhöhung nur insoweit durchgeführt wird, wie Zeichnungen vorliegen.[17] Wird keine feste Kapitalerhöhungsziffer angegeben, ist die Angabe einer Durchführungsfrist erforderlich.[18]

16 In Formularbüchern[19] und in vielen praktischen Fällen[20] findet sich als **Formulierung** für die Angabe zum Kapitalerhöhungsbetrag ein Text wie folgt: „Das Grundkapital wird von … € um … € auf … € erhöht." Die Angaben des vorherigen und künftigen Grundkapitals können der Klarheit dienen, sind aber nicht erforderlich. In vielen praktischen Konstellationen ist von diesen Angaben auch abzuraten. Das betrifft zum einen Fälle, in denen zwischen dem Kapitalerhöhungsbeschluss der Hauptversammlung und der Eintragung der Kapitalerhöhung eine Änderung der bisherigen Grundkapitalziffer erfolgen könnte. Dies ist denkbar etwa bei Gesellschaften, die Finanzierungsinstrumente ausgegeben haben, die kurzfristig bedient werden müssen, wie etwa Wandelschuldverschreibungen oder Aktienoptionen. Ist hierfür, wie in der Praxis üblich, ein bedingtes Kapital geschaffen, so kann es bei entsprechenden Ausübungszeiträumen jederzeit zur Ausgabe neuer Aktien kommen.[21] Ist dies der Fall, stellt sich die Frage, ob der entsprechende Hauptversammlungsbeschluss, der eine (nun nicht mehr richtige) Ausgangskapitalziffer und Endkapitalziffer angibt, noch durchführbar ist. Zwar wird man bei verständiger Auslegung dazu kommen, dass diese Angaben sich nur auf den Tag der Hauptversammlung, die den Beschluss gefasst hat, beziehen, jedoch finden sich hierzu praktisch kaum Stellungnahmen, so dass es zu Rechtsunsicherheit und möglicherweise sogar der Verweigerung der Eintragung durch das Registergericht kommen kann.

17 Bei einer **Beschlussfassung über Sachkapitalerhöhungen** stellt sich dieses Problem in besonderem Maße, da deren Durchführung wegen der erforderlichen Prüfung der Sacheinlage[22] mehrere Monate in Anspruch nehmen kann. Während eines solchen Zeitraums kann es gerade bei kleineren Wachstumsgesellschaften auch zu anderen Sach- oder Barkapitalerhöhungen (bei bedingtem Kapital auch nicht kontrollierbar, falls Optionen oder Wandelschuldverschreibungen ausgegeben sind) kommen, was zu den gleichen Problemen führt. Schließlich wird in der Literatur die Frage problematisiert, welche Folge sich aus der Angabe einer Ausgangs- und Endkapitalziffer ergibt, falls eine frühere Kapitalerhöhung unwirksam und somit die zugrunde gelegte Ausgangskapitalziffer unzutreffend war. Ein Kapi-

---

[15] Allgemeine Meinung, vgl. etwa Hüffer/Koch/*Koch* AktG § 182 Rn. 12; LG Hamburg AG 1995, 92 (93).
[16] Spindler/Stilz/*Servatius* AktG § 182 Rn. 41.
[17] → Rn. 43 ff.
[18] → Rn. 33 ff.
[19] Vgl. etwa BeckFormB BH/*Hoffmann-Becking*, X.25. Barkapitalerhöhung mit mittelbarem Bezugsrecht der Aktionäre nach §§ 182, 186 Abs. 5 AktG; BeckOF Vertrag/*Pfisterer* Form. 7.9.8.1.1 „Kapitalerhöhungsbeschluss".
[20] Vgl. etwa Einladung zur Hauptversammlung der CASHeMotion AG vom 10.11.2015, 5.a) oder Bezugsangebot der IKB Deutsche Industriebank AG vom 28.7.2008, jeweils unter www.ebundesanzeiger.de.
[21] Die neuen Aktien entstehen beim bedingten Kapital mit Ausgabe durch den Vorstand und nicht erst mit Handelsregistereinragung, → § 35 Rn. 52 f. Bei notierten Gesellschaften werden in der Praxis typischerweise sogenannten „Bis-zu-Globalurkunden" bei der Clearstream Banking AG hinterlegt, die das bedingte Kapital verkörpern. Die Ausübungsstellen für die Wandelschuldverschreibungen oder Aktienoptionen geben Informationen über die Ausübung dieser Finanzinstrumente selbständig an die Clearstream Banking AG weiter, so dass der Emittent noch nicht einmal aktiv in die Ausgabe der neuen Aktien involviert ist.
[22] → Rn. 48 ff.

talerhöhungsbeschluss, der so formuliert ist, dass das Grundkapital von einem bestimmten Ausgangsbetrag um einen Erhöhungsbetrag auf einen sich so ergebenden Endbetrag erhöht wird, soll unwirksam in Folge von Perplexität sein, da die zugrunde gelegten Zahlen von vornherein nicht der Wirklichkeit entsprechen.[23] Dies habe zur Folge, dass auch diese Unwirksamkeit ihrerseits auf sämtliche darauf aufsetzende Kapitalerhöhungsbeschlüsse durchschlägt, wobei Gleiches dann auch im Fall der Heilung gem. § 242 AktG gilt, so dass für den Fall der Heilung des ursprünglich nichtigen Kapitalerhöhungsbeschlusses auch die nachfolgenden Beschlüsse rückwirkend wirksam werden.[24] Auch diese Problematik kann jedoch vermieden werden, wenn nur der Betrag des Kapitalerhöhungsbeschlusses angegeben wird, nicht hingegen die frühere und künftige Kapitalziffer.

b) Art und Gattung der Aktien. Aus § 23 Abs. 3 Nr. 4 AktG ergibt sich, dass die Art der Aktien (Nennbetrags- oder Stückaktien), die ausgegeben werden, im Kapitalerhöhungsbeschluss anzugeben ist. Bei **Nennbetragsaktien** sind darüber hinaus auch deren Nennbeträge anzugeben, wenn die Satzung nicht den Nennbetrag auch der neuen Aktien bereits mitregelt.[25] Sofern die Satzung Aktien mit verschiedenen Nennbeträgen vorsieht, ist die **Angabe des Nennbetrags im Kapitalerhöhungsbeschluss** jedoch unerlässlich.[26] Auch ob es sich um Inhaber- oder Namensaktien handelt, muss sich aus dem Beschluss ergeben, § 23 Abs. 3 Nr. 5 AktG. Die Angabe ist nur dann entbehrlich, wenn sich aus der Satzung ergibt, dass neue Aktien – vorbehaltlich eines abweichenden Kapitalerhöhungsbeschlusses – Inhaber- oder Namensaktien sind.[27] Typische Formulierungen in Satzungen lauten „Die Aktien lauten auf den Namen. Dies gilt auch bei Kapitalerhöhungen, falls nichts anderes beschlossen wird."[28] Ungeklärt ist, ob die Angabe der Art der neuen Aktien (Inhaber- oder Namensaktien) auch dann entbehrlich ist, wenn die Satzungsregelung lediglich lautet „Die Aktien lauten auf den Namen", dh wenn der weitergehende Zusatz hinsichtlich der Aktien aus Kapitalerhöhungen fehlt. In diesem Falle könnte man annehmen, dass sich die Regelung der Satzung nur auf die bestehenden Aktien bezieht und daher als Auslegungsregel dahingehend, dass junge Aktien aus einer Kapitalerhöhung im Zweifel ebenfalls Namensaktien sind, ausscheidet. Allerdings ist dabei zu bedenken, dass ein Beschluss, der eine von der Angabe in der Satzung abweichende Aktienform bestimmt, eine Satzungsänderung erforderlich macht.[29] Daher lässt sich argumentieren, dass ein Kapitalerhöhungsbeschluss ohne Angaben über die Art der Aktien (Inhaber- oder Namensaktien) und bei fehlender Regelung zur Satzungsänderung regelmäßig darauf gerichtet ist, die satzungsmäßig zulässige Form der bisher ausgegebenen Aktien zu schaffen.[30]

Daneben ist, sofern **mehrere Aktiengattungen** vorliegen, die Gattung der jungen Aktien durch die Hauptversammlung festzulegen.[31] Möglich ist auch, in einem Kapitalerhöhungsbeschluss Aktien mehrerer Gattungen zu schaffen. Soll eine neue Gattung von Aktien geschaffen werden, so sind die Eigenschaften dieser Gattung festzulegen.

c) Zahl der Aktien. Bei der Aktiengesellschaft erfordert eine ordentliche Kapitalerhöhung stets die **Ausgabe neuer Aktien**, § 182 Abs. 1 S. 4 AktG.[32] Dies bedeutet, dass eine Kapital-

---

[23] Vgl. dazu *Trendelenburg* NZG 2003, 860.
[24] Dazu *Trendelenburg* NZG 2003, 860.
[25] KölnKommAktG/*Lutter* § 182 Rn. 18; MüKoAktG/*Schürnbrand* § 182 Rn. 46; MHdB GesR IV/*Scholz* § 57 Rn. 28.
[26] Hüffer/Koch/*Koch* AktG § 182 Rn. 13.
[27] BGH DStR 2009, 1813 (1817); MüKoAktG/*Schürnbrand* § 182 Rn. 46; Hüffer/Koch/*Koch* AktG § 182 Rn. 13.
[28] Vgl. *Hoffmann-Becking*, BeckFormB Bürgerliches, Handels- und Wirtschaftsrecht X.10.
[29] Happ/*Pühler* Form. 1.01 Rn. 14; KölnKommAktG/*Lutter* § 182 Rn. 19.
[30] KölnKommAktG/*Lutter* § 181 Rn. 19; in diese Richtung auch BGH DStR 2009, 1813 (1816).
[31] Wie sich schon aus § 141 Abs. 2 AktG ergibt, können auch beim Bestehen von Vorzugsaktien weitere Vorzugsaktien ausgegeben werden, dies bedarf nach § 141 Abs. 2 AktG allerdings der Zustimmung der Vorzugsaktionäre in bestimmten Fällen.
[32] Ein Verstoß hiergegen stellt nach allgemeiner Auffassung einen Anfechtungs- und keinen Nichtigkeitsgrund dar, vgl. MüKoAktG/*Schürnbrand* § 182 Rn. 46. Es dürfte in der Praxis jedoch äußerst selten zu einer solchen Konstellation kommen, schon dem beurkundenden Notar dürfte dies in der Regel auffallen.

erhöhung nicht durch Erhöhung der Kapitalziffer stattfinden kann. Insoweit besteht ein Unterschied zur GmbH, wo die Kapitalerhöhung unter bestimmten Voraussetzungen auch durch Erhöhung des Nennbetrages aller oder einzelner bestehender Geschäftsanteile erfolgen kann.[33] Das Aktienrecht hingegen kennt eine Kapitalerhöhung durch bloßes Heraufsetzen der Kapitalziffer lediglich in Form der **Kapitalerhöhung aus Gesellschaftsmitteln.** Gem. § 182 Abs. 1 S. 5 AktG muss sich bei Gesellschaften mit Stückaktien die Zahl der Aktien im selben Verhältnis wie das Grundkapital erhöhen. Die jungen Aktien müssen daher denselben anteiligen Betrag am Grundkapital aufweisen, wie die im Zeitpunkt der Kapitalerhöhung bereits existierenden Stückaktien. Dadurch wird bei der Kapitalerhöhung einer Verschlechterung des Beteiligungsumfangs der alten Aktionäre entgegen gewirkt. Im häufigsten praktischen Fall, dass der rechnerische Nennbetrag je Aktie 1 EUR beträgt, erhöht sich daher das Grundkapital um den gleichen Betrag in Euro, wie die Zahl der Aktien. Beträgt der rechnerische Nennbetrag beispielsweise 2 EUR je Aktie, entspricht die Zahl der neuen Aktien der Hälfte der Kapitalerhöhungsziffer. Aufgrund der Regelung des § 182 Abs. 1 S. 5 AktG ist eine Angabe zur Zahl der Aktien im Kapitalerhöhungsbeschluss entbehrlich, da sich diese aus dem Betrag der Kapitalerhöhung rechnen und bestimmen lässt.[34]

21 Bei **Nennbetragsaktien** gibt es demgegenüber eine größere Flexibilität. Hier ist lediglich gem. § 8 Abs. 2 S. 1 AktG festgelegt, dass der Nennbetrag mindestens 1 EUR betragen muss. Es kann jedoch auch ein höherer und insbesondere ein von dem Nennbetrag der bisherigen Aktien abweichender Betrag gewählt werden. Dies ergibt sich aus § 23 Abs. 3 Nr. 4 AktG.

22 d) **Ausgabebetrag.** *aa) Gestaltungsmöglichkeiten im Kapitalerhöhungsbeschluss.* Der Hauptversammlungsbeschluss muss nach § 182 Abs. 3 AktG den **Mindestausgabebetrag** der neuen Aktien festsetzen, wenn die Aktien für einen höheren Betrag als den geringsten Ausgabebetrag ausgegeben werden sollen. Die Regelung ist dabei so zu verstehen, dass wenigstens ein Mindestausgabebetrag festzusetzen ist. Die Hauptversammlung darf aber auch einen **festen Ausgabebetrag** bestimmen oder neben einem **Mindestbetrag** einen **Höchstbetrag.**[35] Erfolgt keine Festlegung eines festen Ausgabebetrages oder Mindestausgabebetrages, so müssen die Aktien zu pari ausgegeben werden, dh im Falle von Nennbetragsaktien zum Nennbetrag und bei Stückaktien zu dem Betrag, der sich aus einer Division des Grundkapitals durch die Zahl der vorhandenen Stückaktien ergibt. Dies erscheint zwar nicht in allen Konstellationen sachgerecht, da damit dem Vorstand die Möglichkeit genommen wird, zugunsten der alten Aktionäre einen höheren Emissionserlös zu erzielen, was insbesondere aus Gründen des Aktionärsschutzes sinnvoll wäre, wenn das Bezugsrecht ausgeschlossen wurde. Jedoch ist der Gesetzeswortlaut insoweit eindeutig. Umstritten ist, ob in der alleinigen Angabe eines Höchstbetrages die konkludente Festlegung des geringsten Ausgabebetrages als Mindestausgabebetrages liegt.[36] Gegen die Notwendigkeit, den geringsten Ausgabebetrag als Mindestausgabebetrag festzulegen wird angeführt, das wäre „eine begriffsjuristische Förmelei".[37] Diese Auffassung unterstellt allerdings, dass immer der geringste Ausgabebetrag als Mindestausgabebetrag von der Hauptversammlung gewollt ist. Das mag im Einzelfall so sein, kann aber nicht allgemeingültig unterstellt werden. Genauso ist möglich, dass die Angabe eines Mindestausgabebetrages vergessen wurde oder inhaltlich als allen Beteiligten bekannt unterstellt wurde. ZB könnte die Hauptversammlung unterstellen, dass mindestens der Börsenkurs als Ausgabebetrag zu erzielen sei und der Vorstand lediglich versuchen soll, bis zu einem Höchstbetrag über dem Börsenkurs liegenden den bestmöglichen Platzierungspreis zu erzielen. Daher ist die Auslegung des Willens der Hauptversammlung vorrangig herauszuziehen – führt das zu keinem Ergebnis, fehlt der Mindestausgabebetrag als notwendiger Bestandteil des Kapitalerhöhungsbeschlusses.

23 Ein eventuelles über den geringsten Ausgabebetrag hinausgehendes **Aufgeld** wird bilanziell gem. § 272 Abs. 2 Nr. 1 HGB in der Kapitalrücklage ausgewiesen.

---

[33] *Wicke* GmbHG § 55 Rn. 8; *Lutter/Hommelhoff* GmbHG § 55 Rn. 16.
[34] BGH DStR 2009, 1813 (1816).
[35] Spindler/Stilz/*Servatius* AktG § 182 Rn. 52.
[36] So Spindler/Stilz/*Servatius* AktG § 182 Rn. 52; aA GroßkommAktG/*Wiedemann* § 182 Anm. 55.
[37] Spindler/Stilz/*Servatius* aaO.

bb) Fehlender Ausgabebetrag. Ungeklärt ist, welche Konsequenzen es hat, wenn der **24** Hauptversammlungsbeschluss gar **keine Angaben zum Ausgabebetrag** enthält. Nach Auffassung der (älteren) Rechtsprechung sind in diesem Fall die Aktien stets zum geringsten Ausgabebetrag im Sinne des § 9 AktG auszugeben.[38] Nach einer anderen Ansicht ist der Vorstand verpflichtet, die neuen Aktien über pari auszugeben bzw. zu den am Markt erzielbaren Kursen.[39] Einer dritten differenzierteren Ansicht nach ist im Falle eines Bezugsrechtsausschlusses der Vorstand zu einer Überpari-Emission verpflichtet, soweit diese möglich ist. Steht den Aktionären ein Bezugsrecht zu, so sind die Aktien pari auszugeben.[40] Schließlich wird vertreten, dass der Beschluss – wenn er nicht im Ausnahmefall dahingehend ausgelegt werden kann, dass eine Ausgabe zum **Mindestausgabebetrag** gewollt ist – anfechtbar sei und der Vorstand überhaupt keine Aktien ausgeben dürfe.[41] Einstiegspunkt für dieses Problem ist der Wortlaut des Gesetzes. § 182 Abs. 3 AktG lautet „Sollen die neuen Aktien für einen höheren Betrag als den geringsten Ausgabebetrag ausgegeben werden, so ist der Mindestbetrag ... festzusetzen." Entgegen anderslautender Auffassung[42] ist der Wortlaut erst einmal eindeutig: Wird ein Ausgabebetrag gewünscht, der den geringsten Ausgabebetrag übersteigt, muss ein (Mindest-)Ausgabebetrag durch die Hauptversammlung festgelegt werden. Trotzdem muss Sinn und Zweck der Regelung berücksichtigt werden. Dieser liegt richtigerweise einerseits im Interesse der Aktionäre an einem günstigen Bezugspreis und dem Finanzierungsinteresse der Gesellschaft andererseits.[43] Die Aktionäre können in der Hauptversammlung den Ausgabebetrag vorgeben oder einen Rahmen setzen. Treffen Sie aber **keine Festlegungen,** sondern beschließen lediglich, dass alle weiteren Einzelheiten der Kapitalerhöhung durch den Vorstand festzulegen sind, wird man dem entnehmen können, dass dies auch die Frage betrifft, ob ein über den Mindestausgabebetrag hinausgehender Ausgabebetrag festgelegt werden soll. Entgegen der Auffassung in der Vorauflage gilt dies auch in Fällen von Bezugsrechtsemissionen. Jedenfalls sofern der **Hauptversammlungsbeschluss** ausdrücklich bestimmt, dass der Vorstand – ggf. mit Zustimmung des Aufsichtsrates – die weiteren Einzelheiten der Kapitalerhöhung festlegt, sind die Anforderungen von § 182 Abs. 3 AktG gewahrt.[44]

cc) Festlegung durch den Vorstand. Wird der Ausgabebetrag nicht durch die Haupt- **25** versammlung konkret festgesetzt, sondern dies unter Angabe eines entsprechenden Rahmens[45] an den Vorstand delegiert, so hat der Vorstand diesen im Rahmen seines pflichtgemäßen Ermessens und des durch die Hauptversammlung gesetzten Rahmens zu bestimmen.[46]

Umstritten ist, ob die Hauptversammlung die Festlegung des Ausgabebetrages **an den** **26** **Aufsichtsrat** statt an den Vorstand **delegieren** kann. Dies ist nach zutreffender Auffassung abzulehnen.[47] Denn dies widerspricht dem Kompetenzsystem der Aktiengesellschaft. Sofern die Hauptversammlung bestimmte Entscheidungen nicht selber treffen will, kann sie diese an das Geschäftsführungsorgan der Aktiengesellschaft, das heißt den Vorstand über-

---

[38] BGHZ 33, 175 (178); GHEK/*Hefermehl/Bungeroth* § 182 Rn. 72; aA: Spindler/Stilz/*Servatius* AktG § 182 Rn. 57.
[39] KölnKommAktG/*Lutter* § 182 Rn. 26 ff.; MüKoAktG/*Schürnbrand* § 182 Rn. 49, jedoch mit dem Hinweis, dass der Beschluss zunächst auszulegen sei.
[40] Hüffer/Koch/*Koch* AktG § 182 Rn. 25; Henn/Frodermann/Jannott/*Becker* S. 174 f. Rn. 24; Bürgers/Körber/*Marsch-Barner* § 182 Rn. 37.
[41] Spindler/Stilz/*Servatius* AktG § 182 Rn. 57.
[42] MüKoAktG/*Schürnbrand* § 182 Rn. 58 ff. meint, der Wortlaut sei „äußerst liberal formuliert" und lehnt deswegen eine am Wortlaut orientierte Auslegung ab.
[43] MüKoAktG/*Schürnbrand* § 182 Rn. 61.
[44] Im Ergebnis ebenso Lutter/Schmidt/*Veil* § 182 Rn. 23; KölnKommAktG/*Lutter* § 182 Rn. 28; GroßkommAktG/*Wiedemann* § 182 Rn. 68; MüKoAktG/*Schürnbrand* § 182 Rn. 60.
[45] → Rn. 24 zu der streitigen Frage, ob der Vorstand auch zu einer Festsetzung ohne Angabe eines entsprechenden Rahmens ermächtigt ist. Folgt man der Auffassung, wonach der Vorstand auch in diesen Fällen den Ausgabebetrag festlegen kann, gelten die Ausführungen in diesem Abschnitt entsprechend.
[46] MHdB GesR IV/*Scholz* § 57 Rn. 26.
[47] Ebenso Spindler/Stilz/*Servatius* AktG § 182 Rn. 54; MüKoAktG/*Schürnbrand* § 182 Rn. 48; aA RGZ 144, 138 (143); Hüffer/Koch/*Koch* AktG § 182 Rn. 24.

tragen – eine Verlagerung auf den Aufsichtsrat ist systemfremd, der Aufsichtsrat ist ein reines Überwachungsorgan. Dies zeigt auch § 111 Abs. 4 S. 1 AktG. Zulässig ist es aber, den Vorstand zu ermächtigen, den Ausgabebetrag mit Zustimmung des Aufsichtsrates festzulegen.[48] Teilweise wird in der Literatur vertreten, Vorstand und Aufsichtsrat könnten „gemeinsam" zur Festsetzung des Ausgabebetrages ermächtigt werden.[49] Unklar bleibt, ob hiermit eine echte gemeinsame Kompetenz gemeint ist – was § 111 Abs. 4 S. 1 AktG widersprechen würde und daher abzulehnen ist – oder die vorstehend beschriebene Möglichkeit, den Vorstand zur Festlegung nur mit Zustimmung des Aufsichtsrates zu ermächtigen. Für die praktische Vorgehensweise dürfte die Unterscheidung aber von geringer Relevanz sein.

27 Gem. § 182 Abs. 3 AktG ist der **Ausgabebetrag** bei einem Bezugsangebot in den Gesellschaftsblättern, in der Praxis also durchweg **im Bundesanzeiger bekannt zu machen**.[50] In der Literatur wird gefordert, die Regelung entsprechend auf den Fall des Bezugsrechtsausschlusses anzuwenden. Als Grund hierfür wird angegeben, dass der Ausgabebetrag im Zeichnungsschein anzugeben ist.[51] Dieses Argument überzeugt nicht. Die Zeichner können die Informationen für den Zeichnungsschein auch unmittelbar von der Gesellschaft erhalten. Ist das Bezugsrecht ausgeschlossen, so führt die Gesellschaft in der einen oder anderen Weise eine Platzierung durch oder die Hauptversammlung hat den Kreis der Zeichner bestimmt. Jedenfalls liegt die Initiative bei der Gesellschaft, die in der Praxis meist auch einen Musterzeichnungsschein zur Verfügung stellt. Der einzige Grund für eine Veröffentlichung des Ausgabebetrages könnte sein, Aktionären Rechtsschutz zu ermöglichen, falls der Ausgabebetrag in unzulässiger Weise durch die Verwaltung festgelegt wurde. Dies ist jedoch in Anlehnung an die Rechtsprechung zum genehmigten Kapital abzulehnen. Denn der BGH hat in Sachen Mangusta/Commerzbank I[52] entschieden, dass eine Verpflichtung des Vorstands, bei Ausübung des genehmigten Kapitals die Aktionäre über den Bezugsrechtsausschluss und dessen Gründe zu informieren, nicht besteht. In der Diskussion vor dieser Entscheidung wurde für eine solche Informationspflicht im Wesentlichen angeführt, dass die Aktionäre sonst nicht prüfen könnten, ob sie Rechtsschutz gegen die Kapitalmaßnahmen ergreifen wollen.[53] Da der BGH in diesen Konstellationen eine Informationspflicht gegenüber den Aktionären zur Ermöglichung angemessenen Rechtsschutzes vor Durchführung der Kapitalerhöhung verneint hat, ist auch eine Pflicht zur Veröffentlichung des vom Vorstand festgelegten Ausgabebetrages im Rahmen der ordentlichen Kapitalerhöhung abzulehnen.

28 *dd) Angemessenheit des Ausgabebetrages bei Ausschluss des Bezugsrechts.* Die Festlegung des Ausgabebetrags liegt im Ermessen der Hauptversammlung, die also den geringsten Ausgabebetrag (§ 9 Abs. 1 AktG) oder aber einen höheren Ausgabebetrag festsetzen kann.[54] Eine Unterpari-Emission ist jedoch verboten.[55] Weiterhin darf sich der aus dem Erhöhungsbeschluss ergebende Ausgabebetrag oder der Mindestbetrag, unter dem die neuen Aktien nicht ausgegeben werden sollen, **nicht unangemessen niedrig** sein. Denn gem. § 255 Abs. 2 S. 1 AktG ist ein Kapitalerhöhungsbeschluss anfechtbar, wenn das Bezugsrecht der Aktionäre ganz oder zum Teil ausgeschlossen wurde und der Ausgabebetrag oder Mindestausgabebetrag unangemessen niedrig ist. Dabei ist die Regelung in Fällen der Gewährung eines mit-

---

[48] Vgl. Beck'sche Online-Formulare/*Pfisterer* 7.9.8.1.1.
[49] MüKoAktG/*Schürnbrand* § 182 Rn. 48.
[50] Nach der Neuregelung des § 25 AktG durch das Aktienrechtsreformgesetz 2016 ist stets der Bundesanzeiger das Gesellschaftsblatt außer es finden sich noch alte Satzungsregelungen, die zusätzliche Gesellschaftsblätter vorsehen. Das ist in der Praxis aber fast nie zu beobachten. Zu beachten ist allerdings, dass sich aus den Vorschriften anderer Normen weitere Veröffentlichungspflichten ergeben können. Insbesondere das WpPG kann relevant sein. Denn ein Bezugsangebot ist in aller Regel ein öffentliches Angebot und erfordert daher die Veröffentlichung eines Wertpapierprospekts wenn keine der Ausnahmen nach dem WpGG eingreift. In diesem Fall ist der Bezugspreis entweder im Wertpapierprospekt selber anzugeben, oder, wenn er erst später festgesetzt wird, in einem Nachtrag oder einer Veröffentlichung nach § 8 Abs. 1 WpPG.
[51] Spindler/Stilz/*Servatius* AktG § 182 Rn. 56.
[52] BGHZ 164, 241 ff.; → § 34 Rn. 59 ff.
[53] Vgl. MüKoAktG/*Bayer* (3. Auflage) § 60 Rn. 26 mwN in Fn. 67.
[54] Hüffer/Koch/*Koch* AktG § 182 Rn. 12.
[55] OLG Hamburg AG 2000, 326 (327).

§ 33 Ordentliche Kapitalerhöhung

telbaren Bezugsrechts nicht anwendbar.[56] Ob der Ausgabebetrag angemessen hoch ist, richtet sich nach dem **tatsächlichen Wert des Unternehmens.** Bei börsennotierten Unternehmen ist im Regelfall der **Börsenkurs als Untergrenze** maßgebend. Noch angemessen sind üblicherweise Abweichungen um 5–10 %.[57]

Die Praxis bedient sich bei börsennotierten Gesellschaften oftmals des so genannten „Bookbuilding"-Verfahrens zur Bestimmung des Ausgabebetrages.[58] Gerade in diesen Fällen ebenso wie beim Bezugsangebot werden die Aktien häufig zum **geringsten Ausgabebetrag ausgegeben** während die Banken, die die Emission zeichnen, sich jedoch verpflichten, den im Rahmen der Weitergabe der Aktien an die bezugsberechtigten Aktionäre bzw. die Investoren erzielten **Mehrerlös** an die Gesellschaft abzuführen.[59] Bei der Prüfung der Frage, ob ein angemessener Ausgabebetrag vorliegt, sind sämtliche Leistungen, die der Gesellschaft zufließen, zu berücksichtigen.[60] Zwar fordert § 255 Abs. 2 AktG, dass der Ausgabebetrag oder Mindestausgabebetrag nicht unangemessen niedrig sein darf. Jedoch wird man bei der Prüfung der Angemessenheit alle relevanten Umstände berücksichtigen müssen und dazu zählt es auch, wenn die Zeichner der Kapitalerhöhung weitere Leistungen neben dem Ausgabebetrag in das Gesellschaftsvermögen erbringen oder bei Sacheinlagen deren Wert.[61] Allerdings muss, damit die Frage der Angemessenheit dann auch geprüft werden kann, ein fester Betrag oder Mindestbetrag für diesen Mehrerlös im Kapitalerhöhungsbeschluss angegeben werden (sofern die Festsetzung nicht dem Vorstand überlassen wird),[62] da dem Aktionär und dem Gericht im Rahmen der Anfechtungsklage sonst die Prüfung nicht möglich ist, ob sich in Summe eine angemessene Leistung für die Ausgabe der Aktien ergibt. Entsprechende Gestaltungen sind insbesondere beim sogenannten **Accelerated Bookbuilding**[63] von praktischer Bedeutung. Sofern Aktionäre der Auffassung sind, der Ausgabebetrag sei unangemessen niedrig, können sie sich hiergegen im Fall des Ausschlusses des Bezugsrechts mit der Anfechtungsklage unter Berufung auf § 255 Abs. 2 S. 1 AktG wehren. Wird ein Beschluss nicht angefochten, so gilt der allgemeine Grundsatz, dass der Vorstand verpflichtet ist, ihn so wie er gefasst wurde auszuführen. In der Literatur wird allerdings vertreten, dass in dem Fall des erheblich unter dem wahren Wert liegenden Ausgabebetrags der Vorstand alles unternehmen muss, um die Interessen der benachteiligten Aktionäre durchzusetzen und dann so vorzugehen habe, als hätte die Hauptversammlung nur einen Mindestbetrag festgelegt, so dass der Vorstand einen höheren Ausgabebetrag bestimmen müsse.[64] Dies greift die Diskussion um die Pflicht zur Ausführung von Hauptversammlungsbeschlüssen in § 83 Abs. 2 AktG auf.[65] Die herrschende Auffassung zu § 83 Abs. 2 AktG nimmt eine Pflicht des Vorstands, Hauptversammlungsbeschlüsse auszuführen, nur für gesetzmäßige Beschlüsse an.[66] Ähnlich wird dies teilweise bei Verstößen gegen § 255 Abs. 2 AktG gesehen, wenn der Ausgabebetrag erheblich unterhalb des wahren Werts der Aktien

---

[56] § 255 Abs. 2 S. 2 AktG.
[57] *Seibt/Voigt* AG 2009, 133 (137); Henn/Frodermann/Jannott/*Becker* S. 174 Rn. 23.
[58] *Raiser* § 20 Rn. 5.
[59] Vgl. etwa Habersack/Mülbert/Schlitt/*Singhoff/Weber* § 3 Rn. 75.
[60] Ähnlich zu der vergleichbaren Frage bei § 186 Abs. 3 S. 4 AktG: *Technau* AG 1998, 445 (448); *Groß* ZHR 162 (1998), 318 (337); aA möglicherweise Spindler/Stilz/*Servatius* AktG § 185 Rn. 30 und *Ekkenga/Maas*, Das Recht der Wertpapieremissionen, Rn. 336, anders aber dieselben zum genehmigten Kapital, vgl. → Rn. 338.
[61] Für die Berücksichtigung des vollen Werts von Sacheinlagen und nicht nur des Ausgabebetrages vgl. BGHZ 71, 40 (50 f.) = NJW 1978, 1316 (1318) – Kali + Salz.
[62] Wird der Ausgabebetrag nicht durch Hauptversammlungsbeschluss festgesetzt, so kann man sich eigentlich nur in der Situation der kombinierten Kapitalerhöhung gegen Bar- und Sacheinlagen befinden, da es ansonsten keinen Grund gibt, im Rahmen des Hauptversammlungsbeschlusses über eine Sachkapitalerhöhung den Ausgabebetrag im Fall des Bezugsrechtsausschlusses offenzulassen. In dem Fall der kombinierten Bar-/Sachkapitalerhöhung steht den Aktionären aber nach Veröffentlichung des Bezugsangebots die vom BGH anerkannte Möglichkeit der Unterlassungsklage gegen einen aus ihrer Sicht unzulässigen Ausgabebetrag zu (vgl. BGHZ 136, 133 (140 f.) – Siemens/Nold).
[63] → Rn. 43 ff.
[64] Vgl. Schmidt/Lutter/*Veil* § 182 Rn. 24.
[65] Vgl. dazu etwa Spindler/Stilz/*Fleischer* AktG § 82 Rn. 8 ff.
[66] Vgl. Spindler/Stilz/*Fleischer*, aaO mwN.

liegen sollte.⁶⁷ Die Diskussion ist hier insoweit schwieriger, als dass es dem Vorstand in der Regel schwerfallen wird, rechtssicher festzustellen, ob ein solcher Verstoß vorliegt. Denn nicht umsonst ist es etwa bei Spruchverfahren häufig so, dass es **Wertgutachten** renommierter Wirtschaftsprüfungsgesellschaften gibt und später hiervon abweichende Ergebnisse im Rahmen eines Spruchverfahrens festgestellt werden, die teilweise ganz erhebliche Unterschiede aufweisen. Mit anderen Worten: Über **Bewertungsfragen** lässt sich trefflich streiten. Hier dem Vorstand eine Entscheidung aufzubürden mit möglicherweise dann auch noch Haftungsfolgen nach § 93 Abs. 4 S. 1 AktG würde in der Praxis erhebliche Rechtsunsicherheiten aufwerfen. Trotzdem muss es Grenzen für offensichtliche Missbrauchsfälle geben. Letztlich sollte aber jedenfalls nicht bevor die Grenze des faktischen Bezugsrechtsausschlusses noch einmal ganz wesentlich überschritten ist die Rechtsfolge der Nichtausführbarkeit in Betracht gezogen werden.⁶⁸

30 *ee) Angemessenheit des Ausgabebetrages bei Gewährung des Bezugsrechts.* Die Regelung des § 255 Abs. 2 AktG ist nicht anwendbar bei Gewährung eines **mittelbaren oder unmittelbaren Bezugsrechts.** Die Festlegung des Ausgabebetrages durch den Vorstand ist eine allgemeine Entscheidung, bei der wie stets die Interessen der Gesellschaft zu wahren sind. Das Interesse der Gesellschaft ist grundsätzlich, einen möglichst hohen Erlös aus der Kapitalerhöhung zu erzielen und daher einen möglichst hohen Ausgabebetrag festzulegen.⁶⁹ Kann aber durch einen geringfügig reduzierteren Ausgabebetrag ein höheres Emissionsergebnis erzielt werden, weil dann mehr Aktien platziert werden können, so kann der Vorstand ohne Weiteres in diesem Sinne entscheiden, den Betrag zu senken. Trotzdem stellt sich in der Praxis die Frage, wie weit der Ausgabebetrag nach unten abgesenkt werden darf. Parallel dazu ist auch anerkannt, dass ein zu hoher Ausgabebetrag einen faktischen Bezugsrechtsausschluss darstellen kann. Näheres zu diesen Problemen wird unter → Rn. 113 ff. dargestellt. Diesbezüglich gibt es nur relativ weite Grenzen.

31 *ff) Sonstige Zuzahlungen.* Grundsätzlich ist in der aktienrechtlichen Literatur anerkannt, dass im Verhältnis der **Aktionäre** zueinander **auch auf vertraglicher Basis Zuwendungen über den Ausgabebetrag der Aktien hinaus zu Gunsten der Gesellschaft vereinbart werden können.**⁷⁰ Solche Vereinbarungen finden sich regelmäßig in Beteiligungsverträgen insbesondere mit Venture-Capital-Investoren. Die Investoren haben ein erhebliches Interesse daran, die Zahlung an die Aktiengesellschaft von der Erreichung bestimmter wirtschaftlicher Ziele (**Milestones**) abhängig zu machen und daher in mehreren Schritten zu erbringen. Da jedoch bei einer Kapitalerhöhung ein etwaiges Aufgeld sofort von den zeichnenden Aktionären aufzubringen ist, hat man sich damit beholfen, Zuzahlungen in die Kapitalrücklage gem. § 272 Abs. 2 Nr. 4 HGB zu vereinbaren, die nicht als Agio bei der Aktienausgabe ausgewiesen, sondern statt dessen in einem daneben bestehenden Beteiligungsvertrag vereinbart werden.⁷¹ Nach einem Beschluss des BayObLG ist eine Gestaltung, die der Gesellschaft selber ein Forderungsrecht bezüglich der Zuzahlung gegenüber den neuen Aktionären gewährt, als echtes Agio im Sinne eines erhöhten Ausgabebetrages einzuordnen, mit der Folge, dass der dies nicht ausweisende Zeichnungsschein gem. § 185 Abs. 2 AktG nichtig ist und die Kapitalerhöhung nicht eingetragen werden darf. Hingegen hält das Gericht, wie es obiter dictum klarstellt, mit der herrschenden Literatur eine Gestaltung für zulässig, wonach die neuen Aktionäre keine Einlagepflichten gegenüber der Gesellschaft, sondern lediglich gegenüber ihren Mitaktionären übernehmen.⁷² Nach dem Urteil können Registergerichte auch die Aktionärs- oder Beteiligungsvereinbarung einsehen, um zu prüfen, ob ein Agio vorliegt.

32 *e) Gewinnberechtigung.* Weiterhin kann die Hauptversammlung den **Beginn der Gewinnberechtigung** der jungen Aktien regeln. Fasst die Hauptversammlung keinen entsprechenden

---
⁶⁷ Vgl. Schmidt/Lutter/*Veil* § 182 Rn. 24.
⁶⁸ Vgl. zum faktischen Bezugsrechtsausschluss → Rn. 113.
⁶⁹ Fußnote in diesem Sinne auch Schmidt/Lutter/*Veil* § 182 Rn. 23.
⁷⁰ Vgl. GroßkommAktG/*Henze* § 54 Rn. 53 ff., 55, 57 ff.; KölnKommAktG/*Lutter* § 54 Rn. 26.
⁷¹ Vgl. zum Meinungsstand *Hergerth/Eberl* DStR 2002, 1818.
⁷² BayObLG NZG 2002, 583 f.; vgl. dazu auch *Mellert* NZG 2003, 1096 (auch zur bilanziellen Behandlung); *Schorling/Vogel* AG 2003, 86; *Maidl/Kreifels* NZG 2003, 1091; *Weitnauer* S. 279 Rn. 78.

Beschluss, so werden die neuen Aktien gem. § 60 Abs. 2 S. 3 AktG zeitanteilig am Gewinn beteiligt. Dies kommt praktisch jedoch fast nie vor. Meist wird der Beginn des bei Ausgabe der Aktien laufenden Geschäftsjahres gewählt, um die jungen Aktien den bereits ausgegebenen Aktien in der Dividendenberechtigung gleichzustellen. Bei börsennotierten[73] Aktiengesellschaften wird damit sichergestellt, dass alte und junge Aktien unter derselben ISIN bzw. Wertpapierkennnummer notiert werden können. Ob auch eine Gewinnberechtigung für **bereits abgelaufene Geschäftsjahre** eingeräumt werden kann, solange die Hauptversammlung noch nicht über die Gewinnverwendung für das betreffende Geschäftsjahr beschlossen hat, ist umstritten.[74] In der Praxis lehnen Registergerichte es häufig ab, die Durchführung von Kapitalerhöhungsbeschlüssen einzutragen, wenn die Gewinnberechtigung sich auf einen Zeitpunkt im ablaufenden Geschäftsjahr bezieht. Sofern eine Kapitalerhöhung nahe am Geschäftsjahresende durchgeführt wird oder mit einer längeren Durchführung zu rechnen ist, etwa weil eine Sachkapitalerhöhungsprüfung notwendig ist, empfiehlt es sich, in dem Kapitalerhöhungsbeschluss anzugeben, dass die Aktien mit Gewinnberechtigung ab Beginn des Geschäftsjahres ausgestattet sind, indem die jeweilige Kapitalerhöhung eingetragen wird. Dies vermeidet Probleme bei der Eintragung der Kapitalerhöhung, kann allerdings dazu führen, dass unterschiedliche Aktiengattungen bis zur nächsten Hauptversammlung entstehen. Dies hat den, in der Praxis bei börsennotierten Gesellschaften unerwünschten, Nebeneffekt der Entstehung einer neuen Aktiengattung mit von den alten Aktien abweichender Wertpapierkennnummer bzw. ISIN und einer damit verbunden Illiquidität des Handels in der neuen Aktiengattung bis zu der nächsten ordentlichen Hauptversammlung. Dies lässt sich jedoch aufgrund des aktuellen Meinungsstandes teilweise nicht vermeiden.

f) Durchführungsfrist. Die Hauptversammlung kann eine Frist festsetzen, innerhalb deren die Kapitalerhöhung (spätestens) durchgeführt sein muss,[75] dh bis wann Zeichnungen entgegen genommen werden können.[76] Als **Maximalfrist** werden überwiegend sechs Monate genannt,[77] teilweise aber auch in besonderen Fällen wie bei Sanierungskapitalerhöhungen bis zu neun Monate.[78] Der letztgenannten Auffassung ist zu folgen. Die Praxis hat gezeigt, dass eine Platzierung einer Kapitalerhöhung sich leicht über einen Zeitraum von mehreren Monaten hinziehen kann. Da in diesen Fällen dann saisonale Verzögerungen oft hinzukommen, wie etwa die praktisch häufig nicht mögliche Platzierung zum Jahresende/Jahresanfang, so können im Einzelfall auch unter Berücksichtigung evtl. notwendiger Zeit zur Erstellung und Billigung eines Wertpapierprospekts auch neun Monate noch notwendig sein, bis eine Kapitalerhöhung vollständig durchgeführt ist.[79] Als Rechtsfolge für eine zu lange Durchführungsfrist wird bei einer „gravierenden" Überschreitung die Nichtigkeit des Beschlusses gem. § 241 Abs. 3 AktG genannt, bei einer darunter liegenden Überschreitung nur die Anfechtbarkeit.[80] Dass dies zu erheblicher Rechtsunsicherheit führt liegt auf der Hand – wo ist hier die genaue Grenze? Die hierzu vereinzelt in der Literatur genannte Dauer von einem Jahr[81] erscheint nicht unsachgemäß, ist jedoch bisher nicht weit genug anerkannt. Auch leuchtet nicht ein, dass ein Beschluss mit einer Frist von einem Jahr weniger einem Tag nur anfechtbar ist, der Beschluss der einen Tag länger durchgeführt werden kann aber nichtig. Daher sollte generell die Anfechtbarkeit des Beschlusses angenommen werden.

---

[73] Dies gilt nicht nur bei im Sinne von § 3 Abs. 2 AktG im regulierten Markt notierten Gesellschaften, sondern auch für Gesellschaften, die im Freiverkehr notiert sind.
[74] Nur für das noch nicht abgelaufene Geschäftsjahr: Hüffer/Koch/*Koch* AktG § 182 Rn. 15, § 60 Rn. 10; Heidel/*Elser* § 182 Rn. 28; nur für das laufende Geschäftsjahr Schmidt/Lutter/*Veil* § 182 Rn. 25; aA *v. Godin/Wilhelmi* § 182 Rn. 6; mit Einschränkungen auch MüKoAktG/*Bayer* § 60 Rn. 30 f.
[75] Vgl. zur Pflicht des Vorstands eine Kapitalerhöhung durchzuführen *Findeisen* ZIP 2009, 1647 ff.
[76] MüKoAktG/*Schürnbrand* § 182 Rn. 44.
[77] MüKoAktG/*Schürnbrand* § 182 Rn. 44; Schmidt/Lutter/*Veil* § 182 Rn. 17; KölnKommAktG/*Lutter* § 182 Rn. 17; Heidel/*Elser* § 182 Rn. 26; *Findeisen* ZIP 2009, 1647 (1650); sechs Monate als Zeichnungsfrist noch für zulässig erachtend auch OLG Hamburg NZG 2000, 549 (550); OLG München NZG 2009, 1274 (1275).
[78] *Seibt/Voigt* AG 2009, 133 (135); dagegen *Holzmann/Eichstädt* DStR 2010, 277 (278).
[79] Darüber wurde auch die vorgeschlagene Wahl der Einbringung des Beschlusses als Fristbeginn nicht hinweghelfen. Vgl. dazu *Vaupel/Reers* AG 2010, 93 (94).
[80] OLG Hamburg NZG 2000, 549 (550).
[81] Heidel/*Elser* § 182 Rn. 58.

Da einmal im Jahr eine Hauptversammlung stattfinden soll, können die Aktionäre den Kapitalerhöhungsbeschluss aufheben, wenn nach einem zu langen Zeitraum die Erhöhung noch nicht durchgeführt wurde. Das sollte neben der Anfechtbarkeit ausreichen, um den Schutz der Aktionäre vor einer unzulässigen Überschreitung der Grenze zum genehmigten Kapital zu gewährleisten.

34 Sofern keine feste Kapitalerhöhungsziffer im Hauptversammlungsbeschluss festgelegt wird, sondern ein Höchstbetrag angegeben wird,[82] ist nach zutreffender Auffassung daneben **zwingend** eine **Durchführungsfrist** zu bestimmen.[83]

35 Wird keine Frist von der Hauptversammlung bestimmt, muss der Vorstand die ordentliche Kapitalerhöhung unverzüglich in Angriff nehmen.

36 **g) Zeichnungsfrist und Bezugsfrist.** Fakultativ kann der Hauptversammlungsbeschluss eine Frist gem. § 185 Abs. 1 Nr. 4 AktG angeben, wonach eine Zeichnung unverbindlich wird, wenn nicht bis zu einem bestimmten Termin die Durchführung der Kapitalerhöhung eingetragen ist. Ebenso kann die Hauptversammlung die Dauer und/oder den Beginn der **Frist zur Ausübung des Bezugsrechts** gem. § 186 Abs. 1 S. 2 AktG bestimmen, die jedoch mindestens zwei Wochen betragen muss.[84]

37 **h) Aufteilung in Tranchen.** Es ist auch möglich, den Vorstand zur Durchführung der Kapitalerhöhung in mehreren Teilschritten zu ermächtigen.[85] Dies erlaubt es dem Vorstand etwa bei einer Bis-zu-Kapitalerhöhung zunächst ein **Bezugsrechtsangebot** durchzuführen, die auf diese Weise bei den Altaktionären platzierten Aktien auszugeben und anschließend die Kapitalerhöhung im Wege der **Privatplatzierung** fortzusetzen. Dies ist für kleinere Gesellschaften interessant, bei denen es längere Zeit dauern kann, eine Kapitalerhöhung zu platzieren. Würde der Vorstand bis zur vollständigen Platzierung der Kapitalerhöhung warten, bevor diese durchgeführt wird und damit die Aktien ausgegeben werden, so würde ein relativ langer Zeitraum vergehen. Kleinaktionäre gehen aber meist davon aus, nach Ablauf des Bezugsangebotes die Aktien in ihr Depot zu erhalten, diese Erwartungshaltung kann auf diese Weise erfüllt werden. **Institutionelle Investoren** sind häufig nur bereit zu zeichnen, wenn innerhalb einer Frist von wenigen Tagen die Kapitalerhöhung im Wege von Zahlung-gegen-Lieferung abgewickelt wird. Die Aufteilung der Kapitalerhöhung in mehrere Tranchen erlaubt es dem Vorstand hier, stets nach Platzierung eines bestimmten Umfangs die gewonnen Investoren zu „sichern". Des Weiteren erwarten Kleinaktionäre nach Abwicklung eines Bezugsangebotes regelmäßig die kurzfristige Lieferung der Aktien. Benötigt die Gesellschaft noch einen längeren Zeitraum, um die nicht von Altaktionären gezeichneten Aktien zu platzieren, kann eine Eintragung in Tranchen genutzt werden.

38 Richtigerweise ist der Vorstand jedenfalls bei einer Bis-zu-Kapitalerhöhung immer ermächtigt, die Kapitalerhöhung in mehreren Tranchen zum Handelsregister anzumelden, weil er die Kapitalerhöhung ja auch nur zu dem Betrag der jeweiligen Tranchen durchführen dürfte. Anders verhält es sich bei einer Kapitalerhöhung mit einem festen Betrag, hier ist eine entsprechende Ermächtigung durch den Hauptversammlungsbeschluss erforderlich. Allerdings fordert die Rechtsprechung auch bei der Bis-zu-Kapitalerhöhung eine solche **Ermächtigung**.[86]

39 **i) Bezugsrecht und mittelbares Bezugsrecht.** Grundsätzlich steht den Aktionären bei einer Kapitalerhöhung ein **gesetzliches Bezugsrecht** zu. Das Bezugsrecht kann jedoch im Kapitalerhöhungsbeschluss ausgeschlossen werden. Sofern ein **Ausschluss des Bezugsrechts** erfolgt, ist dies im Kapitalerhöhungsbeschluss anzugeben.[87] Soll das Bezugsrecht gewährt werden,

---

[82] So genannte Bis-zu-Kapitalerhöhung, → Rn. 43 ff.
[83] LG Mannheim 2.7.2009 – 23 O 05/2009; OLG München NZG 2009, 1274 (1275); GHEK/*Hefermehl*/*Bungeroth* § 182 Rn. 55; Hüffer/Koch/*Koch* AktG § 182 Rn. 12; Heidel/*Elser* § 182 Rn. 22; aA KölnKommAktG/*Lutter* § 182 Rn. 17; GroßkommAktG/*Wiedemann* § 182 Rn. 56; Albrecht/Lange BB 2010, 142 f.
[84] → Rn. 74.
[85] Vgl. hierzu im Einzelnen *Schüppen* AG 2001, 125 ff.; aA *Priester* NZG 2010, 81 ff.
[86] Vgl. OLG München NZG 2009, 1274 (1275); Holzmann/Eichstädt DStR 2010, 277 (280).
[87] Für eine Anfechtung.

setzt dies richtigerweise zwingend keinerlei Angaben im Kapitalerhöhungsbeschluss voraus. Das **„Schweigen" zum Bezugsrecht** führt dazu, dass ein solches mit dem Kapitalerhöhungsbeschluss entsteht. Üblich ist es jedoch, verschiedene Angaben im Kapitalerhöhungsbeschluss mit aufzunehmen. Dies betrifft insbesondere das Bezugsverhältnis (streitig, ob dieses aufzunehmen ist)[88] und bei kleinen Gesellschaften auch die Personen der Bezugsberechtigten.

Bei **Publikumsgesellschaften** wird das Bezugsrecht praktisch immer in Form des mittelbaren Bezugsrechts nach § 186 Abs. 5 AktG abgewickelt durch Einschaltung eines Emissionsunternehmens als Abwicklungsstelle.[89] Dies setzt nach hM eine entsprechende Regelung im Kapitalerhöhungsbeschluss voraus, andernfalls soll das mittelbare Bezugsrecht nicht genutzt werden können – eine Delegation an den Vorstand wird als unzulässig angesehen.[90] Nicht notwendig ist es aber, das **Emissionsunternehmen** bereits namentlich festzulegen, die Auswahl kann dem Vorstand überlassen werden.[91] In dem Beschluss ist aufzunehmen, dass das entsprechende Emissionsunternehmen verpflichtet werden muss, die Aktien den Aktionären zum Bezug anzubieten.[92] Das Emissionsunternehmen bietet die Aktien den Aktionären zum Bezugspreis an. Dieser Bezugspreis ist vom Ausgabebetrag abzugrenzen. Während der Ausgabebetrag den strengen aktienrechtlichen Anforderungen unterliegt zB hinsichtlich Mindestleistung der Einlage, ist der Bezugspreis ein schuldrechtlich festzulegender Wert. Häufig wird daher der Ausgabebetrag in Höhe des Mindestausgabebetrages festgelegt, um die sofort zu leistende Mindesteinlage zunächst gering zu halten. Der Bezugspreis entspricht dann anschließend dem **wirtschaftlichen Agio** auf die Kapitalerhöhung. Das Emissionsunternehmen wird von der Gesellschaft verpflichtet, den vollständigen Mehrerlös aus der Kapitalerhöhung – abzüglich Provisionen und Kosten – an die Gesellschaft abzuführen, so dass im Ergebnis die von den Erwerbern der Aktien geleisteten Beträge der Gesellschaft zufließen. Es ist auch möglich, mittelbares und unmittelbares Bezugsrecht in einem Kapitalerhöhungsbeschluss zu kombinieren, so dass einzelne Aktionäre, beispielsweise ein Großaktionär, der im Rahmen einer kombinierten Bar-/Sachkapitalerhöhung eine Sacheinlage erbringen soll, ein unmittelbares Bezugsrecht gewährt wird und anderen Aktionären ein mittelbares Bezugsrecht.[93]

j) **Fälligkeit der Einlage.** Der Hauptversammlungsbeschluss kann – im Rahmen der gesetzlichen Mindestvorgaben[94] – festlegen, wann in welchem Umfang die Einlage zu leisten ist. Umstritten ist jedoch, inwiefern die **Fälligkeit von Teilbeträgen der Einlage**, die nicht schon kraft Gesetzes vor Anmeldung der Durchführung der Erhöhung des Grundkapitals zur Eintragung in das Handelsregister zu leisten sind, auf einen Zeitpunkt nach Durchführung der Kapitalerhöhung festgesetzt werden kann.[95]

k) **Satzungsänderung.** Eine Kapitalerhöhung führt immer zu einer Satzungsänderung, da die Zahl der Aktien und des Grundkapitals anzupassen ist, ggf. auch weitere Regelungen zu einer neuen Aktiengattung der Aufnahme in die Satzung bedürfen. Die Beschlussfassung über die Änderung der Satzung wird meist in einer Abstimmung mit dem Kapitalerhöhungsbeschluss zusammengefasst. Ist der **Aufsichtsrat** gem. § 179 Abs. 1 S. 2 AktG bereits in der Satzung zur Anpassung der Satzungsfassung ermächtigt oder wird er dies im Rahmen des Kapitalerhöhungsbeschlusses, so ist eine **separate Beschlussfassung** entbehrlich und die durch den Beschluss eingetretene Änderung der Satzung kann durch den Aufsichtsrat vor-

---

[88] → Rn. 46.
[89] Für eine zwingende Aufnahme des Bezugsverhältnisses in den Kapitalerhöhungsbeschluss *Seibt/Voigt* AG 2009, 133 (135) unter Berufung auf eine angeblich „eindeutige" Ansicht hierzu – dies ist jedoch abzulehnen, das Bezugsverhältnis ist nach richtiger Auffassung fakultativer Bestandteil des Beschlusses, → Rn. 46.
[90] OLG Hamburg NZG 2000, 549 (550f.); OLG Düsseldorf AG 2001, 51 (53); MüKoAktG/*Schürnbrand* § 182 Rn. 106; Hüffer/Koch/*Koch* AktG § 186 Rn. 45.
[91] Schmidt/Lutter/*Veil* § 186 Rn. 46; Hüffer/Koch/*Koch* AktG § 186 Rn. 49.
[92] MüKoAktG/*Schürnbrand* § 182 Rn. 108.
[93] Ebenso Habersack/Mülbert/Schlitt/*Singhof/Weber* § 4 Rn. 63.
[94] → Rn. 12 ff.
[95] Vgl. hierzu Hüffer/Koch/*Koch* AktG § 182 Rn. 14 einerseits und GroßkommAktG/*Wiedemann* § 182 Rn. 76 andererseits.

genommen werden.[96] Dies ist immer dann notwendig, wenn das Volumen der Kapitalerhöhung nicht feststeht, denn in diesem Fall kann die Hauptversammlung die konkrete neue Fassung der Satzung wegen der noch offenen neuen Kapitalziffer und Zahl der Aktien noch nicht beschließen.

43 l) **Besonderheiten bei „Bis-zu-Beschlüssen".** Der im Beschluss der Hauptversammlung festgesetzte Kapitalerhöhungsbetrag muss bei der Übernahme der Aktien erreicht werden, damit der Beschluss durchführbar ist. Wird der Betrag nicht erreicht, so ist nach allgemeiner Ansicht der Beschluss undurchführbar.[97] Der tatsächlich erreichte Betrag ist gegenüber dem beschlossenen Betrag kein minus sondern ein aliud.[98] Dieses aliud ist aber nicht beschlossen worden.

44 Aus diesem Grund greift die Praxis in Konstellationen, in denen die genaue Höhe der Kapitalerhöhungsziffer unklar ist, zur so genannten „Bis-zu-Kapitalerhöhung"; typische Anwendungsfälle sind **Bezugsrechtskapitalerhöhungen,**[99] (Accelerated) **Bookbuilding** oder **Sanierungskapitalerhöhungen.**[100]

45 Bei der Bis-zu-Kapitalerhöhung wird eine **Höchstgrenze für die Kapitalziffer** festgelegt.[101] Für die Bestimmung des endgültigen Erhöhungsbetrags kann die Hauptversammlung Maßstäbe erlassen, die dem Vorstand **kein eigenes Ermessen** mehr überlassen. Demnach ist es zulässig, eine bestimmte Zeichnungsfrist festzulegen, in der Aktien gezeichnet werden müssen. Durch diese Fristsetzung wird auch eine Abgrenzung zum Rechtsinstitut des genehmigten Kapitals erreicht. Der Zeitraum der Zeichnung muss eng bemessen sein.[102] Allgemein wird ein Zeitraum von sechs Monaten für zulässig gehalten,[103] vgl. dazu vorstehend → Rn. 33. Vor der Anmeldung der Kapitalerhöhung zur Eintragung in das Handelsregister wird dann vom Vorstand die Zahl der Aktien final festgelegt.[104]

46 Eine Bis-zu-Kapitalerhöhung ist auch im Wege des mittelbaren Bezugsrechts zulässig.[105] Teilweise wird gefordert, dass bei einer Bis-zu-Kapitalerhöhung nicht nur eine maximale Anzahl an Aktien, sondern darüber hinaus auch ein **maximaler Brutto-Emissionserlös** oder **Nettoemissionserlös**[106] festgelegt werden muss[107] oder jedenfalls **sonstige Ermessensschranken zu Lasten des Vorstands** im Kapitalerhöhungsbeschluss enthalten sein müssen.[108] Auch wird in der Rechtsprechung[109] teilweise gefordert, es müsse auch ein Mindestbetrag der Kapitalerhöhung angegeben werden. Diese Auffassungen sind jedoch abzulehnen. Zwar ist richtig, dass ohne solche Vorgaben das Ermessen des Vorstands relativ weit ist und eine gewisse Nähe zum genehmigten Kapital entsteht. Jedoch bleibt es in Abgrenzung zum genehmigten Kapital dabei, dass die Hauptversammlung alleine über das „Ob" der Kapitalerhöhung entscheidet, beim genehmigten Kapital obliegt diese Entscheidung dem Vorstand. Des Weiteren steht es der Hauptversammlung frei, dem Vorstand Vorgaben zu machen, wie etwa einen Mindestbetrag für die Anzahl der Aktien bzw. die Erhöhung des Grundkapitals oder einen Rahmen für den Ausgabebetrag der Aktien vorzugeben. Es steht der Hauptversammlung jedoch auch die Möglichkeit offen, diese Entscheidungen dem Vorstand zu überlassen. Dies ist für die einzelnen Angaben Ausgabebetrag bzw. Kapitalerhöhungsbetrag jeweils an-

---

[96] MüKoAktG/*Schürnbrand* AktG § 182 Rn. 4.
[97] GroßkommAktG/*Wiedemann* § 182 Anm. 55.
[98] RGZ 85, 205 (207) – GmbH.
[99] Diese werden bei kleineren und mittleren Gesellschaften als Bis-zu-Kapitalerhöhung durchgeführt, da hier selten ein Hand-Underwriting dazu führt, dass eine Bank die Aktien zwingend übernimmt.
[100] Vgl. generell zur Zulässigkeit solcher Kapitalerhöhungsbeschlüsse etwa OLG Hamburg NZG 2000, 54.
[101] Vgl. zur Zulässigkeit solcher Höchstbeträge → Rn. 15.
[102] Hüffer/Koch/*Koch* AktG § 182 Rn. 14; LG Hamburg AG 2005, 92 (93).
[103] OLG München NZG 2009, 1274 (1275); Schmidt/Lutter/*Veil* § 182 Rn. 17.
[104] Vgl. zu den Besonderheiten bei einer Anmeldung in Tranchen → Rn. 157a.
[105] Im Ergebnis ebenso Marsch-Barner/Schäfer/*Busch* § 42 Rn. 12; *Seibt/Voigt* AG 2009, 133 (135 f.).
[106] *Findeisen* ZIP 2009, 1647 (1649).
[107] MHdB GesR IV/*Scholz* § 57 Rn. 27.
[108] *Seibt/Voigt* AG 2009, 133 (137).
[109] OLG Hamburg NZG 2000, 549 f., das sich unrichtigerweise darauf beruft, es sein anerkannt, dass ein Höchstbetrag und ein Mindestbetrag gemeinsam bei einer Kapitalerhöhung angegeben werden müssen.

erkannt[110] und für die Kombination beider Elemente gilt nichts anderes. Schließlich wird gefordert, dass das Bezugsverhältnis als Rechenformel bereits im Kapitalerhöhungsbeschluss festzusetzen ist.[111] Dies basiert auf der Auffassung, das Bezugsverhältnis sei zwingender Bestandteil des Kapitalerhöhungsbeschlusses. Dies ist jedoch richtigerweise gerade nicht der Fall.[112]

> **Formulierungsvorschlag: Kapitalerhöhung gegen Bareinlagen (Bis-zu-Beschluss)**
>
> 1) Das Grundkapital der Gesellschaft wird gegen Bareinlagen um bis zu 1.800.000 EUR durch Ausgabe von bis zu 1.800.000 EUR neuen, auf den Namen lautenden Stückaktien mit einem anteiligen Betrag am Grundkapital der Gesellschaft in Höhe von 1 EUR je Aktie erhöht. Die neuen Aktien sind ab dem Beginn des letzten Geschäftsjahres gewinnberechtigt in das bei Eintragung der Kapitalerhöhung noch kein Gewinnverwendungsbeschluss gefasst wurde. Der Ausgabebetrag beträgt 1 EUR je Aktie, der Gesamtausgabebetrag mithin bis zu 1.800.000 EUR. Das Grundkapital muss um mindestens 500.000 EUR erhöht werden, der Bruttoemissionserlös darf ...... EUR nicht überschreiten.[113]
> 2) Zur Zeichnung der neuen Aktien wird ein Kreditinstitut oder ein nach § 53 Abs. 1 S. 1 oder § 53b Abs. 1 S. 1 oder Abs. 7 des Gesetzes über das Kreditwesen (KWG) tätiges Unternehmen zugelassen mit der Verpflichtung,
>   a) die neuen Aktien den bisherigen Aktionären zu einem durch den Vorstand der Gesellschaft mit Zustimmung des Aufsichtsrats festzulegenden Bezugspreis gegen Bareinlagen zum Bezug anzubieten, wobei der Bezugspreis mindestens dem Ausgabebetrag entsprechen muss, und
>   b) den Mehrerlös aus der Platzierung der Aktien im Rahmen des Bezugsangebotes an die Gesellschaft abzuführen.
> 3) Der Vorstand wird ermächtigt, nicht im Rahmen des Bezugsangebotes platzierte Aktien durch Privatplatzierung und/oder ein öffentliches Angebot bestens, jedoch mindestens zum Bezugspreis unmittelbar oder über ein Kreditinstitut oder einen sonstigen mit der Abwicklung beauftragten Emissionsmittler zu verwerten.
> 4) Der Vorstand bestimmt die Bezugsfrist, die mindestens zwei Wochen betragen muss; Zeichnungen nach dem ...... sind jedoch in jedem Fall nicht zulässig. Der Beschluss über die Erhöhung des Grundkapitals wird unwirksam, wenn nicht bis zum ...... mindestens 1.000.000 neue Aktien gezeichnet und die Kapitalerhöhung insoweit durchgeführt wurde. Eine Durchführung der Kapitalerhöhung nach dem ...... ist nicht zulässig.
> 5) Der Vorstand wird ermächtigt, mit Zustimmung des Aufsichtsrates die weiteren Einzelheiten der Kapitalerhöhung und ihrer Durchführung, insbesondere die weiteren Bedingungen für die Ausgabe der Aktien festzulegen.
> 6) Der Vorstand wird ermächtigt, die Durchführung der Kapitalerhöhung auch in mehreren Tranchen zum Handelsregister anzumelden.
> 7) Der Aufsichtsrat wird ermächtigt, die Fassung der Satzung der Gesellschaft entsprechend der Durchführung der Kapitalerhöhung zu ändern.

3. Zusätzliche Festsetzungen bei Sacheinlagen

§ 183 Abs. 1 AktG ergänzt die Bestimmung des § 182 AktG für den Fall einer Kapitalerhöhung gegen Sacheinlagen. Danach sind **im Kapitalerhöhungsbeschluss** der Gegenstand der Sacheinlage, die Person des Einlegers und bei Nennbetragsaktien der Nennbetrag, bei Stückaktien die Zahl der Aktien festzusetzen, die für den Einlagegegenstand gewährt werden sollen. Umstritten ist, ob darüber hinaus auch der Ausgabebetrag gem. § 9 AktG im Kapitalerhöhungsbeschluss festzusetzen ist.

a) Gegenstand. Hinsichtlich des Gegenstandes der Sacheinlage verweist das Gesetz auf § 27 AktG, so dass **alle im Rahmen der Gründung zulässigen Sacheinlagen** auch Gegenstand einer

---

[110] → Rn. 25 bzw. → Rn. 15.
[111] *Seibt/Voigt* AG 2009, 133 (137).
[112] → Fn. 79.
[113] → Rn. 46, aus Vorsichtsgründen sollte dies aufgenommen werden.

Sachkapitalerhöhung sein können. Dies sind nach Art. 7 der EU-Kapitalrichtlinie[114] Vermögensgegenstände, deren wirtschaftlicher Wert feststellbar ist, jedoch nicht Verpflichtungen zu Arbeits- oder Dienstleistungen.[115] Aktien der Gesellschaft selber sind nicht sacheinlagefähig.[116]

50 Für **Wandelschuldverschreibungen, Optionsschuldverschreibungen und Genussrechte** wird in der Literatur ebenfalls die Sacheinlagefähigkeit verneint,[117] jedoch kann dem nicht gefolgt werden. Denn bei diesen so genannten **Equity-Linked-Instrumenten** handelt es sich zwar teilweise um wirtschaftliches Eigenkapital, rechtlich ist es jedoch **Fremdkapital.** Genussrechte ohne Wandlungs- oder Optionsrechte werden niemals zu echtem Eigenkapital der Gesellschaft sondern sind letztlich Forderungen gegen die Gesellschaft mit bestimmten Ausgestaltungsmerkmalen. Diese Ausgestaltungsmerkmale können im Einzelfall dazu führen, dass die Forderungen nicht vollwertig sind und daher nur eine geringe oder gar keine Bewertung zulassen.[118] Das ist jedoch eine Frage der konkreten Situation und führt nicht generell dazu, dass keine Sacheinlagefähigkeit vorliegt. **Optionsschuldverschreibungen** bestehen aus einem reinen Darlehensteil und einem zusätzlichen Bezugsrecht auf Aktien der Gesellschaft. Der Darlehensteil der Optionsschuldverschreibung ist grundsätzlich (abweichende Gestaltungen mögen im Einzelfall existieren) wie ein normales Darlehen nach einer bestimmten Laufzeit rückzahlbar. Daher kann diese Forderung auch als Sacheinlage eingebracht werden. Die Wandelschuldverschreibung schließlich ist ebenfalls normales Fremdkapital, solange das Wandlungsrecht nicht ausgeübt wurde. Dies wird von denjenigen verkannt, die die Einlagefähigkeit verneinen,[119] weil die Wandelschuldverschreibungen zu einem „Umtausch in Aktien der AG selbst berechtigen" – dies ist eben nur ein Teilaspekt der Rechte aus der Wandelschuldverschreibung, daneben und unabhängig davon besteht der **Darlehensrückgewähranspruch,** solange es keine **Pflichtwandelanleihe** ist. Daher kann die Darlehensrückzahlungsforderung aus einer Wandelschuldverschreibung außer bei Pflichtwandelanleihen ebenfalls als Sacheinlage eingebracht werden. Dabei dürfte diese Konstellation jedoch praktisch kaum vorkommen, denn durch Ausübung des Wandlungsrechtes kann genau der Effekt wie eine Einbringung als Sacheinlage erreicht werden, ohne dass aufgrund der Privilegierung des § 194 Abs. 1 S. 2 AktG das Sacheinlageverfahren notwendig wäre, jedenfalls solange die Wandelschuldverschreibung nicht selber gegen eine Sacheinlage ausgegeben wurde.[120]

51 Der Gegenstand der Sacheinlage muss im **Kapitalerhöhungsbeschluss** so konkret beschrieben sein, dass er identifiziert werden kann. Von der hM wird darüber hinaus gefordert, dass alle wesentlichen Umstände und insbesondere Belastungen in die Festsetzungen mit aufzunehmen sind.[121] Dies erscheint allerdings als zu weit gehend. Die Festsetzungen im Kapitalerhöhungsbeschluss dienen der eindeutigen Identifizierung des Gegenstandes der Sacheinlage. Die Frage, wie dieser konkret beschaffen ist und welche Belastungen darauf liegen sind im Rahmen der Prüfung des Sacheinlagegegenstandes zu ermitteln und im Gutachten festzuhalten.

52 b) **Person.** Auch die Person des Sacheinlegers ist so wie bei der Sachgründung in der Art festzulegen, dass der Einleger identifiziert werden kann.[122] **Bei Gesellschaften** erfordert dies

---

[114] Zweite Richtlinie 77/91/EWG des Rates vom 13.12.1976 zur Koordinierung der Schutzbestimmungen, die in den Mitgliedstaaten den Gesellschaften im Sinne des Art. 58 Abs. 2 des Vertrages im Interesse der Gesellschafter sowie Dritter für die Gründung der Aktiengesellschaft sowie für die Erhaltung und Änderung ihres Kapitals vorgeschrieben sind, um diese Bestimmungen gleichwertig zu gestalten.

[115] → § 13 Rn. 22 ff., 74.

[116] Spindler/Stilz/*Servatius* AktG § 183 Rn. 14.

[117] Spindler/Stilz/*Servatius* AktG § 183 Rn. 14.

[118] Ähnlich MüKoAktG/*Schürnbrand* § 183 Rn. 21, der verlangt, dass die Genussrechte eine konkrete Forderung gegen die AG gewähren müssen, um einlagefähig zu sein. Das sieht er als nicht gegeben, wenn lediglich eine Beteiligung am künftigen Gewinn oder Liquidationserlös erwähnt wird. Auch ein solcher Anspruch kann jedoch idR bewertet werden, nur wenn das Ergebnis der Bewertung Null ist, scheidet die Sacheinlage aus.

[119] Vgl. etwa MüKoAktG/*Schürnbrand* § 183 Rn. 21.

[120] → § 35 Rn. 59 ff.

[121] → § 13 Rn. 108 ff. zur Gründung mwN; die Kommentierungen zur Kapitalerhöhung verweisen auf die Ausführungen zur Gründung, vgl. etwa MüKoAktG/*Schürnbrand* § 183 Rn. 34.

[122] Vgl. hierzu auch → § 13 Rn. 108 ff.

die Angaben von Firma und Sitz.[123] **Bei Privatpersonen** sollten ebenso wie bei Aufsichtsratswahlen die Angabe von Name und Wohnort ausreichen, nicht hingegen ist die komplette Adresse anzugeben, um die Privatsphäre der Betroffenen weitest möglich zu schützen.[124]

c) **Nennbetrag/Zahl der Aktien.** Des Weiteren ist der Nennbetrag bzw. bei Stückaktien die Zahl der auf die Einlage zu gewährenden Aktien im Kapitalerhöhungsbeschluss festzusetzen. Hier ergeben sich **keine Besonderheiten** gegenüber der Barkapitalerhöhung.[125] 53

d) **Ausgabebetrag.** Umstritten ist, ob darüber hinaus auch der Ausgabebetrag gem. § 9 AktG im Kapitalerhöhungsbeschluss festzusetzen ist. Die herrschende Meinung verneint dies.[126] In der Praxis wird der Ausgabebetrag gleichwohl stets im Kapitalerhöhungsbeschluss angegeben. Dabei wird idR der **geringste Ausgabebetrag** gewählt. Dies hat den Vorteil, dass die Sachkapitalerhöhungsprüfung sich nur auf diesen Betrag richtet[127] und eine eventuelle **Differenzhaftung** auch auf diesen Wert beschränkt ist. Um zu prüfen, ob den Anforderungen der Erbringung einer angemessenen Gegenleistung des auf Sacheinlagen analog anzuwendenden § 255 Abs. 2 AktG genügt wird,[128] ist jedoch auf den tatsächlichen Wert der Sacheinlage abzustellen und nicht nur auf den geringsten Ausgabebetrag.[129] 54

e) **Fälligkeit der Einlage.** Der Hauptversammlungsbeschluss kann ebenso wie bei der Bareinlage Regelungen zum Zeitpunkt der Leistung der Sacheinlage treffen, dies ist jedoch eine **fakultative Angabe**. Dabei ist bei Sacheinlagen streitig, wann diese spätestens geleistet werden dürfen, vgl. hierzu → Rn. 136. 55

f) **Nachgründungsvorschriften.** Darüber hinaus stellt sich die Frage, ob **zusätzliche Angaben gem. den Vorschriften über die Nachgründung** gem. § 52 AktG notwendig werden können. Die überwiegende Literatur vertritt die Auffassung, dass die Nachgründungsvorschriften auf die Kapitalerhöhung gegen Sacheinlagen analog anzuwenden sind.[130] Dieser Auffassung hat sich das OLG Oldenburg[131] angeschlossen. Der BGH hat die Frage bislang offen gelassen.[132] Nachdem der BGH aber im **Fall Rheinmöve**[133] ausgeführt hat, dass sich der Schutzzweck des § 52 AktG auf die **Verhinderung verdeckter Sachgründungen** beschränke, dürfte die Einhaltung der Voraussetzungen des § 52 AktG als zusätzliches Erfordernis einer Sachkapitalerhöhung neben § 183 AktG abzulehnen sein, möglicherweise mit Ausnahme des Falles der gemischten Sacheinlage.[134] Sofern es dennoch zur analogen Anwendung von § 52 AktG auf die Sachkapitalerhöhung kommt, ist der Vertrag über die Erbringung der Sacheinlage sinnvoller Weise als Einbringungs- und Nachgründungsvertrag zu bezeichnen und neben dem Kapitalerhöhungsbeschluss ist ein weiterer Beschluss der Hauptversammlung über die Zustimmung zu diesem Vertrag einzuholen. Ebenso ist neben der Prüfung der Werthaltigkeit der Sacheinlagen durch einen gerichtlich bestellten Prüfer nach § 183 Abs. 3 AktG zugleich eine Nachgründungsprüfung nach § 52 Abs. 4 AktG erforderlich. In der Praxis wird vom zuständigen Gericht ein Prüfer mit einem entsprechend erweiterten Prüfungsauftrag für beide Prüfungsgegenstände beauftragt und ein **einheitlicher** 56

---

[123] Spindler/Stilz/*Servatius* AktG § 183 Rn. 16.
[124] AA Spindler/Stilz/*Servatius* AktG § 183 Rn. 16.
[125] → Rn. 20 f.
[126] BGHZ 71, 40 (50 f.); Hüffer/Koch/*Koch* AktG § 183 Rn. 9; aA Spindler/Stilz/*Servatius* AktG § 183 Rn. 19; GroßkommAktG/*Wiedemann* § 183 Rn. 51.
[127] Es war bisher streitig, ob die Registerkontrolle und die Prüfung sich darauf beziehen, ob der eingebrachte Gegenstand den geringsten oder den vollen Ausgabebetrag deckt, vgl. Spindler/Stilz/*Servatius* AktG § 188 Rn. 40 mwN. Nach der Neufassung des § 184 durch das ARUG darf das Gericht die Eintragung allerdings nur dann ablehnen, wenn der Wert der Sacheinlage nicht unwesentlich hinter dem geringsten Ausgabebetrag der neuen Aktien zurück bleibt (§ 184 Abs. 3 S. 1 AktG). Damit dürfte der Streit entschieden sein.
[128] Vgl. zu § 255 AktG → Rn. 28 ff.
[129] BGHZ 71, 40 (50 f.) = NJW 1978, 1316 (1318) – Kali + Salz; vgl. → Rn. 138.
[130] Hüffer/Koch/*Koch* AktG § 52 Rn. 11; MüKoAktG/*Pentz* § 52 Rn. 68; KölnKommAktG/*Lutter* § 183 Rn. 6; aA *Mülbert* AG 2003, 136 ff.; *Grub/Fabian* AG 2002, 614 (615).
[131] AG 2002, 620.
[132] Vgl. *Böttcher* NZG 2008, 416 (418).
[133] BGHZ 175, 265 ff.
[134] *Böttcher* NZG 2008, 416 (418); ähnlich Spindler/Stilz/*Servatius* AktG § 183 Rn. 59.

Nachgründungs- und Kapitalerhöhungsprüfungsbericht von dem gerichtlich bestellten Prüfer vorgelegt. Die Hauptversammlung erhält einen weiteren Prüfungsbericht in Form des schriftlichen Berichts des Aufsichtsrates an die Hauptversammlung über dessen Prüfung des Nachgründungsvorgangs nach § 52 Abs. 3 AktG. Schließlich ist in das Handelsregister neben dem Kapitalerhöhungsbeschluss und dessen Durchführung auch der Nachgründungsvertrag als solcher einzutragen.[135] In § 183a AktG wird innerhalb der Vorschriften zur Kapitalerhöhung gegen Sacheinlage wie bisher auf die Regelungen des Gründungsrechts verwiesen, die dadurch für die Kapitalerhöhung gegen Sacheinlage entsprechend gelten. Verwiesen wird so insbesondere auch auf § 33a AktG, der in Abs. 1 Nr. 1 regelt, dass eine externe Gründungsprüfung im Zusammenhang mit einer Sacheinlage dann nicht mehr nötig ist, wenn es sich bei der Sacheinlage um übertragbare Wertpapiere oder Geldmarktinstrumente (iSv § 2 Abs. 1 und Abs. 2 WpHG) handelt, sofern diese mit dem gewichteten Durchschnittspreis bewertet werden, zu dem sie während der letzten drei Monate vor dem Tag ihrer tatsächlichen Einbringung auf einem oder mehreren geregelten Märkten (iSv § 2 Abs. 11 WpHG) gehandelt wurden. § 33a Abs. 1 Nr. 2 AktG statuiert sodann die Entbehrlichkeit der externen Gründungsprüfung auch für die Einbringung anderer Vermögensgegenstände, sofern eine Bewertung zugrunde gelegt wird, die ein unabhängiger, ausreichend vorgebildeter und erfahrener Sachverständiger nach den allgemein anerkannten Bewertungsgrundsätzen mit dem beizulegenden Zeitwert ermittelt hat und wenn der Bewertungsstichtag nicht mehr als sechs Monate vor dem Tag der tatsächlichen Einbringung liegt. Voraussetzung hierfür ist gem. § 33a Abs. 2 AktG jedoch, dass der anzusetzende **Durchschnittspreis der Wertpapiere** oder **Geldmarktinstrumente** nicht durch außergewöhnliche Umstände erheblich beeinflusst worden ist und nicht aufgrund neuer oder neu bekannt gewordener Umstände erheblich niedriger ist, als im Sachverständigengutachten angenommen.[136]

> **Formulierungsvorschlag: Kapitalerhöhung gegen Sacheinlagen**
>
> 57 Das Grundkapital der Gesellschaft wird gegen Sacheinlagen von derzeit ...... EUR um ...... EUR auf ...... EUR durch Ausgabe von ...... neuen auf den Namen lautenden Stückaktien zum Ausgabebetrag von ...... EUR je Aktie, dh einem Gesamtausgabebetrag von ...... EUR erhöht. Das Bezugsrecht der Aktionäre ist ausgeschlossen. Zur Zeichnung der neuen Aktien wird ...... zugelassen. Gegen Übertragung von ...... auf die Gesellschaft als Sacheinlage ...... Die neuen Aktien sind ab ...... gewinnberechtigt.

4. Gemischte Bar-/Sachkapitalerhöhung

58 Es ist möglich, dass im Rahmen einer einzigen Kapitalerhöhung einzelne Zeichner Bareinlagen erbringen und andere Sacheinlagen.[137] Auch ein einzelner Zeichner kann im Rahmen einer Kapitalerhöhung einzelne Aktien gegen Bareinlagen zeichnen und andere gegen Sacheinlagen. Diese Möglichkeit wird teilweise in der Praxis genutzt, um durch eine so genannte gemischte Bar-/Sachkapitalerhöhung eine Sachkapitalerhöhung mit reduziertem Anfechtungsrisiko durchzuführen. Denn es kommt häufiger vor, dass ein aktueller Aktionär eine Sacheinlage erbringen soll, insbesondere bei so genannten *Debt-to-Equity Swaps* durch Großaktionäre, bei denen Großaktionäre Forderungen einlegen, bei der Aktivierung von Mantelgesellschaften oder der Übernahme von Wettbewerbern. In diesen Fällen könnte man zunächst daran denken, im Rahmen einer Kapitalerhöhung das Bezugsrecht der übrigen Aktionäre auszuschließen. Allerdings kann man argumentieren, dass die übrigen Aktionäre zwar nicht in der Lage sind, die gleiche Sacheinlage wie der entsprechende Einleger zu erbringen, jedoch stattdessen Bareinlagen erbringen können. Gerade im Rahmen von *Debt-to-Equity Swaps* ist es jedoch meist so, dass die betroffene Emittentin sich in einer schwierigen Situation befindet, in der sie nicht nur eine Entlastung durch den mit dem *Debt-to-*

---

[135] Vgl. hierzu *Grub/Fabian* AG 2002, 614 (615).
[136] Dazu *Klasen* BB 2008, 2694 (2697 ff.).
[137] MüKoAktG/*Schürnbrand* § 183 Rn. 7.

Equity Swap verbundenen Forderungsverzicht benötigt, sondern weitere Liquiditätszufuhr. Daher bietet es sich an, eine einheitliche Kapitalerhöhung durchzuführen, bei der ein oder mehrere Aktionär(e) Sacheinlagen erbringen können und die anderen Aktionäre Bareinlagen. Dadurch wird eine Verwässerung der übrigen Aktionäre vermieden und damit das Risiko der Auseinandersetzung mit Aktionären wegen eines Bezugsrechtsausschlusses reduziert. Teilweise wird daher auch eine passende Konstellation geschaffen, indem beispielsweise Gläubiger Darlehensforderungen von einem Großaktionär übertragen, der diese als Sacheinlage einlegt und die durch die Kapitalerhöhung entstandenen Aktien später den Gläubigern überträgt. In der Praxis wird in Fällen der gemischten Bar-/Sachkapitalerhöhung teilweise vorsorglich parallel auch noch das **Bezugsrecht der übrigen Aktionäre** ausgeschlossen, da nicht abschließend geklärt ist, wieweit solche Konstellationen tatsächlich keinen Bezugsrechtsausschluss darstellen. Richtigerweise liegt aber kein Bezugsrechtsausschluss vor.[138]

In der **Rechtsprechung** wurde die gemischte Bar-/Sachkapitalerhöhung bislang kaum behandelt. Das OLG Jena hat jedoch entschieden, dass eine Anfechtung wegen Überbewertung der Sacheinlage gem. § 255 Abs. 2 AktG (analog) im Fall einer einheitlichen gemischten Bar- und Sachkapitalerhöhung nicht deshalb ausgeschlossen ist, weil das Bezugsrecht der Mitaktionäre nicht ausgeschlossen ist.[139] Diese Auffassung wird man wohl nicht völlig von der Hand weisen können. Denn allein dadurch, dass die übrigen Aktionäre ein Bezugsrecht haben und somit eine volumenmäßige Verwässerung vermeiden können, ist zu Lasten der Minderheitsaktionäre noch nicht das Risiko vermieden, dass die Sacheinlage zu hoch bewertet wird und damit eine wertmäßige Verwässerung für diese eintritt. Für die Praxis ist dies unbefriedigend, da hierdurch gerade in Sanierungsfällen Verzögerungen eintreten können, die Existenzbedrohungscharakter haben mögen. Allerdings hat das OLG Jena[140] für **Freigabeverfahren** nach § 246a AktG richtigerweise festgehalten, dass aufgrund des Bezugsrechts zumindest die Interessenabwägung nach § 246a Abs. 2 Nr. 3 AktG idR zugunsten der Aktiengesellschaft ergeht.

5. Mängel

Liegen bei der Beschlussfassung über eine Kapitalerhöhung formelle oder inhaltliche Mängel vor, so kann der Kapitalerhöhungsbeschluss anfechtbar oder nichtig sein. Die Frage, wann Anfechtbarkeit oder Nichtigkeit vorliegt, und die sich hieraus ergebenden Rechtsfolgen folgen den unten in §§ 37 ff. beschriebenen allgemeinen Grundsätzen.

Neben dem Fehlen des Ausgabebetrags[141], der Unangemessenheit des Ausgabebetrages gem. § 255 Abs. 2 S. 1 AktG[142] sowie der unangemessenen langen Durchführungsfrist[143] sei hier noch der Fall erwähnt, dass ein **Kapitalerhöhungsbeschluss schwebend unwirksam** ist, wenn ein erforderlicher Sonderbeschluss nicht gefasst wird und endgültig unwirksam wird, wenn die Zustimmung nicht erteilt oder nicht binnen angemessener Frist von höchstens drei Monaten gefasst wird.[144]

Im Falle einer Kapitalerhöhung mit Sacheinlagen gem. § 183 AktG sollen fehlende, unvollständige oder unrichtige Angaben nach § 183 Abs. 1 S. 1 AktG einen Gesetzesverstoß darstellen, der zur **Anfechtbarkeit** gem. § 243 Abs. 1 in Verbindung mit § 255 Abs. 1 AktG führen soll, nicht dagegen zur Nichtigkeit des Kapitalerhöhungsbeschlusses gem. § 241 Nr. 3 AktG.[145] Ein **Verstoß gegen die Bekanntmachungspflicht** nach § 183 Abs. 1 S. 2 AktG soll den Kapitalerhöhungsbeschluss der Hauptversammlung ebenfalls anfechtbar machen.[146] Noch nicht geklärt ist, ob diese Auffassung zur alten Rechtslage auch nach neuem

---

[138] Ebenso Habersack/Mülbert/Schlitt/*Krause* § 7 Rn. 26.
[139] OLG Jena NZG 2007, 147 ff.
[140] AaO.
[141] → Rn. 24.
[142] → Rn. 28 ff.
[143] → Rn. 33 ff.
[144] GroßkommAktG/*Wiedemann* § 182 Rn. 53.
[145] MüKoAktG/*Schürnbrand* § 183 Rn. 43; Hüffer/Koch/*Koch* AktG § 183 Rn. 13.
[146] Hüffer/Koch/*Koch* AktG § 183 Rn. 10; MüKoAktG/*Schürnbrand* § 183 Rn. 39.

Recht nach Einführung von §§ 183 Abs. 2 iVm § 27 Abs. 3 und 4 AktG weiterhin gilt.[147] Da die Regelung auch nach neuem Recht allerdings lediglich eine Abmilderung der Rechtsfolgen der verdeckten Sacheinlage darstellt und es ansonsten bei einer Verpflichtung zur ordnungsgemäßen Festsetzung der Sacheinlage nach § 183 Abs. 1 S. 1 AktG unter Wahrung der Publizität gem. § 183 Abs. 1 S. 2 AktG bleibt, sprechen einige Argumente für die Anfechtbarkeit bei Verletzungen des § 183 Abs. 1 AktG auch nach neuer Rechtslage.

6. Aufhebung und Änderung von Kapitalerhöhungsbeschlüssen

63 Der Kapitalerhöhungsbeschluss kann nach allgemeiner Meinung bis zum Zeitpunkt des Wirksamwerdens durch Eintragung der Durchführung der Kapitalerhöhung gem. § 189 AktG aufgehoben und geändert werden.[148]

64 a) **Aufhebung des Kapitalerhöhungsbeschlusses.** Für die Aufhebung des Kapitalerhöhungsbeschlusses bedarf es eines entsprechenden entgegenstehenden Beschlusses der Hauptversammlung. Hinsichtlich der Anforderung an die Mehrheitsverhältnisse dieses aufhebenden Beschlusses der Hauptversammlung wird dabei danach differenziert, ob dieser vor oder nach dem Zeitpunkt der Eintragung des Kapitalerhöhungsbeschlusses gem. § 184 AktG gefasst wird:

65 Nach allgemeiner Meinung ist für einen aufhebenden Beschluss vor dem Zeitpunkt der Eintragung des Kapitalerhöhungsbeschlusses gem. § 184 AktG lediglich die **einfache Stimmenmehrheit** erforderlich, sofern nicht die Satzung etwas anderes bestimmt.[149]

66 Dagegen ist umstritten, ob ein Kapitalerhöhungsbeschluss nach dem Zeitpunkt der Eintragung gem. § 184 AktG mit einfacher Mehrheit aufgehoben werden kann[150] oder ob dafür eine satzungsändernde Mehrheit[151] bzw. eine Mehrheit entsprechend § 222 Abs. 1 AktG[152] erforderlich ist.

67 Die Aufhebung eines Kapitalerhöhungsbeschlusses soll auch **konkludent** möglich sein, wenn die Hauptversammlung vor Eintragung der Durchführung der Kapitalerhöhung gem. § 189 AktG eine der ursprünglichen Beschlussfassung **widersprechende Entscheidung** trifft, wie dies beim Auflösungsbeschluss gem. § 262 Abs. 1 Nr. 2 AktG und der Kapitalherabsetzung gem. §§ 222, 229 AktG regelmäßig anzunehmen sein soll.[153] Dasselbe soll gelten, sofern Beschlüsse gefasst werden, die die Grundlagen der AG ändern, wie zB eine Verschmelzung gem. §§ 2 ff., 60 ff. UmwG;[154] nach anderer Ansicht bedarf es in diesen Fällen für die Annahme eines derartigen konkludenten Aufhebungswillens jedoch besonderer Anhaltspunkte.[155]

68 Mit **Eintragung der Durchführung der Kapitalerhöhung** gem. § 189 AktG wird die Kapitalerhöhung wirksam und damit die Satzung materiell geändert. Eine Aufhebung des Kapitalerhöhungsbeschlusses ist nach diesem Zeitpunkt nicht mehr möglich, sondern kann nur im Wege der Kapitalherabsetzung rückgängig gemacht werden (§§ 222 ff. AktG).[156]

69 Bereits erfolgte Zeichnungen auf das erhöhte Kapital stehen einer Aufhebung des Kapitalerhöhungsbeschlusses zwar nicht entgegen, weil sich aus einer Zeichnung kein Anspruch auf Durchführung der Kapitalerhöhung ergibt.[157] Jedoch besteht das Risiko, dass die Zeichner Schadensersatzansprüche für ihr enttäuschtes Vertrauen im Hinblick auf die im Zusammenhang mit dem Zeichnungsvorgang bereits getätigten Aufwendungen entspre-

---

[147] → § 13 Rn. 209 ff.
[148] Hüffer/Koch/*Koch* AktG § 182 Rn. 16; MüKoAktG/*Schürnbrand* § 182 Rn. 35; MHdB GesR IV/*Scholz* § 57 Rn. 93.
[149] Hüffer/Koch/*Koch* AktG § 182 Rn. 16; MüKoAktG/*Schürnbrand* § 182 Rn. 36.
[150] MüKoAktG/*Schürnbrand* § 182 Rn. 38.
[151] MHdB GesR IV/*Kraft/Scholz* § 57 Rn. 93.
[152] Hüffer/Koch/*Koch* AktG § 182 Rn. 16.
[153] Spindler/Stilz/*Servatius* AktG § 182 Rn. 36; Hüffer/Koch/*Koch* AktG § 182 Rn. 16.
[154] Hüffer/Koch/*Koch* AktG § 182 Rn. 16.
[155] Spindler/Stilz/*Servatius* AktG § 182 Rn. 36.
[156] Hüffer/Koch/*Koch* AktG § 182 Rn. 16; MüKoAktG/*Schürnbrand* § 182 Rn. 38.
[157] MüKoAktG/*Schürnbrand* § 182 Rn. 37.

chend § 122 BGB geltend machen können. Aus diesem Grund empfiehlt es sich, einen entsprechenden Vorbehalt in den Zeichnungsvertrag aufzunehmen.[158]

b) Änderung des Kapitalerhöhungsbeschlusses. Änderungen des Kapitalerhöhungsbeschlusses sind ebenso wie die Aufhebung bis zur Eintragung der Durchführung der Kapitalerhöhung gem. § 189 AktG möglich. Für den **Änderungsbeschluss** gelten vor und nach dem Zeitpunkt der Eintragung des Kapitalerhöhungsbeschlusses gem. § 184 AktG die nach Gesetz oder Satzung vorgeschriebenen Mehrheiten wie für den ursprünglichen Kapitalerhöhungsbeschluss.[159] 70

Auch im Falle der Änderung von Kapitalerhöhungsbeschlüssen besteht die Gefahr der Schadensersatzpflicht gegenüber Zeichnern gerichtet auf den Ersatz des Vertrauensschadens entsprechend § 122 BGB.[160] 71

III. Bezugsrecht und Bezugsrechtsausschluss

1. Inhalt des Bezugsrechts

Gem. § 186 Abs. 1 AktG hat jeder Aktionär grundsätzlich das Recht, bei einer Kapitalerhöhung einen seinem Anteil an dem bisherigen Grundkapital entsprechenden Teil der jungen Aktien zu erhalten. Das gesetzliche Bezugsrecht auf junge Aktien ermöglicht es den Aktionären, ihren Anteil am Grundkapital und damit am Vermögen der Gesellschaft sowie den Umfang der mitgliedschaftlichen Einflussrechte aufrecht zu erhalten. Das konkrete Bezugsrecht bezogen auf die Aktien aus der jeweiligen Kapitalerhöhung entsteht im Zeitpunkt des Kapitalerhöhungsbeschlusses. Damit sind diejenigen, die zu diesem Zeitpunkt Inhaber der Aktien sind, bezugsberechtigt.[161] Gem. § 71b AktG steht der Gesellschaft selber aus **eigenen Aktien** ein Bezugsrecht nicht zu. Ebenso ist ein Bezugsrecht ausgeschlossen, wenn Meldepflichten nach §§ 33 ff. WpHG nicht erfüllt wurden.[162] Gleiches gilt gem. § 20 Abs. 7 AktG für die Verletzung der Mitteilungspflicht nach § 20 AktG.[163] Auch für den Ausschluss des Bezugsrechts gilt, dass es auf den Zeitpunkt der Beschlussfassung über die Kapitalerhöhung ankommt. Wenn also jemand nach dem Kapitalerhöhungsbeschluss etwa während der Dauer der Bezugsfrist seine Meldepflichten verletzt, behält er das Bezugsrecht.[164] Der Verlust des Rechtes zum Bezug bei bestimmten Aktien führt dazu, dass sich der Anteil der anderen Altaktien zum Bezug junger Aktien proportional erhöht.[165] 72

2. Vereinbarung von Bezugsrechten

Im Rahmen der **Platzierung** von Kapitalerhöhungen werden häufig im Vorfeld mit Investoren Gespräche geführt. Stimmt ein Investor einer Beteiligung an einer solchen Transaktion zu, so stellt sich die Frage, wie er die entsprechenden Aktien erhält. Gem. § 187 AktG sind Zusicherungen durch die Gesellschaft vor dem Kapitalerhöhungsbeschluss der Gesellschaft gegenüber unwirksam (§ 187 Abs. 2 AktG) bzw. stehen auch nach dem Kapitalerhöhungsbeschluss unter dem Vorbehalt der vorrangigen gesetzlichen Bezugsrechte der Altaktionäre (§ 187 Abs. 1 AktG).[166] Sofern ein Ausschluss des Bezugsrechts nicht möglich ist gibt es ver- 73

---

[158] MüKoAktG/*Schürnbrand* § 182 Rn. 37.
[159] MüKoAktG/*Schürnbrand* § 182 Rn. 39; Hüffer/Koch/*Koch* AktG § 182 Rn. 16; MHdB GesR IV/*Scholz* § 57 Rn. 93.
[160] Hüffer/Koch/*Koch* AktG § 183 Rn. 16; MüKoAktG/*Schürnbrand* § 182 Rn. 33.
[161] Hüffer/Koch/*Koch* AktG § 186 Rn. 8; Spindler/Stilz/*Servatius* AktG § 186 Rn. 9.
[162] Vgl. dazu § 46 sowie Kuthe/Rückert/Sickinger/*Sudmeyer*, Compliance-Handbuch Kapitalmarktrecht 8. Kap. Rn. 138 ff.
[163] Hüffer/Koch/*Koch* AktG § 20 Rn. 16.
[164] Kuthe/Rückert/Sickinger/*Sudmeyer* aaO Rn. 139.
[165] Spindler/Stilz/*Servatius* AktG § 186 Rn. 11; Hüffer/Koch/*Koch* AktG § 186 Rn. 9; MüKoAktG/*Schürnbrand* § 186 Rn. 11.
[166] Hüffer/Koch/*Koch* AktG § 187 Rn. 4; MüKoAktG/*Schürnbrand* § 187 Rn. 9; die Auffassung, wonach dieser Vorbehalt nicht gesetzlich gilt sondern vertraglich vereinbart werden muss (Spindler/Stilz/*Servatius* AktG § 187 Rn. 14) ist abzulehnen.

schiedene Möglichkeiten, die gewünschte **Transaktionssicherheit** zu erlangen. Zum einen können Altaktionäre ihre Bezugsrechte auf den Investor übertragen. Alternativ ist auch an einen Bezugsrechtsverzicht von Altaktionären zu denken. In diesem Fall kann der Vorstand nach zutreffender Auffassung[167] direkt bei Beginn der Bezugsfrist die so freigewordenen Aktien dem Investor zuteilen.[168] Schließlich können nach Ablauf der Bezugsfrist verbleibende Aktien dem Investor zugeteilt werden. Zu diesen Vorgehensweisen kann sich die Gesellschaft auch vertraglich verpflichten.

3. Verfahren der Gewährung und Ausübung

74 a) *Bezugsfrist.* Für die Ausübung des Bezugsrechts ist eine **Frist von mindestens zwei Wochen** zu bestimmen, § 186 Abs. 1 S. 2 AktG. Die Dauer und der Beginn der Bezugsfrist werden meistens durch den Vorstand bestimmt, teilweise auch bereits durch den Hauptversammlungsbeschluss.[169] Die Bezugsfrist endet gem. §§ 187 Abs. 1, 188 Abs. 2 BGB frühestens mit Ablauf des 14. Tages nach Veröffentlichung des Bezugsangebotes in den Gesellschaftsblättern, dh regelmäßig dem Bundesanzeiger. Wird also etwa das Bezugsangebot am Mittwoch, den 4.11. veröffentlicht, so erscheint es regelmäßig am frühen Nachmittag dieses Tages im Bundesanzeiger. Die Bezugsfrist muss damit zwingend bis Mittwoch, 18.11. 24:00 Uhr laufen. In der Praxis werden Bezugsangebote meistens im Wege des mittelbaren Bezugsrechts abgewickelt. In diesen Fällen wird das Ende der Bezugsfrist auf Wunsch der Emissionsunternehmen meist innerhalb der Bankarbeitszeiten stattfinden, etwa um 12:00 Uhr, 15:00 Uhr oder 17:00 Uhr. Sofern diese Vorgehensweise gewählt wird, darf im Beispielsfall das Bezugsangebot nicht am Mittwoch, den 18.11. zu einer der genannten Uhrzeiten enden, sondern erst am Folgetage, damit die vollen 14 Tage Bezugsfrist gewahrt sind. Typischerweise wird der Beginn der Bezugsfrist auf den Beginn des Tages nach Veröffentlichung des Bezugsangebotes im Bundesanzeiger gesetzt.

75 Die Bezugsfrist ist bekannt zu machen, vgl. dazu nachstehend → Rn. 77. Die Bezugserklärungen müssen der Gesellschaft innerhalb der Bezugsfrist zugehen.[170] Verspätet eingegangene Bezugserklärungen begründen keinen Anspruch auf Zuteilung neuer Aktien, jedoch wird diskutiert, ob eine Pflicht zur Zuteilung verbleibender Aktien an die bestehenden Aktionäre besteht,[171] was jedoch abzulehnen ist.

76 b) *Veröffentlichung Bezugsangebot.* Gem. § 186 Abs. 2 AktG hat der Vorstand ein Bezugsangebot zu veröffentlichen. Dabei regelt die Norm den praktisch seltenen Fall, dass die Gesellschaft selber das Bezugsangebot durchführt. Meistens wird das Bezugsangebot jedoch im Wege des mittelbaren Bezugsrechts gem. § 186 Abs. 5 S. 1 AktG über ein **Emissionsunternehmen** durchgeführt (vgl. dazu auch → Rn. 40). In diesem Fall muss der Vorstand das Bezugsangebot des Emissionsunternehmens bekannt machen, § 186 Abs. 5 S. 2 AktG.

77 aa) *Bezugsangebot durch die Gesellschaft.* Für das durch die Gesellschaft zu veröffentlichende Bezugsangebot nennt das Gesetz in § 186 Abs. 2 S. 1 AktG als Mindestinhalt lediglich die **Bezugsfrist** einerseits[172] und den **Ausgabebetrag** bzw. die Grundlagen für dessen Berechnung andererseits. Richtigerweise wird das Bezugsangebot aber auch einen Anknüpfungspunkt enthalten müssen und daher ist eine wenigstens kurze Angabe über die Kapitalerhöhung aufzunehmen.[173] Die Angabe muss dabei derart gestaltet sein, dass der interessierte Aktionär die notwendigen Informationen erhält, um auf Grundlage weiterer öffentlich zugänglicher Unterlagen eine Entscheidung über die Ausübung des Bezugsrechts treffen zu können. Die vollständige Wiedergabe des **Kapitalerhöhungsbeschlusses** genügt dem in je-

---

[167] Streitig, vgl. zum Meinungsstand → Rn. 87.
[168] Streitig, vgl. zum Meinungsstand → Rn. 87.
[169] Die daneben in der Literatur (Spindler/Stilz/*Servatius* AktG § 186 Rn. 14) genannte Möglichkeit, die Bezugsfrist durch Satzung zu bestimmen, hat keine praktische Relevanz.
[170] Hüffer/Koch/*Koch* AktG § 186 Rn. 15.
[171] → Rn. 87.
[172] → Rn. 74.
[173] Für Aufnahme der Kapitalerhöhung Spindler/Stilz/*Servatius* AktG § 186 Rn. 14.

dem Fall. Jedoch ist dies nicht zwingend notwendig. Jedenfalls aber die Tatsache, dass und wann eine Kapitalerhöhung beschlossen wurde, der (Maximal-)Betrag der Kapitalerhöhung und das **Bezugsverhältnis** sind anzugeben.[174] Des Weiteren wird gefordert, dass die Zeichnungsfrist jedenfalls dann anzugeben ist, wenn sie mit Ablauf der Bezugsfrist endet, weil sonst eine Zeichnung für den Bezugsberechtigten faktisch unmöglich ist.[175] Das spielt nur beim praktisch seltenen unmittelbarem Bezugrecht eine Rolle. Sofern das Bezugsangebot vor Eintragung des Kapitalerhöhungsbeschlusses veröffentlicht wird, findet man häufig die Angabe, das Angebot erfolge „vorbehaltlich der Eintragung der Kapitalerhöhung". Dies ist jedoch rechtlich nicht erforderlich.[176] Denn ein Anspruch auf Lieferung der Aktien entsteht mit der Veröffentlichung des Bezugsangebotes nicht, vielmehr handelt es sich nur um eine Aufforderung zur Abgabe einer Bezugserklärung, die anschließend zu einer bevorrechtigten Zuteilung berechtigt, aber nur sofern und soweit die Kapitalerhöhung überhaupt zur Durchführung kommt.

Es kann der Ausgabebetrag angegeben werden. Anstelle des Ausgabebetrages ist es aber **78** auch möglich, lediglich die Grundlagen für die Festlegung des Ausgabebetrags (bzw. beim mittelbaren Bezugsrecht des Bezugspreises, vgl. → Rn. 82) anzugeben. In diesem Fall muss gem. § 186 Abs. 2 S. 2 AktG **drei Tage vor Ablauf der Bezugsfrist** medial **bekannt gemacht werden.** Der Sinn der Regelung ist es, einen möglichst marktnahen Ausgabebetrag zu erlauben und so den Emittenten die Möglichkeit zu eröffnen, insbesondere auf Kursentwicklungen in den zwei Wochen der Bezugsfrist zu reagieren. Den Aktionären ist es nach der Gesetzesbegründung zuzumuten, sich binnen drei Tagen hinsichtlich der Ausübung ihres Bezugsrechts endgültig zu entscheiden oder vorher zu zeichnen und sich die Rücknahme der Zeichnungserklärung für den Fall der Bekanntgabe eines unerwartet hohen Ausgabebetrages vorzubehalten.[177] Es wird angenommen, dass die Frist drei Kalendertage betragen muss, also nicht etwa drei Arbeitstage oder drei Börsenhandelstage.[178]

Für die Praxis stellt sich die Frage, in welcher Form die **Grundlagen für die Berechnung** **79** des Ausgabebetrages angegeben werden können. Obwohl diese Regelung zwischenzeitlich seit vielen Jahren in Kraft ist, ist diese Frage noch wenig beleuchtet. Zielrichtung der Gesetzesänderung war eine Preisfindung im Bookbuilding-Verfahren, dieses kann daher angegeben werden.[179] Es wird damit als Grundlage des Ausgabebetrages ein durch Platzierungsinstitute ermitteltes Marktangebot gewählt. Kleinere Gesellschaften führen aber häufig kein formelles Bookbuilding mit einem Emissionskonsortium und einem öffentlichen Angebot durch. Eindeutig scheint, dass eine Festsetzung anhand des durchschnittlichen Börsenkurses der Aktien der Gesellschaft in einem bestimmten Zeitpunkt möglich ist, zB an den drei Börsenhandelstagen vor Festlegung des Ausgabebetrages. Dies ist allerdings aus Sicht der Emittenten oft unbefriedigend, denn bei volatilen Werten bzw. solchen mit geringer Liquidität entsteht das Risiko, dass wegen dieser Ankündigung der Kurs gerade im fraglichen Zeitraum nach unten gedrückt wird. Jedoch stellt sich die Frage, ob die von den Emittenten oft angefragte völlig freie Preisbestimmung durch den Vorstand mit dem Wortlaut des Gesetzes zu vereinbaren ist, wonach zumindest Grundlagen der Ermittlung des Ausgabebetrages anzugeben sind. Dies ist richtigerweise zu bejahen. Als Grundlage der Festsetzung des Bezugspreises ist in diesem Fall die Entscheidung des Vorstands anzugeben.[180] Allerdings ist dies derzeit noch unsicher, so dass sich eine Absicherung empfiehlt. So wird der Emittent bei einer Kapitalerhöhung entweder über Dritte Investoren ansprechen oder selber eine Investorenansprache durchführen. In beiden Fällen gibt es letztlich ein Feedback aus dem Markt, dass in einem Bookbuilding-Verfahren formalisiert erfasst werden kann – hierfür ist weder ein öffentliches Angebot notwendig noch ein großes Emissionskonsortium.

---

[174] MüKoAktG/*Schürnbrand* § 186 Rn. 50.
[175] Vgl. Hüffer/Koch/*Koch* AktG § 186 Rn. 19; GroßkommAktG/*Wiedemann* § 186 Rn. 100.
[176] Allg. Ansicht; vgl. Hüffer/Koch/*Koch* AktG § 186 Rn. 19; MüKoAktG/*Schürnbrand* § 186 Rn. 45; Heidel/*Rebmann* § 186 Rn. 28; arg.: § 188 Abs. 4 AktG.
[177] RegE zum TransPuG, S. 57 f. zu Nr. 22.
[178] Hüffer/Koch/*Koch* AktG § 186 Rn. 52; *Schlitt/Seiler* WM 2003, 2175 (2181).
[179] Hüffer/Koch/*Koch* AktG § 186 Rn. 19a.
[180] Habersack/Mülbert/Schlitt/*Herfs* § 6 Rn. 104.

80 Für die gem. § 186 Abs. 2 S. 2 AktG erforderliche Bekanntmachung über ein elektronisches Informationsmedium reicht die Veröffentlichung auf der **Homepage der Gesellschaft** aus, da durch die Verbreitung über den **Bundesanzeiger** als zwingendem Gesellschaftsblatt bereits eine breite Zugänglichkeit gewahrt ist.[181]

81 *bb) Bezugsangebot durch Emissionsunternehmen.* Im Fall des mittelbaren Bezugsrechts gilt § 186 Abs. 2 AktG nicht,[182] sondern die Gesellschaft muss gem. § 186 Abs. 5 S. 2 AktG das Bezugsangebot des Emissionsunternehmens bekannt machen. Der Inhalt dieses Bezugsangebotes richtet sich aber wiederum nach den gleichen Kriterien wie das Bezugsangebot unmittelbar von der Gesellschaft an die Aktionäre, wobei Einzelheiten streitig sind.[183] In der Praxis hat dies jedoch keine Bedeutung, da es fast nur Bezugsangebote nach § 186 Abs. 5 AktG gibt und diese die Anforderungen des § 186 Abs. 2 AktG einhalten – es wird sich vermutlich kein Emissionshaus finden lassen, dass eine andere Handhabung mit trägt.

82 Auch beim **mittelbaren Bezugsrecht** gibt es die Möglichkeit, die von den Aktionären zu erbringende Gegenleistung erst drei Tage vor Ende der Bezugsfrist zu veröffentlichen. In diesem Fall bezieht sich die Regelung allerdings nicht auf den Ausgabebetrag sondern auf den Bezugspreis, ggf. auf beide, wenn diese parallel festgesetzt werden.[184]

83 c) *Ausübung.* Der Bezugsberechtigte kann durch die so genannte **Bezugserklärung** sein Bezugsrecht ausüben, indem er seine Absicht zum Abschluss eines Zeichnungsvertrages erklärt. Mit dieser formlosen Erklärung wird die Gesellschaft aufgefordert, entweder ein Zeichnungsangebot zu unterbreiten oder die Informationen und Unterlagen zur Verfügung zu stellen, die den Berechtigten die Abgabe einer Zeichnungserklärung ermöglichen.[185] Eine Pflicht zur Ausübung des Bezugsrechtes besteht nicht, denn dies würde eine (unzulässige) Nachschusspflicht begründen. Demgemäß sehen die AGB der Banken vor, dass im Interesse des Kunden sämtliche Bezugsrechte bestens verkauft werden, sofern sie bis zum Ablauf des vorletzten Tages des Bezugsrechtshandels keine andere Weisung erhalten haben.[186] Dies setzt allerdings voraus, dass es einen **Bezugsrechtshandel** gibt – bei vielen Kapitalerhöhungen kleinerer und mittlerer Gesellschaften findet die Regelung also keine Anwendung.

84 Der Bezugsberechtigte muss seine Berechtigung zur Ausübung des Bezugsrechts nachweisen. Hierfür gibt es keine gesetzlich vorgeschriebene Form, so dass alle denkbaren **Nachweisformen** möglich sind. Bei Publikumsgesellschaften erfolgt der entsprechende Nachweis über die banktechnische Abwicklung, dh die Bezugsrechte werden in das Depot eingebucht und die Bezugserklärungen werden von den Depotinhabern über ihre Depotbank an die abwickelnde Bank als Bezugsstelle zugeleitet. Bei nicht notierten Gesellschaften ist als Form des Nachweises der Bezugsberechtigung etwa an die Vorlage von Aktienurkunden, Verweise auf ein Aktienregister und ggf. Vorlage von Aktienkaufverträgen zu denken.

85 In der Unterzeichnung eines Zeichnungsscheins durch einen Bezugsberechtigten liegt konkludent eine Ausübung des Bezugsrechts in entsprechendem Umfang.[187]

86 d) *Bezugsrechtshandel.* Das Bezugsrecht ist dem Wirtschaftsverkehr zugänglich und stellt somit einen handelbaren Vermögenswert dar. Hierdurch ist es auch möglich, Bezugsrechte, die lediglich den Bruchteil einer Aktie verkörpern, zu veräußern bzw. solche Bezugsrechte hinzu zu erwerben und somit Spitzenbeträge auszugleichen, ohne dass die Aktionäre, die Spitzenbeträge abgeben, den wirtschaftlichen Wert ihres Bezugsrechts verfallen lassen müssen. Teilweise wird ein Bezugsrechtshandel von der Gesellschaft für die Aktionäre eingerichtet. Dies erfolgt über eine **Börsennotierung der Bezugsrechte**. Da dies relativ aufwändig ist und insbesondere dazu führt, dass ein Wertpapierprospekt zu veröffentlichen ist, scheuen

---

[181] Hüffer/Koch/*Koch* AktG § 186 Rn. 19a.
[182] Hüffer/Koch/*Koch* AktG § 186 Rn. 19.
[183] Vgl. Spindler/Stilz/*Servatius* AktG § 186 Rn. 71 einerseits, der die Angaben nach § 186 Abs. 1 S. 1 und 2 AktG fordert und Hüffer/*Koch* AktG § 186 Rn. 52 andererseits, der davon ausgeht, dass die Pflicht nach § 186 Abs. 1 S. 2 AktG zur Angabe der Bezugsfrist nicht im Fall des mittelbaren Bezugsrechts gilt.
[184] Ebenso Hüffer/Koch/*Koch* AktG § 186 Rn. 52.
[185] Hüffer/Koch/*Koch* AktG § 186 Rn. 14.
[186] Nr. 15 Abs. 1 Sonderbedingungen für Wertpapiergeschäfte in der seit 1.11.2007 gültigen Fassung.
[187] Hüffer/Koch/*Koch* AktG § 186 Rn. 14.

viele gerade mittlere und kleinere Gesellschaften diese Maßnahme.[188] Als „kleine Lösung" wird teilweise in der Praxis ein (**außerbörslicher**) **Bezugsrechtshandel** über die abwickelnde Bank organisiert, der auf den Kreis der Altaktionäre beschränkt wird, damit hierdurch keine Prospektpflicht ausgelöst wird.[189] In vielen Fällen wird jedoch von den Gesellschaften und abwickelnden Emissionshäusern ausdrücklich kein Bezugsrechtshandel organisiert. Teilweise wird in der Literatur vertreten, es könnte sich aus der Treuepflicht der Gesellschaft gegenüber ihren Aktionären ein Anspruch auf Einrichtung eines Börsenhandels für Bezugsrechte ergeben.[190] Dies ist abzulehnen.[191]

e) **Behandlung nicht bezogener Aktien.** *aa) Mehrbezug und Privatplatzierung.* Macht der Bezugsberechtigte von seinem Bezugsrecht keinen Gebrauch, so **verfällt** dieses **mit Ablauf der Bezugsfrist**. In der Praxis wird in solchen Fällen den Aktionären gelegentlich die Möglichkeit gegeben, über ihr gesetzliches Bezugsrecht hinausgehend einen Mehrbezug zu erhalten in der Form, dass ihnen angeboten wird, weitere Aktien zu zeichnen, für die kein Bezugsrecht ausgeübt wurde. Teilweise wird vorgesehen, dass bereits im Rahmen der Ausübung des gesetzlichen Bezugsrechts angegeben werden soll, wie viele zusätzliche Aktien der Aktionär zeichnen würde.[192] Bisher wurde sowohl in der Praxis als auch in der aktienrechtlichen Literatur zwar die Möglichkeit anerkannt, die Gewährung eines solchen Mehrbezugsrechts für zulässig zu erachten, dies wurde jedoch als nicht verpflichtend angesehen. Vielmehr können mit Ablauf des Bezugsrechts alle Aktien, für die ein Bezugsrecht von Aktionären nicht ausgeübt wurde, vom Vorstand verwertet werden, ohne dass es einen Anspruch der Altaktionäre auf vorrangige Zuteilung gibt.[193] In der neueren Literatur wird nunmehr vereinzelt vertreten, die nach Ausübung der Bezugsrechte verbleibenden Aktien seien vorrangig einem Aktionär zuzuteilen, die eine verspätete Bezugserklärung abgegeben haben.[194] Diese Auffassung ist jedoch abzulehnen. Den Aktionären steht ein gesetzliches Recht zu, im Rahmen einer Kapitalerhöhung ihre Beteiligungsquote an der Gesellschaft zu behalten, um auf diese Weise der Gefahr zu entgehen, dass sich ihre Stellung auf Grund der Kapitalerhöhung verschlechtert. Hierfür sieht das Gesetz eine bestimmte Verfahrensweise vor. Wenn die Aktionäre im Rahmen dieser Verfahrensweise ihre Rechte nicht rechtzeitig ausüben, so verfallen die Rechte, ebenso wenig gibt es einen Anspruch darauf, nach der Kapitalerhöhung besser gestellt zu sein als im Vorfeld. Die Aktien, die frei werden, kann der Vorstand somit nach eigenem Ermessen an Altaktionäre oder Dritte ausgeben.

bb) Platzierungspreis. Die **Ausgabe** muss **zum bestmöglichen Kurs** erfolgen. Der durch den Kapitalerhöhungsbeschluss oder einen Vorstandsbeschluss für die bisherigen Aktionäre festgesetzte Ausgabebetrag stellt dabei grundsätzlich die Untergrenze des Ausgabebetrags gegenüber Dritten dar;[195] regelmäßig ist auch davon auszugehen, dass dieser Betrag angemessen ist und dem bestmöglichen Verwertungsergebnis entspricht. Eine nach dem Kapitalerhöhungsbeschluss mögliche Unterschreitung des durch den Vorstand festgesetzten Ausgabebetrages ist nur möglich, wenn die Aktien den Bezugsberechtigten zuvor ebenfalls zu diesem geringeren Ausgabebetrag angeboten werden.[196] Umstritten ist, ob der von der Hauptversammlung festgesetzte Ausgabebetrag unterschritten werden darf, wenn vorher die Aktien zu diesem Betrag den bezugsberechtigten Aktionären angeboten werden.[197] Eine solche Möglichkeit ist jedoch abzulehnen, da damit die Kompetenz der Hauptversammlung

---

[188] Nicht richtig ist es, dass bei kapitalmarktnotierten Aktien die Bezugsrechte während der Dauer der Bezugsfrist stets an der Börse selbständig gehandelt werden, so aber wohl MüKoAktG/*Schürnbrand* § 186 Rn. 30.
[189] Vgl. *Seibt/Voigt* AG 2009, 133 (142) mwN.
[190] Spindler/Stilz/*Servatius* AktG § 186 Rn. 17.
[191] Ebenso Hüffer/Koch/*Koch* AktG § 186 Rn. 7; LG Hamburg AG 1999, 382.
[192] Beispiele für die Einräumung eines solchen Mehrbezugsrechts sind etwa das Bezugsangebot der Biofrontera AG vom 23.3.2009 oder das Bezugsangebot der Escada AG vom 1.7.2008.
[193] MüKoAktG/*Schürnbrand* § 186 Rn. 64; *Seibt/Voigt* AG 2009, 133 (137).
[194] Spindler/Stilz/*Servatius* AktG § 186 Rn. 15.
[195] MHdB GesR IV/*Scholz* § 57 Rn. 108.
[196] MHdB GesR IV/*Scholz* § 57 Rn. 108.
[197] Vgl. GroßkommAktG/*Wiedemann* § 186 Rn. 97 einerseits und MHdB GesR IV/*Scholz* aaO andererseits.

verletzt würde. Die Hauptversammlung kann auch schon in dem Kapitalerhöhungsbeschluss nähere Bestimmungen hinsichtlich der Aktien treffen, für die kein Bezugsrecht ausgeübt wird. Diese Möglichkeit wurde in jüngerer Zeit von einigen Gesellschaften genutzt, um eine Kapitalerhöhung ohne den faktisch mit erheblichen Anfechtungsrisiken verbundenen Bezugsrechtsausschluss durchzuführen, aber dennoch an einen Investor (formal subsidiär) die Aktien auszugeben.

4. Bezugsrechtsausschluss

89   a) **Praktischer Anwendungsbereich.** Von Gesetzes wegen wird das Bezugsrecht in den §§ 69 Abs. 1 S. 1, 142 Abs. 1 UmwG für die Kapitalerhöhung zur Durchführung einer Verschmelzung oder Spaltung ausgeschlossen. Im Übrigen ist ein Ausschluss des Bezugsrechts nur gem. § 186 Abs. 3 AktG durch einen – gemeinsam mit einem Kapitalerhöhungsbeschluss gefassten[198] – Hauptversammlungsbeschluss mit einer qualifizierten Mehrheit von mindestens drei Viertel des bei der Beschlussfassung vertretenen Grundkapitals möglich. Durch Satzung ist eine Erhöhung, nicht jedoch eine Herabsetzung der Kapitalmehrheit möglich, wie sich aus § 186 Abs. 3 S. 3 AktG ergibt. In der Praxis spielt der Bezugsrechtsausschluss durch Hauptversammlungsbeschluss bei **Barkapitalerhöhungen** fast keine Rolle soweit es um Publikumsgesellschaften geht. Denn hier ist ein solcher Bezugsrechtsausschluss rechtssicher kaum möglich.[199] Generell wird angenommen, dass es für die Gesellschaft unerheblich ist, von wem die Barzahlung komme, ob von Altaktionären oder von Dritten, und daher keine sachliche Rechtfertigung für einen Bezugsrechtsausschluss gegeben sei.[200] Dem lässt sich entgegenhalten, dass es Konstellationen gibt, in denen durchaus ein Interesse der Gesellschaft bestehen kann, das Bezugsrecht auszuschließen. So ist es gerade bei kleineren Gesellschaften in der Praxis häufig so, dass eine Kapitalerhöhung nur mit Hilfe eines oder mehrerer Investoren möglich ist, weil die Altaktionäre mit hoher Wahrscheinlichkeit nicht im ausreichenden Umfang zeichnen werden. Gleichzeitig sind der oder die Investoren nur bereit, die Beteiligung einzugehen, wenn sie eine bestimmte Beteiligungsquote erreichen von zB 10 % oder 25 %. Auch in Sanierungssituationen kann es solche Konstellationen geben.[201] Durch die Unsicherheiten des Umfangs der Zeichnungen von Altaktionären kann dieses Ziel gefährdet werden, es droht dann die Kapitalerhöhung zu scheitern. Es hilft in diesen Fällen auch nicht immer, die Kapitalerhöhung vorsorglich sehr hoch als Bis-zu-Kapitalerhöhung auszugestalten, da der Investor typischerweise eine bestimmte Investitionssumme vor Augen hat und diese nicht beliebig erhöhen möchte – auch basieren die Bewertungsszenarien, die Grundlage des Einstiegs eines Investors sind, auf einem bestimmten Umfang an liquiden Mitteln und Eigenkapital, eine zu hohe Ausweitung der Kapitalerhöhung kann den avisierten Return-on-Equity negativ beeinflussen.

90   Aktuell ist aber davon auszugehen, dass eine Barkapitalerhöhung mit Bezugsrechtsausschluss (außer in bestimmten Sonderkonstellationen) mindestens ein hohes Unsicherheitsrisiko hinsichtlich der Zulässigkeit mit sich bringt. Gerade dann, wenn die Gesellschaft den relativ mühsamen Prozess einer Hauptversammlung mit dem mehrwöchigen Vorbereitungszeitraum und den Risiken von Anfechtungsklagen durchschreitet, spielt die Zeitersparnis bezüglich der Bezugsfrist von zwei Wochen nur noch eine untergeordnete Rolle und die Minimierung von Anfechtungsrisiken steht im Vordergrund. Daher findet man Bezugsrechtsausschlüsse bei der ordentlichen Kapitalerhöhung durch Hauptversammlungsbeschluss ganz überwiegend nur bei Sachkapitalerhöhungen.[202] Bei Gesellschaften mit einem geschlossenen Gesellschafterkreis im Rahmen von Vollversammlungen wird hingegen mit

---

[198] *Raiser* § 20 Rn. 17.
[199] Ähnlich Habersack/Mülbert/Schlitt/*Herfs* § 6 Rn. 3.
[200] MüKoAktG/*Schürnbrand* § 186 Rn. 112; GroßkommAktG/*Wiedemann* § 186 Rn. 154.
[201] Vgl. *Vaupel/Reers* AG 2010, 93 (95).
[202] Trotzdem wird die Sachkapitalerhöhung teilweise noch mit einer Barkapitalerhöhung kombiniert, um den Aktionären die Möglichkeit zu geben, ihre Beteiligungsquote zu wahren, vgl. zu dieser gemischten Bar-/Sachkapitalerhöhung → Rn. 58 f.

Zustimmung aller Gesellschafter das Bezugsrecht häufig ausgeschlossen bzw. die Gesellschafter verzichten auf das Bezugsrecht. Diese Fälle sind aber für die nachstehenden Erwägungen ohne Bedeutung, da durch die zustimmende Beteiligung aller Gesellschafter sämtliche Verfahrensvorschriften und inhaltlichen Anforderungen an dem Bezugsrechtsausschluss ignoriert werden können. Eine wesentlich größere Rolle spielt der Bezugsrechtsausschluss hingegen bei der Ausnutzung des genehmigten Kapitals, so dass viele der nachstehenden Erwägungen besondere praktische Bedeutung beim genehmigten Kapital finden, jedoch wegen ihrer grundsätzlichen Gültigkeit auch für die ordentliche Kapitalerhöhung an dieser Stelle bereits dargestellt werden.

Als Ausschluss des Bezugsrechtes gilt gem. § 186 Abs. 5 AktG nicht die Übernahme der neuen Aktien durch ein Kreditinstitut mit der Verpflichtung, diese den Aktionären zum Bezug anzubieten (sog mittelbares Bezugsrecht).

b) Verfahrensrechtliche Anforderungen. § 186 AktG legt besondere verfahrensrechtliche Anforderungen für den Beschluss über den Ausschluss des Bezugsrechtes fest. Zunächst muss der Antrag auf Ausschluss des Bezugsrechtes gem. § 186 Abs. 4 AktG iVm § 121 Abs. 3 S. 2 AktG in der Tagesordnung der Hauptversammlung vorab bekannt gemacht werden. Die Bekanntmachung muss dabei hinreichend deutlich sein.

Sofern es sich bei der Hauptversammlung um eine Vollversammlung im Sinne von § 121 Abs. 6 AktG handelt, bedarf es der besonderen Bekanntmachung des Bezugsrechtsausschlusses nicht.[203]

Gem. § 186 Abs. 4 S. 2 AktG muss der Vorstand der Hauptversammlung einen **schriftlichen Bericht** über die Begründung des Bezugsrechtsausschlusses sowie den vorgeschlagenen Ausgabepreis zugänglich machen. Dieser Bericht muss gem. § 175 Abs. 2 AktG analog von der Einberufung an in den Räumen der Gesellschaft zur Ansicht ausgelegt und einzelnen Aktionären auf Verlangen zugesandt werden.[204] Gem. Ziff. 2.3.1 des Deutschen Corporate Governance Kodex[205] soll der Bericht auch mit der Einberufung der Hauptversammlung auf der **Internet-Seite** der Gesellschaft veröffentlicht werden. Im regulierten Markt müssen börsennotierte Gesellschaften eine Abweichung von dieser Empfehlung gem. § 161 AktG offen legen. Börsennotierte Gesellschaften sind gesetzlich zu der Veröffentlichung des Berichts auf der Internet-Seite gem. § 124a Nr. 3 AktG alsbald nach der Einberufung der Hauptversammlung verpflichtet. Durch die Veröffentlichung des Berichts auf der Internet-Seite der Gesellschaft entfällt gem. § 175 Abs. 2 S. 4 AktG analog die Verpflichtung der Gesellschaft, den Bericht auszulegen und einzelnen Aktionären auf Verlangen zuzusenden. Außerdem muss der Bericht während der Hauptversammlung ausliegen,[206] es reicht jedoch auch aus, wenn der Bericht während der Hauptversammlung zugänglich gemacht wird, was auch in elektronischer Form, etwa über bereitgestellte Computerbildschirme, geschehen kann.[207] Der wesentliche Inhalt des Beschlusses ist gem. § 124 Abs. 2 S. 2 AktG analog in der Einberufung der Hauptversammlung bekannt zu machen.

Inhaltlich muss der Bericht eine **konkrete Begründung bezogen auf den Einzelfall** des Bezugsrechtsausschlusses enthalten und insbesondere darlegen, warum das angestrebte Ziel nicht mit weniger einschneidenden Mitteln als dem Bezugsrechtsausschluss erreicht werden kann.[208] Insbesondere ist gegebenenfalls auch auf die rechtliche Möglichkeit und reale Wahrscheinlichkeit eines Squeeze-Out gem. §§ 327a ff. AktG als Folge des Bezugsrechtsausschlusses einzugehen.[209]

Hinsichtlich des Ausgabebetrages der neuen Aktien sind in dem Bericht die Berechnungsgrundlagen und die Kriterien für die Bewertung, insbesondere im Hinblick auf § 255 Abs. 2

---

[203] *Hüffer* AktG § 186 Rn. 22.
[204] Vgl. LG Heidelberg ZIP 1988, 1257 (1258).
[205] Deutscher Corporate Governance Kodex in der Fassung vom 5.5.2015, s. Anhang V., abrufbar unter www.dcgk.de.
[206] *Hüffer* AktG § 186 Rn. 23.
[207] Vgl. die Begründung des RegE ARUG zur Änderung von § 52 AktG, S. 35.
[208] Hüffer/Koch/*Koch* AktG § 186 Rn. 24; OLG Schleswig AG 2004, 155 (158).
[209] OLG Schleswig AG 2004, 155 (158 f.).

AktG darzulegen.²¹⁰ Soll von dem Beschluss über einen Ausgabebetrag abgesehen werden,²¹¹ so ist auch dies zu begründen. Mängel des Berichts können nicht durch mündliche Ergänzungen in der Hauptversammlung geheilt werden.

97 c) **Angemessener Ausgabebetrag.** Gem. § 255 Abs. 2 AktG darf der Ausgabebetrag der neuen Aktien bei einem Bezugsrechtsausschluss nicht unangemessen niedrig sein. Die Regelung erfasst sowohl Bar- als auch Sachkapitalerhöhungen. Vgl. zu weiteren Einzelheiten vorstehend → Rn. 28 ff.

98 d) **Gleichbehandlungsgrundsatz.** Des Weiteren ist der Grundsatz der Gleichbehandlung aller Aktionäre (§ 53a AktG) zu beachten. Dies bedeutet insbesondere, dass nicht ohne sachlichen Grund einzelne Aktionäre zur Zeichnung zugelassen werden dürfen und andere nicht.

99 e) **Sachliche Rechtfertigung.** Nach ständiger Rechtsprechung bedarf der Bezugsrechtsausschluss darüber hinaus einer **sachlichen Rechtfertigung.**²¹² Der BGH entnimmt § 186 Abs. 3 AktG ein ungeschriebenes Tatbestandsmerkmal, wonach der Bezugsrechtsausschluss nur statthaft ist, wenn die Gesellschaft „nach vernünftigen kaufmännischen Überlegungen ein dringendes Interesse daran hat und zu erwarten ist, dass der angestrebte Zweck den Beteiligungs- und Stimmrechtsverlust der ausgeschlossenen Aktionäre überwiegt"²¹³. Allerdings bedarf es einer solchen sachlichen Rechtfertigung nicht, wenn alle Aktionäre dem Bezugsrechtsausschluss zustimmen.

100 In Anlehnung an die Verhältnismäßigkeitsprüfung im öffentlichen Recht ist für eine sachliche Rechtfertigung zu prüfen, ob der **Bezugsrechtsausschluss zur Erreichung eines im Interesse der Gesellschaft liegenden Zieles geeignet und erforderlich** und mit Blick auf die Interessen der Aktionäre am Erhalt ihrer Rechtsposition auch **verhältnismäßig ist.**²¹⁴

101 Zu Gunsten der Aktionäre ist dabei zum einen das Absenken ihrer Beteiligungsquote und die damit einhergehende Einbuße an Stimmkraft zu berücksichtigen, zum anderen die Gefahr der Kursverwässerung. Das zu Gunsten des Bezugsrechtsausschlusses zu berücksichtigende **Gesellschaftsinteresse umfasst alle Umstände, die geeignet sind,** im Rahmen des Unternehmensgegenstandes den **Gesellschaftszweck zu fördern.**²¹⁵ Jedoch ist kein überragendes oder besonderes Interesse der Gesellschaft erforderlich. Ausreichend ist allerdings nicht das Interesse einzelner Aktionäre oder Aktionärsgruppen, ebenso wenig nach zutreffender, wenn auch umstrittener Ansicht das Konzerninteresse.²¹⁶

102 Bei der Abwägung der widerstreitenden Interessen ist die Verhältnismäßigkeit des Bezugsrechtsausschlusses gegeben, wenn sich der Bezugsrechtsausschluss als das angemessene und am besten geeignete Mittel zur Verfolgung überwiegender Gesellschaftsinteressen darstellt.²¹⁷ In der Rechtsprechung und Literatur gibt es eine kaum noch überschaubare Anzahl von Stellungnahmen zu einzelnen typischen Fallgestaltungen des Bezugsrechtsausschlusses. So kann etwa die Börseneinführung im In- oder Ausland einen Bezugsrechtsausschluss rechtfertigen.²¹⁸ Gleiches gilt für die Ausgabe von Aktien an ein anderes Unternehmen, um eine Kooperation durch (gegenseitige) Beteiligungen zu verstärken.²¹⁹ Auch die Ausgabe von Aktien an einen neuen Gesellschafter zu Sanierungszwecken vermag einen Bezugsrechtsausschluss im Einzelfall zu begründen.²²⁰ Des Weiteren wird auch der Bezugsrechtsausschluss betreffend Aktionäre aus einzelnen Ländern, insbesondere aus den USA, für zulässig gehal-

---

²¹⁰ Spindler/Stilz/*Servatius* AktG § 186 Rn. 29; vgl. zu dem Erfordernis des angemessenen Ausgabebetrages → Rn. 98.
²¹¹ Vgl. zur Zulässigkeit des Verzichts auf die Festlegung eines konkreten Ausgabebetrages → Rn. 24.
²¹² BGHZ 71, 40 (43 ff.) – Kali + Salz.
²¹³ BGHZ 71, 40 ff. – Kali + Salz.
²¹⁴ Hieran hat sich auch nach der Siemens-Nold-Entscheidung des BGH (→ § 34 Rn. 16 ff.) nichts geändert, vgl. OLG Schleswig AG 2004, 155 (158).
²¹⁵ Hüffer/Koch/*Koch* AktG § 186 Rn. 26.
²¹⁶ Hüffer/Koch/*Koch* AktG § 186 Rn. 26.
²¹⁷ BGHZ 125, 239 (244 f.) – Deutsche Bank; BGHZ 120, 141 (15 f.) – Bremer Bankverein; BGHZ 71, 40 (46) – Kali + Salz.
²¹⁸ BGHZ 125, 239 (242) – Deutsche Bank; *Bungert* WM 1995, 1 (2).
²¹⁹ BGHZ 83, 319 (323).
²²⁰ BGHZ 83, 319 (323).

§ 33 Ordentliche Kapitalerhöhung

ten. Hintergrund hierfür ist, dass Prospekt- und Registrierungspflichten in den USA außerordentlich streng sind und bei einem Bezugsangebot von deutschen Emittenten, die auch ausschließlich in Deutschland börsennotiert sind, zu erheblichem Mehraufwand führen können, teilweise auch zu möglicherweise unnötigem Mehraufwand, wenn die Emittenten bei Gesellschaften mit Inhaberaktien keine ausreichenden Kenntnisse darüber haben, wie viele Aktionäre mit Sitz in den USA sie überhaupt haben.[221] Hintergrund hierfür ist, dass das US-amerikanische Recht, anders als die Jurisdiktion für andere Länder, seinen Anwendungsbereich in diesen Fällen bereits dann eröffnet, wenn die Bezugsangebote auch an sogenannte US-Personen gerichtet sind, weil diese Aktionäre sind, unabhängig davon, ob irgendein sonstiger Bezug der Gesellschaft zu den USA besteht.

5. Vereinfachter Bezugsrechtsausschluss (§ 186 Abs. 3 S. 4 AktG)

Gem. § 186 Abs. 3 S. 4 AktG ist ein Ausschluss des Bezugsrechts insbesondere dann zulässig, wenn bei einer **Barkapitalerhöhung** der Erhöhungsbetrag **10% des Grundkapitals** nicht übersteigt und der **Ausgabebetrag den Börsenpreis nicht wesentlich unterschreitet**. Die Hauptbedeutung der Vorschrift liegt in der Ausnutzung des genehmigten Kapitals.[222] In der Praxis wird hiervon im Rahmen von Hauptversammlungsbeschlüssen nur äußerst selten bis gar nicht[223] Gebrauch gemacht, vielmehr wird die Möglichkeit dieser 10% Kapitalerhöhung unter Bezugsrechtsausschluss meistens genutzt, um durch Ausnutzung des genehmigten Kapitals auf schnelle Weise frische Mittel aufzunehmen. Besonders attraktiv ist diese Variante des Bezugsrechtsausschlusses auch, weil für Kapitalerhöhungen im Umfang von bis zu 10% des Grundkapitals[224] keine Prospektpflicht besteht, wenn hiervon innerhalb eines Jahres Gebrauch gemacht wird, vgl. § 4 Abs. 2 Nr. 1 WpPG. Die Bestimmung wurde vom Gesetzgeber als Regelbeispiel ausgestaltet. Dies wird dahingehend verstanden, dass es sich um einen Beispielsfall handelt, in dem der Bezugsrechtsausschluss nach abstrakter Wertung stets sachlich gerechtfertigt ist.[225] Die Herausbildung weiterer Beispielsfälle ist denkbar, jedoch hat die Praxis bisher hierzu keine sowohl in der Rechtsprechung als auch in der Literatur anerkannten Fallgruppen entwickelt. Liegen die Voraussetzungen gem. § 186 Abs. 3 S. 4 AktG vor, so bedarf der Beschluss der Hauptversammlung keiner weiteren sachlichen Rechtfertigung mehr.

a) **Börsennotierung.** Durch die Orientierung des Ausgabebetrages am Börsenpreis ergibt sich, dass diese Regelung nur solchen Gesellschaften offen steht, deren Aktien einen Börsenpreis haben. Hierbei ist auf die Aktien aus der Gattung, um deren Ausgabe es geht, abzustellen.[226] Nicht notwendig ist, dass eine Börsennotierung iSv § 3 Abs. 2 AktG vorliegt, also eine solche im regulierten Markt. Vielmehr ist auch eine Börsennotierung im Freiverkehr ausreichend.[227] Ebenso reicht eine dem regulierten Markt oder Freiverkehr vergleichbare ausländische Notierung aus.[228] Dies ergibt sich schon daraus, dass § 3 Abs. 2 AktG ebenso wie § 2 Abs. 11 WpHG jeweils ausländische Börsen mit erfasst, somit dem Aktien- und Kapitalmarktrecht die Ausdehnung auf ausländische Börsen nicht fremd ist. Es ist auch sachgerecht, ausländische unregulierte Märkte wie etwa den Londoner Alternative Investment Market (AIM) als dem Freiverkehr vergleichbare Märkte ausreichen zu lassen. Denn Hintergrund der Regelung ist es, durch einen öffentlichen Markt für die Aktien der Gesellschaft im Wege einer Typisierung vom Börsenpreis auf einen angemessenen Wert der Aktie zu schließen und gleichzeitig ein geringes Schutzbedürfnis der Aktionäre anzunehmen, weil

---

[221] Habersack/Mülbert/Schlitt/*Herfs* § 6 Rn. 49.
[222] Hüffer/Koch/*Koch* AktG § 186 Rn. 39a.
[223] Den Verfassern ist kein einziger Anwendungsfall im Rahmen eines Hauptversammlungsbeschlusses bekannt.
[224] Zu berücksichtigen ist allerdings, dass die Prospektfreiheit nur bei Kapitalerhöhungen gilt, die 10% des Grundkapitals nicht erreichen, während der Bezugsrechtsausschluss bis einschließlich 10% möglich ist.
[225] GroßkommAktG/*Wiedemann* § 186 Rn. 149.
[226] *Lutter* AG 1994, 429 (441); AnwKommAktG/*Rebmann* § 186 Rn. 61.
[227] MüKoAktG/*Schürnbrand* § 186 Rn. 129; Hüffer/Koch/*Koch* AktG § 186 Rn. 39b.
[228] Spindler/Stilz/*Servatius* AktG § 186 Rn. 58.

eine Möglichkeit zur Veräußerung der Aktien besteht – das gilt auch für solche ausländischen Märkte wie den AIM.

105 **b) Orientierung am Börsenpreis.** Der Ausgabebetrag der Aktien darf bei einem Bezugsrechtsausschluss gem. § 186 Abs. 3 S. 4 AktG nicht wesentlich vom Börsenpreis abweichen. Eine unwesentliche Abweichung vom Börsenkurs liegt in der Regel vor, wenn dieser um nicht mehr als **3 %, im Höchstfall um 5 %** unterschritten wird.[229] Richtigerweise wird man bei Gesellschaften mit geringerer Liquidität der Aktie dabei regelmäßig auch auf die Grenze von 5 % gehen können, der vom Gesetzgeber genannte Regelfall von 3 % entspricht dem Leitbild einer Publikumsgesellschaft mit hohen Handelsumsätzen. Ungeklärt ist, welcher Börsenpreis zu wählen ist. Die überwiegende Auffassung geht davon aus, dass auf einen Durchschnittskurs während einer bestimmten Referenzperiode abzustellen ist. Hierbei werden überwiegend fünf Börsenhandelstage vor der Ausgabe der neuen Aktien genannt.[230] Vorgeschlagen wird in entsprechender Anwendung von § 186 Abs. 2 AktG auch eine Frist von drei Tagen vor Festsetzung des Ausgabebetrages zu wählen.[231] Teilweise wird vertreten, dass nicht auf eine Referenzperiode, sondern auf einen Stichtag abzustellen ist,[232] dies soll insbesondere bei nicht stark volatilen Kursen gelten.[233] Richtigerweise ist eine kurze Referenzperiode zu wählen. Das Abstellen nur auf einen einzelnen Stichtag würde die Gefahr in sich bergen, dass Sonderentwicklungen eine zu große Auswirkung hätten. Abzulehnen ist es, auf den Durchschnittskurs in einer Periode vor der Ausgabe der Aktien abzustellen, vielmehr ist ein Zeitpunkt vor dem Kapitalerhöhungsbeschluss zu wählen. Denn der Vorstand muss im Zeitpunkt des Kapitalerhöhungsbeschlusses wissen, zu welchem Kurs die Aktien ausgegeben werden sollen. Demgemäß stellt die Praxis auch überwiegend auf einen Durchschnittskurs von drei bis fünf Börsenhandelstagen vor dem Kapitalerhöhungsbeschluss[234] ab.

106 Sofern es, wie regelmäßig der Fall, mehrere Börsenkurse gibt (zB Handel an mehreren Börsen oder Parketthandel und XETRA) ist die Handelsplattform zu wählen, die im maßgeblichen Referenzzeitraum die höchste Liquidität der Aktie ausgewiesen hat.[235]

107 Zulässig ist es auch, statt auf den Ausgabebetrag auf den Platzierungspreis abzustellen.[236] Denn entscheidend ist der Liquiditätszufluss bei der Gesellschaft durch die Kapitalerhöhung, nicht die formelle Einordnung als Ausgabebetrag. Damit ist es möglich, die aus verschiedenen Gründen[237] vorzugswürdige formelle Ausgabe der Aktien über einen Emissionsmittler zum geringsten Ausgabebetrag durchzuführen mit einem am Börsenkurs orientierten Platzierungspreis, den der Emissionsmittler an die Gesellschaft abführt.

108 **c) Liquider Börsenhandel nötig?** Die Anwendbarkeit des § 186 Abs. 3 S. 4 AktG setzt zusätzlich voraus, dass den Altaktionären auch die tatsächliche Möglichkeit des Zuerwerbs an der Börse offen steht. Hieran fehlt es nach einer Auffassung in der Literatur, wenn kein ausreichend liquider Handel gewährleistet ist.[238] Diese Begrenzung ist allerdings auf offensichtliche Missbrauchsfälle zu beschränken. Generell hat der Gesetzgeber hier von der gesetzestechnisch zulässigen typisierenden Normgestaltung Gebrauch gemacht.[239] Dies nimmt in Kauf, dass nicht jeder Einzelfall sachgerecht erfasst wird. Wenn in dem fraglichen Referenz-

---

[229] BT-Drs. 12/7849, 9; Spindler/Stilz/*Servatius* AktG § 186 Rn. 59; MüKoAktG/*Schürnbrand* § 186 Rn. 89; *Martens* ZIP 1992, 1677 (1678).
[230] *Lutter* AG 1994, 429 (442); Hüffer/Koch/*Koch* AktG § 186 Rn. 39d („sollten fünf Börsentage idR genügen").
[231] MüKoAktG/*Pfeier* (3. Auflage), § 186 Rn. 87.
[232] Spindler/Stilz/*Servatius* AktG § 186 Rn. 59 für den Kurs am Tag der Einladung zur Hauptversammlung.
[233] *Schlitt/Schäfer* AG 2005, 67 (77).
[234] Dies ist wie erläutert (→ Rn. 105) der Beschluss über die Ausnutzung des genehmigten Kapitals, da hier die praktische Bedeutung der Vorschrift liegt.
[235] *Schlitt/Schäfer* AG 2005, 67 (71).
[236] Ebenso MHdB GesR IV/*Scholz* § 57 Rn. 127; *Marsch-Barner* AG 1994, 532 (535); Habersack/Mülbert/Schlitt/*Krause* § 7 Rn. 32.
[237] → Rn. 40.
[238] Habersack/Mülbert/Schlitt/*Krause* § 5 Rn. 32; *Schlitt/Schäfer* AG 2005, 67 (68).
[239] Ähnlich *Ihrig*, in: FS Happ, 2006, 109 (116).

zeitraum von idR fünf Börsenhandelstagen Kurse vorlagen, sollte dies ausreichend sein, sofern nicht ein offensichtlicher Missbrauch durch die Erzeugung künstlicher Nachfrage vorliegt.

d) **Aussagefähiger Börsenkurs.** Weiterhin soll Voraussetzung für die Möglichkeit zum vereinfachten Bezugsrechtsausschluss nach einer Literaturauffassung sein, dass der Börsenkurs den tatsächlichen Wert der Aktien widerspiegelt.[240] Diesbezüglich wird wie folgt argumentiert: Zwar greife die Fiktion, dass bei Vorliegen der Voraussetzungen des § 186 Abs. 3 S. 4 AktG der Bezugsrechtsausschluss zulässig ist. Diese Fiktion soll aber dann nicht eingreifen, wenn der Börsenpreis im Einzelfall den inneren Aktienwert deutlich verfehlt.[241] In solchen Fällen läge bereits der Tatbestand des § 186 Abs. 3 S. 4 AktG nicht vor und demzufolge könne auch die Vermutungswirkung nicht eintreten.[242] Diese Auffassung ist abzulehnen. Der Gesetzgeber hat in § 186 Abs. 3 S. 4 AktG ein Regelbeispiel geschaffen, bei dem gem. der gesetzlichen Vermutung von einer Zulässigkeit des Bezugsrechtsausschlusses auszugehen ist. Würde man eine **Überprüfung der Angemessenheit des Börsenkurses** verlangen, so wäre die für diese Fälle durch den Gesetzgeber angestrebte Rechtssicherheit beim Bezugsrechtsausschluss für kleinere Kapitalerhöhungen nicht mehr gegeben und Aktionären, die sich um eine Verhinderung der Kapitalerhöhung insbesondere zur Gewinnung eigener Vorteile bemühen, wäre ein weiteres Einfalls-Tor geöffnet.

e) **Häufigkeit der Ausübung.** Bisher nicht geklärt ist, wie oft von der **10%-Klausel** Gebrauch gemacht werden kann. In der Literatur wird vorgeschlagen, dass dies (nur) einmal jährlich zulässig sein soll.[243] Dem ist grundsätzlich zuzustimmen – wenn allerdings zwischenzeitlich eine Hauptversammlung stattfindet, kann bereits ab diesem Zeitpunkt die Möglichkeit zum vereinfachten Bezugsrechtsausschluss wieder genutzt werden.

f) **Höchstgrenze.** Der Betrag der Kapitalerhöhung darf **10% des Grundkapitals** nicht übersteigen. Für den seltenen Fall der Anwendung des § 186 Abs. 3 S. 3 AktG auf Beschlussfassungen in der Hauptversammlung kommt es auf das Grundkapital im Zeitpunkt der Beschlussfassung an,[244] da dies für die Willensbildung der Aktionäre und damit die **Beurteilung über den Umfang** des Bezugsrechtsausschlusses das maßgebliche Datum ist.

g) **Vorstandsbericht an die Hauptversammlung.** Umstritten ist, welche **Anforderungen an den Bericht des Vorstandes** an die Hauptversammlung über den Bezugsrechtsausschluss[245] in den Fällen des § 186 Abs. 3 S. 4 AktG in inhaltlicher Hinsicht zu stellen sind. Der Gesetzgeber wollte die Anforderungen an den Vorstandsbericht nicht sehr hoch ansetzen.[246] Dementsprechend geht ein Teil der Literatur davon aus, dass dieser Bericht lediglich die Voraussetzungen des § 186 Abs. 3 S. 4 AktG darlegen muss.[247] Andererseits wird vertreten, dass ein ausführlicher Bericht notwendig sei, der nicht als bloße Formalie anzusehen sei. Im Einzelnen müsse der Bericht das besondere Interesse der Gesellschaft an dem Bezugsrechtsausschluss darlegen, die Möglichkeit für Minderheitsaktionäre, ihren Beteiligungsbesitz durch Zukauf an der Börse zu angemessenen Bedingungen aufrecht zu erhalten, plausibel begründen, die Bildung des Ausgabekurses nachvollziehbar erläutern sowie die Höhe der Kapitalerhöhung im Einzelnen begründen.[248] Dies ist abzulehnen, der Gesetzgeber hat selber die Grundentscheidung getroffen und daher bedarf es keiner weiteren Erläuterung im Bericht.

---

[240] Vgl. *Lutter* AG 1994, 429 (441).
[241] Heidel/*Rebmann* § 186 Rn. 66.
[242] MüKoAktG/*Schürnbrand* § 186 Rn. 134.
[243] *Lutter* AG 1994, 429 (441); Heidel/*Rebmann* § 186 Rn. 134; Habersack/Mülbert/Schlitt/*Krause* § 7 Rn. 31.
[244] MüKoAktG/*Schürnbrand* § 186 Rn. 131; GroßkommAktG/*Wiedemann* § 186 Rn. 151; Spindler/Stilz/*Servatius* § 186 Rn. 57.
[245] → Rn. 94.
[246] *Schlitt/Schäfer* AG 2005, 67 (75) mwN.
[247] *Nirk/Reuter/Bächle*, Handbuch der Aktiengesellschaft, Stand Oktober 2003, I Rn. 557.
[248] Vgl. hierzu im Einzelnen *Lutter* AG 1994, 429 (443).

6. Faktischer Bezugsrechtsausschluss

113 Heute weitgehend anerkannt ist, dass sich aus einer wesentlichen Behinderung der Ausübung des Bezugsrechts durch faktische Erschwernisse ein **faktischer Bezugsrechtsauschluss** ergeben kann, der den gleichen Anforderungen wie ein ordentlicher Bezugsrechtsausschluss unterliegt.[249]

114 Erforderlich ist dabei nicht, dass die Ausübung des Bezugsrechts unmöglich oder unzumutbar ist; vielmehr reicht eine **wesentliche Einschränkung** aus. Welche Umstände die Wirkung eines faktischen Bezugsrechtsausschlusses haben, ist nicht abschließend geklärt. Primär diskutiert wird die Festsetzung eines ungewöhnlich hohen Ausgabebetrages bzw. Bezugspreises.[250]

115 Wann ein unangemessen hoher Ausgabebetrag bzw. Bezugspreis vorliegt und daher wie ein faktischer Bezugsrechtsausschluss wirkt, ist nicht geklärt. Abzustellen ist dabei auf das **Verhältnis des Bezugspreises zum „inneren" Wert der Aktie** sowie zum jeweiligen **Börsenkurs** kurz vor Beginn der Bezugsfrist.[251] Daher ist nicht der Börsenkurs der Aktie maßgeblich, auch wenn dieser typischerweise eine Indikation für den inneren Wert hat und daher weitere Umstände angeführt werden müssen, aus denen sich ergibt, dass diese Indikation unzutreffend ist. Richtigerweise liegt damit kein faktischer Bezugsrechtsausschluss vor, wenn der Börsenkurs höher ist als der innere Wert der Aktie und der Bezugspreis zwischen Börsenkurs und innerem Wert liegt. Auch wenn ein unabhängiger Dritter, zB ein Private-Equity-Investor, bereit ist, einen über dem Börsenkurs liegenden Preis je Aktie zu zahlen, ist in der Regel davon auszugehen, dass dies ein angemessener Marktpreis ist, da der Dritte keinen Grund hat, zu viel zu zahlen. Damit liegt kein faktischer Bezugsrechtsausschluss vor.[252] Auch ohne solche konkreten Hinweise auf den tatsächlichen Wert der Aktie sind Abweichungen von bis zu 50 % über dem Wert der Aktie in der Regel noch zulässig. Daneben stellt sich aber auch die Frage, ob eine zu niedrige Festlegung des Bezugspreises die Wirkung eines faktischen Bezugsrechtsausschlusses haben kann. Diese Problematik wird unter dem Stichpunkt des faktischen Bezugsrechtszwangs diskutiert. Denn um eine wertmäßige Verwässerung zu vermeiden, könnten in solchen Konstellationen Aktionäre gezwungen sein, ihr Bezugsrecht auszuüben. Dies kann aber die Aktionäre zu einem nicht gewollten Kapitaleinsatz zwingen. Grundsätzlich wird man wohl davon ausgehen müssen, dass es eine Grenze gibt, ab der zumindest unter Missbrauchsgesichtspunkten eine zu geringe Festsetzung des Bezugspreises unzulässig ist.[253] Unklar ist allerdings, wo hier die genaue Grenze liegt. Zutreffender Weise wird jedenfalls ein Abschlag von bis zu 50 % unterhalb des wahren, inneren Werts der Aktien der Gesellschaft als zulässig anzusehen sein.[254] Richtigerweise kann die Gesellschaft auch geeignete Maßnahmen ergreifen, um die Rechtsbeeinträchtigung für die Aktionäre zu verringern, insbesondere durch Einrichtung eines börslichen Bezugsrechtshandels oder Schaffung anderer Möglichkeiten für die Aktionäre, den Wert ihres Bezugsrechts zu erlösen und damit den wertmäßigen Verbesserungseffekt auszugleichen.[255]

116 Nach richtiger Ansicht liegt ein faktischer Bezugsrechtsausschluss nicht allein darin, dass **kein Bezugsrechtshandel** organisiert wird.[256]

---

[249] Hüffer/Koch/*Koch* AktG § 186 Rn. 43; Spindler/Stilz/*Servatius* AktG § 186 Rn. 75; LG Düsseldorf AG 1999, 134; MHdB GesR IV/*Scholz* § 57 Rn. 140; KölnKommAktG/*Lutter* § 186 Rn. 87.
[250] Spindler/Stilz/*Servatius* AktG § 186 Rn. 75.
[251] Vgl. *Seibt/Voigt* AG 2009, 133 (138); Marsch-Barner/Schäfer/*Busch* § 42 Rn. 95.
[252] Vgl. *Seibt/Voigt* AG 2009, 133 (138); Marsch-Barner/Schäfer/*Busch* § 42 Rn. 95.
[253] Vgl. zur GmbH OLG Stuttgart NZG 2000, 156 (158 f.); zur AG *Seibt/Voig* AG 2009, 133 (139).
[254] *Seibt/Voigt* AG 2009, 133 (139); *Vaupel/Reers* AG 2010, 93 (94) sprechen von einem „erheblichen" Abschlag, wollen an anderer Stelle aber in einer Ausgabe zum Mindestausgabebetrag nie einen faktischen Bezugsrechtsausschluss sehen (*Vaupel/Reers* aaO S. 96) – das erscheint so pauschal zweifelhaft.
[255] Ähnlich *Seibt/Voig* AG 2009, 133 (139), die zutreffend darauf hinweisen, dass wegen der Notwendigkeit, einen Wertpapierprospekt zu erstellen, die Einrichtung eines börsenmäßigen Bezugsrechtshandels jedoch einen zeit- und kostenmäßigen Zusatzaufwand bedeutet, den die Gesellschaften häufig scheuen, vgl. auch → Rn. 86.
[256] Marsch-Barner/Schäfer/*Busch* § 42 Rn. 95; vgl. zu dem Erfordernis, einen Börsenhandel für die Bezugsrechte einzurichten → Rn. 86.

IV. Zeichnung

1. Ablauf der Zeichnung

Übernahme der jungen Aktien und damit die Begründung der Einlageverpflichtungen erfolgt durch die in § 185 AktG geregelte Zeichnung. Die Aktiengesellschaft und der Erwerber der jungen Aktien schließen einen **Zeichnungsvertrag**. Die von dem künftigen Aktionär abgegebene Erklärung, Aktien erwerben zu wollen, stellt dabei regelmäßig das Angebot auf Abschluss des Zeichnungsvertrages dar. Gem. § 185 Abs. 1 AktG bedarf diese Erklärung einer besonderen Form, nämlich der schriftlichen Verkörperung in einem so genannten **Zeichnungsschein**. Des Weiteren sind die allgemeinen Formvorschriften zu beachten. Dies hat Relevanz für den Fall, dass ein Grundstück oder ein GmbH-Anteil als Sacheinlage eingebracht werden soll. In diesem Fall bedarf gem. § 311b Abs. 1 S. 1 BGB bzw. § 15 Abs. 4 S. 1 GmbHG der Zeichnungsschein der notariellen Beurkundung, da der (künftige) Aktionär sich mit dem Zeichnungsvertrag bereits zur Erbringung der Sacheinlage verpflichtet.[257] In der Praxis wird dies häufig missachtet, allerdings werden die entsprechenden Formmängel mit Erbringung der Sacheinlage geheilt, vgl. § 311b Abs. 1 S. 2 BGB bzw. § 15 Abs. 4 S. 2 GmbHG. Der Zeichnungsschein soll doppelt ausgestellt werden, § 185 Abs. 1 S. 2 AktG. Die nähere Ausgestaltung des Zeichnungsscheins ist in § 185 Abs. 1 AktG geregelt. Gem. § 185 Abs. 1 S. 1 AktG enthält der Zeichnungsschein zunächst die schriftliche Erklärung, Aktien aus der Kapitalerhöhung erwerben zu wollen. Er hat gemäß § 185 Abs. 1 S. 3 AktG das Datum des Hauptversammlungsbeschlusses, die von dem Erwerber der Aktien übernommenen Verpflichtungen, die Festsetzungen im Zusammenhang mit einer Kapitalerhöhung gegen Sacheinlagen und den Zeitpunkt, in dem das Angebot unverbindlich wird, wenn nicht bis dahin die Durchführung der Kapitalerhöhung eingetragen ist, zu enthalten.[258] Bei der Ausnutzung des genehmigten Kapitals ist anstelle des Datums des Hauptversammlungsbeschlusses über die Kapitalerhöhung gem. § 203 Abs. 1 S. 2 AktG das Datum anzugeben, unter dem die Ermächtigung zur Kapitalerhöhung in das Handelsregister eingetragen wurde.[259]

Die **Annahmeerklärung der Aktiengesellschaft** bedarf keiner besonderen Form und wird in der Praxis auch nicht gesondert dokumentiert. Der Zugang der Erklärung an den Zeichner ist gem. § 151 S. 1 BGB nicht notwendig.

Der **Zeichnungsvertrag hat eine Doppelnatur,** er begründet zum einen schuldrechtliche Verpflichtungen, zum anderen stellt er einen korporationsrechtlichen Vertrag gerichtet auf die Einräumung einer neuen Mitgliedschaftsstelle dar. Allerdings begründet der Zeichnungsvertrag als solcher noch nicht die Mitgliedschaft, vielmehr tritt diese Wirkung gem. § 189 AktG erst mit der Durchführung der Kapitalerhöhung ein. Die Gesellschaft wird durch den Zeichnungsvertrag auch nicht verpflichtet, die Kapitalerhöhung durchzuführen, sondern lediglich dem Zeichner im festgelegten Umfang Mitgliedsrechte zuzuteilen, wenn es zur Durchführung der Kapitalerhöhung kommt.[260]

---

[257] Vgl. ausführlich hierzu *Mülbert* AG 2003, 281 ff.
[258] Nach herrschender Auffassung muss die Frist innerhalb derer das Angebot verbindlich wird, bei allen Zeichnern gleich sein (→ Rn. 36). Diese Auffassung überzeugt nicht. Es handelt sich bei dem Zeichnungsschein um eine Erklärung des Zeichners, die dieser mit einer individuellen Frist angeben kann. Im Rahmen der Anmeldung und Eintragung muss der Vorstand dann die entsprechenden Fristen beachten, so dass jedenfalls für eine Tranche die zum Handelsregister angemeldet wird, jeweils die kürzeste Frist von allen Zeichnungen faktisch maßgeblich ist. Es spricht aber nichts grundsätzlich dagegen, dass die Zeichner unterschiedliche Fristen angeben, innerhalb derer sie sich gebunden fühlen.
[259] Vgl. → § 34 Rn. 39.
[260] Seibert/Kiem/*Schüppen* Rn. 845.

Formulierungsvorschlag: Zeichnungsschein

120
...... Aktiengesellschaft, [Sitz]
Die ordentliche Hauptversammlung der ...... AG mit Sitz in ...... hat am ...... beschlossen, das Grundkapital der Gesellschaft von .... EUR gegen Bareinlagen um .... EUR durch Ausgabe ...... neuer, auf den Namen lautende Stückaktien mit anteiligem Betrag am Grundkapital von .... EUR je neuer Stückaktie zu erhöhen. Der Ausgabebetrag beträgt .... EUR je Aktie, der Gesamtausgabebetrag beträgt .... EUR. Die Einzahlungen auf die neuen Aktien sind in voller Höhe des auf die einzelnen Aktien entfallenden Ausgabebetrags sofort in bar zu leisten. Die neuen Aktien sind ab dem ...... gewinnberechtigt.

...... zeichnet und übernimmt hiermit ...... Stück neue auf den Namen lautende Stückaktien der ...... AG mit anteiligem Betrag am Grundkapital von .... EUR je neuer Aktie und mit Gewinnberechtigung ab ...... zum Ausgabebetrag von ...... EUR je Aktie, dh insgesamt .... EUR.
Der Gesamtausgabebetrag in Höhe von .... EUR wird nach Bestätigung der Zeichnung ohne weitere Aufforderung auf das Konto Nr. ...... der ...... AG bei der ...... eingezahlt.
Die Zeichnung wird unverbindlich, wenn die Durchführung der Erhöhung des Grundkapitals nicht bis zum ...... in das Handelsregister eingetragen ist.

2. Mängel der Zeichnung

121 Der Zeichnungsvertrag und die ihm zugrunde liegenden Willenserklärungen unterliegen zunächst den **allgemeinen zivilrechtlichen Regeln** über Mängel bei Vertragsschluss. In § 185 Abs. 2–4 AktG finden sich einige **Sonderbestimmungen über Inhaltsmängel und deren Rechtsfolgen.** Gem. § 185 Abs. 2 AktG ist der Zeichnungsschein nichtig, wenn die nach § 185 Abs. 1 AktG erforderlichen Angaben nicht vollständig sind oder wenn dieser – abgesehen von einer nach § 185 Abs. 1 Nr. 4 AktG gebotenen Fristbestimmung – sonstige Beschränkungen der Zeichnungsverpflichtung enthält. Beschränkungen, die zwar nicht im Zeichnungsschein enthalten sind, jedoch außerhalb dessen erklärt wurden, sind gem. § 185 Abs. 4 AktG unwirksam.

122 Wird die Durchführung der Kapitalerhöhung in das Handelsregister eingetragen, so kann sich der Zeichner gem. § 185 Abs. 3 AktG nicht mehr auf die Nichtigkeit nach Abs. 2 oder die Unverbindlichkeit wegen einer nach § 185 Abs. 1 Nr. 4 AktG bestimmten Frist berufen, wenn der Zeichner bereits als Aktionär Rechte ausgeübt oder Verpflichtungen erfüllt hat. Die Ausübung von Rechten oder Erfüllung von Verpflichtungen muss dabei nach der Eintragung der Durchführung der Kapitalerhöhung erfolgen.[261]

123 Nach herrschender Auffassung liegt eine Rechtsausübung schon dann vor, wenn der Zeichner eine Aktienurkunde entgegen nimmt.[262]

124 Neben diesen gesetzlichen Sonderregelungen können Mängel auch aus anderen Bestimmungen herrühren. Bei einem Verstoß gegen die Schriftform nach § 185 Abs. 1 S. 1 AktG ist die Zeichnungserklärung gem. § 125 BGB nichtig und damit kein Zeichnungsvertrag zustande gekommen. Nach allgemeiner Auffassung wird die Heilungsregelung des § 185 Abs. 3 AktG jedoch auch über den Wortlaut der Bestimmung hinausgehend auf diesen Fall angewandt.[263]

125 Ist die Durchführung der Kapitalerhöhung zu dem Zeitpunkt, in dem der Mangel offenbar wird, noch nicht eingetragen, so ist eine Eintragung nicht mehr möglich.

126 **Nach der Eintragung der Durchführung der Kapitalerhöhung** in das Handelsregister können die Parteien sich auf den Mangel des Rechtsgeschäfts grundsätzlich nicht mehr berufen.[264] Einigkeit besteht darüber, dass ein Erwerb der Mitgliedschaft allerdings nicht statt-

---

[261] MHdB GesR IV/*Scholz* § 57 Rn. 180; Hüffer/Koch/*Koch* AktG § 185 Rn. 18 f.
[262] MHdB GesR IV/*Scholz* § 57 Rn. 180; Hüffer/Koch/*Koch* AktG § 185 Rn. 18; GHEK/*Hefermehl/Bungeroth* § 185 Rn. 76.
[263] MHdB GesR IV/*Scholz* § 57 Rn. 179 f.; GroßkommAktG/*Wiedemann* § 185 Rn. 58; zum gleichen Ergebnis kommen wenn auch über § 242 BGB KölnKommAktG/*Lutter* § 185 Rn. 60; GHEK/*Hefermehl/Bungeroth* § 185 Rn. 87.
[264] Allgemeine Meinung, vgl. nur Hüffer/Koch/*Koch* AktG § 185 Rn. 28; MHdB GesR IV/*Scholz* § 57 Rn. 198 f. jeweils mwN; GroßkommAktG/*Wiedemann* § 185 Rn. 60 ff. mwN.

findet, wenn der Schutz des Zeichners höher einzuordnen ist, als der Schutz des übrigen Rechtsverkehrs. Dies ist insbesondere der Fall bei Geschäftsunfähigkeit oder beschränkter Geschäftsfähigkeit des Zeichners[265] sowie für den Fall, dass die Zeichnung durch Täuschung oder widerrechtliche Drohung veranlasst wurde.[266]

Das **allgemeine Leistungsstörungsrecht** findet auf den Zeichnungsvertrag nur in beschränktem Umfang Anwendung. Auf Zeichnungsverpflichtungen, die die Erbringung von Bareinlagen betreffen, sind lediglich vor Eintragung der Durchführung der Kapitalerhöhung die allgemeinen Regeln über den Schuldnerverzug gem. §§ 280, 281 BGB anwendbar. Nach diesen Vorschriften kann die Gesellschaft einen Verzögerungsschaden ersetzt verlangen und unter den Voraussetzungen des § 281 Abs. 1–3 BGB Schadensersatz statt der Leistung mit der Folge verlangen, dass sich der Zeichnungsvertrag in ein Rückgewährschuldverhältnis gem. den §§ 346 ff. BGB umwandelt (§ 281 Abs. 4 BGB).[267] Nach Eintragung gelten ausschließlich die §§ 63 ff. AktG.

Bei **Sacheinlagen** ist **vor Eintragung der Durchführung der Kapitalerhöhung** das allgemeine Schuldrecht mit den Bestimmungen der **§§ 281 ff. BGB generell anwendbar.** Dies gilt hingegen **nicht** für die Bestimmungen über gegenseitige Leistungspflichten in **den §§ 320–322 BGB.**[268] Bislang ungeklärt ist, ob auch nach Gefahrübergang die Bestimmungen des BGB für Mängel der Sacheinlage anwendbar sind. Die bislang herrschende Meinung ging von der Anwendbarkeit des speziellen kaufrechtlichen Gewährleistungsrechts bis zum Inkrafttreten der Schuldrechtsreform aus.[269] Mit der Schuldrechtsreform wurden die Gewährleistungsregeln im Kaufvertragsrecht weitgehend durch Verweise auf die Bestimmungen des allgemeinen Schuldrechtes ersetzt. Es finden sich lediglich einige zusätzliche Sonderbestimmungen, etwa über vorherige Nachbesserungs- bzw. Nacherfüllungsrechte und -pflichten. Gleichwohl erscheint die Anwendung von Kaufvertragsrecht auf die mangelhafte Sacheinlage nach Gefahrübergang auch weiterhin sachgerecht. Das dingliche Vollzugsgeschäft richtet sich je nach Einlagegegenstand nach den §§ 929 ff., 873, 925 oder §§ 398 ff. BGB. Dementsprechend ist auch ein gutgläubiger Erwerb der Gegenstände möglich, wenn die zivilrechtlichen Vorschriften diesen vorsehen.[270]

Nach Eintragung der Durchführung der Kapitalerhöhung gelten wiederum die Besonderheiten des Aktienrechts, wonach die einmal begründete Mitgliedschaft Bestand haben soll. Bei einem eventuellen Rücktritt sind die Rechtsfolgen des § 437 Nr. 2 BGB dahingehend zu modifizieren, dass an die Stelle der Sacheinlageverpflichtung nunmehr eine Bareinlageverpflichtung gem. § 183 Abs. 2 S. 3 AktG analog tritt.[271]

V. Einlagen und Einlageleistung

1. Bareinlagen

a) **Leistungsart.** Gem. §§ 188 Abs. 2 S. 1, 36a Abs. 1 AktG ist bei einer Barkapitalerhöhung auf jede Aktie **mindestens ein Viertel des geringsten Ausgabebetrages** iSv § 9 Abs. 1 AktG zu zahlen sowie ein eventuell vereinbartes Agio vollständig. Bei Kapitalerhöhungen mit Bezugsrecht ist es zulässig, wenn sich die Einzahlung auf ein Viertel des geringsten Ausgabebetrages beschränkt. In solchen Kapitalerhöhungsfällen wird regelmäßig ein Ausgabebetrag von 1 EUR eine schuldrechtliche Zuzahlung gegenüber der Gesellschaft vereinbart, indem die Bank, die das mittelbare Bezugsrecht durchführt, sich verpflichtet, den Mehrerlös aus der Platzierung abzüglich Kosten und Gebühren an den Emittenten abzuführen.[272] In

---

[265] So BGHZ 17, 160 (166) zur Kommanditgesellschaft.
[266] Streitig, vgl. Hüffer/Koch/*Koch* AktG § 185 Rn. 29; GroßkommAktG/*Wiedemann* § 185 Rn. 61, 66 jeweils mwN.
[267] GroßkommAktG/*Wiedemann* § 185 Rn. 44.
[268] GroßkommAktG/*Wiedemann* § 185 Rn. 44.
[269] GroßkommAktG/*Wiedemann* § 185 Rn. 45.
[270] BGH NZG 2002, 85.
[271] GroßkommAktG/*Wiedemann* § 185 Rn. 46 zur Rechtslage vor der Schuldrechtsreform.
[272] → Rn. 40.

diesen Fällen gilt trotz der Verpflichtung des Emissionsunternehmens gegenüber der Emittentin zur Erbringung eines schuldrechtlichen Agios keine Verpflichtung, dies bereits vor Handelsregistereintragung vollständig einzuzahlen.[273] Sofern verbleibende Aktien im Rahmen einer solchen Kapitalerhöhung privat platziert werden, gilt auch für die Handelsregisteranmeldung der Aktien, die privat platziert und unmittelbar von Investoren bei der Gesellschaft gezeichnet wurden, dass nur ein Viertel des geringsten Ausgabebetrags vor Anmeldung einzuzahlen ist. Denn es handelt sich um einen einheitlichen Kapitalerhöhungsbeschluss, bei dem nicht unterschiedliche Maßstäbe an verschiedene Zeichner gestellt werden können. Daher wirkt hier die Ausnahmeregelung betreffend das mittelbare Bezugsrecht auch als Privilegierung zugunsten späterer Privatplatzierungen. Es obliegt dem Vorstand, für die entsprechende Kapitaleinzahlung zum gegebenen Zeitpunkt zu sorgen. Dem Gläubigerschutz wird ausreichend Genüge getan, weil der Gläubiger aufgrund des Beschlusses der Kapitalerhöhung als mittelbares Bezugsrecht mit Ausgabebetrag von 1 EUR ausreichend gewarnt ist, dass keine Verpflichtung zur Einzahlung des Agios vor Durchführung der Kapitalerhöhung besteht. Die frühere Regelung, wonach bei der **Ein-Mann-Gesellschaft** gem. § 188 Abs. 1 S. 1, § 36 Abs. 2 S. 2 AktG eine Sicherheit für noch ausstehende Einlagebeträge zu erbringen war, wurde aufgehoben. Die Mindesteinlage muss durch **Barzahlung oder Überweisung** auf ein Gesellschaftskonto erbracht werden. Die Zahlung muss dabei so erfolgen, dass der eingezahlte Betrag zur **endgültig freien Verfügung** des Vorstandes steht. Dem genügt eine Zahlung unmittelbar an einen Gläubiger der Gesellschaft grundsätzlich nicht.[274] Jedoch kann die Überweisung auch auf ein **debitorisch geführtes Gesellschaftskonto** erfolgen.[275] Allerdings ist dabei erforderlich, dass der Vorstand der Gesellschaft tatsächlich eine eigenständige Verfügungsmöglichkeit hinsichtlich der eingezahlten Gelder erlangt. Das ist dann der Fall, wenn das Kreditinstitut Verfügungen des Vorstands über diese Gelder zulässt, etwa weil die Gesellschaft über einen Kreditrahmen verfügt, der vor der Einzahlung nicht überzogen war.[276] Gleiches gilt, wenn die Bank auf Grund der Einzahlung auf ein debitorisches Konto auf einem anderen Konto der Gesellschaft einen den Einlagebetrag übersteigenden Kredit gewährt.[277]

131 b) **Verfügungen vor Eintragung.** Bei der Gründung einer Aktiengesellschaft sind den Gründern Verfügungen über das Gesellschaftsvermögen vor Eintragung der Gesellschaft in das Handelsregister zwar erlaubt (das so genannte Vorbelastungsverbot wurde von der Rechtsprechung vor langer Zeit aufgegeben), jedoch haften die Gründer dafür, dass bei Eintragung der Gesellschaft Reinvermögen in Höhe des Nennkapitals werthaltig in der Gesellschaft vorhanden ist (so genannte Unterbilanz- oder Vorbelastungshaftung).[278] Bis zur Eintragung der Kapitalerhöhung in das Handelsregister waren danach lediglich Investitionen, die zu einem Aktivtausch führten, zulässig. Im Jahr 1992 hatte der BGH entschieden, dass diese **Vorbelastungshaftung bei einer Kapitalerhöhung nicht** für Vermögensverluste bis zum Zeitpunkt der Eintragung der Kapitalerhöhung gilt, sondern lediglich bis zum Zeitpunkt der Anmeldung der Kapitalerhöhung die Einlage noch wertgleich im Vermögen der Gesellschaft vorhanden sein muss (so genannter Grundsatz der wertgleichen Erhöhung).[279] Auch diese Rechtsprechung hat der BGH wieder aufgegeben und sich der Auffassung der herrschenden Lehre angeschlossen, wonach **lediglich** erforderlich ist, dass **die Bareinlage zur endgültig freien Verfügung der Geschäftsführung** geleistet wurde. Dies setzt voraus, dass die Bareinlage nach dem Kapitalerhöhungsbeschluss in den uneingeschränkten Verfügungsbereich des Vorstands gelangt ist und nicht an den Einleger zurückfließt.[280]

---

[273] Vgl. MüKoAktG/*Schürnbrand* § 186 Rn. 159.
[274] BGHZ 96, 231 (239).
[275] BGH ZIP 1990, 1400 (1401).
[276] BGH ZIP 1990, 1400 (1401).
[277] BGH BB 2002, 957 (958).
[278] Vgl. BGHZ 80, 129; 134, 333.
[279] BGHZ 119, 177 (188).
[280] Vgl. BGH BB 2002, 957 (959) zur GmbH und BGH NZG 2005, 976 ff. zur AG; *Henze* BB 2002, 955 f.

c) **Voreinzahlungen.** Weiterhin umstritten ist, ob und in welchem Umfang **Leistungen auf** **132**
eine noch nicht beschlossene Kapitalerhöhung schuldbefreiend wirken können. Dies wird
insbesondere für die Fallgruppe der Voreinzahlung zu Sanierungszwecken diskutiert.[281] Der
BGH hat entschieden, dass ausnahmsweise Voreinzahlungen unter engen Voraussetzungen
als wirksame Erfüllung der später übernommenen Einlageschuld anerkannt werden können,
wenn nämlich die Beschlussfassung über die Kapitalerhöhung im Anschluss an die Voreinzahlung mit aller gebotenen Beschleunigung nachgeholt wird, ein akuter Sanierungsfall vorliegt, andere Maßnahmen nicht in Betracht kommen und die Rettung der sanierungsfähigen
Gesellschaft scheitern würde, falls die übliche Reihenfolge der Durchführung der Kapitaler-
höhungsmaßnahme beachtet werden müsste.[282] Umstritten ist, ob dieses Urteil die oben
aufgeworfene Frage eindeutig beantwortet,[283] nach richtiger Auffassung ist dies jedoch zu
bejahen.

Die allgemeinere Frage, inwiefern bzw. unter welchen Voraussetzungen überhaupt Vor- **133**
einzahlungen auf künftige Bareinlageverpflichtungen zulässig sind, wurde vom BGH bejaht, sofern die allgemeinen Voraussetzungen der Kapitalaufbringung gewährleistet werden.
Dies ist der Fall, wenn sich der vor der Beschlussfassung über die Kapitalerhöhung **eingezahlte Betrag** im Zeitpunkt des Entstehens der Einlageverpflichtung **wertmäßig noch
im Vermögen** der Gesellschaft befindet.[284] Die früher offene Frage, ob der Betrag auch noch
bei der Anmeldung oder gar Eintragung der Kapitalerhöhung wertmäßig vorhanden sein
muss, ist jedenfalls mit der Aufgabe dieses Erfordernisses für den Regelfall der Einzahlung
auf die Kapitalerhöhung nach Beschlussfassung der Hauptversammlung über die Kapitalerhöhung auch für die Voreinzahlung als geklärt anzusehen: Es ist ausreichend, wenn der
voreingezahlte Betrag zu dem Zeitpunkt, zu dem eine Einzahlung erstmalig möglich ist,
also mit Entstehung der Einlageverpflichtung durch Abschluss des Zeichnungsvertrages,
wertmäßig noch im Vermögen der Gesellschaft vorhanden ist.[285] Die diesbezügliche und
nach den §§ 188 Abs. 2, 37 Abs. 1 S. 2 AktG erforderliche Angabe darüber, dass sich der
auf die Kapitalerhöhung eingezahlte Betrag endgültig in der freien Verfügung des Vorstandes befindet, bezieht sich nur auf die Voraussetzungen für die Erfüllung der Einlageschuld
und besagt nicht, dass die Einlage noch unverändert im Gesellschaftsvermögen vorhanden
ist.[286]

Sofern die entsprechenden Barmittel nicht mehr in der Gesellschaft vorhanden sind – **134**
etwa weil die Gesellschaft hierüber zur Tilgung fälliger Verbindlichkeiten verfügt hat – stellt
sich die Frage, ob in diesen Fällen ausnahmsweise doch eine schuldbefreiende Einlageleistung vorliegt, wenn die **Voreinzahlung zu Sanierungszwecken** erforderlich war. Dies wird
von Teilen der Literatur und der unterinstanzlichen Rechtsprechung bejaht, sofern die folgenden Voraussetzungen erfüllt sind: Es muss ein **enger zeitlicher Zusammenhang** zwischen
der Zahlung und dem Kapitalerhöhungsbeschluss vorliegen. Dies ist bei drei Monaten jedenfalls nicht mehr gewährleistet.[287] Der Zeitraum muss sich vielmehr daran orientieren,
dass die Voreinzahlung nur zulässig ist, damit der Gesellschaft schon während der Vorbereitung des Kapitalerhöhungsbeschlusses notwendige finanzielle Mittel zufließen können. Des
Weiteren muss nachprüfbar die Zahlung als Vorleistung auf eine Kapitalerhöhung geleistet
werden. Die Voreinzahlung muss auch zur Krisenbewältigung notwendig gewesen sein.
Schließlich ist die Voreinzahlung im Kapitalerhöhungsbeschluss und in der Erklärung über

---

[281] Vgl. etwa Hüffer/Koch/*Koch* AktG § 188 Rn. 7.
[282] BGHZ 168, 201.
[283] Bejahend: Spindler/Stilz/*Servatius* AktG § 188 Rn. 59; Schmidt/Lutter/*Veil* § 188 Rn. 15. Abzulehnen ist die Auffassung, dass der BGH in dem Urteil diese Frage weiterhin offen gelassen habe (so Hüffer/Koch/*Koch* AktG § 188 Rn. 7). Zwar ist in der Urteilsbegründung nicht völlig klar formuliert, ob der BGH die Frage tatsächlich mit dem entsprechenden Urteil entscheiden wollte oder nicht, da es im Ergebnis hierauf nicht ankam, jedoch ist der amtliche Leitsatz insoweit eindeutig und daher ergibt sich aus der Zusammenschau von amtlichem Leitsatz und Urteilsbegründung eine Befürwortung der vorgeschriebenen Auffassung durch den BGH.
[284] BGHZ 145, 150 (154).
[285] *Kort* DStR 2002, 1223; *Singler* NZG 2003, 1143 (1145).
[286] Vgl. BGH NZG 2005, 976 ff.
[287] BGH NJW 1995, 460 (461).

die freie Verfügbarkeit der eingezahlten Gelder gem. §§ 188 Abs. 2, 37 Abs. 1 AktG offen zu legen.[288]

2. Sacheinlagen

135 Bei einer Kapitalerhöhung gegen Sacheinlagen hat gem. § 183 Abs. 3 AktG eine **Prüfung durch einen oder mehrere Prüfer** stattzufinden. Die §§ 33 Abs. 3–5, 34 Abs. 2 und 3, 35 AktG sind dabei entsprechend heranzuziehen. Das Registergericht bestellt für die Prüfung der Sacheinlage typischerweise einen Wirtschaftsprüfer oder eine Wirtschaftsprüfungsgesellschaft. Im Übrigen gelten die bereits in § 13 im Einzelnen dargelegten Grundsätze bezüglich der Leistung von Sacheinlagen. § 183a AktG regelt nunmehr die Kapitalerhöhung mit Sacheinlagen ohne Gründungsprüfung und nimmt Bezug auf die Anforderungen der Sachgründung gem. § 33a AktG. Danach kann bei der Sachgründung auf eine externe Werthaltigkeitsprüfung von Wertpapieren und Geldmarktinstrumenten, die auf einem geregelten Markt gehandelt werden, verzichtet werden, wenn diese mit dem **Durchschnittskurs** der letzten drei Monate bewertet werden. Gleiches gilt für einzulegende Gegenstände, wenn eine **höchstens sechs Monate alte Bewertung** eines Sachverständigen vorliegt.[289] Allerdings muss auf Antrag von Aktionären, die am Tag der Beschlussfassung über die Kapitalerhöhung gemeinsam (mindestens) 5 % des Grundkapitals hielten und am Tag der Antragsstellung ebenfalls noch halten, eine **Prüfung der Werthaltigkeit** stattfinden. Hierfür müssen die Voraussetzungen des § 33a Abs. 2 AktG vorliegen, dh entweder ist der gewichtigste Durchschnittspreis der entsprechenden Wertpapiere durch außergewöhnliche Umstände erheblich beeinflusst worden oder wenn anzunehmen ist, dass der Zeitwert der Vermögensgegenstände zum Zeitpunkt der Einbringung aufgrund neuer oder neu bekannt gewordener Umstände erheblich niedriger ist als der in dem bereits vorliegenden Gutachten angenommene Wert. Damit die Aktionäre Gelegenheit haben, entsprechende Anträge zu stellen, muss der Vorstand nach § 183a Abs. 2 AktG das Datum des Kapitalerhöhungsbeschlusses sowie die Angaben nach § 37a Abs. 1 und 2 in den Gesellschaftsblätter bekannt machen und die Durchführung der Kapitalerhöhung darf **frühestens nach Ablauf von vier Wochen seit der Bekanntmachung im Handelsregister** eingetragen werden. Der Antrag von Aktionären auf Durchführung einer Prüfung der Sacheinlage kann bis zum Tag der Eintragung der Durchführung der Kapitalerhöhung gestellt werden, § 183a Abs. 3 S. 2 AktG. Schließlich ist bei der Handelsregisteranmeldung anzugeben, dass den Anmeldenden keine außergewöhnlichen Umstände, die den gewichtenden Durchschnittspreis der einzubeziehenden Wertpapiere oder Geldmarktinstrumente drei Monate vor dem Tag der tatsächlichen Einbringung erheblich beeinflusst haben könnten, oder Umstände, die darauf hindeuten, dass der beizulegende Zeitwert der Vermögensgegenstände die ohne Prüfung eingebracht werden, am Tag ihrer tatsächlichen Einbringung aufgrund neuer oder neu bekannt gewordener Umstände erheblich niedriger ist als der von dem Sachverständigen, dessen Gutachten die erneute Prüfung entbehrlich macht, angenommenen Wert ist, § 184 Abs. 1 S. 2 iVm § 37a Abs. 2 AktG.

136 Streitig ist, bis wann Sacheinlagen spätestens zu leisten sind. Die hM lässt grundsätzlich entsprechend § 36a Abs. 2 S. 2 AktG auch eine Leistung **bis zu fünf Jahre nach Eintragung der Durchführung der Sachkapitalerhöhung** zu, wenn diese durch ein dingliches Rechtsgeschäft zu bewirken ist, was für die meisten praktischen Fälle gilt.[290] Eine Leistung nach Durchführung der Kapitalerhöhung kommt eher selten vor. Auswirkungen hat der Streit jedoch auf eine Frage von hoher praktischer Relevanz, nämlich ob Leistungen von Sacheinlagen **aufschiebend oder auflösend bedingt** auf den Zeitpunkt der Eintragung der Kapitalerhöhung zulässig sind. Der Inferent wird hieran typischerweise ein Interesse haben, um den **Absicherungseffekt eines Zug-um-Zug-Geschäftes** zu erreichen. Die Zulässig-

---

[288] Vgl. zum Ganzen *Lutter/Hommelhoff/Timm* BB 1980, 737; MHdB GesR IV/*Scholz* § 57 Rn. 184; Hüffer/Koch/*Koch* AktG § 188 Rn. 7 f.; *Kort* DStR 2002, 1227; *Singler* NZG 2003, 1143.
[289] Vgl. zu Einzelheiten der Anforderung an den Sachverständigen und die Bewertung → § 13 Rn. 95 ff.
[290] MüKoAktG/*Schürnbrand* § 188 Rn. 23; Hüffer/Koch/*Koch* AktG § 188 Rn. 9; aA Spindler/Stilz/*Servatius* AktG § 188 Rn. 37 ff.

keit dieser Gestaltung ist jedoch umstritten.[291] Insbesondere wird in diesen Fällen angeführt, dass die Einlage damit zum Zeitpunkt der Anmeldung der Sachkapitalerhöhung zur Eintragung zum Handelsregister nicht zur endgültigen freien Verfügung des Vorstands stehe, wie in § 37 Abs. 1 AktG gefordert.[292] Daher lassen viele Registergerichte auch eine solche aufschiebende oder auflösende Bedingung nicht zu. Stattdessen wird meistens die Übereignung aufschiebend bedingt auf die Anmeldung der Sachkapitalerhöhung gewählt. Allerdings wird auch dies in der Literatur für unzulässig gehalten.[293] Diese Ansicht ist hingegen abzulehnen. Denn mit Zugang der Anmeldung zum Handelsregister beim Registergericht steht die Einlage zur freien Verfügbarkeit des Vorstands und damit ist die entsprechende Erklärung des Vorstands im Zeitpunkt des Zugangs beim Erklärungsempfänger richtig.

3. Sicherung eventueller Rückzahlungsansprüche

Für den Fall, dass die Durchführung der Kapitalerhöhung scheitert, etwa weil Zeichnungen nicht in Höhe des notwendigen Betrags oder nicht innerhalb der Zeichnungsfrist abgegeben werden, die Hauptversammlung der Gesellschaft den Kapitalerhöhungsbeschluss aufhebt, haben die Zeichner einen zeichnungsrechtlichen **Anspruch auf Rückzahlung** der geleisteten Einlagen gegen die Gesellschaft. Zur Sicherung eines solchen Anspruchs könnte an **die Einräumung von Sicherheiten** gedacht werden. Als **Sicherungsmittel** kommt etwa die Einräumung dinglicher Sicherheiten durch die Gesellschaft in Betracht. Dies ist nach zutreffender Auffassung bis zur Anmeldung der Kapitalerhöhung grundsätzlich zulässig.[294] Da ab Anmeldung die Einlagen zur freien Verfügung des Vorstands stehen müssen, ist eine Sicherheitenstellung danach zweifelhaft, weil diese jedenfalls je nach Ausgestaltung gerade keine freie Verfügung durch den Vorstand erlaubt. Alternativ kann die Kapitalerhöhung durch Einzahlung auf ein Notaranderkonto abgewickelt werden, wobei der Notar angewiesen wird, die eingegangenen Beträge erst mit der Anmeldung der Durchführung der Kapitalerhöhung zur Eintragung in das Handelsregister an den Vorstand der Gesellschaft herauszugeben. Bei Sacheinlagen können die Zeichner zum einen ebenfalls eine Abwicklung unter Einschaltung eines Notars wählen. Daneben kommt jedoch auch in Betracht, das entsprechende Vollzugsgeschäft unter die aufschiebende Bedingung der Anmeldung der Kapitalerhöhung zum Handelsregister zu stellen.[295]

VI. Mängel der Einlageleistung und der Aktien

1. Werthaltigkeit von Sacheinlagen

Erreicht eine Sacheinlage zum Zeitpunkt der Anmeldung der Durchführung der Kapitalerhöhung zur Eintragung in das Handelsregister nicht den Wert des geringsten Ausgabebetrages der dafür auszugebenden Aktien, haftet der Einleger für die Wertdifferenz. Diese so genannte Differenzhaftung wird aus § 188 Abs. 2 iVm § 36 Abs. 2 S. 3 AktG, dem Grundsatz der realen Kapitalaufbringung und §§ 9 Abs. 1, 56 Abs. 2 GmbHG analog hergeleitet. Umstritten ist, ob diese Differenzhaftung über den geringsten Ausgabebetrag gem. § 9 Abs. 1 AktG hinaus auch ein Agio umfasst. Die wohl **herrschende Auffassung** in der Literatur **lehnt eine Ausdehnung der Differenzhaftung auf das Agio ab**.[296]

---

[291] Dagegen Spindler/Stilz/*Servatius* § 188 Rn. 38; MüKoAktG/*Pentz* § 36 Rn. 65; dafür GroßkommAktG/*Röhricht* § 36 Rn. 114.
[292] MüKoAktG/*Pentz* § 36 Rn. 65.
[293] MüKoAktG/*Pentz* § 36 Rn. 65 unter Verweis auf die hM in der Literatur zur GmbH; dem entgegen jedoch die (ältere) Rechtsprechung zur GmbH (BGH GmbHR 1959, 94) und die Praxis vieler Registergerichte.
[294] Hüffer/Koch/*Koch* AktG § 188 Rn. 10.
[295] Streitig, vgl. zur Zulässigkeit solcher Bedingungen → Rn. 136.
[296] Hüffer/Koch/*Koch* AktG § 188 Rn. 9 mwN; aA etwa *Raiser* § 20 Rn. 7; vgl. im Übrigen zur Prüfung der Werthaltigkeit der Sacheinlage vorstehend V.2.

2. Verdeckte Sacheinlagen/Schütt-Aus-Hol-Zurück-Verfahren

139 Auch bei der Kapitalerhöhung gelten die bereits in → § 13 Rn. 206 ff. im Einzelnen dargelegten Grundsätze über die verdeckte Sacheinlage mit der Folge, dass bei einem Verstoß gegen diese Grundsätze die Einlageleistung als nicht erbracht gilt. Einen Sonderfall, der nur im Zusammenhang mit der Kapitalerhöhung und nicht mit der Gründung einer Gesellschaft anfallen kann, bildet das so genannte Schütt-Aus-Hol-Zurück-Verfahren. Hierbei handelt es sich um den Fall, dass die **Gesellschaft Dividenden ausschüttet** und die entsprechenden Beträge **anschließend** in Form einer **Kapitalerhöhung** von den Aktionären wieder in die Gesellschaft eingezahlt werden. Dieses Verfahren kann für einen Übergangszeitraum bis Ende 2019 auch weiterhin dazu dienen, **Körperschaftsteuerguthaben zu heben,** wenn in der Gesellschaft noch nicht ausgeschüttete Gewinne vorhanden sind, die mit einem höheren Körperschaftsteuersatz besteuert wurden, als dies bei der Ausschüttung der Fall ist.[297] Der BGH hat eine solche Kapitalerhöhung grundsätzlich als eine Kapitalerhöhung gegen Sacheinlage qualifiziert.[298] Sofern in einem solchen Fall keine Sachkapitalerhöhung durchgeführt werde, was in der Praxis häufig der Fall war und auch höhere Kosten zur Folge hätte, wäre die Einlage auch in diesem Fall als nicht geleistet anzusehen.[299] Der BGH hat in einem Urteil betreffend die GmbH entschieden, dass in den Fällen, in denen **gegenüber dem Registergericht offen gelegt** werde, dass es sich um eine Kapitalerhöhung im Schütt-Aus-Hol-Zurück-Verfahren handelt, die **Grundsätze über die verdeckte Sacheinlage keine Anwendung** finden sollen. Vielmehr sei in einem solchen Fall das Verfahren an den für die **Kapitalerhöhung aus Gesellschaftsmitteln geltenden Regeln** auszurichten, da beim Schütt-Aus-Hol-Zurück-Verfahren ebenso wie bei der Kapitalerhöhung aus Gesellschaftsmitteln im Ergebnis lediglich ein Passivtausch in der Bilanz erfolge und der Registerrichter zur Werthaltigkeitsprüfung auf eine testierte Bilanz zurückgreifen könne.[300] Über die Vorschriften der Kapitalerhöhung aus Gesellschaftsmitteln hinausgehend soll allerdings eine **Bestätigung über die freie Verfügbarkeit** der Einlage vorgelegt werden.[301] Nach allgemeiner Auffassung kann diese Rechtsprechung auch auf die Aktiengesellschaft übertragen werden.[302]

3. Haftung der Gesellschaft für „mangelhafte" Gesellschaftsanteile

140 Das Aktienrecht kennt keinen gesellschaftsrechtlich begründeten Gewährleistungsanspruch des Zeichners für Fälle, in denen die nach einer Kapitalerhöhung neu ausgegebenen Aktien nicht oder weniger werthaltig sind, als der Erwerber im Zeitpunkt der Durchführung der Kapitalerhöhung angenommen hat. In der Praxis wird häufig von Investoren verlangt, dass die Gesellschaft mit dem Investor ein **Investment Agreement oder ähnliche Vereinbarungen** abschließt und in diesem Zusammenhang **bestimmte Garantien oder Gewährleistungen** abgibt, beispielsweise bei Venture Capital-Beteiligungen. Die entsprechenden Regelungen reichen dabei vom Bestand der Gesellschaft und der Existenz der Aktien über Vollständigkeit erteilter Informationen bis hin zu vollen Gewährleistungen wie bei Unternehmenskäufen betreffend den tatsächlichen und rechtlichen Zustand der Gesellschaft. Allerdings ist zu bedenken, dass hier die aktienrechtlichen Grenzen des Grundsatzes der Kapitalbindung zu beachten sind. Gem. § 57 AktG ist es unzulässig, den Zeichnern ihre einmal geleistete Einlage ganz oder teilweise zurück zu gewähren. Vertragliche Regelungen typischer Gewährleistungen bzw. Garantien in den Beteiligungsverträgen führen aber genau zu diesen Konstellationen. Denn die Beteiligung wird unter einer bestimmten Erwartungshaltung eingegangen

---

[297] Vgl. zu den steuerlichen Auswirkungen *Pape* BB 1998, 1783; *Priester* ZGR 1977, 445.
[298] BGHZ 113, 355 (340). Kritisch dazu *Roth* JB 1991, 1913 (1915), der die Anwendung der Sacheinlagevorschriften für nicht notwendig hält, da die Werthaltigkeit des eingebrachten Gewinns als Zahlungsanspruch gegen die Gesellschaft wegen des geprüften Jahresabschlusses außer Frage stehe. Dagegen *Bayer* ZIP 1998, 1985 (1989).
[299] Vgl. zu den Rechtsfolgen im Einzelnen → § 13 Rn. 206 ff.
[300] BGHZ 135, 381.
[301] BGH aaO.
[302] *Lutter/Zöllner* ZGR 1996, 164 (178 ff.); Heidel/*Elser* § 184 Rn. 58.

und wenn diese Erwartungshaltung sich als unrichtig herausstellt, so soll die Gesellschaft die Einlage zurückleisten. Aus diesem Grund ist zwar ein praktisches Bedürfnis in bestimmten Konstellationen nach solchen Gewährleistungen anzuerkennen, dies lässt sich jedoch richtigerweise nicht mit dem **Grundsatz der Kapitalbindung** vereinbaren.[303] Als **Ausweg** hieraus wird empfohlen, die Kapitalerhöhung aufzuteilen in eine Kapitalerhöhung zu nominal und eine schuldrechtliche Zuzahlung in die Kapitalrücklage und bei Gewährleistungsverletzungen dann Zahlungen aus der schuldrechtlichen Zuzahlung an die Gesellschaft zurückzuführen.[304] Hierbei ist allerdings zu beachten, dass über die Abgrenzung zwischen Agio und schuldrechtlicher Zuzahlung keine völlige Rechtssicherheit herrscht. Mit der überwiegenden Auffassung ist zwar davon auszugehen, dass Leistungen, welche auf Grundlage einer Vereinbarung von Gesellschaftern untereinander an die Gesellschaft fließen, auf die Gesellschaft selber aber keinen Anspruch hat, als schuldrechtliche Zuzahlung anzusehen sind.[305] Auch ist die Auffassung abzulehnen, wonach vorrangig ein korporationsrechtliches Agio zu vereinbaren ist statt einer schuldrechtlichen Zuzahlung.[306] Folgt man dem, so liegt hier eine praktikable Lösung vor. Ein Risiko verbleibt jedoch, dass ein Gericht die Zuzahlung in die Kapitalrücklage als **Agio** einstuft, mit der Folge, dass die Gewährleistungsvereinbarung nicht durchsetzbar ist.

Im neueren Schrifttum richtigerweise weitgehend anerkannt ist heute, dass die gesetzliche 141 Prospekthaftung gem. §§ 21 ff. WpPG BörsG dem Grundsatz der Kapitalbindung gem. § 57 AktG vorgeht und die entsprechenden Schadensersatzansprüche der Aktionäre insoweit nicht beschränkt sind.[307] Dies gilt auch dann, wenn die Aktionäre die Emissionsbank in Anspruch nehmen und diese bei dem Emittenten Regress nimmt.[308] Diskutiert wird weiterhin, wieweit Gewährleistungsansprüche, welche sich Emissionsbanken regelmäßig im Emissionsvertrag gewähren lassen durchsetzbar sind oder gegen § 57 AktG verstoßen.[309] In den meisten Fällen ist jedoch ein Schaden der Emissionsbank wohl nur dann gegeben, wenn gleichzeitig eine Prospekthaftung gegenüber den Investoren besteht, so dass die Gesellschaft bereits nach zutreffender Auffassung aus diesem Grunde gegenüber dem Emissionsunternehmen haftet. Im Streit stehen dann nur noch zusätzliche eigene Schäden des Emissionsunternehmens, wie etwa Anwaltskosten.

VII. Eintragungsverfahren

1. Antrag

Gem. § 184 AktG ist der Kapitalerhöhungsbeschluss zur Eintragung in das Handelsregister 142 anzumelden. Gleiches gilt gem. § 188 AktG für die Durchführung der Kapitalerhöhung. Gem. § 188 Abs. 4 AktG können beide Anmeldungen miteinander verbunden werden, was in der Praxis regelmäßig der Fall ist.

Die Anmeldungen sind in beiden Fällen von Mitgliedern des Vorstandes in vertretungs- 143 berechtigter Zahl und vom Vorsitzenden des Aufsichtsrates persönlich zu unterzeichnen. Eine Vertretung bei der Anmeldung ist unzulässig. Sollte der Aufsichtsratsvorsitzende jedoch verhindert sein, kann sein Stellvertreter die Anmeldung vornehmen, § 107 Abs. 1 S. 3 AktG.

---

[303] IErg ebenso MüKoAktG/*Bayer* § 57 Rn. 94; GroßkommAktG/*Henze* § 57 Rn. 68; Spindler/Stilz/*Servatius* § 185 Rn. 18; Ekkenga/Maas, Das Recht der Wertpapieremissionen, § 337.
[304] Vgl. *Schaefer/Grützediek* NZG 2006, 204 ff.
[305] → Rn. 31.
[306] So aber Spindler/Stilz/*Servatius* AktG § 185 Rn. 18; abzulehnen ist auch die dort angedeutete Auffassung, dass im Rahmen des § 255 Abs. 2 AktG schuldrechtliche Zuzahlungen oder freiwillige Zuzahlungen etwa durch den höheren Wert einer Sacheinlage nicht berücksichtigt werden können.
[307] Spindler/Stilz/*Servatius* AktG § 185 Rn. 17; ausdrücklich offen gelassen BGH NZG 672, 674 jedoch mit Tendenz dahingehend, den Vorrang der Prospekthaftung anzuerkennen.
[308] Ebenso *Ekkenga/Maas,* Das Recht der Wertpapieremissionen, Rn. 337; GroßkommAktG/*Henze* § 57 Rn. 55; MüKoAktG/*Bayer* § 57 Rn. 80.
[309] Vgl. zum Meinungsstand MüKoAktG/*Bayer* § 57 Rn. 80 ff.

144 **a) Kapitalerhöhungsbeschluss.** Der Handelsregisteranmeldung des Kapitalerhöhungsbeschlusses nach § 184 AktG sind die zur Prüfung durch das Gericht notwendigen Unterlagen beizufügen, dh Protokoll der Hauptversammlung, vollständiger Wortlaut der neugefassten Satzung und bei Sachkapitalerhöhungen der nach § 183 Abs. 3 S. 1, 2 AktG erforderliche Bericht über die Werthaltigkeit der Sacheinlage, sofern dieser nicht bereits vom Prüfer unmittelbar an das Gericht übermittelt wurde.

145 Anders als nach § 188 Abs. 5 AktG aF gibt es nach dessen Aufhebung keine aktienrechtliche Aufbewahrungsvorschrift mehr. Die frühere Regelung in § 188 Abs. 5 AktG aF war auf Registerführung und Papierform zugeschnitten und passt deshalb nicht für elektronische Registerführung. Aufbewahrung richtet sich nunmehr nach näherer Bestimmung der Bundesländer (VO) iVm § 8a Abs. 2 HGB. Gegebenenfalls muss die Anmeldung des Kapitalerhöhungsbeschlusses Angaben über bisher noch nicht geleistete Einlagen enthalten und insbesondere darlegen, warum diese nicht erlangt werden können. Auch wenn keinerlei Einlagen ausstehen, ist dies dem Gericht mitzuteilen.

146 **b) Durchführung der Kapitalerhöhung.** Bei einer Kapitalerhöhung gegen Bareinlagen ist gem. § 188 Abs. 2 S. 1 iVm § 37 Abs. 1 AktG zu erklären, dass der auf jede Aktie eingeforderte Betrag ordnungsgemäß eingezahlt wurde und endgültig zur freien Verfügung des Vorstandes steht. Teilweise wird von Registergerichten verlangt, dass die Bankbestätigung eine Erklärung darüber enthält, dass keine Gegenrechte der Bank bestanden und keine aus der Kontoführung bekannten Rechte Dritter vorhanden waren. Für einen solchen Inhalt der Bankbestätigung gibt es jedoch keine Anhaltspunkte im Gesetz. Dies sind letztlich Einzelfragen, die mit der generellen Aussage, dass die Einlagen zur freien Verfügung des Vorstands stehen, mit abgedeckt sind.

147 Sofern der Vorstand über geleistete Einlagen bereits verfügt hat, war nach früherer Rechtsprechung im Einzelnen darzulegen, für welche geschäftlichen Maßnahmen der Einlagebetrag verwendet worden ist.[310] Mit der bereits beschriebenen Aufgabe der Rechtsprechung zur wertgleichen Deckung durch den BGH ist auch dieses Erfordernis entfallen.[311] Nunmehr ist lediglich erforderlich, dass **der Vorstand versichert, der Einlagebetrag sei** für die Zwecke der Gesellschaft zur (endgültig) freien Verfügung des Vorstandes eingezahlt und auch in Folge **nicht an den Zeichner zurückgezahlt** worden.[312]

148 Die **freie Verfügbarkeit** ist gem. § 37 Abs. 1 S. 2 AktG **mit der Anmeldung nachzuweisen**, wobei dies bei Zahlung durch Überweisung auf ein Gesellschaftskonto durch eine Bestätigung des kontoführenden Kreditinstituts zu erfolgen hat, § 37 Abs. 1 S. 3 AktG. Für die Richtigkeit dieser Bestätigung haftet die erklärende Bank gem. § 37 Abs. 1 S. 4 AktG.

149 Dabei reicht es aus, wenn das Kreditinstitut bestätigt, dass die Einlage zur freien Verfügung des Vorstands stand. Denn da lediglich erforderlich ist, dass die Bareinlage zur endgültigen freien Verfügung des Vorstands geleistet wurde, sich aber nicht mehr im Vermögen der Gesellschaft befinden muss, sind die Anforderungen für die Bankbestätigung parallel zu fassen.[313] Die Bankbestätigung muss zur Vorlage beim Registergericht bestimmt sein,[314] daher sollte dies ausdrücklich in die Bestätigung aufgenommen werden.

---

[310] BGHZ 119, 177 (188).
[311] → Rn. 131.
[312] BGH NJW 2005, 3721 (3723).
[313] Vgl. BGHZ 175, 86 (95) = BGH NZG 2008, 304 (307).
[314] BGHZ 175, 86 (95) = BGH NZG 2008, 304 (307).

Muster:

[Briefkopf Bank]

An die
xxx AG
Vorstand

Bestätigung gemäß §§ 188 Abs. 1, 37 Abs. 1 S. 3 AktG

Zur Vorlage beim Amtsgericht [Ort] – Registergericht – bestätigen wir hiermit, dass wir der

Muster AG, [Sitz]

auf dem in unserem Hause eröffneten Sonderkonto für eine Kapitalerhöhung der Gesellschaft unter der Nr. . . . . . .

. . . . . . EUR
(in Worten: . . . . . . Euro)

am . . . . . gutgeschrieben haben.
Wir bestätigen, dass der gutgeschriebene Betrag am Tage der Gutschrift endgültig zur freien Verfügung des Vorstands der Gesellschaft stand und insbesondere keine Gegenrechte unseres Hauses bestehen und keine uns aus der Kontoführung bekannten Gegenrechte Dritter.
Mit freundlichen Grüßen

[Unterschriften]

§ 188 Abs. 3 AktG benennt im Einzelnen die Unterlagen, die der Anmeldung zum Handelsregister beizufügen sind.

Hierbei handelt es sich zunächst um die Zweitschriften der Zeichnungsscheine sowie ein vom Vorstand unterschriebenes Verzeichnis der Zeichner, das die auf jeden Zeichner entfallenden Aktien und die auf sie geleisteten Einzahlungen angibt.

Muster:

Verzeichnis der Zeichner

der neuen Stückaktien der

. . . . . . AG

mit Sitz in . . . . . ., die anlässlich der Erhöhung des Grundkapitals von . . . . . . EUR um . . . . . . EUR auf . . . . . . EUR gemäß Beschluss der ordentlichen Hauptversammlung vom . . . . . . ausgegeben worden sind:

Zeichner	Anzahl der Aktien	Gesamtausgabebetrag	geleistete Einzahlungen

. . . . . ., den . . . . . .
. . . . . .
(Vorstand)

Bei einer Kapitalerhöhung mit Sacheinlagen sind die Verträge, die den Festsetzungen nach § 183 AktG zugrunde liegen oder zu ihrer Ausführung geschlossen worden sind, beizufügen. Hierbei handelt es sich um die Einbringungsverträge.[315]

---

[315] Vgl. näher zu den Einbringungsverträgen → § 13 Rn. 8 ff.

155 Schließlich ist eine Berechnung der Kosten, die für die Gesellschaft durch die Ausgabe der neuen Aktien entstanden sind, mit der Anmeldung der Durchführung der Kapitalerhöhung beim Handelsregister einzureichen. Abzulehnen ist dabei die Forderung, die jeweiligen Zahlungsempfänger zu spezifizieren. Höhere Kosten entstehen regelmäßig bei einer Sachkapitalerhöhung. Die Kosten für die Einbringung notwendiger Bewertungsgutachten sowie Notarkosten wegen formbedürftiger Geschäfte können den genannten Betrag bei Weitem überschreiten.

156 Wenn die Erhöhung des Grundkapitals einer staatlichen Genehmigung bedarf, war früher die entsprechende Genehmigungsurkunde beizufügen. Diese Anforderung ist jedoch nach dem Inkrafttreten des MoMiG weggefallen.

157 Daneben muss der Vorstand gegenüber dem Registergericht erklären, dass der Wert einer Sacheinlage den geringsten Ausgabebetrag iSv § 9 AktG sowie zusätzlich ein eventuell vereinbartes Agio erreicht. In der Rechtsprechung wird des Weiteren gefordert, dass in dem Fall einer Tranchenbildung bei Kapitalerhöhungen ausgegeben werden muss, wenn die Ausgabe weiterer Tranchen vorbehalten werden soll. Dies betrifft den Fall einer Bis-zu-Kapitalerhöhung, bei der zunächst ein Teilbetrag angemeldet werden soll und anschließend später noch einmal eine weitere Tranche.[316]

158 **Muster: Berechnung der durch die Kapitalerhöhung entstehenden Kosten**[317]

Kostenart	EUR
Bankprovision	......
Notar- und Gerichtskosten	......
Rechtsberatungskosten	......
Sonstiges (geschätzt)	......
Kosten insgesamt	......

2. Prüfung durch das Registergericht

159 Hinsichtlich des Kapitalerhöhungsbeschlusses prüft das Registergericht zunächst die ordnungsgemäße Anmeldung, insbesondere also Vollständigkeit und Ordnungsmäßigkeit der Unterlagen. Weiterhin wird geprüft, ob der Kapitalerhöhungsbeschluss gem. § 241 AktG nichtig ist oder Sonderbeschlüsse gem. § 182 Abs. 2 AktG fehlen sowie ob die Voraussetzungen des § 182 Abs. 4 AktG erfüllt sind. Ist der Kapitalerhöhungsbeschluss gem. § 241 AktG nichtig, so hat der Registerrichter die Eintragung abzulehnen. Ist der Kapitalerhöhungsbeschluss gem. § 243 AktG **angefochten**, so hat der Registerrichter nach pflichtgemäßem Ermessen zu entscheiden, ob er den Kapitalerhöhungsbeschluss einträgt oder den Ausgang des Rechtsstreits abwartet. In der Praxis wird meist eine Zwischenverfügung zur Aussetzung des Verfahrens gem. §§ 21, 381 FamFG erlassen.[318]

160 Wird gegen einen Hauptversammlungsbeschluss über eine ordentliche Kapitalerhöhung Klage erhoben, so kann das Prozessgericht gem. § 246a Abs. 1 AktG auf Antrag der Gesellschaft in bestimmten Fällen durch Beschluss feststellen, dass die Erhebung der Klage der

---

[316] OLG München NZG 2009, 1274 ff.

[317] In der Literatur wird vereinzelt gefordert, dass jeweils anzugeben ist, an wen die Kosten zu zahlen sind, so *Kleinstück*, Beck'sches Formularbuch Mergers & Acquisitions, F.II.5. Aufstellung der Kosten der Kapitalerhöhung. Diese Auffassung ist jedoch abzulehnen. Eine derartige Angabe fordern jedenfalls ua nicht: Spindler/Stilz/*Servatius* AktG § 188 Rn. 29, MüKoAktG/*Schürnbrand* § 188 Rn. 44, Schmidt/Lutter/*Veil* § 188 Rn. 29.

[318] KölnKommAktG/*Zöllner* § 243 Rn. 41 ff.

Eintragung nicht entgegensteht und Mängel des Hauptversammlungsbeschlusses die Wirkung der Eintragung unberührt lassen.[319]

Hinsichtlich der Durchführung der Kapitalerhöhung wird geprüft, ob das Kapitalerhöhungsverfahren mit Gesetz und Satzung vereinbar ist, insbesondere die Wirksamkeit der Zeichnung. Sofern die Durchführung der Kapitalerhöhung später als der Kapitalerhöhungsbeschluss zur Eintragung in das Handelsregister angemeldet wird, ist auch bei einem bereits eingetragenen Kapitalerhöhungsbeschluss nochmals eine Prüfung der Werthaltigkeit von Sacheinlagen vorzunehmen.[320]

3. Rücknahme der Handelsregisteranmeldung bei gescheiterter Kapitalerhöhung

In der Rechtsprechung ist bislang nur geklärt, dass eine Rücknahme der Handelsregisteranmeldung möglich ist.[321] Hinsichtlich der Frage, wer zur Rücknahme der Handelsregister befugt ist, wird in der Literatur zumeist ohne Begründung ein Gleichlauf der Zuständigkeiten angenommen.[322] Dies ist jedoch nicht zwingend. Festzustellen ist zunächst, dass es an einer ausdrücklichen gesetzlichen Regelung fehlt. Einschränkungen, welche die Anmeldung betreffen, sind auf die Rücknahme der Anmeldung nicht notwendigerweise zu übertragen. Das restriktive Anmeldeverfahren schützt den Rechts- und Wirtschaftsverkehr. Dieser Schutz ist bei der Rücknahme der Anmeldung jedoch nicht zu beachten, da durch die Rücknahme der Anmeldung der ursprüngliche status quo erhalten bleibt.[323] Die Anmeldung und deren Rücknahme sind demnach zwei völlig verschiedene Vorgänge, so dass weder der Aufsichtsratsvorsitzende mitwirken, noch ein Bevollmächtigungsverbot seitens des dann allein zuständigen Vorstands bestehen muss.[324] Vielmehr ist der Vorstand als Vertretungsorgan der AG zur Rücknahme der Anmeldung befugt, der sich bei der Rücknahme auch durch Bevollmächtigte vertreten lassen kann.[325] In der Praxis wird ganz regelmäßig in die Handelsregisteranmeldung eine Bevollmächtigung von Angestellten des anmeldenden Notars aufgenommen, Erklärung, Bewilligung und Anträge einschließlich Änderungen und Ergänzungen der Anmeldungen abzugeben. Danach könnten die Angestellten des Notars auch die Rücknahme der Handelregisteranmeldung in Vollmacht für den Vorstand vornehmen.

4. Inhalt der Eintragung

Sofern die Anmeldung nicht zurückgenommen wird, wird auf die Anmeldung des Kapitalerhöhungsbeschlusses hin allein der Beschluss als solcher in Spalte 6 des Handelsregisters Abteilung B, auf die Anmeldung der Durchführung der Kapitalerhöhung hin die neue Grundkapitalziffer in Spalte 3 und die Durchführung der Kapitalerhöhung nebst hieraus folgender Satzungsänderung in Spalte 6 eingetragen.

5. Veröffentlichungspflichten nach Durchführung der Kapitalerhöhung

Nach Durchführung einer Kapitalerhöhung treffen den Emittenten und evtl. auch die Aktionäre ebenfalls Veröffentlichungspflichten, vgl. hierzu → Rn. 165 ff.

VIII. Veröffentlichungspflichten

Im Zusammenhang mit der Durchführung einer ordentlichen Kapitalerhöhung treffen den Emittenten zahlreiche Veröffentlichungspflichten. Dies sind einerseits Veröffentlichungspflichten, die generell im Zusammenhang mit Hauptversammlungen stehen,[326] ande-

---

[319] Vgl. dazu → § 37 Rn. 6.
[320] Dafür Hüffer/Koch/*Koch* AktG § 188 Rn. 21 dagegen LG Koblenz WM 1991, 1507.
[321] BGH NJW 1959, 1323 f.
[322] So *Pfeiffer/Buchinger* BB 2006, 2317 (2318).
[323] So im Ergebnis auch Marsch-Barner/Schäfer/*Busch* § 42 Rn. 111.
[324] Für eine Rücknahmemöglichkeit durch eines der beiden Organe: Marsch-Barner/Schäfer/*Busch* § 42 Rn. 111; Bürgers/Körber/*Marsch-Barner* § 184 Rn. 12.
[325] *Pfeiffer/Buchinger* BB 2006, 2317 (2319).
[326] Vgl. hierzu auch die Darstellung und Checkliste in Kuthe/Rückert/Sickinger/*Sickinger,* Compliance-Handbuch Kapitalmarktrecht, 2. Kap. insbes. → Rn. 83, 100.

rerseits speziellere Veröffentlichungspflichten bezogen auf Kapitalmaßnahmen. Dabei gilt, dass die allermeisten Veröffentlichungspflichten nur im regulierten Markt börsennotierte Gesellschaften treffen.

1. Ad-hoc-Mitteilung

166   Sobald bei einer börsennotierten Gesellschaft die Entscheidung gefallen ist, eine Kapitalerhöhung durchzuführen, stellt diese Tatsache eine Insiderinformation dar, welche die Gesellschaft gem. Art. 17 Abs. 1 MAR unverzüglich veröffentlichen muss.[327] Diese Pflicht besteht bereits ab dem Zeitpunkt, zu dem eine **überwiegende Wahrscheinlichkeit** (mehr als 50 %)[328] besteht, dass die Kapitalerhöhung durchgeführt wird, damit also regelmäßig bereits im Vorfeld der Veröffentlichung der Einladung zur Hauptversammlung. Soweit die Entscheidung über die Durchführung der Kapitalerhöhung noch vom Eintreten bestimmter Umstände abhängig ist, zum Beispiel vom positiven Ausgang einer Due Diligence-Prüfung bei der Gesellschaft durch einen Investor, liegt ein mehrstufiger Entscheidungsprozess vor, bei dem auf jeder Stufe zu prüfen ist, ob bereits Insiderinformationen, also Umstände mit erheblicher Kursrelevanz, die nicht öffentlich bekannt sind, vorliegen.[329]

167   In begründeten Fällen hat die Gesellschaft gem. Art. 17 Abs. 4 MAR die Möglichkeit, die Veröffentlichung der Ad-hoc-Mitteilung aufzuschieben, wenn außerdem keine Irreführung der Öffentlichkeit zu befürchten ist und die Gesellschaft die Vertraulichkeit der Insiderinformation gewährleisten kann.[330] Ein solcher Grund für den **Aufschub** einer Ad-hoc-Mitteilung liegt nach fundierter Meinung in Deutschland insbesondere dann vor, wenn die Zustimmung des Aufsichtsrats zum Vorstandsbeschluss über die Durchführung der Kapitalerhöhung noch aussteht.[331] Dies gilt allerdings nur dann, wenn die sofortige Offenlegung die korrekte Beurteilung der Information durch das Publikum gefährden würde und der Emittent zugleich dafür Sorge getragen hat, dass eine endgültige Entscheidung durch den Aufsichtsrat so schnell wie möglich erfolgt.[332] Regelmäßig kann ein solcher Aufsichtsratsbeschluss innerhalb weniger Tage gefasst werden, ein Zeitraum von zehn Wochentagen sollte dabei jedenfalls nicht überschritten werden.[333]

168   Die Ad-hoc-Mitteilung erfolgt gem. § 3a und § 5 WpAIV über ein elektronisch betriebenes Informationsverbreitungssystem, eine Nachrichtenagentur, einen News-Provider, ein Printmedium und eine Internetseite für den Finanzmarkt (zusammen so genanntes „Medienbündel"), wobei mindestens eines dieser Medien eine aktive europaweite Verbreitung ermöglichen muss. Darüber hinaus muss die Gesellschaft die Ad-hoc-Mitteilung für mindestens einen Monat auf ihrer Internet-Seite an einer Stelle veröffentlichen, die leicht aufzufinden ist. Des Weiteren ist die Ad-hoc-Mitteilung unverzüglich, jedoch nicht vor ihrer Veröffentlichung, dem Unternehmensregister zur Speicherung zu übermitteln.

2. Einladung zur Hauptversammlung

169   Gem. § 186 Abs. 4 S. 2 AktG muss der Vorstand der Hauptversammlung einen **schriftlichen Bericht** über die Begründung des Bezugsrechtsausschlusses sowie den vorgeschlagenen Ausgabepreis zugänglich machen.[334] Der wesentliche Inhalt dieses Berichts ist gem. § 124 Abs. 2 S. 2 AktG analog in der Einladung zur Hauptversammlung bekannt zu machen. Es

---

[327] Vgl. *BaFin*, Emittentenleitfaden, S. 47 ff.; Kuthe/Rückert/Sickinger/*Rückert/Kuthe*, Compliance-Handbuch Kapitalmarktrecht, 5. Kap. Rn. 35; Szesny/Kuthe/*Kuthe/Zipperle*, Kapitalmarkt Compliance 9. Kap. Rn. 57.
[328] BGH AG 2008, 380; KölnKommWpHG/*Pawlik* § 13 Rn. 85; vgl. auch *BaFin*, Emittentenleitfaden, S. 30.
[329] Vgl. *BaFin*, Emittentenleitfaden, S. 31; Assmann/Schneider/*Assmann* WpHG § 15 Rn. 60.
[330] Vgl. *BaFin*, Emittentenleitfaden, S. 65 ff.; Kuthe/Rückert/Sickinger/*Rückert/Kuthe*, Compliance-Handbuch Kapitalmarktrecht 5. Kap. Rn. 42 ff.; Szesny/Kuthe/*Kuthe/Zipperle*, Kapitalmarkt Compliance 9. Kap. Rn. 58, 4. Kap. Rn. 49 ff.
[331] Vgl. hierzu Kuthe/Rückert/Sickinger/*Sickinger*, Compliance-Handbuch Kapitalmarktrecht, 5. Kap. Rn. 51 f.; Szesny/Kuthe/*Kuthe/Zipperle*, Kapitalmarkt Compliance 9. Kap. Rn. 58.
[332] *ESMA*, ESMA/2016/1478 DE, S. 5.
[333] Klöhn/*Klöhn*, MAR Art. 17, Rn. 222; ähnlich *Krämer/Kiefner*, AG 2016, 621 (625).
[334] Vgl. zum Bericht und dessen Inhalt → Rn. 112.

ist üblich, den **Bericht vollständig abzudrucken,** um die Diskussion über die Frage, was wesentlicher Inhalt ist, zu vermeiden.

Gem. dem durch das Gesetz zur Umsetzung der Aktionärsrechterichtlinie (ARUG)[335] neu gefassten § 124a Nr. 3 AktG müssen börsennotierte Gesellschaften den Bericht alsbald nach der Einberufung der Hauptversammlung auf der Internet-Seite veröffentlichen. Dadurch entfällt richtigerweise gem. § 175 Abs. 2 S. 4 AktG analog die Verpflichtung der Gesellschaft, den Bericht in den Geschäftsräumen der Gesellschaft auszulegen und einzelnen Aktionären auf Verlangen zuzusenden. Außerdem muss der Bericht während der Hauptversammlung zugänglich gemacht werden,[336] was auch in elektronischer Form, etwa über bereitgestellte Computerbildschirme, geschehen kann.[337]

3. Veröffentlichungspflichten nach der Hauptversammlung

Nachdem die Hauptversammlung die Kapitalerhöhung beschlossen hat, kann dieser Umstand gegebenenfalls erneut eine Insiderinformation darstellen, die gem. Art. 17 Abs. 1 MAR ad-hoc-mitteilungspflichtig ist. Dies hängt davon ab, ob die Beschlussfassung geeignet ist, den Börsen- oder Marktpreis erheblich zu beeinflussen, was im Einzelfall unter Zugrundelegung der allgemeinen Lebenserfahrung zu beurteilen ist.[338] Aufgrund der vorangegangenen Ad-hoc-Mitteilung und der Veröffentlichung der Einladung zur Hauptversammlung dürfte eine solche **erhebliche Kursrelevanz** regelmäßig zu verneinen sein, da der Markt bereits auf die Bekanntgabe der beabsichtigten Kapitalerhöhung reagieren dürfte.[339]

Der Beschluss der Hauptversammlung ist nicht gem. § 49 Abs. 1 S. 1 Nr. 2 WpHG im Bundesanzeiger zu veröffentlichen, da diese Vorschrift an die Ausgabe neuer Aktien anknüpft, die sowohl bei der ordentlichen Kapitalerhöhung als auch bei der Kapitalerhöhung aus genehmigten Kapital erst zum Zeitpunkt der Eintragung der Kapitalerhöhung in das Handelsregister gem. § 189 AktG vorliegt.[340] Wird die Kapitalerhöhung mit Bezugsrechtsausschluss der Aktionäre durchgeführt, so bedarf es unverzüglich nach wirksamer Beschlussfassung der Hauptversammlung einer Veröffentlichung gem. § 49 Abs. 1 S. 1 Nr. 2 WpHG bezüglich des Bezugsrechtsausschlusses und der Ankündigung zur Ausgabe von Aktien.[341]

4. Bezugsangebot

Soweit die Kapitalerhöhung mit Bezugsrecht der Aktionäre durchgeführt wird, ist das Bezugsangebot unter Angabe des Ausgabebetrags der neuen Aktien und der Bezugsfrist gem. § 186 Abs. 2 S. 1 AktG in den Gesellschaftsblättern, also regelmäßig im Bundesanzeiger (vgl. § 25 AktG), zu veröffentlichen.[342] Für den Fall, dass das Bezugsangebot noch keinen Ausgabebetrag enthält, sondern nur die Grundlagen für seine Festlegung, muss der Ausgabebetrag gem. § 186 Abs. 2 S. 2 AktG **spätestens drei Tage vor Ablauf der Bezugsfrist** in den Gesellschaftsblättern und auf der Internet-Seite der Gesellschaft bekannt gemacht werden.[343] Gleiches gilt gem. § 186 Abs. 5 AktG bei einer Kapitalerhöhung mit mittelbarem Bezugsrecht, also unter Einschaltung einer in § 186 Abs. 5 S. 1 AktG beschriebenen Emissionsbank, welche die Durchführung der Kapitalerhöhung übernimmt.[344] Zum Streit über

---

[335] BGBl. I S. 2479 ff.
[336] Vgl. zur Rechtslage vor Inkrafttreten des ARUG: Hüffer/Koch/*Koch* AktG § 186 Rn. 23.
[337] Vgl. die Begründung des RegE ARUG zur Änderung von § 52 AktG, S. 35.
[338] Kuthe/Rückert/Sickinger/*Sickinger,* Compliance-Handbuch Kapitalmarktrecht 2. Kap. Rn. 97.
[339] Kuthe/Rückert/Sickinger/*Sickinger,* Compliance-Handbuch Kapitalmarktrecht 2. Kap. Rn. 98.
[340] *BaFin,* Emittentenleitfaden, S. 189 f.
[341] *BaFin,* FAQ zu den Transparenzpflichten des WpHG in den Abschnitten 6 (§§ 33 ff.) und 7 (§§ 48 ff.) S. 38.
[342] Vgl. zum Inhalt des Bezugsangebotes → Rn. 76.
[343] Hüffer/Koch/*Koch* AktG § 186 Rn. 19a; vgl. zu der Frage, was zu veröffentlichen ist als Grundlagen der Festlegung des Ausgabebetrages → Rn. 27.
[344] Vgl. Schmidt/Lutter/*Veil* § 186 Rn. 48; vgl. auch → Rn. 39 f.

die Veröffentlichungspflicht des Ausgabebetrags im Falle einer Kapitalerhöhung mit Bezugsrechtsausschluss und Festlegung des Ausgabebetrags durch den Vorstand → Rn. 22 ff.

5. Veröffentlichung gemäß § 41 WpHG

174 Nach der Durchführung der Kapitalerhöhung und Eintragung des erhöhten Kapitals im Handelsregister hat ein Inlandsemittent gem. § 41 WpHG die **geänderte Gesamtzahl der Stimmrechte zu veröffentlichen,** diese Veröffentlichung der BaFin mitzuteilen und außerdem die geänderte Stimmrechtszahl an das Unternehmensregister zu melden. Im Einzelnen ist ein Inlandsemittent verpflichtet, am Ende eines jeden Kalendermonats, in dem es zu einer Zu- oder Abnahme von Stimmrechten gekommen ist, die Gesamtzahl der Stimmrechte über das vorstehend beschriebene Medienbündel zu veröffentlichen. Gleichzeitig hat der Inlandsemittent die Veröffentlichung der BaFin mitzuteilen. Des Weiteren hat er die Mitteilung unverzüglich, jedoch nicht vor ihrer Veröffentlichung dem Unternehmensregister zur Speicherung zu übermitteln.[345]

6. Mitteilungspflichten der Aktionäre

175 Durch die Kapitalerhöhung kann auch für Aktionäre der Gesellschaft eine Mitteilungspflicht entstehen, falls der Stimmrechtsanteil von bisherigen Aktionären, die sich nicht an der Kapitalerhöhung beteiligen, sowie von Altaktionären, die an der Kapitalerhöhung teilnehmen oder neuen Aktionären eine der in § 33 Abs. 1 WpHG genannten Schwellen erreicht, unter- beziehungsweise überschreitet. Dies hat der Aktionär der Gesellschaft und der BaFin unverzüglich, spätestens **innerhalb von vier Handelstagen nach Kenntnis der Änderung des Stimmrechtsanteils** mitzuteilen. Bei Kapitalerhöhungen unter Mitwirkung eines Emissionsunternehmens kann die Meldepflicht für neue Investoren bereits zum Zeitpunkt der Entstehung der neuen Aktien bestehen, § 33 Abs. 3 WpHG. Ob ein Anspruch im Sinne dieser Norm besteht ist für den Zeichner nicht immer zweifelsfrei zu beurteilen. Daher ist es ausreichend für das Datum der Schwellenberührung auf den Zeitpunkt der Einbuchung der Aktien abzustellen.[346] Für Altaktionäre die im Rahmen eines Bezugsrechts zeichnen ist maßgeblicher Zeitpunkt jedoch die Eintragung der Durchführung der Kapitalerhöhung. Unterbleibt die Mitteilung, ist der mitteilungspflichtige Aktionär gem. § 44 WpHG für die Dauer des Versäumnisses, bei vorsätzlicher oder grob fahrlässiger Verletzung der Mitteilungspflicht ggf. um sechs Monate darüber hinaus, **von der Ausübung der mit diesen Aktien verbundenen Rechte** (einschließlich Stimmrecht und dem Recht zum Bezug von Dividenden) **ausgeschlossen.** Außerdem kann bei Nichteinhaltung der Mitteilungspflicht eine Geldbuße verhängt werden. Die Gesellschaft hat die Stimmrechtsmitteilungen der Aktionäre gem. § 40 Abs. 1 WpHG spätestens drei Handelstage nach Zugang der Mitteilung über das vorstehend beschriebene Medienbündel zu veröffentlichen und gleichzeitig der BaFin mitzuteilen. Außerdem ist die Mitteilung unverzüglich, jedoch nicht vor ihrer Veröffentlichung dem Unternehmensregister zur Speicherung zu übermitteln.[347]

176 Sollte ein Aktionär durch eine Kapitalerhöhung die **Schwelle von 10 % der Stimmrechte** erreichen oder überschreiten, ist er gem. § 27a Abs. 1 AktG verpflichtet, dies der Gesellschaft unter Angabe der mit dem Erwerb der Stimmrechte verfolgten Ziele und die Herkunft der hierfür verwendeten Mittel innerhalb von 20 Handelstagen nach Erreichen oder Überschreiten der Schwelle mitzuteilen. Gem. § 27a Abs. 2 AktG hat die Gesellschaft die erhaltenen Informationen oder die Tatsache, dass die Mitteilungspflicht gem. § 27a Abs. 1 AktG nicht erfüllt wurde, in der in § 26 Abs. 1 AktG vorgesehenen Form zu veröffentlichen (vgl. vorstehenden Absatz).[348]

---

[345] Vgl. Assmann/Schneider/*Schneider* WpHG § 26a Rn. 3 ff.; Kuthe/Rückert/Sickinger/*Sudmeyer,* Compliance-Handbuch Kapitalmarktrecht 8. Kap. Rn. 115 ff.; *BaFin,* Emittentenleitfaden, S. 176 ff.
[346] *BaFin,* FAQ zu den Transparenzpflichten des WpHG zu den Abschnitten 6 (§§ 33ff.) und 7 (§§ 48 ff.), S. 19.
[347] Vgl. *BaFin,* Emittentenleitfaden, S. 170 ff.; Kuthe/Rückert/Sickinger/*Sudmeyer,* Compliance-Handbuch Kapitalmarktrecht 8. Kap. Rn. 110 ff.
[348] Vgl. auch *BaFin,* Emittentenleitfaden, S. 167 f.

7. Directors' Dealings

Bei der Beteiligung von Führungskräften der Gesellschaft oder diesen im Sinne der Regelung nahestehenden Personen bzw. Gesellschaften[349] an der Kapitalerhöhung, dies betrifft also in erster Linie die Mitglieder der Organe, haben diese der Gesellschaft den Aktienerwerb (Directors' Dealings) gem. Art. 19 Abs. 1 MAR unverzüglich und **spätestens drei Geschäftstage nach dem Datum des Geschäfts** und der BaFin gem. Art. 19 Abs. 2 MAR innerhalb von drei Arbeitstagen nach dem Datum des Geschäfts mitzuteilen. Das schuldrechtliche Verpflichtungsgeschäft kommt mit der Annahme der Zeichnung durch die Gesellschaft zustande und stellt das maßgebliche Datum des Geschäfts dar. Hiervon hat der Zeichnende regelmäßig jedoch keine Kenntnis, weshalb auf den Zeitpunkt abzustellen ist, an dem der Meldepflichtige Kenntnis von der Annahme erlangt.[350] Gem. Art. 19 Abs. 3 MAR hat die Gesellschaft die Mitteilung unverzüglich und spätestens drei Geschäftstage nach dem Geschäft über das vorstehend beschriebene Medienbündel zu veröffentlichen und gleichzeitig der BaFin die Veröffentlichung mitzuteilen. Außerdem ist die Information unverzüglich, nicht jedoch vor ihrer Veröffentlichung dem Unternehmensregister zur Speicherung zu übermitteln.

8. Insiderrecht

Vor Kapitalerhöhungen führen Investoren häufig eine Due-Diligence-Prüfung bei der Gesellschaft durch, wobei sich die Frage stellt, inwieweit eine solche Prüfung im Vorfeld einer Kapitalerhöhung aufgrund von insiderrechtlichen Vorschriften zulässig ist. Dies ist dann zu bejahen, wenn ein Interesse der Gesellschaft an der Kapitalerhöhung besteht, in diesem Fall liegt keine unbefugte Weitergabe von Insiderinformationen vor.[351]

Es stellt sich die Frage, welche Folgen sich daraus ergeben, wenn ein Investor **im Rahmen einer Due Diligence vor einer Kapitalerhöhung Insiderinformationen** erhält und sich anschließend an der Kapitalerhöhung beteiligen möchte. Diese Frage wird, soweit ersichtlich, in Literatur und Rechtsprechung nicht weiter diskutiert. Richtigerweise ist ein Verstoß gegen das Verbot der Verwendung von Insiderinformationen gem. Art. 8 Abs. 1 MAR in solchen Fällen abzulehnen.[352] Denn in diesem Verhältnis kann der Investor kein Insiderwissen zur Erzielung von Sondervorteilen ausnutzen, so dass eine Schädigung des Kapitalmarkts und der Kapitalmarktteilnehmer in solchen Fällen regelmäßig auszuschließen ist.[353]

Unklar ist allerdings, welche Position die BaFin hierzu vertritt. Denn während die BaFin bei derivativen Aktienerwerben die Annahme eines **Face-to-Face-Geschäfts** bejaht und dabei ein Verstoß gegen das Insiderrecht ablehnt,[354] scheint die BaFin bei Aktienoptionsprogrammen davon auszugehen, dass Verstöße gegen das Verbot von Insidergeschäften in Betracht kommen können, wenn die Mitarbeiter, die am Programm teilnehmen, über Insiderinformationen verfügen.[355] Diese Auffassung ist allerdings sowohl für Kapitalerhöhungen im Rahmen von Aktienoptionen als auch für Kapitalerhöhungen generell abzulehnen.[356] Es fehlt in diesem Fall an einem Schutzbedürfnis ebenso wie beim Face-to-Face-Geschäft beim derivativen Aktienerwerb.

---

[349] Vgl. hierzu Assmann/Schneider/*Sethe* WpHG § 15a Rn. 27 ff.; Kuthe/Rückert/Sickinger/*aus der Fünten*, Compliance-Handbuch Kapitalmarktrecht, 6. Kap. Rn. 23 ff.; Szesny/Kuthe/*Plückelmann*, Kapitalmarkt Compliance 5. Kap. Rn. 18.
[350] *BaFin*, FAQ zu Eigengeschäften von Führungskräften nach Art. 18 der Markmissbrauchsverordnung (EU) Nr. 596/2014, 9. Version (Stand. 1.2.2018), S. 9.
[351] Vgl. KölnKommWpHG/*Pawlik* § 14.
[352] Vgl. allgemein zum Face-to-Face-Geschäft KölnKommWpHG/*Pawlik* § 14 Rn. 32; Assmann/Schneider/ *Assmann* WpHG § 14 Rn. 28.
[353] Vgl. für den außerbörslichen Paketerwerb von Aktien *von Dryander/Schröder* WM 2007, 537; *Cahn* Der Konzern 2005, 8 (10 f.).
[354] Vgl. *BaFin*, Emittentenleitfaden, III.2.2.1.4.2 S. 38 f.
[355] Vgl. *BaFin*, Emittentenleitfaden, III.2.2.1.3 S. 37.
[356] Kuthe/Rückert/*Sickinger*, Compliance-Handbuch Kapitalmarktrecht, 11. Kap. Rn. 28 für Kapitalerhöhungen bei der Ausgabe von Aktienoptionen; Szesny/Kuthe/*Kuthe/Zipperle*, Kapitalmarkt Compliance 13. Kap. Rn. 29 ff.

181 Im Verhältnis zu anderen Investoren oder Aktionären der Gesellschaft hat der Investor, dem das Ergebnis der Due Diligence-Prüfung bekannt ist, einen **Wissensvorsprung**, so dass die Zeichnung der neuen Aktien durch ihn einen Verstoß gegen das Verbot des Erwerbs oder der Veräußerung von Insiderpapieren unter Verwendung einer Insiderinformation darstellen würde.[357] Dies ergibt sich auch aus der Beurteilung einer vergleichbaren Situation, wonach Vorstandsmitglieder einer Aktiengesellschaft gegen das Verbot von Insidergeschäften verstoßen würden, wenn sie Aktienoptionen der Gesellschaft bei Kenntnis von Insiderinformationen zeichnen würden.[358]

182 Des Weiteren stellt sich die Frage, welche Auswirkungen es hat, wenn die Gesellschaft eine Kapitalerhöhung durchführen möchte, aber ihrerseits über Insiderinformationen verfügt, die den potenziellen Zeichnern nicht bekannt sind, beispielsweise im Rahmen einer Kapitalerhöhung mit Bezugsrecht. In diesem Fall wäre bei einer im regulierten Markt befindlichen Gesellschaft die Ad-hoc-Publizität aufgeschoben gem. Art. 17 Abs. 4 MAR. Wenn man in der Zeichnung von Aktien einen Aktienerwerb im Sinne des Art. 8 Abs. 1 MAR sieht, so wäre es konsequent, auch in der **Ausgabe von Aktien durch die Gesellschaft eine Veräußerung im Sinne der insiderrechtlichen Vorschriften** anzunehmen. Dies hätte zur Folge, dass die Gesellschaft gegen das Verbot des Insiderhandels verstoßen würde, wenn sie in Kenntnis von Insiderinformationen eine Kapitalerhöhung durchführt und die Aktien an Zeichner ausgibt, die nicht über die Kenntnis von dieser Insiderinformation verfügen. Liegt entsprechende Kenntnis hingegen bei den Zeichnern vor, läge erneut ein Face-to-Face-Geschäft vor, bei dem die insiderrechtlichen Vorschriften mangels Schutzbedürfnis nicht anwendbar sind.[359] Die Frage muss als ungeklärt angesehen werden, Stellungnahmen hierzu in Rechtsprechung und Literatur fehlen weitgehend. Daher entbietet sich aus Vorsichtsgründen, immer vor Durchführung einer Kapitalerhöhung den Zeichnenden alle Insiderinformationen mitzuteilen, bei einem Bezugsangebot also alle Insiderinformationen zu veröffentlichen.

---

[357] Vgl. Assmann/Schneider/*Assmann* WpHG § 14 Rn. 42 mwN.
[358] Vgl. *BaFin*, Emittentenleitfaden, S. 37.
[359] → Rn. 182.

§ 34 Genehmigtes Kapital

Übersicht

	Rn.
I. Einführung	1
II. Ermächtigung	2–30
1. Schaffung der Ermächtigung	2–7
a) Gründungssatzung	3
b) Hauptversammlungsbeschluss	4
c) Mehrheiten	5
d) Sonderbeschlüsse	6/7
2. Inhalt der Ermächtigung	8–25
a) Dauer	8/9
b) Volumen	10–17
c) Art der Aktien	18
d) Mittelbares Bezugsrecht	19/20
e) Weiterer fakultativer Inhalt	21/22
f) Aufsichtsratszustimmung	23
g) Aufteilung in Tranchen	24/25
3. Keine Subsidiarität zur ordentlichen Kapitalerhöhung	26/27
4. Mängel	28/29
5. Aufhebung der Ermächtigung	30
III. Vorstands- und Aufsichtsratsbeschluss	31–37
1. Vorstandsbeschluss	31–34
2. Aufsichtsratsbeschluss	35
3. Besonderheiten beim (Accelerated) Bookbuilding	36/37
IV. Bezugsrecht und Bezugsrechtsausschluss	38–65
1. Bezugsrecht	38
2 Ausschluss der Bezugsrechte in der Ermächtigung oder Gründungssatzung	39/40
3. Ausschluss des Bezugsrechts im Ausübungsbeschluss des Vorstands	41–65
a) Sachliche Rechtfertigung	42–47
b) Mängel des Bezugsrechtsausschlusses	48
c) Rechtsschutz gegen Vorstandsbeschluss	49–57
d) Berichtspflicht des Vorstandes	58–61
e) Überprüfung des Ausgabebetrages	62–65
V. Weitere Durchführung der Kapitalerhöhung	66–73
1. Zeichnung und Einlageleistung	66/67
2. Eintragungsverfahren	68–71
3. Veröffentlichungen	72/73
VI. Sonderfälle	74–84
1. Belegschaftsaktien	74–81
2. Mitarbeiterbeteiligungsprogramme im weiteren Sinne	82–84

Schrifttum: *Bayer,* Materielle Schranken und Kontrollinstrumente beim Einsatz des genehmigten Kapitals mit Bezugsrechtsausschluss, ZHR 168 (2004), S. 132; *Born,* Berichtspflichten nach Ausnutzung genehmigten Kapitals mit Ausschluss des Bezugsrechts, ZIP 2011, 1793; *Bühler/Siegert,* Unternehmenssteuerung und Anreizsysteme, 1999; *Bürgers/Holzborn,* Von „Siemens/Nold" zu „Commerzbank/Mangusta" – BGH konkretisiert Überprüfung des Bezugsrechtsausschlusses bei genehmigten Kapital, BKR 2006, 202; *Bungert,* Ausnutzung eines genehmigten Kapitals mit Bezugsrechtsausschluss – Anmerkung zu den BGH-Urteilen Mangusta/Commerzbank I und II, BB 2005, 2757; *Busch,* Mangusta/Commerzbank – Rechtsschutz nach Ausnutzung eines genehmigten Kapitals mit Bezugsrechtsausschluß, NZG 2006, 81; *Cahn,* Pflichten des Vorstandes bei genehmigtem Kapital mit Bezugsrechtsausschluß, ZHR 163 (1999), 554; *Drinkuth,* Rechtsschutz bei genehmigtem Kapital, AG 2006, 142; *Fleischer,* Handbuch des Vorstandsrechts, 1. Aufl. 2006; *Freitag,* Die aktienrechtliche Zulässigkeit der Ausnutzung einer Tranche eines genehmigten Kapitals in mehreren Teilbeträgen, AG 2009, 473; *Groß,* Das Ende des so genannten „Greenshoe"; ZIP 2002, 160; *Habersack/Mülbert/Schlitt,* Unternehmensfinanzierung am Kapitalmarkt, 3. Aufl. 2011; *Happ* , Genehmigtes Kapital und Beteiligungserwerb, FS Ulmer, 2003; S. 175; *Happ/Groß,* Aktienrecht, 4. Aufl. 2015; *Hasselbach/Jakobs,* Bewertungsfragen bei der Verwendung von Aktien als Transaktionswährung, AG 2014, 217; *Henssler/Glindemann,* Die Beteiligung junger Aktien am Gewinn eines abgelaufenen Geschäftsjahres bei einer Kapitalerhöhung aus genehmigtem Kapital, ZIP 2012, 949; *Höl-*

ters/Deilmann, Die kleine AG, 2. Aufl. 2002; *Kallweit,* Equity-Line-Finanzierungen und genehmigtes Kapital: Welche Grenzen setzt das Kapitalaufbringungs- und -erhaltungsrecht?, BB 2009, 2495; *Kirchner/Sailer,* Rechtsprobleme bei Einbringung und Verschmelzung, NZG 2002, 305; *Klie,* Informationspflichten des Vorstands einer AG bei der Ausnutzung genehmigten Kapitals unter Bezugsrechtsausschluss und Folgen ihrer Missachtung, DStR 2013, 530; *Knoll,* Kumulative Nutzung von bedingtem Kapital und Aktienrückkauf zur Bedienung von Aktienoptionsprogrammen – sind 10 % nicht genug?, ZIP 2002, 1382; *Kocher,* Zur Bedeutung von Beschlussvorschlägen der Verwaltung für die Fassung und Anfechtung von Hauptversammlungsbeschlüssen, AG 2013, 406; *Kossmann,* Schriftform des Vorstandsberichts nach Ausnutzung eines genehmigten Kapitals mit Ausschluss des Bezugsrechts, NZG 2012, 1129; *Krämer/Kiefner,* Präventiver Rechtsschutz und Flexibilität beim genehmigten Kapital, ZIP 2006, 301; *Kubis,* Information und Rechtsschutz der Aktionäre beim genehmigten Kapital, DStR 2006, 188; *Leuering/Rubner,* Das Verhältnis der regulären zur genehmigten Kapitalerhöhung, NJW-Spezial 2013, 15; *dies.,* Arbeitnehmerbeteiligung mittels genehmigten Kapitals, NJW-Spezial 2015, 143; *Litzenberger,* Verstoß gegen Berichtspflichten bei der Ausnutzung genehmigten Kapitals unter Bezugsrechtsausschluss und fehlerhafter Entsprechungserklärung zum DCGK – Die Deutsche Bank Hauptversammlung 2009, NZG 2011, 1019; *Lutter,* Zum Bezugsrechtsausschluß bei der Kapitalerhöhung im Rahmen des genehmigten Kapitals, JZ 1998, 50; *Marsch-Barner/Schäfer,* Handbuch börsennotierte AG, 3. Aufl. 2014; *Meyer,* Der „Greenshoe" und das Urteil des Kammergerichts, WM 2002, 1106; *Mutter,* Darf's ein bißchen mehr sein? – Überlegungen zum zulässigen Gesamtvolumen von Aktienoptionsprogrammen nach dem KonTraG, ZIP 2002, 295; *Niggemann/Wansleben,* Berichtspflichten und Folgen ihrer Verletzung bei der bezugsrechtsfreien Ausnutzung genehmigten Kapitals, AG 2013, 267; *Paefgen,* Justiziabilität des Verwaltungshandelns beim genehmigten Kapital, ZIP 2004, 145; *Paschos,* Berichtspflichten und Rechtsschutz bei der Ausübung eines genehmigten Kapitals, DB 2005, 2731; *Pentz,* Genehmigtes Kapital, Belegschaftsaktien und Sacheinlagefähigkeit obligatorischer Nutzungsrechte – das adidas-Urteil des BGH, ZGR 2001, 901; *Raiser/Veil,* Recht der Kapitalgesellschaften, 6. Aufl. 2015; *Schürnbrand,* Bestands- und Rechtsschutz beim genehmigten Kapital, ZHR 171 (2007), 731; *Seibt/Voigt,* Kapitalerhöhungen zu Sanierungszwecken, AG 2009, 133; *Semler/Volhard/Reichert,* Arbeitshandbuch für die Hauptversammlung, 3. Aufl. 2011; *Sethe,* Die Berichtserfordernisse beim Bezugsrechtsausschluß und ihre mögliche Heilung – am Beispiel der Emission junger Aktien und Genußrechte, AG 1994, 342; *Süßmann,* Die richtlinienkonforme Auslegung der Mitteilungspflichten nach § 30 b I WpHG, NZG 2015, 467; *Trapp,* Erleichterter Bezugsrechtsausschluß nach § 186 Abs. 3 S. 4 AktG und Greenshoe, AG 1997, 115; *Wilsing,* Berichtspflichten des Vorstands und Rechtsschutz der Aktionäre bei der Ausübung der Ermächtigung zum Bezugsrechtsausschluss im Rahmen eines genehmigten Kapitals, ZGR 2006, 722.

I. Einführung

1 Soll eine **Kapitalerhöhung** nicht sofort durchgeführt werden, sondern erst **zu einem späteren Zeitpunkt**, kann die Satzung gemäß § 202 Abs. 1, Abs. 2 S. 1 AktG den Vorstand ermächtigen, das Grundkapital durch Ausgabe neuer Aktien gegen Einlagen zu erhöhen (genehmigtes Kapital). Hierdurch wird es dem Vorstand ermöglicht, mit der gebotenen **Flexibilität** eine Kapitalerhöhung durchzuführen, ohne zuvor den langwierigen und aufwändigen Prozess der Durchführung einer Hauptversammlung auf sich zu nehmen. Insbesondere ist die Ausnutzung des genehmigten Kapitals nicht gegenüber der ordentlichen Kapitalerhöhung subsidiär.[1] Gegenüber dem bedingten Kapital bietet das genehmigte Kapital den Vorteil eines weiteren Anwendungsbereichs und eines größeren Handlungsspielraums für den Vorstand. Es ist zulässig und nicht unüblich, mehrere genehmigte Kapitalia zu schaffen. Zu beachten ist allerdings, dass sie zusammengerechnet die Höchstgrenze des § 202 Abs. 3 AktG und damit die Hälfte des Grundkapitals, nicht überschreiten dürfen.[2] Die Schaffung mehrerer genehmigter Kapitalia mit unterschiedlichem Inhalt zur Minimierung des Risikos etwaiger Anfechtungsklagen war in der Praxis verbreitet. Da die Rechtsprechung den Umfang der Zulässigkeit des Bezugsrechtsausschlusses weitgehend geklärt hat[3] und in der Praxis Standardformulierungen etabliert sind, sieht man eine Aufteilung nur noch selten. Praxisrelevant ist noch die Konstellation, in der ein bestehendes genehmigtes Kapital teilweise ausgeschöpft wurde und die Gesellschaft dieses aufstocken will, ohne das bereits rechtssicher bestehende genehmigte Kapital aus der ursprünglichen Ermächtigung anzutasten.

---

[1] Vgl. OLG Karlsruhe 28.8.2002 – 7 U 137/01, AG 2003, 444 (445); Bürgers/Körber/*Marsch-Barner* § 202 Rn. 1. → Rn. 26 f.
[2] → Rn. 10.
[3] → Rn. 38 ff.

II. Ermächtigung

1. Schaffung der Ermächtigung

Das Gesetz sieht zwei Formen der Ermächtigung zur Durchführung einer Kapitalerhöhung aus genehmigtem Kapital vor: In § 202 Abs. 1 AktG die Ermächtigung durch die Gründungssatzung sowie in § 202 Abs. 2 AktG die nachträgliche Ermächtigung durch eine Satzungsänderung der Hauptversammlung.

a) **Gründungssatzung.** Die Schaffung des genehmigten Kapitals im Rahmen der Gründung geschieht durch Aufnahme eines genehmigten Kapitals in die Gründungssatzung. Nicht zwingend ist, daneben einen ausdrücklichen Ermächtigungsbeschluss zu fassen. Das genehmigte Kapital bedarf allerdings der ausdrücklichen Anmeldung zum Handelsregister auch im Rahmen der Gründung und wird anschließend gemäß § 39 Abs. 2 AktG gesondert im Handelsregister eingetragen.[4]

b) **Hauptversammlungsbeschluss.** Ein Hauptversammlungsbeschluss gemäß § 202 Abs. 2 AktG muss die Voraussetzungen einer Satzungsänderung gemäß §§ 179–181 AktG erfüllen.[5] Voraussetzung eines jeden Beschlusses ist die ordnungsgemäße Bekanntmachung der Tagesordnung in den Gesellschaftsblättern;[6] gemäß § 124 Abs. 2 S. 3 AktG ist dort insbesondere auch der Beschlusswortlaut bekannt zu geben. Von den Angaben im Beschlussvorschlag abweichende Gegenstände betreffende Beschlüsse dürfen grundsätzlich nicht gefasst werden. Jedoch sind im Rahmen des bekannt gemachten Beschlussvorschlags **Abweichungen** möglich, wenn sich der Antrag bei wirtschaftlicher Betrachtungsweise noch als mit der Ankündigung vergleichbar und damit für den Aktionär erwartbar darstellt.[7] Hat die Aktiengesellschaft eine Kapitalherabsetzung in vereinfachter Form, verbunden mit einer Kapitalerhöhung gegen Sacheinlagen bekannt gemacht, stellt es auch keinen Verstoß gegen § 124 Abs. 4 AktG dar, wenn in der Hauptversammlung aufgrund eines Gegenantrags statt der Kapitalerhöhung gegen Sacheinlagen eine solche gegen Bareinlage beschlossen wird; der gefasste Beschluss ist dann als bekanntmachungsfrei anzusehen.[8] Darüber hinaus ist es auch möglich, dass die Hauptversammlung einen hinter dem in der Bekanntmachung genannten Höchstbetrag zurückbleibenden Höchstbetrag beschließt. Das ergibt sich daraus, dass die Hauptversammlung eine Kapitalerhöhung auch in Gänze ablehnen darf.[9] Auch **sonstige Reduzierungen** des vorgeschlagenen Beschlussinhalts, etwa eines Betrages oder die Streichung von einzelnen Punkten einer Aufzählung, sind als zulässig anzusehen.[10] So ist es etwa möglich, auf eine oder mehrere Varianten des Bezugsrechtsausschlusses zu verzichten.[11]

c) **Mehrheiten.** Gemäß § 202 Abs. 2 S. 2 AktG ist für die Beschlussfassung in der Hauptversammlung eine **Mehrheit von mindestens drei Vierteln des vertretenen Grundkapitals** erforderlich. Eine Verschärfung dieses Mehrheitserfordernisses in der Satzung ist möglich, nicht jedoch eine Erleichterung (§ 202 Abs. 2 S. 3 AktG).

d) **Sonderbeschlüsse.** Für den Fall, dass **mehrere stimmberechtigte Aktiengattungen** in der Gesellschaft vorhanden sind, ist gemäß § 202 Abs. 2 S. 4 iVm § 182 Abs. 2 AktG ein zu-

---

[4] MüKoAktG/*Bayer* § 202 Rn. 36.
[5] Vgl. zur Satzungsänderung generell § 29.
[6] § 124 Abs. 1 S. 1 AktG.
[7] Spindler/Stilz/*Rieckers* AktG § 124 Rn. 54.
[8] LG München I 29.11.2007 – 5 HK O 16391/07, ZIP 2008, 562 (Leitsatz), jedoch nicht entgegengesetzter Antrag, vgl. Spindler/Stilz/*Rieckers* AktG § 124 Rn. 54, MüKoAktG/*Kubis* § 124 Rn. 61; *Kocher* AG 2013, 406 (408 f.).
[9] OLG Frankfurt a. M. 13.3.2008 – 5 W 4/08, AG 2008, 667 ff.
[10] Insbesondere sind konträre Sachentscheidungen bekanntmachungsfrei. Ebenso MüKoAktG/*Kubis* § 124 Rn. 59.
[11] So ist wohl auch MüKoAktG/*Kubis* § 124 Rn. 61 zu verstehen; die Änderung von einer Kapitalerhöhung mit Bezugsrecht auf eine unter Bezugsrechtsausschluss ist jedoch wg. § 186 Abs. 4 AktG nicht bekanntmachungsfrei, vgl. Spindler/Stilz/*Rieckers* AktG § 124 Rn. 54 mwN.

stimmender **Sonderbeschluss** der Aktionäre jeder Aktiengattung notwendig. Es handelt sich hierbei um eine Sonderbestimmung zu § 179 Abs. 3 AktG. Hinsichtlich der **stimmrechtslosen Vorzugsaktien** kann es zu zustimmenden Sonderbeschlüssen nur nach der Sonderregelung in § 141 Abs. 2 AktG kommen. Danach bedarf es eines **Sonderbeschlusses der stimmrechtslosen Vorzugsaktionäre,** wenn durch den Ermächtigungsbeschluss der Hauptversammlung **Vorzugsaktien ausgegeben werden können, die bei der Verteilung des Gewinns** oder **des Gesellschaftsvermögens den bereits bestehenden Vorzugsaktien** ohne Stimmrecht **vorgehen oder gleichstehen.** Abweichend von dem allgemeinen Grundsatz, dass über den Inhalt der Aktien der Vorstand im Rahmen der Ausnutzung des genehmigten Kapitals entscheidet, dürfen derartige Vorzugsaktien gemäß § 204 Abs. 2 AktG nur ausgegeben werden, wenn dies bereits in der Ermächtigung durch die Hauptversammlung vorgesehen ist.[12] Sofern es außer Stammaktien und stimmrechtslosen Vorzugsaktien keine weiteren Aktiengattungen gibt, bedarf es keines Sonderbeschlusses der Stammaktionäre gemäß § 182 Abs. 2 AktG.

7 Die Ermächtigung zur Durchführung einer genehmigten Kapitalerhöhung wird mit der Eintragung des Ermächtigungsbeschlusses in das Handelsregister wirksam, § 181 Abs. 3 AktG.

2. Inhalt der Ermächtigung

8 a) **Dauer.** Der Beschluss der Hauptversammlung bzw. die Gründungsatzung muss zunächst die Dauer der Ermächtigung durch die Hauptversammlung bestimmen,[13] wobei die **Höchstdauer fünf Jahre** nach Eintragung[14] des genehmigten Kapitals im Handelsregister beträgt (§ 202 Abs. 1 AktG) und in der Praxis die Regel ist. Die Ermächtigung muss ausdrücklich eine entsprechende konkrete Datums- oder Zeitraumangabe bestimmen; anzugeben ist also entweder ein konkretes Datum oder eine Berechnungsgrundlage wie etwa „diese Ermächtigung ist für die Dauer von fünf Jahren vom Tag ihrer Eintragung in das Handelsregister an gültig".[15] Für die Einhaltung der Frist wird allgemein angenommen, dass die Kapitalerhöhung unter Ausnutzung des genehmigten Kapitals vor Ablauf der Ermächtigungsfrist im Handelsregister eingetragen worden sein muss.[16]

9 Diese Frist kann aber durch einen erneuten Hauptversammlungsbeschluss verlängert werden. Zu beachten ist dabei die Einhaltung aller Voraussetzungen eines Ermächtigungsbeschlusses nach § 202 Abs. 2 AktG und eine Klarstellung des Verhältnisses der neuen zur alten Ermächtigung.[17]

10 b) **Volumen.** Daneben muss die Ermächtigung einen bestimmten Nennbetrag enthalten, bis zu dem der Vorstand das Grundkapital erhöhen darf. Dabei darf dieser Nennbetrag gemäß § 202 Abs. 3 S. 1 AktG die **Hälfte des Grundkapitals** zum Zeitpunkt der Eintragung des Kapitalerhöhungsbeschlusses nicht überschreiten. Zeitgleich eingetragene ordentliche Kapitalerhöhungen gegen Einlagen können hierbei bereits berücksichtigt werden.[18] Die Praxis behilft sich bei **zeitgleichen ordentlichen Kapitalerhöhungsbeschlüssen** und Beschlüssen über die Einführung eines genehmigten Kapitals damit, den Vorstand im Hauptversammlungsbeschluss anzuweisen, die gewünschte **Eintragungsreihenfolge bei der Anmeldung zum Handelsregister** klarzustellen.

---

[12] Hüffer/Koch/*Koch* AktG § 204 Rn. 10; Semler/Volhard/Reichert/*Schröer* § 22 Rn. 7.
[13] Schmidt/Lutter/*Veil* § 202 Rn. 17.
[14] Die Anknüpfung an die Eintragung und nicht an den Hauptversammlungsbeschluss als Beginn der 5-Jahres-Frist ist auch nicht europarechtswidrig; vgl. OLG Hamm 13.7.2009 – 8 W 22/09, AG 2009, 791 ff.; Schmidt/Lutter/*Veil* § 202 Rn. 17; MüKoAktG/*Bayer* § 202 Rn. 60 f.
[15] Vgl. Schmidt/Lutter/*Veil* § 202 Rn. 17; MüKoAktG/*Bayer* § 202 Rn. 58; Semler/Volhard/Reichert/*Schröer* § 22 Rn. 5 empfiehlt jedoch zu Recht nicht den letzten gesetzlich möglichen Tag zu wählen.
[16] Spindler/Stilz/*Wamser* AktG § 202 Rn. 67; MüKoAktG/*Bayer* § 202 Rn. 62; GroßKommAktG/*Hirte* § 202 Rn. 146; Hüffer/Koch/*Koch* AktG § 202 Rn. 11.
[17] Happ/Groß/*Ihrig* Kap. 12.06 Rn. 9; MüKoAktG/*Bayer* § 202 Rn. 63.
[18] Hüffer/Koch/*Koch* AktG § 202 Rn. 13 f.

Muster: Beschluss der Hauptversammlung zur Eintragungsreihenfolge bei der Anmeldung zum Handelsregister

> Der Vorstand wird angewiesen, die vorstehende Satzungsänderung unter Punkt ...... im Hinblick auf das Genehmigte Kapital I (§ ...... der Satzung) derart zur Eintragung in das Handelsregister anzumelden, dass die unter TOP ...... beschlossene Kapitalerhöhung gegen Bareinlagen zuvor eingetragen wird.

11

In der Literatur wird vertreten, dass die Ermächtigung **unverzüglich**, spätestens aber innerhalb von **drei Monaten** nach der Hauptversammlung zur Eintragung zum Handelsregister **angemeldet** werden muss.[19] Jedoch kann die Annahme einer starren Frist insbesondere in Fällen, in denen die Ermächtigung erst nach Eintragung einer zeitgleich beschlossenen ordentlichen Kapitalerhöhung eingetragen werden soll, zu Problemen führen. Denn die Durchführung einer ordentlichen Kapitalerhöhung kann auch länger als drei Monate in Anspruch nehmen,[20] zumal der erste Monat meist schon wegen des Laufs der Anfechtungsfrist verloren geht. Richtigerweise ist im Rahmen der Anmeldung daher nur sicherzustellen, dass der Vorstand den Anmeldungszeitpunkt nicht willkürlich verzögert.[21] Diese Pflicht besteht jedoch nur gegenüber der Gesellschaft, nicht den Aktionären und begründet keine durch Ordnungsstrafen sanktionierbare Verpflichtung.[22] Würde die Hauptversammlung wollen, dass das genehmigte Kapital nicht später als zu einem bestimmten Zeitpunkt eingetragen wird, stünde es ihr offen, dies ausdrücklich zu beschließen.

12

Es stellt sich des Weiteren die Frage, wie weit ein Hauptversammlungsbeschluss für den Zeitpunkt der Eintragung des genehmigten Kapitals statt auf eine zeitgleich beschlossene ordentliche Kapitalerhöhung auf eine **Kapitalerhöhung aus sonstigen Gründen** abstellen darf. Hier sind verschiedene Konstellationen denkbar. Einmal könnte eine Kapitalerhöhung aus genehmigtem Kapital bereits vor der Hauptversammlung beschlossen aber noch nicht im Handelsregister eingetragen worden sein. Des Weiteren ist denkbar, dass bestimmte Kapitalerhöhungen aus bedingtem Kapital unmittelbar bevorstehen, beispielsweise der **Wandlungszeitpunkt einer Pflichtwandelanleihe**. Schließlich könnte man auch allgemein daran denken, dass der Vorstand beabsichtigt, eine Kapitalerhöhung aus genehmigten Kapital vorzunehmen oder die Ausübung von Wandlungsrechten aus Wandelschuldverschreibungen nach der Hauptversammlung erwartet. Der erstgenannte Fall, dass eine Ausnutzung des genehmigten Kapitals vor der Hauptversammlung bereits beschlossen aber noch nicht im Handelsregister eingetragen wurde, ist genauso zu behandeln, wie wenn der Vorstand gleichzeitig mit der Ermächtigung für das neue genehmigte Kapital eine ordentliche Kapitalerhöhung beschließt. Das heißt, die Ermächtigung zur Schaffung des neuen genehmigten Kapitals kann mit der Maßgabe beschlossen werden, diese erst nach Eintragung der bereits beschlossenen Ausnutzung eines bisher bestehenden genehmigten Kapitals zum Handelsregister anzumelden. Das ermöglicht es der Gesellschaft, direkt ein neues genehmigtes Kapital zu schaffen, das die Erhöhung des Grundkapitals durch die laufende Ausnutzung des genehmigten Kapitals sowie die gleichzeitige Reduzierung des alten genehmigten Kapitals berücksichtigt. Gleiches gilt mit Blick auf eine innerhalb der nächsten Monate nach der Hauptversammlung anstehende Pflichtwandlung einer Wandelschuldverschreibung.

13

Problematisch erscheinen die jedoch in der Praxis höchst seltenen Fälle, in denen die Ausnutzung des alten genehmigten Kapitals vor der Hauptversammlung durch den Vorstand und Aufsichtsrat noch gar nicht beschlossen wurde bzw. in denen auf **allgemeine künftige Kapitalentwicklungen** abgestellt wird. Hier könnte man Bedenken haben, ob dann die Anknüpfungspunkte für den Ermächtigungsbeschluss in Bezug auf das neue genehmigte Kapi-

14

---

[19] MüKoAktG/*Bayer* § 202 Rn. 49; Hüffer/Koch/*Koch* AktG § 202 Rn. 11; MHdB GesR IV/*Scholz* § 39 Rn. 25; GroßKommAktG/*Hirte* § 202 Rn. 108 (längstens drei Monate).
[20] Vgl. zur Dauer von Durchführungsfristen → § 33 Rn. 33 ff.
[21] Vgl. OLG Hamm 13.7.2009 – 8 W 22/09, AG 2009, 791; MHdB GesR IV/Scholz § 39 Rn. 25.
[22] MüKoAktG/Bayer § 202 Rn. 49 mwN.

tal nicht zu unbestimmt werden. Dem kann andererseits entgegengehalten werden, dass nach einer verbreiteten Auffassung Beschlüsse aus einer Hauptversammlung immer spätestens bis zur nächsten Hauptversammlung zum Handelsregister angemeldet werden müssen.[23] Hiermit wäre also ein spätester Endzeitpunkt angegeben.

15 Soweit Aktien aus **bedingtem Kapital** bereits ausgegeben wurden, erhöht sich die Bemessungsgrundlage des § 202 Abs. 3 S. 1 AktG für das Volumen des genehmigten Kapitals schon mit der Aktienausgabe, nicht erst mit Eintragung der erhöhten Kapitalziffer, § 200 AktG. **Spätere Kapitalveränderungen,** insbesondere auch eine Kapitalherabsetzung, bleiben ohne Bedeutung für Wirksamkeit und Umfang der Ermächtigung.[24] Sofern es sich bei den neu auszugebenden Aktien um Vorzugsaktien ohne Stimmrecht handelt, dürfen diese gemäß § 139 Abs. 2 AktG nur bis zu einem Gesamt-Nennbetrag in Höhe des Gesamt-Nennbetrages der stimmberechtigten Aktien ausgegeben werden. Diese zusätzliche Grenze ist auf den Zeitpunkt der Ausnutzung der Ermächtigung bezogen und daher für den Ermächtigungsbeschluss selbst zunächst ohne Bedeutung.[25] Soweit **mehrere Ermächtigungen** für eine genehmigte Kapitalerhöhung bestehen, kommt es hinsichtlich der Berechnung der 50 Prozent-Grenze nach § 202 Abs. 3 S. 1 AktG auf deren **Gesamtvolumen** an.

16 Grundsätzlich bestehen die volumenmäßigen Beschränkungen für das genehmigte Kapital in § 202 Abs. 3 S. 1 AktG und für das bedingte Kapital in § 192 Abs. 3 AktG unabhängig voneinander. Eine **gegenseitige Anrechnung von genehmigtem und bedingtem Kapital** findet also grundsätzlich nicht statt. Eine Ausnahme kommt in Betracht, wenn das genehmigte Kapital für einen der in § 192 Abs. 2 AktG für das bedingte Kapital genannten Verwendungszwecke eingesetzt werden kann. Insoweit, wird argumentiert, habe der Gesetzgeber die bedingte Kapitalerhöhung an bestimmte tatbestandliche Voraussetzungen geknüpft, die nicht durch eine andere Form umgangen werden dürfen.[26] Insbesondere bei der Ausgabe von **Aktienoptionen** soll die Einhaltung der 10 Prozent-Grenze des § 192 Abs. 3 S. 1 AktG auf der Grundlage einer Zusammenrechnung aller geschaffenen Quellen für die Deckung der Optionen (bedingtes Kapital, genehmigtes Kapital, Aktienrückkaufprogramme) zu prüfen sein.[27] Die ausdrücklich gezogene Grenze zum Schutze der Aktionäre sei lex specialis und soll bezüglich Aktienoptionen nicht kumulativ angewendet werden können.[28] Dem kann für Aktienoptionen gefolgt werden. Denn der Gesetzgeber hat sich bei der Ausgestaltung von Aktienoptionen auf eine Regelung für das bedingte Kapital beschränkt, wollte jedoch allgemeine Grundsätze festlegen. Abweichendes gilt insbesondere für die Schaffung von bedingtem Kapital zur Bedienung von Wandel- oder Optionsanleihen. Denn Wandel- und Optionsleihen stellen letztlich nur eine gestreckte Kapitalerhöhung dar. Daher verbleibt es insoweit beim allgemeinen Grundsatz, dass Genehmigtes und Bedingtes Kapital nicht aufeinander angerechnet werden. Soweit man für Aktienoptionen eine Anrechnung der 10 Prozent-Grenze des § 192 Abs. 3 AktG auf das genehmigte Kapital annimmt, ist unklar, ob eine solche Begrenzung bereits im Hauptversammlungsbeschluss enthalten sein muss[29] oder nur bei der Bedienung von Optionsrechten zu beachten ist.[30] Richtigerweise ist auf die Bedienung der jeweiligen Optionsrechte abzustellen. Denn bei der Bedienung der Optionsrechte muss der Vorstand sich im Einklang mit Recht und Gesetz verhalten und auch entsprechende Höchstgrenzen für die auszugebenden Aktien beachten.

---

[23] MüKoAktG/*Stein* § 179 Rn. 46; GroßKommAktG/*Wiedemann* § 179 Rn. 160; Hüffer/Koch/*Koch* AktG § 179 Rn. 25.
[24] MHdB GesR IV/*Scholz* § 59 Rn. 17; GroßKommAktG/*Hirte* § 202 Rn. 149.
[25] MHdB GesR IV/*Scholz* § 59 Rn. 18.
[26] Vgl. MüKoAktG/*Bayer* § 202 Rn. 71.
[27] GroßKommAktG/*Hirte* § 202 Rn. 151; Spindler/Stilz/*Rieckers* AktG § 192 Rn. 76; MüKoAktG/*Fuchs* § 192 Rn. 149; Bühler/Siegert/*Hoffmann-Becking* S. 109, 126; nunmehr auch Hüffer/Koch/*Koch* AktG § 192 Rn. 24; ebenso bei der kumulativen Nutzung von bedingtem Kapital und Aktienrückkauf zur Bedienung von Aktienoptionsprogrammen *Knoll* ZIP 2002, 1382; aM *Mutter* ZIP 2002, 295.
[28] MüKoAktG/*Bayer* § 202 Rn. 71; GroßKommAktG/*Frey* § 192 Rn. 140.
[29] So wohl GroßKommAktG/*Hirte* § 202 Rn. 151.
[30] So wohl *Knoll* ZIP 2002, 1382.

> **Muster: Ausschnitt Hauptversammlungsbeschluss zur gegenseitigen Anrechnung der Höchstgrenze des genehmigten und bedingten Kapitals**
>
> Soweit der Vorstand eine Kapitalerhöhung aus genehmigtem Kapital zur Bedienung von Aktienoptionen durchführt, darf der Vorstand insgesamt aus dieser Ermächtigung zur Kapitalerhöhung sowie aus der Ermächtigung zur Kapitalerhöhung aus bedingtem Kapital gemäß § ...... der Satzung maximal das Grundkapital um bis zu EUR ...... durch ein- oder mehrmalige Ausgabe nennbetragloser auf den Namen lautender Aktien erhöhen.

17

c) **Art der Aktien.** Der Hauptversammlungsbeschluss muss festlegen welche Art der Aktien, also Namens- oder Inhaberaktien, aufgrund des genehmigten Kapitalerhöhungsbeschlusses ausgegeben werden sollen.[31] Dies gilt jedenfalls soweit die Satzung beide Aktienarten vorsieht. Lässt diese eindeutig eine bestimmte Art zu, ist davon auszugehen, dass auch ohne ausdrückliche Regelung im Hauptversammlungsbeschluss auf die durch die Satzung zulässige Form der bisher ausgegebenen Aktien zurückgegriffen werden kann.[32]

18

d) **Mittelbares Bezugsrecht.** In den Ermächtigungsbeschluss kann auch aufgenommen werden, dass den Aktionären das Bezugsrecht nicht unmittelbar, sondern über ein mittelbares Bezugsrecht gewährt werden kann. Die Zulassung des mittelbaren Bezugsrechts ist nach richtiger Auffassung nicht zwingend schon im Hauptversammlungsbeschluss notwendig, sondern kann auch durch den Vorstand erfolgen.[33] Gerade die hohe Flexibilität und die fehlende Bindung an einen bestimmten Zweck widersprechen der frühzeitigen Konkretisierung des genehmigten Kapitals.

19

> **Muster: Ausschnitt Hauptversammlungsbeschluss zum mittelbaren Bezugsrecht**
>
> Der Vorstand ist ermächtigt, zu bestimmen, dass die neuen Aktien gemäß § 186 Abs. 5 AktG von einem Kreditinstitut oder einem nach § 53 Abs. 1 S. 1 oder § 53b Abs. 1 S. 1 oder Abs. 7 KWG tätigen Unternehmen mit der Verpflichtung übernommen werden sollen, sie den Aktionären zum Bezug anzubieten.

20

e) **Weiterer fakultativer Inhalt.** Weiterhin kann der Ermächtigungsbeschluss bestimmen, ob der Vorstand die Aktien auch gegen **Sacheinlagen** ausgeben darf. Ohne eine solche Bestimmung ist dies dem Vorstand nicht gestattet, § 205 Abs. 1 AktG. Die Ermächtigung kann das Bezugsrecht der Aktionäre auf die jungen Aktien ausschließen. Gemäß § 203 Abs. 2 S. 1 AktG kann die Ermächtigung auch vorsehen, dass der Vorstand über den Ausschluss des Bezugsrechts entscheidet (→ Rn. 31 ff.).

21

Die Hauptversammlung kann darüber hinaus weitere **Bestimmungen hinsichtlich der Durchführung** der Kapitalerhöhung in die Ermächtigung aufnehmen, etwa den Ausgabebetrag oder die Aktiengattung festlegen. Sollen stimmrechtslose Vorzugsaktien ausgegeben werden, die bei der Verteilung des Gewinns bereits bestehenden Vorzugsaktien vorgehen oder gleichstehen, muss der Hauptversammlungsbeschluss dies wegen des Erfordernisses des zustimmenden Sonderbeschlusses festlegen.[34]

22

f) **Aufsichtsratszustimmung.** Die Hauptversammlung kann beschließen, dass der Vorstand für die Ausübung der Ermächtigung zur Ausnutzung des genehmigten Kapitals der Zustimmung des Aufsichtsrates bedarf. Dies ist jedoch kein zwingender Beschlussbestandteil. Trifft die Hauptversammlung keine Regelung hierzu, so gilt § 202 Abs. 3 S. 2 AktG, wonach der Aufsichtsrat der Ausnutzung des genehmigten Kapitals zustimmen soll. Die fehlende Zu-

23

---

[31] Semler/Volhard/Reichert/*Schröer* § 22 Rn. 8.
[32] → 33 Rn. 18/19.
[33] Hüffer/Koch/*Koch* AktG § 204 Rn. 5; MHdB GesR IV/ § 59 Rn. 21; Marsch-Barner/Schäfer/*Busch* § 43 Rn. 17; Semler/Volhard/Reichert/*Schröer* § 22 Rn. 13; aM *Seibt/Voigt* AG 2009, 133 (136).
[34] Semler/Volhard/Reichert/*Schröer* § 22 Rn. 7. → Rn. 4 ff.

stimmung des Aufsichtsrats berührt grundsätzlich die Wirksamkeit des Ausübungsbeschlusses durch den Vorstand nicht.[35] Wird die Ausnutzung des genehmigten Kapitals jedoch, wie in der Praxis ganz üblich, im Ermächtigungsbeschluss der Hauptversammlung an die Zustimmung des Aufsichtsrats gebunden, ist die Zustimmung echtes Wirksamkeitserfordernis der Kapitalerhöhung.[36]

24 g) **Aufteilung in Tranchen.** Die Eintragung ins Handelsregister kann auch in mehreren Schritten durchgeführt werden. Dazu ist nach richtiger Auffassung eine ausdrückliche Ermächtigung im Hauptversammlungsbeschluss entbehrlich.[37] Erst der Vorstandsbeschluss hat diese Möglichkeit vorzusehen.[38]

Muster: Beschluss der Hauptversammlung zur Schaffung eines genehmigten Kapitals

25 Der Vorstand wird ermächtigt, das Grundkapital der Gesellschaft bis zum ...... mit Zustimmung des Aufsichtsrats einmalig oder mehrmals um insgesamt bis zu EUR ...... durch Ausgabe von bis zu ...... neuen, auf den Inhaber lautenden Stückaktien gegen Bar- und/oder Sacheinlagen zu erhöhen. Die Durchführung der einzelnen Ausnutzung kann auch in Tranchen erfolgen. Der Vorstand wird ferner ermächtigt, jeweils mit Zustimmung des Aufsichtsrates das Bezugsrecht der Aktionäre ganz oder teilweise auszuschließen. Der Ausschluss des Bezugsrechts ist jedoch nur in folgenden Fällen zulässig:
- für Spitzenbeträge, die infolge des Bezugsverhältnisses entstehen,
- bei Kapitalerhöhungen gegen Bareinlagen, wenn Aktien der Gesellschaft an der Börse gehandelt werden (regulierter Markt oder Freiverkehr bzw. die Nachfolger dieser Segmente), die Kapitalerhöhung zehn von hundert des Grundkapitals nicht übersteigt, und zwar weder im Zeitpunkt des Wirksamwerdens noch im Zeitpunkt der Ausübung dieser Ermächtigung, und der Ausgabebetrag der neuen Aktien den Börsenpreis der bereits an der Börse gehandelten Aktien der Gesellschaft gleicher Gattung und Ausstattung nicht wesentlich im Sinne der §§ 203 Abs. 1 und 2, 186 Abs. 3 S. 4 AktG unterschreitet. Auf den Betrag von 10% des Grundkapitals ist der Betrag anzurechnen, der auf Aktien entfällt, die aufgrund einer anderen entsprechenden Ermächtigung unter Ausschluss des Bezugsrechts in unmittelbarer oder entsprechender Anwendung des § 186 Abs. 3 S. 4 AktG ausgegeben beziehungsweise veräußert werden, soweit eine derartige Anrechnung gesetzlich geboten ist. Im Sinne dieser Ermächtigung gilt als Ausgabebetrag bei Übernahme der neuen Aktien durch einen Emissionsmittler unter gleichzeitiger Verpflichtung des Emissionsmittlers, die neuen Aktien einem oder mehreren von der Gesellschaft bestimmten Dritten zum Erwerb anzubieten, der Betrag, der von dem oder den Dritten zu zahlen ist,
- bei Kapitalerhöhungen gegen Sacheinlagen, insbesondere zum Erwerb von Unternehmen, Unternehmensteilen und Beteiligungen an Unternehmen, gewerblichen Schutzrechten, wie zB Patenten, Marken oder hierauf gerichtete Lizenzen, oder sonstigen Produktrechten oder sonstigen Sacheinlagen.

§ ...... der Satzung wird wie folgt neu gefasst:
„Der Vorstand ist ermächtigt, das Grundkapital der Gesellschaft bis zum ...... mit Zustimmung des Aufsichtsrats einmalig oder mehrmals um insgesamt bis zu EUR ...... durch Ausgabe von bis zu ...... neuen, auf den Inhaber lautenden Stückaktien gegen Bar- und/oder Sacheinlagen zu erhöhen. Die Durchführung der einzelnen Ausnutzungen kann auch in Tranchen erfolgen. Der Vorstand ist ferner ermächtigt, jeweils mit Zustimmung des Aufsichtsrates das Bezugsrecht der Aktionäre ganz oder teilweise auszuschließen. Der Ausschluss des Bezugsrechts ist jedoch nur in folgenden Fällen zulässig:
- für Spitzenbeträge, die infolge des Bezugsverhältnisses entstehen,
- bei Kapitalerhöhungen gegen Bareinlagen, wenn Aktien der Gesellschaft an der Börse gehandelt werden (regulierter Markt oder Freiverkehr bzw. die Nachfolger dieser Segmente), die Kapi-

---

[35] → Rn. 11.
[36] BeckFormB AktR/*Döbereiner*, O.I.1.4, S. 884 [Neuauflage für Q4 2018 angekündigt].
[37] Happ/Groß/*Ihrig* Kap. 12.06 Rn. 12.1 Hüffer/Koch/*Koch* AktG § 202 Rn. 20; aM *Freitag* AG 2009, 473 ff. bzgl. der weiteren Aufspaltung in Sub-Tranchen.
[38] Vgl. Muster zum Vorstandsbeschluss in → Rn. 34; zu den Besonderheiten bei der Handelsregisteranmeldung in diesem Fall → Rn. 68.

talerhöhung zehn von hundert des Grundkapitals nicht übersteigt, und zwar weder im Zeitpunkt des Wirksamwerdens noch im Zeitpunkt der Ausübung dieser Ermächtigung, und der Ausgabebetrag der neuen Aktien den Börsenpreis der bereits an der Börse gehandelten AAktien der Gesellschaft gleicher Gattung und Ausstattung nicht wesentlich im Sinne der §§ 203 Abs. 1 und 2, 186 Abs. 3 S. 4 AktG unterschreitet. Auf den Betrag von 10% des Grundkapitals ist der Betrag anzurechnen, der auf Aktien entfällt, die aufgrund einer anderen entsprechenden Ermächtigung unter Ausschluss des Bezugsrechts in unmittelbarer oder entsprechender Anwendung des § 186 Abs. 3 S. 4 AktG ausgegeben beziehungsweise veräußert werden, soweit eine derartige Anrechnung gesetzlich geboten ist. Im Sinne dieser Ermächtigung gilt als Ausgabebetrag bei Übernahme der neuen Aktien durch einen Emissionsmittler unter gleichzeitiger Verpflichtung des Emissionsmittlers, die neuen Aktien einem oder mehreren von der Gesellschaft bestimmten Dritten zum Erwerb anzubieten, der Betrag, der von dem oder den Dritten zu zahlen ist,
- bei Kapitalerhöhungen gegen Sacheinlagen, insbesondere zum Erwerb von Unternehmen, Unternehmensteilen und Beteiligungen an Unternehmen, gewerblichen Schutzrechten, wie zB Patenten, Marken oder hierauf gerichtete Lizenzen, oder sonstigen Produktrechten oder sonstigen Sacheinlagen.

3. Keine Subsidiarität zur ordentlichen Kapitalerhöhung

Im **Schrifttum** wird vereinzelt die **Subsidiarität** des Beschlusses über ein genehmigtes 26
Kapital nach § 202 AktG im Verhältnis zur ordentlichen Kapitalerhöhung angenommen. Begründet wird diese Ansicht mit der Treuepflicht der Aktiengesellschaft gegenüber den Aktionären, die es gebietet, eine ordentliche Kapitalerhöhung gemäß §§ 182 ff. AktG vorzunehmen, wenn die Maßnahme ebenso gut auf diesem Weg erfolgen kann.[39]

Eine Subsidiarität des Beschlusses über ein genehmigtes Kapital ist aber allein aufgrund 27
dieser Begründung nicht anzuerkennen; ihr **widerspricht** bereits die **Systematik des Gesetzes**. Der Gesetzgeber stellt die verschiedenen Maßnahmen der Kapitalbeschaffung gleichwertig und gleichartig zur Verfügung.[40] Eine generelle Beschränkung des genehmigten Kapitals auf Sachverhalte, die flexibel und schnell gehandhabt werden sollen und nicht über die Hauptversammlung abgewickelt werden können, ist nicht vorgegeben.[41] In der Praxis würde die Subsidiarität zu erheblicher Rechtsunsicherheit bezüglich der Zulässigkeit von genehmigten Kapitalerhöhungen führen und die Suche nach Umgehungsmöglichkeiten eröffnen.

4. Mängel

Formelle und inhaltliche **Mängel des Ermächtigungsbeschlusses** führen nach den Regeln 28
zu fehlerhaften Hauptversammlungsbeschlüssen zur **Anfechtbarkeit** oder **Nichtigkeit** der Ermächtigung. So birgt der fehlende Nennbetrag oder die Überschreitung der nach § 202 Abs. 3 S. 1 AktG zulässigen Höchstgrenze einen Nichtigkeitsgrund gemäß § 241 Nr. 3 AktG.[42] Auch eine fehlende oder ungenaue Angabe der Frist, innerhalb derer das genehmigte Kapital ausgenutzt werden kann, begründet die Nichtigkeit des Ermächtigungsbeschlusses.[43] Gleiches gilt bei Fristüberschreitung, in diesem Falle ist aber eine Heilung nach § 242 Abs. 2 AktG möglich, wenn seit Eintragung mindestens drei Jahre vergangen sind.[44] Insoweit verringert sich die Frist auf die gesetzliche Höchstfrist von fünf Jahren.

---

[39] Vgl. *Pentz* ZGR 2001, 901 (907); *Bayer* ZHR 168 2004, 132 (169 f.) jedenfalls bei genehmigten Kapital mit Bezugsrechtsausschluss zugunsten des Mehrheitsaktionärs; kritisch BeckFormB AktR/*Döbereiner*, O. Vorb., S. 880 [Neuauflage Q4 2018]; aM LG Kiel 22.5.2008 – 15 O 49/08, BeckRS 2008, 12662; MHdB GesR IV/*Scholz* § 59 Rn. 10; Habersack/Mülbert/Schlitt/*Krause* § 7 Rn. 55; Leuering/Rubner NJW-Spezial 2013, 15 (16).
[40] So OLG Karlsruhe 28.8.2002 – 7 U 137/01, AG 2003, 444 (445) in einem *obiter dictum*.
[41] MüKoAktG/*Bayer* § 202 Rn. 82.
[42] Schmidt/Lutter/*Veil* § 202 Rn. 18. Zu Einzelheiten des Anfechtungsrechts vgl. → § 37.
[43] Hüffer/Koch/*Koch* AktG § 202 Rn. 11; Schmidt/Lutter/*Veil* § 202 Rn. 17; KK-AktG/*Lutter* § 202 Rn. 13 f.
[44] MüKoAktG/*Bayer* § 202 Rn. 59; Hüffer/Koch/*Koch* AktG § 202 Rn. 11; GroßKommAktG/*Hirte* § 202 Rn. 134.

29 Da für das genehmigte Kapital wenige spezielle und damit zwingende Vorgaben für den Ermächtigungsbeschluss bestehen, verlagert sich die Frage der Mängelbehandlung insbesondere auf den **Ausnutzungsbeschluss des Vorstands**.

5. Aufhebung und Änderung der Ermächtigung

30 Eine **Aufhebung** der Ermächtigung ist, unabhängig davon, ob diese durch Hauptversammlungsbeschluss oder die Gründungssatzung geschaffen wurde, **durch Hauptversammlungsbeschluss möglich**. Dabei handelt es sich um einen Beschluss, der nach allgemeiner Auffassung nicht den speziellen Stimmrechtsmehrheiten und Sonderbeschlüssen nach § 202 Abs. 2 AktG bedarf,[45] da insoweit kein besonderes Schutzbedürfnis der Aktionäre mehr besteht. Demgemäß gelten die allgemeinen Regelungen über die Aufhebung von Hauptversammlungsbeschlüssen. Solange der Beschluss noch nicht im Handelsregister eingetragen ist, gilt demgemäß eine einfache Stimmenmehrheit, nach Eintragung in das Handelsregister handelt es sich um einen satzungsändernden Beschluss und demgemäß ist eine satzungsändernde Mehrheit und die Einhaltung der sonstigen Erfordernisse der §§ 179–181 AktG notwendig. Bei **Änderungen** der Ermächtigung ist danach zu differenzieren, ob es sich um eine **Reduzierung** der ursprünglichen Ermächtigung handelt – dies wäre eine Teilaufhebung des genehmigten Kapitals und wie eine Aufhebung zu behandeln – oder um eine sonstige **Modifikation** insbesondere Erweiterung des Beschlusses, die den gleichen Anforderungen wie die Schaffung der Ermächtigung unterliegt.[46] Die Hauptversammlung kann den Beschluss über die Schaffung eines neuen genehmigten Kapitals mit dem über die Aufhebung eines bestehenden, nicht ausgenutzten genehmigten Kapitals ab Wirksamwerden der neuen Ermächtigung verbinden.[47]

III. Vorstands- und Aufsichtsratsbeschluss

1. Vorstandsbeschluss

31 Von der Ermächtigung der Hauptversammlung zur genehmigten Kapitalerhöhung kann der Vorstand im Rahmen seiner Geschäftsführungsbefugnisse aus § 77 AktG nach pflichtgemäßem Ermessen Gebrauch machen. Der Vorstand entscheidet darüber, **ob** und **wann** das Grundkapital erhöht wird und **in welchem Umfang** innerhalb des durch die Ermächtigung bestimmten Rahmens eine Erhöhung des Grundkapitals erfolgt. Hierbei kann der Vorstand bis zur genehmigten Gesamthöhe auch **mehrere Kapitalerhöhungen** beschließen, sofern die Ermächtigung die Ausnutzung in Teilbeträgen vorsieht. Bei der Entscheidung über den Zeitpunkt der Durchführung der Kapitalerhöhung ist zu beachten, dass gemäß § 203 Abs. 3 S. 1 AktG neue Aktien nicht ausgegeben werden sollen, solange Einlagen ausstehen.[48]

32 Häufig sollen in der Praxis vor einer Kapitalmaßnahme mit Investoren **wechselseitige Vereinbarungen** abgeschlossen werden, wonach die Gesellschaft sich verpflichtet, die Kapitalerhöhung durchzuführen und den Investoren Aktien anzubieten, und die Investoren sich zur Zeichnung verpflichten. Der Vorstand ist jedoch an die **Vorgaben des § 187 Abs. 1 AktG** gebunden, der über den Verweis in § 203 Abs. 1 S. 1 AktG Anwendung auf das genehmigte Kapital findet. Rechtsgeschäftliche Zusicherungen von Rechten auf den Bezug neuer Aktien können nur insoweit bedient werden, wie keine gesetzlichen Bezugsrechte im Sinne des § 186 AktG bestehen. Teilweise wird verlangt, dass der Vorstand diesen Vorbehalt ausdrücklich oder zumindest konkludent erklärt.[49] Dem ist aber nicht zuzustimmen, die

---

[45] Hüffer/Koch/*Koch* AktG § 202 Rn. 18; MHdB GesR IV/*Scholz* § 59 Rn. 12; KK-AktG/*Lutter* § 202 Rn. 7.
[46] Spindler/Stilz/*Wamser* AktG § 202 Rn. 36; Hüffer/Koch/*Koch* AktG § 202 Rn. 18; MHdB GesR IV/ *Scholz* § 59 Rn. 12; GroßKommAktG/*Hirte* § 202 Rn. 104; auch die Teilaufhebung als Änderung behandelnd: KK-AktG/*Lutter* § 202 Rn. 8.
[47] OLG Frankfurt a. M. 10.5.2010 – 20 W 115/10, MittBayNot 2011, 165 ff.
[48] Vgl. zur Parallelvorschrift des § 182 Abs. 4 S. 1 AktG vorstehend → 33 Rn. 2.
[49] GroßKommAktG/*Wiedemann* § 187 Rn. 14 f.; Spindler/Stilz/*Servatius* AktG § 187 Rn. 14.

Zusicherung steht unter dem gesetzlichen Vorbehalt des § 187 Abs. 1 AktG und bedarf daher keiner weiteren Erklärung des Vorstands.[50] Unzulässig ist zudem eine Verpflichtung der Gesellschaft, eine Kapitalerhöhung aus genehmigtem Kapital nicht durchzuführen, da dies zu einer unlösbaren Pflichtenkollision für den Vorstand führen könnte.[51] Unstreitig unzulässig ist auch eine Verpflichtung der Aktiengesellschaft, in einem bestimmten, nachfolgenden Zeitraum keine weitere Kapitalerhöhung vorzunehmen, um die Beteiligungen der Investoren nicht zu verwässern.[52]

Keine Anwendung findet § 187 Abs. 1 AktG, wenn das **Bezugsrecht gemäß § 186 Abs. 3 AktG ausgeschlossen** wurde.[53] In dem Fall können Aktien zugesichert und an die Investoren vergeben werden, soweit der Bezugsrechtsausschluss reicht. Denkbar ist auch ein in der vertraglichen Zusicherung begründeter, **konkludenter Bezugsrechtsausschluss**, an den jedoch ebenso die strengen formellen und inhaltlichen Anforderungen aus § 186 Abs. 3 und Abs. 4 AktG zu stellen sind.

Muster: Beschluss des Vorstands zur Ausnutzung des genehmigten Kapitals

...... AG, [Sitz]

1. Gemäß § ...... der Satzung der Gesellschaft in der Fassung der Eintragung in das Handelsregister vom ...... ist der Vorstand ermächtigt, mit Zustimmung des Aufsichtsrats das Grundkapital der Gesellschaft bis zum ...... einmalig oder mehrmalig um insgesamt (bis zu) EUR ...... durch Ausgabe von neuen, auf den Inhaber lautenden Stückaktien gegen Bar- und/oder Sacheinlagen zu erhöhen. Der Vorstand ist ferner ermächtigt, jeweils mit Zustimmung des Aufsichtsrats das Bezugsrecht der Aktionäre in bestimmten Fällen auszuschließen. Der Vorstand beabsichtigt nunmehr, von dieser Ermächtigung Gebrauch zu machen.
2. Dies vorausgeschickt, fasst der Vorstand, vorbehaltlich der Zustimmung durch den Aufsichtsrat, folgenden Beschluss:
   „a) Das Grundkapital der Gesellschaft, auf das keine Einlagen ausstehen, wird gegen Bareinlagen um (bis zu) EUR ...... durch Ausgabe von (bis zu) ...... neuen, auf den Inhaber lautenden Stückaktien erhöht. Der Ausgabebetrag beträgt EUR ...... je Aktie, der Gesamtausgabebetrag mithin (bis zu) EUR .... Die neuen Aktien sind ab dem ...... gewinnberechtigt.
   b) Den Aktionären wird ein Bezugsrecht im Wege des mittelbaren Bezugsrechts gewährt. Zur Zeichnung der Aktien wird ein noch zu bestimmendes Kredit- oder Finanzdienstleistungsinstitut zugelassen mit der Maßgabe, die neuen Aktien den bisherigen Aktionären im Verhältnis ...... alte zu ...... neue Aktien zum Bezugspreis von EUR ......je Aktie gegen Bareinlage zum Bezug anzubieten und den Mehrerlös aus der Platzierung der Aktien an die Gesellschaft abzuführen.
   c) Nicht gemäß lit. b gezeichnete Aktien können durch den Vorstand im Rahmen einer Privatplatzierung verwertet werden.
   d) Die Kapitalerhöhung kann in einer oder mehreren Tranchen zur Eintragung zum Handelsregister angemeldet werden.
   e) Zeichnungen sind bis zum [10 Wochen nach dem Tag der Kapitalerhöhung] zulässig, die Kapitalerhöhung muss bis zum [12 Wochen nach dem Tag der Kapitalerhöhung] durchgeführt werden.

2. Aufsichtsratsbeschluss

Der Vorstandsbeschluss bedarf gemäß § 202 Abs. 3 S. 2 AktG der **Zustimmung** des Aufsichtsrates. Es handelt sich hierbei jedoch lediglich um eine Soll-Vorschrift, so dass eine feh-

---

[50] KK-AktG/*Lutter* § 187 Rn. 14; Hüffer/Koch/*Koch* AktG § 187 Rn. 4; MHdB GesR IV/*Scholz* § 57 Rn. 158; MüKoAktG/*Peifer* § 187 Rn. 10 empfiehlt ausdrücklichen Vorbehalt dennoch aus praktischen Gesichtspunkten.
[51] OLG München 14.11.2012 – 7 AktG 2/12, ZIP 2012, 2439 (2443); MüKoAktG/*Bayer* § 202 Rn. 34.
[52] Vgl. Spindler/Stilz/*Servatius* AktG § 187 Rn. 21 mwN; dies gilt insbesondere für eine Verpflichtung, das genehmigte Kapital ohne Zustimmung des Investors nicht auszuüben; vgl. LG München 5.4.2012 – 5 HK O 20488/11, NZG 2012, 1152.
[53] Schmidt/Lutter/*Veil* § 187 Rn. 6; Hüffer/Koch/*Koch* AktG § 187 Rn. 3.

lende Zustimmung die Wirksamkeit der Kapitalerhöhung nicht berührt; etwas anderes gilt dann, wenn der Hauptversammlungsbeschluss die Zustimmung des Aufsichtsrats vorschreibt. Dem Registergericht ist die Eintragung der Kapitalerhöhung untersagt, sofern Hinweise darauf vorhanden sind, dass die Zustimmung des Aufsichtsrates nicht vorliegt.[54] Der Vorstand kann sich zudem wegen einer kompetenzwidrigen Aktienausgabe schadensersatzpflichtig machen.[55] Jedoch ist schon ein auf der Ausnutzung des genehmigten Kapitals beruhender **Satzungsänderungsbeschluss** des Aufsichtsrats in der Praxis ein **hinreichendes Indiz** für das Vorliegen der Zustimmung des Aufsichtsrats. Ein solcher Satzungsänderungsbeschluss liegt ganz regelmäßig in der Praxis vor, da in den allermeisten Fällen eine entsprechende Ermächtigung zur Änderung der Fassung der Satzung zur Anpassung der Kapitalziffer und der Zahl der Aktien an die erfolgte Kapitalerhöhung gemäß § 179 Abs. 1 S. 2 AktG an den Aufsichtsrat erteilt wird.

3. Besonderheiten beim (Accelerated) Bookbuilding

36 Das (Accelerated) Bookbuilding stellt eine **Sonderform der Platzierung einer Kapitalerhöhung unter Bezugsrechtsausschluss** gemäß § 186 Abs. 3 S. 4 AktG dar.[56] Investoren werden hierbei aufgefordert, innerhalb einer bestimmten Preisspanne und – beim Accelerated Bookbuilding – einer kurzen Frist von einem Tag oder auch nur mehreren Stunden ein Angebot zum Erwerb eines Teils der Aktien abzugeben, anhand dessen die Nachfrage ausgewertet und der finale Preis der Aktie festgelegt wird.[57] Das Accelerated Bookbuilding ist vor allem bei Kapitalerhöhungen mit weniger als 10 Prozent des Grundkapitals von Bedeutung, da wegen § 4 Abs. 2 Nr. 1 WpPG keine Prospektpflicht besteht und das Bezugsrecht gemäß § 186 Abs. 3 S. 4 AktG ausgeschlossen werden kann. Da der Ausgabebetrag bei Beschluss des Vorstands noch nicht feststeht, bedarf es zweier Vorstandsbeschlüsse: Vor Beginn des Bookbuildings ergeht ein genereller Vorstandsbeschluss über die Ausnutzung des genehmigten Kapitals, die Festlegung einer Maximalzahl an Aktien, und einer Preisspanne. Nach Abschluss des Bookbuildings folgt ein Beschluss über die Festlegung des Ausgabebetrages und der platzierten Aktienanzahl.[58]

> **Muster: Gesonderter Beschluss des Vorstands zur Festlegung des Ausgabekurses der Aktien beim Accelerated Bookbuilding**
>
> 37
> ...... AG, [Sitz]
>
> (1) Mit Beschl. v. ...... hat die Hauptversammlung den Vorstand ermächtigt, mit Zustimmung des Aufsichtsrats das Grundkapital der Gesellschaft bis zum ...... um insgesamt bis zu ...... EUR durch ein- oder mehrmalige Ausgabe nennbetragsloser auf den Namen lautender Stammaktien gegen Bar- oder Sacheinlagen zu erhöhen. Der Vorstand wurde ferner ermächtigt, jeweils mit Zustimmung des Aufsichtsrats das Bezugsrecht der Aktionäre auszuschließen.
>
> (2) Der Vorstand hat unter Ausnutzung dieser Ermächtigung am ...... beschlossen, das Grundkapital der Gesellschaft gegen Bareinlagen von ...... EUR um ...... EUR auf ...... EUR durch Ausgabe von ...... neuen auf den Namen lautenden Stammaktien im Nennbetrag von ...... EUR zu erhöhen. Der genannte Vorstandsbeschluss ist dem heutigen Beschluss als Anlage in Kopie beigefügt. Der Vorstand hat in diesem Beschluss den Ausgabebetrag der neuen Aktien nicht endgültig festgesetzt, der Ausgabebetrag wurde vielmehr in einem Bookbuilding-Verfahren ermittelt.
>
> (3) Der Vorstand beschließt nunmehr in Ergänzung zu seinem Beschl. v. ...... Der Ausgabebetrag beträgt ...... EUR je Aktie. Die Zahl der auszugebenden Aktien wird auf ...... festgelegt.

---

[54] Hüffer/Koch/*Koch* AktG § 202 Rn. 22; MHdB GesR IV/*Scholz* § 59 Rn. 44; → Rn. 69.
[55] Schmidt/Lutter/*Veil* § 202 Rn. 22.
[56] Vgl. Habersack/Mülbert/Schlitt/*Schäcker/Kunze/Wohlgefahrt* § 3 Rn. 29, 45 u. aaO *Schlitt/Hemeling* § 12 Rn. 22, 47 ff.
[57] Marsch-Barner/Schäfer/*Meyer* § 7 Rn. 91; Semler/Volhard/Reichert/*Schröer* § 22 Rn. 37.
[58] Zur Möglichkeit separater Entscheidung über das „Ob" und das „Wie" der Ausnutzung des genehmigten Kapitals: Hb.VorstandsR/*Ekkenga* § 21 Rn. 2, 8 [2. Auflage für 2019 angekündigt].

IV. Bezugsrecht und Bezugsrechtsausschluss

1. Bezugsrecht

§ 203 Abs. 1 AktG verweist für die genehmigte Kapitalerhöhung auf die Bestimmungen in den §§ 185–191 AktG über die ordentliche Kapitalerhöhung und erklärt somit auch insbesondere die Regelung in § 186 AktG über das Bezugsrecht für anwendbar. Wie bei der ordentlichen Kapitalerhöhung näher ausgeführt,[59] steht danach jedem Aktionär **grundsätzlich ein Bezugsrecht** auf die dem Anteil der von ihm gehaltenen alten Aktien am Grundkapital entsprechende Anzahl neu ausgegebener junger Aktien zu.

2. Ausschluss der Bezugsrechte in der Ermächtigung oder Gründungssatzung

Auch bei der genehmigten Kapitalerhöhung kann das Bezugsrecht ausgeschlossen werden. Ein **Bezugsrechtsausschluss** kann gemäß § 203 Abs. 1 iVm § 186 Abs. 3 S. 1 AktG bereits **durch die Hauptversammlung** in dem Ermächtigungsbeschluss über die genehmigte Kapitalerhöhung erfolgen. Hier gelten im Wesentlichen die gleichen Grundsätze wie bei der ordentlichen Kapitalerhöhung,[60] dh insbesondere, dass der Bezugsrechtsausschluss eines sachlichen Grundes bedarf. Da die genehmigte Kapitalerhöhung jedoch gerade für den Fall gedacht ist, dass man dem Vorstand für die Zukunft einen Handlungsspielraum einräumen will und im Zeitpunkt der Durchführung der Hauptversammlung die relevanten Tatsachen gerade noch nicht feststehen, wird eine solche Entscheidung über einen Bezugsrechtsausschluss mit einer entsprechenden konkreten auf den Einzelfall bezogenen sachlichen Rechtfertigung, wie sie die Rechtsprechung fordert,[61] gerade häufig nicht möglich sein.

Bei einem Direktausschluss oder der Ermächtigung des Vorstands zu einem Bezugsrechtsausschluss bereits **in der Gründungssatzung** findet § 186 AktG hingegen generell keine Anwendung.[62] Beides ist ohne weiteres zulässig, da alle Gründer der Aufnahme in die Satzung zustimmen. Der Unterschied zum Bezugsrechtsausschluss im Wege der Satzungsänderung (§ 202 Abs. 2 AktG) besteht darin, dass der Ausschluss in der Gründungssatzung nach § 202 Abs. 1 AktG keiner materiellen Rechtfertigung bedarf.[63] Ob bei einem **Direktausschluss** trotzdem eine Verschiebung der Inhaltskontrolle auf die Vorstandsentscheidung zur Ausnutzung des genehmigten Kapitals stattfindet, ist umstritten. Teilweise wird eine weitere sachliche Rechtfertigung des Vorstandsbeschlusses anhand des Maßstabs, der für den Ausschluss des Bezugsrechts im Ausübungsbeschluss allgemein einzuhalten ist, für notwendig erachtet.[64] Dies ist abzulehnen. Durch den Ausschluss des Bezugsrechts in der Gründungssatzung haben sich alle Aktionäre damit einverstanden erklärt, kein Bezugsrecht bei einer künftigen Ausnutzung des genehmigten Kapitals zu erhalten. Künftige Aktionäre treten insoweit in die entsprechende Rechtsposition ein. Die Situation ist insoweit anders als im Falle eines Ausschlusses des Bezugsrechts durch Hauptversammlungsbeschluss, bei dem es um eine Mehrheitsentscheidung geht, bei der unter Umständen erhebliche Teile der Aktionäre nicht beteiligt sind.[65] Selbst wenn man mit der gegenteiligen Auffassung annehmen würde, es bedürfe noch einmal einer Überprüfung, so ist jedenfalls nur ein wesentlich weniger strenger Maßstab hieran anzusetzen als in dem Fall, dass die Hauptversammlung den Vorstand ermächtigt hat, das Bezugsrecht auszuschließen. Andernfalls wäre eine Differenzierung zwischen einem direkten Ausschluss des Bezugsrechts durch die Gründungssatzung oder die Hauptversammlung einerseits (was eine Zustimmung aller Aktionäre oder jeden-

---

[59] → § 33 Rn. 72 ff.
[60] Zum Meinungsstand: MüKoAktG/*Bayer* § 203 Rn. 110 ff. → § 33 Rn. 92 ff.
[61] → § 33 Rn. 99 ff.
[62] GroßKommAktG/*Hirte* § 203 Rn. 19; Spindler/Stilz/*Wamser* AktG § 203 Rn. 61; Grigoleit/*Rieder*/Holzmann § 203 Rn. 18.
[63] GroßKommAktG/*Hirte* § 202 Rn. 95; MüKoAktG/*Bayer* § 202 Rn. 37.
[64] GroßKommAktG/*Hirte* § 203 Rn. 22, 73; MüKoAktG/*Bayer* § 203 Rn. 85, 127.
[65] Vgl. im Ergebnis ebenso LG Ulm (Donau) 15.5.2009 – 10 O 55/09 KfH S. 13 (unveröffentlicht); Hüffer/*Koch* AktG § 203 Rn. 9.

falls wesentlich stärkere Anforderungen an die Begründungen voraussetzt als die Ermächtigung an den Vorstand, das Bezugsrecht auszuschließen) und der Ermächtigung zum Bezugsrechtsausschluss andererseits nicht mehr gegeben. Darüber hinaus ist zu bedenken, dass dem Vorstand nur die Alternative zusteht, entweder das genehmigte Kapital ohne das gesetzliche Bezugsrecht zu nutzen oder dieses zu unterlassen. Nachträglich das gesetzliche Bezugsrecht wieder einzuführen ist dem Vorstand nicht möglich. Auch dies gebietet einen **herabgesetzten Prüfungsmaßstab** bzgl. der Zulässigkeit des Bezugsrechtsausschlusses. Der Vorstand kann allerdings im Rahmen der Interessenabwägung den Aktionären beispielsweise freiwillig das Recht gewähren, entsprechend ihrer Beteiligungsquote an der Kapitalerhöhung teilzunehmen. Dies würde zwar nicht zu einem gesetzlichen Bezugsrecht führen, aber die Interessensbeeinträchtigung der Aktionäre auch deutlich beschränken.

3. Ausschluss des Bezugsrechts im Ausübungsbeschluss des Vorstands

41   Da es meist nicht möglich ist, den Bezugsrechtsausschluss schon in der Hauptversammlung oder Gründungssatzung zu begründen, ist der für die Praxis wichtigere Weg die **Ermächtigung des Vorstandes** zum Ausschluss des Bezugsrechtes bei Durchführung der Kapitalerhöhung gemäß § 203 Abs. 2 AktG.

42   a) **Sachliche Rechtfertigung.** Auch für diesen Fall verweist § 203 Abs. 2 S. 2 AktG ausdrücklich auf die Regelung über den Bezugsrechtsausschluss in § 186 Abs. 4 AktG.[66] Auf Grund dieser Verweisung hielt die frühere Rechtsprechung eine konkret auf den Einzelfall bezogene Begründung schon für die Ermächtigung zum Bezugsrechtsausschluss durch die Hauptversammlung für notwendig.[67] In der grundlegenden **Siemens/Nold-Entscheidung**[68] ist der BGH hiervon jedoch abgerückt. Die Entscheidung betraf zwar nur den Ausschluss des Bezugsrechts bei einer Kapitalerhöhung gegen Sacheinlage, jedoch wird in der Literatur übereinstimmend davon ausgegangen, dass sich diese Erwägungen nach dem Willen des Gerichts auch auf die Kapitalerhöhung gegen Bareinlagen beziehen sollen.[69] Zulässig ist nunmehr, dass die **Hauptversammlung den Vorstand abstrakt zu Kapitalerhöhungen ermächtigt, die im wohlverstandenen Interesse der Gesellschaft liegen.**

43   Dazu hat der **Vorstand** der Hauptversammlung gemäß §§ 203 Abs. 2 S. 2 AktG, 186 Abs. 4 S. 2 AktG einen **schriftlichen Bericht** zu erstatten, in dem er über den Grund für den Bezugsrechtsausschluss bzw. die Ermächtigung zu diesem vorträgt. Der Maßstab dieser Berichterstattung ist nicht allzu hoch anzusetzen, der Vorstand kann sich auf allgemein gehaltene Angaben beschränken, etwa welche Maßnahmen mit Bezugsrechtsausschluss durchgeführt werden sollen und welcher Zweck dem zugrunde liegt.[70] Dabei muss die Erläuterung so gestaltet sein, dass dem juristisch nicht vorgebildeten Aktionär hinreichend klar wird, welche Überlegungen der Vorstand angestellt hat; es bedarf also einer verständlichen Sprache.[71] Anhand der Angaben des Berichts hat die Hauptversammlung über den Bezugsrechtsausschluss zu entscheiden. So wird es grundsätzlich im Interesse der Gesellschaft liegen, den Ausschluss des Bezugsrechts insbesondere für Spitzenbeträge, die infolge des Bezugsverhältnisses entstehen,[72] bei Kapitalerhöhungen gegen Bareinlagen in der Höhe von

---

[66] Das umfasst auch den vereinfachten Bezugsrechtsausschluss in § 186 Abs. 3 S. 4 AktG. Umstritten ist allerdings, ob beim genehmigten Kapital der Vorstand von der Möglichkeit des vereinfachten Bezugsrechtsausschlusses von 10 % des Grundkapitals mehrfach Gebrauch machen kann und somit in fünf Jahren insgesamt einen vereinfachten Bezugsrechtsausschluss für bis zu 50 % des Grundkapitals vornehmen dürfte (bejahend NK-AktG/*Groß/T. Fischer* § 203 Rn. 107; *Trapp* AG 1997, 115 (117); *Hölters/Deilmann* S. 130 f.; MhHdB GesR IV/*Scholz* § 59 Rn. 30, 34; aM OLG München 24.7.1996 – 7 U 6319/95, AG 1996, 518; Hüffer/Koch/*Koch* AktG § 186 Rn. 39b).
[67] BGH 19.4.1982 – II ZR 55/81, BGHZ 83, 319.
[68] BGH 23.6.1997 – II ZR 132/93, BGHZ 136, 133 (138 ff.) – Siemens/Nold.
[69] GroßKommAktG/*Hirte* § 203 Rn. 67 mwN. Für die Ermächtigung der Ausgabe von Wandel- und Optionsschuldverschreibungen hat das OLG München (19.11.2008 – 7 U 2405/08, NZG 2009, 592) die Grundsätze der Siemens/Nold-Entscheidung anerkannt.
[70] So auch OLG München 11.6.2015 – 23 U 4375/14, AG 2015, 677; MHdB GesR IV/*Scholz* § 59 Rn. 63.
[71] Vgl. MüKoAktG/*Schürnbrand* § 186 Rn. 81; LG München I 30.7.2009 – 5 HKO 16915/08, BeckRS 2009, 25107.
[72] Spindler/Stilz/*Servatius* AktG § 186 Rn. 45.

10 Prozent des Grundkapitals im Sinne des § 186 Abs. 3 S. 4 AktG[73] und bei Kapitalerhöhungen gegen Sacheinlagen zum Erwerb von Unternehmensbeteiligungen[74] uä vorzusehen. Das LG München I verlangt darüber hinaus in den Fällen, in denen schon eine konkrete Verwendung des genehmigten Kapitals als Möglichkeit erwogen wird, die Aktionäre so genau und verständlich wie möglich über diese Verwendungsmöglichkeit sowie die daraus folgenden Risiken zu informieren.[75] Mangels praktikabler Grenzziehung dürften dennoch basierend auf der Siemens/Nold-Rechtsprechung im Ergebnis **Vorratsermächtigungen** zulässig sein.[76] Dies entspricht auch der Praxis.

Unabhängig von der Frage, welche abstrakte Begründung für die Ermächtigung zum Bezugsrechtsausschluss noch zulässig ist, bleibt es daneben bei dem Erfordernis der sachlichen **Rechtfertigung des Bezugsrechtsausschlusses im Einzelfall**. Allerdings wird die entsprechende Begründung und Kontrolle von dem Hauptversammlungsbeschluss auf die Ausübung der Ermächtigung **durch den Vorstand** verlagert.[77] Der BGH führt hierzu aus, dass der Vorstand „von der Ermächtigung zur Kapitalerhöhung und zum Bezugsrechtsausschluss nur dann Gebrauch machen [darf], wenn das konkrete Vorhaben seiner abstrakten Umschreibung entspricht und auch im Zeitpunkt seiner Realisierung noch im wohlverstandenen Interesse der Gesellschaft liegt".[78]

Bei der Überprüfung, ob die Voraussetzungen der sachlichen Rechtfertigung vorliegen, sind im Ausgangspunkt die gleichen Grundsätze anzuwenden, wie sie für die ordentliche Kapitalerhöhung bei Beschlussfassung der Hauptversammlung gelten.[79] Hierbei ist insbesondere auch an § 186 Abs. 3 S. 4 AktG mit der vereinfachten Möglichkeit des Bezugsrechtsausschlusses zu denken.[80]

Im Detail ist allerdings **umstritten, welchen Prüfungsmaßstab** der Vorstand an das wohlverstandene Interesse der Gesellschaft, das zum Ausschluss des Bezugsrechts notwendig ist, anzulegen hat. Teilweise wird aus der Siemens/Nold Entscheidung des BGH ein abgeschwächter Prüfungsmaßstab bei der Verhältnismäßigkeitsprüfung abgeleitet.[81] Anderenfalls müsste etwa der Vorstand prüfen, ob er die geplante Maßnahme durch die Barkapitalerhöhung, ggf. mit anschließendem Kauf eines als Sacheinlage gedachten Vermögenswertes, im Rahmen einer außerordentlichen Hauptversammlung finanzieren könnte.[82]

Nach grundsätzlich zutreffender Auffassung gelten die **Grundsätze der Verhältnismäßigkeitsprüfung** auch für den Vorstand gleichermaßen.[83] Das Weniger an Kontrolle im Zeitpunkt des Ermächtigungsbeschlusses muss durch ein Mehr an Kontrolle im Zeitpunkt der Vorstandsentscheidung ausgeglichen werden.[84] Denn der BGH wollte mit seiner Rechtsprechung keinen Verzicht auf die Verhältnismäßigkeitsprüfung einleiten, sondern diese auf den zutreffenden Zeitpunkt verlagern, zu dem das Vorhaben so konkret ist, dass eine solche Prüfung sinnvoll möglich ist. Allerdings darf man dem Vorstand keinen unpraktikablen Prüfungsmaßstab setzen. Im Rahmen der Verhältnismäßigkeitsprüfung sind nur mit hinreichender Wahrscheinlichkeit realisierbare Alternativmaßnahmen zu berücksichtigen.

---

[73] Vgl. Spindler/Stilz/*Wamser* AktG § 203 Rn. 91 ff.; Schmidt/Lutter/*Veil* § 203 Rn. 24.
[74] Ebenso MHdB GesR IV/*Scholz* § 59 Rn. 62 u. aaO § 57 Rn. 21. Kritisch Spindler/Stilz/*Servatius* AktG § 186 Rn. 45a, der die Einbettung in ein die Steigerung der Eigenkapitalrendite oder den Verlustabbau bewirkendes unternehmerisches Konzept verlangt.
[75] Vgl. LG München I 30.7.2009 – 5 HKO 16915/08, BeckRS 2009, 25107.
[76] So auch Hüffer/Koch/*Koch* AktG § 203 Rn. 29; Leuering/Rubner NJW-Spezial 2013, 15; MüKoAktG/*Bayer* § 203 Rn. 128 ff. kritisiert jedoch die Rechtsprechung des BGH.
[77] Dies führt zu einer endgültigen und abschließenden Prüfpflicht des Vorstands.
[78] BGH 23.6.1997 – II ZR 132/93, BGHZ 136, 133 (140) – Siemens/Nold.
[79] → § 33 Rn. 99 ff.
[80] → § 33 Rn. 103 ff.
[81] So wohl OLG Stuttgart 12.8.1998 – 20 U 111/97, ZIP 1998, 1482 (1487); *Cahn* ZHR 163 (1999), 554 (571); *Lutter* JZ 1998, 50 (51). Vgl. zum Meinungsstand: MüKoAktG/*Bayer* § 203 Rn. 111 ff.
[82] *Kirchner/Sailer* NZG 2002, 305 (307).
[83] In diesem Sinne Hüffer/Koch/*Koch* AktG § 203 Rn. 35; GroßKommAktG/*Hirte* § 203 Rn. 79; MüKoAktG/*Bayer* § 203 Rn. 116 ff.; Spindler/Stilz/*Wamser* AktG § 203 Rn. 83; Habersack/Mülbert/Schlitt/*Krause* § 5 Rn. 49; MHdB GesR IV/*Scholz* § 59 Rn. 61.
[84] LG Darmstadt 7.10.1997 – 15 O 253-97, NJW-RR 1999, 1122 (1123); Hüffer/Koch/*Koch* AktG § 203 Rn. 35; GroßKommAktG/*Hirte* § 203 Rn. 79.

48 **b) Mängel des Bezugsrechtsausschlusses.** Beinhaltet der Hauptversammlungsbeschluss einen Bezugsrechtsausschluss, ist dieser anfechtbar, wenn er nicht ausdrücklich oder ordnungsgemäß bekannt gemacht wurde, § 203 Abs. 2 S. 2 AktG iVm § 186 Abs. 4 AktG.[85] Fehlt es an der sachlichen Rechtfertigung, liegt ebenfalls ein Anfechtungsgrund gemäß § 243 Abs. 1 AktG vor; hierzu sind allerdings die geringeren Anforderungen an den Hauptversammlungsbeschluss nach der Siemens/Nold Entscheidung zu beachten.[86] Zudem muss eine etwaige Anfechtbarkeit eines Ermächtigungsbeschlusses mit Bezugrechtsausschluss nicht zwingend die gesamte Anfechtbarkeit mit sich bringen. Ist im konkreten Einzelfall davon auszugehen, dass die Kapitalerhöhung auch ohne Bezugsrechtsausschluss beschlossen worden wäre, behält diese ihre Wirksamkeit.[87]

49 **c) Rechtsschutz gegen Vorstandsbeschluss.** Lange Zeit ungeklärt war, inwiefern Aktionären Rechtsschutz gegen einen Vorstandsbeschluss über die Ausnutzung der Ermächtigung zur Kapitalerhöhung zusteht. Für den **Zeitraum nach Eintragung** der Durchführung der Kapitalerhöhung steht nach der Mangusta/Commerzbank II-Entscheidung des BGH nunmehr fest, dass richtige Klageart die **allgemeine Feststellungsklage** nach § 256 ZPO gerichtet auf Feststellung des pflichtwidrigen und kompetenzüberschreitenden Organhandels ist.[88]

50 Für den **Zeitraum vor Eintragung** wird von der herrschenden Meinung in Literatur und Rechtsprechung die Möglichkeit einer **(vorbeugenden) Unterlassungsklage** (in der Praxis vorbereitet durch entsprechende Anträge auf Erlass von Unterlassungsverfügungen im Verfahren des einstweiligen Rechtsschutzes) gegen die Durchführung einer Kapitalerhöhung durch den Vorstand für zulässig erachtet.[89] Solange eine Unterlassungsklage erhoben werden kann, ist eine Feststellungsklage nach den allgemeinen Grundsätzen (noch) nicht zulässig.[90]

51 Dem Vorschlag aus der Literatur, eine **Anfechtungsklage**[91] entsprechend §§ 241 ff. AktG gegen den Vorstands- oder Aufsichtsratsbeschluss zuzulassen, hat der BGH eine Absage erteilt.[92] Von einem Vorstand sei zu erwarten, dass er sich auch an ein feststellendes Urteil hält, wird unter anderem argumentiert.[93]

52 Darüber hinaus lehnt das OLG Frankfurt a. M. eine Beteiligung der Aktionäre **im Handelsregisterverfahren** in der Gestalt der Gewährung vorherigen rechtlichen Gehörs ab. Zwar werde die Kapitalerhöhung erst mit Eintragung wirksam, jedoch werden die Aktionäre durch die fehlende Beteiligung aufgrund der anderen Rechtsschutzmöglichkeiten wie der Feststellungsklage gerade nicht rechtlos gestellt.[94]

53 Während der BGH[95] die Problematik, ob die Feststellungsklage an eine bestimmte Frist gebunden ist, offen gelassen hat, befürworten die **Instanzgerichte** eine **einmonatige Frist** ab

---

[85] MHdB GesR IV/*Scholz* § 59 Rn. 39; Hüffer/Koch/*Koch* AktG § 203 Rn. 31.
[86] → Rn. 42.
[87] MüKoAktG/*Bayer* § 203 Rn. 169 mwN; MHdB GesR IV/Scholz § 59 Rn. 40; Hüffer/Koch/*Koch* AktG § 203 Rn. 32.
[88] BGH 10.10.2005 – II ZR 90/03, BGHZ 164, 249 (253 ff.) – Mangusta/Commerzbank II; zustimmend OLG Frankfurt a. M. 6.11.2012 – 5 U 154/11, AG 2013, 132 (135); Hüffer/Koch/*Koch* AktG § 203 Rn. 39; MüKoAktG/*Bayer* § 203 Rn. 72 mwN.
[89] BGH 23.6.1997 – II ZR 132/93, BGHZ 136, 133 (140 f.) – Siemens/Nold; OLG Frankfurt a. M. 29.10.2001 – 20 W 58/01, AG 2002, 352 (353); Hüffer/Koch/*Koch* AktG § 203 Rn. 38; vgl. zum damit zusammenhängenden Risiko, auf Schadensersatz gemäß § 945 ZPO in Anspruch genommen zu werden, falls die einstweilige Verfügung aufgehoben wird, NK-AktG/*Groß/T. Fischer* § 203 Rn. 122.
[90] *Kubis* DStR 2006, 188 (191). Zum Unterlassungsanspruch: LG Kiel 22.5.2008 – 15 O 49/08, BeckRS 2008, 12662; *Busch* NZG 2006, 81 (83); *Drinkuth* AG 2006, 142 (143); *Schürnbrand* ZHR 171 (2007), 731 (735 f.).
[91] Zum Umfang der gerichtlichen Kontrolle: *Krämer/Kiefner* ZIP 2006, 301 (304 f.).
[92] BGH 10.10.2005 – II ZR 90/03, BGHZ 164, 249 (252) – Mangusta/Commerzbank II; aM KK-AktG/*Lutter* § 203 Rn. 31; *Sethe* AG 1994, 342; NK-AktG/*Groß/T. Fischer* § 203 Rn. 126; GroßKommAktG/*Hirte* § 230 Rn. 86; *Paefgen* ZIP 2004, 145; immer noch K- Schmidt/Lutter/*Schwab* § 255 Rn. 7 Hüffer/Koch/*Koch* AktG § 203 Rn. 39 befürwortet nur noch in Bezug auf Streitwertbemessung analoge Anwendung des § 247 AktG.
[93] Vgl. Hüffer/Koch/*Koch* AktG § 203 Rn. 39.
[94] OLG Frankfurt a. M. 29.10.2001 – 20 W 58/01, AG 2002, 352; bestätigend OLG Frankfurt a. M. 26.5.2009 – 20 W 115/09, NJW-RR 2009, 1341 (1342).
[95] BGH 10.10.2005 – II ZR 90/03, BGHZ 164, 249 ff. – Mangusta/Commerzbank II.

Bekanntmachung der Ausnutzung der Ermächtigung in der nächsten Hauptversammlung.[96] Da der BGH sich gegen eine Pflicht des Vorstands zur Vorabinformation über die beabsichtigte Kapitalerhöhung ausgesprochen hat,[97] kann diese auch nicht – wie zuvor vielfach in der Literatur in Zusammenhang mit der Möglichkeit einer Anfechtungsklage angeregt[98] – als möglicher Fristbeginn herangezogen werden.

Für den Fall, dass die Kapitalerhöhung noch nicht vollständig vollzogen ist, können Aktionäre im Wege des **einstweiligen Rechtsschutzes** eine Unterlassensverfügung gegen den Vorstandsbeschluss über die Kapitalerhöhung zur Sicherung ihres Bezugsrechts erwirken.[99] Voraussetzung ist diesbezüglich, dass der Aktionär mangels Information durch den Vorstand überhaupt von der Kapitalerhöhung erfahren hat. Dem Aktionär bleibt nur die Verfolgung der veröffentlichten Ad-hoc-Mitteilungen.[100] Darüber hinaus ist das Schadensersatzrisiko aus § 945 ZPO zu berücksichtigen und abzuwägen.

Sofern es bereits zur Eintragung der Kapitalerhöhung gekommen ist, wird unstreitig angenommen, dass eine Verletzung der Grundsätze der Verhältnismäßigkeit durch den Vorstand **Schadensersatzansprüche** gemäß § 93 Abs. 2 AktG begründen kann.[101] Hierbei handelt es sich um Ansprüche der Gesellschaft.[102] Die Aktionäre können jedoch ihrerseits einen Schadensersatzanspruch gegen die Gesellschaft gemäß § 823 Abs. 2 BGB wegen Verletzung des gesetzlichen Bezugsrechts haben.

Teilweise wird die Auffassung vertreten, die Fehlerhaftigkeit des Bezugsrechtsausschlusses könne auch zu einer Unwirksamkeit der gesamten Kapitalerhöhung führen.[103] In diesem Fall sollen letztlich bei der Kapitalerhöhung keine wirksamen Mitgliedschaftsrechte begründet worden sein, sondern betreffend die neuen Aktien lediglich eine fehlerhafte Gesellschaft vorliegen. Diese fehlerhafte Gesellschaft könne durch Rückforderung der ausgegebenen Aktien jederzeit beendet werden.[104]

Für die Praxis bedeutend ist, dass die Eintragung der durch das genehmigte Kapital durchgeführten Einzelmaßnahme nicht mehr das abschließende Ereignis für die Erhebung einer Klage durch die Aktionäre darstellt. Aktionärsklagen können durch die Möglichkeit der Erhebung einer **Feststellungsklage** noch im Nachgang drohen.[105] Im Gegenzug dazu sollen den Klägern keine Darlegungs- und Beweiserleichterungen zu Gute kommen wie sie etwa das Beschlussmängelrecht gemäß §§ 241 ff. AktG kennt. Begründet wird dies insbesondere damit, dass der BGH die entsprechende Anwendung der Anfechtungs- und Nichtigkeitsklage bezüglich Vorstands- und Aufsichtsratsbeschlüssen gerade abgelehnt hat und Sinn und Zweck des genehmigten Kapitals, nämlich eine rasche und flexible Finanzierungsmöglichkeit, durch eventuelle Beweiserleichterungen unterlaufen werden könnten. Dies wäre etwa darin zu sehen, dass Aktionäre im einstweiligen Rechtsschutz eine nur oberflächlich begründete Untersagungsverfügung anhängig machten und die Gesellschaft sich wegen einer ihr obliegenden Darlegungslast erklären müsste.[106]

---

[96] So OLG Frankfurt a. M. 7.9.2010 – 5 U 187/09, NZG 2011, 746 (747 f.); LG Berlin 21.2.2008 – 95 O 93/07, BeckRS 2008, 11011 (nach § 246 Abs. 1 AktG analog); Vgl. zur Frist auch *Bürgers/Holzborn* BKR 2006, 202 (205); *Busch* NZG 2006, 81 (84); *Kubis* DStR 2006, 188 (189, 192); *Wilsing* ZGR 2006, 722 (744 f.); Hüffer/Koch/*Koch* AktG § 203 Rn. 39, der Monatsfrist des § 246 AktG wie bei GmbH nur als Leitbild heranziehen will.

[97] → Rn. 60.

[98] Vgl. mit umfangreichen Nachweisen zum Meinungsstand *Happ*, in: FS Ulmer, 2003, 175 (182 f.).

[99] Vgl. Hb.VorstandsR/*Ekkenga* § 21 Rn. 136 [Neuauflage für 2019 angekündigt]; Hüffer/Koch/*Koch* AktG § 203 Rn. 39; MüKoAktG/*Bayer* § 203 Rn. 171; dagegen OLG Frankfurt a. M. 1.4.2003 – 5 U 54/01, ZIP 2003, 902, das hierin bereits eine unzulässige Vorwegnahme der Hauptsache sieht.

[100] → Rn. 73.

[101] BGH 23.6.1997 – II ZR 132/93, BGHZ 136, 133 (140) – Siemens/Nold. Dies gilt auch weiterhin, siehe *Bungert* BB 2005, 2757 (2759).

[102] Vgl. zu den Voraussetzungen der Schadensersatzhaftung aus § 93 AktG im Einzelnen Hüffer/Koch/*Koch* AktG § 93 Rn. 37 ff.

[103] NK-AktG/Groß/*T. Fischer* § 203 Rn. 118 f.

[104] NK-AktG/Groß/*T. Fischer* § 203 Rn. 128 ff.; *Bungert* BB 2005, 2757 (2759) mwN; zu dieser Problematik auch *Busch* NZG 2006, 81 (86 f.); *Schürnbrand* ZHR 171 (2007), 731 (737 f.).

[105] *Bürgers/Holzborn* BKR 2006, 202 (205).

[106] Vgl. *Krämer/Kiefner* ZIP 2006, 301 (307).

58 **d) Berichtspflicht des Vorstandes.** Gemäß § 160 Abs. 1 Nr. 3 AktG muss der Vorstand im Anhang zum Jahresabschluss und – nach der Rechtsprechung – auch in der nächsten Hauptversammlung über die Ausübung des genehmigten Kapitals berichten.[107] In diesem Nachbericht auf der Hauptversammlung muss dargelegt werden, dass das konkrete Vorhaben den abstrakten Umschreibungen im Ermächtigungsbeschluss entsprach und die Durchführung des Bezugsrechtsausschlusses im wohlverstandenen Interesse der Gesellschaft lag. Nach herrschender Meinung kann der Bericht zwar auch mündlich erfolgen,[108] vorsichtshalber ist jedoch die schriftliche Berichterstattung zu empfehlen,[109] die im Rahmen des Berichts über das abgelaufene Geschäftsjahr erfolgen kann.[110] Gewichtige Informationsmängel können zur Anfechtbarkeit des Entlastungsbeschlusses führen,[111] und nach Ansicht des OLG Frankfurt a. M. sogar auf nachfolgende Hauptversammlungsbeschlüsse gem. § 202 Abs. 2 AktG durchschlagen.[112]

59 Ob eine **Berichtspflicht bereits bei der Ausnutzung des genehmigten Kapitals** gemäß § 186 Abs. 4 S. 2 AktG analog besteht, war bis zur Mangusta/Commerzbank I Entscheidung des BGH umstritten.[113]

60 Nunmehr ist für die Praxis geklärt, dass **kein Anspruch** der Aktionäre auf **vorherige schriftliche Unterrichtung** über den Bezugsrechtsausschluss besteht.[114] Die Begründung basiert zum einen auf der fehlenden Kodifizierung einer derartigen Berichtspflicht und zum anderen auf einer teleologischen Argumentation. Zweck des genehmigten Kapitals ist es nämlich, dem Vorstand eine schnelle und flexible Handlungsmöglichkeit zu bieten, der durch eine vorhergehende Berichtspflicht verbunden mit entsprechender Wartezeit der Boden entzogen wäre.[115] Der Vorstand sei lediglich gehalten, nach Inanspruchnahme der Ermächtigung über die Einzelheiten seines Vorgehens auf der nächsten ordentlichen Hauptversammlung der Gesellschaft zu berichten und Rede und Antwort zu stehen.[116] Der Vorstand muss sich auch im Rahmen der Beschlussfassung über ein neu zu schaffendes genehmigtes Kapital auf entsprechende Fragen nach Einzelheiten der Ausnutzung genehmigten Kapitals in früheren Geschäftsjahren vorbereiten, da hiervon das Vertrauen der Aktionäre in den Vorstand abhängen kann.[117]

61 Der Beschluss des Vorstandes über den Bezugsrechtsausschluss bedarf gemäß § 204 Abs. 1 S. 2 Hs. 2 AktG der Zustimmung des Aufsichtsrates.

62 **e) Überprüfung des Ausgabebetrages.** Im Grundsatz ist anerkannt, dass das Gebot der Angemessenheit des Ausgabebetrags nach **§ 255 Abs. 2 AktG** auch auf die genehmigte Kapitalerhöhung anzuwenden ist.[118] Es liegt allerdings in der Natur der Sache, dass eine Über-

---

[107] BGH 23.6.1997 – II ZR 132/93, BGHZ 136, 133 (140) – Siemens/Nold; MHdB GesR IV/*Scholz* § 59 Rn. 63.
[108] MüKoAktG/*Bayer* § 203 Rn. 153; *Niggemann/Wansleben* AG 2013, 267 (271); aM Schmidt/Lutter/*Veil* § 203 Rn. 27; differenzierend *Kossmann* NZG 2012, 1129 (1132 ff.); offenlassend OLG Frankfurt a. M. 5.7.2011 – 5 U 104/10, AG 2011, 713 (714).
[109] Hüffer/Koch/*Koch* AktG § 203 Rn. 37; *Kossmann* NZG 2012, 1129 (1134).
[110] Marsch-Barner/Schäfer/*Busch* § 43 Rn. 44; *Born* ZIP 2011, 1793 (1796).
[111] Hüffer/Koch/*Koch* AktG § 203 Rn. 37 mwN.
[112] OLG Frankfurt a. M. 5.7.2011 – 5 U 104/10, AG 2011, 713 (714); zustimmend *Litzenberger* NZG 2011, 1019 (1020).
[113] Teilweise wurde und wird noch in der Literatur bei Annahme der Berichtspflicht gefordert, nach der Veröffentlichung des Berichts mit der Durchführung zu warten, um den Aktionären die Möglichkeit zu geben, gerichtlichen Rechtsschutz in Anspruch zu nehmen: Für Monatsfrist KK-AktG/*Lutter* § 203 Rn. 31; *Sethe* AG 1994, 342; für angemessene Frist Hüffer/Koch/*Koch* AktG § 203 Rn. 37a.
[114] BGH 10.10.2005 – II ZR 148/03, BGHZ 164, 241 ff. – Mangusta/Commerzbank I; ebenso schon OLG Frankfurt a. M. 1.4.2003 – 5 U 54/01, ZIP 2003, 902 (905); LG Frankfurt a. M. 25.9.2000 – 3/1 O 129/00, ZIP 2001, 117 = WuB II A. § 203 AktG 1.01 mit Anm. *Singhof*.
[115] Dem BGH zustimmend OLG München 19.10.2006 – 14 U 849/05, BeckRS 2007, 00773. Vgl. auch *Paschos* DB 2005, 2731; *Bungert* BB 2005, 2757; *Krämer/Kiefner* ZIP 2006, 301 (306).
[116] Nach Ansicht des OLG Frankfurt a. M. 5.7.2011 – 5 U 104/10, AG 2011, 713 (714) ist aktive Berichterstattung erforderlich, dh nicht nur auf Nachfrage.
[117] LG München I 16.8.2007 – 5 HKO 17682/06, BeckRS 2007, 16240. Bestätigend insoweit OLG München 24.9.2008 – 7 U 4230/07, AG 2009, 121 (122 f.) in zweiter Instanz.
[118] MüKoAktG/*Koch* § 255 Rn. 9.

prüfung des Hauptversammlungsbeschlusses anhand des § 255 Abs. 2 AktG nur dann möglich ist, **wenn der Ermächtigungsbeschluss Vorgaben hinsichtlich des Ausgabebetrages enthält.**[119] Fehlt es an solchen Vorgaben, so muss dennoch der Vorstand im Rahmen des Ausnutzungsbeschlusses die Grenzen des § 255 Abs. 2 AktG beachten.[120] Wenn neue Aktien als Transaktionswährung zur Finanzierung des Erwerbs eines anderen Unternehmens genutzt werden, bleibt trotz dieser Vorgabe ausreichend Spielraum für Verhandlungen.[121] Hinsichtlich der Frage des Rechtsschutzes kann auf die Ausführungen zum Rechtsschutz gegen den Bezugsrechtausschluss verwiesen werden.[122]

In der Vergangenheit war die Eingrenzung der notwendigen Angaben im Ermächtigungsbeschluss der Hauptversammlung zur möglichen Überprüfung gemäß § 255 Abs. 2 AktG aufgrund einer zwischenzeitlich aufgegebenen Rechtsprechung des Kammergerichts[123] umstritten.

Dem Urteil lag die Schaffung eines genehmigten Kapitals bei der Senator Entertainment AG zur Bedienung eines so genannten **Greenshoe** zugrunde. Der Greenshoe ist eine Entwicklung der Kapitalmarktpraxis, die als Stabilisierung von Aktienkursen im Nachgang der Platzierung von Aktien eingesetzt wird. Im Rahmen der Platzierung wird über das eigentliche Emissionsvolumen hinausgehend eine **zusätzliche Anzahl von Aktien** (in der Regel bis zu 25 Prozent) zugeteilt und (zunächst) aus von den Altaktionären überlassenen Aktien bedient.[124] Die auf Grund der zusätzlichen Zuteilung von den Konsortialführern vereinnahmten Gelder werden wie folgt eingesetzt: Sinkt nach der Zuteilung der Kurs, kaufen die Konsortialführer zur Stabilisierung Aktien im Markt zurück und führen damit die Mehrzuteilung zurück. Steigt der Kurs der neu emittierten Aktie hingegen, so müssen die Konsortialführer trotzdem die mehr zugeteilten Aktien an die Altaktionäre zurückgewähren. In dieser Konstellation steht ihnen die Möglichkeit zu, von der Gesellschaft zum Platzierungspreis weitere Aktien zu erwerben. Diese Aktien beschafft sich die Gesellschaft aus dem genehmigten Kapital.[125]

Nach der Entscheidung des KG sollte ein Beschluss, der den Vorstand ermächtigt, zur Erfüllung des Greenshoes eine Kapitalerhöhung gegen Bareinlagen unter Bezugsrechtsausschluss durchzuführen und dabei selbst über die Ausgabemodalitäten zu entscheiden, bereits dann der Angemessenheitsprüfung unterfallen, wenn dem Vorstand die freie Bestimmung des Ausgabebetrages der Aktien obliegt. Diese Rechtsprechung hat das KG jedoch seinerseits korrigiert[126] und ist darin durch den BGH bestätigt worden, der ebenfalls eine analoge Anwendung des § 255 Abs. 2 AktG in dieser Konstellation ablehnt.[127] Der **BGH** verweist auf die Evidenz des Wortlauts des § 255 Abs. 2 AktG, der keine Anwendung auf einen Hauptversammlungsbeschluss, der sich inhaltlich nicht auf die Ausgabemodalitäten bezieht, vorsieht.[128] Eine Regelungslücke als Voraussetzung für eine analoge Anwendung sei nicht gegeben. Auch der Greenshoe ändere nichts an dem festgestellten Ergebnis. Die Mehrzuteilungsoption habe sich als marktübliches Stabilisierungsinstrument etabliert, welches auch durch eine Kapitalerhöhung eingeräumt werden könne. Grundsätzlich anerkannt ist, dass der Vorstand nach § 204 Abs. 1 S. 1 AktG im Rahmen einer Kapitalerhöhung aus genehmigtem Kapital neue Aktien mit einer von der gesetzlichen Regelung abweichenden Gewinnberechtigung ausgeben kann, soweit der Ermächtigungsbeschluss keine Bestimmungen

---

[119] OLG Karlsruhe 28.8.2002 – 7 U 137/01, NZG 2002, 959 (960); MüKoAktG/*Koch* § 255 Rn. 14; GroßKommAktG/*K. Schmidt* § 255 Rn. 4; nur vordergründig aM KG 22.8.2001 – 23 U 6712/99, ZIP 2001, 2178 (2180), dazu gleich nachfolgend.
[120] OLG Karlsruhe 28.8.2002 – 7 U 137/01, NZG 2002, 959 (965); GroßKommAktG/*Hirte* § 203 Rn. 97.
[121] Vgl. näher *Hasselbach/Jakobs* AG 2014, 217 (221 ff.).
[122] Vgl. MüKoAktG/*Koch* § 255 Rn. 14; *Meyer* WM 2002, 1106 (1112) und → Rn. 49 ff.
[123] KG 22.8.2001 – 23 U 6712/99, ZIP 2001, 2178 (2180).
[124] Der Mehrzuteilung liegt rechtlich eine Wertpapierleihe in Form des Sachdarlehen gemäß § 607 BGB zugrunde.
[125] Vgl. im Einzelnen zum Greenshoe *Groß* ZIP 2002, 160 (161 f.).
[126] KG 16.11.2006 – 23 U 55/03, ZIP 2007, 1660 ff.
[127] BGH 21.7.2008 – II ZR 1/07, NZG 2009, 589 ff.; zustimmend MüKoAktG/*Bayer* § 202 Rn. 14 u. § 204 Rn. 21 mwN.
[128] Ebenso Habersack/Mülbert/Schlitt/*Krause* § 7 Rn. 51.

enthält.[129] Noch nicht höchstrichterlich geklärt und in der Literatur umstritten ist die Frage, ob der Vorstand auch eine **rückwirkende Gewinnbeteiligung** beschließen darf,[130] insbesondere unter Bezugsrechtsausschluss der Altaktionäre.[131] Neben möglichen wirtschaftlichen Nachteilen für die Altaktionäre werden auch die geringeren Rechtsschutzmöglichkeiten gegen den Ausschluss des Bezugsrechts dagegen ins Feld geführt. Zu bedenken ist jedoch, dass selbst für Altaktionäre eine derartige Gestaltung wirtschaftlich sinnvoll sein kann. Im Übrigen wird eine rückwirkende Gewinnbeteiligung für das abgelaufene Geschäftsjahr nur vor dem Verwendungsbeschluss nach § 174 AktG, mit dem auch erst der konkrete Gewinnauszahlungsanspruch der Altaktionäre entsteht, bejaht.[132] Auch ist der Ausschluss der Bezugsrechte nur unter strengen gesetzlichen Vorgaben möglich, da der Vorstand im wohlverstandenen Interesse der Gesellschaft handeln muss. Zwar werden die Altaktionäre in der Praxis mangels Vorabinformationspflicht eine solche Kapitalerhöhung in der Regel nur verhindern können, wenn entsprechende Vorgaben in den Ermächtigungsbeschluss aufgenommen werden,[133] unbeschadet dessen erhalten sie aber in jedem Fall Rechtsschutz in Form von Schadensersatzansprüchen.

V. Weitere Durchführung der Kapitalerhöhung

1. Zeichnung und Einlageleistung

66   Auch für die Zeichnung der neuen Aktien aus der genehmigten Kapitalerhöhung gelten gemäß § 203 Abs. 1 AktG die Bestimmungen über die ordentliche Kapitalerhöhung entsprechend.[134] Allerdings ist **im Zeichnungsschein anstelle des Datums der Kapitalerhöhung** der Tag anzugeben, an dem die **Ermächtigung** des Vorstandes mit **Eintragung in das Handelsregister** wirksam wurde, § 203 Abs. 1 S. 2 AktG. Sofern die Ermächtigung bereits in der ursprünglichen Satzung der Aktiengesellschaft enthalten war, ist dies der Tag der Eintragung der Gesellschaft in das Handelsregister.[135] Die Angaben im Zeichnungsschein zu Art und Umfang der Kapitalerhöhung beziehen sich dabei immer nur auf die jeweils konkrete Ausnutzung des genehmigten Kapitals, vorherige Tranchen bleiben unberücksichtigt.[136]

67   Auch hinsichtlich der Erbringung der Einlage finden die Vorschriften über die ordentliche Kapitalerhöhung gemäß § 203 Abs. 1 AktG entsprechend Anwendung, auf die dortigen Ausführungen wird insofern verwiesen.[137]

2. Eintragungsverfahren

68   Die Durchführung der Kapitalerhöhung ist beim genehmigten Kapital genauso wie bei der ordentlichen Kapitalerhöhung zur Eintragung in das Handelsregister anzumelden, §§ 203 Abs. 1, 188 AktG. Eine gesonderte Anmeldung des Vorstandsbeschlusses erfolgt hingegen nicht. Die Anmeldung der Durchführung der Kapitalerhöhung erfolgt nach Zeichnung aller Aktien und Leistung der Mindesteinlagen. Bei einer Aufteilung in mehrere Tranchen muss grundsätzlich jede einzelne Tranche zum Handelsregister angemeldet werden,

---

[129] Insofern ist § 204 AktG gegenüber § 60 Abs. 3 lex specialis, vgl. Hölters/*v. Dryander/Niggemann* § 204 Rn. 5; MüKoAktG/*Bayer* § 60 Rn. 29.

[130] Vgl. Hüffer/Koch/*Koch* AktG § 204 Rn. 4 mwN; aM MüKoAktG/*Bayer* § 60 Rn. 30 mwN.

[131] Dafür Hüffer/Koch/*Koch* AktG § 204 Rn. 4; Hölters/*v. Dryander/Niggemann* § 204 Rn. 5; MHdB GesR IV/Scholz § 59 Rn. 51; *Henssler/Glindemann* ZIP 2012, 949 (956 ff.); dagegen MüKoAktG/*Bayer* § 204 Rn. 10.

[132] Denn erst durch den Beschluss entstehen die Dividendenansprüche der Altaktionäre. In der Praxis könnte diese Voraussetzung jedoch zu Schwierigkeiten führen, wenn das Registergericht mit der Gegenmeinung eine Eintragung ablehnt und die zeitliche Abfolge nicht mehr eingehalten werden kann, vgl. *Henssler/Glindemann* ZIP 2012, 949 f.

[133] Vgl. hierzu näher *Henssler/Glindemann* ZIP 2012, 949 (958).

[134] Vgl. zu den Einzelheiten → 33 Rn. 117 ff.

[135] GroßKommAktG/*Hirte* § 203 Rn. 13.

[136] MHdB GesR IV/Scholz § 59 Rn. 67.

[137] → § 33 Rn. 130 ff.

sofern in Bezug auf diese die notwendigen Voraussetzungen für die Anmeldung vorliegen.[138] Mit Blick auf die Rechtsprechung zur Tranchenbildung bei der ordentlichen Kapitalerhöhung[139] empfiehlt es sich, auch beim genehmigten Kapital bei einer Tranchenbildung insbesondere im Rahmen einer sogenannten Bis-zu-Kapitalerhöhung anzugeben, dass die weitere Durchführung vorbehalten wird.[140] Form und Inhalt der Anmeldung entspricht ebenfalls den Anforderungen an die Anmeldung einer ordentlichen Kapitalerhöhung.

Das Registergericht prüft, ob die Voraussetzungen für die Eintragung der Durchführung der Kapitalerhöhung gegeben sind. Dies umfasst zunächst die allgemeinen gesetzlichen und satzungsmäßigen Erfordernisse. Daneben prüft das Registergericht, ob ein Vorstandsbeschluss vorliegt, welcher sich innerhalb der durch Gesetz und Satzung gesteckten Grenzen hält.[141] Es wird auch geprüft, ob die erforderliche Zustimmung des Aufsichtsrates vorliegt. Dabei kann das Gericht auf Grund der Mitwirkung des Aufsichtsratsvorsitzenden bei der Anmeldung in der Regel davon ausgehen, dass eine solche Zustimmung vorliegt und muss keinen gesonderten Nachweis hierüber verlangen.[142]

Handelt es sich um eine **Kapitalerhöhung gegen Sacheinlagen**, ist zu prüfen, ob die besonderen Voraussetzungen des § 205 AktG erfüllt sind. Der Vorstand muss durch die Hauptversammlung zur Ausgabe von Aktien gegen Sacheinlagen ausdrücklich ermächtigt sein. Sofern der Gegenstand der Sacheinlage, die Person, von der die Gesellschaft den Gegenstand erwirbt und der Nennbetrag bzw. die Zahl der für die Sacheinlage zu gewährenden Aktien nicht bereits in der Ermächtigung zur Kapitalerhöhung durch die Hauptversammlung festgesetzt sind, sind diese Angaben vom Vorstand festzusetzen. Letzteres ist in der Praxis der Regelfall. Die Festsetzungen sind in den Zeichnungsschein aufzunehmen. Des Weiteren hat eine Prüfung der Werthaltigkeit der Sacheinlage stattzufinden. Hierbei gelten gemäß § 205 Abs. 5 S. 1 AktG die für die Gründung der Gesellschaft und die ordentliche Kapitalerhöhung ebenfalls anwendbaren Regelungen in den §§ 33 Abs. 3–5, 34, 35 AktG sinngemäß. Auch diesbezüglich kann auf die Ausführungen zur ordentlichen Kapitalerhöhung verwiesen werden.[143] In der Literatur wird teilweise darüber hinaus die Vorlage von umfangreichen Dokumenten gefordert, beispielsweise die Eckpunkte von Finanzierungsverträgen bei Equity-Line-Finanzierungen.[144]

Mit der **Eintragung** wird die Kapitalerhöhung gemäß §§ 203 Abs. 1, 189 AktG wirksam und die neuen Aktienurkunden können gemäß § 191 AktG ausgegeben werden. Gleichzeitig wird die Änderung der Satzungsfassung eingetragen, die der Aufsichtsrat gemäß § 179 Abs. 1 S. 2 AktG beschließt. Vor der Eintragung der Durchführung der Erhöhung des Grundkapitals in das Handelsregister können gezeichnete neue Aktien aus einer Kapitalerhöhung nicht abgetreten werden, da solche Aktien und damit auch diesbezügliche Abtretungsverträge gemäß § 191 S. 2 AktG nichtig sind. Der BGH hat entschieden, dass dies gemäß § 203 Abs. 1 AktG auch im Falle einer Kapitalerhöhung aus genehmigtem Kapital gilt.[145]

3. Veröffentlichungen

Auch bei der Durchführung einer Kapitalerhöhung aus genehmigtem Kapital können den Emittenten verschiedene Veröffentlichungspflichten treffen, soweit es sich um Aktiengesellschaften im regulierten Markt handelt. Die speziellen Veröffentlichungspflichten stehen entweder im Zusammenhang mit der Hauptversammlung oder betreffen die Kapitalmaßnahme selbst.[146] So kann bereits die **Entscheidung des Vorstands**, die Hauptversammlung

---

[138] GroßKommAktG/*Hirte* § 203 Rn. 35.
[139] Vgl. OLG München 22.9.2009 – 31 Wx 110/09, NZG 2009, 1274 f.
[140] → § 33 Rn. 157a.
[141] GroßKommAktG/*Hirte* § 203 Rn. 40.
[142] MHdB GesR IV/*Scholz* § 59 Rn. 73.
[143] → § 33 Rn. 135 f. und § 13; sowie zu den Ausnahmen von den Bestimmungen in § 205 Abs. 2 und 3 AktG für Belegschaftsaktien nachfolgend → Rn. 74 ff.
[144] Vgl. *Kallweit* BB 2009, 2495 ff.
[145] BGH 31.5.2006 – 2 ARs 78/06, BeckRS 2006, 07996 = wistra 2006, 391 f.
[146] Bezüglich einzelner Veröffentlichungspflichten wird auf → 33 Rn. 165 ff. verwiesen.

über die Schaffung eines genehmigten Kapitals entscheiden zu lassen, eine **veröffentlichungspflichtige Insiderinformation** gemäß Art. 7 Abs. 1 lit. a, Abs. 2 und 3 MAR.[147] darstellen, wenn diese Entscheidung geeignet ist, den Börsen- oder Marktpreis erheblich zu beeinflussen.[148] Darüber hinaus löst diese Entscheidung keine Mitteilungspflicht gegenüber den betroffenen Zulassungsstellen, also den Börsen, an denen die Wertpapiere zum Handel zugelassen sind, aus, da im Rahmen der Umsetzung europarechtlicher Vorgaben § 30c WpHG ersatzlos gestrichen wurde.[149]

73 Nutzt die Gesellschaft das genehmigte Kapital aufgrund der Ermächtigung durch die Hauptversammlung nachfolgend aus, stellt regelmäßig bereits der **Vorstandsbeschluss** hierzu eine **ad-hoc-mitteilungspflichtige Insiderinformation** dar, auch dann, wenn die Zustimmung des Aufsichtsrats noch nicht erteilt wurde. Solange dessen Zustimmung noch nicht vorliegt, kann der Vorstand einen Aufschubbeschluss gem. Art. 17 Abs. 4 UA. 2 MAR fassen, wenn die Ad-hoc-Mitteilungspflicht über die Ausnutzung des genehmigten Kapitals erst nach dem Beschluss des Aufsichtsrats erfolgen soll und die Voraussetzungen von Art. 17 Abs. 4 UA. 1 vorliegen. Sobald der Aufsichtsrat seine Zustimmung erteilt hat, ist die **Ausnutzung des genehmigten Kapitals** unverzüglich gem. Art. 17 Abs. 1 MAR *ad hoc* zu veröffentlichen und der zuvor gefasste Aufschubbeschluss gem. Art. 17 Abs. 4 UA. 3 MAR an die BaFin zu leiten. Nach der Durchführung der Kapitalerhöhung, also deren Eintragung im Handelsregister gemäß § 189 AktG, ist die Ausgabe der neuen Aktien gemäß § 30b Abs. 1 S. 1 Nr. 2 WpHG im elektronischen Bundesanzeiger zu veröffentlichen. Nach dieser Norm ebenfalls mitteilungspflichtig ist der Beschluss der Hauptversammlung über den Bezugsrechtsausschluss, wobei in der Praxis die Mitteilung mit Eintragung des genehmigten Kapitals ins Handelsregister genügt.[150]

VI. Sonderfälle

1. Belegschaftsaktien

74 Das genehmigte Kapital kann auch zur Schaffung von Belegschaftsaktien genutzt werden. Der Gesetzgeber hat hierfür in den §§ 202 Abs. 4, 203 Abs. 4, 204 Abs. 3 und 205 Abs. 4 AktG **Sondervorschriften** erlassen, welche die Ausgabe von Aktien an Arbeitnehmer aus genehmigtem Kapital erleichtern.[151]

75 Im Rahmen dieser Sondervorschriften ist nach dem Wortlaut des Gesetzes lediglich die Ausgabe von Belegschaftsaktien an Arbeitnehmer der Gesellschaft zulässig. Arbeitnehmer im Sinne dieser Sondervorschriften sind auch leitende Angestellte und Prokuristen, nicht jedoch Mitglieder von Organen der Gesellschaft sowie Empfänger von Betriebsrenten.[152] Streitig ist, ob eine Anwendung auf **Arbeitnehmer verbundener Unternehmen** in Betracht kommt.[153] Den Vorschriften des § 71 Abs. 1 Nr. 2, § 192 Abs. 2 Nr. 3 AktG wird teilweise das grundsätzliche Zweckverständnis entnommen, Mitarbeiter konzernweit durch die Ausgabe von Belegschaftsaktien zu motivieren.[154] Dem entgegengesetzt wird von anderer Seite das Argument, dass dem Emittenten nicht die Sozialkosten für Arbeitnehmer verbundener Unternehmen auferlegt werden könnten.[155]

---

[147] Die am 3.7.2016 in Kraft getretene EU-Marktmissbrauchsverordnung (VO Nr. 596/2014, Market Abuse Regulation – MAR) ersetzt die Regelungen zu Insiderinformationen im WpHG (Wertpapierhandelsgesetz).
[148] Die BaFin will diese Verwaltungspraxis aus Praktikabilitätsgründen auch beibehalten, obwohl der Gesetzeswortlaut nunmehr bereits auf die „Ankündigung der Ausgabe" abstellt (Änderung durch Erstes Finanzmarktnovellierungsgesetz – 1. FiMaNoG); Schmidt/Lutter/*Veil* § 202 Rn. 23.
[149] Gesetz zur Umsetzung der Transparenzrichtlinie-Änderungsrichtlinie, BGBl. 2015 I S. 2029.
[150] Vgl. Emittentenleitfaden der BaFin, IX.3.3.3.1; IX.3.4.3; insg. kritisch zur Praxis der BaFin: *Süßmann* NZG 2015, 467 (472).
[151] Beim Ausgabebetrag ist das Gebot der Angemessenheit nach § 255 Abs. 2 AktG zu beachten, vgl. *Leuering/Rubner* NJW-Spezial 2015, 143 f.
[152] MüKoAktG/*Bayer* § 202 Rn. 104; GroßKommAktG/*Hirte* § 204 Rn. 31.
[153] Vgl. MüKoAktG/*Bayer* § 204 Rn. 42; NK-AktG/*Groß/T. Fischer* § 204 Rn. 33 mwN.
[154] Spindler/Stilz/*Wamser* AktG § 204 Rn. 54; Hüffer/Koch/*Koch* AktG § 204 Rn. 13.
[155] Schmidt/Lutter/*Veil* § 204 Rn. 16; KK-AktG/*Lutter* § 204 Rn. 40; GroßKommAktG/*Hirte* § 204 Rn. 31.

Gemäß § 203 Abs. 4 AktG können (abweichend von § 203 Abs. 3 S. 1 AktG) Aktien an Arbeitnehmer auch dann ausgegeben werden, wenn Einlagen auf das bisherige Grundkapital der Gesellschaft noch ausstehen. Voraussetzung ist gemäß § 202 Abs. 4 AktG die ausdrückliche Regelung zur Ausgabe von Aktien an Arbeitnehmer im Ermächtigungsbeschluss der Hauptversammlung.[156]

Muster: Ausschnitt Hauptversammlungsbeschluss zur Ausgabe von Aktien an Arbeitnehmer

> Der Vorstand ist ermächtigt, das Grundkapital der Gesellschaft bis zum ..... mit Zustimmung des Aufsichtsrats um bis zu ...... Euro durch einmalige oder mehrmalige Ausgabe neuer, auf den Inhaber lautender Aktien an Arbeitnehmer der Gesellschaft zu erhöhen.

Die Sondervorschrift in § 204 Abs. 3 AktG erlaubt die **Ausgabe von Belegschaftsaktien zu Lasten des Jahresüberschusses, ohne** dass die begünstigten Arbeitnehmer eine **Einlage** zu erbringen haben. In einer Sonderform der Kapitalerhöhung aus Gesellschaftsmitteln werden hier von der Gesellschaft Teile des Jahresüberschusses in junge Aktien umgewandelt. Umstritten ist, ob die Hauptversammlung den Vorstand zur Nutzung des genehmigten Kapitals gerade in dieser Weise ermächtigen muss, oder ob eine allgemeine Ermächtigung zur Ausgabe von Aktien aus genehmigtem Kapital an Arbeitnehmer gemäß § 202 Abs. 4 AktG ausreichend ist.[157]

Für eine Verfügung über die entsprechenden Gesellschaftsmittel im Wege der Ausgabe von Belegschaftsaktien ist erforderlich, dass ein mit einem uneingeschränkten Bestätigungsvermerk versehener **Jahresabschluss** der Gesellschaft vorliegt und Vorstand und Aufsichtsrat eine **Dispositionsbefugnis** über Teile des Jahresüberschusses nach § 58 Abs. 2 AktG haben, weil sie den Jahresabschluss gemäß § 172 S. 1 AktG feststellen. Gemäß § 58 Abs. 2 AktG können der Vorstand und Aufsichtsrat grundsätzlich nur über die Hälfte des Jahresüberschusses disponieren, sofern die Satzung nicht etwas Abweichendes festlegt. Diese Grenzen sind auch hier relevant.[158] Der entsprechende Betrag ist allerdings um diejenigen Verluste zu reduzieren, die seit dem Stichtag der letzten Jahresbilanz aufgelaufen sind sowie um andere Beträge, über die Vorstand und Aufsichtsrat bereits verfügt haben, etwa durch Einstellung in andere Gewinnrücklagen.[159]

Bei der Durchführung der Kapitalerhöhung gelten gemäß § 204 Abs. 3 S. 2 AktG die **Vorschriften über die Kapitalerhöhung gegen Bareinlagen**. Im Zeichnungsschein ist zu vermerken, dass die Einlage aus dem Jahresüberschuss erbracht wird, da anderenfalls der jeweilige Zeichner zur Leistung der Einlage verpflichtet wäre.[160] Der Anmeldung der Durchführung der Kapitalerhöhung ist zusätzlich der festgestellte und mit dem uneingeschränkten Bestätigungsvermerk versehene Jahresabschluss beizufügen. Versicherungen über die Aufbringung der Einlage sind nicht zu leisten. Vielmehr haben bei der Anmeldung der Vorstand und der Vorsitzende des Aufsichtsrates gemäß § 204 Abs. 3 S. 4 AktG iVm § 210 Abs. 1 S. 2 AktG dem Registergericht gegenüber eine Erklärung abzugeben, dass (nach ihrer Kenntnis) seit dem Stichtag des beigefügten Jahresabschlusses keine Vermögensminderung eingetreten ist, die der Kapitalerhöhung entgegen stünde, wenn sie am Tag der Anmeldung beschlossen worden wäre. Daneben stellt sich die Frage, ob die in § 210 Abs. 2 AktG geforderte **8-Monatsfrist** zwischen dem Tag der Anmeldung und dem Stichtag, auf den die Bilanz ausgestellt ist, auch für den in Rede stehenden Jahresabschluss gilt. Es spricht einiges dafür, die

---

[156] Hüffer/Koch/*Koch* AktG § 202 Rn. 26 und § 204 Rn. 14; Schmidt/Lutter/*Veil* § 204 Rn. 17; Spindler/Stilz/*Wamser* AktG § 202 Rn. 106; MüKoAktG/*Bayer* § 204 Rn. 41.
[157] Für das Erfordernis einer besonderen Ermächtigung nur GroßKommAktG/*Hirte* § 203 Rn. 30; differenzierend NK-AktG/*Groß/Fischer* § 204 Rn. 34; gegen das Erfordernis einer solchen Ermächtigung Hüffer/Koch/*Koch* § 204 Rn. 14; MüKoAktG/*Bayer* § 202 Rn. 104; MHdB GesR IV/*Scholz* § 59 Rn. 80.
[158] GroßKommAktG/*Hirte* § 204 Rn. 32; MüKoAktG/*Bayer* § 204 Rn. 43; Hüffer/Koch/*Koch* AktG § 204 Rn. 15.
[159] KK-AktG/*Lutter* § 204 Rn. 37; NK-AktG/*Groß/Fischer* § 204 Rn. 40 f.
[160] KK-AktG/*Lutter* § 204 Rn. 39; Hüffer/Koch/*Koch* AktG § 204 Rn. 16.

Anforderungen an das genehmigte Kapital auch insoweit mit denen an die Kapitalerhöhung aus Gesellschaftsmitteln gleichzusetzen. § 204 Abs. 3 S. 4 AktG verweist jedoch ausdrücklich nur auf § 210 Abs. 1 S. 2 AktG.

81 Sofern ein **Arbeitnehmer eine Forderung gegen die Gesellschaft aus** einer ihm von der Gesellschaft eingeräumten **Gewinnbeteiligung als Sacheinlage** im Rahmen der Zeichnung von Belegschaftsaktien **einbringen möchte**, greifen die vereinfachten Voraussetzungen des § 205 Abs. 4 AktG. Eine solche Forderung kann sich aus dem Arbeitsvertrag ergeben, etwa als Umsatzbeteiligung, Gratifikation oder Leistungsprämie.[161] Notwendig ist in jedem Fall eine Ermächtigung zur Ausgabe von Aktien aus genehmigtem Kapital gegen Sacheinlagen und eine Sacheinlagenprüfung gemäß § 205 Abs. 5 AktG.[162] Nach dem Wortlaut von § 205 Abs. 4 AktG entfallen die Feststellungen nach § 205 Abs. 2 AktG und die Verweisung auf die Anwendung der Gründungsvorschriften zu verdeckten Sacheinlagen nach § 205 Abs. 3 AktG. Teilweise wird davon ausgegangen, dass es sich bei der Ausnahme von der Anwendung des Abs. 3 um ein Redaktionsversehen handelt und daher die Entschärfung der Sanktionen bei verdeckten Sacheinlagen auch für Arbeitnehmeraktien gelten müsse.[163]

2. Mitarbeiterbeteiligungsprogramme im weiteren Sinne

82 Neben den Belegschaftsaktien im engeren Sinne können auch Mitarbeiterbeteiligungsprogramme im weiteren Sinne aus genehmigtem Kapital bedient werden. Die Unterscheidung liegt darin begründet, dass bei Mitarbeiterbeteiligungsprogrammen im weiteren Sinne **auch Organmitglieder** einbezogen werden können und neben der direkten Ausgabe von Aktien auch die vorherige Zuteilung von Optionen oder Wandelschuldverschreibungen an die Mitarbeiter oder Organmitglieder der Gesellschaft oder verbundener Unternehmen in Betracht kommen kann.[164]

83 In der Praxis werden solche Mitarbeiterbeteiligungsprogramme überwiegend aus bedingtem Kapital gemäß § 192 Abs. 2 Nr. 3 AktG und zunehmend auch aus von der Gesellschaft gemäß § 71 Abs. 1 Nr. 8 AktG erworbenen eigenen Aktien bedient. Die entsprechenden Aktien können auch im Wege der Ausnutzung eines genehmigten Kapitals geschaffen werden, wobei hierbei jedoch nicht die Erleichterungen für Belegschaftsaktien (→ Rn. 74 ff.) gelten.[165]

84 **Checkliste: Einführung und Ausnutzung genehmigtes Kapital**

Satzungsänderung durch Beschluss der Hauptversammlung, § 202 Abs. 2 AktG in Form einer Satzungsänderung nach §§ 179–181 AktG:
- Bekanntmachung des Beschlusswortlauts in der Tagesordnung, § 124 Abs. 2 S. 3 AktG.
- Beschlussmehrheit: ³/₄ des auf der Hauptversammlung vertretenen Grundkapitals, § 202 Abs. 2 S. 2 AktG (durch Satzung Verschärfung möglich, § 202 Abs. 2 S. 3 AktG).
- Bei mehreren stimmberechtigten Aktiengattungen: zustimmender Sonderbeschluss der Aktionäre jeder Aktiengattung, § 202 Abs. 2 S. 4 iVm § 182 Abs. 2 AktG (Beschluss der Inhaber von stimmrechtslosen Vorzugsaktien nur bei Ermächtigung zur Ausgabe von Vorzugsaktien in den Fällen des § 141 Abs. 2 AktG).
- Anmeldung der Satzungsänderung zum Handelsregister durch Mitglieder des Vorstands in vertretungsberechtigter Zahl.[166]
- Ermächtigung wird mit Eintragung der Satzungsänderung in das Handelsregister wirksam, § 181 Abs. 3 AktG.

---

[161] Hüffer/Koch/*Koch* AktG § 205 Rn. 9; MüKoAktG/*Bayer* § 205 Rn. 72; Schmidt/Lutter/*Veil* § 205 Rn. 12.
[162] Dies folgt aus § 205 Abs. 5; vgl. auch Hüffer/Koch/*Koch* AktG § 205 Rn. 9; KK-AktG/*Lutter* § 205 Rn. 18.
[163] MüKoAktG/*Bayer* § 205 Rn. 74; aA Hüffer/Koch/*Koch* AktG § 205 Rn. 9.
[164] Vgl. zum begrenzten Anwendungsbereich der Sondervorschriften über Belegschaftsaktien → § 34 Rn. 45 ff.
[165] Vgl. im Übrigen zu Mitarbeiterbeteiligungsprogrammen näher → § 32.
[166] Vgl. zu den Einzelheiten → § 29 Rn. 52 ff.

Inhalt der Ermächtigung:
- Begrenzung der Ermächtigungsdauer auf höchstens fünf Jahre nach Eintragung, § 202 Abs. 1 AktG.
- Ermächtigung des Vorstandes, das Grundkapital bis zu einem Nennbetrag in Höhe der Hälfte des Grundkapitals zu erhöhen, § 203 Abs. 1 S. 1 AktG (Vorzugsaktien ohne Stimmrecht nur in Höhe des Gesamt-Nennbetrages anderer Aktien, § 139 Abs. 2 AktG).
- Sofern Ermächtigung für Ausgabe der Aktien gegen Sacheinlage vorgesehen ist, muss der Beschluss eine derartige Bestimmung enthalten, § 205 Abs. 1 AktG.
- Ermächtigung des Aufsichtsrats zur Fassungsänderung der Satzung, § 179 Abs. 1 S. 2 AktG, wenn nicht bereits allgemein in der Satzung enthalten
- Bezugsrechtsausschluss in der Ermächtigung nach §§ 203, 186 AktG unwirksam, wenn kein sachlicher Grund vorliegt (Berichtspflicht des Vorstands, § 186 Abs. 3 S. 2 AktG).

Inhalt des Vorstandsbeschlusses über die Ausübung der Ermächtigung:
- Prüfung, ob ausstehende Einlagen noch erlangt werden können, § 203 Abs. 3 AktG.
- Durchführung und inhaltliche Ausgestaltung der Kapitalerhöhung nach pflichtgemäßen Ermessen des Vorstands im Rahmen der Ermächtigung.
- Gegenstand der Sacheinlage, Person, die die Sacheinlage leistet, und Nennbetrag, bzw. bei Stückaktien die Zahl der als Gegenwert zu gewährenden Aktien, § 205 Abs. 2 AktG.
- Angaben zum Ausgabebetrag bei Bareinlagen.
- Sonstige Ausgabebedingungen.
- Bei Bezugsrechtsausschluss: Konkretes Vorhaben muss der abstrakten Beschreibung in der Ermächtigung entsprechen und bei Realisierung im Interesse der Gesellschaft liegen.

Aufsichtsratsbeschluss:
- Zustimmung zu dem Inhalt der Aktien, § 204 Abs. 1 S. 2 AktG,
- Zustimmung zu dem Bezugsrechtsausschluss des Vorstands, § 204 Abs. 1 S. 2 Hs. 2. AktG und
- Zustimmung zu den Bedingungen der Aktienausgabe, § 204 Abs. 1 S. 2 AktG.
- Daneben Beschluss des Aufsichtsrates über Neufassung der Satzung mit entsprechend geänderter Kapitalziffer, soweit der Aufsichtsrat hierzu gemäß § 179 Abs. 1 S. 2 AktG ermächtigt ist.

Einbringungsverträge zu Sacheinlagen müssen
- den Gegenstand, die Person, von der die Gesellschaft die Sacheinlage erwirbt, und
- den Nennbetrag, bzw. bei Stückaktien die Zahl der als Gegenwert zu leistenden Aktien enthalten.

Bei der Zeichnung der neuen Aktien gelten die Bestimmungen über die ordentliche Kapitalerhöhung (insbesondere §§ 185, 188 Abs. 2 AktG) entsprechend, § 203 Abs. 1 AktG.

Prüfung der Sacheinlage, § 205 Abs. 5 AktG.

Anmeldung zur und Eintragung der Durchführung der Kapitalerhöhung in das Handelsregister, der beizufügen sind:
- Bareinlagen: Erklärung der freien Verfügbarkeit, § 203 Abs. 1 S. 1 iVm § 188 Abs. 2 AktG.
- Sacheinlagen: Einbringungsverträge und Erklärung über Leistungszeitpunkt der Sacheinlage, § 203 Abs. 1 S. 1 iVm § 188 Abs. 3 Nr. 2, § 37 Abs. 1 S. 1 und § 36a Abs. 2 AktG.
- Verzeichnis der Zeichner und Zweitschriften der Zeichnungsscheine, § 203 Abs. 1 S. 1 iVm § 188 Abs. 3 Nr. 1 AktG.
- schriftlicher Zustimmungsbeschluss des Aufsichtsrats zur Durchführung der Kapitalerhöhung, da sonst uU keine Eintragung durch das Registergericht wegen § 202 Abs. 3 S. 2 AktG erfolgt.
- Kostenberechnung, § 203 Abs. 1 S. 1 iVm § 188 Abs. 3 Nr. 3 AktG.
- Satzungsänderung für die Kapitalerhöhung muss zum Handelsregister angemeldet und eingetragen werden, § 181 Abs. 1 AktG. Wortlaut der geänderten Satzung ist beizufügen sowie satzungsändernder Aufsichtsratsbeschluss.

Mit Eintragung wird die Kapitalerhöhung wirksam und die neuen Aktienurkunden können ausgegeben werden, § 191 AktG.

§ 35 Bedingtes Kapital

Übersicht

	Rn.
I. Einführung	1–5
II. Voraussetzungen	6–21
1. Zulässige Zwecke	6–16
a) Wandelschuldverschreibungen (§ 192 Abs. 2 Nr. 1 AktG)	7–12
b) Unternehmenszusammenschlüsse (§ 192 Abs. 2 Nr. 2 AktG)	13
c) Bezugsrechte an Arbeitnehmer und Geschäftsführung (§ 192 Abs. 2 Nr. 3 AktG)	14–16
2. Zulässiger Umfang	17–20
3. Volleinzahlung bisheriger Einlagen	21
III. Kapitalerhöhungsbeschluss	22–43
1. Allgemeines	22–24
2. Formelle Beschlusserfordernisse	25/26
3. Inhalt des Beschlusses	27–43
a) Allgemeiner Beschlussinhalt	27/28
b) Besonderer Beschlussinhalt	29–36
c) Ergänzender Beschlussinhalt bei Aktienoptionen	37
d) Fakultativer Beschlussinhalt	38
e) Sachliche Rechtfertigung, Berichtspflicht	39–41
f) Rechtsfolgen von Verstößen	42/43
IV. Anmeldung und Eintragung des Kapitalerhöhungsbeschlusses	44–49
V. Entstehung und Ausübung des Bezugsrechts	50–64
1. Entstehung des Bezugsrechts	50–56
a) Einräumung des Bezugsrechts	50/51
b) Zeitpunkt der Entstehung	52
c) Schutz des Bezugsrechts	53–56
2. Ausübung des Bezugsrechts	57–64
a) Bezugserklärung	57–60
b) Zeichnungsvertrag	61
c) Fehlerhafte Bezugserklärung	62–64
VI. Ausgabe der Bezugsaktien	65–75
1. Verbriefungserfordernis, Begebungsvertrag	65
2. Voraussetzungen der Ausgabe	66/67
3. Rechtsfolgen unzulässiger Ausgabe	68/69
4. Besondere Voraussetzungen bei Umtauschrechten	70–74
5. Wirksamwerden der Kapitalerhöhung	75
VII. Anmeldung und Eintragung der Aktienausgabe	76–82
VIII. Bedingte Kapitalerhöhung mit Sacheinlagen	83–88
1. Anwendungsbereich	84
2. Besondere Beschlusserfordernisse und Prüfungspflicht	85–87
3. Verdeckte Sacheinlage	88
Beratungscheckliste	89

Schrifttum: *Drinhausen/Keinath,* Regierungsentwurf eines Gesetzes zur Umsetzung der Aktionärsrichtlinie (ARUG) – Überblick über die Änderungen gegenüber dem Referentenentwurf, BB 2009, 64 ff.; *Feddersen,* Aktienoptionsprogramme für Führungskräfte aus kapitalmarktrechtlicher und steuerlicher Sicht, ZHR 161 (1997), 269 ff.; *Fredrichsen,* Aktienoptionsprogramme für Führungskräfte, 2000; *Fuchs,* Aktienoptionen für Führungskräfte und bedingte Kapitalerhöhung, DB 1997, 661 ff.; *ders.,* Selbständige Optionsscheine als Finanzierungsinstrument der Aktiengesellschaft, AG 1995, 433; *Götze,* Aktienrechtsnovelle – und ein (vorläufiges) Ende!, NZG 2016, 48; *Götze/Nartowska,* Der Regierungsentwurf der Aktienrechtsnovelle 2014 – Anmerkungen aus der Praxis, NZG 2015, 298; *Gustavus,* Die Sicherung von mit ausländischen Optionsanleihen verbundenen Bezugsrechten auf deutsche Aktien, BB 1970, 694; *Haag/Peters,* Aktienrechtsnovelle 2011–2015 – Ermöglichen die Neuregelungen zur „umgekehrten Wandelanleihe" auch die Ausgabe von Pflichtwandelanleihen des bankaufsichtsrechtlichen zusätzlichen Kernkapitals?, WM 2015, 2303; *Hoffmann,* Optionsanleihen ausländischer Töchter unter Garantie ihrer deutschen Muttergesellschaft, AG 1973, 47 ff.; *Ihrig/Wandt,* Die Aktienrechtsnovelle 2016, BB 2016, 6; *Juretzek,* Bedingte Kapitalerhöhung zur Unterlegung einer (auch) gegen Sacheinlage auszugebenen Schuldverschreibung – Überblick über die Rechtsprechung und offene Fragen, DStR

2014, 431; *Knoll*, Der Wert von Bezugsrechten und die materielle Rechtfertigung des Bezugsrechtsausschlusses bei Wandelschuldverschreibungen, ZIP 1998, 413 ff.; *Lutter*, Aktienoptionspläne für Führungskräfte – de lege lata und de lege ferenda, ZIP 1997, 1 ff.; *Martens*, Die rechtliche Behandlung von Options- und Wandlungsrechten anläßlich der Eingliederung der verpflichteten Gesellschaft, AG 1992, 209 ff.; *ders.*, Die mit Optionsanleihen gekoppelte Aktienemission, AG 1989, 69 ff.; *ders.*, Die bilanzrechtliche Behandlung internationaler Optionsanleihen nach § 150 Abs. 2 AktG, Festschrift für Stimpel, 1985, 621 ff.; *Nodoushani*, CoCo-Bonds in Deutschland – Die neue Wandelschuldverschreibung, ZBB 2011, 143; *Paschos/Goslar*, Die Aktienrechtsnovelle 2016 – Ein Überblick, NJW 2016, 359; *Rinnert*, Auswirkungen eines Formwechsels von einer AG in eine GmbH auf das bedingte Kapital zur Sicherung von Bezugsrechten NZG 2001, 865; *Schnorbus/Trapp*, Die Ermächtigung des Vorstands zur Ausgabe von Wandelschuldverschreibungen gegen Sacheinlage, ZGR 2010, 1023; *Schüppen/Tretter,*, Aktienrechtsnovelle 2012 – Aschenputtel oder graue Maus?, WPg 2012, 338; *Schwartzkopff/Hoppe*, Notwendiger Inhalt von Beschlüssen zur Schaffung bedingten Kapitals bei Ausgabe von Wandelschuldverschreibungen gegen Sacheinlagen, NZG 2014, 378; *Silcher*, Bedingtes Kapital für „Warrant-Anleihen" von Tochtergesellschaften, Festschrift für Geßler, 1971, 185 ff.; *Singhof*, Ausgabe von Aktien aus bedingtem Kapital, FS Hoffmann-Becking 2013, 1163; *Söhner*, Die Aktienrechtsnovelle 2016, ZIP 2016, 151; *Spiering/Grabbe*, Bedingtes Kapital und Wandelschuldverschreibungen – Mindestausgabebetrag und Errechnungsgrundlage im Rahmen des § 193 II Nr. 3 AktG, AG 2004, 91; *Steiner*, Zulässigkeit der Begebung von Optionsrechten auf Aktien ohne Optionsschuldverschreibungen (naked warrants), WM 1990, 1776 ff.; *Viertel*, Sind Aktien aus einer bedingten Kapitalerhöhung wirksam, wenn ausstellender und ausgebender Vorstand verschieden zusammengesetzt sind?, BB 1974, 1328 ff.; *Weiler*, Auf und nieder, immer wieder – Teleologische Reduktion der Höchstgrenzen für bedingtes Kapital in § 192 III 1 AktG bei gleichzeitiger Kapitalherabsetzung, NZG 2009, 46; *Weiß*, Aktienoptionspläne für Führungskräfte, Diss. 1999; *ders.*, Aktienoptionsprogramm nach dem KonTraG, WM 1999, 353; *Wolff*, Bedingtes Kapital für warrant-Anleihen, Huckepack-Emissionen und naked-warrants?, WIB 1997, 505 ff.; vergleiche weitere Schrifttumsangaben insbesondere zum Thema Aktienoptionen auch unter § 32.

I. Einführung

Die bedingte Kapitalerhöhung ist geregelt in §§ 192–201 AktG.[1] Kennzeichnend für die bedingte Kapitalerhöhung ist, dass die Kapitalerhöhung nur in dem Umfang durchgeführt wird, wie von einem Umtausch- oder Bezugsrecht auf die neuen Aktien (Bezugsaktien) Gebrauch gemacht wird (§ 192 Abs. 1 AktG). Ein **Umtauschrecht** gibt dem Gläubiger das Recht, seinen Zahlungsanspruch durch Ausübung einer Ersetzungsbefugnis in einen Anspruch auf Gewährung von Aktien umzuwandeln. Ein **Bezugsrecht** berechtigt zum Erwerb junger Aktien.[2] Bezugsrechte können zusammen mit einem von der Ausübung unabhängigen Zahlungsanspruch eingeräumt werden (Optionsanleihen). Selbstständige („nackte") Bezugsrechte sind vom Gesetz im Falle von Aktienoptionen nach § 192 Abs. 2 Nr. 3 AktG anerkannt. Im Übrigen ist die Zulässigkeit sog. *naked warrants* umstritten (näher → Rn. 10).[3] Im Rahmen der §§ 192 ff. AktG werden Umtausch- und Bezugsrechte gleich behandelt (§ 192 Abs. 5 AktG).

Anders als beim genehmigten Kapital wird bei der bedingten Kapitalerhöhung nicht der Vorstand ermächtigt, das Grundkapital zu erhöhen, sondern die Hauptversammlung beschließt selbst über die Kapitalerhöhung. Der Hauptversammlungsbeschluss wird unbedingt gefasst. Wirksam wird die Kapitalerhöhung erst, sofern und soweit Umtausch- oder Bezugsrechte ausgeübt und neue Aktien ausgegeben werden (§ 200 AktG). Die Eintragung der Kapitalerhöhung ist demgegenüber rein deklaratorisch.[4] Im Unterschied zum genehmigten Kapital (§ 202 Abs. 1 und 2 S. 1 AktG) sieht das Gesetz für das bedingte Kapital **keine zeitliche Beschränkung** vor. Auf diese Weise eignet es sich insbesondere zur Unterlegung von Umtausch- oder Bezugsrechten mit längeren Laufzeiten, die in der Praxis insbesondere bei Wandel- und Optionsanleihen und –genussrechten vorkommen.

Die bedingte Kapitalerhöhung ermöglicht eine **bedarfsabhängige Kapitalbeschaffung**, indem sie eine sukzessive Ausgabe von Aktienrechten über einen theoretisch unbegrenzten Zeitraum ohne weitere registergerichtliche Durchführungskontrolle erlaubt.[5] Die typische Beratungssituation bei der bedingten Kapitalerhöhung wird vorgegeben durch die **begrenz-**

---
[1] Siehe daneben auch § 7a FMStBG.
[2] MüKoAktG/*Fuchs* § 192 Rn. 16.
[3] Spindler/Stilz/*Rieckers* AktG § 192 Rn. 16.
[4] Anders bei regulärer Kapitalerhöhung (§ 189 AktG) und genehmigtem Kapital (§ 203 Abs. 1 S. 1 AktG).
[5] Spindler/Stilz/*Rieckers* AktG § 192 Rn. 1; Marsch-Barner/Schäfer/AG-HdB/*Busch* § 44 Rn. 1.

ten Zwecke, zu denen ein bedingtes Kapital geschaffen werden darf. Eine bedingte Kapitalerhöhung ist nur zulässig zur Gewährung von Umtausch- und Bezugsrechten an Gläubiger von Wandelschuldverschreibungen (§ 192 Abs. 2 Nr. 1 AktG), zur Vorbereitung des Zusammenschlusses von Unternehmen (§ 192 Abs. 2 Nr. 2 AktG) sowie zur Gewährung von Bezugsrechten an Arbeitnehmer und Mitglieder der Geschäftsführung der Gesellschaft oder eines verbundenen Unternehmens (§ 192 Abs. 2 Nr. 3 AktG).[6] Ein **Bezugsrecht** der Aktionäre bei Ausgabe von neuen Aktien aus bedingtem Kapital besteht nicht. Es ist aufgrund der Zweckgebundenheit des bedingten Kapitals **kraft Gesetzes ausgeschlossen**.[7]

4 Die bedingte Kapitalerhöhung ist ein **zeitlich gestreckter Vorgang**, der sich in folgenden Schritten vollzieht:
- Kapitalerhöhungsbeschluss der Hauptversammlung,
- Anmeldung und Eintragung des Kapitalerhöhungsbeschlusses,
- Einräumung der Umtausch- und Bezugsrechte durch die Verwaltung,
- Abgabe einer Bezugserklärung durch den Berechtigten,
- volle Leistung des Gegenwertes für die Bezugsaktien,
- Ausgabe von Bezugsaktien durch die Verwaltung sowie
- Anmeldung und Eintragung der Aktienausgabe.

5 **Praktische Bedeutung** hat die bedingte Kapitalerhöhung insbesondere für Aktienoptionsprogramme, für die Bedienung von Wandel- und Optionsanleihen und –genussrechten sowie für die Bereitstellung von (als Abfindung zu gewähren) Aktien beim Abschluss eines Beherrschungs- und Gewinnabführungsvertrags.

II. Voraussetzungen

1. Zulässige Zwecke

6 Die bedingte Kapitalerhöhung ist nur zu den in **§ 192 Abs. 2 AktG aufgeführten Zwecken** zulässig. Eine **Analogie** ist nur im Einzelfall zuzulassen.[8] Das grundsätzliche Analogieverbot beruht im Wesentlichen darauf, dass die bedingte Kapitalerhöhung kein Bezugsrecht der Aktionäre kennt und ein solches Bezugsrecht nach den Wertungen des Gesetzgebers nur in den gesetzlich geregelten Fällen entbehrlich ist. Denn bei fehlendem Bezugsrecht müssen die übrigen Aktionäre den Eingriff in ihre eigentumsrechtliche Mitgliedschaftsposition hinnehmen.

7 a) **Wandelschuldverschreibungen (§ 192 Abs. 2 Nr. 1 AktG).** Der praktisch häufigste Anwendungsfall der bedingten Kapitalerhöhung ist die bedingte Kapitalerhöhung zur Absicherung von Umtausch- oder Bezugsrechten (zum Begriff → Rn. 1) auf Grund von **Wandelschuldverschreibungen** iSv § 221 Abs. 1 AktG.[9] Zum Verhältnis zwischen dem Ausgabebeschluss nach § 221 AktG und dem Kapitalerhöhungsbeschluss → Rn. 23. Unter den Begriff der Wandelschuldverschreibungen fallen unproblematisch **Wandelanleihen** (Wandelschuldverschreibungen ieS) und **Optionsanleihen**.[10] Diesen gleichgestellt werden durch § 221 Abs. 1 S. 1 AktG die **Gewinnschuldverschreibungen**,[11] die somit ebenfalls unter § 192 Abs. 2 Nr. 1 AktG fallen.[12] Ferner werden von § 192 Abs. 2 Nr. 1 AktG auch **Genussrechte** erfasst, sofern sie ein Umtausch- oder Bezugsrecht gewähren (§ 221 Abs. 3 AktG).[13]

8 Der Wortlaut des § 192 Abs. 2 Nr. 1 AktG aF bezog sich allein auf Umtausch- oder Bezugsrechte der „Gläubiger". Unsicherheit bestand daher, ob ein bedingtes Kapital auch zur Unterlegung von sog. „**umgekehrten Wandelanleihen**" genutzt werden kann, die nur ein Umtauschrecht der Gesellschaft vorsehen.[14] Die **Aktienrechtsnovelle 2016** hat insoweit

---
[6] → Rn. 6 ff.
[7] BGH ZIP 2006, 368 (369); Spindler/Stilz/*Rieckers* AktG § 192 Rn. 17.
[8] MHdB GesR IV/*Scholz* § 58 Rn. 16 mwN.
[9] Zur alternativen Möglichkeiten zur Unterlegung von Wandelschuldverschreibungen s. Spindler/Stilz/*Seiler* AktG § 221 Rn. 68 ff.
[10] Einzelheiten bei Spindler/Stilz/*Seiler* AktG § 221 Rn. 2, 5 f.
[11] Zum Begriff Spindler/Stilz/*Seiler* AktG § 221 Rn. 17.
[12] Hüffer/Koch/*Koch* AktG § 192 Rn. 9; MüKoAktG/*Fuchs* § 192 Rn. 44.
[13] Hüffer/Koch/*Koch* AktG § 192 Rn. 9; Spindler/Stilz/*Rieckers* AktG § 192 Rn. 29.
[14] Spindler/Stilz/*Rieckers* AktG § 192 Rn. 29b.

Klarheit gebracht als § 192 Abs. 2 Nr. 1 AktG nunmehr allgemein von Umtausch- oder Bezugsrechten „auf Grund von Wandelschuldverschreibungen" spricht.[15] Damit ist klargestellt, dass ein bedingtes Kapital nach § 192 Abs. 2 Nr. 1 AktG auch für Wandelanleihen geschaffen werden kann, die ein **Umtauschrecht der Gesellschaft** oder ein beiderseitiges Umtauschrecht für Gesellschaft und Gläubiger vorsehen.[16] Entsprechendes gilt für Anleihen mit **Tilgungswahlrecht**, die die Gesellschaft berechtigen, bei Fälligkeit der Anleihe statt Rückzahlung des angelegten Betrags Aktien zu liefern.[17] Umgekehrte Wandelanleihen ermöglichen es einem Unternehmen, einen *debt-to-equity-swap* quasi auf Vorrat anzulegen und insbesondere in Krisensituationen ohne den Aufwand einer Sachkapitalerhöhung zügig zu vollziehen (s. § 194 Abs. 1 S. 2 AktG).[18]

Der Einsatz eines bedingten Kapitals ist auch zur Bedienung von **Pflichtwandelanleihen** 9 *(mandatory convertible bonds)* zulässig.[19] Bei Pflichtwandelanleihen haben die Anleihegläubiger neben dem während der Laufzeit der Anleihe bestehenden Umtauschrecht am Ende der Laufzeit die Pflicht, dieses auszuüben.[20] Zulässig sind auch Gestaltungen, wonach keine (obligatorische) Umtauschererklärung erforderlich ist, sondern der Umtausch bei Endfälligkeit oder Eintritt bestimmter Ereignisse (ohne weitere Erklärung des Gläubigers oder der Gesellschaft) automatisch erfolgt.[21] In der Praxis haben bedingte Pflichtwandelanleihen im Zuge der Finanzkrise als sog. *contingent convertible bonds* (CoCo-Bonds) im Bank- und Versicherungsbereich Bedeutung erlangt. Dabei handelt es sich um nachrangige Anleihen mit längerer Laufzeit, die in Krisensituationen zwingend umgewandelt werden, um das regulatorische Eigenkapital zu stärken.[22] Bei Pflichtwandelanleihen wird vorsorglich für bestimmte, eng begrenzte Fälle statt der Wandlung ein Rückzahlungsanspruch des Anleihegläubigers vorgesehen. Dies soll sie vom möglicherweise nicht unter §§ 192 Abs. 2 Nr. 1, 221 AktG fallenden reinen Terminkaufvertrag abgrenzen und die Anwendbarkeit des § 194 Abs. 1 S. 2 AktG sicherstellen.[23] Es ist zur Unterlegung mit einem bedingten Kapital nicht erforderlich, dass die Anleihe den Gläubigern neben der Umtauschpflicht ein Umtauschrecht einräumt.[24]

Rechtsprechung und Teile der Literatur sind unter Berufung auf einen Umkehrschluss zu 10 § 192 Abs. 2 Nr. 3 AktG der Ansicht, dass **selbstständige Optionsrechte** *(naked warrants)* mangels Verknüpfung mit einer Schuldverschreibung keine nach § 221 AktG zulässige Gestaltungsform darstellen oder jedenfalls nicht durch ein bedingtes Kapital abgesichert werden können.[25] Eine im Vordringen befindliche Literaturmeinung will mit überzeugenden Gründen § 221 AktG zumindest analog anwenden – mit der Folge eines gesetzlichen Bezugsrechts der Aktionäre auf das Optionsrecht analog § 221 Abs. 4 AktG – und bejaht dann konsequent auch die Absicherung durch ein bedingtes Kapital nach § 192 Abs. 2 Nr. 1 AktG.[26] Angesichts fehlender höchstrichterlicher Klärung ist die Gestaltung für die Praxis

---

[15] Siehe auch § 221 Abs. 1 AktG nF.
[16] RegE Aktienrechtsnovelle 2014 BT-Drs. 18/4349, 27; *Ihrig/Wandt* BB 2016, 6 (15); *Götze/Nartowska* NZG 2015, 298 (304).
[17] Marsch-Barner/Schäfer/AG-HdB/*Groß* § 51 Rn. 9.
[18] RegE Aktienrechtsnovelle 2014 BT-Drs. 18/4349, 27.
[19] Beschlussempfehlung und Bericht BT-Drs. 18/6681, 12; *Götze* NZG 2016, 48. Zweifelnd noch *Götze/Nartowska* NZG 2015, 298 (304); *Haag/Peters* WM 2015, 2303 (2304). Aufgrund der vergleichbaren Interessenlage fasste die hL Pflichtwandelanleihen schon bislang zumindest im Wege der Analogie unter § 192 Abs. 2 Nr. 1 AktG, s. Marsch-Barner/Schäfer/AG-HdB/*Groß* § 51 Rn. 7 ff. mwN.
[20] Spindler/Stilz/*Rieckers* AktG § 192 Rn. 29a; Marsch-Barner/Schäfer/AG-HdB/*Groß* § 51 Rn. 7; MüKoAktG/*Habersack* § 221 Rn. 52.
[21] So ausdrücklich Beschlussempfehlung und Bericht BT-Drs. 18/6681, 12; iErg auch *Söhner* ZIP 2016, 151 (155); MüKoAktG/*Habersack* § 221 Rn. 52; zweifelnd noch *Haag/Peters* WM 2015, 2303 (2304).
[22] Näher Marsch-Barner/Schäfer/AG-HdB/*Groß* § 51 Rn. 8a; MüKoAktG/*Habersack* § 221 Rn. 52.
[23] Marsch-Barner/AG-HdB/Schäfer/*Busch* § 44 Rn. 7; MHdB GesR IV/*Scholz* § 58 Rn. 7, 51; Spindler/Stilz/*Seiler* AktG § 221 Rn. 151.
[24] Zur bisherigen Diskussion Spindler/Stilz/*Seiler* AktG § 221 Rn. 151 mwN.
[25] OLG Stuttgart ZIP 2002, 1807 ff.; LG Braunschweig NZG 1998, 387 (388); Schmidt/Lutter/*Veil* § 192 Rn. 13; GroßkommAktG/*Frey* § 192 Rn. 65 ff.
[26] Spindler/Stilz/*Rieckers* AktG § 192 Rn. 31; MüKoAktG/*Habersack* § 221 Rn. 37; Marsch-Barner/Schäfer/AG-HdB/*Groß* § 51 Rn. 13; MHdB GesR IV/*Scholz* § 58 Rn. 9.

11 Bei **Aktien mit Optionsrechten** wird eine reguläre oder genehmigte Kapitalerhöhung (§§ 182, 202 AktG) mit einem Beschluss nach § 192 Abs. 2 Nr. 1 AktG verbunden (sog. „Huckepack"-Emission),[28] wobei umstritten ist, ob obendrein ein Ausgabebeschluss nach § 221 AktG erforderlich ist.[29] Für die Aktionäre besteht gemäß § 186 AktG ein gesetzliches Bezugsrecht auf die mit Optionsrechten verbundenen Aktien. Obwohl sie ebenfalls eine Sonderform selbstständiger Optionsrechte darstellen, wird die Nutzung eines bedingten Kapitals für Aktien mit Optionsrechten anders als für *naked warrants* weit überwiegend für zulässig erachtet.[30] Richtigerweise ist die Zulässigkeit für beide Gestaltungen gleichermaßen zu bejahen.[31]

12 Die Schaffung eines bedingten Kapitals ist nach heute hM auch zur Unterlegung von Wandelschuldverschreibungen zulässig, die von einer (ausländischen) **Tochtergesellschaft** mit einem Umtausch- oder Bezugsrecht auf Aktien der (deutschen) Muttergesellschaft ausgegeben werden.[32]

13 b) **Unternehmenszusammenschlüsse (§ 192 Abs. 2 Nr. 2 AktG).** Eine bedingte Kapitalerhöhung ist zulässig, um Mitgliedsrechte bereitzustellen, die für einen Zusammenschluss von Unternehmen benötigt werden (§ 192 Abs. 2 Nr. 2 AktG). Das bedingte Kapital kann nur für einen **konkreten Unternehmenszusammenschluss** geschaffen werden, da im Beschluss nach § 193 Abs. 2 Nr. 2 AktG der Kreis der Bezugsberechtigten zu nennen ist.[33] Dies erzwingt eine frühzeitige Publizität des Vorhabens. Der Begriff des „Unternehmens" ist rechtsformneutral und umfasst neben juristischen Personen und Personengesellschaften auch Einzelkaufleute und Freiberufler.[34] Ein Zusammenschluss liegt vor, wenn sich mindestens zwei Unternehmen verbinden und im Zuge des Vollzugs Aktien gewährt werden sollen. Ohne Belang ist, ob die Unternehmen rechtlich selbstständig bleiben[35] oder Kontrolle über das andere Unternehmen erlangt wird[36]. Bei einem **Beherrschungs- und Gewinnabführungsvertrag** können die als Abfindung zu gewährenden Aktien (§ 305 Abs. 2 Nr. 1 und 2, § 320b AktG) durch eine bedingte Kapitalerhöhung geschaffen werden. Ferner kommen – wenn auch praktisch kaum relevant – in Betracht die **Verschmelzung** durch Aufnahme (nicht durch Neugründung) (§§ 4 ff., 60 ff., 122a ff. UmwG), die **Spaltung** und **Ausgliederung** (§§ 126 ff., 141 ff., 153 ff. UmwG) und die **Eingliederung** (§§ 319 ff. AktG). In diesen Fällen können durch die bedingte Kapitalerhöhung die Aktien bereitgestellt werden, die den Gesellschaftern der übertragenden bzw. eingegliederten Gesellschaft zu gewähren sind oder für die Abfindung der Inhaber von Umtausch- oder Bezugsrechten benötigt werden.[37]

14 c) **Bezugsrechte an Arbeitnehmer und Geschäftsführung (§ 192 Abs. 2 Nr. 3 AktG).** Zulässig ist eine bedingte Kapitalerhöhung ferner auch zur Gewährung von Bezugsrechten an Arbeitnehmer sowie Mitglieder der Geschäftsführung der Gesellschaft oder eines verbundenen Unternehmens (§ 192 Abs. 2 Nr. 3 AktG). Durch § 193 Abs. 2 Nr. 3 AktG wird die Ausgabe selbstständiger, nicht mit einer Schuldverschreibung verbundener Optionsrechte

---

[27] Beispiele aus der Praxis bei *Roth/Schoneweg* WM 2002, 667 (680); GroßkommAktG/*Frey* § 192 Rn. 63, Fn. 174.
[28] Hüffer/Koch/*Koch* AktG § 221 Rn. 76; Spindler/Stilz/*Rieckers* AktG § 192 Rn. 32.
[29] Dafür MüKoAktG/*Fuchs* § 192 Rn. 53; dagegen Spindler/Stilz/*Rieckers* AktG § 192 Rn. 32 jeweils mwN.
[30] Spindler/Stilz/*Rieckers* AktG § 192 Rn. 32; MHdB GesR IV/*Scholz* § 58 Rn. 9; zum Teil auch von Autoren, die dies für *naked warrants* ablehnen, s. GroßkommAktG/*Frey* § 192 Rn. 81; dagegen KölnKommAktG/*Lutter* § 192 Rn. 9.
[31] Spindler/Stilz/*Rieckers* AktG § 192 Rn. 32; MHdB GesR IV/*Scholz* § 58 Rn. 9.
[32] MüKoAktG/*Fuchs* § 192 Rn. 55; Spindler/Stilz/*Rieckers* AktG § 192 Rn. 33; MHdB GesR IV/*Scholz* § 58 Rn. 9. Zu Einzelfragen der Strukturierung, insbesondere bzgl. § 194 Abs. 1 S. 2 AktG, siehe OLG Stuttgart ZIP 2002, 1807 (1808); Spindler/Stilz/*Seiler* AktG § 221 Rn. 127; MHdB GesR IV/*Scholz* § 58 Rn. 9, 50 mwN.
[33] Spindler/Stilz/*Rieckers* AktG § 192 Rn. 36.
[34] Spindler/Stilz/*Rieckers* AktG § 192 Rn. 37.
[35] OLG München WM 1993, 1285 (1288).
[36] MüKoAktG/*Fuchs* § 192 Rn. 60; Spindler/Stilz/*Rieckers* AktG § 192 Rn. 37.
[37] MHdB GesR IV/*Scholz* § 58 Rn. 10; Spindler/Stilz/*Rieckers* AktG § 192 Rn. 38.

geregelt (s. allgemein zu *naked warrants* → Rn. 10). Der Kreis möglicher Bezugsberechtigten umfasst **Arbeitnehmer** und Mitglieder der **Geschäftsführung** der Gesellschaft und ihrer verbundenen Unternehmen iSv § 15 AktG. **Nicht** erfasst sind **Aufsichtsräte**.[38] Die Eigenschaft als Arbeitnehmer oder Mitglied der Geschäftsführung muss im **Zeitpunkt** der Einräumung der Bezugsrechte bestehen.

§ 192 Abs. 2 Nr. 3 AktG deckt weiterhin auch die **Ausgabe von Bezugsrechten gegen Einlage von Gewinnansprüchen** von (auch ehemaligen) **Arbeitnehmern** (Arbeitnehmeraktien). Hierbei handelt es sich nicht um selbstständige Optionsrechte, sondern um die Einräumung von Bezugsrechten gegen Sacheinlage, wobei die Sacheinlagevorschriften nach § 194 Abs. 3 AktG nur eingeschränkt Anwendung finden (→ Rn. 85).[39] 15

Der Beschluss über die Schaffung des bedingten Kapitals ist zu unterscheiden von dem Zustimmungs- oder Ermächtigungsbeschluss betreffend die Gewährung von Aktienoptionen (→ Rn. 23). In der Alternative **Zustimmungsbeschluss** wird trotz missverständlicher Bezeichnung nicht nur einer Geschäftsführungsmaßnahme des Vorstands zugestimmt, sondern die Hauptversammlung selbst entscheidet über die Einrichtung des Aktienoptionsprogramms.[40] Die Verwaltung ist in diesem Fall verpflichtet, das Aktienoptionsprogramm in zeitlichem Zusammenhang zur Hauptversammlung einzurichten (§ 83 Abs. 2 AktG).[41] Im Falle eines **Ermächtigungsbeschlusses** entscheidet der Vorstand über das „Ob" und den Zeitpunkt für die Einrichtung des Aktienoptionsprogramms nach pflichtgemäßem Ermessen, was größere Flexibilität bietet. Die analoge Anwendbarkeit der **Fünfjahresfrist** gemäß § 221 Abs. 2 S. 1 AktG auf die Ermächtigung nach § 192 Abs. 2 Nr. 3 AktG ist umstritten, sollte für die Praxis jedoch vorsorglich beachtet werden.[42] 16

2. Zulässiger Umfang

Nach § 192 Abs. 3 S. 1 AktG darf der Nennbetrag des bedingten Kapitals ohne Rücksicht auf den Verwendungszweck **50 % des Grundkapitals,** das zum Zeitpunkt der Beschlussfassung der Hauptversammlung über die bedingte Kapitalerhöhung vorhanden ist, nicht übersteigen. Für ein bedingtes Kapital nach § 192 Abs. 2 Nr. 3 AktG gilt daneben **kumulativ** eine spezielle Höchstgrenze von **10 % des Grundkapitals**.[43] Zur **Bestimmung des Grundkapitals** ist das im Zeitpunkt der Beschlussfassung über die bedingte Kapitalerhöhung vorhandene Grundkapital maßgeblich. Eine reguläre Kapitalerhöhung oder eine Kapitalerhöhung aus genehmigtem Kapital, die im Zeitpunkt der Beschlussfassung über das bedingte Kapital mangels Eintragung in das Handelsregister noch nicht wirksam geworden ist (s. §§ 189, 203 Abs. 1 S. 1 AktG), bleibt außer Betracht.[44] Entsprechendes gilt für noch nicht wirksam gewordene Kapitalherabsetzungen.[45] Aus einem bestehenden bedingten Kapital bereits ausgegebene Bezugsaktien sind unabhängig von der nur deklaratorischen Handelsregistereintragung (§ 201 AktG) bei der Ermittlung des aktuellen Grundkapitals mitzuzählen (s. § 200 AktG).[46] Bei der **Ermittlung des Nennbetrags** des bedingten Kapitals ist ein bereits früher beschlossenes und in das Handelsregister eingetragenes bedingtes Kapital zu berücksichtigen, soweit es noch nicht durch Aktienausgabe vollständig ausgeschöpft ist. Es zählt nicht mit, wenn es gleichzeitig mit dem Beschluss über das neue bedingte Kapital aufgehoben wird.[47] 17

---

[38] BGH NZG 2004, 376.
[39] MHdB GesR IV/*Scholz* § 58 Rn. 15; MüKoAktG/*Fuchs* § 192 Rn. 87.
[40] Die Initiative für die Ausgabe von Aktienoptionen nebst bedingter Kapitalerhöhung kann daher gemäß § 122 AktG auch von Aktionären ausgehen.
[41] GroßkommAktG/*Frey* § 193 Rn. 110.
[42] MüKoAktG/*Fuchs* § 192 Rn. 101; MHdB GesR IV/Scholz § 58 Rn. 14; Spindler/Stilz/*Rieckers* AktG § 192 Rn. 64.
[43] Zur gegenseitigen Anrechnung bei Bestehen einer Ermächtigung nach § 71 Abs. 1 Nr. 8 AktG oder eines genehmigten Kapitals, die zur Bedienung von Aktienoptionsprogrammen verwendet werden sollen, s. Spindler/Stilz/*Rieckers* AktG § 192 Rn. 76.
[44] Hüffer/Koch/*Koch* AktG § 192 Rn. 23; Spindler/Stilz/*Rieckers* AktG § 192 Rn. 75; MHdB GesR IV/*Scholz* § 58 Rn. 23; ausführlich *Weiler* NZG 2009, 46 ff.
[45] Siehe § 224 AktG für die ordentliche Kapitalherabsetzung.
[46] Hüffer/Koch/*Koch* AktG § 192 Rn. 23; Hölters/*v.Dryander/Niggemann* § 192 Rn. 58.
[47] Hüffer/Koch/*Koch* AktG § 192 Rn. 23; Spindler/Stilz/*Rieckers* AktG § 192 Rn. 75.

18 Nach den durch die **Aktienrechtsnovelle 2016** in § 192 Abs. 3 AktG neu eingefügten Sätzen 3 und 4 gilt die 50 %-Grenze in bestimmten Fällen nicht für ein bedingtes Kapital zur Unterlegung sog. „umgekehrter Wandelanleihen" gemäß § 192 Abs. 2 Nr. 1 AktG (→ Rn. 8).[48] Dies betrifft ein bedingtes Kapital, das nur zu dem Zweck beschlossen wird, um der Gesellschaft einen Umtausch zu ermöglichen, zu dem sie für den Fall ihrer drohenden Zahlungsunfähigkeit oder zum Zweck der Abwendung einer Überschuldung berechtigt ist.[49] Da das bedingte Kapital ausschließlich den genannten **Sanierungszwecken** dienen darf, ist ein gesondertes bedingtes Kapital zu schaffen.[50] Dies schließt nicht aus, Wandelschuldverschreibungen durch ein bedingtes Kapital für den Krisenfall und ein weiteres außerhalb der Krise zu unterlegen.[51] Für **Kredit- und Finanzdienstleistungsinstitute** gilt die 50 %-Grenze ferner nicht für eine bedingte Kapitalerhöhung, die zu dem Zweck beschlossen wird, der Gesellschaft einen Umtausch zur Erfüllung bankaufsichtsrechtlicher oder zum Zweck der Restrukturierung oder Abwicklung erlassener Anforderungen zu ermöglichen.[52] § 193 Abs. 3 S. 5 AktG stellt klar, dass ein bedingtes Kapital, das einer Ausnahme nach § 192 Abs. 3 S. 3 oder 4 AktG unterfällt, die Schaffung eines sonstigen bedingten Kapitals unter Beachtung von § 193 Abs. 3 S. 1 AktG nicht begrenzt oder sperrt. Die Ausnahmevorschriften sind **eng auszulegen** und greifen daher nur ein, wenn **ausschließlich die Gesellschaft ein Umtauschrecht** hat, nicht aber (auch) die Gläubiger.[53]

19 Bei **Stückaktien** muss sich die Zahl der Aktien in demselben Verhältnis wie das Grundkapital erhöhen (§ 182 Abs. 1 S. 5 iVm § 192 Abs. 3 S. 2 AktG). Dies soll eine überproportionale Beeinträchtigung alter Stückaktien vermeiden[54] und ist mit Blick auf § 8 Abs. 3 S. 2 AktG folgerichtig, da alle Stückaktien am Grundkapital im selben Umfang beteiligt sind.[55]

20 Im Falle eines **Verstoßes gegen die anwendbare Höchstgrenze** ist der Hauptversammlungsbeschluss insgesamt und nicht nur hinsichtlich des überschießenden Teils nichtig (§ 241 Nr. 3 AktG).[56] Das Registergericht darf den Beschluss über die bedingte Kapitalerhöhung nicht eingetragen. Erfolgt die Eintragung gleichwohl, wird der Beschlussmangel allein hierdurch nicht geheilt.[57] Nach Ablauf von drei Jahren seit der Eintragung kommt eine Heilung nach § 242 Abs. 2 AktG in Betracht.[58] Bereits ausgegebene Aktien werden damit wirksam.[59]

3. Volleinzahlung bisheriger Einlagen

21 Anders als bei einer regulären Kapitalerhöhung gegen Einlagen (§ 182 Abs. 4 AktG) und einer Kapitalerhöhung aus genehmigtem Kapital (§ 203 Abs. 3 AktG) setzt die bedingte Kapitalerhöhung nicht voraus, dass die Einlagen auf das bisherige Grundkapital nicht mehr ausstehen oder nicht mehr erlangt werden können.[60]

---

[48] *Ihrig/Wandt* BB 2016, 6 (15 f.); MüKoAktG/*Fuchs* § 193 Rn. 151a f. (zur Aktienrechtsnovelle 2014).

[49] Zu den Begriffen „drohende Zahlungsunfähigkeit" und „Anwendung einer Überschuldung" näher *Ihrig/Wandt* BB 2016, 6 (15); *Götze/Nartowska* NZG 2015, 298 (304); *Schüppen/Tretter* WPg 2012, 338 (342).

[50] *Ihrig/Wandt* BB 2016, 6 (15); *Haag/Peters* WM 2015, 2303 (2307); *Schüppen/Tretter* WPg 2012, 338 (341).

[51] *Ihrig/Wandt* BB 2016, 6 (15); offen gelassen bei *Haag/Peters* WM 2015, 2303 (2307) (zur Aktienrechtsnovelle 2014).

[52] Näher *Ihrig/Wandt* BB 2016, 6 (16); MüKoAktG/*Fuchs* § 193 Rn. 151b.

[53] Dies gilt trotz des im Unterschied zu S. 3 fehlenden Worts „nur" auch im Falle des § 192 Abs. 2 S. 4 AktG, s. *Ihrig/Wandt* BB 2016, 6 (15 f.); MüKoAktG/*Fuchs* § 193 Rn. 151b; offengelassen bei *Müller-Eising* GWR 2014, 229 (231).

[54] BegrRegE BT-Drs. 13/9573, 17.

[55] Spindler/Stilz/*Vatter* AktG § 8 Rn. 47.

[56] OLG München WM 2012, 511 (512); Spindler/Stilz/*Rieckers* AktG § 192 Rn. 78.

[57] MüKoAktG/*Fuchs* § 192 Rn. 154; Spindler/Stilz/*Rieckers* AktG § 192 Rn. 78.

[58] LG Berlin ZIP 2013, 2464 (2466); MHdB GesR IV/*Scholz* § 58 Rn. 24; Hüffer/Koch/*Koch* AktG § 192 Rn. 23.

[59] MüKoAktG/*Fuchs* § 192 Rn. 154.

[60] MüKoAktG/*Fuchs* § 192 Rn. 4; Spindler/Stilz/Rieckers AktG § 192 Rn. 7, 9.

III. Kapitalerhöhungsbeschluss

1. Allgemeines

Ein bedingtes Kapital kann **nicht bereits in der Gründungssatzung** vorgesehen, sondern nur durch Beschluss der Hauptversammlung geschaffen werden.[61] Die hM leitet dies aus dem im Vergleich zu § 202 Abs. 1 AktG unterschiedlichen Wortlaut des § 192 Abs. 1 AktG („die Hauptversammlung") ab. Zuständig für die Beschlussfassung über die Schaffung des bedingten Kapitals ist stets die **Hauptversammlung**. Eine Delegation dieser Entscheidung auf die Verwaltung ist unzulässig.[62] Die Umtausch- oder Bezugsrechte entstehen nicht auf Grundlage des Kapitalerhöhungsbeschlusses, sondern müssen erst durch ein gesondertes Rechtsgeschäft zwischen der Gesellschaft und dem Berechtigten eingeräumt werden (→ Rn. 52).[63]

Im Falle des § 192 Abs. 2 Nr. 1 AktG ist der Kapitalerhöhungsbeschluss zu **unterscheiden** von dem Beschluss über die Ausgabe von Wandelschuldverschreibungen gemäß § 221 AktG.[64] In der Praxis werden beide Beschlüsse idR verbunden und einheitlich zur Abstimmung gestellt.[65] Entsprechendes gilt für Aktienoptionen, wo der Zustimmungs- oder Ermächtigungsbeschluss nach § 192 Abs. 2 Nr. 3 AktG einen eigenständigen, mit dem Erhöhungsbeschluss aber üblicherweise verbundenen Beschlussgegenstand bildet.[66]

Umstritten ist, ob der Wortlaut des Erhöhungsbeschlusses in den Satzungstext aufzunehmen ist.[67] In der Praxis ist es üblich und empfehlenswert, zusammen mit dem Erhöhungsbeschluss eine entsprechende **Satzungsänderung** zu beschließen. Nach Wirksamwerden der Kapitalerhöhung (§ 200 AktG) ist der unrichtig gewordene Satzungswortlaut zwingend zu ändern (im Einzelnen → Rn. 80). Dies ist eine Änderung der Fassung der Satzung (§§ 179 ff. AktG), zu der in der Praxis üblicherweise der Aufsichtsrat gleichzeitig mit dem Kapitalerhöhungsbeschluss **ermächtigt** wird, sofern nicht die Satzung ohnehin eine allgemeine Ermächtigung enthält (§ 179 Abs. 1 S. 2 AktG).

2. Formelle Beschlusserfordernisse

Der Hauptversammlungsbeschluss bedarf der **Mehrheit von ¾** des bei der Beschlussfassung vertretenen Grundkapitals (§ 193 Abs. 1 S. 1 AktG). Die Satzung kann eine größere Kapitalmehrheit und weitere Erfordernisse bestimmen (§ 193 Abs. 1 S. 2 AktG). Eine Erleichterung des Mehrheitserfordernisses ist aufgrund des dem bedingten Kapital immanenten Bezugsrechtsausschlusses unzulässig.

Sind mehrere Gattungen stimmberechtigter Aktien vorhanden, wird der Kapitalerhöhungsbeschluss nur wirksam, wenn die Aktionäre jeder Gattung durch **Sonderbeschluss** zustimmen (§§ 193 Abs. 1 S. 3, 182 Abs. 2 AktG). Bestehen stimmrechtslose Vorzugsaktien, ist gem. § 141 Abs. 2 S. 1 AktG ein Sonderbeschluss der Vorzugsaktionäre erforderlich, sofern im Rahmen des bedingten Kapitals neue Vorzugsaktien ausgegeben werden sollen, die bei der Verteilung des Gewinns oder des Gesellschaftsvermögens den bestehenden Vorzugsaktien vorgehen oder gleichstehen. Die Ausnahme nach § 141 Abs. 2 S. 2 AktG findet nach hM keine Anwendung, obgleich das Bezugsrecht bei der bedingten Kapitalerhöhung bereits kraft Gesetzes ausgeschlossen ist.[68]

---

[61] So KölnKommAktG/*Lutter* § 192 Rn. 2; Spindler/Stilz/*Rieckers* AktG § 192 Rn. 19; aA Hüffer/Koch/*Koch* AktG § 192 Rn. 7; MHdB GesR IV/*Scholz* § 58 Rn. 25.
[62] MHdB GesR IV/*Scholz* § 58 Rn. 25.
[63] MüKoAktG/*Fuchs* § 192 Rn. 17, 25; Spindler/Stilz/*Rieckers* AktG § 192 Rn. 20; Hüffer/Koch/*Koch* AktG § 192 Rn. 3.
[64] Spindler/Stilz/*Rieckers* AktG § 192 Rn. 35; MüKoAktG/*Fuchs* § 192 Rn. 56.
[65] Zu den zeitlichen Gestaltungsmöglichkeiten Spindler/Stilz/*Rieckers* AktG § 192 Rn. 35.
[66] MHdB GesR IV/*Scholz* § 58 Rn. 13 f.
[67] Dafür *Krafka/Kühn*, Registerrecht, 9. Aufl. 2013, Rn. 1502; MüKoAktG/*Fuchs* § 193 Rn. 21; dagegen MHdB GesR IV/*Scholz* § 58 Rn. 28; Spindler/Stilz/*Rieckers* AktG § 192 Rn. 19; Hüffer/Koch/*Koch* AktG § 192 Rn. 5.
[68] Spindler/Stilz/*Rieckers* AktG § 192 Rn. 4; MHdB GesR IV/*Scholz* § 58 Rn. 27.

3. Inhalt des Beschlusses

27 **a) Allgemeiner Beschlussinhalt.** Der Hauptversammlungsbeschluss muss erkennen lassen, dass eine **bedingte Kapitalerhöhung gewollt** ist. Der Beschluss muss den **Vorstand anweisen**, Umtausch- oder Bezugsrechte an einen eindeutig bestimmbaren Personenkreis zu gewähren, andernfalls ist er gemäß § 241 Nr. 3 AktG nichtig.[69] In der Festlegung des Kreises der Bezugsberechtigten (§ 193 Abs. 2 Nr. 2 AktG) wird regelmäßig eine zumindest konkludente Anweisung liegen, so dass Nichtigkeit nur in seltenen Ausnahmefällen in Betracht kommt.[70]

28 Der **Höchstbetrag**, bis zu dem das Grundkapital durch die Ausgabe neuer Aktien erhöht werden kann, ist im Beschluss zu nennen. Dabei sind die Grenzen des § 192 Abs. 3 AktG zu beachten (→ Rn. 17). Die Angabe eines **Mindestbetrags** ist zulässig, aber nicht notwendig.[71] Festzulegen sind ferner die **Nennbeträge** der neuen Aktien und bei Stückaktien deren **Zahl** sowie die **Art** der Aktien (Inhaber- oder Namensaktien). Sind mehrere Gattungen vorhanden, sind diese Angaben für jede Gattung einzeln zu machen. Angaben zur Art sind nicht erforderlich, wenn die Satzung der Gesellschaft nur eine Art von Aktien vorsieht.[72] Ebenso ist die ausdrückliche Angabe der Zahl der neuen Stückaktien entbehrlich, wenn diese dadurch bestimmt werden kann, dass der Kapitalerhöhungsbetrag durch den rechnerischen Nennbetrag der alten Stückaktien dividiert wird.[73]

29 **b) Besonderer Beschlussinhalt. *aa) Zweck.*** Der Hauptversammlungsbeschluss muss den **Zweck** der bedingten Kapitalerhöhung (§ 193 Abs. 2 Nr. 1 AktG) enthalten. Bei einem bedingten Kapital zur Unterlegung von Wandel- und Optionsanleihen (§ 192 Abs. 2 Nr. 1 AktG) genügt die Bezugnahme auf den üblicherweise gleichzeitig gefassten Ausgabebeschluss nach § 221 AktG[74] oder – sofern dieser noch nicht vorliegt – die künftigen Anleihegläubiger, wobei die weitere Konkretisierung im Ausgabebeschluss erfolgen kann.[75] Im Fall des § 192 Abs. 2 Nr. 2 AktG sind das anzuschließende Unternehmen (Firma, Sitz, Rechtsform) sowie die Art des beabsichtigten Zusammenschlusses zu bezeichnen.[76] Für § 192 Abs. 2 Nr. 3 AktG genügt die Wiederholung des Wortlauts des § 192 Abs. 2 Nr. 3 AktG. Gibt es bereits das Aktienoptionsprogramm bzw. einen Zustimmungs- oder Ermächtigungsbeschluss nach § 192 Abs. 2 Nr. 3 AktG, sollte auf diesen konkret Bezug genommen werden.[77]

30 *bb) Kreis der Bezugsberechtigten.* Der **Kreis der Umtausch- und Bezugsberechtigten** ist festzustellen (§ 193 Abs. 2 Nr. 2 AktG). Eine namentliche Nennung ist nicht erforderlich, sondern es reicht aus, wenn sie **eindeutig bestimmbar** sind. So genügt zB bei Wandelschuldverschreibungen die genaue Bezeichnung der Schuldverschreibung, deren Inhaber umtausch- oder bezugsberechtigt sein sollen, bei einem Unternehmenszusammenschluss die Bezeichnung des konkreten Unternehmens, dessen Gesellschafter Bezugsrechte erhalten, oder bei Ausgabe von Arbeitnehmeraktien der Hinweis, dass Bezugsrechte gewinnbeteiligten Arbeitnehmern zustehen.[78] Die Festlegung des Kreises der Bezugsberechtigten begründet für diese noch keine Rechte, bindet jedoch den Vorstand bei der Einräumung der Bezugs- oder Umtauschrechte.

31 *cc) Ausgabebetrag.* Nach § 193 Abs. 2 Nr. 3 Hs. 1 AktG müssen der **Ausgabebetrag für die neuen Aktien aus dem bedingten Kapital** oder die Grundlagen, nach denen der Betrag

---

[69] MüKoAktG/*Fuchs* § 193 Rn. 7; Hüffer/Koch*Koch* AktG § 193 Rn. 4; Spindler/Stilz/*Rieckers* AktG § 192 Rn. 22.
[70] MüKoAktG/*Fuchs* § 193 Rn. 25; Spindler/Stilz/*Rieckers* AktG § 192 Rn. 22.
[71] Spindler/Stilz/*Rieckers* AktG § 193 Rn. 7; GroßkommAktG/*Frey* § 193 Rn. 20.
[72] BGH ZIP 2009, 1566 Rn. 23; Spindler/Stilz/*Rieckers* AktG § 193 Rn. 7.
[73] BGH ZIP 2009, 1566 Rn. 23; MHdB GesR IV/*Scholz* § 58 Rn. 31; GroßkommAktG/*Frey* § 192 Rn. 15 Spindler/Stilz/*Rieckers* AktG § 193 Rn. 7.
[74] MHdB GesR IV/*Scholz* § 58 Rn. 32; MüKoAktG/*Fuchs* § 193 Rn. 10.
[75] GroßkommAktG/*Frey* § 193 Rn. 22; Spindler/Stilz/*Rieckers* AktG § 193 Rn. 9; strenger MüKoAktG/*Fuchs* § 193 Rn. 10: Konkretisierung der Eckdaten bereits im Kapitalerhöhungsbeschluss.
[76] Hüffer/Koch*Koch* AktG § 193 Rn. 5.
[77] MHdB GesR IV/Scholz § 58 Rn. 32; Spindler/Stilz/*Rieckers* AktG § 193 Rn. 9.
[78] Hüffer/Koch/*Koch* AktG § 193 Rn. 5; Spindler/Stilz/*Rieckers* AktG § 193 Rn. 10.

errechnet wird, festgelegt werden. Im Falle von Wandelschuldverschreibungen (§ 192 Abs. 2 Nr. 1 AktG) genügt es, die erforderlichen Festsetzungen im Ausgabebeschluss nach § 221 AktG vorzunehmen und im bedingten Kapital darauf zu Bezug zu nehmen.[79] Entsprechendes gilt bei Aktienoptionen für den Zustimmungs- oder Ermächtigungsbeschluss nach § 192 Abs. 2 Nr. 3 AktG.[80] Der Ausgabebetrag kann dem Nennbetrag, bei Stückaktien dem anteiligen Betrag des Grundkapitals (§ 9 Abs. 1 AktG) entsprechen oder ihn übersteigen (§ 9 Abs. 2 AktG), nicht jedoch unterschreiten.

Bei **Wandelanleihen** ist das Umtauschverhältnis festzusetzen, in dem die Anleihen gegen Bezugsktien umgetauscht werden können, sowie etwaige von den Anleihegläubigern daneben zu leistende bare Zuzahlungen.[81] Das Umtauschverhältnis ergibt sich aus der Division des Nennbetrags (oder darunter liegenden tatsächlichen Ausgabebetrags) der Wandelanleihe durch den Ausgabebetrag der Bezugsaktien.[82] Bei Ausgabe der Bezugsaktien ist § 199 Abs. 2 AktG zu beachten, unter dessen Voraussetzungen der tatsächliche Ausgabebetrag der umzutauschenden Wandelanleihen dann hinter dem geringsten Ausgabebetrag der Bezugsaktien (§ 9 Abs. 1 AktG) zurückbleiben kann (→ Rn. 71 ff.). Für **Optionsanleihen** und **Aktienoptionen gemäß § 192 Abs. 2 Nr. 3 AktG** sind das Bezugsverhältnis und der Bezugskurs (Optionspreis) festzulegen.[83]

In der Praxis können die in → Rn. 32 genannten Festsetzungen im Zeitpunkt der Einberufung der Hauptversammlung bzw. Beschlussfassung meist noch nicht konkret beziffert werden. Dies betrifft insbesondere den praktisch relevanten Fall, dass der Vorstand zur Ausgabe von Wandelschuldverschreibungen oder Aktienoptionen ermächtigt wird. Es genügt nach § 193 Abs. 2 Nr. 3 Hs. 1 Fall 2 AktG aber die Angabe der jeweiligen **Berechnungsgrundlagen**. Dies umfasst zB die Berechnung des Ausgabebetrags nach dem Börsenkurs zu einem bestimmten Stichtag oder während eines bestimmten Zeitraums, nach bestimmten Aktienindices oder die Feststellung durch einen Sachverständigen nach vorgegebenen finanzmathematischen Methoden.[84]

Sofern der Vorstand nach § 221 Abs. 2 AktG ermächtigt ist, Wandelschuldverschreibungen auszugeben,[85] genügt es nach § 193 Abs. 2 Nr. 3 Hs. 2 AktG, wenn im Erhöhungsbeschluss oder dem damit verbundenen Ermächtigungsbeschluss nach § 221 AktG ein **Mindestausgabebetrag** bestimmt wird.[86] Die Festsetzung des endgültigen Betrags steht dann im pflichtgemäßen Ermessen des Vorstands. Möglich ist sowohl die Festlegung eines absoluten Mindestausgabebetrags als auch die Bestimmung der Grundlagen für seine Festlegung. In der Praxis häufig sind Regelungen, wonach der Ausgabebetrag mindestens einen bestimmten Prozentsatz (zB 80 %) des durchschnittlichen Börsenkurses, bezogen auf eine bestimmte Referenzperiode vor dem Tag der Ausgabe des Umtausch- oder Bezugsrechts, betragen muss.[87] Dies ermöglicht insbesondere die Ermittlung des Ausgabebetrags im **Bookbuilding-Verfahren** durch die Emissionsbanken.[88] Die bei Wandelschuldverschreibungen in den Anleihebedingungen üblichen **Verwässerungsschutzklauseln** sind mit § 193 Abs. 2 Nr. 3 Hs. 2 AktG vereinbar.[89] Zum *Repricing* von Aktienoptionen näher unter → § 32 Rn. 11 ff.

---

[79] MHdB GesR IV/*Scholz* § 58 Rn. 38; Spindler/Stilz/*Rieckers* AktG § 193 Rn. 11 (zu § 221 Abs. 2 AktG).
[80] MHdB GesR IV/*Scholz* § 58 Rn. 38.
[81] Einzelheiten bei Spindler/Stilz/*Rieckers* AktG § 193 Rn. 12.
[82] Spindler/Stilz/*Rieckers* AktG § 193 Rn. 12; Marsch-Barner/Schäfer/AG-HdB/*Busch* § 44 Rn. 24.
[83] MüKoAktG/*Fuchs* § 193 Rn. 12.
[84] MHdB GesR IV/*Scholz* § 58 Rn. 35; MüKoAktG/*Fuchs* § 193 Rn. 12; Spindler/Stilz/*Rieckers* AktG § 193 Rn. 13.
[85] Ob auch in den anderen Fällen des § 192 Abs. 2 AktG die Angabe eines bloßen Mindestausgabebetrags genügt, ist umstritten. Dafür MHdB GesR IV/Scholz § 58 Rn. 36 mwN auch zur Gegenansicht.
[86] So bereits vor Inkrafttreten des ARUG BGH ZIP 2009, 1566 (1568 f.) und BGH ZIP 2009, 1624 in Einklang mit der h. Lit., s. Spindler/Stilz/*Rieckers* AktG § 193 Rn. 14 mwN. Dagegen noch OLG Hamm ZIP 2008, 923 f.; OLG Celle ZIP 2008, 926 f.; KG AG 2008, 85 ff.
[87] Spindler/Stilz/*Rieckers* AktG § 193 Rn. 14; Marsch-Barner/Schäfer/AG-HdB/*Busch* § 44 Rn. 24.
[88] Hölters/v.Dryander/*Niggemann* § 193 Rn. 24; Spindler/Stilz/*Rieckers* AktG § 193 Rn. 15a.
[89] MüKoAktG/*Fuchs* § 193 Rn. 15; Spindler/Stilz/*Rieckers* AktG § 193 Rn. 16; zum Verwässerungsschutz ausf. MüKoAktG/*Habersack* § 221 Rn. 271 ff.

35 Im Fall der Ausgabe bedingten Kapitals zur Vorbereitung eines **Unternehmenszusammenschlusses** sind anstelle des genauen Ausgabebetrags entweder ein bestimmtes Umtauschverhältnis von Aktien gegen Gesellschaftsanteile an dem anderen Unternehmen oder sonstige Grundlagen für die Berechnung festzulegen.[90]

36 Da die bedingte Kapitalerhöhung mit einem Ausschluss des Bezugsrechts der Aktionäre einhergeht, muss der Ausgabebetrag zur Vermeidung einer Anfechtbarkeit des Erhöhungsbeschlusses im Zeitpunkt der Beschlussfassung über das bedingte Kapital **angemessen** sein (§ 255 Abs. 2 AktG).[91] Die Prüfung der Angemessenheit erfolgt durch einen Vergleich des festgesetzten Ausgabebetrags mit dem vollen Verkehrswert der Aktie.[92] Beim bedingten Kapital zur Unterlegung von Wandelschuldverschreibungen (§ 192 Abs. 2 Nr. 1 AktG) ist § 255 Abs. 2 AktG unanwendbar, wenn den Aktionären bei Ausgabe der Schuldverschreibungen ein Bezugsrecht (§§ 221 Abs. 4, 186 AktG) zusteht.[93] Bei Aktienoptionsprogrammen nach § 192 Abs. 2 Nr. 3 AktG kann bei der Bestimmung der Angemessenheit die mit der Ermöglichung eines vergünstigten Aktienerwerbs intendierte Anreizwirkung berücksichtigt werden.[94]

37 c) **Ergänzender Beschlussinhalt bei Aktienoptionen.** Bei der bedingten Kapitalerhöhung zur Unterlegung von **Aktienoptionen** (§ 192 Abs. 2 Nr. 3 AktG) sind gemäß § 193 Abs. 2 Nr. 4 AktG weitere Angaben im Hauptversammlungsbeschluss erforderlich: Aufteilung der Bezugsrechte auf Mitglieder der Geschäftsführung und Arbeitnehmer, Erfolgsziele, Erwerbs- und Ausübungszeiträume und Wartefrist für die erstmalige Ausübung. Hierzu ausführlich → § 32 Rn. 11 ff.

38 d) **Fakultativer Beschlussinhalt.** Der Kapitalerhöhungsbeschluss kann weitere **fakultative Regelungen** enthalten, wie etwa Angaben über die inhaltliche Ausgestaltung der Umtausch- und Bezugsrechte, die Gewinnberechtigung der neuen Aktien oder auch die Ermächtigung des Vorstands zur Festlegung der Bezugsbedingungen im Einzelnen. Insbesondere empfiehlt es sich, die Ausübung des Rechts zu befristen. Ferner kann auch ein Anfangstermin für die Ausübung des Umtausch- oder Bezugsrechts festgelegt werden.

> **Praxistipp:**
> Sinnvollerweise wird die Übertragung der Optionen ganz ausgeschlossen, jedoch zumindest erheblich eingeschränkt. Vereinbart werden kann ferner eine Haltefrist für bezogene Aktien. Zu empfehlen ist weiter, einen sog. Verwässerungsschutz vorzusehen, damit der Optionspreis im Fall der Kapitalerhöhung oder der Begebung von Wandel- und Optionsschuldverschreibungen ohne Ausschluss des Bezugsrechts der Aktionäre verhältnismäßig angepasst wird. Schließlich kann der Hauptversammlungsbeschluss auch Einzelheiten zur steuerlichen Behandlung, zu arbeitsrechtlichen Fragen (Verfall der Optionen bei Beendigung der Arbeitnehmerstellung), zu weiteren Ausübungsvoraussetzungen, zum Ausübungsverfahren oder zur Behandlung von Optionen im Erbfall regeln.[95]

39 e) **Sachliche Rechtfertigung, Berichtspflicht.** Da die bedingte Kapitalerhöhung angesichts ihrer Zweckgebundenheit mit einem gesetzlichen Ausschluss des Bezugsrechts der Aktionäre einhergeht, stellt sich die Frage, ob der Hauptversammlungsbeschluss einer besonderen sachlichen Rechtfertigung bedarf und der Vorstand der Hauptversammlung analog

---

[90] Hüffer/Koch*Koch* AktG § 193 Rn. 6a; MHdB GesR IV/*Scholz* § 58 Rn. 39.
[91] Schmidt/Lutter/*Schwab* § 255 Rn. 9; Spindler/Stilz/*Rieckers* AktG § 193 Rn. 17.
[92] Weiterführend Spindler/Stilz/*Rieckers* AktG § 193 Rn. 17.
[93] Marsch/Barner/Schäfer/*Busch* § 44 Rn. 35; Hüffer/Koch*Koch* AktG § 193 Rn. 6a; Spindler/Stilz/*Rieckers* AktG § 193 Rn. 17; MüKoAktG/*Fuchs* § 193 Rn. 17.
[94] Marsch/Barner/Schäfer/*Busch* § 44 Rn. 35; MHdB GesR IV/*Scholz* § 58 Rn. 22.
[95] Zu den Einzelheiten → § 32.

§ 186 Abs. 4 S. 2 AktG über die Gründe für die Schaffung des bedingten Kapitals Bericht zu erstatten hat.[96] Hierbei ist nach hM wie folgt zu unterscheiden:

Für das bedingte Kapital zur Unterlegung von Wandelschuldverschreibungen (§ 192 Abs. 2 Nr. 1 AktG) sowie von Aktienoptionen für Arbeitnehmer, Vorstandsmitglieder und sonstige Führungskräfte (§ 192 Abs. 2 Nr. 3 AktG) ist eine besondere sachliche Rechtfertigung nicht erforderlich. Bei **Wandel- und Optionsanleihen** besteht ein gesetzliches Bezugsrecht der Aktionäre auf die Anleihe (§§ 221 Abs. 4, 186 AktG), wodurch deren Interessen ausreichend geschützt sind.[97] Wird das Bezugsrecht auf die Anleihe ausgeschlossen, ergibt sich *insoweit* ein Erfordernis sachlicher Rechtfertigung und gemäß § 221 Abs. 4 AktG iVm § 186 Abs. 4 S. 2 AktG auch eine Berichtspflicht.[98] Bei der Ausgabe von **Aktienoptionen** ist eine sachliche Rechtfertigung angesichts der zusätzlichen Schutzmechanismen der §§ 192 Abs. 3 S. 1 Fall 2, 193 Abs. 2 Nr. 4 AktG nach hM nicht erforderlich.[99] Ebenso bedarf es keines Berichts an die Hauptversammlung analog § 186 Abs. 4 S. 2 AktG.[100] Die Regierungsbegründung zum KonTraG geht davon aus, dass der Vorstand der Hauptversammlung gleichwohl eine ausführliche Begründung und nähere Erläuterung zur Schaffung des bedingten Kapitals gibt.[101] Für die Praxis empfiehlt es sich daher, in der Bekanntmachung des Beschlussvorschlags über die Mitteilung der wesentlichen Parameter hinaus den Aktienoptionsplan weitergehend zu erläutern.[102]

Für die bedingte Kapitalerhöhung zur Vorbereitung eines **Unternehmenszusammenschlusses** nach § 192 Abs. 2 Nr. 2 AktG ist danach zu unterscheiden, ob der Zusammenschluss seinerseits der Zustimmung der Hauptversammlung unterliegt oder nicht. Ist ein Hauptversammlungsbeschluss erforderlich (s. zB § 293 AktG, §§ 13, 125, 193 UmwG), sind die Interessen der Aktionäre hinreichend geschützt und eine besondere sachliche Rechtfertigung ist daneben nicht erforderlich.[103] Eine Berichtspflicht analog § 186 Abs. 4 S. 2 AktG besteht in diesem Fall nicht, wenn im Zusammenhang mit der Zustimmung zu dem Zusammenschluss bereits spezielle Berichtspflichten zu erfüllen sind (s. zB §§ 293a ff., §§ 8, 63, 127, 142 Abs. 2, 192 UmwG).[104] Bedarf der Unternehmenszusammenschluss dagegen keines Hauptversammlungsbeschlusses, ist nach hM eine besondere sachliche Rechtfertigung des Beschlusses über die bedingte Kapitalerhöhung erforderlich, da der Gesetzgeber die erforderliche Interessenabwägung nicht selbst vorgenommen hat.[105] Gleichfalls ist in diesem Fall analog § 186 Abs. 4 S. 2 AktG ein Bericht an die Hauptversammlung zu erstatten.[106]

f) **Rechtsfolgen von Verstößen.** Fehlt dem Kapitalerhöhungsbeschluss eine der zwingend vorgeschriebenen Angaben nach § 193 Abs. 2 Nr. 1–3 AktG, ist er **nichtig** (§ 241 Nr. 3 AktG).[107] Eine **Heilung** nach § 242 AktG ist möglich. Die Verletzung von § 193 Abs. 2 Nr. 4 AktG führt demgegenüber nur zur Anfechtbarkeit des Beschlusses.[108]

---

[96] Ausführlich MüKoAktG/*Fuchs* § 192 Rn. 31 ff.
[97] MHdB GesR IV/*Scholz* § 58 Rn. 19; Spindler/Stilz/*Rieckers* AktG § 192 Rn. 17.
[98] Siehe Hölters/*Haberstock/Greitemann* § 221 Rn. 100, 104 und 106.
[99] Vgl. OLG Stuttgart ZIP 2001, 1367 (1370); Hüffer/Koch/*Koch* AktG § 192 Rn. 18; MHdB GesR IV/*Scholz* § 58 Rn. 19; Schmidt/Lutter/*Veil* § 192 Rn. 20.
[100] Spindler/Stilz/*Rieckers* AktG § 192 Rn. 17, 48 f.; Marsch-Barner/Schäfer/AG-HdB/*Busch* § 44 Rn. 33.
[101] BegrRegE BT-Drs. 13/9712, 24; Einzelheiten str., s. Hölters/*v. Dryander/Niggemann* § 193 Rn. 7.
[102] Vgl. Spindler/Stilz/*Rieckers* AktG § 192 Rn. 50; Marsch-Barner/AG-HdB/*Busch* § 44 Rn. 33.
[103] GroßkommAktG/*Frey* § 192 Rn. 123; Spindler/Stilz/*Rieckers* AktG § 192 Rn. 17; Marsch-Barner/Schäfer/AG-HdB/*Busch* § 44 Rn. 34.
[104] MüKoAktG/*Fuchs* § 192 Rn. 34; Spindler/Stilz/*Rieckers* AktG § 192 Rn. 17.
[105] Spindler/Stilz/*Rieckers* AktG § 192 Rn. 17; aA MHdB GesR IV/Scholz § 58 Rn. 19.
[106] Spindler/Stilz/*Rieckers* AktG § 192 Rn. 17; gegen jede Berichtspflicht MHdB GesR IV/Scholz § 58 Rn. 21, der auch das Erfordernis sachlicher Rechtfertigung ablehnt.
[107] GroßkommAktG/*Frey* § 192 Rn. 128; Hüffer/Koch*Koch* AktG § 193 Rn. 10.
[108] Hüffer/Koch/*Koch* AktG § 193 Rn. 10; Spindler/Stilz/*Rieckers* AktG § 193 Rn. 37.

Formulierungsvorschlag: Hauptversammlungsbeschluss (Tagesordnung) – Ausgabe von Wandelschuldverschreibungen und Schaffung bedingten Kapitals sowie Satzungsänderung

43 Vorstand und Aufsichtsrat schlagen vor, folgende Beschlüsse zu fassen:

1. Der Vorstand wird ermächtigt, bis zum 30.6.2019 auf den Inhaber lautende, jährlich mit 6 % verzinsliche, 1.200.000 EUR Wandelschuldverschreibungen im Nennbetrag von 50 EUR (Gesamtnennbetrag 60.000.000 EUR) auszugeben. Die Wandelschuldverschreibungen werden den Aktionären im Wege des mittelbaren Bezugsrechts angeboten. Sie werden von einem Bankenkonsortium unter Führung der X-Bank zum Ausgabekurs von 100 % mit der Verpflichtung übernommen, sie den Aktionären im Verhältnis 5 : 1 zum Entgelt von 50 EUR je Wandelschuldverschreibung zum Bezug anzubieten. Die Bezugsfrist für die Annahme des Bezugsangebots endet vier Wochen nach Bekanntmachung des Bezugsangebots.

Die Inhaber der Wandelschuldverschreibungen erhalten das unentziehbare Recht, die Wandelschuldverschreibungen vom 2.1.2020 bis zum 31.12.2022 unter Zuzahlung der nachfolgend aufgeführten, zeitlich gestaffelten Barbeträge im Verhältnis 3 : 1 in neue Inhaberaktien der Gesellschaft umzutauschen. Die neuen Inhaberaktien sind ab dem 1.1. des Jahres ihrer Ausgabe gewinnberechtigt. Die Zuzahlung beträgt für jede Aktie im Nennbetrag von 50 EUR bei Umtausch

bis zum 31.12.2020	10 EUR
bis zum 31.12.2022	20 EUR.

Bei Ausübung des Umtauschrechts sind demgemäß für eine Inhaberaktie im Nennbetrag von 50,- EUR drei Wandelschuldverschreibungen im Gesamtnennbetrag von 150 EUR einzuliefern; gleichzeitig ist die jeweils geltende Zuzahlung zu leisten.

Der Wandlungspreis ermäßigt sich nach näherer Bestimmung der Anleihebedingungen, wenn die Gesellschaft während der Laufzeit dieser Wandelanleihe ihr Grundkapital unter Gewährung des gesetzlichen Bezugsrechts an die Aktionäre erhöht oder weitere Wandelschuldverschreibungen ausgibt, ohne den Inhabern dieser Wandelschuldverschreibungen in gleicher Weise wie den Aktionären ein Bezugsrecht in der Weise einzuräumen, als ob die Inhaber der Wandelschuldverschreibungen ihr Umtauschrecht bereits ausgeübt hätten.

Der Vorstand wird ermächtigt, mit Zustimmung des Aufsichtsrates weitere Einzelheiten der Anleihebedingungen, der Ausgabe der Wandelschuldverschreibungen und des Umtauschverfahrens festzusetzen.

2. Das Grundkapital der Gesellschaft wird um bis zu 20.000.000 EUR durch Ausgabe von bis zu 400.000 Stück neuer Inhaberaktien im Nennbetrag von 50 EUR mit Gewinnberechtigung ab dem 1.1. des Jahres ihrer Ausgabe bedingt erhöht. Die bedingte Kapitalerhöhung dient dem Zweck der Gewährung von Umtauschrechten an die Inhaber von Wandelschuldverschreibungen, deren Ausgabe nach Tagesordnungspunkt 1. beschlossen wurde. Als Ausgabebetrag sind für jede Inhaberaktie im Nennbetrag von 50 EUR einzuliefern bzw. in bar einzuzahlen

drei Wandelschuldverschreibungen im Nennbetrag von 50 EUR

bei einem Umtausch

bis zum 31.12.2020	10 EUR
bis zum 31.12.2022	20 EUR.

Die bedingte Kapitalerhöhung ist nur insoweit durchzuführen, wie vom Umtauschrecht Gebrauch gemacht wird. Der Vorstand wird ermächtigt, mit Zustimmung des Aufsichtsrates die weiteren Einzelheiten der Durchführung der bedingten Kapitalerhöhung festzusetzen.

3. § ...... der Satzung wird um folgenden Absatz 5 ergänzt:

(5) Das Grundkapital ist um bis zu 20.000.000 EUR eingeteilt in bis zu 400.000 Stück Inhaberaktien im Nennbetrag von 50 EUR bedingt erhöht. Die bedingte Kapitalerhöhung dient der Gewährung von Umtauschrechten der Inhaber von Wandelschuldverschreibungen, zu deren Ausgabe der Vorstand in der Hauptversammlung vom ...... ermächtigt wurde. Sie ist nur insoweit durchgeführt, als von diesem Umtauschrecht Gebrauch gemacht wird. Die neuen Aktien nehmen ab dem 1.1. des Jahres ihrer Ausgabe am Gewinn teil.

4. Der Aufsichtsrat wird ermächtigt, die Fassung des § ...... Abs. 1 und 5 der Satzung entsprechend dem Umfang der Ausgabe von Bezugsaktien anzupassen.

IV. Anmeldung und Eintragung des Kapitalerhöhungsbeschlusses

Der Kapitalerhöhungsbeschluss ist in öffentlich-beglaubigter Form (§ 12 HGB) zur Eintragung in das **Handelsregister anzumelden** (§ 195 AktG). Die Eintragung des Erhöhungsbeschlusses ist Voraussetzung für die Ausgabe von Bezugsaktien (§ 197 S. 1, 3 AktG). Sie kann daher im Unterschied zur regulären Kapitalerhöhung nicht mit der Anmeldung der Durchführung der Kapitalerhöhung (§ 201 AktG) verbunden werden. Mit Eintragung wird der Kapitalerhöhungsbeschluss bindend (zum Schutz der Bezugsrechte gemäß § 192 Abs. 4 AktG → Rn. 54 ff.). Bei börsennotierten Gesellschaften hat unverzüglich nach der Beschlussfassung der Hauptversammlung eine Mitteilung nach § 49 Abs. 1 S. 1 Nr. 2 WpHG über die Ankündigung der Ausgabe von Aktien und die Regelung von Bezugsrechten zu erfolgen.[109]

44

Anmeldeberechtigt und -verpflichtet sind die **Vorstandsmitglieder** in vertretungsberechtigter Zahl zusammen mit dem **Aufsichtsratsvorsitzenden** (§ 195 Abs. 1 AktG). Ist der Aufsichtsratsvorsitzende verhindert, kann sein Stellvertreter die Anmeldung vornehmen, nicht jedoch ein einfaches Aufsichtsratsmitglied (§ 107 Abs. 1 S. 3 AktG). Über den Verweis in § 195 Abs. 1 S. 2 AktG gilt die Vorschrift zum vereinfachten Eintragungsverfahren nach § 184 Abs. 1 S. 3 AktG entsprechend.[110]

45

Der Anmeldung sind als **Anlagen** beizufügen die **Niederschrift** über den Kapitalerhöhungsbeschluss und die Niederschriften über etwaige Sonderbeschlüsse. Nach § 195 Abs. 2 Nr. 2 AktG ist ferner eine **Berechnung der Kosten,** die für die Gesellschaft durch die Ausgabe der Bezugsaktien entstehen werden, einzureichen (§ 195 Abs. 2 Nr. 2 AktG). Davon umfasst sind alle Kosten der Kapitalerhöhung, beispielsweise Gerichts- und Notarkosten, Steuern, Druckkosten. Falls sie noch nicht feststehen, sind sie zu schätzen. Belege müssen der Anmeldung nicht beigefügt werden.[111] Bei einer bedingten Kapitalerhöhung mit **Sacheinlagen** sind der Anmeldung gemäß § 195 Abs. 2 Nr. 1 AktG ferner beizufügen die Verträge, die den Festsetzungen nach § 194 AktG zugrunde liegen oder zu ihrer Ausführung geschlossen worden sind, und der Bericht über die Prüfung von Sacheinlagen (§ 194 Abs. 4 AktG) oder die in § 37a Abs. 3 AktG bezeichneten Bewertungsunterlagen. Im Falle der Ermächtigung (§ 221 Abs. 2 AktG) zur Ausgabe von Wandelschuldverschreibungen gegen Sacheinlagen werden die Unterlagen bei Anmeldung des Beschlusses noch nicht vorliegen. Sie sind dann spätestens bei der Anmeldung der Ausgabe von Bezugsaktien (§ 201 AktG) nachzureichen (→ Rn. 78 und 88).[112]

46

Das **Gericht prüft,** ob die gesetzlichen und satzungsgemäßen Voraussetzungen für die Kapitalerhöhung in formeller wie materieller Hinsicht erfüllt sind. Bei bedingter Kapitalerhöhung mit Sacheinlagen[113] hat das Gericht nach § 195 Abs. 3 AktG eine Wertkontrolle durchzuführen (zur Verschiebung des Prüfungszeitpunkts bei Ermächtigung (§ 221 Abs. 2 AktG) zur Ausgabe von Wandelschuldverschreibungen gegen Sacheinlagen → Rn. 88). Liegen die gesetzlichen und satzungsmäßigen Voraussetzungen für die Kapitalerhöhung vor, wird der Kapitalerhöhungsbeschluss im Handelsregister eingetragen, gemäß § 10 HGB bekannt gemacht und im Unternehmensregister veröffentlicht (§ 8b Abs. 2 Nr. 1 HGB).

47

Die in der Praxis übliche Aufnahme des Bestehens des bedingten Kapitals in den Satzungstext (→ Rn. 24) kann zusammen mit dem Erhöhungsbeschluss angemeldet werden. In diesem Fall ist auch die Neufassung des **Satzungswortlauts** unter Beifügung einer vollständigen Satzungsfassung (§ 181 Abs. 1 S. 2 AktG) beizufügen.

48

---

[109] So *BaFin* FAQ zu den Transparenzpflichten des WpHG in den Abschnitten 6 (§§ 33 ff.) und 7 (§§ 48 ff.) Stand 9.5.2018.
[110] Vgl. BT-Drs. 16/11642, 38.
[111] Hüffer/Koch/*Koch* AktG § 195 Rn. 6.
[112] MüKoAktG/*Fuchs* § 195 Rn. 13a; Hüffer/Koch/*Koch* AktG § 195 Rn. 5; ebenso jetzt OLG München NZG 2013, 1144 (1145).
[113] → Rn. 84 ff.

Muster: Anmeldung der bedingten Kapitalerhöhung zum Handelsregister

49
An das
Amtsgericht ......
HRB ......
In der Handelsregistersache der

...... -AG

melden wir als Mitglieder des Vorstands und als Aufsichtsratsvorsitzender der Gesellschaft die in der Hauptversammlung vom ...... beschlossene bedingte Kapitalerhöhung um bis zu 20.000.000,– EUR und die Einfügung eines neuen Absatzes 5 in § ...... der Satzung (Grundkapital) zur Eintragung in das Handelsregister an. Die Einlagen auf das bisherige Grundkapital sind voll geleistet.

Wir überreichen,
– eine notariell beglaubigte Abschrift der Niederschrift über die Hauptversammlung vom ...... nebst Anlagen,
– eine Berechnung der Kosten, die der Gesellschaft durch die Ausgabe von Bezugsaktien entstehen werden und
– den vollständigen Wortlaut der Satzung mit notarieller Vollständigkeitsbescheinigung.

......, den ......
...... -AG
[Beglaubigungsvermerk]

V. Entstehung und Ausübung des Bezugsrechts

1. Entstehung des Bezugsrechts

50   a) **Einräumung des Bezugsrechts.** Es besteht bei der bedingten Kapitalerhöhung kein gesetzliches Bezugsrecht des Aktionärs. Vielmehr ergibt sich der **Bezugsberechtigte aus dem Kapitalerhöhungsbeschluss.** Die Bestimmungen über das Bezugsrecht gelten gemäß § 192 Abs. 5 AktG sinngemäß für das **Umtauschrecht** (zur Unterscheidung → Rn. 1).

51   Die Bezugsrechte entstehen nicht aufgrund des Kapitalerhöhungsbeschlusses, sondern müssen durch **Vertrag zwischen der Gesellschaft und dem Berechtigten** begründet werden.[114] Dies ist Aufgabe des Vorstands oder, sofern Mitglieder des Vorstands berechtigt sind, des Aufsichtsrats (§ 112 AktG).[115] Der Vertrag ist ein Vorvertrag, der einen **Anspruch auf Mitwirkung beim Abschluss eines Zeichnungsvertrags** mit der Gesellschaft begründet.[116] Der Vorvertrag ist bei Wandelschuldverschreibungen Bestandteil der Vereinbarung über die Ausgabe und Übernahme der Wandelschuldverschreibungen nebst Anleihebedingungen, bei Aktienoptionen der zugrundeliegenden Verträge mit den Arbeitnehmern nebst Optionsbedingungen.[117] Verpflichtet aus dem Vorvertrag ist idR nur die Gesellschaft,[118] im Falle von umgekehrten Wandelanleihen oder Pflichtwandelanleihen auch der Berechtigte.[119] Der Vorvertrag bedarf grds. keiner besonderen Form[120] und kann unter Bedingung und Befristung geschlossen werden. Sein Inhalt richtet sich im Übrigen nach den Festsetzungen im Kapital-

---

[114] Spindler/Stilz/*Rieckers* AktG § 197 Rn. 14; MüKoAktG/*Fuchs* § 197 Rn. 18; GroßkommAktG/*Frey* § 197 Rn. 37.
[115] Spindler/Stilz/*Rieckers* AktG § 192 Rn. 20.
[116] MüKoAktG/*Fuchs* § 197 Rn. 18; Marsch-Barner/Schäfer/AG-HdB/*Busch* § 44 Rn. 48; Spindler/Stilz/ *Rieckers* AktG § 197 Rn. 13.
[117] Marsch-Barner/Schäfer/AG-HdB/*Busch* § 44 Rn. 48.
[118] Spindler/Stilz/*Rieckers* AktG § 197 Rn. 14.
[119] MHdB GesR IV/Scholz § 58 Rn. 59; vgl. auch MüKoAktG/*Fuchs* § 198 Rn. 22.
[120] Sofern der Vorvertrag (auch) den Berechtigten verpflichtet, wird ein Schriftform analog §§ 185 Abs. 1 S. 1, 198 Abs. 1 S. 1 AktG bejaht, da der Bezug der Anleihe die Bezugserklärung für die Aktie vorwegnehme, MüKoAktG/*Fuchs* § 198 Rn. 22; kritisch *Singhof*, in: FS Hoffmann-Becking, 2013, 1163 (1170 f.); Spindler/ Stilz/*Rieckers* AktG § 198 Rn. 23.

erhöhungsbeschluss (§ 193 Abs. 2 AktG).[121] Bei Unternehmenszusammenschlüssen (§ 192 Abs. 2 Nr. 2 AktG) können Bezugsrechte auch kraft Gesetzes[122] oder durch einen gemäß § 328 BGB zugunsten der außenstehenden Aktionäre wirkenden Unternehmensvertrag begründet werden.[123]

b) Zeitpunkt der Entstehung. Gemäß § 197 S. 2 AktG entsteht das Bezugsrecht bei einer bedingten Kapitalerhöhung **nicht vor Eintragung des Kapitalerhöhungsbeschlusses** in das Handelsregister (§ 195 AktG). Dies hindert den Vorstand nicht daran, bereits vor Eintragung einen Vertrag über die Einräumung des Bezugsrechts abzuschließen. Die Entstehung des Bezugsrechts ist dann kraft Gesetzes aufschiebend bedingt durch die Eintragung des Kapitalerhöhungsbeschlusses. Bei Abschluss vor Fassung des Kapitalerhöhungsbeschlusses ist der Vertrag wegen § 187 Abs. 2 iVm § 193 Abs. 1 S. 2 AktG zusätzlich durch eine entsprechende Beschlussfassung der Hauptversammlung bedingt.[124] Das Bezugsrecht kann sofort unbedingt entstehen, wenn das Bezugsrecht auch mit alten Aktien bedient werden kann.[125]

c) Schutz des Bezugsrechts. Der Kapitalerhöhungsbeschluss ist bis zur Eintragung im Handelsregister mit der einfachen Mehrheit der abgegebenen Stimmen aufhebbar.[126] Sobald der Beschluss im Handelsregister eingetragen ist und die Bezugsrechte entstanden sind (§ 197 S. 2 AktG), ist ein entgegenstehender Hauptversammlungsbeschluss **gemäß § 194 Abs. 4 AktG nichtig**. Davon erfasst wird insbesondere ein Beschluss, durch den der eingetragene Erhöhungsbeschluss aufgehoben oder geändert wird. Eine Heilung der Nichtigkeit durch die Eintragung oder entsprechend § 242 AktG scheidet nach hM aus.[127]

Nach dem Normzweck gelten **Ausnahmen** von der Nichtigkeitsfolge, wenn (i) noch keine Bezugsrechte ausgegeben sind, (ii) sämtliche Bezugsrechte ausgeübt sind, (iii) der Zeitraum für die Ausübung der Bezugsrechte abgelaufen ist oder (iv) sämtliche Bezugsberechtigten der Aufhebung oder Änderung zugestimmt bzw. auf den Schutz ihrer Bezugsrechte verzichtet haben.[128] Die Voraussetzungen für eine Ausnahme sind dem Handelsregister in geeigneter Form nachzuweisen. In der Regel genügt hierfür eine Erklärung des Vorstands in der Anmeldung.[129]

Vom Schutz nach § 192 Abs. 4 AktG nicht umfasst sind Beschlüsse, durch die der **Wert des Bezugsrechts** gemindert wird, wie dies etwa bei einem Kapitalerhöhungsbeschluss der Fall ist,[130] und zwar selbst dann, wenn dadurch das Bezugsrecht praktisch beseitigt wird.[131] In der Praxis kann der Gefahr einer wirtschaftlichen Entwertung durch die in den Anleihebedingungen üblicherweise vorgesehenen **Verwässerungsschutzklauseln** begegnet werden.[132] Fehlt in den Anleihebedingungen eine Regelung zum Verwässerungsschutz, kommt eine Anpassung im Wege ergänzender Vertragsauslegung in Betracht.[133]

Beschlüsse über **Strukturmaßnahmen** sind nicht wegen Verstoßes gegen § 192 Abs. 4 AktG nichtig. Im Falle eines Squeeze-out tritt an die Stelle des Bezugsrechts der Anspruch auf Barabfindung gemäß § 327b AktG (ggf. iVm § 62 Abs. 5 UmwG). Mangels höchstrichterlicher Klärung wird jedoch eine ausdrückliche Regelung in den Bedingungen für die Be-

---

[121] MüKoAktG/*Fuchs* § 197 Rn. 19; MHdB GesR IV/*Scholz* § 58 Rn. 59.
[122] GroßkommAktG/*Frey* § 197 Rn. 37.
[123] MHdB GesR IV/*Scholz* § 58 Rn. 59; allgemein Hüffer/Koch/*Koch* AktG § 305 Rn. 3.
[124] Hölters/v. Dryander/Niggemann § 197 Rn. 13; Hüffer/Koch/*Koch* AktG § 197 n. 5; Spindler/Stilz/*Rieckers* AktG § 197 Rn. 15.
[125] Näher MüKoAktG/*Fuchs* § 197 Rn. 21; MHdB GesR IV/*Scholz* § 58 Rn. 61; Spindler/Stilz/*Rieckers* AktG § 197 Rn. 16.
[126] MHdB GesR IV/Scholz § 58 Rn. 62; MüKoAktG/*Fuchs* § 192 Rn. 156.
[127] Spindler/Stilz/*Rieckers* AktG § 192 Rn. 84.
[128] MHdB GesR IV/Scholz § 58 Rn. 62; MüKoAktG/*Fuchs* § 192 Rn. 157.
[129] *Krafka/Kühn*, Registerrecht, 9. Aufl. 2013, Rn. 1503.
[130] Spindler/Stilz/*Rieckers* AktG § 192 Rn. 81; Hüffer/Koch/*Koch* AktG § 192 Rn. 27.
[131] Hüffer/Koch/*Koch* AktG § 192 Rn. 27; Spindler/Stilz/*Rieckers* AktG § 192 Rn. 81; aA KölnKommAktG/*Lutter* AktG § 192 Rn. 35.
[132] Spindler/Stilz/*Rieckers* AktG § 192 Rn. 81; MüKoAktG/*Fuchs* § 192 Rn. 167.
[133] Hüffer/Koch/*Koch* AktG § 192 Rn. 27; Spindler/Stilz/*Rieckers* AktG § 192 Rn. 81.

gebung der Umtausch- oder Bezugsrechte empfohlen.[134] Bei Verschmelzung, Spaltung und Formwechsel sind den Bezugsberechtigten gleichwertige Rechte in dem übernehmenden Rechtsträger zu gewähren (s. §§ 23, 36 Abs. 1, 125, 204 UmwG). Entsprechendes gilt für die Eingliederung gemäß § 319 f. AktG.[135] Im Falle einer Vermögensübertragung besteht ein Anspruch auf Barabfindung.[136] Wird ein Auflösungsbeschluss gefasst, besteht das Bezugsrecht bis zur Beendigung der Abwicklung fort.[137]

2. Ausübung des Bezugsrechts

57 a) **Bezugserklärung.** Das Bezugsrecht wird nach § 198 Abs. 1 S. 1 AktG durch schriftliche **Bezugserklärung** ausgeübt (entsprechendes gilt für die **Umtauscherklärung**, § 192 Abs. 5 AktG). Diese ist eine auf Abschluss eines Zeichnungsvertrags zwischen der Gesellschaft und dem Berechtigten gerichtete, empfangsbedürftige Willenserklärung.[138] Das Bezugsrecht gewährt das Recht, an der Kapitalerhöhung durch Abgabe der Bezugserklärung teilzunehmen. Eine **Pflicht zur Abgabe** der Bezugserklärung besteht nur, wenn diese wie etwa im Falle von Pflichtwandelanleihen vertraglich vereinbart ist.[139]

58 Im Regelfall bildet die Bezugserklärung den **Antrag des Berechtigten** auf Abschluss des Zeichnungsvertrags. Die Annahme durch die Gesellschaft ist formlos möglich, der Zugang idR nach § 151 S. 1 BGB entbehrlich. Nach Abgabe der Bezugserklärung hat der Berechtigte einen einklagbaren und vollstreckbaren (§ 894 ZPO) Anspruch auf Abschluss eines Zeichnungsvertrags.[140] Die Bezugsbedingungen können alternativ auch so detailliert ausgestaltet sein, dass in ihnen ein befristeter **Antrag der Gesellschaft** liegt (in der Praxis häufig bei Wandelanleihen[141]). Der Zeichnungsvertrag kommt dann unmittelbar mit dem Zugang der Bezugserklärung des Berechtigten bei der Gesellschaft zustande.[142] Vor allem bei Wandelanleihen und Aktienoptionen ist in der Praxis die Zwischenschaltung einer **Umtausch- oder Optionsstelle** üblich.[143]

59 Die Bezugserklärung erfolgt durch **schriftliche Erklärung** (§ 198 Abs. 1 S. 1 AktG iVm § 126 BGB). Die Erklärung soll (Ordnungsvorschrift) doppelt ausgestellt werden (§ 198 Abs. 1 S. 2 AktG), da der Anmeldung der Ausgabe der Bezugsaktien eine Zweitschrift beizufügen ist (§ 201 Abs. 2 S. 1 AktG).

Inhalt der Bezugserklärung ist zunächst die Willenserklärung, die darin genannten Aktien beziehen zu wollen, dh einen entsprechenden Zeichnungsvertrag abschließen zu wollen. Die weiteren notwendigen Angaben sind nach § 198 Abs. 1 S. 3 AktG:

- die Zahl oder, bei Nennbetragsaktien, der Nennbetrag der bezogenen Aktien und, wenn mehrere Gattungen ausgegeben werden, die Gattung der Aktien,
- die Festsetzungen nach § 193 Abs. 2 AktG,
- die nach § 194 AktG bei der Einbringung von Sacheinlagen vorgesehenen Angaben sowie
- den Tag, an dem der Beschluss über die bedingten Kapitalerhöhung gefasst worden ist (§ 198 Abs. 1 S. 3 AktG).

60 Die Bezugserklärung soll nach § 198 Abs. 2 S. 1 AktG die gleiche **Wirkung wie eine Zeichnungserklärung** bei einer regulären Kapitalerhöhung haben. Dies ist unpräzise, da im Unterschied zur Zeichnungserklärung (s. § 185 Abs. 1 S. 3 Nr. 4 AktG) die Bezugserklärung

---

[134] Hölters/*v. Dryander/Niggemann* § 192 Rn. 69; Spindler/Stilz/*Rieckers* AktG § 192 Rn. 83; MüKoAktG/*Fuchs* § 192 Rn. 167.
[135] MüKoAktG/*Fuchs* § 192 Rn. 162 f.; Spindler/Stilz/*Rieckers* AktG § 192 Rn. 83.
[136] Spindler/Stilz/*Rieckers* AktG § 192 Rn. 83.
[137] BGHZ 24, 279 (286); Hüffer/Koch/*Koch* AktG § 192 Rn. 27.
[138] MüKoAktG/*Fuchs* § 198 Rn. 4; Spindler/Stilz/*Rieckers* AktG § 198 Rn. 5.
[139] Spindler/Stilz/*Rieckers* AktG § 198 Rn. 23; MHdB GesR IV/*Scholz* § 58 Rn. 73; MüKoAktG/*Fuchs* § 198 Rn. 22.
[140] MHdB GesR IV/*Scholz* § 58 Rn. 73; KölnKommAktG/*Lutter* § 199 Rn. 2.
[141] Spindler/Stilz/*Rieckers* AktG § 198 Rn. 7; MüKoAktG/*Fuchs* § 198 Rn. 4.
[142] MüKoAktG/*Fuchs* § 198 Rn. 4; Spindler/Stilz/*Rieckers* AktG § 198 Rn. 5, 7.
[143] Näher dazu Spindler/Stilz/*Rieckers* AktG § 198 Rn. 4, 20; *Singhof* in FS Hoffmann-Becking, 2013, 1163 (1168 ff.).

den Berechtigten hinsichtlich der Übernahme der Aktien **endgültig bindet.**[144] Zudem hat der Bezugsberechtigte anders als bei der regulären Kapitalerhöhung in jedem Fall einen vertraglichen Anspruch auf Abschluss eines Zeichnungsvertrags (sofern die Bezugserklärung nicht ohnehin schon als Annahme eines Antrags der Gesellschaft anzusehen ist, → Rn. 59).

b) Zeichnungsvertrag. Durch die Bezugserklärung und die korrespondierende Erklärung der Gesellschaft (→ Rn. 59) kommt der **Zeichnungsvertrag** zustande. Ein Formerfordernis besteht insoweit nicht. Der Zeichnungsvertrag bildet die Grundlage des einklag- und vollstreckbaren Anspruchs des Bezugsberechtigten auf Ausgabe der Bezugsaktien.[145] Der Bezugsberechtigte (Zeichner) ist seinerseits zur Einlageleistung und Abnahme der Bezugsaktien verpflichtet. Wegen § 199 Abs. 1 AktG besteht idR eine Vorleistungspflicht des Bezugsberechtigten, zulässig ist jedoch auch eine Leistung Zug-um-Zug (→ Rn. 68).[146]

c) Fehlerhafte Bezugserklärung. Für die Bezugserklärung gelten bis zur Ausgabe der Bezugsaktien die allgemeinen Regeln über Willenserklärungen. Nach der Ausgabe können Mängel der Willenserklärung im **Interesse des Verkehrsschutzes** nur noch beschränkt geltend gemacht werden, und zwar beschränkt auf Geschäftsunfähigkeit, beschränkte Geschäftsfähigkeit und das Fehlen einer Willenserklärung.[147]

Bezugserklärungen, die nicht schriftlich erfolgt sind oder bei denen eine der nach § 198 Abs. 1 S. 3 AktG erforderlichen Angaben fehlt oder wenn sie irgendwelche Beschränkungen der Verpflichtung des Erklärenden enthalten, sind **nichtig** (§ 198 Abs. 2 S. 2 AktG). Die Nichtigkeit der Bezugserklärung wird geheilt, wenn Bezugsaktien ungeachtet der Nichtigkeit einer Bezugserklärung ausgegeben worden sind und der Aktionär auf Grund der Bezugserklärung als Aktionär Rechte ausgeübt oder Verpflichtungen erfüllt hat (§ 198 Abs. 3 AktG). Allein die Entgegennahme der Aktien bewirkt anders als bei der einfachen Kapitalerhöhung nach zutreffender Ansicht keine Heilung.[148] Von der **Heilungsvorschrift des § 198 Abs. 3 AktG** erfasst werden nur die Nichtigkeitsgründe nach § 198 Abs. 2 S. 2 AktG (einschließlich des Schriftformerfordernisses).[149] Jede nicht in der Bezugserklärung enthaltene Beschränkung ist der Gesellschaft gegenüber unwirksam (§ 198 Abs. 4 AktG), berührt aber die Wirksamkeit der Bezugserklärung nicht.

Formulierungsvorschlag: Bezugserklärung auf Bezugsaktien

Die Hauptversammlung der X-AG, Frankfurt am Main, hat am ...... beschlossen, das Grundkapital der Gesellschaft von 120.000.000 EUR um bis zu 20.000.000 EUR durch Ausgabe von 400.000 Stück neuer auf den Inhaber lautende Stammaktien im Nennbetrag von 50 EUR mit Gewinnberechtigung jeweils ab dem 1.1. des Jahres ihrer Ausgabe bedingt zu erhöhen.

Das bedingte Kapital wurde beschlossen zum Zweck der Gewährung von Umtauschrechten an die Inhaber von Wandelschuldverschreibungen. Diese sind umtauschbar vom 2.1.2019 bis zum 31.12.2020 nach Maßgabe der Bedingungen der Wandelschuldverschreibungsanleihe. Für eine Inhaberaktie im Nennbetrag von 50 EUR sind drei Wandelschuldverschreibungen im Nennbetrag je von 50 EUR zu geben, gleichzeitig sind bei einem Umtausch bis zum 31.12.2019 10 EUR und bei einem Umtausch bis zum 31.12.2020 20 EUR je Aktie zu leisten.

Ich zeichne und übernehme hiermit nach Maßgabe der Bedingungen der Wandelschuldverschreibungsanleihe 400 Stück Inhaberaktien der X-AG mit Gewinnberechtigung ab dem ...... im Nennbetrag von 50 EUR, dh insgesamt 20.000 EUR, durch Umtausch von 1.200 Wandelschuldverschreibungen im Nennbetrag von je 50 EUR, dh insgesamt 60.000,- EUR, und Zuzahlung von 4.000 EUR.

Frankfurt am Main, den ......

[Unterschrift des Erklärenden]

---

[144] MüKoAktG/*Fuchs* § 198 Rn. 24; Schmidt/Lutter/*Veil* § 198 Rn. 13.
[145] Schmidt/Lutter/*Veil* § 199 Rn. 5; Hüffer/Koch/*Koch* AktG § 199 Rn. 5.
[146] MHdB GesR IV/*Scholz* § 58 Rn. 74; Spindler/Stilz/*Rieckers* AktG § 199 Rn. 10.
[147] MüKoAktG/*Fuchs* § 198 Rn. 44 ff.; MHdB GesR IV/*Scholz* § 58 Rn. 75.
[148] Hüffer/Koch/*Koch* AktG § 198 Rn. 12; MüKoAktG/*Fuchs* § 198 Rn. 37; MHdB GesR IV/*Scholz* § 58 Rn. 76.
[149] Hüffer/Koch/*Koch* AktG § 198 Rn. 12 f.; MHdB GesR IV/*Scholz* § 58 Rn. 76; Spindler/Stilz/*Rieckers* AktG § 198 Rn. 30.

VI. Ausgabe der Bezugsaktien

1. Verbriefungserfordernis, Begebungsvertrag

65 Nach § 200 AktG ist das Grundkapital anders als bei der regulären oder genehmigten Kapitalerhöhung (vgl. §§ 189, 203 Abs. 1 S. 1 AktG) bereits mit der Ausgabe der Bezugsaktien erhöht. Die Ausgabe der Aktien ist im Falle der bedingten Kapitalerhöhung folglich mehr als das bloße Inverkehrbringen der Aktien, sie hat rechtsbegründende Wirkung. Die hM trägt dieser Besonderheit dadurch Rechnung, dass die **Verbriefung des Mitgliedschaftsrechts** durch Aktienurkunden oder Zwischenscheinen[150] zwingend ist, um die Durchführung der Kapitalerhöhung nach außen sichtbar zu machen.[151] Da die Mitgliedschaftsrechte bei der bedingten Kapitalerhöhung sukzessive entstehen, verwendet die Praxis wegen des heute idR ausgeschlossenen Anspruchs auf Einzelverbriefung (§ 10 Abs. 5 AktG) sog. **„bis-zu"-Globalurkunden**, die nach und nach valutiert werden.[152] Die Entstehung des verbrieften Mitgliedschaftsrechts erfordert weiter einen Begebungsakt. Dieser besteht aus der Übergabe der Aktienurkunde (bzw. einem Übergabesurrogat) und dem Abschluss eines **Begebungsvertrags** zwischen dem Bezugsberechtigten und der Gesellschaft, der die schuldrechtliche Einigung darüber, dass die Urkunde die Mitgliedschaft verkörpert, und die sachenrechtliche Übereignung der Aktienurkunde bzw. eines Miteigentumsanteils an der Globalurkunde zum Gegenstand hat.[153] Zuständig für die Ausstellung der Aktienurkunde und den Abschluss des Begebungsvertrags ist der Vorstand in vertretungsberechtigter Zahl bzw. bei Aktienausgabe an Vorstandsmitglieder der Aufsichtsrat.[154]

2. Voraussetzungen der Ausgabe

66 Voraussetzung für die Ausgabe der Bezugsaktien ist eine ordnungsgemäße **Bezugserklärung** des Bezugsberechtigten und das Zustandekommen des Zeichnungsvertrags (→ Rn. 58 ff.).[155] Die Bezugsaktien können erst **nach Eintragung des Kapitalerhöhungsbeschlusses** wirksam ausgegeben werden (§ 197 S. 1 AktG). Nach § 199 Abs. 1 AktG darf der Vorstand die Bezugsaktien nur in Erfüllung des im Beschluss über die bedingte Kapitalerhöhung **festgesetzten Zwecks** ausgeben. An andere als die im Beschluss genannten Bezugsberechtigten dürfen die Aktien nicht ausgegeben werden.

67 Bezugsaktien dürfen nicht vor der **vollen Leistung des Gegenwertes,** der sich aus dem Kapitalerhöhungsbeschluss ergibt, ausgegeben werden (§ 199 Abs. 1 AktG). Eine Leistung der Mindesteinlage reicht nicht. Eine Zug um Zug Leistung ist zulässig, wenn dies vereinbart ist.[156] Gegenwert ist die auf Grund des Zeichnungsvertrags geschuldete Einlage. Konkret bedeutet die Pflicht zur vollen Leistung des Gegenwertes der Aktien etwa für Wandelschuldverschreibungen, dass diese spätestens im Zeitpunkt der Aktienausgabe der Gesellschaft unwiderruflich zur Verfügung gestellt und etwaige festgelegte Zuzahlungen voll geleistet wurden. Bei einer bedingten Kapitalerhöhung mit Sacheinlagen muss die Übertragung der betreffenden Gegenstände wirksam sein (zB bei Grundstücken muss die Eintragung ins Grundbuch erfolgt sein). Ein Unternehmenszusammenschluss durch Verschmelzung muss vollzogen, im Falle einer Verschmelzung also die Eintragung im Handelsregister erfolgt sein (§ 20 Abs. 1 Nr. 1 UmwG).[157]

---

[150] Umstritten, s. MüKoAktG/*Fuchs* § 199 Rn. 5.
[151] MüKoAktG/*Fuchs* § 199 Rn. 5; MHdB GesR IV/*Scholz* § 58 Rn. 78.
[152] Hüffer/Koch/*Koch* AktG § 199 Rn. 2; MüKoAktG/*Fuchs* § 199 Rn. 5; GroßkommAktG/*Frey* § 199 Rn. 19.
[153] Schmidt/Lutter/*Veil* § 199 Rn. 2; MüKoAktG/*Fuchs* § 199 Rn. 4; Einzelheiten zum Begebungsvertrag bei Globalurkunden in Girosammelverwahrung bei Hölters/*v. Dryander/Niggemann* § 199 Rn. 4 f.; GroßkommAktG/*Frey* § 199 Rn. 18 ff.; allg. zur herrschenden modifizierten Vertragstheorie MüKoBGB/*Habersack* Vor § 793 Rn. 24 ff.
[154] MHdB GesR IV/*Scholz* § 58 Rn. 79.
[155] Schmidt/Lutter/*Veil* § 199 Rn. 5.
[156] GroßkommAktG/*Frey* § 199 Rn. 33; Hüffer/Koch/*Koch* AktG § 199 Rn. 7.
[157] Hüffer/Koch/*Koch* AktG § 199 Rn. 7; Schmidt/Lutter/*Veil* § 199 Rn. 7.

3. Rechtsfolgen unzulässiger Ausgabe

Werden Aktien **vor Eintragung des Beschlusses** über die bedingte Kapitalerhöhung ausgegeben, sind die Bezugsaktien nach § 197 S. 3 AktG nichtig. Die Aktien verbriefen dann kein Mitgliedsrecht. Gleiches gilt für Aktien, die der Vorstand über den Betrag des bedingten Kapitals herausgibt. Wirksam sind dagegen Aktienausgaben, die unter **Missachtung der Voraussetzungen** des § 199 Abs. 1 AktG ausgegeben worden sind, also zu einem anderen als im Erhöhungsbeschluss festgesetzten Zweck oder vor voller Leistung des Gegenwertes. Auch die Ausgabe aufgrund unzureichender Bezugserklärung oder an eine nichtberechtigte Person ist wirksam.[158]

Gibt der **Vorstand** entgegen § 199 Abs. 1 AktG Aktien aus, handelt er pflichtwidrig und ist der Gesellschaft gemäß § 93 Abs. 2, 3 Nr. 9 AktG **schadensersatzpflichtig**. Bezugsberechtigte können gegen die Gesellschaft einen Anspruch auf Schadensersatz haben, wenn die Gesellschaft ihnen gegenüber keine Aktien mehr ausgeben kann, weil der Vorstand Aktien an Dritte ausgegeben hat.

4. Besondere Voraussetzungen bei Umtauschrechten

Bei der Ausgabe von Bezugsaktien gegen Umtausch von Wandelanleihen (oder gleichgestellten Instrumenten, die ein Umtauschrecht gewähren[159]) sind nach § 199 Abs. 2 AktG zusätzliche Voraussetzungen zu erfüllen, die das Verbot der Unter-pari-Emission (§ 9 Abs. 1 AktG) sichern. Die Vorschrift knüpft an § 194 Abs. 1 S. 2 AktG an, wonach die ursprünglich auf die Anleihe geleistete Barzahlung im Falle des Umtauschs rückwirkend in eine Bareinlage auf die Bezugsaktien umgewidmet wird; sie gilt daher nicht, wenn Wandelanleihe gegen Sacheinlagen ausgegeben worden ist.[160] Auf Optionsanleihen, bei denen das Bezugsrecht neben dem Tilgungsanspruch besteht, findet § 199 Abs. 2 AktG keine Anwendung.[161]

Ist der tatsächliche Ausgabebetrag der zum Umtausch eingereichten Wandelanleihe niedriger als der geringste Ausgabebetrag der für sie zu gewährenden Bezugsaktien (§ 9 Abs. 1 AktG), darf der Vorstand die Bezugsaktien nur ausgeben, wenn der **Unterschiedsbetrag gedeckt** ist (§ 199 Abs. 2 S. 1 AktG). **Ausgabebetrag** der Wandelanleihe ist der von dem Umtauschberechtigten **tatsächlich geleistete** Betrag, nicht der Nennbetrag der Wandelanleihe.[162] Gewährte Skonti, Provisionen oder Rückvergütungen usw mindern den Ausgabebetrag, nicht aber sonstige der AG entstandene Kosten (zB Beratungskosten, Druckkosten usw) und Steuern.[163]

Die Deckung des Unterschiedsbetrags kann durch **Zuzahlung des Umtauschberechtigten** oder aus einer **anderen Gewinnrücklage** iSv § 266 Abs. 3 A. III. Nr. 4 HGB erfolgen, wenn diese nicht anderweitig gebunden ist. Eine Zuzahlung muss entsprechend § 199 Abs. 1 AktG vor der Ausgabe der Bezugsaktien vollumfänglich erbracht sein.[164] Eine Deckung aus einem **Gewinnvortrag** ist möglich, nicht aber aus den in § 266 Abs. 3 A. III. Nr. 1–3 HGB genannten Gewinnrücklagen, Kapitalrücklagen oder dem Jahresgewinn.[165] Ein Deckungserfordernis kann entfallen, wenn Wandelanleihen unter ihrem Nennbetrag ausgegeben wurden und der Differenzbetrag zwischen Ausgabe- und Nennbetrag der Anleihe (Disagio) bereits durch **Verrechnung oder Abschreibung** ergebniswirksam geworden ist.[166]

Eine Deckung des Unterschiedsbetrags ist **nach § 199 Abs. 2 S. 2 AktG nicht erforderlich**, wenn der Gesamtausgabebetrag aller Wandelanleihen den geringsten Ausgabebetrag aller Bezugsaktien erreicht oder übersteigt. Die Vorschrift setzt voraus, dass Wandelanleihen zu unterschiedlichen Ausgabebeträgen, die zum Teil unter pari und zum Teil über pari liegen,

---

[158] Näher MHdB GesR IV/*Scholz* § 58 Rn. 80 ff.
[159] Spindler/Stilz/*Rieckers* AktG § 199 Rn. 15; MüKoAktG/*Fuchs* § 199 Rn. 17.
[160] MHdB GesR IV/*Scholz* § 58 Rn. 85; zum Anwendungsbereich des § 194 Abs. 1 S. 2 AktG → Rn. 85.
[161] Hölters/*v. Dryander/Niggemann* § 199 Rn. 16; MüKoAktG/*Fuchs* § 199 Rn. 16 mN zur Gegenansicht.
[162] Hüffer/Koch/*Koch* AktG § 199 Rn. 10; Schmidt/Lutter/*Veil* § 199 Rn. 10.
[163] Hölters/*v. Dryander/Niggemann* § 199 Rn. 17; Spindler/Stilz/*Rieckers* AktG § 199 Rn. 16.
[164] Hüffer/Koch/*Koch* AktG § 199 Rn. 12.
[165] Hüffer/Koch/*Koch* AktG § 199 Rn. 12; Spindler/Stilz/*Rieckers* AktG § 199 Rn. 21 f.
[166] Näher hierzu Spindler/Stilz/*Rieckers* AktG § 199 Rn. 23.

ausgegeben worden sind.¹⁶⁷ Ausreichend ist dann, wenn im Rahmen einer **Gesamtsaldierung** der geringste Ausgabebetrag aller Bezugsaktien insgesamt erreicht wird.¹⁶⁸ Maßgeblich ist der Gesamtbetrag aller ursprünglich umtauschbaren Wandelanleihen, nicht nur der bereits umgetauschten.¹⁶⁹ Sichert ein bedingtes Kapital mehrere Emissionen, kann eine Gesamtbetrachtung unter Einbeziehung aller Emissionen erfolgen. Mehrere Kapitalerhöhungsbeschlüsse sind dagegen getrennt voneinander zu beurteilen.¹⁷⁰

74 Liegen die Voraussetzungen des § 199 Abs. 2 AktG nicht vor, darf der Vorstand die Bezugsaktien nicht ausgeben. Erfolgt die Ausgabe dennoch, ist sie wirksam und der Umtauschberechtigte wird Aktionär. Er bleibt gemäß § 54 AktG zur Nachzahlung verpflichtet.¹⁷¹ Ein Dritter, der die Aktien erwirbt, haftet nicht, wenn er im Hinblick auf die Einlageleistung gutgläubig war. Der Vorstand haftet nach § 93 Abs. 3 Nr. 9 AktG auf den Differenzbetrag; Aufsichtsratsmitglieder können nach § 116 AktG schadensersatzpflichtig sein.¹⁷²

5. Wirksamwerden der Kapitalerhöhung

75 Die Kapitalerhöhung wird **mit Ausgabe der Bezugsaktien** wirksam (§ 200 AktG). Aus der bedingten Kapitalerhöhung wird durch die Ausgabe der Aktien eine unbedingt wirksame. Die Grundkapitalziffer ist nach jeder Aktienausgabe entsprechend in den Büchern der Gesellschaft zu berichten. Bei Umtausch von Wandelschuldanleihen ist auch der Anleihebetrag entsprechend zu korrigieren.¹⁷³

VII. Anmeldung und Eintragung der Aktienausgabe

76 Der Vorstand hat ausgegebene Bezugsaktien **mindestens einmal jährlich** bis spätestens zum **Ende des auf den Ablauf des Geschäftsjahrs folgenden Kalendermonats** zur Eintragung in das Handelsregister anzumelden (§ 201 Abs. 1 AktG). Der Wortlaut der Vorschrift („mindestens") wurde durch die **Aktienrechtsnovelle 2016** geändert, um klarzustellen, dass auch sukzessive und unterjährige Anmeldungen zulässig sind.¹⁷⁴ Die Wahl des Anmeldezeitpunkts liegt im pflichtgemäßen Ermessen des Vorstands, wobei im Zuge einer Anmeldung dann sämtliche seit der letzten Anmeldung neu ausgegebenen Bezugsaktien anzumelden sind.¹⁷⁵ Wurden keine Bezugsaktien ausgegeben, ist eine Fehlanzeige nicht erforderlich.¹⁷⁶ Bei börsennotierten Gesellschaften ist daneben die Pflicht zur Veröffentlichung der Veränderung einer Gesamtzahl der Stimmrechte nach **§ 41 Abs. 2 WpHG** zu beachten.

77 Die Anmeldung erfolgt durch den Vorstand in vertretungsberechtigter Zahl. Anders als bei der regulären Kapitalerhöhung bedarf die Anmeldung nicht der Mitwirkung des Aufsichtsratsvorsitzenden. Der Anmeldung sind die **Zweitschriften der Bezugserklärungen** und ein vom Vorstand unterschriebenes **Verzeichnis** der Personen, die das Bezugsrecht ausgeübt haben, beizufügen (§ 201 Abs. 2 S. 1 AktG). Das Verzeichnis hat die auf jeden Aktionär entfallenden Aktien und die auf sie geleisteten Einlagen anzugeben (§ 201 Abs. 2 S. 2 AktG). Wurden Wandelanleihen umgetauscht, müssen die Zahl der eingereichten Anleihen und deren Ausgabebeträge sowie etwaige Zuzahlungen angegeben werden.¹⁷⁷ In den Fällen des § 199 Abs. 2 AktG (→ Rn. 71 ff.) sind die Deckung des Unterschiedsbetrags oder die Voraussetzungen des § 199 Abs. 2 S. 2 AktG anzugeben.¹⁷⁸ Unterlagen betreffend eine bedingte

---

167 MüKoAktG/*Fuchs* § 199 Rn. 29; Spindler/Stilz/*Rieckers* AktG § 199 Rn. 25.
168 Spindler/Stilz/*Rieckers* AktG § 199 Rn. 25.
169 MHdB GesR IV/*Scholz* § 58 Rn. 91; MüKoAktG/*Fuchs* § 199 Rn. 28.
170 MüKoAktG/*Fuchs* § 199 Rn. 31; Spindler/Stilz/*Rieckers* AktG § 199 Rn. 26.
171 Hüffer/Koch/*Koch* AktG § 199 Rn. 14.
172 GroßkommAktG/*Frey* § 199 Rn. 72; Hüffer/Koch/*Koch* AktG § 199 Rn. 14 will bei fehlender Deckung durch eine Gewinnrücklage § 93 Abs. 2 anwenden.
173 Hüffer/Koch/*Koch* AktG § 200 Rn. 3.
174 Zur Unzulässigkeit nach altem Recht Schmidt/Lutter/*Veil* § 201 Rn. 2; Spindler/Stilz/*Rieckers* AktG § 201 Rn. 4; zur Neuregelung *Ihrig/Wandt* BB 2016, 6 (16).
175 Vgl. BT-Drs. 18/4349, 29; *Ihrig/Wandt* BB 2016, 6 (16).
176 MHdB GesR IV/*Scholz* § 58 Rn. 95; Spindler/Stilz/*Rieckers* AktG § 201 Rn. 4.
177 Spindler/Stilz/*Rieckers* AktG § 201 Rn. 14; MüKoAktG/*Fuchs* § 201 Rn. 13.
178 MHdB GesR IV/*Scholz* § 58 Rn. 97; Spindler/Stilz/*Rieckers* AktG § 201 Rn. 14.

Kapitalerhöhung mit **Sacheinlagen,** die bei der Anmeldung des Erhöhungsbeschlusses noch nicht beigefügt werden konnten, sind spätestens im Zuge der Anmeldung der Ausgabe der Bezugsaktien nachzureichen (s. → Rn. 47 und 88).[179]

Ferner hat der **Vorstand zu erklären,** dass die Bezugsaktien nur in Erfüllung des im Beschluss über die bedingte Kapitalerhöhung festgesetzten Zwecks und nicht vor der vollen Leistung des Gegenwerts ausgegeben worden sind, der sich aus dem Beschluss ergibt (§ 201 Abs. 3 AktG). Eine unrichtige Erklärung ist **strafbar** nach § 399 Abs. 1 Nr. 4 AktG. Eine Stellvertretung bei der Anmeldung ist aus diesem Grund unzulässig. Inhalt der Eintragung ist, dass das Grundkapital im angemeldeten Umfang erhöht ist. Sie wird gemäß § 10 HGB bekannt gemacht und im Unternehmensregister veröffentlicht (§ 8b Abs. 2 Nr. 1 HGB). 78

Durch die Ausgabe der Bezugsaktien wird der Satzungsinhalt unrichtig, da sich das Grundkapital und die Zahl und ggf. Nennbetrag der Aktien ändern (vgl. § 23 Abs. 3 Nr. 3 und 4 AktG). Eine **Anpassung des Satzungswortlauts** unter Beifügung einer Neufassung der Satzung nach § 181 Abs. 1 S. 2 AktG ist bei den Anmeldungen nach § 201 AktG nicht zwingend erforderlich, aber durchaus üblich. Nach hM sind Vorstand und Aufsichtsrat **spätestens mit der letzten Anmeldung nach § 201 AktG,** dh nach Ausschöpfung des bedingten Kapitals oder Ablauf der Bezugsfrist, gegenüber der AG verpflichtet, die Satzungsanpassung anzumelden.[180] Da keine öffentlich-rechtliche Anmeldpflicht besteht, kann die Anmeldung der Satzungsanpassung nicht vom Registergericht erzwungen werden.[181] Empfehlenswert ist es, den Aufsichtsrat gemäß § 179 Abs. 1 S. 2 AktG zusammen mit dem Kapitalerhöhungsbeschluss zur Anpassung der Satzungsfassung zu ermächtigen (s. → Rn. 24). 79

Muster: Anmeldung von Bezugsaktien zum Handelsregister

An das 80
Amtsgericht ......
Handelsregister

Die unterzeichneten Herren ...... melden zur Eintragung in das Handelsregister an:

1. Aufgrund der am ...... von der Hauptversammlung unserer Gesellschaft beschlossenen bedingten Erhöhung des Grundkapitals der Gesellschaft um bis zu 20.000.000 EUR sind in dem am 31.12.2019 abgelaufenen Geschäftsjahr im Umtausch gegen Wandelschuldverschreibungen 100.000 Stück neue Inhaberaktien unserer Gesellschaft im Nennbetrag von 50 EUR und im Gesamtnennbetrag von 5.000.000 EUR ausgegeben worden.

2. Der Aufsichtsrat hat am ...... beschlossen, § ...... Abs. 1, 5 der Satzung entsprechend der Ausgabe der Bezugsaktien zu ändern.

Als Anlagen fügen wir bei:
die Zweitschriften der Umtauschererklärungen von Inhabern von Wandelschuldverschreibungen,
ein vom Vorstand unterzeichnetes Verzeichnis der Personen, die das Umtauschrecht ausgeübt haben,
eine Ausfertigung des Aufsichtsratsbeschlusses vom ...... und
den vollständigen Wortlaut der neuen Satzung mit Bescheinigung des Notars nach § 181 AktG.

Die Bezugsaktien aus der bedingten Kapitalerhöhung, die im Geschäftsjahr 2019 bezogen worden sind, sind ausschließlich in Erfüllung des im Beschluss über die bedingte Kapitalerhöhung festgelegten Zwecks und nicht vor der vollen Leistung des Gegenwertes, der sich aus dem Beschluss ergibt, ausgegeben worden.

X-AG, der Vorstand

......
[Beglaubigungsvermerk]

---

[179] Spindler/Stilz/*Rieckers* AktG § 201 Rn. 15; MüKoAktG/*Fuchs* § 201 Rn. 14; vgl. OLG München NZG 2013, 1144 (1145).
[180] MüKoAktG/*Fuchs* § 201 Rn. 9; GroßkommAktG/*Frey* § 201 Rn. 19; Hüffer/Koch/*Koch* AktG § 201 Rn. 5.
[181] So Spindler/Stilz/*Rieckers* AktG § 201 Rn. 9; MüKoAktG/*Fuchs* § 201 Rn. 9; GroßkommAktG/*Frey* § 201 Rn. 19; aA Hüffer/Koch/*Koch* AktG § 201 Rn. 5.

**Muster: Verzeichnis der Personen,
die ihr Bezugsrecht ausgeübt haben**

81

Personen	Auf den Aktionär entfallende Aktien	Einlagen
Y-AG	400 Stück zu je 50 EUR = 20.000 EUR	Rückgabe der Wandelschuldverschreibungen = 60.000 EUR plus Zuzahlung von 10,– EUR pro Aktie = 4.000 EUR insgesamt 64.000 EUR

Muster: Eintragungsverfügung des Registergerichts

82 Aufgrund des Beschlusses der Hauptversammlung vom ...... über die bedingte Erhöhung des Grundkapitals sind im Geschäftsjahr 2019 Bezugsaktien im Nennbetrag von insgesamt 5.000.000 EUR ausgegeben worden. Das Grundkapital der Gesellschaft ist damit um 5.000.000 EUR auf 125.000.000 EUR erhöht.

Durch Beschluss des Aufsichtsrates vom ...... ist die Satzung in § ...... Abs. 1 entsprechend neu gefasst.

VIII. Bedingte Kapitalerhöhung mit Sacheinlagen

83 Die Ausgabe von Aktien bei einer bedingten Kapitalerhöhung kann auch gegen Erbringung von Sacheinlagen erfolgen. § 194 AktG enthält für diesen Fall Sonderregelungen, die die effektive Kapitalaufbringung sicherstellen sollen.

1. Anwendungsbereich

84 Die bedingte Kapitalerhöhung mit Sacheinlagen ist in der Praxis eher selten. Hauptanwendungsfall ist die Vorbereitung eines **Unternehmenszusammenschlusses** (§ 192 Abs. 2 Nr. 2 AktG). Sacheinlagen sind entweder Beteiligungen an einem Unternehmen oder ein anderes Unternehmen selbst. Keine Sacheinlage ist der **Umtausch von Wandelanleihen** gegen Bezugsaktien (**§ 194 Abs. 1 S. 2 AktG**), wenn die Anleihe zuvor gegen Bareinlage ausgegeben worden ist.[182] Die auf die Anleihe geleistete Barzahlung wird in diesem Fall ohne Rücksicht auf die Werthaltigkeit der Forderung des Anleihegläubigers im Zeitpunkt des Umtauschs rückwirkend als voreingezahlte Bareinlage anerkannt.[183] Durch den im Zuge der Aktienrechtsreform 2016 geänderten Wortlaut wurde klargestellt, dass § 194 Abs. 1 S. 2 AktG auch für umgekehrte Wandelanleihen und Pflichtwandelanleihen gilt.[184] Wird eine **Wandelanleihe gegen Sacheinlage** ausgegeben, sind bei der bedingten Kapitalerhöhung die Bestimmungen über Sacheinlagen dagegen in vollem Umfang anwendbar.[185] Bei der Einbringung von **Forderungen aus Gewinnbeteiligungen** (darunter fallen auch Umsatzbeteiligungen, Gratifikationen etc) von **Arbeitnehmern** handelt es sich um Sacheinlagen. Um die

---

[182] MüKoAktG/*Fuchs* § 194 Rn. 8; MHdB GesR IV/*Scholz* § 58 Rn. 48 mit weiterführenden Hinweisen zum Anwendungsbereich.
[183] *Schnorbus/Trapp* ZGR 2010, 1023 (1029); Hüffer/Koch/*Koch* AktG § 194 Rn. 4; Hüffer/Koch/*Koch* AktG § 194 Rn. 4; MüKoAktG/*Fuchs* § 194 Rn. 8.
[184] Vgl. *Ihrig/Wandt* 2016, 6 (16).
[185] OLG München NZG 2013, 1144 (1145); Hüffer/Koch/*Koch* AktG § 194 Rn. 4; MüKoAktG/*Fuchs* § 194 Rn. 8.

Ausgabe von Arbeitnehmeraktien zu erleichtern, finden gemäß § 194 Abs. 3 AktG jedoch nur die Prüfungsvorschriften der § 194 Abs. 4 und 5 AktG Anwendung. Arbeitnehmer sind insofern alle Personen iSd § 193 Abs. 2 Nr. 3 AktG, also auch Vorstand bzw. Geschäftsführung.[186]

2. Besondere Beschlusserfordernisse und Prüfungspflicht

Weitergehend als bei der bedingten Kapitalerhöhung gegen Bareinlage muss der Beschluss über die bedingte Kapitalerhöhung gegen Sacheinlage auch den **Gegenstand der Sacheinlage, die Person des Einlegers** und bei **Nennbetragsaktien den Nennbetrag, bei Stückaktien die Anzahl der Aktien** festsetzen, die für die Sacheinlage gewährt werden (§ 194 Abs. 1 S. 1 AktG). Eine namentliche Nennung des Sacheinlegers ist nicht erforderlich, die Festsetzung von Merkmalen, die die Person bestimmbar machen, reicht aus. Der Hauptversammlungsbeschluss darf nur gefasst werden, wenn die Einbringung von Sacheinlagen ausdrücklich und ordnungsgemäß mit der Tagesordnung bekannt gemacht worden ist (§ 194 Abs. 1 S. 3 AktG). 85

Ebenso wie bei der regulären Sachkapitalerhöhung erfolgt auch bei der bedingten Kapitalerhöhung mit Sacheinlagen eine **Prüfung** durch einen unabhängigen Prüfer (§ 194 Abs. 4 S. 1, 2 AktG). Hinsichtlich des Prüfungsverfahrens verweist § 194 Abs. 4 S. 2 AktG auf das Recht der Gründungsprüfung (§§ 33 Abs. 3–5, 34, 35 AktG). Von der Prüfung kann unter den Voraussetzungen des § 183a AktG abgesehen werden (§ 194 Abs. 5 AktG). Maßgeblicher Zeitpunkt für die Prüfung ist die Anmeldung des Kapitalerhöhungsbeschlusses zum Handelsregister (s. § 195 Abs. 2 Nr. 1, Abs. 3 AktG).[187] 86

Wird der Vorstand nach § 221 Abs. 2 AktG ermächtigt, **Wandelschuldverschreibungen gegen Sacheinlagen** auszugeben und sind diese durch ein bedingtes Kapital unterlegt, können die zusätzlichen Erfordernisse nach § 194 Abs. 1 und 4 AktG im Zeitpunkt der Einberufung der Hauptversammlung bzw. der Anmeldung nach § 195 AktG noch nicht erfüllt werden.[188] Analog § 205 Abs. 2 S. 1 AktG genügt es dann, wenn die Festsetzungen vom Vorstand bei Ausgabe der Wandelschuldverschreibungen vorgenommen werden.[189] Die Sacheinlageprüfung ist bei Ausgabe der Wandelschuldverschreibungen vorzunehmen und die Unterlagen spätestens der Anmeldung nach § 201 AktG beizufügen. Die gerichtliche Prüfung der Unterlagen nach § 195 Abs. 3 AktG verschiebt sich dann auf diesen Zeitpunkt (s. ergänzend → Rn. 47f. und 78).[190] 87

3. Verdeckte Sacheinlage

Ist eine Geldeinlage eines Aktionärs bei wirtschaftlicher Betrachtung als verdeckte Sacheinlage zu bewerten, befreit dies den Aktionär nicht von seiner Einlageverpflichtung. Jedoch sind die Verträge über die Sacheinlage und die Rechtshandlungen zu ihrer Ausführung nicht unwirksam. Auf die fortbestehende Geldeinlagepflicht wird der Wert des Vermögensgegenstands im Zeitpunkt der Ausgabe der Bezugsaktien angerechnet (§ 194 Abs. 2 iVm § 27 Abs. 3 AktG). Ist vor der Einlage eine Leistung an den Aktionär vereinbart worden, die wirtschaftlich einer Rückzahlung der Einlage entspricht und die keine verdeckte Sacheinlage ist, befreit dies den Aktionär von seiner Einlageverpflichtung nur, wenn die Leistung durch einen jederzeit fälligen oder durch fristlose Kündigung jederzeit fällig werdenden vollwertigen Rückzahlungsanspruch gedeckt ist (§ 194 Abs. 2 iVm § 27 Abs. 4 AktG). 88

---

[186] Spindler/Stilz/*Rieckers* AktG § 194 Rn. 16.
[187] MHdB GesR IV/*Scholz* § 58 Rn. 45.
[188] Ausführlich dazu Schnorbus/Trapp ZGR 2010, 1023 ff.
[189] *Schnorbus/Trapp* ZGR 2010, 1023 (1040); Spindler/Stilz/*Rieckers* AktG § 194 Rn. 18; Hüffer/Koch/*Koch* AktG § 194 Rn. 6.
[190] Zum Ganzen OLG München NZG 2013, 1144 (1145); Hüffer/Koch/*Koch* AktG § 194 Rn. 9, § 195 Rn. 9; MüKoAktG/*Fuchs* § 195 Rn. 13a, 19.

89 | **Beratungscheckliste**

- ☐ Liegt ein nach § 192 AktG zulässiger Zweck vor?
- ☐ Sachliche Rechtfertigung der bedingten Kapitalerhöhung prüfen (jedenfalls bei der Vorbereitung eines Unternehmenszusammenschlusses).
- ☐ Hauptversammlungsbeschluss über bedingte Kapitalerhöhung einholen (§ 193 AktG); dabei formelle Beschlusserfordernisse sowie zwingenden Inhalt des Beschlusses beachten; prüfen welche Regelungen sonst noch sinnvoll sind (zB Wartefrist, Erwerbszeitraum, steuerliche Behandlung, arbeitsrechtliche Behandlung, Verwässerungsschutz, Regelung im Erbfall, Übertragung der Option).
- ☐ Evtl. – nicht zwingend – nähere Erläuterungen des Vorstands zur Schaffung des bedingten Kapitals.
- ☐ Bei bedingter Kapitalerhöhung mit Sacheinlagen § 194 AktG beachten.
- ☐ Falls mehrere Aktiengattungen vorhanden sind, Sonderbeschluss einholen (§ 193 Abs. 1 S. 3 AktG).
- ☐ Anmeldung des Kapitalerhöhungsbeschlusses zum Handelsregister durch Vorstand und Aufsichtsratsvorsitzenden (§ 195 AktG).
- ☐ Prüfung, ob der Erhöhungsbeschluss im Handelsregister eingetragen ist (§ 197 AktG).
- ☐ Prüfung der Ordnungsgemäßheit der Bezugserklärung (§ 198 AktG).
- ☐ Prüfung, ob der volle Gegenwert geleistet ist (evtl. Zug um Zug Leistung) – § 199 Abs. 1 AktG.
- ☐ Bei Umtauschrechten § 199 Abs. 2 AktG beachten.
- ☐ Ausgabe der Bezugsaktien durch den Vorstand (§ 200 AktG).
- ☐ Anmeldung der Aktienausgabe zum Handelsregister (§ 201 AktG).

§ 36 Kapitalherabsetzung

Übersicht

	Rn.
I. Grundlagen	1–3
II. Arten und Durchführungswege der Kapitalherabsetzung	4–14
1. Formen der Kapitalherabsetzung	4
2. Arten der Durchführung der Kapitalherabsetzung	5–14
a) Herabsetzung von Nennbetrag bzw. Grundkapitalziffer	7–9
b) Zusammenlegung von Aktien	10–14
III. Verbindung mit anderen Kapitalmaßnahmen	15–18
IV. Liquidation und Insolvenz	19
V. Ordentliche Kapitalherabsetzung	20–71
1. Kapitalherabsetzungsbeschluss	20–29
a) Formelle Beschlussvoraussetzungen	20–22
b) Inhalt des Beschlusses	23–25
c) Satzungsanpassung	26
d) Änderung und Aufhebung	27/28
2. Anmeldung und Wirksamwerden der Kapitalherabsetzung	30–36
a) Anmeldung	30–32
b) Wirksamwerden	33–36
3. Gläubigerschutz	37–47
a) Sicherheitsleistung	38–45
b) Auszahlungs- und Erlasssperre	46/47
4. Durchführung der Kapitalherabsetzung	48–68
a) Herabsetzung von Nennbetrag oder Grundkapitalziffer	48–50
b) Zusammenlegung von Aktien	51–68
5. Anmeldung der Durchführung der Kapitalherabsetzung	69–71
VI. Vereinfachte Kapitalherabsetzung	72–110
1. Allgemeines	72–74
2. Voraussetzungen und Umfang	75–88
a) Zulässige Zwecke	76–81
b) Vorherige Auflösung von Reserven	82–85
c) Umfang der vereinfachten Kapitalherabsetzung	86–88
3. Durchführung der vereinfachten Kapitalherabsetzung	89
4. Verwendung des Kapitalherabsetzungsbetrags und zukünftige Gewinnausschüttungen	90–104
a) Auszahlungsverbot und Verwendungsgebot	90–96
b) Einstellung von Beträgen in die Kapitalrücklage bei zu hoch angenommenen Verlusten	97–99
c) Künftige Gewinnausschüttungen	100–104
5. Bilanzielle Rückwirkung	105–111

Schrifttum: *Bork,* Mitgliedschaftsrechte unbekannter Aktionäre während des Zusammenlegungsverfahrens nach § 226 AktG, FS Claussen, 1997, S. 49; *Brünkmans,* Die Unternehmensakquisition über einen Kapitalschnitt im Insolvenzplanverfahren, ZIP 2014, 1857; *Decher/Voland,* Kapitalschnitt und Bezugsrechtsausschluss im Insolvenzplan – Kalte Enteignung oder Konsequenz des ESUG?, ZIP 2013, 103; *Ganzer/Borsch,* Zur Hinterlegungsfähigkeit girosammelverwahrter AG-Anteile, AG 2003, 269; *Geißler,* Rechtliche und unternehmenspolitische Aspekte der vereinfachten Kapitalherabsetzung bei der AG, NZG 2000, 719; *v. Godin,* Erfolgte Kapitalherabsetzung, ZHR 100 (1934), 221 ff.; *Gotthardt,* Sicherheitsleistung für Forderungen pensionsberechtigter Arbeitnehmer bei Kapitalherabsetzung, BB 1990, 2419; *Hasselbach/Wicke,* Sachausschüttungen im Aktienrecht, NZG 2001, 599; *Heine/Lechner,* Die unentgeltliche Auskehrung von Sachwerten bei börsennotierten Aktiengesellschaften, AG 2005, 269; *Hirte,* Genußschein und Kapitalherabsetzung, ZIP 1991, 1461 ff.; *Jäger,* Wege aus der Krise einer Aktiengesellschaft, NZG 1999, 238; *Natterer,* Materielle Kontrolle von Kapitalherabsetzungsbeschlüssen? Die Sachsenmilch-Rechtsprechung, AG 2001, 629; *Priester,* „Squeeze Out" durch Herabsetzung des Stammkapitals auf Null?, DNotZ 2003, 592; *Reger/Stenzel,* Der Kapitalschnitt auf Null als Mittel zur Sanierung von Unternehmen – Gesellschaftsrechtliche, börsenzulassungsrechtliche und kapitalmarktrechtliche Konsequenzen, NZG 2009, 1210; *Rittner,* Die Sicherheitsleistung bei der ordentlichen Kapitalherabsetzung, in: Festschrift für Oppenhoff, 1985, S. 317 ff.; *Schäfer/Wüstemann,* Unternehmensbewertung, Kapitalmaßnahmen und Insolvenzplan, ZIP 2014, 1757; *K. Schmidt,* Die Umwandlung einer GmbH in eine AG zu Kapitaländerungszwecken, AG 1985, 150; *Schockenhoff/Mann,* Die Hinterlegung im Aktienrecht am Beispiel des § 226 III 6 AktG, NZG 2014, 561; *Terbrack*, Kapitalherabsetzende Maßnahmen bei Aktiengesellschaften, RNotZ 2003, 90; *Wirth*, Vereinfachte Kapitalherabsetzung zur Unternehmenssanierung, DB 1996, 867.

I. Grundlagen

1 Die Kapitalherabsetzung ist in den **§§ 222–240 AktG** geregelt.[1] Die Kapitalherabsetzung dient der Herabsetzung des auf der Passivseite der Bilanz ausgewiesenen gezeichneten Kapitals (§ 266 Abs. 3 A.I. HGB). Wichtiger praktischer Anwendungsfall ist die Sanierung der Gesellschaft. Besteht zB eine **Unterbilanz**, weil das Aktivvermögen das Fremdkapital (zzgl. Rückstellungen) und das Grundkapital nicht mehr deckt, kann diese im Wege der Kapitalherabsetzung beseitigt werden, indem die Grundkapitalziffer auf das vorhandene Aktivvermögen angepasst wird. In der Praxis wird die Kapitalherabsetzung zu **Sanierungszwecken** regelmäßig als vereinfachte Kapitalherabsetzung durchgeführt (näher → Rn. 72 ff.).

2 Bei einer **ausgeglichenen Bilanz** können durch Kapitalherabsetzung bislang von den strengen Kapitalerhaltungsvorschriften erfasste Teile des Grundkapitals zur Verwendung freigegeben werden. **Gesetzliche Rücklagen** können nicht direkt durch Kapitalherabsetzung freigegeben werden. Sie müssen im ersten Schritt durch Kapitalerhöhung aus Gesellschaftsmitteln in Grundkapital (vgl. § 150 Abs. 4 S. 1 Nr. 3 AktG) umgewandelt und das erhöhte Grundkapital sodann herabgesetzt werden.[2] Das frei gewordene Vermögen kann in **Gewinnrücklagen** eingestellt oder ohne Verstoß gegen § 57 AktG an die Aktionäre **ausgeschüttet** (§ 222 Abs. 3 AktG) werden.[3] Gegenstand der Ausschüttung können ein Geldbetrag oder aber **Sachmittel** sein.[4] Ferner kann die Kapitalherabsetzung dazu dienen, die Aktionäre von rückständigen **Einlagepflichten zu befreien** (§ 225 Abs. 2 S. 2 AktG), oder die Grundkapitalziffer zu glätten, um zB eine Kapitalerhöhung zu erleichtern.[5]

3 Der sich aus der Kapitalherabsetzung ergebende Buchertrag der Gesellschaft ist in der **Gewinn- und Verlustrechnung** für das bei Kapitalherabsetzung laufende Geschäftsjahr als „Ertrag aus der Kapitalherabsetzung" auszuweisen (§ 240 S. 1 AktG). Seine Verwendung ist im **Anhang** zu erläutern (§ 240 S. 3 AktG).

II. Arten und Durchführungswege der Kapitalherabsetzung

1. Formen der Kapitalherabsetzung

4 Zu unterscheiden ist zwischen der **ordentlichen Kapitalherabsetzung** (§§ 222–228 AktG; → Rn. 20 ff.) und der **vereinfachten Kapitalherabsetzung** (§§ 229–236 AktG; → Rn. 72 ff.). In den §§ 237–239 AktG ist daneben die **Kapitalherabsetzung durch Einziehung** von Aktien geregelt, wobei zwischen der Einziehung im ordentlichen und im vereinfachten Verfahren zu unterscheiden ist (dazu → § 43). Die verschiedenen Arten der Kapitalherabsetzung unterscheiden sich insbesondere hinsichtlich der zulässigen Zwecke, die mit ihnen verfolgt werden können, und der Anforderungen an den Gläubigerschutz.[6] Während sich die ordentliche und vereinfachte Kapitalherabsetzung grundsätzlich gleichmäßig (§ 53a AktG)[7] auf sämtliche Aktien der Gesellschaft erstreckt, erfasst die Kapitalherabsetzung durch Einziehung nur die von der Maßnahmen betroffenen Aktien (zB die der Zwangseinziehung unterliegenden Aktien oder die von der Gesellschaft zum Zwecke der Einziehung zurückerworbenen Akti-

---

[1] Siehe aber auch § 7 Abs. 6 FMStBG.
[2] Ausführlich *Weiss* BB 2005, 2697 ff.; GroßkommAktG/*Sethe* § 222 Rn. 6.
[3] Vgl. Hüffer/Koch/*Koch* AktG § 57 Rn. 4.
[4] Näher MüKoAktG/*Oechsler* § 222 Rn. 3. Zur streitigen Frage, ob Sachausschüttungen zu Buch- oder Verkehrswerten zu erfolgen haben s. GroßkommAktG/*Sethe* § 225 Rn. 78 (Buchwert); MüKoAktG/*Oechsler* § 225 Rn. 33 (Verkehrswert) jeweils mwN.
[5] MüKoAktG/*Oechsler* § 222 Rn. 5.
[6] Überblick bei Spindler/Stilz/*Marsch-Barner* AktG § 222 Rn. 5 ff.
[7] Zur Zulässigkeit von Abweichungen vom Gleichbehandlungsgrundsatz bei Zustimmung der betroffenen Aktionäre MHdB GesR IV/*Scholz* § 61 Rn. 18; MüKoAktG/*Oechsler* § 61 Rn. 26.

en). Die in der Praxis bedeutsamste Form der Kapitalherabsetzung ist die vereinfachte Kapitalherabsetzung, für die in der Verweisungsnorm des 229 Abs. 3 AktG auf die Vorschriften über die ordentliche Kapitalherabsetzung verwiesen wird.

2. Arten der Durchführung der Kapitalherabsetzung

Im Zuge der Kapitalherabsetzung müssen die einzelnen Mitgliedsrechte an das reduzierte Grundkapital angepasst werden, so dass die Summe der Nennbeträge bzw. der auf die Stückaktien entfallenden anteiligen Beträge der Grundkapitalziffer entspricht.[8] Das Gesetz nennt in § 222 Abs. 4 AktG **drei Wege zur Durchführung** einer ordentlichen oder vereinfachten Kapitalherabsetzung:
- bei Nennbetragsaktien die Herabsetzung des Nennbetrags der Aktien (§ 222 Abs. 4 S. 1 AktG),
- bei Stückaktien die bloße Herabsetzung der Grundkapitalziffer,
- in beiden Fällen subsidiär – die Zusammenlegung von Aktien (§ 222 Abs. 4 S. 2 AktG).

Die Art der Durchführung der Kapitalherabsetzung ist im Beschluss anzugeben (§ 222 Abs. 4 S. 3 AktG).

Einen weiteren Durchführungsweg bildet die **Kapitalherabsetzung durch Einziehung** von Aktien. Diese führt zu einer Vernichtung der von der Einziehung betroffenen Mitgliedschaftsrechte (vgl. § 238 S. 3 AktG) und lässt alle übrigen Aktien unberührt.[9] Ferner besteht bei der **Umstellung der Aktiennennbeträge auf Euro** nach § 4 Abs. 3 EGAktG die Möglichkeit, eine Kapitalherabsetzung durch Neueinteilung der Aktiennennbeträge vorzunehmen.[10]

a) **Herabsetzung von Nennbetrag bzw. Grundkapitalziffer.** Bei **Nennbetragsaktien** erfolgt eine **Herabsetzung des Nennbetrags** der Aktien (§ 222 Abs. 4 S. 1 AktG), weil sonst die Summe ihrer Nennbeträge (§ 8 Abs. 2 S. 1 AktG) nicht mehr der Grundkapitalziffer entspräche. Durch die Herabsetzung darf der **Mindestnennbetrag** von einem Euro je Nennbetragsaktie (§ 8 Abs. 2 S. 1 AktG) nicht unterschritten werden; ggf. ist ergänzend eine Zusammenlegung durchzuführen (→ Rn. 10). Ein über dem Mindestnennbetrag liegender Nennbetrag muss auf **volle Euro** lauten (§ 8 Abs. 2 S. 4 AktG). Es sollte daher darauf geachtet werden, dass im Zuge der Herabsetzung kein gebrochener Nennbetrag entsteht.[11]

Bei **Stückaktien** erfolgt die Kapitalherabsetzung grds. durch bloße **Herabsetzung der Grundkapitalziffer**. Eine Anpassung der Stückaktien an die geänderte Grundkapitalziffer ist nicht erforderlich, da sie keinen Nennbetrag haben (§ 8 Abs. 3 S. 1 AktG) und am Grundkapital in gleichem Umfang beteiligt sind (§ 8 Abs. 3 S. 2 AktG). Die Herabsetzung der Grundkapitalziffer hat automatisch zur Folge, dass auf jede Stückaktie ein geringerer anteiliger Betrag entfällt (s. § 8 Abs. 4 Fall 2 AktG).[12] Anders als bei Nennbetragsaktien ist es dabei unschädlich, wenn sich als Folge der Herabsetzung ein gebrochener anteiliger Betrag ergibt.[13] Durch die Herabsetzung darf jedoch der **geringste anteilige Betrag** am Grundkapital je Stückaktie von einem Euro (§ 8 Abs. 3 S. 3 AktG) nicht unterschritten werden; ggf. ist eine Zusammenlegung durchzuführen (→ Rn. 10).

In der Herabsetzung des Nennbetrags bzw. der Grundkapitalziffer liegt **kein Eingriff in die mitgliedschaftliche oder vermögensrechtliche Stellung** der Aktionäre, denn es ändert sich lediglich die ziffernmäßige Beteiligung am Grundkapital.[14] Die Beteiligungsquoten und das Verhältnis der Mitgliedschaftsrechte untereinander bleiben erhalten, da eine gleichmäßige (§ 53a AktG) Herabsetzung aller Aktien erfolgt.

---

[8] MüKoAktG/*Oechsler* § 222 Rn. 43.
[9] → § 43.
[10] *Ihrig/Streit* NZG 1998, 201.
[11] Spindler/Stilz/*Marsch-Barner* AktG § 222 Rn. 40; KölnKomm/*Lutter* § 222 Rn. 26. Lässt sich ein gebrochener Nennbetrag aufgrund des Herabsetzungsverhältnisses nicht vermeiden, ist der Nennbetrag im größtmöglichen Umfang auf volle Euro herabzusetzen. Nur die verbleibenden Spitzen („Nachkommastellen") sind zu ganzen Aktien zusammenzulegen, s. die Beispiele bei KölnKommAktG/*Lutter* § 222 Rn. 27; MHdB GesR IV/*Scholz* § 61 Rn. 7.
[12] Schmidt/Lutter/*Veil* § 222 Rn. 33.
[13] Spindler/Stilz/*Marsch-Barner* AktG § 222 Rn. 40.
[14] BGH NZG 1998, 422 – Sachsenmilch.

10   **b) Zusammenlegung von Aktien.** *aa) Grundlagen.* Bei der Zusammenlegung werden die bestehenden Aktien zu einer geringeren Zahl neuer Aktien zusammengefasst. Hierdurch gehen keine Mitgliedsrechte verloren, jedoch verlieren die bisherigen Aktien ihre rechtliche Selbständigkeit und werden **Teilrechte** der neuen Aktien.[15] Die Summe der zusammengelegten Aktien muss im Hinblick auf ihren Nennbetrag bzw. den von ihnen verkörperten anteiligen Betrag dem Betrag des Grundkapitals entsprechen.[16]

11   *bb) Subsidiarität.* Die Zusammenlegung ist gegenüber der Herabsetzung des Nennbetrags bzw. der Grundkapitalziffer zwingend **subsidiär**.[17] Sie ist nur zulässig, soweit der auf die einzelne Aktie entfallende anteilige Betrag des herabgesetzten Grundkapitals bei Nennbetragsaktien den Mindestnennbetrag (§ 8 Abs. 2 S. 1 AktG) oder bei Stückaktien den geringsten anteiligen Betrag des Grundkapitals (§ 8 Abs. 3 S. 3 AktG) unterschreiten würde (§ 222 Abs. 4 S. 2 AktG).

12   Hintergrund ist, dass die Zusammenlegung die Gefahr eines **Eingriffs in die mitgliedschaftliche oder vermögensrechtliche Stellung** der Aktionäre birgt, denen infolge der Zusammenlegung sog. **Aktienspitzen** verbleiben.[18] Aktienspitzen sind Teilrechte (→ Rn. 10), die nicht mit anderen Teilrechten desselben Aktionärs zu einem Vollrecht zusammengelegt werden können. Dies ist der Fall, soweit ein Aktionär nicht die für die Zusammenlegung zu einer ganzen neuen Aktie (Vollrecht) erforderliche Anzahl von alten Aktien hält, dh sich die Aktienanzahl eines Aktionärs nicht glatt durch den Zähler des Zusammenlegungsverhältnisses teilen lässt. Will ein Aktionär hier seine Beteiligungsquote erhalten und das Verhältnis seiner Beteiligung zu der anderer Aktionäre wahren, muss er weitere Teilrechte hinzuerwerben. Unterlässt er dies, muss er den Verlust der in den Spitzen verkörperten Mitgliedschaft – im Wege der Veräußerung durch den Aktionär selbst oder einer Verwertung durch die Gesellschaft im Rahmen der Spitzenregulierung (→ Rn. 55 ff.) – in Kauf nehmen.[19] Die Gesellschaft hat die **Entstehung von unverhältnismäßig hohen Spitzen zu vermeiden**, um jedem Aktionär möglichst viele selbständige Aktien zu erhalten.[20] Hierzu sollte ein möglichst kleines Zusammenlegungsverhältnis[21] und zudem ein glattes Zusammenlegungsverhältnis[22], also ein Verhältnis ohne Nachkommastellen, gewählt werden.

> **Praxistipp:**
> Ein glattes Zusammenlegungsverhältnis kann zB erreicht werden, indem die Gesellschaft eigene Aktien nach §§ 71 Abs. 1 Nr. 4, Nr. 6 oder Nr. 8 AktG erwirbt und diese anschließend einzieht (§§ 71 Abs. 1 Nr. 8 S. 6, 237 Abs. 3 AktG) oder vor der Herabsetzung in geringem Umfang eine reguläre, genehmigte oder bedingte Kapitalerhöhung durchgeführt wird.[23]

13   *cc) Nennbetragsaktien.* Bei **Nennbetragsaktien** sind deshalb vor einer Zusammenlegung die Möglichkeiten der Nennbetragsherabsetzung auszuschöpfen.[24] Dies betrifft den Fall, dass der Nennbetrag bislang über dem Mindestnennbetrag von einem Euro (§ 8 Abs. 2 S. 1 AktG) liegt, der Mindestnennbetrag bei Nennbetragsherabsetzung im vollen Umfang der

---

[15] Spindler/Stilz/*Marsch-Barner* AktG § 222 Rn. 41; Hüffer/Koch/*Koch* AktG § 222 Rn. 22; GroßkommAktG/*Sethe* § 222 Rn. 52.
[16] MüKoAktG/*Oechsler* § 222 Rn. 48.
[17] BGH NZG 1998, 422 – Sachsenmilch.
[18] Vgl. BGH NZG 1998, 422 – Sachsenmilch; Hölters/*Haberstock/Greitemann* § 222 Rn. 63.
[19] BGH NZG 1998, 422 – Sachsenmilch; OLG Rostock AG 2013, 768 (771); Spindler/Stilz/*Marsch-Barner* AktG § 222 Rn. 42; Hölters/*Haberstock/Greitemann* § 222 Rn. 63.
[20] MüKoAktG/*Oechsler* § 222 Rn. 44; Spindler/Stilz/*Marsch-Barner* AktG § 222 Rn. 40; Hüffer/Koch/*Koch* AktG § 222 Rn. 23; Schmidt/Lutter/*Veil* § 222 Rn. 35; KölnKommAktG/*Lutter* § 222 Rn. 28.
[21] Hölters/*Haberstock/Greitemann* § 222 Rn. 63.
[22] MHdB GesR IV/*Scholz* § 61 Rn. 28.
[23] Spindler/Stilz/*Marsch-Barner* AktG § 222 Rn. 42; Hüffer/Koch/*Koch* AktG § 222 Rn. 23.
[24] BGH NZG 1998, 422 f. – Sachsenmilch; MüKoAktG/*Oechsler* § 222 Rn. 49; Hüffer/Koch/*Koch* AktG § 222 Rn. 23; zum Vorgehen bei Nennbetragsaktien mit unterschiedlichen Nennbeträgen, Marsch-Barner/Schäfer/*Busch* § 47 Rn. 2.

beschlossenen Kapitalherabsetzung aber unterschritten würde. Hier kann nicht sogleich eine Zusammenlegung erfolgen, vielmehr muss auf einer **ersten Stufe** bei gleichbleibender Aktienzahl der Nennbetrag aller Aktien auf den Mindestnennbetrag herabgesetzt werden.[25] Erst auf der **zweiten Stufe** dürfen dann die Aktien in dem noch erforderlichen Verhältnis zusammengelegt werden.[26] Die vorherige Herabsetzung hat ein kleineres Zusammenlegungsverhältnis und damit weniger Spitzen zur Folge.[27]

Beispiel:
Das Grundkapital iHv 500.000 EUR, eingeteilt in 250.000 Nennbetragsaktien im Nennbetrag von je 2,00 EUR, soll im Verhältnis 4:1 auf 125.000 EUR herabgesetzt werden. Eine sofortige Zusammenlegung im Verhältnis 4:1 ohne vorherige Nennbetragsherabsetzung würde zu 62.500 Aktien mit einem Nennbetrag von je 2,00 EUR führen. Ein Aktionär mit 11 Aktien könnte 8 alte in 2 neue Aktien tauschen; die verbleibenden 3 alten Aktien (Spitzen) würde nur Teilrechte gewähren. Wird der Nennbetrag der 250.000 alten Aktien dagegen zunächst auf den Mindestnennbetrag von 1,00 EUR herabgesetzt, genügt zur Erreichung des Zielgrundkapitals eine Zusammenlegung im Verhältnis 2:1. Ein Aktionär mit 11 Aktien könnte 10 alte Aktien in 5 neue Aktien tauschen. Die verbleibende alte Aktie gewährt ein Teilrecht.

dd) Stückaktien. Bei **Stückaktien** erfolgt die Kapitalherabsetzung, wenn die Herabsetzung der Grundkapitalziffer bei gleichbleibender Aktienzahl zum Unterschreiten des geringsten anteiligen Betrags des Grundkapitals (§ 8 Abs. 3 S. 3 AktG) führen würde, anstatt durch Herabsetzung der Grundkapitalziffer **unmittelbar** im Wege der Zusammenlegung.[28] 14

Beispiel:
Das Grundkapital iHv 500.000 EUR, eingeteilt in 250.000 Stückaktien mit einem anteiligen Betrag am Grundkapital von je 2,00 EUR, soll im Verhältnis 4:1 auf 125.000 EUR herabgesetzt werden. Die Kapitalherabsetzung kann hier unmittelbar durch Zusammenlegung im Verhältnis 2:1 durchgeführt werden. Ein Aktionär mit 11 Aktien könnte 10 alte Aktien in 5 neue Aktien tauschen. Die verbleibende alte Aktie gewährt ein Teilrecht.

III. Verbindung mit anderen Kapitalmaßnahmen

Die Kapitalherabsetzung kann mit einer vorausgehenden oder nachfolgenden **Kapitalerhöhung verbunden** werden. Eine vorausgehende **Kapitalerhöhung aus Gesellschaftsmitteln** kann erforderlich sein, wenn bislang in gesetzlichen Rücklagen gebundene Mittel im Wege einer Kapitalherabsetzung zur Verwendung freigegeben werden sollen.[29] In **Sanierungsfällen** – dann zumeist in der Form einer vereinfachten Kapitalherabsetzung (→ Rn. 72 ff.) – ist eine Verbindung von Kapitalherabsetzung und -erhöhung oftmals erforderlich, da neue Aktien aus der Kapitalerhöhung nicht unter dem geringsten Ausgabebetrag aufgegeben werden dürfen und sanierungswillige Investoren ohne vorherige Beseitigung der Unterbilanz zu viel bezahlen würden. Für die beiden Beschlüsse gelten die jeweiligen Kapitalherabsetzungs- und Kapitalerhöhungsvorschriften.[30] 15

Nach § 228 Abs. 1 AktG ist es zulässig, das Grundkapital **unter den Mindestnennbetrag** (§ 7 AktG) von 50.000 EUR oder sogar **auf Null** herabzusetzen.[31] Sofern bei Herabsetzung 16

---

[25] Spindler/Stilz/*Marsch-Barner* AktG § 222 Rn. 43; Hüffer/Koch/*Koch* AktG § 222 Rn. 23; KölnKomm-AktG/*Lutter* § 222 Rn. 26.
[26] Hölters/Haberstock/*Greitemann* § 222 Rn. 63; MüKoAktG/*Oechsler* § 222 Rn. 49.
[27] GroßkommAktG/*Sethe* § 222 Rn. 53.
[28] Marsch-Barner/Schäfer/*Busch* § 47 Rn. 2; Hüffer/Koch/*Koch* AktG § 222 Rn. 22.
[29] → Fn. 2.
[30] Spindler/Stilz/*Marsch-Barner* AktG § 222 Rn. 10.
[31] Bei börsennotierten Gesellschaften erlischt mit der Herabsetzung auf Null automatisch die Börsenzulassung der Aktien. Im Zuge der Wiedererhöhung ausgegebene Aktien müssen, sofern die weitere Börsenzulassung gewollt ist, neu zugelassen werden, s. *Reger/Stenzel* NZG 2009, 1210 (1213).

unter den Mindestnennbetrag ein Restkapital verbleibt, muss der Anteil der verbleibenden Aktien am Grundkapital gemäß § 8 Abs. 2 und 3 AktG mindestens einen Euro betragen.[32] Voraussetzung für eine Herabsetzung unter den Mindestnennbetrag ist, dass Kapitalherabsetzung und Wiedererhöhung in derselben Hauptversammlung („zugleich") beschlossen werden, durch die Wiedererhöhung der Mindestnennbetrag des Grundkapitals zumindest wieder erreicht wird und jedenfalls zur Wiedererreichung des Mindestnennbetrags eine reguläre Kapitalerhöhung gegen Bareinlagen erfolgt.[33] Verstöße gegen die Erfordernisse des § 228 Abs. 1 AktG führen nach § 241 Nr. 3 AktG zur Nichtigkeit des Beschlusses.[34] Ob die Nichtigkeit des Kapitalherabsetzungsbeschlusses auch die Nichtigkeit des Kapitalerhöhungsbeschlusses zur Folge hat, ist streitig, aber wohl zu verneinen.[35]

17 Bei der **Wiedererhöhung** des Grundkapitals sind nach Herabsetzung auf Null Besonderheiten zu beachten. Ein **Bezugsrechtsausschluss** kommt nur in Ausnahmefällen in Betracht, da ein solcher zwangsläufig zum entschädigungslosen Ausschluss aller Altaktionäre führen würde. Er ist daher allenfalls dann sachlich gerechtfertigt, wenn die Beteiligung wertlos und ein vollständiger Ausschluss Voraussetzung für eine erfolgreiche Sanierung ist.[36] Steht den Altaktionären ein Bezugsrecht zu, ist der Nennbetrag bzw. anteilige Betrag je Aktie auf den **Mindestbetrag von einem Euro** festzulegen, um unverhältnismäßig hohe Spitzen zu vermeiden und möglichst vielen Aktionären den Verbleib in der Gesellschaft zu ermöglichen.[37]

18 Kapitalherabsetzungs- und Kapitalerhöhungsbeschluss und die Durchführung der Kapitalerhöhung müssen nach § 228 Abs. 2 S. 1 AktG innerhalb von **sechs Monaten** nach der Beschlussfassung in das Handelsregister eingetragen worden sein, ansonsten sind sie **nichtig**. Die Frist ist eine Ausschlussfrist, sie beginnt mit der Fassung der Beschlüsse. Für die Dauer einer Anfechtungs- oder Nichtigkeitsklage gegen den Kapitalherabsetzungs- oder Kapitalerhöhungsbeschluss ist der Fristablauf **gehemmt** (§ 228 Abs. 2 S. 2 AktG). Die Beschlüsse und die Durchführung der Erhöhung des Grundkapitals sollen nur zusammen in das Handelsregister eingetragen werden (§ 228 Abs. 2 S. 3 AktG). Verstößt das Registergericht gegen die Soll-Vorschrift, ist die Eintragung gleichwohl wirksam.

IV. Liquidation und Insolvenz

19 Eine Kapitalherabsetzung ist im Stadium der **Liquidation** zulässig, wobei zum Schutz der Gläubiger neben § 225 AktG auch § 272 AktG zu beachten ist.[38] Auch in der **Insolvenz** der Gesellschaft ist eine Kapitalherabsetzung jedenfalls dann möglich, wenn sie gemeinsam mit einer Kapitalerhöhung die Sanierung der Gesellschaft bewirken soll. Aber auch wenn die Kapitalherabsetzung allein erfolgt und eine Buchsanierung bezweckt, ist sie in der Insolvenz zulässig.[39] Eine sanierende Kapitalerhöhung kann auch im Rahmen eines **Insolvenzplans** beschlossen werden.[40]

---

[32] Marsch-Barner/Schäfer/*Busch* § 47 Rn. 6; MHdB GesR IV/*Scholz* § 61 Rn. 11; Spindler/Stilz/*Marsch-Barner* AktG § 228 Rn. 3.

[33] Wird das Grundkapital über den Mindestbetrag hinaus erhöht, kann dies nach hM auch durch Sacheinlage erfolgen, s. Hüffer/Koch/*Koch* AktG § 228 Rn. 3; MüKoAktG/*Oechsler* § 228 Rn. 7; Spindler/Stilz/*Marsch-Barner* AktG § 228 Rn. 5.

[34] Spindler/Stilz/*Marsch-Barner* AktG § 228 Rn. 7.

[35] MüKoAktG/*Oechsler* § 228 Rn. 9; Spindler/Stilz/*Marsch-Barner* AktG § 228 Rn. 7; aA Hüffer/Koch/*Koch* AktG § 228 Rn. 4.

[36] *Priester* DNotZ 2003, 592 (597 f.); *Decher/Voland* ZIP 2013, 103 (105).

[37] BGH NZG 1999, 1158 f. – Hilgers; bestätigend BGH NZG 2005, 551 (552 f.) (in Abgrenzung zur personalistischen GmbH); MüKoAktG/*Oechsler* § 228 Rn. 5 („spiegelbildliche Anwendung des Rechtsgedankens aus § 222 Abs. 4 S. 2").

[38] Hüffer/Koch/*Koch* AktG § 222 Rn. 24; MHdB GesR IV/*Scholz* § 61 Rn. 19.

[39] BGH NJW 1998, 2054; OLG Dresden AG 1996, 565 (566); *Wirth* DB 1996, 867 (870); Hüffer/Koch/*Koch* AktG § 222 Rn. 24.

[40] Siehe hierzu eingehend *Brünkmans* ZIP 2014, 1857; *Schäfer/Wüstemann* ZIP 2014, 1757; *Decher/Voland* ZIP 2013, 103.

V. Ordentliche Kapitalherabsetzung

1. Kapitalherabsetzungsbeschluss

a) Formelle Beschlusserfordernisse. Die Kapitalherabsetzung gehört als Satzungsänderung zur Zuständigkeit der Hauptversammlung und erfordert daher einen **Beschluss der Hauptversammlung**. Eine Übertragung auf ein anderes Organ ist unzulässig. Insbesondere kann nicht der Vorstand ermächtigt werden, die Kapitalherabsetzung durchzuführen. Der Beschluss bedarf der zwingenden Mehrheit von mindestens ¾ des bei der Beschlussfassung vertretenen Grundkapitals (§ 222 Abs. 1 S. 1 AktG). Die Satzung kann eine größere Kapitalmehrheit und ggf. weitere Erfordernisse (zB hinsichtlich der Stimmenmehrheit oder der Beschlussfähigkeit) bestimmen (§ 222 Abs. 1 S. 2 AktG).

Der Kapitalherabsetzungsbeschluss kann nach hM unter einer **auflösenden Bedingung** gefasst werden, wonach jeder Aktionäre befugt ist, die Kapitalherabsetzung insoweit abzuwenden als der Aktionär eine freiwillige Zuzahlung leistet.[41] Aus der mitgliedschaftlichen Treuepflicht der Aktionäre kann im Einzelfall die Verpflichtung folgen, einer zum Zwecke der **Sanierung** erforderlichen Kapitalherabsetzung zuzustimmen.[42] Erfolgt die Kapitalherabsetzung zur **Auskehrung von Sachmitteln**, ist die individuelle Zustimmung derjenigen Aktionäre erforderlich, an die Sachausschüttungen erfolgen sollen.[43]

Sind **mehrere Gattungen stimmberechtigter Aktien** vorhanden, bedarf der Beschluss der Hauptversammlung der Zustimmung der Aktionäre jeder Gattung durch **Sonderbeschluss** mit der gleichen Mehrheit, wie diese für den Beschluss der Hauptversammlung vorgesehen ist (§ 222 Abs. 2 AktG); die Sonderbeschlussregelung in § 179 Abs. 3 AktG wird verdrängt, sodass es unerheblich ist, ob eine bestimmte Aktiengattung benachteiligt wird.[44] Fehlt ein solcher Sonderbeschluss, ist der Kapitalherabsetzungsbeschluss schwebend unwirksam, dh das Gericht darf die Kapitalherabsetzung nicht eintragen. Trägt das Gericht den Herabsetzungsbeschluss dennoch ein, kann der Sonderbeschluss nachgeholt werden. Ansonsten ist eine Heilung nur nach § 242 Abs. 2 AktG möglich. Ist der Sonderbeschluss fehlerhaft, finden nach § 138 AktG die §§ 241 ff. AktG entsprechende Anwendung. Ein Sonderbeschluss **stimmrechtsloser Vorzugsaktionäre** ist nicht erforderlich.[45]

b) Inhalt des Beschlusses. aa) *Zweck.* In dem Beschluss ist der Zweck der Kapitalherabsetzung **konkret festzusetzen** (§ 222 Abs. 3 AktG). Allgemeine Umschreibungen, wie etwa „Anpassung an allgemeine wirtschaftliche Verhältnisse", reichen nicht aus.[46] Anders als bei der vereinfachten Kapitalherabsetzung (→ Rn. 76 ff.) ist **jeder Zweck** zulässig. In Betracht kommen zB „Rückzahlung von Teilen des Grundkapitals an die Aktionäre" (§ 222 Abs. 3 Hs. 2 AktG; ergänzend → Rn. 35 und 46), „Befreiung der Aktionäre von rückständigen Einlagen" (vgl. § 225 Abs. 2 AktG; zum Erlassvertragen → Rn. 35), „Einstellung in Rücklagen" oder „Verlustdeckung" (wegen der Hürde des § 225 AktG wird in der Praxis hier meist nur eine vereinfachte Kapitalherabsetzung in Betracht kommen, → Rn. 73).[47] Zulässig ist auch eine Kapitalherabsetzung zur **Auskehrung von Sachmitteln**.[48] Werden **mehrere Zwecke** gleichzeitig erfolgt, sind alle verfolgten Zwecke zu nennen.[49] Einer besonderen **sachlichen Rechtfertigung** bedarf die Kapitalherabsetzung entgegen einer in der Literatur

---

[41] Ausführlich MüKoAktG/*Oechsler* § 222 Rn. 20, 29, § 223 Rn. 9 f.; Hüffer/Koch/*Koch* AktG § 222 Rn. 5.
[42] BGH NJW 1995, 1739 – Girmes; OLG München ZIP 2014, 472 (474 f.); Marsch-Barner/Schäfer/*Busch* § 47 Rn. 16; Schmidt/Lutter/*Veil* § 222 Rn. 15; Hüffer/Koch/*Koch* AktG § 222 Rn. 15a.
[43] Spindler/Stilz/*Marsch-Barner* AktG § 225 Rn. 24; MüKoAktG/*Oechsler* § 225 Rn. 33; auch MHdB GesR IV/*Scholz* § 61 Rn. 3, der ein Zustimmungserfordernis bei Ausschüttung börsennotierter (fungibler) Aktien jedoch verneint.
[44] Spindler/Stilz/*Holzborn* AktG § 179 Rn. 181; Hüffer/Koch/*Koch* AktG § 179 Rn. 42; MüKoAktG/*Stein* § 179 Rn. 180.
[45] OLG Frankfurt a. M. DB 1993, 272 (273); Hüffer/Koch/*Koch* AktG § 141 Rn. 9; MHdB GesR IV/*Scholz* § 61 Rn. 24; Marsch-Barner/Schäfer/*Busch* § 47 Rn. 5; Spindler/Stilz/*Marsch-Barner* AktG § 222 Rn. 35.
[46] Hüffer/Koch/*Koch* AktG § 222 Rn. 13; MüKoAktG/*Oechsler* § 222 Rn. 39.
[47] Vgl. Hüffer/Koch/*Koch* AktG § 222 Rn. 20; *Terbrack* RNotZ 2003, 90 (93).
[48] Ausführlich *Heine/Lechner* AG 2005, 269 (274 ff.); *Hasselbach/Wicke* NZG 2001, 599 (601).
[49] Spindler/Stilz/*Marsch-Barner* AktG § 222 Rn. 23; MüKoAktG/*Oechsler* § 222 Rn. 38.

vertretenen Ansicht[50] nicht.[51] Fehlt die Zweckangabe oder ist der Zweck erkennbar nicht erreichbar, ist der Beschluss nach § 243 Abs. 1 AktG anfechtbar.[52]

24   bb) *Herabsetzungsbetrag.* Der Herabsetzungsbetrag ist im Beschluss grundsätzlich **konkret zu beziffern**. Es genügt aber auch, wenn ein **Höchstbetrag** angegeben wird („bis zu"-Kapitalherabsetzung), allerdings nur, wenn die Hauptversammlung der Verwaltung so konkrete Vorgaben macht, dass der Herabsetzungsbetrag **bestimmbar** ist. Der Verwaltung darf kein Ermessen eingeräumt werden.[53] Für die Bestimmung des Herabsetzungsbetrags ist im Herabsetzungsbeschluss zudem eine **Frist** zu setzen, um die „bis zu"-Kapitalherabsetzung von der unzulässigen „genehmigten Kapitalherabsetzung" abzugrenzen.[54] Der konkrete Herabsetzungsbetrag muss dann vom Vorstand – sofern von der Hauptversammlung angeordnet – mit Zustimmung des Aufsichtsrats vor der Anmeldung des Kapitalherabsetzungsbeschlusses festgelegt werden (→ Rn. 31).[55] Werden zugleich **mehrere Zwecke** verfolgt, ist im Hauptversammlungsbeschluss anzugeben, wie sich der Herabsetzungsbetrag auf die verschiedenen Zwecke verteilt.[56]

25   cc) *Art der Durchführung der Kapitalherabsetzung.* Schließlich ist im Hauptversammlungsbeschluss auch die **Art der Kapitalherabsetzung** (Durchführungsweg) anzugeben, dh ob eine Herabsetzung des Nennbetrags, eine Zusammenlegung von Aktien oder eine Kombination beider Arten erfolgt (§ 222 Abs. 4 S. 3 AktG; → Rn. 5 ff.). Fehlt diese Angabe, ist der Hauptversammlungsbeschluss anfechtbar.[57] Nicht zwingend, aber empfehlenswert ist die Angabe des Herabsetzungsbetrags je Aktie und des Zusammenlegungsverhältnisses.[58] Ferner kann der Hauptversammlungsbeschluss auch die **Einzelheiten der Durchführung** der Kapitalherabsetzung regeln, zB den Umtausch bzw. die Berichtigung der Aktienurkunden, Fristen usw. Fehlen Vorgaben, entscheidet der Vorstand nach pflichtgemäßem Ermessen.[59]

26   c) **Satzungsanpassung.** Neben dem Kapitalherabsetzungsbeschluss ist nach hM ein Beschluss zur formellen **Änderung des Satzungstextes** an das neue Grundkapital erforderlich.[60] Die Anpassung der Satzungsfassung kann unmittelbar durch die Hauptversammlung (§§ 179 ff. AktG) beschlossen oder – insbesondere, wenn der Herabsetzungsbetrag im Zeitpunkt der Hauptversammlung noch nicht feststeht (→ Rn. 24) – gemäß § 179 Abs. 1 S. 2 AktG auf den Aufsichtsrat übertragen werden.

27   d) **Änderung und Aufhebung.** Bis zu seiner Eintragung kann der Kapitalherabsetzungsbeschluss durch einfachen Mehrheitsbeschluss der Hauptversammlung aufgehoben werden. Für einen Änderungsbeschluss gelten die für einen Kapitalherabsetzungsbeschluss geltenden Anforderungen und Mehrheitserfordernisse. Nach Eintragung kann die Kapitalherabsetzung nur noch durch eine Kapitalerhöhung ganz oder zum Teil rückgängig gemacht werden.

28   Eine **Änderung des Zwecks** der Kapitalherabsetzung ist auch nach Eintragung noch durch einen den Erfordernissen des §§ 222 ff. AktG entsprechenden Hauptversammlungsbeschluss

---

[50] KölnKommAktG/*Lutter* § 222 Rn. 44.
[51] BGH NZG 1998, 422 – Sachsenmilch; MHdB GesR IV/*Scholz* § 61 Rn. 15.
[52] LG Hannover AG 1995, 285 f.; Hüffer/Koch/*Koch* AktG § 222 Rn. 17; KölnKommAktG/*Lutter* § 222 Rn. 37; Spindler/Stilz/*Marsch-Barner* AktG § 222 Rn. 31.
[53] MüKoAktG/*Oechsler* § 222 Rn. 20; Hüffer/Koch/*Koch* AktG § 222 Rn. 12; Schmidt/Lutter/*Veil* § 222 Rn. 10.
[54] *Terbrack* RNotZ 2003, 90 (92 f.); MHdB GesR IV/*Scholz* § 61 Rn. 27; Hüffer/Koch/*Koch* AktG § 222 Rn. 12; GroßkommAktG/*Sethe* § 222 Rn. 23; *Krafka/Kühn*, Registerrecht, 9. Aufl. 2013, Rn. 1528; Happ/*Stucken/Tielmann* Aktienrecht, 14.01 Rn. 8.2. Vgl. zur „bis zu"-Kapitalerhöhung OLG München NZG 2009, 1274, 1275 (6 Monate); zu Gestaltungsmöglichkeiten Hüffer/Koch/*Koch* AktG § 222 Rn. 14.
[55] Spindler/Stilz/*Marsch-Barner* AktG § 222 Rn. 22; Hölters/*Haberstock/Greitemann* § 182 Rn. 14.
[56] Spindler/Stilz/*Marsch-Barner* AktG § 222 Rn. 36; MüKoAktG/*Oechsler* § 222 Rn. 38.
[57] MüKoAktG/*Oechsler* § 222 Rn. 52; Hüffer/Koch/*Koch* AktG § 222 Rn. 17.
[58] Hüffer/Koch/*Koch* AktG § 222 Rn. 13; Spindler/Stilz/*Marsch-Barner* AktG § 222 Rn. 24.
[59] RGZ 80, 81 (84); Hüffer/Koch/*Koch* AktG § 222 Rn. 13.
[60] *Terbrack* RNotZ 2003, 90 (91); Hüffer/Koch/*Koch* AktG § 222 Rn. 6; MüKoAktG/*Oechsler* § 222 Rn. 10; nach aA soll ein gesonderter Satzungsänderungsbeschluss entbehrlich sein, Großkomm AktG/*Sethe* § 222 Rn. 34.

möglich.[61] Bestand der ursprüngliche Zweck in der Rückzahlung von Teilen des Grundkapitals oder dem Erlass von rückständigen Einlageverpflichtungen, erwerben die Aktionäre jedoch mit Eintragung des Kapitalherabsetzungsbeschlusses entsprechende Ansprüche gegen die Gesellschaft, die nicht mehr einseitig entzogen werden können (→ Rn. 35).[62]

Formulierungsvorschlag: Kapitalherabsetzungsbeschluss (mit Satzungsänderung)

Die Hauptversammlung beschließt wie folgt:

1. Das Grundkapital der Gesellschaft von 5.000.000 EUR eingeteilt in 5.000.000 Inhaberaktien im Nennbetrag von 1 EUR wird um 1.000.000 EUR auf 4.000.000 EUR herabgesetzt. Die Herabsetzung erfolgt nach den Vorschriften über die ordentliche Kapitalherabsetzung (§§ 222 ff. AktG) zum Zweck der Rückzahlung eines Teils des Grundkapitals durch Zusammenlegung der Aktien im Verhältnis 5:4. Es sollen neue Aktienurkunden in Nennbeträgen von 1 EUR ausgegeben werden. Einzelheiten der Durchführung des Beschlusses regelt der Vorstand mit Zustimmung des Aufsichtsrates.
2. § ...... der Satzung wird wie folgt neu gefasst:
Das Grundkapital der Gesellschaft beträgt 4.000.000 EUR. Es ist eingeteilt in 4.000.000 Aktien im Nennbetrag von 1 EUR. Die Aktien lauten auf den Inhaber.
......

---

2. Anmeldung und Wirksamwerden der Kapitalherabsetzung

a) Anmeldung. Gemäß § 223 AktG haben der Vorstand in vertretungsberechtigter Zahl und der Vorsitzende des Aufsichtsrates – im Falle seiner Verhinderung dessen Stellvertreter – im Namen der Gesellschaft den Kapitalherabsetzungsbeschluss sowie den Beschluss über die Satzungsänderung zur **Eintragung in das Handelsregister** anzumelden. Die Anmeldung muss in öffentlich beglaubigter Form erfolgen (§ 12 Abs. 1 HGB). Enthält der Kapitalherabsetzungsbeschluss keine Zeitvorgabe, ist der Kapitalherabsetzungsbeschluss unverzüglich anzumelden. Die Anmeldung kann im Gegensatz zur Kapitalerhöhung auch durch einen **Bevollmächtigten** erfolgen. In diesem Fall muss die Vollmacht notariell beglaubigt werden (§ 12 Abs. 2 S. 1 HGB). Die Anmeldung kann, sofern kein Zusammenlegungsverfahren durchzuführen ist, mit der Anmeldung der Durchführung der Kapitalherabsetzung verbunden werden (→ Rn. 70).

Der Anmeldung sind als **Anlagen** die notarielle Niederschrift über den Kapitalherabsetzungs- und Satzungsänderungsbeschluss der Hauptversammlung (soweit nicht bereits gemäß § 130 Abs. 5 AktG eingereicht) sowie die Neufassung der Satzung mit der Bescheinigung gemäß § 181 Abs. 1 S. 2 AktG beizufügen. Wird der Herabsetzungsbetrag vom Vorstand festgelegt (→ Rn. 24), müssen zusätzlich beglaubigte Abschriften des Beschlusses des Vorstands und – sofern erforderlich – des Zustimmungsbeschlusses des Aufsichtsrats eingereicht werden. Entsprechendes gilt, wenn der Aufsichtsrat über die Anpassung der Satzungsfassung beschließt.

Zuständig ist das **Amtsgericht am Sitz der Gesellschaft**. Das **Gericht prüft die ordnungsgemäße Anmeldung,** insbesondere die eigene örtliche und sachliche Zuständigkeit, die Befugnis der Anmeldenden, die Form der Anmeldung, die Vollständigkeit und Ordnungsgemäßheit der beizufügenden Unterlagen sowie das ordnungsgemäße Zustandekommen und den Inhalt des Herabsetzungsbeschlusses (Mehrheitserfordernisse, Vorliegen/Notwendigkeit von Sonderbeschlüssen). Die Eintragung wird gemäß § 10 HGB bekannt gemacht und im Unternehmensregister veröffentlicht (§ 8b Abs. 2 Nr. 1 HGB). In der **Bekanntmachung** ist auf das Recht der Gläubiger auf Sicherheitsleistung hinzuweisen (s. § 225 Abs. 1 S. 2 AktG).

---

[61] Hüffer/Koch/*Koch* AktG § 224 Rn. 3; MüKoAktG/*Oechsler* § 224 Rn. 6; Spindler/Stilz/*Marsch-Barner* AktG § 224 Rn. 5.
[62] MHdB GesR IV/*Scholz* § 61 Rn. 46; Spindler/Stilz/*Marsch-Barner* AktG § 224 Rn. 5; Hüffer/Koch/*Koch* AktG § 224 Rn. 3.

33 b) **Wirksamwerden.** Mit der Eintragung des Kapitalherabsetzungsbeschlusses ist das Grundkapital herabgesetzt (§ 224 AktG). Die **Eintragung wirkt konstitutiv**. Dies gilt auch dann, wenn noch ein Zusammenlegungsverfahren (→ Rn. 51 ff.) durchgeführt werden muss. Die Kapitalherabsetzung kann weder rückwirkend wirksam werden noch kann das Wirksamwerden auf einen nach der Eintragung liegenden Zeitpunkt verschoben werden.[63] Ab dem Zeitpunkt der Eintragung ist rechtlich allein die eingetragene neue Grundkapitalziffer maßgeblich. Zur Änderung oder Aufhebung des Kapitalherabsetzungsbeschlusses (→ Rn. 27 f.).

34 Die **Mitgliedschaftsrechte der Aktionäre** werden mit dem Wirksamwerden der Kapitalherabsetzung unabhängig von einer vorherigen Berichtigung oder einem vorherigen Umtausch der alten Aktienurkunden entsprechend vermindert. Vorhandene Aktienurkunden verbriefen die Mitgliedschaftsrechte ab diesem Zeitpunkt in dem aus der Kapitalherabsetzung folgenden Umfang.[64] Das gilt auch bei einer Kapitalherabsetzung durch Zusammenlegung von Aktien.[65] Ergeben sich aufgrund des Zusammenlegungsverhältnisses Spitzen, kann der Aktionär nach hM bis zum Abschluss des Zusammenlegungsverfahrens die Mitgliedschaftsrechte auch aus den Spitzen ausüben.[66]

35 Erfolgt die Kapitalherabsetzung zum Zwecke der **Rückzahlung** von Teilen des Grundkapitals oder zum **Erlass** rückständiger Einlageverpflichtungen, erwerben die Aktionäre mit der Eintragung gegen die Gesellschaft Ansprüche auf Zahlung bzw. Abschluss eines Erlassvertrags.[67] Die Ansprüche können erst nach Ablauf der Sperrfrist des § 225 Abs. 2 AktG und Sicherstellung bzw. Befriedigung der Gläubiger erfüllt werden.[68]

Formulierungsvorschlag: Anmeldung des Kapitalherabsetzungsbeschlusses (mit Satzungsänderung)

36 Die unterzeichneten Herren A und B als gemeinsam zur Vertretung berechtigte Mitglieder des Vorstands und C als Vorsitzender des Aufsichtsrates der X-AG in Frankfurt am Main melden zur Eintragung in das Handelsregister an:

1. Die Hauptversammlung hat am …… eine Herabsetzung des Grundkapitals der Gesellschaft von 5.000.000 EUR um 1.000.000 EUR auf 4.000.000 EUR beschlossen.
2. § …… der Satzung ist in Anpassung an die Kapitalherabsetzung geändert worden.

Als Anlage fügen wir bei:
- Eine notariell beglaubigte Abschrift der Niederschrift über die Hauptversammlung vom …… und
- den vollständigen Wortlaut der geänderten Satzung mit der Bescheinigung des Notars nach § 181 AktG.

……

---

3. Gläubigerschutz

37 Jede Kapitalherabsetzung verringert das Grundkapital und damit die Haftungsgrundlage der Gläubiger. Besonders schutzbedürftig sind die Gläubiger der Gesellschaft zumal dann, wenn die Kapitalherabsetzung zum Zwecke der Rückzahlung von gebundenem Kapital an die Aktionäre oder des Erlasses von ausstehenden Einlagen durchgeführt wird. Zum ihrem Schutz ist in § 225 AktG daher das Recht der Gläubiger auf Sicherheitsleistung (→ Rn. 38 ff.) und eine Auszahlungs- und Erlasssperre (→ Rn. 46 ff.) vorgesehen.

---

[63] MüKoAktG/*Oechsler* § 223 Rn. 8, § 224 Rn. 3; Spindler/Stilz/*Marsch-Barner* AktG § 223 Rn. 8, § 224 Rn. 3. Zur Zulässigkeit einer *bilanziellen* Rückwirkung einer vereinfachten Kapitalherabsetzung → Rn. 105 ff.
[64] Hüffer/Koch/*Koch* AktG § 224 Rn. 4 f.; MHdB GesR IV/*Scholz* § 61 Rn. 43; Spindler/Stilz/*Marsch-Barner* AktG § 224 Rn. 6.
[65] Näher dazu Spindler/Stilz/*Marsch-Barner* AktG § 224 Rn. 7.
[66] OLG Hamburg AG 1991, 242 (243); MHdB GesR IV/*Scholz* § 61 Rn. 43; Hüffer/Koch/*Koch* AktG § 224 Rn. 6; Schmidt/Lutter/*Veil* § 224 Rn. 4; Spindler/Stilz/*Marsch-Barner* AktG § 224 Rn. 8.
[67] Hüffer/Koch/*Koch* AktG § 224 Rn. 7; Schmidt/Lutter/*Veil* § 224 Rn. 2; MHdB GesR IV/*Scholz* § 61 Rn. 40.
[68] Spindler/Stilz/*Marsch-Barner* AktG § 224 Rn. 9.

§ 36 Kapitalherabsetzung

a) Sicherheitsleistung. Gläubigern, deren Forderungen vor Bekanntmachung der Eintragung des Kapitalherabsetzungsbeschlusses (§ 223 AktG) begründet worden sind, ist unter den Voraussetzungen des § 225 AktG Sicherheit zu leisten. **38**

aa) Begründete Forderung. Das Recht auf Sicherheitsleistung steht Gesellschaftsgläubigern unabhängig davon zu, ob sich der **Anspruch aus Vertrag oder Gesetz** begründet. Erfasst werden neben Geldforderungen auch Ansprüche auf Unterlassung, auf Eigentumsverschaffung, Dividendenzahlung von Aktionären oder Forderungen auf Dauerschuldverhältnisse, nicht dagegen dingliche Rechte.[69] Auch für eine **bestrittene Forderung** ist grundsätzlich Sicherheit zu leisten, es sei denn die Forderung besteht offensichtlich nicht.[70] **39**

Eine Forderung ist „begründet", wenn der Rechtsgrund gelegt ist. Bei Forderungen aus Rechtsgeschäft kommt es also auf den Zeitpunkt des Vertragsschlusses an. Auch **befristete** und auflösend oder aufschiebend **bedingte** Forderungen sind erfasst.[71] Künftige Ansprüche aus **Dauerschuldverhältnissen** gewähren einen Anspruch auf Sicherheitsleistung, wenn sie in der Weise konkretisiert sind, dass sie ohne Zutun der Parteien entstehen.[72] Maßgeblicher Zeitpunkt für die Begründung der Forderungen ist der Vertragsschluss, nicht die Fälligkeit des einzelnen Anspruchs.[73] Bei der Bestimmung der Höhe des Anspruchs auf Sicherheitsleistung ist auf das konkrete Sicherungsinteresse des Gläubigers abzustellen, wobei analog § 160 HGB ein Zeitraum von fünf Jahren als Obergrenze gilt.[74] **40**

bb) Ausnahmen. Gläubiger, die **Erfüllung ihrer Forderungen** verlangen können (dh deren Forderungen fällig und einredefrei sind), sind nach § 225 Abs. 1 S. 1 AktG nicht berechtigt, Sicherheit zu verlangen. Der Anspruch auf Sicherheitsleistung entfällt, wenn das Recht, Erfüllung zu verlangen erst nach dem Verlangen nach Sicherheitsleistung entsteht, aber die Sicherheit noch nicht geleistet ist. Umgekehrt ist eine bereits geleistete Sicherheit nicht herauszugeben, wenn nachträglich das Recht, Erfüllung zu verlangen, entsteht.[75] **41**

Nach § 225 Abs. 1 S. 3 AktG steht zudem Gläubigern, die im Insolvenzverfahren **bevorrechtigt aus einer Deckungsmasse befriedigt** werden, die nach gesetzlichen Vorschriften zu ihrem Schutz errichtet und staatlich überwacht ist, das Recht auf Sicherheitsleistung nicht zu. Dazu zählen Pfandbriefgläubiger von Pfandbriefbanken (§ 30 PfandBG) sowie bestimmte Versicherungsgläubiger gegenüber ihren Versicherungsgesellschaften (§ 315 VAG). Analog § 225 Abs. 1 S. 3 AktG gilt der Ausschluss im Umfang der gesetzlichen Insolvenzsicherung gemäß § 7 BetrAVG auch für Empfänger laufender Versorgungsleistungen sowie Inhaber unverfallbarer Anwartschaften aus einer betrieblichen Altersversorgung.[76] **42**

cc) Ausschlussfrist. Sicherheitsleistung kann nur innerhalb einer **Ausschlussfrist** von **sechs Monaten** nach der Bekanntmachung der Eintragung des Kapitalherabsetzungsbeschlusses verlangt werden (§ 225 Abs. 1 S. 1 AktG). In der Meldung seines Anspruchs muss der Gläubiger deutlich machen, dass und in welcher Form er Sicherheitsleistung begehrt. Eine bestimmte Form der Meldung ist nicht vorgesehen.[77] In der Bekanntmachung der Eintragung des Kapitalherabsetzungsbeschlusses ist auf das Recht Sicherheitsleistung zu verlangen **hinzuweisen** (§ 225 Abs. 1 S. 2 AktG). Die Frist läuft jedoch auch, wenn der entsprechende **43**

---

[69] Hüffer/Koch/*Koch* AktG § 225 Rn. 2.
[70] MHdB GesR IV/*Scholz* § 61 Rn. 55.
[71] Aufschiebend bedingte Ansprüche berechtigten dann nicht zur Sicherheitsleistung, wenn der Bedingungseintritt so ungewiss ist, dass kein berechtigtes Sicherungsinteresse besteht, zum Ganzen Hüffer/Koch/*Koch* AktG § 225 Rn. 3; MüKoAktG/*Oechsler* § 225 Rn. 8; s. zu § 303 AktG auch OLG Zweibrücken AG 2004, 568 (569).
[72] Hüffer/Koch/*Koch* AktG § 225 Rn. 4; Schmidt/Lutter/*Veil* § 225 Rn. 8; Spindler/Stilz/*Marsch-Barner* AktG § 225 Rn. 8.
[73] Marsch-Barner/Schäfer/*Busch* § 47 Rn. 34.
[74] Hüffer/Koch/*Koch* AktG § 225 Rn. 4; Schmidt/Lutter/*Veil* § 225 Rn. 8; Spindler/Stilz/*Marsch-Barner* AktG § 225 Rn. 21; ebenso zu § 303 AktG BGH NZG 2014, 1340.
[75] Hüffer/Koch/*Koch* AktG § 225 Rn. 9; MHdB GesR IV/*Scholz* § 61 Rn. 51; MüKoAktG/*Oechsler* § 225 Rn. 24.
[76] Marsch-Barner/Schäfer/*Busch* § 47 Rn. 36; MHdB GesR IV/*Scholz* § 61 Rn. 52.
[77] Hüffer/Koch/*Koch* AktG § 225 Rn. 6.

Hinweis unterbleibt.[78] Nach Ablauf der Sechsmonatsfrist gemäß § 225 Abs. 1 S. 1 AktG verliert der jeweilige Gläubiger den Anspruch auf Sicherheitsleistung, auch wenn er keine Kenntnis von der Kapitalherabsetzung oder dem Fristlauf hatte oder die Frist nicht einhalten konnte.

44 *dd) Keine weiteren Voraussetzungen.* Das Recht der Gläubiger, Sicherheitsleistung zu verlangen, besteht unabhängig vom **Zweck der Kapitalherabsetzung**. Unerheblich ist daher, ob aufgrund der Herabsetzung des Grundkapitals Zahlungen an die Aktionäre geleistet werden (§ 225 Abs. 3 AktG). Auch im Falle einer Kapitalherabsetzung zu Sanierungszwecken ist Sicherheit zu leisten, wenn sich die Gesellschaft nicht für eine vereinfachte Kapitalherabsetzung entscheidet (vgl. § 229 Abs. 3 AktG). Auch eine **konkrete Gefährdung** der Erfüllbarkeit der Forderung ist keine Voraussetzung des Rechts auf Sicherheitsleistung.[79]

45 *ee) Art der Sicherheitsleistung.* Der Anspruch auf Sicherheitsleistung ist **einklagbar.** Schuldner ist die Gesellschaft. Die Forderung ist wertmäßig voll zu besichern. Bei bedingten oder befristeten Forderungen kann ein angemessener Bewertungsabschlag angebracht sein. Als Sicherheit ist eine der in **§§ 232 ff. BGB** vorgesehenen Sicherheiten zu erbringen. Für eine Forderung, die bereits nach §§ 232 ff. BGB hinreichend gesichert ist, muss nicht erneut Sicherheit gestellt werden. Wenn eine Sicherheit besteht, die nicht den Anforderungen des §§ 232 ff. BGB entspricht, ist es dagegen angemessen, dem Gläubiger jedenfalls dann Anspruch auf eine ausreichende Sicherheit zu geben, wenn er die bereits zuvor gewährte, unzureichende Sicherheit zurückgibt.[80]

46 b) **Auszahlungs- und Erlasssperre.** Die Regelung des § 225 Abs. 2 AktG verdrängt für Zahlungen aufgrund der Kapitalherabsetzung in ihrem Anwendungsbereich das Verbot der Einlagenrückgewähr (**§ 57 Abs. 1 S. 1, Abs. 3 AktG**).[81] Um die Gläubiger der Gesellschaft nicht zu gefährden, dürfen Auszahlungen (einschließlich Auskehrung von Sachmitteln[82]) an die Aktionäre nach § 225 Abs. 2 S. 1 AktG jedoch erst geleistet werden, wenn die Sechs-Monatsfrist (→ Rn. 43) verstrichen und Gläubigern, die sich rechtzeitig gemeldet haben, Befriedigung oder Sicherheit gewährt worden ist. Die Auszahlungssperre betrifft **Zahlungen „aufgrund der Kapitalherabsetzung",** insbesondere also Zahlungen aus dem Buchertrag der Kapitalherabsetzung oder aus der Auflösung von Rücklagen, die aus dem Buchertrag gebildet worden sind.[83] Darüber hinausgehende Beträge unterliegen unverändert dem Verbot der Einlagenrückgewähr.[84] Ein **Verstoß** gegen § 225 Abs. 2 S. 1 AktG führt nicht zur Unwirksamkeit der Zahlung. Er begründet jedoch eine Pflichtverletzung des Vorstands und Aufsichtsrats (§§ 93, 116 AktG). Begünstigte Aktionäre müssen empfangene Leistungen nach § 62 AktG an die Gesellschaft zurückgewähren.

47 Bei einer Kapitalherabsetzung zum Zweck der **Befreiung von rückständigen Einlagepflichten** wird der Erlass erst nach Ablauf der Sechs-Monatsfrist und nach Befriedigung oder nach Gewährung von Sicherheiten zugunsten der Gläubiger, die sich fristgemäß gemeldet haben, wirksam. Bis dahin ist ein zuvor geschlossener Erlassvertrag (§ 397 BGB) schwebend unwirksam und die Einlagepflicht besteht fort.[85]

4. Durchführung der Kapitalherabsetzung

48 a) **Herabsetzung von Nennbetrag bzw. Grundkapitalziffer.** *aa) Nennbetragsaktien.* Bei der Kapitalherabsetzung durch Herabsetzung des Nennbetrags von **Nennbetragsaktien** (→ Rn. 7) ist mit der Eintragung des Kapitalherabsetzungsbeschlusses der auf die einzelne

---

[78] KölnKommAktG/*Lutter* § 225 Rn. 7.
[79] Hüffer/Koch/*Koch* AktG § 225 Rn. 8, 17.
[80] So wohl auch Hüffer/Koch/*Koch* AktG § 225 Rn. 11, mit zahlreichen Nachweisen zur anderen Ansicht; vgl. zur Problematik MüKoAktG/*Oechsler* § 225 Rn. 26 ff.
[81] MüKoAktG/*Oechsler* § 225 Rn. 1, 31; MüKoAktG/*Bayer* § 57 Rn. 130.
[82] Näher MüKoAktG/*Oechsler* § 225 Rn. 33.
[83] Weitere Einzelheiten und Beispiele bei Hüffer/Koch/*Koch* AktG § 225 Rn. 15; Spindler/Stilz/*Marsch-Barner* § 225 Rn. 23; Schmidt/Lutter/*Veil* § 225 Rn. 17.
[84] Bürgers/Körber/*Becker* § 225 Rn. 18.
[85] Spindler/Stilz/*Marsch-Barner* AktG § 225 Rn. 27.

Aktie entfallende Nennbetrag automatisch herabgesetzt und die Kapitalherabsetzung durchgeführt (§ 227 AktG).

Sind die Aktien verbrieft, werden die **Aktienurkunden** unrichtig, denn sie weisen mit dem Wirksamwerden der Kapitalherabsetzung einen zu hohen Nennbetrag aus. Der Vorstand hat die Aktionäre daher öffentlich zur Einreichung ihrer Aktienurkunden aufzufordern. Sind die Aktienurkunden in einem Bankdepot verwahrt, darf die Bank nach Nr. 18 der Sonderbedingungen für Wertpapiergeschäfte einer in den „Wertpapier-Mitteilungen" bekannt gemachten Aufforderung auch ohne vorherige Benachrichtigung des Kunden Folge leisten.[86] Eingereichte Aktienurkunden sind zu **berichtigen** oder gegen neue Urkunden **auszutauschen**. Ist der Anspruch auf **Einzelverbriefung** mittlerweile in der Satzung gemäß § 10 Abs. 5 AktG **ausgeschlossen** worden, kann die Gesellschaft statt neuer Einzelurkunden auch nur eine Globalurkunde ausgeben und bei der Clearstream Banking AG in Girosammelverwahrung geben. Bei den Aktionären erfolgt in diesem Fall nur eine Depotgutschrift.[87] Sofern Aktionäre unrichtig gewordene Aktienurkunden trotz Aufforderung nicht einreichen, können die Aktienurkunden nach **§§ 73, 64 Abs. 2 AktG** mit Genehmigung des Registergerichts **für kraftlos erklärt** werden; § 226 AktG findet insoweit keine Anwendung.[88] Werden die alten Aktien durch eine in **Girosammelverwahrung** befindliche Globalurkunde verbrieft, spielt das vorgenannte Korrekturverfahren keine Rolle. Es erfolgt schlicht ein Austausch der bei der Clearstream Banking AG verwahrten Globalurkunde. Eine Mitwirkungshandlung der Aktionäre ist hierfür nicht erforderlich.[89]

bb) Stückaktien. Keine weiteren Durchführungsmaßnahmen sind erforderlich, wenn bei einer Gesellschaft, die **Stückaktien** ausgegeben hat, die Kapitalherabsetzung durch Reduzierung der Grundkapitalziffer erfolgt (→ Rn. 8). Der auf die einzelne Aktie entfallende anteilige Betrag des Grundkapitals reduziert sich mit Eintragung des Kapitalherabsetzungsbeschlusses automatisch und die Kapitalherabsetzung ist durchgeführt (§ 227 AktG). Aktienurkunden, welche die Stückaktien verbriefen, müssen nicht berichtigt werden, da sie den anteiligen Betrag nicht ziffernmäßig ausweisen.

b) **Zusammenlegung von Aktien.** Erfolgt die Kapitalherabsetzung durch Zusammenlegung von Aktien (→ Rn. 10ff.) ist die Kapitalherabsetzung zwar mit Eintragung des Kapitalherabsetzungsbeschlusses wirksam (§ 224 AktG), jedoch sind zur Durchführung im Sinne von § 227 AktG noch **weitere Handlungen** erforderlich.

aa) Zusammenlegungsverfahren. Zuständig für die Zusammenlegung ist der **Vorstand**, der den Kapitalherabsetzungsbeschluss grds. **unverzüglich** durchzuführen hat (§ 83 Abs. 2 AktG).[90] Die Aktionäre haben ab Wirksamkeit der Kapitalherabsetzung einen klagbaren Anspruch auf Zusammenlegung.[91] Bei der Zusammenlegungsentscheidung ist der Vorstand an Vorgaben im Kapitalherabsetzungsbeschluss gebunden. Ansonsten entscheidet der Vorstand nach pflichtgemäßem Ermessen.[92] Die **Zusammenlegungsentscheidung** ist ein einseitiges, nicht empfangsbedürftiges Rechtsgeschäft und wird durch bloße Kundgabe (zB Beschluss, Aktenvermerk) wirksam.[93] Sie ist sowohl bei verbrieften als auch bei unverbrieften Aktien erforderlich und muss so bestimmt sein, dass aus ihr eindeutig hervorgeht, welche Mitgliedschaftsrechte konkret zusammengelegt und damit zu einem einheitlichen Mitgliedschaftsrecht vereinigt werden.[94]

---

[86] Langenbucher/Bliesener/Spindler/*Binder* Kap. 38 Rn. 78; *Bunte* AGB-Banken Rn. 156.
[87] MHdB GesR IV/*Scholz* § 61 Rn. 63; Marsch-Barner/Schäfer/*Busch* § 47 Rn. 45, s. zudem Rn. 46 zur streitigen Frage der Hinterlegung für nicht eingereichte Aktienurkunden in diesem Fall.
[88] Näher Marsch-Barner/Schäfer/*Busch* § 47 Rn. 46; Hüffer/Koch/*Koch* AktG § 222 Rn. 21b; MHdB GesR IV/*Scholz* § 61 Rn. 62.
[89] MHdB GesR IV/*Scholz* § 61 Rn. 64; Marsch-Barner/Schäfer/*Busch* § 47 Rn. 45.
[90] BGH AG 1992, 27 (28); Hüffer/Koch/*Koch* AktG § 226 Rn. 3.
[91] Hüffer/Koch/*Koch* AktG § 226 Rn. 6, Spindler/Stilz/*Marsch-Barner* AktG § 226 Rn. 10.
[92] RGZ 80, 81 (83 f.); MüKoAktG/*Oechsler* § 226 Rn. 3.
[93] Spindler/Stilz/*Marsch-Barner* AktG § 226 Rn. 6; Hüffer/Koch/*Koch* AktG § 226 Rn. 4; Schmidt/Lutter/ *Veil* § 226 Rn. 4.
[94] Hüffer/Koch/*Koch* AktG § 226 Rn. 4.

53 Bei **verbrieften** Aktien beginnt das Zusammenlegungsverfahren mit der **Aufforderung** an die Aktionäre, die alten Aktienurkunden zum Zwecke der Zusammenlegung und Spitzenverwertung **einzureichen** (→ Rn. 60). Nach Kundgabe der Zusammenlegungsentscheidung werden die eingereichten alten Aktienurkunden **berichtigt** oder gegen neue Urkunden **ausgetauscht**. Überzählige Aktienurkunden müssen von der Gesellschaft zum Schutz des Rechtsverkehrs einbehalten und vernichtet werden.[95] Reichen Aktionäre trotz Aufforderung ihre alten Aktienurkunden nicht ein, muss vor der Zusammenlegung zunächst eine Kraftloserklärung gemäß § 226 AktG erfolgen (→ Rn. 59 ff.). Sind die Aktien – wie im praktisch wohl häufigsten Fall – durch eine in **Girosammelverwahrung** befindliche Globalurkunde verbrieft, erfolgt die Zusammenlegung durch Berichtigung oder Austausch der Globalurkunde; eine Kraftloserklärung kommt nicht in Betracht. Bei den Aktionären wird lediglich eine entsprechende Änderung ihrer Depotgutschrift vorgenommen.[96]

54 Sind die Aktien **nicht verbrieft**, hat die Gesellschaft entsprechende **Umbuchungen** vorzunehmen und die Aktionäre zu **benachrichtigen**, welchen Nennbetrag ihre Mitgliedsrechte nunmehr haben oder welcher anteilige Betrag am Grundkapital auf ihre Stückaktien entfällt.[97]

55 *bb) Spitzenregulierung.* Soweit Aktionäre nicht exakt über die für eine Zusammenlegung zu einem Vollrecht erforderliche Anzahl von Aktien verfügen, muss eine Spitzenregulierung erfolgen. Ein Aktionär kann seine Spitzen (zum Begriff → Rn. 12) bereits vor der Zusammenlegungsentscheidung der Gesellschaft auch isoliert **veräußern** oder weitere Teilrechte zur Aufstockung auf ein Vollrecht **hinzuerwerben** (→ Rn. 57).[98] Soweit ein Spitzenausgleich nicht auf diese Weise herbeigeführt werden kann, müssen die Teilrechte eines Aktionärs von der Gesellschaft **mit den Teilrechten** *anderer* **Aktionäre zu ganzen Aktien zusammengelegt** werden. Die so entstandenen Aktien stehen bei Verbriefung im Miteigentum (§ 1008 BGB), ansonsten in Mitinhaberschaft der beteiligten Aktionäre, die insoweit eine **Bruchteilsgemeinschaft** (§§ 741 ff. BGB) bilden. Sie sind von der Gesellschaft für Rechnung der Beteiligten zu **verwerten**.[99] Die von den beteiligten Aktionären gebildete Bruchteilsgemeinschaft wird durch Auskehrung des Verwertungserlöses auseinandergesetzt.[100]

Beispiel:
Die Zusammenlegung soll im Verhältnis 2:1 erfolgen. Zwei Aktionäre reichen jeweils 3 Aktien zur Zusammenlegung und Spitzenverwertung ein. Jeder der beiden Aktionäre erhält jeweils eine neue Aktie und ein Teilrecht von ½ an einer weiteren neuen Aktie. Die beiden Teilrechte werden zu einer neuen, im hälftigen Miteigentum der Aktionäre stehenden Aktie zusammengelegt und von der Gesellschaft für Rechnung der beteiligten Aktionäre verwertet.

56 Haben die Aktionäre die Gesellschaft **zur Spitzenverwertung ermächtigt**, können die im Zuge der Zusammenlegung der Spitzen entstandenen neuen Aktien freihändig veräußert werden. Bei verbrieften Aktien liegt in der Einreichung von Aktienurkunden idR die **konkludente** Ermächtigung der Gesellschaft zur Spitzenverwertung.[101] Erteilt ein Aktionär **keine Ermächtigung**, ist die Gesellschaft bei der Verwertung der neuen Aktien an die Bestimmungen des § 226 Abs. 3 AktG gebunden (→ Rn. 65 ff.).[102] Sind die Altaktien verbrieft, muss ggf. zuvor im Verfahren nach § 226 Abs. 1 S. 2 und Abs. 2 AktG eine **Kraftloserklärung** der die Spitzen verbriefenden alten Urkunden erfolgen.

---

[95] MHdB GesR IV/*Scholz* § 61 Rn. 68; Schmidt/Lutter/*Veil* § 226 Rn. 4; Hüffer/Koch/*Koch* AktG § 226 Rn. 5.
[96] Bürgers/Körber/*Becker* § 226 Rn. 4; Spindler/Stilz/*Marsch-Barner* AktG § 226 Rn. 8; Hüffer/Koch/*Koch* AktG § 226 Rn. 5; Hölters/*Haberstock/Greitemann* § 226 Rn. 3; Bürgers/Körber/*Becker* § 226 Rn. 4.
[97] Hüffer/Koch/*Koch* AktG § 226 Rn. 5; MüKoAktG/*Oechsler* § 226 Rn. 6; Schmidt/Lutter/*Veil* § 226 Rn. 4.
[98] Spindler/Stilz/*Marsch-Barner* AktG § 226 Rn. 9; MüKoAktG/*Oechsler* § 226 Rn. 9; GroßkommAktG/*Sethe* § 226 Rn. 33; s. auch BGH NZG 1998, 422 (423) – Sachsenmilch.
[99] Schmidt/Lutter/*Veil* § 226 Rn. 5; Hüffer/Koch/*Koch* AktG § 226 Rn. 5.
[100] MüKoAktG/*Oechsler* § 226 Rn. 13; Hüffer/Koch/*Koch* AktG § 226 Rn. 5.
[101] Marsch-Barner/Schäfer/*Busch* § 47 Rn. 47; Hüffer/Koch/*Koch* AktG § 226 Rn. 8; Spindler/Stilz/*Marsch-Barner* AktG § 226 Rn. 9.
[102] Hüffer/Koch/*Koch* AktG § 226 Rn. 5; Spindler/Stilz/*Marsch-Barner* AktG § 226 Rn. 9; Marsch-Barner/Schäfer/*Busch* § 47 Rn. 47.

Bei Globalurkunden in **Girosammelverwahrung** erfolgt die Spitzenregulierung in der Praxis regelmäßig unter Einbindung der Depotbanken. Diese sind aufgrund der Sonderbedingungen für Wertpapiergeschäfte gehalten, ihre Depotkunden zu informieren und aufzufordern, sich zu erklären, ob sie ihre Teilrechte veräußern oder zur Aufstockung auf ein Vollrecht weitere Teilrechte erwerben wollen.[103] Der Spitzenausgleich durch Zu- und Verkauf erfolgt dabei nur zwischen den Kunden der Depotbank. Ein depotbankübergreifender Spitzenhandel wird idR nicht eingerichtet. Verbleiben nach Durchführung des depotbankinternen Spitzenausgleichs noch Spitzen (zB weil Aktionäre ihrer Depotbank keine Weisungen erteilt haben), werden die betreffenden Teilrechte von der Clearstream Banking AG dem Kassenvereinskonto des von der Gesellschaft mit der Abwicklung der Kapitalherabsetzung beauftragten Kreditinstituts zugebucht. Nach Zusammenlegung verwertet das Kreditinstitut die neuen Aktien im Auftrag der Gesellschaft durch Verkauf zum Börsenpreis für Rechnung der Aktionäre (§ 226 Abs. 3 AktG).[104] 57

58

Formulierungsvorschlag: Aufforderung der Aktionäre zur Einreichung von Aktien

Erste Aufforderung zur Einreichung der Aktien gemäß § 226 AktG

Die ordentliche Hauptversammlung unserer Gesellschaft vom ...... hat beschlossen, das Grundkapital von 5.000.000 EUR um 1.000.000 EUR auf 4.000.000 EUR nach den Vorschriften über die ordentliche Kapitalherabsetzung (§§ 222 ff. AktG) herabzusetzen. Die Kapitalherabsetzung erfolgt zum Zweck der Rückzahlung eines Teils des Grundkapitals durch Zusammenlegung der Aktien im Verhältnis 5:4. Der Beschluss ist am ...... in das Handelsregister eingetragen worden.

Zur Durchführung der Kapitalherabsetzung fordern wir hiermit unsere Aktionäre auf, ihre Inhaberaktien im Nennbetrag von 1 EUR nebst Gewinnanteilsscheinen Nr. 1–10 und Erneuerungsschein bis zum ...... einschließlich bei der Gesellschaftskasse oder einer der nachfolgenden Umtauschstellen ...... während der üblichen Schalterstunden zum Tausch einzureichen.

Die Aktionäre erhalten hiergegen im Verhältnis 5:4 neue Inhaberaktien mit der gleichen Wertpapierkennnummer, die das Ausstellungsdatum ...... tragen und mit Gewinnanteilsscheinen Nr. 1–10 und Erneuerungsschein ausgestattet sind.

Aktionäre, die ihre Bestände nicht zu Handelseinheiten von je 5 Stück oder einem Vielfachen davon auf- oder abgerundet haben, werden gebeten, umgehend ihrer Depotbank oder bei Einreichung ihrer Aktien der betreffenden Umtauschstelle einen entsprechenden Auftrag zum Zu- oder Verkauf von Teilrechten zu erteilen. Aktionäre, deren Aktien bei Banken verwahrt werden, haben nichts Weiteres zu veranlassen.

Der Aktienumtausch soll für die Aktionäre provisions- und kostenfrei sein. Die Depotbanken werden gebeten, sich wegen etwaiger Kosten und der Erstattung der Kundenprovision mit einer der Umtauschstellen in Verbindung zu setzen. Die Kosten für etwaige Teilrechtsregulierungen sind jedoch von den Aktionären zu tragen.

Aktien, die nicht bis zum ...... eingereicht sind, werden für kraftlos erklärt werden. Das Gleiche gilt für Aktien, die die zum Umtausch in neue Aktien nötige Zahl nicht erreichen und der Gesellschaft nicht zur Verwertung für Rechnung der Beteiligten zur Verfügung gestellt werden. Die neuen Aktien, die anstelle der für kraftlos erklärten Aktien ausgegeben werden, werden für Rechnung der Berechtigten zum Börsenpreis verwertet. Der Erlös wird den Berechtigten ausgezahlt oder für deren Rechnung beim zuständigen Amtsgericht hinterlegt.

cc) Kraftloserklärung von Aktienurkunden. Sind die zusammenzulegenden Aktien **verbrieft,** muss die Gesellschaft Aktienurkunden für **kraftlos erklären,** soweit (i) die Aktienkunden trotz Aufforderung nicht bei ihr eingereicht worden sind (§ 226 Abs. 1 S. 1 AktG) oder (ii) eingereichte Aktienurkunden die zum Umtausch in neue Aktien nötige Zahl nicht erreichen und die Gesellschaft nicht zur Spitzenverwertung ermächtigt worden ist (§ 226 59

---

[103] Marsch-Barner/Schäfer/*Busch* § 47 Rn. 47; Spindler/Stilz/*Marsch-Barner* AktG § 226 Rn. 9; MHdB GesR IV/*Scholz* § 61 Rn. 67.
[104] Vgl. auch Bürgers/Körber/*Becker* § 226 Rn. 5; unklar MHdB GesR IV/*Scholz* § 61 Rn. 67.

Abs. 1 S. 2 AktG). Bei in **Girosammelverwahrung** befindlichen Globalurkunden (→ Rn. 53)[105] und bei **unverbrieften** Aktien kommt eine Kraftloserklärung von vornherein nicht in Betracht (→ § 226 Rn. 65 Abs. 3 AktG).[106]

60 Die Kraftloserklärung kann nur erfolgen, wenn die Aktionäre zuvor unter Setzung einer **Frist** aufgefordert worden sind, ihre Aktienurkunden einzureichen. Die Frist wird unter Beachtung von § 64 Abs. 2 AktG durch den Vorstand bestimmt, sofern nicht die Hauptversammlung hierzu Vorgaben gemacht hat.[107] Die Aufforderung ist mit der eindeutigen **Androhung** zu verbinden, dass nach Ablauf der Frist eine Kraftloserklärung erfolgt (§ 226 Abs. 2 S. 1 AktG). Nach § 64 Abs. 2 iVm § 226 Abs. 2 S. 2 AktG gilt für Bekanntmachung und Frist: Die Aufforderung ist mindestens dreimal im Bundesanzeiger bekannt zu machen. Die erste Bekanntmachung muss mindestens drei Monate, die letzte mindestens einen Monat vor Fristablauf ergehen. Zwischen den einzelnen Bekanntmachungen muss ein Zeitraum von mindestens drei Wochen liegen. Für vinkulierte Namensaktien genügt an Stelle der öffentlichen Bekanntmachung die einmalige Einzelaufforderung an die Aktionäre, wobei die Nachfrist mindestens einen Monat seit Empfang der Aufforderung betragen muss.

61 Nach Ablauf der Frist zur Einreichung ist der Vorstand trotz des missverständlichen Geseszteswortlauts („kann") **verpflichtet**, die von § 226 Abs. 1 AktG erfassten Aktienurkunden für kraftlos zu erklären.[108] Die **Kraftloserklärung** wird mit Bekanntmachung im Bundesanzeiger wirksam (§ 226 Abs. 2 S. 3 iVm § 25 AktG).[109] In der Bekanntmachung sind die für kraftlos erklärten Aktien so zu bezeichnen, dass sich aus ihr ohne weiteres ergibt, ob eine Aktienurkunde für kraftlos erklärt ist (§ 226 Abs. 2 S. 4 AktG); ausreichend ist die Angabe der Seriennummer.

62 Die Kraftloserklärung führt zur **Ungültigkeit der alten Aktienurkunde,** die danach kein Mitgliedschaftsrecht mehr verbrieft. Die Gesellschaft muss im Anschluss an die Kraftloserklärung wie unter → Rn. 52 ff. beschrieben die **Zusammenlegung durchführen** und **neue Aktienurkunden ausgeben.**[110] Die neuen Aktienurkunden stehen im Alleineigentum bzw. – bei Zusammenlegung von Spitzen – im Miteigentum der betroffenen Aktionäre, nicht im Eigentum der Gesellschaft.[111] Die Gesellschaft ist verpflichtet, die neuen Aktien unverzüglich gemäß § 226 Abs. 3 AktG für Rechnung der betroffenen Aktionäre zu verwerten.[112] Altaktionäre, die ihre Aktienurkunden nicht eingereicht hatten, können aber noch bis zur Verwertung verlangen, dass ihnen die Anzahl von (ganzen) neuen Aktien übertragen wird, die ihnen nach der Anzahl ihrer alten Aktien zugestanden hätten.[113]

63 Der **Bestand des Mitgliedschaftsrechts** wird durch die Kraftloserklärung nicht berührt.[114] Der Aktionär kann über sein Mitgliedschaftsrecht auch nach Kraftloserklärung der Urkunden weiter gemäß §§ 398, 413 BGB verfügen. Gutgläubiger Erwerb ist mangels Verbriefung nicht mehr möglich. In der Zeit zwischen Kraftloserklärung und Verwertung ruhen nach hM die Mitverwaltungsrechte aus den neuen Aktien; Vermögensrechte hat die Gesellschaft für die Altaktionäre auszuüben (zur Zeit bis zur Kraftloserklärung → Rn. 34).[115] Erst die Verwertung der neuen Aktien gemäß § 226 Abs. 3 AktG führt für die Altaktionäre **zum Verlust des Mitgliedschaftsrechts,** da dieses auf den Erwerber übertragen wird (→ Rn. 67).[116]

---

[105] MHdB GesR IV/*Scholz* § 61 Rn. 67.
[106] Spindler/Stilz/*Marsch-Barner* AktG § 226 Rn. 11; KölnKomm/*Lutter* § 226 Rn. 15.
[107] Spindler/Stilz/*Marsch-Barner* AktG § 226 Rn. 13; Hüffer/Koch/*Koch* AktG § 226 Rn. 9.
[108] Spindler/Stilz/*Marsch-Barner* AktG § 226 Rn. 11; Hüffer/Koch/*Koch* AktG § 226 Rn. 11.
[109] Hüffer/Koch/*Koch* AktG § 226 Rn. 11.
[110] Spindler/Stilz/*Marsch-Barner* AktG § 226 Rn. 16; Hüffer/Koch/*Koch* AktG § 226 Rn. 12.
[111] MHdB GesR IV/*Scholz* § 61 Rn. 72; Spindler/Stilz/*Marsch-Barner* AktG § 226 Rn. 17; Hüffer/Koch/*Koch* AktG § 226 Rn. 13.
[112] MHdB GesR IV/*Scholz* § 61 Rn. 73; Spindler/Stilz/*Marsch-Barner* AktG § 226 Rn. 17.
[113] Marsch-Barner/Schäfer/*Busch* § 47 Rn. 48; Hüffer/Koch/*Koch* § 226 Rn. 13; MüKoAktG/*Oechsler* § 226 Rn. 23.
[114] Hüffer/Koch/*Koch* AktG § 226 Rn. 12; MüKoAktG/*Oechsler* § 226 Rn. 17.
[115] MHdB GesR IV/*Scholz* § 61 Rn. 73; Spindler/Stilz/*Marsch-Barner* AktG § 226 Rn. 18; Hüffer/Koch/*Koch* AktG § 226 Rn. 13.
[116] OLG Koblenz NJW-RR 1993, 1062 (1063).

§ 36 Kapitalherabsetzung

64 Die **Kraftloserklärung ist unwirksam,** wenn wesentliche Voraussetzungen nicht erfüllt sind. Dies ist insbesondere der Fall, wenn der Kapitalherabsetzungsbeschluss nichtig oder unwirksam ist oder wenn gegen wesentliche Verfahrensvorschriften des § 226 Abs. 2 AktG verstoßen wird. Fälschlich für kraftlos erklärte Aktien verbriefen weiterhin das Mitgliedsrecht. Hat die Aktiengesellschaft dennoch neue Aktienurkunden ausgegeben, verbriefen diese keine Rechte. Ein gutgläubiger Erwerb ist wegen des nur deklaratorischen Charakters der Urkunden nicht möglich.[117]

65 *dd) Verwertung.* § 226 Abs. 3 AktG ermächtigt die Gesellschaft, im Zuge der Zusammenlegung entstandene neue Aktien **für Rechnung der betroffenen Aktionäre zu verwerten.** Dies betrifft zunächst die Fälle, in denen nicht eingereichte Aktienurkunden (§ 226 Abs. 1 S. 1 AktG) oder – mangels Erteilung einer Verwertungsbefugnis an die Gesellschaft – Spitzen verbriefende Aktienurkunden (§ 226 Abs. 1 S. 2 AktG) für **kraftlos erklärt** worden sind. Die Vorschrift gilt darüber hinaus auch in Fällen, in denen keine vorherige Kraftloserklärung erforderlich ist, soweit sich aufgrund des Zusammenlegungsverhältnisses Spitzen ergeben und Aktionäre die Gesellschaft nicht zu ihrer Verwertung ermächtigt haben.[118] Dies betrifft zB die Spitzenverwertung bei Zusammenlegung von Aktien, die durch eine in **Girosammelverwahrung** befindliche Globalurkunde verbrieft sind, und von **unverbrieften Aktien.**[119]

66 Die Verwertung muss zur Vermeidung von Nachteilen für die betroffenen Aktionäre **unverzüglich** nach der Zusammenlegung erfolgen.[120] Zuständig für die Verwertung ist der Vorstand. Die neuen Aktien sind zum **Börsenpreis** (s. für iSv § 3 Abs. 2 AktG börsennotierte Gesellschaften § 24 BörsG) und bei Fehlen eines Börsenpreises durch **öffentliche Versteigerung** zu verkaufen (§ 226 Abs. 3 S. 1 AktG). Eine andere Art der Verwertung ist nur zulässig, wenn alle betroffenen Aktionäre zustimmen.[121] Die Versteigerung erfolgt grundsätzlich am Sitz der Gesellschaft. Nur wenn dort kein angemessener Erfolg zu erwarten ist, können die Aktien auch an einem anderen Ort verkauft werden (§ 226 Abs. 3 S. 2 AktG). Zeit, Ort und Gegenstand der Versteigerung sind öffentlich bekannt zu machen (§ 226 Abs. 3 S. 3 AktG). Die Beteiligten sind besonders zu benachrichtigen, es sei denn, die Benachrichtigung ist untunlich (§ 226 Abs. 3 S. 4 AktG). Bekanntmachung und Benachrichtigung müssen mindestens zwei Wochen vor der Versteigerung ergehen (§ 226 Abs. 3 S. 5 AktG).

67 Gegenstand der Verwertung sind nur im Zuge der Zusammenlegung entstandene ganze neue Aktien. Etwaige nicht mit anderen Teilrechten zu Vollrechten zusammenlegbare (überzählige) Teilrechte können von der Gesellschaft nicht selbständig verwertet werden.[122] Für diese hat sie nach hM Abfindung in bar zu leisten.[123] Mit der Verwertung wird die Mitgliedschaft auf den Erwerber der neuen Aktien übertragen.[124] Der **Erlös** ist den betroffenen Altaktionären **auszuzahlen** oder zu **hinterlegen,** wenn ein Recht zur Hinterlegung besteht (§ 372 BGB), etwa weil der Name des Aktionärs oder sein Aufenthalt unbekannt ist (§ 226 Abs. 3 S. 6 AktG).[125] Kraftlos erklärte Aktienurkunden können als Berechtigungsnachweis für die Auszahlung des Verwertungserlöses dienen.[126] Eine Verpflichtung, auf das Recht zur Rücknahme (§§ 376 Abs. 2, 378 AktG) zu verzichten, besteht bei der Hinterlegung nach zutreffender Ansicht nicht.[127] Die Gesellschaft kann aus dem Verwertungserlös Ersatz der ihr entstandenen Aufwendungen verlangen (§ 670 BGB). Sie ist aber auch zur Rechnungslegung verpflichtet (§ 666 BGB).

---

[117] BGH AG 1992, 27 (28); RGZ 54, 389 (395); aA RGZ 27, 50 (52).
[118] Hölters/*Haberstock/Greitemann* § 226 Rn. 12.
[119] Zu unverbrieften Aktien auch MHdB GesR IV/*Scholz* § 61 Rn. 74.
[120] Spindler/Stilz/*Marsch-Barner* AktG § 226 Rn. 19.
[121] Hüffer/Koch/*Koch* AktG § 226 Rn. 15.
[122] Bürgers/Körber/*Becker* § 226 Rn. 5; KölnKommAktG/*Lutter* § 226 Rn. 12; Hüffer/Koch/*Koch* AktG § 226 Rn. 5.
[123] GroßkommAktG/*Sethe* § 226 Rn. 42; Hüffer/Koch/*Koch* AktG § 226 Rn. 15.
[124] Hüffer/Koch/*Koch* AktG § 226 Rn. 15.
[125] Zur Hinterlegung *Schockenhoff/Mann* NZG 2014, 561.
[126] MüKoAktG/*Oechsler* § 226 Rn. 30; Hüffer/Koch/*Koch* AktG § 226 Rn. 16.
[127] Hüffer/Koch/*Koch* AktG § 226 Rn. 16; Spindler/Stilz/*Marsch-Barner* AktG § 226 Rn. 23.

> **Formulierungsvorschlag: Kraftloserklärung von Aktien**
>
> Bekanntmachung der X-AG, Frankfurt am Main über die Kraftloserklärung von Aktien gemäß § 226 AktG
>
> Aufgrund des Hauptversammlungsbeschlusses vom ..... und gemäß der im Bundesanzeiger Nr...... vom ....., ... und .....bekannt gemachten Aufforderung an die Aktionäre unserer Gesellschaft, ihre auf den Nennbetrag 1,- EUR lautenden Aktien zwecks Zusammenlegung bei uns einzureichen, werden gemäß § 226 Abs. 1, 2 AktG die im folgenden Nummernverzeichnis aufgeführten Aktien für kraftlos erklärt.
>
> .....
>
> Frankfurt am Main, den ....,
> Der Vorstand

5. Anmeldung der Durchführung der Kapitalherabsetzung

69 Der Vorstand hat gemäß § 227 AktG die Durchführung der Herabsetzung des Grundkapitals zur Eintragung in das Handelsregister anzumelden. Eine Mitwirkung des Aufsichtsratsvorsitzenden ist anders als bei der Anmeldung des Herabsetzungsbeschlusses nicht erforderlich. Die Eintragung hat nur **deklaratorische Bedeutung**.

70 Erfolgt die Kapitalherabsetzung durch **Herabsetzung der Aktiennennbeträge oder der Grundkapitalziffer,** kann die Anmeldung der Durchführung mit der Anmeldung des Kapitalherabsetzungsbeschlusses **verbunden** werden (§ 227 Abs. 2 AktG). Ist eine **Zusammenlegung** erforderlich, muss zunächst der Kapitalherabsetzungsbeschluss gemäß § 223 AktG angemeldet und eingetragen und sodann die Durchführung des Zusammenschlussverfahrens abgewartet werden. Eine Verbindung mit der Anmeldung des Kapitalherabsetzungsbeschlusses ist daher nicht möglich.[128] Das Zusammenlegungsverfahren ist abgeschlossen, wenn die alten Aktien eingereicht oder für kraftlos erklärt sind sowie die Zusammenlegung durch die Gesellschaft erfolgt ist. Nicht zur Durchführung der Kapitalherabsetzung gehören die Berichtigung oder der Austausch von Aktienurkunden, die Ausgabe neuer Aktienurkunden, der Abschluss der Verwertung nach § 226 Abs. 3 AktG und der Ablauf der Sperrfrist gemäß § 225 Abs. 2 AktG.[129]

71 Das **Registergericht prüft,** ob die Kapitalherabsetzung ordnungsgemäß durchgeführt worden ist, nicht aber, ob nicht zur Durchführung zählende weitere Ausführungshandlungen durchgeführt worden sind.[130]

VI. Vereinfachte Kapitalherabsetzung

1. Allgemeines

72 Die vereinfachte Kapitalherabsetzung (§§ 229–236 AktG) ist die in der Praxis bedeutsamste Form der Kapitalherabsetzung. Sie ist streng zu unterscheiden von der in § 237 Abs. 3 AktG geregelten Kapitalherabsetzung durch Einziehung im vereinfachten Verfahren (dazu § 43). Im Unterschied zur ordentlichen Kapitalherabsetzung kann eine vereinfachte Kapitalherabsetzung nur zum Zwecke der Verlustdeckung und der (begrenzten) Einstellung in die Kapitalrücklage durchgeführt werden, wenn eine **Sanierung** nicht bereits durch Auflösung von Reserven (§ 229 Abs. 2 AktG) erreicht werden kann (→ Rn. 82 ff.).[131] Sie wird zumeist mit einer **gleichzeitigen Kapitalerhöhung** verbunden, um der Gesellschaft neue Mittel zuzuführen (→ Rn. 15 ff.). Vereinfachte Kapitalherabsetzung und gleichzeitige Kapitalerhöhung können **rückwirkend** auf den letzten Jahresabschluss erfolgen (§§ 234, 235 AktG; → Rn. 105 ff.).

---

[128] Spindler/Stilz/*Marsch-Barner* AktG § 227 Rn. 4; Hüffer/Koch/*Koch* AktG § 227 Rn. 8.
[129] MHdB GesR IV/*Scholz* § 61 Rn. 77; MüKoAktG/*Oechsler* § 227 Rn. 3; Schmidt/Lutter/*Veil* § 227 Rn. 2.
[130] MHdB GesR IV/*Scholz* § 61 Rn. 78.
[131] GroßkommAktG/*Sethe* § 229 Rn. 6.

Die vereinfachte Kapitalherabsetzung bewirkt lediglich eine Anpassung des Grundkapi- 73
tals an die tatsächliche Vermögenslage durch entsprechende Umbuchung (sog. **Buchsanierung**).[132] Eine ordentliche Kapitalherabsetzung wird zum Zwecke der Buchsanierung meist nicht gangbar sein, weil die Mittel der Gesellschaft zur Befriedigung oder Sicherung (§ 225 AktG) der Gläubiger nicht ausreichen.[133] Auf die vereinfachte Kapitalherabsetzung ist § 225 AktG nicht anwendbar (vgl. § 229 Abs. 3 AktG), worin gerade die „Vereinfachung" dieser Form der Kapitalherabsetzung liegt. Der Gläubigerschutz wird stattdessen durch die §§ 230, 232 und 233 AktG gewährleistet (→ Rn. 90 ff., 97 ff. und 100 ff.).

Für den **Ausweis im Jahresabschluss** gilt auch für die vereinfachte Kapitalherabsetzung 74
§ 240 AktG (→ Rn. 3). Einstellungen in die Kapitalrücklage im Zuge einer vereinfachten Kapitalherabsetzung (s. § 229 Abs. 1 S. 1 Fall 3 und § 232 AktG) sind in der Gewinn- und Verlustrechnung als „Einstellung in die Kapitalrücklage nach den Vorschriften über die vereinfachte Kapitalherabsetzung" gesondert auszuweisen (§ 240 S. 2 AktG).

2. Voraussetzungen und Umfang

Die vereinfachte Kapitalherabsetzung ist nach § 229 Abs. 1 S. 1 AktG nur zulässig, um 75
Wertminderungen auszugleichen, sonstige Verluste zu decken oder Beträge in die Kapitalrücklage einzustellen und nur insoweit nicht durch Auflösung von Rücklagen oder Verwendung eines Gewinnvortrags geholfen werden kann (§ 229 Abs. 2 AktG).

a) Zulässige Zwecke. Nach § 229 Abs. 1 S. 2 AktG muss der Zweck der vereinfachten 76
Kapitalherabsetzung **im Hauptversammlungsbeschluss festgesetzt** werden. Die zulässigen Zwecke sind in § 229 Abs. 1 S. 1 AktG aufgezählt.[134] Da diese auch im Wege der ordentlichen Kapitalherabsetzung verfolgt werden können, ist im Beschluss anzugeben, dass es sich um eine vereinfachte Kapitalherabsetzung handelt.[135] Werden gleichzeitig **mehrere Zwecke** verfolgt, muss der Betrag der Kapitalherabsetzung im Beschluss auf die verfolgten Zwecke aufgeteilt werden.[136] Der Vorstand ist an diese Festlegung gebunden (§ 230 S. 2, 3 AktG; → Rn. 93). **Andere Zwecke** als die in § 229 Abs. 1 S. 1 AktG genannten können nur im Wege der ordentlichen Kapitalherabsetzung oder der Kapitalherabsetzung durch Einziehung verfolgt werden.[137]

aa) Deckung von Verlusten. Der in § 229 Abs. 1 S. 1 AktG als zulässiger Zweck genannte 77
Ausgleich von Wertminderungen stellt lediglich einen Unterfall der Deckung von („sonstigen") Verlusten dar.[138] Der Verlustbegriff ist untechnisch zu verstehen.[139] Die **Ursache** des Verlusts ist unerheblich (zB Wertminderung von Vermögensgegenständen, Zahlungsunfähigkeit eines Schuldners).[140] Auch eine bestimmte **Höhe** muss der Verlust nicht erreichen.[141] Ein förmlicher Bilanzverlust (§ 158 Abs. 1 S. 1 Nr. 5 AktG) muss nicht festgestellt werden.[142] Auch ist nicht zwingend erforderlich, dass eine **Unterbilanz** vorliegt.[143] Dies folgt aus § 229 Abs. 2 S. 1 AktG, wonach eine Kapitalherabsetzung zur Verlustdeckung auch dann zulässig ist, wenn ein Verlust eigentlich noch durch die Summe aus gesetzlicher Rück-

---

[132] Spindler/Stilz/*Marsch-Barner* AktG § 229 Rn. 1; Schmidt/Lutter/*Veil* § 229 Rn. 1; Hüffer/Koch/*Koch* AktG § 229 Rn. 2; GroßkommAktG/*Sethe* § 229 Rn. 6.
[133] Hüffer/Koch/*Koch* AktG § 229 Rn. 2; GroßkommAktG/*Sethe* § 229 Rn. 6.
[134] Nach § 145 UmwG ist eine vereinfachte Kapitalherabsetzung zudem zulässig, sofern sie zur Durchführung einer Abspaltung oder Ausgliederung erforderlich ist, s. im Einzelnen MüKoAktG/*Oechsler* § 229 Rn. 34a.
[135] Hölters/*Haberstock/Greitemann* § 229 Rn. 7; MüKoAktG/*Oechsler* § 229 Rn. 17.
[136] Spindler/Stilz/*Marsch-Barner* AktG § 229 Rn. 4, 10. Hüffer/Koch/*Koch* AktG § 229 Rn. 6, 10; GroßkommAktG/*Sethe* § 222 Rn. 31.
[137] MüKoAktG/*Oechsler* § 229 Rn. 14.
[138] OLG München AG 2010, 715 (720 f.); Geißler NZG 2000, 721; Spindler/Stilz/*Marsch-Barner* AktG § 229 Rn. 5; Hüffer/Koch/*Koch* AktG § 229 Rn. 7.
[139] Terbrack RNotZ 2003, 90 (101); MüKoAktG/*Oechsler* § 229 Rn. 20.
[140] Hüffer/Koch/*Koch* AktG § 229 Rn. 7.
[141] Geißler NZG 2000, 721; Spindler/Stilz/*Marsch-Barner* AktG § 229 Rn. 7; Schmidt/Lutter/*Veil* § 229 Rn. 6.
[142] Spindler/Stilz/*Marsch-Barner* AktG § 229 Rn. 6.
[143] Hüffer/Koch/*Koch* AktG § 229 Rn. 7.

lage und Kapitalrücklage gedeckt wäre, letztere aber weniger als 10% des Grundkapitals beträgt.[144] In der Praxis bilden die Fälle der Unterbilanz jedoch den typischen Anwendungsfall der vereinfachten Kapitalherabsetzung zum Zwecke der Verlustdeckung.[145]

78 Maßgeblicher **Zeitpunkt** für die Verlustfeststellung ist die Beschlussfassung der Hauptversammlung.[146] Die Verlustfeststellung erfolgt anhand der in diesem Zeitpunkt vorhandenen Kenntnisse nach den **für die Jahresbilanz geltenden Grundsätzen**.[147] Der Verlust muss so **nachhaltig** sein, dass nach kaufmännischen Grundsätzen eine dauernde Veränderung des Grundkapitals gerechtfertigt ist.[148] Hieran fehlt es, wenn aufgrund der anzustellenden **Prognose** damit zu rechnen ist, dass der Verlust in naher Zukunft wieder ausgeglichen werden kann.[149] Auch ein **drohender Verlust** iSv § 249 Abs. 1 HGB (vgl. auch § 232 AktG) kann eine vereinfachte Kapitalherabsetzung rechtfertigen, sofern er nicht alsbald wieder ausgeglichen werden kann.[150] Die Prognose muss gewissenhaft sein und auf vertretbaren Feststellungen zum Verlust beruhen.[151]

79 In der Praxis empfiehlt es sich, den Verlust anhand einer nach den für die Jahresbilanz geltenden Regeln aufgestellten **Zwischenbilanz** festzustellen und die angestellten Erwägungen und Prognosen sorgfältig zu dokumentieren. Eine Prüfung, Testierung oder förmliche Feststellung der Zwischenbilanz ist nicht erforderlich.[152] Auch bildet die Zwischenbilanz keinen Bestandteil des Hauptversammlungsbeschlusses. Eine Plausibilitätsprüfung durch den Abschlussprüfer ist empfehlenswert.[153]

80 Lag kein Verlust oder kein Verlust in Höhe des Herabsetzungsbetrags vor, kann der Kapitalherabsetzungsbeschluss **anfechtbar** sein. Konnte aber aufgrund gewissenhafter Prognose von einem Verlust ausgegangen werden, besteht kein Anfechtungsgrund, wenn sich später herausstellt, dass Verlust nicht (mehr) vorhanden oder geringer als zuvor ermittelt ist.[154] Der überschüssige Betrag ist dann gemäß § 232 AktG in die Kapitalrücklage einzustellen (→ Rn. 97).

81 *bb) Einstellung in Kapitalrücklage.* Die vereinfachte Kapitalherabsetzung kann auch dazu dienen, Beträge in die Kapitalrücklage einzustellen.[155] Technisch handelt es sich um eine Umbuchung auf der Passivseite der Bilanz vom Grundkapital in die Kapitalrücklage gemäß §§ 272 Abs. 2 Nr. 1, 266 Abs. 3 A. II. HGB. Ihr wirtschaftlicher Sinn liegt in der Verbesserung der **Bilanzoptik** sowie in der **Vorsorge vor künftigen Verlusten**. Nicht erforderlich ist daher, dass Verluste bereits vorliegen oder konkret erwartet werden. Zum zulässigen Umfang → Rn. 87.

82 *b) Vorherige Auflösung von Reserven.* Die Kapitalherabsetzung stellt nicht nur für die Gläubiger eine Gefahr dar, sondern greift auch in die Mitgliedschaftsrechte der Aktionäre ein.[156] Die vereinfachte Kapitalherabsetzung darf als **ultima ratio** nur zum Zuge kommen, wenn der angestrebte Zweck nicht auf andere Weise erreicht werden kann. Nach § 229 Abs. 2 AktG hat daher vorrangig eine Auflösung von Reserven zu erfolgen. Eine vereinfach-

---

[144] Hölters/*Haberstock*/*Greitemann* § 229 Rn. 16; MüKoAktG/*Oechsler* § 229 Rn. 21.
[145] *Wirth* DB 1996, 867 (868); Schmidt/Lutter/*Veil* § 229 Rn. 6; Hölters/*Haberstock*/*Greitemann* § 229 Rn. 16; MüKoAktG/*Oechsler* § 229 Rn. 21; Marsch-Barner/Schäfer/*Busch* § 48 Rn. 6.
[146] MHdB GesR IV/*Scholz* § 62 Rn. 8; Spindler/Stilz/*Marsch-Barner* AktG § 229 Rn. 6.
[147] Spindler/Stilz/*Marsch-Barner* AktG § 229 Rn. 6.
[148] OLG Frankfurt a. M. WM 1989, 1688 (1689 f.); OLG Schleswig NZG 2004, 281 (283); Hüffer/Koch/*Koch* AktG § 229 Rn. 8; MHdB GesR IV/*Scholz* § 62 Rn. 8.
[149] Marsch-Barner/Schäfer/*Busch* § 48 Rn. 7; Spindler/Stilz/*Marsch-Barner* AktG § 229 Rn. 7.
[150] BGH NJW 1993, 57 (61); Spindler/Stilz/*Marsch-Barner* AktG § 229 Rn. 7.
[151] BGH ZIP 2001, 1539 (1543); OLG Frankfurt a.M. WM 1989, 1688 (1689 f.); OLG Schleswig NZG 2004, 281 (283); Marsch-Barner/Schäfer/*Busch* § 48 Rn. 7; Spindler/Stilz/*Marsch-Barner* AktG § 229 Rn. 7; Schmidt/Lutter/*Veil* § 229 Rn. 6.
[152] BGH ZIP 2001, 1539 (1543); Marsch-Barner/Schäfer/*Busch* § 48 Rn. 7; Hüffer/Koch/*Koch* AktG § 229 Rn. 7; Spindler/Stilz/*Marsch-Barner* AktG § 229 Rn. 6 f.
[153] Spindler/Stilz/*Marsch-Barner* AktG § 229 Rn. 6.
[154] Zum Ganzen Hüffer/Koch/*Koch* AktG § 229 Rn. 23.
[155] Hölters/*Haberstock*/*Greitemann* § 229 Rn. 17; Hüffer/Koch/*Koch* AktG § 229 Rn. 2; Spindler/Stilz/*Marsch-Barner* AktG § 229 Rn. 5.
[156] Hölters/*Haberstock*/*Greitemann* § 229 Rn. 4.

te Kapitalherabsetzung zur Verlustdeckung ist somit nur dann zulässig, soweit nach Auflösung der Reserven noch ein zu deckender Verlust besteht (→ Rn. 86). Eine Kapitalherabsetzung zur Einstellung in die Kapitalrücklage ist nur zulässig, soweit nach Auflösung der Reserven ein Unterschiedsbetrag verbleibt zwischen (i) der Summe aus gesetzlicher Rücklage und Kapitalrücklage und (ii) 10 % des Grundkapitals (s. → Rn. 87).[157]

aa) Rücklagen, Gewinnvortrag. Nach § 229 Abs. 2 S. 1 AktG müssen vor einer vereinfachten Kapitalherabsetzung zunächst die **gesetzliche Rücklage** (§ 266 Abs. 3 A. III. Nr. 1 HGB iVm § 150 Abs. 1 AktG) und die **Kapitalrücklage** (§§ 266 Abs. 3 A. II., 272 Abs. 2 HGB) vorweg aufgelöst werden, soweit diese zusammen über 10 % des nach der Herabsetzung verbleibenden Grundkapitals hinausgehen. Für die 10 %-Grenze ist das sich aufgrund der Herabsetzung ergebende Grundkapital auch dann maßgeblich, wenn eine Verbindung mit einer gleichzeitigen Wiedererhöhung erfolgt. Bei einer Herabsetzung unter den Mindestnennbetrag und sofortiger Wiedererhöhung (→ Rn. 16) ist der gesetzliche Mindestnennbetrag des Grundkapitals maßgeblich (analog § 231 S. 2 AktG).[158] Für die Auflösung der gesetzlichen Rücklage und der Kapitalrücklage ist nicht erforderlich, dass ein festgestellter Jahresabschluss vorliegt, der einen Verlustvortrag oder Jahresfehlbetrag ausweist; die für § 150 Abs. 4 AktG geltenden strengeren Grundsätze finden bei § 229 Abs. 2 S. 1 AktG keine Anwendung.[159]

Die **satzungsmäßigen Rücklagen** und **anderen Gewinnrücklage** im Sinne von § 266 Abs. 3 A. III. Nr. 3 und 4 HGB müssen vorab vollständig aufgelöst werden. Der überschießende Wortlaut des § 229 Abs. 2 S. 2 AktG, der sämtliche Gewinnrücklagen in Bezug nimmt, beruht auf einem **Redaktionsversehen**. Die gesetzliche Rücklage ist zwar eine Gewinnrücklage (§ 266 Abs. 3 A. III. Nr. 1 HGB). Nach § 229 Abs. 2 S. 1 AktG muss sie aber gerade nicht vollständig aufgelöst werden. Auch eine Auflösung der Rücklagen für Anteile an einem herrschenden oder mit Mehrheit beteiligten Unternehmen (§ 266 Abs. 3 A. III. Nr. 2 HGB) ist nicht erforderlich, da dies § 272 Abs. 4 S. 4 HGB widersprechen würde.[160] Ein vorhandener **Gewinnvortrag** (§ 266 Abs. 3 A. IV. HGB) muss vor einer vereinfachten Kapitalherabsetzung vollständig aufgebraucht werden.[161] **Nicht auflösungspflichtig** sind ferner stille Reserven, Sonderposten mit Rücklagenanteil gemäß §§ 247 Abs. 3, 273 HGB und Rückstellungen gemäß § 266 Abs. 3 B. HGB.[162] Eigene Aktien muss die Gesellschaft vor einer Kapitalherabsetzung nicht einziehen oder veräußern.[163]

bb) Auflösungsverfahren. Die Auflösung von Rücklagen erfolgt technisch durch unterjährige **Umbuchung**.[164] Zuständig für die Auflösung ist grundsätzlich der **Vorstand**, jedoch fällt die Entscheidung über die Auflösung satzungsmäßiger Rücklagen und die Verwendung des Gewinnvortrags (§§ 119 Abs. 1 Nr. 2, 174 Abs. 1 AktG) in die Zuständigkeit der **Hauptversammlung**.[165] Soweit zur Auflösung von Reserven ein Beschluss der Hauptversammlung erforderlich ist, muss dieser in derselben Hauptversammlung **vor dem Beschluss über die vereinfachte Kapitalherabsetzung** gefasst werden.[166] Erfolgt wie in der Praxis üblich ein einheitlicher Abstimmungsvorgang zu allen Beschlusspunkten, kann ein Verstoß gegen § 229 Abs. 2 AktG dadurch verhindert werden, dass der Beschluss über die vereinfachte Kapitalherabsetzung unter der aufschiebenden Bedingung des Zustandekommens des Be-

---

[157] Zum Ganzen Hüffer/Koch/*Koch* AktG § 229 Rn. 11; Spindler/Stilz/*Marsch-Barner* AktG § 229 Rn. 11.
[158] Hüffer/Koch/*Koch* AktG § 229 Rn. 13; Schmidt/Lutter/*Veil* § 229 Rn. 10; MHdB GesR IV/*Scholz* § 62 Rn. 10.
[159] Hüffer/Koch/*Koch* AktG § 229 Rn. 13; MüKoAktG/*Oechsler* § 229 Rn. 44.
[160] MüKoAktG/*Oechsler* § 229 Rn. 39.
[161] MüKoAktG/*Oechsler* § 229 Rn. 42.
[162] OLG Frankfurt a. M. AG 1989, 207 (208).
[163] Hüffer/Koch/*Koch* AktG § 229 Rn. 11; vgl. im Einzelnen MüKoAktG/*Oechsler* § 229 Rn. 37 ff.
[164] Hölters/*Haberstock/Greitemann* § 231 Rn. 8.
[165] Spindler/Stilz/*Marsch-Barner* AktG § 229 Rn. 20; MüKoAktG/*Oechsler* § 229 Rn. 43.
[166] MüKoAktG/*Oechsler* § 229 Rn. 43; Hüffer/Koch/*Koch* AktG § 229 Rn. 12; Spindler/Stilz/*Marsch-Barner* AktG § 229 Rn. 20; KölnKomm/*Lutter* § 229 Rn. 32.

schlusses über die Auflösung der Reserve gefasst wird.[167] Zur Verwendung der aus der Auflösung von Reserven gewonnenen Beträge → Rn. 90 ff.

86 **c) Umfang der vereinfachten Kapitalherabsetzung. aa)** *Kapitalherabsetzung zum Zweck der Verlustdeckung.* Eine vereinfachte Kapitalherabsetzung kann nur in begrenztem Umfang durchgeführt werden. Eine Kapitalherabsetzung zum Zwecke der **Verlustdeckung** (§ 229 Abs. 1 S. 1 Fall 1 und 2 AktG) kann nur in Höhe des Betrags durchgeführt werden, der nach Auflösung von Reserven gemäß § 229 Abs. 2 AktG noch zur Verlustdeckung erforderlich ist (→ Rn. 82). Eine gewisse Unschärfe ergibt sich dadurch, dass die Bezifferung der Verlusthöhe auf einer Prognose beruht (siehe dazu → Rn. 78 und 80).[168]

87 *bb) Kapitalherabsetzung zur Rücklagendotierung.* Die Kapitalherabsetzung zur **Einstellung von Beträgen in die Kapitalrücklage** (§ 229 Abs. 1 S. 1 Fall 3 AktG) ist **nur in den Grenzen des § 231 AktG** zulässig, der insoweit eine echte Beschlussvoraussetzung bildet.[169] Der Herabsetzungsbetrag muss so bemessen werden, dass nach Wirksamwerden der Herabsetzung die gesetzliche Rücklage und die um den Herabsetzungsbetrag erhöhte Kapitalrücklage zusammen 10 % des Grundkapitals nicht übersteigen (s. § 231 S. 1 AktG). In die Berechnung sind einschränkend – wie bei § 150 AktG – nur die Kapitalrücklagen nach § 272 Abs. 2 Nr. 1–3 HGB, nicht aber freiwillige Zuzahlungen gemäß § 272 Abs. 2 Nr. 4 HGB einzubeziehen.[170] Maßgeblich für die Bestimmung der **Höhe der Rücklagen** ist der Zeitpunkt der Fassung des Kapitalherabsetzungsbeschlusses.[171] Eine Kapitalherabsetzung zur Einstellung in die Kapitalrücklage ist daher ausgeschlossen, sofern die Summe aus gesetzlicher Rücklage und Kapitalrücklage bereits nach der vorab durchzuführenden Auflösung von Reserven (§ 229 Abs. 2 AktG) 10 % des Grundkapitals erreicht (→ Rn. 82; zur nach § 231 S. 1 Fall 1 AktG erforderlichen Umbuchung von aufgelösten Gewinnrücklagen in die gesetzliche Rücklage → Rn. 94).[172] Der Kapitalherabsetzung nachfolgende Einstellungen bleiben dagegen auch dann außer Betracht, wenn sie auf einem gleichzeitig gefassten Kapitalerhöhungsbeschluss beruhen (§ 231 S. 3 AktG). Für die **Berechnung des Grundkapitals** ist die Grundkapitalziffer *nach* der Herabsetzung maßgeblich. Wird die Herabsetzung mit einer gleichzeitigen Wiedererhöhung verbunden, bleibt letztere außer Betracht. Wird das Grundkapital im Zuge einer Kapitalherabsetzung mit gleichzeitiger Wiedererhöhung (§ 228 AktG) unter den gesetzlichen Mindestbetrag (§ 7 AktG) herabgesetzt, ist dieser maßgeblich (§ 231 S. 2 AktG).

88 Ein **Verstoß gegen § 231 AktG** macht den Kapitalherabsetzungsbeschluss anfechtbar, mangels Berührung von Drittinteressen aber nicht nichtig.[173] Unterbleibt die Anfechtung, wird die Kapitalherabsetzung in das Handelsregister eingetragen und der überschießende Betrag ist analog § 232 AktG in die Kapitalrücklage einzustellen (→ Rn. 98).[174] Ein Jahresabschluss, der gegen § 231 AktG verstößt, ist gemäß § 256 Abs. 1 Nr. 4 AktG nichtig, sofern kein Fall der analogen Anwendung von § 232 AktG vorliegt.[175]

3. Durchführung der vereinfachten Kapitalherabsetzung

89 Hinsichtlich der weiteren formellen und inhaltlichen Anforderungen an den Kapitalherabsetzungsbeschlusses und die Durchführung und das Wirksamwerden der Kapitalherabset-

---

[167] Vgl. auch GroßkommAktG/*Sethe* § 229 Rn. 45, KölnKomm/*Lutter* § 229 Rn. 32: Absetzung der Kapitalherabsetzung von der Tagesordnung, wenn Beschluss über Auflösung der Rücklage nicht zustande kommt.
[168] Hölters/*Haberstock/Greitemann* § 229 Rn. 19; Hüffer/Koch/*Koch* AktG § 229 Rn. 16.
[169] Hüffer/Koch/*Koch* AktG § 229 Rn. 16; KölnKomm/*Lutter* § 231 Rn. 3; Schmidt/Lutter/*Veil* § 231 Rn. 1.
[170] Schmidt/Lutter/*Veil* § 231 Rn. 2; Spindler/Stilz/*Marsch-Barner* AktG § 231 Rn. 5.
[171] Spindler/Stilz/*Marsch-Barner* AktG § 231 Rn. 7; Hüffer/Koch/*Koch* AktG § 231 Rn. 3.
[172] MHdB GesR IV/*Scholz* § 62 Rn. 15; Marsch-Barner/Schäfer/*Busch* § 48 Rn. 12; Spindler/Stilz/*Marsch-Barner* AktG § 231 Rn. 1; GroßkommAktG/*Sethe* § 231 Rn. 4.
[173] Hüffer/Koch/*Koch* AktG § 231 Rn. 7.
[174] MHdB GesR IV/*Scholz* § 62 Rn. 29; Marsch-Barner/Schäfer/*Busch* § 48 Rn. 23; Hüffer/Koch/*Koch* AktG § 231 Rn. 7; MüKoAktG/*Oechsler* § 231 Rn. 10.
[175] Spindler/Stilz/*Marsch-Barner* AktG § 231 Rn. 8; Schmidt/Lutter/*Veil* § 231 Rn. 4.

§ 36 Kapitalherabsetzung

zung verweist § 229 Abs. 3 AktG auf die für die Bestimmungen betreffend die ordentliche Kapitalherabsetzung (§§ 222 Abs. 1, 2 und 4, 223, 224, 226–228 AktG).

4. Verwendung des Kapitalherabsetzungsbetrags und zukünftige Gewinnausschüttungen

a) Auszahlungsverbot und Verwendungsgebot. §§ 230 f. AktG enthalten Beschränkungen hinsichtlich der Verwendung der Beträge, die aus der Kapitalherabsetzung (**unmittelbare Erträge**) oder einer nach § 229 Abs. 2 AktG erforderlichen Auflösung von Kapital- und Gewinnrücklagen (**mittelbare Erträge**) gewonnen wurden. 90

aa) Verbot von Auszahlungen. Nach § 230 S. 1 AktG dürfen diese Beträge **nicht** an Aktionäre **ausgezahlt** oder dazu verwendet werden, Aktionäre von der Verpflichtung zur Leistung der Einlage zu befreien oder den Aktionären in anderer Form offen oder verdeckt wirtschaftlich zuzukommen.[176] Dieses Ausschüttungsverbot gilt auch für die aus der Auflösung von gesetzlichen Rücklagen, die gemäß § 266 Abs. 3 A. III. Nr. 1 HGB zu den Gewinnrücklagen zählen.[177] Ebenso werden Beträge aus der Verwendung eines Gewinnvortrags erfasst.[178] Das Verbot des § 230 S. 1 AktG gilt zeitlich unbefristet.[179] Beträge, die aus der Auflösung von Kapital- und Gewinnrücklagen und aus der Kapitalherabsetzung frei geworden sind, dürfen auch nach den Vorschriften des § 233 AktG nicht ausgeschüttet werden (§ 233 Abs. 3 AktG). 91

Erhalten Aktionäre Leistungen unter **Verstoß** gegen § 230 S. 1 AktG, sind diese der Gesellschaft **zurück zu gewähren** (§ 62 AktG). Vorstand und Aufsichtsrat können bei Verstößen gegen § 230 AktG nach §§ 93, 116 AktG haftbar sein. Ein **Jahresabschluss**, der Beträge aus der Kapitalherabsetzung oder aus der Auflösung von Reserven entgegen § 230 S. 1 AktG als Gewinn ausweist, ist gemäß § 256 Abs. 1 Nr. 1 AktG nichtig; gleiches gilt gemäß § 241 Nr. 3 AktG für einen darauf aufbauenden Gewinnverwendungsbeschluss.[180] 92

bb) Zweckgerechte Verwendung. Die gewonnenen Beträge müssen **zweckgerichtet** (i) zur Deckung von Wertminderungen oder sonstigen Verlusten (§§ 229 Abs. 1 S. 1 Fall 1 und 2, 230 S. 2 Fall 1 und 2 AktG) (ii) zur Einstellung in die Kapitalrücklage (§§ 229 Abs. 1 S. 1 Fall 3, 230 S. 2 Fall 3 AktG) oder (iii) zur Einstellung in die gesetzliche Rücklage (§ 230 S. 2 Fall 4 AktG) **verwendet** werden. Auch eine Verwendung zu einem dieser Zwecke ist jedoch nur zulässig, soweit es sich dabei um den im Herabsetzungsbeschluss angegebenen Zweck der Kapitalherabsetzung handelt (§ 230 S. 3 AktG). Sind im Herabsetzungsbeschluss mehrere Zwecke festgesetzt, müssen die Erträge aus der Kapitalherabsetzung darin konkret auf die Verwendungszwecke aufgeteilt werden (→ Rn. 76).[181] Der Verwaltung darf insoweit kein Ermessensspielraum verbleiben. 93

Bei einer Kapitalherabsetzung zum **Zweck der Einstellung in die Kapitalrücklage** ist § 231 AktG zu beachten: Eine Verwendung der unmittelbaren Erträge aus der Kapitalherabsetzung zur Einstellung in die **Kapitalrücklage** ist danach nur in den Grenzen des § 231 S. 1 Fall 2 AktG zulässig (bereits → Rn. 87). Mittelbare Erträge aus der nach § 229 Abs. 2 AktG notwendigen Auflösung von anderen Gewinnrücklagen und (hM) satzungsmäßigen Rücklagen[182] (§ 266 Abs. 3 A. III. Nr. 3 und 4 HGB) sind nach § 231 S. 1 Fall 1 AktG in die **gesetzliche Rücklage** (§ 266 Abs. 3 A. III. Nr. 1 HGB iVm § 150 Abs. 1 AktG) umzubuchen. Die Einstellung in die gesetzliche Rücklage ist aus diesem Grund in § 230 S. 2 Fall 4 AktG neben den Zwecken des § 229 Abs. 1 S. 1 AktG als weiterer Verwendungszweck genannt.[183] Sofern die gesetzliche Rücklage und die Kapitalrücklage aufgrund einer solchen Umbuchung zusammen 10 % des Grundkapitals erreichen, ist für eine vereinfachte Kapitalherab- 94

---

[176] Hölters/*Haberstock/Greitemann* § 230 Rn. 5; MüKoAktG/*Oechsler* § 230 Rn. 13.
[177] Hüffer/Koch/*Koch* AktG § 230 Rn. 2.
[178] MüKoAktG/*Oechsler* § 230 Rn. 3; Hüffer/Koch/*Koch* AktG § 230 Rn. 2; Spindler/Stilz/*Marsch-Barner* AktG § 230 Rn. 2.
[179] Hölters/*Haberstock/Greitemann* § 230 Rn. 8; Hüffer/Koch/*Koch* AktG § 230 Rn. 3.
[180] Spindler/Stilz/*Marsch-Barner* AktG § 230 Rn. 5; Hüffer/Koch/*Koch* AktG § 230 Rn. 4.
[181] Hüffer/Koch/*Koch* AktG § 230 Rn. 5; Spindler/Stilz/*Marsch-Barner* AktG § 230 Rn. 7.
[182] Hüffer/Koch/*Koch* AktG § 231 Rn. 4.
[183] Hüffer/Koch/*Koch* AktG § 230 Rn. 5.

setzung zum Zwecke der Einstellung in die Kapitalrücklage kein Raum mehr (→ Rn. 82 und 87).[184]

95 Bei einer Kapitalherabsetzung zum **Zweck der Verlustdeckung** sind die Erträge aus der Kapitalherabsetzung und der Auflösung von Reserven zur Deckung von Verlusten zu verwenden. Ist eine zweckgerechte Verwendung nicht (vollumfänglich) möglich, weil keine oder geringere Verluste eingetreten sind, so sind die überschüssigen Beträge gemäß § 232 AktG in die Kapitalrücklage einzustellen (im Einzelnen → Rn. 97). Die in §§ 230 S. 2 Fall 4, 231 S. 1 Fall 1 AktG geregelte Umbuchung von Erträgen aus der Auflösung von Gewinnrücklagen in die gesetzliche Rücklage betrifft nur den Fall der Kapitalherabsetzung zum Zwecke der Einstellung in die Kapitalrücklage (→ Rn. 94).[185]

96 Werden Beträge unter **Verstoß** gegen § 230 S. 2 oder 3 AktG zweckwidrig in die Bilanz eingestellt, ist der Jahresabschluss fehlerhaft, aber nicht nichtig. Bei Feststellung des Jahresabschlusses durch die Hauptversammlung ist eine Anfechtung dieses Beschlusses wegen inhaltlicher Unrichtigkeit nach § 257 Abs. 1 S. 2 AktG ausgeschlossen.[186] Zu den Folgen eines Verstoßes gegen § 231 AktG → Rn. 88.

97 **b) Einstellung von Beträgen in die Kapitalrücklage bei zu hoch angenommenen Verlusten.** Ergibt sich nach einer Kapitalherabsetzung zum Zwecke der Verlustdeckung (§ 229 Abs. 1 S. 1 Fall 1 und 2 AktG), dass Verluste nicht bestanden oder niedriger als prognostiziert waren, ist der Unterschiedsbetrag gemäß § 232 AktG in die Kapitalrücklage (§ 272 Abs. 2 Nr. 1 HGB) einzustellen. Er unterliegt damit den Beschränkungen des § 150 Abs. 3 und 4 AktG.[187] Eine Ausschüttung an die Aktionäre ist zum **Schutz der Gläubiger** ausgeschlossen.[188] Die Ermittlung des Unterschiedsbetrags erfolgt anhand von auf den Stichtag der Beschlussfassung über die Kapitalherabsetzung aufgestellten **fiktiven Jahresbilanzen.** Diese sind jeweils anlässlich der Aufstellung des Jahresabschlusses für das bei Fassung des Herabsetzungsbeschlusses laufende und die beiden darauf folgenden Geschäftsjahre zu erstellen.[189]

98 **§ 232 AktG gilt analog,** wenn von vornherein erkennbar kein Verlust oder kein Verlust in Höhe des Herabsetzungsbetrags vorlag und die dann eigentlich statthafte Anfechtung unterbleibt (→ Rn. 80).[190] Das Gleiche gilt für die Auflösung ursprünglich berechtigter Rückstellungen für bloß erwartete Verluste. Im Falle einer Kapitalabsetzung zum Zwecke der Einstellung in die Kapitalrücklage findet § 232 AktG analoge Anwendung, wenn der Herabsetzungsbetrag unter Verstoß gegen § 231 S. 1 AktG zu hoch festgesetzt wurde, aber keine Anfechtung des Beschlusses erfolgt ist (→ Rn. 88). Obwohl Rechtsfolge des § 232 AktG ebenfalls die Einstellung in die Kapitalrücklage ist, liegt in der Analogie kein Wertungswiderspruch zu § 231 S. 1 AktG, da die Vorschrift dem Schutz der Aktionäre dient. Unterlassen sie es, den Verstoß gegen § 231 S. 1 AktG im Wege der Anfechtungsklage geltend zu machen, sind sie nicht länger schutzbedürftig.[191]

99 Bei einem **Verstoß** gegen die Pflicht zur Einstellung in die Kapitalrücklage, sind der Jahresabschluss und der darauf beruhende Gewinnverwendungsbeschluss nichtig (§§ 241 Nr. 3, 256 Abs. 1 Nr. 1 und 4, 253 Abs. 1 S. 1 AktG).[192] Wenn der Jahresabschluss wegen fehlerhafter Wertansätze nicht erkennen lässt, dass die Verluste zu hoch angenommen wurden,

---

[184] Hüffer/Koch/*Koch* AktG § 231 Rn. 2; Spindler/Stilz/*Marsch-Barner* AktG § 231 Rn. 1; Hölters/*Haberstock/Greitemann* § 231 Rn. 8.
[185] Vgl. Hüffer/Koch/*Koch* AktG § 230 Rn. 5. Die Vorschrift des § 231 AktG (auch S. 1 Fall 1) ist nach hM auf die Kapitalherabsetzung zum Zwecke der Verlustdeckung nicht anwendbar, Spindler/Stilz/*Marsch-Barner* AktG § 231 Rn. 2; GroßkommAktG/*Sethe* § 231 Rn. 3; Bürgers/Körber/*Becker* § 231 Rn. 1; MüKoAktG/ *Oechsler* § 231 Rn. 1. Anders wohl Hölters/*Haberstock/Greitemann* § 231 Rn. 2.
[186] Hüffer/Koch/*Koch* AktG § 230 Rn. 7.
[187] Hölters/*Haberstock/Greitemann* § 232 Rn. 2; Schmidt/Lutter/*Veil* § 232 Rn. 7.
[188] Schmidt/Lutter/*Veil* § 232 Rn. 1.
[189] GroßkommAktG/*Sethe* § 232 Rn. 6; Hüffer/Koch/*Koch* AktG § 232 Rn. 3; Spindler/Stilz/*Marsch-Barner* AktG § 232 Rn. 4; MüKoAktG/*Oechsler* § 232 Rn. 5.
[190] Hüffer/Koch/*Koch* AktG § 232 Rn. 8; MüKoAktG/*Oechsler* § 230 Rn. 10 ff.
[191] MüKoAktG/*Oechsler* § 231 Rn. 10; Spindler/Stilz/*Marsch-Barner* AktG § 231 Rn. 8.
[192] Hüffer/Koch/*Koch* AktG § 232 Rn. 7.

gelten dagegen die allgemeinen Regeln über die Behandlung unrichtiger Jahresabschlüsse (§§ 256 Abs. 5, 258 ff. AktG).[193]

c) **Künftige Gewinnausschüttungen.** Beginnend mit dem Wirksamwerden der Kapitalherabsetzung (§§ 224, 229 Abs. 3 AktG), ist eine Gewinnausschüttung **erst wieder zulässig,** sobald die gesetzliche Rücklage und die Kapitalrücklage (§ 272 Abs. 2 Nr. 1–3 HGB) zusammen 10 % des Grundkapitals erreicht haben (§ 233 Abs. 1 AktG). Maßgeblich ist die durch die Kapitalherabsetzung erreichte Grundkapitalziffer, mindestens jedoch der Mindestnennbetrag gemäß § 7 AktG (§ 233 Abs. 1 S. 2 AktG).[194] Zeitlich davor beschlossene, aber noch nicht vollzogene Ausschüttungen bleiben zulässig. Die Vorschrift begründet jedoch keine Pflicht zur Auffüllung der gesetzlichen Rücklage oder Kapitalrücklage.[195] 100

§ 233 Abs. 1 AktG verbietet Gewinnausschüttungen und sonstige Leistungen an Aktionäre ohne Gegenleistung. Dazu zählen auch Gewinnabführungen auf Grund eines **Gewinnabführungsvertrags.**[196] Für **Teilgewinnabführungsverträge** und **Gewinngemeinschaften** gilt § 233 Abs. 1 AktG dagegen nicht.[197] 101

Das **Gewinnausschüttungsverbot endet,** wenn die gesetzliche Rücklage und die Kapitalrücklage zusammen 10 % des Grundkapitals erreicht haben. Auch in diesem Fall darf für das bei Fassung des Kapitalherabsetzungsbeschlusses laufende und die beiden folgenden Geschäftsjahre jedoch höchstens ein Gewinnanteil von **4 % des Grundkapitals** gezahlt werden (§ 233 Abs. 2 S. 1 AktG). Dabei ist – anders als bei § 233 Abs. 1 AktG – das Grundkapital im Zeitpunkt des Gewinnverwendungsbeschlusses zugrunde zu legen.[198] Die Beschränkung gilt ab dem Wirksamwerden der Kapitalherabsetzung. Ein vorher gefasster Gewinnverwendungsbeschluss darf noch einen Gewinnanteil von über 4 % vorsehen, wobei ab Wirksamwerden der Kapitalherabsetzung jedoch die Beschränkung auf 4 % des Grundkapitals greift.[199] 102

Die Beschränkung gemäß § 233 Abs. 2 S. 1 AktG **entfällt,** wenn die Gläubiger, deren Forderungen vor der Bekanntmachung der Eintragung des Kapitalherabsetzungsbeschlusses begründet waren, **befriedigt oder sichergestellt** sind. Die Sechsmonatsfrist gemäß § 233 Abs. 2 S. 2 AktG beginnt mit der Bekanntmachung des Jahresabschlusses, auf Grund dessen die Gewinnverteilung beschlossen ist. Keiner Sicherstellung bedarf es, wenn Gläubiger im Fall des Insolvenzverfahrens aus einer besonderen Deckungsmasse bevorzugt befriedigt werden (§ 233 Abs. 2 S. 3 AktG). In der Offenlegung des Jahresabschlusses nach § 325 HGB sind die Gläubiger auf die Befriedigung oder Sicherstellung hinzuweisen (§ 325 Abs. 2 S. 4 HGB). 103

Ein Gewinnverwendungsbeschluss, der gegen § 233 AktG **verstößt,** ist nach §§ 253 Abs. 1, 241 Nr. 3 AktG nichtig.[200] Vorstand und Aufsichtsrat können gemäß §§ 93, 116 AktG zum Schadensersatz verpflichtet sein. Die Aktionäre sind zur Rückzahlung des ausgekehrten Betrags verpflichtet (§ 62 AktG). 104

5. Bilanzielle Rückwirkung

Die vereinfachte Kapitalherabsetzung kann rückwirkend auf einen vor der Beschlussfassung liegenden Zeitpunkt beschlossen werden. Die Kapitalherabsetzung wird dabei nicht rückwirkend wirksam (es verbleibt insoweit bei §§ 224, 229 Abs. 3 AktG).[201] Nach § 234 Abs. 1 AktG ist es der Gesellschaft unter Durchbrechung des Stichtagsprinzips (§ 252 105

---

[193] MHdB GesR IV/*Scholz* § 62 Rn. 30.
[194] Hüffer/Koch/*Koch* AktG § 233 Rn. 4.
[195] MHdB GesR IV/*Scholz* § 62 Rn. 31.
[196] Schmidt/Lutter/*Veil* § 233 Rn. 3; Spindler/Stilz/*Marsch-Barner* AktG § 233 Rn. 3; Hüffer/Koch/*Koch* AktG § 233 Rn. 3; aA MHdB GesR IV/*Scholz* § 62 Rn. 32; MüKoAktG/*Oechsler* § 233 Rn. 6.
[197] MüKoAktG/*Oechsler* § 233 Rn. 5; Hüffer/Koch/*Koch* AktG § 233 Rn. 3; MHdB GesR IV/*Scholz* § 62 Rn. 32.
[198] Hüffer/Koch/*Koch* AktG § 233 Rn. 6.
[199] Hüffer/Koch/*Koch* AktG § 233 Rn. 7.
[200] Hüffer/Koch/*Koch* AktG § 233 Rn. 10; MüKoAktG/*Oechsler* § 233 Rn. 9, 16.
[201] Hüffer/Koch/*Koch* AktG § 234 Rn. 2.

Abs. 1 Nr. 3 HGB) jedoch gestattet, im **Jahresabschluss für das letzte vor dem Kapitalherabsetzungsbeschluss abgelaufene Geschäftsjahr** das Grundkapital und die Kapital- und Gewinnrücklagen in der Höhe auszuweisen, in der sie nach der Kapitalherabsetzung bestehen sollen. Die Gesellschaft kann dadurch vermeiden, die durch die Kapitalherabsetzung beseitigten Verluste zuvor noch bilanziell ausweisen zu müssen.[202] Erlaubt ist die Rückwirkung nur für den Jahresabschluss des Geschäftsjahres, das dem Kapitalherabsetzungsbeschluss unmittelbar vorausgegangen ist, nicht aber für weiter zurück liegende Geschäftsjahre.[203]

106 Ob eine bilanzielle Rückbeziehung erfolgt, entscheiden Vorstand und Aufsichtsrat nach pflichtgemäßem Ermessen.[204] Es besteht **keine Verpflichtung** zur Rückbeziehung. Technisch erfolgt die Rückbeziehung der Kapitalherabsetzung im Rahmen der **Feststellung des Jahresabschlusses** des letzten Geschäftsjahres. Dabei sind das Grundkapital und die Kapital- und Gewinnrücklagen in der nach Kapitalherabsetzung bestehenden Höhe zugrunde zu legen. Gemäß § 234 Abs. 2 S. 1 AktG muss der Jahresabschlusses dabei – unabhängig von einer Zuweisung gemäß § 173 Abs. 1 AktG – zwingend **durch die Hauptversammlung** festgestellt werden. Ist der Jahresabschluss bereits durch den Aufsichtsrat festgestellt, scheidet eine Rückwirkung aus. Bis zur Einberufung der Hauptversammlung können Vorstand und Aufsichtsrat den Jahresabschluss jedoch noch ändern und die Kapitalherabsetzung rückwirkend berücksichtigen (§ 175 Abs. 4 S. 1 AktG). Der so geänderte Jahresabschluss ist sodann der Hauptversammlung zur Feststellung vorzulegen.[205]

107 Wird mit der rückwirkenden Kapitalherabsetzung **gleichzeitig** eine **Kapitalerhöhung** beschlossen, kann (nicht: muss) auch die Kapitalerhöhung rückwirkend in dem Jahresabschluss berücksichtigt werden (§ 235 AktG).[206] Wirksam wird die Kapitalerhöhung auch in diesem Fall mit Eintragung. Die Kapitalerhöhung muss als **reguläre Kapitalerhöhung** beschlossen werden; genehmigte oder bedingte Kapitalerhöhung und Kapitalerhöhung aus Gesellschaftsmitteln genügen nicht.[207] Die Rückbeziehung setzt nach § 235 Abs. 1 S. 2 AktG weiter voraus, dass die Kapitalerhöhung gegen **Bareinlage**[208] erfolgt und im Zeitpunkt der Fassung des Erhöhungsbeschlusses die neuen Aktien **vollständig gezeichnet** sind und auf jede Aktie die **Einzahlung** geleistet ist, die nach §§ 36a Abs. 1, 188 Abs. 2 AktG zur Zeit der Anmeldung der Durchführung der Kapitalerhöhung bewirkt sein muss. Die Zeichnung und die Einzahlung sind dem Notar, der den Beschluss über die Kapitalerhöhung beurkundet, nachzuweisen (§ 235 Abs. 1 S. 3 AktG). Die Art des Nachweises steht im Ermessen des Notars. Ein rückwirkender Kapitalerhöhungsbeschluss, der gegen diese Voraussetzungen verstößt hat die **Nichtigkeit** des Feststellungsbeschlusses (§ 241 Nr. 3 AktG) und des Jahresabschlusses (§ 256 Abs. 1 Nr. 1 AktG) zur Folge.[209]

108 Über die **Kapitalherabsetzung** und die **Feststellung** des Jahresabschlusses soll zugleich, dh **in derselben Hauptversammlung**, beschlossen werden (§ 234 Abs. 2 S. 2 AktG). Da es sich um eine Sollvorschrift handelt, kann der Kapitalerhöhungsbeschluss vor dem Beschluss über die Feststellung des Jahresabschlusses gefasst werden und umgekehrt.[210] Soweit eine rückwirkende Kapitalherabsetzung mit einer **Wiedererhöhung** verbunden wird, *müssen* nach zum Teil vertretener Ansicht beide Beschlüsse in derselben Hauptversammlung gefasst werden (vgl. § 235 Abs. 1 S. 1 AktG).[211] Dieser Ansicht sollte wegen des andernfalls bestehenden Nichtigkeitsrisikos für den Jahresabschluss jedenfalls für die Praxis gefolgt werden. Kapitalherabsetzungs- und Erhöhungsbeschluss sollen gemeinsam in das Handelsregister

---

[202] MHdB GesR IV/*Scholz* § 62 Rn. 38.
[203] Hüffer/Koch/*Koch* AktG § 234 Rn. 3.
[204] Spindler/Stilz/*Marsch-Barner* AktG § 234 Rn. 3.
[205] Spindler/Stilz/*Marsch-Barner* AktG § 234 Rn. 8; MHdB GesR IV/*Scholz* § 62 Rn. 39.
[206] Zu den Gestaltungsmöglichkeiten *Terbrack* RNotZ 2003, 90 (107).
[207] MHdB GesR IV/*Scholz* § 62 Rn. 43; Hüffer/Koch/*Koch* AktG § 235 Rn. 5.
[208] Siehe hierzu auch oben Fn. 31.
[209] Spindler/Stilz/*Marsch-Barner* AktG § 235 Rn. 13; Hüffer/Koch/*Koch* AktG § 235 Rn. 9.
[210] Marsch-Barner/Schäfer/*Busch* § 48 Rn. 31; MHdB GesR IV/*Scholz* § 62 Rn. 40; MüKoAktG/*Oechsler* § 234 Rn. 13 f.
[211] Hüffer/Koch/*Koch* AktG § 235 Rn. 4; GroßkommAktG/*Sethe* § 235 Rn. 17; aA (bloße Sollvorschrift) MüKoAktG/*Oechsler* § 235 Rn. 10; Spindler/Stilz/*Marsch-Barner* AktG § 235 Rn. 7.

eingetragen werden (§ 235 Abs. 2 S. 3 AktG). Weicht das Registergericht hiervon ab, lässt dies die Wirksamkeit der Beschlüsse unberührt.[212]

Die Beschlüsse über die Kapitalherabsetzung und die Feststellung des Jahresabschlusses **109** sind **nichtig**, wenn der Kapitalherabsetzungsbeschluss nicht **innerhalb von drei Monaten** nach Beschlussfassung in das Handelsregister eingetragen wird (§§ 234 Abs. 3 S. 1 AktG). Die Frist beginnt mit der ersten Beschlussfassung, wenn die Beschlüsse zu unterschiedlichen Zeitpunkten gefasst werden.[213] Der Kapitalherabsetzungsbeschluss ist bei Eintragung nach Fristablauf wirksam und die Nichtigkeit beschränkt sich auf den Jahresabschluss, wenn im Hauptversammlungsbeschluss ausdrücklich bestimmt ist, dass dieser unabhängig von der Rückwirkung wirksam sein soll.[214] Erfolgt eine gleichzeitige **Wiedererhöhung,** müssen auch der Kapitalerhöhungsbeschluss und die Durchführung der Kapitalerhöhung innerhalb der Dreimonatsfrist in das Handelsregister eingetragen werden (§ 235 Abs. 2 S. 1 AktG). Die Frist wird durch Anfechtungs- oder Nichtigkeitsklage gehemmt (§ 234 Abs. 3 S. 2, 235 Abs. 2 S. 2 AktG).

Bei Rückbeziehung einer Kapitalherabsetzung (§ 234 AktG) darf die **Offenlegung des** **110** **Jahresabschlusses** (§ 325 HGB) erst nach Eintragung des Beschlusses über die Kapitalherabsetzung erfolgen; im Fall der gleichzeitigen Rückbeziehung der Kapitalerhöhung erst, nachdem die Beschlüsse über die Kapitalherabsetzung und Kapitalerhöhung sowie die Durchführung der Kapitalerhöhung eingetragen worden sind (§ 236 AktG).

Beratungscheckliste **111**

Ordentliche Kapitalherabsetzung

☐ Zulässiger Zweck: Jeder mögliche Zweck ist zulässig, vgl. § 222 Abs. 3 AktG (Bsp. Befreiung von rückständigen Einlagen, Rückzahlung nicht benötigten Grundkapitals, Tilgung einer Unterbilanz, Umwandlung eines Teils des Grundkapitals in Gewinnrücklage).
☐ Kapitalherabsetzungsbeschluss (Mindestinhalt (§ 222 AktG): Zweck der Kapitalherabsetzung; Herabsetzungsbetrag in jedenfalls bestimmbarer Höhe; Form der Durchführung der Kapitalherabsetzung; evtl. Einzelheiten der Durchführung der Kapitalherabsetzung).
☐ Ggf. gleichzeitige Kapitalerhöhung; zwingend bei Unterschreitung des Mindestnennbetrags des Grundkapitals (§ 228 Abs. 1 AktG).
☐ Ggf. Sonderbeschluss (§ 222 Abs. 2 AktG).
☐ Anmeldung des Kapitalherabsetzungsbeschlusses zum Handelsregister durch Vorstand und Aufsichtsratsvorsitzenden (§ 223 AktG).
☐ Bei Unterschreitung des Mindestnennbetrags: 6-Monatsfrist beachten (§ 228 Abs. 2 AktG).
☐ Gläubigerschutzvorschriften beachten (§ 225 AktG).
☐ Bei Durchführung im Wege der Zusammenlegung von Aktien: Zusammenlegungsentscheidung; ggf. Verfahren der Kraftloserklärung von Aktienurkunden (§ 226 AktG); Verwertung (§ 226 Abs. 3 AktG).
☐ Anmeldung der Durchführung der Kapitalherabsetzung zum Handelsregister (§ 227 AktG).

Vereinfachte Kapitalherabsetzung

☐ Zulässiger Zweck: nur Verlustdeckung oder Einstellung von Beträgen in die Kapitalrücklage, § 229 Abs. 1 AktG
☐ Vorherige Auflösung von Reserven, § 229 Abs. 2 AktG. Ggf. vorheriger HV-Beschluss über Auflösung satzungsmäßiger Rücklagen oder Verwendung des Gewinnvortrags.
☐ Kapitalherabsetzungsbeschluss (wie oben); Begrenzung der Höhe der Kapitalherabsetzung beachten.
☐ Bei Rückwirkung der Kapitalherabsetzung: Feststellung des Jahresabschlusses durch die Hauptversammlung (§ 234 Abs. 2 AktG).

---

[212] GroßkommAktG/*Sethe* § 235 Rn. 17.
[213] MüKoAktG/*Oechsler* § 234 Rn. 14; Spindler/Stilz/*Marsch-Barner* AktG § 234 Rn. 12; Schmidt/Lutter/ Veil § 234 Rn. 10.
[214] MüKoAktG/*Oechsler* § 234 Rn. 17; Spindler/Stilz/*Marsch-Barner* AktG § 234 Rn. 15; Hüffer/Koch/ *Koch* AktG § 234 Rn. 9; aA Schmidt/Lutter/*Veil* § 234 Rn. 12.

- ☐ Ggf. gleichzeitige Kapitalerhöhung; zwingend bei Unterschreitung des Mindestnennbetrags des Grundkapitals (§§ 228 Abs. 1, 229 Abs. 3 AktG).
- ☐ Beschränkungen für Verwendung des Kapitalherabsetzungsbetrags beachten (§§ 230, 231 AktG).
- ☐ Beschränkung für Gewinnausschüttungen beachten (§ 233 AktG).
- ☐ Anmeldung des Kapitalherabsetzungsbeschlusses (§§ 223, 229 Abs. 3 AktG).
- ☐ Bei Unterschreitung des Mindestnennbetrags: 6-Monatsfrist beachten (§§ 228 Abs. 2, 229 Abs. 3 AktG).
- ☐ Bei Rückwirkung der Kapitalherabsetzung (und ggf. Wiedererhöhung): 3-Monatsfrist beachten (§§ 234 Abs. 3, 235 Abs. 2 AktG).
- ☐ Ggf. Durchführung im Wege der Zusammenlegung von Aktien (s. oben).
- ☐ Anmeldung der Durchführung der Kapitalherabsetzung (§§ 227, 229 Abs. 3 AktG).

§ 37 Heilung fehlerhafter Kapitalmaßnahmen

Übersicht

	Rn.
I. Typische Beratungssituation	1
II. Fehlerhafte reguläre Kapitalerhöhung	2–28
1. Fehler der regulären Kapitalerhöhung	3–23
a) Mängel oder Fehlen des Kapitalerhöhungsbeschlusses	4–13
b) Fehlerhafte Zeichnungen	14–20
c) Fehlende oder fehlerhafte Anmeldung	21/22
d) Sonstige Mängel	23
2. Rechtsfolgen anfechtbarer Kapitalerhöhung	24/25
3. Rechtsfolgen endgültig unwirksamer Kapitalerhöhung	26–28
III. Besondere Formen der Kapitalerhöhung	29–39
1. Bedingte Kapitalerhöhung	29–32
2. Genehmigtes Kapital	33–38
a) Fehler der Ermächtigung des Vorstands	34–37
b) Fehler der Kapitalerhöhung	38
3. Kapitalerhöhung aus Gesellschaftsmitteln	39
IV. Fehlerhafte Kapitalherabsetzung	40–48
1. Ordentliche Kapitalherabsetzung	41–47
a) Fehler der Beschlussfassung	41/42
b) Fehlende oder mangelhafte Anmeldung	43
c) Rechtsfolgen anfechtbarer und unwirksamer Kapitalherabsetzung	44–47
2. Vereinfachte Kapitalherabsetzung/Zwangseinziehung	48
V. Beratungscheckliste	49

Schrifttum: *Grobecker/Kuhlmann,* Der Bestätigungsbeschluss des § 244 AktG in der Praxis, NZG 2007, 1 ff.; *Hommelhoff,* Zum vorläufigen Bestand fehlerhafter Strukturveränderungen in Kapitalgesellschaften, ZHR 158 (1994), 11; *Huber,* Die Abfindung der neuen Aktionäre bei Nichtigkeit der Kapitalerhöhung, in: FS Claussen, 1997, S. 147; *Kleveman,* Heilung einer gescheiterten Kapitalerhöhung, AG 1993, 273; *Kocher,* Der Bestätigungsbeschluss nach § 244 AktG, NZG 2006, 1 ff.; *Kort,* Bestandsschutz fehlerhafter Strukturveränderungen im Kapitalgesellschaftsrecht, 1998; *ders.,* Aktien aus vernichteten Kapitalerhöhungen, ZGR 1994, 291; *ders.,* Gesellschaftsrechtlicher und registerrechtlicher Bestandsschutz eingetragener fehlerhafter Umwandlungen und anderer Strukturveränderungen, DStR 2004, 185; *Krieger,* Fehlerhafte Satzungsänderung: Fallgruppen und Bestandskraft, ZHR 158 (1994), 35; *Lutter,* Gescheiterte Kapitalerhöhungen, in: FS Schilling, 1973, S. 207; *ders./Friedewald,* Kapitalerhöhung, Eintragung im Handelsregister und Amtslöschung, ZIP 1986, 691; *Quack,* Die Schaffung des genehmigten Kapitals unter Ausschluß des Bezugsrechts der Aktionäre, ZGR 1983, 257; *Schleyer,* Die unwirksame Kapitalerhöhung, AG 1957, 145; *Schockenhoff,* Die Haftung für die Ausgabe neuer Aktien bei Nichtigerklärung des Kapitalerhöhungsbeschlusses, DB 1994, 2327; *Stein,* Rechtsschutz gegen gesetzeswidrige Satzungsnormen bei Kapitalgesellschaften, ZGR 1994, 472; *Trendelenburg,* Auswirkungen einer nichtigen Kapitalerhöhung auf die Wirksamkeit nachfolgender Kapitalerhöhungen bei Aktiengesellschaften, NZG 2003, 860; *Zöllner,* Folgen der Nichtigerklärung durchgeführter Kapitalerhöhungsbeschlüsse, AG 1993, 68; *Zöllner/Winter,* Folgen der Nichtigerklärung durchgeführter Kapitalerhöhungsbeschlüsse, ZHR 158 (1994), 59.

I. Typische Beratungssituation

Trotz aller Bemühungen kann es bei der Durchführung von Kapitalmaßnahmen, dh bei der Kapitalbeschaffung durch Erhöhung des Grundkapitals sowie bei der Herabsetzung des Grundkapitals, zu Fehlern kommen. Die denkbaren Fehlerquellen sind vielfältig. Sie lassen sich grob einteilen in **Fehler des Hauptversammlungsbeschlusses, Fehler der Anmeldung** und **sonstige Fehler,** worunter bei der Kapitalerhöhung etwa Mängel der Zeichnung fallen. Einige Fehler sind **unbeachtlich,** andere haben die **Anfechtbarkeit des Beschlusses** oder gar **Nichtigkeit** der jeweiligen Kapitalmaßnahme zur Folge. Hat sich ein Fehler der Kapitalmaßnahme offenbart, ist zunächst zu prüfen, welche konkreten Auswirkungen der Fehler auf Rechtmäßigkeit und Bestand der Kapitalmaßnahme hat. Wenn das Ergebnis dieser Prü- 1 fung ist, dass der Fehler Rechtmäßigkeit und Bestand der Kapitalmaßnahme beeinträchtigt, ist in einem zweiten Schritt zu prüfen, welche Maßnahmen zur Heilung des Fehlers ergriffen werden können.

II. Fehlerhafte reguläre Kapitalerhöhung

2 Ausgangspunkt der Darstellung der Heilung fehlerhafter Kapitalmaßnahmen ist die fehlerhafte reguläre Kapitalerhöhung.[1] Etwaige Besonderheiten bei den anderen Kapitalmaßnahmen werden später dargestellt.

1. Fehler der regulären Kapitalerhöhung

3 Nach § 189 AktG ist mit **Eintragung der Durchführung der Erhöhung des Grundkapitals in das Handelsregister** das Grundkapital erhöht. Dies bedeutet jedoch nicht, dass die Kapitalerhöhung ungeachtet etwaiger Fehler mit der Eintragung ihrer Durchführung in das Handelsregister wirksam wird. Die Eintragung der Durchführung der Kapitalerhöhung hat **keine heilende Wirkung.** § 189 AktG bestimmt vielmehr nur, wann die fehlerfreie Kapitalerhöhung wirksam wird.[2] Die Eintragung ändert somit grundsätzlich nichts an der Wirksamkeit oder Unwirksamkeit der Kapitalerhöhung.

4 a) **Mängel oder Fehlen des Kapitalerhöhungsbeschlusses.** Bei den Mängeln des Kapitalerhöhungsbeschlusses ist zu unterscheiden zwischen Mängeln, die zur Nichtigkeit des Hauptversammlungsbeschlusses führen, und solchen, die den Beschluss lediglich anfechtbar machen. Schließlich kann ein Hauptversammlungsbeschluss auch gänzlich fehlen.

5 *aa) Anfechtbarer Hauptversammlungsbeschluss.* Ein Hauptversammlungsbeschluss kann wegen Verletzung des Gesetzes oder der Satzung durch Klage angefochten werden (§§ 243 Abs. 1, 255 AktG); es gelten insofern die allgemeinen Bestimmungen.[3] Die Eintragung der Durchführung der Kapitalerhöhung beseitigt nicht die **Anfechtbarkeit des Kapitalerhöhungsbeschlusses.**[4] Bei anfechtbaren Mängeln bleibt die auf Grund eines anfechtbaren Kapitalerhöhungsbeschlusses durchgeführte Kapitalerhöhung jedoch zunächst wirksam. Dies folgt bereits daraus, dass ein anfechtbarer Beschluss erst dann seine Wirksamkeit verliert, wenn das auf die Anfechtungsklage ergangene Urteil, mit dem die Nichtigkeit des Beschlusses festgestellt wurde, rechtskräftig ist (§§ 241 Nr. 5, 248 AktG).

6 Die **Anfechtbarkeit des Hauptversammlungsbeschlusses wird geheilt,** wenn die Hauptversammlung den anfechtbaren Beschluss durch einen neuen Beschluss bestätigt, der seinerseits wirksam sein muss (§ 244 S. 1 AktG). § 244 S. 1 AktG soll insbesondere, wenn wie im Fall der Kapitalerhöhung eine Neuvornahme wegen des Risikos der doppelten Kapitalerhöhung praktisch nicht möglich ist, Rechtssicherheit bringen. Eine **Bestätigung des Erstbeschlusses** liegt vor, wenn die Hauptversammlung erklärt, den Erstbeschluss trotz seiner Mängel anzuerkennen.[5] Eine Aktualisierung von Unterlagen ist grundsätzlich nicht erforderlich; denn ansonsten käme der Bestätigungsbeschluss einem Neuvornahmebeschluss gleich.[6] Allerdings verlangen die Registergerichte teilweise, dass bei Sacheinlagen der Wert der Sacheinlage aktualisiert zu bestätigen ist. Ferner dürfen die vorgelegten Unterlagen sich nicht durch Zeitablauf erledigt haben, so sind etwa neue Zeichnungsscheine vorzulegen, wenn die Frist zur Durchführung der Kapitalerhöhung (§ 185 Abs. 1 Nr. 4 AktG) abgelaufen ist. Eine Bestätigung im Sinne des § 244 AktG liegt nicht vor, wenn der **Beschluss insgesamt neu vorgenommen** wird.[7] Nach heute überwiegender Auffassung tritt die Heilung durch einen solchen

---

[1] Zur regulären Kapitalerhöhung → § 33.
[2] Hüffer/Koch/*Koch* AktG § 189 Rn. 4; KölnKommAktG/*Lutter* § 189 Rn. 4.
[3] Vgl. dazu §§ 243 ff. AktG.
[4] RGZ 124, 279 (288 ff.); KölnKommAktG/*Lutter* § 188 Rn. 16; *Kort* S. 205 ff.; Spindler/Stilz/*Servatius* AktG § 189 Rn. 5.
[5] KölnKommAktG/*Zöllner* § 244 Rn. 3; siehe auch BGH NZG 2004, 235 ff.
[6] OLG Karlsruhe AG 1999, 470; OLG Dresden AG 2001, 489 (490); *Kocher* NZG 2006, 1 (3).
[7] Vgl. zu den Auslegungsalternativen Hüffer/Koch/*Koch* AktG § 244 Rn. 2a.

§ 37 Heilung fehlerhafter Kapitalmaßnahmen

Bestätigungsbeschluss nur *ex nunc* ein, ohne auf den ursprünglichen Beschluss zurückzuwirken.[8] Dem ist zuzustimmen, denn auch im bürgerlichen Recht werden Mängel nicht rückwirkend, sondern lediglich *ex nunc* geheilt.[9] Eine etwaige gegen den ursprünglichen Beschluss bereits eingereichte Klage wird durch den Bestätigungsbeschluss abweisungsreif. Der Kläger sollte zur Vermeidung der Kostenfolge des § 91 ZPO die Klage für erledigt erklären.

Das rechtskräftige stattgebende Anfechtungsurteil hat grundsätzlich rückwirkende Gestaltungswirkung, der Hauptversammlungsbeschluss ist von Anfang an nichtig.[10] Etwas anderes kann sich hingegen ergeben, sofern die AG ein **Freigabeverfahren** nach § 246a AktG eingeleitet hat. Liegen die Voraussetzungen des § 246a AktG vor, stellt das zuständige Gericht durch Beschluss fest, dass die Erhebung der Klage der Eintragung nicht entgegensteht und Mängel des Kapitalerhöhungsbeschlusses die Wirkung der Eintragung unberührt lassen. Ein Freigabebeschluss ergeht in den Fällen, in denen die Klage unzulässig oder offensichtlich unbegründet ist (§ 246a Abs. 2 Nr. 1 AktG), der klageerhebende Aktionär nicht eine Beteiligung im Mindestnennbetrag von 1.000 Euro hält (§ 246a Abs. 2 Nr. 2 AktG) oder wenn das Interesse der Gesellschaft an der Eintragung überwiegt und keine besondere Schwere des Rechtsverstoßes vorliegt (§ 246a Abs. 2 Nr. 3 AktG). Die **Kapitalerhöhung** wird sodann **bestandskräftig** und bleibt auch erhalten, wenn die Anfechtungsklage erfolgreich ist.[11] In diesem Fall müssen fehlerhafte Kapitalmaßnahmen mithin nicht rückabgewickelt werden.[12]

bb) Nichtiger Hauptversammlungsbeschluss. Ob ein Kapitalerhöhungsbeschluss nichtig ist, richtet sich nach den allgemeinen Bestimmungen, dh nach § 241 AktG.[13] Ist der Hauptversammlungsbeschluss zur Kapitalerhöhung nichtig, ist eine Rückabwicklung der Kapitalerhöhung erforderlich.[14] Die **Nichtigkeit des Kapitalerhöhungsbeschlusses** wird durch die Eintragung nicht geheilt.[15] Gleiches gilt, wenn ein Sonderbeschluss (§ 182 Abs. 2 AktG) fehlt oder nicht gültig ist.[16]

Die **Heilung eines nichtigen Hauptversammlungsbeschlusses** ist unter den Voraussetzungen des § 242 AktG möglich. Gemäß § 242 Abs. 1 AktG werden Mängel des Hauptversammlungsbeschlusses nach § 130 Abs. 1, 2 S. 1 und 4 AktG sofort mit der Eintragung geheilt. Nach § 242 Abs. 2 AktG kann die Nichtigkeit eines Hauptversammlungsbeschlusses, wenn sie auf § 241 Nr. 1, 3 oder 4 AktG beruht, nicht mehr geltend gemacht werden, wenn der Beschluss in das Handelsregister eingetragen worden ist und seitdem drei Jahre verstrichen sind. § 242 Abs. 2 AktG findet entsprechende Anwendung auf die in § 242 Abs. 3 AktG aufgeführten Nichtigkeitsgründe, dh §§ 217 Abs. 2, 228 Abs. 2, 234 Abs. 3 und 235 Abs. 2 AktG. Dies sind Fälle, in denen verspätete Eintragungen des auf Kapitalveränderungen gerichteten Hauptversammlungsbeschlusses diesen unwirksam machen. Nach zutreffender Ansicht ist § 242 Abs. 3 AktG nicht abschließend, sondern die Heilung der Nichtigkeit eines Hauptversammlungsbeschlusses ist stets analog § 242 Abs. 2 AktG möglich.[17] Unabhängig von der Vorschrift des § 242 AktG bleibt es der Hauptversammlung selbstverständlich unbenommen, einen erneuten Beschluss zu fassen und damit die Nichtigkeit zu heilen.

---

[8] BGH NJW 1972, 1320; NZG 2004, 235; OLG Düsseldorf NZG 2003, 975 (978); OLG Frankfurt a. M. BeckRS 2009, 25348; MüKoAktG/*Hüffer/Schäfer* § 244 Rn. 12; Hüffer/Koch/*Koch* AktG § 244 Rn. 6; Spindler/Stilz/*Würthwein* Rn. 6; aA noch BayObLG NJW 1978, 1387.
[9] Vgl. zu § 311b BGB: Palandt/*Grüneberg* BGB § 311b Rn. 56; vgl. allgemein zu § 125 BGB: BeckOK BGB/ *Wendtland* § 125 Rn. 23.
[10] Hüffer/Koch/*Koch* AktG § 248 Rn. 6.
[11] Schmidt/Lutter/*Schwab* AktG § 246a Rn. 34; Spindler/Stilz/*Dörr* AktG § 246a Rn. 8; MüKoAktG/*Hüffer/ Schäfer* § 246a Rn. 15.
[12] MüKoAktG/*Hüffer/Schäfer* § 246a Rn. 16.
[13] Vgl. dazu → § 39.
[14] Zu den Einzelheiten der Rückabwicklung vgl. → Rn. 26 ff.
[15] RGZ 144, 138 (141); KölnKommAktG/*Lutter* § 189 Rn. 4.
[16] MüKoAktG/*Schürnbrand* § 189 Rn. 19; Hüffer/Koch/*Koch* AktG § 189 Rn. 4.
[17] OLG Schleswig NZG 2000, 895 (896), für Kapitalerhöhung bei einer GmbH; OLG Hamburg AG 1970, 230 f.; Hüffer/Koch/*Koch* AktG § 242 Rn. 10.

10 Auch für nichtige Kapitalerhöhungsbeschlüsse kann die Freigabe durch gerichtlichen Beschluss gemäß § 246a AktG beantragt werden.[18]

11 *cc) Lehre vom fehlerhaften Organisationsakt.* Kommt die Heilung des fehlerhaften Kapitalerhöhungsbeschlusses nicht in Betracht und ist dieser wirksam angefochtenen oder von Anfang an nichtig, finden nach heute herrschender Auffassung die Grundsätze über die **fehlerhafte Gesellschaft** entsprechende Anwendung.[19] Kapitalerhöhung und Aktienausgabe haben einstweilen Bestand. Die auf Grund eines anfechtbaren Kapitalerhöhungsbeschlusses durchgeführte Kapitalerhöhung ist nach ihrer Eintragung als für die Vergangenheit wirksam anzusehen. Erst mit Rechtskraft des Urteils über die Anfechtungsklage besteht eine Pflicht zur **Rückabwicklung für die Zukunft**.[20] Selbiges gilt grundsätzlich auch im Falle **nichtiger Beschlüsse,** es sei denn, der Rechtsverstoß ist besonders schwerwiegend und bei verständiger Würdigung offenkundig.[21] So kann dem vorläufigen Bestandsschutz beispielsweise ein besonders schwerer Einberufungsmangel entgegenstehen (§ 241 Nr. 1 AktG).

12 Es wird unter Hinweis auf das Umwandlungsrecht teilweise erwogen, ob die eingetragene, fehlerhafte Kapitalerhöhung **Bestandswirkung auch für die Zukunft** entfaltet.[22] Angesichts der unterschiedlichen Reichweite von Verschmelzung, die zum Erlöschen des Rechtsträgers führt, und Kapitalerhöhung erscheint eine solche Analogie nicht sachgerecht.[23] Lediglich für den Fall der Kapitalerhöhung zur Durchführung einer Verschmelzung muss die fehlerhafte Kapitalerhöhung auch für die Zukunft Bestand haben, und zwar jedenfalls dann, wenn die Verschmelzung in dem Zeitpunkt, in dem die Fehlerhaftigkeit der Kapitalerhöhung geltend gemacht wird, beim übernehmenden Rechtsträger bereits eingetragen ist. In diesem Fall kann die Kapitalerhöhung nicht mehr rückgängig gemacht werden. Dies wäre wirtschaftlich nichts anderes als eine Entschmelzung.[24]

13 *dd) Fehlender Hauptversammlungsbeschluss.* Die Eintragung in das Handelsregister bewirkt nicht die Erhöhung des Kapitals, wenn **kein Erhöhungsbeschluss** vorliegt oder die durchgeführte Kapitalerhöhung nicht mit seinem Inhalt übereinstimmt. Letzteres ist etwa der Fall, wenn eine Kapitalerhöhung geringeren Umfangs eingetragen wurde als von der Hauptversammlung beschlossen.[25] Diese Mängel können grundsätzlich nur durch eine **Neuvornahme des Kapitalerhöhungsbeschlusses** geheilt werden. Auch sind die Grundsätze über die fehlerhafte Gesellschaft nicht anwendbar; denn da der Hauptversammlungsbeschluss das Kernelement der Kapitalerhöhung ist, müssen etwaige Vertrauensschutzgesichtspunkte zurücktreten.[26] Die Kapitalerhöhung ist rückabzuwickeln.[27] Lediglich für den Fall, dass das Gericht die falsche Handelsregistereintragung verursacht hat, kommt eine Berichtigung des Handelsregisters von Amts wegen in Betracht.

14 b) **Fehlerhafte Zeichnungen.** *aa) Unwirksame und unverbindliche Zeichnungen.* Die zur Durchführung der Kapitalerhöhung notwendigen Zeichnungsscheine müssen gemäß § 185 Abs. 2 AktG die in § 185 Abs. 1 S. 3 AktG aufgeführten Angaben enthalten, andernfalls sind sie nichtig (unwirksame Zeichnungen). Unverbindlich gemäß § 185 Abs. 2 AktG sind auch Zeichnungsscheine, die außer dem Vorbehalt des § 185 Abs. 1 Nr. 4 AktG weitere Beschränkungen der Verpflichtung des Zeichners enthalten.

---

[18] Schmidt/Lutter/*Schwab* AktG § 246a Rn. 27; MüKoAktG/*Hüffer/Schäfer* § 246a Rn. 28; Spindler/Stilz/ *Dörr* AktG § 246a Rn. 7; *Spindler* NZG 2005, 825 (829 f.); siehe zum Freigabeverfahren → Rn. 7.
[19] HM zur vorläufigen Bestandskraft strukturändernder Beschlüsse, vgl. Hüffer/Koch/*Koch* AktG § 189 Rn. 5; *Kort* ZGR 1994, 291 (306 ff.); *ders.* DStR 2004, 185; Schmidt/Lutter/*Veil* AktG § 189 Rn. 7; *Krieger* ZHR 158 (1994), 35 (47 ff.); MüKoAktG/*Schürnbrand* § 189 Rn. 23; *Schockenhoff* DB 1994, 2327; Spindler/ Stilz/*Servatius* AktG § 189 Rn. 6; *Zöllner* AG 1993, 68 ff.; *Zöllner/Winter* ZHR 158, 1994, 59 ff.
[20] → Rn. 24 f.
[21] MüKoAktG/*Schürnbrand* § 189 Rn. 24.
[22] *Stein* ZGR 1994, 472 (486).
[23] *Kort* S. 208; Schmidt/Lutter/*Veil* AktG § 189 Rn. 7.
[24] In diesem Sinne auch *Kort* S. 210 f.; MHdB GesR IV/*Scholz* § 57 Rn. 199, der allerdings noch weitergehend bei jeder Sacheinlage durch Einbringung eines Unternehmens Bestandskraft auch für die Zukunft annimmt; dagegen zutreffend *Kort* S. 208 f.
[25] MüKoAktG/*Schürnbrand* § 189 Rn. 19; KölnKommAktG/*Lutter* § 189 Rn. 6.
[26] Wie hier MüKoAktG/*Schürnbrand* § 189 Rn. 19; aA Schmidt/Lutter/*Veil* AktG § 189 Rn. 7.
[27] Zu den Einzelheiten der Rückabwicklung vgl. → Rn. 26 ff.

(1) Rechtsfolge unwirksamer und unverbindlicher Zeichnungen. Der **unwirksame oder** 15
unverbindliche Zeichnungsschein ist nichtig. Das Registergericht hat bei Vorliegen solcher Zeichnungsscheine die Eintragung der Kapitalerhöhung abzulehnen.[28] Mitgliedschaftsrechte und -pflichten entstehen vorbehaltlich der Heilung nach § 185 Abs. 3 AktG nicht. Hat der Zeichner trotz Nichtigkeit des Zeichnungsscheins bereits Einlagen geleistet, kann er sie, es sei denn, die Kapitalerhöhung wird in das Handelsregister eingetragen und die Nichtigkeit insofern gemäß § 185 Abs. 3 AktG geheilt,[29] gemäß §§ 812 ff. BGB zurückverlangen.

(2) Heilung unwirksamer und unverbindlicher Zeichnungen. Eine **Heilung unwirksamer** 16
oder unverbindlicher Zeichnungen ist **vor Eintragung der Kapitalerhöhung** grundsätzlich nur möglich, indem anstelle der nichtigen oder unverbindlichen Zeichnungen gültige Zeichnungen nachgereicht werden.[30] Lediglich für den Fall, dass der Kapitalerhöhungsbeschluss keinen konkreten Erhöhungsbetrag, sondern nur Mindest- oder Höchstbetrag oder nur Höchstbetrag nennt, kann eine Heilung auch dadurch erfolgen, dass die Anmeldung hinsichtlich des Umfangs der Kapitalerhöhung berichtigt wird.

Trägt das Registergericht die Durchführung der Kapitalerhöhung trotz Verbots ein, kann 17
sich der Zeichner auf die Nichtigkeit (§ 185 Abs. 2 AktG) oder Unverbindlichkeit (§ 185 Abs. 2, Abs. 1 Nr. 4 AktG) des Zeichnungsscheins nicht berufen, wenn er auf Grund des Zeichnungsscheins als **Aktionär Rechte ausgeübt oder Verpflichtungen erfüllt** hat (§ 185 Abs. 3 AktG). Der Aktionär hat Rechte im Sinne des § 185 Abs. 3 AktG beispielsweise bereits ausgeübt, wenn er die Aktienurkunden annimmt, Dividende bezieht, nach Eintragung der Durchführung der Kapitalerhöhung an der Hauptversammlung teilnimmt, Bezugsrechte nach § 186 AktG ausübt oder über seine Aktien verfügt.[31] Eine Verpflichtung erfüllt der Aktionär etwa, wenn er eine Nebenverpflichtung gemäß § 55 AktG erfüllt oder eine Einlageleistung erbringt.[32] Diese **Heilung nach § 185 Abs. 3 AktG** bewirkt, dass der Zeichnungsschein und der Zeichnungsvertrag rückwirkend wirksam werden und über den Wortlaut des § 185 Abs. 3 AktG hinausgehend sich auch die Gesellschaft auf die Unwirksamkeit bzw. Unverbindlichkeit nicht mehr berufen kann.[33] Der Zeichner wird rückwirkend auf den Tag der Eintragung der Durchführung der Kapitalerhöhung vollberechtigter Aktionär. Etwaige im Zeichnungsschein enthaltene unzulässige Beschränkungen der Verpflichtungen des Zeichners bleiben unwirksam.[34]

bb) Sonstige Mängel der Zeichnungen und des Zeichnungsvertrags. Neben den soeben 18
behandelten Fehlern können die Zeichnung und der Zeichnungsvertrag auch aus zahlreichen **anderen Gründen fehlerhaft** sein; denn auf den Zeichnungsvertrag finden bis zur Eintragung der Durchführung der Kapitalerhöhung in das Handelsregister die allgemeinen Vorschriften über fehlerhafte Rechtsgeschäfte Anwendung (§§ 104–106, 114, 117–120, 123, 125, 134, 138, 142, 143 BGB). Liegen solche Mängel vor, hat die Eintragung zu unterbleiben.

Beruht **die Fehlerhaftigkeit von Zeichnungsverträgen auf Willensmängeln**, kann sie der 19
Zeichner, wenn die Durchführung der Kapitalerhöhung trotz Verbots in das Handelsregister eingetragen wird, grundsätzlich nicht mehr geltend machen.[35] Der Zeichner wird mit Eintragung der Durchführung der Kapitalerhöhung in das Handelsregister Aktionär. Will er dies vermeiden, empfiehlt es sich, ein gerichtliches Eintragungsverbot nach § 16 Abs. 2 HGB zu erwirken. Etwas anderes gilt nur, wenn der Schutz des Zeichners höher einzuschätzen ist als der Schutz der Kapitalgrundlagen. Dies ist der Fall bei Geschäftsunfähigen, beschränkt Geschäftsfähigen[36] und wenn der Zeichner nicht in zurechenbarer Weise zum Entstehen des

---

[28] MüKoAktG/*Schürnbrand* § 185 Rn. 58; Hüffer/Koch/*Koch* AktG § 185 Rn. 16.
[29] → Rn. 17.
[30] Hüffer/Koch/*Koch* AktG § 185 Rn. 16.
[31] Vgl. etwa MüKoAktG/*Schürnbrand* § 185 Rn. 63; Hüffer/Koch/*Koch* AktG § 185 Rn. 18.
[32] OLG Düsseldorf LZ 1916, 1059; MüKoAktG/*Schürnbrand* § 185 Rn. 64; Hüffer/Koch/*Koch* AktG § 185 Rn. 19.
[33] Hüffer/Koch/*Koch* AktG § 185 Rn. 20.
[34] MüKoAktG/*Schürnbrand* § 185 Rn. 65.
[35] RGZ 124, 279 (287 f.); Hüffer/Koch/*Koch* AktG § 185 Rn. 28; Schmidt/Lutter/*Veil* AktG § 185 Rn. 24.
[36] BGH NJW 1955, 1067.

Rechtsscheins einer Zeichnung beigetragen hat,[37] zB bei erzwungener oder gefälschter Zeichnung. In diesen Fällen wird der Zeichner nicht Aktionär, er kann erbrachte Leistungen nach §§ 812 ff. BGB zurückfordern.

20 Ein Sonderfall liegt vor, wenn bei der Zeichnung das **Schriftformerfordernis** nach § 185 Abs. 1 S. 1 AktG nicht eingehalten worden ist. Die Zeichnung ist zwar zunächst nach § 125 S. 1 BGB – und wegen des Wortlauts, der sich nur auf inhaltliche Anforderungen bezieht, nicht nach § 185 Abs. 2 AktG – nichtig. Eine Heilung ist jedoch möglich. Sie kann zwar nicht auf § 185 Abs. 3 AktG gestützt werden, weil diese Vorschrift dem Sinn nach nur auf die Nichtigkeit nach § 185 Abs. 2 AktG beschränkt ist.[38] Ein Zeichner, der nach Eintragung der Durchführung der Kapitalerhöhung in das Handelsregister Rechte ausübt oder Verpflichtungen erfüllt, handelt aber widersprüchlich, wenn er sich dennoch auf die Formnichtigkeit beruft *(venire contra factum proprium)*.[39] In diesem Zusammenhang ist zu beachten, dass der Zeichnungsschein in Ausnahmefällen auch **notarieller Beurkundung** bedarf, und zwar wenn bei der Kapitalerhöhung gegen Sacheinlage GmbH-Anteile oder Grundstücke eingebracht werden (§ 15 GmbHG, § 311b BGB); denn der Zeichnungsschein begründet die Verpflichtung zur Übertragung der entsprechenden Vermögensgegenstände. Insofern gelten die vorstehenden Ausführungen zum *venire contra factum proprium* entsprechend, wenn der Zeichner sich von seiner Verpflichtung lossagen will.

21 c) **Fehlende oder fehlerhafte Anmeldung.** Die Eintragung der Kapitalerhöhung in das Handelsregister ist nach herrschender Ansicht unwirksam, wenn **keine Anmeldung** der hierzu befugten Personen vorliegt oder wenn die Anmeldung **wirksam zurückgenommen** worden ist.[40] Die Gesellschaft kann solche Mängel der Anmeldung aber durch ordnungsgemäße **Neuvornahme heilen**.[41] Gegen diese von der herrschenden Meinung angenommene Unwirksamkeit der Kapitalerhöhung bei fehlender Anmeldung spricht, dass das Registerverfahren letztlich nur dazu dient, richtige Eintragungen herbeizuführen. Wenn die Eintragung materiell-rechtlich richtig ist, besteht kein Bedürfnis, der Kapitalerhöhung die Wirksamkeit zu versagen. Will man nicht so weit gehen, das Fehlen der Anmeldung als unerheblich anzusehen, erscheint es jedenfalls sachgerecht, für den Zeitraum bis zur Heilung der fehlenden Anmeldung die **Grundsätze über die fehlerhafte Gesellschaft** entsprechend anzuwenden. Die zwischen den Aktionären und der Gesellschaft bereits eingegangenen vielfältigen Beziehungen und der Schutz des Rechtsverkehrs erfordern dies.

22 **Fehler der Anmeldung** werden durch die Eintragung in das Handelsregister auch nach der herrschenden Ansicht geheilt.[42] Insbesondere wird die Wirksamkeit der Kapitalerhöhung durch unrichtige Erklärungen[43] oder unrichtige Bankbestätigung[44] nicht berührt.

23 d) **Sonstige Mängel.** Ein Verstoß gegen die **Mindesteinlagepflichten** (§§ 188 Abs. 2, 36, 36a AktG) hindert das Wirksamwerden mit der Eintragung nicht.[45] Gleiches gilt für einen Verstoß gegen § 183 Abs. 1 S. 1 AktG (§ 182 Abs. 2 AktG). Schließlich werden auch **sonstige Mängel** durch Eintragung geheilt, wie etwa ein Verstoß gegen § 182 Abs. 4 AktG, eine fehlende formelle Satzungsänderung oder eine fehlende vorhergehende Eintragung des Kapitalerhöhungsbeschlusses.[46]

---

[37] Hüffer/Koch/*Koch* AktG § 185 Rn. 29.
[38] Vgl. Schmidt/Lutter/*Veil* AktG § 185 Rn. 20; Spindler/Stilz/*Servatius* AktG § 185 Rn. 39; dennoch für die Analogie zu § 185 Abs. 3 Hüffer/Koch/*Koch* AktG § 185 Rn. 21.
[39] Kritisch MüKoAktG/*Schürnbrand* § 185 Rn. 66.
[40] Hüffer/Koch/*Koch* AktG § 189 Rn. 4; Schmidt/Lutter/*Veil* AktG § 189 Rn. 4; MüKoAktG/*Schürnbrand* § 189 Rn. 17; Spindler/Stilz/*Servatius* AktG § 189 Rn. 7; aA allgemein hinsichtlich Mängeln bei der Anmeldung Großkomm AktG/*Wiedemann* § 189 Rn. 24.
[41] KGJ 28, A 228 (239); Hüffer/Koch/*Koch* AktG § 189 Rn. 4.
[42] MüKoAktG/*Schürnbrand* § 189 Rn. 18; Spindler/Stilz/*Servatius* AktG § 189 Rn. 7.
[43] KG DJZ 1903, 33.
[44] OLG Karlsruhe OLGZ 1986, 15 (157 f.); *Lutter/Friedewald* ZIP 1986, 691 (694).
[45] KG DJZ 1903, 33; Hüffer/Koch/*Koch* AktG § 189 Rn. 5; *Lutter/Friedewald* ZIP 1986, 691 (694).
[46] Hüffer/Koch/*Koch* AktG § 189 Rn. 5.

2. Rechtsfolgen angefochtener Kapitalerhöhung

Bis ein Anfechtungsurteil in Rechtskraft erwächst, bleiben fehlerhafte Kapitalerhöhungsbeschlüsse wirksam.[47] Erst mit Rechtskraft tritt die rückwirkende Gestaltungswirkung ein und der wirksam angefochtene Beschluss wird von Anfang an nichtig.[48] Über die Anwendung der Grundsätze der **fehlerhaften Gesellschaft** findet in diesen Fällen gleichwohl eine **Rückabwicklung nur mit Wirkung für die Zukunft** statt. Dies geschieht durch Einziehung der Aktien gegen Zahlung einer Abfindung.[49] § 237 AktG ist entsprechend anzuwenden; denn die Geltendmachung der Fehlerhaftigkeit des Kapitalerhöhungsbeschlusses weist Parallelen zur **Zwangseinziehung** auf (§ 237 Abs. 1 S. 2 AktG);[50] so erfolgt in beiden Fällen die Kapitalminderung nicht gleichmäßig zu Lasten aller Aktionäre, sondern nur zu Lasten einzelner Betroffener. *Kort* meint zutreffenderweise, abweichend von dem Verfahren der Zwangseinziehung bedürfe es weder eines Hauptversammlungsbeschlusses noch einer förmlichen Entschließung des Vorstands gemäß § 237 Abs. 6 S. 1 AktG; die einziehungsähnlichen Rechtsfolgen treten vielmehr mit Rechtskraft des Urteils ein.[51] §§ 237 Abs. 2, 225 AktG sind entsprechend anzuwenden.[52] Die **Abfindung** ist nach dem Wert der Aktien zu ermitteln; der Börsenkurs kann zugrunde gelegt werden, ob auch die stillen Reserven zu berücksichtigen sind, ist streitig.[53] Wenn der Erhöhungsbeschluss mangelfrei neu gefasst wird oder aber der Beschlussfehler nach § 244 AktG durch Bestätigung vor rechtskräftiger Nichtigerklärung des Ausgangsbeschlusses geheilt wird, können die Abfindungsansprüche als Sacheinlage eingebracht werden.

Besondere Probleme treten bei der Rückabwicklung auf, wenn (fehlerhafte) junge und alte Aktien gemeinsam verwahrt werden und eine Trennung zwischen fehlerhaften und fehlerfreien Aktien daher nicht möglich ist.[54] Zutreffend dürfte sein, die **Sammelverwahrung** solange als unzulässig anzusehen, wie die Anfechtungsfrist noch nicht abgelaufen oder wenn der Kapitalerhöhungsbeschluss angefochten ist. Bei schuldhafter Durchbrechung dieses Verbots macht sich der Kassenverein gegenüber dem Anleger schadensersatzpflichtig.[55]

3. Rechtsfolgen endgültig unwirksamer Kapitalerhöhung

In Fällen, in denen die Kapitalerhöhung unwirksam und auch nachträglich keine Heilung des Mangels eingetreten ist, sind **keine neuen Aktionärsrechte** entstanden. Die ausgegebenen Aktien verbriefen keine Mitgliedschaft.[56] Dies gilt auch, wenn bereits Aktienurkunden ausgegeben wurden.[57] Ein gutgläubiger Erwerb ist nicht möglich; denn durch gutgläubigen Erwerb können keine Mitgliedschaftsrechte entstehen.[58] Die Zeichner können aber entsprechend § 277 Abs. 3 AktG zur Einlageleistung verpflichtet sein, soweit dies zur Befriedigung der Gesellschaftsgläubiger erforderlich ist.[59] Unter Berücksichtigung der schützenswerten Interessen der Zeichner ist diese Haftung beschränkt auf Verbindlichkeiten, die nach Ein-

---

[47] → Rn. 5.
[48] → Rn. 7.
[49] *Huber*, in: FS Claussen, 147 (151); Hüffer/Koch/*Koch* AktG § 248 Rn. 7a; MHdB GesR IV/*Scholz* § 57 Rn. 199; *Kort* ZGR 1994, 314 ff.
[50] Vgl. zum Verfahren der Einziehung von Aktien → 43 Rn. 16 ff.
[51] *Kort* ZGR 1994, 315; aA MüKoAktG/*Schürnbrand* § 189 Rn. 26, der aus Gründen der Rechtssicherheit eine Einziehungserklärung durch den Vorstand verlangt.
[52] *Kort* ZGR 1994, 315 f.; *Zöllner/Winter* ZHR 158, 1994, 68 f.
[53] Vgl. Hüffer/Koch/*Koch* AktG § 248 Rn. 7a; *Kort* S. 215 f.; MHdB GesR IV/*Scholz* § 57 Rn. 199; Spindler/Stilz/*Servatius* AktG § 248 Rn. 14; zur Abfindung vgl. im Einzelnen *Zöllner/Winter* ZHR 158, 1994, 59 ff.
[54] Dazu im Einzelnen *Zöllner/Winter* ZHR 158, 1994, 92 ff.
[55] *Zöllner/Winter* ZHR 158, 1994, 94.
[56] Hüffer/Koch/*Koch* AktG § 189 Rn. 6.
[57] Hüffer/Koch/*Koch* AktG § 189 Rn. 6; *Schleyer* AG 1957, 145 (146).
[58] *Kort* ZGR 1994, 291 (304); MüKoAktG/*Schürnbrand* § 189 Rn. 30.
[59] RGZ 120, 363 (369 f.); 144, 138 (141); Hüffer/Koch/*Koch* AktG § 189 Rn. 6; kritisch hierzu MüKoAktG/*Schürnbrand* § 189 Rn. 30.

tragung der Durchführung der Kapitalerhöhung entstanden sind,⁶⁰ dh für zuvor entstandene Verbindlichkeiten haften sie nicht.⁶¹

27 Die Kapitalerhöhung ist **rückabzuwickeln.** Sind bereits Aktienurkunden ausgegeben worden, sind diese für kraftlos zu erklären (§ 73 AktG). Haben die Zeichner ihre Einlagen bereits geleistet und sind diese nicht zur Befriedigung der Gesellschaftsgläubiger erforderlich, können sie diese nach §§ 812 ff. BGB zurück verlangen.⁶²

28 Zweifelhaft ist, ob die Ausgeber von Aktien für den Fall, dass der Kapitalerhöhungsbeschluss nichtig ist oder fehlt, den Inhabern der Aktien entsprechend § 191 S. 3 AktG als Gesamtschuldner haften. Richtigerweise ist die verschuldensunabhängige Haftung des § 191 S. 3 AktG abzulehnen, da die vorzeitige Ausgabe von Aktien und die Ausgabe von Aktien ohne gültige Beschlussgrundlage nicht vergleichbar sind.⁶³ Eine **Haftung der Ausgeber** kommt nur nach allgemeinen Grundsätzen in Betracht. Zu denken ist dabei an eine Verschuldenshaftung nach § 191 S. 1 AktG iVm § 823 Abs. 2 BGB,⁶⁴ eine deliktische Verkehrspflicht, die es verbietet, Aktienurkunden in den Verkehr zu bringen, die mit dem Makel der Vernichtung auf Grund einer Anfechtungsklage behaftet sind und deren schuldhafte Verletzung eine Schadensersatzpflicht nach sich ziehen kann,⁶⁵ oder eine Haftung aus *culpa in contrahendo* (§§ 241 Abs. 2, 280 Abs. 1, 311 Abs. 2 BGB).⁶⁶

III. Besondere Formen der Kapitalerhöhung

1. Bedingte Kapitalerhöhung

29 Die bedingte Kapitalerhöhung⁶⁷ ist mit Ausgabe der Bezugsaktien durchgeführt und das Grundkapital erhöht. Ebenso wie § 189 AktG bei der regulären Kapitalerhöhung darf § 200 AktG für die bedingte Kapitalerhöhung nicht dahingehend missverstanden werden, dass die bedingte Kapitalerhöhung unabhängig von etwaigen Fehlern mit Ausgabe der Bezugsaktien wirksam wird. § 200 AktG besagt nicht, dass die Eintragung heilende Wirkung hat, sondern nur, wann eine rechtmäßige bedingte Kapitalerhöhung wirksam wird.⁶⁸ Die Ausgabe der Bezugsaktien hat **keine heilende Wirkung.** Ist die bedingte Kapitalerhöhung endgültig unwirksam, sind die Rechtsfolgen identisch mit denen der regulären Kapitalerhöhung.⁶⁹

30 Auch ansonsten kann hinsichtlich der Mängel der Durchführung der bedingten Kapitalerhöhung und ihrer Heilung auf die Ausführungen zur regulären Kapitalerhöhung verwiesen werden. Dies gilt insbesondere für **Mängel oder Fehlen des Hauptversammlungsbeschlusses.**⁷⁰

31 Für **Fehler der Bezugserklärung** findet sich in § 198 Abs. 2 und Abs. 3 AktG eine § 185 Abs. 2 und Abs. 3 AktG entsprechende Regelung. Es kann daher uneingeschränkt auf die Ausführungen zu der fehlerhaften Zeichnung bei der regulären Kapitalerhöhung entsprechend verwiesen werden.⁷¹

32 **Fehler der Anmeldung** (§ 201 AktG) sind in jedem Fall unerheblich für die Wirksamkeit der bedingten Kapitalerhöhung; denn die Kapitalerhöhung wird bereits mit Ausgabe der Bezugsaktien wirksam (§ 200 AktG). Die Eintragung ist lediglich deklaratorisch.

---

[60] So auch KölnKommAktG/*Lutter* § 189 Rn. 6.
[61] Vgl. Spindler/Stilz/*Servatius* AktG § 189 Rn. 5.
[62] *Kort* ZGR 1994, 301.
[63] Hüffer/Koch/*Koch* AktG § 191 Rn. 7; *Kort* ZGR 1994, 291 (317); Spindler/Stilz/*Servatius* AktG § 191 Rn. 13; *Zöllner* AG 1993, 68 (76); siehe ferner MüKoAktG/*Schürnbrand* § 189 Rn. 30, § 191 Rn. 12; MHdB GesR IV/*Scholz* § 57 Rn. 200 zur Ablehnung der Analogie für den Fall, dass die Grundsätze der Lehre vom fehlerhaften Organisationsakt entsprechend anwendbar sind.
[64] *Kort* ZGR 1994, 317 f.
[65] *Zöllner/Winter* ZHR 158 (199), 76.
[66] Hüffer/Koch/*Koch* AktG § 191 Rn. 7.
[67] Vgl. → § 35.
[68] Hüffer/Koch/*Koch* AktG § 200 Rn. 1.
[69] → Rn. 26 ff.
[70] → Rn. 4–13.
[71] → Rn. 14–20; vgl. zu dieser Problematik MüKoAktG/*Fuchs* § 198 Rn. 44 ff.

2. Genehmigtes Kapital

Beim genehmigten Kapital[72] können ähnliche Probleme auftreten wie bei der regulären Kapitalerhöhung. Auch hier gilt, dass die **Eintragung keine heilende Wirkung** hat (§§ 203, 189 AktG). 33

a) Fehler der Ermächtigung des Vorstands. Fehlt die Ermächtigung des Vorstands zur Erhöhung des Grundkapitals oder ist sie **nichtig,** sind etwaig abgeschlossene Zeichnungsverträge nicht erfüllungspflichtig.[73] Nach herrschender Auffassung führt dieser Umstand zur Anwendung der Grundsätze über die fehlerhafte Gesellschaft mit der Folge, dass die durchgeführte Kapitalerhöhung als vorläufig wirksam zu behandeln ist und Mängel nur mit Wirkung *ex nunc* beachtlich sind.[74] Hinsichtlich der Rechtsfolgen einer Kapitalerhöhung aus unwirksam genehmigten Kapital kann auf die Erläuterungen zur regulären Kapitalerhöhung verwiesen werden.[75] Eine Heilung nach § 242 Abs. 2 AktG ist möglich. 34

Die Grundsätze über die fehlerhafte Gesellschaft kommen daneben auch zur Anwendung, wenn die **Ermächtigung lediglich anfechtbar** ist. Dies ist etwa der Fall, wenn die materiellen Voraussetzungen für den Bezugsrechtsausschluss nicht vorliegen oder der Bericht nach §§ 186 Abs. 4 S. 2, 203 Abs. 1 AktG nicht ordnungsgemäß erstattet wird.[76] Auch insofern gilt zudem § 244 AktG. 35

Überschreitet der Vorstand die Ermächtigung in sonstiger Weise, etwa durch Verletzung von Bestimmungen über den Inhalt der neuen Aktien oder die Ausgabebedingungen oder verstößt der Vorstand gegen sonstige zwingende Bestimmungen über die Ausübung der Ermächtigung, kann das Handelsregister die Eintragung ablehnen. Es handelt sich dabei jedoch lediglich um Geschäftsführungsmängel im Innenverhältnis, so dass die Kapitalerhöhung mit Eintragung ihrer Durchführung in das Handelsregister wirksam wird.[77] 36

Die durch Satzungsänderung erteilte Ermächtigung ist zur Eintragung in das Handelsregister anzumelden; die Anmeldung bestimmt sich nach § 181 AktG. **Fehler der Anmeldung** berühren die Wirksamkeit des genehmigten Kapitals und der Kapitalerhöhung nicht. 37

b) Fehler der Kapitalerhöhung. Hinsichtlich der Mängel einer auf Grund eines genehmigten Kapitals durchgeführten Kapitalerhöhung kann auf die Ausführungen zur regulären Kapitalerhöhung verwiesen werden.[78] 38

3. Kapitalerhöhung aus Gesellschaftsmitteln

Die Kapitalerhöhung aus Gesellschaftsmitteln wird nach § 211 AktG mit Eintragung des Beschlusses über die Erhöhung des Grundkapitals wirksam. Diese **konstitutive Eintragung** bewirkt entsprechend der Eintragung der regulären Kapitalerhöhung keine Heilung etwaiger Mängel.[79] Auch hinsichtlich der Heilung etwaiger Mängel (zB §§ 241, 242 AktG) und der Anwendbarkeit der Grundsätze über die fehlerhafte Gesellschaft kann auf die Ausführungen zur regulären Kapitalerhöhung verwiesen werden.[80] Zu ergänzen ist, dass ein Verstoß gegen § 210 Abs. 2 AktG die Wirksamkeit der Kapitalerhöhung nicht berührt; sie kann auch nicht nach § 395 oder § 398 FamFG von Amts wegen gelöscht werden.[81] 39

---

[72] → § 35.
[73] Hüffer/Koch/*Koch* AktG § 202 Rn. 19.
[74] Hüffer/Koch/*Koch* AktG § 202 Rn. 19; Schmidt/Lutter/*Veil* AktG § 202 Rn. 25.
[75] Vgl. → 36 Rn. 25 ff.
[76] BGHZ 83, 319 (327); MHdB GesR IV/*Scholz* § 59 Rn. 39; *Quack* ZGR 1983, 257 (266).
[77] Hüffer/Koch/*Koch* AktG § 202 Rn. 19; Schmidt/Lutter/*Veil* AktG § 202 Rn. 26; MHdB GesR IV/*Scholz* § 59 Rn. 76.
[78] Vgl. oben → § 33.
[79] MHdB GesR IV/*Scholz* § 60 Rn. 57.
[80] → § 33.
[81] Hüffer/Koch/*Koch* AktG § 210 Rn. 10; KölnKommAktG/*Lutter* § 210 Rn. 19.

IV. Fehlerhafte Kapitalherabsetzung

40 Die Kapitalherabsetzung hat als Kapitalmaßnahme quasi spiegelbildlichen Charakter zur Kapitalerhöhung. Zu unterscheiden sind die ordentliche Kapitalherabsetzung,[82] die vereinfachte Kapitalherabsetzung[83] und die Kapitalherabsetzung durch Einziehung.[84] Fehler bei der Kapitalherabsetzung können insbesondere bei der Beschlussfassung und der Anmeldung zum Handelsregister auftreten.

1. Ordentliche Kapitalherabsetzung

41 a) **Fehler der Beschlussfassung.** Bei den Fehlern des Hauptversammlungsbeschlusses ist zu unterscheiden zwischen Fehlern, die die **Nichtigkeit** des Hauptversammlungsbeschlusses zur Folge haben und solchen, die lediglich seine **Anfechtbarkeit** bewirken. Der Hauptversammlungsbeschluss ist insbesondere nichtig, wenn das Grundkapital ohne gleichzeitige Erhöhung nach § 228 AktG unter den Mindestbetrag nach § 7 AktG herabgesetzt oder die sechsmonatige Eintragungsfrist des § 228 Abs. 2 AktG nicht eingehalten wird.[85] Die mangelnde Festsetzung der Durchführungsart bewirkt nach richtiger Ansicht gleichfalls die Nichtigkeit des Hauptversammlungsbeschlusses.[86] Fehlt die erforderliche Zweckangabe, ist der Beschluss dagegen nur anfechtbar.[87] Ist ein erforderlicher Sonderbeschluss nicht eingeholt worden, ist der Kapitalerhöhungsbeschluss nichtig.

42 Die Folgen etwaiger Fehler sind identisch mit denen bei der fehlerhaften Kapitalerhöhung.[88] Auch insofern gilt, dass § 224 AktG nicht dahingehend missverstanden werden darf, dass die Eintragung in das Handelsregister sämtliche Fehler heilt. § 224 AktG besagt lediglich, wann die fehlerfreie Kapitalherabsetzung wirksam wird. Bei angefochtenen Beschlüssen kommen die **Grundsätze über die fehlerhafte Gesellschaft** entsprechend zur Anwendung.[89] Dies folgt bereits aus dem spiegelbildlichen Charakter der Kapitalherabsetzung zur Kapitalerhöhung. Zudem rechtfertigen die praktischen Schwierigkeiten bei einer *ex tunc* Rückabwicklung der Kapitalherabsetzung (zB nachträgliche Korrektur von Jahresabschlüssen und Rückabwicklung von Dividendenausschüttungen) die entsprechende Anwendung dieser Grundsätze. Die Gläubigerinteressen werden durch § 225 AktG ausreichend geschützt.

43 b) **Fehlende und mangelhafte Anmeldung.** Hinsichtlich etwaiger **Mängel der Anmeldung** kann uneingeschränkt auf die obigen Ausführungen zur Kapitalerhöhung verwiesen werden.[90] Während nach herrschender Ansicht das **Fehlen oder die Rücknahme der Anmeldung** die Unwirksamkeit der Kapitalherabsetzung bewirken,[91] erscheint es entgegen dieser herrschenden Ansicht durchaus sachgerecht, auch insofern jedenfalls die Grundsätze der fehlerhaften Gesellschaft zur Anwendung kommen zu lassen.[92] Unstreitig kann aber die fehlende Anmeldung durch nachträgliche Anmeldung geheilt werden.[93]

44 c) **Rechtsfolgen anfechtbarer oder unwirksamer Kapitalherabsetzung.** *aa) Rechtsfolgen anfechtbarer Kapitalherabsetzung.* Die entsprechende Anwendung der Grundsätze zur fehlerhaften Gesellschaft hat zur Folge, dass der Kapitalherabsetzungsbeschluss und die durchgeführte Kapitalherabsetzung **vorläufig Bestand** haben. Die Anfechtbarkeit kann gemäß

---

[82] → § 36.
[83] → § 36 Rn. 42 ff.
[84] → § 43.
[85] *Kort* S. 235; MHdB GesR IV/*Scholz* § 61 Rn. 33.
[86] Vgl. oben → 36 Rn. 9.
[87] Hüffer/Koch/*Koch* AktG § 222 Rn. 17; *Kort* S. 235.
[88] *Kort* S. 240 f.
[89] MHdB GesR IV/*Scholz* § 61 Rn. 47.
[90] → Rn. 21 f.
[91] So explizit zur fehlerhaften Anmeldung der Kapitalherabsetzung Großkomm AktG/*Wiedemann* § 224 Rn. 37; Hüffer/Koch/*Koch* AktG § 224 Rn. 9.
[92] → Rn. 21; *Kort* S. 240 ff.
[93] RGZ 144, 138 (141); Großkomm AktG/*Wiedemann* § 224 Rn. 37; Hüffer/Koch/*Koch* AktG § 224 Rn. 9.

§ 244 AktG durch einen Bestätigungsbeschluss beseitigt werden. Erst mit Rechtskraft des Urteils über die Beschlussfassung endet die Wirksamkeit der Kapitalherabsetzung (§ 248 AktG). Bis dahin ist von dem herabgesetzten Grundkapital auszugehen.

Handelt es sich nur um eine ziffernmäßige Herabsetzung des Grundkapitals, wird das Grundkapital *ipso iure* mit Rechtskraft des Urteils über die Beschlussfassung berichtigt. Es bedarf insofern keines Rechtsaktes der Aktionäre. Ist dagegen das Kapital effektiv herabgesetzt worden, ist sicherzustellen, dass der **Zustand, wie er vor Durchführung der Kapitalherabsetzung bestand,** wieder hergestellt wird. Dies bedeutet, etwaige anlässlich der Kapitalherabsetzung ausgegebene Aktien sind entsprechend § 73 Abs. 1 S. 1 AktG für kraftlos zu erklären. Zudem ist das ursprüngliche Grundkapital wieder aufzubauen. Diese Rückgewähr der an die Aktionäre ausgeschütteten Bar- und Sacheinlagen hat unter entsprechender Anwendung der Grundsätze über die Kapitalerhöhung zu erfolgen.[94] Wie der Wiederaufbau des ursprünglichen Kapitals bei **Publikumsgesellschaften** erfolgen soll, ist bisher ungeklärt. So wird erwogen, wegen der praktischen Schwierigkeiten in diesem Ausnahmefall der fehlerhaften Kapitalherabsetzung auch für die Zukunft Bestand zuzubilligen.[95] *Kort* erwägt zudem einen jedenfalls Teilwiederaufbau des ursprünglichen Kapitals durch Leistungen der ermittelbaren Aktionäre unter entsprechender Anwendung von §§ 63, 64 AktG.[96] Aus dogmatischen Erwägungen, dh die Grundsätze der fehlerhaften Gesellschaft sollen lediglich einer Rückabwicklung *ex tunc*, nicht aber *ex nunc* entgegen stehen, dürfte dieser Vorschlag vorzugswürdig sein.

bb) Rechtsfolgen nichtiger Kapitalherabsetzung. **Nichtige Hauptversammlungsbeschlüsse** können abgesehen von der Neuvornahme nur nach § 242 AktG geheilt werden. Dies bedeutet, die nur scheinbar reduzierte Kapitalziffer bleibt in der ursprünglichen Höhe erhalten. Eine etwaige Kraftloserklärung von Aktien (§ 226 AktG) ist unwirksam, die von ihr betroffenen Aktien bleiben wirksam. Etwaige neue Aktien sind unwirksam, ein gutgläubiger Erwerb ist ausgeschlossen.

Folge einer nichtigen Kapitalherabsetzung wäre nach allgemeinen Regeln ihre vollständige rückwirkende Rückabwicklung. Eine solche vollständige **Rückabwicklung** einer bereits in Vollzug gesetzten Kapitalherabsetzung ist allerdings in der Praxis ausgeschlossen. Denn Jahresabschlüsse mit falscher Grundkapitalziffer zu korrigieren und Dividendenausschüttungen nach Bereicherungsrecht rückabzuwickeln, ist *in praxi* kaum durchführbar, sofern die Kapitalherabsetzung bereits längere Zeit zurückliegt.[97] In diesem Ausnahmefall dürfte es daher unvermeidbar sein, die Kapitalherabsetzung für die Vergangenheit – entsprechend den **Grundsätzen der fehlerhaften Gesellschaft** – stets als wirksam anzusehen, um die Probleme einer Rückabwicklung zu vermeiden.[98] Selbst wenn man dieser Ansicht nicht folgt, sprechen diese praktischen Erwägungen dafür, entgegen der herrschenden Meinung bei Mängeln oder Fehlen der Anmeldung keine Nichtigkeit der Kapitalherabsetzung anzunehmen und auch ansonsten nur in Ausnahmefällen zur Nichtigkeit der Kapitalherabsetzung zu gelangen.

2. Vereinfachte Kapitalherabsetzung/Zwangseinziehung

Hinsichtlich der **vereinfachten Kapitalerhöhung**[99] und der **Zwangseinziehung**[100] kann auf die Erläuterungen zur ordentlichen Kapitalherabsetzung verwiesen werden. Es ist auch insofern zu unterscheiden zwischen Mängeln, die die Nichtigkeit der Kapitalmaßnahme und solchen, die lediglich die Anfechtbarkeit des Hauptversammlungsbeschlusses bewirken. Mängel der Anmeldung sowie – entgegen der herrschenden Ansicht – auch das Fehlen der Anmeldung führen nicht zur Unwirksamkeit der Kapitalmaßnahme.

---

[94] *Krieger* ZHR 158, 1994, 52 f.; nur teilweise abweichend *Kort* S. 243 f.
[95] Mit solchen Überlegungen *Krieger* ZHR 158, 1994, 53.
[96] *Kort* S. 245 f.
[97] *Kort* S. 247; *Krieger* ZHR 158, 1994, 52.
[98] *Krieger* ZHR 158, 1994, 52.
[99] Vgl. → § 33.
[100] Vgl. → § 43.

V. Beratungscheckliste

49 **Beratungscheckliste**

- ☐ Wird der Fehler der Kapitalmaßnahme bekannt, ist der Handlungsbedarf abhängig davon, ob der Fehler zur Nichtigkeit oder Anfechtbarkeit der Kapitalmaßnahme führt.
- ☐ Falls gegen einen anfechtbaren oder nichtigen Hauptversammlungsbeschluss Klage erhoben ist, kann nach § 246a AktG ein Freigabeverfahren eingeleitet werden, mit dem Ziel festzustellen, dass Mängel des Hauptversammlungsbeschlusses die Wirkung der Eintragung unberührt lassen.
- ☐ Anfechtbare Hauptversammlungsbeschlüsse stehen der Wirksamkeit der Kapitalmaßnahme nicht entgegen. Die Anfechtbarkeit kann nach § 244 AktG geheilt werden. Auch falls ein rechtskräftiges Anfechtungsurteil ergeht, findet eine Rückabwicklung wegen der Anwendung der Grundsätze der fehlerhaften Gesellschaft nur für die Zukunft statt, bis zur Rechtskraft des Urteils bleiben die Beschlüsse wirksam.
- ☐ Nichtige Hauptversammlungsbeschlüsse bewirken (im Grundsatz) die Nichtigkeit der Kapitalmaßnahme auch nach ihrer Durchführung. Die Nichtigkeit kann nach § 242 AktG nur geheilt werden, sofern nach Eintragung des Beschlusses drei Jahre verstrichen sind. Die Rückabwicklung erfolgt aber ebenfalls in entsprechender Anwendung der Grundsätze der fehlerhaften Gesellschaft nur mit Wirkung für die Zukunft.
- ☐ Die fehlende Anmeldung der Kapitalmaßnahme zum Handelsregister führt nach herrschender (aber streitiger) Ansicht zur Unwirksamkeit der durchgeführten Kapitalmaßnahme. Daher sollte die Anmeldung wiederholt werden. Bloße Fehler bei der Anmeldung berühren die Wirksamkeit dagegen nicht.
- ☐ Bei Fehlern der Zeichnungsverträge ist nach der Art des Fehlers zu differenzieren. Unwirksame oder unverbindliche Zeichnungen können durch Neuvornahme oder unter den Voraussetzungen des § 185 Abs. 3 AktG geheilt werden. Willensmängel sind nach Eintragung der Kapitalmaßnahme in das Handelsregister unbeachtlich.
- ☐ Die Heilung sämtlicher Fehler ist stets durch Neuvornahme der fehlerhaften Maßnahme möglich.

I. Aktionärsklagen

§ 38 Anfechtungsklage

Übersicht

	Rn.
I. Zulässigkeit (Prozessuale Voraussetzungen)	1–25
1. Zuständigkeit	1–8
a) Sachliche Zuständigkeit	1
b) Örtliche Zuständigkeit	2–4
c) Funktionale Zuständigkeit	5/6
d) Schiedsgerichtsbarkeit	7/8
2. Verfahrensbeteiligte	9–18
a) Kläger	9/10
b) Beklagte	11–14
c) Vertretung der Beklagten	15–18
3. Gegenstand der Anfechtung und Klageantrag	19–25
a) Hauptversammlungsbeschlüsse	19–21
b) Andere Beschlüsse	22
c) Klageantrag	23–25
II. Anfechtungsbefugnis	26–52
1. Anfechtungsbefugnis des Aktionärs	27–43
a) Anfechtungsbefugnis des in der Hauptversammlung erschienenen Aktionärs (§ 245 Nr. 1 AktG)	27–36
b) Anfechtungsbefugnis des nicht in der Hauptversammlung erschienenen Aktionärs (§ 245 Nr. 2 AktG)	37–41
c) Anfechtungsbefugnis bei Verfolgung von Sondervorteilen (§ 245 Nr. 3 AktG)	42/43
2. Anfechtungsbefugnis des Vorstands	44–47
3. Anfechtungsbefugnis der Mitglieder des Vorstandes und des Aufsichtsrates	48–52
III. Anfechtungsgrund	53–104
1. Verletzung des Gesetzes oder der Satzung (§ 243 Abs. 1 AktG)	54–61
a) Verfahrensfehler	58/59
b) Inhaltliche Mängel	60
2. Erstreben von Sondervorteilen (§ 243 Abs. 2 AktG)	61–70
a) Sondervorteil	62
b) Stimmrechtsausübung	63
c) Zurechnungszusammenhänge	64/65
d) Angemessener Ausgleich	66–70
3. Gesetzlicher Ausschluss der Anfechtung	71–79
a) Anfechtungsausschluss nach § 243 Abs. 3 AktG	72/73
b) § 243 Abs. 4 S. 2 AktG	74/75
c) §§ 304 Abs. 3 S. 2, 305 Abs. 5 S. 1 AktG	76/77
d) §§ 14 Abs. 2, 32, 195 Abs. 2, 210 UmwG	78/79
4. Anfechtung aufgrund von Informationsmängeln	80–84
5. Bestätigung anfechtbarer Hauptversammlungsbeschlüsse	85–102
a) Tatbestandliche Voraussetzungen	86/87
b) Nichtigerklärung für die Vergangenheit	88–90
c) Prozessuale Konsequenzen	91–102
6. Rechtsschutzbedürfnis	103/104
IV. Teilanfechtung	105–108
1. Beschlusseinheit und Beschlussmehrheit	105/106
2. Konsequenzen für die Beschlussanfechtung	107/108
V. Anfechtungsfrist	109–115
1. Grundlagen	109–111
2. Klageerhebung	112–114
3. Klagebegründung	115

	Rn.
VI. Zustellung	116–127
1. Anfechtungsklage des Aktionärs	117–121
a) Vorstand	119
b) Aufsichtsrat	120/121
2. Anfechtungsklage des Vorstands bzw. des Vorstandsmitglieds	122–124
3. Anfechtungsklage des Aufsichtsratsmitglieds	125/126
4. Mehrere Kläger	127
VII. Sonstige Verfahrensfragen	128–148
1. Nebenintervention	128–132
2. Darlegungs- und Beweislast	133–136
a) Verfahrensfehler	134/135
b) Inhaltsmängel	136
3. Anerkenntnis und Prozessvergleich	137–139
a) Anerkenntnis	138
b) Prozessvergleich	139
4. Neue Beschlüsse während des Rechtsstreits	140–142
a) Beschlussaufhebung	141
b) Beschlusswiederholung	142
5. Konsequenzen der Klageerhebung für das Registerverfahren	143–146
a) Spezialgesetzliche Registersperre	143/144
b) Allgemeine Regelung	145/146
6. Bekanntmachungspflicht des Vorstands	147/148
VIII. Urteil und Urteilswirkung	149–157
1. Inhalt des Urteils	149
2. Urteilswirkung bei erfolgreicher Anfechtungsklage	150–154
a) Gestaltungswirkung	151/152
b) Bindungswirkung	153/154
3. Urteilwirkung bei Zurückweisung der Klage	155
4. Registerrechtliche Konsequenzen	156/157
IX. Streitwert der Anfechtungsklage	158–164
1. Regelstreitwert	159–161
2. Streitwertspaltung	162–164
X. Missbrauch des Anfechtungsrechtes	165–171
1. Tatbestand	166–168
2. Prozessuale Konsequenzen	169
3. Materiell-rechtliche Konsequenzen	170/171
XI. Freigabeverfahren nach § 246a AktG	172–184
1. Regelungsgegenstand und Wirkungen des Freigabeverfahrens	174
2. Beschlussvoraussetzungen nach § 243a Abs. 2 AktG	175–180
a) Unzulässigkeit oder offensichtliche Unbegründetheit der Klage (§ 246a Abs. 2 Nr. 1 AktG)	176
b) Nachweis der Mindestbeteiligung (§ 246a Abs. 2 Nr. 2 AktG)	177/178
c) Interessenabwägungsklausel (§ 246a Abs. 2 Nr. 3 AktG)	179/180
3. Durchführung des Eilverfahrens nach § 243a Abs. 3 AktG	181/182
4. Schadensersatzpflicht nach § 243a Abs. 4 AktG	183
5. Verhältnis zur einstweiligen Verfügung	184
XII. Einstweiliger Rechtsschutz	185
XIII. Amtslöschung	186–188

Schrifttum: *Bork,* Doppelsitz und Zuständigkeit im aktienrechtlichen Anfechtungsprozess, ZIP 1995, 609; *Hörtnagel/Schmitt/Stratz,* Kommentar zum Umwandlungsgesetz und Umwandlungssteuergesetz, 7. Auflage 2016, § 28; *Geßler,* Zur Anfechtung wegen Strebens nach Sondervorteilen, in *Fischer/Möhring/Westermann,* Wirtschaftsfragen der Gegenwart, FS Barz, 1974, S. 97; *Goslar/von der Linden,* Interventionsfrist, Interventionsbefugnis und Kostenlastverteilung bei der Nebenintervention zur aktienrechtlichen Anfechtungsklage. Zugleich Besprechung des BGH-Beschlusses vom 26.5.2008 – WM 2008, 1400, WM 2009 492; *Häsemeyer,* Insolvenzrecht, 4. Auflage 2007; Handelsrechtsausschuss des DAV (zum RefE des UmwG), WM 1993, Beil. 2 Rn. 51 f.; *Henn,* Erhebung der Anfechtungsklage vor dem unzuständigen Gericht, AG 1989, 230; *Henze,* Sachsenmilch: Ordnungsgemäße Besetzung eines nach zwingender gesetzlicher Vorgabe zweigliedrigen Vorstands bei Wegfall eines Mitglieds, BB 2002, 847; *Hirte,* Informationsmängel und Spruchverfahren, Anmerkung zu den Urteilen des BGH vom 18.11.2000 – II ZR 1/99 – (MEZ) und vom 29.1.2001 – II ZR 368/98 – (Aqua Butzke-Werke), ZHR 167 (2003), S. 8; *Jaeger/Weber,* Konkursordnung, 8. Auflage 1973, §§ 207, 208; *Kallmeyer,* GmbHR Kommentar, GmbHR 2001, 204; *Kallmeyer* (Hrsg.), Kommentar zum Umwandlungsgesetz,

6. Auflage 2017, §§ 28, 210; *Messer,* Die Kausalität von Mängeln des Verschmelzungsberichts als Voraussetzung für die Anfechtbarkeit des Verschmelzungsbeschlusses in: FS Quack 1991, S. 321; *Neye,* Umwandlungsgesetz, Umwandlungssteuergesetz, 2. Auflage 1995; *Niemeier,* Im zweiten Anlauf ein Ende der missbräuchlichen Aktionärsklagen?, ZIP 2008, 1148; *Noack,* Der Widerspruch des Aktionärs in der Hauptversammlung, AG 1989, 78; *ders./Zetsche,* Die Informationsanfechtung nach der Neufassung des § 243 Abs. 4 AktG, ZHR 170 (2006), 218; *Schwab,* Zum intertemporalen Anwendungsbereich des § 243 IV 2 AktG, NZG 2007, 521; *Seibert,* Der Referentenentwurf eines Gesetzes zur Umsetzung der Aktionärsrichtlinie (ARUG), ZIP 2008, 906; *Sinewe,* Keine Anfechtungsklage gegen Umwandlungsbeschlüsse bei wertbezogenen Informationsmängeln, DB 2001, 690; *Tielmann,* Die Anfechtungsklage- ein Gesamtüberblick unter Berücksichtigung des UMAG, WM 2007, 1686; *Tröger,* Neues zur Anfechtung bei Informationspflichtverletzungen, NZG 2002, 211; *Veil,* Klagemöglichkeiten bei Beschlussmängeln der Hauptversammlung nach dem UMAG, AG 2005, 567; *Vetter,* Schiedsklauseln in Satzungen von Publikumsgesellschaften, DB 2000, 705; *Waclawik,* Das ARUG und die klagefreudigen Aktionäre: Licht am Ende des Tunnels?, ZIP 2008, 1141; *Bayer/ Habersack,* Aktienrecht im Wandel, Band II, Grundsatzfragen des Aktienrechts, 10. Kapitel.

I. Zulässigkeit (Prozessuale Voraussetzungen)

1. Zuständigkeit

a) **Sachliche Zuständigkeit.** Für die Anfechtungsklage ist gemäß § 246 Abs. 3 AktG das Landgericht sachlich zuständig. 1

b) **Örtliche Zuständigkeit.** Örtlich zuständig ist gemäß § 246 Abs. 3 AktG das Landgericht am Sitz der Gesellschaft. Diese Zuständigkeit ist ausschließlich, so dass gemäß § 40 Abs. 2 S. 1 Nr. 2 ZPO eine Gerichtsstandvereinbarung unzulässig ist. Damit kann insbesondere durch die verbreiteten Gerichtsstandklauseln in der Satzung der Gesellschaft („Für alle Streitigkeiten aus dem Gesellschaftsverhältnis ist das Landgericht in X zuständig") keine vom Landgericht des Gesellschaftssitzes abweichende Zuständigkeit begründet werden. Das gilt wegen § 40 Abs. 2 S. 2 ZPO auch im Falle rügelosen Verhandelns zur Hauptsache. 2

Hat die Gesellschaft einen Doppel- oder gar Mehrfachsitz, so kann die Anfechtungsklage bei jedem Landgericht erhoben werden, in dessen Bezirk einer der Gesellschaftssitze liegt.[1] An welchem der Sitze der tatsächliche Verwaltungssitz der Gesellschaft liegt, ist unerheblich.[2] Das eröffnet dem Klägervertreter die Möglichkeit, unter den zuständigen Landgerichten dasjenige auszuwählen, dessen Rechtsprechung für den Kläger günstiger ist. 3

Freilich kann es bei einem Doppel- bzw. Mehrfachsitz zu widerstreitenden Urteilen verschiedener Gerichte über ein- und denselben Beschluss der Hauptversammlung kommen, was nicht nur im Widerspruch zur Intention des Gesetzgebers in § 246 Abs. 3 S. 3 AktG steht, sondern insbesondere im Hinblick auf die Gestaltungswirkung des der Anfechtungsklage stattgebenden rechtskräftigen Urteils[3] problematisch ist. Da der Doppel- bzw. Mehrfachsitz aber nun einmal zulässig ist,[4] lassen sich widerstreitende Urteile nur dadurch vermeiden, dass die Verhandlung gemäß § 148 ZPO vom Gericht bis zur Erledigung der bereits anderweitig erhobenen Anfechtungsklage(n) ausgesetzt wird,[5] was auch von Amts wegen geschehen kann. Der Klägervertreter tut daher gut daran, die Satzung der Gesellschaft auf einen Doppel- bzw. Mehrfachsitz zu überprüfen und sich bei den betreffenden Gerichten zu erkundigen, ob dort bereits Anfechtungsklagen mit gleichem Gegenstand anhängig sind. 4

c) **Funktionale Zuständigkeit.** Die Anfechtungsklage ist gemäß § 95 Abs. 2 GVG Handelssache, so dass die Kammer für Handelssachen funktional zuständig ist. Gemäß § 96 Abs. 1 GVG bedarf es jedoch zur Verhandlung vor der Kammer für Handelssachen eines Antrages in der Klageschrift. Dieser Antrag kann nicht nachgeholt werden. Unterbleibt der 5

---

[1] KG WM 1996, 1454 (1455); LG Berlin WM 1994, 1246 (1247); MüKoAktG/*Heider* § 5 Rn. 44; *Tielmann* WM 2007, 1686 (1686); Hüffer/Koch/*Koch* AktG § 246 Rn. 37; aA (Landgericht am tatsächlichen inländischen Verwaltungssitz): MüKoAktG/*Hüffer/Schäfer* § 246 Rn. 72; *Bork* ZIP 1995, 609 (616).
[2] So ausdrücklich LG Berlin WM 1994, 1246 (1247).
[3] → Rn. 143 f.
[4] → § 9 Rn. 5 ff.
[5] OLG Stuttgart NJW 1953, 748; OLG Düsseldorf NJW-RR 1988, 354 f.; KG WM 1996, 1454 (1455); aA MüKoAktG/*Heider* § 5 Rn. 44.

Antrag, und wird die Anfechtungsklage deshalb vor der Zivilkammer zur Verhandlung gebracht, so kann der Beklagte (und nur dieser) gemäß § 98 Abs. 1 S. 1 GVG die Verweisung zur Kammer für Handelssachen beantragen; dieser Antrag ist gemäß § 101 Abs. 1 GVG nur vor der Verhandlung zur Sache (also insbesondere nur vor der Stellung der Anträge) zulässig. Von Amts wegen darf die Zivilkammer den Rechtsstreit gemäß § 98 Abs. 3 GVG nicht an die Kammer für Handelssachen verweisen.

6   Unterlässt der Klägervertreter den Antrag auf Verhandlung vor der Kammer für Handelssachen in der Klageschrift, und hilft ihm der Beklagtenvertreter nicht durch einen Verweisungsantrag aus seiner Verlegenheit, so kann eine Verhandlung vor der Kammer für Handelssachen nur noch durch Rücknahme der Anfechtungsklage und erneute Klageerhebung herbeigeführt werden. Die hierdurch entstehenden Mehrkosten gehen dann freilich zu Lasten des Klägervertreters. Zu beachten ist in jedem Fall, dass die erneute Klageerhebung innerhalb der Frist zur Klageerhebung (§ 246 Abs. 1 AktG) erfolgen muss.

7   d) **Schiedsgerichtsbarkeit.** Mangels gesetzlicher Regelung nicht unumstritten war stets die Frage, ob die Schiedsfähigkeit der Anfechtungsklage durch die Satzung der Gesellschaft oder durch Schiedsabrede im Einzelfall (§ 1029 Abs. 2 ZPO) begründet werden kann.[6] Gegen die Schiedsfähigkeit wird zum Teil eingewandt, zumindest eine Schiedsvereinbarung in der Satzung der Gesellschaft sei wegen der ausdrücklichen Anordnung der Klage vor den staatlichen Gerichten (§ 246 Abs. 3 AktG) gemäß § 23 Abs. 5 S. 1 AktG unzulässig.[7] Der BGH war ursprünglich der Ansicht, über die Schiedsfähigkeit der Anfechtungsklage nicht im Wege richterlicher Rechtsfortbildung entscheiden zu können, da die Gestaltungswirkung des der Anfechtungsklage stattgebenden rechtskräftigen Urteils einer Schiedsfähigkeit schon prinzipiell entgegenstünde.[8] Diese Bedenken gab er jedoch in einer nachfolgenden Entscheidung explizit auf und stellte stattdessen fest, dass die Anfechtungsklage grundsätzlich sowohl kraft einer in der Satzung festgeschriebenen Schiedsvereinbarung, als auch kraft einer Schiedsabrede im Einzelfall gemäß § 1029 Abs. 2 ZPO schiedsfähig sei, sofern letztere anhand dem Rechtsstaatsprinzip folgenden und in der Urteilsbegründung explizit benannten Mindeststandards ausgestaltet werde.[9]

8   Diesem höchstrichterlichen Statut ist in der Praxis jedoch mit Vorsicht zu begegnen. Zunächst würde eine Schiedsabrede gemäß § 1029 Abs. 2 ZPO wohl im Regelfall ohnehin bereits daran scheitern, dass sie von allen Aktionären getroffen werden müsste. Unabhängig davon muss das entsprechende Schiedsverfahren, ob durch Satzung oder Einzelabrede angeordnet, laut Ansicht des BGH in einer dem Rechtsschutz durch staatliche Gerichte vergleichbaren Weise und mit an § 138 BGB zu messenden Mitwirkungsrechten der Aktionäre ausgestaltet sein.[10] Diese einerseits erheblichen und andererseits lediglich generalklauselartig umrissenen Anforderungen bergen indes das Risiko, dass grundsätzlich wirksame Schiedsvereinbarungen letztlich in der praktischen Anwendung scheitern und für unwirksam erklärt werden (so auch in dem der Entscheidung zugrunde liegenden Fall).

2. Verfahrensbeteiligte

9   a) **Kläger.** Mehrere Anfechtungskläger sind notwendige Streitgenossen im Sinne des § 62 ZPO, da aufgrund der Rechtskraftwirkung des Urteils im Anfechtungsprozess (§ 248 AktG)[11] die Entscheidung über das streitige Rechtsverhältnis den Klägern gegenüber nur einheitlich ergehen kann.[12] Konsequent bestimmt § 246 Abs. 3 S. 3 AktG, dass mehrere An-

---

[6] Vgl. BGHZ 132, 278 (282) (= BGH NJW 1996, 1753); MüKoAktG/*Hüffer/Schäfer* § 246 Rn. 34.
[7] MüKoAktG/*Hüffer/Schäfer* § 246 Rn. 33; *Zöllner* AG 2000, 145 (150); *Vetter* DB 2000, 705 (706); aA aber bereits BGHZ 132, 278 (282) (= BGH NJW 1996, 1753 (1754)), da § 246 Abs. 3 S. 1 AktG lediglich die Zuständigkeit unter den staatlichen Gerichten regele, für den Fall, dass diese zulässigerweise angerufen wurden.
[8] BGHZ 132, 278 (282) (= BGH NJW 1996, 1753 (1756)); MüKoAktG/*Hüffer/Schäfer* § 246 Rn. 34.
[9] Für die GmbH, aber explizit auch auf die AG angewendet: BGHZ 180, 221 (= NJW 2009, 1962 (1963)); MüKoAktG/*Hüffer/Schäfer* § 246 Rn. 34.
[10] BGHZ 180, 221 (= NJW 2009, 1962 (1963)).
[11] → Rn. 143 f.
[12] BGHZ 122, 211 (240); MüKoAktG/*Hüffer/Schäfer* § 246 Rn. 7; MüKoZPO/*Schultes* § 62 Rn. 9.

fechtungsprozesse zur gleichzeitigen Verhandlung und Entscheidung zu verbinden sind (das gilt natürlich nur für Klagen gegen denselben Beschluss).

Aufgrund der notwendigen Streitgenossenschaft führt die Begründetheit der Klage eines Streitgenossen dazu, dass den zulässigen Klagen aller anderen Anfechtungskläger stattzugeben ist, auch wenn diese prozessuale Fristen versäumt haben oder ihr Sachvortrag unzulänglich ist. Im Falle der Versäumung der Anfechtungsfrist gemäß § 246 Abs. 1 AktG[13] und der missbräuchlichen Ausnutzung des Anfechtungsrechtes[14] ist allerdings die Klage des betreffenden Streitgenossen stets abzuweisen, obwohl die genannten Tatbestände nicht zur Unzulässigkeit, sondern zur Unbegründetheit der jeweiligen Klage führen.[15]

b) Beklagte. Die Anfechtungsklage ist gemäß § 246 Abs. 2 S. 1 AktG gegen die Gesellschaft zu richten. Ist die Gesellschaft gemäß §§ 262 ff. AktG aufgelöst worden, bleibt sie gemäß § 264 Abs. 1 S. 1 AktG eine Abwicklungsgesellschaft mit eigener Rechtspersönlichkeit, so dass eine Anfechtungsklage nach wie vor gegen die Gesellschaft zu richten ist; das gilt auch für die Anfechtungsklage gegen den Auflösungsbeschluss (§ 262 Abs. 1 Nr. 2 AktG).[16]

Ist über das Vermögen der Gesellschaft das Insolvenzverfahren eröffnet,[17] so kommt es darauf an, ob die Anfechtungsklage im Erfolgsfalle Konsequenzen für die Insolvenzmasse hat. Führt die Nichtigkeit des angefochtenen Beschlusses erwartbar zu einer Verringerung der Insolvenzmasse, so ist die Klage gegen den Insolvenzverwalter als Partei kraft Amtes zu richten; andernfalls bleibt die Gesellschaft die richtige Beklagte (zB bei Wahlen zum Aufsichtsrat).[18] Diese Differenzierung ist problematisch in Fällen, in denen eine Prognose der Konsequenzen für die Insolvenzmasse unsicher ist. Denn die Umstellung von einer Klage gegen den Insolvenzverwalter auf eine Klage gegen die Gesellschaft ist keine bloße Berichtigung der Parteibezeichnung, sondern ein Beklagtenwechsel;[19] und die statt gegen den prozessführungsbefugten Insolvenzverwalter gegen die Gesellschaft erhobene Klage ist unzulässig.[20] Damit kann der Kläger nur innerhalb der Anfechtungsfrist des § 246 Abs. 1 AktG von einer Klage gegen den Insolvenzverwalter auf eine Klage gegen die Gesellschaft übergehen und umgekehrt. Ist mithin die Prognose der Konsequenzen für die Insolvenzmasse problematisch, so empfiehlt es sich, die Anfechtungsklage sicherheitshalber sowohl gegen die Gesellschaft als auch den Insolvenzverwalter zu richten.

Ist die Gesellschaft Gegenstand einer Maßnahme nach dem Umwandlungsgesetz, die bereits in das Handelsregister eingetragen wurde, so ist für die Anfechtung des der Maßnahme zugrundeliegenden Beschlusses der Hauptversammlung der Gesellschaft gemäß folgender Übersicht zu differenzieren:[21]

Angefochtener Beschluss	Beklagter	Maßgebliche Norm(en)
Verschmelzung durch Aufnahme: Verschmelzungsbeschluss der HV des übernehmenden Rechtsträgers	Übernehmender Rechtsträger	§ 246 Abs. 2 S. 1 AktG

---

[13] → Rn. 103 f.
[14] → Rn. 157 ff.
[15] MHdB GesR IV/*Austmann* § 42 Rn. 98, 101; MüKoAktG/*Hüffer/Schäfer* § 246 Rn. 7; KölnKommAktG/ *Noack/Zetzsche* § 246 Rn. 196.
[16] BGHZ 36, 207 (208).
[17] Durch die Eröffnung des Insolvenzverfahrens wird die Gesellschaft gemäß § 264 Abs. 1 S. 1 AktG nicht zur Abwicklungsgesellschaft, obwohl sie gemäß § 262 Abs. 1 Nr. 3 AktG aufgelöst wird.
[18] RGZ 76, 244 (249); BGHZ 32, 114 (118); MüKoAktG/*Hüffer/Schäfer* § 246 Rn. 49; aA Großkomm-AktG/*Schmidt* § 246 Rn. 34 (Beklagter ist stets die Gesellschaft).
[19] Zöller/*Vollkommer* ZPO Vor § 50 Rn. 7; MüKoZPO/*Lindacher* Vor § 50 Rn. 29.
[20] *Häsemeyer* InsO Rn. 10.40.
[21] Einzelheiten bei GroßkommAktG/*Schmidt* § 246 Rn. 36; ferner MüKoAktG/*Hüffer/Schäfer* § 246 Rn. 50 ff. jeweils mwN.

Angefochtener Beschluss	Beklagter	Maßgebliche Norm(en)
Verschmelzung durch Aufnahme: Verschmelzungsbeschluss der HV des übertragenden Rechtsträgers	Übernehmender Rechtsträger	§ 28 UmwG (Übertragender Rechtsträger erlischt gemäß § 20 Abs. 1 Nr. 2 UmwG)
Verschmelzung durch Neugründung: Verschmelzungsbeschluss der HV der übertragenden Rechtsträger	Neuer Rechtsträger	§ 36 Abs. 1 S. 1 iVm § 28 UmwG
Aufspaltung zur Aufnahme: Spaltungsbeschluss der HV des übertragenden Rechtsträgers	Neue Rechtsträger in notwendiger Streitgenossenschaft (§ 62 ZPO)[22]	Übertragender Rechtsträger erlischt gemäß § 131 Abs. 1 Nr. 2 UmwG
Aufspaltung zur Aufnahme: Spaltungsbeschluss der HV des übernehmenden Rechtsträgers	Übernehmender Rechtsträger	§ 246 Abs. 2 S. 1 AktG
Aufspaltung zur Neugründung: Spaltungsbeschluss der HV des übertragenden Rechtsträgers	Neue Rechtsträger in notwendiger Streitgenossenschaft (§ 62 ZPO)[23]	Übertragender Rechtsträger erlischt gemäß § 131 Abs. 1 Nr. 2 UmwG
Abspaltung zur Aufnahme: Spaltungsbeschluss der HV des übertragenden Rechtsträgers	Übertragender Rechtsträger	§ 246 Abs. 2 S. 1 AktG (Übertragender Rechtsträger bleibt erhalten)
Abspaltung zur Aufnahme: Spaltungsbeschluss der HV des übernehmenden Rechtsträgers	Übernehmender Rechtsträger	§ 246 Abs. 2 S. 1 AktG
Abspaltung zur Neugründung: Spaltungsbeschluss der HV des übertragenden Rechtsträgers	Übertragender Rechtsträger	§ 246 Abs. 2 S. 1 AktG (Übertragender Rechtsträger bleibt erhalten)
Ausgliederung zur Aufnahme: Ausgliederungsbeschluss der HV des übertragenden Rechtsträgers	Übertragender Rechtsträger	§ 246 Abs. 2 S. 1 AktG
Ausgliederung zur Aufnahme: Ausgliederungsbeschluss der HV des übernehmenden Rechtsträgers	Übernehmender Rechtsträger	§ 246 Abs. 2 S. 1 AktG
Ausgliederung zur Neugründung: Spaltungsbeschluss der HV des übertragenden Rechtsträgers	Übertragender Rechtsträger	§ 246 Abs. 2 S. 1 AktG
Formwechsel: Umwandlungsbeschluss des formwechselnden Rechtsträgers	Formwechselnder Rechtsträger in neuer Rechtsform[24]	§ 202 Abs. 1 Nr. 1 UmwG

14 In allen Fällen einer Anfechtungsklage gegen Maßnahmen nach dem Umwandlungsgesetz, die bereits durch Eintragung in das Handelsregister vollzogen sind, ist das Rechtsschutzbedürfnis besonders zu prüfen (dazu → Rn. 97).

---

[22] GroßkommAktG/*Schmidt* § 246 Rn. 36; MüKoAktG/*Hüffer/Schäfer* § 246 Rn. 52.
[23] GroßkommAktG/*Schmidt* § 246 Rn. 36; MüKoAktG/*Hüffer/Schäfer* § 246 Rn. 52.
[24] Ob für die neue Rechtsform die Anfechtungsklage statthaft ist, ist unbeachtlich, vgl. GroßkommAktG/ *Schmidt* § 246 Rn. 91; MüKoAktG/*Hüffer/Schäfer* § 246 Rn. 52.

c) **Vertretung der Beklagten.** Die Vertretung der Beklagten regelt § 246 Abs. 2 AktG. Danach wird die Gesellschaft bei der Anfechtungsklage eines Aktionärs (§ 245 Nr. 1–3 AktG) durch Vorstand und Aufsichtsrat vertreten. Klagt der Vorstand (§ 245 Nr. 4 AktG) oder ein Vorstandsmitglied (§ 245 Nr. 5 AktG), wird die Gesellschaft durch den Aufsichtsrat vertreten; das gilt wegen § 112 AktG auch für die Klage eines ausgeschiedenen Vorstandsmitglieds, das zugleich Aktionär ist.[25] Klagt ein Aufsichtsratsmitglied (§ 245 Nr. 5 AktG), wird die Gesellschaft durch den Vorstand vertreten.

Treffen Vorstands- und Aktionärsklage zusammen, so vertritt allein der Aufsichtsrat die Gesellschaft, im Falle der Klage von Aktionären und Aufsichtsratsmitgliedern hingegen allein der Vorstand. Klagen Vorstand und Aufsichtsrat nebeneinander, so muss für die Gesellschaft nach § 57 ZPO ein Vertreter (Prozesspfleger) bestellt werden.[26]

Die Doppelvertretung durch Vorstand und Aufsichtsrat bei der Klage des Aktionärs gilt für alle Prozesshandlungen der Gesellschaft einschließlich der Bevollmächtigung ihres Prozessvertreters. Sie ist vor allem bei der Zustellung zu beachten (dazu → Rn. 110 ff.). Die Vertretungsorgane sollen gemäß §§ 253 Abs. 4, 130 Nr. 1 ZPO in der Klageschrift benannt werden. Eine fehlende oder unvollständige Angabe der Vertretungsorgane kann gleichwohl auch nach Ablauf der Klagefrist des § 246 Abs. 1 AktG nachgeholt werden, sofern dadurch nicht die Zustellung der Klageschrift gescheitert ist.[27]

Richtet sich die Anfechtungsklage eines Aktionärs gegen die gemäß §§ 262 ff. AktG aufgelöste Gesellschaft als Abwicklungsgesellschaft, so wird diese von den Abwicklern, die gemäß § 269 Abs. 1 AktG an die Stelle des Vorstandes treten, und dem Aufsichtsrat vertreten. In der Insolvenz der Gesellschaft ist für die Vertretung entsprechend der Person des Beklagten zu differenzieren: richtet sich die Anfechtungsklage gegen den Insolvenzverwalter als Partei kraft Amtes, stellt sich die Vertretungsfrage nicht; ist Beklagter hingegen die Gesellschaft, verbleibt es bei der Vertretungsregelung des § 246 Abs. 2 AktG.

3. Gegenstand der Anfechtung und Klageantrag

a) **Hauptversammlungsbeschlüsse.** Gemäß § 243 Abs. 1 AktG kann mit der Anfechtungsklage ein Beschluss der Hauptversammlung angefochten werden. Auch ein Beschluss, durch den ein Beschlussantrag mangels erforderlicher Beschlussmehrheit abgelehnt wurde, kann Gegenstand einer Anfechtungsklage sein. Da indessen die Anfechtungsklage gegen einen solchen negativen Hauptversammlungsbeschluss auch im Erfolgsfall die materielle Rechtslage unverändert lässt, wird es im Regelfall am erforderlichen Rechtsschutzbedürfnis fehlen, sofern nicht die Anfechtungsklage mit einer positiven Beschlussfeststellungsklage verbunden wurde.[28]

Gegenstand der Anfechtung ist stets der Hauptversammlungsbeschluss mit dem Inhalt, der in der Niederschrift gemäß § 130 Abs. 1 S. 3 AktG bzw. § 130 Abs. 2 AktG festgestellt wurde, da die Feststellung und die Protokollierung unabhängig von ihrer inhaltlichen Richtigkeit den Inhalt des Beschlusses konstituieren.[29] Demgemäß kann eine Anfechtungsklage auch gegen einen Hauptversammlungsbeschluss gefasst werden, der entgegen der Protokollierung in Ermangelung der erforderlichen Beschlussmehrheit tatsächlich nicht zustande gekommen ist (sogenannter Nichtbeschluss).[30]

Das Verlangen einer Minderheit von Aktionären (vgl. §§ 120 Abs. 1, 137, 147 AktG) ist zwar gemäß § 130 Abs. 1 S. 2 AktG in die Niederschrift über die Hauptversammlung aufzunehmen, wird dadurch jedoch noch nicht zu einem Beschluss der Hauptversammlung und kann folglich auch nicht Gegenstand einer Anfechtungsklage sein. Wird ein Minderheitsverlangen im Rahmen der Beschlussfassung rechtswidrig berücksichtigt (zB obgleich das nötige

---

[25] BGH NJW-RR 1991, 926 (926).
[26] GroßkommAktG/*Schmidt* § 246 Rn. 38.
[27] BGHZ 32, 114 (118).
[28] BGHZ 97, 28 (30); 88, 320 (329); 76, 191 (197); Einzelheiten zur positiven Beschlussfeststellungsklage bei GroßkommAktG/*Schmidt* § 246 Rn. 98 ff.
[29] BGHZ 104, 66 (69); 76, 191 (197); 14, 25 (36).
[30] BGHZ 104, 66 (69) (allerdings für die GmbH); GroßkommAktG/*Schmidt* § 241 Rn. 12.

Quorum nicht eingehalten war), kann allerdings der darauf gefasste Beschluss anfechtbar sein. Demgegenüber kann das Übergehen eines Beschlussantrages nicht mit der Anfechtungsklage angegriffen werden, da in diesem Fall gerade kein Hauptversammlungsbeschluss vorliegt; die nach Missachtung des Beschlussantrages gefassten Beschlüsse sind nicht schon deshalb anfechtbar, weil zuvor über einen anderen Beschlussantrag hätte abgestimmt werden müssen.[31] Die Bestimmung des Streitgegenstandes sowohl der Anfechtungs- als auch der Nichtigkeitsklage orientiert sich an dem mit der Klage verfolgten Ziel, die richterliche Klärung der Nichtigkeit des Hauptversammlungsbeschlusses anhand der dem Beschluss anhaftenden Mängel herbeizuführen.[32] Der Streitgegenstand umfasst damit im Grundsatz alle – auch nicht zum Gegenstand des Prozessvortrages gemachten – Mängel, die dem Hauptversammlungsbeschluss anhaften.[33] Die Geltendmachung zusätzlicher Mängel durch ergänzenden Sachvortrag führt daher nicht zu einer Klageänderung.[34]

22 **b) Andere Beschlüsse.** Sonderbeschlüsse können Gegenstand einer Anfechtungsklage sein, da gemäß § 138 S. 2 AktG die Bestimmungen über Hauptversammlungsbeschlüsse auf Sonderbeschlüsse Anwendung finden. Im Übrigen ist außerhalb ausdrücklicher gesetzlicher Anordnung eine über § 243 AktG hinausgehende Handhabung der Anfechtungsklage unzulässig. Die Anfechtungsklage kann daher insbesondere weder gegen Aufsichtsrats- noch Vorstandsbeschlüsse erhoben werden.[35] Statthafte Klageart ist in beiden Fällen die Feststellungsklage gemäß § 256 ZPO.

23 **c) Klageantrag.** Zulässigkeitsvoraussetzung ist gemäß § 253 Abs. 2 Nr. 2 ZPO ein hinreichend bestimmter Antrag. In diesem Antrag ist insbesondere der angefochtene Beschluss präzise zu bezeichnen; es genügt nicht, dass in der Klagebegründung Ausführungen zu Mängeln einzelner Beschlüsse gemacht werden, wenn die betreffenden Beschlüsse im Klageantrag nicht genannt sind.[36] Im Antrag zu benennen sind jedenfalls das Datum der Hauptversammlung und der Gegenstand des Beschlusses. Um Missverständnisse zu vermeiden, sollte nicht lediglich auf die laufende Nummer des Beschlusses in der Tagesordnung Bezug genommen, sondern der Beschluss mit seinem Wortlaut angegeben werden. Wie immer gilt auch für den Klageantrag der Anfechtungsklage: je präziser desto besser.

Formulierungsvorschlag für den Klageantrag einer einfachen Anfechtungsklage:

24 „Der Beschluss der Hauptversammlung der X AG vom [Datum] zu Punkt xx der Tagesordnung mit dem Wortlaut [*Wortlaut des Beschlusses*] wird für nichtig erklärt."

Formulierungsvorschlag für den Klageantrag einer Anfechtungsklage mit positiver Beschlussfeststellungsklage:

25 „1. Der Beschluss der Hauptversammlung der X AG vom [Datum], wonach der Antrag zu Punkt xx der Tagesordnung mit dem Wortlaut [*Wortlaut des Antrags*] abgelehnt worden ist, wird für nichtig erklärt.

2. Es wird festgestellt, dass in der Hauptversammlung der X AG vom [Datum] dem Antrag zu Punkt xx der Tagesordnung mit dem Wortlaut [*Wortlaut des Antragsinhalts*] zugestimmt worden ist."

---

[31] MüKoAktG/*Hüffer/Schäfer* § 241 Rn. 13.
[32] BGH NJW 2002, 3465 (3466); MüKoAktG/*Hüffer/Schäfer* § 246 Rn. 18.
[33] BGH NJW 2002, 3465 (3466); KölnKommAktG/*Noack/Zetzsche* § 246 Rn. 104; aA GroßkommAktG/*Schmidt* § 246 Rn. 61; *Bork* ZIP 1995, 609 (612 f.).
[34] KölnKommAktG/*Noack/Zetzsche* § 246 Rn. 104.
[35] BGHZ 124, 111 (115); 122, 342 (347); MüKoAktG/*Hüffer/Schäfer* § 243 Rn. 10; aA GroßkommAktG/*Schmidt* § 241 Rn. 35 f.
[36] BGH DStR 2015, 2395 (2401); LG Frankfurt a. M. AG 1992, 235.

II. Anfechtungsbefugnis

Die Anfechtungsbefugnis wird durch § 245 AktG auf bestimmte Personen und Tatbestände beschränkt. Sie definiert das subjektive Recht, einen Hauptversammlungsbeschluss anzufechten, ist also materiell-rechtlicher Natur. Demgemäß wird die Anfechtungsbefugnis vom Gericht nicht von Amts wegen geprüft; sie ist vielmehr vom Kläger darzulegen und im Bestreitensfalle zu beweisen. Fehlt die Anfechtungsbefugnis, ist die Klage nicht unzulässig, sondern unbegründet.[37]

1. Anfechtungsbefugnis des Aktionärs

§ 245 Nr. 1–3 AktG regelt drei Fälle, in denen ein Aktionär der Gesellschaft anfechtungsbefugt ist:

a) Anfechtungsbefugnis des in der Hauptversammlung erschienenen Aktionärs (§ 245 Nr. 1 AktG). Gemäß dem in mehrfacher Hinsicht unglücklich formulierten § 245 Nr. 1 AktG ist jeder Aktionär zur Anfechtung befugt, der in der Hauptversammlung erschienen ist und gegen den Beschluss, gegen den sich die Anfechtungsklage richtet, Widerspruch zur Niederschrift erklärt hat.

(aa) Aktionärseigenschaft. Grundsätzlich gewährt jede Aktie ihrem Inhaber (dh dem Eigentümer der Aktie) die Anfechtungsbefugnis. Ausnahmen gelten nur kraft besonderer gesetzlicher Anordnung; so ist die Anfechtungsbefugnis gemäß §§ 20 Abs. 7, 21 Abs. 4 AktG und § 28 WpHG im Falle der Verletzung von Mitteilungspflichten sowie gemäß § 71b AktG für eigene Aktien der Gesellschaft ausgeschlossen. Auf das Stimmrecht aus den Aktien kommt es nicht an, so dass auch stimmrechtslose Aktien zur Anfechtung berechtigen.[38] Unerheblich ist ferner, dass der klagende Aktionär bei der Beschlussfassung sein Stimmrecht gemäß § 136 Abs. 1 AktG nicht ausüben durfte.[39]

Steht eine Aktie mehreren Berechtigten zu, namentlich in den Fällen der Bruchteilsgemeinschaft (§§ 741 ff. BGB), der Gesellschaft bürgerlichen Rechtes (§§ 705 ff. BGB), der ehelichen Gütergemeinschaft (§§ 1415 ff. BGB) und der Erbengemeinschaft (§§ 2032 ff. BGB), so können die Berechtigten gemäß § 69 Abs. 1 AktG ihr Anfechtungsrecht nur durch einen gemeinsamen Vertreter ausüben.[40] In diesem Fall sind Kläger die Berechtigten in notwendiger Streitgenossenschaft (§ 62 ZPO), vertreten durch den gemeinsamen Vertreter. Als Ausnahme von dieser Regel ist die Anfechtungsklage des einzelnen Miterben gemäß § 2038 Abs. 1 S. 2 BGB zulässig, sofern sie zur Erhaltung des Nachlasses notwendig ist.[41]

Der klagende Aktionär muss sowohl im Zeitpunkt der Beschlussfassung als auch bei Eintritt der Rechtshängigkeit Aktionär der Gesellschaft gewesen sein und seine Aktien schon vor Bekanntmachung der Tagesordnung erworben haben.[42] Anderes gilt nur im Falle der Universalsukzession, da der Rechtsnachfolger hier in sämtliche Rechte des Rechtsvorgängers eintritt, mithin auch in das Anfechtungsrecht.[43] Endet die Aktionärsstellung des Klägers während des Anfechtungsprozesses, so vertrat die früher in Rechtsprechung und Literatur herrschende Meinung, dass der Kläger auch seine Anfechtungsbefugnis verliere.[44] Nach der

---

[37] BGH AG 1992, 448 (449); OLG Karlsruhe WM 1987, 533 (536); KölnKommAktG/*Noack/Zetzsche* § 245 Rn. 4; Hüffer/Koch/*Koch* AktG § 245 Rn. 2; aA GroßkommAktG/*Schmidt* § 245 Rn. 5 ff.
[38] GroßkommAktG/*Schmidt* § 245 Rn. 13; KölnKommAktG/*Noack/Zetzsche* § 245 Rn. 14, jeweils mwN.
[39] GroßkommAktG/*Schmidt* § 245 Rn. 13; KölnKommAktG/*Noack/Zetzsche* § 245 Rn. 14, jeweils mwN.
[40] GroßkommAktG/*Schmidt* § 245 Rn. 14; KölnKommAktG/*Noack/Zetzsche* § 245 Rn. 15; für die Gesellschaft bürgerlichen Rechtes teilweise abweichend MüKoAktG/*Hüffer/Schäfer* § 245 Rn. 22, Hüffer/Koch/*Koch* AktG § 69 Rn. 6.
[41] BGHZ 108, 21 (25).
[42] BGH NJW-RR 2011, 976; RGZ 33, 91 (94); 66, 134; OLG Celle AG 1984, 266; OLG Düsseldorf DB 1994, 419; Hüffer/Koch/*Koch* AktG § 245 Rn. 7; MüKoAktG/*Hüffer/Schäfer* § 245 Rn. 24; aA KölnKommAktG/*Noack/Zetzsche* § 245 Rn. 43.
[43] Unstreitig, vgl. die Nachweise in der vorhergehenden Fußnote.
[44] BGHZ 43, 261 (266) (= NJW 1965, 1378) mit entsprechenden Nachweisen aus dem Schrifttum; RGZ 66, 134; OLG Celle AG 1984, 266.

nunmehr herrschenden Gegenmeinung, der sich auch der BGH angeschlossen hat, soll jedoch bei einer Veräußerung der Aktien der Veräußerer aufgrund des Rechtsgedankens des § 265 ZPO das Recht zur Fortführung des Prozesses behalten, soweit er an der Fortführung des Rechtsstreits ein rechtliches Interesse hat.[45] Ein praktisches Bedürfnis hierfür dürfte indessen kaum bestehen, da sich der Verkäufer die Anfechtungsbefugnis schon dadurch erhalten kann, dass er eine einzige Aktie behält. Außerdem kann bei einer Veräußerung sämtlicher Aktien das Rechtsschutzbedürfnis des Anfechtungsklägers problematisch werden.[46] Die Fortführung des Prozesses durch den Erwerber ist ein Parteiwechsel, der nach der ersten mündlichen Verhandlung der Zustimmung des Beklagten bedarf;[47] diese kann allerdings durch die Sachdienlichkeitserklärung des Gerichtes ersetzt werden.[48] In der Revisionsinstanz ist der Parteiwechsel wegen § 559 ZPO ausgeschlossen.[49]

32 *(bb) Teilnahme an der Hauptversammlung.* Entgegen dem Wortlaut der Vorschrift kommt es nicht auf die persönliche Teilnahme des Aktionärs, sondern auf die Vertretung seiner Aktien in der Hauptversammlung an. Für § 245 Nr. 1 AktG genügt daher auch die Vertretung des Aktionärs in der Hauptversammlung in allen durch das Gesetz zugelassenen Formen: Legitimationszession (§ 129 Abs. 2 AktG),[50] offene Stellvertretung durch Kreditinstitute (§ 135 Abs. 4 AktG) und sonstige Personen (§ 164 BGB), verdeckte Stellvertretung durch Kreditinstitute (§ 135 Abs. 4) und den in § 135 Abs. 9 AktG genannten Personenkreis. Die Vertretung der Aktien in der Hauptversammlung wirkt auch zugunsten des Rechtsnachfolgers, insbesondere des Erwerbers.[51] Darüber hinaus hat der Aktionär nach § 118 Abs. 1, 4 AktG die Möglichkeit, mittels einer Bild- und Tonübertragung an der Versammlung teilzunehmen, sofern die Satzung dies vorsieht oder der Vorstand dazu ermächtigt wurde, eine solche Teilnahme an der Verhandlung vorzusehen. Die Online-Zuschaltung gilt als echte aktienrechtliche Teilnahme und ermöglicht damit auch die Ausübung des Stimmrechts auf elektronischem Wege. Online teilnehmende Aktionäre sind „erschienen" im Sinne des § 245 Nr. 1 AktG und zählen zur Präsenz.[52]

33 *(cc) Widerspruch zu Protokoll.* Gegen den angefochtenen Beschluss muss in der Hauptversammlung von demjenigen, der die Aktien wirksam vertreten hat (also entgegen dem Wortlaut des § 245 Nr. 1 AktG nicht notwendig vom Aktionär persönlich).[53] Widerspruch erhoben worden sein. Ein bestimmter Wortlaut ist nicht erforderlich; es genügt jede Äußerung, die das Vorliegen eines Widerspruches erkennen lässt.[54] Zur Vermeidung aller Missverständnisse ist dennoch empfohlen, ausdrücklich das Wort „Widerspruch" zu verwenden. Einer Begründung des Widerspruchs bedarf es nicht.

34 Der Widerspruch kann während der gesamten Hauptversammlung von der Eröffnung bis zu ihrer Schließung erklärt werden.[55] Die „Überrumpelung" widerspruchswilliger Aktionäre durch abrupte Schließung der Hauptversammlung ist zur Vermeidung unerwünschter Anfechtungsklagen untauglich, da in diesem Fall das Widerspruchserfordernis entfällt.[56] Richtet sich der Widerspruch gegen einen bestimmten Beschluss, so muss dieser hinreichend deutlich bezeichnet werden, zweckmäßigerweise durch Bezugnahme auf die Tagesordnung und den Beschlussgegenstand. Der Widerspruch kann auch en bloc gegen mehrere oder

---

[45] BGH NZG 2007, 26 (27); GroßkommAktG/*Schmidt* § 245 Rn. 17; MüKoAktG/*Hüffer/Schäfer* § 245 Rn. 27; MHdB GesR IV/*Austmann* § 42 Rn. 90.
[46] → Rn. 96 f.
[47] Zöller/*Greger* ZPO § 263 Rn. 30; *Schwab/Gottwald* ZPO § 42 III.3.b).
[48] BGHZ 65, 264 (268); BGH NJW 1989, 3225; aA Zöller/*Greger* ZPO § 264 Rn. 30.
[49] BGH NJW-RR 1990, 1213 zu § 561 ZPO aF.
[50] Ob ein Legitimationsaktionär auch selbst anfechtungsbefugt ist, ist umstritten; vgl. zum Meinungsstand GroßkommAktG/*Schmidt* § 245 Rn. 15; MüKoAktG/*Hüffer/Schäfer* § 245 Rn. 33.
[51] GroßkommAktG/*Schmidt* § 245 Rn. 18; KölnKommAktG/*Noack/Zetzsche* § 245 Rn. 63.
[52] RegBegr BR-Drs. 3/05, 38.
[53] GroßkommAktG/*Schmidt* § 245 Rn. 19; *Noack* AG 1989, 78 (85).
[54] RGZ 53, 291 (293); OLG Hamburg AG 1960, 333 (334).
[55] LG Köln AG 1996, 37; GroßkommAktG/*Schmidt* § 245 Rn. 22; MüKoAktG/*Hüffer/Schäfer* § 245 Rn. 40.
[56] GroßkommAktG/*Schmidt* § 245 Rn. 22; *Noack* AG 1989, 78 (81).

auch alle Beschlüsse der Hauptversammlung gerichtet werden,[57] außerdem auch gegen noch bevorstehende Beschlüsse.[58]

Entgegen der (missverständlichen) Formulierung des § 245 Nr. 1 AktG ist die Aufnahme des Widerspruches in die Niederschrift keine Voraussetzung der Anfechtungsbefugnis. Der Widerspruch ist formlos gültig;[59] unterbleibt die Niederschrift, kann die Erhebung des Widerspruches von der beklagten Gesellschaft zugestanden[60] und vom Kläger im Falle des Bestreitens in jeder prozessual zulässigen Form bewiesen werden.[61] Adressaten des Niederschrifterfordernisses sind daher der gemäß § 130 Abs. 1 Satz AktG beurkundende Notar und der gemäß § 130 Abs. 1 S. 3 protokollierende Aufsichtsratsvorsitzende. **35**

> **Formulierungsvorschlag für die Erhebung des Widerspruchs** **36**
>
> „Gegen den zu Punkt 2 der Tagesordnung von der Hauptversammlung gefassten Beschluss, durch den der Vorstand entlastet wird, erhebe ich Widerspruch. Ich bitte den [beurkundenden Notar/Vorsitzenden des Aufsichtsrats], diesen Widerspruch in die Niederschrift über die Hauptversammlung aufzunehmen."

b) Anfechtungsbefugnis des nicht in der Hauptversammlung erschienenen Aktionärs (§ 245 Nr. 2 AktG). Gemäß § 245 Nr. 2 AktG hat auch der nicht erschienene Aktionär, dh der Aktionär, dessen Aktien in der Hauptversammlung nicht vertreten waren,[62] ein Anfechtungsrecht, sofern bestimmte tatbestandliche Voraussetzungen gegeben sind, die ein Fehlverhalten der Gesellschaft beschreiben (das durch den Wegfall des Widerspruchserfordernisses sanktioniert wird). Eine Kausalität dieser Tatbestände für das Nichterscheinen des Aktionärs ist nicht erforderlich; was diesen tatsächlich dazu veranlasste, sich nicht an der Hauptversammlung zu beteiligen, ist unbeachtlich. Wohlgemerkt ist der Aktionär im Falle des § 245 Nr. 2 AktG nicht darauf beschränkt, mit seiner Beschlussanfechtung die in der Vorschrift normierten Mängel zu rügen.[63] **37**

Nicht erschienen ist nur, wer an der Hauptversammlung überhaupt nicht teilgenommen hat. Auf den Aktionär, der zwischen Eröffnung und Schließung der Hauptversammlung irgendwann anwesend war – egal wie lange –, findet § 245 Nr. 2 AktG grundsätzlich keine Anwendung mehr, so dass er Widerspruch zu Niederschrift erklären muss, um sich sein Anfechtungsrecht zu erhalten, und zwar auch gegen Beschlüsse, die in seiner Abwesenheit gefasst wurden oder noch werden.[64] Eine Ausnahme gilt nur für den Fall, dass ein Beschlussgegenstand nicht ordnungsgemäß bekanntgemacht war und der Aktionär deswegen die Hauptversammlung vorzeitig verlassen hat.[65] **38**

Der erste Fall des § 245 Nr. 2 AktG ist die unberechtigte Nichtzulassung zur Hauptversammlung. Unberechtigt ist die Nichtzulassung, wenn die formellen und materiellen Voraussetzungen der Teilnahme[66] erfüllt sind. Ein Verschulden des von der Gesellschaft als Hinterlegungsstelle bezeichneten Kreditinstituts bei der Anmeldung zur Hauptversammlung ist zumindest dann, wenn sich der Aktionär eines von der Satzung abweichenden Verfahrens **39**

---

[57] RGZ 36, 24 (26); 30, 50 (52).
[58] GroßkommAktG/*Schmidt* § 245 Rn. 20; KölnKommAktG/*Noack/Zetzsche* § 245 Rn. 80.
[59] RGZ 53, 291 (293).
[60] OLG Düsseldorf AG 1996, 273 (274).
[61] RGZ 53, 291 (293); OLG Hamburg AG 1960, 333 (334).
[62] Soweit im Folgenden von Erscheinen in bzw. Teilnahme an der Hauptversammlung die Rede ist, ist damit stets der umfassendere Tatbestand der Vertretung der Aktien des Aktionärs in der Hauptversammlung umschrieben.
[63] GroßkommAktG/*Schmidt* § 245 Rn. 23, 28.
[64] Was er auch kann, → Rn. 33. Vgl. im übrigen GroßkommAktG/*Schmidt* § 245 Rn. 24; KölnKommAktG/ *Noack/Zetzsche* § 245 Rn. 96.
[65] Hüffer/Koch/*Koch* AktG § 245 Rn. 20; KölnKommAktG/*Noack/Zetzsche* § 245 Rn. 98.
[66] → Rn. 32.

bedient, nicht der Gesellschaft zuzurechnen und begründet keinen Verstoß gegen § 245 Nr. 2 AktG.[67] Wird ein Aktionär unrechtmäßig des Saales verwiesen (oder gar unter Anwendung der vis absoluta daraus entfernt), so steht dies der Nichtzulassung zur Hauptversammlung gleich.[68] Nach herrschender Meinung soll das für einen berechtigten Saalverweis nicht gelten.[69] Ob der Verweis berechtigt oder unberechtigt ist, dürfte sich im Falle eines Falles kaum sogleich klären lassen: der Aktionär, der aus dem Saal entfernt wird, tut daher gut daran, gegen die bereits gefassten Beschlüsse der Hauptversammlung, mit denen er sich nicht abfinden will, und gegen alle noch zu fassenden Beschlüsse Widerspruch zur Niederschrift zu erklären, wozu er auch dann noch Gelegenheit haben dürfte, wenn er bereits dem Zugriff der Saaldiener ausgesetzt ist. Der unberechtigte Ausschluss des Aktionärs von der Abstimmung ist kein Fall des § 245 Nr. 2 AktG, so dass der ausgeschlossene Aktionär auf jeden Fall Widerspruch zur Niederschrift gegen die betreffenden Beschlüsse erheben muss, wenn er sich sein Anfechtungsrecht erhalten will.

40 Ein Einberufungsfehler im Sinn des zweiten Falles des § 245 Nr. 2 AktG liegt bei einem Verstoß gegen §§ 121–123 AktG vor.[70] Umstritten ist, ob auch Verstöße gegen die Mitteilungspflichten der §§ 125–127 AktG als Einberufungsfehler in diesem Sinne gelten;[71] wiederum ist dem in der Hauptversammlung erschienenen Aktionär bzw. dessen Vertreter zu empfehlen, fürsorglich Widerspruch zur Niederschrift gegen die Beschlüsse einzulegen, die er anzufechten erwägt. Auf einen Verstoß des depotführenden Kreditinstitutes gegen § 128 Abs. 1 AktG kann die Anfechtung schon kraft ausdrücklicher gesetzlicher Anordnung (§ 243 Abs. 3 AktG) nicht gestützt werden.

41 Der dritte Fall des § 245 Nr. 2 AktG (Bekanntmachungsfehler) erfasst Verstöße gegen § 124 Abs. 1–3 AktG.

42 c) **Anfechtungsbefugnis bei Verfolgung von Sondervorteilen (§ 245 Nr. 3 AktG).** Wird die Anfechtungsklage auf die Verfolgung von Sondervorteilen im Sinne des § 243 Abs. 2 AktG gestützt, so setzt die Anfechtungsbefugnis nur voraus, dass sowohl im Zeitpunkt der Beschlussfassung als auch bei Eintritt der Rechtshängigkeit die erforderliche Aktionärseigenschaft (vgl. 1.a)(aa)) gegeben war. Es bedarf weder der Teilnahme an der Hauptversammlung noch der Erklärung des Widerspruches zur Niederschrift. Stützt ein Aktionär seine Anfechtungsbefugnis auf § 245 Nr. 3 AktG, so kann er allerdings andere Beschlussmängel als den des § 243 Abs. 2 AktG nur geltend machen, wenn insoweit die Voraussetzungen des § 245 Nr. 1 oder Nr. 2 AktG vorliegen.[72] Hat also etwa ein Aktionär, der an der Hauptversammlung teilgenommen hat, gegen den angefochtenen Beschluss keinen Widerspruch erklärt, und wird die Verfolgung von Sondervorteilen im Sinne des § 243 Abs. 2 AktG vom Gericht nicht festgestellt, so ist die Klage auch dann abzuweisen, wenn sonstige Beschlussmängel vorliegen, die die Anfechtbarkeit des Beschlusses begründen.

43 Im Schrifttum wird zum Teil die analoge Anwendung des § 245 Nr. 3 AktG auf Verstöße gegen den Gleichbehandlungsgrundsatz (§ 53a AktG) oder gegen die mitgliedschaftlichen Treuepflichten vorgeschlagen.[73] Ob sich die Rechtsprechung dieser Auffassung anschließt, ist nicht absehbar; in den genannten Fällen sollte daher zur Wahrung des Anfechtungsrechtes unbedingt Widerspruch zur Niederschrift gegen die betreffenden Beschlüsse erhoben werden.

---

[67] OLG Hamburg DB 2002, 572 (575); Hüffer/Koch/*Koch* AktG § 245 Rn. 18.
[68] BGHZ 44, 245 (250); GroßkommAktG/*Schmidt* § 245 Rn. 26; KölnKommAktG/*Noack/Zetzsche* § 245 Rn. 106.
[69] BGHZ 44, 245 (250); GroßkommAktG/*Schmidt* § 245 Rn. 26.
[70] GroßkommAktG/*Schmidt* § 245 Rn. 27; KölnKommAktG/*Noack/Zetzsche* § 245 Rn. 111; MüKoAktG/*Hüffer/Schäfer* § 245 Rn. 48. Der Verstoß gegen § 121 Abs. 2 und 3 oder 4 AktG führt gemäß § 241 Nr. 1 AktG allerdings bereits zur Nichtigkeit des Beschlusses.
[71] Bejahend KölnKommAktG/*Noack/Zetzsche* § 245 Rn. 112; MüKoAktG/*Hüffer/Schäfer* § 245 Rn. 48; ablehnend GroßkommAktG/*Werner* § 125 Rn. 91.
[72] GroßkommAktG/*Schmidt* § 245 Rn. 29.
[73] GroßkommAktG/*Schmidt* § 245 Rn. 30; KölnKommAktG/*Noack/Zetzsche* § 245 Rn. 123; aA MüKoAktG/*Hüffer/Schäfer* § 245 Rn. 51.

2. Anfechtungsbefugnis des Vorstands

Der Vorstand der Gesellschaft besitzt gemäß § 245 Nr. 4 AktG die Anfechtungsbefugnis 44 ohne jegliche einschränkende Voraussetzungen. Es ist daher unschädlich, wenn der Vorstand den Beschlussgegenstand selbst vorgeschlagen hat oder einzelne Vorstandsmitglieder bei der Beschlussfassung dafür gestimmt haben.[74] Auch wenn er etwa einen gerügten Verfahrensfehler selbst verursacht hat, bleibt er anfechtungsbefugt.[75]

Prozesspartei ist der Vorstand in seiner jeweiligen Zusammensetzung. Im Rubrum der 45 Klageschrift ist daher der Vorstand als solcher zu nennen. Der Vorstand handelt als Anfechtungskläger nach herrschender Meinung aus eigenem Recht, mithin nicht als organschaftlicher Vertreter der Gesellschaft.[76] Damit sind die satzungsmäßigen Vertretungsregelungen irrelevant, so dass der Vorstand bei der Klageerhebung und allen Prozesshandlungen durch alle Vorstandsmitglieder vertreten wird. Die Vollmacht des Prozessbevollmächtigten muss demgemäß ebenfalls von allen Vorstandsmitgliedern erteilt werden. Der Wechsel von Vorstandsmitgliedern nach Klageerhebung ist keine Parteiänderung, da Kläger der Vorstand als Kollegialgremium ist.

Der Beschluss des Vorstandes über die Erhebung der Anfechtungsklage ist eine Geschäfts- 46 führungsmaßnahme, so dass dafür nur die durch Satzung oder Geschäftsordnung bestimmten Beschlussmehrheiten erforderlich sind; fehlen entsprechende Bestimmungen, bleibt es beim Prinzip der Gesamtgeschäftsführung (§ 77 AktG). Die Beschlussfassung muss dem Gericht auf Verlangen nachgewiesen werden;[77] der entsprechende Vorstandsbeschluss sollte also auf jeden Fall in schriftlicher Form vorliegen.

Ist die Gesellschaft gemäß § 262 Abs. 1 AktG aufgelöst, so sind die dann vorhandenen 47 Vorstandsmitglieder als Abwickler gemeinsam anfechtungsbefugt. Ist über das Vermögen der Gesellschaft das Insolvenzverfahren eröffnet, so kommt es nach herrschender Meinung wiederum darauf an, ob die Anfechtungsklage im Erfolgsfalle Konsequenzen für die Insolvenzmasse hat. Führt die Nichtigkeit des angefochtenen Beschlusses erwartbar zu einer Verringerung der Insolvenzmasse, so ist der Insolvenzverwalter als Partei kraft Amtes anfechtungsbefugt; andernfalls verbleibt die Anfechtungsbefugnis beim Vorstand.[78]

3. Anfechtungsbefugnis der Mitglieder des Vorstandes und des Aufsichtsrates

Gemäß § 245 Nr. 5 AktG sind schließlich auch einzelne Mitglieder des Vorstands und des 48 Aufsichtsrates anfechtungsbefugt, sofern Mitglieder des Vorstands oder des Aufsichtsrats durch die Ausführung des Beschlusses eine strafbare Handlung oder eine Ordnungswidrigkeit begehen oder wenn sie ersatzpflichtig würden.

§ 245 Nr. 5 AktG begründet nach herrschender Meinung ein eigenes Anfechtungsrecht 49 des genannten Personenkreises, nicht lediglich eine gesetzliche Prozessstandschaft.[79] Anfechtungsbefugt sind auch stellvertretende Mitglieder des Vorstands, da § 245 Nr. 5 AktG gemäß § 94 AktG auch für sie gilt; Ersatzmitglieder für Aufsichtsratsmitglieder sind erst dann anfechtungsbefugt, wenn sie nachrücken, dh unter der Voraussetzung des § 101 Abs. 3 S. 2 AktG Mitglieder des Aufsichtsrates werden.

Da § 245 Nr. 5 AktG auf die Ausführung des angefochtenen Beschlusses abstellt, ist maß- 50 geblicher Zeitpunkt für die Mitgliedschaft in Vorstand bzw. Aufsichtsrat die Klageerhebung.[80]

---

[74] GroßkommAktG/*Schmidt* § 245 Rn. 32; MüKoAktG/*Hüffer/Schäfer* § 245 Rn. 65; KölnKommAktG/*Noack/Zetzsche* § 245 Rn. 133.
[75] BGH DStR 2015, 2395 (2401).
[76] GroßkommAktG/*Schmidt* § 245 Rn. 33; MüKoAktG/*Hüffer/Schäfer* § 245 Rn. 64; MHdB GesR IV/*Austmann* § 41 Rn. 82; aA KölnKommAktG/*Noack/Zetzsche* § 246 Rn. 124 (Vorstand klagt als Vertreter der Gesellschaft, sodass ein Insichprozess vorliegt).
[77] MüKoAktG/*Hüffer/Schäfer* § 245 Rn. 68.
[78] MüKoAktG/*Hüffer/Schäfer* § 245 Rn. 71; KölnKommAktG/*Noack/Zetzsche* § 245 Rn. 145; Jaeger/Weber §§ 207, 208 Rn. 35; aA GroßkommAktG/*Schmidt* § 245 Rn. 37: auch Insolvenzverwalter sind anfechtungsbefugt, letzterer aber nicht zu Lasten der Masse.
[79] GroßkommAktG/*Schmidt* § 245 Rn. 38; MüKoAktG/*Hüffer/Schäfer* § 245 Rn. 16, 67.
[80] GroßkommAktG/*Schmidt* § 245 Rn. 40; MüKoAktG/*Hüffer/Schäfer* § 245 Rn. 15, 73; KölnKommAktG/*Noack/Zetzsche* § 245 Rn. 158.

Die Anfechtungsbefugnis entfällt nicht, wenn das klagende Mitglied aus dem Vorstand bzw. Aufsichtsrat ausscheidet;[81] allerdings kann in diesem Fall das Rechtsschutzbedürfnis problematisch sein.

51 § 245 Nr. 5 AktG gilt nur für ausführungsbedürftige Beschlüsse, also für Beschlüsse, die zum Handelsregister anzumelden sind oder – gleich in welcher Weise – der Umsetzung durch den Vorstand gemäß § 83 Abs. 2 AktG bedürfen. Unerheblich ist, dass ein angefochtener Beschluss bereits ausgeführt ist; ebensowenig kommt es darauf an, ob die zuständigen Organmitglieder den Beschluss (noch) ausführen wollen.[82]

52 Die Anfechtungsbefugnis nach § 245 Nr. 5 AktG setzt nicht voraus, dass gerade das klagende Organmitglied sich durch die Ausführung des Beschlusses strafbar oder schadensersatzpflichtig macht oder eine Ordnungswidrigkeit begeht. Nach dem klaren Wortlaut der Vorschrift genügt es, dass irgendein Mitglied des Vorstands oder Aufsichtsrates einen dieser Tatbestände verwirklicht. Die Anfechtungsklage ist nicht auf die Rüge der Beschlussmängel beschränkt, die zur Strafbarkeit oder Haftung des betreffenden Organmitglieds führen; es können daneben also auch Beschlussmängel geltend gemacht werden. Wiederum aber gilt: kann das Gericht die Voraussetzungen des § 245 Nr. 5 AktG nicht feststellen, so ist die Klage des Organmitglieds abzuweisen, auch wenn andere gravierende Beschlussmängel vorliegen.

III. Anfechtungsgrund

53 Die Anfechtungsgründe sind in § 243 AktG normiert. Die Vorschrift normiert neben einer Generalklausel (Abs. 1) einen speziellen Anfechtungsgrund (Abs. 2), eine Ausnahme von Abs. 1 (Abs. 3) und eine Spezialregelung für einen bestimmten Anfechtungsgrund (Abs. 4). Neben den in § 243 AktG genannten gibt es keine weiteren Anfechtungsgründe; für eine extensive Auslegung der Vorschrift besteht wegen der generalklauselartigen Fassung des § 243 Abs. 1 AktG kein Bedürfnis. Fehlt es an einem Anfechtungsgrund, ist die Klage unbegründet. Achtung: im konkreten Fall ist stets zu prüfen, ob der jeweilige Beschlussmangel nicht bereits gemäß § 241 AktG zur Nichtigkeit des Beschlusses führt (vgl. → § 38 Rn. 8 ff.)!

1. Verletzung des Gesetzes oder der Satzung (§ 243 Abs. 1 AktG)

54 Gemäß § 243 Abs. 1 AktG kann ein Hauptversammlungsbeschluss wegen Verletzung des Gesetzes oder der Satzung angefochten werden. Da das Aktiengesetz keine Definition des Begriffes „Gesetz" enthält, wird allgemein auf Art. 2 EGBGB zurückgegriffen, wonach Gesetz jede Rechtsnorm ist. Dazu gehören mithin alle formellen Gesetze und Rechtsverordnungen ebenso wie die Normen des Gewohnheitsrechtes.[83] Insbesondere die Verletzung der ungeschriebenen mitgliedschaftlichen Treuepflichten begründet danach einen zur Anfechtung berechtigenden Gesetzesverstoß. Die Verletzung von Sollvorschriften ist nach hergebrachter Anschauung grundsätzlich ebenfalls ein Anfechtungsgrund;[84] im Schrifttum wird wie folgt differenziert:

Verletzte Gesetzesbestimmung	Anfechtbarkeit
§ 113 Abs. 1 S. 3 AktG	Beschluss anfechtbar[85]
§ 118 Abs. 3 AktG	Beschluss nicht anfechtbar[86]

---

[81] Siehe vorige Fußnote.
[82] GroßkommAktG/*Schmidt* § 245 Rn. 41; MüKoAktG/*Hüffer/Schäfer* § 245 Rn. 74; aA KölnKommAktG/*Noack/Zetzsche* § 245 Rn. 158.
[83] GroßkommAktG/*Schmidt* § 243 Rn. 9; MüKoAktG/*Hüffer/Schäfer* § 243 Rn. 16; KölnKommAktG/*Noack/Zetzsche* § 243 Rn. 126.
[84] RGZ 170, 83 (97); 68, 232 (233); KölnKommAktG/*Noack/Zetzsche* § 243 Rn. 128.
[85] MüKoAktG/*Hüffer/Schäfer* § 243 Rn. 18.
[86] MüKoAktG/*Hüffer/Schäfer* § 243 Rn. 19.

Verletzte Gesetzesbestimmung	Anfechtbarkeit
§ 120 Abs. 3 S. 1 AktG	Beschluss nicht anfechtbar[87]
§ 121 Abs. 5 S. 1 AktG	Beschluss anfechtbar[88]
§ 143 Abs. 1 AktG	Beschluss anfechtbar[89]
§ 176 Abs. 1 S. 2 u. 3 AktG	Anfechtbarkeit umstritten[90]
§ 182 Abs. 4 S. 1 AktG	Beschluss nicht anfechtbar[91]
§ 234 Abs. 2 S. 2 AktG	Anfechtbarkeit umstritten[92]

55 Ein Verstoß gegen die Satzung ist nur eine Verletzung des geschriebenen Satzungstextes, so dass die Verletzung von Usancen, die die Aktionäre untereinander pflegen, kein Anfechtungsrecht nach § 243 Abs. 1 AktG begründet. Das gleiche gilt aufgrund fehlender Satzungsqualität für die Verletzung einer Geschäftsordnung, die sich die Hauptversammlung gemäß § 129 Abs. 1 S. 1 AktG gegeben hat.[93] Das Schrifttum schränkt die Anwendung des § 243 Abs. 1 AktG ein, indem es die Verletzung bloßer Ordnungsvorschriften[94] bzw. Verstöße gegen Bestimmungen, die keinen organisationsrechtlichen, sondern lediglich schuldrechtlichen Charakter haben,[95] vom Begriff des Satzungsverstoßes ausnimmt. Allerdings wird insoweit stets auf die Auslegung der Vorschrift im Einzelfall abgestellt.

56 Verträge haben weder Gesetzes- noch Satzungscharakter, so dass ein Verstoß gegen vertragliche Bestimmungen grundsätzlich kein Anfechtungsgrund ist. Nach herrschender, aber stark umstrittener Ansicht gilt für Konsortialabreden (insbesondere Stimmbindungsvereinbarungen), die zwischen **sämtlichen** Aktionären der Gesellschaft bestehen, eine Ausnahme: hier soll die abredewidrige Ausübung des Stimmrechtes zur Anfechtbarkeit des betreffenden Beschlusses führen.[96]

57 Systematisch lässt sich die Verletzung von Gesetz oder Satzung unterteilen in Verfahrensfehler und inhaltliche Mängel des angefochtenen Beschlusses.

58 **a) Verfahrensfehler.** Ein Verfahrensfehler liegt vor, wenn die Art und Weise des Zustandekommens des Beschlusses gegen Gesetz oder Satzung verstößt. Dies umfasst die Vorbereitung und Einberufung der Hauptversammlung ebenso wie ihre Durchführung, namentlich die Berichterstattung und Erteilung von Auskünften, und schließlich auch die Feststellung der gefassten Beschlüsse. § 243 Abs. 1 AktG ist indessen einschränkend auszulegen: sofern ein Verfahrensfehler nicht schon zur Nichtigkeit des Beschlusses führt (§ 241 AktG; dazu → § 38 Rn. 10 ff.), müssen solche Fehler von der Anfechtbarkeit nach § 243 Abs. 1 AktG ausgenommen werden, die auf das Ergebnis der Beschlussfassung keinen Einfluss gehabt haben. Die Kriterien für die Beurteilung der Einflussnahme sind jedoch umstritten:

Nach früher herrschender Meinung wurde auf die potentielle Kausalität des Fehlers für das Beschlussergebnis abgestellt. Diese potentielle Kausalität war Gegenstand einer Beweislastumkehr: die beklagte Gesellschaft musste die Umstände dartun und im Bestreitensfall

---

[87] MüKoAktG/*Hüffer/Schäfer* § 243 Rn. 18.
[88] RGZ 44, 8 (9); BGH AG 1985, 188 (189); OLG Celle NJW-RR 1998, 970 f.; OLG Hamm NJW 1974, 1057.
[89] Nunmehr einhellige Meinung: Hüffer/Koch/*Koch* AktG § 143 Rn. 5; KölnKommAktG/*Rieckers/Vetter* § 143 Rn. 26; *Adler/Düring/Schmaltz* §§ 142–146 Rn. 23; GroßkommAktG/*Bezzenberger* § 143 Rn. 8.
[90] Anfechtbar: KölnKommAktG/*Zöllner* (1. Auflage) § 257 Rn. 4; Nicht anfechtbar: Hüffer/Koch/*Koch* AktG § 176 Rn. 6; *Adler/Düring/Schmaltz* § 176 Rn. 24.
[91] KölnKommAktG/*Ekkenga* § 182 Rn. 78; MHdB GesR IV/*Scholz* § 56 Rn. 7; aA Hüffer/Koch/*Koch* AktG § 182 Rn. 29.
[92] Gegen Anfechtbarkeit hM: MüKoAktG/*Oechsler* § 234 Rn. 13; GroßkommAktG/*Sethe* § 234 Rn. 12; MHdB GesR IV/*Scholz* § 61 Rn. 33; Anfechtbarkeit jedenfalls nicht zwingend: Hüffer/Koch/*Koch* AktG § 234 Rn. 6.
[93] RegBegr BT-Drs. 13/9712, 19.
[94] MüKoAktG/*Hüffer/Schäfer* § 243 Rn. 20.
[95] GroßkommAktG/*Schmidt* § 243 Rn. 15.
[96] BGH NJW 1987, 1890; 1983, 1910 (beide bezüglich GmbH); iE auch GroßkommAktG/*Schmidt* § 243 Rn. 19; aA OLG Koblenz DM 1990, 2413; OLG Celle WM 1992, 1703 (1706); MüKoAktG/*Hüffer/Schäfer* § 243 Rn. 24.

beweisen, aus denen sie folgert, dass der Verfahrensfehler keine Auswirkungen auf das Beschlussergebnis hatte.[97] Da es nicht auf das Stimmverhalten des klagenden Aktionärs, sondern eines idealtypischen Aktionärs ankam, war die Kausalität selbst keine Tatsachen-, sondern eine Rechtsfrage;[98] das bedeutet insbesondere, dass der Vortrag der Prozessparteien dazu nicht der Präklusion unterlag.

Inzwischen hat jedoch sowohl in Rechtsprechung als auch Literatur eine Abkehr von der Theorie der potentiellen Kausalität hin zur sogenannten Relevanzbetrachtung stattgefunden.[99] Danach wird eine am Zweck der verletzten Norm orientierte wertende Betrachtung vorgenommen, welche die Kausalitätsüberlegungen auf die Fälle fehlerhafter Ergebnisfeststellung zurückführt und im Übrigen auf die Relevanz und Bedeutung des Verfahrensfehlers für die Mitgliedschaft abstellt. Die Relevanztheorie verzichtet ferner auf das Kausalitätserfordernis in Fällen, in denen durch den Verfahrensfehler in das Mitgliedschafts- bzw. Teilhaberecht des Aktionärs eingegriffen wird, namentlich beim Ausschluss des Aktionärs von der Hauptversammlung (einschließlich Saalverweis, Nichterteilung bzw. Entzug des Wortes, Behinderung der Stimmabgabe) und der Verletzung des Auskunftsrechtes des Aktionärs § (131 AktG) sowie sonstiger Informationspflichten.[100]

59 Die Relevanzbetrachtung erscheint als sachlich angemessen, da sich im Rahmen der Rechtsprechung des BGH zu offensichtlich gesetzeswidrigen Vorstandsberichten gezeigt hat, dass das Abstellen auf die potentielle Kausalität einen hinreichenden Schutz der Aktionäre nicht zu gewährleisten vermochte.[101] Gleiches gilt für die unberechtigte Verweigerung von Auskünften, die aus der Sicht eines objektiv urteilenden Aktionärs für die Meinungsbildung der Minderheitsaktionäre in der Hauptversammlung erforderlich sind. In beiden Fällen führt die Vorenthaltung von Informationen, die für die Mitwirkung der Aktionäre an der Beschlussfassung wesentlich sind, zu einem grundlegenden Verstoß gegen das Teilnahme- und Mitwirkungsrecht der Aktionäre.[102] Auch bei einer Entscheidung, die auf der Grundlage des von dem nicht ordnungsgemäß besetzten Vorstand unterbreiteten Beschlussvorschlags getroffen wurde, lässt sich nicht beurteilen, ob der Aktionär diese Entscheidung auch dann getroffen hätte, wenn der Beschlussvorschlag von einem nach Gesetz und Satzung ordnungsgemäß besetzten Vorstand unterbreitet worden wäre.[103]

Die Relevanz eines Verstoßes ergibt sich im Falle des § 124 Abs. 4 AktG, von dessen Regelungsgehalt auch ein Verstoß gegen § 124 Abs. 3 S. 1 AktG erfasst wird, direkt aus dem Gesetz.[104]

60 **b) Inhaltliche Mängel.** Der Verstoß eines Beschlusses gegen materiell-rechtliche Bestimmungen des Gesetzes oder der Satzung führt stets zur Anfechtbarkeit, soweit der Beschluss nicht schon gemäß § 241 AktG nichtig ist. Anders als bei Verfahrensfehlern besteht kein Kausalitätserfordernis. Zu den eine Anfechtung begründenden inhaltlichen Mängeln gehören insbesondere die Verletzung der mitgliedschaftlichen Treuepflicht und des Gleichbehandlungsgebotes des § 53a AktG.

2. Erstreben von Sondervorteilen (§ 243 Abs. 2 AktG)

61 Gemäß § 243 Abs. 2 AktG kann die Anfechtung auch darauf gestützt werden, dass ein Aktionär durch die Stimmrechtsausübung für sich oder einen Dritten Sondervorteile zum

---

[97] BGHZ 122, 211 (238); 107, 296 (307); 36, 121 (139); BGH AG 1995, 462; NJW 1995, 3115; OLG Karlsruhe NZG 2002, 959 (964).
[98] GroßkommAktG/*Schmidt* § 243 Rn. 28.
[99] KölnKommAktG/*Noack/Zetzsche* § 243 Rn. 60 ff.; MüKoAktG/*Hüffer/Schäfer* § 243 Rn. 30; GroßkommAktG/*Schmidt* § 243 Rn. 21 ff.; BGHZ 149, 158 (163 ff.); BGH AG 2004, 670 (673); BGHZ 160, 253 (255 f.); 160, 385 (392); OLG Düsseldorf NZG 2003, 975 (976).
[100] GroßkommAktG/*Schmidt* § 243 Rn. 29 ff.; MüKoAktG/*Hüffer/Schäfer* § 243 Rn. 30 ff., jeweils mit reicher Kasuistik.
[101] BGH NJW 2002, 1128 (1129) – Sachsenmilch III. Hierzu *Henze* BB 2002, 847 (849); *Kleveman* BGHReport 2002, 201 (202); *Tröger* NZG 2002, 211 (212 f.).
[102] BGH NJW 2002, 1128 (1129).
[103] BGH NJW 2002, 1128 (1129).
[104] BGH NJW 2002, 1128 (1129).

Schaden der Gesellschaft oder anderer Aktionäre zu erlangen sucht und der Beschluß geeignet ist, diesem Zweck zu dienen. Dies gilt nicht, wenn der Beschluss den anderen Aktionären einen angemessenen Ausgleich für ihren Schaden gewährt.

a) **Sondervorteil.** Ein Sondervorteil ist ohne Rücksicht auf die Art seiner Erlangung jeder Vorteil gleich welcher Art, sofern es aufgrund einer Gesamtwürdigung der Umstände des Einzelfalls als sachwidrige, mit den Interessen der Gesellschaft oder ihrer Aktionäre unvereinbare Bevorzugung erscheint, den Vorteilserwerb zu gestatten bzw. einen bereits vollzogenen Vorteilserwerb hinzunehmen.[105] Ob eine sachwidrige Bevorzugung vorliegt, ist nach allgemeiner Ansicht im Schrifttum grundsätzlich nach dem sogenannten Vergleichsmarktkonzept zu beurteilen: maßgeblich ist dabei, dass der Vorteil ohne wirtschaftliche Rechtfertigung nicht allen Aktionären bzw. Dritten in vergleichbarer Situation gewährt wird.[106] Fehlt es insoweit an der Vergleichbarkeit, so wird unter Rückgriff auf die Sorgfaltspflichten des Vorstands (§ 93 AktG) darauf abzustellen sein, ob ein pflichtbewusster und fremden Vermögensinteressen verpflichteter Vorstand diesen Vorteil gewähren darf bzw. durfte.[107]

b) **Stimmrechtsausübung.** Den Sondervorteil muss der Aktionär nach dem klaren Gesetzeswortlaut gerade durch die Ausübung seines Stimmrechtes zu erlangen suchen. Dies umfasst die Ausübung des Stimmrechtes durch den Legitimationszessionar (§ 129 Abs. 2 AktG) oder sonstige Bevollmächtigte (§ 164 BGB, § 135 AktG), wobei der bevollmächtigende Aktionär sich das Erstreben von Sondervorteilen durch seine Bevollmächtigten gemäß § 166 Abs. 1 BGB zurechnen lassen muss.[108]

c) **Zurechnungszusammenhänge.** Der Hauptversammlungsbeschluss muss geeignet sein, den erstrebten Sondervorteil herbeizuführen. Die erforderliche Kausalität ist mithin hypothetischer Natur: maßgeblich ist, ob der Sondervorteil zum Zeitpunkt der Beschlussfassung als deren Resultat objektiv erwartbar war. Dass ein Sondervorteil tatsächlich nicht erzielt werden kann, ist danach unbeachtlich bzw. hat allenfalls indizielle Bedeutung; umgekehrt genügt für § 243 Abs. 2 AktG nicht bereits jede Kausalität der Stimmrechtsausübung für die tatsächliche Realisierung eines Sondervorteils.

Zwischen dem Sondervorteil und der Schädigung der anderen Aktionäre bedarf es ebenfalls der Kausalität. Eine solche Schädigung muss indessen die notwendige Konsequenz des objektiv erwartbaren Sondervorteils (ob realisiert oder nicht) sein; eine Eignung des Sondervorteils zur Schädigung genügt hier nicht.

d) **Angemessener Ausgleich.** Gemäß § 243 Abs. 2 S. 2 AktG entfällt der Anfechtungsgrund, wenn der Beschluss den anderen Aktionären einen angemessenen Ausgleich für ihren Schaden gewährt. Für die Tatsachen, aus denen sich eine derartige Gewährung eines angemessenen Ausgleichs ergibt, trägt die beklagte Gesellschaft die Darlegungs- und Beweislast.[109]

Nach dem klaren Gesetzeswortlaut muss diese Ausgleichsgewährung Gegenstand desselben Beschlusses sein, auf dem auch der Sondervorteil beruht; eine separate oder nachträgliche Ausgleichsgewährung genügt daher nicht. Auszugleichen ist nur der den anderen Aktionären entstandene Schaden, nicht etwa der Sondervorteil.

§ 243 Abs. 2 S. 2 AktG lässt offen, wer Schuldner der Ausgleichsleistung ist. Die Gesellschaft darf an Aktionäre gemäß § 57 Abs. 3 AktG nur den Bilanzgewinn leisten; da die Aktionäre den Bilanzgewinn schwerlich im Rahmen eines Gewinnverwendungsbeschlusses zur Leistung von Ausgleichszahlungen an einzelne Aktionäre zur Verfügung stellen werden (was im Übrigen wohl seinerseits nach § 243 Abs. 2 AktG anfechtbar wäre), scheidet die Gesellschaft als Schuldner der Ausgleichsleistung praktisch aus. Es verbleiben damit die durch den Sondervorteil begünstigten Aktionäre bzw. Dritte.[110]

---

[105] BGHZ 138, 71 (80); LG Hamburg AG 1996, 233 (234); LG Stuttgart AG 1994, 567.
[106] GroßkommAktG/*Schmidt* § 243 Rn. 55; MüKoAktG/*Hüffer/Schäfer* § 243 Rn. 79.
[107] MüKoAktG/*Hüffer/Schäfer* § 243 Rn. 79.
[108] KölnKommAktG/*Noack/Zetzsche* § 243 Rn. 402; MüKoAktG/*Hüffer/Schäfer* § 243 Rn. 74.
[109] MüKoAktG/*Hüffer/Schäfer* § 243 Rn. 152.
[110] GroßkommAktG/*Schmidt* § 243 Rn. 61; MüKoAktG/*Hüffer/Schäfer* § 243 Rn. 98; KölnKommAktG/*Noack/Zetzsche* § 243 Rn. 481.

69 Bei wörtlicher Auslegung von § 243 Abs. 2 AktG könnte auch ein Schaden der Gesellschaft durch eine Leistung an die Aktionäre ausgeglichen werden. Die herrschende Lehre im Schrifttum nimmt hier eine teleologische Reduktion vor, nach der im Falle der Schädigung der Gesellschaft nur eine Ausgleichsleistung an die Gesellschaft die Anfechtbarkeit ausschließt.[111]

70 Ob eine Ausgleichsleistung angemessen ist, muss im Einzelfall auf der Grundlage vernünftiger kaufmännischer Betrachtungsweise ermittelt werden. Ein Abfindungsangebot ist kein angemessener Ausgleich im Sinne des § 243 Abs. 2 S. 2 AktG, da es die anderen Aktionäre nötigt, zur Wahrung wirtschaftlicher Interessen ihre Rechtsstellung als Aktionäre aufzugeben.[112]

3. Gesetzlicher Ausschluss der Anfechtung

71 Neben den bereits erörterten Beschränkungen unmittelbar durch die §§ 243 ff. AktG unterliegt das Recht zur Anfechtung von Hauptversammlungsbeschlüssen weiteren gesetzlichen Einschränkungen.

72 a) **Anfechtungsausschlüsse nach § 243 Abs. 3 AktG.** Gemäß 243 Abs. 3 Nr. 1 AktG kann die Anfechtung nicht auf eine Verletzung der Pflicht zur Weitergabe von Informationen gemäß § 128 AktG gestützt werden. § 128 AktG normiert die Pflicht von Kreditinstituten und Aktionärsvereinigungen zur Weitergabe von Mitteilungen nach § 125 AktG, wenn spätestens 25 Tage vor der Hauptversammlung für Aktionäre Inhaberpapiere der Gesellschaft in Verwahrung genommen werden oder der Aktionär für Namensaktien, die ihm gehören, ins Aktienregister eingetragen wird.

73 Darüber hinaus ist gemäß § 243 Abs. 3 Nr. 2 AktG eine Anfechtungsklage gegen einen Hauptversammlungsbeschluss über die Bestellung eines Abschlussprüfers unstatthaft, wenn sie sich auf in der Person des Prüfers liegende Gründe, namentlich auf die Besorgnis der Befangenheit stützt. In diesem Fall ist gegen die Wahl des Abschlussprüfers allein eine Klage nach § 318 Abs. 3 HGB eröffnet, für die es der Einhaltung einer zweiwöchigen Klagefrist und im Falle einer Klage von Aktionären eines Quorums bedarf. Die dennoch erhobene Anfechtungsklage ist unzulässig.[113] Die durch Art. 4 Nr. 7 BilReG eingefügte Regelung des § 243 Abs. 2 Nr. 2 AktG begründet also Spezialität des § 318 Abs. 3 HGB.[114] Eine gleichwohl erhobene Anfechtungsklage ist unzulässig.[115]

74 b) **§ 243 Abs. 4 S. 2 AktG.** Die Anfechtung ist ausgeschlossen, wenn das Gesetz für Bewertungsrügen aufgrund von für mangelhafter Informationen in der Hauptversammlung über die Ermittlung, Höhe oder Angemessenheit von Ausgleich, Abfindung, Zuzahlung oder sonstige Kompensationen ein Spruchverfahren vorsieht. Eine Anfechtungsklage ist damit bereits unzulässig.[116]

75 Eingeschränkt wird der § 243 Abs. 4 S. 2 AktG nur dann, wenn die Information gänzlich verweigert wurde, da der Fall der Verweigerung in § 243 Abs. 4 S. 2, anders als in § 243 Abs. 4 S. 1 AktG, nicht aufgeführt wird.[117] Eine Verweigerung im Sinne der Vorschrift ist nur eine in der Sache unberechtigte Verweigerung.[118] Darüber hinaus ist der Anwendungsbereich des § 243 Abs. 4 S. 2 AktG nur für Informationsmängel eröffnet, die in der Hauptversammlung aufgetreten sind. Damit unterliegt das gesamt Berichtswesen vor und außerhalb der Hauptversammlung nicht dem Klageausschluss.[119]

---

[111] GroßkommAktG/*Schmidt* § 243 Rn. 60; MüKoAktG/*Hüffer/Schäfer* § 243 Rn. 95; aA *Geßler*, in: FS Barz, 1974, 97 (99).
[112] GroßkommAktG/*Schmidt* § 243 Rn. 60; MüKoAktG/*Hüffer/Schäfer* § 243 Rn. 96.
[113] LG Köln WM 1997, 920 (921).
[114] Hüffer/Koch/*Koch* AktG § 243 Rn. 44a, 44c; *Tielmann* WM 2007, 1686 (1691).
[115] Hüffer/Koch/*Koch* AktG § 243 Rn. 44a, 44c.
[116] Schon vor der Einführung des § 243 Abs. 4 S. 2 AktG durch das UMAG: BGHZ 146, 179 (181), BGH NJW 2001, 1428 ff.; Marsch-Barner/Schäfer/*Mimberg* Handb börsennotierter AG § 37 Rn. 51; *Henze*, in: FS Hadding, 2004, 409 (418 ff.); *Hirte* ZHR 167 [2003], 8 (10 ff.); *Sinewe* DB 2001, 690 f.
[117] Siehe auch RegBegr BR-Drs. 3/05, 54.
[118] RegBegr BR-Drs. 3/05, 54; *Tielmann* WM 2007, 1686 (1692).
[119] RegBergr BR-Drs. 3/05, 54; Begr. RegE zum UMAG, BT-Drs. 15/5092, 26; *Schwab* NZG 2007, 521 (522); *Wilsing* DB 2005, 35 (36).

c) §§ 304 Abs. 3 S. 2, 305 Abs. 5 S. 1 AktG. Die Anfechtung eines Beschlusses, durch den 76 die Hauptversammlung einem Beherrschungs- bzw. Gewinnabführungsvertrag oder bestimmten Änderungen dieser Verträge zugestimmt hat, kann gemäß § 304 Abs. 3 S. 2 AktG nicht auf § 243 Abs. 2 AktG oder darauf gestützt werden, dass der im Vertrag bestimmte Ausgleich nicht angemessen ist. Eine mit dieser Begründung erhobene Anfechtungsklage ist unzulässig, obgleich die Bezugnahme auf § 243 Abs. 2 AktG eher auf mangelnde Begründetheit schließen lassen könnte.[120] Der Ausschluss der Anfechtung ist unabhängig davon, ob und mit welchem Ausgang das in § 304 Abs. 3 S. 3 AktG vorgesehene Verfahren der Bestimmung eines angemessenen Ausgleichs durch das in § 306 AktG bestimmte Gericht stattfindet.

Einen dem § 304 Abs. 3 S. 2 AktG entsprechenden Ausschlusstatbestand enthält § 305 77 Abs. 5 S. 1 AktG für den Fall, dass der Beherrschungs- bzw. Gewinnabführungsvertrag keine angemessene Abfindung vorsieht. Auch hier ist eine mit dieser Begründung erhobene Anfechtungsklage unzulässig.

d) §§ 14 Abs. 2, 32, 195 Abs. 2, 210 UmwG. Nach § 14 Abs. 2 UmwG kann eine Klage 78 gegen die Wirksamkeit des Verschmelzungsbeschlusses nicht darauf gestützt werden, dass das Umtauschverhältnis der Anteile zu niedrig bemessen ist oder dass die Mitgliedschaft bei dem übernehmenden Rechtsträger kein ausreichender Gegenwert für die Anteile an dem übertragenden Rechtsträger ist. Entsprechendes regelt § 195 Abs. 2 UmwG für den Formwechsel. §§ 32, 210 UmwG enthalten vergleichbare Ausschlusstatbestände im Hinblick auf die Bemessung und die ordnungsgemäße Offerte der Abfindungsangebote gemäß 29 Abs. 1 AktG bzw. § 207 Abs. 1 AktG. In all diesen Fällen ist eine mit der ausgeschlossenen Begründung erhobene Anfechtungsklage unzulässig.[121]

Der in § 210 UmwG für die Fälle des zu niedrigen, des nicht ordnungsgemäßen und des 79 fehlenden Barabfindungsangebotes normierte Ausschluss von Klagen gegen den Umwandlungsbeschluss gilt nach der Rechtsprechung des BGH auch insoweit, als die von der Strukturmaßnahme betroffenen Aktionäre die Verletzung von Informations-, Auskunfts- oder Berichtspflichten im Zusammenhang mit der gemäß § 207 UmwG anzubietenden Barabfindung geltend machen; solche die Abfindung betreffenden abfindungswertbezogenen Informationsmängel können ausschließlich im Spruchverfahren gemäß §§ 305 ff. UmwG gerügt werden.[122] Inwieweit diese Rechtsprechung auf den Ausschluss der Anfechtungsklage nach den §§ 14 Abs. 2, 32, 195 Abs. 2 UmwG übertragen werden kann, bleibt abzuwarten. Für § 32 UmwG ist dies in der zitierten Entscheidung angedeutet; für § 14 Abs. 2 UmwG dürfte eine entsprechende Anwendung ausgeschlossen sein, da ein Vorschlag des Bundesrates, dass nach § 14 Abs. 2 UmwG bereits die unzureichende Erläuterung des Umtauschverhältnisses zur Anfechtung nicht genügen soll, nicht Gesetz geworden ist.[123]

4. Anfechtung aufgrund von Informationsmängeln

Die unberechtigte Verweigerung von Auskünften und andere Verletzungen von Informations- 80 pflichten stellen wichtige Unterfälle von Anfechtungsbegründenden Verfahrensfehlern dar. Mit dem Gesetz zur Unternehmensintegrität und Modernisierung des Anfechtungsrechts (UMAG) wurde diese Fallgruppe gesondert in § 243 Abs. 4 AktG aufgeführt und damit gleichzeitig die einschlägige Rechtsprechung zur Relevanzbeurteilung aufgegriffen.

Ein Anfechtungsgrund wegen eines Informationsmangels liegt danach vor, wenn nach 81 wertender Betrachtung, die sich am Zweck des verletzten Gesetzes orientieren soll, die Vernichtbarkeit des Beschlusses wegen seines rechtswidrigen Eingriffs in die Mitgliedsrechte der Aktionäre die gebotene Rechtsfolge darstellt.[124] Es kommt daher gerade nicht auf das hypo-

---

[120] MüKoAktG/*Paulsen* § 304 Rn. 184; Hüffer/Koch/*Koch* AktG § 304 Rn. 21 (nicht mit letzter Deutlichkeit).
[121] Lutter/*Decher* § 14 Rn. 15, § 32 Rn. 1; Lutter/*Decher*/*Hoger* § 195 Rn. 12, § 210 Rn. 3; vgl. auch Widmann/Meyer/*Heckschen* § 14 Rn. 15; Kallmeyer/*Meister*/*Klöcker* § 195 Rn. 25, § 210 Rn. 7.
[122] BGH NJW 2001, 1428 (1430) unter Aufgabe seiner bisherigen Rechtsprechung (BGHZ 122, 211 (238)).
[123] Begr. RegE bei *Neye* UmwG/UmwStG S. 137 f.
[124] BGHZ 149, 158 (164 f.); 160, 385 (392).

thetische Abstimmungsverhalten, sondern auf die Bedeutung des Informationsmangels für die Mitgliedsrechte der Aktionäre an. Mit dem neu gefassten Wortlaut des § 243 Abs. 4 AktG stellt der Gesetzgeber somit klar, dass eine potentielle Kausalität bei der Beurteilung eines Anfechtungsgrundes wegen Informationsmängeln keine Berücksichtigung mehr finden kann.

82 Ist ein Informationsmangel gegeben und ferner relevant im Sinne des § 243 Abs. 4 AktG, so ist der Beschluss grundsätzlich anfechtbar und damit auch automatisch „wesentlich" im Sinne der Bestimmung.[125]

83 Auskunftsverweigerung ist ein Anfechtungsgrund, sofern verweigerte Auskunft auch den Beschlussgegenstand betrifft. Die Gesellschaft muss sich die Verletzung der Auskunftspflicht durch den Vorstand als eigene Pflichtverletzung zurechnen lassen. Die Auskunftsverweigerung ist auch relevant für Teilnahme- und Stimmrechte der Aktionäre.[126] Nach anderer Ansicht soll für diese Fälle eine gesteigerte Relevanz zur Anfechtungsvoraussetzung gemacht werden. Der Nachweis, dass die nicht erteilte Auskunft zur sachgemäßen Beurteilung des Gegenstands der Tagesordnung erforderlich war, soll nicht ausreichen; es muss sich zusätzlich um eine wesentliche Information gehandelt haben.[127] Dabei werden allerdings tatbestandliche Voraussetzungen des § 131 AktG mit dem kodifizierten Relevanzerfordernis vermengt. Richtigerweise ist zu prüfen, ob überhaupt ein Informationsmangel vorliegt. War die Auskunft erforderlich, so muss die Auskunft ex lege relevant sein.[128]

84 Darüber hinaus gilt § 243 Abs. 4 AktG auch für die Verletzung anderer Informationspflichten, wie die Pflicht zur Auslegung des Gewinnverwendungsbeschlusses nach § 175 Abs. 2 S. 1 AktG, die Verletzung der Berichtspflicht nach § 186 Abs. 4 S. 2 AktG[129] sowie bei nicht unerheblichen Mängeln des Verschmelzungsberichts, die sich nicht auf Abfindung beziehen (§ 8 UmwG).[130]

5. Bestätigung anfechtbarer Hauptversammlungsbeschlüsse

85 Gemäß § 244 S. 1 AktG kann die Anfechtung nicht mehr geltend gemacht werden, wenn die Hauptversammlung den anfechtbaren Beschluss durch einen neuen Beschluss bestätigt hat und dieser Beschluss innerhalb der Anfechtungsfrist nicht angefochten oder die Anfechtung rechtskräftig zurückgewiesen worden ist. Ein solcher Bestätigungsbeschluss beseitigt die Mangelhaftigkeit und damit die Anfechtbarkeit des Ausgangsbeschlusses, so dass die Anfechtungsklage unbegründet ist.[131] Wie § 244 S. 2 AktG zeigt, wirkt der Bestätigungsbeschluss nur für die Zukunft, dh ab dem Zeitpunkt seines Zustandekommens.[132] Die Bestätigung des angefochtenen Beschlusses kann abweichend von § 559 Abs. 1 ZPO auch noch in der Revisionsinstanz erstmals geltend gemacht werden.[133]

86 **a) Tatbestandliche Voraussetzungen.** Der Bestätigungsbeschluss darf inhaltlich nicht im Widerspruch zum Ausgangsbeschluss stehen; eine bloße Erweiterung oder Ergänzung des Ausgangsbeschlusses, die seinen bisherigen Inhalt nicht berührt, ist demgegenüber zulässig.[134] Ist der Ausgangsbeschluss nicht nur anfechtbar, sondern gemäß § 241 AktG nichtig, so geht der Bestätigungsbeschluss ins Leere und ist demnach mangels eines Beschlussgegenstandes nichtig, mindestens aber anfechtbar. Ein Bestätigungsbeschluss sollte daher hilfsweise eine Neuvornahme des Ausgangsbeschlusses enthalten, da die Bestätigung eines nich-

---

[125] Hüffer/Koch/*Koch* AktG § 243 Rn. 46b.
[126] BGHZ 160, 385 (391 f.).
[127] DAV-Handelsrechtsausschuss NZG 2005, 388 (392); Noack/Zetsche ZHR 170 [2006], 218 (220 f.).
[128] Hüffer/Koch/*Koch* AktG § 243 Rn. 47; Bayer/Habersack/*Zöllner*, Aktienrecht im Wandel, Bd. II, 10. Kap. Rn. 70.
[129] BGHZ 83, 319 (325 f.).
[130] BGHZ 107, 296 (306); Hüffer/Koch/*Koch* AktG § 243 Rn. 47a; aA *Messer*, in: FS Quack, 1991, 321 (331 f.).
[131] GroßkommAktG/*Schmidt* § 244 Rn. 3; MüKoAktG/*Hüffer*/*Schäfer* § 244 Rn. 3.
[132] BGH NJW 1972, 1320; GroßkommAktG/*Schmidt* § 244 Rn. 3; MüKoAktG/*Hüffer*/*Schäfer* § 244 Rn. 3, 16.
[133] MüKoAktG/*Hüffer*/*Schäfer* § 244 Rn. 23.
[134] GroßkommAktG/*Schmidt* § 244 Rn. 6; MüKoAktG/*Hüffer*/*Schäfer* § 244 Rn. 5.

tigen Beschluss;[135] unter Fürsorgeaspekten sollte man sich nicht allein auf die Möglichkeit der Umdeutung verlassen.

Der Bestätigungsbeschluss darf (natürlich) nicht seinerseits an Wirksamkeitsmängeln leiden; er entfaltet seine materiell-rechtliche Wirkung nur und erst, wenn entweder die Anfechtungsfrist des § 246 Abs. 1 AktG abgelaufen ist, ohne dass eine Anfechtungsklage oder eine Nichtigkeitsklage (§ 249 AktG)[136] erhoben wurde (nicht notwendig vom Anfechtungskläger) oder eine solche Klage rechtskräftig abgewiesen wurde. § 244 S. 1 AktG stellt wohlgemerkt auf die rechtskräftige Abweisung der Klage ab, was lange dauern kann; es hilft der Gesellschaft vorher also nicht, wenn diese Anfechtungs- oder Nichtigkeitsklage ersichtlich unzulässig oder unbegründet ist. 87

b) **Nichtigerklärung für die Vergangenheit.** Wird ein Bestätigungsbeschluss gefasst und hat der Anfechtungskläger ein rechtliches Interesse, dass der anfechtbare Beschluss für die Zeit bis zum Bestätigungsbeschluss für nichtig erklärt wird, so kann er die Anfechtung gemäß § 244 S. 2 AktG mit diesem Ziel weiterhin geltend machen. § 244 S. 2 AktG normiert damit ein spezielles Recht des Anfechtungsklägers zur Klageänderung, ohne dass deren allgemeinen prozessuale Voraussetzungen vorliegen müssen. Der neue Klageantrag muss insbesondere den Zeitpunkt der wirksamen Bestätigung des angefochtenen Beschlusses präzise bezeichnen. Wird der Bestätigungsbeschluss erst nach Beschlussfassung wirksam (zB aufgrund Genehmigung), so tritt der Zeitpunkt seiner Wirksamkeit an die Stelle des Zeitpunkts der Beschlussfassung. 88

Muster für einen geänderten Klageantrag nach § 244 S. 2 AktG:

„Der Beschluss der Hauptversammlung der X AG vom [*Datum*] zu Punkt xx der Tagesordnung mit dem Wortlaut [*Wortlaut des Beschlusses*] wird für den Zeitraum von der Beschlussfassung bis zu seiner Bestätigung durch den Beschluss der Hauptversammlung der X AG vom [*Datum*] zu Punkt yy der Tagesordnung mit dem Wortlaut [*Wortlaut des Bestätigungsbeschlusses*] für nichtig erklärt." 89

Voraussetzung ist ein rechtliches Interesse an der Weiterverfolgung des Antrags in geänderter Gestalt. Dieses rechtliche Interesse setzt voraus, dass der angefochtene Beschluss vor Eintritt der Bestandskraft des Bestätigungsbeschlusses beeinträchtigend auf die Rechte des anfechtenden Aktionärs eingewirkt hat oder Grundlage für weitere zwischenzeitliche Maßnahmen, insbesondere weitere Beschlüsse der Hauptversammlung ist.[137] 90

c) **Prozessuale Konsequenzen.** Für die Betrachtung der prozessualen Konsequenzen eines während der Rechtshängigkeit einer Anfechtungsklage gefassten Bestätigungsbeschlusses ist danach zu differenzieren, ob gegen den Bestätigungsbeschluss seinerseits Anfechtungs- oder Nichtigkeitsklage erhoben wurde oder nicht. 91

(aa) Bestätigungsbeschluss wird nicht angegriffen. In diesem Fall wird die Anfechtungsklage gegen den Ausgangsbeschluss mit Ablauf der für den Bestätigungsbeschluss geltenden Anfechtungsfrist (§ 246 Abs. 1 AktG) unbegründet und spruchreif. Der Kläger hat dann drei Möglichkeiten: 92

(1) Er erklärt die Hauptsache für erledigt. Schließt die beklagte Gesellschaft sich diesem Schritt an, so entscheidet das Gericht gemäß § 91a ZPO nur noch über die Kosten des Rechtsstreits. Hält die beklagte Gesellschaft hingegen an ihrem Abweisungsantrag fest, so bewirkt die Erledigungserklärung des Klägers eine Umstellung seines Klageantrages, der nun nicht mehr auf die Nichtigerklärung des angefochtenen Beschlusses, sondern die Feststellung der Erledigung der Hauptsache zielt. War die Anfechtungsklage vor Bestandskraft des Bestätigungsbeschlusses zulässig und begründet, so stellt das Gericht die Erledigung der Hauptsache fest und legt der beklagten Gesellschaft die Kosten des Rechtsstreits auf; an- 93

---

[135] GroßkommAktG/*Schmid*t § 244 Rn. 6.
[136] Die Nichtigkeitsklage steht insoweit der Anfechtungsklage gleich, BGHZ 134, 364 (366).
[137] BGH NZG 2011, 506 (508); MüKoAktG/*Hüffer/Schäfer* § 244 Rn. 15.

sonsten wird die nunmehrige Feststellungsklage abgewiesen und der Kläger in die Kosten verurteilt.

94 *(2)* Der Kläger stellt einen Antrag nach § 244 S. 2 AktG. Ist dieser Antrag zulässig und begründet, so stellt das Gericht die Nichtigkeit des angefochtenen Beschlusses für die Zeit bis zum Eintritt der Bestandskraft des Bestätigungsbeschlusses fest und legt der beklagten Gesellschaft die Kosten des Rechtsstreits auf; andernfalls wird die Feststellungsklage wiederum abgewiesen und der Kläger in die Kosten verurteilt.

95 *(3)* Der Kläger hält an seinem ursprünglichen Antrag fest. Das Gericht wird dann idealerweise einen sachdienlichen Antrag anregen; ändert der Kläger seine Ansicht nicht, so kann das Gericht auch ohne Antrag des Klägers ein Feststellungsurteil nach § 244 S. 2 AktG erlassen, wenn die tatbestandlichen Voraussetzungen dargetan sind, da der Antrag nach § 244 S. 2 AktG ein quantitatives minus zu dem ursprünglichen Antrag darstellt.[138] Andernfalls wird die Klage als unbegründet abgewiesen – was in der Praxis die allein wahrscheinliche Konsequenz sein dürfte.

96 *(bb) Bestätigungsbeschluss ist seinerseits Gegenstand einer Anfechtungs- oder Nichtigkeitsklage.* Ist der Kläger für beide Klagen identisch, liegt Klagehäufung gemäß § 264 Nr. 2 ZPO vor, so dass das Gericht durch ein Urteil über beide Klagen entscheidet. Treten verschiedene Kläger auf, so können die beiden Klagen gemäß § 147 ZPO verbunden werden, da die Klageansprüche in rechtlichem Zusammenhang stehen. Eines Antrages der Prozessparteien bedarf es nicht; über einen dennoch gestellten Antrag entscheidet das Gericht nach pflichtgemäßem Interesse. Die Verbindung der beiden Prozesse ist jedenfalls kostengünstig, da die Streitwerte zusammengerechnet werden.

97 Im Falle der Klagehäufung bzw. der Prozessverbindung ist im Hinblick auf die Entscheidung des Gerichtes wie folgt zu unterscheiden:[139]

98 *(1)* Ist die Klage gegen den Ausgangsbeschluss unzulässig oder unabhängig vom Bestätigungsbeschluss unbegründet, so ist diese Klage abzuweisen. Für die Klage gegen den Bestätigungsbeschluss entfällt dann das Rechtsschutzbedürfnis, so dass sie unzulässig wird. Darauf wird das Gericht den betreffenden Kläger hinweisen. Diesem bleibt dann nur die Klagerücknahme; nach anderer Ansicht[140] kann der Kläger stattdessen die Erledigung der Hauptsache erklären.

99 *(2)* Ist der Ausgangsbeschluss nicht nur anfechtbar, sondern gemäß § 241 AktG nichtig, so dass eine „Heilung" durch einen Bestätigungsbeschluss von vornherein nicht in Betracht kommt, so ist der Anfechtungsklage gegen den Ausgangsbeschluss stattzugeben. Enthält der Bestätigungsbeschluss hilfsweise zugleich einen Neuvornahmebeschluss, so ist über diesen bei Spruchreife zu entscheiden. Andernfalls geht der Bestätigungsbeschluss ins Leere, so dass er seinerseits für nichtig zu erklären ist.

100 *(3)* Sind sowohl der Ausgangsbeschluss (für sich betrachtet) als auch der Bestätigungsbeschluss anfechtbar, ist beiden Klagen stattzugeben; ist die Klage gegen den Bestätigungsbeschluss früher spruchreif als die gegen den Ausgangsbeschluss, kann dies durch Teilurteil gemäß § 301 Abs. 1 ZPO geschehen.

101 *(4)* Ist der Ausgangsbeschluss für sich betrachtet anfechtbar, der Bestätigungsbeschluss hingegen unanfechtbar, so muss das Gericht zunächst die Klage gegen letzteren abweisen und die Entscheidung über die Anfechtungsklage gegen den Ausgangsbeschluss auch bei deren Spruchreife bis zur Rechtskraft des klageabweisenden Urteils aussetzen werden, da nach dem eindeutigen Gesetzeswortlaut erst mit **rechtskräftiger** Abweisung der Anfechtungsklage die „Heilungswirkung" des § 244 Satz AktG eintritt.

102 Sind von verschiedenen Klägern erhobene Klagen nicht gemäß § 147 AktG verbunden worden, so kann das Gericht, das über die Anfechtung des Ausgangsbeschlusses zu ent-

---

[138] GroßkommAktG/*Schmidt* § 244 Rn. 24; MüKoAktG *Hüffer/Schäfer* § 244 Rn. 16.
[139] Nachfolgende Übersicht betrifft aus sprachlichen Gründen nur den Fall der Prozessverbindung verschiedener Klagen. Für die Klagehäufung ist statt „Klage" jeweils „Antrag auf Nichtigerklärung" zu lesen.
[140] KölnKommAktG/*Noack/Zetzsche* § 244 Rn. 84.

scheiden hat, den Rechtsstreit bis zur Entscheidung über die Klage gegen den Bestätigungsbeschluss gemäß § 148 ZPO aussetzen.

6. Rechtsschutzbedürfnis

Ungeschriebene Zulässigkeitsvoraussetzung ist – wie stets – das Rechtsschutzbedürfnis des Klägers; fehlt es, so ist die Anfechtungsklage durch Prozessurteil als unzulässig abzuweisen. Allerdings setzt die Anfechtungsklage nicht voraus, dass der Kläger durch den gerügten Beschlussmangel persönlich betroffen ist.[141] Dagegen fehlt das Rechtsschutzinteresse grundsätzlich, wenn die Nichtigerklärung des angegriffenen Beschlusses die Sach- bzw. Rechtslage nicht (mehr) zu ändern vermag. Das ist regelmäßig der Fall, wenn der Beschluss zwischenzeitlich von der Hauptversammlung aufgehoben wurde, ohne zuvor nachteilige Wirkung zu entfalten.[142]

Bei Anfechtungsklagen gegen einen Beschluss, durch den ein Beschlussantrag mangels erforderlicher Beschlussmehrheit abgelehnt wurde, liegt das erforderliche Rechtsschutzbedürfnis im Regelfall nur vor, wenn die Anfechtungsklage mit einer positiven Beschlussfeststellungsklage verbunden wurde.[143] Ebenfalls problematisch ist das Anfechtungsbedürfnis bei Klagen gegen Hauptversammlungsbeschlüsse zu Maßnahmen nach dem Umwandlungsgesetz, sobald diese durch Eintragung in das Handelsregister wirksam werden;[144] denn in diesen Fällen kann die Feststellung der Nichtigkeit des zugrundeliegenden Hauptversammlungsbeschlusses nichts mehr an der Wirksamkeit der Maßnahme ändern. Das erforderliche Rechtsschutzbedürfnis wird dann prinzipiell nur vorliegen, wenn die Feststellung der Nichtigkeit präjudizielle Wirkung für die Geltendmachung von Schadensersatzansprüchen gegen die für die Beschlussfassung Verantwortlichen hat; dieses Rechtsschutzinteresse ist immerhin in § 16 Abs. 3 S. 10 UmwG vorausgesetzt.[145]

IV. Teilanfechtung

1. Beschlusseinheit und Beschlussmehrheit

Werden mehrere Beschlussgegenstände durch die Tagesordnung der Hauptversammlung in einem Beschluss zusammengefasst (klassisches Beispiel: Beschluss über die Erhöhung des Grundkapitals unter Ausschluss des Bezugsrechtes der Aktionäre), kann es vorkommen, dass der Beschluss nur im Hinblick auf einzelne Beschlussgegenstände fehlerhaft ist. Inwieweit die Anfechtbarkeit in diesem Fall den Beschluss im Ganzen oder aber nur den fehlerhaften Beschlussteil erfasst, beurteilt sich nach § 139 BGB.[146] Ist danach ein Teil eines Hauptversammlungsbeschlusses anfechtbar, so ist der gesamte Beschluss anfechtbar, wenn nicht anzunehmen ist, dass er nicht auch ohne den anfechtbaren Beschlussteil gefasst worden wäre.[147]

Ein in diesem Sinne untrennbarer Zusammenhang von Beschlussteilen kann unmittelbar auf gesetzlicher Anordnung beruhen, wie etwa im Fall des § 186 Abs. 3 AktG: da bei einer Kapitalerhöhung gegen Einlagen das Bezugsrecht nur im Beschluss über die Erhöhung des Grundkapitals ausgeschlossen werden kann, ist der Beschluss über die Kapitalerhöhung nicht isoliert anfechtbar. Dies gilt nach herrschender Meinung auch im umgekehrten Fall,

---

[141] KölnKommAktG/*Noack/Zetzsche* § 244 Rn. 116.
[141] Baumbach/Lauterbach/Albers/*Hartmann* ZPO Grundz. § 253 Rn. 35.
[141] RGZ 166, 175 (188); 146, 385 (389); 145, 336 (338); BGHZ 107, 296 (308); 43, 261 (265); BGH WM 1966, 446 (447).
[142] LG Hamburg WM 1994, 1165 (1166).
[143] → Rn. 19 ff.; → § 41 Rn. 5 ff.
[144] → Rn. 13.
[145] *Schmitt/Hörtnagl/Stratz* UmwG § 28 Rn. 8; Kallmeyer/*Marsch-Barner* UmwG § 28 Rn. 3.
[146] RGZ 146, 385 (394); 137, 243 (250); 125, 143 (154); BGHZ 124, 111 (122); BGH NJW 1988, 1214; DStR 2015, 1819 (1822).
[147] Ausführlich zu den verschiedenen Möglichkeiten der Häufung von Beschlüssen Spindler/Stilz/*Würthwein* AktG § 241 Rn. 72 ff.

dh für den Fall der Fehlerhaftigkeit allein des Bezugsrechtsausschlusses.[148] Im Übrigen ist der durch Auslegung des Beschlusses zu ermittelnde Wille der Hauptversammlung maßgeblich. Da dieses Kriterium notwendig hypothetischer Natur ist, kommt es darauf an, was die Hauptversammlung vernünftigerweise in Kenntnis der Rechtslage beschlossen hätte. Beispielsweise ist im Zusammenhang mit der Erhöhung des Grundkapitals unter Ausnutzung eines genehmigten Kapitals im Falle der Anfechtbarkeit allein des Bezugsrechtsausschlusses zu prüfen, ob das neu zu schaffende Kapital seinen Zweck auch dann erfüllen kann, wenn die Aktionäre ein Bezugsrecht haben.[149]

2. Konsequenzen für die Beschlussanfechtung

107 Die prozessualen Konsequenzen der Anwendung des § 139 BGB lassen sich wie folgt veranschaulichen:

	Anfechtung des fehlerhaften Beschlussteils	Anfechtung des gesamten Beschlusses
Untrennbarer Zusammenhang der Beschlussteile	Klage unbegründet	Klage begründet
Kein untrennbarer Zusammenhang der Beschlussteile	Klage begründet	Klage bezüglich fehlerhaften Beschlussteils begründet, ansonsten unbegründet

108 Ist mithin im Falle der Beschlusseinheit zweifelhaft, ob der fehlerfreie Beschlussteil auch ohne den anfechtbaren Beschlussteil beschlossen worden wäre, so empfiehlt es sich, den gesamten Beschluss anzufechten. Auf diese Weise riskiert man, wenn ein untrennbarer Zusammenhang der Beschlussteile tatsächlich nicht gegeben ist, nur eine Teilabweisung. Im umgekehrten Fall (Teilanfechtung des untrennbaren Beschlusses) wäre die gesamte Klage als unbegründet abzuweisen; eine Erweiterung der Klage auf den gesamten Beschluss würde regelmäßig an der Klagefrist des § 246 Abs. 1 AktG scheitern.

V. Anfechtungsfrist

1. Grundlagen

109 Gemäß § 246 Abs. 1 AktG muss die Klage innerhalb eines Monats nach der Beschlussfassung erhoben werden. Diese Anfechtungsfrist ist keine Klagefrist im prozessualen Sinne, sondern eine materiell-rechtliche Ausschlussfrist; wird sie versäumt, entfällt das Recht des Aktionärs, einen Beschluss für nichtig erklären zu lassen. In diesem Fall kann das Gericht gleichwohl noch die Nichtigkeit des Beschlusses feststellen, nämlich dann, wenn die Voraussetzungen des § 241 AktG vorliegen. Die Nichteinhaltung der Anfechtungsfrist führt deshalb nicht zur Unzulässigkeit der Anfechtungsklage, sondern – sofern kein Nichtigkeitsgrund gemäß § 241 AktG vorliegt – zur Unbegründetheit der Klage.[150]

110 Da die Anfechtungsfrist keine prozessuale Frist ist, gelten die Bestimmungen der ZPO über Fristen nicht. Fristverlängerung durch das Gericht (§ 224 Abs. 2 ZPO) und Wiedereinsetzung in den vorigen Stand (§§ 233–238 ZPO) sind daher ausgeschlossen. Ebenso wie dem Gericht ist auch den Parteien jede Disposition über die Anfechtungsfrist durch Parteivereinbarung versagt;[151] für die Satzung der Gesellschaft folgt das

---

[148] RGZ 118, 67 (70); OLG München AG 1993, 283 (284); LG Braunschweig AG 1993, 434 (435); differenzierend OLG Frankfurt a. M. AG 1993, 281 (283).
[149] LG München I AG 1993, 195; LG Tübingen AG 1991, 406 (408).
[150] Spindler/Stilz/*Dörr* AktG § 246 Rn. 12.
[151] GroßkommAktG/*Schmidt* § 246 Rn. 15; KölnKommAktG/*Noack/Zetzsche* § 246 Rn. 20; MüKoAktG/*Hüffer/Schäfer* § 246 Rn. 38.

schon aus § 23 Abs. 5 S. 1 AktG. Obwohl die Anfechtungsfrist keine prozessuale Frist ist, ist ihre Versäumung durch das Gericht von Amts wegen in jeder Lage des Verfahrens zu berücksichtigen, also auch dann, wenn die Parteien dazu nicht vortragen;[152] rügelose Einlassung auf die Fristversäumung kommt mithin ebenfalls nicht in Betracht. Ist die Fristversäumung einer fehlerhaften Zustellung geschuldet, ist allerdings eine Heilung nach § 189 ZPO möglich, wenn der Zustellungsadressat das Schriftstück tatsächlich erhält.[153] Die Verjährungsvorschriften des BGB sind auf die Anfechtungsfrist nicht anwendbar.[154]

Der Fristbeginn bestimmt sich nach dem Tag der Hauptversammlung. Für den Fall einer mehrtägigen Hauptversammlung ist umstritten, ob der Tag maßgeblich ist, an dem der angefochtene Beschluss gefasst wurde,[155] oder stets der letzte Tag der Hauptversammlung.[156] In Ermangelung jeder Rechtsprechung hierzu wird man vorsichtshalber auf den Tag der eigentlichen Beschlussfassung abzustellen haben. Für die Fristberechnung gelten nach allgemeiner Auffassung im Schrifttum die §§ 187–193 BGB.[157] Mangels einschlägiger Rechtsprechung empfiehlt es sich gleichwohl, die Anfechtungsfrist nicht bis zum letzten Tag auszureizen. 111

2. Klageerhebung

Die Monatsfrist des § 246 Abs. 1 AktG wird nur durch rechtzeitige Klageerhebung gewahrt. Das bedeutet nach § 253 Abs. 1 ZPO grundsätzlich, dass ein Exemplar der Klageschrift innerhalb der Frist an alle Organe der Gesellschaft zugestellt worden sein muss, durch welche die Gesellschaft vertreten wird[158] und an die eine Zustellung zu bewirken ist[159] Gemäß § 167 ZPO genügt zur Fristwahrung die Einreichung der Klage bei Gericht, wenn die Zustellung „demnächst" erfolgt. Eine Verzögerung der Zustellung (auch über mehrere Monate) ist danach unschädlich, wenn (und nur wenn) sie nicht auf einer Nachlässigkeit des Klägers beruht.[160] Insbesondere bei Verzögerungen aufgrund unzureichender oder fehlerhafter Angaben zu den Zustellungsadressaten oder Nichteinzahlung des Gerichtskostenvorschusses ist daher die Klageerhebung innerhalb der Anfechtungsfrist allein nicht ausreichend.[161] Das gilt erst recht, wenn innerhalb der Frist nicht die Zustellung an alle notwendigen Zustellungsadressaten veranlasst wird.[162] 112

Die Klageerhebung vor einem sachlich oder örtlich unzuständigen Gericht ist nach herrschender Meinung zur Fristwahrung ausreichend, da sie das Prozessrechtsverhältnis begründet und die Zustellung nicht aufhält;[163] der Kläger muss dann zur Vermeidung der Prozessabweisung freilich einen noch Verweisungsantrag gemäß § 281 Abs. 1 ZPO stellen. In jedem Fall muss die Klageschrift rechtzeitig bei dem Gericht eingegangen sein, an das die Klage gerichtet ist; wird also die an das Landgericht adressierte Klage in den Briefkasten des Amtsgerichts eingeworfen und von letzterem nicht innerhalb der Anfechtungsfrist an ersteres weitergeleitet, ist die Klage unbegründet, auch wenn beide Gerichte im gleichen Haus untergebracht sind.[164] 113

---

[152] RGZ 125, 143 (155); BGH NJW 1998, 3344 (3345).
[153] Vgl. OLG Karlsruhe 26.3.2008 – 7 U 152/07 = NZG 2008, 714 (715 f.).
[154] BGH NJW 1952, 98 (99); GroßkommAktG/*Schmidt* § 246 Rn. 15; aA OLG Frankfurt a. M. NJW 1966, 838 (840).
[155] *Henn* AG 1989, 230 (232); *Tielmann* WM 2007, 1686, 1990.
[156] GroßkommAktG/*Schmidt* § 246 Rn. 18; MüKoAktG/*Hüffer/Schäfer* § 246 Rn. 39; MHdB GesR IV/ *Austmann* § 42 Rn. 99.
[157] GroßkommAktG/*Schmidt* § 246 Rn. 16; MüKoAktG/*Hüffer/Schäfer* § 246 Rn. 39 mwN.
[158] → § 37 Rn. 15.
[159] → § 37 Rn. 110.
[160] BGH NJW 1995, 2230 (2231); 1988, 411 (413).
[161] OLG Celle NZG 2014, 640; OLG Frankfurt a. M. WM 1984, 209 (211).
[162] OLG Brandenburg 22.4.2008 – 6 U 118/07.
[163] BGHZ 97, 155 (161); 86, 313 (322); 34, 230 (234); BGH NJW 1998, 3648 (3649); OLG Dresden AG 1999, 274 (275); GroßkommAktG/*Schmidt* § 246 Rn. 18; MüKoAktG/*Hüffer/Schäfer* § 246 Rn. 41; aA KG AG 2000, 364 (365); *Henn* AG 1989, 230 (232).
[164] LG Hannover AG 1993, 187 (188).

114 Da es nach dem klaren Wortlaut des § 246 Abs. 1 AktG auf die Klageerhebung ankommt, genügt die bloße Stellung eines Antrags auf Prozesskostenhilfe nicht.[165] Das ist misslich, da die Entscheidung über einen Antrag auf Prozesskostenhilfe kaum je innerhalb der Anfechtungsfrist ergehen wird, de lege lata aber nicht zu ändern; die im Schrifttum insoweit diskutierten Lösungsvorschläge,[166] für die vieles spricht, können nicht Grundlage anwaltlicher Beratung sein.

3. Klagebegründung

115 Der Kläger muss innerhalb der Frist des § 246 Abs. 1 AktG nicht nur eine Klage mit einem bestimmten Klageantrag erheben, sondern außerdem die Gründe in das Verfahren einführen, auf die er die Anfechtung stützt.[167] Im Sinne der herrschenden Streitgegenstandslehre[168] hat der Kläger also den die Anfechtbarkeit begründenden Lebenssachverhalt darzulegen. Wie § 264 Nr. 1 ZPO zeigt, muss der klägerische Sachvortrag nicht bereits in alle Details gehen; es genügt nach allgemeiner Ansicht, dass die anspruchsbegründenden Tatsachen „im Kern", dh nach ihrem wesentlichen Inhalt dargelegt werden.[169] Da die Abgrenzung im Einzelfall problematisch sein kann, ist in jedem Fall zu empfehlen, bereits in der Klageschrift möglichst umfassend und detailliert zu den Tatsachen vorzutragen, die die Anfechtung zu begründen geeignet sind. Rechtliche Gesichtspunkte können unbeschränkt und jederzeit vorgebracht werden. Anfechtungsgründe, die nach Ablauf der Frist in den Prozess eingeführt werden, finden hingegen keine Beachtung mehr. Genügt der zunächst dargelegte Anfechtungsgrund den obigen Anforderungen also nicht, ist die Anfechtungsklage trotz nachgeschobener Anfechtungsgründe als unzulässig abzuweisen.[170]

VI. Zustellung

116 Die Zustellung der Klageschrift ist im Rahmen der Beschlussanfechtung von erheblicher Bedeutung, da die Monatsfrist des § 246 Abs. 1 AktG nur durch eine ordnungsgemäße Klageerhebung eingehalten werden kann; dazu gehört eine Zustellung, die nicht durch fehlerhafte oder unvollständige Angaben des Klägers verzögert worden sein darf.

1. Anfechtungsklage des Aktionärs

117 Bei der Anfechtungsklage eines Aktionärs (§ 245 Nr. 1–3 AktG) wird die Gesellschaft durch Vorstand und Aufsichtsrat vertreten (Prinzip der Doppelvertretung).[171] Zur ordnungsgemäßen Zustellung ist die Klageschrift gemäß § 170 Abs. 1 ZPO iVm § 246 Abs. 2 S. 2 AktG in beglaubigter Abschrift an Vorstand und Aufsichtsrat zu übergeben, wobei gemäß § 170 Abs. 3 ZPO die Übergabe an jeweils ein Mitglied des Vorstands und des Auf-

---

[165] GroßkommAktG/*Schmidt* § 246 Rn. 20; KölnKommAktG/*Noack/Zetzsche* § 246 Rn. 9; MHdB GesR IV/*Austmann* § 42 Rn. 100; *Henn* AG 1989, 230 (232).
[166] GroßkommAktG/*Schmidt* § 246 Rn. 20; MüKoAktG/*Hüffer/Schäfer* § 246 Rn. 42 f.; Schmidt/Lutter/*Schwab* § 246 Rn. 11; *Tielmann* WM 2007, 1686, 1990; Spindler/Stilz/*Dörr* AktG § 246 Rn. 17 nach denen es für die Fristwahrung genügen soll, dass einhergehend mit dem Antrag auf Prozesskostenhilfe die Anfechtungsklage eingereicht wird. Hinsichtlich letzterer sei bei positiver Bescheidung die sofortige Zustellung zu beantragen.
[167] RGZ 170, 83 (94); 131, 192 (195); 91, 316 (323); BGHZ 120, 141 (157); 32, 318 (322); 15, 177 (180); BGH NJW 1995, 260 (261).
[168] Der Streitgegenstand wird bestimmt durch Antrag und klagebegründenden Sachverhalt, vgl. nur BGHZ 79, 245 (248).
[169] GroßkommAktG/*Schmidt* § 246 Rn. 22 f.; MüKoAktG/*Hüffer/Schäfer* § 246 Rn. 44; MHdB GesR IV/*Austmann* § 42 Rn. 102, jeweils mwN.
[170] BGH NJW-RR 2006, 1110 (1112); vertiefend Spindler/Stilz/*Dörr* AktG § 246 Rn. 20.
[171] Zum Prinzip der Doppelvertretung vgl. nur OLG Karlsruhe 26.3.2008 – 7 U 152/07 = NZG 2008, 714 f.

sichtsrats genügt, unabhängig davon, ob Gesamt- oder Einzelvertretungsbefugnis besteht.[172] Die Zustellung kann an jedes Mitglied des Vorstands bzw. des Aufsichtsrats bewirkt werden, also auch an ein stellvertretendes Vorstandsmitglied (§ 92 AktG) oder an den Arbeitsdirektor (§§ 13 Abs. 1 Montan-MitbestG, § 33 Abs. 1 MitbestG), nicht hingegen an ein Ersatzmitglied des Aufsichtsrats (§ 101 Abs. 3 S. 2 AktG) und nicht an einen Prokuristen, auch nicht, wenn er vertretungsberechtigt ist.[173]

An Mitglieder des Vorstands und des Aufsichtsrates kann sowohl in ihre Privatwohnung als auch ihre Geschäftsräume zugestellt werden; dies lässt sich aus dem Tatbestand des § 178 Abs. 1 S. 1 ZPO schließen. Die Geschäftsräume der Gesellschaft sind auch die der Vorstandsmitglieder, weshalb Zustellungen an Vorstandsmitglieder regelmäßig an die Anschrift der Gesellschaft bewirkt werden. Demgegenüber hat der Aufsichtsrat im Allgemeinen keine Geschäftsräume, und seine Mitglieder pflegen sich auch nicht in den Geschäftsräumen der Gesellschaft aufzuhalten, so dass für die Zustellung an Aufsichtsratsmitglieder im Regelfall nur deren Privatanschrift in Betracht kommt und folglich auch dorthin zuzustellen ist.[174]

Kann die Klageschrift nicht an jeweils ein Mitglied des Vorstands und des Aufsichtsrats übergeben werden, ist für die Ersatzzustellung (§ 178 ZPO) zu differenzieren:

a) Vorstand. Gemäß § 178 Abs. 1 Nr. 2 ZPO kann die Ersatzzustellung in den Geschäftsräumen der Gesellschaft an einen beliebigen anwesenden Mitarbeiter der Gesellschaft bewirkt werden. Daraus folgt, dass die Angabe des Vorstands als Vertretungsorgan zusammen mit der Anschrift der Gesellschaft **zur ordnungsgemäßen Zustellung** ausreichend ist, solange die Gesellschaft über Geschäftsräume verfügt und eine Zustellung dort nicht faktisch unmöglich ist; die Mitglieder des Vorstands müssen dann nicht namentlich aufgeführt werden.[175] Die gemäß §§ 253 Abs. 4, 130 Nr. 1 ZPO an sich gebotene Nennung der Vorstandsmitglieder kann nachgeholt werden.[176] Ist die Möglichkeit einer Zustellung an den Vorstand in den Geschäftsräumen der Gesellschaft zweifelhaft, empfiehlt es sich, zusätzlich zur Anschrift der Gesellschaft die Namen und Privatanschriften möglichst vieler Vorstandsmitglieder anzugeben. Diese Anschriften werden häufig der Handelsregisterakte zu entnehmen sein; obgleich § 40 Nr. 3 HRVerf für Vorstandsmitglieder im Rahmen der Anmeldung gemäß § 81 Abs. 1 AktG nur die Angabe des Wohnortes verlangt, wird in der Praxis oft die gesamte Anschrift angemeldet.

b) Aufsichtsrat. Für die Ersatzzustellung an den Aufsichtsrat kommt § 178 Abs. 1 Nr. 2 ZPO grundsätzlich nicht in Betracht, da der Aufsichtsrat im Allgemeinen keine Geschäftsräume hat, von dem aus er seiner Erwerbstätigkeit nachgeht, und sich auch nicht in den Geschäftsräumen der Gesellschaft aufzuhalten pflegt.[177] Demgemäß kann die Ersatzzustellung an ein in den Geschäftsräumen der Gesellschaft nicht angetroffenes Mitglied des Aufsichtsrats im Regelfall nur an die Privatanschrift erfolgen.[178] Folglich sollten in der Klageanschrift Namen und Anschriften aller Mitglieder des Aufsichtsrats genannt sein. Für die Anschriften kann auch hier die Handelsregisterakte weiterhelfen, da im Rahmen der Einreichung nach § 106 AktG in der Praxis häufig die gesamte Anschrift mitgeteilt wird.

---

[172] BGH NJW 1984, 57.
[173] MüKoAktG/*Hüffer/Schäfer* § 246 Rn. 59.
[174] OLG Karlsruhe 26.3.2008 – 7 U 152/07 = NZG 2008, 714 (715); BGHZ 107, 296 (299); BGH NJW 1993, 2688 zu § 184 ZPO aF.
[175] BGHZ 107, 296 (299); OLG Stuttgart AG 1994, 411 (412) zu § 184 Abs. 1 aF.
[176] BGHZ 32, 114 (118); Baumbach/Lauterbach/Albers/Hartmann ZPO § 130 Rn. 8.
[177] BGHZ 107, 296 (299); BGH NJW 1993, 2688 zu § 184 ZPO aF; aA MüKoZPO/*Häublein* § 178 Rn. 20.
[178] Hüffer/Koch/*Koch* AktG § 246 Rn. 34.

121 **Rubrum der Anfechtungsklage des Aktionärs**

Klage

des Herrn X, [Privatanschrift]
– Kläger –
Prozessbevollmächtigte: Rechtsanwälte A, [Kanzleianschrift]

gegen

die Z AG, [Anschrift], vertreten durch den Vorstand, [*falls die Zustellung nach § 178 Abs. 1 Nr. 2 ZPO problematisch ist, zusätzlich:* bestehend aus [Namen und Privatanschrift aller Mitglieder des Vorstands]], sowie durch den Aufsichtsrat, bestehend aus [Namen und Privatanschrift aller Mitglieder des Aufsichtsrats]
– Beklagte –

2. Anfechtungsklage des Vorstands bzw. des Vorstandsmitglieds

122   Erhebt der Vorstand (§ 245 Nr. 4 AktG) oder ein Mitglied des Vorstands (§ 245 Nr. 5 AktG) die Anfechtungsklage, so wird die Gesellschaft allein durch den Aufsichtsrat vertreten. Die Zustellung der Klageschrift muss an mindestens ein Mitglied des Aufsichtsrats bewirkt werden (§ 170 Abs. 3 ZPO); für den (wahrscheinlichen) Fall, dass diese Zustellung in den Geschäftsräumen der Gesellschaft nicht durchführbar ist, muss die Zustellung an die Privatanschrift wenigstens eines Aufsichtsratsmitglieds bewirkt werden.

123 **Rubrum der Anfechtungsklage des Vorstands**

Klage

des Vorstands der Z AG, [Anschrift], vertreten durch die Mitglieder des Vorstands [Namen und Privatanschrift sämtlicher Vorstandsmitglieder[179]]
– Kläger –
Prozessbevollmächtigte: Rechtsanwälte A, [Kanzleianschrift]

gegen

die Z AG, [Anschrift], vertreten durch den Aufsichtsrat, bestehend aus [Namen und Privatanschrift aller Mitglieder des Aufsichtsrats]
– Beklagte –

124   Bei der Anfechtungsklage eines Vorstandsmitglieds ist im Rubrum abweichend vom vorstehenden Muster als Kläger das betreffende Mitglied des Vorstands mit Namen und Privatanschrift anzugeben.

3. Anfechtungsklage des Aufsichtsratsmitglieds

125   Erhebt ein Aufsichtsratsmitglied die Anfechtungsklage (§ 245 Nr. 5 AktG), so wird die Gesellschaft allein durch den Vorstand vertreten. Die Zustellung der Klageschrift muss an mindestens ein Mitglied des Vorstands bewirkt werden (§ 170 Abs. 3 ZPO); die Ersatzzustellung kann gemäß § 178 Abs. 1 Nr. 2 ZPO in den Geschäftsräumen der Gesellschaft an einen beliebigen anwesenden Mitarbeiter der Gesellschaft bewirkt werden.

---

[179] Wurde einzelnen Vorstandsmitgliedern speziell für die Klage Vollmacht erteilt, genügen deren Namen und Anschriften; die Vollmachterteilung ist aber auf Verlangen nachzuweisen.

> **Rubrum der Anfechtungsklage des Aufsichtsratsmitglieds**
>
> Klage
>
> des Herrn X, [Privatanschrift]
> – Kläger –
> Prozessbevollmächtigte: Rechtsanwälte A, [Kanzleianschrift]
>
> gegen
>
> die Z AG, [Anschrift], vertreten durch den Vorstand, [*falls die Zustellung nach § 178 Abs. 1 Nr. 2 ZPO problematisch ist, zusätzlich:* bestehend aus [Namen und Privatanschrift aller Mitglieder des Vorstands]]
>
> – Beklagte –

126

4. Mehrere Kläger

Treffen Vorstands- und Aktionärsklage zusammen, so vertritt allein der Aufsichtsrat die Gesellschaft, im Falle der Klage von Aktionären und Aufsichtsratsmitgliedern hingegen allein der Vorstand. Gleichwohl ist dem klagenden Aktionär zu empfehlen, die Klageschrift auch in diesen Fällen sowohl dem Vorstand als auch dem Aufsichtsrat zustellen lassen, da er sonst riskiert, dass das außer ihm klagende Vertretungsorgan(Mitglied) seine Klage innerhalb der Anfechtungsfrist zurücknimmt und eine lediglich an das jeweils andere Vertretungsorgan zugestellte Klageschrift infolgedessen an einem Zustellungsmangel leidet, der nach Ablauf der Anfechtungsfrist nicht mehr geheilt werden kann.

127

VII. Sonstige Verfahrensfragen

1. Nebenintervention

Wer ein rechtliches Interesse am Obsiegen einer Partei eines Anfechtungsprozesses hat, kann dieser Partei gemäß § 66 ZPO zum Zwecke ihrer Unterstützung beitreten. Die Nebenintervention setzt Parteifähigkeit voraus. Demgemäß sind natürliche Personen, namentlich Aktionäre und Verwaltungsmitglieder der Gesellschaft, ohne weiteres interventionsfähig, nicht hingegen der Aufsichtsrat als Kollegialorgan; der Vorstand ist auf Seiten des Klägers interventionsfähig, da er nach § 245 Nr. 4 AktG anfechtungsbefugt ist, dagegen nicht auf Seiten der beklagten Gesellschaft.

128

Der Beitritt als Nebenintervenient setzt ein **rechtliches** Interesse am Obsiegen der unterstützten Partei voraus; die Entscheidung im Anfechtungsprozess muss also auf seine Rechtslage einwirken, so dass ein lediglich wirtschaftliches oder ideelles Interesse nicht genügt.[180] Aktionäre haben dieses Interesse stets aufgrund der inter omnes Wirkung des Urteils im Anfechtungsprozess (§ 248 Abs. 1 S. 1 AktG)[181]. Jedoch können sie gemäß § 246 Abs. 4 AktG nur bis zu einem Monat nach Bekanntgabe der Klage dem Streit beitreten.[182] Inwieweit die Vorschrift auch die Nebenintervention auf Beklagtenseite erfasst ist noch nicht höchstrichterlich geklärt. Mit Blick auf den Wortlaut des § 246 Abs. 4 S. 2 AktG, der von Beteiligung an der Klage spricht, wird man wohl aber davon ausgehen müssen, dass die Intervention auf Beklagtenseite nicht erfasst wird, der Streitbeitritt mithin auch noch später erfolgen kann.[183]

129

---

[180] Baumbach/Lauterbach/Albers/Hartmann ZPO § 66 Rn. 6 mwN.
[181] → Rn. 143 f.
[182] Vgl. *Tielmann* WM 2007, 1686 (1688); ausführlich zur Frage des Zeitpunkts der Bekanntgabe *Goslar/ von der Linden* WM 2009, 492 (493 ff.).
[183] Vgl. *Goslar/von der Linden* WM 2009, 492 (497); in diesen Sinne wohl auch Schmidt/Lutter/*Schwab* § 246 Rn. 36.

Die Unterlassung des Widerspruchs zur Niederschrift (§ 245 Nr. 1 AktG) führt hingegen nicht zum Verlust ihrer Anfechtungsbefugnis.[184]

130 Mitglieder von Vorstand und Aufsichtsrat werden das erforderliche rechtliche Interesse im Hinblick auf ihre Verantwortung für die Durchführung des angefochtenen Beschlusses und unter Haftungsaspekten regelmäßig ebenfalls haben; in diesem Fall müssen die besonderen Voraussetzungen der Anfechtungsbefugnis gemäß § 245 Nr. 5 AktG nicht erfüllt sein.[185]

131 Der Nebenintervenient muss sein rechtliches Interesse nach § 71 Abs. 1 S. 2 ZPO nur **glaubhaft machen.** Unter dieser Voraussetzung prüft das Gericht das rechtliche Interesse nicht weiter; ein Ausschluss des Nebenintervenienten kann dann nur aufgrund besonderen Antrags einer Partei gemäß § 71 Abs. 1 S. 1 AktG durch Gerichtsbeschluss erfolgen.

132 Aktionäre und Mitglieder des Vorstandes bzw. des Aufsichtsrates sind wegen der Gestaltungswirkung des Urteils im Anfechtungsprozess (§ 248 Abs. 1 S. 1 AktG) stets **streitgenössische** Nebenintervenienten gemäß § 69 ZPO.[186] Neben § 61 ZPO findet auch § 62 ZPO Anwendung, so dass der Nebenintervenient durch eigene Antragstellung die Folgen der Säumnis der unterstützten Hauptpartei abwenden kann.[187] Anerkenntnis, Geständnis und Rechtsmittelverzicht wirken nicht gegen den streitgenössischen Nebenintervenienten.[188] Dagegen muss der auf Seiten des Klägers beigetretene Nebenintervenient die Erledigungserklärung (§ 91a ZPO), die Klagerücknahme (§ 269 ZPO) und den Verzicht (§ 306 ZPO) der Hauptpartei hinnehmen, da er nicht selbst Kläger ist, sondern sich an dessen Prozess nur beteiligt.[189]

2. Darlegungs- und Beweislast

133 Für die Anfechtungsklage gilt der allgemeine Grundsatz, dass jede Partei die Tatsachen darzulegen und im Bestreitensfalle zu beweisen hat, die von den für sie günstigen Rechtsnormen vorausgesetzt werden.[190] Im Hinblick auf den Anfechtungsgrund (§ 245 AktG) gelten hierbei folgende Besonderheiten:

134 a) **Verfahrensfehler.** Im Hinblick auf die Relevanz[191] eines Verfahrensfehlers für die Ermittlung des Abstimmungsergebnisses greift eine Umkehr der Darlegungs- und Beweislast ein:[192] die beklagte Gesellschaft muss die Umstände dartun und beweisen, aus denen sie folgert, dass der Verfahrensfehler keine Bedeutung für das Beschlussergebnis hatte.[193] Wird durch einen Verfahrensfehler in das Mitgliedschafts- bzw. Teilhaberecht des Aktionärs eingegriffen (namentlich bei einem Ausschluss des Aktionärs von der Hauptversammlung in seinen verschiedenen Erscheinungsformen), stellt dies immer einen relevanten Verstoß dar.[194] Ein Beweis ist insoweit nicht erforderlich. So hat der Kläger beispielsweise nur zu beweisen, dass sich der Ausschluss tatsächlich zugetragen hat.[195]

135 Hinsichtlich der Verletzung von Informationspflichten bestimmt § 243 Abs. 4 S. 1 AktG, dass die Verletzung relevant für die Wahrnehmung der Mitgliedschaftsrechte sein muss.

---

[184] BGH 26.5.2008 – II ZB 23/07 = DStR 2008, 1652 (1653); GroßkommAktG/*Schmidt* § 246 Rn. 43; MüKoAktG/*Hüffer/Schäfer* § 246 Rn. 10; aA *Goslar/von der Linden* WM 2009, 492 (498 f.); *Tielmann* WM 2007, 1686 (1688).
[185] GroßkommAktG/*Schmidt* § 246 Rn. 43; MüKoAktG/*Hüffer/Schäfer* § 246 Rn. 9.
[186] RGZ 164, 129 (131); 93, 31 (32); BGH AG 1999, 267; 1993, 514 (515); OLG Schleswig AG 1993, 431 (432).
[187] *Tielmann* WM 2007, 1686 (1688).
[188] BGH NJW-RR 1993, 1253 (1254); OLG Schleswig AG 1993, 431 (432).
[189] GroßkommAktG/*Schmidt* § 246 Rn. 46; MüKoAktG/*Hüffer/Schäfer* § 246 Rn. 8.
[190] Spindler/Stilz/*Würthwein* AktG § 243 Rn. 209.
[191] Nach anderer Ansicht hat in diesem Fall eine Kausalitätsprüfung zu erfolgen, vgl. Schmidt/Lutter/*Schwab* § 243 Rn. 34.
[192] Hüffer/Koch/*Koch* AktG § 243 Rn. 61.
[193] Zur Frage ob der Verfahrensfehler kausal oder relevant sein muss → § 37 Rn. 58.
[194] Schmidt/Lutter/*Schwab* § 243 Rn. 43.
[195] Vgl. Spindler/Stilz/*Würthwein* AktG § 243 Rn. 264.

Sofern der Kläger darlegen und beweisen kann, dass Informationsrechte verletzt wurden,[196] liegt immer eine relevante Informationsrechtsverletzung vor.[197] Es verbleibt der Gesellschaft, rechtfertigende Umstände zu beweisen, zB eine Berechtigung der Gesellschaft zur Auskunftsverweigerung gemäß § 131 Abs. 3.[198]

b) Inhaltsmängel. Inwieweit bei inhaltlichen Mängeln von Hauptversammlungsbeschlüssen Darlegungs- und Beweiserleichterungen eintreten, ist im Hinblick auf die noch unklare Reichweite der materiellen Beschlusskontrolle kaum in eine allgemeine Formel zu fassen. Soweit sich die beklagte Gesellschaft darauf beruft, eine an sich tatbestandsmäßige materielle Verletzung von Mitgliedschaftsrechten des Aktionärs sei aufgrund einer besonderen Rechtfertigung nicht gegeben, wird sie im Regelfall die Tatsachen darzulegen und zu beweisen haben, aus denen sie diese Rechtfertigung folgert.[199] In diesem Sinne ist allgemein anerkannt, dass die Gesellschaft im Falle der Anfechtung eines Bezugsrechtsausschlusses die diesen rechtfertigenden Tatsachen darlegen und beweisen muss.[200] In gleicher Weise muss die Gesellschaft – was sich allerdings schon aus dem Wortlaut des § 243 Abs. 2 S. 2 AktG ergibt – im Falle der Verfolgung von Sondervorteilen die Tatsachen darlegen und beweisen, die ihres Erachtens für die Angemessenheit der gewährten Gegenleistung sprechen.[201] **136**

3. Anerkenntnis und Prozessvergleich

Die weitreichenden Urteilswirkungen eines Urteils im Anfechtungsprozess[202] haben Auswirkungen auf die Dispositionsbefugnis der Parteien über den Streitgegenstand. **137**

a) Anerkenntnis. Die beklagte Gesellschaft kann in jeder Lage des Verfahrens den Klageanspruch anerkennen.[203] Das ergibt sich schon aus dem reinen Wortlaut des Gesetzes, das eine Einschränkung der Möglichkeit des Anerkenntnisses für den Fall der Anfechtungsklage nicht vorsieht. Aber auch die Gestaltungswirkung des Urteils im Anfechtungsprozess steht einem Anerkenntnis nicht entgegen, da ein Aktionär der Gesellschaft, gegen den das Anerkenntnisurteil gemäß § 248 Abs. 1 AktG wirken würde, dem Rechtsstreit auf Seiten der Beklagten als streitgenössischer Nebenintervenient (§§ 69, 61 ZPO) beitreten kann. Schließt sich ein solcher Nebenintervenient dem Anerkenntnis der Gesellschaft nicht an, so ist diesem der Boden entzogen und ein Anerkenntnisurteil unzulässig.[204] Andernfalls ergeht auf Antrag des Klägers nach § 307 Abs. 1 ZPO ein Anerkenntnisurteil, durch das der Klage stattgegeben wird. **138**

b) Prozessvergleich. Ein Prozessvergleich, durch den der angefochtene Beschluss aufgehoben oder geändert bzw. als aufgehoben oder geändert angesehen wird, ist unzulässig, da es alleine Sache der Hauptversammlung ist, über die Änderung oder Aufhebung von Beschlüssen zu entscheiden.[205] Prozessvergleiche, die den angefochtenen Beschluss nicht berühren, sind demgegenüber zulässig; dies gilt insbesondere für einen Vergleich, durch den sich der Kläger zur Klagerücknahme verpflichtet. Eine von der Gesellschaft im Rahmen des Vergleiches zu bewirkende Gegenleistung ist allerdings an § 57 AktG zu messen. **139**

---

[196] Sofern man nicht im Zusammenhang mit dem Prinzip der Tatsachennähe eine Beweislastumkehr annimmt. Vgl. dazu Hüffer/Koch/*Koch* AktG § 243 Rn. 62; Spindler/Stilz/*Würthwein* AktG § 243 Rn. 246.
[197] Schmidt/Lutter/*Schwab* § 243 Rn. 34.
[198] Spindler/Stilz/*Würthwein* AktG § 243 Rn. 251.
[199] Spindler/Stilz/*Würthwein* AktG § 243 Rn. 273.
[200] BGHZ 71, 40 (48) – Kali + Salz; dazu GroßkommAktG/*Schmidt* § 246 Rn. 82.
[201] Hüffer/Koch/*Koch* § 243 Rn. 65.
[202] Dazu → § 37 Rn. 142 ff.
[203] MHdB GesR IV/*Austmann* § 42 Rn. 120; KölnKommAktG/*Noack/Zetzsche* § 246 Rn. 170; MüKoAktG/*Hüffer/Schäfer* § 246 Rn. 29; aA Spindler/Stilz/*Dörr* AktG § 246 Rn. 51; GroßkommAktG/*Schmidt* § 246 Rn. 78; offengelassen durch BGH NJW-RR 1993, 1253 (1254).
[204] OLG Schleswig AG 1993, 431 (432).
[205] GroßkommAktG/*Schmidt* § 246 Rn. 74; MüKoAktG/*Hüffer/Schäfer* § 246 Rn. 30; Spindler/Stilz/*Dörr* AktG § 246 Rn. 50.

4. Neue Beschlüsse während des Rechtsstreits

140 Neben der bereits erörterten Bestätigung eines anfechtbaren Hauptversammlungsbeschlusses gemäß § 244 AktG[206] können auch die **Beschlussaufhebung** und die **Beschlusswiederholung** Konsequenzen für eine anhängige Anfechtungsklage haben.

141 a) **Beschlussaufhebung.** Wird der angefochtene Beschluss durch einen neuen Beschluss der Hauptversammlung aufgehoben, dürfte im Regelfall das Rechtsschutzbedürfnis des Klägers entfallen. Der Kläger kann einer Klageabweisung nur dadurch entgehen, dass er den Rechtsstreit gemäß § 91a ZPO in der Hauptsache für erledigt erklärt. Besteht das Rechtsschutzbedürfnis hingegen fort, so kann der Kläger seinen Klageantrag unverändert weiterverfolgen, da ein Hauptversammlungsbeschluss durch seine Aufhebung nur ex nunc beseitigt wird, während die Nichtigerklärung durch das Gericht ex nunc wirkt.[207]

142 b) **Beschlusswiederholung.** Fasst die Hauptversammlung unter Bezugnahme auf den angefochtenen Beschluss einen wiederholenden Beschluss, der in gleicher Weise wie der angefochtene Beschluss mangelhaft ist, so ist nach einer älteren Entscheidung des BGH[208] der zweite Beschluss, auch wenn er nicht angefochten wurde und nicht mehr angefochten werden kann, als nichtig zu behandeln, wenn die gegen den ersten Beschluss erhobene Anfechtungsklage durchgreift. Da diese Rechtsprechung in der Literatur recht umstritten ist, empfiehlt es sich gleichwohl, die bereits anhängige Klage auf den zweiten Beschluss zu erweitern. Fasst die Hauptversammlung hingegen einen inhaltlich identischen Beschluss, ohne dass der Mangel auch dem neuen Beschluss anhaftet, so entfällt das Rechtsschutzbedürfnis;[209] der Kläger muss zur Vermeidung einer kostenpflichtigen Abweisung der Anfechtungsklage die Hauptsache gemäß § 91a ZPO für erledigt erklären.

5. Konsequenzen der Klageerhebung für das Registerverfahren

143 a) **Spezialgesetzliche Registersperre.** Bei der Anmeldung eines Eingliederungsbeschlusses hat der Vorstand gemäß § 319 Abs. 5 S. 1 AktG zu erklären, dass eine Klage gegen die Wirksamkeit des Beschlusses nicht oder nicht fristgerecht erhoben bzw. rechtskräftig abgewiesen oder zurückgenommen ist; hierüber hat der Vorstand dem Registergericht auch nach der Anmeldung Mitteilung zu machen. Die Erhebung einer Anfechtungsklage vor der Eintragung des Beschlusses führt daher grundsätzlich für die Dauer des Verfahrens zu einer Registersperre. Freilich ist die Anfechtungsklage erst mit Zustellung erhoben (§ 253 Abs. 1 ZPO), so dass diese „automatische" Registersperre durch eine zügige Anmeldung unter Umständen verhindert werden kann. Ob vor diesem Hintergrund § 319 Abs. 5 S. 1 AktG ergänzend dahin ausgelegt werden sollte, dass der Vorstand auch zur Erklärung bzw. Mitteilung verpflichtet ist, wenn er Kenntnis von der Einreichung einer Anfechtungsklage hat, ist ungeklärt. Dem Kläger ist in kritischen Fällen zu empfehlen, sowohl das Registergericht als auch den Vorstand von der Einreichung der Klage zu unterrichten.

144 Ist eine Anfechtungsklage vor der Eintragung erhoben worden, so lässt sich die Registersperre nur dadurch überwinden, dass das angerufene Landgericht gemäß § 319 Abs. 6 S. 1 AktG auf Antrag der beklagten Gesellschaft durch Beschluss feststellt, dass die Erhebung der Anfechtungsklage der Eintragung nicht entgegensteht.[210] Dieser Beschluss ergeht gemäß § 319 Abs. 6 S. 3 AktG (in Abgrenzung zur früheren Rechtslage nach § 319 Abs. 6 S. 2 AktG aF) zwingend, wenn einer der entsprechend abschließend aufgeführten Freigabetatbestände erfüllt ist.[211] Ein Antrag der beklagten Gesellschaft nach § 319 Abs. 6 S. 1 AktG wird zweckmäßigerweise gleich in der Klageerwiderung gestellt. Inhaltsgleiche Bestimmungen

---

[206] → § 37 Rn. 78 ff.
[207] → § 38 Rn. 40.
[208] BGHZ 21, 354 (358); aA GroßkommAktG/*Schmidt* § 246 Rn. 86; Hüffer/Koch/*Koch* § 244 Rn. 4; Spindler/Stilz/*Würthwein* AktG § 244 Rn. 15.
[209] BGHZ 21, 354 (356).
[210] Spindler/Stilz/*Singhof* AktG § 319 Rn. 21.
[211] Spindler/Stilz/*Singhof* AktG § 319 Rn. 22.

finden sich für Umwandlungsbeschlüsse in §§ 16 Abs. 2 und 3 UmwG und in den entsprechenden Verweisungsnormen des UmwG.

b) Allgemeine Regelung. Außerhalb ausdrücklicher gesetzlicher Anordnung hat weder die Anfechtbarkeit eines Beschlusses noch die Erhebung einer Anfechtungsklage eo ipso eine Registersperre zur Folge.[212] Das Registergericht kann die Eintragung bis zum Ablauf der Anfechtungsfrist bzw. bis zur rechtskräftigen Entscheidung über die Anfechtungsklage gemäß § 127 FGG aussetzen; es entscheidet nach pflichtgemäßem Ermessen aufgrund einer Abwägung des durch die Eintragung bzw. die Nichteintragung jeweils drohenden Schadens und auch unter Berücksichtigung der Erfolgsaussichten der Anfechtung.[213]

Soweit sich die Anfechtungsklage gegen einen zum Handelsregister anzumeldenden Beschluss richtet, sollte der Kläger daher auf jeden Fall beim zuständigen Registergericht einen fürsorglichen Antrag auf Aussetzung der Eintragung stellen. Ergänzend kommt ein Antrag an das für die Anfechtungsklage zuständige Landgericht auf Erlass einer Einstweiligen Verfügung in Betracht, durch die dem Vorstand die Anmeldung des Beschlusses zur Eintragung in das Handelsregister untersagt wird.[214]

6. Bekanntmachungspflicht des Vorstands

Gemäß § 246 Abs. 4 AktG hat der Vorstand die Erhebung der Klage und den Termin zur mündlichen Verhandlung unverzüglich in den Gesellschaftsblättern bekanntzumachen. Diese Verpflichtung dient gleichermaßen der Unterrichtung der Öffentlichkeit (über die Möglichkeit einer Nichtigerklärung des Beschlusses) und der Interventionsberechtigten, die dadurch in die Lage versetzt werden, ihr Recht auszuüben.[215]

Klageerhebung und Anberaumung des Termins zur mündlichen Verhandlung fallen nur zusammen, wenn das Gericht sich für den frühen ersten Termin gemäß § 275 Abs. 1 ZPO entscheidet. Der Gesetzgeber hat es versäumt, § 246 Abs. 4 AktG der Einführung des schriftlichen Vorverfahrens (§ 276 ZPO) anzupassen. Mit Blick auf den Schutzzweck der Vorschrift wird die Bekanntmachung immer schon dann zu erfolgen haben, wenn die Klage zugestellt ist und das Gericht eine Anordnung gemäß §§ 272 Abs. 2, 275 f. ZPO getroffen hat.[216] Sicherheitshalber sollte der Vorstand die spätere Anberaumung eines Termins zur mündlichen Verhandlung ebenfalls bekanntmachen.[217]

VIII. Urteil und Urteilswirkung

1. Inhalt des Urteils

Wie § 248 Abs. 1 S. 1 AktG erkennen lässt, wird durch das Urteil im Anfechtungsprozess bei erfolgreicher Anfechtung der angefochtene Beschluss der Hauptversammlung für nichtig erklärt. Wohlgemerkt bedarf es der Erklärung für nichtig (im Gegensatz zur bloßen Feststellung der Nichtigkeit), da nur dies gemäß § 241 Nr. 5 AktG zur Nichtigkeit des anfechtbaren Beschlusses führt.

2. Urteilswirkung bei erfolgreicher Anfechtungsklage

Das Urteil, durch das der Anfechtungsklage stattgegeben wird, entfaltet mit seiner Rechtskraft Wirkungen sowohl materiell-rechtlicher Natur (Gestaltungswirkung) als auch in prozessualer Hinsicht (Bindungswirkung).

---

[212] BGH 122, 211 (222); BGH 112, 9 (16); GroßkommAktG/*Schmidt* § 246 Rn. 72; ausführlich zur Regelung des § 246a siehe → § 37 XI.
[213] Vgl. Hüffer/Koch/*Koch* AktG § 243 Rn. 54.
[214] GroßkommAktG/*Schmidt* § 246 Rn. 72.
[215] Schmidt/Lutter/*Schwab* § 246 Rn. 35; Spindler/Stilz/*Dörr* AktG § 246 Rn. 52.
[216] GroßkommAktG/*Schmidt* § 246 Rn. 50; MüKoAktG/*Hüffer/Schäfer* § 246 Rn. 77.
[217] Nach Auffassung von Spindler/Stilz/*Dörr* AktG § 246 Rn. 53 ist die Anordnung des schriftlichen Vorverfahrens bekanntzugeben. Die Bekanntmachung der späteren Terminbestimmung sei dann aber entbehrlich.

151 **a) Gestaltungswirkung.** Das Urteil mit dem in § 248 Abs. 1 AktG vorausgesetzten Tenor ist ein Gestaltungsurteil. Als solches verändert es mit seiner Rechtskraft die Rechtslage: ein trotz eines Gesetz- oder Satzungsverstoßes zunächst gültiger Beschluss der Hauptversammlung wird gemäß § 241 Nr. 5 AktG nichtig. Diese Gestaltung wirkt konsequenterweise und über den Wortlaut des § 248 Abs. 1 AktG hinaus für und gegen jedermann, so dass auch ein gesellschaftsfremder Dritter die Entscheidung für und gegen sich gelten lassen muss.[218]

152 Da der Beschluss nach § 241 Nr. 5 AktG nichtig ist, wenn er auf Anfechtungsklage durch Urteil für nichtig erklärt wird, tritt die Gestaltungswirkung rückwirkend vom Zeitpunkt der Beschlussfassung ein, und auch dies für und gegen jedermann.[219] Die Konsequenzen dieser Wirkung beurteilen sich nach allgemeinen Grundsätzen. Maßnahmen, die zur Ausführung des angefochtenen Beschlusses getroffen wurden, werden daher in ihrer Wirksamkeit nur beeinträchtigt, wenn der angefochtene Beschluss Wirksamkeitsvoraussetzung für die Maßnahme war. Ansonsten bleiben Ausführungsmaßnahmen wirksam, werden aber entweder selber rechtswidrig (Beispiel: die Zahlung einer Dividende verstößt nach Vernichtung des zugrundeliegenden Gewinnverwendungsbeschlusses gegen § 62 Abs. 1 AktG) oder verlieren ihre Rechtsgrundlage und sind daher rückabzuwickeln.[220] Anderes gilt nur bei ausdrücklicher gesetzlicher Anordnung, namentlich bei Strukturmaßnahmen nach dem UmwG (vgl. §§ 20 Abs. 2, 131 Abs. 2, 202 Abs. 3 UmwG), sowie bei sonstigen strukturändernden Beschlüssen nach den Grundsätzen über die fehlerhafte Gesellschaft.[221]

153 **b) Bindungswirkung.** Die prozessuale Bindungswirkung tritt gemäß § 248 Abs. 1 AktG gegenüber allen Aktionären sowie den Mitgliedern von Vorstand und Aufsichtsrat ein, auch wenn sie nicht Partei des Verfahrens waren. Eine erneute Anfechtungsklage dieser Personen mit gleichem Streitgegenstand (dh insbesondere gegen denselben Beschluss) ist daher unzulässig;[222] gleiches gilt für eine Klage mit dem Ziel, die Gültigkeit des aufgrund Anfechtung für nichtig erklärten Beschlusses feststellen zu lassen.[223] Klagt hingegen ein nicht zum Personenkreis des § 248 Abs. 1 AktG gehörender Dritter auf Nichtigerklärung bzw. Feststellung der Nichtigkeit des Beschlusses, so ist diese Klage im Hinblick auf § 248 Abs. 1 AktG nicht unzulässig, sondern unbegründet.

154 Die prozessuale Bindungswirkung hat zur Folge, dass in anderen Anfechtungsprozessen gegen denselben Beschluss, die noch nicht rechtskräftig entschieden sind, das Rechtsschutzbedürfnis des Klägers entfällt. Der Kläger muss daher die Hauptsache für erledigt erklären, andernfalls seine Klage als unzulässig abgewiesen wird. Einem solchen Antrag wird sich die beklagte Gesellschaft im Regelfall anschließen; tut sie es nicht, ist der (nunmehrigen) Klage auf Feststellung der Erledigung der Hauptsache stattzugeben. In die Kosten des Verfahrens wird sie also in jedem Fall verurteilt.

3. Urteilwirkung bei Zurückweisung der Klage

155 Da § 248 Abs. 1 AktG ein Urteil voraussetzt, das den angefochtenen Beschluss für nichtig erklärt, wirkt ein Urteil, durch das die Anfechtungsklage als unzulässig oder unbegründet abgewiesen wird, nur zwischen den Parteien des Verfahrens.[224] Die danach an sich zulässige Erhebung derselben Anfechtungsklage durch einen anderen Kläger ist wegen der Anfechtungsfrist des § 246 Abs. 1 AktG ein theoretischer Fall. Andere Anfechtungsprozesse gegen denselben Beschluss bleiben von dem Urteil unberührt.

4. Registerrechtliche Konsequenzen

156 Gemäß § 248 Abs. 1 S. 2 AktG hat der Vorstand das Urteil unverzüglich, dh ohne schuldhaftes Zögern, zum Handelsregister einzureichen. Die Vorschrift gilt nur für ein Urteil,

---

[218] RGZ 85, 311 (313); 80, 317 (323).
[219] GroßkommAktG/*Schmidt* § 248 Rn. 5; KölnKommAktG/*Noack/Zetzsche* § 248 Rn. 34; MüKoAktG/*Hüffer/Schäfer* § 248 Rn. 14 ff.
[220] Zu Einzelheiten MüKoAktG/*Hüffer/Schäfer* § 248 Rn. 20–24.
[221] Zu Einzelheiten vgl. GroßkommAktG/*Schmidt* § 248 Rn. 7 mwN.
[222] BGHZ 36, 365 (367); 34, 337 (339); BGH NJW 1989, 2133 (2134); 1989, 893 (894).
[223] MüKoAktG/*Hüffer/Schäfer* § 248 Rn. 26.
[224] GroßkommAktG/*Schmidt* § 248 Rn. 17; MHdB GesR IV/*Austmann* § 42 Rn. 126.

durch das der Anfechtungsklage stattgegeben wird („*das* Urteil" verweist auf Satz 1). Das Urteil ist vollständig einzureichen; Rubrum und Tenor genügen nicht.[225] Falls der Vorstand seiner Pflicht zur Einreichung nicht nachkommt, ist er durch die Festsetzung von Zwangsgeld (§ 14 HGB, §§ 132 ff. FGG) dazu anzuhalten. Die Adressaten eines solchen Registerzwangs sind die säumigen Mitglieder des Vorstands selbst, nicht jedoch die Gesellschaft. Gemäß § 248 Abs. 1 S. 3 und 4 AktG sind Urteile ferner einzutragen bzw. bekannt zu machen, soweit auch der angefochtene Beschluss eingetragen bzw. bekanntgemacht war. Beides erledigt das Registergericht von Amts wegen, § 19 Abs. 2 HRV.

Für satzungsändernde Beschlüsse besteht eine erweiterte Einreichungspflicht. Gemäß § 248 Abs. 2 AktG muss außerdem wie bei Satzungsänderungen der vollständige Wortlaut der unter Berücksichtigung des Urteils geltenden Satzung zusammen mit einer Notarbescheinigung eingereicht werden.

IX. Streitwert der Anfechtungsklage

Der Streitwert der Anfechtungsklage wird für jede Instanz vom zuständigen Gericht festgesetzt. Er ist maßgeblich für die Ermittlung der Gerichtsgebühren (§§ 11 Abs. 2, 12 Abs. 1 GKG) und der Anwaltsgebühren (§§ 7 Abs. 1, 8 BRAGO) sowie für die Bestimmung des Wertes des Beschwerdegegenstandes (Berufung) und der Beschwer (Revision).

1. Regelstreitwert

Nach der Leerformel des § 247 Abs. 1 S. 1 AktG bestimmt das Prozessgericht den Streitwert unter Berücksichtigung aller Umstände des einzelnen Falles, insbesondere der Bedeutung der Sache für die Parteien, nach billigem Ermessen. Die Bedeutung der Sache richtet sich nach dem Interesse des Klägers an der Vernichtung des Beschlusses und dem Interesse der beklagten Gesellschaft an seiner Aufrechterhaltung. Auf Seiten des Klägers wird dabei der Wert seines Aktienbesitzes im Regelfall die obergrenze bilden.[226] Für die beklagte Gesellschaft ist vorrangig der Vermögenswert der beschlossenen Maßnahme maßgeblich; wo ein solcher nicht besteht, kommt es auf die Bedeutung der Gesellschaft selbst an, für die das Grundkapital, die Bilanzsumme und andere betriebswirtschaftliche Parameter indizielle Wirkung haben.[227] Letzten Endes lassen sich allgemeine Aussagen hierzu kaum treffen; im konkreten Fall sollte die reiche Kasuistik[228] herangezogen werden, um Anhaltspunkte für die Bestimmung des Regelstreitwertes zu gewinnen.

Der Regelstreitwert ist gemäß § 247 Abs. 1 S. 2 AktG doppelt beschränkt auf ein Zehntel des Grundkapitals und in jedem Fall auf höchstens 500.000 EUR, soweit nicht die Bedeutung der Sache für den Kläger höher zu bewerten ist. Das wird regelmäßig nur der Fall sein, wenn der Wert der Aktien des Klägers mindestens diesen Betrag erreicht und durch den angefochtenen Beschluss rechtlich oder wirtschaftlich gefährdet ist.

Richtet sich die Anfechtungsklage gegen mehrere Beschlüsse, wird zunächst für jeden Antrag ein Teilstreitwert gebildet; diese Teilstreitwerte werden sodann gemäß § 5 ZPO addiert. Die Streitwertbegrenzung des § 247 Abs. 1 S. 2 AktG gilt jeweils nur für den einzelnen Antrag,[229] so dass der Gesamtstreitwert der Anfechtungsklage auch ohne besondere Bedeutung der Sache für den Kläger deutlich über 500.000 EUR liegen kann. Für Haupt- und Hilfsanträge gelten die allgemeinen Bestimmungen (§ 19 GKG).

2. Streitwertspaltung

Das Prozessgericht kann gemäß § 247 Abs. 2 AktG den Streitwert zugunsten einer Partei weiter herabsetzen. Diese Streitwertspaltung, die einseitig nur zugunsten der betreffenden

---
[225] MüKoAktG/*Hüffer/Schäfer* § 248 Rn. 29.
[226] OLG München AG 1962, 346 (347).
[227] OLG München AG 1962, 346 (347); OLG Hamburg AG 1964, 160; KG AG 1967, 360 (362).
[228] MüKoAktG/*Hüffer/Schäfer* § 247 Rn. 15; GroßkommAktG/*Schmidt* § 247 Rn. 17, jeweils mwN.
[229] OLG Frankfurt a. M. DB 1984, 869.

Partei wirkt, setzt voraus, dass die Belastung mit den Prozesskosten nach dem Regelstreitwert die wirtschaftliche Lage der Partei erheblich gefährden würde; das Kostenrisiko darf im konkreten Fall nicht mehr tragbar sein. Angesichts dessen dürfte als Begünstigter der Streitwertspaltung zur Zeit wohl nur der Kläger in Betracht kommen. Erforderlich ist demgemäß, dass eine vernünftige, an der Anfechtung ernsthaft interessierte Person in der finanziellen Lage des Klägers den Prozess ohne Streitwertherabsetzung nicht führen würde, weil die aus einer Auferlegung der Kosten resultierende Beeinträchtigung seines Einkommens und Vermögens in keinem Verhältnis zum angestrebten Prozesserfolg stünde.[230] Diese tatbestandlichen Voraussetzungen muss der Kläger wohlgemerkt nur glaubhaft machen; hierzu kann er sich gemäß § 294 ZPO aller geeigneten Beweismittel (zB Steuerbescheide) und insbesondere der eidesstattlichen Versicherung bedienen. Auf die Erfolgsaussichten der Anfechtungsklage kommt es grundsätzlich nicht an; offensichtliche Aussichtslosigkeit der Klage oder missbräuchlicher Ausübung des Anfechtungsrechtes rechtfertigen allerdings die Versagung der Streitwertspaltung.[231]

163 Wird die Streitwertspaltung vom Gericht gewährt, so hat das gemäß § 247 Abs. 2 AktG zur Folge, dass die Gebühren des Rechtsanwalts der begünstigten Partei nur auf Basis des reduzierten Streitwerts berechnet werden. Soweit die Verfahrenskosten der begünstigten Partei auferlegt bzw. von ihr übernommen werden, sind die gegnerischen Gebühren ebenfalls nur nach dem reduzierten Streitwert zu erstatten. Soweit die Verfahrenskosten der Gegenpartei auferlegt oder von dieser übernommen werden, kann hingegen der Rechtsanwalt der begünstigten Partei seine Gebühren vom Gegner auf der Basis des für diesen geltenden Streitwerts beitreiben.

164 Die Streitwertspaltung wird vom Prozessgericht gemäß § 247 Abs. 2 S. 1 AktG nur auf Antrag gewährt. Dieser Antrag ist gemäß § 247 Abs. 3 S. 2 AktG „vor der Verhandlung zur Hauptsache anzubringen." Der Antrag kann daher im Termin gestellt werden, doch muss dies vor der Stellung der Sachanträge geschehen.[232] Die bloße Aufnahme eines Antrages in die Klageschrift genügt nicht; sie begründet noch dazu die Gefahr, dass im Termin die Vorziehung des Antrages nach § 247 Abs. 3 AktG versäumt wird. Außerhalb der Hauptverhandlung kann der Antrag gemäß § 247 Abs. 3 S. 1 AktG nur zur Niederschrift der Geschäftsstelle des Prozessgerichts gestellt werden; ein bloßer schriftlicher Antrag an das Gericht genügt nicht. Zwar gestattet § 129a Abs. 1 ZPO die Antragstellung zur Niederschrift der Geschäftsstelle eines jeden Amtsgerichts, doch ist davon unbedingt abzuraten, weil gemäß § 129a Abs. 2 ZPO die Wirkung des Antrags erst mit Eingang des Protokolls beim Prozessgericht eintritt. Die Streitwertspaltung wirkt nur für die laufende Instanz.[233] Der Antrag nach § 247 Abs. 2 S. 1 AktG ist daher in jeder Instanz rechtzeitig erneut an das jeweilige Prozessgericht zu richten. Bei Änderung der tatsächlichen Verhältnisse kann die Streitwertspaltung bis zum Ende der Instanz aufgehoben oder modifiziert werden.

X. Missbrauch des Anfechtungsrechtes

165 Wie jedes Recht unterliegt auch das Anfechtungsrecht des Aktionärs dem Verbot missbräuchlicher Ausnutzung, das letzten Endes aus § 242 BGB herzuleiten ist. Das Missbrauchsverbot ist in der Praxis insbesondere für den sogenannten „räuberischen Kleinaktionär" relevant geworden, der Anfechtungsklagen nur mit dem Ziel erhebt, sie sich von der beklagten Gesellschaft abkaufen zu lassen.

1. Tatbestand

166 Nach ständiger Rechtsprechung handelt rechtsmissbräuchlich, wer mit einer Anfechtungsklage das Ziel verfolgt, die beklagte Gesellschaft in grob eigennütziger Weise zu einer

---

[230] MüKoAktG/*Hüffer/Schäfer* § 247 Rn. 24; GroßkommAktG/*Schmidt* § 247 Rn. 22.
[231] BGH AG 1991, 399; OLG Frankfurt a. M. AG 1990, 393.
[232] MüKoAktG/*Hüffer/Schäfer* § 247 Rn. 31; GroßkommAktG/*Schmidt* § 247 Rn. 24.
[233] BGH AG 1993, 85; OLG Karlsruhe AG 1992, 33.

Leistung zu veranlassen, auf die er keinen Anspruch hat und billigerweise auch nicht erheben kann.²³⁴ Dieses Verhalten des Aktionärs wird im Regelfall auf seiner Vorstellung beruhen, die Gesellschaft werde die Leistung in der Hoffnung erbringen, dadurch den Eintritt anfechtungsbedingter Nachteile zu vermeiden oder zumindest gering halten zu können. Aus diesem Grunde kommt es nicht darauf an, ob der Kläger mit seinen Forderungen aktiv an die Gesellschaft herantritt oder in der Erwartung handelt, diese werde sich früher oder später selbst an ihn wenden.²³⁵ Ebensowenig ist von Belang, ob der Kläger von Anfang an beabsichtigte, sich die Klage abkaufen zu lassen, oder ob er sich erst nach Klageerhebung dazu entschließt. Institutioneller Zweck der Anfechtungsklage ist die Rechtmäßigkeitskontrolle des Hauptversammlungsbeschlusses; wer von diesem Zweck auf die Verfolgung funktionsfremder, rechtlich zu missbilligender Sonderinteressen umschaltet, verliert sein Anfechtungsrecht.²³⁶

Sofern der Anfechtungskläger die missbräuchliche Motivierung seiner Anfechtungsklage nicht törichterweise durch die ausdrückliche Geltendmachung einer Gegenleistung für die Klagerücknahme selbst manifestiert, wird auf die Missbrauchsabsicht nur aufgrund von Indizien geschlossen werden können. Dazu gehören beispielsweise ein äußerst geringer Aktienbesitz,²³⁷ vor allem, wenn die Aktien erst kurz vor der Hauptversammlung erworben wurden, und die Vielzahl der vom Kläger bereits eingelegten erfolglosen Rechtsbehelfe.²³⁸ Allerdings reichen einzelne dieser Indizien für sich allein in der Regel noch nicht aus.²³⁹

Die Missbrauchsabsicht wird ferner dadurch indiziert, dass die von der Gesellschaft für die Klagerücknahme oder sonstige Streitbeilegung gewährte Gegenleistung in keinem nachvollziehbaren Verhältnis mehr zu dem Opfer (zB einer Vermögenseinbuße) steht, das der Kläger durch die Hinnahme des angefochtenen Beschlusses bringt,²⁴⁰ so dass sie vernünftigerweise nur durch den Lästigkeitswert der Klage motiviert sein kann. Wie diese Gegenleistung gestaltet bzw. getarnt wird (Aufwendungsersatz, Entgelt für vermeintliche oder tatsächliche Rechtsberatung, außergesellschaftliche Vorteile), spielt keine Rolle. Im Rahmen eines Vergleiches, in dem der Kläger sich zur Rücknahme der Klage verpflichtet, sind Zahlungen der Gesellschaft an den Kläger dann (und wohl nur dann) unbedenklich, wenn sie sich auf den Ersatz der Verfahrenskosten und der durch den angefochtenen Beschluss bereits eingetretenen Vermögensschäden beschränkt.²⁴¹

2. Prozessuale Konsequenzen

Die eigennützige Verfolgung von Sondervorteilen lässt nach herrschender Meinung die Anfechtungsbefugnis des Klägers entfallen, so dass die Anfechtungsklage nicht unzulässig, sondern unbegründet ist.²⁴²

3. Materiell-rechtliche Konsequenzen

Eine aufgrund missbräuchlicher Ausübung des Anfechtungsrechtes von der Gesellschaft an den Aktionär geleistete Zahlung verstößt gegen das Verbot des § 57 Abs. 1 AktG und ist

---

²³⁴ BGHZ 107, 296 (311) – Kochs-Adler; BGH NJW 1992, 569 (570); AG 1990, 259 (262); OLG Frankfurt a. M. AG 1999, 473 (474).
²³⁵ BGH AG 1990, 259 (262); OLG Frankfurt a. M. AG 1991, 206 (208).
²³⁶ BGH NJW 1992, 569 (571).
²³⁷ BGHZ 122, 211 (216); BGH AG 1992, 448 (449); NJW 1989, 2689 (2692).
²³⁸ OLG Frankfurt a. M. AG 1992, 271; OLG Stuttgart OLGReport Karlsruhe/Stuttgart, 2003, 4 (5 f.).
²³⁹ BGHZ 122, 211 (216); OLG Frankfurt a. M. AG 1992, 473 (474).
²⁴⁰ BGH NJW 1992, 569 (570); 1992, 2821 (2822).
²⁴¹ MüKoAktG/*Hüffer/Schäfer* § 245 Rn. 59; GroßkommAktG/*Schmidt* § 245 Rn. 57, wobei letzterer mit Blick auf die Befriedungsfunktion eines vereinbarten Ausgleichs auch eine etwas höhere Kompensation für grundsätzlich zulässig hält.
²⁴² BGHZ 122, 211 (216); BGH AG 1992, 448 (449); OLG Frankfurt a. M. AG 1996, 135 (136); OLG Frankfurt a. M. WM 1990, 2116 (2121). Für den Fall, dass zu demselben Beschluss Nichtigkeits- und Anfechtungsgründe geltend gemacht werden, gehen OLG Stuttgart OLGReport 2003, 4 (5 f.) und OLG Frankfurt a. M. AG 1992, 272 von einer Unzulässigkeit der Klage aus. Daraus folgert das OLG Stuttgart weiter, dass trotz der notwendigen Streitgenossenschaft ein Teilanerkenntnisurteil möglich ist, da die Zulässigkeit für jeden Streitgenossen isoliert zu prüfen sei; aA OLG Karlsruhe WM 1991, 1755 ff.; GroßkommAktG/*Schmidt* § 245 Rn. 75 f.

folglich nach § 62 Abs. 1 AktG an die Gesellschaft zurückzuzahlen.[243] Aus der Relation des verwendeten Mittels zu dem angestrebten Zweck unter gleichzeitigem Missbrauch der dem Aktionär vom Gesetz eingeräumten formalen Position folgt im Regelfall auch die Sittenwidrigkeit des Handelns des Klägers,[244] so dass er der Gesellschaft gemäß § 826 BGB zum Schadensersatz verpflichtet ist. Unter Umständen kommt daneben auch ein Schadensersatzanspruch aus § 823 Abs. 2 BGB iVm § 253 StGB bzw. § 266 StGB in Betracht.[245]

171 Der Anwalt, der mit der Durchführung einer im vorstehenden Sinne missbräuchlichen Anfechtungsklage beauftragt ist, läuft akute Gefahr, sich wegen Beihilfe zu den genannten Delikten strafbar zu machen. Vor allem aber riskiert er Schadensersatzansprüche der Gesellschaft nach §§ 826, 830 Abs. 2 BGB. Nach ständiger höchstrichterlicher Rechtsprechung handelt nämlich auch derjenige sittenwidrig, der seine Berufspflichten in einem Maße grob fahrlässig verletzt, dass sein Verhalten als bedenken- und gewissenlos zu bezeichnen ist.[246] Damit bedarf es im Hinblick auf den Missbrauchstatbestand nicht einmal eines bedingten Vorsatzes auf Seiten des Anwalts; grobe Fahrlässigkeit genügt. Besteht Anlass zu der Vermutung, dass der Mandant das Anfechtungsrecht aus eigensüchtigen Motiven missbraucht, handelt der Anwalt leichtfertig, wenn er sich nicht durch gezielte Rückfragen beim Mandanten Klarheit verschafft; erhält er keine befriedigende Auskunft, muss er das Mandat niederlegen.[247] Keinesfalls kann er die Angelegenheit, etwa im Vertrauen auf eine langjährige Mandatsbeziehung, einfach auf sich beruhen lassen. Angesichts des immensen Haftungsrisikos ist der Rechtsanwalt gut beraten, das Mandat gar nicht erst anzunehmen, wenn Indizien für eine Missbrauchsabsicht vorliegen.

XI. Freigabeverfahren nach § 246a AktG

172 Eine Möglichkeit der Einschränkung der missbräuchlichen Ausnutzung des Anfechtungsrechts regelt ferner die Vorschrift des § 246a AktG, die ein allgemeines Freigabeverfahren für bestimmte eintragungsbedürftige Hauptversammlungsbeschlüsse vorsieht.

173 Die Gesellschaft kann danach für den Fall, dass gegen einen Hauptversammlungsbeschluss über eine Maßnahme der Kapitalbeschaffung oder –herabsetzung (§§ 182–240 AktG) oder einen Unternehmensvertrag (§§ 291–307 AktG) Klage erhoben wird, beim zuständigen Prozessgericht die Feststellung beantragen, dass die Erhebung der Klage der Eintragung ins Handelsregister nicht entgegensteht und Mängel des Hauptversammlungsbeschlusses unter Berücksichtigung der Schwere der mit der Klage geltend gemachten Rechtsverletzungen zur Abwendung wesentlicher Nachteile für die antragstellende Gesellschaft und ihre Aktionäre vorrangig erscheint.[248] Dieses Verfahren kommt allerdings nur zur Anwendung, soweit nicht bereits vorrangig die Freigabeverfahren nach § 319 Abs. 6 AktG oder § 16 Abs. 3 UmwG anwendbar sind.

1. Regelungsgegenstand und Wirkungen des Freigabeverfahrens

174 Das Freigabeverfahren ist als spezielles Eilverfahren konzipiert, auf das die Regeln der ZPO Anwendung finden. Nach § 246a Abs. 1 AktG gelten die §§ 82, 83 Abs. 1 und § 84 ZPO für das Freigabeverfahren entsprechend. Danach erstreckt sich eine für das Anfechtungsverfahren erteilte Prozessvollmacht auch auf das Freigabeverfahren mit der Folge, dass Zustellungen im Freigabeverfahren an den Prozessbevollmächtigten des Klageverfahrens er-

---

[243] BGH NJW 1992, 2821.
[244] BGH NJW 1992, 2821 (2822); OLG Frankfurt a. M. BB 2007, 2362 ff.
[245] Hüffer/Koch/*Koch* AktG § 245 Rn. 30.
[246] BGH NJW 1992, 2821 (2822); 1991, 32; 1956, 1595.
[247] BGH NJW 1992, 2821 (2823).
[248] Der Anwendungsbereich des § 246a AktG bleibt nach dem Gesetz zur Umsetzung der Aktionärsrechterichtlinie („ARUG") unverändert und statuiert entgegen vielfachen Forderungen kein allgemeines Freigabeverfahren, vgl. *Waclawik* ZIP 2008, 1141 (1144 f.), der die Geltung des Freigabeverfahrens für alle eintragungsbedürftigen Beschlüsse sowie Nebenbeschlüsse fordert, die in einem engen sachlichen Zusammenhang mit dem eintragungsbedürftigen Beschluss stehen).

folgen können, auch wenn dieser vom Kläger nicht mit der Führung des Freigabeverfahrens beauftragt wurde. Damit kann einer Verzögerung des Freigabeverfahrens durch die Verwendung von Zustelladressen im Ausland entgegengewirkt werden.[249]

2. Beschlussvoraussetzungen nach § 243a Abs. 2 AktG

Der Erfolg des Freigabeantrags hängt von den Erfolgsaussichten der Klage und von der gerichtlichen Interessenabwägung ab. Eine Entscheidung des Prozessgerichts setzt allerdings nicht voraus, dass das Registergericht gemäß § 127 FGG die Eintragung ausgesetzt hat.[250]

a) **Unzulässigkeit oder offensichtliche Unbegründetheit der Klage (§ 246a Abs. 2 Nr. 1 AktG).** Nach § 243a Abs. 2 Nr. 1 AktG darf ein Freigabebeschluss unter anderem dann ergehen, wenn die Klage unzulässig oder offensichtlich unbegründet ist. Unzulässig kann die Klage etwa wegen fehlender Parteifähigkeit des Anfechtungsklägers sein, ferner in den Fällen des § 243 Abs. 3 Nr. 2 AktG oder des § 243 Abs. 4 S. 2 AktG wegen Vorrangs eines anderen Verfahrens. Die offensichtliche Unbegründetheit wird von der herrschenden Ansicht nach Eindeutigkeit der Sach- und Rechtslage beurteilt. Sie ist demnach immer dann gegeben, wenn eine andere Beurteilung unvertretbar erscheint.[251]

b) **Nachweis der Mindestbeteiligung (§ 246a Abs. 2 Nr. 2 AktG).** Das Gericht kann die Freigabe auch dann erteilen, wenn der Anfechtungskläger nicht innerhalb einer Woche nach Zustellung des Freigabeantrags durch Urkunden nachgewiesen hat, dass er seit Bekanntmachung der Einberufung einen Mindestanteilsbesitz von 100 EUR hält. Mit dieser Regelung wird verhindert, dass sich substantiierten Anfechtungsklagen zahlreiche Klagen von Kleinstaktionären ohne eigenständigen Vortrag anschließen und dadurch die Gerichte und ihre Geschäftsstellen in unnötiger Weise belasten. Darüber hinaus wird ausgeschlossen, dass der geringfügig beteiligte Aktionär die Eintragung und Durchführung wichtiger Hauptversammlungsbeschlüsse verhindern kann.[252] Der Aktionär, der den Mindestanteilsbesitz von 100 EUR nicht erreicht, ist damit nicht rechtlos gestellt, da ihm die Möglichkeit der Erhebung der Anfechtungsklage verbleibt. Ferner kann er trotz ergangenen Freigebebeschlusses seine Beschlussmängelklage auf Schadensersatz weiterführen und die Rechtmäßigkeit des Verwaltungshandelns auf diese Weise überprüfen lassen.[253]

Ein Schwellenwert von 100 EUR erscheint freilich als wenig effektiv; vereinzelt wird stattdessen eine Wertgrenze von 500–1.000 EUR gefordert, um es „Vermögenden Berufsklägern" zu erschweren, sich ein flächendeckendes Anfechtungsportfolio börsennotierter Aktien inlandsansässiger Gesellschaften zuzulegen.[254] Problematisch erscheint auch, dass sich der Kläger eine entsprechende Anzahl von Aktien im Wege der Wertpapierleihe verschaffen kann, um so den Schwellenwert zu überschreiten.[255] Da der Kläger gemäß § 246a Abs. 1 Nr. 2 AktG innerhalb einer Woche nach Zustellung des Antrags nachweisen muss, dass er seit Bekanntmachung der Einberufung einen anteiligen Betrag von mindestens 100 EUR hält, ist er nicht gezwungen, die Aktien auch für die Dauer des Freigabeverfahrens zu behalten, sondern kann diese unmittelbar nach der Erbringung des Nachweises wieder abstoßen. Dies würde nach dem Wortlaut des § 243 Abs. 2 Nr. 2 AktG nicht dazu führen, dass ein Freigabebeschluss gegen ihn ergehen kann, da der einmalige Nachweis binnen einer Woche nach Zustellung des Antrags ausreicht.

---

[249] RegBegr BR-Drs. 3/05, 63 f.
[250] RegBegr BR-Drs. 3/05, 65.
[251] OLG Düsseldorf AG 2004, 207 f.; OLG Frankfurt a. M. AG 1998, 428 (429); OLG Frankfurt a. M. AG 2003, 573 (574); OLG Frankfurt a. M. AG 2006, 249 (250); OLG Hamburg AG 2003, 441 (444); NZG 2005, 86 f.; OLG Hamm AG 1999, 422 ff.; OLG Hamm AG 2005, 361 ff.; OLG Karlsruhe ZIP 2007, 270 (271); OLG Stuttgart AG 2004, 105 (106); RegBergr BT-Drs. 15/5092, 29; Spindler/Stilz/*Dörr* AktG § 246a Rn. 21 ff.; DAV Handelsrechtsausschuss NZG 2005, 388 (393); Semler/Stengel/*Schwanna* UmwG § 16 Rn. 31.
[252] Vgl. *Waclawik* ZIP 2008, 1141 (1142); *Seibert* ZIP 2008, 906 (910).
[253] *Seibert* ZIP 2008, 906 (910).
[254] *Waclawik* ZIP 2008, 1141 (1143).
[255] Einen Schwellenwert aus diesem Grund ganz ablehnend: *Niemeier* ZIP 2008, 1148 (1149).

179 c) **Interessenabwägungsklausel (§ 246a Abs. 2 Nr. 3 AktG).** Nach der Interessenabwägungsklausel des § 246a Abs. 2 Nr. 3 AktG ist eine Abwägung zwischen den Interessen des Anfechtungsklägers einerseits und den wirtschaftlichen Nachteilen für die Gesellschaft und ihren anderen Aktionären andererseits durchzuführen.[256] Das Gericht muss also nicht die Interessen sämtlicher Minderheitsaktionäre gegen eine Freigabe abwägen, sondern nur die Interessen des einzelnen Anfechtungsklägers. Der Aktionär kann damit die Freigabe nur noch verhindern, wenn er schwere Rechtsverletzungen geltend machen kann, die eine sofortige Durchführung des Hauptversammlungsbeschlusses unerträglich erscheinen lassen. Dabei obliegt dem Anfechtungskläger die Darlegungslast für die besondere Schwere. Der schlicht rechtswidrige Hauptversammlungsbeschluss kann damit durch das Freigabeverfahren zur Eintragung ins Handelsregister gebracht werden.

180 Die Formulierung in Nr. 3 „nach freier Überzeugung des Gerichts" ist daher einschränkend zu verstehen, da sie sich nur auf den Vorgang der Nachteilsabwägung, nicht aber auf die Anwendung der Nr. 3 insgesamt bezieht. Kann der Kläger schwere Rechtsverletzungen geltend machen, ist eine Freigabe nach Nr. 3 auch dann nicht zulässig, wenn das Gericht von dem Überwiegen des Unternehmensinteresses an der Beschlusseintragung überzeugt ist.[257]

3. Durchführung des Eilverfahrens nach § 243a Abs. 3 AktG

181 § 246 Abs. 3 S. 4 AktG ermöglicht es der Gesellschaft, das Freigabeverfahren bereits vor Zustellung der Klage vorzubereiten, indem sie eine eingereichte Klage nach Ablauf der einmonatigen Anfechtungsfrist bereits vor Zustellung einsehen und sich von der Geschäftsstelle Auszüge und Abschriften erteilen lassen kann.

Zuständig für die Entscheidung über den Freigabeantrag ist das Prozessgericht, also die Kammer für Handelssachen des gemäß § 246 Abs. 3 S. 1 AktG für Anfechtungs- und Nichtigkeitsklage nach dem Gesellschaftssitz zuständigen Landgerichts. Das Gericht entscheidet gemäß § 246a Abs. 1 AktG durch Beschluss. In dringenden Fällen ist gemäß § 246a Abs. 3 S. 1 AktG eine mündliche Verhandlung entbehrlich. Die Tatsachen, welche dem Freigabeantrag zum Erfolg verhelfen sollen, sind gemäß § 246a Abs. 3 S. 2 AktG glaubhaft zu machen. Nach § 246a Abs. 3 S. 5 AktG wirkt die Feststellung der Bestandskraft der Eintragung für und gegen jedermann. Der Beschluss muss gemäß § 246a Abs. 3 S. 6 AktG drei Monate nach Antragstellung ergehen, Verzögerungen sind begründungspflichtig und bedürfen eines selbständigen Beschlusses.[258]

182 Der Beschluss kann mit der sofortigen Beschwerde angegriffen werden. Für die Zulassung der sofortigen Beschwerde zum OLG ist das Landgericht zuständig, das gemäß § 246a Abs. 3 S. 3 AktG die Zulässigkeit nur zur Klärung einer Rechtsfrage von grundsätzlicher Bedeutung annehmen kann. Damit wird das Feigabeverfahren für die überwiegenden Fälle auf eine Instanz beschränkt. Mit der Beschwerdeentscheidung ist der Rechtsweg erschöpft, die Rechtsbeschwerde ist gemäß § 246a Abs. 3 S. 4 AktG ausgeschlossen.

4. Schadensersatzpflicht nach § 243a Abs. 4 AktG

183 Die Gesellschaft ist gegenüber dem Antragsgegner gemäß § 246a Abs. 4 S. 1 AktG schadensersatzpflichtig, wenn der Hauptversammlungsbeschluss eingetragen wurde, die Eintragung auf einem Beschluss des Prozessgerichts beruht und die Anfechtungs- bzw. Nichtigkeitsklage sich nachträglich als begründet erweisen. Ein Verschulden ist nicht erforderlich, es genügt der Erfolg der Klage. Der zu ersetzende Schaden umfasst die vom Kläger des Hauptprozesses nutzlos aufgewandte Prozesskosten[259] sowie jeder andere auf die Eintragung rückführbare Vermögensschaden, insbesondere auch Verwässerungsschäden bei Kapi-

---

[256] Die Interessenabwägung ist mit dem Gesetz zur Umsetzung der Aktionärsrechterichtlinie („ARUG") wesentlich klarer und präziser gefasst worden und trifft nun eine unmissverständliche Aussage zur Art und Weise der Durchführung der Interessenabwägung.
[257] *Waclawik* ZIP 2008, 1141 (1144).
[258] Siehe dazu auch Hüffer/Koch/*Koch* AktG § 246a Rn. 25.
[259] RegBegr BR-Drs. 3/05, 58.

talerhöhung und Bezugsrechtsausschluss. Aufgrund der Beweisschwierigkeiten der Aktionäre ist eine Schadensschätzung gemäß § 87 ZPO, § 738 Abs. 2 BGB analog zulässig und geboten.²⁶⁰ Naturalrestitution ist gemäß § 246a Abs. 4 S. 2 AktG ausgeschlossen, soweit mit ihr die Durchführung des Hauptversammlungsbeschlusses rückgängig gemacht würde.²⁶¹

5. Verhältnis zur einstweiligen Verfügung

184 Das Freigabeverfahren verdrängt kraft Spezialität das Verfahren der einstweiligen Verfügung.²⁶² Dies gilt sowohl für eine einstweilige Verfügung im Zusammenhang mit der Eintragung von Hauptversammlungsbeschlüssen mit dem Ziel, gemäß § 127 FGG ausgesetzte oder tatsächlich unterbleibende Eintragungen vorzunehmen als auch für die Fälle, in denen ein Antrag von Aktionären mit dem Ziel gestellt wird, die Eintragung des Beschlusses zu untersagen. Ist noch kein Antrag nach § 246a AktG gestellt, kommt der Erlass einer einstweiligen Verfügung mit dem Ziel der Eintragsverhinderung in Betracht. Ein nachträglicher Freigabeantrag lässt den Verfügungsantrag jedoch unzulässig werden.²⁶³

XII. Einstweiliger Rechtsschutz

185 Einstweiliger Rechtsschutz gegen Hauptversammlungsbeschlüsse mit dem Ziel ihrer Nichtigerklärung ist wegen des Verbots der Vorwegnahme der Hauptsache ausgeschlossen.²⁶⁴ Demgegenüber kommt der Erlass einer Einstweiligen Verfügung gegen die Ausführung eines Hauptversammlungsbeschlusses unter den üblichen Voraussetzungen in Betracht,²⁶⁵ namentlich die Untersagung der Anmeldung eines Hauptversammlungsbeschlusses zur Eintragung in das Handelsregister.

XIII. Amtslöschung

186 Die Vernichtung eines rechtswidrigen Hauptversammlungsbeschlusses, der in das Handelsregister eingetragen wurde, kann gegebenenfalls auch durch das Betreiben der Amtslöschung gemäß § 144 Abs. 2 FGG herbeigeführt werden. Wird ein Hauptversammlungsbeschluß in diesem Verfahren gelöscht, so ist er gemäß § 241 Nr. 6 AktG nämlich unheilbar nichtig.

187 Gemäß §§ 142 Abs. 3, 141 Abs. 2 FGG kann ein in das Handelsregister eingetragener Beschluß nach den §§ 142, 143 FGG gelöscht werden, wenn er durch seinen Inhalt zwingende Vorschriften des Gesetzes verletzt und seine Beseitigung im öffentlichen Interesse erforderlich erscheint. Das Registergericht kann gemäß § 142 Abs. 1 FGG eine Eintragung, die bewirkt wurde, obgleich sie wegen Mangels einer wesentlichen Voraussetzung unzulässig war, von Amts wegen löschen. Beabsichtigt es dies, so benachrichtigt es gemäß § 142 Abs. 2 AktG mittels einer allgemein als Löschungsverfügung bezeichneten Verfügung die Beteiligten und setzt ihnen eine angemessene Frist zur Geltendmachung eines Widerspruches. Wird Widerspruch erhoben, so entscheidet gemäß §§ 142 Abs. 3, 141 Abs. 3 FGG das Registergericht; gegen die zurückweisende Entscheidung findet die sofortige Beschwerde statt. Wird Widerspruch nicht erhoben, oder wird die den Widerspruch zurückweisende Verfügung rechtskräftig, so darf gemäß §§ 142 Abs. 3, 141 Abs. 4 FGG die Löschung erfolgen.

---

²⁶⁰ Hüffer/Koch/*Koch* AktG § 246a Rn. 26.
²⁶¹ Kritisch hinsichtlich des ausreichenden Schutzes der berechtigten Interessen der Aktionäre: *Spindler* NZG 2005, 825 (830); *Veil* AG 2005, 567 (572 f.).
²⁶² Baumbach/Hueck/*Zöllner* Anh. § 47 Rn. 205; Hüffer/Koch/*Koch* AktG § 246a Rn. 27; aA Schmidt/Lutter/*Schwab* AktG Rn. 65.
²⁶³ Hüffer/Koch/*Koch* AktG § 246a Rn. 27.
²⁶⁴ OLG Frankfurt a. M. BB 1982, 274; OLG Celle GmbHR 1981, 264 (266); OLG Nürnberg BB 1971, 1478.
²⁶⁵ OLG Koblenz GmbHR 1992, 588; OLG Frankfurt a. M. BB 1982, 274; OLG Celle GmbHR 1981, 264 (265).

188 Die Amtslöschung kann jederzeit und von jedermann angeregt werden. Wer die Amtslöschung beim Handelsregister anregt, ist zwar nicht Verfahrenspartei und kann daher auch keinen Einfluß auf den Verfahrensgang nehmen, doch geht er dafür auch keinerlei Kostenrisiko ein. Die Amtslöschung ist damit zwar kein Ersatz für die Anfechtungsklage, wohl aber die letzte Zuflucht, wenn eine Anfechtungsklage nicht oder nicht mehr durchführbar ist.

§ 39 Nichtigkeitsklage

Übersicht

	Rn.
I. Zulässigkeit (Prozessuale Voraussetzungen)	1–6
1. Zuständigkeit	2
2. Verfahrensbeteiligte	3
3. Klageantrag	4/5
4. Rechtsschutzbedürfnis	6
II. Klagebefugnis für die Nichtigkeitsklage	7–9
III. Nichtigkeitsgrund	10–20
1. Nichtigkeitsgründe außerhalb von § 241 AktG	11
2. Nichtigkeitsgründe gemäß § 241 Nr. 1–6 AktG	12
a) Fehlerhafte Einberufung der Hauptversammlung (§ 241 Nr. 1 AktG)	12
b) Beurkundungsmängel (§ 241 Nr. 2 AktG)	13
c) Unvereinbarkeit mit dem Wesen der Aktiengesellschaft und Verletzung gläubigerschützender oder im öffentlichen Interesse stehender Vorschriften (§ 241 Nr. 3 AktG)	14/15
e) Inhaltssittenwidrigkeit (§ 241 Nr. 4 AktG)	16–18
f) Nichtigerklärung durch rechtskräftiges Urteil (§ 241 Nr. 5 AktG)	19
g) Amtslöschung nach § 144 Abs. 2 FGG (§ 241 Nr. 6 AktG)	20
IV. Heilung und Ausschluß der Nichtigkeit	21–31
1. Heilung	21–29
a) Heilung durch Eintragung, § 242 Abs. 1 AktG	22
b) Heilung durch Eintragung und Fristablauf, § 242 Abs. 2 AktG	23–27
c) Heilung durch Genehmigung, § 242 Abs. 2 S. 4 AktG	28
d) Heilungswirkung	29
2. Spezialgesetzlicher Ausschluß der Nichtigkeit	30/31
V. Weitere Aspekte des Verfahrens	32–40
1. Teilnichtigkeit	32
2. Klagefrist	33–35
3. Klageverbindung und Nebenintervention	36–38
4. Sonstige Verfahrensfragen	39/40
VI. Urteil und Urteilswirkung	41
VII. Freigabeverfahren	42
VIII. Streitwert der Nichtigkeitsklage	43
IX. Verhältnis der Nichtigkeitsklage zur Anfechtungsklage und zur allgemeinen Feststellungsklage	44–46
1. Anfechtungsklage	44
2. Allgemeine Feststellungsklage	45/46

Schrifttum: → § 38

1 Die Nichtigkeitsklage ist eine Feststellungsklage[1] mit dem Ziel, die Nichtigkeit des angegriffenen Hauptversammlungsbeschlusses gerichtlich festzustellen. Sie unterscheidet sich von der allgemeinen Feststellungsklage (§ 256 ZPO) dadurch, dass sie nur von den in § 249 Abs. 1 S. 1 AktG genannten Personen und nur gegen die Gesellschaft erhoben werden kann und den in § 249 Abs. 1 S. 1 AktG genannten Bestimmungen über die Anfechtungsklage unterliegt.[2]

---

[1] RGZ 170, 83 (87); BGHZ 32, 318 (322); KölnKommAktG/*Noack/Zetzsche* § 249 Rn. 3; MüKoAktG/*Hüffer/Schäfer* § 249 Rn. 4; aA (Gestaltungsklage) GroßkommAktG/*Schmidt* § 249 Rn. 3.
[2] Zum Verhältnis zwischen Nichtigkeitsklage und allgemeiner Feststellungsklage → Rn. 43.

I. Zulässigkeit (Prozessuale Voraussetzungen)

1. Zuständigkeit

2 Für die Zuständigkeit des Gerichts im Rahmen der Nichtigkeitsklage gelten aufgrund der Verweisung in § 249 Abs. 1 S. 1 AktG die gleichen Regeln wie bei der Anfechtungsklage. Sachlich und örtlich zuständig ist für die Nichtigkeitsklage gemäß § 249 Abs. 1 S. 1 iVm § 246 Abs. 3 AktG mithin das Landgericht am Sitz der Gesellschaft. Obgleich § 249 Abs. 1 S. 1 AktG in § 95 Abs. 2 GVG nicht genannt ist, ist auch die Nichtigkeitsklage eine Handelssache, so dass die Kammer für Handelssachen funktional zuständig ist.[3] Die Schiedsfähigkeit der Nichtigkeitsklage ist entsprechend den Ausführungen zur Anfechtungsklage im Grundsatz, aber unter den entsprechenden besonderen Bedingungen, zu bejahen.[4] Für weitere Einzelheiten zu dieser Frage und der Zuständigkeit des Gerichtes allgemein wird auf die Ausführungen zur Anfechtungsklage in → § 37 verwiesen.

2. Verfahrensbeteiligte

3 Für die Verfahrensbeteiligten und ihre Vertretung verweist § 249 Abs. 1 S. 1 AktG auf § 246 Abs. 2 AktG, so dass sich insoweit keine Besonderheiten gegenüber der Anfechtungsklage ergeben. Die Nichtigkeitsklage ist mithin gegen die Gesellschaft zu richten; deren Vertretung bestimmt sich gemäß § 249 Abs. 1 S. 1 iVm § 246 Abs. 2 AktG wie bei der Anfechtungsklage in Abhängigkeit von der Person des Klägers.[5]

3. Klageantrag

4 Da die Nichtigkeitsklage eine Feststellungsklage ist, geht der Klageantrag nicht dahin, den Hauptversammlungsbeschluss für nichtig zu erklären, sondern seine Nichtigkeit festzustellen. Für die sonstigen inhaltlichen Anforderungen an den Klageantrag gelten gegenüber der Anfechtungsklage keine Besonderheiten.

> **Formulierungsvorschlag für den Klageantrag einer Nichtigkeitsklage:**
>
> 5 „Es wird festgestellt, dass der Beschluss der Hauptversammlung der X AG vom [Datum] zu Punkt xx der Tagesordnung mit dem Wortlaut [Wortlaut des Beschlusses] nichtig ist."

4. Rechtsschutzbedürfnis

6 Auch für die Nichtigkeitsklage ist ungeschriebene Zulässigkeitsvoraussetzung das Rechtsschutzbedürfnis des Klägers; fehlt es, so ist die Klage durch Prozessurteil als unzulässig abzuweisen. Allerdings ist das Rechtsschutzbedürfnis des Klägers nicht identisch mit dem Feststellungsinteresse bei der allgemeinen Feststellungsklage (§ 256 ZPO). Wie bei der Anfechtungsklage wird persönliche Betroffenheit des Klägers durch den gerügten Beschlussmangel nicht vorausgesetzt. Das Rechtsschutzinteresse fehlt grundsätzlich, wenn die Feststellung der Nichtigkeit des angegriffenen Beschlusses die Sach- bzw. Rechtslage nicht (mehr) zu ändern vermag. Zu Einzelheiten vgl. die Ausführungen zur Anfechtungsklage in → § 37 Rn. 94.

II. Klagebefugnis für die Nichtigkeitsklage

7 Die Nichtigkeitsklage kann gemäß § 249 Abs. 1 S. 1 AktG nur von Aktionären, dem Vorstand oder einem Mitglied des Vorstandes oder des Aufsichtsrates erhoben werden. Treten

---

[3] MüKoAktG/*Hüffer/Schäfer* § 249 Rn. 20; GroßkommAktG/*Schmidt* § 249 Rn. 19.
[4] MüKoAktG/*Hüffer/Schäfer* § 249 Rn. 20; Spindler/Stilz/*Dörr* AktG § 249 Rn. 14.
[5] Zu Einzelheiten vgl. → § 37 Rn. 15 ff.

andere Personen als Kläger auf, führt dies nicht zwangsläufig zur Klageabweisung, da die Klage auch als allgemeine Feststellungsklage (§ 256 ZPO) zulässig sein kann, die grundsätzlich von jedermann erhoben werden kann. Die Zugehörigkeit zu dem in § 249 Abs. 1 S. 1 AktG genannten Personenkreis begründet damit keine Klagebefugnis, sondern definiert lediglich eine Voraussetzung für die sinngemäße Anwendung der Bestimmungen über die Anfechtungsklage. Das Vorliegen dieser Voraussetzung hat das Gericht daher von Amts wegen zu prüfen.[6] Da diese Schlußfolgerung nicht ganz unbestritten ist, tut der Kläger indessen gut daran, die Tatsachen vorzutragen, aus denen sich seine Zugehörigkeit zu dem Personenkreis des § 249 Abs. 1 S. 1 AktG ergibt.

Endet die Zugehörigkeit des Klägers zu dem in § 249 Abs. 1 S. 1 AktG genannten Personenkreis während des Prozesses, so kann der Kläger den Rechtsstreit im Wege der Klageänderung als allgemeine Feststellungsklage (§ 256 ZPO) fortführen, sofern deren Prozessvoraussetzungen vorliegen;[7] die erforderliche Klageänderung ist sachdienlich.[8] Wird der Kläger umgekehrt erst Mitglied des in § 249 Abs. 1 S. 1 AktG genannten Personenkreises, nachdem er die Klage erhoben hat, so wird diese Klage kraft Gesetzes von einer allgemeinen Feststellungsklage (§ 256 ZPO) zu einer Nichtigkeitsklage.[9] Der Kläger muss in diesem Fall den besonderen Anforderungen der nach § 249 Abs. 1 S. 1 AktG sinngemäß anzuwendenden Vorschriften über die Anfechtungsklage genügen; dazu gehört insbesondere die Nachholung der Zustellung der Klage an gemäß § 249 Abs. 1 S. 1 iVm § 246 Abs. 2 AktG hinzutretende Vertretungsorgane der Gesellschaft. Für die Aktionärseigenschaft gelten im Übrigen die Ausführungen zur Anfechtungsklage (vgl. → § 37 Rn. 29ff.) entsprechend.

Auch die Mitglieder des Vorstandes und des Aufsichtsrates können gemäß § 249 AktG auf Feststellung der Nichtigkeit des Hauptversammlungsbeschlusses klagen; dies gilt auch dann, wenn die weiteren Voraussetzungen des § 245 Nr. 5 AktG nicht vorliegen.[10] Im Übrigen bestehen keine Besonderheiten gegenüber der Anfechtungsklage.

III. Nichtigkeitsgrund

Die Nichtigkeitsgründe sind in § 241 AktG aufgeführt. Die Vorschrift definiert sieben spezielle Nichtigkeitsgründe (§ 241 Nr. 1–6 AktG; § 241 Nr. 3 AktG stellt zwei Nichtigkeitsgründe nebeneinander) und verweist im vorangehenden Halbsatz auf einzelne Vorschriften des Aktiengesetzes, die weitere Nichtigkeitsgründe statuieren. Aus der Formulierung des § 241 AktG ergibt sich, dass die in § 241 AktG in Bezug genommenen Nichtigkeitsgründe zusammen mit den in der Vorschrift selbst definierten Nichtigkeitsgründen abschließend sind; weitere Nichtigkeitsgründe gibt es mithin nicht.

1. Nichtigkeitsgründe außerhalb von § 241 AktG

Die in § 241 Abs. 1 S. 1 AktG durch Bezugnahme auf andere Vorschriften des Aktiengesetzes aufgeführten Nichtigkeitsgründe stehen im Zusammenhang mit Maßnahmen der Kapitalbeschaffung und Kapitalherabsetzung. Sie sollen daher hier nur in Gestalt des nachfolgenden Überblicks jeweils mit einem Verweis auf die detaillierte Darstellung in dem vorliegenden Werk veranschaulicht werden.

---

[6] KölnKommAktG/*Noack/Zetzsche* § 249 Rn. 13; MüKoAktG/*Hüffer/Schäfer* § 249 Rn. 10; GroßkommAktG/*Schmidt* § 249 Rn. 12; Spindler/Stilz/*Dörr* AktG § 249 Rn. 7.

[7] BGH AG 1999, 180 (181); MüKoAktG/*Hüffer/Schäfer* § 249 Rn. 10; differenzierend Hüffer/*Koch* AktG § 249 Rn. 6; aA GroßkommAktG/*Schmidt* § 249 Rn. 15; Spindler/Stilz/*Dörr* AktG § 249 Rn. 10 (Verlust der Aktionärseigenschaft während des Rechtsstreits unerheblich; Nichtigkeitsklage kann entsprechend § 265 ZPO fortgeführt werden). Die frühere hM vertrat demgegenüber noch, dass die Abweisung der Nichtigkeitsklage als nunmehr unzulässig erfolgen müsse, vgl. BGHZ 43, 261 (266).

[8] BGH AG 1999, 180 (181). Warum hier eine Klageänderung notwendig sein soll, ist nicht ganz nachvollziehbar, da der Klageantrag ja unverändert bleibt. Der BGH spricht aber ausdrücklich von einer (sachdienlichen) *Klageänderung*, so daß ein entsprechender Antrag zu stellen ist.

[9] KölnKommAktG/*Noack/Zetzsche* § 249 Rn. 16; MüKoAktG/*Hüffer/Schäfer* § 249 Rn. 12; Spindler/Stilz/*Dörr* AktG § 249 Rn. 9; aA GroßkommAktG/*Schmidt* § 249 Rn. 15 (Klageänderung gemäß § 263 ZPO).

[10] MüKoAktG/*Hüffer/Schäfer* § 249 Rn. 15; GroßkommAktG/*Schmidt* § 249 Rn. 16; Spindler/Stilz/*Dörr* AktG § 249 Rn. 11.

Vorschrift (AktG)	Nichtigkeitsgrund
§ 192 Abs. 4	Der Beschluss steht einem Beschluss über die bedingte Kapitalerhöhung entgegen.
§ 212	Der Beschluss steht dem Grundsatz entgegen, dass neue Aktien den Aktionären im Verhältnis ihrer Anteile am bisherigen Grundkapital zustehen.
§ 217 Abs. 2	Der Beschluss über die Erhöhung des Grundkapitals und der Beschluss über die Verwendung des Bilanzgewinns des letzten vor der Beschlussfassung über die Kapitalerhöhung abgelaufenen Geschäftsjahres sind nichtig, wenn der Beschluss über die Kapitalerhöhung nicht binnen drei Monaten nach der Beschlussfassung in das Handelsregister eingetragen worden sind.
§ 228 Abs. 2	Der Kapitalherabsetzungsbeschluss und der Kapitalerhöhungsbeschluss nach § 228 Abs. 1 AktG sind nichtig, wenn sie nicht binnen sechs Monaten nach der Beschlussfassung in das Handelsregister eingetragen worden sind.
§ 234 Abs. 3	Im Falle des § 234 Abs. 1 AktG sind der Beschluss über die Feststellung des Jahresabschlusses und der Kapitalherabsetzungsbeschluss nichtig, wenn der Beschluss über die Kapitalherabsetzung nicht binnen drei Monaten nach der Beschlussfassung in das Handelsregister eingetragen worden ist.
§ 235 Abs. 2	Im Falle des § 235 Abs. 1 AktG sind der Beschluss über die Feststellung des Jahresabschlusses sowie der Kapitalherabsetzungsbeschluss und der Kapitalerhöhungsbeschluss nichtig, wenn der Beschluss über die Kapitalherabsetzung nicht binnen drei Monaten nach der Beschlussfassung in das Handelsregister eingetragen worden ist.

2. Nichtigkeitsgründe gemäß § 241 Nr. 1–6 AktG

12   a) **Fehlerhafte Einberufung der Hauptversammlung (§ 241 Nr. 1 AktG).** Ein Hauptversammlungsbeschluss ist nichtig, wenn er in einer Hauptversammlung gefaßt wurde, die unter Verstoß gegen § 121 Abs. 2 und 3 oder 4 AktG einberufen war. Die mißglückte Formulierung besagt nicht etwa, dass eine fehlerhafte Einberufung nur schädlich ist, wenn sie gegen mehrere Formvorschriften zugleich verstößt. Zur Nichtigkeit führt vielmehr jeder der folgenden Einberufungsmängel:
- Es fehlt an jeder Einberufung überhaupt.
- Die Einberufung wurde von Unbefugten ausgesprochen. Einberufungsbefugt sind gemäß § 121 Abs. 2 AktG nur der Vorstand sowie Personen, die als Vorstand in das Handelsregister eingetragen sind, außerdem alle durch Gesetz oder Satzung zur Einberufung berechtigten Personen; zu Einzelheiten → § 26 Rn. 54 ff.
- Die Einberufung wurde weder in den Gesellschaftsblättern bekanntgemacht (§ 121 Abs. 4 S. 1 AktG), noch wurde die Hauptversammlung – unter der Voraussetzung, dass die Aktionäre der Gesellschaft bekannt sind – durch eingeschriebenen Brief an alle Aktionäre einberufen (§ 121 Abs. 4 S. 2 AktG); zu Einzelheiten → § 26 Rn. 58 ff.
- Die Einberufung wurde im Falle börsennotierter Gesellschaften, die nicht ausschließlich Namensaktion ausgegeben haben, zum Zeitpunkt der Bekanntmachung Medien zur Veröffentlichung zugeleitet, bei denen davon ausgegangen werden kann, dass sie die Information in der gesamten Europäischen Union verbreiten (§ 121 Abs. 4a AktG); zu Einzelheiten → § 26 Rn. 58 ff.
- Die Bekanntmachung bzw. die briefliche Einberufung hatte nicht den von § 121 Abs. 3 S. 2 AktG vorgeschriebenen Mindestinhalt (Firma und Sitz der Gesellschaft, Zeit und Ort der Hauptversammlung, Tagesordnung, Bedingungen der Teilnahme und Stimmrechtsaus-

übung sowie das Verfahren für die Stimmabgabe und schließlich die Internetseite der Gesellschaft, über die die Informationen nach § 124a AktG zugänglich sind); zu Einzelheiten → 26 Rn. 61 ff.

Ausnahmsweise führen diese Einberufungsmängel nicht zur Nichtigkeit der in der Hauptversammlung gefaßten Beschlüsse, wenn es sich um eine Vollversammlung handelt und kein Aktionär der Beschlussfassung widersprochen hat, da für diesen Fall § 121 Abs. 6 AktG von der Einhaltung der Vorschriften des § 121 Abs. 1–5 AktG dispensiert.

b) Beurkundungsmängel (§ 241 Nr. 2 AktG). Folgende Verstöße gegen § 130 Abs. 1, 2 und 4 AktG führen zur Nichtigkeit der betreffenden Beschlüsse: 13
- Die Hauptversammlung der börsennotierten Aktiengesellschaft wurde nicht durch notarielle Niederschrift beurkundet (§ 130 Abs. 1 S. 1); zu Einzelheiten → § 27 Rn. 110 ff.
- Die Hauptversammlung der nicht börsennotierten Aktiengesellschaft, die Beschlüsse gefaßt hat, für die eine Dreiviertel- oder größere Mehrheit gesetzlich vorgeschrieben ist, wurde nicht durch notarielle Niederschrift beurkundet (§ 130 Abs. 1 S. 3); zu Einzelheiten → § 27 Rn. 110 ff.
- Die Hauptversammlung der nicht börsennotierten Aktiengesellschaft wurde in allen anderen Fällen nicht wenigstens durch eine vom Vorsitzenden des Aufsichtsrats unterzeichnete Niederschrift beurkundet (§ 130 Abs. 1 S. 3 AktG); zu Einzelheiten → § 27 Rn. 110 ff. Es bedarf wohlgemerkt nur der Unterschrift des Aufsichtsratsvorsitzenden; er muss die Niederschrift nicht selbst verfaßt haben.[11]
- Die Niederschrift hat nicht den von § 130 Abs. 2 AktG vorgeschriebenen Mindestinhalt (Ort und Tag der Verhandlung, Name des Notars (soweit notarielle Beurkundung erforderlich), Art und Ergebnis der Abstimmung sowie Feststellung des Vorsitzenden über die Beschlussfassung; zu Einzelheiten → § 27 Rn. 120 ff.
- Die notarielle Niederschrift ist nicht vom Notar unterschrieben worden (§ 130 Abs. 4 AktG); zu Einzelheiten → § 27 Rn. 110 ff. Fehlt die Unterschrift des Vorsitzenden des Aufsichtsrats unter der Niederschrift nach § 130 Abs. 1 S. 3 AktG, führt dies ebenfalls zur Nichtigkeit der protokollierten Beschlüsse.

c) Unvereinbarkeit mit dem Wesen der Aktiengesellschaft und Verletzung gläubigerschützender oder im öffentlichen Interesse stehender Vorschriften (§ 241 Nr. 3 AktG). Diese Vorschrift beschreibt zusammen mit § 241 Nr. 4 AktG die zur Nichtigkeit führenden **Inhaltsmängel**. Die Abgrenzung der drei Tatbestandsvarianten ist im Schrifttum umstritten; wohl vorherrschend ist die Auffassung, die in der Verletzung von im öffentlichen Interesse stehenden Vorschriften den Grundtatbestand sieht, der durch die beiden übrigen Tatbestände lediglich konkretisiert wird.[12] Unabhängig von der Zuordnung zu einem der drei Tatbestände des § 241 Nr. 3 AktG lassen sich folgende wesentliche Fallgruppen identifizieren: 14
- **Änderung der Satzung unter Verstoß gegen § 23 Abs. 5 AktG.** Eine Satzungsänderung, die von den Vorschriften des Aktiengesetzes abweicht, ohne dass dies ausdrücklich zugelassen wäre, ist nach § 23 Abs. 5 AktG unzulässig. Ein solcher satzungsändernder Beschluss ist gemäß § 241 Abs. 3 AktG stets nichtig.[13] Dasselbe gilt im Falle einer Satzungsdurchbrechung mit dauernder Wirkung;[14] handelt es sich hingegen um einen Beschluss, durch den die Satzung nur ad hoc durchbrochen wird, so ist der Beschluss lediglich anfechtbar.[15]
- **Kompetenzüberschreitung der Hauptversammlung.** Ein Beschluss, durch den die Hauptversammlung die Kompetenzen anderer Organe usurpiert oder auf sonstige Weise mißachtet, ist nach ganz überwiegender Auffassung gemäß § 241 Nr. 3 AktG nichtig.[16] Als Beispiele wären zu nennen die unzulässige Erteilung von Weisungen an den Vorstand oder

---

[11] MüKoAktG/*Hüffer/Schäfer* § 241 Rn. 40.
[12] Zum Meinungsstand vgl. GroßkommAktG/*Schmidt* § 241 Rn. 54; MüKoAktG/*Hüffer/Schäfer* § 241 Rn. 48 ff.
[13] RGZ 49, 77 (79); 21, 148 (156); OLG Düsseldorf AG 1968, 19 (22).
[14] BGHZ 123, 15 (19).
[15] BGH AG 1994, 177 (179).
[16] GroßkommAktG/*Schmidt* § 241 Rn. 62; KölnKommAktG/*Noack/Zetzsche* § 241 Rn. 109, 117; MüKoAktG/*Hüffer/Schäfer* § 241 Rn. 62.

die Beschlussfassung über Maßnahmen der Geschäftsführung, ohne dass der Vorstand dies gemäß § 119 Abs. 2 AktG verlangt hätte.
- **Verstoß gegen die §§ 25 ff. MitbestG.** Eine Verletzung der Mitbestimmungsrechte der Arbeitnehmer, die in den §§ 25 ff. MitbestG niedergelegt sind, hat nach gefestigter Rechtsprechung die Nichtigkeit des betreffenden Hauptversammlungsbeschlusses zur Folge.[17]
- **Verstoß gegen gläubigerschützende Bestimmungen.** Diese Normen werden allgemein als besondere Ausprägung der im öffentlichen Interesse stehenden Normen angesehen, deren Verletzung nach § 241 Abs. 3 AktG zur Nichtigkeit führt. Wohlgemerkt genügt nicht, dass eine bestimmte Vorschrift neben anderen auch den Gläubigern zugute kommt; sie muss vielmehr schon nach dem Wortlaut des § 241 Nr. 3 AktG **ausschließlich oder überwiegend** zum Schutz der Gläubiger gegeben sein. Das trifft in erster Linie auf die Vorschriften über die **Kapitalerhaltung** (§§ 57, 59, 62 und 71 ff. AktG) zu.

15 Eine weitergehende Systematisierung erscheint nicht unproblematisch und würde den Rahmen des vorliegenden Werkes sprengen. Im konkreten Fall wird der mit der Prüfung der Erfolgsaussichten einer Nichtigkeitsklage beauftragte Rechtsanwalt die für den Inhalt des betreffenden Beschlusses maßgeblichen materiell-rechtlichen Vorschriften anhand geeigneter Literatur auf die Folgen eines Verstoßes zu überprüfen haben.

16 **e) Inhaltssittenwidrigkeit (§ 241 Nr. 4 AktG).** Ein Hauptversammlungsbeschluss, der durch seinen Inhalt gegen die guten Sitten verstößt, ist nichtig. Der Anwendungsbereich der Vorschrift ist sowohl durch den Prüfungsgegenstand (Inhalt des Beschlusses) als auch durch den Prüfungsmaßstab (gute Sitten) beschränkt.

17 Der Verstoß gegen die guten Sitten muss sich aus dem **Inhalt** des Beschlusses selbst ergeben. Die Art und Weise seines Zustandekommens spielen damit ebenso wenig eine Rolle wie die Beweggründe und Absichten der den Beschluss tragenden Aktionäre.[18] Von dieser Regel wird allerdings eine Ausnahme gemacht, wenn ein dem Wortlaut nach nicht zu beanstandender Beschluss auf die Schädigung von Personen abzielt, die kein Recht zur Anfechtung des Beschlusses haben.[19]

18 Des Weiteren kommt nur ein Verstoß gegen **außergesetzliche** Normen in Betracht, der – in Anlehnung an § 138 BGB – das „Anstandsgefühl aller billig und gerecht Denkenden" verletzt. Maßstab ist danach, dass der Beschluss auch ohne eine ausdrückliche gesetzliche Mißbilligung **schlechthin nicht hinnehmbar** ist. Daran fehlt es regelmäßig, wenn es im Ermessen des Geschädigten steht, die Nichtigkeitsfolge herbeizuführen. Demgemäß spielt das Tatbestandsmerkmal der Inhaltssittenwidrigkeit bei einer Schädigung von Aktionären der Gesellschaft keine Rolle, da diese auf ihr Recht zur Anfechtung eines Beschlusses verzichten können.[20] Praktische Bedeutung hat § 241 Nr. 4 AktG nur noch für die **Schädigung nichtanfechtungsberechtigter Personen**, und auch diese Bedeutung ist nicht groß, da eine Schädigung Dritter im Regelfall nicht auf Hauptversammlungsbeschlüssen, sondern auf Handlungen der Vertretungsorgane beruhen dürfte.

19 **f) Nichtigerklärung durch rechtskräftiges Urteil (§ 241 Nr. 5 AktG).** Diese Vorschrift dient lediglich der Klarstellung, dass das einer Anfechtungsklage stattgebende Urteil mit Eintritt seiner Rechtskraft den angegriffenen Beschluss ex tunc mit Wirkung für und gegen jedermann vernichtet (vgl. → § 37 Rn. 142 ff.).

20 **g) Amtslöschung nach § 144 Abs. 2 FGG (§ 241 Nr. 6 AktG).** Nichtig ist schließlich auch ein Beschluss, der gemäß § 144 Abs. 2 FGG auf Grund rechtskräftiger Entscheidung im Handelsregister als nichtig gelöscht worden ist.[21] Eine rechtskräftige Entscheidung in diesem Sinne liegt vor, wenn eine Löschungsverfügung des Registergerichtes erlassen wurde und Widerspruch nicht erhoben wurde oder die den Widerspruch zurückweisende Verfü-

---

[17] BGHZ 89, 48 (50); 83, 151 (153); 83, 106 (109); OLG Karlsruhe NJW 1980, 2137.
[18] RGZ 166, 129 (132); 131, 141 (145); BGHZ 101, 113 (116); 24, 119 (123); 15, 382 (385); 8, 348 (355).
[19] RGZ 161, 129 (144); BGHZ 15, 382 (385).
[20] GroßkommAktG/*Schmidt* § 241 Rn. 67; KölnKommAktG/*Noack/Zetzsche* § 241 Rn. 149; MüKoAktG/*Hüffer/Schäfer* § 241 Rn. 70.
[21] Zur Amtslöschung vgl. → § 37 Rn. 165 ff.

gung rechtskräftig geworden ist.²² Wird in einem solchen Fall die Eintragung eines Beschlusses im Handelsregister gelöscht, so ist er gemäß § 241 Nr. 6 AktG nichtig, auch wenn die materiellen Voraussetzungen der Löschung gemäß § 144 Abs. 2 FGG nicht vorliegen.

IV. Heilung und Ausschluß der Nichtigkeit

1. Heilung

§ 242 AktG sieht die Möglichkeit der Heilung bestimmter in der Vorschrift aufgeführter Nichtigkeitsgründe (und nur dieser) vor. Ob durch den Eintritt der Rechtsfolge des § 242 der zunächst nichtige Beschluss gültig wird oder die fortbestehende Nichtigkeit lediglich nicht mehr geltend gemacht werden kann, ist umstritten, für die Praxis aber bedeutungslos.²³

a) **Heilung durch Eintragung, § 242 Abs. 1 AktG.** Die gemäß § 241 Nr. 2 AktG aufgrund von **Beurkundungsmängeln**, dh fehlender oder fehlerhafter Beurkundung des Beschlusses eingetretene Nichtigkeit wird gemäß § 242 Abs. 1 AktG durch die Eintragung des Beschlusses in das Handelsregister geheilt. Die bloße Anmeldung zur Eintragung genügt nicht;²⁴ eine Bekanntmachung ist nicht erforderlich. Auf den Zeitpunkt der Eintragung kommt es nicht an.

b) **Heilung durch Eintragung und Fristablauf, § 242 Abs. 2 AktG.** Die durch fehlerhafte Einberufung der Hauptversammlung (§ 241 Nr. 1 AktG) oder inhaltliche Mängel (§ 241 Nr. 3 und 4 AktG) verursachte Nichtigkeit wird gemäß § 242 Abs. 2 AktG geheilt, wenn der Beschluss in das Handelsregister eingetragen wird und seit der Eintragung drei Jahre verstrichen sind, ohne dass zwischenzeitlich eine Klage auf Feststellung der Nichtigkeit rechtshängig gemacht wurde.

Wie die Anfechtungsfrist ist auch die Dreijahresfrist des § 242 Abs. 2 AktG keine prozessuale Frist, sondern eine materielle Ausschlussfrist, so dass die Bestimmungen der ZPO über Fristen nicht gelten. Namentlich die Wiedereinsetzung in den vorigen Stand (§§ 233–238 ZPO) ist daher ausgeschlossen. Für die Fristberechnung gelten nach allgemeiner Auffassung im Schrifttum die §§ 187 und 188 BGB; ob auch § 193 BGB anwendbar ist, ist umstritten.²⁵ Mangels einschlägiger Rechtsprechung empfiehlt es sich, die Frist nicht bis zum letzten Tage auszureizen.

Wie bei der Anfechtungsklage genügt gemäß § 167 ZPO zur Fristwahrung die Einreichung der Klage bei Gericht, wenn die Zustellung „demnächst" erfolgt.²⁶ Die Klageerhebung vor einem sachlich oder örtlich unzuständigen Gericht ist nach herrschender Meinung zur Fristwahrung ausreichend, jedenfalls sofern der Kläger den Verweisungsantrag gemäß § 281 Abs. 1 ZPO stellt. ²⁷ Die Stellung eines Antrags auf Prozesskostenhilfe genügt nach dem klaren Gesetzeswortlaut nicht; die teilweise abweichenden Ansichten im Schrifttum²⁸ können, mag auch manches für sie sprechen, keine Grundlage anwaltlicher Beratung sein.

Ob der Eintritt der Heilungswirkung gemäß § 242 Abs. 2 AktG auch durch die fristgerechte Erhebung einer Anfechtungsklage gehindert werden kann, ist umstritten.²⁹ Allgemein anerkannt ist, dass die Erhebung einer allgemeinen Feststellungsklage nach § 256 ZPO nicht geeignet ist.³⁰ Damit kann der Eintritt der Heilungswirkung des § 242 Abs. 2 AktG im

---

²² KölnKommAktG/*Noack/Zetzsche* § 241 Rn. 171 f.; MüKoAktG/*Hüffer/Schäfer* § 241 Rn. 84, Spindler/Stilz/*Würthwein* AktG § 241 Rn. 250.
²³ Zum Meinungsstand vgl. MüKoAktG/*Hüffer/Schäfer* § 242 Rn. 3.
²⁴ BGHZ 22, 101 (106); 11, 231 (246).
²⁵ Zum Meinungsstand vgl. MüKoAktG/*Hüffer/Schäfer* § 242 Rn. 7.
²⁶ BGH NJW 1989, 904 (905) zu § 270 Abs. 3 aF.
²⁷ BGHZ 97, 155 (161); 86, 313 (322); 34, 230 (234).
²⁸ MüKoAktG/*Hüffer/Schäfer* § 242 Rn. 10 mwN.
²⁹ Bejahend MüKoAktG/*Hüffer/Schäfer* § 242 Rn. 8; KölnKommAktG/*Noack/Zetzsche* § 242 Rn. 82; Spindler/Stilz/*Casper* AktG § 242 Rn. 8; ablehnend GroßkommAktG/*Schmidt* § 242 Rn. 12.
³⁰ MüKoAktG/*Hüffer/Schäfer* § 242 Rn. 8 mwN; GroßkommAktG/*Schmidt* § 242 Rn. 12; aA KölnKommAktG/*Noack/Zetzsche* § 242 Rn. 79.

Klagewege nur von dem in § 249 AktG genannten Personenkreis vereitelt werden. Dritten bleibt jedoch die Möglichkeit, beim Handelsregister die Amtslöschung gemäß § 144 Abs. 2 FGG anzuregen.

27 Ist fristgerecht eine Nichtigkeitsklage erhoben worden, so verlängert sich die Frist gemäß § 242 Abs. 2 S. 2 AktG bis zur rechtskräftigen Entscheidung oder anderweitigen Erledigung der Klage. Erledigung in diesem Sinne sind Rücknahme der Klage bzw. des Rechtsmittels, Prozessvergleich und Erklärung der Erledigung der Hauptsache. Bei übereinstimmender Erledigungserklärung endet die Unterbrechung mit Eingang der zweiten Erledigungserklärung bei Gericht,[31] bei einseitiger Erledigungserklärung erst mit Rechtskraft des darauf ergehenden Feststellungsurteils.

28 **c) Heilung durch Genehmigung, § 242 Abs. 2 S. 4 AktG.** Beruht die Nichtigkeit des Hauptversammlungsbeschlusses darauf, dass ein Aktionär bei der Ladung zur Hauptversammlung durch eingeschriebenen Brief (§ 121 Abs. 4 S. 2 AktG) übergangen wurde, so wird sie gemäß § 242 Abs. 2 S. 4 AktG geheilt, wenn der nicht geladene Aktionär den Beschluss genehmigt. Wie der Wortlaut der Vorschrift zeigt, kommt es nicht darauf an, warum die Ladung unterblieben ist; auch die durch bewußte Übergehung eines Aktionärs verursachte Nichtigkeit eines Beschlusses kann daher durch Genehmigung geheilt werden.[32] Eine Frist zur Erklärung der Genehmigung besteht nicht; umstritten ist, ob analog §§ 108 Abs. 2, 177 Abs. 2 BGB eine Fristsetzung zur Genehmigung mit der Fiktion endgültiger Verweigerung bei Nichterteilung zulässig ist.[33]

29 **d) Heilungswirkung.** Die Heilung der Nichtigkeit eines Hauptversammlungsbeschlusses nach § 242 AktG tritt mit Rückwirkung auf den Zeitpunkt der Beschlussfassung ein.[34] Sie wirkt nach herrschender Meinung für und gegen jedermann.[35] Der Eintritt der Heilungswirkung hindert jedoch gemäß § 242 Abs. 2 S. 3 AktG nicht die Amtslöschung nach § 144 Abs. 2 FGG. Die Nichtigkeit eines in das Handelsregister eingetragenen Beschlusses kann gegebenenfalls also auch nach Eintritt der Heilung noch herbeigeführt werden, indem beim Handelsregister die Amtslöschung angeregt wird.

2. Spezialgesetzlicher Ausschluß der Nichtigkeit

30 Der Ausschluß von Klagen gegen Beschlüsse im Rahmen von Strukturmaßnahmen nach dem UmwG gemäß §§ 14 Abs. 2, 32, 195 Abs. 2, 210 UmwG (zu Einzelheiten vgl. → § 37 Rn. 76 f.) gilt auch für die Nichtigkeitsklage. Wohlgemerkt ist die Nichtigkeitsklage nur ausgeschlossen, soweit sie auf die in den genannten Vorschriften beschriebene Begründung (Bemessung des Umtauschverhältnisses bzw. ordnungsgemäße Offerte der Abfindungsangebote) gestützt ist.

31 Demgegenüber gilt der Ausschluß der Anfechtungsklage nach § 318 Abs. 3 HGB (Hauptversammlungsbeschluss über die Bestellung eines Abschlußprüfers) und nach §§ 304 Abs. 3 S. 2, 305 Abs. 5 S. 1 AktG (Beschluss über Zustimmung zu Beherrschungs- bzw. Gewinnabführungsvertrag oder bestimmten Änderungen dieser Verträge) nach dem klaren Wortlaut dieser Vorschriften nicht für die Nichtigkeitsklage.

V. Weitere Aspekte des Verfahrens

1. Teilnichtigkeit

32 Die teilweise Nichtigkeit eines Hauptversammlungsbeschlusses wird wie bei der Anfechtungsklage gemäß § 139 BGB beurteilt.[36] Ist danach ein Teil eines Hauptversammlungsbeschlusses nichtig, so ergreift die Nichtigkeit den gesamten Beschluss, wenn nicht anzuneh-

---

[31] BGH AG 1999, 180 (181).
[32] MüKoAktG/*Hüffer*Schäfer § 242 Rn. 15; GroßkommAktG/*Schmidt* § 242 Rn. 18.
[33] Bejahend GroßkommAktG/*Schmidt* § 242 Rn. 19; verneinend MüKoAktG/*Hüffer*/*Schäfer* § 242 Rn. 16.
[34] GroßkommAktG/*Schmidt* § 242 Rn. 13; MüKoAktG/*Hüffer*/*Schäfer* § 242 Rn. 19.
[35] BGH AG 1984, 149 (150).
[36] RGZ 146, 385 (394); BGHZ 124, 111 (122); BGH NJW 1988, 1214; DStR 2015, 1819 (1822).

2. Klagefrist

§ 249 Abs. 1 S. 1 AktG verweist nicht auf § 246 Abs. 1 AktG, so dass die Nichtigkeitsklage anders als die Anfechtungsklage grundsätzlich nicht fristgebunden ist. Für Beschlüsse, die einer Heilung gemäß § 242 Abs. 2 AktG zugänglich sind, hat die Dreijahresfrist des § 242 Abs. 2 S. 1 AktG allerdings die Wirkung einer Klagefrist.

Ferner sind in diesem Zusammenhang die besonderen Bestimmungen für Strukturmaßnahmen nach dem Umwandlungsgesetz zu beachten. Gemäß § 14 Abs. 1 UmwG muss die Klage gegen die Wirksamkeit eines Verschmelzungsbeschlusses binnen eines Monats nach der Beschlussfassung erhoben werden. Diese Klagefrist gilt auch für die Spaltung (§ 125 S. 1 UmwG), die Vermögensübertragung (§§ 178 Abs. 1, 179 Abs. 1, 184 Abs. 1 UmwG) und den Formwechsel (§ 195 Abs. 1 UmwG). „Klage gegen die Wirksamkeit" ist auch die Nichtigkeitsklage, bei der die Feststellung der Nichtigkeit gemäß § 249 Abs. 1 S. 1 iVm § 248 Abs. 1 AktG mit Wirkung für und gegen alle Aktionäre sowie die Mitglieder der Verwaltung erfolgt.[37] Für eine allgemeine Feststellungsklage (die nur *inter partes* wirkt) gilt die Frist des § 14 Abs. 1 UmwG demgegenüber nicht.

Für die Klageerhebung, insbesondere die Frage der Rechtzeitigkeit, sowie für die Anforderungen an die Klagebegründung und die Zustellung der Klage gelten die Ausführungen zur Anfechtungsklage sinngemäß (vgl. → § 37 Rn. 105 ff.).

3. Klageverbindung und Nebenintervention

Gemäß § 249 Abs. 2 S. 1 AktG sind mehrere Nichtigkeitsklagen zur gleichzeitigen Verhandlung und Entscheidung zu verbinden. § 249 Abs. 2 S. 2 AktG stellt klar, dass auch Anfechtungsklagen und Nichtigkeitsklagen miteinander verbunden werden können. Beides gilt natürlich nur, wenn die Klagen denselben Hauptversammlungsbeschluss zum Gegenstand haben.

§ 249 Abs. 2 AktG ist die Konsequenz aus dem Umstand, dass Anfechtungsklage und Nichtigkeitsklage das gleiche Klageziel (Klärung der Nichtigkeit des angegriffenen Beschlusses) haben und gemäß § 248 Abs. 1 AktG für und gegen alle Aktionäre sowie die Mitglieder der Verwaltung wirken. Demgemäß kommt ein Teilurteil, dass nur über die Anfechtungs- oder die Nichtigkeitsklage entscheidet, nicht in Betracht.[38]

Für die Nebenintervention gelten die Ausführungen zur Anfechtungsklage sinngemäß (vgl. → § 37 Rn. 121 ff.).

4. Sonstige Verfahrensfragen

Für die Darlegungs- und Beweislast, das Anerkenntnis, den Prozessvergleich, die Beschlusswiederholung, die Konsequenzen der Nichtigkeitsklage für das Registerverfahren, den Streitgegenstand, den Streitwert und den Missbrauch der Nichtigkeitsklage gelten die Ausführungen zur Anfechtungsklage sinngemäß (vgl. → § 37 Rn. 21, 150 ff., 157 ff.). Abweichend von den dortigen Ausführungen vertritt das OLG Stuttgart die Auffassung, dass die missbräuchliche Erhebung einer Nichtigkeitsklage nicht nur die Unbegründetheit, sondern die Unzulässigkeit der Klage zur Folge hat, weil nicht lediglich ein Gestaltungsrecht, sondern ein prozessuales Recht mißbraucht wird.[39]

Wie bei der Anfechtungsklage hat der Vorstand gemäß § 249 Abs. 1 S. 1 iVm § 246 Abs. 4 AktG die Erhebung der Nichtigkeitsklage und den Termin zur mündlichen Verhandlung unverzüglich in den Gesellschaftsblättern bekanntzumachen. Zu Einzelheiten vgl. → § 37 Rn. 139 f.

---

[37] RegBegr. BT-Drs. 12/6699, 87; MüKoAktG/*Hüffer/Schäfer* § 249 Rn. 29; MHdB GesR IV/*Austmann* § 42 Rn. 142.
[38] BGH NJW 1999, 1638.
[39] OLG Stuttgart OLGReport Karlsruhe/Stuttgart 2003, 4 (5); DB 2001, 321 (322).

VI. Urteil und Urteilswirkung

41 Die Wirkungen des Urteils in einem Nichtigkeitsprozess bestimmen sich gemäß § 249 Abs. 1 S. 1 unter sinngemäßer Anwendung des § 248 AktG. Hierbei ist allerdings zu berücksichtigen, dass die Nichtigkeitsklage eine Feststellungsklage ist; das Urteil ist – anders als das Urteil im Anfechtungsprozess – folglich kein Gestaltungsurteil. Auch als Feststellungsurteil wirkt es aber gemäß § 248 Abs. 1 S. 1 AktG für und gegen alle Aktionäre sowie die Mitglieder der Verwaltung. Allgemein anerkannt ist, dass das Urteil im Nichtigkeitsprozess konsequenterweise und über den Wortlaut des § 248 Abs. 1 AktG hinaus für und gegen jedermann wirkt, so dass auch ein gesellschaftsfremder Dritter die Entscheidung für und gegen sich gelten lassen muss.[40] Die Feststellungswirkung tritt – wie stets – rückwirkend vom Zeitpunkt der Beschlussfassung ein, und auch dies für und gegen jedermann. Zu weiteren Einzelheiten vgl. → § 37 Rn. 144. § 248 Abs. 1 AktG setzt ein Urteil voraus, das den angefochtenen Beschluss für nichtig erklärt, der Anfechtungsklage also stattgibt. Demgemäß tritt die Wirkung des § 248 Abs. 1 AktG auch bei der Nichtigkeitsklage nur für die erfolgreiche Klage ein. Wird die Klage abgewiesen, gelten die allgemeinen Grundsätze. Eine als unzulässig abgewiesene Klage darf folglich auch von demselben Kläger erneut erhoben werden. Die Abweisung der Klage als unbegründet wirkt nur zwischen den Prozessparteien, so dass jeder Dritte erneut auf Feststellung der Nichtigkeit des betreffenden Beschlusses klagen kann.

VII. Freigabeverfahren

42 Das Freigabeverfahren nach § 246a AktG kann auch bei Erhebung der Nichtigkeitsklage gegen einen der in § 246a Abs. 1 AktG genannten Hauptversammlungsbeschlüsse beantragt werden.[41] Zu weiteren Einzelheiten vgl. → § 37 Rn. 7.

VIII. Streitwert der Nichtigkeitsklage

43 Für den Streitwert der Nichtigkeitsklage gelten gemäß § 249 Abs. 1 S. 1 iVm § 247 AktG die gleichen Bestimmungen wie für den Streitwert der Anfechtungsklage; zu Einzelheiten vgl. → § 37 Rn. 150 ff. Dies ist die Konsequenz aus der Identität des Klagezieles der beiden Klagen. Das Gericht darf bei der Ausübung seines billigen Ermessens im Rahmen der Streitwertbestimmung (§ 247 Abs. 1 S. 1 AktG) insbesondere nicht danach differenzieren, ob die Nichtigerklärung oder die Feststellung der Nichtigkeit beantragt wird.

IX. Verhältnis der Nichtigkeitsklage zur Anfechtungsklage und zur allgemeinen Feststellungsklage

1. Anfechtungsklage

44 Nach Rechtsprechung und herrschender Lehre verfolgen die Nichtigkeitsklage und die Anfechtungsklage **dasselbe materielle Ziel**, nämlich die richterliche Klärung der Nichtigkeit von Gesellschafterbeschlüssen mit Wirkung für und gegen jedermann.[42] Liegen die Zulässigkeitsvoraussetzungen sowohl der Nichtigkeitsklage als auch der Anfechtungsklage vor, so

---

[40] GroßkommAktG/*Schmid*t § 249 Rn. 31; KölnKommAktG/*Noack/Zetzsche* § 249 Rn. 51; MüKoAktG/*Hüffer/Schäfer* § 249 Rn. 25.

[41] Die entsprechende Anwendung des § 246a AktG wurde durch Art. 1 Nr. 25a UMAG in das AktG eingeführt und trägt dem Umstand Rechnung, dass die Rechtsschutzziele von Anfechtungs- und Nichtigkeitsklage übereinstimmen und das Prozessgericht daher verpflichtet ist, auf die Nichtigkeitsklage auch Anfechtungsgründe zu prüfen und umgekehrt, vgl. RegBegr BR-Drs. 3/05, 63; *Hüffer/Koch* AktG § 246 Rn. 15a.

[42] BGHZ 134, 364 (366) (unter Aufgabe der bisherigen Rechtsprechung); BGH NJW 1999, 1638; GroßkommAktG/*Schmidt* § 249 Rn. 4, 20; MüKoAktG/*Hüffer/Schäfer* § 246 Rn. 21; KölnKommAktG/*Noack/Zetzsche* § 246 Rn. 185.

ist es eine vom Gericht zu beantwortende, der revisionsgerichtlichen Entscheidung zugängliche **Rechtsfrage**, ob der Hauptversammlungsbeschluss **gemäß § 248 AktG für nichtig zu erklären** oder seine **Nichtigkeit gemäß § 249 AktG festzustellen** ist. Das hat folgende Konsequenzen:

- Die Kombination der Anträge auf Nichtigerklärung (Anfechtungsklage) und Feststellung der Nichtigkeit – vormals typischerweise im Wege von Haupt- und Hilfsantrag – ist nicht erforderlich. Auf einen Antrag auf Nichtigerklärung hin muss das Gericht gegebenenfalls auch die Nichtigkeit des Beschlusses feststellen und umgekehrt, sofern der Kläger den jeweiligen anspruchsbegründenden Sachverhalt vorgetragen hat. Für den Klägervertreter bedeutet das, dass er unabhängig vom Tenor seines Antrages stets sowohl alle Nichtigkeitsgründe als auch sämtliche Anfechtungsgründe in den Prozess einzuführen hat.
- Bei paralleler Erhebung von Anfechtungsklagen und Nichtigkeitsklagen durch mehrere Aktionäre ist ein **Teilurteil**, das sich auf den Nichtigkeitsantrag bzw. den Anfechtungsantrag beschränkt, unzulässig.[43]
- Wurde eine Anfechtungsklage rechtskräftig abgewiesen, so ist eine Nichtigkeitsklage des unterlegenen Klägers, die denselben Beschluss betrifft, unzulässig. Wurde einer Anfechtungsklage stattgegeben, kann wegen der Urteilswirkung für und gegen jedermann (§ 248 AktG) niemand mehr eine zulässige Nichtigkeitsklage gegen denselben Beschluss erheben.[44]

2. Allgemeine Feststellungsklage

Die Nichtigkeitsklage kann zulässig nur von den in § 249 Abs. 1 AktG genannten Personen erhoben werden. Da sie eine spezielle Form der allgemeinen Feststellungsklage (§ 256 ZPO) darstellt, folgt aus § 249 Abs. 1 AktG, dass eine **allgemeine Feststellungsklage** eines **Aktionärs** oder **Mitglieds der Verwaltung** mit dem Ziel der Feststellung der Nichtigkeit eines Hauptversammlungsbeschlusses **unzulässig** ist.[45] Eine wegen Verletzung des § 246 AktG unzulässige Nichtigkeitsklage kann daher nicht durch Umdeutung in eine allgemeine Feststellungsklage gerettet werden.[46] Die Geltendmachung der Nichtigkeit als **Einrede** in einem anderen Verfahren steht, wie § 249 Abs. 1 S. 2 AktG zeigt, **jedermann** offen.

Dritte, denen die Nichtigkeitsklage gemäß § 249 Abs. 1 AktG nicht eröffnet ist, können demgemäß die Feststellung der Nichtigkeit eines Hauptversammlungsbeschlusses im Wege der allgemeinen Feststellungsklage (§ 256 ZPO) betreiben. Allerdings bedarf es dazu insbesondere eines **rechtlichen Interesses** an der Feststellung der Nichtigkeit, das im Regelfall schwer zu begründen sein dürfte.

45

46

---

[43] BGH NJW 1999, 1638.
[44] Der jeweils umgekehrte Fall (Erhebung von Anfechtungsklagen nach rechtskräftiger Bescheidung einer Nichtigkeitsklage) ist wegen der Anfechtungsfrist des § 246 Abs. 1 AktG rein theoretischer Natur.
[45] BGHZ 70, 384 (388); OLG Düsseldorf AG 1968, 19 (22).
[46] BGHZ 70, 384 (388).

§ 40 Spruchverfahren

Übersicht

	Rn.
I. Grundlagen	1–10
1. Überblick	1–3
2. Gesetzliche Regelung	4–8
a) Verfahrensrecht	4–6
b) Materielles Recht	7/8
3. Bedeutung für die anwaltliche Beratung	9/10
II. Anwendungsbereich und Verfahrenseinleitung	11–32
1. Anwendungsbereich	11–14
a) Anwendungsfälle	11–13
b) Abgrenzung zur Anfechtungsklage	14
2. Antragsberechtigung, Antragsgegner und Antragsfrist	15–25
a) Allgemeines	15
b) Anwendungsfälle	16–23
c) Nachweis der Antragsberechtigung	24
d) Einfluss nachfolgender Umstrukturierungen auf das Verfahren	25
3. Antragstellung, zuständiges Gericht, Antragsbegründung	26–32
III. Verfahrensablauf	33–44
1. Bestellung des gemeinsamen Vertreters	33–35
a) Bestellung von Amts wegen gem. § 6 SpruchG	33/34
b) Bestellung auf Antrag gem §§ 6a–6c SpruchG	35
2. Mündliche Verhandlung	36–39
3. Sachverständiger Prüfer und Gerichtssachverständiger	40–44
IV. Verfahrensbeendigung und Rechtsmittel	45–53
1. Entscheidung durch Beschluss	45
2. Antragsrücknahme und Vergleich	46/47
3. Rechtsmittel	48–50
a) Beschwerde zum OLG	48
b) Rechtsbeschwerde zum BGH	49
4. „Inter-Omnes"-Wirkung und Publikation der Entscheidung	51–53
V. Gerichtliche und außergerichtliche Kosten	54–60
1. Gerichtsgebühren	54–56
2. Kosten des Sachverständigen	57
3. Anwaltskosten	58–60

Schrifttum: *Bilda,* Abfindungsansprüche bei vertragsüberlebenden Spruchverfahren, NZG 2005, 375; *ders.,* Zur Dauer der Spruchstellenverfahren, NZG 2000, 296; *Büchel,* Neuordnung des Spruchverfahrens, NZG 2003, 793; *Decher,* Wege zu einem praktikablen und rechtssicheren Spruchverfahren, in: FS Maier-Reimer (2010), S. 57; *Engel/Puszkajler,* Bewährung des Spruchgesetzes in der Praxis?, BB 2012, 1687; *Gude,* Zweifelsfragen bei der Beschwerde nach dem Spruchverfahrensgesetz, AG 2005, 233; *Hirte/Mock,* Beweislast abfindungsberechtigter Aktionäre beim vertragsüberlebenden Spruchverfahren, DB 2005, 1444; *Lieder,* Der Namensaktionär im gesellschaftsrechtlichen Spruchverfahren, NZG 2005, 159; *Linnerz,* Zu den Beteiligungs- und Rechtsschutzmöglichkeiten des Anteilseigners bei einer überhöhten Kompensation in Spruchverfahren, ZIP 2007, 662; *Lorenz,* Das Spruchverfahren – dickes Ende oder nur viel Lärm um nichts?, AG 2012, 284; AG 2000, 433; *Meilicke/Heidel,* Das neue Spruchverfahren in der gerichtlichen Praxis, DB 2003, 2267; *Meilicke/Lochner,* Zuständigkeit der Spruchgerichte nach EuGVVO, AG 2010, 23; *Nießen,* Die internationale Zuständigkeit im Spruchverfahren, NZG 2006, 441; *Preuß,* Auswirkungen der FGG-Reform auf das Spruchverfahren, NZG 2009, 961; *Puszkajler,* Verfahrensgegenstand und Rechte des gemeinsamen Vertreters im Spruchverfahren, Konzern 2006, 256; *ders.,* Diagnose und Therapie von aktienrechtlichen Spruchverfahren, ZIP 2003, 518; *Rezori,* Abwicklung von durchgeführten Spruchverfahren über Unternehmensverträge: Gläubiger des Ausgleichsergänzungsanspruches bei zwischenzeitlichem Wechsel des Aktionärskreises, NZG 2008, 812; *Riegger/Rieg,* Änderungen bei den Veröffentlichungspflichten nach Abschluss eines Spruchverfahrens durch das TUG, ZIP 2007, 1148; *Vetter,* Ausweitung des Spruchverfahrens, ZHR 2004 (168), 8; *Wasmann/Roßkopf,* Die Herausgabe von Unterlagen und der Geheimnisschutz im Spruchverfahren, DB 2003, 1776; *Wasmann/Mielke,* Der gemeinsame Vertreter nach § 6 SpruchG, WM 2005, 822; *Wenger/Kaserer/Hecker,* Konzernbildung und Ausschluss von Minderheiten im neuen Übernahmerecht, ZBB 2001, 317; *Weingärtner,* Eingeschränkte Rechte des gemeinsamen Vertreters der außenstehenden Aktionäre im Spruchverfahren, Konzern 2005, 694; *Winter/Nießen,* Anteilsermittlung und Beibringung im Spruchverfahren, NZG 2007, 13; *Wittgens,* Begründung des Antrags auf Einleitung eines Spruchverfahrens, NZG 2007, 853; *ders.,* Der gerichtliche Sachverständige im Spruchverfahren, AG 2007, 106.

I. Grundlagen

1. Überblick

Das Spruchverfahren ist ein **gerichtliches Verfahren „sui generis",** in dessen Anwendungsbereich der Gesetzgeber den dissentierenden Aktionär (Gesellschafter) auf den Grundsatz „Dulde und liquidiere" verweist. Überprüft werden nämlich nicht Rechtmäßigkeit und Bestand der zugrundeliegenden gesellschaftsrechtlichen (Umstrukturierungs-)Maßnahme, sondern (nur) die dem Gesellschafter hierfür gewährte bzw. zu gewährende Kompensation. Soweit der Zugang zum Spruchverfahren eröffnet ist, ist regelmäßig die Anfechtungsklage ausgeschlossen[1] und der Handelsregistervollzug des Beschlusses nicht gehindert. Die „klassischen" Anwendungsbereiche Umwandlungsrecht und Unternehmensvertragsrecht sind einerseits durch den Gesetzgeber (Squeeze-Out, Abschaffung von Mehrstimmrechten), andererseits durch die Rechtsprechung (Delisting, übertragende Auflösung) erweitert worden.

Es handelt sich verfahrensrechtlich im Prinzip um ein **Verfahren der Freiwilligen Gerichtsbarkeit vor der Kammer für Handelssachen** beim Landgericht, das allerdings zahlreiche prozessuale Besonderheiten aufweist, insbesondere eine weitgehende Einschränkung des Amtsermittlungsgrundsatzes und ein besonderes Kosten- und Gebührenrecht. Inhaltlich geht es praktisch ausschließlich um Fragen der Unternehmens- und Anteilsbewertung. Die Entscheidung des Gerichts im Spruchverfahren hat nach der gesetzlichen Regelung (§ 13 SpruchG) „inter-omnes-Wirkung", wirkt also nicht nur zugunsten der Antragsteller, sondern zugunsten aller von der Strukturmaßnahme nachteilig betroffenen Minderheitsgesellschafter.

Nach der Rechtsprechung des Bundesverfassungsgerichts erfordert es das Eigentumsgrundrecht aus Artikel 14 Abs. 1 GG, dass Minderheitsaktionäre, die gegen ihren Willen aus der Gesellschaft gedrängt werden, wirtschaftlich voll entschädigt werden.[2] **Bestandteil des verfassungsrechtlichen Schutzes der Minderheitsgesellschafter ist auch die gerichtliche Kontrolle der Höhe der Entschädigungen.**[3] Zwar muss von Verfassung wegen dieser Rechtsschutz nicht zwingend im Spruchverfahren gewährt werden,[4] aber dies ist typischerweise der Fall (→ Rn. 13 f.).

2. Gesetzliche Regelung

a) **Verfahrensrecht.** Die maßgebliche Verfahrensordnung ist das **Spruchverfahrensgesetz (SpruchG),** das als Artikel 1 des „Gesetzes zur Neuordnung des gesellschaftsrechtlichen Spruchverfahrens (Spruchverfahrensneuordnungsgesetz) vom 12.6.2003"[5] bekannt gemacht wurde und das am 1.9.2003 in Kraft getreten ist.[6] Daneben ist kraft Generalverweisung in § 17 Abs. 1 SpruchG das **FamFG**[7] **subsidiär anwendbar,** soweit nichts anderes bestimmt ist. Regelungen zum Anwendungsbereich (→ Rn. 11 ff.) des SpruchG und zu den im Verfahren

---

[1] Nicht dagegen die Nichtigkeitsklage.
[2] BVerfGE 100, 289 (303) = NJW 1999, 3769.
[3] BVerfG 23.8.2000, NJW 2001, 279 (280 f.) – MotoMeter.
[4] BVerfG (aaO).
[5] BGBl. 2003 I S. 838; Referentenentwurf mit Einführung von *Neye* NZG 2002, 23; Regierungsentwurf mit Einführung von *Neye* ZIP 2002, 2097.
[6] Art. 7 des Spruchverfahrensneuordnungsgesetzes mit Ausnahmen – vorgezogenes Inkrafttreten – für die organisationsrechtlichen Vorschriften.
[7] Das „Gesetz über das Verfahren in Familiensachen und in den Angelegenheiten der freiwilligen Gerichtsbarkeit (FamFG)" vom 17.12.2008 ist als Art. 1 des FGG-Reformgesetzes vom 22.12.2008, BGBl. 2008 I S. 2586, verabschiedet worden und am 1.9.2009 in Kraft getreten. Es löste das frühere FGG ab und bringt eine Reihe von Detailänderungen; von wesentlicher Bedeutung sind dabei vor allem die Änderungen im Beschwerderecht, Überblick bei *Preuß* ZIP 2009, 961 (964 ff.).

zu entscheidenden inhaltlichen Fragen sind aber auch bzw. ausschließlich in den gesellschaftsrechtlichen Gesetzen (AktG, UmwG) zu suchen.

5 Das Spruchverfahrensneuordnungsgesetz stellte im Jahre 2003 eine jedenfalls äußerlich umfassende Reform der zuvor im Wesentlichen in § 306 AktG (der durch Art. 2 Nr. 4 Spruchverfahrensneuordnungsgesetz aufgehoben wurde) normierten Materie dar. Der Gesetzgeber wollte hiermit der massiven Kritik am „alten" Spruchverfahren[8] und den überlangen Verfahrensdauern[9] Rechnung tragen. Hierzu wurde der Amtsermittlungsgrundsatz des FGG eingeschränkt (Verfahrensförderungspflichten der Beteiligten, Präklusionsvorschriften) und versucht, die Rolle von sachverständigen Prüfern und Sachverständigen anders zu gewichten.[10] Andererseits wurden weithin die bis dahin geltenden gesetzlichen Regelungen übernommen und der erreichte Stand der Rechtsprechung kodifiziert; auch die gerichtlichen Zuständigkeiten blieben unverändert. Vor diesem Hintergrund war von vornherein zweifelhaft, ob die Reformziele erreicht werden können;[11] nach fünfzehn Jahren mit dem neuen Recht muss die Frage eher verneint werden.[12] Das Bundesministerium der Justiz unf für Verbraucherschutz hat im Jahre 2014 eine Evaluierung des Spruchverfahrens durchgeführt.[13] Die eingegangene Stellungnahmen[14] sehen mehr oder weniger großen, weiteren Reformbedarf. Es bleibt abzuwarten, ob der Gesetzgeber in einer der kommenden Legislaturperioden eine solche Reform erneut in Angriff nehmen wird – wirklich vordringlich ist sie nicht.

> **Praxistipp:**
> Da das SpruchG in erheblichem Umfang an den Status Quo anknüpfte, ist die Rechtsprechung vor Inkrafttreten des Gesetzes häufig noch verwertbar. Stets ist aber zu prüfen, ob sich per 1.9.2003 Änderungen ergeben haben, die die Entscheidung überholt haben. Dasselbe gilt vor allem bei den Rechtsmitteln für die Auswirkungen des FGG-Reformgesetzes (→ Rn. 4 mit Fn. 7) per 1.9.2009.

6 Die auf den Stichtag 1.9.2003 bezogene Regelung des Übergangs vom alten zum neuen Recht knüpft an den Antrag auf Verfahrenseinleitung an. Auf vor diesem Zeitpunkt bereits beantragte Verfahren ist in der 1. Instanz noch das alte Recht anzuwenden, in der Beschwerdeinstanz allerdings ebenfalls das SpruchG, weil insoweit gesondert an die Einlegung der Beschwerde nach dem 1.9.2003 angeknüpft wird (§ 17 Abs. 2 SpruchG).[15] Für vor dem 1.9.2009 (Inkrafttreten des FamFG) eingeleitete Spruchverfahren gelten – auch in der

---

[8] Zum Reformbedarf und zu Reformansätzen siehe nur *Lutter/Bezzenberger* AG 2000, 433; *Bilda* NZG 2000, 296.
[9] Die 5–10 Jahre betrugen (vgl. *Wenger/Kaserer/Hecker* ZBB 2001, 333, 328 f. und Übersicht S. 333) und zu einer Verurteilung der Bundesrepublik Deutschland durch den EGMR geführt haben, Arrêt 20.2.2003 – 44.324/98 – Kind/Allemagne, hierzu *Meilicke/Heidel* BB 2003, 1805.
[10] Zu den Zielsetzungen des Gesetzes vgl. Amtliche Begründung des RegE, BT-Drs. 15/371, 11 f.
[11] Überzeugend insbes. *Puszkajler* ZIP 2003, 518, der aus seiner praktischen Erfahrung als zuständiger Richter die Probleme weniger in Defiziten der alten gesetzlichen Regelung als in Fragen der Materie sowie der Gerichtsorganisation und -verwaltung verortet und dessen noch im Gesetzgebungsstadium gemachten Vorschläge vom Gesetzgeber kaum aufgegriffen worden sind.
[12] Zur Frage künftigen Reformbedarfs vgl. *Engel/Puszkajler* BB 2012, 1687.
[13] BMJV: III A 1 – 3501/20 – 37 170/2014, Schreiben vom 17.4.2014.
[14] Deutsches Aktieninstitut: Evaluierung des Spruchverfahrens, Kommentar vom 6.8.2014, unter: http:// Deutsches Aktieninstitut: Evaluierung des Spruchverfahrens, Kommentar vom 6.8.2014, unter: https://www. dai.de/files/dai_usercontent/dokumente/positionspapiere/2014-08-06 %20Stellungnahme%20zur%20Evaluier ung%20des%20Spruchverfahrens%20-%20Deutsches%20Aktieninstitut.pdf, [aufgerufen am 16.1.2018]; Bundesrechtsanwaltskammer: Evaluierung des Spruchverfahrensgesetzes, Stellungnahme Nr. 33/2014, Juli 2014, unter: www.brak.de/zur-rechtspolitik/...pdf/.../juli/stellungnahme-der-brak-2014-33.pdf, [aufgerufen am 16.1.2018]; Deutscher Anwaltverein: Evaluierung des Spruchverfahrensgesetzes, Stellungnahme Nr.: 48/2014, Sept. 2014, unter: https://anwaltverein.de/de/newsroom/sn-48-14, [aufgerufen am 16.1.2018].
[15] Ausführlich und mit Lösungsvorschlägen zu den im Zusammenhang mit der Übergangsbestimmung denkbaren Problemen, *Wasmann* DB 2003, 1559; dabei geht es insbesondere um die Frage, wann frühestens eine Antragstellung bzw. Beschwerde nach neuem Recht zulässig war.

Rechtsmittelinstanz! – noch das FGG und das SpruchG in der bis dahin geltenden Fassung.[16]

b) Materielles Recht. Das im Spruchverfahren anzuwendende materielle Recht ist über 7 verschiedene gesellschaftsrechtliche Regelungen verstreut, im Wesentlichen aber ohnehin „**Richterrecht**". Die einschlägigen gesellschaftsrechtlichen Normen (zB § 305 AktG, § 29 UmwG) verlangen regelmäßig eine **angemessene Abfindung,** die auf einen Stichtag (Zeitpunkt der Beschlussfassung in der Hauptversammlung) zu berechnen und mit 2 % über dem Basiszinssatz zu verzinsen ist. Zur Bestimmung dessen, was angemessen ist, setzen sich die Gerichte intensiv mit den (betriebswirtschaftlichen) Fragen der Unternehmensbewertung auseinander.[17] In einem Akt echter Rechtsfortbildung hat schließlich im Jahre 1999 das Bundesverfassungsgericht entschieden, dass von Verfassungs wegen (Artikel 14 Abs. 1 Grundgesetz) den Minderheitsgesellschaftern nicht nur eine „angemessene", sondern stets eine „volle" Entschädigung zu bezahlen ist, die bei börsengehandelten Aktien mindestens dem im Börsenkurs zum Ausdruck kommenden Verkehrswert entspricht.[18]

Nur vereinzelt ergeben sich materiellrechtliche Fragen, die über Fragen der Unterneh- 8 mensbewertung hinaus gehen. Hierzu gehört beispielsweise die Frage der Anrechnung von Sonderdividenden auf Abfindungszinsen[19] oder die Frage der Verrechnung der Ausgleichszahlungen bei Wahl der Barabfindung mit den Abfindungszinsen.[20]

3. Bedeutung für die anwaltliche Beratung

Als Prozessvertreter kann der Anwalt den Antragsgegner (Gesellschaft bzw. Hauptaktio- 9 när) oder einen Antragsteller (Minderheitsaktionär) vertreten oder durch das Gericht als gemeinsamer Vertreter der außenstehenden Aktionäre bestellt werden. Quantitativ bei weitem überwiegend und praktisch von signifikanter Bedeutung ist vor allem die **Wahrnehmung der Interessen von Minderheitsaktionären.**

„Wahrnehmung der Interessen" bedeutet nicht zwangsläufig Prozessvertretung. Von grö- 10 ßerer Bedeutung ist in diesem Zusammenhang die **Vorfeldberatung,** bei der es darum geht, wie ein Aktionär mit bestimmten Situationen (die potenziell in ein Spruchverfahren münden können) umgehen soll. Der Bedarf für solche Beratung ist mit der Zahl der Aktionäre und der Ausdehnung der Anwendungsfälle von Spruchverfahren (sogleich → Rn. 11 ff.) gestiegen.

II. Anwendungsbereich und Verfahrenseinleitung

1. Anwendungsbereich

a) Anwendungsfälle. Die wichtigsten Anwendungsfälle des SpruchG sind in dessen § 1 11 aufgezählt:
- §§ 304 und 305 AktG (Ausgleich und Abfindung außenstehender Aktionäre bei Beherrschungs- und Gewinnabführungsverträgen);
- § 320b AktG (Abfindung ausgeschiedener Aktionäre bei Eingliederung);
- §§ 327a–327f AktG (Abfindung von Minderheitsaktionären bei Squeeze-Out);
- §§ 15, 34, 122h, 122i, 176–181, 184, 186, 196, 212 UmwG (Zuzahlung oder Barabfindung bei Umwandlungen);
- Zuzahlung oder Barabfindung bei Gründung oder Sitzverlegung einer SE (§§ 6, 7, 9, 11, 12 SEAG);
- Zuzahlung bei Gründung einer Europäischen Genossenschaft (§ 7 SCEAG).

Trotz der Enumerationstechnik des § 1 SpruchG ist die Norm **nicht abschließend.**[21] Aus 12 § 5 Abs. 5 EGAktG in der Neufassung durch Art. 3 des Spruchverfahrensneuordnungsgeset-

---

[16] BGH ZIP 2010, 446; OLG München ZIP 2010, 496.
[17] Hierzu ausführlich *Zitzelsberger* → § 20.
[18] Hierzu im Einzelnen *Zitzelsberger* → § 20 Rn. 3.
[19] BGH ZIP 2003, 1601.
[20] BGH ZIP 2002, 1892 – Rütgers AG.
[21] RegBegr. BT-Drs. 15/371, 12.

zes ergibt sich die Anwendbarkeit des SpruchG auf die Festlegung der Entschädigung bei Abschaffung oder Wegfall von Mehrstimmrechten.[22]

13 Weitere Anwendungsbereiche können sich auf Grund richterlicher Rechtsfortbildung ergeben. Zwar hatte das OLG Stuttgart in einem Beschluss vom 4.12.1996 eine analoge Anwendung der (alten) Spruchverfahrensregeln nicht für möglich gehalten.[23] Auf die gegen diese Entscheidung erhobene Verfassungsbeschwerde hin hatte das BVerfG jedoch entschieden,[24] dass eine solche Analogie prinzipiell möglich sei, es aber Sache der Zivilgerichte sei, ob sie hiervon Gebrauch machen wollten.[25] Im Anschluss hieran hatte der BGH zum Delisting zunächst entschieden, dass ein Hauptversammlungsbeschluss und ein Abfindungsangebot erforderlich sind und letzteres unter Anwendung der Spruchverfahrensregel zu überprüfen sei.[26] Obwohl das Bundesverfassungsgericht die Verfassungsmäßigkeit dieser Macrotron-Rechtsprechung bestätigt hatte[27], hat der Bundesgerichtshof diese Rechtsprechung in einer verunglückten und zu Recht heftig kritisierten Entscheidung aus dem Jahre 2013 aufgegeben.[28] In Reaktion auf diese BGH-Entscheidung hat der Gesetzgeber in § 39 Abs. 2 und 3 Börsengesetz eine kapitalmarktrechtliche Abfindungsregelung eingeführt und ein Erwerbsangebot nach den Regeln des WpÜG als Delisting-Voraussetzung normiert. Anspruch auf einen über de Börsenkurs hinaus gehenden anteiligen Unternehmenswert haben Minderheitsaktionäre danach nur, wenn kein liquider Börsenhandel stattfindet (und der Börsenkurs daher nicht aussagekräftig ist) oder wenn der Emittent gegen seine Ad hoc-Mitteilungspflichten verstoßen oder gegen das Verbot der Marktmanipulation verstoßen hat. Nach nicht zweifelsfreier, aber ganz allgemeines Auffassung muss der Aktionär Ansprüche auf ein Abfindungsangebot bzw. auf einen Differenzbetrag zu einem von ihm für richtig gehaltenen höheren Abfindungsangebot mit der zivilrechtlichen Leistungsklage geltend machen, das Spruchverfahren soll nicht eröffnet sein.[29] Als Anwendungsbereich des Spruchgesetzes in analoger Anwendung bliebe damit die übertragende Auflösung, für die das Bundesverfassungsgericht das Spruchverfahren auch ausdrücklich als grundsätzlich möglichen Rechtsbehelf angesehen hatte.[30] Allerdings ist der Zugang zum Spruchverfahren in diesen Fällen im Schrifttum umstritten und wird von der Rechtsprechung abgelehnt.[31]

14 b) Abgrenzung zur Anfechtungsklage. Eine erhebliche faktische Ausdehnung des Anwendungsbereichs und Zunahme der Bedeutung von Spruchverfahren ergibt sich durch eine **Verschiebung der Grenzlinie zwischen Anfechtungsklagen und Spruchverfahren**. Nach den einschlägigen gesetzlichen Vorschriften kann eine Anfechtungsklage gegen Umstrukturierungsbeschlüsse nicht darauf gestützt werden, dass die erforderliche Kompensation nicht, nicht ordnungsgemäß oder zu niedrig angeboten worden ist (beispielsweise § 210 UmwG). Unter Änderung der früheren Rechtsprechung hat der Bundesgerichtshof entschieden, dass dieser Ausschluss der Anfechtungsklage auch für abfindungswertbezogene Informationsmängel gilt.[32] Nachdem umstritten war, inwieweit diese Rechtsprechung auch für Abfindungsfälle außerhalb des Umwandlungsrechtes Anwendung finden kann, ist

---

[22] Zu den hierbei auftretenden Bewertungsfragen *Arnold* DStR 2003, 784; *Hering/Olbrich* DStR 2003, 1579; BayObLG NZG 2002, 1016.
[23] OLG Stuttgart ZIP 1997, 362.
[24] BVerfG NJW 2001, 279; hierzu *Rodewig/Schüppen* Börsenzeitung v. 19.2.2000.
[25] BVerfG NJW 2001, 279 (281); angesichts der Zurückweisung der Verfassungsbeschwerde handelte es sich um ein obiter dictum, das aber erkennbar als verbindliche Entscheidung dieser Frage gemeint ist; ebenso zur materiellrechtlichen Gesamtanalogie beim Delisting BVerfG 11.7.2012, ZIP 2012, 1402 Rn. 77 ff.
[26] BGH 25.11.2002 – II ZR 133/01, BGHZ 153, 47 – Macrotron = NJW 2003, 1032, hierzu *Schüppen/Tretter* Die Bank 2003, 400.
[27] BVerfG 11.7.2012 – 1 BvR 3142/07 und 1 BvR 1569/08, ZIP 2012, 1402 Rn. 71 ff.
[28] BGH 8.10.2013 – II ZB 26/12, ZIP 2013, 2254 – „Frosta", hierzu *Bayer* ZfPW 2015, 163 (199 ff., 214 ff.); *Habersack* JZ 2014, 147 („Unglück"); Wirtschaftswoche 48/2013, 106: BGH-Urteil Eigentor für die deutsche Aktienkultur.
[29] *Spindler/Stilz/Drescher* SpruchG § 1 Rn. 17; *Heidel/Weingärtner* SpruchG § 1 Rn. 14 mit zutreffendem Hinweis darauf, dass eine Übernahme in das Spruchverfahren sinnvoll wäre.
[30] BVerfG NJW 2001, 279.
[31] *Heidel/Weingärtner* SpruchG § 1 Rn. 10 mit weiteren Nachweisen.
[32] BGHZ 146, 179 = BB 2001, 275 – MEZ; BGH BB 2001, 485 – Aqua-Butzke.

durch das Gesetz zur Unternehmensintegrität und Modernisierung des Anfechtungsrechts (UMAG)[33] in § 243 Abs. 4 S. 2 AktG gesetzlich geregelt worden, dass auf unrichtige, unvollständige oder unzureichende Informationen über die Ermittlung, Höhe oder Angemessenheit von Leistungen, Abfindungen, Zuzahlungen oder über sonstige Bewertungsfragen eine Anfechtungsklage nicht gestützt werden kann, wenn die Durchführung eines Spruchverfahrens möglich ist. Wird beim Squeeze-Out das Barabfindungsangebot des Hauptaktionärs vom sachverständigen Prüfer als unangemessen niedrig eingestuft, bleibt eine Anfechtungsklage möglich.[34]

2. Antragsberechtigung, Antragsgegner und Antragsfrist

a) **Allgemeines.** Antragsberechtigung, Antragsgegner und Antragsfrist sind differenziert und in Anknüpfung an die in § 1 SpruchG geregelten Anwendungsfälle (→ Rn. 11 ff.) geregelt. Die **Antragsfrist** beträgt zwar einheitlich **drei Monate**, die **Differenzierung** ergibt sich jedoch aus dem **unterschiedlichen Fristbeginn.** Für die nicht im SpruchG selbst geregelten Anwendungsfälle müssen Antragsberechtigung und Beginn der Antragsfrist aus der materiellrechtlichen Situation und den Wertungen und Prinzipien des Gesetzgebers für die normierten Fälle abgeleitet werden.

b) **Anwendungsfälle. Antragsberechtigt** hinsichtlich der Überprüfung der Höhe von Ausgleich und Abfindung bei **Unternehmensverträgen** (§ 1 Nr. 1 SpruchG) ist jeder außenstehende Aktionär (§ 3 S. 1 Nr. 1 SpruchG). Die Antragsfrist beginnt mit der Eintragung des Unternehmensvertrages im Handelsregister zu laufen (§ 4 Abs. 1 Nr. 1 SpruchG); maßgeblich ist die Eintragung bei der abhängigen Gesellschaft. **Antragsgegner** ist gem. § 5 Nr. 1 SpruchG „der andere Vertragsteil", also der herrschende Gesellschaft.

In **Eingliederungsfällen** (§ 1 Nr. 2 SpruchG) ist jeder ausgeschiedene Aktionär **antragsberechtigt** (§ 3 S. 1 Nr. 2 SpruchG). Logisch zwingend beginnt der Fristlauf mit der Eintragung der Eingliederung im Handelsregister (§ 4 Abs. 1 Nr. 2 SpruchG) der eingegliederten Gesellschaft, denn an diese Eintragung ist das Ausscheiden der außenstehenden Aktionäre geknüpft (§ 320a AktG). **Antragsgegner** ist die Hauptgesellschaft (§ 5 Nr. 2 SpruchG).

Strukturell identisch ist bei der Überprüfung der Barabfindung der Minderheitsaktionäre beim „Squeeze-Out" (§ 1 Nr. 3 SpruchG) jeder ausgeschiedene Aktionär antragsberechtigt (§ 3 S. 1 Nr. 2 SpruchG), der Lauf der Antragsfrist an die für das Ausscheiden konstitutive Eintragung des Übertragungsabschlusses im Handelsregister (§ 4 Abs. 1 Nr. 3 SpruchG) geknüpft. **Antragsgegner** ist nicht die Gesellschaft, sondern der Hauptaktionär (§ 5 Nr. 3 SpruchG).[35]

Bei **Umwandlungen** sind die überstimmten Minderheitsgesellschafter antragsberechtigt, wobei das SpruchG hinsichtlich der Antragsberechtigung auf die einzelnen Vorschriften des UmwG verweist (§ 3 S. 1 Nr. 3 SpruchG). Die Antragsfrist beginnt wiederum mit der Eintragung der Umwandlung im Handelsregister zu laufen (§ 4 Abs. 1 Nr. 4 SpruchG), wobei die Eintragung im Handelsregister derjenigen Gesellschaft maßgeblich ist, die zur Zahlung der Abfindung bzw. zur Gewährung von Anteilen verpflichtet ist. **Antragsgegner** ist gem. § 5 Nr. 4 SpruchG der übernehmende Rechtsträger (Umwandlung zur Aufnahme), der neue Rechtsträger (Umwandlung zur Neugründung) oder der Rechtsträger neuer Rechtsform (Formwechsel).

Im Falle der **SE** (§ 1 Nr. 5 SpruchG) ist zwischen **Gründung durch Verschmelzung, Gründung einer Holding-SE und Sitzverlegung der SE** ins Ausland zu unterscheiden. Die Antragsberechtigung richtet sich nach den jeweils einschlägigen Normen des SEAG (§ 3 Nr. 4 SpruchG), Antragsgegner ist im Fall des § 9 SEAG (Gründung einer Holding-SE) die die Gründung anstrebende Gesellschaft, im Übrigen die SE (§ 5 Nr. 5 SpruchG).[36]

---

[33] Vom 22.9.2005, BGBl. I S. 2802.
[34] OLG Bremen 16.8.2012 – 2 U 51/12, ZIP 2013, 460 (461 f.).
[35] Von *Büchel* NZG 2003, 793 (796) als Klarstellung begrüßt; die Regelung kann insbesondere bei ausländischen Hauptaktionären die Rechtsdurchsetzung erheblich erschweren.
[36] Näher Spindler/Stilz/*Drescher* SpruchG § 3 Rn. 13 und SpruchG § 5 Rn. 6.

21 Bei der **Beseitigung von Mehrstimmrechten gemäß § 5 Abs. 2 EG AktG** sind alle die Inhaber der beseitigten Mehrstimmrechte antragsberechtigt. Da es sich um eine Satzungsänderung handelt, die mit Eintragung im Handelsregister wirksam wird, beginnt die Antragsfrist mit der Handelsregistereintragung. Antragsgegner ist die Gesellschaft, die gemäß § 5 Abs. 3 EG AktG zur Gewährung des Ausgleichs verpflichtet ist.

22 Antragsberechtigt waren beim **Delisting** diejenigen Aktionäre, die Widerspruch zu Protokoll der Hauptversammlung erklärt hatten, die über das Delisting beschlossen hat. Durch die Aufgabe der Macroton-Rechtsprechung und die Neuregelung der Abfindung beim Delisting durch den Gesetzgeber in § 39 Abs. 2 und 3 Börsengesetz (hierzu bereits → Rn. 13) ist die Möglichkeit der Einleitung eines Spruchverfahrens beim Delisting entfallen. Das gilt auch für Verfahren, die vor Aufgabe der Macroton-Rechtsprechung eingeleitet wurden, die gestellten Anträge sind unzulässig geworden.[37]

23 Antragsberechtigt bei der **übertragenden Auflösung**[38] sind Aktionäre, die gegen den Übertragungsbeschluss Widerspruch zu Protokoll erklärt haben. Da eine Handelsregistereintragung nicht erforderlich ist, wird man die Antragsfrist hier mit dem Tag der Hauptversammlung, die über die Vermögensübertragung beschließt, beginnen lassen müssen. Antragsgegner dürfte in diesem Fall der Übernehmer sein, bei dem es sich um den Hauptaktionär oder eine diesem nahestehende Person handelt.

24 c) **Nachweis der Antragsberechtigung.** Maßgeblicher Zeitpunkt für die Ermittlung der Antragsberechtigung ist der **Zeitpunkt der Antragstellung** (§ 3 S. 2 SpruchG). Die Stellung als Aktionär bzw. ausgeschiedener Aktionär ist dem Gericht – ausschließlich – durch Urkunden nachzuweisen (§ 3 S. 3 SpruchG).[39] Nach der Gesetzesbegründung ist der Aktionär in allen Fällen in der Lage, entweder durch den Depotauszug seiner Bank oder durch die Vorlage effektiver Aktienstücke seine Aktionärsstellung nachzuweisen.[40] Die Überlegung greift allerdings zu kurz, da bei nicht börsennotierten Aktiengesellschaften Aktien existieren können, die weder girosammelfähig sind (also kein Depotauszug) noch verbrieft wurden. Kann der Aktionär nachweisen, dass eine solche Situation vorliegt, ist § 3 S. 3 SpruchG entsprechend teleologisch zu reduzieren.[41] Im Übrigen gilt er schon seinem Wortlaut nach nur für den Nachweis der Stellung als Aktionär, so dass im Umwandlungsrecht die Stellung als GmbH-Gesellschafter oder Kommanditist auch anders als durch Urkunden nachgewiesen werden könnte.

25 d) **Einfluss nachfolgender Umstrukturierungen auf das Verfahren.** Sehr lange Zeit war zweifelhaft, welchen Einfluss nachfolgende Umstrukturierungen auf den Kompensationsanspruch der außenstehenden Gesellschafter und das Verfahren haben. Es bedurfte zweier Entscheidungen des Bundesverfassungsgerichts um zu klären, dass auch nachfolgende Eingliederungen, Verschmelzungen oder Beendigungen eines Unternehmensvertrages auf den Kompensationsanspruch der außenstehenden Gesellschafter keinen Einfluss haben und das Verfahren ggf. nach den allgemeinen Regeln mit dem Rechtsnachfolger des früheren Antragsgegners fortzuführen ist.[42]

3. Antragstellung, zuständiges Gericht, Antragsbegründung

26 Die einzelnen Normen sehen vor, dass die gesetzlich vorgesehene Kompensation (Ausgleich, Abfindung, Barabfindung, Zuzahlung etc) „auf Antrag" durch das Gericht „bestimmt" wird. Mittelbar ergibt sich daraus der **Antragsinhalt**. Auch wenn die Festsetzung einer Kompensation nicht gesetzwidrig vollständig fehlt, sondern deren Höhe angegriffen

---

[37] Spindler/Stilz/*Drescher* SpruchG § 1 Rn. 17 mit Nachweisen.
[38] Wenn man diese für einen Fall des Spruchverfahrens hält, hierzu → Rn. 13.
[39] Innerhalb der Antragsfrist (→ Rn. 15) muss die Antragsberechtigung allerdings nur dargelegt, nicht auch urkundlich nachgewiesen werden, so zutreffend OLG Frankfurt a. M. 9.1.2006 – 20 W 124/05 = AG 2006, 290.
[40] BT-Drs. 15/371, 13.
[41] Im Ergebnis ebenso Spinder/Stilz/*Drescher* SpruchG § 3 Rn. 18.
[42] BVerfG NJW 1999, 1699; NZG 2000, 28 – Hartmann & Braun; siehe auch BGH NJW 1997, 2242; BGHZ 147, 108.

werden soll, ändert sich an der Antragsformulierung nichts; insbesondere ist es nicht erforderlich – und in der Regel für den einzelnen Minderheitsaktionär auch nicht möglich – die für angemessen gehaltene Kompensation zu beziffern. Soll die Höhe der Kompensation zur Überprüfung durch das Gericht gestellt werden, so enthält der Antrag jedoch trotz der neutralen Formulierung implizit die Forderung, die Kompensation höher als vom Antragsgegner angeboten festzulegen. Für einen Antrag, der auf die Festsetzung einer niedrigeren Kompensation zielt, würde das erforderliche Rechtsschutzbedürfnis fehlen.

Der Antrag ist an das gem. § 2 Abs. 1 SpruchG zuständige **Landgericht** zu richten. Maßgeblich ist der Sitz des Rechtsträgers, dessen Anteilsinhaber antragsberechtigt sind, funktional zuständig ist die Kammer für Handelssachen (§§ 71 Abs. 2 Nr. 4e, 95 Abs. 2 Nr. 2 GVG), wobei in den meisten Verfahrensfragen der Vorsitzende alleine entscheiden kann (§ 2 Abs. 2 SpruchG). Die Landesregierungen sind zur Zuständigkeitskonzentration durch Rechtsverordnung ermächtigt (§ 71 Abs. 4 GVG), wovon überwiegend Gebrauch gemacht worden ist.[43] Auch für etwa erforderliche Klagen auf Leistung der im Spruchverfahren festgesetzten Kompensation ist ausschließlich der gleiche Spruchkörper des erstinstanzlichen Gerichts zuständig, der mit dem Verfahren zuletzt inhaltlich befasst war (§ 16 SpruchG). 27

Auch für die sich bei grenzüberschreitenden Sachverhalten stellende Frage der **internationalen Gerichtszuständigkeit** bleibt es bei der in § 2 Abs. 1 SpruchG angeordneten Maßgeblichkeit des Sitzes. Im Anwendungsbereich der EuGVVO ergibt sich dies aus dessen Art. 24 Nr. 2.[44] 28

Der Antrag muss **innerhalb der Antragsfrist begründet** werden (§ 4 Abs. 2 SpruchG; Antragsfrist ist also zugleich Antragsbegründungsfrist!). Mindestinhalte der Begründung sind in § 4 Abs. 2 S. 2 SpruchG vorgeschrieben (Bezeichnung des Antragsgegners, Darlegung der Antragsberechtigung an der Kompensation, konkrete Einwendungen gegen den ermittelten Unternehmenswert), gem. § 4 Abs. 2 S. 3 SpruchG ist in der Regel („soll") auch die Zahl der vom Antragsteller gehaltenen Anteile anzugeben.[45] Problematisch ist dabei insbesondere das Erfordernis „konkreter" Einwendungen: Einerseits entsteht wegen dieser engen aber unbestimmten Formulierung eine umfangreiche Kasuistik,[46] um zwar generell-systematische, aber ausreichend fallbezogene Kritik von bloßen Pauschaleinwendungen abzugrenzen.[47] Andererseits sind konkrete Einwendungen nur dann überhaupt möglich, wenn der Antragsteller über detaillierte Informationen zur vorgenommenen Bewertung verfügt. Das Gesetz regelt zwar den Fall, dass dem Antragsteller aus von ihm nicht zu vertretenden Gründen die gesetzlich vorgeschriebenen Unterlagen fehlen (§ 4 Abs. 2 S. 2 SpruchG). Der insbesondere vor dem Hintergrund der Neufassung des § 243 Abs. 4 S. 2 AktG durch das UMAG (→ Rn. 14) und der BGH-Rechtssprechung zur (Ir)Relevanz von Informationsmängeln[48] viel wichtigere Fall, dass diese Unterlagen inhaltlich unzureichend sind, bleibt aber ungeregelt. Es wird damit der Rechtsfortbildung durch die Gerichte überlassen, einen Ausweg zu finden. Da eine Analogie zu § 4 Abs. 2 Nr. 4 S. 2 SpruchG aus praktischen Gründen kaum weiterhelfen wird, muss letztlich der notwendige Grad an Konkretisierung der Ein- 29

---

[43] Die Gerichtspraxis hat bei Inkrafttreten des SpruchG akzeptiert, dass die für die „alten Spruchverfahren" geltende Verfahrenskonzentration für alle Fälle des § 1 SpruchG gilt, obwohl es sich dabei um eine analoge Anwendung von Vorschriften über die Gerichtsverfassung handelt (die in den VO der einzelnen Länder enthaltenen Verweise auf § 306 AktG gingen nach dessen Streichung ins Leere!); Nachweis der Zuständigkeitskonzentrationen nach „altem" Recht bei MüKoAktG/*Volhard* SpruchG § 2 Rn. 8.

[44] Spindler/Stilz *Drescher* SpruchG § 2 Rn. 7; *Meilicke/Lochner* AG 2010, 23; zweifelnd *Nießen* NZG 2006, 441.

[45] Vom Gesetzgeber als „entscheidende Neuerung" gefeiert (BT-Drs. 15/371, 13, zu § 4, 2. Absatz am Anfang), aber wohl zu Unrecht; statt Entlastung Mehrarbeit für die Gerichte und neue Probleme ergeben sich, näher im nachfolgenden Text sowie *Puszkajler* ZIP 2003, 518 (520) und *Meilicke/Heidel* DB 2003, 2267 (2269 f.).

[46] OLG Frankfurt a. M. NZG 2006, 574; 2007, 873; 2007, 875. Zu diesen Entscheidungen *Wittgens* NZG 2007, 853.

[47] Vom Gesetzgeber billigend in Kauf genommen, vgl. Regierungsbegründung BT-Drs. 15/371, 13, zu § 4, 2. Absatz am Ende.

[48] BGHZ 146, 179 – MEZ; BGH BB 2001, 485 – Aqua-Butzke.

wendungen in Abhängigkeit vom Gehalt und Detaillierungsgrad der vorliegenden (Unternehmens- und Prüfungs-)Berichte bestimmt werden. Für die Antragstellung dringend empfehlenswert ist es, auf etwaige inhaltliche Defizite in der vorliegenden Berichterstattung in der Antragsbegründung ebenfalls hinzuweisen.

30 Nach **Ablauf der Antragsfrist** ist eine Antragstellung nicht mehr zulässig.[49] Die vor der Reform bestehende Möglichkeit des Anschlussantrages (§ 306 Abs. 3 S. 2 AktG aF) ist entfallen.[50] Auch eine gerichtliche Bekanntmachung der Anträge ist nicht mehr vorgeschrieben, so dass eine reine „Me-Too"-Verfahrensteilnahme erschwert worden ist.

31 Anträge, die verspätet gestellt werden oder den gesetzlichen Mindestanforderungen an die Begründung nicht genügen, sind **formal mangelhaft** und damit grundsätzlich **unzulässig**.[51] Hinsichtlich des Begründungserfordernisses „konkreter Einwendungen" (§ 4 Abs. 2 Nr. 4 SpruchG) dürfte dies jedoch nur dann gelten, wenn die Begründung den gesetzlichen Mindestanforderungen **offensichtlich** nicht genügt. Ist dies „nur" zweifelhaft, so kann dies an der Verfahrenseinleitung durch das Gericht, insbesondere der gem. § 6 SpruchG „frühzeitig" vorzunehmenden Bestellung des gemeinsamen Vertreters und dem Erfordernis einer Sachentscheidung nichts ändern.

Muster: Antrag auf Durchführung eins Spruchverfahrens

32 An das Landgericht – KfH –

In Sachen ...... Antragsteller

gegen ...... Antragsgegner

zeige ich an, dass ich den Antragsteller vertrete. Ich beantrage,

dass das Gericht die angemessene Barabfindung gem. §§ 327a, 327b, 327f AktG bestimmt.

Begründung:

1. Der Antragsgegner ist eine Gesellschaft mit beschränkter Haftung mit Sitz in ...... (Anlage: HR-Auszug) und Hauptaktionär der ...... AG (Gesellschaft).

2. Der Antragsgegner hat als Hauptaktionär gem. §§ 327a ff. AktG die Übertragung der Aktien der Minderheitsaktionäre auf sich gegen Barabfindung verlangt. Die Hauptversammlung der Gesellschaft hat am ...... mit der erforderlichen Mehrheit den vorgeschlagenen Übertragungsbeschluss gefasst. Dieser ist am ...... ins Handelsregister eingetragen worden.

3. Der Antragsteller war bis zur Eintragung des Übertragungsbeschlusses mit 100 Aktien an der Gesellschaft beteiligt (Anlage: Depotauszug). Mit der Handelsregistereintragung ist er aus der Gesellschaft ausgeschieden, so dass er gemäß § 3 Nr. 2 SpruchG als ausgeschiedener Aktionär antragsberechtigt ist.

4. Die vom Hauptaktionär festgelegte Barabfindung ist unangemessen. Konkret ist gegen die der Barabfindung zugrundegelegte Unternehmensbewertung, soweit sie sich anhand des Berichtes des Hauptaktionärs und des Prüfungsberichtes nachvollziehen lässt, folgendes einzuwenden:

......

---

[49] Die Antragsfrist wird nur durch den rechtzeitigen Eingang dieses Antrages bei einem (zumindest zunächst) örtlich zuständigen Gericht gewahrt, OLG Frankfurt a. M. 4.5.2009 – 20 W 84/09 = ZIP 2009, 2408 und OLG München 8.2.2010 – 31 Wx 148/09 = ZIP 2010, 369.

[50] Der Gesetzgeber hielt dies im Hinblick auf die Verlängerung der Antragsfrist von 2 auf 3 Monate für gerechtfertigt, siehe Regierungsbegründung BT-Drs. 15/371, 13 zu § 4, 1. Abs. und folgte damit einer Anregung des Handelsrechtsausschusses des DAV, s. NZG 2002, 119 (121) Anm. 2 zu § 6 SpruchG.

[51] Regierungsbegründung BT-Drs. 15/371, 13 zu § 4, 2. Absatz am Ende; da dies allgemeinen prozessualen Prinzipien entspricht, ändert sich an der Beurteilung nichts dadurch, dass der dies für die Verfristung ausdrücklich regelnde § 6 Abs. 2 S. 3 des Referentenentwurfs nicht Gesetz geworden ist. Zum Thema wird die Frage der Unzulässigkeit überhaupt nur deshalb, weil nach früherem Recht die fehlende Antragsberechtigung nicht zur Unzulässigkeit, sondern zur Unbegründetheit führen sollte, vgl. Handelsrechtsausschuss DAV NZG 2002, 119 (120) Anm. zu § 3 SpruchG.

> Im Übrigen weise ich darauf hin, dass die zur Verfügung gestellten Informationen betreffend die Unternehmensbewertung zu folgenden Komplexen weiter detailliert werden müssten, um mir eine weitergehende Konkretisierung meiner Einwendungen zu ermöglichen:
>
> ......
>
> Rechtsanwalt

III. Verfahrensablauf

1. Bestellung des gemeinsamen Vertreters

a) Bestellung von Amts wegen gem. § 6 SpruchG. Der vom Gesetz so genannte „gemeinsame Vertreter" ist **gesetzlicher Vertreter der (potentiell) Antragsberechtigten, die keinen Antrag gestellt haben** (§ 6 Abs. 1 S. 1 SpruchG). Er hat deren Interessen wahrzunehmen, ist jedoch weder weisungsabhängig noch rechenschaftspflichtig,[52] sondern handelt ausgerichtet an objektiv vernünftigen Interessen eines durchschnittlichen außenstehenden Gesellschafters nach pflichtgemäßem Ermessen.[53] Neben der Interessenwahrungsfunktion hat der gemeinsame Vertreter auch die Funktion, missbräuchliche Verfahrensbeendigungen (Sondervorteile für die Antragsteller und/oder deren Prozessvertreter bei Antragsrücknahme oder Vergleich, „Auskauffälle") zu verhindern.[54] Er hat die Stellung eines gesetzlichen Vertreters, nicht einer Partei Kraft Amtes.[55] Da Verfahrensgegenstand des Spruchverfahrens die Angemessenheit der angebotenen Kompensation ist und § 4 Abs. 2 S. 2 Nr. 4 SpruchG nur für die Antragsteller, nicht jedoch für den gemeinsamen Vertreter gilt, ist dieser in seinem Sachvortrag nicht durch die von den Antragstellern erhobenen Einwendungen beschränkt.[56]

33

Das Gericht hat den gemeinsamen Vertreter **„frühzeitig" zu bestellen** und die Bestellung im elektronischen Bundesanzeiger sowie ggf. zusätzlichen satzungsmäßigen Gesellschaftsblättern der betroffenen Gesellschaft **bekannt zu machen** (§ 6 Abs. 1 S. 1, 4 und 5 SpruchG). Die Bestellung kann (nur) unterbleiben, wenn es keinen nicht antragstellenden Minderheitsgesellschafter gibt oder – gem. § 6 Abs. 1 S. 3 SpruchG – wenn die Wahrung der Rechte der Antragsberechtigten auf andere Weise sichergestellt ist;[57] beide Fälle sind eher theoretischer Natur und können allenfalls bei einem sehr kleinen und überschaubaren Gesellschafterkreis auftreten. Weitere ungeschriebene Voraussetzung für die Bestellung ist allerdings, dass ein **zulässiger** Antrag gestellt wurde,[58] denn mit der Bestellung des gemeinsamen Vertreters gewinnt das Verfahren eine Eigendynamik (§ 6 Abs. 3 SpruchG). Wird schon zu Beginn der Antragsfrist ein zulässiger Antrag gestellt, so übernimmt die Bekanntmachung des frühzeitig bestellten gemeinsamen Vertreters teilweise die Funktion der nach früherem Recht erforderlichen Bekanntmachung der Antragstellung durch das Gericht.

34

b) Bestellung auf Antrag gem. §§ 6a–6c SpruchG. In Fällen der Gründung einer SE durch Verschmelzung (§§ 6, 7 SEAG) oder Gründung einer Holding-SE (§ 9 SEAG) und bei sonstigen grenzüberschreitenden Verschmelzungen (Fälle der § 122h und § 122i UmwG) können Situationen entstehen, in denen die Anteilseigner eines beteiligten Rechtsträgers kein Spruchverfahren einleiten können, wohl aber durch eine Veränderung des Umtauschverhältnisses im Spruchverfahren nachteilig betroffen sind. Auf Antrag eines (oder mehrerer) solcher Anteilseigner bestellt das Gericht ebenfalls einen (weiteren) gemeinsamen Vertreter, der deren Interessen wahrnimmt.

35

---

[52] MüKoAktG/*Kubis* SpruchG § 6 Rn. 15; Heidel/*Weingärtner* SpruchG § 6 Rn. 8 f.
[53] Zur Frage der Berechtigung des Vorbringens neuer Angriffe und der hiermit zusammenhängenden möglichen Schadensersatzpflicht des gemeinsamen Vertreters Heidel/*Weingärtner* SpruchG § 6 Rn. 12 ff.
[54] MüKoAktG/*Kubis* SpruchG § 6 Rn. 1; RegBegr BT-Drs. 15/371, 14.
[55] BVerfG 30.5.2007 – 1 BvR 1267; 1280/06 = ZIP 2007, 1600.
[56] AA *Weingärtner* Konzern 2005, 694; hiergegen zutreffend *Puszkajler* Konzern 2006, 256.
[57] Vgl. § 6 Abs. 1 S. 2 und MüKoAktG/*Kubis* SpruchG § 6 Rn. 4 zu der Sonderfrage, ob ein oder mehrere gemeinsame Vertreter zu bestellen sind, wenn gleichzeitig über Festsetzung der angemessenen Abfindung und des angemessenen Ausgleichs gestritten wird.
[58] S. bereits → Rn. 29 und BT-Drs. 15/371, 14.

2. Mündliche Verhandlung

36 Die Entscheidung auf Grund mündlicher Verhandlung wird in § 8 Abs. 1 SpruchG zum Regelfall („soll") erklärt. Auch diese (Über-)Reaktion des Gesetzgebers auf ganz vereinzelte Fälle der Vergangenheit, in denen es über die Durchführung einer mündlichen Verhandlung Streit gegeben hatte,[59] lässt offen, wann eine solche ausnahmsweise entbehrlich ist. Faktisch ist ein **Verzicht auf eine mündliche Verhandlung** vor dem Landgericht wohl nur in einfach gelagerten Fällen im Einverständnis mit sämtlichen Antragstellern (einschließlich des gemeinsamen Vertreters) und dem Antragsgegner denkbar; in der Beschwerdeinstanz mag es darüber hinaus dem § 522 Abs. 2 ZPO entsprechende Fälle geben, die den Verzicht rechtfertigen.[60]

37 Zwar bleibt das Spruchverfahren theoretisch ein FamFG-Verfahren, die **Verfahrensgrundsätze der Freiwilligen Gerichtsbarkeit** werden aber **in zahlreichen Einzelfragen ausdrücklich aufgegeben:**[61] „In Anlehnung an § 282 ZPO"[62] gilt eine allgemeine Verfahrensförderungspflicht (§ 9 SpruchG). Werden die hieraus folgenden Gebote rechtzeitigen Vorbringens verletzt oder werden gem. § 7 SpruchG gesetzte richterliche Fristen versäumt, so eröffnet § 10 SpruchG dem Gericht in Anlehnung an die Präklusionsvorschriften der ZPO (§ 296 ZPO) die Möglichkeit, Sachvortrag als verspätet zurückzuweisen;[63] § 10 Abs. 3 SpruchG stellt ausdrücklich klar, dass der Amtsermittlungsgrundsatz (§ 26 FamFG) insoweit außer Kraft gesetzt ist. Praktisch gewichtiger ist die Durchbrechung des Amtsermittlungsgrundsatzes durch § 8 Abs. 3 SpruchG, der die entsprechende Anwendung der §§ 138, 139, 279 Abs. 2 u. 3, 283 ZPO anordnet. Zusammen mit der Pflicht zur Formulierung „konkreter Einwendungen" in der Einspruchsbegründung (§ 4 Abs. 2 Nr. 4 SpruchG, bereits → Rn. 27) ergibt sich verfahrensrechtlich damit eine starke Annäherung an die Parteimaxime des Zivilprozesses (weshalb § 8 Abs. 3 SpruchG auch auf die hierzu als Korrektur wirkende richterliche Hinweispflicht, § 139 ZPO, verweist).

38 Eine im gesamten Verfahrensrecht durch ihre Ausführlichkeit und Detailverliebtheit wohl einmalige Vorschrift ist **§ 7 SpruchG**, der die **Vorbereitung der mündlichen Verhandlung durch das Gericht** regelt.[64] Aus anwaltlicher Sicht erwähnenswert ist zunächst, dass es sich bei den Stellungnahmefristen gem. § 7 Abs. 2, Abs. 4 SpruchG um richterliche Fristen mit der Folge der Verlängerungsmöglichkeit handelt. Weiter ist § 7 Abs. 6 SpruchG bemerkenswert, der die Anordnung einer Beweisaufnahme bereits vor dem ersten Termin erlaubt. Anders als § 358a ZPO begrenzt Abs. 6 die Möglichkeit der Vorabbeauftragung eines Sachverständigen jedoch auf „Vorfragen". Das ist weder nachvollziehbar noch sinnvoll,[65] aber ausweislich der Regierungsbegründung kein Redaktionsversehen.[66]

39 Von einer gewissen Bedeutung ist § 7 SpruchG außerdem als **„Ermächtigungsgrundlage"** für das Gericht, einerseits vom Antragsgegner die Vorlage von Unterlagen verlangen zu können (§ 7 Abs. 3 und Abs. 7 SpruchG, gem. Abs. 8 mit Zwangsgeld durchsetzbar), andererseits auch von den sonstigen Beteiligten die Vorlage von Aufzeichnungen (§ 7 Abs. 5

---

[59] Die Regierungsbegründung BT-Drs. 15/371, 15 zitiert die erfolgreiche Verfassungsbeschwerde 1 BvR 909/94 = NJW 1998, 2273, ein Fall, in dem ein Gericht entgegen der ohnehin bestehenden ständigen Rechtsprechung der obersten Bundesgerichte trotz Antrags einer Partei die mündliche Befragung des gerichtlichen Sachverständigen abgelehnt hatte. – Im Hinblick auf die angestrebte Verfahrenseffizienz und -beschleunigung ist dies eher zu bedauern.
[60] In diese Richtung OLG Stuttgart 17.3.2010 – 20 W 9/08.
[61] Kritisch hierzu *Meilicke/Heidel* DB 2003, 2267 (2272 f.).
[62] Reg. Begr. BT-Drs. 15/371, 16.
[63] *Büchel* (NZG 2003, 793 (799)) weist allerdings darauf hin, dass die praktische Bedeutung der Präklusionsmöglichkeit gering ist, da eine Verzögerung kaum eintreten wird, wenn ohnehin ein Sachverständigengutachten eingeholt wird.
[64] Zurecht aus der Sicht des betroffenen Richters kritisch *Puszkajler* ZIP 2003, 518 (520): „... nur Gemeinplätze ... bedauerlich, dass der Gesetzgeber Anlass sieht, Gerichten vorschreiben zu müssen, wie sie ein komplexes Verfahren sachgerecht gestalten sollen". *Büchel* NZG 2003, 793 (797): „... entspricht jedoch im Wesentlichen dem bisherigen Verfahrensablauf ...".
[65] Kritisch zu Recht *Büchel* NZG 2003, 793 (798).
[66] Siehe BT-Drs. 15/371, 15, allerdings ohne Begründung gerade für die Beschränkung auf Vorfragen.

SpruchG).⁶⁷ Der Begriff des „Beteiligten" ist sonst im SpruchG nicht verwandt und definiert, man wird aber insbesondere auch den ggf. für die Strukturmaßnahme bestellten sachverständigen Prüfer zu den Beteiligten zu rechnen haben.⁶⁸ Deshalb kann das Gericht gem. § 7 Abs. 5 SpruchG auch die Vorlage von dessen Arbeitspapieren anordnen, da es sich dabei um „Aufzeichnungen" handelt. Einer Befreiung von der Schweigepflicht durch den Antragsgegner bedarf es dazu nicht, da der sachverständige Prüfer einer solchen auf Grund seiner Funktion gegenüber dem Gericht und den außenstehenden Aktionären nicht unterliegt. Anders verhält es sich dagegen mit den Arbeitspapieren des für die betroffene Gesellschaft bzw. den Antraggegner tätigen Privatgutachters: Dabei handelt es sich nicht um Unterlagen oder Aufzeichnungen des Auftraggebers, sondern um solche des Wirtschaftsprüfers.⁶⁹

3. Sachverständiger Prüfer und Gerichtssachverständiger

Von zentraler Bedeutung für das Verfahren sind Unternehmensbewertungen durch Sachverständige, da das Gericht sich kaum jemals zutrauen wird, über Teilkomplexe oder gar die Unternehmensbewertung insgesamt auf Grund eigener Sachkunde zu entscheiden.⁷⁰ Typischerweise sind dabei **drei verschiedene Sachverständige** tätig: 40
- Der von der betroffenen Gesellschaft bzw. dem Antragsgegner bei der eigenen Bewertung und Festlegung des Kompensationsbetrages hinzugezogene Experte,
- der als sachverständiger Prüfer vom Gericht auf Antrag der betroffenen Gesellschaft bzw. des Antragsgegners bestellte Wirtschaftsprüfer und
- der im Verfahren bestellte Gerichtssachverständige.

Der zum Angebot einer Abfindung Verpflichtete ist sowohl in der Bewertungsmethode als auch in der Hinzuziehung von Hilfspersonen zur Berechnung frei. Aufgrund der obligatorischen Prüfung der Angemessenheit durch den sachverständigen Prüfer und das stets drohende spätere Gerichtsverfahren beauftragen die Verpflichteten ganz überwiegend Wirtschaftsprüfer bzw. Wirtschaftsprüfungsgesellschaften mit der Bewertung. Bei den Arbeitsergebnissen dieser Wirtschaftsprüfer, meist vollständige Unternehmensbewertungen, handelt es sich um reine Privatgutachten, die als Parteivortrag zu werten sind, wenn sie ins Spruchverfahren Eingang finden. 41

Die Angemessenheit der angebotenen Kompensation ist in allen Anwendungsfällen des Spruchverfahrens durch einen unabhängigen Sachverständigen zu prüfen, der auf Antrag vom Gericht bestellt wird.⁷¹ Bei diesem vom Gesetz so genannten **„sachverständigen Prüfer"** handelt es sich durchgehend um einen Wirtschaftsprüfer.⁷² Dieser soll im Ergebnis bestätigen (oder ablehnen zu bestätigen), dass die angebotene Kompensation angemessen ist. Die Durchführung der Prüfung ist verfahrensrechtlich Voraussetzung für die gesellschaftsrechtliche Maßnahme.⁷³ Das Gutachten des sachverständigen Prüfers ist allen Aktionären bzw. Gesellschaftern zugänglich zu machen. Jedenfalls bis zum Inkrafttreten des SpruchG beschränkten sich die Gutachten inhaltlich allerdings weitestgehend auf die Wiedergabe des Prüfungsergebnisses und allgemeine methodische Ausführungen, obwohl die sachverständigen Prüfer in aller Regel eine vollständige eigene Unternehmensbewertung durchführen (müssen).⁷⁴ 42

---

⁶⁷ Ausführlicher hierzu sowie zum Geheimhaltungsschutz gem. § 7 Abs. 7 S. 2 und 3 SpruchG, *Wasmann/Roßkopf* DB 2003, 1776.
⁶⁸ AA *Büchel* NZG 2003, 793 (799); s. ausführlich unten 3.
⁶⁹ Ausführlicher und insoweit zutreffend *Wasmann/Roßkopf* DB 2003, 1776 (1780 f.), die allerdings zu Unrecht nicht zwischen den Arbeitspapieren des Parteigutachters und des sachverständigen Prüfers differenzieren.
⁷⁰ Zu Schätzmöglichkeiten OLG Stuttgart AG 2004, 43.
⁷¹ Dabei ist das Gericht an Vorschläge nicht gebunden; Vorschläge der antragstellenden Gesellschaft sind aber in der Praxis häufig ausschlaggebend.
⁷² § 293d AktG iVm § 319 HGB; § 11 UmwG iVm § 319 HGB; § 327c AktG iVm § 293d AktG iVm § 319 HGB; zu den Anforderungen an den sachverständigen Prüfer und seine Vergütung siehe auch *Schüppen/Tretter* in Haarmann/Schüppen (Hrsg.), Frankfurter Kommentar zum WpÜG, AktG § 327c Rn. 14 ff.
⁷³ Ebenso wie eine fehlende Berichterstattung führt die fehlende Prüfung allerdings nicht zur Nichtigkeit, sondern nur zur Anfechtbarkeit der Beschlussfassungen.
⁷⁴ Zur Kritik an der Aussagekraft der Prüfberichte: *Lutter/Bezzenberger* AG 2000, 433 (439); *Puszkajler* ZIP 2003, 518 (521); *Schüppen/Tretter* (oben Fn. 64), AktG § 327c Rn. 21 f.

43 Schließlich **kann das Gericht einen Gerichtssachverständigen bestellen**, ebenfalls typischerweise einen Wirtschaftsprüfer. Jedenfalls bis zum Inkrafttreten des SpruchG führte der Gerichtssachverständige regelmäßig ebenfalls eine vollständige Unternehmensbewertung durch. Dieses so genannte „dritte Gutachten" ist praktisch verfahrensentscheidend, nachdem das Gericht Unternehmensbewertungsfragen aus eigener Sachkunde nicht entscheiden kann und das Gutachten des Gerichtssachverständigen „vollwertiges" Beweismittel im Sinne der §§ 402 ff. ZPO ist. Die Problematik dieses „dritten Gutachtens" liegt einerseits in der durch seine Einholung bedingten Verlängerung der Verfahrensdauer, andererseits in praktischen Schwierigkeiten, falls der Antragsgegner bzw. die betroffene Gesellschaft sich als nicht kooperativ erweisen.[75] Inwieweit hier mit den Grundsätzen der Beweisvereitelung eine Schätzung gem. § 287 ZPO vorgenommen werden kann,[76] ist eine Frage des Einzelfalls.[77]

44 Während Verfahrensstellung und Beweiswert des Erstgutachtens (Privatgutachten als Parteivortrag) und des Drittgutachtens (Gerichtssachverständiger) klar sind, ist die **Positionierung des sachverständigen Prüfers** diffus.[78] Das SpruchG sieht seine Mitwirkung im Verfahren ausdrücklich vor: zur Vorbereitung des ersten Termins kann das Gericht eine schriftliche Stellungnahme des sachverständigen Prüfers einholen (§ 7 Abs. 6 SpruchG) und zur mündlichen Verhandlung soll normalerweise sein persönliches Erscheinen angeordnet werden (§ 8 Abs. 2 S. 1 SpruchG). Der vom Gesetz in diesem Zusammenhang verwendete Begriff des „sachverständigen Zeugen" passt eigentlich nicht ganz, weil es typischerweise nicht um die Wahrnehmung vergangener Tatsachen oder Zustände, sondern um betriebswirtschaftliche/wirtschaftswissenschaftliche Bewertungen und Schlussfolgerungen geht.[79] Nach der Regierungsbegründung – die im Gesetz insoweit keinen unmittelbaren Niederschlag gefunden hat – soll darüber hinaus die Möglichkeit bestehen, dass der sachverständige Prüfer vom Gericht zum Sachverständigen bestellt wird.[80] Vor diesem Hintergrund ist festzustellen, dass das Gesetz den sachverständigen Prüfer in jedem Fall als Verfahrensbeteiligten einstuft (§ 7 Abs. 6 SpruchG). Darüber hinaus kommt er auch in mehr oder weniger großem Umfang als Beweismittel in Betracht. Die hierüber vom Gericht zu treffende Entscheidung muss sich an der zu erwartenden Unabhängigkeit orientieren. Angesichts der Tatsache, dass im Spruchverfahren die vom Prüfer bereits bestätigte Angemessenheit zur Diskussion steht, sind an die Möglichkeit der Unabhängigkeit hohe Anforderungen zu stellen. Insbesondere ist ein Prüfungsbericht zu fordern, der sich nicht in Leerformeln und dem Ergebnis erschöpft, sondern der sich differenziert und unter Einbeziehung von möglichen Kritikpunkten und Alternativszenarien und -berechnungen mit dem Bewertungsthema auseinandersetzt.[81]

IV. Verfahrensbeendigung und Rechtsmittel

1. Entscheidung durch Beschluss

45 Trotz obligatorischer mündlicher Verhandlung entscheidet das Gericht durch Beschluss. Im Ergebnis können Anträge als
- unzulässig zurückgewiesen werden,
- als unbegründet abgewiesen werden (dh die vom Antragsgegner festgesetzte Kompensation war angemessen) oder

---

[75] *Puszkajler* ZIP 2003, 518 (519).
[76] BT-Drs. 15/371, 16.
[77] Ggf. ist durchaus eine Entscheidung auf Basis der bereits vorliegenden Bewertungs- und Prüfberichte ohne Bestellung eines Gerichtssachverständigen möglich, OLG Stuttgart NZG 2007, 112; OLG München 10.5.2007 – 31 Wx 119/06 = BeckRS 2007, 09107.
[78] AA (Einstufung als Privatgutachter) *Meilicke/Heidel* DB 2003, 2267 (2272) mwN in Fußnote 57.
[79] Zur Abgrenzung des sachverständigen Zeugen vom Sachverständigen s. *BLAH* ZPO § 414 Rn. 1 und 4; Thomas/Putzo/*Reichold* ZPO § 414 Rn. 1.
[80] BT-Drs. 15/371, 15; für ausgeschlossen halten dies *Meilicke/Heidel* DB 2003, 2267 (2272).
[81] Zutr. Kritik am Standard der Prüfberichte (vor Inkrafttreten des SpruchG, leider seitdem weitgehend unverändert) *Puszkajler* ZIP 2003, 518 (521).

- sich als begründet erweisen; im letztgenannten Fall setzt das Gericht die angemessene Kompensation fest. Der Beschluss ist stets mit Gründen zu versehen (§ 11 Abs. 1 SpruchG).

2. Antragsrücknahme und Vergleich

Eine weitere Möglichkeit der Verfahrensbeendigung ist grundsätzlich die **Rücknahme** 46 sämtlicher Anträge. Damit das Ziel der Verfahrensbeendigung erreicht wird, ist allerdings die Mitwirkung des gemeinsamen Vertreters erforderlich, da dieser das Verfahren sonst fortführen kann (§ 6 Abs. 3 SpruchG). Die Verpflichtung zur Antragsrücknahme kann Bestandteil eines – gerichtlichen oder außergerichtlichen – Vergleichs sein. Aufgabe des gemeinsamen Vertreters ist es, in diesem Zusammenhang „Auskauffälle" (Sondervorteile der Antragsteller im Vergleich zu den nicht antragstellenden außenstehenden Aktionären) zu verhindern.

§ 11 Abs. 2–4 SpruchG stellen klar, dass eine Verfahrensbeendigung auch durch (gütliche) 47 **Einigung** aller Beteiligten möglich ist. Sofern sich also Antragsteller und Antragsgegner und der gemeinsame Vertreter im Kompromisswege auf einen für angemessen gehaltenen Kompensationsbetrag einigen, kann dieser Gegenstand eines verfahrensbeendenden gerichtlichen Vergleichs sein. Die Vorschriften der ZPO finden auch für die Vollstreckung Anwendung (§ 11 Abs. 2 S. 2 und 3 SpruchG). Möglich ist der Vergleichsabschluss auch in einem schriftlichen Verfahren, indem die Beteiligten einen schriftlichen Vergleichsvorschlag des Gerichts durch Schriftsatz gegenüber dem Gericht annehmen (§ 11 Abs. 4 SpruchG). Auch insoweit ist allerdings erforderlich, dass sich sämtliche Beteiligte einschließlich des gemeinsamen Vertreters einig sind; der Anregung, einen „Mehrheitsvergleich" einzuführen,[82] ist der Gesetzgeber nicht gefolgt.

3. Rechtsmittel

a) **Beschwerde zum OLG.** Gegen die Entscheidung ist gem. § 12 Abs. 1 SpruchG die Be- 48 schwerde gegeben. Dabei handelt es sich um eine **weitere Tatsacheninstanz**; zuständig ist das Oberlandesgericht (§ 119 Abs. 1 Nr. 2 GVG).[83] Die Beschwerde ist kein neuer Antrag, sondern eine Fortsetzung des bereits eingeleiteten Verfahrens; daher ist es nicht erforderlich, dass die Voraussetzungen des § 3 SpruchG im Zeitpunkt der Beschwerde (noch) vorliegen.[84] Im Hinblick auf die selbstständige Verfahrensstellung des gemeinsamen Vertreters (§ 6 Abs. 3 SpruchG) wäre es richtig ihn für beschwerdebefugt zu halten.[85] Abweichend von der Rechtsprechung der Oberlandesgerichte hat allerdings der BGH nunmehr entschieden, dass eine Beschwerdebefugnis des gemeinsamen Vertreters im Gesetz nicht vorgesehen sei und eine analoge Anwendung des § 6 Abs. 3 S. 1 SpruchG nicht in Betracht kommt.[86] Allerdings ist der gemeinsame Vertreter – so der Bundesgerichtshof – auch ohne eigenes Beschwerderecht in der Beschwerdeinstanz weiter zu beteiligen, wenn einer der anderen, hierzu berechtigten Beteiligten ein Rechtsmittel einlegt. Der gemeinsame Vertreter ist auch nicht befugt, mit der Verfassungsbeschwerde die Verletzung materieller Grundrechte von Aktionären zu rügen.[87]

b) **Rechtsbeschwerde zum BGH.** Aufgrund der Reform des Beschwerderechts der Freiwil- 49 ligen Gerichtsbarkeit durch das FGG-Reformgesetz (→ Rn. 4 mit Fn. 7) besteht gegen die

---

[82] *Puszkajler* ZIP 2003, 518 (521).
[83] Eine Zuständigkeitskonzentration durch Landesrecht ermöglicht § 12 Abs. 2 SpruchG; hiervon hatten für das frühere Recht Bayern (VO v. 6.7.1995, GVBl. S. 343), Nordrhein-Westfalen (VO v. 26.11.1996, GVBl. S. 518) und Rheinland-Pfalz (VO v. 19.4.1995, GVBl. S. 125) Gebrauch gemacht.
[84] Tendenziell aA *Büchel* NZG 2003, 793 (800).
[85] So auch OLG Celle AG 2007, 865; OLG Karlsruhe AG 1995, 139 und OLG Stuttgart 17.3.2010 – 20 W 9/08.
[86] BGH 29.9.2015 – II ZB 23/14, ZIP 2016, 110 Rn. 19–24.
[87] BVerfG ZIP 2007, 1600; da die betroffenen, von ihm vertretenen Aktionäre nicht gehindert waren, das Spruchverfahren durch einen eigenen Antrag einzuleiten, ist die Stellung des gemeinsamen Vertreters nicht mit derjenigen einer Partei Kraft Amtes gleichzusetzen.

Beschwerdeentscheidung des OLG nunmehr grundsätzlich die Möglichkeit der **Rechtsbeschwerde** (§ 70 FamFG) zum **BGH** (§ 133 GVG). Vorausgesetzt wird allerdings deren Zulassung durch das Beschwerdegericht (§ 70 Abs. 1 FamFG). Diese ist auszusprechen,[88] wenn die Rechtssache grundsätzliche Bedeutung hat oder zur Fortbildung des Rechts oder der Sicherung einer einheitlichen Rechtsprechung erforderlich ist (§ 70 Abs. 2 FamFG).

50 **Der BGH ist an die Zulassung gebunden** (§ 70 Abs. 2 S. 2 FamFG), er kann die Rechtsbeschwerde auch nicht ohne Weiteres als unzulässig verwerfen, wenn er die Zulassungsvoraussetzung nicht für gegeben hält.[89] Allerdings kann er gem. § 74a FamFG in eindeutigen Fällen durch einstimmigen Beschluss ohne mündliche Verhandlung entscheiden, wenn er davon überzeugt ist, dass die Voraussetzungen für die Zulassung der Rechtsbeschwerde nicht vorliegen (oder diese sonst keine Aussicht auf Erfolg hat). Anders als im Revisionsrecht ist eine Nichtzulassungsbeschwerde nicht eröffnet, die Entscheidung über die Zulassung also unanfechtbar.[90]

4. „Inter-Omnes"-Wirkung und Publikation der Entscheidung

51 Die Entscheidung des Gerichts ist den Beteiligten **zuzustellen** (§ 11 Abs. 3 SpruchG). Sie wird mit Eintritt der Rechtskraft wirksam (§ 13 S. 1 SpruchG) und ist sodann nach näherer Maßgabe des § 14 SpruchG im elektronischen Bundesanzeiger und etwaigen weiteren Gesellschaftsblättern zu **veröffentlichen**. Die Entscheidung wirkt für und gegen alle (außenstehenden) Anteilsinhaber, einschließlich derjenigen, die die ursprünglich angebotene Abfindung akzeptiert hatten und daher ausgeschieden waren (§ 13 S. 2 SpruchG); diese erhalten also ggf. eine Nachzahlung („Abfindungsergänzungsanspruch").

52 Ebenfalls an die Beteiligten zuzustellen ist der durch Niederschrift (§ 11 Abs. 2, 3 SpruchG) oder Beschluss (§ 11 Abs. 4 SpruchG) dokumentierte gerichtliche **Vergleich**. Er ist jedoch anders als rechtskräftige Entscheidungen **nicht** gem. § 14 SpruchG zu veröffentlichen. Üblicherweise wird im Vergleich die Veröffentlichung vereinbart. Jedenfalls der gemeinsame Vertreter sollte hierfür im Interesse der von ihm vertretenen außenstehenden Aktionäre sorgen.[91]

53 Eine Mitteilungspflicht kann sich, insbesondere für als Antragsgegnerin betroffene börsennotierte Gesellschaften – sowohl für Entscheidungen als auch für Vergleiche – aus **Art. 17 MAR** ergeben, wenn die Voraussetzungen der **Ad-hoc-Pflicht** erfüllt sind.[92]

V. Gerichtliche und außergerichtliche Kosten

1. Gerichtsgebühren

54 Die Gerichtskosten richten sich seit der Novellierung des § 15 SpruchG durch das 2. Kostenrechtsmodernisierungsgesetz[93] grundsätzlich nach den Vorschriften der **GNotKG**; der Geschäftswert ist der Betrag, der nach der Entscheidung des Gerichts auf die außenstehenden Aktionäre insgesamt zusätzlich entfällt, mindestens jedoch 200.000 EUR höchstens 7,5 Millionen EUR (§ 74 GNotKG). Die Höhe der Gebühr ergibt sich aus § 34 GNotKG. Für die erste Instanz fallen 2,0 Gebühren an (KV Nr. 13500), wenn es nicht zu einer Entscheidung in der Hauptsache kommt tritt eine Ermäßigung auf den 0,5fachen Satz ein (KV Nr. 13504). Für das Beschwerdeverfahren gilt der 3,0fache Satz mit einer Ermäßigungsmöglichkeit auf das 0,5fache, wenn die Beschwerde vor ihrer Begründung zurückgenommen wird (KV Nr. 13610, Nr. 13611).

---

[88] Kein Ermessen des Gerichts, Keidel/*Meyer-Holz* § 70 Rn. 32.
[89] Keidel/*Meyer-Holz* § 70 Rn. 42; Prütting/Helms/*Abramenko* § 70 Rn. 15; aA Bumiller/Harders/Schwamb/ *Bumiller* § 70 Rn. 16 und *Vorauflage* Rn. 50.
[90] Keidel/*Meyer-Holz* § 70 Rn. 4 und 41; *Preuß* NZG 2009, 961 (965).
[91] Spindler/Stilz/*Drescher* SpruchG § 11 Rn. 10 und SpruchG § 14 Rn. 2.
[92] Ausführlicher *Riegger/Rieg* ZIP 2007, 1148 (1150 f.) (zu § 15 WpHG, Rechtslage insoweit unverändert).
[93] Gesetz vom 23.7.2013, BGBl. I S. 2586.

Schuldner der Gerichtskosten ist grundsätzlich der **Antragsgegner,** der auch zur Zahlung 55
von Vorschüssen zur Deckung der Auslagen verpflichtet ist (§ 23 Nr. 14 GNotKG). Abweichend hiervon können die Kosten den Antragstellern auferlegt werden, „wenn dies der Billigkeit entspricht" (§ 15 Abs. 1), was insbesondere in Fällen des Rechtsmissbrauchs in Betracht kommt.[94] In diesem Fall sind die Antragsteller neben dem Antragsgegner auch Kostenschuldner iSd § 23 Nr. 14 GNotKG.

Vom Gericht festgesetzt und wie die Gerichtskosten vom Antragsgegner zu tragen sind 56
auch **Auslagen und Vergütung des gemeinsamen Vertreters** (§ 6 Abs. 2 SpruchG). Die Berechnung der Vergütung richtet sich nach dem RVG, wobei der Gegenstandswert dem für die Gerichtsgebühren maßgeblichen Geschäftswert entspricht (§ 6 Abs. 2 SpruchG).

2. Kosten des Sachverständigen

Teil der Gerichtskosten sind auch die durch Beauftragung eines Gerichtssachverständigen 57
entstehenden Auslagen, so dass diese ebenfalls in der Regel durch den Antragsgegner zu tragen sind. § 15 Abs. 3 GNotKG (iVm § 23 Nr. 14 GNotKG) stellt die Vorschusspflicht des Antragsgegners klar. Die Beauftragung des Sachverständigen durch das Gericht kann allerdings als Teil der Beweiserhebung nicht vom Eingang des Vorschusses abhängig gemacht werden (§§ 12, 14 Abs. 1 S. 2 GNotKG). In der Regel wird dem Sachverständigen eine besondere Entschädigung gem. § 13 JVEG zu gewähren sein. Stimmt der Antragsgegner einer entsprechenden Vereinbarung nicht zu, so kann die Zustimmung durch das Gericht ersetzt werden.[95]

3. Anwaltskosten

Kosten der Antragsteller, namentlich Anwaltskosten, werden **grundsätzlich nicht vom An-** 58
tragsgegner getragen, wie sich im Umkehrschluss aus § 15 Abs. 2 SpruchG ergibt. Nach dieser Norm kann das Gericht die „zur zweckentsprechenden Erledigung notwendigen Kosten" der Antragsteller ganz oder zum Teil dem Antragsgegner auferlegen, „wenn dies unter Berücksichtigung des Ausgangs des Verfahrens der Billigkeit entspricht". Die Ausfüllung dieser unbestimmten Regel hat der Gesetzgeber „wegen der Vielfalt der möglichen Fallkonstellationen" bewusst der Rechtsprechung überlassen.[96] Nach der Gesetzesbegründung soll ausschlaggebendes Kriterium (allein) die Frage sein, inwieweit die Leistung des Antragsgegners durch die Gerichtsentscheidung erhöht wird.[97]

Mangels anderweitiger gesetzlicher Anordnung hat der **Antragsgegner** die ihm entstehen- 59
den eigenen Kosten stets selbst zu tragen. Allenfalls in Extremfällen missbräuchlicher Antragstellung könnte an Schadensersatzansprüche gem. § 826 BGB zu denken sein.

Hinsichtlich der **Höhe der Anwaltsgebühren** gelten für den anwaltlichen Vertreter des An- 60
tragsgegners die allgemeinen Regeln, so dass sich der Gegenstandswert nach der – häufig schwer zu schätzenden – drohenden Gesamtnachzahlung richtet (§ 32 Abs. 1 RVG). Für den Rechtsanwalt eines Antragstellers enthält § 31 RVG eine Spezialregelung. Danach entspricht der für diesen maßgeblichen Gegenstandswert dem Bruchteil des für die Gerichtsgebühren geltenden Geschäftswerts (→ Rn. 54), der sich aus dem Verhältnis der Anteile des Auftraggebers zu der Gesamtzahl der Anteile aller Antragsteller ergibt.

---

[94] BT-Drs. 15/371, 17.
[95] BT-Drs. 15/371, 17; OLG Stuttgart DB 2001, 1926 (1928).
[96] Kritisch *Puszkajler* ZIP 2003, 518 (521).
[97] BT-Drs. 15/2371, 17 f.

§ 41 Allgemeine Aktionärsklagen

Übersicht

	Rn.
I. Einleitung	1–3
II. Grenzen des Anwendungsbereichs allgemeiner Aktionärsklagen	4–12
1. Vorrang der speziellen aktienrechtlichen Rechtsbehelfe und Beachtung besonderer aktienrechtlicher Verfahrensvoraussetzungen	5–8
2. Eingriff in das aktienrechtliche Kompetenzgefüge	9–12
a) Klage auf Vornahme oder Unterlassung von Geschäftsführungsmaßnahmen	9/10
b) Klage im Wege der actio pro socio bzw. pro societate	11/12
III. Rechtsgrundlagen und Fallgruppen allgemeiner Aktionärsklagen im Überblick	13–23
1. Rechtsgrundlagen im Überblick	13–15
2. Fallgruppen im Überblick	16–24
a) Übergehen der Hauptversammlungszuständigkeit durch die Verwaltung	17–19
b) Pflichtwidrigkeiten der Verwaltung beim genehmigten Kapital	20/21
c) Verstöße der Verwaltung gegen den Gleichbehandlungsgrundsatz	22
d) Verletzung von Aktionärsrechten im Fall feindlicher Übernahmen	23/24
IV. Unterlassungs-, Feststellungs- und Beseitigungsklagen	25–45
1. Ausgliederung einer Beteiligung ohne Zustimmung der Hauptversammlung (Holzmüller/Gelatine-Fälle)	25–37
a) Feststellungsklage	25–32
b) Unterlassungs- oder Beseitigungsklage	33–37
2. Rechtswidriger Bezugsrechtsausschluss durch den Vorstand beim genehmigten Kapital	38–44
a) Materielle Ausgangslage	38–41
b) Überblick über die Rechtsschutzmöglichkeiten	42–45
V. Schadensersatzklagen	46–76
1. Allgemeines	46–55
a) Abgrenzung des Eigenschadens des Aktionärs vom bloßen Reflexschaden	48
b) Beispiele für Eigen- und Reflexschäden	49–51
c) Ausgleich des Reflexschadens durch Leistung an die Gesellschaft	52
d) Ausgleich des Reflexschadens durch Leistung an den Gesellschafter	53
e) Berücksichtigung von Gläubigerschutzgesichtspunkten	54
f) Prozessuale Einzelfragen	55
2. Organhaftungsklage gem. §§ 147, 148 AktG	56–72
a) Geltendmachung durch besonderen Vertreter nach § 147 AktG	57–59
b) Klagezulassungsverfahren nach § 148 AktG	60–67
c) Klageverfahren nach erfolgreichem Zulassungsverfahren	68–70
d) Vereinbarung mit Aktionären zur Verfahrensbeendigung (§ 149 Abs. 2 AktG)	71/72
3. Schadensersatz wegen rechtswidrigen Bezugsrechtsausschlusses beim genehmigten Kapital	73–76
a) Anspruchsgrundlagen	74
b) Bestimmung des Schadenstypus	75/76
VI. Einstweiliger Rechtsschutz	77–82
1. Aufklärung über das Risiko des § 945 ZPO	77
2. Einflussnahme auf die Willensbildung	78/79
3. Einstweilige Verfügung zur Sicherung des Bezugsrechts	80–82
Checkliste	83

Schrifttum: *Adolff,* Zur Reichweite des verbandsrechtlichen Abwehranspruchs des Aktionärs gegen rechtswidriges Verwaltungshandeln, ZHR 169 (2005), 311; *Bartels,* Die allgemeine Feststellungsklage im Kreis der verbandsinternen Aktionärsklagen, ZGR 2008, 722; *Baums,* Empfiehlt sich eine Neuregelung des aktienrechtlichen Anfechtungs- und Organhaftungsrechts, insbesondere der Klagemöglichkeiten von Aktionären?, Gutachten F zum 63. Deutschen Juristentag, Leipzig 2000; *Bayer,* Aktionärsklagen de lege lata und de lege ferenda,

NJW 2000, 2609; *Bernau,* Konzernrechtliche Ersatzansprüche als Gegenstand des § 147 Abs. 1 S. 1 AktG; *Bürgers/Holzborn,* Von „Siemens/Nold" zu „Commerzbank/Mangusta" – BGH konkretisiert Überprüfung des Bezugsrechtsausschlusses bei genehmigtem Kapital, BKR 2006, 202; *Busch,* Mangusta/Commerzbank – Rechtsschutz nach Ausnutzung eines genehmigten Kapitals, NZG 2006, 81; *Habersack,* Verhandlungen des 69. DJT, Bd. I, Gutachten E, 86; *Habersack,* Die Aktionärsklage – Grundlagen, Grenzen und Anwendungsfälle, DStR 1998, 533; *Humrich,* Der besondere Vertreter im Aktienrecht 2013, S. 43 ff.; *ders.* Die (vermeintlichen) Informationsrechte des besonderen Vertreters nach § 147 II AktG, NZG 2014, 441; *Kahnert,* Quo vadis § 148 AktG – Neukonzeption oder kontinuierliche Fehlentwicklung, AG 2013, 663; *Knobbe-Keuk,* Das Klagerecht des Gesellschafters einer Kapitalgesellschaft wegen gesetz- und satzungswidriger Maßnahmen der Geschäftsführung, Festschrift für Ballerstedt, 239; *Krieger,* Aktionärsklage zur Kontrolle des Vorstands- und Aufsichtsratshandelns, ZHR 163 (1999) 334; *Kubis,* Information und Rechtsschutz der Aktionäre beim genehmigten Kapital, DStR 2006, 188; *Lutter,* Die Funktion der Gerichte im Binnenstreit von Kapitalgesellschaften – ein rechtsvergleichender Überblick, ZGR 1998, 191; *Mock,* Informationsbeschaffung durch den besonderen Vertreter, ZHR 2017, 688; *Nietsch,* Klageinitiative und besondere Vertretung in der Aktiengesellschaft, ZGR 2011, 589; *Paefgen,* Justiziabilität des Verwaltungshandelns beim genehmigten Kapital, ZIP 2004, 245; *Peltzer,* Das Zulassungsverfahren wird von der Praxis nicht angenommen! Warum? Was nun?, Festschrift für Uwe H. Schneider, 2011, 953; *ders.,* Organhaftung: Bestandsaufnahme und Zukunftsperspektiven, AG 2014, 554; *Reichert/Weller,* Haftung von Kontrollorganen – Die Reform der aktienrechtlichen und kapitalmarktrechtlichen Haftung, ZRP 2002, 49; *K. Schmidt,* Verfolgungspflichten, Verfolgungsrechte und Aktionärsklagen: Ist die Quadratur des Zirkels näher gerückt? – Gedanken zur Reform der §§ 147–149 AktG vor dem Hintergrund der Juristentagsdiskussion des Jahres 2000, NZG 2005, 796; *Schmolke,* Die Aktionärsklage nach § 148 AktG, ZGR 2011, 398; *Spindler,* Haftung und Aktionärsklage nach dem neuen UMAG, NZG 2005, 865; *U. H. Schneider,* Der mühsame Weg der Durchsetzung der Organhaftung durch den besonderen Vertreter nach § 147 AktG, ZIP 2013, 1985; *Sünner,* Aktionärsklage zur Kontrolle des Vorstands- und Aufsichtsratshandelns, ZHR 163 (1999), 364; *Trapp/Schick,* Die Rechtsstellung des Aktionärs der Obergesellschaft beim Börsengang von Tochtergesellschaften, AG 2001, 381; *Ulmer,* Die Aktionärsklage als Instrument zur Kontrolle des Vorstands- und Aufsichtsratshandelns, ZHR 163 (1999), 290; *Verhoeven,* Der besondere Vertreter nach § 147 AktG: Erwacht ein schlafender Riese?, ZIP 2008, 245; *von Gerkan,* Die Gesellschafterklage, ZGR 1988, 441; *Wagner,* Organhaftung im Interesse der Verhaltenssteuerung – Skizze eines Haftungsregimes, ZHR 178 (2014), 227; *Wellkamp,* Die Gesellschafterklage im Spannungsfeld von Unternehmensführung und Mitgliedsrechten, DZWir 1994, 221; *Westermann,* Der Besondere Vertreter im Aktienrecht, AG 2009, 237; *Zöllner,* Die sog. Gesellschafterklagen im Kapitalgesellschaftsrecht, ZGR 1988, 393.

I. Einleitung

Der Begriff der Aktionärsklage wird in zweierlei Hinsicht verwendet.[1] Zum einen werden damit **nicht speziell im Aktiengesetz geregelte Klagen des Aktionärs gegen die Gesellschaft und/oder Organmitglieder aus innergesellschaftlichen Rechtsbeziehungen**[2] bezeichnet, die der Aktionär aus eigenem Recht führt, insbesondere zur Abwehr von rechtswidrigem Verwaltungshandeln („**Abwehrklagen**"). Zum anderen werden darunter **Klagen des Aktionärs** verstanden, **durch die er Ansprüche der Gesellschaft im Wege der gesetzlichen Prozessstandschaft geltend macht**, wie zB seit der Neufassung des § 148 AktG durch das Gesetz zur Unternehmensintegrität und Modernisierung des Anfechtungsrechts (UMAG)[3] die Geltendmachung des der Gesellschaft zustehenden Organhaftungsanspruchs („**Schadensersatz- oder Organhaftungsklagen**"). Mit einer generellen gesetzlichen Regelung der allgemeinen Aktionärsklage zur Abwehr rechtswidrigen Verwaltungshandelns ist in naher Zukunft nicht zu rechnen. Dies ist auch nicht zwingend erforderlich, da die Rechtsprechung – um effektiven Rechtsschutz zu gewährleisten – in bestimmten Fällen den Rückgriff auf die allgemeinen zivilprozessrechtlichen Klagemöglichkeiten anerkennt. Leading Case ist insofern die sog. Holzmüller-Entscheidung des BGH.[4] Vor dem Hintergrund der als missglückt angese-

1

---

[1] Vgl. MHdBGesR IV/*Rieckers* § 18 Rn. 5.
[2] Die Begrenzung auf Klageverfahren impliziert bereits, dass Verfahren der freiwilligen Gerichtsbarkeit nicht gemeint sind. Verfahren wie das Spruchverfahren (§§ 1 ff. SpruchG), das Auskunftserzwingungsverfahren (§ 132 AktG) oder die Sonderprüfung (§ 142 AktG) gehören nicht dazu. Nicht erfasst sind ferner die gesetzlich geregelten Beschlussmängelklagen (§§ 243 ff. AktG) sowie die gestaltungsähnliche positive Beschlussfeststellungsklage, die Jahresabschlussnichtigkeitsklage (§ 256 Abs. 7 AktG) und die Klage auf Nichtigerklärung der Gesellschaft (§§ 275 ff. AktG). Zu den Beschlussmängelklagen siehe oben §§ 38 f.
[3] Gesetz zur Unternehmensintegrität und Modernisierung des Anfechtungsrechts vom 22.9.2005, BGBl. I 2802; RegE, BT-Drs. 15/5092.
[4] BGHZ 83, 122 (126) = NJW 1982, 1703.

henen Fassung des § 147 Abs. 3 AktG durch das KonTraG[5] einerseits, die die Durchsetzung von Schadenersatzansprüchen durch die Aktionäre erheblich erschwerte, und der ARAG/Garmenbeck-Entscheidung des BGH[6] andererseits, die demgegenüber die Pflicht des Aufsichtsrats zur Geltendmachung von Schadenersatzansprüchen gegen den Vorstand betonte, kam eine lebhafte rechtspolitische Diskussion darüber auf, ob auch in Deutschland ein Bedürfnis für eine Aktionärsklage nach dem Vorbild der amerikanischen „derivative suit" besteht, die dem Aktionär eine Klagebefugnis aus abgeleitetem Recht für die Durchsetzung von Ansprüchen der Gesellschaft einräumt.[7] Durch das UMAG wurde im Jahr 2005 sodann in § 148 AktG ein Aktionärsklageverfahren eingeführt.

2 Zahlenmäßig spielen allgemeine Aktionärsklagen im Vergleich zu Beschlussmängelklagen eine **untergeordnete Rolle**.[8] Allerdings sind die im Rahmen allgemeiner Aktionärsklagen zu beurteilenden Rechtsfragen oft von grundsätzlicher Bedeutung.

3 Dem Anwalt eines klagewilligen Aktionärs wird in der Praxis durch kritische Würdigung der Erfolgsaussichten einer Klage eine „**Filterfunktion**" zukommen. Die Beratung der AG und ihrer Organe dürfte demgegenüber ihren Schwerpunkt darin haben, präventiv die gerichtliche Klärung von „Holzmüller-Fällen" und Schadensersatzklagen durch Aktionäre zu vermeiden, indem relevante Sachverhalte als solche identifiziert und ggf. der Hauptversammlung zur Entscheidung vorgelegt werden bzw. auf sorgfältiges Handeln der Organe hingewirkt wird.

II. Grenzen des Anwendungsbereichs allgemeiner Aktionärsklagen

4 Gleich, ob es sich dabei um Fälle der Unzulässigkeit oder der Unbegründetheit der Klage handelt, empfiehlt es sich aus Gründen der Arbeitseffizienz, **bereits im Frühstadium der Fallbearbeitung bestimmte Aspekte in den Blick zu nehmen,** die den Anwendungsbereich der allgemeinen Aktionärsklagen negativ begrenzen:

> **Praxistipp:**
> Der Rückgriff auf die allgemeinen Rechtsbehelfe der ZPO ist dem Aktionär versperrt, soweit ihm spezielle aktienrechtliche Rechtsbehelfe zur Verfügung stehen würden. In derartigen Fällen fehlt dem klagenden Aktionär das Rechtsschutzbedürfnis für eine allgemeine Aktionärsklage.[9] Ebenfalls unzulässig mangels Prozessführungsbefugnis ist bis auf die gesetzlich geregelten Ausnahmefälle, insbesondere gem. § 148 AktG, eine actio pro socio bzw. pro societate des Aktionärs. Darüber hinaus darf der Aktionär nicht mittels allgemeiner Rechtsbehelfe das aktienrechtliche Kompetenzgefüge außer Kraft setzen wollen, insbesondere nicht Einfluss auf Maßnahmen der Geschäftsführung nehmen wollen. In diesen Fällen fehlt ihm die Sachbefugnis, und die Klage ist jedenfalls unbegründet.

1. Vorrang der speziellen aktienrechtlichen Rechtsbehelfe und Beachtung besonderer aktienrechtlicher Verfahrensvoraussetzungen

5 Soweit der Gesetzgeber für Klagen von Aktionären – wie im Fall der Beschlussmängelklagen oder des Spruchverfahrens – besondere Prozessvoraussetzungen aufgestellt hat, dürfen diese nicht durch Rückgriff auf die allgemeinen Klageinstrumente des Zivilprozessrechts

---

[5] Gesetz zur Kontrolle und Transparenz im Unternehmensbereich vom 27.4.1998, BGBl. I 786.
[6] BGHZ 135, 244 = NJW 1997, 1926.
[7] Vgl. hierzu *Ulmer* ZHR 163 (1999), 290; *Sünner* ZHR 163 (1999), 364; *Lutter* ZGR 1998, 191; *Habersack* DStR 1998, 533 (534).
[8] Auf die bisherige praktische Bedeutungslosigkeit und Reformbestrebungen hinweisend: *Paefgen* AG 2014, 576; *Wagner* ZHR 178 (2014), 227 (267 ff.); *Peltzer* FS Uwe H. Schneider, 2011, 953 (963); *Schmolke* ZGR 2011, 398 (399); *Habersack*, Verhandlungen des 69. DJT, Bd. I, Gutachten E, 86, 92, 95 f.
[9] Vgl. LG Berlin WM 1994, 1246 (1249).

(Leistungs-, Feststellungs- und Gestaltungsklage) umgangen werden. Vor der Erhebung einer allgemeinen Aktionärsklage muss der Anwalt daher zunächst überprüfen, ob dem Mandanten eine spezielle, gesetzlich geregelte Klageart zur Verfügung steht (oder innerhalb der gesetzlichen Fristen zur Verfügung gestanden hätte), mit der im Aktienrecht eine abschließende Regelung getroffen wurde.[10] Ferner muss er überprüfen, ob durch eine Individualklage eines Aktionärs besondere aktienrechtliche Verfahrensanforderungen umgangen würden.

So ist zB eine **Unterlassungsklage oder einstweilige Verfügung zur Vorbeugung gegen bevorstehende rechtswidrige Hauptversammlungsbeschlüsse unzulässig,** da andernfalls die Voraussetzungen, die der Aktionär erfüllen muss, um seine Anfechtungsbefugnis im Rahmen der Beschlussmängelklage zu erhalten (§ 245 Ziff. 1 und 2 AktG), unbeachtet blieben.[11] In Ergänzung der Anfechtungs- und Nichtigkeitsklage kommt jedoch ein Unterlassungsantrag in Betracht, der sich gegen den Vollzug eines mit der Anfechtungs- oder Nichtigkeitsklage angegriffenen Beschlusses richtet.[12] Der Antrag kann mit dem Anfechtungs- oder Nichtigkeitsfeststellungsantrag verbunden werden. Dagegen fehlt das Rechtsschutzbedürfnis für einen isolierten Antrag auf Unterlassung des Vollzugs, wenn der Aktionär nicht fristgemäß die Anfechtungsklage erhoben hat.[13]

Unzulässig ist auch die Individualklage eines Aktionärs zur Durchsetzung eines Ersatzanspruchs, wenn nicht die besonderen Voraussetzungen des § 148 AktG eingehalten werden. Dies ist zB der Fall, wenn der Aktionär unter Berufung auf die Verletzung seines Mitgliedschaftsrechts einen *eigenen* Anspruch behauptet, der bloßer Reflex eines unter §§ 147, 148 AktG fallenden Erstattungsanspruchs der Gesellschaft ist. Andernfalls würden durch den Rückgriff auf allgemeines Deliktsrecht die Wertungen des Gesetzgebers in §§ 147, 148 AktG umgangen.

Unzulässig ist ferner die Klage eines Aktionärs auf Feststellung, dass die Rechte eines anderen Aktionärs nach § 59 WpÜG nicht bestehen.[14] Insofern fehlt es an einer Lücke im aktienrechtlichen Rechtsschutzsystem. Soweit es um die Teilnahme und die Abstimmung auf einer Hauptversammlung geht, sind Anfechtungs- und Nichtigkeitsklage vorrangig. Im Hinblick auf eine etwa bereits zu Unrecht ausbezahlte Dividende, steht der Gesellschaft ein Rückzahlungsanspruch nach § 62 Abs. 1 AktG zu. Wird die Geltendmachung von den Organen der Gesellschaft unterlassen, haben die Aktionäre die Möglichkeit, über einen besonderen Vertreter nach § 147 AktG vorzugehen oder nach § 148 AktG ein Klagezulassungsverfahren einzuleiten. Schließlich lässt sich ein Feststellungsinteresse auch nicht aus der Bedeutung eines ordnungsgemäßen Pflichtangebots für die Transparenz am Kapitalmarkt herleiten. Vorrangig wäre ggf. eine Schadensersatzklage gegen den Bieter. Außerdem ist im Kapitalmarkt- wie auch im Aktienrecht eine Verbandsklage nicht vorgesehen.

2. Eingriff in das aktienrechtliche Kompetenzgefüge

a) **Klage auf Vornahme oder Unterlassung von Geschäftsführungsmaßnahmen.** Mit einer Klage gegen die Gesellschaft oder Mitglieder des Vorstands auf Vornahme oder Unterlassung von Maßnahmen, die dem Bereich der Geschäftsführung zuzuordnen sind, würde der Aktionär in den Kompetenzbereich des Vorstands eingreifen. Die herrschende Meinung hält derartige „**Kompetenzanmaßungsklagen**" von Aktionären **mangels Sachbefugnis für unbegründet,**[15] denn den Aktionären steht kein Ersatzaufsichtsrecht zu. Unbegründet ist daher

---

[10] BGHZ 83, 122 (126) = NJW 1982, 1703 – Holzmüller; s. auch *Binge/Thölke* in § 25.
[11] LG Berlin WM 1994, 1246 (1249). Da die Beschlussmängelklage zur Verfügung steht, fehlt es für eine allgemeine Aktionärsklage am Rechtschutzbedürfnis, so zu Recht *Zöllner* ZGR 1988, 392 (401).
[12] *Baums* S. 205.
[13] *Baums* S. 206.
[14] LG München I 27.11.2008 – 5 HK O 3928/08, AG 2009, 171 f.
[15] BGHZ 76, 160 (für die GmbH & Co KG), hierzu *Grunewald* DB 1981, 407; OLG Hamburg 5.9.1980 – 11 U 1/80, DB 1981, 74 mwN, nachfolgend (dies nicht beanstandend) BGHZ 83, 122 = NJW 1982, 1703 – Holzmüller; *Krieger* ZHR 163 (1999), 342 (353 f.); MHdBGesR IV/*Rieckers* § 18 Rn. 10; aA *Wellkamp* DZWir 1994, 221 (224 f.) mit der Begründung, die Geschäftsführung könne keine Kompetenz für schlicht sorgfaltswidriges Verhalten beanspruchen. Diese Begründung überzeugt nicht. Pflichtverletzungen des Vorstands, die im Rahmen der Geschäftsführung begangen werden, werden ausschließlich durch Schadensersatzansprüche sanktioniert.

zB die Klage eines Aktionärs auf Beachtung von Arbeitszeit- oder Umweltschutzbestimmungen oder auf Unterlassung rechtswidriger wettbewerbswidriger Preisabsprachen. Das bedeutet allerdings nicht, dass auch Schadensersatzansprüche des Aktionärs ausgeschlossen wären. Nach dem Prinzip „Dulde und liquidiere" kann der Aktionär zwar rechtswidrige Geschäftsführungsmaßnahmen nicht verhindern, fügt ihm die Verwaltung allerdings in seiner mitgliedschaftlichen Rechtsposition schuldhaft einen Schaden in seinem Vermögen zu, der nicht bloßer Reflex eines Schadens der AG ist,[16] so kann die Schadenersatzpflicht weiter gehen als der Abwehranspruch.[17]

10 Von den Geschäftsführungsmaßnahmen, die gegen allgemeine gesetzliche Vorschriften verstoßen, sind im Hinblick auf das Klagerecht des Aktionärs solche Maßnahmen des Vorstands zu unterscheiden, die dieser in Überschreitung der Grenzen vornimmt, die seiner Geschäftsführungsbefugnis durch das Aktiengesetz und die Satzung gesetzt sind. Letztere sind nicht mehr als Geschäftsführungsmaßnahmen anzusehen und der Aktionär kann gegen sie mit der Unterlassungs- oder Beseitigungsklage vorgehen. Insbesondere kann der Aktionär auf Unterlassung solcher Maßnahmen klagen, mit denen der Vorstand eine Kompetenz der Hauptversammlung an sich ziehen würde.[18]

11 **b) Klage im Wege der actio pro socio bzw. pro societate.** Für eine actio pro socio bzw. pro societate des Aktionärs, dh eine Klage, mit der er in gesetzlicher Prozessstandschaft einen Anspruch der Gesellschaft geltend macht, ist **im Aktienrecht grundsätzlich kein Raum**. Dieser Grundsatz hat durch die Neuregelung des § 148 AktG durch das UMAG eine wesentliche **Ausnahme** erfahren. Zwar sind Schadensersatzansprüche der Gesellschaft grundsätzlich durch den Vorstand geltend zu machen oder durch den Aufsichtsrat, soweit sie sich gegen den Vorstand richten. Gemäß § 147 AktG kann die Hauptversammlung aber die Geltendmachung erzwingen und hierzu auch besondere Vertreter bestellen. Daneben können nun **gem. § 148 AktG Aktionäre deren Anteile 1 % des Grundkapitals oder einen anteiligen Betrag von 100.000 EUR erreichen,** bei dem für die Gesellschaft zuständigen Landgericht **beantragen, im eigenen Namen eine Organhaftungsklage erheben** zu dürfen (sog. **Klagezulassungsverfahren**). Das Gericht hat die Klage bei Vorliegen bestimmter Voraussetzungen zuzulassen.[19] Schließlich ist eine Ermächtigung der Aktionäre, einen Schadensersatzanspruch der Gesellschaft geltend zu machen, positiv noch in den §§ 309 Abs. 4, 310 Abs. 4, 317 Abs. 4, 318 Abs. 4 AktG geregelt.[20] Im Umkehrschluss aus diesen speziellen Regelungen ist zu folgern, dass der Aktionär de lege lata keine Prozessführungsbefugnis im Rahmen einer allgemeinen actio pro socio bzw. pro societate geltend machen kann.[21] Insbesondere fehlt es an einer Analogie zum Personengesellschaftsrecht.[22] Ein Aktionär ist also zB nicht befugt, einen Anspruch der Gesellschaft gegen den Vorstand auf Unterlassung von Geschäftsführungsmaßnahmen geltend zu machen, die schlicht rechtswidrig sind.[23]

12 Abweichend von diesem Grundsatz hat das Landgericht Hamburg im Fall von Ansprüchen der Gesellschaft gegen externe Dritte die **actio pro socio bzw. pro societate ausnahmsweise zugelassen,** wenn von der Gesellschaft eine Rechtsverfolgung nicht zu erwarten ist

---

[16] Zur Abgrenzung zwischen Eigenschäden und Reflexschäden → Rn. 48.
[17] *Bayer* NJW 2000, 2609 (2611); *Ulmer* ZHR 163 (1999), 290 (340). Zu Schadensersatzklagen → Rn. 46–76.
[18] Grundlegend *Knobbe-Keuk* FS Ballerstedt, 239 (252, 253).
[19] Einzelheiten → Rn. 60 ff.
[20] Dabei handelt es sich wie bei der Klage nach § 148 AktG um einen Fall der gesetzlichen Prozessstandschaft, so zutreffend Hüffer/Koch/*Koch* AktG § 148 Rn. 15 mit Hinweis auf die Gegenmeinung.
[21] Ganz hM, LG Düsseldorf 14.12.1999 – 10 O 495/99 Q, AG 2000, 233 – Mannesmann/Vodafone; *Krieger* ZHR 163 (1999), 342 (344 f.); *Habersack* DStR 1998, 533; MHdBGesR IV/*Rieckers* § 18 Rn. 7; *Bayer* NJW 2000, 2609 (2613); *Zöllner* ZGR 1988, 393 (408, 415); *Reichert/Weller* ZRP 2002, 49 (52).
[22] Ausführlich *Zöllner* ZGR 1988, 392 (430 f.).
[23] → Rn. 7. Ein eigener Abwehranspruch des Aktionärs wegen Verletzung seines Mitgliedschaftsrechts kann sich jedoch ergeben, wenn die Aktivitäten des Vorstands den Unternehmensgegenstand faktisch ändern, vgl. *Knobbe-Keuk* FS Ballerstedt, 239 (252); *Zöllner* ZGR 1988, 392 (431).

und der durch den Reflexschaden mittelbar geschädigte Aktionär den Dritten auf Leistung an die AG verklagt.[24]

III. Rechtsgrundlagen und Fallgruppen allgemeiner Aktionärsklagen im Überblick

1. Rechtsgrundlagen im Überblick

Der BGH begründet das Recht des Aktionärs, auf die allgemeinen Rechtsbehelfe der ZPO zurückzugreifen, damit, dass eine materiell begründete Rechtsverfolgung nicht daran scheitern dürfe, dass die dem Aktiengesetz eigenen Rechtsbehelfe tatbestandsmäßig versagen. Dieser Rückgriff ist zulässig, soweit der Sinn einer aktienrechtlichen Bestimmung nicht gerade darin liegt, diese Möglichkeit zu unterbinden.[25] Sofern die → unter I. aufgeführten Einwände nicht entgegenstehen, lautet der Grundsatz daher, dass einer materiellen Rechtsposition des Aktionärs, die sich praktisch immer auf sein Mitgliedschaftsrecht stützt, immer auch eine prozessuale Klagemöglichkeit zur Seite steht. 13

Die **Aktivlegitimation** des Aktionärs im Rahmen der allgemeinen Aktionärsklagen ergibt sich aus einer **Verletzung des Mitgliedschaftsrechts** des Aktionärs durch Handeln der Verwaltung. Als Anspruchsgrundlagen kommen einerseits im Verbandsrecht das mitgliedschaftliche Rechtsverhältnis, andererseits im Deliktsrecht das subjektive Mitgliedschaftsrecht als sonstiges Recht iSd § 823 Abs. 1 BGB in Betracht.[26] Hierbei kann es sich um miteinander konkurrierende Anspruchsgrundlagen handeln.[27] 14

Über die **Passivlegitimation** der Gesellschaft besteht jedenfalls Einigkeit. Sieht man die Aktionärsklage, die die Verletzung von Mitgliedschaftsrechten zum Gegenstand hat, wie der BGH im Verbandsrecht verwurzelt und nicht im Deliktsrecht,[28] so ist sie stets gegen die Aktiengesellschaft zu richten. Dieser ist das Verhalten ihrer Organe gem. § 31 BGB zuzurechnen.[29] Nach anderer Auffassung, die die Abwehransprüche des Aktionärs auch auf die Verletzung **des** Mitgliedschaftsrechts als sonstiges Recht iSd § 823 Abs. 1 BGB zurückführt, kommt daneben auch eine Klage gegen einzelne Organmitglieder in Betracht.[30] 15

2. Fallgruppen im Überblick

In Rechtsprechung und Schrifttum sind bestimmte **Fallgruppen** entwickelt worden, in denen die Statthaftigkeit der allgemeinen Aktionärsklage dem Grunde nach anerkannt ist.[31] 16

---

[24] LG Hamburg 11.6.1997, WM 1998, 497 (501), nachfolgend OLG Hamburg 30.3.1999 – 7 U 161/97, AG 1999, 380 (Klageerledigung infolge Klageerhebung durch die Gesellschaft selbst). Hierzu näher → Rn. 52.
[25] BGHZ 83, 122 (127) = NJW 1982, 1703 – Holzmüller.
[26] Vgl. *Habersack* DStR 1998, 533 (534); *Bayer* NJW 2000, 2609 (2611 f.) mwN. Nach OLG München AG 2009, 912 ist eine allgemeine Feststellungsklage gem. § 256 ZPO auf Feststellung der Nichtigkeit des Jahresabschlusses auch dann zulässig, wenn der Aktionär diese Stellung durch einen Squeeze-out verloren hat und der angegriffene Akt Auswirkungen auf den Barabfindungsanspruch nach § 327a AktG haben kann.
[27] *K. Schmidt*, GesR, § 21 V 4.
[28] Dies lässt sich indirekt aus der Entscheidung BGHZ 136, 133 (141) = NJW 1997, 2815 – Siemens/Nold herauslesen.
[29] Auch bei einem deliktsrechtlichen Ansatz wäre die Gesellschaft über § 31 BGB die richtige Beklagte. Allerdings könnte daneben noch eine Klage gegen einzelne Organmitglieder in Betracht kommen, vgl. *Zöllner* ZGR 1988, 392 (433) Fn. 138; vgl. auch Hüffer/Koch/*Koch* AktG § 93 Rn. 60, 64.
[30] Nach BGHZ 110, 323 (327 f.) = NJW 1990, 2877 – Schärenkreuzer – kann die Verletzung des vereinsrechtlichen Mitgliedschaftsrechts unter dem Gesichtspunkt der Verletzung eines sonstigen Rechts auch Schadensersatzansprüche nach deliktischen Grundsätzen auslösen, die sich sowohl gegen Vereinsmitglieder und Vereinsorgane als auch, unter den Voraussetzungen des § 31 BGB, gegen den Verein richten können; *Baums*, Gutachten F, 18; *Bayer* NJW 2000, 2609 (2611); *Habersack* DStR 1998, 533 (534); *Krieger* ZHR 163 (1999), 343 (344 f.), hält zumindest einen Schadensersatzanspruch des Aktionärs gegen Organmitglieder wegen Verletzung des Mitgliedschaftsrechts in Bezug auf Eigenschäden für begründbar, schließt den Anspruch in Bezug auf Reflexschäden jedoch aus denselben Gründen aus wie die actio pro socio bzw. pro societate.
[31] Vgl. auch die Auflistungen bei *Krieger* ZHR 163 (1999), 343 (354 f.) und *Habersack* DStR 1998, 533 (535 ff.).

17   a) **Übergehen der Hauptversammlungszuständigkeit durch die Verwaltung.** *aa) Holzmüller/Gelatine-Fälle.* In diese Fallgruppe gehören die sog. Holzmüller/Gelatine-Fälle,[32] also Fälle wesentlicher Strukturänderungen wie zB die Ausgliederung oder Veräußerung wesentlicher Beteiligungen,[33] die Umstrukturierung einer Tochter- in eine Enkelgesellschaft,[34] die Veränderung der Struktur der Hauptgesellschaft durch Veräußerung des Vermögens einer eingegliederten Gesellschaft[35] und andere Fälle faktischer Satzungsänderung,[36] in denen der Vorstand auf Dauer den satzungsmäßigen Unternehmensgegenstand „unter-" oder „überschreitet",[37] ferner uU der Gang an die Börse.[38] Nach der Rechtsprechung schrumpft in diesen Fällen das Ermessen des Vorstands, die Maßnahme nach § 119 Abs. 2 AktG zur Entscheidung vorzulegen, auf Null, weil die Entscheidungen in die Mitgliedschaftsrechte und Vermögensinteressen der Aktionäre so stark eingreifen, dass der Vorstand vernünftigerweise nicht annehmen kann, er dürfe sie ausschließlich in eigener Verantwortung treffen.[39] Welches Mehrheitserfordernis in der Hauptversammlung gilt, war zunächst umstritten.[40] Jedenfalls soweit die Zustimmung der Hauptversammlung der Muttergesellschaft für Maßnahmen bei der Tochtergesellschaft erforderlich ist, weil die Ausgliederung auf die Tochtergesellschaft ohne Zustimmung der Hauptversammlung der Muttergesellschaft erfolgte, ergibt sich aus der Holzmüller-Entscheidung, dass für die Mutter dasselbe Mehrheitserfordernis wie für die Tochter gilt.[41] In den Gelatineentscheidungen vom 26.4.2004 hat der BGH diese Unsicherheit beseitigt und eine qualifizierte Dreiviertelmehrheit gefordert, und zwar ungeachtet einer Satzungsklausel, nach welcher die Hauptversammlung mit einfacher Mehrheit sollte beschließen können, soweit nicht Gesetz oder Satzung zwingend anderes bestimmen.[42] Ab welcher Größenordnung und auf der Basis welcher Bemessungsgrundlage die Maßnahme als so wesentlich beurteilt werden muss, dass eine ungeschriebene Hauptversammlungszuständigkeit besteht, wird im Schrifttum völlig unterschiedlich beurteilt.[43] Nach der Rechtsprechung des BGH ist eine Mitwirkungsbefugnis der Aktionäre erst gegeben, wenn die wirtschaftliche Bedeutung der Maßnahme in etwa die Ausmaße wie in der Holzmüller-Entscheidung erreiche, maW wenn in etwa der wertvollste Teil des Gesellschaftsvermögens betroffen ist.[44] Eine Bedeutung von maximal 30 % nach Finanzkennziffern liege „weit unter der Grenze".

18   In der Diskussion ist auch eine ungeschriebene Hauptversammlungszuständigkeit im Fall des Börsengangs einer Tochtergesellschaft,[45] der zwecks Verteuerung der Übernahme für den Bieter bei abhängigen Töchtern auch als Abwehrmaßnahme im Rahmen einer feindlichen Übernahme diskutiert wird.[46] Nach einer Meinung soll eine Zustimmung nur beim

---

[32] → Rn. 25 ff., sowie ausführlich *Binge/Thölke* in § 25.
[33] Vgl. speziell zu Holding-Gesellschaften aber auch zu Wesentlichkeitsschwellen und zum Mehrheitserfordernis *Bohnet* DB 1999, 2617.
[34] BGH 26.4.2004 – II ZR 155/02 und 154/02, NJW 2004, 1860 = NZG 2004, 571 – Gelatine; hierzu oben ausführlich *Binge/Thölke* § 25 Rn. 56 ff.
[35] OLG Celle 7.3.2001 – 9 U 137/00, AG 2001, 357; dagegen soll der Erwerb einer Beteiligung kein Holzmüller-Fall sein, vgl. *Renner,* Holzmüller-Kompetenz der Hauptversammlung beim Erwerb einer Unternehmensbeteiligung?, NZG 2002, 1091 (1093).
[36] Vgl. LG Frankfurt a. M. 12.12.2000 – 3/5149/99, AG 2001, 431 – AGIV AG (Auflösung eines Konzerns durch Verkauf aller wesentlichen Beteiligungen).
[37] Vgl. *Habersack* DStR 1998, 533 (535).
[38] Vgl. *Trapp/Schick,* Die Rechtsstellung des Aktionärs der Obergesellschaft beim Börsengang von Tochtergesellschaften, AG 2001, 381 (382) mwN.
[39] BGHZ 83, 122 (131) = NJW 1982, 1703 – Holzmüller; vgl. auch zB OLG München 14.2.2001 –7 U 6019/99, AG 2001, 364 (365); OLG Celle 7.3.2001 – 9 U 137/00, AG 2001, 357 (358).
[40] Vgl. den Überblick zum Meinungsstand bei *Bohnet* DB 1999, 2617 (2621).
[41] Zutreffend *Bohnet* DB 1999, 2617 (2621).
[42] BGH ZIP 2004, 993 (998, 1001).
[43] Vgl. die Übersichten über den Meinungsstand zB bei *Bohnet* DB 1999, 2617; *Trapp/Schick* AG 2001, 381 (386) mwN.
[44] BGH NJW 2004, 1860 = NZG 2004, 571.
[45] Hintergrund der Diskussion bildeten ua die Fälle Siemens/Infineon und EPCOS, Commerzbank/Comdirect bank, Dt. Telekom/T-Online International; Veba/Stinnes, Bayer/Agfa N. V.
[46] Vgl. Haarmann/Schüppen/*Röh/Vogel* WpÜG Vor §§ 33 ff. Rn. 72.

Börsengang „wesentlicher" Tochtergesellschaften erforderlich sein,[47] nach anderer Meinung bei einem Börsengang jeder bisher 100%igen Tochtergesellschaft.[48] Eine dritte Ansicht verlangt, im Wege der Einzelfallbetrachtung zu untersuchen, ob die Maßnahme eine Qualität erreicht, die im Holzmüller-Urteil vorlag, weil sie die Struktur der Obergesellschaft verändert, deren Kernarbeitsgebiet betrifft und schwerwiegend in die Aktionärsrechte eingreift, was nur ausnahmsweise der Fall sei.[49] Auf der Grundlage der Gelatine-Entscheidung ist der letzten Ansicht zu folgen.

bb) Fälle sog. übersteigerter Rücklagenbildung im Konzern. Im Falle sog. übersteigerter 19 Rücklagenbildung im Konzern[50] wird den Aktionären die ihnen zustehende Entscheidung über die Erträge der AG (vgl. §§ 58 Abs. 3, 174 AktG) und der Anspruch auf den (richtigerweise zu erhöhenden) Bilanzgewinn entzogen. Auch hiergegen soll sich nach bisher allerdings nur im Schrifttum geäußerter Ansicht jeder einzelne Aktionär mit der Unterlassungs-, wahlweise wegen der Vermutung der Befolgung eines Feststellungsurteils auch mit der Feststellungsklage wehren dürfen.

b) Pflichtwidrigkeiten der Verwaltung beim genehmigten Kapital. Ein weiterer Anwen- 20 dungsfall der allgemeinen Aktionärsklage kann sich nach der Rechtsprechung des BGH bei Ausnutzung des genehmigten Kapitals durch Vorstand und Aufsichtsrat ergeben, wenn der Vorstand zur Entscheidung über den Bezugsrechtsausschluss zwar wirksam ermächtigt wurde, jedoch von der Ermächtigung in rechtswidriger Weise Gebrauch macht, zB zur Finanzierung eines von der Satzung und/oder Ermächtigung nicht gedeckten Vorhabens oder eines Vorhabens, das ebenso gut unter Wahrung des Bezugsrechts durchgeführt werden könnte. Es handelt sich nicht um einen Übergriff in die Zuständigkeit der Hauptversammlung, soweit der Vorstand wirksam ermächtigt und damit prinzipiell gem. § 203 Abs. 2 AktG zuständig war.[51] Die Beschlussmängelklagen stehen nicht zur Verfügung, da nicht die Hauptversammlung, sondern der Vorstand über den Bezugsrechtsausschluss entscheidet. Materiell wird wiederum an einen rechtswidrigen Eingriff in das Bezugsrecht des Aktionärs als Teil des Mitgliedschaftsrechts angeknüpft. Zu dieser Fallgruppe beispielhaft → Rn. 38 ff.

Daneben kommen für Pflichtverletzungen der Verwaltung auch andere Ansatzpunkte in 21 Betracht. So kann etwa eine wirksame Ermächtigung zum Bezugsrechtsausschluss ganz fehlen oder die Fehlerhaftigkeit allein auf der Festsetzung zu günstiger Ausgabebedingungen für die Dritterwerber beruhen.[52] Bei der Frage, ob ein Anspruch auf Unterlassung derartiger Pflichtwidrigkeiten des Vorstands besteht, ist wiederum zu berücksichtigen, dass den Aktionären kein Ersatzaufsichtsrecht über den Vorstand zusteht.[53] Unterlassung der Pflichtwidrigkeit kann der Aktionär nur verlangen, soweit sie gerade darauf beruht, dass er zu Unrecht von seinem Bezugsrecht ausgeschlossen wird. Das ist beispielsweise nicht der Fall, wenn der Vorstand lediglich die Ausgabebedingungen zu niedrig festgelegt hat.

c) Verstöße der Verwaltung gegen den Gleichbehandlungsgrundsatz. Auch Verstöße gegen 22 den Gleichbehandlungsgrundsatz (§ 53a AktG) verletzen den Aktionär in seinem Mitgliedschaftsrecht.[54] Deshalb kann er sich mit der Unterlassungsklage wehren, wenn der Vorstand seine Absicht bekannt gibt, die ihm erteilte Ermächtigung zum Erwerb eigener Aktien zu

---

[47] *Lutter,* Noch einmal: Zum Vorerwerbsrecht der Aktionäre beim Verkauf von Tochtergesellschaften über die Börse, AG 2001, 349 (350), vgl. zuvor *ders.,* Das Vorerwerbsrecht/Bezugsrecht der Aktionäre beim Verkauf von Tochtergesellschaften über die Börse, AG 2000, 342.
[48] *Wackerbarth,* Aktionärsrechte beim Börsengang einer Tochter – obey the law, if not the spirit, AG 2002, 14 (24).
[49] *Trapp/Schick* AG 2001, 381 (387f.).
[50] Dazu ausführlich *Lutter,* Rücklagenbildung im Konzern, FS Goerdeler, 1987, 327.
[51] *Habersack* DStR 1998, 533 (537).
[52] Vgl. zu diesen Fallgruppen ausführlicher *Cahn* ZHR 164 (2000), 113 (122 ff.).
[53] → Rn. 9.
[54] *Zöllner* ZGR 1988, 392 (427); *Bayer* NJW 2000, 2609 (2611).

gebrauchen, um ein Paket des Großaktionärs zu erwerben[55] oder auf Erstattung des Gleichbehandlungsvorteils an die Gesellschaft klagen, wenn die Gesellschaft die Aktionäre bei der Einforderung ausstehender Einlagen bzw. ihrer Durchsetzung oder bei Zuwendungen gleichheitswidrig behandelt.[56] Nach Auffassung des LG Düsseldorf begründet dagegen eine ungleiche Information verschiedener Aktionärsgruppen durch den Vorstand der Zielgesellschaft im Rahmen einer feindlichen Übernahme keinen Unterlassungs-, sondern ggf. nur einen Schadensersatzanspruch.[57]

23   d) **Verletzung von Aktionärsrechten im Fall feindlicher Übernahmen.** Vor der Verabschiedung des Wertpapiererwerbs- und Übernahmegesetzes (WpÜG) kreiste die Diskussion in Schrifttum und Rechtsprechung um Unterlassungsansprüche von Aktionären wegen Verstoß des Vorstands gegen seine in Begründung und Umfang sehr umstrittene Neutralitätspflicht im Fall feindlicher Übernahmen bzw. um einen Anspruch der Aktionäre auf Einberufung der Hauptversammlung zur Entscheidung über bestimmte Abwehrmaßnahmen.[58] § 33 **WpÜG** beinhaltet auf Grund der weitreichenden Ausnahmen von dem in § 33 Abs. 1 S. 1 WpÜG verankerten „Erfolgsverhinderungsverbot" im Ergebnis eine Abkehr von der aktienrechtlichen Neutralitätspflicht des Vorstands, soweit nicht die Gesellschaft in ihrer Satzung von den Opt-In-Regelungen in §§ 33a, b WpÜG Gebrauch gemacht hat.[59] Soweit der Vorstand unzulässige Abwehrmaßnahmen zu ergreifen droht, stellt sich die Frage, ob Aktionäre Unterlassung dieser Maßnahmen verlangen können. Das Bestehen eines Unterlassungsanspruchs hängt davon ab, ob es sich bei der fraglichen Abwehrmaßnahme um eine **schlicht rechtswidrige Geschäftsführungsmaßnahme** handelt, deren Unterlassung Aktionäre nicht verlangen können, da sie kein Ersatzaufsichtsrecht über die Geschäftsführung haben,[60] oder ob es sich um eine **Geschäftsführungsmaßnahme** handelt, **die so schwerwiegend in die Mitgliedschaftsrechte der Aktionäre und ihre im Anteilseigentum verkörperten Vermögensinteressen eingreifen würde, dass sich das Ermessen des Vorstands gem. § 119 Abs. 2 AktG auf Null reduziert,** oder ob es sich um eine **Maßnahme** handelt, die **originär in die Zuständigkeit der Hauptversammlung** (zB Kapitalmaßnahmen) fällt.[61] In den letzten beiden Fällen besteht ein Unterlassungsanspruch, da sich der Vorstand anschickt, die Zuständigkeit der Hauptversammlung zu übergehen und dadurch das Mitgliedschaftsrecht der Aktionäre in Form des Informations-, Teilhabe-, und Entscheidungsrecht zu verletzen. Die Bestimmung des § 33 Abs. 1 S. 2 WpÜG, die dem Vorstand bestimmte Abwehrmaßnahmen gestattet, macht die im allgemeinen Aktienrecht zu vollziehende Abgrenzung insbesondere zwischen reinen Geschäftsführungsmaßnahmen und solchen, für die der Vorstand nach den Holzmüller-Grundsätzen die Zustimmung der Hauptversammlung einholen muss, daher nicht entbehrlich.

24   In Betracht kommen auch **Schadensersatzansprüche der Aktionäre,** und zwar auch, soweit ein Unterlassungsanspruch nicht bestand.[62] Ob § 33 Abs. 1 S. 1 WpÜG für die Aktionäre Schutzgesetz iSd § 823 Abs. 2 BGB ist, ist allerdings nicht unbestritten.[63]

---

[55] *Krieger* ZHR 163 (1999), 343 (357).
[56] *Zöllner* ZGR 1988, 392 (406).
[57] LG Düsseldorf 14.12.1999 – 10 O 495/99 Q, AG 2000, 233 (234) – Mannesmann/Vodafone – zu sog. road shows der Mannesmann-Geschäftsführung.
[58] Ablehnend LG Düsseldorf 14.12.1999 – 10 O 495/99 Q, AG 2000, 233 (234) – Mannesmann/Vodafone – in Bezug auf bloße Informationspolitik (road shows) des Vorstands der Zielgesellschaft, in Bezug auf hiervon abgegrenzte „schwerwiegende Strukturmaßnahmen" in diesem Zusammenhang dagegen offen bleibend, ablehnend auch *Krause,* Zur „Pool- und Frontenbildung im Übernahmekampf und zur Organzuständigkeit für Abwehrmaßnahmen gegen „feindliche" Übernahmeangebote, AG 2000, 217; für die Anerkennung der Einzelklagebefugnis des Aktionärs auf Unterlassung dagegen *Bayer* NJW 2000, 2609 (2611); *Krieger* ZHR 163 (1999), 343 (357 f.).
[59] Haarmann/Schüppen/*Röh* WpÜG § 33 Rn. 19 ff., § 33a Rn. 1 ff.
[60] → Rn. 9.
[61] Siehe § 33 Abs. 2 WpÜG.
[62] → Rn. 9.
[63] Für den Schutzgesetzcharakter Haarmann/Schüppen/*Röh* WpÜG § 33 Rn. 142, dagegen *Winter/Harbarth,* Verhaltenspflichten von Vorstand und Aufsichtsrat der Zielgesellschaft bei feindlichen Übernahmeangeboten nach dem WpÜG, ZIP 2002, 1 (16); MünchKomm-AktG/*Schlitt* WpÜG § 33 Rn. 242.

IV. Unterlassungs-, Feststellungs- und Beseitigungsklagen

1. Ausgliederung einer Beteiligung ohne Zustimmung der Hauptversammlung (Holzmüller/Gelatine-Fälle)

a) **Feststellungsklage.** Soweit – wie im Holzmüller-Fall – die Übertragung eines wesentlichen Betriebs auf eine eigens für diesen Zweck neu gegründete Tochtergesellschaft der Zustimmung der Hauptversammlung bedarf,[64] kann jeder Aktionär Feststellung der Unzulässigkeit bzw. Rechtswidrigkeit der Maßnahme verlangen. Ferner kann die Feststellung verlangt werden, dass bestimmte Maßnahmen bei der Tochtergesellschaft der Zustimmung der Hauptversammlung der Muttergesellschaft unterliegen. Ein Nichtigkeitsfeststellungsantrag wird in derartigen Fällen kaum je Erfolg haben, solange die Maßnahme noch im Rahmen der Satzung lag. Die Übertragung des Betriebs auf die Tochtergesellschaft ohne Zustimmung der Hauptversammlung der beklagten AG hielt der BGH in seiner Holzmüller-Entscheidung nicht für nichtig, sondern bloß für rechtswidrig. Verletzt der Vorstand seine Pflicht, eine Maßnahme der Hauptversammlung zur Abstimmung vorzulegen, so ist die Maßnahme gleichwohl wirksam, weil die Vertretungsmacht des Vorstands nur durch Gesetz beschränkbar ist, § 82 Abs. 1 AktG. Ein Verstoß des Vorstands gegen § 119 Abs. 2 AktG berührt die uneingeschränkte Außenvertretungsmacht des Vorstands nicht.[65]

Zuständig für die Feststellungsklage gegen die Aktiengesellschaft ist das **Gericht am Sitz der Gesellschaft**, §§ 12, 17 Abs. 1 ZPO.[66] Eine Wahlzuständigkeit des Gerichts am Ort des veräußerten Betriebs gem. § 21 ZPO besteht nicht, da der Abwehranspruch des Aktionärs nicht aus einem Geschäftsbetrieb resultiert.[67] Die ausschließliche Zuständigkeit des § 246 Abs. 3 S. 1 AktG für Beschlussmängelklagen findet keine analoge Anwendung. Anders als das Gestaltungsurteil nach § 248 Abs. 1 ZPO hat das Feststellungsurteil nur **inter partes Wirkung**. Daher besteht keine vergleichbare Interessenlage, was die Verbindung mehrerer Verfahren[68] bezüglich derselben Maßnahme betrifft, auch wenn die Verbindung im Einzelfall wünschenswert erscheint, um sich widersprechende Gerichtsentscheidungen zu vermeiden.[69] Ob das Amtsgericht oder das Landgericht zuständig ist, hängt vom **Streitwert** ab, §§ 23 Ziffer 1, 71 Abs. 1 GVG, § 3 ZPO. Es kommt daher entscheidend auf das **Interesse des Klägers** an.[70] § 247 AktG ist mangels Wirkung des Urteils für und gegen alle Aktionäre nicht analog anzuwenden.[71] Das Interesse der beklagten Aktiengesellschaft am Ausgang des Verfahrens ist daher grundsätzlich unbeachtlich.[72] Es ist daher in den Grenzen des Rechtsmissbrauchs nicht auszuschließen, dass ein Kleinaktionär Kompetenzübergriffe der Verwaltung vor dem Amtsgericht zur Entscheidung stellt. Soweit im Einzelfall nichts gegen die Vermutung des BGH spricht, dass die AG das Feststellungsurteil wie ein Leistungsurteil befolgen wird, ist indes ein Abschlag vom Streitwert auf Grund des Nachteils der mangelnden Vollstreckbarkeit nicht gerechtfertigt.[73] Die allgemeine Feststellungsklage des Aktionärs gegen die AG ist **Handelssache** gem. § 95 Abs. 1 Ziffer 4a GVG, nicht gem. § 95 Abs. 2 GVG, dh der Kläger hat vorbehaltlich eines Verweisungsantrags der Beklagten gem. § 98 Abs. 1 S. 1 GVG im Fall der Zuständigkeit des Landgerichts die Wahl zwischen der Zivilkammer und der Kammer für Handelssachen. Das Mitgliedschaftsrecht, um dessen Schutz es geht, hat vermögensrechtlichen Charakter. Der Gebührenstreitwert deckt sich gem. § 12 Abs. 1 GVG mit dem Zuständigkeitsstreitwert.

---
[64] Zur materiellen Ausgangslage → Rn. 17 ff.
[65] HM, statt aller BGH NJW 2004, 1860 = NZG 2004, 571 – Gelatine; s.o. *Binge/Thölke* § 25 Rn. 56 ff.
[66] Qualifiziert man den Abwehranspruch des Mitglieds deliktsrechtlich und nicht verbandsrechtlich, so kommt daneben noch eine Wahlzuständigkeit gem. § 32 ZPO in Betracht.
[67] Vgl. *Zöller,* ZPO, 32. Auflage 2018, § 21 Rn. 11.
[68] Vgl. § 246 Abs. 3 S. 3 AktG.
[69] Für die entsprechende Anwendung der §§ 246–249 AktG dagegen *Baums* S. 219. Ebenso für analoge Anwendung des § 246 Abs. 3 S. 1 AktG *Schlitt/Seiler* ZHR 166 (2002), 544 (577).
[70] So zutreffend *Krieger* ZHR 163 (1999), 343 (355).
[71] AA *Baums* S. 220.
[72] *Zöller,* ZPO, 32. Auflage 2018, § 3 Rn. 2.
[73] Vgl. *Hartmann,* Kostengesetze, 48. Auflage 2018, Anh. I zu § 48 GG (§ 3 ZPO), Rn. 53.

27 In der Holzmüller-Entscheidung begründete der BGH das **Feststellungsinteresse** ua damit, dass der Kläger, sollte die AG das Feststellungsurteil nicht befolgen und den rechtswidrigen Zustand aufrechterhalten, hieraus konkrete Abwehransprüche oder Schadensersatzansprüche herleiten könnte.[74] Macht der Kläger geltend, ein Handeln der Verwaltung greife in die Zuständigkeit der Hauptversammlung ein und verletze seine Mitgliedschaftsrechte, so ergibt sich schon hieraus ein Interesse an der Feststellung der Rechtswidrigkeit dieses Handelns, da die Vermutung besteht, dass die Gesellschaftsorgane hieraus die notwendigen Folgerungen ziehen werden. Dem klagenden Aktionär ist es nicht zuzumuten, abzuwarten, bis sich die Nachteile zu einem konkreten Vermögensschaden verdichtet haben.[75] Andererseits reicht die Aktionärseigenschaft für sich nicht aus, um ein Interesse an der Feststellung eines beliebigen innergesellschaftlichen Vorgangs zu begründen. Denn der Aktionär ist nicht zur generellen Rechtmäßigkeitskontrolle innerhalb der Gesellschaft berufen und ist daher nicht berechtigt, auf Feststellung der Nichtigkeit jedweden Vorstandsbeschlusses zu klagen.[76]

28 Zwar besteht keine gesetzliche Klagefrist, jedoch hat die **Monatsfrist des § 246 Abs. 1 AktG** insofern Leitbildfunktion, dass der Aktionär im Vergleich hierzu ab dem Zeitpunkt der tatsächlichen Kenntnis von dem rechtswidrigen Vorhaben der Verwaltung nicht unangemessen lange zugewartet haben darf.[77] Soweit der Aktionär der Gesellschaft Gelegenheit geben will, die Störung ohne Klage zu beseitigen, kann dies nicht zum Ausschluss von der Klagemöglichkeit führen.[78]

> **Praxistipp:**
> Bei der Formulierung des Feststellungsantrags ist darauf zu achten, dass dieser nicht so weit gefasst wird, dass auch das Gericht bei teilweiser Unbegründetheit eine Begrenzung auf den begründeten Teil ablehnt und die Klage hinsichtlich des Antrags insgesamt abgewiesen wird.

29 So hielt etwa der BGH im Holzmüller-Fall den Antrag des Aktionärs für unbegründet, mit dem dieser begehrte festzustellen, dass die Beklagte verpflichtet sei, in ihrer Eigenschaft als Alleingesellschafterin der Tochter-KGaA zu allen Maßnahmen der Tochter-KGaA, für die nach dem Gesetz ein Hauptversammlungsbeschluss mit einer Kapitalmehrheit von mindestens ¾ erforderlich ist, die Zustimmung der Hauptversammlung der Beklagten mit einer entsprechenden Mehrheit einzuholen.[79] Vielmehr verlangte der BGH, dass die zustimmungsbedürftigen Maßnahmen in dem Antrag im Einzelnen aufgelistet werden. Dabei gilt für die Obergesellschaft dasselbe Mehrheitserfordernis, das für die Maßnahme bei der Tochtergesellschaft gilt.[80]

> **Formulierungsvorschlag: Feststellungsanträge bei rechtswidriger Ausgliederung eines wesentlichen Betriebs auf eine Tochtergesellschaft**
>
> **30** Der Kläger wird beantragen
> 1. festzustellen, dass die Einbringung des ......-Betriebs durch die Beklagte in die ......-Tochter AG im Wege der Sacheinlage gegen Übertragung neuer Aktien rechtswidrig war.
> 2. festzustellen, dass die Beklagte als Alleingesellschafterin der ......-Tochter AG verpflichtet ist, die Zustimmung der Hauptversammlung der Beklagten mit einer Mehrheit von ¾ des bei der Beschlussfassung vertretenen Grundkapitals zu folgenden Maßnahmen bei der ......-Tochter AG einzuholen:

---

[74] BGHZ 83, 122 (126) = NJW 1982, 1703 – Holzmüller.
[75] BGHZ 83, 122 (127) = NJW 1982, 1703 – Holzmüller.
[76] *Zöllner* ZGR 1988, 393 (398).
[77] BGHZ 83, 122 (136) = NJW 1982, 1703 – Holzmüller.
[78] *Baums* S. 218.
[79] BGHZ 83, 122 (127)= NJW 1982, 1703 – Holzmüller.
[80] Zutreffend *Bohnet* DB 1999, 2617 (2621).

- Satzungsänderungen, insbesondere Kapitalerhöhungen und -herabsetzungen
- Abschluss und Änderung von Unternehmensverträgen
- Auflösung der Gesellschaft
- Umwandlungsmaßnahmen nach dem Umwandlungsgesetz
- [ggf. weitere Maßnahmen auflisten]

Eine spezielle **Aktivlegitimation/Sachbefugnis** des Aktionärs ist bei der Feststellungsklage nicht vorausgesetzt, vielmehr genügt ein **Feststellungsinteresse**.[81] 31

Beantragt der Aktionär Feststellung der Rechtswidrigkeit einer Maßnahme des Vorstands, weil dieser die Maßnahme nicht der Hauptversammlung zur Entscheidung vorgelegt hat, ist die Klage nur **schlüssig**, wenn der Kläger **fundierte Ausführungen** dazu macht, warum gerade in Bezug auf die fragliche Maßnahme das gem. § 119 Abs. 2 AktG bestehende Ermessen des Vorstands auf Null reduziert gewesen sein soll und eine ungeschriebene Hauptversammlungskompetenz bestanden haben soll. Dies setzt voraus, dass substantiierte Sachverhaltsausführungen zur Bedeutung der Maßnahme für die Gesellschaft gemacht werden, also insbesondere zum Wert der ausgegliederten oder veräußerten Beteiligung und der Bedeutung ihrer Aufgabe im Hinblick auf den satzungsmäßigen Unternehmensgegenstand der Gesellschaft.[82] 32

b) **Unterlassungs- oder Beseitigungsklage.** Der BGH hat im Grundsatz auch anerkannt, dass Aktionäre rechtswidrige Eingriffe der Verwaltung in die Mitgliedschaft mit der Unterlassungs- oder Beseitigungsklage abwehren bzw. bekämpfen können. 33

Hinsichtlich der Zuständigkeit gilt das unter → Rn. 26 zur Feststellungsklage Gesagte. Der Streitwert bemisst sich auch hier ausschließlich nach dem Interesse des Klägers, § 3 ZPO, § 12 Abs. 1 GKG. Auch für diese Klagen ist die Gesellschaft richtige Beklagte. Die **Aktivlegitimation** des Aktionärs ergibt sich daraus, dass der Vorstand durch Übergehen der Hauptversammlung das Teilnahme-, Auskunfts- und Stimmrecht des Aktionärs vereitelt (hat). Hinsichtlich der Ausführungen zum Bestehen einer ungeschriebenen Hauptversammlungskompetenz gilt das oben unter → Rn. 32 Gesagte. 34

Eine rechtzeitig, dh noch vor Vollzug der Maßnahme durch den Vorstand erhobene Unterlassungsklage setzt jedoch nicht nur **rechtzeitige Kenntnis** des Aktionärs von dem Vorhaben voraus. Sondern der Kläger muss, sofern es sich nicht um einen Wiederholungsfall handelt, bei dem eine tatsächliche Vermutung dem Kläger zu Hilfe kommt, darlegen und notfalls beweisen können, dass die Maßnahme ernsthaft droht, sich also bei der beklagten AG nicht mehr bloß im Diskussionsstadium befindet. Eine Unterlassungsklage wird sich im Regelfall nur dann nicht während des Zivilverfahrens in der Hauptsache erledigen und auf Antrag des Klägers in eine allgemeine Feststellungsklage übergehen, wenn der Kläger eine **einstweilige Verfügung** gegen die Aktiengesellschaft erwirkt hat, die ihr einstweilen den Vollzug der Maßnahme untersagt. Das Risiko einer Schadensersatzpflicht gem. § 945 ZPO dürfte jedoch vielfach zumindest Kleinaktionäre abschrecken. Aufgrund des insbesondere im Vergleich zur allgemeinen Feststellungsklage höheren Prozessrisikos ist die praktische Bedeutung der Unterlassungsklage in Holzmüller-Fällen gering. Im Unterlassungsantrag ist die zu unterlassende Maßnahme so genau wie möglich zu bezeichnen (oft ist ein Zusatz mit „insbesondere" ratsam, um den Antrag zu konkretisieren), sonst ist die Klage unzulässig, § 253 Abs. 2 Ziff. 2 ZPO. 35

---

[81] Zutreffend *Zöllner* ZGR 1988, 392 (397).
[82] Zu Wesentlichkeitsschwellen und Bemessungsgrundlage → Rn. 17.

> **Formulierungsvorschlag Unterlassungsantrag:**
>
> 36 Der Kläger wird beantragen, die Beklagte zu verurteilen,
>
> es zu unterlassen, den ......-Betrieb der Beklagten in ......-stadt bestehend aus ...... ohne Zustimmung der Hauptversammlung der Beklagten mit einer Mehrheit von ¾ des bei der Beschlussfassung vertretenen Grundkapitals an einen Dritten zu veräußern oder auf einen Dritten zu übertragen, insbesondere zu verkaufen, im Wege des Tauschs zu übertragen oder im Rahmen der Gründung oder Kapitalerhöhung einer Gesellschaft als Sacheinlage einzubringen.

37 Bei vollzogener Maßnahme kommt auch ein **Beseitigungsantrag** in Betracht, die beklagte AG zu verurteilen, den ausgegliederten Betrieb auf die Gesellschaft zurückzuübertragen. Allerdings hält der BGH die Geltendmachung eines solchen Beseitigungsanspruchs für missbräuchlich und rücksichtslos, wenn er mit „**unangemessener Verzögerung**" ausgeübt wird. Die Zeit, die der Aktionär bis zur Klageerhebung verstreichen lässt, darf zu der Monatsfrist des § 246 AktG nicht außer Verhältnis stehen.[83] Die Frist beginnt jedoch nicht, bevor der Kläger von der Maßnahme Kenntnis erlangt hat. Ferner muss die **Rückabwicklung** eines Übertragungsvertrags für die Beklagte **tatsächlich und rechtlich möglich** sein.[84] Dabei ist davon auszugehen, dass das Handeln des Vorstands im Außenverhältnis grundsätzlich wirksam war. Im Fall der Ausgliederung (Sacheinlage) eines wesentlichen Vermögensbestandteils auf eine gerade zu diesem Zweck gegründete Tochtergesellschaft kann auf Grund des Verbots der Einlagenrückgewähr (§ 57 AktG) eine Rückabwicklung nur durch **Auflösung und Liquidation der Tochtergesellschaft** erfolgen. In Fällen der Beteiligungsveräußerung ist dagegen eine Rückabwicklung regelmäßig ausgeschlossen, wenn der Vertrag keinen entsprechenden Vorbehalt bzw. kein Rücktrittsrecht vorsieht. In Betracht kommt dann höchstens ein Rückkauf des Betriebs und der Vorstand kann verpflichtet sein, ein Kaufangebot über dem Wert des Betriebs abzugeben. Für einen der Gesellschaft auf Grund der Rückabwicklung entstehenden Schaden der Gesellschaft ist der Vorstand regelmäßig haftbar.

2. Rechtswidriger Bezugsrechtsausschluss durch den Vorstand beim genehmigten Kapital

38 **a) Materielle Ausgangslage.** Wurde der Vorstand wirksam zum Bezugsrechtsausschluss ermächtigt, was im Folgenden unterstellt wird,[85] so unterliegt der Ausschluss des Bezugsrechts durch Vorstand und Aufsichtsrat denselben materiellen Anforderungen wie der Bezugsrechtsausschluss durch die Hauptversammlung. Sachlich gerechtfertigt ist der Bezugsrechtsausschluss daher nur, wenn er einem Zweck dient, der im Interesse der AG liegt, dafür geeignet und überdies erforderlich und verhältnismäßig ist.[86] Verstößt der Ausschluss des Bezugsrechts gegen diese Grundsätze, so soll der Beschluss des Vorstands – nach § 139 BGB regelmäßig sogar im Ganzen, wenn die Kapitalerhöhung nur unter Ausschluss des Bezugsrechts gewollt ist – ipso iure **unwirksam** sein.[87] Gleiches muss für die Zustimmung des Aufsichtsrats gelten.

39 Die Rechtslage ist also insofern vergleichbar mit derjenigen nach erfolgreicher Beschlussanfechtungsklage, auf die der Kapitalerhöhungsbeschluss der Hauptversammlung für nichtig erklärt wird. Allerdings sollen die **Zeichnungsverträge** mit Dritten trotz des Vorbehalts aus § 187 Abs. 1 AktG **wirksam** sein, so dass die Gefahr besteht, dass bei Eintragung der Durchführung der Kapitalerhöhung ins Handelsregister Mitgliedschaftsrechte in der Person der Dritten trotz des Bezugsrechts der Aktionäre entstehen.[88] Schlägt allerdings die Unwirk-

---

[83] BGHZ 83, 122 (136) = NJW 1982, 1703 – Holzmüller.
[84] *Knobbe-Keuk* FS Ballerstedt, 293, 253.
[85] Beispiele für Ermächtigungsbeschlüsse zur Schaffung eines genehmigten Kapitals, die den Anforderungen des Siemens/Nold Urteils (BGHZ 136, 133 = NJW 1997, 2815) nicht mehr genügen, behandelt OLG München NZG 2002, 1113.
[86] Vgl. *Hüffer/Koch* AktG § 203 Rn. 35 mwN; KölnKommAktG/*Lutter* § 203 Rn. 13, auch → § 34 Rn. 41 ff.
[87] KölnKommAktG/*Lutter* § 203 Rn. 44 f., aA *Cahn* ZHR 164 (2000), 113 (134).
[88] KölnKommAktG/*Lutter* § 203 Rn. 44 f., anders dagegen KölnKommAktG/*Lutter*. § 186 Rn. 41: Die Eintragung heile den aus § 187 Abs. 1 unwirksamen Zeichnungsvertrag mit dem Dritten.

samkeit des Bezugsrechtsausschlusses auf den Erhöhungsbeschluss im Ganzen durch, so fehlt es an einem wirksamen Kapitalerhöhungsbeschluss.

Ist der Vorstand, was nur ausnahmsweise vorkommen dürfte, auch ohne Bezugsrechtsausschluss zur Kapitalerhöhung entschlossen und der Vorstandsbeschluss hinsichtlich der Kapitalerhöhung als solcher wirksam, so hat jeder Aktionär einen klagbaren **Anspruch auf Abschluss eines Zeichnungsvertrages** im Rahmen seines gesetzlichen Bezugsrechts.[89] 40

Wird die Durchführung der Kapitalerhöhung trotz eines aufgrund von Mängeln, wie Überschreitung der inhaltlichen Vorgaben der Ermächtigung, unzulässigen Bezugsrechtsausschlusses in das Handelsregister eingetragen, so sind die Kapitalerhöhung und die damit entstandenen neuen Mitgliedschaftsrechte wirksam.[90] Soweit die Pflichtverletzung von der Verwaltung zu vertreten ist, hat jeder bezugsberechtigte Aktionär einen **Schadensersatzanspruch** gegen die AG aus den §§ 280 Abs. 1, 283 BGB. Ein Schaden kann sich insbesondere daraus ergeben, dass die neuen Aktien unter Wert ausgegeben wurden. Ob die reine Verringerung der Beteiligungsquote bereits als Schaden zu qualifizieren ist, ist strittig, da die Quote in aller Regel durch Zukauf wieder auf den ursprünglichen Stand gebracht werden kann, die überwiegende Auffassung bejaht aber dennoch einen Schaden.[91] Ob neben einem Schadensersatzanspruch aus den §§ 280, 283 BGB gegen die Gesellschaft auch Schadensersatzansprüche auf deliktischer Grundlage – insbesondere gegen Vorstands- und Aufsichtsratsmitglieder persönlich – in Betracht kommen, hängt davon ab, ob ggf. neben dem konkreten Bezugsanspruch auch das allgemeine Mitgliedsrecht der Aktionäre verletzt wird, welches als absolutes Recht im Gegensatz zum Bezugsanspruch auch deliktischen Schutz gegenüber jedermann genießt. Das kann, je nach Pflichtverletzung, der Fall sein. In jedem Fall besteht ein Deliktsanspruch nur im Fall eines qualifizierten Eingriffs mit mitgliedschaftsbezogener Qualität, was bei gesellschaftsfremden Dritten selten der Fall sein dürfte.[92] Ob daneben auch Ansprüche aus § 823 Abs. 2 BGB iVm § 186 Abs. 1 S. 1 AktG bestehen können, ist streitig.[93] Erfolgt der Bezugsrechtsausschluss im Interesse eines bestimmenden Mitaktionärs, so kommt auch ein Anspruch auf Herausgabe der Aktien gegen diesen wegen Verletzung der Treuepflicht in Betracht. 41

b) Überblick über Rechtsschutzmöglichkeiten. In der **Entscheidung Siemens/Nold** und in Fortführung dieser Entscheidung in der **Entscheidung Mangusta/Commerzbank II** führt der BGH unter Bezugnahme auf seine Holzmüller-Entscheidung aus, dass ein Vorstand, der von der Ermächtigung zum Bezugsrechtsausschluss im Rahmen eines genehmigten Kapitals pflichtwidrig Gebrauch mache, nicht nur mit seiner Inanspruchnahme gem. § 93 Abs. 2 AktG auf Schadensersatz in Anspruch genommen werden könne, sondern auch damit rechnen müsse, dass die Pflichtwidrigkeit seines Verhaltens zum Gegenstand einer **Feststellungs- oder** – soweit noch möglich – einer **Unterlassungsklage** gemacht werde, die beide gegen die Gesellschaft zu richten seien.[94] Sind die Beschlüsse über den Bezugsrechtsausschluss bereits gefasst, so können die Aktionäre Unterlassung der weiteren Durchführung der Beschlüsse verlangen, insbesondere Unterlassung der Anmeldung der Kapitalerhöhung zum Handelsregister.[95] Da der Vorstand aber nach der höchstrichterlichen 42

---

[89] KölnKommAktG/*Lutter* § 203 Rn. 46.
[90] KölnKommAktG/*Lutter* § 204 Rn. 25, 27 mwN; *Busch* NZG 2006, 81 (87); aA *Paefgen* ZIP 2004, 145 (151).
[91] GroßkommAktG *Hirte* § 203 Rn. 141; MüKo-AktG *Bayer* § 203 Rn. 173; *Habersack* DStR 1998, 533 (537); aA *Busch* NZG 2006, 81 (87).
[92] Vgl. *Cahn* ZHR 164 (2000), 113 (123–129).
[93] Bejahend KölnKommAktG/*Lutter* § 203 Rn. 47, § 186 Rn. 41. Daneben erwägt *Lutter* für Fälle ungewöhnlicher Leichtfertigkeit auch einen Anspruch gegen die Mitglieder der Verwaltung aus § 823 Abs. 2 BGB, § 266 StGB; den Schutzgesetzcharakter des § 186 AktG verneint dagegen *Cahn* ZHR 164 (2000), 113 (129–132).
[94] BGHZ 136, 133 (141) = DB 1997, 1760 – Siemens/Nold; so schon *Lutter* BB 1981, 861 (864); nach anderer Ansicht kommt auch eine Klage gegen Mitglieder des Vorstands und Aufsichtsrats in Betracht, vgl. *Habersack* DStR 1998, 533 (537); BGHZ 164, 249 (252) = AG 2006, 38 – Mangusta/Commerzbank II. Zu der grundsätzlichen Problematik etwa MüKoAktG/*Habersack* § 108 Rn. 85; Hüffer/Koch/*Koch* AktG § 108 Rn. 30.
[95] KölnKommAktG/*Lutter* § 203 Rn. 44.

Rechtsprechung erst im Nachhinein auf der folgenden ordentlichen Hauptversammlung über die Ausnutzung des Genehmigten Kapitals zu berichten hat, dürfte eine Unterlassungsklage in vielen Fällen an der Kenntnis des Aktionärs vom Vorhaben des Vorstands, das Bezugsrecht auszuschließen, scheitern.[96] Aufgrund der zeitlichen Dimension hat die Unterlassungsklage im Hauptsacheverfahren daher nur bei rechtzeitiger einstweiliger Untersagungsverfügung praktische Bedeutung.[97] Nach erfolgter Eintragung im Handelsregister kommt eine Schadensersatzklage in Betracht[98] oder aber nach höchstrichterlicher Rechtsprechung auch eine bloße Feststellungsklage. Ein **Feststellungsinteresse** ist **auch nach Eintragung der Kapitalerhöhung** noch gegeben, da § 189 AktG einen nichtigen Verwaltungsbeschluss nicht heile, so dass der betroffene Aktionär ein legitimes Feststellungsinteresse schon im Hinblick auf nicht ausgeschlossene „Sekundäransprüche" und sonstige Rechtsbehelfe, wie Abberufung, Versagung der Entlastung, habe.[99] Für Feststellungs-, Unterlassungs- wie für Schadensersatzklagen soll nach der wohl herrschenden Auffassung in der Literatur die **Monatsfrist des § 246 AktG** entsprechend gelten, wobei im Einzelnen der Zeitpunkt des Fristbeginns umstritten ist.[100] Der Bundesgerichtshof hat die Frage, welcher Frist die Feststellungsklage unterliegt, bislang offen gelassen. Aus Sicht des Klägers sollte aus Vorsichtsgründen aber auf die Einhaltung der Monatsfrist geachtet werden.

43 Für eine **entsprechende Anwendung der Kostenregelung des § 247 AktG** statt der §§ 2, 3 ZPO iVm § 12 GKG spricht in diesem Fall mehr als in den „klassischen" Holzmüller-Fällen, denn es geht darum, die Rechtsschutzmöglichkeiten für den Fall einer ordentlichen Kapitalerhöhung, die ein Aktionär mit der Anfechtungsklage angreifen kann, und einer Kapitalerhöhung aus genehmigtem Kapital, gegen die eine allgemeine Feststellungs- oder Unterlassungsklage statthaft ist, nicht ungleich auszugestalten. Die Übertragung der Entscheidung von der Hauptversammlung auf den Vorstand rechtfertigt insbesondere keinen anderen Streitwert.[101]

> **Praxistipp:**
> Beim Gebrauchmachen von der Ermächtigung zur Ausgabe von Aktien aus Genehmigten Kapital ist auf die Abwägung im Rahmen des Bezugsrechtsausschlusses zu achten.

> **Formulierungsvorschlag 1: Unterlassungsantrag bei drohendem rechtswidrigen Bezugsrechtsausschluss durch den Vorstand:**
>
> 44 Der Kläger wird beantragen,
>
> die Beklagte zu verurteilen, es zu unterlassen, bei der Ausnutzung des genehmigten Kapitals II gem. § 4 der Satzung der Beklagten zu dem Zweck des Erwerbs des Betriebs ...... von der ...... AG im Wege der Sacheinlage das Bezugsrecht der Altaktionäre auszuschließen.

---

[96] In bestimmten Fällen ergibt sich diese Kenntnis auch aus Presse- bzw. Ad hoc-Meldungen.
[97] Dazu → Rn. 77 ff.
[98] Dazu → Rn. 46 ff.
[99] BGHZ, 164, 249 (252) = AG 2006, 38 – Mangusta/Commerzbank II; kritisch hierzu: *Bürgers/Holzborn* BKR 2006, 202 (204 f.); *Busch* NZG 2006, 81 (85); zust. Hüffer/Koch/*Koch* AktG § 203 Rn. 39.
[100] KölnKommAktG/*Lutter* § 203 Rn. 44; *Lutter* BB 1981, 861 (864), der die Frist ab Bekanntmachung der Absicht zur Kapitalerhöhung im Bundesanzeiger anwenden will, die rechtliche Grundlage für diese Aussage jedoch selbst in Zweifel zieht; für Monatsfrist ebenfalls: *Kubis* DStR 2006, 188, der offen lässt, ob Monatsfrist ab dem Zeitpunkt des Vorstandsberichts in der HV oder ab Kenntnis des Klägers läuft; *K. Schmidt* GesR, § 21 V 3.a; *Paefgen* ZIP 2004, 145 (151); aA: keine Frist: *Bartels* ZGR 2008, 723 (749).
[101] So zutreffend *Cahn* ZHR 164 (2000), 113 (117).

Formulierungsvorschlag 2: Feststellungsantrag verbunden mit Unterlassungsantrag bei bereits erfolgter Beschlussfassung

Der Kläger wird beantragen,

1. festzustellen, dass
   a) die Beschlüsse des Vorstands und des Aufsichtsrats vom ...... und vom ...... über die Ausnutzung des genehmigten Kapitals II gem. § 4 der Satzung der Beklagten um EUR ...... zum Zweck des Erwerbs der ...... Beteiligung von der ...... AG unter Ausschluss des Bezugsrechts der Altaktionäre insgesamt unwirksam sind.
   b) (hilfsweise zu 1a)) die Beschlüsse des Vorstands und des Aufsichtsrats vom ...... und vom ...... über den Ausschluss des Bezugsrechts der Altaktionäre bei der Ausnutzung des genehmigten Kapitals II gem. § 4 der Satzung der Beklagten um EUR ...... zum Zweck des Erwerbs der ...... Beteiligung von der ...... AG unwirksam sind.
2. die Beklagte zu verurteilen, es zu unterlassen, die Beschlüsse des Vorstands und des Aufsichtsrats vom ...... und vom ...... über die Ausnutzung des genehmigten Kapitals II gem. § 4 der Satzung der Beklagten unter Ausschluss des Bezugsrechts der Altaktionäre zu vollziehen, insbesondere einen Zeichnungsvertrag mit der ...... AG abzuschließen und die Durchführung der unter Ausschluss des Bezugsrechts der Altaktionäre erfolgten Erhöhung des Grundkapitals zur Eintragung in das Handelsregister anzumelden.

V. Schadensersatzklagen

1. Allgemeines

Bei der Bearbeitung von allgemeinen Schadensersatzklagen von Aktionären ist die Frage, ob Ersatz eines Eigenschadens (der auch Direktschaden genannt wird) oder eines Reflexschadens, dh primär eines Gesellschaftsschadens verlangt wird, wichtig, um festzustellen, ob der Aktionär zur Geltendmachung dieses Schadens iS einer echten Individualklage überhaupt klagebefugt ist. Gerade im Bereich der Reflexschäden wegen pflichtwidriger Geschäftsführung sind die Spezialvorschriften in §§ 147, 148 AktG zu beachten.[102]

Daneben ist die Bestimmung des Schadenstypus wichtig für die Formulierung des Leistungsantrags, da der Aktionär, sollte der Anspruch iÜ bestehen, grundsätzlich nur im Fall eines Eigenschadens Leistung an sich, im Fall eines bloßen Reflexschadens jedoch grundsätzlich nur Leistung an die Gesellschaft verlangen kann.[103]

a) Abgrenzung des Eigenschadens des Aktionärs vom bloßen Reflexschaden. Für die Geltendmachung eines Schadens der Gesellschaft durch den Aktionär ist die Einhaltung der Voraussetzungen des § 148 AktG erforderlich.[104] Daher muss im Einzelfall der eigene Schaden des Aktionärs von dem Schaden der Gesellschaft abgegrenzt werden. Von **Doppelschäden oder Reflexschäden** spricht man, wenn sich im Schaden des Aktionärs in Form der Wertminderung seiner Aktien lediglich der Schaden der Gesellschaft widerspiegelt (Schadenskongruenz). Dieser Reflexschaden des Aktionärs würde bereits durch einen Ausgleich des Schadenersatzanspruchs der Gesellschaft in das Gesellschaftsvermögen wieder ausgeglichen. Aus den §§ 117 Abs. 1 S. 2, 148 und 317 Abs. 1 S. 2 AktG wird der allgemeine Rechtsgrundsatz abgeleitet, dass der Aktionär grundsätzlich nur den sog. Eigen- oder überschießenden Direktschaden in sein Privatvermögen ersetzen verlangen kann, dh den Schaden, der nicht durch die Wertminderung der Aktie vermittelt wird.[105] Dies wird mit dem Gebot

---

[102] → Rn. 7, 11.
[103] Zu den Ausnahmen → Rn. 52.
[104] Zum Ausschluss der actio pro socio bzw. pro societate, → Rn. 6.
[105] BGH NJW 1987, 1077 (1079) mwN; ÖOGH 22.12.1994 – 2 Ob 591/94, AG 1996, 42; LG Düsseldorf AG 1991, 70 – Girmes AG; Hüffer/Koch/*Koch* § 117 Rn. 9.

der Kapitalerhaltung, der Zweckwidmung des Gesellschaftsvermögens und der Gleichbehandlung aller Aktionäre begründet.[106] Im Ergebnis scheidet damit auch eine Doppelhaftung des Schädigers gegenüber Gesellschaft und Aktionären aus.

49 **b) Beispiele für Eigen- und Reflexschäden.** Als Beispiel für einen iSd § 117 Abs. 1 S. 2 AktG ins Privatvermögen ersatzfähigen Eigenschaden wurde in der Rechtsprechung der Schaden anerkannt, der einem Aktionär daraus entstand, dass er in der Insolvenz der AG mit einem Überbrückungsdarlehen ausfiel,[107] ferner der Schaden durch den Verkauf von Aktien unter Wert auf Grund irreführender Verlautbarungen des Vorstands und der Schaden, der in einer Dividendenverkürzung auf Grund eines bewusst fehlerhaft erstellten Jahresabschlusses liegt.[108]

50 Die durch das 4. Finanzmarktförderungsgesetz (FMFG) in das WpHG eingefügten §§ 37b und c aF (§ 97 WpHG nF) regeln iVm § 15 Abs. 6 WpHG aF (§ 26 WpHG nF) auf spezialgesetzlicher Grundlage Ersatzansprüche von Anlegern für Schäden, die diese dadurch erlitten haben, dass sie Papiere zu teuer erworben oder zu billig verkauft haben, weil entweder gem. § 15 WpHG aF (§ 26 WpHG nF) ad hoc-publizitätspflichtige Tatsachen nicht unverzüglich oder im Rahmen einer ad hoc-Meldung unwahre Tatsachen veröffentlicht wurden.[109] Es handelt sich bei dem zu ersetzenden Schaden regelmäßig um einen Eigenschaden des Anlegers, den dieser in sein Privatvermögen ersetzt verlangen kann. Ob dieser auf Rückerstattung des Kauf- oder Zeichnungspreises Zug um Zug gegen Rückgewähr der Wertpapiere lautet oder sich nach dem entgangenen Mehrerlös bzw. dem überhöhten Kaufpreisteil bemisst, ist unklar. Gegen Ersteres spricht, dass ein Rückkauf zum Zweck der Erfüllung von Schadenersatzansprüchen in § 71 AktG nicht vorgesehen ist, sofern der Aktienerwerb überhaupt direkt vom Emittenten erfolgte. Allerdings sind die §§ 37b und c WpHG aF (§ 97 WpHG nF) gegenüber § 71 AktG lex posterior. Der Wortlaut spricht für die Erstattung des Differenzschadens.[110] Den Kläger trifft die Darlegungslast dafür, zu welchem Preis er bei pflichtgemäßer Veröffentlichung erworben bzw. veräußert hätte. Die Klage richtet sich gegen den Emittenten, nicht gegen die handelnden Einzelpersonen.[111] Allerdings handelt es sich bei der auf die §§ 37b und c WpHG aF (§ 97 WpHG nF) gestützten Klage nicht mehr um eine im Mitgliedschaftsverhältnis oder im Mitgliedschaftsrecht verwurzelte allgemeine Aktionärsklage,[112] sondern um ein auf speziellen kapitalmarktrechtlichen Bestimmungen beruhendes Vorgehen. Eine Kursverschlechterung als solche stellt demgegenüber grundsätzlich keinen Eigenschaden, sondern typischerweise nur einen Reflexschaden dar.[113]

51 Die durch eine gegen § 33 Abs. 1 WpÜG verstoßende Abwehrmaßnahme entstandene Kostenbelastung der Gesellschaft stellt ebenfalls regelmäßig einen bloßen Reflexschaden dar, den der Aktionär nicht in das eigene Vermögen ersetzt verlangen kann. Ein Eigenschaden kommt jedoch in Betracht, wenn die Abwehrmaßnahme das Übernahmeangebot des Bieters vereitelt hat und dem Aktionär dadurch ein Gewinn in Form der Differenz zwischen dem Verkehrswert der Aktien und dem Verkehrswert der angebotenen Gegenleistung ent-

---

[106] BGHZ 105, 121 (130) = NJW 1988, 2794.
[107] BGHZ 94, 55 (58 f.) = NJW 1985, 1777.
[108] BGH NJW 1992, 3167 (3171 f.).
[109] Da § 15 Abs. 1 WpHG aF (nun § 26 WpHG nF) nach hM kein Schutzgesetz ist, waren Anleger vor der Novelle über § 826 BGB nur unzureichend geschützt, vgl. LG München I NJW-RR 2001, 1701 (1702); AG München NJW-RR 2001, 1707 (1708); LG Augsburg NZG 2002, 428; aA LG Augsburg NJW-RR 2001, 1705 (1706); statt vieler auch zum Stand der Diskussion um mögliche Anspruchsgrundlagen vor Inkrafttreten des 4. FMFG *Krause*, Ad-hoc-Publizität und haftungsrechtlicher Anlegerschutz, ZGR 2002, 799 (815); *Reichert/Weller* ZRP 2002, 49 (53). Zur Ad hoc-Publizitätspflicht → § 48 Rn. 42 ff.
[110] BGH NZG 2012, 263 „IKB-Urteil" zu § 37b WpHG aF; OLG München NZG 2015, 399 zu § 37c WpHG aF; *Hutter/Leppert*, Das 4. Finanzmarktförderungsgesetz aus Unternehmensicht, NZG 2002, 650 (655); Zur Bestimmung der relevanten Börsenkurse, aus deren Vergleich sich der Differenzschaden errechnet vgl. *Reuschle*, Viertes Finanzmarktförderungsgesetz, 2002, Einf. Rn. 53 ff.
[111] Krit. *Hutter/Leppert*, Das 4. Finanzmarktförderungsgesetz aus Unternehmensicht, NZG 2002, 650 (654).
[112] Zur allgemeinen Aktionärsklage als Mitgliedschaftsklage → Rn. 14 ff.
[113] ZB öOGH 22.12.1994 – 206 591/94, AG 1996, 42.

gangen ist.[114] Als Anspruchsgrundlage kommt neben § 823 Abs. 1 auch § 823 Abs. 2 BGB iVm § 33 WpÜG in Betracht.[115]

c) **Ausgleich des Reflexschadens durch Leistung an die Gesellschaft.** Einen Ausgleich seines bloß mittelbaren Schadens (Reflexschadens) kann der Aktionär nach der Rechtsprechung grundsätzlich nur durch Leistung an die Gesellschaft verlangen.[116] Allerdings ist hier die Klagebefugnis besonders kritisch zu prüfen. Nur ausnahmsweise kann der Aktionär auch einen Schadensersatzanspruch der Gesellschaft im Wege der actio pro socio bzw. pro societate geltend machen, wenn eine Rechtsverfolgung von der Gesellschaft nicht zu erwarten ist.[117] Diese Ausnahme kommt jedoch nur in Betracht, soweit sich der Schadensersatzanspruch gegen andere als die in §§ 147, 148 AktG genannten Personen, also gegen „externe Schädiger" richtet, da andernfalls §§ 147, 148 AktG umgangen würden. Da in diesen Fällen letztlich der Aktionär der Gesellschaft das Prozessrisiko abnimmt, dürften diese nur selten praktisch relevant werden. Außerdem sind sie regelmäßig nicht den hier behandelten Mitgliedschaftsklagen zuzuordnen. Die §§ 117, 148, 317 AktG bieten dem Aktionär für diese mittelbaren Schäden keine Anspruchsgrundlage, jedoch ggf. die §§ 823, 826 BGB. 52

d) **Ausgleich des Reflexschadens durch Leistung an den Gesellschafter.** Ein Ausgleich des mittelbaren Schadens direkt an den Gesellschafter kommt ausnahmsweise in Betracht, wenn der Alleingesellschafter den Schaden der Gesellschaft ausgeglichen hat und sich sein mittelbarer Schaden in einen unmittelbaren umgewandelt hat.[118] Ferner kann der Aktionär von einem Dritten auch dann Ersatz des Reflexschadens in sein Privatvermögen verlangen, wenn seine Schädigung gerade in der Begründung des Mitgliedschafts- und Beteiligungsverhältnisses liegt und der Aktionär aus Delikt Ersatz seines Vertrauensschadens und damit verlangen kann, so gestellt zu werden, wie er ohne den Eintritt des schädigenden Ereignisses stehen würde.[119] Auf eine Erstattung des Reflexschadens in das Gesellschaftsvermögen kann maW nicht verwiesen werden, wenn er ein Recht hat, so gestellt zu werden, als wäre er nicht Aktionär geworden.[120] Dies kann etwa bei unrichtigen Angaben von Vorständen oder Aufsichtsräten im Rahmen einer Kapitalerhöhung der Fall sein (sog. Kapitalerhöhungsschwindel).[121] Eine Haftung der Gesellschaft und der Organmitglieder kann sich in derartigen Fällen aus §§ 823 Abs. 2, (31) BGB bzw. 826 BGB iVm § 399 Ziff. 4 AktG ergeben.[122] In diesen Fällen kann auch § 147 AktG nicht den Rückgriff des Aktionärs auf die Individualklage versperren, weil er andernfalls im Aktienrecht „gefangen" wäre, obwohl er verlangen kann, gestellt zu werden, als wäre er nicht Aktionär geworden. 53

e) **Berücksichtigung von Gläubigerschutzgesichtspunkten.** Schadensersatzansprüche der Aktionäre gegen die Gesellschaft wegen Verletzung des Mitgliedschaftsverhältnisses oder eines deliktischen, der Gesellschaft über § 31 BGB zuzurechnenden Eingriffs in das Mitgliedschaftsrecht müssen mit den in den §§ 57, 58 Abs. 4 und 62 AktG niedergelegten Grundsät- 54

---

[114] Zutreffend Haarmann/Schüppen/*Röh* WpÜG § 33 Rn. 143, der zu Recht auf die Hürde für den Aktionär hinweist, die haftungsbegründende Kausalität zwischen Abwehrmaßnahme und Erfolgsverhinderung iSd § 33 Abs. 1 S. 1 WpÜG nachzuweisen.
[115] Siehe oben Fußnote 64.
[116] BGHZ 105, 121 (131) = NJW 1988, 2794; BGH DB 1987, 2193; BGH NJW 1987, 1077 (1079); Hüffer/Koch/*Koch* § 93 Rn. 19 mwN. Es handelt sich jedoch nicht um eine actio pro socio bzw. pro societate, da der Aktionär einen eigenen Schadensersatzanspruch geltend macht.
[117] LG Hamburg WM 1998, 497, nachfolgend OLG Hamburg AG 1999, 380 (Klageerledigung infolge Klageerhebung durch die Gesellschaft selbst).
[118] OLG Düsseldorf AG 1997, 231 (236).
[119] BGHZ 105, 121 (131 ff.) = NJW 1988, 2794. Der Anspruch stützte sich auf § 823 Abs. 2 iVm § 399 Abs. 1 Nr. 4 AktG und richtete sich gegen das bei der Ausgabe neuer Aktien beteiligte Emissionskonsortium. Ein konkurrierender Schadensersatzanspruch der Gesellschaft gegen das Konsortium aus demselben Rechtsgrund und gegen den Vorstand aus § 93 Abs. 2 AktG stand dem Anspruch des Aktionärs gegen das Konsortium nicht entgegen.
[120] BGHZ 105, 121 (132).
[121] Siehe Fn. 116.
[122] In dem Fall, der BGHZ 105, 121 zugrunde lag, war die Gesellschaft allerdings insolvent.

zen des Gläubiger-, dh Fremdkapitalgeberschutzes in Einklang gebracht werden. Wie dies zu geschehen hat, ist in der Rechtsprechung noch nicht entschieden. Einigkeit dürfte im jüngeren Schrifttum darüber bestehen, dass dem Grunde nach begründete Schadensersatzansprüche jedenfalls insofern durch die Gesellschaft ohne Verstoß gegen § 57 AktG erfüllbar sind, als diese aus freien Rücklagen bedient werden können.[123] Würde dagegen durch die Erfüllung derartiger Schadensersatzansprüche das aktienrechtliche Kernkapital berührt, so bestünde jedenfalls für den klagenden Aktionär ein nicht unerhebliches Prozessrisiko, da nach im Schrifttum vertretener Meinung in diesen Fällen der Gesellschaft ein Leistungsverweigerungsrecht zustände,[124] was zur Klageabweisung als derzeit unbegründet führen würde. Ist für den Kläger absehbar, dass nicht genügend freie Rücklagen vorhanden sind, kann es empfehlenswert sein, die Klage gleichzeitig gegen aus Delikt haftende Organmitglieder persönlich zu richten.

55 f) **Prozessuale Einzelfragen.** Ob die Monatsfrist des § 246 AktG für Schadensersatzklagen entsprechend gilt,[125] ist zweifelhaft. Probleme würde bereits die Bestimmung des Fristbeginns bereiten. Im Fall des rechtswidrigen Bezugsrechtsausschlusses kann sie erst ab Kenntnis zu laufen beginnen, wenn der Vorstand nicht vorab über die Absicht zum Bezugsrechtsausschluss informiert. Keinesfalls könnte die Frist vor Eintritt des Schadens zu laufen beginnen. Richtigerweise kann aus der gesellschaftsrechtlichen Treuepflicht jedoch nur abgeleitet werden, dass Ansprüche binnen angemessener Frist geltend gemacht werden müssen.[126] Auch bei Klagen wegen Eigenschäden auf Grund pflichtwidrigen Vorstandshandelns ist die AG jedenfalls richtige Beklagte, wobei sie trotz Interessenkonflikts durch den Vorstand vertreten wird. Die Gesellschaft kann wiederum gem. §§ 93, 116 AktG Regress gegen Vorstand und Aufsichtsrat nehmen, weshalb der die AG gerichtlich vertretende Vorstand den fraglichen Mitgliedern des Vorstands und des Aufsichtsrats gem. § 72 ZPO den Streit verkünden müsste, um ihnen im Regressprozess den Einwand der Rechtmäßigkeit abzuschneiden.[127] Bei Ansprüchen auf Ersatz eines Eigenschadens auf deliktischer Grundlage kommt darüber hinaus auch eine Klage gegen Organmitglieder in Betracht. Das gilt insbesondere für die Geltendmachung eines Eigenschadens gegen Organmitglieder wegen schädigender Beeinflussung nach § 117 Abs. 2 AktG. Die gleichzeitige Klage gegen Organmitglieder kann wegen eines möglichen Leistungsverweigerungsrechts aus § 57 Abs. 3 AktG angezeigt sein.[128]

2. Organhaftungsklage gem. §§ 147, 148 AktG

56 Neben die Geltendmachung von Organhaftungsansprüchen aufgrund Beschlusses der Hauptversammlung nach § 147 AktG durch den besonderen Vertreter ist durch das UMAG die Aktionärsklage nach § 148 AktG getreten.

57 a) **Geltendmachung durch besonderen Vertreter nach § 147 AktG.** Gemäß § 147 Abs. 1 AktG **müssen Ersatzansprüche** der Gesellschaft gegen Gründer und andere im Rahmen der Gründung ersatzpflichtige Personen sowie gegen amtierende oder ausgeschiedene Mitglieder des Vorstandes oder des Aufsichtrats und gegen die aus § 117 AktG verpflichteten Personen **geltend gemacht werden, wenn die Hauptversammlung dies mit einfacher Stimmenmehrheit beschließt,** und zwar nach der Sollvorschrift des § 147 Abs. 1 S. 2 AktG innerhalb von sechs Monaten seit dem Tag der Hauptversammlung. Die Geltendmachung von Ersatzansprüchen gegenüber Mitgliedern der Verwaltungsorgane obliegt grundsätzlich dem jeweils anderen Organ. Die **Hauptversammlung** kann allerdings zur Geltendmachung dieser Ersatzansprü-

---

[123] *Baums* S. 227 f.; Großkomm/*Henze* § 57 Rn. 21 (zur Börsenprospekthaftung).
[124] *Baums* S. 228 mwN.
[125] KölnKommAktG/*Lutter* § 203 Rn. 44.
[126] Vgl. BGHZ 83, 122 (135 f.) – Holzmüller.
[127] Offenkundig besteht hier ein Interessenkonflikt für den Vorstand bei der Wahrnehmung der Gesellschafts- und der eigenen Interessen, wenn ihm selbst der Regress droht. Allerdings beeinträchtigt dies nicht die Vertretungsbefugnis des Vorstands.
[128] → Rn. 54.

che[129] auch **selbst einen besonderen Vertreter bestellen.** Bei dem besonderen Vertreter muss es sich um eine **natürliche Person** handeln.[130] In der Hauptversammlung sind die Ersatzansprüche nach Gegenstand und Gegner hinreichend konkret zu bezeichnen.[131] In dem Bestellungsbeschluss sollten auch Regelungen zur Vergütung enthalten sein.[132] Auch ohne ausdrückliche Anordnung im Bestellungsbeschluss darf sich der besondere Vertreter der Unterstützung von qualifizierten und zur Verschwiegenheit verpflichteten Hilfspersonen bedienen.[133] Aktionäre gegen die sich die Rechtsverfolgung (auch) richten soll, unterliegen bei der Beschlussfassung einem Stimmverbot.[134] Derjenige der besonderer Vertreter werden soll, darf allerdings mitstimmen. Der Beschluss kann die Folge einer Sonderprüfung sein; er kann aber auch unabhängig davon gefasst werden.

Nach § 147 Abs. 2 S. 2 AktG kann auf Antrag von Aktionären, deren Anteile zusammen 10 % des Grundkapitals oder den anteiligen Betrag von 1 Mio. EUR erreichen, das **Gericht** am Sitz der Gesellschaft **andere Vertreter bestellen** als diejenigen, die nach den allgemeinen Vorschriften oder auf Grund des mit Mehrheit gefassten Hauptversammlungsbeschlusses die Gesellschaft zu vertreten haben, wenn dies für eine gehörige Geltendmachung zweckmäßig erscheint. Das Gericht hat dabei einen weiten Ermessensspielraum. Gibt es dem Antrag statt, so werden Vorstand und Aufsichtsrat oder auch ggf. der durch Hauptversammlungsbeschluss eingesetzte Vertreter von der Verfolgung der Gesellschaftsansprüche ausgeschlossen.[135] 58

Im Rahmen seines Aufgabenkreises verdrängt der besondere Vertreter Vorstand und Aufsichtsrat. Auch wenn man ihm Organqualität zubilligt, wird er nicht zum „Neben-Vorstand", sondern ist nur in seinem Aufgabenkreis Organ der Gesellschaft.[136] Der besondere Vertreter hat Anspruch auf Auskunft, Einsichtnahme in und Vorlage von Schriftstücken und anderen Unterlagen, soweit er die **Informationen zur Wahrnehmung seiner Aufgabe benötigt,** den er im einstweiligen Verfügungsverfahren durchsetzen kann.[137] Es ist dem besonderen Vertreter zwar nicht gestattet, umfassende Ermittlungen bezüglich aller gesellschaftsinternen Vorgänge durchzuführen.[138] Richtigerweise muss dem besonderen Vertreter aber zur zweckentsprechenden Wahrnehmung seiner Aufgaben ein weiter Ermessensspielraum zugestanden werden, der nur auf Missbrauch überprüfbar ist, insbesondere dann, wenn der besondere Vertreter Ansprüche gegen amtierende Organmitglieder geltend machen soll.[139] Der Auskunftsanspruch steht dem besonderen Vertreter zum einen im eigenen Namen gegen die Gesellschaft, vertreten durch den Vorstand, zu[140], zum anderen hat der besondere Vertreter aber daneben auch als Vertreter der Gesellschaft ein umfangreiches Auskunfts- und 59

---

[129] Erfüllungsansprüche sind keine Ersatzansprüche. Erfasst werden aber neben Schadensersatzansprüchen auch Ausgleichsansprüche, vgl. Hüffer/Koch/*Koch* AktG § 147 Rn. 2; nach hM werden auch konzernrechtliche Ersatzansprüche gem. §§ 309, 310, 317, 318 AktG erfasst: OLG München ZIP 2008, 1916 (1918); LG Frankfurt a. M. NZG 2013, 1181 (1183 f.); GroßkommAktG/*Bezzenberger* § 147 Rn. 13; Spindler/Stilz/*Mock* AktG § 147 Rn. 13; MüKoAktG/*Arnold* § 147 Rn. 26 f.; Hüffer/Koch/*Koch* AktG § 147 Rn. 3; *Bernau* AG 2011, 894 (900); *Nietsch* ZGR 2011, 589 (599); aA KölnKommAktG/*Koppensteiner* § 317 Rn. 38; *Humrich* S. 43 ff.; Hölters/*Hirschman* AktG § 147 Rn. 3.
[130] K. Schmidt/Lutter/*Spindler* § 147 Rn. 20; zweifelnd: *Nietsch* ZGR 2011, 589 (601 f.).
[131] OLG München ZIP 2008, 73 (75).
[132] MHdBGesR IV/*Bungert* § 43 Rn. 36.
[133] MüKoAktG/*Arnold* § 147 Rn. 71.
[134] OLG München ZIP 2008, 73 (74); Hüffer/Koch/*Koch* AktG § 147 Rn. 10. Richtigerweise kommt es auf das Vorliegen einer gemeinsamen Verfehlung an und nicht auf die formale Frage einer Block- oder Einzelabstimmung, vgl. *Nietsch* ZGR 2011, 589 (606) mwN.
[135] Hüffer/Koch/*Koch* AktG § 147 Rn. 19; *Westermann* AG 2009, 237 (239).
[136] BGH NJW-RR 2012, 106; ZIP 2013, 1467.
[137] OLG Köln NZG 2016, 147 = BeckRS 2015, 20140, enger LG Heidelberg 4.12.2015 – 11 O 37/15; 6.4.2016, BeckRS 2016, 18581 mit zu Recht ablehnender Anmerkung von *Beneke* GWR 2016, 487 f.
[138] OLG München ZIP 2008, 73 (77).
[139] So auch *Verhoeven* ZIP 2008, 245 (247); U.H. Schneider ZIP 2013, 1985 (1986 f.); GroßkommAktG/*Bezzenberger* § 147 Rn. 57; *Lochner* in Heidel § 147 Rn. 24a; *Mock* ZHR 2017, 688 (719 ff.); *Nietsch* ZGR 2011, 589 (614 ff.); enger: MüKoAktG/*Arnold* § 147 Rn. 69 ff; Hüffer/Koch/*Koch* AktG § 147 Rn. 15; einen Informationsanspruch verneinend: *Humrich* NZG 2014, 441 (446).
[140] OLG München ZIP 2008, 73 (77); LG Heidelberg 4.12.2015 – 11 O 37/15 KfH, Ziff. I.1.d); Hüffer/Koch/*Koch* AktG § 147 Rn. 16; KölnKommAktG/*Rieckers*/*Vetter* § 147 Rn. 635 f., 638.

Prüfungsrecht gegenüber allen Mitgliedern des Vorstands.[141] Der besondere Vertreter kann im Rahmen seines pflichtgemäßen Ermessens entscheiden, ob er von einer Geltendmachung der Ansprüche aufgrund mangelnder Erfolgsaussichten Abstand nehmen will oder einzelne von der Hauptversammlung an sich ins Visier genommene Organmitglieder von einer Klage ausnimmt.[142] Im Fall eines Missbrauchs haftet er der Gesellschaft auf Schadensersatz.[143] Der besondere Vertreter hat in künftigen Hauptversammlungen kein auf seine Funktion als Sondervertreter gestütztes Teilnahme- und Rederecht.[144] Der besondere Vertreter ist mangels Parteifähigkeit und eigenem rechtlichen Interesse sowie angesichts des gesetzlich begrenzten Aufgabenkreises nicht berechtigt, als Nebenintervenient auf Seiten der Klagepartei einem Rechtsstreit beizutreten, in dem ein für das Bestehen der Ersatzansprüche möglicherweise relevanter Hauptversammlungsbeschluss angefochten wird.[145] Dagegen kann er bei einer Anfechtungsklage deren Gegenstand der Beschluss der Hauptversammlung über die die Geltendmachung der Ersatzansprüche oder auch über seine Bestellung ist, als Nebenintervenient auftreten.[146]

60 **b) Klagezulassungsverfahren nach § 148 AktG.** Werden die Ersatzansprüche trotz des Hauptversammlungsbeschlusses nicht geltend gemacht, so steht einer qualifizierten Minderheit der durch das UMAG eingeführte Weg nach § 148 AktG zur Verfügung, dh Aktionäre können die gerichtliche Zulassung einer Organhaftungsklage beantragen. Dem eigentlichen Klageverfahren zur Geltendmachung der Ersatzansprüche ist somit ein **Klagezulassungsverfahren vorgeschaltet.** Dadurch soll verhindert werden, dass die Gesellschaft und die potentiell ersatzpflichtigen Personen in missbräuchlicher Weise mit einer übermäßigen Anzahl von Ansprüchen überzogen wird. Nach einem erfolgreichen Klagezulassungsverfahren erfolgt die Anspruchsdurchsetzung im Wege der **gesetzlichen Prozessstandschaft.**

61 *aa) Antrag auf Klagezulassung.* Der Antrag auf Klagezulassung muss beim jeweiligen Landgericht – ggf. Kammer für Handelssachen – am Sitz der Gesellschaft gestellt werden. Die Länder können die Zuständigkeit für die Klagezulassungsverfahren bei einem von mehreren an sich zuständigen Landgerichten konzentrieren. Beim Klagezulassungsverfahren handelt es sich um ein Verfahren der ZPO, bei dem die allgemeinen Vorschriften über Klageerhebung, Anwaltszwang etc gelten.[147] Antragsgegner sind diejenigen Organmitglieder, gegen die Ansprüche geltend gemacht werden sollen. Mit Antragstellung wird die Verjährung der Ersatzansprüche gehemmt. Die Klage nach §§ 148, 149 AktG ist im eigenen Namen geltend zu machen und auf Leistung an die Gesellschaft zu richten, da die Gesellschaft weiterhin Anspruchsinhaberin ist.

62 *bb) Quorum.* Das Klagezulassungsverfahren können nach § 148 Abs. 1 AktG Aktionäre, deren Anteile insgesamt 1 % des Grundkapitals oder einen anteiligen Betrag von 100.000 EUR erreichen, betreiben.[148] Im Gegensatz zu § 142 Abs. 2 AktG müssen nach § 148 Abs. 1 AktG die Antragsteller eine entsprechende Beteiligung nicht bis zur Entscheidung über den Antrag halten. Aktionäre, die ein Klagezulassungsverfahren betreiben wollen, können über das ebenfalls durch das UMAG eingeführte Aktionärsforum (§ 127a AktG) bei anderen Aktionären darum werben, dass diese sich an dem Klagezulassungsbegehren beteiligen. Die Antragsteller handeln regelmäßig als BGB-Gesellschaft.[149] Weitere Aktionäre können sich am Zulassungsverfahren beteiligen, indem sie durch Vertrag in die antragstellende BGB-Gesellschaft eintreten. Eine andere Möglichkeit besteht darin, dem Zulassungs-

---

[141] LG Heidelberg 4.12.2015 – 11 O 37/15 KfH, Ziff. 2; KölnKommAktG/*Rieckers/Vetter* § 147 Rn. 651, 694; Spindler/Stilz/*Mock* AktG § 147 Rn. 104, 107.
[142] OLG München ZIP 2008, 73 (76); *Westermann* AG 2009, 237 (240 f.).
[143] BGH NZG 2015, 835 (836 f.); *Westermann* AG 2009, 237 (240 f.).
[144] LG München ZIP 2008, 1588 f.; *Westermann* AG 2009, 237 (241 f.); kritisch *Verhoeven* EWiR § 147 AktG 1/09.
[145] OLG München AG 2009, 119 ff.
[146] *Westermann* AG 2009, 237 (244).
[147] Spindler/Stilz/*Mock* § 148 Rn. 29.
[148] Zur Kritik am Quorum siehe *Kahnert* AG 2013, 663 (665 f.) mwN.
[149] RegBegr. BR-Drs. 3/05, 43; Spindler/Stilz/*Mock* AktG § 148 Rn. 36, 37.

verfahren als Nebenintervenient beizutreten. Nach Zulassung der Klage ist jedoch eine Nebenintervention nicht mehr möglich (§ 148 Abs. 4 S. 3 AktG).

cc) Klagebefugnis. Die die Zulassung begehrenden Aktionäre müssen nachweisen, dass sie **63** die für das Quorum erforderliche Zahl von Aktien[150] vor dem Zeitpunkt erworben haben, in dem sie von dem behaupteten Pflichtverstoß oder dem Schaden auf Grund einer Veröffentlichung Kenntnis erlangen mussten (§ 148 Abs. 1 Nr. 1 AktG). Haben Aktionäre die Aktien im Wege der Gesamtrechtsnachfolge erlangt, kommt es darauf an, ob ihr Rechtsvorgänger die Aktien vor diesem Zeitpunkt erworben hatte. Ob die Aktionäre tatsächlich Kenntnis hatten ist irrelevant, es kommt nur darauf an, dass der Verstoß bereits in breiten Medien, der Wirtschaftspresse oder weit verbreiteten Online-Diensten veröffentlicht war.[151] Der Nachweis erfolgt regelmäßig durch einen Depotauszug oder durch Kaufunterlagen.

dd) Fristsetzung und Verdacht der Unredlichkeit oder grobe Pflichtverletzung. Die die **64** Klagezulassung begehrenden Aktionäre müssen ferner nachweisen, dass sie die Gesellschaft, dh das zuständige Organ, unter Setzung einer angemessenen Frist erfolglos aufgefordert haben, selbst Klage zu erheben.[152] Außerdem müssen Tatsachen festgestellt werden, die den Verdacht rechtfertigen, dass der Gesellschaft durch Unredlichkeit oder grobe Verletzung von Gesetz oder Satzung ein Schaden entstanden ist. Der Verdacht muss kein „dringender" sein. Schädigungen minderer Art rechtfertigen das Zulassungsverfahren nicht.[153] Unter Unredlichkeiten werden „ins Kriminelle reichende Treuepflichtverstöße" verstanden.[154] Diese Beschränkung führt dazu, dass im Verfahren nach § 148 AktG regelmäßig eine Prüfung der Business Judgement Rule nicht vorgenommen wird.[155] Für die Aktionäre gestaltet sich allerdings oftmals die Informationsbeschaffung als schwierig. Diesen steht nur das beschränkte Auskunftsrecht des § 131 AktG sowie das Instrument der Sonderprüfung (welches nach §§ 142 ff. AktG besonderen Voraussetzungen unterliegt) zur Verfügung.[156]

ee) Kein Entgegenstehen von überwiegenden Gründen des Gesellschaftswohls. Die Zulassung **65** ist zu versagen, wenn der Klage überwiegende Gründe des Gesellschaftswohles entgegenstehen.[157] Hierunter fallen insbesondere Klagen auf sehr geringe Schadenssummen und aufgrund der Kostenrisiken Mehrfachklagen (Mee-to-Klagen).[158] Die Zulassung der Klage soll damit die Regel sein.

ff) Entscheidung. Die Gesellschaft kann sich selbst entscheiden, Klage zu erheben. Damit **66** wird das Klagezulassungsverfahren oder später das Klageverfahren der Aktionäre unzulässig, doch sind die Antragsteller des Klagezulassungsverfahrens auch im Klageverfahren der Gesellschaft beizuladen (§ 148 Abs. 3 AktG). Die gerichtliche Entscheidung ergeht ohne mündliche Verhandlung durch **Beschluss,** der mit der **sofortigen Beschwerde** angegriffen werden kann. Die Prüfung des Gerichts beschränkt sich auf eine summarische Schlüssigkeitsprüfung, dh der Erfolg der Klage muss hinreichend wahrscheinlich sein.[159] Der Gesellschaft muss im Klagezulassungsverfahren Gelegenheit zur Stellungnahme gegeben (§ 148 Abs. 2 S. 4 AktG) und sie muss beigeladen (§ 148 Abs. 2 S. 7 AktG) werden. Bei börsennotierten Gesellschaften ist das Klagezulassungsverfahren nach rechtskräftiger Zulassung in den Gesellschaftsblättern (jedenfalls elektronischer Bundesanzeiger) bekanntzumachen

---

[150] *Schröer* ZIP 2005, 2081 (2084); Spindler/Stilz/*Mock* AktG § 148 Rn. 42.
[151] RegBegr UMAG, BT-Drs. 15/5092, 21.
[152] Die RegBr. hält eine Frist von zwei Monaten für ausreichend; die Fristsetzung ist entbehrlich, wenn die Gesellschaft die Klageerhebung ernstlich und endgültig abgelehnt hat (Rechtsgedanke des § 286 Abs. 2 Nr. 3 BGB), BR-Drs. 3/05, 43.
[153] *K. Schmidt* NZG 2005, 796 (800); *Kahnert* AG 2013, 663 (667); dazu BR-Drs. 3/05, 44, aA *Schmolke* ZGR 2011, 398 (429).
[154] *K. Schmidt* NZG 2005, 796 (800); dazu BR-Drs. 3/05, 44.
[155] *K. Schmidt* NZG 2005, 796 (800); vgl. BR-Drs. 3/05, 45.
[156] *Kahnert* AG 2013, 663 (665).
[157] Bloß gewichtige Gründe iSd ARAG/Garmenbeck-Entscheidung (BGHZ 135, 244 = ZIP 1997, 883, Leitsatz 4 und unter II.2.b.cc) reichen demnach nicht aus.
[158] RegBeg. UMAG, BT-Drs. 15/5092, 22; BR-Drs. 3/05, 45.
[159] *Holzborn/Bunnemann* BKR 2005, 51 (56); Spindler/Stilz/*Mock* AktG § 148 Rn. 63; RegBegr UMAG, BT-Drs. 15/5092, 22.

(§ 149 Abs. 1 AktG); ggf. kann die Einleitung eines Klagezulassungsverfahrens aber bereits eine ad-hoc-pflichtige Tatsache darstellen.

67 **gg) Kosten.** Die antragstellenden Aktionäre tragen zwar grundsätzlich nur die Kosten für das Klagezulassungsverfahren, wenn dies erfolglos ist (§ 148 Abs. 6 S. 1 AktG). Aber auch bei erfolgreichem Klagezulassungsverfahren müssen die Aktionäre jedoch in Vorleistung gehen und tragen insofern das Regress- und Insolvenzrisiko.[160] Der Streitwert ist entsprechend dem Interesse des Aktionärs an der Geltendmachung der Ersatzansprüche festzusetzen.[161] Der **Streitwert** entspricht daher dem Anteil der antragstellenden Aktionäre am Grundkapital der Gesellschaft an der Höhe des Ersatzanspruchs, ist aber auf 500.000 EUR (§ 53 Abs. 1 S. 2 GKG) begrenzt.[162]

> **Praxistipp:**
> Bei Ablehnung der Klageerhebung aus Gründen des Gesellschaftswohls müssen dem antragstellenden Aktionär diese Gründe vom zuständigen Gesellschaftsorgan mitgeteilt werden, da ansonsten die Gesellschaft im Falle einer Abweisung des Antrages durch das Gericht aus Gründen des Gesellschaftswohl die Kosten des Zulassungsverfahrens trägt (§ 148 Abs. 6 S. 4 AktG). Unterbleibt eine Mitteilung dieser Gründe schuldhaft, kann dies zu Ersatzansprüchen der zuständigen Organmitglieder führen.

68 **c) Klageerhebung nach erfolgreichem Zulassungsverfahren.** Nach rechtskräftiger Zulassung der Klage können die Antragsteller (die BGB-Gesellschaft) **binnen drei Monaten die Klage erheben,** sofern sie zuvor die Gesellschaft nochmals unter Setzung einer angemessenen Frist[163] aufgefordert haben, selbst Klage zu erheben (§ 148 Abs. 4 AktG). Zuständig ist das Landgericht, in dessen Bezirk die Gesellschaft ihren Sitz hat. Die Antragsteller klagen im eigenen Namen als gesetzliche Prozessstandschafter einen Anspruch der Gesellschaft ein und können nur Leistung an diese verlangen. Klagegegner sind die Organmitglieder, die auf Schadenersatz in Anspruch genommen werden. Aktionäre, die im Klagezulassungsverfahren als Nebenintervenienten beigetreten sind, können sich auch am Klageverfahren als Nebenintervenienten beteiligen. Sie sind notwendige Streitgenossen (§ 62 ZPO), weil das auf die Klage ergehende Urteil Rechtskraft gegenüber allen Aktionären entfaltet. § 148 Abs. 4 AktG schließt lediglich die Zulassung solcher Aktionäre als Nebenintervenienten aus, die sich erst nach Klagezulassung an der Geltendmachung der Ersatzansprüche beteiligen wollen.[164] Die Gesellschaft ist auch im Klageverfahren beizuladen (§ 148 Abs. 2 AktG).

69 Das Urteil **wirkt** auch **für und gegen die Gesellschaft** (§ 145 Abs. 5 S. 1 AktG). Es wirkt überdies **für und gegen alle Aktionäre,** hindert also die Erhebung einer weiteren Klage mit demselben Streitgegenstand durch andere Aktionäre.[165]

70 Im Klageverfahren gelten hinsichtlich der Kosten die §§ 91, 92 ZPO. § 148 Abs. 5 AktG gewährt jedoch den Klägern trotz klageabweisendem Urteil einen materiellrechtlichen Kostenerstattungsanspruch, sofern diese die Klageabweisung nicht durch vorsätzlich oder grob fahrlässig unrichtigen Vortrag bewirkt haben. Übernimmt die Gesellschaft die Klage von den Aktionären bzw. erhebt sie selbst Klage, so sind nach § 148 Abs. 6 S. 4 AktG den Aktionären deren Kosten bis zur Übernahme der Klage bzw. Klageerhebung entstandenen Kosten zu erstatten, das die Gesellschaft damit zu erkennen gibt, dass sie die Prozess-

---

[160] *Peltzer* FS Uwe H. Schneider, 2011, 953 (956 f.); *Kahnert* AG 2013, 663 (664); überdies ist bei der Risikoabschätzung zu berücksichtigen, dass auch im Fall des Obsiegens die zugesprochene Leistung an die Gesellschaft fällt, vgl. zu dieser Problematik näher *Wagner* ZHR 178 (2014), 227 (242 ff.).
[161] *Meilike/Heidel* DB 2004, 1479 (1482).
[162] Spindler/Stilz/*Mock* AktG § 148 Rn. 66.
[163] Hier wird regelmäßig eine Frist von einem Monat ausreichend sein, vgl. Spindler/Stilz/*Mock* AktG § 148 Rn. 93; aA *Spindler* NZG 2005, 865 (868): zwei Monate.
[164] Trittbrettfahrer, vgl. RegBegr. BR-Drs. 3/05, 46.
[165] MHdBGesR IV/*Bungert* § 43 Rn. 51.

führung billigt, unbeschadet des Anspruchs nach § 148 Abs. 6 S. 5 AktG. Die Kostenerstattung ist grundsätzlich auf nur einen Bevollmächtigten beschränkt (§ 148 Abs. 6 S. 6 AktG).

d) **Vereinbarungen mit Aktionären zur Verfahrensbeendigung (§ 149 Abs. 2 AktG).** Die Verfahrensbeendigung ist von **börsennotierten Gesellschaften** ebenfalls in den Gesellschaftsblättern (jedenfalls elektronischer Bundesanzeiger) zu **veröffentlichen.** Im Fall einer prozessbeendenden Vereinbarung ist die gesamte Vereinbarung, einschließlich aller Leistungen sowohl der Gesellschaft als auch zurechenbarer Dritter zu veröffentlichen (§ 149 Abs. 2 S. 2 AktG). Die Veröffentlichung ist für die Wirksamkeit der Leistungen, nicht aber der Prozesswirkungen (§ 149 Abs. 2 S. 3, 4 AktG). Erfasst werden zum einen jegliche Formen von Vereinbarungen zwischen der Gesellschaft, den Anfechtungsklägern, aber auch Dritten, die im Interesse der Kläger oder der Gesellschaft handeln, zum anderen sämtliche vermögenswerte Leistungen der Gesellschaft. Es kommt nur auf einen funktionalen bzw. wirtschaftlichen Zusammenhang zwischen Leistungen und Prozessbeendigung an.[166]

Voraussetzungen des Klagezulassungsverfahrens

Die Klage wird nur zugelassen, wenn

(i) die Aktionäre nachweisen, dass sie die Aktien vor dem Zeitpunkt erworben haben, in dem sie oder im Falle der Gesamtrechtsnachfolge ihre Rechtsvorgänger von den behaupteten Pflichtverstößen oder dem behaupteten Schaden auf Grund einer Veröffentlichung Kenntnis erlangen mussten, und

(ii) die Aktionäre nachweisen, dass sie die Gesellschaft unter Setzung einer angemessenen Frist vergeblich aufgefordert haben, selbst Klage zu erheben, und

(iii) Tatsachen vorliegen, die den Verdacht rechtfertigen, dass der Gesellschaft durch Unredlichkeit oder grobe Verletzung des Gesetzes oder der Satzung ein Schaden entstanden ist, und

(iv) der Geltendmachung des Ersatzanspruchs keine überwiegenden Gründe des Gesellschaftswohls entgegenstehen.

3. Schadensersatz wegen rechtswidrigen Bezugsrechtsausschlusses beim genehmigten Kapital

Erfährt der Aktionär von einem rechtswidrigen Bezugsrechtsausschluss erst nach Eintragung der Kapitalerhöhung im Handelsregister, so bleibt ihm nur die Möglichkeit, Schadensersatz geltend zu machen.[167]

a) **Anspruchsgrundlagen.** Im Fall der Aktienausgabe an Dritte ist der Gesellschaft die Erfüllung des konkreten Bezugsanspruchs unmöglich. Soweit es aufgrund der Eintragung zu Schädigungen gekommen ist, sind diese von der Gesellschaft zu kompensieren.[168] Ein Schadensersatzanspruch des Aktionärs gegen die Gesellschaft ergibt sich dann regelmäßig aus den §§ 280, 283 BGB. Daneben kommen Ansprüche aus den §§ 823 Abs. 1, 31 BGB wegen Verletzung des allgemeinen Mitgliedschaftsrechts in Betracht.[169] Nach umstrittener Ansicht können auch § 823 Abs. 2 iVm § 186 AktG als Anspruchsgrundlage herangezogen werden.[170] Die Gesellschaft hat einen Regressanspruch gegen die verantwortlichen Mitglieder der Verwaltung nach den §§ 93, 116 AktG wegen Ersatzleistungen an die Aktionäre sowie im Fall einer Schädigung der Gesellschaft durch Festsetzung eines zu niedrigen Ausgabekurses. Bei Verletzung des allgemeinen Mitgliedschaftsrechts kommen auch Ansprüche der Aktionäre gegen die Verwaltungsmitglieder aus Delikt in Frage.[171]

b) **Bestimmung des Schadenstypus.** Die Klage des Aktionärs auf Schadensersatz wegen Pflichtverletzungen des Vorstands beim genehmigten Kapital kann auf Ersatz eines Eigen-

---

[166] RegBegr. UMAG BT-Drs. 15/5092, 24.
[167] Hüffer/Koch/*Koch* AktG § 203 Rn. 39.
[168] BGHZ 164, 249 = AG 2006, 38 – Mangusta/Commerzbank II.
[169] Vgl. *Cahn* ZHR 146 (2000), 113 (121); → Rn. 17 ff.
[170] → Fn. 93.
[171] → Rn. 17 ff.

oder Gesellschaftsschadens gerichtet sein. Besteht die Pflichtwidrigkeit allein darin, dass der Vorstand die Ausgabebedingungen für die Dritterwerber zu günstig festgesetzt hat, ist also der Bezugsrechtsausschluss an sich rechtmäßig, so wird in erster Linie die Gesellschaft geschädigt sein. Die Gesellschaft hat dann einen Anspruch gegen die Organmitglieder aus den §§ 93, 116 AktG. Der Gesellschafter kann diesen Anspruch nur unter den in § 147 AktG aufgestellten Voraussetzungen „verfolgen" und den Gesellschaftsschaden an die Gesellschaft ersetzt verlangen.[172] Ist dagegen der Bezugsrechtsausschluss rechtswidrig und erfolgt die (unzulässige) Aktienausgabe an Dritte zu angemessenen Bedingungen, ist das Interesse des Aktionärs am Erhalt der Beteiligungsquote betroffen, jedoch wird die vorhandene Beteiligung nicht in ihrem Wert gemindert. Verlangt der Aktionär in diesem Fall, den Nachteil ersetzt zu bekommen, der ihm entstanden ist, weil er seinen Bezugsanspruch nicht veräußern konnte oder weil er Aktien von dritter Seite erwerben musste, ist seine Klage auf Ersatz eines Eigenschadens gerichtet.[173] §§ 147, 148 AktG stehen hier einer Individualklage nicht entgegen, da kein korrespondierender Gesellschaftsschaden vorliegt. Der Schaden des Aktionärs besteht regelmäßig in der Differenz zwischen den Aufwendungen, die zum regulären Bezug erforderlich gewesen wären und den Kosten einer anderweitigen Beschaffung (Börse).[174] Wie der Aktionär allerdings sein Recht am Erhalt seiner Beteiligungsquote bei nicht börsennotierten Gesellschaften durchsetzen kann, ist nicht abschließend geklärt.[175] Nach neuerer Rechtsprechung soll der Aktionär auch Ersatz eines entgangenen Spekulationsgewinns verlangen können.[176]

76 Ist dagegen der Bezugsrechtsausschluss rechtswidrig und erfolgte die Aktienausgabe an Dritte überdies zu unangemessen günstigen Bedingungen, so liegt einerseits ein Aktionärsschaden wegen der Verwässerung vor und ein hiermit nicht deckungsgleicher Gesellschaftsschaden. Eine Individualklage kommt nur hinsichtlich des ersten in Betracht.

VI. Einstweiliger Rechtsschutz

1. Aufklärung über das Risiko des § 945 ZPO

77 Die drohende Schadensersatzpflicht bei Aufhebung der einstweiligen Verfügung/des Arrests nach einem uU Jahre dauernden Hauptsacheverfahren wird viele Kleinaktionäre im Zweifel von der Inanspruchnahme einstweiligen Rechtsschutzes abhalten und die Auseinandersetzung zwischen Kleinaktionär und Gesellschaft auf Feststellungs-, Beseitigungs- und Schadensersatzklagen verlagern. Anders mag sich die Situation für finanzkräftige Großaktionäre und Aktionärsgemeinschaften darstellen. Wichtig auch aus Anwaltssicht ist in jedem Fall die Aufklärung über das Risiko des § 945 ZPO.

2. Einflussnahme auf die Willensbildung

78 Der einstweilige Rechtsschutz im Rahmen der hier behandelten Fallgruppen, die in der Hauptsache als allgemeine Aktionärsklagen bezeichnet werden, stößt typischerweise an zwei Stellen an seine Grenzen: Einstweilige Verfügungen, die Einfluss auf die Willensbildung nehmen, werden teilweise mit dem Argument für unzulässig oder nur in besonderen Ausnahmefällen für zulässig gehalten, die Einwirkung auf die Beschlussfassung führe eine end-

---

[172] So auch *Cahn* ZHR 164 (2000), 113 (151).
[173] Ausführlich zu den unterschiedlichen Fallgruppen *Cahn* ZHR 146 (2000), 113 (120 ff., 139 ff.).
[174] KölnKommAktG/*Lutter* § 186 Rn. 41.
[175] Ausführlich zu unterschiedlichen Möglichkeiten der Naturalrestitution *Cahn* ZHR 146 (2000), 113 (142 ff.).
[176] In dem Urt. v. 18.2.2002 – II ZR 355/00 – hat der BGH entschieden, dass ein entgangener Spekulationsgewinn grundsätzlich als ersatzfähiger Verzugsschaden in Betracht kommt, vgl. FAZ v. 19.2.2002, S. 27. Allerdings erging die Entscheidung nicht zum Bezugsrechtsausschluss; ablehnend noch *Cahn* ZHR 164 (2000), 113 (140), der den Schadensersatzanspruch über den Zweck des Bezugsrechts beschränken will.

gültige Regelung herbei,[177] da der Beschluss bei Aufhebung der einstweiligen Verfügung nicht nachträglich zur Entstehung gelangen könne.[178] Gegenüber einer Unterbindung oder Suspendierung der Beschlussfassung ist im Übrigen das **Verbot des Vollzugs des Beschlusses** regelmäßig das mildere Mittel, so dass ein materieller Anspruch des Aktionärs auf Unterlassung einer rechtswidrigen Beschlussfassung durch den Vorstand kaum je durch eine einstweilige Verfügung abgesichert werden kann, die die Beschlussfassung einstweilen untersagt bzw. suspendiert. Der zweite Einwand ist gewichtiger als der Erste, da Unterlassen, auch zeitweiliges, nämlich nie rückgängig gemacht werden kann, so dass im Fall der Unterlassungsverfügung stets für den Zeitraum des Unterlassens Befriedigung eintritt. Die Zulässigkeit der Untersagungsverfügung hängt deshalb von der Abwägung der beiderseitigen Interessen und dem zum Erreichen des Rechtsschutzziels unbedingt erforderlichen Umfang der Unterlassung ab, was sich aus der Begründetheit ergeben soll.[179] Dabei wird regelmäßig der zweite Einwand durchgreifen.

Soll einer Beschlussfassung durch die Hauptversammlung vorgebeugt werden, so ist der Antrag regelmäßig schon deshalb unzulässig, weil der Aktionär auf die Beschlussmängelklage zu verweisen ist.[180] **79**

3. Einstweilige Verfügung zur Sicherung des Bezugsrechts

Bei drohendem rechtswidrigen Bezugsrechtsauschluss durch die Verwaltung beim genehmigten Kapital kann der Aktionär zur Sicherung seines Bezugsrechts der AG im Wege der einstweiligen Verfügung untersagen, die beabsichtigte Kapitalerhöhung durchzuführen. Der Verfügungsanspruch ergibt sich aus dem Bezugsrecht, dessen drohende Verletzung entsprechend § 1004 BGB abgewehrt werden kann. Der Verfügungsgrund in Form einer drohenden Rechtsvereitelung ergibt sich daraus, dass die neuen Aktien wirksam Dritten übertragen werden könnten und das Bezugsrecht des Klägers nicht mehr bedient werden kann. **80**

Ein **Antrag** auf Unterlassung oder Aussetzung der Beschließung durch den Vorstand und Aufsichtsrat stößt auf die vorstehend dargelegten Bedenken. Regelmäßig kommt daher nur ein Antrag in Betracht, einen gefassten Beschluss vorerst nicht zu vollziehen,[181] da hiermit nur eine vorläufige und regelmäßig mildere Regelung getroffen wird. **81**

Formulierungsvorschlag Antrag auf Erlass einer einstweiligen Verfügung zur Verhinderung eines rechtswidrigen Bezugsrechtsausschlusses beim genehmigten Kapital:

Der Antragsteller beantragt, der Antragsgegnerin im Wege der einstweiligen Verfügung zu untersagen,

die Beschlüsse des Vorstands und des Aufsichtsrats vom ...... mit dem Inhalt, das Grundkapital der Antragsgegnerin durch Ausnutzung des genehmigten Kapitals II gem. § 4 der Satzung der Antragsgegnerin unter Ausschluss des Bezugsrechts der Aktionäre zu erhöhen, zu vollziehen, insbesondere die Kapitalerhöhung zur Eintragung in das Handelsregister anzumelden.

82

---

[177] Vgl. OLG Koblenz NJW 1991, 1119, zum Verbot der Stimmrechtsausübung in einer GmbH-Gesellschafterversammlung; OLG Frankfurt a.M. GmbH-Rdsch. 1982, 237 ebenfalls bzgl. einer Gesellschafterversammlung.

[178] Wenn gegen einstweilige Verfügungen, die auf die Willensbildung von Gesellschaftern Einfluss nehmen, angeführt wird, es fehle schon an einem gesellschaftsrechtlichen Verfügungsanspruch (MüKoZPO/*Drescher*, 5. Aufl. 2017, § 935 Rn. 66), so kann diese Argumentation auf die hier behandelten Fälle nicht übertragen werden, in denen der Aktionär einen materiellen Anspruch auf Wahrung seines Mitgliedschaftsrechts durch die Verwaltung hat, für den die Rechtsprechung einen vorgeschalteten Rechtsschutz in Form der Unterlassungsklage anerkannt hat.

[179] LG Frankfurt a.M. AG 2002, 51 (52) (Ausschließung von sog. Penny Stocks vom Neuen Markt).

[180] Vgl. → Rn. 3 und 4.

[181] OLG Frankfurt a.M. GmbH-Rdsch. 1982, 237.

83

**Checkliste:
Allgemeine Aktionärsklagen**

Zulässigkeit der Klage
☐ Bestimmung des Anspruchsziels: Unterlassung, Beseitigung, Schadensersatz, Feststellung der Rechtswidrigkeit einer Handlung der Verwaltung – Unterlassungsklage zumeist nur bei gleichzeitigen Erfolgsaussichten eines Antrags auf einstweilige Verfügung sinnvoll
☐ Zuständigkeit
- örtliche Zuständigkeit des Gerichts am Sitz der beklagten AG, §§ 12, 17 Abs. 1 ZPO
- sachliche und instanzielle Zuständigkeit:
  – Zuständigkeit des Landgerichts bei Streitwert von mehr als 5.000 EUR, §§ 23 Ziffer 1, 71 GVG; keine ausschließliche Zuständigkeit gem. § 246 Abs. 3 S. 1 AktG
  – Handelssache gem. § 95 Abs. 1 Ziffer 4a GVG

☐ Prozessführungsbefugnis des Aktionärs:
- stets gegeben bei Geltendmachung eines eigenes Anspruchs wegen der (drohenden) Verletzung des Mitgliedschaftsrechts, zB wegen Verletzung der Hauptversammlungskompetenz
- grundsätzlich nicht gegeben bei Geltendmachung eines Anspruchs der Gesellschaft (keine actio pro socio bzw. pro societate), gesetzliche Ausnahmen: § 148 AktG, §§ 309 Abs. 4, 317 Abs. 4, 318 Abs. 4 AktG; Ausnahme in der Rechtsprechung: wenn von der Gesellschaft eine Rechtsverfolgung nicht zu erwarten ist

☐ Rechtsschutzbedürfnis:
- Behauptung eines Unterlassungs-, Beseitigungs- oder Schadensersatzanspruchs im Zusammenhang mit der (drohenden) Verletzung des eigenen Mitgliedschaftsrechts des Klägers
- Besonderes Feststellungsinteresse bei der allgemeinen Feststellungsklage, § 256 ZPO:
  – ergibt sich regelmäßig aus der Behauptung der Verletzung des eigenen Mitgliedsrechts, jedoch kein berechtigtes Interesse an allgemeiner Rechtmäßigkeitskontrolle
  – Vermutung für die Befolgung des Feststellungsurteils durch die Beklagte (Rspr.)
- Allgemeines Rechtsschutzbedürfnis fehlt bei Umgehung der Voraussetzungen spezieller aktienrechtlicher Rechtsbehelfe, insbes. der Beschlussmängelklagen

☐ Klagefrist: Keine feste Frist, jedoch Klage bei unangemessener Verzögerung unzulässig, Leitbildfunktion der Monatsfrist des § 246 Abs. 1 ZPO jedenfalls bei Abwehrklagen

Begründetheit der Klage
☐ Passivlegitimation: Die Aktiengesellschaft, vertreten durch den Vorstand, ist richtige Beklagte, daneben kommt Passivlegitimation von Organmitgliedern aus Delikt in Betracht
☐ Aktivlegitimation des Klägers bei Leistungsklagen: (drohende) Verletzung des Mitgliedschaftsrechts, zB durch
- Übergehen der Hauptversammlungszuständigkeit durch die Verwaltung bei
  – Ausgliederung wesentlicher Betriebe oder Beteiligungen
  – faktischer Satzungsänderung
  – übersteigerter Rücklagenbildung im Konzern
  – Sachbefugnis fehlt dagegen bei Eingriff des Aktionärs in den Kompetenzbereich der Geschäftsführung.
- Rechtswidriger Bezugsrechtsausschluss durch die Verwaltung beim genehmigten Kapital
- Verstöße gegen den Gleichbehandlungsgrundsatz
- Verletzung von Aktionärsrechten im Falle feindlicher Übernahmen

☐ Weitere Anspruchsvoraussetzungen bei Leistungsklagen
- vorbeugende Unterlassungsklage: Verletzung muss ernsthaft bevorstehen
- Beseitigungsklage: Beseitigung muss rechtlich und tatsächlich noch möglich sein
- Schadensersatzklage: Abgrenzung des Eigenschadens des Aktionärs vom bloßen Reflexschaden

☐ Negative Voraussetzung: Keine Treuepflichtverletzung des Aktionärs

Zuständigkeits- und Gebührenstreitwert: § 12 Abs. 1 GKG iVm § 3 ZPO: subjektives Interesse des Klägers, nicht § 247 AktG analog

Rechtskraftwirkung des Urteils: Nur inter partes Wirkung, nicht § 248 ZPO analog

Teil J. Ausschluss von Gesellschaftern

§ 42 Kaduzierung

Übersicht

	Rn.
I. Einführung	1
II. Geltendmachung von Einlageforderungen	2–5
1. Entstehung der Einlagepflicht	2
2. Zahlungsaufforderung	3–5
III. Kaduzierung	6–20
1. Voraussetzungen der Kaduzierung	7/8
2. Kaduzierungsverfahren	9–15
a) Grundzüge des Kaduzierungsverfahrens	9
b) Nachfristsetzung an die säumigen Aktionäre (§ 64 Abs. 1 und 2 AktG)	10–12
c) Ausschlusserklärung	13–15
3. Rechtsfolgen der wirksamen Kaduzierung	16–19
4. Fehlerhafte Kaduzierung	20
IV. Zahlungspflicht der Vormänner und Verwertung der Mitgliedschaft	21–27
1. Zahlungspflicht der Vormänner	22–25
2. Verwertung der Aktie	26/27
V. Arbeitshilfen	28–30

Schrifttum: *Becker,* Der Ausschluß aus der Aktiengesellschaft, ZGR 1986, 383; zur GmbH: *Hörstel,* Der Ausschluß des GmbH-Gesellschafters durch Kaduzierung, NJW 1994, 965; *Melber,* Die Kaduzierung in der GmbH, 1993; *Michalski,* Pfändung von Kaduzierungsansprüchen und Kaduzierung bei Einmann-Gesellschaften, NZG 1999, 431; *Reinsich,* Der Ausschluß von Aktionären aus der Aktiengesellschaft, 1992.

I. Einführung

Das Kaduzierungsverfahren (§§ 64 f. AktG) ermöglicht es, Aktionäre, die ihre Bareinlage nicht vollständig erbracht haben, aus der Gesellschaft auszuschließen, seine praktische Bedeutung, ist im Aktienrecht gering. Höchstrichterliche Entscheidungen sind, soweit ersichtlich, hierzu nicht ergangen.   **1**

> **Praxistipp:**
> Die Kaduzierung sollte als Alternative im Auge behalten werden, wenn eine Gesellschaft um Beratung nachsucht, welche Maßnahmen gegen einen Aktionär, der seine Einlage nicht bezahlt, ergriffen werden können.

II. Geltendmachung von Einlageforderungen

1. Entstehung der Einlagepflicht

Das Kapital der Aktiengesellschaft kann durch Bareinlage, Sacheinlage oder gemischte Bar- und Sacheinlage geleistet werden.[1] Die **Einlagepflicht entsteht** mit Übernahme der Aktien bei der Gründung, mit der Annahme der Zeichnungserklärung durch die Gesellschaft bei einer Kapitalerhöhung oder mit Erwerb einer noch nicht volleingezahlten Aktie. Da die Kaduzierung eines Aktionärs nur bei einer ausstehenden Bareinlage in Betracht kommt, beschränken sich die folgenden Ausführungen auf diese Art der Einlageschuld. Die Er-   **2**

---

[1] → §§ 12, 13.

füllung von Bareinlagepflichten ist in §§ 54 Abs. 2 und 3, 63 ff. AktG geregelt. §§ 36 Abs. 2, 36a Abs. 1, 54 Abs. 3, 188 Abs. 2 AktG bestimmen, dass vor der Eintragung der Gesellschaft oder der Durchführung einer Kapitalerhöhung bestimmte Mindestbeträge der Bareinlage zu zahlen sind, → § 12 Rn. 48 ff. Die Erfüllung der Bareinlage setzt voraus, dass der eingezahlte Betrag endgültig zur freien Verfügung des Vorstands der Gesellschaft steht. Die Einlageforderung besteht seitens der Gesellschaft gegenüber dem Aktionär. Zuständig für ihre Durchsetzung ist der Vorstand.

2. Zahlungsaufforderung

3 **Fällig** wird eine ausstehende Bareinlage erst mit einer den Anforderungen des § 63 Abs. 1 AktG genügenden **Zahlungsaufforderung des Vorstands.** Die Zahlungsaufforderung steht im pflichtgemäßen Ermessen des Vorstands. Die Satzung oder der Aufsichtsrat können bestimmen, dass der Vorstand im Innenverhältnis der Zustimmung des Aufsichtsrates bedarf (§ 111 Abs. 4 AktG). Darüber hinausgehend kann weder durch Satzung noch durch Hauptversammlungsbeschluss eine Regelung über die Einforderung von Einlagen getroffen werden. Die Aufforderung zur Leistung ist gemäß § 63 Abs. 1 S. 2 AktG, soweit die Satzung nicht etwas anderes bestimmt, in den Gesellschaftsblättern (§ 25 AktG) bekannt zu machen.

4 Die Zahlungsaufforderung muss sich an alle Personen richten, die im Zeitpunkt der Aufforderung entweder Aktionäre sind oder gemäß § 67 Abs. 2 AktG als Aktionäre gelten und ihre Einlageverpflichtung noch nicht vollständig erfüllt haben. Wegen des **Gleichbehandlungsgebots** (§ 53a AktG) dürfen die Aktionäre weder hinsichtlich der Höhe des eingeforderten Betrags noch hinsichtlich des Zahlungstermins willkürlich unterschiedlich behandelt werden.[2] Sachlich gerechtfertigte Gründe, etwa für Aktien unterschiedlicher Gattung oder unterschiedlicher Ausgabepunkte, können dagegen eine Ungleichbehandlung rechtfertigen. Die Zahlungsaufforderung des Vorstands muss den Betrag erkennen lassen, der eingefordert wird. Auch die Einforderung von Teilbeträgen ist möglich. Da der eingeforderte Betrag mit Eintritt der Fälligkeit mit 5 % per annum zu verzinsen ist (§ 63 Abs. 2 S. 1 AktG), muss die Zahlungsaufforderung einen Zahlungstermin enthalten. Dieser muss so bemessen sein, dass den Aktionären genügend Zeit bleibt, sich die erforderlichen Mittel zu beschaffen. Neben der Zinspflicht ist bei nicht rechtzeitiger Zahlung der Einlage die Geltendmachung eines **weiteren Schadens** sowie, wenn die Satzung dies vorsieht, einer Vertragsstrafe nicht ausgeschlossen (§ 63 Abs. 2 S. 2, Abs. 3 AktG). § 63 Abs. 2 S. 2 AktG ist nicht selbst die Anspruchsgrundlage für den Schadensersatzanspruch, sondern dieser richtet sich nach allgemeinen Regelungen des Bürgerlichen Rechts. Auch bei der eventuellen Vertragsstrafe sind die Bestimmungen des Bürgerlichen Rechts zu beachten. Darüber hinaus kommt als weitere Rechtsfolge der nicht rechtzeitigen Zahlung die Kaduzierung der Mitgliedschaft in Betracht.

Muster: Zahlungsaufforderung

5
X-AG, ... [Ort]

Wir fordern die Aktionäre unserer Gesellschaft auf, die restlichen 40 % ihrer auf die von ihnen gezeichneten Aktien zu zahlenden Bareinlagen, das sind jeweils 20,- EUR pro Namensaktie, spätestens am

......

an die Kasse der Gesellschaft oder auf das Konto ...... der Gesellschaft bei der ...... Bank in ...... zu zahlen.

......
[Ort], [Datum]

......
X-AG
Der Vorstand

---

[2] RGZ 85, 366 (367).

III. Kaduzierung

Die §§ 64 f. AktG regeln das sogenannte Kaduzierungsverfahren, mit dem die Aktionäre 6 einer Gesellschaft, die ihre Einlagen trotz Nachfristsetzung, diese verbunden mit einer Ausschließungsandrohung, nicht leisten, durch Bekanntmachung in den Gesellschaftsblättern ihrer Aktien und der geleisteten Einzahlungen zugunsten der Gesellschaft für verlustig erklärt werden können. § 64 AktG ermöglicht somit neben den Sanktionen des § 63 Abs. 2, Abs. 3 AktG (Zinsen, Schadensersatz, Vertragsstrafe) den unmittelbaren Zugriff der Gesellschaft auf das Mitgliedschaftsrecht des zahlungsunwilligen oder -unfähigen Aktionärs. Durch den drohenden Ausschluss des Aktionärs und seine Ausfallhaftung (§ 64 Abs. 4 S. 2 AktG)[3] sowie die Zahlungspflicht der Vormänner (§ 65 AktG)[4] soll die **reale Kapitalaufbringung** sichergestellt werden. Das Kaduzierungsverfahren ist auch in der Insolvenz der Gesellschaft zulässig, denn es trägt dazu bei, die den Gläubigern zur Verfügung stehende Masse zu vergrößern.[5]

1. Voraussetzungen der Kaduzierung

Die Einleitung des Kaduzierungsverfahrens setzt voraus, dass ein Aktionär seiner Verpflichtung zur Bareinlageleistung nicht nachkommt. Die Kaduzierung kann nur bei ausbleibender Leistung einer **Bareinlage** in die Wege geleitet werden, nicht dagegen für rückständige Sacheinlagen oder sonstige Leistungen wie Zinsen, Vertragsstrafe und Nebenleistungen. Die Vorschriften über die Kaduzierung sind zwingend und können durch die Satzung weder abgemildert noch verschärft werden.[6] Wenn eine Sacheinlageverpflichtung (etwa infolge von Leistungsstörungen) in eine Bareinlageverpflichtung übergangen ist, kann die Kaduzierung betrieben werden.[7] Besteht die Einlageverpflichtung eines Aktionärs in einer gemischten Bar- und Sacheinlageverpflichtung, ist die Kaduzierung zwar nur wegen der Bareinlage statthaft. Im Falle seines Ausschlusses verliert der Aktionär dann jedoch auch etwaige bereits geleistete Sacheinlagen (§ 64 Abs. 3 S. 1 AktG).[8] Die Kaduzierung kommt regelmäßig **nur bei Namensaktien und Zwischenscheinen** in Betracht, da nur diese vor der vollen Leistung des Ausgabebetrags ausgegeben werden können (§§ 8 Abs. 6, 10 Abs. 2, Abs. 3 AktG). Das Kaduzierungsverfahren steht jedoch auch zur Verfügung, wenn **entgegen § 10 Abs. 2 AktG Inhaberaktien ausgegeben** werden.[9]

Voraussetzung des Kaduzierungsverfahrens ist, dass der Vorstand eine **Zahlungsaufforderung** 8 nach § 63 Abs. 1 AktG bekanntgemacht hat[10] und dass der Aktionär den in dieser Zahlungsaufforderung gesetzten Termin hat verstreichen lassen. Schließlich setzt die Kaduzierung auch voraus, dass die Gesellschaft noch **Inhaberin der Forderung** ist, dh diese nicht durch Abtretung an einen Dritten übergegangen ist, da die Kaduzierung dann nicht mehr der Kapitalaufbringung der Gesellschaft, sondern der Durchsetzung von Ansprüchen des Zessionars gegen den Aktionär dienen würde. Zulässig ist eine Kaduzierung auch, wenn die Forderung der Gesellschaft verpfändet oder gepfändet worden ist. Ferner möglich ist auch die Kaduzierung einer Einlageforderung, die bereits an einen Dritten zur Einziehung überwiesen worden ist (§ 835 ZPO).[11] Das Kaduzierungsverfahren ist auch in der Insolvenz der

---

[3] → Rn. 18.
[4] → Rn. 22 ff.
[5] LG München I ZIP 2012, 2152 (2154).
[6] RGZ 49, 77 (80); RG JW 1930, 2712 (2713); Hüffer/Koch/*Koch* AktG § 64 Rn. 1; KölnKommAktG/*Drygala* § 64 Rn. 56; MHdB GesR IV/*Rieckers* § 16 Rn. 13.
[7] *Reinisch* S. 17 mwN; MHdB GesR IV/*Rieckers* § 16 Rn. 13.
[8] Schmidt/Lutter/*Fleischer* AktG § 64 Rn. 10; MHdB GesR IV/*Rieckers* § 16 Rn. 13.
[9] Zutreffend Hüffer/Koch/*Koch* AktG § 64 Rn. 3; KölnKommAktG/*Drygala* § 64 Rn. 17; MHdB GesR IV/*Rieckers* § 16 Rn. 13.
[10] → § 41 Rn. 3, 4.
[11] Hüffer/Koch/*Koch* AktG § 64 Rn. 3; MüKoAktG/*Bayer* § 64 Rn. 26, da Freistellung erst durch die Einziehung erfolge; ebenso KölnKommAktG/*Drygala* § 64 Rn. 19; Spindler/Stilz/*Cahn* AktG § 64 Rn. 17; Schmidt/Lutter/*Fleischer* AktG § 64 Rn. 12.

Gesellschaft zulässig, denn es trägt dazu bei, die den Gläubigern zur Verfügung stehende Masse zu erhöhen.[12]

2. Kaduzierungsverfahren

9   a) **Grundzüge des Kaduzierungsverfahrens.** Liegen die soeben dargestellten Voraussetzungen vor, kann der Vorstand das Kaduzierungsverfahren in die Wege leiten. Eine Pflicht hierzu besteht nicht, der Vorstand entscheidet nach **pflichtgemäßem Ermessen**.[13] Der Vorstand kann daher auch versuchen, die Einlage auf andere Weise einzufordern. Dabei geht er jedoch das Risiko ein, sich schadensersatzpflichtig zu machen, wenn sein Vorgehen nicht zweckmäßig ist. Der Vorstand kann auch ein bereits eingeleitetes Verfahren einstellen.[14] Grenze des Ermessens ist das Gleichbehandlungsgebot (§ 53a AktG). Der Vorstand darf das Verfahren nicht nur gegen einzelne Aktionäre einleiten, bei anderen Aktionären dagegen davon absehen, wenn sich keine sachliche Rechtfertigung für diese Ungleichbehandlung ergibt. Eine sachliche Rechtfertigung mag etwa bestehen, wenn bei einem Aktionär Eintreibungschancen bereits auf Grund eines zivilgerichtlichen Verfahrens bestehen (dann mag etwa eine Vollstreckung geboten erscheinen), während bei einem anderen Aktionär Vollstreckungsmöglichkeiten wegen offensichtlicher Vermögenslosigkeit nicht bestehen (dann wird eine Kaduzierung vorzugswürdig sein). Das Kaduzierungsverfahren beginnt mit der Nachfristsetzung für die säumigen Aktionäre (§ 64 Abs. 1 und 2 AktG). Daran schließt sich die Verlustigerklärung der Aktien an (§ 64 Abs. 3 AktG).

10   b) **Nachfristsetzung an die säumigen Aktionäre (§ 64 Abs. 1 und 2 AktG).** Die Nachfristsetzung zur Zahlung der ausstehenden Bareinlage an die Aktionäre, die diese bisher nicht vollständig erbracht haben, muss die **Androhung** enthalten, dass die Aktionäre nach Ablauf der **Nachfrist** ihrer Aktien und der geleisteten Einzahlungen für verlustig erklärt werden (§ 64 Abs. 1 AktG). Die Nachfristsetzung kann nicht bereits mit der Zahlungsaufforderung nach § 63 Abs. 1 AktG verbunden werden.[15] Sie muss die betroffenen Aktionäre unzweideutig bezeichnen, am besten durch Serie und Nummer der Aktien oder Zwischenscheine mit Zahlungsrückstand, so dass sie die Nachfristsetzung auf sich beziehen können. Von Gesetzes wegen ist die Angabe der Nummern der Aktien oder Zwischenscheine nicht vorgeschrieben, sie wird auch nicht für zwingend erforderlich gehalten,[16] ihre Angabe beugt jedoch späteren Einwänden der Unbestimmtheit vor. Es reicht nicht aus, wenn die Aktionäre umschrieben werden, wie etwa durch „alle Aktionäre, die sich mit der eingeforderten Zahlung im Rückstand befinden". Dem Aktionär muss ferner deutlich werden, wann die Nachfrist endet. Die Nachfrist kann an einem festen Termin enden. Sie kann aber auch auf einen Zeitraum sowie einen Anfangstermin für diesen Zeitraum lauten (zB innerhalb von drei Monaten seit der Bekanntmachung). Mit der Nachfristsetzung ist die Androhung der Kaduzierung zu verbinden (§ 64 Abs. 1 AktG). Dabei sollte sich am Wortlaut des § 64 Abs. 1 AktG orientiert werden. Ein allgemeiner Hinweis auf die Ausübung „von gesetzlichen Rechten" oder die „Wahrnehmung aller der Gesellschaft zustehender Rechte" reicht nicht aus.

11   Die Nachfrist muss dreimal nacheinander in den Gesellschaftsblättern (§ 25 AktG) bekannt gemacht werden (§ 64 Abs. 2 S. 1 AktG). Die erste **Bekanntmachung** muss mindestens drei Monate, die letzte Bekanntmachung mindestens einen Monat vor Fristablauf erfolgen (§ 64 Abs. 2 S. 2 AktG), dh die Nachfrist muss mindestens drei Monate lang sein. Zwischen den Bekanntmachungen hat ein Zeitraum von mindestens drei Wochen zu liegen (§ 64 Abs. 2 S. 3 AktG). Aus Klarstellungsgründen empfiehlt sich die Nummerierung der Bekanntmachungen. Bei vinkulierten Namensaktien ist die Sondervorschrift des § 64 Abs. 2 S. 4 AktG zu beachten. Danach genügt an Stelle der öffentlichen Bekanntmachung die einmalige Einzahlungsforderung an die säumigen Aktionäre; dabei muss eine Nachfrist gewährt werden,

---

[12] LG München I ZIP 2012, 2152 (2154).
[13] RGZ 79, 174 (178); Hüffer/Koch/*Koch* AktG § 64 Rn. 2; Schmidt/Lutter/*Fleischer* AktG § 64 Rn. 15.
[14] HM RGZ 51, 416 (417) zur GmbH; Hüffer/Koch/*Koch* AktG § 64 Rn. 2; MüKoAktG/*Bayer* § 64 Rn. 32; aA OLG Celle OLGR 6, 191 zur GmbH.
[15] Hüffer/Koch/*Koch* AktG § 64 Rn. 4 mwN.
[16] Angabe soll vielmehr empfehlenswert sein, vgl. KölnKommAktG/*Drygala* § 64 Rn. 27.

die mindestens einen Monat seit dem Empfang der Aufforderung beträgt. Es empfiehlt sich in diesem Fall, die Aufforderung per Einschreiben mit Rückschein zuzustellen.

Muster: Nachfristsetzung

X-AG

Erste Bekanntmachung gemäß § 64 Aktiengesetz.

Die Aktionäre, auf deren Namen die Aktien Nr. ......, Serie ......, lauten, haben ungeachtet der in den Gesellschaftsblättern bekannt gemachten Aufforderung vom ...... die restlichen 40% ihrer Bareinlagen, das sind jeweils 20,- EUR pro Namensaktie, bisher nicht geleistet. Diese Aktionäre fordern wir nochmals auf, die restlichen Bareinlagen an die Kasse der Gesellschaft oder auf das Konto ...... der Gesellschaft bei der Y-Bank AG in ...... zu zahlen.

Diesen Aktionären wird eine Nachfrist gesetzt bis zum

......

Nach fristlosem Ablauf dieser Frist werden die weiterhin säumigen Aktionäre ihrer Aktien für verlustig erklärt.

......

[Ort], [Datum]

......

X-AG
Der Vorstand

c) **Ausschlusserklärung.** Nach erfolglosem Ablauf der Nachfrist kann der Vorstand nach pflichtgemäßem Ermessen und unter Beachtung des Gleichbehandlungsgrundsatzes die säumigen Aktionäre ihrer Aktien und der geleisteten Einzahlungen zugunsten der Gesellschaft für **verlustig erklären** (§ 64 Abs. 3 AktG). In dieser Ausschlusserklärung ist die genaue Kennzeichnung der kaduzierten Aktien oder Zwischenscheine nach Reihe, Serie, Nr., Stückelung und etwaiger weiterer Merkmale, soweit vorhanden, erforderlich. Das Gesetz enthält keine Frist für die Ausschlusserklärung. Sie muss jedoch innerhalb einer angemessenen Frist nach Ablauf der Nachfrist erfolgen, da anderenfalls das Ausschlussrecht verwirkt ist und das Kaduzierungsverfahren erneut eingeleitet werden muss.[17]

Die Ausschlusserklärung ist in den Gesellschaftsblättern (§ 25 AktG) bekannt zu machen (§ 64 Abs. 3 S. 1 AktG). Mit Bekanntmachung wird der Ausschluss wirksam. Bis dahin kann der säumige Aktionär die Wirkung der Ausschlusserklärung durch Zahlung noch abwenden. Eine Sonderregelung für vinkulierte Aktien gibt es für diese Bekanntmachung nicht.

Muster: Ausschlusserklärung

X-AG, in ......

Die Aktionäre, auf deren Namen die Aktien Nr. ......, Serie ......, lauten, haben trotz ordnungsgemäßer Frist- und Nachfristsetzung, sowie Androhung der Ausschlusserklärung die auf ihre Aktien geforderten restlichen 40% der Bareinlage nicht eingezahlt. Sie werden deshalb hiermit ihrer Aktien Nr. ......, Serie ...... und der bereits geleisteten Einzahlungen zugunsten der Gesellschaft für verlustig erklärt.

......

[Ort], [Datum]

......

X-AG
Der Vorstand

---

[17] Schmidt/Lutter/*Fleischer* AktG § 64 Rn. 24; MHdB GesR IV/*Rieckers* § 16 Rn. 16.

3. Rechtsfolgen der wirksamen Kaduzierung

16 Rechtsfolge der Kaduzierung ist, dass der betreffende Aktionär seine **Mitgliedschaft** aus den für verlustig erklärten Aktien und darauf bereits geleistete Einlagen **verliert**. Ihm stehen keine weiteren mitgliedschaftlichen Rechte, wie Stimmrechte oder Dividendenrechte, mehr zu, wobei jedoch Dividendenansprüche aus Gewinnverwendungsbeschlüssen, die vor dem Ausschluss gefasst wurden, unberührt bleiben.[18] Gleichzeitig erlöschen – mit Ausnahme etwaiger bereits entstandener Ansprüche auf Zinsen, Schadensersatz oder Vertragsstrafe (§ 63 AktG) und der subsidären Ausfallhaftung (§ 64 Abs. 4 S. 2 AktG) – auch seine mitgliedschaftlichen Pflichten. Die bisherigen Aktienurkunden bzw. Zwischenscheine werden mit Wirksamwerden des Ausschlusses kraftlos.[19] Ein gutgläubiger Erwerb ist ausgeschlossen. Gleiches gilt für aktienrechtliche Nebenpapiere wie Gewinnanteils- und Erneuerungsscheine. Die Kaduzierung hat nicht das Erlöschen der Mitgliedschaft als solcher zur Folge. An den kaduzierten Aktien bestehende Rechte Dritter (zB Pfandrechte) gehen jedoch unter.[20] Streitig ist, wem der Gesellschaftsanteil zukommt. Nach einer Ansicht handelt es sich bei dem kaduzierten Anteil um ein herrenloses bzw. subjektloses Recht.[21] Nach zutreffender Ansicht werden die kaduzierten Anteile eigener Aktien der Gesellschaft, da herrenlose bzw. subjektlose Rechte ein Widerspruch in sich sind.[22] Die Aktiengesellschaft ist aber verpflichtet, das ihr damit zugefallene Mitgliedschaftsrecht nach §§ 64 Abs. 4 S. 2, 65 AktG zu verwerten. Bis zur Verwertung gelten die durch § 65 AktG modifizierten Regelungen über eigene Aktien. Die kaduzierten Aktien sind nicht zu aktivieren, weil die Aktien keinen Wert darstellen, der über die schon aktivierte Einlageforderung hinausgeht. Eine Erläuterungspflicht nach § 160 Abs. 1 Nr. 2 AktG besteht jedoch.[23]

17 Anstelle der alten Urkunden sind nach § 64 Abs. 4 S. 1 AktG **neue Urkunden** auszugeben, um das kaduzierte Anteilsrecht nach § 65 AktG zu verwerten. Diese neuen Urkunden können die gleichen Nummern und sonstigen Unterscheidungsmerkmale aufweisen wie die alten, soweit sich aus ihnen ergibt, dass sie an die Stelle der alten Urkunden treten.[24] Empfehlenswert ist dies nicht. Eine Verbriefung kann unterbleiben, wenn die Mitgliedschaft auch vor der Kaduzierung nicht verbrieft war. Soweit vorher vorhanden, sind auch Gewinnanteils- und Erneuerungsscheine auszugeben. In den neuen Urkunden ist neben den geleisteten Teilzahlungen (§ 10 Abs. 2 S. 2 AktG) auch der eingeforderte und rückständige Betrag zu vermerken, und zwar als bereits eingezahlt,[25] da der Vormann die Urkunde bei der Verwertung nur gegen Zahlung erhält (§ 65 Abs. 1 S. 4 AktG) und ein etwaiger Dritterwerber die Zahlung des rückständigen Betrags nicht schuldet (§ 65 Abs. 3 AktG).

18 Der ausgeschlossene Aktionär haftet nach § 64 Abs. 4 S. 2 AktG für den Ausfall der Gesellschaft an dem rückständigen Betrag, der nach Durchführung des Rückgriffs nach § 65 Abs. 3 AktG verbleibt, oder an den später eingeforderten Beträgen, die der Vorstand erst nach der Kaduzierung einfordert, soweit diejenigen nicht zahlen, die kaduzierte Aktien erworben haben und deshalb ihrerseits kaduziert werden. Diese Haftung betrifft nur die Einlagebeträge, nicht dagegen Nebenansprüche wie Verzugszinsen, Schadensersatz und Vertragsstrafe nach § 63 Abs. 2 AktG. Diese **Ausfallhaftung** ist keine mitgliedschaftsrechtliche Einlagepflicht. Sie ist subsidiär gegenüber der Haftung der Neuaktionäre.

19 Selbst wenn der ausgeschlossene Aktionär die gesamte ausstehende Einlage nachträglich bezahlt, darf die Gesellschaft die Mitgliedschaft an ihn nicht übertragen. Er kann die Aktien lediglich im Rahmen der Verwertung nach § 65 Abs. 3 AktG wieder von der Gesellschaft erwerben.

---

[18] Spindler/Stilz/*Cahn* AktG § 64 Rn. 87.
[19] Hüffer/Koch/*Koch* AktG § 64 Rn. 7; KölnKommAktG/*Drygala* § 64 Rn. 45; Spindler/Stilz/*Cahn* § 64 Rn. 45.
[20] Spindler/Stilz/*Cahn* AktG § 64 Rn. 40.
[21] BGHZ 42, 89 (92).
[22] Hüffer/Koch/*Koch* AktG § 64 Rn. 8; zum Streitstand KölnKommAktG/*Drygala* § 64 Rn. 42 f.
[23] Hüffer/Koch/*Koch* AktG § 64 Rn. 8; Schmidt/Lutter/*Fleischer* AktG § 64 Rn. 37.
[24] MHdB GesR IV/*Rieckers* § 16 Rn. 18.
[25] Hüffer/Koch/*Koch* AktG § 64 Rn. 9; KölnKommAktG/*Drygala* § 64 Rn. 48.

4. Fehlerhafte Kaduzierung

Lagen die Voraussetzungen einer Kaduzierung nicht vor oder wurden die Formalien des Kaduzierungsverfahrens nicht exakt beachtet, ist die **Kaduzierung wirkungslos.** Eine Heilung kommt nicht in Betracht. Möglich ist es jedoch, den fehlerhaften Verfahrensschritt und alle nachfolgenden Schritte mit Wirkung *ex nunc* neu vorzunehmen.[26] Der zu Unrecht Ausgeschlossene bleibt Aktionär der Gesellschaft. Er kann dies durch Feststellungsklage gegen die Gesellschaft klären lassen. Verfügungen der Gesellschaft über die Mitgliedschaft sind unwirksam. Einen Gutglaubensschutz gibt es insofern nicht.[27] Dies gilt auch für die öffentliche Versteigerung der Aktie (§ 65 Abs. 3 AktG), da diese rechtsgeschäftlicher Natur ist. Die Gesellschaft haftet dem Erwerber auf Schadensersatz.

IV. Zahlungspflicht der Vormänner und Verwertung der Mitgliedschaft

Nach Durchführung des Ausschlusses ist der Vorstand verpflichtet, den rückständigen Betrag von den Vormännern einzufordern und ggf. die Verwertung der Aktien des ausgeschlossenen Aktionärs einzuleiten. (§ 65 AktG). Der Vorstand hat insoweit keinen Ermessensspielraum.[28]

1. Zahlungspflicht der Vormänner

Erster Schritt zur Verwertung der Aktien ist, dass die Gesellschaft versucht, den rückständigen Einlagebetrag bei den Vormännern des ausgeschlossenen Aktionärs zu erlangen. Die Gesellschaft hat den jeweiligen Vormann somit zur Zahlung aufzufordern. Nach § 65 Abs. 1 AktG haftet jeder im Aktienregister (§ 67 AktG) verzeichnete Vormann des ausgeschlossenen Aktionärs für die Zahlung des rückständigen Betrags, soweit dieser von seinen Nachmännern nicht zu erlangen ist. Die **Haftung** greift auch ein, wenn keine Urkunden ausgegeben wurden,[29] entgegen § 10 Abs. 2 AktG Inhaberaktien ausgegeben wurden[30] oder die Eintragung ausgegebener Namensaktien unterblieben ist.[31]

Voraussetzung für die Haftung der Vormänner nach § 65 AktG, von der sie nicht befreit werden können (§ 66 Abs. 1 AktG), ist die Durchführung eines wirksamen Kaduzierungsverfahrens sowie die Zahlungsunfähigkeit der Nachmänner. Dies bedeutet, dass der unmittelbare Vormann des ausgeschlossenen Aktionärs stets allein auf Grund der Kaduzierung haftet.[32] Die übrigen Vormänner haften nur nach dem sog. Stufenregress, dh die Gesellschaft kann auf den jeweils nächsten Vormann nur zugreifen, wenn sein Nachfolger zahlungsunfähig ist. Sie kann sich nicht etwa den Zahlungskräftigsten aussuchen. Falls die Gesellschaft selbst Vormann ist, dh sie voll eingezahlte eigene Aktien veräußert hat, soll nach bislang hM die Haftung aller weiteren Vormänner ausgeschlossen sein, weil der Anspruch durch Konfusion erloschen ist.[33] Vor der Zahlungsaufforderung an einen früheren Aktionär hat die Gesellschaft seinen unmittelbaren Vormann zu benachrichtigen (§ 65 Abs. 1 S. 2 AktG). Nach zutreffender wenngleich streitiger Ansicht ist diese Benachrichtigung nicht Voraussetzung dafür, dass die Vormänner haften, sondern sie soll dem potenziellen Schuldner nur ermöglichen, auf seinen Nachfolger einzuwirken, damit dieser zahlt.[34] Die Zahlungsunfähigkeit wird zugunsten der Gesellschaft widerleglich vermutet, wenn die Zahlung

---

[26] MHdB GesR IV/*Rieckers* § 16 Rn. 20; MüKoAktG/*Bayer* § 64 Rn. 90; für Vornahme aller Verfahrensschritte wohl Spindler/Stilz/*Cahn* AktG § 64 Rn. 58; KölnKommAktG/*Drygala* § 64 Rn. 58.
[27] KölnKommAktG/*Drygala* § 64 Rn. 60; Spindler/Stilz/*Cahn* AktG § 64 Rn. 54.
[28] Allgemeine Ansicht, vgl. nur MüKoAktG/Bayer § 65 Rn. 7; Spindler/Stilz/*Cahn* AktG § 65 Rn. 7.
[29] KG JW 1927, 2434; Hüffer/Koch/*Koch* AktG § 65 Rn. 2; KölnKommAktG/*Drygala* § 65 Rn. 15.
[30] Hüffer/Koch/*Koch* AktG § 65 Rn. 2; KölnKommAktG/*Drygala* § 65 Rn. 15.
[31] Hüffer/Koch/*Koch* AktG § 65 Rn. 2.
[32] OLG Köln WM 1987, 537; MHdB GesR IV/*Rieckers* § 16 Rn. 21.
[33] RGZ 98, 276 (278); zur aA (Befreiung nur der AG selbst) Hüffer(Koch/*Koch* AktG § 65 Rn. 4.
[34] Hüffer/Koch/*Koch* AktG § 65 Rn. 3; KölnKommAktG/*Drygala* § 65 Rn. 22; MHdB GesR IV/*Rieckers* § 16 Rn. 21.

24 Die Haftung der Vormänner ist nach § 65 Abs. 2 AktG **zeitlich beschränkt** auf Beträge, die binnen zwei Jahren eingefordert werden. Die Frist beginnt mit dem Tage, an dem die Übertragung der Aktie zum Aktienregister angemeldet wird (§ 65 Abs. 2 S. 2 AktG). Steht ein Aktienregister nicht zur Verfügung, etwa bei unrichtiger Ausgabe von Inhaberaktien, tritt der Zeitpunkt der endgültig wirksamen Veräußerung an die Stelle der Anmeldung.[35] Einforderung meint die Zahlungsaufforderung des Vorstands nach § 63 Abs. 1 AktG,[36] mit der die Einlageforderung fällig wird. Für Beträge, die beim Erwerb der Aktien vom eigenen Vormann bereits fällig waren, greift diese zeitliche Beschränkung nicht ein. Die Zahlungspflicht der Vormänner verjährt innerhalb der dreijährigen Regelverjährung (§§ 195, 199 BGB).

nicht innerhalb eines Monats seit der Zahlungsaufforderung und der Benachrichtigung des Vormanns eingegangen ist (§ 65 Abs. 1 S. 3 AktG).

25 Die Haftung ist beschränkt auf den **offenen Einlagebetrag.** Jeder Vormann haftet also nur für den Betrag, wegen dessen die Kaduzierung durchgeführt wurde abzüglich der von seinen Nachmännern erbrachten Teilleistungen. Für Verfahrenskosten, Zinsen oder Schadensersatz wird nicht gehaftet. Als Gegenleistung für die vollständige Zahlung erhält der Vormann neue Aktienurkunden sowie etwaige Nebenpapiere, wenn entsprechende Urkunden bereits vor der Kaduzierung ausgegeben waren. Ein Zurückbehaltungsrecht des Vormanns bis zum Erhalt der Urkunden folgt aus § 65 Abs. 1 S. 4 AktG. Mit vollständiger Zahlung erwirbt der leistende Vormann automatisch kraft Gesetzes die Mitgliedschaft. Dividenden stehen ihm erst ab diesem Zeitpunkt zu.[37] Durch Teilzahlungen wird die Mitgliedschaft dagegen nicht auch nur teilweise erworben.

2. Verwertung der Aktie

26 Kann die Gesellschaft Zahlung des rückständigen Betrags weder von dem ausgeschlossenen Aktionär noch von den Vormännern erlangen, hat sie die Aktie unverzüglich zum **Börsenpreis** und beim Fehlen eines Börsenpreises durch **öffentliche Versteigerung** zu verkaufen (§ 65 Abs. 3 S. 1 AktG). Unverzüglich ist der Verkauf auch noch, wenn der Vorstand in Zeiten einer Börsenflaute höhere Kurse abwartet, wenn dies unter Berücksichtigung der wirtschaftlichen Situation der Gesellschaft vertretbar erscheint. Dies kann jedoch kein Argument sein, den Verkauf über Monate hinauszuzögern, wenn eine Erholung nicht wirklich zu erwarten ist. Ist von der Versteigerung am Sitz der Gesellschaft kein angemessener Erfolg zu erwarten, ist die Aktie an einem geeigneten Ort zu verkaufen (§ 65 Abs. 3 S. 2 AktG). Zeit, Ort und Gegenstand der Versteigerung sind öffentlich bekannt zu machen (§ 65 Abs. 3 S. 3 AktG). Diese Norm hat, da die Versteigerung eine öffentliche im Sinne des § 383 BGB ist, nur klarstellende Bedeutung. Der ausgeschlossene Aktionär und seine Vormänner sind besonders zu benachrichtigen. Bekanntmachung und Benachrichtigung müssen mindestens zwei Wochen vor der Versteigerung ergehen (§ 65 Abs. 3 S. 5 AktG). Die Benachrichtigung kann unterbleiben, wenn sie untunlich ist. Untunlichkeit wird nur in Ausnahmefällen vorliegen. Ohnehin hat der Vorstand einer Verschleuderung der Aktie vorzubeugen, gegebenenfalls durch Vorgabe eines Mindestpreises oder den Abbruch des Verfahrens.[38] Der erzielte Verwertungserlös ist Einlage und nicht Kaufpreis,[39] so dass auch insofern § 66 AktG Anwendung findet.[40]

27 Der Erwerber der Aktie wird Aktionär, ohne die rückständigen Einlageforderungen, die Gegenstand des Kaduzierungsverfahrens waren, begleichen zu müssen; dh er wird so gestellt, als ob der rückständige Betrag, wegen dessen die Kaduzierung erfolgt ist, voll bezahlt

---

[35] Hüffer/Koch AktG § 65 Rn. 7; KölnKommAktG/Drygala § 65 Rn. 37; MünchKommAktG/Bayer § 65 Rdnr. 46; Spindler/Stilz/Cahn AktG § 65 Rn. 45.
[36] → § 42 Rn. 3, 4.
[37] MHdB GesR IV/Rieckers § 16 Rn. 22.
[38] KölnKommAktG/Drygala § 65 Rn. 54.
[39] Hüffer/Koch/Koch AktG § 65 Rn. 10; Schmidt/Lutter/Fleischer AktG § 65 Rn. 35; KölnKommAktG/Drygala § 65 Rn. 56.
[40] So auch MHdB GesR IV/Rieckers § 16 Rn. 24.

wurde. Auch die Vormänner werden von ihrer Haftung befreit, nur der Kaduzierte haftet für den Ausfall. Ist die Aktie unverkäuflich, erwirbt sie die Gesellschaft endgültig. Der Kaduzierte haftet auch dann weiter.

V. Arbeitshilfen

Checkliste: Voraussetzungen der Kaduzierung

- ☐ Ausstehende Einlage muss eine Bareinlage sein.
- ☐ Bareinlage muss fällig sein, dh der Vorstand muss die Aktionäre zur Zahlung aufgefordert haben.
- ☐ Falls noch nicht geschehen, ist eine Zahlungsaufforderung an die betroffenen Aktionäre zu richten und dies in den Gesellschaftsblättern zu veröffentlichen.
- ☐ Satzung prüfen, ob der Vorstand hinsichtlich der Zahlungsaufforderung an die Zustimmung des Aufsichtsrates gebunden ist.
- ☐ Gesellschaft muss Inhaberin der Forderung sein.
- ☐ Gleichbehandlungsgebot beachten.

Checkliste: Durchführung des Kaduzierungsverfahrens

- ☐ Zuständigkeit liegt beim Vorstand; ggf. Zustimmungsvorbehalt des Aufsichtsrats.
- ☐ Gleichbehandlungsgebot beachten.
- ☐ Nachfristsetzung mit Androhung der Verlustigerklärung.
- ☐ Dreimalige Veröffentlichung der Nachfristsetzung in den Gesellschaftsblättern (Fristen beachten).
- ☐ Ausschlusserklärung.
- ☐ Veröffentlichung der Ausschlusserklärung in den Gesellschaftsblättern.

Checkliste: Verwertung der kaduzierten Aktien

- ☐ Ausgabe neuer Aktienurkunden und Nebenpapiere, falls auch zuvor Urkunden ausgegeben waren.
- ☐ Ermittlung der Reihe der Vormänner des Ausgeschlossenen.
- ☐ Zahlungsaufforderung an den jeweiligen Vormann der Reihe nach (Stufenregress und zeitliche Beschränkungen beachten).
- ☐ Verwertung der Aktien nur bei nicht vollständiger Zahlung durch Vormänner.
- ☐ Verwertung durch Vermittlung eines Kursmaklers bei börsennotierten Aktien, ansonsten durch öffentliche Versteigerung.

§ 43 Kapitalherabsetzung durch Einziehung

Übersicht

	Rn.
I. Grundlagen	1–5
II. Arten der Kapitalherabsetzung durch Einziehung	6–37
1. Zwangseinziehung	7–29
a) Satzungsgrundlage	7–12
b) Angeordnete Zwangseinziehung	13–17
c) Gestattete Zwangseinziehung	18–20
d) Einziehungsentgelt	21–27
2. Einziehung nach Erwerb eigener Akten	30–37
a) Allgemeines	30/31
b) Erwerb zum Zwecke der Einziehung	32–35
c) Erwerb aus anderem Grund	36
d) Abgrenzung: Ermächtigung zur Einziehung (§ 71 Abs. 1 Nr. 8 S. 6 AktG)	37
III. Einziehungsverfahren	38–64
1. Ordentliches Einziehungsverfahren	39–50
a) Einziehungsbeschluss	40–47
b) Gläubigerschutz	48/49
2. Vereinfachtes Einziehungsverfahren	51–64
a) Voraussetzungen	52–58
b) Einziehungsbeschluss	59–61
c) Gläubigerschutz (Rücklagendotierung)	62/63
IV. Abwicklung der Einziehung	65–73
1. Anmeldung des Kapitalherabsetzungsbeschlusses	65/66
2. Einziehungshandlung	67/68
3. Wirksamwerden der Kapitalherabsetzung	70/71
4. Anmeldung der Durchführung der Kapitalherabsetzung	72–74
V. Kapitalmarktrechtliche Mitteilungs- und Veröffentlichungspflichten	76
VI. Fehlerhafte Einziehung	77/78
VII. Checklisten	79–80

Schrifttum: *Becker,* Der Ausschluß aus der Aktiengesellschaft, ZGR 1986, 383; *Bezzenberger,* Erwerb eigener Aktien durch die AG, 2000; *Grunewald,* Der Ausschluß aus Gesellschaft und Verein, 1987; *Hillebrandt/ Schremper,* Analyse des Gleichbehandlungsgrundsatzes beim Rückkauf von Vorzugsaktien, BB 2001, 503; *Kallweit/Simons,* Aktienrückkauf zum Zweck der Einziehung und Kapitalherabsetzung, AG 2014, 352; *Knott/Jacobsen,* Die Verpflichtung des (Belegschafts-)Aktionärs zur Rückübertragung seiner Aktie, NZG 2014, 372; *Kreklau/Schmalholz,* Die Zwangseinziehung von Aktien bei angespannter Liquidität – der Vorstand im Interessenkonflikt, BB 2011, 778; *Kropff,* Gesellschaftsrechtliche Auswirkungen der Ausschüttungssperren, FS Hüffer, 2010, S. 539; *Perzborn,* Gesellschaftsvertragliche Nachfolgeregelungen bei Gesellschaften mit beschränkter Haftung und Aktiengesellschaften, RNotZ 2017, 405; *Rieckers,* Ermächtigung des Vorstands zu Erwerb und Einziehung eigener Aktien, ZIP 2009, 700; *Terbrack,* Kapitalherabsetzende Maßnahmen bei Aktiengesellschaften, RNotZ 2003, 90; *Wieneke/Förl,* Die Einziehung eigener Aktien nach § 237 Abs. 3 Nr. 3 AktG – Eine Lockerung des Grundsatzes der Vermögensbindung?, AG 2005, 189; *Wiese/Lukas,* Steuerliche Behandlung des Erwerbs eigener Anteile nach dem BMF-Schreiben vom 27.11.2013, GmbHR 2014, 238; *Zätzsch,* Eingefrorene Aktien in der Rechnungslegung: HGB versus AktG und Europarecht – Auswirkungen im Steuerrecht, FS W. Müller, 2001, S. 773; *Zöllner,* Kapitalherabsetzung durch Einziehung von Aktien im vereinfachten Einziehungsverfahren und vorausgehender Erwerb, FS Doralt 2004 S. 751.

I. Grundlagen

1 Die Kapitalherabsetzung durch Einziehung ist geregelt in §§ 237–239 AktG. Die Einziehung von Aktien bedeutet die **Vernichtung einzelner Aktien.** Anders als bei einer ordentlichen oder vereinfachten Kapitalherabsetzung sind von einer Einziehung nicht notwendig alle Aktien gleichmäßig betroffen, sondern nur diejenigen Aktien, bezüglich derer die Voraussetzungen für eine Zwangseinziehung erfüllt sind oder die von der Gesellschaft gehalten werden. Die Kapitalherabsetzung kann Ziel der Einziehung oder bloße Folge eines anderen, primär verfolgten Zwecks sein (zB Auskehrung freier Mittel an Aktionäre, Vernichtung bestimmter Aktien, Ausschluss eines Aktionärs).

Die möglichen **Zwecke** einer Kapitalherabsetzung durch Einziehung sind vielfältig. Ziel kann die **Rückzahlung** von Einlagen sein. § 237 Abs. 3 Nr. 2 AktG ermöglicht eine Einziehung zum Zwecke der **Auskehrung freier Mittel** als Alternativgestaltung zur Ausschüttung einer Dividende (näher → Rn. 35). In Betracht kommt ferner der **Ausschluss einzelner Aktionäre** (zB in einer Familiengesellschaft bei Veräußerung oder Vererbung an Familienfremde) oder die **Beseitigung bestimmter Aktien** (zB Vorzugsaktien). Zur **Vorbereitung nachfolgender Kapitalmaßnahmen** kann im Wege der Einziehung die Gesamtzahl der Aktien angepasst werden, um ein glattes Ausgabe- oder Zusammenlegungsverhältnis herzustellen. Im Falle der **Sanierung** einer Gesellschaft kann die Kapitalherabsetzung beschränkt werden auf eigene Aktien der Gesellschaft und solcher Aktien, die der Gesellschaft zum Zwecke der Einziehung unentgeltlich zur Verfügung gestellt werden. 2

Eingezogen werden kann grds. nur ein Teil der Aktien; die Einziehung aller Aktien hätte die **Selbstauflösung der AG** zur Folge.[1] Der Mindestnennbetrag des Grundkapitals (§ 7 AktG) darf grds. nicht unterschritten werden. Eine Ausnahme gilt nach §§ 228, 237 Abs. 2 S. 1 AktG jedoch für den Fall, dass der **Mindestnennbetrag** durch eine gleichzeitige Kapitalerhöhung wieder erreicht wird; unter dieser Voraussetzung kommt auch eine vorübergehende Herabsetzung **auf Null** in Betracht.[2] 3

Zu unterscheiden ist die Einziehung von Aktien von dem Ausschluss eines säumigen Aktionärs im Wege der **Kaduzierung** (§ 64 AktG), der **Kraftloserklärung** von Aktienurkunden, die bewirkt, dass die Urkunde das Mitgliedschaftsrecht nicht mehr verbrieft (§§ 72, 73, 226 AktG), dem **Erwerb eigener Aktien** (§ 71 AktG) sowie der **Auslosung von Aktien**, worunter eine Satzungsbestimmung verstanden wird, auf Grund derer der Aktionär verpflichtet wird, sein Mitgliedschaftsrecht unter bestimmten Umständen auf einen Dritten zu übertragen.[3] 4

Nach § 237 Abs. 1 S. 1 AktG sind **zwei Arten der Einziehung** zu unterscheiden: die Zwangseinziehung (→ Rn. 7 ff.) und die Einziehung von Aktien nach Erwerb durch die Gesellschaft (→ Rn. 30 ff.). Für beide Arten stehen wiederum **zwei Formen des Einziehungsverfahrens** zur Verfügung, das ordentliche und das vereinfachte Einziehungsverfahren (→ Rn. 38 ff.). 5

II. Arten der Kapitalherabsetzung durch Einziehung

Die beiden Arten der Einziehung im Sinne des § 237 Abs. 1 AktG unterscheiden sich danach, wer **Inhaber der Aktien** ist. Eine Zwangseinziehung (→ Rn. 7 ff.) liegt vor, wenn Aktien eingezogen werden, die **nicht der Gesellschaft gehören**; unerheblich ist, ob die Einziehung *gegen den Willen* des betroffenen Aktionärs erfolgt. Eine Einziehung nach Erwerb (→ Rn. 30 ff.) setzt dagegen voraus, dass die **Gesellschaft Inhaber der einzuziehenden Aktien** ist. 6

1. Zwangseinziehung

a) **Satzungsgrundlage.** Die Zwangseinziehung ist nur zulässig, wenn sie *vor* Übernahme oder Zeichnung der Aktien in der **ursprünglichen Satzung** oder durch eine **Satzungsänderung** angeordnet oder gestattet war (§ 237 Abs. 1 S. 2 AktG). Eine schuldrechtliche Vereinbarung genügt nicht, um ein Recht zur Zwangseinziehung zu begründen.[4] Zur im Aktien- 7

---

[1] Spindler/Stilz/*Marsch-Barner* § 237 Rn. 7.
[2] *Terbrack* RNotZ 2003, 90 (113); MüKoAktG/*Oechsler* § 237 Rn. 81; Spindler/Stilz/*Marsch-Barner* § 237 Rn. 25; Schmidt/Lutter/*Veil* § 237 Rn. 28; Hölters/*Haberstock/Greitemann* § 237 Rn. 61; aA Hüffer/Koch/*Koch* AktG § 237 Rn. 24 („Keinmann-AG").
[3] Zur Frage der Zulässigkeit einer solchen Satzungsbestimmung Knott/Jacobsen NZG 2014, 372 (374); KölnKommAktG/*Lutter* § 237 Rn. 10; Spindler/Stilz/*Marsch-Barner* § 237 Rn. 6.
[4] BGH NZG 2013, 220 Rn. 13.

recht umstrittenen Frage der Zulässigkeit eines Ausschlusses von Aktionären aus wichtigem Grund **ohne Satzungsgrundlage** → § 45 Rn. 40 ff.

8   *aa) Betroffene Aktien.* Einer Zwangseinziehung können grds. **alle Aktienarten und -gattungen** unterliegen (verbriefte und unverbriefte Aktien, Namens- und Inhaberaktien, Stamm- und Vorzugsaktien, vinkulierte und nicht vinkulierte Namensaktien).[5] Für bei Gründung übernommene Aktien muss die Zwangseinziehung in der **Gründungssatzung** zugelassen sein.[6] Wird die Zwangseinziehung durch **Satzungsänderung** zugelassen, bezieht sie sich nur auf Aktien, die *nach* Wirksamwerden der Satzungsänderung (§ 181 Abs. 3 AktG) übernommen oder gezeichnet werden.[7] Zur nachträglichen Zulassung → Rn. 11.

9   **Zeichnung** meint die Zeichnungserklärung nach § 185 AktG, wobei die **Abgabe** (nicht der Zugang) maßgeblich ist.[8] Bei **mittelbarem Bezugsrecht** ist auf die Zeichnung durch das zwischengeschaltete Kreditinstitut abzustellen.[9] Bei Aktien aus **bedingtem Kapital** soll es nach hM auf die der Zeichnung gleichstehende Bezugserklärung (§ 198 AktG) ankommen.[10] Angesichts der Ratio des § 237 Abs. 1 S. 2 AktG liegt es indes näher, auf den meist deutlich früher liegenden Zeitpunkt der Ausgabe der Bezugsrechte abzustellen.[11] **Übernahme** meint den originären Erwerb von Aktien, der nicht durch Zeichnung erfolgt, z B aufgrund einer Kapitalerhöhung aus Gesellschaftsmitteln (§ 212 AktG)[12].

10 Die Zwangseinziehung kann für sämtliche Aktien oder nur einen **Teil der Aktien** zugelassen werden. Sofern die der Zwangseinziehung unterliegenden Aktien im Übrigen die gleichen Rechte wie die nicht mit der Einziehungsmöglichkeit belasteten Aktien gewähren, bilden sie **keine eigene Aktiengattung**.[13] Zur eindeutigen Identifizierung der von der möglichen Zwangseinziehung betroffenen Aktien ist im Falle der Börsennotierung eine **eigene Wertpapierkennnummer** (WKN/ISIN) zu vergeben.[14]

11 *bb) Nachträgliche Zulassung.* Für bereits übernommene oder gezeichnete Aktien kann die Zwangseinziehung **nachträglich zugelassen** werden, indem in die Satzung eine Einziehungsklausel eingefügt wird und sämtliche von der Zwangseinziehungsmöglichkeit betroffenen Aktionäre dem zustimmen.[15] Sofern an den Aktien **Rechte Dritter** bestehen, ist auch deren Zustimmung erforderlich (vgl. §§ 1071 Abs. 1 S. 1, Abs. 2, 1276 Abs. 1 S. 1, Abs. 3 BGB).[16]

12 *cc) Änderung der Satzungsgrundlage.* Eine Satzungsänderung, wodurch eine bereits bestehende Möglichkeit zur **Zwangseinziehung erleichtert** wird, wirkt grds. nur für Aktien, die nachträglich übernommen oder gezeichnet werden. Aktionäre, deren Aktien bereits zuvor der Zwangseinziehungsmöglichkeit unterlagen, können der weiteren Belastung ihrer Rechtsposition aber zustimmen.[17] Eine Satzungsänderung, welche nachträglich die Möglichkeit zur **Zwangseinziehung erschwert oder beseitigt**, wirkt umgekehrt auch für alle zuvor mit der möglichen Zwangseinziehung belasteten Aktien, sofern der Änderungsbeschluss keine abweichende Regelung trifft.[18]

---

[5] Hüffer/Koch/*Koch* AktG § 237 Rn. 6; Spindler/Stilz/*Marsch-Barner* § 237 Rn. 8.
[6] Hüffer/Koch/*Koch* AktG § 237 Rn. 6; GroßkommAktG/*Sethe* § 237 Rn. 33.
[7] Hüffer/Koch/*Koch* AktG § 237 Rn. 6; Spindler/Stilz/*Marsch-Barner* § 237 Rn. 8.
[8] GroßkommAktG/*Sethe* § 237 Rn. 34; MüKoAktG/*Oechsler* § 237 Rn. 19.
[9] Hüffer/Koch/*Koch* AktG § 237 Rn. 6.
[10] Schmidt/Lutter/*Veil* § 237 Rn. 10; Hüffer/Koch/*Koch* AktG § 237 Rn. 6; Spindler/Stilz AktG/*Marsch-Barner* § 237 Rn. 8.
[11] Marsch-Barner/Schäfer/*Busch* § 49 Rn. 3; MHdB GesR IV/*Scholz* § 63 Rn. 8; GroßkommAktG/*Sethe* § 237 Rn. 36.
[12] Zur hier umstrittenen Frage des maßgeblichen Zeitpunkts für das Vorliegen der Einziehungsregelung näher Marsch-Barner/Schäfer/*Busch* § 49 Rn. 3; MHdB GesR IV/*Scholz* § 63 Rn. 8.
[13] Schmidt/Lutter/*Ziemons* § 11 Rn. 11; Spindler/Stilz/*Vatter* § 11 Rn. 17; Marsch-Barner/Schäfer/*Butzke* § 6 Rn. 5; Hüffer/Koch/*Koch* AktG § 11 Rn. 7 (anders aber bei § 237 Rn. 23).
[14] MHdB GesR IV/*Scholz* § 63 Rn. 8.
[15] Hüffer/Koch/*Koch* AktG § 237 Rn. 8; Spindler/Stilz/*Marsch-Barner* § 237 Rn. 10; MHdB GesR IV/*Scholz* § 63 Rn. 8.
[16] MüKoAktG/*Oechsler* § 237 Rn. 24.
[17] Hüffer/Koch/*Koch* AktG § 237 Rn. 9.
[18] Hüffer/Koch/*Koch* AktG § 237 Rn. 9.

b) Angeordnete Zwangseinziehung. Eine angeordnete Zwangseinziehung liegt vor, wenn 13 die **Satzung regelt**, dass bei Vorliegen bestimmter Voraussetzungen eine **Einziehung erfolgen muss**. Für die Satzungsregelung gilt ein strenger **Bestimmtheitsgrundsatz**. Dem zur Entscheidung über die Zwangseinziehung zuständigen **Vorstand** (§ 237 Abs. 6 AktG) (→ Rn. 41 und 59, auch zur möglichen Vorlage an die Hauptversammlung) darf über die Feststellung des Vorliegens der Einziehungsvoraussetzungen und die Durchführung des Einziehungsverfahrens hinaus **kein eigener Ermessensspielraum** verbleiben.[19] Wegen der Pflicht zur Einziehung erweist sich die angeordnete Zwangseinziehung als **unflexibel** und problematisch, wenn die Gesellschaft nicht in der Lage ist, das Einziehungsentgelt aufzubringen.[20] Als empfehlenswerter dürfte sich oftmals eine gestattete Zwangseinziehung erweisen, bei der die Einziehungsgründe und -entgelt detailliert in der Satzung geregelt sind (→ Rn. 19 und 45).

aa) Inhalt der Satzungsregelung. Bei der angeordneten Zwangseinziehung muss die Satzung selbst die **Einziehungsgründe** (→ Rn. 15), den **Umfang** und den **Zeitpunkt** der Einziehung sowie das **Einziehungsentgelt** (→ Rn. 22) regeln. Hinsichtlich des **Zeitpunkts** der Einziehung kann sich die Satzung darauf beschränken, einen angemessenen Zeitraum vorzugeben, innerhalb dessen die Einziehung vorzunehmen ist (zB Einziehung einer bestimmten Menge an Aktien jährlich). Eine Satzungsregelung, die dem Bestimmtheitsgrundsatz nicht genügt, kann in eine Gestattung der Zwangseinziehung (→ Rn. 18 ff.) **umgedeutet** (§ 140 BGB) werden.[21] 14

bb) Einziehungsgründe. Die Satzung kann die Voraussetzungen der angeordneten Zwangseinziehung weitgehend frei regeln. **Zulässig** ist die Einziehung mit **Einwilligung bzw. auf Verlangen** des betroffenen Aktionärs (Austrittsrecht)[22] oder bei **Eintritt bestimmter Ereignisse** (zB Pfändung der Aktien, Tod oder Insolvenz eines Aktionärs, Veräußerung oder Vererbung von Aktien an Familienfremde, Verlust der Zugehörigkeit eines Aktionärs zu bestimmter Berufsgruppe) (zum Gleichbehandlungsgrundsatz → Rn. 17).[23] Die Anordnung einer Zwangseinziehung bei Eintritt eines in der Satzung **nicht näher spezifizierten „wichtigen Grundes"** ist dagegen – anders als im Fall der Gestattung (→ Rn. 19) – unzulässig, da der Verwaltung kein Ermessen eingeräumt werden darf.[24] Es kann geregelt werden, dass innerhalb eines bestimmten Zeitraums Aktien in bestimmter Zahl einzuziehen sind, die durch **Losentscheid** ausgewählt werden[25], oder zu einem bestimmten Termin eine **Aktiengattung** eingezogen wird.[26] Die Einziehung **vinkulierter Namensaktien** ist gleichfalls zulässig, sofern die Zustimmung zur Übertragung verweigert wird.[27] Schließlich ist auch eine Klausel möglich, wonach die Einziehung zu erfolgen hat, sofern eine nach § 55 AktG zulässige **Nebenverpflichtung** nicht erfüllt wird.[28] 15

cc) Schranken. Die satzungsmäßige Anordnung von Einziehungsgründen unterliegt rechtlichen Schranken: Die Einziehung kann nicht für den Fall der **Nichtleistung der Einlage** vorgesehen werden, da insoweit die Kaduzierung nach §§ 63 ff. AktG abschließend ist.[29] Ebenso wenig können **von den §§ 54, 55 AktG nicht erfasste Nebenverpflichtungen** durch 16

---

[19] MHdB GesR IV/*Scholz* § 63 Rn. 9; Schmidt/Lutter/*Veil* § 237 Rn. 11; Hüffer/Koch/*Koch* AktG § 237 Rn. 12; Spindler/Stilz/*Marsch-Barner* § 237 Rn. 11.
[20] Hierzu *Kreklau/Schmalholz* BB 2011, 778.
[21] Hüffer/Koch/*Koch* AktG § 237 Rn. 10; MHdB GesR IV/*Scholz* § 63 Rn. 9; Spindler/Stilz/*Marsch-Barner* § 237 Rn. 14; Schmidt/Lutter/*Veil* § 237 Rn. 12.
[22] GroßkommAktG/*Sethe* § 237 Rn. 49.
[23] Hüffer/Koch/*Koch* AktG § 237 Rn. 12; Spindler/Stilz/*Marsch-Barner* § 237 Rn. 12; MHdB GesR IV/*Scholz* § 63 Rn. 10; Schmidt/Lutter/*Veil* § 237 Rn. 12.
[24] Hölters/*Haberstock/Greitemann* § 237 Rn. 20; MüKoAktG/*Oechsler* § 237 Rn. 32; GroßkommAktG/*Sethe* § 237 Rn. 55.
[25] Hüffer/Koch/*Koch* AktG § 237 Rn. 12; Spindler/Stilz/*Marsch-Barner* § 237 Rn. 12.
[26] MHdB GesR IV/*Scholz* § 63 Rn. 10; Hüffer/Koch/*Koch* AktG § 237 Rn. 12.
[27] Hüffer/Koch/*Koch* AktG § 237 Rn. 12; zT anders MüKoAktG/*Oechsler* § 237 Rn. 31.
[28] Hüffer/Koch/*Koch* AktG § 237 Rn. 12.
[29] Hüffer/Koch/*Koch* AktG § 237 Rn. 13.

Anordnung einer Zwangseinziehung durchgesetzt werden.³⁰ Unzulässig sind ferner Bestimmungen, die quasi als Strafsanktion gegen das **Wesen der AG** verstoßen, wie etwa die Einziehung von Aktien von Aktionären, die gegen die Mehrheit abgestimmt haben.³¹

17 Die Satzungsregelung wahrt den **Gleichbehandlungsgrundsatz** (§ 53a AktG) jedenfalls dann, wenn der Einziehungsgrund grds. *jeden* Aktionär treffen kann.³² Zulässig ist nach hM jedoch auch die Anordnung von Einziehungsgründen, die von vornherein nur *einzelne* Aktionäre betreffen können³³, da eine Zwangseinziehung nur gegenüber Aktionären zulässig ist, die der Zulassung der Einziehung zugestimmt haben oder mit einer bestehenden Einziehungsmöglichkeit belastete Aktien erworben haben.³⁴

18 c) **Gestattete Zwangseinziehung.** Eine gestattete Zwangseinziehung liegt vor, wenn die **Satzung die Zwangseinziehung ermöglicht**, jedoch die **Einziehungsentscheidung zwingend durch Hauptversammlungsbeschluss** zu treffen ist (vgl. dagegen § 237 Abs. 6 S. 1 AktG).³⁵ Das für die angeordnete Zwangseinziehung geltende strenge Bestimmtheitsgebot (→ Rn. 13) für die Satzungsregelung findet hier keine Anwendung.³⁶ Zum Einziehungsbeschluss → Rn. 40 und 59.

19 *aa) Inhalt der Satzungsregelung.* Bei der gestatteten Zwangseinziehung kann die **Satzung selbst** wie bei der angeordneten Zwangseinziehung die Einziehungsgründe, Umfang und Zeitpunkt der Einziehung sowie das Einziehungsentgelt für die gestattete Zwangseinziehung im Einzelnen vorgeben (in diesem Fall → Rn. 14) oder aber in das **Ermessen der Hauptversammlung** stellen (vgl. § 237 Abs. 2 S. 2 Fall 2 AktG).³⁷ Über die in → Rn. 15 beschriebenen Einziehungsgründe hinaus ist nach hM auch eine Satzungsregelung zulässig, wonach die Einziehung bei Vorliegen eines in der Person des betroffenen Aktionärs liegenden, **nicht näher spezifizierten „wichtigen Grund"** gestattet ist (vgl. § 140 HGB).³⁸ Zum **Einziehungsentgelt** → Rn. 22.

20 *bb) Schranken.* Soweit die Satzung selbst die Einzelheiten der Einziehung regelt, sind die in → Rn. 16 genannten rechtlichen Grenzen zu beachten. Da anders als bei der Anordnung die Einziehungsentscheidung nicht durch die Satzung selbst getroffen wird, gelten im Falle der Gestattung für den Einziehungsbeschluss der Hauptversammlung zusätzliche Anforderungen (→ Rn. 45 und 61).

21 d) **Einziehungsentgelt.** Das Gesetz enthält keine Regelung ob und in welcher Höhe ein Einziehungsentgelt zu zahlen ist. Die hM bejaht einen grds. Anspruch des von einer Zwangseinziehung betroffenen Aktionärs auf Zahlung eines Einziehungsentgelts. Ein *genereller* satzungsmäßiger **Ausschluss** für alle Einziehungsfälle wäre mit Blick auf Art. 14 Abs. 1 GG unzulässig (aber → Rn. 24 aE).³⁹

22 *aa) Zuständigkeit.* Bei **angeordneter Zwangseinziehung** ist das Einziehungsentgelt wegen des Bestimmtheitsgrundsatzes zwingend in der Satzung zu regeln.⁴⁰ Es genügt die Regelung der Bemessungsgrundsätze (zB Börsenkurs, Ertragswertmethode, Multiple bestimmter

---

[30] Hüffer/Koch/*Koch* AktG § 237 Rn. 13; MüKoAktG/*Oechsler* § 237 Rn. 37 mwN.
[31] MüKoAktG/*Oechsler* § 237 Rn. 39; Hüffer/Koch/*Koch* AktG § 237 Rn. 13; KölnKommAktG/*Lutter* § 237 Rn. 40.
[32] Hüffer/Koch/*Koch* AktG § 237 Rn. 12; GroßkommAktG/*Sethe* § 237 Rn. 53.
[33] GroßkommAktG/*Sethe* § 237 Rn. 53; MüKoAktG/*Oechsler* § 237 Rn. 36; Hüffer/Koch/*Koch* AktG § 237 Rn. 12.
[34] MüKoAktG/*Oechsler* § 237 Rn. 36; Hüffer/Koch/*Koch* AktG § 237 Rn. 12; GroßkommAktG/*Sethe* § 237 Rn. 53.
[35] Spindler/Stilz/*Marsch-Barner* § 237 Rn. 15; Hölters/*Haberstock/Greitemann* § 237 Rn. 27.
[36] Spindler/Stilz/*Marsch-Barner* § 237 Rn. 15; Hölters/*Haberstock/Greitemann* § 237 Rn. 27; MüKoAktG/*Oechsler* § 237 Rn. 43.
[37] Hüffer/Koch/*Koch* AktG § 237 Rn. 15; KölnKommAktG/*Lutter* § 237 Rn. 44.
[38] OLG München AG 2017, 441 Rn. 53; Hüffer/Koch/*Koch* AktG § 237 Rn. 15; ausführlich Hölters/*Haberstock/Greitemann* § 237 Rn. 34 ff.
[39] MüKoAktG/*Oechsler* § 237 Rn. 65 ff.; Hüffer/Koch/*Koch* AktG § 237 Rn. 17.
[40] OLG München AG 2017, 441 Rn. 51.

Kennzahlen usw). Die Berechnung der Entgelthöhe kann dem Vorstand überlassen werden.[41] Bei **gestatteter Zwangseinziehung** können die Einzelheiten des Einziehungsentgelts in der Satzung geregelt werden. Fehlt eine Regelung in der Satzung, so ist die AG zur Zahlung eines angemessenen Einziehungsentgelts verpflichtet.[42] Es genügt, wenn die Satzung die Zahlung eines „angemessenen Entgelts" anordnet und die Konkretisierung im Hauptversammlungsbeschluss erfolgt (§ 237 Abs. 2 S. 2 AktG).[43] Unzulässig ist es, die Entgelthöhe in das freie Ermessen der Hauptversammlung zu stellen.[44]

bb) Angemessenheit. Bei der Angemessenheit des Einziehungsentgelts gilt, dass die Abfindung für den Verlust der Mitgliedschaft grds. zum wahren Wert der Aktien, dh zum **Verkehrswert**, zu erfolgen hat. Analog §§ 305 Abs. 3 S. 2, 320b Abs. 1, 327a AktG ist hierfür grds. das **Ertragswertverfahren** oder eine vergleichbare Methode heranzuziehen.[45] Bewertungsstichtag ist der Zeitpunkt des Wirksamwerdens der Kapitalherabsetzung (§ 238 AktG).[46] Bei börsennotierten Aktien stellt der **Börsenkurs** die Untergrenze dar[47], wobei auf den gewichteten Durchschnittskurs in den drei Monaten vor der Bekanntgabe der geplanten Einziehung abzustellen ist.[48]

Unter Angemessenheitsgesichtspunkten zunächst unproblematisch ist die Zahlung eines **über dem Verkehrswert** liegenden Entgelts, jedoch sind auch hier Gläubigerschutzvorschriften zu beachten (→ Rn. 25). Liegt das Entgelt **unter dem Verkehrswert**, ist für die Beurteilung der Angemessenheit nach dem **Zweck der Kapitalherabsetzung zu differenzieren**.[49] Bei Einziehung zum Zwecke des Verlustausgleichs oder der Einstellung des frei gewordenen Betrages in die Kapitalrücklage muss kein Entgelt gezahlt werden, sofern der Gleichbehandlungsgrundsatz gewahrt ist (§ 53a AktG).[50] Ein Ausschluss eines Einziehungsentgelts ist zudem mit Einwilligung des betroffenen Aktionärs zulässig.[51]

cc) Gläubigerschutz. Die Auszahlung des Einziehungsentgelts stellt grundsätzlich eine Einlagenrückgewähr im Sinne von § 57 Abs. 1 S. 1 AktG dar. Im ordentlichen Einziehungsverfahren wird das Verbot der Einlagenrückgewähr nur für den **Nominalbetrag** der Kapitalherabsetzung (Buchgewinn) durch die Ausschüttungssperre gemäß §§ 225 Abs. 2, 237 Abs. 2 AktG verdrängt. Der Nominalbetrag bildet folglich den Höchstbetrag des zulässigen Einziehungsentgelts.[52]

Die Zahlung eines **über dem Nominalbetrag** liegenden Einziehungsentgelts ist nur im vereinfachten Einziehungsverfahren gemäß § 237 Abs. 3 Nr. 2 AktG zulässig. Hier stehen der Bilanzgewinn, die anderen Gewinnrücklagen und Kapitalrücklagen gemäß § 272 Abs. 2 Nr. 4 HGB für das Einziehungsentgelt zur Verfügung (wegen § 237 Abs. 5 AktG nicht aber der Nominalbetrag der Kapitalherabsetzung[53]). Ein **über dem Verkehrswert** der einzuzie-

---

[41] MHdB GesR IV/*Scholz* § 63 Rn. 16; Spindler/Stilz/*Marsch-Barner* § 237 Rn. 16 Hüffer/Koch/*Koch* AktG § 237 Rn. 17.
[42] OLG München AG 2017, 441 Rn. 51; Hüffer/Koch/*Koch* AktG § 237 Rn. 18; MüKoAktG/*Oechsler* § 237 Rn. 66.
[43] KölnKommAktG/*Lutter* § 237 Rn. 71 f.; MüKoAktG/*Oechsler* § 237 Rn. 64; Hüffer/Koch/*Koch* AktG § 237 Rn. 18; für Festlegung durch den Vorstand offenbar Spindler/Stilz/*Marsch-Barner* § 237 Rn. 16; Grigoleit/*Rieder* § 237 Rn. 22.
[44] OLG München AG 2017, 441 Rn. 52; Hüffer/Koch/*Koch* AktG § 237 Rn. 18; GroßkommAktG/*Sethe* § 237 Rn. 74.
[45] Hüffer/Koch/*Koch* AktG § 237 Rn. 23; MüKoAktG/*Oechsler* § 237 Rn. 64.
[46] Hüffer/Koch/*Koch* AktG § 237 Rn. 18; MüKoAktG/*Oechsler* § 237 Rn. 64; Spindler/Stilz/*Marsch-Barner* § 237 Rn. 17. Mit guten Gründen auf den Tag der Beschlussfassung der Hauptversammlung bzw. der Entscheidung des Vorstands abstellend MHdB GesR IV/*Scholz* § 63 Rn. 17.
[47] Hüffer/Koch/*Koch* AktG § 237 Rn. 18; Spindler/Stilz/*Marsch-Barner* § 237 Rn. 17; allein auf den Börsenkurs abstellend dagegen MHdB GesR IV/*Scholz* § 63 Rn. 17.
[48] Allgemein BGH ZIP 2010, 1487 ff. – Stollwerck.
[49] Siehe ausführlich hierzu MHdB GesR IV/*Scholz* § 63 Rn. 18 ff.; Spindler/Stilz/*Marsch-Barner* § 237 Rn. 17.
[50] Hüffer/Koch/*Koch* AktG § 237 Rn. 17; Spindler/Stilz/*Marsch-Barner* § 237 Rn. 17; Schmidt/Lutter/*Veil* § 237 Rn. 18.
[51] MHdB GesR IV/*Scholz* § 63 Rn. 20.
[52] Spindler/Stilz/*Marsch-Barner* § 237 Rn. 17; MüKoAktG/*Oechsler* § 237 Rn. 70.
[53] MHdB GesR IV/*Scholz* § 63 Rn. 23.

henden Aktien liegendes, unangemessen hohes Einziehungsentgelt kann gegen § 57 Abs. 1 S. 1 AktG verstoßen (auch → Rn. 35).[54]

27 dd) *Form des Einziehungsentgelts.* Das Einziehungsentgelt kann in einer **Bar- oder Sachleistung** bestehen. Ist die Gewährung einer Sachleistung in der Satzung nicht zugelassen, ist hierfür die Zustimmung der betroffenen Aktionäre erforderlich.[55]

> **Formulierungsvorschlag: Satzungsbestimmung für eine angeordnete Zwangseinziehung**
>
> § ...... Einziehung
>
> 28 (1) Die Einziehung von Aktien durch die Gesellschaft ist nach Maßgabe von § 237 AktG zulässig.
>
> (2) Die zwangsweise Einziehung sämtlicher Aktien eines Aktionärs wird in den nachfolgenden Fällen angeordnet. Die Aktien werden eingezogen, wenn
>
> a) über das Vermögen eines Aktionärs das Insolvenzverfahren eröffnet oder die Eröffnung mangels Masse abgelehnt wird;
>
> b) Aktien eines Aktionärs gepfändet werden oder in sonstiger Weise in diese vollstreckt wird, wobei die Einziehung erst nach Ablauf von drei Monaten erfolgen kann, sofern die Pfändung oder sonstige Vollstreckungsmaßnahme in der Zwischenzeit nicht aufgehoben wurde;
>
> c) diese Aktien von Todes wegen auf eine oder mehrere Personen übergehen, bei denen es sich nicht um einen anderen Aktionär oder den Ehegatten oder einen ehelichen Abkömmling des verstorbenen Aktionärs handelt, und die Aktien nicht innerhalb von sechs Monaten nach dem Tode des Aktionärs auf eine oder mehrere dieser Personen übertragen werden.
>
> (3) Im Falle der Einziehung ist an den Aktionär ein Entgelt zu zahlen. Die Höhe des Entgelts und die Modalitäten seiner Zahlung richten sich nach § ... dieser Satzung.

> **Formulierungsvorschlag: Satzungsbestimmung für eine gestattete Zwangseinziehung, bei der die Gründe der Einziehung nicht vorgegeben sind**
>
> § [......] Einziehung
>
> 29 (1) Die Hauptversammlung kann jederzeit mit einfacher Stimmenmehrheit die Einziehung sämtlicher Vorzugsaktien oder eines bestimmten Gesamtnennbetrages von Vorzugsaktien zum Ablauf eines Geschäftsjahres zu einem angemessenen Entgelt beschließen. Für das Geschäftsjahr, in dem die Einziehung erfolgt, bleiben die Vorzugsaktien gewinnberechtigt.
>
> (2) Die Einziehung der Vorzugsaktien erfolgt auf der Grundlage des Einziehungsbeschlusses der Hauptversammlung durch Bekanntmachung in den Gesellschaftsblättern. Soll nur ein Teil der Vorzugsaktien eingezogen werden, sind die Nummern der einzuziehenden Vorzugsaktien vorweg durch Auslosung zu bestimmen.

2. Einziehung nach Erwerb eigener Aktien

30 a) **Allgemeines.** Eigene Aktien kann die Gesellschaft **ohne Zulassung in der Satzung** einziehen (vgl. § 237 Abs. 1 AktG). Veräußert die Gesellschaft eigene Aktien, die sie unter Verstoß gegen § 71 Abs. 1 oder 2 AktG erworben hat, nicht innerhalb der in § 71c Abs. 1 und 2 AktG vorgesehenen Fristen, besteht sogar eine Pflicht zur Einziehung (§ 71c Abs. 3 AktG). Erforderlich ist jedoch stets ein entsprechender **Beschluss der Hauptversammlung** (Umkehrschluss zu § 237 Abs. 6 AktG).[56] In der Satzung kann die Möglichkeit zur Einziehung beschränkt (§§ 222 Abs. 1 S. 2, 237 Abs. 2 S. 1 AktG), nicht aber ausgeschlossen werden.[57]

31 Die Einziehung eigener Aktien setzt voraus, dass die Gesellschaft selbst **dinglicher Inhaber** der Aktien ist. Die Inhaberschaft muss spätestens im Zeitpunkt des Wirksamwerdens der

---

[54] MüKoAktG/*Oechsler* § 237 Rn. 71.
[55] GroßkommAktG/*Sethe* § 237 Rn. 72, 75; MHdB GesR IV/*Scholz* § 63 Rn. 22.
[56] MüKoAktG/*Oechsler* § 237 Rn. 75.
[57] Hüffer/Koch/*Koch* AktG § 237 Rn. 19; Spindler/Stilz/*Marsch-Barner* § 237 Rn. 20; MüKoAktG/*Oechsler* § 237 Rn. 73.

Einziehung (§ 238 S. 1 AktG) bestehen.[58] Eine Zurechnung von Aktien nach § 71d AktG oder das Bestehen eines Pfandrechts der Gesellschaft genügt nicht.[59] Auf welcher **Erwerbsgrundlage** die Gesellschaft die einzuziehenden Aktien erworben hat, ist unerheblich (zum gezielten Erwerb zum Zwecke der Einziehung → Rn. 32 ff., zum Erwerb aus anderem Grund → Rn. 36). Der Beschluss über die Einziehung der Aktien kann auch für noch zu erwerbende Aktien gefasst werden. Ein Verstoß gegen § 71 AktG macht die Einziehung der der Gesellschaft gehörenden Aktien nicht unwirksam.[60]

b) Erwerb zum Zwecke der Einziehung. aa) *Erwerbsgrundlage und -verfahren*. Die Gesellschaft kann nach **§ 71 Abs. 1 Nr. 6 AktG** eigene Aktien gezielt zum Zwecke der Einziehung erwerben. Grundlage für den Rückerwerb eigener Aktien ist in diesem Fall der Hauptversammlungsbeschluss über die Kapitalherabsetzung durch Einziehung (→ Rn. 44); ein separater Beschluss über die **Ermächtigung zum Erwerb** eigener Aktien ist daneben nicht erforderlich.[61] Der Kapitalherabsetzungsbeschluss muss bereits vor dem Erwerb **gefasst** werden; **nicht** erforderlich ist nach hM, dass er im Zeitpunkt des Erwerbs bereits in das Handelsregister **eingetragen** ist (→ Rn. 74).[62]

Sofern das Rückerwerbsvolumen im Zeitpunkt des Hauptversammlungsbeschlusses noch nicht feststeht, kann auch die Kapitalherabsetzung durch Einziehung als „bis zu"-**Kapitalherabsetzung** ausgestaltet werden (→ Rn. 42).[63] Mangels Verweisung gilt die **10 %-Grenze** des § 71 Abs. 2 S. 1 AktG in den Fällen des § 71 Abs. 1 Nr. 6 AktG **nicht**, so dass (unter Beachtung des Mindestnennbetrags des Grundkapitals) auch große Rückerwerbsvolumina zulässig sind. Als **Verfahren zum Erwerb** eigener Aktien kommen neben dem Erwerb über die Börse und individuell ausgehandelten Kaufverträgen (*negotiated repurchase*) (ergänzend → Rn. 46 und 60) vor allem öffentliche Rückkaufangebote in Betracht.[64]

bb) Erwerbspreis. Der Erwerb gemäß § 71 Abs. 1 Nr. 6 AktG kann **entgeltlich** oder **unentgeltlich** erfolgen. Bei entgeltlichem Erwerb sind bei Einziehung im **ordentlichen Verfahren**[65] das Erfordernis einer Sicherheitsleistung und die Ausschüttungssperre gemäß **§ 225 Abs. 1 und 2 AktG** zu beachten (s. § 237 Abs. 2 S. 1 und 3 AktG; → Rn. 48).[66] Für einen Rückerwerb über die Börse ist das ordentliche Einziehungsverfahren daher nicht geeignet, da börslich nach dem Grundsatz „Lieferung-gegen-Zahlung" abgewickelt wird.[67] Ebenso dürfte ein öffentliches Rückkaufangebot bei Einziehung im ordentlichen Verfahren wenig attraktiv sein. Zudem ist zu beachten, dass das ordentliche Einziehungsverfahren nur den Rückerwerb gegen Zahlung eines Einziehungsentgelts (Erwerbspreises) **in Höhe oder unterhalb des Nominalbetrags der Aktien** erlaubt[68], da die §§ 225 Abs. 2, 237 Abs. 2 AktG das Verbot der Einlagenrückgewähr (§ 57 Abs. 1 S. 1 AktG) nur in Höhe des Nominalbetrages der Kapitalherabsetzung verdrängen (→ § 36 Rn. 46).[69]

---

[58] Hüffer/Koch/*Koch* AktG § 237 Rn. 20; Spindler/Stilz/*Marsch-Barner* § 237 Rn. 20; MüKoAktG/*Oechsler* § 237 Rn. 73 f.; *Terbrack* RNotZ 2003, 90 (111).
[59] Hüffer/Koch/*Koch* AktG § 237 Rn. 20; MüKoAktG/*Oechsler* § 237 Rn. 73; Schmidt/Lutter/*Veil* § 237 Rn. 24.
[60] Hüffer/Koch/*Koch* AktG § 237 Rn. 20 f.; MüKoAktG/*Oechsler* § 237 Rn. 73; Spindler/Stilz/*Marsch-Barner* § 237 Rn. 20.
[61] *Kallweit/Simons* AG 2014, 352 (353 f.); Habersack/Mülbert/Schlitt/*Arnold*, Unternehmensfinanzierung am Kapitalmarkt, § 9 Rn. 26; MüKoAktG/*Oechsler* § 71 Rn. 178.
[62] Hüffer/Koch/*Koch* AktG § 239 Rn. 9; Spindler/Stilz/*Marsch-Barner* § 239 Rn. 2; MüKoAktG/*Oechsler* § 239 Rn. 7; Bürgers/Körber/*Becker* § 239 Rn. 7; aA KölnKommAktG/*Lutter* § 239 Rn. 4.
[63] Vgl. das Muster bei Happ/Groß/*Stucken/Tielmann/Bahns/Schmitz* Aktienrecht, 14.05.
[64] Siehe im Einzelnen und insbes. zum Gleichbehandlungsgrundsatz MüKoAktG/*Oechsler* § 71 Rn. 13 ff., 96 ff.; Spindler/Stilz/*Cahn* § 71 Rn. 122 ff.
[65] Muster bei Happ/Groß/*Stucken/Tielmann/Bahns/Schmitz* Aktienrecht, 14.04.
[66] Dies ist erforderlich, da § 71 Abs. 2 AktG (Erwerb aus freien Rücklagen) für § 71 Abs. 1 Nr. 6 AktG gerade nicht gilt und im ordentlichen Einziehungsverfahren andernfalls kein Gläubigerschutz bestünde, vgl. Marsch-Barner/Schäfer/*Busch* § 49 Rn. 16.
[67] Marsch-Barner/Schäfer/*Busch* § 49 Rn. 16; GroßKommAktG/*Sethe* § 237 Rn. 80.
[68] Marsch-Barner/Schäfer/*Busch* § 49 Rn. 10, 11, 16.
[69] Siehe MüKoAktG/*Oechsler* § 225 Rn. 31; Bürgers/Körber/*Becker* § 237 Rn. 26.

35 Praktisch bedeutsam ist der entgeltliche Rückerwerb eigener Aktien zum Zwecke der Kapitalherabsetzung durch Einziehung vor allem, wenn die Einziehung im **vereinfachten Verfahren**[70] gemäß § 237 Abs. 3 Nr. 2 AktG zu Lasten des Bilanzgewinns oder von anderen Gewinnrücklagen durchgeführt werden kann (näher → Rn. 55). In diesem Fall gelten die Beschränkungen des § 225 AktG (s. § 237 Abs. 3 AktG) nicht, so dass die Gesellschaft auch zu einem Erwerbspreis **über dem Nominalbetrag der Aktien** erwerben kann.[71] Ein unangemessen hoher, über dem Marktpreis (insbes. Börsenkurs) liegender Erwerbspreis kann jedoch – ungeachtet § 57 Abs. 1 S. 2 AktG – eine unzulässige **verdeckte Vermögenszuwendung gemäß § 57 Abs. 1 S. 1 AktG** und steuerlich eine verdeckte Gewinnausschüttung darstellen.[72] Beim Rückerwerb börsennotierter Aktien durch öffentliches Rückkaufangebot wird der Erwerbspreis üblicherweise anhand des Schlusskurses der Aktie an einer bestimmten Anzahl von Handelstagen vor der erstmaligen öffentlichen Ankündigung des Angebots festgelegt; ein angemessener **Aufschlag auf den Börsenkurs** ist dabei nach hM zulässig.[73]

> **Praxistipp:**
> Ein als öffentliches Rückkaufangebot durchgeführter Rückerwerb eigener Aktien zum Zwecke der Kapitalherabsetzung durch Einziehung im vereinfachten Verfahren nach § 237 Abs. 3 Nr. 2 AktG kann eine – unter steuerlichen Gesichtspunkten uU vorzugswürdige – Gestaltungsalternative zur Ausschüttung einer („Sonder"-)Dividende darstellen.[74]

36 c) **Erwerb aus anderem Grund.** Als sonstige Erwerbsgründe kommen insbesondere ein unentgeltlicher Erwerb nach § 71 Abs. 1 Nr. 4 AktG und ein entgeltlicher Erwerb aufgrund einer Ermächtigung nach § 71 Abs. 1 Nr. 8 AktG in Betracht. Erfolgte der entgeltliche Erwerb der eigenen Aktien nicht gezielt zum Zwecke der Kapitalherabsetzung durch Einziehung, finden die Gläubigerschutzvorschriften gemäß §§ 225, 237 Abs. 2 S. 3 AktG auf die Auszahlung des Erwerbspreises keine Anwendung.[75] Zu beachten sind jedoch ggf. § 71 Abs. 2 AktG und das Verbot der Einlagenrückgewähr (§ 57 Abs. 1 S. 1 AktG).

37 d) **Abgrenzung: Ermächtigung zur Einziehung (§ 71 Abs. 1 Nr. 8 S. 6 AktG).** Gemäß § 71 Abs. 1 Nr. 8 AktG kann der Vorstand durch Hauptversammlungsbeschluss beschränkt auf bis zu 10 % des Grundkapitals und auf höchstens fünf Jahre ermächtigt werden, eigene Aktien zurück zu erwerben und ohne weiteren Hauptversammlungsbeschluss einzuziehen (s. § 71 Abs. 1 Nr. 8 S. 6 AktG).[76] Die Voraussetzungen für die Einziehung bestimmen sich hier allein nach § 71 Abs. 1 Nr. 8, Abs. 2 u. Abs. 3 AktG; 237 Abs. 3 AktG findet daneben keine Anwendung.[77] Der Vorstand kann bei Stückaktien auch ermächtigt werden, die Einziehung analog 237 Abs. 3 Nr. 3 AktG ohne Kapitalherabsetzung durch Erhöhung des anteiligen Betrages der verbleibenden Aktien durchzuführen und die Satzung entsprechend anzupassen (§ 237 Abs. 3 Nr. 3 Hs. 2 AktG).[78]

---

[70] Muster bei Happ/Groß/*Stucken*/*Tielmann*/*Bahns*/*Schmitz* Aktienrecht, 14.05.
[71] Marsch-Barner/Schäfer/*Busch* § 49 Rn. 10, 11, 16; GroßKommAktG/*Sethe* § 237 Rn. 81.
[72] MüKoAktG/*Bayer* § 57 Rn. 128; Spindler/Stilz/*Cahn* § 71 Rn. 45; MüKoAktG/*Oechsler* § 71 Rn. 69 ff., 200; ablehnend, da Verwendung freier Mittel Schmidt/Lutter/*Bezzenberger* § 71 Rn. 5.
[73] Vgl. OLG Hamburg NZG 2005, 218 (222) (5 %); die Literatur sieht Aufschläge von bis zu 10 % (oder höher) als zulässig an, s. im Einzelnen MüKoAktG/*Oechsler* § 71 Rn. 200; Spindler/Stilz/*Cahn* § 71 Rn. 45 jeweils mwN.
[74] Zu steuerlichen Aspekten BMF 27.11.2013 – IV C 2 – S 2742/07/10009, BStBl. I 2013 S. 1615; *Wiese*/*Lukas* GmbHR 2014, 238; s. aber FG Münster 13.10.2016 – 9 K 1087/14 K, G, F, EFG 2017, 423; *Binnewies* AG 2018, 64.
[75] Hüffer/Koch/*Koch* AktG § 237 Rn. 28; MHdB GesR IV/*Scholz* § 63 Rn. 35.
[76] Zu Einzelheiten auch zum weiteren Verfahren bei *Kallweit*/*Simons* AG 2014, 352; *Rieckers* ZIP 2009, 700 (705).
[77] OLG München NZG 2012, 876; *Kallweit*/*Simons* AG 2014, 352 (354); Hüffer/Koch/*Koch* AktG § 237 Rn. 34; GroßkommAktG/*Sethe* § 237 Rn. 299; aA *Rieckers* ZIP 2009, 700 (705); MüKoAktG/*Oechsler* § 237 Rn. 91a mwN.
[78] *Kallweit*/*Simons* AG 2014, 352 (356); Hüffer/Koch/*Koch* AktG § 237 Rn. 34a.

III. Einziehungsverfahren

Es sind zwei Formen der Einziehung zu unterscheiden: das ordentliche Einziehungsverfahren (§ 237 Abs. 2 AktG; → Rn. 39 ff.) und das vereinfachte Einziehungsverfahren (§ 237 Abs. 3–5 AktG; → Rn. 51 ff.).

1. Ordentliches Einziehungsverfahren

Für die Einziehung im ordentlichen Verfahren verweist das Gesetz auf die Vorschriften über die ordentliche Kapitalherabsetzung (§§ 237 Abs. 2 S. 1, 222 ff. AktG). Im Unterschied zur Einziehung im vereinfachten Verfahren (s. § 237 Abs. 3 AktG und → Rn. 52) können **auch nicht voll eingezahlte Aktien** eingezogen werden. Die Befreiung von der restlichen Einlageschuld und die Zahlung des Erwerbspreises unterliegen jedoch den Gläubigerschutzregeln aus § 225 Abs. 2, 237 Abs. 2 S. 3 AktG.

a) Einziehungsbeschluss. aa) Beschlusserfordernis. Bei der **gestatteten Zwangseinziehung** und der **Einziehung nach Erwerb** eigener Aktien ist stets ein **Einziehungsbeschluss der Hauptversammlung** erforderlich. Dieser bedarf der einfachen Mehrheit der abgegebenen Stimmen und einer Kapitalmehrheit von mindestens ³⁄₄ des bei der Beschlussfassung vertretenen Grundkapitals (§§ 222 Abs. 1 S. 1, 237 Abs. 2 S. 1 AktG). Die Satzung kann eine größere Kapitalmehrheit vorsehen. Bestehen mehrere Aktiengattungen, ist nach §§ 222 Abs. 2, 237 Abs. 2 AktG ein **Sonderbeschluss** jeder Gattung erforderlich; die engere Sonderbeschlussregelung des § 179 Abs. 3 AktG wird verdrängt.[79] **Stimmberechtigt** sind grundsätzlich auch die Aktionäre, deren Aktien eingezogen werden sollen[80]; es sei denn, die Einziehung erfolgt aus einem in der Person des Aktionärs liegenden wichtigen Grund[81] oder die Einziehung betrifft eigene Aktien der Gesellschaft (§ 71b AktG)[82].

Bei einer durch die Satzung **angeordneten Zwangseinziehung** trifft die Entscheidung über die Einziehung grds. der **Vorstand**, dessen Entscheidung für die Anwendung der Vorschriften über die ordentliche Kapitalherabsetzung an die Stelle des Hauptversammlungsbeschlusses tritt (§ 237 Abs. 6 S. 2 AktG). Eine Beschlussfassung der **Hauptversammlung** ist möglich, wenn der Vorstand sie gemäß § 119 Abs. 2 AktG verlangt (s. § 237 Abs. 6 S. 1, 238 S. 2 AktG).[83] Ein Sonderbeschluss nach §§ 237 Abs. 2, 222 Abs. 2 AktG ist in diesem Fall nicht erforderlich.[84]

bb) Beschlussinhalt. Für den Inhalt des Einziehungsbeschlusses des zuständigen Organs gelten die Bestimmungen über die ordentliche Kapitalherabsetzung. Er muss festlegen, dass das Grundkapital durch **Einziehung von Aktien herabgesetzt** wird und welcher **Zweck** damit verfolg wird (§ 237 Abs. 2 S. 1 iVm § 222 Abs. 3 AktG; → Rn. 2). Die **Höhe** des Herabsetzungsbetrags muss zumindest für die Verwaltung bestimmbar festgelegt werden. Die Angabe eines Höchstbetrages („bis zu"-Kapitalherabsetzung) genügt (→ § 36 Rn. 24). In diesem Fall ist für die Durchführung der Kapitalherabsetzung eine **Frist** zu setzen, wobei zweckmäßigerweise ein fester Termin bestimmt wird, bis zu dem der Rückerwerb vollzogen sein muss und die Einziehung unverzüglich nach Erwerb zu erfolgen hat.[85] Für den Fristbeginn kann auf die Eintragung des Kapitalherabsetzungsbeschlusses der Hauptversammlung in das Handelsregister abgestellt werden. Denkbar ist auch eine Verlängerungsklausel, wonach sich die Frist bei einer Anfechtungs- oder Nichtigkeitsklage gegen den Hauptver-

---

[79] Spindler/Stilz/*Holzborn* § 179 Rn. 181; Hüffer/Koch/*Koch* AktG § 179 Rn. 42; MüKoAktG/*Stein* § 179 Rn. 180.
[80] Hüffer/Koch/*Koch* AktG § 237 Rn. 23a; MüKoAktG/*Oechsler* § 237 Rn. 79.
[81] KölnKommAktG/*Lutter* § 237 Rn. 83; Schmidt/Lutter/*Veil* § 237 Rn. 27; Spindler/Stilz/*Marsch-Barner* § 237 Rn. 24; aA Hüffer/Koch/*Koch* AktG § 237 Rn. 23a; MüKoAktG/*Oechsler* § 237 Rn. 79.
[82] Hüffer/Koch/*Koch* AktG § 237 Rn. 23a.
[83] Siehe im Einzelnen Spindler/Stilz/*Marsch-Barner* § 237 Rn. 40; MüKoAktG/*Oechsler* § 237 Rn. 112.
[84] Hölters/*Haberstock/Greitemann* § 237 Rn. 84; MüKoAktG/*Oechsler* § 237 Rn. 112; Spindler/Stilz/*Marsch-Barner* § 237 Rn. 40.
[85] Happ/Groß/*Stucken/Tielmann/Bahns/Schmitz* Aktienrecht, 14.05 Rn. 4.1; s. auch Hüffer/Koch/*Koch* AktG § 222 Rn. 12, § 237 Rn. 24.

sammlungsbeschluss verlängert.[86] Zur Unterschreitung des **Mindestnennbetrags** des Grundkapitals und vorübergehender Herabsetzung auf Null → Rn. 3. Anzugeben ist ferner, ob es sich um eine **Zwangseinziehung** oder eine **Einziehung nach Erwerb** von Aktien durch die Gesellschaft handelt.[87]

43 Bei der **Zwangseinziehung** müssen die **einzuziehenden Aktien** im Beschluss konkret bestimmt werden.[88] Sofern die Satzung dies nicht selbst festlegt, sind die **Voraussetzungen der Zwangseinziehung** und die **Einzelheiten ihrer Durchführung** in den Hauptversammlungsbeschluss aufzunehmen, insbes. der **Zeitpunkt** der Einziehung und das **Einziehungsentgelt** (§ 237 Abs. 2 S. 2 AktG).[89] Dies betrifft den Fall der *gestatteten* Zwangseinziehung und stellt sicher, dass der Beschluss ergänzend alles regelt, was bei angeordneter Zwangseinziehung bereits in der Satzung selbst festgelegt werden muss (→ Rn. 14 ff.).[90] Die sachliche Rechtfertigung und die Wahrung der Gleichbehandlung (→ Rn. 45) müssen nicht im Beschluss oder einem begleitenden Bericht an die Hauptversammlung dargelegt werden; eine Berichtspflicht sieht das Gesetz nicht vor.[91]

44 Werden **eigene Aktien** der Gesellschaft eingezogen, müssen die von der Einziehung betroffenen Aktien im Beschluss konkret bestimmt werden. Dies gilt nicht, wenn **noch zu erwerbende Aktien** eingezogen werden sollen. In diesem Fall bildet der Kapitalherabsetzungsbeschluss gemäß § 71 Abs. 1 Nr. 6 AktG die Grundlage für den Erwerb eigener Aktien (→ Rn. 32) und muss den **Erwerbspreis** festlegen (→ Rn. 34).[92]

45 *cc) Beschlussschranken.* Der Hauptversammlungsbeschluss über eine **gestattete Zwangseinziehung** muss die in → Rn. 16 beschriebenen rechtlichen Grenzen einhalten, dh es dürfen keine Zwecke verfolgt werden, die auch als angeordnete Zwangseinziehung unzulässig wären.[93] Der Beschluss ist zudem am **Gleichbehandlungsgrundsatz** zu messen. Unbedenklich ist insoweit die Auswahl der einzuziehenden Aktien durch Losentscheid. Sollen dagegen bestimmte Aktien eingezogen werden, ist ein sachlicher Grund in der Person des betroffenen Aktionärs erforderlich.[94] Ferner bedarf der Beschluss grds. der **sachlichen Rechtfertigung**, dh er muss erforderlich und verhältnismäßig sein.[95] Zur Absenkung der Anforderungen an den Beschluss empfiehlt es sich, auch bei der gestatteten Zwangseinziehung die Einziehungsgründe und das Einziehungsentgelt bereits in der Satzung detailliert zu regeln.[96] Für die Einziehungsentscheidung bei der **angeordneten Zwangseinziehung** gelten diese Anforderungen an den Einziehungsbeschluss nicht, da die Satzung selbst die Voraussetzungen der Einziehung bestimmt regeln muss.[97]

46 Bei der Beschlussfassung über die **Einziehung von Aktien, die zu diesem Zwecke erworben** werden sollen (§ 71 Abs. 1 Nr. 6 AktG), sind ebenfalls der **Gleichbehandlungsgrundsatz** und die darin gründenden **Andienungsrechte** der Aktionäre zu beachten.[98] Dem Gleichbehandlungsgrundsatz ist genügt, wenn der Rückerwerb über die Börse (vgl. § 71 Abs. 1 Nr. 8 S. 3 AktG) oder mittels eines an sämtliche Aktionäre gerichteten öffentlichen Erwerbsange-

---

[86] Vgl. Schmidt/Lutter/*Veil* § 182 Rn. 17; MüKoAktG/*Schürnbrand* § 182 Rn. 44; Hüffer/Koch/*Koch* AktG § 182 Rn. 14.
[87] Hüffer/Koch/*Koch* AktG § 237 Rn. 24; Spindler/Stilz/*Marsch-Barner* § 237 Rn. 25.
[88] Hüffer/Koch/*Koch* AktG § 237 Rn. 25.
[89] OLG München NZG 2015, 1027 (1028); MüKoAktG/*Oechsler* § 237 Rn. 85; Schmidt/Lutter/*Veil* § 237 Rn. 28.
[90] Hüffer/Koch/*Koch* AktG § 237 Rn. 25; GroßkommAktG/*Sethe* § 237 Rn. 89.
[91] AA wohl MüKoAktG/*Oechsler* § 237 Rn. 83; Bürgers/Körber/*Becker* § 237 Rn. 32; Hölters/*Haberstock*/*Greitemann* § 237 Rn. 60.
[92] MüKoAktG/*Oechsler* § 237 Rn. 85.
[93] Hölters/*Haberstock*/*Greitemann* § 237 Rn. 31.
[94] GroßkommAktG/*Sethe* § 237 Rn. 53.
[95] Hüffer/Koch/*Koch* AktG § 237 Rn. 16; MHdB GesR IV/*Scholz* § 63 Rn. 13; Schmidt/Lutter/*Veil* § 237 Rn. 14.
[96] MüKoAktG/*Oechsler* § 237 Rn. 48; Bürgers/Körber/*Becker* § 237 Rn. 20; s. auch MHdB GesR IV/*Scholz* § 63 Rn. 14.
[97] Spindler/Stilz/*Marsch-Barner* § 237 Rn. 11; Schmidt/Lutter/*Veil* § 237 Rn. 13; MüKoAktG/*Oechsler* § 237 Rn. 40.
[98] Zum Andienungsrecht beim Rückerwerb eigener Aktien *Habersack* ZIP 2004, 1121; MüKoAktG/*Oechsler* § 71 Rn. 223 ff.; Hüffer/Koch/*Koch* AktG § 71 Rn. 19k.

bots erfolgen soll.[99] Soll dagegen nur von bestimmten Aktionären zurückerworben werden, bedarf der darin liegende Ausschluss des Andienungsrechts eines sachlichen Grundes.[100] Der Beschluss über die Einziehung eigener Aktien, die nicht gezielt zum Zwecke der Einziehung erworben wurden (→ Rn. 36), bedarf keiner besonderen Rechtfertigung.

dd) Satzungsanpassung. Die Kapitalherabsetzung durch Einziehung hat infolge der Reduzierung von Grundkapitalziffer und Aktienzahl eine Unrichtigkeit der Satzung zur Folge. Der Hauptversammlungsbeschluss über die **förmliche Satzungsänderung** (§§ 179 ff. AktG) oder – sinnvoll, wenn der Herabsetzungsbetrag im Zeitpunkt der Hauptversammlung noch nicht feststeht – die Ermächtigung des Aufsichtsrats zur Satzungsneufassung gemäß § 179 Abs. 1 S. 2 AktG wird zweckmäßiger Weise mit dem Kapitalherabsetzungsbeschluss verbunden.[101] Zur Handelsregisteranmeldung → Rn. 66 und 74. 47

b) Gläubigerschutz. Bei der Einziehung von Aktien im ordentlichen Verfahren sind grds. die Gläubigerschutzvorschriften für die ordentliche Kapitalherabsetzung zu beachten (§ 237 Abs. 2 S. 1 AktG). Dies bedeutet, dass die Gläubiger der Gesellschaft gemäß § 225 Abs. 1 AktG iVm § 237 Abs. 2 S. 1 AktG **Sicherheitsleistung** verlangen können. Auszahlungen an die Aktionäre unterliegen der **Auszahlungssperre** des § 225 Abs. 2 AktG iVm § 237 Abs. 2 S. 1 AktG. Zu Einzelheiten → § 36 Rn. 37 ff. 48

Die Auszahlungssperre wird durch § 237 Abs. 2 S. 3 AktG ausdrücklich erstreckt auf die Auszahlung des **Einziehungsentgelts** bei der Zwangseinziehung und **Erwerbspreises** beim Erwerb von Aktien zum Zwecke der Einziehung (§ 71 Abs. 1 Nr. 6 AktG; → Rn. 34 f.) sowie – bei Einziehung von nicht voll eingezahlten Aktien – die Befreiung der Aktionäre von der Verpflichtung zur **Leistung von Einlagen** (dh die Einlagepflicht besteht zunächst fort). Hat die Gesellschaft die einzuziehenden Aktien **aus anderem Grund** (und nicht gezielt zum Zweck ihrer Einziehung) erworben, finden die §§ 225 Abs. 2, 237 Abs. 2 S. 3 AktG auf die Auszahlung des dafür entrichteten Erwerbspreises keine Anwendung (→ Rn. 36).[102] Die **Sechs-Monats-Frist** beginnt mit der Eintragung des Kapitalherabsetzungsbeschlusses, bei der Einziehung durch Vorstandsbeschluss gemäß § 237 Abs. 6 AktG erst mit Bekanntmachung der Durchführung der Kapitalherabsetzung, da der Vorstandsbeschluss weder im Handelsregister eingetragen noch bekannt gemacht wird.[103] 49

Muster: Einladung zur Hauptversammlung und Beschlussfassung der Hauptversammlung zwecks Einziehung eigener, noch zu erwerbender Aktien im ordentlichen Einziehungsverfahren

> **I. Einladung zur Hauptversammlung**
> Vorstand und Aufsichtsrat schlagen vor, folgende Beschlüsse zu fassen:
> 1. Einziehung eigener, noch zu erwerbender Aktien im ordentlichen Einziehungsverfahren
>
>   Das Grundkapital der Gesellschaft von 5.000.000 EUR wird um bis zu 300.000 EUR auf bis zu 4.700.000 EUR herabgesetzt. Die Herabsetzung erfolgt im ordentlichen Einziehungsverfahren nach den Bestimmungen über die ordentliche Kapitalherabsetzung (§§ 237 Abs. 2, 222 ff. AktG) zum Zwecke der Rückzahlung eines Teils des Grundkapitals durch Einziehung von bis zu 30.000 Inhaberaktien im Nennbetrag von je 10 EUR nach deren Erwerb durch die Gesellschaft. Der Beschluss wird nur durchgeführt, wenn die Gesellschaft bis zum 31.12.2017 mindestens Aktien im Gesamtnennbetrag von 200.000 EUR erworben hat.
>
>   Der Vorstand wird ermächtigt, in der Zeit bis zum 31.12.2017 Inhaberaktien der Gesellschaft bis zu einem Gesamtnennbetrag von 300.000 EUR zum Zwecke der Einziehung nach Maßgabe des Kapitalherabsetzungsbeschlusses zu Punkt 1 der Tagesordnung zu erwerben. Der Erwerbspreis darf 100 % des Nennbetrages nicht übersteigen.

50

---

[99] Zum Ganzen Spindler/Stilz/*Cahn* § 71 Rn. 122 ff.
[100] MüKoAktG/*Oechsler* § 71 Rn. 224; Spindler/Stilz/*Cahn* § 71 Rn. 127; für Gleichbehandlungsverstoß bei *negotiated repurchase* Hüffer/Koch/*Koch* AktG § 71 Rn. 19k.
[101] Hüffer/Koch/*Koch* AktG § 237 Rn. 3; Spindler/Stilz/*Marsch-Barner* § 237 Rn. 3.
[102] Hüffer/Koch/*Koch* AktG § 237 Rn. 28; MHdB GesR IV/*Scholz* § 63 Rn. 35; MüKoAktG/*Oechsler* § 237 Rn. 76.
[103] MüKoAktG/*Oechsler* § 237 Rn. 115.

> 2. Ermächtigung des Aufsichtsrates zur Satzungsänderung
> Der Aufsichtsrat wird gemäß § 179 Abs. 1 S. 2 AktG ermächtigt, die Fassung der Satzung entsprechend dem Umfang der Kapitalherabsetzung zu ändern.
>
> **II. Einladung zur gesonderten Versammlung der Vorzugsaktionäre nach § 141 AktG**
> (gleicher Wortlaut wie zu I.)
>
> **III. Beschlüsse der Hauptversammlung und der gesonderten Versammlung der Vorzugsaktionäre**
> (gleicher Wortlaut wie zu I.)

2. Vereinfachtes Einziehungsverfahren

51 Als weitere Form des Einziehungsverfahrens hält das Gesetz die sogenannte vereinfachte Einziehung bereit. Das Verfahren ist vereinfacht, weil die Gesellschaft von den strengen Gläubigerschutzvorschriften und den Vorschriften über die ordentliche Kapitalherabsetzung befreit ist (§ 237 Abs. 3 AktG). Die vereinfachte Einziehung ist nicht zu verwechseln mit der vereinfachten Kapitalherabsetzung (§§ 229 ff. AktG).[104]

52 a) *Voraussetzungen. aa) Volleinzahlung der Aktien.* Da die Gläubigerschutzvorschriften der §§ 225 Abs. 2 S. 2, 237 Abs. 2 S. 3 AktG auf die Einziehung im vereinfachten Verfahren keine Anwendung finden, muss der **Ausgabebetrag** (§ 9 Abs. 1 AktG) einschließlich eines etwaigen **Agios** gemäß § 272 Abs. 2 Nr. 1 HGB auf die einzuziehenden Aktien voll geleistet sein (§ 237 Abs. 3 AktG).[105] Ausreichend ist, dass die Volleinzahlung im Zeitpunkt des Wirksamwerdens der Kapitalherabsetzung (§ 238 S. 1 AktG) vorliegt.[106]

53 *bb) Unentgeltlich zur Verfügung gestellte Aktien.* Die Einziehung im vereinfachten Verfahren ist zulässig, wenn die einzuziehenden Aktien der Gesellschaft **unentgeltlich** zur Verfügung gestellt wurden (§ 237 Abs. 3 Nr. 1 AktG).[107] Aktien sind unentgeltlich zur Verfügung gestellt, wenn die Gesellschaft keine Gegenleistung erbracht hat oder erbringen muss. Die Aktien müssen spätestens bei Wirksamwerden der Einziehung (§ 238 S. 1 AktG) **zur Verfügung gestellt** sein.[108] Der Begriff des „zur Verfügung Stellens" ist weit auszulegen und erfüllt, wenn die Gesellschaft Aktien unentgeltlich erworben hat und damit dingliche Inhaberin der Aktien geworden ist oder die Gesellschaft ohne dinglichen Erwerb zum Zwecke der Einziehung unentgeltlich auf die Aktien zugreifen kann.[109]

54 Da eine Kapitalherabsetzung durch Einziehung *erworbener* Aktien (§ 237 Abs. 1 S. 1 Fall 2 AktG) nach hM die dingliche Inhaberschaft der Gesellschaft voraussetzt (→ Rn. 31), betrifft die Alternative des „unentgeltlichen Zugriffs" nur die Fälle einer ausnahmsweise zulässigen **unentgeltlichen Zwangseinziehung** (zB zum Verlustausgleich in Sanierungsfällen oder bei Einwilligung des betroffenen Aktionärs; → Rn. 24).[110] Voraussetzung ist eine entsprechende satzungsmäßige Ermächtigung. Ein **unentgeltlicher Erwerb** durch die Gesellschaft kann gemäß § 71 Abs. 1 Nr. 6 AktG unmittelbar auf Grundlage des Beschlusses über die Kapitalherabsetzung durch Einziehung oder gemäß § 71 Abs. 1 Nr. 4 AktG bereits vor Fassung des Kapitalherabsetzungsbeschlusses erfolgen. Praktische Anwendungsfälle sind zB die Herstellung eines gewünschten Ausgabeverhältnisses bei Kapitalerhöhungen oder Zusammenlegungsverhältnisses bei Kapitalherabsetzungen.

---

[104] Vgl. dazu → § 36 Rn. 72 ff.
[105] Spindler/Stilz/*Marsch-Barner* § 237 Rn. 28; Hüffer/Koch/*Koch* AktG § 237 Rn. 31; GroßKommAktG/*Sethe* § 237 Rn. 101.
[106] *Terbrack* RNotZ 2003, 90 (114); MHdB GesR IV/*Scholz* § 63 Rn. 38; MüKoAktG/*Oechsler* § 237 Rn. 92.
[107] Vgl. hierzu ausführlich Schmidt/Lutter/*Veil* § 237 Rn. 37 mwN.
[108] *Terbrack* RNotZ 2003, 90 (114); Spindler/Stilz/*Marsch-Barner* § 237 Rn. 30; Hüffer/Koch/*Koch* AktG § 237 Rn. 33; MüKoAktG/*Oechsler* § 237 Rn. 96.
[109] MüKoAktG/*Oechsler* § 237 Rn. 95; MHdB GesR IV/*Scholz* § 63 Rn. 39; Hüffer/Koch/*Koch* AktG § 237 Rn. 32; GroßKommAktG/*Sethe* § 237 Rn. 103; Schmidt/Lutter/*Veil* § 237 Rn. 37.
[110] Zutreffend MüKoAktG/*Oechsler* § 237 Rn. 95.

cc) Bilanzgewinn oder andere Gewinnrücklage. Die entgeltliche Einziehung im verein- 55
fachten Verfahren ist nach § 237 Abs. 3 Nr. 2 AktG ferner zulässig, wenn sie zu Lasten des
Bilanzgewinns (§ 158 Abs. 1 S. 1 Nr. 5 AktG) oder einer anderen **Gewinnrücklage** (§ 266
Abs. 3 A III Nr. 4 HGB) erfolgt. Gläubigerschutzbelange sind nicht berührt, da diese Positionen auch für eine Gewinnverwendung zur Verfügung stünden. Der Bilanzgewinn muss zu
diesem Zweck verwendet werden können und darf keiner Zweckbindung durch Gewinnabführungsvertrag (§ 291 Abs. 1 AktG) oder bereits gefassten Gewinnverwendungsbeschluss
(§ 174 AktG) unterliegen.[111] Ebenso dürfen Gewinnrücklagen keinem anderen Zweck ge-
widmet sein.[112] Nach § 268 Abs. 8 HGB gesperrte Rücklagen dürfen nicht zur Zahlung
des Einziehungsentgelts bzw. Erwerbspreises herangezogen werden.[113] Über den Wortlaut
des § 237 Abs. 3 Nr. 2 AktG hinaus stehen auch freie **Kapitalrücklagen nach § 272 Abs. 2
Nr. 4 HGB** zur Verfügung. Der Bilanzgewinn und die freien Rücklagen müssen geeignet
sein, das Einziehungsentgelt bzw. den Erwerbspreis und sonstige **Erwerbskosten** zu decken.[114] Nicht zwingend ist, dass die Gesellschaft genügend freies Barvermögen besitzt. Sie
kann sich die erforderliche **Liquidität** auch durch die Aufnahme von Krediten verschaffen[115], sofern dies im Interesse der Gesellschaft liegt.

Für die Prüfung, ob ein ausreichender Bilanzgewinn und Rücklagen vorhanden sind, 56
muss nach hM keine **Zwischenbilanz** aufgestellt werden.[116] Es genügt eine vom Vorstand
nach pflichtgemäßem Ermessen aufgrund interner Informationen (zB Monatsberichte) aufgestellte **Prognose**.[117] Maßgebliche Zeitpunkte sind die Beschlussfassung über die Kapitalherabsetzung und – sofern nachfolgend – die Auszahlung des Entgelts.[118] Erweist sich im
Nachhinein, dass Bilanzgewinn und Rücklagen nicht in erforderlicher Höhe vorhanden waren, ist der nicht gedeckte über dem Nominalbetrag der eingezogenen Aktien liegende Ent-
geltbetrag als Aufwand zu verbuchen. In Höhe des Nennbetrags der eingezogenen Aktien ist
die Kapitalrücklage gemäß § 237 Abs. 5 AktG zu bilden.

dd) Einziehung von Stückaktien ohne Herabsetzung des Kapitals. Das vereinfachte Ein- 57
ziehungsverfahren wird gemäß § 237 Abs. 3 Nr. 3 AktG auch angewandt, um **Stückaktien**
(§ 8 Abs. 3 AktG) einzuziehen, sofern der Einziehungsbeschluss bestimmt, dass auf die verbleibenden Aktien ein entsprechend höherer Anteil am Grundkapital entfällt. Systematisch
betrachtet handelt es sich um keine Kapitalherabsetzung (der Betrag des Grundkapitals
bleibt unverändert), sondern – spiegelbildlich zur Kapitalerhöhung aus Gesellschaftsmitteln
– um eine Reduzierung der Anzahl der Aktien verbunden mit einer entsprechenden Erhöhung des auf die verbleibenden Aktien entfallenden Werts (sog. *reverse-stock-split*).[119]

Zum Schutz des Vermögens der Gesellschaft dürfen Aktien nach § 237 Abs. 3 Nr. 3 AktG 58
nur eingezogen werden, wenn die Aktien der Gesellschaft **analog § 237 Abs. 3 Nr. 1 oder
Nr. 2 AktG unentgeltlich** oder gegen Zahlung eines Entgelts aus **freien Mitteln** überlassen
worden sind.[120] Dies gilt sowohl für eine **Zwangseinziehung** als auch für eine Einziehung
nach Erwerb. Obgleich der Wortlaut von **§ 71 Abs. 1 Nr. 6 AktG** auf eine Kapitalherabset-

---

[111] GroßKommAktG/*Sethe* § 237 Rn. 106; MüKoAktG/*Oechsler* § 237 Rn. 95; Hölters/*Haberstock/Greite-
mann* § 237 Rn. 71.
[112] MüKoAktG/*Oechsler* § 237 Rn. 99; Spindler/Stilz/*Marsch-Barner* § 237 Rn. 31.
[113] Hüffer/Koch/*Koch* AktG § 237 Rn. 34; *Kropff* FS Hüffer, 2010, 539 (548).
[114] *Terbrack* RNotZ 2003, 90 (114); GroßKommAktG/*Sethe* § 237 Rn. 106; KölnKomm/*Lutter* § 237
Rn. 100; Marsch-Barner/Schäfer/*Busch* § 49 Rn. 42.
[115] KölnerKomm/*Lutter* § 237 Rn. 100.
[116] GroßKommAktG/*Sethe* § 237 Rn. 106; Hölters/*Haberstock/Greitemann* § 237 Rn. 71; MHdB GesR
IV/*Scholz* § 63 Rn. 40; Schmidt/Lutter/*Veil* § 237 Rn. 40; Marsch-Barner/Schäfer/*Busch* § 49 Rn. 20.
[117] GroßKommAktG/*Sethe* § 237 Rn. 106; Schmidt/Lutter/*Veil* § 237 Rn. 40; Spindler/Stilz/*Marsch-Barner*
§ 237 Rn. 32; Marsch-Barner/Schäfer/*Busch* § 49 Rn. 20. Strenger *Zöllner* FS Doralt, 2004, 751 (755) demzufolge die Auszahlung des Erwerbsentgelts und die Durchführung der Einziehung erst erfolgen dürfen, wenn
der festgestellte Jahresabschluss Bilanzgewinn und Rücklagen in ausreichendem Umfang ausweist.
[118] Marsch-Barner/Schäfer/*Busch*, Handbuch börsennotierte AG, § 49 Rn. 20.
[119] Spindler/Stilz/*Marsch-Barner* § 237 Rn. 33; Schmidt/Lutter/*Veil* § 237 Rn. 41; Hölters/*Haberstock/Grei-
temann* § 237 Rn. 73; Marsch-Barner/Schäfer/*Busch*, Handbuch börsennotierte AG, § 49 Rn. 21.
[120] *Wieneke/Förl* AG 2005, 189 (195); Spindler/Stilz/*Marsch-Barner* § 237 Rn. 33; Schmidt/Lutter/*Veil*
§ 237 Rn. 42.

zung abstellt, können Aktien nach dieser Vorschrift auch zum Zwecke der Einziehung nach § 237 Abs. 3 Nr. 3 AktG erworben werden.[121] Ist der Rückerwerb entgeltlich nach **§ 71 Abs. 1 Nr. 8 AktG** erfolgt, bestimmt sich der Vermögensschutz nach § 71 Abs. 2 S. 2 AktG; eines gesonderten Hauptversammlungsbeschlusses über die Einziehung gemäß § 237 Abs. 3 Nr. 3 AktG bedarf es in diesem Fall jedoch nur, wenn dem Vorstand keine entsprechende Einziehungsermächtigung nach § 71 Abs. 1 Nr. 8 S. 6 AktG erteilt worden ist (→ Rn. 37).[122] Wie § 237 Abs. 5 AktG ausdrücklich klarstellt, erfolgt mangels Kapitalherabsetzung keine Umbuchung vom Grundkapital in die Kapitalrücklage.[123]

59   b) **Einziehungsbeschluss.** *aa) Beschlusserfordernis.* Die Kapitalherabsetzung durch Einziehung im vereinfachten Verfahren muss im Falle der **gestatteten Zwangseinziehung** und der **Einziehung nach Erwerb** von der **Hauptversammlung** beschlossen werden (§ 237 Abs. 4 S. 1 AktG); dies gilt auch für § 237 Abs. 3 Nr. 3 AktG, obwohl § 237 Abs. 4 S. 1 AktG auf eine Kapitalherabsetzung abstellt.[124] Trotz des zu engen Wortlauts („nur") genügt bei der **angeordneten Zwangseinziehung** auch im vereinfachten Verfahren eine Entscheidung des Vorstands (→ Rn. 41).

60   Für den Einziehungsbeschluss der Hauptversammlung genügt die **einfache Mehrheit** der abgegebenen Stimmen (§§ 133 Abs. 1, 237 Abs. 4 S. 2 AktG); dies gilt auch für die **Satzungsanpassung** bzw. die Ermächtigung des Aufsichtsrates gemäß § 179 Abs. 1 S. 2 AktG.[125] Die Satzung kann eine größere Mehrheit und weitere Erfordernisse bestimmen (§ 237 Abs. 4 S. 3 AktG); Erleichterungen sind unzulässig. Für den Beschluss über eine Kapitalherabsetzung durch Einziehung von Aktien, die zu diesem Zweck nur *von bestimmten Aktionären* zurückerworben werden sollen (§ 71 Abs. 1 Nr. 6 AktG), ist umstritten, ob wegen des darin liegenden Ausschlusses des Andienungsrechts der übrigen Aktionäre ausnahmsweise ein **qualifiziertes Mehrheitserfordernis** gilt (ergänzend → Rn. 46).[126] **Sonderbeschlüsse** bei mehreren Aktiengattungen nach § 222 Abs. 2 AktG sind nicht erforderlich, da § 237 Abs. 4 AktG abschließend ist.[127] Umstritten ist, ob die Sonderbeschlussregelung des § 179 Abs. 3 AktG Anwendung findet.[128] Bei der Einziehung von Vorzugsaktien müssen nach hM die betroffenen **Vorzugsaktionäre** zustimmen (§ 141 Abs. 1 AktG).[129]

61   *bb) Beschlussinhalt und -schranken.* Der Kapitalherabsetzungsbeschluss muss den **Zweck** der Kapitalherabsetzung (§ 237 Abs. 4 S. 4 AktG) angeben und festlegen, dass es sich um eine Einziehung im **vereinfachten Verfahren**[130] handelt. Im Übrigen gelten die Ausführungen zu → Rn. 42–47 entsprechend.

62   c) **Gläubigerschutz (Rücklagendotierung).** Die Gläubigerschutzbestimmung des § 225 AktG findet beim vereinfachten Einziehungsverfahren keine Anwendung. § 237 Abs. 5 AktG sieht daher vor, dass in den Fällen des **§ 237 Abs. 3 Nr. 1 und 2 AktG** (nicht aber Nr. 3) nach Wirksamwerden der Kapitalherabsetzung ein Betrag in Höhe des **Gesamtnennbetrags der eingezogenen Aktien** in die Kapitalrücklage einzustellen ist. Dadurch wird erreicht, dass der durch die Einziehung entstehende Buchgewinn nicht an die Aktionäre ausgeschüttet wird. Die Einstellung in die Kapitalrücklage muss in dem Jahresabschluss erfolgen, der auf die Kapitalherabsetzung folgt. Fehlt es daran, sind der Jahresabschluss

---

[121] MHdB GesR IV/*Scholz* § 63 Rn. 52; Hölters/*Haberstock*/*Greitemann* § 237 Rn. 75; Spindler/Stilz/ Marsch-Barner § 237 Rn. 33.
[122] Hüffer/Koch/*Koch* AktG § 237 Rn. 34a.
[123] Hüffer/Koch/*Koch* AktG § 237 Rn. 34b.
[124] GroßkommAktG/*Sethe* § 237 Rn. 111.
[125] Hüffer/Koch/*Koch* AktG § 237 Rn. 35; Bürgers/Körber/*Becker* § 237 Rn. 44.
[126] Für qualifiziertes Mehrheitserfordernis analog § 186 Abs. 3 S. 2 AktG *Paefgen* ZIP 2002, 1509 (1511); GroßkommAktG/*Merkt* § 71 Rn. 76; für einfache Mehrheit *Habersack* ZIP 2004, 1121 (1126); MüKo-AktG/*Oechsler* § 71 Rn. 224 mwN.
[127] Hüffer/Koch/*Koch* AktG § 237 Rn. 35.
[128] Dafür Spindler/Stilz/*Marsch-Barner* § 237 Rn. 34; Henssler/Strohn/*Galla* § 237 Rn. 20; Hüffer/Koch/ *Koch* AktG § 237 Rn. 35; dagegen MüKoAktG/*Oechsler* § 237 Rn. 103.
[129] Grigoleit/*Rieder* § 237 Rn. 52.
[130] Hölters/*Haberstock*/*Greitemann* § 237 Rn. 54; MHdB GesR IV/*Scholz* § 63 Rn. 26.

(§ 256 Abs. 1 Nr. 1 und 4 AktG) sowie ein darauf beruhender Gewinnverwendungsbeschluss (§ 253 Abs. 1 AktG) nichtig.[131]

Der in die Kapitalrücklage eingestellt Betrag darf nur gemäß **§ 150 Abs. 3 und 4 AktG** aufgelöst und verwendet werden. Der in die Kapitalrücklage eingestellte Herabsetzungsbetrag kann damit verwendet werden, um einen nicht anderweitig ausgleichbaren Jahresfehlbetrag oder Verlustvortrag auszugleichen, wodurch die Kapitalherabsetzung durch Einziehung im vereinfachten Verfahren auch zu **Sanierungszwecken** eingesetzt werden kann. Die Gläubigerschutzbestimmung des § 233 AktG ist nicht (analog) anwendbar.[132]

Muster: Einladung zur Hauptversammlung und Beschlussfassung der Hauptversammlung zwecks Zwangseinziehung von Vorzugsaktien im vereinfachten Einziehungsverfahren

I. Einladung zur Hauptversammlung

Vorstand und Aufsichtsrat schlagen vor, folgende Beschlüsse zu fassen:

1. Zwangseinziehung von Vorzugsaktien im vereinfachten Verfahren

   Die voll eingezahlten Vorzugsaktien im Gesamtbetrag von 120.000 EUR (Aktiennummern ......) werden entsprechend der Gestattung der Zwangseinziehung nach § 5 Abs. (1) der Satzung in vereinfachter Form gemäß § 237 Abs. 3–5 AktG zum 31.12.2017 eingezogen. Die Einziehung erfolgt zu Lasten des Bilanzgewinns zu einem Einziehungsentgelt von 120 % des Nennbetrages zuzüglich der für das Geschäftsjahr 2017 zu verteilenden Vorzugsdividende. Das Grundkapital der Gesellschaft wird gemäß § 237 Abs. 3–5 AktG von 20.000.000 EUR um 120.000 EUR auf 19.880.000 EUR herabgesetzt. Die Herabsetzung erfolgt zum Zweck der Rückzahlung des für den Geschäftsbetrieb nicht mehr benötigten Kapitals. Ein dem Gesamtbetrag der eingezogenen Aktien entsprechender Betrag wird in die Kapitalrücklage eingestellt.

   Der Vorstand wird ermächtigt, die weiteren Einzelheiten der Einziehung der Vorzugsaktien festzusetzen.

2. Änderung der Satzung

   § 4 Abs. 1 (Grundkapital und seine Einteilung) wird geändert und wie folgt neu gefasst:
   „Das Grundkapital der Gesellschaft beträgt € 19.880.000. Es ist eingeteilt in 198.800 Aktien zu je € 100. Die Aktien lauten auf den Inhaber."
   § 18 (Rechte der Vorzugsaktionäre) wird ersatzlos gestrichen.

II. Einladung zur gesonderten Versammlung der Vorzugsaktionäre nach § 141 AktG

(gleicher Wortlaut wie zu I.)

III. Beschlüsse der Hauptversammlung und der gesonderten Versammlung der Vorzugsaktionäre

(gleicher Wortlaut wie zu I.)

IV. Abwicklung der Einziehung

1. Anmeldung des Kapitalherabsetzungsbeschlusses

Der Kapitalherabsetzungsbeschluss der Hauptversammlung ist vom **Vorstand** in vertretungsberechtigter Zahl und dem **Aufsichtsratsvorsitzenden** gemeinsam zur Eintragung in das Handelsregister **anzumelden** (§§ 237 Abs. 2 S. 1, 223 AktG und § 237 Abs. 4 S. 5 AktG). Entscheidet bei **angeordneter Zwangseinziehung** gemäß § 237 Abs. 6 AktG der Vorstand über die Einziehung, ist dessen Entscheidung nicht eintragungsfähig; erforderlich ist hier nur die Anmeldung der Durchführung der Kapitalherabsetzung (§ 239 Abs. 1 S. 2 AktG; → Rn. 73).[133] Die Eintragung des Kapitalherabsetzungsbeschlusses ist vom Regis-

---

[131] Hüffer/Koch/*Koch* AktG § 237 Rn. 38; KölnKommAktG/*Lutter* § 237 Rn. 114.
[132] Hüffer/Koch/*Koch* AktG § 237 Rn. 39; MHdB GesR IV/*Scholz* § 63 Rn. 44.
[133] Spindler/Stilz/*Marsch-Barner* § 238 Rn. 3.

gericht bekannt zu machen; die Bekanntmachung muss bei Einziehung im ordentlichen Verfahren den Hinweis nach § 225 Abs. 1 S. 2, 237 Abs. 2 S. 1 AktG enthalten. Für weitere Einzelheiten wird auf → § 36 Rn. 30 ff. verwiesen.

66 Die Anmeldung und Eintragung des Beschlusses kann mit der Anmeldung und Eintragung der **Durchführung** der Kapitalherabsetzung verbunden werden (§ 239 Abs. 2 AktG). Ist die Einziehungshandlung bereits vor Eintragung des Beschlusses erfolgt, muss zugleich die **Satzungsänderung** zur Anpassung der Grundkapitalziffer angemeldet werden[134]; andernfalls erfolgt die Anmeldung der Satzungsänderung erst mit der Anmeldung der Durchführung der Kapitalherabsetzung (→ Rn. 74).

2. Einziehungshandlung

67 Zur Einziehung bedarf es einer Handlung der Gesellschaft, die auf Vernichtung der Rechte aus bestimmten Aktien gerichtet ist (§ 238 S. 3 AktG). Zuständig für diese **Einziehungshandlung** ist ausschließlich der **Vorstand**, nicht die Hauptversammlung.[135] Entscheidet die Hauptversammlung über die Einziehung, ist die Einziehungshandlung eine Ausführungsmaßnahme gemäß § 83 Abs. 2 AktG. Entscheidet bei angeordneter Zwangseinziehung der Vorstand selbst, liegt in der Entscheidung gemäß § 237 Abs. 6 AktG zugleich die Einziehungshandlung.[136] Die von der Einziehung betroffenen Aktien müssen in der Einziehungserklärung durch Nennung der Serie und Nummer oder des Inhabers der Aktie genau bezeichnet werden.[137]

68 Die Einziehungserklärung ist eine gegenüber dem Inhaber der einzuziehenden Aktien abzugebende **empfangsbedürftige Willenserklärung** (§ 130 BGB).[138] Zur Bewirkung des Zugangs genügt eine Veröffentlichung in den Gesellschaftsblättern (§ 25 AktG), sofern nicht die Satzung etwas anderes bestimmt oder sich die Einziehung gegen namentlich bekannte Aktionäre richtet. Vernichtet die Gesellschaft von Aktionären zu diesem Zweck eingereichte Aktienurkunden, liegt hierin eine konkludente Einziehungserklärung; ein Zugang ist in diesem Fall gemäß § 151 BGB entbehrlich.[139] Bei der Einziehung **eigener Aktien** entfällt das Zugangserfordernis. Es genügt, dass der Wille der Gesellschaft zur Vernichtung der Mitgliedschaftsrechte erkennbar wird. Dies kann dokumentiert werden durch förmlichen Vorstandsbeschluss, Weisung an die Depotbank zur Ausbuchung aus dem Depot der AG oder Austausch der Globalurkunde bei Clearstream Banking AG.[140]

Muster: Einziehungserklärung gemäß § 238 S. 3 AktG

69 XY-AG
Frankfurt am Main

Einziehung der Vorzugsaktien

Die Hauptversammlung unserer Gesellschaft vom 6.7.2017 hat beschlossen, die 120.000 Stück Vorzugsaktien der Gesellschaft ohne Stimmrecht (Aktiennummern ......) gemäß § 5 der Satzung einzuziehen. Dieser Beschluss ist am 18.8.2017 in das Handelsregister eingetragen worden. Aufgrund des genannten Beschlusses werden hiermit die 120.000 Stück Vorzugsaktien der Gesellschaft ohne Stimmrecht (Aktiennummern ......) im Nennbetrag von je 100 EUR zum 31.12.2017 eingezogen.

---

[134] Hüffer/Koch/*Koch* AktG § 237 Rn. 26.
[135] Hüffer/Koch/*Koch* AktG § 238 Rn. 7; Marsch-Barner/*Busch* § 49 Rn. 33; MHdB GesR IV/*Scholz* § 63 Rn. 47; MüKoAktG/*Oechsler* § 238 Rn. 5.
[136] Hüffer/Koch/*Koch* AktG § 237 Rn. 41.
[137] Hüffer/Koch/*Koch* AktG § 238 Rn. 9; Spindler/Stilz/*Marsch-Barner* § 238 Rn. 8.
[138] Hüffer/Koch/*Koch* AktG § 238 Rn. 8.
[139] Hüffer/Koch/*Koch* AktG § 238 Rn. 9; KölnKommAktG/*Lutter* § 238 Rn. 7.
[140] *Kallweit/Simons* AG 2014, 352 (357); *Rieckers* ZIP 2009, 700 (705); Hüffer/Koch/*Koch* AktG § 238 Rn. 8; Spindler/Stilz/*Marsch-Barner* § 238 Rn. 8; MüKoAktG/*Oechsler* § 238 Rn. 5; Marsch/Barner/*Busch* § 49 Rn. 33.

> Die Vorzugsaktionäre erhalten am 2.1.2018 bei folgenden Zahlstellen
>
> [Auflistung der Zahlstellen]
>
> gegen Einlieferung ihrer Vorzugsaktien nebst Gewinnanteilsscheinen Nr. ...... und Erneuerungsschein das Entgelt von 120 % je Vorzugsaktie über nom. 100 EUR ausgezahlt.
>
> Frankfurt am Main, ...
>
> ......
> Der Vorstand

3. Wirksamwerden der Kapitalherabsetzung

Mit der **Eintragung des Kapitalherabsetzungsbeschlusses** oder, wenn die **Einziehungshandlung** nachfolgt, mit der Einziehung ist das Grundkapital um den auf die eingezogenen Aktien entfallenden Betrag herabgesetzt (§ 238 S. 1 AktG). Die Wirksamkeit der Kapitalherabsetzung erfordert, dass beide Erfordernisse **kumulativ** vorliegen. Entscheidet bei der **angeordneten Zwangseinziehung** der Vorstand gemäß § 237 Abs. 6 AktG, ist das Grundkapital bereits mit der Vornahme der Einziehungshandlung herabgesetzt (§ 238 S. 2 AktG), da die Entscheidung des Vorstands nicht eintragungsfähig ist (→ Rn. 65). Überlässt der Vorstand die Entscheidung der Hauptversammlung (→ Rn. 41), bleibt es bei der Regel des § 238 S. 1 AktG.

Mit dem Wirksamwerden der Kapitalherabsetzung reduziert sich die **Grundkapitalziffer** und die **Aktienzahl**. Erfolgt die Einziehung gemäß **§ 237 Abs. 3 Nr. 3 AktG** ohne Kapitalherabsetzung, verringert sich nur die Aktienzahl. Der aus der Herabsetzung gewonnene Betrag ist in der Gewinn- und Verlustrechnung als **Ertrag** auszuweisen (§ 240 S. 1 AktG). Die **mitgliedschaftlichen Rechte und Pflichten** aus den eingezogenen Aktien erlöschen. Die Aktienurkunden verkörpern dann nur noch den schuldrechtlichen Anspruch auf Zahlung des Einziehungsentgelts.[141] Befinden sich die **Aktienurkunden** im Besitz der Aktionäre, muss die Gesellschaft das Einziehungsentgelt analog § 797 S. 1 BGB nur Zug um Zug gegen Aushändigung der Urkunde zahlen. Nicht eingereichte Aktien können im Verfahren nach § 73 AktG für kraftlos erklärt werden. Bei **Globalurkunden** in Girosammelverwahrung hat ein Austausch bei Clearstream Banking AG zu erfolgen.[142]

4. Anmeldung der Durchführung der Kapitalherabsetzung

Der Vorstand hat die **Durchführung der Kapitalherabsetzung** zur Eintragung in das Handelsregister anzumelden (§ 239 Abs. 1 S. 1 AktG); der Mitwirkung des Aufsichtsratsvorsitzenden bedarf es anders als bei der Anmeldung des Beschlusses nicht.[143] Die Eintragung der Durchführung ist rein **deklaratorisch**. Durchführung meint die Vornahme der **Einziehungshandlung**, darüber hinaus aber **nicht** Einreichung, Kraftloserklärung und Austausch von Aktienurkunden oder die Zahlung des Einziehungsentgelts.[144]

Eine Anmeldung der Durchführung ist auch erforderlich, wenn bei **angeordneter Zwangseinziehung** gemäß § 237 Abs. 6 AktG der Vorstand über die Einziehung entschieden hat (§ 239 Abs. 1 S. 2 AktG). Erfolgt die Einziehung gemäß **§ 237 Abs. 3 Nr. 3 AktG** ohne Herabsetzung des Grundkapitals, ist keine Anmeldung gemäß § 239 Abs. 1 AktG, sondern nur eine Berichtigung der Aktienzahl in der Satzung erforderlich; zu dieser kann gemäß § 237 Abs. 3 Nr. 3 Hs. 2 AktG der Vorstand ermächtigt werden.[145]

Anmeldung und Eintragung der Durchführung der Herabsetzung können gemäß § 239 Abs. 2 AktG mit Anmeldung und Eintragung des **Kapitalherabsetzungsbeschlusses** verbun-

---

[141] MHdB GesR IV/*Scholz* § 63 Rn. 49.
[142] Marsch-Barner/*Busch* § 49 Rn. 37.
[143] Hüffer/Koch/*Koch* AktG § 239 Rn. 4.
[144] Spindler/Stilz/*Marsch-Barner* § 239 Rn. 3; Hüffer/Koch/*Koch* AktG § 239 Rn. 2.
[145] GroßkommAktG/*Sethe* § 237 Rn. 4; s. auch *Rieckers* ZIP 2009, 700 (705); für zusätzliche Anmeldung gemäß § 239 Abs. 1 AktG MüKoAktG/*Oechsler* § 237 Rn. 110d, 110 f.

den werden (dazu → Rn. 65). Nach hM ist diese Verbindung auch dann zulässig, wenn **künftig zu erwerbende Aktien** eingezogen werden sollen; der Erwerb eigener Aktien nach § 71 Abs. 1 Nr. 6 AktG erfordert keine vorherige Eintragung des Kapitalherabsetzungsbeschlusses (→ Rn. 32). Sofern die Einziehungshandlung der Anmeldung und Eintragung des Kapitalherabsetzungsbeschlusses erst nachfolgt, ist mit der Anmeldung der Durchführung auch die **Änderung des Satzungstextes** anzumelden.[146]

> **Muster: Anmeldung der Durchführung der Kapitalherabsetzung und der Satzungsänderung zum Handelsregister bei Einziehung nach Erwerb eigener Aktien**
>
> 75 An das
> Amtsgericht
> ......
> – Handelsregister –
>
> Die unterzeichneten Herr A und Frau B als gemeinsam vertretungsberechtigte Mitglieder des Vorstands der C-AG und Herr D als Vorsitzender des Aufsichtsrates der C-AG mit Sitz in ...... melden hiermit zur Eintragung in das Handelsregister an:
>
> 1. Die Hauptversammlung der C-AG hat am ...... eine Herabsetzung des Grundkapitals der Gesellschaft von 5.000.000 EUR um bis zu 300.000 EUR auf bis zu 4.700.000 EUR durch Einziehung von Aktien beschlossen.
> 2. Die Herabsetzung des Grundkapitals ist in Höhe von 300.000 EUR auf 4.700.000 EUR durch Einziehung von Aktien durchgeführt worden. Die Gesellschaft hat auf Grund des Beschlusses der Hauptversammlung vom ...... 30.000 Inhaberaktien im Nennbetrag von 10 EUR, also zum Gesamtnennbetrag von 300.000 EUR, erworben und die Aktienurkunden nebst Gewinnanteils- und Erneuerungsscheinen vernichtet.
> 3. § 4 der Satzung ist in Anpassung an die Kapitalherabsetzung geändert worden. Der Aufsichtsrat hat in seiner Sitzung am [......] beschlossen, die Fassung des § 4 der Satzung entsprechend dem Umfang der Kapitalherabsetzung zu ändern.
>
> Als Anlagen fügen wir bei:
> - Eine notariell beglaubigte Abschrift der Niederschrift über die Hauptversammlung vom ...... mit dem Beschluss über die Kapitalherabsetzung, dem Beschluss über die Ermächtigung des Vorstands zum Erwerb der Inhaberaktien zur Kapitalherabsetzung und der Ermächtigung an den Aufsichtsrat zur Satzungsänderung.
> - Den vollständigen Wortlaut der geänderten Satzung mit der Bestätigung des Notars nach § 181 AktG.
>
> ......
> [Unterschriften mit Beglaubigungsvermerk]

V. Kapitalmarktrechtliche Mitteilungs- und Veröffentlichungspflichten

76 Bei der Einziehung von börsennotierten Aktien können von der Gesellschaft Mitteilungs- und Veröffentlichungspflichten nach Art. 17 MAR und den §§ 40, 41 und 49 WpHG und von Aktionären Mitteilungspflichten nach §§ 33 ff. WpHG zu beachten sein. Für Mitglieder von Vorstand und Aufsichtsrat kann zudem Art. 19 MAR relevant werden. Eine Einziehung von Aktien kann ferner zum Kontrollerwerb gemäß § 29 Abs. 2 WpÜG führen und ein Pflichtangebot (§ 35 WpÜG) auslösen. Wegen der Einzelheiten, insbes. der relevanten Mitteilungs- bzw. Veröffentlichungszeitpunkte, wird auf die einschlägige kapitalmarktrechtliche Spezialliteratur verwiesen.

---

[146] Hüffer/Koch/*Koch* AktG § 239 Rn. 1.

VI. Fehlerhafte Einziehung

Gemäß § 241 Nr. 3 Fall 3 AktG **nichtig** ist ein Einziehungsbeschluss der **Hauptversammlung**, wenn eine Zwangseinziehung ohne Satzungsgrundlage beschlossen wird (aber → Rn. 79 f.). Gleiches gilt im vereinfachten Verfahren, wenn nicht voll eingezahlte Aktien eingezogen werden[147] oder die Voraussetzungen der Unentgeltlichkeit (§ 237 Abs. 3 Nr. 1 AktG) oder Deckung des Einziehungsentgelts durch freie Mittel (§ 237 Abs. 3 Nr. 2 AktG) nicht vorliegen.[148] Die **Einziehungshandlung** ist in diesem Fällen unwirksam, und zwar auch, wenn Beschluss und Durchführung in das Handelsregister eingetragen werden.[149] Das Handelsregister ist dann unrichtig und der Vorstand hat eine Berichtigung anzumelden. Das Registergericht kann nach §§ 395, 396 FamFG von Amts wegen berichtigen.[150] Entsprechendes gilt, wenn der **Vorstand** gemäß § 237 Abs. 6 AktG über eine angeordnete Einziehung unter Verstoß gegen die Satzung beschließt.[151]

Gemäß § 243 Abs. 1 AktG **anfechtbar** ist ein **Hauptversammlungsbeschluss**, wenn er die satzungsmäßigen Vorgaben für die Einziehung überschreitet, den Gleichbehandlungsgrundsatz verletzt oder sachlich nicht gerechtfertigt ist.[152] Gleiches gilt bei Einziehung im vereinfachten Verfahren gemäß § 237 Abs. 3 Nr. 2 AktG, wenn gegen die Zweckbestimmung einer Gewinnrücklage oder den Dividendenanspruch der Aktionäre verstoßen wird.[153]

VII. Checklisten

Checkliste: Ordentliches Einziehungsverfahren

- ☐ *Bei Zwangseinziehung*: Vorliegen einer Satzungsermächtigung.
- ☐ Kapitalherabsetzungsbeschluss (Einziehungsbeschluss) der HV gemäß §§ 222, 237 Abs. 2 S. 1 AktG (bei gestatteter Zwangseinziehung und Einziehung nach Erwerb) oder des Vorstands gemäß § 237 Abs. 6 AktG (bei angeordneter Zwangseinziehung).
- ☐ Anmeldung des Kapitalherabsetzungsbeschlusses der HV zum Handelsregister nach §§ 237 Abs. 2 S. 1, 223 AktG.
- ☐ Eintragung des Kapitalherabsetzungsbeschlusses der HV in das Handelsregister und Bekanntmachung mit Hinweis nach § 225 Abs. 1 S. 2 AktG.
- ☐ Einziehungshandlung nach § 238 S. 3 AktG.
- ☐ Eintritt der Wirksamkeit der Kapitalherabsetzung nach § 238 AktG.
- ☐ Anmeldung der Durchführung der Kapitalherabsetzung zum Handelsregister nach § 239 AktG
- ☐ Eintragung der Durchführung der Kapitalherabsetzung in das Handelsregister und Bekanntmachung
- ☐ Beginn der 6-Monatsfrist nach §§ 237 Abs. 2 S. 1, 225 AktG mit Bekanntmachung der Eintragung des Kapitalherabsetzungsbeschlusses der HV oder, bei Entscheidung des Vorstands gemäß § 237 Abs. 6 AktG, Bekanntmachung der Eintragung der Durchführung
- ☐ Befriedigung und Besicherung der Gläubiger nach § 225 AktG.
- ☐ Nach Abschluss des Gläubigerschutzverfahrens: Auszahlung des Einziehungsentgelts bzw. Erwerbspreises an betroffene Aktionäre.

---

[147] Ggf. kommt eine Umdeutung in einen Beschluss zur Einziehung im ordentlichen Verfahren in Betracht, Spindler/Stilz/*Marsch-Barner* § 237 Rn. 28.
[148] Hüffer/Koch/*Koch* AktG § 237 Rn. 43.
[149] Hüffer/Koch/*Koch* AktG § 238 Rn. 10; MüKoAktG/*Oechsler* § 238 Rn. 6.
[150] Hüffer/Koch/*Koch* AktG § 238 Rn. 10.
[151] Hüffer/Koch/*Koch* AktG § 238 Rn. 10.
[152] Hölters/*Haberstock/Greitemann* § 237 Rn. 38.
[153] Hüffer/Koch/*Koch* AktG § 237 Rn. 43.

80 **Checkliste: Vereinfachtes Einziehungsverfahren**

- ☐ *Bei Zwangseinziehung:* **Vorliegen einer** Satzungsermächtigung.
- ☐ Vorliegen der Voraussetzungen des § 237 Abs. 3 AktG.
- ☐ Kapitalherabsetzungsbeschluss (Einziehungsbeschluss) der HV gemäß § 237 Abs. 4 S. 1 AktG (bei gestatteter Zwangseinziehung und Einziehung nach Erwerb) oder des Vorstands gemäß § 237 Abs. 6 AktG (bei angeordneter Zwangseinziehung).
- ☐ Anmeldung des Kapitalherabsetzungsbeschlusses der HV zum Handelsregister nach § 237 Abs. 4 S. 2 AktG.
- ☐ Eintragung und Bekanntmachung des Kapitalherabsetzungsbeschlusses ohne Hinweis nach § 225 AktG.
- ☐ *Bei Einziehung noch zu erwerbender Aktien (§ 71 Abs. 1 Nr. 6 AktG):* Rückerwerb eigener Aktien.
- ☐ Auszahlung des Einziehungsentgelts bzw. Erwerbspreises an betroffene Aktionäre.
- ☐ Einziehungshandlung der Gesellschaft nach § 238 S. 3 AktG.
- ☐ Wirksamwerden der Kapitalherabsetzung nach § 238 AktG.
- ☐ Anmeldung der Durchführung der Kapitalherabsetzung nach § 239 AktG.
- ☐ Einstellung in die Kapitalrücklage nach § 237 Abs. 5 AktG im Jahresabschluss des Folgejahres.

§ 44 Squeeze out

Übersicht

	Rn.
I. Vorbemerkung/Planung des Squeeze out	1–6
II. Voraussetzung des aktienrechtlichen Squeeze out	7–12
1. Erreichen der maßgeblichen Beteiligungsquote	7–10
2. Keine weiteren Anforderungen	11/12
III. Verlangen des Hauptaktionärs und Gewährleistungserklärung	13–17
1. Verlangen des Hauptaktionärs	13–15
2. Gewährleistungserklärung	16/17
IV. Vorbereitung des Übertragungsbeschlusses	18–33
1. Entwurf des Übertragungsbeschlusses	19
2. Abzug von Dividenden- oder Ausgleichszahlungen	20
3. Auszulegende Jahresabschlüsse und Lageberichte	21
4. Bericht des Hauptaktionärs	22–30
a) Inhalt des Berichts des Hauptaktionärs	22–25
b) Angemessenheit der Barabfindung	26–30
5. Bericht der sachverständigen Prüfer	31–33
V. Beschluss der Hauptversammlung	34–41
VI. Eintragung des Übertragungsbeschlusses	42/43
VII. Rechtsschutz der Minderheitsaktionäre	44–50
VIII. Squeeze out und Ad-hoc-Publizität	51–53
IX. Übernahmerechtlicher Squeeze out gemäß §§ 39a–39c WpÜG	54–61
X. Verschmelzungsrechtlicher Squeeze out gemäß § 62 Abs. 5 UmwG, §§ 327a ff. AktG	62–71

Schrifttum: *Angerer,* Der Squeeze-out, BKR 2002, 260; *P. A. Baums,* Ausschluss von Minderheitsaktionären, 2001; *ders.,* Der Ausschluss von Minderheitsaktionären nach §§ 327a ff. AktG, WM 2001, 1843; *Austmann/Mennicke,* Übernahmerechtlicher Squeeze-out und Sell-out, NZG 2004, 846; *Breschendorf/Wallner,* Neues im Umwandlungsrecht durch das Dritte Gesetz zur Änderung des UmwG, GWR 2011, 511; *Bungert/Wettich,* Neues zur Ermittlung des Börsenwerts bei Strukturmaßnahmen: Die Konkretisierung der Stollwerck-Entscheidung des BGH durch die Rechtsprechung und die Folgen für die Praxis, ZIP 2012, 449; *Decher,* Die Ermittlung des Börsenkurses für Zwecke der Barabfindung beim Squeeze-out: Klarheit, aber auch neue Fragen durch die Stollwerck-Entscheidung des BGH, ZIP 2010, 1673; *Deilmann,* Aktienrechtlicher versus übernahmerechtlicher Squeeze-out, NZG 2007, 721; *Dißars,* Anfechtungsrisiken beim Squeeze-out – zugleich eine Analyse der bisherigen Rechtsprechung, BKR 2004, 389; *Engelhardt,* Optionen im Squeeze-out: Abfindung der Bezugsrechtinhaber – aber wie?, BKR 2008, 45; *Fleischer,* Das neue Recht des Squeeze out, ZGR 2002, 757; *ders.,* Unternehmensbewertung zwischen Tat und Rechtsfrage, AG 2016, 185; *Florstedt,* Die Grenzen der Gestaltungsfreiheit beim verschmelzungsrechtlichen Squeeze-out, NZG 2015, 1212; *Fuhrmann,* Das Freigabeverfahren bei Squeeze out-Beschlüssen, Der Konzern 2004, 1; *Fuhrmann/Simon,* Der Ausschluss von Minderheitsaktionären, WM 2002, 1211; *Geißler,* Der Rechtsschutz der Minderheitsaktionäre beim aktienrechtlichen Squeeze-out, DZWIR 2015, 1; *Gesmann-Nuissl,* Die neuen Squeeze-out-Regeln im Aktiengesetz, WM 2002, 1205; *Goßlar/Mense,* Der umwandlungsrechtliche Squeeze-out als neues Gestaltungsmittel für die Praxis, GWR 2011, 275; *Gotthardt/Krengel,* Beurkundungspflicht des Squeeze-out-Beschlusses?, NZG 2016, 1411; *Grunewald,* Die neue Squeeze-Out-Regelung, ZIP 2002, 18; *dies.,* Die Vereinbarkeit der Angemessenheitsvermutung des § 39a III WpÜG mit höherrangigem Recht, NZG 2009, 332; *Handelsrechtsausschuss des Deutschen Anwaltverein e.V.,* Stellungnahme des Handelsrechtsausschusses des DAV e.V. vom April 2001, NZG 2001, 420; *Heidel/Lochner,* Squeeze-out ohne hinreichenden Eigentumsschutz, DB 2001, 2031; *dies.,* Der übernahmerechtliche Squeeze- und Sell-out gemäß §§ 39a ff. WpÜG, Der Konzern 2006, 653; *Helmis,* Der Ausschluss von Minderheitsaktionären, ZBB 2003, 161; *Johannsen-Roth/Illert,* Paketerwerbe und öffentliche Übernahmeangebote im Lichte des neuen übernahmerechtlichen Squeeze out nach § 39a WpÜG, ZIP 2006, 2157; *Kleinmanns,* Aktienrechtlicher Squeeze-out, StUB 2016, 824; *Klie/Wind/Rödter,* Praxisfragen des umwandlungsrechtlichen Squeeze-out, DStR 2011, 1668; *Kocher/Heydel,* Aktienrechtlicher Squeeze-out Zeitpunkt des Anteilsbesitzerfordernisses und Möglichkeit eines Bestätigungsbeschlusses, BB 2012, 401; *Krieger,* Squeeze-Out nach neuem Recht: Überblick und Zweifelsfragen, BB 2002, 53; *Küting,* Der Ausschluss von Minderheiten nach altem und neuem Recht – unter besonderer Berücksichtigung des „Squeeze Out", DStR 2003, 838; *Land/Hallermayer,* Grenzen der Bedeutung des Börsenkurses bei der Unternehmensbewertung im Rahmen von Strukturmaßnahmen, AG 2015, 659; *Lieder/Stange,* Squeeze-out: Aktuelle Streit- und Zweifelsfragen, Der Konzern 2008, 617; *Maslo,* Zurechnungstatbestände und Gestaltungsmöglichkeiten zur Bildung eines Hauptaktionärs beim Ausschluss von Minderheitsaktionären (Squeeze-out), NZG 2004, 163; *Mayer,* Praxisfragen des verschmelzungsrechtlichen Squeeze-out-Verfahrens, NZG 2012, 561; *Mülbert,* Umsetzungsfragen der Übernahmerichtlinie – erheblicher Änderungsbedarf bei den heutigen Vorschriften des WpÜG, NZG 2004, 633; *Nikoleyczik,* Neues zum übernahmerechtlichen Squeeze-out, GWR 2014, 207; *Paefgen,* Zum Zwangsausschluss im neuen Übernahmerecht, WM 2007, 765; *ders.,* Zur Relevanz von Nacherwerben für den übernahmerechtlichen Squeeze-out und Sell-out, ZIP 2013, 1001; *Riegger,* Das Schicksal eigener Aktien beim Squeeze-out, DB 2003, 541; *Riehmer,* Squeeze-out: Lösungen zu aktuellen Problemen aus Sicht der Praxis, Der Konzern 2009, 273; *Ruthardt,* Abfindungsbemessung beim Squeeze-out, NZG 2015, 1387; *Ruthardt/Hachmeister,* Börsenkurs und/oder Ertragswert in Squeeze Out Fällen – Der Fall Hoechst-AG, NZG 2014, 455; *dies.,* Ermittlung der angemessenen Barabfindung beim Squeeze-out: Zur grundsätzlichen Notwendigkeit einer fundamentalen Wertermittlung, NZG 2014, 41; *C. Schäfer/Dette,* Aktienrechtlicher Squeeze-Out – Beschlussnichtigkeit bei missbräuchlicher Erlangung des Kapitalquorums?, NZG 2009, 1; *Schlitt/Ries/Becker,* Der Ausschluss der übrigen Aktionäre gem. §§ 39a, 39b WpÜG, NZG 2008, 700; *H. Schmidt,* Schadensersatz nach § 327e Abs. 2 i. V. m. § 319 Abs. 6 S. 6 AktG im Wege der Naturalrestitution beim fehlerhaften Squeeze-out?, AG 2004, 299; *Schockenhoff/Lumpp,* Der verschmelzungsrechtliche Squeeze-out in der Praxis, ZIP 2013, 749; *Schröder/Wirsch,* Formwechsel und anschließender Squeeze-out, ZGR 2012, 660; *Seibt/Heiser,* Analyse des Übernahmerichtlinie-Umsetzungsgesetzes (Regierungsentwurf), AG 2006, 301; *Sieger/Hasselbach,* Ausschluss von Minderheitsaktionären (Squeeze-out) im ausländischen Recht, NZG 2001, 926; Steinmeyer/Santelmann, Zur Widerleglichkeit der Angemessenheitsvermutung beim übernahmerechtlichen Squeeze out, BB 2009, 674; *Vetter,* Squeeze-out – Der Ausschluß der Minderheitsaktionäre aus der Aktiengesellschaft nach den §§ 327a–327f AktG, AG 2002, 176; *Vossius,* Squeeze-out – Checklisten für Beschlussfassung und Durchführung, ZIP 2002, 511; *Wilsing/Kruse,* Anfechtbarkeit von Squeeze-out- und Eingliederungsbeschlüssen wegen abfindungswertbezogener Informationsmängel?, DB 2002, 1539; *dies.,* Zur Behandlung bedingter Aktienbezugsrechte beim Squeeze-out, ZIP 2002, 1465; *Wittuhn/Giermann,* Herausdrängen von Minderheitsaktionären einer Aktiengesellschaft – Gestaltungsmöglichkeiten beim Squeeze out, MDR 2003, 372; *Wollny,* Die Desinvestitionsmöglichkeit des Aktionärs im Squeeze-out, DStR 2015, 2682; *ders.,* Der Bewertungsantrag für Unternehmenswerte bei aktienrechtlichen Abfindungen, M&A Transaktionen und Schadensersatz, DStR 2017, 949.

I. Vorbemerkung/Planung des Squeeze out

1   Das deutsche Recht kennt insgesamt drei verschiedene Squeeze out-Verfahren, den aktienrechtlichen Squeeze out nach §§ 327a ff. AktG, den übernahmerechtlichen Squeeze out nach §§ 39a ff. WpÜG und den verschmelzungsrechtlichen Squeeze out nach §§ 62 Abs. 5 UmwG iVm §§ 327a ff. AktG. In der Praxis kommt der aktienrechtliche Squeeze out mit Abstand am häufigsten vor. Seit seiner Einführung wurden bis Mai 2016 mehr als 460 aktienrechtliche Squeeze out-Verfahren erfolgreich durchgeführt. Auch der umwandlungsrechtliche Squeeze out kommt in der Praxis gelegentlich zur Anwendung, wenn auch bei weitem nicht so häufig wie der aktienrechtliche Squeeze out (→ Rn. 62 ff.). Der übernahmerechtliche Squeeze out spielt hingegen in der Praxis so gut wie keine Rolle (→ Rn. 54 ff.).

2   Die gesetzlichen Regelungen zum aktienrechtlichen Squeeze out haben in den §§ 327a ff. AktG unter dem Titel „Ausschluss von Minderheitsaktionären" Eingang ins Aktiengesetz gefunden. Nach § 327a Abs. 1 AktG kann die Hauptversammlung einer Aktiengesellschaft oder Kommanditgesellschaft auf Aktien auf Verlangen eines Aktionärs, dem **Aktien der Gesellschaft in Höhe von 95 % des Grundkapitals** gehören (Hauptaktionär), die **Übertragung der Aktien der übrigen Aktionäre** (Minderheitsaktionäre) auf den Hauptaktionär gegen Gewährung einer angemessenen Barabfindung beschließen. Die §§ 327a ff. AktG sind, unter Beachtung der unten beschriebenen Besonderheiten, auch auf den verschmelzungsrechtlichen Squeeze out anwendbar (→ Rn. 62 ff.). Der übernahmerechtliche Squeeze out richtet sich hingegen nach den Regeln der 39a ff. WpÜG (→ Rn. 54 ff.).

3   Die ursprünglich umstrittene **verfassungsrechtliche Zulässigkeit** der §§ 327a ff. AktG ist inzwischen in mehreren Entscheidungen vom BVerfG bejaht worden.[1] Auch der übernahme-

---

[1] BVerfG AG 2007, 544 (545); WM 2007, 1884 (auch für Vorzugsaktien); BVerfG ZIP 2007, 2121 f. (auch im Abwicklungsstadium); zuvor auch schon ganz hM, vgl. nur BGH DStR 2006, 198; OLG Düsseldorf NZG 2005, 347 (348 f.); LG Berlin DB 2003, 707 m. zustimmender Anmerkung *Keul*; OLG Hamburg NZG 2003, 539 (542 f.); AG 2003, 696 f.; NZG 2003, 978; OLG Köln AG 2004, 39 (40); LG Osnabrück AG 2002, 527; OLG Oldenburg AG 2002, 682; OLG Stuttgart ZIP 2003, 2363 (2366); *Gesmann-Nuissl* WM 2002, 1205;

rechtliche Squeeze out[2] und der verschmelzungsrechtliche Squeeze out[3] sind von den Gerichten als verfassungsgemäß eingestuft worden. Die Vorschriften über den Ausschluss von Minderheitsaktionären verletzten Art. 14 Abs. 1 S. 1 GG nicht, da der Gesetzgeber das Mitgliedschaftsinteresse eines Aktionärs in der Regel umso niedriger bewerten könne, je geringer dessen Anteil an der Gesellschaft ausfällt. Für die Minderheitsaktionäre stelle die Aktie typischerweise eher eine Kapitalbeteiligung als eine unternehmerische Beteiligung dar, so dass der Gesetzgeber die Schutzvorkehrungen zugunsten des Minderheitsaktionärs auf die vermögensrechtliche Komponente der Anlage konzentrieren dürfe. Offengelassen hat das BVerfG die verfassungsrechtliche Zulässigkeit der §§ 327a ff. AktG hingegen für den Fall, dass der Aktionär im Einzelfall ein weitergehendes, anerkennenswertes Interesse an der Beteiligung an einem Unternehmen hat, „wie es etwa bei Aktionären aus dem Familienkreis bei Familienunternehmen denkbar ist".[4] **Vorbereitung und Ablauf** eines aktienrechtlichen Squeeze out lassen sich wie folgt darstellen:

Checkliste: Vorbereitung des aktienrechtlichen Squeeze out   4

☐ Überprüfung der Beteiligungsquote; ggf. Erhöhung der Beteiligung am Grundkapital
☐ Verlangen des Hauptaktionärs
☐ Antrag auf Bestellung des Prüfers für die Erstellung des Prüfungsberichts
☐ Gewährleistung eines inländischen Kreditinstituts
☐ Entwurf des Übertragungsbeschlusses
☐ Jahresberichte/Lageberichte der letzten drei Geschäftsjahre
☐ Entwurf des Berichts über die Voraussetzungen der Übertragung und die Begründung der Abfindungshöhe

---

Als **Dauer** für die Durchführung eines aktienrechtlichen Squeeze out-Verfahrens wird man regelmäßig **4 bis 5 Monate** (bis zur Beschlussfassung in der Hauptversammlung) veranschlagen können:[5]   5

Übersicht: Zeitlicher Ablauf eines aktienrechtlichen Squeeze out

Zeitraum (Tage vor der Hauptversammlung der Gesellschaft)	Erforderliche Maßnahme	Verantwortlicher
Vorbereitungsphase (133–105 Tage vor der Hauptversammlung)	Prüfung des Aktienbestandes Planung des Ausschlussverfahrens und Abstimmung zwischen den Beteiligten Aufnahme der Arbeiten zur Durchführung einer Unternehmensbewertung	Hauptaktionär/Gesellschaft/Abschlussprüfer/(voraussichtlicher) sachverständiger Prüfer/Rechtsberater
Tag 90	Antrag beim zuständigen Landgericht auf Bestellung des sachverständigen Prüfers (§ 327c Abs. 2 S. 2 AktG)	Hauptaktionär

6

Krieger BB 2002, 53 (54); *Sellmann* WM 2003, 1545 ff.; *Vetter* AG 2002, 176 (180 ff.); aA LG Wuppertal AG 2004, 161 f.; *H. Hanau* NZG 2002, 1040 ff.
[2] BVerfG ZIP 2012, 1408.
[3] OLG Hamburg AG 2012, 639 (640 f.).
[4] BVerfG AG 2007, 544 (546); insoweit offenlassend auch das OLG Hamburg NZG 2003, 978 (979). Nach MüKoAktG/*Grunewald* Vorb. §§ 327a ff. Rn. 8 halten die Minderheitsaktionäre bei einer Beteiligung des Hauptaktionärs von 95 % „sicher keine unternehmerische Beteiligung"; gegen eine solche pauschale Festlegung aber Haarmann/Schüppen/*Schüppen/Tretter* vor § 327a Rn. 7 (Fn. 21).
[5] Vgl. auch KölnKommWpÜG/*Hasselbach* AktG § 327a Rn. 63; *Vossius* ZIP 2002, 511 (511 ff.).

Zeitraum (Tage vor der Hauptversammlung der Gesellschaft)	Erforderliche Maßnahme	Verantwortlicher
Tag 76	Bestellung des sachverständigen Prüfers	Landgericht
Tag 75	Verlangen nach § 327a Abs. 1 S. 1 AktG	Hauptaktionär
Ab Tag 72	Vorbereitung des Berichts des Hauptaktionärs und des Prüfungsberichts nach § 327c Abs. 2 AktG	Hauptaktionär (unterstützt durch den Abschlussprüfer)/(voraussichtlicher) sachverständiger Prüfer
Ca. Tag 48	Übermittlung der Bankgewährleistung an die Gesellschaft (§ 327b Abs. 3 AktG)	Hauptaktionär/Bank
Ca. Tag 46[6]	Einladung zur Hauptversammlung der Gesellschaft Auslegung der Unterlagen nach § 327c Abs. 3 AktG	Gesellschaft
Tag der Hauptversammlung	Hauptversammlung der Gesellschaft Beschluss über den Squeeze out	Gesellschaft/Hauptaktionär
Tag nach der Hauptversammlung oder Ablauf der Anfechtungsfrist	Anmeldung des Squeeze out zum Handelsregister des zuständigen Amtsgerichts	Gesellschaft
Zwei bis vier Wochen nach Anmeldung	Eintragung des Squeeze out in das Handelsregister des zuständigen Amtsgerichts/damit Übertragung der Aktien auf den Hauptaktionär	Gesellschaft/Handelsregister

II. Voraussetzung des aktienrechtlichen Squeeze out

1. Erreichen der maßgeblichen Beteiligungsquote

7   Als **zentrale Voraussetzung** für die Einleitung eines aktienrechtlichen Squeeze out-Verfahrens hat der Gesetzgeber das **Erreichen der Schwelle von 95 % des Grundkapitals** vorgesehen. Maßgeblich ist bei Nennbetragsaktien das Verhältnis des Gesamtnennbetrags der Aktien, die der Hauptaktionär auf sich vereinigt, zum Nennbetrag des Grundkapitals. Bei Stückaktien ist auf die Anzahl der Aktien des Hauptaktionärs im Verhältnis zur Gesamtzahl der Aktien abzustellen. Maßgeblich ist normalerweise das in das Handelsregister eingetragene Grundkapital.[7] Bezugsrechte, beispielsweise aus Optionsrechten oder Wandelschuldverschreibungen, finden bei der Berechnung der 95 %-Schwelle keine Berücksichtigung.[8] Hierfür spricht nicht nur der Wortlaut des § 327a Abs. 1 S. 1 AktG, demzufolge dem Hauptaktionär *Aktien der Gesellschaft* in Höhe von 95 % des Grundkapitals gehören müssen, sondern auch die Tatsache, dass die Ausübung von Optionsrechten und Wandelschuld-

---

[6] Die Ladungsfrist kann je nach den anwendbaren Regelungen im Rahmen des § 123 AktG auch kürzer sein (mind. 30 Tage).
[7] Vgl. Hüffer/Koch/*Koch* AktG § 327a Rn. 14. Hierbei wird allerdings übersehen, dass bei einer bedingten Kapitalerhöhung das Grundkapital mit der Ausgabe der Bezugsaktien erhöht wird (§ 200 AktG); vgl. Haarmann/Schüppen/*Schüppen*/*Tretter* AktG § 327a Rn. 17.
[8] HM, vgl. *P. A. Baums* WM 2001, 1843 (1848); *Ehricke*/*Roth* DStR 2001, 1120 (1122); *Grunewald* ZIP 2002, 18; *Handelsrechtsausschuss des DAV* NZG 2001, 420 (431); *Krieger* BB 2002, 53 (61); **aA** KölnKommWpÜG/*Hasselbach* AktG § 327e Rn. 23; wohl auch LG Düsseldorf NZG 2004, 1168 (1170).

verschreibungen nicht zwingend zu erfolgen hat, so dass eine vorsorgliche Miteinbeziehung nicht geboten ist. Da nicht die Beteiligung an den Stimmrechten, sondern am Grundkapital relevant ist, sind stimmrechtslose Vorzugsaktien bei der Ermittlung der maßgeblichen Beteiligungsschwelle zu berücksichtigen, also mitzuzählen.

Bei der **Ermittlung der Beteiligungsschwelle** sind die Regelungen des § 16 Abs. 2 und 4 AktG entsprechend anwendbar (§ 327a Abs. 2 AktG). Hierdurch soll ein zeit- und kostenintensives Umhängen von Beteiligungen allein zum Zweck der Durchführung des aktienrechtlichen Squeeze out vermieden werden.[9] Eigene Aktien der Aktiengesellschaft oder Kommanditgesellschaft auf Aktien sind vom Nennkapital, bei Gesellschaften mit Stückaktien von der Zahl der Aktien abzusetzen. Als Aktien, die dem Hauptaktionär gehören, gelten auch die Aktien, die einem von ihm abhängigen Unternehmen oder einem Dritten für Rechnung des Hauptaktionärs gehören. Gleiches gilt – soweit es sich bei dem Hauptaktionär um einen Einzelkaufmann handelt – für Aktien des an der Aktiengesellschaft beteiligten Einzelkaufmanns, die er in seinem Privatvermögen hält.

Diskutiert wird gelegentlich die Frage, in welchem **Zeitpunkt** eine entsprechende Beteiligungsquote gegeben sein muss. Nach allgemeiner Auffassung muss eine Beteiligung von 95 % im Zeitpunkt der Hauptversammlung, die über den aktienrechtlichen Squeeze out-Beschluss fasst, erreicht sein.[10] Strittig ist hingegen, ob die 95 %-Beteiligung auch im Zeitpunkt der Einberufung der Hauptversammlung gegeben sein muss[11] und ob ein Absinken der Beteiligungsquote nach dem Zeitpunkt der Hauptversammlung schädlich ist.[12] Der Wortlaut der §§ 327a ff. AktG geht meines Erachtens bereits für das Verlangen des Hauptaktionärs – also den Zeitpunkt der Einleitung des aktienrechtlichen Squeeze out-Verfahrens – von der Eigenschaft als Hauptaktionär aus. In der anwaltlichen Beratung sollte daher empfohlen werden, dass die 95 %-Beteiligung ab der Einleitung des aktienrechtlichen Squeeze out-Verfahrens zu bestehen hat.

Ist die für den aktienrechtlichen Squeeze out erforderliche Beteiligungsquote noch nicht erreicht, kommen für den **Hinzuerwerb** verschiedene Wege in Betracht, und zwar außerbörsliche Paketerwerbe, Hinzukäufe über die Börse, die Durchführung eines öffentlichen Erwerbsangebots oder eine Kombination dieser Maßnahmen. Normalerweise unschädlich sind außerbörsliche Erwerbe im Hinblick auf die im Rahmen des aktienrechtlichen Squeeze out festzulegende Barabfindung.[13] Gleiches gilt grundsätzlich auch für einen im Rahmen eines vorangegangenen Erwerbsangebots gezahlten Preis,[14] wenngleich man diesem eine stark indizierende Bedeutung im Rahmen künftiger Spruchverfahren wohl nicht wird abstreiten können.

2. Keine weiteren Anforderungen

Der Gesetzgeber hat die Zulässigkeit des aktienrechtlichen Squeeze out nicht an das Vorliegen weiterer Merkmale in der Person des Hauptaktionärs geknüpft. Bei diesem kann es sich um eine natürliche oder juristische Person, aber auch um eine Personengesellschaft handeln.[15] Auch kommt es nicht darauf an, ob es sich um eine in- oder ausländische natürliche oder juristische Person handelt. Eine Beschränkung hinsichtlich der Person des Hauptaktionärs wäre auch nicht gerechtfertigt, da das Interesse der außenstehenden Aktionäre im

---

[9] RegBegr BT-Drs. 14/7034, 72.
[10] OLG München NZG 2009, 506 (508); *Fuhrmann/Simon* WM 2002, 1211 (1212); Geibel/Süßmann/ *Grzimek* WpÜG AktG § 327a Rn. 50; KölnKommWpÜG/*Hasselbach* AktG § 327a Rn. 38.
[11] So KölnKommWpÜG/*Hasselbach* AktG § 327a Rn. 38; sowie jetzt auch Geibel/Süßmann/*Grzimek* WpÜG AktG § 327a Rn. 50.
[12] So *Fuhrmann/Simon* WM 2002, 1211 (1212); aA OLG München NZG 2009, 506 (508); Geibel/Süßmann/*Grzimek* WpÜG AktG § 327a Rn. 50; KölnKommWpÜG/*Hasselbach* AktG § 327a Rn. 38.
[13] OLG Frankfurt a. M. AG 2012, 513 (514); KölnKommWpÜG/*Hasselbach* AktG § 327b Rn. 24; *Krieger* BB 2002, 53 (56 f.).
[14] KölnKommWpÜG/*Hasselbach* AktG § 327b Rn. 25 ff.
[15] Allerdings wird im Schrifttum erwogen, ob es sich nicht um einen Missbrauchsfall handelt, wenn die Aktien auf eine Gesellschaft übertragen werden, deren Zweck sich in der Durchführung des Squeeze out erschöpft, vgl. *Geißler* DZWIR 2015, 1; *Gesmann-Nuissl* WM 2002, 1205 (1206); *Krieger* BB 2002, 53 (61 f.).

Falle des aktienrechtlichen Squeeze out ausschließlich finanzieller Natur ist. Die finanziellen Interessen der Minderheitsaktionäre werden jedoch hinreichend durch die Bewertung, die Prüfung und das Spruchverfahren sowie die Gewährleistung des Kreditinstituts nach § 327b Abs. 3 AktG gesichert.

12 Im Rahmen des Gesetzgebungsverfahrens war vorgeschlagen worden, den aktienrechtlichen Squeeze out auf börsennotierte Aktiengesellschaften zu beschränken[16] oder sogar nur im Zusammenhang mit einem öffentlichen Angebot oder Übernahmeangebot zuzulassen.[17] Beiden Forderungen ist der Gesetzgeber im Rahmen des aktienrechtlichen Squeeze out nicht nachgekommen, was zu begrüßen ist. Hingegen knüpft der übernahmerechtliche Squeeze out an ein vorangegangenes Übernahme- oder Pflichtangebot an und steht somit nur dem Hauptaktionär einer börsennotierten Aktiengesellschaft offen.[18] Auch für den verschmelzungsrechtlichen Squeeze out bestehen gewisse Einschränkungen. So muss zum einen eine Konzernverschmelzung durchgeführt werden und sowohl übertragende als auch übernehmende Gesellschaft müssen in der Rechtsform einer Aktiengesellschaft, SE oder Kommanditgesellschaft auf Aktien organisiert sein.[19]

III. Verlangen des Hauptaktionärs und Gewährleistungserklärung

1. Verlangen des Hauptaktionärs

13 Formal wird das Squeeze out-Verfahren durch das Verlangen des Hauptaktionärs gemäß § 327a Abs. 1 S. 1 AktG eingeleitet. Insbesondere besteht erst nach einem entsprechenden Verlangen des Hauptaktionärs die Verpflichtung des Vorstands der Gesellschaft gemäß § 327b Abs. 1 S. 2 AktG, dem Hauptaktionär die zur Bewertung der Gesellschaft notwendigen Unterlagen zur Verfügung zu stellen und Auskünfte zu erteilen. Ohne entsprechendes Verlangen des Hauptaktionärs wäre ein Übertragungsbeschluss unzulässig.

14 Bei dem Verlangen des Hauptaktionärs handelt es sich um ein **korporationsrechtliches Rechtsgeschäft gegenüber der durch ihren Vorstand vertretenen Aktiengesellschaft**. Das Verlangen wird analog § 78 Abs. 2 S. 2 AktG wirksam, sobald es auch nur einem Vorstandsmitglied zugegangen ist.[20] Die Bestimmung des § 327a Abs. 1 S. 1 AktG sieht hinsichtlich des Verlangens des Hauptaktionärs keine besondere Form vor. Ein entsprechendes Verlangen kann daher schriftlich, mündlich, aber auch konkludent gestellt werden.[21] Aus § 327a AktG folgt hinsichtlich der Einberufung der Hauptversammlung unabhängig von etwaigen konzernrechtlichen Weisungsrechten eine Folgepflicht des Vorstands der Aktiengesellschaft.[22] Des Weiteren haben Vorstand und Aufsichtsrat in der Bekanntmachung zur Tagesordnung nach § 124 Abs. 3 S. 1 AktG einen Vorschlag zur Beschlussfassung zu unterbreiten.[23] Mit Hilfe des Beschlussvorschlags werden die regelmäßig überstimmten Minderheitsaktionäre in die Lage versetzt, ihre Erfolgsaussichten in Bezug auf eine nachfolgende Anfechtungsklage oder ein sich anschließendes Spruchverfahren realistisch einzuschätzen. Die Folgepflicht erstreckt sich indes nicht auf den Inhalt des Beschlussvorschlags, sondern Vorstand und Aufsichtsrat handeln insofern nach pflichtgemäßem Ermessen.[24]

---

[16] *Drygala* AG 2001, 291 (297 f.); *Habersack* ZIP 2001, 1230 (1234 f.).
[17] *Habersack* ZIP 2001, 1230 (1235).
[18] → Rn. 54–61 zum übernahmerechtlichen Squeeze out gemäß §§ 39a–39c WpÜG.
[19] → Rn. 62–71 zum verschmelzungsrechtlichen Squeeze out gemäß §§ 62 Abs. 5 UmwG, 327a ff. AktG.
[20] Hüffer/Koch/*Koch* AktG § 327a Rn. 8.
[21] KölnKommWpÜG/*Hasselbach* AktG § 327a Rn. 44.
[22] Hüffer/Koch/*Koch* AktG § 327a Rn. 8.
[23] *Lieder/Stange* Der Konzern 2008, 617 (618 f.); LG Frankfurt a. M. NZG 2004, 672 (673); Hüffer/Koch/*Koch* AktG § 327a Rn. 8; *Emmerich/Habersack* KonzernR § 327a Rn. 20; *Dissars* BKR 2004, 389 (391); aA KölnKommWpÜG/*Hasselbach* AktG § 327c Rn. 5; *Angerer* BKR 2002, 260 (265); *Krieger* BB 2002, 53 (59).
[24] Hüffer/Koch/*Koch* AktG § 327a Rn. 8.

> **Formulierungsvorschlag:**
> Sehr geehrte Damen,
> sehr geehrte Herren,
> wie sich aus dem als Anlage zu diesem Schreiben beigefügten Depotauszug ergibt, ist die H Hauptgesellschaft mit X Aktien am Grundkapital der A AG in Höhe von insgesamt Euro Y, eingeteilt in Z auf den Namen lautende Stückaktien ohne Nennbetrag, beteiligt. Der H Hauptgesellschaft gehören daher Aktien, die einem Anteil von mehr als 95 % am Grundkapital der A AG entsprechen.
> Die Geschäftsführung der H Hauptgesellschaft hat sich entschlossen, als Hauptaktionärin ein Ausschlussverfahren nach den §§ 327a ff. AktG durchzuführen. Wir fordern Sie daher hiermit auf, folgenden Tagesordnungspunkt auf die Tagesordnung der nächsten Hauptversammlung zu setzen:
> Beschlussfassung über die Übertragung der Aktien der Minderheitsaktionäre der A AG auf die H Hauptgesellschaft gegen Gewährung einer angemessenen Barabfindung.
> Die Höhe der Barabfindung werden wir Ihnen noch gesondert mitteilen. Die Voraussetzungen für die Übertragung sowie die Erläuterung und Begründung der Angemessenheit der Barabfindung werden in einem gesonderten schriftlichen Bericht der H Hauptgesellschaft an die Hauptversammlung dargestellt, den wir Ihnen noch zukommen lassen.
> Mit freundlichen Grüßen
> ......
> Geschäftsführung der H Hauptgesellschaft

2. Gewährleistungserklärung

Der Hauptaktionär hat gem. § 327b Abs. 3 AktG vor Einberufung der Hauptversammlung dem Vorstand die Erklärung eines Kreditinstituts zu übermitteln, durch die das Kreditinstitut die Gewährleistung für die Erfüllung der Verpflichtung des Hauptaktionärs übernimmt, den Minderheitsaktionären nach Eintragung des Übertragungsbeschlusses die festgelegte Barabfindung für die übergegangenen Aktien zu zahlen. Als Garantiegeber kommen ausschließlich solche Kreditinstitute in Betracht, die im Geltungsbereich des Aktiengesetzes zum Geschäftsbetrieb befugt sind. Neben einer **Bankgarantie** kommen als Sicherungsmittel im Rahmen des § 327b Abs. 3 AktG auch eine **Bürgschaft**, ein **Schuldbeitritt** oder ein **abstraktes Schuldversprechen** des Kreditinstituts in Betracht. Voraussetzung ist jedoch entsprechend § 239 Abs. 2 BGB, dass es sich um eine Bürgschaft unter Ausschluss der Einrede der Vorausklage handelt.[25] Der Mindestumfang der Gewährleistung erstreckt sich lediglich auf die vom Hauptaktionär festgesetzte Barabfindung, sie umfasst nicht etwa auch eine höhere, in einem künftigen Spruchverfahren festgesetzte Barabfindung.[26]

> **Formulierungsvorschlag:**
> Als im Geltungsbereich des Aktiengesetzes zum Geschäftsbetrieb befugtes Kreditinstitut übernehmen wir hiermit nach § 327b Abs. 3 AktG im Wege einer Bankgarantie auf erstes Anfordern die Erfüllung der Verpflichtung der H Hauptgesellschaft als Hauptaktionärin, den Minderheitsaktionären der A AG nach Eintragung des Übertragungsbeschlusses unverzüglich die festgelegte Barabfindung in Höhe von Euro ...... je auf die H Hauptgesellschaft übergegangene Aktie der A AG zu zahlen.

---

[25] Wie hier Geibel/Süßmann/*Grzimek* WpÜG AktG § 327b Rn. 46; *Krieger* BB 2002, 53 (58); *Singhof/Weber* WM 2002, 1158 (1168); *Vossius* ZIP 2002, 511 (512); aA *Sieger/Hasselbach* ZGR 2002, 120 (151).
[26] BGH DStR 2006, 198 (199); OLG Hamburg NZG 2003, 539 (542 f.); ZIP 2003, 2076; Hüffer/Koch/*Koch* AktG § 327b Rn. 10; *Krieger* BB 2002, 53 (58); *Singhof/Weber* WM 2002, 1158 (1168); aus verfassungsrechtlicher Sicht BVerfG AG 2007, 544 (546).

IV. Vorbereitung des Übertragungsbeschlusses

18 Von der Einberufung der Hauptversammlung an sind gem. § 327c Abs. 3 und 4 AktG die folgenden Unterlagen in den Geschäftsräumen der Gesellschaft zur Einsicht der Aktionäre auszulegen und ihnen auf Verlangen unverzüglich und kostenlos zu übersenden:[27]
- Entwurf des Übertragungsbeschlusses
- Jahresabschlüsse und Lageberichte für die letzten drei Geschäftsjahre
- Bericht des Hauptaktionärs
- Prüfungsbericht des sachverständigen Prüfers.

1. Entwurf des Übertragungsbeschlusses

> **Formulierungsvorschlag:**
> 19 Die Aktien der übrigen Aktionäre (Minderheitsaktionäre) werden gem. §§ 327a ff. AktG auf die Hauptaktionärin, die H Hauptgesellschaft mit Sitz in X übertragen. Die Barabfindung beläuft sich auf Euro ...... pro übertragene Aktie der A AG. Die Barabfindung ist von der Bekanntmachung der Eintragung des Übertragungsbeschlusses an mit jährlich fünf Prozentpunkten über dem jeweiligen Basiszinssatz zu verzinsen.

2. Abzug von Dividenden- oder Ausgleichszahlungen

20 Im Rahmen der Vorbereitung von Squeeze out-Verfahren wird häufig diskutiert, ob Dividenden- oder Ausgleichszahlungen, die bei verspäteter Eintragung des Squeeze out erfolgen, von der Abfindung abgezogen werden können. Instanzgerichtlich wurde ein Übertragungsbeschluss für anfechtbar gehalten, wonach die festgesetzte Barabfindung um diejenigen Ausgleichszahlungen zu kürzen sei, die nach dem Bewertungsstichtag erfolgten.[28] In jenem Fall bestand zwischen Hauptaktionärin und Gesellschaft ein Unternehmensvertrag, der zur Zahlung eines Ausgleichs gem. § 304 AktG verpflichtete. Der Ausgleich sollte dann von der Barabfindung nach § 327b AktG in Abzug gebracht werden, wenn er infolge einer verzögerten Eintragung des aktienrechtlichen Squeeze out – etwa wegen einer Anfechtungsklage – zur Auszahlung gelangte. Unter Berufung auf die Rechtsprechung des BGH zum Verhältnis zwischen Barabfindung und Ausgleich im Rahmen von Unternehmensverträgen[29] entschied das Oberlandesgericht Hamburg, dass der Abzug von Ausgleichszahlungen in Folge einer verspäteten Eintragung des Übertragungsbeschlusses unzulässig sei. Diese Ansicht dürfte jedenfalls dann unzutreffend sein, wenn bei der Ermittlung des Unternehmenswertes nicht nur die zukünftigen Erträge berücksichtigt wurden, sondern auch in der Vergangenheit erzielte Ergebnisse hinzugerechnet wurden.[30]

3. Auszulegende Jahresabschlüsse und Lageberichte

21 Die Jahresabschlüsse sind in der Hauptversammlung gem. § 327c Abs. 3 Nr. 2 AktG nur insoweit auszulegen, als entsprechende Jahresabschlüsse nach den handelsrechtlichen Vorschriften zu erstellen waren.[31] Auch erstreckt sich die Pflicht zur Auslegung nicht auf Konzernabschlüsse und Konzernlageberichte, andernfalls hätte das Gesetz dies, wie in §§ 170

---

[27] Seit dem ARUG entfällt gemäß § 327c Abs. 5 AktG die Pflicht zur Auslegung und zur Erteilung von Abschriften, wenn die entsprechenden Unterlagen für denselben Zeitraum über die Internetseite der Gesellschaft zugänglich gemacht werden.
[28] OLG Hamburg NZG 2003, 539; ebenso die Vorinstanz LG Hamburg BB 2002, 2625 m. ablehnender Anmerkung von *Beier/Bungert*.
[29] BGH ZIP 2002, 1892 (1893).
[30] Vgl. *Riehmer* BGH-Report 2002, 1085 (1086).
[31] OLG Hamburg NZG 2003, 539 (541 f.) entgegen der Vorinstanz LG Hamburg BB 2002, 2625; Hüffer/*Koch*/*Koch* AktG § 327c Rn. 6; Kallmeyer/*Marsch-Barner* UmwG § 63 Rn. 3; Kallmeyer/*Kallmeyer* UmwG § 49 Rn. 2; Lutter/*Grunewald* UmwG § 63 Rn. 3.

Abs. 1, 171 Abs. 1, 175 Abs. 2 S. 3 AktG geschehen, ausdrücklich gefordert.[32] Sowohl hinsichtlich der Frage der Verpflichtung zur Aufstellung entsprechender Jahresabschlüsse als auch hinsichtlich einer ggf. erforderlichen Prüfung sind die handelsrechtlichen Vorschriften maßgeblich. Eine eigenständige Bilanzierungspflicht folgt aus § 327c Abs. 3 Nr. 2 AktG nicht.

4. Bericht des Hauptaktionärs

a) Inhalt des Berichts des Hauptaktionärs. Der Hauptaktionär hat die Angemessenheit der Barabfindung in einem schriftlichen Bericht, in dem auch die Voraussetzungen für die Übertragung darzulegen sind, zu erläutern und zu begründen (§ 327c Abs. 2 S. 1 AktG). Eines Berichts des Vorstands der Aktiengesellschaft, SE oder Kommanditgesellschaft auf Aktien bedarf es hingegen nicht. Insofern steht den Minderheitsaktionären lediglich ihr Auskunftsrecht in der Hauptversammlung zu. Der Berichtsinhalt gliedert sich regelmäßig in drei Teile:

In einem ersten, fakultativen Teil werden die Aktiengesellschaft oder Kommanditgesellschaft auf Aktien und die wirtschaftlichen Gründe für die Durchführung des Squeeze out dargestellt. Eine Darstellung des Hauptaktionärs erübrigt sich, da die Minderheitsaktionäre infolge des Squeeze out nicht Anteilsinhaber des Hauptaktionärs werden. Dennoch wird man überblicksartig auch Informationen zum Hauptaktionär in dem Bericht berücksichtigen.

In einem zweiten, obligatorischen Teil sind die Voraussetzungen des Squeeze out darzulegen. Hierzu zählt insbesondere die Darstellung des Anteilsbesitzes des Hauptaktionärs. Hierbei sind gegebenenfalls die Zurechnungsvoraussetzungen des § 16 Abs. 4 AktG zu erläutern. In einem dritten, ebenfalls verpflichtenden Teil ist schließlich die Angemessenheit der Barabfindung zu erläutern und zu begründen.

Hinsichtlich der Erläuterung und Begründung der Barabfindung wird sich der Hauptaktionär regelmäßig der **sachverständigen Hilfe einer Wirtschaftsprüfungsgesellschaft** bedienen. Hierbei wird gern auf den Abschlussprüfer des Hauptaktionärs oder der Gesellschaft zurückgegriffen. Jedoch ist zu prüfen, ob eine Befangenheitssituation im Rahmen der nachfolgenden Abschlussprüfungen auftreten kann. Der sog. Squeeze out-Prüfer iSd § 327c Abs. 2 S. 2 AktG scheidet für diese Aufgabe hingegen aus, da sonst seine Unabhängigkeit nicht mehr gewährleistet wäre.[33] Dies hat zur Folge, dass im Rahmen des Squeeze out-Verfahrens regelmäßig zwei Wirtschaftsprüfer mit der Festsetzung bzw. Prüfung der Barabfindung befasst sind.

b) Angemessenheit der Barabfindung.[34] In dem Bericht des Hauptaktionärs ist insbesondere die Angemessenheit der Barabfindung zu erläutern und zu begründen. Nach § 327b Abs. 1 S. 1 AktG legt der Hauptaktionär die Barabfindung fest, die die Verhältnisse der Gesellschaft im Zeitpunkt der Beschlussfassung ihrer Hauptversammlung berücksichtigen muss. Die Festsetzung der Barabfindung erfolgt auf der Grundlage einer Unternehmensbewertung. In der Praxis wird die Unternehmensbewertung regelmäßig auf Grundlage des IDW-Standards „Grundsätze zur Durchführung von Unternehmensbewertungen (**IDW S 1**)"[35] durchgeführt.

Nach dem IDW-Standard ist eine Unternehmensbewertung sowohl nach der „klassischen" **Ertragswertmethode** als auch nach dem **Discounted-Cash-Flow-Verfahren** zulässig. Da beide Verfahren auf der gleichen konzeptionellen Grundlage (Kapitalwertkalkül) beruhen, führen beide Verfahren unter gleichen Prämissen zu identischen Ergebnissen. Bei der Ertragswertmethode wird der Unternehmenswert ermittelt durch Diskontierung der den Unternehmenseignern künftig zufließenden finanziellen Überschüsse, die aus den künftigen

---

[32] BGH DStR 2009, 862 (866) z. V. b. in BGHZ; OLG Düsseldorf NZG 2005, 347 (350); OLG Hamburg NZG 2003, 978 (980); LG Hamburg BB 2003, 1296 (1297 f.); Hüffer/Koch/*Koch* AktG § 327c Rn. 6; aA OLG Celle AG 2004, 206 (207).
[33] Wie hier Hüffer/Koch/*Koch* AktG § 327c Rn. 5; zweifelnd KölnKommWpÜG/*Hasselbach* AktG § 327c Rn. 19 (Fn. 22).
[34] Vgl. auch das Kapitel zur Unternehmensbewertung → § 20.
[35] WPg Supplement 3/2008, 68 ff.

handelsrechtlichen Erfolgen (Ertragsüberschussrechnung) abgeleitet werden. Das Discounted-Cash-Flow-Verfahren knüpft darüber hinaus nicht nur an die zukünftigen Gewinne und Erträge an, sondern bezieht auch den Cash-Flow und damit die Zahlungsströme zwischen den Beteiligten in die Betrachtung mit ein.

28 Zur Ermittlung des Unternehmenswerts ist der Hauptaktionär dabei maßgeblich auf unternehmensinterne Informationen, insbesondere die Planungsrechnung der Gesellschaft angewiesen. Daher sieht § 327b Abs. 1 S. 2 AktG vor, dass der Vorstand dem Hauptaktionär alle für die Ermittlung der Barabfindung notwendigen Unterlagen zur Verfügung zu stellen und Auskunft zu erteilen hat.

29 Seit der Entscheidung des BVerfG in Sachen „DAT/Altana"[36] hat im Rahmen der Ermittlung der Abfindung für Aktionäre börsennotierter Gesellschaften auch der Börsenkurs besondere Bedeutung und ist nach dieser Entscheidung grundsätzlich als Untergrenze zu berücksichtigen. Teilweise wird allerdings vertreten, diese Rechtsprechung finde im Rahmen des Squeeze out keine Anwendung, da sich hier 95 % des Grundkapitals nicht im Streubesitz befänden, so dass der Börsenkurs infolge der Marktenge nicht den „wahren" Unternehmenswert wiedergebe.[37] Hohe Beteiligungsraten, wie sie bei Squeeze out-Situationen gegeben sind, führen natürlich zu einem potentiell verringerten Handelsvolumen und damit auch einer relativ geringen Liquidität der Aktie. Dennoch kann man in diesen Fällen nicht den Börsenkurs einfach ausblenden.[38] Einerseits bezog sich die Rechtsprechung des BVerfG zur Maßgeblichkeit des Börsenkurses ausdrücklich auch auf die Fälle der Mehrheitseingliederung, die ja gemäß § 320 Abs. 1 AktG ebenfalls eine Beteiligung von zumindest 95 % des Grundkapitals erfordert.[39] Andererseits kann auch ein verhältnismäßig geringer *free float* von 5 % des Grundkapitals grundsätzlich noch zu ausreichendem Handel und signifikanter Liquidität führen. Als Orientierung und möglicherweise sogar als analoge Regelung bietet sich § 5 Abs. 4 WpÜG-AngebotsVO an. Danach ist der Börsenkurs im Rahmen von öffentlichen Angeboten mangels ausreichender Liquidität dann nicht relevant, wenn die Aktie innerhalb eines Zeitraums von drei Monaten nur an einem Drittel der Handelstage gehandelt wurde und mehrere nacheinander festgestellte Börsenkurse um mehr als 5 % voneinander abweichen.[40] Eine weitere Basis für eine Aushebelung des Börsenkurses als „Marktpreis" besteht dann, wenn Verstöße gegen Transparenzpflichten oder Manipulationsverbote nach dem WpHG nachweisbar sind.[41]

30 Wenn ein **Börsenkurs** zu berücksichtigen ist, stellt sich außerdem die Frage, **auf welchen Stichtag oder auf welche Referenzperiode** man sich zu beziehen hat. Die Abfindung muss die Verhältnisse der Gesellschaft im Zeitpunkt der Beschlussfassung der Hauptversammlung berücksichtigen. Der Börsenkurs am Tag der Hauptversammlung steht allerdings im Zeitpunkt der Einberufung noch nicht fest. Nach der Entscheidung des BGH in Sachen DAT/Altana zur Höhe der Abfindung im Rahmen von Unternehmensverträgen kann als Referenzkurs ein durchschnittlicher Kurs der letzten drei Monate vor der Hauptversammlung zugrunde gelegt werden.[42] Dieser Durchschnittskurs steht jedoch zum Zeitpunkt der Einberufung noch nicht fest. Außerdem würde dies die Möglichkeiten für Kursmanipulationen erhöhen. Hierauf hatte auch das BVerfG in seiner DAT/Altana-Entscheidung hingewiesen und daher eine Referenzperiode vor dem Bekanntwerden der Maßnahme diskutiert. Richtigerweise ist daher hinsichtlich des Rückrechnungszeitpunkts auf das Bekanntwerden der betreffenden Maßnahme abzustellen.[43] Dies hat auch der BGH in seiner Stollwerck-Entschei-

---

[36] BVerfGE 100, 289 (309) = NJW 1999, 3769; konkretisierend BVerfG NZG 2011, 869; Entwicklung der BVerfG-Rechtsprechung bei *Bungert/Wettich* ZIP 2012, 449.
[37] *Grunewald* ZIP 2002, 18 (20); *Vetter* AG 2002, 176 (187f.).
[38] *Angerer* BKR 2002, 260 (264); *Krieger* BB 2002, 53 (56); *Bungert/Leyendecker-Layser* BB 2014, 521 (524); *Land/Hallermayer* AG 2015, 659 (662).
[39] BVerfG NJW 1999, 3769.
[40] Für eine solche Analogie auch OLG Karlsruhe NZG 2015, 915; OLG Stuttgart ZIP 2008, 883; KölnKommWpÜG/*Hasselbach* AktG § 327b Rn. 18; *Krieger* BB 2002, 53 (56); aA *Angerer* BKR 2002, 260 (264).
[41] OLG Frankfurt a. M. NJW 2009, 375 (379) zum übernahmerechtlichen Squeeze-out.
[42] BGH NZG 2001, 603 ff. – DAT/Altana.
[43] OLG Stuttgart Beschl. v. 18.12.2009 – 20 W 2/08; OLG Düsseldorf NZG 2009, 1427 ff.; OLG Stuttgart NZG 2007, 302; AG 2008, 783 ff.; KölnKommWpÜG/*Hasselbach* AktG § 327b Rn. 20; allgemein OLG Stutt-

dung bestätigt und seine vorherige Rechtsprechung aufgegeben.[44] Als Referenzkurs ist danach, wenn der Börsenkurs relevant ist, ein gewichteter Durchschnittspreis der Dreimonatsperiode vor dem Bekanntwerden des Squeeze out-Vorhabens zu berücksichtigen. Bezüglich des Merkmals des Bekanntwerdens ist dabei nach der Rechtsprechung in erster Linie, aber nicht ausschließlich auf die Ad-hoc-Mitteilung über den Zugang des Übertragungsverlangens abzustellen.[45]

5. Bericht der sachverständigen Prüfer

Hinsichtlich der Bestellung, Auswahl, Stellung, Verantwortlichkeit und des Prüfungsberichts der sachverständigen Prüfer verweist § 327c Abs. 2 S. 4 AktG weitgehend auf das Recht der Unternehmensverträge. Die Prüfer werden gem. § 327c Abs. 2 S. 3 AktG auf Antrag vom Gericht ausgewählt und bestellt, dessen Satz 4 dazu weiter auf die Vorschriften zur Bestellung der Vertragsprüfer gem. § 293c Abs. 1 S. 3–5 AktG verweist. § 71 Abs. 4 S. 1, Abs. 2 Nr. 4b) GVG ermöglicht den Landesregierungen für Verfahren nach § 293c AktG die Verfahrenskonzentration auf ein Landgericht. Gebrauch gemacht haben davon Baden-Württemberg (LG Mannheim und LG Stuttgart), Bayern (LG München I und LG Nürnberg-Fürth), Hessen (LG Frankfurt a.M.), Niedersachsen (LG Hannover) und Nordrhein-Westfalen (LG Düsseldorf, LG Dortmund und LG Köln).[46]

Formulierungsvorschlag

Antrag auf Bestellung

An das

Landgericht ......

Namens und im Auftrag der von uns vertretenen H Hauptgesellschaft mit Sitz in X, eingetragen im Handelsregister des Amtsgerichts X unter HR B ......, diese vertreten durch ihren Geschäftsführer B, beantragen wir im Namen der H Hauptgesellschaft die

> Bestellung eines sachverständigen Prüfers gem. § 327c Abs. 2 S. 3 AktG, der die Angemessenheit der Barabfindung im Rahmen des Ausschlusses von Minderheitsaktionären gem. §§ 327a ff. AktG aus der A AG mit Sitz in Y, eingetragen im Handelsregister des Amtsgerichts Y unter HR B ......, prüfen soll.

Wir schlagen vor, eine der nachfolgenden Wirtschaftsprüfungsgesellschaften zum sachverständigen Prüfer zu bestellen:[47]

  a) U Wirtschaftsprüfungsgesellschaft
  b) V Wirtschaftsprüfungsgesellschaft
  c) W Wirtschaftsprüfungsgesellschaft

Zur Begründung:

1. Die H Hauptgesellschaft hält ca. ...... % der Aktien der A AG. Der H Hauptgesellschaft gehören also Aktien in Höhe von mehr als 95 vom Hundert des Grundkapitals der A AG. Die H Hauptgesellschaft beabsichtigt, einen Beschluss über die Übertragung der Aktien der übrigen Aktionäre der A AG auf die H Hauptgesellschaft gegen Gewährung einer angemessenen Barabfindung herbeizuführen. Zu diesem Zweck bedarf es einer Prüfung der Angemessenheit der Barabfindung durch sachverständige Prüfer gem. § 327c Abs. 2 S. 2–5 AktG.

---

gart NZG 2000, 744 (745); Hüffer/Koch/*Koch* AktG § 305 Rn. 24e; *Maier-Reimer/Kolb* in: FS Müller, S. 93 (106); *Piltz* ZGR 2001, 185 (199 ff.).

[44] BGH AG 2010, 629 = BGHZ 186, 229 – Stollwerck. Dem folgend: OLG Saarbrücken DStR 2014, 1727; OLG Stuttgart ZIP 2011, 1709.

[45] Zur Diskussion, wann ein „Bekanntwerden" vorliegt: *Bungert/Wettich* ZIP 2012, 449 (450 f.); *Hasselbach/Ebbinghaus* Der Konzern 2010, 467 (471 ff.); *Wasmann* ZGR 2011, 83 (88 ff.).

[46] MüKo/*Altmeppen*, 4. Aufl. 2015, AktG § 293c Rn. 6.

[47] Um die unerwünschte Bestellung eines unbekannten Prüfers zu vermeiden, wird es mitunter sinnvoll sein, dem Gericht mehrere Vorschläge für die Bestellung des sachverständigen Prüfers zu unterbreiten.

> 2. Der Antrag auf gerichtliche Bestellung des sachverständigen Prüfers ist gem. § 327c Abs. 2 S. 3 AktG vom Hauptaktionär zu stellen.
> 3. Die als sachverständiger Prüfer vorgeschlagenen Wirtschaftsprüfungsgesellschaften besitzen Erfahrungen in der Prüfung und Bewertung von Aktiengesellschaften.
> 4. Es liegen keine Gründe vor, die gem. §§ 327c Abs. 2 S. 4, 293d Abs. 1 AktG iVm § 319 Abs. 2, 3 HGB einer Prüfung durch die vorgeschlagenen Wirtschaftsprüfungsgesellschaften entgegenstehen. Auch sind die vorgeschlagenen Wirtschaftsprüfungsgesellschaften mit einer Mandatierung einverstanden.
> 5. Die Geschäftsführer der H Hauptgesellschaft haben vom Vorstand der A AG die Einberufung einer Hauptversammlung nach §§ 327a ff. AktG verlangt.
>
> Als Anlagen fügen wir Erklärungen der Wirtschaftsprüfungsgesellschaften U, V und W über die Vereinbarkeit des Prüfungsauftrags mit den §§ 327c Abs. 2 S. 4, 293d Abs. 1 AktG iVm § 319 Abs. 2, 3 HGB und die Bereitschaft zur Übernahme des Prüfungsauftrags sowie das schriftliche Verlangen des Hauptaktionärs gem. § 327a AktG bei.
>
> Rechtsanwalt

33 Die sachverständigen Prüfer haben über das Ergebnis ihrer Prüfung schriftlich zu berichten. Für den Prüfungsbericht sind die weiteren Anforderungen des § 293e AktG zu beachten (§ 327c Abs. 2 S. 4 AktG). Der Prüfungsbericht ist mit einer Erklärung darüber abzuschließen, ob die vorgeschlagene Barabfindung angemessen ist. Dabei ist anzugeben:
- nach welchen Methoden die Barabfindung ermittelt worden ist;
- aus welchen Gründen die Anwendung dieser Methoden angemessen ist;
- welche Barabfindung sich bei der Anwendung verschiedener Methoden, sofern mehrere angewandt worden sind, jeweils ergeben würden; zugleich ist darzulegen, welches Gewicht den verschiedenen Methoden bei der Bestimmung der vorgeschlagenen Barabfindung und der ihnen zu Grunde liegenden Werte beigemessen worden ist und welche besonderen Schwierigkeiten bei der Bewertung der Gesellschaft aufgetreten sind.

V. Beschluss der Hauptversammlung

34 Der Beschluss der Hauptversammlung über den Squeeze out erfolgt mit der **einfachen Mehrheit der abgegebenen Stimmen** gem. § 133 Abs. 1 AktG, sofern die Satzung keine höhere Beschlussmehrheit festlegt.[48] Sind bei der Gesellschaft mehrere Aktiengattungen vorhanden, so bedarf der Übertragungsbeschluss gleichwohl nicht des Sonderbeschlusses der Aktionäre jeder einzelnen oder einzelner Aktiengattungen.[49]

35 Der Vorstand kann dem Hauptaktionär Gelegenheit geben, den Entwurf des Übertragungsbeschlusses und die Bemessung der Höhe der Barabfindung zu Beginn der Verhandlung mündlich zu erläutern (§ 327d S. 2 AktG). Ob eine Erläuterungspflicht besteht, ist umstritten.[50] In der Praxis werden Hauptaktionär oder Vorstand der Gesellschaft normalerweise Erläuterungen in sinnvollem Umfang geben.

36 Der Übertragungsbeschluss bedarf nicht der sachlichen Rechtfertigung.[51] Allerdings sind Fälle denkbar, in denen sich der Übertragungsbeschluss als rechtsmissbräuchlich darstellen kann. Folgende Fälle werden als mögliche **Missbrauchsfälle** diskutiert:

---

[48] HM *Fuhrmann/Simon* WM 2002, 1211 (1213); *Geibel/Süßmann/Grzimek* WpÜG AktG § 327a Rn. 32; KölnKommWpÜG/*Hasselbach* AktG § 327d Rn. 8; Hüffer/Koch/*Koch* AktG § 327a Rn. 11; **aA** wohl nur *Grunewald* ZIP 2002, 18 (19) (95 % Mehrheit).
[49] *Fuhrmann/Simon* WM 2002, 1211 (1213); KölnKommWpÜG/*Hasselbach* AktG § 327d Rn. 9.
[50] Dagegen: KölnKommWpÜG/*Hasselbach* AktG § 327d Rn. 3 ff.; dafür: Hüffer/Koch/*Koch* AktG § 327d Rn. 4; *Spindler/Stilz* AktG § 327d Rn. 3, *Emmerich/Habersack* KonzernR § 327d Rn. 3, nach denen die Verpflichtung des Vorstands zur Erläuterung seiner Vorlagen ein allgemeiner, sich aus § 176 Abs. 1 S. 2, § 293g Abs. 2 S. 1, § 320 Abs. 3 S. 3 AktG ergebender Rechtsgrundsatz sei;.
[51] BGH DStR 2009, 862 (864) z. V. b. in BGHZ; OLG Frankfurt a. M. NZG 2007, 472 (474); *Halasz/Kloster* DB 2002, 1253 (1256); KölnKommWpÜG/*Hasselbach* § 327a Rn. 49; Hüffer/Koch/*Koch* AktG § 327a Rn. 11; *Sieger/ Hasselbach* ZGR 2002, 120 (143); *Vetter* AG 2002, 176 (186).

- Gründung einer Gesellschaft bürgerlichen Rechts, deren Gesellschaftszweck sich in der Durchführung des Squeeze out erschöpft[52]
- Formwechsel zum Zwecke des Squeeze out[53]
- Squeeze out zur nur vorübergehenden (alleinigen) Aktionärsstellung[54]
- Erlangung der Stellung als Hauptaktionär über eine Wertpapierleihe.[55]

Die **Bündelung der Aktien in einer Gesellschaft bürgerlichen Rechts,** deren Gesellschaftszweck sich in der Durchführung des Squeeze out erschöpft, ist grundsätzlich zulässig. Dies ist insbesondere dann der Fall, wenn sich die Beteiligungen der sonstigen Aktionäre in kapitalistischen Kleinstbeteiligungen erschöpfen. Anders könnte dann zu entscheiden sein, wenn es sich bei der Beteiligung eines Minderheitsaktionärs um eine unternehmerische Beteiligung handelt. Indizien hierfür sind die Höhe der Beteiligung des Minderheitsaktionärs, die formal bis zu 5 % des Grundkapitals ausmachen kann, und eine persönliche Mitarbeit des Minderheitsaktionärs in der Gesellschaft. Nach der Intention des Gesetzgebers sollte der Squeeze out dazu dienen, den Lästigkeitswert kapitalistischer Kleinstbeteiligung zu beseitigen und finanziell abzufinden. Diese Voraussetzung ist bei einer unternehmerischen Beteiligung nicht gegeben. Zudem können die in personalistischen Aktiengesellschaften bestehenden Treuepflichtbindungen zwischen den Gesellschaftern die vom Gesetz grundsätzlich eingeräumte Möglichkeit eines Squeeze out überlagern. 37

Ein **Formwechsel** zum Zwecke des Squeeze out ist entgegen anders lautender Stimmen im Schrifttum[56] nicht per se missbräuchlich. Weder Formwechsel noch Squeeze out bedürfen der sachlichen Rechtfertigung. Nutzen die Beteiligten die vom Gesetz zur Verfügung gestellten Strukturmaßnahmen, handeln sie im Rahmen der ihnen gesetzlich zugebilligten Gestaltungsfreiheit. Dass der Gesetzgeber bei anderen Gesellschaftsformen einen Squeeze out nicht eingeführt hat, erklärt sich daraus, dass die im Rahmen des Squeeze out vorausgesetzte kapitalistische Kleinstbeteiligung bei anderen Gesellschaftsformen typischerweise nicht gegeben ist. Hat der Formwechsel demgegenüber zur Folge, dass in einer Aktiengesellschaft solche Kleinstbeteiligungen bestehen, ist kein sachlicher Grund ersichtlich, dem Hauptaktionär die Möglichkeit der Durchführung eines Squeeze out-Verfahrens zu versagen. 38

Auch ein Squeeze out zur **nur vorübergehenden Erlangung der** (alleinigen) **Aktionärsstellung** ist grundsätzlich nicht rechtsmissbräuchlich. Das Gesetz sieht insbesondere nicht vor, dass der Hauptaktionär nach Durchführung des Squeeze out auf Dauer alleiniger Aktionär der Gesellschaft bleiben muss. Die Durchführung des Squeeze out kann aus Sicht des Hauptaktionärs gerade deshalb erforderlich sein, weil er beabsichtigt, das Unternehmen zu veräußern oder einen strategischen Investor zu beteiligen. Schließlich spricht gegen eine solche Beschränkung der Zulässigkeit des Squeeze out, dass sich klare zeitliche Grenzen, innerhalb derer eine Veräußerung nach Durchführung des Squeeze out unzulässig sein soll, nicht definieren lassen.[57] 39

Bei der Erlangung der Stellung des Hauptaktionärs über eine **Wertpapierleihe** ist der Entleiher trotz der Rückgewährpflicht nach § 607 Abs. 1 S. 2 BGB formal Inhaber des Vollrechts. Demnach ist eine Wertpapierleihe ausreichend, um die Stellung als Hauptaktionär zu begründen, so dass auf diesem Wege die Voraussetzungen der Einleitung des Squeeze out-Verfahrens geschaffen werden können.[58] Notwendige Korrekturen sind nicht durch eine 40

---

[52] *Gesmann-Nuissl* WM 2002, 1205 (1206, 1210); *Halasz/Kloster* DB 2002, 1253 ff.; KölnKommWpÜG/*Hasselbach* AktG § 327a Rn. 53.

[53] *Fuhrmann/Simon* WM 2002, 1211 (1213); *Gesmann-Nuissl* WM 2002, 1205 (1210); *Geibel/Süßmann/Grzimek* WpÜG AktG § 327a Rn. 55; *Habersack* ZIP 2001, 1230 (1234 f.); KölnKommWpÜG/*Hasselbach* AktG § 327a Rn. 52, 56; *Krieger* BB 2002, 53 (61 f.).

[54] *Fuhrmann/Simon* WM 2002, 1211 (1214); KölnKommWpÜG/*Hasselbach* AktG § 327a Rn. 55, 57; *Krieger* BB 2002, 53 (61); *Vetter* AG 2002, 176 (185 f.).

[55] *P. A. Baums* WM 2001, 1843 (1845); KölnKommWpÜG/*Hasselbach* AktG § 327a Rn. 54; Hüffer/*Koch*/*Koch* AktG § 327a Rn. 12. Dagegen: BGH NZG 2009, 585.

[56] *Habersack* ZIP 2001, 1230 (1234 f.); *Krieger* BB 2002, 53 (62); MüKoAktG/*Grunewald* § 327a Rn. 24.

[57] Ebenso deutlich BGH DStR 2009, 862 (863 f.) = BGHZ 180, 154.

[58] Hüffer/*Koch*/*Koch* AktG § 327a Rn. 12; BGH DStR 2009, 862 (863) = BGHZ 180, 154; OLG München NZG 2007, 192 (195).

einschränkende Auslegung des Tatbestandsmerkmals „gehören" in § 327a Abs. 1 S. 1 AktG vorzunehmen, sondern allenfalls bei Rechtsmissbrauch gem. §§ 138, 242 BGB oder bei Gesetzesumgehung angezeigt. Ob ein Erwerb der Mehrheitsbeteiligung von 95 % aufgrund eines Wertpapierdarlehens stets als Umgehungsgeschäft anzusehen ist, ist umstritten.[59] Der BGH hat es abgelehnt, Squeeze out-Verfahren, bei denen die erforderliche Beteiligungshöhe erst nach einer Wertpapierleihe zustande kommt, als grundsätzlich rechtsmissbräuchlich zu beurteilen und interpretierte auch im konkreten Fall den Tatbestand des Rechtsmissbrauchs äußerst restriktiv.[60] Jedenfalls dann, wenn dem Hauptaktionär die erforderliche Mehrheitsbeteiligung von 95 % auch durch ein „Umhängen" der Beteiligungen innerhalb eines Familienverbundes hätte verschafft werden können, komme die Annahme eines Rechtsmissbrauchs nicht in Betracht.[61] Selbst wenn nach dem Darlehensvertrag nicht dem Hauptaktionär, sondern dem Verleiher sowohl die Dividendenansprüche als auch etwaige Bezugsrechte zustehen sollten, sei hierin noch kein Anhaltspunkt für einen Rechtsmissbrauch zu erkennen, da eine solche schuldrechtliche Abrede lediglich das Innenverhältnis der Vertragsparteien betreffe und nichts an dem Erreichen der in § 327a AktG allein vorausgesetzten Beteiligungsschwelle von 95 % ändere.[62]

41 Ein gleichwohl rechtsmissbräuchlich zustande gekommener Übertragungsbeschluss ist gem. § 241 Nr. 3 AktG nichtig, da ein solcher Beschluss Vorschriften verletzt, die im öffentlichen Interesse gegeben sind.[63] Die **Rechtsfolge** der Nichtigkeit entspricht der hM für den Fall, dass der Hauptaktionär nicht über eine Beteiligungshöhe von 95 % verfügt.[64] Insofern kann es aber keinen Unterschied machen, wenn dem Aktionär zwar formal 95 % der Aktien der Gesellschaft gehören, er sich auf einen herbeigeführten Übertragungsbeschluss aber wegen Rechtsmissbrauchs nicht berufen kann. Auch werden Umgehungsabsichten mitunter erst nach Ablauf der Anfechtungsfrist des § 246 Abs. 1 AktG von einem Monat zu Tage treten.[65] Das Prinzip effektiven Rechtsschutzes erfordert daher, dass auch dieser Verstoß gegen § 327a Abs. 1 S. 1 AktG mit der Nichtigkeitsfolge sanktioniert wird.

VI. Eintragung des Übertragungsbeschlusses

42 Der Vorstand hat den Übertragungsbeschluss zur Eintragung in das Handelsregister anzumelden (§ 327e Abs. 1 S. 1 AktG). Der Eintragung des Übertragungsbeschlusses kommt **konstitutive Wirkung** zu, so dass in diesem Zeitpunkt alle Aktien der Minderheitsaktionäre auf den Hauptaktionär übergehen. Von dem Übergang nach § 327e Abs. 3 AktG sind jedoch solche Aktien nicht erfasst, die nach § 327a Abs. 2 iVm § 16 Abs. 4 AktG dem Aktienbesitz des Hauptaktionärs zugerechnet wurden.[66] Entsprechendes gilt für eigene Aktien der Gesellschaft, die vom Übergang auf den Hauptaktionär nach § 327e Abs. 3 AktG nicht

---

[59] In diese Richtung OLG München NZG 2007, 192 (196); *Lieder/Stange* Der Konzern 2008, 617 (620 ff.); aA BGH DStR 2009, 862 (864 f.) = BGHZ 180, 154; *C. Schäfer/Dette* NZG 2009, 1 (5).
[60] BGH DStR 2009, 862 = BGHZ 180, 154.
[61] BGH DStR 2009, 862 (864 f.) = BGHZ 180, 154.
[62] BGH DStR 2009, 862 (865) = BGHZ 180, 154; **aA** OLG München NZG 2007, 192 (196); *Emmerich/Habersack* KonzernR § 327a Rn. 29.
[63] OLG München NZG 2007, 192 (193); LG Landshut NZG 2006, 400; *Lieder/Stange* Der Konzern 2008, 617 (622 f.); **aA** BGH DStR 2009, 862 (864) = BGHZ 180, 154; MüKoAktG/*Grunewald* § 327a Rn. 18; Geibel/Süßmann/*Grzimek* WpÜG AktG § 327f Rn. 7; *Emmerich/Habersack* KonzernR § 327a Rn. 27, 29; sowie auch *C. Schäfer/Dette* NZG 2009, 1 (7), die freilich als Rechtsfolge einen auf Wiedereinräumung der Mitgliedschaft gerichteten Schadensersatzanspruch gegen den Hauptaktionär annehmen.
[64] Geibel/Süßmann/*Grzimek* WpÜG AktG § 327f Rn. 7; *Emmerich/Habersack* KonzernR § 327f Rn. 3; Hüffer/Koch/*Koch* AktG § 241 Rn. 18; aA MüKoAktG/*Grunewald* § 327a Rn. 17; KölnKommWpÜG/*Hasselbach* AktG § 327a Rn. 41.
[65] Diese Gefahr erkennend schlagen *Emmerich/Habersack* KonzernR § 327a Rn. 29 vor, den Minderheitsaktionären Erleichterungen in der Darlegungs- und Beweislast zuzubilligen. Solche Erleichterungen helfen dem ausgeschlossenen Aktionär aber auch nicht weiter, wenn die Rechtsmissbräuchlichkeit des Ausschlusses erst nach Bestandskraft des Übertragungsbeschlusses erkennbar wird.
[66] *Krieger* BB 2002, 53 (55).

erfasst werden.⁶⁷ Der Hauptaktionär hat regelmäßig kein Interesse an der Übertragung der von der Gesellschaft gehaltenen eigenen Aktien. Zudem sollte ein aufwendiges „Umhängen" von Beteiligungen nach der Begründung des Regierungsentwurfs gerade vermieden werden.⁶⁸ Ab dem Zeitpunkt der Bekanntmachung der Eintragung des Übertragungsbeschlusses in das Handelsregister ist die Barabfindung mit jährlich 5 % über dem jeweiligen Basiszinssatz nach § 247 BGB zu verzinsen, wobei die Geltendmachung eines weiteren Schadens nicht ausgeschlossen ist (§ 327b Abs. 2 AktG). Sind über die übergehenden Aktien Aktienurkunden ausgegeben, so verbriefen diese bis zu ihrer Aushändigung an den Hauptaktionär nur den Anspruch auf Barabfindung (§ 327e Abs. 2 S. 2 AktG).

Uneinheitlich wird im Schrifttum die Frage nach der Behandlung von Aktienbezugsrechten im Rahmen des Squeeze out beantwortet. Nach überwiegender Auffassung sollen entsprechende Umtausch- oder Optionsrechte nach Durchführung des Squeeze out lediglich einen Anspruch auf Barabfindung gewähren, sofern alle Bezugsrechte zusammen nicht mehr als 5 % des Grundkapitals entsprechen.⁶⁹ Nach anderer Auffassung sollen entsprechende Umtausch- oder Optionsrechte hingegen auch nach Durchführung des Squeeze out einen Anspruch auf Aktien begründen.⁷⁰ Die zuletzt genannte Auffassung ist indes abzulehnen, da sie mit der Funktion des Squeeze out – nämlich dem zwangsweisen Ausschluss sämtlicher Minderheitsaktionäre – nicht zu vereinbaren ist. Im Übrigen entspricht sie auch nicht der Rechtsprechung des Bundesgerichtshofs, der entschieden hat, dass den Inhabern von Optionsrechten im Falle einer Eingliederung grundsätzlich keine Aktien der eingegliederten Gesellschaft zu gewähren sind.⁷¹ Könnten die Inhaber von Umtausch- oder Optionsrechten ihre Bezugsrechte auch noch nach Eintragung des Übertragungsbeschlusses ausüben, würden diese Papiere dem Inhaber eine stärkere Rechtsstellung verleihen als dies bei Aktien der Fall ist. Ein sogleich nach Ausübung der Bezugsrechte erneut durchgeführtes Ausschlussverfahren würde nicht mehr als sinnentleerte Förmelei darstellen. Aus diesen Gründen ist mit der herrschenden Auffassung davon auszugehen, dass Umtausch- und Optionsrechte nach Durchführung des Squeeze out grundsätzlich nur noch einen Anspruch auf Barabfindung gewähren. Klarheit kann hier auch in den zugrunde liegenden Options- oder sonstigen Umtauschbedingungen geschaffen werden. 43

VII. Rechtsschutz der Minderheitsaktionäre

Der Rechtsschutz der Minderheitsaktionäre im Falle des Squeeze out ist parallel zur Eingliederung gestaltet. Die Anfechtung des Übertragungsbeschlusses kann nicht auf § 243 Abs. 2 AktG oder darauf gestützt werden, dass die durch den Hauptaktionär festgelegte Barabfindung nicht angemessen ist (§ 327f S. 1 AktG). In den vorgenannten Fällen steht den Minderheitsaktionären das **Spruchverfahren** offen. Gleiches gilt, wenn der Hauptaktionär eine Barabfindung nicht oder nicht ordnungsgemäß angeboten hat und eine hierauf gestützte Anfechtungsklage innerhalb der Anfechtungsfrist nicht erfolgt, zurückgenommen 44

---

⁶⁷ MüKoAktG/*Grunewald* § 327e Rn. 10; KölnKommWpÜG/*Hasselbach* AktG § 327e Rn. 20; *Lieder/ Stange* Der Konzern 2008, 617 (623 ff.); aA *Geibel/Süßmann/Grzimek* WpÜG AktG § 327e Rn. 25 f.; *Emmerich/Habersack* KonzernR § 327a Rn. 17, § 327b Rn. 6, § 327e Rn. 9; *Hüffer/Koch/Koch* AktG § 327e Rn. 4.
⁶⁸ RegBegr BT-Drs. 14/7034, 72. Die Praxis verhilft sich bisweilen damit, dass eigene Aktien im Übertragungsbeschluss ausdrücklich vom Übergang auf den Hauptaktionär ausgenommen werden. Auch dieses Vorgehen ist aber zweifelhaft, da die §§ 327a ff. AktG eigentlich als zwingendes Recht ausgestaltet sind, das nicht zur Disposition des Hauptaktionärs steht, vgl. *Lieder/Stange* Der Konzern 2008, 617 (625).
⁶⁹ LG Düsseldorf NZG 2004, 1168 (1170); DAV Handelsrechtsausschuss NZG 2001, 420 (431); *Gesmann-Nuissl* WM 2002, 1205 (1207); *Geibel/Süßmann/Grzimek* WpÜG AktG § 327e Rn. 32; KölnKommWpÜG/ *Hasselbach* AktG § 327e Rn. 22; *Hüffer/Koch/Koch* AktG § 327b Rn. 3; *Sieger/Hasselbach* ZGR 2002, 120 (158); *Wilsing/Kruse* ZIP 2002, 1465 (1469); *Angerer* BKR 2002, 260 (267); *Ehricke/Roth* DStR 2001, 1120 (1122); *Grunewald* ZIP 2002, 18; *Emmerich/Habersack* KonzernR § 327b Rn. 7; *Krieger* BB 2002, 53 (61).
⁷⁰ *P. A. Baums* WM 2001, 1843 (1847 ff.); *Schüppen* WPg 2001, 958 (975 f.); Haarmann/Schüppen// *Schüppen/Tretter* AktG § 327e Rn. 19.
⁷¹ BGH NJW 1998, 2146.

oder rechtskräftig abgewiesen worden ist. „Abfindungswertbezogene Informationsmängel" stellen gem. § 243 Abs. 4 S. 2 AktG[72] keinen Anfechtungsgrund mehr da. Dies entspricht der früheren Rechtsprechung des BGH zum Formwechsel, die bereits vor Inkrafttreten des UMAG auf andere Strukturmaßnahmen wie den Squeeze out übertragen wurde.[73]

45 Möglich bleibt die **Anfechtung** wegen eines Verfahrensmangels, beispielsweise nach einer fehlerhaften Einberufung oder Ankündigung, oder wegen eines Inhaltsmangels. Letzterer kann entweder darin bestehen, dass der Hauptaktionär nicht über die erforderliche Kapitalmehrheit verfügt, sofern man nicht schon mit der hier vertretenen Auffassung (→ Rn. 41) Nichtigkeit eines entsprechenden Hauptversammlungsbeschlusses annehmen will, darin, dass die Hauptversammlung ohne eine genügende Bankgarantie beschließt oder darin, dass eine Abfindung überhaupt nicht oder nicht ordnungsgemäß angeboten worden ist[74] (arg. ex § 327f S. 3 AktG).

46 Bei Anmeldung des Übertragungsbeschlusses zur Eintragung ins Handelsregister hat der Vorstand gegenüber dem Registergericht gemäß § 327e Abs. 2 iVm § 319 Abs. 5 S. 1 AktG eine so genannte Negativerklärung abzugeben. Solange die Erklärung nicht abgegeben wird oder nicht abgegeben werden kann, da Klagen gegen den Übertragungsbeschluss bereits erhoben worden sind, besteht eine Registersperre (§ 327e Abs. 2 iVm § 319 Abs. 5 S. 2 AktG). Diese kann aber im **Freigabeverfahren** durch einen Beschluss des Oberlandesgerichts, in dessen Bezirk die Gesellschaft ihren Sitz hat, überwunden werden. Die vorherige Zuständigkeit des Prozessgerichts der Beschlussmängelklage wurde mit Inkrafttreten des ARUG[75] aufgehoben und die Freigabeentscheidung des OLG unanfechtbar gestellt.[76] Voraussetzung eines positiven Freigabebeschlusses ist, dass eine erhobene Anfechtungs- oder Nichtigkeitsklage unzulässig oder offensichtlich unbegründet ist oder dass das Eintragungsinteresse der Gesellschaft und ihrer Aktionäre an der alsbaldigen Wirksamkeit der Übertragung höher zu bewerten ist als das Interesse des Klägers am Aufschub, es sei denn, es liegt eine besondere Schwere des Rechtsverstoßes vor.[77] Ferner ist mit dem ARUG eine *de-minimis*-Regelung als weiterer Grund für eine positive Freigabeentscheidung hinzugekommen. Danach ergeht ein Freigabebeschluss, wenn der Kläger nicht binnen einer Woche nach Zustellung des Antrags durch Urkunden nachgewiesen hat, dass er seit Bekanntmachung der Einberufung einen anteiligen Betrag von mindestens 1.000 EUR hält.[78]

47 Falls der von einem Minderheitsaktionär angefochtene Übertragungsbeschluss aufgrund einer Entscheidung im Freigabeverfahren eingetragen wurde, sich im Hauptsacheverfahren aber die Rechtswidrigkeit des Übertragungsbeschlusses herausstellt, ist die Gesellschaft dem ausgeschlossenen Aktionär gemäß § 327e Abs. 2 iVm § 319 Abs. 6 S. 10 AktG zum **Schadensersatz** verpflichtet.[79] Vor Inkrafttreten des ARUG war umstritten, ob der Schadenser-

---

[72] § 243 Abs. 4 AktG wurde neugefasst mit Wirkung vom 1.11.2005 durch Art. 1 UMAG vom 22.9.2005 (BGBl. I S. 2802).

[73] BGH DStR 2009, 862 (867) z. V. b. in BGHZ; *Fuhrmann/Simon* WM 2002, 1211 (1217); *Sieger/Hasselbach* ZGR 2002, 120 (160); *Vetter* AG 2002, 176 (189); *Wilsing/Kruse* DB 2002, 1539 ff.; OLG Köln BB 2003, 2307 (2308 f.); aA Hüffer/Koch/*Koch* AktG § 327f Rn. 2; *Gesmann-Nuissl* WM 2002, 1205 (1210); LG Frankfurt a. M. DB 2003, 1726; LG Frankfurt a. M. NZG 2003, 1027.

[74] OLG Hamm NZG 2011, 148 (149); OLG Hamburg NZG 2003, 539 (540); LG Hamburg NZG 2003, 186 (188) zu einem Ausschlussverfahren, nach dessen Übertragungsbeschluss vor Eintragung fällig werdende Ausgleichs- und Dividendenzahlungen von der Barabfindung abgezogen werden sollten, → Rn. 20.

[75] Gesetz zur Umsetzung der Aktionärsrechterichtlinie v. 30.7.2009 (BGBl. I 2479).

[76] Hierdurch soll die Dauer der Freigabeverfahren beschleunigt werden, Empfehlung des Rechtsausschusses v. 13.5.2009, BT-Drs. 16/13098, 59 f. Zur Verfassungsmäßigkeit der Instanzenkonzentration vgl. KG 10.12.2009 – 23 AktG 1/09, AG 2010, 166.

[77] Die Abwägungsklausel wurde durch das ARUG konkretisiert um bestehende Unsicherheiten der Gerichte bei ihrer Anwendung zu beheben, vgl. dazu Gesetzentwurf der Bundesregierung v. 7.11.2008, BR-Drs. 847/08, 63 f.; Empfehlung des Rechtsausschusses v. 13.5.2009, BT-Drs. 16/13098, 60 f.

[78] Der Rechtsausschuss geht davon aus, dass die Schwelle von 1.000,- EUR einem Anlagevolumen von 10.000–20.000,- EUR entspricht und sich damit im Bereich eines aus sich heraus ökonomisch sinnvollen Investments in eine börsennotierte Gesellschaft befindet, Empfehlung des Rechtsausschusses v. 13.5.2009, BT-Drs. 16/13098, 60.

[79] Die teilweise vertretene, aber bereits dem Wortlaut des § 327e Abs. 2 iVm § 319 Abs. 6 S. 8 AktG widersprechende Auffassung, dass Anspruchsgegner nicht die Gesellschaft, sondern der Hauptaktionär sei (so

satzanspruch des Minderheitsaktionärs aus § 327e Abs. 2 iVm § 319 Abs. 6 S. 10 AktG ausschließlich auf Geldersatz gerichtet ist oder ob er auch Naturalrestitution verlangen könne.[80] Um einen Gleichlauf aller Freigabeverfahren zu erreichen, wurde mit dem ARUG dem § 319 Abs. 6 AktG ein neuer S. 11 hinzugefügt, wonach Mängel des Beschlusses seine Durchführung unberührt lassen und die Beseitigung dieser Wirkung der Eintragung auch nicht als Schadensersatz verlangt werden kann.[81]

Ist der Übertragungsbeschluss hingegen nicht nur rechtswidrig und somit anfechtbar, sondern **nichtig**, weil er unter einem schwerwiegenden Mangel leidet, wird vertreten, dass der Squeeze out fehlgeschlagen und die Aktienübertragung rückabzuwickeln ist, da die „dingliche" Bestandskraft der Eintragung nicht auch über schwerwiegendste Mängel hinwegzuhelfen vermag.[82]

Im Spruchverfahren[83] ist jeder ausgeschiedene Minderheitsaktionär antragsberechtigt (§ 3 Nr. 2 SpruchG). Der Antrag kann nur binnen drei Monaten nach dem Tag gestellt werden, an dem die Eintragung des Übertragungsbeschlusses in das Handelsregister nach § 10 HGB als bekannt gemacht gilt (§ 4 Abs. 1 Nr. 3 SpruchG). Antragsgegner ist der Hauptaktionär (§ 5 Nr. 3 SpruchG). Ziel der Neuregelung des Spruchverfahrens durch das SpruchG war die Vereinfachung der Spruchverfahren und die Beschleunigung der bis dato als zu lang empfundenen Verfahrensdauer. Diesem Zweck dienen die Veränderung der Rolle der sachverständigen Prüfer im Spruchverfahren, die Einführung von Verfahrensförderungspflichten und eine Neugestaltung der Kostenvorschriften. Die gerichtlich ausgewählten und bestellten sachverständigen Prüfer sollen grundsätzlich vom Gericht persönlich gehört werden (§ 8 Abs. 2 SpruchG). Hierdurch soll eine erneute „flächendeckende" Gesamtbegutachtung des Unternehmens vermieden werden. Die Bestellung eines weiteren Sachverständigen nach § 7 Abs. 5 SpruchG soll nur der Aufklärung einzelner streitiger Fragen dienen. Zudem soll es grundsätzlich auch möglich sein, den bisherigen sachverständigen Prüfer zum Sachverständigen im Spruchverfahren zu bestellen. Durch die nunmehr ausdrücklich geregelte Verfahrensförderungspflicht (§ 9 SpruchG) und die damit einhergehende Präklusion verspäteten Vorbringens (§ 10 SpruchG) wird der bislang geltende Amtsermittlungsgrundsatz erheblich eingeschränkt. Die Neugestaltung der Kostenvorschriften sieht eine Einführung eines Mindestwertes und einer Obergrenze für die Gerichtskosten bei gleichzeitiger Verdoppelung der Gebühren vor. Schließlich sollen ausweislich der Begründung des Spruchverfahrensneuordnungsgesetzes die außergerichtlichen Kosten der Antragsteller grundsätzlich von diesen zu tragen sein. Eine abweichende Regelung der Kostentragung durch eine Anordnung nach § 15 Abs. 2 SpruchG soll lediglich bei einer erheblichen Erhöhung der Kompensation (15–20 %[84]) in Betracht kommen.[85]

In manchen Fällen ist auf Grund einer anderen vorangegangen Strukturmaßnahme bereits ein **anderes Spruchverfahren anhängig.** Eine echte Prozessverbindung nach § 147 ZPO wird nur in Ausnahmefällen in Betracht kommen. Im Sinne einer Kostenersparnis wird man jedoch die Verfahren zur gemeinsamen Verhandlung und Beweisaufnahme verbinden können.[86]

Geibel/Süßmann/*Grzimek* WpÜG AktG § 327e Rn. 21; wohl auch *Krieger* BB 2002, 53 (60)), wird durch § 12 Abs. 4 S. 4 Finanzmarktstabilisierungsbeschleunigungsgesetz – FMStBG widerlegt, wonach der (Finanzmarktstabilisierungs-)Fonds den Aktionären ihre Aktien Zug um Zug gegen Erstattung einer bereits gezahlten Abfindung zurückübertragen hat. Eine solche Klarstellung wäre überflüssig, wenn jeder Hauptaktionär Anspruchsgegner der rechtswidrig ausgeschlossenen Aktionäre wäre.

[80] Ausschließlich Geldersatz: etwa *H. Schmidt* AG 2004, 299 ff.; Haarmann/Schüppen/*Schüppen/Tretter* AktG § 327e Rn. 21; ähnlich Hüffer/Koch/*Koch* AktG § 327e Rn. 3a; Naturalrestitution: etwa OLG Düsseldorf NZG 2004, 328 (329); *Fleischer* ZGR 2002, 757 (788).

[81] So bereits § 246a Abs. 4 S. 2 AktG und § 16 Abs. 3 S. 8 Hs. 2 UmwG.

[82] *Fleischer* ZGR 2002, 757 (788); Emmerich/Habersack KonzernR § 327e Rn. 8; aA *H. Schmidt* AG 2004, 299 (301); Haarmann/Schüppen/*Schüppen/Tretter* § 327e Rn. 21 Fn. 42.

[83] Vgl. die ausführliche Darstellung in § 40.

[84] Emmerich/Habersack KonzernR SpruchG § 15 Rn. 18 mwN.

[85] BT-Drs. 15/371, 17.

[86] KölnKommWpÜG/*Hasselbach* AktG § 327f Rn. 14 f. Vgl. zum Unternehmensvertragsrecht MüKoAktG/*Bilda* § 306 Rn. 34.

VIII. Squeeze out und Ad-hoc-Publizität

51 Praktisch relevant ist häufig die Frage, ob und welche kapitalmarktrechtlichen Publizitätspflichten ein Squeeze out auslöst.

52 Aufgrund von Art. 17 Abs. 1 UAbs. 1 Marktmissbrauchsverordnung kann der Beschluss des Hauptaktionärs, ein Squeeze out durchzuführen, eine veröffentlichungspflichtige Insiderinformation sein, sobald der Emittent hiervon Kenntnis erlangt. Dies ist spätestens mit Zugang des entsprechenden Verlangens des Hauptaktionärs beim Vorstand der Gesellschaft der Fall.[87]

53 Wenn es sich bei dem Hauptaktionär ebenfalls um eine börsennotierte Aktiengesellschaft handelt, stellt sich auch insofern die Frage einer Ad-hoc-Publizitätspflicht. Nach Ansicht der BaFin soll die Entscheidung über die Durchführung des Squeeze out oder die Festlegung der Barabfindung aber nur in Ausnahmefällen geeignet sein, den Börsenpreis der zugelassenen Wertpapiere des Hauptaktionärs erheblich zu beeinflussen.[88]

IX. Übernahmerechtlicher Squeeze out gemäß §§ 39a–39c WpÜG

54 Neben dem aktienrechtlichen Squeeze out gemäß §§ 327a–327f AktG kann ein Bieter, dem nach der Durchführung eines Übernahme- oder Pflichtangebots mindestens 95 % des stimmberechtigten Grundkapitals gehören, ein Ausschlussverfahren gem. **§§ 39a–39c WpÜG** anstrengen (sog. **übernahmerechtlicher Squeeze out**). Die Vorschriften wurden im Zuge der Umsetzung der Übernahmerichtlinie[89] ins WpÜG eingefügt.[90] Der übernahmerechtliche Squeeze out hat sich trotz seiner Vorteile (insbesondere der Vermutung der Angemessenheit der Barabfindung, → Rn. 58) nicht in der Praxis durchgesetzt. Seit seiner Einführung gab es insgesamt nur vier erfolgreich durchgeführte übernahmerechtliche Squeeze out-Verfahren. Ist ein Antrag auf Durchführung des übernahmerechtlichen Squeeze out gemäß § 39a Abs. 4 WpÜG gestellt worden, kann gem. § 39a Abs. 6 WpÜG ein aktienrechtlicher Squeeze out daneben nicht durchgeführt werden. Nach rechtskräftigem Abschluss des womöglich erfolglosen Ausschlussverfahrens nach §§ 39a ff. WpÜG ist der Hauptaktionär hingegen wieder frei, ein Ausschlussverlangen gem. § 327a Abs. 1 S. 1 AktG an den Vorstand der Gesellschaft zu richten.

55 Ähnlich wie bei § 327a Abs. 1 S. 1 AktG hat der Gesetzgeber den Ausschluss der Minderheitsaktionäre im Zusammenhang mit einem Übernahme- oder Pflichtangebot an das Erreichen des Schwellenwerts von 95 % geknüpft. Sollen die übrigen **stimmberechtigten Aktien** auf den Bieter übertragen werden, müssen ihm mindestens 95 % der Stammaktien gehören. Will der Bieter auch die **Vorzugsaktionäre** ausschließen, ist erforderlich, dass ihm auch mindestens 95 % des gesamten Grundkapitals der Zielgesellschaft gehören. Das Wort „zugleich" stellt klar, dass der Bieter aber in jedem Fall neben 95 % des Grundkapitals auch über 95 % der stimmberechtigten Aktien verfügen muss.[91] Für die Feststellung der Beteiligungshöhe gemäß § 39a Abs. 2 WpÜG kann auf die Ausführungen zum aktienrechtlichen Squeeze out zurückgegriffen werden (→ Rn. 8). Die erforderliche Beteiligungshöhe muss der Bieter „nach einem Übernahme- oder Pflichtangebot" erreicht haben. Dies bedeutet nach dem BGH, dass die 95 %-Grenze bis zum Ablauf der erweiterten Annahmefrist erreicht sein muss.[92]

56 Für das **Verfahren** gilt neben den Spezialvorschriften des § 39b Abs. 2–5 WpÜG das seit dem 1.9.2009 reformierte Gesetz über das Verfahren in Familiensachen und in den Angele-

---

[87] Vgl. den Emittentenleitfaden der BaFin idFv 22.7.2013, S. 59, abrufbar unter http://www.bafin.de.
[88] Vgl. *BAWe* (vorheriger Behördenname) NZG 2002, 563 (564); ferner auch Fuchs/*Pfüller* WpHG § 15 Rn. 203.
[89] Richtlinie 2004/25/EG des Europäischen Parlaments und des Rates v. 21.4.2004 betreffend Übernahmeangebote (ABl. L Nr. 142, S. 12).
[90] Übernahmerichtlinie-Umsetzungsgesetz v. 8.7.2006 (BGBl. I S. 1426).
[91] Haarmann/Schüppen/*Schüppen*/Tretter § 39a Rn. 10.
[92] BGH ZIP 2013, 308 (309).

genheiten der freiwilligen Gerichtsbarkeit (FamFG).[93] Im Gegensatz zum aktienrechtlichen Squeeze out, dem gem. § 327a Abs. 1 S. 1 AktG ein Hauptversammlungsbeschluss vorauszugehen hat, erfolgt der übernahmerechtliche Squeeze out per Gerichtsbeschluss gem. § 39a Abs. 1 S. 1 WpÜG. Voraussetzung für den Übergang der Aktien der Minderheitsaktionäre auf den Hauptaktionär ist daher auch nicht die Eintragung des Übertragungsbeschlusses ins Handelsregister, sondern die Rechtskraft der gerichtlichen Entscheidung, § 39b Abs. 5 S. 3 WpÜG. Den Antrag auf Übertragung der Aktien hat der Hauptaktionär gem. § 39a Abs. 4 S. 1 WpÜG innerhalb von drei Monaten nach Ablauf der Annahmefrist zu stellen. § 39a Abs. 4 S. 2 WpÜG, der insbesondere solche Angebote betrifft, die unter einer Kartellbedingung stehen, sieht vor, dass der Bieter den Antrag unabhängig vom Vollzug des Angebots bereits dann stellen kann, wenn das Angebot in einem Umfang angenommen worden ist, dass ihm beim späteren Bedingungseintritt der erforderliche Anteil gehören würde. Nachteile aus der kartellrechtlichen Prüfung entstehen dem Bieter somit nicht. Über den Antrag auf Übertragung der Aktien entscheidet gem. § 39a Abs. 5 S. 1 WpÜG ausschließlich das LG Frankfurt a. M., gegen dessen Entscheidung gem. § 39b Abs. 3 S. 3, 5 WpÜG die sofortige Beschwerde zum OLG Frankfurt a. M. stattfindet.[94]

Formulierungsvorschlag

Antrag auf Übertragung der Aktien

An das

Landgericht Frankfurt a. M.

Namens und im Auftrag des Bieters B beantragen wir gemäß § 39a Abs. 4 S. 1 WpÜG die Übertragung der übrigen stimmberechtigten Aktien sowie der übrigen Vorzugsaktien ohne Stimmrecht der Zielgesellschaft Z AG, die nicht bereits dem Bieter B gehören, gegen Gewährung einer jeweils angemessenen Abfindung.

Zur Begründung:

1. Nach Ablauf der Annahmefrist des Übernahmeangebots vom ...... gehören dem Bieter B ca....... % der Stammaktien der Z AG. Dem Bieter B gehören also mehr als 95 Prozent des stimmberechtigten Grundkapitals der Z AG. Zugleich gehören dem Bieter B Aktien in Höhe von 95 Prozent des Grundkapitals der Z AG.

2. Die Abfindung beträgt Euro ...... je Stammaktie und Euro ...... je Vorzugsaktie ohne Stimmrecht und entspricht somit gemäß § 39a Abs. 3 S. 1 WpÜG der Gegenleistung des Übernahmeangebots. Der Bieter B hat auf Grund des Übernahmeangebots ca....... % der vom Angebot betroffenen stimmberechtigten Aktien und ca....... % der vom Angebot betroffenen stimmrechtslosen Aktien erworben. Die im Rahmen des Übernahmeangebots gewährte Gegenleistung ist daher gemäß § 39a Abs. 3 S. 3, 4 WpÜG hinsichtlich beider Aktiengattungen als angemessene Abfindung anzusehen. Aus Gründen rechtlicher Vorsorge weisen wir darauf hin, dass auch bei unterstellter Widerleglichkeit der Angemessenheitsvermutung des § 39a Abs. 3 S. 3 WpÜG keine die Marktkräfte verfälschenden Umstände vorgelegen haben, die dem Markttest ausnahmsweise die Aussagekraft absprechen könnten.

Als Anlage fügen wir zur Glaubhaftmachung, dass dem Bieter B Aktien in Höhe des zum Ausschluss erforderlichen Anteils am stimmberechtigten sowie am gesamten Grundkapital der Z AG gehören, entsprechende Depotauszüge bei.

Wir bitten darum, diesen Antrag gemäß § 39b Abs. 2 WpÜG im elektronischen Bundesanzeiger, den Gesellschaftsblättern des Bieters B, bekanntzumachen.

Rechtsanwalt

---

[93] BGBl. 2008 I 2586.
[94] Etwaige Bedenken, die gewählte bundesweite Zuständigkeitskonzentration verletze die Länderautonomie, sind unbegründet, da dem Bund gemäß Art. 74 Abs. 1 Nr. 1 GG die konkurrierende Gesetzgebungskompetenz für die Gerichtsverfassung und das gerichtliche Verfahren zusteht; iE ebenso OLG Frankfurt a. M. NJW 2009, 375.

58 Ein grundsätzlicher Vorteil des übernahmerechtlichen Squeeze out gegenüber dem aktienrechtlichen Ausschlussverfahren der §§ 327a ff. AktG besteht darin, dass nach der **Vermutungsregel des § 39a Abs. 3 S. 3 WpÜG** die im Rahmen des Übernahme- oder Pflichtangebots gewährte Gegenleistung als angemessene Abfindung anzusehen ist, wenn der Bieter auf Grund des Angebots Aktien in Höhe von mindestens 90 % des vom Angebot betroffenen Grundkapitals erworben hat. Nach ganz überwiegender Ansicht soll es sich bei § 39a Abs. 3 S. 3 WpÜG um eine unwiderlegliche Vermutung handeln.[95] Auch der Gesetzgeber ging bei Erlass der §§ 39a–39c WpÜG von einer unwiderleglichen Vermutung aus.[96] Die Gegenansicht erfuhr Aufwind durch einen Beschluss des LG Frankfurt a.M. vom 5.8.2008, in dem das Gericht im Rahmen einer verfassungskonformen Auslegung zu dem Schluss kam, dass es sich bei § 39a Abs. 3 S. 3 WpÜG um eine widerlegliche Vermutung handele.[97] Das im Rahmen der sofortigen Beschwerde angerufene OLG Frankfurt a.M. ließ die Beantwortung der Frage nach der Rechtsnatur der Vermutungsregel hingegen offen.[98] Das angerufene BVerfG bestätigte die Rechtsauffassung des OLG Frankfurt a.M., die Frage nach der Vermutungsregel als nicht entscheidungserheblich anzusehen, in seinem Nichtannahmebeschluss.[99] Auch in einer späteren Entscheidung ließ das OLG Frankfurt a.M. die Frage weiterhin offen.[100] Selbst bei Zugrundelegung einer widerleglichen Angemessenheitsvermutung würde ein bloßes Bestreiten der Richtigkeit des mithilfe des Markttests ermittelten Ergebnisses nicht ausreichen. Vielmehr müssten die Minderheitsaktionäre konkrete Fehler vorbringen, die das Ergebnis des Markttests ausnahmsweise beeinflusst haben.[101] Für die Praxis dürfte das OLG Frankfurt a.M. damit die Anforderungen an eine Erschütterung der Vermutung – unterstellt, diese sei widerleglich – sehr hoch angesetzt haben.

59 Unbeschadet der derzeitigen Bewertung durch die Gerichte sprechen die besseren Argumente dafür, dass es sich bei § 39a Abs. 3 S. 3 WpÜG um eine **unwiderlegliche Vermutung** handelt. Die Übernahmerichtlinie in ihren verschiedenen Sprachfassungen gibt keine der beiden Auslegungsalternativen vor.[102] Die umstrittene Bestimmung wird aber entgegen dem LG Frankfurt a.M. auch dann den durch das BVerfG konkretisierten Anforderungen des Art. 14 Abs. 1 S. 1 GG[103] gerecht, wenn man die Vorschrift als unwiderlegliche Vermutung auslegt, da das BVerfG keine bestimmte Methode der Unternehmensbewertung vorschreibt, so dass der Gesetzgeber nach seinem Ermessen eine Bewertungsmethode festsetzen durfte, die zu einer angemessenen Abfindung der ausgeschlossenen Aktionäre führt. Dass er dies durch die Wahl eines Verfahrens, das sich am Börsenkurs orientiert und das Ergebnis einem realen Markttest unterzieht, nicht getan hätte, ist nicht ersichtlich.[104] Man wird der Gegenansicht zugeben müssen, dass der in den Gesetzesmaterialien deutlich zum Ausdruck kommende Wille des Gesetzgebers jedenfalls keinen völlig eindeutigen Niederschlag in der Gesetzesformulierung gefunden hat. Gibt aber weder die Übernahmerichtlinie eine zwingende Auslegung in die eine oder in die andere Richtung vor und würde die Annahme einer unwiderleglichen Vermutung auch keine Verletzung von Art. 14 Abs. 1 S. 1 GG darstellen, so muss im Ergebnis der Wille des Gesetzgebers den Ausschlag geben.

---

[95] OLG Stuttgart NZG 2009, 950 (951); Geibel/Süßmann/*Süßmann* WpÜG § 39a Rn. 16; *Austmann/Mennicke* NZG 2004, 846 (850); *Schlitt/Ries/Becker* NZG 2008, 700 f.; *Grunewald* NZG 2009, 332 (334); *Seibt/Heiser* AG 2006, 301 (318 f.); Steinmeyer/Häger/*Santelmann* WpÜG § 39a Rn. 31.

[96] Gesetzentwurf der Bundesregierung v. 24.2.2006, BR-Drs. 154/06, 42.

[97] LG Frankfurt a.M. NZG 2008, 665; Haarmann/Schüppen/*Schüppen/Tretter* § 39a Rn. 27; sowie zuvor schon *Mülbert* NZG 2004, 633 (634); *Heidel/Lochner* Der Konzern 2006, 653 (655 f.); *Paefgen* WM 2007, 765 (767 ff.).

[98] OLG Frankfurt a.M. NJW 2009, 375.

[99] BVerfG ZIP 2012, 1408.

[100] OLG Frankfurt a.M. DStR 2014, 1456.

[101] OLG Frankfurt a.M. NJW 2009, 375 (379).

[102] Während die deutsche Sprachfassung von Art. 15 Abs. 5 UAbs. 2 sowohl als widerlegliche als auch als unwiderlegliche Vermutung verstanden werden kann, sollen die englische, die französische und die spanische Fassung auf eine widerlegliche Vermutung hindeuten, die italienische Fassung hingegen auf eine unwiderlegliche.

[103] Vgl. dazu insbesondere BVerfG NZG 2007, 587; aber auch schon BVerfG NJW 2001, 279 – Moto Meter; BVerfGE 100, 289 (309) = NJW 1999, 3769 – DAT/Altana.

[104] So jetzt auch OLG Stuttgart NZG 2009, 950.

Bei der Ermittlung, ob die 90 %-Grenze des § 39a Abs. 3 S. 3 WpÜG erreicht wird, sind **60** auch Aktienerwerbe zu berücksichtigen, die während der Angebotsfrist aufgrund von vorangegangenen Vereinbarungen getätigt wurden, in denen sich Aktionäre unwiderruflich verpflichteten, auf ein Übernahmeangebot des Bieters ihm die ihnen gehörenden Aktien zu übertragen (sog. **„irrevocable undertakings"**).[105] Die Aktien werden nämlich auch in einem solchen Fall erst aufgrund des formellen Angebotsverfahrens an den Bieter veräußert und übertragen, wobei der vereinbarte Preis dem des öffentlichen Angebots entspricht.[106] Dies gilt auch in dem Fall, dass durch irrevocable undertakings die Annahme des Angebots bereits weitgehend abgesichert wurde.[107]

Die Kehrseite der Medaille des Ausschlussrechts des Bieters bildet das **Andienungsrecht** **61** („Sell out") des Minderheitsaktionärs gemäß § 39c WpÜG. Gem. Art. 16 der Übernahmerichtlinie waren die Mitgliedstaaten verpflichtet, sicherzustellen, dass ein Inhaber verbleibender Wertpapiere von dem Bieter verlangen kann, dass er seine Wertpapiere zu einem angemessenen Preis erwirbt, wobei die Regeln des Art. 15 Abs. 3–5 über den Ausschluss von Minderheitsaktionären entsprechend gelten. Der deutsche Gesetzgeber hat sich demgegenüber entschieden, den Minderheitsaktionären lediglich eine verlängerte Annahmefrist einzuräumen.[108] Dies hat zur Folge, dass ein Wertpapierinhaber, der von seinem Andienungsrecht Gebrauch machen will, nur die im Angebot vorgesehene Gegenleistung verlangen kann, während den vom übernahmerechtlichen Squeeze out betroffenen Minderheitsaktionären gem. § 39a Abs. 3 S. 2 WpÜG stets wahlweise eine Geldleistung anzubieten ist. Voraussetzung des Andienungsrechts ist demnach nur, dass der Bieter nach einem Übernahme- oder Pflichtangebot berechtigt ist, einen Antrag nach § 39a WpÜG zu stellen. In diesem Fall verlängert sich die Annahmefrist für die übrigen Wertpapierinhaber um weitere 3 Monate beginnend mit dem Ablauf der Annahmefrist bzw. der Veröffentlichung des Erreichens der nach § 39a WpÜG erforderlichen Beteiligungshöhe, sofern dies erst nach Ablauf der Annahmefrist geschieht (§ 39c S. 2 WpÜG). Spiegelbildlich zum Antragsrecht hat der BGH entschieden, dass auch das Andienungsrecht nur dann entsteht, wenn dem Bieter bei Ablauf der (weiteren) Annahmefrist nach § 16 WpÜG Aktien der Zielgesellschaft in Höhe von mindestens 95 % des stimmberechtigten Grundkapitals gehören.[109,110]

X. Verschmelzungsrechtlicher Squeeze out gemäß § 62 Abs. 5 UmwG, §§ 327a ff. AktG

Eine weitere Möglichkeit zum Ausschluss der Minderheitsaktionäre besteht für den Bieter **62** im Rahmen einer Konzernverschmelzung nach § 62 UmwG (sog. **verschmelzungsrechtlicher Squeeze out**). Der verschmelzungsrechtliche Squeeze out ist in § 62 Abs. 5 UmwG geregelt, und wurde durch Art. 1 Nr. 3 des 3. Gesetzes zur Änderung des UmwG vom 11.7.2011 (UmwÄndG)[111], welches der Durchführung der ÄnderungsRL 2009/109/EG vom 16.9.2009[112] dient, in das UmwG aufgenommen.[113] Der verschmelzungsrechtliche Squeeze out bietet vor allem den Vorteil einer geringeren Mehrheitsschwelle von 90 % des Grundkapitals der Zielgesellschaft. Daher wird der verschmelzungsrechtliche Squeeze out in der

---

[105] OLG Frankfurt a. M. NJW 2009, 375 (376); LG Frankfurt a. M. NZG 2008, 665 (666); LG Frankfurt a. M. BeckRS 2009, 08419; *Deilmann* NZG 2007, 721 (723); *Paefgen* WM 2007, 765 (769); aA Steinmeyer/Häger/*Santelmann* WpÜG § 39a Rn. 29; Haarmann/Schüppen/*Schüppen*/Tretter § 39a Rn. 25; Johannsen-Roth/Illert ZIP 2006, 2157 (2160).
[106] Im Vorhinein vereinbarte Paketerwerbe sollten daher bei der Berechnung der 90 %-Grenze nicht miteinbezogen werden, wenn sich nachweisen lässt, dass neben dem Preis des öffentlichen Angebots weitere Gegenleistungen erbracht wurden.
[107] OLG Frankfurt a. M. DStR 2014, 1456.
[108] Geibel/Süßmann/*Süßmann* WpÜG § 39c Rn. 1; Haarmann/Schüppen/*Schüppen*/Tretter § 39c Rn. 2.
[109] BGH ZIP 2013, 308.
[110] BGH ZIP 2013, 308; Heidel/*Heidel*/Lochner AktienR WpÜG § 39c Rn. 5; Geibel/Süßmann/*Süßmann* WpÜG § 39c Rn. 2; aA Haarmann/Schüppen/*Schüppen*/Tretter § 39c Rn. 6.
[111] BGBl. I 1338.
[112] ABl. EG L 259, S. 14.
[113] *Neye*/Kraft NZG 2011, 681 f.; Hüffer/Koch/*Koch* AktG § 327a Rn. 3.

Praxis häufig eingesetzt, wenn auch deutlich seltener als der aktienrechtliche Squeeze out. Seit seiner Einführung wurden bis Mai 2016 etwa 25 verschmelzungsrechtliche Squeeze out-Verfahren erfolgreich durchgeführt.

63 Voraussetzung für einen verschmelzungsrechtlichen Squeeze out ist die Upstream-Verschmelzung einer übertragenden Gesellschaft in Form einer Aktiengesellschaft, inländischen SE oder Kommanditgesellschaft auf Aktien auf ihren Hauptaktionär, welcher ebenfalls eine Aktiengesellschaft, inländische SE oder Kommanditgesellschaft auf Aktien sein muss.

64 Gemäß § 62 Abs. 5 S. 1 UmwG muss der verschmelzungsrechtliche Squeeze-out, also die Beschlussfassung durch die Hauptversammlung, innerhalb von drei Monaten nach Abschluss des Verschmelzungsvertrags durchgeführt werden. Der Verschmelzungsvertrag oder sein Entwurf muss nach § 62 Abs. 5 S. 2 UmwG bereits auf den verschmelzungsrechtlichen Squeeze out verweisen.

65 Die übernehmende Gesellschaft muss mindestens 90 % des Grundkapitals der übertragenden Gesellschaft halten.[114] Hierbei ist zu beachten, dass die Anteile an der übertragenden Gesellschaft von der Muttergesellschaft, wie auch bei der Konzernverschmelzung nach § 62 Abs. 1 UmwG, unmittelbar gehalten werden müssen. Eine Zurechnung von Anteilen Dritter gemäß §§ 327a Abs. 2, 16 Abs. 4 AktG wie beim aktienrechtlichen Squeeze out findet nicht statt.[115]

66 In der Praxis finden sich zahlreiche Gestaltungsmöglichkeiten zur Erreichung der 90 %-Schwelle und zur Strukturierung des verschmelzungsrechtlichen Squeeze out. Hat etwa der Hauptaktionär nicht die Rechtsform einer Aktiengesellschaft, inländischen SE oder Kommanditgesellschaft auf Aktien, kann dem verschmelzungsrechtlichen Squeeze out ein Formwechsel des Hauptaktionärs[116] vorgeschaltet werden.[117] Da die Bestimmungen über den verschmelzungsrechtlichen Squeeze out keine Mindestfrist vorsehen, während der der Hauptaktionär die gesetzlich vorgeschriebene Rechtsform einer Aktiengesellschaft, inländischen SE oder Kommanditgesellschaft auf Aktien haben muss, ist eine derartige Gestaltung nicht als rechtsmissbräuchlich anzusehen.[118]

67 Auch die Übertragung der Aktien auf eine Zwischenholding, die nach Durchführung der Verschmelzung aufgelöst wird, stellt grundsätzlich keinen Rechtsmissbrauch dar.[119] So kann nach Durchführung des verschmelzungsrechtlichen Squeeze out durchaus der Hauptaktionär durch weitere Verschmelzungsvorgänge erlöschen.[120]

68 Die in § 63 Abs. 1 UmwG genannten Dokumente müssen im Falle eines verschmelzungsrechtlichen Squeeze outs entsprechend § 62 Abs. 3 UmwG für die Dauer eines Monats nach Abschluss des Verschmelzungsvertrages offengelegt und dem Betriebsrat zugeleitet werden. Der Verschmelzungsvertrag oder sein Entwurf sind zudem nach § 62 Abs. 5 S. 5 UmwG zur Einsicht der Aktionäre auszulegen (Abs. 5 S. 5). Hierauf kann nach § 327c Abs. 5 AktG verzichtet werden, wenn die bezeichneten Unterlagen für denselben Zeitraum über die Internetseite der Gesellschaft zugänglich gemacht werden.

69 Der Übertragungsbeschluss ist zum Handelsregister anzumelden. Nach dem Wortlaut des § 62 Abs. 5 S. 6 UmwG sind der Anmeldung der Verschmelzungsvertrag in ausgefertigter und beglaubigter Abschrift oder sein Entwurf beizufügen. Da der Übertragungsbeschluss gem. § 62 Abs. 5 S. 1 UmwG aber erst nach Abschluss des Verschmelzungsvertrags gefasst werden kann, ist stets der Verschmelzungsvertrag als solcher und nicht sein Entwurf zum

---

[114] Zur Verfassungsmäßigkeit der 90 %-Schwelle OLG Hamburg NZG 2012, 944944 f.
[115] Goslar/Mense GWR 2011, 275 (276); Wagner DStR 2010, 1629 (1633); Freytag BB 2010, 1611 (1618).
[116] Zum Formwechsel des übertragenden Rechtsträgers → Rn. 38.
[117] Mayer NZG 2012, 561 (563).
[118] OLG Hamburg NZG 2012, 944944 f.; Bungert/Wettig DB 2010, 2545 (2550); Simon/Merkelbach DB 2011, 1317 (1322); Wagner DStR 2010, 1629 (1634); Göthel ZIP 2011, 1541 (1549); Heckschen NJW 2011, 2390 (2393); Mayer NZG 2012, 561 (563).
[119] Leitzen DNotZ 2011, 526 (539); Simon/Merkelbach DB 2011, 1317 (1321); Heckschen NZG 2010, 1041; Klie/Wind/Rödter DStR 2011, 1668 (1671); Göthel ZIP 2011, 1541 (1549); Bungert/Wettig DB 2010, 2545 (2549); Austmann NZG 2011, 684 (690); aA Wagner DStR 2010, 1629 (1634).
[120] Mayer NZG 2012, 561 (563).

Handelsregister einzureichen. Das Registergericht wäre bei Einreichung des Entwurfs auch nicht in der Lage zu prüfen, ob die Drei-Monats-Frist des § 62 Abs. 5 S. 1 UmwG eingehalten worden ist.[121]

Nach § 62 Abs. 5 S. 7 wird der Übertragungsbeschluss im Handelsregister mit dem Vermerk eingetragen, dass er erst mit Eintragung der Verschmelzung im Register des Sitzes der übernehmenden Gesellschaft wirksam wird. Hierdurch soll ein Missbrauch der Vorschriften über den verschmelzungsrechtlichen Squeeze out, insbesondere die missbräuchliche Nutzung der 90 %-Schwelle, verhindert werden.[122] So wird auch nach Fassung des Übertragungsbeschlusses die Übertragung nicht wirksam, wenn die übernehmende Gesellschaft die Verschmelzung nicht mehr durchführt. Gleichzeitig stellt § 62 Abs. 4 S. 2 UmwG klar, dass es für eine Verschmelzung keines weiteren Beschlusses bedarf. 70

Sofern sich nicht ausdrücklich etwas Anderes aus den Vorschriften zum verschmelzungsrechtlichen Squeeze out ergibt, sind die Regeln des Aktiengesetzes (§§ 327a ff. AktG) anwendbar. Insofern kann auf die obigen Ausführungen zum aktienrechtlichen Squeeze out verwiesen werden. 71

---

[121] *Göthel* ZIP 2011, 1541 (1545); *Mayer* NZG 2012, 561 (571).
[122] *Semler/Stengel/Diekmann* UmwG § 62 Rn. 32g.

§ 45 Sonstige Ausschlusstechniken

Übersicht

	Rn.
I. Eingliederung	1–36
1. Allgemeines	1/2
2. Planung der Eingliederung	3/4
3. Voraussetzungen der Eingliederung	5–19
a) Erreichen der maßgeblichen Beteiligungsschwelle	5/6
b) Aktiengesellschaft als Hauptgesellschaft	7
c) Vorbereitung der Hauptversammlungen	8–14
d) Hauptversammlungsbeschlüsse	15–17
e) Anmeldung und Eintragung der Eingliederung	18/19
4. Rechtsfolgen der Eintragung	20–32
a) Leitungsmacht der Hauptgesellschaft	20
b) Schutz der Gläubiger	21–24
c) Ausscheiden der Minderheitsaktionäre	25–31
d) Schutz der Inhaber von Sonderrechten	32
5. Rechtsschutz der ausgeschiedenen Aktionäre	33–36
a) Anfechtungsklage	33
b) Unbedenklichkeitsverfahren	34
c) Spruchverfahren	35/36
II. Übertragende Auflösung	37–39
III. Ausschluss aus wichtigem Grund	40–54
1. Voraussetzungen des Ausschlusses aus wichtigem Grund	42–52
a) Personalistische Aktiengesellschaft	42
b) Wichtiger Grund	43–45
c) Beschluss der Hauptversammlung	46
d) Gerichtliches Ausschließungsverfahren	47–51
e) Angemessene Abfindung	52
2. Abwicklungsmodalitäten	53
3. Rechtsschutz der ausgeschlossenen Aktionäre	54

Schrifttum: *Altmeppen,* Die Dogmatik des Abfindungsanspruchs und die offenen Fragen zum Ausscheiden aus der GmbH, ZIP 2012, 1685; *Bacher/von Blumenthal,* Die Verwertung von GmbH-Geschäftsanteilen bei Ausscheiden eines Gesellschafters, NZG 2008, 406; *Battke,* Der Ausschluss von Gesellschaftern aus der GmbH, GmbHR 2008, 850; *Becker,* Der Ausschluß aus der Aktiengesellschaft, ZGR 1986, 383; *Even/Vera,* Die Techniken des Going Private in Deutschland, DStR 2002, 1315; *Gehrlein,* Ausschluß und Abfindung von GmbH-Gesellschaftern, 1997; *Goette,* Ausschließung und Austritt aus der GmbH in der Rechtsprechung des Bundesgerichtshofs, DStR 2001, 553; *Grunewald,* Der Ausschluß aus Gesellschaft und Verein, 1987; *Halm,* „Squeeze-Out" heute und morgen: Eine Bestandsaufnahme nach dem künftigen Übernahmerecht, NZG 2000, 1162; *Heidinger/Blath,* Das Ausscheiden eines Gesellschafters aus der GmbH, GmbHR 2007, 1184; *Henze,* Die „zweistufige" Konzernverschmelzung, AG 1993, 341; *ders.,* Aspekte und Entwicklungstendenzen der aktienrechtlichen Anfechtungsklage in der Rechtsprechung des BGH, ZIP 2002, 97; *ders.,* Erscheinungsformen des squeeze-out von Minderheitsaktionären, in: Festschrift für Herbert Wiedemann, 2002, 935; *Hommelhoff,* 100 Bände BGHZ – Aktienrecht, ZHR 151 (1987), 493; *ders./Freytag,* Wechselseitige Einflüsse von GmbH- und Aktienrecht, DStR 1996, 1367; *Knies,* Das Patt in der Gesellschafterversammlung als wichtiger Grund für die Auflösungsklage bei späterer Erwerbsabsicht des Auflösungsklägers, GmbHR 2005, 1386; *Kossmann,* Ausschluß („Freeze-out") von Aktionären gegen Barabfindung, NZG 1999, 1198; *Krieger,* Fehlerhafte Satzungsänderungen: Fallgruppen und Bestandskraft, ZHR 158 (1994), 35; *ders.,* Vorzugsaktie und Umstrukturierung, in: Festschrift für Marcus Lutter, 2000, 497; *Kühn,* Probleme mit Minderheitsaktionären in der Aktiengesellschaft, BB 1992, 291; *Land/Hasselbach,* „Going Private" und „Squeeze-out" nach deutschem Aktien-, Börsen- und Übernahmerecht, DB 2000, 557; *Lutter/Drygala,* Die Übertragende Auflösung: Liquidation der Aktiengesellschaft oder Liquidation des Minderheitenschutzes? in: Festschrift für Bruno Kropff, 1997, 191; *Maier-Reimer,* Verbesserung des Umtauschverhältnisses im Spruchverfahren, ZHR 164 (2000), 563; *Martens,* Die rechtliche Behandlung von Options- und Wandlungsrechten anläßlich der Eingliederung der verpflichteten Gesellschaft, AG 1992, 209; *Merkner/Schmidt-Bendun,* Drum prüfe, wer sich ewig bindet – zur Bindungswirkung einer Wahl zwischen Aktientausch und (erschlichener) Barabfindung, NZG 2011, 10; *v. Morgen,* Das Squeeze-Out und seine Folgen für AG und GmbH, WM 2003, 1553; *Mülbert,* Aktiengesellschaft, Unternehmensgruppe und Kapitalmarkt, 2. Auflage, 1996; *Peters,* Übertragung von Gesellschaftsvermögen und „Freezeout" – Konfliktpotential im Minderheitenschutz, BB 1999, 801; *Piehler,* Der Ausschluß eines Gesellschafters aus einer Personengesellschaft, DStR 1991, 686, 716; *Poelzig,* Der Referentenentwurf eines Gesetzes zur Umsetzung der Aktionärsrechterichtlinie im Kampf gegen „räuberische Aktionäre", DStR 2008, 1538; *Reinisch,* Der Ausschluß von Aktionären aus der Aktiengesellschaft, 1992; *Roth,* Die übertragende Auflösung nach Einführung des Squeeze-out, NZG 2003, 998; *Rühland,* Die Zukunft der übertragenden Auflösung (179a AktG), WM 2002, 1957; *Schneider/Hoger,* Einziehung von Geschäftsanteilen und Gesellschafterhaftung, NJW 2013, 502; *Schubert/Küting,* Aspekte der aktienrechtlichen Eingliederung und Verschmelzung, DB 1978, 121; *Schwichtenberg,* Going Private und Squeezeouts in Deutschland, DStR 2001, 2075; *Sinewe,* Keine Anfechtungsklage gegen Umwandlungsbeschlüsse bei wertbezogenen Informationsmängeln, DB 2001, 690; *Sonnenschein,* Die Eingliederung im mehrstufigen Konzern, BB 1975, 1088; *Timm/Schick,* Die Auswirkungen der routinemäßigen Geltendmachung der Abfindung durch die Depotbanken auf die Rechte der außenstehenden Aktionäre bei der Mehrheitseingliederung, WM 1994, 185; *ders./Schöne,* Abfindung in Aktien: Das Gebot der Gattungsgleichheit – Bericht über ein aktienrechtliches Schiedsgerichtsverfahren –, in: Festschrift für Bruno Kropff, 1997, 315; *Waclawik,* Das ARUG und die klagefreudigen Aktionäre: Licht am Ende des Tunnels?, ZIP 2008, 1141; *Wiedemann,* Minderheitsrechte ernstgenommen – Gedanken aus Anlaß der Magna Media-Entscheidung BayObLG ZIP 1998, 2002, ZGR 1999, 857; *Wilhelm/Dreier,* Beseitigung von Minderheitsbeteiligungen auch durch übertragende Auflösung einer AG?, ZIP 2003, 1369; *Wolf,* Der Minderheitenausschluss qua „übertragender Auflösung" nach Einführung des Squeeze-Out gemäß §§ 327a–f AktG, ZIP 2002, 153; *Ziemons,* Options- und Wandlungsrechte bei Squeeze out und Eingliederung, in: Festschrift für Karsten Schmidt, 2009.

I. Eingliederung

1. Allgemeines

In ihren rechtlichen und wirtschaftlichen Auswirkungen steht die Eingliederung **zwischen der Verschmelzung** einerseits **und dem Beherrschungs- und Ergebnisabführungsvertrag** andererseits. Während die Verschmelzung das Erlöschen des übertragenden Rechtsträgers zur Folge hat, besteht die eingegliederte Aktiengesellschaft als Rechtsträger fort. Anderseits ist die Eingliederung in ihren Wirkungen weitergehend als der Beherrschungs- und Ergebnisabführungsvertrag, denn die Leitungsmacht der Hauptgesellschaft ist bei der Eingliederung umfassend und die Vermögensbindung bei der eingegliederten Gesellschaft ist weitgehend aufgehoben. Darüber hinaus führt die Mehrheitseingliederung zu einem zwangsweisen Ausschluss der außenstehenden Aktionäre aus der betreffenden Gesellschaft. Als Ausschlussmittel eignet sich die Eingliederung jedoch nur bedingt, da die ausgeschlossenen Aktionäre einen Anspruch auf Aktien der Hauptgesellschaft haben. 1

Bei der Eingliederung muss es sich sowohl bei der einzugliedernden Gesellschaft als auch bei der Hauptgesellschaft um **Aktiengesellschaften oder SE mit Sitz im Inland** handeln. Das Gesetz unterscheidet zwischen der Eingliederung einer 100%igen Tochtergesellschaft (§ 319 AktG) und der Eingliederung einer Tochtergesellschaft, an die Hauptgesellschaft Aktien hält, die mindestens 95 % des Grundkapitals der Gesellschaft entsprechen (§ 320 AktG – Eingliederung durch Mehrheitsbeschluss). 2

2. Planung der Eingliederung

Checkliste: Vorbereitung der Eingliederung
☐ Überprüfung der Beteiligungsquote, ggf. Umhängen von Beteiligungen ☐ Entwurf des Eingliederungsbeschlusses ☐ Jahresabschlüsse/Lageberichte der beteiligten Gesellschaften für die letzten drei Geschäftsjahre ☐ Entwurf des Berichts des Vorstands der künftigen Hauptgesellschaft ☐ Auswahl der Prüfer für die Erstellung des Prüfungsberichts

3

4 Hinsichtlich der **Dauer des Eingliederungsverfahrens** gelten die Ausführungen zum Squeeze out grundsätzlich entsprechend.[1] Die Eingliederung wird jedoch tendenziell etwas mehr Zeit in Anspruch nehmen, weil als Gegenleistung im Rahmen der Eingliederung Aktien der Hauptgesellschaft anzubieten sind. Daher muss sowohl eine Unternehmensbewertung der einzugliedernden Gesellschaft als auch der Hauptgesellschaft durchgeführt werden.

3. Voraussetzungen der Eingliederung

5 a) **Erreichen der maßgeblichen Beteiligungsschwelle.** Im Falle der Eingliederung nach § 319 AktG muss die Hauptgesellschaft alle Aktien der einzugliedernden Aktiengesellschaft halten. Es findet weder eine Zurechnung nach § 16 Abs. 4 AktG statt noch werden eigene Aktien der einzugliedernden Gesellschaft abgesetzt.[2] Daher ist ein Umhängen der Beteiligungen, die von anderen Konzernunternehmen oder der einzugliedernden Gesellschaft gehalten werden, erforderlich. Ist die Hauptgesellschaft nicht Alleineigentümerin, so ist ein gleichwohl nach § 319 AktG gefasster Beschluss nichtig.[3]

6 Die Mehrheitseingliederung setzt voraus, dass sich in der Hand der Hauptgesellschaft Aktien befinden, die mindestens 95 % des Grundkapitals der Gesellschaft entsprechen. Im Gegensatz zum Squeeze out werden der Hauptgesellschaft im Rahmen der Eingliederung Aktien, die einem von ihr abhängigen Unternehmen oder einem Dritten für Rechnung der Hauptgesellschaft gehören, nicht zugerechnet. Ebenso wie beim Squeeze out, anders jedoch als im Rahmen der Eingliederung einer 100%igen Tochtergesellschaft, werden im Rahmen der Mehrheitseingliederung eigene Aktien und Aktien, die einem anderen für Rechnung der einzugliedernden Gesellschaft gehören, vom Grundkapital abgesetzt (§ 320 Abs. 1 S. 2 AktG).

7 b) **Aktiengesellschaft als Hauptgesellschaft.** Der Gesetzgeber hat als zulässige Hauptgesellschaften nur inländische Aktiengesellschaften oder SE zugelassen. Auch eine Kommanditgesellschaft auf Aktien scheidet als Hauptgesellschaft aus.[4]

8 c) **Vorbereitung der Hauptversammlungen.** Die Unterlagen, die bei der Eingliederung nach § 319 AktG von der Einberufung der Hauptversammlung an in den Geschäftsräumen der Hauptgesellschaft zugänglich zu machen sind, sind in § 319 Abs. 3 S. 1 AktG aufgelistet. Bei der Eingliederung durch Mehrheitsbeschluss sind die vorgenannten Unterlagen sowie der Prüfungsbericht des Eingliederungsprüfers von der Einberufung der Hauptversammlung an sowohl in den Geschäftsräumen der Hauptgesellschaft als auch in den Geschäftsräumen der einzugliedernden Gesellschaft auszulegen (§ 320 Abs. 4 S. 1 AktG). Auf Verlangen ist jedem Aktionär unverzüglich und kostenlos eine Abschrift der Unterlagen zu erteilen (§§ 319 Abs. 3 S. 2, 320 Abs. 4 S. 3 AktG). Die Verpflichtung zur Auslegung und Erteilung einer Abschrift entfällt, wenn die Unterlagen für denselben Zeitraum über die Internetseiten der zukünftigen Hauptgesellschaft und im Falle des Mehrheitseingliederung auch über die Internetseite der einzugliedernden Gesellschaft zugänglich sind (§§ 319 Abs. 3 S. 3, 320 Abs. 4 S. 3 AktG).

9 *aa) Entwurf des Eingliederungsbeschlusses.* Auszulegen ist zunächst der Entwurf des Eingliederungsbeschlusses (§§ 319 Abs. 3 S. 1 Nr. 1, 320 Abs. 4 S. 1 AktG). Bei der Eingliederung nach § 319 AktG erschöpft sich der Beschlussinhalt in der Verlautbarung der Eingliederung der Gesellschaft. Demgegenüber muss der Eingliederungsbeschluss im Falle der Mehrheitseingliederung weitergehende Angaben, insbesondere zur Art und Höhe der Abfindung, enthalten:

---

[1] → § 44 Rn. 4.
[2] MüKoAktG/*Grunewald* § 319 Rn. 12; Emmerich/Habersack/*Habersack* § 319 Rn. 8; Hüffer/Koch/*Koch* AktG § 319 Rn. 4b.
[3] MüKoAktG/*Grunewald* § 319 Rn. 17; Emmerich/Habersack/*Habersack* § 319 Rn. 9; MHdB GesR IV/*Krieger* § 74 Rn. 7.
[4] MüKoAktG/*Grunewald* § 319 Rn. 5; Hüffer/Koch/*Koch* AktG § 319 Rn. 4; KölnKommAktG/*Koppensteiner* Vorb. § 319 Rn. 5; aA Emmerich/Habersack/*Habersack* § 319 Rn. 6.

Formulierungsvorschlag:

1. Die H AG bietet den durch die Eingliederung ausscheidenden Aktionären der E AG als Abfindung für ihre Aktien eigene Aktien an, und zwar für je eine nennwertlose Stückaktie der E AG fünf nennwertlose Stückaktien der H AG sowie eine bare Zuzahlung von Euro ...... Der Umtausch der Aktien ist für die Aktionäre der E AG kostenfrei.

2. Die als Abfindung angebotenen Aktien sind ab dem Beginn des Geschäftsjahres 2015 gewinnberechtigt. Falls die Eingliederung erst wirksam wird, nachdem die Hauptversammlung der E AG über die Gewinnverwendung des Geschäftsjahres 2015 beschlossen hat, sind die angebotenen Aktien ab dem Beginn des Geschäftsjahres 2016 gewinnberechtigt. Bei einer weiteren Verzögerung gilt die Gewinnberechtigung ab Beginn des Geschäftsjahres, über dessen Gewinnverwendung bei Wirksamwerden der Eingliederung noch nicht von der Hauptversammlung der E AG beschlossen worden ist.

3. Nach Wahl jedes ausscheidenden Aktionärs wird die H AG statt der Abfindung in eigenen Aktien eine Barabfindung von Euro ...... für eine nennwertlose Stückaktie der E AG gewähren. Das Wahlrecht der ausscheidenden Aktionäre ist befristet. Die Frist endet zwei Monate nach dem Tage, an dem die Eintragung der Eingliederung im Handelsregister nach § 10 des Handelsgesetzbuchs als bekannt gemacht gilt. Ist ein Antrag auf Bestimmung der angemessenen Abfindung nach § 320b Abs. 2 S. 2 AktG gestellt worden, verlängert sich die Frist in entsprechender Anwendung von § 305 Abs. 4 S. 3 AktG. Wenn das Wahlrecht nicht fristgerecht ausgeübt wird, entfällt die Verpflichtung der H AG zur Abfindung in eigenen Aktien.

4. Falls das Gericht in einem Verfahren nach § 320b Abs. 2 AktG, §§ 1 ff. SpruchG rechtskräftig eine höhere Abfindung festsetzt oder die H AG sich in einem Vergleich zur Abwendung oder Beendigung des Verfahrens gegenüber einem ausgeschiedenen Aktionär zu einer höheren Abfindung verpflichtet, wird eine entsprechende Ergänzung der Abfindung allen durch die Eingliederung ausgeschiedenen Aktionären gewährt werden.

bb) Jahresabschlüsse der beteiligten Gesellschaften. Neben dem Entwurf des Eingliederungsbeschlusses sind die Jahresabschlüsse und die Lageberichte der beteiligten Gesellschaften für die letzten drei Geschäftsjahre auszulegen. Gemeint sind die Geschäftsjahre, für die Jahresabschlüsse und Lageberichte tatsächlich vorliegen oder nach den gesetzlichen Bestimmungen hätten vorliegen müssen.[5] Auch die Frage, ob die Jahresabschlüsse einer Prüfungspflicht unterliegen, bestimmt sich ausschließlich nach den maßgeblichen Vorschriften des HGB.

cc) Bericht des Hauptaktionärs. Von der Einberufung der Hauptversammlung an ist ein **ausführlicher schriftlicher Bericht des Vorstands der zukünftigen Hauptgesellschaft** auszulegen und zu übersenden, in dem die Eingliederung rechtlich und wirtschaftlich erläutert und begründet wird (§§ 319 Abs. 3 S. 1 Nr. 3, 320 Abs. 4 S. 1 AktG). Im Falle der Mehrheitseingliederung sind in dem Bericht gemäß § 320 Abs. 4 S. 2 AktG auch Art und Höhe der Abfindung nach § 320b AktG rechtlich und wirtschaftlich zu erläutern und zu begründen. Hierbei ist auf besondere Schwierigkeiten bei der Bewertung der beteiligten Gesellschaften sowie auf die Folgen für die Beteiligungen der Aktionäre hinzuweisen. Im Gegensatz zum Unternehmensvertragsrecht, wo die Vorstände beider an dem Unternehmensvertrag beteiligten Gesellschaften berichtspflichtig sind, trifft die Berichtspflicht im Rahmen der Eingliederung ausschließlich den Vorstand der Hauptgesellschaft.[6]

Da der Wortlaut des §§ 319 Abs. 3 S. 1 Nr. 3, 320 Abs. 4 S. 2 AktG in weiten Teilen den Regelungen zum Unternehmensvertrag in § 293a AktG und zum Squeeze out in § 327c Abs. 2 AktG entspricht, kann auf die dortigen Ausführungen hinsichtlich des Berichtsinhalts

---

[5] Zum Unternehmensvertrag: MüKoAktG/*Altmeppen* § 293 f. Rn. 7; zum Umwandlungsrecht: Kallmeyer/*Kallmeyer* UmwG § 49 Rn. 2; Kallmeyer/*Marsch-Barner* UmwG § 63 Rn. 3; Lutter/*Grunewald* UmwG § 63 Rn. 3; zum Squeeze out siehe OLG Hamburg NZG 2003, 539 (541 f.) entgegen der Vorinstanz LG Hamburg BB 2002, 2625 (2625 f.).

[6] Emmerich/Habersack/*Habersack* § 319 Rn. 19.

verwiesen werden.[7] Im Gegensatz zum Squeeze out, bei dem eine Darstellung des Hauptaktionärs geringe Bedeutung hat, ist diese bei der Eingliederung erforderlich, weil den ausgeschiedenen Aktionären der einzugliedernden Gesellschaft zwingend auch Aktien der Hauptgesellschaft anzubieten sind.

14 *dd) Eingliederungsprüfung.* Im Gegensatz zur Eingliederung nach § 319 AktG unterliegt die Mehrheitseingliederung der Eingliederungsprüfung nach § 320 Abs. 3 AktG. Die Eingliederungsprüfer werden auf Antrag des Vorstands der Hauptgesellschaft vom Gericht ausgewählt und bestellt (§ 320 Abs. 3 S. 2 AktG). Da bei der Mehrheitseingliederung auch Aktien der Hauptgesellschaft anzubieten sind, kann sich der Eingliederungsprüfer nicht auf die Prüfung der Unternehmensbewertung der einzugliedernden Gesellschaft beschränken, sondern hat auch die Bewertung der Hauptgesellschaft zu prüfen. Der Inhalt des Prüfungsberichts bestimmt sich nach §§ 320 Abs. 3 S. 2, 293e AktG.

15 **d) Hauptversammlungsbeschlüsse.** *aa) Eingliederungsbeschluss.* Die Eingliederung beruht nicht auf einem Vertrag zwischen einzugliedernder Gesellschaft und Hauptgesellschaft, sondern Grundlage der Eingliederung ist der Beschluss der Hauptversammlung der einzugliedernden Gesellschaft (Eingliederungsbeschluss). In der Hauptversammlung ist jedem Aktionär auf Verlangen Auskunft auch über alle im Zusammenhang mit der Eingliederung wesentlichen Angelegenheiten der zukünftigen Hauptgesellschaft zu geben (§§ 319 Abs. 3 S. 5, 320 Abs. 4 S. 3 AktG). Den Vorstand der einzugliedernden Gesellschaft trifft analog § 293g Abs. 2 AktG, § 63 Abs. 1 S. 2 UmwG eine Erläuterungspflicht.[8] Der Eingliederungsbeschluss bedarf lediglich der einfachen Stimmenmehrheit des § 133 Abs. 1 AktG.[9]

16 *bb) Zustimmungsbeschluss.* Neben dem Eingliederungsbeschluss der einzugliedernden Gesellschaft bedarf es des Zustimmungsbeschlusses der Hauptversammlung der Hauptgesellschaft (§ 319 Abs. 2 AktG). Der Zustimmungsbeschluss kann dem Eingliederungsbeschluss folgen, kann ihm aber auch vorangehen.[10] Auch den Vorstand der Hauptgesellschaft trifft eine Erläuterungspflicht analog § 293g Abs. 2 AktG, § 63 Abs. 1 S. 2 UmwG. Den Aktionären steht ein erweitertes Auskunftsrecht gemäß § 319 Abs. 3 S. 4 AktG zu. Der Zustimmungsbeschluss wird mit einer qualifizierten Mehrheit von drei Viertel des bei der Beschlussfassung vertretenen Grundkapitals gefasst. Die Satzung kann lediglich eine größere, nicht hingegen eine geringere Kapitalmehrheit vorsehen.

17 *cc) Mehrstufige Unternehmensverbindungen.* Problematisch ist ein Zustimmungserfordernis der Muttergesellschaft in mehrstufigen Unternehmensverbindungen, wenn ein Tochterunternehmen bereits in die Muttergesellschaft eingegliedert ist und nunmehr eine Enkelgesellschaft in die Tochtergesellschaft eingegliedert werden soll. Die Eingliederung der Enkelgesellschaft in die Tochtergesellschaft hat zur Folge, dass die Muttergesellschaft für die Schulden der Enkelgesellschaft gesamtschuldnerisch haftet und ihre Bilanzverluste zu übernehmen hat. Aus diesen Gründen soll jedenfalls dann, wenn es sich bei der Enkelgesellschaft um eine wesentliche Beteiligung iSd Gelatine-Grundsätze handelt, eine Zustimmung der Hauptversammlung der Muttergesellschaft zur Eingliederung der Enkelgesellschaft in die Tochtergesellschaft erforderlich sein.[11] Allerdings kommt dem Beschlusserfordernis auf Ebene der Muttergesellschaft keine Außenwirkung zu, so dass eine entsprechende

---

[7] Vgl. hierzu ausführlich → § 44 Rn. 20 ff.
[8] MüKoAktG/*Grunewald* § 320 Rn. 16; Hüffer/Koch/*Koch* AktG § 320 Rn. 13, § 319 Rn. 12; Emmerich/Habersack/*Habersack* § 319 Rn. 21.
[9] MüKoAktG/*Grunewald* § 320 Rn. 9; Emmerich/Habersack/*Habersack* § 320 Rn. 11; Hüffer/Koch/*Koch* AktG § 320 Rn. 4; MHdB GesR IV/*Krieger* § 74 Rn. 29; aA Godin/*Wilhelmi* § 320 Anm. 3; KölnKommAktG/*Koppensteiner* § 320 Rn. 6.
[10] OLG München AG 1993, 430 – Siemens/SNI; MüKoAktG/*Grunewald* § 319 Rn. 20; Emmerich/Habersack/*Habersack* § 319 Rn. 15; MHdB GesR IV/*Krieger* § 74 Rn. 11.
[11] Emmerich/Habersack/*Habersack* § 319 Rn. 16; weitergehend: KölnKommAktG/*Koppensteiner* § 319 Rn. 6; *Mülbert*, Aktiengesellschaft, Unternehmensgruppe und Kapitalmarkt, S. 447; generell ablehnend demgegenüber: MüKoAktG/*Grunewald* § 319 Rn. 22; MHdB GesR IV/*Krieger* § 74 Rn. 15.

Eingliederung auch ohne Beschluss der Hauptversammlung der Muttergesellschaft wirksam wäre.[12]

e) Anmeldung und Eintragung der Eingliederung. Der Vorstand der einzugliedernden Gesellschaft hat die Eingliederung und die Firma der Hauptgesellschaft zur Eintragung in das Handelsregister anzumelden (§ 319 Abs. 4 AktG). Der Anmeldung sind die Niederschriften der Hauptversammlungsbeschlüsse und ihre Anlagen in Ausfertigung oder öffentlich beglaubigter Abschrift beizufügen. Zum Handelsregister der Hauptgesellschaft ist hingegen nichts anzumelden. Hier findet lediglich § 130 Abs. 5 AktG (Einreichung der Protokolle) Anwendung. Mit der Eintragung der Eingliederung in das Handelsregister des Sitzes der Gesellschaft wird die einzugliedernde Gesellschaft in die Hauptgesellschaft eingegliedert (§ 319 Abs. 7 AktG).

Mängel der Eingliederung werden nunmehr ebenso wie im Umwandlungsrecht durch die Eintragung geheilt. Nach der Neufassung des § 319 Abs. 6 AktG lassen Mängel des Beschlusses nach der Eintragung seine Durchführung unberührt.[13] Auch kann die Beseitigung dieser Wirkung nicht als Schadensersatz verlangt werden.[14]

4. Rechtsfolgen der Eintragung

a) Leitungsmacht der Hauptgesellschaft. Nach § 323 Abs. 1 S. 1 AktG ist die Hauptgesellschaft berechtigt, dem Vorstand der eingegliederten Gesellschaft hinsichtlich der Leitung der Gesellschaft Weisungen zu erteilen. Da die Gläubiger umfassend durch die §§ 321, 322, 324 Abs. 3 AktG geschützt sind, ist es der Hauptgesellschaft nach hM gestattet, der eingegliederten Gesellschaft existenzgefährdende und sogar existenzvernichtende Weisungen zu erteilen.[15] Weisungen der Hauptgesellschaft sind jedoch dann unzulässig, wenn sie gegen die Satzung verstoßen oder gesetzeswidrig sind. Hinsichtlich der Verantwortlichkeit der Organe verweist § 323 Abs. 1 S. 2 AktG auf die §§ 309, 310 AktG.

b) Schutz der Gläubiger. *aa) Aufhebung der Vermögensbindung.* Die Eingliederung hat eine weitgehende Aufhebung der Vermögensbindung bei der eingegliederten Gesellschaft zur Folge. Leistungen der eingegliederten Gesellschaft an die Hauptgesellschaft gelten nach § 323 Abs. 2 AktG nicht als Verstoß gegen die §§ 57, 58, 60 AktG. Die Grundsätze über die Kapitalaufbringung finden in dem durch § 324 AktG vorgegebenen Rahmen nur eingeschränkt Anwendung. Danach sind die gesetzlichen Vorschriften über die Bildung, Verwendung und Dotierung einer gesetzlichen Rücklage unanwendbar. Bereits bestehende Rücklagen können aufgelöst und zu anderen als den in § 150 Abs. 3 und 4 AktG vorgesehenen Zwecken verwendet werden.[16] Von der Bestimmung nicht erfasst werden hingegen satzungsgemäße Rücklagen und Kapitalrücklagen iSd § 272 Abs. 2 HGB.[17] Diese sind zu beachten, solange die entsprechenden Bestimmungen in der Satzung nicht geändert oder aufgehoben worden sind.

bb) Anspruch auf Sicherheitsleistung. Angesichts der eingeschränkten Verpflichtung zur Bildung von Rücklagen wird der Gläubigerschutz im Rahmen der Eingliederung auf anderem Wege, nämlich durch Sicherheitsleistung und Mithaftung der Hauptgesellschaft gemäß §§ 321, 322 AktG sichergestellt. Gläubiger, deren Forderungen begründet worden sind, bevor die Eintragung der Eingliederung in das Handelsregister bekannt gemacht worden ist, haben gemäß § 321 Abs. 1 S. 1 AktG einen Anspruch auf Sicherheitsleistung. Das Recht, Sicherheit zu verlangen, steht solchen Gläubigern der eingegliederten Gesellschaft nicht zu,

---

[12] Emmerich/Habersack/*Habersack* § 319 Rn. 16; Hüffer/Koch/*Koch* AktG § 319 Rn. 7; aA *Sonnenschein* BB 1975, 1088 (1091 ff.).
[13] Art. 1 Nr. 45 des Gesetzes zur Umsetzung der Aktionärsrechterichtlinie (ARUG) vom 30.7.2009 (BGBl. I S. 2479).
[14] MüKoAktG/*Grunewald* § 319 Rn. 47; Emmerich/Habersack/*Habersack* § 319 Rn. 43. Vgl. zur Rechtslage vor Verabschiedung des ARUG; *Krieger* ZHR 158 (1994), 35 (43 f.).
[15] MüKoAktG/*Grunewald* § 323 Rn. 2; Emmerich/Habersack/*Habersack* § 323 Rn. 2; KölnKommAktG/*Koppensteiner* § 320 Rn. 4; offen gelassen Hüffer/Koch/*Koch* AktG § 323 Rn. 3.
[16] MüKoAktG/*Grunewald* § 324 Rn. 2; Emmerich/Habersack/*Habersack* § 324 Rn. 3.
[17] MüKoAktG/*Grunewald* § 324 Rn. 2, 3; Emmerich/Habersack/*Habersack* § 324 Rn. 4.

die Befriedigung verlangen können oder die im Falle des Insolvenzverfahrens ein Recht auf vorzugsweise Befriedigung aus einer Deckungsmasse haben, die nach gesetzlichen Vorschriften zu ihrem Schutz errichtet wurde und staatlich überwacht wird. Schuldner des Anspruchs auf Sicherheitsleistung ist die eingegliederte Gesellschaft. Die Haftung der Hauptgesellschaft erstreckt sich nach § 322 AktG auf die Verpflichtung zur Sicherheitsleistung.

23 *cc) Haftung gemäß § 322 AktG.* Besondere Bedeutung hat die Haftung der Hauptgesellschaft für die Verbindlichkeiten der eingegliederten Gesellschaft gemäß § 322 AktG. Die Hauptgesellschaft haftet danach sowohl für die Alt- als auch für die Neuverbindlichkeiten der eingegliederten Gesellschaft. Ausgenommen von der Haftung sind lediglich diejenigen Verbindlichkeiten, die begründet werden, nachdem die Beendigung der Eingliederung in das Handelsregister eingetragen ist und die Frist des § 15 Abs. 2 S. 2 HGB abgelaufen ist. Nach herrschender Auffassung entspricht der Inhalt der Haftung der Hauptgesellschaft grundsätzlich demjenigen der Verbindlichkeit der eingegliederten Gesellschaft.[18] Der Hauptgesellschaft stehen gegenüber den Ansprüchen der Gläubiger der eingegliederten Gesellschaft sowohl ihre persönlichen Einreden und Einwendungen als auch solche der eingegliederten Gesellschaft zu. Wird die Hauptgesellschaft von einem Gläubiger der eingegliederten Gesellschaft in Anspruch genommen, so kann sie bei der eingegliederten Gesellschaft grundsätzlich in voller Höhe Regress nehmen.[19] Dies gilt jedoch dann nicht, wenn die Verbindlichkeit auf Grund einer Weisung der Hauptgesellschaft veranlasst wurde.

24 *dd) Verlustausgleichspflicht.* Einen Verlustausgleich sieht das Gesetz in § 324 Abs. 3 AktG vor. Danach ist die Hauptgesellschaft verpflichtet, jeden bei der eingegliederten Gesellschaft sonst entstehenden Bilanzverlust auszugleichen, soweit dieser den Betrag der Kapitalrücklagen und Gewinnrücklagen übersteigt.

25 **c) Ausscheiden der Minderheitsaktionäre.** Bei der Mehrheitseingliederung scheiden die Minderheitsaktionäre aus, haben jedoch Anspruch auf Aktien der Hauptgesellschaft.

26 *aa) Übergang der Aktien.* Mit der Eintragung der Eingliederung in das Handelsregister gehen alle Aktien, die sich nicht in der Hand der Hauptgesellschaft befinden, auf diese über (§ 320a S. 1 AktG). Von dem Übergang sind auch die eigenen Aktien und Aktien, die von einem Dritten für Rechnung der einzugliedernden Gesellschaft gehalten werden, erfasst.[20]

27 Soweit Aktienurkunden ausgegeben wurden, verbriefen diese bis zu ihrer Aushändigung an die Hauptgesellschaft nur den Anspruch auf Abfindung (§ 320a S. 2 AktG). Mit Eintragung der wirksamen Eingliederung sind die ausgeschiedenen Aktionäre zur Aushändigung der Aktienurkunden Zug um Zug gegen Leistung der Abfindung verpflichtet. Das Eigentum an den Aktienurkunden erwirbt die Hauptgesellschaft erst mit Leistung der Abfindung.[21]

28 *bb) Abfindung der ausgeschiedenen Aktionäre.* Als Grundsatz sieht die Regelung des § 320b Abs. 1 S. 2 AktG vor, dass den ausgeschiedenen Aktionären der eingegliederten Gesellschaft als Abfindung Aktien der Hauptgesellschaft zu gewähren sind.

29 Handelt es sich bei der Hauptgesellschaft um eine abhängige Gesellschaft, so haben die ausgeschiedenen Aktionäre ein Wahlrecht und können entweder eigene Aktien der abhängigen Hauptgesellschaft oder eine angemessene Barabfindung wählen (§ 320b Abs. 1 S. 3 AktG).[22] Eine Frist für die Ausübung des Wahlrechts sieht das Gesetz nicht vor. Jedoch steht es der Hauptgesellschaft frei, das Wahlrecht zu befristen, wobei hinsichtlich der Befristung die Grundsätze des § 305 Abs. 4 AktG (Zweimonatsfrist) entsprechende Anwendung finden.

---

[18] MüKoAktG/*Grunewald* § 322 Rn. 7; Emmerich/Habersack/*Habersack* § 322 Rn. 6; Hüffer/Koch/*Koch* AktG § 322 Rn. 4; aA KölnKommAktG/*Koppensteiner* § 322 Rn. 7 ff.
[19] Hüffer/Koch/*Koch* AktG § 322 Rn. 6; MüKoAktG/*Grunewald* § 322 Rn. 18; Emmerich/Habersack/*Habersack* § 322 Rn. 7.
[20] MüKoAktG/*Grunewald* § 320a Rn. 2; Emmerich/Habersack/*Habersack* § 320a Rn. 3; Hüffer/Koch/*Koch* AktG § 320a Rn. 2; KölnKommAktG/*Koppensteiner* § 320 Rn. 15.
[21] MüKoAktG/*Grunewald* § 320a Rn. 3; Hüffer/Koch/*Koch* AktG § 320a Rn. 3; *Timm/Schick* WM 1994, 185, 185 ff.
[22] Zur Bemessung der Barabfindung Emmerich/Habersack/*Habersack* § 320b Rn. 12 sowie zur Berücksichtigung des Börsenkurses BVerfG NJW 2007, 828 ff. Zum Wahlrecht zwischen Aktien und Barabfindung auch *Merkner/Schmidt-Bendun* NZG 2011, 10 ff.

Wird eine Enkelgesellschaft in eine bereits eingegliederte Tochtergesellschaft eingegliedert, 30
so sind den ausgeschiedenen Aktionären nach der Rechtsprechung des Bundesgerichtshofs
alternativ zu einer angemessenen Barabfindung keine Aktien der Tochtergesellschaft, sondern solche der Muttergesellschaft zu gewähren.[23] Der Entscheidung des Bundesgerichtshofs ist zuzustimmen, da eine andere Lösung, wie etwa die Gewährung von Anteilen der
eingegliederten Tochtergesellschaft, zur Folge hätte, dass die Eingliederung der Tochtergesellschaft gemäß § 327 Abs. 1 Nr. 3 AktG enden würde und eine „Wiedereingliederung"
vorgenommen werden müsste.

Die Barabfindung sowie bare Zuzahlungen sind von der Bekanntmachung der Eintragung 31
der Eingliederung an mit jährlich 5 % über dem jeweiligen Basiszinssatz nach § 247 BGB zu
verzinsen, wobei die Geltendmachung eines weiteren Schadens nicht ausgeschlossen ist
(§ 320b Abs. 1 S. 6 AktG).

d) Schutz der Inhaber von Sonderrechten. Umstritten ist auch im Rahmen der Eingliederung die Behandlung von Umtausch- oder Optionsrechten, die noch nicht ausgeübt oder 32
zwar ausgeübt, aber noch nicht bedient wurden.[24] Nach einer Ansicht sollen die Umtausch- und Optionsrechte auch nach der Eingliederung unverändert fortbestehen und bei ihrer
Ausübung zur Beendigung der Eingliederung führen.[25] Der Bundesgerichtshof und die
überwiegende Auffassung im Schrifttum nehmen demgegenüber an, dass Umtausch- und
Optionsrechte auf Aktien der einzugliedernden Gesellschaft analog §§ 320a, 320b AktG,
§ 23 UmwG durch entsprechende Rechte gegen die Hauptgesellschaft zu ersetzen sind.
Hierbei wird vorausgesetzt, dass lediglich Umtausch- und Optionsrechte auf Aktien bestehen, die insgesamt nicht mehr als 5 % des Grundkapitals der Gesellschaft ausmachen.[26]

5. Rechtsschutz der ausgeschiedenen Aktionäre

a) Anfechtungsklage. Grundsätzlich unterliegt sowohl der Eingliederungsbeschluss als 33
auch der Zustimmungsbeschluss der Anfechtbarkeit nach den allgemeinen aktienrechtlichen
Bestimmungen. Die Anfechtung des Eingliederungsbeschlusses kann jedoch nicht auf eine
rechtswidrige Gewährung von Sondervorteilen oder darauf gestützt werden, dass die von
der Hauptgesellschaft angebotene Abfindung nicht angemessen ist oder die Hauptgesellschaft eine Abfindung nicht oder nicht ordnungsgemäß angeboten hat und eine hierauf
gestützte Anfechtungsklage innerhalb der Anfechtungsfrist nicht erhoben oder zurückgenommen oder rechtskräftig abgewiesen worden ist (§ 320b Abs. 2 AktG). Auch abfindungswertbezogene Informationsmängel können nicht mit der Anfechtungsklage geltend
gemacht werden (§ 243 Abs. 4 S. 2 AktG).[27]

b) Unbedenklichkeitsverfahren. Bei der Anmeldung der Eingliederung hat der Vorstand 34
der einzugliedernden Gesellschaft zu erklären, dass eine Klage gegen die Wirksamkeit des
Eingliederungs- oder Zustimmungsbeschlusses nicht oder nicht fristgemäß erhoben oder
eine solche Klage rechtskräftig abgewiesen oder zurückgenommen worden ist (§ 319 Abs. 5
S. 1 AktG). Liegt eine entsprechende Erklärung nicht vor, so darf die Eingliederung grundsätzlich nicht eingetragen werden, so dass die Erhebung einer Anfechtungsklage bis zu ihrer
rechtskräftigen Abweisung eine Registersperre zur Folge hat.

Zur Überwindung der Registersperre hat der Gesetzgeber in § 319 Abs. 6 AktG ein Unbedenklichkeitsverfahren eingeführt. Danach steht es der vorgenannten Erklärung gleich,
wenn nach Erhebung einer Anfechtungs- oder Nichtigkeitsklage das Oberlandesgericht auf

---

[23] BGHZ 138, 224 (225 ff.); BGH NJW 1998, 3202; zuvor bereits OLG Nürnberg AG 1996, 229 (230); 1997, 136; LG Dortmund AG 1995, 518 (519); 1996, 426 ff.
[24] Vgl. zur vergleichbaren Situation beim Squeeze out → § 44 Rn. 40.
[25] OLG Hamm AG 1994, 376 (378); GroßkommAktG/*Würdinger* § 320 Rn. 25; *Ziemons*, in: FS Karsten Schmidt, S. 1777 (1789). Zum Squeeze out *Schüppen* WPg 2001, 958 (976).
[26] So wohl der BGH NJW 1998, 2146; Emmerich/Habersack/*Habersack* § 320b Rn. 8; *Noack* EWiR § 320b AktG 1/98, 483.
[27] Hüffer/Koch/*Koch* AktG § 320b Rn. 8, § 243 Rn. 47b. Zur Anwendung der Rechtsprechung zu „abfindungswertbezogenen Informationsmängeln" auf die Eingliederung: *Henze* ZIP 2002, 97 (107); *Sinewe* DB 2001, 690; *Witt* WuB II N § 210 UmwG 2.01.

Antrag der Gesellschaft erst- und letztinstanzlich festgestellt hat, dass die Erhebung der Klage der Eintragung nicht entgegensteht. Ein entsprechender Beschluss ergeht, wenn
- die Klage unzulässig oder offensichtlich unbegründet ist,
- der Kläger nicht binnen einer Woche nach Zustellung des Antrags durch Urkunden nachgewiesen hat, dass er seit Bekanntmachung der Einberufung einen anteiligen Betrag von mindestens 1.000 EUR hält, oder
- das alsbaldige Wirksamwerden des Hauptversammlungsbeschlusses vorrangig erscheint, weil die vom Antragsteller dargelegten wesentlichen Nachteile für die Gesellschaft und ihre Aktionäre nach freier Überzeugung des Gerichts die Nachteile für den Antragsgegner überwiegen, es sei denn es liegt eine besondere Schwere der Rechtsverletzung vor.[28]

35   c) **Spruchverfahren.** Ist die angebotene Abfindung nicht angemessen, so hat das Gericht im Spruchverfahren[29] auf Antrag eine angemessene Abfindung zu bestimmen. Antragsberechtigt im Spruchverfahren ist jeder ausgeschiedene Aktionär (§ 3 Nr. 2 SpruchG). Antragsgegnerin ist gemäß § 5 Nr. 2 SpruchG die Hauptgesellschaft. Die rechtskräftige Entscheidung im Spruchverfahren ist durch den Vorstand der Hauptgesellschaft bekannt zu machen (§ 14 Nr. 2 SpruchG).

36   Ist die im Hauptversammlungsbeschluss bestimmte Abfindung nicht angemessen, so setzt das Gericht eine angemessene Abfindung fest. Die Nachbesserung der Abfindung ist in derselben Weise zu leisten wie die primär vorgesehene Abfindung. Soweit diese in Aktien der Hauptgesellschaft besteht, können bei einer Änderung im Spruchverfahren lediglich die Spitzenbeträge in bar ausgeglichen werden.[30]

II. Übertragende Auflösung

37   Vor allem **vor der Einführung des Squeeze out** in das Aktiengesetz (§§ 327a ff. AktG) wurde die sog. „übertragende Auflösung" verschiedentlich eingesetzt, um Minderheitsaktionäre aus der Aktiengesellschaft auszuschließen. Bei der übertragenden Auflösung wird das gesamte Gesellschaftsvermögen auf eine andere Gesellschaft des Mehrheitsgesellschafters übertragen und die Aktiengesellschaft anschließend liquidiert. Die erforderlichen Beschlüsse zur Vermögensübertragung nach § 179a AktG und zur Liquidation nach § 262 Abs. 1 Nr. 2 AktG bedürfen einer Mehrheit von drei Viertel des bei der Beschlussfassung vertretenen Grundkapitals.

38   Der Bundesgerichtshofs bejahte in der Linotype-Entscheidung die grundsätzliche Zulässigkeit der übertragenden Auflösung. Allerdings sei die Beschlussfassung dann wegen Verletzung der Treuepflicht des Mehrheitsgesellschafters anfechtbar, wenn auf Grund von Vorabsprachen den Minderheitsaktionären die Chance genommen werde, das Gesellschaftsvermögen zu erwerben.[31] In der Moto Meter-Entscheidung entschied das Bundesverfassungsgericht, dass eine übertragende Auflösung im Hinblick auf die Eigentumsgarantie des Art. 14 GG nur dann zulässig sei, wenn die Minderheitsaktionäre die Höhe der Kompensation in einem gerichtlichen Verfahren überprüfen könnten.[32]

39   Im Schrifttum wird die Frage der Zulässigkeit der übertragenden Auflösung kontrovers diskutiert. Teilweise wird vertreten, die übertragende Auflösung sei grundsätzlich unzulässig, weil sie den Wertungen des UmwG widerspreche.[33] Andere fordern, dass auch die übertragende Auflösung im Hinblick auf die §§ 327a ff. AktG einer Mehrheit von 95 % des Grundkapitals bedürfe.[34] Nach der gegenteiligen Auffassung soll hingegen auch nach Verabschiedung des UmwG und der §§ 327a ff. AktG eine übertragende Auflösung selbst bei

---

[28] Zum Freigabeverfahren nach dem ARUG: *Poelzig* DStR 2008, 1538; *Waclawik* ZIP 2008, 1141.
[29] Vgl. die ausführliche Darstellung in → § 40.
[30] *Maier-Reimer* ZHR 164 (2000), 563 (566).
[31] BGHZ 103, 184 = NJW 1988, 1579.
[32] BVerfG NJW 2001, 279.
[33] *Lutter/Drygala*,in: FS Kropff, S. 191 (220); *Lutter/Lutter* UmwG Einl. Rn. 39; *Wilhelm/Dreier* ZIP 2003, 1369 (1370 ff.).
[34] Vgl. *von Morgen* WM 2003, 1553 (1556); *Rühland* WM 2002, 1957 (1962).

einer niedrigeren Beteiligungsschwelle zulässig sein.[35] Schließlich ist strittig, ob das Spruchverfahren nach dem SpruchG in Fällen übertragender Auflösung analoge Anwendung findet.[36] Vor dem Hintergrund dieser Kontroverse und der wenig klaren Rechtsprechung empfiehlt sich im Zusammenhang mit einer übertragenden Auflösung eine vorsichtige Vorgehensweise.

III. Ausschluss aus wichtigem Grund

Der Ausschluss eines Aktionärs aus wichtigem Grund ist gesetzlich nicht geregelt. Während die Rechtsprechung im Hinblick auf die kapitalistische Struktur der Aktiengesellschaft bislang die Zulässigkeit eines Ausschlusses aus wichtigem Grund verneint hat,[37] wird im juristischen Schrifttum der Ausschluss eines Aktionärs aus wichtigem Grund, wenn auch nur aus einer personalistischen Aktiengesellschaft, für zulässig erachtet.[38] Die Rechtsprechung hat sich bislang zu dieser Frage noch nicht geäußert, so dass insoweit noch erhebliche Rechtsunsicherheit besteht. 40

> **Checkliste: Voraussetzungen des Ausschlusses aus wichtigem Grund** 41
> ☐ Personalistische Aktiengesellschaft
> ☐ Vorliegen eines wichtigen Grundes
> ☐ Hauptversammlungsbeschluss mit qualifizierter Mehrheit
> ☐ Ausschließungsklage analog § 140 HGB
> ☐ Zahlung einer angemessenen Abfindung

1. Voraussetzungen des Ausschlusses aus wichtigem Grund

a) **Personalistische Aktiengesellschaft.** Die personalistische Aktiengesellschaft entspricht im Gegensatz zur kapitalistischen Aktiengesellschaft in ihrer Realstruktur weitgehend der GmbH, weshalb die zur GmbH entwickelten Grundsätze zum Ausschluss von Gesellschaftern entsprechend anwendbar sind.[39] Indizien für eine personalistische Aktiengesellschaft sind die geringe Mitgliederzahl, der Ausschluss oder die Erschwerung der Anteilsübertragung (insbesondere durch vinkulierte Namensaktien) sowie die Mitarbeit der Aktionäre im Unternehmen der Aktiengesellschaft oder deren familiäre Verbundenheit. 42

b) **Wichtiger Grund.** *aa) Allgemeines.* Ein wichtiger Grund ist in Anlehnung an das GmbH-Recht gegeben, wenn der Gesellschafter durch seine Person oder durch sein Verhalten die Erreichung des Gesellschaftszwecks unmöglich macht oder erheblich gefährdet oder sein Verhalten einen Verbleib in der Gesellschaft untragbar erscheinen lässt. Ein Verschulden des auszuschließenden Gesellschafters ist nicht erforderlich.[40] Zu beachten ist jedoch, dass der Ausschluss aus der Gesellschaft stets die ultima ratio darstellt und daher unzulässig ist, wenn minder schwere Sanktionen, wie etwa Abwehr-, Unterlassungs-, Scha- 43

---

[35] Spindler/Stilz/*Holzborn* AktG § 179a Rn. 36 f.; *Roth* NZG 2003, 998 (1000); MüKoAktG/*Stein* § 179a Rn. 73 ff.; *Wolf* ZIP 2002, 153 (154).
[36] Emmerich/Habersack/*Emmerich* SpruchG § 1 Rn. 11; *Henze*, in: FS Wiedemann, S. 935 (951 f.); Spindler/Stilz/*Holzborn* AktG § 179a Rn. 44 f.; *Schlitt* ZIP 2004, 533 (540); MüKoAktG/*Stein* § 179a Rn. 81 ff.; *Wiedemann* ZGR 1999, 857 (860 ff.); OLG Düsseldorf AG 2005, 771 (773); OLG Zweibrücken NZG 2005, 935 (936).
[37] BGHZ 9, 157 (163); 18, 350 (365); aus der Literatur KölnKommAktG/*Kraft* § 11 Rn. 33.
[38] *Becker* ZGR 1986, 383 ff.; *Grunewald*, Der Ausschluss aus Gesellschaft und Verein, S. 53 ff.; *Hommelhoff* ZHR 151 (1987), 493 (515 f.); MHdB GesR IV/*Scholz* § 63 Rn. 56 f.; *Reinisch*, Der Ausschluss von Aktionären aus der Aktiengesellschaft, passim; *K. Schmidt*, Gesellschaftsrecht, § 28 I 5 = S. 803 f.
[39] *Becker* ZGR 1986, 383 (402); *Grunewald*, Der Ausschluss aus Gesellschaft und Verein, S. 54; Hommelhoff/*Freytag* DStR 1996, 1367 (1372); KölnKommAktG/*Lutter* § 237 Rn. 120. Vgl. auch *Reinisch*, Der Ausschluss von Aktionären aus der Aktiengesellschaft, S. 84.
[40] BGHZ 9, 157 (164); MünchHdbGesR III/*Kort* § 29 Rn. 37.

densersatzansprüche oder Anfechtungsklagen in Betracht kommen.[41] Die Auflösung der Gesellschaft aus wichtigem Grund stellt demgegenüber keine minder schwere Sanktion dar.[42]

44 *bb) Fallgruppen.* **Als wichtiger Grund** zum Ausschluss eines Gesellschafters aus der Gesellschaft wurden von der Rechtssprechung für die GmbH und Personengesellschaften **anerkannt:**
- Schwere Verletzungen der gesellschaftsrechtlichen Treuepflicht[43]
- Zerstörung des Vertrauensverhältnisses[44]
- Schuldhafte Herbeiführung eines tiefgreifenden, unheilbaren Zerwürfnisses zwischen den Gesellschaftern, ohne dass in der Person des auf Ausschließung klagenden Gesellschafters ebenfalls ein Ausschlussgrund vorliegt[45]
- Treuwidrige Zuarbeit für Konkurrenzunternehmen[46]
- Denunziation eines Mitgesellschafters[47]
- Wiederholte Strafanzeigen auf Grundlage unrichtiger oder verfälschter Angaben[48]
- Ungerechtfertigte, ehrenrührige Vorwürfe gegen Mitgesellschafter und ihnen nahe stehende Personen[49]
- Verlust gesellschaftsvertraglich geforderter persönlicher Eigenschaften[50]
- Verlust der Familienzugehörigkeit, wenn eine Aufnahme in eine Familiengesellschaft durch Einheirat erfolgte[51]
- Verschweigen von Vorstrafen[52]
- Schwerwiegender Verstoß eines Gesellschafter-Geschäftsführers gegen die gesellschaftsvertragliche Zuständigkeitsordnung[53]
- Grobe Verletzung von Informationspflichten[54]
- Veräußerung des gesamten Geschäftsbetriebs durch einen Gesellschafter ohne Zustimmung der Mitgesellschafter

45 **Keinen wichtigen Grund** zum Ausschluss eines Gesellschafters aus der Gesellschaft sollen darstellen:
- gerichtliche Geltendmachung berechtigter Ansprüche gegen die Gesellschaft[55]
- Untätigkeit als Geschäftsführer[56]

46 **c) Beschluss der Hauptversammlung.** Für den Ausschluss eines Aktionärs aus wichtigem Grund ist ein Beschluss der Hauptversammlung erforderlich;[57] er bedarf der ¾-Mehrheit des bei der Beschlussfassung vertretenen Grundkapitals,[58] da es sich beim Ausschluss aus

---

[41] Ausführlich zum ultima ratio Grundsatz *Reinisch,* Der Ausschluss von Aktionären aus der Aktiengesellschaft, S. 94 ff. Zur Abberufung als Geschäftsführer als milderes Mittel: OLG Karlsruhe NZG 2008, 785 (788).
[42] Vgl. zur Auflösung der GmbH bei tiefgreifendem Zerwürfnis der Gesellschafter: OLG München GmbHR 2005, 428; *Knies* GmbHR 2005, 1386.
[43] OLG München DB 1994, 320 (321).
[44] BGHZ 32, 17 (35); einschränkend: OLG Hamm GmbHR 1998, 1081 (1083).
[45] RGZ 164, 258; BGHZ 80, 346 (349); BGH GmbHR 1991, 362 (363); OLG Frankfurt a. M. 1993, 659.
[46] OLG Frankfurt a. M. DB 1992, 2489; vgl. auch OLG Karlsruhe NZG 2008, 785 (788).
[47] OGH BrZ GmbHR 1950, 14; BGH NJW 1969, 794; OLG Jena GmbHR 2005, 1566 (1567) mAnm *Wälzholz* DStR 2006, 152.
[48] OLG Jena GmbHR 2005, 1566 (1567) mAnm *Wälzholz* DStR 2006, 152.
[49] OLG Hamm GmbHR 1993, 743 (744) (obiter dictum).
[50] BGHZ 9, 157 (159).
[51] BGH NJW 1973, 92.
[52] OLG Frankfurt a. M. NJW 1948, 429.
[53] BGH NJW-RR 1993, 1123 (1124).
[54] BGH NJW-RR 1993, 1123 (1124).
[55] OLG Frankfurt a. M. GmbHR 1993, 659.
[56] OLG Hamm GmbHR 1998, 1081 (anders dann, wenn Untätigkeit ausdrücklich in der Satzung als Ausschlussgrund benannt wird).
[57] *Becker* ZGR 1986, 383 (403 ff.); *Hommelhoff/Freytag* DStR 1996, 1367 (1372); *Reinisch,* Der Ausschluss von Aktionären aus der Aktiengesellschaft, S. 109 ff.
[58] *Becker* ZGR 1986, 383 (405); *Grunewald,* Der Ausschluss aus Verein und Gesellschaft, S. 118; *Reinisch,* Der Ausschluss von Aktionären aus der Aktiengesellschaft, S. 111 f. Anders für das GmbH-Recht LG Köln GmbHR 2000, 141 (142 f.); MHdB GesR III/*Kort* § 29 Rn. 43; Scholz/*Winter* GmbHG § 15 Rn. 140.

der Aktiengesellschaft um eine Grundlagenentscheidung handelt. Das Erfordernis qualifizierter Mehrheit kann auch nicht durch die Satzung abgeschwächt werden.[59] Dem auszuschließenden Aktionär kommt bei der Beschlussfassung kein Stimmrecht zu (§ 136 Abs. 1 S. 1 Alt. 3 AktG). Die Ablehnung des Ausschließungsantrags kann treuwidrig sein, mit der Folge dass gegen den ablehnenden Hauptversammlungsbeschluss eine Anfechtungsklage verbunden mit einer positiven Beschlussfeststellungsklage erhoben werden kann.[60] Die satzungsmäßige Übertragung der Ausschließungsbefugnis auf ein anderes Gesellschaftsorgan ist nicht zulässig.[61]

d) *Gerichtliches Ausschließungsverfahren.* aa) *Grundsatz.* Nach dem Regelungsmodell des § 140 HGB bedarf es neben des Hauptversammlungsbeschlusses eines entsprechenden Ausschließungsurteils[62]. Der Ausschließungsrechtsstreit kann, sofern dies die Satzung vorsieht, auch vor einem Schiedsgericht geführt werden.[63] Die Gesellschaft macht im Ausschließungsurteil als Prozessstandschafter und Partei im formellen Sinne den Anspruch der übrigen Gesellschafter geltend.[64]

Nach bislang herrschender Meinung sollte das Ausschließungsurteil (sog. unechtes Gestaltungsurteil) unter der aufschiebenden Bedingung rechtzeitiger Zahlung der im Urteil festzusetzenden Barabfindung ergehen.[65] Vor dem Hintergrund der Entscheidung des BGH zur sofortigen Wirksamkeit der Einziehung von Geschäftsanteilen einer GmbH dürfte diese Auffassung nicht mehr zutreffend sein.[66] Der BGH hebt insbesondere hervor, dass die Bedingungslösung erhebliche Nachteile habe, weil dem ausgeschlossenen Gesellschafter seine mitgliedschaftlichen Rechte grundsätzlich erhalten bleiben, obwohl im Falle der Einziehung aus wichtigem Grund der Gesellschaft und den Gesellschaftern ein Verbleib des ausgeschlossenen Gesellschafters gerade unzumutbar ist. Der Gefahr der Uneinbringlichkeit der Abfindungszahlung begegnet der BGH mit der Annahme einer anteiligen Haftung der verbleibenden Gesellschafter für die Abfindungszahlung. Die Übertragung der neuen Rechtsprechungsgrundsätze auf den Ausschluss aus wichtigem Grund aus einer GmbH entspricht allgemeiner Auffassung im Schrifttum[67] und ist auch für den Ausschluss aus einer Aktiengesellschaft zutreffend.[68] Daher scheidet der ausgeschlossene Gesellschafter unabhängig von der Zahlung der Barabfindung mit Rechtskraft des Urteils aus der Gesellschaft aus. Voraussetzung eines Beschlusses über den Ausschluss ist jedoch in jedem Fall, dass die Gesellschaft unter Beachtung der Kapitalerhaltungsgrundsätze in der Lage ist, die Barabfindung zu zahlen. Andernfalls ist die Ausschließungsklage abzuweisen.[69]

bb) *Ausnahme.* Es ist aber auch zulässig, dass die Satzung eine Regelung enthält, die einen Ausschluss des Aktionärs auch ohne ein entsprechendes Urteil vorsieht.[70] Voraussetzung einer entsprechenden Satzungsklausel ist:[71]

---

[59] *Reinisch*, Der Ausschluss von Aktionären aus der Aktiengesellschaft, S. 112.
[60] Zur GmbH: BGHZ 153, 285 (290) = BGH NZG 2003, 286 (287).
[61] *Reinisch,* Der Ausschluss von Aktionären aus der Aktiengesellschaft, S. 113; aA für das GmbH-Recht LG Heilbronn GmbHR 1994, 322 (323); Baumbach/Hueck/*Fastrich* GmbHG Anh. § 34 Rn. 16; *Gehrlein*, Ausschluss und Abfindung von GmbH-Gesellschaftern, Rn. 224.
[62] *Reinisch*, Der Ausschluss von Aktionären aus der Aktiengesellschaft, S. 113 ff.
[63] *Becker* ZGR 1986, 383 (408); *Reinisch,* Der Ausschluss von Aktionären aus der Aktiengesellschaft, S. 117.
[64] *Becker* ZGR 1986, 383 (406).
[65] Zum GmbH-Recht BGHZ 9, 157 (174); MHdB GesR III/*Kort* § 29 Rn. 45; GroßkommGmbHG/*Ulmer* GmbHG Anh. § 34 Rn. 32 ff. mwN insbes. auch zur abweichenden Auffassung.
[66] BGHZ 192, 236 (240 ff.) = BGH DStR 2012, 568 (571).
[67] *Altmeppen* ZIP 2012, 1685 (1692); Baumbach/Hueck/*Fastrich* GmbHG Anh. § 34 Rn. 16; *Schneider/Hoger* NJW 2013, 502 (504 f.); MüKoGmbHG/*Strohn* § 34 Rn. 174.
[68] MHdB GesR IV/*Scholz* § 63 Rn. 57.
[69] MHdB GesR IV/*Scholz* § 63 Rn. 57. Zur GmbH: MüKoGmbHG/*Strohn* § 34 Rn. 175.
[70] *Becker* ZGR 1986, 383 (408 f.); *Reinisch,* Der Ausschluss von Aktionären aus der Aktiengesellschaft, S. 115 ff. Zur GmbH: OLG Düsseldorf DB 2007, 848 (849); Heidinger/Blath GmbHR 2007, 1184 (1185).
[71] Zur Gestaltung entsprechender Satzungsklauseln bei der GmbH vgl. *Battke* GmbHR 2008, 850 (857); *Bacher/von Blumenthal* NZG 2008, 406 (409).

- Vorliegen eines wichtigen Grundes
- Beschlussfassung durch die Hauptversammlung
- Verlust der Mitgliedschaft gegen Abfindung

49 Ist nach der Satzung eine Ausschließungsklage nicht erforderlich, so beschließt die Hauptversammlung über den Ausschluss des Aktionärs aus wichtigem Grund und stellt gleichzeitig das Vorliegen eines wichtigen Grundes iSd §§ 140, 133 HGB analog fest. Eine Anfechtung des Ausschließungsbeschlusses der Hauptversammlung kann in diesem Fall auch darauf gestützt werden, dass ein wichtiger Grund zum Ausschluss des Aktionärs nicht vorlag.

50
Formulierungsvorschlag:

§ ... Ausschluss von Aktionären

1. Bei Vorliegen eines wichtigen Grundes nach §§ 140, 133 HGB analog in der Person des Aktionärs, insbesondere bei Treuepflichtverletzungen und/oder gesellschaftswidrigem und/oder unternehmensschädigendem Verhalten, kann der Aktionär ausgeschlossen werden.
2. Über den Ausschluss des Aktionärs beschließt die Hauptversammlung durch Beschluss mit einer Mehrheit von drei Vierteln des vertretenen Grundkapitals. Der betroffene Aktionär ist vom Stimmrecht ausgeschlossen.
3. Der Ausschluss erfolgt auf Grundlage des Hauptversammlungsbeschlusses durch schriftliche Erklärung der Gesellschaft gegenüber dem betroffenen Aktionär. Mit Zugang der schriftlichen Erklärung wird der Ausschluss wirksam.
4. Der auszuschließende Aktionär erhält eine angemessene Abfindung nach Maßgabe des § ... dieser Satzung. Die Zahlung der angemessenen Abfindung ist nicht Wirksamkeitsvoraussetzung des Ausschlusses.
5. Die Hauptversammlung kann ebenfalls darüber Beschluss fassen, ob die Aktien des ausgeschiedenen Aktionärs eingezogen oder auf die Gesellschaft oder einen von der Hauptversammlung zu bestimmenden Dritten übertragen werden sollen.

51 Als Folge einer solchen Satzungsklausel verliert der betroffene Gesellschafter mit dem entsprechenden (wirksamen) Hauptversammlungsbeschlusses mit sofortiger Wirkung seine Gesellschafterstellung, ohne dass die Wirksamkeit von der Zahlung der Barabfindung abhinge.[72]

52 e) **Angemessene Abfindung.** Sofern die Satzung keine Regelung bezüglich einer Abfindung enthält, wird man hinsichtlich des Abfindungsanspruchs des ausgeschlossenen Aktionärs den Verkehrswert seiner Aktien zu Grunde zu legen haben.[73] Maßgeblicher Bewertungsstichtag ist analog § 140 Abs. 2 HGB der Tag der Klageerhebung,[74] im Falle des Ausschlusses auf Grund eines bloßen Hauptversammlungsbeschlusses der Tag der Hauptversammlung. Eine Beschränkung der Abfindung auf den Buchwert ist innerhalb der von der Rechtsprechung aufgestellten Grenzen zulässig.[75] Sieht die Satzung für die Einziehung eine entsprechende Buchwertklausel vor, so dürfte eine entsprechende Beschränkung auch für den Fall des Ausschlusses aus wichtigem Grund gelten.[76]

---

[72] BGHZ 32, 17 (23); NJW 1983, 2880 (2881); LG Hamm GmbHR 1993, 743 (746); aA *Becker* ZGR 1986, 383 (415), der auch bei Ausschließungsbeschluss auf Satzungsgrundlage annimmt, die Abfindungszahlung sei Bedingung für die Vollendung des Ausschlusses.
[73] Zum GmbH-Recht vgl. MHdB GesR III/*Kort* § 29 Rn. 47 iVm § 28 Rn. 17; GroßkommGmbHG/*Ulmer* GmbHG Anh. § 34 Rn. 39 iVm § 34 Rn. 73.
[74] *Gehrlein*, Ausschluss und Abfindung von GmbH-Gesellschaftern, Rn. 245.
[75] Vgl. zur Zulässigkeit der Beschränkung des Einziehungsentgelts im Rahmen der Einziehung nach § 237 AktG Hüffer/Koch/*Koch* AktG § 237 Rn. 17 f.
[76] Vgl. zur Erstreckung einer Buchwertklausel für die Fälle der Kündigung und Pfändung auf eine Ausschließung aus wichtigem Grund im GmbH-Recht BGH DStR 2002, 461 mAnm *Goette*.

2. Abwicklungsmodalitäten

Als Abwicklungsmodalitäten im Rahmen des Ausschlusses eines Aktionärs aus wichtigem 53
Grund kommen die Einziehung der Aktien nach § 237 AktG, der Erwerb eigener Aktien
durch die Aktiengesellschaft sowie die Übertragung auf einen Dritten in Betracht.[77] Hinsichtlich der Einziehung ist zu unterscheiden, ob die Satzung eine entsprechende Anordnung
der Einziehung vorsieht oder nicht. Ordnet die Satzung die Einziehung an, so kann der Vorstand ohne erneute Entscheidung der Hauptversammlung über die Einziehung entscheiden.
Der Erwerb eigener Aktien zum Zwecke der Durchführung des Ausschlusses fällt regelmäßig unter die Privilegierung des § 71 Abs. 1 Nr. 1 AktG.[78] Zudem kann der Erwerb eigener
Aktien durch einen Beschluss nach § 71 Abs. 1 Nr. 8 AktG legitimiert werden. Allerdings
sind hierbei die durch § 71 AktG gezogenen Grenzen von 10 % des Grundkapitals zu beachten. Schließlich kann die Aktiengesellschaft mit dem auszuschließenden Aktionär eine
Übertragungsverpflichtung zugunsten eines Ankaufsberechtigten vereinbaren, der dann die
Zahlung der Abfindung an den Ausgeschlossenen zu übernehmen hat.[79]

3. Rechtsschutz der ausgeschlossenen Aktionäre

Rechtsschutz wird regelmäßig dadurch gewährleistet, dass die Ausschließung grundsätzlich nur auf Grund eines entsprechenden Gestaltungsurteils zulässig ist. Sieht die Satzung 54
der Gesellschaft hingegen vor, dass ein entsprechender Hauptversammlungsbeschluss ausreichend ist, so kann der betroffene Aktionär hiergegen eine Anfechtungsklage erheben und
auf diesem Weg die Rechtmäßigkeit des Ausschlusses überprüfen lassen. Eines gesonderten
Verfahrens zur Bestimmung der angemessenen Barabfindung bedarf es regelmäßig nicht, da
im Rahmen des Gestaltungsurteils auch die Verpflichtung zur Zahlung der Barabfindung
ausgesprochen wird. Lediglich in den Fällen, in denen ausnahmsweise lediglich eine vorläufige Festsetzung der Barabfindung erfolgt, kann hinsichtlich der endgültigen Barabfindung
eine weitere Leistungsklage erhoben werden.

---

[77] Vgl. hierzu und zum Folgenden *Becker* ZGR 1986, 383 (409 ff.).
[78] *Becker* ZGR 1986, 383 (412); *Grunewald*, Der Ausschluss aus Verein und Gesellschaft, S. 116 f.; MüKoAktG/*Oechsler* § 237 Rn. 60. Zurückhaltend *Reinisch*, Der Ausschluss von Aktionären aus der Aktiengesellschaft, S. 126 f.
[79] *Becker* ZGR 1986, 383 (412).

Teil K. Aktiengesellschaft und Kapitalmarkt

§ 46 Überblick: Grundlagen des Börsenrechts

Übersicht

	Rn.
I. Allgemeines	1–6
1. Anwaltliche Aufgaben	1/2
2. Regelungsbereiche und Funktionen des Kapitalmarktrechts	3/4
3. Rechtsquellen	5/6
II. Organisationsrecht	7–14
1. Rechtsquellen	7
2. Grundzüge	8–14
III. Going Public (Kapitalmarktzulassung)	15–20
1. Rechtsquellen	15
2. Grundzüge	16–20
IV. Being Public (Verhaltens- und Transaktionsrecht)	21–23
1. Rechtsquellen	21
2. Grundzüge	22/23
V. Going Private (Kapitalmarktrückzug)	24/25
1. Rechtsquellen	24
2. Grundzüge	25
VI. Anlegerschutzrecht	26/27

Schrifttum: *Assmann/Schneider*, Kommentar zum WpHG, 6. Aufl. 2012; *Assmann/Schütze*, Handbuch des Kapitalanlagerechts, 4. Aufl. 2015; *Buck-Heeb*, Kapitalmarktrecht, 9. Aufl. 2017; *Claussen*, Bank- und Börsenrecht, 5. Aufl. 2014; *Deutscher Juristentag*, Beschlüsse des 64. DJT Berlin 2002 – Wirtschaftsrecht, DB 2002, 2037; *Fleischer/Merkt*, Gutachten F und G für den 64. DJT Berlin 2002; *Gebhardt*, Prime und General Standard: Die Neusegmentierung des Aktienmarkts an der Frankfurter Wertpapierbörse, WM Sonderbeilage 2/2003; *Groß*, Kapitalmarktrecht, 6. Aufl. 2016; *Helmis/Schiereck/Paix*, Der Prädikatsmarkt: Ein bayerischer Börsenflop?, ZBB 2002, 161; *Heyder*, Die einseitige Abänderung des Regelwerkes Neuer Markt, BKR 2002, 806; *Hopt/Rudolph/Baum*, Börsenreform, 1997; *Kümpel/Wittig*, Bank- und Kapitalmarktrecht, 4. Aufl. 2010; *Kümpel*, Zur öffentlichrechtlichen Organisation der deutschen Wertpapierbörsen, BKR 2003, 3; *Schüpp*en, Prospektrecht, in: IDW (Hrsg.), WP Handbuch II, 13. Aufl. 2008, 1471 ff. (Abschn. S); *Schüppen/Walz/Tretter*, Kapitalmarktrecht, in: IDW (Hrsg.), WP Handbuch Band II, 13. Aufl. 2008, S. 1397 ff. (Abschn. R); *Schwark/Zimmer* (Hrsg.), Kapitalmarktrechts-Kommentar, 5. Aufl. 2010; *Schwarz*, Kapitalmarktrecht – Ein Überblick, DStR 2003, 1930; *Witte/Rafigpoor*, Die „Beerdigung" des Neuen Marktes, BB 2002, 2615.

I. Allgemeines

1. Anwaltliche Aufgaben

Das Kapitalmarktrecht hat sich zu einer eigenständigen und immer umfangreicheren Materie entwickelt, im Großen und Ganzen einhergehend mit einer **zunehmenden Bedeutung der Kapitalmärkte für Unternehmen und Volkswirtschaften.** Speziell die Aktiengesellschaft als die im klassischen Idealtypus kapitalmarktzugelassene Rechtsform ist stets vor dem Hintergrund und in den Wechselwirkungen mit dem Kapitalmarktrecht zu sehen. 1

Die Zahl der Kapitalmarktteilnehmer im weiteren Sinne ist groß: Zu nennen sind Institutionen (Börsen, Börsenaufsicht, Finanzdienstleistungsaufsicht), Intermediäre (Kreditinstitute, Finanzdienstleister), Emittenten und Käufer und Verkäufer (Anleger, Investoren) von börsengehandelten Wertpapieren. Anwaltlicher Hilfe bedarf jede der genannten Institutionen und Personen von Zeit zu Zeit, wobei hier allerdings typischerweise nicht der Aktienrechtler, sondern der spezialisierte Bank- und Kapitalmarktrechtler gefragt ist. 2

2. Regelungsbereiche und Funktionen des Kapitalmarktrechts

3 Die unter dem Obergriff „Kapitalmarktrecht" zusammengefassten Normenkomplexe regeln Verschiedenartiges: So ist einerseits die Organisation des Kapitalmarkts und seiner Institutionen zu regeln (unten II.), sodann das Recht der Kapitalmarktzulassung (unten III. sowie § 47) und des Gegenstücks, des Kapitalmarktrückzugs (unten V. sowie § 50). Breiten Raum nehmen die Regelungen ein, die das Verhalten der Kapitalmarktteilnehmer auf dem Kapitalmarkt und im Zusammenhang mit dem Kapitalmarkt regeln (unten IV. sowie § 48). Aus der Sicht des Emittenten lassen sich die letztgenannten Regelungskomplexe schlagwortartig den „Lebensabschnitten" **Going Public – Being Public – Going Private** zuordnen. Ganz überwiegend handelt es sich bei den Regelungen des Kapitalmarktrechtes um Organisations- und Verfahrensrecht. Normen mit materiellrechtlichem Gehalt sind eher selten anzutreffen.

4 Aufgrund dieses Charakters als **Organisations- und Verfahrensrecht** ist Ziel und Aufgabe des Kapitalmarktrechts in erster Linie **institutionell**: Es geht um die Gewährleistung und Aufrechterhaltung eines effizienten, funktionsfähigen Kapitalmarktes im Interesse der Volkswirtschaft und damit der Allgemeinheit. Individualschutz ist – jedenfalls primär – nicht Aufgabe, sondern Reflex der kapitalmarktrechtlichen Regelungen.

3. Rechtsquellen

5 Entsprechend der Vielgestaltigkeit der Regelungsbereiche sind auch die Rechtsquellen relativ weit verstreut.[1] Sie bestehen zum einen aus einer großen Zahl von Gesetzen und Verordnungen, zum anderen aus Satzungsrecht der einzelnen Wertpapierbörsen.[2]

6 Bedingt durch die Tatsache, dass die Kapitalverkehrsfreiheit zu den Grundfreiheiten des primären EU-Rechtes gehört (Art. 56 AEUV), ist das Kapitalmarktrecht sehr stark europarechtlich beeinflusst.[3] Das Recht der Kapitalmarktzulassung sowie das Verhaltens- und Transaktionsrecht beruhen sehr weitgehend auf europäischen Richtlinien, die bei Auslegung und Anwendung des nationalen Rechts zu beachten und zu berücksichtigen sind.

II. Organisationsrecht

1. Rechtsquellen

7 Wesentliche Rechtsquellen des Organisationsrechtes sind vor allem das **Börsengesetz**, die als Satzung erlassenen **Börsenordnungen** der einzelnen Börsenplätze[4] (§ 16 BörsG) und – hinsichtlich des Organisationsrechts wesentlicher Kapitalmarktteilnehmer – das **Kreditwesengesetz**.

2. Grundzüge[5]

8 Das Börsengesetz regelt die staatliche Genehmigung (§ 4 BörsG) und Aufsicht (§ 3 BörsG) über Wertpapierbörsen (§ 2 Abs. 2 BörsG) und Warenbörsen (§ 2 Abs. 3 BörsG). Börsen

---

[1] Ausführlicher Überblick bei *Kümpel*, Bank- und Kapitalmarktrecht, S. 1370 ff. (8.434–8.489).
[2] Eine relativ kompakte und relativ vollständige Zusammenfassung des einschlägigen Gesetzes- und Verordnungsrechts enthält die Textausgabe „Kapitalmarktrecht" (4. Aufl. 2017) der Beck Texte im Deutschen Taschenbuch Verlag; die Börsenordnungen sind am leichtesten im Internet zugänglich, s. u. Fn. 4.
[3] Überblick bei: *Claussen* Bank- und BörsenR § 6 A. I. 2.; *Kümpel* Bank- und KapitalmarktR S. 1273 ff. (8.111–8.123).
[4] Börsenordnung für die Frankfurter Wertpapierbörse (BO FWB). Stand: 12.10.2009, www.deutsche-boerse.com; Börsenordnung der Baden-Württembergischen Wertpapierbörse (BO BWWB), Stand: 13.10.2009, www.boerse-stuttgart.de; Börsenordnung für die Börse München (BO MUC), Stand: 5.12.2009, www.boerse-muenchen.de.
[5] Ausführlicher Überblick bei: *Claussen* Bank- und BörsenR § 6 A. II. und III. oder *Buck-Heeb* § 3.

sind in § 2 Abs. 1 BörsG seit Umsetzung der Finanzmarkt-Richtlinie nun **legaldefiniert** als *teilrechtsfähige Anstalten des öffentlichen Rechts, die multilaterale Systeme regeln und überwachen, die nach festgelegten Bestimmungen die Interessen einer Vielzahl von Personen am Kauf und Verkauf von in dem System zum Handel zugelassenen Wirtschaftsgütern und Rechten in einer Weise zusammenbringen, die zu einem Vertrag über den Kauf führt.* Gem. § 2 Abs. 5 BörsG ist die teilrechtsfähige Börse in verwaltungsgerichtlichen Verfahren aktiv- und passivlegitimiert.

Börsen unterliegen nach geltendem Recht **staatlicher Genehmigung, Regelung und staatlicher Überwachung.** Die Börsenaufsicht ist Rechtsaufsicht und Marktaufsicht (Handelsaufsicht) und wird (i) durch die Börsenaufsichtsbehörden der Länder, (ii) die BAFin[6] sowie (iii) im Rahmen der Börsenselbstverwaltung durch die Börsen selbst wahrgenommen.[7] Systematisch handelt es sich dabei um öffentliches Recht mit der praktischen Folge der Zuständigkeit der Verwaltungsgerichtsbarkeit für den gerichtlichen Rechtsschutz. Staatliche Aufsicht und Regulierung sind entscheidendes Merkmal für den Begriff des „organisierten Marktes", der im europäischen Recht und hiervon ausgehend auch im deutschen Kapitalmarktrecht Verwendung findet und der in Deutschland das Börsensegment des regulierten Markts umfasst.

Keine Börsen sind auf privatrechtlicher Basis betriebene Multilaterale Handelssysteme, sogenannte „MTF" (**Multilateral Trading Facility**). Als Anbieter von Wertpapier- und Finanzdienstleistungen (§ 2 Abs. 3 Nr. 8 WpHG, § 1 Abs. 1a Nr. 1b KWG) bedarf der Betreiber zwar einer Erlaubnis durch die BaFin (§ 32 Abs. 1 KWG). Auch sind eine Reihe von börsen- und kapitalmarktrechtlichen Schutzvorkehrungen entsprechend anwendbar oder durch den Betreiber privatrechtlich sicherzustellen (§§ 31f und 31g WpHG). Dennoch bleibt das Schutzniveau deutlich hinter der Börse zurück, so dass der derzeit aufgrund ihrer steigenden praktischen Bedeutung von den MTF auf die Börsen ausgehende wirtschaftliche Druck rechts- und wirtschaftspolitisch bedenklich ist. Er zwingt die Träger der Börsen wohl, neben dem Handelssystem Börse eine MTF zu betreiben.

Von dem „**Handelssystem**" Börse und dessen öffentlich-rechtlicher Struktur als teilrechtsfähige Anstalt des öffentlichen Rechts streng zu trennen ist die Frage, wer **Träger einer Börse** ist. Diese Frage ist gesetzlich nicht geregelt. Praktisch alle deutschen Börsen sind aber zwischenzeitlich in **privatrechtlicher Trägerschaft,** werden nämlich von einer Aktiengesellschaft getragen. Im Falle der Frankfurter Wertpapierbörse ist dies die Deutsche Börse AG, deren Aktien selbst im regulierten Markt der Frankfurter Wertpapierbörse gehandelt werden. Der Träger einer Wertpapierbörse ist deren wirtschaftlicher „Eigentümer", bei seinen Entscheidungen aber an die öffentlich-rechtlichen Vorgaben des Börsengesetzes und der staatlichen Börsenaufsicht gebunden.

Als **Börsenorgane** haben die Wertpapierbörsen eine Handelsüberwachungsstelle (§ 7 BörsG) und einen Börsenrat (§ 12 BörsG) zu bilden. Der Börsenrat erlässt eine Börsenordnung, die als Satzungsrecht den Geschäftszweig der Börse, die Organisation der Börse, die Handelsarten, die Veröffentlichungen der Preise und Kurse sowie der ihnen zugrunde liegenden Umsätze sowie eine Entgeltordnung für die Tätigkeit der Skontroführer enthalten muss (§ 16 BörsG). Weitere Organe der Wertpapierbörsen sind die Geschäftsführung (§ 15 BörsG) und der Sanktionsausschuss (§ 22 BörsG).

Als **Beispiel** mag die Organisationsstruktur der Baden-Württembergischen Wertpapierbörse Stuttgart dienen, die sich schematisch wie folgt darstellt:

---

[6] Bundesanstalt für Finanzdienstleistungsaufsicht, Frankfurt/M. und Bonn, geschaffen durch Zusammenlegung von Bank-, Versicherungs- und Wertpapierhandelsaufsicht durch das Gesetz über die integrierte Finanzaufsicht vom 22.4.2002, BGBl. I S. 1310.
[7] Ausführlich zu diesem komplexen Aufsichtssystem *Groß* BörsG § 3 Rn. 2 ff.; *Kümpel* S. 2451 ff. (18.1–18.142).

Struktur der Börsenorganisation Stuttgart

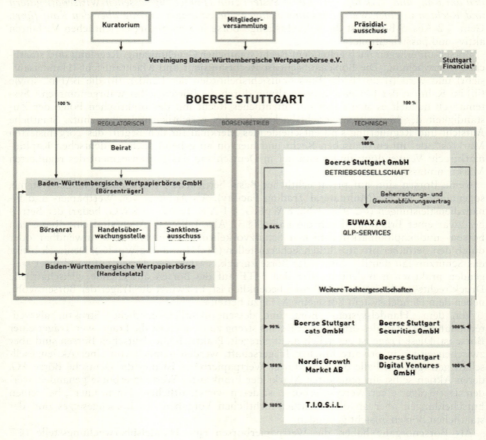

14 Die Teilnahme am Börsenhandel bedarf der Zulassung (§ 19 BörsG in Verbindung mit der jeweiligen Börsenordnung, zB §§ 60–70 BO FWB oder §§ 74–79 BO BWWB). Zugelassen werden nur institutionelle bzw. professionelle Anleger. Dies sind vor allem Kreditinstitute, Finanzdienstleistungsinstitute und Finanzunternehmen, deren Begriffsbestimmung und Definition sich wiederum aus § 1 KWG ergeben.

III. Going Public (Kapitalmarktzulassung)

1. Rechtsquellen

15 Nicht nur die Teilnehmer am Börsenhandel bedürfen einer Zulassung (→ Rn. 13), sondern auch die Wertpapiere, die an der Wertpapierbörse gehandelt werden sollen. Maßgebliche Rechtsgrundlagen für die Börsenzulassung von Wertpapieren sind das Börsengesetz, die Börsenzulassungsverordnung und die Börsenordnungen der einzelnen Wertpapierbörsen, in der Regel in Verbindung mit dem Wertpapierprospektgesetz.

2. Grundzüge[8]

Wertpapiere (Definition § 2 Abs. 2 BörsG in Verbindung mit § 2 Abs. 1 und 2 WpHG, 16
also insbesondere Aktien- und Schuldverschreibung) können auf Antrag zum Börsenhandel im regulierten Markt zugelassen werden (§ 32 BörsG). Insbesondere bei Aktien wird zwischen dem „Börsengang" als erstmaliger Zulassung („IPO = Initial Public Offering") und späteren Aktienzulassungen aus Kapitalerhöhung etc („Secundaries") unterschieden. Börsengang und Emission von Schuldverschreibungen sind unten in eigenen Kapiteln ausführlich behandelt.

Durch das **Finanzmarktrichtlinie-Umsetzungsgesetz** vom 16.7.2007[9] wurde die Unter- 17
scheidung in Amtlichen und Geregelten Markt aufgegeben. Im öffentlich-rechtlichen (und damit staatlich regulierten) Bereich existiert nur noch ein einheitliches als organisierter Markt qualifiziertes Segment, dass das BörsG als „**regulierten Markt**" bezeichnet (§ 32 BörsG). Der daneben stattfindende Freiverkehr (§ 48 BörsG) sowie alternative, elektronische Handelssysteme (→ Rn. 9a) können zwar auch einen Börsenbegriff im weiteren Sinne erfüllen, sind aber privatrechtlich strukturiert und daher keine „organisierten Märkte", also keine „offiziellen" Börsen im Sinne des gegenwärtig geltenden Kapitalmarktrechts.

Neben der **Zulassung** zum Börsenhandel auf Antrag des Emittenten ist im regulierten 18
Markt auch die **Einbeziehung** von Wertpapieren in den Börsenhandel auf **Antrag eines Handelsteilnehmers** oder von Amts wegen möglich (§ 33 BörsG).

Nicht zu verwechseln mit den gesetzlichen Börsensegmenten sind von den einzelnen 19
Wertpapierbörsen auf vertraglicher (privatrechtlich)[10] oder Satzungsbasis geschaffene **Spezialsegmente**, die weniger die Zulassung als die Zulassungsfolgepflichten betreffen und die den Emittenten bei Einhaltung bestimmter Vorschriften erlauben, mit der Zugehörigkeit zu einem bestimmten Segment zu werben. Bekanntes Beispiel ist der („**Prime Standard**" in Abgrenzung zum „**General Standard**" in Frankfurt, als Teilbereiche des regulierten Marktes, §§ 63 ff. BörsO FWB.[11]

Die Zulassung von Wertpapieren zum Börsenhandel setzt im Normalfall neben anderen 20
Zulassungsvoraussetzungen einen **Börsenprospekt** voraus (§ 32 Abs. 3 Nr. 2 BörsG); Einzelheiten sowie mögliche Ausnahmen sind im Wertpapierprospektgesetz (WpPG)[12] geregelt.

IV. Being Public (Verhaltens- und Transaktionsrecht)

1. Rechtsquellen

Die aus der erfolgten Börsenzulassung resultierenden Rechtsfolgen sind zunächst im 21
WpHG und im WpÜG geregelt. Weitere Zulassungsfolgepflichten ergeben sich aus dem Börsengesetz, den Börsenordnungen, vor allem aber aus dem Aktiengesetz und den Rechnungslegungsvorschriften des HGB, soweit die Vorschriften der letztgenannten Gesetze zwischen börsennotierten und nicht börsennotierten Gesellschaften unterscheiden.

2. Grundzüge

Zulassungsfolgepflichten ergeben sich zunächst aus den §§ 40–41 BörsG. Die Pflicht zur 22
Zwischenberichterstattung ist nunmehr im **WpHG** normiert (§ 37w: Halbjahresfinanzbericht). Weitere Zulassungsfolgepflichten ergeben sich insbesondere daraus, dass das WpHG und die sich aus ihm ergebenden Meldepflichten (§§ 21 ff. WpHG) sowie die Marktmißbrauchsverordnung (VO(EU) Nr. 596/2014, „MAR") mit den Verboten von Insiderhandel und Marktmanipulation (Art. 14 und Art. 15 MAR sowie den ad-hoc-Meldepflichten

---

[8] Ausführlicher Überblick: Assmann/Schütze/*Rosen* Handbuch des KapitalanlageR § 2 V.
[9] BGBl. I 1330.
[10] So der frühere „Neue Markt" der Frankfurter Wertpapierbörse, vgl. hierzu *Heyder* BKR 2002, 806; *Witte/Rafigpoor* BB 2002, 2615.
[11] Ausführlich hierzu *Gebhardt* WM Sonderbeilage 2/2003.
[12] Gesetz vom 22.6.2005, BGBl. I 1698.

(Art. 17 MAR) anwendbar werden (ausführlich **unten § 48**). Dem Verhaltensrecht im weiteren Sinne ist auch das **WpÜG** zuzuordnen, das nur im Falle börsennotierter deutscher Zielgesellschaften anwendbar ist, und in seinem Anwendungsbereich zwar in erster Linie Verhaltenspflichten des Bieters, aber auch spezifische Verhaltenspflichten der Zielgesellschaft normiert (ausführlich hierzu **unten § 51**).

23 Ein völlig anderer und aus der Sicht des Gesellschaftsrechts normalerweise weniger in den Blickwinkel geratender Bereich des Kapitalmarktrechts sind die **Vorschriften über Notierung von Wertpapieren, die Aussetzung und Einstellung der Notierung sowie die Feststellung der Börsenpreise.** Hierzu enthalten die einzelnen Börsenordnungen sehr ausführliche und detaillierte Vorschriften (vgl. bspw. §§ 18–36 BO BWWB). Von Bedeutung ist in diesem Zusammenhang auch das **Verbot der Kurs- und Marktpreismanipulation,** das nicht (mehr) im Börsengesetz, sondern **in Art. 15 MAR** normiert ist und das durch die BaFin überwacht wird. Verstöße gegen das Verbot der Kurs- und Marktpreismanipulation können eine Straftat (§ 38 WpHG) oder eine Ordnungswidrigkeit (§ 39 WpHG) darstellen. Von erheblicher praktischer, gelegentlich entscheidender Bedeutung für Emittenten und Anleger sind – quasi „hinter den Kulissen" – Technik und Recht der Geschäftsabwicklung („Clearing") und das Recht der Verwahrung und Verwaltung der Wertpapiere.[13]

V. Going Private (Kapitalmarktrückzug)

1. Rechtsquellen

24 Der Kapitalmarktrückzug – als Gegenstück zur Kapitalmarktzulassung – ist sehr knapp in § 39 BörsG in Verbindung mit Regelungen in den einzelnen Börsenordnungen (zB § 79 BO BWWB) geregelt.

2. Grundzüge

25 Die gesetzlichen Vorschriften regeln den **Widerruf der Zulassung** durch die Zulassungsstelle, **wenn ein ordnungsgemäßer Börsenhandel** auf Dauer **nicht mehr gewährleistet** ist (§ 39 Abs. 1 BörsG) und die Möglichkeit des **Widerrufs** der Zulassung **auf Antrag des Emittenten** (§ 39 Abs. 2 BörsG). Die Zahl der praktischen Möglichkeiten für den Rückzug von der Börse ist damit aber nur höchst unvollständig erfasst, weil insbesondere durch Maßnahmen nach dem Umwandlungsgesetz ein Wegfall der Börsennotierung erreicht werden kann. **Gesetzlich nicht geregelt** sind vor allem aber die gesellschaftsrechtlichen Voraussetzungen und Folgen eines durch den Emittenten herbeigeführten Wegfalls der Börsennotierung. Nachdem in Zeiten rückläufiger Börsenkurse der Rückzug von der Börse wesentlich häufiger ist als der Börsengang, ist die Thematik Gegenstand intensiver juristischer Diskussion und verschiedener Gerichtsurteile geworden.[14] Sie wird **unten in § 50** unter der Überschrift des „**Going Private**" ausführlich dargestellt.

VI. Anlegerschutzrecht[15]

26 Das Verhältnis des Kapitalmarktrechts zum Anlegerschutz ist kompliziert. Zunächst ist festzustellen, dass die kapitalmarktrechtlichen Normen in erster Linie keinen Individualschutz bezwecken. Anlegerschutz ist somit lediglich Reflex der den Kapitalmarkt als solchen regelnden Normen, der Anlegerschutz ist quasi institutionell. Dieser im Prinzip in allen kapitalmarktrechtlichen Gesetzen durchgehaltene Ansatz wird allerdings durch einzelne Vorschriften, deren Zahl in den letzten Jahren zugenommen hat, durchbrochen. Die klassische, den individuelle Schadensersatzansprüche von Anlegern begründende Norm ist die börsen-

---

[13] Überblick hierzu bei *Claussen* Bank- und BörsenR § 6c.
[14] Grundlegend BGH NJW 2003, 1032 – Macrotron, BVerfG 1 BvR 3142/07 und 1 BvR 1569/08 und zuletzt BGH v. 8.10.2013 – II ZB 26/12, NJW 2014, 146 – Frosta.
[15] Ausführlicher: *Claussen* Bank- und BörsenR § 6 A. III. 9; *Buck-Heeb*, Kapitalmarktrecht §§ 5 und 21–23.

rechtliche Prospekthaftung gemäß § 44 Börsengesetz. Von großer Bedeutung ist außerhalb des Anwendungsbereiches der börsengesetzlichen Prospekthaftung der allgemeine zivilrechtliche Prospekthaftungsanspruch.[16] Relativ neu sind die Schadensersatznormen nach unterlassener Veröffentlichung gemäß §§ 37b und 37c WpHG. Neben solche spezialgesetzlichen Normen treten allgemeine zivilrechtliche Anspruchsgrundlagen. Im Vordergrund steht dabei die Diskussion darüber, welche kapitalmarktrechtlichen Vorschriften als Schutzgesetze im Sinne des § 823 Abs. 2 BGB Schadensersatzansprüche begründen können.

Eine neue Dimension des Anlegerschutzes hat der BGH mit seinen Urteilen vom 19.7. 2004[17] eröffnet: Der II. Senat hat entschieden, dass eine persönliche Haftung der Vorstandsmitglieder gemäß § 826 BGB eröffnet ist, wenn diese Kenntnis davon haben, dass eine Kapitalmarktveröffentlichung der Gesellschaft unzutreffend ist. Kann der Anleger den Kausalzusammenhang zwischen falscher Veröffentlichung und Anlageentscheidung beweisen, so haftet das Organmitglied für entstandene Kursverluste.

---

[16] Ausführlicher zur Prospekthaftung Assmann/Schütze/*Assmann* § 7 und *Schüppen/Stürner* in IDW, WP-Handbuch Band II, 14. Aufl., Abschnitt → Rn. 82 ff. (S. 1487).

[17] II ZR 217/03, 218/03 und 402/02.

§ 47 Going Public – Börsengang

Übersicht

	Rn.
I. Vor- und Nachteile des Börsengangs	1–22
1. Gründe für eine Börseneinführung	2–9
a) Liquidität der Aktie	2
b) Kapitalaufnahme	3
c) Anteilsveräußerung	4
d) Veräußerung nicht betriebsnotwendiger Unternehmensteile	5
e) Einwerbung von Mitteln für einen späteren Unternehmenskauf	6
f) Weitere positive Aspekte einer Börseneinführung	7–9
2. Gründe gegen eine Börseneinführung	10–15
a) Einfluss auf die Gesellschaft	10/11
b) Zulassungsfolgepflichten	12
c) Rechnungslegung	13
d) Öffentlichkeit	14
e) Kosten	15
3. Börsenreife	16–19
4. Alternativen zur Börseneinführung	20–22
II. Vorbereitung des Börsengangs	23–58
1. Strukturelle Überlegungen	23–29
2. Wahl des Börsenplatzes und -segments	30–38
a) Wahl des Börsenplatzes	30/31
b) Wahl des Börsensegments	32–38
3. Zusammenstellung des Emissionsteams	39–47
a) Emittent	40
b) Emissionskonsortium	41–44
c) Rechtsberater/Wirtschaftsprüfer	45
d) Financial und Investor Relations	46
e) Emissionsberater	47
4. Erforderliche Maßnahmen beim Emittenten	48–58
a) Grundsatzbeschluss des Vorstands und des Aufsichtsrats	48/49
b) Grundsatzbeschluss der Hauptversammlung des Emittenten	50
c) Hauptversammlungsbeschluss der Obergesellschaft	51/52
d) Beschluss des Emittenten zur Erhöhung des Grundkapitals	53–55
e) Weitere Kapitalmaßnahmen und Satzungsänderungen	56–58
III. Rechtsverhältnis zum Emissionskonsortium	59–78
1. Mandatsvereinbarung	59–62
a) Leistungsumfang	60
b) Provisionen, Gebühren, Kosten	61
c) Sonstiges	62
2. Übernahmevertrag	63–69
a) Leistungsumfang	64
b) Gewährleistungen und Haftungsfreistellung	65–67
c) Bedingungen	68
d) Force Majeure und Material Adverse Change	69
3. Legal Opinion	70–72
4. Disclosure Opinion	73–75
5. Comfort Letter	76–78
IV. Börsenzulassungsverfahren	79–88
1. Zulassungsvoraussetzungen	82–85
2. Zulassungsantrag	86
3. Zulassungsbeschluss	87/88
V. Prospekt und Prospekthaftung	89–147
1. Prospekt	89–104
a) Prospektpflicht	89
b) Ausnahmen von der Prospektpflicht	90–94
c) Form und Inhalt des Prospekts	95–99
d) Prospektbilligungsverfahren	100–104

	Rn.
2. Die börsengesetzliche Prospekthaftung	105–135
a) Haftungsadressaten	110–113
b) Anspruchsberechtigte	114–118
c) Unrichtigkeit der Angaben	119–126
d) Kausalität	127/128
e) Verschulden	129–131
f) Umfang der Haftung	132–134
g) Verjährung	135
3. Sonstige Ansprüche gegen die Prospektverantwortlichen	136–141
a) Vertragliche Ansprüche	137/138
b) Unerlaubte Handlung	139
c) Gesetzliche Ansprüche	140/141
4. Die Expertenhaftung	142–147
a) Die Expertenhaftung gegenüber dem Anleger	142–146
b) Die Expertenhaftung gegenüber den Prospektverantwortlichen	147
VI. Die Emission	148–174
1. Platzierung	148–153
a) Platzierung durch die Gesellschaft oder durch Dritte	148
b) Privatplatzierung oder öffentliches Angebot	149–152
c) Platzierung über das Internet	153
2. Formen der Übernahme	154–156
a) Firm Underwriting	154
b) Best Efforts Underwriting	155
c) All or None Underwriting	156
3. Preisfindung	157–163
a) Festpreisverfahren	158
b) Bookbuilding-Verfahren	159–161
c) Auktionsverfahren	162
d) Änderung des Angebots	163
4. Zuteilung	164–169
a) Zuteilungskriterien	165/166
b) Friends and Family	167
c) Greenshoe	168/169
5. Börseneinführung	170–174
a) Aufnahme des Handels	170/171
b) Lock up Verpflichtungen	172/173
c) Designated Sponsors	174
VII. Zulassungsfolgepflichten	175–184
1. Berichterstattung	176
2. Zulassung neuer Aktien	177
3. Weitere Zulassungsfolgepflichten	178/179
4. Sanktionen	180–184
a) Zivilrechtliche Ansprüche gegen den Emittenten	181
b) Ordnungswidrigkeit	182
c) Aussetzung der Notierung	183
d) Widerruf der Zulassung	184
VIII. Kosten der Börseneinführung	185–192
1. Unmittelbare, offen ausgewiesene Kosten	186–190
2. Mittelbare, verdeckte Kosten	191/192

Schrifttum: *Apfelbacher/Metzner*, Das Wertpapierprospektgesetz in der Praxis – Eine erste Bestandsaufnahme, BKR 2006, 81 ff.; *Assmann*, Die Prospekthaftung beruflicher Sachkenner de lege lata und de lege ferenda, AG 2004, 435 ff.; *Assmann/Schütze*, Handbuch des Kapital-Anlagerechts, 4. Aufl. 2015; *Busch*, Aktien- und börsenrechtliche Aspekte von Force Majeure-Klauseln in Aktienübernahmeverträgen, WM 2001, 1277 ff.; *Canaris*, Bankvertragsrecht, 3. Aufl. 1988; *Ebke/Siegel*, Comfort Letters, Börsengänge und Haftung: Überlegungen aus Sicht des deutschen und US-amerikanischen Rechts, WM-Sonderbeilage 2/2001, 3 ff.; *Ehricke*, Zur zivilrechtlichen Prospekthaftung der Emissionsbanken gegenüber dem Wertpapieranleger, DB 1980, 2429 (2432); *Fleischer*, Marktschutzvereinbarungen beim Börsengang, WM 2002, 2305 ff.; *Fleischer*, Prognoseberichterstattung im Kapitalmarktrecht und Haftung für fehlerhafte Prognosen, AG 2006, 2 ff.; *Fleischer*, Umplatzierung von Aktien durch öffentliches Angebot (Secondary Public Offering) und verdeckte Einlagenrückgewähr nach § 57 Abs. 1 AktG, ZIP 2007, 1969 ff.; *Fleischer/Bedkowski*, Aktien- und kapitalmarktrechtliche Probleme des Pilot Fishing bei Börsengängen und Kapitalerhöhungen, DB 2009, 2195 ff.; *Fleischer/Kalss*, Kapitalmarktrechtliche Schadensersatzhaftung und Kurseinbrüche an der Börse, AG 2002, 329 ff.; *Fuchs*,

Wertpapierhandelsgesetz, 1. Aufl. 2009; *Fuhrmann*, „Gelatine" und die Holzmüller-Doktrin – Ende einer juristischen Irrfahrt?, AG 2004, 339 ff.; *Groß*, Kapitalmarktrecht, 6. Aufl. 2016; *Groß*, Das Ende des sog. „Greenshoe"?, ZIP 2002, 160 ff.; *Habersack/Mülbert/Schlitt*, Unternehmensfinanzierung am Kapitalmarkt, 3. Aufl. 2013; *Halasz/Kloster*, Börsengang – eine Entscheidung der Hauptversammlung?, ZBB 2001, 474 ff.; *Happ*, Aktienrecht, 4. Aufl. 2015; *Holzborn/Foelsch*, Schadensersatzpflichten von Aktiengesellschaften und deren Management bei Anlegerverlusten – Ein Überblick, NJW 2003, 932 ff.; *Jäger*, Thema Börse – Emissionspartner und Anleger, NZG 1999, 643 ff.; *Jäger/Maas*, Hinweisbekanntmachungen – Neue Divergenz im Prospektrecht, BB 2009, 852 ff.; *Janert/Schuster*, Dritthaftung des Wirtschaftsprüfers am Beispiel der Haftung für Prospektgutachten, BB 2005, 987 ff.; *Just*, Special Purpose Acquisition Companies (SPACs) – Börsengang durch die Hintertür?, ZIP 2009, 1698 ff.; *Kaserer/Schiereck*, Going Public and Being Public – A Global Comparison of the Impact of the Listing Decision an the Cost of Capital, 2007; *Kollmorgen/Feldhaus*, Zur Prospektpflicht bei aktienbasierten Mitarbeiterbeteiligungsprogrammen, BB 2007, 225 ff.; *Kümpel/Wittig*, Bank- und Kapitalmarktrecht, 4. Aufl. 2011; *Kullmann/Sester*, Das Wertpapierprospektgesetz (WpPG), WM 2005, 1068 ff.; *Kuntz*, Internationale Prospekthaftung nach Inkrafttreten des Wertpapierprospektgesetzes, WM 2007, 432 ff.; *Kunz*, Zur Börsenprospekthaftung, BB 1994, 738 ff.; *Kurth*, Agency-Probleme und Performance von Initial Public Offerings, 1. Aufl. 2005; *Lenenbach*, Kapitalmarktrecht und kapitalmarktrelevantes Gesellschaftsrecht, 3. Aufl. 2017; *Lutter/Leinekugel*, Der Ermächtigungsbeschluss der Hauptversammlung zu grundlegenden Strukturmaßnahmen – zulässige Kompetenzübertragung oder unzulässige Selbstentmachtung?, ZIP 1998, 805 ff.; *Mattil/Möslein*, Die Sprache des Emissionsprospekts, WM 2007, 819 ff.; *Matyschok*, Finanzberichterstattung bei Aufnahme und Beendigung der Börsennotierung, BB 2009, 1494 ff.; *Meyer*, Der IDW Prüfungsstandard für Comfort Letters, WM 2003, 1745 ff.; *Oulds*, Prospekthaftung bei grenzüberschreitenden Kapitalmarkttransaktionen, WM 2008, 1573 ff.; *Picot/Land*, Going Public – Typische Rechtsfragen des Ganges an die Börse, DB 1999, 570 ff.; *Schäfer/Hamann (Hrsg.)*, Kapitalmarktgesetze (Loseblattsammlung mit 7. Aktualisierung 2013); *Schanz*, Börseneinführung, 4. Aufl. 2012; *Schwark/Zimmer*, Kapitalmarktrechtskommentar, 4. Aufl. 2010; *Schlitt/Schäfer*, Auswirkungen des Prospektrichtlinie-Umsetzungsgesetzes auf Aktien- und Equity-linked Emissionen, AG 2005, 498 ff.; *Schlitt/Singhof/Schäfer*, Aktuelle Rechtsfragen und neue Entwicklungen im Zusammenhang mit Börsengängen, BKR 2005, 251 ff.; *Schnorbus*, Die prospektfreie Platzierung von Wertpapieren nach dem WpPG, AG 2008, 389 ff.; *Seibt/Bonin/Isenberg*, Prospektfreie Zulassung von Aktien bei internationalen Aktientausch-Transaktionen mit gleichwertigen Dokumentenangaben (§ 4 Abs. 2 Nr. 3 WpPG), AG 2008, 565 ff.; *Sittmann*, Die Prospekthaftung nach dem Dritten Finanzmarktförderungsgesetz, NZG 1998, 490; *Stephan*, Prospektaktualisierung, AG 2002, 3 ff.; *Technau*, Rechtsfragen bei der Gestaltung von Übernahmeverträgen („Underwriting Agreements") im Zusammenhang mit Aktienemissionen, AG 1998, 445 ff.; *Trapp/Schick*, Die Rechtsstellung des Aktionärs der Obergesellschaft beim Börsengang von Tochtergesellschaften, AG 2001, 381 ff.; *Volk (Hrsg.)*, Going Public, Der Gang an die Börse, 4. Aufl. 2008; *Vortmann (Hrsg.)*, Prospekthaftung und Anlageberatung, 2000; *Wackerbarth, Ulrich*, Aktionärsrechte beim Börsengang einer Tochter – obey the law, if not the spirit, AG 2002, 14 ff.; *Willamowski*, Die strategische Allokation von Aktien bei Emissionen, WM 2001, 653 ff.; *Wittich*, Neue Regeln für Finanzdienstleistungsinstitute, die Wertpapierdienstleistungen erbringen, WM 1998, 1526 ff.; *Zerwas/Hanten*, Zulassung zum Geschäftsbetrieb für Kredit- und Finanzdienstleistungsinstitute, BB 1998, 2481 ff.

I. Vor- und Nachteile des Börsengangs

1   Der Gang an die Börse *(Going Public)* und die Aufrechterhaltung der Börsennotierung *(Being Public)* verursachen erhebliche Kosten und fordern eine weitgehende Umstellung der Unternehmensführung *(Corporate Governance)*. Vor- und Nachteile einer Zulassung sind daher sorgfältig gegeneinander abzuwägen; deren Gewichtung wird wesentlich durch die Entscheidung bestimmt, ob die Börseneinführung primär der Gesellschaft oder deren Aktionären nützen soll.

1. Gründe für eine Börseneinführung

2   **a) Liquidität der Aktie.** Ganz unmittelbar führen die Börsenzulassung und die nachfolgende Notierungsaufnahme dazu, dass die Aktien des Emittenten leichter veräußert werden können, weil die Börse in großem Umfang kaufwillige Investoren und verkaufswillige Aktionäre zusammenführt und eine standardisierte Handelsplattform bietet, die eine einfache Abwicklung des Aktienkaufs ermöglicht. Diesen Vorteil nutzen Emittent und Aktionäre gleichermaßen für ihre Zwecke.

3   **b) Kapitalaufnahme.** Aus Sicht des Emittenten vergrößert die durch die Börseneinführung erhöhte Liquidität der Aktie den Personenkreis, der möglicherweise bereit ist, dem Emittenten weiteres Eigenkapital zur Verfügung zu stellen, weil eine Weiterveräußerung der Aktien ohne weiteres möglich ist. Damit erleichtert die Börseneinführung dem Emittenten die Kapi-

talaufnahme, verbessert die Eigenkapitalausstattung und erhöht (mindestens vorübergehend) den Bestand liquider Mittel. Tatsächlich ist der Wille des Emittenten, neue Aktien gegen Bareinlagen auszugeben, regelmäßig der Auslöser der vorrangig vom Emittenten betriebenen Börseneinführung.

c) **Anteilsveräußerung.** Aus Sicht der Aktionäre verbessert die durch die Börseneinführung 4 erhöhte Liquidität der Aktie dauerhaft die Möglichkeit der Anteilseigner, ihre Beteiligung am Emittenten zu veräußern.[1] Dementsprechend ist der Wille der Altaktionäre, ihre Aktien ganz oder zum Teil an neue Investoren zu veräußern, regelmäßig der Auslöser einer vorrangig auf Veranlassung der Altaktionäre betriebenen Börseneinführung.[2]

d) **Veräußerung nicht betriebsnotwendiger Unternehmensteile.** Ein Börsengang kommt 5 ferner auch dann in Betracht, wenn sich ein Unternehmen von einem Bereich trennen will (weil er nicht mehr zum Kerngeschäft zählt) oder muss (um Auflagen der Kartellbehörden zu entsprechen) und der Verkauf des betreffenden Bereichs im Ganzen an einen einzelnen Investor nicht oder nur zu einem als unangemessen niedrig erachteten Preis möglich ist. Mitunter werden der Verkauf und der Börsengang auch parallel betrieben (*Dual Track*, dazu näher nachfolgend unter → Rn. 20 ff.).

e) **Einwerbung von Mitteln für einen späteren Unternehmenskauf.** Eine in Europa im 6 Vergleich zu den USA nach wie vor eher selten praktizierte Form der Börseneinführung ist das Listing einer sog. *Special Purpose Acquisition Company (SPAC)*. Dabei wird zunächst eine leere Unternehmenshülle an die Börse gebracht, die dann innerhalb einer vorgegebenen Zeit mit dem Mitteln aus dem Börsengang (und ggf. weiteren Mitteln, zu deren Bereitstellung sich die Gesellschafter der SPAC verpflichtet haben)[3] einen Unternehmenskauf durchführen soll. Das erworbene Unternehmen erhält auf diesem Weg vereinfacht Zugang zum Kapitalmarkt[4]

f) **Weitere positive Aspekte einer Börseneinführung.** aa) *Bekanntheit und Ansehen der* 7 *Gesellschaft.* Die vom Kapitalmarktrecht vorgeschriebene umfangreiche Berichterstattung der börsennotierten Gesellschaft einerseits und das breitere Interesse der Investoren für börsennotierte Gesellschaften andererseits erhöhen den Bekanntheitsgrad des Emittenten. Da die Börsenzulassung zugleich auch Ausdruck der Börsenreife des Emittenten ist, erhöht sie idR auch das Ansehen des Emittenten.

bb) *Erschließung neuer Märkte.* Das vergleichsweise höhere Ansehen der börsennotierten 8 Gesellschaften kann diesen im Vergleich zu nicht börsennotierten Unternehmen den Eintritt in neue Märkte erleichtern und damit Absatzmöglichkeiten und Gewinnchancen erhöhen.

cc) *Gewinnung von Personal.* Schließlich kann eine Börsennotierung bei der Gewinnung 9 qualifizierter Mitarbeiter helfen, weil mit einem börsennotierten Unternehmen eine tendenziell größere Arbeitsplatzsicherheit in Verbindung gebracht wird und weil mit der Möglichkeit zur Begebung von Optionen *(stock options)* auf (ohne weiteres handelbare) Aktien ein Vergütungs- und Motivationsinstrument zur Verfügung steht, auf das nicht börsennotierte Gesellschaften nicht zurückgreifen können.

2. Gründe gegen eine Börseneinführung

a) **Einfluss auf die Gesellschaft.** Die Börseneinführung geht regelmäßig mit einer (mindes- 10 tens relativen) Verringerung der Beteiligung und damit der Stimmrechte der Altaktionäre

---

[1] Deshalb war der BGH in seinem Urteil v. 25.11.2002 (II ZR 133/01, BGHZ 153, 47 ff. = ZIP 2003, 387 ff. – Macrotron) zunächst auch zu dem Ergebnis gelangt, dass die Beendigung der Börsennotierung einen Eingriff in die Eigentumsposition des Aktionärs darstellt. Dem Urteil des BVerfG v. 11.7.2012 (1 BvR 3142/07, 1 BvR 1569/08, NZG 2012, 826) folgend, wonach diese Sicht zwar möglich, aber nicht grundrechtlich zwingend geboten ist, hat der BGH diese Rspr. mit Beschl. v. 8.10.2013 (II ZB 26/12, NJW 2014, 146) wieder aufgegeben.
[2] Zur Problematik der Einlagenrückgewähr bei einer Börsenzulassung auf Betreiben der Altaktionäre s. *Fleischer* ZIP 2007, 1969.
[3] Bei einer deutschen Aktiengesellschaft wäre diese Verpflichtung nach § 55 AktG zu behandeln, was sich in der praktischen Umsetzung schwierig gestalten kann. SPACs sollten deshalb bis zur Erfüllung dieser Leistungspflicht vernünftigerweise nur bei institutionellen Investoren platziert werden.
[4] Näher zur SPAC s. *Just* ZIP 2009, 1698 ff.

einher, weil entweder zu Lasten der Altaktionäre neue Aktien ausgegeben werden oder die Altaktionäre unmittelbar Aktien abgeben. Durch die Verringerung der Stimmrechtsquote verlieren die Altaktionäre infolge der Börseneinführung an Einfluss auf die Gesellschaft.

11 Tatsächlich hält sich dieser Effekt aber in Grenzen, weil die Präsenz der Aktionäre auf der Hauptversammlung der börsennotierten Gesellschaft idR wesentlich niedriger ist als bei einer Gesellschaft mit geschlossenem Gesellschafterkreis.[5] Der wesentliche Einschnitt findet für die Altaktionäre dementsprechend zumeist schon bei vorbörslichen Finanzierungsrunden statt.

12 **b) Zulassungsfolgepflichten.** Als börsennotierte Gesellschaft ist der Emittent verpflichtet, eine Vielzahl von Zulassungsfolgepflichten zu beachten, die die Funktionsfähigkeit des Kapitalmarkts sicherstellen sollen, aus Sicht des Emittenten zunächst aber einen erheblichen materiellen Aufwand verursachen. Die Verletzung dieser Pflichten kann zu Sanktionen und Schadenersatzforderungen führen (zu diesen Pflichten näher nachfolgend unter → Rn. 175 ff.).

13 **c) Rechnungslegung.** Börsennotierte Gesellschaften sind gem. § 267 Abs. 3 S. 2 HGB unabhängig von ihren tatsächlichen Verhältnissen stets große Kapitalgesellschaften iSd § 267 Abs. 3 S. 1 HGB und deshalb verpflichtet, ihren Jahresabschluss nach den für diese Gesellschaften geltenden Vorschriften zu erstellen, prüfen zu lassen und offen zu legen,[6] ohne von den größenabhängigen Erleichterungen[7] Gebrauch machen zu können.

14 **d) Öffentlichkeit.** Aufgrund der Zulassungsfolgepflichten und Rechnungslegungsvorschriften stehen dem Kapitalmarkt umfangreiche Informationen über die Emittenten zur Verfügung, und zwar auch und gerade dann, wenn aus Sicht der Gesellschaft und ihrer Aktionäre kein Interesse an einer Offenlegung dieser Informationen besteht, zB weil damit die schwierige wirtschaftliche Lage des Unternehmens offenbar wird oder weil Kunden und Wettbewerber des Unternehmens Kenntnisse über dessen Kalkulationen gewinnen.

15 **e) Kosten.** Schließlich verursachen die Börsenzulassung und deren Aufrechterhaltung erhebliche Kosten, die bei der Betrachtung der Kapitalkosten zu berücksichtigen sind. Namentlich die Kosten für die Durchführung der jährlichen Hauptversammlung sind wesentlich höher als bei einem geschlossenen Gesellschafterkreis. Kleinere börsennotierte Unternehmen sollten darüber hinaus beachten, dass im Bereich der Zulassungsfolgepflichten und bei der Rechnungslegung börsennotierter Gesellschaften keine größenabhängigen Erleichterungen bestehen.

3. Börsenreife

16 Die Börsenreife des Emittenten ist keine formale Voraussetzung für einen Börsengang. Erfüllt der Emittent die gesetzlichen Bestimmungen, sind dessen Aktien stets zum Handel im regulierten Markt zuzulassen bzw. in die Notierung im Freiverkehr einzubeziehen.

17 Das Kriterium der Börsenreife kommt damit allenfalls mittelbar über § 9 Abs. 2 Nr. 1 BörsZulV zum Tragen, weil die Zulassungsstelle die Zulassung versagen muss, wenn nicht zu erwarten ist, dass eine ausreichende Streuung der zuzulassenden Aktien innerhalb kurzer Frist nach der Einführung erreicht sein wird. Das wird dann nicht der Fall sein, wenn Investoren angesichts der wirtschaftlichen Verfassung des Emittenten nicht zur Zeichnung der angebotenen Aktien bereit sind.

18 In diesem Sinne setzt Börsenreife zum einen die Werthaltigkeit des Emittenten voraus, die im Vorfeld eines Börsenganges durch eine (wenigstens indikative) Unternehmensbewertung zu ermitteln ist, und zum anderen die Bereitschaft der Altaktionäre, Aktien aus dem Altbestand oder aus einer Kapitalerhöhung zu angemessenen Preisen anzubieten, da sich sonst für die zuzulassenden Aktien kein Markt bilden wird. So verstanden stellen alle anderen Kriterien, die üblicherweise für die Beurteilung der Börsenreife herangezogen werden – wirtschaftliche Verfassung der Gesellschaft, Organisationsgrad, Marktverhältnisse usw – nur Hilfsmittel zur Einschätzung der Marktbildung dar.

---

[5] Vgl. nur die 30 %-Schwelle gem. § 29 Abs. 2 WpÜG.
[6] §§ 264 ff. HGB.
[7] §§ 274a, 276, 288, 293, 298, 326 f. HGB.

Im Hinblick auf das mit einer Börseneinführung für den Emittenten und die weiteren für 19
den Prospekt verantwortlichen Personen verbundene Risiko der Prospekthaftung (dazu näher nachfolgend unter → Rn. 105 ff.) wird die Richtigkeit der darin enthaltenen Angaben, die auch der Einschätzung der Börsenreife zugrunde gelegt werden idR durch eine entsprechende Untersuchung überprüft *(Due Diligence).*

4. Alternativen zur Börseneinführung

Sofern die Börseneinführung wesentlich durch den Kapitalbedarf der Gesellschaft be- 20
gründet ist, kommen als Alternativen zum Börsengang grds. alle weiteren Formen der Unternehmensfinanzierung in Betracht, wobei die Wahl der angemessenen Finanzierungsform wesentlich durch Anlass und Umfang des Finanzierungsbedarfs und die Bonität der Gesellschaft bestimmt wird.

Wenn die Börseneinführung wesentlich durch die Absicht der Altaktionäre bestimmt ist, 21
ihre Aktienpakete umzuplatzieren, kommt als Alternative zur Veräußerung von Aktien im Zuge des Börsenganges und nachfolgend über die Börse auch der Verkauf an einen einzelnen Investor in Betracht *(Trade Sale).* Vielfach verfolgen Altaktionäre beide Alternativen parallel *(Dual Track)* und treffen erst unmittelbar vor der Börseneinführung eine Entscheidung für eine der beiden Alternativen.

Sollen die Aktien nicht öffentlich angeboten werden, so kommt als Alternative zum Bör- 22
sengang auch eine Privatplatzierung *(Private Placement)* in Betracht, bei der die Aktien nur einem ausgewählten Kreis potentieller Investoren zur Zeichnung bzw. zum Erwerb angeboten werden. Sind die angebotenen Aktien nicht zum Börsenhandel zugelassen, so müssen der Emittent und/oder der abgebende Altaktionär wegen der aus tatsächlichen Gründen eingeschränkten Handelbarkeit mit einem Abschlag auf den Emissionserlös rechnen.

II. Vorbereitung des Börsengangs

1. Strukturelle Überlegungen

Der Börsengang und die Aufrechterhaltung der Börsennotierung setzen beim Emittenten 23
rechtlich und tatsächlich eine strukturelle Qualität voraus, die bei diesem idR nicht von Anfang an vorhanden sein wird und deshalb erst in Vorbereitung auf den Börsengang geschaffen werden muss.

Die **rechtlichen Voraussetzungen** für eine Börsenzulassung oder Einbeziehung in den Bör- 24
senhandel ergeben sich zunächst aus dem Börsengesetz iVm den auf seiner Grundlage erlassenen Verordnungen und Börsenordnungen sowie aus dem Wertpapierprospektgesetz. Sofern eine Notierung im regulierten Markt angestrebt ist, sind auch die unmittelbar als nationales Recht geltenden EU-Verordnungen, vor allem die Prospekt-VO,[8] und auf deren Grundlage erlassene sog. delegierte Rechtsakte zu beachten.[9]

In tatsächlicher Hinsicht sollte das Unternehmen des Emittenten über eine vom Kapital- 25
markt ohne weiteres nachvollziehbare Organisationsstruktur und Strategie verfügen, da dadurch der am Kapitalmarkt realisierbare Unternehmenswert deutlich steigt. Betreibt zB der

---

[8] Das ist bis zum 21.7.2019 noch die VO (EG) Nr. 809/2004 der Kommission v. 29.4.2004 zur Umsetzung der RL 2003/71/EG des Europäischen Parlaments und des Rates betr. die in Prospekten enthaltenen Informationen sowie das Format, die Aufnahme von Informationen mittels Verweis und die Veröffentlichung solcher Prospekte und die Verbreitung von Werbung in der jeweils aktuellen Fassung. Danach wird der Inhalt des Prospekts bestimmt durch die VO (EU) 2017/1129 des Europäischen Parlaments und des Rates v. 14.6.2017 über den Prospekt, der beim öffentlichen Angebot von Wertpapieren oder bei deren Zulassung zum Handel an einem geregelten Markt zu veröffentlichen ist und zur Aufhebung der RL 2003/71. Teile der VO (EU) 2017/1129 sind bereits zum 21.7.2018 in Kraft getreten. Zeitgleich wurden im Wertpapierprospektgesetz insbes. die Regelungen über Ausnahmen von der Prospektpflicht an die neue Prospekt-VO angepasst.
[9] Da die deutschen Rechtsvorschriften nicht immer konsequent nur auf die unmittelbar geltenden europäischen Vorschriften verweisen, sondern diese teilweise in eigenen Worten wiedergeben, sollten deutsche und europäische Bestimmungen stets nebeneinander gelesen werden, um zu einer europarechtskonformen Auslegung der nationalen Bestimmungen zu gelangen.

Emittent sein Unternehmen historisch begründet in einer Vielzahl einzelner Gesellschaften, ohne dass diese Gliederung auch operativ notwendig ist, wird diese Struktur zunächst durch Mittel der Konzernreorganisation (Verschmelzungen, Ausgliederungen, Anteilsübertragungen) zu vereinfachen sein. Operativ nicht erforderliche Unternehmensteile sind ggf. vor dem Börsengang zu veräußern.

26 Die insbes. in der Satzung festgeschriebene innere Organisation des Emittenten ist ebenfalls an Kapitalmarktgepflogenheiten anzupassen. Im Verhältnis der Aktionäre zueinander ist dabei der Grundsatz bestimmend, dass alle Aktionäre gleichberechtigt sind (*„One share, one vote."*). Abweichungen von diesem Grundsatz, die einzelnen Aktionären auch nach der Börseneinführung einen besonderen Einfluss auf die Gesellschaft gewähren,[10] führen zu einem Abschlag auf den sonst am Kapitalmarkt realisierbaren Unternehmenswert oder müssen durch Zugeständnisse bei der Gewinnverteilung erkauft werden.[11]

27 Wenn der Emittent in der Vergangenheit (auch) mit Wagniskapital finanziert wurde, sind alle üblicherweise im Zusammenhang damit stehenden Satzungsregelungen zu beseitigen, die dem Wesen einer börsennotierten Gesellschaft widersprechen.[12]

28 Schließlich darf nicht der Eindruck entstehen, dass die Altaktionäre mit dem Börsengang „Kasse machen" und unternehmerische Risiken auf die neuen Aktionäre abwälzen wollen, zB indem der Erlös, der dem Emittenten aus der Platzierung der neuen Aktien zufließt, überwiegend zur Rückführung von Gesellschafterdarlehen verwendet werden soll. In diesem Zusammenhang wird man besonders auf etwaige Informationsvorteile der Altaktionäre gegenüber den neuen Aktionären sehen und zur Vermeidung der Prospekthaftung darauf achten, diesen Vorteil durch eine angemessene Risikodarstellung im Prospekt auszugleichen.

29 Die aus den strukturellen Überlegungen folgenden Maßnahmen sind rechtzeitig vor dem geplanten Termin des Börsengangs umzusetzen, da sie erfahrungsgemäß in besonderer Weise für Verzögerungen anfällig sind. Werden die Maßnahmen dagegen erst kurz vor dem Börsengang ergriffen, führt jede Verzögerung notwendig zu einer Verschiebung und je nach der weiteren Entwicklung der Marktverhältnisse uU auch zu einer endgültigen Absage des Börsenganges.

2. Wahl des Börsenplatzes und -segments

30 a) **Wahl des Börsenplatzes.** In Deutschland existieren derzeit sieben Wertpapierbörsen.[13] Die Börsenordnungen der einzelnen Börsenplätze unterscheiden sich nur geringfügig voneinander. Die Wahl des Börsenplatzes wird daher *national* wesentlich durch die geografische und marktmäßige Ausrichtung der Börsenplätze und des Emittenten sowie durch die Aufnahmefähigkeit des einzelnen Börsenplatzes bestimmt.[14]

31 Im *internationalen* Vergleich wird die Entscheidung für einen bestimmten Börsenplatz insbes. durch die dort vorherrschenden konjunkturellen Bedingungen, die Kosten eines Börsengangs an diesem Börsenplatz, die grundsätzliche Vertrautheit der (potentiellen) Investoren mit dem Geschäftsmodell des Emittenten, die Zahl der dort schon vorhandenen Emittenten mit einem vergleichbaren Geschäftsmodell und die mitunter auch irrationale Vorliebe für bestimmte Geschäftsmodelle bestimmt.[15]

---

[10] Hierzu zählen zB die Vinkulierung von Aktien, die Gewährung eines Entsenderechts in den Aufsichtsrat zu Lasten der übrigen Aktionäre und der Abschluss von Stimmbindungsverträgen zwischen Altaktionären.

[11] Etwa bei der Platzierung stimmrechtsloser Vorzugsaktien, die gesetzlich zwingend gegenüber den Stammaktien einen Vorrang bei der Gewinnverteilung gewähren.

[12] Das sind insbes. in der Satzung festgeschriebene Verfügungsbeschränkungen, Mitverkaufsrechte und -pflichten, Sonderrechte für einzelne Aktionäre sowie Vorrechte für den Fall der Liquidation der Gesellschaft.

[13] Berlin, Düsseldorf, Frankfurt a. M., Hamburg, Hannover, München, und Stuttgart.

[14] *Schanz* Börseneinführung § 11 Rn. 81.

[15] Sind die Investoren mit einem Geschäftsmodell bereits vertraut, zB weil schon andere Emittenten mit ähnlichem Geschäftsmodell an dem betreffenden Börsenplatz gehandelt werden, können sie die damit verbundenen Risiken besser einschätzen. Der Risikoabschlag auf den Wert der Aktie fällt dann entsprechend geringer aus. Andererseits wird eine Übersättigung des Marktes (zu viele Emittenten mit ähnlichem Geschäftsmodell) mit einem Abschlag quittiert.

b) Wahl des Börsensegments. In Deutschland bestehen heute im Grundsatz zwei Marktsegmente: der inzwischen vor allem europarechtlich beeinflusste regulierte Markt und der nationalem Recht unterliegende Freiverkehr.[16] Die von einem im regulierten Markt notierten Emittenten zu erfüllenden Zulassungsfolgepflichten sind erheblich umfangreicher als diejenigen des Freiverkehrs. Korrespondierend dazu eröffnet der regulierte Markt den Zugang zum größten Kreis potentieller Investoren, während der Marktzugang für nur im Freiverkehr notierte Unternehmen faktisch begrenzt ist. Die Wahl des Börsensegments wird für den Emittenten deshalb wesentlich durch die Abwägung zwischen dem Kapitalbedarf des Emittenten und dem Aufwand für die Aufrechterhaltung der Notierung in dem jeweiligen Segment mitbestimmt.

aa) Regulierter Markt, Prime Standard, General Standard. Die Vorschriften für die Zulassung und Notierung von Unternehmen am regulierten Markt ergeben sich aus §§ 32 ff. BörsG und der Börsenzulassungsverordnung, dem Wertpapierprospektgesetz und der europäischen Prospekt-VO[17] iVm mit den weiteren Bestimmungen der Börsenordnung des jeweiligen Börsenplatzes.

Innerhalb des regulierten Marktes hat die Frankfurter Wertpapierbörse für ihren Börsenplatz mit dem sogenannten *Prime Standard* einen Teilbereich geschaffen, der an die dort notierten Emittenten im Vergleich zum regulierten Markt noch einmal erhöhte Transparenzanforderungen stellt.[18] In Abgrenzung hierzu wird der Teilbereich des regulierten Marktes, in dem nur die gesetzlichen Mindestanforderungen erfüllt werden müssen, als *General Standard* bezeichnet.

bb) Freiverkehr und Teilsegmente, KMU-Wachstumsmarkt. Im Gegensatz zum regulierten Markt handelt es sich beim Freiverkehr um ein rein auf privatrechtlicher Ebene organisiertes Marktsegment, das die Einrichtungen der Börse nutzt. Bestimmungen über den Freiverkehr finden sich in § 48 BörsG und den Freiverkehrsrichtlinien der jeweiligen Börsen. Gem. § 48 Abs. 1 BörsG kann die Börse für Wertpapiere, die weder zum regulierten Markt zugelassen noch dort in den Handel einbezogen sind, einen Freiverkehr zulassen, wenn eine ordnungsgemäße Durchführung des Handels und der Geschäftsabwicklung gewährleistet erscheint.

Für die Einbeziehung von Wertpapieren in den Freiverkehr als solche besteht keine Prospektpflicht, weshalb der Freiverkehr einen im Vergleich zum regulierten Markt deutlich kostengünstigeren Zugang zu einer Handelsplattform bietet. Allerdings ist auch hier zu beachten, dass beim öffentlichen Angebot von Aktien ein Prospekt (und bei Angeboten mit einem Gesamtgegenwert von bis zu 8 Mio. EUR wenigstens ein Wertpapier-Informationsblatt) zu veröffentlichen ist.[19]

Innerhalb des Freiverkehrs haben einige Wertpapierbörsen Teilsegmente geschaffen, die insbes. kleinen und mittleren Unternehmen bei nur leicht erhöhten Transparenzpflichten eine Handelsplattform mit vergleichsweise größerer Sichtbarkeit für potentielle Investoren bieten sollen. Dies sind *Scale für Aktien* (früher *Entry Standard*) in Frankfurt, die *Mittelstandsbörse* in Hamburg und Hannover, *m:access* in München sowie *Freiverkehr Plus* in Stuttgart.

Gem. § 48a BörsG kann der jeweilige Börsenträger bei der Börsenaufsichtsbehörde einen Freiverkehr auch ausdrücklich als Wachstumsmarkt für kleine und mittlere Unternehmen (KMU-Wachstumsmarkt) registrieren lassen. Ob sich der KMU-Wachstumsmarkt neben den bereits bestehenden Teilsegmenten als eigenes Segment des Freiverkehrs etabliert, bleibt abzuwarten.

3. Zusammenstellung des Emissionsteams

Das Emissionsteam umfasst neben dem Emittenten eine Reihe weiterer Parteien, die in die Vorbereitung des Börsengangs einbezogen werden müssen oder sollten.

---

[16] An der Frankfurter Wertpapierbörse wird der Freiverkehr auch als *Open Market* bezeichnet.
[17] S. dazu schon oben Fn. 8.
[18] Vgl. § 42 BörsG iVm §§ 48 ff. BörsO FWB → Rn. 176 f.
[19] Zum Inhalt des Prospekts bzw. des Wertpapier-Informationsblatts → Rn. 89 ff.

40 **a) Emittent.** Für den Emittenten gehören dem Emissionsteam zwingend der Vorstand und – soweit dessen Beteiligung nach Gesetz und Satzung erforderlich ist oder sonst geboten scheint – der Aufsichtsrat an. Um bei der Vorbereitung einer Börseneinführung die im Interesse des Emissionserfolges zwingend zu wahrende Vertraulichkeit nicht zu gefährden, ist es zweckmäßig, dass der Aufsichtsrat der geplanten Börseneinführung in einem Grundsatzbeschluss zustimmt und einen aus einzelnen Aufsichtsratsmitgliedern gebildeten Ausschuss beauftragt, die weiteren erforderlichen Beschlüsse für den Aufsichtsrat zu fassen. Nach Bedarf werden weitere Mitarbeiter des Emittenten hinzugezogen, zB aus der Rechtsabteilung, dem Controlling und der Öffentlichkeitsarbeit.

41 **b) Emissionskonsortium.** Der Emittent muss den Antrag auf Zulassung seiner Aktien zum Handel an der Börse zwingend zusammen mit einem der in § 32 Abs. 2 S. 1 BörsG genannten Institute (Emissionsbegleiter, auch *Underwriter* genannt) stellen.[20] Die Beteiligung des Emissionsbegleiters eröffnet dem Emittent den Zugang zu potentiellen institutionellen und privaten Investoren und gewährt diesen im Fall der Prospekthaftung neben dem Emittenten eine weitere Rückgriffsmöglichkeit. Die Rechte und Pflichten im Verhältnis von Emittent zu Emissionsbegleiter werden zunächst in einem Mandatsvertrag *(Engagement Letter)* festgelegt und unmittelbar vor der Platzierung in einem Übernahmevertrag *(Underwriting Agreement)* präzisiert.

42 Es ist üblich, dass größere Emissionen von mehreren *Underwritern* begleitet werden, die als Gesellschaft bürgerlichen Rechts[21] unter der Leitung des Konsortialführers *(Lead Manager)* ein Emissionskonsortium bilden, um das Emissionsrisiko gemeinsam zu tragen und dadurch entsprechend zu verringern. Die Zusammensetzung und interne Aufgabenverteilung des Konsortiums hängt regelmäßig von der Größe und dem regionalen Schwerpunkt der Emission und damit letztlich von der Platzierungskraft seiner Mitglieder ab.[22] Das Konsortium wird durch einen Konsortialvertrag begründet, der die Struktur und Aufgabenverteilung innerhalb des Konsortiums regelt. Von Fall zu Fall bilden einzelne Konsortialmitglieder mit weiteren Instituten *(Sub-Underwriters)* zusätzlich ein Innenkonsortium, in dem das Emissionsrisiko weiter gestreut wird, das aber nach außen nicht auftritt.[23]

43 Der Konsortialführer *(Lead Manager)* koordiniert die Arbeit des Konsortiums, erledigt die Abwicklung der für die Börseneinführung notwendigen Formalitäten bei Behörden, insbes. bei der Zulassungsstelle, und übernimmt die Beratung des Emittenten. Handeln mehrere Institute als Konsortialführer, so werden sie als *Joint Lead Managers* bezeichnet. Die Führung des Orderbuches obliegt dem *Bookrunner* genannten Konsortialmitglied.

44 Die Auswahl des Lead Managers und des Emissionskonsortiums erfolgt idR auf der Grundlage eines Auswahlverfahrens *(Beauty Contest)*, in dem einzelne Banken insbes. ihre Platzierungskraft vorstellen und ihre Einschätzung des Unternehmenswertes des Emittenten, des erwarteten Emissionspreises und der Nachfrage nach den Aktien des Emittenten präsentieren.

45 **c) Rechtsberater/Wirtschaftsprüfer.** Die Beteiligung von Rechtsanwälten und Wirtschaftsprüfern an der Vorbereitung des Börsengangs ist praktisch unverzichtbar, da sie nicht nur an der strukturellen Vorbereitung des Emittenten auf den Börsengang und der Erstellung des Prospekts mitwirken, sondern regelmäßig dem Emissionskonsortium gegenüber verschiedene Erklärungen in Bezug auf die rechtlichen Verhältnisse des Emittenten *(Legal Opinion)*, die Richtigkeit des Prospekts *(Disclosure Opinion)* und die in diesem wiedergegebenen Abschlüsse des Emittenten *(Comfort Letter)* abzugeben haben.

46 **d) Financial und Investor Relations.** Für den Erfolg des Börsengangs ist die Kapitalmarktkommunikation *(Investor Relations)* von wesentlicher Bedeutung. In Abstimmung mit dem Emittenten und dem Konsortialführer entwickelt die hiermit beauftragte Agentur die Wer-

---

[20] Sa *Groß*, Kapitalmarktrecht, 6. Aufl. 2016, BörsG § 32 Rn. 32; Einzelheiten bei *Zerwas/Hanten* BB 1998, 2481 ff.; *Wittich* WM 1998, 1526 f.
[21] MüKoHGB/*Singhof* Emissionsgeschäft Rn. 242 f.
[22] *Schanz* Börseneinführung § 9 Rn. 24, weitergehend hierzu s. *Jäger* NZG 1999, 643 ff.
[23] Sa insgesamt Kümpel/Wittig/*Brandt/R. Müller/Oulds*, Bank- und Kapitalmarktrecht, 4. Aufl. 2011, Rn. 15.117.

bemaßnahmen, mit denen der Emittent auf dem Kapitalmarkt positioniert und für die zu platzierenden Aktien geworben wird, und begleitet deren nachfolgende Umsetzung. Um eine Haftung des Emittenten und des Emissionskonsortiums gegenüber den Investoren infolge unzutreffender Werbeaussagen zu vermeiden, sollten alle von der Agentur geplanten Werbemaßnahmen durch die die Emission begleitenden Rechtsanwälte freigegeben werden.

e) **Emissionsberater.** Emittenten, die nur wenig Kapitalmarkterfahrung und begrenzte Personalressourcen aufweisen, werden die Einschaltung eines Emissionsberaters erwägen, der das Management des Emittenten bei den Vorbereitungen auf den Börsengang unterstützen soll. Zu seinen wesentlichen Aufgaben zählen idR die Prüfung der Börsenreife und der Unternehmensplanung sowie die Beratung bei der Entwicklung eines Emissionskonzepts und der Unternehmensdarstellung *(Factbook).* 47

4. Erforderliche Maßnahmen beim Emittenten

a) **Grundsatzbeschluss des Vorstands und des Aufsichtsrats.** Der Vorstand ist im Außenverhältnis Vertreter der Gesellschaft und kann deshalb wirksam für die Gesellschaft den Antrag auf Zulassung der Aktien der Gesellschaft zum Börsenhandel im regulierten Markt stellen, §§ 76, 78 AktG, § 32 Abs. 2 BörsG.[24] 48

Abhängig von der Ausgestaltung der Satzung und der Geschäftsordnung für den Vorstand kann darüber hinaus im Innenverhältnis zur Gesellschaft die Zustimmung des Aufsichtsrats für diesen Antrag erforderlich sein, ohne dass deren Fehlen die Wirksamkeit des Zulassungsantrages berührt. 49

b) **Grundsatzbeschluss der Hauptversammlung des Emittenten.** Es ist fraglich, ob der Antrag auf Börsenzulassung auch der Zustimmung der Hauptversammlung bedarf, und welche Mehrheit für einen solchen Beschluss erforderlich ist.[25] Die Rspr. hat sich zu dieser Frage bisher nicht geäußert. Aus der älteren Rspr. des BGH[26] wurde zunächst die Notwendigkeit eines solchen Beschlusses abgeleitet. Nachdem der BGH diese Rspr. präzisiert hat,[27] ist aber davon auszugehen, dass eine Entscheidung der Hauptversammlung nicht erforderlich ist, weil die Börsenzulassung keine „Veränderungen nach sich zieht, die denjenigen zumindest nahe kommen, welche allein durch eine Satzungsänderung herbeigeführt werden können".[28] 50

c) **Hauptversammlungsbeschluss der Obergesellschaft.** Ist der Emittent Teil eines Konzerns, so bedarf die Börseneinführung der Aktien des Emittenten dann eines zustimmenden Hauptversammlungsbeschlusses der Konzernmutter, wenn die Börseneinführung vorrangig der Umplatzierung von bereits ausgegebenen Aktien des Emittenten dient und die Umplatzierung aus Sicht der Konzernmutter nach den vom BGH entwickelten Grundsätzen[29] einer Satzungsänderung zumindest nahe kommt.[30] Dient die Börsenzulassung dagegen vorrangig 51

---

[24] So insbes. auch *Trapp/Schick* AG 2001, 381 (382) mwN.
[25] Dafür in der älteren Lit. *Picot/Land* DB 1999, 570 (571); *Lutter/Leinekugel* ZIP 1998, 805 (806), aA Henssler/Strohn/*Liebscher* AktG § 119 Rn. 14; Hüffer/Koch/*Koch* AktG § 119 Rn. 23; *Reichert* AG 2005, 150 (157); *Halasz/Kloster* ZBB 2001, 474 (477 f.).
[26] BGHZ 83, 122 ff. = ZIP 1982, 568 ff. – Holzmüller.
[27] BGHZ 159, 30 = ZIP 2004, 1001 ff. – Gelatine I.
[28] So iErg auch schon bisher *Halasz/Kloster* ZBB 2001, 474; *Schwark/Zimmer/Heidelbach* BörsG § 32 Rn. 82. Die gegenteilige Ansicht kann auch nicht aus einer früheren Entscheidung des BGH (BGHZ 153, 47 ff. = ZIP 2003, 387 ff. – Macrotron) abgeleitet werden, wonach die Beendigung der Börsenzulassung der Zustimmung der Hauptversammlung mit einfacher Mehrheit bedurfte. Die Beendigung der Börsenzulassung beschränkt die Handelbarkeit der Aktien und führte nach der früheren Auffassung des BGH zu einem entschädigungspflichtigen Eingriff in die Eigentumsposition des einzelnen Aktionärs, dieser Eingriff ist bei der Börsenzulassung gerade nicht gegeben. Der BGH Hat diese Rspr. inzwischen auch ausdrücklich aufgegeben (BGH NJW 2014, 146 Rn. 10). Wollte man gleichwohl weiter der früheren Auffassung folgen, so wäre bereits in der Zustimmung der Hauptversammlung zu einer zur Vorbereitung des Börsenganges erforderlichen Kapitalmaßnahme die konkludente Zustimmung zur Börseneinführung zu sehen.
[29] BGH ZIP 2004, 1001 ff. – Gelatine I in Fortentwicklung von BGHZ 83, 122 ff. = ZIP 1982, 568 ff. – Holzmüller.
[30] Hierzu auch Schwark/Zimmer/*Heidelbach* BörsG § 32 Rn. 85; *Fuhrmann* AG 2004, 339 (340 f.), *Trapp/Schick* AG 2001, 381 (385 ff.); *Wackerbarth* AG 2002, 14 ff.

der Zuführung neuen Kapitals beim Emittenten, so ist eine Zustimmung der Hauptversammlung der Konzernmutter jedenfalls dann nicht erforderlich, wenn die Kapitalaufnahme nicht von der Konzernmutter veranlasst ist. Der von der Hauptversammlung der Konzernmutter ggf. zu fassende Beschluss bedarf zur Annahme einer ³/₄-Mehrheit.

52 Die Aktionäre der Konzernmutter haben bei einer aus Anlass der Börsenzulassung des Emittenten durchgeführten Kapitalerhöhung kein Bezugsrecht auf Aktien des Emittenten, da deren Rechtsposition durch die Beachtung der vom BGH entwickelten Grundsätze[31] ausreichend geschützt ist (str.).[32]

53 **d) Beschluss des Emittenten zur Erhöhung des Grundkapitals.** Eine Erhöhung des Grundkapitals kann im Zusammenhang mit einem Börsengang erforderlich sein, um (aa) die „richtige" Stückelung des Grundkapitals zu erreichen und (bb) die zu platzierenden Aktien zu schaffen, wenn nicht ausschließlich Aktien aus dem Bestand der Altaktionäre abgegeben werden sollen.

54 *aa) Kapitalerhöhung zur Anpassung des erwarteten Börsenkurses.* Die Zahl der zum Zeitpunkt der Börseneinführung ausgegebenen Aktien des Emittenten sollte sich nach dem Verhältnis von erwarteter Marktkapitalisierung zum gewünschten Börsenkurs der Aktien bestimmen. Für den angestrebten Börsenkurs gilt: Große Stückelungen erhöhen den anteiligen Wert und damit den Börsenkurs der einzelnen Aktie und belasten die Liquidität der Aktien insgesamt. Kleine Stückelungen führen zum gegenteiligen Effekt, bergen aber das Risiko in sich, dass die Aktie als zu billig empfunden wird *(Penny Stock)*. In der überwiegenden Zahl der Fälle verfügt der Emittent vor der Börseneinführung über eine im Verhältnis zum Unternehmenswert (zu) geringe Anzahl von Aktien. Um weitere Aktien zu schaffen, kommen insbes. eine Kapitalerhöhung aus Gesellschaftsmitteln[33] wie auch eine Barkapitalerhöhung unter Wahrung des Bezugsrechts der Altaktionäre[34] in Betracht (Kapitalerhöhung I).

55 *bb) Kapitalerhöhung zur Schaffung der zu platzierenden Aktien.* Soweit im Zuge der Börseneinführung nicht ausschließlich Aktien der Altaktionäre umplatziert werden sollen, müssen die zu platzierenden Aktien durch eine Kapitalerhöhung geschaffen werden (Kapitalerhöhung II). In der Regel handelt es sich hierbei um eine ordentliche Barkapitalerhöhung, bei der das Bezugsrecht der Altaktionäre ausgeschlossen und der Konsortialführer mit der Verpflichtung zur Zeichnung zugelassen wird, die gezeichneten Aktien bei Gelegenheit der Börseneinführung zum Angebotspreis bei Investoren zu platzieren.[35] Der Ausschluss des Bezugsrechts ist im Zusammenhang mit einer Börseneinführung regelmäßig gerechtfertigt; ist der Aktionärskreis aber bereits vor der Börseneinführung nicht mehr kontrollierbar,[36] muss diese Kapitalmaßnahme so rechtzeitig beschlossen werden, dass Anfechtungsklagen räuberischer Aktionäre abgewehrt werden können, ohne den geplanten Zeitpunkt der Börseneinführung zu gefährden.

56 **e) Weitere Kapitalmaßnahmen und Satzungsänderungen.** Sofern es nach der Unternehmensplanung des Emittenten denkbar ist, dass dieser kurz- bis mittelfristig über den mit dem Börsengang erzielten Platzierungserlös hinaus weiteres Kapital aufnehmen muss, sollte hierfür bereits vor dem Börsengang durch die Schaffung eines entsprechenden genehmigten Kapitals Vorkehrung getroffen werden. Dabei ist es üblich, den Vorstand des Emittenten zum Ausschluss des Bezugsrechts in dem in § 186 Abs. 3 S. 4 AktG beschriebenen Umfang zu ermächtigen. Ebenso sollte noch vor dem Börsengang ein genehmigtes Kapital geschaffen werden, wenn der Emittent in Erwägung zieht, Erwerbsgeschäfte zukünftig als Sacheinlage durchzuführen. In diesem Fall ist das Bezugsrecht der Aktionäre notwendig auszuschließen.

---

[31] → Rn. 51 f., Fn. 28.
[32] Hüffer/Koch/*Koch* AktG § 186 Rn. 56 mwN.
[33] §§ 207 ff. AktG. Die Kapitalerhöhung aus Gesellschaftsmitteln setzt voraus, dass die Gesellschaft über ausreichende Kapital- und Gewinnrücklagen verfügt, die in Grundkapital umgewandelt werden können.
[34] In Form der ordentlichen Kapitalerhöhung, §§ 182 ff. AktG, oder als Kapitalerhöhung aus genehmigtem Kapital, §§ 202 ff. AktG.
[35] §§ 182, 186 Abs. 3, 4 AktG.
[36] Etwa, weil die Gesellschaft bereits vor dem Börsengang zur Kapitalbeschaffung Aktien öffentlich zur Zeichnung angeboten hatte.

Die Möglichkeit zur Kapitalerhöhung gegen Bar- und gegen Sacheinlagen kann in einem genehmigten Kapital verbunden werden.

Beabsichtigt der Emittent aus Anlass des Börsenganges zugunsten der Vorstände und/oder Mitarbeiter die Einführung eines aktienbasierten Beteiligungsprogrammes *(stock options)*, so ist zur Absicherung des Lieferanspruchs der berechtigten Personen ein bedingtes Kapital[37] zu schaffen.

Schließlich sind im Vorfeld des Börsenganges alle weiteren Satzungsanpassungen vorzunehmen, die auf Grund der vorangegangenen strukturellen Überlegungen erforderlich sind.[38]

III. Rechtsverhältnis zum Emissionskonsortium

1. Mandatsvereinbarung

Nach den Präsentationen der Banken wählt der Emittent den zukünftigen Konsortialführer aus. Hauptfaktoren für die Wahl des Konsortialführers werden idR der von diesem in Aussicht gestellte Emissionspreis und sein Zugang zu möglichen Investoren sein.[39] Mit dem Konsortialführer wird ein Vertrag über das Börseneinführungsmandat *(Engagement Letter)* geschlossen, der bereits vor dem eigentlichen Übernahmevertrag einige Punkte zwischen den Parteien regelt. Die Mandatsvereinbarung begründet allerdings noch keine Verpflichtung der Parteien, die Emission tatsächlich durchzuführen. Diese wird erst durch den Übernahmevertrag herbeigeführt.

a) Leistungsumfang. Insbesondere umfasst der Vertrag Regelungen hinsichtlich der zukünftigen Aufgaben des Konsortialführers in Bezug auf die Beratung und Strukturierung von Emission und Konsortium sowie in Bezug auf die Planung von Werbemaßnahmen und Unternehmensanalysen. Zudem wird die Bank eine Beschränkung ihrer Haftung auf Vorsatz und grobe Fahrlässigkeit im Innenverhältnis zum Emittenten fordern.

b) Provisionen, Gebühren, Kosten. Der Konsortialführer erhält idR eine Management-Provision. Darüber hinaus werden Regelungen über sonstige Provisionen, die Kostenerstattung für Beratungstätigkeiten (vielfach auch der auf Verlangen des Emissionskonsortiums in das Verfahren eingebundenen Anwälte und sonstigen Berater) sowie eine *Break-Up-Fee* für den Fall des Abbruchs des Emissionsverfahrens vereinbart. Wird der Börsengang von den Altaktionären betrieben, so ist in diesem Zusammenhang das Verbot der Einlagenrückgewähr zu beachten, wenn Kosten und Gebühren vom Emittenten getragen werden sollen.

c) Sonstiges. Die Mandatsvereinbarung enthält ferner regelmäßig Bestimmungen über die Laufzeit und die Bedingungen für eine (vorzeitige) Beendigung des Mandats, die Verpflichtung des Emittenten, innerhalb eines gewissen Zeitraums vor und nach dem Börsengang von weiteren Kapitalmaßnahmen abzusehen (Marktschutzklausel), die Verschwiegenheitspflichten der Parteien, die von den Parteien beizubringenden Unterlagen sowie Regelungen für die Beauftragung und Einbindung der Wirtschaftsprüfer und Rechtsanwälte und ggf. Durchführung einer Due Diligence Prüfung.

2. Übernahmevertrag

Der Übernahmevertrag *(Underwriting Agreement)* wird zwischen dem Emittenten und dem Emissionskonsortium und – je nach Inhalt – auch mit den Altaktionären abgeschlossen. Für das Emissionskonsortium wird der Übernahmevertrag vielfach nur vom Konsortialführer unterzeichnet. Rechtlich ist der Übernahmevertrag als gemischter Vertrag mit Elementen der entgeltlichen Geschäftsbesorgung, des Dienstvertrages, Rechtskaufs oder Maklervertrages zu qualifizieren.

---

[37] §§ 192 ff. AktG.
[38] → Rn. 23 ff.
[39] S. hierzu *Schanz* Börseneinführung § 9 Rn. 19.

64 **a) Leistungsumfang.** Sämtliche Emissionsverträge enthalten in Ergänzung zum Mandatsvertrag weitere Bestimmungen über die Aufgaben des Emissionskonsortiums. Hierunter fallen das Betreiben der Börsenzulassung, die Platzierung der Aktien und etwaige Stabilisierungsmaßnahmen. Auch regelt der Übernahmevertrag die Provisionen für die Banken, Gebühren und Auslagen. Der Übernahmevertrag enthält außerdem die Gewährleistungen der Gesellschaft sowie im Innenverhältnis der Parteien zueinander die Freistellung des Emissionskonsortiums von der Prospekthaftung eine Regelung über die Einhaltung der Platzierungsbeschränkung, aufschiebende Bedingungen und Rückabwicklungsregeln. Sofern das Emissionskonsortium bloßer Vermittler der Aktien wird, sind im Übernahmevertrag Klauseln enthalten, die als Elemente eines Maklervertrages gem. §§ 652 ff. BGB zu qualifizieren sind. Übernehmen die Banken die Wertpapiere, so handelt es sich um einen Rechtskauf. Bei diesem folgt anschließend noch der Zeichnungsvertrag, sofern mit der Emission eine Kapitalerhöhung verbunden ist. Der Zeichnungsvertrag begründet die Pflicht des Zeichners zur Zahlung der Einlage und begründet gleichzeitig den Eintritt des Zeichners in die Gesellschaft.

65 **b) Gewährleistungen und Haftungsfreistellung.** Wesentlicher Bestandteil des Übernahmevertrages sind die vom Emittenten gegenüber dem Konsortium in Bezug auf die Gesellschaft, das Unternehmen und die auszugebenden Aktien abzugebenden Gewährleistungserklärungen (Garantien).

66 Sinn dieser Garantien ist es, dem Konsortium eine **Rückgriffsmöglichkeit gegen den Emittenten in Form einer Schadensersatzforderung** zu verschaffen. Die Gesellschaft verpflichtet sich daher auch zur Haftungsfreistellung des Emissionskonsortiums, sollte dieses durch einen Dritten auf Grund der Emission im Hinblick auf eine vom Emittenten abgegebene Garantie oder eine sonstige Pflichtverletzung des Emittenten gegenüber dem Konsortium in Anspruch genommen werden. Dies betrifft insbes. den Fall, dass eine Emissionsbank auf Grund der Prospekthaftungsregeln nach §§ 21 ff. WpPG einem Anleger gegenüber haftet.[40]

67 Allerdings bestehen Zweifel, inwieweit angesichts der gesetzlichen Notwendigkeit, den Zulassungsantrag zusammen mit einem Emissionshaus zu stellen, § 32 Abs. 2 BörsG, eine vollständige Freistellung zulässig ist. Auf diese Zweifel sollte in der Legal Opinion bzw. Disclosure Opinion im Zusammenhang mit den Aussagen zur Wirksamkeit des Übernahmevertrages hingewiesen werden.

68 **c) Bedingungen.** Die Verpflichtung des Konsortiums zur Übernahme der Wertpapiere steht regelmäßig unter verschiedenen aufschiebenden und auflösenden Bedingungen iSd § 158 Abs. 1 BGB, die insbes. daran geknüpft sind, dass die vom Emittenten und Aktionären abgegebenen Garantien auch noch zum Zeitpunkt der tatsächlichen Übernahme richtig, vollständig und nicht irreführend sind. Außerdem sind den Emissionsbanken verschiedene Dokumente zu überreichen, wie die von den Rechtsberatern abzugebende Legal und Disclosure Opinion sowie der von den Abschlussprüfern abzugebende Comfort Letter.

69 **d) Force Majeure und Material Adverse Change.** Regelmäßig wird im Übernahmevertrag vereinbart, dass das Emissionskonsortium die Übernahme der Aktien verweigern kann, wenn die erfolgreiche Platzierung wegen höherer Gewalt *(Force Majeure)* oder wegen des Eintritts wesentlich nachteiliger Veränderungen *(Material Adverse Change)* beim Emittenten oder am Kapitalmarkt gefährdet erscheint.[41]

3. Legal Opinion

70 Das Emissionskonsortium verlangt vor der Übernahme der Aktien zur Vermeidung seiner eigenen Haftung sowohl von den Rechtsberatern des Emittenten als auch von den eigenen Rechtsberatern die Abgabe einer Stellungnahme in Bezug auf bestimmte rechtliche Verhältnisse des Emittenten und der Emission *(Legal Opinion)*. Insbesondere wird bestätigt, dass der Emittent wirksam gegründet wurde und wirksam besteht, dass die zu platzierenden Ak-

---

[40] Vgl. bis zum 1.6.2012 die §§ 44, 45, 47 BörsG aF und §§ 13, 13a VerkProspG aF.
[41] *Busch* WM 2001, 1277 ff.; *Technau* AG 1998, 445 (447).

tien wirksam ausgegeben und voll eingezahlt sind und dass der Übernahmevertrag wirksame Verpflichtungen des Emittenten begründet und nicht gegen geltendes Recht verstößt.[42]

Der Aufbau der Legal Opinion ist weitgehend formalisiert und beschreibt insbes. (i) die Emission und die Art der Beteiligung des Rechtsberaters an dieser Emission, (ii) den erteilten Prüfungsauftrag, (iii) die vom Rechtsberater zur Abgabe der Legal Opinion vorgenommenen Prüfungshandlungen und (iv) die der Stellungnahme zugrunde gelegten Annahmen. Auf dieser Grundlage schließt sich (v) die eigentliche Stellungnahme in Bezug auf die rechtlichen Verhältnisse des Emittenten und der Emission an, die ggf. (vi) durch Vorbehalte eingeschränkt wird. Die Legal Opinion wird (vii) durch die Beschränkung des Adressatenkreises und des Rechts zur Weitergabe, die Angabe des anzuwendenden Rechts, des Stichtags und ggf. einen Hinweis auf eine bestehende Haftungsbeschränkung abgeschlossen. 71

Die Legal Opinion dient dem Emissionskonsortium im Hinblick auf die Prospekthaftung und die Möglichkeit, sich von dieser Haftung zu exkulpieren, zum Nachweis der angewandten Sorgfalt. Zugleich soll sie dem Emissionskonsortium nach dessen Erwartung eine Rückgriffsmöglichkeit gegen den Absender der Legal Opinion eröffnen. 72

4. Disclosure Opinion

Im Rahmen einer *Disclosure Opinion* lässt sich das Emissionskonsortium von den Rechtsberatern des Emittenten im Hinblick auf dessen rechtliche und tatsächliche Verhältnisse bestätigen, dass keine Umstände vorliegen, die es rechtfertigen würden, Angaben des Prospekts für unrichtig oder unvollständig zu halten, welche für die Beurteilung der Platzierung der Aktien wesentlich sind. Wird von den Rechtsberatern des Emissionskonsortiums eine Due Diligence Prüfung durchgeführt, so lässt sich das Konsortium von diesen idR ebenfalls eine Disclosure Opinion ausstellen. 73

Auch der Aufbau der Disclosure Opinion ist weitgehend formalisiert und beschreibt insbes. (i) den Anlass für die Erstellung des Prospekts und die Art der Beteiligung des Rechtsberaters an seiner Erstellung, (ii) den erteilten Prüfungsauftrag, (iii) die vom Rechtsberater zur Abgabe der Disclosure Opinion vorgenommenen Prüfungshandlungen und (iv) die der Stellungnahme zugrunde gelegten Annahmen. Auf dieser Grundlage schließt sich (v) die eigentliche Stellungnahme in Bezug auf die Richtigkeit und Vollständigkeit des Prospekts an, die ggf. (vi) durch Vorbehalte eingeschränkt wird. Die Disclosure Opinion wird wie die Legal Opinion (vii) durch die Beschränkung des Adressatenkreises und des Rechts zur Weitergabe, die Angabe des anzuwendenden Rechts, des Stichtags und ggf. einen Hinweis auf eine bestehende Haftungsbeschränkung abgeschlossen. 74

Wie die Legal Opinion soll auch die Disclosure Opinion dem Emissionskonsortium als Nachweis dienen, dass es beim Börsengang mit der erforderlichen Sorgfalt gehandelt hat. 75

5. Comfort Letter

Der vom Abschlussprüfer des Emittenten geforderte *Comfort Letter* dient dem Emissionskonsortium als förmliche Bestätigung bestimmter wirtschaftlicher Sachverhalte und der Richtigkeit und Vollständigkeit der im Prospekt wiedergegebenen Finanzangaben, die der Rechnungslegung des Emittenten entnommen werden.[43] Auch der Comfort Letter dient dem Emissionskonsortium als Nachweis, dass es nach angemessener Untersuchung von der Richtigkeit des Prospekts ausgehen durfte. 76

Ausgestaltung und Inhalt des Comfort Letters richten sich in der Praxis überwiegend nach dem Prüfungsstandard „Grundsätze für die Erteilung des Comfort Letter (IDW PS 910)".[44] 77

Inhaltlich enthält der Comfort Letter zunächst die Beschreibung der vom Abschlussprüfer bei der Vorbereitung der Emission geleisteten Arbeit und Bestätigungen zu den im Prospekt 78

---

[42] BeckHdB AG/*Harrer* § 25 Rn. 122.
[43] *Ebke/Siegel* WM-Sonderbeilage 2/2001, 3; vgl. auch *Meyer* WM 2003, 1745 f.
[44] IDW Prüfungsstandard IDW PS 910 mit Anhang: Grundsätze für die Erteilung eines Comfort Letter, publiziert am 1.4.2004. Neben den inhaltlichen Anforderungen an einen Comfort Letter und die vorzunehmenden Untersuchungshandlungen sind im Anhang auch Formulierungsbeispiele und Muster enthalten.

enthaltenen Finanzangaben, namentlich auch, dass für die im Prospekt wiedergegebenen Jahresabschlüsse jeweils uneingeschränkte Bestätigungsvermerke erteilt wurden, sowie die Aussage, dass „nichts bekannt geworden ist, was den Abschlussprüfer – hätte er damals bereits Kenntnis davon gehabt – an der Erteilung des Testats in der abgegebenen Form gehindert hätte".[45] Daneben enthält der Comfort Letter Angaben über Ergebnisse von Untersuchungshandlungen, die *nach* Erteilung eines Bestätigungsvermerks vorgenommen wurden.[46] Bzgl. ungeprüfter Abschlüsse (Quartals- und Zwischenberichte) soll der Comfort Letter lediglich die Aussage enthalten, dass „kein Anlass zur Annahme besteht, der Zwischenabschluss sei in wesentlichen Belangen nicht in Übereinstimmung mit den anwendbaren Rechnungslegungsvorschriften" erstellt.[47]

IV. Börsenzulassungsverfahren

79 Wertpapiere, die im regulierten Markt an einer Börse gehandelt werden sollen, bedürfen grds. der Zulassung oder der Einbeziehung durch die Geschäftsführung der betreffenden Börse, § 32 Abs. 1 BörsG. Der Zulassungspflicht unterliegen alle Wertpapiere derselben Gattung, sofern nicht ausdrücklich eine gesetzliche Ausnahme normiert ist (Grundsatz der Vollzulassung).[48]

80 Von dem *öffentlich-rechtlichen* Verfahren für die Zulassung von Wertpapieren zum Handel im regulierten Markt (Börsenzulassungsverfahren im engeren Sinne) ist das *privatrechtliche* Verfahren zur Einbeziehung von Wertpapieren in den Handel im Freiverkehr zu unterscheiden. Während ersteres auf gesetzlicher Grundlage durchgeführt wird, erfolgt letzteres auf der Grundlage der jeweiligen Geschäftsbedingungen für den Freiverkehr am betreffenden Börsenplatz. Der wesentliche organisatorische Unterschied zwischen beiden Verfahren liegt darin, dass für die Zulassung zum Handel im regulierten Markt ausnahmslos die Erstellung und Billigung eines Prospekts (oder eines gleichwertigen Dokuments) erforderlich ist, während sich bei der Einbeziehung in den Freiverkehr eine Prospektpflicht nicht schon aus der Natur des Zulassungsverfahrens, sondern allenfalls daraus ergibt, dass die betreffenden Wertpapiere öffentlich angeboten werden sollen.

81 Die nachfolgenden Ausführungen beschreiben das Börsenzulassungsverfahren im engeren Sinne.

1. Zulassungsvoraussetzungen

82 Die Zulassung muss der Emittent zusammen mit einem Emissionsbegleiter[49] bei der Geschäftsführung der jeweiligen Börse beantragen, § 32 Abs. 2 BörsG. Die Zulassung ist Vor-

---

[45] Durch den Comfort Letter selbst wird damit keine neue Bestätigung erteilt. Grund hierfür ist, dass sich ein Bestätigungsvermerk nur auf den Zeitpunkt seiner Erteilung bezieht und daher auch nur zu diesem Zeitpunkt richtig sein muss. Spätere Ereignisse könnten daher dazu führen, dass ein erneut erteilter Bestätigungsvermerk in einem Comfort Letter evtl. anders abgegeben werden müsste als der ursprüngliche und damit eine erneute Prüfung erfolgen müsste. Um dies zu verhindern, wird auf den Bestätigungsvermerk des Jahresabschlusses verwiesen; vgl. auch *Meyer* WM 2003, 1745 (1750).
[46] Der IDW hat einen Katalog entwickelt der die vom Wirtschaftsprüfer üblicherweise im Rahmen einer Due Diligence durchzuführenden Prüfungshandlungen beschrieben. Im Ergebnis ist eine sogenannte *Negative Assurance* des Abschlussprüfers vorgesehen, dass „keine Kenntnis von Veränderungen bestimmter wesentlicher Kennzahlen vorliegt, es sei denn, diese sind im Prospekt offengelegt."
[47] Der Comfort Letter nach IDW PS 910 ist bewusst an den vom American Institute of Certified Public Accountants veröffentlichten Prüfungsstandard SAS 72 (Letters for Underwriters and Certain Other Requesting Parties) angelehnt und sollte daher auch den Anforderungen für Platzierungen in den USA genügen. In der Praxis wird gleichwohl vielfach weiterhin ein separater Comfort Letter nach SAS 72 für US-Tranchen einer Emission gefordert.
[48] Eine Ausnahme besteht zB für staatliche Schuldverschreibungen, § 37 BörsG. Für Aktien aus einer Kapitalerhöhung aus Gesellschaftsmitteln ist kein gesondertes Zulassungsverfahren erforderlich, wenn schon die alten Aktien derselben Gattung zum Handel zugelassen waren, § 33 Abs. 4 EGAktG.
[49] Als Emissionsbegleiter dürfen Kreditinstitute, Finanzdienstleistungsinstitute und andere nach § 53 Abs. 1 S. 1 oder § 53b Abs. 1 S. 1 des Kreditwesengesetzes tätige Unternehmen tätig werden, die die weiteren in § 32 Abs. 2 BörsG genannten Voraussetzungen erfüllen.

aussetzung für die Einführung der Wertpapiere, dh die Aufnahme der Notierung, § 38 BörsG. Die Aufnahme der Notierung muss gem. § 38 Abs. 4 BörsG innerhalb von drei Monaten nach Veröffentlichung der Zulassungsentscheidung erfolgen, ansonsten erlischt die Zulassung.

Gem. § 32 Abs. 3 Nr. 1 BörsG muss der Emittent zum Zeitpunkt der Börseneinführung 83 den Anforderungen nach Art. 35 der VO (EG) Nr. 1287/2006 entsprechen und die in §§ 1–12 BörsZulV genannten Voraussetzungen erfüllen. Insbesondere muss (i) der voraussichtliche Kurswert der Aktien, oder, falls seine Schätzung nicht möglich ist, das Eigenkapital des Emittenten mindestens 1.250.000 EUR betragen, (ii) der Emittent idR mindestens drei Jahre als Unternehmen bestanden und seine Jahresabschlüsse für die drei dem Antrag vorangegangenen Geschäftsjahre entsprechend den hierfür geltenden Vorschriften offengelegt haben, (iii) die freie Handelbarkeit der Aktien gewährleistet sein und (iv) aus Gründen der Marktliquidität ein Anteil von mindestens 25 % des Gesamtnennbetrages der Aktien des Emittenten erworben werden können.

Darüber hinaus verlangt § 32 Abs. 3 Nr. 2 BörsG als weitere Zulassungsvoraussetzung, 84 dass ein nach den Vorschriften des Wertpapierprospektgesetzes gebilligter oder (nach vorheriger Billigung in einem anderen Staat des EWR) bescheinigter[50] Prospekt veröffentlicht worden ist, sofern nicht ausnahmsweise einer der Befreiungstatbestände der §§ 1 Abs. 2, 4 Abs. 2 WpPG vorliegt.[51] Die Zuständigkeit für die Prüfung und Billigung des Wertpapierprospekts liegt in Deutschland bei der Bundesanstalt für Finanzdienstleistungsaufsicht (BaFin). Eine erneute Prüfung durch die Geschäftsführung der Börse findet nicht statt.

Es steht dem Emittenten frei, zunächst nur das Prospektbilligungsverfahren und erst nach 85 der Billigung des Prospekts das Börsenzulassungsverfahren durchzuführen oder beide Verfahren parallel zu betreiben. In letzterem Fall ist dem Antrag auf Zulassung zum Börsenhandel lediglich ein Entwurf des noch zu billigenden Prospekts beizufügen, vgl. § 48 Abs. 2 S. 1 BörsZulV. Ist eine Notierung an der Frankfurter Wertpapierbörse vorgesehen, kann gleichzeitig mit dem Antrag auf Zulassung zum regulierten Markt auch der Antrag auf Zulassung zum Teilbereich *Prime Standard* gestellt werden, § 48 BörsO FWB.

2. Zulassungsantrag

Die Vorschriften für den Antrag auf Zulassung zum Handel am regulierten Markt sind in 86 § 32 BörsG iVm § 48 BörsZulV niedergelegt. Danach muss der Emittent grds. einreichen: einen vom Emittenten und Emissionsbegleiter unterzeichneten Zulassungsantrag, einen Entwurf des Prospektes oder den von der BaFin gebilligten Prospekt, eine aktuelle Satzung der Gesellschaft, einen aktuellen Handelsregisterauszug, Nachweise über die der Emission zugrunde liegenden Beschlüsse, bei der Einzelverbriefung ein Musterstück, bei der Globalverbriefung eine Kopie der Globalurkunde sowie die Jahresabschlüsse und Lageberichte für die letzten drei Geschäftsjahre und, sofern das Unternehmen nicht länger als drei Jahre besteht, einen Gründungsbericht. Der Zulassungsantrag wird gem. § 51 BörsZulV von der Zulassungsstelle im Bundesanzeiger veröffentlicht.

3. Zulassungsbeschluss

Sind die vorgenannten Voraussetzungen für eine Zulassung zum regulierten Markt erfüllt, 87 besteht grds. ein Anspruch auf Zulassung. Etwas anderes gilt nur, wenn der Emittent seine Pflichten aus der Zulassung zum regulierten Markt an einem *anderen* organisierten Markt nicht erfüllt, § 32 Abs. 4 BörsG. Die Zulassung der Wertpapiere durch die Geschäftsführung stellt einen Verwaltungsakt dar, durch den ein öffentlich-rechtliches Nutzungsverhältnis begründet wird.[52] Gegen einen ablehnenden Bescheid steht der Verwaltungsrechtsweg offen.

Die Zulassung darf frühestens an dem ersten auf die Einreichung des Zulassungsantrags 88 bei der Geschäftsführung folgenden Handelstag erfolgen. Es besteht indes keine Vorschrift,

---

[50] §§ 17 Abs. 3, 18 WpPG.
[51] → Rn. 93 f.
[52] Sa Baumbach/Hopt/*Kumpan* BörsG § 39 Rn. 2; *Schanz* Börseneinführung § 12 Rn. 38.

innerhalb welcher Frist die Geschäftsführung einen Zulassungsantrag bescheiden muss. Bei Untätigkeit der Geschäftsführung kommt allerdings eine Untätigkeitsklage nach § 75 VwGO in Betracht.[53]

V. Prospekt und Prospekthaftung

1. Prospekt

89 a) **Prospektpflicht.** Für Wertpapiere, die im Inland öffentlich angeboten werden, und für Wertpapiere, die im Inland zum Handel an einem organisierten Markt zugelassen werden sollen, muss der Anbieter gem. § 3 Abs. 1 WpPG bzw. der Zulassungsantragsteller gem. § 3 Abs. 4 WpPG grds. einen Prospekt veröffentlichen. Voraussetzung für die Veröffentlichung des Prospekts ist dessen Billigung. Vor seiner Billigung darf ein Prospekt nicht veröffentlicht werden, § 13 Abs. 1 WpPG.

90 b) **Ausnahmen von der Prospektpflicht.** Ausnahmen von der Prospektpflicht sind im Hinblick auf öffentliche Angebote allgemein in § 3 Abs. 2, 3 und für besondere Fallkonstellationen in § 4 Abs. 1 WpPG sowie im Hinblick auf die Zulassung zum Handel an einem organisierten Markt in § 4 Abs. 2 WpPG geregelt. Liegt einer der dort genannten Befreiungstatbestände vor, entfällt die Pflicht zur Veröffentlichung eines Prospekts, ohne dass dies vom Emittenten gesondert bei der BaFin beantragt werden müsste.[54]

91 *aa) Ausnahmen beim öffentlichen Angebot von Wertpapieren.*[55] Ausnahmen von der Prospektpflicht bestehen im Hinblick auf bestimmte Anleger (gem. § 3 Abs. 2 S. 1 Nr. 1, 2 WpPG für Angebote ausschließlich an sog. qualifizierte Anleger bzw. an weniger als 150 nicht qualifizierte Anleger), für bestimmte Angebotsformen (gem. § 3 Abs. 2 S. 1 Nr. 3, 4 WpPG für Angebote, bei dem der vom einzelnen Anleger zu zahlende Betrag mindestens 100.000 EUR oder die Stückelung der angebotenen Wertpapiere mindestens 100.000 EUR beträgt), sowie gem. § 3 Abs. 2 S. 1 Nr. 5, 6 WpPG für Kleinemissionen, bei denen der Gesamtgegenwert der angebotenen Wertpapiere innerhalb von 12 Monaten weniger als 5.000.000 EUR (wenn Aktien des Emittenten bereits zum Handel an einem organisierten Markt zugelassen sind) bzw. 8.000.000 EUR (wenn Aktien des Emittenten bisher nicht zum Handel an einem organisierten Markt zugelassen sind) beträgt.[56]

92 Darüber hinaus bestehen gem. § 4 Abs. 1 WpPG Ausnahmen von der Prospektpflicht im Hinblick auf besondere iE aufgeführte Angebotssituationen, bei denen entweder einem Prospekt gleichwertige Informationen verfügbar sind (zB aufgrund eines Übernahmeangebots oder einer Verschmelzung) oder davon ausgegangen werden kann, dass die Adressaten ohnehin über die erforderlichen Informationen verfügen (zB bei einem Angebot von Aktien an Arbeitnehmer des Emittenten oder beim bloßen Austausch für bereits ausgegebene Aktien derselben Gattung).

93 *bb) Ausnahmen bei der Zulassung von Wertpapieren.* Ausnahmen von der Prospektpflicht bestehen gem. § 4 Abs. 2 WpPG iVm Art. 1 Abs. 5 UAbs. 1 lit. a–c und UAbs. 2 der neuen Prospekt-VO im Hinblick auf besondere iE aufgeführte Fallgestaltungen. Dabei handelt es sich zunächst die Fälle, bei denen auch schon ein öffentliches Angebot gem. § 4 Abs. 1 WpPG prospektfrei möglich wäre, ferner um Zweitzulassungen von Wertpapieren, die bereits an anderen organisierten Märkten zugelassen sind, und schließlich um begrenzte

---

[53] Schwark/Zimmer/*Heidelbach* BörsG § 32 Rn. 67.
[54] *Groß* KapMarktR WpPG § 3 Rn. 5.
[55] Zu den Prospektbefreiungstatbeständen allg. s. ausf. *Schnorbus* AG 2008, 389 ff.; zur 10 %-Ausnahme nach § 4 Abs. 2 Nr. 1 WpPG s. *Lachner/Heppe* WM 2008, 576 ff.; zur Prospektbefreiung bei Ausübung des Bezugsrechts gem. § 4 Abs. 2 Nr. 7 WpPG s. *Angersbach/Chevallerie* ZIP 2009, 1302 ff.; zur Prospektpflicht bei aktienbasierten Mitarbeiterbeteiligungsprogrammen s. *Kollmorgen/Feldhaus* BB 2007, 225 ff.; zur Prospektpflicht beim internationalen Aktentausch (§ 4 Abs. 2 Nr. 3 WpPG) s. *Seibt/Bonin/Isenberg* AG 2008, 565 ff.
[56] Bei Kleinemissionen gem. § 3 Abs. 2 S. 1 Nr. 6 WpPG ist die seit dem 21.7.2018 bestehende Pflicht zur Veröffentlichung eines – im Vergleich zum Prospekt wesentlich kürzeren – Wertpapier-Informationsblatts zu beachten, §§ 3a ff. WpPG, vgl. dazu auch nachfolgend → Rn. 108.

Folgezulassungen, wenn das Volumen der zusätzlich zuzulassenden Wertpapiere innerhalb von 12 Monaten weniger als 20 % (bisher lediglich weniger als 10 %) der bereits zugelassenen Wertpapiere desselben Emittenten umfasst.

Sofern die Befreiung von der Prospektpflicht darauf beruht, dass einem Prospekt gleichwertige Informationen verfügbar sind, werden diese Informationen gem. § 21 Abs. 4 WpPG dem Prospekt mit der Folge gleichgestellt, dass für deren Richtigkeit und Vollständigkeit im gleichen Umfang wie durch sie ebenfalls eine Prospekthaftung nach § 21 Abs. 1 WpPG ausgelöst werden kann.

c) **Form und Inhalt des Prospekts.** Die Anforderungen an Sprache, Aufbau und Inhalt des Prospekts sind in §§ 5 ff. WpPG und iE in der Prospekt-VO[57] geregelt. Der Prospekt muss alle erforderlichen Angaben in leicht analysierbarer und verständlicher Form präsentieren und in einer Form abgefasst sein, die sein Verständnis und seine Auswertung erleichtern, § 5 Abs. 1 WpPG. Dies ist insbes. auch deshalb von Bedeutung, weil nicht mit Sicherheit bestimmt werden kann, welches Maß der Erkenntnisfähigkeit die Rspr. von den Prospektadressaten im Einzelfall erwartet.

Der Prospekt muss dabei sämtliche Angaben enthalten, die im Hinblick auf den Emittenten und die angebotenen Wertpapiere notwendig sind, um dem Publikum ein zu treffendes Urteil über die Vermögenswerte und Verbindlichkeiten, die Finanzlage, die Gewinne und Verluste, die Zukunftsaussichten des Emittenten[58] und jedes Garantiegebers sowie über die mit diesen Wertpapieren verbundenen Rechte zu ermöglichen, § 5 Abs. 1 WpPG.

Schlüsselinformationen und bestimmte Warnhinweise sind in einer Prospektzusammenfassung darzustellen, § 5 Abs. 2–2b WpPG. Welche Angaben im Einzelfall mindestens in den Prospekt aufzunehmen sind, wird gem. § 7 WpPG durch die Prospekt-VO bestimmt.[59] Unter anderem gehören hierzu Angaben zum Emittenten, den angebotenen bzw. zuzulassenden Wertpapieren, den mit dem Erwerb der Wertpapiere verbundenen Risikofaktoren, ferner zu den Jahresabschlüssen des Emittenten der letzten drei Geschäftsjahre, zu seiner Geschäfts- und Finanzlage sowie zu wesentlichen Verträgen des Emittenten. Die konkret aufzunehmenden Angaben ergeben sich aus besonderen Schemata, die der Prospekt-VO (EG) Nr. 809/2004 und der Prospekt-VO (EU) 2017/1129 jeweils als Anhänge beigefügt sind. Unter der neuen Prospekt-VO sollen die im Detail aufzunehmenden Angaben allerdings erst noch durch bis zum 19.1.2019 zu erlassende delegierte Rechtsakte bestimmt werden.

Ergänzend veröffentlicht die Europäische Wertpapier- und Marktaufsichtsbehörde (ESMA) auf ihrer Website Leitlinien zur Interpretation der Prospekt-VO und der weiteren relevanten europäischen Vorschriften, um EU-weit eine möglichst einheitliche Anwendung dieser Rechtsakte zu gewährleisten. Da die BaFin diesen Empfehlungen in der Regel folgt, sollten sie bei der Prospekterstellung ebenfalls berücksichtigt werden, vgl. §§ 28 f. WpPG, Art. 20 Abs. 12 der neuen Prospekt-VO.

Der Prospekt ist grds. in deutscher Sprache zu verfassen, allerdings darf der Prospektverfasser unter gewissen Voraussetzungen, insbes. bei Auslandsbezügen der Emission, auch einen in einer „in internationalen Finanzkreisen gebräuchlichen" Sprache (Englisch) erstellten Prospekt vorlegen, dem dann eine Zusammenfassung in deutscher Sprache voranzustellen ist § 19 WpPG.[60]

d) **Prospektbilligungsverfahren.** Das Verfahren über die Prüfung und Billigung des Prospekts ist in § 13 WpPG und in der Prospekt-VO geregelt. Darüber hinaus sollen bis zum 21.1.2019 auf europäischer Ebene delegierte Rechtsakte ergehen, die Kriterien für die Prospektprüfung festlegen.

---

[57] Also noch bis zum 20.7.2019 die VO (EG) Nr. 809/2004, danach die VO (EU) 2017/1129, die jeweils unmittelbar geltendes Recht darstellen.
[58] Zur Prospekthaftung im Falle von fehlerhaften Prognosen s. *Fleischer* AG 2006, 2 ff.
[59] § 7 WpPG iVm Art. 3, 4, 6 der Prospekt-VO iVm Anh. I, III der Prospekt-VO.
[60] Zur Möglichkeit, Prospekte in anderen Sprachen zu veröffentlichen, s. *Mattil/Möslein* WM 2007, 819 ff.; weiterführend zur internationalen Prospekthaftung s. *Kuntz* WM 2007, 432 ff.; sowie *Oulds* WM 2008, 1573 ff.

101 Der Antrag auf Prospektbilligung ist vom Emittenten unter Vorlage des zu billigenden Prospekts bei der BaFin zu stellen, die über den Billigungsantrag innerhalb von 20 Werktagen zu entscheiden hat. Sofern der Emittent bereits zuvor Wertpapiere öffentlich angeboten hat oder von ihm emittierte Wertpapiere bereits an einem organisierten Markt zugelassen sind, verkürzt sich diese Frist auf zehn Werktage. Hat die BaFin Anhaltspunkte, dass der Prospekt unvollständig ist oder es ergänzender Informationen bedarf, was eher den Regelfall darstellt, so beginnen die genannten Fristen erst mit dem Zeitpunkt, zu dem diese Informationen bei der BaFin eingehen. Die Entscheidung über die Prospektbilligung erfolgt durch Verwaltungsakt. Nach überwiegender Meinung steht dem Emittenten, sofern die Voraussetzungen dafür vorliegen, ein Anspruch auf Prospektbilligung zu.[61]

102 Der Prospektprüfung beschränkt sich grds. auf die Kontrolle der Vollständigkeit des Prospekts gemäß den formellen und inhaltlichen Vorgaben der §§ 5 ff. WpPG iVm der Prospekt-VO sowie der Widerspruchsfreiheit (Kohärenz) und Verständlichkeit der im Prospekt enthaltenen Angaben, § 13 Abs. 1 WpPG. Eine darüber hinausgehende Prüfung, etwa im Hinblick auf die inhaltliche Richtigkeit des Prospekts, die Bonität des Emittenten oder die Validität seines Geschäftsmodells findet nicht statt.

103 Wesentliches Instrument der Prospektprüfung ist eine vom Antragsteller idR zusammen mit dem Prospekt vorzulegende sog. Überkreuz-Checkliste, vgl. Art. 25 Abs. 4 S. 1 der alten Prospekt-VO. Diese Liste enthält zu sämtlichen Informationen, die nach den jeweils anzuwendenden Schemata in den Prospekt aufzunehmen sind, eine Angabe, an welcher Stelle die jeweilige Information im Prospekt zu finden ist.

104 Der gebilligte Prospekt ist unverzüglich zu veröffentlichen, spätestens jedoch einen Werktag vor dem Beginn bzw. mindestens sechs Werktage vor dem Abschluss des öffentlichen Angebots, § 14 Abs. 1 WpPG. Der veröffentlichte Prospekt ist zwölf Monate lang für öffentliche Angebote oder Zulassungen zum Handel an einem organisierten Markt gültig, sofern er um die nach § 16 WpPG erforderlichen Nachträge ergänzt wird, § 9 Abs. 1 WpPG.

2. Die börsengesetzliche Prospekthaftung

105 Der Erwerber von Wertpapieren, die auf Grund eines Prospekts zum Börsenhandel zugelassen sind, in dem für die Beurteilung der Wertpapiere wesentliche Angaben unrichtig oder unvollständig sind, kann (1) von denjenigen, die für den Prospekt die Verantwortung übernommen haben und (2) von denjenigen, von denen der Erlass des Prospekts ausgeht, als Gesamtschuldnern die Übernahme der Wertpapiere gegen Erstattung des Erwerbspreises, soweit dieser den ersten Ausgabepreis der Wertpapiere nicht überschreitet, und der mit dem Erwerb verbundenen üblichen Kosten verlangen, sofern das Erwerbsgeschäft nach Veröffentlichung des Prospekts und innerhalb von sechs Monaten nach erstmaliger Einführung der Wertpapiere abgeschlossen wurde; ist der Erwerber nicht mehr Inhaber der Wertpapiere, so kann er die Zahlung des Unterschiedsbetrags zwischen dem Erwerbspreis, soweit dieser den ersten Ausgabepreis nicht überschreitet, und dem Veräußerungspreis der Wertpapiere sowie der mit dem Erwerb und der Veräußerung verbundenen üblichen Kosten verlangen, § 21 WpPG.

106 Entsprechendes gilt gem. § 22 WpPG für unrichtige oder unvollständige Angaben in einem Prospekt für das öffentliche Angebot von Wertpapieren, wobei die Sechsmonatsfrist dann ab dem ersten öffentlichen Angebot im Inland berechnet wird.

107 § 21 Abs. 4 WpPG stellt dem Prospekt schriftliche Darstellungen gleich, auf Grund deren Veröffentlichung der Emittent von der Pflicht zur Veröffentlichung eines Prospekts befreit wurde, also Darstellungen, die den Prospekt als solchen ersetzen und auf Grund derer die Zulassung bzw. das öffentliche Angebot erfolgte.

108 Daneben wurde mit § 22a WpPG für Wertpapier-Informationsblätter iSd § 3a WpPG ein eigener Haftungstatbestand geschaffen, der inhaltlich weitgehend den §§ 21, 22 WpPG nachgebildet wurde, so dass hier auf die Ausführungen zu jenen Vorschriften verwiesen werden kann.

---

[61] *Kullmann/Sester* WM 2005, 1068 (1073).

Für Entscheidungen über Prospekthaftungsansprüche ist nach § 71 Abs. 2 Nr. 3 GVG, **109** § 32b ZPO unabhängig vom Streitwert ausschließlich das Landgericht sachlich und örtlich zuständig, in dessen Bezirk der Emittent seinen Sitz hat.[62] Funktional zuständig ist die Kammer für Handelssachen.

a) Haftungsadressaten. Die Prospekthaftung trifft nur diejenigen, die für den Prospekt die **110** Verantwortung übernommen haben (Prospektverantwortliche) oder von denen dessen Erlass ausgeht (Prospektveranlasser), vgl. § 21 Abs. 1 S. 1 WpPG.

aa) Prospektverantwortliche. Prospektverantwortliche sind diejenigen, die gem. § 5 Abs. 4 **111** WpPG im Prospekt als die für dessen Inhalt Verantwortlichen aufgeführt werden.[63] Dies sind vor allem der Emittent und der Emissionsbegleiter, da diese auch den Antrag auf die Zulassung zum Handel am regulierten Markt stellen müssen, vgl. §§ 32 Abs. 2 S. 1, 5 Abs. 3 S. 2, Abs. 4 S. 2 WpPG. Sofern an der Emission mehrere Emissionsbegleiter als Konsortium beteiligt, so haften sie im Außenverhältnis als Gesamtschuldner, und zwar unabhängig von im Innenverhältnis evtl. abweichenden Haftungsfreizeichnungsvereinbarungen,[64] und unabhängig davon, ob sie am Prospekt mitgearbeitet oder diesen geprüft haben.[65] Sofern dagegen Kreditinstitute Wertpapiere von einem Emissionskonsortium übernommen haben, ohne diesem selbst anzugehören, sind sie keine Prospektverantwortlichen, auch wenn sie im Prospekt als übernehmende Kreditinstitute aufgeführt werden.[66]

Nicht für den Prospekt verantwortlich – und damit nicht nach § 21 WpPG haftbar – sind **112** solche Personen, die nur an Teilen des Prospekts mitgewirkt haben und kein eigenes wirtschaftliches Interesse an der Emission mangels Beteiligung am Emissionserlös haben.[67] Zu diesen Personen zählen insbs. die im Rahmen ihrer beruflichen Aktivität am Prospekt mitwirkenden Wirtschaftsprüfer,[68] Steuerberater und Rechtsanwälte. Eine Haftung dieser Personen gegenüber den Anlegern kommt daher allenfalls nach den Grundsätzen der allgemeinen zivilrechtlichen Prospekthaftung in Betracht. Gegenüber den Prospektverantwortlichen kommt jedoch eine Haftung auf Grund einer abgegebenen *Legal Opinion* oder *Disclosure Opinion* oder auch auf Grund eines *Comfort Letter* in Betracht.

bb) Prospektveranlasser. Prospektveranlasser sind die Personen, von denen der Prospekt **113** ausgeht. Damit sind solche Personen gemeint, die die eigentlichen Urheber des Prospekts sind, ohne hierfür ausdrücklich die Verantwortung übernommen zu haben.[69] Dies kann die Konzernobergesellschaft sein, die zum Zwecke der Emission von Wertpapieren des Konzerns eine nach außen formal prospektverantwortliche Finanzierungstochter gegründet hat, ein Großaktionär, der zur Verfolgung seiner eigenen wirtschaftlichen Interessen auf einen bestimmte Formulierung im Prospekts hinwirkt,[70] oder ein Emissionshaus, welches ein weniger finanzstarkes kleines Institut als Emissionsbegleiter vorschiebt.[71]

b) Anspruchsberechtigte. Der Anspruch auf Ersatz nach § 21 Abs. 1 S. 1 WpPG steht den- **114** jenigen zu, die die Wertpapiere, die auf Grund eines Prospekts zum Börsenhandel zugelassen sind, nach der Veröffentlichung des Prospekts innerhalb von sechs Monaten nach erstmaliger Einführung der Wertpapiere erworben haben. Relevanter Zeitpunkt ist der Abschluss des schuldrechtlichen Verpflichtungsgeschäfts, da sich hier die Kaufentscheidung, für die der

---

[62] In einigen Bundesländern existieren Verordnungen auf der Grundlage von § 32b Abs. 4 ZPO, die eine gerichtsbezirksübergreifende örtliche Zuständigkeit begründen. Der Begriff der „öffentlichen Kapitalmarktinformationen" iSd § 32b Abs. 2 Nr. 3 ZPO wird in § 1 Abs. 2 KapMuG definiert; hierzu zählen Prospekte nach dem WpPG und auch ohne ausdrückliche Erwähnung die Wertpapier-Informationsblätter iSd § 3a WpPG.
[63] Sa die Regierungsbegründung zum Dritten Finanzmarktförderungsgesetz, BT-Drs. 13/8933, 54 (78).
[64] Vortmann Prospekthaftung/*Hauptmann* § 3 Rn. 50; Schwark/Zimmer/*Schwark* BörsG §§ 44, 45 Rn. 10.
[65] Sittmann NZG 1998, 490 (493).
[66] Groß KapMarktR WpPG § 21 Rn. 34; Sittmann NZG 1998, 490 (493).
[67] Vortmann Prospekthaftung/*Hauptmann* § 3 Rn. 54, 55, *Schanz* Börseneinführung § 13 Rn. 110.
[68] Assmann AG 2004, 435 (446 f.); Sittmann NZG 1998, 490 (493); insbes. reicht nicht aus, dass die Abschlussprüfer gem. § 7 WpPG iVm Anh. I Nr. 2.1 Prospekt-VO im Prospekt aufgeführt werden müssen, um ihnen die Prospektverantwortlichkeit zukommen zu lassen.
[69] Assmann/Schütze KapAnlR-HdB/*Assmann* § 5 Rn. 157.
[70] OLG Frankfurt a. M. WM 1994, 291 ff. – Bond I; LG Frankfurt a. M. WM 1992, 1768.
[71] Sa Schwark/Zimmer/*Schwark* BörsG §§ 44, 45 Rn. 9; Holzborn/Foelsch NJW 2003, 932 f.

Prospekt ursächlich geworden sein muss, manifestiert.[72] Unerheblich ist, ob der Erwerb der Papiere über die Börse oder außerhalb erfolgt ist oder ob der Inhaber Erst- oder Folgeerwerber ist, solange der Erwerb der Wertpapiere innerhalb der Sechsmonatsfrist erfolgt ist. Es ist nicht erforderlich, dass der Erwerber die Wertpapiere zum Zeitpunkt der Geltendmachung des Anspruchs noch in seinem Besitz hat, § 21 Abs. 2 WpPG.

115 Während die Regelung über den Kreis der Anspruchsberechtigten bei einer erstmaligen Zulassung von Aktien des Emittenten unproblematisch ist, stellt sich bei Folgezulassungen (§ 69 Abs. 1 BörsZulV) die Frage, ob und ggf. wie die Prospekthaftung wirksam auf unter diesem Prospekt neu zugelassenen Aktien beschränkt werden kann.

116 Das Problem ist zunächst rein praktischer Natur, wenn die neuen Aktien unter derselben Wertpapier-Kenn-Nummer (ISIN/WKN) gehandelt werden, wie die bereits früher zugelassenen Aktien, weil technisch keine Möglichkeit besteht, die alten Aktien von den neuen Aktien zu unterscheiden. In diesem Fall geht die überwiegende Meinung der Praxis dahin, dass sich der Prospekthaftungsanspruch noch einmal auf alle Aktien der zugelassenen Wertpapier-Kenn-Nummer erstreckt, die in den sechs Monaten nach erstmaliger Einführung der Wertpapiere erworben werden, auch wenn die erworbene Aktie tatsächlich bereits Gegenstand eines früheren Zulassungsverfahrens war.

117 Werden die neuen Aktien nicht unter derselben Wertpapier-Kenn-Nummer (ISIN/WKN) gehandelt, zB weil sie über eine von den übrigen Aktien abweichende Gewinnberechtigung verfügen, liegen nach dem Wortlaut des § 21 WpPG die Voraussetzungen für eine Prospekthaftung auch gegenüber den Erwerbern dieser bereits früher zugelassenen Aktien nicht vor. Dennoch wird verbreitet die Auffassung vertreten, dass auch die Erwerber dieser Aktien Anspruchsberechtigte iSd § 21 WpPG seien. Mit der Veröffentlichung des Prospekts werde eine Anlagestimmung erzeugt, die auch im Hinblick auf die bereits zugelassenen Aktien für die Anlageentscheidung ursächlich sei. Diese Sichtweise ist indes weder mit dem Sinn und Zweck des § 21 BörsG noch mit dessen Wortlaut zu vereinbaren und kann auch nicht durch Rückgriff auf das allgemeine Zivilrecht begründet werden.

118 Dem Emittenten, der zB im Zusammenhang mit dem Erwerb eines Unternehmens im Wege einer Sacheinlage an den Veräußerer/Sacheinleger neue Aktien ausgibt, die nachfolgend in einem prospektpflichtigen Verfahren zuzulassen sind, ist dessen ungeachtet zu empfehlen, mit dem Veräußerer möglichst eine Vereinbarung darüber zu treffen, dass die neuen Aktien zunächst unter einer anderen Wertpapier-Kenn-Nummer als die bisher zugelassenen Aktien zugelassen und erst nach Ablauf der Sechsmonatsfrist in die allgemeine Wertpapier-Kenn-Nummer überführt werden.

119 c) **Unrichtigkeit der Angaben.** Voraussetzung für die Prospekthaftung ist die Unrichtigkeit oder Unvollständigkeit der im Prospekt enthaltenen und für die Beurteilung der Wertpapiere wesentlichen Angaben, § 21 Abs. 1 S. 1 WpPG.

120 *aa) Beurteilungsmaßstab.* Für die Beurteilung der Richtigkeit oder Vollständigkeit des Prospekts ist nach der Rspr. des BGH auf einen durchschnittlichen Anleger abzustellen, „der zwar eine Bilanz zu lesen versteht, aber nicht unbedingt mit der in eingeweihten Kreisen üblichen Schlüsselsprache vertraut zu sein braucht".[73] Teilweise wird in der Rspr. aber auch nur ein kundiger Leser, der sich, soweit erforderlich, durch Sachkundige beraten lässt, vorausgesetzt.[74] In der Lit. divergieren die Ansichten ebenfalls. Während einige Stimmen im Schrifttum den unkundigen Anleger als Beurteilungsmaßstab nennen,[75] stellen andere mit der Begründung auf den „bilanzkundigen Leser" ab, da es ansonsten keinen Sinn mache, dass nach dem WpPG und der Prospekt-VO Jahresabschlüsse des Emittenten zu veröffentlichen sind, ohne dass diesen ausführliche Erläuterungen beigefügt werden müssten.[76] Eine

---

[72] Schwark/Zimmer/*Schwark* BörsG §§ 44, 45 Rn. 38.
[73] BGH WM 1982, 862 f. – Beton- und Monierbau; vgl. auch OLG Frankfurt a. M. ZIP 2004, 1411 (1412); im Urteil 1.2.1994 – 5 U 213/92, WM 1994, 291 ff. – Bond I spricht das OLG Frankfurt a. M. vom „Durchschnittsanleger".
[74] LG Düsseldorf WM 1981, 102 (106).
[75] *Canaris* Bankvertragsrecht Rn. 2279; *Ehricke* DB 1980, 2429 (2432); *Kunz* BB 1994, 738 f.
[76] So Vortmann Prospekthaftung/*Hauptmann* § 3 Rn. 62.

vermittelnde Ansicht will einen „verständigen" Anleger zugrunde legen, der zwar keine tiefen Kenntnisse des Bilanzwesens, jedoch zumindest ein gewisses wirtschaftliches Grundverständnis aufweisen müsse.[77]

Die Spanne der möglichen Erwerber der zuzulassenden Wertpapiere reicht heute vom unkundigen Kleinanleger bis zum institutionellen Anleger. Maßstab der Prospektgestaltung muss demnach allein schon aus Gründen der Vorsicht der unkundige Kleinanleger sein. Gerade im Hinblick auf die mit Inkrafttreten des WpPG zunehmenden inhaltlichen Anforderungen an den Prospekt und insbes. die dadurch entstandene Möglichkeit, den Prospekt in englischer Sprache zu verfassen, sollten keine übertrieben Anforderungen an die Kenntnisse des Prospektadressaten gestellt werden.[78] Aus dem Erfordernis, in den Prospekt gewisse Finanzausweise aufzunehmen, lässt sich nicht zwingend schließen, dass von dem Leser des Prospekts erwartet werden darf, dass er diese versteht. Vielmehr soll dem sachkundigen Leser mit dieser Information eine Möglichkeit zur zusätzlichen Prüfung geboten werden. Aus dieser Funktion folgt aber auch, dass die aufzunehmenden Finanzausweise im Prospekt nicht weiter zu erläutern sind.[79]

bb) Unrichtigkeit/Unvollständigkeit der Angaben. Die Haftung nach § 21 WpPG setzt voraus, dass im Prospekt wiedergegebene Angaben (Tatsachen, Prognosen, Werturteile und Gesamteindruck) unrichtig sind.[80] Tatsachen sind unrichtig, wenn sie mit der objektiven Sachlage nicht übereinstimmen,[81] Prognosen und Werturteile sind unrichtig, wenn sie kaufmännisch nicht vertretbar sind;[82] wobei an die Sorgfalt bei der Erstellung der Prognose ein strenger Maßstab anzulegen ist.[83] Der Prospekt ist ferner unrichtig, wenn er nicht alle Angaben enthält, die notwendig sind, um dem Publikum ein zutreffendes Urteil über den Emittenten und die zuzulassenden Wertpapiere zu ermöglichen.[84] Der Prospekt ist schließlich auch dann unrichtig, wenn er zwar alle notwendigen Angaben enthält und diese jeweils für sich betrachtet auch der Wahrheit entsprechen, der Prospekt in der Gesamtbetrachtung aller Angaben aber gleichwohl ein unzutreffendes Bild vom Emittenten und den zuzulassenden Wertpapieren vermittelt.[85] Die seit der Umsetzung der Prospektrichtlinie geforderte Zusammenfassung und die Übersetzung derselben können nicht isoliert Haftungsgrundlage für die Prospekthaftung sein. Eine Haftung kommt jedoch dann in Betracht, wenn der Inhalt der Zusammenfassung oder die Übersetzung in der Zusammenschau mit anderen Teilen des Prospekts irreführend, unrichtig oder widersprüchlich ist oder wenn die Zusammenfassung – wenn sie zusammen mit den anderen Teilen des Prospekts gelesen wird – nicht alle gem. § 5 Abs. 2 S. 1 iVm Abs. 2a WpPG erforderlichen Schlüsselinformationen enthält, vgl. § 23 Abs. 2 Nr. 5 WpPG.

cc) Aktualitätsgebot, Veröffentlichung eines Nachtrags. Die Prospektangaben müssen außerdem aktuell sein (Aktualitätsgebot). Das bedeutet: Der Prospekt ist auch dann unrichtig, wenn zu einem früheren Zeitpunkt richtige Prospektangaben schon im Zeitpunkt der Veröf-

---

[77] Schwark/Zimmer/*Schwark* BörsG §§ 44, 45 Rn. 22, *Groß* KapMarktR WpPG §§ 21 Rn. 41.
[78] Ähnlich argumentieren auch *Groß* KapMarktR WpPG §§ 21 Rn. 41; insbes. könne vom Durchschnittsanleger nicht erwartet werden, dass er der englischen Fachsprache mächtig ist und etwa in der Lage ist, fremdsprachige Jahresabschlüsse zu verstehen.
[79] Schwark/Zimmer/*Schwark* BörsG §§ 44, 45 Rn. 22; anders das OLG Frankfurt a.M. 1.2.1994 – 5 U 213/92, WM 1994, 291 ff. – Bond I.
[80] Auch Prognosen und Werturteile können unrichtige Angaben iSv § 21 WpPG darstellen: BGH WM 1982, 862 ff. – Beton- und Monierbau; OLG Frankfurt a.M. WM 1994, 291 (295) – Bond I; OLG Frankfurt a.M. ZIP 2004, 1411 (1412); vgl. außerdem die Begr. bei Schwark/Zimmer/*Schwark* BörsG §§ 44, 45 Rn. 28.
[81] Geringfügige Abweichungen sind allerdings regelmäßig unschädlich, vgl. Vortmann Prospekthaftung/*Hauptmann* § 3 Rn. 65.
[82] BGH WM 1982, 862 f (865) – Beton- und Monierbau; vgl. auch Assmann/Schütze KapAnlR-HdB/*Assmann* § 5 Rn. 50, *Sittmann* NZG 1998, 490 f.
[83] Weiterführend zur Haftung für fehlerhafte Prognosen s. *Fleischer* AG 2006, 2 ff.
[84] Das folgt bereits aus § 5 Abs. 1 WpPG, ergibt sich aber auch aus der Gesetzesbegründung (RegE, Besonderer Teil, S. 181).
[85] Beispiele bei BGH WM 1982, 862 f. – Beton- und Monierbau; OLG Frankfurt a.M. WM 1994, 291 (295) – Bond I; OLG Frankfurt a.M. AG 2000, 325 ff. – MHM-Mode; s. weiterführend auch Assmann/Schütze KapAnlR-HdB/*Assmann* § 7 Rn. 68.

fentlichung des Prospekts durch neuere Entwicklungen unrichtig geworden sind.[86] Tritt diese neuere Entwicklung erst nach der Prospektbilligung, aber vor der Einführung der Wertpapiere ein, besteht nach § 16 Abs. 1 S. 1 WpPG die Verpflichtung, die eingetretenen Veränderungen in einem Nachtrag zum Prospekt zu veröffentlichen. Der Nachtrag muss vor der Veröffentlichung von der BaFin gebilligt werden.[87] Die Verpflichtung trifft den Anbieter der Wertpapiere und den Zulassungsantragsteller. Der gebilligte und veröffentlichte Nachtrag ist wie ein Prospekt zu behandeln und kann gleichfalls Haftungsgrundlage für die Prospekthaftung sein.[88]

124 Nicht abschließend geklärt ist bisher, ob es eine Berichtigungspflicht über den Zeitpunkt der Einführung der Wertpapiere hinaus gibt (Stichwort Prospektaktualisierung).[89] Das LG Frankfurt a. M. hat diese Frage mit der Begründung verneint, dass der Prospekt primär der Markteinführungspublizität diene und der Emittent nach der Einführung nur noch im Rahmen der Regelpublizität, also zB durch Jahresabschlüsse oder durch Ad-Hoc-Mitteilungen gem. § 15 WpHG verpflichtet sei, dem Anleger wesentliche Informationen mitzuteilen.[90]

125 *dd) Berichtigung von ursprünglich falschen Angaben.* Nach § 23 Abs. 2 Nr. 4 WpPG können die Prospektverantwortlichen unrichtige Angaben im Rahmen des Jahresabschlusses oder Zwischenberichts des Emittenten, einer Ad-Hoc-Mitteilung oder einer vergleichbaren Bekanntmachung nachträglich berichtigen. Die Haftung nach § 21 WpPG besteht dann nur noch für die bereits vor der Veröffentlichung der Berichtigung getätigten Erwerbsgeschäfte.

126 *ee) Wesentlichkeit der Angaben.* Die Haftung nach § 21 WpPG setzt voraus, dass die unrichtige (unvollständige) Angabe für die Beurteilung der zuzulassenden Wertpapiere wesentlich ist. Hierbei ist auf die objektivierte Sicht eines Erwerbers der Wertpapiere abzustellen.[91] Ob Angaben in diesem Sinne wesentlich sind, ist danach zu beurteilen, ob der Anleger seine Anlageentscheidung bei einer richtigen Darstellung im Prospekt auf der Grundlage von weitgehend geänderten Parametern getroffen hätte.[92] Entscheidend ist dabei regelmäßig, ob die Angaben im Prospekt den Wert der Anlage bzw. wertbildende Faktoren derselben betreffen.

127 *d) Kausalität. aa) Haftungsbegründende Kausalität.* Der Prospekt muss – unabhängig von der objektiv feststellbaren Wesentlichkeit der Angaben – konkret für die Anlageentscheidung ursächlich gewesen sein (haftungsbegründende Kausalität), vgl. § 23 Abs. 2 Nr. 1 WpPG. Dabei wird die Beweislast umgekehrt, dh der *Anspruchsgegner* muss nachweisen, dass die unrichtige oder unvollständige Angabe im Prospekt *nicht* für die Entscheidung des Anlegers ursächlich geworden ist. In der Praxis ist dieser Nachweis nur selten möglich. Zur Widerlegung der Kausalitätsvermutung muss die tatsächliche Vermutung einer durch den Prospekt erzeugten positiven Anlagestimmung erschüttert werden.[93] Der Anleger muss den

---

[86] Schwark/Zimmer/*Schwark* BörsG §§ 44, 45 Rn. 30.
[87] § 16 Abs. 1 S. 3 WpPG. Insofern wurde die Nachtragsverpflichtung gegenüber § 52 Abs. 2 BörsZulV aF verschärft. Darüber hinaus wurde durch die Neuregelung auch der inhaltliche Umfang der Nachtragspflicht erweitert, da 52 Abs. 2 BörsZulV aF, für eine Nachtragsverpflichtung noch verlangte, dass die Veränderung für die Beurteilung des Emittenten oder der Wertpapiere von wesentlicher Bedeutung war.
[88] *Groß* KapMarktR WpPG § 21 Rn. 64.
[89] Ausf. *Stephan* AG 2002, 3 (5 ff.).
[90] LG Frankfurt a. M. ZIP 2003, 400 (404) – EM.TV AG (nrkr); so auch das OLG Frankfurt a. M. WM 2004, 1831 (1834); ebenso die überwiegende Meinung in der Lit. Habersack/Mülbert/Schlitt/*Meyer*, Unternehmensfinanzierung am Kapitalmarkt, 3. Aufl. 2013, § 36 Rn. 91; Schwark/Zimmer/*Schwark* BörsG §§ 44, 45 Rn. 30.
[91] Schwark/Zimmer/*Schwark* BörsG §§ 44, 45 Rn. 27.
[92] Assmann/Schütze KapAnlR-HdB/*Assmann* § 5 Rn. 141; *Sittmann* NZG 1998, 490 f.
[93] Diese Vermutung hatte die Rspr. vor Inkrafttreten des Dritten Finanzmarktförderungsgesetzes ursprünglich für den Nachweis der haftungsbegründenden Kausalität, den die Anleger vor der Neufassung noch erbringen mussten, aufgestellt: BGH WM 1982, 867; OLG Frankfurt a. M. WM 1994, 291 (295) – Bond I; OLG Düsseldorf 5.4.1984 – 6 U 239/82, WM 1984, 586 (596). Heute bedarf es infolge der Beweislastumkehr in § 45 Abs. 2 Nr. 1 BörsG eines solchen Nachweises des Anlegers nicht mehr, jedoch werden diese von der Rspr. aufgestellten Grundsätze weiterhin zur Beurteilung des vom Anspruchsgegner zu erbringenden Gegenbeweises herangezogen.

Prospekt insofern nicht einmal selbst gelesen haben.[94] Gegebenenfalls muss der Emittent zur Vermeidung seiner Haftung die positive Anlagestimmung durch entsprechende Veröffentlichungen, zB eine Ad-Hoc-Mitteilung oder einen Jahresabschluss, der eine negative Entwicklung erkennen lässt, beenden.[95]

bb) Haftungsausfüllende Kausalität. Der Anspruch gem. § 21 WpPG entfällt überdies, **128** wenn der Sachverhalt, über den unrichtige Angaben im Prospekt enthalten sind, nicht zu einer Minderung des Börsenpreises der Aktie beigetragen hat (haftungsausfüllende Kausalität), § 23 Abs. 2 Nr. 2 WpPG. Die Beweislast trägt auch hier Haftungsadressat.[96]

e) *Verschulden.* Nach § 23 Abs. 1 WpPG kann nicht in Anspruch genommen werden, wer **129** nachweist, dass er die Unrichtigkeit oder Unvollständigkeit der Angaben nicht gekannt hat und die Unkenntnis nicht auf grober Fahrlässigkeit beruht. Grobe Fahrlässigkeit setzt voraus, dass die erforderliche Sorgfalt in besonders schwerem Maße verletzt wurde, ganz nahe liegende Überlegungen nicht angestellt wurden und dass nicht beachtet wurde, was im gegebenen Fall jedem einleuchten müsste.[97] Die Rspr. differenziert bei den Anforderungen an das Verschulden zwischen den verschiedenen Haftungsadressaten. Je näher die haftende Person an den Prospektinformationen steht, desto niedriger werden die Anforderungen an das Verschulden. Da der Emittent über sämtliche Daten verfügt und als einziger vollen Einblick in seine Finanzierung hat, wird diesen häufiger ein Verschulden treffen als das Emissionshaus, welchem idR nur Informationen zugänglich sind, die ihm vom Emittenten zur Verfügung gestellt wurden.[98] Die Emissionsbank hat allerdings auch die ihr zumutbaren Anstrengungen zu unternehmen, um die erlangten Informationen auf ihre Richtigkeit und Vollständigkeit hin zu überprüfen. Dies gilt insbes. dann, wenn es konkrete Anhaltspunkte gibt, dass Angaben im Prospekt unrichtig sind.[99] Bzgl. der durch den Abschlussprüfer testierten Jahresabschlüsse kann sich die Emissionsbank grds. auf die Angaben des Abschlussprüfers verlassen. Eine Pflicht zu einer vollständigen Prüfung des Unternehmens im Sinne einer *due diligence* besteht grds. nicht.

Emissionsbanken bedienen sich heute – angelehnt an die angloamerikanische Praxis – idR **130** formalisierter Verfahren, um nachzuweisen, dass sie keine Kenntnisse von einem Prospektfehler haben konnten und damit eine Haftung für Prospektfehler auszuschließen. Zunächst lassen sie durch Experten eine Prüfung des Unternehmens durchführen *(Due Diligence),* um sich einen eigenen Eindruck vom Emittenten, seiner Vermögens-, Finanz- und Ertragslage und den zuzulassenden Aktien zu verschaffen. Sodann lassen sich die Emissionsbanken vom Rechtsanwalt des Emittenten das Vorliegen bestimmter rechtlicher Verhältnisse in Bezug auf den Emittenten und die Richtigkeit und Vollständigkeit des Prospekts bestätigen. Diese Bestätigungen werden als *Legal Opinion* und *Disclosure Opinion* bezeichnet. Schließlich lassen sich die Emissionsbanken vom Abschlussprüfer des Emittenten in der Form eines sogenannten *Comfort Letter* bestätigen, dass diesem seit der Abgabe seines Testats für die im Prospekt wiedergegebenen Finanzausweise nichts bekannt geworden ist, was ihn – hätte er damals bereits Kenntnis davon gehabt – an der Erteilung des Testats in der abgegebenen Form gehindert hätte.

Da diese Sachverständigen nicht für die Emissionsbank zur Erfüllung einer Verpflichtung **131** tätig werden, kann dieser ein etwaiges Verschulden der Sachverständigen bei der Abgabe der

---

[94] Der Ursachenzusammenhang zwischen unrichtigen Prospektangaben und Erwerb der Wertpapiere kann jedoch spätestens dann nicht mehr angenommen werden, wenn bei einer positiven Anlagestimmung vor Erwerb der Wertpapiere ein Kurseinbruch erfolgt ist, vgl. OLG Frankfurt a. M. 27.3.1996 – 21 U 92/95, WM 1996, 1216 – Bond II; ebenso wird eine fehlende positive Anlagestimmung im Fall von negativen Presseveröffentlichungen diskutiert, s. hierzu Vortmann Prospekthaftung/*Hauptmann* § 3 Rn. 122; sowie krit. Schwark/Zimmer/*Schwark* BörsG §§ 44, 45 Rn. 46.
[95] Schwark/Zimmer/*Schwark* BörsG §§ 44, 45 Rn. 47.
[96] Sa *Fleischer/Kalss* AG 2002, 329 (330).
[97] *Canaris,* Bankvertragsrecht, 3. Aufl. 1988, Rn. 2280.
[98] Vgl. Vortmann Prospekthaftung/*Hauptmann* § 3 Rn. 104.
[99] So schon RGZ 80, 196 (198 ff.); OLG Frankfurt a.M. WM 1994, 291 (297); sa Habersack/Mülbert/Schlitt/*Mülbert/Steup,* Unternehmensfinanzierung am Kapitalmarkt, 3. Aufl. 2013, § 41 Rn. 109; Schwark/Zimmer/*Schwark* BörsG §§ 44, 45 Rn. 48; der Umfang der Nachforschungspflicht ist iE str., s. hierzu Assmann/Schütze KapAnlR-HdB/*Assmann* § 5 Rn. 183.

Bestätigungen nicht zugerechnet werden. Insofern scheidet eine Haftung durch eine Zurechnung nach § 278 BGB für die Emissionsbank aus, wenn ihr die Unrichtigkeit iÜ auch nicht aus der sorgfältig durchgeführten *Due Diligence* bekannt geworden ist. Sollte die Emissionsbank wider Erwarten dennoch als Prospektverantwortliche in Anspruch genommen werden, kann die Abgabe einer solchen Bestätigung den Rückgriff auf den Aussteller ermöglichen.

132 f) **Umfang der Haftung.** *aa) Grundsatz.* Der Umfang der Haftung ist ausdrücklich in § 21 Abs. 1 S. 1, Abs. 2 WpPG geregelt. Ist der Erwerber noch Inhaber der Wertpapiere, kann er von den Prospektverantwortlichen den Erwerbspreis der Wertpapiere, beschränkt auf den ersten Ausgabepreis der Papiere, zuzüglich der mit dem Kauf verbundenen üblichen Kosten (Maklercourtage oder Provisionen) Zug um Zug gegen Übertragung der Wertpapiere verlangen. Ist der Erwerber nicht mehr Inhaber der Wertpapiere, so kann er gem. § 21 Abs. 2 WpPG die Zahlung des Differenzbetrages zwischen dem Erwerbspreis, wiederum begrenzt auf die Höhe des ersten Ausgabepreises, und dem Verkaufspreis der Wertpapiere zuzüglich der mit Kauf und Verkauf verbundenen üblichen Kosten verlangen.[100]

133 *bb) Mitverschulden.* Kennt der Erwerber die Unrichtigkeit oder Unvollständigkeit der Angaben des Prospekts bei dem Erwerb, so kann er keinen Prospekthaftungsanspruch nach § 21 WpPG geltend machen, § 23 Abs. 2 Nr. 3 WpPG. Diese Vorschrift normiert insofern den Anspruchsausschluss wegen Mitverschuldens. Voraussetzung ist die positive Kenntnis des Erwerbers von der Unrichtigkeit der Angaben im Prospekt; eine grob fahrlässige Unkenntnis führt nicht zum Verlust des Ersatzanspruchs.[101]

134 Es ist strittig, ob denjenigen, der einen Prospekthaftungsanspruch geltend macht, eine Schadensminderungspflicht trifft, wenn er die Aktien bei unabhängig von der Fehlerhaftigkeit des Prospekts sinkenden Kursen nicht verkauft.[102] Eine Verletzung dieser Pflicht würde gem. § 254 BGB zu einer Kürzung des Ersatzanspruchs entsprechend dem Grad des Mitverschuldens führen.[103] Auch wenn dem Anleger keine Kursbeobachtungspflicht auferlegt werden kann und Börsenkurse nicht vorhersehbar sind, ist aus Gründen der Missbrauchsvermeidung eine Veräußerungspflicht jedenfalls dann zu bejahen, wenn dem Anleger gezielt im Zusammenhang mit dem von ihm geltend gemachten Anspruch ein Angebot zum Erwerb seiner Aktien unterbreitet wird.

135 g) **Verjährung.** Der Anspruch nach § 21 WpPG unterliegt seit der Aufhebung des § 46 BörsG aF den allgemeinen Verjährungsregeln der §§ 195, 199 BGB.[104]

3. Sonstige Ansprüche gegen die Prospektverantwortlichen

136 Aus § 25 Abs. 2 WpPG ergibt sich, dass die §§ 21 ff. WpPG keine abschließende Regelung für die Haftung der Prospektverantwortlichen und -veranlasser darstellen; vielmehr bleiben nach dieser Vorschrift weitergehende Ansprüche des Investors, die nach den Vorschriften des bürgerlichen Rechts auf Grund von Verträgen oder unerlaubten Handlungen erhoben werden können, unberührt. Ob darüber hinausgehende andere gesetzliche Ansprüche ausgeschlossen sind, ist str.

137 a) **Vertragliche Ansprüche.** § 25 Abs. 2 WpPG stellt es dem Anleger frei, vertragliche Ansprüche gegen den Prospektverantwortlichen oder den Prospektveranlasser geltend zu machen, sofern er mit diesem in eine vertragliche Beziehung eingetreten ist. Dies kann nur der

---

[100] Die Regelung, dass der Erwerber zum Zeitpunkt der Geltendmachung des Anspruchs nicht mehr Inhaber der Wertpapiere sein muss, wurde durch das Dritte Finanzmarktförderungsgesetz 1998 eingeführt. Vor dessen Geltung war es Erwerbern, die nicht im Besitz der Wertpapiere waren, verwehrt, diesbzgl. Ansprüche geltend zu machen, vgl. noch OLG Frankfurt a. M. 17.12.1996 – 5 U 178/95, NJW-RR 1997, 749 = ZIP 1997, 1701 – Sachsenmilch AG.
[101] Happ AktR/*Groß* Abschn. 16.02 Anm. 20.5.
[102] Insbes. *Fleischer*/*Kalss* AG 2002, 329 (334 f.); *Sittmann* NZG 1998, 490 (495); Schwark/Zimmer/*Schwark* BörsG §§ 44, 45 Rn. 72; Vortmann Prospekthaftung/*Hauptmann* § 3 Rn. 119.
[103] Schäfer/Hamann/*Hamann* BörsG §§ 45, 46 Rn. 63; aA Schwark/Zimmer/*Schwark* BörsG §§ 44, 45 Rn. 72.
[104] Vgl. *Groß* KapMarktR WpPG § 21 Rn. 91.

Fall sein, wenn der Anleger die Aktien originär erwirbt, nicht hingegen bei einem Verkehrsgeschäft als Zweiterwerber. Bei der Aktienemission erfolgt der originäre Erwerb dann im Regelfall über das Emissionshaus bzw. über eine der Konsortialbanken, so dass ggf. gegen diese ein vertraglicher Anspruch bestehen kann. Selbst in diesem Fall wird jedoch regelmäßig ein Gewährleistungsanspruch nicht gegeben sein, da der Erwerb von Aktien einen Rechtskauf gem. § 453 BGB darstellt und die Aktien nicht mangelhaft iSd §§ 453, 434, 435 BGB sein werden.

Allerdings muss es dem Anleger stets möglich sein, den Kaufvertrag bei Fehlern im Prospekt wegen arglistiger Täuschung gem. § 123 BGB **anzufechten,** wenn der Anleger die Aktien (auch) auf der Grundlage des Prospekts erworben hat und der Prospektfehler vorsätzlich von dem Prospektverantwortlichen verursacht wurde. Für den Vorsatz reicht es insofern nach den allgemeinen Anfechtungsregeln bereits aus, wenn im Prospekt mit Kenntnis des Verkäufers Angaben „ins Blaue hinein" gemacht wurden.[105] 138

b) Unerlaubte Handlung. Durch § 25 Abs. 2 WpPG wird die Inanspruchnahme der Prospektverantwortlichen und Prospektveranlasser auch auf Grund deliktischer Haftung ermöglicht. In Betracht kommen Ansprüche aus § 823 Abs. 2 iVm § 263 StGB (Betrug), § 264a StGB (Kapitalanlagebetrug), § 266 StGB (Untreue) und § 399 Abs. 1 Nr. 4, § 400 Abs. 1 AktG (betrifft Mitglieder des Vorstands und des Aufsichtsrats der Aktiengesellschaft)[106] sowie aus § 826 BGB. 139

c) Gesetzliche Ansprüche. *aa) Culpa in contrahendo.* Es ist str. ob der Anleger auch Ersatzansprüche aus Verschulden bei Vertragsverhandlungen *(culpa in contrahendo)* nach §§ 280, 311 Abs. 2 Nr. 1, § 241 Abs. 2 BGB geltend machen kann.[107] Hiergegen spricht jedoch, dass § 311 BGB ein Schuldverhältnis begründet, dass zwar rechtsgeschäftsähnlich, jedoch ein gesetzliches ist. Ansprüche aus gesetzlichen Schuldverhältnissen sind aber von der Öffnungsklausel des § 25 Abs. 2 WpPG gerade nicht erfasst und damit ausgeschlossen. Für eine analoge Anwendung des § 25 Abs. 2 WpPG fehlt es bereits an einer Regelungslücke, da der Gesetzgeber unproblematisch auch vertragsähnliche Ansprüche in den Wortlaut des § 25 Abs. 2 WpPG hätte aufnehmen können. 140

bb) Allgemeine Prospekthaftung. Ebenso sind Ansprüche aus allgemein-zivilrechtlicher Prospekthaftung ausgeschlossen, da § 21 WpPG als insofern speziellere Regelung der allgemeinen Prospekthaftung vorgeht und iÜ auch insoweit gesetzliche Ansprüche ausgeschlossen sind.[108] 141

4. Die Expertenhaftung

a) Die Expertenhaftung gegenüber dem Anleger. Unklar ist, ob der Anleger neben der börsengesetzlichen Prospekthaftung weitere Personen, die von § 21 Abs. 1 WpPG nicht erfasst sind, in Anspruch nehmen kann, insbes., ob er auf diejenigen zurückgreifen kann, die zum Inhalt des Prospekts beigetragen haben, aber hierfür keine Verantwortung übernommen haben. In Betracht kommen hier insbes. die am Prospekt beteiligten Wirtschaftsprüfer, Steuerberater und Rechtsberater. 142

aa) Allgemein-zivilrechtliche Prospekthaftung. Eine Inanspruchnahme ist nicht schon nach § 25 Abs. 2 WpPG ausgeschlossen, da diese Vorschrift nur auf das Rechtsverhältnis zwischen Anleger und den in § 21 Abs. 1 Nr. 1, 2 WpPG genannten Personen, nicht aber auch im Verhältnis zwischen Anleger und Sachkundigem Anwendung findet.[109] 143

---

[105] Allg. Palandt/*Ellenberger* BGB § 123 Rn. 11.
[106] Ausf. Schwark/Zimmer/*Schwark* BörsG §§ 44, 45 Rn. 82 f.
[107] Dafür Hölters/*v. Dryander/Niggemann* AktG § 182 Rn. 87; Schwark/Zimmer/*Schwark* BörsG §§ 44, 45 Rn. 78.
[108] Ausf. Vortmann Prospekthaftung/*Hauptmann* § 3 Rn. 136 ff.; zum Meinungsstand insgesamt sa *Groß*, Kapitalmarktrecht, 6. Aufl. 2016, WpPG § 25 Rn. 3 ff.
[109] *Ebke/Siegel* WM-Sonderbeilage 2/2001, 3 (18); zur allgemein-zivilrechtlichen Expertenhaftung s. grds. auch BGH BGHZ 77, 172; 111, 314 (319); BGH NJW 1995, 1025; weiterführend hierzu sa *Assmann* AG 2004, 435 ff.

144 *bb) Vertrag mit Schutzwirkung zugunsten Dritter.* Der Anleger kann sich unter bestimmten Voraussetzungen darauf berufen, dass das Auftragsverhältnis zwischen Experten und Emittenten zugleich einen Vertrag mit Schutzwirkung zugunsten Dritter darstellt. Wurde eine solche Dritthaftung insbes. aufgrund der unbekannten Vielzahl von Anteilserwerbern von Rspr. und Lit. lange Zeit abgelehnt,[110] hat der BGH 2004 erstmals eine Haftung des Wirtschaftsprüfers gegenüber einem geschädigten Anleger angenommen.[111] Der Anleger sei in den Schutzbereich des Vertrages zwischen Emittent und Wirtschaftsprüfer einzubeziehen, wenn dem Wirtschaftsprüfer bei der Prüfung des Prospekts, je nach Ausgestaltung des Vertrages, bekannt ist, dass sein Bericht potentiellen Investoren in der Absicht, diese zum Erwerb von Anteilen zu bewegen, vorgelegt wird.[112]

145 *cc) Vertrauenshaftung.* In Betracht kommt überdies eine Vertrauenshaftung des Experten aus §§ 280 Abs. 1, 311 Abs. 3, 241 Abs. 2 BGB, sofern der Emittent oder das Emissionshaus darauf hingewiesen hat, dass der Experte bestimmte Angaben gemacht hat. Insofern würde es auch ausreichen, wenn der Emittent/Emissionsbegleiter auf die Existenz eines *Comfort Letter* oder einer *Legal Opinion* verweist.[113] Dem liegt der Rechtsgedanke zugrunde, dass jeder für die Richtigkeit und Vollständigkeit für in den Verkehr gebrachte Angaben einstehen muss, die durch von ihm in Anspruch genommenes Vertrauen auf den Willensentschluss der Einleger Einfluss genommen haben.[114] Der Experte kann einer Haftung nach Auffassung des OLG Köln allerdings dann entgehen, wenn im Prospekt deutlich klargestellt wurde, dass er an der Planung und Erstellung des Prospekts in keiner Weise mitgewirkt hat, die Prospektangaben nicht überprüft und sich diese auch nicht zu eigen gemacht und sich nicht als „Garant für die Seriosität des Erwerbermodells" bezeichnet hat.[115]

146 *dd) Deliktische Haftung.* Die Haftung aus Delikt ist grds. nicht ausgeschlossen. In Betracht kommt eine Haftung gem. § 826 BGB und § 823 Abs. 2 BGB iVm § 263 StGB (Betrug). Da die Haftung jedoch ein vorsätzliches Verhalten seitens des Sachkundigen voraussetzt, wird ein Anspruch hierauf idR nicht zu gründen sein.

147 **b) Die Expertenhaftung gegenüber den Prospektverantwortlichen.** Hat der Emittent sachverständige Dritte mit der Durchführung einzelner Prüfungen oder Darstellungen im Prospekt beauftragt, so steht ihm gegen diese grds. bei von ihnen verschuldeten fehlerhaften Angaben ein Anspruch auf Schadensersatz aus dem Auftragsverhältnis zu. Bei Abschlussprüfern ist darauf zu achten, dass diese im Hinblick auf die Abschlüsse, zu deren Aufstellung der Emittent gesetzlich verpflichtet ist (Jahresabschluss, ggf. Konzernabschluss), nur beschränkt gem. § 323 Abs. 1, 2 HGB haften.[116]

---

[110] So auch BGH BGHZ 138, 257 (262), bzgl. der Haftung des Abschlussprüfers; Schwark/Zimmer/*Schwark* BörsG §§ 44, 45 Rn. 12, *Ebke/Siegel* WM-Sonderbeilage 2/2001, 3 (19 f.).
[111] BGH NJW 2004, 3420 ff., wobei sich das Urteil auf einen Beteiligungsprospekt für einen Publikumsfonds in Form einer Kommanditgesellschaft bezieht; ebenso OLG München 25.3.2009 – 20 U 4536/08, BeckRS 2009, 9624.
[112] Weiterführend s. *Janert/Schuster* BB 2005, 987 (988 ff.).
[113] Sa *Ebke/Siegel* WM-Sonderbeilage 2/2001, 3 (19). Aus diesem Grund untersagen die Sachkundigen dem Emissionshaus als dem Adressaten ihrer Stellungnahmen regelmäßig die Weitergabe und Veröffentlichung (a) der Stellungnahme selbst, (b) ihres Inhalts und (c) der Tatsache, dass überhaupt eine Stellungnahme abgegeben wurde.
[114] BGHZ 145, 187 ff. = WM 2000, 2447 (2451).
[115] OLG Köln VersR 2000, 1290 ff. = GI 2001, 75 (77).
[116] § 323 HGB legt die Verantwortlichkeit des Abschlussprüfers fest. Nach § 323 Abs. 1 S. 1 sind der Abschlussprüfer, seine Gehilfen und die bei der Prüfung mitwirkenden gesetzlichen Vertreter einer Prüfungsgesellschaft zur gewissenhaften und unparteiischen Prüfung verpflichtet. Wer seine Pflichten vorsätzlich oder fahrlässig verletzt, ist der Kapitalgesellschaft gegenüber zum Ersatz des entstandenen Schadens verpflichtet, § 323 Abs. 1 S. 3 HGB. Nach § 323 Abs. 2 S. 1, 2 HGB beschränkt sich die Ersatzpflicht von Personen, die fahrlässig gehandelt haben, auf 1 Mio. EUR bzw. bei Aktiengesellschaften, deren Aktien zum Handel am regulierten Markt zugelassen sind, auf 4 Mio. EUR. Diese gesetzliche Haftungsbegrenzung gilt nicht für sonstige Abschlüsse wie etwa Als-ob-Darstellungen *(pro forma)* sowie Quartals- und Zwischenberichte, so dass die Abschlussprüfer insoweit regelmäßig bestrebt sind, ihre Haftung durch Individualvereinbarung zu begrenzen.

VI. Die Emission

1. Platzierung

a) Platzierung durch die Gesellschaft oder durch Dritte. Es ist üblich, dass die Aktien, die bei Gelegenheit der Börseneinführung platziert werden sollen, vom Emissionskonsortium angeboten werden, weil dieses über die notwendige Erfahrung und den Zugang zu den Investoren verfügt. Möglich ist allerdings auch die Platzierung durch den Emittenten selbst (Selbst- oder Direktplatzierung). Eine Platzierung durch die Gesellschaft selbst kommt meist nur bei geringen Emissionsvolumina in Betracht und wurde in der Vergangenheit in dieser Form dementsprechend selten durchgeführt.[117]

b) Privatplatzierung oder öffentliches Angebot. Zwei Arten der Platzierung sind zu unterscheiden: die Privatplatzierung *(Private Placement)* und das öffentliche Angebot *(Public Offering)*. Bei der Privatplatzierung werden die Aktien nur einem ausgewählten Kreis potentieller Investoren zur Zeichnung bzw. zum Erwerb angeboten. Bei einem öffentlichen Angebot werden die Aktien einem nicht begrenzten Öffentlichkeit, also einem nicht individualisierbaren Personenkreis, angeboten.[118]

Bei einem *Public Offering* ist es üblich, dass das Emissionskonsortium die potentiellen Anleger im Auftrag des Emittenten und/oder der abgebenden Altaktionäre öffentlich zur Abgabe von Angeboten zu einem vorgegebenen Preis oder innerhalb einer Preisspanne auffordert. Rechtlich stellt diese Aufforderung des Emissionskonsortiums eine *invitatio ad offerendum* dar. Die Angebote können bei den im Angebot bezeichneten Instituten von den Anlegern gezeichnet werden. Die Zeichnung stellt das rechtliche Angebot zum Abschluss eines Kaufvertrages über die angebotenen Aktien iSd § 145 BGB dar.[119] Die Annahme dieses Angebots erfolgt durch die Zuteilung der Wertpapiere durch das Emissionskonsortium im Einvernehmen mit dem Emittenten bzw. den abgebenden Altaktionären.

Liegt eine Überzeichnung vor, wurden also mehr Erwerbsangebote abgegeben als Aktien angeboten, erfolgt eine teilweise Zuteilung (Repartierung). Die Kriterien für die Zuteilung legt das Emissionskonsortium im Einvernehmen mit dem Emittenten bzw. den abgebenden Altaktionären fest.

Möglich, aber weniger verbreitet ist auch der freihändige Verkauf.[120] Bei diesem Verfahren erhält jedes Mitglied des Emissionskonsortiums eine vertraglich festgelegte Quote an der Gesamtzahl der zu platzierenden Aktien zugewiesen, die es nach eigenem Ermessen an Dritte veräußern kann.

c) Platzierung über das Internet. Eine Ende der 1990er Jahre entwickelte Alternative zu den klassischen Platzierungsformen stellt die Platzierung über das Internet dar.[121] Die Aktien können zB über die eigene Homepage oder über einen virtuellen Wertpapierdienstleister im Internet angeboten werden. Allerdings ist die Bedeutung dieser Platzierungsform im Vergleich zu traditionellen Platzierungsformen immer noch gering.[122] Die Vorteile einer Platzierung über das Internet liegen in den möglicherweise gegenüber einer herkömmlichen Plat-

---

[117] Ein Bsp. für eine Direktplatzierung aus der jüngeren Vergangenheit ist der IPO der Luxemburgischen Spotify Technology S. A. an der NYSE im April 2018, bei dem keine neuen Aktien ausgegeben wurden.
[118] So auch die Regierungsbegründung, BT-Drs. 11/6340, 11, das Angebot sei dann öffentlich, wenn es sich an einen unbestimmten Personenkreis wendet.
[119] Happ AktR/*Groß* Abschn. 16.02 Rn. 30.1.
[120] Dagegen findet diese Art der Platzierung häufiger bei der Platzierung von Anleihen Anwendung.
[121] Prominentes Bsp. ist der Internet-Börsengang von Google, Inc. im August 2004, bei dem die angebotenen Aktien über das Internet versteigert wurden. Die erste Internet-Platzierung von Aktien eines europäischen Unternehmens wurde im Juni 1997 durch die Internet2000 AG durchgeführt, bei der ein Viertel des Grundkapitals über das Internet erfolgreich angeboten wurde.
[122] Viele Wertpapierhandelsunternehmen haben ihre Internetplattform wieder aufgegeben oder ihre Tätigkeit als virtuelle Wertpapierdienstleister eingestellt, so bspw. die VEM AG und die net.IPO AG; s. weiterführend auch Schanz Börseneinführung § 10 Rn. 10, der den Grund für die Zurückhaltung der Emittenten bei dieser Form der Platzierung ua in den für diese bestehenden erhöhten Risiken im Hinblick auf die fehlende Sicherheit bei der Emission mangels Abwicklung über eine erfahrende Emissionsbank sieht.

zierung verminderten Kosten. Die Internet-Platzierung kann mit den herkömmlichen Platzierungsformen verbunden werden.

2. Formen der Übernahme

154   **a) Firm Underwriting.** Bei einer „festen" Übernahme *(Firm Underwriting)* erwirbt entweder der Konsortialführer oder das gesamte Konsortium die zu platzierenden Aktien ohne Rückgabeoption vom Emittenten und zahlt ihm dafür den Kaufpreis.[123] Das Risiko der Kursänderung und Platzierung der Aktien trägt hierbei der Konsortialführer bzw. das Konsortium. Zur Reduzierung dieses Risikos werden daher regelmäßig vor der Einführung der Aktien Platzierungsvereinbarungen mit institutionellen Investoren getroffen. Dem Risiko steht für die übernehmenden Konsortialmitglieder ein großes Gewinnpotential gegenüber, da ihnen und nicht dem Emittenten bzw. den abgebenden Altaktionären der Mehrerlös aus dem Börsengang zusteht.[124] Dafür kennen letztere bereits zu Beginn der Emission den genauen Emissionserlös.

155   **b) Best Efforts Underwriting.** Beim *Best Efforts Underwriting* wird zwischen Emittenten bzw. abgebenden Altaktionären und Konsortium nur ein Makler- oder entgeltlicher Geschäftsbesorgungsvertrag gem. §§ 652 ff. bzw. § 675 BGB abgeschlossen, in dem sich das Konsortium verpflichtet, sich um die dauerhafte Unterbringung der Wertpapiere am Kapitalmarkt nach besten Kräften zu bemühen. Die zu platzierenden Aktien werden in diesem Fall nur kommissionsweise übernommen; der Geschäftsbeziehung zwischen Emittent und Konsortium liegt damit auch ein Kommissionsvertrag zugrunde.[125] Sollen im Rahmen der Emission auch Aktien aus einer Kapitalerhöhung platziert werden, wird das Emissionskonsortium die neuen Aktien entweder überhaupt erst nach dem erfolgreichen Abschluss der Platzierung zeichnen oder für den Fall, dass die Platzierung nicht oder nicht vollständig erfolgreich verläuft, eine wirtschaftliche Rückabwicklung der Kapitalerhöhung vereinbaren.[126] Das Risiko der Platzierung verbleibt hier beim Emittenten.

156   **c) All or None Underwriting.** Beim *All or None Underwriting* handelt es sich um eine Vereinbarung, in der sich das Emissionskonsortium verpflichtet, sämtliche Wertpapiere zu übernehmen und unterzubringen. Sofern die Wertpapiere nicht im Ganzen untergebracht werden können, kann das Konsortium von dem Übernahmevertrag zurücktreten.

3. Preisfindung

157   Der Emissionspreis der Wertpapiere hat eine überragende Bedeutung für den Erfolg oder Misserfolg des Börsengangs. Grundsätzlich gibt es drei Verfahren zur Preisfindung: das Festpreisverfahren, das Bookbuilding-Verfahren und das Auktionsverfahren.

158   **a) Festpreisverfahren.** Bis gegen Ende der 1990er Jahre war in Deutschland das Festpreisverfahren vorherrschend.[127] Es geht idR mit einem Firm Underwriting einher. Bei diesem Verfahren garantiert das Bankenkonsortium dem Emittenten bzw. den abgebenden Altaktionären die Übernahme der Emission zu einem festgelegten Platzierungspreis.[128] Dieser Preis basiert auf einer Analyse und Bewertung der Gesellschaft und wurde gemeinsam mit dieser abgesprochen. Für den Emittenten bzw. abgebenden Altaktionär bietet das Festpreisverfahren den Vorteil, dass er bereits zu einem frühen Zeitpunkt den genauen Emissionserlös kennt. Es hat aber auch den Nachteil, dass es zu Fehleinschätzungen bei der Festlegung des Verkaufspreises und damit zu instabilen Platzierungen und einer hohen Volatilität der Wertpapiere kommen kann.[129]

---

[123] Zum sog. „Übernahmekonsortium" sa MüKoBGB/*Ulmer*/*Schäfer* Vor § 705 Rn. 52; MüKoHGB/*Singhof* Emissionsgeschäft Rn. 14.
[124] Sofern nicht ausnahmsweise im Übernahmevertrag Mehrerlösabschöpfungsklauseln vereinbart wurden, besteht damit für den Emittenten kein Gewinnpotential mehr.
[125] Vgl. auch Kümpel/Wittig/*Brandt*/*R. Müller*/*Oulds*, Bank- und Kapitalmarktrecht, 4. Aufl. 2011, Rn. 15.91.
[126] Insbesondere durch Verpflichtung der Gesellschaft oder der Altaktionäre zum Erwerb eigener Aktien.
[127] Happ AktR/*Groß* Abschn. 16.02 Anm. 31.1.
[128] Schwark/Zimmer/*Heidelbach* WpPG § 8 Rn. 12.
[129] *Schanz* Börseneinführung § 10 Rn. 75.

b) **Bookbuilding-Verfahren.** Das Bookbuilding-Verfahren ist das internationale und heute auch in Deutschland übliche Verfahren.[130] In der ersten Phase des Verfahrens setzt das Unternehmen gemeinsam mit dem Emissionskonsortium nach einer vorherigen Ansprache potentieller Investoren den Preisrahmen für die Wertpapiere fest *(Pre Marketing).*[131] Anhaltspunkte für die Preisfestsetzung bieten idR ein von Aktienanalysten auf Grund einer Unternehmenspräsentation und -analyse, der Schätzung der zukünftigen Zahlen und einer Marktanalyse erstellter Bericht *(Equity Research Report),* der Bericht über die Untersuchung der Vermögens-, Finanz- und Ertragslage des Emittenten *(Financial Due Diligence Report)* und die Unternehmensplanzahlen.[132]

In der zweiten Phase veröffentlicht der Platzierende, also üblicherweise das Emissionskonsortium, das sogenannte Verkaufsangebot und fordert die Anleger öffentlich zur Abgabe von Angeboten zu einem vorgegebenen Preis oder innerhalb einer bestimmten Preisspanne *(Bookbuilding Range)* bis zu einer bestimmten Frist *(Bookbuilding* oder *Order Taking Period)* auf. Die Angebote *(Orders)* werden dem sogenannten *Bookrunner* gemeldet und in einem Orderbuch zusammengefasst und ausgewertet. Der einheitliche Emissionspreis wird am Ende der Bookbuilding Periode im Einvernehmen zwischen dem Emittenten bzw. den abgebenden Altaktionären und dem Konsortialführer bestimmt. Sofern Aktien aus einer Kapitalerhöhung platziert werden, muss die letzte Entscheidung über die Höhe des Emissionspreises vom Vorstand des Emittenten (ggf. mit Zustimmung des Aufsichtsrats) getroffen werden, da die Preisfestsetzung nicht an Dritte delegiert werden darf.

In der dritten Phase erfolgt im Einvernehmen mit dem Emittenten bzw. den abgebenden Altaktionären die Zuteilung der Wertpapiere durch das Emissionshaus und damit rechtlich gesehen die Annahme des Angebots der Anleger.

c) **Auktionsverfahren.** Das Auktionsverfahren hat sich bisher in Deutschland nicht durchgesetzt. Hierbei handelt es sich um ein Verfahren, in dem die Anleger ohne Angabe eines Festpreises oder einer Preisspanne von sich aus die Anzahl der Wertpapiere, die sie erwerben wollen, und einen Höchstpreis benennen. Am Ende der Angebotsdauer wird der Preis ermittelt, zu dem alle Wertpapiere untergebracht werden können. Emissionspreis ist dann die Höhe des niedrigsten Angebots, welches bei der Zuteilung berücksichtigt wurde.[133]

d) **Änderung des Angebots.** Änderungen der Marktverhältnisse können eine Änderung des Angebots bzgl. des Emissionsvolumens, der Preisspanne oder der Angebotsfrist erforderlich machen. Die Änderung des Emissionsvolumens ist unproblematisch möglich und lässt auch bereits erfolgte Angebote von Anlegern nicht unwirksam werden.[134] Gleiches gilt auch bei einer Verkürzung der Bookbuilding-Frist. Denn beide Änderungen sind für den Kaufentschluss nicht von wesentlicher Bedeutung. Dagegen lässt eine Änderung der Preisspanne nach hM alle Angebote, und zwar auch diejenigen, die sich auch nach der Veränderung noch in der angegebenen Preisspanne befinden, unwirksam werden.[135] Aufgrund des Übernahmevertrages sind Änderungen des Angebots idR nur mit der Zustimmung mindestens des Konsortialführers möglich.

4. Zuteilung

Die Zuteilung erfolgt über das Emissionskonsortium. Sie ist der Abschluss des Kaufvertrages über die Wertpapiere zwischen dem übernehmenden Emissionshaus und dem Anle-

---

[130] Schwark/Zimmer/*Heidelbach* WpPG § 8 Rn. 12.
[131] Weiterführend zum Pre Marketing *Fleischer/Bedkowski* DB 2009, 2195 ff., die sich insbes. mit den Risiken von Informationsweitergaben befassen.
[132] Zum Preisfindungsprozess s. ausf. Volk/*Killat,* Going Public, Der Gang an die Börse, 4. Aufl. 2008, 235 ff.; besonders zum Bookbuilding-Verfahren Volk/*Weiler,* Going Public, Der Gang an die Börse, 4. Aufl. 2008, 265 ff.
[133] Sa Happ AktR/*Groß* Abschn. 16.02 Anm. 31.1., Prominente Bsp. war auch hier der Börsengang von Google, Inc. im August 2004.
[134] *Schanz* Börseneinführung § 10 Rn. 125.
[135] *Schanz* Börseneinführung § 10 Rn. 124.

ger.¹³⁶ Die Zuteilung stellt damit die Annahme des Angebots des Investors dar.¹³⁷ Angaben über die Zuteilungsmodalitäten sind nach heutigem Stand in den Prospekt aufzunehmen, vgl. Anl. III Ziff. 5.2 der Prospekt-VO (EG) Nr. 809/2004.

165 **a) Zuteilungskriterien.** Die Kriterien für die Zuteilung legt das Emissionskonsortium in Abstimmung mit dem Emittenten bzw. den abgebenden Altaktionären fest. In der Regel gibt der Konsortialführer den übrigen Banken Anweisungen in Bezug auf die Zuteilung, zB im Hinblick auf die angestrebten Ordergrößen, die Verteilung zwischen institutionellen und privaten Anlegern oder die geographische Streuung der Aktien. Im Vordergrund steht dabei das Ziel, durch die Wahl der Zuteilungskriterien eine bestmögliche Stabilität des Aktionärskreises und des Börsenkurses zu erreichen.¹³⁸

166 Die Zeichner haben grds. keinen Anspruch auf Abschluss des Kaufvertrages oder auf gleichmäßige Behandlung.¹³⁹ Die Zuteilung darf nur nicht willkürlich erfolgen.¹⁴⁰ Die Börsensachverständigenkommission beim Bundesministerium der Finanzen hatte schon im Jahr 2000 „Grundsätze für die Zuteilung von Aktienemissionen an Privatanleger" veröffentlicht, die zwar rechtlich nicht bindend sind, aber üblicherweise von den Emissionshäusern befolgt werden.¹⁴¹

167 **b) Friends and Family.** Im Rahmen der Zuteilung wird des Öfteren ein Aktienkontingent für Mitarbeiter und Freunde des Unternehmens sowie deren Familienangehörige *(Friends and Family)* reserviert. Die genannten Personen können die Aktien im Rahmen des Börsengangs meist bevorrechtigt und uU auch verbilligt erwerben.

168 **c) Greenshoe.** Nach einer Platzierung besteht grds. die Gefahr fallender Kurse, wenn es zu einem Überangebot am Markt kommt. Um diese Entwicklung zu vermeiden, wird das Emissionsvolumen idR bewusst kleiner als die erwartete Nachfrage im Markt gewählt und stattdessen dem Emissionskonsortium im Übernahmevertrag eine Mehrzuteilungsoption *(Over Allotment Option* oder *Greenshoe)*¹⁴² von bis zu 15 % des anfänglichen Emissionsvolumens gewährt,¹⁴³ die es dem Konsortium ermöglicht, in der Zeit nach der Börseneinführung¹⁴⁴ weitere Aktien entsprechend der tatsächlichen Nachfrage zu platzieren.

169 Seine Lieferverpflichtung gegenüber den Zeichnern erfüllt das Emissionskonsortium bei einer Mehrzuteilungsoption idR mit Aktien, die ihm von einem Großaktionär zu diesem Zweck darlehensweise überlassen werden.¹⁴⁵ Die aus dem Wertpapierdarlehen gegenüber dem Darlehensgeber bestehende Pflicht zur Rückgabe von Aktien gleicher Ausstattung erfüllen die Konsortialbanken entweder mit Aktien, die sie zur Kurspflege in der Stabilisierungsphase an der Börse gekauft haben, oder mit Aktien aus einer Kapitalerhöhung unter Ausschluss des Bezugsrechts, die die Gesellschaft zuvor speziell für diesen Fall beschlossen hat. Die Zulässigkeit einer solchen Kapitalerhöhung mit Bezugsrechtsausschluss zur Bedienung einer Greenshoe-Option wurde vom Bundesgerichtshof bestätigt.¹⁴⁶ Häufig wird dem Emissionskonsortium auch eine Option eingeräumt, die zunächst darlehenshalber erworbenen Aktien endgültig zum Emissionspreis zu erwerben; in diesem Fall werden keine

---

¹³⁶ Dies gilt zumindest für das deutsche Recht. Nach US-amerikanischer Übung kommt in der Regel ein Kaufvertrag erst bei Lieferung der Wertpapiere und Abrechnung („Closing") zustande. US-amerikanische Emissionsbegleiter behalten sich daher typischerweise auch auf dem deutschen Markt ein Rücktrittsrecht gegenüber den Anlegern bis zum Lieferzeitpunkt vor.
¹³⁷ *Schanz* Börseneinführung § 10 Rn. 102.
¹³⁸ Volk/*Weiler*, Going Public, Der Gang an die Börse, 4. Aufl. 2008, 268 f.
¹³⁹ Schwark/Zimmer/*Heidelbach* BörsG § 38 Rn. 16.
¹⁴⁰ *Willamowski* WM 2001, 653 (656).
¹⁴¹ Happ AktR/*Groß* Abschn. 16.02 Anm. 30.2.
¹⁴² Die Bezeichnung „Greenshoe" erklärt sich daraus, dass dieses Verfahren das erste Mal bei der Greenshoe Manufacturing Co., Boston, USA, durchgeführt wurde.
¹⁴³ *Groß* ZIP 2002, 160 (161).
¹⁴⁴ Üblich ist eine Zeitspanne zwischen 30 und 45 Tagen.
¹⁴⁵ Obwohl es sich rechtlich um ein Darlehen handelt, ist es üblich, von einer „Aktienleihe" zu sprechen.
¹⁴⁶ BGH WM 2009, 951 ff.; auf den Hinweisbeschluss des BGH hat die Klägerin die Revision gegen das Urteil des Kammergerichts v. 16.11.2006 – 23 U 55/03, NZG 2008, 29 zurückgenommen, wodurch dieses rkr. geworden ist.

Aktien an den Großaktionär zurückgegeben, sondern der Platzierungserlös an ihn ausgekehrt.

5. Börseneinführung

a) Aufnahme des Handels. Von der Zulassung der Wertpapiere zu trennen ist die erstmalige Aufnahme des Handels an der Börse (Einführung). Die Einführung der Wertpapiere muss innerhalb von drei Monaten nach der Veröffentlichung der Zulassungsentscheidung erfolgen, da ansonsten die Zulassung erlischt, § 38 Abs. 4 S. 1 BörsG. Nach § 38 Abs. 1 S. 2 BörsG hat der Emittent der Geschäftsführung den Zeitpunkt für die Einführung und die Merkmale der einzuführenden Wertpapiere mitzuteilen. Soweit ein Zulassungsprospekt erstellt wurde, genügt der Hinweis auf die Angabe der Wertpapiermerkmale im Prospekt.[147] Frühestmöglicher Zeitpunkt der Einführung ist der auf die erste Veröffentlichung des Prospekts oder, wenn kein Prospekt zu veröffentlichen ist, der auf die Veröffentlichung der Zulassung folgende Werktag, vgl. § 52 BörsZulV.

170

Für die Wertpapiere wird ein Einführungskurs festgelegt. Dieser ist zu unterscheiden von dem Ausgabepreis, zu dem die Wertpapiere erstmalig vom Emissionskonsortium an die Anleger veräußert werden. Der Einführungskurs wird von dem zuständigen Skontroführer[148] errechnet.

171

b) Lock up Verpflichtungen. Es ist üblich, dass sich die Altaktionäre im Rahmen eines Börsenganges zur Erzielung einer gewissen Kursstabilität nach Einführung der Wertpapiere verpflichten, ihre Aktien für einen bestimmten Zeitraum nicht zu veräußern *(Lock up Agreement)*.[149] Derartige Vereinbarungen sind rechtlich unproblematisch. Allerdings sind die Altaktionäre nicht verpflichtet, sich auf eine solche Vereinbarung einzulassen.[150]

172

Daneben ist es üblich, dass sich die Gesellschaft für einen bestimmten Zeitraum von sechs bis zwölf Monaten verpflichtet, keine weiteren Kapitalerhöhungen durchzuführen. Die Wirksamkeit solcher Klauseln ist umstritten. So wird teilweise vertreten, die Gesellschaft könne sich generell nicht ihrer Entscheidungsfreiheit begeben, Kapitalmaßnahmen durchzuführen.[151] Richtig ist, dass der Vorstand die Hauptversammlung nicht dazu verpflichten kann, für eine bestimmte Zeit von der Durchführung von Kapitalmaßnahmen abzusehen.[152] Darüber hinaus liegt es jedoch in seiner Finanzierungsverantwortung, genehmigtes Kapital für eine Kapitalerhöhung oder bedingtes Kapital zur Begebung von Finanzierungsinstrumenten gem. § 221 AktG ausnutzen, und in diesem Rahmen kann er die Gesellschaft wirksam zu einem Nichthandeln gegenüber einem Dritten verpflichten. Unproblematisch möglich sind außerdem Vereinbarungen, in denen sich die Gesellschaft verpflichtet, durch Kapitalerhöhungen geschaffene Aktien innerhalb eines bestimmten Zeitraumes nicht öffentlich anzubieten.

173

c) Designated Sponsors. Um für zusätzliche Liquidität der Aktie zu sorgen, kann die der Emittent einen oder mehrere Betreuer *(Designated Sponsors)* bestellen. Diese stellen während der gesamten Zeit, in der die Aktie gehandelt wird, verbindliche Kauf- und Verkaufsorders und garantieren so, dass auf eine Kursanfrage aus dem Markt unmittelbar ein Kurs bestimmt wird, zu dem die Order ausgeführt werden kann. In den Freiverkehrssegmenten mit erhöhten Transparenzanforderungen besteht für die Emittenten teilweise eine Pflicht zur Bestellung eines Designated Sponsors.

174

---

[147] *Schanz* Börseneinführung § 12 Rn. 81.
[148] Vgl. § 28 Abs. 1 S. 3, Abs. 2 BörsG.
[149] Ein weiterer Grund für eine Lock up Verpflichtung der Altaktionäre kann in dem dadurch gesetzten Signal an die Altaktionäre, hinter der Investition zu stehen und damit möglicherweise den Kaufanreiz der Anleger zu steigern, gesehen werden.
[150] Ein Anspruch der Gesellschaft gegen Altaktionäre ergibt sich insbes. nicht aus dem gesellschaftsrechtlichen Treueverhältnis, vgl. auch Happ AktR/*Groß* Abschn. 16.02 Anm. 21.4.
[151] Kölner Komm AktG/*Lutter* § 182 Rn. 15; *Technau* AG 1998, 445 (457); dagegen Happ AktR/*Groß* Abschn. 16.02 Anm. 21.3; *Fleischer* WM 2002, 2305 (2314).
[152] Sa *Technau* AG 1998, 445 (457).

VII. Zulassungsfolgepflichten

175 Im Zusammenhang mit der Börseneinführung sind vom Emittenten die Zulassungsfolgepflichten zu beachten, die in den § 40 BörsG iVm § 69 BörsZulV, im Wertpapierhandelsgesetz und in den auf seiner Grundlage erlassenen Verordnungen sowie in den unmittelbar geltenden EU-Verordnungen festgelegt sind. Dabei ist zu beachten, dass diese Pflichten zum Teil bereits auch schon vor der eigentlichen Börseneinführung bestehen können. Ferner finden in Bezug auf den Emittenten die Vorschriften des Wertpapiererwerbs- und Übernahmegesetzes Anwendung.

1. Berichterstattung

176 Aus der Zulassung ergibt sich die Verpflichtung des Emittenten zur Berichterstattung an den Kapitalmarkt. Bei der Zulassung zum Handel am regulierten Markt muss der Emittent – neben der allgemeinen Verpflichtung zur Aufstellung eines Jahresabschlusses gem. §§ 242, 264 HGB[153] – einen Halbjahresfinanzbericht über die ersten sechs Monate des Geschäftsjahres gem. § 115 WpHG veröffentlichen. Der Mindestumfang des zu erstellenden Finanzberichts bestimmt sich nach § 115 Abs. 2, 3 WpHG.[154] Für den Teilbereich Prime Standard an der Frankfurter Wertpapierbörse gelten zusätzliche Transparenzanforderungen, zB die Pflicht zur Veröffentlichung von Quartalsberichten.

2. Zulassung neuer Aktien

177 Der Emittent von Aktien, die zum Handel am regulierten Markt zugelassen sind, muss für später ausgegebene Aktien derselben Gattung gem. § 40 BörsG iVm § 69 BörsZulV ebenfalls die Zulassung zum regulierten Markt beantragen, sofern die Zulassung der Wertpapiere einen Antrag voraussetzt (Gebot der Vollzulassung). Ausnahmen hiervon sind in § 7 Abs. 1 S. 2 iVm § 69 Abs. 1 S. 2 BörsZulV normiert. Auch diese später ausgegebenen Wertpapiere unterliegen der Prospektpflicht, § 3 Abs. 1, 4 WpPG.[155] Eine Ausnahme hiervon und somit eine prospektfreie Zulassung für später ausgegebene Aktien kommt gem. § 4 Abs. 2 WpPG nur in Ausnahmefällen in Betracht, zB wenn über einen Zeitraum von zwölf Monaten weniger als 20 % der Zahl der bereits zugelassenen Aktien derselben Gattung neu zugelassen werden, Art 1 Abs. 5 UAbs. 1 lit. a der Prospekt-VO (EU) 2017/1129.[156]

3. Weitere Zulassungsfolgepflichten

178 Der Emittent muss den Aktieninhabern alle Einrichtungen und Informationen zur Verfügung stellen, die diese zur Ausübung ihrer Rechte benötigen, § 48 Abs. 1 Nr. 2 WpHG. Ebenso muss er für die gesamte Dauer der Zulassung der Wertpapiere mindestens ein Finanzinstitut als Zahlstelle bestimmen, bei der alle für die Wertpapiere erforderlichen Maßnahmen bewirkt werden können, § 48 Abs. 1 Nr. 4 WpHG. Darüber hinaus muss der Emittent stets die für die Rechte der Aktionäre an der Teilnahme an der Hauptverhandlung relevanten Daten sowie die Mitteilung über die Ausschüttung und Auszahlung von Dividenden und über die Ausgabe neuer Aktien im Bundesanzeiger veröffentlichen (§ 49 Abs. 1 WpHG).

179 Für die weiteren zahlreichen Mitteilungs- und Veröffentlichungspflichten nach dem WpHG, hier insbes. die Mitteilungspflicht für wesentliche Stimmrechtsbeteiligungen nach § 33 WpHG, und nach der Marktmissbrauchsverordnung (EU) Nr. 596/2014, hier insbes. die Ad-hoc-Publizität nach Art. 17 der Verordnung, sei auf Kapitel § 48 in diesem Buch verwiesen.

---

[153] Die Pflicht zur Erstellung eines Jahresfinanzberichts ergibt sich darüber hinaus auch aus § 114 WpHG.
[154] Konzernabschlusspflichtige Emittenten müssen einen Halbjahresfinanzbericht nach den IFRS Standard (*International Financial Reporting Standards*) aufstellen, s. Art. 5 Abs. 3 der Transparenzrichtlinie (2004/109/EG). Ansonsten bleibt es bei den Mindestanforderungen des § 115 WpHG, vgl. § 117 Nr. 2 WpHG.
[155] Sa *Groß* KapMarktR WpPG § 3 Rn. 2 f.
[156] Zu dieser Problematik s. weiterführend *Bloß/Schneider* WM 2009, 879 (880 ff.), noch zur alten Prospekt-VO mit der danach geltenden Grenze von weniger als 10 %.

4. Sanktionen

Bei Verstößen gegen Zulassungsfolgepflichten durch den Emittenten stehen mehrere Sanktionsmöglichkeiten zur Wahl. 180

a) **Zivilrechtliche Ansprüche gegen den Emittenten.** Der Emittent kann bei Verstößen gegen seine Zulassungsfolgepflichten zunächst Ansprüchen der Wertpapierinhaber ausgesetzt sein. Zum einen kann dem Aktionär im Falle der Nichterfüllung einer ihn betreffenden Zulassungsfolgepflicht je nach dessen inhaltlicher Ausgestaltung ein vertraglicher Unterlassungsanspruch oder ein Anspruch auf Bereitstellung der jeweiligen Information gegen den Emittenten zustehen. Dies folgt aus einer richtlinienkonformen Auslegung der §§ 48, 49 WpHG, da ansonsten ein Verstoß nicht hinreichend sanktioniert werden kann.[157] Darüber hinaus sind § 48 Abs. 1 Nr. 2–4, § 49 Abs. 1, 2 WpHG Schutzgesetze iSd § 823 Abs. 2 BGB, so dass bei Verschulden auch eine deliktische Haftung nach § 823 Abs. 2 BGB in Betracht kommt.[158] 181

b) **Ordnungswidrigkeit.** Die Nichtbeachtung einer Zulassungsfolgepflicht kann je nach Inhalt und Umfang der Pflicht eine Ordnungswidrigkeit darstellen und eine Geldbuße auslösen. § 120 Abs. 1–16 WpHG enthält die Ordnungswidrigkeitstatbestände, die Möglichkeit zur Verhängung eines Bußgeldes ergibt sich aus § 120 Abs. 17 ff. WpHG. 182

c) **Aussetzung der Notierung.** Die Geschäftsführung der Börse kann die Notierung der zum Handel im regulierten Markt zugelassenen Wertpapiere nach § 25 Abs. 1 S. 1 Nr. 1 BörsG aussetzen, wenn ein ordnungsgemäßer Börsenhandel zeitweilig gefährdet oder dies zum Schutz des Publikums geboten erscheint; sie kann gem. § 25 Abs. 1 S. 1 Nr. 2 BörsG die Notierung einstellen, wenn ein ordnungsgemäßer Börsenhandel nicht mehr gewährleistet erscheint. 183

d) **Widerruf der Zulassung.** Schließlich kann die Geschäftsführung die Zulassung zum regulierten Markt gem. § 39 Abs. 1 BörsG widerrufen, wenn der Emittent auch nach einer ihm gesetzten angemessenen Frist seine Zulassungsfolgepflichten nicht erfüllt.[159] 184

VIII. Kosten der Börseneinführung

Im Zusammenhang mit einer Börseneinführung entstehen in allen Phasen des Verfahrens erhebliche Kosten, die ganz wesentlich durch das (voraussichtliche) Emissionsvolumen beeinflusst werden. Unterscheiden lassen sich unmittelbare, offen ausgewiesene Kosten und mittelbare, verdeckte Kosten. Während sich erstere zumindest in gewissen Grenzen überblicken und kontrollieren lassen und ihren Niederschlag in der Gewinn- und Verlustrechnung des Emittenten finden, sind letztere durch den Emittenten schwer zu greifen und wirtschaftlich kaum zu beziffern, obwohl ihre Wirkung über die offen ausgewiesenen Kosten weit hinausgehen kann. 185

1. Unmittelbare, offen ausgewiesene Kosten

Bei der Vorbereitung auf den Börsengang entstehen zunächst Kosten für die **Berater** des Emittenten, also insbes. für die Honorare der Rechts- und Steuerberater, des Abschlussprüfers und der Emissionsberater, wobei der größte Anteil der Kosten auf die Prospekterstellung und die dazu erforderliche Due Diligence Prüfung beim Emittenten entfällt. Sind im Vorfeld Kapitalmaßnahmen oder Umstrukturierungen erforderlich, fallen hierdurch zusätzlich **Notar- und Registerkosten** an. Insgesamt kann der Emittent bei entsprechender Kostenkotrolle mit Beratungskosten iHv 1,5–3 % des Emissionsvolumens rechnen. 186

---

[157] Fuchs/*Zimmermann* WpHG § 30a Rn. 26, 29, beachte hier und im Folgenden die neue Nummerierung des WpHG mit Wirkung ab dem 3.1.2018 durch das Zweite Finanzmarktnovellierungsgesetz, also zB § 30a WpHG aF = § 48 WpHG nF.
[158] Fuchs/*Zimmermann* WpHG § 30b Rn. 25; aA Schwark/Zimmer/*Heidelbach* WpHG § 30b Rn. 37.
[159] Hierzu s. *Groß* KapMarktR BörsG § 39 Rn. 5.

187 Das **Emissionskonsortium** verlangt idR eine Provision, deren Höhe Verhandlungssache ist. Die Provision besteht zumeist aus einer Management-Provision, die zum größten Teil dem Konsortialführer zusteht, einer Übernahmeprovision, die im Verhältnis der übernommenen Wertpapiere unter den Banken verteilt wird, und der Verkaufsprovision, die ca. 60 % der Gesamtprovision ausmacht.[160] Üblich war in der Vergangenheit zusätzlich eine Börseneinführungsprovision iHv 1 % des Grundkapitals der insgesamt zuzulassenden Aktien; diese Provision wird heute nicht mehr in jedem Fall gefordert. Insgesamt wird das von kleinen und mittelständischen Emittenten zu tragende Provisionsvolumen bei ca. 5–7 % des Emissionsvolumens liegen, für größere Unternehmen mit einem hohen Emissionsvolumen ist der Prozentsatz geringer. Daneben sind dem Emissionskonsortium idR etwaige Auslagen für die von diesem beauftragten eigenen Rechtsberater, Wirtschaftsprüfer und weiteren Berater – ggf. auf einen Höchstbetrag beschränkt – zu erstatten.

188 Für das Verfahren zur **Prospektbilligung** durch die BaFin werden fixe, vom Emissionsvolumen unabhängige Gebühren gemäß Gebührenverzeichnis zur Wertpapierprospekt-Gebührenverordnung (WpPGebV) erhoben (derzeit 6.500 EUR für den einteiligen Prospekt). Für das eigentliche **Zulassungsverfahren** und die **Einführung der Wertpapiere** entstehen weitere Gebühren gemäß der von der Börsenrat an der jeweiligen Börse zu erlassenen Gebührenordnung, vgl. § 12 Abs. 2 Nr. 1 BörsG. Diese Zulassungs- und Einführungsgebühren setzen sich idR aus einem fixen und einem vom Emissionsvolumen abhängigen Teil zusammen, die zusammen mehrere zehntausend Euro betragen können. Durch den Druck des Prospekts entstehen weitere Kosten, die vor allem durch den Umfang des Prospekts und die vom Emissionskonsortium angeforderte Druckauflage beeinflusst werden.

189 Sodann werden Kosten durch **Werbemaßnahmen** im Umfeld der Börseneinführung (Roadshows, Investorentreffen, Analystenkonferenzen, Anzeigen in Print- und Onlinemedien, TV-Spots usw) verursacht, die die Nachfrage nach den angebotenen Aktien stärken und für ein günstiges Emissionsumfeld sorgen sollen, wobei die Auswahl der Werbemittel stark durch die Zielgruppe der Emission (institutionelle Investoren vs. Privatanleger) beeinflusst wird. Hier besteht ein ganz weiter Spielraum.

190 Nach der Börsenzulassung entstehen weitere Kosten aus der laufenden Erfüllung der Zulassungsfolgepflichten, also insbes. für die kapitalmarktorientierte Berichterstattung des Emittenten, für die laufende Pflege der Investor Relations und für die Durchführung von Hauptversammlungen. Außerdem wird für die Notierung der Aktien eine jährliche Notierungsgebühr nach Maßgabe der Gebührenordnung der jeweiligen Börse erhoben

2. Mittelbare, verdeckte Kosten

191 Neben den vorgenannten, offen ausgewiesenen Emissions- und Emissionsfolgekosten sollten die am jeweiligen Börsenplatz vorherrschenden Usancen bei der Festlegung des Emissionspreises beachtet werden. Grundsätzlich entspricht es allgemeiner und von allen Beteiligten akzeptierter Übung, Aktien eines Emittenten mit einem gewissen Abschlag auf den erwarteten ersten Börsenkurs anzubieten (*Underpricing*), um potentiellen Investoren einen Kaufanreiz zu bieten und so den Erfolg des Börsengangs sicherzustellen.[161] Empirische Studien zeigen aber, dass bei der Höhe des Underpricing regional Unterschiede bestehen.[162] Diese Unterschiede können so erheblich sein, dass die Bedeutung der offen ausgewiesenen Kosten der Emission dahinter zurücktritt.

192 Schließlich sollte dem Emittenten und seinen Aktionären bewusst sein, dass der geplante Börsengang in erheblichem Maße finanzielle und personelle Ressourcen binden wird, die in der Zeit bis zum erfolgreichen Abschluss des Börsengangs nicht für andere Projekte zur Verfügung stehen. Diese Nachteile müssen durch den Börsengang mindestens kompensiert werden.

---

[160] Happ AktR/*Groß* Abschn. 16.02 Anm. 22.2.
[161] Weitergehend zu dieser Thematik *Kurth*, Agency-Probleme und Performance von Initial Public Offerings, 1. Aufl. 2005, 112 ff., der das Underpricing in 37 Ländern vergleicht und den durchschnittlichen Wert bei 20 % ansetzt.
[162] *Kaserer/Schiereck*, Going Public and Being Public – A Global Comparison of the Impact of the Listing Decision on the Cost of Capital, 2007, 38 f.

… # § 48 Pflichten der Gesellschaft und der Aktionäre nach der MMVO und dem WpHG

Übersicht

	Rn.
I. Vorbemerkung	1–4
II. Verbot von Insidergeschäften	5–41
1. Zweck	5
2. Tatbestand	6–38
a) Begriff der Insiderinformationen	6–15
b) Betroffener Personenkreis	16
c) Verbotene Insidergeschäfte (Art. 8 MMVO iVm Art. 14 MMVO)	17–34
d) Ausnahmen	35–38
3. Rechtsfolgen von Verstößen	39–41
a) Straftatbestand	39
b) Zivilrechtliche Ansprüche	40–41
III. Veröffentlichung und Mitteilung kursbeeinflussender Tatsachen	42–99
1. Zweck der Regelung	42–44
2. Anwendungsbereich	45
3. Verhältnis zur Regelpublizität	46–47
4. Darstellung und kritische Würdigung des Tatbestandes	48–63
a) Publizitätspflichtige Insiderinformation (Art. 17 Abs. 1 S. 1 MMVO)	48–55
b) Aufschub der Veröffentlichung	56–60
c) Veröffentlichungszeitpunkt und -verfahren	61–62
d) Mitteilungspflichten, § 26 Abs. 1 WpHG	63
5. Rechtsfolgen bei Verstößen gegen die Ad-hoc-Mitteilungspflicht	64–99
a) Haftung nach den §§ 97 und 98 WpHG	64–84
b) Haftung nach allgemeinen Grundsätzen, insbesondere der Vorstandsmitglieder	85–99
IV. Pflichten von Führungskräften und mit ihnen eng verbundenen Personen – „Directors' Dealings" und Handelsverbot während der Closed Periods – und die damit im Zusammenhang stehenden Pflichten des Emittenten	100–126
1. Zweck der Regelung	100–101
2. Directors' Dealings	102–118
a) Verpflichteter Personenkreis	103–107
b) Meldepflichtige Eigengeschäfte	108
c) Bagatellgrenze	109
d) Art und Weise der Mitteilung	110–112
e) Belehrungspflichten der Personen mit Führungsaufgaben	113
f) Pflichten des Emittenten	114–116
g) Rechtsfolgen bei Verstößen	117–118
3. Handelsverbot während der Closed Periods	119–125
a) Tatbestand	120–122
b) Ausnahmegenehmigung durch den Emittenten	123
c) Rechtsfolgen von Verstößen	124–125
V. Pflicht zur Führung von Insiderlisten	126–142
1. Zur Führung von Insiderlisten Verpflichtete	127–129
a) Emittenten	128
b) In ihrem Auftrag oder für ihre Rechnung handelnde Personen	129
2. Aufzunehmende Personen	130–132
a) Tätig sein	131
b) Bestimmungsgemäßer Zugang zu Insiderinformationen	132
3. Inhalt und Aufbau der Liste	133–135
a) Mindestinhalt	133
b) Format und Aufbau	134–135
4. Aktualisierung	136
5. Aufklärungspflichten	137
6. Form, Aufbewahrung und Vernichtung	138–140
7. Sanktionen bei Verstößen	141–142

	Rn.
VI. Verbot der Marktmanipulation	143–156
1. Zweck der Norm	143
2. Tatbestand	144–151
a) Objektiver Tatbestand	144–149
b) Ausnahmen vom Tatbestand	150–151
3. Abgestuftes straf- und ordnungswidrigkeitsrechtliches Sanktionssystem ...	152–154
4. Zivilrechtliche Sanktionen	155–156
VII. Mitteilungs- und Veröffentlichungspflichten bei Veränderungen des Stimmrechtsanteils an börsennotierten Gesellschaften	157–206
1. Zweck der Regelung	157–158
2. Verhältnis zu anderen Publizitätsbestimmungen	159–161
a) Verhältnis zur Ad-hoc-Publizität	159
b) Offenlegungspflichten nach den §§ 20 ff. AktG	160
c) Offenlegungspflichten nach dem WpÜG	161
3. Darstellung des Tatbestandes des § 33 WpHG	162–191
a) Voraussetzungen der Mitteilungspflichten	162–184
b) Frist für die Mitteilung	185–187
c) Form der Mitteilung	188
d) Adressaten der Mitteilung	189
e) Sanktionen und Schadensersatz	190–191
4. Mitteilungspflichten beim Halten von Instrumenten (§§ 38, 39 WpHG)....	192–193
5. Mitteilungspflichten für Inhaber wesentlicher Beteiligungen	194–196
6. Darstellung des Tatbestandes des § 40 WpHG	197–203
a) Veröffentlichungs- und Übermittlungspflichtpflicht nach § 40 Abs. 1 und 2 WpHG	197–200
b) Sanktionen bei Nicht- oder Schlechterfüllung der Veröffentlichungspflicht	201–203
7. Veröffentlichung der Gesamtzahl der Stimmrechte	204–206
VIII. Notwendige Informationen für die Wahrung von Rechten aus Wertpapieren ..	207–223
1. Pflichten der Emittenten gegenüber Wertpapierinhabern	208–214
a) § 48 Abs. 1 Nr. 1 WpHG	209
b) § 48 Abs. 1 Nr. 2 WpHG	210
c) § 48 Abs. 1 Nr. 3 WpHG	211
d) § 48 Abs. 1 Nr. 4 WpHG	212
e) § 48 Abs. 1 Nr. 5 WpHG	213–214
2. Veröffentlichung von Mitteilungen und Übermittlung im Wege der Datenfernübertragung	215–217
a) Die Hauptversammlung betreffende Informationen	215
b) Dividenden, Ausgabe neuer Aktien und Ausübung von Bezugs- und Umtauschrechten u. a.	216–217
3. Übermittlungen von Informationen an Aktionäre auf elektronischem Weg	218–219
4. Veröffentlichung zusätzlicher Angaben und Übermittlung an das Unternehmensregister	220–221
5. Befreiung durch die BaFin	222
6. Rechtsfolgen von Verstößen	223
IX. Rechnungslegungsbezogene Pflichten nach dem WpHG	224–237
1. Überblick	224
2. Geltungsbereich der Vorschriften	225–226
3. Jahresfinanzbericht, Konzernjahresbericht	227–229
4. Halbjahresfinanzbericht	230–237
a) Inhalt des Halbjahresfinanzberichts	231–233
b) Prüferische Durchsicht	234
c) Konzern	235
d) Verbreitung und Hinweisbekanntmachung	236
e) Verstöße gegen die Pflichten nach §§ 114 ff. WpHG	237

Schrifttum: *Assmann/Schneider U. H.*, Wertpapierhandelsgesetz, 6. Aufl., 2012; *Baetge*, Insiderrecht und Ad-hoc-Publizität – Was bedeuten die neuen Regelungen für Unternehmenspublizität und Finanzanalyse? 1995; *BaFin*, Emittentenleitfaden, 2. Aufl., 2013; *Barnert*, Deliktischer Schadensersatz bei Kursmanipulation de lege lata und de lege ferenda – Zugleich eine Besprechung zu den Urteilen LG Augsburg vom 24.9.2001 = WM 2001, 1944 und LG Augsburg vom 9.1.2002 = WM 2002, 592, WM 2002, S. 1473 ff.; *Baums*, Anlegerschutz und Neuer Markt, ZHR 166 (2002), 375 ff.; *Beneke/Thelen*, Die Schutzgesetzqualität des Insiderhandelsverbots gem. Art. 14 Marktmissbrauchsverordnung, BKR 2017, 12 ff.; *Brandi/Süßmann*, Neue Insiderregeln und

§ 48 Pflichten der Gesellschaft und der Aktionäre nach dem WpHG

Ad-hoc-Publizität – Folgen für Ablauf und Gestaltung von M&A-Transaktionen, AG 2004, 644 ff.; *Buck-Heeb*, Kapitalmarktrecht, 8. Aufl., 2016; *Fleischer*, Directors' Dealings, ZIP 2002, S. 1217 ff.; *ders.*, Der Inhalt des Schadensersatzanspruchs wegen unwahrer oder unterlassener unverzüglicher Ad-hoc-Mitteilungen, BB 2002, 1869 ff.; *ders.*, Mitteilungspflichten für Inhaber wesentlicher Beteiligungen (§ 27a WpHG), AG 2008, 873 ff.; *Fuchs*, Wertpapierhandelsgesetz (WpHG), 2. Aufl. 2016; *Fuchs/Dühn*, Deliktische Schadensersatzhaftung für falsche Ad-hoc-Mitteilungen, BKR 2002, S. 1063 ff.; *Gehrt*, Die neue Ad-Hoc-Publizität nach § 15 Wertpapierhandelsgesetz, Diss. München, 1997; *Götz*, Die unbefugte Weitergabe von Insidertatsachen, DB 1995, S. 1949 ff.; *Groß*, Haftung für fehlerhafte oder fehlende Regel- oder ad-hoc-Publizität, WM 2002, S. 477 ff.; *Grunewald*, Wissenszurechnung bei juristischen Personen, FS für Beusch, 1993, S. 301 ff.; *Haßler*, Insiderlisten gem. Art. 18 MMVO und ihre praktische Handhabung, DB 2016, 1920 ff.; *Hirte/Möllers*, Kölner Kommentar zum WpHG, 2. Aufl., 2014; *Hopt*, Grundsatz- und Praxisprobleme nach dem Wertpapierhandelsgesetz – insbesondere Insidergeschäfte und Ad-hoc-Publizität –, ZHR 159 (1995) 135 ff.; *ders.*, Europäisches und deutsches Insiderrecht, ZGR 1991, S. 17 ff.; *Klöhn*, Marktmissbrauchsverordnung, Verordnung (EU) 596(2014 über Marktmissbrauch, 2018; *ders*, Wann ist eine Insiderinformation öffentlich bekannt i. S. v. Art. 7 MAR?, ZHR 180 (2016), 707 ff.; *ders,*, Ad-hoc-Publizität und Insiderverbot im neuen Marktmissbrauchsrecht, AG 2016, 423 ff.; *ders.*, Ad-hoc-Publizität und Insiderverbot nach Lafonta, NZG 2015, 809 ff.; *ders*. Haftung wegen fehlerhafter Ad-hoc-Publizität – Die Tücken der Rückwärtsinduktion bei der Schadensberechnung in sechs Fallgruppen, ZBB 2015, 73 ff; *Kraack*, Directors' Dealings bei Erwerbs- und Übernahmeangeboten, AG 2016, 57 ff.; *Krause*, Ad-hoc-Publizität und haftungsrechtlicher Anlegerschutz, ZGR 2002, S. 799 ff.; *Kümpel/ Hammen/Ekkenga*, Kapitalmarktrecht, Handbuch für die Praxis, Stand: 2016; *Kumpan*, Die neuen Regelungen zu Directors' Dealings in der Marktmissbrauchsverordnung, AG 2016, 446 ff.; *Langenbucher*, Aktien- und Kapitalmarktrecht, 3. Aufl., 2015; *Letzel*, Directors' Dealings in der Unternehmenspraxis, BKR 2002, S. 862 ff.; *Maier-Reimer/Webering*, Ad hoc-Publizität und Schadensersatzhaftung, WM 2002, 1857 ff.; *Marsch-Barner/Schäfer*, Handbuch börsennotierte AG, Aktien- und Kapitalmarktrecht, 4. Aufl., 2018; *Maume/Kellner*, Directors' Dealings unter der EU-Marktmissbrauchsverordnung. Placebo oder Paradigmenwechsel?, ZGR 2017, 273 ff.; *Möllers/Leisch*, Haftung von Vorständen gegenüber Anlegern wegen fehlerhafter Ad-hoc-Meldungen nach § 826 BGB, WM 2001, 1648 ff.; *dies.*, Schaden und Kausalität im Rahmen der neu geschaffenen §§ 37b und 37c WpHG, BKR 2002, S. 1071 ff.; *dies.*, Zur Frage, ob BörsG § 88 als Schutzgesetz anzusehen ist, und zum Schädigungsvorsatz bei BGB § 826, ZIP 2002, 1995 ff.; *Pananis*, Insidertatsache und Primärinsider, 1999; *Poelzig*, Insider- und Marktmanipulationsverbot im neuen Insiderrecht, NZG 2016, 528 ff.; *dies.*, Die Neuregelung der Offenlegungsvorschriften durch die Marktmissbrauchsverordnung, NZG 2016, 761 ff.; *Querfurth*, § 27a WpHG und die Folgen eines Verstoßes, WM 2008, 1957 ff.; *Reichert/Weller*, Haftung von Kontrollorganen, ZRP 2002, 49 ff.; *Rieckers*, Haftung des Vorstandes für fehlerhafte Ad-hoc-Meldungen de lege lata und de lege ferenda, BB 2002, 1213 ff.; *Rodewald/Siems*, Haftung für die frohe Botschaft – Rechtsfolgen falscher Ad-hoc-Mitteilungen, BB 2001, 2437 ff.; *Schäfer/Hamann* (Hrsg.), Kapitalmarktgesetze, 2013; *Schneider*, Meldepflichtige Wertpapiergeschäfte von Organmitgliedern („Directors' Dealings") im Konzern, AG 2002, 473 ff.; *ders.*, Der pflichtenauslösende Sachverhalt bei Directors' Dealings, BB 2002, 1817 ff.; *Schimansky/Bunte/Lwowski*, Bankrechts-Handbuch 5. Aufl. 2017; *Schröder*, Strafbares Insiderhandeln von Organvertretern einer AG nach geltendem und neuem Recht, NJW 1994, 2879 ff.; *Seibt/ Wollenschläger*, Revision des Marktmissbrauchsrechts durch Marktmissbrauchsverordnung und Richtlinie über strafrechtliche Sanktionen für Marktmanipulation, AG 2014, 593 ff.; *Siebel/ Gebauer*, Prognosen im Aktien- und Kapitalmarktrecht, WM 2001, 173 ff.; *Simons*, Die Insiderliste (Art. 18 MMVO), CCZ 2016, 221 ff.; *ders.*, (Weitere) Zweifelsfragen zur Insiderliste, CCZ 2017, 182 ff.; *Steidle/ Waldeck*, Die Pflicht zur Führung von Insiderverzeichnissen unter dem Blickwinkel der informationellen Selbstbestimmung, WM 2005; 868 ff.: *Steinhauer*, Insiderhandelsverbot und Ad-hoc-Publizität, Diss. Freiburg, 1999; *Stüber*, Directors' Dealing nach der Marktmissbrauchsverordnung, DStR 2016, 1221 ff.; *Tippach*, Marktdaten im künftigen Insiderrecht? WM 1993, 1269 ff.; *Thümmel*, Haftung für geschönte Ad-hoc-Meldungen: Neues Risikofeld für Vorstände oder ergebnisorientierte Einzelfallrechtsprechung? DB 2001, 2331 ff.; *von der Linden*, Das neue Marktmissbrauchsrecht im Überblick, DStR 2016, 1036 ff.; *Weber*, Die Entwicklung des Kapitalmarktrechts in 2016/2017, NJW 2017, 991 ff.; *Wiedemann*, Der Kapitalanlegerschutz im deutschen Gesellschaftsrecht, BB 1975, 1591 ff.; *Wolf*, Zivilrechtlicher Anlegerschutz beim Insiderhandel, in FS für Döser, 1999, 255 ff.; *Wölk*, Ad hoc-Publizität – Erfahrungen aus der Sicht des Bundesaufsichtsamts für den Wertpapierhandel, AG 1997, 73 ff.

I. Vorbemerkung

1   Das Normenregime der kapitalmarktrechtlichen Pflichten von börsennotierten[1] Aktiengesellschaften[2] hat sich seit dem 3.7.2016 grundlegend verändert. Waren bislang diese Pflichten allein im Wertpapierhandelsgesetz geregelt, ergibt sich mit Inkrafttreten der Verordnung (EU) Nr. 596/2014 des Europäischen Parlaments und des Rates vom 16.4.2014 über Marktmissbrauch (Marktmissbrauchsverordnung) und zur Aufhebung der RL 2003/6/EG des Europäischen Parlaments und des Rates und der RL 2003/124/EG, 2003/125/EG und 2004/72/EG der Kommission[3] (MMVO) ein zweigleisiges Normensystem. Die Pflichten, die in der MMVO geregelt sind, beziehen sich auf Emittenten iSv Art. 3 Nr. 21 MMVO: juristische Personen des privaten oder öffentlichen Rechts, die Finanzinstrumente emittieren oder deren Emission vorschlagen. Adressat der Vorschriften des WpHG sind Emittenten mit dem Herkunftsstaat Bundesrepublik Deutschland (§ 2 Abs. 13 WpHG) bzw. Inlandsemittenten (§ 2 Abs. 14 WpHG).

2   Bei den im Folgenden zu behandelnden Pflichten der Gesellschaft (ihrer Organe) und der Aktionäre handelt es sich zum einen um Unterlassungspflichten (Verbot von Insidergeschäften nach Art. 8 MMVO) und Verbot der Marktmanipulation nach Art. 15 MMVO), aber zum anderen auch um Veröffentlichungs- und Mitteilungspflichten (Veröffentlichung und Mitteilung kursbeeinflussender Tatsachen nach Art. 17 MMVO, meldepflichtige Wertpapiergeschäfte von Führungskräften und diesen nahe stehenden Personen nach Art. 19 MMVO, Mitteilungs- und Veröffentlichungspflichten bei Veränderungen des Stimmrechtsanteils an börsennotierten Gesellschaften nach §§ 33 ff. WpHG, Veröffentlichung der Gesamtzahl der Stimmrechte gem. § 41 WpHG sowie die Veröffentlichung von notwendigen Informationen für die Wahrnehmung von Rechten aus Wertpapieren nach §§ 48 ff. WpHG). Schließlich trifft die börsennotierte Gesellschaft die Pflicht zur Veröffentlichung eines Jahres-, Halbjahresfinanzberichts und ggf. für Konzernfinanzberichte (§§ 114 ff. WpHG).

3   Tritt im Tätigkeitsbereich der börsennotierten Gesellschaft eine Tatsache ein, die potentiell den Kurs der Aktien erheblich beeinflussen kann, steht der Vorstand vor der Frage, ob, wann und in welcher Form er diese Tatsache ad-hoc zu melden hat. In diesem Zusammenhang ist auch stets zu beachten, dass die Kurs- und Marktpreismanipulation nach Art. 15 MMVO, etwa wenn bewertungserhebliche Umstände verschwiegen werden, in Betracht kommt.

4   Im Zusammenhang mit der Veräußerung oder dem Erwerb von Aktien einer börsennotierten Gesellschaft (zB im Rahmen eines Kaufvertrages mit einem oder mit mehreren Aktionären, aber auch bei Übernahmeangeboten) ist die Ad-hoc-Publizitätspflicht nach Art. 17 MMVO ebenfalls zu beachten. Im Blick muss man auch stets die Schwellenwerte des § 33 WpHG haben; wollen Führungskräfte des Emittenten oder bestimmte ihnen nahe stehenden Personen mitveräußern oder miterwerben, müssen auch sie ggf. nach Art. 19 MMVO melden. Das Verbot von Insidergeschäften spielt in diesem Zusammenhang insoweit eine Rolle, als sich die Frage stellen kann, ob Organe des Emittenten oder Aktionäre noch ohne Verstoß gegen das Verbot von Insidergeschäften veräußern oder erwerben können bzw. bestimmte Informationen preisgeben dürfen. Unter Geheimhaltungsaspekten stellt sich in diesem Zusammenhang die Frage, ob eine Selbstbefreiung von der Ad-hoc-Publizitätspflicht möglich ist oder Befreiungsanträge von den Mitteilungspflichten gestellt werden können oder die Transaktion so strukturiert werden kann, dass erst möglichst spät Mitteilungspflichten zu erfüllen sind.

---

[1] Der Begriff „börsennotiert" wird nachfolgend auch untechnisch und allgemein verwandt und bezieht sich auf Aktiengesellschaften mit Sitz in der Bundesrepublik Deutschland, deren Aktien zum geregelten Markt in der Bundesrepublik Deutschland zugelassen oder in den Freiverkehr in der Bundesrepublik Deutschland einbezogen sind.

[2] Die kapitalmarktrechtlichen Regelungen finden gleichermaßen auf die börsennotierte KGaA und SE Anwendung.

[3] ABl. 2014 L 173, 1.

II. Verbot von Insidergeschäften

1. Zweck

Die bisherige Insiderregelung schützte nach nahezu einhelliger Meinung[4] unmittelbar nur die **Funktionsfähigkeit des organisierten Kapitalmarktes.** Da Schutzgut danach also einzig ein überindividuelles Rechtsgut sein soll, werden zivilrechtliche Ansprüche (insbesondere aus §§ 134, 812, 823 Abs. 2 BGB) von der hM verneint Auch wenn der Individualschutz nicht Primärziel der Insiderregelungen ist, stehen die Funktionsfähigkeit des Marktes und der Schutz der Anleger doch nicht völlig isoliert nebeneinander. Die Funktionsfähigkeit des Kapitalmarktes hängt maßgeblich vom Vertrauen des Börsenpublikums ab. Dieses Vertrauen besteht indes nur solange die Chancengleichheit der Anleger gewahrt und die unrechtmäßige Verwendung von Insiderinformationen weitestgehend verhindert wird.[5] Fehlt das Vertrauen, ziehen sich die Anleger aus den jeweiligen Märkten zurück und entziehen dadurch die für die Funktionsfähigkeit des Kapitalmarkts notwendige Liquidität.

2. Tatbestand

a) Begriff der Insiderinformationen. Der Begriff der Insiderinformationen ist für Finanzinstrumente in Art. 7 Abs. 1 lit. a MMVO legaldefiniert. Danach sind Insiderinformationen nicht öffentlich bekannte präzise Informationen, die direkt oder indirekt einen oder mehrere Emittenten betreffen oder ein oder mehrere Finanzinstrumente betreffen und die, wenn sie öffentlich bekannt würden, geeignet wären, den Kurs dieser Finanzinstrumente oder den Kurs damit verbundener Finanzinstrumente erheblich zu beeinflussen.

aa) Präzise Informationen. Insiderinformationen sind dann als präzise anzusehen, wenn damit eine Reihe von Umständen gemeint ist, die bereits gegeben sind oder bei denen man vernünftigerweise erwarten kann, dass sie in Zukunft gegeben sein werden, oder ein Ereignis, das bereits eingetreten ist oder von dem vernünftigerweise erwartet werden kann, dass es in Zukunft eintreten wird, und diese Informationen darüber hinaus spezifisch genug sind, um einen Schluss auf die mögliche Auswirkung dieser Reihe von Umständen oder dieses Ereignisses auf die Kurse dieser Finanzinstrumente oder des damit verbundenen derivativen Finanzinstruments zuzulassen (Art. 8 Abs. 2 S. 1 MMVO). Im Fall eines gestreckten Vorgangs, der einen bestimmten Umstand oder ein bestimmtes Ereignis herbeiführen soll oder hervorbringt, können dieser betreffende zukünftige Umstand oder das betreffende zukünftige Ereignis und auch die Zwischenschritte in diesem Vorgang die mit der Herbeiführung oder Hervorbringung dieses zukünftigen Umstands oder Ereignisses verbunden sind, in dieser Hinsicht als präzise Information betrachtet werden (Art. 7 Abs. 2 S. 2 MMVO). Ein Zwischenschritt in einem gestreckten Vorgang wird als eine Insiderinformation betrachtet, falls er für sich genommen die Kriterien für Insiderinformationen, wie in Art. 7 MMVO niedergelegt, erfüllt (Art. 7 Abs. 3 MMVO). Der Begriff umfasst Tatsachen, dh alle der äußeren Wahrnehmung zugänglichen Geschehnisse oder Zustände der Außenwelt und des menschlichen Innenlebens. Zum anderen fallen darunter auch überprüfbare Werturteile, Einschätzungen, Absichten, Prognosen und Gerüchte.[6] Meinungen, Ansichten, Rechtsauffassungen, Prognosen und Werturteile sind allerdings grundsätzlich keine Tatsachen, es sei denn, sie erhalten einen Tatsachenkern.[7] So kann etwa ein reines **Werturteil** dann Tatsachenqualität erlangen, wenn der Verkehr ein solches Urteil als Tatsache behandelt, etwa weil es von einer bestimmten Person (zB dem Vorstandsvorsitzenden des Emittenten) abge-

---

[4] BegrRegE 2. FFG BT-Drs. 12/6679, 33, 47, 57; Assmann/Schneider/*Assmann* § 14 Rn. 7; Fuchs/*Mennicke* WpHG Vor §§ 12–14 Rn. 125 ff.; aA *Assmann* AG 1994, 196 (204); *Pananis,* Insidertatsache und Primärinsider, S. 41 ff.

[5] BegrRegE 2. FFG BT-Drs. 12/6679, 33; *Hopt* ZHR 159 (1995), 159 (162); Assmann/Schneider/*Assmann* § 14 Rn. 10; Fuchs/*Mennicke* WpHG Vor §§ 12–14 Rn. 126.

[6] *BaFin* Emittentenleitfaden, S. 30.

[7] BegrRegE 2. FFG BT-Drs. 12/6679, 46.

geben wurde.⁸ Kein bloßes Werturteil ist eine Unternehmensbewertung seitens einer Ratingagentur, eines Analysten oder Wirtschaftsprüfers.⁹ Auch zukünftige Ereignisse oder Umstände können eine Insiderinformation darstellen, nämlich dann wenn ihr Eintritt vernünftigerweise erwartet werden kann (Art. 7 Abs. 2 S. 1 MMVO). Mithin können auch Pläne oder Absichten einer Person zu veröffentlichen sein. (Art. 7 Abs. 3 MMVO: „Zwischenschritt in einem gestreckten Vorgang"); in soweit kommt es nicht darauf an, wie wahrscheinlich die Verwirklichung der Pläne oder Absichten ist.¹⁰ Jedenfalls aber kommt es dabei nicht darauf an, wie groß relevant ein Umstand ist (sogenannter Probability/Magnitude-Text-Test).¹¹

8 Ähnlich gelagert ist die Problematik der **mehrstufigen Entscheidungsprozesse**. Grundsätzlich ist jeder Entwicklungsschritt gesondert zu beurteilen.¹² Hier kommt es auf den Standpunkt des verständigen Anlegers bei der Prüfung, ob ein bestimmter Umstand hinreichend wahrscheinlich ist, an. So soll zB ein Letter of Intent, der bei Kaufvertragsverhandlungen lediglich die Vertraulichkeit sicherstellt, für sich allein noch nicht ausreichend sein, um von einer Kurserheblichkeit auszugehen. Anders soll sich die Frage darstellen, wenn nach einer erfolgreichen Due Diligence Prüfung ein weiterer Letter of Intent abgeschlossen wird.

9 *bb) Nicht öffentlich bekannt.* Eine Information ist öffentlich bekannt, wenn es einer unbestimmten Anzahl von Personen möglich ist, von ihr Kenntnis zu nehmen. Während man vor Inkrafttreten der MMVO davon ausging, dass maßgeblich allein die Herstellung der sog. Bereichsöffentlichkeit ist, worunter die Gesamtheit der professionellen Marktteilnehmer zu verstehen ist, besteht vor dem Hintergrund insbesondere des englischen Wortlauts der MMVO („public of large") Zweifel, ob dies noch so gesehen werden kann.¹³ Praktisch sollte sich hierdurch aber keine Änderung ergeben.¹⁴

10 *cc) Umstände, die direkt oder indirekt den Emittenten oder das Finanzinstrument betreffen.* Die Insiderinformation muss darüber hinaus **direkten oder indirekten Bezug auf einen oder mehrere Emittenten oder auf das Finanzinstrument („Insiderpapier") selbst** haben. Ein Insiderpapier ist ein Finanzinstrument, das auf einem geregelten Markt zum Handel zugelassen oder in den Freiverkehr einbezogen ist (Art. 2 Abs. 1 litt. a) bis c) MMVO).Der Zulassung zum Handel oder der Einbeziehung steht gleich, wenn der Antrag auf Zulassung oder Einbeziehung gestellt ist (Art. 2 Abs. 1 litt. a)–c) MMVO).

11 Das **Finanzinstrument** ist in Art. 3 Abs. 1 Nr. 1 MMVO mit Verweis auf Art. 4 Abs. 1 Nr. 15 der RL 2014/65/EU¹⁵ definiert. Es sind insbesondere übertragbare Wertpapiere (Aktien und Schuldtitel), Optionen Futures Swaps, Termingeschäfte in Bezug auf Wertpapiere.

12 Emittentenbezug haben zB Kapitalherabsetzungen, wesentliche Satzungsänderungen, wichtige Vertragsabschlüsse oder Erfindungen als unternehmensinterne Sachverhalte; aber auch unternehmensexterne Sachverhalte können Emittentenbezug im Sinne der Vorschrift haben, zB Übernahmeangebot. Auch Marktdaten, dh Sachverhalte ohne besonderen Bezug zum Emittenten oder dem Insiderpapier, werden erfasst und zwar unabhängig davon, ob sie nur bestimmte oder alle Emittenten und Insiderpapiere betreffen, sie müssen aber die Verhältnisse von Emittenten und Insiderpapieren berühren können.¹⁶

---

⁸ Baetge/*Caspari* S. 65, 68: darauf abstellend, dass Äußerung einer Meinung an sich Tatsache; Assmann/Schneider/*Assmann* § 13 Rn. 13; Fuchs/*Mennicke/Jakovon* WPHG § 13 Rn. 43.
⁹ Assmann/Schneider/*Assmann* § 13 Rn. 16.
¹⁰ EuGH C-19/11, NZG 2012, 784 – Geltl/Daimler AG; BGH NZG 2013, 708; 2011, 109; 2008, 300; aA noch OLG Stuttgart NZG 2007, 352 (357 f.); 2009, 624 (626 f.); eingehend hierzu *Langenbucher* § 15 Rn. 23 ff.). Zugleich kann aber die Tatsache, auf die sich der Plan oder die Absicht bezieht, eine Insiderinformation sein. Insoweit kommt es darauf an, ob vernünftigerweise erwartet werden kann, dass der Plan verwirklicht wird. Wie im einzelnen die Wahrscheinlichkeit zu bestimmen ist, ist derzeit offen.
¹¹ EuGH C-19/11, NZG 2012, 784 – Geltl/Daimler AG; *Buck/Heeb* § 6 Rn. 292.
¹² Klöhn/*Klöhn* Art. 7 Rn. 101, 105.
¹³ ZB *Klöhn* AG 2016, 423 (426 f.); *Kumpan* DB 2016, 2039 (2042).
¹⁴ Schimansky/Bunte/Lwowski BankR-HdB/*Hopt/Kumpan* § 107 Rn. 52.
¹⁵ Des Europäischen Parlaments und des Rates vom 15.5.2014 über Märkte für Finanzinstrumente sowie zur Änderung der RL 2002/92/EG und 2011/61/EU, ABl. 2014 L 172, 349.
¹⁶ MMVO Erwägungsgrund 15; aA zB *Tippach* WM 1993, 1272.

dd) Geeignetheit zur erheblichen Kursbeeinflussung. Schließlich muss die Insiderinformation im Falle ihres Bekanntwerdens **zur erheblichen Kursbeeinflussung geeignet** sein (Art. 7 Abs. 4 MMVO). Bei dieser Beurteilung kommt es auf den Zeitpunkt des Insidergeschäfts an. Abzustellen ist auf die Sichtweise eines verständigen Anlegers (nachträgliche ex ante Prognose), der die Information wahrscheinlich als Grundlage seiner Anlageentscheidung nutzen würde. In welche Richtung die Kursbeeinflussung geht muss hierbei nicht feststehen.[17] Ob sich der Kurs später tatsächlich geändert hat, ist ohne Belang; tatsächliche Kursänderungen können aber als Indiz[18] bzw. sogar als widerlegliche Vermutung[19] für das Preisbeeinflussungspotential gewertet werden.

Wann eine Kursbeeinflussung erheblich ist, ist offen. Jedenfalls wurde in der MMVO die Spürbarkeit nicht quantifiziert. Eine solche Eignung ist gegeben, wenn ein verständiger Anleger die Information bei seiner Anlageentscheidung berücksichtigen würde, die Erheblichkeit ist davon abhängig, ob für einen verständigen Anleger ein Kauf- oder Verkaufsanreiz gegeben ist und das Geschäft dem verständigen Anleger lohnend erscheint. Mithin ist die Erheblichkeit zu verneinen, wenn die Verwertung einer nicht öffentlich bekannten Information von vorne herein keinen beachtenswerten wirtschaftlichen Vorteil verspricht, und damit kein Anreiz besteht, die betreffende Information zu verwenden.

Bei mehrstufigen Entscheidungsprozessen ist jeder einzelne Schritt auf seine Kursrelevanz zu überprüfen. Je weiter eine Transaktion vorangeschritten ist, zum Beispiel ein Letter of intent nach Durchführung einer Due Dilligence abgeschlossen wird, je wahrscheinlicher wird die Kursrelevanz.[20]

b) Betroffener Personenkreis. Nach Art. 8 Abs. 4 MMVO sind vom Veräußerungs- und Erwerbsverbot betroffen (i) Personen, die dem Verwaltungs-, Leitungs- oder Aufsichtsorgan des Emittenten angehören, (ii) am Kapital des Emittenten beteiligt sind, (iii) aufgrund der Ausübung einer Arbeit oder eines Berufs oder der Erfüllung von Aufgaben Zugang zu den betreffenden Informationen haben oder (iv) an kriminellen Handlungen beteiligt sind. Das Verbot gilt aber auch für alle Personen, die Insiderinformationen unter anderen Umständen besitzen und wissen oder wissen müssten, dass es sich dabei um Insiderinformationen handelt (Art. 8 Abs. 4 UAbs. 2 MMVO). Wenn zu diesem Personenkreis eine juristische Person zählt, so ist Insider auch jede natürliche Person, die an dem Beschluss, den Erwerb, der Veräußerung, die Stornierung oder Änderung eines Auftrags für Rechnung der betreffenden juristischen Person zu tätigen, beteiligt ist oder diesen beeinfluss (Art. 8 Abs. 5 MMVO).

c) Verbotene Insidergeschäfte (Art. 8 MMVO iVm Art. 14 MMVO). Ein verbotenes Insidergeschäft, wobei auch der Versuch verboten ist, liegt in den folgenden Konstellationen vor:

aa) Erwerbs- und Veräußerungsverbot[21], Art. 8 Abs. 1 S. 1 iVm Art. 14 lit. a MMVO, **(1) Objektiver Tatbestand.** Gegen das Erwerbs- und Veräußerungsverbot verstößt, wer über Insiderinformationen verfügt und unter Nutzung derselben für eigene oder fremde Rechnung derselben direkt oder indirekt Finanzinstrumente, auf die sich die Insiderinformationen beziehen, erwirbt oder veräußert oder dies versucht. Verboten ist es ferner, einem Anderen auf der Grundlage von Insiderinformationen den Erwerb oder die Veräußerung von Finanzinstrumenten zu empfehlen oder ihn dazu anzustiften. Eine Empfehlung zum Erwerb oder zur Veräußerung darf nicht genutzt und einer Anstiftung darf nicht gefolgt werden, wenn man weiß oder wissen müsste, dass Empfehlung oder Anstiftung auf einer Insiderinformation beruhen (Art. 8 Abs. 2, 3 MMVO).

---

[17] EuGH C-628/13, NJW 2015, 1663 ff. – Lafonta mAnm *Buck-Heeb* LMK 2015, 373992; *Klöhn* NZG 2015, 809 ff.
[18] BGHZ 192, 90 (IKB).
[19] Klöhn/*Klöhn* Art. 7 Rn. 249.
[20] So auch *Buck-Heeb* § 6 Rn. 301.
[21] Insidergeschäft ist auch die Nutzung einer Insiderinformation, um einen Auftrag zu stornieren oder zu ändern, wenn der Auftrag vor Erlangung der Insiderinformation erteilt wurde (Art. 8 Abs. 1 S. 2 MMVO).

19 Die Begriffe **Erwerb** und **Veräußerung** sind europarechtskonform[22] auszulegen; erforderlich aber auch ausreichend ist demnach eine Vertragsgestaltung, bei der sichergestellt ist, dass der Insider den erwarteten Gewinn realisieren kann. Es muss folglich nicht zu einem Übergang der Verfügungsmacht oder zu einem Vollerwerb auf der einen und einem Rechtsverlust auf der anderen Seite gekommen sein.[23] Erfasst ist somit auch bereits der Abschluss des schuldrechtlichen Geschäfts, ein Pensionsgeschäft und eine Wertpapierleihe; Vererbung oder Schenkung von Wertpapieren sollen hingegen keinen Erwerbs- oder Veräußerungsvorgang darstellen.[24] Kein Erwerbs- oder Veräußerungsgeschäft ist grundsätzlich, vorbehaltlich Art. 8 Abs. 1 S. 2 MMVO, auch das Unterlassen des Erwerbs oder der Veräußerung von Insiderpapieren auf Grund von Insiderinformationen.[25] Aufschiebend oder auflösend bedingte Übertragungen von Insiderpapieren stellen nur dann kein Veräußerungs- oder Erwerbsgeschäft dar, wenn die Bedingung an eine Willenserklärung des Gegenübers des Insiders gebunden ist.[26]

20 Tatbestandsmäßig ist eine Veräußerung oder ein Erwerb nur dann, wenn der Insider unter Nutzung von Insiderinformationen handelt, dh er muss die Insiderinformation kennen und die Information in sein Handeln mit einfließen lassen. Gem. Erwägungsgrund 24 S. 1 MMVO ist zu unterstellen, dass eine Person die Insiderinformation kennt, diese auch für das Insidergeschäft genutzt hat. Erwägungsgrund 24 S. 2 MMVO stellt klar, dass es sich insoweit um eine widerlegliche Vermutung handelt.[27]

21 Nicht nur ein **Eigengeschäft** ist tatbestandsmäßig, vielmehr genügt auch ein **Fremdgeschäft**. Es werden also auch Geschäfte erfasst, bei denen der Insider in unmittelbarer offener oder mittelbarer verdeckter Stellvertretung für Dritte erwirbt.[28]

22 *bb) Empfehlungs-, Verleitungs- und Anstiftungsverbot, Art. 8 Abs. 2 iVm Art. 14 lit. b MMVO.* Eine Empfehlung zum Tätigen von Insidergeschäften oder die Anstiftung Dritter hierzu liegt vor, wenn (i) der Insider auf der Grundlage einer Insiderinformation Dritten empfiehlt, einen Auftrag betreffend Insiderpapiere zu erwerben oder zu veräußern, oder sie dazu anstiftet, einen solchen Erwerb oder eine solche Veräußerung vorzunehmen (lit. a) oder (ii) entsprechende Aufträge zu stornieren oder zu ändern (lit. b).

23 Unter einer Empfehlung versteht man in Anlehnung an §§ 22, 23 GWB jede einseitige, rechtlich unverbindliche Erklärung, durch die jemand in der Absicht, den Willen des Adressaten zu beeinflussen, ein Verhalten als für den Adressaten vorteilhaft bezeichnet und die Verwirklichung dieses Verhaltens anrät. Nicht erforderlich ist die Kundgabe der Insiderinformation selbst. Die Erkennbarkeit der Motivation des Insiders für den Empfehlungsempfänger ist nicht notwendig. Eine Empfehlung erfordert somit auch nicht, dass der Insider sich des Dritten bedient oder mit diesem kollusiv zusammenwirkt.

24 Die Empfehlung muss gegenüber einem anderen abgegeben werden. Als „anderer" kommt jede andere Person als der Empfehlende selbst in Betracht. Dabei sind Zurechnungsfragen unbeachtlich, so dass der Tatbestand auch dann erfüllt ist, wenn die Empfehlung zwischen zwei Personen erfolgt, deren Handeln ein und derselben natürlichen oder juristischen Person zuzurechnen ist. Ein „anderer" kann auch ein rechtlich selbstständiges Konzernunternehmen sein.

25 Eine Verleitung zum Erwerb oder zur Veräußerung liegt bei demjenigen vor, der den Willen des anderen durch beliebige Mittel beeinflusst. Auch eine Empfehlung kann ein Verleiten darstellen, daher ist er ersterer ein spezieller Unterfall des Verleitens.

26 *cc) Unrechtmäßige Offenlegung von Insiderinformationen, Art. 10 iVm Art. 14 lit. c MMVO. (1) Offenlegung.* Eine unrechtmäßige Offenlegung von Insiderinformationen liegt

---

[22] Art. 2 Abs. 1 S. 1 „Marktmissbrauchsrichtlinie"; ABl. 1989 L 334, 30 „Insiderrichtlinie".
[23] Assmann/Schneider/*Assmann/Cramer* § 14 Rn. 6, 8; Schwark/*ders.* WpHG § 14 Rn. 7; aA Schäfer/*ders.* WpHG § 14 Rn. 5.
[24] Assmann/Schneider/*Assmann* § 14 Rn. 12.
[25] *Hopt* FS Heinsius, 1991, 293; aA *Claussen* ZBB 1992, 267 (281).
[26] Klöhn/*Klöhn* Art. 8 Rn. 61.
[27] EuGH NZG 2010, 107 – Spector Photo Group.
[28] Fuchs/*Mennicke* WpHG § 14 Rn. 40.

vor, wenn ein Insider diese Insiderformationen gegenüber einer anderen Person offenlegt, es sei denn die Offenlegung geschieht im Zuge der normalen Ausübung einer Beschäftigung oder eines Berufs oder der normalen Erfüllung von Aufgaben (Art. 10 Abs. 1 MMVO). Der Begriff der Offenlegung erfasst sowohl die Mitteilung als auch das Zugänglich machen.[29]

Eine **Mitteilung** liegt vor, wenn ein Dritter über die Insidertatsache informiert wird. Ob der Dritte die Information als Insiderinformation erkennt, ist unerheblich.[30] 27

Zugänglich wird eine Insidertatsache dann **gemacht,** wenn der Insider die Voraussetzungen schafft, die einem anderen die Kenntnisnahme der Insiderinformation ermöglichen, ohne dass die Insiderinformation selbst Gegenstand einer Information an den Dritten ist, zB Offenbarung eines Zugangscodes zu elektronischen Daten.[31] Auch insoweit kommt es nicht darauf an, dass der Dritte weiß, dass ihm eine Insiderinformation zugänglich gemacht wird.[32] 28

(2) Unrechtmäßigkeit. Eine Offenlegung ist unrechtmäßig, wenn sie in keinem Zusammenhang mit einer Berufs- oder Beschäftigungsausübung oder einer Aufgabenerfüllung steht, hierfür nicht unerlässlich ist und nicht dem Gebot der Verhältnismäßigkeit dient.[33] Im Hinblick auf die Befugnis zur Weitergabe ist zu differenzieren, je nachdem, ob es sich bei dem Informationsempfänger um einen Betriebsangehörigen oder um einen externen Dritten handelt.[34] 29

Im Rahmen des Informationsflusses **innerhalb des Betriebs des Emittenten** ist eine Informationsweitergabe nur dann zulässig, wenn dies gesetzlich vorgesehen oder den normalen betrieblichen Abläufen entspricht. Eine Weitergabe dürfte regelmäßig dann unrechtmäßig sein, wenn ein Unternehmen auf unterschiedlichen Geschäftsfeldern tätig ist und die Mitarbeiter Insiderinformation an Mitarbeiter eines anderen Sektors, weitergeben. Wenn auch die Frage der Organisationspflichten zur Vermeidung von Insiderverstößen und Interessenkonflikten noch weitgehend ungeklärt ist, empfiehlt sich jedenfalls, ein Mindestmaß an präventiven organisatorischen Vorkehrungen gegen die unbefugte Weitergabe von Insidertatsachen zu treffen, insbesondere die Schaffung sog. Chinese Walls (Vertraulichkeitsbereichen) zwischen den einzelnen Geschäftsbereichen.[35] 30

Ein weitaus strengerer Maßstab ist für die Weitergabe von Insiderinformationen **an unternehmensexterne Dritte,** anzulegen. Eine Weitergabe kann selbstverständlich dann stattfinden, wenn es das Gesetz ausdrücklich erlaubt bzw. vorschreibt, etwa gegenüber Abschluss- und Sonderprüfern gem. § 320 Abs. 2 HGB und § 145 Abs. 2 AktG. Die Mitteilung und Zugänglichmachung von Insiderinformationen erfolgt dort befugt, wo die Informationen zur Erfüllung von vertraglich begründeten Pflichten eines Externen gegenüber dem Emittenten notwendig sind, also etwa bei bestehenden Beratungs- und anderen Dienstleistungsverträgen mit Rechtsanwälten, Notaren, Wirtschaftsprüfern, Kreditinstituten und Unternehmensberatern. Soweit es dem Aufsichtsrat aktienrechtlich gestattet ist, sich zur Erfüllung seiner Aufgaben der Hilfe oder des Rates Dritter zu bedienen, darf er an diese entsprechende Informationen weiterleiten, soweit die Weitergabe im Rahmen der vom Mandatsträger übernommenen Aufgabe bewegt.[36] Die Weitergabe von Insiderinformationen an Journalisten, Börsendienste und Finanzanalysten ist regelmäßig unrechtmäßig.[37] Gleiches gilt nach hM auch für die Weitergabe von Insiderinformationen an die Aktionäre im Rahmen einer **Hauptversammlung**, solange noch keine Ad-hoc-Meldung erfolgt ist. Begehrt ein Aktionär in der Hauptversammlung Auskunft, muss sich der Vorstand im 31

---

[29] *Buck-Heeb* § 6 Rn. 333.
[30] Assmann/Schneider/*Assmann* § 14 Rn. 65; Fuchs/*Mennicke* WpHG § 14 Rn. 189.
[31] Assmann/Schneider/*Assmann* § 14 Rn. 66; Fuchs/*Mennicke* WpHG § 14 Rn. 191; BegrRegE 2. FFG BT-Drs. 12/6679, 47.
[32] Assmann/Schneider/*Assmann* § 14 Rn. 66.
[33] EuGH NZG 2006, 60 – Grøngaard & Bang; an der Gültigkeit dieser Rechtsprechung ändert auch die MMVO nichts: *Poelzig* NZG 2016, 528 (534).
[34] Kümpel/Hammen/Ekkenga/*Kümpel* 065, S. 51.
[35] Assmann/Schneider/*Assmann* § 14 Rn. 89 ff.
[36] Assmann/Schneider/*Assmann* § 14 Rn. 96 ff.
[37] Assmann/Schneider/*Assmann* § 14 Rn. 100 ff.

äußersten Fall auf sein Auskunftsverweigerungsrecht nach § 131 Abs. 3 Nr. 5 AktG berufen,[38] sofern es ihm nicht möglich ist, noch während der Hauptversammlung eine Ad-hoc-Meldung zu veröffentlichen.[39]

32 (3) *Weitergabe oder Verbreitung von Informationen in den Medien.* Werden für journalistische Zwecke oder andere Ausdrucksformen in den Medien Informationen offengelegt oder verbreitet oder Empfehlungen gegeben oder verbreitet, sind bei der Beurteilung dieser Offenlegung im Hinblick auf das Insiderverbot und die Marktmanipulation die Regeln der Pressefreiheit und der Freiheit der Meinungsäußerung in anderen Medien sowie der journalistischen Berufs- und Standesregeln zu berücksichtigen, es sei denn, (i) den betreffenden Personen oder mit diesen Personen enger in Beziehung stehenden Personen erwächst unmittelbar oder mittelbar ein Vorteil oder Gewinn aus der Offenlegung oder Verbreitung der betreffenden Information, oder (ii) die Weitergabe oder Verbreitung erfolgt in der Absicht, den Markt in Bezug auf das Angebot von Finanzinstrumenten, die Nachfrage danach oder ihrem Kurs irrezuführen (Art. 21 MMVO).

33 (4) *Marktsondierungen.* Werden Insiderinformationen im Rahmen sogenannter Marktsondierungen offengelegt, so erfolgt dies unter bestimmten Voraussetzungen nicht unrechtmäßig (Art. 11 Abs. 4 MMVO). Marktsondierung ist die Kommunikation zwischen einem Verkäufer eines Finanzinstruments und potentiellen Anlegern vor Ankündigung des eigentlichen Geschäfts. Mit der Marktsondierung soll das Interesse potentieller Anleger an einem möglichen Geschäft, dessen preislicher Ausgestaltung und dessen Umfang abgeschätzt werden.[40] Wird aber eine Offenlegung von Insiderinformationen, die im Verlauf einer Marktsondierung vorgenommen wurde, so betrachtet, dass sie im Zuge der normalen Ausübung der Beschäftigung oder des Berufs oder der normalen Erfüllung der Aufgaben einer Person vorgenommen wurde, muss der offenlegende Marktteilnehmer beurteilen, ob Insiderinformationen offengelegt werden und darüber Aufzeichnungen führen (Art. 11 Abs. 3 und 4 MMVO). Des Weiteren muss er vor der Offenlegung die Zustimmung des Marktsondierungsempfängers einholen, dass er Insiderinformationen erhält, den Empfänger davon in Kenntnis setzen, dass er dem Insiderhandelsverbot unterliegt, und die Vertraulichkeit der Informationen zu wahren hat. Auch hierüber sind auch schriftliche Aufzeichnungen zu führen (Art. 11 Abs. 5 MMVO).

34 Unbeschadet dessen hat aber der Empfänger der Marktsondierung selbst einzuschätzen, ob er im Besitz von Insiderinformationen ist und wann er nicht mehr im Besitz von Insiderinformationen ist (Art. 11 Abs. 7 MMVO). Hinsichtlich des Umgangs mit Insiderinformationen durch den Marktsondierungsempfänger hat die ESMA Leitlinien, insbesondere zur Beurteilung ob eine Insiderinformation vorliegt zum Weitergabeverbot und zur Dokumentation Leitlinien erlassen.[41]

35 **d) Ausnahmen.** *aa) Erwerb eigener Aktien und Stabilisierungsmaßnahmen.* Nach Art. 5 MMVO gelten die in Art. 14 MMVO niedergelegten Verbote nicht für den Handel mit eigenen Aktien bei Rückkaufprogrammen und Kursstabilisierungsmaßnahmen, wenn der Handel ausschließlich dem Zweck dient, das Kapital eines Emittenten herabzusetzen oder die Verpflichtung aus Wandel- oder Optionsschuldverschreibungen oder Wandelgenussrechten entsteht oder die Verpflichtung aus einem Belegschaftsaktienprogramm oder einem sonstigen Mitarbeiterbeteiligungsprogramm resultiert.

36 Zulässig sind diese Maßnahmen ferner ua nur dann, wenn vor Beginn des Handelns die Einzelheiten des Programms bekannt gegeben werden, tatsächlich erfolgt sind und bestimmte Anforderungen an den Preis und das Volumen erfüllt werden (Art. 5 Abs. 1 MMVO).

37 Kursstabilisierungsmaßnahmen sind ua zulässig, wenn sie zeitlich befristet sind, relevante Informationen offengelegt werden und nach Ablauf des Stabilisierungszeitraums offengelegt

---

[38] Klöhn/*Klöhn* Art. 10 Rn. 111.
[39] Assmann/Schneider/*Assmann* § 14 Rn. 85; aA *Götz* DB 1995, 1949 (1951 f.).
[40] Schreiben der BaFin zur Anwendung der „MAR Leitlinie Personen, die Marktsondierungen erhalten" von ESMA, abrufbar unter www.bafin.de/DE/Aufsicht/Boersenmaerkte/Insiderueberwachung.
[41] MAR-Leitlinien Personen, die Marktsondierungen erhalten, abrufbar unter www.bafin.de/DE/Aufsicht/Boersenmaerkte/Insiderueberwachung.

wird, ob tatsächlich Kursstabilisierungsmaßnahmen vorgenommen wurden (Art. 5 Abs. 4 und 5 MMVO).

bb) Legitime Handlungen Art. 9 MMVO enthält Ausnahmen von der Vermutungsregel, 38 wonach derjenige, der eine Insiderinformation kennt und ein Geschäft tätigt, die Insiderinformation nutzt. Die Regelung ist nicht abschließend.[42] Die Ausnahmekonstellationen stehen unter dem Vorbehalt des Art. 9 Abs. 6 MMVO. So enthält zum Beispiel Art. 9 Abs. 4 MMVO eine Regelung im Zusammenhang mit **Unternehmensübernahmen** oder **Unternehmenszusammenschlüssen**. Danach gilt, wenn eine Person Insiderinformationen im Zusammenhang mit einer Unternehmensübernahme oder einem Unternehmenszusammenschluss auf der Grundlage eines öffentlichen Angebots erworben hat und diese Information ausschließlich nutzt, um den Unternehmenszusammenschluss oder die Übernahme auf der Grundlage eines öffentlichen Angebots weiter zu führen und weiter zum Zeitpunkt der Genehmigung des Unternehmenszusammenschlusses oder der Annahme des Angebots durch die Aktionäre des Zielunternehmens sämtliche Insiderinformationen öffentlich gemacht worden sind oder sonst wie den Charakter als Insiderinformation verloren haben, liegt keine Nutzung vor. Gem. Art. 9 Abs. 4 UAbs. 2 MMVO gilt diese Ausnahme allerdings nicht für den Beteiligungsaufbau, nämlich den Erwerb von Anteilen an einem Unternehmen, durch den keine rechtliche oder regulatorische Verpflichtung entsteht, in Bezug auf das Unternehmen ein öffentliches Übernahmeangebot abzugeben (Art. 3 Abs. 1 Nr. 31 MMVO; **Paketerwerb**). Art. 9 Abs. 5 MMVO regelt, dass eine Person, die ihr Wissen darüber, dass sie beschlossen hat, Finanzinstrumente zu erwerben oder zu veräußern, beim Erwerb oder der Veräußerung dieser Finanzinstrumente nutzt, Insiderwissen nutzt (**Umsetzung Entschluss zu Geschäft**).

3. Rechtsfolgen von Verstößen

a) **Straftatbestand.** Der vorsätzliche Verstoß gegen das Insiderhandelsverbot ist strafbar, 39 ebenso wie der Versuch (§ 119 Abs. 3 und 4 WpHG). Es kann eine Freiheitsstrafe bis zu 5 Jahren oder eine Geldstrafe verhängt werden. Zudem erfolgt das sog. Naming and Shaming gem. § 125 WpHG

b) **Zivilrechtliche Ansprüche.** In Betracht kommt zunächst die Nichtigkeit eines Wertpa- 40 piergeschäfts nach § 134 BGB, das unter Verstoß gegen Art. 14 lit. a MMVO zustande kommt. Dies wird von der hM abgelehnt, zum einen ist hierfür Argument, dass es sich bei dem Insiderhandelsverbot um ein einseitiges Verbot handle, das grundsätzlich nicht zur Nichtigkeit des Rechtsgeschäfts führe. Des Weiteren beziehe sich das Verbot auch nicht auf den Inhalt des Rechtsgeschäfts, sondern lediglich auf die Umstände des Abschlusses.[43] Im Übrigen wird argumentiert, da es sich beim Börsengeschäft um ein Rechtsgeschäft handle, das anonym abgeschlossen werde, sich der Anspruchsgegner nur schwer feststellen lasse; des Weiteren sei in Anbetracht der Tatsache, dass es sich bei den Börsengeschäften um Massengeschäfte handle, die Rechtsunsicherheit wegen ggf. rückabzuwickelnder Geschäfte nicht hinnehmbar.[44]

Die Schutzgesetzeigenschaft, die einen Schadensersatzanspruch nach § 823 Abs. 2 BGB 41 begründen könnte, wird ebenso überwiegend verneint. Dies wird zum einen damit begründet, dass das Insiderhandelsverbot keinen Individualschutzcharakter hat.[45] Zum anderen stünden dem praktische Gesichtspunkte, wie zB Schwierigkeiten bei der Identifikation des Schädigers entgegen.[46] Schließlich dürfte gegen die Schutzgesetzeigenschaft des Art. 14 MMVO auch sprechen, dass der Gesetzgeber mit §§ 97 und 98 WpHG Schadensersatzan-

---

[42] *Klöhn* AG 2016, 423 (433).
[43] Assmann/Schneider/*Assmann* § 14 Rn. 206; Fuchs/*Mennicke* WpHG § 14 Rn. 423, 440; aA *Wolf* FS Döser, 1999, 260 f.
[44] Assmann/Schneider/*Assmann* § 14 Rn. 207.
[45] Vgl. dazu Rn. 5.
[46] Vgl. hierzu Assmann/Schneider/*Assmann* § 14 Rn. 210 f.; ausdrücklich unter Hinweis auf andere Anspruchsgrundlagen, zB § 404 AktG, §§ 76, 93, 116 AktG, § 826 BGB; vgl. auch Fuchs/*Mennicke* WpHG § 14 Rn. 444; die Schutzgesetzeigenschaft bejahend *Beneke/Thele* BKR 2017, 12.

sprüche eingeführt hat, wenngleich sich diese nur auf die Verletzung der ad hoc Pflicht beziehen.

III. Veröffentlichung und Mitteilung kursbeeinflussender Tatsachen

1. Zweck der Regelung

42 Das Gebot der Ad-hoc-Publizität nach Art. 17 MMVO steht in enger Verbindung zum Insiderrecht nach Art. 7 ff. MMVO. Denn eine gut funktionierende Ad-hoc-Publizität ist, wie dies ua die Erfahrungen in der Praxis belegen, die beste Präventivmaßnahme gegen Insidergeschäfte.[47]

43 Die kapitalmarktrechtlichen Veröffentlichungspflichten bezwecken im Unterschied zu den aktienrechtlichen nicht nur die Unterrichtung der Gesellschafter und Gläubiger der Aktiengesellschaft, sondern auch des Kapitalmarkts, und damit des gesamten Anlegerpublikums.[48] Transparenz ist unerlässliche Voraussetzung für eine korrekte Preisbildung am Kapitalmarkt.

44 Die Einhaltung der Ad-hoc-Publizität wird von der BaFin überwacht und Verstöße gegen die Meldepflicht können gem. § 120 Abs. 15 Nr. 6–11 WpHG mit Geldbuße bis zu 5 Mio. EUR geahndet werden. Außerdem sieht das Gesetz bei Verstößen Schadensersatzansprüche der Anleger vor (§§ 97 und 98 WpHG), aus denen der Emittent ausschließlich verpflichtet sein soll; Schadensersatzansprüche, die auf anderen Rechtsgrundlagen beruhen, bleiben unberührt (§ 26 Abs. 3 S. 2 WpHG). Nach der Rechtsprechung des BGH[49] kommen in bestimmten Konstellationen auch Schadensersatzansprüche nach § 826 BGB in Betracht.

2. Anwendungsbereich

45 Die Ad-hoc-Publizität erstreckt sich auf Emittenten iSv Art. 3 Abs. 1 Nr. 21 MMVO, mithin juristische Personen des privaten oder öffentlichen Rechts, die Finanzinstrumente emittieren oder deren Emission vorschlagen bzw. Emittenten, die für ihre Finanzinstrumente eine Zulassung zum Handel an einem geregelten Markt in einem Mitgliedstaat beantragt oder genehmigt haben, gleiches gilt nunmehr auch für den Freiverkehr[50] (Art. 17 Abs. 1 UAbs. 3 MMVO), insbesondere auch MTF (§ 2 Abs. 6 BörsG) und OTF (§ 2 Abs. 7 BörsG).[51]

3. Verhältnis zur Regelpublizität

46 Im Hinblick auf **Geschäftsergebnisse** vertritt die BaFin folgende Auffassung:[52] Eine veröffentlichungspflichtige Insiderinformation kann schon aufgrund eines einzelnen Ereignisses, wenn daraus zB ein erheblicher Gewinn oder Verlust resultiert, vorliegen. Sie kann sich aber auch aus der Summe verschiedener Informationen ergeben, die für sich genommen keine Insiderinformationen darstellen. Eine Veröffentlichungspflicht entsteht bereits mit Aufstellung des Jahresabschlusses durch den Vorstand, sofern dieser entsprechende erheblich preisrelevante Informationen erhält.[53] Es ist aber lediglich die Insiderinformation als solche zu veröffentlichen. Wurde für unterjährige Geschäftsergebnisse keine Prognose abgegeben, sind diese Informationen idR ad-hoc zu veröffentlichen, wenn sie (i) von den entsprechenden Vorjahreszahlen deutlich abweichen oder (ii) einen Bruch zur bisherigen Geschäftsentwicklung darstellen oder (iii) deutlich von der Markerwartung abweichen. Wurde eine Prognose abgegeben und liegen die unterjährigen Geschäftsergebnisse innerhalb dieser Prognose, so hat der Emittent in den og Fällen idR keine Ad-hoc-Mitteilung zu machen.

---

[47] Vgl. hierzu *Wittich* AG 1997, 1 ff.; *Wölk* AG 1997, 73 ff.; *Fürhoff/Wölk* WM 1997, 449 ff.
[48] *Wiedemann* BB 1975, 1591 (1593).
[49] Sog. Infomatec-Entscheidungen, BGH NJW 2004, 2668 ff.; 2004, 2664 ff. und BGH DStR 2004, 1490 ff.; hierzu Rn. 85 ff.
[50] Anders bislang nach § 15 WpHG.
[51] *Buck-Heeb* Rn. 386.
[52] *BaFin* Entwurf Emittentenleitfaden (Juli 2013), S. 54 ff.
[53] ESMA Final Report – Guideline on the Market Abuse Regulation delay of disclosure of inside information, Stand 13.7.2016, ESMA 2016/1130, Annex IV, S. 53.

Für **Prognosen** gilt, dass auch sie nach Art. 17 MMVO veröffentlichungspflichtig sein 47
können. Das prognostizierte Ereignis muss hinreichend wahrscheinlich sein. Beeinflussungspotential hat eine Prognose idR, wenn sie von den zurückliegenden Geschäftsergebnissen oder der Markterwartung erheblich abweicht. Der Emittent ist allerdings nicht verpflichtet, eine von ihm nicht hervorgerufene Markterwartung zu korrigieren, sofern er seine veröffentlichte Prognose beibehält.[54]

4. Darstellung und kritische Würdigung des Tatbestandes

a) **Publizitätspflichtige Insiderinformation (Art. 17 Abs. 1 S. 1 MMVO).** Ad-hoc zu publi- 48
zieren sind Insiderinformationen, die unmittelbar diesen Emittenten betreffen (**Emittentenbezug**).[55] Dem Unmittelbarkeitserfordernis kommt Begrenzungsfunktion zu. Der Emittent ist nicht verpflichtet, allgemeine Informationen ad hoc zu publizieren; darüber hinaus muss die Insiderinformation den Emittenten selbst und nicht nur die von ihm emittierten Finanzinstrumente betreffen. Es können auch Insiderinformationen publizitätspflichtig sein, die außerhalb des Tätigkeitsbereichs des Emittenten eintreten sowie solche, die keine Auswirkungen auf die Vermögens- oder Finanzlage oder den allgemeinen Geschäftsverlauf des Emittenten haben. Von außen kommende Umstände, wie zB die Veränderung von Zinssätzen, betreffen den Emittenten nicht unmittelbar und sind daher nicht zu publizieren. Als Beispiel für eine von außen kommende ad-hoc-publizitätspflichtige Insiderinformation kann zB die Mitteilung der Abgabe eines Angebots zur Übernahme gegenüber einer Zielgesellschaft angesehen werden.[56] **Gerüchte** stellen grundsätzlich keine Insiderinformationen dar, sind sie jedoch ausreichend präzise und nehmen auf eine Insiderinformation Bezug, deren Veröffentlichung zulässigerweise aufgeschoben wurde, sind sie einer Insiderinformation gleichgestellt (Art. 17 Abs. 7 UAbs. 2 MMVO).

Folgende Insiderinformationen betreffen den Emittenten nur **mittelbar:** Allgemeine 49
Marktstatistiken, Entscheidungen über Regeln zur Marktaufsicht, Entscheidungen über die Regeln der Indexzusammensetzung und Berechnung, Entscheidungen der Wettbewerbs- und Marktüberwachungsbehörden hinsichtlich börsennotierter Unternehmen.[57] Eine Information, die den Emittenten nur mittelbar betrifft, ist zwar nicht ad-hoc-publizitätspflichtig, löst aber dennoch das Insiderhandelsverbot des Art. 14 MMVO aus.

Ist lediglich ein Antrag auf Zulassung gestellt, muss im Einzelfall festgestellt werden, ob 50
erhebliches Preisbeeinflussungspotential vorliegt. Ist zB bereits ein Prospekt veröffentlicht und im Rahmen der Zeichnungsfrist eine Preisspanne genannt worden, kann eine Pflicht zur Veröffentlichung einer Ad-hoc-Mitteilung bei wesentlichen Änderungen des Prospektinhalts vorliegen oder ggf. bei Änderungen der Preisspanne im Zeichnungsverfahren.[58]

Die BaFin hatte im Emittentenleitfaden[59] einen Katalog veröffentlichungspflichtiger In- 51
siderinformationen, der allerdings nicht als vollständig angesehen wird, aufgestellt. Danach soll idR erhebliches Preisbeeinflussungspotential gegeben sein, zB bei Veräußerung von Kerngeschäftsfeldern, Rückzug aus oder Aufnahme von neuen Kerngeschäftsfeldern, Beherrschungs- und/oder Gewinnabführungsvertrag, Erwerb oder Veräußerung von wesentlichen Beteiligungen, Kapitalmaßnahmen, Ausfall wesentlicher Schuldner, maßgebliche Produkthaftungs- und Umweltschadensfälle. Dieser Katalog gilt auch iRd MMVO.

Als Beispiele weiterer Insiderinformationen, die eine Ad-hoc-Mitteilung auslösen, werden 52
genannt der **Wechsel von Organmitgliedern.**[60] Es gilt insbesondere im Hinblick auf die Berufung und Abberufung von Organmitgliedern in Schlüsselpositionen, deren Berufung oder Ausscheiden Signalwirkung für den Kapitalmarkt hat. In besonderen Einzelfällen können auch Personalveränderungen, die nicht die Organe betreffen, eine Ad-hoc-Pflicht auslösen.

---

[54] Zum Verhältnis zu anderen Publizitätsbestimmungen (zB Art. 19 MMVO, § 109 Abs. 2 WpHG, § 10 Abs. 6 WpÜG) vgl. statt vieler ausführlich Klöhn/*Klöhn* Art. 17 Rn. 35 ff.
[55] Zu Insiderinformationen, die Begriffe sind im Übrigen deckungsgleich vgl. Rn. 6 ff.
[56] Klöhn/*Klöhn* Art. 17 Rn. 92.
[57] Vgl. hierzu auch *BaFin* Emittentenleitfaden, S. 54 f.
[58] Vgl. dazu Klöhn/*Klöhn* Art. 7 Rn. 260 ff.
[59] *BaFin* Emittentenleitfaden (2013) IV.2.2.4.
[60] Klöhn/*Klöhn* Art. 17 Rn. 418 ff.

53 Bei **Mergers and Acquisitions** stellt sich die Frage der Ad-hoc-Publizität sowohl bei der Ziel- als auch bei der Bietergesellschaft. Weder im Zeitpunkt, in dem die interne Entscheidung getroffen wird, mit einer Zielgesellschaft Vorgespräche aufzunehmen, noch bei der Beauftragung von externen Beratern, solle sich noch um Insiderinformationen, vielmehr um reine Vorbereitungshandlungen handeln.[61] Ist jeweils nur eine Bieter- oder Zielgesellschaft an der Transaktion beteiligt oder genießt einer der Transaktionspartner Exklusivität, wird idR beim Abschluss eines Letter of Intent mit dem typischen Inhalt (zB Vereinbarung der Eckpunkte des künftigen Vertrages, Preisspanne) zu prüfen sein, ob nicht bereits eine Insiderinformation vorliegt. Bei Auktionsverfahren fehlt es für die Bietergesellschaft häufig an der hinreichenden Konkretisierung der Information, selbst wenn ein solcher Letter of Intent abgeschlossen wird. Um zu vermeiden, dass die Verhandlungen vereitelt oder gestört werden, sollten die involvierten Unternehmen einen Aufschub der Veröffentlichung gem. Art. 17 Abs. 4 MMVO prüfen.

54 Gem. Art. 17 Abs. 8 MMVO ist der Emittent verpflichtet, eine Insiderinformation zeitgleich zu veröffentlichen, wenn er im Rahmen seiner Befugnis einem anderen diese Information absichtlich offenlegt, es sei denn, der andere ist zur Vertraulichkeit verpflichtet, wobei es unerheblich ist ob sich die Verschwiegenheitsverpflichtung aus Rechts- oder Verwaltungsvorschriften, der Satzung oder einem Vertrag ergibt. Erfolgt die Offenlegung unabsichtlich, hat die Veröffentlichung unverzüglich zu erfolgen.

55 Im Rahmen von **mehrstufigen Entscheidungsprozessen** darf grundsätzlich nicht erst die endgültige Entscheidung, zB Zustimmung des Aufsichtsrats, abgewartet werden.

56 b) **Aufschub der Veröffentlichung.** Gem. Art. 17 Abs. 4 UAbs. 1 litt. a) bis c) MMVO[62] kann ein Emittent auf eigene Verantwortung die Veröffentlichung von Insiderinformationen für die Öffentlichkeit unter den folgenden Bedingungen aufschieben: (i) die unverzügliche Offenlegung wäre geeignet, die berechtigten Interessen des Emittenten zu beeinträchtigen, (ii) die Aufschiebung der Veröffentlichung wäre nicht geeignet, die Öffentlichkeit irrezuführen und (iii) der Emittent kann die Geheimhaltung der Insiderinformation sicherstellen. Bei **zeitlich gestreckten Vorgängen,** die aus mehreren Schritten bestehen und einen bestimmten Umstand oder ein bestimmtes Ereignis herbeiführen sollen oder hervorbringen, kann unter den vorgenannten Bedingungen die Veröffentlichung aufgeschoben werden (Art. 17 Abs. 4 UAbs. 2 MMVO). Bei Aufschiebung und nachfolgender Veröffentlichung ist die BaFin unverzüglich über die Aufschiebung zu informieren und schriftlich über die Erfüllung der vorgenannten Bedingungen zu informieren (Art. 17 Abs. 4 UAbs. 3 MMVO). Bei der Veröffentlichung ist aber zu prüfen, ob in diesem Zeitpunkt überhaupt noch eine veröffentlichungspflichtige Insiderinformation vorliegt. So löst zB ein nur vorübergehender Liquiditätsengpass keine Ad-hoc-Publizitätspflicht aus, wenn dieser wieder beseitigt ist.[63] Wurde die Offenlegung aufgeschoben, ist aber die Vertraulichkeit der Insiderinformation nicht mehr gewährleistet, ist schnellstmöglich diese Insiderinformation offenzulegen. Das gilt auch für Gerüchte, wenn diese hinreichend präzise sind (Art. 17 Abs. 7 MMVO).

57 Die Begründung für die Selbstbefreiung sollte so ausführlich sein, dass die BaFin überprüfen kann, ob tatsächlich ein Selbstbefreiungssachverhalt vorgelegen hat. Pauschalbegründungen, wie zB Gremienvorbehalt, sind nicht ausreichend.

58 Der Emittent muss ein **berechtigtes Interesse** an einer verzögerten Veröffentlichung haben. Ein solches kann insbesondere dann vorliegen, wenn zB das Ergebnis oder der Gang laufender Verhandlungen über Geschäftsinhalte, die geeignet wären, im Falle ihres öffentlichen Bekanntwerdens den Börsen- oder Marktpreis erheblich zu beeinflussen, von der Veröffentlichung wahrscheinlich erheblich beeinträchtigt würden und eine Veröffentlichung die Interessen der Anleger ernsthaft gefährden würde oder (ii) durch das Geschäftsführungsorgan des Emittenten abgeschlossene Verträge oder andere getroffene Entscheidungen zusammen mit der Ankündigung bekannt gegeben werden müssten, dass die für die Wirksamkeit der Maß-

---

[61] *BaFin* Emittentenleitfaden (2013) IV.2.2.14.
[62] Nach Art. 17 Abs. 5 MMVO kann ein Aufschub der Veröffentlichung zum Schutz des öffentlichen Interesses an der Finanzmarktstabilität erfolgen, vgl. hierzu ausführlich *Klöhn* ZHR 181 (2017), 746 ff.
[63] Vgl. dazu Klöhn/*Klöhn* Art. 17 Rn. 301.

nahme erforderliche Zustimmung eines anderen Organs des Emittenten noch aussteht und dies die sachgerechte Bewertung der Information durch das Publikum gefährden würde. Das berechtigte Interesse des Emittenten ist mit dem Interesse des Kapitalmarkts abzuwägen. Bei der Abwägung sind nur die berechtigten Interessen des Emittenten selbst zu berücksichtigen und nicht die Interessen, die dritte Personen evtl. an einer Verzögerung haben könnten.[64]

Zudem darf keine **Irreführung der Öffentlichkeit** zu befürchten sein, wenn von der Selbstbefreiung Gebrauch gemacht wird. Das Informationsungleichgewicht zwischen Emittent und Anlegerpublikum im Zeitpunkt der Befreiung stellt für sich genommen keine Irreführung dar. Der Emittent darf aber während des Befreiungszeitraums aktiv keine Signale setzen, die zu der noch nicht veröffentlichten Insiderinformation in Widerspruch stehen. Eine No-Comment-Policy ist keine Irreführung.[65] 59

Schließlich hat der Emittent die **Vertraulichkeit der Insiderinformation zu gewährleisten**. Er muss durch organisatorische Maßnahmen sicherstellen, dass die im Unternehmen vorhandenen Insiderinformationen während der Befreiung nur an Personen weitergegeben werden, die diese zur Wahrnehmung der ihnen übertragenen Aufgaben benötigen. Kommen während des Befreiungszeitraums Gerüchte auf, so muss der Emittent veröffentlichen, wenn er weiß oder annehmen muss, dass die Gerüchte aus seinem Herrschaftsbereich kommen. 60

c) Veröffentlichungszeitpunkt und -verfahren.[66] Die Ad-hoc-Mitteilung hat in Medien zu erfolgen, bei denen davon ausgegangen werden kann, dass sie die Informationen in der gesamten EU und den übrigen Vertragsstaaten des EWR verbreiten (Medienbündel iSv § 3a WpAIV). Zudem hat der Emittent die Ad-hoc-Mitteilung unverzüglich, jedoch nicht vor ihrer Veröffentlichung dem Unternehmensregister iSd § 8b HGB zur Speicherung zu übermitteln und sie auf seiner website einzustellen und dort für fünf Jahre zur Verfügung zu stellen (Art. 17 Abs. 1 S. 3 MMVO). Regelungen zur Sprache der Ad-hoc-Mitteilung enthält § 3b WpAV. 61

Die Veröffentlichung hat so bald wie möglich zu erfolgen. Der Emittent hat einen angemessenen Zeitraum, um zu prüfen, ob eine ad hoc-Mitteilungspflicht besteht.[67] 62

d) Mitteilungspflichten, § 26 Abs. 1 WpHG. Sind die Voraussetzungen für die Ad-hoc-Publizität erfüllt, schreibt § 26 Abs. 1 WpHG dem Emittenten vor, die publizitätspflichtigen Sachverhalte noch vor ihrer Veröffentlichung der BaFin und den inländischen Börsen mitzuteilen, an denen die Finanzinstrumente oder die sie betreffenden Derivate gehandelt werden. Nur so kann die BaFin ihre Kontrollbefugnisse effektiv ausüben. Unverzüglich nach ihrer Veröffentlichung ist die Mitteilung an das Unternehmensregister (§ 8b HGB) zu übermitteln. 63

5. Rechtsfolgen bei Verstößen gegen die Ad-hoc-Mitteilungspflicht

a) Haftung nach den §§ 97 und 98 WpHG. *aa) Allgemeines*. Seit Inkrafttreten des Vierten Finanzmarktförderungsgesetzes am 1.7.2002 enthält das Wertpapierhandelsgesetz zwei Normen, (§§ 37b und c WpHG, welche die Schadensersatzpflicht des Emittenten[68] von Finanzinstrumenten, die an einer inländischen Börse zugelassen sind, bei fehlerhafter oder unterlassener Ad-hoc-Mitteilung gesetzlich regeln.[69] Damit entschärfte sich die Diskussion[70] darüber, welche kapitalmarktrechtlichen Normen als Schutzgesetze iSd § 823 Abs. 2 BGB, die insbesondere vor dem Hintergrund des § 26 Abs. 3 WpHG zweifelhaft war, anzusehen sind. 64

bb) Der Tatbestand der §§ 97 und 98 WpHG. **§ 97 WpHG** betrifft den Fall des Unterlassens der unverzüglichen Veröffentlichung einer ad-hoc-pflichtigen Information.[71] An- 65

---

[64] Vgl. zum ganzen Klöhn/*Klöhn* Art. 17 Rn. 134 ff.
[65] Klöhn/*Klöhn* Art. 17 Rn. 257.
[66] Der Inhalt der Veröffentlichung ist in § 4 WpAV detailliert geregelt.
[67] *Klöhn* AG 2016, 423 (430); aA *Kumpan* DB 2016, 2039 (2042 f.).
[68] Nicht der Vorstandsmitglieder.
[69] Diese Regelungen sind nach Inkrafttreten MMVO inhaltlich unverändert geblieben.
[70] Vgl. *Groß* WM 2002, 477 ff.; *Möllers/Leisch* WM 2001, 1648 ff., vgl. dazu Rn. 48 ff.
[71] Insoweit wird auf die obigen Ausführungen zu § 15 WpHG verwiesen, Rn. 42 ff.; *Rössner/Bolkart* ZIP 2002, 1471 (1472 ff.).

spruchsberechtigter nach § 97 Abs. 1 Nr. 1 WpHG ist jeder, der nach dem Zeitpunkt, zu dem eine ordnungsgemäße Veröffentlichung hätte erfolgen müssen, die Finanzinstrumente des pflichtwidrig handelnden Emittenten erwirbt und im Augenblick des Bekanntwerdens der Tatsache noch Inhaber der Papiere ist. Geschützt sind also **Neuanleger,** die die Wertpapiere „zu teuer" gekauft haben.

66 § 97 Abs. 1 Nr. 2 WpHG betrifft die **Altanleger,** welche bereits vor dem Unterlassen der Ad-hoc-Mitteilung im Besitz der Finanzinstrumente gewesen sind und sie nach der Pflichtverletzung des Emittenten veräußert haben; also „zu billig" verkauft haben.[72]

67 Eine dritte Gruppe von möglicherweise geschädigten Anlegern wird – gleiches gilt bei § 98 WpHG – von den Schadensersatznormen nicht erfasst, nämlich diejenigen Altanleger, die durch eine unterlassene Ad-hoc-Mitteilung davon abgehalten wurden, Finanzinstrumente zu erwerben oder sowohl erworben als auch verkauft haben.[73]

68 § 98 WpHG behandelt den Fall des Schadensersatzes auf Grund der Veröffentlichung einer unwahren Insiderinformation. Ein Unterschied zu § 97 WpHG besteht also lediglich in der Tathandlung. Unterschieden wird auch hier zwischen Neu- und Altanlegern. § 98 Abs. 1 Nr. 1 WpHG gibt dem **Neuanleger** einen Ersatzanspruch, wenn er die Papiere nach der Veröffentlichung erwirbt und beim Bekanntwerden der Unrichtigkeit der Information noch Inhaber ist; ersatzberechtigt ist also der Anleger, der die Wertpapiere „zu teuer" gekauft hat, wobei es nicht darauf ankommt oder ankommen soll, ob der Anleger die Papiere nach Bekanntwerden der Unrichtigkeit veräußert.[74] § 98 Abs. 1 Nr. 2 WpHG greift ein, wenn der Emittent wahrheitswidrig eine den Kurs negativ beeinflussende Tatsache veröffentlicht und der Anleger bereits vor dieser Veröffentlichung die Wertpapiere erwirbt und vor dem Bekanntwerden der Unrichtigkeit der Tatsache zu billig veräußert (**Altanleger**).[75]

69 *cc) Verschulden (subjektiver Tatbestand).* Infolge des spiegelbildlichen Aufbaus beider Normen, ist auch die Frage der Voraussetzung des Verschuldens im jeweiligen Abs. 2 des § 97 bzw. § 98 WpHG gleich geregelt. Die Haftung setzt **Vorsatz oder grobe Fahrlässigkeit** voraus, wobei die Beweislast für fehlendes Verschulden der Emittent trägt. Es kommt folglich zu einer **Beweislastumkehr.**

70 Im Falle der Unterlassung (§ 97 WpHG) einer Meldung muss der Emittent nachweisen, dass die Nichtveröffentlichung nicht auf Vorsatz oder grober Fahrlässigkeit beruht. Die Kenntnis bezieht sich hierbei auf die Tatbestandsmerkmale der Veröffentlichungspflicht nach Art. 17 MMVO. Dabei kommt es primär auf die Kenntnis der Vorstandsmitglieder an, welche ihren Betrieb so zu organisieren haben, dass die Gefahr einer solchen Haftung minimiert wird. Es wird grundsätzlich grobe Fahrlässigkeit im Hinblick auf die Geeignetheit der Tatsache zur Kursbeeinflussung anzunehmen sein, wenn sich der Emittent der Erkenntnis der üblichen Börsenreaktionen verschließt, was grundsätzlich durch die Zurateziehung eines die Emission begleitenden Kreditinstituts oder anderer fachkundiger Personen vermieden werden kann.[76]

71 Eine Schadensersatzpflicht nach § 98 WpHG ist ausgeschlossen, wenn der Emittent nachweist, dass die Kenntnis oder Unkenntnis der Unrichtigkeit der Tatsache nicht auf Vorsatz oder grobe Fahrlässigkeit zurückzuführen ist. Auch hier kommt es auf die Kenntnis desjenigen an, der die Falschmitteilung veranlasst hat. Das wird regelmäßig der Vorstand sein.

72 *dd) Rechtsfolgen.* Hinsichtlich der Rechtsfolgen der §§ 97 und 98 WpHG gab es schon vor Inkrafttreten der Vorgängervorschriften eine lebhafte Diskussion.[77] Streitig war und ist

---

[72] BegrRegE BT-Drs. 14/8017, 93.
[73] Kritisch hierzu *Reichert/Weller* ZRP 2002, 49 (56); *Baums* ZHR 166 (2002), 375; zustimmend Assmann/Schneider/*Sethe* §§ 37b, 37c Rn. 53.
[74] BegrRegE, BT-Drs. 14/8017, 94.
[75] BegrRegE, BT-Drs. 14/8017, 94.
[76] *Maier-Reimer/Webering* WM 2002, 1857 (1859).
[77] Vgl. *Maier-Reimer/Webering* WM 2002, 1857 (1859); *Fleischer* BB 2002, 1869 ff.; *Rössner/Bolkart* ZIP 2002, 1471 (1475 ff.); *Reichert/Weller* ZRP 2002, 49 ff.; *Möllers/Leisch* BKR 2002, 1071 ff.; *Fuchs/Dühn* BKR 2002, 1063 ff.

vor allem die Frage, worin der ersatzfähige Schaden besteht bzw. wie die Kausalität zu beurteilen ist.

Hinsichtlich des ersatzfähigen Schadens kommt in Betracht: zum einen der **Vertragsabschlussschaden,** bei dem der Anleger so zu stellen ist, als hätte er das Wertpapiergeschäft nicht getätigt, zum anderen der **Kursdifferenzschaden,** dh der Anleger kann nur den Betrag verlangen, um den er das Papier zu teuer gekauft bzw. zu billig verkauft hat. Denkbar wäre auch, den Anleger einzig auf die Möglichkeit der Rückabwicklung des Geschäfts zu verweisen.[78] 73

In der Literatur werden – basierend auf den soeben genannten Möglichkeiten der Schadenskompensation – verschiedene Wege angedacht. Es wird vorgeschlagen, dass nur der Kursdifferenzschaden ersatzfähig sei, wobei bezüglich der Berechnung des Schadens keine Einigkeit besteht.[79] Andere erachten im Grundsatz den Kursdifferenzschaden für ersatzfähig, wollen in Ausnahmefällen aber die Rückabwicklung des Geschäfts zulassen.[80] Schließlich wird auch vertreten, dem Anleger ein Wahlrecht zwischen dem negativen Interesse – der Anleger soll also so gestellt werden, als hätte er auf die Wirksamkeit des Geschäfts nicht vertraut (Vertragsabschlussschaden) – und dem Alternativinteresse (Kursdifferenzschaden) zu gewähren. 74

Der Wortlaut der §§ 97 und 98 WpHG enthält im Hinblick auf die Schadensberechnung keinen Anhaltspunkt. Eine Orientierungshilfe können die Prospekthaftungsregeln der § 20 VermAnlG, § 21 WpPG, an die die §§ 97 und 98 WpHG erkennbar angelehnt sind, bieten. Nach diesen Vorschriften wird das negative Interesse gewährt, indem der Anleger einen – wenn auch eingeschränkten – Anspruch auf Erstattung des Erwerbspreises gegen Übertragung der Wertpapiere erhält. Auch die Parallele zu der ad hoc-Publizität, deren Schutzzweck es ist, die Funktionsfähigkeit des Kapitalmarkts und damit den Insiderhandel zu bekämpfen und vor allem den Anlegern Preiswahrheit zu bieten, verdeutlicht, dass auch die rationale Anlegerentscheidung geschützt ist.[81] Andererseits muss aber richtigerweise auch das Marktrisiko Berücksichtigung finden, also dass die Investition nicht die erhofften Erträge bringt. Es wird vielfach vertreten, der Anleger und nicht der Emittent habe dieses Risiko zu tragen; letzterer habe nur auf das Irreführungsrisiko zu haften.[82] Die Beschränkung auf den Kursdifferenzschaden ist in den Fällen unbefriedigend, in denen die Irreführung gerade einen unangemessenen Marktpreis bewirkt und zugleich das Vertrauen der Anleger in die Redlichkeit des Emittenten so erschüttert, dass der Kurs auch nach der Informationskorrektur mittelfristig weit stärker nachgibt. Der Anleger sollte somit ein Wahlrecht zwischen dem **Vertragsabschlussschaden** (negatives Interesse) und **Kursdifferenzschaden** (alternatives Interesse) haben.[83] 75

(1) Vertragsabschlussschaden. (a) Schadensberechnung. Bei der Berechnung des **Vertragsabschlussschadens** muss zwischen der irrtumsbehafteten Kauf- und der Verkaufsentscheidung unterschieden werden. Im Falle der **irrtumsbehafteten Kaufentscheidung** gilt sowohl für § 97 Abs. 1 Nr. 1 als auch für § 98 Abs. 1 Nr. 1 WpHG das Gleiche. Der Anleger ist jeweils so zu stellen, als hätte er die Wertpapiere nicht gekauft, er kann also Erstattung des Erwerbspreises inklusive der Erwerbskosten verlangen und hat die Wertpapiere zurückzuübertragen. Auch bei der **irrtumsbehafteten Verkaufsentscheidung** gilt bei § 97 Abs. 1 Nr. 1 und § 98 Abs. 1 Nr. 1 WpHG Entsprechendes. Ein Vertragsabschlussschaden trifft den Anleger dann, wenn er seine Wertpapiere nicht verkauft hätte, wäre die positive Tatsache rechtzeitig veröffentlicht worden (§ 97 Abs. 1 Nr. 1 WpHG) bzw. die Veröffentlichung der negativen unwahren Tatsache unterblieben wäre (§ 98 Abs. 1 Nr. 1 WpHG). Der Investor ist wiederum so zu stellen, als hätte er die Wertpapiere nicht veräußert, dh der Emittent hat ihm eine entsprechende Anzahl von Wertpapieren zu verschaffen, Zug um Zug gegen Bezah- 76

---
[78] *Rössner/Bolkart* ZIP 2002, 1471 (1475); *Möllers/Leisch* BKR 2002, 1071 (1073 f.).
[79] *Reichert/Weller* ZRP 2002, 49 (55); *Maier-Reimer/Webering* WM 2002, 1857 (1860 ff.).
[80] *Fuchs/Dühn* BKR 2002, 1063 ff.; *Fleischer* BB 2002, 1869 (1872 f.).
[81] *Möllers/Leisch* BKR 2002, 1071 (1075).
[82] *Fuchs/Dühn* BKR 2002, 1063 (1069); *Fleischer* BB 2002, 1869 (1871 f.).
[83] *Möllers/Leisch* BKR 2002, 1071 (1075).

lung des vom Anleger erlösten Veräußerungspreises.⁸⁴ Für diese Auffassung hat sich nunmehr auch der BGH ausgesprochen.⁸⁵

77 *(b) Haftungsbegründende Kausalität.* Die Darlegungs- und Beweislast dafür, dass die Veröffentlichung der unwahren Tatsache bzw. die Unterlassung der Veröffentlichung der Tatsache kausal für die **Kaufentscheidung** (jeweiliger Abs. 1 Nr. 1) war, trifft den Anleger.⁸⁶ Gegen eine Beweislastumkehr spricht nicht zuletzt, dass der Tatbestand der §§ 97 und 98 WpHG – wie bereits erwähnt – sehr stark an die § 20 VermAnlG, § 21 WpPG angelehnt ist, welche in §§ 23 Abs. 2 Nr. 1 WpPG, 20 Abs. 4 Nr. 1 VermAnlG eine ausdrückliche Beweislastumkehr vorsehen; bei §§ 97 und 98 WpHG fehlt eine solche Regelung.⁸⁷ Jedoch erhält der Anleger bei Fehlschlagen des Beweises jedenfalls den Kursdifferenzschaden.⁸⁸

78 Bei der **Verkaufsentscheidung** hat der Anleger darzulegen und zu beweisen, dass er die Papiere bei richtiger Information gar nicht erst verkauft hätte.

79 *(2) Kursdifferenzschaden. (a) Schadensberechnung.* Die Berechnung des Kursdifferenzschadens wirft Probleme auf. Zunächst nach richtiger Auffassung im Falle der Unterlassung der Mitteilung der tatsächliche Transaktionspreis und der wahre Wert des Wertpapiers am gleichen Tag gegenübergestellt werden.⁸⁹ Der den Schaden verursachende Umstand ist die Täuschung des Kapitalmarktes und die damit einhergehende Verursachung eines falschen Börsenpreises. Zur Berechnung des realen Börsenpreises sind zwei Berechnungsmethoden denkbar. Zum einen könnte man an den **Transaktionszeitpunkt**, also den Zeitpunkt der Schadensverursachung anknüpfen. Dabei ist der wirkliche Börsenpreis der Gesamtpreis, den der Investor bei seiner Transaktion tatsächlich bezahlt oder erlöst hat. Diesem Wert ist der Gesamtpreis gegenüberzustellen, den er am gleichen Tag bezahlt oder erlöst hätte, falls die Ad-hoc-Mitteilung zum richtigen Zeitpunkt veröffentlicht worden wäre (§ 97 WpHG) bzw. die Falschmitteilung unterblieben wäre (§ 98 WpHG).⁹⁰ Denkbar wäre aber auch auf den **Zeitpunkt der Schadensbehebung** abzustellen, dh der Wert der Papiere zurzeit der Schadensbehebung ist mit dem hypothetischen Wert zu vergleichen, den sie hätten, wäre die Täuschung unterblieben.

80 Unabhängig davon, für welchen Zeitpunkt man sich letztlich entscheidet, stellt sich die Frage nach dem **hypothetischen Wert** des Wertpapiers ohne die falsche Meldung oder bei fehlender Unterlassung der Mitteilung.⁹¹ Dabei ist zunächst die absolute Veränderung des Börsenkurses nach Bekanntwerden der Tatsache bzw. der Unrichtigkeit der Tatsache zu betrachten, wobei als Vergleichskurs derjenige unmittelbar vor Bekanntwerden dient. Die so festgestellte absolute Kursabweichung ist dann in einen relativen Wert umzurechnen und auf die konkrete Transaktionssumme anzuwenden.

81 *(b) Haftungsbegründende Kausalität.* Der Nachweis der haftungsbegründenden Kausalität erfordert hier auf Seiten des Anlegers, dass für ihn ohne die Falschmeldung oder die Unterlassung der Mitteilung zum Zeitpunkt der Transaktion ein besserer Kurs gegolten hätte.

82 *(c) Wahlrecht zwischen den Schadensvarianten.* Der BGH⁹² räumt dem Anleger ein Wahlrecht zwischen dem Vertragsabschluss- und dem Kursdifferenzschaden ein.

83 *(3) Anspruchsausschluss nach dem jeweiligen Abs. 3 der Vorschriften.* Ein Schadensersatzanspruch ist ausgeschlossen, wenn der Anleger die nicht veröffentlichte bzw. die Unrichtigkeit der Tatsache beim Erwerb oder der Veräußerung kannte.

---

⁸⁴ *Rössner/Bolkart* ZIP 2002, 1471 (1475); *Möllers/Leisch* BKR 2002, 1071 (1077).
⁸⁵ BGH 13.12.2011 – XI ZR 51/10, BGHZ 192, 90.
⁸⁶ Für eine Beweislastumkehr: *Rössner/Bolkart* ZIP 2002, 1471 (1476).
⁸⁷ BGH 13.12.2011 – XI ZR 51/10, BGHZ 192, 90.
⁸⁸ BGH 13.12.2011 – XI ZR 51/10, BGHZ 192, 90.
⁸⁹ *Fleischer* BB 2002, 1869 (1872); *Maier-Reimer/Webering* WM 2002, 1857 (1861); *Möllers/Leisch* BKR 2002, 1071 (1077).
⁹⁰ *Möllers/Leisch* BKR 2002, 1071 (1078).
⁹¹ Zum Ganzen: *Möllers/Leisch* BKR 2002, 1071 (1078).
⁹² BGH 13.12.2011 – XI ZR 51/10, BGHZ 192, 90; vgl hierzu *Klöhn* ZBB 2015, 73 ff.

(4) Verjährung gem. den jeweiligen Abs. 4 der Vorschriften. Der Schadensersatzanspruch 84 verjährt in einem Jahr von dem Zeitpunkt an, zu dem der Dritte von der Unterlassung bzw. der Unrichtigkeit Kenntnis erlangt hat, spätestens jedoch in drei Jahren seit der Unterlassung der Veröffentlichung bzw. der unrichtigen Veröffentlichung.

b) Haftung nach allgemeinen Grundsätzen, insbesondere der Vorstandsmitglieder. Nach 85 Inkrafttreten der §§ 97 und 98 WpHG hat die Haftung nach allgemeinen Haftungsgrundsätzen bei fehlerhafter Ad-hoc-Mitteilung besteht (insbesondere §§ 823 Abs. 2, 826 BGB) vor allem Bedeutung für die Haftung der Vorstandsmitglieder. Der BGH hat in der sog. **Infomatec-Entscheidung** eine Haftung von Vorstandsmitgliedern für vorsätzliche falsche Ad-hoc-Mitteilungen aus § 826 BGB bejaht.[93]

aa) Schutzgesetzverletzung gem. § 823 Abs. 2 BGB. Das Schwergewicht im Rahmen der 86 Diskussion hinsichtlich der Haftung für falsche Ad-hoc-Mitteilungen nach allgemeinen Regeln bildet die Frage, ob es Schutzgesetze iSd § 823 Abs. 2 BGB gibt. Im Folgenden werden mehrere Normen auf diesen Charakter hin näher betrachtet.

(1) Art. 17 MMVO. Im Zusammenhang mit der Haftung für fehlerhafte Ad-hoc-Mitteilungen liegt der Gedanke nahe, Art. 17 MMVO als ein Schutzgesetz iSd § 823 Abs. 2 BGB anzusehen. 87

Völlig zurecht wird dies jedoch überwiegend sowohl von der Rechtsprechung als auch 88 von der Literatur abgelehnt. Der Emittent soll nur nach §§ 97, 98 WpHG haften.[94]

(2) Andere Schutzgesetze. Unzweifelhaft stellen die Straftatbestände des **Betrugs (§ 263** 89 **StGB)** und des **Kapitalanlagebetrugs (§ 264a StGB)** Schutzgesetze iSd § 823 Abs. 2 BGB dar. Der Tatbestand der jeweiligen Norm wird in den hier relevanten Fällen jedoch zumeist nicht erfüllt sein.

Denkbar wäre auch an **§ 400 AktG,** der nach einhelliger Meinung ebenfalls als Schutzgesetz 90 anzusehen ist und die unrichtige Darstellung der Verhältnisse der Gesellschaft durch Organmitglieder unter Strafe stellt.[95] Entgegen einiger Stimmen in der Literatur hat die Regierungskommission „Corporate Governance" in ihrem Bericht angenommen, dass hierunter auch unrichtige Ad-hoc-Veröffentlichungen fallen.[96] Abgesehen von dieser Frage erfasst der Tatbestand zB nicht die Unterlassung einer Ad-hoc-Meldung.

bb) Vorsätzliche sittenwidrige Schädigung nach § 826 BGB. Die grundsätzliche Eignung 91 des § 826 BGB für eine persönliche Haftung der Organmitglieder gegenüber Anlegern im Falle fehlerhafter Ad-hoc-Mitteilungen wurde, auch vor der „Infomatec"-Entscheidung, weder von der Literatur noch von der Rechtsprechung angezweifelt.[97] Kontroversen bestanden nur hinsichtlich der konkreten Anforderungen an die „Sittenwidrigkeit" des Verhaltens und des Schädigungsvorsatzes.

Der *BGH* sieht den Tatbestand des § 826 BGB als erfüllt an, wenn falsche Ad-hoc-Mit- 92 teilungen in Kenntnis ihrer Unrichtigkeit veröffentlicht werden.

Problematisch ist allerdings, dass der geschädigte Anleger grundsätzlich beweisen muss, 93 dass die falsche Ad-hoc-Meldung für die von ihm getroffene Anlageentscheidung ursächlich war. Dieser Entschluss ist allerdings durch verschiedene rationale und irrationale Faktoren, ebenso spekulative Elemente beeinflusst, so dass es insoweit einen Anscheinsbeweis nicht geben kann.[98] Auch die zur Prospekthaftung nach dem Börsengesetz aF entwickelten

---

[93] BGH NJW 2004, 2668 ff.; 2004, 2664 ff. und BGH DStR 2004, 1490 ff.; – hierzu → Rn. 88 ff.
[94] Etwa AG München WM 2002, 594 (595); Assmann/Schneider/*Kümpel/Assmann* § 15 Rn. 307; *Gruson/Wiegmann* AG 1995, 173 (175); *Reichert/Weller* ZRP 2002, 49 (53); *Krause* ZGR 2002, 799 (808 ff.); *Thümmel* DB 2001, 2331 (2332); *Hopt* ZHR 159 (1995), 135 (161 f.); aA *Gehrt* S. 201; *Steinhauer* S. 240 f.; zweifelnd Klöhn/*Klöhn* Art. 17 Rn. 589.
[95] *Siebel/Gebauer* WM 2001, 173 (189); *Krause* ZGR 2002, 799 (819).
[96] Siehe *Baums* Rn. 184 sowie BGH AG 2005, 609.
[97] OLG München BKR 2002, 1096 (1099 ff.); *Krause* ZGR 2002, 799 (820 ff.); *Möllers/Leisch* ZIP 2002, 1995 (1997); *dies.* WM 2001, 1648 ff.; *Fuchs/Dühn* BKR 2002, 1063 (1067 ff.); *Rieckers* BB 2002, 1213 (1219); *Thümmel* DB 2001, 2331 (2332); *Rodewald/Siems* BB 2001, 2437 (2440).
[98] BGH NJW 2004, 2668 ff.; 2004, 2664 ff. und BGH DStR 2004, 1490 ff.

Grundsätze zur sog. Anlagestimmung[99] lassen sich nicht ohne weiteres auf die Haftung nach § 826 BGB für fehlerhafte Ad-hoc-Mitteilungen übertragen. Denn anders als ein Börsenzulassungsprospekt, der über alle anlagerelevanten Umstände aufzuklären hat, ist der Informationsgehalt der Ad-hoc-Mitteilung nur punktuell. Im Übrigen, selbst wenn es zu einer euphorischen Stimmung kommt, hält diese nicht unbegrenzt an und muss bestimmt werden, wie lange eine solche anhält. Dies wiederum hängt stark vom Einzelfall ab. Von den Gerichten jedenfalls kann ein fester Zeitraum unter Berücksichtigung der Gefahr willkürlicher Entscheidungen nicht bestimmt werden, hierfür ist der Gesetzgeber zuständig.

94 Liegen auch die subjektiven Voraussetzungen der sittenwidrigen vorsätzlichen Schädigung vor, kann der Anleger verlangen, im Wege der Naturalrestitution so gestellt zu werden, wie er stehen würde, wenn die für die Veröffentlichung Verantwortlichen ihrer Pflicht zur wahrheitsgemäßen Mitteilung nachgekommen wären. Hätte er in einem solchen Fall die Aktien nicht gekauft, kann er die Erstattung des gezahlten Kaufpreises gegen Übertragung der erworbenen Aktien auf die Vorstandsmitglieder bzw. gegen Anrechnung des an deren Stelle getretenen Erlöses aus der Veräußerung dieser Aktien verlangen.

95 Generell empfiehlt es sich auf Grund des sehr weit gefassten Tatbestands des § 826 BGB – wie auch sonst in solchen Fällen – die Bildung von abgestuften Fallgruppen.[100]

96 *(1) Falsche Meldungen eigennütziger Tatsachen.* Ein anerkannter Anwendungsfall der Sittenwidrigkeit ist die bewusste Irreführung Dritter zur Förderung eigennütziger Interessen,[101] so dass auch die wissentliche Veröffentlichung einer fehlerhaften Ad-hoc-Meldung dann eine solche Sittenwidrigkeit realisiert, wenn damit eigennütziges Insiderhandeln ermöglicht werden soll.[102] Bedingter Vorsatz ist ausreichend. Die Rechtsprechung lässt bei dieser Fallgruppe ein leichtfertiges und gewissenloses Handeln genügen, was sicherlich dann zutrifft, wenn ein Organmitglied im Zusammenhang mit Insidergeschäften eine objektiv falsche Ad-hoc-Mitteilung zumindest „ins Blaue hinein" veröffentlicht, ohne sich um die Folgen für Dritte zu kümmern.[103]

97 *(2) Fehlerhafte Mitteilungen ohne intendierten Eigennutz.* Bei dieser Fallgruppe handelt es sich um Konstellationen, in denen ein Organmitglied zwar bewusst bzw. „ins Blaue" eine Veröffentlichung einer falschen Ad-hoc-Meldung vornimmt, diese aber gerade nicht zu dem Zweck erfolgte, ein eigennütziges Insidergeschäft zu ermöglichen. Die Beweggründe hierbei können durchaus positiv zu beurteilen sein, etwa wenn der Vorstand mittels einer solchen Veröffentlichung die schlechte Vermögenslage eines Unternehmens verschleiern will, um die Arbeitnehmer vor dem Verlust ihrer Stellung zu bewahren. Aber auch eine solche Vorgehensweise wird man richtigerweise als sittenwidrig einstufen müssen, da zum einen eine bewusste Täuschung Dritter im Raume steht und zum anderen die Organmitglieder gesetzlich zur Einhaltung der Ad-hoc-Publizität verpflichtet sind. Richtigerweise liegt dem Verhalten der Vorstandsmitglieder insoweit als „Informationsmonopolisten" ein gesteigerter Unwertgehalt zugrunde.[104]

98 *(3) Unterlassene Ad-hoc-Meldung.* Diskussionswürdig erscheint in diesem Zusammenhang auch die Konstellation des Verstoßes gegen Art. 17 MMVO durch Unterlassen. Dabei ist, wie grundsätzlich auch bei der Verwirklichung von Straftatbeständen durch Unterlassen, unstreitig, dass ein schlichtes Unterlassen nicht ausreicht, sondern vielmehr eine Pflicht zum Handeln bestehen muss. Demzufolge ist fraglich, ob allein schon Art. 17 MMVO eine Pflicht zum Handeln auslöst. In der Literatur wird zurecht eine solche sittliche Handlungspflicht resultierend aus Art. 17 MMVO grundsätzlich verneint,[105] da auch die Rechtsprechung einhellig die Verwirklichung des § 826 BGB durch Unterlassen nur dann annimmt,

---

[99] Schäfer/*Hamann* BörsG §§ 45, 46 aF Rn. 65 ff.; Schwark/*ders.*² 1994, BörsG §§ 45, 46 Rn. 34.
[100] *Krause* ZGR 2002, 799 (820 ff.); *Möllers/Leisch* WM 2001, 1648 (1651 ff.).
[101] BGH ZIP 1992, 1464 (1474).
[102] *Krause* ZGR 2002, 799 (822); *Möllers/Leisch* WM 2001, 1648 (1652 ff.).
[103] *Krause* ZGR 2002, 799 (822 f.); *Möllers/Leisch* WM 2001, 1648 (1654 f.).
[104] *Möllers/Leisch* WM 2001, 1648 (1654).
[105] *Krause* ZGR 2002, 799 (824).

wenn das geforderte Tun einem sittlichen Gebot entspricht; die Nichterfüllung einer allgemeinen Rechts- oder Vertragspflicht genügt nicht.[106]

Eine andere Betrachtungsweise ist nur dann angezeigt, wenn mit dem Unterlassen der Mitteilung noch eine verwerfliche Motivation einhergeht, etwa in Gestalt eines intendierten Eigennutzes.[107]

IV. Pflichten von Führungskräften und mit ihnen eng verbundenen Personen – „Directors' Dealings" und Handelsverbot während der Closed Periods – und die damit im Zusammenhang stehenden Pflichten des Emittenten

1. Zweck der Regelung

Ebenso wie die Vorgängervorschrift des § 15a WpHG soll auch Art. 19 MMVO unzulässigen Insidergeschäften entgegenwirken, denn der Anschein des Insidergeschäfts ist diesen Transaktionen immanent, weshalb den Geschäften von Unternehmensinsidern üblicherweise auch eine gewisse Indikatorenwirkung zugesprochen wird.[108] Durch diese Offenlegungspflicht des eigenen Kauf- bzw. Verkaufsverhaltens der Organe sollte auch eine größere Abschreckfunktion erreicht werden als durch die Strafe bei Insidergeschäften.[109] Zudem ergibt sich aus diesen Meldungen für die BaFin eine zusätzliche Möglichkeit der Überwachung von Insidergeschäften.[110]

Leitmotiv der Insiderregelungen – und somit auch des Art. 19 MMVO – ist die Transparenz des Marktes, die Marktintegrität und die Chancengleichheit für alle Marktteilnehmer.[111] Es sollen Rückschlüsse vom Verhalten der Organe auf die gegenwärtige und künftige Entwicklung der Gesellschaft möglich sein. Die Organe können die geschäftlichen Perspektiven ihrer Gesellschaft viel besser einschätzen als etwa Analysten oder normale Marktteilnehmer.[112] Allerdings hat dieses Verhalten nicht immer diese Indikatorwirkung. Ein Verkauf von Aktien des „eigenen" Unternehmens kann ebenso gut deshalb erfolgen, weil das veräußernde Organ Geldmittel für private Zwecke benötigt.[113] In diesem Falle kann die Veröffentlichung des Verkaufs von Aktien des „eigenen" Unternehmens genau das Gegenteil bewirken, nämlich eine Irreführung der Marktteilnehmer.

2. Directors' Dealings

Eine Person, die bei einem Emittenten Führungsaufgaben wahrnimmt sowie eine Person, die mit einer solchen Person in enger Beziehung steht, hat dem Emittenten und der BaFin jedes Eigengeschäft mit Anteilen oder Schuldtiteln oder damit verbundenen Derivaten zu melden (Art. 19 Abs. 1 S. 1 MMVO), die zum Handel in einem regulierten Markt zugelassen oder auf Initiative des Emittenten[114] in den Freiverkehr einbezogen sind bzw. der entsprechende Antrag hierfür gestellt ist (Art. 19 Abs. 4 MMVO).[115]

a) **Verpflichteter Personenkreis.** Mitteilungspflichtig können natürliche und juristische Personen sein (Art. 3 Abs. 1 Nr. 13 MMVO).

Personen mit Führungsaufgaben sind zum einen Personen, die innerhalb eines Emittenten einem Verwaltungs-, Leitungs- oder Aufsichtsorgan angehören (Art. 3 Abs. 1 Nr. 25 lit. a MMVO). Das sind die **Mitglieder des Vorstands** (auch die geschäftsführenden Direktoren der monistischen SE und stellvertretende Vorstandsmitglieder § 94 AktG) oder eines sonsti-

---

[106] BGH NJW 2001, 3702 (3703).
[107] *Krause* ZGR 2002, 799 (824 f.).
[108] RegE 4. FFG BT-Drs. 14/8017, 87.
[109] *Fleischer* ZIP 2002, 1217 (1220).
[110] Erwägungsgrund 59 MMVO.
[111] Rn. 5, 42 ff.
[112] Vgl. *Letzel* BKR 2002, 862 (864).
[113] Assmann/Schneider/*Sethe* § 15a Rn. 12; *Schneider* AG 2002, 473 (475).
[114] Siehe hierzu schon Rn. 45.
[115] Damit ist der Anwendungsbereich gegenüber § 15a WpHG in doppelter Hinsicht erweitert.

gen Verwaltungsorgans (Verwaltungsrat in SE) und des **Aufsichtsrats**, unabhängig von der Wirksamkeit ihrer Bestellung[116], nicht aber Ersatzmitglieder[117] sowie **persönlich haftende Gesellschafter** (KGaA) des Emittenten.

105 Mitteilungspflichtig sind aber auch **höhere Führungskräfte**, die nicht Organmitglieder sind, aber regelmäßig Zugang zu Insiderinformationen mit direktem oder indirektem Bezug zu diesem Unternehmen haben und befugt sind, unternehmerische Entscheidungen über künftige Entwicklungen und Geschäftsperspektiven dieses Unternehmens zu treffen (Art. 3 Abs. 1 Nr. 25 lit. b MMVO). Wer zu dem letztgenannten Personenkreis gehört, bedarf einer Prüfung im konkreten Einzelfall. Allein die Tatsache, dass eine sonstige Führungskraft in der Insiderliste des Emittenten geführt wird, begründet noch keine Mitteilungspflicht.[118] Mitteilungspflichtig ist nur, wer strategische Entscheidungen für das Gesamtunternehmen treffen kann.[119] Ein etwaiger Zustimmungsvorbehalt des Vorstands beseitigt die Mitteilungspflicht einer solchen Person.[120] Beispiele für so mitteilungspflichtige Personen können Generalbevollmächtigte oder Mitglieder eines sog. erweiterten Vorstandes sein. Bei Tochter- oder Muttergesellschaften bzw. konzernverbundenen Unternehmen tätige Personen zählen definitionsgemäß nicht zu den höheren Führungskräften, dies gilt im Allgemeinen auch für vom Mutterkonzern entsandte Führungskräfte.

106 Natürliche Personen, die in enger Verbindung zu Personen mit Führungsaufgaben stehen, sind **Ehepartner, eingetragene Lebenspartner** (nach LPartG) und **unterhaltsberechtigte Kinder** und andere **Verwandte**, die mit den Personen mit Führungsaufgaben zum Zeitpunkt des Abschlusses des meldepflichtigen Geschäftes seit mindestens einem Jahr im selben Haushalt leben (Art. 3 Abs. 1 Nr. 26 litt. a) bis c) MMVO). Geschäfte eines solchen nahen Angehörigen werden nicht der Person mit Führungsaufgaben zugerechnet, meldepflichtig sind vielmehr die Angehörigen selbst. Für Ehegatten oder eingetragene Lebenspartner besteht die Mitteilungspflicht unabhängig davon, ob ein gemeinsamer Haushalt geführt wird; die Mitteilungspflicht endet erst, wenn die Ehe geschieden oder die Lebenspartnerschaft aufgehoben ist. Verwandter iSd Vorschrift ist der Verwandte iSd § 1589 BGB. Das Leben im selben Haushalt ist erfüllt, wenn eine Wohn- und Wirtschaftsgemeinschaft besteht. Die Regelung soll Umgehungsgeschäfte verhindern, bei denen die Personen mit Führungsaufgaben Geschäfte über ihre nahen Angehörigen abwickeln.

107 Eine **juristische Person, Treuhand, Personengesellschaft**, deren Führungsaufgaben durch eine Person, die Führungsaufgaben wahrnimmt oder Personen, die in einer engen Verbindung Beziehung zu diesem stehen, wahrgenommen werden, die entweder direkt oder indirekt von einer solchen Person kontrolliert wird, die zugunsten einer solchen Person gegründet wurde oder deren wirtschaftliche Interessen weitgehend einer solchen Person entsprechen, sind ebenfalls mitteilungspflichtig (Art. 3 Abs. 1 Nr. 26 lit. d MMVO). Klar ist, dass allein die Wahrnehmung von Führungsaufgaben in der anderen Gesellschaft (Doppelmandat) keine Meldepflicht der anderen Gesellschaft begründet.[121] Eine Meldepflicht besteht jedenfalls, wenn für die Führungskraft[122] in der anderen Gesellschaft die Möglichkeit besteht, sich einen signifikanten Vermögensvorteil aus einer Transaktion in Finanzinstrumenten des Emittenten zu sichern, zB weil eine Beteiligung von mindestens 50 % besteht oder ihr mindestens 50 % der Gewinne zugerechnet werden.[123] Nach der BaFin soll dies der

---

[116] *Kumpan* AG 2016, 446 (448).
[117] *Kumpan* AG 2016, 446 (449).
[118] Klöhn/*Semrau* Art. 19 Rn. 26.
[119] *Kumpan* AG 2016, 446 (449).
[120] Klöhn/*Semrau* Art. 19 Rn. 27.
[121] *BaFin*, FAQ zu Eigengeschäften von Führungskräften nach Art. 19 der Marktmissbrauchsverordnung (EU) Nr. 596/2014, 8. Version (Stand: 13.9.2017), II. Nr. 9; abrufbar unter https://www.bafin.de/DE/Aufsicht/BoersenMaerkte/Transparenzpflichten/DirectorsDealings/directorsdealings_node.htm; *ESMA*, Questions and Answers On the Market Abuse Regulation (ESMA70–145-11), Question 7.7.
[122] Oder einer ihr nahestehenden Person.
[123] *BaFin*, FAQ zu Eigengeschäften von Führungskräften nach Art. 19 der Marktmissbrauchsverordnung (EU) Nr. 596/2014, 8. Version (Stand: 13.9.2017), II. Nr. 10; abrufbar unter https://www.bafin.de/DE/Aufsicht/BoersenMaerkte/Transparenzpflichten/DirectorsDealings/directorsdealings_node.htm.

einzige Fall sein („nur")[124], die ESMA hingegen stellt darauf ab, ob die Person mit Führungsaufgaben in der anderen Gesellschaft die Entscheidungen über Transaktionen in Finanzinstrumenten des Emittenten trifft oder die Entscheidungen beeinflusst.[125] Gemeinnützige Gesellschaften unterliegen nicht der Meldepflicht.[126]

b) Meldepflichtige Eigengeschäfte. Meldepflichtig sind zweifellos Erwerb und die Veräußerung von Finanzinstrumenten. Art. 19 Abs. 7 MMVO benennt weitere Eigengeschäfte, wie zB die Verpfändung oder das Verleihen von Finanzinstrumenten, solange sie nicht der Kreditsicherung dient. Eine nicht abschließende Aufzählung von weiteren meldepflichtigen Geschäften enthält Art. 10 Abs. 2 der Delegierte Verordnung (EU) 2016/522 der Kommission.[127] Danach sind meldepflichtig ua auch die Ausübung von Aktienoptionen im Rahmen von Mitarbeiterbeteiligungsprogrammen, Zeichnung einer Kapitalerhöhung, bedingte Geschäfte bei Eintritt der Bedingung und getätigte oder erhaltene Zuwendungen und Spenden sowie entgegengenommene Erbschaften[128]. 108

c) Bagatellgrenze. Eine Pflicht zur Meldung entfällt gem. Art. 19 Abs. 8 MMVO solange Geschäfte, die von meldepflichtigen Personen getätigt[129] werden, innerhalb eines Kalenderjahrs ein Gesamtvolumen von 5.000 EUR nicht erreichen: es werden alle Eigengeschäfte ohne Netting (Art. 19 Abs. 8 S. 2 MMVO) addiert.[130] Bei Erbschaften und Schenkungen ist der letzte veröffentlichte Preis des Finanzinstruments entsprechend den Nachhandelstransparenzvorschriften am Tag der Annahme der Schenkung oder Erbschaft maßgeblich.[131] Eine Meldepflicht entsteht mit Abschluss desjenigen Geschäfts, durch welches die Bagatellgrenze erreicht wird, es sind dann das Geschäft mit dem die Schwelle erreicht wird und alle im Kalenderjahr nachfolgenden Geschäfte zu melden (Art. 19 Abs. 1 UAbs. 2 MMVO).[132] 109

d) Art und Weise der Mitteilung.[133] Wer meldepflichtig ist, meldet einerseits dem Emittenten und andererseits der BaFin (Art. 19 Abs. 1 MMVO iVm § 6 Abs. 5 WpHG). 110

Den Inhalt der Mitteilung regelt Art. 19 Abs. 6 MMVO[134]. Für die Meldung ist zwingend das Muster (Art. 19 Abs. 15 MMVO), welches von der Kommission veröffentlicht wurde[135], zu verwenden. 111

Die Meldung hat gem. Art. 19 Abs. 1 S. 2 MMVO unverzüglich und spätestens 3 Geschäftstage nach Geschäftsvornahme[136] zu erfolgen. 112

---

[124] *BaFin*, FAQ zu Eigengeschäften von Führungskräften nach Art. 19 der Marktmissbrauchsverordnung (EU) Nr. 596/2014, 8. Version (Stand: 13.9.2017), II. Nr. 10; abrufbar unter https://www.bafin.de/DE/Aufsicht/BoersenMaerkte/Transparenzpflichten/DirectorsDealings/directorsdealings_node.htm.
[125] *ESMA*, Questions and Answers On the Market Abuse Regulation (ESMA70–145-11), Question 7.7.
[126] *BaFin*, FAQ zu Eigengeschäften von Führungskräften nach Art. 19 der Marktmissbrauchsverordnung (EU) Nr. 596/2014, 8. Version (Stand: 13.9.2017), II. Nr. 8; abrufbar unter https://www.bafin.de/DE/Aufsicht/BoersenMaerkte/Transparenzpflichten/DirectorsDealings/directorsdealings_node.htm.
[127] Vom 17.12.2015, ABl. 2016 L 88, S. 1.
[128] Str., vgl. zum Streitstand Marsch-Barner/Schäfer/*Schäfer* § 16 Rn. 16.13.
[129] Unklar ist, ob hierbei jede meldepflichtige Person für sich zu betrachten ist oder Zusammenrechnungen erfolgen, dagegen: *BaFin*, FAQ zu Eigengeschäften von Führungskräften nach Art. 19 der Marktmissbrauchsverordnung (EU) Nr. 596/2014, 8. Version (Stand: 13.9.2017), III. Nr. 1; abrufbar unter https://www.bafin.de/DE/Aufsicht/BoersenMaerkte/Transparenzpflichten/DirectorsDealings/directorsdealings_node.htm; in der Literatur ua *von der Linden* DStR 2016, 1036 (1040); dafür: *Maume/Kellner* ZGR 2017, 273 (289 f.).
[130] Es besteht für die Mitgliedstaaten die Möglichkeit, die Grenze auf 20.000 EUR zu erhöhen, für Deutschland ist dies jedoch (noch) nicht geschehen.
[131] *BaFin*, FAQ zu Eigengeschäften von Führungskräften nach Art. 19 der Marktmissbrauchsverordnung (EU) Nr. 596/2014, 8. Version (Stand: 13.9.2017), III. Nr. 4; abrufbar unter https://www.bafin.de/DE/Aufsicht/BoersenMaerkte/Transparenzpflichten/DirectorsDealings/directorsdealings_node.htm.
[132] *BaFin*, FAQ zu Eigengeschäften von Führungskräften nach Art. 19 der Marktmissbrauchsverordnung (EU) Nr. 596/2014, 8. Version (Stand: 13.9.2017), III. Nr. 2; abrufbar unter https://www.bafin.de/DE/Aufsicht/BoersenMaerkte/Transparenzpflichten/DirectorsDealings/directorsdealings_node.htm.
[133] Formular abrufbar unter https://www.bafin.de/DE/Aufsicht/BoersenMaerkte/Transparenzpflichten/DirectorsDealings/directorsdealings_node.htm.
[134] Vgl. zu den Einzelheiten *Stüber* DStR 2016, 1221 (1225).
[135] Durchführungsverordnung (EU) 2016/523 der Kommission vom 10.3.2016, ABl. 2016 L 88, 19.
[136] Wohl schuldrechtliches Geschäft: *von der Linden* DStR 2016, 1036 (1040); *Poelzig* NZG 2016, 761 (767); Klöhn/*Semrau* Art. 19 Rn. 60.

113 **e) Belehrungspflichten der Personen mit Führungsaufgaben.** Die Personen mit Führungsaufgaben haben die mit ihnen in enger Beziehung stehenden Personen schriftlich von ihren Verpflichtungen im Zusammenhang mit den meldepflichtigen Geschäften bestehenden Verpflichtungen in Kenntnis zu setzen und von diesen Belehrungen eine Kopie aufzubewahren (Art. 19 Abs. 5 UAbs. 2 MMVO).

114 **f) Pflichten des Emittenten.** *aa) Veröffentlichungspflichten.* Der Emittent hat gem. Art. 19 Abs. 3 S. 1 MMVO sicherzustellen, dass die Geschäfte, die ihm gemeldet wurden, spätestens 3 Geschäftstage nach dem Geschäft, so und mit dem Inhalt, den Art. 19 Abs. 6 MMVO verlangt (Art. 19 Abs. 15 MMVO), veröffentlicht werden, dass diese Informationen schnell und nichtdiskriminierend der Öffentlichkeit zugänglich sind. Während bislang die Frist („unverzüglich") an den Zugang der Meldung des Meldepflichtigen anknüpfte, soll die Frist mit Geschäftsvornahme durch den Meldepflichtigen beginnen. Das kann zu Schwierigkeiten beim Emittenten führen, wenn der Meldepflichtige seinerseits die identische Frist, die für ihn gilt, voll ausschöpft. Dem Emittenten ist daher zu empfehlen auf dieses Problem hinzuweisen und auf eine entsprechend zügige Meldung durch die Meldepflichtigen, zB im Anstellungsvertrag hinzuwirken.[137] Der Emittent hat die Mitteilung zudem unverzüglich, jedoch nicht vor ihrer vorgenannten Veröffentlichung dem Unternehmensregister und der BaFin zu übermitteln (§ 26 Abs. 2 WpHG).

115 *bb) Belehrungs- und Dokumentationspflichten.* Die Emittenten haben die Personen, die Führungsaufgaben wahrnehmen, von ihren Verpflichtungen im Rahmen des Directors' Dealings schriftlich in Kenntnis zu setzen (Art. 19 Abs. 5 UAbs. 1 S. 1 MMVO).[138]

116 Ferner hat der Emittent eine Liste der Personen, die Führungsaufgaben wahrnehmen und der Personen, die mit diesen in enger Beziehung stehen, zu erstellen (Art. 19 Abs. 5 UAbs. 1 S. 2 MMVO) und stets zu aktualisieren[139]. Im Hinblick auf die in enger Beziehung zu den Personen mit Führungsaufgaben stehenden Personen fehlt dem Emittenten jedoch die Kenntnis und er ist insoweit auf entsprechende Informationen durch die Person mit Führungsaufgaben angewiesen.[140] Da aber eine Auskunftspflicht der Personen mit Führungsaufgaben weder in der MMVO noch sonst ersichtlich ist, was unter Grundrechtsgesichtspunkten (zB bei unbekannten unehelichen Kindern) notwendig wäre, wird der Emittent diese Verpflichtung nur erfüllen können, wenn die Auskünfte freiwillig erteilt werden. Die Person mit Führungsaufgaben ist allerdings gegenüber dem Emittenten verpflichtet, eine Erklärung abzugeben, dass sie alle betroffenen Personen entsprechend belehrt hat.

117 **g) Rechtsfolgen bei Verstößen.** *aa) Ahndung von Verstößen gegen die Pflichten nach Art. 19 MMVO.* Erfolgt die Mitteilung nicht oder die Veröffentlichung nicht, nicht richtig, nicht vollständig, nicht rechtzeitig oder nicht in der vorgesehenen Weise und war die Pflichtverletzung vorsätzlich oder leichtfertig, kann jeweils ein Bußgeld von bis zu 500.000 EUR verhängt werden (§ 120 Abs. 15 Nr. 17–21 WpHG).[141]

118 *bb) Zivilrechtliche Schadensersatzhaftung.* Ob die Anleger über einen Schadensersatzanspruch gegen den Meldepflichtigen verfügen, wenn dieser seiner Obliegenheit zur Mitteilung nicht oder nicht richtig nachkommt, ist fraglich. In Betracht kommt § 823 Abs. 2 BGB iVm Art. 19 MMVO, was allerdings die Schutzgesetzeigenschaft der Vorschrift voraussetzt. Art. 19 MMVO lässt sich zu dieser Frage nichts entnehmen. Vielmehr bedarf es der Auslegung, ob die Norm ausschließlich öffentlichen Interessen dient oder aber auch dem individuellen Anleger einen Anspruch gewähren will. Wie bereits oben erläutert,[142] dient Art. 19 MMVO vorwiegend der Transparenz des Marktes, der Marktintegrität und der Chancen-

---

[137] *Maume/Kellner* ZGR 2017, 273 (288); *Stüber* DStR 2016, 1221 (1224); vgl auch Klöhn/*Semrau* Art. 19 Rn. 64.
[138] Nach bisher geltender Rechtslage waren nur diejenigen, die ins Insiderverzeichnis aufgenommen wurden, zu belehren.
[139] *Stüber* DStR 2016, 1221 (1225).
[140] *Stüber* DStR 2016, 1221 (1225).
[141] Jeweils auch gegen die vertretungsberechtigten Organe des Emittenten (§ 30 OWiG).
[142] → Rn. 5 ff.

gleichheit aller Marktteilnehmer. Daraus ergibt sich, dass nur der Kapitalmarkt und die Anleger in ihrer Gesamtheit geschützt werden sollen, nicht aber individuelle Interessen.[143] §§ 97 und 98 WpHG finden aufgrund des klaren Wortlauts keine Anwendung.[144] Ein Schadensersatzanspruch aus Art. 19 MMVO iVm § 823 Abs. 2 BGB oder §§ 97 und 98 WpHG scheidet damit aus. Denkbar ist allerdings ein Schadensersatzanspruch aus § 826 BGB.[145]

3. Handelsverbot während der Closed Periods

Gem. Art. 19 Abs. 11 MMVO darf eine Person, die bei einem Emittenten Führungsaufgaben wahrnimmt, weder direkt noch indirekt Eigengeschäfte oder Geschäfte für Dritte insbesondere im Zusammenhang mit Aktien, Schuldtiteln oder Derivaten, während eines geschlossenen Zeitraums von dreißig Kalendertagen (Mindestfrist) vor Ankündigung eines Zwischenberichts oder eines Jahresabschlusses tätigen, zu deren Veröffentlichung der Emittent nach den Regelungen der betroffenen Börsen, nach WpHG oder HGB verpflichtet ist.

a) Tatbestand. Indirekte Geschäfte oder **Geschäfte für Dritte** können im Einzelfall, unter Umgehungsgesichtspunkten, auch Geschäfte von in enger Beziehung stehenden Personen sein.[146] Geschäfte für Dritte sind nicht Geschäfte, die vom Vorstand als Organ des Emittenten getätigt werden, zB Aktienrückkäufe.[147] Der Vollzug eines vor Beginn des Handelsverbotszeitraums unbedingt geschlossenen Geschäfts während des Handelsverbotszeitraums ist nicht tatbestandsmäßig.[148]

Nach dem Wortlaut der Vorschrift ist entscheidend für den Beginn des Handelsverbotszeitraums die **Ankündigung** der entsprechenden Abschlüsse. Es muss aber auf den **angekündigten** Veröffentlichungstermin der Abschlüsse ankommen.[149]

Das Handelsverbot bezieht sich auf den Jahresbericht und den Halbjahresfinanzbericht und den Konzernabschluss nach §§ 114, 115, 117 WpHG. Es gilt nicht für die Quartalsmitteilung nach § 53 Abs. 1 BörsenO FWB[150], die zwar verpflichtend aber ihrem Inhalt nach nur beschrieben ist. Ebenso gilt es nicht für den Quartalsfinanzbericht nach § 53 Abs. 6 BörsenO FWB, da dieser nicht obligatorisch ist. Er soll aber für den Halbjahresbericht nach § 21 Abs. 1 lit. b der AGB Freiverkehr FWB[151] gelten.[152]

b) Ausnahmegenehmigung durch den Emittenten. Unbeschadet des Insiderverbots (Art. 14 MMVO)[153] und des Verbots der Marktmanipulation (Art. 15 MMVO) darf der Emittent einer Person mit Führungsaufgaben während des Handelsverbotszeitraums Eigen-

---

[143] Assmann/Schneider/*Sethe* § 15a Rn. 140; *Klöhn*/*Semrau* Art. 19 Rn. 26 mwN.
[144] Assmann/Schneider/*Sethe* § 15a Rn. 139.
[145] Assmann/Schneider/*Sethe* § 15a Rn. 141.
[146] Dafür: *BaFin*, FAQ zu Eigengeschäften von Führungskräften nach Art. 19 der Marktmissbrauchsverordnung (EU) Nr. 596/2014, 8. Version (Stand: 13.9.2017), VI. Nr. 1; abrufbar unter https://www.bafin.de/DE/Aufsicht/BoersenMaerkte/Transparenzpflichten/DirectorsDealings/directorsdealings_node.htm.; dagegen *Stüber* DStR 2016, 1221 (1226) und *ESMA*, Questions ans Answers on the Market Abuse Regulation, Frage 7.9 (MAR; Stand 14.12.2017), abrufbar unter: http://www.esma.en/press-news/esma-news/esma-updates-qa-mar.
[147] So auch *Stüber* DStR 2016, 1221 (1226).
[148] Unter Verweis auf Art. 9 Abs. 3 lit. a MMVO: *BaFin*, FAQ zu Eigengeschäften von Führungskräften nach Art. 19 der Marktmissbrauchsverordnung (EU) Nr. 596/2014, 8. Version (Stand: 13.9.2017), VI. Nr. 6; abrufbar unter https://www.bafin.de/DE/Aufsicht/BoersenMaerkte/Transparenzpflichten/DirectorsDealings/directorsdealings_node.htm.
[149] *Klöhn*/*Semrau* Art. 19 Rn. 26; Marsch-Barner/Schäfer/*Schäfer* § 14 Rn. 14.57; *Stüber* DStR 2016, 1221 (1226) mit Verweis auf englische Fassung „announcement" und *ESMA*, Questions ans Answers on the Market Abuse Regulation, Frage 7.2 (MAR; Stand 14.12.2017), abrufbar unter: http://www.esma.en/press-news/esma-news/esma-updates-qa-mar.
[150] Stand 31.1.2018.
[151] Stand 3.1.2018; Scale und Basic Board.
[152] *BaFin*, FAQ zu Eigengeschäften von Führungskräften nach Art. 19 der Marktmissbrauchsverordnung (EU) Nr. 596/2014, 8. Version (Stand: 13.9.2017), VI. Nr. 3–5; abrufbar unter https://www.bafin.de/DE/Aufsicht/BoersenMaerkte/Transparenzpflichten/DirectorsDealings/directorsdealings_node.htm; *Maume/Kellner* ZGR 2017, 273 (293 f.).
[153] *ESMA*, Questions ans Answers on the Market Abuse Regulation (MAR), Frage 7.8 (Stand 14.12.2017), abrufbar unter: http://www.esma.en/press-news/esma-news/esma-updates-qa-mar

geschäfte und Geschäfte für Dritte erlauben (Art. 19 Abs. 12 MMVO), vorausgesetzt, dass diese Geschäfte entweder (i) im Einzelfall aufgrund außergewöhnlicher Umstände, wie zB schwerwiegende finanzielle Schwierigkeiten, die den unverzüglichen Verkauf von Anteilen erforderlich machen oder (ii) durch die Merkmale des betreffenden Geschäfts für Handel bedingt sind, die im Rahmen von Belegschaftsaktien oder einem Mitarbeitersparplan, von Pflichtaktien oder von Bezugsberechtigungen auf Aktien oder Geschäfte getätigt werden, wenn sich die nutzbringende Beteiligung an dem einschlägigen Wertpapier nicht ändert (Art. 19 Abs. 12 MMVO).[154]

124 c) **Rechtsfolgen von Verstößen.** Wer gegen Art. 19 Abs. 11 MMVO verstößt, handelt **ordnungswidrig** (§ 120 Abs. 15 Nr. 22 WpHG). Das Bußgeld kann bis zu 500.000 EUR betragen; gegenüber einer juristischen Person oder Personenvereinigung kann ein höheres nach oben begrenztes Bußgeld verhängt werden (§ 120 Abs. 18 WpHG).

125 Ein Geschäft, das gegen Art. 19 Abs. 11 MMVO verstößt, ist **nicht** nach § 134 BGB nicht, da die Vorschrift kein absolutes Verfügungsverbot darstellt.[155] Es ist auch **nicht** als Schutzgesetz iSv **§ 823 Abs. 2 BGB**, denn es liegt nur abstrakt ein Informationsvorsprung vor, der konkret nicht gegeben sein muss.[156]

V. Pflicht zur Führung von Insiderlisten

126 Art. 18 MMVO konstituiert die Pflicht zur Führung von Insiderlisten. Nach dieser Vorschrift sind Emittenten oder alle in ihrem Auftrag oder für ihre Rechnung handelnden Personen verpflichtet, (i) eine Liste aller Personen aufzustellen, wenn diese Personen für sie auf Grundlage eines Arbeitsvertrags oder anderweitig Aufgaben wahrnehmen und dadurch Zugang zu Insiderinformationen haben, wie Berater, Buchhalter oder Ratingagenturen, (ii) die Insiderliste rasch zu aktualisieren und (iii) der BaFin auf deren Ersuchen unverzüglich zur Verfügung zu stellen (Art. 18 Abs. 1 litt. a) bis c) MMVO). Emittenten sowie alle in ihrem Auftrag oder für ihre Rechnung handelnden Personen treffen alle erforderlichen Vorkehrungen, um dafür zu sorgen, dass alle auf der Insiderliste erfassten Personen ihre Pflichten schriftlich anerkennen und sich der Sanktionen bewusst sind, die bei Insidergeschäften, unrechtmäßiger Offenlegung von Insiderinformationen Anwendung finden. Auch wenn andere Personen für den Emittenten die Insiderliste führen, bleibt der Emittent verantwortlich und hat weiterhin das Recht, die Insiderliste einzusehen (Art. 18 Abs. 2 MMVO).

1. Zur Führung von Insiderlisten Verpflichtete

127 Zwei Personenkreise sind zur Führung von Insiderlisten verpflichtet: (i) die Emittenten oder (ii) alle in ihrem Auftrag oder für ihre Rechnung handelnden Personen. Die Pflichten der betroffenen Personenkreise bestehen nebeneinander.[157]

128 a) **Emittenten.** In **Art. 18 Abs. 7 MMVO** ist klargestellt, dass nicht nur Emittenten, deren Aktien und andere Finanzinstrumente bereits zugelassen sind, führungspflichtig sind, sondern auch solche Emittenten, die die Zulassung der von ihnen ausgegebenen Finanzinstrumente an einem **geregelten Markt** in einem Mitgliedstaat beantragt oder erhalten haben. Zudem löst jetzt auch die Einbeziehung in den Freiverkehr (**MTF und OTF**) auf einen entsprechenden Antrag des Emittenten hin oder mit seiner Genehmigung hierzu die Pflicht zur

---

[154] Einzelheiten regelt die Delegierte Verordnung (EU) 2016/522 der Kommission vom 17.12.2015, ABl. 2016 L 88, 1 ff.
[155] Marsch-Barner/Schäfer/*Schäfer* § 14 Rn. 14.60; *Poelzig* NZG 2016, 761 (771); aA *Maume/Kellner* ZGR 2017, 273 (298).
[156] Marsch-Barner/Schäfer/*Schäfer* § 14 Rn. 14.60; *Maume/Kellner* ZGR 2017, 273 (292 f.).
[157] *BaFin*, FAQ zu Insiderlisten nach Art. 18 Marktmissbrauchsverordnung (EU) Nr. 596/2014, 3. Version (Stand: 13.1.2017), II. 2, abrufbar unter: https://www.bafin.de/DE/Aufsicht/BoersenMaerkte/Insiderueberwachung/insiderueberwachung_node.html; *Simons* CCZ 2016, 221; ders. CCZ 2017, 182 (trotz Wortlaut „oder").

Führung von Insiderlisten aus.[158] Auch die Abgabe an einen Dienstleister, der die technische Führung übernimmt, befreit den Emittenten nicht von der Verantwortlichkeit.

b) In ihrem Auftrag oder für ihre Rechnung handelnde Personen. Die Pflicht, Insiderlisten zu führen, obliegt auch Personen, die **im Auftrag** eines Emittenten oder **für** dessen **Rechnung** handeln. Die Begriffe sind weit auszulegen, denn Sinn und Zweck der europäischen Regelung ist es, Angehörige bestimmter Berufsgruppen, die im Interesse des Emittenten handeln und aufgrund dieser Tätigkeit typischerweise Kenntnis von Insiderinformationen erlangen, in den Insiderlisten zu erfassen. Folgerichtig ist auch der Kreis der Personen, die selbst ein solches Verzeichnis zu führen haben, so zu bestimmen. Erfasst werden Personen, die Interessen des Emittenten wahrnehmen oder in beratenden Berufen tätig sind oder in ihrer Tätigkeit für den Emittenten anderweitig als einem Bereich angehörig anzusehen sind, der typischerweise mit Insiderinformationen in Berührung kommt. Typisch hierfür sind zB Rechtsanwälte, Unternehmensberater, Steuerberater, Investor Relations- und Rating-Agenturen, externe Buchhalter.[159] Zur Führung von Insiderlisten nicht verpflichtet sind Behörden, Gerichte, Staatsanwaltschaften, Polizei und Notare, soweit sie hoheitlich tätig werden. Ebenso wenig sind Lieferanten, weil sie im Interesse des Emittenten handelnd, verpflichtet, Insiderlisten zu führen.[160] Kreditinstitute sind dann in die Insiderliste aufzunehmen, wenn sie über die allgemeinen Bankdienstleistungen hinaus in der Sphäre des Emittenten tätig werden, zB bei einem Börsengang, einer Kapitalmaßnahme oder einer Akquisition.[161] Keine Ausnahme ist mehr für den Abschlussprüfer, seine Gehilfen und die bei der Prüfung mitwirkenden gesetzlichen Vertreter einer Prüfungsgesellschaft iSv § 323 Abs. 1 HGB im Hinblick auf die Führung von Insiderlisten vorgesehen.

2. Aufzunehmende Personen

In die Insiderlisten aufzunehmen sind alle Personen, die für den Emittenten oder für die im Auftrag oder für Rechnung des Emittenten handelnden Personen tätig sind, wenn diese Personen für sie auf Grundlage eines Arbeitsvertrags oder anderweitig Aufgaben wahrnehmen, durch die sie Zugang zu Insiderinformationen haben, beispielhaft sind Berater, Buchhalter oder Ratingagenturen genannt.

a) Tätig sein. Der Begriff „tätig sein" ist vor dem Hintergrund der Marktmissbrauchsrichtlinie[162] weit auszulegen. Er umfasst nicht nur Personen, die auf arbeitsvertraglicher Grundlage für den Emittenten tätig sind, sondern auch solche, die anderweitig oder aufgrund anderer Vertragsgestaltungen für den Emittenten tätig sind, zB Rechtsanwälte, Steuerberater, Investmentbanken, auch ausländische.

b) Bestimmungsgemäßer Zugang zu Insiderinformationen. Bestimmungsgemäßer Zugang zu Insiderinformationen bedeutet, dass die betreffenden Personen nicht nur zufällig oder bei Gelegenheit in den Besitz der Insiderinformation kommen dürfen. IT-Mitarbeiter, die aufgrund ihrer Administratorrechte Zugang zum internen E-Mail-Verkehr oder den Datenbanken des Emittenten haben, sind beispielsweise nicht in die Insiderliste aufzunehmen, da sich dieser Personenkreis nicht mit dem Inhalt dieser Daten auseinanderzusetzen hat, es sei denn sie haben aufgrund eines konkreten Projekts Zugang zu Insiderinformationen.[163] Dementsprechend ist auch der Mitarbeiter oder Dritte, der sich unbefugt Zugang zu Insiderinformationen verschafft, nicht in die Insiderliste aufzunehmen.

---

[158] *BaFin*, FAQ zu Insiderlisten nach Art. 18 Marktmissbrauchsverordnung (EU) Nr. 596/2014, 3. Version (Stand: 13.1.2017), II. 1, abrufbar unter: https://www.bafin.de/DE/Aufsicht/BoersenMaerkte/Insiderueberwachung/insiderueberwachung_node.html.
[159] *Fuchs/Pfüller* § 15b Rn. 18 f.; Assmann/Schneider/*Sethe* § 15b Rn. 17 ff.
[160] *BaFin* Emittentenleitfaden, S. 117 f.
[161] *BaFin*, FAQ zu Insiderlisten nach Art. 18 Marktmissbrauchsverordnung (EU) Nr. 596/2014, 3. Version (Stand: 13.1.2017), II. 4, abrufbar unter: https://www.bafin.de/DE/Aufsicht/BoersenMaerkte/Insiderueberwachung/insiderueberwachung_node.html.
[162] Art. 6 Abs. 2 UAbs. 3 S. 1.
[163] *BaFin*, FAQ zu Insiderlisten nach Art. 18 Marktmissbrauchsverordnung (EU) Nr. 596/2014, 3. Version (Stand: 13.1.2017), V. 1, abrufbar unter: https://www.bafin.de/DE/Aufsicht/BoersenMaerkte/Insiderueberwachung/insiderueberwachung_node.html.

3. Inhalt und Aufbau der Liste

133 a) **Mindestinhalt.** Nach Art. 18 MMVO sind in die Insiderliste mindestens aufzunehmen (i) die Identität aller Personen, die Zugang zu Insiderinformationen haben, (ii) der Grund für die Aufnahme in die Insiderliste und (iii) das Datum, an dem diese Person Zugang zu Insiderinformationen erlangt hat sowie die entsprechende Uhrzeit und (iv) das Datum der Erstellung der Insiderliste.

134 b) **Format und Aufbau.** Das Format für die Erstellung der Insiderliste ist in Art. 2 der EU-Durchführungsverordnung 2016/347[164] geregelt, im Anhang dieser Durchführungsverordnung sind Vorlagen beigefügt.

135 Grundsätzlich ist für jedes Projekt ein gesonderter Abschnitt in der Insiderliste zu führen (**anlassbezogene** Insiderliste). Freiwillig kann ein Abschnitt **permanenter Insider** geführt werden.[165]

4. Aktualisierung

136 Eine unverzügliche Aktualisierung der Insiderliste hat unter Angabe des Datum und der Uhrzeit der Änderung, durch die die Änderung erforderlich wurde, zu erfolgen, wenn sie unrichtig geworden ist, zB wenn sich der Grund für die Erfassung bereits erfasster Personen ändert, wenn neue Personen Zugang zu Insiderinformationen erlangen oder die Zugangsmöglichkeit für in der Insiderliste angegebene Personen endet (Art. 18 Abs. 4 MMVO). Nicht geregelt ist die Änderung von persönlichen Daten der in der Insiderliste verzeichneten Personen, zB eine Adressenänderung. Es ist zu korrigieren, um eine Aktualisierung iSd MMVO handelt es sich jedoch nicht.[166]

5. Aufklärungspflichten

137 Gem. Art. 18 Abs. 2 MMVO sind die in den Listen geführten Personen durch den Emittenten über die rechtlichen Pflichten, die sich aus dem Zugang zu Insiderinformationen ergeben, sowie über die Rechtsfolgen von Verstößen aufzuklären. Eine einmal erfolgte Belehrung nach § 15b Abs. 1 Satz 3 WpHG muss wiederholt werden und nach der MMVO erfolgen.[167] Der Belehrte muss die Belehrung schriftlich anerkennen.[168]

6. Form, Aufbewahrung und Vernichtung

138 Eine bestimmte **Form** für die Führung der Insiderliste ist nicht vorgeschrieben. Es kann sowohl in Papierform als auch auf Datenträgern geführt werden, wenn die Daten jederzeit verfügbar und innerhalb angemessener Frist lesbar gemacht werden können. Die Aufbewahrung sollte so erfolgen, dass nur die Personen, die für die Führung der Insiderliste verantwortlich sind, Zugriff darauf haben.

139 Die Adresse für die elektronische Übermittlung der Insiderliste an die BaFin ist auf deren Internetseite zu veröffentlichen.[169]

140 Die Aufbewahrungsfrist beträgt mindestens 5 Jahre nach Erstellung, wobei mit jeder Aktualisierung diese Frist neu zu laufen beginnt (Art. 18 Abs. 5 MMVO). Ist die Aufbewahrungsfrist abgelaufen, sind die Daten zu vernichten.

7. Sanktionen bei Verstößen

141 Derjenige, der zur Führung einer Insiderliste verpflichtet ist, begeht eine Ordnungswidrigkeit, wenn er die Liste nicht, nicht richtig, nicht in der vorgeschriebenen Weise oder nicht

---

[164] ABl. 2016 L 65, 49 ff.
[165] Art. 2 Abs. 2 Durchführungsverordnung 2016/347.
[166] Klöhn/*Semrau* Art. 18 Rn. 46.
[167] Klöhn/*Semrau* Art. 19 Rn. 63.
[168] Ein Vorschlag für ein Aufklärungsschreiben kann unter www.bafin.de/Unternehmen/börsennotierte Unternehmen/Insiderverzeichnisse/Aufklärungsbogen abgerufen werden.
[169] *BaFin* FAQ zu Art. 18 VII 1.

vollständig führt, dieses nicht oder nicht rechtzeitig übermittelt, nicht ordnungsgemäß belehrt oder nicht mindestens 5 Jahre aufbewahrt (§ 120 Abs. 15 Nr. 12–16 WpHG). Nach § 120 Abs. 18 WpHG kann die Ordnungswidrigkeit mit einer Geldbuße von bis zu 1.000.000 EUR geahndet werden.

Nach Auffassung der BaFin kann diese jederzeit – ohne konkreten Verdachtsfall – die Übermittlung der Insiderliste verlangen.[170] Die Auffassung der BaFin ist allerdings umstritten. Nur in konkreten Verdachtsfällen solle diese die Übermittlung verlangen können, denn eine Ausforschungsmöglichkeit solle ihr auch wegen der Gefahren für das Recht auf informationelle Selbstbestimmung nicht zukommen.[171] Da die BaFin aber über ihr Verlangen zur Übermittlung nach pflichtgemäßem Ermessen entscheiden muss, ist diese restriktive Auffassung nicht durchgreifend.[172]

VI. Verbot der Marktmanipulation

1. Zweck der Norm

Die Art. 12 und 15 MMVO[173] regeln nunmehr das Verbot der Marktmanipulation, auch der versuchten. Die Vorgängervorschrift war § 20a WpHG.

2. Tatbestand

a) *Objektiver Tatbestand. aa) Erfasste Vermögenswerte.* Die Vorschrift bezieht sich auf Finanzinstrumente iSv Art. 2 Abs. 1 MMVO.

bb) Die Tathandlungen. Art. 12 MMVO beschreibt die Tathandlungen. In diesem Zusammenhang fällt auf, dass es keine Regelung für die Marktmanipulation durch **Unterlassen** gibt.[174]

(1) Artikel 12 Abs. 1 MMVO. Artikel 12 Abs. 1 lit. a MMVO verbietet den Abschluss eines Geschäfts, die Erteilung eines Handelsauftrags sowie jede andere Handlung, die (i) falsche oder irreführende Signale hinsichtlich des Angebots, der Nachfrage oder des Preises eines Finanzinstruments gibt oder bei der dies wahrscheinliche ist, oder (ii) eine anormales oder künstliches Kursniveau eines oder mehrerer Finanzinstrumente sichert oder bei der dies wahrscheinlich ist. Es sei denn die Person, die ein Geschäft abschließt, einen Handelsauftrag erteilt oder eine andere Handlung vornimmt weist nach, dass das Geschäft der Auftrag oder die Handlung legitime Gründe hat und im Einklang mit der zulässigen Marktpraxis gem. Artikel 13 MMVO steht.

Ferner ist der Abschluss eines Geschäfts, die Erteilung eines Handelsauftrags und jegliche sonstige Tätigkeit oder Handlung, die unter Vorspiegelung falscher Tatsachen oder unter Verwendung sonstiger Kunstgriffe oder Formen der Täuschung den Kurs eines oder mehrerer Finanzinstrumente beeinflusst oder hierzu geeignet ist (Art. 12 Abs. 1 lit. b MMVO).

Den Tatbestand der Marktmanipulation erfüllt auch, wer über die Medien einschließlich des Internets oder auf anderem Wege Informationen verbreitet, die falsche oder irreführende Signale hinsichtlich des Angebots oder des Kurses eines Finanzinstruments oder Nachfrage danach geben oder bei dem dies wahrscheinlich ist oder ein anormales oder künstliches Kursniveau eines oder mehrerer Finanzinstrumente herbeiführt oder bei dem dies wahrscheinlich ist, einschließlich der Verbreitung von Gerüchten, wenn die Person die diese Informationen verbreitet hat, wusste oder hätte wissen müssen, das sie falsch oder irreführend waren (Art. 12 Abs. 1 lit. c MMVO).

---

[170] *BaFin* Emittentenleitfaden (2013) VII.1.
[171] *Diekmann/Sustmann* NZG 2004, 933; *Steidle/Waldeck* WM 2005, 872.
[172] *Fuchs/Pfüller* WpHG § 15b Rn. 82; KölnKommWpHG/*Heinrich* § 15b Rn. 52.
[173] Flankierende Maßnahmen enthält die RL 2014/57/EU des Europäischen Parlaments und des Rates vom 16.4.2014 über strafrechtliche Sanktionen bei Marktmanipulation (Marktmissbrauchsrichtlinie), ABl. 2014 L 173, 179.
[174] Ob damit eine Strafbarkeit, zB bei unterlassener ad hoc-Mitteilung entfällt ist str., zum Streitstand vgl. Marsch-Barner/Schäfer/*Schäfer* § 15 Rn. 15.51.

148 Schließlich ist es verboten falsche oder irreführende Angaben zu übermitteln oder falsche oder irreführende Ausgangsdaten bezüglich eines Referenzwerts bereitzustellen, wenn die Person, die die Information übermittelt oder die Ausgangsdaten bereit gestellt hat, wusste oder hätte wissen müssen, dass sie falsch oder irreführend waren, oder sonstiger Handlungen durch die die Berechnung eines Referenzwerts manipuliert wird (Art. 12 Abs. 1 lit. d MMVO).

149 Art. 12 Abs. 2 MMVO nennt unter anderem folgende Handlungen, die eine Marktmanipulation darstellen: (i) Sicherung einer marktbeherrschenden Stellung in Bezug auf das Angebot eines Finanzinstruments oder die Nachfrage danach durch eine Person oder mehrere in Absprache handelnde Personen mit der tatsächlichen oder wahrscheinlichen Folge einer unmittelbaren oder mittelbaren Festsetzung des Kauf- oder Verkaufspreises oder anderen unlauteren Handelsbedingungen führt oder hierzu geeignet ist (lit. a); (ii) Kauf oder Verkauf von Finanzinstrumenten bei Handelsbeginn oder bei Handelsschluss an einem Handelsplatz mit der tatsächlichen oder wahrscheinlichen Folge, dass Anleger, die aufgrund der angezeigten Kurse, einschließlich der Eröffnungs- oder Schlusskurse, tätig werden, irregeführt werden (lit. b); (iii) Ausnutzung eines gelegentlichen oder regelmäßigen Zugangs zu den traditionellen oder elektronischen Medien durch Abgabe einer Stellungnahme zu einem Finanzinstrument, wobei zuvor Positionen bei diesen Finanzinstrumenten eingegangen wurden und anschließend nutzen aus den Auswirkungen der Stellungnahme auf den Kurs dieses Finanzinstruments gezogen wird, ohne dass der Öffentlichkeit gleichzeitig dieser Interessenkonflikt ordnungsgemäß und wirksam mitgeteilt wird (lit. d).

150 **b) Ausnahmen vom Tatbestand.** Der Tatbestand des Art. 12 Abs. 1 lit. a MMVO liegt nicht vor, wenn die Handlung eine von der BaFin unter Einbindung der ESMA als solche erklärte **zulässige Marktpraxis** darstellt.

151 Art. 5 MMVO enthält eine weitere Ausnahme dahingehend, dass eine tatbestandsmäßige Handlung nicht vorliegt, wenn der Handel mit eigenen Aktien im Rahmen von **Rückkaufprogrammen** sowie Maßnahmen zur **Stabilisierung des Preises** von Finanzinstrumenten Ebenso im Hinblick auf das Verbot der Offenlegung von Insiderinformationen enthält Art. 21 MMVO im Hinblick auf Art. 12 Abs. 1 lit. c MMVO ein Presseprivileg: Werden für journalistische Zwecke oder anderer Ausdrucksformen in den Medien Informationen offen gelegt oder verbreitet oder Empfehlungen gegeben oder verbreitet sind bei der Beurteilung dieser Offenlegung und Verbreitung von Informationen im Hinblick auch auf den Tatbestand der Marktmanipulation die Regeln der Pressefreiheit und der Freiheit der Meinungsäußerung in anderen Medien sowie der journalistischen Berufs- und Standesregeln zu berücksichtigen, es sei denn (i) in betreffenden Personen oder mit diesen Personen in enger Beziehung stehenden Personen erwächst unmittelbar oder mittelbar ein Vorteil oder Gewinn aus der Offenlegung oder Verbreitung der betreffenden Information oder (ii) die Weitergabe oder Verbreitung erfolgt in der Absicht, den Markt in Bezug auf das Angebot von Finanzinstrumenten, die Nachfrage danach oder ihren Kurs irre zuführen.

3. Abgestuftes straf- und ordnungswidrigkeitsrechtliches Sanktionssystem

152 Wer vorsätzlich oder leichtfertig eine Markmanipulation begeht, handelt ordnungswidrig (§ 120 Abs. 15 Nr. 2 WpHG). Die Höhe des Bußgelds ist abhängig von der Art der begangenen Marktmanipulation und kann zum Beispiel gegenüber Einzelpersonen bis zu 5 Mio. EUR und gegenüber juristischen Personen bis zu 15 Mio. EUR bzw. 15 % des Gesamtumsatzes betragen. Des Weiteren kann die Ordnungswidrigkeit mit einer Geldbuße bis zum dreifachen des aus dem Verstoß gezogenen Vorteils geahndet werden.

153 Vorsätzliche Marktmanipulationen, die auf den Börsen- oder Marktpreis eingewirkt haben, sind Straftaten, die mit Freiheitsstrafe von bis zu 5 Jahren oder Geldstrafe geahndet werden können (§ 119 Abs. 1 Nr. 1 WpHG). Handelt der Täte gewerbs- oder bandenmäßig oder aber in Ausübung einer beruflichen Tätigkeit, zum Beispiel für ein Wertpapierdienstleistungsunternehmen, wird die Marktmanipulation als Verbrechen mit einer Freiheitsstrafe von einem Jahr bis zu zehn Jahren bestraft. Auch der Versuch der Marktmanipulation ist strafbar (§ 119 Abs. 5 WpHG).

Entscheidungen über Maßnahmen und Sanktionen, die wegen eines Verstoßes gegen das Verbot der Marktmanipulation erlassen wurden, werden von der BaFin auf ihrer Internetseite bekannt gemacht (§ 125 WpHG). 154

4. Zivilrechtliche Sanktionen

Zu § 88 BörsG aF, der Vorgängervorschrift des § 20a WpHG, hat der BGH die Schutzgesetzeigenschaft iSv § 823 Abs. 2 BGB verneint, da diese Vorschrift nicht individualschützend sei, vielmehr der Schutz des einzelnen Anlegers nur eine Reflexwirkung des Gesetzes darstelle.[175] Zum Teil wird nunmehr in der Literatur vertreten, dass Art. 15 MMVO die Schutzgesetzqualifikation iSv § 823 Abs. 2 BGB zukomme.[176] Andere lehnen die Schutzeigenschaft ab, da sich ein Widerspruch zu §§ 97 und 98 WpHG ergäbe, wonach erst bei grober Fahrlässigkeit Schadensersatzansprüche gegeben sind, wohingegen nach § 823 Abs. 2 BGB in Verbindung mit dem Verbot der Marktmanipulation schon bei leichter Fahrlässigkeit gehaftet würde.[177] Ob sich für Art. 12, 15 MMVO eine andere Beurteilung ergibt, bleibt abzuwarten.[178] 155

Für eine Nichtigkeit nach § 134 BGB soll zu unterscheiden sein zwischen einseitigen Verstößen gegen das Verbot der Marktmanipulation, bei denen keine Nichtigkeit eintrete, und beiderseitigen Verstößen, die grundsätzlich zur Nichtigkeit führen sollen.[179] 156

VII. Mitteilungs- und Veröffentlichungspflichten bei Veränderungen des Stimmrechtsanteils an börsennotierten Gesellschaften

1. Zweck der Regelung

Durch die angemessene Unterrichtung über die Beteiligungsverhältnisse an börsennotierten Unternehmen sollen zum einen die **Anleger geschützt** und zum anderen **ihr Vertrauen in die Wertpapiermärkte gestärkt** und drittens die **Funktionsfähigkeit der Wertpapiermärkte gefördert** werden. Darüber hinaus wird darauf abgezielt, **dem Missbrauch von Insiderinformationen entgegenzuwirken** und die **Wettbewerbsfähigkeit des Finanzplatzes Deutschland** zu erhöhen.[180] 157

Über die in den Gesetzesmaterialien enthaltenen Intentionen hinaus, kommt den §§ 33 ff. WpHG auch eine **ordnungspolitische** und **gesellschaftsrechtliche Zielsetzung** zu.[181] Da einem Aktionär nicht nur die Aufgabe zukommt, zur Finanzierung einer Gesellschaft beizutragen, sondern er auch die Letztverantwortung für das Unternehmen hat, soll der Träger dieser Verantwortung aus ordnungspolitischen Gründen offengelegt werden. In gesellschaftsrechtlicher Hinsicht gewähren die §§ 33 ff. WpHG den Gesellschaftern und Aktionären (in ihrer Eigenschaft als Gesellschafter) einen besseren Überblick über die Aktionärsstruktur und die Beherrschungsverhältnisse (**„Erschwerung des Ausschleichens"**). 158

2. Verhältnis zu anderen Publizitätsbestimmungen

a) **Verhältnis zur Ad-hoc-Publizität.** Die Ad-hoc-Publizität nach Art. 17 MMVO und die Mitteilungspflichten der §§ 33 ff. WpHG stehen nebeneinander. Die Vorschriften unterscheiden sich sowohl in ihren Tatbestandsvoraussetzungen und Rechtsfolgen als auch in ihrem normativen Zweck. Die Voraussetzungen beider Normen können durchaus zugleich vorliegen. So kann etwa das Erreichen, Überschreiten oder das Unterschreiten einer Melde- 159

---

[175] BGHZ 160, 134 (139).
[176] *Seibt/Wollenschläger* AG 2014, 593.
[177] Fuchs/*Fleischer* WpHG § 20a Rn. 154 mit Verweis darauf, dass Ansprüche nach § 826 BGB unberührt bleiben und im Übrigen bei informationsgeschützten Manipulationshandlungen außerdem Ansprüche nach §§ 97, 98 WpHG denkbar seien.
[178] Vgl. dazu ausführlich Klöhn/*Schmolke* Art. 15 Rn. 89 ff, 121.
[179] Fuchs/*Fleischer* WpHG § 20a Rn. 155; KölnKommWpHG/*Mock/Stoll/Eufinger* § 20a Rn. 461.
[180] BegrRegE 2. FFG BT-Drs. 12/6679, 52; so auch die Ziele der Transparenz-RL (88/627/EWG).
[181] Hierzu Assmann/Schneider/*Schneider* vor § 21 Rn. 25 ff.

schwelle eine Ad-hoc-Publizität auslösen. Es sind auch Fälle denkbar, in denen das Erreichen, Überschreiten oder Unterschreiten anderer als der in §§ 33 ff. WpHG genannten Prozentschwellen Kursrelevanz mit sich bringen und deshalb ad-hoc zu melden sind.[182]

160 **b) Offenlegungspflichten nach den §§ 20 ff. AktG.** Die aktienrechtlichen und kapitalmarktrechtlichen Offenlegungspflichten sind aufeinander abgestimmt, in erster Linie um eine Doppelbelastung – die aktienrechtlichen Vorschriften gelten nicht für börsennotierte Aktiengesellschaften (§ 20 Abs. 8 AktG) – zu vermeiden.[183] Sie sind jedoch – nicht nur hinsichtlich der Meldeschwellen (nach § 20 AktG: mehr 25 % und mehr als 50 %) – nicht deckungsgleich. Während die aktienrechtlichen Vorschriften an die Kapitalbeteiligung anknüpfen und die Unternehmenseigenschaft des Meldepflichtigen voraussetzen, stellen die kapitalmarktrechtlichen Normen auf die Stimmrechte ab.

161 **c) Offenlegungspflichten nach dem WpÜG.** Die §§ 33 ff. WpHG finden neben den Vorschriften des WpÜG, insbesondere § 23 WpÜG (sog. Wasserstandsmeldungen) Anwendung.[184]

3. Darstellung des Tatbestandes des § 33 WpHG

162 **a) Voraussetzungen der Mitteilungspflichten.** *aa) Meldepflichtiger Personenkreis.* Meldepflichtig ist gem. § 33 Abs. 1 S. 1 jeder, der durch Erwerb, Veräußerung oder auf sonstige Weise 3 %, 5 %, 10 %, 15 %, 20 %, 25 %, 30 %, 50 % oder 75 % der Stimmrechte eines Emittenten, für den die Bundesrepublik Deutschland nach § 2 Abs. 13 WpHG der Herkunftsstaat ist und dessen Aktien an einem organisierten Markt iSv § 2 Abs. 11 WpHG (§ 33 Abs. 4 WpHG) notiert sind, erreicht, überschreitet oder unterschreitet. Normadressaten („jeder") sind folglich natürliche und juristische Personen des privaten und öffentlichen Rechts im In- und Ausland. Ebenso sind OHG und KG sowie die Außen-BGB-Gesellschaft erfasst. Gleiches gilt auch für den nichtrechtsfähigen Verein. Auf Grund seiner körperschaftlichen Organisation kann er selbst Gesellschafter werden und unterliegt der Meldepflicht.[185] Zählen die Aktien zum Gesamthandsvermögen einer Güter- oder Erbengemeinschaft so ist zwar mangels Rechts- und Pflichtenfähigkeit nicht die Gemeinschaft als solche meldepflichtig. Die Mitteilung muss aber von den Ehegatten bzw. Erben getätigt werden.[186] § 37 WpHG enthält eine Ausnahme für Konzernunternehmen.

163 *bb) Berechnung der Schwellenquoten.*[187] Für die in § 33 Abs. 1 WpHG genannten Schwellenquoten, die eine Meldepflicht auslösen, ist ausschließlich der Prozentsatz der Stimmrechte an der börsennotierten Gesellschaft maßgebend. Da gem. § 8 Abs. 2 AktG die Stimmrechte nicht unabhängig von der Aktie übertragen werden können, erfasst § 33 WpHG, vorbehaltlich der Zurechnung von Stimmrechten Dritter, grundsätzlich nur den Inhaber der jeweiligen Aktie.

164 Zur Berechnung des Stimmrechtsanteils bedarf es der Ermittlung des Verhältnisses der Stimmrechte des Meldepflichtigen zu allen Stimmrechten der börsennotierten Gesellschaft. Da grundsätzlich jede Aktie eine Stimme gewährt (§ 12 AktG) und das Stimmrecht nach Aktiennennbeträgen bzw. bei nennwertlosen Aktien nach der Zahl der Aktien ausgeübt wird (§ 134 Abs. 1 AktG), erfolgt die Ermittlung des Stimmrechtsanteils anhand des Gesamtnennbetrags bzw. der Gesamtzahl der ausgegebenen Aktien der Gesellschaft und des Gesamtnennbetrags bzw. der Gesamtzahl der Aktien, die der Meldepflichtige in seinem Bestand hält. Besonderheiten sind bei stimmrechtslosen Vorzugsaktien, Höchststimmrechten und anderen Beschränkungen des Stimmrechts zu beachten.

165 **Stimmrechtslose Vorzugsaktien** gewähren grundsätzlich keine Stimmrechte (§§ 139 Abs. 1, 140 Abs. 1 AktG) und sind folglich weder bei der Feststellung der Gesamtzahl der

---

[182] Assmann/Schneider/*Schneider* § 21 Rn. 56 ff.
[183] *Witt* AG 1998, 171 ff.
[184] Marsch-Barner/Schäfer/*Schäfer* § 18 Rn. 18.6.
[185] Schäfer/*Opitz* § 21 Rn. 9.
[186] Assmann/Schneider/*Schneider* § 21 Rn. 16 f. dort auch zum Inhalt der Meldung.
[187] Im Einzelnen: Assmann/Schneider/*Schneider* § 21 Rn. 27 ff.

Stimmrechte der Gesellschaft noch für die Meldepflicht des Aktionärs zu berücksichtigen.[188] Es sei denn, das Stimmrecht ist nach § 140 Abs. 2 AktG wieder aufgelebt[189]. In diesem Fall sind stimmrechtslose Vorzugsaktien bei der Berechnung zu berücksichtigen, dh es muss eine Neuberechnung der Stimmrechtsanteile und unter Umständen werden Mitteilungspflichten des Aktionärs ausgelöst.

Können die Stimmrechte auf Grund anderer **Einschränkungen des Stimmrechts** nicht ausgeübt werden, so hat dies weder Einfluss bei der Berechnung der Gesamtzahl der Stimmrechte der Gesellschaft noch bei der Bestimmung der Mitteilungspflicht.[190] Solche konkreten Ausübungshindernisse resultieren aus Stimmrechtsausübungsverboten oder Verlusten des Stimmrechts. So ist etwa eine Stimmrechtsausübung vor der Eintragung ins Aktienregister (§ 67 Abs. 2 AktG) unzulässig. Gleiches gilt zur Vermeidung von Interessenkonflikten, wenn über eigene Angelegenheiten Beschluss gefasst wird (§§ 136 Abs. 1, 285 Abs. 1 AktG). Auch dürfen aus eigenen Aktien der Gesellschaft keine Rechte hergeleitet werden (§ 71b AktG) und auch nicht aus Aktien, die von Dritten als der Aktiengesellschaft zurechenbar gehalten werden (§ 71d AktG).[191] Knüpft die Satzung die Teilnahme an der Hauptversammlung oder die Ausübung des Stimmrechts an bestimmte Voraussetzungen (§ 123 Abs. 2 AktG), so hat dies im Rahmen des § 33 AktG keinen Einfluss. Eine Beschränkung der Stimmrechtsausübung resultiert auch aus § 328 Abs. 1 S. 1 AktG. Schließlich ist noch auf § 44 WpHG hinzuweisen, der dem Meldepflichtigen bei Verstoß gegen die Meldepflichten die Rechte aus den Aktien – und damit auch das Stimmrecht – entzieht.

§ 36 WpHG enthält eine Regelung, wonach in bestimmten Fällen **Stimmrechte nicht berücksichtigt** werden. Danach werden zB Aktien, die Kreditinstitute oder Wertpapierdienstleistungsunternehmen in der EU oder dem EWR im Handelsbestand halten, bei einem Anteil von nicht mehr als 5 % bei der Ermittlung des Stimmrechtsanteils nicht berücksichtigt. Gleiches gilt für Unternehmen, die die Abrechnung und Abwicklung vermitteln und verwahren.[192]

cc) Erreichen, Über- oder Unterschreiten der Schwellenwerte. Die Mitteilungspflicht wird durch Erreichen, Über- oder Unterschreiten der Schwellenwerte durch Erwerb und Veräußerung einerseits und in sonstiger Weise ausgelöst. Ein Erreichen oder Überschreiten der Schwellenwerte tritt ein, wenn der Meldepflichtige entweder Aktien in entsprechendem Umfang erwirbt oder ihm entsprechend Stimmrechte zugerechnet werden. Ein Unterschreiten tritt dann ein, wenn der Meldepflichtige Aktien auf einen Dritten übertragen hat oder ihm Stimmrechte nicht mehr zugerechnet werden.

(1) Erwerb und Veräußerung. Maßgeblich für die Meldepflicht nach § 33 WpHG ist die Möglichkeit der Stimmrechtsausübung. Daher kam es nach der vor Inkrafttreten und Einführung des § 33 Abs. 3 WpHG hM bei Erwerb und Veräußerung auf den Übergang der dinglichen Rechtsinhaberschaft bei Börsengeschäften: Einbuchung im Depot, unabhängig vom Abschluss des schuldrechtlichen Geschäfts, an.[193] Nach § 33 Abs. 3 WpHG gehören einem Aktionär die Aktien bereits dann, wenn ein auf Übertragung von Aktien gerichteter unbedingter und ohne zeitliche Verzögerung zu erfüllender Anspruch oder eine entsprechende Verpflichtung besteht. Diese Vorschrift, eingefügt im Rahmen der Transparenzrichtlinien-Änderungsrichtline, soll eine Vereinheitlichung in der EU herbeiführen, da die übrigen Mitgliedstaaten das Abstraktionsprinzip nicht kennen. Eine Lieferung „ohne zeitliche Verzögerung" liegt in der Regel vor, wenn die Einbuchung spätestens am zweiten Handelstag nach Abschluss des schuldrechtlichen Geschäfts erfolgen soll.[194] Ist der Zeitraum länger, wie

---

[188] *Happ* JZ 1994, 240 (244).
[189] Vgl. hierzu Marsch-Barner/Schäfer/*Schäfer* § 18 Rn. 18.10 mwN.
[190] Schäfer/*Opitz* § 21 Rn. 18.
[191] Eigene Aktien haben weder auf den Nenner (siehe heirzu ausdrücklich § 17 Abs. 1 Nr. 5 WpAIV) noch nach hM auf den Zähler Einfluss (siehe hierzu geänderte Verwaltungspraxis der BaFin, BaFin Journal 12/2014, 5.
[192] Vgl. zu den Einzelheiten *BaFin* Entwurf Emittentenleitfaden (Juli 2018) I.2.6.
[193] Assmann/Schneider/*Schneider* § 21 Rn. 73; Schäfer/*Opitz* § 21 Rn. 20; *Hüffer* Anh. § 22 Rn. 8.
[194] RegBegr. RegE zur Umsetzung der Transparenzrichtlinie-Änderungsrichtlinie, BT-Drs. 18/5010, 44.

zB bei **vinkulierten Namensaktien** oder Transaktionen unter **Kartellvorbehalt,** besteht eine Meldepflicht nach § 33 Abs. 1 WpHG nicht, es bleibt bei der Meldepflicht nach § 38 WpHG.[195] Bei vinkulierten Namensaktien ist gem. § 67 Abs. 2 AktG zwar die Eintragung im Aktienbuch für die Stimmrechtsausübung Voraussetzung, nicht jedoch für einen wirksamen Erwerb.

170 *(2) Realisierung der Schwellenwerte auf sonstige Weise.* Die **Meldepflicht** kann auf sonstige Weise insbesondere auch durch die **Zurechnung von Stimmrechten** nach § 34 WpHG ausgelöst werden.[196]

171 Danach stehen den Stimmrechten des Meldepflichtigen Stimmrechte aus Aktien des Emittenten gleich, die einem **Tochterunternehmen** des Meldepflichtigen gehören (§ 34 Abs. 1 S. 1 Nr. 1 WpHG). Tochterunternehmen sind in § 35 Abs. 1 WpHG dahingehend definiert, dass es sich um Unternehmen iSd § 290 HGB handelt oder auf die ein beherrschender Einfluss ausgeübt werden kann, ohne dass es auf die Rechtsform oder den Sitz ankommen würde.[197] Ausnahmen gelten für Wertpapierdienstleistungsunternehmen im Rahmen von Wertpapierdienstleistungen, Kapitalverwaltungsgesellschaften und Drittstaatenunternehmen (§ 35 Abs. 2–4 WpHG); § 34 Abs. 5 WpHG enthält insoweit Rückausnahmen.

172 Eine Zurechnung erfolgt auch bei Aktien, die zwar einem Dritten gehören, von ihm aber **für Rechnung** des Meldepflichtigen gehalten werden (§ 34 Abs. 1 S. 1 Nr. 2 WpHG). Damit sind Sachverhalte gemeint, in denen die rechtliche und wirtschaftliche Zuordnung (Chancen und Risiken aus den Aktien) der Aktien auseinander fällt zB Treuhandverhältnisse.[198]

173 Des Weiteren sind Stimmrechte zuzurechnen, die der Meldepflichtige einem Dritten als **Sicherheit** übertragen hat, es sei denn, der Dritte ist zur Ausübung der Stimmrechte aus diesen Aktien befugt und bekundet die Absicht, die Stimmrechte unabhängig von den Weisungen des Meldepflichtigen auszuüben (§ 34 Abs. 1 S. 1 Nr. 3 WpHG). Hiervon erfasst ist zB die Sicherungsübereignung, aber auch das rechtsgeschäftliche Pfandrecht. In diesen Fällen ist aber nicht nur der Sicherungsgeber bei Vorliegen der vorgenannten Voraussetzungen, sondern nach § 33 Abs. 1 WpHG stets auch der Sicherungsnehmer meldepflichtig.

174 Stimmrechte aus Aktien, für die zugunsten des Aktionärs ein **Nießbrauch** bestellt ist (§ 34 Abs. 1 S. 1 Nr. 4), sind ebenso zuzurechnen.

175 Eine Zurechnung erfolgt auch für Stimmrechte aus Aktien, die der Aktionär durch eine **Willenserklärung** erwerben kann (§ 34 Abs. 1 S. 1 Nr. 5). Die Zurechnung setzt allerdings voraus, dass eine sog. dinglich ausgestaltete Option vorliegt, mithin der Meldepflichtige über eine Position verfügt, die die Ausübung von Stimmrechten nicht vom Willen seines Vertragspartners oder eines Dritten abhängig macht.[199]

176 Zugerechnet werden auch Stimmrechte aus Aktien, die dem Meldepflichtigen **anvertraut** sind oder aus denen er die Stimmrechte als **Bevollmächtigter** ausüben kann, sofern er die Stimmrechte aus diesen Aktien nach eigenem Ermessen ausüben kann, wenn keine besonderen Weisungen des Aktionärs vorliegen (§ 34 Abs. 1 S. 1 Nr. 6 WpHG)[200].

177 Kann der Meldepflichtige die Stimmrechte aufgrund einer Vereinbarung, die eine zeitweilige Übertragung der Stimmrechte ohne die damit verbundenen Aktien gegen Gegenleistung vorsieht, ausüben, erfolgt eine Zurechnung (§ 34 Abs. 1 Nr. 7 WpHG). Werden Aktien beim Meldepflichtigen als Sicherheit verwahrt und hält der Meldepflichtige die Stimmrechte und bekundet er die Absicht, diese Stimmrechte auszuüben (§ 34 Abs. 1 Nr. 8 WpHG), führt auch dies zu einer Zurechnung.

178 Gem. § 34 Abs. 1 S. 2, 3 WpHG stehen Stimmrechte aus Aktien, für die einer der Tatbestände des S. 1 bei Tochterunternehmen des Aktionärs erfüllt sind, gleich; Stimmrechte des Tochterunternehmens werden dem Meldepflichtigen in voller Höhe zugerechnet.

---

[195] *BaFin,* FAQ zu den Transparenzpflichten des WpHG in den Abschnitten 6 (§§ 33 ff.) und 7 (§§ 48ff.) – Stand 9.5.2018, Frage 22.
[196] BegrRegE 2. FFG BT-Drs. 12/6679, 53.
[197] Vgl. hierzu *BaFin* Entwurf Emittentenleitfaden (Juli 2018) I.2.5.1.1.1.; dort auch zu den Sonderfällen, wie zB die GmbH & Co. KG, Stiftungen, Trusts sowie die Mehrmütterherrschaft (I..2.5.1.2 ff.).
[198] Vgl. zu den Einzelheiten *BaFin* Entwurf Emittentenleitfaden (Juli 2018) I.2.5.2.
[199] Vgl. hierzu *BaFin* Entwurf Emittentenleitfaden (Juli 2018) I.2.5.5.
[200] Vgl. zu den Einzelheiten *BaFin* Entwurf Emittentenleitfaden (Juli 2018) I.2.5.6.

Darüber hinaus werden Stimmrechte eines Dritten aus Aktien in voller Höhe zugerechnet, mit dem der Meldepflichtige, der nicht selbst Aktien halten muss und dem Stimmrechte nicht nach anderen Tatbeständen zugerechnet werden müssen, oder sein Tochterunternehmen sein Verhalten in Bezug auf den Emittenten auf Grund einer Vereinbarung (insbes. Poolverträge) oder in sonstiger Weise abstimmt (sog. acting in concert); ausgenommen sind Vereinbarungen über die Ausübung von Stimmrechten in Einzelfällen (§ 34 Abs. 2 S. 1 WpHG).[201] Ein abgestimmtes Verhalten setzt voraus, dass der Meldepflichtige oder sein Tochterunternehmen und der Dritte sich über die Ausübung von Stimmrechten verständigen oder mit dem Ziel einer dauerhaften und erheblichen Änderung der unternehmerischen Ausrichtung des Emittenten in sonstiger Weise zusammenwirken (§ 34 Abs. 2S. 2 WpHG). Eine dauerhafte und erhebliche Änderung der unternehmerischen Ausrichtung liegt z.B. vor, wenn Aktionäre zusammenwirken, um einen Aufsichtsrat zu installieren, bei dem sie davon ausgehen können, dass er aufgrund der entsprechenden Mehrheitsverhältnisse, den Vorstand auswechseln wird. Für die Berechnung des Stimmrechtsanteils des Dritten gilt § 34 Abs. 1 WpHG entsprechend (§ 34 Abs. 2 S. 3 WpHG).

§ 34 Abs. 3 WpHG enthält eine Ausnahme für eine Vollmacht iSd § 34 Abs. 1 S. 1 Nr. 6 WöpHG, die nur zur Ausübung der Stimmrechte in einer Hauptversammlung erteilt ist. Für die Erfüllung der Mitteilungspflicht ist es ausreichend, wenn die Mitteilung lediglich bei Erteilung der Vollmacht abgegeben wird. Die Mitteilung muss die Angabe enthalten, wann die Hauptversammlung stattfindet und wie hoch nach Erlöschen der Vollmacht oder des Ausübungsermessens der Stimmrechtsanteil sein wird, der dem Bevollmächtigten zugerechnet wird.

Ferner sind auch die Fälle des § 140 Abs. 2 AktG unter das Tatbestandsmerkmal der Veränderung des Stimmrechtsanteils „auf sonstige Weise" zu subsumieren. Danach werden Schwellenwerte verwirklicht, wenn Stimmrechte für Vorzugsaktien aufleben oder wieder verloren gehen, weil Vorzugszahlungen ausbleiben oder Rückstände gezahlt werden. Gleiches gilt bei Aufhebung des Vorzugs nach § 140 Abs. 2 und § 141 Abs. 4 AktG.

Auch auf Grund **Kapitalmaßnahmen** der Gesellschaft können Schwellenwerte verwirklicht werden. Ein Aktionär kann deshalb zB allein durch die Nichtausübung seines Bezugsrechts im Rahmen einer Kapitalerhöhung meldepflichtig werden.[202] Selbiges gilt bei Kapitalerhöhungen unter Ausschluss des Bezugsrechts. Außerdem können sich Veränderungen in der Stimmrechtsquote durch den Ausschluss von Aktionären ergeben, die ihrer Pflicht zur Einzahlung von Einlagen trotz Aufforderung durch den Vorstand nicht rechtzeitig nachgekommen sind (§ 64 AktG) sowie durch die Einziehung von Aktien im Rahmen einer Kapitalherabsetzung (§ 237 AktG). Auch **Umwandlungen** nach dem UmwG können Mitteilungspflichten auslösen, soweit die Stimmrechtsschwellen dadurch berührt werden. Der Formwechsel nach §§ 190 ff. UmwG soll allerdings, wegen der Kontinuität des Rechtsträgers, keine Mitteilungspflicht auslösen.[203] Gleiches soll für die Änderung des Namens oder der Firma des Meldepflichtigen gelten.[204]

Wenn innerhalb eines Tages mehrfach Schwellen in die gleiche Richtung über- bzw. unterschritten werden, ist eine Mitteilung mit dem Stimmrechtsanteil am Ende des Tages ausreichend. Wenn innerhalb eines Tages die gleichen Schwellen erst überschritten und dann unterschritten bzw. erst unterschritten und dann überschritten werden, lässt die BaFin eine Saldierung zu, mithin ist eine Mitteilung nicht abzugeben. Allerdings löst die Schwellenüberschreitung an einem Tag und die Unterschreitung erst am Folgetag oder später die Abgabe von zwei Mitteilungen aus.[205]

dd) Erstmalige Zulassung der Aktien, § 33 Abs. 2 WpHG. Auch die **Zulassung zum Börsenhandel** kann eine Mitteilungspflicht auslösen. Maßgeblicher Zeitpunkt ist die Entschei-

---

[201] Vgl. hierzu im Einzelnen Assmann/Schneider/*Schneider* § 22 Rn. 161 ff.; *BaFin* Entwurf Emittentenleitfaden (Juli 2018) I.2.5.10.
[202] Assmann/Schneider/*Schneider* § 21 Rn. 75; *BaFin* Entwurf Emittentenleitfaden (Juli 2018) I.2.3.4.1.
[203] *BaFin* Entwurf Emittentenleitfaden (Juli 2018) I.2.3.4.2.2; ; aA LG Köln AG 2008, 338.
[204] Assmann/Schneider/*Schneider* § 21 Rn. 77; aA LG Köln AG 2008, 338.
[205] *BaFin* Entwurf Emittentenleitfaden (Juli 2018) I.2.3.5.

dung der Zulassungsstelle, dh meldepflichtig ist derjenige, dem zu diesem Zeitpunkt 3 % oder mehr der Stimmrechte an der Gesellschaft zustehen oder zugerechnet werden.

185 **b) Frist für die Mitteilung.** Gem. § 33 Abs. 1 S. 1 WpHG hat die Mitteilung **unverzüglich** (§ 121 Abs. 1 S. 1 BGB), **spätestens innerhalb von vier Handelstagen**[206] zu erfolgen. Die Frist beginnt nach § 33 Abs. 1 S. 3 WpHG mit dem Zeitpunkt, zu dem der Meldepflichtige Kenntnis davon hat oder nach den Umständen haben musste, dass sein Stimmrechtsanteil die relevanten Schwellen erreicht, überschreitet oder unterschreitet.[207] Es wird unwiderleglich vermutet, dass der Mitteilungspflichtige zwei Handelstage nach dem Erreichen, überschreiten oder unterschreiten der maßgeblichen Schwellen Kenntnis hat (§ 33 Abs. 1 S. 4 WpHG). Diese Vermutung soll allerdings nur in Ausnahmefällen zum Tragen kommen, da der Meldepflichtige idR von den Umständen der Schwellenberührung am selben Tag Kenntnis haben muss. Gleichzeitig mit der Mitteilung an den Emittenten muss der BaFin die Schwellenberührung mitgeteilt werden. Im Falle des Abs. 2 gilt die erstmalige Zulassung der Aktien der Gesellschaft zum Börsenhandel als der maßgebliche Zeitpunkt. Kommt es in Folge von Ereignissen, die die Gesamtzahl der Stimmrechte verändern, zu einer Schwellenberührung, so beginnt die Frist abweichend von Kenntnis oder Kennenmüssen, sobald der Meldepflichtige von der Schwellenberührung Kenntnis erlangt, spätestens jedoch mit der Veröffentlichung des Emittenten nach § 41 Abs. 1 WpHG (§ 33 Abs. 1 S. 5 WpHG).

186 Was den Grad der Sorgfaltspflicht betrifft, so unterscheidet man zwischen Unternehmen und Privatpersonen. Unternehmen, insbesondere juristischen Personen, werden besondere Sorgfalts- und Organisationspflichten auferlegt, denn sie sollen aus der unternehmensimmanenten Arbeitsteilung gegenüber Privatpersonen keinen Vorteil ziehen können. So müssen etwa die Mitglieder des **geschäftsführenden Organs** für die Erfüllung der Mitteilungspflichten der Gesellschaft sorgen. Bei einem mehrköpfigen Organ muss es für den Beginn der Mitteilungsfrist folglich genügen, wenn nur ein Mitglied von dem die Mitteilungspflicht auslösenden Ereignis Kenntnis erlangt.[208] Nicht ausreichend soll hingegen die Kenntnis eines Aufsichtsratsmitglieds oder eines Mitarbeiters niedrigerer Stufe, wobei etwas anderes dann gelten dürfte, wenn der jeweilige Mitarbeiter mit der Wahrnehmung der entsprechenden Aufgaben betraut ist.[209] Die Kenntnis eines Mitarbeiters wird selbstverständlich dann dem Organ zugerechnet, wenn diesem etwa bei Auswahl oder Einweisung des Mitarbeiters ein Verschulden trifft.

187 Der Sorgfaltsmaßstab bei Privatpersonen richtet sich nach dem Einzelfall, wobei bei Beteiligungen der hier in Frage stehenden Größenordnungen von einer gesteigerten Verantwortung zur Informationssicherstellung auch für Privatinvestoren ausgegangen werden muss.[210]

188 **c) Form der Mitteilung.** Die Mitteilung hat schriftlich oder per Telefax[211] oder über ein von der BaFin bereitgestelltes elektronisches Verfahren zu erfolgen (§ 14 WpAIV). Es ist ausschließlich das Formular, das der WpAIV als Anlage beigefügt ist, zu verwenden (§ 12 Abs. 1 WpAIV). damit ist auch der Inhalt der Mitteilung vergeben.

189 **d) Adressaten der Mitteilung.** Die Mitteilung ist an die Gesellschaft und an die BaFin zu richten.

190 **e) Sanktionen und Schadensersatz.** An die Nichterfüllung der Meldepflicht sind verschiedene Rechtsfolgen geknüpft. Zum einen führt sie für Meldepflichtige, denen die Aktien gehören oder denen Stimmrechte aus § 34 Abs. 1 S. 2 WpHG zugerechnet werden, regelmäßig zum **Rechtsverlust** nach § 44 WpHG. Außer dem Anspruch auf Gewinn (§ 58 Abs. 4 AktG) und dem Anspruch auf den Liquidationsgewinn (§ 271 AktG) ruhen für die Zeit, für die die

---

[206] Zur Definition „Handelstage" § 47 WpHG.
[207] Soweit auf Seiten des Meldepflichtigen Vertreter eingeschaltet sind, kommt eine Wissenszurechnung entsprechend § 166 BGB in Betracht.
[208] *Grunewald* FS Beusch, 1993, 301 (303).
[209] Assmann/Schneider/*Schneider* § 21 Rn. 135.
[210] Schäfer/*Opitz* § 21 Rn. 28.
[211] *BaFin* Entwurf Emittentenleitfaden (Juli 2018) I.2.2.5.

Meldepflichten nicht erfüllt wurden, die Ansprüche aus den Aktien, insbesondere auch das Stimmrecht. Ist die Höhe des Stimmrechtsanteils betroffen, verlängert sich die sogenannte Frist bei vorsätzlicher oder grob fahrlässiger Verletzung der Mitteilungspflichten um sechs Monate (§ 44 Abs. 1 S. 3 WpHG). Dies gilt allerdings nicht, wenn die Abweichung bei der Höhe der in den vorangegangen unrichtigen Mitteilungen angegebenen Stimmrechte weniger als 10 % des tatsächlichen Stimmrechtsanteils beträgt und keine Mitteilung über das Erreichen, Überschreiten oder Unterschreiten der Schwellenwerte des § 33 WpHG unterlassen wird. Auskünfte der BaFin über das Bestehen oder Nichtbestehen einer Meldepflicht sind für die ordentlichen Gerichte, die festzustellen haben, ob ein Rechtsverlust eingetreten ist, nicht bindend.[212] Dies ist vor dem Hintergrund, dass die BaFin keine vorsorglichen Mitteilungen und Veröffentlichungen[213] zulässt und vor dem Hintergrund bereits vorliegender gerichtlicher Entscheidungen[214] bedenklich. Des Weiteren begeht der Pflichtige bei vorsätzlicher oder leichtfertiger Nichterfüllung, nicht richtiger, nicht vollständiger, nicht formell korrekter oder nicht rechtzeitiger Erfüllung seiner Pflichten eine **Ordnungswidrigkeit** nach § 120 Abs. 2 lit. d WpHG, die mit einer Geldbuße bis zu 2.000.000 EUR geahndet werden kann, § 120 Abs. 17 WpHG. Gegenüber einer juristischen Person oder Personenvereinigung kann eine höhere Geldbuße verhängt werden, wobei die Geldbuße den höheren Betrag von 10 Mio. EUR oder 5 % des Gesamtumsatzes, den die juristische Person oder Personenvereinigung in dem der Behördenentscheidung vorangegangenen Geschäftsjahr erzielt hat, nicht übersteigen darf. Ferner kann eine Geldbuße bis zum zweifachen des aus dem Verstoß gezogenen wirtschaftlichen Vorteils verhängt werden, wobei der wirtschaftliche Vorteil erzielte Gewinne und vermiedene Verluste umfasst und geschätzt werden kann. Verstöße gegen die Mitteilungspflichten werden gem. § 124 WpHG für fünf Jahre auf der Website der BaFin veröffentlicht (§ 124 WpHG).

Die Möglichkeit eines **Schadensersatzanspruchs** richtet sich danach, ob § 33 WpHG als Schutzgesetz iSv § 823 Abs. 2 BGB gilt. Das wird nicht einheitlich beurteilt. Zum Teil wird die Schutzgesetzeigenschaft bejaht und insbesondere mit der Parallelität zu § 20 AktG begründet.[215] Dies ist allerdings abzulehnen,[216] denn § 33 WpHG dient ausschließlich dem öffentlichen Interesse – Markttransparenz – und hat somit keinen individualschützenden Charakter.[217] Des Weiteren kann aus den neu eingefügten Vorschriften §§ 97 und 98 WpHG geschlossen werden, dass Schadensersatzansprüche bei Verletzung von Pflichten nach dem WpHG darüber hinaus nicht in Betracht kommen.

4. Mitteilungspflichten beim Halten von Instrumenten (§§ 38, 39 WpHG)

Gem. § 38 WpHG gilt die Mitteilungspflicht nach § 33 Abs. 1 und 2 WpHG bei Erreichen, Überschreiten oder von Schwellen von 5, 10, 15, 20, 25, 30, 50 oder 75 % entsprechend für unmittelbare oder mittelbare Inhaber von Instrumenten, die (i) dem Inhaber entweder bei Fälligkeit ein unbedingtes Recht auf Erwerb mit Stimmrechten verbundener und bereits ausgegebener Aktien eines Emittenten mit Herkunftsstaat Bundesrepublik Deutschland oder ein Ermessen in Bezug auf sein Recht auf Erwerb dieser Aktien verleihen oder (ii) sich auf Aktien beziehen und eine vergleichbare wirtschaftliche Wirkung haben wie die vorgenannten Instrumente, unabhängig davon, ob sie einen Anspruch auf physische Lieferung einräumen oder nicht. Instrumente in diesem Sinne sind insbesondere übertragbare Wertpapiere, Optionen, Terminkontrakte, Swops, Zinsausgleichsvereinbarungen und Differenzgeschäfte (§ 38 Abs. 2 WpHG). Die Anzahl der für die Mitteilungspflicht maßgeblichen Stimmrechte ist in § 38 Abs. 3 WpHG im Einzelnen geregelt. Konsortialverträge von Aktionären mit Vorerwerbs- bzw. Erwerbspflichten unterfallen nicht in jedem Fall dem § 38

---

[212] Assmann/Schneider/*Schneider* § 28 Rn. 69a; OLG München WM 2010, 265.
[213] *BaFin* Entwurf Emittentenleitfaden (Juli 2018) I.2.2.6.
[214] LG Köln AG 2008, 338.
[215] Assmann/Schneider/*Schneider* § 28 Rn. 79 ff.
[216] So auch Fuchs/*Zimmermann* WpHG § 28 Rn. 54.
[217] BegrRegE BT-Drs. 12/6679, 35 u. 52; vgl. im Übrigen auch die obigen Ausführungen zu Art. 17 MMVO Rn. 42 ff.

WpHG. Enthalten die Konsortialvereinbarungen eine Stimmbindung führt dies zur Stimmrechtszurechnung nach § 34 Abs. 2 WpHG und es besteht kein weitergehendes Transparenzbedürfnis.[218]

193 Beziehen sich verschiedene der Instrumente im Sinne von § 38 WpHG auf Aktien desselben Emittenten, sind die Stimmrechte aus diesen Aktien zusammenzurechnen, wobei Erwerbs- nicht mit Veräußerungspositionen verrechnet werden (§ 38 Abs. 4 WpHG). Ebenso werden zusammengerechnet Stimmrechte iSd § 33 WpHG und Instrumente iSd § 38 WpHG und besteht eine Mitteilungspflicht bei Überschreiten der in → Rn. 162 genannten Schwellen (§ 39 WpHG) auch Verstöße gegen die §§ 38, 39 WpHG stellen eine Ordnungswidrigkeit dar (§ 120 Abs. 2 Nr. 2 lit. e WpHG). Ebenso ruhen bestimmte Rechte (§ 44 WpHG).

5. Mitteilungspflichten für Inhaber wesentlicher Beteiligungen

194 Wer nach § 33 oder 34 WpHG meldepflichtig ist und die Schwelle von 10 % der Stimmrechte aus Aktien oder eine höhere Schwelle erreicht oder überschreitet, muss dem Emittenten mit Herkunftsstaat Bundesrepublik Deutschland die mit dem Erwerb der Stimmrechte verfolgten Ziele und die Herkunft der für den Erwerb verwendeten Mittel innerhalb von 20 Handelstagen nach Erreichen oder Überschreiten dieser Schwellen mitteilen. Eine Änderung der Ziele im Sinne des Satzes 1 ist innerhalb von 20 Handelstagen mitzuteilen. Hinsichtlich der mit dem Erwerb der Stimmrechte verfolgten Ziele hat der Meldepflichtige anzugeben, ob (i) die Investition der Umsetzung strategischer Ziele oder der Erzielung von Handelsgewinnen dient, (ii) er innerhalb der nächsten zwölf Monate weitere Stimmrechte durch Erwerb oder auf sonstige Weise zu erlangen beabsichtigt, (iii) er eine Einflussnahme auf die Besetzung von Verwaltungs-, Leitungs- und Aufsichtsorganen des Emittenten anstrebt und (iv) er eine wesentliche Änderung der Kapitalstruktur der Gesellschaft, insbesondere im Hinblick auf das Verhältnis von Eigen- und Fremdfinanzierung und die Dividendenpolitik anstrebt. Hinsichtlich der Herkunft der verwendeten Mittel hat der Meldepflichtige anzugeben, ob es sich um Eigen- oder Fremdmittel handelt, mit denen der Beteiligungserwerb finanziert wird. Eine Ausnahme gilt, wenn die Schwellenwerte aufgrund eines Übernahmeangebotes erreicht oder überschritten werden.

195 Die Satzung eines Emittenten mit Sitz im Inland kann vorsehen, dass die § 43 Abs. 1 WpHG keine Anwendung findet (§ 43 Abs. 3 WpHG).

196 Der Emittent hat nach § 43 Abs. 2 die erhaltene Information oder die Tatsache, dass die Mitteilungspflicht nicht erfüllt wurde, zu veröffentlichen und dem Unternehmensregister zur Speicherung zu übermitteln. Weitere Sanktionen sind nicht vorgesehen: keine Schutzgesetzeigenschaft iSv § 823 Abs. 2 BGB und kein Anspruch des Emittenden.[219]

6. Darstellung des Tatbestandes des § 40 WpHG

197 *a) Veröffentlichungs- und Übermittlungspflicht nach § 40 Abs. 1 und 2 WpHG. aa) Veröffentlichungs- und Übermittlungspflichtiger (Normadressat).* Veröffentlichungs- und übermittlungspflichtig nach § 40 Abs. 1 WpHG sind Inlandsemittenten oder nach entsprechenden Vorschriften anderer Mitgliedstaaten der EU oder des EWR Verpflichtete. Zu veröffentlichen ist über ein Medienbündel unter gleichzeitiger Mitteilung an die BaFin (§ 40 Abs. 2 WpHG). Zudem ist die Veröffentlichung unverzüglich, jedoch nicht vor ihrer Veröffentlichung, dem Unternehmensregister iSd § 8b HGB zur Speicherung zu übermitteln.

198 *bb) Veröffentlichungspflichtige Tatbestände.* Neben Stimmrechtsmitteilungen gem. §§ 33, 38, 39, die ihm zugegangen sind, hat ein Emittent auch bei Erreichen, Überschreitung oder Unterschreitung der 3 %, 5 % und 10 %-Schwellen in Bezug auf **eigene Aktien** zu veröffentlichen. Dies gilt auch, wenn die eigenen Aktien über ein Tochterunternehmen des Emittenten erworben werden. Bei Emittenten, die ihren Sitz in einem anderen EU-Mitgliedsstaat oder

---

[218] *BaFin*, FAQ zu den Transparenzpflichten des WpHG in den Abschnitten 6 (§§ 33 ff.) und 7 (§§ 48 ff.) – Stand 9.5.2018, Frage 42a.
[219] Fuchs/*Zimmermann* WpHG § 27a Rn. 21 ff.

EWR-Staat haben und deren Aktien ausschließlich im Inland zum Handel an einem organisierten Markt zugelassen sind, gilt dies nur für die 5% und 10% Schwellen (§ 40 Abs. 1 S. 2 WpHG); ein Emittent, für den die Bundesrepublik Deutschland Herkunftsstaat ist, hat auch die 3%-Schwelle zu beachten. Die Veröffentlichung hat spätestens vier Handelstage nach Erreichen, Überschreiten oder Unterschreiten der genannten Schwellen zu erfolgen.

cc) Art und Inhalt der Veröffentlichung. Der Inhalt der Veröffentlichung bestimmt sich nach § 15 WpAIV.[220] Die Art der Veröffentlichung richtet sich nach § 16 iVm §§ 3a und b WpAIV.

dd) Frist. Die Veröffentlichung hat gem. § 40 Abs. 1 S. 1 WpHG unverzüglich, also gem. der Legaldefinition des § 121 Abs. 1 S. 1 BGB ohne schuldhaftes Zögern, zu erfolgen, spätestens jedoch innerhalb von drei Handelstagen nach Zugang (§ 130 Abs. 1 S. 1 BGB) der Mitteilung iSv § 33 WpHG bzw. vier Handelstage nach Erreichen der Schwellen bei eigenen Aktien.

b) Sanktionen bei Nicht- oder Schlechterfüllung der Veröffentlichungspflicht. Erfüllt der Veröffentlichungspflichtige seine Pflichten aus § 40 Abs. 1 WpHG vorsätzlich oder leichtfertig nicht, nicht richtig, nicht vollständig, nicht in der vorgesehenen Form oder nicht rechtzeitig, so handelt die Gesellschaft **ordnungswidrig** gem. § 120 Abs. 2 Nr. 4 litt. a) und b) WpHG. Gleiches gilt, wenn der Beleg entgegen § 40 Abs. 2 WpHG vorsätzlich oder leichtfertig nicht oder nicht rechtzeitig übersendet wird, § 120 Abs. 2 Nr. 2 lit. f WpHG. Diese Ordnungswidrigkeiten können mit einer Geldbuße bis zu 2.000.000 EUR geahndet werden.[221]

Als weitere Folge einer Nicht- oder Schlechterfüllung der Veröffentlichungspflichten nach § 40 WpHG wird über eine Schadensersatzpflicht der Gesellschaft diskutiert. Voraussetzung für eine solche wäre jedoch, dass § 40 WpHG als Schutznorm iSv § 823 Abs. 2 BGB angesehen werden könnte. Nach wohl richtiger Auffassung muss dies jedoch abgelehnt werden. Der Zweck der Veröffentlichungspflichten nach § 40 WpHG ist die Bekämpfung des Missbrauchs von Insiderinformationen.[222] § 40 WpHG dient somit dem öffentlichen Interesse und nicht dem Individualschutz mit der Folge, dass Schadensersatzansprüche ausscheiden müssen.[223]

Zum Teil wird erwogen, einen Verstoß gegen das Verbot von Insidergeschäften zu sehen oder Schadensersatzansprüche nach § 826 BGB zu gewähren.[224] Allerdings lässt sich dies nur schwer begründen, da in der Begründung RegE zum Risikobegrenzungsgesetz[225] der Gesetzgeber vorgesehen hat, die Entscheidung gegen eine weitere Sanktionierung der neuen Pflichten im Lichte der Erfahrungen in der Praxis nach Ablauf von zwei Jahren einer Überprüfung zu unterziehen und erforderlichenfalls zu revidieren.[226]

7. Veröffentlichung der Gesamtzahl der Stimmrechte

Gem. § 41 WpHG hat ein Inlandsemittent die Gesamtzahl der Stimmrechte unverzüglich spätestens innerhalb von 2 Handelstagen, in dem es zu einer Zu- oder Abnahme von Stimmrechten gekommen ist, in der in § 40 Abs. 1 S. 1 WpHG vorgesehenen Weise zu veröffentlichen und gleichzeitig der BaFin entsprechend § 40 Abs. 2 WpHG die Veröffentlichung mitzuteilen. Er übermittelt die Information außerdem unverzüglich, jedoch nicht vor ihrer Veröffentlichung dem Unternehmensregister iSd § 8b HGB zur Speicherung. Bei einer Veröffentlichungspflicht nach § 41 WpHG ist immer auch an eine mögliche Veröffentlichungspflicht nach § 40 Abs. 1 S. 2 WpHG zu denken.[227]

---

[220] *BaFin* Entwurf Emittentenleitfaden, I.33.2..11.2.
[221] Vgl. im Übrigen Rn. 190.
[222] BegrRegE BT-Drs. 12/6679, 52.
[223] So zu Recht Kölner Komm. WpHG/*Hirte* § 25 Rn. 82; *Schäfer/Opitz* § 25 Rn. 16, aA Assmann/*Schneider/Schneider* § 26 Rn. 70.
[224] *Fleischer* AG 2008, 873, *Querfurth* WM 2008, 1957.
[225] BT-Drs. 167 438, 13.
[226] Sowohl auch Assmann/Schneider/*Schneider* § 27a Rn. 30.
[227] Hierzu Rn. 198.

205 Bei der Gesamtzahl der Stimmrechte sind die vom Inlandsemittenten gehaltenen eigenen Aktien nicht abzuziehen. Dies soll sich daraus ergeben, dass anderenfalls jede Änderung im Bestand eigener Aktien eine Veröffentlichungspflicht nach § 41 WpHG nach sich ziehen würde und die eigenständige Veröffentlichungspflicht für eigene Aktien gem. § 40 Abs. 1 S. 2 WpHG überflüssig wäre.[228]

206 Bei der Ausgabe von Bezugsaktien aus einer bedingten Kapitalerhöhung gilt ähnlich der Regelung in § 201 AktG aus Praktikabilitätsgründen folgendes: Es genügt eine Veröffentliche spätestens am Ende des Kalendermonats, in dem es zu einer Zu- oder Abnahme von Stimmrechten gekommen ist, ohne dass das Datum der Wirksamkeit der Zu- oder Abnahme angegeben werden müsste (§ 41 Abs. 2 WpHG). Fällt das Monatsende auf einen Samstag, Sonntag oder bundesweit einheitlichen Feiertag, lässt die BaFin die Veröffentlichung am letzten vorangehenden Handelstag[229] zu, während nach aA die Veröffentlichung am ersten Handelstag des Folgemonats genügen soll.[230]

VIII. Notwendige Informationen für die Wahrnehmung von Rechten aus Wertpapieren

207 Voraussetzung für das Bestehen dieser Pflichten ist neben der Eigenschaft als Emittent, für den die Bundesrepublik Deutschland der Herkunftsstaat ist, die Zulassung der Wertpapiere an einem organisierten Markt im Inland oder in einem anderen Mitgliedstaat der EU oder einem Vertragsstaat des EWR.

1. Pflichten der Emittenten gegenüber Wertpapierinhabern

208 Die Regelung des § 48 bezieht sich grundsätzlich auf alle zugelassenen Wertpapiere iSd § 2 Abs. 1 WpHG, wobei § 48 Abs. 3 WpHG in bestimmten Fällen eine Gleichstellung von Zertifikaten, die Aktien vertreten, mit zugelassenen Aktien bewirkt.

209 a) § 48 Abs. 1 Nr. 1 WpHG. Nach § 48 Abs. 1 Nr. 1 WpHG müssen Emittenten alle Inhaber der zugelassenen Wertpapiere unter gleichen Voraussetzungen gleich behandeln. Die Vorschrift begründet ein Willkürverbot; Ungleichbehandlungen sind zulässig, wenn sie sachlich gerechtfertigt sind.[231] Bezüglich Inhaber von Aktien ergibt sich das Gleichbehandlungsgebot auch aus § 53a AktG, sodass die Pflicht des WpHG größere Bedeutung für Inhaber sonstiger Wertpapiere hat. Im Rahmen der Veräußerung eigener Aktien genügt gemäß § 71 Abs. 1 Nr. 8 AktG die Veräußerung über die Börse.[232]

210 b) § 48 Abs. 1 Nr. 2 WpHG. Nach dieser Vorschrift sind Wertpapierinhabern im Inland alle Einrichtungen und Informationen zur Verfügung zu stellen, welche diese zur Ausübung ihrer Rechte benötigen. Bei dieser Vorschrift handelt es sich lediglich um einen Auffangtatbestand, denn für die Schaffung der wesentlichen Voraussetzungen und die Veröffentlichungen der grundlegenden Informationen existieren besonders normierte Pflichten (§ 48 Abs. 1 Nr. 4 und § 49 Abs. 1 und 2 WpHG).[233]

211 c) § 48 Abs. 1 Nr. 3 WpHG. Emittenten haben Daten zu Inhabern zugelassener Wertpapiere vor einer Kenntnisnahme durch Unbefugte zu schützen. Erfasst sind nur solche Daten, die im Zusammenhang mit der Ausübung von Rechten durch Wertpapierinhaber an den Emittenten gelangen.[234]

212 d) § 48 Abs. 1 Nr. 4 WpHG. Für die gesamte Dauer der Zulassung der Wertpapiere haben die Emittenten mindestens ein Finanzinstitut als Zahlungsstelle im Inland zu bestimmen, bei

---

[228] Assmann/Schneider/*Schneider* § 26a Rn. 3.
[229] *BaFin* Entwurf Emittentenleitfaden (Juli 2018) I.3.3.1.
[230] Fuchs/*Zimmermann* WpHG § 26a Rn. 7.
[231] Fuchs/*Zimmermann* WpHG § 30a Rn. 7.
[232] *BaFin* Entwurf Emittentenleitfaden (Juli 2018) II.2.2.1.
[233] *BaFin* Entwurf Emittentenleitfaden (Juli 2018) II.2.2.2.
[234] Fuchs/*Zimmermann* WpHG § 30a Rn. 18.

der alle erforderlichen Maßnahmen hinsichtlich der Wertpapiere, im Fall der Vorlegung der Wertpapiere bei dieser Stelle kostenfrei, bewirkt werden können. Der Begriff des Finanzinstituts ist missverständlich, gemeint sind hier Kreditinstitute nach § 1 Abs. 1 S. 1 KWG. Nach dem Wortlaut der Vorschrift ist nicht mehr ausreichend, den Emittenten selbst als Zahlstelle zu benennen, es sei denn, er ist selbst ein Kreditinstitut.[235]

e) § 48 Abs. 1 Nr. 5 WpHG. Die Emittenten haben im Fall zugelassener Aktien jeder stimmberechtigten Person zusammen mit der Einladung zur Hauptversammlung oder nach deren Anberaumung auf Verlangen in Textform ein Formular für die Erteilung einer Vollmacht für die Hauptversammlung zu übermitteln. Das Formular kann dem Aktionär in Papierform oder auch elektronisch zur Verfügung gestellt werden.

Für alle Schuldtitel iSd § 2 Abs. 1 S. 1 Nr. 3, mit Ausnahme solcher Schuldtitel, die mit Aktien vergleichbar sind oder aktienvertretende Zertifikate darstellen sowie Schuldtitel, die ein Recht auf Erwerb von Wertpapieren begründen, ist deren Inhaber ebenfalls auf Verlangen ein Vollmachtsformular in Textform zur Verfügung zu stellen (§ 48 Abs. 1 Nr. 6 WpHG).

2. Veröffentlichung von Mitteilungen und Übermittlung im Wege der Datenfernübertragung

a) Die Hauptversammlung betreffende Informationen. Gem. § 49 Abs. 1 S. 1 Nr. 1 WpHG ist ein Emittent von Aktien verpflichtet, folgende Unterlagen im Bundesanzeiger zu veröffentlichen: (i) die Einberufung der Hauptversammlung einschließlich Tagesordnung; (ii) die Gesamtzahl der Aktien und Stimmrechte im Zeitpunkt der Einberufung der Hauptversammlung und (iii) die Rechte der Aktionäre bezüglich der Teilnahme an der Hauptversammlung. Im Hinblick auf die Veröffentlichung der Gesamtzahl der Aktien und Stimmrechte sind eigene Aktien bei der Anzahl der Stimmrechte mit zu berücksichtigen, zulässig aber nicht notwendig ist die Angabe des Emittenten, wie viele eigene Aktien er hält.[236] Bei der Ausgabe von Bezugsaktien im Rahmen bedingter Kapitalerhöhungen, bei der die Ausgabe der Bezugsaktien und damit die Erhöhung des Grundkapitals rechtlich grundsätzlich erst mit Einbuchung im Depot als erfolgt gilt, kann der Emittent aus Praktikabilitätsgründen bereits mit der Anweisung an das beauftragte Institut, die Bezugsaktien einzubuchen, von der Erhöhung des Grundkapitals ausgehen.[237] Der Emittent hat sich am Tag der Übermittlung des Veröffentlichungstextes an den Bundesanzeiger über den aktuellen Stand der Ausgabe zu erkundigen. Der Zeitpunkt der Einberufung der Hauptversammlung bestimmt sich nach §§ 121 Abs. 2 S. 1, § 25 S. 1 AktG, es ist mithin der Tag, an dem die Bekanntgabe im Bundesanzeiger erfolgt.[238] Gem. § 49 Abs. 1 S. 2 WpHG genügt eine einmalige Veröffentlichung, wenn die inhaltlichen Anforderungen des § 49 Abs. 1 Nr. 1 WpHG erfüllt sind.[239] Im Hinblick auf die Rechte der Aktionäre bezüglich der Teilnahme gilt, dass lediglich der Hinweis auf die Möglichkeit der Bevollmächtigung sowie auch erhältliche Vollmachtsformulare, die Angabe der Kontaktadresse der Gesellschaft, der Hinweis auf Stimmrechtsvertreter der Gesellschaft und die Hinweise zur Einreichung von Gegenanträgen zu veröffentlichen sind. Nicht notwendig ist dagegen die Veröffentlichung der Rechte, die den Aktionären während der Hauptversammlung zustehen.[240]

b) Dividenden, Ausgabe neuer Aktien und Ausübung von Umtausch- und Bezugsrechten u.a. Nach § 49 Abs. 1 S. 1 Nr. 2 WpHG Vorschrift muss ein Emittent die Ausschüttung und Auszahlung von Dividenden, die Ankündigung der Ausgabe neuer Aktien und die Vereinbarung oder Ausübung von Umtausch-, Bezugs-, Einziehungs- und Zeichnungsrechten unver-

---

[235] *BaFin* Entwurf Emittentenleitfaden (Juli 2018) II.2.2.4.
[236] *BaFin* Entwurf Emittentenleitfaden (Juli 2018) II.3.2.1.1.
[237] *BaFin* Entwurf Emittentenleitfaden (Juli 2018) II.3.2.2.1.
[238] *BaFin* Entwurf Emittentenleitfaden (Juli 2018) II.3.2, aA Fuchs/*Zimmermann* WpHG § 30b Rn. 14: Beschluss des Vorstands über Einberufung der Hauptversammlung.
[239] *BaFin* Entwurf Emittentenleitfaden (Juli 2018) II.3.2.1.2.
[240] *BaFin* Entwurf Emittentenleitfaden (Juli 2018) II.3.2.1.3; vgl. aber § 121 Abs. 3 Nr. 3 AktG.

züglich veröffentlichen. Hierbei sind nicht nur die Ausübung der Rechte, sondern schon die Vereinbarung sowie die Beschlussfassung über diese Rechte sowie der Ausschluss der genannten Rechte erforderlich. Der Begriff der Dividende umfasst lediglich die echte Dividende iSd Aktiengesetzes, nicht hingegen zB Ausgleichszahlungen beim Abschluss von Beherrschungsverträgen.[241]

217 Durch die Vorverlagerung des Veröffentlichungszeitpunkts auf die Ankündigung der Ausgabe neuer Aktien ist in Zukunft die Beschlussfassung der Hauptversammlung der Veröffentlichungszeitpunkt. Hinsichtlich der Veröffentlichungspflicht ist zwischen der Bezugsrechtsgewährung und des Bezugsrechtsausschlusses zu unterscheiden. Wird unverzüglich nach dem Hauptversammlungsbeschluss ein Bezugsangebot an die Aktionäre gem. § 186 Abs. 5 S. 2, Abs. 2 S. 1 i.V.m. § 25 AktG im Bundesanzeiger veröffentlicht, gilt dies sowohl für die Ankündigung der Ausgabe neuer Aktien als auch für die Regelung des Bezugsrechts als entsprechende Veröffentlichung. Im Fall des Bezugsrechtsausschlusses ist sowohl für die Ankündigung der Ausgabe neuer Aktien als auch für den Bezugsrechtsausschluss eine Veröffentlichung vorzunehmen. Wie bei der regulären Kapitalerhöhung knüpft auch die Veröffentlichungspflicht bezüglich eines bedingten Kapitals an die Beschlussfassung der Hauptversammlung an. Gleiches gilt hinsichtlich der Beschlussfassung über Bezugsrechte bei der Auswahl der Alternativen des § 192 AktG. Beim genehmigten Kapital entsteht die Veröffentlichungspflicht im Zeitpunkt der Fassung des Vorstandsbeschlusses (nach erforderlicher Zustimmung des Aufsichtsrats) über die Ausnutzung der Ermächtigung zur Schaffung eines genehmigten Kapitals. Erfolgt nach der Beschlussfassung unverzüglich ein Bezugsangebot an die Aktionäre, ersetzt die Veröffentlichung des Bezugsangebots im Bundesanzeiger eine entsprechende Veröffentlichung im Sinne des § 49 Abs. 1 S. 1 Nr. 2 WpHG. Wird das Bezugsangebot nicht unverzüglich nach dem Vorstandsbeschluss veröffentlicht oder das Bezugsrecht ausgeschlossen, ist eine Veröffentlichung gem. § 49 Abs. 1 S. 1 Nr. 2 WpHG wegen der Ankündigung der Ausgaben neuer Aktien und des Bezugsrechtsausschlusses notwendig. Beschlüsse nach § 71 Abs. 1 Nr. 8 S. 6 AktG zum Erwerb eigener Aktien mit Ermächtigung des Vorstands zur Einziehung der Aktien lösen zunächst keine Veröffentlichungspflicht aus; eine Veröffentlichungspflicht entsteht erst, wenn der Vorstand von der Ermächtigung der Einziehung Gebrauch macht. Gleiches gilt, wenn der Vorstand zum Erwerb eigener Aktien zur Veräußerung unter Ausschluss des Bezugsrechts ermächtigt wird (§ 71 Abs. 1 Nr. 8 S. 5 AktG i.V.m. § 186, Abs. 3, 4 und 193 Abs. 2 Nr. 4 AktG)[242]

3. Übermittlungen von Informationen an Aktionäre auf elektronischem Weg[243]

218 § 49 Abs. 3 WpHG regelt, unter welchen Voraussetzungen Übermittlungen von Informationen an Aktionäre auf elektronischem Weg zulässig sind. Eine derartige Übermittlung befreit aber nicht von den Veröffentlichungspflichten nach § 49 Abs. 1 und 2 WpHG. Information iS dieser Vorschrift ist jede Information, die sich aus dem Bereich des Emittenten ergibt und die dieser an seine Aktionäre bzw. einen Teil dieser Aktionäre weitergibt.[244]

219 Bei zugelassenen Aktien sind weitere Voraussetzungen: (i) Zustimmungsbeschluss der Hauptversammlung, (ii) keine Abhängigkeit der Wahl der Art der Datenfernübertragung vom Sitz oder Wohnsitz der Aktionäre oder der Person, der Stimmrechte in den Fällen des § 34 WpHG zugerechnet werden, (iii) Vorkehrungen zur sicheren Identifizierung der Aktionäre oder derjenigen, die Stimmrechte ausüben oder Weisungen, zu deren Ausübung erteilen dürfen, (iv) die Aktionäre oder in bestimmten Fällen diejenigen, denen Aktien gem. § 34 Abs. 1 Nr. 1, 3, 4, und Abs. 2 WpHG zugerechnet werden, die zur Ausübung der Stimmrechte Berechtigten in diesen Übermittlungsweg ausdrücklich eingewilligt haben oder einer Bitte in Textform um Zustimmung nicht innerhalb eines angemessenen Zeitraums wider-

---

[241] *BaFin* Entwurf Emittentenleitfaden (Juli 2018) II.3.3.2.1.
[242] *BaFin* Entwurf Emittentenleitfaden (Juli 2018) II.3.2.2.2 bis II.3.3..2.5.
[243] § 49 Abs. 2 Nr. 1 und § 49 Abs. 2 Nr. 2 normieren bestimmte Veröffentlichungspflichten für Emittenten von Schuldtiteln, auf eine Darstellung wird hier verzichtet.
[244] *BaFin* Entwurf Emittentenleitfaden (Juli 2018) II.3.6.

4. Veröffentlichung zusätzlicher Angaben und Übermittlung an das Unternehmensregister

§ 50 WpHG regelt die Veröffentlichungspflichten eines Inlandsemittenten bei Rechtsänderungen in Bezug auf die jeweiligen Wertpapiere sowie bei der Aufnahme von Anleihen. Darüber hinaus wird eine Pflicht zur Veröffentlichung bezüglich Informationen, welche in einem Drittstaat veröffentlicht wurden, normiert. Art und Weise der Veröffentlichung sowie die Sprache richten sich nach den allgemeinen Regeln.

Die Mitteilungen nach § 50 Abs. 1 S. 1 Nr. 1 und 2 WpHG sind in Medien, die die Anforderungen nach § 3a Abs. 1 und 2 WpAIV erfüllen, zu veröffentlichen. Die Veröffentlichung ist der BaFin gleichzeitig mit der Übermittlung an das Medienbündel zu übermitteln. Die Übermittlung an das Unternehmensregister hat unverzüglich, jedoch nicht vor der Veröffentlichung zu erfolgen.

5. Befreiung durch die BaFin

Inlandsemittenten mit Sitz in einem Drittstaat können durch die BaFin von den Pflichten der §§ 48 ff. WpHG befreit werden (§ 51 Abs. 1 Nr. 1 WpHG). Allerdings müssen die Emittenten gleichwertigen Regeln eines Drittstaates unterliegen oder sich solchen Regeln unterwerfen. Gleichwohl müssen die Emittenten für eine Unterrichtung der Öffentlichkeit in der EU beziehungsweise dem EWR hinsichtlich der betroffenen Sachverhalte sorgen (§ 51 Abs. 2 WpHG) sowie diese dem Unternehmensregister zuleiten (§ 8b Abs. 2 Nr. 9 iVm Abs. 3 S. 1 Nr. 2 HGB).

6. Rechtsfolgen von Verstößen

Gem. § 51 WpHG kann die Anfechtung eines Hauptversammlungsbeschlusses nicht auf eine Verletzung der Vorschriften der §§ 48–49 WpHG gestützt werden. Im Übrigen sind Verletzungen Bußgeldtatbestände nach § 120 WpHG, wobei der Bußgeldrahmen für einzelne Verstöße sich auf bis zu 200.000 EUR belaufen kann.

IX. Rechnungslegungsbezogene Pflichten nach dem WpHG

1. Überblick

§§ 114–118 WpHG bestimmen den Inhalt von Finanzberichten nach dem WpHG[245], die in diesem Zusammenhang bestehenden Pflichten zur Veröffentlichung und Speicherung sowie die diesbezüglichen Befreiungsmöglichkeiten. Zu erstellen sind der Jahresfinanzbericht (§ 114 WpHG) und der Halbjahresfinanzbericht (§ 115 WpHG). Ist ein Mutterunternehmen verpflichtet, einen Konzernabschluss sowie einen Konzernlagebericht zu erstellen, werden die Vorgaben der §§ 114 und 115 WpHG nach § 117 WpHG modifiziert. In § 118 WpHG befinden sich Ausnahmen von der Finanzberichterstattungspflicht nach dem WpHG.

2. Geltungsbereich der Vorschriften

Anwendung finden die Pflichten der §§ 114 ff. WpHG nur für Inlandsemittenten nach § 2 Abs. 14 WpHG. Die Inlandsemittenteneigenschaft beginnt erst mit der tatsächlichen Zulassung zum Börsenhandel. Grundsätzlich besteht die Berichtspflicht ab dem Zeitpunkt der Zulassung für den aktuellen und alle folgenden Berichtszeiträume. Ausnahmsweise besteht eine Berichtspflicht auch für einen vorhergehenden Berichtszeitraum. Mit dem Wirksam-

---

[245] Die Börsenordnungen enthalten teilweise, insbesondere hinsichtlich der Prädikatssegmente zusätzliche Pflichten.

werden des Widerrufs der Zulassung endet die Pflicht zur Berichterstattung.[246] Auch Emittenten, die einen Antrag auf Eröffnung des Insolvenzverfahrens gestellt haben oder über deren Vermögen das Insolvenzverfahren schon eröffnet ist, haben die Pflichten nach §§ 114 ff. WpHG zu erfüllen.

226　Nach §§ 118 Abs. 1–3 WpHG sind Unternehmen, die nur zugelassene Schuldtitel iSv § 2 Abs. 1 S. 1 Nr. 3 WpHG mit einer Mindeststückelung von 100.000 EUR begeben haben, Kreditinstitute, deren Aktien nicht an einem organisierten Markt zugelassen sind und die dauernd oder wiederholt ausschließlich Schuldtitel begeben, deren Gesamtnennbetrag 100 Mio. EUR nicht erreicht und für die keine Prospektpflicht nach dem WpPG besteht, sowie zB Sparkassen und Volksbanken von den Pflichten nach §§ 114 ff. WpHG befreit. Die BaFin kann Unternehmen mit Sitz in einem Drittstaat, welche als Inlandsemittenten Wertpapiere begeben haben, auf Antrag von den Pflichten nach §§ 114 ff. WpHG befreien, wenn im Drittstaat entsprechende Regelungen gelten.

3. Jahresfinanzbericht, Konzernjahresbericht

227　Unternehmen sind nach §§ 114, 117 WpHG verpflichtet, für den Schluss eines jeweiligen Geschäftsjahres einen Jahresfinanzbericht und ggf. einen Konzernjahresbericht zu erstellen und spätestens 4 Monate nach Ablauf eines jeden Geschäftsjahres der Öffentlichkeit zur Verfügung zu stellen, es sei denn, das Unternehmen ist nach handelsrechtlichen Vorschriften zur Offenlegung verpflichtet. Infolgedessen bedeutet dies für inländische börsennotierte Gesellschaften keine zusätzliche Abschlusserstellungspflicht.[247]

228　Die Veröffentlichung der Hinweisbekanntmachung muss gem. § 114 Abs. 1 S. 3 WpHG gleichzeitig mit ihrer Veröffentlichung der BaFin mitgeteilt werden. Eine Gleichzeitigkeit ist gegeben, wenn die Versendung unmittelbar nacheinander erfolgt.

229　Es ergeben sich lediglich folgende Publizitätspflichten: Gem. § 114 Abs. 1 S. 2 WpHG ist der Emittent zur Veröffentlichung einer Hinweisbekanntmachung verpflichtet, die angeben muss, ab wann der Jahresfinanzbericht unter welcher Internetadresse öffentlich zugänglich ist. Wobei hier der genaue Pfad zu der Internetseite anzugeben ist. Vertretbar ist es aber auch, wenn der Pfad auf eine Seite führt, von der aus der Anleger ohne Weiteres durch einen einzigen weiteren „Klick" den jeweiligen Bericht auswählen bzw. finden kann. Die Veröffentlichung erfolgt gem. §§ 3a, 22 WpAIV über das sog. Medienbündel. Die Hinweisbekanntmachung muss vor dem erstmaligen öffentlichen zur Verfügungstellung des Jahresfinanzberichts erfolgen. Insoweit wird eine Vorlauffrist von einer Woche empfohlen. Auch Sammelmitteilungen genügen den Anforderungen des Gesetzes, wenn sie bereits die jeweils richtigen Zeitpunkte und die richtige Internetadresse für die Finanzberichte enthalten.

4. Halbjahresfinanzbericht

230　§ 115 WpHG verpflichtet Unternehmen, die als Inlandsemittenten (§ 2 Abs. 14 WpHG) Wertpapiere begeben, zur Erstellung und Veröffentlichung eines Halbjahresberichts für die ersten 6 Monate eines jeden Geschäftsjahres.

231　a) Inhalt des Halbjahresfinanzberichts. Der Halbjahresfinanzbericht muss gem. § 115 Abs. 2 WpHG mindestens (i) einen verkürzten Abschluss (Nr. 1), (ii) einen Zwischenlagebericht (Nr. 2) und (iii) eine den Vorgaben der §§ 264 Abs. 2 S. 3, 289 Abs. 1 S. 5 HGB (Nr. 3) entsprechende Erklärung enthalten.

232　Der verkürzte Abschluss muss gem. § 115 Abs. 3 S. 1 WpHG mindestens eine verkürzte Bilanz, eine verkürzte Gewinn- und Verlustrechnung sowie einen Anhang enthalten. Auf den verkürzten Abschluss sind die für den Jahresabschluss geltenden Rechnungslegungsgrundsätze anzuwenden, es sei denn, an die Stelle des Jahresabschlusses tritt ein Einzelabschluss iSd § 325 Abs. 2a HGB, dann sind die von der EU übernommenen Standards IAS/IFRS anzuwenden.

---

[246] Fuchs/*Zimmermann* WpHG Vor §§ 37v–37z Rn. 10.
[247] Marsch-Barner/Schäfer/*Rabenhorst* § 59 Rn. 59.23.

Der Mindestinhalt des Zwischenlageberichts wird in § 115 Abs. 4 S. 1 WpHG definiert. 233
Danach sind mindestens die wichtigen Ereignisse des Berichtszeitraums im Unternehmen
des Emittenten und ihre Auswirkungen auf den verkürzten Abschluss anzugeben sowie die
wesentlichen Chancen und Risiken für die dem Berichtszeitraum folgenden 6 Monate des
Geschäftsjahres zu beschreiben. Darüber hinaus sind beim Unternehmen, das als Inlandsemittent Aktien begibt, die wesentlichen Geschäfte des Emittenten mit nahestehenden Personen anzugeben. Es besteht auch die Möglichkeit, die Angaben stattdessen im Anhang des
Halbjahresfinanzberichts zu machen.

b) Prüferische Durchsicht. § 115 Abs. 5 S. 1 WpHG sieht die prüferische Durchsicht für 234
den verkürzten Abschluss und den Zwischenlagebericht nicht zwingend vor. Wird eine
Durchsicht jedoch durchgeführt, so ist diese so anzulegen, dass bei gewissenhafter Berufsausübung ausgeschlossen werden kann, dass der verkürzte Abschluss und der Zwischenlagebericht in wesentlichen Belangen den anzuwendenden Rechnungslegungsgrundsätzen widersprechen. Der Emittent kann den Prüfer auch mit einer Prüfung beauftragen. In
diesem Fall ist der Bestätigungsvermerk oder der Vermerk über dessen Versagung vollständig wiederzugeben und gemeinsam mit dem Halbjahresfinanzbericht zu veröffentlichen
(§ 115 Abs. 5 S. 6 WpHG). Wird auf die prüferische Durchsicht ebenso wie auf die Prüfung
verzichtet, ist dies im Halbjahresfinanzbericht anzugeben (§ 115 Abs. 5 S. 6 WpHG). Die
Bestellung des Prüfers erfolgt nach den Regeln, die für die Bestellung des Abschlussprüfers
gelten.

c) Konzern. Ist ein Unternehmen als Mutterunternehmen zur Erstellung eines Konzernabschlusses und eines Konzernlageberichts verpflichtet, so modifiziert § 117 Nr. 2 S. 1 WpHG 235
§ 115 WpHG in der Weise, dass der Halbjahresfinanzbericht für das Mutterunternehmen
und die Gesamtheit der einzubeziehenden Tochterunternehmen zu erstellen und zu veröffentlichen ist.

d) Verbreitung und Hinweisbekanntmachung. Hinsichtlich der öffentlichen Verbreitung, 236
der Hinweisbekanntmachung, der Bekanntmachung der Veröffentlichung an die BaFin und
der Veröffentlichung im Unternehmensregister gelten die Ausführungen zum Jahresfinanzbericht.[248]

e) Verstöße gegen die Pflichten nach §§ 114 ff. WpHG sind nach § 120 Abs. 12 Nr. 5, 237
Abs. 17 Nr. 12 WpHG bußgeldbewehrt und können jeweils mit einer Geldbuße bis zu
200.000.000 EUR geahndet werden, wobei gegen juristische Personen und Personenvereinigungen höhere, nach oben begrenzte, Geldbußen verhängt werden können.

---

[248] → Rn. 228.

§ 49 Anleiheemission

Übersicht

	Rn.
I. Einleitung	1–12
1. Grundlagen	1–3
2. Rechtsbeziehungen im Überblick	4–11
3. Nachträgliche Änderung der Anleihebedingungen	12
II. Einfache Anleihe	13–32
1. Anleihebedingungen als Allgemeine Geschäftsbedingungen	14/15
2. Kündigungsregelungen	16–20
3. Besicherung	21–26
a) Personalsicherheiten	22
b) Negativerklärungen und Gleichrangklauseln	23/24
c) Financial Covenants	25
d) Realsicherheiten	26
4. Übernahmevertrag	27–30
5. Prospekt	31/32
III. Varianten von Anleihen	33–52
1. Verzinsungsvarianten	34/35
2. Zero-Bonds	36
3. Tilgungsformen	37
4. Wandel- und Optionsanleihen sowie Genussscheine	38–42
a) Wandel- und Optionsanleihen	38–41
b) Aktienanleihen	42
5. High Yield Anleihen	43–49
6. Asset-Backed Securities	50–52

Schrifttum: *Assmann,* Anleihebedingungen und AGB-Recht, WM 2005, 1053; *Assmann/Schütze,* Handbuch des Kapitalanlagerechts, 4. Aufl. 2015; *Baums/Cahn* (Hrsg.), Die Reform des Schuldverschreibungsrechts, 2004; *Busch,* Bezugsrecht und Bezugsrechtsausschluß bei Wandel- und Optionsanleihen, AG 1999, 58; *Gehring,* Asset-Backed Securities im amerikanischen und deutschen Recht, 1999; *Gottschalk,* Emissionsbedingungen und AGB-Recht, ZIP 2006, 1121; *Habersack/Mülbert/Schlitt* (Hrsg.), Unternehmensfinanzierung am Kapitalmarkt, 3. Aufl. 2013; *Hellner/Steuer,* Bankrecht und Bankpraxis, Loseblattsammlung; *Groß,* Kapitalmarktrecht, 6. Aufl. 2016; *Horn,* Das neue Schuldverschreibungsgesetz und der Anleihemarkt, BKR 2009, 446; *Kamlah,* Strukturierte Anleihen – Merkmale, Dokumentation und Börseneinführung, WM 1998, 1429; *Kilgus,* Anleihen mit Tilgungswahlrecht des Emittenten (Reverse Convertibles), WM 2001, 1324; *Kuder/Obermüller,* Insolvenzrechtliche Aspekte des neuen Schuldverschreibungsgesetzes, ZInsO 2009, 2025; *Kümpel,* Bank- und Kapitalmarktrecht, 4. Aufl. 2011; *Kusserow,* Auswirkungen aktueller Regulierungsvorhaben auf Schuldverschreibungsemissionen von Kreditinstituten, WM 2013, 1581 ff.; *Kusserow,* Zur Frage der Anwendbarkeit des SchVG auf Namensschuldverschreibungen, RdF 2012, 4; *Kusserow/Dittrich,* Rechtsprobleme bei Asset-Backed Securities-Transaktionen deutscher Kreditinstitute unter besonderer Berücksichtigung datenschutzrechtlicher Aspekte, WM 1997, 1786; *Kusserow/Dittrich,* Die Begebung von High Yield-Anleihen unter deutschem Recht, WM 2000, 745; *Leuerring,* Das neue Schuldverschreibungsgesetz, NZI 2009, 638; *Litten/Cristen,* Asset-Backed Securities in Zeiten von Basel II, WM 2003, 213; Münchener Handbuch des Gesellschaftsrechts Band 4, 3. Aufl. 2007; *Müller/Oulds,* Transparenz im europäischen Fremdkapitalmarkt, WM 2007, S. 573; *Reischauer/Kleinhans,* Kreditwesengesetz (KWG), Loseblatt; *Schimansky/Bunte/Lwowski,* Bankrechts-Handbuch, 2011; *Schmidt/Schrader,* Leistungsversprechen und Leistungsbestimmungsrechte in Anleihebedingungen unter Berücksichtigung des neuen Schuldverschreibungsgesetzes, BKR 2009, 397; *Siebel,* Rechtsfragen internationaler Anleihen, Habil. (Mainz), 1997; *Ulmer/Ihrig,* Ein neuer Anleihetyp: Zero-Bonds – Zivil- und bilanzrechtliche Probleme, ZIP 1985, 1169; *Veranneman,* Schuldverschreibungsgesetz, Kommentar 2010; *Zahn/Lemke,* Anleihen als Instrument der Finanzierung und Risikosteuerung, BKR 2002, 527.

I. Einleitung

1. Grundlagen

1   Die Platzierung von Anleihen an Kapital- und Finanzmärkten ist eine **klassische Fremdfinanzierungsform.**[1] Im Zuge der Finanzkrise wurden unter Basel III neue Aufsichtsanforde-

---

[1] Zur geschichtlichen Entwicklung siehe *Siebel* S. 2 ff.

rungen an Kreditinstitute eingeführt und die Pflicht der Institute, Eigenmittel für Kreditforderungen zu unterlegen, verschärft. Soweit Kreditinstitute Anleihen auf dem Kapitalmarkt platzieren, sind sie hiervon nicht betroffen. Die wirtschaftliche Bedeutung und der Variantenreichtum von Anleihen dürfte daher beträchtlich bleiben und weiter steigen.

Anleihen sind auf Geld lautende, am Kapital- oder Geldmarkt handelbare, der Investition dienende, in einer Vielzahl gleichlautender Wertpapiere verbriefte[2] Forderungsrechte gegen den Emittenten.[3] Anleihen sind damit Schuldverschreibungen. Im Fall einer Inhaberschuldverschreibung stellt der Emittent zur Verbriefung eine Urkunde aus, in der er dem Inhaber der Urkunde eine Leistung verspricht, die dieser vom Emittenten nach Maßgabe der Schuldverschreibungsbedingungen verlangen kann.[4]

Vom Gelddarlehen unterscheidet sich die Anleihe insbesondere durch die Verbriefung und die je nach Ausgestaltung daraus resultierende höhere Fungibilität. Die Fungibilität des Wertpapiers setzt voraus, dass der Inhalt der Anleihebedingungen identisch ist, denn nur dann ist das Papier auf dem Kapitalmarkt zu einem einheitlichen Preis handelbar.[5] Darüber hinaus kann der Emittent über den Kapitalmarkt einen breiten Kreis von Fremdkapitalgebern finden. Der Unterschied zwischen Darlehen und Anleihen hat auch rechtliche Konsequenzen. Die Darlehensgewährung bedarf ebenso einer Bankerlaubnis[6] wie mitunter die Annahme des Darlehens als Einlagengeschäft.[7] Dagegen bedarf zwar der Emittent einer Anleihe als solcher in der Regel keiner Erlaubnis;[8] einer Erlaubnis bedürfen aber die emissionsbegleitenden Institute und auch sonstige Dienstleister, die an dem Vertrieb von Anleihen, das Eigengeschäft und die Anlageberatung über Anleihen.[9] Auf die zivilrechtlichen Rechtsbeziehungen von Darlehen finden die §§ 488 ff. BGB Anwendung, auf die von Anleihen in Form von Inhaberschuldverschreibungen §§ 793 ff. BGB und ggf. das SchVG.

2. Rechtsbeziehungen im Überblick

Im Zusammenhang mit Anleiheemissionen bestehen zahlreiche rechtliche Beziehungen, die in verschiedenen Dokumenten geregelt werden, von denen im Folgenden ein Überblick geschafft werden soll. Dabei wird von einer typischen Gestaltung ausgegangen:

Bei Inhaberschuldverschreibungen ergeben sich die Beziehungen zwischen Emittent und Anleger gem. §§ 793, 796 BGB im Wesentlichen aus den Anleihebedingungen. Darin sind die Pflichten des Emittenten gegenüber dem Anleger ausgestaltet.

Die Emission an sich wird im Übernahmevertrag zwischen den emissionsbegleitenden Instituten (Konsortialbanken, Underwriter) und dem Emittent geregelt. Je nach Ausgestaltung verpflichten sich die Konsortialbanken zur Übernahme mit oder ohne Übernahme des Platzierungsrisikos oder als Kommissionär. Der Emittent schuldet Ausstellung, Übereignung und Lieferung der Schuldverschreibungsurkunde (der in der Regel in Form einer Globalurkunde) an den Underwriter. Die Konsortialbanken leiten den Platzierungserlös an den Emittenten unter Abzug ihrer Provision weiter.

---

[2] Gleichgestellt sind aber nicht verbriefte handelbare Registerrechte, wie Sammelbuchschuldforderungen gegen den Bund oder ein Land. Hellner/Steuer/*Bosch* Rn. 10/3.
[3] Ähnlich: *Siebel* S. 15; Hellner/Steuer/*Bosch* Rn. 10/1 ff.; vgl. auch den von *Siebel* S. 21 zit. §§ 8–102 US-amerikanischer Uniform Contract Code: „A „security" is an instrument which (i) is issued in bearer or registered form, (ii) is of a type commonly dealt in upon securities exchanges or markets commonly recognized in any area in which it is issued or dealt in as a medium for investment; (iii) is either one of a class or series or by its terms is divisable into a class or series of instruments; and (iv) ... evidences as obligation of the issuer ...".
[4] S. § 793 BGB.
[5] Vgl. Schimansky/Bunte/Lwowski/*Tetzlaff* § 88 Rn. 55.
[6] § 1 Abs. 1 S. 2 Nr. 2 KWG.
[7] § 1 Abs. 1 S. 2 Nr. 1 KWG.
[8] Insbesondere liegt bei Inhaber- und Orderschuldverschreibungen ausdrücklich kein Einlagegeschäft vor, § 1 Abs. 1 S. 2 Nr. 1 KWG. Anders bei Namensschuldverschreibungen, *Reischauer/Kleinhans* KWG § 1 Rn. 54, oder bei Schuldscheindarlehen.
[9] § 1 Abs. 1 S. 2 Nr. 4 (Finanzkommissionsgeschäft) und 10 (Emissionsgeschäft), Abs. 1a S. 2 Nr. 1 (Anlagevermittlung), 1a (Anlageberatung), 1b (Betrieb eines multimodalen Handelssystems), 1c (Platzierungsgeschäft), 2 (Abschlussvermittlung), 3 (Finanzportfolioverwaltung) und 4 (Eigenhandel), S. 3 (Eigengeschäft) KWG. Inhaber- und Orderschuldverschreibungen sind nach § 1 Abs. 11 S. 1 Nr. 3 KWG Finanzinstrumente.

7   Teilweise werden Sicherheiten gestellt, zB Garantien von Muttergesellschaften.[10] Soweit Sicherheiten bestellt werden, wird auch ein Sicherheiten-Treuhänder bestellt. Dies geschieht in einem Treuhandvertrag[11] zwischen Emittent, Sicherungsgebern, dem Sicherheiten-Treuhänder und den Konsortialbanken. Dieser Vertrag berechtigt in bestimmtem Umfang die Anleger als Vertrag zugunsten Dritter.

8   Der Zahlungsverkehr wird in einer Zahlstellenvereinbarung[12] zwischen dem Emittenten und der Zahlungsstelle geregelt, aus der die Anleger in der Regel nicht berechtigt werden. Sowohl Sicherheiten-Treuhänder als auch Zahlstelle sind meist der Konsortialführer oder eines seiner Tochterunternehmen.

9   Werden die Wertpapiere im Rahmen der Platzierung den Anlegern öffentlich anboten oder zum Handel an einem organisierten Markt (etwa dem regulierten Markt einer Börse zugelassen, erstellt der Emittent zusammen mit den Konsortialbanken einen Wertpapierprospekt nach den Maßgaben des Wertpapierprospektgesetzes.[13] Dieser dient vor allem der Information der Anleger. Bei Unrichtigkeit oder Unvollständigkeit des Prospekts können Anleger gegen den Emittenten, die Konsortialbanken und weitere Personen Prospekthaftungsansprüche haben.[14] Soll die Anleihe an einer Börse gehandelt werden, ist zudem eine Zulassung nach Börsenrecht erforderlich.[15] Das Verbot von Insidergeschäften gilt auch für Anleihen, soweit sie Insiderpapiere iSd § 12 WpHG sind, insbesondere also für börsennotierte Anleihen.[16]

10 Aus Sicht bestimmter, insbesondere institutioneller Anleger stellt sich die Frage, ob sie in eine bestimmte Anleihe investieren dürfen. Bei Versicherungen und Pfandbriefbanken ist entscheidend, ob die Anleihe den Anlagegrundsätzen entspricht[17] bzw. deckungsfähig[18] ist. Kapitalanlagegesellschaften dürfen nur in bestimmte Anleihen investieren.[19] Interessant kann auch sein, ob die Anleihe mündelsicher ist.[20]

11 Zu den als Voraussetzung der Emission nach dem Übernahmevertrag beizubringenden Dokumenten rechnen unter anderem formalisierte Stellungnahmen von Anwälten (Legal Opinions)[21] und Comfort Letters von Wirtschaftsprüfern.[22]

3. Nachträgliche Änderung der Anleihebedingungen

12 Die Änderung von Anleihebedingungen kann insbesondere bei Anleihen mit langen Laufzeiten notwendig werden. So kann eine finanzielle Krise des Schuldners eine Umschuldung[23]

---

[10] Muster bei Hellner/Steuer/*Bosch* Rn. 10/255.
[11] Muster bei Hellner/Steuer/*Bosch* Rn. 10/252.
[12] Muster bei Hellner/Steuer/*Bosch* Rn. 10/251. Vgl. § 30a Abs. 1 Nr. 4 WpHG.
[13] Gesetz über die Erstellung, Billigung und Veröffentlichung des Prospekts, der beim öffentlichen Angebot von Wertpapieren oder bei der Zulassung von Wertpapieren zum Handel an einem organisierten Markt zu veröffentlichen ist (Wertpapierprospektgesetz, WpPG) vom 1.7.2005 zur Umsetzung der Richtlinie 2003/71/EG sowie der dazu erlassenen EU-Prospektverordnung (EG) Nr. 809/2004 der Kommission vom 29.4.2004. Für Namensschuldverschreibungen kann sich eine Pflicht zur Erstellung eines Prospekts aus dem Vermögensanlagegesetz vom 6.12.2011 ergeben.
[14] S. §§ 21 ff. WpPG.
[15] § 32 BörsG, Börsenordnungen.
[16] Zum Insiderhandel mit Anleihen siehe *Siebel* BKR 2002, 795 ff.
[17] §§ 124 ff. VAG.
[18] § 4 PfandBG.
[19] Insbesondere §§ 47, 52 Nr. 1, 84 Nr. 1, 88 Nr. 1, 90b Nr. 1, 90h Nr. 1, 91, 112 f. InvG. Der investmentrechtliche Wertpapierbegriff ist nicht ausdrücklich definiert. Im Einzelnen hierzu: Beckmann/Scholtz/Vollmer/*Beckmann*, Investment, InvG § 2 Rn. 39 ff.
[20] §§ 1806 ff. BGB, Sparkassen- und Landesbankengesetze der Länder.
[21] Dazu *Gruson/Hutter/Kutschera,* Legal opinions in international transactions, 4. Aufl. 2003; Habersack/Mülbert/Schlitt/*Seiler* § 29 Rn. 2, 11 ff.; Muster von MVHdB IV/*Thümmel* S. 30 ff.; siehe auch *Gruson,* Persönliche Haftung deutscher Unternehmensjuristen für die Richtigkeit einer legal opinion nach US-amerikanischem Recht, RIW 2002, 596; *Koch,* Haftungsbeschränkungen bei der Abgabe von Third Party Legal Opinions, WM 2005, 1208.
[22] Dazu Habersack/Mülbert/Schlitt/*Kunold* § 28; *Ebke/Siegel,* Comfort Letters, Börsengänge und Haftung: Überlegungen aus Sicht des deutschen und US-amerikanischen Rechts, WM Sonderbeilage 2/2001.
[23] Zu notwendigen Umschuldungen bei staatlichen Anleihen: *Zahn/Lemke* BKR 2002, 527 (528).

oder Umstrukturierung der Anleihebedingungen erforderlich machen. Das SchVG sieht Möglichkeiten vor, wie Gläubiger an einer Änderung der Anleihebedingungen mitwirken können. Es ist am 5.8.2009 in Kraft getreten.[24] Es hat das SchVG von 1899 abgelöst, das seit langem als reformbedürftig galt und überdies nur geringe praktische Bedeutung hatte. Ziel der Neufassung war es, die Grundlage für die Beteiligung von Anleihegläubigern an Umschuldungen zu schaffen und dadurch die Attraktivität des deutschen Rechts bei internationalen Anleihen zu erhöhen.[25] Der wesentliche Inhalt der Neufassung lässt sich wie folgt zusammenfassen:

- Das Kernstück der Neufassung ist das Gläubigerorganisationsrecht (§§ 5–21 SchVG), mit der die Gläubiger durch Mehrheitsbeschluss eine Änderungen der Anleihebedingungen bewirken können. Die Anleihebedingungen müssen zur Anwendung des Gläubigerorganisationsrechts eine entsprechende Regelung vorsehen (Opt-In). Enthalten sie keine, können Änderungen nur durch Vertrag sämtlicher Gläubiger herbeigeführt werden.[26] Wird das Gläubigerorganisationsrecht des SchVG gewählt, kann davon nicht zum Nachteil der Anleihegläubiger abgewichen werden. Dann stehen den Anleihegläubigern zwei Organe zur Verfügung, nämlich die Gläubigerversammlung und der gemeinsame Vertreter der Anleihegläubiger, der bereits in den Anleihebedingungen bestimmt oder später von der Gläubigerversammlung bestellt werden kann.
- § 4 SchVG statuiert den Gleichbehandlungsgrundsatz. Änderungen können nur mit Zustimmung aller Gläubiger oder im Verfahren nach dem Gläubigerorganisationsrecht des SchVG erfolgen (kollektive Bindung).
- Die Gläubigerversammlung entscheidet mit einfacher Mehrheit der teilnehmenden Gläubiger über Beschlussgegenstände. 75 % der teilnehmenden Gläubiger sind erforderlich zur Änderung von wesentlichen Anleihebedingungen, zu denen insbesondere die Veränderung der Fälligkeiten für Zinsen und Tilgungen, die Verringerung von Zinsen und Tilgungen, die Freigabe von Sicherheiten, der Umtausch der Anleiheforderungen in Gesellschaftsanteile *(debt to equity swap)*, die Schuldnerersetzung und der Verzicht auf das Kündigungsrecht gehören (im einzelnen § 5 Abs. 3, Abs. 4 SchVG). Beschlüsse der Gläubigerversammlung können angefochten werden (§ 20 SchVG).[27]
- Der gemeinsame Vertreter hat die Weisungen der Gläubiger zu befolgen und kann Auskunft von der Emittentin verlangen. Wird er zur Geltendmachung von Rechten der Gläubiger ermächtigt, ist die individuelle Geltendmachung durch Gläubiger ausgeschlossen (§ 7 Abs. 2 SchVG).
- Das Kündigungsrecht des Anleihegläubigers kann durch das SchVG beschränkt werden: zum einen kann vorgesehen werden, dass nur mehrere Gläubiger gemeinsam kündigen können, wobei der Mindestanteil nicht mehr als 25 % sein darf. Selbst eine solche Kündigung wird durch Mehrheitsbeschluss unwirksam (§ 5 Abs. 5 SchVG). Außerdem kann mit qualifizierter Mehrheit (75 %) auf das Kündigungsrecht verzichtet werden (§ 5 Abs. 3 Nr. 8 Abs. 4 SchVG).
- Zwingend ist auch das modifizierte Skripturprinzip, wonach die heute gängige Globalurkunde auch auf außerhalb dieser Urkunde niedergelegte Anleihebedingungen verweisen kann (§ 2 SchVG) und die Transparenzvorschrift des § 3 SchVG.
- Eine weitere Neuerung ist beim Anwendungsbereich enthalten. Das SchVG soll grundsätzlich auf alle inhaltsgleichen Schuldverschreibungen aus einer Gesamtemission Anwendung finden,[28] die deutschem Recht unterliegen (§ 1 Abs. 1 SchVG), nicht aber auf Pfandbriefe und auf Staatsanleihen, Landesschatzanweisungen und Kommunalobligationen deutscher Gebietskörperschaften. Erfasst sind damit jetzt auch Anleihen ausländischer Emittenten, die deutschem Recht unterliegen.

---

[24] BGBl. 2009 I S. 2512.
[25] Zur Neufassung siehe insbesondere *Horn* BKR 2009, 446, *Kuder/Obermüller* ZInsO 2009, 2025; *Leuering* NZI 2009, 638.
[26] *Horn* BKR 2009, 446 (449).
[27] OLG Karlsruhe Beschl. v. 30.9.2015 – 7 AktG 1/15, ZIP 2015, 2116; OLG Köln Beschl. v. 13.1.2014 – 18 U 175/13 ZIP 2014, 57, jeweils zu Freigabeverfahren und Grenzen von Anfechtungsklagen.
[28] Zur Frage der Anwendbarkeit des SchVG auf Namensschuldverschreibungen: *Kusserow* RdF 2012, 4.

II. Einfache Anleihe

13 Bei der einfachen Anleihe (Straight Bond) verpflichtet sich der Emittent dem Inhaber der Schuldverschreibung zur Rückzahlung des Nominalbetrags sowie zur Zahlung von über die gesamte Laufzeit aufgelaufenen festen Zinsen.[29] Anleihen in Form von Namensschuldverschreibungen spielen insbesondere dann eine Rolle, wenn der Anleger aufgrund regulatorischer Anforderungen[30] oder aus bilanziellen Gründen[31] eine Namensschuldverschreibung gegen über einer Inhaberschuldverschreibung bevorzugt. Im Folgenden sollen einige allgemeine Aspekte dargestellt werden, die auf die meisten Anleihen Anwendung finden:

1. Anleihebedingungen als Allgemeine Geschäftsbedingungen

14 Bei Anleihebedingungen handelt es sich nach ganz hM um Allgemeine Geschäftsbedingungen im Sinne der §§ 305 ff. BGB.[32] Der Bundesgerichtshof stellte hierzu im Jahre 2005 allerdings klar, dass Anleihebedingungen nicht der Einbeziehungskontrolle des § 305 Abs. 2 BGB unterliegen.[33] Dies gebiete der Wille des Gesetzgebers, den Rechtsverkehr durch § 305 Abs. 2 BGB nicht unnötig zu behindern. Denn für die Rechtsnachfolger der Ersterwerber (der beteiligten Konsortialbanken) sei nicht sicher erkennbar, ob die Anleihebedingungen wirksam Vertragsbestandteil geworden sind.[34] Als besonders problematisch war in der Vergangenheit die Frage angesehen worden, ob in Anleihebedingungen *collective action clauses* als AGB-rechtlich zulässig anzusehen sind. Nach der Neufassung des SchVG sind jedenfalls Klauseln, die dem gesetzlichen Modell entsprechen oder von dort vorgesehenen Optionen Gebrauch machen, keine unzulässigen AGB (§ 307 Abs. 3 S. 1 BGB). Das Transparenzgebot des § 3 SchVG tritt an die Stelle des AGB-rechtlichen Transparenzgebots (§ 307 Abs. 1 S. 2 BGB).

15 Nach der Regierungsbegründung zum SchVG ist eine Klarstellung nicht vorgesehen. Vielmehr erwartete man eine Lösung auf europäischer Ebene.[35]

2. Kündigungsregelungen

16 Die ordentlichen Kündigungsrechte des gesetzlichen Darlehensrechts (§ 489 BGB) finden auf Anleihen nach hM keine Anwendung,[36] denn Anleihen verbriefen in der Regel abstrakte Forderungen.[37]

---

[29] Habersack/Mülbert/Schlitt/*Kaulamo* § 17 Rn. 40; *Assmann/Schütze* § 27 Rn. 519; *Zahn/Lemke* BKR 2002, 527 (528).

[30] Etwa Versicherungen nach §§ 125 ff. Versicherungsaufsichtsgesetz.

[31] Siehe § 341 HGB.

[32] Für Anwendung des AGB-Rechts ua: BGH 23.10.1958, BGHZ 28, 259 ff.; *Kümpel*, Bank- und Kapitalmarktrecht, Rn. 15.335; *Köndgen* NJW 1996, 553 (563); wohl auch: *Zahn/Lemke* BKR 2002, 527 (529 f.); Hellner/Steuer/*Bosch* Rn. 10/163; differenzierend: *Gottschalk* ZIP 2006, 1121 (1123 f.) (Anwendung des AGB-Rechts nur bei direkter Platzierung, nicht bei indirekter Platzierung über Konsortium oder emissionsbegleitendes Institut); MüKoBGB/*Habersack* § 733 Rn. 44; anders: *Assmann* WM 2005, 1053 (1057 f.); *v. Randow* ZBB 1994, 23 (26 f., 29) (für Anwendung des AGBG über Umgehungsnorm des § 7 AGBG aF (306a BGB nF)); *Ekkenga* ZHR 160 (1996), 59 (71 ff.) (mit der Begründung, § 8 AGBG aF (§ 307 Abs. 3 S. 1 BGB nF) schließe eine Anwendung aus, da es keine von Rechtsvorschriften abweichende oder diese ergänzende Regelung gäbe).

[33] BGH ZIP 2005, 1410 = WM 2005, 1567 = BKR 2005, 323 (mAnm *Keller* und *Brandt*) = BB 2005, 1871 (mAnm *Fillmann*); BGH Urt. v. 30.6.2009 – XI ZR 364/08, WM 2009, 1500.

[34] Die Klauselverbote der §§ 308, 309 BGB finden nach einer älteren Entscheidung des OLG Frankfurt a. M. WM 1993, 2089 keine Anwendung, wenn die Anleihen zunächst von Konsortialbanken erworben wurden; anders mit beachtlichen Gründen: *v. Randow* ZBB 1994, 23 (29).

[35] RegE vom 18.2.2009, S. 18, Verweis auf die damaligen Beratungen zur Richtlinie über Verbraucherrechte.

[36] Zur Diskussion siehe Habersack/Mülbert/Schlitt/*Kaulamo* § 17 Rn. 50; *Hopt/Mülbert* WM-Sonderbeil. 3/1990, 5; *Siebel* S. 624; MüKoBGB/*Berger* § 489 Rn. 5.

[37] *Hopt/Mülbert* WM-Sonderbeil. 3/1990, 5; *Siebel*, Recht der internationalen Anleihen, S. 624. Anders sind Schuldscheindarlehen zu sehen, bei denen es sich um Gelddarlehen (§ 488 BGB) handelt, die durch einen Schuldschein (§ 371 BGB) bestätigt werden, *Zahn/Lemke* BKR 2002, 527 (531). § 489 BGB kann aber An-

Neben dem gesetzlichen außerordentlichen Kündigungsrecht (§ 314 BGB) finden sich vertragliche ordentliche (**Call Option bzw. Put Option**) und außerordentliche Kündigungsrechte. Eine Call Option (Kündigungsoption des Emittenten) muss ausdrücklich in den Anleihebedingungen vereinbart werden. Der Emittent wird sie beispielsweise ausüben, wenn der Zins einer neuen alternativ möglichen Fremdfinanzierung gegenüber dem der Anleihe gesunken ist. Ein besonderes außerordentliches Kündigungsrecht des Emittenten besteht oft dann, wenn an seinem Sitz ein Quellensteuerabzug eingeführt wird. Dies ist letztlich ein Ausgleich für die regelmäßig vorgesehene Verpflichtung des Emittenten zur Erhöhung der Zinsen, so dass der Anleihegläubiger stets netto die vereinbarten Zinsen erhält (gross-up).[38]

Meist werden in den Anleihebedingungen ausführlich die außerordentlichen Kündigungsrechte der Anleihegläubiger *(Events of Default)* geregelt. Sie knüpfen regelmäßig an den Zahlungsverzug des Emittenten und an einen konkreten Vermögensverfall (zB Insolvenzantrag, Insolvenzeröffnung, tatsächliche oder drohende Zahlungsunfähigkeit, Überschuldung, Schuldenmoratorium, Zwangsvollstreckung und Zahlungseinstellung, Liquidation) sowie etwa die Verletzungen finanziellen Zusicherungen (financial covenants) an.

Weitere Kündigungsgründe bestehen bei außerordentlicher Kündigung (cross-acceleration) oder Kündbarkeit (cross-default) anderer Verbindlichkeiten desselben Emittenten und bei Verletzung der Anleihebedingungen sowie bei Änderung von Beteiligungsverhältnissen an dem Emittenten (Kontrollwechsel).[39] Üblicherweise sehen die Anleihebedingungen die Ausübung des Kündigungsrechts durch den einzelnen Anleihegläubiger vor.[40]

Das SchVG sieht in § 5 Abs. 5 Gesamtkündigungen mehrerer Gläubiger vor, deren Wirksamkeit in Anleihebedingungen von bestimmten Quoten abhängig gemacht werden können.

3. Besicherung

Je besser die Bonität des Emittenten ist, desto weniger Bedarf besteht an Sicherheiten. Anleihen von Banken und international tätigen Großunternehmen werden in der Regel unbesichert ausgegeben, während typische Kreditsicherheiten besonders bei Emittenten mit einem Bonitätsrating unterhalb von Investment Grade sowie bei High Yield Bonds Verwendung finden.[41] Dann besteht die rechtliche Schwierigkeit darin, eine gleichmäßige Befriedigung einer Vielzahl von wechselnden Gläubigern zu erreichen.[42] Daher werden Sicherheiten-Treuhänder eingesetzt. Bei akzessorischen Kreditsicherheiten kann über eine Parallelverpflichtung des Emittenten gegenüber dem Sicherheiten-Treuhänder eine Besicherung erreicht werden. Dann wird nicht (nur) die Anleiheforderung gesichert, sondern auch die Parallelverpflichtung. Zunehmend werden über Auflagen, Informationsverpflichtungen, Zusicherungen und Financial Covenants bestimmte Verhaltenspflichten vertraglich vorgegeben, bei deren Verletzung ein Kündigungsgrund bestehen kann.[43]

a) Personalsicherheiten. Garantien einer Konzerngesellschaft des Emittenten sind nicht selten, insbesondere dann, wenn der Emittent etwa eine Konzern-Holdinggesellschaft ist, die selbst kein operativen Geschäft betreibt, oder er über wenig eigene Vermögenswerte verfügt, die er als Realsicherheiten einsetzen kann.[44] Sie werden auf erstes Anfordern unwiderruflich und unabhängig vom Bestand der Hauptforderung abgegeben. Solche Garantien können gegenüber dem Sicherheiten-Treuhänder oder auch unmittelbar zugunsten der Anleihegläu-

---

wendung finden, wenn in der Anleihe Darlehensrückzahlungsansprüche verbrieft werden. Habersack/Mülbert/*Schlitt/Kaulamo* § 17 Rn. 50; Hopt/*Mülbert* WM-Sonderbeil. 3/1990, 5.
[38] *Siebel* S. 628 ff.
[39] Näher dazu Baums/Cahn/*Schneider* S. 82.
[40] Die Ausübung des Kündigungsrechts der Anleger wird in anglo-amerikanischen Anleihen teilweise einem Trustee überlassen; näher dazu *Kusserow/Dittrich* WM 2000, 745 (748); *Siebel* S. 631 Fn. 121 mit historischem Gegenbeispiel.
[41] Habersack/Mülbert/Schlitt/*Kaulamo* § 17 Rn. 62.
[42] Hellner/Steuer/*Bosch* Rn. 10/194 f., 10/197. Anders bei einer Anleihentreuhand *(bond trustee)* nach angloamerikanischem Recht, dazu Hellner/Steuer/*Bosch* Rn. 10/200.
[43] Habersack/Mülbert/Schlitt/*Kaulamo* § 17 Rn. 63.
[44] Habersack/Mülbert/Schlitt/*Kaulamo* § 17 Rn. 64.

biger als Vertrag zugunsten Dritter (§ 328 BGB) abgegeben werden.[45] Insbesondere bei emittierenden Holding-Gesellschaften kommen auch Upstream-Garantien von Tochterunternehmen in Betracht. Patronatserklärungen und Bürgschaften sind selten. Sie lassen sich am Markt nicht durchsetzen. Bei Patronatserklärungen ist vor Eröffnung des Insolvenzverfahrens zweifelhaft, ob ein unmittelbarer Anspruch gegen den Patron besteht. Selbst bei Bürgschaften auf erstes Anfordern stellt sich die Frage nach der Auswirkung der Akzessorietät.[46]

23 **b) Negativerklärungen und Gleichrangklauseln.** Erhebliche praktische Bedeutung[47] haben Negativerklärungen und Gleichrangklauseln. In Negativerklärungen verpflichtet sich der Emittent, anderen, auch nachrangigen Gläubigern keine Sicherheiten zu stellen und bei einer Bestellung von Sicherheiten an andere Gläubiger den Anleihegläubigern gleichwertige Sicherheiten einzuräumen. Negativerklärungen werden teilweise auch auf (wesentliche) Tochterunternehmen erstreckt. In Verhandlungen wird um die ausnahmsweise zulässigen Sicherheiten gerungen. Zudem unterscheidet sich häufig die Art der anderen Verbindlichkeiten des Emittenten, die nicht besichert werden dürfen. Negativerklärungen sind keine echten Sicherheiten. Doch bei einem Verstoß gegen die Negativerklärung haben die Anleihegläubiger in der Regel ein außerordentliches Kündigungsrecht.

24 Häufig sind auch Gleichrangklauseln (*pari-passu*-Klauseln).[48] Darin verpflichtet sich der Emittent dafür zu sorgen, dass Anleihegläubigern mindestens denselben Rang haben wie andere unbesicherte Gläubiger, soweit kein gesetzlicher Vorrang besteht. Angesichts der im Insolvenzfall zwingenden Rangfolge von Gläubigerrechten hat die Gleichrangklausel bei deutschen Emittenten vor allem insoweit Bedeutung, dass ein Verstoß wiederum in der Regel ein außerordentliches Kündigungsrecht der Anleihegläubiger auslöst.[49]

25 **c) Financial Covenants.** Besonders bei High-Yield-Anleihen wird auch die Einhaltung bestimmter Finanzkennzahlen vereinbart, etwa das Debt Service Cover Ratio, das Interest Cover Ratio oder die Eigenkapitalquote,[50] sowie Begrenzung von Ausschüttungen an Gesellschafter des Emittenten. Werden sie nicht eingehalten, kann dies zur außerordentlichen Kündigung berechtigen.

26 **d) Realsicherheiten.** Denkbar sind auch Realsicherheiten, etwa in Form von Pfandrechten an den Anteilen von Tochterunternehmen des Emittenten, wie dies bei High-Yield-Bonds in Betracht kommt.[51] An Immobilien kann für Inhaberschuldverschreibungen eine Sicherungsgrundschuld bestellt werden.[52]

4. Übernahmevertrag

27 Der Emittent bedient sich zur Ausgabe und Platzierung an die Investoren zumeist der Mitwirkung von Kreditinstituten. Die Garantieübernahme, bei der das emissionsbegleitende Institut für die Platzierung einsteht, ist als Emissionsgeschäft Kreditinstituten vorbehalten; die Best-effort-Platzierung (Soft Underwriting) und die Übernahme als Kommissionär, bei der keine feste Übernahmeverpflichtung (Firm Commitment) besteht, ist als Platzierungsgeschäft Kreditinstituten vorbehalten.[53]

---

[45] Habersack/Mülbert/Schlitt/*Kaulamo* § 17 Rn. 65; *Siebel* S. 445 ff.
[46] Für Patronatserklärungen: *Siebel* S. 454 f., Habersack/Mülbert/Schlitt/*Kaulamo* § 17 Rn. 68. Für Bürgschaften: Habersack/Mülbert/Schlitt/*Kaulamo* § 17 Rn. 67.
[47] Habersack/Mülbert/Schlitt/*Kaulamo* § 17 Rn. 58 („Standardklausel", „neben der Garantie die wichtigste Form einer Anleihebesicherung").
[48] Habersack/Mülbert/Schlitt/*Kaulamo* § 17 Rn. 52 ff.
[49] Zur zweifelhaften weiten Auslegung von *pari-passu*-Klauseln, wonach diese im Zweifel auch als Verbot von Leistungen (außerhalb der Insolvenz(!)) an nicht-rangige Gläubiger gelten sollen, falls nicht gleichzeitig auch alle anderen von der Klausel geschützten Gläubiger bedient würden: *Kusserow*, Auswirkungen aktueller Regulierungsvorhaben auf Schuldverschreibungsemissionen von Kreditinstituten, WM 2013, 1581 (1583).
[50] Die Einhaltung der Finanzkennzahlen ist regelmäßig, etwa jährlich, zu bestätigen.
[51] Habersack/Mülbert/Schlitt/*Hutter* § 15 Rn. 47.
[52] Mit Grundpfandrechten besicherte Anleihen sind in letzter Zeit immer häufiger im Bereich von Immobilienanleihen zu sehen.
[53] Emissionsgeschäft gem. § 1 Abs. 1 S. 2 Nr. 10 KWG; Platzierungsgeschäft gem. § 1 Abs. 1a S. 2 Nr. 1c KWG.

28 Bei einer festen Übernahme regelt der Übernahmevertrag[54] übernimmt das Konsortium die Anleihe durch Kauf bzw. kaufähnliches Geschäft[55] und gegen Zahlung des um Gebühren und Kosten reduzierte Übernahmepreises an den Emittenten. Gerade bei einer festen Übernahme ist das Konsortium daran interessiert, dass bei einer wesentlichen nachteiligen Veränderung des wirtschaftlichen Status des Emittenten, des Garanten, der Unternehmensgruppe oder des Marktes generell (Material Adverse Change) eine Übernahme ausgeschlossen oder reduziert wird.[56] Daher wird insoweit teilweise eine aufschiebende Bedingung (Condition Precedent) vereinbart.[57] Daneben verpflichten sich die Konsortialbanken, die öffentliche Platzierung oder private Platzierung vorzubereiten und die Zeichnung der Anleihe durch die Anleger zu veranlassen. Des weiteren wird geregelt, wer im Innenverhältnis zwischen Emittent und emissionsbegleitender Bank die Verantwortung für die Inhalte des Prospekts übernimmt. Der Emittent stellt die Konsortialbanken von Prospekthaftungsansprüchen frei, soweit eine betreffende Unvollständigkeit oder Unrichtigkeit des Prospekts nicht aus der Sphäre der Konsortialbanken stammt.

29 Der Emittent gibt gegenüber den Konsortialbanken Zusicherungen (Representations and Warranties) ab und haftet für deren Richtigkeit. Diese betreffen die Existenz und ordentliche Vertretung des Emittenten, die Wirksamkeit der Anleihe, die Richtigkeit und Vollständigkeit der im Prospekt genannten Informationen, die Richtigkeit des Jahresabschlusses des Emittenten, die vollständige Erbringung des Stammkapitals des Emittenten, das Fehlen von Rechtsstreitigkeiten und von wesentlichen nachteiligen Änderungen seit dem letzten Jahresabschluss.[58] Bei einer Verletzung bestehen verschuldensunabhängige Ansprüche der Konsortialbanken gegen den Emittenten sowie Freistellungspflichten und – vor dem Closing – Rücktrittsrechte.[59]

30 Darüber hinaus wird die Emission von Conditions Precedent[60] abhängig gemacht, zu denen etwa die Vorlage der Legal Opinions und der Comfort Letters, die Beibringung gesellschaftsrechtlicher Dokumentation, sowie die Richtigkeit der Representations and Warranties[61] zu den im Rahmen der Platzierung maßgeblichen Zeitpunkten gehören.

5. Prospekt

31 Die EU-Prospektrichtlinie[62] und ihre Umsetzung in deutsches Recht durch das Wertpapierprospektgesetz (WpPG)[63] hoben die Unterscheidung zwischen öffentlichem Angebotsprospekt und Börsenzulassungsprospekt auf. Am 20. Juli 2017 ist zudem die neue EU-Prospektverordnung (Verordnung (EU) 2017/1129) in Kraft getreten. Die Verordnung gilt in weiten Teilen erst ab dem 21. Juli 2019. Hierdurch werden die bislang geltende EU-Prospektrichtlinie, das WpPG und die delegierte Prospektverordnung 809/2004/EG schrittweise abgelöst. Im Rahmen eines öffentlichen Angebots im Inland trifft die Pflicht zur Veröffentlichung eines Prospekts zunächst den Anbieter, also die platzierende Bank.[64] Die Verantwortung für den Inhalt des Prospekts nach § 5 Abs. 4 WpPG übernimmt in der Regel der Emittent.[65] Der Prospekt bedarf gemäß § 13 WpPG vor seiner Veröffentlichung der Billigung durch die BaFin.

---

[54] Beispiele etwa bei Hellner/Steuer/*Bosch* Rn. 10/241, 10/245. Britisch-englisch: subscription agreement; amerikanisch: underwriting agreement.
[55] Habersack/Mülbert/Schlitt/*Diekmann* § 25 Rn. 23.
[56] Habersack/Mülbert/Schlitt/*Diekmann* § 25 Rn. 31.
[57] Habersack/Mülbert/Schlitt/*Diekmann* § 25 Rn. 81.
[58] Überblick auch Habersack/Mülbert/Schlitt/*Diekmann* § 25 Rn. 65 ff.
[59] Habersack/Mülbert/Schlitt/*Diekmann* § 25 Rn. 70 f.
[60] Wörtlich: aufschiebende Bedingungen. Meist handelt es sich aber nicht um Bedingungen iSd § 158 Abs. 1 BGB, sondern um dem Konsortium bzw. dem Konsortialführer eingeräumte Einwendungen eigener Art, die es erlaubt die Emission zu verweigern.
[61] Habersack/Mülbert/Schlitt/*Diekmann* § 25 Rn. 76.
[62] Richtlinie 2003/71/EG in ihrer durch Richtlinie 2010/73/EU geänderten Fassung.
[63] Wertpapierprospektgesetz vom 22.6.2005, BGBl. I S. 1968, in seiner zuletzt geänderten Fassung.
[64] § 3 Abs. 1 WpPG.
[65] Beim Börsenzulassungsprospekt verlangt § 5 Abs. 4 in Verbindung mit § 5 Abs. 3 S. 2 WpPG zudem die Verantwortungsübernahme der den Zulassungsantrag stellenden Bank.

32 Der Prospektpflicht unterliegen nach § Abs. 2 S. 1 WpPG solche Angebote von Anleihen nicht, die
a) sich an qualifizierte Anleger[66] richten;
b) sich in jedem Mitgliedsstaat des EWR an weniger als 150 nicht qualifizierte Anleger richten;
c) sich nur an Anleger richten, die bei jedem gesonderten Angebot Wertpapiere ab einem Mindestbetrag von 100.000 EUR erwerben können;[67]
d) eine Mindeststückelung von 100.000 EUR haben[68] oder
e) sofern der Verkaufspreis für alle Wertpapiere weniger als 100.000 EUR beträgt, wobei die Obergrenze über einen Zeitraum von zwölf Monaten zu berechnen ist.

Weitere Ausnahmen von der Prospektpflicht sind in § 4 Abs. 1 und 2 WpPG genannt. Die Weiterveräußerung (gemeint ist, im Rahmen eines öffentlichen Angebots) von Wertpapieren, die nach § 3 Abs. 2 S. 1 WpPG prospektfrei angeboten wurden, werden unabhängig davon wiederum auf eine etwaige Prospektpflicht geprüft. (§ 3 Abs. 2 S. 2 WpPG)[69]

Der Prospekt wird in der Regel vom Emittenten und vom Konsortialführer gemeinsam erstellt,[70] wobei der Konsortialführer in der Regel den Entwurf der Anleihebedingungen und der Beschreibung des Angebots übernimmt. Der Prospekt enthält nach § 5 Abs. S. 1 und 2 WpPG drei Informationsteile, das Registrierungsformular mit den Informationen zum Emittenten, der Wertpapierbeschreibung und die Zusammenfassung. Die Zusammenfassung muss hierbei die erforderlichen Schlüsselinformationen in kurzer Form und allgemein verständlicher Sprache unter Berücksichtigung des Angebots und der Wertpapiere[71] sowie Warnhinweise[72] enthalten und dabei einem einheitlichen Format folgen.[73] Der Prospekt ist vollständig, richtig und in leicht analysierbarer und klar verständlicher Form erstellt zu erstellen.[74]

III. Varianten von Anleihen

33 Für die Ausgestaltung von Anleihebedingungen gilt in weitem Umfang die Privatautonomie, die zu einer Vielfalt von Gestaltungsformen geführt hat. An dieser Stelle soll ein beispielhafter Überblick über einige unterschiedliche Varianten geboten werden.

1. Verzinsungsvarianten

34 Die meisten Anleihen sehen eine Festverzinsung vor. Denkbar sind aber auch variable Verzinsungen und Zerobonds ohne wiederkehrende Verzinsung. Der Zinssatz (Coupon) wird entscheidend von der Bonität des Emittenten beeinflusst; häufig erhält die Anleihe ein eigenes Rating durch eine unabhängige Ratingagenturen.[75] Eine Anleihe mit einem Rating unterhalb des Investment Grades[76] werden üblicherweise als High Yield Bonds bezeichnet.

35 **Variable Verzinsung:** Floating Rate Note (FRN)[77] sind Anleihen mit variablen Zinssätzen, die sich aus einem Spread (Zuschlag) über dem in Bezug genommenen Referenzzinssatz er-

---

[66] Definition in § 2 Nr. 6 WpPG, ua Institute (§ 1 Abs. 1b KWG und vergleichbare Unternehmen), Regierungen und multinationale Einrichtungen, Großunternehmen und in einem bei der BaFin geführten Register für qualifizierte Anleger eingetragene Personen.
[67] Vgl. hierzu *Müller/Oulds* WM 2007, 573 ff.
[68] Vgl. hierzu *Müller/Oulds* WM 2007, 573 ff.
[69] Zur „wenig geglückten" Formulierung, vgl. *Groß* § 3 WpPG Rn. 10.
[70] Habersack/Mülbert/Schlitt/*Diekmann* § 25 Rn. 41 ff.
[71] § 5 Abs. 2a WpPG.
[72] § 5 Abs. 2b WpPG.
[73] § 5 Abs. 2 S. 4 WpPG.
[74] § 5 Abs. 1 WpPG. Zu den Prospektgrundsätzen vgl. auch *Groß* § 5 WpPG Rn. 2 ff.
[75] Zum Beispiel bestehen bei Standard & Poor's folgende Ratingkategorien für langfristige unbesicherte Finanzverbindlichkeiten in Landeswährung: AAA (beste Kategorie), AA, A, BBB, BB, B, CCC, CC und C (schlechteste Kategorie vor dem Zahlungsausfall) und R, SD, D (Regulatory Supervision due to financial status, Selective Default, Default).
[76] Bei Standard and Poor's sind Ratings von AAA bis BBB- Investment Grade.
[77] Habersack/Mülbert/Schlitt/*Kaulamo* § 17 Rn. 40; zu Varianten des FRN: *Lohr* DB 2000, 643 (645).

rechnen. Häufiger Referenzzinssatz ist ein Interbanken-Briefsatz, wie LIBOR (London Interbank Offered Rate) oder Euribor (European Interbank Offered Rate). Diese Sätze werden für bestimmte Zinsperioden und Währungen bestimmt und bankarbeitstäglich aktualisiert. Sie resultieren aus Umfragen der Bankenverbände bei bestimmten Mitgliedsbanken.[78] Die seit einiger Zeit anhaltende Niedrigzinsphase mit zum Teil negativen Referenzzinssätzen führt bei Anleihen dazu, dass die Untergrenze des Coupons (Floor) bei null liegt, soweit nicht die Anleihebedingungen eine höhere Untergrenze vorsehen. Dabei wird nach den Konditionen gefragt, zu denen diese Institute bereit sind, erstklassigen Banken am europäischen bzw. Londoner Interbankenmarkt Kredite der genannten Laufzeit und Währung zu gewähren.[79] Dabei basieren sowohl EURIBOR als auch LIBOR nicht notwendig auf den tatsächlich am Interbankenmarkt verfügbaren Sätzen, sondern schlicht auf den mitgeteilten Sätzen.[80]

2. Zero-Bonds

Zero-Bonds oder Nullkupon-Anleihen[81] sehen keine wiederkehrende Verzinsung vor, enthalten aber einen recht hohen Diskont. Das bedeutet, dass der Anschaffungspreis deutlich unter dem Nennwert liegt. Wirtschaftlich reflektiert diese Diskontierung die Abzinsung. Etwa auf den Rückzahlungsbetrag anfallende Zinsen beinhalten daher bei wirtschaftlicher Betrachtung auch Zinseszinsen. Dennoch verstoßen Zero-Bonds nicht gegen das Zinseszins-Verbot des § 248 Abs. 1 BGB. Die Endbelastung des Anleiheschuldners ist ohne weiteres vorhersehbar.[82] 36

3. Tilgungsformen

Bei den gängigen Anleihen erfolgt eine Rückzahlung in einem einzigen Betrag am Ende der Laufzeit oder zu bestimmten wiederkehrenden Tilgungsterminen in gleichen Tilgungsraten oder in Form von Annuitäten. Bei Annuitäten wird bei jedem Zins- und Tilgungstermin eine gleich hohe Rate geschuldet, wobei sich die Zinsanteile mit zunehmender Tilgung reduzieren. 37

4. Wandel- und Optionsanleihen sowie Genussscheine

a) **Wandel- und Optionsanleihen** sowie Gewinnschuldverschreibungen[83] und **Genussscheine** können zu einem Eingriff in die mitgliedschaftliche und vermögensmäßige Struktur der Gesellschaft führen. Daher erfordert ihre Ausgabe einen Hauptversammlungsbeschluss mit qualifizierter Mehrheit (§ 221 Abs. 1 S. 1, Abs. 3 AktG). Aktionäre haben auf sie nach §§ 221 Abs. 4, 186 AktG ein Bezugsrecht.[84] 38

Wandelanleihen (Convertible Bonds) sind Schuldverschreibungen, die dem Gläubiger das Recht geben, seinen Anspruch auf Tilgung des Nennbetrags gegen eine bestimmte Anzahl Aktien des Emittenten einzutauschen (§ 221 Abs. 1 S. 1 Fall 1 AktG).[85] Bei **Optionsanleihen** (Warrants Bonds) wird eine in der Regel fest verzinsliche Anleihe mit dem Recht verbunden, 39

---

[78] Siehe etwa http://www.euribor.org.
[79] http://www.euribor.org/assets/files/Euribor_code_conduct.pdf.
[80] Manipulationen des LIBORs führten 2012 zu einem Skandal, im Zuge dessen zum Teil hohe Geldstrafen gegenüber den beteiligten Banken verhängt und die Zuständigkeit für die LIBOR-Festsetzung Londoner Börse entzogen und der New York Stock Exchange übertragen wurden.
[81] Dazu: Habersack/Mülbert/Schlitt/*Kaulamo* § 17 Rn. 44 mit verschiedenen Varianten; *Ulmer/Ihrig* ZIP 1985, 1169 ff., deren Definition von Zero-Bonds auch den „Aufzinsungstyp" umfasst, bei dem der Ausgabepreis dem Nennbetrag entspricht und der Rückzahlungspreis deutlich über dem Nennbetrag liegt.
[82] Habersack/Mülbert/Schlitt/*Kaulamo* § 17 Rn. 45; *Ulmer/Ihrig* ZIP 1985, 1169 (1173).
[83] § 221 Abs. 1 S. 1 Fall 3 AktG. Gewinnschuldverschreibungen haben keine große praktische Bedeutung, siehe dazu *Zahn/Lemke* BKR 2002, 527 (531), Fn. 41.
[84] Zu Grenzfällen: BGHZ 120, 141 (145 ff.) – Bremer Bankverein; dazu mwN Hüffer/Koch//*Koch* AktG § 221 Rn. 25a f., 43 ff.; *Busch* AG 1999, 58 (59 ff.); BGH ZIP 2003, 1788 ff. – Deutsche Hypothekenbank zur Abgrenzung zwischen Genussrecht und stiller Beteiligung.
[85] MüKoAktG/*Habersack* § 221 Rn. 24; Gestaltungshinweise unter anderem bei KölnKommAktG/*Lutter*, 2. Aufl., § 221 Rn. 103 ff.

eine bestimmte Zahl Aktien zu einem festgelegten Entgelt zu erwerben (§ 221 Abs. 1 S. 1 Fall 2 AktG).[86] Das verbriefte Optionsrecht kann regelmäßig abgetrennt werden.[87] Die abgetrennten **Optionsscheine** sind wiederum Schuldverschreibungen[88] und – anders als selbstständige **Optionsscheine**[89] – keine Finanztermingeschäfte (§ 37e S. 2 WpHG).[90] Bei **Pflichtwandelanleihen** wird die Wandlung sowie ihr Zeitpunkt in den Anleihebedingungen bereits festgelegt. Der Anleger erhält für die Übernahme der Wandlungspflicht einen höheren Zinskupon.[91] **Genussscheine** sind verbriefte Genussrechte.[92] Genussrechte gewähren aktionärsähnliche Rechte, insbesondere durch Beteiligung am Gewinn und Liquidationserlös,[93] und können zu eigenkapitalähnlicher Ausgestaltung führen.[94] Sehr streitig ist die Frage, ob Genussrechte mit Eigenkapitalcharakter gegen §§ 139 ff. AktG verstoßen, wenn sie schuldrechtlich eine ähnliche Gestaltung erreichen wie Vorzugsaktien.[95]

40 Bei der Gestaltung der Anleihebedingungen für Wandel- und Optionsanleihen sowie Genussscheine werden regelmäßig die Gläubiger gegen die Verwässerung ihrer Rechte über § 216 Abs. 3 AktG hinaus geschützt.[96] Gerade bei den unter Verbrauchern vertriebenen Produkten bestehen besondere Aufklärungs- und Beratungspflichten.[97]

41 Eine verwandte Erscheinung ist die **Umtauschanleihe** (Exchangeable Bond), bei dem der Gläubiger statt der Tilgung des Nennbetrags die Lieferung von Aktien einer anderen Gesellschaft, in der Regel der deutschen Mutter der ausländischen Emittentin, verlangen kann.[98]

42 b) **Aktienanleihen.** Bei **Aktienanleihen oder Reverse Convertibles**[99] hat der Emittent das Wahlrecht, ob er die Anleihe durch Zahlung des Nennbetrags tilgt oder durch Überlassung

---

[86] Zu der besonderen Gestaltung von Going-Public-Anleihen siehe KölnKommAktG/*Lutter* § 221 Rn. 188 f.
[87] Hüffer/Koch/*Koch* AktG § 221 Rn. 6, 55.
[88] *Zahn/Lemke* BKR 2002, 527 (530); *Fuchs* WpHG Vor §§ 37e und 37g Rn. 72.
[89] BGH WM 1994, 834 (837) (Optionsschein auf Aktienindex); BGH ZIP 1995, 784 (selbstständiger Dollaroptionsschein); siehe aber OLG München BKR 2003, 296 ff., wonach der Erwerb von Anteilen an einem Optionsscheinfonds kein Börsentermingeschäft ist.
Selbstständige Optionsscheine können als Put oder Call ausgestaltet sein. Ob selbstständige Optionsscheine auf Aktien des Emittenten zulässig sind, ist zweifelhaft (zum Meinungsstand: KölnKommAktG/*Lutter*, 2. Aufl., § 221 Rn. 185; Hüffer/Koch/*Koch* AktG § 221 Rn. 75 mwN; *Schlitt/Löschner* BKR 2002, 150). Gegen die Zulässigkeit der Schaffung bedingten Kapitals für solche „naked warrants" OLG Stuttgart BKR 2003, 122 (123 f.) m. krit. Anm. *Wehrhahn*, 124. In der Regel basieren selbstständige Optionsscheine auf Indeces, Devisen oder Zinssätzen. In Betracht kommt auch die Option auf Aktien anderer Unternehmen (Exchangeable Bond).
[90] BGHZ 114, 177 (179) (für § 221 AktG); 133, 200 (203) (für abgetrennte Optionsscheine einer ausländischen Aktiengesellschaft); näher zur Unterscheidung *Fuchs* WpHG Vor §§ 37e und 37g Rn. 72.
[91] Habersack/Mülbert/Schlitt/*Kaulamo* § 17 Rn. 15.
[92] Hüffer/Koch/*Koch* AktG § 221 Rn. 28. Gestaltungshinweise für Genussscheine bei KölnKommAktG/*Lutter* § 221 Rn. 279 ff. mit zahlreichen Beispielen.
Genussrechte werden angesprochen ua in §§ 160 Abs. 3 Nr. 6, 221 Abs. 3, 4 AktG; § 10 Abs. 5 KWG; § 53c Abs. 3a VAG, aber nicht gesetzlich definiert, Hüffer/Koch/*Koch* AktG § 221 Rn. 23.
[93] Hüffer/Koch/*Koch* AktG § 221 Rn. 25. Beispiele bei KölnKommAktG/*Lutter* § 221 Rn. 210.
[94] Insbesondere in bank- und versicherungsaufsichtlicher Perspektive, wenn die Voraussetzungen der § 10 Abs. 5 KWG, § 53c Abs. 3a VAG erfüllt sind.
[95] In der Rechtsprechung bislang offen gelassen: BGHZ 119, 305 (311 f.) – Klöckner; OLG Bremen AG 1992, 268; siehe zur Auseinandersetzung im Einzelnen mwN: Hüffer/Koch/*Koch* AktG § 221 Rn. 32 ff.; KölnKommAktG/*Lutter* § 221 Rn. 224 ff.
[96] Die Rechtsprechung hat bislang einen erweiterten Verwässerungsschutz abgelehnt, wenn sich dieser nicht aus den Anleihebedingungen ergibt, BGHZ 28, 259 (277) – Harpen-Bonds; aA Hüffer/Koch/*Koch* AktG AktG, 5. Aufl., § 221 Rn. 67 mwN.
Zum Verwässerungsschutz mit Gestaltungshinweisen Hüffer/Koch/*Koch* AktG § 221 Rn. 61 f., 66 ff.; *Zahn/Lemke* BKR 2002, 527 (532); KölnKommAktG/*Lutter* § 221 Rn. 120 f.; 347 ff.
[97] Siehe etwa zum Ablauf der Optionsfrist: BGH NJW-RR 2002, 405; NJW 2002, 2703; zu durch die Gestaltung des Disagio bzw. der Provisionen veränderte Chancen-Risiko-Verhältnisse: BGH DB 2003, 1786; 2002, 1497; BKR 2002, 36.
[98] Hüffer/Koch/*Koch* AktG § 221 Rn. 70 ff.; *Zahn/Lemke* BKR 2002, 527 (532); *Busch* AG 1999, 58. Bei Exchangeable Bonds auf die Aktien der Mutter findet nach hM § 221 Abs. 1 und 4 AktG analog Anwendung (*Hüffer* aaO; *Busch* aaO; KölnKommAktG/*Lutter* § 221 Rn. 172 f.). Zur Frage, wie hier ein Verstoß gegen §§ 71 ff. AktG vermieden werden kann: *Busch* aaO, 65 f.
[99] Dazu *Kilgus* WM 2001, 1324 ff.

einer festgelegten Zahl von Aktien (eines unbeteiligten Dritten) bedient. Die sehr streitige Frage, ob es sich hierbei um Termingeschäfte handelt, hat der BGH mit Recht verneint.[100]

5. High Yield Anleihen

Emittenten von **High Yield Anleihen** weisen typischerweise ein Non-Investment Grade Rating auf.[101] Im Gegenzug für die Übernahme eines höheren Zahlungsausfallrisikos erhalten die Anleger einen vergleichsweise hohen Zinssatz und damit einen höheren Ertrag (High Yield

High Yield Anleihen werden in der Regel als internationale Privatplatzierung vermarktet.[102] Um eine aufwendige Registrierung bei der SEC zu vermeiden, platzieren die beteiligten Banken in den USA gemäß Rule 144A (in Verbindung mit Section 4(2) des U. S. Securities Act 1933) die High Yield Anleihen an sog. qualifizierte institutionelle Investoren, in Deutschland und Europa nutzen sie in der Regel die gesetzliche Ausnahme von der Prospektpflicht, indem sich das Angebot ausschließlich an qualifizierte Anleger richtet und die Mindeststückelung der Anleihe 100.000 EUR nicht unterschreitet.[103]

Angesichts des hohen Ausfallrisikos dienen zwei rechtliche Mechanismen zum Austarieren der Interessen verschiedener Gläubigerklassen: Sicherheiten und Subordination.[104] Neben der Bestellung von Realsicherheiten im Einzelfall[105] gewähren operative Tochtergesellschaften (häufig in Form einer GmbH) für ihre Holdinggesellschaft, die die Anleihe ausgibt. Insbesondere um eine Verletzung der Kapitalerhaltungsvorschriften zu vermeiden, wird dann die Garantiehaftung durch sog. Limitation Language begrenzt,[106] es sei denn, ein Beherrschungs- und Gewinnabführungsvertrag beugt einer solchen Verletzung vor.

Die anderen Gläubiger (Kreditgeber) werden gegenüber den Anleihegläubigern Vorrang beanspruchen; die Anleihegläubiger sind trotz der (unbesicherten) Garantien strukturell nachrangig (subordiniert), denn die Kreditgeber haben in der Regel besseren Zugriff auf die Vermögenswerte der operativen Gesellschaften, indem diese ihnen erstrangige Sicherheiten an diesen Werten einräumen.[107]

Eine Minderung des Ausfallrisikos wird zugunsten von Anlegern von High Yield Anleihen daher durch Financial Covenants (→ Rn. 21), Undertakings, Representations und Events of Default erreicht, die den Rahmen der Betätigung des Emittenten und seiner Gruppe[108] beschränken. Diese Auflagen, Zusicherungen und Kündigungsgründe zeichnen sich gegenüber den entsprechenden Instrumenten bei syndizierten Krediten dadurch aus, dass sie nicht fortlaufend überwacht werden (Maintenance Covenants), sondern eine Überprüfung anlassbezogen, zB bei Aufnahme weiterer Verbindlichkeiten (Incurrence Based Covenants), erfolgen. Beispielsweise kann die Aufnahme anderer Verbindlichkeiten, das Stellen von Garantien, die Veräußerung von Vermögenswerten, die Änderung der Beteiligungsstruktur oder der Unternehmensstruktur (Umwandlung, Verschmelzung etc) oder die Ausschüttung von Dividenden beschränkt werden. Dazu kommen Negativerklärungen und Gleichrangklauseln (→ Rn. 19 f.). Andere Covenants dienen zur Erhaltung der Unternehmenssubstanz und der Unternehmensstruktur, der Beschränkung von Geschäften innerhalb der Gruppe oder mit Gesellschaftern oder Angehörigen der Organe der Gesellschaft.[109]

---

[100] BGH BKR 2002, 393 (395) mwN; LG Frankfurt a. M. WM 2000, 1293 ff.; LG Wuppertal BKR 2002, 190 (191); *Assmann* ZIP 2001, 2061 (2081); *Haertlein* WuB I G 1.–3.01; *Kilgus* WM 2001, 1324 (1327 f.); aA KG WM 2001, 1369 (1371); *Lenenbach* NZG 2001, 481 (487 ff.); *Köndgen* ZIP 2001, 1197 (1198).
[101] Etwa „BB" oder schlechter von Standard & Poor's.
[102] Habersack/Mülbert/Schlitt/*Hutter* § 18 Rn. 18.
[103] In letzter Zeit wurden mitunter auch High Yield Anleihen öffentlich mit niedriger Stückelung und auf Basis eines Wertpapierprospekts gemäß EU-Prospektrichtlinie, lokalen Umsetzungsgesetzes und der EU-Prospektverordnung Privatinvestoren angeboten.
[104] Habersack/Mülbert/Schlitt/*Hutter* § 18 Rn. 29 ff.
[105] High Yield Anleihen werden dinglich in der Regel bestenfalls durch (ggf. zweitrangige) Pfandrechte an den Anteilen der operativen Gesellschaften gesichert.
[106] Habersack/Mülbert/Schlitt/*Kaulamo* § 17 Rn. 66.
[107] Vgl. Habersack/Mülbert/Schlitt/*Hutter* § 18 Rn. 32.
[108] *Kusserow/Dittrich* WM 2000, 745 (749 ff.).
[109] Habersack/Mülbert/Schlitt/*Hutter* § 18 Rn. 85, 87, 90, 91. *Kusserow/Dittrich* WM 2000, 745 (749 ff.).

48 Problematisch sind umfassende Beschränkungen des Anleiheemittenten und seiner Gruppe durch in Auflagen und Zusicherungen enthaltene Verbote. Diese können der Zustimmung der Hauptversammlung bedürfen.[110] Außerdem kann die Anleihe als im Sinne des § 39 Abs. 1 Nr. 5 InsO nachrangig angesehen werden, insbesondere, wenn Anteile an der Emittentin und der operativen Gesellschaften verpfändet werden.[111] Das ist dann der Fall, wenn den Anleihegläubigern wirtschaftlich die Stellung eines Aktionärs bzw. Gesellschafters zukommt. Daher werden solche Auflagen häufig nicht als Verbot mit Zustimmungsvorbehalt ausgestaltet, sondern lösen – ggf. nach Information der Anleger und Widerspruch durch den Treuhänder – ein Kündigungsrecht der Anleger aus.[112]

49 Typisch ist auch das Rückkaufsrecht (Equity Clawback) des Emittenten während der Laufzeit der Anleihe, insbesondere nach Aufnahme von Eigenkapital, dass der Emittent zur teilweisen Rückführung der Anleihe verwendet. Der Rückkaufpreis liegt dabei über dem Nennbetrag (Call Premium).[113]

6. Asset-Backed Securities

50 **Asset-Backed Securities (ABS)** sind durch zedierte Forderungen gedeckte Schuldverschreibungen.[114] Das Unternehmen (Originator), das seine Vermögenswerte (in der Regel zwecks Finanzierung) verbriefen will, verkauft und überträgt die zu verbriefenden Forderungen an ein unabhängiges Special Purpose Vehicle (SPV), der Emittent. Das SPV wird insolvenzfern (insolvency remote) strukturiert.[115] Bei den verbrieften Forderungen handelt es sich in der Regel um eine Vielzahl gleichartiger und mit einer relativ geringen Ausfallwahrscheinlichkeit belegter Forderungen, zB Kfz-Leasingforderungen, Forderungen des Herstellers gegen Autohändler, Kreditkartenforderungen, Darlehensforderungen. Handelt es sich bei den zugrunde liegenden Forderungen um grundpfandrechtlich gesicherte Kredite, bezeichnet man die ABS als Mortgage-Backed Securities. Den Forderungskaufpreis bedient der Emittent aus dem Emissionserlös. Die Anleihe wird aus den Einnahmen aus der abgetretenen Forderung bedient. Die Anleihen jeder ABS-Transaktion sind in mehrere Risikoklassen unterteilt (tranchiert). Forderungsausfälle treffen entsprechend des sog. Wasserfalls zunächst den Selbstbehalt (First Loss), sodann die Mezzanine-Tranche, dann die Senior-Tranche usw.

Im Gegensatz zur verstehend beschriebenen True Sale ABS wird bei synthetischen ABS zwar auch ein Portfolio von Darlehensforderungen zusammenstellt, aber nicht rechtlich durch Forderungserwerb auf das SPV übertragen. Die darlehensgebende Bank (Originator) überträgt lediglich wirtschaftlich das Ausfallrisiko in Bezug auf die Darlehen durch Kreditderivate (Credit Default Swaps, Total Return Swaps oder Credit Linked Notes) lediglich die Ausfallrisiken aus dem Forderungsportfolio auf sog. Monoline-Versicherer und über die Kreditanstalt für Wiederaufbau (KfW) auf die Zweckgesellschaft als Sicherungsgeber, bleibt aber Inhaber der Forderungen.[116] ABS können – je nach Ausgestaltung – besonders aus bilanziellen[117] und aufsichtsrechtlichen[118] Gründen vorteilhaft sein.

51 Besondere Herausforderungen bestehen ua[119] hinsichtlich der insolvenzfesten Ausgestaltung von ABS,[120] bei Abtretungsverboten (§§ 399 f. BGB),[121] bei vorrangigen Abtretungen,

---

[110] *Kusserow/Dittrich* WM 2000, 745 (752 ff.).
[111] BGHZ 119, 191 ff. Siehe aber *Kusserow/Dittrich* WM 2000, 745 (756 ff.) mwN.
[112] *Diem*, Akquisitionsfinanzierung, 2. Aufl., § 52 Rn. 27 f. zur Vertragspraxis bei Darlehen.
[113] Habersack/Mülbert/Schlitt/*Hutter* § 18 Rn. 104.
[114] Im Fall von echter Abtretung spricht man von True Sale ABS.
[115] Die Transaktionsbeteiligten müssen sich verpflichten, keinen Insolvenzantrag zu stellen (non-petition), und ihre Inanspruchnahme des SPV auf seine vorhandenen Vermögenswerte zu beschränken (limited recourse).
[116] Dazu Auerbach/Zerey/*Dittrich*/*Schuff* Verbriefungen S. 141 ff.; *Brocker* BKR 2007, 60 (61) Fn. 8.
[117] Dazu *Dreyer/Schmid/Kronat* BB 2003, 91 ff.; Schimansky/Bunte/Lwowski/*Jahn* § 114a Rn. 46.
[118] Siehe dazu insbesondere BaFin (damals BAKred.) Rundschreiben 4/97, vom 19.3.1997 (I 3 – 21 – 3/95), abgedruckt in WM 1997, 1820 f.; *Zeising* BKR 2007, 311 (315 f.); *Litten/Christea* WM 2003, 213 ff.; BaFin (damals BAVers.) Rundschreiben R1/2002 – Q 4 – 99/62 vom 12.4.2002; *Auerbach/Roth* WM 2003, 230 (232 f.) (zu VAG).
[119] *Danielewsky/Lehmann* WM 2003, 221 ff. zu den Auswirkungen der Uncitral-Konvention über internationale Forderungsabtretungen auf ABS-Transaktionen.

etwa infolge eines verlängerten Eigentumsvorbehalts,[122] sowie infolge des Datenschutzrechts und verwandter Rechtsmaterien.[123] Eine besondere Erlaubnis nach RDG ist hingegen nicht erforderlich.[124]

Seit der Finanzkrise haben ABS und insbesondere CDOs eine spürbar geringere Bedeutung auf dem Kapitalmarkt. Das Vertrauen von Anlegern in diese Produkte gilt es wieder aufzubauen, die rechtlichen Strukturen dafür sind nach einer Vielzahl gesetzlicher Maßnahmen implementiert.

---

[120] Dazu *Brocker* BKR 2007, 60 ff.; *Pannen/Wolff* ZIP 2006, 52 ff.; *Zeising* BKR 2007, 311 (317).
[121] *Gehring* S. 145.
[122] Der verlängerte Eigentumsvorbehalt steht der Abtretung an den ABS-Emittenten in der Regel nicht entgegen, wenn dem Originator der Erlös aus dem Forderungsverkauf endgültig zufließt. Dann ist die Abtretung von der Ermächtigung des Lieferanten zur Veräußerung der Sache und ihrem Gegenwart gedeckt. *Gehring* S. 146 f.
[123] Es wird vertreten, dass eine Verletzung von §§ 28, 43 BDSG zur Nichtigkeit gem. § 134 BGB führen kann, so *Kusserow/Dittrich* WM 1997, 1786 (1791 f.). Allerdings urteilte der BGH 2007, dass hier allenfalls Schadensersatzforderungen des Bankkunden ausgelöst würden (BGH ZIP 2007, 619 ff.).
[124] § 2 Abs. 2 S. 2 RDG; BT-Drs. 16/3655, 49; *Grunewald/Römermann* RDG § 2 Rn. 105.

§ 50 Going Private – Rückzug von der Börse

Übersicht

	Rn.
I. Vorbemerkungen	1–12
1. Begriff des Going Public und des Delisting	1–9
a) Begriff des Going Private	2/3
b) Begriff des Delisting	4–9
2. Gründe für ein Going Private	10–12
II. Die Techniken des Going Private im Einzelnen	13–44
1. Allgemeines	13
2. Das reguläre Delisting	14–25
a) Widerruf auf Antrag	14
b) Keine gesellschaftsrechtlichen Voraussetzungen (mehr)	15–19
c) Börsen- und kapitalmarktrechtliche Voraussetzungen	20–23
d) Rechtsschutz	24/25
3. Maßnahmen des sog. „kalten (cold)" Delisting	26–44
a) Die „Übertragende Auflösung"	26–30
b) Die Umwandlung – Verschmelzung, Formwechsel	31–37
c) Die Eingliederung nach §§ 319 ff. AktG	38–40
d) Der Squeeze-Out nach §§ 327a ff. AktG	41–44
III. Zusammenfassung	45–48

Schrifttum: *Assmann/Pötzsch/U. H. Schneider,* WpÜG, 2. Aufl., 2013; *Auer,* Der Rückzug von der Börde als Methodenproblem. Perspektiven des Anlegerschutzes beim echten Delisting nach „Frosta", JZ 2015, 71 ff.; *Bayer,* Die Delisting-Entscheidungen „Macrotron" und „Frosta" des II. Zivilsenats des BGH. Ein Lehrstück für die Suche nach der „richtigen" Problemlösung und zugleich die Analyse einer unzulänglichen Gesetzgebung und einer gescheiterten Rechtsfortbildung, ZfPW 2015, 163 ff.; *ders.,* Delisting: Korrektur der Frosta-Rechtsprechung durch den Gesetzgeber, NZG 2015, 1169 ff.; *Buck-Heeb,* Kapitalmarktrecht, 8. Aufl., 2016; *Bungert/Leyendecker/Langner,* Die Neuregelung des Delisting, ZIP 2016, 49 ff.; *Groß,* Kapitalmarktrecht, 6. Aufl., 2016; *ders.,* Rechtsprobleme beim Delisting, ZHR 165 (2001), S. 141 ff.; *Gutte,* Das reguläre Delisting von Aktien, Kapitalmarktrecht-Gesellschaftsrecht-Ökonomie, Diss., Dresden, 2006; *Harnos,* Aktionärsschutz beim Delisting, ZHR 179 (2015), 750 ff.; *Hohn,* Going Private, 2000; *Hornung/Westermann,* Vereinbarkeit der Delisting-Neuregelung mit der europarechtlichen Kapitalverkehrsfreiheit, BKR 2017, 409 ff.; *Klepsch/Hippeli,* Update Delisting, RdF 2016, 194 ff.; *Klöhn,* Delisting – Zehn Jahre später – Die Auswirkungen von BVerfG, NZG 2012, 826, auf den Rückzug vom Kapitalmarkt und den Segmentwechsel, NZG 2012, 1041 ff.; *Kocher/Seiz,* Das neue Delisting nach § 39 Abs. 2–6 BörsG, DB 2016, 153; *Langenbucher,* Aktien- und Kapitalmarktrecht, 3. Aufl., 2015; *Leyendecker/Herfs,* Mindestpreis- und Preisanpassungsregelungen bei Delistingangeboten, BB 2018, 64; *Linden von der,* Kann die Satzung eine Börsennotierung vorschreiben?, NZG 2015, 176 ff.; *Linnerz/Freyling,* Delisting im Freiverkehr – Sanktionsregime und Pflichtenprogramm, BB 2017, 1354 ff.; *Marsch-Barner/Schäfer* (Hrsg.), Handbuch börsennotierte AG, Aktien- und Kapitalmarktrecht, 4. Aufl., 2018; *Pfüller/Anders,* Delisting-Motive vor dem Hintergrund neuerer Rechtsentwicklungen, NZG 2003, 459 ff.; *Pluskat,* Rechtsprobleme beim Going Private, Diss., München, 2002; *Richard/Weinheimer,* Handbuch Going Private, 2002; *dies.,* Der Weg zurück: Going Private, BB 1999, S. 1613 ff.; *Schockenhoff,* Delisting-Karlsruhe locuta, causa finita? – Zugleich Besprechung BGH v. 8.10.2013 – II ZB 26/12, ZIP 2013, 2254 – Frosta, ZIP 2013, 2429 ff.; *Simon/Burg,* Zum Anwendungsbereich des § 29 Abs. 1 Satz 1 UmwG beim „kalten" Delisting, Der Konzern 2009, S. 214 ff.; *Stöber,* Die Zukunft der Macrotron-Regeln zum Delisting nach den jüngsten Entscheidungen des BVerfG und des BGH, BB 2014, 9 ff.; *Vollmer/Grupp,* Der Schutz der Aktionäre beim Börseneintritt und Börsenaustritt, ZGR 1995, 459 ff.; *de Vries,* Delisting, Diss., Bayreuth, 2002; *Wackerbarth,* Das neue Delisting-Angebot nach § 39 BörsG oder: Hat der Gesetzgeber hier wirklich gut nachgedacht?, WM 2016, 385 ff.; *Wieneke,* Aktien- und kapitalmarktrechtlicher Schutz beim Delisting nach dem Frosta-Beschluss des BGH, NZG 2014, 22 ff.; *Zimmer/Imhoff von,* Die Neuregelung des Delisting in § 39 BörsG, NZG 2016, 1056 ff.

I. Vorbemerkungen

1. Begriff des Going Private und des Delisting

1 Die Probleme, die mit Going Private und Delisting verbunden sind, beginnen bereits bei der Definition der Begriffe. Aufgrund der verschiedenen Erscheinungsformen und Unterar-

ten des Going Private bzw. Delisting hat sich in der Literatur und Praxis bislang noch keine einheitliche Terminologie durchgesetzt. Im Folgenden soll ein kurzer Überblick über die gängigsten Erscheinungsformen gegeben werden.

a) Begriff des Going Private. Einigkeit besteht, was unter **Going Private im weiteren Sinne** zu verstehen ist, nämlich jede Transaktion unabhängig vom wirtschaftlichen Hintergrund und von der gewählten Rechtstechnik, mit der die Rückführung einer „öffentlichen", börsennotierten Gesellschaft (AG, KGaA, SE; „public company") in eine von einem geschlossenen Personenkreis gehaltene, nicht mehr börsennotierte Gesellschaft („private company") vorgenommen wird.[1]

Wird schlicht von **Going Private** (im engeren Sinn) gesprochen, so meint man damit überwiegend den **Totalrückzug** von allen deutschen Börsenplätzen und nicht einen partiellen Rückzug nur von bestimmten deutschen Börsenplätzen oder der Börsensegmentreduktion, dh die Rückstufung der Aktien in ein niedrigeres Marktsegment.[2]

b) Begriff des Delisting. Als eine besondere Art des Going Private gilt das Delisting. Je nach Art des rechtstechnischen Vorgangs der Durchführung des „Rückzugs" von der Börse oder des Umfangs, gilt es verschiedene Varianten zu unterscheiden.

aa) Umfang des Delisting. Als **Börsenpräsenzreduktion** bzw. **Teil-Delisting** bezeichnet man die Aufgabe der Börsenzulassung an einer oder mehreren (Regional-)Börsen. Im Unterschied zum Going Private (im engeren Sinn), also einem Totalrückzug, bleibt hier die Zulassung zumindest an einem anderen deutschen Börsenplatz oder an einem ausländischen organisierten Markt im Sinne von § 2 Abs. 11 WpHG bestehen.[3]

Eine weitere Variante des Delisting ist die **Börsensegmentreduktion** bzw. das **Downgrading**. Hierbei wird die Zulassung der Aktien an den Börsenplätzen (grundsätzlich) beibehalten; die Wertpapiere werden nur in ein niedrigeres Marktsegment herabgestuft.

bb) Arten des Delisting. (1) *Reguläres Delisting.* Von regulärem Delisting wird gesprochen, wenn sich der Rückzug von der Börse – rsp. aus dem regulierten Markt, nicht aber aus dem Freiverkehr – nach den **börsenrechtlichen** Bestimmungen vollzieht. Für einen solchen Rückzug bedarf es eines **Widerrufs der Zulassung (§ 39 Abs. 2 S. 1 BörsG) zum Börsenhandel auf Antrag des Emittenten**. Nicht ausreichend ist lediglich die Einstellung oder Aussetzung des Handels (§ 25 BörsG).

Das Börsengesetz sieht auch die Möglichkeit eines Widerrufs der Zulassung von Amts wegen vor, wenn ein ordnungsgemäßer Börsenhandel auf Dauer nicht mehr gewährleistet ist und die Geschäftsführung die Notierung im regulierten Markt eingestellt hat oder der Emittent seine Pflichten aus der Zulassung nach vergeblicher Fristsetzung nicht erfüllt (§ 39 Abs. 1 BörsG).

(2) *„Kaltes (Cold)" Delisting.* Weitere Wege, um Going Private zu erreichen, führen über gesellschaftsrechtliche Konstruktionen: Die **„übertragende Auflösung"** führt zu einem Börsenrückzug, wenn zunächst eine Vermögensübertragung nach § 179a AktG – typischerweise auf den Mehrheitsaktionär oder eine von diesem beherrschte nicht börsennotierte Erwerbergesellschaft – erfolgt und im Anschluss daran die Auflösung der börsennotierten Aktiengesellschaft nach § 262 Abs. 1 Nr. 2 AktG beschlossen und die Aktiengesellschaft abgewickelt wird. Die **Umwandlung** einer börsennotierten Aktiengesellschaft in eine Gesellschaft mit nicht börsenfähiger Rechtsform oder in eine nicht börsennotierte Aktiengesellschaft führt ohne weiteres zu einem Rückzug von der Börse. Dies kann entweder durch eine Verschmelzung nach §§ 2 ff., 60 ff. UmwG oder durch einen Formwechsel nach §§ 190 ff., 226 f., 228 ff., 238 ff. UmwG vollzogen werden. Außerdem kann eine börsennotierte Aktiengesellschaft durch **Eingliederung** nach §§ 319 ff. AktG in eine andere, nicht börsennotierte Aktiengesellschaft mit Sitz im Inland (Hauptgesellschaft) von der Börse delisted werden. Schließlich kann auch durch einen **Squeeze-Out** nach §§ 327a ff. AktG ein Delisting vorbereitet werden.

---

[1] *Pluskat* S. 2 f.; *Richard/Weinheimer/Richard* S. 25; *Hohn* S. 4 f.; *Gutte* S. 31.
[2] Zu den einzelnen Marktsegmenten siehe oben → § 47.
[3] § 39 Abs. 2 S. 3 Nr. 2 BörsG, → Rn. 20.

2. Gründe für ein Going Private

10 Eine abschließende Aufzählung möglicher Gründe für ein Going Private ist kaum möglich. Die Aktiengesellschaft wird sich in aller Regel primär von einer **Kosten-Nutzen-Analyse** leiten lassen, also einer wirtschaftlichen Abwägung der Kosten und des Nutzens der Börsennotierung gegenüber dem Zustand der Nicht-Börsennotierung.[4]

11 Mit dem **Gang an die Börse** ist eine **Vielzahl von Pflichten** verknüpft, die eine nicht unerhebliche Kostenbelastung nach sich ziehen. Die börsennotierte Gesellschaft hat zB grundsätzlich neben dem Jahresfinanzbericht (§ 114 WpHG) einen Halbjahresfinanzbericht (§ 115 WpHG) zu veröffentlichen; für Mutterunternehmen gilt entsprechendes hinsichtlich des Konzerns (§ 117 WpHG). Die BaFin kann eine Prüfung der Abschlüsse und Berichte nach Maßgabe der §§ 107ff. WpHG anordnen. Außerdem wird eine börsennotierte AG gem. § 267 Abs. 3 S. 2 HGB unabhängig von ihrer Bilanzsumme, Umsatzhöhe und Mitarbeiterzahl stets als große Kapitalgesellschaft behandelt mit der Folge der Verpflichtung zur Einhaltung umfangreicher und besonderer Rechnungslegungs-, Prüfungs- und Publizitätsvorschriften (exemplarisch §§ 264ff., 285 Nr. 11, 297 Abs. 1 S. 2 HGB). Ferner unterliegen nicht-börsennotierte Aktiengesellschaften nicht den verschärften aktienrechtlichen Vorschriften (zB §§ 110 Abs. 3 S. 2, 125 Abs. 1 S. 3, 134 Abs. 1 S. 2 AktG). Auch die oben[5] näher dargestellten Pflichten resultierend aus der MMVO[6] und dem WpHG – namentlich die Ad hoc-Publizität nach Art. 17 MMVO, die Führung von Insiderlisten (Art. 18 MMVO), die Regelung des „Directors' Dealings" nach Art. 19 MMVO, die Insider betreffenden Vorschriften nach Art. 7ff. MMVO, die Mitteilung und Veröffentlichung von Stimmrechtsanteilen gem. §§ 33ff. WpHG bei Über- oder Unterschreitung bestimmter Schwellenwerte und die Veröffentlichung nach § 40 WpHG, die Veröffentlichung der Gesamtzahl der Stimmrechte nach § 41 WpHG – finden auf die nicht-börsennotierte Gesellschaft keine Anwendung; insoweit ist auch das Haftungsrisiko nach §§ 97 und 98 WpHG zu berücksichtigen.[7]

12 Neben Kostengründen gibt es aber auch noch andere Motive für ein Going Private, etwa die **funktionslose Börsennotiz**, dh wenn die mit einer Börsennotiz angestrebten Vorteile nicht oder nicht mehr gegeben sind. Zumeist ist Hauptziel die Beschaffung von Kapital, was aber dann nicht mehr von Bedeutung ist, wenn die Gesellschaft kein Wachstum mehr anstrebt oder sich aus dem eigenen Cash-flow finanzieren kann oder die Gesellschaft infolge dauerhaft niedriger Börsenkurse unterbewertet ist.[8] Gleiches gilt aber auch, wenn der Börsenkurs so niedrig ist, dass er den niedrigsten Ausgabebetrag (§ 8 Abs. 2–4 AktG) unterschreitet und damit ggf. zur Sanierung erforderliches Kapital wegen des Verbots der Unterpariemission (§ 9 Abs. 1 AktG) nahezu nicht mehr beschafft werden kann. Die Börsennotiz kann auch zu **unausgeschöpften Wertpotentialen** geführt haben. Dieser Fall kann eintreten, wenn beispielsweise Investitionen in bestimmten Geschäftsfeldern, die nicht zum Kerngeschäft des Konzerns zählen, unterbleiben, weil eine an kurzfristigen Erfolgen auf dem Kapitalmarkt orientierte Betrachtung solchen Investitionen entgegensteht. Hier bietet sich ein sog. Going Private-Buy-Out an, mittels dessen der betreffende Teil des Konzerns aus der börsennotierten Gesamtgesellschaft herausgenommen wird.[9]

II. Die Techniken des Going Private im Einzelnen

1. Allgemeines

13 Ein Going Private im engeren Sinn kann auf fünf unterschiedliche Arten herbeigeführt werden. Diese sind, wie oben schon erläutert,[10] das **reguläre Delisting**, die „**übertragende**

---

[4] *Richard/Weinheimer* BB 1999, 1613 (1619 ff.); *de Vries* S. 13 ff.; *Pluskat* S. 7 ff.

[5] Vgl. hierzu iE § 48.

[6] VO (EU) Nr. 596/2014 des Europäischen Parlaments und des Rates vom 16.4.2014 über Marktmissbrauch (Marktmissbrauchsverordnung), ABl. 2014 L 173, 1.

[7] Mit dem Delisting entfällt für die Gesellschaft die Möglichkeit, Inhaberaktien auszugeben; sie muss Namensaktien haben (§ 10 Abs. 1 S. 1, S. 2 Nr. 1 AktG).

[8] *Richard/Weinheimer* S. 26 f.; *dies.* BB 1999, 1613 (1619); *Gutte* S. 32.

[9] *Richard/Weinheimer* S. 28; *de Vries* S. 19.

[10] Vgl. → Rn. 2 ff.

Auflösung", die **Umwandlung**, die **Eingliederung** und der **Squeeze-Out**. Die rechtlichen Voraussetzungen und Rechtsfolgen dieser Techniken sollen im Folgenden näher beleuchtet werden.

2. Das reguläre Delisting[11]

a) **Widerruf auf Antrag.** Das reguläre Delisting wird gem. § 39 Abs. 2 S. 1 BörsG ausschließlich durch **Widerruf der Börsenzulassung** auf Antrag des Emittenten bewirkt. Nachdem der BGH 2013 mit der „Frosta"-Entscheidung[12] seine „Macrotron"-Rechtsprechung[13] aus dem Jahr 2002 aufgegeben hat, hat das reguläre Delisting nur noch eine kapitalmarktrechtliche Dimension. 14

b) **Keine gesellschaftsrechtlichen Voraussetzungen (mehr).** *aa) Macrotron-Rechtsprechung.* Nach der sog. **Macroton-Entscheidung**[14] des BGH war ein Ermächtigungsbeschluss der Hauptversammlung, der der einfachen Mehrheit bedurfte, notwendig. Gestützt hat der BGH seine Auffassung unmittelbar auf die Eigentumsgarantie des Verfassungsrechts: 15

Der Verkehrswert und die jederzeitige Möglichkeit seiner Realisierung seien Eigenschaften des Aktieneigentums, die wie das Aktieneigentum selbst verfassungsrechtlichen Schutz nach Art. 14 Abs. 1 GG genössen. 16

Nach der „Macrotron"-Entscheidung des BGH stand den Minderheitsaktionären im Falle des Delisting ein Anspruch zu, dass die Aktiengesellschaft (in den Grenzen der für den Erwerb eigener Aktien geltenden §§ 71 f. AktG) oder der Großaktionär von Minderheitsaktionären deren Aktien gegen im Hinblick auf die Höhe gerichtlich überprüfbare Barabfindung (wahrer Anteilswert) erwirbt.[15] 17

bb) Frosta-Rechtsprechung. Das **BVerfG** hat mit Urteil im Jahr 2012[16] festgestellt, dass der Widerruf der Börsenzulassung für den regulierten Markt auf Antrag des Emittenten grundsätzlich nicht den Schutzbereich des Eigentumsgrundrechts (Art. 14 Abs. 1 GG) des Aktionärs nicht berühre. Der Schutz des Art. 14 Abs. 1 GG erfasse die Substanz des Anteilseigentums in seiner mitgliedschaftsrechtlichen und vermögensrechtlichen Ausgestaltung. Damit zähle nur die rechtliche Verkehrsfähigkeit als solche zu den geschützten Rechtsgütern. Die gesteigerte Verkehrsfähigkeit der Aktie, die die Börsennotierung vermittele, sei schlichte Ertrags- und Handelschance.[17] Der Anleger erwerbe die zum Handel im regulierten Markt zugelassene Aktie mit dem Risiko, dass die Zulassung durch den Vorstand beendet werde. Denn der Rückzug von der Börse stelle eine Geschäftsführungsmaßnahme dar, die durchaus im Unternehmensinteresse liegen könne. Zwar könnten gesellschaftsrechtliche Anforderungen von der Rechtsprechung nicht mehr auf Verfassungsrecht gestützt werden, Verfassungsrecht[18] hindere die Rechtsprechung allerdings nicht daran, im Wege der Gesamtanalogie beim vollständigen Rückzug von der Börse den Aktionären eine gerichtlich überprüfbare Barabfindung zuzusprechen. 18

Im Jahr 2013 hat der **BGH** mit dem sogenannten Frosta-Beschluss[19] entschieden, dass es bei einem Widerruf der Zulassung der Aktie zum Handel im regulierten Markt auf Veranlassung der Gesellschaft weder eines Hauptversammlungsbeschlusses bedarf noch die Aktionäre Anspruch auf eine Barabfindung haben[20]; dies obwohl das BVerfG jedenfalls hin- 19

---

[11] Zum Begriff vgl. → Rn. 7 f.
[12] BGH NZG 2013, 1342.
[13] BGHZ 153, 47 = ZIP 2003, 387.
[14] BGHZ 153, 47 = ZIP 2003, 387 (389); Vorinstanz: OLG München WM 2002, 662 ff.
[15] Zu den Einzelheiten der Macrotron-Rechtsprechung und den insoweit vertretenen abweichenden Ansichten vgl. § 50, Vorauflage.
[16] BVerfGE 132, 99 = NJW 2012, 3081.
[17] Dies könnte anders zu beurteilen sein, wenn mit dem Widerruf der Börsennotierung regelmäßig ein Kursverfall einträte, der substantiell wäre. Ein solcher lässt sich aber auf Basis eingeholter Sachverständigengutachten (ua Deutsches Aktieninstitut) nicht belegen (BVerfG NJW 2012, 3084 Rn. 68).
[18] Namentlich Art. 2 Abs. 1 iVm Art. 20 Abs. 3 GG).
[19] NZG 2013, 1342.
[20] Der Frosta-Beschluss ist von der Literatur unterschiedlich aufgenommen worden. Befürwortend: zB *Wieneke* NZG 2014, 22 ff.; *Auer* JZ 2015, 71 ff.; abl. zB *Bayer* ZfPW 2015, 163 ff.; *Stöber* BB 2014, 9 ff.

sichtlich des Pflichtangebots Raum für richterliche Rechtsfortbildung durch eine Gesamtanalogie zu einfachgesetzlichen Bestimmungen gelassen hatte. Wesentliches Argument des BGH war dabei, dass es hinsichtlich sämtlicher in Betracht kommender Rechtsvorschriften, insbesondere auch § 29 Abs. 1 S. 1 Hs. 1 Alt. 2 UmwG[21] an der für eine Analogie erforderlichen planwidrigen Regelungslücke bzw. Vergleichbarkeit fehle. Der Anleger sei zudem durch das Kapitalmarktrecht (§ 39 Abs. 2 BörsG aF) ausreichend geschützt.[22] Obgleich der dem Beschluss zugrundeliegende Sachverhalt ein Downgrading[23] betraf, hat der BGH aus Rechtssicherheitsgründen[24] eine Entscheidung auch für das reguläre Delisting getroffen.[25]

20   c) **Börsen- bzw. kapitalmarktrechtliche Voraussetzungen.** Die kapitalmarktrechtlichen Voraussetzungen sind in § 39 Abs. 2–6 BörsG geregelt. Nach dem Urteil des BVerfG[26] und dem Frosta-Beschluss des BGH[27] hat sich der Gesetzgeber veranlasst gesehen, die börsenrechtlichen Vorschrift zum Widerruf der Börsenzulassung auf Antrag des Emittenten detaillierter und neu zu regeln.[28] Auf **Antrag** des Vorstands[29] des Emittenten kann die Zulassung widerrufen werden (§ 39 Abs. 2 S. 1 BörsG). Der Widerruf darf allerdings nicht dem Schutz der Anleger widersprechen (§ 39 Abs. 2 S. 2 BörsG). § 39 Abs. 2 BörsG gilt für den **regulierten Markt**.[30] Die Börsengeschäftsführung hat den Widerruf unverzüglich im Internet zu **veröffentlichen** (§ 39 Abs. 5 S. 1 BörsG). Der Zeitraum zwischen Veröffentlichung und Wirksamkeit des Widerrufs darf 2 Jahre nicht überschreiten (§ 39 Abs. 5 S. 2 BörsG).

21   Bei Wertpapieren iSd § 2 Abs. 2 WpÜG, insbesondere **Aktien** und **Schuldverschreibungen**, ist ein Widerruf nur zulässig, wenn (i) der rückzugswillige Emittent bei Antragstellung nachweist, dass allen Aktionären[31] ein **Erwerbsangebot** nach den Vorschriften des WpÜG[32] durch Veröffentlichung einer Angebotsunterlage gemacht wurde[33] (§ 39 Abs. 2 S. 3 Nr. 1 BörsG) oder (ii) die Aktien weiterhin an einem inländischen regulierten Markt oder einem EU- oder EWR-Markt, an dem für das reguläre Delisting auch ein vergleichbares Erwerbsangebot zu unterbreiten ist (§ 39 Abs. 3 S. 3 Nr. 2 litt. a) und b) BörsG – **Börsenplatz-Reduktion** oder **Teil-Delisting**[34]).[35]

---

[21] Verschmelzung einer börsennotierten auf eine nicht börsennotierte Aktiengesellschaft; für eine analoge Anwendung *Klöhn* NZG 2012, 1045 f.
[22] Ob durch eine Satzungsbestimmung das Erfordernis eines Hauptversammlungsbeschlusses und eines Abfindungsangebots sichergestellt werden kann, wird in der Literatur, insbesondere vor dem Hintergrund des § 23 Abs. 5 AktG str. diskutiert: abl. *Bayer* ZfPW 2015, 194; Hüffer/Koch/*Koch* AktG § 119 Rn. 39; *von der Linden* NZG 2015, 176 ff.; Spindler/Stilz/*Hoffmann* AktG § 119 Rn. 48a; befürwortend *Eckhold* in: Marsch-Barner/Schäfer § 61 Rn. 61.61; *Heidel/Lochner* in: Heidel (Hrsg.), Aktienrecht und Kapitalmarktrecht, 4. Aufl., 2014, Vor §§ 327a ff. Rn. 18; *Kubis* in: MüKoAktG § 119 Rn. 93; *Mülbert* in: GrossKomm AktG § 119 Rn. 151; *Schockenhoff* ZIP 2013, 2434.
[23] Hier: Wechsel vom regulierten Markt in ein Prädikatssegment des Freiverkehrs, wofür die Macroton-Grundsätze ohnehin keine Anwendung gefunden haben (OLG Bremen ZIP 2013, 821).
[24] *Schockenhoff* ZIP 2013, 2429 ff.
[25] OLG Jena AG 2015, 450; OLG Karlsruhe NZG 2015, 516.
[26] → Rn. 18.
[27] → Rn. 19.
[28] Gesetz zur Umsetzung der Transparenzrichtlinie-Änderungsrichtlinie vom 20.11.2015, BGBl. I 2029 – in Kraft getreten am 26.11.2015.
[29] Bei entsprechender Satzungsregelung (§ 111 Abs. 4 S. 2 AktG) mit Zustimmung des Aufsichtsrats.
[30] Für den Freiverkehr (§ 48 BörsG), KMU-Wachstumsmarkt (§ 48a BörsG) und ein Organisiertes Handelssystem an der Börse (§ 48b BörsG) richtet sich der Rückzug deren Allgemeine Geschäftsbedingungen. Eine analoge Anwendung von § 39 Abs. 2–6 BörsG für erwägenswert halten *Linnerz/Freyling* BB 2017, 1354 ff.
[31] Bzw. auch allen Inhabern von Schuldverschreibungen, die delisted werden sollen – im folgenden wird aus Vereinfachungsgründen von Aktionären und Aktien gesprochen.
[32] Verwiesen wird insoweit grundsätzlich auf §§ 2–9, 10–28, 40–68 WpÜG.
[33] Erwerber ist jeder taugliche Bieter iSv § 2 Abs. 4 WpÜG, jeder (auch künftige) Aktionär. Im Hinblick auf den Emittenten sind die Beschränkungen des § 71 AktG (zB 10 % des Grundkapitals) zu beachten (vgl. hierzu *Bungert/Leyendecker-Langner* ZIP 2016, 50; *Eckhold* in: Marsch-Barner § 61 Rn. 61.31).
[34] Zum Begriff → Rn. 5 f.
[35] Str. ist insoweit, ob Emittent bei Vorliegen der Voraussetzungen des § 39 Abs. 3 S. 3 Anspruch auf Widerruf hat (so Hüffer/Koch/*Koch* AktG § 119 Rn. 38) oder die Börsengeschäftsführungen insoweit Ermessen haben, als besondere Umstände dem Anlegerschutz widersprechen können (so *Eckhold* in: Marsch-Barner/Schäfer § 61 Rn. 61.16).

22 Das **Erwerbsangebot** darf nicht von Bedingungen abhängig gemacht werden (§ 39 Abs. 3 S. 1 BörsG). § 31 WpÜG[36] ist mit der Maßgabe entsprechend anzuwenden, dass der in einer Geldleistung bestehende **Erwerbspreis** dem gewichteten durchschnittlichen inländischen Börsenkurs der Aktien während der letzten sechs Monate vor Veröffentlichung nach § 10 Abs. 1 S. 1 oder § 35 Abs. 1 S. 1 WpÜG entsprechen muss (§ 39 Abs. 3 S. 2 BörsG). Hat der Emittent im vorgenannten 6-Monatszeitraum gegen die Pflicht zur Veröffentlichung von Insiderinformationen (Art. 17 MMVO) oder das Verbot der Marktmanipulation (Art. 15 MMVO) verstoßen[37] und hatten diese Verstöße wesentliche Auswirkungen auf den Durchschnittskurs, hat der Emittent den Unterschiedsbetrag zwischen der angebotenen Gegenleistung und dem sich aufgrund einer Unternehmensbewertung ergebenden Wert (nach) zu zahlen (§ 39 Abs. 3 S. 3 BörsG). Maßgeblich ist der Unternehmenswert auch, wenn im 6-Monatszeitraum an weniger als einem Drittel der Börsentage Börsenkurse festgestellt wurden und mehrere nacheinander festgestellte Börsenkurse um mehr als 5 % voneinander abweichen (§ 39 Abs. 3 S. 4 BörsG). In diesen Fällen ist der Börsenkurs verzerrt, ist aber stets zum Schutz der Anleger die Preisuntergrenze.[38]

23 Handelt es sich bei den delisteten Wertpapieren nicht um solche iSv § 2 Abs. 2 WpÜG, zB **Anleihen** oder **Genussscheine** oder Investmentanteile, muss die Börsengeschäftsführung im Einzelfall prüfen, ob der Widerruf dem Schutz der Anleger widerspricht (§ 39 Abs. 2 S. 2 BörsG). Ob und inwieweit im Umkehrschluss aus § 39 Abs. 2 S. 3–4 geschlossen werden kann, dass ein Erwerbsangebot in diesen Fällen nie zu unterbreiten ist, ist noch ungeklärt.[39]

24 **d) Rechtsschutz.** *aa) Klage gegen die Entscheidung der Börsengeschäftsführung.* Da die Börsengeschäftsführung im Rahmen des § 39 Abs. 2 BörsG öffentliche Aufgaben wahrnimmt, ist der **Verwaltungsrechtsweg** gegen ihre Maßnahmen eröffnet (§ 40 VwGO). Gegen den Verwaltungsakt, Widerruf der Börsenzulassung, kann Widerspruch eingelegt und bei dessen Erfolglosigkeit Anfechtungsklage erhoben werden. Unterbleibt der Widerruf, kann der Emittent Widerspruch und, wenn diesem nicht stattgegeben wird, Verpflichtungsklage erheben. Nach der Neufassung von § 39 Abs. 2–6 BörsG nehmen die Stimmen in der Literatur zu, dass trotz § 15 Abs. 6 BörsG[40] auch der einzelne Anleger, der nicht Adressat des Widerrufsbescheids ist, im Hinblick auf den Widerruf der Börsenzulassung widerspruchs- und klagebefugt ist.[41] Aus § 39 Abs. 6 BörsG ergibt sich, dass der Widerrufsbescheid mit dem Argument, die Höhe des Erwerbspreises sei nicht angemessen, nicht angegriffen werden kann. Denn die Rechtmäßigkeit des Widerrufsbescheids bleibt im Hinblick auf die Anforderungen des § 39 Abs. 3 BörsG unberührt.[42]

25 *bb) Klage auf angemessene Höhe des Erwerbsangebots.* Besteht über die Höhe des Erwerbspreises Uneinigkeit, können die Anleger vor den Zivilgerichten (Leistungsklage)Klage erheben.[43] Das Spruchverfahren ist nicht zulässig;[44] jedoch ist die Eröffnung eines Musterverfahrens möglich (§ 1 Abs. 1 Nr. 3 KapMuG).[45]

---

[36] Kritisch zur Anwendbarkeit der Regelungen für das Pflichtangebot *Leyendecker/Herfs* BB 2018, 643 ff.

[37] Nach der Gesetzesbegründung (BeschlussE FinA TransparenzRL-ÄndRL-UmsetzungsG, BT-Drs. 18/6220, 85) ist Voraussetzung, dass die zuständige Behörde die Verstöße rechts- oder bestandskräftig festgestellt hat; im Wortlaut hat dies jedoch keinen Niederschlag gefunden, so dass der Nachweis durch den Anleger ausreichen sollte (so *Wackerbarth* WM 2016, 387).

[38] BeschlussE FinA TransparenzRL-ÄndRL-UmsetzungsG, BT-Drs. 18/6220, 85.

[39] Marsch-Barner/Schäfer/*Eckhold* § 61 Rn. 61.17.

[40] Nach dieser Vorschrift nimmt die Börsengeschäftsführung die ihr zugewiesenen Aufgaben nur im öffentlichen Interesse wahr.

[41] Marsch-Barner/Schäfer/*Eckhold* § 61 Rn. 61.69; *Harnos* ZHR 179 (2015), 776; Hüffer/Koch/*Koch* § 119 Rn. 38; aA *Klepsch/Hippeli* RdF 2016, 196 f.

[42] Hintergrund der Regelung ist, dass die Börsengeschäftsführung das Vorliegen der Voraussetzungen des § 39 Abs. 2 S. 3 ff. BörsG nur formal prüft (*Buck-Heeb* § 3 Rn. 164).

[43] So ausdrücklich die Gesetzesmaterialien: BeschlussE FinA TransparenzRL-ÄndRL-UmsetzungsG, BT-Drs. 18/6220, 86.

[44] Dies wird in der Literatur kritisiert *Bayer* NZG 2015, 1177; *Harnos* ZHR 179 (2015), 779 f.

[45] Bei fehlerhaftem Verhalten des Vorstands im Rahmen des Delisting-Verfahrens können sich Schadensersatzansprüche der Gesellschaft aus § 93 Abs. 2 S. 1 AktG ergeben, vgl. *Langenbucher* § 20 Rn. 23.

3. Maßnahmen des sog. „kalten (cold)" Delisting

26 **a) Die „Übertragende Auflösung".**[46] Ein Going Private kann auch durch **Verkauf sämtlicher Einzelwirtschaftsgüter** der börsennotierten Gesellschaft an eine nicht börsennotierte, typischerweise vom Mehrheitsaktionär beherrschte Erwerbergesellschaft (Asset Deal) mit anschließender **Auflösung und Abwicklung** der börsennotierten Aktiengesellschaft erreicht werden. Die „übertragende Auflösung" hat für die widersprechende Minderheit weitreichendere Folgen als ein reguläres Delisting, denn die Aktionäre verlieren hier nicht nur die Möglichkeit, über einen organisierten, staatlich kontrollierten Markt ihre Anteile zu veräußern, sondern ihre Mitgliedschaft(srechte) als solche.

27 Erster Schritt bei der „übertragenden Auflösung" ist die Übertragung des Gesellschaftsvermögens nach § 179a Abs. 1 AktG. Der zur Vermögensübertragung erforderliche Übertragungsvertrag ist nur gültig, wenn ihm die Hauptversammlung zugestimmt hat (§§ 179a Abs. 1, 179 AktG). Dazu bedarf es gemäß §§ 179a Abs. 1 S. 1, 179 Abs. 1 und 2 S. 1 AktG grundsätzlich einer satzungsändernden Mehrheit, also drei Viertel des bei der Beschlussfassung vertretenen Grundkapitals und der einfachen Stimmenmehrheit. Das Stimmrecht steht auch dem Mehrheitsaktionär zu.[47] Der Hauptversammlungsbeschluss bedarf der notariellen Beurkundung gem. § 311b Abs. 3 BGB.[48] Der Übertragungsvertrag ist vom Tag der Einberufung der Hauptversammlung an in den Geschäftsräumen der Aktiengesellschaft und ebenso während der Hauptversammlung auszulegen, ggf. ist den Minderheitsaktionären auf Verlangen eine Abschrift zu übersenden (§ 179a Abs. 2 S. 1, 2, 4 AktG); diese Pflichten entfallen, wenn der Vertrag ab Einberufung der Hauptversammlung auf der Internetseite veröffentlicht ist (§ 179a Abs. 2 S. 3 AktG). Zu Beginn der Hauptversammlung hat der Vorstand den Übertragungsvertrag zu erläutern (§ 179a Abs. 2 S. 5 AktG). § 179a AktG verlangt für die Vermögensübertragung zwar keine Gegenleistung, fließt eine solche der Aktiengesellschaft aber nicht in angemessener Höhe zu, stellt sich die Vermögensübertragung als verbotene Einlagenrückgewähr iSd § 57 Abs. 1 S. 1 AktG dar, wenn sie, wie in der Regel, unmittelbar oder mittelbar an einen Aktionär erfolgt.[49] Der Beschluss ist mit der Beschlussfassung wirksam und wird nicht ins Handelsregister eingetragen.

28 Im Anschluss an die Übertragung des Gesellschaftsvermögens wird die Aktiengesellschaft liquidiert. Dazu bedarf es eines weiteren Beschlusses der Hauptversammlung gem. § 262 Abs. 1 Nr. 2 AktG, der mindestens einer Mehrheit von drei Viertel des vertretenen Grundkapitals und – zusätzlich – einfacher Stimmenmehrheit (§ 133 Abs. 1 AktG) bedarf. Der Beschluss über die Auflösung der Gesellschaft ist mit Zustandekommen wirksam und ist gem. § 263 AktG zur Eintragung in das Handelsregister anzumelden, wobei die Eintragung nur deklaratorische Wirkung hat.[50]

Daran schließt sich die Abwicklung der Gesellschaft an (§§ 264–273 AktG). Der Liquidationsbeschluss, der nach der Abwicklung und Schlussrechnungslegung zu fassen ist, muss gem. § 273 AktG ebenfalls zur Eintragung ins Handelsregister angemeldet werden. Die Eintragung ist nach hM konstitutive Voraussetzung für das Erlöschen der Aktiengesellschaft und der Mitgliedschaftsrechte der Aktionäre.[51] Streitig ist hingegen, ob das Erlöschen auch Vermögenslosigkeit voraussetzt.[52]

29 Das Bundesverfassungsgericht[53] hat die Frage, ob bei einer „übertragenden Auflösung" die **Minderheitsaktionäre** angemessen zu entschädigen sind, bejaht. Nach hM findet die Wertkontrolle in analoger Anwendung des SpruchG statt.[54]

---

[46] Vgl. zu den Einzelheiten → § 15.
[47] Hüffer/Koch/*Koch* AktG § 179a Rn. 12, 21.
[48] Hüffer/Koch/*Koch* AktG § 179a Rn. 16.
[49] Hüffer/Koch/*Koch* AktG § 179a Rn. 17.
[50] Hüffer/Koch/*Koch* AktG § 263 Rn. 3.
[51] Hüffer/Koch/*Hüffer* § 262 Rn. 23, § 273 Rn. 7.
[52] Vgl. zum Streitstand Hüffer/Koch/*Hüffer* § 262 Rn. 23a, § 273 Rn. 7.
[53] (Nichtannahme-)Beschluss NJW 2001, 279 ff. – Moto Meter.
[54] Hüffer/Koch/*Koch* AktG § 179a Rn. 22.

Erst die Löschung der Gesellschaft bewirkt die **Erledigung der Börsenzulassung** nach § 43 Abs. 2 VwVfG (bzw. entsprechende Landesverwaltungsverfahrensgesetze).[55]

b) Die Umwandlung – Verschmelzung, Formwechsel. Als weitere Alternative, einen Börsenrückzug zu erreichen, kommen umwandlungsrechtliche Gestaltungen in Betracht. Dabei sind zwei verschiedene Arten denkbar, nämlich zum einen die *Verschmelzung*[56] (going private merger) nach §§ 2 ff. UmwG und zum anderen der *Formwechsel*[57] gem. §§ 190 ff., 226 f., 228 ff., 238 ff. UmwG.

aa) Verschmelzung nach §§ 2 ff. UmwG. Ein Going Private kann durch Verschmelzung nach § 2 Nr. 1 und 2 UmwG, also durch die Übertragung des Vermögens einer börsennotierten Gesellschaft auf einen anderen bestehenden oder neu zu gründenden Rechtsträger, der nicht börsennotiert ist, erfolgen. Die aufnehmende oder neu zu gründende Gesellschaft kann dabei ebenfalls eine Aktiengesellschaft sein oder eine Kapitalgesellschaft in der Rechtsform der GmbH oder KGaA oder eine Personenhandelsgesellschaft (OHG, KG). Die Aktionäre des übertragenden Rechtsträgers erhalten gem. §§ 2 iVm 5 Abs. 1 Nr. 2 UmwG als Gegenleistung Anteile des übernehmenden Rechtsträgers. Zum Schutz von Minderheitsaktionären muss ein **angemessenes Umtauschverhältnis** festgelegt werden (vgl. § 12 Abs. 2 S. 1 UmwG). Die Bewertung hat nach allgemeinen Unternehmensbewertungsgrundsätzen zu erfolgen (idR nach der sog. Ertragswertmethode).[58] Grundsätzlich ist aber der Börsenkurs der Mindestwert.[59] Der Börsenwert ist ein Referenzkurs, da er aus dem Mittel des Börsenkurses der letzten 3 Monate vor dem Tag der Bekanntmachung der Verschmelzung gebildet wird.[60] Jedem Anteilsinhaber, der gegen den Verschmelzungsbeschluss des übertragenden (börsennotierten) Rechtsträgers Widerspruch zur Niederschrift erklärt, ist der Erwerb seiner Anteile gegen eine angemessene Barabfindung anzubieten (§ 29 Abs. 1 S. 1 UmwG).[61] Die „Frosta"-Rechtsprechung[62] kann auf das „kalte" Delisting nicht übertragen werden, da die Verschmelzung mit einer Beeinträchtigung des Aktieneigentums einhergeht.[63]

Die Verschmelzung bedarf gem. § 13 Abs. 1 iVm § 65 Abs. 1 UmwG zu ihrer Wirksamkeit eines **Hauptversammlungsbeschlusses** mit einer Mehrheit von drei Vierteln. Den Aktionären ist nach § 8 UmwG ein ausführlicher schriftlicher Bericht (**Verschmelzungsbericht**) zu unterbreiten, in dem die Verschmelzung, der Verschmelzungsvertrag oder sein Entwurf im Einzelnen und insbesondere das Umtauschverhältnis der Anteile oder die Angaben über die Mitgliedschaft bei dem übernehmenden Rechtsträger sowie die Höhe einer anzubietenden Barabfindung rechtlich und wirtschaftlich erläutert und begründet werden.

Rechtsfolge des Untergangs der übertragenden Gesellschaft – mit Eintragung der Verschmelzung in das Handelsregister des übernehmenden oder neu gegründeten Rechtsträgers (§§ 20 Abs. 1 Nr. 2, 36 Abs. 1 UmwG) – ist die **automatische Einstellung der Börsennotiz** durch Erledigung der Zulassung gem. § 43 Abs. 2 VwVfG (bzw. nach entsprechender landesgesetzlicher Regelung).[64]

bb) Formwechsel gem. §§ 190 ff. UmwG. Zum **Wegfall der Börsennotiz** (§ 43 Abs. 2 VwVfG) und somit zu einem Going Private führt auch die Umwandlung der börsennotierten Aktiengesellschaft in eine andere Kapitalgesellschaft, etwa die GmbH, oder in eine Personengesellschaft, beispielsweise die GmbH & Co. KG.

Der **Umwandlungsbeschluss** gem. §§ 193 ff., 233 Abs. 2 S. 1, 240 Abs. 1 S. 1 UmwG ist von der Hauptversammlung mit einer Mehrheit von drei Vierteln des bei der Beschlussfas-

---

[55] *Groß* ZHR 165 (2001), 141 (149, 151).
[56] Vgl. hierzu im Einzelnen → § 16 Rn. 47 ff.
[57] Vgl. hierzu im Einzelnen → § 16 Rn. 4 ff.
[58] Schmitt/Hörtnagl/*Stratz* UmwG § 5 Rn. 16 ff.
[59] BVerfG ZIP 1999, 1436 ff.
[60] BGH AG 2010, 629; Schmitt/Hörtnagl/*Stratz* UmwG § 5 Rn. 58 ff.
[61] Zur Frage, ob § 29 Abs. 1 S. 1 UmwG auch beim Segmentwechsel gilt, verneinend *Simon/Burg* Der Konzern 2009, 214 (218 ff.).
[62] BGH NZG 2013, 1342.
[63] OLG Düsseldorf NZG 2016, 509, so auch Schmitt/Hörtnagl/*Stratz* UmwG § 29 Rn. 9.
[64] *Groß* BörsG § 39 Rn. 12a; aA wohl *Steck* AG 1998, 460 (462).

sung vertretenen Grundkapitals zu fassen. Gemäß § 192 UmwG hat der Vorstand über den Formwechsel einen sog. Umwandlungsbericht zu erstatten.

37 Um mit der Umwandlung eventuell einhergehende Nachteile auszugleichen, hat die formwechselnde Gesellschaft jedem widersprechenden Anteilsinhaber den Erwerb seiner umgewandelten Anteile oder Mitgliedschaften gegen eine **angemessene Barabfindung** anzubieten (§ 207 UmwG). Gem. § 250 UmwG gilt dies jedoch dann nicht, wenn eine Aktiengesellschaft in die Rechtsform der KGaA überführt wird, denn die Rechtsposition eines Aktionärs einer AG unterscheidet sich kaum von der bei einer KGaA, so dass den Minderheiten auch bei Mehrheitsbeschluss zugemutet werden kann, in der Gesellschaft zu verbleiben oder ihren Anteil zu veräußern.[65] Gleiches gilt für den Formwechsel einer AG in eine SE (Art. 37 SE-VO). Der Verlust der Börsennotierung ist mit dem Formwechsel nicht verbunden, da es sich um börsenfähige Rechtsträger handelt.[66] Der Rückzug von der Börse bedarf vielmehr eines Antrags des neuen Rechtsträgers gem. § 39 Abs. 2, 3 BörsG.[67]

38 c) **Die Eingliederung nach §§ 319 ff. AktG**.[68] Die Eingliederung einer börsennotierten Aktiengesellschaft (Tochtergesellschaft) in eine andere inländische, nicht börsennotierte Aktiengesellschaft (Hauptgesellschaft) ist möglich, wenn sich alle Aktien dieser Gesellschaft in der Hand der Hauptgesellschaft befinden (§ 319 Abs. 1 S. 1 AktG). Der hier in Betracht kommende Fall wird aber nur die sog. Mehrheitseingliederung nach § 320 Abs. 1 AktG sein, wenn 95 % des Grundkapitals der einzugliedernden Gesellschaft in der Hand der zukünftigen inländischen Hauptgesellschaft vereinigt sind. Die Eingliederung erfordert einen Beschluss der Hauptversammlung der einzugliedernden Aktiengesellschaft, der nach herrschender Meinung mit einfacher Mehrheit gefasst werden kann.[69] Auch die Hauptversammlung der zukünftigen Hauptgesellschaft muss der Eingliederung zustimmen; der Beschluss bedarf einer Mehrheit von drei Viertel des bei der Beschlussfassung vertretenen Grundkapitals (§§ 320 Abs. 1 S. 3, 319 Abs. 2 S. 2 AktG). Der Vorstand der künftigen Hauptgesellschaft hat einen Eingliederungsbericht zu erstatten (§§ 320 Abs. 1 S. 2, 319 Abs. 3 S. 1 Nr. 3 AktG).

39 Folge der Eingliederung ist nach § 320a AktG das Ausscheiden der außenstehenden Aktionäre aus der eingegliederten Gesellschaft. Als Ausgleich für den Verlust der Mitgliedschaft ist den ausgeschiedenen Aktionären eine **angemessene Abfindung** anzubieten, was grundsätzlich durch Gewährung von Aktien der Hauptgesellschaft erfolgt (§ 320b AktG). Sie bleiben damit zumindest mittelbar an der eingegliederten Gesellschaft beteiligt. Den ausgeschiedenen Aktionären steht gem. § 320b Abs. 1 S. 3 AktG nur dann ein Wahlrecht zwischen einer angemessenen Barabfindung und einer Abfindung in eigenen Aktien der Hauptgesellschaft zu, wenn die Hauptgesellschaft ihrerseits eine abhängige Gesellschaft ist. Der Einwand, die angebotene Abfindung sei nicht angemessen, stellt keinen Anfechtungsgrund dar (§ 320b Abs. 2 S. 1 AktG). Die Abfindung ist in diesem Fall durch das Gericht im Spruchverfahren festzusetzen (§ 320b Abs. 2 S. 2 AktG). Antragsberechtigt ist jeder ausgeschiedene Aktionär; der Antrag kann nur innerhalb von 3 Monaten nach dem Tag gestellt werden, an dem die Eintragung der Eingliederung in das Handelsregister nach § 10 HGB als bekannt gemacht gilt (§ 4 Abs. 1 S. 1 Nr. 2 SpruchG).

40 Ein Börsenhandel mit den Aktien wird nicht mehr stattfinden, denn, würde der Hauptaktionär auch nur eine Aktie der eingegliederten Gesellschaft veräußern, wäre gem. § 327 Abs. 1 Nr. 3 AktG die Eingliederung beendet. Die Börsenzulassung kann somit gem. § 39 Abs. 1 BörsG oder bereits vorher bei Wegfall der Zulassungsbedingungen gemäß § 49 Abs. 1, 2 Nr. 3 VwVfG iVm den Landesverwaltungsverfahrensgesetzen widerrufen werden.

---

[65] Schmitt/Hörtnagl/*Stratz* UmwG § 250 Rn. 1.
[66] Vgl. statt vieler *Groß* § 39 Rn. 4. Beim Formwechsel einer AG in eine KGaA variiert allerdings die Praxis der Börsen: kein Erlöschen der Zulassung: Düsseldorf, München, Stuttgart; Neuzulassung erforderlich: Frankfurt.
[67] Vgl. hierzu → Rn. 20 ff.
[68] Zu den Einzelheiten vgl. § 45.
[69] Hüffer/Koch/*Koch* AktG § 320 Rn. 5.

d) Der Squeeze-Out (§§ 327a ff. AktG).[70] Die §§ 327a–327f AktG ermöglichen den Ausschluss von Minderheitsaktionären. Hält ein sog. Hauptaktionär mindestens 95% des Grundkapitals, so kann durch Beschluss der Hauptversammlung die Übertragung der übrigen Aktien auf den Hauptaktionär gegen eine angemessene Barabfindung beschlossen werden (§ 327a Abs. 1 AktG). Als Barabfindung ist eine Leistung zu gewähren, die die Verhältnisse im Zeitpunkt der Beschlussfassung der Hauptversammlung berücksichtigt (§ 327b Abs. 1 S. 1 AktG – Bewertungsstichtag). Die Abfindungshöhe muss den vollen Unternehmenswert, der prinzipiell nach dem Ertragswertverfahren zu bestimmen ist, widerspiegeln. Der durchschnittliche Börsenkurs in den letzten drei Monaten vor dem erstmaligen Übertragungsverlangen ist grundsätzlich die Untergrenze.[71] Wegen der bei nur 5%-Streubesitz bestehenden Marktenge muss allerdings in Betracht gezogen werden, dass der Börsenkurs ggf. ein bezogen auf den tatsächlichen Unternehmenswert zu hoher Wert ist; kann der Hauptaktionär dies darlegen und beweisen, ist nur zu dem geringeren Wert abzufinden.[72] Vor Einberufung der Hauptversammlung hat der Hauptaktionär dem Vorstand eine Garantieerklärung eines Kreditinstituts im Hinblick auf die Erfüllung der Verpflichtungen aus der im Hauptversammlungsbeschluss vorzusehenden Barabfindung zu übermitteln (§ 327b Abs. 3 AktG).

Mit der Eintragung des Übertragungsbeschlusses in das Handelsregister (§ 327e Abs. 1 AktG) gehen alle Aktien der Minderheitsaktionäre auf den Hauptaktionär über (§ 327e Abs. 3 AktG).

Die Höhe der Barabfindung unterliegt der gerichtlichen Überprüfung nach den Vorschriften des SpruchG. Die Frist für den Antrag auf eine solche gerichtliche Überprüfung, der von jedem ausgeschiedenen Minderheitsaktionär gestellt werden kann, beträgt 3 Monate, gerechnet ab dem Tage, an dem die Eintragung des Übertragungsbeschlusses in das Handelsregister als bekannt gemacht gilt (§ 4 Abs. 1 S. 1 Nr. 3 SpruchG).

Allein der Squeeze-Out bewirkt aber noch nicht das Delisting, hier kann abgewartet werden, bis die Zulassung von Amts gem. § 39 Abs. 1 BörsG widerrufen wird, weil ein ordnungsgemäßer Börsenhandel auf Dauer nicht mehr gewährleistet ist – ein Handel wird nicht mehr stattfinden – und die Geschäftsführung der Börse die Notierung eingestellt hat (§ 39 Abs. 1 BörsG).

III. Zusammenfassung

Zusammenfassend kann festgehalten werden, dass ein Delisting bzw. Going Private grundsätzlich auf zwei verschiedene Arten möglich ist, nämlich durch reguläres oder „kaltes" Delisting. Während das reguläre Delisting unmittelbar auf die Herbeiführung des Börsenrückzugs – grundsätzlich unter Beibehaltung der Gesellschaftsform – durch Widerruf der Börsenzulassung gerichtet ist, wird beim „kalten" Delisting die Börsennotierung mittelbar durch gesellschaftsrechtliche Umstrukturierungen beim Emittenten bewirkt. Als Mittel für ein solches „kaltes" Delisting kommen die Umwandlung, die Eingliederung, die „übertragende" Auflösung oder der sog. Squeeze-Out in Betracht.

Welche Art von Delisting bzw. Going Private sich im Einzelfall für einen Börsenrückzug empfiehlt, kann an dieser Stelle sicherlich nicht abschließend geklärt werden. Ausschlaggebend wird sein, welche Intention die börsennotierte Gesellschaft mit dem Rückzug verfolgt bzw., ob die Gesellschaft im Rahmen einer strukturellen Veränderung automatisch aufhören soll als solche zu existieren.

Ein **reguläres Delisting** wird sich dort empfehlen, wo die Gesellschaft selbst in ihrer Struktur nicht verändert werden soll, sondern einfach nur – aus welchen Gründen auch immer – die Börsenzulassung aufgegeben werden soll.

---

[70] Vgl. zu den Einzelheiten § 44; zum übernahmerechtlichen Squeeze-Out vgl. *Seiler* in: Assmann/Pötzsch/U. H. Schneider §§ 39a ff. WpÜG; zum verschmelzungsrechtlichen Squeeze-Out vgl. Schmitt/Hörtnagl/*Stratz* UmwG § 62 Rn. 18 ff.
[71] Hüffer/Koch/*Koch* AktG § 327b Rn. 6.
[72] Hüffer/Koch/*Koch* AktG § 327b Rn. 5.

48 Ein „kaltes" **Delisting** ist sicherlich in solchen Fällen immer die geeignetste Lösung, in denen es dem Emittenten bzw. ein mit dem Emittenten verbundenen Unternehmen primär auf eine Veränderung der Gesellschaft selbst ankommt und ein Delisting bzw. Going Private nur als Folge dieser Veränderung angestrebt wird bzw. zwingende Folge ist. Dies ist etwa denkbar, wenn nach einer Übernahme des Emittenten durch ein anderes Unternehmen die Zielgesellschaft in das Unternehmen des Bieters eingegliedert wird.

§ 51 Öffentliche Übernahmeangebote

Übersicht

	Rn.
I. Einführung	1/2
II. Anwendungsbereich, Angebotstypen und Zuständigkeit der BaFin	3–17
1. Anwendungsbereich	3–10
a) Bieter und Zielgesellschaft	4
b) Internationaler Anwendungsbereich	5
c) Wertpapiere im Sinne des WpÜG	6/7
d) Notierung an einem organisierten Markt	8
e) Öffentliches Angebot	9/10
2. Erwerbsangebot, Übernahmeangebot und Pflichtangebot	11–15
3. Zuständigkeit der Bundesanstalt für Finanzdienstleistungsaufsicht	16/17
III. Der Ablauf eines Angebotsverfahrens nach dem WpÜG	18–28
1. Entscheidung zur Abgabe des Angebots	19
2. Erstellung der Angebotsunterlage, Gestattungsverfahren und eröffentlichung	20/21
3. Annahmefrist	22–24
4. Maßnahmen der Zielgesellschaft	25/26
5. Nach dem Angebot	27/28
IV. Einzelheiten	29–136
1. Finanzierung des Angebots und Finanzierungsbestätigung	29–33
2. Die Veröffentlichung nach § 10 WpÜG	34–52
a) Funktion und Wirkung der Vorschrift	34–37
b) Vorliegen einer Entscheidung	38–40
c) Vorbereitende Mitteilungen	41/42
d) Veröffentlichung	43–48
e) Belegexemplar und Mitteilung an die Zielgesellschaft sowie die Arbeitnehmer des Bieters	49/50
f) Keine Rücknahme der Entscheidung nach § 10 WpÜG	51/52
3. Inhalt des Angebots	53–89
a) Inhalt des Angebots und ergänzende Angaben	58–62
b) Annahmefrist und Verlängerungen	63–66
c) Teilangebote, grenzüberschreitende Angebote und Distributionsbeschränkungen	67–70
d) Sonderfall Tauschangebot	71
e) Widerrufsvorbehalt, Invitatio ad offerendum, Änderungen und Bedingungen	72–82
f) Mindestpreis bei Übernahme- und Pflichtangeboten	83–88
g) Europäischer Pass	89
4. Gestattungsverfahren und Veröffentlichung	90–102
5. Information der Zielgesellschaft und Stellungnahme	103–110
6. Abwehrmaßnahmen der Zielgesellschaft während des Angebots	111–124
a) Gesetzliche Grundregel	115–119
b) Europäisches Verhinderungsverbot	120
c) Europäische Durchbrechungsregel	121–123
d) Vorbehalt der Gegenseitigkeit	124
7. Verhalten des Bieters während des Angebots	125–135
a) Meistbegünstigungspflichten	126–128
b) Wasserstandsmeldungen	129–135
8. Abwicklung des Angebots und Pflichten nach Ablauf der Annahmefrist	136
V. Rechtsschutz	137–148
1. Beschwerdeverfahren gegen die BaFin	137–147
2. Bürgerliche Rechtsstreitigkeiten	148

Schrifttum: *Aha,* Rechtsschutz der Zielgesellschaft bei mangelhaften Übernahmeangeboten, AG 2002, 160; *Angerer/Geibel/Süßmann* (Hrsg.), WpÜG, 3. Aufl. 2017; *Arndt/Voß* (Hrsg.), Verkaufsprospektgesetz, 2008; *Assmann/Pötzsch/Schneider,* WpÜG, 2. Aufl. 2013; *Baum,* „Öffentlichkeit" eines Erwerbsangebots als Anwendungsvoraussetzung des Übernahmerechts, AG 2003, 144; *Baums/Thoma,* Kommentar zum Wertpapiererwerbs- und Übernahmegesetz, Stand: September 2017; *Behnke,* Erste praktische Erfahrungen mit dem Ausschluss ausländischer Anteilsinhaber nach § 24 WpÜG, WM 2002, 2229; *Busch*, Bedingungen in Übernahmeangeboten, AG 2002, 145; *Drygala*, Die neue deutsche Übernahmeskepsis und ihre Auswirkungen auf die Vorstandspflichten nach § 33 WpÜG, ZIP 2001, 1861; *Ehricke/Ekkenga/Oechsler*, WpÜG, 2003; *Fleischer*, Zum Begriff des öffentlichen Angebots im Wertpapiererwerbs- und Übernahmegesetz, ZIP 2001, 1653; *Fleischer/Körber*, Der Rückerwerb eigener Aktien und das Wertpapiererwerbs- und Übernahmegesetz, BB 2001, 2589; *Fleischer/Schmolke*, Zum Sondervotum einzelner Vorstands- oder Aufsichtsratsmitglieder bei Stellungnahmen nach § 27 WpÜG, DB 2007, 95; *Goette/Habersack/Kalss* (Hrsg.), Münchner Kommentar zum Aktiengesetz Band 6, 4. Aufl. 2017; *Grobys*, Arbeitsrechtliche Aspekte des Wertpapiererwerbs- und Übernahmegesetzes, NZA 2002, 1; *Groß*, Kapitalmarktrecht, 6. Aufl. 2016; *Grunewald*, Europäisierung des Übernahmerechts, AG 2001, 288; *Haarmann/Schüppen* (Hrsg.), Frankfurter Kommentar zum WpÜG, 3. Aufl., 2008; *Hahn*, Übernahmerecht und Internationales Privatrecht: Zur Anwendung des WpÜG bei Übernahmen mit Auslandsbezug, RIW 2002, 741; *Hasselbach/Hoffmann*, Die Sanierungsbefreiung nach § 37 WpÜG bei der Übernahme börsennotierter Unternehmen, DB 2009, 327; *Hippeli/Diesing*, Business Combination Agreements bei M&A-Transaktionen, AG 2015, 185; *Hippeli/Hofmann*, Die Stellungnahme des Vorstands und Aufsichtsrats der Zielgesellschaft nach § 27 WpÜG in der Anwendungspraxis der BaFin, NZG 2014, 850; *Hirte/v. Bülow* (Hrsg.), Kölner Kommentar zum WpÜG, 2. Aufl. 2010; *Holzborn*, Ausschluss ausländischer Aktionäre nach § 24 WpÜG – Die Disclaimerproblematik, BKR 2002, 67; *Hopt*, Verhaltenspflichten des Vorstands der Zielgesellschaft bei feindlichen Übernahmen – Zur aktien- und übernahmerechtlichen Rechtslage in Deutschland und Europa, FS Lutter, 1361; *Hopt*, ECLR Übernahmen, Geheimhaltung und Interessenkonflikte: Probleme für Vorstände, Aufsichtsräte und Banken, ZGR 2002, 345; *Kiesewetter*, Der Sitz der Zielgesellschaft als Anknüpfungspunkt für die Anwendung des WpÜG nF, RIW 2006, 518; *Kirchner*, Neutralitäts- und Stillhaltepflicht des Vorstandes der Zielgesellschaft im Übernahmerecht, AG 1999, 481; *Kirchner/Painter*, European Takeover Law – Towards a European Modified Business Judgment Rule for Takeover Law, EBOR, 353; *Klepsch/Kiesewetter*, Befreiung vom Pflichtangebot beim Erwerb zur Sanierung, BB 2007, 1403; *Koch*, Der Erwerb eigener Aktien – kein Fall des WpÜG, NZG 2003, 61; *Kort*, Rechte und Pflichten des Vorstands der Zielgesellschaft bei Übernahmeverschulden, FS Lutter, 1421; *Krause*, Das neue Übernahmerecht, NJW 2002, 705; *Krause*, Eigene Aktien bei Stimmrechtsmitteilung und Pflichtangebot, AG 2015, 553; *Lenz/Behnke*, Das WpÜG im Praxistest, BKR 2003, 43; *Lenz/Linke*, Rückkauf eigener Aktien nach dem Wertpapiererwerbs- und Übernahmegesetz, AG 2002, 420; *Leyendecker-Langner*, (Un-)Zulässigkeit von Aktienrückkaufprogrammen bei öffentlichen Übernahmen, BB 2013, 2051; *Maier-Reimer*, Verhaltenspflichten des Vorstands der Zielgesellschaft bei feindlichen Übernahmen, ZHR 165 (2001), 258; *Merkner/Sustmann*, BGH schließt zivilrechtliche Ansprüche von Aktionären bei unterlassenem Pflichtangebot aus, NZG 2013, 1087; *Merkt*, Verhaltenspflichten des Vorstands der Zielgesellschaft bei feindlichen Übernahmen, ZHR 165 (2001), 224; *Mohamed*, Ansprüche der Wertpapierinhaber bei einer fehlerhaften Stellungnahme nach § 27 Abs. 1 WpÜG, DStR 2015, 2290; *Möller*, Rechtsmittel und Sanktionen nach dem Wertpapiererwerbs- und Übernahmegesetz, AG 2002, 170; *Mülbert/Birke*, Das übernahmerechtliche Behinderungsverbot – die angemessene Rolle der Verwaltung einer Zielgesellschaft in einer feindlichen Übernahme, WM 2001, 705; *Oechsler*, Der ReE zum Wertpapiererwerbs- und Übernahmegesetz – Regelungsbedarf auf der Zielgeraden!, NZG 2001, 817; *Oechsler*, Rechtsgeschäftliche Anwendungsprobleme bei öffentlichen Übernahmeangeboten, ZIP 2003, 1330; *Paefgen*, Kein Gift ohne Gegengift – Sortimentserweiterung in der Bereitschaftsapotheke gegen idiosynkratische Unternehmenskontrollwechsel, AG 1991, 189; *Picot*, Feindliche Übernahme deutscher Unternehmen?, M&A Review 2003, 101; *Schlitt*, Die neuen Marktsegmente der Frankfurter Wertpapierbörse, AG 2003, 57; *Schneider*, Die Zielgesellschaft nach Abgabe eines Übernahme- oder Pflichtangebots, AG 2002, 125; *Schneider/Burgard*, Übernahmeangebote und Konzerngründung – Zum Verhältnis von Übernahmerecht, Gesellschaftsrecht und Konzernrecht, DB 2001, 963; *Schnorbus*, Drittklagen in Übernahmeverfahren, ZHR 166 (2002), 72; *Schockenhoff/Wagner*, Zum Begriff des „acting in concert", NZG 2008, 361; *Schüppen*, Übernahmegesetz ante portas, WPg 2001, 958; *Seibt*, Arbeitsrechtliche Aspekte des Wertpapiererwerbs- und Übernahmegesetzes, DB 2002, 529; *Steinmeyer* (Hrsg.), WpÜG, 3. Aufl. 2013; *Stengel/Naumann*, Börslicher versus außerbörslicher Erwerb nach einem Übernahme- oder Pflichtangebot, WM 2013, 2345; *Strunk/Salomon/Holst*, Aktuelle Entwicklungen im Übernahmerecht, in: Veil, Übernahmerecht in Praxis und Wissenschaft, 2009, 1; *Thaeter/Barth*, RefE eines Wertpapiererwerbs- und Übernahmegesetzes, NZG 2001, 545; *Thaeter/Brandi*, Öffentliche Übernahmen, 2003; *Traugott/Grün*, Finanzielle Anreize für Vorstände börsennotierter Aktiengesellschaften bei Private Equity-Transaktionen, AG 2007, 761; *Tuttlies/Bredow*, Berücksichtigung einer Earn-out Abrede im nachfolgenden Pflichtangebot, BB 2008, 911; Von golden shares und poison pills – Waffengleichheit bei internationalen Übernahmeangeboten, WM 2001, 1741; *Wieneke*, Die Stellung des Inhabers von ADRs in der Hauptversammlung der Gesellschaft, AG 2001, 504; *Wiese/Demisch*, Unternehmensführung bei feindlichen Übernahmeangeboten, DB 2001, 849; *Zielke/Kronner*, Umstrukturierung der deutschen Börse, FB 2003, 44.

I. Einführung

1   Der Erwerb eines Unternehmens im Wege eines öffentlichen Angebots an die Aktionäre, ihre Aktien gegen Erhalt einer Gegenleistung an den Bieter zu übertragen, stellt einen **Son-**

§ 51 Öffentliche Übernahmeangebote   2–5 § 51

derfall des **Unternehmenskaufs** dar. Soweit es sich bei dem zu erwerbenden Unternehmen um eine Gesellschaft (zum Begriff → Rn. 3) handelt, deren Wertpapiere ausschließlich oder vorrangig zum Handel an einem organisierten Markt in Deutschland zugelassen sind, findet auf solche Erwerbsvorgänge im Wege eines öffentlichen Angebots grundsätzlich das **Wertpapiererwerbs- und Übernahmegesetz (WpÜG)**[1] Anwendung. Das WpÜG hat zum 1.1.2002 in Deutschland erstmals gesetzliche Regelungen für öffentliche Angebote geschaffen und den so genannten Übernahmekodex der Börsensachverständigenkommission beim Bundesfinanzministerium ersetzt, welcher seit 1995 auf freiwilliger Basis in Deutschland Unternehmensübernahmen regelte. Signifikante Änderungen hat es seit seinem Inkrafttreten vor allem zum 14.7.2006 bzw. zum 1.1.2007 im Zuge der Umsetzung der europäischen Richtlinie 2004/25/EG (Übernahmerichtlinie) erfahren (Übernahmerichtlinie-Umsetzungsgesetz).[2]

Soweit das WpÜG anwendbar ist, enthält es detaillierte und zum Großteil zwingende Regelungen zum Inhalt und Ablauf eines öffentlichen Angebots. Die hieraus folgenden Verpflichtungen sind nicht nur durch zivilrechtliche, sondern auch durch ordnungswidrigkeitenrechtliche Sanktionen (§ 60 WpÜG) und die Aufsicht der BaFin (§ 4 WpÜG) abgesichert.   2

II. Anwendungsbereich, Angebotstypen und Zuständigkeit der BaFin

1. Anwendungsbereich

Das WpÜG gilt uneingeschränkt für öffentliche Kauf- oder Aktientauschangebote, die auf   3
den Erwerb von durch inländische AGs, KGaAs oder Societates Europaeae (SE) emittierte und (auch) am inländischen organisierten Markt zugelassene Mitgliedschaftsrechte zielen. Die Vorschriften des WpÜG gelten teilweise außerdem für öffentliche Angebote, die auf den Erwerb von durch inländische Aktiengesellschaften emittierte und in einem ausländischen regulierten Markt des Europäischen Wirtschaftsraums (EU-Staaten, Island, Liechtenstein und Norwegen, § 2 Abs. 8 WpÜG) zugelassene Mitgliedschaftsrechte zielen, oder die auf den Erwerb von durch ausländische Gesellschaften mit Sitz im Europäischen Wirtschaftsraum emittierte, aber am inländischen organisierten Markt zugelassene Mitgliedschaftsrechte zielen.[3] Im Einzelnen:

a) Bieter und Zielgesellschaft. Bieter im Sinne des WpÜG können nach § 2 Abs. 4 WpÜG   4
natürliche oder juristische Personen sowie Personengesellschaften sein. Als Zielgesellschaften kommen alle Gesellschaften in einem Staat des Europäischen Wirtschaftsraums in Betracht, deren Mitgliedschaftsrechte als Wertpapiere verbrieft an einem geregelten Markt gehandelt werden können. Ausdrücklich nennt § 2 Abs. 2 WpÜG die AG, die KGaA sowie Gesellschaften mit Sitz in einem anderen Staat des Europäischen Wirtschaftsraums. Da die SE der AG gleichgestellt ist,[4] kann auch sie Zielgesellschaft sein.[5]

b) Internationaler Anwendungsbereich. Für die Anwendbarkeit des WpÜG ist der **Sitz der**   5
Zielgesellschaft und der **Ort der Handelszulassung der Wertpapiere der Zielgesellschaft** entscheidend. Hat die Zielgesellschaft ihren Sitz in Deutschland und sind ihre Mitgliedschaftsrechte (zumindest auch) zum Handel an einem geregelten Markt in Deutschland zugelassen, so gelten für öffentliche Angebote die Vorschriften des WpÜG. Besteht keine Marktzulassung in Deutschland, wohl aber in mindestens einem anderen Staat des Europäischen Wirt-

---

[1] Gesetz zur Regelung von öffentlichen Angeboten zum Erwerb von Wertpapieren und von Unternehmensübernahmen vom 20.12.2001 (BGBl. 2001 I S. 3822).
[2] Gesetz zur Umsetzung der RiL 2004/25/EG des Europ. Parlaments und des Rates v. 21.4.2004 betreffend Übernahmeangebote vom 8.7.2006 (BGBl. 2006 I S. 1426 ff.).
[3] Angerer/Geibel/Süßmann/*Zirngibl* Einführung Rn. 30 ff.; Haarmann/Schüppen/*Schüppen* WpÜG § 1 Rn. 2; nicht vom Anwendungsbereich des WpÜG erfasst ist das vom Bundesgerichtshof in der Macrotron-Entscheidung BGH NJW 2003, 1032 so bezeichnete „Pflichtangebot", und zwar weder als echtes Pflichtangebot noch als einfaches Erwerbsangebot.
[4] Artikel 10 der Verordnung (EG) Nr. 2157/2001 des Rates vom 8.10.2001 über das Statut der Europäischen Gesellschaft (SE).
[5] Vgl. Assmann/Pötzsch/Schneider/*Pötzsch*/*Favoccia* § 2 Rn. 66.

schaftsraums, so finden die Vorschriften des WpÜG gemäß § 1 Abs. 2 eingeschränkt – nämlich soweit es sich um „gesellschaftsrechtsnahe" Fragen handelt – Anwendung.[6] Für öffentliche Angebote, die sich auf Gesellschaften mit Sitz in einem anderen Staat des Europäischen Wirtschaftsraums beziehen, gelten spiegelbildlich die „kapitalmarktrechtsnahen" Regelungsbereiche des WpÜG gemäß § 1 Abs. 3 unter bestimmten Umständen.[7] Voraussetzung ist, dass es sich nach dem Recht des Sitzstaates um ein Pflicht- oder Übernahmeangebot iSd Artikel 2 Abs. 1 lit. a Übernahmerichtlinie handelt (Europäisches Angebot) und dass eine Marktzulassung entweder ausschließlich in Deutschland erfolgt ist oder die Zulassung in Deutschland gegenüber anderen Marktzulassungen im Europäischen Wirtschaftsraum Priorität genießt. Letzteres ist der Fall, solange keine Zulassung im Sitzstaat besteht und die deutsche Marktzulassung zuerst erfolgt ist oder – bei gleichzeitiger Mehrfachzulassung – die Zielgesellschaft sich für die BaFin als zuständige Aufsichtsbehörde entschieden hat.[8] Bei der **Bestimmung des Sitzes der Zielgesellschaft** kann sich die Frage stellen, ob damit der statutarische Sitz oder der effektive Verwaltungssitz angesprochen ist. Nach deutschem Aktienrecht ist unter dem Sitz der Gesellschaft mittlerweile stets der Satzungssitz zu verstehen.[9] Seit Ablauf der Frist für die Umsetzung der Übernahmerichtlinie ist diese Frage allerdings aufgrund einer richtlinienkonformen Auslegung des WpÜG zu beantworten. Die besseren Argumente sprechen dafür, auch bei der Anwendung des WpÜG mit der im Vordringen befindlichen Ansicht den **Satzungssitz** als maßgeblichen Sitz anzusehen.[10]

6 c) **Wertpapier im Sinne des WpÜG.** Soll ein solches Unternehmen bzw. eine Beteiligung hieran erworben werden, ist weiter zu prüfen, ob es um den Erwerb von Wertpapieren im Sinne des WpÜG geht. Ob die betreffenden Papiere hierbei verbrieft sind oder nicht, ist nach dem WpÜG nicht entscheidend. Vielmehr geht es darum, ob die **in § 2 Abs. 2 Ziff. 1 und 2 WpÜG bezeichneten Rechte** betroffen sind. Solche Rechte sind zunächst Aktien, daneben auch den Aktien vergleichbare Wertpapiere und Zertifikate, zB Zwischenscheine.[11] American Depositary Receipts (ADRs) sind dagegen nach ständiger Verwaltungspraxis der BaFin nicht erfasst, da sie nur in den USA gehandelt werden und daher ihr Preis und ihr Einfluss auf die Mindesthöhe der Angebotsgegenleistung nicht gemäß § 31 Abs. 1 S. 2 WpÜG in Verbindung mit §§ 3, 5 WpÜG-Angebotsverordnung überprüfbar seien.[12] Erfasst sind freilich die den ADRs zugrundeliegenden Aktien.[13] Erfasst werden nach § 2 Abs. 2 Nr. 2 WpÜG außerdem Rechte, die den Erwerb von Aktien oder von Aktien vergleichbaren Wertpapieren zum Gegenstand haben, wie insbesondere Wandelschuldverschreibungen nach § 221 Abs. 1 AktG oder Optionsanleihen, aber auch jede sonstige Form von Wandlungs-, Bezugs- oder Optionsrechten, denen Aktien zugrundeliegen.

7 Auf den **Erwerb eigener Aktien** (zB in Ausnutzung einer Ermächtigung nach § 71 Abs. 1 Nr. 8 AktG) oder sonstiger eigener Wertpapiere des Bieters findet das WpÜG keine Anwendung.[14] Die BaFin hatte sich im Verfahren *Siemens/Infineon* dahingehend geäußert, dass auch ein öffentliches Angebot, welches von der Gesellschaft selbst für eigene Aktien durchgeführt wird, den Vorschriften des WpÜG unterfalle, hat diese Ansicht aber ausdrücklich durch ein Schreiben vom 9.8.2006 revidiert.[15]

---

[6] Im Einzelnen dazu Steinmeyer/Häger/*Santelmann* § 1 Rn. 33 ff.
[7] Im Einzelnen dazu Steinmeyer/Häger/*Santelmann* § 1 Rn. 41 ff.
[8] Die Ausübung des Wahlrechts regelt die Verordnung über den Zeitpunkt sowie den Inhalt und die Form der Mitteilung und der Veröffentlichung der Entscheidung einer Zielgesellschaft nach § 1 Abs. 5 S. 1 und 2 des Wertpapiererwerbs- und Übernahmegesetzes vom 13.10.2006 (BGBl. I S. 2266).
[9] § 5 AktG in der durch das MoMiG eingeführten Fassung.
[10] Str., vgl. *Kiesewetter* RIW 2006, 518; Angerer/Geibel/Süßmann/*Angerer* § 1 Rn. 47 ff.
[11] BegrRegE BT-Drs. 14/7034, 34; Steinmeyer/Häger/*Santelmann* § 1 Rn. 19 ff.; Angerer/Geibel/Süßmann/ *Angerer* § 1 Rn. 38 ff.; *Wieneke* AG 2001, 504.
[12] *Strunk/Salomon/Holst* Aktuelle Entwicklungen S. 1, 11 f.
[13] Assmann/Pötzsch/Schneider/*Krause/Pötzsch* § 35 Rn. 222a.
[14] Angerer/Geibel/Süßmann/*Angerer* § 1 Rn. 128; Steinmeyer/Häger/*Santelmann* § 1 Rn. 9; für eine zumindest eingeschränkte Anwendung ua *Oechsler* NZG 2001, 817; *Fleischer/Körber* BB 2001, 2589; *Lenz/Linke* AG 2002, 420; *Koch* NZG 2003, 61; *Lenz/Behnke* BKR 2003, 43.
[15] Auf der Website der BaFin (www.BaFin.de) veröffentlicht. Siehe auch Steinmeyer/Häger/*Santelmann* § 1 Rn. 9.

d) Notierung an einem organisierten Markt. Ferner müssen die zu erwerbenden Wertpapiere an einem organisierten Markt im Sinne des Gesetzes notiert sein. Als organisierte Märkte im Sinne des Gesetzes sind der **regulierte Markt** im Inland sowie entsprechende Börsenplätze im Europäischen Wirtschaftsraum (nicht hingegen zB in den USA, Japan oder der Schweiz) anzusehen (§ 2 Abs. 7 WpÜG). An der Frankfurter Wertpapierbörse sind alle im sogenannten **Prime Standard und General Standard** gelisteten Unternehmen erfasst.[16] Lediglich im Freiverkehr oder auf außerbörslichen Plattformen gehandelte Wertpapiere fallen dagegen nicht in den Anwendungsbereich des WpÜG.[17]

e) Öffentliches Angebot. Angebote im Sinne des Gesetzes sind ausweislich § 2 Abs. 1 WpÜG freiwillige oder auf Grund einer Verpflichtung nach dem WpÜG erfolgende öffentliche Kauf- oder Tauschangebote zum Erwerb der oben bezeichneten Wertpapiere einer Zielgesellschaft im Sinne des WpÜG.

Um den Anwendungsbereich des WpÜG zu eröffnen, muss es sich um ein öffentliches Angebot handeln, in Abgrenzung zu einem privaten Angebot. Wann ein Angebot als öffentlich anzusehen ist, definiert das Gesetz nicht näher. Letztlich sind hier ähnliche Kriterien anzulegen, wie im Bereich des Prospektrechts.[18] Daraus ergibt sich, dass immer dann, wenn ein **größerer unpersönlicher Adressatenkreis** angesprochen wird oder **Medien** benutzt werden, **die sich an jedermann wenden**, das Merkmal der Öffentlichkeit zu bejahen ist. Geht es um den Erwerb einer Zielgesellschaft im Sinne des WpÜG, dürfte die Anwendbarkeit des Gesetzes praktisch nie am Kriterium der Öffentlichkeit scheitern. Eine Ausnahme gilt allerdings dann, wenn Wertpapiere lediglich über die Börse erworben werden. Da sich bei einem Erwerb über die Börse das anonyme Angebot nur an den ebenfalls anonymen Kreis der Marktteilnehmer richtet, können diese Fälle nicht unter dem Begriff eines öffentlichen Angebots erfasst werden.[19] Zu den Folgen eines Beteiligungsaufbaus über die Börse → Rn. 15.

2. Erwerbsangebot, Übernahmeangebot und Pflichtangebot

Ist der allgemeine Anwendungsbereich des Gesetzes eröffnet, sollte man sich zur Prüfung des weiteren Vorgehens zunächst eine Grunddifferenzierung des WpÜG vor Augen halten, die in vielen Normen des Gesetzes aufgegriffen wird. Es handelt sich um die Unterscheidung zwischen „einfachen" Wertpapiererwerbsangeboten, Übernahmeangeboten und Pflichtangeboten. Diese Abgrenzung wird schon aus der Gliederung des WpÜG deutlich, welches im dritten Abschnitt für alle diese Angebote geltende Regelungen enthält (vergleichbar einem Allgemeinen Teil).[20]

Weitergehende Regelungen sind einschlägig, wenn es nicht lediglich darum geht, eine bestimmte Anzahl von Wertpapieren einer Zielgesellschaft im Wege eines öffentlichen Angebots zu erwerben (**„einfaches" Wertpapiererwerbsangebot**), sondern gleichzeitig darum, durch den Erwerb von Aktien die Kontrolle über die Gesellschaft zu erlangen; in solchen Fällen spricht der Gesetzgeber von Übernahmeangeboten.[21] Erstrebt ein Bieter nämlich einen Kontrollwechsel, dann bringt er die Aktionäre der Zielgesellschaft regelmäßig in einen Konflikt: Der betreffende Aktionär muss sich entscheiden, entweder das Angebot des Bieters anzunehmen, welches ihm unattraktiv erscheinen mag oder welches er möglicherweise nicht richtig einschätzen kann, oder in einer Gesellschaft zu verbleiben, die möglicherweise in Zukunft von einem ihm nicht genehmen neuen Mehrheitsaktionär beherrscht wird (sogenanntes Prisoner's Dilemma). Um diese Konfliktsituation zu entschärfen, hat der Gesetzge-

---

[16] Zu diesen Segmenten ausführlich zB *Schlitt* AG 2003, 57; *Zielke/Kronner* FB 2003, 44.
[17] Haarmann/Schüppen/*Schüppen* WpÜG § 2 Rn. 53; Assmann/Pötzsch/Schneider/*Pötzsch/Favoccia* § 1 Rn. 31.
[18] Haarmann/Schüppen/*Schüppen* WpÜG § 2 Rn. 10; Angerer/Geibel/Süßmann/*Angerer* § 1 Rn. 21; differenzierend dagegen *Thaeter/Barth* NZG 2001, 545 (547); *Baum* AG 2003, 144; ablehnend Assmann/Pötzsch/Schneider/*Pötzsch/Favoccia* § 2 Rn. 32.
[19] *Fleischer* ZIP 2001, 1653 (1660); Steinmeyer/Häger/*Santelmann* § 1 Rn. 17.
[20] Siehe Abschnitt 3 des WpÜG mit den §§ 10–28. Daneben gelten für alle Angebote die in § 3 WpÜG verankerten allgemeinen Grundsätze, aus denen sich aber keine konkreten Verhaltensanweisungen entnehmen lassen.
[21] Siehe Abschnitt 4 des WpÜG mit den §§ 29–34.

ber bei Übernahmeangeboten zusätzlich zu den Vorschriften, die für „einfache" Wertpapiererwerbsangebote gelten, weitergehende und strengere Regelungen eingeführt. Diese betreffen vor allem den Mindestpreis, der den Aktionären im Rahmen eines Übernahmeangebots anzubieten ist.[22]

13 Bei der somit zentralen Frage, wie „einfache" Wertpapiererwerbsangebote von **Übernahmeangeboten** abzugrenzen sind, hat sich der Gesetzgeber für eine formale Abgrenzung entschieden. § 29 WpÜG definiert Übernahmeangebote nämlich als Angebote, die auf den Erwerb von Kontrolle gerichtet sind und legt fest, dass Kontrolle im Sinne des Gesetzes das Halten durch den Bieter (oder die Zurechnung zu dem Bieter nach § 30) von mindestens insgesamt 30 % aller Stimmrechte aus Aktien der Zielgesellschaft ist. Ob das Angebot auf den Erwerb von Kontrolle gerichtet ist, wird nach ganz herrschender Meinung objektiv bestimmt.[23] Die von dem Bieter mit dem Angebot verfolgte Absicht kann dessen Qualifikation als Übernahmeangebot weder begründen noch ausschließen. Will der Bieter also vermeiden, die für Übernahmeangebote geltenden Vorschriften beachten zu müssen, darf er nur ein Teilangebot abgeben, das eine Kontrollerlangung von vornherein nicht ermöglicht.[24]

14 Im Rahmen von Unternehmenskauftransaktionen werden häufig im Vorfeld eines öffentlichen Angebots Aktienpakete im Wege einer Privattransaktion von Großaktionären erworben. Im Übrigen ist denkbar, dass ein Bieter zur Vorbereitung eines Unternehmenserwerbs im Wege kleinerer Privattransaktionen und auch über die Börse sukzessiv eine Beteiligung an der Zielgesellschaft aufbaut. In diesen Fällen ist (neben den Meldepflichten nach § 33 WpHG) die Rechtsfigur des so genannten **Pflichtangebots**[25] besonders zu beachten. Wird die Schwelle von 30 % der Stimmrechte einer Zielgesellschaft erreicht oder überschritten, muss der betreffende Aktionär allen anderen Aktionären der Zielgesellschaft den Erwerb ihrer Aktien anbieten (§ 35 WpÜG). Ein Dispens ist nur in engen Ausnahmefällen auf Antrag bei der BaFin möglich (§§ 36, 37 WpÜG), so zum Beispiel beim Erwerb zum Zwecke der Sanierung (§ 9 Abs. 1 Nr. 3 WpÜG-Angebotsverordnung). Nach der Verwaltungspraxis der BaFin setzt dieser Befreiungstatbestand eine Sanierungsbedürftigkeit der Zielgesellschaft im Sinne eines existenzbedrohenden Risikos (§ 322 Abs. 2 HGB), ihre Sanierungsfähigkeit und einen über den bloßen Kontrollerwerb hinausgehenden Sanierungsbeitrag des Antragstellers voraus.[26] Auch bei einem Pflichtangebot finden grundsätzlich die strengen und zwingenden Regelungen Anwendung, die für Übernahmeangebote gelten (§ 39 WpÜG).

> **Praxistipp:**
> Ist bei einem Unternehmenskauf eine Gesellschaft betroffen, die in den Anwendungsbereich des WpÜG fällt, ist im Vorfeld der Transaktion genau zu prüfen, ob durch die vertraglichen Vereinbarungen ein Pflichtangebot ausgelöst werden kann; etwa aufgrund der Zurechnungstatbestände des § 30 WpÜG. Wird ein Pflichtangebot pflichtwidrig nicht abgegeben, drohen nicht nur ordnungswidrigkeitenrechtliche Sanktionen (§ 60 WpÜG), sondern auch ein Strafzins von 5 Prozentpunkten über dem Basiszinssatz (§ 38 WpÜG) sowie ein Rechtsverlust nach § 59 WpÜG.

15 Für das Erreichen der Schwelle von 30 % der Stimmrechte an einer Zielgesellschaft sind nicht nur vom Bieter selbst unmittelbar gehaltene Aktien relevant. § 30 WpÜG enthält weitreichende Zurechnungsvorschriften. In § 30 Abs. 2 WpÜG hat der Gesetzgeber das in § 22 WpHG entsprechend niedergelegte wechselseitige Zurechnungskriterium des **acting in concert** auch für die Feststellung der Voraussetzungen einer Pflichtangebotsabgabe übernommen. Damit sind Sachverhalte angesprochen, in denen sich mehrere Personen entweder auf

---

[22] → Rn. 94 ff.
[23] Steinmeyer/Häger/*Steinmeyer* § 29 Rn. 6; KölnKommWpÜG/*von Bülow* § 29 Rn. 44 f.; MüKoAktG/ *Wackerbarth* WpÜG § 29 Rn. 16; Angerer/Geibel/Süßmann/*Süßmann* § 29 Rn. 7; zwar für einen subj. Ansatz, aber iE offenbar genauso Thaeter/Brandi/*Thaeter*, Öffentliche Übernahmen, Teil 2 Rn. 405 ff.
[24] Vgl. KölnKommWpÜG/*von Bülow* § 29 Rn. 19; zu Teilangeboten → Rn. 77.
[25] Siehe Abschnitt 5 des WpÜG mit den §§ 35–39.
[26] Vgl. zu der Sanierungsbefreiung ausführlich *Hasselbach/Hoffmann* DB 2009, 327 ff.; *Klepsch/Kiesewetter* BB 2007, 1403 ff.

Grund einer ausdrücklichen Abrede oder rein faktisch in Bezug auf die Ausübung von Stimmrechten der Zielgesellschaft verständigen oder mit dem Ziel einer dauerhaften und erheblichen Änderung der unternehmerischen Ausrichtung der Zielgesellschaft in sonstiger Weise zusammenwirken. Im Zusammenhang mit der Übernahme der Postbank durch die Deutsche Bank hat der BGH zum Beispiel festgestellt, dass eine Abrede zwischen der Deutschen Bank und damaligen Postbank-Aktionärin Deutsche Post in Bezug auf die angemessene Berücksichtigung der Interessen der Deutschen Bank bei der Ausübung der Postbank-Stimmrechte der Deutschen Post im Zeitraum vor dem Kontrollerwerb durch die Deutsche Bank für die Bejahung eines acting in concert hätte ausreichen können.[27] Vereinbarungen in Einzelfällen sind nach dem Wortlaut des § 30 Abs. 2 WpÜG allerdings ausdrücklich ausgenommen.[28] Auch die weiteren aus § 34 WpHG bekannten Zurechnungskriterien, wie insbesondere ein Halten von Wertpapieren über eine Tochtergesellschaft oder durch einen für Rechnung des Bieters handelnden Dritten, führen nach dem WpÜG zu einer Zurechnung der betreffenden Stimmrechte (§ 30 Abs. 1 WpÜG). Eigene Aktien der Zielgesellschaft bleiben nach der Verwaltungspraxis der BaFin bei der Berechnung der Kontrollschwelle sowohl im Zähler als auch im Nenner außer Betracht.[29]

3. Zuständigkeit der Bundesanstalt für Finanzdienstleistungsaufsicht

Gemäß § 4 Abs. 1 WpÜG übt die Bundesanstalt für Finanzdienstleistungsaufsicht (**BaFin**) 16 die Aufsicht bei Angeboten nach den Vorschriften des WpÜG aus. Die BaFin hat im Rahmen der ihr zugewiesenen Aufgaben Missständen entgegenzuwirken, welche die ordnungsgemäße Durchführung des Verfahrens beeinträchtigen oder erhebliche Nachteile für den Wertpapiermarkt bewirken können. Hierzu kann die BaFin im Rahmen einer allgemeinen Missstandsaufsicht (§ 4 Abs. 1 S. 3 WpÜG) sämtliche (verhältnismäßige) Anordnungen treffen, die geeignet und erforderlich sind, diese Missstände zu beseitigen oder zu verhindern. Daneben bestehen im Zusammenhang mit den einzelnen Regelungen des WpÜG spezielle Ermächtigungsnormen, wie insbesondere die Möglichkeit, ein Angebot nach § 15 WpÜG in bestimmten Fällen zu untersagen.

Bei der BaFin besteht ein gemäß § 5 WpÜG gebildeter Beirat, der sich aus fachlich besonders geeigneten Vertretern der Praxis zusammensetzt. Dieser Beirat wirkt bei der Aufsicht mit und berät die BaFin. Zudem besteht bei der BaFin gemäß § 6 WpÜG ein Widerspruchsausschuss, der über Widersprüche gegen Verfügungen der BaFin (Verwaltungsakte) entscheidet.[30] Verfahrensvorschriften, so zB zu den Ermittlungsbefugnissen und zum Widerspruchsverfahren, enthalten im Übrigen §§ 40–47 WpÜG, subsidiär gilt das Verwaltungsverfahrensgesetz des Bundes.[31] 17

III. Der Ablauf eines Angebotsverfahrens nach dem WpÜG

Im Folgenden wird zunächst der typische Ablauf eines Angebotsverfahrens nach dem 18 WpÜG übersichtsmäßig dargestellt. Danach finden sich detailliertere Ausführungen zu wesentlichen Verfahrensschritten samt entsprechenden Formulierungshilfen sowie Ausführungen zu Sonderregelungen bei Übernahme- und Pflichtangeboten in Abschnitt IV. Abschnitt V. geht abschließend kurz auf den Rechtsschutz nach dem WpÜG ein.

---

[27] BGH NJW-RR 2014, 1248 (1253 f.); der BGH verwies den Fall an das Instanzgericht zurück zwecks Beweiserhebung über das Vorliegen einer solchen Interessenschutzvereinbarung.
[28] Zum Verhältnis von § 30 Abs. 2 WpÜG zur weiteren Definition des § 2 Abs. 5 WpÜG vgl. *Schockenhoff/Wagner* NZG 2008, 361. Weiterführend zu § 30 Abs. 2 WpÜG die aktualisierte Erklärung der European Securities and Markets Authority (ESMA) zur Auslegung des acting in concert-Tatbestands vom 20.6.2014, ESMA/2014/677.
[29] Näher *Krause* AG 2015, 553 ff.
[30] Zum Rechtsschutz → Rn. 155 ff.
[31] Haarmann/Schüppen/*Schüppen/Schweizer* WpÜG § 41 Rn. 2.

1. Entscheidung zur Abgabe des Angebots

19 Sobald der Bieter die Umsetzbarkeit der geplanten Akquisition auch unter Berücksichtigung der nach dem WpÜG auftretenden Konsequenzen und Finanzierungsnotwendigkeiten analysiert hat, eventuell notwendige Abstimmungen mit Banken und anderen Beteiligten getroffen sind und auf dieser Grundlage die Entscheidung endgültig gefallen ist, ein öffentliches Angebot abzugeben, muss diese Entscheidung gemäß § 10 WpÜG **unverzüglich veröffentlicht** werden.

2. Erstellung der Angebotsunterlage, Gestattungsverfahren und Veröffentlichung

20 Die Veröffentlichung der Entscheidung nach § 10 WpÜG setzt eine Frist von regelmäßig vier Wochen[32] in Gang, innerhalb derer **die Angebotsunterlage bei der BaFin eingereicht** werden muss. Spätestens nach der Veröffentlichung der Entscheidung nach § 10 WpÜG, regelmäßig aber bereits vorher, muss der Bieter daher mit der Erstellung des Angebotsdokuments beginnen.

21 Nach der Einreichung bei der BaFin prüft diese das Angebotsdokument. Ist das Angebotsdokument ordnungsgemäß bzw. wurden etwaige Mängel nach Aufforderung durch die BaFin vom Bieter beseitigt, gestattet die BaFin die Veröffentlichung des Angebots. **Unverzüglich** nach der Gestattung ist die **endgültige und bindende Angebotsunterlage zu veröffentlichen**.

3. Annahmefrist

22 Mit der Veröffentlichung des Angebots beginnt die Frist zur Angebotsannahme durch die Angebotsadressaten. Während der Annahmefrist befindet sich der Bieter eher in einer passiven Rolle, kann während der Annahmefrist sein Angebot aber über flankierende PR-Maßnahmen oder auch Mitteilungen über den Depotbankenapparat, die durch die das Verfahren begleitende Bank für den Bieter initiiert werden können, unterstützen.

23 Allerdings verpflichtet das Gesetz den Bieter während der gesamten Dauer eines Angebots, die Anzahl sämtlicher ihm zustehenden Wertpapiere wöchentlich und in der letzten Woche vor Ablauf der Annahmefrist sogar täglich zu veröffentlichen (so genannte **Wasserstandsmeldungen**).

24 Die Wertpapierinhaber der Zielgesellschaft können während der Annahmefrist durch **Abgabe von Annahmeerklärungen** auf das Angebot reagieren. Hiermit verbunden ist eine Fülle rechtstechnischer Erklärungen und Umbuchungsvorgänge. Während der Annahmefrist oder nach Abschluss der Angebotsphase werden die durch diese Annahmeerklärungen zustande gekommenen Kauf- bzw. Tauschverträge sodann erfüllt, soweit die Vollzugsbedingungen erfüllt sind.

4. Maßnahmen der Zielgesellschaft

25 Unverzüglich nach Veröffentlichung des Angebots sind Vorstand und Aufsichtsrat der Zielgesellschaft gemäß § 27 WpÜG verpflichtet, eine **begründete Stellungnahme zu dem Angebot** des Bieters abzugeben. Die Stellungnahme soll die Informationsbasis der Aktionäre der Zielgesellschaft verbreitern und ihnen eine Entscheidungshilfe bieten (detailliert → Rn. 103 ff.).

26 Welche weiteren Maßnahmen die Zielgesellschaft während der Angebotsphase ergreifen darf, wenn ihre Organe der Auffassung sind, das Angebot liege nicht im Interesse der Zielgesellschaft, ist Gegenstand des sogenannten übernahmerechtlichen Vereitelungsverbots. Dieses wurde zunächst in § 33 WpÜG geregelt und im Zuge der Umsetzung der Übernahmerichtlinie um die fakultativen Regelungen der §§ 33a ff. WpÜG erweitert (→ Rn. 111 ff.).

---

[32] § 14 Abs. 1 WpÜG; zur Fristverlängerung → Rn. 103.

5. Nach dem Angebot

Nach Abwicklung eines Angebots sind im Falle eines vorangegangenen Übernahmeangebots (also nicht bei einfachen Erwerbsangeboten) gewisse **Meistbegünstigungsverpflichtungen** und hiermit in Verbindung stehende **Veröffentlichungspflichten** zu beachten. Diese sind vor allem beim außerbörslichen Nacherwerb von Aktien durch den Bieter relevant.

Nach Abschluss des Angebots können je nach Einzelfall ggf. **weitere Integrationsmaßnahmen** in Betracht kommen (zB Abschluss eines Beherrschungs- und Gewinnabführungsvertrags, Delisting, aktienrechtlicher Squeeze Out nach §§ 327a ff. AktG). Auch das WpÜG sieht AktG in den §§ 39a ff. WpÜG ein Verfahren vor, um Minderheitsaktionäre im Anschluss an ein Pflicht- oder Übernahmeangebot auszuschließen (übernahmerechtlicher Squeeze Out).[33] Daneben ist an den umwandlungsrechtlichen Squeeze Out nach § 62 Abs. 5 UmwG zu denken.

IV. Einzelheiten

1. Finanzierung des Angebots und Finanzierungsbestätigung

Beabsichtigt der Bieter, ein Barangebot abzugeben, also die angestrebte Beteiligung an der Zielgesellschaft nicht im Tausch zB gegen eigene Aktien, sondern (jedenfalls zum Teil) gegen Barzahlung zu erwerben, so verpflichtet ihn § 13 WpÜG dazu, im Zuge des Angebots eine **Bestätigung eines unabhängigen Wertpapierdienstleistungsunternehmens** beizubringen, dass der Bieter die notwendigen Maßnahmen getroffen hat, damit die zur vollständigen Erfüllung des Angebots erforderlichen Mittel zum Zeitpunkt der Fälligkeit bereitstehen. Die Aussage dieses Testats hat dagegen weder darin zu bestehen, dass dem Bieter die notwendigen Mittel bereits bei Veröffentlichung des Angebots zur Verfügung stehen, noch dass die Verfügbarkeit der Mittel bei Fälligkeit tatsächlich gegeben ist.[34] Etwaige Vorbehalte oder sonstige Einschränkungen sind in der Regel unzulässig. Diese so genannte Finanzierungsbestätigung ist nicht nur in das Angebotsdokument aufzunehmen, sondern unterliegt zudem einer der Prospekthaftung[35] nachgebildeten Haftung (§ 13 Abs. 2 und Abs. 3 in Verbindung mit § 12 Abs. 2–6 WpÜG).

Zu beachten ist in diesem Zusammenhang, dass nach Auffassung der BaFin die Finanzierungsbestätigung alle Aktien erfassen muss, die sich im Zeitpunkt des Angebots nicht schon im dinglichen Eigentum des Bieters befinden. Hat der Bieter also zum Beispiel mit einigen Aktionären der Zielgesellschaft Vereinbarungen getroffen, wonach diese ihm die von ihnen gehaltenen Aktien außerhalb des Angebot übereignen und daher auf eine Annahme des Angebots verzichten, muss die Finanzierungsbestätigung diese Aktien trotzdem umfassen. Dies kann insbesondere im Zusammenhang mit freiwilligen Pflichtangeboten, bei denen sich der Bieter Kontrolle über die Zielgesellschaft schon mittels eines (bei Abgabe des Angebots noch nicht vollzogenen) Paketdeals gesichert hat, zu Unbilligkeiten führen, da der Bieter hier ggf. die Finanzierungsbestätigung für die volle Marktkapitalisierung der Zielgesellschaft beibringen muss.

---

[33] Zum aktienrechtlichen und zum übernahmerechtlichen Squeeze Out → § 44.
[34] Haarmann/Schüppen/*Vogel* WpÜG § 13 Rn. 102; Assmann/Pötzsch/Schneider/*Krause* § 13 Rn. 10, 28; *Schüppen* WPg 2001, 958 (962).
[35] §§ 44 ff. BörsG; das Haftungsrisiko ist allerdings auf Grund der erwähnten begrenzten Aussage der Bestätigung und einem zusätzlich gegebenen Verschuldenserfordernis als moderat einzustufen.

Muster: Finanzierungsbestätigung

31 An die

......

[Firma und Adresse des Bieters]

......

[Genaue Bezeichnung des betreffenden Angebots]
Bestätigung nach §§ 11 Abs. 2 S. 3 Nr. 4, 13 Abs. 1 S. 2 Wertpapiererwerbs- und Übernahmegesetz (WpÜG)

Sehr geehrte Damen und Herren,

die ...... mit Sitz in ...... ist ein von der ...... [Name des Bieters] im Sinne des § 13 Abs. 1 S. 2 WpÜG unabhängiges Wertpapierdienstleistungsunternehmen.

Wir bestätigen, dass die ...... [Bieter] mit Sitz in ...... die notwendigen Maßnahmen getroffen hat, um sicherzustellen, dass ihr die zur vollständigen Erfüllung des oben angegebenen Angebots notwendigen Mittel zum Zeitpunkt der Fälligkeit des Anspruchs auf die Gegenleistung zur Verfügung stehen.

Mit der Wiedergabe dieses Schreibens in der Angebotsunterlage für das oben angegebene Angebot gemäß § 11 Abs. 2 S. 3 Nr. 4 WpÜG sind wir einverstanden.

......

[Unterschriften]

32 Aber auch wenn es nicht um ein Barangebot geht, muss der Bieter vor der Veröffentlichung der Angebotsunterlage die notwendigen Maßnahmen treffen, um sicherzustellen, dass ihm die zur vollständigen Erfüllung des Angebots notwendigen Mittel im Zeitpunkt der Fälligkeit des Anspruchs auf die Gegenleistung zur Verfügung stehen. Dies bedeutet im Falle eines **Tauschangebots** oder eines kombinierten Bar- und Tauschangebots, dass ein entsprechendes (im Regelfall genehmigtes) Kapital zur Verfügung stehen muss, ansonsten ist ein solches erst zu schaffen.[36]

33 Bei Übernahme- und Pflichtangeboten ergibt sich aus § 31 Abs. 2 S. 1 WpÜG, dass die im Rahmen eines Tauschangebots als Gegenleistung angebotenen Aktien liquide und zum Handel an einem organisierten Markt zugelassen sein müssen. Die Bestimmung ist zwar so auszulegen, dass die entsprechende Börsenzulassung erst zu dem Zeitpunkt bewirkt sein muss, zu dem die betreffenden Aktien den Inhabern der Wertpapiere der Zielgesellschaft übereignet werden.[37] Das Börsenzulassungsverfahren ist aber gegebenenfalls schon in der Anfangsphase der Transaktion einzuleiten, um es rechtzeitig zum Abschluss zu bringen.

2. Die Veröffentlichung nach § 10 WpÜG

34 a) Funktion und Wirkung der Vorschrift. § 10 WpÜG normiert eine Verpflichtung des Bieters, eine einmal getroffene **Entscheidung zur Abgabe eines öffentlichen Angebots unverzüglich zu veröffentlichen.** Die Öffentlichkeit soll frühzeitig über marktrelevante Daten informiert werden. Dies bezweckt vornehmlich, **Insiderverstöße zu verhindern,** die dadurch entstehen können, dass Spezialwissen der Organe des Bieters oder seiner Berater ausgenutzt wird.[38]

35 Gemäß § 10 Abs. 6 WpÜG ist folgerichtig für den Bieter § 10 WpÜG grundsätzlich lex specialis im Verhältnis zu Art. 17 der Marktmissbrauchsverordnung (MAR). Fraglich ist, ob

---

[36] → §§ 33 ff.
[37] BegrRegE BT-Drs. 14/7034, 55.
[38] BegrRegE BT-Drs. 14/7034, 39.

den Bieter eine Verpflichtung zur ad-hoc-Veröffentlichung treffen kann, wenn in der Veröffentlichung nach § 10 WpÜG die wesentlichen Eckdaten des beabsichtigten Angebots nicht bekannt gegeben werden. In einem solchen Fall muss nach der Rechtsprechung und einer verbreiteten Literaturauffassung jedenfalls dann, wenn angebotsbezogene Umstände vorliegen, die für sich genommen die für Insidertatsachen erforderliche Qualität haben, eine Meldung nach Art. 17 MAR erfolgen.[39]

Zu beachten ist allerdings, dass § 10 Abs. 6 WpÜG allein für den Bieter gilt.[40] Die Frage, ob die Zielgesellschaft hinsichtlich eines auf ihre Aktien gerichteten Angebots einer ad-hoc-Publizitätspflicht unterliegt, ist somit separat zu beurteilen.[41] Für die Zielgesellschaft gilt Art. 17 MAR daher ohne jegliche Einschränkung durch § 10 Abs. 6 WpÜG. 36

Neben der Zielrichtung der Prävention von Insiderverstößen hat § 10 WpÜG auch eine **verfahrenseröffnende Funktion**. Ab dem Zeitpunkt der Veröffentlichung der Entscheidung nach § 10 WpÜG läuft die Frist zur Erstellung der Angebotsunterlage gemäß § 14 WpÜG. 37

b) Vorliegen einer Entscheidung. Wann eine Entscheidung im Sinne von § 10 WpÜG vorliegt, definiert das Gesetz nicht. Häufig handelt es sich in diesen Fällen um mehrstufige Entscheidungsprozesse. Gespräche in der Vorbereitungsphase[42] und lediglich vorbereitende Handlungen stellen insofern noch keine Entscheidung im Sinne von § 10 WpÜG dar. Auch eine Prüfung im Rahmen einer Due Diligence[43] fällt noch in die Phase der Vorbereitung und führt noch nicht zu einer Entscheidung im Sinne von § 10 WpÜG. Vielmehr ist der Bieter im Rahmen des Prozesses grundsätzlich Herr des Verfahrens[44] und kann den Zeitpunkt seiner Entscheidung selbst festlegen. 38

Die Frage, welche gesellschaftsrechtlichen Organe an einer Entscheidung zur Abgabe eines Angebots beteiligt sein müssen, hängt von der **Rechtsform des Bieters ab**. Handelt es sich um eine AG, ist diese Entscheidung grundsätzlich vom Vorstand zu treffen, regelmäßig dürfte darüber hinaus aber auch die Zustimmung des Aufsichtsrats erforderlich sein. Erst wenn diese ebenfalls vorliegt, ist von einer veröffentlichungspflichtigen Entscheidung im Sinne von § 10 WpÜG auszugehen.[45] Bei einer GmbH als Bieter kommt es grundsätzlich auf die Entscheidung der Geschäftsführung an, gegebenenfalls muss ein fakultativer Beirat oder Aufsichtsrat ebenfalls zustimmen. Handelt es sich um eine OHG oder KG, gilt grundsätzlich Gleiches wie bei der GmbH, es kommt jedoch auf die konkrete Ausgestaltung des Gesellschaftsvertrages an. 39

Wichtig ist, dass ein möglicherweise beim Bieter erforderlicher Beschluss der **Hauptversammlung oder Gesellschafterversammlung keinen Einfluss** auf die Verpflichtung hat, eine Veröffentlichung nach § 10 WpÜG vorzunehmen. Dies ergibt sich aus § 25 WpÜG. Danach muss dann, wenn eine Zustimmung der Gesellschafterversammlung erforderlich ist, das Angebot unter der Bedingung der Zustimmung der Gesellschafterversammlung abgegeben werden und die entsprechende Zustimmung spätestens bis zum fünften Werktag vor Ablauf der Annahmefrist vorliegen. Hieraus folgt im Umkehrschluss, dass die Entscheidung nach § 10 WpÜG (und auch das Angebot selbst) unabhängig von dieser Zustimmung zu veröffentlichen ist. Allerdings kann in Ausnahmefällen ein Dispens gemäß § 10 Abs. 1 S. 3 WpÜG beantragt werden, die Veröffentlichung erst nach dem Beschluss der Gesellschafterversammlung vorzunehmen. 40

---

[39] OLG Frankfurt a. M. AG 2007, 749 (752); Angerer/Geibel/Süßmann/*Geibel/Louven* § 10 Rn. 123 ff. mwN; mit dem Wortlaut des § 10 Abs. 6 WpÜG lässt sich diese Auffassung schwer vereinbaren, sie findet jedoch eine Stütze in der Begründung des Regierungsentwurf, BT-Drs. 14/7034, 41 f.
[40] Angerer/Geibel/Süßmann/*Geibel/Louven* § 10 Rn. 133 f.; für eine Übertragung des Rechtsgedankens ua noch *Hopt* ZGR 2002, 345 ff.; KölnKommWpÜG/*Hirte* § 10 Rn. 99, deren Ansicht allerdings die Neuregelung des § 15 WpHG entgegensteht.
[41] BegrRegE BT-Drs. 15/3174, 35.
[42] Vgl. Haarmann/Schüppen/*Riehmer* WpÜG § 10 Rn. 20 ff.; Angerer/Geibel/Süßmann/*Geibel/Louven* § 10 Rn. 9; KölnKommWpÜG/*Hirte* § 10 Rn. 26 ff.
[43] Vgl. Fn. 30.
[44] Haarmann/Schüppen/*Walz* WpÜG § 10 Rn. 23; Angerer/Geibel/Süßmann/*Geibel/Louven* § 10 Rn. 9 ff.
[45] Haarmann/Schüppen/*Walz* WpÜG § 10 Rn. 24; Angerer/Geibel/Süßmann/*Geibel/Louven* § 10 Rn. 15; KölnKommWpÜG/*Hirte* § 10 Rn. 35.

41 **c) Vorbereitende Mitteilungen.** Sobald eine Entscheidung im oben genannten Sinne gefallen ist, hat der Bieter diese gemäß § 10 Abs. 2 Nr. 1 WpÜG sowohl den Geschäftsführungen der Börsen, an denen Wertpapiere des Bieters, der Zielgesellschaft und anderer durch das Angebot unmittelbar betroffener Gesellschaften zum Handel zugelassen sind, als auch den Geschäftsführungen der Börsen, an denen Derivate im Sinne von § 2 Abs. 3 WpHG der Wertpapiere des Bieters[46] gehandelt werden, und der BaFin mitzuteilen. Diese Mitteilungen bezwecken, die betreffenden Börsen in die Lage zu versetzen, über eine Aussetzung oder Einstellung des jeweiligen Börsenhandels zu entscheiden[47] und der BaFin die Ausübung ihrer Aufsichts- und Ermittlungsaufgaben zu erleichtern.

42 Zu beachten ist, dass im Rahmen dieser Vorabmitteilung nach dem Gesetzeswortlaut zwar nur die Börsen zu informieren sind, an denen die entsprechenden Wertpapiere im regulierten Markt oder geregelten Markt zugelassen sind, oft aber freiwillig auch sämtliche Freiverkehrshandelsplätze informiert werden. Dies führt in der Praxis dazu, dass eine relativ große Anzahl an Börsen zu benachrichtigen ist. Da Verstöße gegen die Mitteilungs- und Veröffentlichungspflicht nach § 10 WpÜG bußgeldbewährt sind (vergleiche § 60 WpÜG), ist hier besondere Aufmerksamkeit angezeigt.

> **Praxistipp:**
> Bei der Übermittlung an Börsen und BaFin ist zu bedenken, dass die Entscheidung zur Abgabe eines Angebots vor ihrer Veröffentlichung nach § 10 Abs. 3 WpÜG eine Insiderinformation (Art. 7 MAR) ist. Insoweit ist auf größtmögliche Vertraulichkeit zu achten. Regelmäßig bietet es sich an, einen hierauf spezialisierten Finanzdienstleister mit der Ausführung der Vorabmitteilungen nach § 10 Abs. 2 WpÜG zu beauftragen.

43 **d) Veröffentlichung.** Die Entscheidung zur Abgabe eines Angebots ist gemäß § 10 Abs. 1 S. 1 WpÜG **unverzüglich,** also ohne schuldhaftes Zögern (§ 121 BGB), zu veröffentlichen. Die Veröffentlichung muss gemäß § 10 Abs. 3 WpÜG sowohl **im Internet** (Nr. 1), als auch über ein übliches **elektronisch betriebenes Informationsverbreitungssystem** (zB Reuters oder DGAP) (Nr. 2) in deutscher Sprache erfolgen. Zweckmäßigerweise sollte die Veröffentlichung nach Nr. 1 auf der Internetseite des Bieters erfolgen[48]. Gemäß § 10 Abs. 3 S. 3 WpÜG darf vor der Veröffentlichung nach § 10 Abs. 3 S. 1 WpÜG die Entscheidung zur Abgabe eines Angebots in keiner anderen Form bekannt gegeben werden, insbesondere nicht durch Pressemitteilungen oder ähnliches.

44 § 10 WpÜG Abs. 3 enthält keine konkreten Vorgaben zum **Wortlaut der Veröffentlichung.** Ausdrücklich bestimmt ist lediglich, dass der Bieter auch die Adresse anzugeben hat, unter der die spätere Veröffentlichung des Angebots im Internet nach § 14 WpÜG erfolgen wird. Aus einer Gesamtschau ergibt sich, dass zumindest die Zielgesellschaft und die Wertpapiere, auf die sich das Angebot bezieht, konkret bezeichnet werden müssen. Auch wenn sie gesetzlich nicht zwingend gefordert sind dürften Angaben dazu, ob es sich um ein einfaches Erwerbsangebot oder um ein Übernahmeangebot handeln wird, normalerweise geboten sein, damit die Geschäftsführung der Zielgesellschaft weiß, ob die Beschränkungen des § 33 WpÜG gelten.[49] Bei einem Pflichtangebot sind gemäß § 35 Abs. 1 WpÜG außerdem die direkt gehaltenen und zugerechneten Stimmrechtsanteile an der Zielgesellschaft aufzuschlüsseln.

45 Soweit **weitere Details der Angebotsbedingungen,** insbesondere der **Preis,** welcher im Rahmen eines öffentlichen Angebots vom Bieter für die Wertpapiere der Zielgesellschaft gezahlt werden wird, im Zeitpunkt der Veröffentlichung nach § 10 WpÜG bereits feststehen,

---

[46] Haarmann/Schüppen/*Walz* WpÜG § 10 Rn. 38.
[47] Zu diesen Möglichkeiten vgl. § 25 Abs. 1 BörsG; *Groß* Kapitalmarktrecht BörsG § 25 Rn. 5 ff.
[48] BegrRegE BT-Drs. 16/1003, 18, zu der Neufassung von § 10 Abs. 3 WpÜG; so auch Geibel/Süßmann/ *Geibel* § 10 Rn. 71.
[49] MüKoAktG/*Wackerbarth* WpÜG § 10 Rn. 67; zu § 33 WpÜG → Rn. 133 ff.

sollten diese in die Veröffentlichung gemäß § 10 WpÜG mit aufgenommen werden.[50] Zwar widerspricht es der Wertung des Veröffentlichungsverbots gemäß § 14 Abs. 2 S. 3 WpÜG, Details zu dem Angebot vor dessen Genehmigung durch die BaFin bekannt zu machen.[51] Doch ermöglicht die frühzeitige Veröffentlichung vor allem des Preises, die Auswirkungen von ansonsten im Hinblick auf das anstehende Angebot sehr schnell einsetzenden Spekulations- und Arbitrage-Geschäfte auf den Angebotspreis zu begrenzen. Allerdings kann dadurch der Entscheidungsspielraum frühzeitig eingeengt werden.

Eine praktisch außerordentlich wichtige Frage ist, inwieweit über die Pflichtangaben hinausgehende Bestandteile einer Mitteilung nach § 10 WpÜG (insbesondere zum Preis) bereits **vor der Abgabe des eigentlichen Angebots rechtlich verbindlich** sind. Die BaFin vertritt hierzu soweit ersichtlich die Auffassung, dass solche freiwilligen Angaben in der Mitteilung nach § 10 WpÜG bereits verbindlich seien. Dies überzeugt nicht, da mit der Mitteilung nach § 10 WpÜG eindeutig ein Angebot noch nicht abgegeben, sondern nur angekündigt wird, und der Inhalt desselben folglich erst in der Angebotsunterlage fixiert wird.[52]

Formulierungsvorschlag: Mitteilung gemäß § 10 WpÜG

[Genaue Angabe der Firma samt Adresse sowie ggf. einer Kontaktperson des Bieters sowie genaue Angaben zur Zielgesellschaft und deren betroffenen Wertpapieren (ISIN, Börsenkürzel, etc) im Rubrum]
Die ...... [Bieter] hat entschieden, den Aktionären der ...... [Zielgesellschaft] ein freiwilliges öffentliches Angebot/Übernahmeangebot zum Erwerb ihrer börsennotierten Aktien (ISIN ......) der ...... [Zielgesellschaft] zu machen. Dabei soll den Aktionären der ...... [Zielgesellschaft] angeboten werden, jeweils eine Inhaberaktie/Namensaktie der ...... [Zielgesellschaft] [ggf. weitere Details der Aktien: Vorzugsaktien/Stückaktien/Nennwert etc] gegen eine Barzahlung [ggf. sonstige Angaben zur Gegenleistung] in Höhe von EUR ...... pro Aktie zu erwerben. Das Angebot erfolgt zu den in der Angebotsunterlage noch mitzuteilenden Bestimmungen und Bedingungen. Die Veröffentlichung der Angebotsunterlage erfolgt im Internet unter ......

Die Veröffentlichung nach § 10 WpÜG ist im Übrigen **zwingend (zumindest auch) in deutscher Sprache** vorzunehmen. Die Möglichkeit einer *ausschließlichen* Veröffentlichung in einer anderen Sprache sieht das WpÜG nicht vor.

e) **Belegexemplar und Mitteilung an die Zielgesellschaft sowie die Arbeitnehmer des Bieters.** Unmittelbar nach der Veröffentlichung der Entscheidung zur Abgabe eines Angebots muss die entsprechende Veröffentlichung sowohl den nach § 10 Abs. 2 WpÜG erfassten Börsen als auch der BaFin übersandt werden (§ 10 Abs. 4 WpÜG). Diese Übersendung dient primär der Überwachung der Einhaltung der Veröffentlichungspflichten. Daneben ist die Veröffentlichung auch dem Vorstand der Zielgesellschaft unverzüglich zuzuleiten (§ 10 Abs. 5 S. 1 WpÜG). Dies soll den Vorstand der Zielgesellschaft einerseits über die Verfahrenseröffnung informieren, andererseits die rechtzeitige Vorbereitung auf verschiedene Pflichten nach dem WpÜG ermöglichen (§§ 27, 33, Unterrichtung des zuständigen Betriebsrats bzw. der Arbeitnehmer nach § 10 Abs. 5 S. 2 WpÜG). Auch bieterseitig sind der **Betriebsrat** oder, sofern ein solcher nicht besteht, **die Arbeitnehmer** zu unterrichten (§ 10 Abs. 5 S. 3 WpÜG).

---

[50] BegrRegE BT-Drs. 14/7034, 39, dem folgend die ganz hM ua Haarmann/Schüppen/*Walz* WpÜG § 10 Rn. 52 f.; Angerer/Geibel/Süßmann/*Thun* § 21 Rn. 2.; KölnKommWpÜG/*Hirte* § 10 Rn. 23.
[51] Vgl. MüKoAktG/*Wackerbarth* WpÜG § 10 Rn. 68, der deshalb die Veröffentlichung weiterer Angaben zu dem Angebot für unzulässig hält.
[52] Kritisch auch KölnKommWpÜG/*Hirte* § 10 Rn. 20, 23; Geibel/Süßmann/*Thun* § 21 Rn. 2; sowie *Oechsler* ZIP 2003, 1330; enger hingegen KölnKommWpÜG/*Hasselbach* § 21 Rn. 11.

> **Praxistipp:**
> Dem Gesetz lässt sich nicht unmittelbar entnehmen, welches der zuständige Betriebsrat im Sinne des § 10 Abs. 5 S. 2 WpÜG ist. Allerdings folgt aus der Gesetzesbegründung, dass jeweils „das höchste" Betriebsratsgremium unterrichtet werden soll. Soweit ein Konzernbetriebsrat oder Teilkonzernbetriebsrat besteht, ist dieser also zuständig. Ist dies nicht der Fall, ist der Gesamtbetriebsrat und, falls ein solcher nicht existiert, der Betriebsrat zuständiger Betriebsrat.[53]

50 Eine **Unterrichtung des Aufsichtsrats** durch den Vorstand der Zielgesellschaft sieht das WpÜG nicht vor. Trotzdem muss der Vorstand der Zielgesellschaft den Aufsichtsratsvorsitzenden gemäß § 90 Abs. 1 S. 3 AktG bei wichtigen Anlässen unverzüglich informieren. Ein solcher wichtiger Anlass dürfte bei einem anstehenden öffentlichen Angebot in aller Regel gegeben sein. Die Entscheidung über das weitere Verfahren im Aufsichtsrat obliegt dann dem Aufsichtsratsvorsitzenden, die Mitglieder des Aufsichtsrats sind spätestens in der nächsten Sitzung des Gremiums zu unterrichten (§ 90 Abs. 5 S. 3 AktG).

51 **f) Keine Rücknahme der Entscheidung nach § 10 WpÜG.** Das WpÜG sieht keine Möglichkeit vor, eine einmal veröffentlichte Entscheidung zur Abgabe eines Angebots zurückzunehmen. Der Bieter kann deshalb ein einmal in Aussicht gestelltes Angebot grundsätzlich nicht wieder zurückziehen.[54] Veröffentlicht der Bieter nach einer Ankündigung gemäß § 10 WpÜG nicht innerhalb der vorgesehenen Fristen eine Angebotsunterlage oder reicht er sie bewusst unvollständig oder ansonsten nicht genehmigungsfähig ein, führt dies zur Untersagung des Angebots durch die BaFin nach § 15 WpÜG mit der weiteren Folge eines Sperrjahrs nach § 26 WpÜG und es droht außerdem ein Bußgeld (§ 60 Abs. 1 Nr. 2a, 5 WpÜG).[55] Der Bieter kann daher, sobald er die Entscheidung nach § 10 WpÜG veröffentlicht hat, allenfalls noch Bedingungen in sein Angebot aufnehmen[56] und eventuell das Angebot von der Zustimmung seiner Gesellschafterversammlung abhängig machen. Ein Rücktritts- oder Widerrufsrecht oder eine invitatio ad offerendum ist dagegen nach §§ 17, 18 Abs. 2 WpÜG ebenfalls ausgeschlossen.

52 Ob ein Bieter trotz dieser gesetzlichen Regelung in Ausnahmefällen berechtigt sein kann, in sinngemäßer Anwendung der Grundsätze über die **Störung der Geschäftsgrundlage (§ 313 BGB)** seine Entscheidung zur Abgabe eines Angebots zurückzuziehen, ist bislang ungeklärt. Jedenfalls in Fällen, in denen nach Veröffentlichung der Entscheidung eine schwere Äquivalenzstörung, zB eine Insolvenz der Zielgesellschaft oder des Bieters oder eine sonstige wesentliche nachteilige Veränderung eintritt, sollte man dem Bieter dieses Recht zugestehen, zumal derartige Bedingungen auch in der eigentlichen Angebotsunterlage zulässig sein können (Nichteintritt eines Material Adverse Change; dazu → Rn. 93).[57]

3. Inhalt des Angebots

53 Das WpÜG enthält in § 11 Regelungen zum Inhalt des Angebotsdokuments, welches das Gesetz mit „Angebotsunterlage" bezeichnet. Diese Angebotsunterlage muss ausweislich § 11 Abs. 1 S. 2 WpÜG die Angaben enthalten, die notwendig sind, um in Kenntnis der Sachlage über das Angebot entscheiden zu können. Diese Angaben müssen richtig und vollständig sein.

---

[53] BegrRegE BR-Drs. 574/01, 97.
[54] Thaeter/Brandi/*Thaeter* Öffentliche Übernahmen Teil 2 Rn. 66; aA Assmann/Pötzsch/Schneider/*Assmann* § 10 Rn. 50; KölnKommWpÜG/*Hirte* § 10 Rn. 20, die allerdings praktisch zu ähnlichen Ergebnissen kommen, weil sie trotz der grundsätzlichen Zulässigkeit des Angebotsrückzugs von der Verhängung einer Sperrfrist ausgehen.
[55] Einschränkend Ehricke/Ekkenga/Oechsler/*Oechsler* § 10 Rn. 11, der ein Verschulden verneint, wenn kaufmännisch nachvollziehbare Gründe für das Abrücken von dem Angebotsverfahren vorliegen. Nach dem Auftreten von Bayer als „weißem Ritter" zog sich Merck von der Übernahme von Schering mittels einer Angebotsuntersagung durch die BaFin zurück, BaFin-Jahresbericht 2006, 182 f.
[56] → Rn. 86 ff.
[57] Angerer/Geibel/Süßmann/*Geibel/Louven* § 10 Rn. 1 ff.; einschränkend KölnKommWpÜG/*Hirte* § 10 Rn. 22.

Sind für die Beurteilung des Angebots **wesentliche Angaben der Angebotsunterlage unrichtig oder unvollständig**, so kann – soweit kein Haftungsausschluss nach § 12 Abs. 2 oder Abs. 3 WpÜG eingreift – derjenige, der das Angebot angenommen hat oder dessen Aktien dem Bieter nach § 39a WpÜG übertragen wurden, von denjenigen, die für die Angebotsunterlage die Verantwortung übernommen haben und von denjenigen, von denen der Erlass der Angebotsunterlage ausgeht, als Gesamtschuldnern den Ersatz des ihm aus der Annahme des Angebots entstandenen **Schadens** verlangen (§ 12 Abs. 1 WpÜG). Der Bieter haftet für die Richtigkeit der Angebotsunterlage also nach **Prospekthaftungsgrundsätzen**.[58] 54

Das Gesetz ordnet zwingend an, dass die Angebotsunterlage in deutscher Sprache abgefasst ist. Wie bereits hinsichtlich der Veröffentlichung der Entscheidung zur Abgabe eines Angebots nach § 10 WpÜG ist auch hier die Möglichkeit der *ausschließlichen* Veröffentlichung der Angebotsunterlage in einer anderen Sprache nicht gegeben. Die Erstellung eines rein deutschsprachigen Angebotsdokuments kann zu erheblichem Mehraufwand führen. Eine Erleichterung gilt lediglich für den wenig praxisrelevanten „Europäischen Pass" iSd § 11a WpÜG.[59] 55

§ 11 Abs. 1 S. 4 WpÜG fordert darüber hinaus, dass die Angebotsunterlage in einer Form abzufassen ist, die ihr Verständnis und ihre Auswertung erleichtert. Diese Anforderungen sind Ausdruck des in § 3 Abs. 2 WpÜG normierten Informations- und Transparenzgebots und müssen, obwohl sie auslegungsbedürftige unbestimmte Rechtsbegriffe enthalten, als Leitlinie für die Erstellung jeder Angebotsunterlage dienen. 56

Die Angebotsunterlage ist von dem Bieter zu **unterzeichnen** (§ 11 Abs. 1 S. 5 WpÜG). Hierbei ist darauf zu achten, dass die Angebotsunterlage gemäß § 11 Abs. 3 WpÜG Namen und Anschrift, bei juristischen Personen oder Gesellschaften Firma, Sitz und Rechtsform der Personen oder Gesellschaften aufführen muss, die für den Inhalt der Angebotsunterlage die Verantwortung übernehmen. Außerdem muss die Angebotsunterlage eine Erklärung dieser Personen oder Gesellschaften enthalten, dass ihres Wissens die Angaben richtig und keine wesentlichen Umstände ausgelassen sind. 57

Praxistipp:

Erforderlich ist eine eigenhändige Unterzeichnung des eingereichten Angebotsdokuments durch die zur Vertretung des Bieters berechtigten Organe. Die BaFin verlangt die Vorlage des Originaldokuments.[60] Auch etwaige im Gestattungsverfahren überarbeitete Fassungen der Angebotsunterlage sind jeweils in unterzeichneter Form bei der BaFin einzureichen.

a) **Inhalt des Angebots und ergänzende Angaben.** Das WpÜG belässt es nicht bei diesen allgemeinen Leitlinien, sondern enthält in **§ 11 Abs. 2** detailliertere Regelungen zu den Anforderungen, die an eine Angebotsunterlage gestellt werden. Hiernach muss eine Angebotsunterlage einerseits so genannte Angaben über den Inhalt des Angebots und andererseits so genannte ergänzende Angaben enthalten. 58

Angaben über den Inhalt des Angebots sind der Name bzw. die Firma samt Anschrift bzw. Sitz sowie ggf. Rechtsform des Bieters, Firma, Sitz und Rechtsform der Zielgesellschaft, die Wertpapiere, die Gegenstand des Angebots sind, Art und Höhe der für die Wertpapiere der Zielgesellschaft gebotenen Gegenleistung, eventuelle Bedingungen, von denen die Wirksamkeit des Angebots abhängt, sowie Beginn und Ende der Annahmefrist. Im Falle einer durch die Hauptversammlung beschlossenen Geltung der Europäischen Durchbrechungsregel[61] muss das Angebot außerdem die Höhe der den Aktionären der Zielgesellschaft angebotenen Entschädigung nennen. 59

---

[58] Steinmeyer/Häger/*Steinhardt* § 12 Rn. 1; KölnKommWpÜG/*Möllers* § 12 Rn. 12.
[59] Hierzu → Rn. 102.
[60] Dazu näher → Rn. 105.
[61] Dazu → Rn. 139 ff.; die Optionsmöglichkeiten im Zusammenhang mit Abwehrmaßnahmen bei Übernahmeangeboten haben aber bislang keine praktische Relevanz.

60 So genannte **ergänzende Angaben** sind Angaben zu den notwendigen Maßnahmen, die sicherstellen, dass dem Bieter die zur vollständigen Erfüllung des Angebots **notwendigen Mittel** zur Verfügung stehen und zu den erwarteten Auswirkungen eines erfolgreichen Angebots auf die **Vermögens-, Finanz- und Ertragslage des Bieters,** Angaben über die **Absichten des Bieters** im Hinblick auf die **künftige Geschäftstätigkeit der Zielgesellschaft,** insbesondere den Sitz und den Standort wesentlicher Unternehmensteile, die Verwendung ihres Vermögens, ihre künftigen Verpflichtungen, die Arbeitnehmer und deren Vertretungen, die Mitglieder ihrer Geschäftsführungsorgane und wesentliche Änderungen der Beschäftigungsbedingungen einschließlich der insoweit vorgesehenen Maßnahmen, Angaben über Geldleistungen oder andere geldwerte Vorteile, die Vorstands- oder Aufsichtsratsmitgliedern von der Zielgesellschaft gewährt oder in Aussicht gestellt werden, sowie die Finanzierungsbestätigung nach § 13 Abs. 1 S. 2 WpÜG. Durch das Übernahmerichtlinie-Umsetzungsgesetz wurden die ergänzenden Angaben dahingehend erweitert, dass der Bieters entsprechend zu den Angaben bezüglich der Zielgesellschaft nun auch seine **Absichten bezüglich seiner eigenen Geschäftstätigkeit** erläutern muss. Gefordert sind vor allem Angaben zu der strategischen Planung im Hinblick auf den Erwerb der Wertpapiere der Zielgesellschaft, dem Einfluss des Erwerbs auf die Geschäftstätigkeit, der künftigen Finanzierung der Geschäftstätigkeit und der möglichen Einordnung der Wertpapiere in den Konzern. Weiterhin ist Auskunft über die beabsichtigte Verwendung des Vermögens, die künftigen Verpflichtungen und, im Interesse der Beschäftigten des Bieters, auch über geplante wesentliche Änderungen der Beschäftigungsbedingungen, einschließlich der insoweit vorgesehenen Maßnahmen, insbesondere Auswirkungen auf die Arbeitsplätze, sowie über Arbeitnehmer und deren Vertretungen betreffende wesentliche Veränderungen zu geben.[62]

> **Praxistipp:**
> Die Darstellung der Auswirkungen eines erfolgreichen Angebots auf die Vermögens-, Finanz- und Ertragslage des Bieters kann komplex sein. Wenn möglich, sollte zur Verdeutlichung dieser Auswirkungen eine konsolidierte pro-forma Bilanz des Bieters, welche von einem erfolgreichen Angebot ausgeht, erstellt werden, aus der sich die Auswirkungen des Angebots ablesen lassen. Diese Auswirkungen sind zudem verbal im einzelnen zu umschreiben. Als Basis der pro-forma Bilanz sollte der letzte verfügbare Jahresabschluss oder Zwischenabschluss des Bieters verwendet werden, wenn möglich in geprüfter Form. Die Einzelheiten sind in jedem Fall mit der BaFin abzustimmen.

61 Diese schon relativ weitgehenden Anforderungen an eine Angebotsunterlage werden durch die gemäß § 11 Abs. 4 und Abs. 5 WpÜG erlassene **WpÜG-Angebotsverordnung**[63] noch erweitert. § 2 WpÜG-Angebotsverordnung enthält zB besondere Vorschriften für den Fall, dass Wertpapiere als Gegenleistung angeboten werden. Daneben sind nach § 2 WpÜG-Angebotsverordnung Angaben zur Finanzierung des Angebots, zur Plausibilisierung und Überprüfung der Gegenleistung, sonstige Hintergrundinformationen und Angaben zur technischen Durchführung des Angebots gefordert.[64] Hervorzuheben sind insbesondere die die Gegenleistung betreffenden Angabepflichten. Hier ist nicht nur zu begründen, warum die angebotene Gegenleistung für angemessen gehalten wird, sondern es sind auch die angewandten Bewertungsmethoden[65] und die Gründe für die Auswahl gerade dieser Methoden anzugeben. Praktisch erfolgt dies in enger Abstimmung mit einer vom Bieter beauftragten Investmentbank.

---

[62] BegrRegE BT-Drs. 16/1003, 18.

[63] Verordnung über den Inhalt der Angebotsunterlage, die Gegenleistung bei Übernahmeangeboten und Pflichtangeboten und die Befreiung von der Verpflichtung zur Veröffentlichung und zur Abgabe eines Angebots (WpÜG-Angebotsverordnung) vom 27.12.2001 (BGBl. I 4263).

[64] Ausführlich hierzu *Schüppen* WPg 2001, 958 (961); zu den bei Tauschangeboten nötigen Angaben → Rn. 81 f.

[65] Hierzu ausführlich Steinmeyer/Häger/Häger/Santelmann/Nestler § 31 Rn. 50 ff.; Haarmann/Schüppen/ *Haarmann* WpÜG § 31 Rn. 42 ff.

Der Inhalt einer Angebotsunterlage hängt von den Umständen des konkreten Falls ab. Auf sämtliche Einzelheiten kann hier insoweit nicht eingegangen werden. Einige besonders relevante Teilaspekte werden jedoch im Folgenden kurz beleuchtet. 62

> **Praxistipp:**
> Die Website der BaFin (www.bafin.de) enthält eine Datenbank mit der Liste der bislang veröffentlichten Angebotsunterlagen. Diese machen deutlich, dass sich für die Abfassung der Angebotsunterlage gewisse Standards etabliert haben. Sie können als Anhaltspunkt für die Erstellung einer Angebotsunterlage dienen. Jedoch ist immer darauf zu achten, dass die Besonderheiten des jeweiligen Einzelfalls ausreichend berücksichtigt werden.

b) Annahmefrist und Verlängerungen. Gemäß § 16 Abs. 1 WpÜG darf die Frist für die Annahme des Angebots („Annahmefrist") **nicht weniger als vier Wochen** und grundsätzlich **nicht mehr als zehn Wochen** betragen. Die Annahmefrist beginnt mit der Veröffentlichung der Angebotsunterlage in Übereinstimmung mit den Vorschriften des § 14 Abs. 3 S. 1 WpÜG. Die Frist berechnet sich nach den allgemeinen Vorschriften des BGB (§§ 187 Abs. 1, 188 Abs. 2 BGB). Die Veröffentlichung der Angebotsunterlage ist insoweit ein in den Laufe eines Tages fallendes Ereignis. 63

Die Annahmefrist **verlängert sich gemäß § 21 Abs. 5 WpÜG automatisch um zwei Wochen**, sofern der Bieter innerhalb der letzten zwei Wochen vor Ablauf der Annahmefrist eine zulässige Änderung[66] des Angebots durchführt. Die Angebotsfrist verlängert sich ebenfalls, soweit während des Laufes der Annahmefrist ein sogenanntes konkurrierendes Angebot abgegeben wird. Bei einem konkurrierenden Angebot handelt es sich gemäß § 22 Abs. 1 WpÜG um ein Angebot, das während der Annahmefrist von einem Dritten für dieselben Wertpapiere abgegeben wird.[67] 64

Schließlich ist zu beachten, dass dann, wenn im Zusammenhang mit dem Angebot nach der Veröffentlichung der Angebotsunterlage eine **Hauptversammlung der Zielgesellschaft** einberufen wird (diese soll nach der Konzeption des Gesetzgebers primär Beschlüsse zur Abwehr gegen ein Angebot ermöglichen[68]), die Annahmefrist unbeschadet der soeben beschriebenen weiteren Verlängerungsmöglichkeiten nach §§ 21 Abs. 5 und 22 Abs. 2 WpÜG **zehn Wochen** beträgt. 65

> **Praxistipps:**
> Zweifelhaft ist, ob der Bieter einen sogenannten Verlängerungsvorbehalt in das Angebotsdokument aufnehmen kann oder sogar ohne einen solchen Verlängerungsvorbehalt die Annahmefrist während der Dauer des Angebots innerhalb der Grenzen des § 16 Abs. 1 WpÜG verlängern kann. Dies wird zwar zum Teil in der Literatur vertreten,[69] dürfte aber nicht der herrschenden Auffassung und insbesondere nicht der Übung der BaFin entsprechen. Abhilfe können aber gegebenenfalls Bedingungen, auf die der Bieter nach § 21 Abs. 1 Nr. 4 WpÜG auch verzichten kann, oder eine Angebotsänderung im Rahmen von § 21 Abs. 5 WpÜG schaffen.[70]

Bei Übernahmeangeboten (nicht aber bei Pflichtangeboten: § 39 WpÜG) können die Aktionäre der Zielgesellschaft, die das Angebot innerhalb der regulären Annahmefrist nicht angenommen haben, das Angebot im Übrigen innerhalb einer zweiwöchigen Nachannahmefrist (Zaunkönig-Regelung) annehmen, § 16 Abs. 2 S. 1 WpÜG. Dies gilt allerdings nicht, 66

---

[66] Hierzu → Rn. 84 f.
[67] Haarmann/Schüppen/*Schröder* WpÜG § 22 Rn. 10 ff.
[68] Gesetzesentwurf der Bundesregierung, BR-Drs. 574/01, 112.
[69] KölnKommWpÜG/*Hasselbach* § 16 Rn. 20 ff.
[70] Hierzu → Rn. 86 ff.

wenn der Bieter das Angebot von dem Erwerb eines Mindestanteils der Aktien der Zielgesellschaft abhängig gemacht hat und dieser Mindestanteil nach Ablauf der regulären Annahmefrist nicht erreicht wurde, § 16 Abs. 2 S. 2 WpÜG.

67 c) **Teilangebote, grenzüberschreitende Angebote und Distributionsbeschränkungen.** Soweit es sich bei dem Angebot um ein Übernahmeangebot oder Pflichtangebot handelt, verbietet § 32 WpÜG sogenannte Teilangebote. Die Vorschrift verpflichtet den Bieter, ein freiwilliges Übernahmeangebot oder Pflichtangebot stets als Vollangebot abzugeben.

68 Anderes gilt für „einfache" Erwerbsangebote. Diese können gemäß § 19 WpÜG auch als Teilangebot formuliert werden, dürfen sich also zB auf einen Teil des Grundkapitals der Zielgesellschaft beschränken. Gehen dem Bieter bei einem solchen Angebot Annahmeerklärungen für eine größere Anzahl von Wertpapieren zu, als er bereit ist zu erwerben, sind die Annahmeerklärungen grundsätzlich verhältnismäßig zu berücksichtigen.

69 Auch wenn eine solche Beschränkung auf einen Teil der Wertpapiere denkbar ist, muss sich ein Wertpapiererwerbsangebot (und erst recht ein Übernahme- oder Pflichtangebot) aber grundsätzlich **an alle Inhaber der angebotsgegenständlichen Wertpapiere** richten (offerta ad incertas personas); ein Ausschluss einzelner Aktionäre oder Aktionärsgruppen oder eine Zuteilung zum Beispiel nach dem Prioritätsprinzip ist unzulässig.[71] Eine Ausnahme von dieser Verpflichtung, alle Aktionäre der Zielgesellschaft in das Angebot einzubeziehen, kommt nach § 24 WpÜG bei grenzüberschreitenden Angeboten in Betracht. Wenn bei solchen Angeboten neben den deutschen Vorschriften zugleich die Vorschriften eines anderen Staates außerhalb des Europäischen Wirtschaftsraums einzuhalten sind und dem Bieter deshalb ein Angebot an alle Inhaber von Wertpapieren unzumutbar ist, kann die BaFin dem Bieter auf Antrag gestatten, bestimmte Inhaber von Wertpapieren mit Wohnsitz, Sitz oder gewöhnlichem Aufenthalt in dem betreffenden Staat von dem Adressatenkreis des Angebots auszunehmen. Die Voraussetzungen für einen solchen Ausschluss von Aktionären sind allerdings sehr eng und dürften in der Praxis selten gegeben sein.[72]

70 Zu unterscheiden von einem Ausschluss bestimmter Aktionäre nach § 24 WpÜG sind so genannte **Distributionsbeschränkungen,** die es untersagen, die Angebotsunterlage in bestimmte Länder einzuführen, dorthin zu versenden oder in solchen Ländern zu veröffentlichen. Die in diesen Ländern ansässigen Aktionäre werden im Falle einer Distributionsbeschränkung nicht vom Angebot ausgeschlossen, sondern können dieses, soweit sie trotz der nicht erfolgten Veröffentlichung hiervon Kenntnis erlangen, durchaus annehmen. Distributionsbeschränkungen sind grundsätzlich zulässig[73] und haben sich in der Praxis etabliert.

71 d) **Sonderfall Tauschangebot.** Bei Tauschangeboten bestehen wie erwähnt besondere Anforderungen an den Inhalt der Angebotsunterlage. In Konkretisierung der Vorschrift des § 11 Abs. 2 Nr. 4 WpÜG (Inhalt des Angebots), fordert § 2 Nr. 2 WpÜG-Angebotsverordnung nämlich, dass dann, wenn Wertpapiere als Gegenleistung angeboten werden, die Angebotsunterlage sämtliche Angaben nach § 7 des Wertpapierprospektgesetzes (WpPG)[74] in Verbindung mit der europäischen Prospektverordnung[75] enthalten muss. Nur dann, wenn für die angebotenen Wertpapiere innerhalb von zwölf Monaten vor Ablauf der Annahmefrist (§ 9 Abs. 1 WpPG) ein gemäß § 16 WpPG ordnungsgemäß mit Nachträgen aktualisierter Prospekt erstellt wurde, auf Grund dessen die Wertpapiere zum Börsenhandel mit amtlicher Notierung zugelassen worden sind, genügt die Angabe, dass ein Prospekt oder ein

---

[71] Haarmann/Schüppen/*Schröder* WpÜG § 24 Rn. 10.
[72] Hierzu ausführlich zB *Behnke* WM 2002, 2229; *Hahn* RIW 2002, 741; *Holzborn* BKR 2002, 67.
[73] *Holzborn* BKR 2002, 67; *Behnke* WM 2002, 2229 (2235 f.); Haarmann/Schüppen/*Schröder* WpÜG § 24 Rn. 18.
[74] Wertpapierprospektgesetz vom 22.6.2005 (BGBl. I 1698).
[75] Verordnung (EG) Nr. 809/2004 der Kommission vom 29.4.2004 zur Umsetzung der Richtlinie 2003/71/EG des Europäischen Parlaments und des Rates betreffend die in Prospekten enthaltenen Informationen sowie das Format, die Aufnahme von Informationen mittels Verweis und die Veröffentlichung solcher Prospekte und die Verbreitung von Werbung (ABl. EU L 149, S. 1, Nr. L 215, S. 3).

Unternehmensbericht veröffentlicht wurde und wo dieser erhältlich ist. Da diese Ausnahmeregelung ausgesprochen eng gefasst ist, muss im Falle des Angebots von Wertpapieren regelmäßig ein Prospekt in das Angebotsdokument integriert werden.

> **Praxistipp:**
>
> In den meisten Fällen wird es beim Angebot von Wertpapieren erforderlich sein, die betreffenden Wertpapiere zum Börsenhandel zuzulassen. Dies ergibt sich schon daraus, dass zumindest bei Übernahme- und Pflichtangeboten die Gegenleistung aus liquiden Aktien zu bestehen hat, die zum Handel an einem organisierten Markt zugelassen sind (§ 31 Abs. 2 WpÜG). Aber auch bei „einfachen" Erwerbsangeboten, die im Wege des Aktientauschs vollzogen werden sollen, dürfte es kaum jemals in Betracht kommen, nicht börsenzugelassene Papiere anzubieten. Soweit der Bieter nicht ausnahmsweise die erforderliche Anzahl börsenzugelassener Wertpapiere bereits in seinem Bestand hat, muss deshalb ein Zulassungsverfahren parallel zum Angebot durchlaufen werden. In diesem Fall ist ohnehin regelmäßig die Erstellung eines Prospekts erforderlich. Rein formal bietet es sich dann an, diesen Prospekt als Anhang zur Angebotsunterlage zu verwenden, um die Anforderungen des § 2 Nr. 2 WpÜG-Angebotsverordnung zu erfüllen.

e) **Widerrufsvorbehalt, Invitatio ad offerendum, Änderungen und Bedingungen.** Ein einmal veröffentlichtes Angebot ist **grundsätzlich bindend**. Das WpÜG lässt einen Widerrufs- oder Rücktrittsvorbehalt gemäß § 18 Abs. 2 WpÜG unabhängig von der Art des Angebots nicht zu. Auch die Ausweichkonstruktion einer sogenannten invitatio ad offerendum, also einer Gestaltung, in der nicht der Bieter ein Angebot zum Erwerb der Wertpapiere macht, sondern er die Aktionäre der Zielgesellschaft auffordert, ihm ihre Aktien anzudienen, ist nach dem WpÜG nicht möglich (§ 17 WpÜG). 72

Änderungen des Angebots lässt das WpÜG gemäß § 21 nur in engen Grenzen zu. Nur solche Änderungen sind möglich, die aus Sicht der Adressaten des Angebots abstrakt vorteilhaft erscheinen. Die möglichen Änderungen sind im Gesetz abschließend aufgeführt und erfassen die Erhöhung der Gegenleistung, das zusätzliche Anbieten einer anderen Gegenleistung, die Reduzierung einer ins Angebot aufgenommenen Mindestannahmequote[76] oder den Verzicht auf Bedingungen.[77] 73

Die genannten Änderungen kann der Bieter bis zu einem Werktag vor Ablauf der Annahmefrist (ggf. der verlängerten Annahmefrist, soweit einer der gesetzlich vorgesehenen Verlängerungstatbestände eingreift) vornehmen. Zu beachten ist jedoch, dass im Falle einer Änderung des Angebots die Inhaber von Wertpapieren der Zielgesellschaft, die das Angebot vor Veröffentlichung der Änderung angenommen haben, von dem durch die Annahme zustande gekommenen Vertrag bis zum Ablauf der Annahmefrist zurücktreten können (§ 21 Abs. 4 WpÜG). Im übrigen verlängert sich bei einer Änderung des Angebots die Annahmefrist um zwei Wochen, sofern die Veröffentlichung der Änderung innerhalb der letzten zwei Wochen vor Ablauf der Annahmefrist erfolgt (§ 21 Abs. 5 WpÜG). 74

Sind dem Bieter die oben genannten Möglichkeiten des Widerrufs, Rücktritts oder der Änderung während der Annahmefrist versperrt, so kann in gewissen Grenzen die Einfügung von Bedingungen in das Angebot dem Bieter Einfluss auf das Verfahren geben. Aus der Vorschrift des § 11 Abs. 2 Nr. 5 WpÜG, die statuiert, dass die Angebotsunterlage die Bedingungen, von denen die Wirksamkeit des Angebots abhängt, enthalten muss, lässt sich der Schluss ziehen, dass **Bedingungen** (§ 158 BGB) in öffentlichen Angeboten grundsätzlich zulässig sind. Nur Pflichtangebote sind per se bedingungsfeindlich.[78] Alle anderen Angebote können sowohl unter auflösende als auch aufschiebende Bedingungen gestellt werden.[79] 75

---

[76] Hierzu → Rn. 89.
[77] Ein solcher Verzicht ist möglich, löst aber ggf. eine Verlängerung der Annahmefrist aus, vgl. hierzu → Rn. 73.
[78] Baums/Thoma/*Baums*/*Hecker* § 35 Rn. 230; siehe ebenfalls dort unter → Rn. 231 zu dennoch zulässigen rechtlichen Vollzugsbedingungen wie insbesondere der Kartellfreigabe.
[79] KölnKommWpÜG/*Hasselbach* § 18 Rn. 24 konstatiert allerdings einen grundsätzlichen Vorrang von aufschiebenden vor auflösenden Bedingungen.

76 Allerdings ist die Bestimmung des § 18 WpÜG zusätzlich zu beachten. Danach darf ein Angebot vorbehaltlich des Sonderfalls des § 25 WpÜG (Genehmigung durch die Gesellschafterversammlung[80]) nicht von Bedingungen abhängig gemacht werden, deren Eintritt der Bieter, mit ihm gemeinsam handelnde Personen oder deren Tochterunternehmen oder im Zusammenhang mit dem Angebot für diese Personen oder Unternehmen tätige Berater ausschließlich selbst herbeiführen (bzw. Vereiteln, unbeschadet § 162 BGB) können. Trotz der grundsätzlichen Zulässigkeit von Bedingungen dürfen diese demzufolge **nicht als so genannte Potestativbedingungen** ausgestaltet sein. Als regelmäßig bedenklich werden in der Literatur und von der BaFin ferner solche Bedingungen betrachtet, bei denen der Bedingungseintritt bzw. – bei auflösenden Bedingungen – der Nichteintritt der Bedingung zum Ablauf der Annahmefrist noch nicht feststeht.[81]

77 Eine häufig anzutreffende Bedingung ist die der **regulatorischen (insbes. kartellrechtlichen) Freigabe der Transaktion.** Soweit der Erwerb einer Beteiligung an einer Zielgesellschaft im Wege eines öffentlichen Angebots ein Fusionskontrollverfahren auslöst, würde ein Bieter, welcher ein unbedingtes Angebot abgibt und dieses Angebot vollzieht – soweit dies nach dem anwendbaren Kartellrecht überhaupt zulässig ist[82] – das Risiko einer späteren Entflechtungsentscheidung mit der Notwendigkeit der Rückabwicklung in Kauf nehmen. Eine solche Rückabwicklung ist in der Praxis kaum denkbar und jedenfalls mit unangemessenem Aufwand verbunden. Bedingungen, die die Wirksamkeit eines Angebots von einer kartellrechtlichen Freigabe (in der Regel auflagenfreie kartellrechtliche Freigabe) abhängig machen, sind unproblematisch zulässig, auch wenn sie dazu führen können, dass die annehmenden Aktionäre über den Ablauf der Annahmefrist hinaus im Unklaren über das Zustandekommen des Vertrages bleiben.

78 Eine weitere in der Praxis häufig anzutreffende Bedingung ist eine **Mindestannahmequote,** also die Bedingung, dass mit dem Angebot eine bestimmte Mindestakzeptanz erreicht wird. Auch diese ist grundsätzlich zulässig. Häufig ist sie hinsichtlich des erforderlichen Schwellenwerts auf den Erwerb von mindestens 75 % der Stimmrechte gerichtet, da mit einer solchen qualifizierten Mehrheit auch wesentliche Umstrukturierungen der Zielgesellschaft vorgenommen werden können. Besteht ein Interesse an einem Squeeze Out, ist aber auch die Bedingung des Erreichens eines Anteils von 95 % am Grundkapital der Zielgesellschaft zulässig.[83]

79 Umstritten ist dagegen die Frage, ob ein Bieter eine über 95 % des Grundkapitals der Zielgesellschaft liegende Mindestakzeptanzschwelle in das Angebot aufnehmen kann, da dies dem Bieter de facto ein gesetzlich nicht vorgesehenes Rücktrittsrecht einräumen könnte, wenn das Erreichen der gesetzten Mindestakzeptanzschwelle sehr unwahrscheinlich ist.[84]

80 Ebenfalls häufig anzutreffen sind **Finanzierungsvorbehalte bei Tauschangeboten,** die sich darauf beziehen, dass die vom Bieter als Gegenleistung angebotenen Aktien durch Eintragung der Durchführung einer Kapitalerhöhung in das Handelsregister entstehen und zum Börsenhandel zugelassen werden.[85] § 31 Abs. 2 S. 1 WpÜG steht einer solchen Bedingung auch bei einem Übernahme- oder Pflichtangebot nicht entgegen, da die Bestimmung so auszulegen ist, dass die Börsenzulassung spätestens aber auch erst dann gegeben sein muss, wenn die Aktien an die Aktionäre der Zielgesellschaft bei der Abwicklung des Angebots

---

[80] Hierzu → Rn. 42.

[81] KölnKommWpÜG/*Hasselbach* § 18 Rn. 91; Steinmeyer/Häger/*Steinmeyer* § 18 Rn. 33; gegen die Existenz eines solchen Grundsatzes MüKoAktG/*Wackerbarth* WpÜG § 18 Rn. 23 f.

[82] Ein eingeschränkter Vollzug unter Beschränkung der Rechtsausübung ist nach Artikel 7 Abs. 3 der Europäischen Fusionskontrollverordnung denkbar, anders nach § 41 GWB, der vor der kartellrechtlichen Freigabe bzw. Freigabefiktion ein vollständiges Vollzugsverbot statuiert.

[83] Siehe zB die veröffentlichte Angebotsunterlage der Erwerbsgesellschaft der S-Finanzgruppe mbH & Co. KG bezüglich des Erwerbs der Aktien der LBBH vom 1.8.2007.

[84] KölnKommWpÜG/*Hasselbach* § 18 Rn. 28 (ua) hält die Festsetzung einer über 95 % des Grundkapitals der Zielgesellschaft hinausgehenden Annahmeschwelle regelmäßig für problematisch, da es sich hierbei nicht um eine Bedingung, sondern um einen faktischen Rücktrittsvorbehalt handele; für die Zulässigkeit bei ausdrücklichem Vorbehalt hingegen MüKoAktG/*Wackerbarth* WpÜG § 18 Rn. 40, § 21 Rn. 30 ff.

[85] Bei Barangeboten scheidet auf Grund der Finanzierungsverpflichtung des Bieters nach § 13 Abs. 1 WpÜG ein Finanzierungsvorbehalt hingegen aus.

übereignet werden. Börsenrechtlich können Aktien in Deutschland erst dann zugelassen werden, wenn sie durch Eintragung der Durchführung der Kapitalerhöhung ins Handelsregister[86] entstanden sind. Da weder die Eintragung ins Handelsregister noch die Zulassung der Aktien zum Börsenhandel im Belieben des Bieters stehen, sind solche Bedingungen zulässig.[87] Sie entbinden den Bieter aber nicht davon, rechtzeitig alle zur Entstehung der Aktien und ihrer Börsenzulassung erforderlichen Schritte vorzubereiten (§ 13 Abs. 1 WpÜG).

Neben den vorgenannten im Regelfall rechtlich erforderlichen Bedingungen kann der Bieter auch Bedingungen aufnehmen, die ihm in gewissem Umfang erlauben, den Gang des Angebots zu steuern. Denkbar sind **Bedingungen, dass Abwehrmaßnahmen**[88] **der Zielgesellschaft unterbleiben.** Ist zB die Veräußerung von wesentlichen Unternehmensteilen geplant oder denkbar, die für den Bieter attraktiv sind, oder der Hinzuerwerb von Unternehmen, die auf Grund kartellrechtlicher Tatbestände nicht gehalten werden können, steht der Aufnahme einer Angebotsbedingung, dass diese Abwehrmaßnahmen nicht ergriffen werden, grundsätzlich nichts entgegen. Bei der Abfassung der Bedingung des Unterbleibens von Abwehrmaßnahmen muss jedoch darauf geachtet werden, dass der Bedingungseintritt objektiv feststellbar ist. Aufgrund des in § 18 WpÜG enthaltenen Verbots von Potestativbedingungen darf der Bieter eine solche Bedingung nämlich nicht so formulieren, dass er die Frage, ob eine Abwehrmaßnahme ergriffen wurde oder nicht, nach seinem Ermessen bestimmen kann. 81

So genannte **Force-majeure-Klauseln** oder so genannte **MAC-Klauseln** („Material Adverse Change"), die die Wirksamkeit des Angebots davon abhängig machen, dass während eines bestimmten Zeitraums[89] keine Fälle höherer Gewalt bzw. keine wesentlichen nachteiligen Änderungen wie zB eine erhebliche Verschlechterung der Geschäftsaussichten der Zielgesellschaft oder des Bieters eintreten, sind nach den Grundsätzen des § 18 WpÜG ebenfalls zulässig, sofern es sich um nachteilige Änderungen von wesentlichem Gewicht und gewisser Dauer handelt.[90] Auch hier ist besonders darauf zu achten, dass die Fälle, die zum Bedingungseintritt führen sollen, objektiv festgeschrieben werden. 82

f) Mindestpreis bei Übernahme- und Pflichtangeboten. Welche Art der Gegenleistung und welchen Preis der Bieter bei einfachen Erwerbsangeboten anbietet, ist ihm grundsätzlich selbst überlassen und orientiert sich allein an der erwarteten Attraktivität der Gegenleistung aus Sicht der Adressaten des Angebots. 83

Für Übernahme- und Pflichtangebote indes enthält das Gesetz zwingende Vorschriften zur Gegenleistung. Nach § 31 Abs. 1 WpÜG hat der Bieter bei diesen Angeboten den Aktionären der Zielgesellschaft eine angemessene Gegenleistung anzubieten, wobei bei der Bestimmung dieser „Angemessenheit" der durchschnittliche Börsenkurs der Aktien der Zielgesellschaft und Erwerbe von Aktien der Zielgesellschaft durch den Bieter, mit ihm gemeinsam handelnde Personen oder deren Tochterunternehmen zu berücksichtigen sind. Zusätzlich bestimmt das Gesetz in § 31 Abs. 2 S. 1 WpÜG, dass bei Übernahme- und Pflichtangeboten die Gegenleistung entweder in Euro oder in liquiden Aktien zu bestehen hat, die zum Handel an einem organisierten Markt zugelassen sind. Werden den Inhabern stimmberechtigter Aktien als Gegenleistung Aktien angeboten, müssen diese Aktien ebenfalls ein Stimmrecht gewähren, § 31 Abs. 2 S. 2 WpÜG. 84

Diese Grundsätze zur Art und Höhe der Gegenleistung werden sodann in **§§ 3–7 WpÜG-Angebotsverordnung** konkretisiert. Ohne dass es an dieser Stelle möglich wäre, auf sämtliche Einzelheiten einzugehen, ergeben sich hieraus die folgenden Leitlinien: die Höhe der angebotenen Gegenleistung darf den nach §§ 4–6 WpÜG-Angebotsverordnung festgelegten 85

---

[86] Anders allerdings bei einem bedingten Kapital, hier reicht zur Entstehung bereits die Ausgabe dieser Aktien nach der Bezugserklärung: § 200 AktG.
[87] HM und Praxis der BaFin vgl. Steinmeyer/Häger/*Steinmeyer* § 18 Rn. 22; gegen die Zulässigkeit hingegen MüKoAktG/*Wackerbarth* WpÜG § 18 Rn. 38.
[88] Hierzu → Rn. 130 ff.
[89] In der Literatur werden MAC-Klauseln, die über den Ablauf der Annahmefrist (so zB Steinmeyer/Häger/*Steinmeyer* § 18 Rn. 33, so (wohl) auch BaFin) bzw. über den Vollzug des Angebots (so MüKoAktG/ *Wackerbarth* WpÜG § 18 Rn. 52) hinaus gelten sollen, allerdings für unwirksam gehalten.
[90] Busch AG 2002, 145 (150 f.).

Mindestwert der Gegenleistung nicht unterschreiten und ist für Aktien, die nicht derselben Gattung angehören, getrennt zu ermitteln.[91]

86 Um diesen Mindestwert zu bestimmen, ist zunächst zu prüfen, ob der Bieter in den sechs Monaten vor der Veröffentlichung des Angebots selbst, über Tochterunternehmen oder gemeinsam handelnde Personen im Sinne von §§ 30 Abs. 2, 2 Abs. 5 WpÜG Aktien der Zielgesellschaft erworben hat. Hierbei sind nicht allein dingliche Erwerbsvorgänge relevant, sondern es reicht bereits die Vereinbarung einer Gegenleistung für den Erwerb von Aktien. Die höchste vom Bieter gewährte oder vereinbarte Gegenleistung innerhalb dieses Sechsmonatszeitraums ist der Mindestwert aus Vorerwerben, der im Angebot nicht unterschritten werden darf (§ 4 WpÜG-Angebotsverordnung). Auch Vorerwerbe von Wandelschuldverschreibungen können, wenn sie vom Bieter wie Aktien zu Übernahmezwecken eingesetzt werden, für Zwecke dieses Vorerwerbs preisrelevant sein (im Hinblick auf den sich aus dem Erwerbspreis der Wandelschuldverschreibung gemäß ihrer Bedingungen mathematisch ergebenden Preis pro Aktie).[92]

87 Ist es nicht zu Vorerwerben der in § 4 WpÜG-Angebotsverordnung bezeichneten Art gekommen, bemisst sich der Mindestwert der anzubietenden Gegenleistung grundsätzlich nach den historischen Börsenkursen. Aber auch im Falle von Vorerwerben ist zu prüfen, ob der anhand der historischen Börsenkurse ermittelte Mindestwert möglicherweise den nach § 4 WpÜG-Angebotsverordnung festgestellten Mindestwert der Gegenleistung übersteigt. Die näheren Einzelheiten zur Berechnung des Mindestwertes anhand historischer Börsenkurse ergeben sich sodann aus §§ 5 und 6 WpÜG-Angebotsverordnung. Hiernach gilt, dass dann, wenn die Aktien der Zielgesellschaft zum Handel an einer inländischen Börse zugelassen sind, die Gegenleistung mindestens dem gewichteten durchschnittlichen inländischen Börsenkurs dieser Aktien während der letzten drei Monate vor der Veröffentlichung der Entscheidung zur Abgabe eines Angebots nach § 10 WpÜG entsprechen muss. Dieser Referenzzeitraum verlängert sich, wenn der Bieter bereits vorher die Kontrolle über die Zielgesellschaft durch selbst gehaltene oder ihm zugerechnete Aktien erlangt, dabei aber versäumt hat, ein Pflichtangebot abzugeben.[93] Sondervorschriften gelten, wenn die betreffenden Aktien noch nicht drei Monate zugelassen sind oder sofern während des relevanten Zeitraums kein ausreichend liquider Handel in den betreffenden Aktien stattfand, außerdem bei ausschließlich an ausländischen Börsen notierten Wertpapieren.

> **Praxistipp:**
> Der nach § 5 Abs. 1 WpÜG-Angebotsverordnung in der Regel relevante gewichtete durchschnittliche inländische Börsenkurs (vergleiche § 5 Abs. 3 WpÜG-Angebotsverordnung) kann bei der BaFin erfragt werden.

88 Vorerwerbe von Aktien können neben ihrer Auswirkung auf die Höhe des Mindestpreises gemäß § 31 Abs. 3 WpÜG im Übrigen dazu führen, dass ein **Tauschangebot unzulässig** wird. Sofern Bieter, Tochterunternehmen oder gemeinsam handelnde Personen im Sinne von § 30 Abs. 2, § 2 Abs. 5 WpÜG in den sechs Monaten vor der Veröffentlichung der Entscheidung zur Abgabe eines Angebots gemäß § 10 WpÜG bis zum Ablauf der Annahmefrist nämlich insgesamt mindestens 5 % der Aktien oder Stimmrechte an der Zielgesellschaft gegen Zahlung einer Geldleistung erworben haben, ist ein Tauschangebot ausgeschlossen. Der Bieter muss dann allen Aktionären der Zielgesellschaft ebenfalls eine Geldleistung in Euro anbieten.

---

[91] Zur interessanten Sonderfrage, wie bei einem Pflichtangebot der Mindestpreis von Stammaktien zu ermitteln ist, wenn nur die Vorzüge börsennotiert sind vgl. KölnKommWpÜG/*Kremer/Oesterhaus* Anh. § 31 zu WpÜG-Angebotsverordnung § 5 Rn. 19.
[92] BGH Urt. v. 7.11.2017 – II ZR 37/16, NZG 2018, 106 – Celesio.
[93] BGH NJW-RR 2014, 1248 (1251).

> **Praxistipp:**
> Ob ein Erwerb gegen Zahlung einer Geldleistung über die Börse oder außerhalb der Börse erfolgt ist, spielt für § 31 Abs. 3 WpÜG keine Rolle. Bereits kleinere börsliche Erwerbe von Aktien der Zielgesellschaft im Vorfeld eines geplanten Übernahmeangebots können ein Tauschangebot also unmöglich machen. Obwohl ein Erwerb im Sinne von § 31 Abs. 3 WpÜG grundsätzlich nur ein dinglicher Erwerb ist, sind schuldrechtliche Vereinbarungen, die einen Übereignungsanspruch begründen, nach Maßgabe des § 31 Abs. 6 S. 1 WpÜG gleichgestellt (der Erwerb von Wandelschuldverschreibungen der Zielgesellschaft ist allerdings nicht gleichgestellt[94]). Ist ein Tauschangebot gewollt, sind die Auswirkungen von Vorerwerben daher besonders gründlich zu prüfen.

g) Europäischer Pass. Die vorstehenden Anforderungen an Angebotsunterlagen brauchen gemäß § 11a WpÜG nicht erfüllt zu sein, wenn die Angebotsunterlage bereits von der zuständigen Aufsichtsbehörde eines anderen EWR-Mitgliedsstaates gebilligt wurde und es sich um ein Europäisches Angebot iSd § 2 Abs. 1a WpÜG[95] handelt. Solche Angebotsunterlagen dürfen in Deutschland veröffentlicht werden, ohne einer weiteren Überprüfung durch die BaFin am Maßstab des WpÜG zu unterliegen. Von der in der Übernahmerichtlinie eingeräumten Möglichkeit, eine Übersetzung oder bestimmte ergänzende Angaben in der Angebotsunterlage zu verlangen, hat der Gesetzgeber keinen Gebrauch gemacht.[96] Da dieser so genannte Europäische Pass nur für Pflicht- oder Übernahmeangebote bezüglich von Zielgesellschaften gilt, deren Satzungssitz sich in einem anderen EWR-Mitgliedsstaat befindet und deren Wertpapiere auch zu einem inländischen organisierten Markt zugelassen sind, ohne dass das WpÜG gemäß § 1 Abs. 3 (eingeschränkt) Anwendung findet,[97] spielt er in der Praxis allerdings nur eine geringe Rolle.[98]

4. Gestattungsverfahren und Veröffentlichung

Gemäß § 14 Abs. 1 S. 1 WpÜG hat der Bieter die Angebotsunterlage **innerhalb von vier Wochen** nach der Veröffentlichung der Entscheidung zur Abgabe eines Angebots (§ 10 WpÜG) **der BaFin zu übermitteln.** Diese bestätigt dem Bieter den Tag des Eingangs der Angebotsunterlage. Nur in Ausnahmefällen, nämlich wenn dem Bieter die Einhaltung der vierwöchigen Frist auf Grund eines grenzüberschreitenden Angebots oder erforderlicher Kapitalmaßnahmen nicht möglich ist, kann die BaFin die Frist zur Einreichung der Angebotsunterlage auf Antrag um bis zu vier Wochen verlängern (§ 14 Abs. 1 S. 3 WpÜG).

Zur Berechnung der vierwöchigen Einreichungsfrist gelten die allgemeinen Vorschriften der §§ 187 Abs. 1, 188 Abs. 2 BGB. Die Veröffentlichung gemäß § 10 WpÜG, die die vierwöchige Frist in Gang setzt, ist ein in den Laufe eines Tages fallendes Ereignis.[99] Besonders zu beachten ist § 193 BGB bzw. der weitgehend inhaltsgleiche § 31 Abs. 3 VwVfG in den Fällen, in denen der letzte Vorlagetag Feiertag, Sonntag oder Sonnabend ist,[100] der Einreichungstag verschiebt sich in diesem Fall auf den nächsten Werktag.

Die Angebotsunterlage muss wie bereits bemerkt schriftlich, im Original und in unterschriebener Fassung (§ 11 Abs. 1 S. 5 WpÜG) bei der BaFin eingereicht werden. Es ist zumindest zweifelhaft, ob eine Übersendung allein in elektronischer Form ebenfalls ausreichend wäre.[101] Zwar erlaubt das WpÜG die elektronische Datenfernübertragung von An-

---

[94] LG Frankfurt a. M. BeckRS 2014, 22490.
[95] Hierzu → Rn. 5.
[96] Angerer/Geibel/Süßmann/*Süßmann* § 11a Rn. 6.
[97] Zur internationalen Anwendbarkeit des WpÜG → Rn. 5.
[98] Zum verbleibenden Anwendungsbereich vgl. Geibel/Süßmann/*Süßmann* § 11a Rn. 2 ff.
[99] Zu der Frage, wann der Fristbeginn bei nicht taggleicher Bekanntmachung in einem elektronischen Informationsverbreitungssystem und im Internet erfolgt, vgl. Angerer/Geibel/Süßmann/*Geibel/Süßmann* § 14 Rn. 9.
[100] Haarmann/Schüppen/*Scholz* WpÜG § 14 Rn. 29; Steinmeyer/Häger/*Santelmann* § 14 Rn. 7 f.; Angerer/Geibel/Süßmann/*Geibel/Süßmann* § 14 Rn. 7 f.; KölnKommWpÜG/*Seydel* § 14 Rn. 24; nach wohl hM sind nur bundeseinheitliche und hessische Feiertage zu berücksichtigen, obwohl die BaFin auch einen Sitz in NRW hat.
[101] Bejahend allerdings ua Angerer/Geibel/Süßmann/*Geibel/Süßmann* § 14 Rn. 5 unter Verweis auf §§ 126 Abs. 3, 126a BGB; grundsätzlich wohl auch Baums/Thoma/*Thoma* § 14 Rn. 18.

trägen und Mitteilungen, sofern der Absender zweifelsfrei zu erkennen ist (§ 45 WpÜG). Bei dem Einreichen der Angebotsunterlage handelt es sich jedoch nicht um eine Mitteilung oder einen Antrag, sondern um die Übermittlung des in der Form des § 11 Abs. 1 S. 5 WpÜG verfassten Dokuments.[102]

93 Mit der Einreichung wird eine **Prüfungsfrist** in Gang gesetzt, innerhalb derer die BaFin die Angebotsunterlage überprüft. Diese Prüfung richtet sich einerseits darauf, ob die erforderlichen Angaben gemäß § 11 WpÜG in Verbindung mit der WpÜG-Angebotsverordnung aufgenommen wurden, außerdem darauf, ob im Zusammenhang mit der Fassung der Angebotsunterlage ein Verstoß gegen Regelungen des WpÜG vorliegt.

94 Enthält die Angebotsunterlage widersprüchliche Informationen oder offensichtlich fehlerhafte Darstellungen, muss die BaFin im Rahmen der allgemeinen Missstandskontrolle gemäß § 4 Abs. 1 S. 2 WpÜG einschreiten. Sie prüft die im Angebot enthaltenen Aussagen und Informationen daher zwar nicht auf ihre Richtigkeit, aber zumindest im Rahmen einer Plausibilitätskontrolle.[103] Hierbei ist aber immer zu beachten, dass die BaFin die ihr zugewiesenen Aufgaben und Befugnisse gemäß § 4 Abs. 2 WpÜG allein im öffentlichen Interesse wahrnimmt und daher für die Richtigkeit der Informationen im Verhältnis zu Anlegern und Zielgesellschaften wohl in keinem Fall haftbar gemacht werden kann.[104]

95 Die **Prüfungsfrist der BaFin** beläuft sich auf zunächst **zehn Werktage** und beginnt an dem Werktag, der dem Tag folgt, an dem die Bestätigung der BaFin gemäß § 14 Abs. 1 S. 2 WpÜG über den Eingang der Angebotsunterlage eingeht. Für diese Fristberechnung ist der Sonnabend als Werktag anzusehen und daher einzubeziehen.[105]

> **Praxistipp:**
> Es ist davon auszugehen, dass für die Berechnung der Fristen nach dem WpÜG, soweit es auf Werktage ankommt, nur bundeseinheitliche und hessische Feiertage berücksichtigt werden.[106]

96 Untersagt die BaFin das Angebot nicht innerhalb dieser zehntägigen Prüfungsfrist, gilt es als genehmigt und muss unverzüglich veröffentlicht werden (**Gestattungsfiktion**). Gleiches gilt, wenn die BaFin innerhalb der Prüfungsfrist die Veröffentlichung der Angebotsunterlage gestattet.

97 Stellt die BaFin im Rahmen ihrer Prüfung eine Unvollständigkeit der Angebotsunterlage bzw. Verstöße gegen das WpÜG oder die WpÜG-Angebotsverordnung fest, kann sie das Angebot nach § 15 WpÜG untersagen. Da die Mängel in aller Regel vom Bieter ausgeräumt werden können, sieht das Gesetz vor, dass die BaFin ihre Prüfungsfrist vor einer Untersagung des Angebots um bis zu fünf Werktage verlängern kann (§ 14 Abs. 2 S. 3 WpÜG). Die BaFin gibt dem Bieter in diesem Fall Gelegenheit, die festgestellten Mängel zu beseitigen und das Angebot innerhalb eines von der BaFin festgelegten Zeitraums nochmals einzureichen. Nur wenn die Mängel innerhalb der verlängerten Frist nicht abgestellt werden, erfolgt eine Untersagung, ansonsten gestattet die BaFin die Veröffentlichung.

---

[102] Ähnlich MüKoAktG/*Wackerbarth* WpÜG § 18 Rn. 5.
[103] Ausführlich zum Umfang der Prüfungspflicht Baums/Thoma/*Thoma* § 15 Rn. 15 ff.; *Thaeter/Barth* NZG 2001, 545 (547).
[104] Im Einzelnen höchst umstritten, Angerer/Geibel/Süßmann/*Geibel/Süßmann* § 14 Rn. 28 ff.; KölnKomm-WpÜG/*Seydel* § 14 Rn. 36 ff.; *Lenz/Behnke* BKR 2003, 43; vgl. auch; Arndt/Voß/*Bruchwitz* VerkProspG § 8i Rn. 99.
[105] Vgl. die Bekanntmachung des BAWe (Vorgänger der BaFin) vom 6.9.1999, Nr. VII.1.; im Einzelnen streitig: KölnKommWpÜG/*Seydel* § 14 Rn. 52; Steinmeyer/Häger/*Santelmann* § 14 Rn. 22; Angerer/Geibel/Süßmann/*Geibel/Süßmann* § 14 Rn. 38.
[106] Ähnlich KölnKommWpÜG/*Seydel* § 14 Rn. 52.

Praxistipp:
Eine Untersagung des Angebots hat schwerwiegende Konsequenzen. Ist ein Angebot untersagt worden, so ist die Veröffentlichung gemäß § 15 Abs. 3 WpÜG verboten, und ein Rechtsgeschäft auf Grund eines untersagten Angebots ist nichtig. Die Untersagung löst zudem (wie auch eine Gestattung) Verwaltungsgebühren in nicht unerheblicher Höhe (10.000–100.000 EUR) aus und kann von der BaFin auf Kosten des Bieters veröffentlicht werden (§ 44 WpÜG). Hinzu kommt, dass eine Untersagung des Angebots nach § 26 WpÜG eine einjährige Sperrfrist zur Folge hat, innerhalb derer kein neues Angebot veröffentlicht werden darf.

Sobald die BaFin die Veröffentlichung des Angebots gestattet hat, ist dieses unverzüglich (§ 121 BGB) zu veröffentlichen. Hier sind enge Maßstäbe anzusetzen. Auch unter Berücksichtigung eventueller redaktioneller Endbearbeitungen dürfte es erforderlich sein, das Angebot spätestens **zwei bis drei Werktage nach der Gestattung** zu veröffentlichen. 98

Die Veröffentlichung selbst muss gemäß § 14 Abs. 3 Nr. 1 WpÜG zum einen durch eine Bekanntgabe im Internet erfolgen. Der Bieter muss die Angebotsunterlage entweder auf seiner eigenen Website einstellen oder auf einer solchen, die besonders für das Angebot geschaffen wurde. Dabei muss die Website, unter der das Angebot veröffentlicht wird, mit der derjenigen übereinstimmen, die in der Veröffentlichung nach § 10 WpÜG angekündigt wurde. 99

Praxistipps:
Die Angebotsunterlage sollte auf der betreffenden Website als downloadfähiges Dokument (üblicherweise im pdf-Format) eingestellt werden. Soweit das Angebot Distributionsbeschränkungen enthält oder sogar einen Ausschluss nach § 24 WpÜG, kann durch eine entsprechende optische und technische Gestaltung der Zugriffsmöglichkeiten die Einhaltung dieser Beschränkungen unterstützt werden. Soweit es sich um ein zwischen Bieter und Zielgesellschaft abgestimmtes Verfahren handelt, dürfte es sich in aller Regel empfehlen, auch von der Website der Zielgesellschaft einen Link auf die Seite vorzusehen, auf der das Angebotsdokument zum Download bereitgehalten wird.

Neben der Veröffentlichung im Internet fordert § 14 Abs. 3 Nr. 2 WpÜG entweder die Veröffentlichung der Angebotsunterlage im elektronischen Bundesanzeiger (www.ebundesanzeiger.de) oder das Bereithalten zur kostenlosen Ausgabe bei einer geeigneten Stelle im Inland (Schalterpublizität), wobei in diesem Fall eine Hinweisbekanntmachung im elektronischen Bundesanzeiger zu veröffentlichen ist, bei welcher Stelle die Angebotsunterlage bereitgehalten wird und unter welcher Adresse sie im Internet abrufbar ist. In der Praxis wird nur in Ausnahmefällen die Hinweisbekanntmachung gewählt und üblicherweise die gesamte Angebotsunterlage im elektronischen Bundesanzeiger veröffentlicht. 100

Praxistipp:
Neben diesen gesetzlich vorgesehenen Formen der Veröffentlichung wird ein öffentliches Angebot auch über den Depotbankenapparat verbreitet. Meistens werden die einzelnen Depotbanken über das System der Wertpapier-Mitteilungen, ein elektronisches Informationsverbreitungssystem unter den deutschen Kreditinstituten, aufgefordert, diejenigen ihrer Kunden, die Aktien der Zielgesellschaft in Depots der betreffenden Bank halten, zu informieren und ihnen gegebenenfalls sogar eine Fassung der Angebotsunterlage in gedruckter Form zuzusenden. Die Einzelheiten dieses Verfahrens sind im Detail mit der Bank abzuklären, die im Rahmen des Angebots für den Bieter tätig wird.

101 Um der BaFin die Ausübung ihrer Kontrollfunktionen zu ermöglichen, hat der Bieter ihr die Veröffentlichung nach § 14 Abs. 3 S. 1 Nr. 2 WpÜG (also die vollständige Veröffentlichung bzw. die Hinweisbekanntmachung im elektronischen Bundesanzeiger) unverzüglich mitzuteilen. Es genügt die schriftliche Mitteilung des entsprechenden Links.[107]

102 Die Unterrichtungspflicht des Bieters gegenüber seiner eigenen Belegschaft (→ Rn. 53) wird durch § 14 Abs. 4 S. 3 WpÜG auch auf die Angebotsunterlage erstreckt. Diese ist dem Betriebsrat oder, sofern ein solcher nicht besteht, unmittelbar den Arbeitnehmern unverzüglich nach der Veröffentlichung zu übermitteln. Einen Anspruch auf Beteiligung im weiteren Verfahren weist das WpÜG den Arbeitnehmer des Bieters allerdings nicht zu.[108]

5. Information der Zielgesellschaft und Stellungnahme

103 Gemäß § 27 WpÜG sind Vorstand und Aufsichtsrat der Zielgesellschaft nicht nur berechtigt, sondern gesetzlich verpflichtet, eine eigene Stellungnahme zu dem Angebot abzugeben. Um sie hierzu in die Lage zu versetzen, schreibt § 14 Abs. 4 S. 1 WpÜG vor, dass der Bieter die Angebotsunterlage dem Vorstand der Zielgesellschaft unverzüglich nach der Veröffentlichung zu übermitteln hat. Da gemäß § 27 WpÜG auch dem zuständigen Betriebsrat bzw., sofern ein solcher nicht besteht, den Arbeitnehmern der Zielgesellschaft ein Recht zur Stellungnahme zusteht, hat der Vorstand der Zielgesellschaft gemäß § 14 Abs. 4 S. 2 WpÜG die Angebotsunterlage wiederum unverzüglich, nachdem sie ihm selbst zugeht, dem zuständigen Betriebsrat oder, sofern ein solcher nicht besteht, unmittelbar den Arbeitnehmern zu übermitteln.

> **Praxistipp:**
> Nähere Einzelheiten zur Art und Weise der Übermittlung enthält das Gesetz nicht. Für die Übermittlung vom Bieter an den Vorstand der Zielgesellschaft dürfte ein kommentarloses Anschreiben genügen. Der Aufsichtsrat der Zielgesellschaft ist im Übrigen nicht vom Bieter zu informieren, dessen Unterrichtung erfolgt nach den allgemeinen Vorschriften durch den Vorstand der Zielgesellschaft (§ 90 AktG).
>
> Soweit es um die Weiterleitung des Angebots vom Vorstand der Zielgesellschaft an den Betriebsrat bzw. die Arbeitnehmer geht, enthält das Gesetz ebenfalls keine spezifischen Anforderungen. In der Regel sollte das entsprechende Anschreiben an den Betriebsrat bzw. die Arbeitnehmer den Hintergrund der Übersendung der Angebotsunterlage erläutern und wohl auch auf die Vorschrift des § 27 WpÜG eingehen. Soweit eine Übermittlung unmittelbar an die Arbeitnehmer erforderlich ist, sollten Exemplare der Angebotsunterlage zur Einsicht ausgelegt werden.

104 Die Aktionäre der Zielgesellschaft sollen gemäß § 3 Abs. 2 WpÜG über ausreichende Informationen verfügen, um in Kenntnis der Sachlage über das Angebot entscheiden zu können. Der Gesetzgeber zählt die Beurteilung des Angebots durch die Verwaltung der Zielgesellschaft zu diesen Informationen.[109] § 27 Abs. 1 S. 1 WpÜG verpflichtet deshalb den Vorstand und den Aufsichtsrat der Zielgesellschaft, eine begründete Stellungnahme zu dem Angebot sowie zu jeder seiner Änderungen abzugeben. Durch die Stellungnahme kommt der Vorstand nach der Vorstellung des Gesetzgebers zugleich seiner gesellschaftsrechtlichen Verpflichtung zur sachgerechten Wahrnehmung der in der Zielgesellschaft zusammentretenden Interessen nach, deren Träger neben den Aktionären die Arbeitnehmer und das Allgemeinwohl sind und deren gegebenenfalls divergierende Interessen im Wege einer praktischen Konkordanz auszugleichen sind.[110]

105 Zu beachten ist, dass **sowohl der Vorstand als auch der Aufsichtsrat der Zielgesellschaft** eine **begründete Stellungnahme** abzugeben haben. Üblicherweise geben beide Organe jedoch

---
[107] BegrRegE BT-Drs. 16/1003, 18.
[108] Vgl. zu der Beteiligung der Arbeitnehmer der Zielgesellschaft → Rn. 127 ff.
[109] BegrRegE BT-Drs. 14/7034, 52 sowie Beschlussempfehlung und Bericht des Finanzausschusses.
[110] BegrRegE BT-Drs. 14/7034, 52; Haarmann/Schüppen/*Röh* WpÜG § 27 Rn. 1.

eine gemeinsame Stellungnahme ab. Die Stellungnahme sowohl des Vorstands als auch des Aufsichtsrats muss insbesondere eingehen auf die Art und Höhe der vom Bieter angebotenen Gegenleistung, die voraussichtlichen Folgen eines erfolgreichen Angebots für die Zielgesellschaft, die Arbeitnehmer und ihre Vertretungen, die Beschäftigungsbedingungen und die Standorte der Zielgesellschaft, die vom Bieter mit dem Angebot verfolgten Ziele sowie die Absicht der Mitglieder des Vorstands und des Aufsichtsrats, soweit sie Inhaber von Wertpapieren der Zielgesellschaft sind, das Angebot anzunehmen. Im Rahmen der Erstellung der Stellungnahme trifft die Organe der Zielgesellschaft dabei eine Informationsbeschaffungspflicht, sodann haben sie sich eine ausschließlich am Interesse der Gesellschaft orientierte Meinung darüber zu bilden, wie das Angebot aus Sicht der Zielgesellschaft zu beurteilen ist, und dazu Stellung zu beziehen.[111] Eigeninteressen der Vorstandsmitglieder müssen dabei unberücksichtigt bleiben. Die Organe der Zielgesellschaft müssen eine eigenständige Bewertung der Gegenleistung vornehmen. Es hat sich jedoch etabliert, dass sich dabei von einer Investmentbank beraten lassen und deren Urteil über die Angemessenheit (Fairness Opinion) bzw. Unangemessenheit (Inadequacy Opinion) der Angebotsgegenleistung einholen.[112]

Dem Vorstand (und Aufsichtsrat) der Zielgesellschaft ist bei der Beurteilung des Angebots 106 ein **weites unternehmerisches Ermessen** eingeräumt, das in Anwendung der vom Bundesgerichtshof in der ARAG/Garmenbeck-Entscheidung[113] aufgestellten Grundsätze einer nur eingeschränkten gerichtlichen Überprüfung unterliegt.[114]

> **Praxistipp:**
> Die Abgabe der Stellungnahme bedarf, soweit der Vorstand betroffen ist, eines Vorstandsbeschlusses. Dieser ist gemäß § 77 Abs. 1 S. 1 AktG grundsätzlich einstimmig zu fassen,[115] es sei denn, dass in Satzung oder Geschäftsordnung ein hiervon abweichendes Mehrheitserfordernis niedergelegt ist. Im Hinblick auf die erhebliche Bedeutung der Stellungnahme sollte der Vorstand seine eigene Stellungnahme in aller Regel vor Beschlussfassung hierüber mit dem Aufsichtsrat erörtern und prüfen, ob man zu einer übereinstimmenden Bewertung des Angebots kommen kann. Für die Verabschiedung der Stellungnahme des Aufsichtsrats ist gemäß § 108 Abs. 1 AktG ebenfalls ein Beschluss erforderlich, für den, anders als beim Vorstand, aber grundsätzlich die einfache Mehrheit der abgegebenen Stimmen ausreicht; auch hier können sich abweichenden Mehrheitserfordernisse aus der Satzung oder der Geschäftsordnung des Aufsichtsrats ergeben.[116]

Der Vorstand und der Aufsichtsrat der Zielgesellschaft haben ihre Stellungnahme unver- 107 züglich nach Übermittlung der Angebotsunterlage und deren Änderungen durch den Bieter zu **veröffentlichen**. Für die Art und Weise der Veröffentlichung gelten dieselben Anforderungen, wie sie für die Veröffentlichung des Angebotsdokuments vorgeschrieben sind, also die Einstellung ins Internet und eine vollständige Veröffentlichung oder eine Hinweisbekanntmachung im elektronischen Bundesanzeiger (§ 14 Abs. 3 S. 1 WpÜG).

Das Gesetz erfordert eine **unverzügliche** Veröffentlichung, also eine Veröffentlichung ohne 108 schuldhaftes Zögern. Wann von einer solchen Unverzüglichkeit auszugehen ist, hängt jeweils vom Einzelfall ab. Ein Zeitraum von einer Woche dürfte in aller Regel nicht zu beanstanden sein, während die Überschreitung einer Frist von zwei Wochen regelmäßig wohl nicht mehr als unverzüglich anzusehen ist.[117] Gleichzeitig mit der Veröffentlichung ihrer

---

[111] *Hippeli/Hofmann* NZG 2014, 850 (852 f.).
[112] Zu den möglichen Haftungsfolgen bei einer fehlerhaften Stellungnahme *Mohamed* DStR 2015, 2290 ff.
[113] BGH NJW 1997, 1926.
[114] Haarmann/Schüppen/*Röh* WpÜG § 27 Rn. 22; KölnKommWpÜG/*Hirte* § 27 Rn. 50.
[115] Zu der Frage inwieweit dissentierende Organmitglieder Sondervoten veröffentlichen dürfen vgl. *Fleischer/Schmolke* DB 2007, 95.
[116] Hüffer/Koch/*Koch* AktG § 108 Rn. 6 ff.
[117] Ähnlich OLG Frankfurt a. M. AG 2006, 207; detailliert *Hippeli/Hofmann* NZG 2014, 850 (855 f.); für die regelmäßige Zulässigkeit einer Dauer von zwei Wochen hingegen Haarmann/Schüppen/*Röh* WpÜG § 27 Rn. 77; ebenso wohl *Krause* NJW 2002, 705 (711).

Stellungnahme haben Vorstand und Aufsichtsrat ihre Stellungnahme dem zuständigen Betriebsrat, oder, sofern ein solcher nicht besteht, unmittelbar den Arbeitnehmern zu übermitteln und der BaFin die Veröffentlichung mitzuteilen (§ 27 Abs. 3 S. 2, S. 3 WpÜG).

109 Sofern der zuständige **Betriebsrat** (bzw. die Arbeitnehmer) der Zielgesellschaft dem Vorstand eine eigene Stellungnahme zu dem Angebot übermittelt, hat er diese seiner Stellungnahme beizufügen. Dies lässt allerdings die Verpflichtung des Vorstands, seine eigene Stellungnahme unverzüglich zu veröffentlichen, unberührt.

110 Ob der Vorstand eine verspätet eingegangene Stellungnahme des Betriebsrats bzw. der Arbeitnehmer (also eine solche, die erst bei ihm eingeht, nachdem die Stellungnahme des Vorstands bereits veröffentlicht ist) noch nachträglich separat zu veröffentlichen hat, ist umstritten. Die Frage ist im Ergebnis richtigerweise zu verneinen.[118] Der Wortlaut des Gesetzes gibt für eine solche nachträgliche Veröffentlichungspflicht nichts her. Aber auch die Gesetzesbegründung lässt nicht erkennen, dass eine nachträgliche Veröffentlichung geboten sein soll. Der Gesetzgeber hat das Problem auch nicht übersehen, denn es wurde in den Stellungnahmen zu den verschiedenen Entwürfen des WpÜG durchaus intensiv diskutiert.

6. Abwehrmaßnahmen der Zielgesellschaft während des Angebots

111 Ob und inwieweit der Vorstand einer Zielgesellschaft **Abwehrmaßnahmen** gegen ein Übernahmeangebot ergreifen darf, gehört zu den umstrittensten Fragenkreisen des WpÜG. Das Problem kann an dieser Stelle auch nicht annähernd vollständig dargestellt werden und beruht auf einer Fülle kapitalmarkttheoretischer, aktienrechtlicher, rechtsvergleichender sowie betriebs- und volkswirtschaftlicher Argumente.[119]

112 Im Kern geht es um einen vor allem bei Übernahmeangeboten auftretenden Interessenkonflikt zwischen Vorstand und Aktionären der Zielgesellschaft: Während ein ökonomisch handelnder Aktionär aus Sicht der Kapitalmarkttheorie regelmäßig die größtmögliche Steigerung der Rendite seiner Kapitalanlage verfolgt, hat der Vorstand der Zielgesellschaft regelmäßig ein Interesse daran, seine persönliche Stellung in der Gesellschaft zu erhalten und damit den Übernahmeversuch abzuwehren (sog. Principal-Agent-Konflikt).

113 Das WpÜG überlässt es der Hauptversammlung einer Aktiengesellschaft, festzulegen, ob eine eingeschränkte oder eine strenge Neutralitätspflicht des Vorstandes gilt. Entsprechende kapitalmarktrechtliche Regelungen hat der Gesetzgeber in §§ 33, 33a WpÜG aufgestellt. Diese Regelungen ändern indes nichts an der aktienrechtlich zwingend vorgegebenen Kompetenzverteilung zwischen Vorstand und Hauptversammlung und können die sonstigen aktienrechtlichen Voraussetzungen, die für die Ergreifung von Abwehrmaßnahmen ggf. erforderlich sein mögen, nicht außer Kraft setzen. Unabhängig von den Voraussetzungen der §§ 33, 33a WpÜG ist daher stets zu prüfen, ob eine betreffende Abwehrmaßnahme nur mit vorheriger Zustimmung der Hauptversammlung durchgeführt werden kann. Dies gilt zB für Kapitalmaßnahmen oder wesentliche Strukturänderungen, die nach der Holzmüller-Rechtsprechung des Bundesgerichtshofs in die Entscheidungszuständigkeit der Hauptversammlung fallen.[120]

114 Der Gesetzgeber hatte sich zunächst in § 33 WpÜG für ein **eingeschränktes Verhinderungsverbot** entschieden. Im Zuge der Umsetzung der Übernahmerichtlinie wurde dieses in den §§ 33a–c WpÜG durch bestimmte alternative Regelungskomplexe ergänzt, die allerdings nur zur Anwendung kommen, wenn die Hauptversammlung dies positiv beschließt. Im Einzelnen besteht die Möglichkeit eines – ggf. unter den **Vorbehalt der Gegenseitigkeit** gestellten (§ 33b WpÜG) – **Opt-In** zugunsten des strengeren **Europäischen Verhinderungsverbots** (§ 33a

---

[118] So auch *Seibt* DB 2002, 529; anders die hM, vgl. KölnKommWpÜG/*Hirte* § 27 Rn. 65; *Grobys* NZA 2002, 1; Steinmeyer/Häger/*Steinmeyer* § 27 Rn. 61; differenzierend Haarmann/Schüppen/*Röh* WpÜG § 27 Rn. 74, der vorschlägt, die verspätete Stellungnahme lediglich auf der Internetseite zu veröffentlichen.
[119] Zur Thematik zB *Drygala* ZIP 2001, 1861; *Grunewald* AG 2001, 288; *Hopt* FS Lutter, S. 1361; *Kirchner* AG 1999, 481; *Kirchner/Painter* EBOR 2000, 353; *Kort* FS Lutter, S. 1421; *Maier-Reimer* ZHR 165 (2001), 258; *Merkt* ZHR 165 (2001), 224; *Mülbert/Birke* WM 2001, 705; *Schneider/Burgard* DB 2001, 963; *Wackerbarth* WM 2001, 1741; *Wiese/Demisch* DB 2001, 849; *Schneider* AG 2002, 125; *Picot* MA 2003, 101.
[120] Hierzu → § 25 Rn. 56 ff.

WpÜG) und bzw. oder der **Europäischen Durchbrechungsregel (§ 33b WpÜG)**. Fasst die Hauptversammlung einen solchen Opt-In-Beschluss, sind die BaFin sowie ggf. Aufsichtsstellen weiterer EWR-Mitgliedsstaaten, in denen Wertpapiere der Gesellschaft an einem organisierten Markt zum Handel zugelassen sind, unverzüglich davon zu unterrichten.

a) **Gesetzliche Grundregel.** Gemäß § 33 WpÜG darf der Vorstand der Zielgesellschaft ab 115 der Veröffentlichung der Entscheidung zur Abgabe eines Übernahmeangebots gemäß § 10 WpÜG bis zur Veröffentlichung des Ergebnisses des Übernahmeangebots nach § 23 Abs. 1 S. 1 Nr. 2 WpÜG grundsätzlich keine Handlungen vornehmen, durch die der Erfolg des Angebots verhindert werden könnte. § 33 berührt dagegen nicht die Frage der Zulässigkeit von Präventivmaßnahmen, die ein Unternehmen ergreift, ohne dass ein konkretes Übernahmeangebot vorliegt oder angekündigt worden ist. Solche präventiven Abwehrmechanismen sind rein aktienrechtlich zu beurteilen.[121] Beispiele sind die Schaffung eines genehmigten Kapitals nach §§ 202 ff. AktG oder zeitlich gestaffelte Aufsichtsratsmandate.[122]

Soweit § 33 WpÜG dagegen eingreift, darf der Vorstand (und nur an diesen richtet sich das 116 Vereitelungsverbot des § 33 Abs. 1 S. 1 WpÜG) eine Handlung nicht durchführen, die objektiv geeignet ist, den Erfolg des Übernahmeangebots zu verhindern. Ob eine konkrete Verhinderungsabsicht gegeben ist, ist nach dem Willen des Gesetzgebers dagegen unerheblich.[123]

Die hieraus folgende, zunächst sehr weitgehende Beschränkung des Vorstands 117 wird jedoch durch die **Ausnahmetatbestände des § 33 Abs. 1 S. 2 und § 33 Abs. 2 WpÜG** erheblich zurückgenommen. Der Vorstand der Zielgesellschaft darf nämlich solche Handlungen vornehmen, die auch ein ordentlicher und gewissenhafter Geschäftsleiter einer Gesellschaft, die nicht von einem Übernahmeangebot betroffen ist, vorgenommen hätte (sog. Going Concern-Vorbehalt). Unabhängig hiervon darf er jedenfalls nach einem konkurrierenden Bieter suchen (soweit dem nicht ein etwaiges Business Combination Agreement mit dem Bieter entgegensteht[124]). Ebenso darf er jegliche aktienrechtlich in seiner Zuständigkeit (also außerhalb der Zuständigkeit der Hauptversammlung) liegende Handlung vornehmen, um den Erfolg des Angebots zu vereiteln, sofern der Aufsichtsrat der Zielgesellschaft dem zugestimmt hat. Gerade die letztgenannte Ausnahme schränkt das Verhinderungsverbot des § 33 Abs. 1 S. 1 WpÜG stark ein und weist dem Vorstand die Zuständigkeit für das Ergreifen von Abwehrmaßnahmen ohne Einschaltung der Hauptversammlung zu.[125]

Daneben sieht § 33 Abs. 2 WpÜG vor, dass sich der **Vorstand** ad hoc oder im Wege einer 118 Vorwegermächtigung durch die Hauptversammlung **zur Vornahme von Abwehrmaßnahmen ermächtigen lassen kann**, die ansonsten in die Zuständigkeit der Hauptversammlung fielen. Diese Ermächtigung kann für höchstens 18 Monate erteilt werden und muss mit einer qualifizierten Mehrheit von mindestens drei Viertel des bei der Beschlussfassung vertretenen Grundkapitals erteilt werden. Will sich der Vorstand auf eine solche Ermächtigung berufen, benötigt er die Zustimmung des Aufsichtsrats. Soll eine ad hoc-Ermächtigung durch die Hauptversammlung erteilt werden, ermöglicht § 16 Abs. 4 WpÜG die Einberufung der Hauptversammlung mit verkürzter Ladungsfrist von zwei Wochen.

Besondere Fragen stellen sich, wenn die Zielgesellschaft, in Bezug auf deren Aktien ein 119 Dritter ein öffentliches Angebot angekündigt oder abgegeben hat, ein Rückkaufprogramm in Bezug auf eigene Aktien durch- bzw. weiterführt. Im Hinblick auf das Verhinderungsverbot nach § 33 Abs. 1 S. 1 WpÜG ist etwa zu beachten, dass die Verringerung der im Handel befindlichen Aktien durch ein Rückkaufprogramm das Erreichen einer vom Bieter gesetzten Mindestannahmeschwelle erschweren bzw. zu einer Kurssteigerung führen kann, die eine Übernahmeprämie aus Sicht der Aktionäre als unattraktiv erscheinen lassen kann. Auch das

---

[121] Hierzu ausführlich Assmann/Pötzsch/Schneider/*Krause/Pötzsch/Stephan* § 33 Rn. 243 ff.; Haarmann/Schüppen/*Röh* WpÜG § 33 Rn. 40 f.
[122] Illustrativ zu denkbaren Abwehrmaßnahmen neben den in Fn. 118 Genannten zB *Paefgen* AG 1991, 189.
[123] BegrRegE BT-Drs. 14/1734, 57.
[124] Detailliert *Hippeli/Diesing* AG 2015, 185 ff.
[125] Baums/Thoma/*Grunewald* § 33 Rn. 60 ff.; Haarmann/Schüppen/*Röh* WpÜG § 33 Rn. 80 ff., beide auch zur Frage, inwieweit sich der Aufsichtsrat bei seiner Entscheidung über die Ermächtigung des Vorstands zum Ergreifen von Abwehrmaßnahmen neutral zu verhalten hat.

Insiderhandelsverbot und das Verbot der Marktmanipulation nach Art. 14f. MAR können von einem solchen Rückkaufprogramm tangiert sein.[126]

120 **b) Europäisches Verhinderungsverbot.** Gemäß § 33a Abs. 1 WpÜG kann die Satzung einer Zielgesellschaft vorsehen, dass § 33 WpÜG keine Anwendung findet und stattdessen die Bestimmungen des § 33a Abs. 2 WpÜG gelten. Das dort angeordnete Verhinderungsverbot, das neben dem Vorstand ausdrücklich auch den Aufsichtsrat erfasst, erlaubt Handlungen, die den Erfolg des Angebots verhindern könnten, nur in deutlich eingeschränkterem Maße. Zwar gelten auch insoweit der Going Concern-Vorbehalt (→ Rn. 136) und die Zulässigkeit der Suche nach einem konkurrierenden Angebot (§ 33a Abs. 2 Nr. 2, 4 WpÜG). Der Aufsichtsrat kann den Vorstand in diesem Fall aber anders als gemäß § 33 WpÜG nicht zur Vornahme bestimmter Maßnahmen ermächtigen. Vorratsermächtigungen der Hauptversammlungen kommen ebenfalls nicht in Betracht. Der Vorstand darf nach der Veröffentlichung der Entscheidung zur Abgabe eines Angebotes eine Handlung, die den Erfolg des Angebots vereiteln könnte, nur dann vornehmen, wenn die Hauptversammlung diese Handlung **nach besagter Veröffentlichung zugestimmt** hat (§ 33a Abs. 2 Nr. 1 WpÜG) oder die Entscheidung diesbezüglich schon **vor der Veröffentlichung gefasst und auch schon teilweise umgesetzt** worden war (§ 33a Abs. 2 Nr. 3 WpÜG).

121 **c) Europäische Durchbrechungsregel.** Gemäß § 33b Abs. 1 WpÜG kann die Satzung außerdem vorsehen, dass bestimmte in § 33b Abs. 2 WpÜG aufgezählte **strukturelle Übernahmehindernisse** während der Annahmefrist und im Anschluss an ein erfolgreiches Angebot **außer Kraft** gesetzt sind. Dadurch wird in Übernahmesituationen das Proportionalitätsprinzip („one share one vote") durchgesetzt.[127] Namentlich entfalten nach einem entsprechenden Opt-In Vinkulierungsklauseln, schuldrechtliche Übertragungsbeschränkungen und Stimmbindungsvereinbarungen während der Annahmefrist keine Wirkung und Mehrstimmrechtsaktien (soweit außerhalb Deutschlands überhaupt zulässig) gewähren jeweils nur eine Stimme. Verfügt der Bieter nach dem Angebot über mindestens 75 Prozent der Stimmrechte, so finden in der ersten Hauptversammlung, die auf sein Verlangen einberufen wird, um die Satzung zu ändern oder über die Besetzung der Leitungsorgane der Gesellschaft zu entscheiden, Stimmbindungsverträge und Entsenderechte keine Anwendung und etwaige Mehrstimmaktien gewähren weiterhin nur eine Stimme. Die genannten Durchbrechungen gelten allerdings nicht für stimmrechtslose Vorzugsaktien und für satzungsmäßige oder vertragliche Übertragungsbeschränkungen und Stimmbindungen, die bereits vor dem 22.4.2004 vereinbart worden waren.

122 Für die Entziehung von Rechten aufgrund der Durchbrechungsregel hat der Bieter gemäß § 33b Abs. 5 WpÜG eine **angemessene Entschädigung** in Geld zu leisten, wenn diese Rechte vor der Veröffentlichung der Entscheidung zur Abgabe eines Angebots begründet worden sind und der Zielgesellschaft bekannt sind.

123 Ein zwingender gesetzlicher Konnex zwischen Europäischer Durchbrechungsregel und Europäischem Verhinderungsverbot besteht nicht. Denkbar wäre daher auch eine isolierte Beschlussfassung zugunsten der Geltung nur der Europäischen Durchbrechungsregel, während es hinsichtlich des Verhinderungsverbots bei der Anwendbarkeit von § 33 WpÜG bleibt.[128]

124 **d) Vorbehalt der Gegenseitigkeit.** Gemäß § 33c Abs. 1 u. 2 WpÜG kann die Hauptversammlung einer Zielgesellschaft, deren Satzung die Anwendbarkeit des § 33 WpÜG ausschließt und/oder eine Bestimmung nach § 33b Abs. 1 WpÜG enthält, beschließen, dass die übernahmefreundlichen Bestimmungen in ihrer Satzung dann nicht gelten, wenn der Bieter oder ein ihn beherrschendes Unternehmen seinerseits entsprechenden Regelungen nicht unterliegt (**Reziprozitätsregel**).[129] Allerdings hat ein solcher Beschluss nur eine maximale Geltungsdauer von 18 Monaten und muss anschließend erneut gefasst werden.

---

[126] Zum Ganzen detailliert *Leyendecker-Langner* BB 2013, 2051 ff.
[127] Vgl. Baums/Thoma/*Kiem* § 33b Rn. 2.
[128] Haarmann/Schüppen/*Vogel* WpÜG § 33b Rn. 3.
[129] Steinmeyer/Häger/*Steinmeyer* § 33c Rn. 6.

7. Verhalten des Bieters während des Angebots

Nach der Veröffentlichung der Angebotsunterlage gemäß § 14 WpÜG ist der Bieter zunächst in der Rolle eines Zuschauers. Er kann sein Angebot vor allem mittels **Mitteilungen ber den Depotbankenapparat**, die über die das Verfahren begleitende Bank für den Bieter initiiert werden können, und eine gewisse Einflussnahme auf die Depotbanken und damit mittelbar auf deren Kunden ermöglichen, sowie durch **flankierende Werbemaßnahmen** begleiten. Diese müssen sich allerdings im Rahmen der wettbewerbsrechtlichen Vorschriften bewegen und dürfen vom Inhalt, der Art der Darstellung, der zu ihrer Übermittlung eingesetzten Medien oder auf Grund sonstiger Umstände keinen Missstand darstellen. Solche Missstände bei der Werbung für ein Angebot, also Fälle, in denen die ordnungsgemäße Durchführung des Angebots beeinträchtigt oder erhebliche Nachteile für den Wertpapiermarkt zu befürchten sind, kann die BaFin gemäß § 28 WpÜG untersagen.[130] Das Angebot selbst kann der Bieter dagegen während der Annahmefrist nur noch im Rahmen des § 21 WpÜG ändern, um so möglicherweise Einfluss auf die Akzeptanz zu nehmen.[131] § 33d WpÜG verbietet es dem Bieter und mit ihm gemeinsam handelnden Personen, **Vorstands- oder Aufsichtsratsmitgliedern der Zielgesellschaft** im Zusammenhang mit dem Angebot ungerechtfertigte **Geldleistungen** oder andere ungerechtfertigte **geldwerte Vorteile** zu gewähren oder in Aussicht zu stellen.[132] 125

a) Meistbegünstigungspflichten. Die Vorschriften zur Gegenleistung in § 31 Abs. 1–3 WpÜG in Verbindung mit der WpÜG-Angebotsverordnung werden bei Übernahme- und Pflichtangeboten durch Meistbegünstigungsverpflichtungen flankiert. Erwerben der Bieter, Tochterunternehmen des Bieters oder gemeinsam handelnde Personen im Sinne der §§ 30 Abs. 2, 2 Abs. 5 WpÜG während des laufenden Angebots (dh, nach Veröffentlichung der Angebotsunterlage und vor der Bekanntmachung des Ergebnisses des Angebots gemäß § 23 Abs. 1 S. 1 Nr. 2 WpÜG[133]) Aktien der Zielgesellschaft und wird hierfür wertmäßig eine höhere als die im Angebot genannte Gegenleistung gewährt oder vereinbart, erhöht sich gemäß § 31 Abs. 4 WpÜG automatisch die den Angebotsempfängern der jeweiligen Aktiengattung geschuldete Gegenleistung wertmäßig um den Unterschiedsbetrag (Fälle des **Parallelerwerbs**). 126

Aber auch dann, wenn es nicht um einen Parallelerwerb während der Angebotsfrist geht, sondern wenn der Bieter, ein Tochterunternehmen des Bieters oder gemeinsam handelnde Personen innerhalb eines Jahres nach der Bekanntmachung des Ergebnisses des Angebots (§ 23 Abs. 1 S. 1 Nr. 2 WpÜG) außerhalb der Börse[134] Aktien der Zielgesellschaft erwerben und hierfür eine wertmäßig höhere als die im Angebot genannte Gegenleistung gewährt oder vereinbart wird, ist der Bieter gemäß § 31 Abs. 5 WpÜG gegenüber den Inhabern der Aktien, die das Angebot angenommen haben, zur Zahlung einer Geldleistung in Euro in Höhe des Unterschiedsbetrags verpflichtet (Fälle des **Nacherwerbs**; zu Vorerwerben → Rn. 86 f.). 127

Ein nachträgliches Aufstocken einer im Wege eines Übernahmeangebots erreichten Beteiligung an einem Unternehmen kann daher abhängig von der Höhe der Gegenleistung erhebliche Nachzahlungsverpflichtungen auslösen.[135] Allerdings gilt die Meistbegünstigungsverpflichtung nach § 31 Abs. 5 S. 2 WpÜG nicht für den Erwerb von Aktien im Zusammenhang mit einer gesetzlichen Verpflichtung zur Gewährung einer Abfindung an Aktionäre der Zielgesellschaft und für den Erwerb des Vermögens oder von Teilen des Vermögens der 128

---

[130] Zu den Voraussetzungen der Untersagung vgl. KölnKomm WpÜG/*Hirte* § 28 Rn. 14 ff.; Haarmann/ Schüppen/*Röh* WpÜG § 28 Rn. 7 ff.
[131] Hierzu → Rn. 84 f.
[132] Hierzu ausführlich Baums/Thoma/*Kiem* § 33d Rn. 6 ff.; zu der Auswirkung der Norm auf Managementbeteiligungsmodelle vgl. *Traugott/Grün* AG 2007, 761 ff.
[133] Hierzu → Rn. 148.
[134] Bei Nacherwerben *über* die Börse ist auf die Ausgestaltung der Kauforder zu achten: Sofern dadurch Marktmechanismen außer Kraft gesetzt werden, kann dennoch ein Erwerb *außerhalb* der Börse vorliegen, *Stengel/Naumann* WM 2013, 2345 ff.
[135] Zu der Berücksichtigung einer Earn-out Abrede bei der Bemessung des Kaufpreises im Rahmen eins Pflichtangebots vgl. *Tuttlies/Bredow* BB 2008, 911.

Zielgesellschaft durch Verschmelzung, Spaltung oder Vermögensübertragung. In diesen Fällen sieht das Gesetz bekanntlich anderweitige Mechanismen vor, die eine angemessene Gegenleistung garantieren sollen.[136]

129 b) **Wasserstandsmeldungen.** Nach der Veröffentlichung der Angebotsunterlage ist der Bieter gemäß § 23 WpÜG verpflichtet, die Anzahl sämtlicher ihm, seinen Tochterunternehmen oder mit ihm gemeinsam handelnden Personen zustehenden Wertpapiere der Zielgesellschaft sowie die sich aus den ihm zugegangenen Annahmeerklärungen ergebende Anzahl der Wertpapiere, die Gegenstand des Angebots sind, wöchentlich sowie in der letzten Woche vor Ablauf der Annahmefrist täglich zu veröffentlichen. Hierbei muss sowohl die Höhe der jeweiligen Anteile (Anteil am Grundkapital) als auch die Höhe der Stimmrechtsanteile in der Veröffentlichung enthalten sein. Dem Bieter gemäß § 30 WpÜG zuzurechnende Stimmrechtsanteile und die Höhe der nach §§ 38, 39 WpHG mitzuteilenden Stimmrechtsanteile (Instrumente) sind ebenfalls zu berücksichtigen. Die Veröffentlichung dieser sogenannten „Wasserstandsmeldungen" vollzieht sich wie bereits die Veröffentlichung des Angebots nach § 14 Abs. 3 S. 1 WpÜG durch eine Bekanntgabe im Internet und eine vollständige oder eine Hinweisbekanntmachung im elektronischen Bundesanzeiger.

130 Die gemäß § 23 WpÜG zu meldenden Beteiligungsquoten sowie deren Veröffentlichung im elektronischen Bundesanzeiger sind zudem der BaFin mitzuteilen. Nach Ablauf der Annahmefrist muss sodann gemäß § 23 Abs. 1 Nr. 2 WpÜG das Ergebnis des Angebots ebenfalls unverzüglich veröffentlicht und der BaFin mitgeteilt werden.

131 Soweit es sich um ein Übernahmeangebot handelt und es zu einer Nachannahmefrist nach § 16 Abs. 2 WpÜG kommt,[137] ist auch nach Ablauf dieser Nachannahmefrist eine weitere unverzügliche Veröffentlichung der Beteiligungsquoten erforderlich. Schließlich ist gemäß § 23 Abs. 1 Nr. 4 WpÜG auch das Erreichen einer Beteiligungshöhe von 95 Prozent des stimmberechtigten Grundkapitals unverzüglich zu veröffentlichen, weil diese dem Bieter die Durchführung eines Squeeze Out gemäß §§ 39a ff. WpÜG ermöglicht.

132 Zu beachten ist, dass die Verpflichtung, den „Wasserstand" nach § 23 WpÜG zu melden, etwaige Meldpflichten nach § 33 WpHG unberührt lässt. Insbesondere dann, wenn das Angebot schon während der Annahmefrist abgewickelt wird, sind deshalb gegebenenfalls auch nach diesen Vorschriften Meldungen erforderlich.

Formulierungsvorschlag: Wasserstandsmeldung[138]

133 ...... [Logo und Firma des Bieters]

Bekanntmachung zum freiwilligen öffentlichen Kaufangebot/Übernahmeangebot/Pflichtangebot an die außenstehenden Aktionäre der ...... [Zielgesellschaft] – ISIN ...... – gemäß § 23 Abs. 1 S. 1 Nr. 1 des Wertpapiererwerbs- und Übernahmegesetzes vom ...... (WpÜG)

Die ...... [Bieter] hat am ...... die Angebotsunterlage über ihr Angebot zum Erwerb der Aktien der außenstehenden Aktionäre der [Zielgesellschaft] gegen Zahlung einer Gegenleistung von ...... EUR e Aktie veröffentlicht.

Bis zum ...... (nachfolgend „Stichtag") ist das Angebot der [Bieter] für insgesamt ...... Aktien der ...... [Zielgesellschaft] angenommen worden. Dies entspricht einem Anteil von ......% des Grundkapitals und der Stimmrechte der [Zielgesellschaft]. Das Angebot ist in Bezug auf sämtliche Aktien, für die es bis zum Stichtag angenommen wurde, bereits vollzogen worden; die entsprechenden Aktien sind an die [Bieter] übereignet worden.

---

[136] Siehe hierzu → § 40 – Spruchverfahren mwN; § 31 Abs. 5 S. 2 WpÜG ist auf eine eventuell höhere Abfindung im Rahmen eines Squeeze Out-Verfahrens entsprechend anzuwenden.
[137] Hierzu → Rn. 76.
[138] Bei einem freiwilligen Erwerbsangebot; im Falle eines Übernahme- oder Pflichtangebots sind zusätzlich des Vorschriften des § 23 Abs. 2 WpÜG zu beachten. Das Muster geht im Übrigen von einem kontinuierlichen Settlement des Angebots und dem Vorhandensein nur einer Aktiengattung aus; bei abweichender Abwicklung des Angebots kann sich Anpassungsbedarf ergeben.

Die Zahl der Aktien, die der [Bieter] zum Stichtag insgesamt zustehen, erhöht sich auf ...... Aktien der [Zielgesellschaft]. Dies entspricht einem Anteil von ......% des Grundkapitals und der Stimmrechte der ...... [Zielgesellschaft].

Die Frist für die Annahme des Angebots endet am ......

...... [Datum]

...... [Bieter]

Formulierungsvorschlag: Ergebnisbekanntmachung

...... [Logo und Firma des Bieters]

Ergebnisbekanntmachung zum freiwilligen öffentlichen Kaufangebot/Übernahmeangebot/Pflichtangebot an die außenstehenden Aktionäre der ...... [Zielgesellschaft] – ISIN ...... – gemäß § 23 Abs. 1 S. 1 Nr. 2 des Wertpapiererwerbs- und Übernahmegesetzes vom ...... (WpÜG)

Die ...... [Bieter] hat am ...... die Angebotsunterlage über ihr Angebot zum Erwerb der Aktien der außenstehenden Aktionäre der ...... [Zielgesellschaft] gegen Zahlung einer Gegenleistung von EUR ...... je Aktie veröffentlicht. Die Frist zur Annahme dieses Angebots ist am ...... abgelaufen.

Bis zum Ende der Annahmefrist ist das Angebot der ...... [Bieter] für insgesamt ...... Aktien der ...... [Zielgesellschaft] angenommen worden. Dies entspricht einem Anteil von ......% des Grundkapitals und der Stimmrechte der ...... [Zielgesellschaft]. Das Angebot ist in Bezug auf sämtliche Aktien, für die es bis zum Ende der Annahmefrist angenommen wurde, vollzogen worden; die entsprechenden Aktien sind an die ...... [Bieter] übereignet worden.

Die Zahl der Aktien, die der ...... [Bieter] zum Ende der Annahmefrist insgesamt zustehen, erhöht sich auf ...... Aktien der ...... [Zielgesellschaft]. Dies entspricht einem Anteil von ......% des Grundkapitals und der Stimmrechte der ...... [Zielgesellschaft].

...... [Datum]

...... [Bieter]

Zu beachten ist schließlich, dass bei Übernahmeangeboten, bei denen der Bieter die Kontrolle über die Zielgesellschaft erlangt hat, und bei Pflichtangeboten gemäß § 23 Abs. 2 WpÜG Parallelerwerbe während der Annahmefrist und bis zum Ablauf eines Jahres nach der Veröffentlichung der Ergebnisbekanntmachung außerhalb des Angebotsverfahrens weitere Veröffentlichungspflichten auslösen; diese Veröffentlichungen dienen der Flankierung der Meistbegünstigungsverpflichtungen in § 31 Abs. 4 und Abs. 5 WpÜG.[139]

8. Abwicklung des Angebots und Pflichten nach Ablauf der Annahmefrist

Durch die Abgabe von Annahmeerklärungen seitens der Inhaber der Wertpapiere der Zielgesellschaft innerhalb der Annahmefrist kommen zwischen diesen und dem Bieter Kauf- bzw. Tauschverträge zustande. Diese werden zum Teil erst nach Ablauf der Annahmefrist durch Umbuchungen im Depotbankenapparat über Clearstream vollzogen. Denkbar ist aber auch eine kontinuierliche Abwicklung während der Annahmefrist. Die Einzelheiten variieren von Fall zu Fall und sind mit der das Verfahren begleitenden Bank zu klären. Hingewiesen werden soll an dieser Stelle nur darauf, dass oftmals die Wertpapiere, für die gültige Annahmeerklärungen eingegangen sind, zur Vorbereitung der Abwicklung und auch deswegen, weil dies während der Annahmefrist noch einen Handel in diesen Papieren ermöglicht, in eine separate ISIN (International Securities Identification Number umgebucht werden. Die Zahlung der Gegenleistung bzw. Einbuchung der Aktien des Bieters in die Depots der annehmenden Aktionäre vollzieht sich ebenfalls über das Depotbankensystem. Mit dieser Abwicklung ist das Angebot zunächst abgeschlossen.

---

[139] Vgl. im Einzelnen Haarmann/Schüppen/*Schröder* WpÜG § 23 Rn. 35 ff.

V. Rechtsschutz

1. Beschwerdeverfahren gegen die BaFin

137 Die rasche Durchführung und der enge Zeitraum eines Verfahrens nach dem WpÜG erfordern eine effiziente und zeitnahe Ausgestaltung des Rechtsschutzes gegen getroffene, abgelehnte oder unterlassene Maßnahmen der als Aufsichtsorgan tätigen BaFin. Vor diesem Hintergrund hat sich der Gesetzgeber entschlossen, den Rechtsschutz nach dem WpÜG nicht im allgemeinen Verwaltungsrechtsweg auszugestalten, sondern hat **im 7. Abschnitt des WpÜG**[140] spezifische übernahmerechtliche Regelungen zum Rechtsschutz getroffen. Diese verdrängen als Spezialgesetze die ansonsten gegebene Zuständigkeit der Verwaltungsgerichte; die VwGO und das VwVfG sind lediglich subsidiär anwendbar.[141] Das WpÜG sieht ein **Beschwerdeverfahren mit nur einer Instanz und der ausschließlichen Zuständigkeit des Oberlandesgerichts Frankfurt am Main** vor, welches durch einen besonderen Wertpapiererwerbs- und Übernahmesenat entscheidet (§ 67 WpÜG). Der Rechtsschutz nach dem WpÜG ist damit **dem kartellrechtlichen Beschwerdeverfahren nachgebildet.**[142] Abgesehen von den Beschwerdeverfahren nach §§ 48 ff. WpÜG ist der Wertpapiererwerbs- und Übernahmesenat des OLG Frankfurt a. M. auch in den Verfahren wegen einer Ordnungswidrigkeit nach dem WpÜG (§§ 62, 64, 65 WpÜG) zuständig.

138 In Anlehnung an das verwaltungsgerichtliche Verfahren nach der VwGO kennt das WpÜG einerseits die **Anfechtungsbeschwerde** (§ 48 Abs. 1 S. 1 WpÜG), andererseits die **Verpflichtungsbeschwerde** (§ 48 Abs. 3 S. 1 WpÜG) sowie auch eine **Untätigkeitsbeschwerde** (§ 48 Abs. 3 S. 2 WpÜG) und eine **Fortsetzungsfeststellungsbeschwerde** (§ 56 Abs. 2 S. 2 WpÜG). Die Anfechtungsbeschwerde kommt in Betracht, wenn ein Verfahrensbeteiligter die Aufhebung einer von der BaFin getroffenen Verfügung anstrebt, wohingegen Verpflichtungs- und Untätigkeitsbeschwerde angestrengt werden, wenn der Antragsteller das Tätigwerden der BaFin verlangt. Dabei unterscheiden sich die beiden letztgenannten Rechtsbehelfe danach, ob die BaFin gegenüber dem Antragsteller die verlangte Maßnahme verweigert hat oder schlicht untätig geblieben ist. Die Fortsetzungsfeststellungsbeschwerde schließlich ist darauf gerichtet, auch nach Erledigung oder Zurücknahme einer Maßnahme deren Rechtmäßigkeit zu überprüfen, wenn der Antragsteller an einer solchen Feststellung ein berechtigtes Interesse geltend macht.

139 Wie ansonsten in verwaltungsgerichtlichen Verfahren auch ist in den Verfahren nach dem WpÜG die so genannte **Popularbeschwerde ausgeschlossen,** Voraussetzung der Zulässigkeit einer Beschwerde ist insofern die so genannte **Beschwerdebefugnis.** Gemäß § 48 Abs. 2 WpÜG ist nur derjenige zur Erhebung der Beschwerde befugt, der Beteiligter im Verfahren vor der BaFin war. Die Regelung stellt somit auf die formale Stellung des Beschwerdeführers als Beteiligter des Verfahrens ab.

140 Wie auch sonst im Prozessrecht reicht eine rein formale Beteiligung allerdings nicht aus, um die Beschwerdebefugnis zu begründen. Vielmehr muss die Verletzung eines dem Antragsteller zustehenden **eigenen subjektiven Rechts** geltend gemacht werden. Der Beschwerdeführer muss die Verletzung eines solchen subjektiven Rechts behaupten und ein solches Recht muss zumindest theoretisch denkbar und im vorgetragenen Fall tatsächlich verletzt sein können.[143] Dies ist regelmäßig der Fall, wenn der Beschwerdeführer, der Adressat einer ihn belastenden Verfügung der BaFin war, dh durch die Behörde zu einem Tun, Dulden oder Unterlassen verpflichtet wurde, sich gegen eine solche Verfügung mit der Anfechtungsbeschwerde zur Wehr setzt.[144] Gleiches gilt, wenn der Beschwerdeführer nach dem WpÜG geltend macht, dass die BaFin eine Verfügung zu seinen Gunsten erlassen muss und das Bestehen eines ihm zustehenden Rechts auf die Vornahme der Verfügung zumindest möglich

---

[140] Siehe §§ 48–58 WpÜG.
[141] Vgl. Fn. 31.
[142] *Möller* AG 2002, 170 ff.; KölnKommWpÜG/*Pohlmann* § 48 Rn. 14.
[143] BGH 10.4.1984, WuW/E BGH 2077 (2078); KölnKommWpÜG/*Pohlmann* § 48 Rn. 59.
[144] Angerer/Geibel/Süßmann/*Louven* § 48 Rn. 23 ff.; KölnKommWpÜG/*Pohlmann* § 48 Rn. 61.

erscheint.¹⁴⁵ Soweit dies nicht der Fall ist, ergeben sich nach wohl herrschender Meinung aus den Vorschriften des WpÜG Rechtsschutzwirkungen gegenüber nicht unmittelbar am Verfahren Beteiligten lediglich als Rechtsreflex.

Die BaFin nimmt die ihr nach dem WpÜG zugewiesenen Aufgaben und Befugnisse nämlich gemäß § 4 Abs. 2 WpÜG nur im öffentlichen Interesse wahr. Die Regierungsbegründung führt hierzu aus, dass zentraler Zweck des WpÜG die Erhaltung der Funktionsfähigkeit der Wertpapiermärkte ist. Hierfür wiederum ist das Vertrauen der Investoren in eine ordnungsgemäße Abwicklung von öffentlichen Angeboten zum Erwerb von Wertpapieren und von Unternehmensübernahmen von entscheidender Bedeutung. Dieses Vertrauen sollen die Vorschriften des WpÜG fördern und sichern. Wie bei der Parallelvorschrift des § 3 Abs. 3 BörsG erfolgt die Aufsichtstätigkeit der BaFin jedoch nicht zum Schutz des einzelnen Anlegers. Folge ist, dass **der einzelne Anleger** mangels drittschützender Normen **keinen konkreten Anspruch auf Vornahme von Handlungen durch die BaFin hat** und somit die Voraussetzungen des § 42 Abs. 2 VwGO, wonach der Kläger geltend machen muss, durch den Verwaltungsakt oder seine Ablehnung oder Unterlassung in seinen Rechten verletzt zu sein, nicht vorliegen.¹⁴⁶

Der Wertpapiererwerbs- und Übernahmesenat des Oberlandesgerichts Frankfurt am Main hat sich dieser Auffassung in den Verfahren Procter & Gamble/Wella sowie Saban/ProSieben Sat 1¹⁴⁷ unter ausführlicher Abwägung der verschiedenen vertretenen Auffassungen, insbesondere unter Berufung auf den aus den Gesetzgebungsmaterialien klar ableitbaren Willen des Gesetzgebers, angeschlossen. Das WpÜG gebe den Antragstellern keinen Anspruch auf Beteiligung. Ein Fall der notwendigen Hinzuziehung nach § 13 Abs. 2 S. 2 VwVfG liege nicht vor, da ein gesetzlicher Anspruch bzw. ein subjektiv öffentliches Recht vom Gesetzgeber nicht intendiert und in § 4 Abs. 2 WpÜG ausgeschlossen sei. Auch eine Hinzuziehung zum Verfahren gemäß § 13 Abs. 2 S. 1 VwVfG könne nicht erwirkt werden, denn eine solche einfache Beiladung stehe im Ermessen der BaFin. Angesichts der gesetzgeberischen Intention, keinen Drittschutz zu gewähren, sei die Versagung der einfachen Beiladung nicht ermessensfehlerhaft. Soweit die BaFin allerdings freiwillig einen Dritten gemäß § 13 Abs. 2 S. 1 VwVfG beilädt, bleibt danach ausnahmsweise eine Drittbeteiligung denkbar.¹⁴⁸

Anders als im Wettbewerbsrecht ist im Bereich des WpÜG die vorherige Durchführung eines **Widerspruchsverfahrens** Zulässigkeitsvoraussetzung des gerichtlichen Rechtsschutzes. Der Widerspruch ist an die BaFin zu richten, die durch den Widerspruchsausschuss selbst darüber entscheidet. Die anschließende Beschwerde zum Oberlandesgericht Frankfurt am Main kann nur innerhalb eines Monats ab dem Zeitpunkt der Bekanntgabe oder der Zustellung des Widerspruchsbescheides der BaFin schriftlich eingelegt werden, soweit nicht der Ausnahmefall einer Untätigkeitsbeschwerde gegeben ist. Sämtliche Beschwerden sind innerhalb eines Monats ab ihrer Erhebung zu begründen, hierbei ist gemäß § 53 WpÜG anwaltliche Vertretung erforderlich.

Der Beschwerde kommt wie dem Widerspruch prinzipiell **keine aufschiebende Wirkung** zu. Trotz der ausstehenden Entscheidung des Widerspruchsausschusses bzw. des Gerichts ist den verfügten Maßnahmen der BaFin daher Folge zu leisten. Abgesehen von den in § 49 WpÜG genannten Ausnahmefällen sind die Entscheidungen der BaFin also sofort vollziehbar. Will der Antragsteller die aufschiebende Wirkung seines Widerspruchs oder seiner Beschwerde erreichen, muss er bei Gericht zusätzlich einen entsprechenden Antrag stellen, über den mit vorrangiger Dringlichkeit entschieden wird (§ 50 WpÜG). Das Gericht darf jedoch nur dann zugunsten des Antragstellers entscheiden, wenn ernstliche Zweifel an der Rechtmäßigkeit der angefochtenen Verfügung bestehen oder die Vollziehung für den Betroffenen eine unbillige, nicht durch überwiegende öffentliche Interessen gebotene Härte zur Folge hätte.

---

¹⁴⁵ Vgl. BGH WuW/E BGH 1556 (zur Versagungsbeschwerde nach dem GWB); KölnKommWpÜG/*Pohlmann* § 48 Rn. 62; Angerer/Geibel/Süßmann/*Louven* § 48 Rn. 27.
¹⁴⁶ Im Einzelnen höchst umstritten, vgl. zB Baums/Thoma/*Ritz* § 4 Rn. 21 ff.; Haarmann/Schüppen/*Linke* WpÜG § 4 Rn. 39 ff.; KölnKommWpÜG/*Giesberts* § 4 Rn. 28 ff.; *Schnorbus* ZHR 166 (2002), 73 (85); *Aha* AG 2002, 160 (161 f.); Steinmeyer/Häger/*Santelmann* § 48 Rn. 21.
¹⁴⁷ OLG Frankfurt a. M. NZG 2003, 729; ZIP 2003, 1251; 2003, 1392.
¹⁴⁸ Baums/Thoma/*Ritz* § 4 Rn. 31.

145 Ein **vorläufiges Verfahren** zur Erreichung von Rechtsschutz bei einem abgelehnten oder unterlassenen Akt der BaFin sieht das WpÜG an sich nicht vor, die Behörde kann jedoch **analog § 123 VwGO** zu einem vorläufigen Tätigwerden im Wege des Eilverfahrens angehalten werden.[149]

146 Im Beschwerdeverfahren selbst gilt sodann der **Amtsermittlungsgrundsatz (§ 55 WpÜG)**, dh das Gericht ist gehalten, den seiner Entscheidung zugrunde liegenden Sachverhalt von Amts wegen zu erforschen, soweit das Vorbringen der Beteiligten dazu Veranlassung bietet. Das Beschwerdegericht entscheidet in der Sache auf Grund mündlicher Verhandlung, seine Entscheidung steht einem rechtskräftigen verwaltungsgerichtlichen Urteil gleich. Rechtsmittel gegen die Entscheidung des Beschwerdegerichts sieht das WpÜG nicht vor, will das Beschwerdegericht von einer Entscheidung eines anderen Oberlandesgerichts oder des Bundesgerichtshofs abweichen, so legt es jedoch die Sache dem Bundesgerichtshof vor und der Bundesgerichtshof entscheidet anstelle des Oberlandesgerichts (§ 56 Abs. 6 WpÜG).

147 Nicht zuletzt im Zusammenhang mit der Vorbereitung von bürgerlichen Rechtsstreitigkeiten (dazu → Rn. 148) ist die Einsichtnahme in die Akten der BaFin in den letzten Jahren zu einem Zankapfel geworden. Sofern die BaFin einen Antrag auf Akteneinsicht gemäß §§ 29, 13 VwVfG ablehnt, ist der Wertpapiererwerbs- und Übernahmesenat des Oberlandesgerichts Frankfurt am Main für die entsprechende Beschwerde zuständig.[150] Die Verwaltungsgerichte sind dagegen für Verpflichtungsklagen gegen die BaFin zur Gewährung von Akteneinsicht nach § 1 IFG zuständig.[151] Eine Akteneinsicht gemäß §§ 29, 13 VwVfG scheitert regelmäßig an der fehlenden Beteiligtenstellung des Klägers.[152]

2. Bürgerliche Rechtsstreitigkeiten

148 Nicht zu verwechseln mit dem Beschwerdeverfahren sind **bürgerliche Rechtsstreitigkeiten**, die sich aus dem WpÜG ergeben. Für diese sind ohne Rücksicht auf den Wert des Streitgegenstands gemäß § 66 Abs. 1 WpÜG die Landgerichte ausschließlich zuständig, die Rechtsstreitigkeiten sind Handelssachen im Sinne der §§ 93–114 GVG. Beispiele für bürgerliche Rechtsstreitigkeiten im Sinne von § 66 WpÜG sind insbesondere der Prospekthaftungsanspruch nach § 12 Abs. 6 WpÜG (auch in Verbindung mit § 13 Abs. 3 WpÜG) oder Amtshaftungsansprüche eines unmittelbar von einer Verfügung der BaFin Betroffenen. Denkbar sind des weiteren Schadensersatzansprüche Dritter gegen am Übernahmeverfahren Beteiligte aus unerlaubter Handlung. Zwar sind die Vorschriften des WpÜG grundsätzlich keine Schutzgesetze im Sinne des § 823 Abs. 2 BGB, da ihnen vor dem Hintergrund des § 4 Abs. 2 WpÜG der Drittbezug fehlt.[153] Den diesbezüglichen Streit um die Schutzgesetzeigenschaft des § 35 Abs. 2 WpÜG hat der BGH ablehnend entschieden, sodass ein unterlassenes Pflichtangebot keinen Schadensersatzanspruch der Aktionäre auslöst (unter Umständen kann es aber zu einer Erhöhung der Angebotsgegenleistung kommen, falls das Pflichtangebot nachgeholt wird).[154] Wird jedoch durch eine Handlung des Bieters eine andere Rechtsvorschrift, die ein Schutzgesetz darstellt, verletzt (zB § 263 StGB), sind hieraus resultierende Schadensersatzansprüche nicht ausgeschlossen. Gleiches gilt für Ansprüche aus vorsätzlicher sittenwidriger Schädigung (§ 826 BGB).[155] Sonstige Ansprüche, insbesondere solche aus allgemeiner zivilrechtlicher Prospekthaftung, sind von dem Anwendungsbereich für fehlerhafte Angebotsunterlagen im Rahmen öffentlicher Übernahmeangebote nach der Intention des Gesetzgebers ausgeschlossen.[156]

---

[149] OLG Frankfurt a. M. NZG 2003, 729; AG 2004, 36.
[150] BGH NZG 2014, 110 (111).
[151] BVerwG NVwZ 2012, 1563, 1563 f.
[152] OLG Frankfurt a. M. ZIP 2014, 2443 (2444).
[153] *Merkner/Sustmann* NZG 2013, 1089.
[154] BGH NZG 2013, 939 (940).
[155] Hierzu zB Assmann/Pötzsch/Schneider/*Döhmel* § 66 Rn. 2 ff.; Haarmann/Schüppen/*Schüppen/Schweizer* WpÜG § 66 Rn. 7 f.
[156] BegrRegE BT-Drs. 14/7034, 44.

Teil L. Konzernrecht

§ 52 Probleme im faktischen Konzern

Übersicht

	Rn.
I. Überblick: Konzernleitung im Spannungsfeld von Anleger- und Gläubigerschutz	1/2
II. Konzernbildungskontrolle	3–51
1. Grundlagen	3
2. Mitteilungspflichten nach §§ 20 ff. AktG und §§ 21 ff. WpHG	4–19
a) §§ 20 ff. AktG	4–12
b) §§ 21 ff. WpHG	13–19
3. Besonderheiten des Wertpapiererwerbs- und Übernahmegesetzes	20/21
4. Grenzen der Bildung eines faktischen Aktienkonzerns und Haftung des Aktionärs	22–36
a) Grundlagen: Verbot der qualifizierten Nachteilszufügung	22/23
b) Tatbestandsmerkmale im einzelnen	24–27
c) Rechtsfolgen	28–33
d) Weitere Fallgruppen der Durchgriffslehre	34–36
5. Konzerneingangsschutz in der Obergesellschaft	37–47
a) Satzungsmäßige Ermächtigung	38–40
b) Vorliegen der Voraussetzungen des § 179a AktG	41
c) Grundsätzliche Kompetenzverteilung zwischen Vorstand und Aufsichtsrat	42–47
6. Konzerneingangsschutz bei der Untergesellschaft	48–51
a) Treuepflichten der Aktionäre	48
b) Verhalten des Vorstandes der Untergesellschaft	49/50
c) Abwehrmaßnahmen gegen Konzernbildung	51
III. Die tatbestandlichen Voraussetzungen des Nachteilsausgleichs (§ 311 AktG)	52–105
1. Abhängigkeit im Sinne des § 17 AktG	52–62
a) Mehrfache und mehrstufige Unternehmensverbindungen	59/60
b) Internationaler Anwendungsbereich	61/62
2. Kein Vertragskonzern – keine Eingliederung	63
3. Veranlassung durch herrschendes Unternehmen	64–82
a) Erscheinungsform der Veranlassung	64–67
b) Normadressat	68–70
c) Veranlassungsadressat	71
d) Beweiserleichterungen: Allgemeines und Veranlassungsvermutung	72
e) Einzelne Erscheinungsformen der Veranlassung	73–80
f) Veranlassungswirkungen	81/82
4. Nachteil	83–105
a) Beeinträchtigung der Vermögens- und Ertragslage	84
b) Sorgfaltspflichtwidrigkeit	85–91
c) Verhältnis von Nachteil, Verlust und Schaden	92
d) Fallgruppen im Einzelnen	93–103
e) Maßgebender Beurteilungszeitpunkt	104
f) Beweisfragen	105
IV. Rechtsfolgen der Nachteilszufügung	106–118
1. Ausgleichspflicht des herrschenden Unternehmens	106–113
a) Grundlagen	106–109
b) Rechtsnatur der Ausgleichspflicht	110
c) Inhalt und Höhe des Ausgleiches	111–113
2. Art und Weise der Ausgleichsgewährung gemäß § 311 Abs. 2 AktG	114–116
a) Tatsächlicher Ausgleich	114
b) Begründung eines Ausgleichsanspruches	115/116
c) Unmittelbare Schadensersatzpflicht bei nicht ausgleichsfähigen Nachteilen/nicht quantifizierbaren Nachteilen	117/118

	Rn.
V. Rechtsfolgen des unterbliebenen Nachteilsausgleiches	119–142
1. Schadensersatzhaftung des herrschenden Unternehmens (§ 317 Abs. 1 und 2 AktG)	119–133
a) Grundlagen	119–121
b) Geltendmachung	122–126
c) Anspruchsinhalt	127–133
2. Mithaftung der gesetzlichen Vertreter des herrschenden Unternehmens (§ 317 Abs. 3 AktG)	134/135
3. Mitwirkung von Vorstand und Aufsichtsrat der abhängigen AG	136–138
a) Haftung des Vorstandes (§ 93 Abs. 1 AktG)	136/137
b) Haftung des Aufsichtsrates (§ 116 AktG)	138
4. Verzicht und Vergleich	139
5. Verjährung	140
6. Verhältnis zu anderen Vorschriften	141/142
VI. Der Abhängigkeitsbericht	143–173
1. Funktionen des Abhängigkeitsberichtes als Informationsbasis und Instrument des Präventivschutzes	143–150
a) Allgemeines	143/144
b) Gesamtverantwortung des Vorstandes	145
c) Eintritt oder Wegfall der Voraussetzungen während des Geschäftsjahres	146–149
d) Mehrfache/mehrstufige Abhängigkeit	150
2. Inhalt des Abhängigkeitsberichts	151–158
a) Berichtspflichtige Vorgänge	151–156
b) Einzelangaben zum Nachteilsausgleich	157/158
3. Grundsätze der Berichterstattung	159
4. Schlusserklärung des Vorstandes	160–166
5. Rechtsfolgen der Verletzung der Berichtspflicht	167–173
a) Zwangsgeldverfahren	167
b) Schadensersatzpflicht der Verwaltung (§ 318 AktG)	168–170
c) Einschränkung des Testats des Abschlussprüfers	171
d) Anfechtbarkeit der Entlastung	172
e) Kostentragung	173
VII. Die Prüfung des Abhängigkeitsberichtes	174–206
1. Allgemeines	174–176
2. Prüfung durch den Abschlussprüfer (§ 313 AktG)	177–187
a) Gegenstand der Prüfung	177–179
b) Durchführung der Prüfung	180/181
c) Prüfungsbericht	182/183
d) Bestätigungsvermerk	184–187
3. Prüfung durch den Aufsichtsrat (§ 314 AktG)	188–193
a) Prüfungsverfahren	188–190
b) Bericht an die Hauptversammlung	191/192
c) Schlusserklärung des Aufsichtsrates	193
4. Sonderprüfung	194–206
a) Voraussetzungen der Sonderprüfung	195–199
b) Gerichtliches Verfahren	200
c) Gerichtliche Bestellung anderer Sonderprüfer	201/202
d) Durchführung der Sonderprüfung	203/204
e) Verhältnis zu §§ 142 ff. AktG	205
f) Berichtspflicht	206
VIII. Möglichkeiten und Grenzen der einheitlichen Leitung im faktischen Aktienkonzern	207–215
1. Kein Weisungsrecht des herrschenden Unternehmens	207–209
2. Pflichten des Aufsichtsrates	210/211
3. Treuepflichten des herrschenden Unternehmens bei Ausübung der Konzernherrschaft	212–215
IX. Europäische Entwicklung	216/217

Schrifttum: *Assmann/Schneider*, Wertpapierhandelsgesetz, 2. Aufl., 1999; *Bälz*, Einheit und Vielheit im Konzern, FS L. Raiser 1974, S. 287; *ders.*, Verbundene Unternehmen, AG 1992, 277; *Beuthin*, Art und Grenzen der aktienrechtlichen Haftung herrschender Unternehmen für Leitungsmissbrauch, DB 1969, 1781; *Bicker*, Offene Fragen der Existenzvernichtungshaftung, DZWIR 2007, 284; *Bozenhart*, Freiwillige Übernahmeangebote, 1999; *Brezing*, Konzernverrechnungspreise in betriebswirtschaftlicher, aktienrechtlicher und steuerrechtlicher Sicht, AG 1975, 225; *Brüggmeier*, Die Einflussnahme auf die Verwaltung einer Aktiengesellschaft, AG 1988, 93; *Clausen*, Bank- und Börsenrecht, 2003; *Decker*, Personelle Verflechtungen im Aktienkonzern, 1990; *ders.*, Neues zum qualifizierten faktischen GmbH-Konzern, DB 1989, 965; *ders.*, Das Konzernrecht des Aktiengesetzes: Bestand und Bewährung, ZHR 171 (2007), 126; *Döllerer*, Fragen der verdeckten Gewinnausschüttung der Aktiengesellschaft, BB 1967, 1437; *Ensthaler/Kreher*, Verlustausgleichspflicht im qualifiziert faktischen GmbH-Konzern, BB 1995, 1422; *Fleischer*, Zum Begriff des öffentlichen Übernahmerechtes im Wertpapiererwerbs- und Übernahmegesetz, ZIP 2001, 1653; *Fleischer/Kalss*, Das neue Wertpapiererwerbs- und Übernahmegesetz, 2002; Forum Europaeum Konzernrecht, Konzernrecht für Europa, ZGR 1998, 672; *Geßler*, Überlegungen zum faktischen Konzern, FS Flume II 1978, S. 55; *ders.*, Leitungsmacht und Verantwortlichkeit im faktischen Konzern, FS Westermann 1974, S. 145; Großkommentar AktG, 3. Aufl. 1970 ff., 4. Aufl. 1992 ff.; *Habersack*, Cash Management und Sicherheitenbestellung bei AG und GmbH im Lichte des richterrechtlichen Verbots der Kreditvergabe an Gesellschafter, NZG 2004, 689; *ders.*, Trihotel – Das Ende der Debatte? ZIP 2008, 533; *Haesen*, Der Abhängigkeitsbericht im faktischen Konzern, 1970; *Hommelhoff*, Die Konzernleitungspflicht, 1982; *ders.*, Praktische Erfahrungen mit dem Abhängigkeitsbericht, ZHR 156 (1992), 295; *ders.*, Empfiehlt es sich, das Recht faktischer Unternehmensverbindungen – auch im Hinblick auf das Recht anderer EG-Staaten – neu zu regeln?, Gutachten für den 59. Deutschen Juristentag, 1992; *ders.*, Die Autarkie des Aufsichtsrats – Besprechung der Entscheidung BGHZ 85, 293 – Hertie, ZGR 1983, 551; *ders.*, Die neue Position des Abschlussprüfers im Kraftfeld der aktienrechtlichen Organisationsverfassung, BB 1998, 2567; *Jula/Breitbarth*, Liquiditätsausgleich im Konzern durch konzerninterne Darlehen, AG 1997, 256; *Kellmann*, Schadensersatz und Ausgleich im faktischen Konzern, BB 1969, 1509; *Kleindiek*, Steuerumlagen im gewerbesteuerlichen Organkreis – Anmerkungen aus aktienrechtlicher Perspektive, DStR 2000, 559; *Knoll*, Die Übernahme von Kapitalgesellschaften, 1992; *Kölbl*, Die Haftung wegen existenzvernichtenden Eingriffs: gesicherte Erkenntnisse und Entwicklungen seit Trihotel, BB 2009, S. 1194; Kölner Kommentar zum Aktiengesetz, 1. Aufl. 1970 ff., 2. Aufl. 1986 ff.; Kölner Kommentar zum Wertpapiererwerbs- und Übernahmegesetz, 2003; *Kort*, Zur Treuepflicht des Aktionärs, ZIP 1990, 294; *Krause*, Das neue Übernahmerecht, NJW 2002, 705, 713; *Kronstein*, Die Anwendbarkeit der §§ 311 ff. AktG über die Verantwortlichkeit im faktischen Konzern bei mehrstufigen Unternehmensverbindungen, ZHR 1967, 637; *Kropff*, Die Beschlüsse des Aufsichtsrates zum Jahresabschluss und zum Abhängigkeitsbericht, ZGR 1994, 628; *ders.*, Der konzernrechtliche Ersatzanspruch, ein zahnloser Tiger?, FS Bezzenberger 2000, S. 233; *ders.*, Der faktische Konzern als Rechtsverhältnis, DB 1967, 2147; *Kupsch*, Die Auswirkungen einer fehlenden Schlusserklärung nach § 312 Abs. 3 AktG im Lagebericht auf den Bestätigungsvermerk des Abschlussprüfers, DB 1993, 493; *Leo*, Die Einmann-AG und das neue Konzernrecht, AG 1965, 352; *Luchterland*, Leitungsmacht und Verantwortlichkeit im faktischen Konzern, ZHR 133 (1970), 1; *Lutter/Scheffler/Schneider*, Handbuch der Konzernfinanzierung, 1998; *Lutter*, Zur Herrschaft mehrerer Unternehmen über eine Aktiengesellschaft, NJW 1973, 113; *ders.*, Die zivilrechtliche Haftung der Unternehmensgruppe, ZGR 1982, 244; *ders.*, Der qualifiziert faktische Konzern, AG 1990, 179; *ders.*, Die Treuepflicht des Aktionärs, ZHR 153 (1998), 446; *Marx*, Rechtfertigung, Bemessung und Abbildung von Steuerumlagen, DB 1996, 950; *Mestmäcker*, Zur Systematik des Rechts der verbundenen Unternehmen im neuen Aktiengesetz, FS Kronstein 1967, S. 129; *ders.*, Verwaltung, Konzerngewalt und Rechte der Aktionäre, 1958; *Michalski*, Ungeklärte Fragen bei der Einlagenrückgewähr im Aktienrecht, AG 1980, 261; *Möhring*, Zur Systematik der §§ 311, 317 AktG, FS Schilling 1973, S. 253; *Mülbert*, Aktiengesellschaft, Unternehmensgruppe und Kapitalmarkt, 2. Aufl. 1996; *Müller*, Die Begrenzung der Zulässigkeit von Konzernumlagen durch die Vorschriften des Aktiengesetzes, FS Beisse 1997, S. 363; *ders.*, Die Haftung der Muttergesellschaft für die Verbindlichkeiten der Tochtergesellschaft, ZGR 1977, 1; *Neuhaus*, Die Grenzen der Konzernleitungsgewalt im faktischen Konzern und der Nachteilsbegriff des § 311 AktG 65, DB 1970, 1913; *Nirk/Reuter/Bächle*, Handbuch der Aktiengesellschaft, 1999; *Noack*, Die konzernrechtliche Sonderprüfung nach § 315 AktG, WPg 1994, 225; *Paehler*, Die Zulässigkeit des faktischen Konzerns, 1972; *Pentz*, Die Rechtstellung der Enkel-AG, 1994; *ders.*, Schutz der AG und der außenstehenden Aktionäre in mehrstufigen faktischen und unternehmensvertraglichen Unternehmensverbindungen, NZG 2000, 1103; *Pfeuffer*, Verschmelzungen und Spaltungen als nachteiliges Rechtsgeschäft iSv § 311 AktG?, 2006; *Pöppl*, Aktienrechtlicher Minderheitenschutz durch den Abhängigkeitsbericht, 1972; *Rehbinder*, Gesellschaftsrechtliche Probleme mehrstufiger Unternehmensverbindungen, ZGR 1977, 581; *Reuter*, Die Personengesellschaft als abhängiges Unternehmen, ZHR 146 (1982), 1; *Rosenberg/Schwab/Gottwald*, Zivilprozessrecht, 15. Aufl., 1993; *Säcker*, Zur Problematik der Mehrfachfunktion im Konzern, ZHR 151 (1987) 59, 65; *Schiessl*, Abhängigkeitsbericht bei Beteiligungen öffentlicher Hand – Besprechung des Beschlusses BGHZ 135, 107 – VW/Niedersachsen, ZGR 1998, 871; *Schneider*, Der Auskunftsanspruch des Aktionärs im Konzern, FS Lutter 2000, S. 1193; *ders.*, Die aktienrechtliche Sonderprüfung im Konzern, AG 2008, 305; *Schön*, Anm. zu BGH JZ 1994, 680, JZ 1994, 684; *Schulze-Osterloh*, Gläubiger- und Minderheitenschutz bei der steuerlichen Betriebsaufspaltung, ZGR 1983, 152; *Sonnenschein*, Schutz von Minderheitenaktionären, 1991; *Sura/Geßler*, Der Schutz vor Fremdeinflüssen im Aktienrecht, ZHR 145 (1981), 432, 457; *Theiselmann*, Die Existenzvernichtungshaftung im Wandel, GmbHR 2007, 904; *Tillmann*, Nachteilsausgleichspflicht bei Abspaltungen im faktischen Konzern, AG 2008, 486; *Ulmer*, Gemeinsame Tochtergesellschaften im dt. Konzern- und Wettbewerbsrecht, ZHR 141 (1977), 467; *ders.*, Zur Haftung der abordnenden Körperschaft nach § 31 für Sorgfaltsverstöße des von ihr benannten Aufsichtsratsmitgliedes, FS Stimpel S. 705; *van Venrooy*, Erfüllungsgeschäfte im Abhängigkeitsbericht der Aktiengesellschaft, DB 1980, 385; *Wälde*, Die Angemessenheit konzerninterner Transfergeschäfte bei multinationalen Unternehmen nach Konzernrecht, AG 1979, 113; *ders.*, Die Anwendbarkeit des § 31 BGB und der Begriff des gesetzlichen Vertreters im Rahmen konzernrechtlicher Haftungstatbestände des faktischen Konzerns, DB 1972, 2289; *Wiedemann/Fleischer,* Anm. zu BGH, Urteil v. 1.3.99 – II ZR 312/97 (OLG Frankfurt a. M.), JZ 2000, 159; *Wiedemann/Strohn,* Die Zulässigkeit einer Konzernumlage im Aktienrecht, AG 1979, 113; WP Handbuch 2000, Bd. I, 12. Aufl.; *Witt,* Die Änderungen der Mitteilungs- und Veröffentlichungspflichten nach §§ 21 ff. WpHG durch das geplante Wertpapiererwerbs- und Übernahmegesetz, AG 2001, 233.

I. Überblick: Konzernleitung im Spannungsfeld von Anleger- und Gläubigerschutz

1 Ein so genannter **faktischer Konzern** bezeichnet das Verhältnis mehrerer Unternehmen (§§ 15, 18 AktG), die in einem Abhängigkeitsverhältnis gemäß § 17 AktG stehen: zumindest eine abhängige Gesellschaft wird – **ohne** dass ein **Beherrschungsvertrag** gemäß § 291 AktG oder eine **Eingliederung** gemäß § 319 AktG von einem herrschenden Unternehmen vorliegt – kraft tatsächlicher Herrschaftsmacht geleitet.[1] Im Unterschied zu den so genannten Vertragskonzernen[2] im Sinne von §§ 291 ff. AktG ist das Regelungssystem des faktischen Konzerns nur unvollständig vom Gesetz erfasst.[3] Gleichwohl bejaht das Gesetz mittelbar in §§ 311 ff. AktG die grundsätzliche Zulässigkeit des faktischen Konzerns;[4] jedenfalls dann, wenn Gegenstand der Beherrschung Einzelmaßnahmen sind, deren Nachteile nach dem System des Einzelausgleichs kompensiert werden können. Regelungszweck der §§ 311–318 AktG ist dabei der **Schutz außenstehender Aktionäre und Gläubiger** vor Nachteilen, die zu einer Minderung des Vermögens der abhängigen Gesellschaft und in dessen Folge zu einer Minderung des haftenden Vermögens für Gläubiger der Gesellschaft führen. Im Einzelnen wird daher im Folgenden zu untersuchen sein:
- Festlegung der tatbestandlichen Voraussetzungen des Nachteilsausgleiches;[5]
- Rechtsfolgen der Nachteilsverfügung, also Ausgleichspflicht und Schadensersatz;[6]
- Abhängigkeitsbericht[7] und dessen Prüfung.[8]

2 Da die Vorschriften der §§ 311 ff. AktG vom Zustand der faktischen Abhängigkeit ausgehen, ist als vorgreifliche Frage die Entstehung der Abhängigkeit als so genannte „**Konzernbildungskontrolle**" zu erläutern.[9] In diesem Zusammenhang wird auch die Frage der Intensität des Eingriffs im Hinblick auf die Zulässigkeit qualifiziert-faktischer Konzerne und qualifizierter Nachteilszufügungen behandelt. Abschließend werden – ausgehend von dem dargestellten Regelungssystem – die Fragen der Möglichkeiten und Grenzen der **einheitlichen Leitung** im faktischen Aktienkonzern behandelt.

II. Konzernbildungskontrolle

1. Grundlagen

3 Vor dem Hintergrund der bestehenden Regelungslücken in §§ 311 ff. AktG ist bei der Konzernbildungs- oder -eingangskontrolle auf Ebene der herrschenden Obergesellschaft und auch der konzernierten Untergesellschaft auf die allgemeinen aktienrechtlichen und kapitalmarktrechtlichen Vorschriften zurückzugreifen.

---

[1] BeckAG-HB/*Liebscher* § 14 Rn. 70; im Einzelnen → Rn. 24 ff.
[2] Vgl. hierzu ausführlich § 53.
[3] Vgl. mit weiteren Hinweisen und ausführlicher Nachweise *K. Schmidt* S. 958 f.
[4] Heidel/*Walchner,* Aktienrecht und Kapitalmarktrecht, § 311 Rn. 3; vgl. zum Diskussionsstand Hüffer/Koch/*Koch* AktG § 311 Rn. 4 ff.
[5] → Rn. 49 ff.
[6] → Rn. 99 ff.
[7] → Rn. 138 ff.
[8] → Rn. 170 ff.
[9] → Rn. 3 ff.

2. Mitteilungspflichten nach §§ 20 ff. AktG und §§ 21 ff. WpHG

a) §§ 20 ff. AktG.[10] Die **Publizitätspflichten** der §§ 20 ff. AktG betreffen auf Seiten der Verpflichteten ausschließlich **Unternehmen**. Der gesetzlich nicht definierte, aber den §§ 15 ff., 291 ff., 311 ff. AktG zugrunde liegende Begriff des Unternehmens wird in diesem Kontext rechtsformneutral und entsprechend weit verstanden:[11] Im Hinblick auf den Sinn und Zweck ist es ausreichend, dass über die Beteiligung an sich, wirtschaftliche Interessen außerhalb der Gesellschaft hinzukommen, die stark genug sind, die ernste Besorgnis zu begründen, der Gesellschafter könne seinen Einfluss zur Verfolgung gesellschaftsfremder Zwecke einsetzen.[12]

Einen Anspruch auf Anonymität sollen indessen allenfalls noch Aktionäre haben, die sich strikt auf die Verwaltung ihres Privatvermögens beschränken, wobei die praktische Abgrenzung als schwierig erscheint.[13] Dementsprechend sind sämtliche anderen Aktionäre, jedenfalls im Anwendungsbereich der §§ 20–22 AktG, als „Unternehmensaktionäre" zu behandeln, weil und sofern sie keinen legitimen Anspruch auf Anonymität ihres Aktienbesitzes erheben können.[14]

Primärer Normzweck ist es, die Aktionäre des Unternehmens, an dem eine Beteiligung besteht, deren Gläubiger, die Öffentlichkeit und die Leitung des Unternehmens selbst über geplante und bestehende Konzernverbindungen und ansonsten nicht erkennbare Machtverhältnisse zu unterrichten und die Anwendbarkeit der Vorschriften des Konzernrechtes zu erleichtern.[15] Bei börsennotierten Gesellschaften verdrängen gemäß § 20 Abs. 8 AktG die spezielleren §§ 21 ff. WpHG die Anwendung des 20 AktG. Die Schutzvorschriften der §§ 311 ff. AktG (und auch der §§ 293 ff. AktG) gelten selbstverständlich auch für börsennotierte Gesellschaften.

aa) Voraussetzungen und Inhalt der Publizitätspflicht gemäß § 20 AktG. Nach § 20 Abs. 1 AktG besteht eine Mitteilungspflicht bei **Überschreiten einer 25 %igen Beteiligung** an der Aktiengesellschaft, wobei über Zurechnungsvorschriften eine wirtschaftliche Betrachtung des erwerbenden Unternehmens vorgenommen wird, um **Umgehungstatbestände** zu erfassen:[16] So werden über § 20 Abs. 1 S. 2 AktG iVm § 16 Abs. 4 AktG alle Anteile eines abhängigen Unternehmens gemäß § 17 AktG sowie Anteile, die von Dritten für Rechnung des Unternehmens, etwa als Treuhänder, gehalten werden, zugerechnet. Durch § 20 Abs. 2 AktG sind auch solche Aktien hinzuzurechnen, auf deren Übereignung das Unternehmen einen Anspruch hat bzw. zu deren Abnahme es verpflichtet ist.

Muster: Mitteilung gemäß § 20 AktG

An die ......, den ......
X-AG
......

Sehr geehrte Damen und Herren,
gemäß § 20 Abs. 1 AktG teilen wir Ihnen mit, dass wir zu mehr als einem Viertel am Grundkapital Ihrer Gesellschaft unmittelbar beteiligt sind.

Mit freundlichen Grüßen
X-AG (beteiligte Gesellschaft)
....
(Unterschrift/-en des Vorstandes)

---

[10] Vgl. hierzu allgemein: KölnKommAktG/*Koppensteiner* § 20; Hüffer/Koch/*Koch* AktG §§ 20 ff.; *Emmerich*/Habersack § 6 I., jeweils mit ausführlichen Literaturhinweisen.
[11] Hüffer/Koch/*Koch* AktG § 15 Rn. 8 und 9; BeckAG-HB/*Liebscher* § 14 Rn. 9 f.
[12] BeckAG-HB/*Liebscher* § 14 Rn. 10 mwN.
[13] Emmerich/Habersack/*Emmerich* § 20 Rn. 13.
[14] Emmerich/Habersack/*Emmerich* § 20 Rn. 14.
[15] An der Wirksamkeit der Vorschriften der §§ 20 ff. AktG als Konzernbildungskontrolle wird generell Kritik geübt: Emmerich/Habersack/*Emmerich* § 20 Rn. 4 mwN.
[16] Vgl. KölnKommAktG/*Koppensteiner* § 20 Rn. 11; Emmerich/Habersack/*Emmerich* § 20 Rn. 17 f.

9 Einen **weiteren Publizitätstatbestand** enthält § 20 Abs. 4 AktG, wenn die Mehrheitsbeteiligung einer Aktiengesellschaft gemäß § 16 Abs. 1 AktG erworben wird, die sowohl über eine Kapital- wie auch eine Stimmmehrheit erreicht werden kann.[17] Die Publizitätspflicht entsteht unverzüglich nach Erreichen der entsprechenden Werte, also mit Erwerb der letzten zur Überschreitung der Schwelle erforderlichen Aktie.[18] § 20 AktG gewährt im Ergebnis nur sehr grobe Informationen der Gesellschaft und der Öffentlichkeit über die Aktionärsstruktur: Aufstockungen der Beteiligungen zwischen den Schwellenwerten einer 25%igen bzw. 50%igen Beteiligung sind ebenso wenig mitteilungspflichtig wie die weitere Aufstockung einer Mehrheitsbeteiligung. Auf Grund des eindeutigen Wortlautes des Gesetzes sowie der Praktikabilität sind Vorschläge, § 20 AktG auf geplante Erwerbe und Veräußerungen analog anzuwenden,[19] abzulehnen.

10 Über § 20 Abs. 5 AktG ist die **Beendigung einer mitteilungspflichtigen Beteiligung** iSd § 20 Abs. 1, 3 oder 4 AktG ebenfalls mitteilungspflichtig.

11 *bb) Folgen der unterlassenen Einhaltung der Publizitätspflicht.* Wenn die Mitteilung über den Erwerb der Aktien unterbleibt, bestehen gemäß § 20 Abs. 7 AktG ab dem Zeitpunkt der Erfüllung der Voraussetzungen der Publizitätspflicht für diese Aktien keine Rechte. Bei schuldhaftem Verhalten ergibt sich über § 823 Abs. 2 BGB iVm dem als Schutzgesetz eingestuften § 20 Abs. 7 AktG ein Anspruch auf Schadensersatz der Gesellschaft,[20] dessen praktische Relevanz im Hinblick auf die Schwierigkeit des Nachweises eines kausalen Schadens jedoch gering sein dürfte.

12 *cc) Mitteilungspflicht nach § 21 AktG.* § 21 AktG normiert die korrespondierende Mitteilungspflicht der Obergesellschaft, die die Beteiligung hält.[21] Die Offenlegung der Beteiligungsverhältnisse ist notwendig, wenn mehr als der vierte Teil der Anteile an einer anderen Kapitalgesellschaft (AG/KGaA, GmbH) (so genannte **Schachtelbeteiligungen**) erreicht wird. Weitere Voraussetzung ist, dass der Verwaltungssitz des Unternehmens, deren Anteil erworben wird, im Inland liegt. Dies gilt im Hinblick auf den Anwendungsbereich des § 21 AktG auch für das mitteilungspflichtige Unternehmen selbst.[22] Im Übrigen besteht ein Gleichlauf zum § 20 AktG (zB Mehrheitserfordernisse und deren Ermittlung, Sanktionen sowie Anwendungsbereich), so dass auf die obigen Ausführungen unter aa) und bb) verwiesen werden kann.

13 b) **§§ 21 ff. WpHG.**[23] Gemäß § 21 Abs. 2 WpHG gelten die strengeren Publizitätspflichten der §§ 21 ff. WpHG[24] für börsennotierte Gesellschaften, also Gesellschaften mit Sitz im Inland, deren Aktien zum organisierten Markt an einer Börse in einem Mitgliedstaat der Europäischen Union oder in einem anderen Vertragsstaat des Abkommens über den Europäischen Wirtschaftsraum zugelassen sind.[25] Unter dem Begriff des organisierten Marktes iSd § 2 Abs. 5 WpHG sind nicht nur wie bisher der amtliche Handel,[26] sondern auch der geregelte Markt als ebenfalls von staatlicher Stelle überwachter regelmäßig stattfindender und dem Publikum jedenfalls mittelbar zugänglicher Aktienhandel erfasst, nicht hingegen der Freiverkehr.[27] Die erweiterten Publizitätspflichten des WpHG gegenüber §§ 20 ff. AktG dienen dem für notwendig erachteten (Mehr-)Informationsbedürfnis der Marktteilnehmer über marktrelevante Umstände, nämlich der wesentlichen Stimmrechtseinflüsse bei den Gesellschaften.

---

[17] Vgl. hierzu *Knoll* S. 142 f. mwN; Emmerich/Habersack/*Emmerich* § 20 Rn. 28.
[18] Emmerich/Habersack/*Emmerich* § 20 Rn. 32.
[19] *Bozenhart* S. 106.
[20] Schmidt/Lutter/*Veil* § 20 Rn. 45; MüKoAktG/*Bayer* § 20 Rn. 85; KölnKommAktG/*Koppensteiner* § 20 Rn. 59; aA: GroßkommAktG/*Windbichler* § 20 Rn. 88.
[21] Emmerich/Habersack/*Emmerich* § 21 Rn. 2.
[22] Vgl. Emmerich/Habersack/*Emmerich* § 21 Rn. 2.
[23] Die Vorschriften stellen eine Umsetzung der so genannten Transparenzrichtlinie dar (RL des Rates vom 12.12.1988 über die bei Erwerb und Veräußerung einer bedeutenden Beteiligung an einer börsenzugelassenen Gesellschaft, 88/627/EWB/ABl. 1998 L 348, S. 63); vgl. iÜ umfassend § 53.
[24] Umfassende weitere Literatur bei *Assmann/Schneider* vor § 21.
[25] Zu den Voraussetzungen der Zulassung vgl. auch *Clausen* § 9 Rn. 60 f.
[26] Vgl. zu früheren Rechtslage *Assmann/Schneider* § 21 Rn. 50.
[27] *Witt* AG 2001, 233 (234 ff.).

aa) Basisvorschrift des § 21 WpHG. § 21 WpHG begründet Mitteilungspflichten, wenn 14
durch Erwerb, Veräußerung oder auf sonstige Weise 3, 5, 10, 25, 30, 50 oder 75 Prozent
der Stimmrechte erreicht werden. Meldepflichtiger, also Mitteilungspflichtiger ist jeder, der
den Tatbestand erfüllt; im Unterschied zu §§ 20 ff. AktG kommt es nicht auf die Unternehmenseigenschaft an. Ob der Schwellenwert dabei über oder unterschritten wird, ist unerheblich.[28] Diese Mitteilungspflichten bestehen im Unterschied zur allgemeinen Regelung
bereits bei Erreichen der Schwellenwerte und nicht – wie bei § 20 AktG – erst bei Überschreitung.[29]

bb) Stimmrechtszurechnungen.[30] § 22 WpHG enthält einen Katalog von Stimmrechtszurechnungen, um über eine wirtschaftliche Betrachtung Umgehungstatbestände zu vermeiden,[31] die ggf. in der obigen Mitteilung nach § 21 Abs. 1 S. 1 WpHG unter Nennung des
Zurechnungstatbestandes anzugeben sind.[32] 15

cc) Nichtberücksichtigung von Stimmrechten. Die Bundesanstalt für Finanzdienstleistungsaufsicht kann unter den Voraussetzungen des § 23 WpHG eine Nichtberücksichtigung
von Stimmrechten zulassen, wenn im Hinblick auf die einzelnen Voraussetzungen des § 23
Abs. 1 Nr. 1–3 WpHG im Ergebnis keine Absicht zur Einflussnahme auf die Geschäftsführung vorliegt, sondern die Aktien zum Handel bestimmt sind. 16

Praxistipp:
Die Meldung muss von allen zur Vertretung berechtigten Mitgliedern des Geschäftsführungsorganes unterschrieben werden.

dd) Meldepflichten im Konzern. Über § 24 WpHG wird in Konzernfällen im Sinne der 17
§§ 290 ff. HGB (Aufstellungspflicht eines Konzernabschlusses) zur Vermeidung von Doppelmeldungen die Mitteilungspflicht nach § 21 Abs. 1 und 1a WpHG durch das Mutterunternehmen oder – wenn das Mutterunternehmen selbst ein Tochterunternehmen ist – durch
dessen Mutterunternehmen erfüllt. In der Praxis können sich bei weit verzweigten Unternehmensgruppen Probleme bei Kettenzurechnungen ergeben.[33]

ee) Frist. Die Meldepflicht muss unverzüglich gemäß § 121 BGB, spätestens aber innerhalb von 4 Handelstagen (§ 21 Abs. 1 S. 1 WpHG) erfüllt werden. Daneben konstituiert § 25 Abs. 1 WpHG eine selbstständige Publikationspflicht durch die börsennotierte AG, an der die Beteiligung besteht: unverzüglich nach Erreichen der Schwellen
gem. § 21 Abs. 1 WpHG, mit Ausnahme der Schwelle von 3 Prozent, hat eine Mitteilung
an den Emittenten und die Bundesanstalt zu erfolgen. § 21 Abs. 1 S. 1 WpHG gilt entsprechend. 18

ff) Rechtsfolge des Verstoßes. Als Rechtsfolge sieht § 28 WpHG vor, dass die Rechte aus 19
den Aktien für die Zeit, für welche die Mitteilungspflichten nach § 21 Abs. 1 oder 1a
WpHG nicht erfüllt wurden, nicht bestehen. Unvollständige oder falsche Mitteilungen stehen der Nichterfüllung gleich.[34] Das Wertpapierhandelsgesetz normiert darüber hinaus
Ordnungswidrigkeitstatbestände, die mit einer Geldbuße von bis zu 200.000 EUR (§ 39
Abs. 4 WpHG) sanktioniert werden.[35]

---
[28] *Assmann/Schneider* § 21 Rn. 39; *Hüffer/Koch/Koch* AktG Anh. § 22 Rn. 5.
[29] Zu den Einzelheiten, insbesondere dem Inhalt der Mitteilungspflicht des § 21 WpHG siehe noch die Ausführungen in § 48 Pflichten der Gesellschaft und der Aktionäre nach dem WpHG.
[30] Zu den Einzelheiten siehe im Kapitel § 48 Pflichten der Gesellschaft und der Aktionäre nach dem WpHG.
[31] Hinweis auf Kapitalanlagegesetz, Auslandinvestmentgesetz mit besonderen Regelungen.
[32] BeckAG-HB/*Göckler* § 24 Rn. 179.
[33] Vgl. Einzelheiten in → § 48 Pflichten der Gesellschaft und der Aktionäre nach WpHG.
[34] BeckAG-HB/*Göckler* § 24 Rn. 182.
[35] Siehe im Einzelnen noch Ausführungen unter → § 48.

> **Praxistipp:**
> Da bei der Veröffentlichung ein strenger Maßstab anzuwenden ist, ist darauf zu achten, dass der Kern der Information (Höhe der Beteiligung und Berechtigter) erhalten bleibt.

3. Besonderheiten des Wertpapiererwerbs- und Übernahmegesetzes[36]

20 Sofern die Konzernbildung mittels eines so genannten **Pflichtangebotes** durchgeführt wird,[37] gilt das Wertpapiererwerbs- und Übernahmegesetz (**WpÜG**) mit seinen umfassenden Regelungen.[38] Der Begriff des **öffentlichen Übernahmeangebotes** (Kauf oder Tausch) wird vom Gesetz bewusst in § 2 Abs. 1 WpÜG nicht definiert,[39] kann jedoch nach Sinn und Zweck der Norm angenommen werden, wenn sich ein Angebot nicht nur an einen beschränkten Personenkreis richtet und kein individuelles Angebot vorliegt.[40] Im Einzelfall können auch gezielte Privatansprachen an einen größeren Adressatenkreis ein öffentliches Angebot darstellen, soweit weitere Umstände wie die Verwendung eines Aufpreises gegenüber dem Marktpreis oder Rücktrittsklauseln für den Fall des Nichterreichens einer bestimmten Anteilsquote hinzutreten.[41] Ein anonymes Zukaufen reicht für die Bejahung eines öffentlichen Übernahmeangebots jedenfalls nicht.[42]

21 Die Konzerneingangskontrolle wird über das WpÜG sowohl für freiwillige öffentliche Übernahmeangebote als auch für öffentliche Pflichtangebote gesondert normiert, so dass insofern die §§ 20 ff. AktG verdrängt werden.[43] Wenn jemand unmittelbar oder mittelbar die Kontrolle über die Zielgesellschaft erlangt hat, wobei die Kontrollgrenze in Abweichung von § 17 AktG gemäß § 29 Abs. 2 WpÜG bereits bei Erreichen von 30 % der Stimmrechte angenommen wird, muss dieser Kontrollerwerb zunächst innerhalb von sieben Tagen gemäß § 10 Abs. 3 S. 1, 2 WpÜG veröffentlicht werden; anschließend muss der BAFin – unter Einhaltung der formellen und materiellen Kriterien[44] – das Pflichtangebot zur Freigabe übermittelt werden, welches nach Freigabe ebenfalls veröffentlicht wird. Ziel des gesamten Regelungskomplexes ist der Schutz der Minderheitsaktionäre, denen – vor dem wirtschaftlichen Hintergrund des Kapitalmarktes – die Möglichkeit gegeben werden soll, ihre Aktien an der, unter die Kontrolle durch den Bieter geratenen Gesellschaft zu einem angemessenen, von der Übernahme nicht negativ beeinflussten Preis zu veräußern.

4. Grenzen der Bildung des faktischen Aktienkonzerns und Haftung des Aktionärs

22 **a) Grundlagen: Verbot der qualifizierten Nachteilszufügung:**[45] Das herrschende Unternehmen darf seinen Einfluss nur im Rahmen der **Funktionsfähigkeit des Einzelausgleiches** ausüben. Lässt sich diese nicht mehr in Einzelmaßnahmen zerlegen und ist ein Einzelausgleich damit unmöglich, sind die Grenzen der erlaubten faktischen Konzernherrschaft verlassen.[46]

23 Sowohl aus den Vorschriften der §§ 311 ff. AktG, die die Zulässigkeit einzelner Maßnahmen erlauben, solange kein Beherrschungsvertrag gemäß §§ 293 ff. AktG abgeschlossen ist, als auch aus der zentralen Vorschrift des § 76 Abs. 1 AktG, der eine eigenverantwortliche Leitung der Aktiengesellschaft durch den Vorstand fordert, folgt daher die Unzulässigkeit

---

[36] *Fleischer/Kalss* S. 59; *Fleischer* ZIP 2001, 1653 (1659).
[37] Vgl. hierzu ausführlich → § 51.
[38] Zur alten Rechtslage *Knoll* S. 149 f.; ausführlich siehe auch Kapitel § 51 Öffentliche Übernahmeangebote.
[39] KölnKommWpÜG/*Versteegen* § 2 Rn. 47.
[40] KölnKommWpÜG/*Versteegen* § 2 Rn. 47.
[41] Vgl. *Fleischer* ZIP 2001, 1653 (1659).
[42] *Fleischer/Kalss* S. 59.
[43] Vgl. hierzu im Einzelnen → § 51 Öffentliche Übernahmeangebote.
[44] Siehe im Einzelnen noch → § 51 Öffentliche Übernahmeangebote.
[45] Umfangreiche Nachweise in der Literatur s. bei *K. Schmidt* § 31 IV 4; Emmerich/Habersack/*Habersack* Anhang § 318.
[46] Emmerich/Habersack/*Habersack* § 311 Rn. 9.

des qualifiziert-faktischen Aktienkonzerns.⁴⁷ Unter einer „qualifizierten Nachteilszufügung (früher: „qualifiziert-faktischen" Konzernierung") wird eine Konzernherrschaft verstanden, die mit Rücksicht auf die Intensität der Unterordnung einzelne Einflussnahmen des herrschenden Unternehmens auf das abhängige Unternehmen nicht mehr isolierbar erscheinen lässt,⁴⁸ insoweit versagt das Einzelausgleichskonzept der §§ 311 ff. AktG.⁴⁹

b) Tatbestandsmerkmale im einzelnen: aa) *Abhängigkeit*. Aufgrund des Schutzzweckes der Grundsätze über die qualifizierte Nachteilszufügung als Ergänzung der §§ 311 ff. AktG sind diese auch anwenbar gegenüber einer natürlichen Person, die neben ihrer Beteiligung an der Gesellschaft ein einzelkaufmännisches Unternehmen betreibt oder eine anderweitige Beteiligung hält und damit als Unternehmen gemäß § 15 AktG anzusehen ist; das Vorliegen der Voraussetzungen eines Konzernes im Sinne des § 18 AktG ist nicht erforderlich.⁵⁰ 24

bb) Nachteilszufügung und unterlassener Ausgleich. Der Nachteilsbegriff (und der unterlassene Ausgleich) deckt sich mit dem des § 311 AktG: jede Beeinträchtigung der Vermögens- und Ertragslage der Gesellschaft,⁵¹ sofern diese nicht durch einen gleichwertigen Vorteil ausgeglichen wird, was aufgrund der Eingriffsdichte der qualifizierten Nachteilszufügung ex-definitione nicht möglich ist. 25

cc) Unmöglichkeit des Einzelausgleiches. Als Umkehrschluss aus dem System der §§ 311 ff. AktG ist eine Dichte der Einflussnahme, die nicht mehr isoliert werden kann, dann anzunehmen, wenn dies weder in einer ordnungsgemäßen Buchführung noch in der ordnungsgemäßen Erstellung eines Abhängigkeitsberichts abzubilden ist.⁵² Eine qualifiziert-faktische Konzernierung wird **in folgenden Fällen angenommen**: 26
- Der satzungsmäßige Zweck des abhängigen Unternehmens wird in Frage gestellt.⁵³
- Die Gesamtbetrachtung ergibt, dass das Geschäftsführungsorgan der abhängigen Gesellschaft in ihrem Kern auf das herrschende Unternehmen übergegangen ist.⁵⁴
- Die abhängige Gesellschaft wird wie eine Betriebsabteilung geführt,⁵⁵ was beispielsweise der Fall ist, wenn
  – das herrschende Unternehmen direkt oder indirekt (Zustimmungspflichten) das Tagesgeschäft übernommen hat⁵⁶ oder
  – eine finanzielle Knebelung der abhängigen Gesellschaft in der Weise vorliegt, dass der Untergesellschaft kein Spielraum für eigene unternehmerische Entscheidungen bleibt.⁵⁷

dd) Darlegungs- und Beweislast. Grundsätzlich ist auch insofern von den allgemeinen Regen des Zivilrechts auszugehen, wonach der anspruchsgeltendmachende Kläger die Darlegungs- und Beweislast hat. Auf Basis der Rechtsprechung zum GmbH-Recht⁵⁸ sind auch für die Aktiengesellschaft Erleichterungen hinsichtlich der Substantiierungslast anzuerkennen.⁵⁹ Es obliegt dem Kläger, konkrete Anhaltspunkte für das Vorliegen einer Nachteilszufügung und deren fehlendem Ausgleich vorzutragen. Dem herschenden Unternehmen ist – vor dem Hintergrund des höheren Wissens über die Umstände – allerdings aufzuerlegen, seinerseits substantiiert zu bestreiten; sollte dies nicht erfolgen, tritt die Folge des § 138 Abs. 3 ZPO (Tatsache gilt als zugestanden) ein.⁶⁰ 27

---

[47] HM vgl. *K. Schmidt* § 31 IV 4.
[48] Vgl. statt aller Emmerich/Habersack/*Habersack* Anhang § 317 Rn. 7 ff.
[49] Hüffer/Koch/*Koch* AktG § 311 Rn. 7.
[50] *Emmerich/Habersack* Anhang zu § 317 Rn. 7 und 8.
[51] *Emmerich/Habersack* Anhang zu § 317 Rn. 11.
[52] MükoAktG/*Kropff* § 311 Rn. 69; KK-AktG/*Koppensteiner* Anh. § 318 Rn. 94.
[53] MükoAktG/*Kropff* § 311 Rn. 69; KK-AktG/*Koppensteiner* Anh. § 318 Rn. 94.
[54] *Lutter* AG 1990, 179 (183).
[55] BGHZ 95, 330 (341) – Autokran; BGH NJW 1980, 231 – Gervais-Danone.
[56] BGHZ 95, 330 (341) – Autokran; BGH NJW 1980, 231 – Gervais-Danone.
[57] MHdB GesR IV/*Krieger* § 69 Rn. 27; *Decher* DB 1989, 965 (970 f.).
[58] Vgl sog. TBB-Urteil, BGHZ 122, 123 = NJW 1993, 1200.
[59] MüKoAktG/*Kropff* § 311 Rn. 56 ff.; KölnKommAktG/Koppensteiner Anh. § 318 Rn. 100.
[60] *Emmerich/Habersack* Anhang zu § 317 Rn. 22.

28 **c) Rechtsfolgen:** *aa) Grundlagen.* Die Haftung des Aktionärs für eine schädigende Einflussnahme auf das Gesellschaftsvermögen hat die Rechtsprechung bislang nur selten beschäftigt. Dies ist darauf zurückzuführen, dass die Finanz- und Organisationsverfassung der AG (höheres Mindestkapital, strengere Grundsätze über Vermögensbindung, Grundsatz der weisungsfreien Geschäftsführung sowie obligatorischer Aufsichtsrat), für eine geringere Insolvenzanfälligkeit der AG verantwortlich sein sollen.[61]

29 *bb) Bisherige Entwicklung.* Die Entwicklung der läßt drei Stufen erkennen:[62] Ausgehend von der Haftung wegen qualifizierter faktischer Konzernierung, die weitgehend zum Recht der GmbH entwickelt wurde, wurden zwischenzeitlich die Grundsätze der Durchgriffshaftung im Sinne der Existenzvernichtungshaftung angewandt. Aktuell ist die Rechtssprechung des BGH auf § 826 BGB aufgebaut, so dass auch **keine unmittelbare Außenhaftung** gegenüber den Gläubigern der Gesellschaft besteht.[63] Die Innenhaftung wurde durch die Rspr. unlängst bestätigt.[64]

30 Trotz Änderung der dogmatischen Grundlage wird an den tatbestandlichen **Voraussetzungen des existenzvernichtenden Eingriffs** festgehalten;[65] wenigstens ist aber **bedingter Vorsatz** des Anspruchsschuldners erforderlich, mithin besteht keine verschuldensunabhängige Haftung mehr.[66] Dem Vorsatzerfordernis ist genügt, wenn dem handelnden Gesellschafter bewusst ist, dass durch von ihm selbst oder mit seiner Zustimmung veranlasste Maßnahmen das Gesellschaftsvermögen sittenwidrig geschädigt wird; dafür reicht es aus, dass ihm die Tatsachen bewusst sind, die den Eingriff sittenwidrig machen, während ein Bewusstsein der Sittenwidrigkeit nicht erforderlich ist.[67] Der Schadensersatzanspruch wegen existenzvernichtendem Eingriff kann bei Sittenwidrigkeit der Maßnahme auch im Stadium der Liquidation der Gesellschaft in Betracht kommen, wobei die Voraussetzung der Insolvenzverursachung oder Insolvenzvertiefung in diesem Fall entbehrlich ist.[68] Für diesen Fall besteht ausweislich § 73 Abs. 1 und 2 GmbHG ein besonderes Interesse am Erhalt des Gesellschaftsvermögens im Sinne der Gesellschaftsgläubiger.

31 Schadensersatzansprüche aus Existenzvernichtungshaftung gemäß § 826 BGB sind **nicht subsidiär** gegenüber den Erstattungsansprüchen aus §§ 30, 31 GmbHG; vielmehr besteht zwischen ihnen – soweit sie sich überschneiden – Anspruchsgrundlagenkonkurrenz.[69]

32 Dadurch wird dem Insolvenzverwalter die Rechtsverfolgung in zulässiger Weise erleichtert, weil auch dann, wenn der Nachweis eines existenzvernichtenden Eingriffs nicht gelingt, die Rechtsverfolgung – ohne Änderung des prozessualen Streitverhältnisses – immer noch im Umfang des Vorliegens verbotener Auszahlungen im Sinne der §§ 30, 31 GmbHG erfolgreich sein kann.[70]

33 *cc) Auswirkungen auf das Aktienkonzernrecht.* Höchstrichterliche Rechtsprechung, ob diese Grundsätze auch auf den Aktienkonzern zu übertragen sind, ist bisher noch nicht ergangen. Allerdings entspracht es der herrschenden Meinung, die für die GmbH entwickelten Grundsätze über die qualifiziert faktische Unternehmensverbindung sowie die zuletzt zur Einpersonen-GmbH ergangene Rechtsprechung zur Existenzvernichtungshaftung[71] auf das Aktienrecht anzuwenden.[72] Es ist davon auszugehen, dass sich die Haftung analog § 302

---

[61] *Habersack* ZGR 2008, 533 (549).
[62] Hüffer/Koch/*Koch* AktG § 1 Rn. 22 mit weiteren Nachweisen.
[63] BGHZ 173, 246 = BGH ZIP 2007, 1552 (1554) – Trihotel; BGH WM 2008, 302 (304).
[64] BGH BB 2009, 1037 ff.
[65] BGH ZIP 2007, 1552 (1554).
[66] BGH ZIP 2007, 1552 (1556).
[67] BGH ZIP 2007, 1552 (1556).
[68] BGH BB 2009, 1037.
[69] BGH ZIP 2007, 1552 (1557 f.).
[70] *Theiselmann* GmbHR 2007, 904 (907).
[71] OLG Köln ZIP 2007, 28 (30); MüKoAktG/*Heider* § 1 Rn. 85; Hüffer/Koch/*Koch* AktG § 1 Rn. 26 f.; *Decher* ZHR 171 (2007), 126 (137); *Bicker* DZWiR 2007, 284 (285); zT *Habersack* DZWiR 2007, 533 (551).
[72] Umfassend BeckAG-HB/*Liebscher* § 14 Rn. 87 ff. mwN; Hüffer/Koch/*Koch* AktG § 1 Rn. 29; *Kölbl* BB 2009, 1200.

AktG oder wegen qualifizierter Nachteilszufügung im Aktienrecht überholt hat.[73] Richtigerweise wird § 826 BGB bei der AG durch Haftung nach § 117 AktG ergänzt, bei dem es sich ebenfalls um eine Innenhaftung deliktischen Ursprungs handelt.

d) Weitere Fallgruppen der Durchgriffslehre. *aa) Unterkapitalisierung.*[74] Die Unterkapitalisierung wurde ebenfalls als Haftungsinstitut zur Begründung einer Durchgriffshaftung des Gesellschafters entwickelt. Dazu wurde eine allgemeine und kaum subsumierbare Formel herangezogen, nach der eine Durchgriffshaftung wegen Unterkapitalisierung dann in Betracht komme, wenn die Aktionäre ihre Gesellschaft mit so wenig Grundkapital ausstatten, dass hiermit der Geschäftsbetrieb nach betriebswirtschaftlichen Grundsätzen nicht durchgeführt werden kann.[75]

Der BGH führt hierzu aus, dass es einen allgemeinen haftungsbewährten Grundsatz, eine Kapitalgesellschaft angemessen mit Kapital auszustatten, nicht gebe.[76] Allenfalls eine Heranziehung der deliktischen Generalnorm der sittenwidrigen vorsätzlichen Schädigung nach § 826 BGB im Einzelfall stelle eine mögliche sachgerechte Lösung dar.[77]

bb) Vermögensvermischung.[78] Ein Alleingesellschafter haftet zudem, wenn er sein Privatmit dem Gesellschaftsvermögen mischt, insbesondere wenn eine mangelnde oder undurchsichtige Buchführung die Vermögenstrennung verschleiert. Entsprechend können auch Sphären von Gesellschaft und Alleingesellschafter organisatorisch so vermischt sein, dass die rechtliche Trennung von natürlicher und juristischer Person verdeckt wird. Darunter sind Fälle zu fassen, in denen die betreffende Gesellschaft eine ähnliche Firma, den gleichen Sitz, die gleichen Geschäftsräume, den gleichen Telefonanschluss und gleiche Bedienstete hat, also die rechtliche Trennung zwischen der Gesellschaft und ihren Gesellschaftern nach außen überspielt wird. Gegenüber ihren Gläubigern können sich die Gesellschafter nicht auf ihr Eigentum an Gegenständen berufen, die sie selbst mal als zum Vermögen der Gesellschaft und mal als zum privaten Vermögen gehörend bezeichnen.

5. Konzerneingangsschutz in der Obergesellschaft

Die Problematik der faktischen Konzernbildung ist auch auf Ebene der Obergesellschaft, also des herrschenden Unternehmens im Wesentlichen im Hinblick auf die **Kompetenzverteilung** zwischen Vorstand und Hauptversammlung zu prüfen, da möglicherweise eine geschriebene oder ungeschriebene Hauptversammlungszuständigkeit besteht.[79]

a) Satzungsmäßige Ermächtigung. Der Gegenstand der Gesellschaft beansprucht sowohl in der unmittelbaren Betätigung des Unternehmens als auch bezüglich der mittelbaren Zweckverfolgung über Tochtergesellschaften Geltung. Betätigt sich der Vorstand der Obergesellschaft über Tochter- und Beteiligungsgesellschaften außerhalb des statuarisch definierten Tätigkeitsprofils, in dem er dieses über- oder unterschreitet, so verhält er sich kompetenzwidrig.[80]

Umstritten ist darüber hinaus, ob für mittelbares Tätigwerden der (Ober-)Gesellschaft eine so genannte „Konzernklausel" notwendig ist:[81] Das Meinungsbild geht von der Forderung, dass entsprechende Satzungsklauseln zum Erwerb von Beteiligungen eng auszulegen seien,[82] bis hin zu der, in der Praxis wohl nicht durchgesetzten Meinung, dass die Umgliederung der Gesellschaft in eine reine Verwaltungsholding (Vollholding) nicht auf eine Kon-

---

[73] Statt aller Hüffer/Koch/*Koch* AktG § 1 Rn. 29 mit weiteren Nachweisen; aA Emmerich/Habersack/*Habersack* Anhang zu § 317 Rn. 5 ff.
[74] Zur Fallgruppe Hüffer/Koch/*Koch* AktG § 1 Rn. 19.
[75] Henn S. 29, *Kölbl* BB 2009, 1201.
[76] BGH 28.4.2008 – II ZR 264/06 = GmbHR 2008, 805 – Gamma.
[77] BGH 28.4.2008 – II ZR 264/06 = GmbHR 2008, 805 – Gamma.
[78] Zur Fallgruppe Hüffer/Koch/*Koch* AktG § 1 Rn. 20.
[79] Ausführlich BeckAG-HB/*Liebscher* § 14 Rn. 42 f.
[80] Emmerich/Habersack/*Habersack* vor § 311 Rn. 31; *Lutter/Leinekugel* ZIP 1998, 225 ff.; *Priester* ZHR 162 (1998), 187 (193); MHdB GesR IV/*Krieger* § 69 Rn. 7 ff.
[81] Zum Meinungsstand siehe BeckAG-HB § 14 Rn. 44.
[82] MHdB GesR IV/*Krieger* § 69 Rn. 5; KölnKommentar/*Koppensteiner* Vorbemerkung 291 Rn. 27.

zernklausel gestützt werden könne und daher einen Hauptversammlungsbeschluss benötigt.[83]

Aus Vorsichtsgründen ist jedenfalls die in der Praxis übliche Konzernklausel zu empfehlen.

> **Formulierungsvorschlag:**
>
> 40 § ...... Gegenstand des Unternehmens
> 1. Gegenstand des Unternehmens ist ......
> 2. Die Gesellschaft ist zu allen Geschäften und Maßnahmen berechtigt, die dem Gegenstand des Unternehmens dienen. Sie kann zu diesem Zweck auch andere Unternehmen gründen, erwerben und sich an ihnen beteiligen.

41 **b) Vorliegen der Voraussetzungen des § 179a AktG.** Bei dem in der Praxis eher seltenen Fall, dass mit der Ausgliederung eine Übertragung des gesamten Gesellschaftsvermögens des herrschenden Unternehmens vorliegt, ist jedenfalls gemäß § 179a Abs. 2 AktG ein Beschluss der Hauptversammlung mit der qualifizierte Mehrheit von mindestens ¾ des bei der Beschlussfassung vertretenen Grundkapitals nötig.

42 **c) Grundsätzliche Kompetenzverteilung zwischen Vorstand und Aufsichtsrat.** Außerhalb der soeben dargestellten Fälle ergibt sich die Kompetenzverteilung aus den enumerativen gesetzlichen Zuständigkeitskatalogen. Gleichwohl ist in diesem Zusammenhang „immer noch" auf die so genannten **Holzmüllergrundsätze** des BGH zurückzugreifen, die in der sog. „Gelatine"-Entscheidung[84] fortentwickelt wurde:[85] Grundlegende Entscheidungen, die einen wesentlichen Eingriff in die Mitgliedsrechte der Obergesellschaft und damit der mitgliedschaftlich vermittelten Vermögensgegenstände zur Folge haben, bedürfen der Zustimmung der Hauptversammlung. Hintergrund ist die Gefährdung von Aktionärsrechten. Der betroffene Aktionär hat ein Interesse an der Gruppenbildung – und der ihr nachfolgenden Maßnahmen der Gruppenumbildung und Gruppenleitung – teilzuhaben, da es ansonsten zu einer Zuständigkeitsverlagerung kommt und das von der Obergesellschaft eingesetzte Kapital, das bisher der Kontrolle und Beeinflussung dieser Aktionäre unterlag, nunmehr Sache des Vorstandes wird. Der BGH[86] hat eine einfache Mehrheit für den Hauptversammlungsbeschluss als ausreichend erachtet und dem Aktionär einen Einzelklagebetrag zuerkannt.

43 Die zeitlich nachfolgende Rechtsprechung von Untergerichten[87] sowie die Literatur[88] geben kein vollständig einheitliches Bild ab. Nachfolgend wird ein Überblick über den Diskussionsstand der relevanten Fragestellungen gegeben:

- **Typische Fallgruppen der Konzernierung**

44 Nachdem die im Unwandlungsgesetz geregelten Fälle der **Abspaltung** und der **Verschmelzung** einer bereits bestehenden Tochtergesellschaft mit einer dritten Gesellschaft mit entsprechenden Beschlusserfordernissen des UmwG versehen sind, sind diese unproblematisch. Typischer Anwendungsbereich der „Holzmüllerdoktrin" ist die Ausgliederung unternehmerischer Aktivitäten aus einem bestehenden Unternehmen in eine Tochtergesellschaft durch einen „asset deal", dh durch Übertragung einzelner Vermögensgegenstände, im Regelfall ganze Betriebe oder Betriebsteile, auf eine zuvor gegründete Tochtergesellschaft. Unstrittig dabei ist nur, dass nicht jede unbedeutende Transaktion erfasst wird; schwieriger ist die konkrete Bestimmung, wann es sich um eine „wesentliche" Maßnahme

---

[83] Emmerich/Habersack/*Habersack* vor § 311 Rn. 31; aA zB KölnKommAktG/*Mertens* AktG § 76 Rn. 51.
[84] BGHZ 159, 30 – Gelatine I; BGH NZG 2004, 1001 – Gelatine II.
[85] BGHZ 83, 122 = NJW 1982, 1703 – Holzmüller; vgl. hierzu ausführlich Emmerich/Habersack/*Habersack* AktG Vor § 311 Rn. 33 f.; *Knoll* S. 154; BeckAG-HB/*Liebscher* § 14 Rn. 45 ff. der einen vollständigen Meinungsstand der Rechtsprechung und Literatur wiedergibt.
[86] BGHZ 83, 122 = NJW 1982, 1703 – Holzmüller.
[87] Nachweise BeckAG-HB/*Liebscher* § 14 Rn. 45 ff.
[88] BeckAG-HB/*Liebscher* § 14 Rn. 48 ff.

handelt, da es keine klaren bzw. einheitlichen Kriterien für die diesbezüglichen Werttreiber gibt, wobei zwischen Aufgreifkriterien und -schwellen unterschieden wird.[89] Umstritten ist auch die Frage, ob der Erwerb von Beteiligungen durch einen **„share deal"** der generellen Konzernbildungskontrolle der Hauptversammlung unterliegt.[90] Maßnahmen, die eine Umgestaltung der bereits vorhandenen Konzernstruktur bezwecken unterliegen ebenfalls dem Beschlusserfordernis,[91] wobei es auch insofern widerum auf das Wesentlichkeitserfordernis kommt, dh es muss ein wesentlicher Teil des Gesellschaftsvermögens betroffen sein. Entsprechendes gilt auch für die Gruppenleitung.[92]

- **Mehrheitserfordernis**
  Im Hinblick auf die eindeutige Rechtsprechung des BGH sollte von einer einfachen Mehrheit ausgegangen werden.[93]
- **Förmlichkeiten**
  Im Hinblick auf eine effektive Beteiligung der Hauptversammlung ist der Vorstand im Rahmen der Informationspflichten über § 124 AktG (Veröffentlichung des Gegenstandes der Tagesordnung) verpflichtet, den wesentlichen Inhalt der Maßnahmen der Umsetzung konkret zu umschreiben.

Sowohl hinsichtlich der Information als auch des Beschlusses unproblematisch sind die Fälle, in denen die Maßnahme bereits konkret beschrieben werden kann. Die hM lässt aber auch die Möglichkeit von reinen Ermächtigungsbeschlüssen zu, bei denen zum Zeitpunkt des Hauptversammlungsbeschlusses keine Verträge oder sonstige verbindliche Erklärungen vorliegen.[94] Aus Praktikabilitätsgründen wird von der Nachholbarkeit eines Hauptversammlungsbeschlusses ausgegangen.

6. Konzerneingangsschutz bei der Untergesellschaft

a) **Treuepflichten der Aktionäre**.[95] Nach nunmehr wohl allgemeiner Meinung[96] ist auch in „kapitalistisch organisierten Aktiengesellschaften" anerkannt, dass im Verhältnis zu Mitaktionären unter bestimmten Voraussetzungen eine mitgliedschaftliche Treuepflicht besteht. Im Hinblick auf die Tatsache, dass die §§ 311 ff., 20 ff. AktG eine Abhängigkeitsbegründung gerade zulassen, sind in der Praxis indes keine Fälle von Treuepflichtverstößen bei einer Konzernbildung bekannt. Die Frage der Treuepflicht ergibt sich erst auf einer zweiten Stufe im Bereich der Konzernleitung unter Einflussnahme der Mehrheit in der Hauptversammlung auf Entscheidungen der Gesellschaft.

b) **Verhalten des Vorstandes der Untergesellschaft.** Die aktienrechtliche Verfassung sieht formell eine **uneingeschränkte Leitungsmacht** des Vorstandes der potentiell „abhängigen Gesellschaft" vor. Bei der Konzernbildung hat der Vorstand daher aus rein aktienrechtlichen Vorschriften grundsätzlich die Interessen der potentiellen Untergesellschaft zu beachten; es besteht also aktienrechtlich keinesfalls ein **Neutralitätsgebot**. Etwas anderes gilt jedoch für die Regelungen des Wertpapier-Übernahmegesetzes (§ 33 WpÜG), welche für den Zeitraum des Angebotes und zum Teil sogar vor einem konkreten Angebot die aktienrechtlichen Vorschriften modifizieren und überlagern.[97] Die Vorschrift will in § 33 Abs. 1 WpÜG tatsächliche Maßnahmen der Verwaltung verhindern, die dem Willen der Aktionäre, ein Angebot anzunehmen, entgegenläuft.[98] Die Pflicht zur Neutralität aus der Pflichtendefinition des Vorstandes gemäß §§ 76 ff. AktG wird dadurch ergänzt und komplettiert, dass der Vorstand in keiner Konstellation Einfluss auf die Aktionärsstruktur nehmen darf.

---

[89] BeckAG-HB/*Liebscher* § 14 Rn. 54 ff. mit ausführlicher Darstellung.
[90] Emmerich/Habersack/*Habersack* Vor § 311 Rn. 42 mit Wiedergabe des Meinungsstandes.
[91] Emmerich/Habersack/*Habersack* Vor § 311 Rn. 45 mit weiteren Nachweisen.
[92] Emmerich/Habersack/*Habersack* Vor § 311 Rn. 48 mit weiteren Nachweisen.
[93] BGHZ 83, 122 = NJW 1982, 1703 – Holzmüller; BGH AG 2009, 163; vgl. ergänzend auch BGH AG 2004, 348 – Gelatine Entscheidung.
[94] MHdB GesR IV/*Krieger* § 69 Rn. 9.
[95] Vgl. hierzu *Knoll* S. 354 f.
[96] Hüffer/Koch/*Koch* AktG § 53a Rn. 14 mwN; BeckAG-HB/*Liebscher* § 4 Rn. 262 mwN.
[97] KölnKommWpÜG/*Hirte* § 33 Rn. 1 f.
[98] KölnKommWpÜG/*Hirte* § 33 Rn. 3.

50 Ganz anders hingegen § 33 Abs. 2 WpÜG, der die bei Unternehmensübernahmen häufig diskutierten Möglichkeiten von Abwehrmaßnahmen vor einem tatsächlichen Angebot zulässt. So kann die Hauptversammlung den Vorstand für einen Zeitraum von 18 Monaten ermächtigen (**Vorratsbeschluss**), Handlungen vorzunehmen, die in den Zuständigkeitsbereich der Hauptversammlung fallen und die Übernahme verhindern sollen.[99] Ebenfalls möglich, jedoch nicht gesondert gesetzlich erwähnt, ist ein **Ad-hoc-Hauptversammlungsbeschluss**, der eine Übernahme auf Grund eines laufenden Übernahmeangebotes verhindern will.[100] Bei diesem bedarf es im Gegensatz zu § 33 Abs. 2 WpÜG keiner besonderen Mehrheit.

51 c) **Abwehrmaßnahmen gegen Konzernbildung.** Die Abwehrmaßnahmen auf Ebene der potentiellen Untergesellschaft gegen die Konzernbildung stehen in der Praxis überwiegend im Zusammenhang mit den sog. „feindlichen Unternehmensübernahmen", die wiederum häufig mittels öffentlicher Übernahmeangebote durchgeführt wird.[101]

III. Die tatbestandlichen Voraussetzungen des Nachteilsausgleichs (§ 311 AktG)[102]

1. Abhängigkeit im Sinne des § 17 AktG

52 § 311 Abs. 1 AktG geht von dem Abhängigkeitstatbestand des § 17 AktG aus, der – wie in der nachfolgenden Übersicht dargestellt – im Zusammenspiel mit § 16 und § 18 AktG verschiedene Vermutungstatbestände beinhaltet.

Prüfungsschema: Konzerntatbestände

In Mehrheitsbesitz stehende und mit Mehrheit beteiligte Unternehmen	Abhängige und herrschende Unternehmen	Konzernunternehmen (einheitliche Leitung)
Voraussetzung: Anteil- oder Stimmenmehrheit an dem anderen Unternehmen	Voraussetzung: Möglichkeit der Ausübung eines beherrschenden Einflusses eines Unternehmens auf das andere	Voraussetzung: Zusammenfassung der beiden Unternehmen unter einheitlicher Leitung
§ 16 AktG	§ 17 AktG	§ 18 AktG

§ 16 AktG → Widerlegbare Vermutung → § 17 AktG → Widerlegbare Vermutung → § 18 AktG

53 **Herrschendes Unternehmen** kann jeder Gesellschafter ohne Rücksicht auf seine Rechtsform[103] sein, wenn er neben der Beteiligung an der AG anderweitige wirtschaftliche Interessenverbindungen aufweist, die die Besorgnis nachteiliger Ausübung des Einflusses auf die Gesellschaft rechtfertigen.[104] Dieser weite Unternehmensbegriff soll den bezweckten Schutzumfang der abhängigen Gesellschaft sicherstellen. **Abhängige Gesellschaft** ist eine Aktiengesellschaft oder KGaA oder eine SE mit Sitz in Deutschland.

---

[99] BeckAG-HB/*Erwe* § 25 Rn. 177 f.
[100] *Krause* NJW 2002, 705 (713).
[101] Grundsätzlich zu Abwehrmaßnahmen ausführlich *Knoll* S. 203 ff.; BeckAG-HB/*Erwe* § 25 Rn. 177 f.; Emmerich/Habersack/*Habersack* AktG Vor § 311 Rn. 2 f.; vgl. Ausführungen zu Kapitel § 51.
[102] Überblick *K. Schmidt* ZGR 1981, 455 ff.; *Mestmäcker* in FS Kronstein, S. 129; *Geßler* in FS Flume II, 55 ff.; *Sura/Geßler* ZHR 145 (1981), 432 ff. (457 ff.).
[103] Neben der über § 28a EGAktG ausgenommenen Treuhandanstalt beachte nunmehr aktuell den sog. Finanzmarktstabilisierungsfonds (§ 7d FMStBG).
[104] Hüffer/Koch/*Koch* AktG § 311 Rn. 12.

Die Voraussetzungen der Abhängigkeit gemäß § 17 AktG sind gegeben, wenn aus der Sicht der Gesellschaft ein anderes Unternehmen einen beherrschenden Einfluss ausüben kann. Es genügt die **Möglichkeit**, auf die tatsächliche Ausübung kommt es nicht an. Als Beherrschungsmittel kommen nur gesellschaftsrechtlich, also kraft Beteiligung,[105] vermittelte Einflussmöglichkeiten in Betracht; sog. „externe Abhängigkeiten" wie Kredit- oder Lieferbeziehungen reichen, auch wenn sie zu einer Beteiligung hinzutreten, nicht aus.[106]

Nach ganz hM[107] reicht die **Sperrminorität von 25 %** für sich genommen nicht aus, da hierdurch nur Entscheidungen blockiert, aber nicht selbst getroffen werden können. Nachdem bei Mehrheitsbeteiligung die Vermutung des § 17 Abs. 2 AktG greift, liegt der kritische Bereich der Beurteilung zwischen 25 und 50 %: beispielhaft sei hier nur auf die Fallgruppe der Zusammensetzung des Aktionärskreises, der regelmäßigen Präsenz in der Hauptversammlung[108] sowie auf die Fallgruppe Famlienbesitz,[109] bei der nicht die bloße Verbundenheit, aber das tatsächliche Auftreten als geschlossene Einheit für ausreichend erachtet worden ist, hingewiesen.

Aus Vereinfachungsgründen stellt § 17 Abs. 2 AktG eine – allerdings widerlegliche – Vermutung auf, dass die Mehrheitsbeteiligung zur Abhängigkeit führt.[110] Mehrheitsbeteiligung ist über § 16 AktG sowohl bei Kapital- als auch bei Stimmenmehrheit anzunehmen. Folge der Vermutung ist die Darlegungs- und Beweislast, die denjenigen trifft, der sich auf die Unabhängigkeit beruft, was typischerweise das mehrheitlich beteiligte Unternehmen ist.

> **Praxistipp:**
> Durch Widerlegung der Abhängigkeitsvermutung kann aber auch die in Mehrheitsbesitz stehende Aktiengesellschaft die Pflicht zur Aufstellung eines Abhängigkeitsberichtes vermeiden.

Als taugliche Widerlegungsmittel kommen außerhalb von Unternehmensverträgen, wie Stimmbindungs- oder Entherrschungsverträge, die aber gerade nicht in den Anwendungsbereich des § 311 AktG fallen, nur satzungsmäßige Regelungen in Betracht wie Stimmrechtsbeschränkungen (§ 12 AktG) oder qualifizierte Mehrheiten, insbesondere bei Organbesetzungen, dh dem Aufsichtsrat.

Exkurs: Mittelbare Folge der nicht ausgeräumten Abhängigkeitsvermutung ist die Konzernvermutung des § 18 Abs. 1 S. 3 AktG. Soweit die Obergesellschaft gegenüber einem anderen (abhängigen) Unternehmen (Untergesellschaft) Leitungsmacht ohne vertragliche Grundlage oder Eingliederung ausübt, entsteht ein so genanntes faktisches Konzernverhältnis im Sinne von § 18 Abs. 1 S. 1, 3, Abs. 2 AktG.[111]

a) **Mehrfache und mehrstufige Unternehmensverbindungen.** Der Grundfall des § 311 Abs. 1 AktG geht von einem **herrschenden Unternehmen** aus. Bei **mehrfacher Abhängigkeit** der Gesellschaft, also im Fall von Gemeinschaftsunternehmen, bei denen mehrere andere Unternehmen zum gemeinsamen Nutzen durch Gründung oder Anteilserwerb (Mehrmütterschaft) an der Tochtergesellschaft beteiligt sind und sich ihre Einflusspotentiale nicht einzeln, sondern erst bei Zusammenrechnung der Stimmen eintritt,[112] besteht ein Abhängigkeitsverhältnis gegenüber jedem derjenigen Unternehmen, die an der Interessenkoordination teilnehmen.[113]

---

[105] Die Beherrschung durch Unternehmensvertrag ist gerade ein negatives Tatbestandsmerkmal des § 311 AktG, vgl. hierzu noch → Rn. 57.
[106] Hüffer/Koch/*Koch* AktG § 17 Rn. 8 mwN.
[107] *ADS* 36.
[108] Statt aller BGHZ 69, 334 (347) – VEBA/Gelsenberg.
[109] BGHZ 80, 69 (73) – Süssen.
[110] Emmerich/Habersack/*Habersack* § 311 Rn. 13; BeckAG-HB/*Liebscher* § 14 Rn. 19.
[111] Hüffer/Koch/*Koch* AktG § 18 Rn. 3.
[112] Hüffer/Koch/*Koch* AktG § 311 Rn. 12.
[113] Vgl. BGHZ 62, 193 (196) = NJW 1974, 855; BGHZ 74, 359 (363) = NJW 1979, 2401 – WAZ; BGHZ 80, 69 (73) = NJW 1981, 1512 – Süssen; BGHZ 99, 1 (3 ff.) = NJW 1987, 1639; BKartA AG 1991, 183 f. –

60 Nach § 17 Abs. 1 AktG liegt ein Abhängigkeitsverhältnis auch dann vor, wenn ein Unternehmen lediglich mittelbar einen beherrschenden Einfluss auf die Gesellschaft ausüben kann, so dass bei **mehrstufiger Abhängigkeit** die §§ 311 ff. AktG auf allen Stufen zur Anwendung kommen,[114] sofern auf keiner der Stufen ein Beherrschungsvertrag besteht.[115]

Beispiel 1:
Wenn ein Beherrschungsvertrag nur zwischen der Mutter- und Enkelgesellschaft besteht, findet § 311 AktG auch im Verhältnis zwischen Tochter- und Enkelgesellschaft keine Anwendung.[116] Dagegen verbleibt es für das Verhältnis zwischen Mutter und Tochter bei § 311 AktG.

Beispiel 2:
Eine **durchgehende Kette** hintereinander geschalteter Beherrschungsverträge führt dazu, dass § 311 AktG insgesamt unanwendbar bleibt.

Beispiel 3:
Bei der Eingliederung einer Gesellschaft sowie bei Bestehen eines Gewinnabführungsvertrages auf bestimmten Ebenen des Konzerns gelten die vorbenannten getroffenen Feststellungen entsprechend.[117]

61 b) **Internationaler Anwendungsbereich.** Voraussetzung für die Anwendbarkeit des Tatbestandes des § 311 AktG ist, dass das abhängige Unternehmen seinen **Verwaltungssitz im Inland** hat, da nur insoweit der Schutz des deutschen Konzernrechts greifen kann.[118] Dem gleichgestellt wird der Fall, wenn das internationale Gesellschaftsrecht zu einer Anerkennung einer nach ausländischem Recht gegründeten und einer der deutschen AG oder KGaA entsprechenden Gesellschaft führt, soweit diese einen inländischen Verwaltungssitz hat.[119]

62 Das Gesellschaftsstatut des herrschenden Unternehmens ist – ebenso wie deren Rechtsform[120] – dagegen nicht maßgeblich; ein Auslandssitz verhindert also die Anwendbarkeit der §§ 311 ff. AktG nicht.[121]

2. Kein Vertragskonzern – keine Eingliederung

63 **Negative Voraussetzung** des § 311 AktG ist das **Fehlen eines Beherrschungsvertrages** (§§ 311 Abs. 1, 312 Abs. 1 S. 1, 317 Abs. 1 S. 1 AktG) oder einer **Eingliederung** (§ 323 Abs. 1 S. 2 AktG), da beide Gestaltungen die entsprechende Einflussnahme (§ 308 AktG bzw. § 323 Abs. 1 S. 1 AktG) erlauben, so dass die Anwendung des § 311 AktG sinnwidrig wäre. Der **Gewinnabführungsvertrag** (§ 291 Abs. 1 Fall 2 AktG) hindert die Anwendung der §§ 311 f. AktG nicht, gemäß § 316 AktG werden aber die Regelungen über den Abhängigkeitsbericht (§§ 312–315 AktG) für nicht anwendbar erklärt. Andere Unternehmensverträge (§ 292 AktG), etwa Gewinnpoolungs- oder Betriebspachtverträge, stehen der Anwendung der §§ 311 ff. AktG insgesamt nicht entgegen.

3. Veranlassung durch herrschendes Unternehmen

64 a) **Erscheinungsform der Veranlassung.** Nach § 311 Abs. 1 AktG darf das herrschende Unternehmen seinen Einfluss nicht dazu benutzen, die abhängige Gesellschaft zur Vornahme

---

BAM/H + W; Hüffer/Koch/*Koch* AktG § 311 Rn. 13 mwN; MüKoAktG/*Bayer* § 17 Rn. 77; *Lutter* NJW 1973, 113 (118); *Ulmer* ZHR 141 (1977), 467 (475 f.).

[114] MHdB GesR IV/*Krieger* § 69 Rn. 70; Emmerich/Habersack/*Habersack* § 311 Rn. 17 f.
[115] MHdB GesR IV/*Krieger* § 69 Rn. 70; Emmerich/Habersack/*Habersack* § 311 Rn. 17 f.; Hüffer/Koch/*Koch* AktG § 311 Rn. 13.
[116] Hüffer/Koch/*Koch* AktG § 311 Rn. 15 aE; MHdB GesR IV/*Krieger* § 69 Rn. 70; teilweise andere Ansicht, *Pentz* S. 201 ff.
[117] Emmerich/Habersack/*Habersack* § 311 Rn. 17 ff.
[118] Hüffer/Koch/*Koch* AktG § 311 Rn. 12; MHdB GesR IV/*Krieger* § 69 Rn. 68.
[119] Emmerich/Habersack/*Habersack* § 311 Rn. 21.
[120] MHdB GesR IV/*Krieger* § 69 Rn. 68; Hüffer/Koch/*Koch* AktG § 311 Rn. 12; GHEK/*Kropff* Vorb. §§ 311–318 Rn. 39; Emmerich/*Sonnenschein* § 19 V 4; OLG Frankfurt a. M. AG 1988, 267 (272).
[121] KölnKommAktG/*Koppensteiner* vor § 311 Rn. 42 ff.; MHdB GesR IV/*Krieger* § 69 Rn. 68; MüKoBGB IntGesR/*Kindler* § 311 Rn. 749 ff.; OLG Frankfurt a. M. AG 1988, 267 (272); BGH ZIP 2005, 250 (251); GHEK/*Kropff* Vorb. §§ 311–318 Rn. 42 ff.

eines nachteiligen Rechtsgeschäftes oder einer nachteiligen Maßnahme zu veranlassen. Damit wird dem Umstand Rechnung getragen, dass die Gesellschaft unter dem beherrschenden Einfluss eines Unternehmens steht und es aus Sicht dieses Unternehmens nahe liegt, unter Ausnutzung dieser Machtstellung seiner anderweitig verfolgten Interessen, auch innerhalb der Gesellschaft Geltung zu verschaffen.

Eine relevante Veranlassung liegt nur bei einer kausalen Verknüpfung zwischen dem Einfluss des herrschenden Unternehmens auf die Gesellschaft und dem Verhalten der Gesellschaft vor.[122] Veranlasst sind Rechtsgeschäfte und Maßnahmen vom herrschenden Unternehmen, wenn ein entsprechender Wunsch des herrschenden Unternehmens dafür (mit-)ursächlich war, wobei es unbeachtlich ist, ob dies als förmliche Weisung, Anregung oder sonst wie erkennbare Erwartung zum Ausdruck kommt.[123] Auch ist ein besonderes Veranlassungsbewusstsein auf Seiten des herrschenden Unternehmens nicht erforderlich. Hätte das abhängige Unternehmen dieselbe Maßnahme allerdings auch ohne Veranlassung getroffen, greift § 311 AktG nicht ein.[124]

Nicht ausreichend ist eine Äußerung des herrschenden Unternehmens, die als „echte" Anregung gemeint ist und sich auch aus der Sicht der abhängigen Gesellschaft nicht mit der Erwartung verbindet, die abhängige Gesellschaft möge sich entsprechend verhalten,[125] wobei in der Praxis durchaus Nachweisprobleme zu erwarten sind.

§ 311 AktG knüpft für die Abgrenzung der zulässigen Nachteile, die im Konzerninteresse und – vor dem Hintergrund langfristiger Vorteile – in Kauf genommen werden dürfen, an die Begriffe „Einfluss" und „veranlassen" an, was im Sinne von „verursachen" zu verstehen ist, so dass sich der Begriff im Ergebnis mit dem Weisungsbegriff iSd § 308 AktG deckt.[126] Es genügt **jede Einflussnahme,** die zu einem nachteiligen Rechtsgeschäft oder einer nachteiligen Maßnahme führt:[127] Ratschlag, Anregung, Erwartung eines bestimmten Verhaltens, einzelfallbezogene Weisung oder allgemeine Richtlinien sind denkbar. Die Veranlassung erfordert keine **gewisse Nachdrücklichkeit,**[128] auch ein **Veranlassungsbewusstsein** ist nicht erforderlich.[129] Maßgeblich ist nur, ob sich die abhängige Gesellschaft aus ihrer Sicht veranlasst sehen durfte.

b) **Normadressat.** Normadressat des § 311 Abs. 1 AktG ist das **herrschende Unternehmen,** das durch das Tätigwerden der organschaftlichen Vertreter (Vorstand, Geschäftsführer) die Veranlassung gesetzt hat.[130] Im Sinne eines effektiven Schutzes kann die Beeinflussung aber auch durch einen Angestellten des herrschenden Unternehmens, der persönlich nicht einem Leitungsorgan angehört und auch von keinem solchen direkt oder indirekt nachweisbar angewiesen wurde, ausgeübt werden, wenn dem Leitungsorgan die Einflussnahme des herrschenden Unternehmens aus der Perspektive der abhängigen Gesellschaft zuzurechnen ist.[131]

Soweit eine **mehrfache Abhängigkeit** (Stichwort: Gemeinschaftsunternehmen) vorliegt, kann dies durch die organschaftlichen Vertreter, Angestellten usw jedes der gemeinschaftlich

---

[122] KölnKommAktG/*Koppensteiner* vor § 311 Rn. 42 ff.; MHdB GesR IV/*Krieger* § 69 Rn. 68; MüKoBGB IntGesR/*Kindler* § 311 Rn. 749 ff.; OLG Frankfurt a. M. AG 1988, 267 (272); BGH ZIP 2005, 250 (251); GHEK/*Kropff* Vorb. §§ 311–318 Rn. 42 ff.
[123] MHdB GesR IV/*Krieger* § 69 Rn. 74; BeckAG-HB/*Liebscher* § 14 Rn. 73 mwN.
[124] GHEK/*Kropff* Vorb. § 311 Rn. 95; KölnKommAktG/*Koppensteiner* § 311 Rn. 4; Emmerich/Habersack/ *Habersack* § 311 Rn. 24; Hüffer/Koch/*Koch* AktG § 311 Rn. 16; enger *Neuhaus* DB, 1970, 1913 (1915), der in solchen Fällen verlangen will, dass die Veranlassung durch das herrschende Unternehmen überwiege.
[125] KölnKommAktG/*Koppensteiner* § 311 Rn. 2; Emmerich/Habersack/*Habersack* § 311 Rn. 24; Hüffer/ Koch/*Koch* AktG § 311 Rn. 16.
[126] *Nirk* Rn. 2515 mwN.
[127] KölnKommAktG/*Koppensteiner* § 311 Rn. 2, 9; *Baumbach/Hueck* § 311 Rn. 6 f.; GroßkommAktG/ *Würdiger* § 311 Rn. 4; MHdB GesR IV/*Krieger* § 69 Rn. 73.
[128] HM; KölnKommAktG/*Koppensteiner* § 311 Rn. 2; GHEK/*Kropff* § 311 Rn. 91; aA *Leo* AG 1965, 352 (356).
[129] Hüffer/Koch/*Koch* AktG § 311 Rn. 16; KölnKommAktG/*Koppensteiner* § 311 Rn. 3; aA GHEK/*Kropff* § 311 Rn. 91; offen lassend MHdB GesR IV/*Krieger* § 69 Rn. 72 f.
[130] Emmerich/Habersack/*Habersack* § 311 Rn. 26; Hüffer/Koch/*Koch* AktG § 311 Rn. 17.
[131] KölnKommAktG/*Koppensteiner* § 311 Rn. 10; aA GHEK/*Kropff* § 311 Rn. 92; MHdB GesR IV/*Krieger* § 69 Rn. 75.

herrschenden Unternehmen geschehen.¹³² Erst recht ist eine Veranlassung durch ein Unternehmen dem anderen zuzurechnen, wenn aus der Perspektive der abhängigen Gesellschaft die Veranlassung durch alle vorliegt.

70 Bei einer **mehrstufigen Abhängigkeit** kommt es grundsätzlich darauf an, von welchem Unternehmen die Veranlassung ausgeht. Wenn ein Vertreter der Tochtergesellschaft die Enkelgesellschaft veranlasst, ist es also nicht ohne weiteres gerechtfertigt, die Veranlassung auch der Muttergesellschaft zuzurechnen.

71 **c) Veranlassungsadressat.** Die Veranlassung muss sich nicht zwangsläufig an den **Vorstand der abhängigen Gesellschaft** richten,¹³³ vielmehr kommen auch sonstige Angestellte der abhängigen Gesellschaft als Adressaten in Betracht. Der Vorstand der abhängigen Gesellschaft hat insoweit zwar sicherzustellen, dass er über die an nachgeordnete Stellen gerichteten Veranlassungen informiert wird, um gegebenenfalls deren Vollzug verhindern zu können. Eine Verletzung dieser Organisationspflicht ändert jedoch nichts am Vorliegen einer Veranlassung iSd § 311 AktG.¹³⁴ Im Ergebnis genügt also auf beiden Seiten das Tätigwerden nachgeordneter Stellen.¹³⁵

72 **d) Beweiserleichterungen: Allgemeines und Veranlassungsvermutung.** Nach allgemeinen Grundsätzen der Beweislastverteilungsregeln müssten die abhängige Gesellschaft, und in den Fällen des § 317 AktG auch die Gläubiger und Minderheitsaktionäre, die Tatsachen darlegen und beweisen, aus denen sich die tatbestandliche Veranlassung ergibt, was in der Praxis auf Grund der Informations- und Nachweislage den effektiven Schutz verringern würde.¹³⁶ Die Einflussnahme auf das Handeln der Organe der abhängigen Gesellschaft durch das herrschende Unternehmen erfolgt allerdings häufig auf **informellem Wege,** insbesondere durch allgemein gehaltene Anweisungen oder Richtlinien, ohne dass eine außenstehende Person in der Lage wäre, die konkrete Ursache einer im fremden Interesse ergriffenen und damit für die abhängige Gesellschaft nachteiligen Maßnahme nachzuweisen.¹³⁷ Mit Recht geht deshalb die ganz herrschende Meinung von Beweiserleichterungen zugunsten der abhängigen Gesellschaft, ihren Gläubigern und ihren außenstehenden Aktionären aus.¹³⁸ Die **Einzelheiten** bleiben jedoch sämtlich umstritten:¹³⁹

- Weitestgehend einheitlicher Ausgangspunkt ist eine vom herrschenden Unternehmen widerlegbare Vermutung, dass die nachteilige Maßnahme vom herrschenden Unternehmen veranlasst wurde, wobei jedoch bereits strittig ist, ob diese Vermutung voraussetzt, dass die Maßnahme dem herrschenden Unternehmen einen Vorteil brachte oder nicht.¹⁴⁰
- Fraglich ist weiterhin, ob insoweit ein einfaches Abhängigkeitsverhältnis ausreicht oder ein faktisches Konzernverhältnis erforderlich ist.¹⁴¹
- Bei mehrstufigen Unternehmensverbindungen wird der Beweis des ersten Anscheins – mit der Möglichkeit des Gegenbeweises – für den Fall bejaht, dass eine von der Tochter-

---

¹³² KölnKommAktG/*Koppensteiner* § 311 Rn. 12; GHEK/*Kropff* § 311 Rn. 93; Hüffer/Koch/*Koch* AktG § 311 Rn. 18; MHdB GesR IV/*Krieger* § 69 Rn. 75.
¹³³ Emmerich/Habersack/*Habersack* § 311 Rn. 26; Hüffer/Koch/*Koch* AktG § 311 Rn. 7; KölnKommAktG/ *Koppensteiner* § 311 Rn. 13; GHEK/*Kropff* § 311 Rn. 92; MHdB GesR IV/*Krieger* § 69 Rn. 77.
¹³⁴ Hüffer/Koch/*Koch AktG* § 311 Rn. 17.
¹³⁵ Emmerich/Habersack/*Habersack* § 311 Rn. 25 u. 27; KölnKommAktG/*Koppensteiner* § 311 Rn. 10 u. 13; GHEK/*Kropff* § 311 Rn. 92; HüfferKoch/*Koch* AktG § 311 Rn. 19 MHdB GesR IV/*Krieger* § 69 Rn. 75.
¹³⁶ Emmerich/Habersack/*Habersack* § 311 Rn. 32; Hüffer/Koch/*Koch* AktG § 311 Rn. 18.
¹³⁷ Emmerich/Habersack/*Habersack* § 311 Rn. 32.
¹³⁸ MHdB GesR IV/*Krieger* § 69 Rn. 76; Hüffer/Koch/*Koch* AktG § 311 Rn. 18 f.; Emmerich/Habersack/ *Habersack* § 311 Rn. 33, aA: *Haesen* Abhängigkeitsbericht S. 90 f.; *Säcker* ZHR 151 (1987), 59 (63).
¹³⁹ Ausführlich Emmerich/Habersack/*Habersack* § 311 Rn. 32 ff.
¹⁴⁰ Vgl. dazu MüKoAktG/*Kropff* § 311 Rn. 84, 86 f.; KölnKommAktG/*Koppensteiner* § 311 Rn. 6 f.; GroßkommAktG/*Würdiger* § 311 Anm. 3 u. 9; Hüffer/Koch/*Koch* AktG § 311 Rn. 19; GHEK/*Kropff* § 311 Rn. 97 mwN; Emmerich/Habersack/*Habersack* § 311 Rn. 33; *Decher* S. 173 f.; MHdB GesR IV/*Krieger* § 69 Rn. 76.
¹⁴¹ Kein Konzernverhältnis voraussetzend GroßkommAktG/*Würdiger* § 312 Anm. 3 und § 317 Anm. 9; Emmerich/Habersack/*Habersack* § 311 Rn. 34; gegenteiliger Auffassung MHdB GesR IV/*Krieger* § 69 Rn. 76; GHEK/*Kropff* § 311 Rn. 97; KölnKommAktG/*Koppensteiner* § 311 Rn. 6.

Gesellschaft ausgehende Einflussnahme auf die Enkel-Gesellschaft die Vorgaben der Konzernmutter umsetzt und deshalb von dieser als veranlasst gilt.[142]
- Die Fallgruppe der Organdoppelmandate (sowohl bei Vorstand als auch beim Aufsichtsrat) stellt den praktisch wichtigsten Fall dar, in dem von der herrschenden Meinung eine **unwiderlegbare** Veranlassungsvermutung angenommen wird.[143]

e) **Einzelne Erscheinungsformen der Veranlassung.** aa) *Veranlassung durch Beschluss der Hauptversammlung.* Eine Veranlassung iSd § 311 AktG kann auch durch Ausübung des Stimmrechts des herrschenden Unternehmens, also durch Beschluss der Hauptversammlung erfolgen Dies gilt sowohl für Fragen der Geschäftsleitung, über die die Hauptversammlung entscheidet, also bei Beschlüssen gemäß § 119 Abs. 2 AktG, als auch bei der Zustimmung zu einem Unternehmensvertrag im Sinne des § 292 AktG.[144] Weiterhin sind über §§ 27, 125 UmwG vom Anwendungsbereich des § 311 AktG grundsätzlich auch Verschmelzungs- und Spaltungsbeschlüsse erfasst.[145] Da Abspaltungen vom Gesetzgeber jedoch vorgesehen, konkret ausgeformt und unabhängig von einem sachlichen Grund zulässig sind und der Außenseiterschutz im Umwandlungsgesetz speziell geregelt ist, soll § 311 AktG bei **Abspaltungen** im faktischen Konzern gleichwohl keine Anwendung finden.[146]

Dies gilt jedenfalls dann, wenn die Hauptversammlung der abhängigen Gesellschaft dem Abschluss eines Beherrschungs- oder Gewinnabführungsvertrages oder der Eingliederung der Gesellschaft zustimmt,[147] sonst würden diese gesetzlich vorgesehenen Gestaltungsmöglichkeiten sanktioniert.

bb) *Veranlassung bei personeller Verflechtung im Vorstand.* Abgrenzungs- und Ermittlungsprobleme entstehen, wenn die Veranlassung durch einen **Organwalter** oder leitenden Angestellten der abhängigen Gesellschaft erfolgt und dieser zugleich als Organwalter bzw. leitender Angestellter im herrschenden Unternehmen tätig oder gar mit diesem identisch ist (Problem der **Vorstandsdoppelmandate**).[148]

Die personellen Verflechtungen per se begründen jedenfalls noch nicht den Tatbestand einer qualifizierten Nachteilszufügung.[149] Andererseits ist solchen „von innen" kommenden Veranlassungen aus Sicht der abhängigen Gesellschaft und ihrer außenstehenden Dritten (Minderheitsaktionäre, Gesellschafter) die Gefahr immanent, dass außerhalb der abhängigen Gesellschaft verfolgte Interessen des herrschenden Unternehmens unmittelbare Umsetzung erfahren.[150] Eine am **Schutzzweck des § 311 AktG** orientierte Auslegung hat deshalb den Umstand in den Vordergrund zu stellen, dass im Fall personeller Verflechtungen der „entsandte" Organwalter oder Angestellte weiterhin Bindungen gegenüber dem herrschenden Unternehmen unterliegt, die gegebenenfalls dazu benutzt werden können, bestimmte

---

[142] *Penz* S. 197 ff.; Emmerich/Habersack/*Habersack* § 311 Rn. 34.
[143] KölnKommAktG/*Koppensteiner* § 318 Rn. 18; Hüffer/Koch/*Koch* AktG § 311 Rn. 21; *Säcker* ZHR 151 (1987), 59; *Semler* FS Stiefel, S. 719; aA *Decher* S. 174, MünchKommAktG Rn. 100, mit Widerlegbarkeit für nachteilige Maßnahme auch MHdB GesR IV/*Krieger* § 69 Rn. 75 f.
[144] KölnKommAktG/*Koppensteiner* § 318 Rn. 18; Hüffer/Koch/*Koch* AktG § 311 Rn. 21; *Säcker* ZHR 151 (1987), 59; *Semler* FS Stiefel, S. 719; aA *Decher* S. 174, MünchKommAktG Rn. 100, mit Widerlegbarkeit für nachteilige Maßnahme auch MHdB GesR IV/*Krieger* § 69 Rn. 75 f.
[145] Hüffer/Koch/*Koch* AktG § 311 Rn. 15; Emmerich/Habersack/*Habersack* § 311 Rn. 29 f. mwN; KölnKommAktG/*Koppensteiner* § 311 Rn. 25; MüKoAktG/*Kropff* § 311 Rn. 111; aA: Adler/Düring/Schmaltz § 311 Rn. 30; Schmidt/Lutter/*Vetter* § 311 Rn. 35, 68.
[146] *Pfeuffer*, Verschmelzungen und Spaltungen als nachteilige Rechtsgeschäfte iSv § 311 AktG?, S. 147, 211 f.; *Tillmann* AG 2008, 486 (492); Adler/Düring/Schmaltz § 311 Rn. 30; Schmidt/Lutter/*Vetter* § 311 Rn. 68.
[147] Emmerich/Habersack/*Habersack* § 311 Rn. 29; MüKoAktG/*Kropff* § 311 Rn. 117; KölnKommAktG/*Koppensteiner* § 311 Rn. 117.
[148] Vgl. zur Problematik KölnKommAktG/*Koppensteiner* § 311 Rn. 28; Hüffer/Koch/*Koch* AktG § 311 Rn. 22; Emmerich/Habersack/*Habersack* § 311 Rn. 28; *Neuhaus* DB 1970, 1913 (1916); *Säcker* ZHR 151 (1987), 59 (65 ff.); *Semler* FS Stiefel, S. 719 (760); *Ulmer* FS Stimpel, S. 705 (712 ff.); GroßkommAktG/*Würdiger* § 311 Anm. 4; *Decher* S. 174; *Paehler* S. 36; MHdB GesR IV/*Krieger* § 69 Rn. 75 f.; MüKoAktG/*Kropff* § 311 Rn. 100 f.
[149] Emmerich/Habersack/*Habersack* § 311 Rn. 28.
[150] Emmerich/Habersack/*Habersack* § 311 Rn. 28.

Maßnahmen hervorzurufen.[151] Fraglich ist in diesem Zusammenhang nur, ob im Fall einer personellen Verflechtung unwiderleglich von einer Veranlassung der nachteiligen Maßnahme durch das herrschende Unternehmen auszugehen ist, oder ob insoweit die allgemeinen Grundsätze der Darlegungs- und Beweislast eingreifen.[152] Die herrschende Meinung geht davon aus, dass es sich um eine unwiderlegliche Vermutung handelt, da diese über die Organisationsstruktur determiniert wird, obwohl sich eine von außen kommende Veranlassung nicht feststellen lässt.[153]

77 cc) *Veranlassung bei personeller Verflechtung im Aufsichtsrat.* Der obige Lösungsansatz kann nicht auf die personelle Verflechtung im Aufsichtsrat übertragen werden.[154] Die Mitgliedschaft im Aufsichtrat der abhängigen Gesellschaft vermittelt insoweit keine Stellung, die die unmittelbare Umsetzung der Interessen des herrschenden Unternehmens begründet. Dies gilt auch, wenn der Aufsichtrat nach § 111 Abs. 4 S. 2 AktG über Fragen der Geschäftsführung entscheidet.[155] Damit bleibt es also bei den allgemeinen Regeln über die Beweislastverteilung, also hier dem Anscheinsbeweis und der daraus folgenden widerlegbaren Veranlassungsvermutung,[156] abhängig davon, welche Voraussetzungen man an diese knüpft.[157]

78 dd) *Veranlassung bei Gemeinschaftsunternehmen.* Bei mehreren gemeinschaftlich herrschenden Unternehmen ist die Veranlassung denjenigen zuzurechnen, von deren Einvernehmen sie gedeckt war.[158]

79 ee) *Veranlassung bei Gebietskörperschaften.* Herrschendes Unternehmen kann die Bundesrepublik Deutschland oder eine andere Gebietskörperschaft sein,[159] die sich jeweils auf privatrechtlichem Gebiet beteiligt, so dass insoweit bezüglich der Veranlassung die gleichen Regeln gelten wie für andere herrschende Unternehmen.

80 ff) *Veranlassung bei mehrstufiger Abhängigkeit.* Bei mehrstufiger Abhängigkeit sind nachteilige Veranlassungen jedem der herrschenden Unternehmen zuzurechnen, von dem sie ausgingen.[160]

81 f) **Veranlassungswirkungen.** Die Veranlassung muss alternativ ein für die abhängige Gesellschaft nachteiliges Rechtsgeschäft oder eine nachteilige Maßnahme zur Folge haben. Ausreichend ist **jede Geschäftsführungshandlung,** die Auswirkungen auf die Ertrags- oder Vermögenslage der Gesellschaft haben kann.[161] Das Unterlassen einer vorteiligen Maßnahme für die beherrschte Gesellschaft steht einer ergriffenen Maßnahme gleich.[162] Der Begriff der Maßnahme im Sinne des § 311 Abs. 1 AktG schließt dabei als Oberbegriff den Begriff des Rechtsgeschäfts mit ein.[163]

82 Die Veranlassung muss **kausal** für das Rechtsgeschäft, die Maßnahme oder das Unterlassen des einen oder des anderen sein; Mitursächlichkeit genügt.[164] An der Kausalität fehlt es nur dann, wenn sich die beherrschte Gesellschaft ohne Veranlassung genauso verhalten hätte.[165]

---

[151] Hüffer/Koch/*Koch* AktG § 311 Rn. 22 aE.
[152] Emmerich/Habersack/*Habersack* § 311 Rn. 28, 33 u. 35.
[153] Emmerich/Habersack/*Habersack* § 311 Rn. 35; aA Hüffer/Koch/*Koch* AktG § 311 Rn. 22 aE.
[154] Hüffer/Koch/*Koch* AktG § 311 Rn. 22.
[155] Emmerich/Habersack/*Habersack* § 311 Rn. 36.
[156] Hüffer/Koch/*Koch* AktG § 311 Rn. 22; Emmerich/Habersack/*Habersack* § 311 Rn. 36.
[157] Vgl. → Rn. 66.
[158] MHdB GesR IV/*Krieger* § 69 Rn. 77.
[159] BGHZ 175, 365 (370).
[160] Vgl. dazu → Rn. 64.
[161] MüKoAktG/*Kropff* § 311 Rn. 136; KölnKommAktG/*Koppensteiner* § 311 Rn. 136; Hüffer/Koch/*Koch* AktG § 311 Rn. 24.
[162] MüKoAktG/*Kropff* § 311 Rn. 136; KölnKommAktG/*Koppensteiner* § 311 Rn. 136; Hüffer/Koch/*Koch* AktG § 311 Rn. 24.
[163] Hüffer/Koch/*Koch* AktG § 311 Rn. 24; Emmerich/Habersack/*Habersack* § 311 Rn. 37.
[164] KölnKommAktG/*Koppensteiner* § 311 Rn. 4; Hüffer/Koch/*Koch* AktG § 311 Rn. 24; MHdB GesR IV/*Krieger* § 69 Rn. 74; Emmerich/Habersack/*Habersack* § 311 Rn. 38.
[165] Emmerich/Habersack/*Habersack* § 311 Rn. 38; Hüffer/Koch/*Koch* AktG § 311 Rn. 24.

Die Verfolgung eigener Interessen durch die abhängige Gesellschaft steht der Anwendung des § 311 Abs. 1 AktG nicht entgegen.[166]

4. Nachteil

Rechtsgeschäfte oder sonstige Maßnahmen im Sinne des § 311 Abs. 1 AktG müssen einen nachteiligen Charakter haben, um dem Regelungszweck des Schutzes der Gläubiger und Minderheitsaktionäre zu genügen. Ein Nachteil ist jede Minderung der Vermögens- oder Ertragslage der Gesellschaft ohne Rücksicht auf Quantifizierbarkeit, soweit sie als Abhängigkeitsfolge eintritt (**Nachteil**),[167] **wobei die Rspr. auch jede konkrete Gefährdung ausreichen lässt**.[168] Es kommt daher insbesondere nicht darauf an, ob dieser Nachteil **selbstständig bewertbar** ist. Der Nachteil kann auch in bloßer Änderung der Zusammensetzung des Gesellschaftsvermögens liegen,[169] ebenso die Ausübung von Bilanzierungswahlrechten in einem bestimmten, nämlich gewinnmaximierenden Sinne.[170]

Besteht eine mehrstufige Abhängigkeit, kann die Einflussnahme auf mehreren Stufen zum Nachteil führen.[171]

a) Beeinträchtigung der Vermögens- und Ertragslage. An einem Nachteil fehlt es, wenn ein ordentlicher und gewissenhafter Geschäftsleiter einer unabhängigen Gesellschaft sich ebenso verhalten hätte wie der Vorstand der abhängigen Gesellschaft.[172] Der Nachteil stellt also immer eine **Sorgfaltspflichtverletzung** iSd § 93 Abs. 1 S. 1 AktG dar;[173] wenn auch ein pflichtgemäß handelnder Vorstand einer unabhängigen Gesellschaft diese Maßnahme getroffen hätte, entfällt bereits der nachteilige Charakter der Maßnahme und nicht erst die Ersatzpflicht iSd § 317 Abs. 2 AktG.[174] Ebenso ist auch das allgemeine unternehmerische Risiko von der abhängigen Gesellschaft, ihren Gläubigern und sämtlichen Aktionären gleichermaßen zu tragen.[175]

b) Sorgfaltspflichtwidrigkeit. aa) *Grundsätze, Leitungsermessen des Vorstands und Drittvergleich*. Wie auch schon bei der Bestimmung des Vorliegens eines Nachteiles kommt es bei der Frage der **Sorgfaltspflichtwidrigkeit** auf einen Vergleich mit dem hypothetischen Vorstandshandeln einer unabhängigen, aber im Übrigen **vergleichbaren Gesellschaft** an (**Drittvergleich**). Bereits diese Feststellung ist auf Grund der Tatsache, dass es sich bei Investitions-, Organisations- oder Personalmaßnahmen in einem wettbewerblich geprägten System regelmäßig um eine, auf bloßen Erwartungen und Hoffnungen (also ungewissen zukünftigen Ereignissen) basierende Entscheidung handelt, problematisch, da diese Maßnahmen naturgemäß Ausflüsse **unternehmerischen Ermessens** sind.[176] Danach ergibt sich die Pflichtwidrigkeit eines Vorgehens insoweit aus einem **Ermessensfehlgebrauch** in der Abwägung zwischen Chancen und Risiken einer bestimmten Vorgehensweise.[177] So beschränkt sich auch die Prüfung des Abhängigkeitsberichtes darauf, ob bei Rechtsgeschäften die Leistung der Gesellschaft bei **vernünftiger kaufmännischer Beurteilung** angemessen ist,[178] wobei die Konkretisierung schwierig erscheint.

---

[166] Hüffer/Koch/*Koch* AktG § 311 Rn. 24.
[167] Singleich BGH WM 1999, 850 (851) re. Sp.; KölnKommAktG/*Koppensteiner* § 311 Rn. 28; MüKoAktG/*Kropff* § 311 Rn. 107.
[168] BGHZ 141, 79 (81); BGH DB 2009, 107; Hüffer/Koch/*Koch* AktG § 311 Rn. 25.
[169] Hüffer/Koch/*Koch* AktG § 311 Rn. 24.
[170] Ibedem. Zu weiteren Fallgruppen → Rn. 87 ff.
[171] *Rehbinder* ZGR 1977, 581 (595 ff.).
[172] *Rehbinder* ZGR 1977, 581 (595 ff.).
[173] Emmerich/Habersack/*Habersack* § 311 Rn. 40.
[174] MüKoAktG/*Kropff* § 311 Rn. 139 f.; KölnKommAktG/*Koppensteiner* § 311 Rn. 22.
[175] Emmerich/Habersack/*Habersack* § 311 Rn. 40.
[176] Emmerich/Habersack/*Habersack* § 311 Rn. 40.
[177] Ähnlich KölnKommAktG/*Koppensteiner* § 311 Rn. 22; Hüffer/Koch/*Koch* AktG § 311 Rn. 34 f.; MHdB GesR IV/*Krieger* § 69 Rn. 78; *Paehler* S. 141 ff.; *Pöppl* S. 67 ff.
[178] KölnKommAktG/*Koppensteiner* § 311 Rn. 22; GHEK/*Kropff* § 311 Rn. 158; *Reuter* ZHR 146 (1982), 1 (13 f.).

86 *bb) Vergleichsmaßstab bei Rechtsgeschäften.* Nach überwiegender Ansicht ist die Ausübung des unternehmerischen Ermessens anhand der vor allem im Handels- und Steuerrecht entwickelten Grundsätze über die **verdeckte Gewinnausschüttung** zu überprüfen,[179] wobei die anders gelagerte Zielrichtung dieser Grundsätze zu berücksichtigen ist: bei § 311 AktG Nachteilsermittlung für die abhängige Gesellschaft, demgegenüber Vorteilsermittlung zugunsten des einzelnen Gesellschafters gemäß § 57 AktG bei der verdeckten Gewinnausschüttung.[180]

87 Durch einen Vergleich mit einem objektiven und hypothetischen Drittgeschäft ist zu ermitteln, ob im Kern ein **objektives Missverhältnis zwischen Leistung und Gegenleistung** besteht.[181] Der wesentliche Anhaltspunkt für die Nachteilsermittlung ergibt sich aus dem jeweiligen Vergleich mit dem für die Leistung üblichen **Marktpreis**.[182] Dabei sind auch die tatsächlichen Konditionen, also die **Nebenbedingungen**, ua Zahlungsziele, Transportkosten, Garantieleistungen, Kosten etwa üblicher Kreditversicherungen etc mit zu berücksichtigen und in das hypothetische Marktgeschäft miteinzubeziehen.[183]

88 Mangelt es an Marktpreisen für bestimmte Leistungen der abhängigen Gesellschaft, sind Hilfsrechnungen unvermeidbar,[184] die sich so exakt wie möglich an Marktpreisen für ähnliche Leistungen orientieren. Insoweit kommt der Problematik der Konzernverrechnungspreise, die auch in (internationalen) Steuerrechtsfragen auftritt, eine entsprechende Bedeutung zu: Eine Möglichkeit bietet die **Absatzpreismethode,** bei der der Endverkaufspreis des marktgängigen Produktes zugrunde gelegt wird, der unabhängigen Dritten für die Endleistung berechnet wird, wenn sie den Unternehmensverbund verlässt; von diesem Marktpreis wird durch Abschläge, in Höhe der auf die zwischengeschalteten Konzernunternehmen anfallenden Anteile, rückwärts gerechnet, um den Wert des Beitrags der abhängigen Gesellschaft zu ermitteln.[185] Alternativ hierzu kann mit der **Kostenaufschlagsmethode gearbeitet werden,** die den Vorkosten der abhängigen Gesellschaft einen branchenüblichen Gewinnaufschlag hinzurechnet.[186] Bei der Anwendung der Methoden ist darauf zu achten, möglichst realistische Ergebnisse zu erzielen: so empfiehlt sich etwa die Absatzpreismethode, wenn die Leistungen der abhängigen Gesellschaft nur wenige Stufen von der Endleistung entfernt ist.[187]

89 **Ungünstige Rechtsgeschäfte** zwischen der abhängigen Gesellschaft und dem herrschenden Unternehmen sind immer als Nachteil einzustufen, auch wenn eine unabhängige Gesellschaft das gleiche Geschäft, zum Beispiel in Erwartung von Kompensationsgeschäften, ohne Sorgfaltsverstoß hätte vornehmen können. In der Praxis kann eine enge wirtschaftliche Abhängigkeit der abhängigen Gesellschaft von dem herrschenden Unternehmen zur Folge haben, dass viele Veranlassungen des herrschenden Unternehmens nicht mehr als nachteilig qualifiziert werden können, eben weil die Gesellschaft in ihrer wirtschaftlichen Situation selbst bei rechtlicher Unabhängigkeit sich nicht anders hätte verhalten können.[188]

90 *cc) Vergleichsmaßstab bei sonstigen Maßnahmen.* Bei sonstigen Maßnahmen[189] handelt es sich um jegliche Maßnahmen der Geschäftsführung, zB Investitionsentscheidungen, Fest-

---

[179] BGHZ 141, 79 (84 ff.) = NJW 1999, 1706; KölnKommAktG/*Koppensteiner* § 311 Rn. 37; MüKoAktG/*Kropff* § 311 Rn. 160 ff.; MHdB GesR IV/*Krieger* § 69 Rn. 81; *Brezing* AG 1975, 225 (231); *Döllerer* BB 1967, 1437 ff.; *Neuhaus* DB 1970, 1913 (1918); Hüffer/Koch/*Koch* AktG § 311 Rn. 30; GHEK/*Kropff* § 311 Rn. 159 ff.
[180] MHdB GesR IV/*Krieger* § 69 Rn. 81 mwN.
[181] Hüffer/Koch/*Koch* AktG § 311 Rn. 27.
[182] GHEK/*Kropff* § 311 Rn. 166 ff.; KölnKommAktG/*Koppensteiner* § 311 Rn. 38; mwN; MHdB GesR IV/*Krieger* § 69 Rn. 81; Emmerich/Habersack/*Habersack* § 311 Rn. 55; Hüffer/Koch/*Koch* AktG § 311 Rn. 31.
[183] Emmerich/Habersack/*Habersack* § 311 Rn. 55; Hüffer/Koch/*Koch* AktG § 311 Rn. 31.
[184] Hüffer/Koch/*Koch* AktG § 311 Rn. 32.
[185] Dazu Emmerich/Habersack/*Habersack* § 311 Rn. 56; Hüffer/Koch/*Koch* AktG § 311 Rn. 33; jeweils mwN.
[186] Näher dazu KölnKommAktG/*Koppensteiner* § 311 Rn. 40; MüKoAktG/*Kropff* § 311 Rn. 170 ff.; *Pöppl* S. 60 ff.; *Wälde* AG 1974, 370; WP Handbuch 2012, Bd. I, F Rn. 886 mwN.
[187] Hüffer/Koch/*Koch* AktG § 311 Rn. 33.
[188] KölnKommAktG/*Koppensteiner* § 311 Rn. 38; Emmerich/Habersack/*Habersack* § 311 Rn. 55; MHdB GesR IV/*Krieger* § 69 Rn. 78 aE.
[189] Emmerich/Habersack/*Habersack* § 311 Rn. 57.

legung des künftigen Forschungs- und Produktionsbereiches, Entscheidung über die Aufnahme von Aktivitäten auf einem bestimmten Markt oder Entscheidungen über eine Umstrukturierung der Absatzorganisation,[190] bei denen keine Rechtsgeschäfte zugrunde liegen.

Der Untersuchung der sonstigen Maßnahmen liegt der Maßstab, ob der Vorstand einer gemäß § 17 AktG unabhängigen Gesellschaft unter Beachtung des Pflichtenstandards des § 93 Abs. 1 S. 1 AktG vergleichbar entschieden hätte, zugrunde.[191] Eine Ermessensüberschreitung liegt dabei wohl trotz der beschriebenen Probleme jedenfalls dann vor, wenn die ergriffene Maßnahme den Bestand oder die dauerhafte Rentabilität des Gesellschaftsunternehmens ernsthaft in Frage stellt (Existenzgefährdung)[192] oder wenn sie unkalkulierbare bzw. für die Gesellschaft erhebliche Risiken beinhaltet.[193] Jenseits der Situation der Existenzgefährdung verbleibt der praktisch wichtige Bereich der Zentralisierung und Spezialisierung im Konzernverbund.[194] Insofern dürfte ein nachteiliger Charakter jedenfalls ausscheiden, wenn und soweit nach Beendigung des Abhängigkeitsverhältnisses die Wiederherstellung der Funktionen vorgesehen ist. Da dies praktisch aus betriebswirtschaftlichen Gründen nicht in allen Fällen realisierbar erscheint, wird man es ausreichen lassen müssen, wenn der Gesamteffekt, also die anteilige Kosteneinsparung für die abhängige Gesellschaft positiv ist. Hier sind entsprechende, während der Maßnahmen zu erfolgende Dokumentationen angezeigt. 91

c) **Verhältnis von Nachteil, Verlust und Schaden.** Der Nachteil kann auch darin liegen, dass ein sonst erzielbarer (höherer) Gewinn nicht eingetreten ist.[195] Die **Beeinträchtigung** der Vermögens- oder Ertragslage muss sich **als Abhängigkeitsfolge** darstellen, um Nachteil iSd § 311 Abs. 1 AktG zu sein. Die **bloßen Kompensationserwartungen** genügen in Abhängigkeitslagen nicht, um nachteiligen Charakter auszuschließen, weil der Vorstand den künftigen Verlauf der Geschäftsbeziehung nicht frei bestimmen kann. Ausgleich ist nicht mit Schadensersatz gleichzusetzen,[196] da nicht der frühere Zustand wieder hergestellt werden kann (§ 249 Abs. 1 BGB), sondern der abhängigen Gesellschaft Vorteile zu verschaffen sind, die den Nachteil wirtschaftlich ausgleichen. Der Ausgleich muss deshalb nicht in Geld bestehen, da das Gesetz nur die Einräumung des Anspruches auf Ausgleich fordert, also zB die Begründung einer Forderung, oder die Einräumung einer Lizenz oder die Gewährung eines Anspruchs auf Warenlieferung genügen lässt.[197] 92

d) **Fallgruppen im Einzelnen. aa) Leistungs- und Lieferbeziehungen.** Alle Geschäfte, sei es Veräußerungen des Anlage- oder Umlaufvermögens oder sonstige Leistungen, denen keine gleichwertige Gegenleistung gegenübersteht sind insofern relevant. Den Maßstab zur Beurteilung bilden wiederum die Grundsätze der Konzernverrechnungspreise.[198] 93

bb) **Konzernumlagen.** Als Konzernumlage wird die Abrechnung von Leistungen des herrschenden Unternehmens an die abhängige Gesellschaft bezeichnet.[199] Grundlage für die Erhebung solcher Konzernumlagen können gesetzliche Vorschriften, vertragliche Vereinbarungen oder schlichte Anweisungen des Allein- oder Mehrheitsgesellschafters sein. Soweit nur Leistungen des herrschenden Unternehmens, die nicht nur im Interesse des Gesamtkonzerns, sondern gerade auch in dem der abhängigen Gesellschaft vergütet werden sollen, kann nicht von einem nachteiligen Charakter der Maßnahme gesprochen werden.[200] Beispiele sind die allgemeine Konzernkontrolle, die Konzernleitung sowie die Öffentlichkeitsarbeit.[201] 94

---

[190] MHdB GesR IV/*Krieger* § 69 Rn. 82 mwN.
[191] Emmerich/Habersack/*Habersack* § 311 Rn. 57; Hüffer/Koch/*Koch* AktG § 311 Rn. 34.
[192] KölnKommAktG/*Koppensteiner* § 311 Rn. 45.
[193] BGHZ 103, 184 (193 ff.) – Linotype; Hüffer/Koch/*Koch* AktG § 311 Rn. 34.
[194] Emmerich/Habersack/*Habersack* § 311 Rn. 57a.
[195] Hüffer/Koch/*Koch* AktG § 311 Rn. 26.
[196] *Nirk* Rn. 2509.
[197] *Nirk* Rn. 2510.
[198] Vgl. BGHZ 124, 111 (118 f.) = NJW 1994, 520.
[199] BGHZ 141, 79 (85) = NJW 1999, 1706; BGHZ 65, 15 (18 ff.) = NJW 1976, 791; Wiedemann/Strohn AG 1979, 113.
[200] Emmerich/Habersack/*Habersack* § 311 Rn. 49.
[201] Emmerich/Habersack/*Habersack* § 311 Rn. 49.

95 Der Wert der Umlage ergibt sich wiederum durch den **Drittvergleich,** wobei die Gesamtkosten anhand eines sachgerechten Verteilungsschlüssels (Frage der Partizipation am jeweiligen Synergieeffekt) auf die einzelnen Konzerngesellschaften – unter möglicher Einbeziehung eines Gewinnzuschlages – verteilt werden müssen.[202]

96 *cc) Steuerumlagen.* Bei Vorliegen einer steuerlichen Organschaft entfällt die Körperschaft- und Gewerbesteuerpflicht der Organgesellschaft (abhängige Gesellschaft),[203] mit der Folge, dass der Organträger (herrschende Gesellschaft) einen Ausgleichsanspruch aus § 426 Abs. 1 BGB gegen die abhängige Gesellschaft hat.[204] Die Geltendmachung dieses Ausgleichsanspruches begründet unzweifelhaft noch keinen Nachteil iSd § 311 AktG,[205] dies entscheidet sich erst bei der Höhe des geltend gemachten Anspruches.

97 Nach den allgemeinen Grundsätzen des Vergleiches mit einer Drittgesellschaft müsste also die abhängige Gesellschaft so behandelt werden, als ob sie selbst Steuerschuldnerin wäre.[206] Diese Sichtweise würde aber verkennen, dass es sich bei der Organschaft um einen typischen **passiven Konzerneffekt** handelt,[207] der grundsätzlich nicht ausgleichspflichtig ist.[208] Das herrschende Unternehmen darf also nur einen eventuellen tatsächlichen Steuermehraufwand geltend machen. Dabei ist von dem so genannten Verteilungsverfahren auszugehen,[209] wobei die Umlage nach dem tatsächlichen Aufwand des Organträgers, bezogen auf die Gesamtdauer der Organschaft, errechnet wird.[210]

98 *dd) Cash-Management/Finanzierungsgeschäfte.* Kreditvergabe zwischen Konzerngesellschaften, Haftungsübernahmen und Sicherheitenbestellungen für Kreditverbindlichkeiten von anderen Konzerngesellschaften bis hin zur Beteiligung an einem konzernweiten Cash-Management-System sind in der Konzernpraxis an der Tagesordnung,[211] wobei sich bei einem zentralen Cash-Management insbesondere die Probleme der **angemessenen Verzinsung und Besicherung** in besonderem Maße stellen.[212] Es gilt zu beachten, dass die abhängigen Gesellschaften in der Lage bleiben müssen, sich notfalls kurzfristig wieder unabhängig am Markt bewegen zu können. Trotzdem ist die Einbindung in ein solches System nicht per se nachteilig, soweit die Liquidität der abhängigen Gesellschaft gesichert ist.[213] Zu unterscheiden sind diesbezüglich zwei „Richtungen": bei so genannten „absteigenden" Darlehen erfolgt eine Haftungsübernahme oder Sicherheitsbestellung durch die Muttergesellschaft zu Gunsten der Tochtergesellschaften; bei „aufsteigenden" Darlehen von einer abhängigen Gesellschaft an die Mutter- oder eine Schwestergesellschaft sowie die Haftungsübernahme und Sicherheitenbestellung durch Tochtergesellschaften für Verbindlichkeiten der Mutter oder von Schwestergesellschaften.[214] Die Gewährung eines unbesicherten, kurzfristig rückforderbaren **„upstream-Darlehens"** durch eine abhängige Aktiengesellschaft an ihre Mehrheitsaktionärin ist hierbei kein per se nachteiliges Rechtsgeschäft im Sinne von § 311 AktG, wenn die Rückzahlungsforderung im Zeitpunkt der Darlehensausreichung vollwertig ist.[215] Unter diesen Voraussetzungen liegt auch kein Verstoß gegen § 57 AktG vor, wie dessen Abs. 1 S. 3 klarstellt.[216]

---

[202] *Mülbert* S. 470; Lutter/Scheffler/Schneider/*Wiedemann/Fleischer* § 29 Rn. 27.
[203] *Marx* DB 1996, 950; *W. Müller* FS Beisse, S. 363 ff.
[204] BGHZ 120, 50 (59 ff.) = NJW 1993, 585; BGHZ 141, 79 (85) = NJW 1999, 1796 = NZG 1999, 658; *Kleindiek* DStR 2000, 559 (563 f.).
[205] Emmerich/Habersack/*Habersack* § 311 Rn. 50.
[206] BGHZ 141, 79 (84) geht von der generellen Nichteignung dieses Ansatzes aus; vgl. mwN Emmerich/Habersack/*Habersack* § 311 Rn. 50a.
[207] MwN Emmerich/Habersack/*Habersack* § 311 Rn. 50a.
[208] MwN Emmerich/Habersack/*Habersack* § 311 Rn. 50a.
[209] Näher dazu *Marx* DB 1996, 950; *W. Müller* FS Beisse, S. 363 ff.
[210] *Kleindiek* DStR 2000, 559 (562); *W. Müller* FS Beisse, S. 363 (371); zT BGHZ 141, 79 (86) = NJW 1999, 1706 = NZG 1999, 658.
[211] MHdB GesR IV/*Krieger* § 69 Rn. 59 mwN.
[212] MHdB GesR IV/*Krieger* § 69 Rn. 61.
[213] Emmerich/Habersack/*Habersack* § 311 Rn. 48 mwN.
[214] Emmerich/Habersack/*Habersack* § 311 Rn. 48 mwN.
[215] BGH 1.12.2008 (Leitsatz) = DB 2009, 106 (107); ähnlich bereits *Habersack* NZG 2004, 689 (693 f.).
[216] BGH 1.12.2008 (Leitsatz = DB 2009, 106 (107).

Das Verbot der Nachteilszufügung macht eine angemessene Verzinsung erforderlich,[217] 99
wobei die Möglichkeit eines Ausgleichs zwischen Einzelgeschäften besteht.[218] Ein kurzfristiger Abzug von Mitteln, die von der abhängigen Gesellschaft selbst benötigt werden, ist – wie schon angesprochen – nachteilig und nur bei entsprechendem Nachteilsausgleich zulässig; existenznotwendige Liquidität darf in keinem Fall abgezogen werden.[219] Nicht begründbar dürfte eine darüber hinaus gehende Verpflichtung des herrschenden Unternehmens sein, die Liquidität des einzelnen Konzernunternehmens bei zentral finanzierten Konzernen sicherzustellen.[220] Wegen der Einzelausgleichsfähigkeit der einzelnen nachteiligen Maßnahmen, wird eine qualifizierte Nachteilszufügung wohl durch ein zentrales Cash-Management-System ohne weitere Merkmale nicht begründet.[221] Schwierig erscheint in diesen Fällen in der Praxis die aus theoretischer Sicht richtige Anwendung der „ex-ante Betrachtung".[222] Nur wenn ein geeignetes konzernweites Controllingsystem im Sinne eines Frühwarnsystem eingerichtet und den Organen der abhängigen Gesellschaft zugänglich ist, dürfte eine entsprechende Dokumentation gelingen.

ee) Bestellung von Sicherheiten. Die Bestellung von Sicherheiten kann dabei schon 100
nachteilig sein, wenn die abhängige Gesellschaft das Sicherungsgut selbst nicht mehr als Sicherheit verwenden kann.[223] Die Frage nach der Wahrscheinlichkeit der Inanspruchnahme im Zeitpunkt der Bestellung der Sicherheit oder das Fehlen eines vollwertigen Rückgriffsanspruches ist insoweit unerheblich.[224] Wenn mehrere Konzerngesellschaften durch gegenseitige Sicherung ihre Kreditwürdigkeit und somit auch die der abhängigen Gesellschaft erhöhen,[225] liegt kein Fall des Nachteils vor.

ff) Investitions- und Desinvestitionsmaßnahmen. Bezüglich der Investitions- und Desin- 101
vestitionsmaßnahmen gelten die allgemeinen Grundsätze der sachgerechten Ausübung des unternehmerischen Ermessens.[226]

gg) Sonstige konzernintegrative Maßnahmen. Wenn es um Maßnahmen geht, die darauf 102
gerichtet sind, einen vollständigen oder zumindest teilweisen Rückzug des abhängigen Unternehmens vom Markt herbeizuführen, ist eine Quantifizierung zumeist nicht möglich. In diesen Fällen ist typischerweise die Grenze der einfachen faktischen Konzernierung mit den entsprechenden Rechtsfolgen überschritten.[227]

hh) Passive Konzerneffekte. Nicht ausgleichspflichtig sind ebenfalls die schon teilweise 103
angesprochenen so genannten passiven Konzerneffekte,[228] das heißt, die etwaigen Folgen, die sich für die abhängige Gesellschaft aus der Tatsache der Konzerneinbeziehung ergeben.[229] Erhält etwa die abhängige Gesellschaft infolge ihrer Konzerneinbindung von einem Konkurrenten des herrschenden Unternehmens keine Aufträge mehr, führt dies nicht zu einem Ausgleichsanspruch gegen das herrschende Unternehmen.[230]

e) Maßgebender Beurteilungszeitpunkt. Entscheidend für die Qualifikation des Rechtsge- 104
schäfts oder der sonstigen Maßnahme in Bezug auf den nachteiligen Charakter ist (anders als für die Höhe der Ausgleichleistung) der Zeitpunkt ihrer Vornahme.[231] Eine Maßnahme,

---

[217] *Jula/Breitbarth* AG 1997, 256 (259 f.); Emmerich/Habersack/*Habersack* § 311 Rn. 48.
[218] MHdB GesR IV/*Krieger* § 69 Rn. 61.
[219] Emmerich/Habersack/*Habersack* § 311 Rn. 48 mwN; MHdB GesR IV/*Krieger* § 69 Rn. 61.
[220] *Jula/Breitbarth* AG 1997, 256 (259 f.); aA KölnKommAktG/*Koppensteiner* § 302 Rn. 8.
[221] *Krieger* ZGR 1994, 375 (386); *Ernsthaler/Kreher* BB 1995, 1422 (1428).
[222] Emmerich/Habersack/*Habersack* § 311 Rn. 47b.
[223] MüKoAktG/*Kropff* § 311 Rn. 191.
[224] Wohl auch Emmerich/Habersack/*Habersack* § 311 Rn. 47 mwN.
[225] BGHZ 138, 291 (302) = NJW 1998, 2593; MüKoAktG/*Kropff* § 311 Rn. 191.
[226] Emmerich/Habersack/*Habersack* § 311 Rn. 47; MüKoAktG/*Kropff* § 311 Rn. 178.
[227] Näher dazu KölnKommAktG/*Koppensteiner* § 311 Rn. 47; MüKoAktG/*Kropff* § 311 Rn. 155, 158, 178; *Pöppl* S. 67; Emmerich/*Sonnenschein* § 20 II 4; MHdB GesR IV/*Krieger* § 69 Rn. 80; dazu auch → Rn. 24 ff.
[227] Dazu Emmerich/Habersack/*Habersack* § 311 Rn. 57; Hüffer/Koch/*Koch* AktG § 311 Rn. 33; jeweils mwN.
[228] Vgl. → Rn. 90.
[229] *Nirk* Rn. 2509 mwN.
[230] Emmerich/Habersack/*Habersack* § 311 Rn. 52.
[231] Hüffer/Koch/*Koch* AktG § 311 Rn. 26; Emmerich/Habersack/*Habersack* § 311 Rn. 44 mwN.

die zu diesem Zeitpunkt vorgenommen werden durfte, wird nicht durch spätere negative Entwicklung benachteiligt. Umgekehrt entfällt der nachteilige Charakter nicht wegen einer zu einem späteren Zeitpunkt eingetretenen, günstigeren Entwicklung.[232]

105 **f) Beweisfragen.** Abweichend von den allgemeinen Beweislastregeln sind auch hinsichtlich des Nachteils die spezifischen Beweiserleichterungen zu beachten.[233]

IV. Rechtsfolgen der Nachteilszufügung

1. Ausgleichspflicht des herrschenden Unternehmens

106 **a) Grundlagen.** Zur Wahrung der **Vermögensinteressen** der abhängigen Gesellschaft ist der Ausgleich des veranlassten Nachteils durch die Obergesellschaft erforderlich,[234] da andernfalls die **Rechtswidrigkeit der Maßnahme** mit der Sanktion des § 317 Abs. 1 S. 1 AktG anzunehmen ist.[235] Zum **Ausgleich** muss ein Vorteil gewährt werden, der den Nachteil aufwiegt,[236] soweit dieser nicht während des **laufenden Geschäftsjahres** bereits ausgeglichen worden ist.[237] Dies kann in **tatsächlicher Form** oder durch die Gewährung eines **Rechtsanspruches** erfolgen.[238]

107 Die Ausgleichspflicht des herrschenden Unternehmens beschränkt sich auf **Nachteile aus konkreten, von ihm veranlassten Rechtsgeschäften und Maßnahmen,** die Auswirkungen auf die Vermögens- und Ertragssituation der abhängigen Gesellschaft haben können, einschließlich der Unterlassung solcher Handlungen,[239] wobei so genannte passive Konzerneffekte[240] nicht berücksichtigt werden.

108 Für den Ausgleich selbst genügt es, dass der Nachteil auf Veranlassung des herrschenden Unternehmens von **dritter Seite** – etwa von einem anderen Konzernunternehmen – ausgeglichen wird.[241]

109 Ein **durchsetzbarer Rechtsanspruch** der abhängigen Gesellschaft auf die Ausgleichsleistung **besteht nicht,**[242] vielmehr greift bei Fehlen des Ausgleichs die Schadensersatzpflicht nach §§ 317, 318 AktG ein,[243] wobei in der Praxis die Frage ohne Bedeutung ist, ob es nur an der Durchsetzbarkeit oder schon am Anspruch selbst fehlt.

110 **b) Rechtsnatur der Ausgleichspflicht.** Nach der wohl hL ist die Ausgleichspflicht **Kompensationspflicht sui generis.**[244] Sie soll garantieren, dass der abhängigen Gesellschaft, soweit es um Leistungen geht, Vorteile im entsprechenden wirtschaftlichen Gegenwert zum zugefügten Nachteil[245] zufließen.[246] Diese Ansicht orientiert sich am Gesetzeswortlaut (§ 311 Abs. 2 S. 2 AktG: „Vorteile") und trägt dem Umstand Rechnung, dass Nachteilsausgleich und Schadensersatz nach Inhalt und Höhe differieren können. Die Ausgleichspflicht

---

[232] Hüffer/Koch/*Koch* AktG § 311 Rn. 26; Emmerich/Habersack/*Habersack* § 311 Rn. 44 mwN.
[233] Vgl. dazu bereits → Rn. 66.
[234] Emmerich/Habersack/*Habersack* § 311 Rn. 59; MHdB GesR IV/*Krieger* § 69 Rn. 74; Hüffer/Koch/*Koch* AktG § 311 Rn. 37.
[235] BeckAG-HB/*Liebscher* § 14 Rn. 77.
[236] BeckAG-HB/*Liebscher* § 14 Rn. 77.
[237] MHdB GesR IV/*Krieger* § 69 Rn. 72.
[238] Emmerich/Habersack/*Habersack* § 311 Rn. 59.
[239] KölnKommAktG/*Koppensteiner* vor § 311 Rn. 8; GHEK/*Kropff* § 311 Rn. 106; Emmerich/Habersack/*Habersack* § 311 Rn. 37; Hüffer/Koch/*Koch* AktG § 311 Rn. 24.
[240] Vgl. → Rn. 96 mwN.
[241] Vgl. → Rn. 96 mwN.
[242] Ganz hM KölnKommAktG/*Koppensteiner* § 311 Rn. 76; GHEK/*Kropff* § 311 Rn. 156; MHdB GesR IV/*Krieger* § 69 Rn. 85 aE; *Kellmann* BB 1969, 1509 (1512 ff.); *Luchterland* ZHR 133 (1970), 1 (5 ff.); *Geßler* FS Westermann, S. 45; teilw. aA *Möhring* FS Schilling, 1973, 253.
[243] Hüffer/Koch/*Koch* AktG § 311 Rn. 38; MHdB GesR IV/*Krieger* § 69 Rn. 85 aE.
[244] Hüffer/Koch/*Koch* AktG § 311 Rn. 37; MüKoAktG/*Kropff* § 311 Rn. 222 f.
[245] Zum Begriff des Nachteils → Rn. 77 ff.
[246] Emmerich/Sonnenschein/*Emmerich* § 20 IV 2; KölnKommAktG/*Koppensteiner* § 311 Rn. 74; GHEK/*Kropff* § 311 Rn. 125 f.

ist nach dem Regelungszusammenhang der §§ 311 und 317 AktG eine **Rechtspflicht minderer Zwangsintensität**,[247] der kein pfändbarer Anspruch gegenüber steht.[248]

c) **Inhalt und Höhe des Ausgleiches.** Der Nachteil kann durch jeden bewertbaren **Vermögensvorteil**[249] ausgeglichen werden, der geeignet ist, die bilanziellen Auswirkungen des Nachteils im nächsten Jahresabschluss zu neutralisieren.[250] Beispiele: Übertragung von Eigentum an Sachen, an sonstigen Rechten, aber auch Erbringung von Dienstleistungen;[251] es können Geldzahlungen sowie unentgeltliche oder verbilligte Lieferungen und Leistungen jeder Art sein.[252] Es genügt die Verschaffung von Ansprüchen gegen Dritte, soweit es sich ebenfalls um konkrete und bewertbare Vorteile handelt.[253] Sichergestellt sein muss aber immer die Werthaltigkeit möglicher Ansprüche, was wiederum eine entsprechende Dokumentation auslöst. Vorteile aus der bloßen Konzerneinbeziehung (passive Konzerneffekte) reichen nicht.[254]

Für die **Höhe des Anspruches** muss zunächst der Nachteil im Zeitpunkt, in dem das fragliche Rechtsgeschäft vorgenommen oder die fragliche Maßnahme ergriffen wurde, ermittelt werden.[255]

> **Praxistipp:**
> Ob die Ausgleichsleistung zur Kompensation genügt, bestimmt sich nach den Verhältnissen im Zeitpunkt der Vorteilsgewährung.[256] Die Entwicklungen zwischen dem Zeitpunkt der Nachteilszufügung und dem Vorteilsausgleich sind zu berücksichtigen. Das folgt schon aus dem Ziel des Ausgleiches, die abhängige Gesellschaft so zu stellen, als ob sie unabhängig geleitet würde, da der entsprechend unabhängig handelnde Geschäftsleiter nach dem Standard des § 93 Abs. 1 S. 1 AktG sich auf die nachteilige Maßnahme nur einlassen würde, wenn er für die Zukunft volle Kompensation erwarten könnte.[257]

Nach hM kann gemäß dem Wortlaut des § 311 Abs. 2 AktG das herrschende Unternehmen Inhalt und Höhe der Ausgleichsleistung allein bestimmen,[258] Es kann hierbei gemäß § 311 Abs. 2 AktG zwischen dem tatsächlichen Ausgleich und der Anspruchsgewährung wählen.[259] Sofern der gewählte Ausgleich indessen nicht ausreichend ist und ein Nachteil bestehen bleibt, besteht weiterhin die Schadensersatzpflicht des § 317 Abs. 1 AktG.

2. Art und Weise der Ausgleichsgewährung gemäß § 311 Abs. 2 AktG

a) **Tatsächlicher Ausgleich.** Der Nachteil ist tatsächlich ausgeglichen, wenn der zu seiner Kompensation benötigte Vorteil bis zum benannten Stichtag derart dem Vermögen der ab-

---

[247] Vgl. dazu KölnKommAktG/*Koppensteiner* § 311 Rn. 76.
[248] BGHZ 81, 385 (392) = NJW 1982, 98; Hüffer/Koch/*Koch* AktG § 311 Rn. 38 aE.
[249] KölnKommAktG/*Koppensteiner* § 311 Rn. 68 ff.; MHdB GesR IV/*Krieger* § 69 Rn. 86; Hüffer/Koch/*Koch* AktG § 311 Rn. 39; MüKoAktG/*Kropff* § 311 Rn. 222 f.
[250] HM KölnKommAktG/*Koppensteiner* § 311 Rn. 76; MHdB GesR IV/*Krieger* § 69 Rn. 86; teilw. aA GHEK/*Kropff* § 311 Rn. 145, dem eine spätere Neutralisierung genügt.
[251] MHdB GesR IV/*Krieger* § 69 Rn. 86.
[252] MHdB GesR IV/*Krieger* § 69 Rn. 86.
[253] Emmerich/Habersack/*Habersack* § 311 Rn. 62 mwN.
[254] KölnKommAktG/*Koppensteiner* § 311 Rn. 72 f.; Hüffer/Koch/*Koch* AktG § 311 Rn. 39; Emmerich/Habersack/*Habersack* § 311 Rn. 62 mwN.
[255] Vgl. → Rn. 97.
[256] KölnKommAktG/*Koppensteiner* § 311 Rn. 63 f.; GHEK/*Kropff* § 311 Rn. 129 ff.; MHdB GesR IV/*Krieger* § 69 Rn. 79 aE; *Möhring* in FS Schilling, 253 (265); vgl. auch → Rn. 108.
[257] Hüffer/Koch/*Koch* AktG § 311 Rn. 40.
[258] Gegen die Notwendigkeit einer Vereinbarung und damit für das Wahlrecht des herrschenden Unternehmens GroßkommAktG/*Würdiger* § 311 Rn. 10; *Beuthin* DB 1969, 1781 (1783); *Kellmann* BB 1969, 1509 (1512); *Möhring* FS Schilling, 1973, 253 (265); Emmerich/Habersack/*Habersack* § 311 Rn. 68; aA GHEK/*Kropff* § 311 Rn. 150 f., 152; KölnKommAktG/*Koppensteiner* § 311 Rn. 77 f. mwN.
[259] Vgl. hierzu im Folgenden → Rn. 108 ff.

hängigen Gesellschaft zugeflossen ist, dass die Nachteilswirkungen bilanziell neutralisiert werden.[260] Für den Ausgleich während des Geschäftsjahres genügt es, Vor- und Nachteile am Ende des Geschäftsjahres **kontokorrentartig** zusammenzufassen und zu saldieren.[261] Das herrschende Unternehmen hat dann nur den möglicherweise negativen Saldo zu tragen. Hierbei können ohne weiteres alle ausgleichsfähigen Vorteile berücksichtigt werden, die das herrschende Unternehmen dem abhängigen Unternehmen im Laufe des Geschäftsjahres gewährt hat.[262] Soweit der Ausgleich auch durch bereits früher gewährte Vorteile erfolgen soll, ist dafür erforderlich, dass das herrschende Unternehmen sich bei der Vorteilsgewährung das Recht vorbehalten hat, diese Vorteile später zum Nachteilsausgleich gemäß § 311 AktG heranzuziehen.[263] Schon im Hinblick auf die Privilegierungsfunktion des § 311 AktG kann es nicht auf das Einverständnis der abhängigen Gesellschaft oder gar auf die Existenz eines zivilrechtlichen Vertrages ankommen,[264] die Modalitäten des Ausgleiches werden von dem herschenden Unternehmen einseitig bestimmt.[265]

115 **b) Begründung eines Ausgleichsanspruches.** Wenn ein tatsächlicher Nachteilsausgleich nicht erfolgt ist, muss gemäß § 311 Abs. 2 S. 1 AktG zum Ende des Geschäftsjahres bestimmt werden, wann und durch welche Vorteile der Ausgleich erfolgen soll. Eine später getroffene Ausgleichsvereinbarung, etwa auf Veranlassung des Abschlussprüfers, reicht nicht.[266] § 311 Abs. 2 S. 2 AktG schreibt vor, dass die abhängige Gesellschaft einen entsprechenden Rechtsanspruch erhalten muss, was nur durch einen Vertrag geschehen kann (§ 311 Abs. 1 BGB). Hierzu bedarf es eines Vertrages, eine einseitige Erklärung des herrschenden Unternehmens reicht nicht aus.

> **Praxistipp:**
>
> Das Gesetz sieht keine Form vor. Im Hinblick auf den Nachweis, insbesondere auch die Erstellung des Abhängigkeitsberichts und deren Prüfung, ist Schriftform sowie entsprechende Dokumentation angebracht.

116 Wenn der Vertrag nicht oder nicht rechtzeitig zustande kommt, greift wiederum § 317 AktG ein. § 311 Abs. 2 AktG verlangt dabei im Vertrag zunächst die Angabe der **Leistungszeit** („wann"), wobei jede Form der Zeitbestimmung genügt.[267] Eine durch Hinausschieben entgehende Vorteilsnutzung muss durch Verzinsung oder in gleicher Weise abgegolten werden, weil sonst ein neuer Nachteil entsteht.[268] Weiterhin muss auch **Art und Umfang** der als Ausgleich zugesagten Vorteile konkret festgelegt sein, wobei die Vereinbarung einer Wahlschuld diesen Anforderungen genügen kann.[269]

3. Unmittelbare Schadensersatzpflicht bei nicht ausgleichsfähigen Nachteilen/nicht quantifizierbaren Nachteilen

117 Die fehlende Möglichkeit der Quantifizierung eines Rechtsgeschäftes oder einer Maßnahme, beispielsweise die Übernahme von Bürgschaften oder Garantien durch die abhän-

---

[260] Hüffer/Koch/*Koch* AktG § 311 Rn. 44; Emmerich/Habersack/*Habersack* § 311 Rn. 70.
[261] Emmerich/Habersack/*Habersack* § 311 Rn. 70 mwN.
[262] HM Hüffer/Koch/*Koch* AktG § 311 Rn. 45; GroßkommAktG/*Würdiger* § 311 Rn. 10; *Möhring* in FS Schilling, 253 u. 265; *Paehler* S. 49; aA GHEK/*Kropff* § 311 Rn. 150 f., 152; KölnKommAktG/*Koppensteiner* § 311 Rn. 77 f. mwN.
[263] MHdB GesR IV/*Krieger* § 69 Rn. 88 mwN.
[264] Emmerich/Habersack/*Habersack* § 311 Rn. 71; im Übrigen vergleiche schon → Rn. 99 ff.
[265] HM statt aller Hüffer/Koch/*Koch* AktG § 311 Rn. 41.
[266] GHEK/*Kropff* § 313 Rn. 13; KölnKommAktG/*Koppensteiner* § 313 Rn. 14.
[267] Hüffer/Koch/*Koch* AktG § 311 Rn. 47; aA KölnKommAktG/*Koppensteiner* § 311 Rn. 83; GHEK/*Kropff* § 311 Rn. 141.
[268] Hüffer/Koch/*Koch* AktG § 311 Rn. 47.
[269] KölnKommAktG/*Koppensteiner* § 311 Rn. 84; MüKoAktG/*Kropff* § 311 Rn. 222 f.; Hüffer/Koch/*Koch* AktG § 311 Rn. 47; Emmerich/Habersack/*Habersack* § 311 Rn. 74 mwN.

gige Gesellschaft oder bei langfristigen Verträgen,[270] führt nicht zum Entfallen des Nachteils.[271] Aus dem fehlenden tatsächlichen Ausgleich des Nachteils folgt jedoch die **Rechtswidrigkeit der Veranlassung** und die Verpflichtung – insofern sich ein Schaden später beziffern lässt – zum Schadensersatz nach § 317 AktG und den allgemeinen Vorschriften.[272] In wenigen Fällen sind auch nicht quantifizierbare Nachteile ausgleichsfähig und zwar durch einen ebenfalls **nicht quantifizierbaren Vorteil**:[273] zum Beispiel Ablehnung eines Auftra-ges zu Gunsten der Übernahme eines anderen, nicht weniger ertragsversprechenden Geschäftes oder Eingehung eines Verlustrisikos gegen Gewährung einer entsprechenden Gewinnchance.[274] Voraussetzung ist, dass sich – bei einer ex-ante Betrachtung – Chancen und Risiken nicht zu Lasten der abhängigen Gesellschaft verschieben und insoweit auch ein ordentlicher und gewissenhafter Gesellschafter dem Austausch hätte zustimmen können.[275]

Zum Teil wird es bei Maßnahmen, deren Risiken im Zeitpunkt der Vornahme noch nicht quantifizierbar sind, als ausreichend angesehen, wenn das beherrschende Unternehmen sich verpflichtet, die später sich ergebenden Nachteile auszugleichen.[276] Dies kann jedoch nur unter der allgemeinen Voraussetzung der späteren hinreichenden Konkretisierung und Ausgleichsfähigkeit der Fall sein, so dass diese Gestaltung wohl bei strukturverändernden Maßnahmen (Änderung oder Aufgabe von Produktionsprogrammen, Aufgabe von Unternehmensbereichen etc) ausscheiden muss.[277] 118

V. Rechtsfolgen des unterbliebenen Nachteilsausgleiches

1. Schadensersatzhaftung des herrschenden Unternehmens (§ 317 Abs. 1 und 2 AktG)

a) **Grundlagen.** Bei fehlendem Nachteilsausgleich gemäß § 311 Abs. 2 AktG kommt es – infolge der Verantwortlichkeit des **herrschenden Unternehmens und seiner gesetzlichen Vertreter** – gegenüber dem abhängigen Unternehmen gemäß § 317 Abs. 1 AktG zu einer **gesamtschuldnerischen Pflicht zum Schadensersatz** zugunsten der Gesellschaft und der unmittelbar betroffenen Aktionäre.[278] Normzweck ist der Schutz vor den aus der Abhängigkeit resultierenden Gefahren.[279] 119

Gläubiger des Schadensersatzanspruches ist grundsätzlich die abhängige Gesellschaft in dem Maße, wie sie geschädigt wurde. Die Aktionäre nehmen diese Stellung gemäß § 317 Abs. 1 S. 2 AktG nur ein, wenn neben dem Gesellschaftsschaden eigene Einbußen entstanden sind, die über die Vermögensnachteile hinausgehen, die sie mittelbar durch Schädigung der Gesellschaft erlitten haben.[280] **Schuldner** des Schadensersatzanspruches ist grundsätzlich das herrschende Unternehmen, bei **mehrfacher oder mehrstufiger**[281] **Abhängigkeit** jeweils 120

---

[270] GHEK/*Kropff* § 311 Rn. 40; KölnKommAktG/*Koppensteiner* § 311 Rn. 86 ff.; *Hommelhoff* S. 128; *Müller* ZGR 1977, 1 (16 f.).
[271] Vgl. hierzu → Rn. 95.
[272] Emmerich/Habersack/*Habersack* § 311 Rn. 64; MHdB GesR IV/*Krieger* § 69 Rn. 87; jeweils mwN.
[273] KölnKommAktG/*Koppensteiner* § 311 Rn. 67; MüKoAktG/*Kropff* § 311 Rn. 241; MHdB GesR IV/*Krieger* § 69 Rn. 87; aA *Müller* ZGR 1977, 1 (15); einschränkend auch Emmerich/Habersack § 311 Rn. 64.
[274] GHEK/*Kropff* § 311 Rn. 40; KölnKommAktG/*Koppensteiner* § 311 Rn. 86 ff.; *Hommelhoff* S. 128; *Müller* ZGR 1977, 1 (16 f.).
[275] KölnKommAktG/*Koppensteiner* § 311 Rn. 67; MüKoAktG/*Kropff* § 311 Rn. 241; MHdB GesR IV/*Krieger* § 69 Rn. 87.
[276] Emmerich/Habersack/*Habersack* § 311 Rn. 66; MHdB GesR IV/*Krieger* § 69 Rn. 76.
[277] MHdB GesR IV/*Krieger* § 69 Rn. 87; *Hommelhoff* S. 127 f.; für einen entsprechenden Ausgleich auch bei strukturverändernden Maßnahmen KölnKommAktG/*Koppensteiner* § 311 Rn. 86 ff.
[278] Emmerich/Habersack/*Habersack* § 317 Rn. 1; Hüffer/Koch/*Koch* AktG § 311 Rn. 3 sowie § 317 Rn. 1.
[279] MüKoAktG/*Kropff* § 317 Rn. 5 f.
[280] Hüffer/Koch/*Koch* AktG § 317 Rn. 2; MHdB GesR IV/*Krieger* § 69 Rn. 126 mwN.
[281] Die nachfolgenden Ausführungen zur mehrfachen Abhängigkeit gelten insoweit entsprechend, vgl. Hüffer/Koch/*Koch* AktG § 317 Rn. 3.

das Unternehmen, welches die nachteilige Handlung veranlasst hat.²⁸² Waren mehrere Unternehmen und/oder deren Organe Veranlasser, haften sie wiederum als Gesamtschuldner (§§ 421 ff. BGB).

121 Die **Darlegungs- und Beweislast** für § 317 Abs. 2 AktG oder die Ausgleichgewährung²⁸³ trifft den in Anspruch genommenen Haftungsschuldner (also das herrschende Unternehmen),²⁸⁴ während die übrigen Anspruchsvoraussetzungen grundsätzlich vom Kläger vorgetragen und bewiesen werden müssen.²⁸⁵ Das Bestehen eines **Abhängigkeitsverhältnisses** wird unter den Voraussetzungen des § 17 Abs. 2 AktG vermutet. Bezüglich der **Veranlassung** durch das beherrschende Unternehmen kann aus Sicht des Klägers eine Beweiserleichterung, insbesondere der Beweis des ersten Anscheins, in Betracht kommen.²⁸⁶

122 b) Geltendmachung. *aa) Geltendmachung durch Gesellschaft (§ 317 Abs. 1 S. 1 AktG)*. Die Geltendmachung des Anspruches ist grundsätzlich **Sache der Gesellschaft**,²⁸⁷ die durch den **Vorstand**, § 76 Abs. 1 AktG, oder im Falle des § 112 AktG durch den **Aufsichtsrat** vertreten wird. Die Organwalter sind dabei nach §§ 93, 116 AktG im Gegensatz zu den Aktionären bzw. Gläubigern,²⁸⁸ die zur Geltendmachung berechtigt sind, hierzu auch **verpflichtet**. Dies ist in Bezug auf den Vorstand auch dann der Fall, wenn dieser sich schon durch den Vollzug der schadensverursachenden Maßnahme nach § 93 Abs. 2 AktG selbst ersatzpflichtig gemacht hat.²⁸⁹

123 *bb) Geltendmachung durch Aktionäre (§ 317 Abs. 1 S. 2 AktG)*. **Jeder Aktionär** ist gemäß § 317 Abs. 4 AktG iVm § 309 Abs. 4 S. 1 AktG befugt, die Schadensersatzansprüche des abhängigen Unternehmens in gesetzlicher Prozessstandschaft neben seinen eigenen geltend zu machen, kann jedoch nur **Leistung an die Gesellschaft** fordern. § 317 Abs. 1 S. 2 AktG selbst betrifft den Fall des, über den durch die Mitgliedschaft vermittelten **Reflexschadens** hinausgehenden Eigenschadens des Aktionärs.²⁹⁰

124 Der Aktionär muss seine Position bei Anspruchsbegründung innehaben, also regelmäßig im Zeitpunkt der nachteiligen Veranlassung; eine mögliche nachträgliche Veräußerung schadet also insoweit nicht und lässt die **Aktivlegitimation** unberührt.²⁹¹ Soweit es sich um eine dem Einzelausgleich nicht zugängliche Maßnahme handelt,²⁹² tritt der Anspruch aus § 317 Abs. 1 S. 2 AktG neben den Anspruch der Gesellschaft auf Verlustausgleich und den Anspruch der Aktionäre auf Ausgleich oder Abfindung entsprechend §§ 304, 305 AktG.²⁹³

125 *cc) Klageerzwingung nach § 147 AktG*. Durch einen **Hauptversammlungsbeschluss** mit einfacher Mehrheit können gemäß § 147 Abs. 1 AktG²⁹⁴ Schadensersatzansprüche der Gesellschaft geltend gemacht werden. Bei den Ansprüchen aus § 317 AktG handelt es sich um spezielle Ausprägungen des in § 147 AktG ausdrücklich erwähnten Anspruchs aus § 117 AktG,²⁹⁵ so dass die **Einzelklagebefugnis** des Aktionärs in Bezug auf die Ansprüche der Ge-

---

²⁸² Hüffer/Koch/*Koch* AktG § 317 Rn. 3; Emmerich/Habersack/*Habersack* § 317 Rn. 6, MHdB GesR IV/*Krieger* § 69 Rn. 124.
²⁸³ Speziell dazu vgl. Hüffer/Koch/*Koch* AktG § 317 Rn. 12; GHEK/*Kropff* § 317 Rn. 27; aA KölnKommAktG/*Koppensteiner* § 317 Rn. 26.
²⁸⁴ Unstr. GHEK/*Kropff* § 317 Rn. 28; Emmerich/Habersack/*Habersack* § 317 Rn. 21; Hüffer/Koch/*Koch* AktG § 317 Rn. 12.
²⁸⁵ MHdB GesR IV/*Krieger* 123 mwN.
²⁸⁶ KölnKommAktG/*Koppensteiner* § 311 Rn. 6 f.; Emmerich/Habersack/*Habersack* § 311 Rn. 32 f.; vgl. dazu → Rn. 66.
²⁸⁷ Emmerich/Habersack/*Habersack* § 317 Rn. 12.
²⁸⁸ Vgl. hierzu noch bb) bzw. dd).
²⁸⁹ Emmerich/Habersack/*Habersack* § 317 Rn. 12, 26.
²⁹⁰ Emmerich/Habersack/*Habersack* § 317 Rn. 13 und 13a.
²⁹¹ Emmerich/Habersack/*Habersack* § 317 Rn. 14.
²⁹² Vgl. → Rn. 24.
²⁹³ MüKoAktG/*Kropff* § 317 Rn. 81.
²⁹⁴ Das herrschende Unternehmen ist nach § 136 Abs. 1 S. 1 vom Stimmrecht ausgeschlossen, vgl. dazu MüKoAktG/*Kropff* § 317 Rn. 65.
²⁹⁵ Emmerich/Habersack/*Habersack* § 317 Rn. 27.

sellschaft zu bejahen ist.[296] Hierfür spricht auch der **Schutzzweck des § 317 AktG**, der regelmäßig vorliegenden Befangenheit des eigentlich verpflichteten Vorstandes der abhängigen Gesellschaft ausreichend Rechnung zu tragen.[297]

dd) Geltendmachung durch Gläubiger. Ein Schadensersatzanspruch kann auch gemäß **§§ 309 Abs. 4, 317 Abs. 4 AktG** durch die Gläubiger der Gesellschaft einklagbar sein, soweit diese **keine Befriedigung von der abhängigen Gesellschaft** erlangen können.[298] Da der Gläubiger aus eigenem Recht klagt, kann er Leistung an sich verlangen.[299] Unterlassungsansprüche scheiden daher als Gegenstand der Geltendmachung aus, da das Interesse des Gläubigers nur auf Befriedigung seines **vermögenswerten Interesses** gerichtet sein kann.[300]

126

c) Anspruchsinhalt. *aa) Schadensersatz.* Rechtsfolge des § 317 Abs. 1 S. 1 und S. 2 AktG ist Schadensersatz, der sich zum Schutz des **Integritätsinteresses** nach Art und Umfang nach **§§ 249 ff. BGB** mit dem Grundsatz der **Naturalrestitution** richtet.[301] Soweit die Wiederherstellung des früheren Zustandes, zB durch Aufhebung nachteiliger Verträge,[302] nicht möglich ist, sind diese Schäden in Geld zu ersetzen.

127

Die Höhe des Schadens kann nach Maßgabe des § 287 ZPO geschätzt werden,[303] führt jedoch nicht zu der Möglichkeit einer Schadenspauschalierung (zB Jahresverlust) wie etwa im Fall der qualifizierten Nachteilszufügung.[304] Etwas anderes gilt im Falle **nachteiliger Maßnahmen strukturändernder Art,** da insofern schon mangels hinreichender Anhaltspunkte für die Bemessung des Schadens eine richterliche Einschätzung nicht in Betracht kommt:[305] Das herrschende Unternehmen ist nach den Grundsätzen über die qualifizierte Nachteilszufügung der abhängigen Gesellschaft zum Verlustausgleich und gegenüber den außenstehenden Aktionären zu Abfindungs- und Ausgleichsleistungen verpflichtet.[306]

128

Nachteil (aus ex ante Sicht)[307] und **Schaden** (aus ex post Sicht)[308] müssen dabei, obwohl jeweils als Vermögensdifferenz definiert, nicht übereinstimmen.[309] Übersteigt der aus ex post Sicht nach allgemeinen Regeln ermittelte Schaden den Nachteil, ist dieser schon auf Grund des eindeutigen Wortlautes des § 317 AktG zu ersetzen; wenn in Folge einer positiven Entwicklung der Situation es ex post zu einem niedrigeren Schaden kommt, wird aus dem Normzweck des § 317 AktG der Nachteil als **Mindestschaden** angenommen.[310] Eine Rückzahlung des wirtschaftlich überhöhten Ausgleichs erfolgt nicht.

129

Der Anspruch entsteht, wenn es sich um einen ausgleichsfähigen Nachteil iSd § 311 Abs. 2 AktG handelt,[311] mit dem fruchtlosen Abschluss des Geschäftsjahres, ansonsten sofort, da eine solche nachteilige Einflussnahme per se rechtswidrig ist.[312] Ist mit der Durch-

130

---

[296] MüKoAktG/*Kropff* § 317 Rn. 57 ff.; *Kropff* FS Bezzenberger, S. 233 (244 ff.).
[297] Emmerich/Habersack/*Habersack* § 317 Rn. 27.
[298] MHdB GesR IV/*Krieger* § 69 Rn. 106, § 70 Rn. 146; Hüffer/Koch/*Koch* AktG § 317 Rn. 16; Emmerich/Habersack/*Habersack* § 317 Rn. 16.
[299] Hüffer/Koch/*Koch* AktG § 309 Rn. 23.
[300] Emmerich/Habersack/*Habersack* § 317 Rn. 28.
[301] Hüffer/Koch/*Koch* AktG /*Koch* AktG § 317 Rn. 9.
[302] KölnKommAktG/*Koppensteiner* § 317 Rn. 18.
[303] MHdB GesR IV/*Krieger* § 69 Rn. 122; MüKoAktG/*Kropff* § 317 Rn. 28.
[304] Zum sog. „qualifiziert-faktischen Konzern: *Ulmer* ZHR 148 (1984), 391 (425); aA *Lutter* ZGR 1982, 244 (267); *Schulze-Osterloh* ZGR 1983, 123 (152); vgl. → Rn. 24 ff.
[305] Emmerich/Habersack/*Habersack* § 317 Rn. 16.
[306] MüKoAktG/*Kropff* § 317 Rn. 29; *Ulmer* ZHR 148 (1984), 391 (425); Hüffer/Koch/*Koch* AktG § 317 Rn. 9; aA *Lutter* ZGR 1982, 244 (267); *Schulze-Osterloh* ZGR 1983, 123 (152 ff.).
[307] Zum Zeitpunkt der schädigenden Handlung.
[308] Auf Grundlage des nunmehr bekannten Geschehensablaufes.
[309] Hüffer/Koch/*Koch* AktG § 317 Rn. 7.
[310] *Beuthin* DB 1969, 1781 (1783); MHdB GesR IV/*Krieger* § 69 Rn. 122; MüKoAktG/*Kropff* § 317 Rn. 32 f.; Emmerich/Habersack/*Habersack* § 317 Rn. 17; aA KölnKommAktG/*Koppensteiner* § 317 Rn. 17.
[311] HM: Hüffer/Koch/*Koch* AktG § 317 Rn. 7; KölnKommAktG/*Koppensteiner* § 317 Rn. 16; aA *Möhring* FS Schilling, S. 253 (265).
[312] Emmerich/Habersack/*Habersack* § 317 Rn. 17; dazu auch *K. Schmidt* § 31 IV 1b, mwN.

setzung des Anspruches zu rechnen, besteht bereits im Jahresabschluss für das Jahr der Veranlassung eine Aktivierungspflicht,[313] bei deren Verstoß eine Nichtigkeit des Jahresabschlusses die Rechtsfolge sein kann.[314]

131 bb) *Unterlassung.* Soweit der Ausgleich mangels Quantifizierbarkeit von Nachteilen nicht möglich oder das herrschende Unternehmen zum Ausgleich außerstande oder ersichtlich nicht bereit ist bzw. wenn der vergangenheitsorientierte Schadensersatz nicht ausreicht, kann die abhängige Gesellschaft vom herrschenden Unternehmen auch verlangen, rechtswidrige **nachteilige Einflussnahmen** zu unterlassen und entsprechende fortdauernde Beeinträchtigungen zu beseitigen.[315]

132 Dieser Anspruch lässt sich **direkt aus § 317 AktG** herleiten: wenn in den genannten Fällen der Geltungsbereich des § 311 AktG und damit der Bereich der zulässigen Einflussnahme verlassen wurde, verlangt es der Schutzzweck des § 317 iVm § 311 AktG, der abhängigen Gesellschaft die Abwehr einer per se rechtswidrigen Maßnahme zu ermöglichen.[316]

133 Weitere Anspruchsgrundlagen ergeben sich aus §§ 1004, 823 Abs. 2 BGB und dem **Schutzgesetzcharakter** des § 311 AktG oder aus der Treuepflicht des herrschenden Unternehmens gegenüber der abhängigen Gesellschaft, der er als Aktionär angehört.[317]

2. Mithaftung der gesetzlichen Vertreter des herrschenden Unternehmens (§ 317 Abs. 3 AktG)

134 Nach § 317 Abs. 3 AktG unterliegen neben dem herrschenden Unternehmen auch dessen gesetzliche Vertreter, die die Gesellschaft zu dem Rechtsgeschäft oder der Maßnahme veranlasst haben, der **deliktischen Haftung**[318] des § 317 Abs. 1 AktG. Es haften nur diejenigen gesetzlichen Vertreter, von denen die **Veranlassung**, für welche die gleichen Maßstäbe wie bei § 311 AktG gelten, ausging.[319] **Unbeteiligte**[320] haften hingegen ebenso wenig wie **Aufsichtsratsmitglieder**[321] oder Angestellte (Prokuristen, Handlungsbevollmächtigte usw) des herrschenden Unternehmens. Die Veranlassungsvermutung, wie sie zu Ungunsten des herrschenden Unternehmens besteht, greift zu Lasten individueller Personen nicht ein.[322]

135 Für die Haftung nach § 317 Abs. 3 AktG genügt das Handeln von Angestellten des herrschenden Unternehmens oder eines verbundenen Unternehmens (mittelbare Einflussnahme),[323] wenn jene ihrerseits auf Veranlassung eines gesetzlichen Vertreters des herrschenden Unternehmens hin tätig werden.[324] Die gleichen Grundsätze gelten auch bei mehrstufigen Unternehmensverbindungen.[325] Eine Haftung für Veranlassungen durch nachgeordnete Stel-

---

[313] *Schön* JZ 1994, 684; *Kropff* ZGR 1994, 628 (635 ff.), MüKoAktG/*Kropff* § 317 Rn. 23 ff.
[314] Str. s. BGHZ 124, 111 (119 ff.) = NJW 1994, 520 = BGH WM 1998, 510 (512); dagegen MHdB GesR IV/*Krieger* § 69 Rn. 82; Hüffer/Koch/*Koch* AktG § 256 Rn. 26 f.; *Schön* JZ 1994, 684.
[315] HM Emmerich/Habersack/*Habersack* § 317 Rn. 19; Hüffer/Koch/*Koch* AktG § 317 Rn. 10; MHdB GesR IV/*Krieger* § 69 Rn. 121.
[316] Emmerich/Habersack/*Habersack* § 317 Rn. 19.
[317] Hüffer/Koch/*Koch* AktG § 317 Rn. 10; weiterhin für § 311 AktG iVm § 823 Abs. 2 BGB *Kropff* in Geßler/Hefermehl AktG § 317 Rn. 23; MüKoAktG/*Kropff* § 317 Rn. 41; KölnKommAktG/*Koppensteiner* § 317 Rn. 20 ff.
[318] § 317 AktG kann insoweit nur als Verschärfung des § 117 AktG und damit wie dieser (BGH NJW 1992, 3167 (3172)) als besonderer Deliktstatbestand qualifiziert werden, vgl. Emmerich/Habersack/*Habersack* § 317 Rn. 11.
[319] Emmerich/Habersack/*Habersack* § 317 Rn. 11; MHdB GesR IV/*Krieger* § 69 Rn. 108; Hüffer/Koch/*Koch* AktG § 317 Rn. 13.
[320] KölnKommAktG/*Koppensteiner* § 317 Rn. 14 mwN; *Kropff* in Geßler/Hefermehl AktG § 317 Rn. 40.
[321] Hüffer/Koch/*Koch* AktG § 317 Rn. 13; MHdB GesR IV/*Krieger* § 69 Rn. 127; GHEK/*Kropff* § 317 Rn. 39; aA *Wälde* DB 1972, 2289 (2293).
[322] Bezüglich der Veranlassung selbst greifen die gleichen Grundsätze wie für § 311 AktG; vgl. auch MHdB GesR IV/*Krieger* § 69 Rn. 127.
[323] Emmerich/Habersack/*Habersack* § 317 Rn. 24.
[324] KölnKommAktG/*Koppensteiner* § 317 Rn. 32; GHEK/*Kropff* § 317 Rn. 41; Hüffer/Koch/*Koch* AktG § 317 Rn. 14; MHdB GesR IV/*Krieger* § 69 Rn. 127.
[325] Vgl. → Rn. 53 f.

len kann jedoch nicht allein durch unzureichende Organisation oder Überwachung begründet werden.[326] Die gesetzlichen Vertreter und das herrschende Unternehmen haften wiederum als **Gesamtschuldner** gemäß §§ 421 ff. BGB.[327]

3. Mitwirkung von Vorstand und Aufsichtsrat der abhängigen AG

a) **Haftung des Vorstandes (§ 93 Abs. 1 AktG).**[328] Der Vorstand hat in einem ersten Schritt zu prüfen, ob die veranlasste Maßnahme überhaupt nachteilig ist, etwaige Nachteile ausgleichsfähig sind und das herrschende Unternehmen zum Ausgleich bereit und in der Lage ist.[329] Steht eine für das abhängige Unternehmen nachteilige Maßnahme bevor und bestreitet das herrschende Unternehmen – trotz Hinweises darauf – den Nachteil oder lässt eine grundsätzliche Bereitschaft zum **Ausgleich** vermissen, zB durch eine Negativerklärung, muss die Maßnahme unterbleiben. Andernfalls macht sich der Vorstand bei Befolgung der Veranlassung nach § 93 Abs. 1 AktG schadensersatzpflichtig,[330] da er – wegen seiner Pflichten aus §§ 76, 93 AktG – ungeachtet des Abhängigkeitsverhältnisses zur unabhängigen Leitung der Gesellschaft verpflichtet ist.[331] Die Maßnahme darf jedoch ergriffen werden, soweit sich das herrschende Unternehmen zum Ausgleich bereit erklärt hat und mit diesem auch zu rechnen ist:[332] § 311 AktG verdrängt insoweit den § 93 AktG.[333]

Der BGH hat die Pflichten der Verwaltungsorgane bei der Gewährung von unbesicherten, kurzfristig rückforderbaren „up-stream Darlehen" durch die abhängige Gesellschaft konkretisiert.[334] Aufgrund der Sorgfaltspflichten aus § 93 Abs. 1 AktG besteht über den grundsätzlich für die Darlehensgewährung maßgeblichen Zeitpunkt des Vornahme des Rechtsgeschäfts hinaus die Verpflichtung, laufend etwaige Änderungen des Kreditrisikos zu prüfen und auf eine sich nach der Darlehensausreichung andeutende Bonitätsverschlechterung mit einer Kreditkündigung oder der Anforderung von Sicherheiten zu reagieren, was bei umfangreichen Darlehen oder bei einem Cash-Management die Einrichtung eines geeigneten **Informations- oder Frühwarnsystems** zwischen Mutter- und Tochtergesellschaft erforderlich machen kann.[335] Soweit diesen Pflichten nicht entsprochen wird, kann die Unterlassung der Maßnahmen auch einen Nachteil nach § 311 AktG darstellen und im Falle des Nichtausgleichs Schadensersatzansprüche nach §§ 317, 318 AktG neben solchen aus §§ 93 Abs. 2, 116 AktG begründen.[336]

Neben die allgemeine Haftung des Vorstandes tritt die gesamtschuldnerische Haftung gemäß § 318 Abs. 1 AktG, wenn eine Verletzung der **Berichtspflicht** nach § 312 AktG vorliegt.[337] Die Ausgestaltung erfolgt als Verschuldenshaftung (Vorsatz oder Fahrlässigkeit) des Vorstandes der abhängigen Gesellschaft, der über § 318 Abs. 1 S. 2 AktG die Beweislast für die Einhaltung der pflichtgemäßen Sorgfalt hat. Der Haftungsausschluss nach § 318 Abs. 3 AktG greift in diesem Fall nicht, da die Haftungstatbestände nach § 317 Abs. 1

---

[326] HM, GHEK/*Kropff* § 317 Rn. 41; Hüffer/Koch/*Koch* AktG § 317 Rn. 14; Emmerich/Habersack/*Habersack* § 317 Rn. 11 mwN; *Baumbach/Hueck* § 317 Rn. 33; aA KölnKommAktG/*Koppensteiner* § 317 Rn. 33.
[327] Emmerich/Habersack/*Habersack* § 317 Rn. 25.
[328] MHdB GesR IV/*Krieger* § 69 Rn. 130, 132.
[329] MHdB GesR IV/*Krieger* § 69 Rn. 130, 132.
[330] GHEK/*Kropff* § 311 Rn. 61 mwN; Hüffer/Koch/*Koch* AktG § 311 Rn. 48; MHdB GesR IV/*Krieger* § 69 Rn. 23a; Emmerich/Habersack/*Habersack* § 311 Rn. 78; KölnKommAktG/*Koppensteiner* § 311 Rn. 96.
[331] Emmerich/Habersack/*Habersack* § 311 Rn. 78. Die Einführung eines Zustimmungsvorbehaltes zugunsten des herrschenden Unternehmens ist nach §§ 23 Abs. 5, 76 AktG nicht möglich, vgl. MüKoAktG/*Kropff* § 311 Rn. 287.
[332] Emmerich/Habersack/*Habersack* § 311 Rn. 78.
[333] OLG Hamm AG 1995, 512 (516); MüKoAktG/*Kropff* § 311 Rn. 334 f.; *ders.* DB 1967, 2147 (2151 f.); Hüffer/Koch/*Koch* AktG § 311 Rn. 48; MHdB GesR IV/*Krieger* § 69 Rn. 71; Emmerich/Habersack/*Habersack* § 311 Rn. 78 mwN; aA *Bälz* FS Raiser, S. 278 (316); *Kronstein* BB 1967, 637 (642).
[334] BGH DB 2009, 106 ff.
[335] BGH DB 2009, 106 (107 f.) mwN; ähnlich auch *Habersack* NZG 2004, 694.
[336] Ebenda; vgl. auch Schmidt/Lutter/*Vetter* § 317 Rn. 39 und § 318 Rn. 13 f.
[337] Hüffer/Koch/*Koch* AktG § 318 Rn. 5; Emmerich/Habersack/*Habersack* § 318 Rn. 5; KölnKommAktG/*Koppensteiner* § 318 Rn. 5; GHEK/*Kropff* § 318 Rn. 6; einschränkend GroßkommAktG/*Würdiger* § 318 Anm. 4, der die Regelung bei fehlendem Bericht nicht anwenden will.

und 2 AktG nicht auf einem rechtmäßigem Beschluss der Hauptversammlung beruhen können.[338]

138 **b) Haftung des Aufsichtsrates (§ 116 AktG).** Der Haftungsmaßstab der Mitglieder des Aufsichtsrats der abhängigen Gesellschaft entspricht dem des Vorstandes, jedoch bezogen auf dessen gesetzlichen oder satzungsmäßigen Aufgabenumfang. Ist eine Zustimmung des Aufsichtsrates zu Geschäftsführungsmaßnahmen nach § 111 Abs. 4 S. 2 AktG vorbehalten, darf nur unter den für den Vorstand geltenden Regeln zugestimmt werden, also soweit ein Nachteilsausgleich zu erwarten ist oder einem Ausgleich nicht zugängliche Maßnahmen unterbleiben; insoweit verdrängt § 311 AktG auch § 116 AktG.[339] § 318 Abs. 2 AktG greift als Haftungsmaßstab für eine gesamtschuldnerische Haftung des Aufsichtsrats neben einer Haftung der Organe nach § 317 AktG, wenn der Aufsichtsrat seinen Pflichten nach § 314 AktG (Berichts- und Prüfungspflicht) nicht nachgekommen ist, wobei eine Umkehr der Beweislast nach § 318 Abs. 1 S. 2 AktG besteht.

4. Verzicht und Vergleich

139 Die Gesellschaft kann – über §§ 309 Abs. 3, 317 Abs. 4 AktG – auf die Ersatzansprüche frühestens **drei Jahre** nach deren Entstehung verzichten oder sich über sie vergleichen.[340] Im Unterschied zum allgemeineren § 93 Abs. 4 S. 3 u. 4 AktG, ist nach § 309 Abs. 3 S. 1 AktG keine Zustimmung durch Hauptversammlungsbeschluss, sondern ein Beschluss der außenstehenden Aktionäre erforderlich. Gemäß §§ 317 Abs. 4, 309 Abs. 3, 93 Abs. 4 S. 3 und 4 AktG kann eine **Minderheit von 10 vH** des bei der Fassung des Sonderbeschlusses **vertretenen Grundkapitals** den Verzicht unterbinden.[341] Das Verfolgungsrecht eines Gläubigers wird dadurch gemäß § 309 Abs. 4 S. 4 AktG nicht berührt, außer der Insolvenzverwalter der abhängigen Gesellschaft verzichtet nach § 309 Abs. 4 S. 5 AktG.[342]

5. Verjährung

140 Die Ersatzansprüche der abhängigen Gesellschaft und der außenstehenden Aktionäre gegen das herrschende Unternehmen, namentlich
- die Ansprüche der abhängigen Gesellschaft aus § 317 Abs. 1 und 3 AktG,
- das Klagerecht der Aktionäre,
- das Verfolgungsrecht der Gläubiger, auch soweit durch den Insolvenzverwalter geltend gemacht und
- der Ersatz des Eigenschadens der Aktionäre nach § 317 Abs. 1 S. 2 AktG

verjähren jeweils in **fünf Jahren** (§§ 317 Abs. 4, 309 Abs. 5 AktG). Die Einzelheiten richten sich nach § 309 Abs. 5 AktG, auf den § 317 Abs. 4 AktG verweist. Beginn und Berechnung der Fristen richten sich nach den allgemeinen Vorschriften des BGB.[343] Da es sich um eine unregelmäßige Verjährung handelt, beginnt die Frist gemäß § 200 BGB kenntnisunabhängig mit der Entstehung des Anspruchs.

6. Verhältnis zu anderen Vorschriften

141 Die Organisations- und Finanzverfassung der abhängigen Gesellschaft wird von der Haftung des § 317 AktG nicht berührt:[344] Wenn die Grenze des Privilegierungstatbestandes des § 311 AktG überschritten wird, sind die allgemeinen Haftungsvorschriften uneingeschränkt

---

[338] GHEK/*Kropff* § 318 Rn. 8; Hüffer/Koch/*Koch* AktG § 318 Rn. 7; KölnKommAktG/*Koppensteiner* § 318 Rn. 8; Emmerich/Habersack/*Habersack* § 318 Rn. 6.
[339] KölnKommAktG/*Koppensteiner* § 311 Rn. 95; Emmerich/Habersack/*Habersack* § 311 Rn. 81.
[340] Emmerich/Habersack/*Habersack* § 317 Rn. 31; MHdB GesR IV/*Krieger* § 69 Rn. 128.
[341] MHdB GesR IV/*Krieger* § 70 Rn. 164; Hüffer/Koch/*Koch* AktG § 317 Rn. 15.
[342] Emmerich/Habersack/*Habersack* § 317 Rn. 31.
[343] BGHZ 100, 228 (231 ff.) = NJW 1987, 1887; BGHZ 124, 27 (29 f.) = NJW 1994, 323.
[344] Emmerich/Habersack/*Habersack* § 317 Rn. 33.

anwendbar.³⁴⁵ Dies folgt aus der Tatsache, dass bei der Anwendung des § 317 AktG die Rechtswidrigkeit des nichtgewährten Nachteilsausgleiches feststeht.³⁴⁶

Die Vorschriften bezüglich der Sorgfaltspflicht und Verantwortlichkeit des Vorstandes und Aufsichtsrates (§§ 76, 93, 116 AktG)³⁴⁷ sowie das Verbot der Einlagenrückgewähr und der Kapitalbindung (§§ 57, 60, 62 AktG)³⁴⁸ finden uneingeschränkt Anwendung. Ebenso tritt die mögliche Haftung des herrschenden Unternehmens und seiner gesetzlichen Vertreter aus § 117 AktG neben § 317 AktG,³⁴⁹ welcher jedoch wegen des strengeren § 317 AktG kaum praktische Bedeutung hat. Etwas anderes gilt nach § 117 Abs. 3 AktG bei einer zusätzlichen Haftung von Angestellten und so genannten Nutznießern,³⁵⁰ also denjenigen, die vorsätzlich durch die schädigende Handlung einen Vorteil erlangt haben. Eine Durchgriffshaftung ist bei Vorliegen der entsprechenden Voraussetzungen neben § 317 AktG in Bezug auf das herrschende Unternehmen möglich. Einzig die Haftung des herrschenden Unternehmens wegen der Verletzung seiner mitgliedschaftlichen Treuepflicht gegenüber der abhängigen Gesellschaft wird durch § 317 AktG verdrängt.³⁵¹ Sonstige allgemeine zivilrechtliche Haftungsnormen, wie etwa §§ 1004, 823 Abs. 2 BGB iVm § 311 AktG können Anwendung finden.³⁵² 142

VI. Der Abhängigkeitsbericht

1. Funktionen des Abhängigkeitsberichtes als Informationsbasis und Instrument des Präventivschutzes

a) **Allgemeines.** Die zwingende Pflicht des Vorstandes³⁵³ der abhängigen Gesellschaft einen Abhängigkeitsbericht zu erstellen, dient vornehmlich der **Verbesserung der Informationsbasis** der Gesellschaftsgläubiger und außenstehender Aktionäre durch die Dokumentation der nachteiligen Veranlassungen,³⁵⁴ um die Möglichkeit des Bestehens eventueller Ersatzansprüche wahrzunehmen und deren Durchsetzung zu optimieren.³⁵⁵ Hieraus wird eine präventive Wirkung des Regelungssystems abgeleitet.³⁵⁶ Dieser Präventivschutz ergibt sich primär daraus, dass der Vorstand der abhängigen Gesellschaft bereits im Vorhinein weiß, dass er später eine Stellungnahme in Form der Schlusserklärung abzugeben hat.³⁵⁷ Weiterhin ist der Abhängigkeitsbericht die Grundlage für die Überprüfung des Abschlussprüfers und des Aufsichtsrats gemäß §§ 313, 314 AktG. 143

Im Hinblick auf diese Zielrichtung wird kritisch angemerkt, dass bestimmte Gruppen mangels Publizität des Abhängigkeitsberichtes, der insoweit nicht mit der Schlusserklärung des Vorstandes § 312 Abs. 3 AktG verwechselt werden darf,³⁵⁸ praktisch³⁵⁹ nicht auf ihn 144

---

³⁴⁵ Vgl. zum § 311 AktG → Rn. 45 ff.
³⁴⁶ MHdB GesR IV/*Krieger* § 69 Rn. 71, 62; Emmerich/Habersack/*Habersack* § 317 Rn. 33; Hüffer/Koch/*Koch* AktG § 317 Rn. 12.
³⁴⁷ Emmerich/Habersack/*Habersack* § 317 Rn. 34.
³⁴⁸ MHdB GesR IV/*Krieger* § 69 Rn. 71; OLG Frankfurt a. M. AG 1996, 324 (327); OLG Hamm AG 1995, 512 (516); KölnKommAktG/*Koppensteiner* § 317 Rn. 40; Hüffer/Koch/*Koch* AktG § 317 Rn. 17, § 311 Rn. 49; aA *Michalski* AG 1980, 261 (264).
³⁴⁹ Geßler/Hefermeh/ *Kropff* AktG § 317 Rn. 52; Kölner Kommentar AktG/*Koppensteiner* § 317 Rn. 41; Hüffer/Koch/*Koch* AktG § 317 Rn. 17, § 117 Rn. 14; Emmerich/Habersack/*Habersack* § 317 Rn. 33; aA *Brüggmeier* AG 1988, 93 (102), der § 317 AktG als lex specialis ansieht.
³⁵⁰ MHdB GesR IV/*Krieger* § 69 Rn. 129 mwN.
³⁵¹ Emmerich/Habersack/*Habersack* § 317 Rn. 33.
³⁵² Geßler/Hefermehl/*Kropff* AktG § 317 Rn. 23; Hüffer/Koch/*Koch* AktG § 317 Rn. 10; MHdB GesR IV/*Krieger* § 69 Rn. 71; KölnKommAktG/*Koppensteiner* § 317 Rn. 20 ff.
³⁵³ WP Handbuch 2012, Bd. I, F Rn. 886.
³⁵⁴ Hüffer/Koch/*Koch* AktG § 312 Rn. 1; Emmerich/Habersack/*Habersack* § 312 Rn. 2.
³⁵⁵ BGHZ 135, 107 (109 f.) = NJW 1997, 1836 – Volkswagen.
³⁵⁶ *Hommelhoff*, Praktische Erfahrungen mit dem Abhängigkeitsbericht, ZHR 156 (1992), 295; Emmerich/Habersack/*Habersack* § 312 Rn. 3.
³⁵⁷ Schmidt/Lutter/*Vetter* § 312 Rn. 2.
³⁵⁸ Vgl. insoweit → Rn. 156 ff.
³⁵⁹ Zum Disskussionstand über die mögliche Erweiterung der Publiziät vgl. Emmerich/Habersack/*Habersack* § 313 Rn. 3.

zugreifen können.³⁶⁰ Grund für die Nichtveröffentlichung sind die andernfalls regelmäßig tangierten berechtigten Geheimhaltungsinteressen der AG.³⁶¹ Etwas anderes gilt insoweit nur für den Insolvenzverwalter, der wohl die Vorlage des Abhängigkeitsberichts verlangen kann.³⁶² Dem Präventivgedanken wird durch die Pflicht zur Vorlage an den Aufsichtsrat nach § 314 Abs. 1 AktG und die Pflicht des Aufsichtsrats nach § 314 Abs. 2 AktG, die Aktionäre in der Hauptversammlung über das Ergebnis seiner Prüfung zu unterrichten, Rechnung getragen. Aufgrund dieser verbesserten Informationsbasis wird die Ermöglichung von Schadensersatzansprüchen der Aktionäre und Gläubiger nach §§ 317, 318 AktG erreicht.³⁶³ Der Außenseiterschutz wird auch, ohne eine Veröffentlichung des Abhängigkeitsberichts selbst, mittelbar durch eine Binnenkontrolle der Organe der Gesellschaft, den Abschlussprüfer und eventuell den Sonderprüfer erreicht.³⁶⁴ Das Auskunftsrecht der Aktionäre nach § 131 AktG wird durch den Abhängigkeitsbericht nicht verdrängt und bleibt als zusätzliches Instrument bestehen.³⁶⁵

> **Praxistipp:**
> Das Regelungssystem der §§ 312 ff. AktG ist im Hinblick auf § 23 Abs. 5 S. 2 AktG zwingendes Recht und daher statuarisch nicht abdingbar.³⁶⁶

145 **b) Gesamtverantwortung des Vorstandes.** Der Vorstand kann sich zwar Hilfspersonen bedienen, sich jedoch nicht seiner **Gesamtverantwortung** entziehen:³⁶⁷ Der Bericht, der innerhalb der ersten 3 Monate des folgenden Geschäftsjahres anzufertigen und gleichzeitig mit dem Jahresabschluss und dem Lagebericht dem Abschlussprüfer der Gesellschaft vorzulegen ist (§§ 312 Abs. 1, 313 Abs. 1 S. 1 AktG),³⁶⁸ ist bei Fertigstellung von allen amtierenden Vorstandsmitgliedern zu unterzeichnen.³⁶⁹

146 **c) Eintritt oder Wegfall der Voraussetzungen während des Geschäftsjahres.** Die Pflicht zur Erstellung eines Abhängigkeitsberichtes bleibt davon unberührt, dass die Voraussetzungen für die Notwendigkeit eines solchen erst im Laufe eines Geschäftsjahres entstehen.³⁷⁰ Der Bericht ist nach allgemeiner Meinung immer für den **Zeitraum** zu erstellen, in dem die Voraussetzungen des § 312 AktG vorliegen, auch wenn es sich nur um einen Teil des Geschäftsjahres handelt.³⁷¹ Eine formwechselnde Umwandlung von der KGaA auf die AG (und umgekehrt) lässt die durchgängige Berichtspflicht aber unberührt.³⁷²

147 Die Pflicht entfällt ex nunc, soweit die Voraussetzungen des § 311 AktG ab einem bestimmten Zeitpunkt nicht mehr vorliegen.³⁷³ Dem Wegfall der Voraussetzungen gleichgestellt sein muss der **Rechtsformwechsel** aus der AG/KGaA/SE.³⁷⁴ Entsprechendes gilt bei

---

³⁶⁰ Emmerich/Habersack/*Habersack* § 312 Rn. 3 f.; MHdB GesR IV/*Krieger* § 69 Rn. 89.
³⁶¹ *Decher* ZHR 171 (2007) S. 138; vgl. auch → Rn. 161.
³⁶² MüKoAktG/*Kropff* § 312 Rn. 78; Schmidt/Lutter/*Vetter* § 312 Rn. 7.
³⁶³ Schmidt/Lutter/*Vetter* § 312 Rn. 4; Hüffer/Koch/*Koch* AktG § 312 Rn. 1.
³⁶⁴ Schmidt/Lutter/*Vetter* § 312 Rn. 7; vgl. zum Ganzen auch Emmerich/Habersack/*Habersack* § 312 Rn. 2 ff.
³⁶⁵ Vgl. hierzu OLG Stuttgart 11.8.2004 – 20 U 3/04.
³⁶⁶ GHEK/*Kropff* § 311 Rn. 7; Emmerich/Habersack/*Habersack* § 312 Rn. 4.
³⁶⁷ ADS § 312 Rn. 78; Emmerich/Habersack/*Habersack* § 26 III 1; Hüffer/Koch/*Koch* AktG § 312 Rn. 2.
³⁶⁸ *Nirk/Reuter/Bächle* Rn. 2522 mwN.
³⁶⁹ Ibedem.
³⁷⁰ Emmerich/Habersack/*Habersack* § 312 Rn. 11.
³⁷¹ OLG Düsseldorf DB 1993, 2222; MüKoAktG/*Kropff* § 312 Rn. 30 ff.; KölnKommAktG/*Koppensteiner* § 312 Rn. 11 ff.; ADS § 312 Rn. 23 ff.; Hüffer/Koch/*Koch* AktG § 312 Rn. 6; MHdB GesR IV/*Krieger* § 69 Rn. 93.
³⁷² MüKoAktG/*Kropff* § 312 Rn. 42.
³⁷³ Emmerich/Habersack/*Habersack* § 312 Rn. 11.
³⁷⁴ KölnKommAktG/*Koppensteiner* § 312 Rn. 11 ff.; Hüffer/Koch/*Koch* AktG § 312 Rn. 6; MHdB GesR IV/*Krieger* § 69 Rn. 93; aA MüKoAktG/*Kropff* § 312 Rn. 43 der im Fall der Umwandlung einer AG/KGaA in eine andere Rechtsform den Wegfall der Berichtspflicht für das gesamte Geschäftsjahr fordert.

Wegfall des berichtpflichtigen Rechtsträgers, zB bei Verschmelzung der abhängigen Gesellschaft auf einen nicht berichtspflichtigen Rechtsträger.[375]

Bei Wegfall der Berichtpflicht durch Abschluss eines Beherrschungsvertrages iSv §§ 291 ff. AktG (Bildung eines Vertragskonzernes) oder der Eingliederung iSv §§ 319 ff. AktG[376] im laufenden Geschäftsjahr führt die für das ganze Geschäftsjahr geltende Verlustübernahmeverpflichtung gemäß § 302 AktG zu einem rückwirkenden Wegfall der Berichtspflicht,[377] wenn die Maßnahme durch Eintragung in das Handelsregister wirksam geworden ist.[378] **148**

Die Berichtspflicht entsteht ex-nunc, also unterjährig bei **Beendigung** eines Vertragskonzernes bzw. der Eingliederung der abhängigen Gesellschaft.[379] **149**

> **Praxistipp:**
> Auch wenn keine berichtspflichtigen Vorgänge im betreffenden Geschäftsjahr gegeben sind, ist ein so genannter Negativbericht zu erstellen, der Gegenstand der Prüfung nach §§ 313, 314 AktG ist und eine mögliche Haftungsgrundlage des Vorstandes und des Aufsichtsrates nach § 318 AktG darstellt.[380]

d) **Mehrfache/Mehrstufige Abhängigkeit.** Bei mehrfacher bzw. mehrstufiger Abhängigkeit[381] ist über die **Beziehung zu jedem Unternehmen** bzw. über jedes Abhängigkeitsverhältnis zu berichten, welches eine Berichtspflicht nach obigen Grundsätzen auslöst. Ausreichend ist jedoch die Erstellung eines Berichtes, soweit aus diesem die konkreten Veranlassungen und Begünstigungen der jeweiligen Einzelunternehmen hervorgehen.[382] **150**

2. Inhalt des Abhängigkeitsberichts

a) **Berichtspflichtige Vorgänge.** Um die **Transparenz** der Beziehungen zwischen der abhängigen Gesellschaft und dem herrschenden Unternehmen zu erhöhen, gehen die berichtspflichtigen Vorgänge deutlich über die ausgleichpflichtigen Rechtsgeschäfte nach § 311 AktG hinaus: so wird in § 312 AktG weder auf den nachteiligen Charakter der Maßnahme, noch auf die Veranlassung durch das herrschende Unternehmen abgestellt.[383] Vielmehr wird eine gewisse Wahrscheinlichkeit bei der tatsächlichen Ausnutzung des Verhandlungs- und Machtungleichgewichts durch das herrschende Unternehmen vorausgesetzt.[384] **151**

Berichtet werden muss – in der durch § 312 Abs. 1 S. 2 AktG näher umschriebenen Weise – demzufolge über **alle vorgenommenen und unterlassenen Rechtsgeschäfte** und **sonstigen Maßnahmen** zwischen den relevanten Gesellschaften in ihrer konkreten Handhabung.[385] Letztlich sind alle Dispositionen, die sich auf die **Vermögens- oder Ertraglage** der abhängigen Gesellschaft auswirken können, zu erfassen.[386] **152**

aa) **Rechtsgeschäfte.** Bei Rechtsgeschäften und rechtsgeschäftsähnlichen Handlungen[387] sind bei gegenseitigen Verträgen, Leistung und Gegenleistung (§ 312 Abs. 1 S. 3 AktG) unter **153**

---
[375] MüKoAktG/*Kropff* § 312 Rn. 45; Emmerich/Habersack/*Habersack* § 312 Rn. 11.
[376] Emmerich/Habersack/*Habersack* § 312 Rn. 12.
[377] Emmerich/Habersack/*Habersack* § 312 Rn. 12.
[378] MüKoAktG/*Kropff* § 312 Rn. 49; KölnKommAktG/*Koppensteiner* § 312 Rn. 14; MHdB GesR IV/*Krieger* § 69 Rn. 93; Hüffer/Koch/*Koch* AktG § 312 Rn. 7.
[379] KölnKommAktG/*Koppensteiner* § 312 Rn. 14; Hüffer/Koch/*Koch* AktG § 312 Rn. 7; MüKoAktG/*Kropff* § 312 Rn. 49 für den Fall des Beherrschungsvertrages.
[380] Emmerich/Habersack/*Habersack* § 312 Rn. 13 mwN.
[381] Vgl. zu den Begriffen → Rn. 155.
[382] MHdB GesR IV/*Krieger* § 69 Rn. 92; Hüffer/Koch/*Koch* AktG § 312 Rn. 12; Emmerich/Habersack/*Habersack* § 312 Rn. 9.
[383] Emmerich/Habersack/*Habersack* § 312 Rn. 21; BeckAG-HB/*Liebscher* § 14 Rn. 81.
[384] Emmerich/Habersack/*Habersack* § 312 Rn. 21; BeckAG-HB/*Liebscher* § 14 Rn. 81.
[385] Hüffer/Koch/*Koch* AktG § 312 Rn. 12; WP Handbuch 2000, Bd. I, F RN 865.
[386] ADS § 312 Rn. 42; MHdB GesR IV/*Krieger* § 69 Rn. 98; GHEK/*Kropff* § 312 Rn. 49.
[387] Emmerich/Habersack/*Habersack* § 312 Rn. 23 aE.

möglichst exakter Bezeichnung von **Art, Umfang, Menge** und **Kosten** anzugeben,[388] um dem Abschlussprüfer (§ 313 AktG) und dem Aufsichtsrat (§ 314 AktG) die genaue Beurteilung der Äquivalenz zu ermöglichen.[389] Dies gilt auch für unübliche Nachlässe und wesentliche Nebenabreden (ungewöhnliche Zahlungsziele, Verzicht auf Sicherheiten, ungewöhn-liche Garantieleistungen).[390] Bei einseitigen Rechtsgeschäften, die die abhängige Gesellschaft verpflichten, ist anzugeben, worin das angemessene wirtschaftliche Äquivalent liegen soll. Auch die Ausübung von **Gestaltungsrechten** (wie **Anfechtung, Rücktritt, Kündigung**) ist unter der Angabe der Gründe ihrer Nutzung berichtspflichtig, wenn die abhängige Gesellschaft diese Willenserklärung abgegeben hat.[391] Bei wirtschaftlich gleichartigen Leistungen ist aus Gründen der Übersichtlichkeit der Darstellung eine **Gruppenbildung** möglich, also eine Zusammenfassung in der Berichterstattung.[392] Bei **Koordination des Stimmverhaltens** kann auch von dem herrschenden Unternehmen und der abhängigen Gesellschaft gefasster Beschluss berichtspflichtig sein.[393]

154 Soweit es um die Verpflichtungsgeschäfte vollziehenden **Erfüllungsgeschäfte** geht und keine weiteren, über das zugrunde liegende schuldrechtliche Rechtsgeschäft hinausgehenden Nachteile begründet werden, sind diese nicht berichtspflichtig;[394] anders ist dies aber wieder für rechtsgrundlose Verfügungen zu beurteilen.[395]

155 *bb) Sonstige Maßnahmen.*[396] Die sonstigen Maßnahmen,[397] die sich auf **alle Handlungen oder Unterlassungen** beziehen, die sich auf die Vermögens- oder Ertragslage der abhängigen Gesellschaft auswirken können,[398] ohne Rechtsgeschäft zu sein,[399] müssen auf Ebene der abhängigen Gesellschaft durchgeführt oder veranlasst worden sein,[400] wobei für den relevanten Zeitraum der Berichtspflicht der Beginn der Ausführung entscheidend ist.

156 Anzugeben sind die für die Maßnahme sprechenden **Gründe** der abhängigen Gesellschaft sowie Vor- und Nachteile, die sich aus der Durchführung für sie ergeben.[401] Die Vor- und Nachteile sind dabei zu quantifizieren, mit Preisen zu bewerten und nicht nur ein bloßer Saldo darzustellen.[402] Ausgangspunkt der Beurteilung ist die **ex-ante-Sicht** zum Zeitpunkt der Entscheidung über die Maßnahmen.[403]

157 *b) Einzelangaben zum Nachteilsausgleich.* Soweit ein Rechtsgeschäft oder eine Maßnahme auf Grund ihrer nachteiligen Wirkung ausgeglichen worden ist,[404] sind nach § 312 Abs. 1 S. 4 AktG die Art und Weise des Ausgleiches anzugeben, insbesondere, ob der Nachteil **tatsächlich**[405] oder durch **Begründung eines Rechtsanspruches**[406] ausgeglichen worden

---

[388] Hüffer/Koch/*Koch* AktG § 312 Rn. 27.
[389] Hüffer/Koch/*Koch* AktG § 312 Rn. 27.
[390] *ADS* § 312 Rn. 66 ff.; GHEK/*Kropff* § 312 Rn. 65; KölnKommAktG/*Koppensteiner* § 312 Rn. 58; MHdB GesR IV/*Krieger* § 69 Rn. 81.
[391] Hüffer/Koch/*Koch* AktG § 312 Rn. 13.
[392] *ADS* § 312 Rn. 69 mwN.
[393] Emmerich/Habersack/*Habersack* § 312 Rn. 24.
[394] KölnKommAktG/*Koppensteiner* § 312 Rn. 49; MüKoAktG/*Kropff* § 312 Rn. 86; Hüffer/Koch/*Koch* AktG § 312 Rn. 14; aA *van Venrooy* DB 1980, 385 ff.
[395] KölnKommAktG/*Koppensteiner* § 312 Rn. 50.
[396] Beispiele für sonstige Maßnahmen: Emmerich/Habersack/*Habersack* § 312 Rn. 34; MHdB GesR IV/*Krieger* § 69 Rn. 98.
[397] Das Gesetz spricht insoweit von anderen Maßnahmen.
[398] *ADS* § 312 Rn. 42; MHdB GesR IV/*Krieger* § 69 Rn. 98; GHEK/*Kropff* § 312 Rn. 49.
[399] MüKoAktG/*Kropff* § 312 Rn. 89; *ADS* § 312 Rn. 42; MHdB GesR IV/*Krieger* § 69 Rn. 98; Hüffer/Koch/*Koch* AktG § 312 Rn. 23; KölnKommAktG/*Koppensteiner* § 312 Rn. 35.
[400] Hüffer/Koch/*Koch* AktG § 312 Rn. 24.
[401] Hüffer/Koch/*Koch* AktG § 312 Rn. 29.
[402] *ADS* § 312 Rn. 74; KölnKommAktG/*Koppensteiner* § 312 Rn. 60; GHEK/*Kropff* § 31 Rn. 65; MHdB GesR IV/*Krieger* § 69 Rn. 104.
[403] GHEK/*Kropff* § 31 Rn. 65; Hüffer/Koch/*Koch* AktG § 312 Rn. 30.
[404] Ausführlich → Rn. 99 ff.
[405] Vgl. dazu → Rn. 108.
[406] Vgl. dazu → Rn. 109.

ist. Die Ausgleichsleistung ist jeweils zu quantifizieren, um die Beurteilung der Angemessenheit zu gewährleisten.[407]

Checkliste 158
Gliederung des Abhängigkeitsberichts

A. Darstellung der Berichtspflicht
- Ausführung zur Art des Abhängigkeitsverhältnisses

B. Berichtspflichtige Vorgänge im Einzelnen:
  I. Rechtsgeschäfte
  - Aufzählung und Bezeichnung,
  - Angabe von Leistung und Gegenleistung (gegebenenfalls Gliederung nach dem Kreis der verbundenen Unternehmen)
  II. Maßnahmen
  - Angabe von Gründen für die Maßnahmen sowie die konkreten Vor- und Nachteile für die Gesellschaft
  III. Nachteilsausgleich
  - ob und wie Nachteile während des Geschäftsjahres ausgeglichen wurden,
  - ob und welche Ausgleichsansprüche nach § 311 Abs. 2 AktG gebildet worden sind,

C. Schlusserklärung

---

3. Grundsätze der Berichterstattung

Nach § 312 Abs. 2 AktG hat der Bericht den Grundsätzen einer „gewissenhaften und getreuen Rechenschaft" zu folgen. Aus dem Zweck der Berichterstattung, der Ermöglichung der Überprüfung der Verbundbeziehungen durch Aufsichtsrat und Abschlussprüfer folgt, dass dieser **wahrheitsgemäß und vollständig** zu erfolgen hat.[408] Diese Ansätze stehen latent im Spannungsverhältnis zum Gebot der Übersichtlichkeit. Demnach ist eine **zusammenfassende Berichtserstattung** angezeigt, zumindest aber möglich,[409] wenn eine weitere Aufgliederung keine zusätzlichen Informationswerte hätte.[410] Dies betrifft hauptsächlich ständig wiederkehrende, immer zu gleichen Bedingungen vorgenommene Rechtsgeschäfte und Maßnahmen (gleicher Gegenstand, Entgelt und Abwicklungsart, wie Leistungen nach Tarif oder wiederkehrende Provisionsgeschäfte)[411] sowie Bagatellfälle,[412] also solche, die nach Gegenstand und Umfang unwesentlich sind.[413] Aus Gründen der Übersichtlichkeit bietet sich bei stark verzweigten Unternehmensgruppen eine vorangestellte Übersicht an,[414] welche die Namen der jeweilig beteiligten Unternehmen beinhaltet.[415] 159

4. Schlusserklärung des Vorstandes

Gemäß § 312 Abs. 3 AktG hat der Vorstand der abhängigen Gesellschaft in der Schlusserklärung des Abhängigkeitsberichtes zusammenfassend zu erklären, ob die Gesellschaft bei 160

---

[407] Emmerich/Habersack/*Habersack* § 312 Rn. 40; Hüffer/Koch/*Koch* AktG § 312 Rn. 30; KölnKomm-AktG/*Koppensteiner* § 312 Rn. 62.
[408] ADS § 312 Rn. 82; KölnKommAktG/*Koppensteiner* § 312 Rn. 15 ff.; GHEK/*Kropff* § 31 Rn. 33 ff.; Emmerich/Habersack/*Habersack* § 312 Rn. 41.
[409] HM KölnKommAktG/*Koppensteiner* § 312 Rn. 54; MüKoAktG/*Kropff* § 312 Rn. 139; MHdB GesR IV/*Krieger* § 69 Rn. 104; Hüffer/Koch/*Koch* AktG § 312 Rn. 34.
[410] Emmerich/Habersack/*Habersack* § 312 Rn. 43.
[411] ADS § 312 Rn. 69 u. 76; KölnKommAktG/*Koppensteiner* § 312 Rn. 54; GHEK/*Kropff* § 31 Rn. 37.
[412] Vgl. dazu ADS § 312 Rn. 70.
[413] Hüffer/Koch/*Koch* AktG § 312 Rn. 34.
[414] MüKoAktG/*Kropff* § 312 Rn. 137; Hüffer/Koch/*Koch* AktG § 312 Rn. 33.
[415] Ebenda; de lege ferenda für einen Generalberichtsteil *Hommelhoff* Gutachten S. 54 f.

Rechtsgeschäften eine **äquivalente Gegenleistung** erhielt bzw. durch andere Maßnahmen des herrschenden Unternehmens, die nicht schon von vornherein rechtswidrig waren, nicht benachteiligt wurde (§ 312 Abs. 3 S. 1 AktG) oder diese Nachteile zumindest ausgeglichen worden sind (§ 312 Abs. 3 S. 2 AktG).[416] Soweit keine dieser Voraussetzungen vorliegt, ist jedenfalls ein **Negativbericht** zu erstellen.[417] Der Inhalt der Erklärung ist **nicht formalisiert.**

> **Formulierungsvorschlag:**[418]
>
> 161 Unsere Gesellschaft hat bei den im Bericht über Beziehungen zu verbundenen Unternehmen aufgeführten Rechtsgeschäften und Maßnahmen, die uns im Zeitpunkt, in dem die Rechtsgeschäfte vorgenommen wurden oder die Maßnahmen getroffen oder unterlassen wurden, bekannt waren, bei jedem Rechtsgeschäft eine angemessene Gegenleistung erhalten und ist dadurch, dass Maßnahmen getroffen oder unterlassen wurden, nicht benachteiligt worden.
>
> *alternativ:*
> Unsere Gesellschaft erhielt bei jedem im Bericht über Beziehungen zu verbundenen Unternehmen aufgeführten Rechtsgeschäft eine angemessene Gegenleistung und wurde durch die in dem Bericht angegebenen, getroffenen oder unterlassenen Maßnahmen nicht benachteiligt. Dieser Beurteilung liegen die Umstände zugrunde, die uns zum Zeitpunkt der berichtspflichtigen Vorgänge bekannt waren.

162 Es handelt sich um eine **zusammenfassende persönliche Bewertung,** die den handelnden Vorstand zu einer eindeutigen Stellungnahme zwingen soll,[419] um ihn – trotz der bestehenden Abhängigkeit – zur Notwendigkeit der eigenverantwortlichen Leitung der Gesellschaft und zur Wahrung deren Interessen anzuhalten. Der präventive Charakter der Schlusserklärung soll dem Vorstand erleichtern, einem unangemessenen Verlangen des herrschenden Unternehmens **nicht** nachzukommen.[420]

163 Ausgangspunkt der Beurteilung ist der Zeitpunkt der Vornahme bzw. des Unterlassens des Rechtsgeschäftes oder der sonstigen Maßnahme, also eine ex-ante-Sichtweise.[421] Aufgrund des eindeutigen Wortlautes des Gesetzes ist Beurteilungsmaßstab nur die positive Kenntnis des Vorstandes, auf ein Kennenmüssen kommt es nicht an.[422]

164 Die Schlusserklärung ist nach § 312 Abs. 3 S. 3 AktG in den **Lagebericht** aufzunehmen (§ 312 Abs. 3 S. 3 AktG) und damit auch offenzulegen (vgl. § 325 HGB). Bei Fehlen der Schlusserklärung hat der Abschlussprüfer des Jahresabschlusses (§§ 316 ff. HGB) als Konsequenz den Bestätigungsvermerk (§ 322 HGB) einzuschränken.[423] Jedoch führt das Fehlen **nicht** zur **Nichtigkeit des Jahresabschlusses.**[424] Die (kleine) AG iSd § 267 HGB, die gemäß § 264 Abs. 1 S. 3 HGB nicht zur Aufstellung eines Lageberichtes verpflichtet ist, hat die Schlusserklärung in den Anhang aufzunehmen.[425]

165 Der Abhängigkeitsbericht wird mit Rücksicht auf die **Geheimhaltungsinteressen** der abhängigen Gesellschaft **nicht öffentlich gemacht,**[426] anders die Schlusserklärung des Vorstan-

---

[416] Hüffer/Koch/*Koch* AktG § 312 Rn. 35; MHdB GesR IV/*Krieger* § 69 Rn. 105.
[417] S. schon → Rn. 148.
[418] Siehe auch *ADS* § 312 Rn. 91.
[419] Emmerich/Habersack/*Habersack* § 312 Rn. 44.
[420] Ebenda; Hüffer/Koch/*Koch* AktG § 312 Rn. 35.
[421] MHdB GesR IV/*Krieger* § 69 Rn. 105; Hüffer/Koch/*Koch* AktG § 312 Rn. 36.
[422] GHEK/*Kropff* § 31 Rn. 80; Hüffer/Koch/*Koch* AktG § 312 Rn. 36; Emmerich/Habersack/*Habersack* § 312 Rn. 46; aA KölnKommAktG/*Koppensteiner* § 312 Rn. 65, der ein Redaktionsversehen des Gesetzgebers annimmt.
[423] KölnKommAktG/*Koppensteiner* § 312 Rn. 70; Hüffer/Koch/*Koch* AktG § 312 Rn. 37; *Kupsch* DB 1993, 493 ff.; aA OLG Köln BB 1993, 39.
[424] OLG Köln AG 1993, 86 (87) re. Sp.
[425] *ADS* § 312 Rn. 88; MüKoAktG/*Kropff* § 312 Rn. 152; aA MHdB GesR IV/*Krieger* § 69 Rn. 105.
[426] Ganz hM MüKoAktG/*Kropff* § 312 Rn. 137; MHdB GesR IV/*Krieger* § 69 Rn. 90; Hüffer/Koch/*Koch* AktG § 312 Rn. 38; *Schiessl* ZGR 1998, 871 (873); *Schneider* in FS Lutter, S. 1193 (1197 f.); Emmerich/Habersack/*Habersack* § 312 Rn. 4 mwN; vgl. → Rn. 138.

des⁴²⁷ und der Prüfungsbericht des Aufsichtsrates.⁴²⁸ Im Ergebnis wird so vermieden, dass schäd-liche Detailinformationen der Gesellschaft an die Öffentlichkeit gelangen.⁴²⁹

Eine mögliche **Sonderprüfung** nach § 315 AktG würde über die Veröffentlichung des Sonderprüfungsberichts gemäß § 145 Abs. 6 AktG eine weitergehende Publizität eröffnen.⁴³⁰ 166

5. Rechtsfolgen der Verletzung der Berichtspflicht

a) **Zwangsgeldverfahren.** Dem Registergericht obliegt es nach § 407 Abs. 1 AktG durch Festsetzung eines **Zwangsgeldes** die Verpflichtung des Vorstandes zur Erstellung eines Abhängigkeitsberichtes durchzusetzen.⁴³¹ Die Möglichkeit der Festsetzung wird in der Regel bis zur Verjährung der Ansprüche aus §§ 317, 318 AktG betrieben werden können.⁴³² 167

Die Festsetzung kann auch von jedem außenstehenden Aktionär der abhängigen Gesellschaft beim Registergericht beantragt werden; bei Ablehnung der Festsetzung eines Zwangsgeldes sind die Möglichkeit der Beschwerde und der Rechtsbeschwerde nach §§ 58, 70 FamFG eröffnet.⁴³³

b) **Schadensersatzpflicht der Verwaltung (§ 318 AktG).** *aa) Haftung des Vorstandes.* Die Mitglieder des Vorstandes haften nach Maßgabe der §§ 318 Abs. 1, 3 und 4, 93 AktG auf Schadensersatz für Schäden, die der AG oder außenstehenden Aktionären entstehen, soweit die Aufstellung des Abhängigkeitsberichtes unterbleibt oder nicht die Anforderungen des § 312 AktG erfüllt.⁴³⁴ Daneben kommt die **strafrechtliche Sanktion** des § 400 AktG in Betracht.⁴³⁵ 168

bb) Haftung des Aufsichtsrates. Die Mitglieder des Aufsichtsrates haften nach Maßgabe des § 318 Abs. 2 AktG, wenn und soweit sie hinsichtlich nachteiliger Rechtsgeschäfte oder nachteiliger Maßnahmen ihre Pflicht zur Prüfung nach § 314 AktG⁴³⁶ und zur Berichterstattung gegenüber der Hauptversammlung verletzt haben.⁴³⁷ 169

cc) Gesamtverantwortung. Alle Ersatzpflichtigen, also verantwortliche Mitglieder des Vorstandes und des Aufsichtsrates, haften gemäß § 318 Abs. 2 AktG als Gesamtschuldner mit den Folgen der §§ 421 ff. BGB.⁴³⁸ Aus § 318 Abs. 1 S. 2 AktG folgt das Verschuldenserfordernis, wobei die Fahrlässigkeit auf der Basis des Sorgfaltsstandards des § 93 AktG ausreicht. Die Darlegungs- und Beweislast liegt bei den Organmitgliedern.⁴³⁹ 170

c) **Einschränkung des Testats des Abschlussprüfers.** Fehlt der Abhängigkeitsbericht oder die Schlusserklärung zum Abhängigkeitsbericht – obwohl dies notwendig wäre – so ist der Lagebericht bzw. der Anhang unvollständig mit der Folge der Einschränkung des Bestätigungsvermerkes nach § 322 Abs. 4 HGB.⁴⁴⁰ Über die Mängel des Abhängigkeitsberichtes oder sein gänzliches Fehlen hat der Abschlussprüfer des Jahresabschlusses nach § 313 Abs. 2 HGB gesondert zu berichten und gegebenenfalls seinen Bestätigungsvermerk zum Abhängigkeitsbericht einzuschränken oder zu versagen (§ 313 Abs. 4 AktG).⁴⁴¹ 171

---

⁴²⁷ Vgl. → Rn. 160.
⁴²⁸ Vgl. → Rn. 184 ff.
⁴²⁹ Hüffer/Koch/*Koch* AktG § 312 Rn. 38.
⁴³⁰ Hüffer/Koch/*Koch* AktG § 312 Rn. 38.
⁴³¹ Emmerich/Habersack/*Habersack* § 312 Rn. 18.
⁴³² Emmerich/Habersack/*Habersack* § 312 Rn. 18.
⁴³³ Emmerich/Habersack/*Habersack* § 312 Rn. 18 aE.
⁴³⁴ Emmerich/Habersack/*Habersack* § 312 Rn. 19; *ADS* § 312 Rn. 103 aE mwN.
⁴³⁵ *ADS* § 312 Rn. 103 aE.
⁴³⁶ Zur Berichtspflicht *ADS* § 312 Rn. 105 mwN.
⁴³⁷ MüKoAktG/*Kropff* § 312 Rn. 70; KölnKommAktG/*Koppensteiner* § 312 Rn. 22; Hüffer/Koch/*Koch* AktG § 312 Rn. 10; MHdB GesR IV/*Krieger* § 69 Rn. 95.
⁴³⁸ Vgl. statt aller Hüffer/Koch/*Koch* AktG § 318 Rn. 6.
⁴³⁹ Vgl. statt aller Hüffer/Koch/*Koch* AktG § 318 Rn. 6.
⁴⁴⁰ KölnKommAktG/*Koppensteiner* § 312 Rn. 22; Hüffer/Koch/*Koch* AktG § 312 Rn. 10; MüKoAktG/*Kropff* § 312 Rn. 65 ff.; *Kupsch* DB 1993, 493 ff.; aA OLG Köln ZIP 1993, 110 (113).
⁴⁴¹ *ADS* § 312 Rn. 104.

172 **d) Anfechtbarkeit der Entlastung.** Das Fehlen oder die Unvollständigkeit des Abhängigkeitsberichtes führen⁴⁴² nicht automatisch zur Nichtigkeit des Jahresabschlusses,⁴⁴³ da er nicht Bestandteil dessen ist.⁴⁴⁴ Andererseits kann der dem Vorstand trotz Nichterstellung des Abhängigkeitsberichtes erteilte **Entlastungsbeschluss** durch die Aktionäre nach § 243 Abs. 1 AktG angefochten werden,⁴⁴⁵ soweit er nicht schon von der Mehrheit verweigert wurde.⁴⁴⁶

173 **e) Kostentragung.** Die Kostentragung für die Prüfung des Abhängigkeitsberichtes ist gesetzlich nicht geregelt. Da es sich insofern weder um ein Rechtsgeschäft noch um eine sonstige Maßnahme handelt, ist ein Ausgleich über § 311 AktG nicht möglich. Da die Kosten jedoch eine vom herrschenden Unternehmen veranlasste Folge der Beherrschung sind, erscheint es sachgerecht, die Kosten dem herrschenden Unternehmen entsprechend §§ 311, 317 AktG anzulasten.⁴⁴⁷

> **Praxistipp:**
> Durch die fehlende Aktivierung eines Schadensersatzanspruches aus § 317 AktG wird der Jahresabschluss unvollständig, was zu seiner Nichtigkeit aus § 256 Abs. 1 Nr. 1 iVm Abs. 5 S. 1 Nr. 2, S. 3 AktG führen kann.⁴⁴⁸

VII. Die Prüfung des Abhängigkeitsberichtes

1. Allgemeines

174 Der Abhängigkeitsbericht kann seinen **Schutzzweck**⁴⁴⁹ nur erfüllen, wenn eine Prüfung durch den Abschlussprüfer nach § 313 AktG und durch den Aufsichtsrat nach § 314 AktG durchgeführt wird.⁴⁵⁰ Nur so kann die Durchsetzung etwaiger **Schadensersatzansprüche** durch die Aktionäre ermöglicht und die Verwirklichung des Tatbestandes des § 317 AktG von vornherein unterbunden werden (**Präventionsgedanke**).⁴⁵¹ Die Prüfung durch den Abschlussprüfer – als einem unabhängigen und sachkundigen Dritten soll dabei sowohl möglicher mangelnder Sachkunde bei der Angemessenheit der Beurteilung als auch möglichen Interessenkollisionen der Aufsichtsratsmitglieder der abhängigen Gesellschaft vorbeugen.⁴⁵²

175 Die Prüfung des Abhängigkeitsberichtes ist an die Prüfung des Jahresabschlusses gebunden: Nach § 316 Abs. 1 S. 1 HGB beschränkt sich die Prüfung auf Kapitalgesellschaften, die nicht kleine im Sinne von § 267 Abs. 1 HGB sind. Weiterhin bestimmt § 313 Abs. 2 S. 3 AktG, dass der Abschlussprüfer seinen Bericht unmittelbar dem Aufsichtsrat vorzulegen hat und dem Vorstand vor der Zuleitung Gelegenheit zur Stellungnahme zu geben ist.⁴⁵³

176 Die Prüfung durch den Aufsichtsrat (§ 314 AktG), auch wenn in der Praxis häufig von Repräsentanten des herrschenden Unternehmens besetzt, soll diesem eine **Mitverantwortung** für die Richtigkeit des Abhängigkeitsberichtes auferlegen und die **Information** der Hauptversammlung sicherstellen.⁴⁵⁴ In diesem Kontext stehen auch die möglichen, ua bei Insolvenz der Gesellschaft relevanten Schadensersatzersatzansprüche gegenüber dem Aufsichtsrat

---

⁴⁴² Vgl. → Rn. 160.
⁴⁴³ BGHZ 124, 111 (121 f.) = NJW 1994, 520; OLG Köln AG 1993, 86 (87) = ZIP 1993, 110 (113).
⁴⁴⁴ Emmerich/Habersack/*Habersack* § 312 Rn. 20 mwN.
⁴⁴⁵ BGHZ 62, 193 (194 f.) = NJW 1974, 855; OLG Karlsruhe NZG 1999, 953 (954); LG Berlin AG 1997, 183 (184 f.); MHdB GesR IV/*Krieger* § 69 Rn. 96; MüKoAktG/*Kropff* § 312 Rn. 74.
⁴⁴⁶ ADS § 312 Rn. 106.
⁴⁴⁷ Heidel/*Walchner* § 312 Rn. 36; aA Schmidt/Lutter/*Vetter* § 312 Rn. 21 mwN.
⁴⁴⁸ Vgl. dazu Emmerich/Habersack/*Habersack* § 312 Rn. 20 mwN.
⁴⁴⁹ Vgl. → Rn. 138.
⁴⁵⁰ ADS § 313 Rn. 1; Emmerich/Habersack/*Habersack* § 313 Rn. 2.
⁴⁵¹ Emmerich/Habersack/*Habersack* § 313 Rn. 2; Hüffer/Koch/*Koch* AktG § 313 Rn. 1.
⁴⁵² MüKoAktG/*Kropff* § 313 Rn. 2; ADS § 313 Rn. 1; *Haesen* S. 120 ff.
⁴⁵³ Emmerich/Habersack/*Habersack* § 313 Rn. 5.
⁴⁵⁴ Hüffer/Koch/*Koch* AktG § 314 Rn. 1; Emmerich/Habersack/*Habersack* § 314 Rn. 2.

§ 52 Probleme im faktischen Konzern

(§§ 318 Abs. 2, 314 AktG).[455] Die Prüfungs- und Berichtspflicht obliegt dabei dem Gesamtaufsichtsrat, so dass einem Ausschuss (§ 107 Abs. 2 S. 3 AktG) die Vorbereitung, nicht aber die abschließende Erledigung der in § 314 Abs. 2 und 3 AktG genannten Aufgaben übertragen werden kann.[456]

2. Prüfung durch den Abschlussprüfer (§ 313 AktG)

a) **Gegenstand der Prüfung.**[457] Nach § 313 Abs. 1 S. 2 Nr. 1 AktG sind zunächst die **Richtigkeit der tatsächlichen Angaben,** also Vorgänge in der Vergangenheit, zu prüfen, wobei letztlich zu beurteilen ist, ob angegebene Rechtsgeschäfte bzw. Maßnahmen tatsächlich und zu den behaupteten Konditionen geschlossen bzw. ergriffen und unterlassen wurden,[458] nicht hingegen die Vollständigkeit der Angaben.[459] Soweit es sich um Vorgänge handelt, die im Jahresabschluss enthalten und damit in der Finanzbuchhaltung abgebildet sind, kann diesbezüglich auf die Prüfung des Jahresabschlusses und deren Arbeitspapiere zurückgegriffen werden. 177

Bei Rechtsgeschäften ist nach § 313 Abs. 1 S. 2 Nr. 2 AktG die **Äquivalenz** von Leistung und Gegenleistung zu prüfen und ob ein eventuell notwendiger Nachteilsausgleich[460] in ordnungsgemäßer Art und Weise durchgeführt wurde.[461] Dem Abschlussprüfer steht insoweit ein eigener und unverzichtbarer Bewertungsspielraum zu.[462] Eine Leistung, die auf Grund der Durchführung der Prüfung des Abschlussprüfers erfolgt, ist jedoch verspätet und stellt keinen zulässigen Nachteilsausgleich mehr dar;[463] anders, soweit es bloß um die Konkretisierung einer geschlossenen Ausgleichverpflichtung geht.[464] Gegenüber der Schlusserklärung[465] ist auf den **Zeitpunkt der Vornahme der Rechtshandlung** abzustellen[466] und zu prüfen, welche Umstände nach einer vernünftigen kaufmännischen Betrachtungsweise im Vorstand zu diesem Zeitpunkt bekannt waren bzw. hätten bekannt sein müssen.[467] Diese Differenzierung ist sachgerecht, da sich in der Schlusserklärung der Vorstand selbst bezichtigen würde,[468] während es bei der Prüfung um die Überwachung seiner Tätigkeit geht. 178

Maßnahmen ohne rechtsgeschäftlichen Charakter, also die **sonstigen Maßnahmen** iSd § 313 Abs. 1 S. 2 Nr. 3 AktG, sind nur dahingehend zu untersuchen, ob keine Umstände existieren, die eine wesentlich andere Beurteilung der Vorgänge vor dem Hintergrund der verwertbaren Ermessensentscheidung des Vorstandes notwendig machen.[469] 179

b) **Durchführung der Prüfung.** Ausgehend von einer **retrograden Prüfung**[470] genügt bezüglich der Richtigkeit der tatsächlichen Angaben eine **Stichprobenprüfung.**[471] Lücken in der Schilderung der relevanten Umstände der im Bericht enthaltenen Rechtsgeschäfte und Maßnahmen sind wegen der Berichtspflicht des § 313 Abs. 2 AktG nachzugehen, auch 180

---

[455] Emmerich/Habersack/*Habersack* § 314 Rn. 2; → Rn. 165.
[456] *Hommelhoff* BB 1998, 2567 (2570).
[457] MHdB GesR IV/*Krieger* § 69 Rn. 107 f.; Emmerich/Habersack/*Habersack* § 313 Rn. 14 ff.; Hüffer/Koch/*Koch* AktG § 313 Rn. 2.
[458] KölnKommAktG/*Koppensteiner* § 313 Rn. 11.
[459] HM *ADS* § 313 Rn. 46; KölnKommAktG/*Koppensteiner* § 313 Rn. 11; GHEK/*Kropff* § 313 Rn. 24; MHdB GesR IV/*Krieger* § 69 Rn. 108; Emmerich/Habersack/*Habersack* § 313 Rn. 14; WP Handbuch 2012, Bd. I, F Rn. 915 mwN.
[460] Dazu umfassend → Rn. 45 ff.; BeckAG-HB/*Liebscher* § 14 Rn. 83.
[461] Emmerich/Habersack/*Habersack* § 313 Rn. 15.
[462] Hüffer/Koch/*Koch* AktG § 313 Rn. 6 aE; MüKoAktG/*Kropff* § 313 Rn. 43; *ADS* § 313 Rn. 22.
[463] KölnKommAktG/*Koppensteiner* § 313 Rn. 14; GHEK/*Kropff* § 313 Rn. 18; *Haesen* S. 137.
[464] *ADS* § 313 Rn. 27 aE.
[465] Vgl. → Rn. 159.
[466] Emmerich/Habersack/*Habersack* § 313 Rn. 16.
[467] *ADS* § 313 Rn. 21; KölnKommAktG/*Koppensteiner* § 313 Rn. 1; GHEK/*Kropff* § 313 Rn. 15.
[468] Hüffer/Koch/*Koch* AktG § 313 Rn. 7.
[469] *ADS* § 313 Rn. 31; Emmerich/Habersack/*Habersack* § 313 Rn. 18; KölnKommAktG/*Koppensteiner* § 313 Rn. 15; GHEK/*Kropff* § 313 Rn. 19 f.; MHdB GesR IV/*Krieger* § 69 Rn. 108.
[470] Zur Prüfungstechnik vgl. statt aller WP Handbuch 2012 Bd. I Abschnitt R.
[471] *ADS* § 313 Rn. 45; KölnKommAktG/*Koppensteiner* § 313 Rn. 20.

wenn die Vollständigkeit selbst nicht Prüfungsgegenstand ist.[472] Der Prüfer hat etwaige Lücken, auch beim Fehlen von wesentlichen Konditionen und Umständen,[473] **aufzudecken** und muss **nachforschen**,[474] wobei die **Prüfungsbereitschaft der Gesellschaft** und der Grad des Einhaltens der **Dokumentationspflicht** solcher Vorgänge ausschlaggebend ist. Es kann als zulässiger Ansatz angesehen werden, von einer ordnungsgemäßen Dokumentation auf die Vollständigkeit zu schließen.[475] Die Nichtdokumentation dem Prüfer bekannter Vorgänge bzw. die Versagung der Ergänzung des Abhängigkeitsberichtes bei erkannten Lücken führt zur Einschränkung oder Versagung des **Bestätigungsvermerkes**.[476]

181   Dabei hat der Prüfer nach § 313 Abs. 1 S. 3 AktG ein **Einsichtsrecht** bezüglich der Unterlagen der abhängigen Gesellschaft (§ 320 Abs. 1 S. 1 HGB) und ein Auskunftsrecht gegenüber dem Vorstand, soweit dies für eine sorgfältige Prüfung notwendig ist (§ 320 Abs. 2 S. 2 HGB).[477] Dies betrifft auch das so genannte **Konzernschema**,[478] also eine Übersicht über die verbundenen Unternehmen, und ebenfalls das herrschende Unternehmen, § 313 Abs. 1 S. 4 AktG,[479] allerdings nicht gegenüber sonstigen Unternehmen, die mit herrschenden Unternehmen verbunden sind.[480] Da der Abschlussprüfer diese Rechte nach der Verweisung in § 313 Abs. 1 S. 3 AktG iVm § 320 Abs. 2 S. 2 HGB bereits vor Aufstellung des Abhängigkeitsberichtes hat, bietet sich eine **Zwischenprüfung** an.[481]

182   c) **Prüfungsbericht.** Gemäß § 313 Abs. 2 AktG hat der Prüfer einen Bericht zu erstellen.[482] Adressat, des unter Angabe von Ort und Datum[483] unterzeichneten schriftlichen Prüfungsberichtes (§ 313 Abs. 2 S. 1 u. 3 AktG), ist der Aufsichtsrat. Dies ergibt sich unabhängig vom klaren Wortlaut des § 313 Abs. 2 S. 3 Hs. 1 AktG auch aus dem notwendigen Gleichlauf mit § 321 Abs. 5 S. 2 HGB.[484] Dem Vorstand ist Gelegenheit zur Stellungnahme zu geben (§ 313 Abs. 2 S. 3 Hs. 2 AktG). Der Prüfungsbericht wird mit Ausnahme des ebenfalls enthaltenen Bestätigungsvermerkes – wegen der Sensibilität der Daten – nicht offen gelegt und geht der Hauptversammlung nicht zu.[485]

183   Inhaltlich muss das Ergebnis der Prüfung des Jahresberichtes, des Lageberichtes und damit auch des Abhängigkeitsberichtes in Bezug auf deren Vollständigkeit nach Maßgabe der §§ 313 Abs. 1 und 312 Abs. 2 AktG festgestellt werden.[486] Inhaltliche Eckpunkte sind unter anderem die Darlegung des Beurteilungsrahmens, die Abgrenzung des Kreises der einbezogenen Unternehmen, die Kooperationsbereitschaft des Vorstandes, ob also die erbetenen Unterlagen vorgelegt und Auskünfte erteilt wurden.[487] Eine Gliederung nach den in § 313 Abs. 1 S. 2 AktG bestimmten Prüfungsgegenständen ist dabei angezeigt.[488]

184   d) **Bestätigungsvermerk.** Der unter Angabe von Ort und Tag eigenhändig unterschriebene Bestätigungsvermerk (§ 313 Abs. 3–5 AktG) ist Ausdruck des **definitiven Ergebnisses der**

---

[472] *ADS* § 313 Rn. 46; Emmerich/Habersack/*Habersack* § 313 Rn. 20 mwN; KölnKommAktG/*Koppensteiner* § 313 Rn. 17 f.; GHEK/*Kropff* § 313 Rn. 25 ff.; MHdB GesR IV/*Krieger* § 69 Rn. 108.
[473] *ADS* § 313 Rn. 49.
[474] Emmerich/Habersack/*Habersack* § 313 Rn. 21 mwN; KölnKommAktG/*Koppensteiner* § 313 Rn. 17; GHEK/*Kropff* § 31 Rn. 25.
[475] Hüffer/Koch/*Koch* AktG § 313 Rn. 11 aE.
[476] Emmerich/Habersack/*Habersack* § 313 Rn. 21 aE.
[477] Emmerich/Habersack/*Habersack* § 313 Rn. 22; MHdB GesR IV/*Krieger* § 69 Rn. 109; Hüffer/Koch/*Koch* AktG § 313 Rn. 12.
[478] *ADS* § 313 Rn. 56; KölnKommAktG/*Koppensteiner* § 313 Rn. 9; GHEK/*Kropff* § 313 Rn. 33; Haesen S. 127.
[479] MHdB GesR IV/*Krieger* § 69 Rn. 109.
[480] *ADS* § 313 Rn. 54; KölnKommAktG/*Koppensteiner* § 313 Rn. 10.
[481] Emmerich/Habersack/*Habersack* § 313 Rn. 22.
[482] MHdB GesR IV/*Krieger* § 69 Rn. 110; Hüffer/Koch/*Koch* AktG § 313 Rn. 14.
[483] MüKoAktG/*Kropff* § 313 Rn. 85.
[484] Emmerich/Habersack/*Habersack* § 313 Rn. 25.
[485] Hüffer/Koch/*Koch* AktG § 313 Rn. 14 aE; Emmerich/Habersack/*Habersack* § 313 Rn. 28 mwN.
[486] Emmerich/Habersack/*Habersack* § 313 Rn. 29.
[487] *ADS* § 313 Rn. 67; Hüffer/Koch/*Koch* AktG § 313 Rn. 15.
[488] *ADS* § 313 Rn. 67 ff.; KölnKommAktG/*Koppensteiner* § 313 Rn. 21.

Prüfung, die sich in seiner Erteilung, Einschränkung oder Versagung ausdrückt. Als Bestandteil des Prüfungsberichtes geht er nach der Stellungnahme des Vorstandes dem Aufsichtsrat zu (§ 314 Abs. 1 AktG), der ihn in seinen eigenen Prüfungsbericht an die Hauptversammlung (§ 314 Abs. 2 S. 1 AktG) aufnimmt und eine etwaige Versagung darin explizit mitzuteilen hat.[489] Durch die Einschränkung oder Versagung des Bestätigungsvermerkes wird für jeden Aktionär die Möglichkeit der gerichtlichen Bestellung von **Sonderprüfern eröffnet** (§ 315 S. 1 Nr. 1 AktG).[490]

Soweit nach dem Prüfungsbericht keine Einwendungen zu erheben sind, hat die abhängige Gesellschaft einen Anspruch auf Erteilung eines uneingeschränkten Bestätigungsvermerkes (§ 313 Abs. 3 AktG) mit dem in § 313 Abs. 3 S. 2 AktG vorgeschriebenen Wortlaut.[491] Textabwandlungen, die sich in Abhängigkeit von Berichtsinhalt und Prüfungsdarstellungen ergeben sind möglich, zB dass es keine sonstigen Maßnahmen gab.[492] Die obligatorische Bestätigung des § 313 Abs. 3 S. 1 Nr. 1 AktG, dass alle Angaben des Berichtes richtig sind, erlangt seine Bedeutung für den Fall eines so genannten Negativberichts, wenn der Vorstand erklärt, dass keine berichtspflichtigen Vorgänge vorgefallen sind.[493]

Einschränkungen des Bestätigungsvermerkes ergeben sich nach § 313 Abs. 4 S. 1 AktG aus der Beanstandungsbedürftigkeit (Einwendungen oder Unvollständigkeit) einzeln **abgrenzbarer** Teilgebiete oder Sachverhalte[494] bei im Übrigen positivem Gesamtbefund. Diese Einschränkungen müssen zwar anders als nach § 322 Abs. 4 S. 3 HGB nicht begründet werden. In der Praxis erscheint dies jedoch zweckmäßig, da die Vorbereitung der Prüfung des Aufsichtsrates sonst wesentlich erschwert wird.[495] Soweit der Vorstand in seiner Schlusserklärung selbst einräumt, dass eine Benachteiligung ohne entsprechenden Ausgleich erfolgte, hat der Abschlussprüfer diesen Teil in seinen Bestätigungsvermerk zu übernehmen mit der Publizitätsfolge (§ 314 Abs. 2 S. 3 AktG) und der Möglichkeit der Sonderprüfung nach § 315 S. 1 Nr. 3 AktG.[496]

Soweit im Gesamturteil kein positiver Gesamtbefund mehr vorliegt, ist der Vermerk zu versagen (Fall der negativen Schlusserklärung),[497] der – anders als der Bestätigungsvermerk für den Jahresabschluss nach § 322 Abs. 3 S. 1, Abs. 4 HGB[498] – nicht formalisiert ist. Die Gründe müssen jedoch aus dem Prüfungsbericht hervorgehen. Die Versagung rechtfertigt die Anordnung einer Sonderprüfung nach § 315 S. 1 Nr. 1 AktG.[499]

3. Prüfung durch den Aufsichtsrat (§ 314 AktG)

a) **Prüfungsverfahren.** Der Abhängigkeitsbericht ist gemäß § 314 Abs. 1 S. 1 AktG durch den Vorstand – unverzüglich (§ 121 Abs. 1 S. 1 BGB) nach der Aufstellung – dem Aufsichtsrat vorzulegen. Der Prüfungsbericht ist hingegen **keine Vorstandsvorlage** und damit vom Prüfer direkt dem Aufsichtsrat, zu Händen des Aufsichtsratsvorsitzenden, zuzuleiten,[500] Diese Verpflichtungen sind nach § 407 Abs. 1 S. 1 AktG mit Zwangsgeld durchsetzbar. Jedem Aufsichtsratmitglied wird nach §§ 314 Abs. 1 S. 2, 170 Abs. 1 u. 3 AktG das Recht zur Kenntnisnahme der Berichte eingeräumt, wobei er seine **Verschwiegenheitspflicht** zu beachten hat (§ 93 Abs. 1 S. 3 iVm § 116 AktG).

---

[489] Hüffer/Koch/*Koch* AktG § 313 Rn. 16 mwN.
[490] Emmerich/Habersack/*Habersack* § 313 Rn. 30.
[491] Dieser sollte auch nicht abgeändert werden. So auch *ADS* § 313 Rn. 83; GHEK/*Kropff* § 31 Rn. 49; MHdB GesR IV/*Krieger* § 69 Rn. 110; Emmerich/Habersack/*Habersack* § 313 Rn. 31; zT aA KölnKomm-AktG/*Koppensteiner* § 313 Rn. 22.
[492] Hüffer/Koch/*Koch* AktG § 313 Rn. 18.
[493] *ADS* § 313 Rn. 85.
[494] *ADS* § 313 Rn. 88, 95; Emmerich/Habersack/*Habersack* § 313 Rn. 35.
[495] Hüffer/Koch/*Koch* AktG § 313 Rn. 19 aE.
[496] Emmerich/Habersack/*Habersack* § 313 Rn. 34; MHdB GesR IV/*Krieger* § 69 Rn. 110 aE; Hüffer/Koch/*Koch* AktG § 313 Rn. 20.
[497] Hüffer/Koch/*Koch* AktG § 312 Rn. 8.
[498] GHEK/*Kropff* § 313 Rn. 45.
[499] Emmerich/Habersack/*Habersack* § 313 Rn. 36 aE.
[500] Emmerich/Habersack/*Habersack* § 314 Rn. 4; Hüffer/Koch/*Koch* AktG § 314 Rn. 2.

189 Die Prüfung des Abhängigkeitsberichts auf Vollständigkeit und Richtigkeit, die der Aufsichtsrat selbst vornehmen muss, erfolgt nach § 314 Abs. 2 S. 1 AktG.[501] Der Aufsichtsrat muss sich dabei mit den Ergebnissen des Prüfungsberichts befassen, also dessen **innere Plausibilität** beurteilen[502] und das Gesamturteil hinterfragen, auch wenn dies den Interessen des herrschenden Unternehmens, etwa soweit die Aufsichtsratmitglieder Repräsentanten desselben sind,[503] nicht dienlich ist.[504] Die Beurteilung ist also **aus der Sicht der abhängigen Gesellschaft** vorzunehmen. Es bedarf dabei jedoch keiner besonderen Prüfungshandlung, vielmehr ist es ausreichend, dass das Aufsichtsratmitglied den Abhängigkeitsbericht unter Zugrundelegung des Prüfungsberichtes des Abschlussprüfers und seiner eigenen Informationen, Kenntnisse und Erfahrungen einer sorgfältigen Würdigung unterzieht.[505] Bei der Prüfung handelt es sich um ein Gesamturteil des Aufsichtsrates, der an den allgemeinen Mehrheitserfordernissen im Aufsichtsrat anknüpft, so dass Minderheitenvoten nicht denkbar sind.[506]

190 Der Aufsichtsrat muss und kann nicht die Sachkunde des Abschlussprüfers haben,[507] hat aber keinen Anspruch, einen eigenen Sachverständigen bei der Einsichtnahme in die Vorstandsvorlage miteinzubeziehen, so dass die Qualität der Prüfung eine andere sein muss. Der Aufsichtsrat hat schon während des laufenden Geschäftsjahres auf die **umfassende Dokumentation** der berichtspflichtigen Vorgänge durch den Vorstand hinzuwirken.[508] Soweit der Abhängigkeitsbericht prüfungspflichtig ist (§ 313 Abs. 1 S. 1 AktG),[509] ist die Teilnahme des Abschlussprüfers an den Verhandlungen des Aufsichtsrates über den Bericht nach §§ 314 Abs. 4, 171 Abs. 1 S. 2 AktG obligatorisch.

191 **b) Bericht an die Hauptversammlung.** Der Aufsichtsrat muss nach Maßgabe des § 314 Abs. 2 AktG in schriftlicher Form der Hauptversammlung **innerhalb seines jährlichen Berichtes** nach § 171 Abs. 2 AktG über Rechnungslegung, Gewinnverwendung und die Prüfung der Geschäftsführung berichten.[510] Auch die weitere verfahrensmäßige Behandlung des Prüfungsberichtes des Aufsichtsrates erfolgt nach entsprechenden Regelungen des Berichtes nach § 171 Abs. 2 AktG:[511]

- der Aufsichtsrat muss innerhalb eines Monates tätig werden (§ 171 Abs. 3 AktG),
- der Vorstand hat den Aufsichtsratsbericht nach § 175 Abs. 2 AktG im Geschäftsraum der Gesellschaft zur Einsicht der Aktionäre auszulegen,
- dem Aktionär sind auf Verlangen Abschriften zu erteilen (§ 175 Abs. 2 S. 2 AktG).[512]

192 Die Stellungnahme zum Prüfungsbericht des Abschlussprüfers (§ 314 Abs. 2 S. 2 AktG) und sein Bestätigungsvermerk oder die ausdrückliche Mitteilung über die Versagung des Bestätigungsvermerkes (§ 314 Abs. 2 S. 3) sind notwendige Berichtsbestandteile,[513] wodurch eine **Publizitätswirkung** – mit der Unterrichtung der Aktionäre über ihr Sonderprüfungsrecht nach § 315 S. 1 Nr. 1 und 3 AktG – erreicht wird.[514] Der Bericht des Aufsichtsrates ist nach Maßgabe der §§ 175 Abs. 2 AktG, 325, 9 HGB zu veröffentlichen.

---

[501] MHdB GesR IV/*Krieger* § 69 Rn. 112.
[502] KölnKommAktG/*Koppensteiner* § 314 Rn. 7 f.; GHEK/*Kropff* § 314 Rn. 7; Hüffer/Koch/*Koch* AktG § 314 Rn. 4; zT aA Emmerich/Habersack/*Habersack* § 314 Rn. 12, der davon ausgeht, dass grundsätzlich keine eigenen Recherchen vorzunehmen sind.
[503] Emmerich/Habersack/*Habersack* § 314 Rn. 13.
[504] Hüffer/Koch/*Koch* AktG § 314 Rn. 4.
[505] MHdB GesR IV/*Krieger* § 69 Rn. 112; Emmerich/Habersack/*Habersack* § 314 Rn. 12 mwN; *Hüffer* ZGR 1980, 320 (334).
[506] ADS § 172 Rn. 62; Hüffer/Koch/*Koch* AktG AktG § 108 Rn. 1 ff.
[507] BGHZ 85, 293 (298 f.) = NJW 1983, 991 – Hertie; GHEK/*Kropff* § 171 Rn. 5; *Hommelhoff* ZGR 1983, 551 (556 f.).
[508] Emmerich/Habersack/*Habersack* § 314 Rn. 13 aE.
[509] Vgl. auch → Rn. 173.
[510] Emmerich/Habersack/*Habersack* § 314 Rn. 14; MHdB GesR IV/*Krieger* § 69 Rn. 113; Hüffer/Koch/*Koch* AktG § 314 Rn. 5.
[511] Vgl. dazu MüKoAktG/*Kropff* § 314 Rn. 25.
[512] Hüffer/Koch/*Koch* AktG § 314 Rn. 5.
[513] Emmerich/Habersack/*Habersack* § 314 Rn. 15; MHdB GesR IV/*Krieger* § 69 Rn. 113; Hüffer/Koch/*Koch* AktG § 314 Rn. 5.
[514] Vgl. → Rn. 162.

c) **Schlusserklärung des Aufsichtsrates.** § 314 Abs. 3 AktG verlangt nach Vorbild des 193 § 171 Abs. 2 S. 4 AktG eine Schlusserklärung des Aufsichtsrates, mit der als Prüfungsergebnis Einwendungen gegen die Schlusserklärung des Vorstandes[515] zu erheben sind oder nicht.[516] Diese Einwände müssen von solcher Art und Bedeutung sein, dass sie eine Einschränkung des Testates rechtfertigen würden.[517] Bei Vorliegen nicht nur kleinerer Beanstandungen sind diese in die Schlusserklärung aufzunehmen und rechtfertigen eine Sonderprüfung nach § 315 S. 1 Nr. 2 AktG.[518]

4. Sonderprüfung

Um mögliche **Schadensersatzansprüche** der Aktionäre nach §§ 317, 318 AktG durchsetzen zu können[519] gibt § 315 AktG die Möglichkeit, die dafür notwendigen Informationen durch eine Sonderprüfung der geschäftlichen Beziehungen der abhängigen Gesellschaft zum herrschenden Unternehmen oder zu mit ihm verbundenen Unternehmen zu erlangen.[520] Die Möglichkeit einer Sonderprüfung scheidet aus, wenn etwaige Ansprüche verjährt und damit nicht mehr durchsetzbar sind.[521] Sinn und Zweck dieser präventiven Norm ist es, dazu beizutragen, dass die in §§ 311, 312 AktG bestimmten Verhaltensanforderungen eingehalten werden und es somit erst gar nicht zur Entstehung von Schadensersatzansprüchen kommt.[522] 194

a) *Voraussetzungen der Sonderprüfung.* aa) *Antragserfordernis.* Die Sonderprüfung in 195 den Fällen des § 315 S. 1 Nr. 1 (Einschränkung oder Versagung des Bestvermerkes)[523] oder Nr. 2 (Erhebung von Einwendungen des Aufsichtsrats gegen die Schlusserklärung des Vorstandes) oder Nr. 3 (Erklärung des Vorstandes, dass die Gesellschaft ohne Ausgleich benachteiligt worden sei) AktG erfolgt auf **Antrag** eines Aktionärs; auf eine bestimmte Mindestzahl kommt es ebenso wenig an, wie auf eine bestimmte **Mindestbesitzzeit**,[524] eine **Hinterlegung** der Aktien[525] oder einen **Beschluss der Hauptversammlung.**[526] Im Extremfall würde die geringste Beteiligungshöhe, also eine Aktie genügen.[527]

Für eine Sonderprüfung in den Fällen des § 315 S. 2 (Verdacht pflichtwidriger Nachteilszufügung) AktG müssen die antragstellenden Aktionäre eine qualifizierte Minderheit sein, also über Aktien von entweder **1 % des Grundkapitals** oder einen Nennbetrag bzw. anteiligen Betrag des Grundkapitals von **mindestens 100.000 EUR** verfügen und nach Maßgabe des § 142 Abs. 2 S. 2, Abs. 3 AktG glaubhaft machen, dass sie seit mindestens 3 Monaten[528] vor dem Tag der Antragstellung Inhaber der entsprechenden Aktien sind und dass sie diese bis zur Entscheidung über den Antrag halten.[529] Hierbei genügt eine eidesstattliche Versi- 196

---

[515] Vgl. → Rn. 156 ff.
[516] Emmerich/Habersack/*Habersack* § 314 Rn. 16; MHdB GesR IV/*Krieger* § 69 Rn. 113; Hüffer/Koch/ *Koch* AktG § 314 Rn. 6.
[517] Hüffer/Koch/*Koch* AktG § 314 Rn. 6.
[518] Emmerich/Habersack/*Habersack* § 314 Rn. 16, MHdB GesR IV/*Krieger* § 69 Rn. 113; Hüffer/Koch/ *Koch* AktG § 314 Rn. 6 aE.
[519] BGH ZIP 1997, 887 (889); BGHZ 135, 107 (109 f.) = NJW 1997, 1855; OLG Hamm ZIP 2000, 1299; LG Traunstein ZIP 1993, 1551; KölnKommAktG/*Koppensteiner* § 315 Rn. 1 f.; MüKoAktG/*Kropff* § 315 Rn. 1; Hüffer/Koch/*Koch* AktG § 315 Rn. 1; *Noack* WPg 1994, 225.
[520] MHdB GesR IV/*Krieger* § 69 Rn. 114; BeckAG-HB/*Liebscher* § 14 Rn. 85.
[521] Emmerich/Habersack/*Habersack* § 315 Rn. 2 u. 8.
[522] Emmerich/Habersack/*Habersack* § 315 Rn. 2; rechtsvergleichend *Forum Europaeum Konzernrecht* ZGR 1998, 672 (717 f.).
[523] MHdB GesR IV/*Krieger* § 69 Rn. 115.
[524] KölnKommAktG/*Koppensteiner* § 315 Rn. 4.
[525] MüKoAktG/*Kropff* § 315 Rn. 3; Hüffer/Koch/*Koch* AktG § 315 Rn. 2; KölnKommAktG/*Koppensteiner* § 315 Rn. 4; MHdB GesR IV/*Krieger* § 69 Rn. 115; *Noack* WPg 1994, 225 (234 f.); aA GroßkommAktG (3. Aufl.) *Würdiger* § 315 Rn. 4.
[526] GHEK/*Kropff* § 315 Rn. 12 f.; KölnKommAktG/*Koppensteiner* § 315 Rn. 3; Hüffer/Koch/*Koch* AktG § 315 Rn. 2; aA GroßkommAktG(3. Aufl.)/*Würdiger* § 315 Rn. 4.
[527] Hüffer/Koch/*Koch* AktG § 315 Rn. 2; Emmerich/Habersack/*Habersack* § 315 Rn. 7.
[528] BeckAG-HB/*Liebscher* § 14 Rn. 85; Emmerich/Habersack/*Habersack* § 315 Rn. 11 und 12. Die Berechnung der Mindestbesitzzeiten erfolgt nach §§ 187 Abs. 1, 188 Abs. 2 BGB, wobei sie vom Tag der Antragstellung rückwärts zu rechnen ist.
[529] Emmerich/Habersack/*Habersack* § 315 Rn. 11 u. 12.

cherung vor einem Notar, eine Hinterlegung ist nicht nötig.[530] Insgesamt sind die Voraussetzungen damit an die von § 142 Abs. 2 AktG angepasst worden.[531] Abweichungen ergeben sich jedoch insofern, als § 142 Abs. 2 AktG das Vorliegen von Tatsachen erfordert, die den Verdacht von Unredlichkeiten oder Gesetzes- bzw. Satzungsverletzungen rechtfertigen. Demgegenüber verlangt § 315 S. 2 AktG lediglich, dass der Verdacht einer pflichtwidrigen Nachteilszufügung besteht, der durch Tatsachen gerechtfertigt werden kann.

197 *bb) Materielle Erfordernisse.* Materiellrechtlich ist für eine Sonderprüfung nach § 315 S. 1 AktG das alternative Vorliegen der in Nr. 1–3 genannten Tatbestände erforderlich:

> **Praxistipp:**
> Eine Begründung des Antrages ist nicht erforderlich. Es genügt insoweit der Hinweis auf das Vorliegen eines der Tatbestände des § 315 S. 1 AktG.[532]

198 § 315 S. 2 AktG setzt das Vorliegen sonstiger Tatsachen voraus, die den Verdacht einer pflichtwidrigen Nachteilszufügung rechtfertigen. In Anlehnung an § 142 Abs. 2 AktG müssen **konkrete Tatsachen** vorgetragen werden, die objektiv ausreichen, den Verdacht einer im Fall des § 315 S. 2 AktG ausgleichpflichtigen, aber nicht ausgeglichenen Maßnahme zu stützen.[533] Glaubhaftmachung oder Beweisführung ist nicht nötig. Es reicht insoweit aus, dass das Gericht von **hinreichenden Verdachtsmomenten** überzeugt ist bzw. sich zur **Amtsermittlung** nach § 26 FamFG veranlasst sieht.[534]

199 Aus dem Begriff der „sonstigen" Tatsache könnte geschlossen werden, dass nicht die Gründe des § 315 S. 1 AktG gemeint sind. Aus dem auf Erweiterung der Sonderprüfung gerichteten Zweck des § 315 S. 2 AktG ergibt sich jedoch, dass auch die **qualifizierte Minderheit** in der Lage sein muss, die entsprechenden Gründe des Einzelantrages nach S. 1 vorzubringen.[535] Demnach ist S. 2 als generalklauselartiger Tatbestand aufzufassen, der die Effektivität des Rechts auf Sonderprüfung und die damit zusammenhängenden Zwecke steigern soll.[536] Eine **Befristung** ist für beide Anträge nicht vorgesehen, so dass die Verjährung möglicher Schadensersatzansprüche nach §§ 317, 318 AktG die zeitliche Grenze darstellt.[537] Lediglich in dem Fall, dass die Hauptversammlung bereits einen Sonderprüfer zur Prüfung derselben Vorgänge bestellt hat und ein Aktionär gemäß §§ 315 S. 4, 142 Abs. 4 AktG einen Antrag auf Bestellung eines anderen Sonderprüfers stellt, besteht nach § 142 Abs. 4 S. 2 AktG eine zweiwöchige Frist seit dem Tag der Hauptversammlung.

200 **b) Gerichtliches Verfahren.** Das **Amtsgericht des Gesellschaftssitzes** ist gemäß § 14 AktG, § 375 Nr. 3 FamFG für die Bestellung von Sonderprüfern zuständig. Das Gericht muss einem entsprechenden Antrag nachkommen, soweit die Voraussetzungen des § 315 AktG vorliegen,[538] sonst ist der Antrag zurückzuweisen,[539] was gemäß § 17 Nr. 2a RPflG der Richter zu entscheiden hat. Als Sonderprüfer können gemäß § 143 Abs. 1 AktG Personen, die der Buchführung ausreichend vorgebildet sind (Nr. 1) sowie Wirtschaftsprüfer oder Wirtschaftsprüfungsgesellschaften bzw. ein vereidigter Buchprüfer oder eine Buchprüfungsgesellschaft (Nr. 2) in Betracht kommen.[540] Der oder die Sonderprüfer sind **namentlich** zu benen-

---

[530] MHdB GesR IV/*Krieger* § 69 Rn. 116 mwN; Hüffer/Koch/*Koch* AktG § 315 Rn. 3b.
[531] Vgl. zur Sonderprüfung im Konzern auch *Schneider* AG 2008, 305.
[532] Emmerich/Habersack/*Habersack* § 315 Rn. 8.
[533] MHdB GesR IV/*Krieger* § 69 Rn. 116.
[534] Emmerich/Habersack/*Habersack* § 315 Rn. 10; Hüffer/Koch/*Koch* AktG § 315 Rn. 3c mwN.
[535] Hüffer/Koch/*Koch* AktG § 315 Rn. 3c aE mwN.
[536] Emmerich/Habersack/*Habersack* § 315 Rn. 9; → Rn. 162.
[537] Emmerich/Habersack/*Habersack* § 315 Rn. 8 u. 13.
[538] MHdB GesR IV/*Krieger* § 69 Rn. 100; Emmerich/Habersack/*Habersack* § 315 Rn. 14.
[539] Hüffer/Koch/*Koch* AktG § 315 Rn. 4.
[540] GHEK/*Kropff* § 315 Rn. 15; KölnKommAktG/*Koppensteiner* § 315 Rn. 3; Hüffer/Koch/*Koch* AktG § 315 Rn. 3; MüKoAktG/*Kropff* § 315 Rn. 25.

nen.[541] Gegen die entsprechende Entscheidung ist innerhalb von einem Monat (§§ 58, 63 FamFG) die **Beschwerde** zulässig (§ 315 S. 5 AktG). Der Antragsteller und der Antragsgegner, also die durch den Vorstand vertretene Gesellschaft, sowie der Aufsichtrat sind gemäß § 142 Abs. 5 AktG vor der Entscheidung als Beteiligte zu hören.

c) **Gerichtliche Bestellung anderer Sonderprüfer.** Sollte die Hauptversammlung nach § 142 AktG bereits Sonderprüfer für die gleichen Vorgänge bestimmt haben, muss das Gericht auf Antrag eines Aktionärs andere Sonderprüfer bestellen, wenn dies aus einem in der Person des bestellten Sonderprüfers liegenden Grund geboten erscheint (§§ 315 S. 6, 142 Abs. 4 S. 1 AktG). Nach § 315 S. 4 AktG kann in einem solchen Fall jeder Aktionär einen solchen Antrag binnen 2 Wochen nach dem Beschluss der Hauptversammlung stellen (§ 142 Abs. 4 S. 2 AktG), soweit es sich um eine Sonderprüfung iSd § 315 S. 1 AktG handelt. Zweck der Regelung ist die Verhinderung der Einsetzung eines der durch das herrschende Unternehmen dominierten Hauptversammlung genehmen Prüfers, um eine unvoreingenommene Prüfung zu ermöglichen.[542]

Etwas anderes gilt jedoch bei der Sonderprüfungsmöglichkeit nach § 315 S. 2 AktG, bei der die entsprechenden Voraussetzungen des S. 2 (Mehrheitserfordernisse) gegeben sein müssen.[543]

d) **Durchführung der Sonderprüfung.** Prüfungsgegenstand sind nur die vom Gericht im Bestellungsbeschluss festgelegten Beziehungen zu einem oder zu mehreren bestimmten Unternehmen.[544] Die Prüfung umfasst dabei sämtliche Sachverhalte,
- aus denen sich ein Verstoß gegen § 311 AktG ergeben kann,[545]
- die innerhalb des Geschäftsjahres liegen, auf den sich der Abhängigkeitsbericht bezieht oder
- für welches der Verdacht pflichtwidriger Nachteilszufügung besteht.[546]

Eine vollständige Prüfung des gesamten Unternehmensverbundes erfolgt nur, soweit dies ein bestimmender **Sonderprüfungsbeschluss** feststellt.[547]

Der Sonderprüfer hat nach Maßgabe der §§ 142 ff. AktG zu handeln, so dass sich seine Verantwortlichkeit, seine Rechte und die Durchführung der Prüfung nach §§ 144, 145 AktG richten. Die Sonderprüfer können Aufklärungen und Nachweise gemäß § 145 Abs. 2 u. 3 AktG verlangen. Der Sonderprüfer kann nicht nur – wie in § 313 Abs. 1 S. 3 AktG iVm § 320 Abs. 2 S. 1 HGB geregelt – Auskünfte von der abhängigen Gesellschaft, dem herrschenden Unternehmen und anderen relevanten Konzernunternehmen verlangen, sondern auch vom Aufsichtsrat der jeweiligen Gesellschaft.[548] Dem Sonderprüfer eines Unternehmens steht das Einsichtsrecht nach § 145 Abs. 1 AktG bei den anderen verbundenen Unternehmen nicht zu.[549]

e) **Verhältnis zu §§ 142 ff. AktG.** Die Regelungen in § 315 S. 1 u. S. 2 AktG sind **lex specialis** zu §§ 142 ff. AktG.[550] Die Vorschriften können jedoch auch bei verschiedenen Sachverhalten **nebeneinander** Anwendung finden, so dass unabhängig vom Vorliegen der Voraussetzungen des § 315 AktG ein Sonderprüfer nach § 142 AktG bestellt werden kann. Eine bereits laufende Sonderprüfung nach § 142 AktG schließt im Umkehrschluss eine weitere nach § 315 AktG nicht aus, jedoch ist es nach Maßgabe des § 315 S. 6 AktG jedem Aktio-

---

[541] Hüffer/Koch/*Koch* AktG § 315 Rn. 4.
[542] GHEK/*Kropff* § 315 Rn. 20; KölnKommAktG *Koppensteiner* § 315 Rn. 6.
[543] MünchHdb GesR IV/*Krieger* § 69 Rn. 118.
[544] Emmerich/Habersack/*Habersack* § 315 Rn. 16; MHdB GesR IV/*Krieger* § 69 Rn. 119.
[545] GHEK/*Kropff* § 315 Rn. 17; KölnKommAktG *Koppensteiner* § 315 Rn. 7; Hüffer/Koch/*Koch* AktG § 315 Rn. 6, *Noack* WPg 1994, 225 (227 ff.); MüKoAktG/*Kropff* § 315 Rn. 31.
[546] MHdB GesR IV/*Krieger* § 69 Rn. 119 mwN.
[547] Hüffer/Koch/*Koch* AktG § 315 Rn. 6; Emmerich/Habersack/*Habersack* § 315 Rn. 16; MüKoAktG/ *Kropff* § 315 Rn. 31; wohl auch *Noack* WPg 1994, 225 (226 ff.); WP Handbuch 2012, Bd. I, F Rn. 940.
[548] MüKoAktG/*Kropff* § 315 Rn. 33.
[549] Wohl hM, Schneider AG 2008, 310; Schmidt/Lutter/*Spindler* § 145 Rn. 18; jeweils mwN.
[550] HM OLG Hamm ZIP 2000, 1299; MüKoAktG/*Kropff* § 315 Rn. 8; aA Hüffer/Koch/*Koch* AktG § 315 Rn. 6.

när möglich, die Bestellung eines anderen Sonderprüfers und ggf. eine Erweiterung des Prüfungsauftrages zu beantragen.[551]

206 **f) Berichtspflicht.** Über das Ergebnis der Sonderprüfung ist ein schriftlicher Bericht zu erstellen,[552] der beim Vorstand und beim Handelsregister einzureichen ist, wodurch die allgemeine Zugänglichkeit, dh die Registerpublizität, erreicht wird.[553] Eine Schutzklausel existiert insoweit nicht (§ 145 Abs. 4 AktG). Weiterhin kann jeder Aktionär nach § 145 Abs. 4 S. 4 AktG vom Vorstand eine Abschrift verlangen. Nach § 145 Abs. 6 S. 4 AktG sind für die Beurteilung des Vorganges erforderliche Tatsachen von der Berichtspflicht nicht ausgenommen, so dass dem Grundsatz der Vollständigkeit des Berichtes hier der Vorrang gegenüber dem Geheimhaltungsinteresse der abhängigen Gesellschaft gebührt.[554] Bei der Bestellung eines Sonderprüfers durch das Gericht sind gemäß § 146 S. 1 AktG die Gerichtskosten und die **Kosten der Prüfung** durch die Gesellschaft zu tragen, wobei das Gericht die Vergütung des Sonderprüfers gemäß § 142 Abs. 6 AktG festsetzt.

VIII. Möglichkeiten und Grenzen der einheitlichen Leitung im faktischen Aktienkonzern

1. Kein Weisungsrecht des herrschenden Unternehmens

207 Unabhängig von dem Konzernverhältnis gemäß § 311 AktG bleibt es bei einer **eigenverantwortlichen Leitung** der Tochtergesellschaft durch den Vorstand gemäß §§ 76 f. AktG, in deren Zusammenhang der Vorstand die Sorgfaltspflicht und Verantwortlichkeit des § 93 AktG zu beachten hat.[555] Hieraus folgt zwangsläufig, dass der Vorstand der abhängigen Gesellschaft zwar berechtigt, aber nicht verpflichtet sein kann, einer Veranlassung durch das herrschende Unternehmen zu folgen.[556] Zustimmungsvorbehalte zu Gunsten des herrschenden Unternehmens, sei es der Hauptversammlung oder einzelner Aktionäre, lassen sich mit der Verfassung der Aktiengesellschaft nicht vereinbaren, worin sich gerade der Unterschied zum Vertragskonzern gemäß §§ 293 ff. AktG zeigt. Eine andere Wertung kann nur bei der Veranlassung zu – aus der Sicht der Tochtergesellschaft – vorteilhaften Maßnahmen in Frage kommen.[557] In diesem Fall handelt es sich aber um kein originäres konzernrechtliches Problem, sondern um die Beachtung der allgemeinen Sorgfaltspflichten gemäß §§ 93 ff. AktG, die jeden Vorstand einer Aktiengesellschaft verpflichten, Vorteile für die Gesellschaft nutzbar zu machen.

208

> **Checkliste: Prüfschema für den Pflichtenmaßstab des Vorstandes**
>
> ☐ 1. Stufe: Vorteilhafte Maßnahmen aus der Sicht der abhängigen Gesellschaft?
> • wenn ja: originäre Pflicht zur Befolgung
> • wenn nein: nachteilige Maßnahme
> ☐ 2. Stufe: Prüfung der Vorraussetzung von § 311 AktG
> • Liegen die Maßnahmen im Konzerninteresse?
> • Ist der Nachteil ausgleichsfähig?
> • Ist das herrschende Unternehmen zum Ausgleich bereit und im Stande?
> ☐ Wenn alle Fragen 2. Stufe mit ja beantwortet werden:
> • Folge: Möglichkeit aber keine Pflicht zur Befolgung der Maßnahme.
> ☐ Wenn eine der Fragen 2. Stufe mit nein beantwortet wird:
> • Folge: Pflicht des Vorstandes zur Weigerung

---

[551] Emmerich/Habersack/*Habersack* § 315 Rn. 4 u. 20 f.; → Rn. 180.
[552] Zu den Berichtsstandards *Noack* WPg 1994, 225 (234).
[553] MHdB GesR IV/*Krieger* § 69 Rn. 120.
[554] Emmerich/Habersack/*Habersack* § 315 Rn. 19.
[555] Emmerich/Habersack /*Emmerich* § 311 Rn. 10.
[556] Vgl. Hüffer/Koch/*Koch* AktG § 311 Rn. 8 mwN.
[557] Emmerich/Habersack/*Emmerich* § 311 Rn. 78.

> **Praxistipp:**
> Bereits wenn der Vorstand feststellt, dass eine nachteilige Maßnahme vorliegt, ist das herrschende Unternehmen auf den drohenden unterlassenen Nachteil hinzuweisen und hat sich die Bereitschaft zum Nachteilsausgleich erklären zu lassen. Im Falle des Bestreitens des nachteiligen Charakters der Maßnahme oder der Weigerung der Ausgleichsbereitschaft oder der Fähigkeit zum Ausgleich muss der Vorstand die Maßnahme unterlassen, anderenfalls droht die Schadensersatzpflicht gemäß § 93 AktG. Insofern sollte der Vorstand der abhängigen Gesellschaft entsprechende Dokumentationen vorhalten.

Spiegelbildlich zur insofern fehlenden, rechtlich abgesicherten Konzernleitungsmacht besteht auch keine Konzernleitungspflicht seitens des herrschenden Unternehmens auf Ebene der abhängigen Gesellschaft. Aus allgemeinen aktienrechtlichen Erwägungen der §§ 76 f. AktG hat der Vorstand der herrschenden Gesellschaft allerdings im Sinne der eigenverantwortlichen Leitung der Mutter eine Verantwortung gegenüber deren Aktionären für das Vermögen der Mutter, zu dem auch die Beteiligungen und damit die Tochter gehört. 209

2. Pflichten des Aufsichtsrates

Ausgehend von der Grundaussage der fehlenden Konzernleitungsmacht der herrschenden Gesellschaft werden die Pflichten und damit die Rolle des Aufsichtsrates durch die faktische Konzernierung nicht berührt:[558] Es gelten grundsätzlich uneingeschränkt die §§ 95 ff. AktG, so dass der Aufsichtsrat dem Interesse der abhängigen Gesellschaft verpflichtet ist; in diesem Rahmen ist im Hinblick auf die bestehende faktische Konzernierung nach § 311 AktG insbesondere vom Aufsichtsrat zu prüfen, ob die Beziehungen zum herrschenden Unternehmen, insbesondere die Pflichten des Vorstandes,[559] eingehalten worden sind. 210

Die Problempunkte bzgl. der Ausübung einer faktischen Leitungsmacht durch die Rolle des Aufsichtsrates lassen sich wie folgt darstellen: 211

- Der Aufsichtsrat wird typischerweise von der **Mehrheit der Hauptversammlung,** also den herrschenden Gesellschaftern, personell dominiert.
- können Maßnahmen der Geschäftsführung gemäß § 111 Abs. 4 S. 1 AktG dem Aufsichtsrat nicht übertragen werden. Die Satzung oder auch der Aufsichtsrat direkt können jedoch gemäß § 111 Abs. 4 S. 2 AktG den Vorbehalt der Zustimmung zu Geschäftsführungsmaßnahmen festlegen. Dieser Zustimmungsvorbehalt muss grundsätzlich im Verantwortungsrahmen des Aufsichtsrates gemäß § 116 AktG ausgeübt werden, wobei die §§ 311 ff. AktG[560] vorrangig sind.
- Ein weiteres Problem ergibt sich aus der **Personalkompetenz des Aufsichtsrates** zur Ernennung des Vorstandes. Auch insofern sind im Sorgfaltsrahmen des § 116 AktG im Hinblick auf die abhängige Gesellschaft deren Interessen zu verfolgen. Ob dies praktisch geschieht, ist genauso fraglich wie nicht nachweisbar.

3. Treuepflichten des herrschenden Unternehmens bei Ausübung der Konzernherrschaft

Grundsätzlich wird, unabhängig von der Tatsache, dass es sich bei Aktiengesellschaften um anonym kapitalorientierte, verbandsmäßig organisierte juristische Personen handelt, die grundsätzlich kein ausgeprägtes mitgliedschaftliches Gemeinschaftsverhältnis wie Personengesellschaften aufweisen, eine Treuepflicht der Aktionäre untereinander bejaht.[561] Wesentliche Institute sind hier die Treuepflicht gegenüber der Gesellschaft sowie das Institut des missbräuchlichen Aktionärsverhaltens, dass eine Treuepflicht aus § 242 BGB begründet. Für die vorliegende Fragestellung ist dabei die Treuepflicht des Mehrheitsaktionärs gegenüber 212

---

[558] MHdB GesR IV/*Krieger* § 69 Rn. 31.
[559] Vgl. hierzu → Rn. 206.
[560] Gemäß dem Prüfschema → Rn. 45.
[561] Siehe BGHZ 103, 184 ff. = BGH ZIP 1988, 801 ff. = NJW 1998, 1579 – Linotype; vgl. *K. Schmidt* § 15 I 2; *Lutter* ZHR (153) 1998, 446 (454); *Kort* ZIP 1990, 294 f.; aber schon *Mestmäcker* S. 342.

den **Minderheitsaktionären** von besonderer Relevanz.[562] Die Treuepflicht beruht letztlich auf der Mitgliedschaft als Sonderrechtsverhältnis und ist damit unabhängig von § 242 BGB aus dem Gesellschaftsvertrag begründet.[563]

213 Im Wesentlichen geht es im faktischen Konzern um die Frage der (treue-)pflichtwidrigen Stimmrechtsausübung, durch die die Rechte der Minderheitsgesellschafter beeinträchtigt werden können. Darüber hinausgehende faktische Maßnahmen, zum Beispiel Einfluss auf Organe im Rahmen der **Doppelbesetzung,** sind praktisch wohl möglich, aber kaum nachweisbar.

214 Im Übrigen sind die Einzelheiten der Ausgestaltung der Treuepflicht nicht leicht zu greifen. Für Angelegenheiten, die mit dem wirtschaftlichen Verbandzweck und den formalen sowie sachlichen Unternehmenszielen übereinstimmen, wird durch das zu beachtende pflichtgemäße Ermessen ein verhältnismäßig sicherer Maßstab zur Verfügung gestellt.[564] Außerhalb dieses Bereiches kann dagegen allein auf das Kriterium der gegenseitigen Rücksichtnahme, in deren Bezug die subjektiven Interessen der Gesellschafter zu setzen sind, zurückgegriffen werden.[565]

215 Zu bedenken ist jedoch, dass die aus allgemeinen Prinzipien hergeleitete Treuepflicht des Mehrheitsaktionärs dort nicht eingreifen kann, wo bereits gesetzliche Regelungen den gleichen Schutzzweck erfüllen, dh abschließende Regelungen getroffen sind.[566] Die §§ 311 ff. AktG sind bei Maßnahmen, die auf Aktionärsverhalten beruhen und eine Nachteilsausgleichspflicht nach sich ziehen, als speziellere Vorschrift vorrangig, so dass insoweit in der praktischen Rechtsanwendung kaum Raum für Ansprüche aus Treuepflichtverhältnissen besteht.

IX. Europäische Entwicklung

216 Trotz diverser Versuche seitens der Europäischen Kommission, eine Harmonisierung im europäischen Konzernrecht zu erreichen, hat man sich seit dem Scheitern der geplanten 9. Konzernrichtlinie, abgesehen von der Konzernbilanzrichtlinie, nicht einigen können.[567] Allerdings bestehen Tendenzen und Überlegungen, die auf punktuelle Maßnahmen und die Regelung von Einzelaspekten ausgerichtet sind.[568] Betroffen sind hiervon insbesondere Regelungen zu speziellen Berichtspflichten, die zu höherer Transparenz führen sollen, sowie Rahmenbestimmungen zur Gruppenstruktur[569] und einheitlichen Leitung im Konzern.[570] Im Ergebnis ist momentan jedenfalls nicht mit einer grundlegenden Neuausrichtung des Konzernrechts oder des Rechts zum faktischen Konzern durch europarechtliche Regelungen zu rechnen.

217 In diesem Zusammenhang ist abschließend darauf hinzuweisen, dass auch die europäische Aktiengesellschaft (Societas Europaea) insofern konzernrechtliche Dimensionen aufweist, als sie ebenfalls als abhängige oder herrschende Gesellschaft grundsätzlich in Betracht kommt.[571]

---

[562] Vgl. *Sonnenschein* S. 65; vgl. *Mestmäcker* S. 342.
[563] *K. Schmidt* § 15 I 3.
[564] Vgl. *Knoll* S. 356 mwN.
[565] Vgl. *Lutter* ZHR (153) 1998, 446 (454); ein prägnantes Beispiel bildet der Girmesfall im Hinblick auf die Problematik der Stimmrechtsbündelung; vgl. *Hüffer/Koch/Koch* AktG § 53a Rn. 20a mwN.
[566] *Lutter* ZHR (153) 1998, 446 (456).
[567] *Schmidt/Lutter/Langenbucher* § 291 Rn. 15; *Decher* ZHR 171 (2007), 129.
[568] *Decher* ZHR 171 (2007), 129 mwN.
[569] Bspw. Richtlinie 2006/46/EWG des Europäischen Parlaments und des Rates vom 14.6.2006 zur Änderung der Richtlinie 78/660/EWG über den Jahresabschluss von Gesellschaften bestimmter Rechtsformen; 83/349/EWG über den Konsolidierten Abschluss.
[570] *Schmidt/Lutter/Langenbucher* § 291 Rn. 16; *Decher* ZHR 171 (2007), 129.
[571] Vgl. hierzu näher *Emmerich/Habersack* § 1 Rn. 5 f. mwN.

§ 53 Unternehmensverträge

Übersicht

	Rn.
I. Überblick	1–4
II. Beherrschungs- und Gewinnabführungsverträge	5–103
1. Beherrschungsvertrag	5–32
a) Parteien	6–8
b) Mindestinhalt	9
c) Unterstellung unter die Leitung eines anderen Unternehmens	10–18
d) Weisungsberechtigter	19
e) Delegation und Übertragbarkeit des Weisungsrechts	20–23
f) Weisungsempfänger und Folgepflicht	24–26
g) Verantwortlichkeit bei Bestehen eines Beherrschungsvertrages	27–32
2. Gewinnabführungsvertrag	33–39
a) Gesetzliche Regelung, Rechtsnatur	33
b) Vertragsinhalt	34–36
c) Abgrenzungsfragen	37/38
d) Wirkungen des Gewinnabführungsvertrags	39
3. Geschäftsführungsvertrag	40/41
4. Sicherung der Gesellschaft und der Gläubiger	42–70
a) Auffüllung der gesetzlichen Rücklage	43–50
b) Verlustausgleichpflicht	51–68
c) Sicherheitsleistung	69/70
5. Sicherung der außenstehenden Aktionäre, angemessener Ausgleich	71–86
a) Gläubiger und Schuldner des Ausgleichsanspruchs	73/74
b) Angemessener Ausgleich beim Gewinnabführungsvertrag	75–80
c) Angemessener Ausgleich beim isolierten Beherrschungsvertrag	81
d) Fälligkeit, Übertragbarkeit, Pfändbarkeit des Anspruchs	82
e) Fehlende oder unangemessene Ausgleichsregelung	83
f) Pflicht zur Anpassung des Ausgleichs?	84–86
6. Sicherung der außenstehenden Aktionäre, angemessene Abfindung	87–103
a) Abfindungsverpflichtung, Entstehung, Fälligkeit, Verjährung	89
b) Frist	90
c) Fehlende oder unangemessene Abfindungsregelung	91
d) Angemessene Abfindung	92/93
e) Angemessene Abfindung bei nicht börsennotierten Unternehmen	94–97
f) Angemessene Abfindung bei börsennotierten Unternehmen	98–102
g) Abfindungsergänzungsanspruch	103
III. Andere Unternehmensverträge, § 292 AktG	104–129
1. Gewinngemeinschaft (§ 292 Abs. 1 Nr. 1 AktG)	105–112
a) Vergemeinschaftung und Aufteilung des Gewinns	106/107
b) Gewinn	108
c) Unangemessener Aufteilung, Rechtsfolgen	109–112
2. Teilgewinnabführungsvertrag (§ 292 Abs. 1 Nr. 2 AktG)	113–121
a) Abführung eines Teilgewinns	115/116
b) Rechtsfolgen fehlender oder unangemessener Gegenleistung	117–118
c) Ausnahmen	119–120
d) Schutzbestimmungen	121
3. Betriebspacht, Betriebsüberlassung, Betriebsführung	122–129
a) Betriebspachtvertrag	123
b) Betriebsüberlassungsvertrag	124
c) Betriebsführungsvertrag	125/126
d) Rechtsfolgen fehlender oder unangemessener Gegenleistung	127/128
e) Kombinierte Verträge, Abgrenzungsfragen, Umgehungsproblematik	129
IV. Abschluss, Änderung und Beendigung von Unternehmensverträgen	130–174
1. Vertragsschluss	130–150
a) Zuständigkeit	131
b) Vertragsschluss, Schriftform	132
c) Zustimmung der Hauptversammlung der verpflichteten Gesellschaft	133–135
d) Zustimmung des Hauptversammlung der Obergesellschaft	136/137

	Rn.
e) Informationspflichten der vertragschließenden Parteien, Vorbereitung der Hauptversammlung	138–144
f) Zustimmung des Aufsichtsrates?	145
g) Handelsregisteranmeldung, Eintragung, Wirksamwerden	146–150
2. Änderung von Unternehmensverträgen	151/152
3. Beendigung von Unternehmensverträgen	153–174
a) Aufhebung von Unternehmensverträgen	154–156
b) Kündigung von Unternehmensverträgen	157–169
c) Weitere Beendigungsgründe	170
d) Rechtsfolgen der Vertragsbeendigung	171
V. Anhang: Vertragsmuster	175–178
1. Gewinnabführungsvertrag	175
2. Beherrschungsvertrag	176
3. Beherrschungs- und Gewinnabführungsvertrag	177
4. Betriebspachtvertrag	178

Schrifttum: *Aha,* Aktuelle Aspekte der Unternehmensbewertung im Spruchstellenverfahren, AG 1997, 26 ff.; *Altmeppen,* Der Verlustausgleichsanspruch nach § 302 AktG – Noch ein Kunstfehler im „modernen" Verjährungsrecht, DB 2002, 879 ff.; *ders.,* Zur Entstehung, Fälligkeit und Höhe des Verlustausgleichsanspruchs nach § 302 AktG, DB 1999, 2453 ff.; *ders.,* Zum richtigen Verständnis der neuen §§ 293a–293g AktG zu Bericht und Prüfung beim Unternehmensvertrag, ZIP 1998, 1853 ff.; *Altmeppen,* Die Haftung des Managers, 1998; *ders.,* Interessenkonflikt im Konzern, ZHR 171 (2007), 320 ff.; *Baldamus,* Der Einfluss der Körperschaftssteuer auf den sog. festen Ausgleich nach § 304 Abs. 2 Satz 1 AktG, AG 2005, 77 ff.; *Bayer,* Die Geltendmachung des Abfindungsanspruchs bei beendetem Beherrschungsvertrag, ZIP 2005, 1053 ff.; *Bayer/Hoffmann,* Steuerliche Organschaft und Konzernsteuerung durch Unternehmensverträge nach §§ 291, 292 AktG, AG 2006, 488 ff.; *Beyerle,* Notwendige Änderungen im Verfahren der Freiwilligen Gerichtsbarkeit nach § 306 AktG, BB 1978, 784 ff.; *Bilda,* Abfindungsansprüche bei vertragsüberlebenden Spruchverfahren, NZG 2005, 375 ff.; *Broichmann/Burmeister,* Konzernvertrauenshaftung – zahnloser Tiger oder tragfähiges Haftungskonzept?, NZG 2006, 687 ff.; *Bungert,* Unternehmensvertragsbericht und Unternehmensvertragsprüfung gemäß §§ 293a ff. AktG (Teil II), DB 1995, 1449 ff.; *Bungert/Bednarz,* Anspruchsinhaberschaft von Abfindungsansprüchen bei Beherrschungs- und Gewinnabführungsverträgen, BB 2006, 1865 ff.; *Clemm,* Die Grenzen der Weisungsfolgepflicht des Vorstands der beherrschten AG bei bestehendem Beherrschungsvertrag, ZHR 141 [1977], 197 ff.; *Däubler,* Ausklammerung sozialer und personeller Angelegenheiten aus einem Beherrschungsvertrag?, NZG 2005, 617 ff.; *Exner,* Beherrschungsvertrag und Vertragsfreiheit, 1984; *Fassbender,* Das Freigabeverfahren nach § 246a AktG – Offene Fragen und Gestaltungsmöglichkeiten, AG 2006, 872 ff.; *Fenzl,* Betriebspachtvertrag und Betriebsführungsvertrag – Verträge im Grenzbereich zwischen gesellschaftsrechtlichen Organisations- und schuldrechtlichen Austauschverträgen, Der Konzern 2006, 18 ff.; *Fleischer,* Das Gesetz zur Unternehmensintegrität und Modernisierung des Anfechtungsrechts, NJW 2005, 3525 ff.; *ders.,* Konzernleitung und Leitungssorgfalt der Vorstandsmitglieder im Unternehmensverbund, DB 2005, 759 ff.; *Gelhausen,* Handelsrechtliche Zweifelsfragen der Abwicklung von Ergebnisabführungsverträgen in Umwandlungsfällen, NZG 2005, 775 ff.; *Goette,* Organisation und Zuständigkeit im Konzern, AG 2006, 522 ff.; *Göz/Holzborn,* Die Aktienrechtsreform durch das Gesetz für Unternehmensintegrität und Modernisierung des Anfechtungsrechts – UMAG, WM 2006, 157 ff.; *Großfeld,* Börsenkurs und Unternehmenswert, BB 2000, 261 ff.; *Grunewald,* Verlustausgleich nach § 302 AktG und reale Kapitalaufbringung, NZG 2005, 781 ff.; *Haase,* Das Recht des aktienrechtlichen Abfindungsergänzungsanspruchs als notwendiger Bestandteil der §§ 305, 306 AktG, AG 1995, 7 ff.; *Habersack,* Abfindung für den vom beherrschenden Unternehmen oder von der beherrschten Gesellschaft erworbene Aktien?, AG 2005, 709 ff.; *Hahn,* Vertragsfreiheit bei der Interessenabwägung im Freigabeverfahren der §§ 16 Abs. 3 UmwG, 246a AktG zu berücksichtigen?, WM 2006, 1465 ff.; *Hentzen,* Atypische Risiken aus der Beendigung von Beherrschungs- und Gewinnabführungsverträgen, NZG 2008, 201 ff.; *Hirte/Schall,* Zum faktischen Beherrschungsvertrag, Der Konzern 2006, 243 ff.; *Hoffmann,* Kontrollerwerb als neuer Zusammenschlußtatbestand des GWB, AG 1999, 538 ff.; *Hüchting,* Abfindung und Ausgleich im aktienrechtlichen Beherrschungsvertrag, Diss. Bochum, 1972; *Hüttemann;* Börsenkurs und Unternehmensbewertung; ZGR 2001, 454 ff.; *Humbeck,* Die Prüfung von Unternehmensverträgen nach neuem Recht, BB 1995, 1983 ff.; *Immenga,* Bestandsschutz der beherrschten Gesellschaft im Vertragskonzern?, *Immenga/Mestmäcker,* Wettbewerbsrecht, 5 Aufl. 2014; ZHR 140 [1976], 301 ff.; *Jonas,* Unternehmensbewertung: Methodenkonsistenz bei unvollkommenen Märkten und unvollkommenen Rechtssystemen, WPg 2007, 835 ff.; *Kley,* Die Rechtsstellung der außenstehenden Aktionäre bei der vorzeitigen Beendigung von Unternehmensverträgen, 1986; *Koch,* Das Gesetz zur Unternehmensintegrität und Modernisierung des Anfechtungsrechts (UMAG), ZGR 2006, 769 ff.; *Kort,* Anwendung der Grundsätze der fehlerhaften Gesellschaft auf einen „verdeckten" Beherrschungsvertrag; NZG 2009, 364 ff.; *Krieger,* Verlustausgleich und Jahresabschluss, NZG 2005, 787 ff.; *Land,* Aktuelle Probleme nach gesellschaftsrechtlichen Strukturmaßnahmen, AG 2005, 380 ff.; *Langenbucher,* Vorstandshandeln und Kontrolle – Zu einigen Neuerungen durch das UMAG, DStR 2005, 2083 ff.; *Lehmann,* Keine wertmäßige Verkörperung von Abfindungsansprüchen aus Unternehmensvertrag, WM 2007, 771 ff.; *Leuering*, Zur Anwendbarkeit des UMAG auf anhängige Anfechtungsklagen, NZG 2005, 999 ff.; *Liebscher*, Die Erfüllung des Verlustausgleichsanspruchs nach § 302 AktG, ZIP 2006, 1221 ff.; *Linnerz*, Zu den Beteiligungs- und Rechtsschutzmöglichkeiten des Anteilseigners bei einer überhöhten Kompensation in Spruchverfahren, ZIP 2007, 662 ff.; *Lutter/Drygala*, Wie fest ist der feste Ausgleich nach § 304 Abs. 2 S. 1 AktG?, AG 1995, 49 ff.; *Luttermann*, Zum Börsenkurs als gesellschaftsrechtliche Bewertungsgrundlage, ZIP 1999, 45 ff.; *ders.*, Rechtsnatur und Praxis des Abfindungsanpruchs (§ 305 AktG) als gesetzliches Schuldverhältnis, NZG 2006, 816 ff.; *Mayer/Miege*, Die Rechtsfolgen eines Verstoßes gegen das zusammenschlussrechtliche Vollzugsverbot – Nichtigkeit der den Verstoß begründenden Rechtsgeschäfte?, BB 2008, 2031 ff.; *Mayr*, Endgültige Verluste im Sinne von Marks & Spencer, BB 2008, 1816 ff.; *Nelißen*, Wirksamer Abschluss von Betriebspachtverträgen, DB 2007, 786 ff.; *Nodoushani*, Zur objektiven Auslegung von Ergebnisabführungsverträgen durch den Bundesfinanzhof, DStR 2009, 620 ff.; *Paschos/Goslar*, Die Beendigung von Gewinnabführungsverträgen mit einer abhängigen GmbH während des (laufenden) Geschäftsjahres, Der Konzern 2006, 479 ff.; *Passarge*, Auslegung von Unternehmensverträgen – unter besonderer Berücksichtigung von Kündigungsklauseln in Beherrschungs- und Ergebnisabführungsverträgen, BB 2006, 2769 ff.; *Pentz*, Die Rechtsstellung der Enkel-AG in einer mehrstufigen Unternehmensverbindung, 1994; *Philippi/Fickert*, Organschaft bei Gewinnabführungsverträgen: Ist aus gesellschaftsrechtlicher Sicht eine Verzinsung des Gewinnabführungsanspruchs erforderlich?, BB 2006, 1809 ff.; *Piltz*, Unternehmensbewertung im aktienrechtlichen Spruchstellenverfahren, ZGR 2001, 185 ff.; *ders.*, Die Unternehmensbewertung in der Rechtsprechung, 3. Aufl. 1994; *Popp*, Fester Ausgleich bei Beherrschungs- und/oder Gewinnabführungsverträgen, WPg 2008, 23 ff.; *Priester*, Verlustausgleich nach § 302 AktG – zwingend in Geld?, BB 2005, 2483 ff.; *Prokopf*, Die Verzinsung von Verlustausgleichs- und Gewinnabführungsansprüchen im Hinblick auf die steuerliche Anerkennung von Organschaftsverhältnissen, DB 2007, 900 ff.; *Ränsch*, Die Bewertung von Unternehmen als Problem der Rechtswissenschaften, AG 1984, 202 ff.; *Reuter*, Keine Erfüllung des Verlustausgleichsanspruchs aus § 302 AktG durch Aufrechnung?, DB 2005, 2339 ff.; *Rieckers*, Nochmals: Konzernvertrauenshaftung, NZG 2007, 125 ff.; *Riegger/Mutter*, Wann muß der Vorstand einer beherrschten AG den Beherrschungsvertrag kündigen?, DB 1997, 1603 ff.; *Roth*, Die Berechnung der Garantiedividende von Vorzugsaktien im Rahmen von Unternehmensverträgen, Der Konzern 2005, 685 ff.; *Ruoff*, Das Schicksal des Abfindungsrechts im vertragsüberlebenden Spruchverfahren, BB 2005, 2201 ff.; *Rust*, Die Vereinbarkeit einer gewinnunabhängigen Festvergütung zugunsten eines stillen Gesellschafters mit § 301 AktG, AG 2006, 563 ff.; *K. Schmidt*, Konzernrechtliche Wirksamkeitsvoraussetzungen für typische stille Beteiligungen an Kapitalgesellschaften?, ZGR 1984, 295 ff.; *ders.*, Zwingend gesamtschuldnerischer Verlustausgleich bei der Mehrmütterorganschaft, DB 1984, 1181 ff.; *Schneider/Schneider*, Vorstandshaftung im Konzern, AG 2005, 57 ff.; *Schuback*, Sicherheitsleistung nach Beendigung eines Beherrschungs- und Gewinnabführungsvertrages, BB 2008, 1141 ff.; *Schürnbrand*, „Verdeckte" und „atypische" Beherrschungsverträge im Aktien- und GmbH-Recht, ZHR 169 (2005), 35 ff.; *Spindler*, Die Reform der Hauptversammlung und der Anfechtungsklage durch das UMAG, NZG 2005, 825; *Spindler/Klöhn*, Verlustausgleichspflicht und Jahresfehlbetrag (§ 302 AktG); *Süß/Mayer*, BFH: Formal-zivilrechtliche Betrachtungsweise bei Organschaft gilt auch bei Änderung der Ergebnisabführungsvertrags, AG 2005, 353 ff.; *Schwarz*, Beendigung von Organschaftsverhältnissen anläßlich der Veräußerung der Beteiligung an der hauptverpflichteten Gesellschaft mbH, DNotZ 1996, 68 ff.; *Seetzen*, Spruchverfahren und Unternehmensbewertung im Wandel, WM 1999, 565 ff.; *ders.*, Die Bestimmung des Verschmelzungswertverhältnisses im Spruchstellenverfahren, WM 1994, 45 ff.; *J. Semler*, Leitung und Überwachung der Aktiengesellschaft, 2. Auflage 1996; *Simon*, Steuerumlagen im Konzern, ZGR 2007, 71 ff.; *Steinhauer*, Der Börsenpreis als Bewertungsgrundlage für den Abfindungsanspruch von Aktionären, AG 1999, 299 ff.; *Sina*, Grenzen des Konzern-Weisungsrechts nach § 308 AktG, AG 1991, 1 ff.; *Spindler/Stiltz*, Aktiengesetz, 3. Aufl. 2015; *Stiltz*, Börsenkurs und Verkehrswert – Besprechung der Entscheidung DAT/Altana, ZGR 2001, 875 ff.; *Streck/Olbig* KStG, 8. Aufl. 2014; *Timm* Die Auswirkungen einer Realteilung des herrschenden Unternehmens auf Beherrschungs- und Gewinnabführungsverträge, DB 1993, 569 ff.; *ders.*, Rechtsfragen der Änderung und Beendigung von Unternehmensverträgen, FS Kellermann, 1991, 461 ff.; *ders.*, Zur Sachkontrolle von Mehrheitsentscheidungen im Kapitalgesellschaftsrecht, ZGR 1987, 403 ff.; *Thoß*, Verzinsung des Verlustausgleichs- und Gewinnabführungsanspruchs im Vertragskonzern, DB 2007, 206 ff.; *Veil*, Klagemöglichkeiten bei Beschlussmängeln der Hauptversammlung nach dem UMAG, AG 2005, 567 ff.; *Verse*, Aufrechnung gegen Verlustausgleichsansprüche im Vertragskonzern, ZIP 2005, 1627 ff.; *Weißhaupt*, Informationsmängel in der Hauptversammlung: die Neuregelungen durch das UMAG, ZIP 2005, 1766 ff.; *Wernicke/Scheunemann*, Verzinsung des Anspruchs auf Verlustübernahme nach § 302 AktG aus gesellschaftsrechtlicher und steuerrechtlicher Sicht, DStR 2006, 1399 ff.; Wiedemann, Aktiengesetz Großkommentar, 4. Aufl. 2013; *H. Wiedemann*, Rechtsethische Maßstäbe im Unternehmens- und Gesellschaftsrecht, ZGR 1980, 147 ff.; *Wilm*, Abfindung zum Börsenkurs – Konsequenzen der Entscheidung des BVerfG, NZG 2000, 234 ff.; *Wolf*, Inhalt und Fälligkeit des Gewinnabführungsanspruchs im Vertragskonzern, NZG 2007, 641 ff.

I. Überblick

Das AktG regelt in den §§ 291, 292 **sieben Typen** von **Unternehmensverträgen**: 1
1. den Beherrschungsvertrag (§ 291 Abs. 1 S. 1 Alt. 1 AktG);

2. den Gewinnabführungsvertrag (§ 291 Abs. 1 S. 1 Alt. 2 AktG);
3. den Geschäftsführungsvertrag (§ 291 Abs. 1 S. 2 AktG);
4. die Gewinngemeinschaftsvertrag (§ 292 Abs. 1 Nr. 1 AktG);
5. den Teilgewinnabführungsvertrag (§ 292 Abs. 1 Nr. 2 AktG);
6. den Betriebspachtvertrag (§ 292 Abs. 1 Nr. 3 Alt. 1 AktG);
7. den Betriebsüberlassungsvertrag (§ 292 Abs. 1 Nr. 3 Alt. 2 AktG).

2 Die **Rechtsnatur** der einzelnen Unternehmensverträge ist entsprechend ihrem rechtlichen und wirtschaftlichen Inhalt verschieden.[1] Die in § 291 AktG geregelten drei Vertragstypen haben organisationsrechtlichen Charakter, da sie, auch wenn sie daneben schuldrechtliche Elemente enthalten, nicht nur grundlegend die wirtschaftliche, sondern auch die rechtliche Struktur der abhängigen Gesellschaft, ihre Verfassung und die Rechtsverhältnisse ihrer Gesellschafter untereinander verändern.[2] Im Gegensatz hierzu sind die unter § 292 AktG fallenden Verträge als schuldrechtliche Austauschverträge einzuordnen, da bei ihnen, auch wenn sie zumindest zum Teil organisationsrechtliche Elemente aufweisen, der schuldrechtliche Charakter überwiegt.[3]

3 Eine **Gemeinsamkeit** zwischen den verschiedenen Arten von Unternehmensverträgen besteht rechtlich insoweit, als für ihren **Abschluss**, ihre **Änderung** und **Aufhebung** weitgehend die gleichen Vorschriften (§§ 293–299 AktG) Anwendung finden und die Vertragsparteien verbundene Unternehmen iSd § 15 AktG sind.[4] IÜ ist zwischen den einzelnen Typen von Unternehmensverträgen, insbesondere in Hinblick auf die Sicherung der Gesellschaft und der Gläubiger (§§ 300–303 AktG) sowie die Sicherung der außenstehenden Aktionäre bei Beherrschungs- und Gewinnabführungsverträgen (§§ 304–307 AktG), zu unterscheiden.[5]

4 Aus **steuerrechtlicher Sicht** erlangt der **Gewinnabführungsvertrag** zentrale Bedeutung. Gemäß § 14 Abs. 1 KStG setzt die eine ertragsteuerliche Konsolidierung ermöglichende **Organschaft** den Abschluss eines Gewinnabführungsvertrags iSd § 291 Abs. 1 AktG voraus, ein zusätzlicher Beherrschungsvertrag ist seit dem Veranlagungszeitraum 2001 nicht mehr erforderlich, § 14 Abs. 1 KStG.[6] Werden auch die weiteren Voraussetzungen der körperschaftsteuerlichen (und aufgrund der Verweisung in § 2 Abs. 2 S. 2 GewStG hierauf auch der gewerbesteuerlichen) Organschaft erfüllt (insbesondere muss die **finanzielle Eingliederung** vom Beginn des betreffenden Wirtschaftsjahres an bestehen, § 14 Abs. 1 Ziff. 1 KStG, der Organträger muss steuerlich im **Inland** ansässig sein, § 14 Abs. 1 Ziff. 2 KStG, der Gewinnabführungsvertrag muss auf **mindestens fünf Jahre** abgeschlossen und während seiner gesamten Dauer **tatsächlich durchgeführt** werden, § 14 Abs. 1 Ziffer 3 KStG), wird das Einkommen der Organgesellschaft dem Organträger zugerechnet, so dass Gewinne und Verluste der Organgesellschaft auf der Ebene des Organträgers konsolidiert werden.

II. Beherrschungs- und Gewinnabführungsverträge

1. Beherrschungsvertrag

5 Ein Beherrschungsvertrag ist ein Vertrag durch den eine AG oder KGaA die Leitung ihrer Gesellschaft einem anderen Unternehmen unterstellt (§ 291 Abs. 1 Alt. 1 AktG).[7]

6 a) **Parteien.** *aa) Abhängiges Unternehmen (Untergesellschaft).* Dem Wortlaut des Gesetzes nach kann grundsätzlich nur eine **AG** oder eine **KGaA** abhängiges Unternehmen iSd § 291

---

[1] MüKoAktG/*Altmeppen* Einl. § 291 Rn. 4.
[2] BGHZ 103, 1 = NJW 1988, 1326 – Familienheim; BGHZ 105, 324 (331) = NJW 1989, 295 (296) – Supermarkt; MüKoAktG/*Altmeppen* Vor § 291 Rn. 4; Emmerich/Habersack § 291 Rn. 25 ff., 52; Hüffer/Koch/*Koch* AktG § 291 Rn. 17, 23.
[3] RegBegr. *Kropff* S. 378; Hüffer/Koch/*Koch* AktG § 292 Rn. 2; Emmerich/Habersack § 292 Rn. 4 ff.
[4] MüKoAktG/*Altmeppen* Vor § 291 Rn. 9.
[5] MüKoAktG/*Altmeppen* Vor § 291 Rn. 9.
[6] Jedoch erfordert die umsatzsteuerliche Organschaft auch weiterhin die organisatorische Eingliederung, die ua durch einen Beherrschungsvertrag erfüllt werden kann.
[7] Muster eines Beherrschungsvertrages s. Anlage, → Rn. 186.

Abs. 1 S. 1 AktG sein.[8] Die Gesellschaft muss mindestens ihren **Satzungssitz im Inland** haben;[9] liegt der Satzungssitz im Inland und der **Verwaltungssitz** im Ausland, unterliegt die Gesellschaft nur dann dem deutschen Gesellschaftsstatut (und damit dem Anwendungsbereich des AktG), wenn der Zuzugsstaat der Gründungstheorie folgt;[10] folgt der Zuzugsstaat der Sitztheorie, ist die Gesellschaft mangels Erfüllung der gesetzlichen Anforderungen des Gesellschaftsrechts des Zuzugsstaats nicht mehr als juristische Person anzuerkennen (Statutenwechsel).[11] Auf Beherrschungsverträge mit einer **GmbH** finden die §§ 291 ff. AktG unter Berücksichtigung der strukturellen Unterschiede zwischen AG und GmbH analog Anwendung.[12] Nach der „Gervais-Entscheidung" des BGH[13] ist zwischenzeitlich anerkannt, dass auch **Personengesellschaften** Beherrschungsverträge als abhängiges Unternehmen abschließen dürfen, auch wenn dies weitgehend ohne praktische Relevanz ist.[14] Eine **Anstalt des öffentlichen Rechts** darf sich wohl nur dann als abhängiges Unternehmen fremder Leitung unterstellen, wenn auch ohne den Beherrschungsvertrag eine hinreichende staatliche Einflussnahme in privatrechtlicher Form (sog. Ingerenz) erfolgen kann.[15]

bb) Herrschendes Unternehmen (Obergesellschaft). Das herrschende Unternehmen muss lediglich **Unternehmenseigenschaft** besitzen, wobei der Sitz der Gesellschaft auch im Ausland liegen kann.[16] Der **Rechtsform** nach kann es sich bei dem herrschenden Unternehmen um eine **juristische Person**, eine **Personengesellschaft**,[17] die **öffentliche Hand**[18] oder auch eine **natürliche Person** handeln, soweit diese außerhalb der Gesellschaft, mit der sie den Vertrag abschließt, wirtschaftlich engagiert ist und damit von den Interessen der Gesellschaft verschiedene Unternehmensinteressen verfolgen kann.[19] Ein mit einer **Privatperson** geschlossener Beherrschungsvertrag ist hingegen wegen Verstoßes gegen § 76 Abs. 1 AktG nichtig.[20]

Eine Gesellschaft kann auch von **mehreren Unternehmen** abhängig sein (sog. **Mehrmütterherrschaft**), vorausgesetzt, das abhängige Unternehmen schließt nur einen Beherrschungsvertrag mit mehreren herrschenden Unternehmen als Vertragspartnern.[21] Vertragspartner sind in diesem Fall die herrschenden Unternehmen und nicht die zwischen ihnen bestehende GbR.[22] Das Gleiche gilt für die Kombination eines Beherrschungsvertrags mit einem Gewinnabführungsvertrag soweit sie nicht unabhängig voneinander abgeschlossen werden.[23]

b) **Mindestinhalt.** Das zentrale Tatbestandsmerkmal des Beherrschungsvertrages ist die Unterstellung des abhängigen Unternehmens unter fremde Leitung (§ 308 AktG).[24] Für den Eintritt dieser Rechtsfolge kommt es weder auf die Bezeichnung des Vertrages noch auf den

---

[8] *Emmerich/Habersack* § 291 Rn. 8, 11; MüKoAktG/*Altmeppen* § 291 Rn. 15.
[9] *Schmidt/Lutter/Langenbucher* § 291 Rn. 21 mwN.
[10] *Hüffer/Koch/Koch* AktG § 291 Rn. 5.
[11] *Hüffer/Koch/Koch* AktG § 5 Rn. 13.
[12] BGHZ 105, 324 (334 ff.) = NJW 1989, 295 (298) – Supermarkt; *Hüffer/Koch/Koch* AktG § 291 Rn. 6.
[13] BGH NJW 1980, 231.
[14] MüKoAktG/*Altmeppen* § 291 Rn. 18 mwN; *Hüffer/Koch/Koch* AktG § 291 Rn. 7; *Schmidt/Lutter/ Langenbucher* § 291 Rn. 21.
[15] So auch MüKoAktG/*Altmeppen* § 291 Rn. 20 iVm § 291 Rn. 43.
[16] *Hüffer/Koch/Koch* AktG § 291 Rn. 8; *Emmerich/Habersack* § 291 Rn. 9.
[17] MüKoAktG/*Altmeppen* § 291 Rn. 21; *Hüffer/Koch/Koch* AktG § 291 Rn. 8.
[18] BGHZ 69, 334 (338) = NJW 1978, 104 – Veba/Gelsenberg; BGHZ 135, 107 (113 f.) = NJW 1997, 105 (168); *Hüffer/Koch/Koch* AktG § 291 Rn. 8, § 15 Rn. 8 ff.; MüKoAktG/*Altmeppen* § 291 Rn. 22.
[19] BGHZ 148, 123 (125) = NJW 2001, 2973 (2974); BGHZ 135, 107 (113) = NJW 1997, 1855 (1856); MüKoAktG/*Altmeppen* § 291 Rn. 21 f.; *Hüffer/Koch/Koch* AktG § 291 Rn. 8, § 15 Rn. 9, 11; *Emmerich/ Habersack* § 15 Rn. 13, § 291 Rn. 9.
[20] *Emmerich/Habersack* § 291 Rn. 9a; MüKoAktG/*Altmeppen* § 291 Rn. 21 f.
[21] *Hüffer/Koch/Koch* AktG § 291 Rn. 16; MüKoAktG/*Altmeppen* § 291 Rn. 109 ff.; MHdB GesR IV/ *Krieger* § 70 Rn. 11.
[22] *Hüffer/Koch/Koch* AktG § 291 Rn. 16.
[23] LG Frankfurt a.M. 8.1.1990 – 3/1 O 144/89, DB 1990, 624; *Emmerich/Habersack* § 291 Rn. 38; MüKoAktG/*Altmeppen* § 291 Rn. 25, 106 ff.; aA *Pentz* S. 172 ff.
[24] Zum Umfang der im Beherrschungsvertrag zu regelnden Leitungsfunktion (umfassende Unterstellung unter eine einheitliche Leitung oder Übertragung einzelner Leitungsfunktionen) → Rn. 14.

Wortlaut der Unterstellung an.²⁵ Gleiches gilt für die mit der Unterstellung unter fremde Leitung verbundene Verlustausgleichspflicht (§ 302 AktG).²⁶ Hat die Gesellschaft zum Zeitpunkt der Beschlussfassung der Hauptversammlung über den Vertrag **außenstehende Aktionäre**, muss der Vertrag allerdings zwingend einen **Ausgleich** iSv § 304 AktG für diese bestimmen, da er ansonsten gem. § 304 Abs. 3 S. 1 AktG nichtig ist. Eine fehlende Bestimmung der gem. § 305 AktG ebenfalls festzulegenden **Abfindung** führt hingegen nicht zur Nichtigkeit des Vertrages; die Abfindung wird dann auf Antrag durch das im Spruchverfahrensgesetz bestimmte Gericht getroffen (§ 305 Abs. 5 S. 2 AktG).

10   c) **Unterstellung unter die Leitung eines anderen Unternehmens.** Die **Rechtsfolge** der Unterstellung der abhängigen Gesellschaft unter das herrschende Unternehmen, ergibt sich aus § 308 AktG, der das **Weisungsrecht** des herrschenden Unternehmens (§ 308 Abs. 1 AktG) und die **Folgepflicht** des abhängigen Unternehmens (§ 308 Abs. 2 AktG) näher regelt.

11   aa) *Umfang des Weisungsrechts.* Gem. § 308 Abs. 1 S. 1 AktG ist das herrschende Unternehmen berechtigt, dem Vorstand der Gesellschaft hinsichtlich der Leitung der Gesellschaft **Weisungen** zu erteilen. Die Weisungen können Führungsfunktionen des Vorstands und weitergehend den Gesamtbereich der Geschäftsführung einschließlich der organschaftlichen Vertretung (§ 78 AktG) betreffen. Zulässig ist ebenso die Weisung, Vermögens- oder Schuldenübertragungen vom abhängigen zum herrschenden Unternehmen vorzunehmen.²⁷ Auch innergesellschaftliche Maßnahmen, die in den Zuständigkeitsbereich des Vorstands fallen (zB § 83 AktG), können nach hM Gegenstand von Weisungen sein, und zwar einschließlich der Rechnungslegung innerhalb der jeweiligen aktien- und bilanzrechtlichen Schranken.²⁸ Ausdrücklich **nicht weisungsfähig** ist demgegenüber die Änderung, die **Aufrechterhaltung** sowie die Beendigung des **Beherrschungsvertrages** selbst (§ 299 AktG). Gleiches gilt für Angelegenheiten, die in den Zuständigkeitsbereich des **Aufsichtsrates** oder der **Hauptversammlung** fallen.²⁹ Ihre Organkompetenzen werden von einem Beherrschungsvertrag, abgesehen von der von § 111 Abs. 4 S. 2 AktG (Zustimmungsvorbehalt des Aufsichtsrats zu bestimmten Arten von Geschäften) abweichenden Regelung des § 308 Abs. 3 AktG (Überwindung des Zustimmungsvorbehalts durch wiederholte Weisung) grundsätzlich nicht berührt.

12   Weitere **Grenzen des Weisungsrechts** des herrschenden Unternehmens können sich aus der **Satzung** der Gesellschaft, aus dem **Beherrschungsvertrag**, aus gesetzlichen, insbesondere **aktienrechtlichen Vorschriften**, sowie aus weiteren **ungeschriebenen Voraussetzungen** ergeben.

13   bb) *Satzungsmäßige Grenzen.* Aus der **Satzung** der Gesellschaft können sich insbesondere Grenzen der **Geschäftsführungsbefugnis** des Vorstands (§ 82 Abs. 2 AktG) ergeben, an die auch das herrschende Unternehmen gebunden ist.³⁰ Grenzen können zB aus dem satzungsgemäßen **Gegenstand des Unternehmens** (§ 23 Abs. 3 Nr. 2 AktG) folgen, da eine Abweichung von dem Unternehmensgegenstand grundsätzlich einer Satzungsänderung bedarf, die in die Zuständigkeit der Hauptversammlung fällt.³¹

14   cc) *Vertragliche Grenzen.* Gem. § 308 Abs. 1 S. 2 AktG können dem abhängigen Unternehmen **nachteilige Weisungen** erteilt werden, wenn im Beherrschungsvertrag nichts anderes bestimmt ist und sie den Belangen des herrschenden Unternehmens oder den mit diesem

---

²⁵ MüKoAktG/*Altmeppen* § 291 Rn. 54 ff.; Hüffer/Koch/*Koch* AktG § 291 Rn. 10 ff.; *Emmerich/Habersack* § 291 Rn. 17.
²⁶ MüKoAktG/*Altmeppen* § 291 Rn. 75.
²⁷ Schmidt/Lutter/*Langenbucher* § 308 Rn. 22; Hüffer/Koch/*Koch* AktG § 308 Rn. 12, 17; ungeklärt ist, ob strukturändernde Maßnahmen iSv Holzmüller/Gelatine (dazu Hüffer § 119 Rn. 16 ff.) von der Weisung gedeckt sind oder der Zustimmung der Hauptversammlung bedürfen.
²⁸ Hüffer/Koch/*Koch* AktG § 308 Rn. 12; MüKoAktG/*Altmeppen* § 308 Rn. 83 ff.; KölnKommAktG/*Koppensteiner* § 308 Rn. 18, 21.
²⁹ OLG Karlsruhe AG 1991, 144 (146) – ASEA/BBC; *Emmerich/Habersack* § 308 Rn. 42; MünchHdB GesR IV/*Krieger* § 71 Rn. 151.
³⁰ OLG Düsseldorf ZIP 1990, 1333 (1337 f.) – DAB Hansa; *Emmerich/Habersack* § 308 Rn. 56a; MüKoAktG/*Altmeppen* § 308 Rn. 134 f.
³¹ Schmidt/Lutter/*Langenbucher* § 308 Rn. 25; OLG Düsseldorf ZIP 1990, 1333 (1337 f.) – DAB Hansa; *Emmerich/Habersack* § 308 Rn. 56a f.; MüKoAktG/*Altmeppen* § 308 Rn. 135.

und der Gesellschaft konzernverbundenen Unternehmen dienen. Ein Beherrschungsvertrag kann das Weisungsrecht des herrschenden Unternehmens nicht erweitern, aber **einschränken,** und zB nachteilige Weisungen ausschließen oder das Weisungsrecht an die Einhaltung einer besonderen Form, zB die Schriftform, binden.[32] Eine Weisung, die nach Inhalt oder Form keine Grundlage im Beherrschungsvertrag hat, ist gem. § 134 BGB wegen Verstoßes gegen § 76 Abs. 1 AktG nichtig.[33]

Praktisch stellt sich in diesem Zusammenhang oftmals die Frage, ob auch nur die **teilweise Unterstellung** einer abhängigen Gesellschaft unter die Leitung des herrschenden Unternehmens, zB hinsichtlich einzelner Leitungsfunktionen oder Betriebe, oder sogar ein vollständiger Ausschluss des Weisungsrechts vereinbart werden kann. Nach heute verbreiteter Ansicht ist auch eine weitere Beschränkung des Weisungsrechts zulässig, da Unternehmensverträge grundsätzlich vom Prinzip der Vertragsfreiheit beherrscht sind, soweit dem nicht zwingende gesetzliche, insbesondere aktienrechtliche, Regelungen entgegenstehen.[34] Ein völliger Ausschluss des Weisungsrechts oder eine so weitgehende Einschränkung desselben, dass sich im Ergebnis an der Selbstständigkeit der Gesellschaft nichts ändert, dürfte jedoch unzulässig sein, da in einem solchen Fall letztlich kein Beherrschungsvertrag, sondern allenfalls noch ein Gleichordnungsvertrag vorliegt.[35]

dd) Gesetzliche Grenzen. Gesetzliche **Grenzen des Weisungsrechts** ergeben sich insbesondere aus zwingenden Vorschriften des Aktienrechts. Weisungen, die etwa gegen die §§ 66, 71 ff., 89, 113 ff., 300, 302 AktG verstoßen, sind deshalb gem. § 134 BGB nichtig.[36] Dasselbe gilt für Weisungen, die gegen zwingende bilanzrechtliche Normen, insbesondere die §§ 246 ff., 252 ff., 279 ff. HGB, verstoßen. Unzulässig und nichtig sind ferner Weisungen, die auf Maßnahmen gerichtet sind, die schon nach allgemeinen Vorschriften nicht ergriffen werden dürfen, wie zB Wettbewerbsverstöße oder Patentverletzungen.[37]

Eine **Ausnahme** von der durchgängigen Gesetzesbindung des herrschenden Unternehmens an das Aktienrecht ergibt sich aus § 291 Abs. 3 AktG. Danach sind Leistungen der abhängigen Gesellschaft an das herrschende Unternehmen **bei Bestehen** eines **Beherrschungs- oder eines Gewinnabführungsvertrages** nicht als Verstoß gegen die Vermögensbindungsvorschriften der §§ 57, 58, 60 AktG anzusehen. Damit werden alle nach den vorstehenden Grenzen zulässigen Leistungen der abhängigen Gesellschaft, gleichgültig, ob sie an das herrschende Unternehmen erbracht werden oder auf deren Weisung an andere, idR konzernzugehörige Personen, von den Vermögensbindungsvorschriften ausgenommen.[38]

ee) Existenzgefährdende Weisungen. Ungeschriebene Voraussetzung für die Zulässigkeit nachteiliger Weisungen ist ferner, dass die geforderte Maßnahme nicht **existenzgefährdend** oder sogar **existenzvernichtend** sein darf.[39] Weisungen, die im Fall ihrer Durchführung zur Auflösung, zur Insolvenz oder zum formlosen Ausscheiden der Untergesellschaft aus dem Rechtsverkehr führen, sind daher unzulässig.[40]

d) Weisungsberechtigter. Träger des Weisungsrechts ist nach § 308 Abs. 1 S. 1 AktG das **herrschende Unternehmen.** Gemeint ist damit auch bei mehrstufiger Konzernierung nur der

---

[32] KölnKommAktG/*Koppensteiner* § 308 Rn. 37 f.; MHdB GesR IV/*Krieger* § 70 Rn. 4, der indes darauf hinweist, dass Einschränkungen des Weisungsrechts die steuerlichen Organschaft gefährden können.
[33] Hüffer/Koch/*Koch* AktG § 308 Rn. 13.
[34] Die Einzelheiten sind streitig Emmerich/Habersack § 291 Rn. 19 ff.; darüber hinausgehend MüKoAktG/*Altmeppen* § 291 Rn. 88 ff., § 308 Rn. 132 ff.; aA KölnKommAktG/*Koppensteiner* § 291 Rn. 36 ff.; zum Steitstand s. auch Hüffer/Koch/*Koch* AktG § 291 Rn. 10.
[35] *Emmerich/Habersack* § 291 Rn. 22 f.; Hüffer/Koch/*Koch* AktG § 291 Rn. 11; aA MüKoAktG/*Altmeppen* § 291 Rn. 94 ff.
[36] Allg. Ansicht, s. nur MHdB GesR IV/*Krieger* § 71 Rn. 152; Hüffer/Koch/*Koch* AktG § 308 Rn. 14.
[37] KölnKommAktG/*Koppensteiner* § 308 Rn. 19; Hüffer/Koch/*Koch* AktG § 308 Rn. 14.
[38] Mit dieser durch Art. 5 MoMiG v. 23.10.2008 (BGBl. 2008 I, 2026) geänderten Fassung ist die Beschränkung von Leistungen „auf Grund eines Beherrschungs- oder Gewinnabführungsvertrags" entschärft worden.
[39] Schmidt/Lutter/*Langenbucher* § 308 Rn. 31 ff.; *Emmerich/Habersack* § 308 Rn. 60 ff.; Hüffer/Koch/*Koch* AktG § 308 Rn. 19; *Raiser/Veil* § 62 Rn. 39; aA KölnKommAktG/*Koppensteiner* § 308 Rn. 32 ff., dieser hält das Recht zur außerordentlichen Kündigung für ausreichend, Rn. 35.
[40] So bereits OLG Düsseldorf AG 1990, 490 (492) – DAB Hansa; *Emmerich/Habersack* § 308 Rn. 60 ff.; MHdB GesR IV/*Krieger* § 71 Rn. 153; aA wiederum KölnKommAktG/*Koppensteiner* § 308 Rn. 32 ff.

andere Vertragsteil (die Obergesellschaft), denn es gibt kein Weisungsrecht der Konzernmutter aus einem zwischen Tochter und Enkel geschlossenen Beherrschungsvertrag.[41] Ist der Vertrag mit mehreren Müttern geschlossen, sind alle weisungsberechtigt. Die Ausübung der Weisungsbefugnis bedarf in einem solchen Fall einer vertraglichen Regelung, wodurch idR eine sog. „Willensbildung-GbR" entsteht.[42]

20 **e) Delegation und Übertragbarkeit des Weisungsrechts.** Fraglich ist in diesem Zusammenhang, ob, wie und in welchen Grenzen das herrschende Unternehmen bei der Ausübung seines Weisungsrechts auch andere Personen einschalten oder sich seines Rechts zugunsten Dritter ganz oder teilweise bedienen kann. Man unterscheidet diesbezüglich zwei unterschiedliche Gestaltungen, die **Delegation** und die („echte") **Übertragung des Weisungsrechts.**[43]

21 *aa) Delegation.* Unter der **Delegation** des Weisungsrechts versteht man die bloße Hinzuziehung Dritter als Erfüllungsgehilfen zur Wahrnehmung des Weisungsrechts der nach § 309 Abs. 1 AktG eigentlich dazu berufenen Personen.[44] Die Delegation des Weisungsrechts auf Dritte ist jedenfalls dann zulässig, wenn es sich dabei um eigene Angestellte des herrschenden Unternehmens, zB der zweiten Führungsebene, handelt.[45] Erforderlich hierfür ist die Bevollmächtigung (§§ 164 ff. BGB) oder Ermächtigung (§ 185 BGB) der hinzugezogenen Erfüllungsgehilfen.[46]

22 Die Delegation auf sonstige Dritte, zB andere Unternehmen, kann im Ansatz nicht anders behandelt werden.[47] In der Praxis dürfte es sich in einem solchen Fall allerdings meist nicht um eine Delegation, sondern um eine rechtlich anders zu beurteilende Übertragung des Weisungsrechts handeln.[48]

23 *bb) Übertragung.* Die **Übertragung** des Weisungsrechts auf einen Dritten unterscheidet sich von der Delegation dadurch, dass hier der Dritte (als „Zessionar") an die Stelle des herrschenden Unternehmens als Weisungsberechtigter iSd §§ 308, 309 AktG tritt.[49] Eine solche Übertragung ist von Rechts wegen ausgeschlossen, da die Weisungsbefugnis kein selbstständig verkehrsfähiges Recht iSd §§ 398 ff., 413 BGB ist.[50] Ein solches Ergebnis kann daher nur durch eine Vertragsänderung unter Mitwirkung der Untergesellschaft und Zustimmung ihrer Hauptversammlung (§ 295 AktG) erreicht werden.[51]

24 **f) Weisungsempfänger und Folgepflicht.** Weisungsempfänger ist gem. § 308 Abs. 2 S. 1 AktG der **Vorstand der Untergesellschaft,** der spiegelbildlich zum Weisungsrecht des herrschenden Unternehmens dazu verpflichtet ist, dessen Weisungen zu befolgen. Nur wenn offensichtlich ist, dass eine Weisung nicht den Belangen des herrschenden Unternehmens oder den Belangen der konzernverbundenen Unternehmen dient, ist der Vorstand der Untergesellschaft gem. § 308 Abs. 2 S. 2 AktG berechtigt, deren Befolgung zu verweigern.[52] Für den Vorstand folgt hieraus – auch wenn er sich grundsätzlich an die Beurteilung durch das herrschende Unternehmen halten muss – die **Pflicht,** Weisungen auf deren offensichtliche Unrechtmäßigkeit zu **überprüfen.**[53] „Offensichtlich" unrechtmäßig ist eine Weisung, wenn für

---

[41] BGH AG 1990, 459 (460); KölnKommAktG/*Koppensteiner* § 308 Rn. 4, 8; *Emmerich/Habersack* § 308 Rn. 6.
[42] *Emmerich/Habersack* § 308 Rn. 8; vgl. auch Hüffer/Koch/*Koch* AktG § 308 Rn. 3.
[43] *Emmerich/Habersack* § 308 Rn. 12 ff.; instruktiv *Altmeppen,* Die Haftung der Manager, S. 12 ff.
[44] KölnKomm/*Koppensteiner* § 308 Rn. 11; Hüffer/Koch/*Koch* AktG § 308 Rn. 5.
[45] Ganz hM; vgl. nur Spindler/Stilz/*Veil* AktG § 308 Rn. 12 mwN.
[46] Hüffer/Koch/*Koch* AktG § 308 Rn. 5.
[47] *Emmerich/Habersack* § 308 Rn. 15; Spindler/Stilz/*Veil* AktG § 308 Rn. 12; aA *Schwarz* ZHR 142 (1978), 203 (225).
[48] Hüffer/Koch/*Koch* AktG § 308 Rn. 5.
[49] *Emmerich/Habersack* § 308 Rn. 16; Hüffer/Koch/*Koch* AktG § 308 Rn. 6.
[50] *Exner,* Beherrschungsvertrag und Vertragsfreiheit, S. 164; iE ebenso Spindler/Stilz/*Veil* AktG § 308 Rn. 13.
[51] BGHZ 119, 1 (6 f.) = NJW 1992, 2760 (2761 f.) – ASEA/BC; *Emmerich/Habersack* § 308 Rn. 16; Hüffer/Koch/*Koch* AktG AktG § 308 Rn. 6.
[52] Hüffer/Koch/*Koch* AktG § 308 Rn. 22.
[53] *Emmerich/Habersack* § 308 Rn. 66; Hüffer/Koch/*Koch* AktG § 308 Rn. 20; *Sina* AG 1991, 1 (8 f.).

jeden Sachkenner ohne weitere Nachforschungen erkennbar ist, dass die Weisung nicht den Belangen des Konzerns dient, wobei die Darlegungs- und Beweislast für die Unrechtmäßigkeit einer Weisung beim Vorstand der abhängigen Gesellschaft liegt.[54]

Da ein Beherrschungsvertrag gem. § 308 Abs. 2 AktG nur in die Kompetenz des Vorstands eingreift, gibt dieser dem herrschenden Unternehmen kein Weisungsrecht gegenüber den **anderen Gesellschaftsorganen**.[55] Das Gleiche gilt für ein direktes Weisungsrecht gegenüber Mitarbeitern am Vorstand vorbei.[56] Eine solche Folgepflicht darf wohl nur dann begründet werden, wenn zugleich sichergestellt ist, dass der Vorstand von Weisungen so rechtzeitig Kenntnis erhält, dass er diese prüfen und die Befolgung offensichtlich unzulässiger Weisungen unterbinden kann.[57] Liegt keine Weisung vor, bleibt es bei der eigenverantwortlichen Leitung der Gesellschaft durch ihren Vorstand (§ 76 Abs. 1 AktG).

Der Beherrschungsvertrag begründet eine Pflicht zu „**konzernfreundlichem Verhalten**", nach der der Vorstand verpflichtet ist, dem herrschenden Unternehmen wichtige Angelegenheiten so rechtzeitig mitzuteilen, dass dessen Vertretungsorgan entscheiden kann, ob und in welchem Sinn eine Weisung erteilt werden soll.[58] Der Vorstand der abhängigen Gesellschaft ist ferner dazu verpflichtet, das herrschende Unternehmen auf **drohende Nachteile** hinzuweisen, wenn deren Eintritt oder Umfang für die Konzernspitze nicht ohne weiteres offenkundig ist.[59]

g) *Verantwortlichkeit bei Bestehen eines Beherrschungsvertrages. aa) Haftung der gesetzlichen Vertreter des herrschenden Unternehmens.* Bei Bestehen eines Beherrschungsvertrages haben die gesetzlichen Vertreter (beim Einzelkaufmann der Inhaber) des herrschenden Unternehmens bei der Erteilung von Weisungen die **Sorgfalt eines ordentlichen und gewissenhaften Geschäftsleiters** anzuwenden (§ 309 Abs. 1 AktG). Verletzen sie ihre Pflicht, sind sie der Gesellschaft zum Ersatz des daraus entstehenden Schadens als Gesamtschuldner verpflichtet (§ 309 Abs. 2 AktG). Sofern streitig ist, ob sie die Sorgfalt eines ordentlichen und gewissenhaften Geschäftsleiters angewandt haben, trifft sie die Beweislast. Gem. § 309 Abs. 4 AktG können die Ersatzansprüche außer von der abhängigen Gesellschaft auch von ihren Aktionären sowie von ihren Gläubigern geltend gemacht werden, sofern letztere von der Gesellschaft keine Befriedigung erlangen können. Die Leistung kann jedoch in beiden Fällen nur an die Gesellschaft gefordert werden (§ 30 Abs. 4 S. 2 AktG). Sonderregelungen gelten in der Insolvenz der Gesellschaft. Die Ansprüche verjähren in fünf Jahren (§ 309 Abs. 5 AktG).

bb) Haftung des herrschenden Unternehmens. Neben die Haftung der gesetzlichen Vertreter des herrschenden Unternehmens tritt in den vorgenannten Fällen die **Haftung des herrschenden Unternehmens** auf Grund des Beherrschungsvertrages.[60] Die Anspruchsgrundlage und ihre dogmatische Begründung sind streitig. Praktisch ist der Streit aber kaum von Bedeutung, da unabhängig hiervon Einigkeit besteht, dass sich die Haftung inhaltlich nach dem unmittel- oder mittelbar anwendbaren § 309 AktG richtet.[61]

cc) Haftung der Organe der abhängigen Gesellschaft. Neben den Ersatzpflichtigen nach § 309 AktG haften auch die Mitglieder des Vorstands und des Aufsichtsrates der abhängigen Gesellschaft, wenn sie bei Befolgung einer Weisung unter Verletzung ihrer Pflichten gehandelt haben (§ 310 Abs. 1 S. 1 iVm den §§ 93, 116 AktG).

---

[54] Hüffer/Koch/*Koch* AktG § 308 Rn. 22; KölnKommAktG/*Koppensteiner* § 308 Rn. 47; *Clemm* ZHR 141 (1977) 197 (202 ff.).
[55] Emmerich/Habersack § 308 Rn. 17; MHdB GesR IV/*Krieger* § 71 Rn. 158.
[56] MüKoAktG/*Altmeppen* § 308 Rn. 73 ff.; GroßkommAktG/*Hirte* § 308 Rn. 28.
[57] Hüffer/Koch/*Koch* AktG § 308 Rn. 8; *Emmerich/Habersack* § 308 Rn. 20; KölnKommAktG/*Koppensteiner* § 308 Rn. 10; MHdB GesR IV/*Krieger* § 71 Rn. 159.
[58] Hüffer/Koch/*Koch* AktG § 308 Rn. 20; KölnKommAktG/*Koppensteiner* § 308 Rn. 48 f.; aA *Emmerich/Habersack* § 308 Rn. 54; MüKoAktG/*Altmeppen* § 308 Rn. 158 f.
[59] MHdB GesR IV/*Krieger* § 70 Rn. 31 Hüffer/Koch/*Koch* AktG § 308 Rn. 21; *J. Semler*, Leitung und Überwachung der Aktiengesellschaft, Rn. 452, S. 267.
[60] RegBegr. *Kropff* S. 404 f.; Emmerich/Habersack § 309 Rn. 20.
[61] Hüffer/Koch/*Koch* AktG § 309 Rn. 26 f.

30 In Betracht kommt diesbezüglich insbesondere eine Verletzung der Pflicht des **Vorstands zur Überprüfung** der Weisungen des herrschenden Unternehmens auf ihre **Rechtmäßigkeit**.[62] Die Haftung des Vorstands kann gem. § 310 Abs. 2 AktG nicht dadurch ausgeschlossen werden, dass der Aufsichtsrat die Handlung billigt. Das Gleiche dürfte gelten, wenn die Hauptversammlung der abhängigen Gesellschaft die Handlung des Vorstands billigt, da es dem herrschenden Unternehmen sonst ein Leichtes wäre, mittels seiner regelmäßigen Hauptversammlungsmehrheit jede Haftung der Organe der abhängigen Gesellschaft auszuschließen.[63]

31 Eine Pflichtverletzung des **Aufsichtsrats** kommt insbesondere unter dem Gesichtspunkt in Betracht, dass er einem zustimmungspflichtigen Geschäft[64] zu Unrecht zustimmt oder den Vorstand ungenügend überwacht.[65]

32 Die Haftung des Vorstands und des Aufsichtsrats der abhängigen Gesellschaft entfällt, wenn die schädigende Handlung auf einer nach § 308 Abs. 2 AktG zu befolgenden Weisung beruht (§ 310 Abs. 3 AktG). § 309 Abs. 3–5 AktG gilt entsprechend.

2. Gewinnabführungsvertrag

33 **a) Gesetzliche Regelung, Rechtsnatur.** Ein Gewinnabführungsvertrag liegt vor, wenn sich eine AG oder KGaA verpflichtet, ihren ganzen Gewinn an ein anderes Unternehmen abzuführen (§ 291 Abs. 1 S. 1 Alt. 2 AktG).[66] Auch wenn der Gewinnabführungsvertrag in der Praxis häufig in Kombination mit dem Beherrschungsvertrag in Form des Beherrschungs- und Gewinnabführungsvertrag vorkommt,[67] ist nach ganz herrschender Meinung auch der **isolierte Gewinnabführungsvertrag** zulässig.[68]

34 **b) Vertragsinhalt.** Der **Mindestinhalt** eines Gewinnabführungsvertrages ergibt sich aus § 291 Abs. 1 S. 1 Alt. 2 AktG und § 304 Abs. 1 S. 1, Abs. 3 S. 1 AktG. Der Vertrag muss die Verpflichtung der Gesellschaft, ihren **ganzen Gewinn** an ein anderes Unternehmen abzuführen, sowie – bei Vorhandensein von **außenstehenden Aktionären** im Zeitpunkt der Beschlussfassung der Hauptversammlung der abhängigen Gesellschaft über den Vertrag – einen angemessenen **Ausgleich** vorsehen.[69] Ergänzende vertragliche Vereinbarungen, zB betreffend die Berechnung des abzuführenden Gewinns, die Bildung von Rücklagen, Investitionen oder die Pflicht den Betrieb mit Gewinnerzielungsabsicht weiterzuführen, sind im Rahmen der gesetzlichen, insbesondere aktienrechtlichen, Grenzen möglich und zu empfehlen.[70]

35 Der gem. § 291 Abs. 1 S. 1 Alt. 2 AktG abzuführende Gewinn ist der **Bilanzgewinn,** wie er sich ergäbe, wenn kein Gewinnabführungsvertrag bestünde.[71] Der Bilanzgewinn ist im Rahmen einer Vorbilanz nach handelsbilanzrechtlichen Vorschriften zu ermitteln und entspricht dem Jahresüberschuss iSd §§ 275 Abs. 2 Nr. 20, Abs. 3 Nr. 19 HGB.[72] Gem. § 301 S. 1 AktG darf hiervon, gleichgültig welche Vereinbarung über die Berechnung des abzuführenden Gewinns getroffen worden ist, als **Gewinn** höchstens der ohne die Gewinnabführung entstehende Jahresüberschuss **vermindert** um einen **Verlustvortrag aus dem Vorjahr** und den nach § 300 Nr. 1 AktG in die **gesetzliche Rücklage** einzustellenden Betrag

---

[62] *Emmerich/Habersack* § 310 Rn. 8 f.; *Spindler/Stilz/Veil* AktG § 310 Rn. 3.
[63] *Schmidt/Lutter/Langenbucher* § 310 Rn. 10; KölnKommAktG/*Koppensteiner* § 310 Rn. 8.
[64] Zur Mitteilungspflicht des Vorstands an den Aufsichtsrat bei zustimmungspflichtigen Geschäften s. Hüffer/Koch/*Koch* AktG § 309 Rn. 26 f.
[65] Hüffer/Koch/*Koch* AktG § 310 Rn. 3; KölnKommAktG/*Koppensteiner* § 310 Rn. 5.
[66] Muster eines Gewinnabführungsvertrages → Rn. 184.
[67] Bis zur Neufassung des § 14 KStG durch das StSenkG vom 23.10.2000 war es für die Anerkennung der körperschaftsteuerlichen Organschaft erforderlich, neben der finanziellen Eingliederung auch die wirtschaftliche und die organisatorische Eingliederung herzustellen; dies geschah dadurch, dass ein kombinierter Beherrschungs- und Gewinnabführungsvertrag abgeschlossen wurde.
[68] *Spindler/Stilz/Veil* AktG § 291 Rn. 40 ff.; MüKoAktG/*Altmeppen* § 291 Rn. 142, 148 f.; *Emmerich/Habersack* § 291 Rn. 61; jeweils mwN.
[69] *Schmidt/Lutter/Langenbucher* § 291 Rn. 51 f.; *Emmerich/Habersack* § 291 Rn. 47 ff.; Hüffer/Koch/*Koch* AktG § 291 Rn. 23 ff.
[70] *Emmerich/Habersack* § 291 Rn. 53; *Spindler/Stilz/Veil* AktG § 291 Rn. 37.
[71] Hüffer/Koch/*Koch* AktG § 291 Rn. 26.
[72] Spindler/Stilz/*Veil* AktG § 291 Rn. 35; *Emmerich/Habersack* § 291 Rn. 64.

abgeführt werden.[73] Darüber hinaus dürfen nur während der Dauer des Vertrages in „andere Gewinnrücklagen" eingestellte Beträge entnommen und abgeführt werden (§ 301 S. 2 AktG).

In der endgültigen **Bilanz** ist ein sich aus der Vorbilanz ergebender abzuführender **Gewinn** 36 als **Verbindlichkeit gegenüber verbundenen Unternehmen** (§ 266 Abs. 3 C. Nr. 6. HGB) auszuweisen.[74] Ein sich ergebender **Fehlbetrag** ist als **Anspruch auf Verlustübernahme** (§ 302 AktG) unter der Position **Forderungen gegen verbundene Unternehmen** zu bilanzieren (§ 266 Abs. 2 B. II. Nr. 2 HGB).[75]

c) Abgrenzungsfragen. Ein Vertrag, der nicht auf die Abführung des ganzen Gewinns, 37 sondern nur auf die Abführung eines Teils hiervon gerichtet ist, ist ein **Teilgewinnabführungsvertrag** dessen Zulässigkeit sich nicht nach § 291 Abs. 1 S. 1 Alt. 2 AktG sondern nach § 292 Abs. 1 Nr. 2 AktG beurteilt.

Ein lediglich auf die **Übernahme der Verluste** einer Gesellschaft gerichteter Vertrag unter- 38 fällt schon tatbestandlich keinem der in den §§ 291, 292 AktG geregelten Vertragstypen und ist unabhängig von der Erfüllung der für den Abschluss von Unternehmensverträgen geltenden Voraussetzungen zulässig.[76]

d) Wirkungen des Gewinnabführungsvertrags. Der Gewinnabführungsvertrag suspendiert 39 ebenso wie der Beherrschungsvertrag die vermögensschützenden Vorschriften der §§ 57, 58 und 60 AktG.[77] Jedoch muss der Vorstand den Weisungen des herrschenden Unternehmens grundsätzlich nicht folgen.[78] Soll die Untergesellschaft hingegen nicht nur ihren auf „stand alone" Basis erzielten Gewinn abführen, sondern als weisungsabhängige Gesellschaft geführt und so in das Konzerninteresse eingebunden werden, wird man in der **Praxis** einen Beherrschungs- und Gewinnabführungsvertrag abschließen.[79]

3. Geschäftsführungsvertrag

Vertragsinhalt. Ein **Geschäftsführungsvertrag iSv § 291 Abs. 1 S. 2 AktG steht einem Ge-** 40 **winnabführungsvertrag gleich,** sofern er darauf gerichtet ist, dass eine AG oder KGaA ihr gesamtes Unternehmen unentgeltlich für Rechnung eines anderen Unternehmens führt, so dass ihre Gewinne im Ergebnis direkt beim anderen Unternehmen anfallen.[80] Zivilrechtlich handelt es sich beim Geschäftsführungsvertrag um ein **Auftragsverhältnis,** auf das die §§ 662–664 und 666 ergänzend anzuwenden sind. § 665 BGB gilt beim Geschäftsführungsvertrag nicht, da das dem Auftraggeber nach dieser Vorschrift grundsätzlich zustehende Weisungsrecht im Konzern nur durch einen Beherrschungsvertrag begründet werden kann.[81]

Die **bilanzielle Behandlung** des Geschäftsführungsvertrages ist nicht abschließend ge- 41 klärt.[82] Da § 59 AktG nicht durch § 291 Abs. 3 AktG aufgehoben ist, müssen – wie beim Gewinnabführungsvertrag – nach hM auch hier alle Geschäfte zunächst mit ihren Ergebnissen bei der abhängigen Gesellschaft erfasst werden, so dass erst der am Ende des Geschäftsjahres ermittelte Gewinn „abgeführt" werden kann.[83]

---

[73] MüKoAktG/*Altmeppen* § 291 Rn. 147.
[74] *Emmerich/Habersack* § 291 Rn. 64; MüKoAktG/*Altmeppen* § 291 Rn. 145.
[75] Spindler/Stilz/*Veil* AktG § 291 Rn. 35.
[76] Ganz hM; vgl. Hüffer/Koch/*Koch* AktG § 291 Rn. 28; MüKoAktG/*Altmeppen* § 291 Rn. 163; KölnKommAktG/*Koppensteiner* § 291 Rn. 55.
[77] Schmidt/Lutter/*Langenbucher* § 291 Rn. 59.
[78] So die hM; zum Meinungsstand Schmidt/Lutter/*Langenbucher* § 291 Rn. 60.
[79] Muster eines kombinierten Beherrschungs- und Gewinnabführungsvertrages → Rn. 187; ist die Untergesellschaft eine GmbH, mag ein Gewinnabführungsvertrag ohne Beherrschungsvertrag ausreichen, da die Gesellschafterversammlung der Obergesellschaft der Geschäftsführung der GmbH Weisungen erteilen kann.
[80] Hüffer/Koch/*Koch* AktG § 291 Rn. 30; *Emmerich/Habersack* § 291 Rn. 67.
[81] Spindler/Stilz/*Veil* AktG § 291 Rn. 50; KölnKommAktG/*Koppensteiner* § 291 Rn. 87f.
[82] MüKoAktG/*Altmeppen* § 291 Rn. 178; Hüffer/Koch/*Koch* AktG § 291 Rn. 30.
[83] *Emmerich/Habersack* § 291 Rn. 71; MüKoAktG/*Altmeppen* § 291 Rn. 179f.; aA KölnKommAktG/ *Koppensteiner* § 291 Rn. 60.

4. Sicherung der Gesellschaft und der Gläubiger

42 Die abhängige Gesellschaft wird bei Abschluss eines Beherrschungs- oder (Teil-)Gewinnabführungsvertrages zu ihrem **eigenen Schutz** und zum Schutz ihrer **Gläubiger** gegen die Aushöhlung ihrer bilanzmäßigen Substanz gesichert, um ihr die für ihren Fortbestand als Kapitalgesellschaft erforderliche Substanz und ihren Gläubigern das haftende Kapital zu erhalten. Die Einzelheiten hierzu sind in §§ 300–303 AktG geregelt.[84]

43 a) **Auffüllung der gesetzlichen Rücklage.** § 300 AktG ist eine zwingende Sondervorschrift zu § 150 Abs. 2 AktG und regelt die **Auffüllung der gesetzlichen Rücklage** nach Abschluss eines Beherrschungs- oder (Teil-)Gewinnabführungsvertrages. Notwendig ist diese Sonderregelung, weil § 150 Abs. 2 AktG mit der Verpflichtung zur Rücklagedotierung an den Jahresüberschuss anknüpft, der bei Abschluss eines Beherrschungs- oder (Teil-)Gewinnabführungsvertrages nur in geringerem Umfang oder gar nicht mehr anfällt.[85]

44 *aa) (Teil-)Gewinnabführungsvertrag.* Für den **Gewinnabführungsvertrag** bestimmt § 300 Nr. 1 AktG, dass in die gesetzliche Rücklage innerhalb der ersten fünf Geschäftsjahre, die während seines Bestehens oder nach Durchführung einer Kapitalerhöhung beginnen, anstelle des in § 150 Abs. 2 AktG bestimmten Betrages der Betrag einzustellen ist, der erforderlich ist, um die gesetzliche Rücklage unter Hinzurechnung einer Kapitalrücklage bis auf einen Betrag in Höhe von 10 % des Grundkapitals oder einen in der Satzung bestimmten höheren Betrag gleichmäßig aufzufüllen (sog. „**Regelzuführung**"). Ist der gem. § 300 Nr. 2 AktG in die Rücklage einzustellende und sich aus § 150 Abs. 2 AktG ergebende Betrag in Höhe von 5 % des – um einen Verlustvortrag aus dem Vorjahr geminderten – (fiktiven) Jahresüberschusses der Gesellschaft höher, ist dieser Betrag in die Rücklage einzustellen (§ 300 Nr. 1 aE AktG; sog. „**Mindestzuführung**").

45 Der in die Rücklage einzustellende Betrag ist auf Basis des in einer Vorbilanz zu ermittelnden (fiktiven) Jahresüberschusses zu berechnen. Wird kein Jahresüberschuss erwirtschaftet oder reicht dieser nicht aus, um die Rücklage entsprechend § 300 Nr. 1 AktG zu dotieren, besteht keine Pflicht zu einer entsprechenden Zuführung in die Rücklage.[86] In einem solchen Fall sind jedoch die in den Folgejahren in die Rücklage einzustellenden Beträge entsprechend zu erhöhen, bis die gesetzliche oder die höhere satzungsmäßige Rücklage aufgefüllt ist.[87]

46 Für **unentgeltliche Geschäftsführungsverträge**, die gem. § 291 Abs. 1 S. 2 AktG als Gewinnabführungsverträge gelten, gelten die vorstehenden Ausführungen entsprechend.[88]

47 Bei Bestehen eines **isolierten Teilgewinnabführungsvertrages** ist gem. § 300 Nr. 2 AktG der Betrag in die Rücklage einzustellen, der gem. § 150 Abs. 2 AktG aus dem sich ohne Gewinnabführung ergebenden Jahresüberschusses gemindert um einen Verlustvortrag aus dem Vorjahr einzustellen wäre.

48 *bb) Isolierter Beherrschungsvertrag.* Die Dotierung der gesetzlichen Rücklage im Fall des Bestehens eines isolierten Beherrschungsvertrages ist in § 300 Nr. 3 AktG geregelt, der wieder auf die Nr. 1 der Vorschrift zurückverweist. Für die Dotierung der gesetzlichen Rücklage gelten dementsprechend grundsätzlich die gleichen Regeln, die auch für den Gewinnabführungsvertrag gem. § 300 Nr. 1 AktG gelten.

49 Mit der in der Literatur wohl hM[89] hat die Zuführung zur Rücklage nur bei Bestehen eines **Jahresüberschusses** zu erfolgen,[90] auch wenn der Gesetzgeber in § 300 Nr. 3 AktG – an-

---

[84] ADS § 300 Rn. 4; KölnKommAktG/*Koppensteiner* Vorb. § 300 Rn. 1; *Emmerich/Habersack* § 300 Rn. 1 f.
[85] *Emmerich/Habersack* § 300 Rn. 6; Spindler/Stilz/*Euler/Wirth* AktG § 300 Rn. 2.
[86] ADS § 300 Rn. 16; MüKoAktG/*Altmeppen* § 300 Rn. 3, 8 ff.
[87] *Emmerich/Habersack* § 300 Rn. 12; MüKoAktG/*Altmeppen* § 300 Rn. 3, 8 ff.; Hüffer/Koch/*Koch* AktG § 300 Rn. 6.
[88] *Emmerich/Habersack* § 300 Rn. 17; MüKoAktG/*Altmeppen* § 300 Rn. 39.
[89] Vgl. Schmidt/Lutter/*Stephan* § 300 Rn. 29; *Emmerich/Habersack* § 300 Rn. 20; KölnKommAktG/*Koppensteiner* § 300 Rn. 20.
[90] MüKoAktG/*Altmeppen* § 300 Rn. 31; Hüffer/Koch/*Koch* AktG § 300 Rn. 13.

ders als in Nr. 1 und 2 dieser Vorschrift – einen (fiktiven) Jahresüberschuss gerade nicht voraussetzt.[91] Er dürfte zudem praktisch nicht zu ermitteln sein.[92] Dadurch wird vermieden, dass ein infolge der Zuführung zur Rücklage entstehender **Jahresfehlbetrag** von dem herrschenden Unternehmen im Rahmen des Verlustausgleichs gem. § 302 zu übernehmen ist.[93]

Besteht neben dem Beherrschungsvertrag ein Gewinnabführungsvertrag, richtet sich die Auffüllung der Rücklage nicht nach § 300 Nr. 3 AktG, sondern nach § 300 Nr. 1 AktG.[94] Für den Fall des Bestehens eines kombinierten Teilgewinnabführungs- und Beherrschungsvertrages verweist § 300 Nr. 3 AktG auf die Nr. 2.

b) Verlustausgleichspflicht. Gem. § 302 Abs. 1 AktG hat das herrschende Unternehmen bei Bestehen eines Beherrschungs- oder Gewinnabführungsvertrages jeden während der Vertragsdauer „sonst" bei der abhängigen Gesellschaft entstehenden **Jahresfehlbetrag** auszugleichen, soweit dieser nicht dadurch ausgeglichen werden kann, dass den anderen Gewinnrücklagen Beträge entnommen werden, die während der Vertragsdauer in sie eingestellt worden sind.

aa) Anwendungsbereich. Der unmittelbare Anwendungsbereich des § 302 Abs. 1 AktG beschränkt sich auf **Beherrschungs- und Gewinnabführungsverträge** mit einer abhängigen deutschen AG oder KGaA. Nach hM gilt § 302 Abs. 1 AktG jedoch nicht für **Geschäftsführungsverträge**, da die abhängige Gesellschaft ihr Unternehmen in diesem Fall für Rechnung des herrschenden Unternehmens führt, so dass dieses die Gewinne und Verluste der abhängigen Gesellschaft ohnehin direkt treffen.[95]

bb) Sonst entstehender Jahresfehlbetrag. Mit dem auszugleichenden „sonst entstehenden **Jahresfehlbetrag**" ist der **(fiktive) Jahresfehlbetrag** gemeint, der in der Gewinn- und Verlustrechnung gem. § 275 Abs. 2 Nr. 20 oder Abs. 3 Nr. 19 HGB auszuweisen wäre, wenn nicht auch die Erträge aus der Verlustübernahme nach § 277 Abs. 3 S. 2 HGB in der Gewinn- und Verlustrechnung (gesondert und unter entsprechender Bezeichnung) ausgewiesen werden müssten.[96] Der Betrag ist in einer Vorbilanz zu ermitteln und bildet damit das Gegenstück zu dem fiktiven Jahresüberschuss, auf den das Gesetz in §§ 300 Nr. 1, 301 S. 1 AktG abstellt.[97]

Von der herrschenden Gesellschaft ist der **gesamte Verlust**, der „während der Vertragsdauer" entsteht, zu übernehmen. Die Verlustübernahmeverpflichtung beginnt mit dem Wirksamwerden des Vertrages.

Auszugleichen ist jeweils der am Ende eines Geschäftsjahres entstandene Jahresfehlbetrag ohne Rücksicht darauf, ob der Vertrag mit dem Geschäftsjahr oder während dessen Lauf begonnen hat.[98] Will man diese Folge vermeiden, muss ein **Rumpfgeschäftsjahr** gebildet werden.[99] Ist einem Gewinnabführungsvertrag (in nach hM) zulässiger Weise)[100] rückwirkende Kraft über den Beginn des laufenden Geschäftsjahres hinaus beigelegt, kann sich die Ausgleichspflicht des herrschenden Unternehmens entsprechend erweitern.[101] **Steuerlich** ist eine Rückwirkung nur auf den Beginn des Eintragungsjahres zulässig.

---

[91] *Emmerich/Habersack* § 300 Rn. 20.
[92] *Hüffer/Koch/Koch* AktG § 300 Rn. 13; ADS § 300 Rn. 53.
[93] AA MüKoAktG/*Altmeppen* § 300 Rn. 29 ff.
[94] *Hüffer/Koch/Koch* AktG § 300 Rn. 15; ADS § 300 Rn. 48.
[95] MüKoAktG/*Altmeppen* § 302 Rn. 15; *Hüffer/Koch/Koch* AktG § 302 Rn. 8; aA *Emmerich/Habersack* § 302 Rn. 20.
[96] *Hüffer/Koch/Koch* AktG § 302 Rn. 09; MHdB GesR IV/*Krieger* § 71 Rn. 65.
[97] *Emmerich/Habersack* § 302 Rn. 27.
[98] *Hüffer/Koch/Koch* AktG § 302 Rn. 12; KölnKommAktG/*Koppensteiner* § 302 Rn. 15; *Emmerich/Habersack* § 302 Rn. 37.
[99] MüKoAktG/*Altmeppen* § 302 Rn. 22; *Emmerich/Habersack* § 302 Rn. 37; *Hüffer/Koch/Koch* AktG § 302 Rn. 10; zweifelnd KölnKommAktG/*Koppensteiner* § 302 Rn. 15.
[100] Dies soll jedenfalls für die Geschäftsjahre zulässig sein, für die der Jahresabschluss noch nicht festgestellt wurde, KölnKommAktG/*Koppensteiner* § 294 Rn. 32; Schmidt/Lutter/*Langenbucher* § 291 Rn. 54; Spindler/Stilz/*Veil* AktG § 294 Rn. 26; darüber hinaus auch dann, wenn zwar der Jahresabschluss bereits festgestellt, der Gewinnverwendungsbeschluss aber noch nicht gefasst wurde, *Hüffer/Koch/Koch* AktG § 294 Rn. 20, mwN.
[101] MüKoAktG/*Altmeppen* § 294 Rn. 57; *Hüffer/Koch/Koch* AktG § 294 Rn. 20.

56 Endet ein Beherrschungs- oder Gewinnabführungsvertrag im Laufe eines Jahres ist eine Zwischenbilanz aufzustellen, um einen eventuell bestehenden Verlustausgleichsanspruch oder im Fall der Beendigung eines Gewinnabführungsvertrages auch einen sich etwa ergebenden Gewinn zeitanteilig zu berechnen.[102]

57 *cc) Anderweitiger Ausgleich des Jahresfehlbetrages.* Der Verlust ist grundsätzlich in **Geld** auszugleichen.[103] Der BGH lässt auch einen Ausgleich durch **Aufrechnung** zu, wenn die zur Aufrechnung gestellte Forderung werthaltig ist.[104] In diesem Zusammenhang stellt sich die Frage, welche Auswirkungen die Einbindung der Untergesellschaft in einen konzernweiten **Cash Pool** auf den Verlustausgleichanspruch hat. Hat die Obergesellschaft – ohne Berücksichtigung der Verlustausgleichsverpflichtung – aus dem Cash Pool eine Forderung gegen die Untergesellschaft (**negativer Saldo**), entsteht durch die Einstellung der Verlustausgleichsforderung in den Cash Pool eine Verrechnung der beiden Forderungen. Unter Berücksichtigung der BGH-Rechtsprechung kann diese Verrechnung allerdings nur insoweit erfolgen, wie die Forderung werthaltig ist.[105] Ob die Werthaltigkeit schon allein deswegen angenommen werden kann, weil die Obergesellschaft in der Lage ist, den Verlustausgleich zu bedienen, ist strittig.[106] Entsteht durch die Einstellung des Verlustausgleichsanspruchs in den Cash Pool ein **positiver Saldo**, wird aus dem Verlustausgleichsanspruch durch Novation ein neuer Anspruch aus dem Cash Pool.[107]

58 Der Jahresfehlbetrag kann auch dadurch ausgeglichen werden, dass den **anderen Gewinnrücklagen** Beträge entnommen werden, die während der Vertragsdauer in sie eingestellt worden sind. Mit „anderen Gewinnrücklagen" sind Rücklagen iSd § 158 Abs. 1 S. 1 Nr. 3 lit. d AktG gemeint. Nach Inkrafttreten des Vertrages gebildete Gewinnvorträge stehen Gewinnrücklagen gleich.[108] Vor dem Inkrafttreten des Vertrages gebildete Gewinnrücklagen und Gewinnvorträge dürfen nicht zum Ausgleich eines Jahresfehlbetrages verwendet werden.[109] Gleiches gilt für die gesetzliche Rücklage sowie satzungsmäßige Rücklagen unabhängig vom Zeitpunkt ihrer Bildung.[110] § 302 Abs. 1 AktG geht § 150 Abs. 3 Nr. 1 und Nr. 1 AktG insoweit vor.[111] § 302 Abs. 1 AktG erfasst auch zweckgebundene Rücklagen, die ebenfalls den „anderen Gewinnrücklagen" unterfallen.[112] Sie dürfen nur aufgelöst werden, um die in sie eingestellten Beträge ihrem Zweck zuzuführen.[113]

59 Ein Jahresfehlbetrag kann ferner nicht durch eine vereinfachte **Kapitalherabsetzung** mit Rückwirkung der Herabsetzung nach den §§ 229, 234 AktG ausgeglichen werden.[114]

60 *dd) Fälligkeit und Entstehung.* Der Anspruch auf Verlustausgleich **entsteht am Bilanzstichtag** und wird **zum gleichen Zeitpunkt fällig** (§ 271 BGB).[115] Für die Höhe des Anspruchs kommt es allein auf den zum Bilanzstichtag zutreffend ausgewiesenen Fehlbetrag an.[116]

---

[102] BGHZ 103, 1 (9 ff.) = NJW 1988, 1326 (1328) – Familienheim; BGHZ 105, 168 (182) = NJW 1988, 3143 (3146) – HSW; BGH NJW 2002, 822; Hüffer/Koch/*Koch* AktG § 302 Rn. 13; *Emmerich/Habersack* § 302 Rn. 38.
[103] Hüffer/Koch/*Koch* AktG § 302 Rn. 13.
[104] BGHZ 168, 285 = gegen Vorinstanz OLG Jena AG 2005, 405 (406); ihm folgend Spindler/Stilz/*Veil* AktG § 302 Rn. 28; Hüffer/Koch/*Koch* AktG § 302 Rn. 15 mwN; ebenso, jedoch kritisch zum Kriterium der Vollwertigkeit Schmidt/Lutter/*Stephan* § 302 Rn. 46.
[105] BGHZ 168, 285 = BGH AG 2006, 629, die Beweislast hierfür liegt bei der Obergesellschaft.
[106] Dafür Schmidt/Lutter/*Stephan* § 302 Rn. 54, aA Hentzen AG 2006, 133 (138), Problem ist, ob **abhängige** Gesellschaften noch in vollem Umfang kreditwürdig sind.
[107] Schmidt/Lutter/*Stephan* § 302 Rn. 55.
[108] MüKoAktG/*Altmeppen* § 302 Rn. 47; Spindler/Stilz/*Veil* AktG § 302 Rn. 29.
[109] Hüffer/Koch/*Koch* AktG § 302 Rn. 12; *Emmerich/Habersack* § 302 Rn. 32 ff.
[110] KölnKommAktG/*Koppensteiner* § 302 Rn. 12; *Emmerich/Habersack* § 302 Rn. 35.
[111] MüKoAktG/*Altmeppen* § 302 Rn. 46; *Emmerich/Habersack* § 302 Rn. 35 ff.
[112] KölnKommAktG/*Koppensteiner* § 302 Rn. 12.
[113] MüKoAktG/*Altmeppen* § 302 Rn. 46.
[114] MHdB GesR IV/*Krieger* § 71 Rn. 71; *Emmerich/Habersack* § 302 Rn. 36.
[115] BGHZ 142, 382 (385 f.) = NJW 2000, 210 (211), bestätigt durch BGH DStR 2005, 750 = NZG 2005, 481; BGH ZIP 2006, 1488 (1490); Hüffer/Koch/*Koch* AktG § 302 Rn. 15 = aA MHdB GesR IV/*Krieger* § 71 Rn. 75.
[116] BGHZ 142, 382 (385 f.) = NJW 2000, 210 (211); Hüffer/Koch/*Koch* AktG § 302 Rn. 13; differenzierend Krieger NZG 2005, 787: maßgeblich sei der festgestellte Jahresabschluss; ähnlich *Spindler* NZG 2005, 584: die gesetzeskonforme Ausübung von Bewertungswahlrechten müsse vorbehalten bleiben.

Die verbindliche Feststellung des Jahresfehlbetrages in der Bilanz ist keine Fälligkeitsvoraussetzung, da das herrschende Unternehmen sonst die Schutzvorschrift des § 302 AktG ohne weiteres dadurch unterlaufen könnte, dass es eine für sich günstige Bilanz feststellt und diese entweder nicht nach §§ 257, 243 AktG angefochten oder trotz Nichtigkeit gem. § 256 Abs. 6 AktG verbindlich wird. § 302 AktG geht insofern § 256 AktG vor.[117] Wird die Aufstellung und Feststellung der Bilanz verzögert, ist der Fehlbetrag anhand der Ansätze einer Zwischenbilanz zu ermitteln.[118] Ergibt sich der Jahresfehlbetrag erst später, muss dieser ebenso wie ein zusätzlicher Verlust ausgeglichen werden; ein schon überwiesener Gewinn ist der abhängigen Gesellschaft ggf. zu erstatten.[119] Der Verlustausgleichsanspruch ist ab Fälligkeit gem. §§ 353 S. 1, 352 Abs. 1 HGB zu **verzinsen;**[120] Verzugszinsen gem. § 288 BGB können anfallen, wenn der Jahresabschluss nicht binnen angemessener Frist aufgestellt wird. Der Anspruch verjährt gem. § 302 Abs. 4 AktG in 10 Jahren.[121]

Streitig ist in diesem Zusammenhang, ob die abhängige Gesellschaft bereits während 61 des Laufes des Geschäftsjahres **Abschlagszahlungen** auf den erst mit Ende des Geschäftsjahres fällig werdenden **Verlustausgleich** verlangen kann, wenn ihre Zahlungsunfähigkeit oder Kreditwürdigkeit ernsthaft bedroht ist. Der Zweck der Verlustausgleichspflicht, das Überleben der Gesellschaft während der Vertragsdauer zu gewährleisten, und das Interesse des umfassenden Schutzes der abhängigen Gesellschaft und ihrer Gläubiger könnte dafür sprechen.[122] Jedoch ist den Regelungen zum Verlustausgleich **keine gesetzliche Grundlage** für eine Verpflichtung zur Vornahme von Abschlagszahlungen zu entnehmen.[123]

ee) Gläubiger und Schuldner des Anspruchs. Gläubiger des Anspruchs ist die abhängige 62 Gesellschaft. Schuldner ist das herrschende Unternehmen. Mehrere herrschende Unternehmen haften nach zutreffender hM gesamtschuldnerisch für den Verlustausgleich.[124] Bei mehrstufigen Unternehmensverbindungen trifft die Ausgleichspflicht nur den unmittelbaren Vertragspartner.[125]

ff) Übertragbarkeit. Der Verlustausgleichsanspruch ist unter der Voraussetzung, dass die 63 Gesellschaft eine vollwertige Gegenleistung erhält, grundsätzlich **abtretbar.** Fehlt es an einer vollwertigen Gegenleistung, ist die Abtretung nichtig (§ 134 BGB), weil ansonsten der Zweck des § 302 AktG gefährdet würde.[126] Das Gleiche gilt für eine Sicherungszession, eine Verpfändung oder für eine Leistung an Erfüllungs Statt.[127]

gg) Geltendmachung des Anspruchs. Der Verlustausgleichsanspruch ist vom **Vorstand** der 64 abhängigen Gesellschaft spätestens nach Ende des Geschäftsjahres unverzüglich geltend zu

---

[117] BGHZ 142, 382 (385 f.) = NJW 2000, 210 (211); MüKoAktG/*Altmeppen* § 302 Rn. 70.
[118] BGHZ 142, 382 (386) = NJW 2000, 210 (211).
[119] BGH AG 1989, 358; *Emmerich/Habersack* § 302 Rn. 40a.
[120] Zu den steuerlichen Folgen einer unterlassenen Verzinsung *Wernicke/Scheunemann* DStR 2006, 1399; *Philippi/Fickert* BB 2006, 1809; *Prokopf* DB 2007, 900; *Thoß* DB 2007, 206; die Finanzverwaltung hat mit BMF-Schreiben 15.10.2007, DStR 2007, 1909 bestätigt, dass die unterlassene oder unzutreffende Verzinsung eines Verlustausgleichsanspruchs der tatsächlichen Durchführung des Gewinnabführungsvertrags nicht entgegenstehe, jedoch eine verdeckte Gewinnausschüttung iSv § 8 Abs. 3 KStG hinsichtlich der entgangenen Zinsen darstelle.
[121] Zu den Verjährungsregelungen für Ansprüche, die vor dem 15.12.2004 entstanden sind, s. Schmidt/Lutter/*Stephan* § 302 Rn. 77.
[122] *Emmerich/Habersack* § 302 Rn. 41; MüKoAktG/*Altmeppen* § 302 Rn. 36, 73; *ders.* DB 1999, 2453 (2456); zurückhaltend BGHZ 105, 168 (183 f.) = NJW 1988, 3143 (3147) – HSW.
[123] Schmidt/Lutter/*Stephan* § 302 Rn. 49 mwN; aA MHdB GesR IV/*Krieger* § 71 Rn. 75; KölnKommAktG/*Koppensteiner* § 302 Rn. 8.
[124] *Emmerich/Habersack* § 302 Rn. 19; MHdB GesR IV/*Krieger* § 71 Rn. 73; aA *K. Schmidt* § 31 III. 2. d); *ders.* DB 1984, 1181 (1183 f.).
[125] MüKoAktG/*Altmeppen* § 302 Rn. 82; Hüffer/Koch/*Koch* AktG § 302 Rn. 19; aA *Pentz*, Die Rechtsstellung der Enkel-AG (1994), 49 ff. (51 f.).
[126] Hüffer/Koch/*Koch* AktG § 302 Rn. 15; KölnKommAktG/*Koppensteiner* § 302 Rn. 39; aA Schmidt/Lutter/*Stephan* § 302 Rn. 56: keine Grundlage für ein solches gesetzliches Verbot erkennbar.
[127] MüKoAktG/*Altmeppen* § 302 Rn. 106.

machen; entgegenstehende Weisungen des **herrschenden Unternehmens** sind unbeachtlich (§ 308 AktG; § 134 BGB).[128] In der Insolvenz der Gesellschaft gehört der Anspruch zur Masse (§ 35 InsO) und ist vom **Insolvenzverwalter** zu verfolgen.

65 Für die **Aktionäre** ist im Gesetz kein eigenes Recht zur Geltendmachung des Verlustausgleichsanspruchs vorgesehen. Wird der Anspruch von den Organen der abhängigen Gesellschaft pflichtwidrig nicht geltend gemacht, vertritt ein Teil der Literatur jedoch die Auffassung, dass die Aktionäre analog §§ 309 Abs. 4 S. 1, 2, 317 Abs. 4 AktG zur Geltendmachung des Anspruchs befugt sind.[129]

66 Ein unmittelbares Recht der **Gläubiger** der abhängigen Gesellschaft, den Verlustausgleichsanspruch gegen das herrschende Unternehmen geltend zu machen, besteht nicht.[130] Die Gläubiger können den Verlustausgleichsanspruch der abhängigen Gesellschaft daher nur pfänden und an sich überweisen lassen (§§ 829, 835 ZPO).[131]

67 *hh) Verzicht, Vergleich.* Ein Verzicht oder ein Vergleich über den Verlustausgleichsanspruch ist gem. § 302 Abs. 3 S. 1 AktG grundsätzlich erst **drei Jahre** nach dem Tag möglich, an dem die Eintragung der Beendigung des Vertrages in das Handelsregister nach § 10 HGB als bekannt gemacht gilt. Eine Ausnahme von diesem Grundsatz gilt, wenn der Ausgleichspflichtige zahlungsunfähig ist und sich zur Abwendung des Insolvenzverfahrens mit seinen Gläubigern vergleicht oder wenn die Ersatzpflicht in einem Insolvenzplan geregelt wird (§ 302 Abs. 3 S. 2 AktG).

68 Hat die Gesellschaft außenstehende Aktionäre, wird der Verzicht oder Vergleich nur dann wirksam, wenn diese durch einen Sonderbeschluss zustimmen und nicht eine Minderheit, deren Anteile zusammen 10 % des bei der Beschlussfassung vertretenen Grundkapitals erreichen, gegen den Sonderbeschluss Widerspruch zur Niederschrift erhebt (§ 302 Abs. 3 S. 3 AktG).

69 c) *Sicherheitsleistung.* Endet ein Beherrschungs- oder Gewinnabführungsvertrag, hat das herrschende Unternehmen den Gläubigern der Gesellschaft, deren Forderungen vor Bekanntmachung der Eintragung der Vertragsbeendigung in das Handelsregister begründet worden sind, **Sicherheit** (§§ 232 ff. BGB) zu leisten, sofern sich diese innerhalb von **sechs Monaten** nach Bekanntmachung der Eintragung zu diesem Zweck bei ihm melden (§ 303 Abs. 1 S. 1 AktG). Statt Sicherheit zu leisten kann sich das herrschende Unternehmen auch verbürgen. Die Regelung des § 349 HGB über den Ausschluss der Einrede der Vorausklage findet in diesem Fall keine Anwendung (§ 303 Abs. 3 S. 2 AktG).

70 Gem. § 303 Abs. 2 AktG steht Gläubigern, die im Fall der Insolvenz ein Recht auf vorzugsweise Befriedigung aus einer Deckungsmasse haben, die nach gesetzlicher Vorschrift zu ihrem Schutz errichtet und staatlich überwacht ist, nicht das Recht zu, Sicherheit zu verlangen (zB Pfandbriefgläubiger, Versicherte, Inhaber betrieblicher Ruhegeldansprüche oder unverfallbarer Versorgungsanwartschaften).[132]

5. Sicherung der außenstehenden Aktionäre, angemessener Ausgleich

71 Gem. § 304 Abs. 1 AktG muss ein **Gewinnabführungsvertrag** einen angemessenen Ausgleich für die außenstehenden Aktionäre durch eine auf die Anteile am Grundkapital bezogene wiederkehrende Geldleistung (Ausgleichszahlung) vorsehen. Beim **isolierten Beherrschungsvertrag** muss die Obergesellschaft den außenstehenden Aktionären als angemessenen Ausgleich einen bestimmten jährlichen Gewinnanteil nach der für die Ausgleichszahlung be-

---

[128] *Emmerich/Habersack* § 302 Rn. 43; MHdB GesR IV/*Krieger* § 71 Rn. 77, vgl. auch LG Bochum AG 1987, 324 (325).
[129] KölnKommAktG/*Koppensteiner* § 302 Rn. 12; *Emmerich/Habersack* § 302 Rn. 44; aA Hüffer/Koch/*Koch* AktG § 302 Rn. 18; MüKoAktG/*Altmeppen* § 302 Rn. 77 f.; MHdB GesR IV/*Krieger* § 71 Rn. 74.
[130] *Spindler/Stilz/Veil* AktG § 302 Rn. 26.
[131] MüKoAktG/*Altmeppen* § 302 Rn. 78; Hüffer/Koch/*Koch* AktG § 302 Rn. 18.
[132] Vgl. BGHZ 90, 161 (165 f.) = NJW 1984, 1681; BAGE 83, 356 (364) = NZA 1997, 436; *Emmerich/Habersack* § 303 Rn. 26.

stimmten Höhe garantieren; diese **Dividendengarantie** ist auf die Zahlung der Differenz zwischen der an die Aktionäre auszuschüttenden Dividende und dem garantierten Betrag gerichtet.[133]

Von der Bestimmung eines angemessenen Ausgleichs kann nur abgesehen werden, wenn die Gesellschaft im Zeitpunkt der Beschlussfassung ihrer Hauptversammlung (§ 293 Abs. 1 AktG) über den Vertrag keinen außenstehenden Aktionär hat (§ 304 Abs. 1 S. 3 AktG).

a) **Gläubiger und Schuldner des Ausgleichsanspruchs. Gläubiger** sind gem. (§ 304 Abs. 1 AktG) die **außenstehenden Aktionäre.** Dies sind nach hM alle Aktionäre mit Ausnahme des herrschenden Unternehmens und derjenigen Aktionäre, die auf Grund rechtlich fundierter wirtschaftlicher Verknüpfung mit dem herrschenden Unternehmen von der Gewinnabführung unmittelbar oder mittelbar wie dieses profitieren.[134] Im Einzelfall ist die Definition der außenstehenden Aktionäre schwierig und umstritten.[135]

Wer **Schuldner** des Ausgleichsanspruchs ist, ist im Gesetz nicht eindeutig geregelt. Nach zutreffender hM erfordert der Sicherungszweck des § 304 AktG jedoch, dass sich Ausgleichsansprüche letztlich gegen die **herrschende Gesellschaft** richten, bei der die Gewinne anfallen.[136] Es ist allerdings nicht ausgeschlossen, dass die abhängige Gesellschaft als Zahlstelle für den herrschenden Vertragsteil fungiert.[137]

b) **Angemessener Ausgleich beim Gewinnabführungsvertrag.** Gem. § 304 Abs. 1 S. 1 AktG haben die außenstehenden Aktionäre bei Bestehen eines Gewinnabführungsvertrages einen Anspruch auf angemessenen Ausgleich durch eine auf ihre Anteile am Grundkapital (§ 8 Abs. 4 AktG) bezogene wiederkehrende Geldleistung. Der Ausgleich ist grundsätzlich als **fester Ausgleich** zu gewähren. Ist der andere Vertragsteil eine AG oder KGaA, kommt alternativ die Gewährung eines **variablen Ausgleichs** in Betracht.

aa) Berechnung des festen Ausgleichsanspruchs. Für die Berechnung des festen Ausgleichs sind nach § 304 Abs. 2 S. 1 AktG in erster Linie die **bisherige Ertragslage** sowie die **zukünftigen Ertragsaussichten** unter Berücksichtigung angemessener Abschreibungen und Wertberichtigungen, jedoch ohne Bildung anderer Gewinnrücklagen maßgebend. Die Aktionäre sollen im Ergebnis so gestellt werden, als wäre der Vertrag nicht geschlossen worden.[138]

Zur Berechnung des Anspruchs ist eine **Prognose** der künftigen Ertragsaussichten auf der Basis von Vergangenheitswerten erforderlich.[139] Maßgebender **Stichtag** für die Ertragsprognose ist der **Tag der Hauptversammlung** der abhängigen Gesellschaft, in der diese über die Zustimmung zu dem Unternehmensvertrag beschließt.[140] Spätere Entwicklung dürfen nur berücksichtigt werden soweit sie in den am Stichtag bestehenden Verhältnissen bereits angelegt waren (sog. „Wurzeltheorie").[141] Die durch den Unternehmensvertrag erwarteten Verbundeffekte (**Synergien**) sind hingegen nicht in die Prognose einzubeziehen.[142] **Prognosezeitraum** ist die vorgesehene Vertragsdauer.[143]

---

[133] Schmidt/Lutter/*Stephan* § 304 Rn. 51.
[134] OLG Nürnberg AG 1996, 228 f.; RegBegr. *Kropff* S. 394.
[135] Überblick: MüKoAktG/*Paulsen* § 304 Rn. 26 ff. mwN; Emmerich/Habersack § 304 Rn. 16 ff. mwN; Hüffer/Koch/*Koch* AktG § 304 Rn. 2 f.; KölnKommAktG/*Koppensteiner* § 304 Rn. 12 ff., § 295 Rn. 17 ff.; sehr weite Definition des außenstehenden Aktionärs *Pentz* S. 101.
[136] LG Mannheim AG 1995, 89 (90); MüKoAktG/*Paulsen* § 304 Rn. 31 f.; KölnKommAktG/*Koppensteiner* § 304 Rn. 15; MHdB GesR IV/*Krieger* § 71 Rn. 73; Emmerich/Habersack § 304 Rn. 23 f.; Schmidt/Lutter/ *Stephan* § 304 Rn. 26, 54.
[137] Hüffer/Koch/*Koch* AktG § 304 Rn. 4; KölnKommAktG/*Koppensteiner* § 304 Rn. 17.
[138] RegBegr. *Kropff* S. 394 f.; *Spindler/Stilz/Veil* AktG § 304 Rn. 43.
[139] Hüffer/Koch/*Koch* AktG § 304 Rn. 8; instruktiv Emmerich/Habersack § 304 Rn. 30 ff.
[140] BGHZ 156, 57 (63); OLG Düsseldorf AG 1998, 236 (237); KölnKommAktG/*Koppensteiner* § 304 Rn. 30; MHdB GesR IV/*Krieger* § 71 Rn. 92; Schmidt/Lutter/*Stephan* § 304 Rn. 78; weitere Nachweise bei Hüffer/Koch/*Koch* AktG § 304 Rn. 10.
[141] BGHZ 138, 136 (140); MHdB GesR IV/*Krieger* § 71 Rn. 92; Emmerich/Habersack § 304 Rn. 41; OLG Karlsruhe AG 1998, 288 (289).
[142] Schmidt/Lutter/*Stephan* § 304 Rn. 78.
[143] Hüffer/Koch/*Koch* AktG § 304 Rn. 10; KölnKommAktG/*Koppensteiner* § 304 Rn. 30.

78 Fehlt es an einer positiven Zukunftsprognose entfällt der Anspruch auf einen festen Ausgleich, da dem Gesetz keine Garantie einer Mindestdividende zu entnehmen ist.[144] Denn wo keine Dividende erwirtschaftet werden kann, besteht kein Bedarf für die Sicherung der Aktionäre gegen Dividendenausfall, auch nicht im Wege einer „angemessenen Verzinsung".[145]

79 *bb) Berechnung des variablen Ausgleichsanspruchs.* Sofern der andere Vertragsteil die Rechtsform einer AG oder KGaA hat – die ihren Sitz nach hM auch im Ausland haben kann –,[146] kann der Vertrag gem. § 304 Abs. 2 S. 2 AktG auch einen variablen, dh an der jeweiligen Dividende des anderen Vertragsteils (Obergesellschaft) orientierten Ausgleich vorsehen. Der andere Vertragsteil darf in diesem Fall allerdings nur eine einzige Obergesellschaft sein, da bei Verträgen mit mehreren Müttern die maßgebliche Verschmelzungswertrelation auf Grund nahezu unüberwindlicher Berechnungs- und Umrechnungsprobleme praktisch nicht zu ermitteln sein dürfte.[147]

80 Der **variable Ausgleich** richtet sich gem. § 304 Abs. 2 S. 2 AktG nach dem Betrag, der unter Herstellung eines **angemessenen Umtauschverhältnisses** auf die Aktien der anderen Gesellschaft jeweils als Gewinnanteil entfällt. Die Angemessenheit des Umtauschverhältnisses bestimmt sich nach dem Verhältnis, in dem bei einer Verschmelzung auf eine Aktie der abhängigen Gesellschaft Aktien der anderen Gesellschaft zu gewähren wären (**Verschmelzungswertrelation**). Zur Ermittlung der Verschmelzungswertrelation ist die Bewertung beider Unternehmen erforderlich.[148] Für die anschließende Ableitung des auf die Aktien der Obergesellschaft entfallenden Gewinnanteils ist nach hM deren tatsächlich ausgeschüttete Dividende maßgeblich.[149] In Fällen einer **missbräuchlichen Dividendenpolitik** ist der Ausgleich nach dem Rechtsgedanken des § 162 Abs. 1 BGB anzupassen.[150]

81 **c) Angemessener Ausgleich beim isolierten Beherrschungsvertrag.** Abweichungen von den oben dargestellten Regeln gelten gem. § 304 Abs. 1 S. 2 bei Abschluss eines **isolierten Beherrschungsvertrages**. Ein solcher muss den außenstehenden Aktionären lediglich einen bestimmten jährlichen Gewinnanteil nach der für eine feste oder variable Ausgleichszahlung bestimmten Höhe garantieren (**Dividendengarantie**), da die Gesellschaft in diesem Fall anders als bei Bestehen eines Gewinnabführungsvertrages noch einen Bilanzgewinn erwirtschaften und eine Dividende ausschütten kann.[151] Nur wenn es zur Ausschüttung einer niedrigeren Dividende als der garantierten kommt, ist die Differenz vom anderen Vertragsteil auszugleichen. Die Garantiedividende ist wie die feste Ausgleichszahlung bei Abschluss eines Gewinnabführungsvertrages zu ermitteln.[152] Auch beim isolierten Beherrschungsvertrag kann alternativ ein **variabler Ausgleich** vereinbart werden, wenn der andere Vertragsteil eine AG oder KGaA ist.[153]

82 **d) Fälligkeit, Übertragbarkeit, Pfändbarkeit des Anspruchs.** Der Anspruch auf den festen Ausgleich (§ 304 Abs. 1 S. 1, Abs. 2 S. 1 AktG) wird nach hM mit der Feststellung des Jah-

---

[144] OLG Düsseldorf AG 1999, 89 (90); *Emmerich/Habersack* § 304 Rn. 35; MHdB GesR IV/*Krieger* § 71 Rn. 90; BGHZ 166, 195 (197 f.); ebenso zuvor OLG Frankfurt a. M. AG 2002, 404 (405); *Hüchting* Ausgleich und Abfindung, 1972, S. 70 f.; *Lutter/Drygala* AG 1995, 49 (51); aA KölnKommAktG/*Koppensteiner* § 304 Rn. 35 mwN.
[145] Hüffer/Koch/*Koch* AktG § 304 Rn. 12 mwN; MüKoAktG/*Paulsen* § 304 Rn. 92 f.
[146] *Emmerich/Habersack* § 304 Rn. 45; MHdB GesR IV/*Krieger* § 71 Rn. 95; MüKoAktG/*Paulsen* § 304 Rn. 95; einschränkend auf Gesellschaft mit Sitz im Inland: KölnKommAktG/*Koppensteiner* § 304 Rn. 28.
[147] Hüffer/Koch/*Koch* AktG § 304 Rn. 17 f.; KölnKommAktG/*Koppensteiner* § 304 Rn. 22; MHdB GesR IV/*Krieger* § 71 Rn. 95; aA *Exner* S. 296 f.
[148] *Emmerich/Habersack* § 304 Rn. 51; Hüffer/Koch/*Koch* AktG § 304 Rn. 16.
[149] OLG Düsseldorf NJW 1978, 827; AG 1984, 216 (219), *Exner* S. 184 ff. LG Frankfurt a. M. AG 1987, 315 (317); MHdB GesR IV/*Krieger* § 71 Rn. 97; MüKoAktG/*Paulsen* § 304 Rn. 96; Hüffer/Koch/*Koch* AktG § 304 Rn. 15; aA *Emmerich/Habersack* § 304 Rn. 47 ff.; KölnKommAktG/*Koppensteiner* § 304 Rn. 44; *Raiser/Veil* § 62 Rn. 74; *Hüchting* S. 65: Bilanzgewinn maßgebend.
[150] BVerfG AG 2000, 40 (41); *Emmerich/Habersack* § 304 Rn. 48 f.
[151] Spindler/Stilz/*Veil* AktG § 304 Rn. 49 f.
[152] Hüffer/Koch/*Koch* AktG § 304 Rn. 6.
[153] MüKoAktG/*Paulsen* § 304 Rn. 44; MHdB GesR IV/*Krieger* § 71 Rn. 84.

resabschlusses der Gesellschaft **fällig**.[154] Etwas anderes gilt für den variablen Ausgleich sowie den Dividendenergänzungsanspruch bei Bestehen eines isolierten Beherrschungsvertrages. Da es bei Ersterem auf die tatsächlich von der Obergesellschaft und bei Letzterem auf die tatsächlich von der Untergesellschaft gezahlte Dividende ankommt, werden diese Ansprüche erst mit dem von der Hauptversammlung der Ober- bzw. Untergesellschaft gefassten Gewinnverwendungsbeschluss (§ 174 AktG) fällig.[155] Der Ausgleichsanspruch kann **abgetreten, gepfändet** oder **verpfändet** werden.[156] Er **verjährt** gem. § 195 BGB in drei Jahren.[157]

e) **Fehlende oder unangemessene Ausgleichsregelung.** Gem. § 304 Abs. 3 S. 1 iVm § 304 Abs. 1 S. 3 AktG ist ein **Beherrschungs- oder Gewinnabführungsvertrag**, der **keinen Ausgleich** vorsieht, **nichtig**, wenn die Gesellschaft im Zeitpunkt der Beschlussfassung durch die Hauptversammlung über den Vertrag einen außenstehenden Aktionär hatte. Ist der im Vertrag vorgesehene Ausgleich lediglich **zu niedrig**, ist der Vertrag hingegen **wirksam**. Auch der **Hauptversammlungsbeschluss**, durch den die Hauptversammlung dem Vertrag zugestimmt hat, ist nicht gem. § 243 Abs. 2 AktG oder mit der Begründung **anfechtbar**, dass der Ausgleich unangemessen sei (§ 304 Abs. 3 S. 2 AktG). Einem außenstehenden Aktionär steht in diesem Fall das **Spruchverfahren** nach dem Spruchverfahrensgesetz zur Verfügung. Hiernach kann er binnen einer Frist von zwei Monaten bei dem nach § 2 SpruchG bestimmten Gericht die Festsetzung eines angemessenen Ausgleichs beantragen.[158] Bestimmt das Gericht den Ausgleich neu, hat das herrschende Unternehmen das Recht, den Vertrag binnen zwei Monaten nach Rechtskraft der Entscheidung fristlos zu **kündigen** (§ 304 Abs. 5 AktG).

f) **Pflicht zur Anpassung des Ausgleichs?** Der Ausgleich ist auf Grund der Verhältnisse am Tag der gem. § 293 Abs. 1 AktG beschließenden Hauptversammlung für die Laufzeit des Vertrages festzulegen.

aa) *Wesentliche Abweichung von der Prognose.* Die Frage, ob und inwieweit **späteren Veränderungen** der Verhältnisse durch eine Anpassung Rechnung zu tragen ist, ist vielschichtig und wenig geklärt.[159] Da der Ausgleich grundsätzlich für die gesamte Vertragslaufzeit festgelegt wird, wird hieraus überwiegend der Schluss gezogen, dass grundsätzlich keine Verpflichtung der Parteien besteht, den Ausgleich selbst bei **wesentlichen Abweichungen** von den zum Stichtag aufgestellten Prognosen neu festzusetzen.[160] Gegen diese Auffassung werden in der Literatur jedoch zahlreiche Einwände erhoben. So wird teils auf Treu und Glauben und teils auf den Wegfall der Geschäftsgrundlage in Verbindung mit der Treuepflicht des herrschenden Unternehmens gegenüber den anderen Aktionären verwiesen, woraus sich bei wesentlichen Änderungen der für den Ausgleich maßgeblichen Verhältnisse eine Anpassungspflicht ergeben könne.[161] Andere halten in besonderen Fällen alternativ oder zusätzlich eine Kündigung des Vertrages aus wichtigem Grund (§ 297 Abs. 1 AktG) für zulässig, wenn dies die außenstehenden Aktionäre nicht übermäßig belastet.[162] Im Ergebnis dürfte von Fall zu Fall zu entscheiden sein, ob und inwieweit eine außerordentliche Kündigung des Vertrages oder eine Anpassung des Ausgleichs auf Grund der eingetretenen Änderungen gerechtfertigt sein könnte.

---

[154] KölnKommAktG/*Koppensteiner* § 304 Rn. 5; aA MüKoAktG/*Paulsen* § 304 Rn. 107 ff.; *Emmerich/Habersack* § 304 Rn. 30a.
[155] Hüffer/Koch/*Koch* AktG § 304 Rn. 13, 15.
[156] MüKoAktG/*Paulsen* § 304 Rn. 120.
[157] Schmidt/Lutter/*Stephan* § 304 Rn. 36.
[158] Näher hierzu § 40 (Spruchverfahren).
[159] Hüffer/Koch/*Koch* AktG § 304 Rn. 19.
[160] OLG Frankfurt a. M. AG 1989, 442 f.; MHdB GesR IV/*Krieger* § 71 Rn. 107; KölnKommAktG/*Koppensteiner* § 304 Rn. 82, 94 ff., 99 ff.; *Riegger/Mutter* DB 1997, 1603 (1606); *Säcker* DB 1988, 271 f.; OLG Stuttgart AG 2004, 43 (47 f.).
[161] *Emmerich/Habersack* § 304 Rn. 69; MüKoAktG/*Paulsen* § 304 Rn. 148 ff. mwN; Schmidt/Lutter/*Stephan* § 304 Rn. 139.
[162] MHdB GesR IV/*Krieger* § 71 Rn. 107; *Emmerich/Habersack* § 304 Rn. 70; MüKoAktG/*Bilda* § 304 Rn. 166.

86 **bb) Kapitalveränderungen.** Kapitalveränderungen bei der **herrschenden Gesellschaft** sind regelmäßig ohne Belang für den Ausgleichsanspruch, wenn es um einen **festen Ausgleich** geht.[163] Anders verhält es sich jedoch beim **variablen Ausgleich**, da dieser sowohl durch eine Kapitalerhöhung aus Gesellschaftsmitteln als auch gegen Einlagen verwässert werden kann.[164] Um eine Verwässerung zu vermeiden, ist der variable Ausgleich bei einer **Kapitalerhöhung aus Gesellschaftsmitteln** deshalb in Anlehnung an § 216 Abs. 3 AktG[165] oder nach dem Grundgedanken des § 304 AktG[166] entsprechend zu erhöhen. Im Fall einer **Kapitalerhöhung gegen Einlagen** besteht ebenfalls Einigkeit darüber, dass der Ausgleich im Ergebnis entsprechend anzupassen ist, wobei die Rechtsgrundlage allerdings streitig ist.[167] Im Grundsatz erscheint es hier richtig, im Wege der ergänzenden Vertragsauslegung das Umrechnungsverhältnis für den variablen Ausgleich entsprechend zu verbessern, da der vereinbarte volle Ausgleich sonst durch die eintretende Verwässerung des variablen Ausgleichs verhindert würde.[168]

6. Sicherung der außenstehenden Aktionäre, angemessene Abfindung

87 Gem. § 305 Abs. 1 AktG muss ein Beherrschungs- oder Gewinnabführungsvertrag außer der Verpflichtung des herrschenden Unternehmens zur Zahlung eines Ausgleichs (§ 304 AktG) auch dessen **Verpflichtung** enthalten, auf Verlangen eines außenstehenden Aktionärs dessen Aktien gegen eine im Vertrag bestimmte angemessene Abfindung zu erwerben.

88 Die möglichen **Arten der anzubietenden Abfindung** sind in § 305 Abs. 2 Nr. 1–3 AktG geregelt, wobei grundsätzlich zwischen der **Abfindung in Aktien** und der **Barabfindung** zu unterscheiden ist. Welche Art der Abfindung den außenstehenden Aktionären konkret anzubieten ist, hängt zudem einerseits davon ab, ob das herrschende Unternehmen selbst in der Rechtsform der AG oder KGaA organisiert ist oder nicht und anderseits davon, ob dieses selbst abhängig oder in Mehrbesitz stehend ist. Im Einzelnen gilt folgendes:
- Gem. § 305 Abs. 2 Nr. 1 AktG kommt, wenn das herrschende Unternehmen eine nicht abhängige und nicht in Mehrbesitz stehende AG oder KGaA mit Sitz in der Europäischen Union oder in einem Staat des EWR ist, als Abfindung ausschließlich die Gewährung eigener Aktien in Betracht.
- Ist das herrschende Unternehmen eine abhängige oder in Mehrheitsbesitz stehende AG oder KGaA mit Sitz in der Europäischen Union oder in einem Staat des EWR und ist deren Obergesellschaft eine AG oder KGaA mit Sitz in der Europäischen Union oder in einem Staat des EWR, können die Vertragsparteien gem. § 305 Abs. 2 Nr. 2 AktG wählen, ob die Abfindung in der Gewährung von Aktien der Obergesellschaft des herrschenden Unternehmens oder in einer Barabfindung bestehen soll. Das Wahlrecht zwischen den Abfindungsarten steht nach hM den Vertragsparteien zu.[169] Sind vier oder mehr Konzernstufen vorhanden, ist die Norm entsprechend anzuwenden.[170]
- In allen anderen Fällen muss der Vertrag eine Barabfindung vorsehen (§ 305 Abs. 2 Nr. 3 AktG).

89 **a) Abfindungsverpflichtung, Entstehung, Fälligkeit, Verjährung.** Das **Abfindungsangebot** in einem Beherrschungs- oder Gewinnabführungsvertrag stellt einen **Vertrag zugunsten Dritter** (§ 328 BGB) dar, durch den die außenstehenden Aktionäre das Recht (Option) auf den Abschluss eines Tausch- oder Kaufvertrages mit dem herrschenden Unternehmen er-

---

[163] Hüffer/Koch/*Koch* AktG § 304 Rn. 19.
[164] Emmerich/Habersack § 304 Rn. 70; MüKoAktG/*Paulsen* § 304 Rn. 160 ff.
[165] Emmerich/Habersack § 304 Rn. 71; vgl. auch BVerfG AG 2000, 40 (41); Hüffer/Koch/*Koch* AktG § 304 Rn. 19.
[166] KölnKommAktG/*Koppenstein* § 304 Rn. 50 f.
[167] MüKoAktG/*Paulsen* § 304 Rn. 163 mwN.
[168] Emmerich/Habersack § 304 Rn. 71; Hüffer/Koch/*Koch* AktG § 304 Rn. 19.
[169] MüKoAktG/*Paulsen* § 305 Rn. 43 f.; *Exner* S. 238 ff.; aA *Hüchting* S. 18 ff.; Emmerich/Habersack § 305 Rn. 15.
[170] Spindler/Stilz/*Veil* AktG § 305 Rn. 36; *Pentz* S. 102 ff.

werben.¹⁷¹ Das **Abfindungsrecht** ist **kein** wertpapiermäßig in der Aktie verbrieftes **Mitgliedschaftsrecht**, sondern besteht in der Person des jeweiligen Aktionärs auf schuldrechtlicher Grundlage.¹⁷² Es ist daher nicht selbstständig verkehrsfähig und kann nicht ohne die Aktie übertragen werden.¹⁷³ Die **Abfindungspflicht entsteht** mit der **Ausübung** der **Option,** dh mit der Annahme des im Vertrag begründeten Abfindungsangebotes durch die außenstehenden Aktionäre (§ 130 BGB).¹⁷⁴ Die **Fälligkeit** des Abfindungsanspruchs tritt **mit Einlieferung der Aktienurkunden** bei dem anderen Vertragsteil oder bei der mit der Abwicklung beauftragten Stelle ein.¹⁷⁵ Die **Erfüllungsansprüche** aus dem mit Ausübung des Optionsrechts abgeschlossenen Kauf- oder Tauschvertrag **verjähren** gemäß § 195 BGB innerhalb von 3 Jahren.¹⁷⁶

b) Frist. Die **Verpflichtung zum Erwerb der Aktien kann** gem. § 305 Abs. 4 S. 1 AktG **befristet werden.** Die **Befristung** muss im Vertrag geregelt sein und **mindestens zwei Monate** beginnend mit der Bekanntmachung der Eintragung des Vertrages im Handelsregister betragen (§ 305 Abs. 4 S. 2 AktG). Ist die Bestimmung des Ausgleichs oder der Abfindung im Spruchstellenverfahren (§ 306)¹⁷⁷ beantragt worden, ist die Bekanntmachung des zuletzt beschiedenen Antrags im Bundesanzeiger für den Fristbeginn maßgebend (§ 305 Abs. 4 S. 3 AktG). Ist beides beantragt worden, kommt es auf die Bekanntmachung der später ergangenen Entscheidung an.¹⁷⁸ § 305 Abs. 4 S. 3 AktG gilt analog, wenn das Verfahren durch Antragsrücknahme infolge eines außergerichtlichen Vergleichs endet.¹⁷⁹ 90

c) Fehlende oder unangemessene Abfindungsregelung. Fehlt eine Abfindungsregelung im Vertrag, entfällt diese nachträglich oder ist die Abfindung unangemessen führt dies gem. § 305 Abs. 5 AktG – anders als bei einer fehlenden Ausgleichsregelung – weder zur Nichtigkeit des Vertrages noch zur Anfechtbarkeit des Zustimmungsbeschlusses der Hauptversammlung der Gesellschaft.¹⁸⁰ Stattdessen wird in diesen Fällen auf Antrag eines außenstehenden Aktionärs die angemessene Abfindung durch ein Gericht im Rahmen eines Spruchstellenverfahrens (§ 306 AktG) festgesetzt. 91

d) Angemessene Abfindung. Das herrschende Unternehmen muss den außenstehenden Aktionären eine angemessene Abfindung anbieten. Gem. § 305 Abs. 3 S. 1 AktG ist eine **Abfindung in Aktien** als angemessenen anzusehen, wenn die Aktien in dem Verhältnis gewährt werden, in dem bei einer Verschmelzung auf eine Aktie der Gesellschaft Aktien der anderen Gesellschaft zu gewähren wären (sogenannte Verschmelzungswertrelation), wobei Spitzen durch bare Zuzahlungen ausgeglichen werden können. Für die **Barabfindung** bestimmt § 305 Abs. 3 S. 2 AktG nur, dass diese die Verhältnisse der Gesellschaft im Zeitpunkt der Beschlussfassung ihrer Hauptversammlung über den Vertrag berücksichtigen muss. 92

Aus den vorgenannten Bestimmungen, ihrem Regelungszweck sowie den Vorgaben der Rechtsprechung, insbesondere des Bundesverfassungsgerichts, folgt, dass eine angemessene Abfindung den außenstehenden Aktionären eine volle Entschädigung bieten muss, die dem „wirklichen Wert" ihrer Beteiligung ohne Abschluss des Beherrschungs- oder Gewinnabfüh- 93

---

¹⁷¹ BGHZ 135, 374 (380) = NJW 1997, 2242 (2243); LG Stuttgart 13.5.1997 – 25 O 703/96, AG 1998, 103; *Emmerich/Habersack* § 305 Rn. 25; *Hüffer/Koch/Koch* AktG § 305 Rn. 3; MüKoAktG/*Paulsen* § 305 Rn. 11 ff.
¹⁷² Grundlegend BGH NZG 2006, 623, unter Aufhebung der Vorinstanz (OLG Jena NZG 2005, 400); zum Meinungsstand vor der BGH Entscheidung vgl. *Luttermann* NZG 2006, 816; *Habersack* AG 2005, 709.
¹⁷³ Schmidt/Lutter/*Stephan* § 305 Rn. 32.
¹⁷⁴ Spindler/Stilz/*Veil* AktG § 305 Rn. 17.
¹⁷⁵ Hüffer/Koch/*Koch* AktG § 305 Rn. 11; *Emmerich/Habersack* § 305 Rn. 30.
¹⁷⁶ MüKoAktG/*Paulsen* § 305 Rn. 42; Schmidt/Lutter/*Stephan* § 305 Rn. 30.
¹⁷⁷ Vgl. auch § 40 (Spruchverfahren).
¹⁷⁸ Hüffer/Koch/*Koch* AktG § 305 Rn. 55; solange die Frist noch läuft, kann sie das herrschende Unternehmen nach Belieben verlängern, vgl. OLG Hamburg AG 2005, 659.
¹⁷⁹ BGHZ 112, 382 (384 ff.) = NJW 1991, 566 – Langenbrahm/Dr. Rüger; *Emmerich/Habersack* § 305 Rn. 26a.
¹⁸⁰ BGHZ 119, 1 (9 f.) = NJW 1992, 2760 (2762) – ASEA/BBC; BGHZ 135, 374 (380); BGH NJW 1997, 2242 (2243); *Emmerich/Habersack* § 305 Rn. 82; *Hüffer/Koch/Koch* AktG § 305 Rn. 57; aA *Beyerle* BB 1978, 784 (788 f.).

rungsvertrages entspricht.[181] Mit dem „wirklichen" Wert ist dabei der Grenzpreis gemeint, zu dem die außenstehenden Aktionäre ohne wirtschaftliche Nachteile aus der AG oder KGaA ausscheiden können.[182] Untergrenze für diesen ist der Verkehrswert der Aktie, der bei börsennotierten Gesellschaften regelmäßig mit dem Börsenkurs identisch ist.[183]

94 e) **Angemessene Abfindung bei nicht börsennotierten Unternehmen.** *aa) Abfindung in Aktien.* Bei der Abfindung in Aktien muss zur Ermittlung des Umtauschverhältnisses der Aktien sowohl das abhängige als auch das herrschende Unternehmen bewertet werden.[184] Die Ergebnisse der Unternehmensbewertungen sind anschließend auf die Aktien der Gesellschaften umzurechnen, wobei Maßstab der Anteil der Einzelaktie am Grundkapital des jeweils bewerteten Unternehmens ist.[185] Eine unterschiedliche Stimmrechtsausstattung der Aktien (stimmrechtslose Vorzüge einerseits, Mehrstimmrechtsaktien andererseits[186]) ist ggf. zu berücksichtigen.[187] Das Umtauschverhältnis ist anschließend aus dem Verhältnis der Anteilswerte zueinander zu ermitteln. Spitzenbeträge, die sich ergeben, wenn ein glatter Umtausch an dem dafür maßgeblichen Verhältnis scheitert, können durch eine bare Zuzahlung ausgeglichen werden (§ 305 Abs. 3 S. 1 AktG).

95 Für die Ermittlung des Unternehmenswertes ist die Methode zu wählen, die im Ergebnis den Bewertungszweck, dh die Ermittlung des vollen Anteilswertes, am besten erfüllt.[188] In der Praxis wird regelmäßig die **Ertragswertmethode** angewendet.[189] Gegen eine Unternehmensbewertung nach dieser Methode bestehen rechtlich keine Bedenken.[190] Unabhängig von der durchgängigen Bewertungspraxis ist die Ertragswertmethode jedoch nicht rechtsverbindlich und wird auch von der Rechtsprechung nicht als allein zulässige Methode betrachtet.[191] In Sondersituationen werden auch Kombinationen zwischen Substanz- und Ertragswertverfahren, darunter das Stuttgarter Verfahren, für zulässig gehalten, auch wenn diese Verfahren im Regelfall nicht den zutreffenden Grenzpreis abbilden dürften.[192]

96 *bb) Barabfindung.* Zur Ermittlung einer angemessenen Barabfindung ist trotz der unterschiedlichen Formulierung der Sätze 1 und 2 des § 305 Abs. 3 AktG nach den gleichen Grundsätzen wie bei der Abfindung in Aktien zu verfahren. Anders als bei der Abfindung in Aktien ist zur Bestimmung der angemessenen Barabfindung jedoch nur die Ermittlung des Werts der abhängigen Gesellschaft erforderlich.[193] Die Barabfindung ist ab dem Wirksamwerden des Beherrschungs- oder Gewinnabführungsvertrages (§ 294 Abs. 2 AktG) gemäß § 305 Abs. 3 S. 3 AktG mit jährlich 2 % über dem Basiszins (247 BGB) zu verzinsen. Die Geltendmachung eines weiteren Schadens ist nicht ausgeschlossen.

---

[181] BVerfGE 100, 289 (302 ff.) = NJW 1999, 3769 (3770) Bezug nehmend auf BVerfGE 14, 263 (284); ferner BGHZ 71, 40 (51); 138, 136 (140) – ASEA/BBC; BGHZ 147, 108 (115 f.) – DAT/Altana – Feldmühle; Hüffer/Koch/*Koch* AktG § 305 Rn. 23; KölnKommAktG/*Koppensteiner* § 305 Rn. 27; *Ränsch* AG 1984, 202 (204 f.); Spindler/Stilz/*Veil* § 305 Rn. 45.
[182] BGHZ 138, 136 (140) = NJW 1998, 1866 (1867) – ASEA/BBC; Hüffer/Koch/*Koch* AktG § 305 Rn. 29.
[183] BVerfGE 100, 289 (302 ff.) = NJW 1999, 3769 (3770) – DAT/Altana.
[184] *Emmerich/Habersack* § 305 Rn. 56.
[185] MüKoAktG/*Paulsen* § 305 Rn. 141; *Emmerich/Habersack* § 305 Rn. 75.
[186] Zur Zulässigkeit von Mehrstimmrechtsaktien s. § 12 AktG, § 5 EGAktG; Hüffer/Koch/*Koch* AktG § 12 Rn. 8 ff.
[187] OLG Düsseldorf AG 2002, 398 (402) – Kaufhof/Metro; vgl. schon RegBegr. *Kropff* S. 401; AG 1973, 282 (284); LG Frankfurt a. M. AG 1987, 315 (317); *Emmerich/Habersack* § 305 Rn. 75a.
[188] Spindler/Stilz/*Veil* AktG § 305 Rn. 47.
[189] *Piltz* S. 16 ff.; *Emmerich/Habersack* § 305 Rn. 53 f.; Hüffer/Koch/*Koch* AktG § 305 Rn. 24 ff.; *Aha* AG 1997, 26 (27 ff.); vgl. *Seetzen* WM 1999, 565 (570); *ders.* WM 1994, 45 (46).
[190] BVerfGE 100, 289 (307) – NJW 1999, 3769 (3771); ZIP 2007, 1600 (1601); BGH NJW 2003, 3272; WM 1992, 264 (268); BayObLG AG 2002, 400 (404); BayObLG AG 2006, 41 (42); OLG Düsseldorf AG 2006, 287 (288); OLG München ZIP 2007, 375; OLG Stuttgart AG 2007, 209.
[191] BGHZ 71, 40 (51); BayObLG AG 1995, 509; 1996, 127 – Paulaner; Hüffer/Koch/*Koch* AktG § 305 Rn. 28; Spindler/Stilz/*Veil* AktG § 305 Rn. 74.
[192] MüKoAktG/*Paulsen* § 305 Rn. 133; Hüffer/Koch/*Koch* AktG § 305 Rn. 28; MHdB GesR IV/*Krieger* § 71 Rn. 133.
[193] OLG Düsseldorf AG 1992, 200 (203 f.); Spindler/Stilz/*Veil* AktG § 305 Rn. 97.

Übt ein Aktionär der abhängigen Gesellschaft sein Wahlrecht auf eine Barabfindung nach 97
§ 305 AktG aus nachdem er bereits Ausgleichszahlungen empfangen hat, sind die empfangenen Ausgleichszahlungen mit den Abfindungszinsen, nicht jedoch mit der Barabfindung selbst zu verrechnen.[194]

f) Angemessene Abfindung bei börsennotierten Unternehmen. Bei der Ermittlung der angemessenen Abfindung ergeben sich nach der Rechtsprechung eine Reihe von Besonderheiten, wenn das abhängige und/oder das herrschende Unternehmen börsennotiert sind. 98

aa) Abfindung in Aktien. Auch bei börsennotierten Unternehmen ist beim Angebot einer 99
Abfindung in Aktien nach wohl hM, wie bisher, eine Bewertung sowohl des abhängigen wie auch des herrschenden Unternehmens nach den dargestellten Grundsätzen erforderlich.[195] Nach dem Bundesverfassungsgericht ist hierbei jedoch grundsätzlich der **Börsenkurs** der abhängigen Gesellschaft als **Wertuntergrenze** des Unternehmens zugrunde zu legen, die zwar ohne weiteres über-, aber nur in besonderen Fällen unterschritten werden kann.[196]

Die Frage welcher **Börsenkurs** diesbezüglich maßgebend sein soll, hat das Bundesverfassungsgericht offen gelassen.[197] Der BGH hat in Anschluss hieran entschieden, dass zur Ermittlung einer angemessenen Barabfindung bzw. einer angemessenen Verschmelzungswertrelation regelmäßig ein **Referenzkurs** zugrunde zu legen ist, der – unter Ausschluss außergewöhnlicher Tagesausschläge oder kurzfristiger sich nicht verfestigender sprunghafter Entwicklungen – aus dem **Mittel der Börsenkurse** der letzten drei Monate vor dem **Tag der Hauptversammlung** zu bilden ist.[198] Dem wird von einem Teil der Instanzgerichte und vom überwiegenden aktienrechtlichen Schrifttum zu Recht entgegengehalten, dass der Zeitraum zwischen der **Veröffentlichung** und dem Tag der Hauptversammlung von Abfindungsspekulationen geprägt sei und daher nicht als Referenz geeignet sei.[199] Ein außerbörslich gezahlter **Paketzuschlag** ist dabei – entsprechend der bisherigen Praxis – nicht zwingend bei der Anteilswertermittlung zu berücksichtigen.[200] 100

Bei der Bewertung einer **börsennotierten Obergesellschaft** ist zunächst danach zu unterscheiden, ob bei der Untergesellschaft der Börsenkurs oder deren höherer Ertragswert angesetzt wird. Wird dort der Börsenkurs angesetzt, gilt nach der Rechtsprechung des Bundesverfassungsgerichts, dass es verfassungsrechtlich nicht geboten sei, dessen Börsenkurs als Obergrenze für die Bewertung der Obergesellschaft heranzuziehen.[201] Da die Aktionäre keinen Anspruch darauf hätten, Aktien der Obergesellschaft höchstens zum Börsenkurs zu erhalten, seien die Gerichte vielmehr frei, dieser zB bei schlechter Verfassung der Kapi- 101

---

[194] BGH DB 2002, 2261.
[195] BGHZ 147, 108 (115 ff.) = NJW 2001, 2080 (2081 f.); OLG Hamburg AG 2001, 479 (480); MüKo-AktG/*Paulsen* § 305 Rn. 80; Hüffer/Koch/*Koch* AktG § 305 Rn. 21; *Wilm* NZG 2000, 234 (235, 239); kritisch *Hüttemann* ZGR 2001, 454 (476 ff.); aA *Emmerich/Habersack* § 305 Rn. 42 f.; *Stilz* ZGR 2001, 875 (891 ff.); *Steinhauer* AG 1999, 299 (306 f.); *Luttermann* ZIP 1999, 45 (47 ff.); *Piltz* ZGR 2001, 185 (195 f.).
[196] BVerfGE 100, 289 (307 ff.) = NJW 1999, 3769 (3771 f.); OLG Düsseldorf AG 2000, 421 f. – (Unterschreitung Börsenkurs); *Emmerich/Habersack* § 305 Rn. 42 a f.; *Raiser/Veil* § 62 Rn. 83; OLG Düsseldorf AG 2003, 329 (332) = WM 2006, 2219 (2225 f.); OLG München ZIP 2006, 1722; KG ZIP 2007, 75; OLG Stuttgart NZG 2007, 112.
[197] BVerfGE 100, 289 (309 f.) – NJW 1999, 3769 (3772); ebenso in NZG 2007, 228 in einem Nichtannahmebeschluss zur Abfindung bei einer Eingliederung.
[198] BGHZ 147, 108 (118 f.) – NJW 2001, 2080 (2082); zustimmend OLG Frankfurt a.M. AG 2007, 403 (404); OLG München ZIP 2006, 1722 (1725).
[199] OLG Stuttgart AG 2007, 705 (710) (Vorlagebeschluss); ebenso im Beschluss vom 14.2.2008 zur Berücksichtigung von Kursen im Telefonhandel, BeckRS 2008, 04923; KG NZG 2007, 71; OLG München BeckRS 2007, 08755; Hüffer/Koch/*Koch* AktG § 305 Rn. 43 f. mwN; ebenso Schmidt/Lutter/*Stephan* § 305 Rn. 105, wenn zwischen der Veröffentlichung und dem Tag der Hauptversammlung nicht mehr als 6 bis 7 Wochen liegen; vgl. auch MHdB GesR IV/*Krieger* § 71 Rn. 140.
[200] BVerfGE 100, 289 – NJW 1999, 3769 (3771); OLG Düsseldorf 2.8.1994 – 9 W 1/93, AG 1995, 85 (86 f.) – WM 1995, 756; OLG Celle 31.7.1998 – 9 W 128/97, AG 1999, 128 (129) – DB 1998, 2006; Hüffer/Koch/*Koch* AktG § 305 Rn. 31; MüKoAktG/*Paulsen* § 305 Rn. 82; kritisch *Großfeld* BB 2000, 261 (265); aA *Emmerich/Habersack* § 305 Rn. 49; *Behnke* NZG 1999, 934.
[201] BVerfGE 100, 289 – NJW 1999, 3769 (3772); BVerfG AG 2000, 40 (41).

talmärkte auch einen höheren Wert beizumessen.²⁰² Der BGH hat die Entscheidung des Bundesverfassungsgerichts dahingehend konkretisiert, dass im Interesse möglichst gleicher Ausgangsvoraussetzungen für die Bestimmung der Wertrelation bei der **Bewertung** des **herrschenden Unternehmens** – wie bei der Bewertung des abhängigen Unternehmens – im Regelfall von dessen **Börsenkurs** auszugehen sei.²⁰³ Nur bei Vorliegen besonderer Voraussetzungen, zB wenn sich die schlechte Verfassung des Kapitalmarktes nicht nur im Börsenkurs des herrschenden Unternehmens, sondern auch in den Kursen der maßgeblichen Indizes niedergeschlagen habe, könne auf den Schätzwert ausgewichen werden.²⁰⁴ Wird hingegen bei der Untergesellschaft die Ertragswertmethode angewandt, ist auch bei der Obergesellschaft die Ertragswertmethode anzuwenden.²⁰⁵

102 *bb) Barabfindung.* Für die **Ermittlung der Barabfindung** gelten auch bei börsennotierten Unternehmen die gleichen Grundsätze wie bei der Abfindung in Aktien. Wie bei nicht börsennotierten Unternehmen kommt es für die Ermittlung der Barabfindung jedoch auch hier nur auf den Wert der Aktie der abhängigen Gesellschaft an.²⁰⁶

103 *g) Abfindungsergänzungsanspruch.* Außenstehende Aktionäre, die von dem Abfindungsangebot des herrschenden Unternehmens bereits vor der gerichtlichen Bestimmung einer höheren Abfindung Gebrauch gemacht haben, können gem. § 13 S. 2 SpruchG eine Ergänzung der bereits erhaltenen Abfindung fordern.²⁰⁷

III. Andere Unternehmensverträge, § 292 AktG

104 „Andere Unternehmensverträge" iSv § 292 Abs. 1 AktG sind die **Gewinngemeinschaft** (§ 292 Abs. 1 Nr. 1 AktG), der **Teilgewinnabführungsvertrag** (§ 292 Abs. 1 Nr. 2 AktG) sowie der **Betriebspacht-** und der **Betriebsüberlassungsvertrag** (§ 292 Abs. 1 Nr. 3 AktG). Anders als Beherrschungs- oder Gewinnabführungsverträge werden diese Vertragstypen vom Gesetzgeber nicht als Organisations- sondern als schuldrechtliche Austauschverträge eingeordnet.²⁰⁸

1. Gewinngemeinschaft (§ 292 Abs. 1 Nr. 1 AktG)

105 Eine Gewinngemeinschaft liegt vor, wenn sich eine AG oder KGaA mit Sitz im Inland dazu verpflichtet, ihren Gewinn oder den Gewinn einzelner ihrer Betriebe ganz oder zum Teil mit dem Gewinn anderer Unternehmen oder einzelner Betriebe anderer Unternehmen zur Aufteilung eines gemeinschaftlichen Gewinns zusammenzulegen (§ 292 Abs. 1 Nr. 1 AktG). Ihrer **Rechtsnatur** nach ist die Gewinngemeinschaft eine **Gesellschaft bürgerlichen Rechts**.

106 *a) Vergemeinschaftung und Aufteilung des Gewinns.* Der Vertrag muss darauf gerichtet sein, dass alle Vertragspartner (nicht nur einer oder einige) ihre Gewinne ganz oder teilweise zum Zweck der Bildung eines gemeinschaftlichen Gewinns zusammenlegen.²⁰⁹ Da der gemeinschaftliche Gewinn anschließend wieder unter den Vertragsparteien aufgeteilt werden muss, muss zudem bereits im Vertrag ein Verteilungsschlüssel festgelegt werden, nach dem

---

²⁰² BVerfGE 100, 289 – NJW 1999, 3769 (3772); BVerfG AG 2007, 697 (698); BVerfG AG 2011, 128 (129); BVerfG AG 2012, 625 (626); LG München I AG 2001, 99 (100); aA *Emmerich/Habersack* § 305 Rn. 48a; zum Streitstand Hüffer/Koch/*Koch* AktG § 305 Rn. 29 ff.
²⁰³ BGHZ 147, 108 (121 f.) – NJW 2001, 2080 (2083): str., befürwortend OLG Düsseldorf AG 2003, 507 (508 f.); OLG Karlsruhe AG 2006, 463 (464); OLG Stuttgart AG 2006, 420 (427); ablehnend Hüffer/Koch /*Koch* AktG § 305 Rn. 29 f.; jeweils mwN; *Emmerich/Habersack* § 305 Rn. 48a.
²⁰⁴ BGHZ 147, 108 (121 f.) – NJW 2001, 2080 (2083).
²⁰⁵ OLG Düsseldorf AG 2003, 688 (693); Hüffer/Koch/*Koch* AktG § 305 Rn. 47.
²⁰⁶ MüKoAktG/*Paulsen* § 305 Rn. 145; Hüffer/Koch/*Koch* AktG § 305 Rn. 26.
²⁰⁷ Damit ist der frühere Meinungsstreit nunmehr gesetzlich geklärt. Zur Historie vgl. Hüffer/Koch/*Koch* AktG Anhang § 305, SpruchG § 13 Rn. 4 mwN.
²⁰⁸ RegBegr. *Kropff* S. 378.
²⁰⁹ *Emmerich/Habersack* § 292 Rn. 10; Spindler/Stilz/*Veil* AktG § 292 Rn. 6.

sich die Verteilung unter den Vertragsparteien richtet.²¹⁰ Eine andere Verwendung des zusammengelegten Gewinns, zB zur Gewährung einer Dividendengarantie zugunsten der außenstehenden Aktionäre oder zur Finanzierung gemeinsamer Vorhaben, ist keine Aufteilung iSd § 292 Abs. 1 Nr. 1 AktG, so dass in diesen Fällen keine Gewinngemeinschaft vorliegt.²¹¹

Gesetzlich nicht geregelt, aber gleichfalls unter § 291 Abs. 1 Nr. 1 AktG fallend ist die so 107 genannte Ergebnisgemeinschaft, bei der neben den Gewinnen auch die Verluste vergemeinschaftet werden.²¹² Kein Fall der Gewinngemeinschaft ist hingegen die isolierte Verlustgemeinschaft.²¹³

b) **Gewinn.** Der Gewinn iSd § 292 Abs. 1 Nr. 1 AktG ist ein periodisch ermittelter Ge- 108 winn, nicht der Gewinn aus Einzelgeschäften.²¹⁴ Das Erfordernis eines periodisch ermittelten Gewinns ist regelmäßig erfüllt, wenn der Vertrag an den Bilanzgewinn, den Jahresüberschuss oder den Rohertrag anknüpft.²¹⁵ Auch eine Anknüpfung an andere Positionen der Gewinn- und Verlustrechnung (zB Umsatzerlöse) dürfte zulässig sein.²¹⁶ Ist die Vergemeinschaftung des Gewinns auf den Gewinn aus einem oder mehreren Geschäfte beschränkt, wie dies zB bei Konsortien oder Arbeitsgemeinschaften in der Bauwirtschaft der Fall ist, liegt keine Gewinngemeinschaft iSd § 292 Abs. 1 Nr. 1 AktG vor.²¹⁷

c) **Unangemessene Aufteilung, Rechtsfolgen.** Die aus dem Gewinnverteilungsschlüssel 109 stammende Quotierung muss angemessen sein. Maßstab für die Angemessenheit sind dabei nicht nur die der Gewinngemeinschaft durch die jeweilige Vertragspartei zugeflossenen Gewinnanteile, sondern auch andere Faktoren wie zB das Unternehmerrisiko, denen sich die Vertragsparteien ausgesetzt sind.²¹⁸ Ist die Verteilung unangemessen, hängt die Rechtsfolge davon ab, ob der Vertragspartner Aktionär der benachteiligten Gesellschaft ist oder nicht.

Ist der **Vertragspartner Aktionär** der benachteiligten Gesellschaft, liegt ein Verstoß gegen 110 die Vermögensbindungsvorschriften (§§ 57, 58, 60 AktG) vor, was nach zutreffender hM gem. § 134 BGB die Nichtigkeit des Gewinngemeinschaftsvertrages und gem. § 241 Nr. 3 AktG die Nichtigkeit des Zustimmungsbeschlusses der Hauptversammlung zum Vertrag zur Folge hat.²¹⁹

Ist der **Vertragspartner nicht Aktionär,** liegt kein die Nichtigkeit des Vertrages und des 111 Zustimmungsbeschlusses nach sich ziehender Verstoß gegen die Vermögensbindungsvorschriften vor.²²⁰ In einem solchen Fall kommt daher nur eine Haftung des Vorstands und des Aufsichtsrats, insbesondere nach §§ 93, 116 AktG und § 823 Abs. 2 BGB iVm § 266 StGB, in Betracht.²²¹

Besteht ein Abhängigkeitsverhältnis, ist ferner an die Anwendung der §§ 311, 317 f. AktG 112 zu denken.²²²

2. Teilgewinnabführungsvertrag (§ 292 Abs. 1 Nr. 2 AktG)

Ein Teilgewinnabführungsvertrag liegt vor, wenn sich eine AG oder KGaA mit Sitz im In- 113 land dazu verpflichtet, einen Teil ihres Gewinns oder den Gewinn einzelner ihrer Betriebe ganz oder zum Teil an einen anderen abzuführen (§ 292 Abs. 1 Nr. 2 AktG).

---

[210] Hüffer/Koch/*Koch* AktG § 292 Rn. 4, 9 f.
[211] MüKoAktG/*Altmeppen* § 292 Rn. 20 ff.; aA KölnKommAktG/*Koppensteiner* § 292 Rn. 33; *Emmerich/ Habersack* § 292 Rn. 13.
[212] Hüffer/Koch/*Koch* AktG § 292 Rn. 7; KölnKommAktG/*Koppensteiner* § 292 Rn. 32.
[213] Hüffer/Koch/*Koch* AktG § 292 Rn. 7.
[214] KölnKommAktG/*Koppensteiner* § 292 Rn. 30; MHdB GesR IV/*Krieger* § 72 Rn. 11.
[215] Hüffer/Koch/*Koch* AktG § 292 Rn. 8; *Emmerich/Habersack* § 292 Rn. 11.
[216] Vgl. MüKoAktG/*Altmeppen* § 292 Rn. 16, 57 mwN; KölnKommAktG/*Koppensteiner* § 292 Rn. 30.
[217] *Emmerich/Habersack* § 292 Rn. 11; mit Verweis auf LG Mainz AG 1978, 320 (322).
[218] MüKoAktG/*Altmeppen* § 292 Rn. 27; KölnKommAktG/*Koppensteiner* § 292 Rn. 44.
[219] *Emmerich/Habersack* § 292 Rn. 19; aA MüKoAktG/*Altmeppen* § 292 Rn. 30 ff.: Vertragsanpassung; *Raiser/Veil* § 64 Rn. 12.
[220] Hüffer/Koch/*Koch* AktG § 292 Rn. 11; *Emmerich/Habersack* § 292 Rn. 20.
[221] Spindler/Stil/*Veil* § 292 Rn. 11; KölnKommAktG/*Koppensteiner* § 292 Rn. 53.
[222] MüKoAktG/*Altmeppen* § 292 Rn. 36; MHdB GesR IV/*Krieger* § 72 Rn. 26.

114 Teilgewinnabführungsverträge sind immer Unternehmensverträge, selbst wenn der andere Vertragsteil keine Unternehmenseigenschaft besitzt.[223] Praktische Bedeutung hat § 292 Abs. 1 Nr. 2 AktG insbesondere für die stille oder atypisch stille Beteiligung an einer AG, die grundsätzlich als Teilgewinnabführungsvertrag einzuordnen ist.[224]

115 **a) Abführung eines Teilgewinns.** Der Vertrag muss die Abführung eines Teilgewinns oder des Gewinns einzelner Betriebe ganz oder zum Teil an den anderen Vertragsteil zum Gegenstand haben. Die Höhe des abzuführenden Teilgewinns ist gleichgültig für die Einordnung des Vertrages, es gibt für diesen weder eine Ober- noch eine Untergrenze.[225] Gleichgültig für die Einordnung eines Vertrages als Teilgewinnabführungsvertrag ist ebenfalls, ob die Teilgewinnabführung entgeltlich oder unentgeltlich erfolgt, da sich die Frage der Angemessenheit des Entgeltes erst bei der Prüfung der Wirksamkeit des Vertrages stellt.[226]

116 Wie bei der Gewinngemeinschaft muss auch beim Teilgewinnabführungsvertrag ein periodisch ermittelter Gewinn (zB Bilanzgewinn, Jahresüberschuss, Umsatzerlöse, Rohertrag) abgeführt werden, da die Abführung des Gewinns aus einzelnen Geschäften nicht für die Einordnung des Vertrages als Teilgewinnabführungsvertrag ausreicht.[227] Erfasst wird jedoch die Abführung des ganzen Gewinns eines von mehreren Betrieben.[228]

117 **b) Rechtsfolgen fehlender oder unangemessener Gegenleistung.** Da Teilgewinnabführungsverträge schuldrechtliche Austauschverträge sind, ist die Teilgewinnabführung an einen Aktionär nur zulässig, wenn dieser eine **angemessene Gegenleistung** erbringt. Ist die Gegenleistung eines Aktionärs unangemessen, liegt eine verbotene verdeckte Gewinnausschüttung vor, die wegen Verstoßes gegen die §§ 57, 58, 60 AktG gem. § 134 BGB die Nichtigkeit des Vertrages und nach § 241 Nr. 3 AktG auch die Nichtigkeit des Zustimmungsbeschlusses der Hauptversammlung zur Folge hat.[229] Maßgeblicher Zeitpunkt für die Beurteilung der Angemessenheit der Gegenleistung ist der des Vertragsschlusses.[230]

118 Ist der Vertragspartner nicht Aktionär, ist der Vertrag hingegen grundsätzlich wirksam. In Betracht kommt jedoch die Haftung des Vorstands und des Aufsichtsrats, insbesondere nach den §§ 93, 116 AktG und § 823 Abs. 2 BGB iVm § 266 StGB.[231] Ist die Gesellschaft abhängig, kommt ferner die Anwendung der §§ 311, 317 f. AktG in Betracht.[232]

119 **c) Ausnahmen.** § 292 Abs. 2 AktG macht im Hinblick auf besondere Arten von Gewinnbeteiligungen zwei – abschließende – Ausnahmen von § 292 Abs. 1 Nr. 2 AktG, die dementsprechend nicht als Teilgewinnabführungsvertrag einzuordnen sind. Die erste Ausnahme ist **personenbezogen** und betrifft Verträge über eine Gewinnbeteiligung mit Vorständen, Aufsichtsräten und einzelnen Arbeitnehmern. Sie erfasst vor allem Tantiemezusagen (vgl. § 113 Abs. 3 AktG) und ähnliche Vergütungsvereinbarungen.[233] Auch Verträge, mit denen Organmitgliedern oder einzelnen Arbeitnehmern im Rahmen von stillen Beteiligungen Gewinnanteile zugesagt werden, sind hiernach nicht als Teilgewinnabführungsvertrag zu behandeln.[234] Betriebsvereinbarungen, mit denen der Belegschaft Gewinnanteile zugesagt werden, werden mangels Einzelvereinbarung hingegen nicht von der Ausnahme erfasst.[235]

---

[223] Hüffer/Koch/*Koch* AktG § 292 Rn. 12.
[224] MüKoAktG/*Altmeppen* § 292 Rn. 65 f.; *Emmerich/Habersack* § 292 Rn. 29; *K. Schmidt* ZGR 1984, 295 (302).
[225] *Emmerich/Habersack* § 292 Rn. 24.
[226] Hüffer/Koch/*Koch* AktG § 292 Rn. 14; MHdB GesR IV/*Krieger* § 73 Rn. 17.
[227] KölnKommAktG/*Koppensteiner* § 292 Rn. 49.
[228] Hüffer/Koch/*Koch* AktG § 292 Rn. 13.
[229] HM; vgl. OLG Düsseldorf AG 1996, 473 (474); MHdB GesR IV/*Krieger* § 73 Rn. 23; *Emmerich/Habersack* § 292 Rn. 27; Hüffer/Koch/*Koch* AktG § 292 Rn. 13; aA MüKoAktG/*Altmeppen* § 292 Rn. 74 ff., 87.
[230] KölnKommAktG/*Koppensteiner* § 292 Rn. 74.
[231] *Emmerich/Habersack* § 292 Rn. 28; *Raiser/Veil* § 64 Rn. 12.
[232] MüKoAktG/*Altmeppen* § 292 Rn. 92.
[233] *Emmerich/Habersack* § 292 Rn. 34; Hüffer/Koch/*Koch* AktG § 292 Rn. 27.
[234] MHdB GesR IV/*Krieger* § 73 Rn. 19.
[235] Hüffer/Koch/*Koch* AktG § 292 Rn. 27.

Die zweite Ausnahme ist **gegenstandsbezogen** und bezieht sich auf Gewinnbeteiligungen 120
im Rahmen von Verträgen des laufenden Geschäftsverkehrs sowie auf Lizenzverträge. Ob
ein Vertrag des laufenden Geschäftsverkehrs vorliegt, richtet sich danach, ob dieser iSv
§ 116 Abs. 1 HGB im Rahmen des gewöhnlichen Geschäftsbetriebs der Gesellschaft liegt.[236]
Die Aufnahme eines stillen Gesellschafters zählt regelmäßig nicht hierzu.[237] Der Begriff des
Lizenzvertrags iSd § 292 Abs. 2 AktG ist weit auszulegen, so dass zB auch Know-how Lizenzverträge und Verträge über die Verwertung von Erfindungen hierunter zu fassen sind.[238]

d) **Schutzbestimmungen.** Der Schutz der Gesellschaft und ihrer Gläubiger ist beim Teilge- 121
winnabführungsvertrag im Vergleich zum Gewinnabführungsvertrag nur schwach ausgeprägt. Nach § 300 Nr. 2 AktG ist der Betrag in die gesetzliche Rücklage einzustellen, der
nach § 150 Abs. 2 AktG ohne die Teilgewinnabführung einzustellen wäre. Ferner gilt § 301
AktG betreffend den Höchstbetrag der Gewinnabführung nach hM für Teilgewinnabführungsverträge analog.[239]

3. Betriebspacht, Betriebsüberlassung, Betriebsführung

Als dritten Typ der anderen Unternehmensverträge iSv § 292 Abs. 1 AktG regelt § 292 122
Abs. 1 Nr. 3 AktG den Betriebspacht- und den Betriebsüberlassungsvertrag, die vorliegen,
wenn eine AG oder KGaA mit Sitz im Inland den Betrieb ihres Unternehmens einem anderen verpachtet oder sonst überlässt. Diesen Verträgen ist der sog. Betriebsführungsvertrag
gleichzustellen.[240] Sie liegen in dem Grenzbereich zwischen gesellschaftsrechtlichen Organisationsverträgen und schuldrechtlichen Austauschverträgen.[241]

a) **Betriebspachtvertrag.** Ein Betriebspachtvertrag iSd § 292 Abs. 1 Nr. 3 AktG ist ein 123
Pachtvertrag nach § 581 BGB, durch den sich eine AG oder KGaA verpflichtet, dem anderen Teil den **Nutzen des Betriebes** ihres ganzen Unternehmens für die Dauer der Pachtzeit zu
gewähren und sich der Pächter verpflichtet, den vereinbarten **Pachtzins** zu zahlen.[242] Kennzeichen des Betriebspachtvertrages ist demnach, dass der Pächter den gesamten ihm gegen
Entgelt überlassenen Betrieb der Verpächterin im eigenen Namen und für eigene Rechnung
weiter führt, während sich die Verpächterin auf den Einzug des Pachtzinses und die Ausübung ihrer sonstigen vertraglichen Rechte beschränkt und so im Ergebnis zu einer sog.
Rentnergesellschaft wird.[243] Wird nicht der ganze Betrieb verpachtet oder gibt die Verpächterin nicht ihre gesamte operative Tätigkeit auf, liegt kein Betriebspachtvertrag iSd § 292
Abs. 1 Nr. 3 AktG vor.[244]

b) **Betriebsüberlassungsvertrag.** Die Betriebsüberlassung findet in den Vertragstypen des 124
BGB keine Entsprechung und unterscheidet sich vom Betriebspachtvertrag idR dadurch,
dass der andere Vertragspartner den Betrieb der Gesellschaft nicht im eigenen, sondern im
Namen und auf Grund einer Vollmacht – zB Generalhandlungsvollmacht (§ 54 HGB) oder
Prokura (§ 48 HGB) – der Verpächterin führt.[245] Der Übernehmer wird dabei wie bei der
Pacht für eigene Rechnung tätig (§§ 667, 670 BGB).[246] Ein Betriebsüberlassungsvertrag
kann nach hM auch unentgeltlich abgeschlossen werden.[247] IÜ entspricht die rechtliche Behandlung des Betriebsüberlassungsvertrages der des Betriebspachtvertrages, die Betriebsüberlassung hat insofern Auffangfunktion.[248]

---

[236] Spindler/Stilz/*Veil* AktG § 292 Rn. 32; vgl. auch KG NZG 1999, 1102 (1106).
[237] Hüffer/Koch/*Koch* AktG § 292 Rn. 28; *Schmidt* ZGR 1984, 295 (301 f.).
[238] *Emmerich/Habersack* § 292 Rn. 36; MüKoAktG/*Altmeppen* § 292 Rn. 82.
[239] Hüffer/Koch/*Koch* AktG § 301 Rn. 2; zweifelnd MüKoAktG/*Altmeppen* § 292 Rn. 55.
[240] *Emmerich/Habersack* § 292 Rn. 38.
[241] *Fenzel* Der Konzern 2006, 18 ff.
[242] Muster eines Betriebspachtvertrages → Rn. 185.
[243] *Raiser/Veil* § 64 Rn. 17; KölnKommAktG/*Koppensteiner* § 292 Rn. 76.
[244] *Raiser/Veil* § 64 Rn. 17; KölnKommAktG/*Koppensteiner* § 292 Rn. 76.
[245] Hüffer/Koch/*Koch* AktG § 292 Rn. 19.
[246] Spindler/Stilz/*Veil* AktG § 292 Rn. 38.
[247] Hüffer/Koch/*Koch* AktG § 292 Rn. 19; aA MüKoAktG/*Altmeppen* § 292 Rn. 110 f.
[248] Hüffer/Koch/*Koch* AktG § 292 Rn. 19; *Emmerich/Habersack* § 292 Rn. 44.

125   c) **Betriebsführungsvertrag.** Von einem Betriebsführungsvertrag (auch „Managementvertrag" genannt) spricht man, wenn eine Gesellschaft ein anderes Unternehmen beauftragt, ihr Unternehmen für ihre Rechnung und – in der Regel – auch in ihrem Namen zu führen.[249] Der Betriebsführungsvertrag ist in § 292 Abs. 1 Nr. 3 AktG zwar nicht ausdrücklich erwähnt, im Ergebnis herrscht jedoch Einigkeit, dass auch dieser Vertrag als Unternehmensvertrag zu behandeln ist.[250]

126   Wie bei der Betriebsüberlassung ist beim echten Betriebsführungsvertrag eine Vollmacht erforderlich, damit der Betriebsführer im Namen der Gesellschaft tätig werden kann. Seiner Rechtsnatur nach ist ein entgeltlicher Betriebsführungsvertrag ein Geschäftsbesorgungsvertrag mit Dienstvertragscharakter (§§ 675 Abs. 1, 611 ff. BGB), ein unentgeltlicher Betriebsführungsvertrag ist ein Auftrag (§§ 662 ff. BGB).[251]

127   d) **Rechtsfolgen fehlender oder unangemessener Gegenleistung.** Die vorgenannten Verträge sowie die entsprechenden Zustimmungsbeschlüsse der Hauptversammlung wären nach allgemeinen Grundsätzen wegen Verstoßes gegen §§ 57, 58, 60 AktG nichtig, wenn der andere Vertragsteil ein Aktionär der Gesellschaft ist und keine angemessene Gegenleistung erbringt.[252] Diese Rechtsfolge wird jedoch durch § 292 Abs. 3 S. 1 AktG – anders als bei Gewinngemeinschaften und Teilgewinnabführungsverträgen – ausgeschlossen. Ein Verstoß gegen §§ 57, 58, 60 AktG führt danach lediglich zur **Anfechtbarkeit** des Zustimmungsbeschlusses der Hauptversammlung (§ 241 Nr. 3 AktG). Die herrschende Gesellschaft hat allerdings in einem solchen Fall jeden während der Vertragsdauer entstehenden Jahresfehlbetrag auszugleichen, soweit die vereinbarte Gegenleistung das angemessene Entgelt nicht erreicht (§ 302 Abs. 2 AktG).[253]

128   Zusätzlich kommen als Sanktion für den Abschluss von für die Gesellschaft nachteiligen Verträgen Schadenersatzansprüche gegen den Vorstand und den Aufsichtsrat, insbesondere nach den §§ 93, 116 AktG und den §§ 826 oder 823 Abs. 2 BGB iVm § 266 StGB in Betracht.[254] In Abhängigkeitsverhältnissen können ferner die §§ 311, 317 f. AktG Anwendung finden.[255]

129   e) **Kombinierte Verträge, Abgrenzungsfragen, Umgehungsproblematik.** Betriebspacht-, Betriebsüberlassung- und Betriebsführungsverträge kommen nicht nur isoliert vor, sondern können auch mit anderen Unternehmensverträgen iSd § 291 AktG, zB Beherrschungsverträgen, kombiniert werden.[256] Liegt ein kombinierter Vertrag vor, muss dieser die Wirksamkeitsvoraussetzungen eines jeden der kombinierten Vertragstypen, insbesondere die der §§ 293–294 AktG, gesondert erfüllen.[257] Verbirgt sich hinter einem Betriebspacht-, Betriebsüberlassungs- oder Betriebsführungsvertrag ein Beherrschungs- oder Gewinnabführungsvertrag, ohne dass auch deren besondere Wirksamkeitsvoraussetzungen erfüllt sind (insbesondere Zustimmung gemäß § 293 AktG und bei außenstehenden Aktionären ein angemessener Ausgleich gemäß § 304 Abs. 3 AktG fehlen), hat dies – da es für die Einordnung des Vertrages nicht auf dessen Bezeichnung ankommt – dessen Nichtigkeit zur Folge.[258]

---

[249] MüKoAktG/*Altmeppen* § 292 Rn. 107; Spindler/Stilz/*Veil* AktG § 292 Rn. 52; BGH NJW 1982, 1817 – WM 1982, 894 – Holiday-Inn.
[250] *Emmerich/Habersack* § 292 Rn. 58; Hüffer/Koch/*Koch* AktG § 292 Rn. 17.
[251] Vgl. OLG München AG 1987, 380 (382); MünchHdbGesR /*Krieger* § 73 Rn. 52.
[252] Hüffer/Koch/*Koch* AktG § 292 Rn. 29; *Emmerich/Habersack* § 292 Rn. 51.
[253] KölnKommAktG/*Koppensteiner* § 302 Rn. 59; Hüffer/Koch/*Koch* AktG § 292 Rn. 31.
[254] MüKoAktG/*Altmeppen* § 292 Rn. 119, 38.
[255] OLG Frankfurt a. M. AG 1973, 136 f.; *Emmerich/Habersack* § 292 Rn. 47, 52.
[256] Hüffer/Koch/*Koch* AktG § 292 Rn. 21; MHdB GesR IV/*Krieger* § 73 Rn. 58 ff.
[257] KölnKommAktG/*Koppensteiner* § 292 Rn. 87 ff.
[258] *Emmerich/Habersack* § 292 Rn. 45; Hüffer/Koch/*Koch* AktG § 292 Rn. 21, 24, § 291 Rn. 12 f.; zu den weiteren Rechtsfolgen (§§ 311 oder 302 AktG) vgl. Schürnbrand ZHR 169 (2005), 35–60.

IV. Abschluss, Änderung und Beendigung von Unternehmensverträgen

1. Vertragsschluss

Die §§ 293–299 AktG regeln den Abschluss, die Änderung und die Beendigung von Unternehmensverträgen iSd §§ 291, 292 AktG. **130**

a) **Zuständigkeit.** Für die Abgabe der auf den Abschluss eines Unternehmensvertrages gerichteten Willenserklärung ist das Vertretungsorgan der jeweiligen Vertragspartei, bei der AG also der **Vorstand** (§ 78 AktG), zuständig.[259] Auch die Entscheidung über den Abschluss eines Unternehmensvertrages und dessen Ausgestaltung fällt grundsätzlich in die Kompetenz des Vorstands.[260] Gem. § 83 Abs. 1 AktG ist der Vorstand jedoch zur Vorbereitung und zum Abschluss eines Unternehmensvertrages verpflichtet, wenn dies die Hauptversammlung mit einer für den Zustimmungsbeschluss erforderlichen Mehrheit verlangt.[261] **131**

b) **Vertragsschluss, Schriftform.** Gem. § 293 Abs. 3 AktG bedürfen Unternehmensverträge der **Schriftform** (§ 126 AktG). Ein Verstoß hiergegen führt zur Nichtigkeit des Vertrages (§ 125 AktG). Mündliche Nebenabreden sind nichtig und können gem. § 139 BGB die Gesamtnichtigkeit des Vertrages zur Folge haben, wenn nicht anzunehmen ist, dass dieser auch ohne die nichtige Vereinbarung geschlossen worden wäre. IÜ gelten, soweit sich aus den aktienrechtlichen Vorschriften und der jeweiligen Eigenart der Unternehmensverträge, insbesondere dem organisationsrechtlichen Charakter von Beherrschungs- und Gewinnabführungsverträgen, keine Besonderheiten ergeben, die Bestimmungen des BGB.[262] **132**

c) **Zustimmung der Hauptversammlung der verpflichteten Gesellschaft.** Gem. § 293 Abs. 1 S. 1 AktG wird ein Unternehmensvertrag nur mit Zustimmung der Hauptversammlung wirksam. Das Zustimmungserfordernis gilt für alle Unternehmensverträge und bezieht sich auf die Zustimmung der **Hauptversammlung** der Gesellschaft, die die vertragstypische Leistung erbringt.[263] Dies ist bei Beherrschungs- oder (Teil-)Gewinnabführungsverträgen die **Untergesellschaft**, bei einem Betriebspacht- oder Betriebsüberlassungsvertrag die **verpachtende oder überlassende Gesellschaft**.[264] Handelt es sich um eine Gewinngemeinschaft, ist ein Zustimmungsbeschluss jeder beteiligten AG oder KGaA erforderlich.[265] Schließt eine GmbH einen Beherrschungs- oder Gewinnabführungsvertrag als Untergesellschaft, so bedarf es eines zustimmenden Beschlusses der Gesellschafterversammlung entsprechend den §§ 53 und 54 GmbHG sowie § 293 Abs. 1 AktG.[266] Für Unternehmensverträge iSv § 292 AktG ist ein Zustimmungsbeschluss der GmbH nur dann erforderlich, wenn der Vertrag satzungsändernden Charakter hat.[267] **133**

Die nach § 293 Abs. 1 S. 1 AktG erforderliche Zustimmung der Hauptversammlung zu einem Unternehmensvertrag kann entweder **im Voraus** zu einem bereits ausgehandelten Vertrag (§ 183 BGB) oder **nach dessen Abschluss** (§ 184 BGB) erteilt werden.[268] Der Beschluss bedarf mindestens der **Mehrheit** von drei Vierteln des bei der Beschlussfassung vertretenen Grundkapitals, wobei die Satzung auch eine größere Kapitalmehrheit und weitere Erfordernisse bestimmen kann (§ 293 Abs. 1 S. 2 AktG). Bis zur Zustimmungserteilung ist der Vertrag schwebend unwirksam. Sind durch die Zustimmung nicht alle Teile gedeckt, sind diese unwirksam, der übrige Vertrag ist gem. § 139 BGB nichtig, wenn er nicht auch ohne den **134**

---

[259] Spindler/Stilz/*Veil* AktG § 293 Rn. 2.
[260] Hüffer/Koch/*Koch* AktG § 293 Rn. 23; *Emmerich/Habersack* § 293 Rn. 14.
[261] BGHZ 121, 211 (217) = NJW 1993, 1976 (1977) – SS I; BGHZ 82, 188 (195) = NJW 1982, 933 (935) – Hoesch/Hoogovens; Hüffer/Koch/*Koch* AktG § 293 Rn. 23, § 83 Rn. 3.
[262] *Emmerich/Habersack* § 293 Rn. 13.
[263] MüKoAktG/*Altmeppen* § 293 Rn. 30; Hüffer/Koch/*Koch* AktG § 293 Rn. 3.
[264] *Emmerich/Habersack* § 293 Rn. 5.
[265] MüKoAktG/*Altmeppen* § 293 Rn. 31.
[266] BGHZ 105, 324 (331 f.) *Emmerich/Habersack* § 293 Rn. 42.
[267] Hachenburg/*Ulmer* GmbHG § 53 Rn. 160; *dies.* § 71 Rn. 14.
[268] Spindler/Stilz/*Veil* AktG § 293 Rn. 16.

nichtigen Teil geschlossen worden wäre.²⁶⁹ Die Zustimmung unter gleichzeitiger Änderung des Vertrages ist dessen Ablehnung, kann aber im Einzelfall als Aufforderung an den Vorstand, einen entsprechenden Vertrag abzuschließen, auszulegen sein (§ 83 Abs. 1 AktG).²⁷⁰

135 Ob der Zustimmungsbeschluss zu einem Unternehmensvertrag zusätzlich einer besonderen **sachlichen Rechtfertigung** bedarf, ist umstritten. In der Literatur wird dies teilweise bejaht und eine Beschlusskontrolle anhand des Maßstabes der Erforderlich- und Verhältnismäßigkeit für geboten gehalten.²⁷¹ Überwiegend wird eine solche Kontrolle jedoch abgelehnt.²⁷² Rechtsprechung zu § 293 AktG fehlt zu dieser Fragestellung bisher.

136 d) **Zustimmung der Hauptversammlung der Obergesellschaft.** Ist im Fall des Abschlusses eines **Beherrschungs- oder Gewinnabführungsvertrages** der andere (herrschende) Vertragsteil eine AG oder KGaA mit Sitz im Inland, wird der Vertrag nur wirksam, wenn auch deren Hauptversammlung zustimmt (§ 293 Abs. 2 AktG). Für den Beschluss gilt § 293 Abs. 1 S. 2–4 AktG sinngemäß.

137 Nach zutreffender hM ist § 293 Abs. 2 AktG sowohl auf **Gesellschaften anderer Rechtsform** als herrschende Gesellschaft als auch dem Fall, dass die Untergesellschaft eine GmbH ist, analog anzuwenden.²⁷³

138 e) **Informationspflichten der vertragschließenden Parteien, Vorbereitung der Hauptversammlung.** Die §§ 293a–293g AktG sind mit dem Gesetz zur Bereinigung des Umwandlungsrechts vom 28.10.1994 in das AktG eingefügt worden und dienen dem Zweck, die zur Zustimmung aufgerufenen Aktionäre effektiv zu informieren. Sie enthalten insbesondere detaillierte Bestimmungen betreffend einen vom Vorstand zu fertigenden Bericht über den Unternehmensvertrag, die Prüfung desselben durch sachverständige Vertragsprüfer sowie die Vorbereitung und Durchführung der über den Vertrag beschließenden Hauptversammlung. Ob und inwieweit die §§ 293a ff. AktG auch auf Vertragsparteien anderer Rechtsform entsprechende Anwendung finden ist streitig.²⁷⁴

139 *aa) Bericht über den Unternehmensvertrag (§ 293a Abs. 1 AktG).* Gem. § 293a Abs. 1 AktG hat der Vorstand einer jeden an einem Unternehmensvertrag beteiligten AG oder KGaA, soweit die Zustimmung von deren Hauptversammlung nach § 293 AktG zu dem Vertrag erforderlich ist, einen ausführlichen **schriftlichen Bericht** zu erstatten. In dem Bericht sind der Abschluss des Unternehmensvertrags, der Vertrag im Einzelnen und insbesondere die Art und Höhe des Ausgleichs und der Abfindung nach den §§ 304, 305 AktG rechtlich und wirtschaftlich zu erläutern und zu begründen. Auf besondere Schwierigkeiten bei der Bewertung der vertragschließenden Unternehmen sowie die Folgen für die Beteiligungen der Aktionäre ist im Bericht hinzuweisen. Nachteilige Tatsachen, deren Bekanntwerden geeignet ist, einem der vertragschließenden Unternehmen oder einem verbundenen Unternehmen einen nicht unerheblichen Nachteil zuzufügen, müssen dabei nicht in den Bericht aufgenommen werden (§ 293a Abs. 2 AktG). In einem solchen Fall sind jedoch die Gründe anzugeben, weswegen die Tatsachen nicht aufgenommen worden sind. Die Berichtspflicht entfällt, wenn alle Anteilsinhaber aller beteiligten Unternehmen auf die Erstattung des Berichts durch öffentlich beglaubigte Erklärung verzichten (§ 293a Abs. 3 AktG).

140 Seinem Wortlaut nach gilt die Berichtspflicht des § 293a AktG für alle Unternehmensverträge. Da die Anwendung dieser Vorschrift auf Unternehmensverträge iSd § 292 AktG kaum sachgerecht ist, fordern einige, solche Verträge aus dem Anwendungsbereich von § 293a

---

²⁶⁹ OLG München AG 1991, 358 (360); Hüffer/Koch/*Koch* AktG § 293 Rn. 12, 26; aA OLG Hamburg NJW 1990, 3024 (3025); *Emmerich/Habersack* § 293 Rn. 27.
²⁷⁰ Hüffer/Koch/*Koch* AktG § 293 Rn. 13; MüKoAktG/*Altmeppen* § 293 Rn. 35.
²⁷¹ *H. Wiedemann* ZGR 1980, 147 (156 f.); *Timm* ZGR 1987, 403 (426 ff.); *Emmerich* AG 1991, 303 (307).
²⁷² MüKoAktG/*Altmeppen* § 293 Rn. 47 ff. mwN; Spindler/Stilz/*Veil* AktG § 293 Rn. 24; *Raiser/Veil* § 62 Rn. 27.
²⁷³ BGHZ 105, 324 (333 ff.) = NJW 1989, 295 (297) – Supermarkt; BGH NJW 1992, 1452 (1453); MHdB GesR IV/*Krieger* § 71 Rn. 21; aA MüKoAktG/*Altmeppen* § 293 Rn. 33 mwN.
²⁷⁴ Zum Streitstand MüKoAktG/*Altmeppen* § 293a Rn. 12 ff. mwN; *Emmerich/Habersack* § 293a Rn. 10 ff.; *Altmeppen* ZIP 1998, 1853 (1857 ff.); *Bungert* DB 1995, 1449 (1452 ff.); *Humbeck* BB 1995, 1893 f.

AktG herauszunehmen.[275] Diese – rechtspolitisch wünschenswerten – Gesetzeskorrektur ist indes angesichts des eindeutigen Wortlautes der Vorschrift dem Gesetzgeber vorbehalten.[276] Allerdings dürfte die Berichtspflicht nur für Gesellschaften gelten, deren Hauptversammlungen dem Vertrag nach § 292 AktG zustimmen müssen, dh nur für diejenige Gesellschaft, die jeweils die vertragstypische Leistung erbringt.[277]

bb) Prüfung des Unternehmensvertrages (§§ 293b–293e AktG). Gem. § 293b Abs. 1 **141** AktG ist der Unternehmensvertrag für jede vertragschließende AG oder KGaA durch einen oder mehrere sachverständige Prüfer (**Vertragsprüfer**) zu prüfen, es sei denn, dass sich alle Aktien der abhängigen Gesellschaft in der Hand des herrschenden Unternehmens befinden. Über das Ergebnis der Prüfung haben die Vertragsprüfer schriftlich zu berichten und mit einer Erklärung darüber abzuschließen, ob der vorgeschlagene Ausgleich und die vorgeschlagene Abfindung angemessen sind (§ 293e Abs. 1 AktG). Sowohl auf die Prüfung als auch auf den Prüfungsbericht kann entsprechend § 293a Abs. 3 AktG verzichtet werden. Der Anwendungsbereich von § 293b AktG entspricht dem von § 293a AktG.[278]

cc) Hauptversammlung (§§ 293f, 293g AktG). Die §§ 293f, 293g AktG regeln die **Vorbe-** **142** **reitung und Durchführung** der Hauptversammlung, die über die Zustimmung zu einem Unternehmensvertrag beschließen soll. Die Vorschriften gelten sowohl für die Hauptversammlung der Unter- wie auch der Obergesellschaft, sofern auch letztere dem Unternehmensvertrag zuzustimmen hat.[279]

Gem. § 293f AktG sind von der Einberufung der Hauptversammlung an in den Ge- **143** schäftsräumen jeder beteiligten AG oder KGaA der Unternehmensvertrag, die Jahresabschlüsse und Lageberichte der vertragschließenden Unternehmen für die letzten drei Geschäftsjahre, die nach § 293a AktG erstatteten Berichte der Vorstände sowie die nach § 293e AktG erstatteten Berichte der Vertragsprüfer zur Einsicht der Aktionäre **auszulegen.**

Gemäß § 293g Abs. 1 AktG sind die vorgenannten Unterlagen auch in der Hauptver- **144** sammlung jeder beteiligten AG oder KGaA auszulegen. Der Vorstand hat den Unternehmensvertrag zu Beginn der Verhandlung mündlich zu **erläutern** (§ 293g Abs. 2 S. 1 AktG) und jedem Aktionär auf Verlangen **Auskunft** auch über alle für den Vertragsschluss wesentlichen Angelegenheiten des anderen Vertragsteils zu geben (§ 293g Abs. 3 AktG). Die hierzu erforderlichen Informationen über den Vertragspartner muss sich der Vorstand beschaffen.[280]

f) Zustimmung des Aufsichtsrates? Der Aufsichtsrat muss einem Unternehmervertrag nur **145** dann zustimmen, wenn dies in der Satzung oder durch einen Aufsichtsratsbeschluss bestimmt worden ist (§ 111 Abs. 4 S. 2 AktG). Verweigert der **Aufsichtsrat** seine Zustimmung, kann der Vorstand gem. § 111 Abs. 4 S. 3 AktG verlangen, dass die **Hauptsammlung** über die Zustimmung beschließt und so die fehlende Zustimmung des Aufsichtsrats überwindet. Die für den Beschluss erforderliche Mehrheit ist streitig. Nach einer Auffassung ist nur eine einfache Stimmen- und eine qualifizierte Kapitalmehrheit von drei Vierteln erforderlich, da diese auch gem. §§ 293 Abs. 1, 83 Abs. 1 S. 3 AktG ausreichend ist, den Vertrag zustande zu bringen.[281] Nach aA ist gem. § 111 Abs. 4 S. 4 AktG eine qualifizierte Stimmmehrheit notwendig.[282] Rechtsprechung fehlt zu diesem Streitstand.

g) Handelsregisteranmeldung, Eintragung, Wirksamwerden. *aa) Eintragung im Handels-* **146** *register.* Weitere Voraussetzung für das Wirksamwerden eines Unternehmensvertrages ist dessen Eintragung in das Handelsregister (§ 294 Abs. 2 AktG). Der Vorstand der sich ver-

---

[275] MüKoAktG/*Altmeppen* § 293a Rn. 6; Spindler/Stilz/*Veil* AktG § 293a Rn. 4.
[276] So auch Hüffer/Koch/*Koch* AktG § 293a Rn. 7.
[277] Hüffer/Koch/*Koch* AktG § 293a Rn. 7.
[278] Vgl. dazu → Rn. 148.
[279] MüKoAktG/*Altmeppen* § 293f Rn. 1, § 293g Rn. 1; Hüffer/Koch/*Koch* AktG § 293f Rn. 1, § 293g Rn. 1.
[280] OLG Koblenz ZIP 2001, 1093 (1094); 2001, 1095 (1098); Emmerich/Habersack § 293g Rn. 14.
[281] MüKoAktG/*Altmeppen* § 293 Rn. 12; KölnKommAktG/*Koppensteiner* § 293 Rn. 6, 8; Spindler/Stilz/ *Veil* AktG § 293 Rn. 4.
[282] Hüffer/Koch/*Koch* AktG § 293 Rn. 25; MHdB GesR IV/*Krieger* § 71 Rn. 14; noch enger Emmerich/ Habersack § 293 Rn. 34.

pflichtenden Gesellschaft hat hierzu das Bestehen und die Art des Unternehmensvertrages sowie den Namen des anderen Vertragsteils zur Eintragung in das Handelsregister anzumelden (§ 294 Abs. 1 S. 1 AktG). Bei Abschluss eines Vertrages über eine Gewinngemeinschaft hat der Vorstand jeder beteiligten Gesellschaft den Vertrag anzumelden.[283]

147 *bb) Wirksamwerden.* Gem. § 294 Abs. 2 AktG wird ein Unternehmensvertrag mit der Eintragung in das Handelsregister des Sitzes der anmeldenden Gesellschaft wirksam. Im Fall einer Gewinngemeinschaft kommt es für den Eintritt der Wirksamkeit des Vertrages auf die zeitlich letzte Eintragung des Unternehmensvertrages an.[284] Da der Eintragung keine heilende Wirkung zukommt, bleiben unwirksame oder nichtige Verträge jedoch trotz Eintragung unwirksam.[285]

148 Die Vereinbarung einer zeitlich **nach der Eintragung** liegenden erstmaligen Wirksamkeit ist nach zutreffender hM zulässig.[286] Das Gleiche gilt im Grundsatz für die Vereinbarung eines **rückwirkenden** Unternehmensvertrages.[287]

149 Eine **Ausnahme** hiervon dürfte allerdings für **Beherrschungsverträge** gelten, da es eine rückwirkende Unterstellung unter fremde Leitung tatsächlich nicht geben kann und eine entsprechende Vertragsregelung darauf hinausliefe, die für den faktischen Konzern geltenden Vorschriften durch die §§ 308 ff. AktG zu ersetzen, ohne dass tatsächlich ein Vertrag und die mit ihm verbundene Publizität bestanden hat.[288]

150 Ferner wird die Rückwirkung von Gewinnabführungsverträgen von der hM nur für frühere Geschäftsjahre zugelassen, für die ein Jahresabschluss noch nicht festgestellt worden ist.[289] Steuerrechtlich wirkt die Einkommenszurechnung der Untergesellschaft (Organgesellschaft) zur Obergesellschaft (Organträger) erstmals für das Kalenderjahr, in dem das Wirtschaftsjahr der Organgesellschaft endet, in dem der Gewinnabführungsvertrag wirksam wird, § 14 Abs. 1 S. 2 KStG.[290]

2. Änderung von Unternehmensverträgen

151 Gem. § 295 Abs. 1 AktG kann ein Unternehmensvertrag nur mit der **Zustimmung der Hauptversammlung** der zur vertragstypischen Leistung verpflichteten Gesellschaft geändert werden. Die §§ 293–294 AktG gelten hierfür sinngemäß. Im Fall der Änderung eines Beherrschungs- oder Gewinnabführungsvertrages ist zur Vertragsänderung gemäß §§ 293 Abs. 2, 295 Abs. 1 S. 2 AktG auch die Zustimmung der Hauptversammlung der Obergesellschaft erforderlich. Bei **Gesamtrechtsnachfolge**, insbesondere bei der **Verschmelzung**, liegt **keine Vertragsänderung** vor.[291]

152 Die Zustimmung der Hauptversammlung bedarf, um wirksam zu werden, ferner eines **Sonderbeschlusses** der außenstehenden Aktionäre wenn Vertragsbestimmungen geändert werden, die zur Leistung eines Ausgleiches an diese (§ 304 AktG) oder zum Erwerb ihrer Aktien (§ 305 AktG) verpflichten (§ 295 Abs. 2 S. 1 AktG). Für den Sonderbeschluss gilt § 293 Abs. 1 S. 2 und 3 AktG. Jedem außenstehenden Aktionär ist in der Versammlung, die über die Zustimmung beschließt, auf Verlangen auch über alle für die Änderung wesentlichen Angelegenheiten des anderen Vertragsteils Auskunft zu geben (§ 295 Abs. 2 S. 3 AktG).

---

[283] MüKoAktG/*Altmeppen* § 294 Rn. 14.
[284] *Emmerich/Habersack* § 294 Rn. 27; MüKoAktG/*Altmeppen* § 294 Rn. 42.
[285] Hüffer/Koch/*Koch* AktG § 294 Rn. 17; *Emmerich/Habersack* § 294 Rn. 26.
[286] Spindler/Stilz/*Veil* AktG § 294 Rn. 25; KölnKommAktG/*Koppensteiner* § 294 Rn. 30.
[287] Hüffer/Koch/*Koch* AktG § 294 Rn. 18; MüKoAktG/*Altmeppen* § 294 Rn. 57; vgl. auch RegBegr. *Kropff* S. 383 f.
[288] OLG Hamburg NJW 1990, 521; 1990, 3024 – Texaco/RWE-DEA; OLG Karlsruhe AG 1994, 283; OLG München ZIP 1992, 327 (330); KölnKommAktG/*Koppensteiner* § 294 Rn. 34; MHdB GesR IV/*Krieger* § 71 Rn. 59; offengelassen in BGHZ 122, 211 (223); aA MüKoAktG/*Altmeppen* § 294 Rn. 57 ff.
[289] OLG Hamburg NJW 1990, 3024 – Texaco/RWE-DEA; LG Kassel AG 1997, 239; KölnKommAktG/*Koppensteiner* § 294 Rn. 32; Hüffer/Koch/*Koch* AktG § 294 Rn. 20; MüKoAktG/*Altmeppen* § 294 Rn. 60 ff.; aA OLG München AG 1991, 358 (359); einschränkend nur für noch nicht abgelaufenes Geschäftsjahr *Emmerich/Habersack* § 294 Rn. 29.
[290] Streck/*Olbing* KStG § 14 Rn. 101.
[291] Hüffer/Koch/*Koch* AktG § 295 Rn. 6; MüKoAktG/*Altmeppen* § 295 Rn. 16.

3. Die Beendigung von Unternehmensverträgen

Die §§ 296–298 AktG regeln die Beendigung von Unternehmensverträgen, wobei die im AktG enthaltene Regelung nur unvollständig ist. 153

a) Aufhebung von Unternehmensverträgen. Gem. § 296 Abs. 1 S. 1 AktG kann ein Unternehmensvertrag nur zum Ende des Geschäftsjahres oder des sonst vertraglich bestimmten Abrechnungszeitraumes aufgehoben werden. Eine rückwirkende Aufhebung ist unzulässig (§ 296 Abs. 1 S. 2 AktG). Die Aufhebung bedarf der Schriftform (§ 296 Abs. 1 S. 3 AktG). 154

In Abgrenzung zur Vertragsänderung bedeutet Aufhebung die vollständige Beendigung der unternehmensvertraglichen Bindung durch übereinstimmende Erklärung der Vertragsparteien.[292] Ist ein **Aufhebungszeitpunkt** nicht ausdrücklich vereinbart worden, ist idR von der Aufhebung zum nächstmöglichen Beendigungstermin auszugehen.[293] Die Vereinbarung eines gem. § 296 Abs. 1 S. 1 oder 2 AktG unzulässigen Aufhebungszeitpunktes ist wegen Verstoßes gegen § 134 BGB nichtig. In diesem Fall ist der Aufhebungsvertrag jedoch regelmäßig in eine Aufhebung zum nächstzulässigen Termin umzudeuten.[294] Nur wenn dies nicht möglich ist, beurteilt sich die Wirksamkeit des Vertrages iÜ nach § 139 BGB. 155

Die Aufhebung eines Unternehmensvertrages ist eine **Geschäftsführungsmaßnahme** und fällt in die Zuständigkeit des **Vorstands**.[295] Die Notwendigkeit, die Hauptversammlung mit der Aufhebung des Unternehmensvertrages zu befassen, besteht anders als bei Abschluss oder Änderung eines Unternehmensvertrages nicht. Verpflichtet der Vertrag zur Leistung eines Ausgleichs an die außenstehenden Aktionäre (§ 304 AktG) oder zum Erwerb ihrer Aktien (§ 305 AktG), kann dieser jedoch nur aufgehoben werden, wenn die außenstehenden Aktionäre durch einen Sonderbeschluss zustimmen (§§ 293 Abs. 1 S. 2, 3, 295 Abs. 2 S. 3, 296 Abs. 2 AktG). Der Sonderbeschluss ist Wirksamkeitsvoraussetzung für den Aufhebungsvertrag.[296] 156

b) Kündigung von Unternehmensverträgen. Im AktG ist die Kündigung von Unternehmensverträgen nicht abschließend geregelt. § 297 Abs. 1 und 2 AktG regeln diesbezüglich lediglich die Zulässigkeit der Kündigung aus wichtigem Grund sowie einen Einzelaspekt der ordentlichen Kündigung.[297] Gem. § 297 Abs. 3 AktG bedürfen beide Arten der Kündigung der Schriftform. 157

aa) Ordentliche Kündigung, Befristung von Unternehmensverträgen. Die Voraussetzungen für die **ordentliche Kündigung** eines Unternehmensvertrages sind im AktG nicht geregelt. Aus § 297 Abs. 2 AktG, der bestimmt, dass der Vorstand der (abhängigen) Gesellschaft einen Unternehmensvertrag, der zur Leistung eines Ausgleichs an die außenstehenden Aktionäre (§ 304 AktG) oder zum Erwerb ihrer Aktien (§ 305 AktG) verpflichtet, ohne wichtigen Grund nur kündigen kann, wenn die außenstehenden Aktionäre dem durch einen Sonderbeschluss zustimmen, ergibt sich jedoch, dass der Gesetzgeber eine ordentliche Kündigung von Unternehmensverträgen grundsätzlich für zulässig hält. Die ordentliche Kündigung eines Unternehmensvertrages kommt immer dann in Betracht, wenn sie vertraglich geregelt ist.[298] 158

Fehlt es an einem vertraglich vereinbarten **ordentlichen Kündigungsrecht**, ist zwischen Unternehmensverträgen iSv § 291 AktG und solchen iSv § 292 AktG zu unterscheiden.[299] 159

Mangels gesetzlicher Regelung besteht bei **Beherrschungs- und Gewinnabführungsverträgen (§ 291 AktG)** nach hM **kein Recht zur ordentlichen Kündigung**.[300]

---

[292] *Emmerich/Habersack* § 296 Rn. 5; MüKoAktG/*Altmeppen* § 296 Rn. 4 ff.
[293] *Spindler/Stilz/Veil* AktG § 296 Rn. 4.
[294] MüKoAktG/*Altmeppen* § 296 Rn. 25; MHdB GesR IV/*Krieger* § 71, Rn. 196.
[295] *Emmerich/Habersack* § 296 Rn. 8; vgl. auch RegBegr. *Kropff* S. 385.
[296] KölnKommAktG/*Koppensteiner* § 296 Rn. 10.
[297] Hüffer/Koch/*Koch* AktG § 297 Rn. 1 f., 10; *Emmerich/Habersack* § 297 Rn. 1.
[298] *Spindler/Stilz/Veil* AktG § 297 Rn. 23; MHdB GesR IV/*Krieger* § 71 Rn. 198.
[299] MüKoAktG/*Altmeppen* § 297 Rn. 67; Hüffer/Koch/*Koch* AktG § 297 Rn. 12.
[300] KölnKommAktG/*Koppensteiner* § 297 Rn. 6; MHdB GesR IV/*Krieger* § 71198; aA *Hüchting* S. 115; *Kley* S. 57 f.; *Timm* DB 1993, 569 (570 f.).

160 Etwas anderes gilt bei Verträgen iSd § 292 AktG, bei denen bei Fehlen von vertraglichen Regelungen subsidiär die jeweiligen Vorschriften des BGB bzw. des HGB eingreifen.[301] So gilt bei einer **Gewinngemeinschaft** als GbR das **Kündigungsrecht** gem. § 723 BGB, für die Kündigung eines **Betriebspacht- oder Betriebsüberlassungsvertrages** gelten die §§ 584, 594a BGB und für die Kündigung von **Betriebsführungsverträgen** gilt je nach Sachlage § 627 BGB oder § 671 BGB.[302] Bei einem Teilgewinnabführungsvertrag kommt es auf die Rechtsnatur des diesem zugrundeliegenden Vertrages an. Handelt es sich um eine stille Beteiligung, ergibt sich das Kündigungsrecht aus den §§ 132, 134, 234 HGB, § 723 BGB.[303]

161 Das Vorliegen eines **Sonderbeschlusses** der außenstehenden Aktionäre (§ 297 Abs. 2 AktG) ist Wirksamkeitsvoraussetzung für die ordentliche Kündigung eines Unternehmensvertrages durch die abhängige Gesellschaft, wenn der Vertrag Ausgleichs- und Abfindungsansprüche für diese vorsieht.[304] Für die ordentliche Kündigung durch den herrschenden Vertragsteil gilt § 297 Abs. 2 AktG hingegen nicht.[305]

162 Die **Kündigungsfrist** bestimmt sich regelmäßig nach der jeweils vertraglich getroffenen Regelung. Fehlt eine Abrede über die Kündigungsfrist, so sind bei Verträgen iSv § 292 AktG die Vorschriften des BGB im jeweiligen Geltungsbereich anwendbar.[306] Da bei Beherrschungs- und Gewinnführungsverträgen wegen ihres strukturändernden Charakters nicht einfach auf § 723 Abs. 2 BGB zurückgegriffen werden kann, sollte die **Kündigungsfrist** in Analogie zu § 132 HGB bestimmt werden und dementsprechend mindestens 6 Monate betragen.[307]

163 Für den **Kündigungstermin** gilt ebenfalls Vertragsfreiheit.[308] Vereinbaren die Parteien nichts, bietet sich bei Beherrschungs- und Gewinnabführungsverträgen auch hier die analoge Anwendung des § 132 HGB oder des § 296 Abs. 1 S. 1 AktG an, so dass sie mangels abweichender Vertragsregelung nur mit einer Frist von sechs Monaten zum Ende eines Geschäftsjahres gekündigt werden können.[309]

164 *bb) Außerordentliche Kündigung.* § 297 Abs. 1 S. 1 AktG regelt das Recht, einen Unternehmensvertrag aus wichtigem Grund ohne Einhaltung einer Kündigungsfrist zu kündigen. Ein Sonderbeschluss der außenstehenden Aktionäre ist für die außerordentliche Kündigung nicht erforderlich (§ 297 Abs. 2 AktG).

165 Ein **wichtiger Grund** liegt gem. § 297 Abs. 1 S. 2 AktG namentlich vor, wenn der andere Vertragsteil voraussichtlich nicht in der Lage sein wird, seine auf Grund des Vertrags bestehenden Verpflichtungen zu erfüllen. Im Übrigen besteht ein wichtiger Kündigungsgrund immer dann, wenn der kündigenden Vertragspartei infolge einer nicht zu ihrer Risikosphäre gehörenden Veränderung der Verhältnisse die Fortsetzung des Vertrages bis zum Ablauf der ordentlichen Kündigungsfrist oder bis zum vereinbarten Beendigungstermin nach den Umständen des Einzelfalles unter Abwägung der Interessen der Parteien nicht mehr zuzumuten ist.[310]

166 **Beispiele** für einen wichtigen Grund in diesem Sinne können je nach Lage des Einzelfalls schwerwiegende Vertragsverletzungen, wie zB die ernsthafte und endgültige Erfüllungsverweigerung, die wiederholte Erteilung von nach § 308 AktG unzulässigen Weisungen oder die Anordnung der Kartellbehörde, einen vollzogene Zusammenschluss aufzulösen, sein.[311] Die Eröffnung des Insolvenzverfahrens führt zur automatischen Beendigung von Beherr-

---

[301] MüKoAktG/*Altmeppen* § 297 Rn. 72; Hüffer/Koch/*Koch* AktG § 297 Rn. 14.
[302] Spindler/Stilz/*Veil* AktG § 297 Rn. 22; aA MüKoAktG/*Altmeppen* § 297 Rn. 72 (Anwendung des § 584 BGB).
[303] KölnKommAktG/*Koppensteiner* § 297 Rn. 5; Emmerich/Habersack § 297 Rn. 5.
[304] Spindler/Stilz/*Veil* AktG § 297 Rn. 26.
[305] BGHZ 122, 211 (232 f.) = NJW 1993, 1976 (1981) – SSI; Hüffer/Koch/*Koch* AktG § 297 Rn. 18.
[306] MüKoAktG/*Altmeppen* § 297 Rn. 75 f.; Emmerich/Habersack § 297 Rn. 11.
[307] HM; vgl. KölnKommAktG/*Koppensteiner* § 297 Rn. 6; MHdB GesR IV/*Krieger* § 71 Rn. 199.
[308] BGHZ 122, 211 (228 ff.) = NJW 1993, 1976 (1980) – SSI; MüKoAktG/*Altmeppen* § 297 Rn. 78 f.
[309] Hüffer/Koch/*Koch* AktG § 297 Rn. 16.
[310] BGHZ 122, 211 (227) = NJW 1993, 1976 (1980) SS I; Emmerich/Habersack § 297 Rn. 19; Spindler/Stilz/*Veil* § 297 Rn. 10 f.
[311] MüKoAktG/*Altmeppen* § 297 Rn. 19 ff., 43 f. mwN; Hüffer/Koch/*Koch* AktG § 297 Rn. 6.

schungs- und Gewinnabführungsverträgen nach § 291 AktG.[312] Für sonstige Unternehmensverträge dürfte mit Eröffnung des Insolvenzverfahrens jedenfalls ein Kündigungsrecht wegen Vorliegens eines wichtigen Grundes bestehen.[313] Einen besonderen Grund für eine fristlose Kündigung sehen ferner die §§ 304 Abs. 5, 305 Abs. 5 S. 5 AktG für das herrschende Unternehmen in dem Fall vor, dass ein Gericht den Ausgleich oder die Abfindung festsetzt.

Veräußert das herrschende Unternehmen seine Beteiligung am abhängigen Unternehmen, so dürfte das beherrschte Unternehmen, nicht aber das herrschende Unternehmen, welches diese Situation selbst zu verantworten hat, zur außerordentlichen Kündigung berechtigt sein.[314] Kein wichtiger Grund liegt auch bei kurzfristigen Leistungsstörungen beim anderen Vertragsteil vor.[315]

Es ist allerdings zulässig, **weitere außerordentliche Kündigungsgründe** zu vereinbaren, die an sich keinen wichtigen Grund darstellen.[316] Der Sache nach handelt es sich hierbei um die Vereinbarung eines ordentlichen Kündigungsrechts mit einem von § 296 Abs. 1 S. 1 AktG abweichenden Beendigungszeitpunkt.[317] Da die Rechte der außenstehenden Aktionäre (§ 297 Abs. 2 AktG) durch die Vereinbarung eines eigentlich nicht wichtigen Grundes als außerordentlichen Kündigungsgrund nicht umgangen werden dürfen, ist § 297 Abs. 2 AktG in diesen Fällen entsprechend anzuwenden.[318]

In der **Praxis** ist es daher zu empfehlen, ein außerordentliches Kündigungsrecht der herrschenden Gesellschaft für den Fall der **Veräußerung** der abhängigen Gesellschaft aufzunehmen[319] und im Falle der Veräußerung zu prüfen, ob dies nach materiellem Aktienrecht eine zulässige vertraglich vereinbarte ordentliche Kündbarkeit begründet oder zumindest einen hinreichenden Grund für eine außerordentliche Kündigung darstellt; bestehen hieran Zweifel, sollten die Rechte außenstehender Aktionäre gemäß § 297 Abs. 2 AktG geschützt werden. Zudem sollte für den Fall der Veräußerung der Beteiligung aus **steuerlichen Gründen** im Zweifel auch eine **einvernehmliche Vertragsaufhebung** vorgenommen werden.[320]

c) **Weitere Beendigungsgründe**.[321] Weitere Beendigungsgründe sind zB der **Zeitablauf** bei befristeten Verträgen,[322] die **nachträgliche Beteiligung** eines außenstehenden Aktionärs, wenn die Gesellschaft im Zeitpunkt der Beschlussfassung über einen Beherrschungs- oder Gewinnabführungsvertrag keinen außenstehenden Aktionär hatte (§ 307 AktG), die **Eingliederung** der abhängigen Gesellschaft in das herrschende Unternehmen.[323] Im Falle der **Verschmelzung** gilt folgendes: Wird die **Obergesellschaft** verschmolzen, tritt nach hM die

---

[312] HM; vgl. BGHZ 103, 1 (6 f.); BayObLGZ 1998, 231 (234); MüKoAktG/*Altmeppen* § 297 Rn. 43; *Emmerich/Habersack* § 297 Rn. 52b; aA etwa BFHE 90, 370 (373).
[313] Zu Einzelheiten vgl. MüKoAktG/*Altmeppen* § 297 Rn. 42 ff.; differenzierend *Emmerich/Habersack* § 297 Rn. 52b.
[314] OLG Oldenburg NZG 2000, 1138 (1140); OLG Düsseldorf AG 1995, 137 (138) – GmbHR 1994, 805 (806 f.) – Rüttgers Werke; Hüffer/Koch/*Koch* AktG § 297 Rn. 7; *Emmerich/Habersack* § 297 Rn. 24; aA LG Bochum GmbHR 1987, 24 (25); MüKoAktG/*Altmeppen* § 297 Rn. 29 f.; MHdB GesR IV/*Krieger* § 71 Rn. 202; Schmidt/Lutter/*Langenbucher* § 297 Rn. 8; *Schwarz* DNotZ 1996, 68 (71); s. auch *Hahn* DStR 2009, 589 ff. zu den Divergenzen zwischen zivilrechtlichen und steuerlichen Kündigungsgründen.
[315] Hüffer/Koch/*Koch* AktG § 297 Rn. 7.
[316] Ganz hM; vgl. BGHZ 122, 211 (230) = NJW 1993, 1176 (1980) – SSI; OLG München AG 1991, 358 (360); MüKoAktG/*Altmeppen* § 297 Rn. 49 f.; *Emmerich/Habersack* § 297 Rn. 17; Hüffer/Koch/*Koch* AktG § 297 Rn. 8; aA KölnKommAktG/*Koppensteiner* § 297 Rn. 20.
[317] BGHZ 122, 211 (229 f.) – NJW 1993, 1176 (1980) – SSI; MHdB GesR IV/*Krieger* § 71 Rn. 203.
[318] BGHZ 122, 211 (232 f.) – NJW 1993, 1976 (1981) – SSI; Hüffer/Koch/*Koch* AktG § 297 Rn. 8; MHdB GesR IV/*Krieger* § 71 Rn. 203.
[319] S. *Hahn* DStR 2009, 589 ff., der im Wege der Abwägung die steuerrechtlichen Anforderungen gegenüber den zivilrechtlichen Bedenken durchschlagen lässt.
[320] S. Streck/*Olbing* KStG § 14 Rn. 105; zu den steuerlichen Risiken bei Beendigung eines Gewinnabführungsvertrags vgl. *Hentzen* NZG 2008, 201; *Paschos/Goslar* Der Konzern 2006, 479; zu Umwandlungsfällen *Gelhausen/Heinz* NZG 2005, 775.
[321] Übersicht: MüKoAktG/*Altmeppen* § 297 Rn. 89 ff. mwN; Hüffer/Koch/*Koch* AktG § 297 Rn. 22 f.
[322] *Emmerich/Habersack* § 297 Rn. 33; Spindler/Stilz/*Veil* AktG § 297 Rn. 31.
[323] MüKoAktG/*Altmeppen* § 297 Rn. 141 mwN; *Emmerich/Habersack* § 297 Rn. 34 ff.

aufnehmende Gesellschaft an die Stelle der bisherigen Vertragspartei.[324] Geht die **Untergesellschaft** im Wege der Verschmelzung auf einen anderen Rechtsträger unter, ist zu unterscheiden: ein Beherrschungs- oder Gewinnabführungsvertrag endet, ein Betriebspachtvertrag kann als einfacher zivilrechtlicher Vertrag fortbestehen.[325]

171 d) **Rechtsfolgen der Vertragsbeendigung.** Mit Eintritt des jeweils maßgeblichen Beendigungszeitpunktes enden die vertraglichen Rechte und Pflichten der Parteien. Bei Abschluss eines **Aufhebungsvertrages** ist dies der Eintritt des Aufhebungszeitpunkts. Bei Ausspruch einer **außerordentlichen Kündigung** endet der Vertrag mit sofortiger Wirkung mit Zugang der Erklärung (§ 130 BGB).[326] Die **ordentliche Kündigung** wird, wenn zu ihrer Wirksamkeit ein Sonderbeschluss gem. § 297 Abs. 2 AktG erforderlich ist, nur dann zum vereinbarten oder gesetzlich geregelten Kündigungstermin wirksam, wenn der Sonderbeschluss schon gefasst ist. Ansonsten endet der Vertrag erst, wenn der Beschluss nachfolgt.

172 Die Vertragsbeendigung ist vom Vertretungsorgan der abhängigen Gesellschaft unverzüglich zur Eintragung in das **Handelsregister** anzumelden (§ 298 AktG). Die Eintragung der Vertragsbeendigung hat im Gegensatz zum Vertragsschluss jedoch nur **deklaratorische** Bedeutung.[327]

173 Bei Beendigung eines Beherrschungs- oder Gewinnabführungsvertrages entsteht die Verpflichtung des anderen Vertragsteils zur **Sicherheitsleistung** (§ 303 AktG).[328] Daneben ist das herrschende Unternehmen nach § 302 AktG letztmalig zum Ausgleich des Jahresfehlbetrages bzw. – bei unterjähriger Beendigung des Vertrages – zum Verlustausgleich für den Zeitraum bis zur Vertragsbeendigung verpflichtet. In der **Praxis** stellt sich dabei häufig die Frage, nach welchen Regeln die Zwischenbilanz aufzustellen ist. Ist das abhängige Unternehmen bei Beendigung des Beherrschungsvertrages nicht mehr lebensfähig, so ist nicht nach dem going-concern-Prinzip, sondern nach Liquidationsgrundsätzen zu bewerten (§ 252 Abs. 1 Nr. 2 HGB), was zu hohen Verlustausgleichsverpflichtungen des herrschenden Unternehmens führen kann.[329]

174

Checkliste: Abschluss eines Unternehmensvertrages

☐ Vertragsschluss
- Zuständigkeit: jeweiliges Vertretungsorgan der Vertragspartner (§ 293 AktG).
- Mindestinhalt: abhängig von Vertragstyp.
- Form: Schriftform.
- Zeitpunkt: Abschluss kann Zustimmung der Hauptversammlung gem. § 293 AktG (s. II., III.) vorausgehen oder nachfolgen.

☐ Zustimmung der Hauptversammlung der Untergesellschaft (§ 293 AktG):
- Bericht über den Unternehmensvertrag (§ 293a AktG).
- Prüfung des Unternehmensvertrages (§§ 293b–293e AktG).
- Vorbereitung und Zustimmung der Hauptversammlung.
  – Vorbereitung der Hauptversammlung (§ 293f AktG).
  – Durchführung der Hauptversammlung (§ 293g AktG).
  – Zustimmung der Hauptversammlung (§ 293 Abs. 1 AktG). Mehrheit von mindestens drei Viertel des bei der Beschlussfassung vertretenen Grundkapitals erforderlich, sofern Satzung nicht mehr verlangt.

---

[324] KölnKommAktG/*Koppensteiner* § 295 Rn. 8; MüKoAktG/*Altmeppen* § 297 Rn. 125; jeweils mwN.
[325] *Emmerich/Habersack* § 297 Rn. 39; Hüffer/Koch/*Koch* AktG § 295 Rn. 6; jeweils mwN.
[326] In diesem Fall wird der Vertrag aus steuerlicher Sicht nicht für das gesamte Geschäftsjahr "tatsächlich durchgeführt"; es wir daher zT empfohlen, die Kündigung aus wichtigem Grund zum Ende des Wirtschaftsjahres der abhängigen Unternehmens auszusprechen, Streck/*Olbing* KStG § 14 Rn. 113.
[327] Vgl. BGHZ 116, 37 (43); Spindler/Stilz/*Veil* AktG § 298 Rn. 1; KölnKommAktG/*Koppensteiner* § 298 Rn. 2.
[328] Siehe dazu → Rn. 67; zu den steuerlichen Folgen einer unterjährigen Beendigung einer Organschaft → § 56 (Steuerliche Organschaft – Julia Schlösser), Rn. 21 f.
[329] Hierzu allgemein MüKoAktG/*Altmeppen* § 302 Rn. 41 ff.

§ 53 Unternehmensverträge 175 **§ 53**

- ☐ Ggf. Zustimmung der Hauptversammlung der herrschenden Gesellschaft (§ 293 Abs. 2 AktG)
  Nur erforderlich bei Abschluss eines Beherrschungs- oder Gewinnabführungsvertrages. Im Übrigen s. II.

- ☐ Ggf. Zustimmung des Aufsichtsrates (§ 111 Abs. 4 S. 2 AktG)
  Nur erforderlich, wenn in der Satzung oder durch einen Aufsichtsratsbeschluss bestimmt.

- ☐ Handelsregisteranmeldung, Wirksamwerden (§ 294 AktG)
  - Anmeldung: Das Bestehen und die Art des Unternehmensvertrages ist durch den Vorstand der die vertragstypische Leistung erbringenden Gesellschaft beim Handelsregister anzumelden.
  - Wirksamwerden: Der Unternehmensvertrag wird mit Eintragung im Handelsregister wirksam.

- ☐ Zusammenschlusskontrolle
  Ggf. Anmeldung des Vertragsschlusses beim Bundeskartellamt bzw. der Kommission und ggf. weiteren ausländischen Kartellbehörden.

VI. Anhang: Vertragsmuster

Muster: Gewinnabführungsvertrag

Gewinnabführungsvertrag

zwischen
der (herrschenden) AG

[......] – nachfolgend „HAG" –

und
der (abhängigen) AG

[......] – nachfolgend „AAG" –

§ 1 Gewinnabführung

(1) Die AAG verpflichtet sich, ihren ganzen Gewinn an die HAG abzuführen. Gewinn ist der nach den handelsrechtlichen Vorschriften ohne die Gewinnabführung entstehende ganze Jahresüberschuss, abzüglich (i) der nach Absatz 2 zu bildenden Gewinnrücklagen, (ii) des Betrags, der nach § 300 AktG in die gesetzlichen Rücklagen einzustellen ist, und (iii) des nach § 268 Abs. 8 HGB ausschüttungsgesperrten Betrags sowie (iv) des Verlustvortrags aus dem Vorjahr. Die Gewinnabführung darf den in § 301 AktG genannten Betrag nicht überschreiten. § 301 AktG findet in seiner jeweils gültigen Fassung Anwendung.

(2) Die AAG darf Beträge aus dem Jahresüberschuss insoweit in andere Gewinnrücklagen im Sinne des § 272 Abs. 3 S. 2 HGB einstellen, als dies handelsrechtlich zulässig und bei vernünftiger kaufmännischer Betrachtung wirtschaftlich begründet ist. Kapitalrücklagen, vorvertragliche Gewinnrücklagen und ein Gewinnvortrag, der aus der Zeit vor dem Beginn dieses Vertrags stammt, dürfen nicht als Gewinn abgeführt werden oder zum Ausgleich eines Jahresfehlbetrags verwendet werden.

(3) Die Verpflichtung zur Gewinnabführung gilt erstmals für das gesamte Wirtschaftsjahr, in dem dieser Vertrag wirksam wird. Der Anspruch auf Gewinnabführung entsteht jeweils am Schluss eines Wirtschaftsjahres der AAG und wird mit Feststellung des Jahresabschluss der AAG fällig. Der Anspruch ist ab Fälligkeit mit 4 % p. a. zu verzinsen.

§ 2 Verlustübernahme

(1) Die HAG verpflichtet sich, den sonst entstehenden Jahresfehlbetrag der AAG, soweit er nicht dadurch ausgeglichen wird, dass den während der Vertragsdauer gebildeten anderen Gewinnrücklagen Beträge entnommen werden, gemäß den Vorschriften des § 302 AktG in der jeweils gültigen Fassung auszugleichen.

(2) Die Verpflichtung zur Verlustübernahme entsteht erstmals für das gesamte Wirtschaftsjahr in dem dieser Vertrag wirksam wird. Der Anspruch auf Verlustübernahme entsteht jeweils am Schluss eines Wirtschaftsjahres der AAG und wird mit Feststellung des Jahresabschluss der AAG fällig. Der Anspruch ist ab Fälligkeit mit 4 % p. a. zu verzinsen.

§ 3 Ausgleich

(1) Die HAG garantiert den außenstehenden Aktionären der AAG während der Dauer des Vertrages als angemessenen festen Ausgleich für jedes volle Geschäftsjahr der AAG für jede Aktie der AAG im Nennbetrag von EUR [......] als Gewinnanteil die Zahlung von EUR [......] . Der Ausgleichsanspruch ist fällig am Tag nach der ordentlichen Hauptversammlung der HAG. Die Ausgleichszahlung wird erstmals für das mit dem [......] beginnende Geschäftsjahr der AAG gewährt. Endet der Vertrag im Laufe eines Geschäftsjahres oder wird für den Zeitraum, für den die Gewinnabführungspflicht besteht, ein Rumpfwirtschaftsjahr gebildet, besteht der Ausgleichsanspruch nur zeitanteilig.

(2) Wird das Grundkapital der AAG aus Gesellschaftsmitteln gegen Ausgabe neuer Aktien erhöht, vermindert sich der Ausgleich je Aktie in dem Maße, dass der Gesamtbetrag des Ausgleichs unverändert bleibt.

(3) Wird das Grundkapital der AAG gegen Bareinlagen und Ausgabe neuer Aktien erhöht und machen außenstehende Aktionäre anlässlich dieser Kapitalerhöhung von ihrem Bezugsrecht Gebrauch, erstreckt sich die vorstehende Ausgleichsverpflichtung auch auf die von außenstehenden Aktionären bezogenen neuen Aktien. Entsprechendes gilt für außenstehende Neuaktionäre.

§ 4 Abfindung

(1) Die HAG ist verpflichtet, auf Verlangen eines außenstehenden Aktionärs der AAG dessen Aktien gegen eine Barabfindung von EUR [......] je Stückaktie zu erwerben.

(2) Die Kosten der Veräußerung der Aktien trägt die HAG.

(3) Die Verpflichtung zum Erwerb der Aktien nach Abs. 1 ist befristet und endet – vorbehaltlich Satz 2 – zwei Monate nach dem Tag, an dem die Eintragung des Bestehens dieses Vertrags im Handelsregister der AAG nach § 10 HGB als bekannt gemacht gilt. Im Falle einer Verlängerung der Frist wegen eines Antrags auf Bestimmung der Abfindung nach § 305 Abs. 4 S. 3 AktG endet die Frist zwei Monate nach dem Tag, an dem die Entscheidung über den zuletzt beschiedenen Antrag im elektronischen Bundesanzeiger bekannt gemacht worden ist.

(4) Wird bis zum Ablauf der in Abs. 3 bestimmten Frist das Grundkapital der AAG aus Gesellschaftsmitteln gegen Ausgabe neuer Aktien erhöht, vermindert sich die Abfindung je Aktie in dem Maße, dass der Gesamtbetrag der Abfindung unverändert bleibt.

§ 5 Ausgleichs- und Abfindungsergänzungsanspruch

Wird ein Spruchverfahren nach dem Spruchverfahrensgesetz eingeleitet und wird vom Gericht rechtskräftig ein höherer Ausgleich oder eine höhere Abfindung festgesetzt, als in diesem Vertrag vorgesehen, können die außenstehenden Aktionäre, auch wenn sie bereits Ausgleichs- oder Abfindungszahlungen erhalten haben, eine entsprechende Ergänzung der erhaltenen Beträge verlangen. Das Gleiche gilt, wenn sich die HAG gegenüber einem Aktionär der AAG in einem Vergleich zur Abwendung oder Beendigung eines Spruchverfahrens nach dem Spruchverfahrensgesetz zu einem höheren Ausgleich verpflichtet.

§ 6 Jahresabschluss

(1) Die AAG hat den Jahresabschluss zur Ermittlung des Gewinns bzw. des Verlustes nach den Grundsätzen ordnungsmäßiger Buchführung unter Beachtung der handels- und steuerrechtlichen Vorschriften und der Richtlinien der HAG aufzustellen und vor seiner Feststellung der HAG zur Kenntnisnahme und Abstimmung vorzulegen.

(2) Der Jahresabschluss der Organgesellschaft ist vor dem Jahresabschluss der Organträgerin aufzustellen und festzustellen.

§ 7 Wirksamwerden, Laufzeit, Vertragsbeendigung

(1) Dieser Vertrag wird unter dem Vorbehalt der Zustimmung der Hauptversammlungen der AAG sowie der HAG geschlossen. Er wird mit der Eintragung in das Handelsregister der AAG wirksam und gilt rückwirkend für die Zeit ab dem Beginn des Geschäftsjahres, in dem die Eintragung erfolgt.

(2) Der Vertrag ist auf unbestimmte Zeit geschlossen. Er kann von jeder der vertragschließenden Parteien zum Ende eines jeden Geschäftsjahres der AAG, schriftlich durch eingeschriebenen Brief mit einer Frist von sechs Monaten gekündigt werden, erstmals jedoch zum [......].

(3) Das Recht zur Kündigung aus wichtigem Grund ohne Einhaltung einer Kündigungsfrist bleibt unberührt. Als wichtiger Grund für eine Kündigung gilt insbesondere die vollständige Veräußerung oder Einbringung der von der HAG an der AAG gehaltenen Aktien. Die teilweise Veräußerung oder Einbringung der von der HAG an der AAG gehaltenen Aktien gilt als wichtiger Grund für eine Kündigung, wenn die HAG dadurch die für die finanzielle Eingliederung gem. § 14 Abs. 1 KStG erforderliche Mehrheit der Stimmrechte verliert.

§ 8 Teilunwirksamkeit

Falls einzelne Bestimmungen dieses Vertrages unwirksam sein sollten oder dieser Vertrag Lücken enthält, wird dadurch die Wirksamkeit der übrigen Bestimmungen nicht berührt. Anstelle einer unwirksamen Bestimmung ist diejenige wirksame Bestimmung zu vereinbaren, welche dem Sinn und Zweck der unwirksamen Bestimmung am nächsten kommt. Im Falle von Lücken ist diejenige Bestimmung zu vereinbaren, die dem entspricht, was nach Sinn und Zweck dieses Vertrages vereinbart worden wäre, hätte man die Angelegenheit von vornherein bedacht.

......
HAG

......
AAG

Muster: Beherrschungsvertrag

Beherrschungsvertrag

zwischen
der (herrschenden) GmbH,

– nachfolgend „HAG" –

und
der (abhängigen) AG

– nachfolgend „AAG" –

§ 1 Leitung und Weisungen

1. Die AAG unterstellt die Leitung ihres Unternehmens der HAG. Die HAG ist berechtigt, dem Vorstand der AAG hinsichtlich der Leitung der Gesellschaft Weisungen zu erteilen.
2. Weisungen können schriftlich, fernschriftlich, mündlich oder in anderer Form – zB per E-mail – erteilt werden. Mündliche oder in anderer Form erteilte Weisungen sind unverzüglich schriftlich oder fernschriftlich zu bestätigen.
3. Der Vorstand der AAG ist im Rahmen der gesetzlichen Vorschriften verpflichtet, die Weisungen der HAG zu befolgen (§ 308 Abs. 2 AktG).
4. Das Weisungsrecht erstreckt sich nicht darauf, diesen Vertrag zu ändern, aufrechtzuerhalten oder zu beenden (§ 299 AktG).

§ 2 Einsichts- und Auskunftsrecht

Die HAG ist jederzeit berechtigt, die Bücher und Geschäftsunterlagen der AAG einzusehen. Der Vorstand der AAG ist verpflichtet, der HAG jederzeit alle von der HAG gewünschten Auskünfte über sämtliche rechtlichen, geschäftlichen und verwaltungsmäßigen Angelegenheiten zu erteilen.

§ 3 Verlustübernahme

(1) Die HAG verpflichtet sich, den sonst entstehenden Jahresfehlbetrag der AAG, soweit er nicht dadurch ausgeglichen wird, dass den während der Vertragsdauer gebildeten anderen Gewinnrücklagen Beträge entnommen werden, gemäß den Vorschriften des § 302 AktG in der jeweils gültigen Fassung auszugleichen.

(2) Die Verpflichtung zur Verlustübernahme entsteht erstmals für das gesamte Wirtschaftsjahr in dem dieser Vertrag wirksam wird. Der Anspruch auf Verlustübernahme entsteht jeweils am Schluss eines Wirtschaftsjahres der AAG und wird mit Feststellung des Jahresabschluss der AAG fällig. Der Anspruch ist ab Fälligkeit mit 4 % p. a. zu verzinsen.

§ 4 Ausgleich,

(1) Die AG garantiert den außenstehenden Aktionären der AAG während der Dauer des Vertrages als angemessenen festen Ausgleich für jedes volle Geschäftsjahr der AAG für jede Aktie der AAG im Nennbetrag von [......] EUR als Gewinnanteil die Zahlung von [......] EUR. Der Ausgleichsanspruch ist fällig am Tag nach der ordentlichen Hauptversammlung der HAG. Die Ausgleichszahlung wird erstmals für das mit dem [......] beginnende Geschäftsjahr der AAG gewährt. Endet der Vertrag im Laufe eines Geschäftsjahres oder wird für den Zeitraum, für den die Gewinnabführungspflicht besteht, ein Rumpfwirtschaftsjahr gebildet, besteht der Ausgleichsanspruch nur zeitanteilig.

(2) Wird das Grundkapital der AAG aus Gesellschaftsmitteln gegen Ausgabe neuer Aktien erhöht, vermindert sich der Ausgleich je Aktie in dem Maße, dass der Gesamtbetrag des Ausgleichs unverändert bleibt.

(3) Wird das Grundkapital der AAG gegen Bareinlagen und Ausgabe neuer Aktien erhöht und machen außenstehende Aktionäre anlässlich dieser Kapitalerhöhung von ihrem Bezugsrecht Gebrauch, erstreckt sich die vorstehende Ausgleichsverpflichtung auch auf die von außenstehenden Aktionären bezogenen neuen Aktien. Entsprechendes gilt für außenstehende Neuaktionäre.

§ 5 Abfindung

(1) Die HAG ist verpflichtet, auf Verlangen eines außenstehenden Aktionärs der AAG dessen Aktien gegen eine Barabfindung von[......] EUR je Stückaktie zu erwerben.

(2) Die Kosten der Veräußerung der Aktien trägt die HGmbH.

(3) Die Verpflichtung zum Erwerb der Aktien nach Abs. 1 ist befristet und endet – vorbehaltlich Satz 2 – zwei Monate nach dem Tag, an dem die Eintragung des Bestehens dieses Vertrags im Handelsregister der AAG nach § 10 HGB als bekannt gemacht gilt. Im Falle einer Verlängerung der Frist wegen eines Antrags auf Bestimmung der Abfindung nach § 305 Abs. 4 S. 3 AktG endet die Frist zwei Monate nach dem Tag, an dem die Entscheidung über den zuletzt beschiedenen Antrag im elektronischen Bundesanzeiger bekannt gemacht worden ist.

(4) Wird bis zum Ablauf der in Abs. 3 bestimmten Frist das Grundkapital der AAG aus Gesellschaftsmitteln gegen Ausgabe neuer Aktien erhöht, vermindert sich die Abfindung je Aktie in dem Maße, dass der Gesamtbetrag der Abfindung unverändert bleibt.

§ 6 Wirksamwerden, Laufzeit, Vertragsbeendigung

(1) Der Vertrag wird unter dem Vorbehalt der Zustimmung der Hauptversammlung der AAG sowie der Gesellschafterversammlung der HAG geschlossen. Er wird mit der Eintragung in das Handelsregister der AAG wirksam.

(2) Der Vertrag ist auf unbestimmte Zeit geschlossen. Er kann von jeder der vertragschließenden Parteien zum Ende eines jeden Geschäftsjahres der AAG, schriftlich durch eingeschriebenen Brief mit einer Frist von sechs Monaten gekündigt werden, erstmals jedoch zum ......

(3) Das Recht zur Kündigung aus wichtigem Grund ohne Einhaltung einer Kündigungsfrist bleibt unberührt. Als wichtiger Grund für eine Kündigung gilt auch die vollständige Veräußerung oder Einbringung der von der HAG an der AAG gehaltenen Aktien. Die teilweise Veräußerung oder die Einbringung der von der HAG an der AAG gehaltenen Aktien gilt als wichtiger Grund für eine Kündigung, wenn die HAG dadurch die für die finanzielle Eingliederung gem. § 14 Abs. 1 KStG erforderliche Mehrheit der Stimmrechte verliert. Im Falle der Kündigung aus wichtigem Grund besteht die Verlustübernahmeverpflichtung (Abs. 1) nur für den anteiligen Jahresüberschuss bzw. den anteiligen Jahresfehlbetrag, der bis zu dem Zeitpunkt des Wirksamwerdens der Kündigung handelsrechtlich entstanden ist.

§ 8 Teilunwirksamkeit

Falls einzelne Bestimmungen dieses Vertrages unwirksam sein sollten oder dieser Vertrag Lücken enthält, wird dadurch die Wirksamkeit der übrigen Bestimmungen nicht berührt. Anstelle einer unwirksamen Bestimmung ist diejenige wirksame Bestimmung zu vereinbaren, welche dem Sinn und Zweck der unwirksamen Bestimmung am nächsten kommt. Im Falle von Lücken ist diejenige Bestimmung zu vereinbaren, die dem entspricht, was nach Sinn und Zweck dieses Vertrages vereinbart worden wäre, hätte man die Angelegenheit von vornherein bedacht.

....
HAG AAG

Muster: Beherrschungs- und Gewinnabführungsvertrag

Beherrschungs- und Gewinnabführungsvertrag

zwischen
der (herrschenden) AG

– nachfolgend „HAG" –

und
der (abhängigen) AG

– nachfolgend „AAG" –

§ 1 Leitung und Weisungen

1. Die AAG unterstellt die Leitung ihres Unternehmens der HAG. Die HAG ist berechtigt, dem Vorstand der AAG hinsichtlich der Leitung der Gesellschaft Weisungen zu erteilen.
2. Weisungen können schriftlich, fernschriftlich, mündlich oder in anderer Form – zB per E-mail – erteilt werden. Mündliche oder in anderer Form erteilte Weisungen sind unverzüglich schriftlich oder fernschriftlich zu bestätigen.
3. Der Vorstand der AAG ist im Rahmen der gesetzlichen Vorschriften verpflichtet, die Weisungen der HAG zu befolgen (§ 308 Abs. 2 AktG).
4. Das Weisungsrecht erstreckt sich nicht darauf, diesen Vertrag zu ändern, aufrechtzuerhalten oder zu beenden (§ 299 AktG).

§ 2 Gewinnabführung

(1) Die AAG verpflichtet sich, ihren ganzen Gewinn an die HAG abzuführen. Gewinn ist der nach den handelsrechtlichen Vorschriften ohne die Gewinnabführung entstehende ganze Jahresüberschuss, abzüglich (i) der nach Absatz 2 zu bildenden Gewinnrücklagen, (ii) des Betrags, der nach § 300 AktG in die gesetzlichen Rücklagen einzustellen ist, und (iii) des nach § 268 Abs. 8 HGB ausschüttungsgesperrten Betrags sowie (iv) des Verlustvortrags aus dem Vorjahr. Die Gewinnabführung darf den in § 301 AktG genannten Betrag nicht überschreiten. § 301 AktG findet in seiner jeweils gültigen Fassung Anwendung.
(2) Die AAG darf Beträge aus dem Jahresüberschuss insoweit in andere Gewinnrücklagen im Sinne des § 272 Abs. 3 S. 2 HGB einstellen, als dies handelsrechtlich zulässig und bei vernünftiger kaufmännischer Betrachtung wirtschaftlich begründet ist. Kapitalrücklagen, vorvertragliche Gewinnrücklagen und ein Gewinnvortrag, der aus der Zeit vor dem Beginn dieses Vertrags stammt, dürfen nicht als Gewinn abgeführt werden oder zum Ausgleich eines Jahresfehlbetrags verwendet werden.
(3) Die Verpflichtung zur Gewinnabführung gilt erstmals für das gesamte Wirtschaftsjahr, in dem dieser Vertrag wirksam wird. Der Anspruch auf Gewinnabführung entsteht jeweils am Schluss eines Wirtschaftsjahres der AAG und wird mit Feststellung des Jahresabschluss der AAG fällig. Der Anspruch ist ab Fälligkeit mit 4 % p. a. zu verzinsen.

§ 3 Verlustübernahme

(1) Die HAG verpflichtet sich, den sonst entstehenden Jahresfehlbetrag der AAG, soweit er nicht dadurch ausgeglichen wird, dass den während der Vertragsdauer gebildeten anderen Gewinnrücklagen Beträge entnommen werden, gemäß den Vorschriften des § 302 AktG in der jeweils gültigen Fassung auszugleichen.
(2) Die Verpflichtung zur Verlustübernahme entsteht erstmals für das gesamte Wirtschaftsjahr in dem dieser Vertrag wirksam wird. Der Anspruch auf Verlustübernahme entsteht jeweils am Schluss eines Wirtschaftsjahres der AAG und wird mit Feststellung des Jahresabschluss der AAG fällig. Der Anspruch ist ab Fälligkeit mit 4 % p. a. zu verzinsen.

§ 4 Ausgleich

(1) Die HAG garantiert den außenstehenden Aktionären der AAG während der Dauer des Vertrages als angemessenen festen Ausgleich für jedes volle Geschäftsjahr der AAG für jede Aktie der AAG im Nennbetrag von EUR [......] als Gewinnanteil die Zahlung von EUR [......]. Der Ausgleichsanspruch ist fällig am Tag nach der ordentlichen Hauptversammlung der HAG. Die Ausgleichszahlung wird erstmals für das mit dem [......] beginnende Geschäftsjahr der AAG gewährt. Endet der Vertrag im Laufe eines Geschäftsjahres oder wird für den Zeitraum, für den die Gewinnab-

führungspflicht besteht, ein Rumpfwirtschaftsjahr gebildet, besteht der Ausgleichsanspruch nur zeitanteilig.

(2) Wird das Grundkapital der AAG aus Gesellschaftsmitteln gegen Ausgabe neuer Aktien erhöht, vermindert sich der Ausgleich je Aktie in dem Maße, dass der Gesamtbetrag des Ausgleichs unverändert bleibt.

(3) Wird das Grundkapital der AAG gegen Bareinlagen und Ausgabe neuer Aktien erhöht und machen außenstehende Aktionäre anlässlich dieser Kapitalerhöhung von ihrem Bezugsrecht Gebrauch, erstreckt sich die vorstehende Ausgleichsverpflichtung auch auf die von außenstehenden Aktionären bezogenen neuen Aktien. Entsprechendes gilt für außenstehende Neuaktionäre.

§ 5 Abfindung

(1) Die HAG ist verpflichtet, auf Verlangen eines außenstehenden Aktionärs der AAG dessen Aktien gegen eine Barabfindung von EUR [......] je Stückaktie zu erwerben.

(2) Die Kosten der Veräußerung der Aktien trägt die HGmbH.

(3) Die Verpflichtung zum Erwerb der Aktien nach Abs. 1 ist befristet und endet – vorbehaltlich Satz 2 – zwei Monate nach dem Tag, an dem die Eintragung des Bestehens dieses Vertrags im Handelsregister der AAG nach § 10 HGB als bekannt gemacht gilt. Im Falle einer Verlängerung der Frist wegen eines Antrags auf Bestimmung der Abfindung nach § 305 Abs. 4 S. 3 AktG endet die Frist zwei Monate nach dem Tag, an dem die Entscheidung über den zuletzt beschiedenen Antrag im elektronischen Bundesanzeiger bekannt gemacht worden ist.

(4) Wird bis zum Ablauf der in Abs. 3 bestimmten Frist das Grundkapital der AAG aus Gesellschaftsmitteln gegen Ausgabe neuer Aktien erhöht, vermindert sich die Abfindung je Aktie in dem Maße, dass der Gesamtbetrag der Abfindung unverändert bleibt.

§ 6 Ausgleichs- und Abfindungsergänzungsanspruch

Wird ein Spruchverfahren nach dem Spruchverfahrensgesetz eingeleitet und wird vom Gericht rechtskräftig ein höherer Ausgleich oder eine höhere Abfindung festgesetzt, als in diesem Vertrag vorgesehen, können die außenstehenden Aktionäre, auch wenn sie bereits Ausgleichs- oder Abfindungszahlungen erhalten haben, eine entsprechende Ergänzung der erhaltenen Beträge verlangen. Das Gleiche gilt, wenn sich die HAG gegenüber einem Aktionär der AAG in einem Vergleich zur Abwendung oder Beendigung eines Spruchverfahrens nach dem Spruchverfahrensgesetz zu einem höheren Ausgleich verpflichtet.

§ 7 Jahresabschluss

(1) Die AAG hat den Jahresabschluss zur Ermittlung des Gewinns bzw. des Verlustes nach den Grundsätzen ordnungsmäßiger Buchführung unter Beachtung der handels- und steuerrechtlichen Vorschriften und der Richtlinien der HAG aufzustellen und vor seiner Feststellung der HAG zur Kenntnisnahme und Abstimmung vorzulegen.

(2) Der Jahresabschluss der Organgesellschaft ist vor dem Jahresabschluss der Organträgerin aufzustellen und festzustellen.

§ 8 Wirksamwerden, Laufzeit, Vertragsbeendigung

(1) Dieser Vertrag wird unter dem Vorbehalt der Zustimmung der Hauptversammlungen der AAG sowie der HAG geschlossen. Er wird mit der Eintragung in das Handelsregister der AAG wirksam und gilt rückwirkend für die Zeit ab dem Beginn des Geschäftsjahres, in dem die Eintragung erfolgt

(2) Der Vertrag ist auf unbestimmte Zeit geschlossen. Er kann von jeder der vertragschließenden Parteien zum Ende eines jeden Geschäftsjahres der AAG, schriftlich durch eingeschriebenen Brief mit einer Frist von sechs Monaten gekündigt werden, erstmals jedoch zum [......].

(3) Das Recht zur Kündigung aus wichtigem Grund ohne Einhaltung einer Kündigungsfrist bleibt unberührt. Als wichtiger Grund für eine Kündigung gilt auch die vollständige Veräußerung oder Einbringung der von der HAG an der AAG gehaltenen Aktien. Die teilweise Veräußerung oder Einbringung der von der HAG an der AAG gehaltenen Aktien gilt als wichtiger Grund für eine Kündigung, wenn die HAG dadurch die für die finanzielle Eingliederung gem. § 14 Abs. 1 KStG erforderliche Mehrheit der Stimmrechte verliert.

§ 9 Teilunwirksamkeit

Falls einzelne Bestimmungen dieses Vertrages unwirksam sein sollten oder dieser Vertrag Lücken enthält, wird dadurch die Wirksamkeit der übrigen Bestimmungen nicht berührt. Anstelle einer unwirksamen Bestimmung ist diejenige wirksame Bestimmung zu vereinbaren, welche dem Sinn und Zweck der unwirksamen Bestimmung am nächsten kommt. Im Falle von Lücken ist diejenige Bestimmung zu vereinbaren, die dem entspricht, was nach Sinn und Zweck dieses Vertrages vereinbart worden wäre, hätte man die Angelegenheit von vornherein bedacht.

......
HAG

......
AAG

Muster: Betriebspachtvertrag

Betriebspachtvertrag

zwischen
der Verpächter-AG

......
                                                       – nachfolgend „Verpächterin" –

und
der Pächter-AG

......
                                                       – nachfolgend „Pächterin" –

Präambel

Gegenstand des Unternehmens der Verpächterin ist ......

Gegenstand des Unternehmens der Pächterin ist ......

Die Pächterin ist alleinige Gesellschafterin der Verpächterin. Die Vertragsparteien sind Konzernunternehmen. Zur Sicherstellung einer einheitlichen Konzernleitung sowie zur Begründung einer körperschaft- und gewerbesteuerlichen Organschaft ist von den Parteien bereits ein Beherrschungs- und Gewinnabführungsvertrag abgeschlossen worden.
Von den Parteien ist beabsichtigt, dass der gesamte Geschäftsbetrieb der Verpächterin in Zukunft von der Pächterin geführt wird. Zu diesem Zweck schließen die Parteien den nachfolgenden Betriebspachtvertrag:

§ 1 Vertragsgegenstand, Vertragsbeginn und -dauer

(1) Die Verpächterin verpachtet den Betrieb ihres gesamten Unternehmens einschließlich allem Inventar an die Pächterin.

(2) Zum Betrieb der Verpächterin gehört insbesondere das gesamte Anlagevermögen der Verpächterin gemäß Anlage 1 zu diesem Vertrag.

(3) Verpachtet sind ferner sämtliche Geschäftsunterlagen des Unternehmens. Gleiches gilt für alle sonstigen zum Betrieb der Verpächterin gehörenden Vermögensgegenstände und Rechte aller Art soweit diese nicht gemäß den nachfolgenden Bestimmungen gesondert übertragen werden. Hierzu gehören Rechte an kommerziellem und technischem Erfahrungsgut (Know-how), an betrieblichen Erfindungen und anderen immateriellen Gegenständen, die nicht von gewerblichen Schutzrechten umfasst sind und die mit diesen in Zusammenhang stehende Unterlagen, Muster etc, sowie Geschäfts- und Betriebsgeheimnisse. Ferner gehören hierzu sämtliche behördlichen Erlaubnisse, die einer Übertragung nicht bedürfen, sowie sonstige private Rechte, insbesondere dingliche Rechte, soweit deren Überlassung rechtlich zulässig ist. Sind behördliche Erlaubnisse als Personalkonzessionen ergangen, wird die Verpächterin die Pächterin bei der Neubeantragung oder Übertragung unterstützen. Ist die Überlassung von einzelnen Vermögensgegenständen rechtlich nicht zulässig, wird die Verpächterin ihre Rechte, soweit rechtlich zulässig, nach Weisung der Pächterin ausüben.

(4) Der Pachtvertrag tritt unter dem Vorbehalt der Zustimmung der Hauptversammlung der Verpächterin mit Wirkung zum ...... (im Folgenden „Stichtag") in Kraft und ist auf unbestimmte Zeit geschlossen.

§ 2 Pachtzins

(1) Der Pachtzins beträgt ......% der jährlichen Nettoumsatzerlöse.

(2) Der Pachtzins ist zahlbar zum Ende eines jeden Pachtjahres. Die Pächterin hat auf den jährlichen Pachtzins monatliche Abschlagszahlungen bis zum 3. Werktag eines jeden Monats auf das von der Verpächterin bei der ...... Bank (Bankleitzahl: ......) unterhaltene Konto Nr....... zu überweisen. Die Höhe der jeweiligen Abschlagszahlung beträgt $1/_{12}$ der Höhe des einvernehmlich festgestellten Pachtzinses des Vorjahres. Für das erste Pachtjahr ist zunächst der Nettoumsatz des Jahres ...... und der sich hieraus ergebende fiktive Vorjahrespachtzins maßgeblich. Die endgültige Abrechnung soll bis zur Erstellung der Bilanz des Verpächters für das Pachtjahr erfolgen.

(3) Die Pächterin ist nicht befugt, gegen die Pachtzinsforderung der Verpächterin aufzurechnen. Sie darf ihr gegenüber keine Zurückbehaltungsrechte geltend machen.

§ 3 Allgemeine Rechte und Pflichten der Pächterin

(1) Die Pächterin ist berechtigt und verpflichtet, das in Abs. (1) bezeichnete Unternehmen im eigenen Namen und für eigene Rechnung im derzeit bestehenden Umfang fortzuführen und zu erhalten.

(2) Die Pächterin ist verpflichtet, die bisherige Firma der Verpächterin fortzuführen. Die Verpächterin verpflichtet sich, die Änderung ihrer Firma unverzüglich zum Handelsregister anzumelden.

(3) Die Pächterin ist verpflichtet, die ihr gemäß § 1 dieses Vertrages verpachteten Vermögensgegenstände mit der eigenüblichen Sorgfalt zu behandeln. Sie trägt die Kosten der Wartung, Reparatur und Instandhaltung. Den notwendigen Ersatz von Vermögensgegenständen (nachfolgend „Ersatzinvestitionen") oder den Hinzuerwerb neuer Vermögensgegenstände (nachfolgend „Neuinvestitionen") hat die Pächterin auf eigene Rechnung durchzuführen. Als Neuinvestition gilt auch der Ersatz von Vermögensgegenständen, der über das notwendige Maß hinausgeht. Ersatz- und Neuinvestitionen gehen – soweit rechtlich möglich – in das Eigentum der Pächterin über und unterliegen nicht der Pacht. Soweit Neuanschaffungen nicht rechtswirksam in das Eigentum der Pächterin übergehen können, wird die Verpächterin die Pächterin so stellen, als ob diese Eigentümerin wäre.

(4) Bauliche Veränderungen darf die Pächterin nur mit Einwilligung der Verpächterin vornehmen. Die Verpächterin darf ihre Einwilligung nur aus wichtigem Grund verweigern. Die Verpächterin kann die Einwilligung davon abhängig machen, dass sich die Pächterin zur Herstellung des ursprünglichen Zustandes bei Pachtende verpflichtet.

(5) Die Pächterin ist ermächtigt, alle rechtsgeschäftlichen Verfügungen über die verpachteten Gegenstände vorzunehmen, die im Rahmen des gewöhnlichen Geschäftsbetriebes des Unternehmens liegen. Zu darüber hinausgehenden Verfügungen ist sie nicht befugt.

(6) Die Pächterin ist ohne vorherige schriftliche Zustimmung der Verpächterin nicht berechtigt, den wirtschaftlichen Charakter des Unternehmens zu ändern oder das Unternehmen unter zu verpachten.

(7) Die Pächterin trägt alle im Zusammenhang mit dem Pachtgegenstand anfallenden öffentlich-rechtlichen Abgaben und Lasten.

§ 4 Versicherungen

(1) Die Pächterin übernimmt alle Verpflichtungen aus den in der Anlage 2 zu diesem Vertrag verzeichneten Versicherungsverträgen zum Stichtag. Soweit die Pächterin nicht in die bestehenden Versicherungsverträge eintreten kann, ist sie verpflichtet, entsprechende Versicherungsverträge abzuschließen.

(2) Die Pächterin ist verpflichtet, den Versicherungsschutz während der gesamten Vertragsdauer im gleichen Umfang aufrechtzuerhalten, der wirtschaftlich dem Versicherungsschutz, dh insbesondere dem Deckungswert, der Versicherungen bei Vertragsabschluss entspricht. Treten während der Vertragslaufzeit Umstände ein, die eine Erweiterung des Versicherungsschutzes, zB auf Grund geänderter Risiken oder auf Grund von Werterhöhungen der Pachtgegenstände, erforderlich machen, sind die Versicherungen entsprechend anzupassen.

(3) Die Pächterin verpflichtet sich die Verpächterin von allen Ansprüchen Dritter freizustellen, die von diesen hinsichtlich des Pachtgegenstandes auf Grund gesetzlicher Ansprüche geltend gemacht werden. Die Pächterin ist verpflichtet die Versicherungsverträge so anzupassen oder ggf. neue Versicherungsverträge so abzuschließen, dass diese auch gesetzliche Ansprüche gegen die Verpächterin abdecken.

§ 5 Eintritt in laufende Verträge und Vertragsangebote

(1) Die Verpächterin überträgt sämtliche zu ihrem Geschäftsbetrieb gehörenden Verträge und Vertragsangebote gemäß Anlage 3 zu diesem Vertrag sowie die Kunden- und Lieferantenkarteien und sonstige betriebliche Unterlagen, die mit diesen in Zusammenhang stehen zum Stichtag auf die Pächterin. Die Pächterin nimmt die Übertragung dieser Verträge und Vertragsangebote an und tritt in alle Rechte und Verpflichtungen ein. Die Pächterin verpflichtet sich, vor dem Stichtag entstandene und fällig gewordene Forderungen der Verpächterin für diese einzuziehen.

(2) Außer den in Anlage 3 genannten Verträgen, Vertragsangeboten und den daraus herrührenden Ansprüchen und Verpflichtungen werden keine sonstigen Forderungen oder Verbindlichkeiten der Verpächterin übernommen.

(3) Die Verpächterin wird die jeweils andere Vertragspartei der zu übertragenden Verträge unverzüglich und in Abstimmung mit der Pächterin auffordern, der Übertragung des Vertrages auf die Pächterin zuzustimmen. Verweigert die andere Vertragspartei die Zustimmung oder stimmt sie nur unter der Bedingung einer wesentliche Änderung des Vertrages zum Nachteil der Verpächterin oder der Pächterin zu, hat die Verpächterin – sofern die Pächterin nicht eine Kündigung des Vertrages vorzieht oder eine sonstige Weisung erteilt – weiterhin als Vertragspartei aufzutreten, jedoch ausschließlich für Rechnung der Pächterin.

§ 6 Vorräte

(1) Die Verpächterin verkauft und überträgt der Pächterin die in Anlage 4 aufgeführten Vorräte zum Buchwert in Höhe von EUR ...... zzgl. Umsatzsteuer zum Stichtag. Der Kaufpreis ist spätestens zum Stichtag auf das von der Verpächterin bei der ...... Bank (Bankleitzahl: ......) unterhaltene Konto Nr. ...... zu überweisen.

(2) Die Verpächterin wird der Pächterin am Stichtag Besitz an den Vorräten einräumen. Soweit an den Vorräten Eigentumsvorbehaltsrechte Dritter bestehen oder diese an Dritte sicherungsübereignet sind, überträgt die Verpächterin der Pächterin das ihr zustehende Anwartschaftsrecht mit Wirkung zum Stichtag. Soweit die Pächterin an einzelnen Gegenständen des Vorratsvermögens zum Stichtag keinen Besitz erhält, wird die für die Übertragung des Eigentums erforderliche Übergabe durch die Vereinbarung ersetzt, durch welche die Verpächterin mittelbaren Besitz erhält (§ 930 BGB). Sofern sich bestimmte Vorräte am Stichtag im Besitz Dritter befinden, wird die Übergabe dadurch ersetzt, dass die Verpächterin der Pächterin ihren Anspruch auf Herausgabe abtritt (§ 931 BGB).

§ 7 Arbeitnehmer

(1) Verpächterin und Pächterin sind sich darüber einig, dass die Arbeitsverhältnisse der Arbeitnehmer, die zu dem durch diesen Vertrag übergegangenen Betrieb gehören, kraft Gesetzes (§ 613a BGB) auf die Pächterin übergehen.

(2) Mit dem Übergang der Arbeitsverhältnisse der aktiven Arbeitnehmer gehen auch die zum Stichtag für diese bestehenden Verpflichtungen aus Versorgungszusagen auf die Pächterin über.

(3) Die Arbeitnehmer werden in gemeinsamer Abstimmung zwischen Verpächterin und Pächterin von der Übernahme unterrichtet (§ 613a Abs. 5 BGB).

§ 8 Befugnisse der Verpächterin

(1) Die Verpächterin hat das Recht, den verpachteten Betrieb während der üblichen Geschäftszeiten zu besichtigen, wenn sie dies mit angemessener Frist im Vorwege ankündigt.

(2) Die Verpächterin ist berechtigt, die Bücher und alle sonstigen Geschäftsunterlagen des Betriebs, soweit sie für die Berechnung des Pachtzinses maßgeblich sind, durch einen gesetzlich zur Berufsverschwiegenheit verpflichteten Berater einsehen zu lassen.

§ 9 Gewährleistung, Haftung, Verkehrssicherungspflicht

(1) Die Pächterin übernimmt den Pachtgegenstand (§ 1 Abs. 1–3) sowie die Vorräte (§ 6) in dem Zustand in dem sie sich am Stichtag befinden unter Ausschluss jeder Gewährleistung. Den Vertragsparteien ist der Zustand sämtlicher Pachtgegenstände hinlänglich bekannt.

(2) Die Pächterin hat den Betrieb der Verpächterin mit der Sorgfalt eines ordentlichen Kaufmanns fortzuführen. Sie haftet für alle Schäden, die durch die schuldhafte Verletzung ihrer Sorgfaltspflichten entstehen.

(3) Der Pächterin obliegen alle mit dem Besitz des Pachtgegenstandes verbundenen Verkehrssicherungspflichten. Bei Beeinträchtigung oder Verletzung von Rechten Dritter durch den Betrieb der Pächterin oder einzelne Pachtgegenstände, insbesondere durch Auswirkungen der Grundstücke, hat die Pächterin die Verpächterin von allen Ansprüchen Dritter freizustellen.

§ 10 Kündigung des Vertrages

(1) Beide Vertragsparteien haben das Recht, den Pachtvertrag mit einer Frist von ...... Monaten zum Ende des Kalenderjahres zu kündigen.

(2) Das Recht der Vertragsparteien, diesen Vertrag aus wichtigem Grund zu kündigen, bleibt unberührt. Ein wichtiger Grund liegt für die Verpächterin insbesondere vor bei:
a) Zahlungsrückstand der Pächterin mit dem in § 2 bezeichneten Pachtzins von drei Monaten;
b) unzulässiger Unterverpachtung;
c) Verstoß der Pächterin gegen ihr obliegende wesentliche Vertragspflichten, insbesondere gem. den §§ 3, 4, 9 Abs. 2 und 3 dieses Vertrages; handelt es sich um eine andauernde Pflichtverletzung, besteht das Kündigungsrecht erst dann, wenn diese nicht nach schriftlicher Abmahnung innerhalb von 30 Tagen abgestellt worden ist.
d) Eröffnung des Insolvenzverfahrens über das Vermögen der Pächterin.

(3) Die Kündigung bedarf der Schriftform. Eine Teilkündigung ist unzulässig.

§ 11 Rückabwicklung

(1) Bei Beendigung des Pachtvertrages hat die Pächterin die in § 1 bezeichneten Pachtgegenstände – soweit diese noch vorhanden und nicht durch Ersatzanschaffungen gemäß § 5 Abs. 1 dieses Vertrages ersetzt worden sind – der Verpächterin zurückzugeben.

(2) Die Verpächterin ist verpflichtet von der Pächterin als Ersatzinvestition erworbene Vermögensgegenstände zu erwerben, wenn die Pächterin dies verlangt. Die Verpächterin hat für die zu erwerbenden Ersatzinvestitionen einen angemessenen Kaufpreis zu Zahlen.

(3) Von der Pächterin im Wege von Neuinvestitionen angeschaffte Vermögensgegenstände braucht die Verpächterin nicht zu übernehmen. Die Pächterin hat für den Fall, dass die Verpächterin Neuinvestitionen nicht übernimmt, das Recht, und wenn die Verpächterin dies verlangt, die Pflicht, Neuinvestitionen, insbesondere von ihr ausgeführte bauliche Maßnahmen, zu beseitigen und den ursprünglichen Zustand wiederherzustellen. Erklärt die Verpächterin bei Beendigung des Vertrages Neuinvestitionen übernehmen zu wollen, hat die Pächterin diese der Verpächterin zu überlassen und soweit erforderlich auf sie zu übertragen. Die Verpächterin hat hierfür eine angemessene Entschädigung zu leisten.

(4) Für den Fall, dass sich die Vertragsparteien nicht auf einen iSv Abs. (2) angemessenen Kaufpreis oder eine iSv Abs. (3) angemessene Entschädigung einigen können, ist dieser bzw. diese von einem von der Industrie- und Handelskammer in ...... zu benennenden Sachverständigen als Schiedsgutachter verbindlich festzustellen.

(5) Die Verpächterin wird der Pächterin die bei Beendigung des Vertrages zu dem Betrieb gehörenden Vorräte entsprechend § 6 abkaufen, wenn diese es verlangt. Der Eintritt in die laufenden Versicherungen, Verträge und Vertragsangebote sowie in die bestehenden Arbeitsverhältnisse erfolgt entsprechend §§ 4, 5 und 7 dieses Vertrages.

§ 12 Teilunwirksamkeit

Sollte eine Bestimmung dieses Vertrages ganz oder teilweise unwirksam sein, bleibt die Wirksamkeit aller übrigen Bestimmungen dieses Vertrages davon unberührt. Die unwirksame Bestimmung ist durch eine wirksame Bestimmung zu ersetzen, die dem von den Parteien mit der unwirksamen Bestimmung verfolgten wirtschaftlichen Zweck am nächsten kommt. Entsprechendes gilt, wenn sich bei Durchführung des Vertrages eine ergänzungsbedürftige Lücke ergeben sollte.

....
Verpächter-AG Pächter AG

§ 54 Steuerliche Organschaft

Übersicht

	Rn.
I. Typische Beratungsbereiche	1–8
II. Körperschaftsteuerliche Organschaft	9–237
1. Voraussetzungen	9–119
a) Beteiligte Rechtsubjekte	10–42
b) Finanzielle Eingliederung	43–64
c) Gewinnabführungsvertrag § 291 Abs. 1 AktG	65–118
2. Rechtsfolgen	119–209
a) Systematischer Überblick	119–129
b) Einkommen der Organgesellschaft	130–160
c) Einkommen des Organträgers	161–174
d) Ausgleichszahlungen an Minderheitsgesellschafter	175–184
e) Organschaftliche Mehr- oder Minderabführungen	185–199
f) Eingeschränkte Verlustnutzung des Organträgers	200–206
g) Behandlung der körperschaftsteuerlichen Organschaft bei Liquidation und Insolvenz	207–209
3. Verfahrensrecht	210
4. Verunglückte Organschaft	211–217
a) Anfängliches Fehlen eines Tatbestandsmerkmals	211–214
b) Nachträglicher Wegfall von Tatbestandsmerkmalen	215–217
5. Exkurs Mehrmütterorganschaft	218–237
a) Anwendungsvoraussetzungen und Rechtsfolgen nach alter Rechtslage	219–224
b) Rechtsentwicklung	225–237
III. Gewerbesteuerliche Organschaft	238–257
1. Voraussetzungen	238
2. Rechtsfolgen	239–257
a) Ermittlung des gemeinsamen Gewerbeertrags	239–253
b) Berechnung der Gewerbesteuer	254–257
IV. Umsatzsteuerliche Organschaft	258–279
1. Allgemeines	258–260
2. Anwendungsbereich	261–264
a) Rechtsform der Organgesellschaft	261–263
b) Unternehmereigenschaft	264
3. Voraussetzungen	265–269
a) Finanzielle Eingliederung	266
b) Wirtschaftliche Eingliederung	267
c) Organisatorische Eingliederung	268/269
4. Rechtsfolgen der umsatzsteuerlichen Organschaft	270–273
5. Besonderheiten der umsatzsteuerlichen Organschaft bei Insolvenz	274–278
V. Grunderwerbsteuerliche Organschaft	279–290
1. Voraussetzungen	282–287
a) Organschaftsverhältnis	282/283
b) Anteilsvereinigung	284–288
2. Rechtsfolgen und Verhältnis zu anderen Vorschriften	289/290
VI. Musterverträge	291/292

Schrifttum: *Bahns/Graw,* Organschaftliche Einkommenszurechnung bei Auflösung und Umwandlung einer Organschaft, DB 2008, 1645 ff.; *Benecke/Schnitger,* Wichtige Änderungen bei der körperschaftsteuerlichen Organschaft durch das UntStG 2013, IStR 2013, 143 ff.; *Blumenberg,* Finanzierung – Double Dips, Rückwirkung des § 14 Abs. 1 Satz 1 Nr. 5 KStG n. F. und Anzeigepflicht nach § 153 AO, Jahrbuch der Fachanwälte für Steuerrecht 2014/2015, 1. Aufl. 2014; *Brühl,* Umwandlung und Organschaft – Die finanzielle Eingliederung im Spannungsfeld von Rückwirkung und Rechtsnachfolge, Ubg 2016, 586 ff.; *Dötsch/Pung/Möhlenbrock,* Die Körperschaftsteuer, Kommentar, Loseblattsammlung, Stand August 2016; *Dötsch/Pung,* Gesetz zur Änderung und Vereinfachung der Unternehmensbesteuerung und des steuerlichen Reisekostenrechts: Die Änderung bei der Organschaft, DB 2013, 305 ff.; *Dötsch/Pung,* Organträger-Personengesellschaft mit ausländischen Gesellschaftern: Zur Anwendung des § 14 Abs. 1 Satz 1 Nr. 2 Satz 7 KStG, DB 2014, 1215; *Ernst & Young,* Körperschaftsteuergesetz, Kommentar, Stand 2016; *Feldgen,* Umsatzsteuerliche Organschaft – Neuordnung der Konzernbesteuerung?, BB, 2016, 606 ff.; *Freeden/Joisten,* Wie sind organschaftliche Ausgleichsposten bei einer Veräußerung der Organbeteiligung aufzulösen?, Ubg 2014, 512 ff.; *Freeden/Joisten,* Auflösung organschaftlicher Ausgleichsposten bei mittelbarer Organschaft, DB 2016, 1099 ff.; *Freeden/Lange,* Der Ertragszuschuss im körperschaft- und gewerbesteuerlichen Organkreis, WPg 2016, 697 ff.; *Freiberg,* Aktuelle Gefährdung der Anerkennung der steuerlichen Organschaft? Ausschüttungs- aber keine Abführungssperre durch den neuen § 253 HGB, StuB 2016, 257 ff.; *Frotscher/Drüen,* Kommentar zum Körperschaftsteuergesetz, Loseblattsammlung, Stand November 2016; *Hahn,* Vertragsfreiheit bei Unternehmensverträgen, DStR 2009, 589 ff.; *Hasbach/Brühl,* Steuerliche Anerkennung von Ergebnisabführungsverträgen bei kombinierten Ausgleichszahlungen und fehlendem Verweis auf § 302 Abs. 4 AktG, DStR 2016, 2361 ff.; *Hoene,* Der grenzüberschreitende Gewinnabführungsvertrag, IStR 2012, 462 ff.; *IDW,* Stellungnahme zu Zweifelsfragen zur Durchführungsfiktion des Gewinnabführungsvertrags nach § 14 Abs. 1 Satz 1 Nr. 3 Satz 4 KStG: „fehlerhafter Bilanzansatz", Ubg 2015, 110 ff.; *Jesse,* Neuregelungen zur ertragsteuerlichen Organschaft (Teil I), FR 2013, 629 ff., *Jesse,* Neuregelungen zur ertragsteuerlichen Organschaft (Teil II), FR 2013, 681 ff.; *Kahlert,* Beendigung der ertragsteuerlichen Organschaft mit dem vorläufigen Insolvenzverfahren, DStR 2014, 73 ff., *Klein,* Gesetz zur Vereinfachung der Unternehmensbesteuerung und des steuerlichen Reisekostenrechts, Jahrbuch der Fachanwälte für Steuerrecht 2013/2014, 1. Aufl. 2013; *Lohmann/Goldacker/Annecke,* Das BFH-Urteil vom 4.3.2009 zur Bemessung von Ausgleichszahlungen an Minderheitsgesellschafter – Handlungsmöglichkeiten, BB 2009, 2344 ff.; *Mayer/Wiese,* Zur Verlustübernahme nach der „kleinen Organschaftsreform" – Vertragsformulierungen im Lichte der Übergangsvorschrift, DStR 2013, 629 ff.; *Meiisel/Bokeloh,* Zulässigkeit variabler Ausgleichszahlungen in Ergebnisabführungsverträgen, DB 2009, 2067 ff.; *Mitschke,* Das EuGH-Urteil Groupe Steria – ein Meilenstein der europäischen Rechtsprechung?, FR 2015, 1117 ff.; *Neumann-Tomm,* Auflösung organschaftlicher Ausgleichsposten bei Wegfall der Steuerbilanzabweichung?, StuB 2016, 553 ff.; *Nodoushani,* Zur objektiven Auslegung von Ergebnisabführungsverträgen durch den Bundesfinanzhof, DStR 2009, 620 ff.; *Philippi/Fickert,* Verzinsung von Ansprüchen aus Ergebnisabführungsverträgen – Neues BMF-Schreiben, BB 2007, 2760 ff.; *Pohl,* Die KStR 2015 – Wichtige Neuerungen im Hinblick auf die körperschaftsteuerliche Organschaft, NWB Nr. 32 vom 8.8.2016, S. 1 ff.; *Popp,* Fester Ausgleich bei Beherrschungs- und/oder Gewinnabführungsverträge, WPg 2008, 23 ff.; *Rau/Dürrwächter/Flick/Geist,* Kommentar zum Umsatzsteuergesetz, Loseblattsammlung, Stand August 2016; *Schaden/Polatzky,* Neuregelung der Verlustausgleichsbeschränkung des § 14 Abs. 1 Satz 1 Nr. 5 KStG – Auswirkungen auf deutsche Inbound-Finanzierungen über KG-Holding-Strukturen, IStR 2013, 131 ff.; *Scheifele/Hörner,* Neue formale Anforderungen an die Regelung der Verlustübernahmepflicht in Gewinnabführungsverträgen: Handlungsbedarf für Alt- und Neuverträge, DStR 2013, 553 ff.; *Scheifele/Marx,* Die zeitlichen Anforderungen an den Gewinnabführungsvertrag und seine Durchführung, DStR 2014, 1793; *Scheipers/Linn,* Zur Unionsrechtswidrigkeit des § 14 Abs. 1 Nr. 5 KStG n.F., IStR 2013, 139 ff.; *Schneider/Hinz,* Verunglückte Organschaft – Ursachen und Heilungsmöglichkeiten, Ubg 2009, 738 ff.; *Schneider/Schmitz,* Ausschluss der Verlustberücksichtigung bei Organschaft – Überblick über § 14 Abs. 1 Nr. 5 KStG nF, GmbHR 2013, 281 ff.; *Schnitger,* Fragestellungen zur steuerlichen Behandlung doppelt ansässiger Kapitalgesellschaften, IStR 2013, 82 ff.; *Schnitger,* Keine 5 % nichtabzugsfähige Betriebsausgaben in Folge grenzüberschreitender Organschaft – Auswirkungen der Entscheidung des EuGH in der RS. Groupe Steria für den deutschen Rechtskreis, IStR 2015, 772 ff.; *Suchanek,* Ergänzendes zur Organträgereigenschaft der atypisch stillen Gesellschaft nach § 14 KStG nF, DStR 2006, 836 ff.; *Suchanek/Klopsch,* Fehlerhafte Bilanzansätze und tatsächliche Durchführung eines Gewinnabführungsvertrags, GmbHR 2016, 524 ff.; Ubg 2012, 223 ff.; *Wagner/Fuchs,* Das Schicksal der umsatzsteuerlichen Organschaft bei Eröffnung des Insolvenzverfahrens über das Vermögen von Konzerngesellschaften, DB 2014, 2583 ff.; *Waza/Uhländer/Schmittmann,* Insolvenzen und Steuern, 11. Aufl. 2015; *Winter/Marx,* „Grenzüberschreitende" Organschaft mit zugezogenen EU-/EWR-Gesellschaften, Neue Gestaltungsmöglichkeiten aufgrund des BMF-Schreibens vom 28.3.2011, DStR 2011, 1101 ff.

Verwaltungsanweisungen: *BMF,* Körperschaftsteuerliche und gewerbesteuerliche Organschaft unter Berücksichtigung der Änderungen durch das Steuersenkungs- und das Unternehmenssteuerfortentwicklungsgesetzes, Schreiben v. 26.8.2003; *dass.,* Körperschaftsteuerliche Organschaft unter Beteiligung einer Kapitalgesellschaft, an der eine atypische stille Beteiligung besteht, Schreiben v. 20.8.2015; *OFD Schleswig-Holstein,* Zweifelsfragen zur Durchführungsfiktion des Gewinnabführungsvertrages nach § 14 Abs. 1 S. 1 Nr. 3 S. 4 KStG, Kurzinformation v. 22.2.2016; *OFD Frankfurt a.M.,* Organschaft: Körperschaftsteuerliche Organschaft und atypisch stille Gesellschaft, Vfg. v. 30.1.2013; *OFD Karlsruhe,* Kleine Organschaftsreform; Arbeitshilfe, Vfg. v. 16.1.2014; *Oberste Finanzbehörden der Länder,* Gleichlautender Erlass zur Anwendung des § 1 Abs. 3 i.V. mit Abs. 4 GrEStG auf Organschaftsfälle, Schreiben vom 21.3.2007.

I. Typische Beratungsbereiche

Das deutsche Steuerrecht kennt keine echte **Konzernbesteuerung.** Der Konzernabschluss, der nach § 290 Abs. 1 und 2 HGB vom Mutterunternehmen unter Einbeziehung von Toch- 1 terunternehmen aufzustellen ist, ist keine Besteuerungsgrundlage. Vielmehr bleiben die zu einem Konzern iSv § 18 AktG bzw. § 290 HGB gehörenden Unternehmen grundsätzlich selbstständig körperschaft- und gewerbesteuerpflichtig. Steuerlich berücksichtigt werden kann eine rechtlich und wirtschaftlich enge Verbindung zwischen Unternehmen nur insoweit, als die Voraussetzungen einer steuerlichen Organschaft vorliegen.

2 Im deutschen Steuerrecht können Organschaften für **körperschaftliche** und **gewerbesteuerliche** ebenso wie für **umsatzsteuerliche** und **grunderwerbsteuerliche** Zwecke begründet werden. Durch die Errichtung einer körperschaftlichen und damit auch gewerbesteuerlichen Organschaft werden die individuellen Steuerbemessungsgrundlagen der zum Organkreis gehörenden Unternehmen ersetzt durch eine einzige konsolidierte Bemessungsgrundlage. Anders als im handelsrechtlichen Konzernabschluss werden bei der ertragsteuerlichen Organschaft indes innerkonzernliche Leistungsbeziehungen nicht eliminiert. Demgegenüber werden bei der umsatzsteuerlichen Organschaft Leistungsbeziehungen innerhalb des Organkreises als reine Innenumsätze behandelt, die umsatzsteuerlich irrelevant sind.

3 Die Anwendungsvoraussetzungen für die Begründung der gewerbesteuerlichen Organschaft sind mit Wirkung ab 2002 an das Bestehen einer körperschaftsteuerlichen Organschaft geknüpft. Hingegen wurde die Möglichkeit zur Begründung von Mehrmütterorganschaften mit Wirkung ab 2003 abgeschafft.

4 Die Organschaft ist als steuerliches Gestaltungsinstrument unter anderem aus folgenden **Gründen** gegenüber einer unabhängigen Besteuerung jedes einzelnen Rechtssubjekts vorzugswürdig:
- Verrechnung von Verlusten zwischen rechtlich selbstständigen Unternehmen
- Vermeidung der Mindestbesteuerung nach § 10d Abs. 2 EStG aufgrund der Verlustverrechnung im Organkreis
- Liquiditätsvorteile aus der sofortigen Verlustverrechnung sowie dem Wegfall der Kapitalertragsteuer
- Vermeidung des pauschalen Abzugsverbots für Aufwendungen in Zusammenhang mit steuerfreien Dividendeneinnahmen in Höhe von 5 % der Dividenden gem. § 8b Abs. 5 KStG;
- Hochschleusung von Gewinnen über mehrere Beteiligungsstufen, nachdem eine phasengleiche Vereinnahmung von Ausschüttungen steuerlich nicht mehr anerkannt wird;
- Reduzierte Belastung mit Solidaritätszuschlag;
- Reduzierung der Gefahr von verdeckten Gewinnausschüttungen;
- Keine Hinzurechnung von Dauerschuldzinsen für gewerbesteuerliche Zwecke für Dauerschuldverhältnisse im Organkreis.

5 Mit der Errichtung einer Organschaft sind jedoch folgende Nachteile verbunden:[1]
- zivilrechtliche Verpflichtung zur Übernahme der Verluste der Organgesellschaft, die in der Praxis oftmals unterschätzt wird;
- strenge Formerfordernisse bergen das Risiko „verunglückter" Organschaften mit hohen Steuernachzahlungen in Betriebsprüfungen;
- abgabenrechtliche Haftung der Organgesellschaft für Steuern des Organträgers bzw. der Schwestergesellschaften nach § 73 AO;
- erschwerte Konzernsteuer- und Konzernergebnisplanung infolge zwingender Ergebnisabführungen und nicht möglicher Ausschüttungspolitik.

6 Soll eine ertragsteuerliche Organschaft **erstmalig begründet** werden, sind vom steuerlichen Berater die zeitlichen und qualitativen Anwendungsvoraussetzungen zu beachten. Insoweit kann es im Interesse einer ausreichend frühzeitigen Durchführung der Organschaft bereits bei Erwerb einer Beteiligung erforderlich sein, das Wirtschaftsjahr der zu erwerbenden Gesellschaft umzustellen. Des Weiteren ist sicherzustellen, dass der für körperschaftliche und gewerbesteuerliche Organschaften erforderliche Gewinnabführungsvertrag mit rechtlicher Wirkung abgeschlossen ist. Bestehen im Zeitpunkt der erstmaligen Begründung einer körperschaftlichen und gewerbesteuerlichen Organschaft steuerliche Verlustvorträge der potentiellen Organgesellschaft, so kann eine Aufschiebung der Organschaft sinnvoll sein. Zu-

---

[1] Vgl. auch Ernst & Young/*Walter* KStG § 14 Rn. 15 ff.

sätzliche Schwierigkeiten durch Ausgleichs- und Abfindungsklauseln gemäß §§ 304 Abs. 1 S. 1, 305 Abs. 1 AktG treten auf, soweit außenstehende Gesellschafter an einer Organgesellschaft beteiligt sind.

Soll eine Unternehmensgruppe **umstrukturiert** werden, ist das Augenmerk auf bestehende Organschaftsverhältnisse zu richten. So können etwa durch die Umwandlung von Gesellschaften innerhalb einer Unternehmensgruppe die Anwendungsvoraussetzungen für eine Organschaft verloren gehen.[2] Wird dadurch eine Organschaft ungewollt beendet, kann das unerwünschte steuerliche Nachteile mit sich bringen.[3] Gleichzeitig lassen sich Umwandlungsmaßnahmen gezielt zu einer steuerschonenden vorzeitigen Beendigung der Organschaft nutzen.

Aber auch beim **Verkauf von Anteilen** an einem Unternehmen ist das Bestehen einer Organschaft zu prüfen. Durch vorsorgliche Maßnahmen kann die unkontrollierte, gegebenenfalls mit steuerlichen Nachteilen verbundene Auflösung einer Organschaft vermieden werden.[4]

Der folgende Beitrag zeigt die Voraussetzungen und Rechtsfolgen der körperschaftsteuerlichen, gewerbesteuerlichen, umsatzsteuerlichen und grunderwerbsteuerlichen Organschaft auf.

II. Körperschaftsteuerliche Organschaft

1. Voraussetzungen

Die Voraussetzungen der körperschaftsteuerlichen Organschaft sind in § 14 KStG und ergänzend in § 17 KStG normiert. Diese Voraussetzungen beziehen sich auf:
- die beteiligten Rechtssubjekte,[5]
- die finanzielle Eingliederung[6] sowie
- den Gewinnabführungsvertrag.[7]

Abbildung. II.1.1

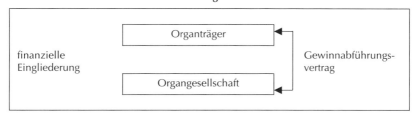

a) **Beteiligte Rechtssubjekte.** Beteiligte der Organschaft sind der Organträger als beherrschendes Unternehmen (Obergesellschaft) sowie die Organgesellschaft als abhängiges Unternehmen (Untergesellschaft).

aa) *Organträger.* Nach § 14 Abs. 1 S. 1 KStG kann Organträger dasjenige gewerbliche Unternehmen sein, an das eine Kapitalgesellschaft auf Grund ihrer Verpflichtung aus dem Gewinnabführungsvertrag ihren ganzen Gewinn abführt.

(1) Rechtsform. Das gewerbliche Unternehmen des Organträgers kann gemäß § 14 Abs. 1 Nr. 2 S. 1 KStG in folgenden Rechtsformen ausgeübt werden:
- Einzelunternehmen einer unbeschränkt steuerpflichtigen natürlichen Person iSv § 1 EStG,

---

[2] Vgl. ausführlich *Müller* BB 2002, 157.
[3] → Rn. 59 ff.
[4] → Rn. 88 ff.
[5] → dazu Rn. 10 ff.
[6] → dazu Rn. 43 ff.
[7] → dazu Rn. 65 ff.

- nicht steuerbefreite Körperschaft, Vermögensmasse oder Personenvereinigung iSd § 1 KStG
- Personengesellschaft gemäß § 15 Abs. 1 Nr. 2 EStG, wenn sie eine Tätigkeit im Sinne des § 15 Abs. 1 Nr. 1 EStG ausübt.

(a) Körperschaft. Als Organträger auftreten kann lediglich eine **nicht** nach § 5 KStG persönlich **steuerbefreite Körperschaft.** Dazu gehört gem. § 1 Abs. 1 Nr. 1 KStG auch die **KGaA.**[8] Partiell steuerbefreite Körperschaften, wie Berufsverbände mit einem wirtschaftlichem Geschäftsbetrieb, § 5 Nr. 5 KStG, können Organträger für die Organbeteiligungen sein, die ihrem steuerpflichtigen Bereich zuzurechnen sind. Ein dauerdefizitärer[9] Betrieb einer juristischen Person des öffentlichen Rechts scheidet allerdings nach Ansicht der Finanzverwaltung als Organträger mangels Gewinnerzielungsabsicht aus,[10] wenngleich juristische Personen des öffentlichen Rechts mit ihrem Betrieb gewerblicher Art Organträger sein können.[11] Nach zutreffender Auffassung ist jedoch das zugerechnete Einkommen der Organgesellschaft bei der Prüfung der Gewinnerzielungsabsicht zu berücksichtigen.[12] Nur wenn unter Berücksichtigung des zugerechneten Einkommens eine negative Totalgewinnprognose besteht, entfällt die Gewinnerzielungsabsicht. Hält die juristische Person des öffentlichen Rechts die Beteiligung jedoch über eine Kapitalgesellschaft, kann diese nach der Verwaltungsauffassung auch dann Organträger sein, wenn sie als dauerdefizitärer Betrieb geführt wird.[13]

Geeignet sind als Organträger auch **Vorgründungsgesellschaften** sowie **Vorgesellschaften.** Die Vorgründungsgesellschaft ist eine GbR und muss somit die für eine Personengesellschaft geltenden Voraussetzungen (dazu → Rn. 14 ff.) erfüllen. Von der Begründung eines Organschaftsverhältnisses zu einer Vorgründungsgesellschaft als Organträger wird im Schrifttum[14] abgeraten, da die Anteile an der Organgesellschaft nicht im Wege der Rechtsnachfolge auf die (Vor-)gesellschaft übergehen, sondern übertragen werden müssen. Der Begründung eines Organschaftsverhältnisses zu einer Vorgesellschaft als Organträger steht allein die praktische Notwendigkeit entgegen, dass der Gewinnabführungsvertrag förmlich durch die später ins Handelsregister eingetragene Kapitalgesellschaft übernommen werden muss.[15]

Die Komplementär-GmbH einer GmbH & Co. KG kann gegenüber anderen Kapitalgesellschaften Organträgerin sein. Demgegenüber scheidet eine Organschaft mit der KG aus, deren Komplementärin sie ist. Grund dafür ist die Tatsache, dass Personengesellschaften sich nicht als Organgesellschaften eignen.[16]

(b) Personengesellschaft. Personengesellschaften können dann Organträger sein, wenn sie die Voraussetzung einer **Mitunternehmerschaft** iSd § 15 Abs. 1 Nr. 2 EStG erfüllen. Dies setzt voraus, dass die Gesellschafter Mitunternehmerrisiko[17] tragen und Mitunternehmerinitiative[18] entfalten.

Mit Wirkung ab 2003 können nur noch solche Personengesellschaften als Organträger fungieren, die eine gewerbliche Tätigkeit iSd § 15 Abs. 1 Nr. 1 EStG ausüben, § 14 Abs. 1 Nr. 2 S. 2 KStG.[19]

(2) Inlandsanbindung. (a) Historischer Kontext und Telos. Mit dem Erfordernis der Inlandsanbindung bezweckt der Gesetzgeber eine Besteuerung des Einkommens des Organträgers im Inland. Dieses Ziel wurde bis zum VZ 2012 durch das Erfordernis einer inländi-

---

[8] Dazu *Frotscher* in Frotscher/Drüen KStG § 14 Rn. 78.
[9] BFH 25.7.2002, BFH/NV 2002, 1341.
[10] BMF 26.8.2003, BStBl. I 2003 S. 437 Rn. 5; FG Düsseldorf 29.6.2010, EFG 2010, 1732; 18.3.2014, EFG 2014, 1032.
[11] BFH 10.3.2010 – I R 41/09, BStBl. II 2011 S. 181.
[12] FG Hessen 16.5.2017 – 4 K 1060/13, EFG 2017, 1544.
[13] BMF 26.8.2003, BStBl. I 2003 S. 437 Rn. 4.
[14] Ernst & Young/*Walter* KStG § 14 Rn. 133.
[15] Ernst & Young/*Walter* KStG § 14 Rn. 134.
[16] → Rn. 32 ff.
[17] H 15.8 EStH.
[18] H 15.8 EStH.
[19] Vgl. dazu → Rn. 22 ff.

schen Geschäftsleitung des Organträgers erreicht.[20] Mit dieser Anknüpfung an die Ansässigkeit gem. Art. 4 OECD-MA war auch für Gesellschaften mit Auslandsbezug gewährleistet, dass Deutschland eine Besteuerungsrecht an dem Einkommen des Organträgers hat. Der BFH erkannte in dem Erfordernis einer unbeschränkten Steuerpflicht bzw. inländischen Zweigniederlassung gem. § 18 KStG aF eine gem. Art. 24 Abs. 5 OECD-MA unzulässige Diskriminierung von ausländischen Gesellschaftern.[21] Die Anwendung der Rechtsprechung hätte zur Folge gehabt, dass auch Organschaften mit im Inland nicht steuerpflichtigen Organträgern hätten anerkannt werden müssen mit der Folge, dass das Einkommen inländischer Organgesellschaften aufgrund der Zurechnung zum Organträger nicht mehr der Besteuerung im Inland unterlegen hätte.[22] Die Entscheidung des BFH wurde durch die Finanzverwaltung mit einem Nichtanwendungserlass belegt.[23] Mit den Neuregelungen im Zuge der „Kleinen Organschaftsreform" hat der Gesetzgeber auf die BFH Entscheidung aus dem Jahr 2011 reagiert. Das Erfordernis einer inländischen Geschäftsleitung wurde abgeschafft. Voraussetzung ist gem. § 14 Abs. 1 Nr. 2 S. 4–7 KStG nunmehr die Zurechnung der Beteiligung zu einer inländischen Betriebsstätte des Organträgers und dass die zugerechneten Einkünfte der inländischen Besteuerung unterliegen. Durch die Gesetzesänderung soll gewährleistet bleiben, dass ein inländisches Besteuerungsrecht an dem zugerechneten Einkommen der Organgesellschaft besteht. Entsprechend sind die § 14 Abs. 1 Nr. 2 S. 4–7 KStG auszulegen.[24]

(b) Zuordnung zu einer inländischen Betriebsstätte. Rechtsformunabhängig muss die Beteiligung an der Organgesellschaft gem. § 14 Abs. 1 S. 1 Nr. 2 S. 4 KStG einer inländischen Betriebsstätte zuzuordnen sein. Es gilt der Betriebsstättenbegriff des § 12 S. 2 Nr. 1 AO. Die **Zuordnung muss ununterbrochen** über die gesamte Mindestlaufzeit des EAV und anschließend über das gesamte Wirtschaftsjahr der Organgesellschaft bestehen.[25] Das Gesetz ordnet anders als in § 14 Abs. 1 Nr. 3 KStG keinen rückwirkenden Fortfall der Rechtsfolgen der Organschaft an. Mit dem Wegfall der Zuordnung ist die Organschaft nicht mehr anzuerkennen.[26] Bei **mittelbarer Beteiligung** über eine Kapitalgesellschaft muss die Beteiligung an der vermittelnden Kapitalgesellschaft gem. § 14 Abs. 1 Nr. 2 S. 4 KStG der inländischen Betriebsstätte des Organträgers zuzuordnen sein.[27] Weniger eindeutig und umstritten ist, ob bei mittelbaren Beteiligungen über Personengesellschaften, der Verweis in § 14 Abs. 1 Nr. 2 S. 5 KStG auf die Regelungen für mittelbare Beteiligungen über Kapitalgesellschaften eine Zuordnung der Personengesellschaft selbst zu einer Betriebsstätte des Organträgers oder eine Zuordnung der mittelbaren Beteiligung zu einer Betriebsstätte der Personengesellschaft vorsieht. Vor dem Hintergrund, dass über die § 14 Abs. 1 Nr. 2 KStG das Besteuerungsrecht Deutschlands an dem Einkommen der Organgesellschaft gesichert werden soll, ist die Vorschrift dahingehen auszulegen, dass die über die Personengesellschaft gehaltene Beteiligung an der Organgesellschaft oder einer vermittelnden Kapitalgesellschaft einer Betriebsstätte der Personengesellschaft zuzuordnen sein muss. Andernfalls bestünde bei ausländischen Mitunternehmern die Gefahr, dass das Einkommen der Organgesellschaft nicht der inländischen Besteuerung unterläge. Steuerlich transparente Mitunternehmerschaften vermitteln anders als Kapitalgesellschaften dem Anteilseigner eine Betriebsstätte am Ort der Geschäftsleitung.[28]

(aa) reine Inlandsfälle. Unproblematisch ist die die Zuordnung bei reinen Inlandsfällen. Bei Personengesellschaften und Kapitalgesellschaften gehört die Beteiligung immer zum Betriebsvermögen einer inländischen Betriebsstätte. Eine Personengesellschaft kann nur Or-

---
[20] Vgl. zur alten Rechtslage die Vorauflage Rn. 16 ff.
[21] BFH 9.2.2011 – I R 54, 55/10, BStBl. II 2012 S. 106.
[22] Zum historischen Kontext Niehus/Wilke, Die Besteuerung der Kapitalgesellschaften, 4. Auflage, S. 274 f.
[23] BMF 27.12.2011, BStBl. I 2012 S. 119.
[24] Dötsch/Pung/Möhlenbrock/*Dötsch* KStG § 14 Rn. 180.
[25] OFD Karlsruhe 16.1.2014, FR 2014, 434.
[26] Dötsch/Pung/Möhlenbrock/*Dötsch* KStG § 14 Rn. 189; Rödder/Herlinghaus/Neumann/*Rödder/Liekenbrock*/Frotscher KStG § 14 Rn. 266.; aA Frotscher/Drüen/*Frotscher* KStG § 14 Rn. 141k.
[27] Dötsch/Pung/Möhlenbrock/*Dötsch* KStG § 14 Rn. 191.
[28] Dötsch/Pung/Möhlenbrock/*Dötsch* KStG § 14 Rn. 194; Rödder/Herlinghaus/Neumann/*Rödder/Liekenbrock* KStG § 14 Rn. 270.; aA Frotscher/Drüen/*Frotscher* KStG § 14 Rn. 141r.

gantträger sein, wenn die Beteiligung Gesamthandvermögen darstellt. Kapitalgesellschaften verfügen über keine außerbetriebliche Sphäre. Bei natürlichen Personen ist es ausreichend, wenn die Beteiligung gewillkürtes Betriebsvermögen darstellt, da in Inlandsfällen keine funktionale Zuordnung erforderlich ist.[29]

19 *(bb) Fälle mit Auslandsberührung.* Eine inländische Betriebsstätte ist gem. § 14 Abs. 1 S. 1 Nr. 2 S. 7 KStG nur anzunehmen, wenn ein inländisches Besteuerungsrecht an den der Betriebsstätte zuzurechnenden Einkünften besteht. Der Wortlaut der Vorschrift ist zu weit gefasst. Es müssen nicht sämtliche Einkünfte der Betriebsstätte der inländischen Besteuerung unterliegen. Vielmehr ergibt sich aus dem Sinn und Zweck der Vorschrift nur, dass das dem Organträger zuzurechnende Einkommen der Organgesellschaft der Besteuerung im Inland unterliegen muss.[30] Soweit grenzüberschreitende Sachverhalte betroffen sind, auf die ein DBA anzuwenden ist, gilt der engere Betriebsstättenbegriff gem. Art. 5 OECD-MA.[31] Die Bildung von gewillkürtem Betriebsvermögen ist hier nicht möglich.[32] Die Zuordnung erfolgt nach der funktionalen Betrachtungsweise. Demnach kommt es darauf an, ob die Organgesellschaft notwendig für die Einkünfteerzielung der Betriebsstätte ist.[33] Dies ist anzunehmen, wenn zwischen der der Betriebsstätte und der Organgesellschaft wesentliche Lieferungs- bzw. Leistungsbeziehungen bestehen und dass es für die wirtschaftliche Betätigung der Betriebsstätte wichtig ist, dass sie über das Stimmrecht die Geschäftstätigkeit der Organgesellschaft beeinflussen kann.[34] Im Zweifel ist die Beteiligung dem Stammhaus wegen dessen Zentralfunktion zuzuordnen.[35] Deshalb ist es bei im Ausland ansässigen Gesellschaften mit inländischer Betriebsstätte nicht ohne weiteres möglich, die Beteiligung der inländischen Betriebsstätte zuzuordnen. Sofern im umkehrten Fall eine Zurechnung zur ausländischen Betriebsstätte erfolgt, weil zwischen der Betriebsstätte und der Organgesellschaft nicht ersetzbare Geschäftsbeziehungen bestehen, sollte die Zwischenschaltung einer weiteren Kapitalgesellschaft erwogen werden, die gegenüber der Betriebsstätte keine Geschäftsbeziehungen unterhält. Im Fall einer mittelbaren Beteiligung kommt es gem. § 14 Abs. 1 S. 1 Nr. 2 S. 4 KStG darauf an, dass die vermittelnde Beteiligung der Betriebsstätte zuzurechnen ist.[36] Sofern keine funktionalen Beziehungen zur ausländischen Betriebsstätte bestehen, erfolgt die Zuordnung zum inländischen Stammhaus.

20 *(cc) Besonderheiten bei Personengesellschaften mit ausländischen Mitunternehmern.* Personengesellschaften sind steuerrechtlich transparent. Besteuerungssubjekt sind die Gesellschafter. Die Gesellschafter werden wie unmittelbare Gesellschafter der Organgesellschaft behandelt.[37] Ein inländisches Besteuerungsrecht an dem Einkommen der Organgesellschaft ist nur gewährleistet, wenn der Gewinnanteil an der Personengesellschaft bei sämtlichen Gesellschaftern der inländischen Besteuerung unterliegt. Dies ist bei ausländischen Gesellschaftern der Fall, wenn sie im Inland Unternehmensgewinne gem. Art. 7 DBA MA-OECD erzielen, die einer inländischen Betriebsstätte zuzuordnen sind. Die Beteiligung an einer inländischen Personengesellschaft vermittelt im Ausland ansässigen Gesellschaftern eine Betriebsstätte im Inland.[38] Weiterhin muss die Beteiligung an der Organgesellschaft der inländischen DBA – Betriebsstätte nach funktionalen Gesichtspunkten zuzuordnen sein.[39] Dies wird wegen der Zurechnung zum Stammhaus in der Regel der Fall sein, wenn die Personengesellschaft, zu deren Gesamthandsvermögen die Beteiligung an der Organgesellschaft gehört, im Inland sitzt.[40]

---

[29] Dötsch/Pung/Möhlenbrock/*Dötsch* KStG § 14 Rn. 190 mwN.
[30] OFD Karlsruhe 16.1.2014 – S 2770/52/2 – St 221, FR 2014, 434.
[31] *Dötsch/Pung* DB 2014, 1215 (1216).
[32] Vgl. *Niehus/Wilke*, Die Besteuerung der Kapitalgesellschaften, 4. Auflage, S. 276.
[33] Dazu *Dötsch/Pung* DB 2014, 1215 (1216).
[34] Dazu *Dötsch/Pung* DB 2014, 1215 (1216).
[35] Vgl. *Jesse* FR 2013, 629 (634).
[36] Dötsch/Pung/Möhlenbrock/*Dötsch* KStG § 14 Rn. 191.
[37] Vgl. *Dötsch/Pung* DB 2014, 1215 (1216).
[38] BMF 26.9.2014 – BMF IV B 5 – S 1300/09/10003, BStBl. I 2014 S. 1258 Rn. 2.2.3.
[39] OFD Karlruhe 16.1.2014 – S 2770/52/2 – St 221, FR 2014, 434.
[40] *Benecke/Schnitger* IStR 2013, 143 (154).

Der Begriff „Unternehmensgewinne" ist in den DBA anders definiert als im nationalen 21
Recht. DBA-Unternehmensgewinne sind nur solche aus originär gewerblicher Tätigkeit. Eine
vermögensverwaltende Tätigkeit kann nicht über § 15 Abs. 3 Nr. 1 EStG oder das Institut
der Betriebsaufspaltung[41] in originär gewerbliche Einkünfte umqualifiziert werden.[42] Bei
gemischten Tätigkeiten erfolgt eine Aufteilung.[43] Die Aufteilung führt allerdings bei im Ausland
ansässigen Gesellschaftern dazu, dass der Gewinn aus einer der Vermögensverwaltung
zuzuordnenden Beteiligung an einer Organgesellschaft nicht der inländischen Besteuerung
unterliegt. In DBA-Konstellationen sind im Ergebnis gewerblich infizierte Personengesellschaften
sowie Besitzpersonengesellschaften in Fällen der Betriebsaufspaltung keine tauglichen
Organträger.

(3) Gewerbliches Unternehmen. Als Organträger kommt nach § 14 Abs. 1 S. 1 KStG nur 22
ein gewerbliches Unternehmen in Betracht. Ein solches gewerbliches Unternehmen liegt
nach Auffassung der Finanzverwaltung[44] dann vor, wenn die Voraussetzungen eines **Gewerbebetriebs**
gemäß § 2 GewStG erfüllt sind.[45] Die Gewerblichkeit des Organträgers muss im
Zeitpunkt der Gewinnabführung gegeben sein.[46]

Zur Erfüllung der Bedingung des § 14 Abs. 1 KStG iVm § 2 GewStG genügt für **Kapital**- 23
gesellschaften die Erzielung gewerblicher Einkünfte kraft Rechtsform.[47] Eine originär gewerbliche
Tätigkeit der Kapitalgesellschaft iSd § 15 Abs. 1 Nr. 1 iVm § 15 Abs. 2 EStG wird
seit Abschaffung der Bedingung der wirtschaftlichen Eingliederung für die Begründung einer
Organschaft als nicht mehr erforderlich angesehen.

Angesichts der Auslegung des Begriffs des gewerblichen Unternehmens unter Anknüpfung 24
an § 2 GewStG konnte zumindest in den Veranlagungszeiträumen 2001 und 2002 auch eine
gewerblich geprägte **Personengesellschaft** iSv § 15 Abs. 3 Nr. 2 EStG selbst bei ausschließlich
vermögensverwaltender Tätigkeit die Eigenschaft eines Organträgers übernehmen.[48] Die
Bedingung des gewerblichen Unternehmens wurde indes für Personengesellschaften durch
das StVergAbG mit Wirkung ab 2003 verschärft, § 34 Abs. 1 KStG des StVergAbG. Nunmehr
können nur noch solche Personengesellschaften als Organträger fungieren, die eine
gewerbliche Tätigkeit iSd § 15 Abs. 1 Nr. 1 EStG ausüben, § 14 Abs. 1 S. 1 Nr. 2 KStG idF
des StVergAbG. Dies setzt zunächst voraus, dass die Personengesellschaft originär eine gewerbliche
Tätigkeit iSd § 15 Abs. 1 Nr. 1 EStG ausübt. Die Gesetzesänderung ist in der Abschaffung
der Mehrmütterorganschaft begründet (vgl. → Rn. 219 ff.). Es soll verhindert
werden, dass über nicht gewerblich tätige Personengesellschaften das steuerliche Ergebnis
einer Mehrmütterorganschaft erreicht werden könnte.[49]

Damit scheiden **gewerblich geprägte Personengesellschaften** iSv § 15 Abs. 3 Nr. 2 EStG 25
mit ausschließlich[50] vermögensverwaltender Tätigkeit als Organträger aus. Für die Organträgereigenschaft
dürfte im Einklang mit der herrschenden Auffassung umgekehrt eine geringfügige,
wenn auch nicht völlig untergeordnete gewerbliche Tätigkeit der Personengesellschaft
ausreichend sein, weil das Gesetz keinen Mindestumfang vorsieht. Bei geringfügigen
gewerblichen Tätigkeiten ist entscheidend, ob die Tätigkeit die Gesamttätigkeit gewerblich
infiziert.[51] Im Gegensatz hierzu vertritt die Finanzverwaltung die – für die Praxis wenig hilfreiche
und unsystematische – Auffassung, dass eine geringfügige gewerbliche Tätigkeit nicht
ausreichend sei, ohne aber nähere Angaben zum Mindestumfang zu machen.[52] Allein die
Abfärbung gem. § 15 Abs. 3 Nr. 1 EStG aufgrund starrer Prozent- bzw. Umsatzgrenzen soll

---

[41] BFH 25.5.2011 – I R 95/10, BStBl. II 2014 S. 760.
[42] BMF 26.9.2014 – BMF IV B 5 – S 1300/09/10003, BStBl. I 2014 S. 1258 Rn. 2.2.1.
[43] BMF 26.9.2014 – BMF IV B 5 – S 1300/09/10003, BStBl. I 2014 S. 1258 Rn. 2.2.1.
[44] Vgl. BMF 26.8.2003, BStBl. I 2003 S. 437 Rn. 2.
[45] AA BFH 18.4.1973, BStBl. II 1973 S. 740.
[46] BFH 24.7.2013 – I R 40/12, BB 2013, 2660; aA noch BMF 10.11.2005, BStBl. I 2005 S. 1038 Rn. 21.
[47] BMF 26.8.2003, BStBl. I 2003 S. 437 Rn. 4.
[48] Vgl. BMF 26.8.2003, BStBl. I 2003 S. 437 Rn. 3.
[49] Frotscher/Drüen/*Frotscher* KStG § 14 Rn. 125.
[50] Vgl. BFH BStBl. II 2000 S. 688; vgl. auch *Walter* GmbHR 2005, 1587.
[51] Frotscher/Drüen/*Frotscher* KStG § 14 Rn. 129; *Rödder/Schumacher* DStR 2003, 808.
[52] Vgl. BMF 10.11.2005, BStBl. I 2005 S. 1038 Rn. 17; kritisch hierzu *Bock* AG 2005, 918 (920).

26 Demgegenüber ist nun geklärt, dass die Beteiligung an einer gewerblich tätigen Personengesellschaft nicht dazu führt, dass die Tätigkeit der die Beteiligung haltenden rein **vermögensverwaltenden Personengesellschaft** als gewerblich iSv § 15 Abs. 1 Nr. 1 EStG anzusehen ist. Sowohl der BFH,[54] die Finanzverwaltung[55] als auch der Gesetzgeber[56] verneinen für diesen Fall – im Einklang mit der wohl herrschenden Literaturmeinung[57] – eine originär gewerbliche Tätigkeit der vermögensverwaltenden Personengesellschaft. Diese Grundsätze gelten aber nicht für **Besitzgesellschaften als Organträger im Rahmen einer Betriebsaufspaltung**, weil die gewerbliche Tätigkeit der Betriebsgesellschaft der Besitzgesellschaft zugerechnet wird.[58] Hier besteht nicht die Gefahr, dass gewerbliche Einkünfte auf Ebene des Organträgers in nicht gewerbliche Einkünfte umqualifiziert werden und dadurch der GewSt entzogen werden könnten.[59] Auch eine natürliche Person als persönlich haftender Gesellschafter einer **KGaA** kann nur Organträger sein, wenn sie eine eigene gewerbliche Tätigkeit ausübt. Die Beteiligung an der KGaA reicht dafür nicht aus.[60]

27 Während eine bloß vermögensverwaltende Holding-Kapitalgesellschaft als Organträger fungieren kann, soll dies nach Auffassung der Finanzverwaltung bei bloß vermögensverwaltenden **Holding-Personengesellschaften** nicht möglich sein.[61] Eine Gewerblichkeit der Holding-Personengesellschaft ist anzunehmen, sofern diese fremdüblich vergütete Dienstleistungen gegenüber einer oder mehrere Konzerngesellschaften erbringt, was für Gestaltungen entsprechend genutzt werden kann.[62] Liegen diese Voraussetzungen nicht vor, kann nach der BFH-Rechtsprechung[63] auch eine geschäftsleitende Holding Organträgerin sein.[64] Der BFH sieht die Beteiligung am allgemeinen wirtschaftlichen Verkehr als gegeben an, wenn die Organträgerholding geschäftsleitende Funktionen gegenüber mindestens zwei Tochtergesellschaften ausübt. Diese müssen nach außen durch schriftliche Weisungen, Empfehlungen etc. dokumentiert sein. Allein die Personalunion in der Geschäftsführung soll nicht ausreichend sein. Eine weitere Voraussetzung ist, dass die Organträgerin nach außen in Erscheinung tritt.[65]

28 Übt die Personengesellschaft keine gewerbliche Tätigkeit aus, kann ein Formwechsel in eine Kapitalgesellschaft zur Erzielung der Gewerblichkeit hilfreich sein.

29 Die **atypisch stille Gesellschaft** ist ein hybrides Gebilde. Steuerlich handelt es sich um eine Mitunternehmerschaft gem. § 15 Abs. 1 Nr. 2 EStG. Zivilrechtlich ist sie eine reine Innengesellschaft, die nicht nach Außen in Erscheinung tritt und überdies über kein Gesamthandsvermögen verfügt. Die Einlage des Stillen geht vielmehr gem. § 230 HGB in das Vermögen des Geschäftsinhabers über. Mit Wirkung ab 2003 setzt die Organträgereigenschaft von Personengesellschaften voraus, dass die finanzielle Eingliederung im Verhältnis zur Personengesellschaft selbst erfüllt ist, § 14 Abs. 1 S. 1 Nr. 2 S. 3 KStG. Dies setzt nach teilweise von der Literatur befürworteter Verwaltungsauffassung voraus, dass die Anteile an der Organgesellschaft im Gesamthandsvermögen der Personengesellschaft gehalten werden, womit die atypisch stille Gesellschaft nicht mehr als Organträger in Frage

---

[53] Zusatz der OFD Frankfurt 29.6.2015 – S 2770 A – 39 – St 51.
[54] Vgl. BFH 6.10.2004, BStBl. II 2005 S. 383.
[55] Vgl. BMF 10.11.2005, BStBl. I 2005 S. 1038 Rn. 20.
[56] Vgl. Neufassung des § 15 Abs. 3 Nr. 1 EStG im Jahressteuergesetz 2007.
[57] Vgl. Frotscher/Maas/*Frotscher* KStG § 14 Rn. 127.
[58] BFH 24.7.2013 – I R 40/12, BStBl. II 2014 S. 272; BMF 10.11.2005, BStBl. I 2005 S. 1038 Rn. 16; kritisch Frotscher/Drüen/*Frotscher* KStG § 14 Rn. 164.
[59] Dazu Frotscher/Drüen/*Frotscher* KStG § 14 Rn. 86.
[60] Frotscher/Drüen/*Frotscher* KStG § 14 Rn. 113.
[61] Vgl. BMF 10.11.2005, BStBl. I 2005 S. 1038 Rn. 18.
[62] Vgl. BMF 10.11.2005, BStBl. I 2005 S. 1038 Rn. 19.
[63] BFH 17.12.1969 – I 252/64, BStBl. II 1970 S. 257.
[64] AA ohne Begründung wohl BMF 10.11.2005, BStBl. I 2005 S. 1038 Rn. 13.
[65] Vgl. im Übrigen die berechtigte Kritik am Modell der geschäftsleitenden Holding Frotscher/Drüen/*Frotscher* KStG § 14 Rn. 157.

käme.⁶⁶ Die Gegenmeinung beruft sich darauf, dass die atypisch stille Gesellschaft steuerlich Subjekt der Gewinnermittlung ist. Ihr wird das Einkommen der Organgesellschaft abweichend vom Zivilrecht zugerechnet. Sie plädiert für eine steuerrechtliche Auslegung der Organträgervoraussetzungen.⁶⁷ Für die Gestaltungspraxis ist die atypisch stille Gesellschaft als Organträger bis zu einer höchstrichterlichen Klärung gleichwohl ungeeignet.

Nach Auffassung der Verwaltung ist auch der **Geschäftsinhaber** des Handelsgewerbes **30** kein tauglicher Organträger. Diese Auffassung wird von dem Teil der Literatur, der wie die Verwaltung die Organträgereigenschaft der atypisch stillen Gesellschaft ablehnt, nicht geteilt. Demnach ist das Einkommen der Organgesellschaft zunächst dem Geschäftsinhaber zuzurechnen, bevor es für Zwecke der steuerlichen Gewinnverteilung der Mitunternehmerschaft zugerechnet wird.⁶⁸ Dieser zivilrechtlich geprägten Sichtweise steht allerdings entgegen, dass steuerrechtlich gerade kein Durchgangserwerb beim Geschäftsinhaber stattfindet, sondern die anteilige Gewinnzurechnung im Feststellungsverfahren erfolgt.⁶⁹ Der Hintergrund für die Verwaltungsauffassung ist wohl, dass bei Anerkennung einer Organschaft die mit Wirkung zum VZ 2013 abgeschaffte Mehrmütterorganschaft (dazu → Rn. 219 ff.) durch den Umweg über eine atypisch stille Gesellschaft wieder aufleben würde.⁷⁰

Vor dem Hintergrund der Verwaltungsauffassung ist bei künftigen stillen Beteiligungen am Handelsgewerbe eines Organträgers Vorsicht geboten. Für bestehende, steuerlich anerkannte atypisch stille Beteiligungen gewährt das BMF Vertrauensschutz.⁷¹

Demgegenüber kann die **typisch stille Gesellschaft** mangels Vorliegen der Voraussetzungen des § 15 Abs. 1 Nr. 2 EStG unstreitig nicht Organträger sein.⁷² Die typisch stille Beteiligung stellt allerdings eine Alternative zur Organschaft dar, wenn sich Verlustgesellschaften typisch still an Gewinngesellschaften beteiligen.⁷³ **31**

bb) Organgesellschaft. (1) Rechtsform. Gemäß § 14 Abs. 1 KStG muss es sich bei der Organgesellschaft um eine Europäische Gesellschaft, AG oder KGaA mit Geschäftsleitung im Inland handeln. Der Satzungssitz muss nach geänderter Rechtslage in einem Mitgliedstaat der EU oder in einem Vertragsstaat des EWR-Abkommens liegen. Auch doppelt ansässige Gesellschaften qualifizieren damit als taugliche Organgesellschaften. Über § 17 KStG wird die Eignung zur Organgesellschaft neben der AG und der KGaA auf die anderen Kapitalgesellschaften (insbesondere die GmbH) ausgedehnt. **32**

Nicht als Organgesellschaften zugelassen sind Genossenschaften, eine inländische Betriebsstätte einer ausländischen Kapitalgesellschaft, ein BgA einer juristischen Person des öffentlichen Rechts, ein VVAG, nichtrechtsfähige Vereine, Stiftungen ua Zweckvermögen, nicht rechtsfähige Personenvereinigungen und Vermögensmassen sowie Realgemeinden.⁷⁴ Ebenso als Organgesellschaften ausgeschlossen sind **Einzelkaufleute** und **Personengesellschaften**.⁷⁵ Insofern sind auch **stille Gesellschaften** als Organgesellschaften ungeeignet. Bei der **typisch stillen Gesellschaft** kann die Kapitalgesellschaft Organgesellschaft sein. Die Organgesellschaft führt ihren gesamten Gewinn nach HR an den Organträger ab, da die Vergütung des Stillen Betriebsausgaben darstellt.⁷⁶ Umstritten ist, ob bei der **Kapitalgesellschaft & atypisch still** die Inhaber-Kapitalgesellschaft selbst Organgesellschaft sein kann. **33**

---

⁶⁶ Vgl. BMF 20.8.2015, BStBl. I 2015 S. 649; zustimmend Frotscher/Drüen/*Frotscher* KStG § 14 Rn. 170 f.; Dötsch/Pung/Möhlenbrock/*Dötsch* KStG § 14 Rn. 128; *Breuninger* JbFaStR 2016, 148 (153 ff.).
⁶⁷ *Hageböke* DB 2015, 1993; *Suchanek* DStR 2006, 836; *ders.* GmbHR 2015, 1031; *Hageböke/Heinz* DB 2006, 473.
⁶⁸ Frotscher/Drüen/*Frotscher* KStG § 14 Rn. 172; *Döllerer* DStR 1985, 295; *Breuninger* JbFaStR 2016, 148 (155 ff.).
⁶⁹ Vgl. Dötsch/Pung/Möhlenbrock/*Dötsch* KStG § 14 Rn. 175.
⁷⁰ Dötsch/Pung/Möhlenbrock/*Dötsch* KStG § 14 Rn. 173; aA *Breuninger* in JbFaStR 2016, 148 (159 f.), der eine Parallele verneint.
⁷¹ BMF 20.8.2015, BStBl. I 2015 S. 649.
⁷² Frotscher/Drüen/*Frotscher* KStG § 14 Rn. 169.
⁷³ Vgl. hierzu *Kessler/Reitsam* DStR 2003, 269 und 315; Dötsch/Pung/Möhlenbrock/*Dötsch* KStG § 14 Rn. 65.
⁷⁴ Vgl. Dötsch/Pung/Möhlenbrock/*Dötsch* KStG § 14 Rn. 89.
⁷⁵ Vgl. BFH BStBl. III 1961 S. 368; sowie Dötsch/Pung/Möhlenbrock/*Dötsch* KStG § 14 Rn. 76.
⁷⁶ Vgl. Dötsch/Pung/Möhlenbrock/*Dötsch* KStG § 14 Rn. 79.

Bedenken bestehen dagegen, da die Organgesellschaft ihren ganzen Gewinn abführen muss. Eine beachtliche Meinung in der Literatur bejaht die vollständige Gewinnabführung, da der handelsbilanzielle Gewinn der Unternehmensträgerin parallel zur typisch stillen Gesellschaft nach Abzug der als Betriebsausgaben zu behandelnde Gewinnbeteiligung des atypisch Stillen ermittelt wird.[77] Die Verwaltung[78] und überwiegende Teile der Literatur[79] verneinen eine vollständige Gewinnabführung. Dogmatisch wird dies auf die steuerliche Behandlung der atypisch stillen Gesellschaft als Mitunternehmerschaft gestützt. Als Gewinnanteil des Unternehmensträgers verbleibt für die Abführung nur der anteilige Gewinn nach Gewinnverwendung. Der BFH hat zu der Frage, wie er im Beschluss vom 11.8.2011[80] klarstellt, noch nicht im Beschluss vom 31.3.2011[81] abschließend Stellung genommen.

34 Mit Verweis auf die Entscheidung des BFH[82] vom 8.11.1989 wird im Schrifttum[83] **Vorgründungsgesellschaften** die Eignung als Organgesellschaft abgesprochen. Die Vorgründungsgesellschaft hat die steuerliche Qualität einer gewerblichen Personengesellschaft. Von der Vorgründungsgesellschaft übernommene Rechte und Pflichten aus einem Gewinnabführungsvertrag gehen nicht automatisch auf die künftige Kapitalgesellschaft über. Gleichwohl hält der BFH eine Übernahme der Verpflichtungen aus einem von der Vorgründungsgesellschaft abgeschlossenen Ergebnisabführungsvertrag grundsätzlich für möglich. Allerdings besteht hierfür steuerlich keine Notwendigkeit, weil das steuerliche Ergebnis der Vorgründungsgesellschaft als Personengesellschaft den Gesellschaftern ohnehin anteilig zugerechnet wird.[84]

35 Demgegenüber werden von der Rechtsprechung[85] **Vorgesellschaften** als Organgesellschaften anerkannt. Dies gilt nach der wohl herrschenden Auffassung[86] ungeachtet der Neuregelung des § 14 Abs. 1 S. 2 KStG idF des StVergAbG, wonach die steuerlichen Rechtsfolgen einer Organschaft erst in dem Wirtschaftsjahr erstmalig eintreten, in dem der Gewinnabführungsvertrag rechtlich wirksam wird.[87] Dies hat zwar zur Folge, dass die Folgen der Organschaft erst in dem Wirtschaftsjahr der Eintragung der Vorgesellschaft in das Handelsregister eintreten können. Gleichwohl bestehen deshalb aber keine Bedenken, die Vorgesellschaft als Organgesellschaft zu behandeln, zumal auch ausländische Kapitalgesellschaften Organgesellschaften sein können. Scheitert jedoch die Eintragung der Vorgesellschaft im Handelsregister oder erfolgt diese nicht rechtzeitig, entfällt die Eignung der Vorgesellschaft als Organgesellschaft rückwirkend.

36 *(2) Inlandsanbindung.* Durch das Gesetz zur Änderung und Vereinfachung der Unternehmensbesteuerung und des steuerlichen Reisekostenrechts vom 20.2.2013 wurde aufgrund europarechtlicher Bedenken der doppelte Inlandsbezug aufgegeben. Nach § 14 Abs. 1 S. 1, § 17 S. 1 KStG muss sich nur noch die **Geschäftsleitung** der Organgesellschaft im Inland befinden.

37 Der damit verbundene Ausschluss von Organgesellschaften mit Geschäftsleitung im EU-Ausland wirft erneut die Frage der **Europarechtswidrigkeit** der deutschen Organschaftsregelung auf. Der EuGH hat in der Rs. *Groupe Steria* entschieden, dass eine in einem Mitgliedstaat ansässige Gesellschaft, die ihren Gewinn an die in einem anderen Mitgliedstaat ansässige Muttergesellschaft abführt, nicht von einer Gruppenbesteuerung ausgeschlossen

---

[77] Vgl. Ernst & Young/*Walter* KStG § 14 Rn. 61; Hageböke DB 2015, 1993, *Suchanek* GmbHR 2015, 1031.
[78] BMF 20.8.2015, BStBl. I 2015 S. 649.
[79] Frotscher/Maas/*Frotscher* KStG § 14 Rn. 204; Dötsch/Pung/Möhlenbrock/*Dötsch* § 14 Rn. 84 ff.
[80] BFH I B 179/10, BFH/NV 2011, 2052.
[81] BFH/NV 2011, 1397; hier deutet der BFH in einem Obiter dictum unter Bezugnahme auf die Anerkennung von Teilgewinnabführungsverträgen durch den BGH (21.7.2013 – II ZR 109/02) an, dass der abzuführende Gewinn der Gewinn vor Abzug der Anteile des stillen Gesellschafters sei.
[82] Vgl. BFH BStBl. II 1990 S. 91.
[83] Vgl. etwa Dötsch/Pung/Möhlenbrock/*Dötsch* KStG § 14 Rn. 90.
[84] Vgl. Ernst & Young/*Walter* KStG § 14 Rn. 65.
[85] Vgl. BFH 9.3.1978, BStBl. II 1978 S. 486; FG Hamburg 28.11.1985, EFG 1986, 414 f.
[86] Vgl. Vgl. etwa ausführlich zum Meinungsstand Ernst & Young/*Walter* KStG § 14 Rn. 67 ff.; aA Frotscher/Drüen/*Frotscher* KStG § 14 Rn. 194.
[87] Vgl. → Rn. 66.

werden darf.[88] Die Besteuerung der Dividenden (5 %-Regelung) führe zu einem Verstoß gegen die Niederlassungsfreiheit. Die die französische Gruppenbesteuerung, die allerdings keinen Gewinnabführungsvertrag voraussetzt, betreffende Entscheidung ist auf die deutschen Organschaftsregelungen übertragbar.[89] Offensichtlich will die geltende Regelung vermeiden, dass nach Art. 7 OECD-MA der ausländischen Besteuerung unterliegende Unternehmensgewinne ohne weitere (Dividenden)besteuerung ins Inland transferiert werden können. Nicht anders ist zu erklären, dass Gesellschaften mit Sitz in der EU und inländischer Geschäftsleitung Organgesellschaft sein können. Hier behält Deutschland das Besteuerungsrecht nach DBA, da die Organgesellschaft im Inland ansässig ist.[90] Eine solche fiskalisch motivierte Regelung vermag die Beschränkung der Niederlassungsfreiheit nicht zu rechtfertigen.

38 Spiegelbildlich sind die Verluste, die bei der ausländischen Gesellschaft entstehen von der inländischen Besteuerung ausgenommen, da Deutschland die Freistellungsmethode anwendet. Dies gilt seit der Entscheidung des EuGH in der Rs. *Timac Agro* auch für **finale Verluste,** wenn ausländische Verluste aufgrund der Freistellungsmethode nicht berücksichtigt werden.[91]

39 Umstritten ist, ob das **Erfordernis eines Gewinnabführungsvertrags** eine gemeinschaftswidrige Diskriminierung darstellt. Dies ist zu verneinen, da andernfalls eine Vergleichbarkeit einer inländischen Muttergesellschaft mit einer inländischen Tochtergesellschaft ohne bestehende Organschaft bestünde.[92]

40 Allerdings kennen die meisten ausländischen Rechtssysteme nicht das Institut des Gewinnabführungsvertrags. Den § 291 AktG ff. entsprechende Regelungen existieren in der Regel nicht. Dies dürfte einer Organschaft jedoch nicht entgegenstehen, wenn zumindest eine bindende Vereinbarung über die tatsächliche Gewinnabführung und Verlustübernahme durch die Muttergesellschaft vorliegt. Für einen solchen Vertrag bildet § 17 S. 1 KStG eine ausreichende Rechtsgrundlage.[93] Die Vorschrift, die auch für die inländische GmbH gilt, verlangt keinen Verweis auf § 291 AktG. Die Verwaltung versagt allerdings einem schuldrechtlichen Vertrag außerhalb des GAV nach § 291 AktG mit einer ausländischen Gesellschaft zu Unrecht die Anerkennung. Wobei dies wohl darauf beruht, dass die Eintragung in das Handelsregister nach dem ausländischen Gesellschaftsrecht nicht möglich sein wird.[94]

41 *(3) Gewerbliche Tätigkeit.* Die Organgesellschaft muss nicht notwendigerweise eine gewerbliche Tätigkeit iSd § 15 Abs. 2 EStG ausüben. Vielmehr wird in § 14 KStG allein auf die Rechtsform der Organgesellschaft abgestellt. Die Einkünfte der in § 14 KStG bezeichneten Gesellschaften sind kraft Rechtsform gewerblich. Demnach ist für die Eignung als Organgesellschaft auch eine bloße vermögensverwaltende Tätigkeit[95] oder die Tätigkeit einer nicht geschäftsleitenden Holdinggesellschaft ausreichend.

42 Ausdrücklich nicht mehr als Organgesellschaften anerkannt werden **Lebens- und Krankenversicherungsunternehmen,** § 14 Abs. 2 KStG idF des StVergAbG.[96]

GmbH & Co. KG. Unklar ist, ob die Komplementär-GmbH einer GmbH & Co. KG Organgesellschaft der KG sein kann. Seit Inkrafttreten des StSenkG war die Organschaft zwischen Komplementär-GmbH und KG unstreitig möglich, sofern die Komplementär-GmbH von allen oder einzelnen Kommanditisten der KG finanziell beherrscht wurde. Diese Möglichkeit war dadurch gegeben, dass vor Inkrafttreten des StVergAbG mit Wirkung zum Veranlagungszeitraum 2003 die finanzielle Eingliederung der Organgesellschaft im Verhältnis

---

[88] EuGH 2.9.2015 – C-386/14, IStR 2015, 782 – Groupe Steria.
[89] *Schnitger* IStR 2015, 772; aA *Mitschke* FR 2015, 1117.
[90] *Schnitger* JbFaStR 2016/2017, 1. Generalthema, Fall 2, S. 39.
[91] EuGH 17.12.2015 – C-388/14, IStR 2016, 78 – Timac Agro; aA noch die Vorauflage Rn. 32.
[92] *Schnitger* in JbFaStR 2016/2017, 1. Generalthema, Fall 2, S. 39.
[93] *Schnitger* in JbFaStR 2016/2017, 1. Generalthema, Fall 2, S. 39; *Winter/Marx* DStR 2011, 1101; aA *Mitschke* FR 2015, 1117.
[94] OFD Karlsruhe 16.1.2014, FR 2014, 434; gegen das Erfordernis einer Eintragung *Winter/Marx* DStR 2011, 1101.
[95] Vgl. BFH 21.1.1970, BStBl. II 1970 S. 348; 8.12.1971, BStBl. II 1972 S. 289.
[96] Vgl. dazu auch *Schnitger/Hartmann* BB 2002, 277; *Dötsch/Pung* DB 2003, 1972.

zu den Gesellschaftern einer Personengesellschaft ausreichend war (vgl. → Rn. 219 ff.). Nach Inkrafttreten des StVergAbG 2003 muss für die Errichtung einer Organschaft die finanzielle Eingliederung unmittelbar zum Organträger gegeben sein, § 14 Abs. 1 Nr. 2 S. 3 KStG. Insoweit wird die Auffassung vertreten, dass diese Voraussetzung nur bei einer sog. Einheits-KG, bei der die Anteile der Komplementär-GmbH im Gesamthandsvermögen gehalten werden, erfüllt ist.[97] Nach der BFH-Rechtsprechung dürfte aber im Verhältnis zum Kommanditisten der GmbH & Co. KG eine Organschaft möglich sein.[98]

43 **b) Finanzielle Eingliederung.** Für die gebotene finanzielle Eingliederung muss der Organträger an der Organgesellschaft vom Beginn ihres Wirtschaftsjahres an ununterbrochen in einem solchen Umfang beteiligt sein, dass ihm die Mehrheit der Stimmrechte aus den Anteilen an der Organgesellschaft zusteht, § 14 Abs. 1 Nr. 1 S. 1 KStG. Diese Voraussetzung ist nicht erfüllt, wenn Anteile an der Organgesellschaft schuldrechtlich vor Beginn des Wirtschaftsjahres erworben werden, die Eintragung ins Handelsregister aber erst nach dem Beginn des Wirtschaftsjahres erfolgt.

44 *aa) Unmittelbare Beteiligung. (1) Beteiligung.* Dem Wortlaut des § 14 Abs. 1 Nr. 1 S. 1 KStG zufolge setzt die finanzielle Eingliederung eine Beteiligung des Organträgers an der Organgesellschaft voraus. Nicht ausreichend für die geforderte Beteiligung ist eine bloße finanzielle Abhängigkeit von einem anderen Unternehmen. Ebenso wenig genügt der schuldrechtliche Anspruch eines Erwerbers auf Übertragung von Gesellschaftsanteilen für die Annahme einer Beteiligung.[99]

45 Maßgebend für eine Zurechnung ist das **wirtschaftliche Eigentum** nach § 39 Abs. 2 Nr. 1 AO an den Gesellschaftsanteilen der Organgesellschaft. Dementsprechend scheiden Treuhänder und Sicherungsnehmer angesichts ihrer bloßen rechtlichen Eigentümerstellung als Organträger regelmäßig aus.[100]

46 *(2) Mehrheit der Stimmrechte.* Die Beteiligung muss dem Organträger die Mehrheit der Stimmrechte aus der Beteiligung an der Organgesellschaft vermitteln, § 14 Abs. 1 S. 1 Nr. 1 S. 1 KStG. Maßgebend sind die **Stimmrechte** nach § 12 AktG. Auf eine Mehrheit am Nennkapital der Organgesellschaft kommt es nicht an. Stimmrechtsmehrheit und Kapitalmehrheit können etwa durch stimmrechtslose Anteile voneinander abweichen, § 12 Abs. 1 S. 2 AktG.

Stimmrechtsmehrheit liegt dann vor, wenn der Organträger in der Haupt- oder Gesellschaftsversammlung bei allgemeinen Beschlüssen (nicht bei Sondertatbeständen wie bspw. Umwandlung) seinen Willen durchsetzen kann.[101]

47 Für die Beurteilung der Stimmrechtsausstattung ist der **Regelfall** entscheidend. Gesellschaftsvertragliche Stimmrechtsverbote oder qualifizierte Mehrheitserfordernisse für bestimmte einzelne Geschäfte stehen einer finanziellen Eingliederung nicht entgegen.[102] Sind hingegen gemäß Satzung **qualifizierte Mehrheiten** auch für normale Entscheidungen vorgeschrieben, so muss der Organträger zur Erfüllung der Bedingung der finanziellen Eingliederung über diese qualifizierte Stimmrechtsmehrheit verfügen.

48 Umstritten ist, ob sich der Organträger die fehlende Stimmrechtsmehrheit durch **Stimmrechtsbindungsverträge** mit anderen Gesellschaftern verschaffen kann. Nach dem Gesetzeswortlaut muss dem Organträger die Mehrheit der Stimmrechte zustehen. Er muss wirtschaftlicher Eigentümer der mehrheitsvermittelnden Mitgliedschaftsrechte sein. Schuldrechtliche Abreden vermitteln, soweit sie kein wirtschaftliches Eigentum begründen, keine Stimmrechte[103] Demgegenüber besteht Einigkeit darüber, dass eine bloße Stimmrechtsvollmacht für fremde Anteile nicht ausreichend ist.

---

[97] Vgl. Ernst & Young/*Walter* KStG § 14 Rn. 55; aA Dötsch/Pung/Möhlenbrock/*Dötsch* KStG § 14 Rn. 76; *Frotscher*/Drüen/*Frotscher* KStG § 14 Rn. 168.
[98] Vgl. BFH 24.2.2005, BStBl. II 2006 S. 361; *Frotscher*/Drüen/*Frotscher* KStG § 14 Rn. 168.
[99] Zur Begründung vgl. BT-Drs. 14/2683, 12.
[100] Rödder/Herlinghaus/Neumann/*Rödder*/Liekenbrock KStG § 14 Rn. 196.
[101] Rödder/Herlinghaus/Neumann/*Rödder*/Liekenbrock KStG § 14 Rn. 194.
[102] Vgl. BFH 26.1.1989, BStBl. II 1989 S. 455.
[103] So auch Dötsch/Pung/Möhlenbrock/*Dötsch* KStG § 14 Rn. 122a; FG Niedersachsen 7.6.1990, GmbHR 1991, 290; aA Rödder/Herlinghaus/Neumann/*Rödder*/Liekenbrock KSTG § 14 Rn. 194.

Hält die Organgesellschaft **eigene Anteile**, so sind diese bei der Bestimmung der Gesamtzahl der Stimmen nicht mitzurechnen.

bb) Mittelbare Beteiligung. Für eine finanzielle Eingliederung sind auch mittelbare Beteiligungen an der Organgesellschaft geeignet. Dazu reicht sogar eine Beteiligung über eine Gesellschaft aus, die selbst nicht Organgesellschaft sein kann,[104] wie etwa eine zwischengeschaltete Personengesellschaft oder eine ausländische Gesellschaft.[105] Nicht in Betracht kommt als zwischengeschaltete Gesellschaft jedoch eine Genossenschaft.[106]

Mittelbare und unmittelbare Beteiligungen sind zusammenzurechnen. Mittelbare Beteiligungen können zur Erfüllung der Eingliederungsvoraussetzung allerdings nur berücksichtigt werden, wenn die Beteiligung an jeder vermittelnden Gesellschaft die Mehrheit der Stimmrechte gewährt.[107]

Die Höhe der mittelbaren Beteiligung ist durch die **Additionsmethode** zu berechnen.[108] Dabei bestimmt sich die Beteiligungsquote nach den durch die vermittelnde Beteiligung gehaltenen Anteilen. Die Verwaltung wendet allerdings die **Durchrechnungsmethode** an, wonach die Beteiligung an der vermittelnden Gesellschaft und die Beteiligung der vermittelnden Gesellschaft an der Organgesellschaft zu multiplizieren sind.[109] Der Additionsmethode ist deshalb der Vorzug zu gewähren, da durch die Mehrheitsbeteiligung an der vermittelnden Gesellschaft sämtliche der von dieser gehaltenen Stimmrechte ausgeübt werden können.

Der Obergesellschaft M steht in den untenstehenden Beispielfällen die Mehrheit der Stimmrechte an der vermittelnden T bzw. an T1 und T2 zu. Insofern ist die Gesellschaft E in den voranstehenden Beispielen unter Beachtung des § 14 Abs. 1 Nr. 1 S. 2 KStG jeweils finanziell in die Gesellschaft M eingegliedert.

Mittelbare Beteiligungen sind mit ihrem Nominalanteil zu berücksichtigen und nicht etwa quotal bis zur Obergesellschaft (in den Beispielen M) durchzurechnen. So beträgt die Beteiligung an E über T im ersten Beispiel 51 % (= 45 % + 6 %) (Abb. II.1._2.) bzw. über T1 oder T2 im zweiten Beispiel 53 % (= 23 % + 30 %) (Abb. II.1._3.). Nach Auffassung der Verwaltung läge in beiden Fällen keine finanzielle Eingliederung vor. Bei Anwendung der Durchrechnungsmethode beträgt die Höhe der mittelbaren Beteiligung im ersten Beispiel 3 % (51 % × 6 %) und begründet zusammen mit der unmittelbaren Beteiligung keine Stimmrechtsmehrheit. Im zweiten Beispiel betragen die zu addierenden mittelbaren Beteiligungen (51 % × 23 %) + (51 % × 30 %) = 27 %.

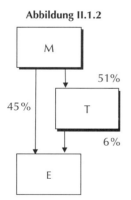

Abbildung II.1.2

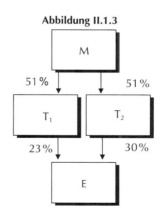

Abbildung II.1.3

---

[104] Vgl. BFH 2.11.1977, BStBl. II 1978 S. 74.
[105] Vgl. etwa *Orth* GmbHR 1996, 36; Voraussetzung ist jedoch gem. §§ 14 Abs. 1 S. 1 Nr. 2 S. 4 und 5, dass die Beteiligung einer inländischen Betriebsstätte des Organträgers zuzuordnen ist.
[106] Vgl. *Scheidle/Koch* DB 2005, 2656.
[107] Vgl. R 14.2 S. 4 KStR 2015.
[108] *Rödder/Herlinghaus/Neumann/Rödder/Liekenbrock* KSTG § 14 Rn. 213; *Dötsch/Pung/Möhlenbrock/Dötsch* KStG § 14 Rn. 127.
[109] Vgl. R 14.2 KStR 2015., Beispiel 3.

54 **cc) Finanzielle Eingliederung gegenüber Personengesellschaft.** Seit den Änderungen durch das StVergAbG vom 15.4.2003 muss die Organgesellschaft nunmehr unmittelbar in die Personengesellschaft selbst finanziell eingegliedert sein, wenn Letztere Organträgerin sein soll, § 14 Abs. 1 S. 1 Nr. 2 S. 3 KStG. Dies bedeutet, dass ab 2003 Personengesellschaften unabhängig von der steuerlichen Qualifikation ihrer Gesellschafter grundsätzlich nur noch dann als Organträger anerkannt werden, wenn die Anteile an der Organgesellschaft zum **Gesamthandvermögen** der Personengesellschaft gehören, § 14 Abs. 1 S. 1 Nr. 2 S. 3 KStG.[110] Eine Zuordnung der Anteile an der Organgesellschaft selbst zum notwendigen **Sonderbetriebsvermögen** der Personengesellschaft genügt für eine finanzielle Eingliederung hingegen nicht.[111] Damit berührt ein Wechsel der Gesellschafter der Personengesellschaft im Regelfall den Fortbestand der Organschaft nicht mehr. Durch die Regelung soll eine faktische Mehrmütterorganschaft verhindert werden (vgl. → Rn. 218 ff.).[112]

55 Gehören zum Gesamthandvermögen der Personengesellschaft Anteile an einer Kapitalgesellschaft, vermittelt diese Beteiligung aber nicht die Stimmrechtsmehrheit gemäß § 14 Abs. 1 Nr. 1 KStG, so dürfen nach Einführung des § 14 Abs. 1 S. 1 Nr. 2 S. 3 KStG **unmittelbare oder mittelbare Beteiligungen** der Gesellschafter der Personengesellschaft zwecks Erreichung der erforderlichen Stimmrechtsmehrheit nicht zusammengerechnet werden. Vielmehr müssen die im Gesamthandsvermögen gehaltenen Anteile selbst die Mehrheit der Stimmrechte vermitteln.[113]

56 **dd) Zeitliche Voraussetzungen. (1) Ununterbrochene Eingliederung.** Gemäß § 14 Abs. 1 Nr. 1 S. 1 KStG muss die Organgesellschaft von Beginn ihres Wirtschaftsjahres an ununterbrochen in den Organträger finanziell eingegliedert sein. Das bedeutet, dass die Beteiligung an der Organgesellschaft zu Beginn ihres Wirtschaftsjahres begründet sein und während ihres gesamten Wirtschaftsjahres bis zu dessen Ende durchgehalten werden muss. Entsprechendes gilt für Rumpfwirtschaftsjahre.[114]

57 **(2) Unterjähriger Erwerb.** Erwirbt die Organträgerin die Beteiligung während des Wirtschaftsjahres der Organgesellschaft, so ist die zeitliche Anforderung nach § 14 Abs. 1 S. 1 Nr. 1 S. 1 KStG nicht erfüllt. In einem solchen Fall wird die Organschaft erst frühestens ab dem folgenden Wirtschaftsjahr anerkannt, wenn keine geeigneten Maßnahmen ergriffen werden.

58 Wird bei einem unterjährigen Erwerb eine sofortige finanzielle Eingliederung der Organgesellschaft erwünscht, kann das Wirtschaftsjahr der Organgesellschaft auf den Zeitpunkt des Erwerbs ihrer Anteile umgestellt werden.[115] Durch eine solche **Umstellung des Wirtschaftsjahres** kann die Organgesellschaft von Beginn ihres neu beginnenden Wirtschaftsjahres an in den Organträger eingegliedert werden. Die Umstellung des Wirtschaftsjahres der Organgesellschaft auf einen vom Kalenderjahr abweichenden Zeitraum ist mit dem Finanzamt abzustimmen, § 7 Abs. 4 KStG. Das Finanzamt ist angehalten, die erforderliche **Zustimmung** zu erteilen.[116] Die Umstellung des Wirtschaftsjahres wird zivilrechtlich erst mit **Eintragung ins Handelsregister** wirksam. Die Umstellung des Wirtschaftsjahres der Organgesellschaft auf den Zeitpunkt des Erwerbs ihrer Anteile ist indes nur dann zielführend, wenn auch der Gewinnabführungsvertrag bis zum Ende dieses neuen Wirtschaftsjahres der Organgesellschaft **zivilrechtlich wirksam**[117] wird (vgl. → Rn. 66), § 14 Abs. 1 S. 2 KStG.

59 **(3) Rückwirkung und Rechtsnachfolge bei Umwandlung.** Umstritten ist, inwieweit die zeitliche Bedingung der finanziellen Eingliederung **rückwirkend** durch umwandlungsrechtliche Maßnahmen erreicht werden kann. Die in §§ 3 UmwStG ff. behandelten Umwandlun-

---

[110] Vgl. BMF 10.11.2005, BStBl. I 2005 S. 1038 Rn. 13; vgl. zur Anwendung auf atypisch stille Gesellschaften → Rn. 29 f.
[111] Vgl. R 14.3 S. 5 KStR 2015.
[112] Rödder/Herlinghaus/Neumann/*Rödder/Liekenbrock* KSTG § 14 Rn. 217.
[113] Vgl. BMF 10.11.2005, BStBl. I 2005 S. 1038 Rn. 13.
[114] Vgl. R 14.4 Abs. 1 S. 3 KStR 2015.
[115] Ausführlich vgl. *Herrmann* BB 1999, 2270 ff.
[116] Vgl. R 14.4 Abs. 3 S. 1 KStR 2015.
[117] Vgl. *Prinz* FR 2003, 708.

gen können gem. § 2 UmwStG auf einen Zeitpunkt von acht Monaten zurückbezogen werden. Eine vergleichbare Regelung für die Einbringung von Vermögen enthält § 20 Abs. 6 UmwStG. Von der umwandlungssteuerlichen Rückwirkung ist die umwandlungssteuerliche **Rechtsnachfolge** zu unterscheiden, wonach der übernehmende Rechtsträger in die steuerliche Rechtsstellung des übertragenden Rechtsträgers eintritt. Diese ist für die Verschmelzung einer Kapitalgesellschaft auf eine Personengesellschaft in § 4 Abs. 2 UmwStG geregelt. Auf die Vorschrift wird betreffend andere Umwandlungsvorgänge an verschiedenen Stellen verwiesen.

Umwandlung des Organträgers: Die Finanzverwaltung erkennt den **Fortbestand der Organschaft** in den Fällen der Umwandlung der Organträgerin und bei Einbringung der Beteiligung an einer Organgesellschaft in eine andere bestehende Kapitalgesellschaft an, wenn der Übertragungsstichtag mit dem Bilanzstichtag der Organgesellschaft übereinstimmt.[118] Dass die Umwandlung auf den Bilanzstichtag erfolgen muss, ist zu weitgehend. Unabhängig von dem Umwandlungsstichtag, tritt die übernehmende Gesellschaft in die Stellung der übertragenden Gesellschaft gem. § 4 Abs. 2 UmwStG.[119] Davon zu unterscheiden sind Fälle, in denen ein Organschaftsverhältnis zum übernehmenden Rechtsträger **erstmals begründet** werden soll. Hier hilft die Rechtsnachfolge nicht weiter, wenn die Organgesellschaft nicht finanziell in den übertragenden Rechtsträger eingegliedert war.[120] Allerdings umfasst die Rückwirkungsfiktion auch die finanzielle Eingliederung, sodass im Fall der Rückbeziehung des Übertragungsstichtags auch die Wirkungen der finanziellen Eingliederung ab diesem Zeitpunkt eintreten. Da hier hinsichtlich der finanziellen Eingliederung keine Rechtsnachfolge eintritt, muss die Rückwirkung auf den Beginn des Wirtschaftsjahrs der Organgesellschaft erfolgen. Die Unterscheidung zwischen Rechtsnachfolge und Rückwirkung wird auch beim Anteilstausch gem. § 21 UmwStG, der keine Rückwirkungsfiktion beinhaltet, relevant. Soweit bereits zum einbringenden Rechtsträger eine Organschaft besteht, wird diese abweichend von der Auffassung der Finanzverwaltung unabhängig vom Übertragungsstichtag mit der übernehmenden Gesellschaft fortgesetzt.[121]

Umwandlung der Organgesellschaft: Hier werfen Verschmelzung, Aufspaltung, Abspaltung und Formwechsel Probleme auf. Im Fall der Ausgliederung bleibt die Organgesellschaft ohne Auswirkungen auf die Organschaft bestehen.[122] Auch bei der Abspaltung bleibt die Organgesellschaft bestehen und ein bestehendes Organschaftsverhältnis wird fortgeführt. Soll jedoch hier ein Organschaftsverhältnis zum übernehmenden Rechtsträger begründet werden, wirft die Frage der finanziellen Eingliederung des übernehmenden Rechtsträgers in den Organträger in der Praxis dann Probleme auf, wenn vor der Umwandlung keine finanzielle Eingliederung bestand. Die dargestellte Problematik betrifft über die Abspaltung hinaus sämtliche Umwandlungen, in denen der Organträger erst in Folge der Umwandlung die Anteilsmehrheit an dem übernehmenden Rechtsträger erlangt. In der Praxis betrifft dies den *Side-Stream-Merger*. Mit der übernehmenden Gesellschaft kann die Organschaft jedenfalls fortgesetzt werden, wenn sie während ihres gesamten Wirtschaftsjahres in die Organträgerin finanziell eingegliedert war.[123] Allerdings verneinen die Rechtsprechung[124] und die Finanzverwaltung[125] gestützt auf § 12 Abs. 3 UmwStG iVm § 4 Abs. 2 UmwStG bislang die rückwirkende Erfüllung der Eingliederungsvoraussetzungen, wenn gegenüber der übernehmenden Gesellschaft die Eingliederungsvoraussetzungen zu Beginn des Wirtschaftsjahres nicht vorlagen. § 12 Abs. 3 UmwStG iVm § 4 Abs. 2 UmwStG findet kei-

---

[118] BMF 11.11.2011, BStBl. I 2011 S. 1314 Rn. Org. 02.
[119] *Frotscher,* Umwandlungssteuererlass 2011, zu Rn. Org. 02.
[120] *Frotscher,* Umwandlungssteuererlass 2011, zu Rn. Org. 02.; aA Rödder/Herlinghaus/Neumann/*Rödder/Liekenbrock* KSTG § 14 Rn. 224.
[121] BFH 28.7.2010 – I R 11/09, Der Konzern 2010, 658; *Frotscher,* Umwandlungssteuererlass 2011, zu Rn. Org. 08.
[122] *Frotscher,* Umwandlungssteuererlass 2011, zu Rn. Org. 22; BMF 11.11.2011, BStBl. I 2011 S. 1314 Rn. Org. 22.
[123] *Frotscher,* Umwandlungssteuererlass 2011, zu Rn. Org. 22.
[124] FG Thüringen 9.10.2013 – 3 K 438/09, Der Konzern 2015, 131; BFH 5.11.2014 – I B 34/14, BFH/NV 2014, 356; kritisch *Brühl* Ubg 2016, 589.
[125] BMF 11.11.2011, BStBl. I 2011 S. 1314 Rn. Org. 21.

ne Anwendung, da die Organträgerin als Gesellschafterin nicht von der Rückwirkungsfiktion, die nur zwischen dem übertragenden und übernehmenden Rechtsträgern gilt, erfasst wird. Allerdings gilt für den Gesellschafter seit dem SEStEG, dass gem. § 13 Abs. 2 S. 2 UmwStG die Anteile der übernehmenden Gesellschaft an die Stelle der Anteile an der übertragenden Gesellschaft treten. Ist der Gesellschafter der übertragenden Gesellschaft zugleich Organträger resultiert aus der Rechtsnachfolge mE die rückwirkende finanzielle Eingliederung der übernehmenden Gesellschaft in den Organträger.[126]

Ungeachtet dessen erkennt die Finanzverwaltung seit einer Entscheidung des BFH[127] vom 17.9.2003 die rückwirkende finanzielle Eingliederung beim **Formwechsel** der künftigen Organgesellschaft von einer Personengesellschaft in eine Kapitalgesellschaft an.

62   Zu beachten ist, dass sich die Rückwirkung und Rechtsnachfolge umwandlungsrechtlicher Maßnahmen indes nur dann zielgerecht nutzen lassen, wenn der **Gewinnabführungsvertrag** in dem Wirtschaftsjahr der Organgesellschaft zivilrechtlich wirksam wird, das auch den Rückwirkungszeitraum erfasst, § 14 Abs. 2 KStG. Schwierigkeiten mit der zeitgerechten Eintragung des Gewinnabführungsvertrags lassen sich durch rückwirkende Umwandlung auf eine (**Vorrats-**)**Gesellschaft** vermeiden, mit der bereits ein Gewinnabführungsvertrag geschlossen ist.

63   *(4) Unterjährige Veräußerung.* Veräußert der Organträger Anteile an einer Organgesellschaft während ihres Wirtschaftsjahres, so wird die Organschaft mit Beginn ihres noch nicht abgelaufenen Wirtschaftsjahres mangels Erfüllung der zeitlichen Voraussetzung des § 14 Abs. 1 S. 1 Nr. 1 S. 1 KStG nicht anerkannt.

64   Eine unerwünschte Aberkennung der Organschaft für das betreffende Wirtschaftsjahr kann durch die Bildung eines **Rumpfwirtschaftsjahres** auf den Veräußerungszeitpunkt vermieden werden. Das Organschaftsverhältnis zum Veräußerer wird dann bis zum Ende des gebildeten Rumpfwirtschaftsjahres berücksichtigt. Die erforderliche **Zustimmung** für die Bildung des Rumpfwirtschaftsjahres der Organgesellschaft hat das Finanzamt zu erteilen.[128]

65   c) Gewinnabführungsvertrag § 291 Abs. 1 AktG.[129] Nach § 14 Abs. 1 KStG muss sich die Organgesellschaft durch einen Gewinnabführungsvertrag iSd § 291 Abs. 1 AktG verpflichten, ihren ganzen Gewinn an ein einziges anderes gewerbliches Unternehmen abzuführen. Durch die Kodifizierung in §§ 291 ff. AktG sind der Gestaltungsfreiheit von Gewinnabführungsverträgen somit enge Grenzen gesetzt.[130] Diese zivilrechtliche Voraussetzung gilt entsprechend für die GmbH als Organgesellschaft, § 17 S. 1 KStG. Das Erfordernis eines Gewinnabführungsvertrags lässt sich damit begründen, dass die Organschaft nicht zwingend bereits mit Erfüllung der finanziellen Eingliederung eintreten soll. Die Obergesellschaft bzw. deren Anteilseigner haben es somit in der Hand, sich durch Abschluss eines Gewinnabführungsvertrages, oder Verzicht darauf, für oder gegen die Organschaft zu entscheiden. Es stellt sich sowohl aus gemeinschaftsrechtlichen als auch betriebswirtschaftlichen Gründen die Frage, ob Deutschland (international als einziger Staat) am Erfordernis des Gewinnführungsvertrags festhalten sollte, zumal dieser auch aus rechtsdogmatischen Gründen entbehrlich geworden ist.[131]

66   *aa) Zivilrechtliche Wirksamkeit.* Nach § 14 Abs. 1 S. 2 KStG kann die Organschaft erstmals für das Wirtschaftsjahr anerkannt werden, in dem der Gewinnabführungsvertrag (zivilrechtlich) wirksam wird. Anders als zivilrechtlich gilt ein nichtiger, aber gleichwohl durchgeführter Ergebnisabführungsvertrag steuerlich als nicht geschlossen, da die zivilrechtliche Wirksamkeit ertragsteuerliches Tatbestandsmerkmal ist.[132] Generell ist festzustel-

---

[126] *Frotscher,* Umwandlungssteuererlass 2011, zu Rn. Org. 21; so auch *Brühl* Ubg 2016, 589 (594).
[127] Vgl. BFH 17.9.2003, DStR 2003, 2062; Vorinstanz: FG Hamburg 17.9.2003, DStRE 2003, 38.
[128] Vgl. R 14.4 KStR 2015.
[129] Muster vgl. → Rn. 291.
[130] Vgl. *Hahn* DStR 2009, 589 ff.
[131] Vgl. *Jochum* FR 2005, 577 (581); *Herzig/Wagner* DB 2005, 1; vgl. zur möglichen Europarechtswidrigkeit auch → Rn. 39.
[132] Vgl. BFH 22.10.2008, DStR 2009, 100; 30.7.1997, BStBl. II 1998 S. 33.

len, dass zivilrechtliche Mängel regelmäßig nicht die Unwirksamkeit des Gewinnabführungsvertrags zur Folge haben.[133] Demgegenüber führen formale Mängel des Gewinnabführungsvertrags als sog. „verunglückte Organschaften" regelmäßig zu harten Auseinandersetzungen mit der Finanzverwaltung in Betriebsprüfungen, die nicht selten in finanzgerichtlichen Prozessen enden.[134]

Die Wirksamkeitsvoraussetzungen des Gewinnabführungsvertrags unterscheiden sich nach der Rechtsform der Organgesellschaft und der Intensität der Beteiligung.

(1) Nicht eingegliederte Organgesellschaft. (a) Ebene der Organgesellschaft. (aa) AG bzw. **67** *KGaA als Organgesellschaft.* Der Gewinnabführungsvertrag mit einer AG oder einer KGaA unterliegt den Anforderungen der §§ 291–307 AktG. Danach muss der Gewinnabführungsvertrag **schriftlich** geschlossen werden, § 293 Abs. 3 AktG. Des Weiteren erforderlich ist die Zustimmung mit **qualifizierter ³⁄₄-Mehrheit** der Hauptversammlung derjenigen Gesellschaft, die sich zur Gewinnabführung verpflichtet, § 293 Abs. 1 AktG. Dieser Beschluss der Hauptversammlung ist **notariell** zu beurkunden.

Der Gewinnabführungsvertrag ist zur Eintragung in das **Handelsregister** der sich zur Ge- **68** winnabführung verpflichtenden Gesellschaft anzumelden und dort einzutragen, § 294 AktG. Mit der Eintragung in das Handelsregister wird der Gewinnabführungsvertrag wirksam, § 294 Abs. 2 AktG. Selbst wenn der Gewinnabführungsvertrag rückwirkend gelten soll, tritt er erst mit Eintragung in das Handelsregister in Kraft.

Ferner sind die besonderen Vorschriften der §§ 293a–293g AktG zu beachten. Danach ist ua ein Bericht über den Gewinnabführungsvertrag sowie dessen Prüfung durch einen Vertragsprüfer erforderlich.

(bb) GmbH als Organgesellschaft. Gesellschaftsrechtliche Regelungen zum Abschluss **69** von Gewinnabführungsverträgen bestehen nur für AG und KGaA. Durch Rechtsprechung ist indes anerkannt, dass sich auch eine GmbH vertraglich zur Abführung ihres gesamten Gewinns verpflichten kann.[135] Gemäß § 17 S. 1 KStG gelten steuerrechtlich die Anforderungen des § 14 KStG für den Gewinnabführungsvertrag mit einer GmbH entsprechend.

Damit der Gewinnabführungsvertrag mit einer GmbH zivilrechtlich wirksam wird, muss **70** er **schriftlich** geschlossen werden. Der Vertrag ist zumindest dann **notariell** zu beurkunden,[136] wenn **außenstehende** Gesellschafter der gewinnabführenden GmbH durch Ausgleichszahlungen[137] abgefunden werden.

Für die zivilrechtliche Wirksamkeit des Gewinnabführungsvertrags bedarf es ferner der **Zustimmung** der Gesellschafterversammlung der GmbH. Streitig ist dabei, ob dafür die Zustimmung sämtlicher Gesellschafter oder nur einer qualifizierten ³⁄₄-Mehrheit als unterste Grenze der Mehrheit erforderlich ist. Die wohl herrschende Meinung vertritt die Ansicht, dass die Zustimmung aller Gesellschafter erforderlich ist, weil durch die Ausrichtung des Gewinnabführungsvertrages auf die Interessen des Organträgers der Gesellschaftszweck verändert wird.[138] In der Gestaltungspraxis ist unter Haftungsgesichtspunkten eine Zustimmung aller Gesellschafter – soweit möglich – anzustreben.

Schließlich ist der Gewinnabführungsvertrag zur Eintragung zum **Handelsregister** der sich zur Gewinnabführung verpflichtenden GmbH anzumelden und dort einzutragen.[139] Mit dieser Eintragung wird der Gewinnabführungsvertrag zivilrechtlich wirksam.

Die Änderung eines bestehenden Ergebnisabführungsvertrages zwischen zwei GmbHs be- **71** darf nach der BFH-Rechtsprechung zu ihrer Anerkennung im Rahmen der körperschafts-

---

[133] Vgl. *Hahn* DStR 2009, 589 (595).
[134] Vgl. ausführlich *Schöneborn* DB 2010, 245 sowie *Süß/Mayer* DStR 2009, 789; *Schneider/Hintz* Ubg 2009, 738; vgl. auch → Rn. 171 ff.
[135] Vgl. etwa BGHZ 105, 324 (330).
[136] Vgl. BGHZ 105, 324 (336).
[137] Vgl. → Rn. 175 ff.
[138] Vgl. Ernst & Young/*Walter* KStG § 14 Rn. 593 mwN.
[139] Vgl. BGHZ 105, 324 (336); BGH GmbHStPr 1992, 94.

steuerlichen Organschaft der Eintragung ins Handelsregister sowie der Zustimmung der Gesellschafterversammlung der beherrschten Gesellschaft.[140]

72 *(b) Ebene des Organträgers.* Ist Organträger eine AG bzw. KGaA, § 293 Abs. 2 AktG, oder eine GmbH[141] so hat die **Hauptversammlung/Gesellschafterversammlung** des Organträgers dem Gewinnabführungsvertrag mit qualifizierter Mehrheit zuzustimmen. Erforderlich ist auch hier eine notarielle Beurkundung des Beschlusses. Unklar ist, ob das Bestehen des Gewinnabführungsvertrags in das **Handelsregister** des Organträgers einzutragen ist. Die herrschende Auffassung geht davon aus, dass der Gewinnabführungsvertrag nicht eintragungsfähig ist. Gleichwohl sollten in der Praxis die Gepflogenheiten des lokalen Registergerichts beachtet werden.[142]

73 Bei anderen Körperschaften als Organträger hat das Trägerorgan (Mitgliederversammlung) dem Gewinnabführungsvertrag zuzustimmen.

74 Ist Organträger eine Personengesellschaft, so richtet sich die für den Zustimmungsbeschluss der Gesellschafter erforderliche Mehrheit nach den Regelungen des Gesellschaftsvertrags.

75 *(2) Eingegliederte AG als Organgesellschaft.* Ist die AG in den Organträger eingegliedert, so greifen für den Gewinnabführungsvertrag die Regelungen der §§ 293, 294 AktG nicht. Danach beschränken sich die zivilrechtlichen Anforderungen an die Wirksamkeit eines Gewinnabführungsvertrags mit einer eingegliederten Organgesellschaft auf die **Schriftform**, § 324 Abs. 2 S. 2 AktG. Der Gewinnabführungsvertrag ist somit in diesem Fall zivilrechtlich wirksam, sobald er schriftlich geschlossen wurde. Für die zivilrechtliche Wirksamkeit bedarf es hingegen nicht der Zustimmung der Hauptversammlung von Organgesellschaft und Organträger. Auch die Eintragung des Gewinnabführungsvertrages ins Handelsregister ist für dessen zivilrechtliche Wirksamkeit nicht geboten.

Zu einer eingegliederten Gesellschaft wird eine AG durch Beschluss ihrer Hauptversammlung dann, wenn sich alle ihre Anteile in der Hand einer anderen AG befinden, § 319 AktG. Ferner muss die Hauptversammlung der künftigen Hauptgesellschaft der Eingliederung zustimmen.

76 *bb) Zeitliche Anforderung. (1) Beginn im Jahr der zivilrechtlichen Wirksamkeit*: Nach § 14 Abs. 1 S. 2 KStG ist das Einkommen der Organgesellschaft dem Organträger erstmalig für das Kalenderjahr zuzurechnen, in dem das Wirtschaftsjahr der Organgesellschaft endet, in dem der Gewinnabführungsvertrag zivilrechtlich wirksam wird. Demzufolge wird die körperschaftsteuerliche Organschaft zu nicht eingegliederten Gesellschaften erst ab dem Wirtschaftsjahr steuerlich berücksichtigt, in dem der Gewinnabführungsvertrag in das **Handelsregister** der Organgesellschaft eingetragen wird. Unterbleibt eine rechtzeitige Eintragung ins Handelsregister aufgrund Behördenverschuldens, ist dies für die Anerkennung dennoch schädlich.[143] Auch ein Billigkeitserlass kommt nach der höchstrichterlichen Rechtsprechung nicht in Betracht.[144]

77 Der Gesetzgeber beabsichtigte mit dieser – bereits bis 1990 geltenden – Regelung die rückwirkende Begründung einer Organschaft zu unterbinden.[145] Gleichwohl kann der Gewinnabführungsvertrag – im Gegensatz zum Erfordernis der finanziellen Eingliederung – auch für steuerliche Zwecke rückwirkend auf den Beginn des Wirtschaftsjahres abgeschlossen werden, wobei die Wirksamkeit aber von der rechtzeitigen Eintragung ins Handelsregister abhängt.[146] Die Auswirkungen des § 14 Abs. 1 S. 2 KStG lassen sich durch Umstellung

---

[140] Vgl. BFH 22.10.2008, BFH/NV 2009, 299 = DB 2009, 789; vgl. hierzu ausführlich *Süß/Mayer* DStR 2009, 789, die auf die streng formale Sichtweise des 1. Senats des BFH hinweisen und empfehlen, jeglichen Vertragsauslegungsbedarf zu vermeiden; sowie *Kolbe* StuB 2009, 226.
[141] Vgl. BGHZ 105, 324 (336).
[142] Vgl. Ernst & Young/*Walter* KStG § 14 Rn. 598 mwN; aA LG Bonn GmbHR 1993, 443.
[143] Vgl. FG Niedersachsen 13.12.2007, EFG 2008, 885, rechtskr. durch Beschluss des BFH 12.6.2008 – I B 20/08 (NV); FG Baden-Württemberg 8.7.2013 – 6 K 3578/11, juris.
[144] BFH 23.8.2017 – I R 80/15, DStR 2017, 803; FG Baden-Württemberg 21.4.2015 – 6 K 1284/14, EFG 2015, 2156.
[145] Vgl. Dötsch/Pung/Möhlenbrock/*Dötsch* KStG § 14 Rn. 341.
[146] *Scheifele/Marx* DStR 2014, 1793 (1796).

des Wirtschaftsjahres der Organgesellschaft entschärfen. Zu beachten ist dabei, dass für eine Umstellung auf ein vom Kalenderjahr abweichendes Wirtschaftsjahr die – gem. R 14.4. Abs. 4 KStR 2015 regelmäßig zu erteilende – Zustimmung der Finanzverwaltung einzuholen ist, § 7 Abs. 4 KStG. Des Weiteren bedarf es für eine wirksame Umstellung des Wirtschaftsjahres dessen Eintragung ins Handelsregister. Die Finanzverwaltung akzeptiert auch eine vertragliche Vereinbarung, wonach die Laufzeit des Gewinnabführungsvertrags erst in dem Wirtschaftsjahr beginnt, in dem die Eintragung des Vertrags ins Handelsregister erfolgt.[147]

Nicht erforderlich ist nach dem Gesetzeswortlaut hingegen, dass die **weiteren Voraussetzungen der Organschaft** im Jahr der erstmaligen Wirksamkeit des EAV vorgelegen haben.[148] Die steuerlichen Rechtsfolgen der Organschaft können damit im Ergebnis für weniger als fünf Jahre eintreten.

(2) Handelsrecht. Im handelsrechtlichen Jahresabschluss können Ergebnisabführungen erstmals dann berücksichtigt werden, wenn der Gewinnabführungsvertrag zum Ende des betreffenden Wirtschaftsjahres der Organgesellschaft nicht nur abgeschlossen, sondern zumindest auch zum Handelsregister angemeldet ist.[149] Wird der Gewinnabführungsvertrag handelsrechtlich anerkannt, ist er indes zivilrechtlich noch nicht wirksam und bleibt er daher steuerlich in einem Wirtschaftjahr unberücksichtigt, so sind Gewinnabführungen der Organgesellschaft und Verlustübernahmen durch die Organträgerin steuerlich als **verdeckte Gewinnausschüttungen** bzw. **verdeckte Einlagen** zu qualifizieren.[150] Die steuerlichen Auswirkungen sind identisch mit denen einer verunglückten Organschaft.[151]

cc) Mindestvertragsdauer. (1) Fünf-Jahresfrist. Der Gewinnabführungsvertrag muss auf mindestens fünf Jahre geschlossen sein, § 14 Abs. 1 Nr. 3 S. 1 KStG. Mit den geforderten fünf Jahren sind nach der herrschenden – auch von der Verwaltung geteilten – Auffassung Zeitjahre und nicht Wirtschaftsjahre gemeint. Dabei beginnt der maßgebende Zeitraum mit dem Anfang des Wirtschaftsjahres, in dem der Gewinnabführungsvertrag zivilrechtlich wirksam wird.[152] Dies gilt grundsätzlich auch für das Gründungsjahr der Organgesellschaft.[153] Auch Rückwirkungsfiktionen sind im Rahmen der Mindestdauer zu berücksichtigen.[154] Wenn der Gewinn tatsächlich abgeführt wird, bestehen auch aus Missbrauchserwägungen keine Gründe, dem zivilrechtlich wirksamen Vertrag steuerlich die Anerkennung zu versagen. Allerdings muss tatsächlich eine Rückwirkungsfiktion einschlägig sein.

Das Ende des Gewinnabführungsvertrags muss nicht zwangsläufig mit dem Ende eines Wirtschaftsjahres zusammenfallen. Durch eine Umstellung des Wirtschaftsjahres während der Laufzeit kann das Vertragsende in ein laufendes Wirtschaftsjahr fallen.[155] Allerdings muss in solchen Fällen wegen der von § 14 Abs. 1 S. 1 Nr. 3 S. 3 KStG angeordneten Rückwirkung der Vertrag bis zum Ende des Wirtschaftsjahres der Organgesellschaft verlängert werden, da die Laufzeit des GAV und der Organschaft übereinstimmen müssen.[156]

Die Dauer von fünf Jahren muss im Gewinnabführungsvertrag ausdrücklich und eindeutig genannt werden. Der Abschluss eines Gewinnabführungsvertrags auf **unbestimmte Zeit** genügt den steuerlichen Anforderungen nach der BFH-Rechtsprechung selbst dann nicht, wenn er tatsächlich mindestens fünf Jahre durchgeführt wird.[157] Ebenso wenig genügt der

---

[147] Vgl. BMF 10.11.2005, BStBl. I 2005 S. 1038 Rn. 4.
[148] BFH 10.5.2017 – I R 51/15, BStBl. II 2018 S. 30; *Scheifele/Marx* DStR 2014, 1793, 1796; aA R 60 Abs. 2 S. 2 KStR 2004.
[149] Rechtsfolgen bei zeitlichem Auseinanderfallen vgl. → Rn. 211 ff.
[150] Vgl. *Köster/Schiffers* GmbHR 2002, 1218 (1221).
[151] Vgl. → Rn. 211 ff.
[152] Vgl. R 14. 5 Abs. 2 KStR 2015.
[153] *Scheifele/Marx* DStR 2014, 1793 (1796).
[154] BFH 10.5.2015 – I R 19/15, BFH/NV 2017, 1558; aA Dötsch/Pung/Möhlenbrock/*Dötsch* KStG § 14 Rn. 540.
[155] BFH 13.11.2013 – I R 45/12, DStR 2014, 1794.
[156] Vgl. *Scheifele/Marx* DStR 2014, 1793 (1797); offengelassen BFH 13.11.2013 – I R 45/12, DStR 2014, 1794.
[157] Vgl. BFH 22.10.2008, BFH/NV 2009, 299 = DB 2009, 148.

Verweis auf die steuerliche Regelung in R 60 Abs. 6 KStR.[158] Wurde aufgrund eines Versehens ein zu frühes Enddatum in den Vertrag aufgenommen führt dies zur Nichtanerkennung der Organschaft.[159] Auch ein versehentlich offen gelassenes frühestes mögliches Kündigungsdatums (nach Ablauf von fünf Jahren) führt zu einer Nichtanerkennung der Organschaft.[160]

83 Vor dem Hintergrund, dass der BFH die Vertragslaufzeit als echte korporative Bestimmung streng objektiv auslegt, kommt dem Wortlaut der Vereinbarung entscheidende Bedeutung zu. Unrichtigkeiten und missverständliche Formulierungen stellen somit ein erhebliches Risiko in Betriebsprüfungen dar, zumal diese Fehler nach Auffassung des BFH aufgrund des steuerlichen Rückwirkungsverbots nicht durch privatschriftliche Ergänzungsvereinbarungen korrigiert werden können. Auf das tatsächlich Gewollte kommt es ebenso wenig an.[161] Die einzige auch von der Finanzverwaltung akzeptierte Berichtigungsmöglichkeit besteht in einem notariellen Nachtragsvermerk nach § 44a Abs. 2 BeurkG, der zum Handelsregister einzureichen ist.[162]

84 Die Realisierung der steuerlichen Mindestlaufzeit und Durchführung der steuerlichen Organschaft über mindestens fünf Jahre kann durch ihre erstmalige Anerkennung gem. § 14 Abs. 1 Abs. 1 S. 2 KStG aufgrund verspäteter Registereintragung gestört werden.[163] Aus diesem Grund bietet sich eine Vereinbarung an, wonach der Gewinnabführungsvertrag – ohne Nennung eines datumsmäßig fixierten Starttermins – schuldrechtlich erst mit Beginn des Wirtschaftsjahrs der Eintragung in das Handelsregister beginnt. Eine solche Vereinbarung wird auch von der Finanzverwaltung akzeptiert.[164]

85 Ist ein Gewinnabführungsvertrag über fünf Jahre abgeschlossen und durchgeführt worden, so kann er über einen beliebigen Zeitraum **verlängert** werden. Nicht erforderlich ist eine Verlängerung über erneut mindestens fünf Jahre. Wurde hingegen nach einer Durchführung über mindestens fünf Jahres die Organschaft unterbrochen, so ist nach Ansicht der Finanzverwaltung der erneute Abschluss eines Gewinnabführungsvertrags über wiederum mindestens fünf Jahre geboten.[165]

86 *(2) Vorzeitige Beendigung.* Wird der Gewinnabführungsvertrag zwar für die Dauer von fünf Jahren geschlossen, aber vor Ablauf von fünf Jahren beendet, dann führt dies zur **rückwirkenden Nichtanerkennung** der Organschaft seit ihrem Beginn.[166]

87 Unschädlich für die steuerliche Anerkennung der Organschaft ist lediglich eine vorzeitige Beendigung des Gewinnabführungsvertrags durch Kündigung aus **wichtigem Grund**, § 14 Abs. 1 S. 1 Nr. 3 S. 2 KStG. Die Vorschrift ist über die Kündigung hinaus auf alle Beendigungsgründe entsprechend anzuwenden.[167] Die Organschaft wird bei Vorliegen eines wichtigen Grundes für die Kündigung oder Aufhebung im gegenseitigen Einvernehmen für die Zeit ihrer Durchführung anerkannt und entfällt erst rückwirkend auf den Beginn des Wirtschaftsjahres der Organgesellschaft, in dem der Gewinnabführungsvertrag gekündigt oder aufgehoben wird, § 14 Abs. 1 S. 1 Nr. 3 S. 3 KStG.

88 Der Begriff des „wichtigen Grundes" ist ein gesetzlich nicht definierter unbestimmter Rechtsbegriff, welcher nicht nur im zivilrechtlichen Sinne zu verstehen ist, sondern generell willkürliche Gewinnbeeinflussungen verhindern soll. Aufgrund der unzureichenden gesetzlichen Regelung bleibt unklar, in welchen Fällen ein „wichtiger Grund" vorliegt. Die zivilrechtlichen Kündigungsgründe gem. §§ 296, 297 AktG stellen nicht automatisch einen wichtigen Grund im Sinne des Steuerrechts dar.[168] Vertraglich kann auch nicht über einen

---

[158] Vgl. BFH 22.11.2007, BFH/NV 2008, 1270.
[159] BFH 23.1.2013 – I R 1/12, BB 2013, 1318.
[160] Vgl. BFH 27.7.2009, BFH/NV 2009, 1840.
[161] BFH 23.1.2013 – I R 1/12, BB 2013, 1318.
[162] Vgl. *Nodoushani* DStR 2009, 620 sowie *Scheifele/Marx* DStR 2014, 1793 (1798).
[163] Vgl. → Rn. 76.
[164] Vgl. BMF 10.11.2005, BStBl. I 2005 S. 1038 Rn. 4; Ernst & Young/*Walter* KStG § 14 Rn. 637; *Scheifele/Marx* DStR 2014, 1793 (1796).
[165] Vgl. 14.5 Abs. 8 Nr. 2 S. 2 KStR 2015; aA mwN zum Meinungsstand Dötsch/Pung/Möhlenbrock/*Dötsch* KStG § 14 Rn. 533.
[166] Vgl. R 14.5 Abs. 6 S. 4 KStR 2015.
[167] Ernst & Young/ *Walter* KStG § 14 Rn. 782.
[168] BFH 13.11.2013 – I R 45/12, BB 2014, 812.

wichtigen Grund iSd Steuerrechts disponiert werden.[169] Für steuerliche Zwecke unschädlich dürfte die vorzeitige Beendigung des Gewinnabführungsvertrags immer dann sein, wenn sie bei vernünftiger kaufmännischer Überlegung als sachgerecht erscheint und die wirtschaftlichen und rechtlichen Verhältnisse sich so ändern, dass die Fortführung des Vertrags nicht mehr zweckmäßig erscheint. Es muss eine wesentliche Störung der Vertragsbeziehungen vorliegen, die bei Vertragsschluss nicht vorhersehbar war. Geht es einer Partei darum, die Rechtsfolgen der Organschaft mittels Vertragsaufhebung zu begrenzen, um die fünfjährige Mindestlaufzeit zu unterlaufen, so liegt kein wichtiger Grund vor.[170] Das Vorliegen eines wichtigen Grundes ist eine Tatsachenfrage, die vom Finanzgericht zu entscheiden ist.[171] Neben gesellschaftsrechtlich veranlassten Gründen wie zB Umstrukturierungen können somit auch wirtschaftliche Gründe wie die voraussichtliche Leistungsunfähigkeit (einschließlich Liquidation und Insolvenz) beider Vertragspartner ausreichend sein. Zusätzlich sind Gesetzesänderungen mit Auswirkungen auf die Organschaft ein wichtiger Grund.[172] Allerdings ist das Motiv in jedem Einzelfall anhand objektiver Umstände dahingehend zu überprüfen, ob durch die Beendigung des EAV nicht in unzulässiger Weise die Wirkungen der Organschaft beseitigt werden sollten.[173]

Die Finanzverwaltung sieht als wichtigen Grund insbesondere einen Verkauf oder die Einbringung der Beteiligung an der Organgesellschaft, oder die Liquidation, Verschmelzung oder Spaltung von Organträger oder Organgesellschaft an.[174] Als wichtiger Grund anzuerkennen sind diese Maßnahmen allerdings grundsätzlich nur dann, wenn entsprechende Absichten nicht bereits bei Abschluss des Gewinnabführungsvertrags feststehen.[175] In Fällen **konzerninterner Veräußerungen** der Organgesellschaft prüfen die Gerichte darüber hinaus in jedem Einzelfall, ob die Beendigung des EAV missbräuchlich zur Aufhebung der Rechtsfolgen der Organschaft erfolgt ist.[176] 89

Kein ausreichender Kündigungsgrund ist hingegen die **formwechselnde Umwandlung** einer der beiden Vertragspartner von Kapitalgesellschaft in Kapitalgesellschaft bzw. des Organträgers von Personengesellschaft in Personengesellschaft, die Veräußerung der Beteiligung am Organträger oder die Verschmelzung einer anderen Gesellschaft auf einen der beiden Vertragspartner.[177] 90

Bei einer **Personengesellschaft** als Organträger muss die Organgesellschaft unmittelbar in die Personengesellschaft selbst eingegliedert sein und somit Gesamthandsvermögen bilden, § 14 Abs. 1 S. 1 Nr. 2 S. 3 KStG. Ein Gesellschafterwechsel bei der Personengesellschaft ist damit für den Fortbestand der finanziellen Eingliederung unerheblich und entfällt insofern als steuerlich anerkannter wichtiger Kündigungsgrund.[178] 91

Es gibt Fälle, in denen **steuerlich aber nicht zivilrechtlich** ein wichtiger Grund vorliegt. Abweichend zum Steuerrecht erkennen Zivilgerichte teilweise die Veräußerung der Beteiligung an der Organgesellschaft nicht als wichtigen Grund für die Beendigung eines Gewinnabführungsvertrags an.[179] Die Abweichung zum Steuerrecht wird damit gerechtfertigt, dass zivilrechtlich der Unternehmensvertrag keine eigene Beteiligung des Organträgers an der Organgesellschaft voraussetzt.[180] Unter Anwendung dieser Rechtsprechung bleibt die zivilrechtliche Verpflichtung[181] zur Gewinnabführung bzw. Verlust- 92

---

[169] BFH 13.11.2013 – I R 45/12, BB 2014, 812; Dötsch/Pung/Möhlenbrock/*Dötsch* KStG § 14 Rn. 586.
[170] BFH 13.11.2013 – I R 45/12, BB 2014, 812.
[171] *Kolbe* in H/H/R § 14 KStG Anm. 213.
[172] *Kolbe* in H/H/R § 14 KStG Anm. 213.
[173] BFH 13.11.2013 – I R 45/12, BB 2014, 812.
[174] Vgl. R 14.5 Abs. 6 S. 2 KStR 2015.
[175] Vgl. R 14.5 Abs. 6 S. 3 KStR 2015.
[176] BFH 13.11.2013 – I R 45/12, BB 2014, 812; FG Hessen 28.5.2015 – 4 K 677/14, EFG 2015, 2100.
[177] *Kolbe* in H/H/R § 14 KStG Anm. 214 f.
[178] Vgl. Dötsch/Pung/Möhlenbrock/*Dötsch* § 14 KStG Tz. 298.
[179] OLG Düsseldorf 19.8.1994, DB 1994, 2125; OLG München 20.11.2013, GmbHR 2014, 535; LG Frankenthal 4.8.1988, ZIP 1988, 1460; aA LG Bochum 1.7.1986, AG 1987, 323.
[180] Vgl. Ernst & Young/*Walter* KStG § 14 Rn. 753.
[181] Vgl. auch *Ulrich* GmbHR 2004, 1000. Zu korrigierenden Maßnahmen vgl. *Knott/Rodewald* BB 1996, 472.

übernahme aus dem Gewinnabführungsvertrag auch nach Veräußerung der Beteiligung gegenüber dem ursprünglichen Anteilseigner bestehen. Steuerlich stellen Gewinnabführung bzw. Verlustübernahme nach Verkauf der Beteiligung eine Korrektur des Kaufpreises für die Beteiligung dar. Zur Vermeidung eines solchen **Auseinanderfallens** von Zivilrecht und Steuerrecht sollte die Kündigung bei Verkauf der Beteiligung als wichtiger Grund iSd Zivilrechts in den Gewinnabführungsvertrag ausdrücklich aufgenommen werden.[182]

93 *dd) Umfang der Ergebnisabführung. (1) Gewinnabführung. (a) Nicht eingegliederte AG bzw. KGaA oder GmbH als Organgesellschaft.* Nach § 14 Abs. 1 S. 1, § 17 S. 1 KStG muss sich die Organgesellschaft durch einen Gewinnabführungsvertrag verpflichten, ihren ganzen Gewinn an den Organträger abzuführen. Der Abschluss nur eines Teilgewinnabführungsvertrages ist für die steuerliche Anerkennung einer Organschaft nicht ausreichend. Was als ganzer Gewinn im Sinne des § 14 Abs. 1 S. 1 KStG zu verstehen ist, richtet sich nach ständiger BFH-Rechtsprechung mangels steuergesetzgeberischen Regelungswillen allein nach Maßgabe des Zivilrechts.[183]

94 Die **handelsrechtliche Höchstgrenze** des abzuführenden Gewinns der Organgesellschaft ergibt sich aus § 301 AktG. Für die steuerliche Anerkennung des Gewinnabführungsvertrags ist diese gesetzlich genannte Höchstgrenze des § 301 AktG vollständig auszuschöpfen. Bei neu abgeschlossenen Gewinnabführungsverträgen sind handelsrechtliche Neuregelungen zum Höchstbetrag der Gewinnabführung nach § 301 AktG ungeachtet ggf. abweichender vertraglicher Vereinbarungen zu beachten. Zuletzt hat sich der Höchstbetrag der Gewinnabführung durch die Einführung der Abführungssperre in § 268 Abs. 8 HGB geändert. Für bereits bestehende Gewinnabführungsverträge besteht kein Anpassungsbedarf, da die steuerliche Anerkennung einer Organschaft durch die Änderungen des § 301 AktG iVm § 268 Abs. 8 HGB grundsätzlich unberührt bleibt.[184]

95 Gemäß § 301 AktG kann die Organgesellschaft handelsrechtlich an die Organträgerin maximal ihren Jahresüberschuss iSd § 275 HGB abführen, der ohne Berücksichtigung der Gewinnabführung zu ermitteln ist. Der maximal abzuführende Jahresüberschuss ist indes zu mindern um einen (vororganschaftlichen) Verlustvortrag sowie den Betrag, der nach § 300 AktG in die gesetzliche Rücklage der Organgesellschaft einzustellen ist und die nach § 268 Abs. 8 HGB ausschüttungsgesperrten Beträge. Mit an die Organträgerin abzuführen sind solche Beträge, die während der Dauer des Vertrags den Gewinnrücklagen zugeführt und im betrachteten Geschäftsjahr wieder entnommen wurden, § 301 S. 2 AktG. Nicht zu den abzuführenden Beträgen gehören nach der BFH-Rechtsprechung Auflösungen von Kapitalrücklagen, auch soweit diese in organschaftlicher Zeit gebildet wurden.[185]

96 Ausgleichszahlungen an außenstehende Gesellschafter nach § 304 AktG mindern den handelsrechtlich abzuführenden Gewinn.

97 **Tabelle II.1._1. Gemäß Gewinnabführungsvertrag abzuführender Höchstbetrag**

	Jahresüberschuss (§ 275 HGB), vor Gewinnabführung
–	Verlustvortrag (Vorjahr)
–	Einstellung in die gesetzliche Rücklage (§ 300 AktG)
–	Ausschüttungssperre gem. § 268 Abs. 8 HGB
+	Auflösung in vertraglicher Zeit gebildeter Gewinnrücklagen
=	Gewinnabführung (Höchstbetrag, § 301 AktG)

---

[182] Vgl. Dötsch/Pung/Möhlenbrock/*Dötsch* KStG § 14 Rn. 584.
[183] Vgl. BFH 18.12.2002, BStBl. II 2005 S. 49; *Schmich* GmbHR 2008, 464 (470); *Suchanek/Herbst* GmbHR 2006, 966 (968).
[184] Vgl. BMF 14.1.2010, BStBl. I 2010 S. 65.
[185] Vgl. BFH 8.8.2001, DB 2002, 408; BMF 27.11.2003, BStBl. I 2003 S. 647.

98 Im Umkehrschluss aus § 301 S. 2 AktG ergibt sich, dass **andere Gewinnrücklagen** im Jahr der Rücklagenbildung nicht abgeführt werden müssen.[186] Das Steuerrecht erkennt jedoch die Bildung von Gewinnrücklagen nur dann an, wenn die Organgesellschaft nach vernünftiger kaufmännischer Beurteilung **andere Gewinnrücklagen** bildet und lediglich den Restgewinn an die Obergesellschaft abführt, § 14 S. 1 Abs. 1 Nr. 4 KStG.[187] § 14 Abs. 1 Abs. 1 Nr. 4 KStG bestimmt somit die steuerliche Untergrenze der Gewinnabführung, indem verhindert wird, dass durch die Bildung handelsrechtlich zulässiger Gewinnrücklagen der Betrag der Gewinnabführung gemindert wird.[188] Der steuerliche Sinn der Regelung bleibt jedoch unklar, da sich das an dem Organträger zuzurechnende Einkommen durch die Bildung von Gewinnrücklagen nicht vermindert.[189] Dass die Bildung von **Kapitalrücklagen** keine Auswirkung auf den abzuführenden Gewinn haben kann, ergibt sich schon daraus, dass für die Rücklagenbildung keine Erträge der Gesellschaft in Betracht kommen. Folglich kann auch die Auflösung einer Kapitalrücklage keine Auswirkungen auf den abzuführenden Gewinn haben.[190]

99 Bei einer GmbH als Organgesellschaft steht auch die mit einer vereinfachten Kapitalherabsetzung iSd § 58a ff. GmbHG verbundene **Ausschüttungssperre des § 58d GmbHG** einer tatsächlichen Durchführung des Gewinnabführungsvertrags nicht entgegen.[191] Auch die durch die handelsrechtliche Neubewertung von Pensionsrückstellungen **in § 253 Abs. Abs. 6 HGB** eingeführte Ausschüttungssperre hat Auswirkungen auf den abzuführenden Gewinn. Zwar soll die handelsrechtliche Ausschüttungssperre nach Auffassung des BMF im Rahmen von Gewinnabführungsverträgen nicht gelten[192], da § 301 AktG, anders als auf § 268 Abs. 8 HGB, auf § 253 Abs. 6 HGB nicht verweist.[193] Diese Auffassung ist jedoch kaum vertretbar, da die handelsrechtliche Ausschüttungssperre andernfalls in Organschaftsfällen leerliefe.[194] Nach Auffassung des BMF lässt sich eine Gewinnabführung nur durch die Einstellung in eine andere Gewinnrücklage vermeiden, wenn dies steuerlich von § 14 S. 1 Abs. 1 Nr. 4 KStG zugelassen wird.

100 Nicht der vertraglichen Gewinnabführungsverpflichtung unterliegt ein Gewinn aus der **Auflösung der Organgesellschaft.** Der im Zeitpunkt ihrer Abwicklung erzielte Gewinn nach § 11 KStG muss vielmehr von der Organgesellschaft selbst versteuert werden.[195] Gleiches gilt für einen Gewinn aus der **Veräußerung** des Geschäftsbetriebs der Organgesellschaft.[196] Dagegen sind Erfolgsbeiträge aus der Veräußerung eines Teilbetriebs der Organgesellschaft wie laufendes Einkommen an den Organträger abzuführen.[197]

101 *(b) Eingegliederte AG.* Bei einer iSd § 319 AktG eingegliederten AG sind die Regelungen nach §§ 300–302 AktG nicht anzuwenden, § 324 Abs. 2 AktG. Als Gewinn kann hier höchstens der ohne die Gewinnabführung entstehende Bilanzgewinn abgeführt werden, § 324 Abs. 2 S. 3 AktG. Insofern steht es dem Organträger frei, einen (vorvertraglichen) Verlust (teilweise) auszugleichen.

102 *(2) Abführung vorvertraglicher Rücklagen.* Die für die Gewinnabführung maßgebliche Höchstgrenze nach § 301 AktG umfasst nicht Beträge aus der Auflösung vorvertraglicher Gewinn- und Kapitalrücklagen.[198] Insofern dürfen vor Abschluss des Gewinnabführungsvertrages gebildete Rücklagen der Organgesellschaft von einer **nicht eingegliederten** AG bzw. von einer KGaA oder einer GmbH handelsrechtlich nicht zusammen mit dem laufen-

---

[186] Vgl. Dötsch/Pung/Möhlenbrock/*Dötsch* KStG § 14 Rn. 443.
[187] Vgl. R 14. 5 Abs. 5 Nr. 3 KStR 2015.
[188] Vgl. Dötsch/Pung/Möhlenbrock/*Dötsch* KStG § 14 Rn. 443.
[189] So auch Gosch/*Neumann* KStG § 14 Rn. 323.
[190] Vgl. Dötsch/Pung/Möhlenbrock/*Dötsch* KStG § 14 Rn. 412.
[191] Vgl. Dötsch/Pung/Möhlenbrock/*Dötsch* KStG § 14 Rn. 396; *Suchanek/Herbst* GmbHR 2006, 966.
[192] BMF 23.12.2016, BStBl. I 2017, 41.
[193] So auch *Freiberg* StuB, 2016, 257.
[194] Dötsch/Pung/Möhlenbrock/*Dötsch* KStG § 14 Rn. 386.
[195] Vgl. BFH 18.10.1967, BStBl. II 1968 S. 105; aA *Bahns/Graw* DB 2008, 1645.
[196] Vgl. BFH 17.2.1971, BStBl. II 1971 S. 411.
[197] Vgl. BFH 22.1.2004, BStBl. II 2004 S. 515.
[198] Vgl. Dötsch/Pung/Möhlenbrock/*Dötsch* KStG § 14 Rn. 400.

den Gewinn an die Organträgerin abgeführt werden. Diese vorvertraglichen Rücklagen können allenfalls an alle Gesellschafter der Organgesellschaft ausgeschüttet werden.[199] Das Abführungsverbot dient dem Schutz außenstehender Anteilseigner, die während einer bestehenden Organschaft Ausgleichszahlungen gem. § 304 AktG erhalten.[200] Bei einer diesem Verbot entgegenstehenden handelsrechtlichen Abführung vorvertraglicher Rücklagen der Organgesellschaft an die Organträgerin wird die Organschaft steuerlich nicht anerkannt. Eine Ausnahme bildet der Gewinnabführungsvertrag mit einer **eingegliederten** AG. Dort besteht ein entsprechendes Verbot der Abführung vorvertraglicher Rücklagen nicht.

103 Vororganschaftliche Altrücklagen der Organgesellschaft an EK 40 begründen seit der Umstellung auf ein ausschüttungsunabhängiges System im Rahmen des SEStEG gem. § 37 Abs. 5 KStG einen Anspruch auf Auszahlung über zehn gleiche Jahresraten im Auszahlungszeitraum 2008 bis 2017. Etwaig vorhandenes Körperschaftsteuerguthaben der Organgesellschaft ist in der Bilanz zum 31.12.2006 mit dem abgezinsten Wert anzusetzen.[201] Das Körperschaftsteuerguthaben steht der Organgesellschaft selbst zu und führt handelsrechtlich zu einem Ertrag, der aufgrund des Gewinnabführungsvertrags an den Organträger abzuführen ist.[202] Dies gilt in gleicher Weise für Erträge aus der in den Folgejahren erfolgenden Aufzinsung. Die fehlerhafte oder sogar unterlassene **Aktivierung** des Körperschaftsteuerguthabens führt nicht dazu, dass ein Verstoß gegen die ordnungsgemäße Durchführung des Ergebnisabführungsvertrages anzunehmen ist. Allerdings führt die unterlassene oder nicht vollständige Abführung des Körperschaftsteuerguthabens[203] an den Organträger dazu, dass ein Verstoß gegen die ordnungsgemäße Durchführung des Ergebnisabführungsvertrages anzunehmen ist, mit der Folge, dass die Organschaft steuerlich nicht anzuerkennen ist.

104 Einer verbotenen Abführung vorvertraglicher Rücklagen steht es gleich, wenn Aufwendungen der Organgesellschaft, etwa Aufsichtsratvergütungen, mit diesen vorvertraglichen Rücklagen verrechnet werden.[204]

105 An die Obergesellschaft abzuführen sind hingegen von der Organgesellschaft während der Dauer des Gewinnabführungsvertrags in ihre anderen Gewinnrücklagen eingestellte Beträge, soweit diese entnommen werden.[205]

106 *(3) Verlustübernahme.* Gem. § 302 AktG ist der Organträger der Organgesellschaft zum Verlustausgleich verpflichtet. Im GmbH-Vertragskonzern muss die Verlustübernahme gem. § 17 KStG vereinbart werden.[206] Nachdem der Inhalt entsprechender Vereinbarungen in der Vergangenheit höchst umstritten war[207], hat der Gesetzgeber nun für nach dem 26.2.2013 abgeschlossene Neuverträge in § 17 Abs. 1 S. 2 Nr. 2 KStG eine Neuregelung getroffen. Zwingend ist jetzt ein dynamischer Verweis auf die Vorschrift des § 302 AktG. Für die Praxis wird folgende Formulierung empfohlen[208]: *„Für die Verlustübernahme gelten die Vorschriften des § 302 AktG in seiner jeweils gültigen Fassung."*

107 Die Neuregelung gilt gem. § 34 Abs. 10b S. 1 KStG für Neuverträge, die nach dem 26.2.2013 abgeschlossen worden sind. Bis zum Gesetzesänderung verlangte der interpretationsbedürftige § 17 S. 2 Nr. 2 KStG aF, dass der Vertrag eine dem § 302 AktG entsprechende Bezugnahme enthielt. Nach der Rechtsprechung reichte ein statischer Verweis auf § 302 AktG aus.[209] Wobei ein Verweis auf einzelne Absätze des § 302 AktG den Anforderungen des § 17 KStG aF nicht genügte.[210] Anders als nach der Neuregelung genügte auch ein EAV, der ohne Verweis sämtliche Regelungen des § 302 AktG enthält, den Anforderungen des

---

[199] Vgl. R 14.5 Abs. 4 S. 4 KStR 2015.
[200] Vgl. Dötsch/Pung/Möhlenbrock/*Dötsch* KStG § 14 Rn. 400.
[201] Vgl. Dötsch/Pung/Möhlenbrock/*Dötsch* KStG § 14 Rn. 401.
[202] Dötsch/Pung/Möhlenbrock/*Dötsch* KStG § 14 Rn. 401.
[203] Vgl. BMF 14.1.2008, BStBl. I 2008 S. 280; OFD Hannover DStR 2009, 325.
[204] R 14.5 Abs. 4 S. 3 KStR 2015, Dötsch/Pung/Möhlenbrock/*Dötsch* KStG § 14 Rn. 402.
[205] vgl. R 14.5 Abs. 3 S. 5 KStR 2015.
[206] R 17 Abs. 3 KStR 2015.
[207] Dazu ausführlich die Vorauflage unter Rn. 100.
[208] Vgl. OFD Karlsruhe 16.1.2014, FR 2014, 434.
[209] BFH 28.7.2010 – I B 27/10, BStBl. II 2010 S. 932.
[210] BFH 22.12.2010 – I B 83/10, BFH/NV 2011, 528.

§ 17 S. 2 Nr. 2 KStG aF.[211] Für fehlerhafte Altverträge sieht § 34 Abs. 10b S. 2 KStG eine Heilungsmöglichkeit vor. Voraussetzung für die Anerkennung solcher fehlerhafter Gewinnabführungsverträge in VZ, die vor dem 31.12.2014 enden, ist, dass eine Verlustübernahme entsprechend § 302 AktG tatsächlich erfolgt ist und eine Verlustübernahme entsprechend § 17 Abs. 2 Nr. 2 KStG bis zum 31.12.2014 vereinbart wurde.[212] Die Änderung gilt gem. § 34 Abs. 10b S. 4 KStG nicht als Neuabschluss und löst keine neue Fünf-Jahres-Frist aus.[213] Für Altverträge, die den Anforderungen des § 17 S. 2 Nr. 2 KStG aF entsprechen, begründet § 34 Abs. 10b S. 2 KStG keine Verpflichtung zur Anpassung des Gewinnabführungsvertrags. Eine andere Auslegung der Vorschrift würde gegen das Rückwirkungsverbot verstoßen.[214] Zur Vermeidung von Streitigkeiten ist zu empfehlen, auch solche Altverträge an die Neuregelung anzupassen.

108 Die Verlustausgleichsverpflichtung der Organträgerin bezieht sich auf den Jahresfehlbetrag der Organgesellschaft nach Verrechnung mit anderen Gewinnrücklagen, soweit Beträge in diese Rücklagen während der Vertragsdauer eingestellt wurden.[215] Nicht zulässig ist es hingegen, vorvertragliche Rücklagen der Organgesellschaft mit ihrem Jahresfehlbetrag zu verrechnen.

109 Die Verlustausgleichsverpflichtung bezieht sich auf während der Laufzeit des Gewinnabführungsvertrags entstandene Jahresfehlbeträge. Sie umfasst nicht Verluste aus vorvertraglicher Zeit. Solche vorvertraglichen Verluste einer nicht eingegliederten AG, einer KGaA bzw. einer GmbH müssen durch von der Organgesellschaft erzielte Gewinne kompensiert werden.[216] Dies hat zur Folge, dass der Organträger aus den Gewinnen der Organgesellschaft deren vorvertraglichen Verluste ausgleichen muss, was in der Praxis in der Handelsbilanz aufgrund der abweichenden steuerlichen Handhabung[217] häufig vergessen wird. Die aus dem fehlenden Ausgleich der Verlustvorträge resultierende zu hohe Gewinnabführung führt zu einem Schadensersatzanspruch gegen den Organträger.[218] In steuerlicher Hinsicht kann der „versäumte" Ausgleich des Verlustvortrages dazu führen, dass die Organschaft mangels tatsächlicher Vertragsdurchführung (vgl. → Rn. 111 ff.) nicht anerkannt wird. Zur Vermeidung dieser Rechtsfolge besteht die Möglichkeit der Auflösung vorvertraglicher Kapital- oder Gewinnrücklagen für Zwecke der Verrechnung mit dem Verlustvortrag.[219] Sofern solche Gewinnrücklagen nicht existieren, bestand nach alter Rechtslage allenfalls die Möglichkeit einer rückwirkenden Korrektur der Handelsbilanz.[220] Seit dem Inkrafttreten des Gesetzes zur Änderung und Vereinfachung der Unternehmensbesteuerung und des steuerlichen Reisekostenrechts kann der vergessene Verlustausgleich gem. § 14 Abs. 1 S. 1 Nr. 3 S. 4–7 KStG geheilt werden (vgl. → Rn. 115 ff.).[221]

110 Die Verlustausgleichsverpflichtung kann auch im Wege der **Aufrechnung mit werthaltigen Forderungen** des Organträgers oder der Ersetzung durch ein fremdübliches Darlehens erfüllt werden.[222] Dies hat der BGH mit Urteil vom 10.7.2006[223] klargestellt, nachdem das Urteil des OLG Jena zur Unzulässigkeit der Aufrechnung vorübergehend für Rechtsunsicherheit gesorgt hatte. Ist die Voraussetzung der Werthaltigkeit der Forderung erfüllt, hat

---

[211] BFH 3.3.2010 – I R 68/09, BFH/NV 2010, 1132.
[212] BFH 10.5.2017 – I R 93/15, BFH/NV 2018, 144.
[213] Vgl. OFD Karlsruhe 16.1.2014, FR 2014, 434.
[214] *Scheifele/Hörner* DStR 2013, 553; *Mayer/Wiese* DStR 2013, 629; aA wohl OFD Karlsruhe, aaO, wonach eine Anpassung fehlerfreier Gewinnabführungsverträge aus Billigkeitsgründen unterbleiben kann.
[215] Vgl. Dötsch/Pung/Möhlenbrock/*Dötsch* KStG § 14 Rn. 470.
[216] Vgl. → Rn. 94 ff.
[217] Gem. § 15 S. 1 Nr. 1 KStG werden vororganschaftliche Verluste für steuerliche Zwecke für die Dauer der Organschaft „eingefroren", vgl. → Rn. 135 ff.; gleichwohl steht der – steuerlich als Einlage zu klassifizierende – handelsrechtliche Ausgleich des Verlustvortrags der Durchführung des Gewinnabführungsvertrags nicht entgegen, R 14. 5 Abs. 5 Nr. 1 KStR 2015.
[218] Vgl. *Berger* DB 2005, 903.
[219] Vgl. Dötsch/Pung/Möhlenbrock/*Dötsch* KStG § 14 Rn. 403.
[220] Vgl. zum Diskussionsstand Dötsch/Pung/Möhlenbrock/*Dötsch* KStG § 14 Rn. 181.
[221] OFD Karlsruhe 16.1.2014, FR 2014, 434.
[222] Vgl. *Melan/Karrenbrock* FR 2009, 757 (760 f.).
[223] Vgl. BGH GmbHR 2006, 928.

die Aufrechnung eine zivilrechtlich wirksame Tilgung des Verlustausgleichsanspruchs iSd § 302 AktG und damit eine auch für steuerliche Zwecke anzuerkennende tatsächliche Durchführung des Gewinnabführungsvertrags zur Folge.[224]

111 *ee) Tatsächliche Vertragsdurchführung.* Gemäß § 14 Abs. 1 Nr. 3 KStG ist es für die steuerliche Anerkennung der Organschaft zwingend erforderlich, dass der Gewinnabführungsvertrag während seiner Laufzeit durchgeführt wird. Dazu muss der Gewinn der Organgesellschaft tatsächlich an die Organträgerin abgeführt werden. Das kann durch Auszahlung, Umwandlung der Verbindlichkeit aus der Gewinnabführung in ein Darlehen oder auch durch Verrechnung mit Verbindlichkeiten der Organträgerin gegenüber der Organgesellschaft geschehen. Umgekehrt muss die Organträgerin Verluste der Organgesellschaft tatsächlich ausgleichen. Ständige Verluste der Organgesellschaft stellen die Durchführung des Gewinnabführungsvertrages jedoch nicht in Frage.[225]

112 Durch den Abschluss des Ergebnisabführungsvertrages wird die zivilrechtliche Grundlage für die später eintretende steuerliche Begünstigung der Organschaft geschaffen. Insofern ist die Durchführung des Vertrages auch auf ihre Ernstlichkeit hin zu überprüfen. Diese erfordert, dass Gewinnabführungs- und Verlustübernahmeverpflichtungen bei Bilanzfeststellung sofort erfüllt werden.[226] Die Finanzverwaltung und die Rechtsprechung sehen den Gewinnabführungsvertrag nur dann als tatsächlich durchgeführt an, wenn die Verpflichtungen innerhalb angemessener Zeit erfüllt werden.[227] Als Erfüllung gilt auch die Aufrechnung mit werthaltigen Forderungen des Organträgers oder die Ersetzung durch ein fremdübliches Darlehen.[228] Verzichtet hingegen ein Partner auf die Gewinnabführung bzw. den Verlustausgleich, so gilt der Gewinnabführungsvertrag in dem betreffenden Zeitraum als nicht durchgeführt. Wird der Gewinnabführungsvertrag während der ersten fünf Jahre nach seinem Abschluss in einem Jahr nicht durchgeführt, so ist er steuerlich ebenfalls als von Anfang an unwirksam anzusehen. Die Organschaft wird daher rückwirkend nicht anerkannt.[229]

113 Wird der Gewinnabführungsvertrag demgegenüber nach Ablauf der Fünfjahresfrist in einem späteren Wirtschaftsjahr nicht durchgeführt, so berührt das nicht mehr die Anerkennung der Organschaft innerhalb der vorangegangenen mindestens fünf Jahre. Allerdings muss der Gewinnabführungsvertrag nach einem Jahr der Nichtdurchführung anschließend erneut für fünf Jahre geschlossen und während dieses Zeitraums wiederum durchgeführt werden, wenn die Organschaft weiter steuerlich wirksam sein soll.[230]

114 Nachdem der BGH mehrfach entschieden hatte, dass der Verlustausgleichsanspruch nach § 302 AktG bereits am Bilanzstichtag und nicht erst im Zeitpunkt der Bilanzaufstellung fällig wird, blieben die steuerlichen Folgen einer fehlenden Regelung über die **Verzinsung von Verlustübernahmeansprüchen** zunächst unklar. Die herrschende Auffassung in der Literatur sieht in der fehlenden Verzinsung nur einen geringfügigen Verstoß gegen eine vertragliche Nebenpflicht, welcher der tatsächlichen Durchführung des Ergebnisabführungsvertrages nicht entgegensteht.[231] Die Finanzverwaltung hat diese Auffassung mittlerweile bestätigt, so dass eine fehlende Verzinsung des Verlustübernahmeanspruchs keine Auswirkungen auf die Anerkennung einer steuerlichen Organschaft hat. Ebenso steht der tatsächlichen Durchführung eines Gewinnabführungsvertrags nicht entgegen, wenn eine Verzinsungspflicht zwar vereinbart, aber nicht durchgeführt wurde. Das Unterlassen der Verzinsung soll lediglich eine verdeckte Gewinnausschüttung darstellen, da der Vertrag nicht zu „fremdüblichen"

---

[224] Vgl. *Suchanek* FR 2006, 872 (873 f.).
[225] Vgl. R 14.5 Abs. 5 Nr. 4 KStR 2015.
[226] Vgl. *Melan/Karrenbrock* FR 2009, 757 (761).
[227] FG Hamburg 19.5.2015 – 6 K 236/12, BeckRS 2015, 95170; bestätigt durch BFH 26.4.2016 – I B 77/15, BHF/NV 2016, 1177; aA Dötsch/Pung/Möhlenbrock/*Dötsch* KStG § 14 Rn. 518; Frotscher/Drüen/ *Frotscher* KStG § 14 Rn. 450; die es als ausreichend erachten, wenn die Forderungen und Verpflichtungen aus dem Vertrag vor Ende des GAV ausgeglichen werden.
[228] Vgl. → Rn. 110; vgl. *Melan/Karrenbrock* FR 2009, 757 (761).
[229] Vgl. → Rn. 216.
[230] Vgl. R 14.5 Abs. 8 Nr. 2 KStR 2015.
[231] Vgl. ua BMF 15.10.2007, BStBl. I 2007 S. 765; Dötsch/Pung/Möhlenbrock/*Dötsch* KStG § 14 Rn. 439; aA *Philippi/Fickert* BB 2006, 1809 (1810).

Bedingungen durchgeführt wird.²³² Die vGA ist wie eine vorweggenommene Gewinnabführung zu behandeln. Auf der Ebene des Organträgers erfolgt zur Vermeidung einer Doppelbesteuerung eine entsprechende Kürzung.²³³ Verdeckte Gewinnabführungen stellen die Durchführung des Gewinnabführungsvertrags grundsätzlich nicht in Frage.²³⁴

ff) Heilungsmöglichkeiten bei fehlerhaften Bilanzansätzen. Eine wesentliche Änderung 115 der Rechtslage ist im Zuge der „kleinen Organschaftsreform" durch die Einführung von § 14 Abs. 1 Nr. 3 S. 4 KStG durch die gesetzliche Neuregelung vom 20.2.2013²³⁵ eingetreten. Demnach gilt ein Gewinnabführungsvertrag als durchgeführt, wenn die Nichtdurchführung auf fehlerhaften Ansätzen in der **Handelsbilanz** beruht, die unter den Voraussetzungen des § 14 Abs. 1 Nr. 3 S. 4 lit. a–c KStG einer nachträglichen Heilung zugänglich sind.

Vor der Anwendung des § 14 Abs. 1 Nr. 3 S. 4 KStG ist zu prüfen, ob der Gewinnabfüh- 116 rungsvertrag tatsächlich durchgeführt worden ist. Dabei führt nicht jeder fehlerhafte Ansatz in der Handelsbilanz dazu, dass der Gewinnabführungsvertrag als nicht tatsächlich durchgeführt gilt. Nach zutreffender Auffassung der Rechtsprechung gilt ein EAV als durchgeführt, wenn der nach den Grundsätzen ordnungsgemäßer Buchführung ermittelte Gewinn tatsächlich abgeführt wird.²³⁶ Hingegen vertritt die Finanzverwaltung die Auffassung, dass jeder objektive Bilanzierungsfehler der tatsächlichen Vertragsdurchführung entgegensteht.²³⁷ Diese Auffassung ist abzulehnen. Durch die Einführung des § 14 Abs. 1 Nr. 3. S. 4 KStG wollte der Gesetzgeber die Heilung nicht durchgeführter Gewinnabführungsverträge erleichtern. Eine Verschärfung der Anforderungen an die tatsächliche Gewinnabführung war nicht intendiert.²³⁸Für die Beurteilung, ob der handelsrechtlich zutreffende Gewinn abgeführt worden ist, ist auf den im Handelsrecht auch nach dem Beschluss des GrS des BFH v. 31.1.2013²³⁹ fortgeltenden subjektiven Fehlerbegriff abzustellen.²⁴⁰

Neben fehlerhaften Ansätzen in der Handelsbilanz werden von der Heilungsmöglichkeit 117 auch andere **Verstöße gegen gesellschaftsrechtliche Vorschriften** erfasst, die zu einer unzutreffenden Gewinnabführung führen. Hierzu zählen insbesondere der unterbliebene Verlustausgleich gem. § 301 AktG, die Nichtbeachtung handelsrechtlicher Abführungssperren, unzulässige Abführung vororganschaftlicher Gewinn- oder Kapitalrücklagen sowie die Abführung einer in organschaftlicher Zeit gebildeten Kapitalrücklage.²⁴¹ Hingegen sind Verstöße gegen **rein steuerliche Spezialvorschriften**, wie zum Beispiel § 14 Abs. 1 S. 1 Nr. 4 KStG, nicht korrigierbar.²⁴²

Die **Heilung** einer fehlerhaften Bilanz ist unter den **kumulativen Voraussetzungen** des § 14 118 Abs. 1 S. 1 Nr. 4 lit. a–c KStG möglich. Demnach darf der Jahresabschluss gem. **lit. a** nicht nichtig sein, wobei eine Heilung gem. § 256 Abs. 6 HGB möglich ist.²⁴³ Weiterhin hätte gem. **lit. b** die Fehlerhaftigkeit unter Anwendung der Sorgfalt eines ordentlichen Kaufmanns nicht erkannt werden müssen. Diese Voraussetzung ist durch die Fiktion des S. 5 bei Vorliegen eines uneingeschränkten Bestätigungsvermerkes zum Jahresabschluss oder einer StB/WP/vBP – Bescheinigung über JA-Erstellung mit umfassenden Beurteilungen erfüllt. Schließlich verlangt **lit. c** die Korrektur des beanstandeten Fehlers spätestens in dem nächsten nach dem Zeitpunkt der Beanstandung aufzustellenden Jahresabschluss und die entsprechende Gewinnabführung, soweit der Fehler in der Handelsbilanz zu korrigieren ist. Zur Abgren-

---

²³² Vgl. BMF 15.10.2007, BStBl. I 2007 S. 765; ebenso *Philippi/Fickert* BB 2007, 2760; Dötsch/Pung/Möhlenbrock/*Dötsch* KStG § 14 Rn. 440; aA *Prokopf* DB 2007, 900;.
²³³ R 14.7 Abs. 2 KStR 2015.
²³⁴ R 14.6 Abs. 4 S. 1 KStR 2015.
²³⁵ BGBl. I S. 285.
²³⁶ BFH 5.4.2010 – I R 156/93, DStR 1995, 1109; 21.10.2010 – IV R 21/07, DStR 2010, 2505; IDW Ubg 2015, 110; Dötsch/Pung/Möhlenbrock/*Dötsch* KStG § 14 Rn. 470; *Suchanek/Klopsch* GmbHR 2016, 524.
²³⁷ OFD Frankfurt a. M. 30.5.2016, DStR 2016, 1375.
²³⁸ BT-Drs. 17/11217, 7; aA *Jesse* FR 2013, 681, der einen normspezifischen Fehlerbegriff annimmt.
²³⁹ BStBl. II 2013 S. 317.
²⁴⁰ Dötsch/Pung/Möhlenbrock/*Dötsch* KStG § 14 Rn. 474; OFD Karlsruhe 14.1.2014, FR 2014, 434; aA OFD Frankfurt a. M. 30.5.2016, DStR 2016, 1375, die den objektiven Fehlerbegriff für maßgeblich hält.
²⁴¹ Vgl. OFD Karlsruhe 16.1.2014, FR 2014, 434.
²⁴² OFD Karlsruhe 16.1.2014, FR 2014, 434.
²⁴³ OFD Karlsruhe 16.1.2014, FR 2014, 434.

zung, ob eine Korrektur in der Handelsbilanz oder in laufender Rechnung erfolgen muss, können nach Auffassung des BMF die Kriterien der IDW RS HFA 6 herangezogen werden.[244] Besteht Streit über die Korrekturbedürftigkeit können die Steuerpflichtigen nach von Teilen der Finanzverwaltung vertretener Auffassung nicht auf einen Bestätigungsvermerk des Abschlussprüfers vertrauen, der der Auffassung des Finanzamts widerspricht.[245] Andernfalls besteht die Gefahr, dass die Organschaft nicht anerkannt wird. Sofern eine Korrektur erfolgt, ist diese spätestens im nächsten nach der Beanstandung des Fehlers aufzustellenden Jahresabschluss vorzunehmen. Für die Frage, welches der nächstfolgende JA ist, ist auf den nächsten Bilanzstichtag abzustellen.[246]

2. Rechtsfolgen

119   a) *Systematischer Überblick. aa) Getrennte Einkommensermittlung und Zusammenrechnung.* Nach § 14 Abs. 1 S. 1 KStG ist das Einkommen der Organgesellschaft dem Organträger zuzurechnen, soweit sich aus § 16 KStG[247] nichts anderes ergibt.

120   Trotz Begründung einer Organschaft werden Organträger und Organgesellschaft nicht wie ein einziges Unternehmen besteuert, dh innerorganschaftliche Geschäftsvorfälle werden nicht wie in einem Konzernabschluss konsolidiert. Auch bei bestehender Organschaft werden das Einkommen von Organgesellschaft einerseits und Organträger andererseits vielmehr in einem ersten Schritt getrennt nach den allgemeinen steuerlichen Vorschriften gemäß § 8 KStG, §§ 4, 5 EStG ermittelt, so als seien Organträger und Organgesellschaft zwei eigenständige Steuersubjekte.

121   Umstritten ist, auf welcher Stufe die Zurechnung des Einkommens der Organgesellschaft zum Organträger erfolgen muss. Die Finanzverwaltung rechnet dem Organträger das Einkommen der Organgesellschaft nach der Summe der Einkünfte als letzten Rechenschritt vor der Ermittlung des Gesamtbetrags der Einkünfte zu.[248] Zutreffend gehört das zugerechnete Einkommen der Organgesellschaft zu den gewerblichen Einkünften des Organträgers und ist schon beim Gewinn zu erfassen.[249]

122   Die Hinzurechnung des Einkommens der Organgesellschaft wird beim Organträger wie eigenes Einkommen und nicht etwa als Ausschüttung behandelt. Insofern wird dieses Einkommen der Organgesellschaft beim Organträger nicht etwa nach § 8b Abs. 1 KStG bzw. § 3 Nr. 40 EStG steuerfrei gestellt.

123   Ist das Einkommen von Organgesellschaften und/oder Organträger negativ, dann werden diese Verluste bei der Zusammenrechnung der Einkommen auf der Ebene des Organträgers automatisch verrechnet. Angesichts dieser Möglichkeit zur **Verlustverrechnung** hat die Organschaft seit der Abschaffung des Anrechnungsverfahrens durch das StSenkG zusätzlich an Bedeutung gewonnen. So konnte im früheren Anrechnungsverfahren die auf Ausschüttungen der Untergesellschaft lastende Körperschaftsteuer bei Verrechnung dieser Ausschüttungen mit Verlusten des Anteilseigners erstattet werden. Nach Abschaffung des Anrechnungsverfahrens bleibt es ohne Vorliegen einer Organschaft trotz erzielter Verluste der Obergesellschaft bei der Körperschaftsteuerbelastung der Gewinne der Organgesellschaft. Ausschüttungen der Untergesellschaft werden von der die Dividende empfangenden Obergesellschaft nach § 8b Abs. 1 KStG steuerfrei vereinnahmt.

124   *bb) Zurechnungszeitraum.* Im Gesetz ist keine ausdrückliche Regelung enthalten, zu welchem Zeitpunkt das Einkommen der Organgesellschaft dem Organträger zuzurechnen ist. § 14 Abs. 1 S. 2 KStG regelt lediglich die erstmalige Zurechnung des Einkommens. Die wohl herrschende Auffassung interpretiert § 14 Abs. 1 S. 2 KStG in der Weise, dass das Einkommen der Organgesellschaft in dem Kalenderjahr (= Veranlagungszeitraum (§ 31 Abs. 1

---

[244] Dötsch/Pung/Möhlenbrock/*Dötsch* KStG § 14 Rn. 495.
[245] OFD Frankfurt a. M. 30.5.2016, DStR 2016, 1375; OFD Schleswig-Holstein 22.2.2016, DStR 2016, 539; aA OFD Karlsruhe 16.1.2014, FR 2014, 434.
[246] OFD Karlsruhe 16.1.2014, FR 2014, 434.
[247] Vgl. → Rn. 182.
[248] Vgl. R 7.1 Abs. 1 KStR 2015.
[249] Gosch/*Neumann* KStG § 14 Rn. 426, 505; *Wassermeyer* DStR 2004, 214.

KStG iVm § 25 Abs. 1 EStG)) dem Organträger zuzurechnen ist, in dem das Wirtschaftsjahr der Organgesellschaft endet. Dies führt im Ergebnis zu einer Zurechnung für den Veranlagungszeitraum, in dem die Organgesellschaft dieses Einkommen bezogen hat und ohne die Zurechnungsvorschrift des § 14 Abs. 1 S. 1 KStG selbst versteuern müsste.[250] Dies ist wohl auch die Auffassung der Rechtsprechung.[251]

(1) Identische Wirtschaftsjahre. Unproblematisch ist die zeitliche Zurechnung, wenn die Wirtschaftsjahre von Organgesellschaft und Organträger einander entsprechen. Haben etwa Organträger und Organgesellschaft ein mit dem Kalenderjahr identisches Wirtschaftsjahr, dann ist das Einkommen der Organgesellschaft des Wirtschaftsjahres 01 dem Organträger bei der Ermittlung seines Einkommens für den Veranlagungszeitraum 01 zuzurechnen und zu versteuern.[252] Entsprechendes gilt, wenn die Wirtschaftsjahre von Organträger und Organgesellschaft übereinstimmen, aber vom Kalenderjahr abweichen.[253]

(2) Abweichende Wirtschaftsjahre. Sowohl der BFH[254] als auch die Finanzverwaltung[255] vertreten die Auffassung, dass bei abweichenden Wirtschaftsjahren das Einkommen der Organgesellschaft dem Organträger für das Kalenderjahr zuzurechnen ist, in dem die Organgesellschaft dieses Einkommen selbst zu versteuern hätte, wenn sie nicht Organgesellschaft wäre. Auch in der Literatur wird diese Meinung vertreten.[256]

Beispiel:
Das Wirtschaftsjahr der Organgesellschaft entspricht dem Kalenderjahr. Demgegenüber umfasst das Wirtschaftsjahr des Organträgers den Zeitraum vom 1.10. bis 30.9.
Nach § 14 Abs. 1 S. 2 KStG ist das Einkommen der Organgesellschaft für 01 dem Einkommen des Organträgers für die Zeit vom 1.10.2000 bis zum 30.9.2001 hinzuzurechnen. Mithin wird das Einkommen der Organgesellschaft beim Organträger im Veranlagungszeitraum 2001 versteuert.

§ 14 Abs. 1 S. 2 impliziert lediglich eine zeitliche, nicht hingegen eine personelle Zurechnung. Dennoch kann die zeitliche Zurechnung Auswirkungen auf die personelle Zurechnung haben. Eine zeitanteilige Zurechnung ist nicht vorzunehmen.[257]

Beispiel:
Zwischen der O-AG und der U-GmbH besteht eine Organschaft. Das Geschäftsjahr beider Gesellschaften entspricht dem Kalenderjahr. Die O-AG beabsichtigt, die Beteiligung an der U-GmbH zu veräußern. Zu diesem Zweck wird in Abstimmung mit dem Finanzamt das Geschäftsjahr der U-GmbH auf den 31.7.2001 und anschließend wieder auf den 31.12.2001 umgestellt. Mit Wirkung zum 1.8.2001 wird die Beteiligung an der U-GmbH veräußert. Die Organschaft zwischen der O-AG und der U-GmbH endet zum 31.7.2001. Ab dem 1.8.2001 besteht eine Organschaft der U-GmbH zum Erwerber. Fraglich ist, ob die bis zum 31.7.2001 erzielten Gewinne der U-GmbH steuerlich wegen des noch bestehenden Organschaftsverhältnisses der O-AG zugerechnet werden. Dies ist mE nicht der Fall. Vielmehr wird das gesamte Ergebnis des Kalenderjahres 01 dem neuen Organträger zugerechnet, da dieser zum Schluss des Wirtschaftsjahres der OG der OT ist.

cc) Steuerschuldnerschaft. Schuldner der Steuer auf das von Organträger und Organgesellschaft erzielte und zusammengerechnete Einkommen ist der **Organträger**. Dabei wird dieses Einkommen der Steuerart und dem Steuersatz unterworfen, die für den Organträger maßgebend sind. Ist der Organträger eine natürliche Person, so unterliegt demzufolge das zusammengerechnete Einkommen der Einkommensteuer. Handelt es sich beim Organträger um eine Kapitalgesellschaft, so wird das Einkommen der Körperschaftsteuer unterworfen. Personengesellschaften als Organträger sind selbst weder einkommensteuerpflichtig noch körperschaftsteuerpflichtig. Ihr Einkommen ist durch einheitliche und gesonderte Gewinnfeststellung gemäß § 180 AO ihren Gesellschaftern zuzurechnen.

---

[250] Statt aller: Gosch/*Neumann* KStG § 14 Rn. 506.
[251] Vgl. BFH 29.10.1974 – I R 240/72, BStBl. II 1975 S. 126 (127).
[252] Gosch/*Neumann* KStG § 14 Rn. 506 mwN.
[253] Gosch/*Neumann* KStG § 14 Rn. 506 mwN.
[254] Vgl. BFH 29.10.1974, BStBl. II 1975 S. 126.
[255] Vgl. H 14.7 KStH 2015.
[256] Vgl. Beispiele bei Gosch/*Neumann* KStG § 14 Rn. 506 mwN.
[257] Dötsch/Pung/Möhlenbrock/*Dötsch* KStG § 14 Rn. 748.

129 Ungeachtet dieser Zurechnung ihres Einkommens beim Organträger bleibt die Organgesellschaft selbst steuerpflichtig; sie hat selbst Steuererklärungen abzugeben. Sie kann nach § 73 AO als **Haftungsschuldner** für die Steuerschuld des Organträgers in Anspruch genommen werden.

130 b) Einkommen der Organgesellschaft. *aa) Schema* Das Einkommen der Organgesellschaft ist nach den allgemeinen Vorschriften zur Einkommensermittlung von Kapitalgesellschaften gemäß § 8 Abs. 1 KStG iVm dem EStG unter Beachtung der Ausnahmen nach § 15 KStG zu bestimmen. Schematisch lässt sich die Ermittlung des Einkommens der Organgesellschaft wie folgt darstellen:

Tabelle II.2.1.[258]

	Jahresüberschuss/Jahresfehlbetrag lt. Handelsbilanz (wenn keine Rücklagen gebildet oder aufgelöst werden, 0,– EUR)
+/–	steuerbilanzielle Korrekturen (§ 60 Abs. 2 EStDV)
=	Gewinn/Verlust laut Steuerbilanz
+/–	Nicht abzugfähige Steuern und sonstige Ausgaben (saldiert mit Erstattungen); ua Hinzurechnung von Ausgleichszahlungen gem. § 4 Abs. 5 S. 1 Nr. 9 EStG
+/–	Neutralisierung von vGA und verdeckten Einlagen
+/–	Nicht der KSt unterliegende Vermögensmehrungen (stfreie Einnahmen), ausgenommen nach § 8b Abs. 1–6 KStG stfreie Einnahmen und nach DBA stfreie Schachteldividenden aus der Beteiligung an einer ausl. Gesellschaft (§ 15 S. 1 Nr. 2 KStG)
+/–	sonstige Korrekturen der Einkünfte (zB gem. AStG, nach § 15a EStG nabzb Verluste bei Beteiligung der OG an einer Pers-Ges).
=	Zwischensumme
+	an den Organträger auf Grund des Gewinnabführungsvertrags abgeführter Gewinn
–	vom Organträger zum Ausgleich eines sonst entstehenden Jahresfehlbetrags geleisteter Betrag
=	Summe der Einkünfte (stlicher Gewinn 2. Stufe)
–	eigener Spendenabzug der Organgesellschaft
=	Organeinkommen, das für die Zurechnung gem. § 14 Abs. 1 S. 1 KStG von Bedeutung ist
+/–	dem Organträger zuzurechnendes positives bzw. negatives Einkommen der Organgesellschaft
+	Ausgleichszahlungen, die vom Organträger geleistet worden sind (§ 16 S. 2 KStG)
=	zu versteuerndes Einkommen der Organgesellschaft (bei Nichtleistung von Ausgleichszahlungen = 0 EUR, ansonsten 20/17 (bis Veranlagungszeitraum 2007: 4/3) der geleisteten Ausgleichszahlungen)

131 Zu dem Einkommen, das dem Organträger steuerlich zuzurechnen ist, gehören auch Gewinnrücklagen, die die Organgesellschaft während der Organschaft bildet.[259]

132 *bb) Gewinnabführung/Verlustübernahme.* Ausgangspunkt der Einkommensermittlung der Organgesellschaft ist der handelsrechtliche Jahresüberschuss/Jahresfehlbetrag. Unter Beachtung der vertraglich vereinbarten Ergebnisabführung ist dieses Jahresergebnis der Organgesellschaft regelmäßig gleich Null.[260] Abgeführte Gewinne haben das Jahresergebnis der Organgesellschaft reduziert; übernommene Verluste haben einen Jahresfehlbetrag ausgeglichen. Ein Jahresüberschuss verbleibt der Organgesellschaft lediglich dann, wenn sie Beträge in ihre Gewinnrücklagen einstellt oder in vorvertraglicher Zeit gebildete Rücklagen aufgelöst werden.

133 Der handelsrechtliche Jahresüberschuss/Jahresfehlbetrag der Organgesellschaft ist um diese Auswirkungen des Gewinnabführungsvertrags bei der Ermittlung ihres Einkommens zu bereinigen. Ein abgeführter Gewinn erhöht das Einkommen der Organgesellschaft. Ein durch den Organträger ausgeglichener Verlust reduziert das Einkommen der Organgesellschaft.[261]

---

[258] Dötsch/Pung/Möhlenbrock/*Dötsch* KStG § 14 Rn. 699.
[259] Zum handelsrechtlichen Höchstbetrag vgl. → Rn. 98. Vgl. auch → Rn. 185.
[260] Zu Erfolgen aus der Auflösung der Organgesellschaft vgl. → Rn. 100.
[261] Zur Behandlung beim Organträger vgl. → Rn. 164 f.

cc) Verlustabzug iSd § 10d EStG. Gemäß § 15 Nr. 1 KStG ist ein Verlustabzug nach 134
§ 10d EStG bei der Ermittlung des Einkommens der Organgesellschaft nicht zulässig. Bestehende Verluste sind für die Dauer der Organschaft eingefroren. Diese Regelung bezieht sich ausschließlich auf vor- bzw. nachorganschaftliche Verluste, weil steuerliche Verluste bei der Organgesellschaft während des Bestehens der Organschaft infolge der Einkommenszurechnung beim Organträger nicht entstehen können.[262]

(1) Verlustvortrag. Nach § 10d Abs. 2 S. 1 EStG iVm § 8 Abs. 1 KStG können Kapitalgesellschaften den Verlust eines Wirtschaftsjahres mit Gewinnen künftiger Wirtschaftsjahre verrechnen. Ein Verlustvortrag scheidet hingegen dann aus, wenn es sich bei der betreffenden Kapitalgesellschaft um eine Organgesellschaft handelt, § 15 S. 1 Nr. 1 KStG. Das Verlustabzugsverbot nach § 15 S. 1 Nr. 1 KStG betrifft 135
- vororganschaftliche Verluste der Organgesellschaft;
- nachorganschaftliche Verluste der Organgesellschaft.[263]

Das Verlustverrechnungsverbot des § 15 S. 1 Nr. 1 KStG gilt für alle im EStG geregelten 136
Verlustabzugsbeschränkungen, insbesondere für §§ 2a Abs. 1, 15 Abs. 4 Abs. 3. Im Rahmen der Einführung der Zinsschranke mit Wirkung ab 2008 gem. § 4h Abs. 1 S. 2 EStG weitete die Finanzverwaltung die Regelungen des § 15 S. 1 Nr. 1 KStG auch auf einen vororganschaftlichen Zinsvortrag der Organgesellschaft aus, mit der Folge, dass der Zinsvortrag während des Bestehens der Organschaft nicht nutzbar sein soll.[264]

Handelsrechtlich sind Verluste einer nicht eingegliederten Organgesellschaft aus vorvertraglicher Zeit nach § 301 AktG mit dem abzuführenden Gewinn der Organgesellschaft zu verrechnen.[265] Für die steuerliche Einkommensermittlung bleibt diese **handelsrechtlich gebotene Verrechnung** mit Verlusten aus vororganschaftlicher Zeit unbeachtlich.[266] Das Verlustverrechnungsverbot nach § 15 S. 1 Nr. 1 KStG greift ebenfalls dann, wenn der Organträger vorvertragliche Verluste der Organgesellschaft handelsrechtlich durch **Einlagen** ausgleicht. Durch diesen Ausgleich vorvertraglicher Verluste erhöhen sich lediglich die steuerlichen Anschaffungskosten der Beteiligung an der Organgesellschaft.[267] 137

Das erläuterte Abzugsverbot von Verlusten erstreckt sich auch auf eine Verrechnung mit 138
Einkommen, das die Organgesellschaft gemäß § 16 KStG selbst zu versteuern hat.[268] Bei den nach § 16 KStG selbst zu versteuernden Gewinnen handelt es sich ua um die **Ausgleichszahlungen**, die an außenstehende Gesellschafter der Organgesellschaft zu leisten sind.

Die während des Bestehens des Organschaftsverhältnisses nicht verrechenbaren Verluste 139
der Organgesellschaft aus vorvertraglicher Zeit gehen indes nicht endgültig verloren. Sie werden für die Dauer der Organschaft lediglich eingefroren und können nach Beendigung der Organschaft von der Organgesellschaft wieder selbst genutzt werden.[269] Unklar ist, ob zur Vermeidung dieses steuerlichen Einfrierens vorvertraglicher Verluste der Gewinnabführungsvertrag unter die aufschiebende Bedingung des vorherigen Verbrauchs der Verluste durch eine Verrechnung mit eigenen Gewinnen der Organgesellschaft gestellt werden kann. Nach Auffassung des BGH bedeutet der Abschluss eines GAV eine Satzungsänderung.[270] Bedingte Satzungsänderungen sind jedoch unzulässig.[271] Damit verbunden ist das praktische Problem, dass Registergerichte in der Regel die Eintragung verweigern. Da ohne die Eintragung ins Handelsregister der Gewinnabführungsvertrag zivilrechtlich nicht wirksam ist,[272] ist die praktische Relevanz der aufschiebenden Bedingung daher fraglich. Unklar ist auch,

---

[262] Gosch/*Neumann* KStG § 14 Rn. 396.
[263] Vgl. Dötsch/Pung/Möhlenbrock/*Dötsch* KStG § 15 Rn. 5.
[264] Vgl. BMF 4.7.2008, BStBl. I 2008 S. 718 Rn. 48; so auch Gosch/*Neumann* KStG § 14 Rn. 39; aA Köhler/Hahne DStR 2008, 1505 (1512).
[265] Vgl. → Rn. 109.
[266] Dötsch/Pung/Möhlenbrock/*Dötsch* KStG § 15 Rn. 13.
[267] Vgl. BFH 8.3.1955, BStBl. III 1955 S. 187.
[268] Dötsch/Pung/Möhlenbrock/*Dötsch* KStG § 15 Rn. 5.
[269] Zur Behandlung bei der Gewerbesteuer vgl. → Rn. 251.
[270] BGH 24.10.1998 – II ZB 7/88, DB 1988, 2623.
[271] Dötsch/Pung/Möhlenbrock/*Dötsch* KStG § 15 Rn. 15.
[272] Vgl. → Rn. 70.

ob die Verwaltung einen unter einer aufschiebenden Bedingung geschlossenen Gewinnabführungsvertrag überhaupt anerkennt.²⁷³ Als mögliche alternative Gestaltung zur Nutzung vororganschaftlicher Verluste bietet sich die Realisierung stiller Reserven vor Beginn der Organschaft durch Verkäufe zB an den späteren Organträger an.

140 *(2) Verlustrücktrag.* Neben dem Verlustvortrag ist für die Organgesellschaft auch der Verlustrücktrag gemäß § 10d Abs. 1 S. 1 EStG iVm § 8 Abs. 1 KStG während des Bestehens der Organschaft durch § 15 Nr. 1 KStG ausgeschlossen.

141 Durch das Abzugsverbot des § 15 Nr. 1 KStG lassen sich somit **Verluste** der Organgesellschaft aus **vertraglicher Zeit** nicht mit ihren Gewinnen aus vorvertraglicher Zeit verrechnen. Verluste der Organgesellschaft aus vertraglicher Zeit sind vielmehr in voller Höhe dem Organträger zuzurechnen. Sie bleiben auch nach Auflösung einer Organschaft Bestandteil eines möglichen Verlustvortrags des Organträgers und können nicht auf die Organgesellschaft zurückübertragen werden.

142 Des Weiteren können **Verluste** der Organgesellschaft in **nachvertraglicher Zeit** nicht im Wege des Verlustrücktrags mit Gewinnen der Organgesellschaft oder des Organträgers in vertraglicher Zeit verrechnet werden. Es scheidet aber auch ein Verlustrücktrag in den letzten VZ der Organgesellschaft vor der organschaftlichen Einbindung aus, da dieser nicht als unmittelbar vorangegangener VZ iSd § 10d Abs. 1 S. 1 EStG des ersten nachorganschaftlichen VZ der OG anzusehen ist.²⁷⁴

143 *dd) Einkünfte aus Beteiligung an anderen Kapitalgesellschaften. (1) Anwendung von § 8b KStG/§ 3 Nr. 40 KStG.* Würde die Organgesellschaft selbst besteuert, so wären von ihr erzielte Erfolgsbeiträge iSd § 8b Abs. 1 und 2 KStG aus Beteiligungen an inländischen oder ausländischen Kapitalgesellschaften unter den Voraussetzungen des § 8b KStG steuerfrei gestellt. Bei Bestehen einer Organschaft hingegen sind nach § 15 Nr. 2 S. 1 KStG die Regelungen der § 8b Abs. 1–6 KStG bei der Ermittlung des Einkommens der Organgesellschaft nicht anzuwenden. Mit dieser Regelung wird sichergestellt, dass die nur Kapitalgesellschaften zugedachte **Dividenden- und Veräußerungsgewinnfreistellung** nicht steuergestalterisch durch Organträger anderer Rechtsformen in Anspruch genommen werden kann.

144 Sind in dem der Organträgerin zugerechneten Einkommen der Organgesellschaft Bezüge, Gewinne oder Gewinnminderungen iSd § 8b Abs. 1–3 KStG oder mit solchen Beträgen zusammenhängende Aufwendungen iSd § 3c Abs. 2 EStG enthalten, so sind § 8b KStG sowie § 3 Nr. 40, § 3c Abs. 2 EStG bei der Ermittlung des Einkommens des Organträgers anzuwenden, § 15 S. 1 Nr. 2 S. 2 KStG. Dabei beziehen sich die Abzugsverbote nach § 8b Abs. 3 und 5 KStG und § 3c Abs. 2 EStG lediglich auf Aufwendungen der Organgesellschaft im Zusammenhang mit der in Rede stehenden Beteiligung. Eigene Aufwendungen des Organträgers sind insoweit nicht mit in die Betrachtung einzubeziehen. Im Ergebnis werden also bei Organschaften die Freistellung von Dividenden und Anteilsveräußerungsgewinnen sowie die zugehörigen Ausgabenabzugsverbote bei der Organgesellschaft versagt und stattdessen auf die Ebene des Organträgers verlagert (sog. Bruttomethode).²⁷⁵

145 In Fällen, bei denen die Organgesellschaft als Unternehmen iSd § 8b Abs. 7, 8 oder 10 KStG qualifiziert, ist gem. § 15 S. 1 Nr. 2 S. 3 KStG bei der Organträgerin § 15 S. 1 Nr. 2 S. 2 KStG nicht anwendbar. Ist die Organgesellschaft ein Finanzunternehmen sind demgemäß die von ihr vereinnahmten Dividenden und Veräußerungsgewinne auch bei der Organträgerin nicht steuerfrei.²⁷⁶ Für den umgekehrten Fall eines Organträgers iSd § 8b Abs. 7 KStG ist auch auf die durch die Organgesellschaft erzielten Dividenden und Veräußerungsgewinne nach dem Wortlaut § 15 S. 1 Nr. 1 S. 1 und 2 KStG anwendbar. Die Anwendung des § 15 S. 1 Nr. 1 S. 1 KStG würde aber in diesem Fall dem Regelungszweck der Norm widersprechen, der eine Einschränkung und keine Erweiterung darstellt.²⁷⁷

---

²⁷³ Dazu Dötsch/ Pung/Möhlenbrock/*Dötsch* KStG § 15 Rn. 15.
²⁷⁴ BFH 12.12.2012 – I R 69/11, BFH/NV 2013, 840.
²⁷⁵ Vgl. *Heurung/Seidel* BB 2009, 472 (473); zur Anwendung der Bruttomethode im Rahmen der Gewerbesteuer → Rn. 247.
²⁷⁶ Gosch/*Neumann* KStG § 15 Rn. 24b.
²⁷⁷ Dötsch/Pung/Möhlenbrock/*Dötsch* KStG § 15 Rn. 41.

Im Ergebnis hängt es von der Rechtsform des Organträgers ab, ob die Regelung des § 8b **146** KStG oder stattdessen die Vorschrift des § 3 Nr. 40 EStG greift.[278] Demzufolge sind Dividendenerträge und Veräußerungsgewinne aus Anteilen an Kapitalgesellschaften vorbehaltlich der Ausnahmen nach § 8b Abs. 2 S. 4, Abs. 4–8 KStG nur dann steuerfrei, wenn Organträger eine **Kapitalgesellschaft** ist, § 8b Abs. 1 und 2 KStG. Auch die Hinzurechnungen nach § 8b Abs. 3 u. 5 KStG sind nur im Fall einer Kapitalgesellschaft als Organträger anzuwenden. **Streubesitzdividenden** sind gem. § 8b Abs. 4 KStG nicht steuerfrei. Streubesitz liegt vor, wenn die Beteiligung zu Beginn des Kalenderjahres unmittelbar weniger als 10 % des Grund- oder Stammkapitals betragen hat. Für die Anwendung der Beteiligungsgrenze sind die Beteiligung der OG und des OT gem. § 15 Abs. 1 S. 1 Nr. 2 S. 4 KStG getrennt zu betrachten.[279]

Handelt es sich beim Organträger demgegenüber um eine **natürliche Person,** unterliegen **147** Einkünfte der Organgesellschaft iSv § 8b Abs. 1 u. 2 KStG gem. § 3 Nr. 40 EStG im Teileinkünfteverfahren lediglich einer Besteuerung in Höhe von 60 %. Betriebsausgaben in Zusammenhang mit diesen Einnahmen sind lediglich zu 60 % abzugsfähig, § 3c Abs. 2 EStG. Bei einem Organträger in der Rechtsform einer **Personengesellschaft** ist für die Anwendung der Vorschriften des § 3 Nr. 40 EStG bzw. § 8b Abs. 1 KStG auf die Rechtsform ihrer Gesellschafter abzustellen. Anzuwenden sind hier § 8b Abs. 1 und 2 KStG auf die durch die Organgesellschaft erzielten Einkünfte, soweit Kapitalgesellschaften an der Organträger-Personengesellschaft beteiligt sind, § 8b Abs. 6 KStG. Soweit Gesellschafter der Personengesellschaft hingegen natürlich Personen sind, greifen §§ 3 Nr. 40, 3c Abs. 2 EStG.

(2) DBA-Schachtelprivileg. Sofern die Organgesellschaft **Dividenden aus ausländischen** **148** **Beteiligungen** bezieht und der Organträger keine Kapitalgesellschaft ist, stellt sich die Frage nach der Anwendung abkommensrechtlicher Schachtelprivilegien. So konnten nach § 15 S. 1 Nr. 2 KStG aF internationale Schachtelprivilegien bei der Ermittlung des Einkommens der Organgesellschaft nur dann angewendet werden, wenn der Organträger zu den durch die abkommensrechtlichen Regelungen begünstigten Steuerpflichtigen gehörte. Dieser Bezug auf die Rechtsform des Organträgers fand sich in § 15 Nr. 2 KStG idF des UntStFG nicht mehr. Aus der Formulierung des § 15 S. 1 Nr. 2 KStG idF des UntStFG war vielmehr zu schließen, dass bei der Ermittlung des Einkommens der Organgesellschaft Dividenden aus ausländischen Schachtelbeteiligungen mit Ansässigkeit in DBA-Staaten unabhängig von der Rechtsform des Organträgers steuerfrei zu behandeln sind.[280] Dies hat der BFH nun mit Urteil v. 14.1.2009 für Veranlagungszeiträume bis 2002 ausdrücklich nochmals bestätigt.[281]

Diese Auslegungsmöglichkeit des § 15 S. 1 Nr. 2 KStG idF des UntStFG ist zwischenzeit- **149** lich Makulatur geworden. Mit der Neuformulierung des § 15 KStG idF des StVergAbG ist der Gesetzgeber zur alten Rechtslage vor dem UntStFG zurückgekehrt. Nach § 15 S. 2 KStG idF des StVergAbG sind bei der Organgesellschaft auf Gewinnanteile aus der Beteiligung an einer ausländischen Gesellschaft die abkommensrechtlichen Vorschriften nicht anzuwenden. Vielmehr ist das Einkommen der Organgesellschaft dem Organträger entsprechend der Bruttomethode[282] einschließlich der Gewinnanteile aus der Beteiligung an einer ausländischen Gesellschaft zuzurechnen. Auf der Ebene des Organträgers ist anschließend die Anwendung des DBA-Schachtelprivilegs zu prüfen. Durch die Einfügung der Rückausnahme des § 15 S. 1 Nr. 2 S. 3 KStG im Jahressteuergesetz 2009 für Organgesellschaften iSd § 8b Abs. 7 oder 8 KStG (insbesondere Finanzunternehmen) wurde die für Schachteldividenden grundsätzlich mögliche Steuerfreistellung des § 8b Abs. 1 KStG auf Ebene des Organträgers ausgeschlossen.[283]

ee) Ausländische Betriebsstätte. (1) Freistellungsmethode. Unterhält die Organgesellschaft **150** in einem ausländischen DBA-Staat eine Betriebstätte und sieht das von Deutschland mit

---

[278] Dötsch/Pung/Möhlenbrock/*Dötsch* StG § 15 Rn. 24.
[279] Dötsch/Pung/Möhlenbrock/*Dötsch* KStG § 15 Rn. 50.
[280] Vgl. *Pyszka* GmbHR 2002, 468 ff.
[281] Vgl. BFH 14.1.2009, BFH/NV 2009, 854.
[282] Vgl. → Rn. 144.
[283] Vgl. *Heurung/Seidel* BB 2009, 472 (474); vgl. auch → Rn. 145.

dem betreffenden Betriebsstättenstaat geschlossene Doppelbesteuerungsabkommen die **Freistellungsmethode** vor, so gehört ein Gewinn der Betriebstätte nicht zum Einkommen der Organgesellschaft.

151 Regelmäßig ist die Anwendung der Freistellungsmethode nach dem jeweiligen DBA mit einem **Progressionsvorbehalt** verbunden. Für die Anwendung des Progressionsvorbehalts gelten bei Bestehen einer Organschaft nach § 32b Abs. 1a EStG die ausländischen Einkünfte der Organgesellschaft als unmittelbar vom Organträger bezogen. Insofern wirkt sich der Progressionsvorbehalt bei Bestehen einer Organschaft für die von der Organgesellschaft erzielten ausländischen Betriebsstätteneinkünfte nur dann nicht aus, wenn der Organträger eine inländische **Kapitalgesellschaft** ist. Ist hingegen Organträger eine **natürliche Person** oder eine **Personengesellschaft** mit natürlichen Personen als Gesellschaftern, dann greift der Progressionsvorbehalt für die Einkünfte der ausländischen Betriebstätte der Organgesellschaft, § 32b Abs. 1a EStG. Insoweit sind die Einkünfte der ausländischen Betriebstätte in die Ermittlung des maßgebenden Steuersatzes einzubeziehen, der auf das steuerpflichtige Einkommen des Organträgers anzuwenden ist, § 32b Abs. 1 Nr. 2 EStG.

152 Aufgrund der Rechtsprechung des EuGH in der Rs. *Lidl Belgium*[284] sind Verluste der ausländischen Betriebstätte beim inländischen Stammhaus abzugsfähig, sofern im Betriebsstättenstaat sämtliche Verlustnutzungsmöglichkeiten erfolglos ausgeschöpft sind (sog. „finale Verluste").[285] Die Finanzverwaltung wendete diese Rechtsprechung des EuGH jedoch nicht an und reagierte auf die BFH-Folgeentscheidung[286] mit einem Nichtanwendungserlass.[287] Zwischenzeitlich hat der EuGH in der Rs. *Timac Agro*[288] seine Rechtsprechung differenziert. Bei Freistellungs-Betriebstätten besteht keine Vergleichbarkeit zwischen einem nationalen und einem grenzüberschreitenden Sachverhalt, da korrespondierend zu den nicht nutzbaren Verlusten die Gewinne von Freistellungs-BetrSt nicht der inländischen Besteuerung unterliegen. Demnach besteht hier keine Verpflichtung zur Berücksichtigung finaler Verluste.

153 *(2) Anrechnungsmethode.* Sind im Einkommen der Organgesellschaft Einkünfte aus ausländischen Betriebstätten enthalten, die in einem DBA-Staat mit **Anrechnungsmethode** belegen sind, so ist die im ausländischen Staat erhobene Steuer auf die Körperschaftsteuer oder Einkommensteuer des Organträgers anzurechnen, § 19 Abs. 5 KStG. Ist der Organträger eine Personengesellschaft, so ist die ausländische Steuer anteilig auf die Körperschaftsteuer oder Einkommensteuer der Gesellschafter des Organträgers anzurechnen, § 19 Abs. 5 KStG.

154 *ff) Verdeckte Gewinnausschüttungen. (1) Organträger als Empfänger.* Zwischen Organträger und Organgesellschaft sind schuldrechtliche Beziehungen ungeachtet der bestehenden Organschaft steuerlich anzuerkennen. Diese **schuldrechtlichen Beziehungen** sind steuerlich so zu beurteilen, als würde die Organschaft nicht bestehen. Veräußert etwa die Organgesellschaft an den Organträger ein Wirtschaftsgut, so beeinflussen die dabei realisierten Erfolge ihr Einkommen. Erfolge aus innerorganschaftlichen Geschäftsvorfällen sind nicht durch eine **Zwischenergebniseliminierung** zu neutralisieren. Insoweit sind auch innerhalb des Organkreises verdeckte Gewinnausschüttungen möglich, insbesondere bei Lieferungen und sonstigen Leistungen zwischen Organträger und Organgesellschaft.[289] Die verdeckten Gewinnausschüttungen stellen die Wirksamkeit des Gewinnabführungsvertrages aber nicht in Frage sondern werden dann steuerlich als vorweggenommene Gewinnabführung behandelt.[290] Dies gilt auch für den Fall einer verdeckten Gewinnausschüttung an einen Gesell-

---

[284] Vgl. EuGH 15.5.2008 – C 44/06, DStR 2008, 1030 – Lidl Belgium.
[285] Vgl. *Breuninger/Ernst* DStR 2009, 1981; vgl. auch → Rn. 38.
[286] Vgl. BFH 17.7.2008, BStBl. II 2009 S. 630.
[287] Vgl. BMF 13.7.2009, DB 2009, 1623.
[288] EuGH 17.12.2015 – C 380/14, IStR 2016, 74.
[289] Vgl. BFH 1.8.1984, BStBl. II 1985 S. 18; zu weiteren Ursachen von vGA innerhalb eines Organkreises vgl. Dötsch/Pung/Möhlenbrock/*Dötsch* KStG § 14 Rn. 716 f.
[290] Vgl. R 14.6 Abs. 4 S. 1 KStR 2015; Dötsch/Pung/Möhlenbrock/*Dötsch* KStG § 14 Rn. 718.

schafter einer Organträger-Personengesellschaft, weil dieser Vorgang nur die Gewinnverteilung berührt.[291]

Schuldrechtliche Beziehungen zwischen Organträger und Organgesellschaft unterliegen ebenso strengen steuerlich Anforderungen wie auch schuldrechtliche Vereinbarungen einer nicht organschaftlich verbundenen Kapitalgesellschaft mit nahe stehenden Personen. So kann es ungeachtet der bestehenden Organschaft zwischen Organgesellschaft und Organträger zu verdeckten Gewinnausschüttungen iSv § 8 Abs. 3 S. 2 KStG kommen. Allein entscheidend für die Beurteilung eines Sachverhalts als verdeckte Gewinnausschüttung ist, ob dieser Sachverhalt für die Organgesellschaft nachteilig ist. Unerheblich ist hingegen, ob sich der Sachverhalt für die Organschaft insgesamt vorteilhaft darstellt. 155

Bei verdeckter Gewinnausschüttung iSv § 8 Abs. 3 S. 2 KStG der Organgesellschaft an den Organträger ist das dem Organträger zuzurechnende **Einkommen** der Organgesellschaft außerbilanziell zu erhöhen. Dieses erhöhte Einkommen wird anschließend dem Organträger zugerechnet. Die verdeckte Gewinnausschüttung führt indes bei Bestehen einer Organschaft nicht zu einer **anderen Ausschüttung**. Vielmehr wird in Höhe der verdeckten Gewinnausschüttung lediglich eine vorweggenommene Gewinnabführung angenommen, also eine Vorleistung auf die Gewinnabführung der Organgesellschaft an den Organträger. Diese vorweggenommene Gewinnabführung beeinflusst das steuerliche Einkommen des Organträgers nicht. 156

Zur Vermeidung von **Doppelerfassungen** muss mit der Erhöhung des Einkommens der Organgesellschaft gegebenenfalls korrespondierend eine Kürzung des Einkommens der Organträgerin einhergehen. Eine solche korrespondierende Kürzung ist dann erforderlich, wenn der Sachverhalt, auf dem die verdeckte Gewinnausschüttung beruht, das Einkommen der Organträgerin vor Erfassung des Einkommens der Organgesellschaft bereits erhöht hat.[292] So ist das zusammengerechnete Einkommen von Organträger und Organgesellschaft etwa dann zu kürzen, wenn Grund für die verdeckte Gewinnausschüttung der zu günstige Verkauf eines Wirtschaftsgutes der Organgesellschaft an den Organträger ist, und der Organträger das erworbene Wirtschaftsgut im gleichen Veranlagungszeitraum bereits an Dritte veräußert hat. In diesem Fall ist im eigenen Einkommen des Organträgers der Erfolg aus der Veräußerung des Wirtschaftsgutes an einen Dritten enthalten. Dieser Erfolg wurde ausgehend von zu günstigen Anschaffungskosten für den Erwerb von der Organgesellschaft bestimmt. 157

(2) Außenstehende Gesellschafter als Empfänger. Verdeckte Gewinnausschüttungen sind auch im Verhältnis der Organgesellschaft zu ihren außenstehenden Gesellschaftern möglich. Diese verdeckten Gewinnausschüttungen werden wie Ausgleichszahlungen[293] nach § 16 KStG behandelt.[294] 158

gg) verdeckte Einlagen. Verdeckte Einlagen in die Organgesellschaft, können in der Handelsbilanz entweder erfolgsneutral gem. § 272 Abs. 4 HGB durch eine Erhöhung der Kapitalrücklage oder gewinnwirksam gem. § 275 Abs. 2 Nr. 4 HGB abgebildet werden.[295] Im Falle einer erfolgsneutralen Behandlung ergeben sich keine Abweichungen zwischen Handels- und Steuerrecht. In Höhe des werthaltigen Teils der verdeckten Einlage erhöht sich der Beteiligungsbuchwert der Organgesellschaft in der Bilanz des Organträgers.[296] Auf Ebene der Organgesellschaft findet ein Zugang ins steuerliche Einlagekonto statt. Im Falle einer erfolgswirksamen Erfassung in der Handelsbilanz ergibt sich eine andere rechtliche Bewertung. Eine erfolgswirksame Erfassung ist insbesondere dann gewünscht, wenn der Organträger einen **Ertragszuschuss** zum Ausgleich vororganschaftlicher Verluste der Organgesellschaft leistet. Hier erfolgt abweichend zum Zuschuss in die Kapitalrücklage 159

---

[291] Vgl. R 14.6 Abs. 4 S. 2 KStR 2015.
[292] Vgl. R 14.7 Abs. 2 S. 1 KStR 2015.
[293] Vgl. ausführlich → Rn. 175 ff.
[294] Vgl. R 14.6 Abs. 4 S. 4 KStR 2015.
[295] Vgl. *Förschle/Hoffmann* in Beckscher Bilanz Kommentar, 10. Aufl., HGB § 272 Rn. 195, dazu auch Dötsch/Pung/Möhlenbrock/*Dötsch* KStG § 14 Rn. 727.
[296] Vgl. Dötsch/Pung/Möhlenbrock/*Dötsch* KStG § 14 Rn. 726.

steuerlich gem. § 8 Abs. 3 S. 3 KStG eine außerbilanzielle Kürzung des Gewinns, da verdeckte Einlagen das Einkommen nicht erhöhen.[297] Nach anderer Auffassung soll die Korrektur schon in der Steuerbilanz erfolgen.[298] In beiden Fällen weichen handelsrechtliche Gewinnabführung und das dem Organträger zuzurechnende Einkommen der Organgesellschaft voneinander ab. Unterstellt dass sich der zu erzielende Verkaufspreis einer Beteiligung im Falle von Ausschüttungen mindert, hätten Ertragszuschüsse im Organkreis ein erhebliches Steuerminderungspotential, da Gewinne unversteuert an die Organträgerin abgeführt werden könnten.[299] Um diesen positiven Steuereffekt zu vermeiden, werden in der Literatur verschiedene Lösungen vorgeschlagen, die alle das gleiche Ergebnis zum Ziel haben. So wird vertreten, dass es sich bei dem Ertragszuschuss um eine Vorwegerfüllung der Ergebnisabführung handelt, die in umgekehrter Analogie zur Behandlung der vGA im Organkreis zu behandeln ist und insbesondere keine Erhöhung des Buchwertes der Organbeteiligung und des steuerlichen Einlagekontos bewirkt.[300] Eine andere Auffassung nimmt eine Einlagenrückgewähr mit Direktzugriff auf das steuerliche Einlagekonto bei Gewinnabführung an.[301] Letztere Auffassung ist zwar im Ergebnis zutreffend aber in der Begründung abzulehnen, da die Geschäftsvorfälle isoliert zu betrachten sind.[302] Vielmehr liegt hier, obwohl die handelsrechtliche und steuerliche Bilanzierung nicht voneinander abweichen, aufgrund des steuerlich nicht erfassten Vermögenstransfers von der Organgesellschaft an die Organträgerin ein Fall der Mehrabführung vor, der gem. § 14 Abs. 4 mit der Bildung eines passiven Ausgleichspostens beim Organträger verbunden ist.[303]

160 *hh) Zinsschranke.* Für Zwecke der Organschaft gelten gem. § 15 S. 1 Nr. 3 KStG Besonderheiten bei der Zinsschranke. Auf Ebene der Organgesellschaft ist § 4h EStG nicht anzuwenden. Vielmehr gelten Organträger und Organgesellschaft als ein **Betrieb** mit der Folge, dass im Organkreis alle Zinszahlungen saldiert und das EBITDA im Organkreis einheitlich bei der Organträgerin ermittelt wird. Es gilt die Bruttomethode. Forderungen und Verbindlichkeiten zwischen den Gesellschaften sind als innerbetriebliche Vorgänge zu eliminieren und fließen nicht in die Berechnung des Zinssaldos ein.[304] Die Freigrenze von 3 Mio. EUR findet im Organkreis als ein Betrieb nur einmal Anwendung.

161 **c) Einkommen des Organträgers.** Der Organträger hat sein eigenes Einkommen ungeachtet des Bestehens der Organschaft nach den Vorschriften des § 8 KStG bzw. §§ 4, 5 EStG zu ermitteln.[305] Seinem Einkommen wird anschließend das Einkommen der Organgesellschaft zugerechnet, § 14 Abs. 1 S. 1 KStG.

162 Auf das dem Organträger zuzurechnende Einkommen der Organgesellschaft sind § 8b KStG, § 4 Abs. 6 UmwStG, § 3 Nr. 40 EStG, § 3c Abs. 2 EStG, § 4h EStG und DBA-Befreiungen auf im zugerechneten Organeinkommen enthaltene Beteiligungserträge der Organgesellschaft anzuwenden, § 15 S. 1 Nr. 2 S. 2 und Nr. 3 S. 3 KStG.[306] Das Einkommen der Organgesellschaft ist beim Organträger nicht wie eine Ausschüttung zu behandeln. Vielmehr ist das Einkommen der Organgesellschaft vom Organträger wie eigenes Einkommen zu versteuern.

Eine umfassende Konsolidierung innerorganschaftlicher Geschäfte ist steuerlich nicht zugelassen. Lediglich einzelne Auswirkungen der Organschaft auf das Einkommen des Organträgers sind zur Vermeidung von Doppelberücksichtigungen zu eliminieren.

---

[297] Vgl. Dötsch/Pung/Möhlenbrock/*Dötsch* KStG § 14 Rn. 727.
[298] FG München 13.8.2015 – 6 K 39/13, EFG 2015, 1974; offen gelassen BFH I R 67/15.
[299] Dazu *von Freeden/Lange* WPg 2016, 697 (700).
[300] *Prokofiew* StBp 2014, 235 und 262.
[301] Frotscher/Drüen/*Frotscher* KStG § 14 Rn. 893.
[302] Vgl. FG München 13.8.2015 – 6 K 39/13, EFG 2015, 1974.
[303] *von Freeden/Lang* WPg 2016, 697 (702); BFH 15.3.2017 – I R 67/15, BFH/NV 2017, 1276; vgl. dazu → Rn. 192.
[304] Gosch/*Neumann* KStG § 15 Rn. 36.
[305] Dötsch/Möhlenbrock/*Dötsch* KStG § 14 Rn. 755.
[306] Vgl. das Einkommensermittlungsschema in R 7.1 Abs. 1 KStR 2015.

aa) Ergebnisabführung/Verlustübernahme. Ausgangspunkt der Ermittlung des steuerlichen Einkommens des Organträgers ist dessen **handelsrechtlicher Jahresüberschuss/Jahresfehlbetrag**. Zum Jahresüberschuss/Jahresfehlbetrag werden steuerliche Zu- und Abrechnungen einschließlich der nichtabzugsfähigen Ausgaben addiert bzw. subtrahiert. Dem ermittelten Einkommen des Organträgers wird anschließend das steuerliche Einkommen der Organgesellschaft zugerechnet. Das Einkommen der Organgesellschaft ist um die Auswirkungen des Gewinnabführungsvertrags bereinigt worden.[307] Nach der wohl herrschenden Meinung erfolgt die Zurechnung des Einkommens der Organgesellschaft als letzter Rechenschritt bei der Ermittlung des Einkommens des Organträgers, nämlich auf der Ebene des zu versteuernden Einkommens.[308]

163

Das handelsrechtliche Jahresergebnis der Organträgerin umfasst die Gewinnabführung bzw. die Verlustübernahme der Organgesellschaft. Zur Vermeidung einer Doppelerfassung von handelsrechtlichen Gewinnabführungen bzw. Verlustübernahmen einerseits und zugerechnetem Einkommen der Organgesellschaft andererseits bleibt der von der Organgesellschaft abgeführte Gewinn bei der Ermittlung des Einkommens des Organträgers außer Ansatz, demgegenüber dürfen die übernommenen Verluste der Organgesellschaft nicht als Betriebsausgaben abgezogen werden.[309] Bei der Ermittlung des Einkommens des Organträgers werden demzufolge die genannten Erfolgsbeiträge neutralisiert.

164

bb) Rückstellungen. Hat der Organträger in seiner Handelsbilanz eine Rückstellung für drohende Verluste der Organgesellschaft gebildet, so sind die Aufwendungen aus der Bildung dieser Rückstellung gem. § 5 Abs. 4a EStG bei der Ermittlung des steuerlichen Einkommens des Organträgers hinzuzurechnen. Durch die Hinzurechnung der bezeichneten Aufwendungen wird die doppelte Berücksichtigung von Verlusten der Organgesellschaft vermieden. Die Verluste der Organgesellschaft sind dem Organträger bereits nach § 14 Abs. 1 S. 1 KStG zuzurechnen.[310]

165

cc) Beteiligung an der Organgesellschaft. (1) Veräußerung der Beteiligung. Gewinne aus der Veräußerung der Beteiligung des Organträgers an der Organgesellschaft bleiben unter den Bedingungen[311] des § 8b Abs. 2 S. 1 iVm Abs. 4, 7 und 8 KStG steuerfrei, sofern der Organträger eine **Körperschaft** ist. Unter Beachtung des § 8b Abs. 3 S. 1 KStG sind indes 5 % des Veräußerungsgewinns dem steuerlichen Einkommen des Organträgers wieder hinzuzurechnen. Umgekehrt können Veräußerungsverluste steuerlich bei der Ermittlung des Einkommens des Organträgers nicht einkommensmindernd berücksichtigt werden, § 8b Abs. 3 S. 3 KStG.

166

Ist der Organträger eine **natürliche Person,** werden 40 % des Gewinns aus der Veräußerung der Beteiligung an der Organgesellschaft steuerfrei gestellt, § 3 Nr. 40 EStG. Die Ausnahmen von diesen (teilweisen) Steuerfreistellungen sind zu beachten, § 3 Nr. 40 S. 3 EStG. Bei einer **Personengesellschaft** als Organträgerin hängt die Anwendung von § 8b Abs. 2 u. 3 KStG bzw. § 3 Nr. 40 EStG von der Rechtsform ihrer Gesellschafter ab.

167

Der Gewinn oder Verlust aus der Veräußerung einer Organbeteiligung umfasst auch Erfolgsbeiträge aus **Ausgleichsposten,** die für Abweichungen zwischen handelsrechtlicher und steuerlicher Gewinnabführung gebildet worden sind.[312]

168

(2) Teilwertabschreibungen auf die Beteiligung an der Organgesellschaft. Nach Inkrafttreten des StSenkG im Jahr 2001 werden Teilwertabschreibungen auf die Beteiligung einer **Körperschaft** an der Organgesellschaft steuerlich bedingungslos dem Einkommen wieder hinzugerechnet, § 8b Abs. 3 S. 3 KStG. Das gilt nach Auffassung der

169

---

[307] Vgl. → Rn. 132.
[308] Vgl. R 7.1 Abs. 1 KStR 2015.
[309] Vgl. R 14.6 Abs. 1 S. 2 KStR 2015.
[310] Dötsch/Pung/Möhlenbrock/*Dötsch* KStG § 14 Rn. 760.
[311] Vgl. dazu → § 4 Rn. 46 ff.
[312] Vgl. R 14.8 Abs. 3 S. 3 KStR 2015.

Finanzverwaltung[313] selbst dann, wenn die Veräußerung der Anteile wegen Erfüllung der Ausschlussbedingungen des § 8b Abs. 4 KStG aF[314] steuerpflichtig ist.

170 Bei **Personengesellschaften** oder **Einzelunternehmen** als Organträger ist die Geltendmachung **rein verlustbedingter** Teilwertabschreibungen auf die Beteiligung an der Organgesellschaft steuerlich ausgeschlossen, weil sich das Vermögen und damit die Substanz der Beteiligung der Organgesellschaft infolge der Verlustübernahme durch den Organträger nicht verringert.[315] Damit wird auch verhindert, dass sich die Verluste der Organgesellschaft doppelt beim Organträger auswirken.[316] Diese Grundsätze gelten in gleicher Weise für mittelbare Beteiligungen des Organträgers. Sofern allerdings in den Anschaffungskosten der Organbeteiligung auch der Gegenwert für **stille Reserven** oder ein **Firmenwert** enthalten sind, dürfte eine Teilwertabschreibung diesbezüglich zulässig sein, soweit der Firmenwert gemindert oder zerstört wurde.[317] Die Auswirkungen einer solchen Teilwertabschreibung sind durch § 3c Abs. 2 EStG zu korrigieren. Zur Umgehung der Wirkungen des § 3c Abs. 2 EStG konnten in der Vergangenheit **Darlehen** an die Tochtergesellschaft vergeben werden, weil Substanzverluste auf Darlehen nicht dem Abzugsverbot des § 3c Abs. 2 EStG unterlagen.[318] Seit der Einführung des § 3c Abs. 2 S. 8 EStG, der gem. § 52 Abs. 5 S. 2 EStG für alle WJ gilt, die nach dem 31.12.2014 beginnen, ist der Abschreibungsumfang auf 60 % begrenzt. Für Kapitalgesellschaften ist diese Gestaltung schon seit der Einführung des § 8 Abs. 3 S. 4 KStG durch das JStG 2007 nicht mehr möglich.

171 *dd) Finanzierungskosten für den Erwerb der Beteiligung.* Hat der Organträger den Erwerb der Organbeteiligung fremdfinanziert, so sind die damit verbundenen Fremdkapitalzinsen steuerlich als Betriebsausgaben abzugsfähig.[319] Die Hinzurechnungsvorschrift des § 8b Abs. 5 KStG bzw. das Abzugsverbot nach § 3c Abs. 2 EStG für Aufwendungen in Zusammenhang mit steuerfreien Dividendeneinnahmen greifen nicht. Der Organträger bezieht mit dem ihm zuzurechnenden Einkommen der Organgesellschaft gerade keine iSv § 8b Abs. 1 KStG, § 3 Nr. 40 EStG steuerbegünstigten Einnahmen. Demzufolge ist für die Anwendung von § 8b Abs. 5 KStG bzw. § 3c EStG auf Fremdkapitalzinsen für den Erwerb der Organgesellschaft beim Organträger kein Raum.[320] Dieser positive Effekt im Vergleich zur Dividendenbesteuerung einer Tochtergesellschaft ist ein Grund für die Begründung einer Organschaft.

172 *ee) Verluste der Organgesellschaft. (1) Verluste in vertraglicher Zeit.* Negatives Einkommen der Organgesellschaft ist dem Organträger zuzurechnen, § 14 Abs. 1 S. 1 KStG. Dieses negative Einkommen der Organgesellschaft ist mit positivem Einkommen des Organträgers zu verrechnen.[321] Übersteigen Verluste der Organgesellschaft das eigene positive Einkommen des Organträgers, so kann der Überhang vom Organträger nach § 10d Abs. 1 EStG bis zum Höchstbetrag von 1.000.000 EUR, in den unmittelbar vorangegangenen Veranlagungszeitraum zurückgetragen werden. Insofern lassen sich Verluste der Organgesellschaft mit Gewinnen des Organträgers aus vorvertraglicher Zeit verrechnen.

173 Ein nicht für einen Rücktrag verwendeter Verlust ist vom Organträger auf künftige Veranlagungszeiträume vorzutragen.

174 *(2) Verluste aus vorvertraglicher Zeit.* Der Organträger kann sich im Gewinnabführungsvertrag dazu verpflichten, vorvertragliche Verluste der Organgesellschaft durch Einlagen

---

[313] Vgl. BMF 28.4.2003, BStBl. I 2003 S. 292 Rn. 27.
[314] § 8b Abs. 4 KStG aF ist für einbringungsgeborene Anteile iSd § 21 UmwStG aF bzw. bei Anteilen iSd § 8b Abs. 4 S. 1 Nr. 2 KStG aF, die auf einer Übertragung bis zum 12.12.2006 beruhen, weiterhin anzuwenden.
[315] Vgl. BFH 17.9.1969, BStBl. II 1970 S. 48 sowie 12.10.1972, BStBl. II 1973 S. 76; R 62 Abs. 3 S. 2 KStR.
[316] Dötsch/Pung/Möhlenbrock/*Dötsch* KStG § 14 Rn. 761.
[317] Dötsch/Pung/Möhlenbrock/*Dötsch* KStG § 14 Rn. 762.
[318] BFH 18.4.2012 – X R 5/10, BStBl. II 2013 S. 785; 18.4.2012 – X R 7/10, BStBl. II 2013 S. 791.
[319] Vgl. R 14.7 Abs. 1 KStR 2015.
[320] Dötsch/Pung/Möhlenbrock/*Dötsch* KStG § 14 Rn. 767.
[321] Zur Frage der Verlustverrechnungsmöglichkeit zwischen ausländischer Organgesellschaft und inländischem Organträger vgl. → Rn. 37.

auszugleichen. Die vom Organträger zum Ausgleich vororganschaftlicher Verluste geleisteten Beträge werden bei der Organgesellschaft als verdeckte Einlagen behandelt.[322] Sie berühren infolge dessen das Einkommen der Organgesellschaft nicht. Beim Organträger stellen die geleisteten Zahlungen nachträgliche Anschaffungskosten auf die Beteiligung dar. Die vom Organträger ausgeglichenen vorvertraglichen Verluste der Organgesellschaft können steuerlich nicht mit dem Einkommen des Organträgers verrechnet werden.[323]

d) Ausgleichszahlungen an Minderheitsgesellschafter. *aa) Wesen der Ausgleichszahlungen.* 175
Umfasst die Beteiligung des Organträgers nicht sämtliche Anteile der Organgesellschaft und handelt es sich bei der Organgesellschaft um eine **AG, KGaA** oder **SE** so ist bei Abschluss des Gewinnabführungsvertrages ein angemessener Ausgleich zu Gunsten der außenstehenden Gesellschafter der Organgesellschaft für den eintretenden Dividendenausfall vorzusehen, § 304 Abs. 1 AktG. Die Ausgleichszahlung ist ihrem Wesen nach nicht als Gewinnbeteiligung an der Organgesellschaft anzusehen, sondern stellt eine Entschädigung für die während der Dauer des Gewinnabführungsvertrags fehlende Gewinnerzielungsmöglichkeit der Organgesellschaft dar.[324]

Sieht der Gewinnabführungsvertrag bei Vorhandensein außen stehender Gesellschafter 176
keine Ausgleichszahlung vor, ist er gem. § 304 Abs. 3 S. 1 AktG nichtig. Dies gilt aber nicht für den Fall, dass der außen stehende Gesellschafter wiederum Gesellschafter des Organträgers ist.[325] Ist Organgesellschaft eine **GmbH,** so sind Ausgleichszahlungen an außenstehende Gesellschafter gesellschaftsrechtlich nicht zwingend zu leisten.[326] Die analoge Anwendung des § 304 AktG im GmbH-Konzernrecht wird als entbehrlich angesehen, wenn alle Gesellschafter dem Abschluss des Gewinnabführungsvertrag zustimmen müssen und der außen stehende Gesellschafter dann selbst in der Lage ist, sein Recht zu wahren.[327] In diesem Fall ist ein Gewinnabführungsvertrag wohl auch ohne Vereinbarung von Ausgleichszahlungen steuerlich anzuerkennen.[328] Sieht die Satzung hingegen eine ¾ Mehrheit für den Abschluss des Gewinnabführungsvertrags als ausreichend an, wird die Vereinbarung von Ausgleichszahlungen von einer Mindermeinung für notwendig erachtet.[329] Die Finanzverwaltung hat sich dieser Meinung aber nicht angeschlossen.[330]

Die **Bemessung der Ausgleichszahlungen** richtet sich grundsätzlich nach § 304 AktG, 177
der zwei Methoden zur Berechnung vorsieht.[331] Gem. § 304 Abs. 2 S. 1 AktG kann ein fester Ausgleich vereinbart werden, der sich an der bisherigen Ertragslage der Gesellschaft und ihren künftigen Ertragsaussichten orientiert.[332] Alternativ kann gem. § 304 Abs. 2 S. 2 AktG ein variabler Ausgleich vereinbart werden, der auf dem tatsächlichen Gewinn des Organträgers beruhen kann. Bei dieser – nur bei einer AG, KGaA oder SE[333] als Organträger möglichen – Ausgleichszahlung kann der Betrag zugesichert werden, der auf Aktien des Organträgers mit mindestens dem entsprechenden Nennbetrag jeweils als Gewinnanteil entfällt. Der Gewinnanteil richtet sich dabei nach dem Ergebnis des Organträgers, das wiederum das Ergebnis der Organgesellschaft bereits beinhaltet. Der angemessene Ausgleich kann entweder von der Organgesellschaft oder aber vom Organträger geleistet werden.

---

[322] Vgl. dazu → Rn. 159.
[323] Vgl. zur erforderlichen Bildung eines passiven Ausgleichspostens beim Organträger → Rn. 197 ff.
[324] Gosch/*Neumann* KStG § 14 Rn. 1.
[325] Vgl. BFH 4.3.2009, DStR 2009, 1749.
[326] Centrale Gutachtendienst GmbHR 2000, 617; vgl. Dötsch/Pung/Möhlenbrock/*Dötsch* KStG § 16 Rn. 13; aA *Kraus* BB 1988, 528; ähnlich *Weber* GmbHR 2003, 1347; vgl. auch *Schöneborn* DB 2010, 245 (247), der die Anwendung bei der GmbH davon abhängig macht, ob § 304 Abs. 1 AktG im EAV ausdrücklich vereinbart ist.
[327] Vgl. Dötsch/Pung/Möhlenbrock/*Dötsch* KStG § 16 Rn. 13.
[328] Vgl. Dötsch/Pung/Möhlenbrock/*Dötsch* KStG § 16 Rn. 13.
[329] Vgl. Dötsch/Pung/Möhlenbrock/*Dötsch* KStG § 16 Rn. 13, mwN.
[330] *Schöneborn* DB 2010, 245 (246).
[331] Vgl. auch BMF 11.10.1991, DB 1991, 2110.
[332] Vgl. zur Bestimmung der Ausgleichszahlung *Popp* WPg 2008, 23 ff.
[333] Vgl. Dötsch/Pung/Möhlenbrock/*Dötsch* KStG § 16 Rn. 20.

178 Steuerlich stehen Ausgleichszahlungen iSv § 304 Abs. 2 AktG der Durchführung des Gewinnabführungsvertrags grundsätzlich nicht entgegen.[334] Demgegenüber ist eine Bemessung der Ausgleichszahlung in einem vom Hundertsatz des Gewinns der Organgesellschaft unzulässig, weil diese Möglichkeit in § 304 Abs. 2 AktG nicht vorgesehen ist. Eine solche Vereinbarung hätte in steuerlicher Hinsicht die Nichtdurchführung des Gewinnabführungsvertrags zur Folge.[335]

179 Nach Auffassung des BFH ist es unzulässig, einen festen Mindestausgleich iSd § 304 Abs. 2 S. 1 AktG mit einer darüber hinausgehenden Zahlung in Abhängigkeit vom Gewinn der Organgesellschaft zu vereinbaren, wenn dem außenstehenden Gesellschafter dadurch ein Gewinn zufließt, der ihm im Wesentlichen ohne den EAV nach den gesellschaftsvertraglichen Regelungen zustünde.[336] In diesem Fall würden die Wirkungen des EAV wirtschaftlich negiert. Nicht abschließende entschieden aber in Frage gestellt hat der BFH, ob gewinnabhängige Bestandteile generell der Abführung des gesamten Gewinns entgegenstehen. In der Vorinstanz hatte sich das FG Niedersachsen noch eindeutiger positioniert. Demnach führe die Organgesellschaft bei Vereinbarung gewinnabhängiger Bestandteile unabhängig von deren Höhe nicht ihren gesamten Gewinn ab, was der tatsächlichen Durchführung des Gewinnabführungsvertrags entgegenstünde.[337]

180 Die Verwaltung und die wohl überwiegende Literaturauffassung teilen die Auffassung des BFH nicht. Steuerrechtlich sollen gewinnabhängige Ausgleichszahlungen, soweit sie gesellschaftsrechtlich gem. § 304 Abs. 2 AktG zulässig sind, anzuerkennen sein und stünden der vollständigen Gewinnabführung nicht entgegen. Im Übrigen führe die Organgesellschaft ihren gesamten Gewinn ab, da sie nur als Zahlstelle der Organträgerin fungiere, die Schuldnerin der Ausgleichszahlung ist.[338] Diese Auffassung verkennt, dass es sich bei der Verpflichtung zur Gewinnabführung gem. § 14 Abs. 1 S. 1 KStG um ein steuerrechtliches Tatbestandsmerkmal handelt, das die willkürliche Aufteilung des Gewinns auf Minderheitsgesellschafter und Organträgerin verhindern soll.[339]

181 In der **Praxis** sollten Gestaltungen, die gewinnabhängige Elemente enthalten, durch eine verbindliche Auskunft abgesichert werden.

182 *bb) Steuerliche Konsequenzen.* Bei dem Rechtssubjekt, das die Ausgleichszahlung leistet, stellen die den außenstehenden Gesellschaftern gewährten Beträge nicht **abzugsfähige Betriebsausgaben** dar, § 4 Abs. 5 Nr. 9 EStG. Sie mindern das steuerliche Einkommen nicht.

183 Die Organgesellschaft hat einen Betrag in Höhe von 20/17 (bis zum URefG 2008 4/3) der gewährten Ausgleichszahlung als **eigenes Einkommen** zu versteuern, § 16 S. 1 KStG. Lediglich das Einkommen der Organgesellschaft nach Abzug von 20/17 der Ausgleichszahlung ist dem Organträger nach § 14 Abs. 1 S. 1 KStG zuzurechnen. Bei der Organgesellschaft unterliegt dieses Einkommen der Körperschaftsteuer von 15 %.[340] Die Steuerpflicht der Organgesellschaft für den bezeichneten Betrag besteht unabhängig davon, ob die Ausgleichszahlung vom Organträger oder von der Organgesellschaft geleistet wird. Die Organgesellschaft hat selbst dann den Betrag von 20/17 (bis zum URefG 2008 4/3) der Ausgleichszahlung zu versteuern, wenn ihr steuerliches Einkommen insgesamt negativ ist.[341]
Leistet die Organgesellschaft trotz eines steuerlichen Verlusts Ausgleichszahlungen, so ist dem Organträger das negative Organeinkommen, erhöht um das von der Organgesellschaft selbst zu versteuernde Einkommen, als steuerlicher Verlust zuzurechnen.[342]

---

[334] BFH 4.3.2009 – I R 1/08, DStR 2009, 1749.
[335] Vgl. BFH 31.3.1976, BStBl. II 1976 S. 510.
[336] Vgl. BFH 10.5.2017 – I R 93/15, BFH/NV 2018, 144; 4.3.2009 – I R 1/08, DStR 2009, 1749; 31.3.1976 – I R 123/74, BStBl. II 1976 S. 510).
[337] FG Niedersachsen 11.11.2015 – 6 K 386/13, EFG 2016, 1193; Anm. mit ausführlicher Darstellung des Meinungsstandes *Hasbach/Brühl* DStR 2016, 2361.
[338] BMF 20.4.2010, BStBl. I 2010 S. 372; auch BMF 13.9.1991, DB 1991, 2110; *Marquardt/Mack* FR 2009, 1098 (1101); vgl. *Lohmann/von Goldacker/Annecke* BB 2009, 2344 (2346 f.); Vgl. *MeiseI/Bokeloh* DB 2009, 2067 (2068) mwN; *Baldamus* Ubg 2010, 483.
[339] *Frotscher/Drüen/Frotscher* KStG § 16 Rn. 33; *Dötsch/Pung/Möhlenbrock/Dötsch* KStG § 16 Rn. 25.
[340] Zur Gewerbesteuer vgl. → Rn. 242.
[341] Vgl. R 16 Abs. 1 S. 2 KStR 2015.
[342] Vgl. R 16 Abs. 2 S. 2 und S. 4 KStR 2015.

Beim Minderheitsgesellschafter führen die Ausgleichszahlungen zu **Einkünften aus Kapitalvermögen**, § 20 Abs. 1 Nr. 1 EStG, soweit die Beteiligung im Privatvermögen gehalten wird. Sofern die Beteiligung jedoch im Betriebsvermögen gehalten wird, findet je nach Rechtsform das Teileinkünfteverfahren gem. § 3 Nr. 40 EStG oder die Steuerbefreiung des § 8b Abs. 1 KStG Anwendung. 184

e) **Organschaftliche Mehr- oder Minderabführungen.** *aa) Verursachung durch Maßnahmen in vertraglicher Zeit. (1) Definition.* Das dem Organträger zuzurechnende steuerliche Einkommen der Organgesellschaft kann von der Höhe der handelsrechtlichen Gewinnabführung bzw. Verlustübernahme abweichen. 185

So kann das steuerlich dem Organträger zuzurechnende Einkommen der Organgesellschaft etwa aus folgenden Gründen höher sein als die handelsrechtliche Gewinnabführung: 186
- Bildung von Gewinnrücklagen bei der Organgesellschaft[343];
- steuerlich nicht anzuerkennende Aufwendungen bei der Organgesellschaft (niedrigere Bewertung von Aktiva, höhere Bewertung von Passiva, Bildung steuerlich nicht anzuerkennender Rückstellungen).[344]

Übersteigt, wie in diesen Beispielen, das steuerlich dem Organträger zuzurechnende Einkommen den handelsrechtlich abgeführten Gewinn, so wird von einer **Minderabführung** gesprochen. 187

Der umgekehrte Fall einer **Mehrabführung** liegt etwa dann vor, wenn in vertraglicher Zeit gebildete Gewinnrücklagen der Organgesellschaft wieder aufgelöst und an den Organträger abgeführt werden. Hier übersteigt der tatsächlich abzuführende Gewinn laut Handelsbilanz das steuerlich dem Organträger zuzurechnende Einkommen. 188

(2) Problemstellung. Da sowohl bei Mehr- als auch Minderabführung der Wertansatz der Beteiligung des Organträgers an der Organgesellschaft gleich bleibt[345], besteht die Gefahr von einer Doppel- bzw. Nichtbesteuerung. Die Abweichung der Gewinnabführung von dem Organträger zuzurechnenden Einkommen würde im Falle einer Minderabführung zu einer steuerlichen Doppelbesteuerung führen, wenn die Organgesellschaft veräußert wird.[346] Die Minderabführung entspricht tatsächlich einer vollständigen Abführung des dem Organträger zuzurechnenden Einkommens mit anschließender Einlage in die Organgesellschaft. Dies führt zu einer Wertsteigerung der Anteile, die im Rahmen einer Veräußerung vergütet wird und aufgrund von § 8b Abs. 3 S. 3 KStG mit einer teilweisen Besteuerung bereits versteuerten Einkommens verbunden wäre.[347] Im umgekehrten Fall einer Mehrabführung würde der Differenzbetrag nicht versteuert. 189

(3) Steuerliche Konsequenzen. (a) Organgesellschaft. Bei der Organgesellschaft erhöhen Minderabführungen das **Einlagenkonto**, § 27 Abs. 6 KStG. Umgekehrt mindern Mehrabführungen in vertraglicher Zeit das Einlagenkonto der Organgesellschaft. 190

(b) Organträger. Anders als auf Ebene der Organgesellschaft hat sich der Gesetzgeber nicht für das Einlagemodell entschieden. Statt einer Korrektur des Buchwerts der Anteile der Organgesellschaft ist gem. § 14 Abs. 4 S. 1 KStG in der Steuerbilanz des Organträgers im Fall einer Minderabführung ein aktiver Ausgleichsposten und im Fall der Mehrabführung einer passiver Ausgleichsposten zu bilden. Die Bildung erfolgt erfolgsneutral.[348] Im Falle einer Veräußerung bzw. einer Veräußerung gesetzlich gleichgestellter Vorgänge erfolgt eine gewinnwirksame Auflösung des Ausgleichspostens. So wird eine Doppelbesteuerung bzw. doppelte Nichtbesteuerung vermieden. Gleicht sich die Mehrabführung durch eine Minderabführung in einem späteren Jahr aus, ist der Ausgleichsposten erfolgsneutral aufzulösen, da durch den gegenläufigen Vorgang die ursprüngliche Mehr-/Minderabführung kompensiert wird.[349] 191

---

[343] Vgl. R 14.8. Abs. 1 S. 1 KStR 2015.
[344] Vgl. R 14.8 Abs. 2 KStR 2015.
[345] Vgl. R 14.8 Abs. 1 S. 2 KStR 2015.
[346] Vgl. R 14. 8 Abs. 1 S. 3 KStR 2015.
[347] Vgl. *Neumann* in Gosch KStG § 14 Rn. 416a.
[348] R 14.8 Abs. 1 S. 3 KStR 2015.
[349] R 14.8 Abs. 1 S. 4 KStR 2015; *Neumann-Tomm* StuB 2016, 553.

192 Ein Ausgleichsposten ist gem. § 14 Abs. 4 S. 6 KStG insbesondere zu bilden, wenn die handelsrechtliche Gewinnabführung vom **steuerbilanziellen Gewinn** abweicht. Der Wortlaut der Norm beschränkt sich jedoch aufgrund des Begriffes „insbesondere" nicht auf den genannten Fall.[350] Vielmehr sind aufgrund des Zwecks der Norm unversteuerte Vermögensmehrungen, die bei Mehrabführungen auftreten bzw. Besteuerungen beim Organträger, die im Falle einer Minderabführung nicht mit einer Steigerung der Leistungsfähigkeit einhergehen, zu verhindern.[351] Deshalb können auch Abweichungen zwischen handelsrechtlicher Gewinnabführung und dem steuerlich aufgrund **außerbilanzieller Gewinnminderungen** geringeren zuzurechnenden Einkommen eine Mehrabführung begründen.[352] Daraus ist jedoch nicht zu schließen, dass jede Abweichung zwischen handelsrechtlicher Gewinnabführung und steuerlichem Einkommen der OG die Bildung eines Ausgleichspostens begründet. **Außerbilanzielle Gewinnerhöhungen**, wie zB solche aus § 4 Abs. 5 EStG, rechtfertigen aufgrund des Normzwecks nicht die Bildung eines steuerlichen Ausgleichspostens. Außerbilanzielle Korrekturen bewirken eine einmalige steuerlich motivierte Gewinnänderung und wirken sich anders als eine steuerbilanziell begründete Mehrabführung nicht auf den Wert der Anteile an der Organgesellschaft aus. Von einer systemwidrigen Doppelbesteuerung kann hier keine Rede sein.[353] Abweichend von dem Regelbeispiel in § 14 Abs. 4 S. 6 KStG begründet wegen des Normzwecks der Vorschrift nicht jede **Abweichung zwischen handelsrechtlicher Gewinnabführung und steuerbilanziellem Gewinn** eine steuerrelevante Mehr-Minderabführung. So ist im Fall einer von dem Steuerbilanzgewinn abweichenden Ergebnisabführung, die jedoch aufgrund einer außerbilanziellen Korrektur dem Organträger zuzurechnenden Einkommen entspricht, kein Ausgleichsposten zu bilden.[354]

193 Das Gesetz äußert sich nicht zur **Rechtsnatur der Ausgleichsposten**, so dass unklar bleibt, ob es sich um eine Bilanzierungshilfe mit dem einzigen Ziel eine Doppel- bzw. Nichterfassung zu verhindern[355] oder einen Korrekturposten zum Beteiligungsbuchwert handelt.[356] Für die Behandlung als Korrekturposten zum Beteiligungsbuchwert spricht, dass die Finanzverwaltung diese Auslegung in R 63 Abs. 3 KStR 2004 schon vor der gesetzlichen Neuregelung von § 14 Abs. 4 KStG im JahressteuerG 2008 vertreten hat und mit der Neuregelung nur eine **Festschreibung der bisherigen Verwaltungsregelung** im Gesetz erfolgen sollte. Außerdem spricht für die hier vertretene Auffassung, dass gem. § 14 Abs. 4 S. 4 KStG die §§ 3 Nr. 40, 3c Abs. 2 EStG, § 8b KStG auf die gewinnwirksame Auflösung entsprechend anzuwenden sind.[357]

194 Praktische Bedeutung hat die Rechtsnatur zB bei Veräußerungen. Handelt es sich um einen Korrekturposten zum Buchwert, so findet im Rahmen der Berechnung des Veräußerungsgewinns die Nettomethode Anwendung, wonach die Ausgleichsposten mit dem Buchwert der Beteiligung zusammenzufassen sind.[358] Dadurch verringert sich ein gem. § 8b Abs. 3 S. 1 KStG zu 5 % steuerpflichtiger Veräußerungsgewinn.

195 Bei **mittelbarer Organschaft** über eine Zwischengesellschaft ist der Ausgleichsposten bei Veräußerung der Organgesellschaft durch die Zwischengesellschaft jedenfalls dann aufzulösen, wenn auch gegenüber der Zwischengesellschaft ein Organschaftsverhältnis besteht, da der Gewinn, den die Zwischengesellschaft erzielt, an die Organträgerin abzuführen

---

[350] *von Freeden/Lange* WPg 2016, 697 (702).
[351] BFH 15.3.2017 – I R 67/15, BFH/NV 2017, 1276; dazu *Bolik/Kummer* NWB 2017, 3342; *Joisten/Lüttchens* Ubg 2017, 561; *Gosch/Adrian* GmbHR 2017, 965; vgl. auch *Neumann* in Gosch KStG § 14 Rn. 416a; *von Freeden/Lange* WPg 2016, 697 (702).
[352] *von Freeden/Lange* WPg 2016, 697 (702).
[353] Vgl. Gosch/*Neumann* KStG § 14 Rn. 416c.
[354] BFH 29.8.2012 – I R 65/11, BStBl. II 2013 S. 55; aA BMF 15.7.2013, DStR 2013, 1550, wonach das Urteil nur auf die Fallkonstellation des § 15a EStG anwendbar ist.
[355] So BFH 29.8.2012 – I R 65/11, BStBl. II 2013 S. 55.
[356] So FG Münster 19.11.2015 – 9 K 3400/13, EFG 2016, 549, Rev. BFH I R 16/16; FG Münster 23.9.2015 – 9 K 4074/11, Rev. BFH I R 3/16; R 14.8 Abs. 3 S. 4 KStR 2015.
[357] *Pohl* NWB 2016, Nr. 32, 1, 8.
[358] R 14.8 Abs. 3 S. 4 KStR 2015, *von Freeden/Joisten* Ubg 2014, 512, die beispielhaft die Abweichungen zur sonst einschlägigen Bruttomethode darstellen.

ist.³⁵⁹ Wenn gegenüber der Zwischengesellschaft kein Organschaftsverhältnis besteht, ist die Rechtslage weniger eindeutig. Da hier die Veräußerung der Organgesellschaft zunächst keine Auswirkungen auf den Gewinn der Organträgerin hat, spricht aus sachlichen Gründen nichts gegen eine Auflösung erst bei Veräußerung der Zwischengesellschaft. Allerdings führt die Auslegung aufgrund des eindeutigen Wortlauts des § 14 Abs. 4 S. 2 KStG, der nicht zwischen unmittelbarer und mittelbarer Beteiligung differenziert, zu einer Auflösung des Ausgleichspostens.³⁶⁰

Liegt bei einer **mehrstöckigen Gesellschaft** mit Gewinnabführungsverträgen auf jeder Stufe im untersten Glied eine Abweichung zwischen dem steuerlichen Ergebnis und der handelsrechtlichen Gewinnabführung vor, so sind auf allen Stufen bis zum Organträger hin die erforderlichen Ausgleichsposten zu bilden und zwar im Verhältnis ihrer prozentualen Beteiligung.³⁶¹ 196

bb) Verursachung durch Maßnahmen aus vorvertraglicher Zeit. Von den zuvor erläuterten Mehr- oder Minderabführungen werden solche Abweichungen zwischen handelsrechtlicher Gewinnabführung und steuerlicher Einkommenszurechnung unterschieden, die ihre Ursache in Geschäftsvorfällen in vorvertraglicher Zeit haben.³⁶² Für die Abgrenzung kommt es nicht auf die Realisierung der Mehrabführung an, sondern auf den Zeitpunkt der Verursachung.³⁶³ 197

Typische Beispiele für diese Art von Mehr- oder Minderabführungen sind handelsrechtlich in vorvertraglicher Zeit gebildete, steuerlich hingegen nicht anerkannte Rückstellungen. Werden diese Rückstellungen bei Eintritt des passivierungsbedürftigen Sachverhalts während der vertraglichen Zeit handelsrechtlich verbraucht, während steuerlich entsprechende Aufwendungen einkommensmindernd zu behandeln sind, resultieren daraus Mehrabführungen. 198

Solche vororganschaftlich verursachten Differenzen sind bei Mehrabführungen gem. § 14 Abs. 3 S. 1 KStG als Gewinnausschüttungen der Organgesellschaft an den Organträger anzusehen. Neben die Einkommenszurechnung im Rahmen der Organschaft tritt in diesen Fällen die normale Dividendenbesteuerung, auf die § 8b KStG, §§ 3 Nr. 40, 3c Abs. 2 EStG Anwendung findet. Minderabführungen sind gem. § 14 Abs. 3 S. 2 KStG als Einlage des Organträgers in die Organgesellschaft anzusehen. Dadurch erhöht sich der Beteiligungsbuchwert. 199

f) Eingeschränkte Verlustnutzung des Organträgers. *aa) Anwendungsbereich und Tatbestandvoraussetzungen*. Gem. § 14 Abs. 1 Nr. 5 KStG bleiben bei der inländischen Besteuerung negative Einkünfte des Organträgers sowie der Organgesellschaft unberücksichtigt, soweit sie in einem ausländischen Staat im Rahmen einer der deutschen Besteuerung des Organträgers entsprechenden Besteuerung berücksichtigt wurden. Der Zweck der Regelung ist die Verhinderung einer doppelten Verlustberücksichtigung im In- und Ausland.³⁶⁴ Die mit Gesetz vom 20.2.2013 erlassene Neuregelung, die in allen noch nicht bestandskräftig veranlagten Fällen Anwendung findet, bezieht im Vergleich zur Altregelung (vgl. dazu die Vorauflage Rn. 165 ff.) auch negative Einkünfte der Organgesellschaft ein. Seit der Aufgabe des doppelten Inlandsbezugs bei der Organgesellschaft (→ Rn. 36) scheint auch die doppelte Verlustnutzung der Einkünfte der Organgesellschaft möglich.³⁶⁵ Die Neuregelung setzt nicht mehr voraus, dass die Verlustberücksichtigung im Ausland im Rahmen eines Gruppenbesteuerungssystems erfolgt. Ihr Anwendungsbereich ist somit deutlich weiter als der in der Literatur als unklar und kaum verständlich kritisierten Altregelung, die in der Praxis 200

---
³⁵⁹ FG Münster 19.11.2015 – 9 K 3400/13, EFG 2016, 549, Rev. BFH I R 16/16; *von Freeden/Joisten* DB 2016, 1099; aA aber unklar R 14.8 Abs. 1 S. 3 KStR 2015, wonach der Ausgleichsposten bei Veräußerung der Zwischengesellschaft aufzulösen ist. Die Richtlinie enthält keine ausdrückliche Aussage zur Veräußerung durch die Zwischengesellschaft.
³⁶⁰ *von Freeden/Joisten* DB 2016, 1099; *Pohl* NWB 2016, Nr. 32, 1, 10.
³⁶¹ Vgl. *Pohl* NWB 2016, Nr. 32, 1, 10.
³⁶² Vgl. R 14.6 Abs. 3 S. 4 KStR 2015.
³⁶³ BFH 6.6.2013 – I R 38/11, BFH/NV 2013, 1730.
³⁶⁴ Dazu *Schneider/Schmitz* GmbHR 2013, 281.
³⁶⁵ *Gosch/Neumann* KStG § 14 Rn. 472a.

wohl kaum zur Anwendung kam.³⁶⁶ § 14 Abs. 1 Nr. 5 KStG benachteiligt Organschaften gegenüber nicht organschaftlich verbundenen Gesellschaften, da diese negative gewerbliche Einkünfte aus ausländischen Betriebsstätten in der Regel gem. § 2a Abs. 2 S. 1 EStG berücksichtigen können. Da hier kein Grund für eine Differenzierung ersichtlich ist, bleibt der konkrete Regelungsgedanke des Gesetzgebers unklar.³⁶⁷

201 Der Anwendungsbereich der Vorschrift ist entgegen der ursprünglichen Intension des Gesetzgebers nicht auf doppelansässige Gesellschaften und zum anderen auf den Bereich der Drittstaaten beschränkt.³⁶⁸ Dadurch sollte im Hinblick auf das EuGH-Verfahren „PHILIPS ELEKTRONICS"³⁶⁹ europarechtlichen Bedenken Rechnung getragen werden. Die überwiegende Meinung in der Literatur nimmt deshalb einen Verstoß gegen die Niederlassungsfreiheit an.³⁷⁰

202 Von der Regelung des § 14 Abs. 1 Nr. 5 KStG sind insbesondere doppelt ansässige Gesellschaften betroffen, wenn mit dem ausländischen Staat kein DBA oder ein DBA mit Anrechnungsmethode besteht.³⁷¹ Außerdem greift die Norm bei *„double-dip"* Gestaltungen und Qualifikationskonflikten. Im letzten Fall hatte der Gesetzgeber die im US-Recht geltende *„Check the Box"* Regelung im Blick, die auf Antrag eine intransparente deutsche Kapitalgesellschaft wie eine transparenten Gesellschaft behandelt.³⁷²

203 Umstritten ist, ob Personengesellschaften als Organträger dem Anwendungsbereich der Vorschrift unterliegen. Dagegen spricht, dass Personengesellschaften nicht Subjekt der Einkünfteerzielung sind. Sie haben keine negativen Einkünfte, die vom Verlustabzug ausgeschlossen werden können.³⁷³ Bei der Beurteilung, ob der Organträger oder die Organgesellschaft negative Einkünfte erzielten, sind beide Gesellschaften für sich (*„stand-alone"*) zu betrachten.³⁷⁴ Negative Einkünfte sind mit Verlusten gleichzusetzen. Erzielt die jeweilige Gesellschaft per Saldo einen Gewinn, kommt § 14 Abs. 1 Nr. 5 KStG nicht zur Anwendung.³⁷⁵ Zu den Einkünften zählen auch Einkünfte aus dem Sonderbetriebsbereich.³⁷⁶ Davon sind insbesondere double-dip Gestaltungen betroffen, in denen ausländische Gesellschafter Zinsaufwendungen auf die Beteiligungsfinanzierung gemacht haben und das ausländische Steuerrecht kein Sonderbetriebsvermögen kennt.³⁷⁷

204 *bb) Rechtsfolgen.* Kommt es zur Anwendung des § 14 Abs. 1 Nr. 5 KStG, dann ist das negative Einkommen des Organträgers in Deutschland nicht zum Abzug zugelassen. Ob die Regelung des § 14 Abs. 1 Nr. 5 KStG für gewerbesteuerliche Zwecke anwendbar ist, ist umstritten.³⁷⁸ Dagegen spricht, dass für Zwecke der Gewerbesteuer gem. § 2 Abs. 1 S. 2 GewStG das Territorialitätsprinzip gilt, wonach ausländische Besteuerungsmerkmale bei der Besteuerung keine Bedeutung haben. Für eine Berücksichtigung bei der Gewerbesteuer könnte sprechen, § 14 Abs. 1 Nr. 5 KStG als Gewinnermittlungsvorschrift iSd § 7 Abs. 1 GewStG zu beurteilen.

205 Dem Wortlaut des § 14 Abs. 1 Nr. 5 KStG zufolge darf negatives Einkommen des Organträgers im Inland nur dann nicht berücksichtigt werden, wenn und soweit dieses negative Einkommen tatsächlich im Ausland bei der Besteuerung des Organträgers der Organgesellschaft oder einer anderen Person berücksichtigt wird. Dies ist der Fall, wenn die negativen

---

³⁶⁶ *Benecke/Schnitger* IStR 2013, 145; *Neumann* in Gosch KStG § 14 Rn. 474 f.; zur Altregelung die Vorauflage Rn. 165.
³⁶⁷ Zustimmend *Neumann* in Gosch KStG § 14 Rn. 477.
³⁶⁸ BT-Drs. 17/11180, 15.
³⁶⁹ EuGH 6.9.2012 – C-18/11, IStR 2012, 847 – PHILIPS ELEKTRONICS UK LTD.
³⁷⁰ *Klein* in JbFAStR 2014/2015, 586 (589f.); *Scheipers/Linn* IStR 2013, 143; *Schaden/Polatzky* IStR 2013, 131 (137).
³⁷¹ Vgl. die Beispielsfälle 1, 3 und 4 bei *Schneider/Schmitz* GmbHR 2013, 285 f.
³⁷² Fallbeispiele bei *Klein* in JbFAStR 2014/2015, 586 und *Blumenberg* in JbFAStR 2014/2015, 621.
³⁷³ *Schaden/Polatzky* IStR 2013, 131 (134); zweifelnd *Benecke/Schnitger* IStR 2013, 143 (147), die darauf hinweisen, dass der Ausschluss der Personengesellschaften vom Gesetzgeber nicht intendiert war.
³⁷⁴ Gosch/*Neumann* KStG § 14 Rn. 480a.
³⁷⁵ Gosch/*Neumann* KStG § 14 Rn. 480.
³⁷⁶ *Benecke/Schnitger* IStR 2013, 143 (147).
³⁷⁷ Vgl. *Blumenberg* in JbFAStR 2014/2015, 621.
³⁷⁸ Zum Streitstand *Benecke/Schnitger* IStR 2013, 143 (147 f.).

Einkünfte bei der Besteuerung im Ausland von der Bemessungsgrundlage oder der Steuerschuld abgezogen werden oder sich im Wege eines Verlustvor- bzw. -rücktrags auswirken.[379]

Entgegen dem Wortlaut des § 14 Abs. 1 Nr. 5 KStG sollen gemäß der Gesetzesbegründung zu § 14 Abs. 1 Nr. 5 aF aber auch solche Fälle in den Regelungsbereich des § 14 Abs. 1 Nr. 5 KStG einbezogen werden, in denen die Berücksichtigung des negativen Einkommens auf Grund entsprechender nationaler Vorschriften des ausländischen Staates stets zu Lasten Deutschlands geht. Damit gemeint sind vor allem sogenannte *„mirror rules"*, wie sie etwa in den USA bestehen.[380] Danach darf negatives Einkommen in dem ausländischen Staat bereits dann nicht mehr in eine steuerliche Konsolidierung einbezogen werden, wenn nach den Regelungen eines anderen ausländischen Staats die Verlustnutzung dort nur deshalb ausgeschlossen ist, weil die Gesellschaft in dem ersten Staat auf Grund ihres Sitzes oder nach dem Welteinkommensprinzip besteuert wird. Durch diese *„mirror rules"* soll eine doppelte Verlustnutzung doppelt ansässiger Gesellschaften vermieden werden. Bestehen im Ausland derartige *„mirror rules"*, so könnte unter Heranziehen der Gesetzesmaterialien zu § 14 Abs. 1 Nr. 5 KStG aF die Verlustverrechnung im Inland ebenfalls verneint werden. Diese Beschränkung der Verlustnutzung findet allerdings im Wortlaut der Vorschrift keine Stütze. Allein die Möglichkeit einer Verlustnutzung im Ausland reicht demnach nicht aus.[381]

g) Behandlung der körperschaftsteuerlichen Organschaft bei Liquidation und Insolvenz. Die **Liquidation** der Organgesellschaft hat zunächst keine Auswirkung auf den Fortbestand des GAV.[382] Die Organschaft endet vielmehr erst, wenn die Liquidation abgeschlossen und das Gesellschaftsvermögen verteilt ist. Der steuerliche Liquidationsgewinn unterliegt nicht der vertraglichen Gewinnabführungsverpflichtung und ist deshalb von der Organgesellschaft zu versteuern.[383] Die Liquidation stellt einen wichtigen Grund für die vorzeitige steuerunschädliche Beendigung der Organschaft iSd § 14 Abs. 1 S. 1 Nr. 3 S. 2 KStG dar.[384]

Im Fall der **Insolvenz** der Organträgerin oder der Organgesellschaft ist fraglich, ob die Voraussetzungen der finanziellen Eingliederung sowie des Bestehens eines GAV vorliegen. Teilweise wird unter Berufung auf die aktuelle Rechtsprechung des V. Senats[385] zur umsatzsteuerlichen Organschaft (vgl. → Rn. 268) sowohl für das vorläufige als auch das eröffnete Insolvenzverfahren über das Vermögen der Organgesellschaft vertreten, dass die finanzielle Eingliederung nicht mehr gegeben sei, da der Organträger seinen Willen nicht im Unternehmen der Organgesellschaft durchsetzen könne.[386] Dagegen spricht, dass die Rechtsprechung des V. Senats die organisatorische Eingliederung betrifft, die im Rahmen der ertragsteuerlichen Organschaft ohne Bedeutung ist. Die finanzielle Eingliederung stellt gem. § 14 Abs. 1 Nr. 1 KStG allein auf die Mehrheit der Stimmrechte ab. Diese steht dem Organträger auch bei Insolvenz der Organgesellschaft zu.[387]

Der GAV besteht grundsätzlich auch im Insolvenzfall fort. Etwas anderes ergibt sich auch nicht aus der Rechtsprechung des BGH vom 14.12.1997.[388] Demnach sind Beherrschungsverträge dahingehend auszulegen, dass die Insolvenz der Organträgerin zur Beendigung des Vertrags führt. Diese Rechtsprechung, die den Wegfall der Beherrschung mit der Änderung des Gesellschaftszwecks im Insolvenzfall begründet, ist nicht auf den GAV übertragbar.[389]

---

[379] Gosch/*Neumann* KStG § 14 Rn. 482.
[380] Vgl. Gosch/*Neumann* KStG § 14 Rn. 485.
[381] Gosch/*Neumann* KStG § 14 Rn. 485.
[382] Gosch/*Neumann* KStG § 14 Rn. 298.
[383] Waza/Uhländer/Schmidtmann/*Uhländer*, Insolvenzen und Steuern, 6. Auflage, Rn. 1655; H 14.6 KStR 2015.
[384] Gosch/*Neumann* KStG § 14 Rn. 298.
[385] BFH 8.8.2013 – V R 18/13, DStR 2013, 1883.
[386] *Kahlert* DStR 2014, 73 ff.
[387] Waza/Uhländer/Schmidtmann/*Uhländer,* Insolvenzen und Steuern, Rn. 1656; Gosch/*Neumann* KStG § 14 Rn. 297.
[388] BGH II ZR 170/87, BGHZ 103, 1.
[389] Gosch/*Neumann* KStG § 14 Rn. 296.

Jedenfalls ist die zur KO ergangene Rechtsprechung nicht anwendbar, wenn unter Geltung der InsO eine Sanierung des Unternehmens angestrebt wird.[390] In der Praxis werden die insolventen Gesellschaften jedoch nicht mehr in der Lage sein, ihre Pflichten aus dem GAV zu erfüllen, insbesondere wird der Organträger die Verlustübernahmeverpflichtung nicht mehr erfüllen können. Damit fehlt es an der tatsächlichen Durchführung des GAV. Zur Vermeidung der damit verbundenen rückwirkenden Nichtanerkennung der Organschaft, hat die Organgesellschaft bei Insolvenz des Organträgers ein außerordentliches Kündigungsrecht.[391]

3. Verfahrensrecht

210 Sowohl OT und OG müssen eine Körperschaftsteuererklärung abgeben. Das von der OG zu versteuernde Einkommen wird regelmäßig null betragen, wenn kein auf Ausgleichszahlungen gem. § 16 KStG entfallendes Einkommen, das von der OG zu versteuern ist, vorhanden ist. Daneben ist gem. § 34 Abs. 9 Nr. 9 KStG auf Feststellungszeiträume, die nach dem **31.12.2013 beginnen, § 14 Abs. 5 KStG anwendbar**. Demgemäß ist auf Ebene der Organgesellschaft eine **gesonderte und einheitliche Feststellung** durchzuführen.[392] Das Feststellungsverfahren ist vom für die Besteuerung des Einkommens der Organgesellschaft zuständigen Finanzamt durchzuführen. Im Rahmen des Feststellungsverfahrens werden das dem Organträger zuzurechnende Einkommen der Organgesellschaft sowie die Besteuerungsgrundlagen gesondert und einheitlich festgestellt. Zu den anderen festzustellenden Besteuerungsgrundlagen zählen insbesondere die Besteuerungsgrundlagen, ohne deren Kenntnis eine Besteuerung beim Organträger nicht möglich ist.[393] Auch die **Voraussetzungen für das Bestehen einer Organschaft** sind vom Feststellungsverfahren erfasst. Dazu gehören neben der finanziellen Eingliederung auch der Abschluss des GAV und dessen tatsächliche Durchführung. Diese Voraussetzungen sind in jedem VZ der Organschaft erneut feststellungsbedürftig. Lediglich ein Negativbescheid kann Auswirkungen auf andere Veranlagungszeiträume haben, etwa weil die Mindestvertragsdauer nicht eingehalten worden ist.[394] In einem solchen Fall sollte ein **negativer Feststellungsbescheid** ergehen.[395] Außerdem umfasst das Feststellungsverfahren auch gem. § 14 Abs. 5 S. 3 KStG von der Organgesellschaft geleistete Steuern, die auf die Steuer des Organträgers anzurechnen sind. Dies betrifft vor allem die KapSt zzgl. SolZ sowie ausländische Quellensteuer, soweit sie anrechenbar ist. Gem. § 14 Abs. 5 S. 2 KStG sind die im Feststellungsbescheid getroffenen Feststellungen bindend für den OT und die OG. Es handelt sich um einen Grundlagenbescheid. Die Bindungswirkung erfasst auch die Voraussetzungen einer Organschaft.[396] Für die Gewerbesteuer ist kein Feststellungsverfahren vorgesehen. **Einspruchsbefugt** ist abweichend zur alten Rechtslage auch die Organgesellschaft, obwohl sie durch die Feststellung mangels einer eigenen darauf bezogenen Steuerpflicht nicht beschwert sein kann.[397]

4. Verunglückte Organschaft

211 **a) Anfängliches Fehlen eines Tatbestandsmerkmals.** Sind die Voraussetzungen einer Organschaft von vornherein nicht erfüllt oder ist ein Tatbestandsmerkmal bereits im Laufe des ersten Wirtschaftsjahres der Organschaft entfallen, für das das Einkommen der Organgesellschaft erstmals dem Organträger zugerechnet werden soll, wird aber der Gewinnabführungsvertrag dessen ungeachtet durchgeführt, so spricht man von einer verunglückten Or-

---

[390] Waza/Uhländer/Schmidtmann/*Uhländer,* Insolvenzen und Steuern, Rn. 1655; *Schüppen/Ruh* in MüKoInsO Insolvenzsteuerrecht, Rn. 88c.
[391] *Schüppen/Ruh* in MüKoInsO, Insolvenzsteuerrecht, Rn. 88c.
[392] Vgl. zur bis zum 31.12.2013 geltenden Rechtslage die Vorauflage unter Rn. 115a.
[393] Im Einzelnen Dötsch/Pung/Möhlenbrock/*Dötsch* KStG § 14 Rn. 1139.
[394] Dötsch/Pung/Möhlenbrock/*Dötsch* KStG § 14 Rn. 1142.
[395] Dötsch/Pung/Möhlenbrock/*Dötsch* KStG § 14 Rn. 1142.
[396] Vgl. die Gesetzesbegründung BT-Drs. 17/17774, 20; Dötsch/Pung/Möhlenbrock/*Dötsch* KStG § 14 Rn. 1142; aA Gosch/*Neumann* KStG § 14 Rn. 529d.
[397] R 14. 6. Abs. 6 KStR 2015; *Pohl* NWB Nr. 32/2016, 1 (5).

ganschaft.[398] Diese kann zB durch eine fehlende finanzielle Eingliederung oder eine mangelnde Gewerblichkeit der Organträgerin verursacht sein. Die im Folgenden erläuterten Rechtsfolgen treten aber auch dann ein, wenn der Gewinnabführungsvertrag handelsrechtlich bereits vor seiner zivilrechtlichen Wirksamkeit durchgeführt wird (vgl. → Rn. 76).

aa) Gewinnabführung als verdeckte Gewinnausschüttung. Bei Nichtanerkennung der Organschaft gelten die Regelungen der §§ 14 KStG ff. nicht. Die Gewinnabführungen werden nach den normalen Regelungen versteuert. Die von der **Organgesellschaft** abgeführten Gewinne werden steuerlich bei der Organträgerin als verdeckte Gewinnausschüttungen iSv § 8 Abs. 3 KStG behandelt.[399] Diese verdeckten Gewinnausschüttungen sind dem Einkommen der Organgesellschaft hinzuzurechnen, § 8 Abs. 3 S. 2 KStG. Durch diese Hinzurechnung werden die Auswirkungen der handelsrechtlichen Gewinnabführung auf das Einkommen der Untergesellschaft rückgängig gemacht. Das so ermittelte Einkommen ist von der Organgesellschaft zu versteuern.[400] Die verdeckte Gewinnausschüttung führt zu einer anderen Ausschüttung. 212

Beim **Organträger** unterliegt die verdeckte Gewinnausschüttung abhängig von seiner Rechtsform den Regelungen des § 8b Abs. 1 KStG bzw. § 3 Nr. 40 EStG. Handelt es sich bei der Organträgerin um eine Kapitalgesellschaft, so stellen diese verdeckten Gewinnausschüttungen steuerfreie Einnahmen nach § 8b Abs. 1 KStG dar und bleiben bei der steuerlichen Gewinnermittlung der Organträgerin unberücksichtigt. Sie können demzufolge nicht mit etwaigen Verlusten der Organträgerin verrechnet werden. Allerdings sind 5 % des Betrags der verdeckten Gewinnausschüttung nach § 8b Abs. 5 S. 1 KStG dem Einkommen der Organträgerin hinzuzurechnen. 213

bb) Verlustübernahme als verdeckte Einlage. Hat der Organträger umgekehrt auf Grund des Gewinnabführungsvertrags Verluste der Organgesellschaft ausgeglichen, so ist diese Verlustübernahme steuerlich bei verunglückter Organschaft bei der Organgesellschaft als verdeckte Einlage zu behandeln.[401] Bei der **Organgesellschaft** berühren die verdeckten Einlagen das Einkommen nicht. Sie sind vielmehr dem Einlagenkonto zuzuführen. Beim Organträger bilden diese verdeckten Einlagen nachträgliche Anschaffungskosten auf die Beteiligung an der Organgesellschaft. Insofern können die von der Organträgerin übernommenen Verluste der Organgesellschaft nicht mit dem Einkommen der Organträgerin verrechnet werden. 214

b) Nachträglicher Wegfall von Tatbestandsmerkmalen. Entfallen die Tatbestandvoraussetzungen einer körperschaftlichen Organschaft im Zeitablauf zB wegen Nichterfüllung der Formvorschriften oder einer Vertragskündigung ohne wichtigen Grund, dann kommt es für die daraus resultierenden steuerlichen Konsequenzen darauf an, über wie viele Jahre der Gewinnabführungsvertrag bereits durchgeführt worden ist. 215

Ist der Gewinnabführungsvertrag bereits **fünf Jahre ohne Unterbrechung** durchgeführt worden, kann er ohne nachteilige Rückwirkung auf die steuerliche Anerkennung der Organschaft gekündigt werden. Die Regelungen der §§ 14–19 KStG werden hier mit Beginn des Wirtschaftsjahres nicht mehr angewandt, in dem die Tatbestandsvoraussetzungen der körperschaftsteuerlichen Organschaft wegfallen. Die Vorjahre hingegen bleiben vom Wegfall der Anwendungsvoraussetzungen unberührt. 216

Anders ist es, wenn der Gewinnabführungsvertrag noch **nicht fünf Jahre** durchgeführt worden ist. Hier greifen die Rechtsfolgen der verunglückten Organschaft rückwirkend für alle vorangegangenen Jahre, in denen die Anwendungsvoraussetzungen zunächst erfüllt waren. 217

5. Exkurs: Mehrmütterorganschaft

In der Vergangenheit spielte ua für Großunternehmen die Möglichkeit der Begründung einer Mehrmütterorganschaft[402] mit einem Gemeinschaftsunternehmen eine bedeutende 218

---

[398] Vgl. Gosch/*Neumann* KStG § 14 Rn. 531.
[399] BFH 17.10.2007 – I R 39/06, BHH/NV 2008, 614.
[400] Vgl. R 14.5 Abs. 8 S. 2 KStR 2015.
[401] Vgl. Gosch/*Neumann* KStG § 14 Rn. 542.
[402] Zu den Anlässen für Mehrmütterorganschaften vgl. etwa *Kirchhof/Raupach* DB 2001, Beil. 3, 6 f.

Rolle. Bei einer Mehrmütterorganschaft schließen sich mehrere jeweils nicht mehrheitlich an der Organgesellschaft beteiligte Gesellschafter lediglich zum Zweck der einheitlichen Willensbildung zu einer GbR zusammen. Die GbR trat als Organträgerin zur Organgesellschaft auf.

a) Anwendungsvoraussetzungen und Rechtsfolgen nach alter Rechtslage

219 *aa) Anwendungsvoraussetzungen.* Der Organträger muss ein gewerbliches Unternehmen sein, § 14 Abs. 1 S. 1 KStG. Dem Grunde nach fehlte der Organträger-GbR in einer Mehrmütterorganschaft diese Gewerblichkeit. Die Organträger-GbR in einer Mehrmütterorganschaft übernahm vielmehr lediglich die Aufgabe der gemeinsamen Willensbildung ihrer Gesellschafter gegenüber der Organgesellschaft. Gefordert wurde daher ersatzweise, dass jeder der Gesellschafter der GbR ein gewerbliches Unternehmen unterhielt.[403] Die Gewerblichkeit der GbR wurde dadurch erreicht, dass ihr die gewerbliche Tätigkeit ihrer Gesellschafter zugerechnet werden konnte.

220 Die Gesellschafter der GbR mussten an der Organgesellschaft von Beginn ihres Wirtschaftsjahres an ununterbrochen beteiligt sein. Ferner musste diesen Gesellschaftern die Mehrheit der Stimmrechte an der Organgesellschaft zustehen.[404] Die GbR in einer Mehrmütterorganschaft ist eine reine Innengesellschaft ohne Gesamthandvermögen. Insofern waren die Anteile an der Organgesellschaft den Gesellschaftern der GbR zuzurechnen und gehörten nicht zum Vermögen der GbR selbst. Damit dessen ungeachtet die GbR als Organträgerin auftreten konnte, erlaubte das alte Recht die finanzielle Eingliederung der Organgesellschaft nicht im Verhältnis zu der GbR, sondern zu ihren Gesellschaftern.

Der Gewinnabführungsvertrag musste zwischen Organgesellschaft und GbR geschlossen werden.[405]

221 *bb) Rechtsfolgen.* Die Mehrmütterorganschaft war ein adäquates Mittel zur Erreichung einer zumindest körperschaftsteuerlichen Verrechnung von Gewinnen und Verlusten verschiedener Rechtssubjekte, selbst wenn die Voraussetzungen einer finanziellen Eingliederung zu den einzelnen Gesellschaftern der Organgesellschaft nicht gegeben waren.

222 Die steuerliche Anerkennung der Mehrmütterorganschaft beruhte auf Gewohnheitsrecht.[406] Normiert waren bis einschließlich 2000 weder die Voraussetzungen noch die Rechtsfolgen einer Mehrmütterorganschaft. Nach Auffassung der Finanzverwaltung[407] bestand die Organschaft zu der GbR und nicht zu deren Gesellschaftern. Aus körperschaftsteuerlicher Sicht war das Einkommen der Organgesellschaft der GbR zugerechnet. Dieses Einkommen wurde in die einheitliche und gesonderte Gewinnfeststellung der GbR nach § 180 Abs. 1 Nr. 2 Buchst. a AO einbezogen und ihren Gesellschaftern zugewiesen. Insofern wurde den Gesellschaftern der GbR für körperschaftsteuerliche Zwecke das Einkommen der Organgesellschaft mittelbar zugerechnet.

223 Gewerbesteuerlich hingegen führte die Betrachtung der GbR als Organträger dazu, dass diese GbR eigenständiges Steuersubjekt war. Der Gewerbeertrag der Organgesellschaft war der GbR zuzurechnen und von ihr zu versteuern. Gewerbeverluste der Organgesellschaft wurden der GbR zugewiesen und konnten nur mit Gewerbeerträgen der GbR verrechnet werden. Dies soll nach dem BFH auch für die Zeit nach Beendigung der Organschaft gelten.[408]

224 Abweichend von der Auffassung der Finanzverwaltung hatte der BFH[409] in zwei Urteilen entschieden, dass bei einer Mehrmütterorganschaft die Organschaft nicht zur GbR, sondern

---

[403] Vgl. den früheren H 52 Abs. 6 S. 1 Nr. 2 KStR 1995.
[404] Vgl. den früheren H 52 Abs. 6 S. 1 Nr. 1 KStR 1995.
[405] Vgl. den früheren H 52 Abs. 6 S. 2 KStR 1995.
[406] Vgl. etwa RFH RStBl. 1942 S. 947; BFH 25.6.1957, BStBl. III 1958 S. 174; 14.4.1993, BStBl. II 1994 S. 124; 24.3.1998, BStBl. II 1998 S. 447. Ausführliche Darstellung vgl. *Raupach/Burwitz* DStR 2003, 1902 f.
[407] Vgl. H 52 Abs. 6 KStR 1995.
[408] Vgl. BFH 27.11.2008, BFH/NV 2009, 791 = DStR 2009, 849.
[409] Vgl. BFH 9.6.1999, BFH/NV 2000, 347; BFH BStBl. II 2000 S. 695; BFH DB 2001, 1586.

zu ihren Gesellschaftern besteht. Durch diese Auffassung hätten gewerbesteuerliche Verluste der Organgesellschaft von den Gesellschaftern verrechnet werden können.

b) Rechtsentwicklung. *aa) Abschaffung.* Als Reaktion auf die Entscheidungen des BFH[410] 225 wurde durch das UntStFG zunächst eine gesetzliche Regelung zur Mehrmütterorganschaft in § 14 Abs. 2 KStG aufgenommen. Durch diese gesetzliche Regelung wurde die frühere Auffassung der Finanzverwaltung gesetzlich festgeschrieben, der zufolge Organträger in einer Mehrmütterorganschaft die GbR, nicht aber deren Gesellschafter waren. Die Regelung soll bereits auf Erhebungszeiträume vor 2002 anzuwenden sein, § 36 Abs. 2 GewStG.[411]

Durch das **StVergAbG** werden Mehrmütterorganschaften mit Wirkung ab dem Veranlagungszeitraum 2003 nicht mehr anerkannt.[412] Die Regelungen sind auch im Hinblick auf 226 das Rückwirkungsverbot verfassungsgemäß.[413] Dazu wurden diejenigen gesetzlichen Vorschriften aufgehoben, die bisher die Errichtung einer Mehrmütterorganschaft ermöglichten:
- Nach § 14 Abs. 1 S. 1 KStG muss sich die Organgesellschaft nunmehr verpflichten, ihren ganzen Gewinn an ein **einziges anderes gewerbliches** Unternehmen abzuführen.
- Eine Personengesellschaft als Organträger muss eine **eigene gewerbliche Tätigkeit** iSv § 15 Abs. 1 Nr. 1 EStG ausüben, § 14 Abs. 1 S. 1 Nr. 2 S. 2 KStG. Der GbR fehlt als reine Innengesellschaft die gewerbliche Tätigkeit. Damit kann eine GbR ohne gewerbliche Tätigkeit nicht mehr Organträger sein.
- Nach nunmehr geltender Rechtslage muss die **finanzielle Eingliederung** der Organgesellschaft zu der Personengesellschaft als Organträgerin bestehen, § 14 Abs. 1 S. 1 Nr. 2 S. 3 KStG. Die finanzielle Eingliederung zu den Gesellschaftern der Personengesellschaft ist zur Errichtung einer Organschaft nicht mehr ausreichend. Die GbR als reine Innengesellschaft verfügt über kein Gesamthandvermögen. Insofern können die Anteile an der Organgesellschaft nicht der GbR zugerechnet werden.

bb) Konsequenzen. (1) *Gewinnabführungsvertrag.* Ungeachtet der steuerlichen Nicht- 227 mehranerkennung der Mehrmütterorganschaft bleibt der geschlossene Gewinnabführungsvertrag **handelsrechtlich wirksam**. Insofern haben GbR und Organgesellschaft weiterhin ihre Pflichten aus dem bestehenden Gewinnabführungsvertrag zu erfüllen. Bei einer beabsichtigten Kündigung des Vertrags ist das Erfordernis der tatsächlichen Durchführung über mindestens fünf Jahre zu beachten, § 14 Abs. 1 S. 1 Nr. 3 KStG.[414] Die Finanzverwaltung erkennt aber die gesetzlich erzwungene Auflösung der Mehrmütterorganschaft als **wichtigen Grund** für eine vorzeitige steuerschonende Kündigung des Gewinnabführungsvertrags an.[415]

Wird der Gewinnabführungsvertrag nicht gekündigt, sind Gewinne der Organgesellschaft 228 weiter an die GbR abzuführen; Verluste der Organgesellschaft sind unverändert von der GbR auszugleichen. Steuerlich sind die abgeführten Gewinne **als verdeckte Gewinnausschüttungen** der Organgesellschaft zu behandeln. Die verdeckte Gewinnausschüttung erhöht das Einkommen der Organgesellschaft, § 8 Abs. 3 KStG. Im Ergebnis hat die Organgesellschaft insoweit ihr eigenes Einkommen zu versteuern. Die verdeckten Gewinnausschüttungen sind den Gesellschaftern der GbR zuzurechnen. Sofern es sich dabei um Kapitalgesellschaften handelt, bleiben die verdeckten Gewinnausschüttungen nach § 8b Abs. 1 steuerfrei. Dem Einkommen des Gesellschafters sind indes 5 % des Betrags der verdeckten Gewinnausschüttung hinzuzurechnen, § 8b Abs. 5 KStG.

Von der GbR ausgeglichene Verluste sind bei der Organgesellschaft als **verdeckte Einlage** zu qualifizieren. Die verdeckten Einlagen berühren das Einkommen der Organgesellschaft nicht, sondern sind in deren Einlagenkonto einzustellen. Das Einkommen der Organgesellschaft bleibt infolge dessen negativ.

---

[410] Vgl. BFH BFH/NV 2000, 347; BFH BStBl. II 2000 S. 695; BFH DB 2001, 1586.
[411] Aber FG München DStRE 2004, 702; FG Berlin DStRE 2004, 979.
[412] BMF 10.11.2005, BStBl. I 2005 S. 1038 Rn. 6.
[413] Vgl. BFH 14.3.2006, BStBl. II 2006 S. 549 = DStR 2006, 890; die hiergegen gerichtete Verfassungsbeschwerde wurde durch Beschluss des BVerfG 10.7.2009 – 1 BvR 1416/06 nicht zur Entscheidung angenommen; kritisch *Altrichter-Herzberg/Nürnberger* GmbHR 2006, 669.
[414] Vgl. → Rn. 76.
[415] BMF 10.11.2005, BStBl. I 2005 S. 1038 Rn. 6.

229 Die für die Praxis bedeutsame Frage, ob der mit der GbR abgeschlossene GAV **steuerlich über die Gesetzesänderung hinaus fortgeführt werden konnte**, ist nunmehr höchstrichterlich bejaht worden. Somit kann eine Gesellschaft, die über die Stimmrechtsmehrheit an der Organgesellschaft verfügt und im Wege der Anwachsung Rechtsnachfolgerin der GbR wird, ohne den erneuten Abschluss eines GAV eine steuerliche Organschaft mit der Organgesellschaft begründen. Zivilrechtlich besteht der GAV zur GbR auch nach der Abschaffung der Mehrmütterorganschaft fort (vgl. → Rn. 227). Die Finanzverwaltung vertrat jedenfalls bisher die Auffassung, dass die GbR steuerlich nicht fortbesteht.[416] Bei Zugrundelegung dieser Auffassung könnte der Gewinnabführungsvertrag steuerlich nicht fortgeführt werden. Diese Auffassung ist im Ergebnis abzulehnen. Da das Gesetz keine weiteren Voraussetzungen kennt, ist der zivilrechtliche Fortbestand der GbR und des GAV mit der Organgesellschaft auch steuerlich anzuerkennen.[417] Gleichzeitig hat die BFH entschieden, dass die Unterbrechung der finanziellen Eingliederung, die ihre Ursache in der Abschaffung der Mehrmütterorganschaft hatte, keine Auswirkungen auf die Anerkennung einer Organschaft hat, wenn die finanzielle Eingliederung wiederhergestellt wird. Das Gesetz kennt keine Mindestdauer für die finanzielle Eingliederung. Voraussetzung für die Anerkennung einer Organschaft sei nur, dass die finanzielle Eingliederung in dem jeweiligen Jahr besteht.[418]

230 *(2) Gewerbesteuerliche Verlustvorträge der Organträger-GbR.* Problematisch wird mit Abschaffung der Mehrmütterorganschaft die Nutzbarkeit der Gewerbeverluste, die der Organträger-GbR zuzurechnen waren und infolge der von der Finanzverwaltung angenommenen Gewerbesteuerpflicht der GbR nicht an ihre Gesellschaft „weitergereicht" werden konnten. Dieses „Weiterreichungsverbot" hat vielfach zu erheblichen Verlustvorträgen der Organträger-GbR geführt. Zur Nutzbarmachung dieser Gewerbeverluste müsste die GbR eine eigene gewerbliche Tätigkeit übernehmen, mit deren Gewerbeertrag diese Verluste verrechnet werden könnten. Stattdessen könnte die Organträger-GbR möglicherweise in mehreren Schritten auf die Gesellschafter umgewandelt werden. Einschränkend für die Durchführbarkeit dieser Maßnahmen ist indes die fehlende eigene gewerbliche Tätigkeit der GbR, deren Funktion allein in einer Koordinierung des Willens ihrer Gesellschafter bestand. Der schadlosen Änderung der Tätigkeit der GbR steht die Bedingung der Unternehmensidentität[419] entgegen, an die die Nutzung von Gewerbeverlusten einer Personengesellschaft geknüpft ist. Unternehmensidentität bedeutet, dass der im Anrechnungsjahr bestehende Gewerbebetrieb identisch sein muss mit dem Gewerbebetrieb, der im Jahr der Verlustentstehung vorhanden war. Die Unternehmensidentität der GbR geht verloren, wenn ihr über die Koordinierungsaufgabe hinaus andere Funktionen zugewiesen werden.

231 *(3) Sonderbetriebsvermögen.* Die Anteile der Gesellschafter der GbR an der Organgesellschaft gehören während des Bestehens der Organschaft zum Sonderbetriebsvermögen der Organträger-GbR.[420] Insofern ist zu klären, ob die Anteile nach § 6 Abs. 5, § 16 Abs. 3 EStG zum Buchwert aus dem Sonderbetriebsvermögen in das Vermögen der Gesellschafter der GbR überführt werden können.[421]

232 *cc) Ersatzlösungen. (1) GmbH & Co KG.* Die ursprünglichen steuerlichen Rechtsfolgen der Mehrmütterorganschaft lassen sich durch die Errichtung einer GmbH & Co. KG erreichen, die von den Anteilseignern der Organgesellschaft errichtet wird.[422] Diese GmbH & Co. KG tritt als Organträger auf. Die Organgesellschaft muss in das Unternehmen der GmbH & Co. KG finanziell eingegliedert sein, § 14 Abs. 1 S. 1 Nr. 2 S. 3 KStG. Insofern

---

[416] BMF 10.11.2005, BStBl. I 2005 S. 1038 Rn. 7.
[417] BFH 10.5.2017 – I R 51/15, BStBl. II 2018 S. 30.
[418] So auch die zutreffende Auffassung von Dötsch in Dötsch/Pung/Möhlenbrock KStG § 14 Rn. 231 f.; aA Gosch/*Neumann* KStG § 14 Rn. 532.
[419] BMF 10.11.2005, BStBl. I 2005 S. 1038 Rn. 11.
[420] Vgl. BFH 28.8.2003, BStBl. II 2004 S. 216. Siehe auch *Dötsch/Pung* DB 2003, 1976; ablehnend *Müller/Orth* DStR 2002, 1737; *Rödder* DStR 2002, 1800.
[421] Vgl. *Füger* BB 2003, 1759.
[422] Zu den bei dieser Einbringung zu beachtenden Rechtsfolgen auch *Schroer/Starke* GmbHR 2003, 155; *Rödder/Schumacher* DStR 2003, 807 f.

müssen die Anteilseigner ihre Anteile an der Organgesellschaft in das Gesamthandvermögen der GmbH & Co. KG im Wege der Einbringung übertragen. Organträger kann lediglich eine Personengesellschaft sein, die eine Tätigkeit iSd § 15 Abs. 1 Nr. 1 EStG ausübt. Der Gewinnabführungsvertrag ist zwischen GmbH & Co. KG und Organgesellschaft abzuschließen.

Dieses Modell bietet wie die Mehrmütterorganschaft lediglich die Möglichkeit der körperschaftsteuerlichen Zuweisung des Einkommens der Organgesellschaft zu den Kommanditisten der GmbH & Co. KG. Die GmbH & Co. KG hingegen ist selbst gewerbesteuerpflichtig, so dass eine Zuweisung des Gewerbeertrags an die Kommanditisten scheitert. **233**

Dem GmbH & Co. KG-Modell wird im Schrifttum[423] die mangelnde Eignung als gesellschaftsrechtliches Koordinationsinstrument entgegen gehalten. **234**

(2) OHG/Gewerbliche GbR. Statt des GmbH & Co. KG-Modells wird auch der Ausbau der Organträger-GbR zu einer gewerblichen Personengesellschaft vorgeschlagen.[424] **235**

(3) Betriebsüberlassungsvertrag. Anstelle der Begründung einer Organschaft kann der Betrieb der Organgesellschaft an die von ihren Gesellschaftern gegründete GbR im Wege eines Betriebsüberlassungsvertrags nach § 292 Abs. 1 Nr. 3 AktG verpachtet werden.[425] Durch diesen Betriebsüberlassungsvertrag erzielt die Pächter-GbR das Einkommen aus dem gepachteten Betrieb.[426] Dieses Einkommen ist über die einheitliche und gesonderte Gewinnfeststellung der Pächter-GbR gemäß § 180 AO körperschaftsteuerlich ihren Gesellschaftern zuzurechnen. Allerdings unterliegt die Pächter-GbR mit diesem Einkommen selbst der Gewerbesteuer. Das Einkommen der Verpächter-Kapitalgesellschaft besteht in einem (marktüblichen) Pachtzins aus der Verpachtung. Mit diesem Einkommen unterliegt die Verpächter-Kapitalgesellschaft der Körperschaftsteuer sowie der Gewerbesteuer. **236**

(4) Formwechsel der Untergesellschaft. In Ermangelung der Möglichkeiten zur Begründung einer Organschaft mit der Untergesellschaft kann letztere in eine Personengesellschaft umgewandelt werden. Das Einkommen der Personengesellschaft wird über ihre einheitliche und gesonderte Gewinnfeststellung nach § 180 AO ihren Gesellschaftern zugerechnet. Gewerbesteuerlich ist die Personengesellschaft eigenständiges Steuersubjekt. **237**

III. Gewerbesteuerliche Organschaft

1. Voraussetzungen

Durch das UntStFG sind ab dem Erhebungszeitraum 2002 die Tatbestandsvoraussetzungen der gewerbesteuerlichen Organschaft vollumfänglich an die der körperschaftsteuerlichen Organschaft angeglichen worden, § 2 Abs. 2 S. 2, § 36 Abs. 1 GewStG. Ein gewerbesteuerliches Organschaftsverhältnis wird nunmehr nur noch unter der Voraussetzung anerkannt, dass zugleich eine körperschaftliche Organschaft nach §§ 14, 17 oder 18 KStG besteht. Insbesondere erfordert die gewerbesteuerliche Organschaft den Abschluss eines Gewinnabführungsvertrags. **238**

2. Rechtsfolgen

a) **Ermittlung des gemeinsamen Gewerbeertrags.** Gewerbesteuerlich gilt die Organgesellschaft iSd §§ 14, 17 oder 18 KStG als **Betriebstätte** des Organträgers, § 2 Abs. 2 S. 2 GewStG. Die Organgesellschaft wird somit als unselbständige betriebliche Einheit des Organträgers angesehen. **239**

aa) Getrennte Ermittlung und Zusammenrechnung des Gewerbeertrags. Trotz dieser Qualifizierung der Organgesellschaft als Betriebstätte sind Gewerbeertrag bzw. Gewerbeverlust von Organträger einerseits und Organgesellschaft andererseits zunächst getrennt zu er- **240**

---

[423] Vgl. *Raupach/Burwitz* DStR 2003, 1905.
[424] Vgl. *Raupach/Burwitz* DStR 2003, 1905.
[425] Vgl. *Raupach/Burwitz* DStR 2003, 1906.
[426] Vgl. BFH 5.7.1978, BStBl. II 1979 S. 40 f.

mitteln. Dabei ist der Gewerbeertrag ohne Rücksicht auf den Gewinnabführungsvertrag so zu bestimmen, als seien die Gesellschaften selbst steuerpflichtig.[427] Eine einheitliche Gewinnermittlung von Organträger und Organgesellschaft und damit eine Konsolidierung innerorganschaftlicher Geschäftsvorfälle kommt nicht in Betracht.[428] Ändert sich nachträglich das Einkommen der Organgesellschaft, sind bestandskräftige GewSt-Messbescheide des Organträgers nach § 35b GewStG im Wege der Folgeänderung anzupassen.[429]

241 Ausgangspunkt der Ermittlung des Gewerbeertrags von Organträger und Organgesellschaft ist ihr jeweiliger Gewinn/Verlust aus Gewerbebetrieb nach § 8 KStG bzw. §§ 4, 5 EStG, § 7 S. 1 GewStG. Der unter Beachtung von gewerbesteuerlichen Hinzurechnungen gemäß § 8 GewStG und Kürzungen nach § 9 GewStG ermittelte Gewerbeertrag/Gewerbeverlust der Organgesellschaft ist in einem nächsten Schritt mit dem Gewerbeertrag/Gewerbeverlust des Organträgers zusammen zu fassen. Durch diese Zusammenfassung werden Gewerbeerträge und Gewerbeverluste von Organträger und Organgesellschaften untereinander kompensiert.

Die Finanzverwaltung hat hinsichtlich des im Rahmen des UnternehmensteuerreformG eingeführten Freibetrags von 100.000 EUR für Hinzurechnungen gem. § 8 Nr. 1 GewStG klargestellt, dass der Freibetrag sowohl bei der Ermittlung des Gewerbeertrags des Organträgers als auch der Organgesellschaft jeweils zu berücksichtigen ist.[430]

242 Der Gewerbeertrag/Gewerbeverlust der Organgesellschaft ist dem Organträger in voller Höhe zuzurechnen. **Ausgleichszahlungen** an außenstehende Gesellschafter der Organgesellschaft sind – im Gegensatz zur Körperschaftsteuer – nicht als eigener Gewerbeertrag der Organgesellschaft zu versteuern, sondern mit dem vom Organträger selbst erzielten Gewerbeertrag zusammenzurechnen.[431]

243 *bb) Korrekturen des zusammengerechneten Gewerbeertrags.* Gewerbeertrag/Gewerbeverlust von Organträger und Organgesellschaft sind nach der Zusammenfassung gegebenenfalls zu korrigieren.

244 *(1) Verzicht auf Hinzurechnungen.* Zur Vermeidung von **Doppelerfassungen** ist auf die Hinzurechnung von Aufwendungen nach § 8 GewStG zu verzichten, soweit korrespondierende Erträge bereits im Gewerbeertrag von Organträger oder Organgesellschaft enthalten sind.[432] So unterbleibt etwa die Hinzurechnung von Entgelten nach § 8 Nr. 1 GewStG für Darlehen, die Organträger und Organgesellschaft einander gewährt haben. Diese Darlehenszinsen sind bereits als Einnahmen im Gewerbeertrag des Darlehensgläubigers enthalten und müssen insofern nicht erneut nach § 8 Nr. 1 GewStG beim Darlehensschuldner hinzugerechnet werden. In gleicher Weise ist auch bei typischen stillen Beteiligungen oder partiarischen Darlehen zwischen Organträger und Organgesellschaft beim jeweiligen Schuldner auf die Hinzurechnung der entsprechenden Vergütungen zu verzichten.

Durch die Bildung einer gewerbesteuerlichen Organschaft und den damit verbundenen Verzicht auf Hinzurechnungen kann der durch die Hinzurechnungen nach § 8 Nr. 1d) und e) insbesondere in Konzernen auftretende sog. „Kaskadeneffekt" vermieden werden.[433]

245 *(2) Veräußerungsgewinne.* Erzielt die Organgesellschaft Erfolge aus der Veräußerung von Anteilen an Kapitalgesellschaften, so sind diese Erfolgsbeiträge im Gewerbeertrag der Organgesellschaft enthalten, § 7 Abs. 1 GewStG iVm § 15 S. 1 Nr. 2 S. 1 KStG. Die Steuerbefreiungen nach § 8b KStG sind bei der Ermittlung des Einkommens der Organgesellschaft nicht anzuwenden (**Bruttomethode**).[434] Gewerbesteuerliche Kürzungsvorschriften bestehen für diese Veräußerungsgewinne nicht.

---

[427] Vgl. R 2.3 Abs. 1 S. 3 GewStR.
[428] Vgl. BFH 1.6.1953, BStBl. III 1953 S. 329; 23.3.1965, BStBl. III 1965 S. 449; 2.2.1994, BStBl. II 1994 S. 768.
[429] Vgl. BFH 21.10.2009, DStR 2010, 376.
[430] Vgl. Gleichlautender Ländererlass vom 2.7.2012, BStBl. I 2012 S. 654.
[431] Vgl. R 7.1. Abs. 5 S. 10 GewStR.
[432] Vgl. R 7.1 Abs. 5 S. 3 GewStR.
[433] Vgl. OFD Koblenz 26.8.2008, BeckVerw. 126836 Rn. 4.
[434] Vgl. → Rn. 144.

246 Insofern ist nach Zusammenrechnung des Gewerbeertrags von Organträger und Organgesellschaft die Anwendung der § 8b Abs. 2 KStG bzw. § 3 Nr. 40 EStG unter Beachtung der Rechtsform des Organträgers zu prüfen, § 15 S. 1 Nr. 2 KStG.[435] Gem. § 7 S. 4 GewStG sind § 3 Nr. 40 EStG und § 8b Abs. 2 KStG auch anzuwenden, wenn der Organträger eine **Personengesellschaft** ist. Die gesetzliche Klarstellung war erforderlich, da die Personengesellschaft eigenes Gewerbesteuersubjekt ist.

247 *(3) Dividendeneinnahmen.* Dividendeneinnahmen der Organgesellschaft sind unter Anwendung der in § 15 S. 1 Nr. 2 S. 1 KStG vorgesehenen **Bruttomethode** im Gewinn/Verlust aus Gewerbebetrieb der Organgesellschaft gemäß § 7 Abs. 1 GewStG enthalten. Bei der Ermittlung des Gewerbeertrags der Organgesellschaft waren bisher auf diese Dividenden die Kürzungsvorschriften des **§ 9 Nr. 2 Nr. 7 und Nr. 8 GewStG** anzuwenden.[436] Insoweit werden bei der Ermittlung des Gewerbeertrags der Organgesellschaft Dividenden solcher Gesellschaften gekürzt, an der die Organgesellschaft seit Beginn des Erhebungszeitraums ununterbrochen zu mindestens 15 % beteiligt ist. Da aufgrund der vollständigen Kürzung auf Ebene der Organträgerin in dem Organträger zuzurechnenden Gewerbeertrag keine Dividenden enthalten sind, findet § 8b Abs. 1, 3 KStG bei der Organträgerin keine Anwendung. Insbesondere greift die 5 %ige Zurechnung gem. § 8b Abs. 3 S. 1 KStG nicht.[437] Im unmittelbaren Zusammenhang mit Gewinnanteilen stehende Aufwendungen mindern den Kürzungsbetrag, soweit entsprechende Beteiligungserträge zu berücksichtigen sind[438]; insoweit unterbleibt gem. § 9 Nr. 2a S. 3 GewStG allerdings eine Hinzurechnung nach § 8 Nr. 1 GewStG.

248 Auf die Regelung des § 8b Abs. 5 KStG kann bei der Ermittlung des Gewerbeertrags der Organgesellschaft nicht zurückgegriffen werden. Die Regelung führte zu einer unerwünschten Besserstellung des Dividendenbezugs über eine Organgesellschaft im Vergleich zu einer Gesellschaft, die nicht Organgesellschaft ist.[439] Diese Besteuerungslücke hat der Gesetzgeber mit Wirkung ab 1.1.2017 geschlossen.[440] Gem. **§ 7a Abs. 1 GewStG** sollen für Gewinnausschüttungen, die nach dem 31.12.2016 zufließen, §§ 9 Nr. 2a, 7 und 8 GewStG bei der Ermittlung des Gewerbeertrags der Organgesellschaft keine Anwendung finden. Der Wortlaut des § 7a Abs. 2 GewStG suggeriert, dass § 8b KStG auf Ebene der Organgesellschaft anzuwenden ist. Dieser Bruch mit der Systematik der Organschaftsbesteuerung widerspricht dem Regelungskonzept des § 15 S. 2 Nr. 2 KStG.[441]

249 *(4) Teilwertabschreibung auf Organbeteiligung.* Ist der Organträger eine **Körperschaft** und hat dieser die Beteiligung an der Organgesellschaft handelsrechtlich auf einen niedrigeren beizulegenden Wert abgeschrieben, § 253 Abs. 1 HGB, so kann diese Teilwertabschreibung steuerlich nicht berücksichtigt werden, § 8b Abs. 3 KStG. Das körperschaftsteuerliche Verbot der Berücksichtigung von Teilwertabschreibungen gilt gewerbesteuerlich über § 7 GewStG entsprechend.

250 Verlustbedingte Teilwertabschreibungen auf die Beteiligung an einer Organgesellschaft sind auch dann nicht anzuerkennen, wenn Organträger eine **natürliche Person** oder eine **Personengesellschaft** ist.[442] Die Nichtanerkennung dieser Teilwertabschreibungen ist in der Vermeidung einer doppelten Verlustberücksichtigung begründet. Der Organträgerin werden Gewerbeverluste der Organgesellschaft bereits unmittelbar zugerechnet. Teilwertabschreibungen, die in der **Ausschüttung vorvertraglicher (Gewinn)rücklagen** der Organgesellschaft begründet sind, die beim Erwerb der Beteiligung mitbezahlt wurden, sind nach § 8 Nr. 10

---

[435] Vgl. auch → Rn. 146.
[436] BFH 17.12.2014 – I R 39/14, BB 2015, 871.
[437] BFH 17.12.2014 – I R 39/14, BB 2015, 871.
[438] *Pyszka/Nienhaus* DStR 2014, 1585.
[439] BGBl. 2017 I S. 3000.
[440] Vgl. Gesetzentwurf vom 5.9.2016, BT-Drs. 18/9536.
[441] Dazu → Rn. 143; kritisch Stellungnahme der BStBk zum gleichlautenden Regierungsentwurf vom 17.6.2016, S. 15, www.bstbk.de/de/presse/stellungnahmen/archiv/20160617_stellungnahme_bstbk/index.html.
[442] Vgl. BFH 17.9.1969, BStBl. II 1970 S. 48; 12.10.1972, BStBl. II 1973 S. 73; H 7.1 Abs. 5 GewStR.

251 *cc) Gewerbeverluste der Organgesellschaft. (1) Gewerbeverluste aus vorvertraglicher Zeit.* Wie bei der Körperschaftsteuer sind vororganschaftliche Verluste der Organgesellschaft gem. § 10a S. 3 GewStG eingefroren.

252 *(2) Gewerbeverluste aus vertraglicher Zeit.* Gewerbeverluste der Organgesellschaft aus der Zeit nach Abschluss des Gewinnabführungsvertrags sind dem Organträger zuzurechnen und mit dessen Gewerbeertrag zu verrechnen. Verbleibt beim Organträger nach dieser Verrechnung ein Gewerbeverlust, so ist dieser vom Organträger nach § 10a GewStG vorzutragen. Ein Gewerbeverlust ist nicht rücktragsfähig.

253 Wird das **Organschaftsverhältnis** mit der Organgesellschaft, die den Gewerbeverlust verursacht hat, **aufgehoben,** bevor der Gewerbeverlust der Organgesellschaft vom Organträger verrechnet wurde, so verbleibt der Gewerbeverlust unverändert beim Organträger und kann nur von diesem für einen Verlustvortrag verwendet werden. Die ausscheidende Organgesellschaft kann den Gewerbeverlust nicht wieder selbst übernehmen.[444]

254 **b) Berechnung der Gewerbesteuer.** *aa) Messbetrag.* Auf der Grundlage der zusammengerechneten und gegebenenfalls korrigierten Gewerbeerträge von Organträger und Organgesellschaft wird die Gewerbesteuer berechnet. Zur Berechnung der Gewerbesteuer ist von einem Steuermessbetrag auszugehen, § 11 Abs. 1 S. 1 GewStG. Dieser Gewerbesteuer-Messbetrag ist durch Anwendung eines Hundertsatzes (Steuermesszahl) auf den Gewerbeertrag zu ermitteln, § 11 Abs. 1 S. 2 GewStG. Seit 2008 beträgt die Steuermesszahl unabhängig von der Rechtsform 3,5 %, § 11 Abs. 2 GewStG. Im Gegenzug wurde jedoch die steuerliche Abzugsfähigkeit der Gewerbesteuer als Betriebsausgabe abgeschafft.

255 *bb) Hebesatz.* Die Gewerbesteuer wird auf Grund des Steuermessbetrags mit einem Hebesatz festgesetzt und erhoben. Der Hebesatz wird von der hebeberechtigten Gemeinde festgesetzt, § 16 Abs. 1 GewStG. Hebeberechtigt ist die Gemeinde, in der die Betriebstätten des Organträgers belegen sind. Die Organgesellschaft ist Betriebstätte des Organträgers, § 2 Abs. 2 GewStG. Nach § 16 Abs. 4 S. 2 GewStG beträgt der Hebesatz einer Gemeinde 200 %, wenn die Gemeinde nicht einen höheren Hebesatz bestimmt.

256 *cc) Zerlegung.* Sind Organträger und Organgesellschaft in unterschiedlichen Gemeinden ansässig, so ist der berechnete Gewerbesteuer-Messbetrag zur Ermittlung der Gewerbesteuer zwischen Organträger und Organgesellschaft auf die verschiedenen hebeberechtigten Gemeinden zu verteilen. Bei dieser Zerlegung ist so vorzugehen, als sei die Organgesellschaft Betriebstätte der Organträgerin, §§ 28–34 GewStG. Maßstab der Zerlegung ist das Verhältnis der Arbeitslöhne, die in allen Betriebstätten gezahlt werden.

257 *dd) Steuerschuldner.* Steuerschuldner der Gewerbesteuer ist der **Organträger**, § 5 GewStG. Gewerbesteuermessbescheid, Gewerbesteuerbescheid und Zerlegungsbescheid ergehen ausschließlich an den Organträger. Die Organschaft bewirkt dennoch nicht die Beendigung der Steuerpflicht der Organgesellschaft.[445] Sie kann nach § 73 AO als **Haftungsschuldner** für die Gewerbesteuer des Organträgers in Anspruch genommen werden.

IV. Umsatzsteuerliche Organschaft

1. Allgemeines

258 Im Gegensatz zur ertragsteuerlichen erfordert die umsatzsteuerliche Organschaft gem. § 2 UStG zwar keinen Gewinnabführungsvertrag, dafür aber zusätzlich zur finanziellen auch die – bis einschließlich Veranlagungszeitraum 2001 bzw. 2002 auch für die körperschaftliche bzw. gewerbesteuerliche Organschaft erforderliche – wirtschaftliche und organisatorische Eingliederung der Organgesellschaft in den Organträger.

---

[443] Vgl. BFH 30.1.2002, BStBl. II 2003 S. 354; H 7.1 Abs. 5 GewStR; *Kohlhaas* GmbHR 2002, 957 (961).
[444] Vgl. BFH 27.6.1990, BStBl. II 1990 S. 916; H 10a.4 GewStR.
[445] Vgl. R 14 Abs. 2 GewStR.

Liegen die Voraussetzungen der umsatzsteuerlichen Organschaft vor, so verliert die Organgesellschaft ihre Selbständigkeit, mit der Folge dass alle Umsätze der Organgesellschaft mit Dritten dem Organträger als alleinigem Unternehmer zugerechnet werden. Im Ergebnis handelte es sich bei der umsatzsteuerlichen Organschaft also um ein einheitliches Unternehmen. Demgegenüber beschränkt sich die ertragsteuerliche Organschaft auf die Zurechnung des Einkommens der – grundsätzlich als eigenständiges Steuersubjekt anzusehenden – Organgesellschaft zum Organträger.

Da die umsatzsteuerliche Organschaft keine formalen Voraussetzungen vorsieht, sondern einzig die tatsächlichen Verhältnisse maßgeblich sind, kann nach nationalem Umsatzsteuerrecht auch eine ungewollte Organschaft entstehen. In diesen Fällen kommt es bei Insolvenzen nicht selten zu einer Inanspruchnahme des Organträgers durch die Finanzverwaltung für von der Organgesellschaft ausgelöste USt-Schulden. Umgekehrt haftet die Organgesellschaft nach § 73 AO für solche Umsatzsteuerschulden des Organträgers, die bei unterstellter Selbständigkeit der Organgesellschaft bei dieser angefallen wären. Vorteilhaft kann die umsatzsteuerliche Organschaft für Unternehmen mit steuerbefreiten Umsätzen zur Verringerung nichtabzugsfähiger Vorsteuern oder zur Vermeidung von Umsatzsteuerbelastungen aus Vermögensübertragungen aufgrund nichtsteuerbarer Innenumsätze sein.

2. Anwendungsbereich

a) **Rechtsform der Organgesellschaft:** Mangels ausdrücklicher Regelung in § 2 Abs. 2 Nr. 2 UStG kann Organträger jedes Unternehmen im Sinne des § 2 Abs. 1 S. 1 UStG sein, während als Organgesellschaften nach dem Wortlaut nur juristische Personen zulässig sind. Der EuGH hat in der Rechtssache *Larentia+Minerva und Marenave Schifffahrt*[446] entschieden, dass die Begrenzung auf juristische Personen grundsätzlich einen Verstoß gegen Art. 11 MwStSystRL darstellt. Ein Ausschluss wäre gem. Art. 11 Abs. 2 MwStSystRL nur zur Vermeidung von Steuerhinterziehungen möglich. Die Steuerpflichtigen können sich nicht unmittelbar auf die Richtlinie berufen, da sie den nationalen Gesetzgebern einen Gestaltungsspielraum einräumt.[447] Gem. Art. 11 MwStSystRL haben die nationalen Gesetzgeber ein Wahlrecht Mehrwertsteuergruppen ins nationale Steuerrecht zu implementieren.[448]

In der Zwischenzeit haben die beiden mit der Umsatzsteuer befassten Senate des BFH die Rechtsprechung des EuGH umgesetzt. Eine einheitliche Rechtsprechung hat sich jedoch nicht herausgebildet, da die Senate unterschiedliche Voraussetzungen für die Tauglichkeit einer Personengesellschaft als Organgesellschaft aufstellen. Der V. Senat[449] erkennt aus Gründen der Rechtssicherheit einen sachlichen Grund für die Beschränkung auf juristische Personen. Im Vergleich zu Personengesellschaften sei die Beherrschungsvoraussetzung aufgrund des bei juristischen Personen geltenden Mehrheitsprinzips eindeutig. Eine Gesetzeslücke bestehe jedoch dann, wenn an einer **Personengesellschaft ausschließlich der Organträger oder zusammen mit einer von ihm finanziell beherrschten Person** beteiligt sei, da hier die Beherrschung nicht in Frage gestellt werden kann. Der Senat schließt die Gesetzeslücke methodisch sauber im Wege einer teleologischen Extension. Dahingegen legt der XI. Senat den Begriff der juristischen Person in zwei Entscheidungen[450] methodisch zweifelhaft im Wege einer richtlinienkonformen Auslegung dahingehend aus, dass auch **GmbH & Co. KG.s aufgrund ihrer kapitalistischen Struktur gem. § 2 Abs. 2 Nr. 2 S. 1 UStG juristische Personen** sind.

Die beiden Entscheidungen führten zwar bei den streitgegenständlichen Sachverhalten trotz unterschiedlicher Begründung zu gleichen Ergebnissen. Für die **Praxis verbleiben** jedoch bei geringfügigen Sachverhaltsabwandlungen **erhebliche Unsicherheiten**. Ist an der GmbH & Co. KG neben der Organträgerin ein weiterer Gesellschafter beteiligt, scheitert bei Zugrundelegung der Auffassung des V. Senats eine Organschaft. Umgekehrt müsste der

---

[446] EuGH 16.7.2015 – C-108/14 und C-109/14, DB 2015, 1894.
[447] EuGH 16.7.2015 – C-108/14 und C-109/14, DB 2015, 1894.
[448] Dazu *Jansen* BB 2016, 2263.
[449] BFH 3.12.2015 – V R 25/13, DStR 2016, 219.
[450] BFH 19.1.2016 – XI R 38/12, DStR 2016, 587; BFH 1.6.2016 – XI R 17/11, DStR 2016, 1668.

XI. Senat eine Organschaft vereinen, wenn eine 100%ige Beteiligung an einer anderen Personengesellschaft als der GmbH & Co. KG besteht. Die Verwaltung wendet die Urteile über die entschiedenen Einzelfälle vorläufig nicht an. Darüber hinaus können sich Organträgerin und Organgesellschaft einheitlich auf die Urteile berufen, wenn nach beiden Urteilen die Eingliederung einer Personengesellschaft möglich ist.[451] Ob die Auslegung der BFH-Senate über den entschiedenen Einzelfall hinaus den Vorgaben der MwStSyStRL standhält, vermag bezweifelt werden.[452] Die Argumentation des BFH zur rechtssicheren Bestimmung einer Organschaft ist zwar plausibel, dürfte aber nicht ausreichen, um aus Missbrauchsgesichtspunkten von den Vorgaben der MwStSyStRL abzuweichen.

264 b) **Unternehmereigenschaft:** Gem. § 2 Abs. 2 Nr. 2 UStG muss die Organträgerin unternehmerisch tätig sein.[453] Art. 11 MwStSystRL gebietet keine abweichende richtlinienkonforme Auslegung. Zwar enthält die Richtlinie keine Beschränkung auf unternehmerische Tätigkeiten. Sie gestattet jedoch den Mitgliedstaaten bei Implementierung einer Gruppenbesteuerung in die nationale Rechtsordnung, die erforderlichen Maßnahmen zu treffen, um Steuerhinterziehungen oder –umgehungen durch die Anwendung der Gruppenbesteuerung vorzubeugen. Nach Auffassung des BFH ist die Beschränkung der Organträgereigenschaft auf Unternehmer geboten, da für eine Einbeziehung von Nichtunternehmern keine Vereinfachungsgesichtspunkte ersichtlich seien. Vielmehr sei der einzige Grund für eine Einbeziehung die Nichtsteuerbarkeit von Innenumsätzen und das damit verbundene Ausbleiben von einer Belastung mit nichtabzugsfähiger Vorsteuer bei dem Organträger.[454] Somit können **reine Finanzholdinggesellschaften**, die keine gewerbliche Tätigkeit ausüben[455], nicht Organträger sein. Eine Sonderstellung haben die in der Praxis häufig anzutreffenden **Zwischenholdinggesellschaften**. Sie sind zwar nicht in den Organkreis einzubeziehen, können aber die finanzielle Eingliederung einer Enkelgesellschaft in die Muttergesellschaft vermitteln und damit verbindendes Element für eine Organschaft sein.[456]

3. Voraussetzungen

265 Für die Annahme einer umsatzsteuerlichen Organschaft ist es nicht erforderlich, dass alle drei in § 2 Abs. 2 Nr. 2 UStG genannten Merkmale gleichermaßen deutlich ausgeprägt sind.[457] So soll es insbesondere unschädlich sein, wenn bei finanzieller und organisatorischer Eingliederung die wirtschaftliche Eingliederung weniger stark ausgeprägt ist. Allerdings genügt es nicht, dass die Eingliederung nur in Bezug auf zwei der drei Merkmale besteht.[458] ME dürfte allenfalls eine weniger starke wirtschaftlichen Eingliederung durch die anderen Merkmale kompensiert werden können. Die Merkmale der finanziellen und organisatorischen Eingliederung müssen jedoch erfüllt sein.[459] Dies dürfte vor allem ein Resultat aus der jüngeren BFH Rechtsprechung sein, die vermehrt auf den Gedanken der Rechtssicherheit abstellt.[460]

266 a) **Finanzielle Eingliederung.** Auch die umsatzsteuerliche Organschaft erfordert zunächst die finanzielle Eingliederung der Organgesellschaft in den Organträger. Es gelten hier die gleichen Voraussetzungen wie bei der körperschaft- und gewerbesteuerlichen Organschaft.[461] Der Organträger muss seinen Willen durch Mehrheitsbeschluss in der Gesellschafterversammlung durchsetzen können.[462] Die finanzielle Eingliederung kann unter den drei

---

[451] OFD Frankfurt a. M. 11.7.2016 – S 7150 A – 22 – St 110, BeckVerw 330809.
[452] Vgl. *Feldgen* BB 2016, 606 (607).
[453] BFH 2.12.2015 – V R 67/14, DStR 2016, 232.
[454] BFH 2.12.2015 – V R 67/14, DStR 2016, 232.
[455] Zur Abgrenzung von der unternehmerisch tätigen „Führungs- und Funktionsholding" vgl. Abschn. 2.3 UStAE; auch *Feldgen* BB 2016, 606 (607 f.).
[456] BFH 2.12.2015 – V R 67/14, DStR 2016, 232.
[457] Abschnitt 2.8 Abs. 1 UStAE.
[458] Vgl. BFH 3.4.2008, BStBl. II 2008 S. 905.
[459] BFH 8.8.2013 – V R 18/13, DStR 2013, 1883.
[460] So auch *Feldgen* BB 2016, 606 (608).
[461] Vgl. → Rn. 54 und → Rn. 238.
[462] Vgl. BFH 8.8.2013 – V R 18/13, DStR 2013, 1883.

gesetzlichen Voraussetzungen der umsatzsteuerlichen Organschaft als unverzichtbares Hauptmerkmal angesehen werden, die nicht durch eine stärker verwirklichte wirtschaftliche und organisatorische Eingliederung ersetzt werden kann. Demgegenüber ist eine weniger starke Ausprägung der beiden anderen Merkmale für das Vorliegen einer Organschaft unschädlich.[463]

b) Wirtschaftliche Eingliederung. Nach den vom BFH aufgestellten Rechtsgrundsätzen ist es für die wirtschaftliche Eingliederung ausreichend, dass zwischen der Organgesellschaft und dem Unternehmen des Organträgers ein vernünftiger wirtschaftlicher Zusammenhang im Sinne einer wirtschaftlichen Einheit, Kooperation oder Verflechtung besteht. Dabei müssen die Tätigkeiten von Organträger und Organgesellschaft lediglich aufeinander abgestimmt sein und sich dabei ergänzen und fördern. Eine wirtschaftliche Abhängigkeit ist nicht erforderlich, vielmehr reicht es aus, wenn die Organgesellschaft die Tätigkeit des Organträgers fördert, wobei die fördernden Tätigkeiten von einem gewissen wirtschaftlichen Gewicht sein müssen.[464] Letzteres ist bei der Erbringung kaufmännischer Leistungen wie Buchhaltung, Personalwesen oder Steuerberatung in der Regel nicht der Fall.[465] Bezeichnend für eine wirtschaftliche Eingliederung ist, dass die Organgesellschaft im Gefüge des übergeordneten Organträgers als dessen Bestandteil erscheint.[466] Die wirtschaftliche Verflechtung kann sich beispielsweise dadurch ergeben, dass Organträger und Organgesellschaft gemeinsam am Markt unter der gleichen Firma oder unter Verwendung des gleichen Firmenlogos auftreten.[467] Eine bloß kapitalmäßige Verflechtung genügt nicht, da eine solche zwar eine finanzielle, nicht aber eine wirtschaftliche Eingliederung begründen kann.

c) Organisatorische Eingliederung. Nach der Rechtsprechung des BFH setzt die organisatorische Eingliederung voraus, dass die mit der finanziellen Eingliederung verbundene Möglichkeit der Beherrschung der Tochtergesellschaft durch die Muttergesellschaft in der laufenden Geschäftsführung auch wirklich wahrgenommen wird.[468] In der Vergangenheit hat es die Rechtsprechung für ausreichend angesehen, wenn der Organträger eine abweichende Willensbildung beim Organträger verhindern konnte.[469] Diese Rechtsprechung hat der V. Senat des BFH nunmehr aufgegeben.[470] Der Organträger muss seinen Willen in der Geschäftsführung der Organgesellschaft durchsetzen können. Die Rechtsprechung beruht auf der Erwägung, dass der Organträger mit der Umsatzsteuer öffentliche Gelder für Rechnung des Staates vereinnahmt. Diese Aufgabe könne er mit einem bloßen Vetorecht nicht erfüllen. Die Verwaltung hat sich noch nicht dazu geäußert, ob sie die geänderte Rechtsprechung anwendet. Die Steuerpflichtigen sollten sich weiterhin auf das BMF-Schreiben vom 7.3.2013 berufen können. Demnach ist die Beherrschung der laufenden Geschäftsführung in einem dreistufigen Verfahren zu prüfen. Auch nach der geänderten Rechtsprechung dürfte bei einer Personalunion der Geschäftsführungsorgane die organisatorische Eingliederung zu bejahen sein (1. Stufe). Bei teilweiser Personalunion (2. Stufe) war es nach Auffassung des BMF bisher entscheidend, dass die Ausgestaltung der Geschäftsführungsbefugnis in der Tochtergesellschaft eine von der Muttergesellschaft abweichende Willensbildung verhindert hat. Hier sollte die Praxis zukünftig nicht bloß Vetorechte vorsehen, sondern darauf bedacht sein, dass die Geschäftsführer der Muttergesellschaft ihren Willen auch in der Tochtergesellschaft durchsetzen können. Wenn keine Personenidentität vorliegt (3. Stufe), ist es nach Auffassung des BMF entscheidend, dass eine abweichende Willensbildung in der Organgesellschaft durch institutionell abgesicherte Maßnahmen verhindert wird. Unter Berücksichtigung der geänderten Rechtsprechung des V. Senats sollte in jedem Fall eine zu-

---
[463] Vgl. *Feldgen* BB 2016, 606 (608).
[464] Vgl. etwa BFH 20.8.2009, BFH/NV 2009, 2080; 30.10.2003, BFH/NV 2004, 236; 25.6.1998, BFH/NV 1998, 1534; 3.4.2003, BStBl. II 2004 S. 434; 29.10.2008, BStBl. II 2009 S. 256.
[465] BFH 20.8.2009, BFH/NV 2009, 2080.
[466] Vgl. BFH 17.2.2002, BStBl. II 2002 S. 373.
[467] Vgl. BFH 20.9.2006, BFH/NV 2007, 281.
[468] Vgl. BFH 5.12.2007, BStBl. II 2008 S. 451 = DStR 2008, 453; BFH 3.4.2008, BStBl. II 2008 S. 905.
[469] So auch BMF 7.3.2013, BStBl. I 2013 S. 333.
[470] BFH 8.8.2013 – V R 18/13, DStR 2013, 1883.

mindest teilweise Personenidentität hergestellt werden und einem Geschäftsführer, der auch Geschäftsführer bei der Muttergesellschaft ist, umfassende Weisungsrechte und das Recht zur Bestellung und Abberufung der übrigen Geschäftsführer der Tochtergesellschaft eingeräumt werden.[471]

269 Aus **europarechtlicher Sicht** kann das Erfordernis der organisatorischen Eingliederung nur noch mit der Vermeidung von Steuerhinterziehung begründet werden.[472] Art. 11 MwStSystRL beinhaltet nicht das Erfordernis der Über- und Unterordnung. Vielmehr können die Mitgliedsaaten rechtlich unabhängige, aber durch gegenseitige finanzielle, wirtschaftliche und organisatorische Beziehungen eng miteinander verbundene Personen als einen Steuerpflichtigen behandeln. Nach Auffassung des V. Senats ist die Durchgriffsmöglichkeit ein Erfordernis der rechtssicheren Bestimmung der Organschaft (**vgl. dazu → Rn. 268**).[473] Dies sei erforderlich und gerechtfertigt, da das nationale Gesetz anders als die Rechtsordnungen anderer Mitgliedstaaten kein Wahlrecht für die Begründung einer Organschaft kennt.

4. Rechtsfolgen der umsatzsteuerlichen Organschaft

270 Liegen die og Voraussetzungen einer finanziellen, organisatorischen und wirtschaftlichen Eingliederung vor, ist nach der Rechtsprechung des BFH zwingend von einer Organschaft auszugehen.[474] Das deutsche UStG sieht nach der BFH-Rechtsprechung kein Wahlrecht bezüglich des Eintritts der Rechtsfolgen einer umsatzsteuerlichen Organschaft vor, so dass es in der Praxis auch zu ungewollten Organschaften – insbesondere bei Betriebsaufspaltungen – kommen kann. Nach der herrschenden Auffassung lässt sich ein solches Wahlrecht auch nicht aus dem EuGH-Urteil vom 22.5.2008 ableiten.[475] Demgegenüber vertritt eine Mindermeinung – ebenfalls unter Verweis auf das og Urteil des EuGH – die Auffassung, dass die deutsche Organschaftsregelung nur dann gemeinschaftsrechtskonform und verfassungsgemäß ist, wenn ein Wahlrecht besteht.[476] Unter Haftungsgesichtspunkten erscheint es geboten, Fälle einer Inanspruchnahme des Organträgers bei ungewollter Organschaft bis zu einer endgültigen Klärung durch den EuGH selbst offen zu halten.

271 Der mit der umsatzsteuerlichen Organschaft verbundene Verlust der Selbständigkeit der Organgesellschaft hat zur Folge, dass – ungeachtet der zivilrechtlichen Selbständigkeit der Organgesellschaft – nur der Organträger umsatzsteuerlicher Unternehmer und Steuerschuldner ist. Von der Organgesellschaft getätigte bzw. in Anspruch genommene Umsätze werden dem Organträgers zugerechnet, mit der Folge, dass dieser einerseits die USt aus Handlungen der Organgesellschaft schuldet, andererseits aber die in den Eingangsrechnungen der Organgesellschaft ausgewiesene Umsatzsteuer als Vorsteuer abziehen kann. Ein innerhalb des Organkreises getätigter Umsatz ist als reiner Innenumsatz umsatzsteuerlich unbeachtlich.

272 Bei Wechsel des Organträgers infolge einer Veräußerung der Anteile an der Organgesellschaft, soll der Vorsteuerabzug dem alten Organträger auch dann zustehen, wenn sich der Wechsel zeitlich nach dem Leistungsbezug, aber noch vor Erhalt der Rechnung vollzogen hat.[477]

273 Mit Urteil vom 30.4.2009 hat der BFH[478] klargestellt, dass eine Organgesellschaft umsatzsteuerrechtlich nicht gleichzeitig in Unternehmen verschiedener Organträger eingegliedert sein kann, weil dies sowohl im Widerspruch zum Gesetzeswortlaut des § 2 Abs. 2 Nr. 2 S. 3 UStG als auch zur EU-Mehrwertsteuerrichtlinie steht. Die zur gewerbesteuerrechtlichen

---

[471] Vgl. BFH 2.12.2015 – V R 15/14, DStR 2016, 226.
[472] EuGH 16.7.2015 – C-108/14 und C-109/14, BB 2015, 1894 – Larentia + Minerva.
[473] BFH 2.12.2015 – V R 15/14, DStR 2016, 226; offengelassen durch BFH 1.6.2016 – XI R 17/11, BFH/NV 2016, 2144 = DStR 2016, 1668 sowie BFH 19.1.2016 – XI R 38/12, DStR 2016, 587.
[474] BFH 29.10.2008, BStBl. II 2009 S. 256; so bereits BFH 17.1.2002, BStBl. II 2002 S. 373; 7.7.2005, BStBl. II 2005 S. 849.
[475] EuGH 22.5.2008, HFR 2008, 878; BFH 29.10.2008, BStBl. II 2009 S. 256; aA *Stadie* UR 2008, 540.
[476] Vgl. Rau/Dürrwächter/*Stadie* UStG § 2 Rn. 910 ff.
[477] Vgl. BFH 13.5.2009, BFH/NV 2009, 1562 = DStR 2009, 1533.
[478] Vgl. BFH 3.4.2009, UR 2009, 639.

Mehrmütterorganschaft ergangenen Rechtsprechungsgrundsätze[479] finden demnach keine Anwendung für die Umsatzsteuer. Im Ergebnis besteht somit hinsichtlich der Unzulässigkeit der Mehrmütterorganschaft zumindest ab 2003 ein umsatz- und ertragsteuerrechtlicher Gleichklang.[480]

5. Besonderheiten der umsatzsteuerlichen Organschaft bei Insolvenz

Wird nur über das Vermögen der Organgesellschaft das **vorläufige Insolvenzverfahren** eröffnet, endet nach Auffassung des BFH (→ Rn. 268) auch bei Bestellung eines schwachen vorläufigen Verwalters die organisatorische Eingliederung, da der Organträger nicht mehr seinen Willen in der Organgesellschaft durchsetzen kann. Wird die Eigenverwaltung unter Aufsicht eines Sachwalters angeordnet, dürfte die organisatorische Eingliederung fortbestehen, sofern dem Sachwalter eine einfache Kassenführungsbefugnis eingeräumt wird.[481] Im vorläufigen Insolvenzverfahren über das Vermögen des Organträgers besteht die Organschaft fort, wenn ein vorläufiger schwacher Verwalter eingesetzt wird.[482] Bei Einsetzung eines starken Verwalters gem. § 22 Abs. 1 InsO verlieren die bisherigen Geschäftsführer der Muttergesellschaft ihre Verwaltungs- und Verfügungsbefugnis. Da der vorläufige Verwalter faktisch die Geschäftsführung in der Muttergesellschaft übernimmt, besteht keine zumindest teilweise Personalunion in der Geschäftsführung fort. Es erscheint zweifelhaft, dass der vorläufige Verwalter seinen Willen in der Geschäftsführung der Organgesellschaft durchsetzen kann.[483] Wird sowohl über das Vermögen der Organträgerin als auch der Organgesellschaft das vorläufige Insolvenzverfahren eröffnet und in beiden Gesellschaften derselbe vorläufige Insolvenzverwalter eingesetzt, besteht die Organschaft fort.[484]

Im Falle der **Eröffnung des Insolvenzverfahrens** über das Vermögen der Organträgerin, der Organgesellschaft oder einer Simultaninsolvenz hat die Verwaltung bis zuletzt darauf abgestellt, ob der Organträger eine abweichende Willensbildung in der Organgesellschaft verhindern kann.[485] Dem folgt der V. Senat des BFH nicht mehr.[486] Vielmehr soll die Eröffnung des Insolvenzverfahrens generell zur Beendigung der Organschaft führen. Der BFH sieht zur Begründung den im Insolvenzverfahren geltenden Einzelverfahrensgrundsatz, § 11 Abs. 1 S. 1 InsO, heran, der einer umsatzsteuerlichen Zusammenfassung zu einem Unternehmen entgegenstünde. Wird über das Vermögen des **Organträgers** das Insolvenzverfahren eröffnet, können die von der Tochtergesellschaft begründeten Umsatzsteuerverbindlichkeiten beim Organträger keine Masseverbindlichkeiten darstellen, da die Voraussetzungen des § 55 Abs. 1 Nr. 1 InsO nicht erfüllt seien.[487] Die Verwaltung könnte insofern keine Umsatzsteuer gegen den Organträger festsetzen, sondern müsste vielmehr die durch die Organgesellschaft begründeten Umsatzsteuerforderungen im Wege der Haftung gem. § 73 AO bei der Organgesellschaft geltend machen. Dies sei mit dem Grundsatz der umsatzsteuerlichen Unternehmenseinheit unvereinbar. Dies gelte auch bei Insolvenz der **Organgesellschaft.** Der Organträger ist Steuerschuldner für die Umsätze der Organgesellschaft, er könnte aber seinen Ausgleichsanspruch gem. § 426 BGB gegen die Tochtergesellschaft nur quotal als Insolvenzforderung durchsetzen.[488]

Ab dem Zeitpunkt der Beendigung der Organschaft sind Organträger und Organgesellschaft wieder selbständige Unternehmen im Sinne des Umsatzsteuerrechts. Sämtliche Umsätze, die von der Organgesellschaft bis zur Organschaftsbeendigung ausgeführt wurden, sind noch vom Organträger zu versteuern. Hinsichtlich von Vorsteueransprüchen gelten diese Grundsätze entsprechend, dh die Zuordnung zum Organträger oder der Organgesell-

---

[479] Vgl. → Rn. 223 f.
[480] Vgl. → Rn. 226.
[481] AA *Kahlert* ZIP 2013, 2348.
[482] Waza/Uhländer/Schmittmann Rn. 1932.
[483] AA Waza/Uhländer/Schmittmann Rn. 1932 (Schaubild).
[484] AA Waza/Uhländer/Schmittmann Rn. 1932 (Schaubild).
[485] 2.8 Abs. 12 UStAE.
[486] BFH 19.3.2014 – V B 14/14, DStR 2014, 793.
[487] Kritisch *Wagner/Fuchs* BB 2014, 2583 (2586).
[488] AA *Wagner/Fuchs* BB 2014, 2583 (2586).

schaft hängt vom Zeitpunkt der in Anspruch genommenen Leistung ab.[489] Der Zeitpunkt der Rechnungsstellung ist demgegenüber unbeachtlich.[490]

277 Der aus der Uneinbringlichkeit der Leistungsentgelte der Organgesellschaft resultierende Vorsteuerberichtigungsanspruch des Finanzamts nach § 17 Abs. 2 Nr. 1 iVm § 17 Abs. 1 UStG richtet sich gegen den Organträger, wenn die Organschaft bis zur Uneinbringlichkeit des Entgelts bestand, was regelmäßig der Fall sein dürfte.[491] In Fällen der bloßen Insolvenz der Organgesellschaft wird die Finanzverwaltung somit bestrebt sein, den Uneinbringlichkeitszeitpunkt vor zu verlegen, um eine Einstufung des Rückforderungsbetrages als Insolvenzforderung gegenüber der Organgesellschaft zu vermeiden.[492] Umgekehrt haftet die Organgesellschaft bei einer Insolvenz des Organträgers gem. § 73 AO für deren Umsatzsteuerschulden soweit diese von der Organgesellschaft ausgelöst wurden.

278 Wird das Entgelt für eine während des Bestehens der Organschaft bezogene Leistung jedoch erst durch eine nach Beendigung der Organschaft eintretende Insolvenz der früheren Organgesellschaft uneinbringlich, so ist der Vorsteuerabzug nicht gegenüber dem Organträger, sondern gegenüber der früheren Organgesellschaft zu berichtigen. Der BFH begründet dies damit, dass § 17 UStG einen eigenständigen Berichtigungstatbestand darstellt, der gerade nicht zu einer rückwirkenden Änderung der ursprünglichen Steuerfestsetzung führt.[493]

V. Grunderwerbsteuerliche Organschaft

279 Anders als die ertragsteuerliche und die umsatzsteuerliche Organschaft ist die grunderwerbsteuerliche Organschaft keinesfalls vorteilhaft für den Steuerpflichtigen. Vielmehr fingiert sie im Rahmen eines Ersatztatbestandes einen Erwerbstatbestand. Die Rechtsfolgen treten wie bei der umsatzsteuerlichen Organschaft kraft Gesetzes ein, sind also insbesondere nicht an den Abschluss eines EAV gebunden. Normiert ist die Organschaft in § 1 Abs. 3 Nr. 1 GrEStG, der die Vereinigung von Anteilen an einer Gesellschaft als Grundstückserwerb fingiert. Dem liegt das Verständnis zugrunde, dass einem zumindest 95 % unmittelbar oder mittelbar an einer grundbesitzhaltenden Gesellschaft beteiligten Gesellschafter das Grundstück zuzurechnen ist. Die Wirkungen der Organschaft erstrecken sich auf Fälle einer mittelbaren Anteilsvereinigung, in denen die Beteiligung an der Organgesellschaft von weniger als 95 % einer Zurechnung der über die Organgesellschaft gehaltenen Beteiligung nicht möglich wäre. Im Rahmen der Organschaft werden die beteiligten Rechtsträger als „eine Hand" gem. § 1 Abs. 3 Nr. 1 GrEStG behandelt.[494] Das Organschaftsverhältnis ersetzt die qualifizierte Mindestbeteiligung von 95 % der Organträgerin an einer Zwischengesellschaft.

280
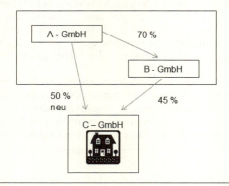

---

[489] Vgl. MüKoInsO Insolvenzsteuerrecht *Kling/Schüppen/Ruh* Rn. 191 f.
[490] Vgl. Waza/Uhländer/Schmittmann Rn. 1945.
[491] Vgl. BFH 6.6.2002, BFH/NV 2002, 1352.
[492] Vgl. MüKoInsO Insolvenzsteuerrecht *Kling/Schüppen/Ruh* Rn. 191 f.
[493] Vgl. BFH 7.12.2006, BStBl. II 2007 S. 848 = DStR 2007, 440.
[494] Gleichlautender Erlass zur Anwendung des § 1 Abs. 3 iVm Abs. 4 auf Organschaftsfälle v. 21.3.2007, BStBl. I 2007 S. 422, Ziff. I.

Beispiel:
Die A-GmbH ist zu 70 % an der B-GmbH beteiligt. Zwischen den Gesellschaften besteht eine grunderwerbsteuerliche Organschaft. Die B-GmbH hält 45 % der Anteile an der C-GmbH. Nun erwirbt die A-GmbH unmittelbar 50 % der Anteile an der C-GmbH.

Ohne ein Organschaftsverhältnis würde eine mittelbare Anteilsvereinigung gem. § 1 Abs. 3 Nr. 1 GrEStG daran scheitern, dass die Beteiligung der B-GmbH an der Grundstücksgesellschaft C-GmbH der A-GmbH nicht zuzurechnen ist, da für die Begründung einer Zurechnungskette 95 % der Anteile an der B-GmbH von der A-GmbH gehalten werden müssten. Dem Organkreis ist die 45 %-Beteiligung an der C-GmbH jedoch zuzurechnen, so dass der Erwerb weiterer 50 % unmittelbar durch die A-GmbH den Tatbestand der mittelbaren Anteilsvereinigung gem. § 1 Abs. 3 Nr. 1 GrEStG begründet.

Dennoch bleiben die Unternehmen eines Organkreises selbstständige Rechtsträger. Grundstücksübertragungen zwischen Unternehmen des Organkreises unterliegen der Grunderwerbsteuer.[495]

1. Voraussetzungen

a) **Organschaftsverhältnis.** Der Begriff des abhängigen Unternehmens ist in § 1 Abs. 4 Nr. 2b) GrEStG legaldefiniert. Als abhängiges Unternehmen kommen nach dem Wortlaut nur juristische Personen in Betracht.[496] Herrschendes Unternehmen kann jeder Unternehmer im umsatzsteuerlichen Sinn sein. Die Anteile an der Organgesellschaft müssen bei natürlichen Personen dem unternehmerischen Bereich zuzuordnen sein.[497] Die Eingliederung des abhängigen Unternehmens ist nach wirtschaftlichen, finanziellen und organisatorischen Gesichtspunkten zu beurteilen. Diese Voraussetzungen orientieren sich an der Umsatzsteuer (dazu → Rn. 265 ff.).[498] Anders als bei der Umsatzsteuer ist eine Organschaft auch mit im Ausland ansässigen Gesellschaften möglich.

Es muss eine Anteilsvereinigung stattfinden. Dies ist nicht der Fall, wenn der Organträger über eine Organgesellschaft maßgeblich an einer Grundbesitz haltenden Gesellschaft beteiligt ist. Hinzukommen muss eine weitere Beteiligung. Andernfalls ist die Beteiligung an der grundstücksbesitzenden Gesellschaft nicht dem Organkreis sondern ausschließlich der Organgesellschaft zuzurechnen.[499] Es können nur bereits in der Hand der Organgesellschaft vereinigte Anteile übergehen. In diesem Fall kann allenfalls losgelöst von den Wirkungen einer Organschaft eine Zurechnung des Grundstücks gem. § 3 Abs. 3 Nr. 4 GrEStG im Wege des qualifizierten Anteilserwerbs an die Obergesellschaft erfolgen, wenn aufgrund eines Erwerbs der Anteile an der Untergesellschaft das Halten von mindestens 95 % der Anteile an der Untergesellschaft eine Zurechnung dieser Anteile im Rahmen der Zurechnungskette an die Obergesellschaft bewirkt.

b) **Anteilsvereinigung.** Allein die Begründung einer Organschaft ohne Anteilseignerwechsel ist keine Anteilsvereinigung, da kein Rechtsträgerwechsel stattfindet.[500] Fällt die Begründung der Organschaft mit einem Rechtsträgerwechsel zusammen, kann dies eine Steuerpflicht auslösen. Voraussetzung ist ein hinreichender zeitlicher und sachlicher Zusammenhang zwischen Erwerb und Begründung der Organschaft. Die Finanzverwaltung vermutet einen zeitlichen Zusammenhang, wenn die Vorgänge nicht mehr als 15 Monate auseinanderliegen.[501]

---

[495] Gleichlautender Erlass zur Anwendung des § 1 Abs. 3 iVm Abs. 4 auf Organschaftsfälle v. 21.3.2007, BStBl. I 2007 S. 422, Ziff. I.
[496] BFH 20.3.2001 – I R 66/98, BStBl. II 2002 S. 156.
[497] BFH 20.3.1974 – II R 185/66, BStBl. II 1974 S. 769.
[498] Gleichlautender Erlass zur Anwendung des § 1 Abs. 3 iVm Abs. 4 auf Organschaftsfälle v. 21.3.2007, BStBl. I 2007 S. 422, Ziff. 1.
[499] BFH 20.7.2005 – II R 30/04, BStBl. II 2005 S. 839; Gleichlautender Erlass zur Anwendung des § 1 Abs. 3 iVm Abs. 4 auf Organschaftsfälle v. 21.3.2007, BStBl. I 2007 S. 422, Ziff. 1.
[500] Gleichlautender Erlass zur Anwendung des § 1 Abs. 3 iVm Abs. 4 auf Organschaftsfälle v. 21.3.2007, BStBl. I 2007 S. 422, Ziff. I.
[501] Gleichlautender Erlass zur Anwendung des § 1 Abs. 3 iVm Abs. 4 auf Organschaftsfälle v. 21.3.2007, BStBl. I 2007 S. 422, Ziff. I.

285 Die Wirkungen der Organschaft sind auf die Anteilsvereinigung beschränkt. Eine Zurechnung bei der Organgesellschaft vereinigter Anteile an die Organträgerin kann nicht mit dem bestehenden Organschaftsverhältnis begründet werden.[502]

Beispiel

286 Die A-GmbH hält 70 % der Anteile an der B-GmbH. Zwischen den beiden Gesellschaften besteht eine grunderwerbsteuerliche Organschaft. Die B-GmbH ist zu 95 % an der grundbesitzenden C-GmbH beteiligt. Die A-GmbH wird unter Fortführung der Organschaft auf die D-GmbH verschmolzen.

287 Wäre die Beteiligung an der B-GmbH der A-GmbH zuzurechnen, käme eine Anteilsübertragung gem. § 1 Abs. 3 Nr. 4 GrEStG in Betracht. Eine Zurechnung erfolgt jedoch ab einer Beteiligungsquote von 95 %. Daran ändert sich durch die Organschaft nichts. Eine Anteilsvereinigung gem. § 1 Abs. 3 Nr. 1 GrEStG findet ebenfalls nicht statt. Vielmehr sind die Anteile an der C-GmbH bereits bei der B-GmbH vereinigt. Wäre die A-GmbH unmittelbar oder mittelbar über eine weitere Gesellschaft an der C-GmbH beteiligt, würde auf Ebene der D-GmbH eine Anteilsvereinigung der dem Organkreis zuzurechnenden Anteile und der unmittelbar bzw. mittelbar gehaltenen Anteile stattfinden.

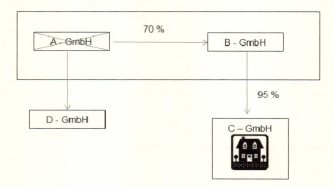

288 Anteilsverschiebungen innerhalb des Organkreises bei bestehender Anteilsvereinigung begründen keine weitere Anteilsvereinigung im Organkreis. Das gleiche gilt, wenn eine Beteiligung im Organkreis verstärkt wird. Verändert sich der Organkreis jedoch dergestalt, dass der Organträger ausgetauscht wird, was insbesondere bei Verschmelzungen des Organträgers auf eine Organgesellschaft oder eine Gesellschaft außerhalb des Organträgers der Fall ist, entsteht auch bei fortgeführter Organschaft eine neuer Organkreis, dem die Anteile an der Grundstücksgesellschaft zuzurechnen sind. Eine Zurechnung der Anteile zum Organträger selbst findet nicht statt.[503] In der Praxis hat dies insbesondere bei einer Verschmelzung der Organgesellschaft auf den Organträger Bedeutung. Da dem Organträger die von der Organgesellschaft gehaltenen Anteile nicht zuzurechnen sind, kann eine Anteilsvereinigung beim Organträger gem. § 1 Abs. 3 Nr. 1 GrEStG stattfinden. Die Zurechnung der von der Organgesellschaft gehaltenen Anteile zum Organkreis macht den Organkreis selbst nicht zum grunderwerbsteuerlichen Rechtsträger. Vielmehr bleiben Organträger und Organgesellschaft weiterhin rechtlich selbständig.

2. Rechtsfolgen und Verhältnis zu anderen Vorschriften

289 Die Anteilsvereinigung löst als Ersatzerwerbstatbestand GrEStG aus, aus sei denn die Voraussetzungen der Steuerbefreiungen der §§ 5, 6, 6a GrEStG sind erfüllt. Einzugehen ist

---

[502] BFH 20.7.2005 – II R 30/04, BStBl. II 2005 S. 839.
[503] Vgl. ausführlich Prinz/Witt/*Schober*, Steuerliche Organschaft, S. 898 ff.; Gleichlautender Erlass zur Anwendung des § 1 Abs. 3 iVm Abs. 4 auf Organschaftsfälle v. 21.3.2007, BStBl. I 2007 S. 422, Ziff. I.

an dieser Stelle auf die Steuerbefreiung des § 6a GrEStG, der Umstrukturierungen im Konzern betrifft. Die Vorschrift gilt gem. § 6a S. 3 GrEStG nur, wenn an dem Umwandlungsvorgang ein herrschendes Unternehmen und mindestens eine abhängige Gesellschaft beteiligt sind. Die Abhängigkeit ist in § 6a S. 5 GrEStG jedoch anders definiert als in § 1 Abs. 4 Nr. 2b) GrEStG. Voraussetzung für eine Abhängigkeit ist allein die Beteiligung von 95 % des herrschenden Unternehmens. Der Anwendungsbereich der Steuerbefreiung ist in der Praxis recht gering. Da die Finanzverwaltung alle Vorgänge aus der Begünstigung ausschließt, durch die ein Verbund begründet oder beendet wird, fällt zB der upstream-merger aus der Begünstigung raus.[504] Begünstigt sind nur die Abspaltung zur Aufnahme und die Seitwärtsverschmelzung.

§ 1 Abs. 3a GrEStG ist subsidiär zur Anteilsvereinigung. Die RETT-Blocker Regelung nimmt eine Anteilsvereinigung auch bei wirtschaftlicher Vereinigung der Anteile an. Damit wird in der Praxis trotz der Subsidiarität die Bedeutung der grunderwerbsteuerlichen Organschaft zurückgehen.[505]

VI. Musterverträge

Muster: Gewinnabführungsvertrag Tochtergesellschaft (AG) mit außenstehenden Aktionären

Gewinnabführungsvertrag

zwischen

[...]

– Organträger –

und

[... AG]
vertreten durch ihren Vorstand

– Organgesellschaft –

§ 11 Gewinnabführung

(1) Der gesamte Gewinn der Organgesellschaft ist entsprechend den Vorschriften des § 301 AktG in seiner jeweils gültigen Fassung an den Organträger abzuführen.

(2) Die Organgesellschaft darf Beträge aus dem Jahresüberschuss nur insoweit in freie Rücklagen einstellen, als dies bei vernünftiger kaufmännischer Beurteilung begründet ist. Während der Vertragsdauer gebildete Gewinnrücklagen sind auf Verlangen des Organträgers aufzulösen und als Gewinn abzuführen. Die Auflösung von Gewinnrücklagen und von Kapitalrücklagen iSd § 272 Abs. 2 Nr. 4 HGB, die vor Abschluss dieses Vertrages bestanden, darf nicht vorgenommen werden und von dem Organträger nicht verlangt werden.

(3) Die Organträgerin hat jeden während der Vertragsdauer sonst entstehenden Jahresfehlbetrag bei der Organgesellschaft auszugleichen, soweit dieser nicht dadurch ausgeglichen wird, dass den anderen Gewinnrücklagen Beträge entnommen werden, die während der Vertragsdauer in sie eingestellt worden sind. Der Jahresfehlbetrag umfasst nicht einen etwaigen Abwicklungsverlust. Der Anspruch ist mit 5 % jährlich ab Fälligkeit verzinslich.

(5) Der Anspruch auf Gewinnabführung entsteht jeweils zum Ende eines Geschäftsjahres der Organgesellschaft und ist zu diesem Zeitpunkt fällig. Der Anspruch ist mit 5 % jährlich ab Fälligkeit verzinslich.

§ 2 Verlustübernahme

(1) Die Vorschriften des § 302 AktG in seiner jeweils gültigen Fassung gelten.

(2) Der Anspruch entsteht jeweils zum Ende eines Geschäftsjahres der Organgesellschaft und ist zu diesem Zeitpunkt fällig.

---

[504] Gleichlautende Erlasse vom 19.6.2012, BStBl. I 2012 S. 662, Tz. 2.1 Beispiel 1.
[505] Dazu Prinz/Witt/*Schober*, Steuerliche Organschaft, S. 911.

§ 3 Vertragsbeginn und Vertragsdauer

(1) Der Vertrag wird mit Eintragung in das Handelsregister der Organgesellschaft wirksam. Er gilt rückwirkend ab Beginn des Geschäftsjahres der Organgesellschaft, in dem der Vertrag in das Handelsregister eingetragen wird.

(2) Beide Vertragsparteien können von diesem Vertrag zurücktreten, wenn er nicht bis zum […] in das Handelsregister eingetragen ist. Die Ausübung dieses Rechts erfolgt durch schriftliche Erklärung gegenüber dem anderen Teil.

(3) Der Vertrag kann nicht vor Ablauf von fünf Zeitjahren (60 Monate) gerechnet ab dem Beginn seiner Geltung (Abs. 1) beendet werden. Fällt das Vertragsende in das laufende Wirtschaftsjahr der Organgesellschaft, kann der Vertrag erst zum Ende dieses Wirtschaftsjahres beendet werden. Die Kündigung hat schriftlich mit einer Frist von […] Monaten zu erfolgen. Nach Ablauf der Mindestlaufzeit setzt sich der Vertrag auf unbestimmte Zeit fort. Er kann jeweils mit einer Frist von […] zum Ende eines Geschäftsjahres der Organgesellschaft schriftlich gekündigt werden.

(4) Darüber hinaus kann der Vertrag bei Vorliegen eines wichtigen Grundes ohne Einhaltung einer Kündigungsfrist gekündigt werden. Ein wichtiger Grund liegt insbesondere dann vor, wenn die Organträgerin nicht mehr über die Mehrheit der Stimmrechte an der Organgesellschaft verfügt, die Beteiligung veräußert, einbringt oder im Falle einer Verschmelzung, Spaltung, Liquidation des Organträgers oder der Organgesellschaft. Ein wichtiger Grund liegt ferner dann vor, wenn gesetzliche Vorschriften in Kraft treten, die die Wirkungen der körperschaftsteuerlichen und gewerbesteuerlichen Organschaft im Wesentlichen beseitigen.

§ 4 Ausgleich

(1) Der Organträger garantiert für die Vertragsdauer den außenstehenden Aktionären der Organgesellschaft für jedes Geschäftsjahr eine Dividende in Höhe von brutto EUR … pro Aktie. Dieser Betrag ist um die im jeweiligen Veranlagungszeitraum anteilig auf die Dividende entfallende Körperschaftsteuer und Solidaritätszuschlag zu vermindern. Die Bardividende ist am Tage nach demjenigen der Hauptversammlung, die den Ausschüttungsbeschluss gefasst hat, fällig.

(2) Unbeschadet der Garantie der Organträgerin ist der an die außenstehenden Aktionäre der Organgesellschaft zu zahlende Ausgleich iSd § 304 AktG in Höhe des gemäß Absatz 1 garantierten Betrages von der Organgesellschaft vorweg aus dem sich aus dem Jahresabschluss ergebenden und an den Organträger abzuführenden Gewinn zu zahlen. Reicht der abzuführende Gewinn hierzu nicht aus, wird die Organträgerin den Differenzbetrag der Organgesellschaft zur Verfügung stellen.

(3) Zahlt die Organgesellschaft für ein Geschäftsjahr keine oder eine geringere als die garantierte Dividende, so ist die garantierte Dividende oder der Unterschiedsbetrag zwischen der tatsächlichen und der garantierten und der vom Organträger zu zahlenden Dividende am Tag nach der Hauptversammlung fällig, auf der der Jahresabschluss der Organgesellschaft vorgelegt wird oder die den Jahresabschluss feststellt.

§ 5 Abfindung

(1) Die Organträgerin verpflichtet sich, auf Verlangen der außenstehenden Aktionäre der Organgesellschaft deren Aktien zu erwerben, wobei je Aktie der Organgesellschaft …Aktien der Organträgerin gewährt werden. Alternativ wird auf Verlangen der Aktionäre anstelle des Umtauschs ein Barausgleich in Höhe von EUR … je Aktie der Organgesellschaft gewährt.

(2) Die in Absatz 1 dieses § 5 festgelegte Verpflichtung der Organträgerin endet mit Ablauf von zwei Monaten nach dem Tage, an dem die Eintragung dieses Unternehmensvertrages im Handelsregister als bekannt gemacht gilt.

§ 6 Salvatorische Klausel
……

Muster: Gewinnabführungsvertrag Tochtergesellschaft (GmbH)

Gewinnabführungsvertrag

zwischen

[...]

– Organträger –

und

[... GmbH]
vertreten durch ihren Geschäftsführer

– Organgesellschaft –

§ 1 Gewinnabführung

(1) Der gesamte Gewinn der Organgesellschaft ist entsprechend den Vorschriften des § 301 AktG in seiner jeweils gültigen Fassung an den Organträger abzuführen.

(2) Die Organgesellschaft darf Beträge aus dem Jahresüberschuss nur insoweit in freie Rücklagen einstellen, als dies bei vernünftiger kaufmännischer Beurteilung begründet ist. Während der Vertragsdauer gebildete Gewinnrücklagen sind auf Verlangen des Organträgers aufzulösen und als Gewinn abzuführen. Die Auflösung von Gewinnrücklagen und von Kapitalrücklagen iSd § 272 Abs. 2 Nr. 4 HGB, die vor Abschluss dieses Vertrages bestanden, darf nicht vorgenommen werden und von dem Organträger nicht verlangt werden.

(3) Die Organträgerin hat jeden während der Vertragsdauer sonst entstehenden Jahresfehlbetrag bei der Organgesellschaft auszugleichen, soweit dieser nicht dadurch ausgeglichen wird, dass den anderen Gewinnrücklagen Beträge entnommen werden, die während der Vertragsdauer in sie eingestellt worden sind. Der Jahresfehlbetrag umfasst nicht einen etwaigen Abwicklungsverlust. Der Anspruch ist mit 5 % jährlich ab Fälligkeit verzinslich.

(4) Der Anspruch auf Gewinnabführung entsteht jeweils zum Ende eines Geschäftsjahres der Organgesellschaft und ist zu diesem Zeitpunkt fällig. Der Anspruch ist mit 5 % jährlich ab Fälligkeit verzinslich.

§ 2 Verlustübernahme

(1) Die Vorschriften des § 302 AktG in seiner jeweils gültigen Fassung gelten.

(2) Der Anspruch entsteht jeweils zum Ende eines Geschäftsjahres der Organgesellschaft und ist zu diesem Zeitpunkt fällig.

§ 3 Vertragsbeginn und Vertragsdauer

(1) Der Vertrag wird mit Eintragung in das Handelsregister der Organgesellschaft wirksam. Er gilt rückwirkend ab Beginn des Geschäftsjahres der Organgesellschaft, in dem der Vertrag in das Handelsregister eingetragen wird.

(2) Beide Vertragsparteien können von diesem Vertrag zurücktreten, wenn er nicht bis zum [...] in das Handelsregister eingetragen ist. Die Ausübung dieses Rechts erfolgt durch schriftliche Erklärung gegenüber dem anderen Teil.

(3) Der Vertrag kann nicht vor Ablauf von fünf Zeitjahren (60 Monate) gerechnet ab dem Beginn seiner Geltung (Abs. 1) beendet werden. Fällt das Vertragsende in das laufende Wirtschaftsjahr der Organgesellschaft, kann der Vertrag erst zum Ende dieses Wirtschaftsjahres beendet werden. Die Kündigung hat schriftlich mit einer Frist von [...] Monaten zu erfolgen. Nach Ablauf der Mindestlaufzeit setzt sich der Vertrag auf unbestimmte Zeit fort. Er kann jeweils mit einer Frist von [...] zum Ende eines Geschäftsjahres der Organgesellschaft schriftlich gekündigt werden.

(4) Darüber hinaus kann der Vertrag bei Vorliegen eines wichtigen Grundes ohne Einhaltung einer Kündigungsfrist gekündigt werden. Ein wichtiger Grund liegt insbesondere dann vor, wenn die Organträgerin nicht mehr über die Mehrheit der Stimmrechte an der Organgesellschaft verfügt, die Beteiligung veräußert, einbringt oder im Falle einer Verschmelzung, Spaltung, Liquidation des Organträgers oder der Organgesellschaft. Ein wichtiger Grund liegt ferner dann vor, wenn gesetzliche Vorschriften in Kraft treten, die die Wirkungen der körperschaftsteuerlichen und gewerbesteuerlichen Organschaft im Wesentlichen beseitigen.

§ 4 Salvatorische Klausel

......

Teil M. Die AG als gemeinnütziges Unternehmen

§ 55 Die gemeinnützige Aktiengesellschaft

Inhalt

	Rn.
I. Allgemeines	1
1. Rechtsform Aktiengesellschaft im Dritten Sektor	1
2. Rechtsgrundlagen Gemeinnützigkeitsrecht	2–5
3. Verhältnis Gesellschaftsrecht und Gemeinnützigkeitsrecht: AG mit steuerrechtlichem Sonderstatus	6
4. Steuerliche Privilegierung als Rechtsfolge der Gemeinnützigkeit	7–10
5. Gemeinnützige Gesellschaften und Grundrechte	11–13
II. Bedingung der formellen Satzungsmäßigkeit und der Kongruenz der tatsächlichen Geschäftsführung	14–19
1. Genaue Bestimmung der Satzungszwecke und der Art der Verwirklichung in der Satzung	14
a) Formelle Satzungsmäßigkeit	14
b) Zeitpunkt der Feststellung der Satzung der gAG	15
c) Inhalt der Satzung der gAG	16–18
2. Notwendigkeit der Kongruenz der tatsächlichen Geschäftsführung der gAG	19
III. Firma, Unternehmensgegenstand, Vermögensbindung und Zweckbetrieb der gemeinnützigen Aktiengesellschaft	20–22
1. Firma der gAG	20
a) Grundsatz: Anwendung Firmenrecht der AG	20
b) Firmenzusatz „g" oder „gemeinnützige" AG	21
c) Stiftungs-AG	22
2. Unternehmensgegenstand der gAG	23–25
3. Vermögensbindung bei der gAG	26–32
a) Formelle Satzungsmäßigkeit und Vermögensbindung	26
b) Zeitnahe Mittelverwendung	27
c) Ausnahmen von der Pflicht zur zeitnahen Mittelverwendung	28–32
d) Vermögensbindung und Beendigung der gAG	33
4. Zweckbetrieb und gemeinnützige AG	34–38
a) Wirtschaftliche Aktivität der gAG	34
b) Definition Zweckbetrieb	35
c) Zweckverwirklichung und Zwecknotwendigkeit	36
d) Konkurrenzverbot	37
e) Wirtschaftlicher Geschäftsbetrieb und Steuer	38
IV. Organe der gAG	39–52
1. Vorstand	39–46
a) Weisungsfreiheit des AG-Vorstands (§ 76 Abs. 1 AktG) und Gemeinnützigkeit	39/40
b) Compliance im Bereich Spenden und Sponsoring	41–44
c) Zweckbetrieb und Compliance	45
d) Keine Milderung des Haftungsmaßstabs bei ehrenamtlicher Tätigkeit	46
2. Hauptversammlung	47/48
a) Angemessenheit der Verwaltungskosten	47
b) Beschluss Gewinnverwendung bei gAG	48
3. Aufsichtsrat	49–52
a) Vergütung Vorstand gAG	49–51
b) Herabsetzung Vergütung Vorstand gAG und § 87 Abs. 2 AktG	52

Schrifttum: *Ambrosius,* Die Entwicklung Öffentlich-Privater Partnerschaften seit den 1980er Jahren, die fördernden und die hindernden Faktoren, dms – der moderne staat – Zeitschrift für Public Policy, Recht und Management, 2013, 321; *Brinkmeier,* Vereinsbesteuerung – Steuervorteile durch Gemeinnützigkeit, 2. Aufl., 2015; *Buchna/Leichinger/Seeger/Brox,* Gemeinnützigkeit im Steuerrecht, 11. Aufl., 2015; *Depenheuer,* Staatliche Finanzierung und Planung im Krankenhauswesen, 1986; *Droege,* Gemeinnützigkeit im offenen Steuerstaat, 1. Aufl., 2010; *Droege*, Staatsleistungen an Religionsgemeinschaften im säkularen Kultur- und Sozialstaat, 2004; *Förster*, Grenzüberschreitende Gemeinnützigkeit – Spenden schwer gemacht?, BB 2011, 663; *Geserich*, Angemessenheit der Aufwendungen gemeinnütziger Körperschaften für Verwaltung und Spendenwerbung, DStR 2001, 604; *Grambow*, Haftung und Compliance in Vereinen und Stiftungen, CB 2017, 45; *Heintzen*, Steuerliche Anreize für gemeinwohlorientiertes Engagement Privater, FR 2008, 737; *Heintzen/Musil*, Das Steuerrecht des Gesundheitswesens Systematik und Praxis 2. Aufl., 2012; *Hüttemann*, Gemeinnützigkeits- und Spendenrecht, 3. Aufl., 2015; *Hüttemann/Helios*, Gemeinnützige Zweckverfolgung im Ausland nach der „Stauffer"-Entscheidung des EuGH, DB 2006, 2481; *Isensee*, Gemeinnützigkeit und Europäisches Gemeinschaftsrecht, DStJG 26, (2003), 93 ff.; *Köster*, Bindende Mustersatzung für gemeinnützige Körperschaften?, DStZ 2010, 166; *Kort*, Vorstandshandeln im Spannungsverhältnis zwischen Unternehmensinteresse und Aktionärsinteressen, AG 2012, 605; *Leisner*, Die Lenkungsauflage, 1982; *Priemer/Krimmer/Labigne*, Vielfalt Verstehen. Zusammenhalt Stärken, ZIVIZ-Survey 2017; *Priester*, Nonprofit-GmbH – Satzungsgestaltung und Satzungsvollzug, GmbHR 1999, 149; *Pues/Scheerbarth* Gemeinnützige Stiftungen im Zivil- und Steuerrecht, 3. Aufl., 2008, *Rohde*, Anmerkung zu OLG München 13.12.2006 – 31 Wx 89/06, GmbHR 2007, 268; *Rohde/Engelsing*, Firmierung als „gGmbH" unzulässig, NWB 2007, 1589; *Rosenski*, Die wirtschaftliche Bedeutung des Dritten Sektors, 2012, Statistisches Bundesamt, Wirtschaft und Statistik, Unternehmensregister, 2012, 209; *Rozwora*, Eine Skizze der „gemeinnützigen AG-Landschaft in Deutschland" in: Andeßner/Greiling/Gmür/Theuvsen (Hrsg.): Ressourcenmobilisierung durch Nonprofit-Organisationen. Theoretische Grundlagen, empirische Ergebnisse und Anwendungsbeispiele. Dokumentation des 11. Internationalen NPOColloquiums am 3. und 4. April 2014 an der Johannes Kepler Universität Linz, Linz Trauner, 2015, S. 344-35; *Schauhoff/Kirchhain*, Der wirtschaftlich tätige gemeinnützige Verein – Zur Auslegung des § 21 BGB ZIP 2016, 1857; Schlüter, Die gemeinnützige GmbH, GmbHR 2002, 535; *Semler/Peltzer/Kubis*, Arbeitshandbuch für Vorstandsmitglieder, 2. Aufl., 2015; *Strahl*, Betriebe gewerblicher Art und Gemeinnützigkeit – Steuerliche Vorteile und Restriktionen, NWB 2008, 1947; *Ullrich*, Firmenrechtliche Zulässigkeit des Firmenbestandteils „gGmbH", NZG 2007, 656; Unger, Steuerbegünstigung grenzüberschreitender Gemeinnützigkeit im Binnenmarkt – Vorgaben des Gemeinnützigkeits- und Spendenrechts im Lichte der unionalen Grundfreiheiten, DStZ 2010, 154; *Wachter*, Änderungen im Firmenrecht der GmbH, GmbHR 10/2013, R 145; *Walz/Auer/Hippel*, Spenden- und Gemeinnützigkeitsrecht in Europa, Tübingen, 2007; *Weber*, Die gemeinnützige Aktiengesellschaft, 1. Aufl., München 2014; *Weidmann/Kohlhepp*, Die gemeinnützige GmbH, 3. Aufl., 2014; *Wessel*, Anmerkung zu OLG München 13.12.2006 – 31 Wx 84/06, KuR 2007, 307.

I. Allgemeines

1. Rechtsform Aktiengesellschaft im Dritten Sektor

1   Dass die **Rechtsform der Aktiengesellschaft als zweckneutrale Organisation ausgelegt** werden kann, die Aktiengesellschaft also den Status der Gemeinnützigkeit erlangen und so als Akteur im sog. Dritten Sektor[1] auftreten kann, ist nicht selbstverständlich. So wird – im europäischen Vergleich – in Österreich, Großbritannien und den Niederlanden die rechtliche Möglichkeit der gAG anerkannt, wobei in Österreich im Blick auf die der deutschen Rechtslage vergleichbare Rechtslage der Weisungsfreiheit des AG-Vorstands (§ 76 Abs. 1 AktG) die Anerkennungsmöglichkeit teilweise bezweifelt wurde.[2] In Frankreich, Schweden und Spanien hingegen wird die Rechtsform der Aktiengesellschaft als ausschließlich gewinnorientiert interpretiert und ausgestaltet mit der Rechtsfolge, dass der Status der Gemeinnützigkeit in diesen Ländern nicht erlangt werden kann.[3] Die **Anzahl** der gemeinnützigen Aktiengesellschaften ist – befördert durch die Reformen des Aktienrechts und die damit verbundenen Entbürokratisierungen[4] – **tendenziell steigend**.[5]

---

[1] Der sog. Dritte Sektor umfasst die nicht gewinnorientierten, gemeinnützigen Organisationen jenseits von Markt und Staat (*Rosenski*, Die wirtschaftliche Bedeutung des Dritten Sektors, 2012, Statistisches Bundesamt, Wirtschaft und Statistik, Unternehmensregister, 2012, 209 (209)). Der Dritte Sektor trägt zur gesamten Bruttowertschöpfung in der Bundesrepublik Deutschland mit gut 89 Milliarden Euro Wirtschaftsleistung ca. 4,1 % bei, was ungefähr den Wertschöpfungen der Branchen Fahrzeugbau und Baugewerbe entspricht (Rosenski, Die wirtschaftliche Bedeutung des Dritten Sektors, 2012, Statistisches Bundesamt, Wirtschaft und Statistik, Unternehmensregister, 2012, 209 (217). Vgl. auch: *Priemer/Krimmer/Labigne*, Vielfalt Verstehen. Zusammenhalt Stärken, ZIVIZ-Survey 2017, 11 ff.).

[2] *Walz/Auer/Hippel* S. 107 mwN.

[3] *Walz/Auer/Hippel* S. 107 mwN.

[4] *Weber*, Die gemeinnützige Aktiengesellschaft, 1. Aufl., 2014, S. 3 mwN.

[5] Zahlenmäßig gab es Ende 2011 52 gemeinnützige Aktiengesellschaften (*Priemer/Krimmer/Labigne*, Vielfalt Verstehen. Zusammenhalt Stärken, ZIVIZ-Survey 2017, 17; *Rozwora*, Eine Skizze der „gemeinnützigen AG-Landschaft in Deutschland". In: *Andeßner/Greiling/Gmür/Theuvsen* (Hrsg.): Ressourcenmobilisierung

2. Rechtsgrundlagen Gemeinnützigkeitsrecht

Die Rechtsgrundlagen für das **Gemeinnützigkeitsrecht** finden sich in den **§§ 51–68 AO**.[6] 2
Steuerbegünstigt nach der AO ist eine Körperschaft, wenn sie ausschließlich und unmittelbar gemeinnützige (§ 52 AO), mildtätige (§ 53 AO) oder kirchliche Zwecke (§ 54 AO) verfolgt. Gemäß § 52 Abs. 1 AO verfolgt eine Körperschaft gemeinnützige Zwecke, wenn ihre Tätigkeit darauf gerichtet ist, die Allgemeinheit auf materiellem, geistigem oder sittlichem Gebiet selbstlos zu fördern. Die Steuerbegünstigung für Körperschaften ergibt sich aus §§ 51 ff. AO und setzt die Verfolgung dieser Zwecke voraus. Die steuerliche Begünstigung der Gemeinwohlorientierung einer Körperschaft knüpft an drei Grundprinzipien an – die Selbstlosigkeit (§ 55 AO), die Ausschließlichkeit (§ 56 AO) und die Unmittelbarkeit (§ 57 AO). Hinsichtlich der Gemeinnützigkeit enthält § 52 Abs. 2 AO einen **Katalog von Tätigkeiten**, welche **als Förderung der Allgemeinheit anzuerkennen** sind. Die **Aufzählung** in § 52 Abs. 2 Nr. 1–24 AO **ist abschließend**, was der BFH ausdrücklich feststellt.[7] Im Blick auf den hohen politischen Gehalt des Katalogs und die sich aus der Erlangung einer Katalogposition ergebenden finanziellen Vorteile ist dieser vom Rechtsanwender regelmäßig auf Änderungen zu überprüfen.[8] **Sofern** der von der von einer den **Status der Gemeinnützigkeit anstrebenden Aktiengesellschaft verfolgte Zweck nicht** unter einen der **Katalogpunkte des § 52 Abs. 2 AO** fällt, aber die Allgemeinheit auf materiellem, geistigem oder sittlichem Gebiet in entsprechender Weise selbstlos gefördert wird, kann dieser Zweck für gemeinnützig erklärt werden (**§ 52 Abs. 2 S. 2 und 3 AO, sog. Öffnungsklausel**). Die Entscheidung hierüber wird von einer Finanzbehörde vorgenommen, die jeweils von der obersten Finanzbehörde der Länder hierzu bestimmt wird. Es handelt sich **nicht** um eine sog. **Ermessensvorschrift**. Der Anspruch auf Anerkennung neuer Zwecke ist nach zutreffender Auffassung **gerichtlich voll überprüfbar**.[9] Gegen eine Ermessensvorschrift spricht zum einen, dass der Steueranspruch in besonderer Weise dem Gesetzesvorbehalt unterliegt (§ 85 AO) und zum anderen benennt § 52 Abs. 2 S. 2 AO selbst die Vergleichskriterien (Zweck muss die Allgemeinheit auf materiellem, geistigem oder sittlichem Gebiet entsprechend fördern), weshalb keine vernünftigen Gründe ersichtlich sind, warum der Verwaltung bei Vorliegen dieser Tatbestandsmerkmale noch ein weitergehendes Ermessen zustehen soll.[10] Ein „Tatbestandsermessen" gibt es indes nicht.[11]

Gemeinnützig im Sinne der AO ist eine Körperschaft und insbesondere eine Aktiengesellschaft, wenn die Merkmale gemäß §§ 52 ff. AO erfüllt. Dazu gehören: 3
- selbstlose Förderung der Allgemeinheit auf materiellem, geistigem oder sittlichem Gebiet
- ausschließliche Förderung der in der Satzung festgelegten Zwecke und
- unmittelbare Verfolgung der steuerbegünstigten Zwecke

Die genannten drei Voraussetzungen müssen von der antragstellenden AG kumulativ erfüllt sein, um als gemeinnützige Körperschaft anerkannt zu werden. 4

Das **Unionsrecht** kann für das mitgliedstaatliche Gemeinnützigkeitsrecht unter zwei Aspekten Bedeutung erlangen.[12] Zum einen kann sich bei **grenzüberschreitender Ausübung gemeinnütziger Tätigkeiten** die Frage nach der Vereinbarkeit des nationalen Rechts mit den 5

---

durch Nonprofit-Organisationen. Theoretische Grundlagen, empirische Ergebnisse und Anwendungsbeispiele. Dokumentation des 11. Internationalen NPOColloquiums am 3. und 4.4.2014 an der Johannes Kepler Universität Linz: *Trauner*, 2015, S. 344–354.).
[6] Abgabenordnung in der Fassung der Bekanntmachung vom 1.10.2002 (BGBl. I S. 3866; 2003 I S. 61), die zuletzt durch Artikel 6 des Gesetzes vom 18.7.2017 (BGBl. I S. 2745) geändert worden ist.
[7] BFH 9.2.2017 – V R 70/14, BB 2017, 1110.
[8] Vgl. zB: Wissenschaftliche Dienste Deutscher Bundestag – WD 4 – 3000 – 070/15, v. 21.5.2015 betreffend Erweiterung des Katalogs der gemeinnützigen Zwecke in § 52 Abs. 2 Abgabenordnung um „Förderung der Menschenrechte".
[9] FG Köln 17.10.2013 – 13 K 3949/09, BB 2014, 342 mwN; BFH 9.2.2017 – VR 70/14, BB 2017, 1110.
[10] FG Köln 17.10.2013 – 13 K 3949/09, BB 2014, 342 mwN.
[11] FG Köln 17.10.2013 – 13 K 3949/09, BB 2014, 342 mwN.
[12] *Heintzen/Musil*, 2. Kap. D. II. 1. S. 46 Rn. 98.

Grundfreiheiten stellen.[13] So wird betreffend § 51 Abs. 2 Alt. 2 AO und das dortige Tatbestandsmerkmal der **Ansehenssteigerung** sowie die vom deutschen Gesetzgeber diesbezüglich angestrebte **Indizwirkung**[14] eine unionsrechtlich unhaltbare **Ungleichbehandlung**[15] gesehen. Zum anderen kann das Gemeinnützigkeitsrecht aufgrund der mit ihm verbundenen Steuerprivilegien am **Maßstab der europäischen Beihilfevorschriften**, insbesondere am Beihilfeverbot des Art. 107 Abs. 1 AEUV (früher: 87 Abs. 1 EG) geprüft werden. Der **BFH** hat ausgesprochen, dass Ausgangspunkt und Maßstab der Gemeinnützigkeit **allein das (inner-staatliche) deutsche Recht** ist, gleichviel, ob die betreffende Körperschaft im In- oder im Ausland ansässig ist. Die Bundesrepublik Deutschland sei auch aus Gründen des **Unionsrechts** - insbesondere der Grundfreiheiten - nicht verpflichtet, den Gemeinnützigkeitsstatus ausländischen Rechts anzuerkennen.[16] Die Frage, **ob Steuervergünstigungen Beihilfen** sein können, wurde vom **EuGH**[17] grundsätzlich bejaht, wobei das vor allem dann möglich sein soll, wenn sie eine **begünstigende Abweichung vom Regelsteuertatbestand** oder von der **Normalbelastung** darstellten.[18] Sind die Steuerbefreiungen hingegen durch die Natur oder den inneren Aufbau des nationalen Steuersystems bedingt, so scheidet die Annahme eine Beihilfe aus.[19]

3. Verhältnis Gesellschaftsrecht und Gemeinnützigkeitsrecht: AG mit steuerrechtlichem Sonderstatus

6   Gemeinnützige Gesellschaften unterliegen den allgemeinen Regelungen des Gesellschaftsrechts, also des GmbHG oder des **AktG**. So gibt es insbesondere keine gesellschaftsrechtlichen Einschränkungen dahingehend, dass es sich notwendig um einen wirtschaftlich geprägten Zweck handeln müsste. Die gemeinnützige Aktiengesellschaft erlangt ihren **gesellschaftsrechtlichen Status** gem. § 41 Abs. 1 S. 1 AktG mit der **Eintragung in das Handelsregister**. Dabei ist die gemeinnützige AG keine gesellschaftsrechtliche Sonderform der Aktiengesellschaft sondern eine **Aktiengesellschaft mit steuerrechtlichem Sonderstatus**.[20] Entscheidende Bedeutung für die Entstehung dieses steuerrechtlichen Sonderstatus einer gAG hat die **Satzungsgestaltung**. Die Satzung ist der **primäre Maßstab** für die Erfüllung des Tatbestandsmerkmals der Gemeinnützigkeit.[21]

4. Steuerliche Privilegierung als Rechtsfolge der Gemeinnützigkeit

7   Gemeinnützigkeit führt zu steuerlichen Privilegierungen. Die steuerlichen Privilegierungen gemeinnütziger Gesellschaften und insbesondere der gAG bestehen in der Regel[22] in der Befreiung von der Körperschaftssteuer (vgl. § 5 Abs. 1 Nr. 9 KStG),[23] der Gewerbesteuer (vgl. § 3 Nr. 6 GewStG),[24] der Grundsteuer (vgl. § 3 Nr. 3b) GrStG) und der Erbschaft- und Schenkungsteuer im Falle von Zuwendungen (vgl. § 13 Nr. 16b) ErbStG) sowie der Ermäßigung des Umsatzsteuersatzes bestimmten Leistungen (vgl. § 12 Abs. 2 Nr. 8a) UStG), aber

---

[13] Vgl. dazu: *Droege* S. 480 ff.; *Heintzen* FR 2008, 737; *Hüttemann/Helios* DB 2006, 2481; *Isensee* DStJG 26, (2003), 93 ff.
[14] Vgl. BT-Drs. 16/10189, 79 f. und BT-Drs. 16/11108, 45 f.
[15] *Unger* DStZ 2010, 154 (164); *Förster* BB 2011, 663 (665); *Hüttemann*, Gemeinnützigkeits- und Spendenrecht, 3. Aufl., 2015, Rn. 3.12.
[16] BFH 25.10.2016 – I R 54/14, BB 2017, 532; EuGH 14.9.2006 – C-386/04, EU:C:2006:568 Rn. 47 – Centro di Musicologia Walter Stauffer; 27.1.2009 – C-318/07, EU:C:2009:33 Rn. 48 – Persche; BFH 20.12.2006 – I R 94/02, BFHE 216, 269, BStBl. II 2010 S. 331; BFH 17.9.2013 – I R 16/12, BFHE 243, 319, BStBl. II 2014 S. 440; BFH 21.1.2015 – X R 7/13, BFHE 248, 543, BStBl. II 2015 S. 588.
[17] EuGH 10.1.2006 – C-222/04, Slg. 2006, I – 289 = EuZW 2006, 306 – Cassa di Risparmio.
[18] *Heintzen/Musil* 2. Kap. D. II. 3. S. 49 Rn. 106 mwN.
[19] *Heintzen/Musil* 2. Kap. D. II. 3.
[20] *Weber* S. 1; *Priester* GmbHR 1999, 149 (150); *Bayer/Hoffmann* AG-Report 2007, R 347 (347).
[21] *Droege* S. 168.
[22] Es wird keine einheitliche, sondern für jede Steuerart eine gesonderte Entscheidung getroffen (*Weber*, Die gemeinnützige Aktiengesellschaft, 1. Aufl., 2014, S. 1; zur gGmbH: *Schlüter*, Die gemeinnützige GmbH, GmbHR 2002, 535 (536)).
[23] → Rn. 38.
[24] → Rn. 38.

auch – für Dritte – in der Möglichkeit, Zuwendungen zur Förderung steuerbegünstigter Zwecke als Sonderausgabe steuerlich geltend zu machen (vgl. § 10b Abs. 1 EStG, § 9 Abs. 1 Nr. 2 KStG). Sie gelten grundsätzlich für sämtliche gemeinnützige Körperschaften im Sinne der § 51 Abs. 1 S. 1 und 2 AO iVm § 1 Abs. 1 KStG.

Umsatzsteuer muss eine gemeinnützige Körperschaft und insbesondere eine gemeinnützige Aktiengesellschaft – soweit die Unternehmereigenschaft bejaht wird – nicht bezahlen, wenn die steuerpflichtigen Einnahmen einschließlich der darauf entfallenden Steuer aus der **gesamten unternehmerischen Betätigung** der Gesellschaft **im vorangegangenen Kalenderjahr 17.500 Euro** nicht überstiegen haben und im laufenden Kalenderjahr voraussichtlich **50.000 Euro** nicht übersteigen werden (§ 19 Abs. 1 UStG). Auf diese sogenannte **Kleinunternehmerregelung** kann die Gesellschaft gegenüber dem Finanzamt insgesamt verzichten und die Berechtigung zum Vorsteuerabzug herbeiführen. 8

Von der **Erbschaftsteuer** befreit sind Zuwendungen an Organisationen iSd §§ 51 ff. AO, wobei die Befreiung rückwirkend entfallen kann, wenn die Anerkennung als gemeinnützig iSd Abgabenordnung innerhalb von zehn Jahren nach der Zuwendung entfällt (§ 13 Abs. 1 Nr. 16 ErbStG). Die Erbschaftssteuer erlischt gem. gem. § 29 Abs. 1 Nr. 4 ErbStG mit Wirkung für die Vergangenheit für solche Vermögensgegenstände, die innerhalb von 24 Monaten nach Entstehung der Erbschaft- oder Schenkungsteuer unter anderem einer nach den §§ 52–54 AO, jedoch nicht nach § 52 Abs. 2 Nr. 23 AO, gemeinnützigen Organisation zugeführt werden. 9

Vom Berater zu beachten ist, dass für den Eintritt der steuerlichen Privilegierung im Blick auf die aktuelle Rechtsprechung der Finanzgerichte[25] zur Gewährleistung des sichersten und gefahrlosesten Wegs[26] unbedingt darauf hinzuwirken ist, dass **für den jeweiligen Veranlagungszeitraum sämtliche Voraussetzungen der Gemeinnützigkeit tatsächlich vorliegen**. Allein das Bestreben, steuerbegünstigte Zwecke zu verfolgen, reicht für die Gewährung der Steuervergünstigung nicht aus.[27] Eine Steuervergünstigung ist gem. § 51 Abs. 1 S. 1 AO nur für den jeweiligen Veranlagungszeitraum zu gewähren, in dem auch die Vorschriften der §§ 51 ff. AO im Übrigen erfüllt sind. Gem. § 59 AO wird die Steuervergünstigung gewährt, wenn sich aus der Satzung, dem Stiftungsgeschäft oder der sonstigen Verfassung (Satzung im Sinne dieser Vorschriften) ergibt, welchen steuerbegünstigten Zweck die Körperschaft verfolgt, dass dieser Zweck selbstlos (vgl. § 55 AO), ausschließlich (vgl. § 56 AO) und unmittelbar (vgl. § 57 AO) verfolgt wird; auch die tatsächliche Geschäftsführung muss diesen Satzungsbestimmungen entsprechen.[28] 10

5. Gemeinnützige Gesellschaften und Grundrechte

Grundrechte und verfassungsrechtliche Wertentscheidungen sind bei der **Auslegung und Anwendung** der gesetzlichen Regelungen **des Gemeinnützigkeitsrechts** auf eine gemeinnützige AG **zu beachten**, zu denen der Unternehmensgegenstand und die sonstigen Satzungsregelungen nicht in Widerspruch geraten dürfen. So hat der BFH[29] klargestellt, dass es sich bei dem Tatbestandsmerkmal einer **Förderung der "Allgemeinheit"** (§ 52 Abs. 1 AO) um einen **unbestimmten Rechtsbegriff** handelt, dessen Gehalt wesentlich geprägt wird durch die **objektive Wertordnung**, wie sie insbesondere im Grundrechtskatalog der Art. 1–19 GG zum Ausdruck kommt. Eine Tätigkeit, die mit diesen Wertvorstellungen nicht vereinbar ist, ist keine Förderung der Allgemeinheit.[30] Als Förderung der Allgemeinheit werden deshalb sol- 11

---

[25] Vgl. FG Münster 13.10.2017 – 13 K 641/14 K, BeckRS 2017, 135361 (Revision anhängig: BFH V R 50/17) und FG Hessen 16.4.2015 – 4 K 1685/14, ErbStB 2016, 306 (Revisionsverfahren anhängig: BFH V R 30/16).
[26] BGH 10.5.2012 – IX ZR 125/10, VersR 2013, 102; 1.3.2007 – IX ZR 261/03, BGHZ 171, 261; 7.2.2008 – IX ZR 149/04, WM 2008, 946.
[27] FG Münster 13.10.2017 – 13 K 641/14 K, BeckRS 2017, 135361.
[28] FG Münster 13.10.2017 – 13 K 641/14 K, BeckRS 2017, 135361.
[29] BFH 17.5.2017 – V R 52/15, BB 2017, 2148.
[30] BFH 17.5.2017 – V R 52/15, BB 2017, 2148; BFH 11.4.2012 – I R 11/11, BFHE 237, 22, BStBl. II 2013 S. 146; BFH 13.12.1978 – I R 39/78, BFHE 127, 330, BStBl. II 1979 S. 482; BFH 29.8.1984 – I R 215/81, BFHE 142, 243, BStBl. II 1985 S. 106; BFH 16.10.1991 – I B 16/91, BFH/NV 1992, 505.

che Bestrebungen nicht anerkannt, die sich gegen die **freiheitlich demokratische Grundordnung** der Bundesrepublik Deutschland[31] oder gegen verfassungsrechtlich garantierte Freiheiten richten.[32] Gleiches gilt für einen Verstoß gegen den **Gleichheitssatz**.[33] Einer Körperschaft, die entgegen Art. 3 Abs. 3 GG die wesensmäßige Gleichheit aller Menschen in Abrede stellt, kann mangels Förderung der Allgemeinheit nicht als gemeinnützig eingestuft werden.[34]

12 Hinter in Privatrechtsform betriebenen Organisationen steht teilweise der Staat (Public Private Partnership).[35] In diesen Fällen kann es – über die mittelbare Bindung bei der Auslegung unbestimmter Rechtsbegriffe hinaus[36] - zu einer **unmittelbaren Grundrechtsbindung** des in der Rechtsform der Aktiengesellschaft betriebenen gemeinnützigen Unternehmens kommen, wenn die Gesellschaft ganz oder überwiegend im Eigentum der öffentlichen Hand steht. So hat das BVerfG[37] betreffend die **Fraport Aktiengesellschaft**, bei der damals das Land Hessen, die Stadt Frankfurt am Main und die Bundesrepublik Deutschland zusammen circa 70 % der Aktien hielten, während sich der Rest in privater Hand befand, ausdrücklich festgestellt, dass von der öffentlichen Hand beherrschte gemischtwirtschaftliche Unternehmen in Privatrechtsform ebenso wie im Alleineigentum des Staates stehende öffentliche Unternehmen, die in den Formen des Privatrechts organisiert sind, einer unmittelbaren Grundrechtsbindung unterliegen.

13 Speziell auf das Grundrecht der Berufsfreiheit aus Art. 12 Abs. 1 GG können sich nach zutreffender Auffassung[38] über Art. 19 Abs. 3 GG[39] auch **Einrichtungen, die keine gewinnorientierten Unternehmen darstellen, berufen.**[40] So hat das BVerfG[41] die Eröffnung des Schutzbereichs des Grundrechts aus Art. 12 Abs. 1 GG auch bei der Tätigkeit eines (Ideal-)Vereins bejaht, sofern die Führung eines Geschäftsbetriebes zu seinen satzungsmäßigen Zwecken gehört. Bei Eingriffen in den Status der Gemeinnützigkeit einer AG sind also nicht nur die Schranken Art. 2 Abs. 1 GG (Allgemeine Handlungsfreiheit), sondern die der Berufsfreiheit (Art. 12 Abs. 1 GG) zu beachten. Demgegenüber können die besonderen grundrechtlichen Regelungen der **Art. 140 GG iVm Art. 137 Abs. 3 WRV** von einer deren Voraussetzungen erfüllenden Körperschaft[42] und insbesondere einer **gAG aus dem kirchlichen Bereich** zum Zwecke der Erlangung des Status der Gemeinnützigkeit nicht geltend gemacht werden. Nach der Rspr. des BFH[43] fällt die **Anerkennung der Gemeinnützigkeit** und die daran anknüpfende **Körperschaftssteuerfreiheit wie die Umsatzsteuerfreiheit**[44] **nicht in den Schutzbereich des durch Art. 140 GG iVm Art. 137 Abs. 3 WRV garantierten Selbstbestimmungsrechts** der Religionsgesellschaften, da die Religionsfreiheit weder Ansprüche auf bestimmte staatliche Leistungen gewährleistet[45] noch auf Teilhabe an bestimmten steuerlichen Privilegien wie der Steuerfreiheit und des Spendenabzugs.[46]

---

[31] BFH BFHE 237, 22, BStBl. II 2013 S. 146.
[32] BFH BFH/NV 1992, 505; BFH 17.5.2017 – V R 52/15, BB 2017, 2148.
[33] BFH 17.5.2017 – V R 52/15, BB 2017, 2148 mwN.
[34] BFH BFH/NV 2005, 1741; BFH 17.5.2017 – V R 52/15, BB 2017, 2148.
[35] Vgl.: *Ambrosius* Zeitschrift für Public Policy, Recht und Management, 2013, 321 (331).
[36] → Rn. 11.
[37] BVerfG 22.2.2011 – 1 BvR 699/06, NJW 2011, 1201.
[38] BVerwGE 95, 15 (20); *Droege*, Staatsleistungen an Religionsgemeinschaften im säkularen Kultur- und Sozialstaat, 2004, S. 471 f.; *Leisner*, Die Lenkungsauflage, 1982, S. 14 f.; *Depenheuer* Staatliche Finanzierung und Planung im Krankenhauswesen, 1986, S. 108 ff.
[39] BVerfGE 21, 261 (266); 50, 290 (363); 105, 252 (265); 106, 275 (298); 115, 205 (229); BVerfG 17.10.2007 – 2 BvR 1095/05, DVBl 2007, 1555.
[40] AA *Wieland* JZ 1995, 96 (97); *Scheuner* in: Essener Gespräche zum Thema Staat und Kirche, Bd. 8, 1974, S. 43 (69).
[41] BVerfGE 97, 228 (253).
[42] BVerfGE 46, 73 (85 ff.); 53, 366 (391); 57, 220 (242); 70, 138 (162); BVerfG 22.10.2014 – 2 BvR 661/12, NVwZ 2015, 517 (dazu anhängig: EuGH C-68/17).
[43] BFH 17.5.2017 – V R 52/15, BB 2017, 2148.
[44] BVerfG 4.10.1965 – 1 BvR 498/62, BVerfGE 19, 129; BFH 17.5.2017 – V R 52/15, BB 2017, 2148.
[45] BVerfG 12.5.2009 – 2 BvR 890/06, BVerfGE 123, 148; BFH 30.6.2010 – II R 12/09, BFHE 230, 93, BStBl. II 2011 S. 48; BFH 17.5.2017 – V R 52/15, BB 2017, 2148 mwN.
[46] BFH 31.5.2005 – I R 105/04, BFH/NV 2005, 1741; 17.5.2017 – V R 52/15, BB 2017, 2148.

II. Bedingung der formellen Satzungsmäßigkeit und der Kongruenz der tatsächlichen Geschäftsführung

1. Genaue Bestimmung der Satzungszwecke und der Art der Verwirklichung in der Satzung

a) Formelle Satzungsmäßigkeit. In der Satzung der Gesellschaft müssen die **Satzungszwecke** und die **Art ihrer Verwirklichung so genau bestimmt** sein, dass **aufgrund der Satzung geprüft werden kann, ob die satzungsmäßigen Voraussetzungen für die Steuervergünstigung gegeben sind** (§ 60 Abs. 1 AO). Die Satzung muss insoweit auch Regelungen zur Vermögensbindung (vgl. § 61 AO) und zu deren Ausnahmen (vgl. § 62 AO) enthalten (sog. formelle Satzungsmäßigkeit) sowie den vorgeschriebenen Erfordernissen bei der Körperschaftsteuer während des ganzen Veranlagungszeitraums entsprechen.[47]

b) Zeitpunkt der Feststellung der Satzung der gAG. Für den Eintritt der steuerlichen Privilegierung ist vom Berater im Blick auf die aktuelle Rechtsprechung der Finanzgerichte[48] unbedingt darauf hinzuwirken ist, dass **für den jeweiligen Veranlagungszeitraum sämtliche Voraussetzungen der Gemeinnützigkeit tatsächlich vorliegen.** Allein das Bestreben, steuerbegünstigte Zwecke zu verfolgen, reicht für die Gewährung der Steuervergünstigung nicht aus.[49]

c) Inhalt der Satzung der gAG. Gem. § 59 AO wird die Steuervergünstigung gewährt, wenn sich aus der Satzung, dem Stiftungsgeschäft oder der sonstigen Verfassung (Satzung im Sinne dieser Vorschriften) ergibt, welchen steuerbegünstigten Zweck die Körperschaft verfolgt, dass dieser Zweck selbstlos (vgl. § 55 AO), ausschließlich (vgl. § 56 AO) und unmittelbar (vgl. § 57 AO) verfolgt.[50] Es bedarf mithin nach dem klaren und eindeutigen Gesetzeswortlaut für die Gewährung der Steuervergünstigung einer Satzung mit dem ua in §§ 59 ff. AO festgelegten Inhalt.[51] Nur die **formelle Satzungsmäßigkeit gewährleistet insoweit die (materielle) Kontinuität der Zweckverfolgung** und eine einerseits durch die Finanzbehörden nachprüfbare und andererseits für die Organe der Körperschaft notwendige Grundlage für den tatsächlichen Mitteleinsatz.[52]

Formulierungsvorschlag: Kurze Satzungsregelung Gemeinnützigkeit:[53]

§ X Gemeinnützigkeit

(1) Die Gesellschaft verfolgt ausschließlich, unmittelbar und selbstlos gemeinnützige Zwecke im Sinne des § 52 AO. Demgemäß werden ihre Organe ausschließlich und unmittelbar die Zwecke der Gesellschaft verwirklichen.

(2) Mittel der Gesellschaft dürfen nur für die satzungsgemäßen Zwecke verwandt werden. Die Aktionäre erhalten keine Gewinnanteile in ihrer Eigenschaft als Aktionär, auch keine sonstigen Zuwendungen aus Mitteln der Gesellschaft, und es darf niemand durch Ausgaben, die dem Zwecke der Gesellschaft fremd sind oder durch unverhältnismäßig hohe Vergütungen begünstigt werden. Eigenwirtschaftliche Zwecke darf die Gesellschaft nicht verfolgen. Bei der Auflösung der Gesellschaft oder dem Wegfall der steuerbegünstigten Zwecke erhalten die Aktionäre höchstens den eingezahlten Betrag des Grundkapitals (Nominalwert) zurück. Ein etwa verbleibendes Vermögen der Gesellschaft darf nur für steuerbegünstigte Zwecke verwandt werden.

---

[47] FG Münster 13.10.2017 – 13 K 641/14 K, BeckRS 2017, 135361.
[48] Vgl. FG Münster 13.10.2017 – 13 K 641/14 K, BeckRS 2017, 135361 (Revision anhängig: BFH V R 50/17) und FG Hessen 16.4.2015 – 4 K 1685/14, ErbStB 2016, 306 (Revisionsverfahren anhängig: BFH V R 30/16).
[49] FG Münster 13.10.2017 – 13 K 641/14 K, BeckRS 2017, 135361.
[50] FG Münster 13.10.2017 – 13 K 641/14 K, BeckRS 2017, 135361.
[51] FG Münster 13.10.2017 – 13 K 641/14 K, BeckRS 2017, 135361; *Pues/Scheerbarth*, Gemeinnützige Stiftungen im Zivil- und Steuerrecht, 3. Aufl., 2008, § 16, S. 170.
[52] FG Münster 13.10.2017 – 13 K 641/14 K, BeckRS 2017, 135361; FG Hessen 16.4.2015 – 4 K 1685/14, ErbStB 2016, 306 (Revisionsverfahren anhängig: BFH V R 30/16).
[53] Formulierung gem. § 3 der Satzung der Zoologischer Garten Berlin Aktiengesellschaft vom 14.5.1869 in der Fassung 13.6.2013.

18 Zu beachten ist, dass mit dem **Jahressteuergesetz 2009**[54] **§ 60 Abs. 1 AO erweitert** wurde. Insbesondere wurde der Satz „Die Satzung muss die in der **Anlage 1**[55] bezeichneten Festlegungen enthalten" zusätzlich in den § 60 AO aufgenommen. Dort finden sich unter der Überschrift „**Mustersatzung**" konkrete Formulierungen. Mit der Erweiterung des § 60 Abs. 1 AO zielte der Gesetzgeber auf eine erhöhte Rechtssicherheit. Der Finanzausschuss begründete in seinem Bericht zum Entwurf des Jahressteuergesetzes 2009 die Notwendigkeit der Erweiterung des § 60 Abs. 1: „Durch die Einbeziehung aller in der Europäischen Union bzw. in dem Gebiet des Europäischen Wirtschaftsraums ansässiger, in Deutschland beschränkt steuerpflichtiger gemeinnütziger Körperschaften in die Körperschaftsteuerbefreiung (vgl. Änderung des § 5 Abs. 2 Nr. 2 KStG durch Artikel 3 Nr. 3 Buchstabe b des vorliegenden Änderungsgesetzes) könnte die aufsichtsbehördliche Kontrolle jedoch zukünftig nicht mehr in allen Fällen gewährleistet sein. Durch die Streichung der Ausnahmeregelung des § 62 AO wird erreicht, dass Steuervergünstigungen („Anerkennung der Gemeinnützigkeit") nunmehr sowohl bei allen unbeschränkt steuerpflichtigen Körperschaften als auch bei beschränkt steuerpflichtigen EU-/EWR-ausländischen Körperschaften davon abhängen, dass die Vermögensbindung in deren Satzung genau bestimmt ist."[56] Dass damit immer genau die Formulierungen der Mustersatzung verpflichtend wäre, kann daraus aber nicht gefolgert werden. So reagierte hier der Gesetzgeber mit der Neuregelung und der „Mustersatzung" auf die Rechtsprechung des BFH, der in seinem Urteil vom 20.12.2006 (I R 94/02, BFH/NV 2007, 805) die Formulierung der Ausschließlichkeit und der Unmittelbarkeit der Zweckverfolgung in der Satzung gerade nicht für notwendig erachtete.[57] Zudem ergibt auch die Auslegung der Neuregelung nach ihrem Wortlaut gerade nicht, dass die Mustersatzung „Wort für Wort" übernommen werden muss, da im Gesetzestext lediglich auf die „Festlegungen" der Mustersatzung verwiesen wird.[58] Es wird **gerade nicht gefordert**, dass zB entsprechend der Regelung zu Zuwendungsbestätigungen (Spendenbestätigungen), die Satzung einem amtlich vorgeschriebenen Vordruck bzw. Muster entsprechen muss, was aber erforderlich wäre, wenn der Gesetzgeber tatsächlich eine **wortwörtliche Übernahme der Mustersatzung** gewollt hätte.[59] **Satzungen genügen daher schon dann der gesetzlichen Neuregelung, wenn** sie unabhängig vom Aufbau und vom genauen Wortlaut der Mustersatzung die bezeichneten Festlegungen, nämlich die Verpflichtung zur ausschließlichen und unmittelbaren Verfolgung förderungswürdiger Zwecke sowie die Verwendung des Begriffs „selbstlos" enthalten.[60] Der Berater wird gleichwohl prüfen, ob bzw. inwieweit die Satzung zur **Gewährleistung des Gebots des sichersten und des gefahrlostesten Wegs**[61] unter Verwendung von Formulierungen aus der Mustersatzung erfolgen kann.[62]

2. Notwendigkeit der Kongruenz der tatsächlichen Geschäftsführung der gAG

19 Gem. § 63 Abs. 1 AO muss die **tatsächliche Geschäftsführung der Körperschaft auf die ausschließliche und unmittelbare Erfüllung der steuerbegünstigten Zwecke gerichtet** sein und den Bestimmungen entsprechen, die die Satzung über die Voraussetzungen der Steuervergünstigungen enthält.[63]

---

[54] JStG 2009 BGBl. 2008 I 2794.
[55] Anlage 1 (zu § 60 AO) Mustersatzung für Vereine, Stiftungen, Betriebe gewerblicher Art von juristischen Personen des öffentlichen Rechts, geistliche Genossenschaften und Kapitalgesellschaften (nur aus steuerlichen Gründen notwendige Bestimmungen).
[56] BT-Drs. 16/11108, 46.
[57] FG Hessen 28.6.2017 – 4 K 917/16, ErbStB 2018, 19; *Köster* DStZ 2010, 166.
[58] FG Hessen 28.6.2017 – 4 K 917/16.
[59] FG Hessen 28.6.2017 – 4 K 917/16.
[60] FG Hessen 28.6.2017 – 4 K 917/16.
[61] BGH 10.5.2012 – IX ZR 125/10, VersR 2013, 102; 1.3.2007 – IX ZR 261/03, BGHZ 171, 261; 7.2.2008 – IX ZR 149/04, WM 2008, 946.
[62] Vgl. auch die ausführlicheren Formulierungsvorschläge in § 55 Rn. 24, 26, 33, 40, 48 und 49.
[63] FG Münster 13.10.2017 – 13 K 641/14 K, BeckRS 2017, 135361.

III. Firma, Unternehmensgegenstand, Vermögensbindung und Zweckbetrieb der gemeinnützigen Aktiengesellschaft

1. Firma der gAG

a) Grundsatz: Anwendung Firmenrecht der AG. Für die gAG gelten grundsätzlich die allgemeinen Regelungen des AG-Firmenrechts.[64]

b) Firmenzusatz „g" oder „gemeinnützige" AG. Gemeinnützige Aktiengesellschaften führen oft die Bezeichnung gAG. Dabei war die Zulässigkeit und die Eintragungsfähigkeit eines solchen Zusatzes in das Handelsregister umstritten.[65] Insbesondere das OLG München[66] führte in einer auf eine gemeinnützige GmbH bezogenen Sache aus, dass die Abkürzung „gGmbH" den zwingenden gesetzlichen Vorgaben nicht entspreche und § 4 GmbHG als Abkürzung nur eine solche für die Bezeichnung „Gesellschaft mit beschränkter Haftung" zulasse. Die Aufnahme weiterer Kürzel für zusätzliche Angaben, in diesen Fällen zum Gesellschaftszweck, komme deshalb nicht in Betracht.[67] Mit dem Inkrafttreten des Ehrenamtsstärkungsgesetzes[68] hat sich diese Diskussion erledigt. Im Ehrenamtsstärkungsgesetz hat der Gesetzgeber durch die Ergänzung des § 4 GmbHG klargestellt, dass in den Fällen, in denen die Gesellschaft ausschließlich und unmittelbar steuerbegünstigte Zwecke nach den §§ 51–68 der Abgabenordnung verfolgt, die Abkürzung „gGmbH" lauten kann. Damit ist der **Zusatz „g" oder „gemeinnützig" nunmehr zulässig, aber keine zwingende Voraussetzung** für die Anerkennung der Körperschaft als gemeinnützig.[69] Die gemeinnützige Aktiengesellschaft kann also den Zusatz „g" oder „gemeinnützige" führen, muss dies aber nicht.

c) Stiftungs-AG. Im Blick auf die Stiftung (§§ 80 ff. BGB) haben sich in rechtlicher Hinsicht mehrere Ersatzformen im Sinne stiftungsähnlicher Organisationen herausgebildet, die in der Rechtsform einer GmbH, Aktiengesellschaft oder eines eingetragenen Vereines betrieben werden können.[70] In der zum **Stiftungs-Verein** vorliegenden **Judikatur** wird die **Verwendung des Namensbestandteiles „Stiftung" als zulässig** erachtet, wenn der Verein eine **stiftungsähnliche Struktur** aufweist.[71] Hierzu gehören ein auf Dauer angelegter Stiftungszweck, eine stiftungsähnliche Organisation und eine ausreichende Vermögensausstattung.[72] Die Bezeichnung eines Vereins als „Stiftung" wird hingegen als irreführend angesehen, wenn der Verein weder über eine kapitalartige Vermögensausstattung noch über eine gesicherte Anwartschaft auf eine solche Dotierung verfügt, durch die eine dem Wesen einer Stiftung entsprechende Aufgabenerfüllung jedenfalls für einen gewissen Zeitraum gewährleistet ist.[73] Bei der Gestaltung der Satzung einer gemeinnützigen Stiftungs-AG ist also unbedingt darauf zu achten, dass eine möglichst weitgehende stiftungsähnliche Struktur niedergelegt und geregelt ist, damit der Eintragungsantrag nicht aus firmenrechtlichen Gründen und insbesondere wegen Irreführung vom Handelsregister zurückgewiesen wird.

---

[64] → § 8.
[65] OLG München 13.12.2006 – 31 Wx 84/06, NJW 2007, 1601; *Rohde*, Anmerkung zu OLG München 13.12.2006 – 31 Wx 89/06, GmbHR 2007, 268; *Rohde/Engelsing*, Firmierung als „gGmbH" unzulässig, NWB 2007, 1589; *Ullrich*, Firmenrechtliche Zulässigkeit des Firmenbestandteils „gGmbH", NZG 2007, 656; *Wessel* Anmerkung zu OLG München 13.12.2006 – 31 Wx 84/06, KuR 2007, 307.
[66] OLG München 13.12.2006 – 31 Wx 84/06, NJW 2007, 1601.
[67] OLG München 13.12.2006 – 31 Wx 84/06, NJW 2007, 1601 unter Verweis auf Keidel/Krafka/*Willer* Registerrecht Rn. 229 aE.
[68] Gesetz zur Stärkung des Ehrenamts (Ehrenamtsstärkungsgesetz) 21.3.2013 (BGBl. I S. 556).
[69] *Weidmann/Kohlhepp*, Die gemeinnützige GmbH, 3. Aufl., 2014, 2.4.2.1.3, S. 53 mwN.
[70] OLG Frankfurt a. M. 20.11.2000 – 20 W 192/2000, 20 W 192/00, NJW-RR 2002, 174.
[71] OLG Frankfurt a. M. 20.11.2000 – 20 W 192/2000, 20 W 192/00, NJW-RR 2002, 174.
[72] OLG Frankfurt a. M. 20.11.2000 – 20 W 192/2000, 20 W 192/00, NJW-RR 2002, 174 mwN; BayOLG 25.10.1972 – BReg. 2 Z 56/72, NJW 1973, 249.
[73] OLG Köln 2.10.1996 – 2 Wx 31/96, NJW-RR 1997, 1531.

2. Unternehmensgegenstand der gAG

23 Der **steuerbegünstigte Zweck und die Art und Weise seiner Verwirklichung, dh der Unternehmensgegenstand**, müssen in der Satzung der den Gemeinnützigkeitsstatus beantragenden Aktiengesellschaft so genau angegeben werden, dass allein aufgrund dieser satzungsmäßigen Bestimmung die Voraussetzungen der Steuervergünstigung durch die Finanzbehörden überprüft werden können.[74]

Formulierungsvorschlag: zum Unternehmensgegenstand und Gesellschaftszweck:[75]

24 (1) Gegenstand des Unternehmens ist der Betrieb von . . .
a) . . .
b) . . .
als Zweckbetriebe im Sinne des Abschnitts „steuerbegünstigte Zwecke" der Abgabenordnung.
(2) Die Aktiengesellschaft darf alle Geschäfte und Handlungen vornehmen, die dem Zweck der Gesellschaft unmittelbar oder mittelbar zu dienen geeignet sind. Die Gesellschaft darf hierzu im Rahmen des Abschnitts „steuerbegünstigte Zwecke" der Abgabenordnung weitere Zweckbetriebe und wirtschaftliche Geschäftsbetriebe betreiben.
(3) Die Aktiengesellschaft darf – im Rahmen des Abschnitts „steuerbegünstigte Zwecke" der Abgabenordnung – ihre Geschäfte im In- und Ausland betreiben, insbesondere Zweigniederlassungen errichten und gleichartige oder ähnliche Unternehmen gründen, erwerben oder sich an ihnen beteiligen.
(4) Die Aktiengesellschaft darf Mittel einwerben und an andere steuerbegünstigte Körperschaften weitergeben, soweit diese einen Zweck verfolgen, der mit zumindest einem der Zwecke der Aktiengesellschaft inhaltlich identisch ist und soweit sichergestellt ist, dass der Empfänger die Mittel für diese Zwecke verwendet.
a) . . .
b) . . .

---

25 Die in Deutschland tatsächlich im Status der Gemeinnützigkeit stehenden Aktiengesellschaften haben **vielfache Unternehmensgegenstände**. So werden unter anderem Zoologische Gärten und insbesondere der Zoologische Garten in Berlin, Standortförderungen (vgl.: Würzburg gAG) und kirchliche Nächstenliebe (vgl. Agaplesion gAG und EJF Lazarus gAG) in der Form der gAG betrieben oder Führungsnachwuchs für die Wirtschaft ausgebildet (vgl.: zB Nordakademie – Hochschule der Wirtschaft gAG), Jugendarbeitslosigkeit bekämpft (zB Joblinge gAG) sowie Umwelt- und Landschaftsschutz gefördert (zB Eden Apfel-KräuterGarten gemeinnützige Aktiengesellschaft).[76]

3. Vermögensbindung bei der gAG

26 a) **Formelle Satzungsmäßigkeit und Vermögensbindung.** In § 61 Abs. 1 AO ist bestimmt, dass eine Vermögensbindung iSd § 55 Abs. 1 Nr. 4 AO nur vorliegt, „wenn der Zweck, für den das Vermögen bei Auflösung oder Aufhebung der Körperschaft oder bei Wegfall ihres bisherigen Zwecks verwendet werden soll, in der Satzung so genau bestimmt ist, dass aufgrund der Satzung geprüft werden kann, ob der Verwendungszweck steuerbegünstigt ist". Nur für bestimmte, genau bezeichnete Körperschaften gilt nach § 62 AO eine Ausnahme. Als Grundlage für die Erlangung des Status einer gemeinnützigen AG muss also unbedingt eine Satzungsregelung zur Vermögensbindung für den jeweiligen Veranlagungszeitraum wirksam eingefügt sein.

---

[74] BFH 20.7.1988 – I R 244/83, BFH/NV 1989, 479; FG Münster 7.12.2010 – 15 K 3110/06 U, EFG 2011, 842 (vgl. dazu: *Strahl*, Betriebe gewerblicher Art und Gemeinnützigkeit - Steuerliche Vorteile und Restriktionen, NWB 2008, 1947).
[75] Vgl. *Weidmann/Kohlhepp*, S. 64 (zur gGmbH).
[76] *Weber*, S. 4.

> **Formulierungsvorschlag:**
>
> Gewinn- und Mittelverwendung
>
> Mittel der Aktiengesellschaft dürfen nur für die gesellschaftsvertraglichen Zwecke verwendet werden. Aktionäre dürfen keine Gewinnanteile und in ihrer Eigenschaft als Aktionäre auch keine sonstigen Zuwendungen aus Mitteln der Gesellschaft erhalten. Davon ausgenommen sind solche an steuerbegünstigte Organisationen im Rahmen des § 58 der Abgabenordnung.
>
> Aktionäre erhalten bei ihrem Ausscheiden oder bei Auflösung der Gesellschaft oder bei Wegfall steuerbegünstigter Zwecke nicht mehr als den Nennwert ihrer eingezahlten Kapitalanteile und den gemeinen Wert ihrer Sacheinlagen zurück. Keine Person darf durch Ausgaben, die dem Zweck der Gesellschaft fremd sind, oder durch unverhältnismäßig hohe Vergütungen begünstigt werden.

b) Zeitnahe Mittelverwendung. Gem. § 55 Abs. 1 Nr. 5 AO ist die gemeinnützige Aktiengesellschaft verpflichtet, ihre Mittel zeitnah zu verwenden. Eine zeitnahe Mittelverwendung war bis zur Verabschiedung des Ehrenamtsstärkungsgesetzes gegeben, wenn die Mittel spätestens bis zum Ende des Folgejahres nach dem Zufluss verwendet werden. Diese Frist, wurde gem. § 55 Abs. 1 Nr. 5 AO mit Wirkung ab 1.1.2013 auf **zwei Jahre** verlängert (**Artikel 1 Nr. 3b iVm Artikel 12 Ehrenamtsstärkungsgesetz**). Zur zeitnahen Mittelverwendung zählt insbesondere, dass die Körperschaft die Mittel nicht den Gesellschaftern und Mitgliedern zukommen lässt, sondern sie vorbehaltlich des § 62 AO grundsätzlich zeitnah für ihre steuerbegünstigten satzungsmäßigen Zwecke verwendet.[77] Zeitlich bedeutet die Verpflichtung zur zeitnahen Mittelverwendung, dass die Mittel **spätestens in dem übernächsten auf den Zufluss folgenden Kalender- oder Wirtschaftsjahr für die steuerbegünstigten satzungsmäßigen Zwecke verwandt werden** müssen, wobei die Verwendung auch in der Anschaffung oder Herstellung von Vermögensgegenständen bestehen kann, die satzungsmäßigen Zwecken dienen, zB Bau eines Altenheimes, Kauf von medizinischen Geräten oÄ.[78] „Mittel" iSd § 55 AO sind nicht nur die der Körperschaft durch Spenden, Beiträge und Erträge ihres Vermögens und ihrer wirtschaftlichen Geschäftsbetriebe zur Verfügung stehenden Geldbeträge, sondern **sämtliche Vermögenswerte der Körperschaft.**[79]

c) Ausnahmen von der Pflicht zur zeitnahen Mittelverwendung. aa) *Freie Rücklage (§ 62 Abs. 1 Nr. 3 AO).* Hiernach dürfen Körperschaften höchstens ein Drittel des Überschusses aus der Vermögensverwaltung und darüber hinaus höchstens 10 % der sonstigen, zeitnah zu verwendenden Mittel einer Rücklage zuführen.

bb) (Zweck-)gebundene Rücklage (§ 62 Abs. 1 Nr. 1 AO). Diese Ausnahme von der Pflicht zur zeitnahen Mittelverwendung eröffnet der gAG die Möglichkeit, ihre Mittel ganz oder teilweise einer (zweck-)gebundenen Rücklage zuzuführen, soweit dies erforderlich ist, um ihre laufenden oder geplanten steuerbegünstigten Satzungszwecke nachhaltig zu erfüllen (Projektmittel- bzw. Investitionsrücklage, Betriebsmittelrücklage).

cc) Wiederbeschaffungsrücklage (§ 62 Abs. 1 Nr. 2 AO). Diese Rücklage kann von der gAG für die Wiederbeschaffung von Wirtschaftsgütern, die zur Verwirklichung der steuerbegünstigten, satzungsmäßigen Zwecke erforderlich sind, gebildet werden. Die Höhe berechnet sich nach den regulären Absetzungen für Abnutzung des zu erneuernden Wirtschaftsguts.

dd) Rücklage zum Erwerb von Gesellschaftsrechten (§ 62 Abs. 1 Nr. 4 AO). Danach kann die gAG ihre Mittel einer Rücklage zum Erwerb von Gesellschaftsrechten zur Erhaltung der prozentualen Beteiligung ein Kapitalgesellschaften zuführen, wobei die Dotation dieser Rücklage die Höhe der freien Rücklage (§ 62 Abs. 1 Nr. 3 AO) mindert.

---

[77] BVerwG 27.9.2017 – 6 C 34.16; BFH 20.3.2017 – X R 13/15, BFHE 257, 486.
[78] *Schlüter/Stolte*, Kap. 7 IV. 2. E) Rn. 59 mwN.
[79] BFH 20.3.2017 – X R 13/15, NVwZ-RR 2017, 979; BFH 23.10.1991 – I R 19/91, BFHE 165, 484, BStBl. II 1992 S. 62.

32 *ee) Altvermögen.* Nach Auffassung der Finanzverwaltung[80] umfasst die **Vermögensbindung** gem. § 55 Abs. 1 Nr. 4 AO das gesamte Vermögen einer gemeinnützigen Körperschaft unter **Einschluss eines schon vor der Gewährung der Gemeinnützigkeit angesammelten Vermögens**, mit der Folge der unmittelbaren Anwendbarkeit der Verpflichtung zur zeitnahen Mittelverwendung und zudem der Folge, dass auch solches Altvermögen nicht an die Gesellschafter oder Mitglieder ausgeschüttet werden darf, wenn die Körperschaft aufgelöst oder ihr die Gemeinnützigkeit entzogen wird. Das stellt jedoch eine **unzulässige Rückwirkung und einen unverhältnismäßigen Eingriff in die Eigentumsgarantie (Art. 14 Abs. 1 GG) und den darüber gewährleisteten eigentumsrechtlichen Vertrauensschutz** dar, soweit es um eine bereits vor dem 1.1.1977 als gemeinnützig anerkannte Körperschaft[81] und insbesondere gAG und deren **Altvermögen aus der Zeit vor Inkrafttreten der AO am 1.1.1977** geht, mit der die Verpflichtung zur zeitnahen Mittelverwendung erst eingeführt wurde. Eine solche Beschränkung von Eigentümerrechten wäre nur dann mit der Eigentumsgarantie des Art. 14 Abs. 1 GG vereinbar, wenn sie durch Gründe des allgemeinen Wohls unter Berücksichtigung des Grundsatzes der Verhältnismäßigkeit und des Gleichheitssatzes des Art. 3 Abs. 1 GG gerechtfertigt wäre.[82] Die Gründe des öffentlichen Interesses, die für den Eingriff sprechen, müssten so schwerwiegend sein, dass sie Vorrang haben vor dem Vertrauen des Eigentümers auf den Fortbestand seines Rechts, das durch die Bestandsgarantie des Art. 14 Abs. 1 GG gesichert wird.[83] Wirkt sich ein Eingriff in das Eigentum – wie hier mit dem Verbot der Rückgabe des Altvermögens bei Beendigung – wie eine (Teil- oder Voll-)Enteignung aus, ist bei der Verhältnismäßigkeitsprüfung auch das in Art. 14 Abs. 3 GG zum Ausdruck kommende Gewicht des Eigentumsschutzes zu beachten.[84] Die für eine Interpretation des § 55 Abs. 1 Nr. 4 AO als zulässige unechte Legalenteignung[85] erforderlichen besonders schwerwiegenden Gründe[86] für einen solch weitgehenden Eingriff in das (Alt-)Eigentum liegen hier nicht vor.

33 **d) Vermögensbindung und Beendigung der gAG.** Eine Förderung oder Unterstützung geschieht nur dann selbstlos, wenn ua bei Auflösung oder Aufhebung der Körperschaft oder bei Wegfall ihres bisherigen Zwecks das Vermögen der Körperschaft, soweit es die eingezahlten Kapitalanteile der Mitglieder und den gemeinen Wert der von den Mitgliedern geleisteten Sacheinlagen übersteigt, nur für steuerbegünstigte Zwecke verwendet werden darf.[87] Diese Voraussetzung ist auch erfüllt, wenn das **Vermögen einer anderen steuerbegünstigten Körperschaft oder einer Körperschaft des öffentlichen Rechts für steuerbegünstigte Zwecke übertragen** werden soll (§ 55 Abs. 1 Nr. 4 S. 2 AO). Durch den Grundsatz der Vermögensbindung soll sichergestellt werden, dass das Vermögen, das die Körperschaft unter den Vorgaben des Gemeinnützigkeitsrechts gebildet hat, auch auf Dauer für steuerbegünstigte Zwecke verwendet wird.[88] Die Vermögensbindung muss in die Satzung der Körperschaft aufgenommen werden (§§ 59, 61 AO). Dabei hat die gesetzlich vorgeschriebene Festlegung der künftigen Vermögensverwendung die Funktion eines Buchnachweises.[89]

---

[80] Vgl. FM Sachsen-Anhalt 19.1.2017 – 46 – S 0174 – 3, BeckVerw 337834.
[81] Vgl. *Buchna/Leichinger/Seeger/Brox*, 1.2 Entwicklung des Gemeinnützigkeitsrechts, S. 21 ff.
[82] BGH 7.7.2016 – III ZR 28/15, NJW 2017, 829.
[83] BGH 6.5.1999 – III ZR 174/98, BGHZ 141, 319 (325); BVerfGE 83, 201 (212 f.); BGH 7.7.2016 – III ZR 28/15, NJW 2017, 829.
[84] BGH 19.7.2007 – III ZR 305/06, ZfBR 2007, 788 (790); BVerfGE 83, 201; BVerfG NVwZ 1999, 979 (980); BGH 7.7.2016 – III ZR 28/15, NJW 2017, 829.
[85] Vgl. zur unechten Legalenteignung: *Ritter* NZM 2000, 737 (738 f., I.1.b).
[86] Vgl. BVerfGE 83, 201.
[87] FG Berlin-Brandenburg 24.7.2014 – 4 K 12276/11, EFG 2014, 2168.
[88] BFH 12.1.2011 – I R 91/09, BFH/NV 2011, 1111; FG Berlin-Brandenburg 24.7.2014 – 4 K 12276/11, EFG 2014, 2168.
[89] BFH 13.12.1978 – I R 39/78, BStBl. II 1979 S. 482; 19.4.1989 – I R 3/88, BStBl. II 1989 S. 595; 26.2.1992 – I R 47/89, BFH/NV 1992, 695; 5.8.1992 – X R 165/88, BStBl. II 1992 S. 1048; 10.11.1998 – I R 95/97, BFH/NV 1999, 739; 23.7.2009 – V R 20/08, BStBl. II 2010 S. 719; 12.1.2011 – I R 91/09, BFH/NV 2011, 1111; FG Berlin-Brandenburg 24.7.2014 – 4 K 12276/11, EFG 2014, 2168.

> **Formulierungsvorschlag:**
>
> Auflösung der Aktiengesellschaft; Bestimmung Anfallberechtigter
>
> (1) Bei Auflösung der Aktiengesellschaft oder bei Wegfall steuerbegünstigter Zwecke fällt das Vermögen der Gesellschaft, soweit es die eingezahlten Kapitalanteile der Gesellschafter und den gemeinen Wert der von den Gesellschaftern geleisteten Sacheinlagen übersteigt, an eine juristische Person des öffentlichen Rechts oder eine andere steuerbegünstigte Körperschaft (Anfallberechtigter) zwecks Verwendung zur Förderung des Wohlfahrtswesens.
>
> (2) Die Bestimmung des Anfallberechtigten erfolgt durch einen mit einer Mehrheit von Dreiviertel des Grundkapitals gefassten Beschlusses der Hauptversammlung der Aktiengesellschaft. Der Beschluss über die zukünftige Verwendung des Vermögens darf erst nach Einwilligung oder Bestätigung des zuständigen Finanzamts hinsichtlich der Steuerbegünstigung des Anfallberechtigten ausgeführt werden.

4. Zweckbetrieb und gemeinnützige AG

a) **Wirtschaftliche Aktivität der gAG.** Die gemeinnützige AG kann wirtschaftliche Aktivitäten entfalten, um die Finanzierung der in der Satzung festgelegten steuerbegünstigten Zwecke zu ermöglichen. Ist das der Fall, dann sind betreffend die Steuerpflichtigkeit der **ideelle** (gemeinnützige) **Tätigkeitsbereich**, der Bereich der **steuerunschädlichen Vermögensverwaltung**, der Bereich des **steuerunschädlichen Zweckbetriebs** und der Tätigkeitsbereich des **steuerbelasteten wirtschaftlichen Geschäftsbetriebs** zu unterscheiden. 34

b) **Definition Zweckbetrieb.** Ein Zweckbetrieb im Sinne des § 65 AO ist gegeben, wenn der wirtschaftliche Geschäftsbetrieb in seiner Gesamtrichtung dazu dient, die steuerbegünstigten satzungsgemäßen Zwecke der Körperschaft zu verwirklichen (§ 65 Nr. 1 AO), die Zwecke nur durch einen solchen Geschäftsbetrieb erreicht werden können (Nr. 2) und der wirtschaftliche Geschäftsbetrieb zu steuerpflichtigen Betrieben derselben oder ähnlichen Art nicht in größerem Umfang in Wettbewerb tritt, als es bei Erfüllung der steuerbegünstigten Zwecke unvermeidbar ist (Nr. 3). Für die Annahme eines Zweckbetriebes **müssen alle drei Voraussetzungen des § 65 AO gegeben sein**.[90] 35

c) **Zweckverwirklichung und Zwecknotwendigkeit.** Die steuerbegünstigten Zwecke sind ohne die wirtschaftliche Betätigung nur dann nicht erreichbar, wenn **der wirtschaftliche Geschäftsbetrieb** sich von der Verfolgung des steuerbegünstigten Zwecks nicht trennen lässt, sondern **als das unentbehrliche und einzige Mittel zur Erreichung des steuerbegünstigten Zwecks anzusehen ist** und es sich nicht bloß um eine Tätigkeit zur Mittelbeschaffung handelt. Dies ist nur dann anzunehmen, wenn die steuerbegünstigten Zwecke ohne die wirtschaftliche Betätigung nicht erreichbar wären.[91] 36

d) **Konkurrenzverbot.** Die den Status der Gemeinnützigkeit anstrebende oder innehabende Aktiengesellschaft **darf mit den Leistungen ihres Zweckbetriebs nicht in Wettbewerb zu anderen Unternehmern treten, die vergleichbare Leistungen ohne Anspruch auf Ermäßigung am Markt anbieten**.[92] Welcher Art die Vorleistungen sind, die der Zweckbetrieb zur Erbringung seiner eigenen Leistung beansprucht, ist insoweit nicht von Bedeutung.[93] Für diese weite Auslegung des § 12 Abs. 2 Nr. 8 Buchst. a S. 3 UStG spricht dabei, dass der ermäßigte Steuersatz nur insoweit anzuwenden ist, als er zu keiner oder einer nur geringen Gefahr einer Wettbewerbsverzerrung führt.[94] 37

---

[90] BFH 18.3.2004 – V R 101/01, BStBl. II 2004 S. 798 mwN; BFH 13.6.2012 – I R 71/11, BFH/NV 2013, 89; FG Köln 19.1.2017 – 13 K 1160/13 (Revision anhängig BFH V R 10/17).
[91] BFH 16.12.2009 – I R 49/08, BFHE 228, 53, BStBl. II 2011 S. 398, DB 2010, 653; BFH 17.2.2010 – I R 2/08, BFHE 228, 388, BStBl. II 2010 S. 1006, DB 2010, 1104; BFH 12.6.2008 – V R 33/05, BFHE 221, 536, BStBl. II 2009 S. 221, DB 2008, 2115; BFH 18.6.2015 – 10 K 759/13, EFG 2015, 1634; FG Köln 7.4.2016 – 10 K 2601/13, EFG 2016, 1236.
[92] BFH 21.6.2017 – V R 34/16; BStBl. II 2018, 55.
[93] BFHE 237, 279, BStBl. II 2012 S. 630; BFH 21.6.2017 – V R 34/16; BStBl. II 2018, 55.
[94] EuGH 3.3.2011 – C-41/09, EU:C:2011:108 Rn. 52 – Kommission/Königreich Niederlande; BFH 21.6.2017 – V R 34/16; BStBl. II 2018, 55.

38 e) **Wirtschaftlicher Geschäftsbetrieb und Steuer.** Entfällt die Anerkennung eines Betriebs einer gemeinnützigen Aktiengesellschaft als Zweckbetrieb und liegt ein **wirtschaftlicher Geschäftsbetrieb**[95] vor, dann ist die Steuervergünstigung grundsätzlich ausgeschlossen, wobei § 64 AO weitere Bestimmungen enthält. Übersteigen die Einnahmen einschließlich Umsatzsteuer aus wirtschaftlichen Geschäftsbetrieben, die keine Zweckbetriebe sind, insgesamt nicht **35.000 Euro im Jahr**, so unterliegen sie nicht der Körperschaftsteuer und der Gewerbesteuer (§ 64 Abs. 3 AO). Alle steuerbegünstigten Körperschaften und insbesondere eine gemeinnützige Aktiengesellschaft, deren Einnahmen einschließlich Umsatzsteuer aus wirtschaftlichen Geschäftsbetrieben die **Freigrenze** in Höhe von 35.000 Euro überschreiten, können bei der Körperschaftsteuer und der Gewerbesteuer einen **Freibetrag von 5.000 Euro jährlich** in Anspruch nehmen (§ 24 KStG und § 11 Abs. 1 Nr. 2 GewStG). Verbleibt nach Abzug des Freibetrags ein zu versteuerndes Einkommen, so beträgt die **Körperschaftsteuer** hierauf nach § 23 KStG **15 Prozent** dieses Betrages (zzgl. Solidaritätszuschlag in Höhe von 5,5 Prozent der Körperschaftsteuer). Betreffend die Höhe der **Gewerbesteuer** ist auf den jeweiligen **Hebesatz der Gemeinde** abzustellen.

IV. Organe der gAG

1. Vorstand

39 a) **Weisungsfreiheit des AG-Vorstands (§ 76 Abs. 1 AktG) und Gemeinnützigkeit.** In Österreich wurde im Blick auf die dort ähnlich dem deutschen Recht geregelte Weisungsfreiheit des AG-Vorstands[96] die Anerkennungsmöglichkeit einer Aktiengesellschaft als gemeinnützig teilweise bezweifelt.[97] In Deutschland wird – zutreffend - in **§ 76 Abs. 1 AktG** und der dem Vorstand nach der AG-Verfassung zustehenden Rechtsposition kein Hemmnis **für die Anerkennung einer AG als gemeinnützig** gesehen.[98] Nach §§ 76 f. AktG ist es der Vorstand, der eigenverantwortlich und im Grundsatz weisungsfrei die Leitungs- und Geschäftsführungsaufgaben einer Aktiengesellschaft wahrnimmt. Diese gesetzliche Grundsatzentscheidung wird systematisch als Beleg dafür gewertet, dass die Struktur der Aktiengesellschaft nicht mit der einer GmbH verglichen werden kann und der AG-Vorstand im Regelfall gerade und im Gegensatz zum GmbH-Geschäftsführer nicht von den Weisungen der Gesellschafter abhängig ist, soweit nicht § 82 Abs. 2 AktG eingreift, wonach der Vorstand im Innenverhältnis verpflichtet ist, die Beschränkungen einzuhalten, die im Rahmen der Vorschriften über die Aktiengesellschaft, die Satzung, der Aufsichtsrat, die Hauptversammlung und die Geschäftsordnungen des Vorstandes und des Aufsichtsrates für die Geschäftsführungsbefugnis getroffen worden sind.[99] Selbst Satzungsklauseln sollen den Bereich eigenverantwortlicher Leitung der Aktiengesellschaft durch den Vorstand nicht einschränken dürfen.[100] Zudem wird in der Rechtsprechung ausdrücklich ausgesprochen, dass der **unternehmerische Ermessensspielraum des AG-Vorstands** ein Handeln gegen die Interessen eines (Haupt-)Aktionärs der AG erlaube.[101] Das alles schließt die Möglichkeit der Anerkennung einer in der Rechtsform der deutschen AG betriebenen Organisation als gemeinnützig nicht aus, da der AG-Vorstand über die **Verpflichtung zum Handeln im Gesellschaftsinteresse**, insbesondere dem nicht mit Gewinnmaximierung gleichzusetzenden **Rentabilitätsinteresse**,[102] in Verbindung mit der **Organisationspflicht** und der **Legalitätspflicht**,

---

[95] Vgl. § 14 S. 1 und S. 2 AO. Ein wirtschaftlicher Geschäftsbetrieb ist eine selbständige nachhaltige Tätigkeit, durch die Einnahmen oder andere wirtschaftliche Vorteile erzielt werden und die über den Rahmen einer Vermögensverwaltung hinausgehen. Die Absicht, Gewinn zu erzielen, ist nicht erforderlich.
[96] § 70 Abs. 1 S. 1 AktG (Österreich): Der Vorstand hat unter eigener Verantwortung die Gesellschaft so zu leiten, wie das Wohl des Unternehmens unter Berücksichtigung der Interessen der Aktionäre und der Arbeitnehmer sowie des öffentlichen Interesses es erfordert.
[97] Vgl. *Walz/Auer/Hippel*, S. 107 mwN.
[98] KG 16.2.2016 – 22 W 71/15, MDR 2016, 403. Vgl. dazu: *Schauhoff/Kirchhain* ZIP 2016, 1857.
[99] OLG Frankfurt a. M. 17.8.2011 – 13 U 100/10, ZIP 2011, 2008 mwN. Vgl. dazu: *Kort* AG 2012, 605.
[100] OLG Frankfurt a. M. 17.8.2011 – 13 U 100/10, ZIP 2011, 2008 mwN.
[101] OLG Frankfurt a. M. 17.8.2011 – 13 U 100/10, ZIP 2011, 2008 mwN.
[102] Semler/Peltzer/*Kubis*/Richter § 4 Rn. 28 ff. mwN.

die bei der gAG auch die **Pflicht zur Einhaltung der Vorgaben des Gemeinnützigkeitsrechts umfasst**, unabhängig vom Bestehen einer AG-verfassungsmäßigen Weisungsunabhängigkeit im Rechtsverhältnis zu Aktionärsversammlung, Aufsichtsrat, Aktionären und insbesondere einem Hauptaktionär gewährleisten muss, dass der Status der Gemeinnützigkeit nicht gefährdet, sondern – auch unter Einrichtung und Überwachung entsprechender geeigneter Risikomanagementsysteme – abgesichert ist und wird.

Da bei der Prüfung, ob eine AG den Status der Gemeinnützigkeit erlangt, die Satzungsgestaltung **entscheidende Bedeutung** für die Entstehung dieses steuerrechtlichen Sonderstatus einer gAG hat und die Satzung den **primären Maßstab** für die Erfüllung des Tatbestandsmerkmals der Gemeinnützigkeit darstellt,[103] wird der Berater prüfen, ob eine **ergänzende Regelung** zur Verpflichtung des AG-Vorstands auf die **Wahrung des Gesellschaftsinteresses und des Gesellschaftszwecks der AG** als gemeinnütziger AG in die Satzung einzufügen ist. 40

> **Formulierungsvorschlag:**
>
> Die Vorstandstätigkeit erstreckt sich auf alle Handlungen und Rechtsgeschäfte, die der gewöhnliche Geschäftsbetrieb mit sich bringt und die zur Erreichung des Gesellschaftszwecks erforderlich erscheinen.
>
> Die Vorstandsmitglieder sind verpflichtet, die Geschäfte der Gesellschaft in Übereinstimmung mit dem Gesetz, dieser Satzung in ihrer jeweils gültigen Fassung, einer etwaigen Geschäftsordnung in ihrer jeweils gültigen Fassung sowie den Beschlüssen des Aufsichtsrats und der Hauptversammlung zu führen.

b) Compliance im Bereich Spenden und Sponsoring. Der Vorstand einer gemeinnützigen Aktiengesellschaft hat im Rahmen der ihm obliegenden Legalitätspflicht darauf zu achten, dass die gesetzlichen Vorgaben des Steuerrechts und insbesondere des Gemeinnützigkeitsrechts eingehalten und nicht verletzt werden. 41

aa) Compliance Einhaltung Voraussetzungen einer Spende. Besonderes Augenmerk ist auf die Abgrenzung von Spenden und Sponsoring zu richten. Gem. **§ 10b Abs. 1 S. 1 EStG** sind Ausgaben zur Förderung bestimmter als besonders förderungswürdig anerkannter gemeinnütziger Zwecke innerhalb einer gesetzlich festgelegten Obergrenze als **Sonderausgaben** abziehbar. Die erkennbare Ausrichtung der Förderung auf einen dieser steuerbegünstigten Zwecke ist das entscheidende Kriterium für den **Spendenabzug**.[104] Das ist auch der eigentliche Grund dafür, dass als Spenden iSd § 10b Abs. 1 S. 1 EStG nach herrschender Meinung nur Aufwendungen in Betracht kommen, die der Steuerpflichtige **unentgeltlich und freiwillig geleistet** hat.[105] Eine Spende muss **ohne die Erwartung eines besonderen Vorteils** gegeben werden; die Spendenmotivation muss im Vordergrund stehen.[106] Die Unentgeltlichkeit ist für die Spende und damit für den Spendenabzug konstitutives Merkmal. Die steuerliche Entlastung der Spende ist nur gerechtfertigt, wenn sie **weder privat- noch gruppennützig**, sondern **ausschließlich fremdnützig**, dh zur Förderung des Gemeinwohls verwendet wird.[107] Ein Spendenabzug ist daher nicht nur ausgeschlossen, wenn die Ausgaben zur Erlangung einer Gegenleistung des Empfängers erbracht werden, sondern schon dann, wenn die Zuwendungen an den Empfänger unmittelbar und ursächlich mit einem von diesem oder einem Dritten gewährten Vorteil zusammenhängen, ohne dass der Vorteil unmittelbar wirtschaftli- 42

---

[103] *Droege*, S. 168.
[104] BFH 9.12.2014 – X R 4/11, BFH/NV 2015, 853.
[105] BFH 19.12.1990 – X R 40/86, BFHE 163, 197, BStBl. II 1991 S. 234; BFH 9.12.2014 – X R 4/11, BFH/NV 2015, 853.
[106] BFH 25.11.1987 – I R 126/85, BFHE 151, 544, BStBl. II 1988 S. 220; BFH 9.12.2014 – X R 4/11, BFH/NV 2015, 853.
[107] BFH 2.8.2006 – XI R 6/03, BFHE 214, 378, BStBl. II 2007 S. 8; BFH 9.12.2014 – X R 4/11, BFH/NV 2015, 853 mwN.

cher Natur sein muss.[108] Eine Aufteilung der Zahlung in ein angemessenes Entgelt und eine den Nutzen übersteigende „unentgeltliche" Leistung scheidet bei einer einheitlichen Gegenleistung aus;[109] denn auch **im Falle einer Teilentgeltlichkeit fehlt der Zuwendung insgesamt die geforderte Uneigennützigkeit**.[110] **Sponsoring erfüllt** diese **Voraussetzungen nicht**. Der – steuerrechtlich – wesentliche Unterschied zwischen Sponsoring und Spenden liegt in der **Gegenleistung**, die es – wie ausgeführt – bei Spenden nicht geben darf, die beim Sponsoring indessen gewährt wird.[111] Sponsoring ist die Gewährung von Geld oder geldwerten Vorteilen durch Unternehmen zur Förderung von Personen, Gruppen und/oder Organisationen in sportlichen, kulturellen, kirchlichen, wissenschaftlichen, sozialen, ökologischen oder ähnlich bedeutsamen gesellschaftspolitischen Bereichen, mit der regelmäßig auch eigene unternehmensbezogene Ziele der Werbung oder Öffentlichkeitsarbeit verfolgt werden.[112] Bei Verstoß gegen die rechtlichen Vorgaben zu Spenden und deren Verwendung kann sich das Finanzamt an dem Aussteller einer unrichtigen Bestätigung (**Ausstellerhaftung**) bzw. an denjenigen, der veranlasst hat, dass Zuwendungen nicht zu den in der Bestätigung angegebenen steuerbegünstigten Zwecken verwendet werden (**Veranlasserhaftung**), schadlos halten.[113] Die Ausstellerhaftung sanktioniert schuldhaftes Handeln bei der Ausstellung der Spendenbestätigung, wogegen die Veranlasserhaftung verschuldensunabhängig und damit in Form der Gefährdungshaftung Fehlverhalten des Empfängers im Zusammenhang mit der Spendenverwendung erfasst.[114]

43 *bb) Compliance Zuwendungsbestätigung.* Voraussetzung für eine steuerliche Abzugsmöglichkeit als Spende ist eine **ordnungsgemäße Zuwendungsbestätigung** des Spendenempfängers. Hierzu muss ein amtlicher Vordruck verwendet werden, § 50 Abs. 1 EStDV. Der Vorstand der gAG hat hier im Rahmen der ihm obliegenden **Legalitäts- und Organisationspflicht auf** die **Verwendung wirksamer Zuwendungsbestätigungen zu achten**. Unrichtig ist eine Zuwendungsbestätigung, deren Inhalt nicht der objektiven Sach- und Rechtslage entspricht; dabei bezieht sich die Unrichtigkeit auf die Angaben, die für den Abzug gemäß § 10b EStG, § 48 EStDV wesentlich sind, insbesondere also auf die Höhe des zugewendeten Betrags, den beabsichtigten Verwendungszweck und den steuerbegünstigten Status der spendenempfangenden Körperschaft.[115] Der Vorstand der gAG muss auch sicherstellen, dass keine **Gefälligkeitsbescheinigungen** ausgestellt werden. Die Ausstellung von Gefälligkeitsbescheinigungen stellt einen **Verstoß gegen die Gemeinnützigkeit** dar und in diesen Fällen wird die Gemeinnützigkeit der AG versagt.[116] Insbesondere bei der sog. **Aufwandsspenden** ist die Beachtung der Voraussetzungen von deren Abzugsfähigkeit sicherzustellen. Wurde für Nutzungen und Leistungen ein Entgelt bzw. Aufwandsersatz vereinbart, kann es sich bei einem **Verzicht auf diesen Erstattungsanspruch** um eine sog. Aufwandsspende handeln.[117] Voraussetzung für den Abzug ist, dass der Anspruch auf Erstattung der Aufwendungen durch Vertrag oder Satzung eingeräumt worden ist und nach Erbringung der Leistung auf den Erstattungsanspruch bedingungslos verzichtet wird.[118] Der Anspruch darf nicht unter der Bedingung des Verzichts eingeräumt worden sein (§ 10b Abs. 3 S. 5 und 6 EStG). Im Hinblick auf die gleich gelagerten Interessen von Spender und

---

[108] BFHE 163, 197, BStBl. II 1991 S. 234; BFH 9.12.2014 – X R 4/11, BFH/NV 2015, 853.
[109] BFHE 214, 378, BStBl. II 2007 S. 8; BFH 9.12.2014 – X R 4/11, BFH/NV 2015, 853 mwN.
[110] BFH 9.12.2014 – X R 4/11, BFH/NV 2015, 853.
[111] *Grambow* CB 2017, 45 (50).
[112] BMF, 18.2.1998 – IV B 2 – S 2144 – 40/98/ IV B 7 – S 0183 – 62/98, BStBl. I 1998 S. 212; AEAO Nr. 7 S. 1 zu § 64 AO.
[113] *Grambow* CB 2017, 45 (50).
[114] FG Niedersachsen 15.1.2015 – 14 K 85/13, EFG 2015, 904.
[115] BFH 12.8.1999 – XI R 65/98, BFHE 190, 144, BStBl. II 2000 S. 65; FG Niedersachsen 15.1.2015 – 14 K 85/13, EFG 2015, 904.
[116] BFH 3.12.1996 – I R 67/95, BStBl. II 1997 S. 474; OFD Frankfurt a. M. 12.8.1992, DB 1992, 2009; AEAO Nr. 3 zu § 63 AO, Anhang 1; *Buchna/Leichinger/Seeger/Brox* 2.14 § 63 AO S. 265.
[117] FG Berlin-Brandenburg 4.3.2014 – 6 K 9244/11, EFG 2014, 989.
[118] FG Berlin-Brandenburg 4.3.2014 – 6 K 9244/11, EFG 2014, 989.

Empfänger wird von der Finanzgerichtsbarkeit in Fällen dieser Art gefordert, dass die Beteiligten ernstlich gewollte, klare, eindeutige und widerspruchsfreie Abmachungen getroffen haben und dass die einzelnen Verträge und Willenserklärungen ihrem Inhalt entsprechend durchgeführt worden sind; die Vereinbarungen müssen insoweit einem „**Fremdvergleich**" standhalten.[119]

cc) Compliance zeitnahe Verwendung der Spenden. Der Vorstand der gAG hat im Rahmen seiner Legalitäts- und Organisationspflicht sicherzustellen, dass die eingegangenen Spenden nur für die steuerbegünstigten Zwecke verwendet werden. Die gAG darf die Mittel – zu denen auch die Spenden zählen - nicht den Gesellschaftern und Mitgliedern zukommen lassen, sondern muss die Mittel vorbehaltlich des § 62 AO grundsätzlich zeitnah für ihre steuerbegünstigten satzungsmäßigen Zwecke verwenden.[120] 44

c) Zweckbetrieb und Compliance. Entfaltet die gemeinnützige AG wirtschaftliche Aktivitäten, um die Finanzierung der in der Satzung festgelegten steuerbegünstigten Zwecke zu ermöglichen und hat dazu einen Zweckbetrieb,[121] so hat der Vorstand im Rahmen der ihm obliegenden Legalitätspflicht iVm seiner Organisationspflicht durch Einrichtung und Überwachung geeigneter Risikomanagementsysteme abzusichern, dass die für die Annahme eines Zweckbetriebes **erforderlichen drei Voraussetzungen des § 65 AO**,[122] in den jeweiligen Veranlagungszeiträumen durchgehend erfüllt sind und werden. 45

d) Keine Milderung des Haftungsmaßstabs bei ehrenamtlicher Tätigkeit. Kommt es bei einer gAG, bei der Personen im Vorstand ehrenamtlich tätig sind, zu einem Haftpflichtprozess, so scheidet eine Entlastung sowohl unter Verweis auf die nur ehrenamtliche Zugehörigkeit zum Vorstand als auch auf eine etwa vorhandene Aufgabenverteilung unter den Mitgliedern des Vorstands aus.[123] Auch das einzelne ehrenamtlich tätige Vorstandsmitglied trägt die **Verantwortung für Fehlentwicklungen bei der Wahrnehmung der Leitungsaufgabe einer gAG** und es wirkt sich auch dann die alle Vorstandsmitglieder treffende **Gesamtverantwortung** dahingehend aus, dass sowohl ein ehrenamtlich tätiges wie auch ein nach der Geschäftsverteilung unzuständiges Mitglied des Vorstandes der jeweils in Rede stehenden satzungswidrigen Verfahrensweise widersprechen und in geeigneter Weise – etwa durch Information des Aufsichtsrates – Schaden von der Gesellschaft abwenden muss.[124] 46

2. Hauptversammlung

a) Angemessenheit der Verwaltungskosten. Um den Rechtsstatus der Gemeinnützigkeit nicht zu gefährden, sind bei der gAG gesetzliche Spielräume zur Einsparung von Verwaltungskosten auszunutzen. Die Grenzen der Angemessenheit werden grds. dann als überschritten angesehen,[125] wenn eine Körperschaft, die sich weitgehend aus Geldspenden finanziert, diese „überwiegend" (also zu mehr als der Hälfte) für Verwaltung und Spendenwerbung verwendet.[126] Für die kleinen und nicht-börsennotierten Aktiengesellschaften sowie sog. Tendenzbetriebe, Religionsgemeinschaften und deren karitativen und erzieherischen Einrichtungen räumt der Gesetzgeber Erleichterungen im organisatorischen Ablauf 47

---

[119] BFH 9.5.2007 – XI R 23/06, BFH/NV- 2007, 2251; FG München 7.7.2009 – 6 K 3583/07, EFG- 2009, 1823; FG Berlin-Brandenburg 4.3.2014 – 6 K 9244/11, EFG 2014, 989.
[120] Grundsatz der Vermögensbindung; BVerwG 27.9.2017 – 6 C 34.16; BFH 20.3.2017 – X R 13/15, BFHE 257, 486.
[121] → Rn. 34 ff.
[122] BFH 18.3.2004 – V R 101/01, BStBl. II 2004 S. 798 mwN; BFH 13.6.2012 – I R 71/11, BFH/NV 2013, 89; FG Köln 19.1.2017 – 13 K 1160/13 (Revision anhängig BFH V R 10/17).
[123] BGH 1.12.2003 – II ZR 216/01, NJW-RR 2004, 900 (zur Genossenschaft).
[124] BGH 1.12.2003 – II ZR 216/01, NJW-RR 2004, 900 mwN.
[125] BFH 23.9.1998 – I B 82/98, BStBl. II 2000 S. 320; FG Mecklenburg-Vorpommern, 21.12.2016 – 3 K 272/13 (n.rk. Revision anhängig BFH V R 5/17).
[126] AEAO zu § 55, Nr. 18 S. 5 i. d. Neufassung v. 31.1.2014 – IV A 3 - S 0062/14/10002, BStBl. I 2014 S. 290, geändert durch BMF 26.1.2016 – IV A 3 - S 0062/15/10006, BStBl. I 2016 S. 155; FG Mecklenburg-Vorpommern 21.12.2016 – 3 K 272/13.

ein, die zur Wahrung der Gemeinnützigkeit (vgl. AEAO Nr. 17 ff. zu § 55 Abs. 1 Nr. 1 und 3 AO) genutzt werden können und genutzt werden sollten.[127] Das betrifft in erster Linie das Verfahren der Einberufung und Durchführung der Hauptversammlung (§§ 121 ff. AktG), wo die nach § 121 Abs. 4 S. 1 AktG **grundsätzlich erforderliche und regelmäßig kostenintensive Bekanntmachung der Einberufung in den Gesellschaftsblättern** vermieden werden und durch eingeschriebenen Brief (vgl. § 121 Abs. 4 S. 1 und 2 AktG) bzw. bei entsprechender Regelung in der Satzung auch per Telefax oder E-Mail erfolgen kann, sofern die Aktionäre der Gesellschaft namentlich bekannt sind (vgl. § 121 Abs. 4 S. 2 Hs. 1 AktG).[128] Zudem besteht eine Pflicht zur medialen Verbreitung der Einberufung sowie der Veröffentlichung von für die Hauptversammlung wesentlichen Informationen über die Internetseite für nichtbörsennotierte Aktiengesellschaften nicht (§ 121 Abs. 4a, § 124a AktG) und bei Vollversammlungen, das heißt konkret bei Anwesenheit oder Vertretung sämtlicher Aktionäre bei der Hauptversammlung, kann auf die Einhaltung der Vorschriften der §§ 121–128 AktG verzichtet werden, soweit kein Aktionär der Beschlussfassung widerspricht (§ 121 Abs. 6 AktG).[129] Zu verweisen ist des Weiteren auf die Möglichkeit des **Verzichts auf die notarielle Niederschrift** nach § 130 Abs. 1 S. 1 iVm Abs. 4 AktG (§ 130 Abs. 1 S. 3 AktG) und die vom Vorsitzenden des Aufsichtsrats unterzeichnete Niederschrift (§ 130 Abs. 1 S. 3 AktG) sowie die Regelung, wonach die **Anzahl der im Kalenderhalbjahr abzuhaltenden Aufsichtsratssitzungen** durch Beschluss des Aufsichtsrats von zwei auf eine reduziert werden kann (§ 110 Abs. 3 AktG).[130]

48 b) **Beschluss Gewinnverwendung bei gAG.** Die steuerrechtliche Anerkennung einer Einrichtung als gemeinnützig schließt die Gewinnerzielungsabsicht aus, lässt aber, da auch gemeinnützige Einrichtungen den Anforderungen der Wirtschaftlichkeit unterliegen, die **Erzielung von Gewinnen zu**.[131] Nur **deren Verwendung** wird durch die Gemeinnützigkeit eingeschränkt.[132] Insbesondere darf der Gewinn aus Zweckbetrieben, aus einem steuerpflichtigen Geschäftsbetrieb sowie ein Überschuss aus Vermögensverwaltung nur für die satzungsmäßigen Zwecke verwendet werden.[133] Hier ist eine entsprechende Beschlussfassung der Hauptversammlung erforderlich und in der Satzung zu regeln.

> **Formulierungsvorschlag:**
>
> § X Gewinnverwendung
>
> (1) Die Hauptversammlung beschließt über die Verwendung des sich aus dem festgestellten Jahresabschluss ergebenden Bilanzgewinns. Dabei sind die Vorschriften des Gemeinnützigkeitsrechts zu berücksichtigen.
>
> (2) Die Aktionäre dürfen keine Gewinnanteile und in ihrer Eigenschaft als Gesellschafter auch keine sonstigen Zuwendungen aus Mitteln der Gesellschaft erhalten.

3. Aufsichtsrat

49 a) **Vergütung Vorstand gAG.** Bei Festlegung und Bestimmung der Vergütung des Vorstands einer gAG sind vom Aufsichtsrat unbedingt und peinlich genau die Grenzen der Angemessenheit zu beachten. Dies im Blick auf das bei zu hohen Vergütungen von Leitungsorganen bestehende Risiko der Aberkennung der Gemeinnützigkeit wegen Mittelfehlverwendung.

---

[127] *Weber* S. 135.
[128] *Weber* S. 135.
[129] *Weber* S. 135.
[130] *Weber*, S. 135.
[131] BVerwG 27.9.2017 – 6 C 34.16, NVwZ 2018, 671.
[132] BVerwG 27.9.2017 – 6 C 34.16, NVwZ 2018, 671.
[133] *Brinkmeier* 3.5.2.1 mwN.

> **Formulierungsvorschlag:** Satzungsregelung Bestellung und Vergütung Vorstand.[134]
>
> § X Bestellung und Vergütung des Vorstands
>
> (1) Der Vorstand wird vom Aufsichtsrat bestellt, der auch die Zahl seiner Mitglieder bestimmt. Der Vorstand besteht aus einer oder mehreren Personen. Der Aufsichtsrat regelt durch die mit den Vorstandsmitgliedern abzuschließenden Verträge die Bedingungen ihrer Anstellungen.
>
> (2) Die Vorstandsmitglieder oder andere Angestellte dürfen nicht durch Aufwendungen, die den Zwecken der Gesellschaft fremd sind, oder durch unverhältnismäßig hohe Vergütungen begünstigt werden.

aa) Angemessenheit Vorstandsvergütung gAG. Überschritten sind die Grenzen der Angemessenheit,[135] wenn eine Körperschaft, die sich weitgehend aus Geldspenden finanziert, diese „überwiegend" (also zu mehr als der Hälfte) für Verwaltung und Spendenwerbung verwendet.[136] Allerdings kann auch schon bei geringeren Verwaltungsausgaben eine steuerbegünstigungsschädliche Mittelverwendung vorliegen.[137] Angemessenheit wird demgegenüber bejaht, wenn die Ausgaben wirtschaftlich sinnvoll sind und voraussichtlich dazu beitragen, dass ein möglichst hoher Anteil der Mittel unmittelbar und tatsächlich den zu fördernden Personen zugutekommt.[138] Gegenstand der Angemessenheitsprüfung ist dabei nicht nur die **Gesamtheit der Verwaltungsausgaben** (einschließlich der **Aufwendungen für Spenden- und Mitgliederwerbung**), sondern auch jede einzelne Verwaltungsausgabe für sich.[139] Zur Prüfung der Angemessenheit des Geschäftsführergehaltes einer gemeinnützigen Organisation kann auf die **Grundsätze über die verdeckte Gewinnausschüttung zurückgegriffen** werden.[140] Der unbestimmte Rechtsbegriff der der verdeckten Gewinnausschüttung findet sich weder in § 8 Abs. 3 S. 2 KStG noch in § 20 Abs. 1 Nr. 1 EStG. Eine verdeckte Gewinnausschüttung iSv § 8 Abs. 3 S. 2 KStG ist eine bei der Körperschaft eintretende Vermögensminderung oder verhinderte Vermögensmehrung, die durch das Gesellschaftsverhältnis veranlasst ist, sich auf die Höhe des Unterschiedsbetrags iSv § 4 Abs. 1 S. 1 EStG auswirkt und in keinem Zusammenhang mit einer offenen Ausschüttung steht, wobei der zu beurteilende Vorgang geeignet ist, beim Gesellschafter einen Beteiligungsertrag iSd § 20 Abs. 1 Nr. 1 S. 2 EStG auszulösen.[141] Diese Voraussetzungen können erfüllt sein, wenn eine GmbH ihrem Gesellschafter-Geschäftsführer für dessen Tätigkeit unangemessen hohe Bezüge gewährt, wobei es für die **Bemessung der angemessenen Bezüge eines Leitungsorgans** einer nicht gemeinnützigen Kapitalgesellschaft **keine festen Regeln** gibt.[142] Der angemessene Betrag ist vielmehr im Einzelfall durch Schätzung zu ermitteln. Bei dieser Schätzung ist zu berücksichtigen, dass häufig nicht nur ein bestimmtes Gehalt als angemessen angesehen werden kann, sondern der Bereich des Angemessenen sich auf eine gewisse Bandbreite von Beträgen erstreckt. Unangemessen im Sinne einer verdeckten Gewinnausschüttung sind nur diejenigen Bezüge, die den oberen Rand dieser Bandbreite überstei-

50

---

[134] Formulierung gem. § 3 der Satzung der Zoologischer Garten Berlin Aktiengesellschaft vom 14.5.1869 in der Fassung 13.6.2013.
[135] BFH 23.9.1998 – I B 82/98, BStBl. II 2000 S. 320; FG Mecklenburg-Vorpommern, 21.12.2016 – 3 K 272/13 (n.rk. Revision anhängig BFH V R 5/17).
[136] AEAO zu § 55, Nr. 18 S. 5 i. d. Neufassung v. 31.1.2014 – IV A 3 - S 0062/14/10002, BStBl. I 2014 S. 290, geändert durch BMF 26.1.2016 – IV A 3 - S 0062/15/10006, BStBl. I 2016 S. 155; FG Mecklenburg-Vorpommern 21.12.2016 – 3 K 272/13, EFG 2017, 1137.
[137] BFH 23.2.1999 – XI B 128/98, BFH/NV 1999, 1055; 23.2.1999 – XI B 130/98, BFH/NV 1999, 1089; FG Mecklenburg-Vorpommern 21.12.2016 – 3 K 272/13.
[138] FG Mecklenburg-Vorpommern 21.12.2016 – 3 K 272/13, EFG 2017, 1137.
[139] FG Mecklenburg-Vorpommern 21.12.2016 – 3 K 272/13; Geserich DStR 2001, 604 (607); *Buchna/Leichinger/Seeger/Brox*, 2.5.5.1. § 55 AO S. 128.).
[140] FG Mecklenburg-Vorpommern 21.12.2016 – 3 K 272/13; *Schauhoff* § 8 Rn. 22; *Buchna*, S. 117.
[141] BFH 13.7.1994 – I R 112/93, BStBl. II 1995 S. 198.
[142] FG Mecklenburg-Vorpommern 21.12.2016 – 3 K 272/13.

gen.¹⁴³ Zu den Maßstäben für die Beurteilung der Angemessenheit einer Vergütung können unter anderem diejenigen Entgelte gehören, die gesellschaftsfremde Arbeitnehmer des betreffenden Unternehmens beziehen (**interner Fremdvergleich**) oder die – unter ansonsten gleichen Bedingungen – an Fremd-Leitungsorgane anderer Unternehmen gezahlt werden (**externer Fremdvergleich**). Beurteilungskriterien sind insoweit unter anderem Art und Umfang der Tätigkeit, die künftigen Ertragsaussichten des Unternehmens sowie Art und Höhe der Vergütungen, die gleichartige Betriebe ihren Leitungsorganen für entsprechende Leistungen gewähren. In diesem Sinne können im Rahmen der Angemessenheitsprüfung auch Gehaltsstrukturuntersuchungen berücksichtigt werden.¹⁴⁴

51 *bb) Ehrenamtliche Tätigkeit.* Ist in der Satzung einer gGmbH oder einer gAG ausdrücklich festgelegt, dass Tätigkeiten ehrenamtlich auszuüben sind, dann ist eine gleichwohl gezahlte Vergütung eine schädliche Mittelfehlverwendung.¹⁴⁵ Aufwandsentschädigung in Form reinen **Auslagenersatzes**, insbesondere für **Fahrtkosten, Schreib- und Portokosten** steht der Unentgeltlichkeit nicht entgegen.¹⁴⁶

52 b) **Herabsetzung Vergütung Vorstand gAG und § 87 Abs. 2 AktG.** Verschlechtert sich die Lage der Gesellschaft nach der Festsetzung der Gesamtbezüge des einzelnen Vorstandsmitglieds (Gehalt, Gewinnbeteiligungen, Aufwandsentschädigungen, Versicherungsentgelte, Provisionen, anreizorientierte Vergütungszusagen wie zum Beispiel Aktienbezugsrechte und Nebenleistungen jeder Art) so, dass die Weitergewährung der Bezüge nach § 87 Abs. 1 AktG unbillig für die Gesellschaft wäre, so **soll der Aufsichtsrat** oder im Falle des § 85 Abs. 3 AktG das Gericht auf Antrag des Aufsichtsrats **die Bezüge auf die angemessene Höhe herabsetzen** (§ 87 Abs. 2 S. 1 AktG). Unbilligkeit ist anzunehmen bei **Insolvenz** und bei **existenzbedrohender Krise**, die in erster Linie bilanziell indiziert werden kann.¹⁴⁷ Der Aufsichtsrat soll mit der Regelung des § 87 Abs. 2 AktG eine Handhabe erhalten, unter Abweichung von dem Grundsatz „pacta sunt servanda" den Vorstand im Rahmen von dessen Treuepflicht an dem Schicksal der Gesellschaft teilhaben zu lassen.¹⁴⁸ Dabei dürfen die Vorstandsmitglieder zwar grundsätzlich darauf vertrauen, die vertraglich vereinbarte Vergütung bis zum Ablauf ihres Anstellungsvertrages in voller Höhe zu erhalten, weshalb § 87 Abs. 2 AktG im Lichte der Art. 2 Abs. 1, Art. 14 Abs. 1 GG restriktiv ausgelegt wird.¹⁴⁹ Liegt allerdings eine Vorstandsvergütung vor, die den steuerrechtlichen Status des Gemeinnützigkeit der AG gefährdet, gibt § 87 Abs. 2 AktG dem Aufsichtsrat eine Rechtsgrundlage für die Absenkung der Vorstandsbezüge.

---

¹⁴³ BFH 24.8.2011 – I R 5/10, BFH/NV 2012, 271; 4.6.2003 – I R 24/02, BStBl. II 2004 S. 136; 27.2.2003 – I R 46/01, BStBl. II 2004 S. 241; FG Mecklenburg-Vorpommern 21.12.2016 – 3 K 272/13.
¹⁴⁴ FG Mecklenburg-Vorpommern 21.12.2016 – 3 K 272/13, n.rk. Revision anhängig BFH V R 5/17.
¹⁴⁵ BFH 8.8.2001 – I B 40/01, BFH/NV 2001, 1536; *Buchna/Leichinger/Seeger/Brox* § 55 AO 2.5.7, S. 159.
¹⁴⁶ *Buchna/Leichinger/Seeger/Brox* § 55 AO 2.5.7, S. 159; BT-Drs. 16/10120, 7.
¹⁴⁷ *Hüffer/Koch/Koch* AktG § 87 Rn. 25 mwN; BGH ZIP 2016, 310; OLG Stuttgart NZG 2015, 194.
¹⁴⁸ BGH 27.10.2015 – II ZR 296/14, NJW 2016, 1236 mwN; OLG Düsseldorf ZIP 2004, 1850 (1854).
¹⁴⁹ BGH 27.10.2015 – II ZR 296/14, NJW 2016, 1236.

Sachverzeichnis

Fette Zahlen bezeichnen die Paragrafen, magere die Randnummern.

Abberufung
- Abwickler **15** 123 f.
- Aufsichtsratsmitglied **23** 153
- Aufsichtsratsvorsitzender **23** 176
- Entsenderecht **11** 27
- Hauptversammlung **25** 15

Abfindung
- Aufhebungsvertrag **22** 250
- Ausschließungsurteil **45** 48
- Eingliederung **45** 28 ff.; **50** 40
- Enkelgesellschaft **45** 30
- Erwerb eigener Aktien **31** 20 f.
- Hauptgesellschaft abhängige Gesellschaft **45** 29
- Unternehmensbewertung **20** 67
- Verzinsung **45** 31
- Wahlrecht **45** 29
- Außenstehender Aktionär
  - in Aktien **53** 90, 94, 96, 101 ff.
  - angemessene **53** 89, 92 ff.
  - Barabfindung **53** 90, 94, 97 ff., 104
  - Befristung **53** 92
  - börsennotierte Gesellschaft **53** 100 ff.
  - Entstehung **53** 90
  - Ergänzungsanspruch **53** 105
  - Fälligkeit **53** 91
  - Spruchverfahren **53** 92
  - Verjährung **53** 91
  - Verlangen auf Erwerb **53** 89

Abfindungsregelung
- Außenstehender Aktionär
  - fehlende **53** 92

Abgeltungsklausel
- Vorstandsmitglied **24** 47

Abgeltungssteuer 4 231
- Aktienoptionen **32** 132
- Veräußerungsgewinn **4** 241

Abhängigkeit, finanzielle
- Abschlussprüfer **19** 19

Abhängigkeit, mehrfache
- Nachteilsausgleich **52** 69
- Veranlassung **52** 80
- Veranlassungsvermutung **52** 72

Abhängigkeitsbericht 19 40, 44; **52** 143 ff.
- Angaben zum Nachteilsausgleich **52** 157
- Berichterstattungsgrundsätze **52** 159
- berichtpflichtige Vorgänge **52** 151 ff.
- Gegenleistung **52** 160
- Gliederung **52** 158
- große Kapitalgesellschaft **52** 175
- kleine Kapitalgesellschaft **52** 175
- Lagebericht **52** 164
- Maßnahmen **52** 155
- Negativbericht **52** 160
- Prüfung durch Aufsichtsrat **19** 48
- Prüfungspflicht **52** 174 ff.
- Rechtsgeschäfte **52** 153 f.
- Sonderprüfung **52** 166
- keine Veröffentlichung **52** 165
- Vorlage an Aufsichtrat **19** 48
- zusammenfassende Berichterstattung **52** 159
- Prüfung durch Abschlussprüfer
  - Bestätigungsvermerk **52** 180, 184 ff.
  - Dokumentationspflicht **52** 180
  - Einsichtsrecht **52** 181
  - Konzernschema **52** 181
  - Prüfungsbericht **52** 182 f.
  - Prüfungsgegenstand **52** 177 ff.
  - Stichprobenprüfung **52** 180
  - Zwischenprüfung **52** 181
- Prüfung durch Aufsichtsrat **52** 176
  - Bericht an Hauptversammlung **52** 191 ff.
  - Prüfungsverfahren **52** 188 ff.
  - Publizitätswirkung **52** 192
  - Schlusserklärung **52** 193
  - Stellungnahme zum Prüfungsbericht **52** 192
- Sonderprüfung
  - Antrag **52** 195
  - Antragsbefugnis **52** 196
  - Berichtspflicht **52** 206
  - Durchführung **52** 203 f.
  - gerichtliche Bestellung **52** 184, 200 ff.
  - Kosten **52** 206
  - qualifizierte Minderheit **52** 196
  - Schadensersatzanspruch **52** 194
  - Verdacht pflichtwidrige Nachteilszufügung **52** 198
- Verletzung der Berichtspflicht
  - Abschlussprüfer **52** 171
  - Anfechtbarkeit der Entlastung **52** 172
  - Gesamtverantwortung **52** 170
  - Haftung Aufsichtsrat **52** 169
  - Haftung Vorstand **52** 168
  - Handelsregister **52** 167
  - Nichtigkeit Jahresabschluss **52** 173
  - Schadensersatzpflicht **52** 168 ff.
  - Zwanggeldverfahren **52** 167
- Vorstand
  - Gesamtverantwortung **52** 145
  - mehrfache Abhängigkeit **52** 150
  - mehrstufige Abhängigkeit **52** 150
  - Negativbericht **52** 149
  - Pflicht **52** 143
  - Schlusserklärung **52** 160
  - unterjährige **52** 147 ff.
  - Vorlage Hauptversammlung **52** 145
  - Wegfall der Berichtspflicht **52** 148

Sachverzeichnis

fette Zahlen = Paragrafen

Abhängigkeitsverhältnis
- faktischer Konzern **52** 1
- Nachteilsausgleich **52** 52 ff.
- Nachteilszufügung, qualifizierte **52** 24

Abmahnung
- Kündigung, fristlose **22** 238 f.

Abredevermutung
- verdeckte Sacheinlage **13** 213
- Zusammenhang **13** 213

Absatzpreismethode
- Nachteil **52** 88

Abschlagsmethode
- Basispreisbestimmung **32** 55

Abschlussprüfer 19 7 ff.
- Anfechtbarkeit der Wahl **19** 32
- Arbeitnehmer **19** 18
- Aufsichtsrat **2** 22
- Auftragserteilung **23** 27
- Ausschluss **19** 16 ff.
- Ausschlussgründe **19** 13 ff.
- Bestellung **12** 27 ff.; **23** 27
- Bestellung durch Aufsichtsrat **17** 48
- Bestellungsfehler **17** 115
- Beteiligung an Gesellschaft **19** 17
- Comfort Letter **47** 76 ff.
- Ersetzung **19** 32 ff.
- Ersetzungsverfahren **19** 34 f.
- finanzielle Abhängigkeit **19** –, 16, 19
- Formwechsel **16** 25
- Funktion **19** 2
- gerichtliche Bestellung **19** 30
- gerichtliches Ersetzungsverfahren **19** 34 f.
- Haftung **19** 46
- Hauptversammlung **2** 22
- Hauptversammlungsbeschluss **19** 8
- Informationsrechte **19** 40 f.
- kleine Kapitalgesellschaft **12** 28
- Kündigung **19** 33
- mehrere **19** 12
- Mitwirkung bei Jahresabschluss **19** 14
- Nachweis Qualitätskontrolle **19** –
- Nichtigkeit der Bestellung **19** 25
- Nichtigkeit der Prüfungsauftrags **19** 25
- Nichtigkeit des Jahresabschlusses **19** 24
- Organfunktion **19** 18
- personelle Verflechtung **19** 16
- Personenkreis **19** 11 f.
- Rotation **19** –
- Sozietätsklausel **19** 16
- Unabhängigkeitserklärung **19** 13, 20 ff.
- Unternehmen öffentlichen Interesses **19** 20 ff.
- Verschwiegenheitspflicht **19** 46
- Wahl **19** 8

Abschlussprüfung
- Abschlussprüfungreformgesetz **17** 117
- Bestätigungsvermerk **19** 42
- Entsprechenserklärung **19** 36
- große AG **17** 48
- Mindestanforderungen **17** 112 f.
- Nachtragsprüfung **19** 38
- Prüferbefähigung **17** 115
- Prüfungsstandard **19** 37
- Risikofrüherkennungssystem **19** 36
- Risikomanagementsystem **19** 39
- Umfang **19** 39
- Vollständigkeitserklärung **19** 40

Abschlussprüfungreformgesetz 17 117; **19** 3

Abspaltungsverbot
- Stimmrechtsvollmacht **11** 39

Abstimmungsmethode
- Additionsmethode **27** 87
- Subtraktionsmethode **27** 88

Abstimmungsverhalten
- Aufsichtsratsmitglied **23** 136

Abwehrmaßnahmen
- Ad-hoc-Hauptversammlungsbeschluss **52** 50
- feindliche Übernahme **41** 23; **52** 51 ff.
- Übernahmeangebot **25** 51 f.
- Vorratsbeschluss **52** 50
- Zustimmung Aufsichtsrat **25** 51
- Zustimmung Hauptversammlung **25** 51

Abwickler
- Abberufung **15** 123 f.
- Abwicklungsgesellschaft **15** 95
- Amtsniederlegung **15** 126
- Anfechtungsbefugnis **38** 47
- Anmeldung **15** 127 f.
- Aufgaben **15** 109 ff., 114 ff.
- Aufruf der Gläubiger **15** 109 ff.
- Bestellung **15** 98 f.
- Bestellung durch Gericht **15** 103 f.
- Bestellungsantrag **15** 103 ff.
- Bestellungsverfahren **15** 108
- geborener **15** 100
- gerichtliche Bestellung **15** 122
- Gläubigerbefriedigung **15** 118
- Handelsregisteranmeldung **6** 28
- Hauptversammlung **15** 102
- mehrere **15** 122
- Nachtragsliquidation **15** 199 ff.
- Satzung **15** 101
- Schlussrechnung **15** 179 f.
- Vertretungsmacht **15** 121
- Verwertung Gesellschaftsvermögen **15** 117
- Vorgesellschaft **15** 99
- Weisungen der Hauptversammlung **15** 116

Abwicklung 15 83 ff.
- eigenkapitalersetzendes Gesellschafterdarlehen **15** 143
- externe Prüfung **15** 134
- Forderungen der Aktionäre **15** 143
- Gläubigerbefriedigung **15** 141 ff.
- Hinterlegung **15** 144, 146 ff.
- Insolvenzverfahren **15** 84 f.
- Jahresabschluss **15** 137 ff.
- Liquidationseröffnungsbilanz **15** 133 ff.
- Löschung wegen Vermögenslosigkeit **15** 86 f.
- Nachtragsabwicklung **15** 86
- Öffentliches Übernahmeangebot **51** 136
- Prüfung durch Aufsichtsrat **15** 135
- Rechnungslegung **15** 130 ff.
- Schlussbilanz werbende Gesellschaft **15** 130 ff.
- Sicherheitsleistung **15** 151 f.

magere Zahlen = Randnummern

Sachverzeichnis

- Sperrjahr **15** 141 ff.
- Umwandlung **15** 88
- verbotswidrige Vermögensverteilung **15** 153 ff.
- Vermögensverteilung **15** 157 ff.
- Verteilungsverbot **15** 141 ff.
- Vorgesellschaft **12** 103; **14** 13 f., 51

Abwicklungsgesellschaft
- Abwickler **15** 95
- anwendbares Recht **15** 90 ff.
- Aufsichtsrat **15** 96
- Hauptversammlung **15** 97
- Organisation **15** 95 ff.
- Rechtsnatur **15** 89

Abwicklungsüberschuss
- Ausschlussfrist **15** 174
- Inhaberaktien **15** 174 f.
- Verjährung **15** 175, 177

Accelerated Bookbuilding
- Ausgabebetrag **33** 29

Actio pro socio
- Aktionärsklagen, allgemeine **41** 4
- Unterlassungsklage **41** 11 f.

Additionsmethode
- Abstimmungsmethode **27** 87

Ad-hoc-Mitteilung 48; 48 42, 44
- s. a. Publizitätspflicht, Veröffentlichungspflicht
- Abwehrmaßnahme **52** 50
- Befreiung **48** 56 ff.
- Beweislast **48** 93
- börsennotierte Gesellschaften **32** 103
- Eigennutz **48** 96
- Erwerb eigener Aktien **31** 61
- Erwerbsschaden **24** 74
- falsche **48** 93, 96 f.
- genehmigtes Kapital **34** 73
- Haftung **24** 68 ff.
- Hauptversammlungsbeschluss **52** 50
- ohne intendierten Eigennutz **48** 97
- Kapitalerhöhung **33** 166 ff., 171; **34** 73
- Konkretisierungsgrad **48** 48 ff.
- Kursdifferenzschaden **24** 74
- Mitteilungspflicht **48** 63
- Risikomanagement **18** 28
- Selbstbefreiung **48** 57
- Squeeze out **44** 51 ff.
- Übernahmeangebot **51** 36
- unterlassene **48** 98
- Veröffentlichungsverfahren **48** 61
- Verstoß **48** 64 ff.

Adjusted-Present-Value-Ansatz
- Discounted Cash Flow-Verfahren **20** 52 ff.

AG & Co. KG 8 56

Agio
- Aktien **10** 87
- Besteuerung **32** 155, 161
- Leistung **2** 27
- ordentliche Kapitalerhöhung **33** 130
- Wandelanleihe **32** 155, 161

Akeiová spolecnost
- Slowakische Republik **5** 133

- Tschechische Republik **5** 133

Akteinoptionen
- Einkünfte nichtselbständige Arbeit **32** 114

Aktiebolag
- Schweden **5** 118

Aktien
- Agio **10** 87
- Ausgabe **10** 86 ff.
- Ausgabebetrag **10** 89
- Ausgabeverfahren **10** 88
- Besitz **10** 88
- Beteiligungsquote **10** 43
- Börsenfähigkeit **2** 24
- Definition **10** 40 ff.
- Fungibilität **1** 14; **2** 23 ff.
- Gattung **7** 31; **10** 63 ff.
- Hinterlegung **27** 5 ff.
- Höchststimmrechtsaktien **10** 70
- Inhaberaktien **7** 25 f.; **10** 46
- Kapital, bedingtes **2** 25
- Kapital, genehmigtes **2** 25
- Mehrstimmrechtsaktien **10** 69
- Mitgliedschaft **10** 42
- Namensaktien **2** 23; **7** 25 f.; **10** 47
- Nennbetragsaktien **7** 23; **10** 76 f.
- mit Optionsrecht **35** 11
- Sacheinlage **13** 56
- Sonderrechte **10** 71
- Sonderverwahrung **10** 88
- Sorten **10** 76 ff.
- Stammaktien **7** 31; **10** 65
- Stückaktien **7** 24; **10** 76, 78
- Stückelung **2** 23
- Übertragung **10** 156 ff.
- Unter-Pari-Emission **10** 10, 89
- Urkunde **10** 41
- Verbriefung **10** 79 ff.
- Verkehrsfähigkeit **2** 24
- Vorzugsaktien **7** 31; **10** 66
- Werthaltigkeit **33** 140

Aktienanleihe 49 42

Aktiengattung 10 63 ff.
- Aktien **7** 31; **10** 63 ff.
- Einführung **10** 72
- Gründungsmängel **14** 97
- Hauptversammlung **10** 74 f.
- Kapitalerhöhungsbeschluss **33** 11, 15, 18; **35** 26
- Sonderbeschluss **10** 72
- Verschmelzung **10** 73

Aktienkauf
- Anfechtung **47** 136
- Gewährleistungsanspruch **47** 136

Aktienoption
- Arbeitsrecht **32** 107 ff.
- Aufsichtsratsmitglied **32** 200 ff.
- Aufsichtsratsmitglieder **23** 12
- Ausgabefenster **32** 69
- Ausübungszeitraum **32** 69
- Bedienung **32** 22 ff.
- bedingtes Kapital **32** 14, 24 ff., 200
- Begriff **32** 11

1739

Sachverzeichnis

fette Zahlen = Paragrafen

- Betriebsübergang **32** 112
- Bezugsrechtsausschluss **32** 91
- Bilanzierung **17** 142 ff.
- börsennotierte **32** 18
- Call-short-Position **32** 81
- Deutscher Corporate Governance Codex **17** 144
- Dividendenberechtigung **32** 89
- eigene Aktien **32** 201
- Erwerb eigener Aktien **32** 15, 36 ff.
- Erwerbszeitraum **32** 69
- fehlerhafter Hauptversammlungsbeschluss **32** 93
- freiwillige Festsetzungen **32** 82 f.
- genehmigtes Kapital **32** 14, 46 ff.
- Gewinnbeteiligung **32** 89
- Haltefrist **32** 75 f.
- IFRS **17** 146
- illiquide Zweitnotierung **32** 89
- Insidergeschäft **32** 99
- Insiderverstoß **32** 70
- Kapitalerhöhung **34** 16
- Kapitalerhöhungsbeschluss **35** 37
- Konzern **32** 94 ff.
- Kündigungsklauseln **32** 78, 85 ff.
- Laufzeit **32** 83
- Mitarbeiterbeteiligung **32** 11 ff.
- MobilCom-Entscheidung **32** 202 ff.
- Optionsanleihe **17** 151
- quiet hedging **32** 81
- Repricing **32** 59
- Rückübertragungsklausel **32** 110
- Tarifvertrag **32** 108
- US GAAP **17** 146
- Verfallsklausel **32** 78, 85 ff., 110
- Vergütung **32** 107
- vertragliches Bezugsrecht **32** 12
- Vorstandsvergütung **32** 19
- Wandelanleihe **17** 151
- Wartefrist **32** 77 ff.
- Zeichnungsfrist **32** 70 f.
- Zulassung zum Kapitalmarkt **32** 98
- Zusage **32** 108
- Zuständigkeit **32** 13 ff.
- Besteuerung
  - Abgeltungssteuer **32** 132
  - Anfangsbesteuerung **32** 116
  - Bemessungsgrundlage **32** 123
  - Betriebsausgabe **32** 130
  - Billigkeitserlass **32** 120 ff.
  - börsennotierte **32** 118, 123
  - Einkünfte aus Kapitalvermögen **32** 114
  - Einkünfte aus nichtselbständiger Arbeit **32** 114
  - Endbesteuerung **32** 116
  - nach Erwerb **32** 131 ff.
  - Fehlanreize **32** 120
  - Freibetrag **32** 126 f.
  - Haltefrist **32** 117, 120, 131 ff.
  - handelbare **32** 116
  - Leistungsfähigkeitsprinzip **32** 121
  - Mitarbeiter **32** 114 ff.
  - Mitarbeiterkapitalbeteiligungsgesetz **32** 126

- nicht börsennotierte **32** 124
- Progressionsmilderung **32** 125
- Realisationsbesteuerung **32** 122
- Sozialversicherungsbeiträge **32** 134
- Sperrfrist **32** 117
- Veräußerung **32** 133
- Verfallsklausel **32** 117
- Zeitpunkt **32** 116
- Zuflussprinzip **32** 116
- Bilanzierung **32** 136
  - Aufwandsbewertung **32** 143
  - bedingtes Kapital **32** 139 ff.
  - eigene Aktien **32** 137
  - Erfolgswirksamkeit **32** 140 f.
  - innerer Wert **32** 143
  - Zeitwert **32** 143

Aktienoption, virtuelle **32** 210
- Aufsichtsratsmitglied **32** 210
- Mitarbeiterbeteiligung **32** 190 ff.
- Phantom Stock **32** 190 ff.

Aktienoptionsplan
- virtueller **17** 150

Aktienoptionsprogramm
- Deutscher Corporate Governance Codex **17** 19

Aktienregister
- Auskunft über Daten **10** 61
- Form **10** 62
- Namensaktien **10** 59 ff.

Aktienrückerwerb
- s. a. Erwerb eigener Aktien
- Anfechtung **32** 102
- Ermächtigungsbeschluss **32** 101
- Gesamtvorstand **32** 16
- Weiterveräußerung **32** 39

Aktiensorten **10** 76 ff.

Aktientausch
- Öffentliches Übernahmeangebot **51** 29, 33

Aktienübernahme **47** 153 ff.
- All or None Underwriting **47** 155
- Best Efforts Underwriting **47** 154
- Firm Underwriting **47** 153
- KGaA **3** 10
- Konsortium **47** 153 ff.

Aktienübertragung
- Form **2** 23

Aktienurkunde
- Aufgebotsverfahren **10** 90 ff.
- Ausgabe **12** 76
- Börsenzulassung **10** 85
- Form **10** 84 ff.
- gewerbsmäßige Verwahrung **10** 97
- Gewinnanteilschein **10** 103 f.
- Girosammelverwahrung **10** 99
- Inhaberaktien **10** 84
- Kapitalherabsetzung **36** 49
- Kraftloserklärung **10** 90 ff.
- Sammelverwahrung **10** 99
- Sonderverwahrung **10** 98
- Streifbandverwahrung **10** 98
- Untergang **10** 96
- Verlust **10** 90 ff.

magere Zahlen = Randnummern

Sachverzeichnis

- vernichtet **10** 92
- Verwahrung **10** 97 ff.
- Zwischenschein **10** 102

Aktienzahl
- Kapitalerhöhung **33** 20
- Kapitalerhöhungsbeschluss **33** 53
- Kapitalherabsetzung **43** 71

Aktienzuteilung
- Friends and Family **47** 166
- Greenshoe **47** 167 f.
- Konsortium **47** 163 ff.
- Kriterien **47** 164

Aktieselskab
- Dänemark **5** 53

Aktionär
- Abgeltungssteuer **4** 231
- Ausländische juristische Personen **5** 2
- Besteuerung **4** 222 ff.
- Dividende **30** 2
- Entsendungsrecht **23** 133
- Frist **26** 78
- Gegenantrag **26** 77 ff.
- Güterstand **5** 164 f.
- Haftung des Aktionärs **52** 22 ff.
- Kapitalerhöhung **33** 175 f.
- KGaA **3** 28
- Nachteilsausgleichsanspruch **52** 120
- natürliche Person **4** 222 ff.
- Nebenintervenient **38** 132
- Staatsangehörigkeit **5** 162 f.
- TransPuG **26** 76
- Veranlagungsoption **4** 232 ff.
- Verlustausgleichsanspruch **53** 66
- Veröffentlichungspflichten **33** 175 f.
- Voraussetzungen **26** 77
- Vorgehen gegen Geschäftsführungsmaßnahme **25** 100
- Vorgehen gegen Mehrheitsaktionär **25** 104
- Zugänglichmachen **26** 78 ff.
- Anfechtungsbefugnis **38** 29 ff.
  - Bekanntmachungsfehler **38** 41
  - Bruchteilsgemeinschaft an Aktie **38** 30
  - Einberufungsfehler **38** 40
  - gemeinsamer Vertreter **38** 30
  - Gesellschaft bürgerlichen Rechts **38** 30
  - Hauptversammlungsteilnahme **38** 32
  - keine Teilnahme an Hauptversammlung **38** 37 ff.
  - unberechtigte Nichtzulassung **38** 39
  - Widerspruch zu Protokoll **38** 33 ff.
- Hauptversammlung
  - Einberufungsfehler **38** 40
  - Einsichtnahmerecht **27** 98 f.
  - Fragerecht **27** 93
  - Rederecht **27** 92
  - Stimmrecht **27** 100 ff.
  - unberechtigte Nichtzulassung **38** 39
  - Widerspruch Aktionär **38** 33 ff.
  - Widerspruchsrecht **27** 109

Aktionär, außenstehender
- Ausgleichszahlung **53** 72
- Beherrschungsvertrag **53** 74 ff.
- Gewinnabführungsvertrag **53** 74 ff.
- Schuldner Ausgleichszahlung **53** 75
- Sonderbeschluss zu Kündigung **53** 163
- Abfindung
- in Aktien **53** 90, 94, 96, 101 ff.
- angemessene **53** 89, 92 ff.
- Barabfindung **53** 90, 94, 97 ff., 104
- Befristung **53** 92
- börsennotierte Gesellschaft **53** 100 ff.
- Entstehung **53** 91
- Ergänzungsanspruch **53** 105
- Fälligkeit **53** 91
- fehlende **53** 92
- Spruchverfahren **53** 92
- Verjährung **53** 91
- Verlangen auf Erwerb **53** 89

Aktionärsdarlehen
- Einlagenrückgewähr **21** 20 ff., 27 ff.

Aktionärshaftung
- Nachteilszufügung, qualifizierte **52** 29

Aktionärsinteressen
- Leitung **22** 41

Aktionärsklage
- actio pro socio **41** 4
- Checkliste **41** 83
- Einstweilige Verfügung **41** 77 ff.
- Feststellungsklage **41** 25 ff.
- Haftung Aufsichtsratsmitglied **24** 224 ff.
- Holzmüller-Entscheidung **41** 1
- Rechtsschutzbedürfnis **41** 4
- Sachbefugnis **41** 4
- Schadensersatzklage **41** 46 ff.
- Subsidiarität **41** 5 ff.

Aktionärsvereinbarung
- s. Poolvereinbarung

Aktionärsvereinigung
- Stimmberechtigung **27** 25

Aktionärsvertreter
- Aktionärsvereinigungen **27** 25
- ARUG **27** 21
- Ermächtigung **27** 22
- Form **27** 21
- gesetzlicher **27** 20
- Kreditinstitut **27** 23 ff.
- Legitimationsaktionär **27** 22
- Schranken **27** 21
- Treuhänder **27** 26
- Vollmacht **27** 21

Altana/Milupa-Entscheidung
- Bekanntmachung der Zustimmung **25** 88

Altersrente
- Versorgungsansprüche **22** 183

Altvermögen
- Gemeinnützige Aktiengesellschaft **55** 32

American Despositary Shares
- Inhaberaktien **10** 55

Amerikanische Börse 10 55

Amtlicher Markt
- Börsenhandel **46** 16 f.
- Prüfungspflicht **19** 5
- WpÜG **51** 8
- Zulassungsvoraussetzungen **47** 82

1741

Sachverzeichnis

fette Zahlen = Paragrafen

Amtsausübung, höchstpersönliche
- Aufsichtsratsmitglieder **23** 10

Amtshaftung
- Öffentliches Übernahmeangebot **51** 148

Amtslöschung 14 64 ff.
- Anregung **38** 188
- Ausschlussfrist **14** 80
- deklaratorische Wirkung **15** 43 ff.
- Fortsetzungsbeschluss **15**
- Handelsregister **14** 64
- Hauptversammlungsbeschluss **38** 186 ff.
- konstitutive Wirkung **15** 43 ff.
- Nichtgründung **14** 66
- Nichtigerklärung **39** 20
- Nichtigkeitsgrund **14** 80
- Sitzverlegung **9** 19
- Verfahren **15** 49 ff.
- Vermögenslosigkeit der Gesellschaft **15** 40 ff.
- zuständiges Gericht **15** 49

Amtsniederlegung
- Aufsichtsratsmitglied **23** 161

Amtszeit
- Aufsichtsratsmitglied **23** 145 ff.

Anerkenntnis
- Anfechtungsklage **38** 138

Anfangsbesteuerung
- Aktienoptionen **32** 116

Anfechtbarkeit
- Kapitalherabsetzungsbeschluss **36** 88

Anfechtung
- Aktienkauf **47** 136
- Aktienrückerwerb **32** 102
- Auflösungsbeschluss **15** 14
- Beitrittserklärung **14** 38
- Freigabeverfahren **38** 172 ff.
- Gewinnverwendungsbeschluss **30** 31 f.
- Gründungsmängel **14** 98
- Gründungsvertrag **14** 3
- Handelsregisteranmeldung **6** 5
- Hauptversammlungsbeschluss **26** 31
- Jahresabschluss **17** 140 f.
- Kapitalerhöhungsbeschluss **33** 60 ff.
- missbräuchliche **38** 172 ff.
- Schadenersatzpflicht **38** 183
- Vorstandshandeln **25** 103

Anfechtungsausschluss 38 76 ff.
- Barabfindungsangebot **38** 79
- Befangenheitsbesorgnis **38** 73
- Beherrschungsvertrag **38** 76
- Bestätigungsbeschluss **38**; **38** 88 ff.
- Bestellung Abschlussprüfer **38** 85
- Gewinnabführungsvertrag **38** 76
- Informationsweitergabepflicht **38** 72
- Spruchverfahren **38** 74
- Verschmelzungsbeschluss **38** 78

Anfechtungsbefugnis 38 29 ff.
- Abwickler **38** 47
- Aufsichtsratsmitglied **38** 48 ff.
- Bekanntmachungsfehler **38** 41
- Bruchteilsgemeinschaft an Aktie **38** 30
- Einberufungsfehler **38** 40
- gemeinsamer Vertreter **38** 30
- Gesellschaft bürgerlichen Rechts **38** 30
- Hauptversammlungsteilnahme **38** 32
- keine Teilnahme an Hauptversammlung **38** 37 ff.
- unberechtigte Nichtzulassung **38** 39
- Vorstand **38** 44 ff.
- Vorstandsmitglied **38** 48 ff.
- Widerspruch zu Protokoll **38** 33 ff.

Anfechtungsfrist 38 109 ff.
- Ausschlussfrist **38** 109
- Beginn **38** 111
- Klagebegründung **38** 115
- Klageerhebung **38** 112 ff.
- Prozesskostenhilfeantrag **38** 114
- Satzungsbestimmungen **38** 110
- unzuständiges Gericht **38** 113
- Zustellungsverzögerung **38** 112

Anfechtungsgrund
- Auskunftsverweigerung **38** 83
- Eingriff in Mitgliedschaftsrechte **38** 58
- Geschäftsordnungsverletzung **38** 55
- Gesetzesverletzung **38** 54
- Informationsmangel **38** 80
- Inhaltsmängel **38** 60
- potentielle Kausalität **38** 58
- Relevanztheorie **38** 58
- Satzungsverletzung **38** 55
- Sondervorteil **38** 62 ff.
- Verfahrensfehler **38** 58 ff.
- Vertragsverletzung **38** 56

Anfechtungsklage 38
- Aktivlegitimation **38** 9 f.
- Anerkenntnis **38** 138
- Antrag auf Eintragungsaussetzung **38** 146
- Aufsichtsrat **38** 15
- Bekanntmachung **38** 147 f.
- Beschlussaufhebung **38** 141
- Beschlusswiederholung **38** 142
- Bestätigungsbeschluss **38** 93 ff.
- Beweislast **38** 133 ff.
- Bezugsrechtsausschluss **34** 51
- Doppelsitz der Gesellschaft **38** 3 f.
- Doppelvertretung **38** 15
- Eingliederung **45** 33
- Einstweilige Verfügung **38** 146
- funktionale Zuständigkeit **38** 5 f.
- Gegenstand **38** 19 ff.
- Geschäftsführungsmaßnahme **38** 46
- Hauptversammlungsbeschluss **25** 80 f.; **27** 77; **38** 19 ff.
- Hauptversammlungsprotokoll **38** 20
- Inhaltsmängel **38** 136
- Insolvenzverfahren **38** 12
- Kausalität **38** 135
- Klageantrag **38** 23
- Klagebegründung **38** 115
- Nebenintervention **38** 128 ff.
- örtliche Zuständigkeit **38** 2
- Parteiwechsel **38** 12
- Passivlegitimation **38** 11 ff.
- Rechtsschutzbedürfnis **38** 105 f.
- Registersperre **38** 143 ff.

magere Zahlen = Randnummern

- sachliche Zuständigkeit **38** 1
- Schiedsgerichtsbarkeit **38** 7 f.
- Sonderbeschluss **38** 22
- Spruchverfahren **40** 14
- Streitgegenstand **38** 21
- Streitwert **38** 158 ff.
- Streitwertspaltung **38** 162 ff.
- Teilanfechtung **38** 107 ff.
- Umwandlung **38** 13
- Umwandlungsbeschluss **38** 13
- Verfahrensfehler **38** 135
- Vergleich **38** 139
- Vertretung **38** 15 ff.
- Vorstand **38** 15
- Vorstandsbeschluss **38** 46
- Zustellung **38** 116 ff.
  - Abschriften an Vorstand/Aufsichtsrat **38** 117
  - Aktionärklage **38** 117 ff.
  - Aufsichtsratsklage **38** 125 f.
  - Ersatzzustellung **38** 119 f.
  - an Gesellschaft **38** 117
  - mehrere Kläger **38** 127
  - Vorstandklage **38** 122 ff.

Anfechtungsrecht
- Missbrauch **38** 165 ff.

Anfechtungsurteil
- Bindungswirkung **38** 151 f.
- Einreichungspflicht **38** 156
- Gestaltungswirkung **38** 151 f.
- Handelsregister **38** 156 f.
- Inhalt **38** 149 f.
- Klagezurückweisung **38** 155

Anfechtungsverzicht
- Formwechsel **16** 26

Anforderungsbericht
- Berichtspflicht **22** 104

Angebotsunterlage 51 53 ff.
- Europäischer Pass **51** 89
- Form **51** 55 ff.
- Gestattung Veröffentlichung **51** 98
- Gestattungsfiktion **51** 96
- Hinweisbekanntmachung **51** 100 ff.
- Prospekthaftung **51** 54
- Prüfung durch BaFin **51** 93 ff.
- Prüfungsfrist **51** 95
- Übermittlung an BaFin **51** 90 ff.
- unrichtige Angaben **51** 54
- Veröffentlichung Börsenpflichtblatt **51** 100
- Veröffentlichung im Internet **51** 99 ff.

Angemessenheit
- Ausgabebetrag **33** 28, 62, 97
- Einziehungsentgelt **43** 23 f.
- genehmigtes Kapital **34** 62
- Vergütung Aufsichtsratsmitglied **32** 219
- Vergütung Vorstand **22** 168 ff.

Anhang
- Jahresabschluss **17** 22; **19** 92
- Kleinstkapitalgesellschaft **17** 33
- Pflichtangaben **17** 22

Anlagen zur Anmeldung
- Kapitalerhöhung, ordentliche **33** 151 ff.

Anlegerschutzrecht 46 26

Anleihe
- Aktienanleihe **49** 42
- Asset-Backed-Securites **49** 50
- Besicherung **49** 21
- Exchangeable Bond **49** 41
- Financial Covenats **49** 25
- Genussschein **49** 38, 39
- Gewinnschuldverschreibung **49** 38
- Gleichrangklausel **49** 23
- High-Yield-Bond **49** 43 ff.
- Negativerklärung **49** 23
- Optionsanleihe **49** 38, 39
- Personalsicherheit **49** 22
- Prospekt **49** 31 f.
- Realsicherheit **49** 26
- Rechtsbeziehungen **49** 5 ff.
- Schuldverschreibungsgesetz **49** 12
- Tilgung **49** 37
- variable Verzinsung **49** 34
- Verzinsung **49** 34
- Wandelanleihe **49** 38, 39
- Zero-Bonds **49** 34, 36

Anleihe, einfache
- Bedingungen **49** 14 ff.
- Gleichrangklausel **49** 24 ff.
- Kreditsicherheit **49** 21
- Kündigungsregelung **49** 16 ff.
- Negativklausel **49** 24 ff.
- Personalsicherheit **49** 22
- Rangklausel **49** 21
- Straight Bond **49** 13 ff.
- Treuhandlösung **49** 21
- Übernahmevertrag **49** 27 ff.

Anmeldefrist
- Hauptversammlung **27** 6

Annahmeerklärung
- Öffentliches Übernahmeangebot **51** 24
- Zeichnung **33** 118

Annahmefrist
- Öffentliches Übernahmeangebot **51** 22, 63 ff.

Annahmeverzug
- Vorstand **22** 223 f.

Anonim irket
- Türkei **5** 139

Anpartsselskab
- Dänemark **5** 52

Ansatzwahlrecht
- Jahresabschluss **30** 9

Anstalt
- Liechtenstein **5** 91

Anstellungsverhältnis
- Beendigung **22** 271 ff.
- Entstehung **22** 264 ff.
- fehlerhaftes **22** 262 ff.
- Feststellungsklage **22** 275
- Genehmigung **22** 266 f.
- Haftung **22** 274
- Personalausschuss **22** 264 ff.
- Treu und Glauben **22** 268 ff.
- Urkundenprozess **22** 275
- Vorstandsmitglied **22** 120 ff.

Sachverzeichnis

fette Zahlen = Paragrafen

Anteile, kurzfristig gehaltene
- Veräußerung **4** 270 ff.

Anteilserwerb
- Ergänzungsbilanz **4** 96

Anteilsübertragung
- schädlicher Beteiligungserwerb **4** 156 ff.

Anteilsveräußerung
- Betriebsvermögen **4** 6
- aus Betriebsvermögen **4** 303
- einbringungsgeborene Anteile **4** 6
- Körperschaftsteuer **4** 50 ff., 102
- Personengesellschaft **4** 95
- des Privatvermögen **4** 6
- Rücklagenbildung für Ersatzbeschaffung **4** 304 f.
- Spekulationsgeschäft **4** 6

Anti-dilusion-Klausel
- Verwässerungsschutz **11** 32

Apostille
- Form der Vollmacht **5** 196
- Zuständigkeit **5** 196

Äquivalenzstörung 13 77

Arbeitnehmer
- Abschlussprüfer **19** 18
- Begriff **23** 60
- DrittelbG **23** 93

Arbeitnehmer verbundener Unternehmen
- Belegschaftsaktien **34** 70

Arbeitnehmeranzahl
- MitbestG **23** 60 ff.

Arbeitnehmerhaftung
- Vorstandsmitglied **24** 49 ff.

Arbeitnehmerinteressen
- Leitung **22** 42

Arbeitnehmermitbestimmung
- Übernahme Unternehmen **13** 148 ff.
- Unternehmensbegriff **13** 152

Arbeitnehmer-Sparzulage 32 135

Arbeitnehmervertreter
- Abberufung **23** 151
- Aufsichtsrat **23** 83
- Bestellung **23** 134
- MitbestG **23** 83

Arbeitsdirektor
- Vorstand **22** 45

Arbeitsverhältnis
- Vorstandsmitglied **22** 254

ARUG
- Bezugsrechtsausschluss **33** 94
- Gründungsprüfung **14** 181
- Nachgründungsvorschriften **14** 180 ff.

Asset Deal
- Holzmüller-Doktrin **52** 44
- übertragende Auflösung **50** 26

Asset-Backed-Securites
- Anleihe **49** 50 ff.

Atypisch stille Gesellschaft
- Organgesellschaft **54** 34
- Organträger **54** 29

Aufbewahrungspflicht
- Rechnungslegung **17** 8

Aufgebotsverfahren
- Aktienurkunde **10** 90 ff.
- Kraftloserklärung **10** 90 ff.

Aufhebungsvertrag
- Abfindung **22** 250
- Form **22** 252
- Generalquittung **22** 251
- Vorstandsmitglied **22** 249 ff.
- Zuständigkeit **22** 249

Auflösung
- Europäische Aktiengesellschaft **5** 211
- Fortsetzung der Gesellschaft **15** 209
- Fortsetzungsbeschluss **15** 207 ff.
- Gemeinwohlgefährdung **15** 54
- Handelsregisteranmeldung **15** 77 ff.
- Insolvenzverfahren **15** 17 ff.
- Keinmann-AG **15** 54
- durch Registergericht **14** 81 f.
- Rücknahme der Geschäftserlaubnis **15** 54
- Vereinsverbot **15** 54
- Vorgesellschaft **14** 10 ff.
- durch Registergericht
  - Aktien **15** 33 ff.
  - Firma **15** 25
  - Grundkapitalhöhe **15** 24, 29
  - Satzungsmängel **15** 24 ff.
  - Sitz **15** 28
  - Unternehmensgegenstand **15** 24
  - Verfahren **15** 38 f.
  - Zahl der Vorstandsmitglieder **15** 36 f.
  - Zeitpunkt **15** 38
- Handelsregistereintragung **15** 77
  - deklaratorische Wirkung **15** 80
  - Eintragung von Amts wegen **15** 81
  - Entbehrlichkeit **15** 82
  - Form **15** 78
  - Frist **15** 78
  - Insolvenzverfahren **15** 81
  - Satzungsänderung **15** 79
  - zuständiges Gericht **15** 80

Auflösungsbeschluss
- Anfechtung **15** 14
- Auflösungsgründe **15** 9 ff.
- Form **15** 13
- Laufzeit **15** 11
- Mehrheitserfordernis **15** 12
- Minderheitsaktionär **15** 10
- Nichtigkeit **15** 14
- Vorgesellschaft **12** 101; **14** 11

Auflösungsgründe 15 2 ff.
- Auflösungsbeschluss **15** 9 ff.
- gesetzliche **15** 3
- Zeitablauf **15** 5

Auflösungskompetenz
- Gewinnrücklagen **30** 18

Auflösungsverfahren
- Kapitalherabsetzung, vereinfachte **36** 85
- Sitz **9** 18

Auflösungsverfügung
- Handelsregister **14** 64

magere Zahlen = Randnummern

Sachverzeichnis

Aufrechnung
- Bareinlage 13 241, 245
- Sachübernahme 13 241, 245

Aufrechnungsverbot
- Gründungsphase 2 27

Aufsichtspräsidium
- Ausschüsse 23 205

Aufsichtsrat 23
- Abschlussprüfer, Auftragserteilung 2 22
- Abwicklungsgesellschaft 15 96
- Anfechtungsklage 38 15
- Beendigung Vorstandsvertrag 22 228 ff.
- Bericht an Hauptversammlung 19 97
- Berichtspflichten Hauptversammlung 19 59
- BetrVG 23 92
- Billigung unter Bedingung 19 57
- Billigungsbeschluss 17 53; 19 55
- Feststellung Jahresabschluss 17 51 ff.
- Gemeinnützige Aktiengesellschaft 55 49 ff.
- gerichtliche Ergänzung 23 139 ff.
- Geschäftsordnung 23 167 ff., 207
- Handelsregisteranmeldung 6 29 f.
- Hauptversammlung 23 3
- KGaA 3 17
- Nachtragsprüfung 19 57
- Namensaktien 10 54
- Personalausschuss 22 228 ff.
- Prüfung Jahresabschluss 17 50
- Prüfungsbericht 19 59
- Rechte 23 2
- Satzung 7 49 ff.
- Teilnahme Abschlussprüfer 19 55
- Treuepflicht 22 62 ff.
- unvollständig besetzt 23 139 ff.
- Versagung der Billigung 17 53
- Vetorecht 23 6
- Vorgesellschaft 12 96
- Vorlage Gewinnverwendungsvorschlag 17 49
- Vorlage Jahresabschluss 17 49
- Vorstand 23 5 ff.
- Vorstandspflichten 22 108
- Zuständigkeit 2 19
- **Aufgaben** 23 2, 18 ff.
  - Einsichtsrecht 23 22
  - Informationsrecht 23 22
  - Konzern 23 20
  - Konzernabschlussprüfung 23 29
  - Personalkompetenz für Vorstand 23 18
  - Schadenersatz gegen Vorstand 23 20 ff.
  - Überwachung der Geschäftsführung 23 19 ff.
  - Vertretung der Gesellschaft 23 24 ff.
  - Vertretungsmangel 23 26
  - Vorstandsanstellungsvertrag 23 25
  - Zustimmungsvorbehalt 23 22
- **Ausschüsse** 23 195 ff.
  - Aufsichtspräsidium 23 205
  - Beschlussfähigkeit 23 201
  - Delegationsverbote 23 197 ff.
  - Entsprechenserklärung 23 198
  - Mitgliederanzahl 23 200
  - Personalausschuss 23 204

- Prüfungsausschuss 23 206
- Teilnahmerecht 23 202
- Vermittlungsausschuss 23 203
- Vorsitzender 23 199
- erster
  - Amtszeit 12 25; 13 171
  - Anteilseignervertreter 13 171
  - Arbeitnehmermitbestimmung 13 148 ff.
  - Arbeitnehmervertreter 13 172
  - Arbeitsdirektor 13 159
  - Aufgaben 13 158
  - Bekanntmachung nach Unternehmenseinbringung 13 160 ff.
  - Beschlussfähigkeit 13 160
  - Besetzung 13 156
  - Bestätigung Gründereinschätzung 13 164 ff.
  - Bestellung 12 23 ff.; 13 155
  - Form 13 155
  - Kompetenzen 13 158
  - Mitgliederzahl 12 24
  - Neuwahl 13 167 ff.
  - Zahl der Mitglieder 13 157
- KGaA 3 36
  - Informationsrechte 3 24
  - Kompetenzen 3 23 ff.
  - Vertretung der Gesellschaft 3 26
- MgVG 23 103 ff.
  - Anwendungsvoraussetzungen 23 103
  - grenzüberschreitende Verschmelzung 23 103
  - Zusammensetzung 23 104 f.
- MitbestG
  - Arbeitnehmervertreter 23 83
  - Beschlussfähigkeit 23 87
  - Vorsitzender 23 86
  - Vorstandsbestellung 23 89
  - Zusammensetzung 23 84 f.
- Pflichten
  - director's dealing 23 40
  - Haftung 23 31
  - Insiderpapiere 23 40
  - Interessenkollision 23 33
  - Mitteilungspflichten 23 40
  - Organschaftliche Treuebindung 23 32
  - Sorgfaltspflicht 23 30 ff.
  - Verschwiegenheitspflicht 23 34 ff.
- **Vertragsbeendigung**
  - Vorstand 22 228 ff.
- **Zusammensetzung** 23 48 ff.
  - außergerichtliche Klärung 23 117 f.
  - DrittelbG 23 91 ff.
  - gerichtliche Feststellung 23 16 ff.
  - Größe 23 51
  - Mitbestimmungsvereinbarungen 23 107 ff.
  - Mitgliederanzahl 23 51
  - Sachgründung 23 115
  - Statusverfahren 23 115 ff.
  - Überleitungsrecht 23 121 ff.
  - Überleitungsverfahren 23 115 ff.
  - Umwandlung 23 115

Aufsichtsratsbeschluss
- Beschlussfähigkeit 23 182 ff.
- Beschlussfassung 23 180 ff.

1745

Sachverzeichnis

fette Zahlen = Paragrafen

- fehlerhafte **23** 187 ff.
- Feststellungsklage **23** 191
- Frist **23** 192
- Kapitalerhöhung **34** 35
- Klagerecht **23** 44
- Mehrheit **23** 185
- Nichtigkeit **23** 190
- Verfahrensfehler **23** 189

Aufsichtsratsmitglied
- Abstimmungsverhalten **23** 136
- Aktienoptionen **23** 12
- Amtsniederlegung **23** 161
- Amtszeit **23** 145 ff.
- Anfechtungsbefugnis **38** 48 ff.
- Auslagenersatz **23** 13
- Beihilfe zu Straftat **24** 259
- Beraterverträge **23** 14 ff.
- Beteiligung **32** 199 ff.
- börsennotierte Gesellschaften **23** 128
- Deutscher Corporate Governance Codex **23** 128
- Ersatzmitglied **23** 138
- Gleichheit **23** 8
- höchstpersönliche Amtsausübung **23** 10
- Inkompatibilität **3** 27
- MitbestG **23** 135
- Nebenintervenient **38** 132
- persönlich haftende Gesellschafter **3** 27
- persönliche Voraussetzungen **23** 124 ff.
- Prokurist **23** 82
- Sachverstand **23** 129 ff.
- Statusverfahren **23** 165
- Tantieme **32** 211 ff.
- Vergütung **23** 11 f.; **32** 199, 218 f.
- Verschwiegenheit **11** 53
- Verträge mit Gesellschaft **23** 14 ff.
- virtuelle Aktienoptionen **32** 210
- und Vorstandsmitglied **23** 125
- Wegfall der Wählbarkeitsvoraussetzungen **23** 163
- Weisungsfreiheit **23** 8
- Wiederbestellung **23** 147

- **Abberufung**
  - Arbeitnehmervertreter **23** 151
  - durch Entsender **23** 150
  - Ersatzmitglied **23** 151
  - durch Gericht **23** 152 ff.
  - durch Hauptversammlung **23** 148 f.
  - Interessenabwägung **23** 153
  - Rechtsfolgen **23** 158 ff.
  - Verschulden **23** 153
  - wichtiger Grund **23** 152 ff.
- **Bestellung 23** 132 ff.
  - Arbeitnehmervertreter **23** 134
  - fehlerhafte **23** 143 f.
  - korporationsrechtliches Verhältnis **23** 137
- **Haftung 24** 147 ff.
  - gegenüber Aktionären **24** 157 ff.
  - Aktionärsklage **24** 224 ff.
  - Außenhaftung **24** 147, 156 ff.
  - Bilanzeid **24** 184
  - BilMoG **24** 175
  - Buchführungspflichten **24** 196
  - business judgement rule **24** 153, 211
  - Compliance **24** 152
  - Corporate Governance Codex **24** 172
  - Dokumentation **24** 154
  - D & O-Versicherung **24** 228 ff.
  - Durchsetzung der Ansprüche **24** 220 ff.
  - Einflussnahme **24** 197
  - Entsprechenserklärung **24** 172 ff.
  - Europäische Aktiengesellschaft **24** 212
  - Fortentrichtung der Gehälter **24** 204
  - Frauenquote **24** 195
  - Geltendmachung Ansprüche gegen Vorstand **24** 151
  - Geltendmachung durch Vorstand **24** 221 f.
  - Gesamtschuldnerregress **24** 186
  - Gesamtschuldverhältnis **24** 148
  - Gesellschaft in kirchlicher Hand **24** 219
  - Gesellschaft in öffentlicher Hand **24** 214 ff.
  - gegenüber Gesellschaftsgläubigern **24** 180 ff.
  - Gründungsphase **24** 198 ff.
  - Innenhaftung **24** 147, 185 ff.
  - Insolvenzreife **24** 181
  - Insolvenzverwalter **24** 223
  - Kapitalerhöhung **24** 163 ff.
  - Klagezulassungsverfahren **24** 226
  - Missbrauch des Einflusses **24** 170 f.
  - Pflichtverletzung **24** 150 ff.
  - Prospekthaftung **24** 168
  - Regress **24** 148
  - Schutzgesetz **24** 183
  - Selbstorganisation **24** 153
  - strafbare Handlung des Vorstands **24** 158 ff.
  - Treuepflicht **24** 187
  - Übernahme der Gesellschaft **24** 179
  - Überwachungspflicht **24** 158, 194
  - Verschlechterung der Verhältnisse **24** 204
  - Verschulden **24** 209 f.
  - Verschwiegenheitspflicht **24** 193
  - VorstAG **24** 203 ff.
  - Zustimmung zum Vorstandshandeln **24** 167
- **Klagerecht**
  - Aufsichtsratsbeschlüsse **23** 44
  - gesetzliche **23** 42
  - Interorganstreit mit Vorstand **23** 47
  - organschaftliche Befugnisse **23** 45 f.
  - persönliche Rechte **23** 41

Aufsichtsratssitzungen 23 177 ff.
- Einberufung **23** 178
- Sitzungsniederschrift **23** 193 ff.
- Sitzungsteilnahme **23** 179

Aufsichtsratsvorsitzender
- Abberufung **23** 176
- Aufgaben **23** 170 ff.
- gerichtliche Ersatzbestellung **23** 174
- MitbestG **23** 86
- Stellvertreter **23** 173 f.

Aufsichtsratszustimmung
- Kapitalerhöhung **34** 23

Aufsichtsratszusammensetzung
- DrittelbG **23** 101 f.

Aufspaltung 16 110 ff.

magere Zahlen = Randnummern

Sachverzeichnis

Aufwandsbewertung
– Aktienoptionen 32 143
Ausgabebetrag
– Accelerated Bookbuilding 33 29
– Angemessenheit 33 28, 30
– bedingtes Kapital 32 55 ff.
– Bekanntmachung 33 27
– Bezugsaktie 35 65 ff.
– Bezugsangebot 33 78 f.
– Bezugsrecht 33 30
– Bezugsrechtsausschluss 33 28 f., 97
– Hauptversammlung 33 22 ff.
– Kapitalerhöhungsbeschluss 33 22 ff., 54; 35 31
– Vorstand 33 25 ff.
– Wertgutachten 33 29
– Zuzahlungen 33 31
– genehmigtes Kapital
  – Angemessenheit 34 62
  – Ermächtigungsbeschluss 34 62
  – Greenshoe 34 64
  – Überprüfung 34 62 ff.
Ausgabefenster
– Aktienoptionen 32 69
Ausgabemethode
– Basispreisbestimmung 32 55
Ausgestaltung
– Genussrechte 32 183 f.
– Mitarbeiterdarlehen 32 180
– Wandelanleihe 32 152 ff.
Ausgleichsanspruch
– Verzinsung 53 77
– Gewinnabführungsvertrag
  – Anfechtbarkeit 53 85
  – Anpassung 53 86 ff.
  – fehlender 53 85
  – fester 53 79
  – Kapitalveränderungen 53 88
  – Nichtigkeit 53 85
  – unangemessener 53 85
  – variabler 53 81 f.
Ausgleichsposten
– Mehrabführung 54 199
– Minderabführung 54 191
Ausgleichsvereinbarung
– Inhalt 52 116
Ausgleichszahlung
– Körperschaftsteuer 54 175 ff.
– Minderheitsgesellschafter 54 175 ff.
Ausgliederung 16 113 f.
– Bericht 25 89
– Besteuerung 16 113 f.
– Erheblichkeitsschwelle 25 71
– Holzmüller-Doktrin 52 44
– Holzmüller-Fälle 41 15
– Umwandlung 16 113 f.
Aushilfen
– MitbestG 23 61
Auskunftspflicht
– Hauptversammlung 22 109 ff.
– Vorstandspflichten 22 109 ff.
Auskunftsverweigerung
– Anfechtungsgrund 38 83

Auskunftsverweigerungsrecht
– Vorstandspflichten 22 117
Auslagenersatz
– Aufsichtsratsmitglieder 23 13
Ausländische juristische Personen
– Aktionär 5 2
– automatische Anerkennung 5 5
– Gerichtssprache 5 198 f.
– Gesellschaftsstatut 5 7
– Gründungstheorie 5 14 ff.
– Handelsregisteranmeldung 5 198 f.
– Personalstatut 5 3
– Rechtsfähigkeit 5 2 ff.
– Rechtsformverfehlung 5 20
– Selbstkontraktion 5 41 ff.
– Staatsvertrag 5 6
– Umqualifizierung 5 20
– USA 5 7
– Verwaltungssitz im Inland 5 20
– Vertretung
  – anglo-amerikanische 5 39
  – Belgien 5 44 ff.
  – Dänemark 5 50 ff.
  – England 5 55 ff.
  – Finnland 5 61 ff.
  – Form der Vollmacht 5 161
  – Frankreich 5 66 ff.
  – Italien 5 75 ff.
  – Japan 5 83 ff.
  – Länderüberblick 5 44 ff.
  – Liechtenstein 5 87 ff.
  – Nachweis 5 38
  – Niederlande 5 93 ff.
  – notarielle Bescheinigung 5 40
  – organschaftliche 5 37 ff.
  – Österreich 5 98 ff.
  – Polen 5 103 ff.
  – Portugal 5 111 ff.
  – Schweden 5 116 ff.
  – Schweiz 5 120 ff.
  – Slowakische Republik 5 130 ff.
  – Spanien 5 125 ff.
  – Tschechische Republik 5 130 ff.
  – Türkei 5 136 ff.
  – Ungarn 5 142 ff.
  – USA 5 148 ff.
  – Vollmachtsstatut 5 158 ff.
Ausländische natürliche Personen
– Aktionär
  – Güterstand 5 164 f.
  – Staatsangehörigkeit 5 162 f.
– Vorstand
  – Arbeitserlaubnis 5 168
  – Aufenthaltserlaubnis 5 167
  – Belehrung 5 169 ff.
  – Registeranmeldung 5 169 ff.
  – Staatsangehörigkeit 5 166
Auslandsbeurkundung 5 173 ff.
– Gleichwertigkeit 5 175 ff.; 12 13
– Gründung 12 12 ff.
– Gründungsmängel 14 107
– Notarieller Formzwang 5 174

Sachverzeichnis

fette Zahlen = Paragrafen

Auslandsbezug
- Konzern im Konzern **23** 72
- Steuerliche Organschaft **54** 19

Auslandsdividende
- DBA-Günstigerprüfung **4** 43
- Körperschaftsteuer **4** 34, 43

Auslegung
- Eingliederung **45** 9, 11 f.
- Eingliederungsbeschluss **45** 9
- Hauptversammlung **26** 112 ff.
- Holzmüller-Bericht **25** 91
- Nachgründungsvertrag **14** 167
- Satzung **13** 10 ff.
- Verschmelzung **16** 67
- Satzung
  - vor Eintragung **7** 60 ff.
  - formelle Bestandteile **7** 65
  - materielle Bestandteile **7** 62 ff.

Auslegungspflicht
- Änderung der Unterlagen **26** 123
- Beschlussanfechtung **26** 124
- Eingliederung **26** 115
- Gewinnverwendungsvorschlag **26** 113
- Holzmüller-Entscheidung **26** 116
- Internetveröffentlichung **26** 121
- Jahresabschluss **26** 113
- Lagebericht **26** 113
- Ort **26** 118
- Übersendung an Aktionäre **26** 120
- Zeitpunkt **26** 118
- Zugänglichmachung **26** 112, 116

Auslosung von Aktien
- Einziehung **43** 4

Ausschließungsurteil 45 47 ff.
- Abfindung **45** 48
- Entbehrlichkeit **45** 48

Ausschluss
- Abfindung **45** 52
- Abschlussprüfer **19** 16 ff.
- Abwicklung **45** 53
- Anfechtungsklage **45** 54
- Ausschließungsurteil **45** 47 ff.
- ohne Ausschließungsurteil **45** 49 ff.
- Bezugsrecht **10** 137 ff.
- Checkliste **45** 41
- Eingliederung **45** 1 ff.
- gerichtliches Ausschließungsverfahren **45** 47 ff.
- Hauptversammlungsbeschluss **45** 46
- Kaduzierung **42** 13
- Nichtigkeit **39** 30 f.
- personalistische AG **45** 42
- Satzungsbestimmungen **45** 49
- Squeeze out **44**
- übertragende Auflösung **45** 37 ff.
- Umwandlung **45**
- Voraussetzungen **45** 42 ff.
- wichtiger Grund **45** 43 ff.
- zwangsweise **45** 1 ff., 37 ff.
- aus wichtigem Grund **45** 40 ff.
  - Abfindung **45** 52
  - Abwicklung **45** 53
- Anfechtungsklage **45** 54
- Ausschließungsurteil **45** 47 ff.
- ohne Ausschließungsurteil **45** 49 ff.
- Checkliste **45** 41
- gerichtliches Ausschließungsverfahren **45** 47 ff.
- Hauptversammlungsbeschluss **45** 46
- personalistische AG **45** 42
- Satzungsbestimmungen **45** 49
- Voraussetzungen **45** 42 ff.
- wichtiger Grund **45** 43 ff.

Ausschussvorsitzender
- Aufsichtsrat **23** 199

Ausschüttung
- Anrechnungsverfahren **4** 208 f.
- ausschüttungsgesperrte Beträge **30** 12
- Besteuerung **4** 205 ff.
- BilMoG **30** 12
- disquotale **4** 337 ff.
- Gewinn **4** 207
- Gewinnermittlung **30** 8
- Halbeinkünfteverfahren **4** 208 f.
- Kapitalertragsteuer **4** 216 ff.
- Rückzahlung Nennkapital **4** 207
- Solvenztest **30** 8
- steuerliches Einlagenkonto **4** 207

Ausschüttungsbemessung
- Jahresüberschuss **30** 5

Ausschüttungsgesperrte Beträge
- Jahresabschluss **30** 12

Ausschüttungssperre
- Gewinnabführungsvertrag **54** 99

Außenhaftung
- Aufsichtsratshaftung **24** 147, 156 ff.
- Vorstandshaftung **24** 6, 56

Außenseiterschutz
- faktischer Konzern **52** 1

Aussetzung der Notierung
- börsennotierte Gesellschaft **47** 182

Aussetzung der Vollziehung
- Steuerschulden **24** 106

Aussetzung des Verfahrens
- Registerverfahren **6** 41

Ausspruchsfrist
- Kündigung, fristlose **22** 240 ff.

Ausstrahlung
- ins GmbH-Recht **1** 28

Auszahlungssperre
- Einziehung **43** 48 f.

Auszahlungsverbot
- Kapitalherabsetzung **36** 46
- Kapitalherabsetzung, vereinfachte **36** 90 ff.

Avoin yhtiö
- Finnland **5** 61

BaFin
- Angebotsunterlage **51** 90 ff.
- Erwerb eigener Aktien **32** 45
- Öffentliches Übernahmeangebot **51** 16 f.
- Veröffentlichungspflichten **33** 174

Bankkredit
- Umqualifizierung in Eigenkapital **21** 19 ff.

1748

magere Zahlen = Randnummern   **Sachverzeichnis**

Barabfindung
– Bewertung 44 27
– Börsenkurs 44 29
– Discounted-Cash-Flow-Verfahren 44 27
– Ertragswertmethode 44 27
– Squeeze out 44 16, 27, 29; 50 44
Barabfindungsangebot
– Anfechtungsausschluss 38 79
– Angemessenheitsprüfung 16 34
– Formwechsel 16 34; 50 37
– höhere 16 46
– Spruchverfahren 16 46
– Veröffentlichung 16 12
– Verschmelzung 50 32
– Zuzahlung 16 46
Barabfindungsanspruch
– Squeeze out 32 104
Bareinlage
– Agio 12 49
– vor Anmeldung 12 49 ff.
– Aufrechnung 13 241, 245
– Bankbescheinigung 12 64
– an Dritten 12 55
– Einforderung 12 50
– Ein-Mann-Gründung 12 51
– vor Eintragung 12 52
– Einzahlung 10 13
– endgültige freie Verfügung 12 56 ff.
– Fälligkeit 42 3
– Gegengeschäft 13 244 ff.
– gemischte Einlage 13 241
– auf Gesellschaftskonto 12 53
– Gründung 2 27
– Gründungsmängel 14 101
– Kapitalerhöhung, ordentliche 33 130 f.
– Kapitalerhöhungsbeschluss 33 12 ff.
– Leistung 12 48 ff.
– Nachweis 12 64
– Nennbetragsaktien 12 49
– Rückfluss 13 211
– Rückzahlung 13 202
– Sachübernahme 13 241
– per Scheck 12 54
– Stückaktien 12 49
– verabredetes Gegengeschäft 13 244
– Verrechnungsabrede 13 241, 243
– verspätete Einzahlung 10 14
– Verwendungsabrede 13 211
– Verwendungsbindung 12 58
– Zahlungsaufforderung 42 3 ff.
Bargründung 12
– Abgrenzung Sachgründung 12 3 f.
– Begriff 12 2
– Darlehen 12 3
– Formwechsel 12 5
– Gründungsprotokoll 12 7 ff.
– Registeranmeldung 12 1
– Umwandlung 12 5
– verdeckte Sacheinlage 12 3
– **Gründungsbericht**
– Aufstellung 12 32
– fehlender 12 34

– Inhalt 12 33
– Sachgründung 12 33
– Vertretung 12 32
– **Gründungsprüfung 12** 35 ff.
– Aufsichtrat 12 36
– Bericht 12 39
– Gegenstand 12 37
– Vorstand 12 36
– **Gründungsprüfung, externe 12** 40 ff.
– Antrag 12 42 f.
– Bericht 12 45
– beurkundenden Notar 12 44
– gerichtliche Bestellung 12 42
– Pflicht 12 40
– Prüfer 12 42
– Umfang 12 45
– Vergütung 12 46 f.
Barkapitalerhöhung
– Bezugsrechtsausschluss 33 89 f.
Basispreis
– Anpassung 32 64
– bedingtes Kapital 32 55 ff.
Basispreisbestimmung
– Abschlagsmethode 32 55
– Ausgabemethode 32 55
– börsennotierte Gesellschaften 32 58
– Festpreismethode 32 55
– Verkehrswert 32 58
Bedarfsabhängigkeit
– Bedingtes Kapital 35 3
Bedingtes Kapital 2 25; **35**
– 10 %-Grenze 32 34
– Aktienoptionen 32 14, 24 ff., 200
– aufschiebende Bedingung 32 35
– Aufteilung 32 53 f.
– Ausgabebetrag 32 55 ff.
– Ausübung 32 29
– Basispreis 32 55 ff.
– Bedarfsabhängigkeit 35 3
– Belegschaftsaktien 32 172
– Bezugsberechtigte 32 51
– Bezugserklärung 32 29
– Bezugsrecht 10 130; 35 50 ff.
– Bezugsrechtsausschluss 32 24
– Bilanzierung Aktienoptionen 32 139 ff.
– bis-zu-Globalurkunde 32 32
– Checkliste 35 89
– Entstehung des Mitgliedsrechts 32 31
– Erfolgsziele 32 65 ff.
– Ermächtigungsbeschluss 32 27
– Gewinnberechtigung Arbeitnehmer 35 84
– Handelsregisteranmeldung 32 26
– Hauptversammlungsbeschluss 32 26 f., 50
– Heilung 37 29 ff.
– Höchstgrenze 35 20
– Kapitalerhöhungsbeschluss 35 16, 22 ff., 85
– Kapitalerhöhungsermächtigung 34 15 f.
– Pflichtwandelanleihe 35 9
– Prüfungspflicht 35 86
– Sacheinlage 35 84 ff.
– Sanierungszweck 35 18

1749

Sachverzeichnis

fette Zahlen = Paragrafen

- Selbständige Optionsrechte **35** 10
- Stückaktien **32** 34; **35** 19
- Unternehmenszusammenschlüsse **35** 84
- Zulässigkeit **35** 17 ff.

Bedingung, aufschiebende
- bedingtes Kapital **32** 35
- Zustimmungsvorbehalt **25** 83

Bedingungen
- Genussrechte **21** 78
- Handelsregisteranmeldung **6** 9
- Konsortium **47** 68
- Sacheinlage **13** 60
- **Öffentliches Übernahmeangebot 51** 76 ff.
  - Abwehrmaßnahme **51** 81
  - Finanzierungsvorbehalt **51** 79
  - Force-majeure-Klausel **51** 82
  - Kartellrecht **51** 77
  - MAC-Klausel **51** 82
  - Mindestannahmequote **51** 78
  - Tauschangebot **51** 79

Beendigung
- Gemeinnützige Aktiengesellschaft **55** 33
- Gesellschaft **15**
- **Beherrschungsvertrag**
  - Eintragung **53** 68 f.
  - Insolvenzeröffnung **53** 168
  - Sicherheitsleistung **53** 70
  - Verzicht auf Anspruch **53** 68
- **Gewinnabführungsvertrag**
  - Eintragung **53** 68 f.
  - Insolvenzeröffnung **53** 168
  - Sicherheitsleistung **53** 70
  - Verzicht auf Anspruch **53** 68
- **Unternehmensvertrag 53** 155 ff.
  - Aufhebung **53** 156 ff.
  - Kündigung **53** 159 ff.

Begebungsvertrag
- Bezugsaktie **35** 65

Beherrschtes Unternehmen
- Beherrschungsvertrag **53** 6, 29 ff.
- Haftung Aufsichtsrat **53** 29 ff.
- Haftung Vorstand **53** 29 ff.
- Personengesellschaft **53** 6
- Pflichten des Aufsichtsrats **52** 210 f.
- Pflichten des Vorstands **52** 207 ff.
- Qualifiziert faktischer Konzern **52** 48 ff.
- Teilgewinnabführungsvertrag **53** 119
- **Konzerneingangsschutz 52** 48 ff.
  - Abwehrmaßnahme **52** 50
  - Leitungsmacht Vorstand **52** 49
  - Neutralitätspflicht **52** 49
  - Treuepflicht **52** 48
  - Vorratsbeschluss **52** 50
  - Vorstand **52** 49 ff.
- **Nachteilsausgleich**
  - Abhängigkeitsverhältnis **52** 54 ff.
  - Abhängigkeitsvermutung **52** 56 ff.
  - Haftung Aufsichtsrat **52** 138
  - Haftung Vorstand **52** 136
  - Mehrheitsbeteiligung **52** 56
  - Sperrminorität **52** 55

- Unterlassungsbegehren **52** 131 ff.
- Vergleich **52** 139
- Verzicht **52** 139

Beherrschungsvertrag 53 5 ff.
- abhängiges Unternehmen **53** 6
- Anfechtungsausschluss **38** 76
- angemessener Ausgleich **53** 79
- aufstrebende Sicherheit **21** 52
- Ausgleichszahlung **53** 72
- außenstehender Aktionär **53** 72, 74 ff.
- Einlagenrückgewähr **21** 20 ff.
- Gläubigerschutz **53** 42 ff.
- herrschendes Unternehmen **53** 7
- isolierter **53** 49, 79
- Körperschaftsteuer **54** 65
- Mindestinhalt **53** 9
- Muster **53** 176, 177
- Nachteilsausgleich **52** 63
- Rücklagenauffüllung **53** 49 ff.
- unkoordinierter **53** 8
- Unternehmensbewertung **20** 67
- Verlustübernahmepflicht **53** 52, 58 ff.
- Vertragskonzern **52** 1
- **Beendigung**
  - Eintragung **53** 68 f.
  - Insolvenzeröffnung **53** 168
  - Sicherheitsleistung **53** 70
  - Verzicht auf Anspruch **53** 68
- **beherrschtes Unternehmen**
  - Aufsichtsratshaftung **53** 29 ff.
  - Personengesellschaft **53** 6
  - Vorstandshaftung **53** 29 ff.
- **herrschendes Unternehmen**
  - Haftung **53** 28
  - Haftung gesetzliche Vertreter **53** 27
- **Weisungsrecht 53** 11 ff.
  - Berechtigter **53** 19
  - Delegation **53** 20 ff.
  - existenzgefährdende **53** 18
  - Folgepflicht **53** 24
  - Grenzen durch Gesetz **53** 16 f.
  - Grenzen durch Satzung **53** 13
  - Grenzen durch Vertrag **53** 14
  - Übertragung **53** 20, 23
  - vollständiges **53** 15
  - gegenüber Vorstand **53** 24
  - Weisungsempfänger **53** 24 ff.

Being Public 46 21 ff.
- Auskunftspflichten **46** 22
- Börsenpreis **46** 23
- Gleichbehandlungsgrundsatz **46** 22
- Hinterlegungsstelle **46** 22
- Insider-Handelsverbot **46** 22
- Veröffentlichungspflichten **46** 22
- Zahlstelle **46** 22
- Zulassungsfolgepflichten **46** 22 f.

Beirat
- Satzung **7** 57

Beitritt
- Gründungsmängel **14** 102 ff., 102, 103, 122

Beitrittserklärung
- Anfechtung **14** 38

magere Zahlen = Randnummern

Sachverzeichnis

- Form **12** 9
- Gründungsmängel **14** 104, 115, 131, 135, 141
- Minderjährigenschutz **14** 41
- Zurechenbarkeitsmängel **14** 37 ff.

Bekanntmachung 26 65 ff.
- Altana/Milupa-Entscheidung **25** 88
- Beschlussvorschlag **26** 68
- börsennotierte Gesellschaft **47** 183
- Börsenpflichtblätter **26** 58
- Einschreiben **26** 59
- Gesellschaftsblätter **15** 112; **26** 58
- Gläubigeraufruf **15** 109 ff.
- Hauptversammlung **26** 58 ff.
- Kaduzierung **42** 11, 14
- Minderheitsverlangen **26** 66
- Nachgründung **14** 173
- Satzung **7** 36
- Satzungsänderungen **26** 69
- Tagesordnung **26** 71 ff.
- Vorstandsbericht **26** 70
- Wahl Aufsichtsratsmitglied **26** 69
- Wahl Prüfer **26** 69

Belegschaftsaktien
- Arbeitnehmer verbundener Unternehmen **34** 70
- bedingtes Kapital **32** 172
- Besteuerung **32** 175 ff.
- Call-Option **32** 173
- eigene Aktien **32** 172
- Erwerb eigener Aktien **31** 17 ff.
- genehmigtes Kapital **32** 172; **34** 74 ff.
- Jahresüberschuss **34** 78
- Mitarbeiterbeteiligung **32** 171 ff.
- Restricted Stock **32** 173
- Rückkaufsrecht **32** 173
- als Sacheinlage **34** 81
- Vorzugspreis **32** 171

Belehrung
- Auskunftspflicht gegenüber Gericht **12** 67 ff.
- Muster **5** 171

Belgien
- Ausländische juristische Personen **5** 44 ff.
- Öffentliche Urkunde **5** 185
- Société anonyme **5** 46
- Société en commandite simple **5** 45
- Société en nom collectif **5** 44
- Société privée à responsabilité limitée **5** 48

Bemessungsgrundlage
- Aktienoptionen **32** 123
- Vorstandsvergütung **32** 19

Berater
- persönliche Zuverlässigkeit **24** 14
- Vorstandshaftung **24** 12 ff.

Beraterverträge
- Aufsichtsratsmitglieder **23** 14 ff.

Bericht
- Abhängigkeitsbericht **52** 159
- Aufsichtsrat **19** 59
- Ausgliederung **25** 89
- DCGK **11** 53

- Eingliederung **45** 12 f.
- Hauptversammlung **26** 89 ff.
- Prospekt **47** 124 f.
- Squeeze out **44** 22 ff.
- Unternehmensvertrag **53** 142
- Zulassungsfolgepflichten **47** 175 f.

Berichtspflicht
- Anforderungsbericht **22** 104
- genehmigtes Kapital **34** 58 ff.
- Gründungsprüfung **13** 185 ff.
- Kapitalerhöhung, bedingte **35** 39 ff.
- Regelbericht **22** 104
- Sonderbericht **22** 104
- Vorstandspflichten **22** 103 ff.
- Zugänglichmachung **26** 116

- **Abhängigkeitsbericht**
- Abschlussprüfer **52** 171
- Anfechtbarkeit der Entlastung **52** 172
- Gesamtverantwortung **52** 170
- Haftung Aufsichtsrat **52** 169
- Haftung Vorstand **52** 168
- Handelsregister **52** 167
- Nichtigkeit Jahresabschluss **52** 173
- Schadensersatzpflicht **52** 168 ff.
- Zwangsgeldverfahren **52** 167

- **Vorstand**
- gegenüber Aktionären **26** 89 ff.
- Beschlussanfechtung **26** 101 ff.
- DCGK **26** 95
- Eingliederung **26** 91
- Heilung **26** 102
- Kapitalerhöhung **26** 91
- Mängel **26** 101
- Squeeze out **26** 95
- Umwandlungen **26** 92
- Unternehmensvertrag **26** 91

Berufsfreiheit
- Gemeinnützige Aktiengesellschaft **55** 13

Bescheinigung
- Erstellungsbericht **17** 47

Beschlusseinheit
- Beschlussmehrheit **38** 107 ff.

Beschlussfähigkeit
- Aufsichtsratsausschuss **23** 201
- Aufsichtsratssitzungen **23** 87, 182 ff.
- MitbestG **23** 87

Beschlussfassung
- Aufsichtsratssitzungen **23** 180 ff.

Beschlussmängel
- Heilung durch Eintragung **14** 88

Beschlussvorschlag
- Inhalt **25** 85

Beschwerde
- **Öffentliches Übernahmeangebot 51** 137 ff.
- Amtsermittlungsgrundsatz **51** 146
- Anfechtungsbeschwerde **51** 138
- aufschiebende Wirkung **51** 144
- BaFin **51** 141
- Beschwerdebefugnis **51** 139
- Popularbeschwerde **51** 139
- vorläufiges Verfahren **51** 145

1751

Sachverzeichnis

fette Zahlen = Paragrafen

Beseitigungsklage
– Holzmüller-Fälle **41** 37
Besloten Vennootschap
– Niederlande **5** 96
Besonderer Vertreter
– Organhaftungsklage **41** 57 ff.
Bestandsgrenze
– Erwerb eigener Aktien **31** 39
Bestandsschutzwirkung
– Eintragung **14** 84
Bestandsstreitigkeiten
– Vorstand **22** 257
Bestätigungsbeschluss
– Anfechtungsausschluss **38**; **38** 88 ff.
– Anfechtungsklage **38** 93 ff.
– Nichtigkeitsklage **38** 88, 93 ff.
Bestätigungsvermerk
– Abschlussprüfung **19** 42
Bestellung
– Abschlussprüfer **17** 48
– Abwickler **15** 98 f.
– Anfechtungsausschluss **38** 85
– Befristung **2** 20
– Hauptversammlung **25** 15, 18; **26** 4
Bestellungshindernis
– Vorstandsmitglied **12** 66
Besteuerung 4; **4** 222 ff.
– Anteilsveräußerung **4** 31 f., 237 ff.
– Belegschaftsaktien **32** 175 ff.
– Genussrechte **32** 185
– Gewinnausschüttung **4** 31 f.
– Gewinnausschüttungen **4** 227 ff.
– KGaA **3** 34
– Konzern **54** 1
– Mitarbeiterdarlehen **32** 182
– natürliche Person **4** 222 ff.
– Phantom Stock **32** 193
– Steuerpflicht **4** 223 ff.
– Stille Beteiligung **32** 178
– verdeckte Einlage **4** 320 ff.
Beteiligung
– Aufsichtsratsmitglied **32** 199 ff.
– Verlustzuweisung **4** 90 ff.
Beteiligung, mittelbare
– Steuerliche Organschaft **54** 17
Beteiligung, wesentliche
– Mitteilungspflicht **48** 194 ff.
– Veräußerung **4** 244 ff.
Beteiligungserwerb
– Erheblichkeitsschwelle **25** 69
Beteiligungserwerb, schädlicher
4 152 ff.
– Anrechnung **4** 177
– Anteilsübertragung **4** 156 ff.
– Ausnahmen **4** 172 ff.
– Erwerber **4** 167 ff.
– Fünfjahreszeitraum **4** 165 f.
– Kapitalerhöhung **4** 163
– Konzernklausel **4** 172 f.
– Körperschaftsteuer **4** 195 f.
– Sanierungsklausel **4** 182 ff., 195 ff.
– stille Reserven **4** 177 f.

– Verlustabzug **4** 152 ff.
– Voraussetzungen **4** 156 ff.
Beteiligungshöhe
– Streubesitz **4** 34 ff.
– Umwandlung **4** 36
Beteiligungsprivileg
– Betriebsausgabe **4** 40 ff.
– Dividenden **4** 33 ff.
– Herabsetzung Nennkapital **4** 54
– Nennkapital Auflösung **4** 54
– persönlicher Anwendungsbereich
  4 32
– Veräußerungsgewinn **4** 31 ff.
– Wertpapierpensionsgeschäft **4** –
– **Gewerbesteuer**
– Beteiligungsprivileg **4** 46 ff.
– Bezüge **4** 46
– Dividenden **4** 46
– Steuerbefreiung **4** 46
– Wertpapierleihe **4** 78
– **Körperschaftsteuer 4** 31 ff., 37
– Betriebsausgabe **4**
– Bezüge **4** 37
– Dividenden **4** 33 ff.
– Einlagenkontozahlungen **4** 39
– Steuerbefreiung **4** 33 ff.
– Übertragungsgewinn **4** 55
– verdeckte Gewinnausschüttungen **4** 37
Beteiligungsquote
– Aktien **10** 43
– Eingliederung **45** 5
– Hinzuerwerb **44** 10
– Squeeze out **44** 7 ff.
– Zeitpunkt **44** 9
– Zurechnung **44** 8
Betéti társaság
– Ungarn **5** 143
Betriebsausgabe
– Aktienoptionen **32** 130
– Anteile an ausländischen Kapitalgesellschaften **4** 40
– nicht abzugsfähige **4** 40 ff.
– pauschalierter Abzug **4** 40 ff.
– steuerfreie Einnahmen **4** 40
Betriebsführungsvertrag 53 127 f.
– Kündigung **53** 162
Betriebspacht 53 125
– Kündigung **53** 162
– Muster **53** 178
– Unternehmensvertrag **53** 105
Betriebsstätte, inländische
– Organträger **54** 17
Betriebsübergang
– Aktienoptionen **32** 112
– Verschmelzung **16** 78
Betriebsüberlassung 53 126
– Kündigung **53** 162
Betriebsüberlassungsvertrag
– Unternehmensvertrag **53** 105
Betriebsvermögen
– Anteilsveräußerung **4** 6, 303
– Teileinkünfteverfahren **4** 236

1752

magere Zahlen = Randnummern

Sachverzeichnis

Betrug
- Kursmanipulationsverbot **48** 148
- Marktmanipulationsverbot **48** 148

BetrVG
- Aufsichtsrat **23** 92

Beurkundung
- Gründungsmängel **14** 106
- Hauptversammlungsbeschluss **27** 111, 115
- Nichtigkeitsgrund **39** 13

Bewertung 2 31 ff.
- Anlagevermögen **13** 71
- Äquivalenzstörung **13** 76 f.
- Forderung **13** 30
- gemischte **13** 69
- Maßstab **13** 71
- Nachteil **52** 83
- nicht betriebsnotwendiges Vermögen **20** 30
- obligatorische Nutzungsrechte **13** 73
- Sachdividende **30** 40
- Sacheinlage **13** 68 ff.
- Sachübernahme **13** 142
- Sekundärleistungspflicht **13** 76
- Überbewertung **13** 76
- Umlaufvermögen **13** 71
- Zeitpunkt **13** 70, 74

Bewertungsgrundsätze
- IDW **20** 23 ff.

Bewertungsverfahren
- Discounted Cash Flow-Verfahren **20** 20
- Einzelbewertungsverfahren **20** 22
- Ertragswertverfahren **20** 20
- Gesamtbewertungsverfahren **20** 20
- Kapitalwertverfahren **20** 18 ff.
- Substanzwertverfahren **20** 22
- Vergleichsverfahren **20** 21

Bewertungswahlrecht
- Formwechsel **16** 20
- Jahresabschluss **17** 38; **30** 9
- Verschmelzung **16** 81

Bezüge
- Besteuerung **4** 228 f.

Bezugsaktie
- Ausgabebetrag **35** 65 ff.
- Begebungsvertrag **35** 65
- Bezugserklärung **35** 66 ff.
- Handelsregisteranmeldung **35** 76 ff.
- Nichtigkeit **35** 68 f.
- Umtauschrecht **35** 70 ff.
- Verbriefung **35** 65
- Vorstandshaftung **35** 69
- Vorstandspflichten **35** 76 ff.

Bezugsangebot
- Ausgabebetrag **33** 78 f.
- Emissionsunternehmen **33** 81 f.
- Gesellschaft **33** 77 ff.
- Veröffentlichungspflichten **33** 173

Bezugsberechtigte
- bedingtes Kapital **32** 51

Bezugserklärung
- Ausschlussfrist **10** 132 f.
- bedingtes Kapital **32** 29
- Bezugsaktie **35** 66 ff.

- fehlerhafte **35** 62 ff.
- Form **35** 57, 59
- Heilung **35** 63
- Zeichnungsvertrag **35** 61
- Zeitpunkt **35** 67

Bezugsfrist
- Bezugsrecht **33** 74 f.
- Kapitalerhöhung **33** 36

Bezugsrecht
- Angemessenheit **33** 30
- Antrag **35** 58
- Ausgabebetrag **33** 30
- Ausschluss **10** 137 ff.
- Ausübung **10** 131; **33** 83 f.
- bedingtes Kapital **10** 130; **35** 50 ff.
- Bezugsfrist **33** 74 f.
- Entstehung **10** 128
- faktischer Ausschluss **10** 145
- Genussrechte **21** 99
- Gewinnanspruch **35** 15
- Inhalt **33** 72
- Kapitalerhöhung **10** 127 ff.; **33** 39 f., 72 ff.
- Kapitalerhöhung, bedingte **35** 14 ff.
- Mehrbezug **33** 87
- Mitgliedschaftsrecht **10** 127 ff.
- nicht bezogene Aktien **33** 87 ff.
- Plazierungspreis **33** 88
- Privatplazierung **33** 87
- Squeeze out **44** 43
- Übertragung **10** 134 ff.
- Umwandlung **10** 130
- Vereinbarung **33** 73
- Verfahren **33** 74 f.
- Veröffentlichung Bezugsangebot **33** 76 ff.
- Verzicht **10** 136
- vinkulierte Aktien **10** 135
- Wandelanleihe **32** 154
- zwingend **10** 129
- **Bedingtes Kapital**
- Ausübung **35** 57 ff.
- Einräumung **35** 50 ff.
- Entstehung **35** 50 ff.
- Kapitalerhöhungsbeschluss **35** 30
- Schutz **35** 53
- Strukturmaßnahmen **35** 56
- Verwässerungsschutz **35** 55

Bezugsrecht, mittelbares
- Bezugsrechtsausschluss **33** 91
- Kapitalerhöhung **33** 39 f.; **34** 19

Bezugsrecht, vertragliches
- Aktienoptionen **32** 12

Bezugsrechtsausschluss
- Aktienoptionen **32** 91
- Anfechtungsklage **34** 51
- angemessener Ausgabebetrag **33** 97
- ARUG **33** 94
- Ausgabebetrag **33** 28 f.
- Barkapitalerhöhung **33** 89 f.
- bedingtes Kapital **32** 24
- Begründung **33** 94; **34** 43
- Bericht **33** 94 ff.
- Beschluss **10** 138 ff.

1753

Sachverzeichnis

fette Zahlen = Paragrafen

- Bezugsrechtsmittler **10** 141
- börsennotierte Gesellschaft **10** 140
- Deutscher Corporate Governance Codex **33** 94
- Erwerb eigener Aktien **32** 43
- faktischer **10** 145; **33** 113 ff.
- Feststellungsklage **34** 49, 53, 57
- Feststellungsklage, allgemeine **41** 38 ff.
- formelle Bestandteile **10** 138
- genehmigtes Kapital **34** 38 ff.
- Gleichbehandlungsgrundsatz **33** 98
- Gründungssatzung **34** 40
- Handelsregisterverfahren **34** 52
- Hauptversammlung **34** 39
- Kapitalerhöhung **10** 140; **33** 72 ff.
- materielle Bestandteile **10** 139
- mittelbares Bezugsrecht **33** 91
- Rechtsschutz **34** 49 ff.
- sachliche Rechtfertigung **33** 99 ff.; ,**34** 41 ff.
- Schadensersatzklage **41** 73 ff.
- Siemens-Nold-Entscheidung **34** 42
- Spaltung **33** 89
- Unterlassungsklage **34** 50
- Venture-Capital **11** 33
- Verschmelzung **33** 89
- Vorratsbeschluss **34** 44

Bezugsrechtsausschluss, rechtswidriger
- Eigenschaden **41** 74
- Feststellungsklage **41** 42
- Gesellschaftsschaden **41** 74
- Individualklage **41** 74
- Klagefrist **41** 42, 55
- Rechtsschutz **41** 42
- Schaden **41** 74
- Schadensersatzanspruch **41** 41
- Schadensersatzklage **41** 73 ff.
- Siemens/Nold-Entscheidung **41** 42
- Unterlassungsantrag **41** 44
- Unterlassungsklage **41** 42
- Verletzung Mitgliedschaftsrecht **41** 74
- Vorabinformationspflicht **41** 42
- Zeichnungsvertrag **41** 39 f.

Bezugsrechtsausschluss, vereinfachter
- Ausübungshäufigkeit **33** 110
- börsennotierte Gesellschaften **33** 104
- Börsenpreis **33** 105 ff., 109
- Höchstgrenze **33** 111
- kleine Aktiengesellschaft **33** 103
- liquider Börsenhandel **33** 108
- Vorstandsbericht **33** 112

Bezugsrechtshandel **33** 86
Bezugsrechtskapitalerhöhung **33** 44
Bieter
- Öffentliches Übernahmeangebot **51** 4
  - BaFin **51** 130
  - Beteiligungsquote **51** 130
  - Ergebnisbekanntmachung **51** 134
  - Meistbegünstigungsverpflichtung **51** 126 ff.
  - Nachzahlungsverpflichtung **51** 128
  - Parallelerwerb **51** 126 f.
  - Wasserstandsmeldung **51** 129

Bilanzeid
- Aufsichtsratshaftung **24** 184
- Formulierung **17** 35 f.
- Vorstandshaftung **24** 78 ff.
- Vorstandsmitglied **24** 242

Bilanzgewinn
- Abschlagszahlungen **2** 28
- Einziehung, vereinfachte **43** 55

Bilanzgewinnanteil
- Jahresüberschuss **30** 7

Bilanzierung
- Aktienoptionen **17** 142 ff.; **32** 140 f.
- eigene Aktien **17** 154 ff.
- EU-Recht **17** 6
- Genussrechte **21** 65
- Grundkapital **10** 2
- Mitarbeiterbeteiligung **17** 142 ff.
- Optionsanleihe **17** 151
- Wandelanleihe **17** 151

Bilanzkontrolle
- Enforcment **19** 61 ff.
- Verfahren **19** 61 ff.

Bilanzrichtliniengesetz
- Rechnungslegung **1** 29 f.

Billigkeitserlass
- Aktienoptionen **32** 120 ff.

Billigung
- Geschäftsführungsmaßnahme **25** 25

BilMoG
- Haftung Aufsichtsratsmitglied **24** 175

Bis-zu-Beschlüsse
- Kapitalerhöhung **33** 43 ff.

Bis-zu-Globalurkunde
- bedingtes Kapital **32** 32

Blankoindossament
- Namensaktien **10** 47

Boni **32** 186 ff.
- Mitarbeiterbeteiligung **32** 186 ff.

Bonus-Aktien
- Mitarbeiterbeteiligung **32** 195 f.

Bonus-Malus-System
- Vorstandsvergütung **32** 19

Bookbuilding **33** 44
- Emissionspreis **47** 158 ff.
- Emissionsverfahren **47** 158 ff.
- Kapitalerhöhung **34** 36 f.

Börse
- Aufsicht **46** 9
- Börsenrat **46** 12
- Handelsüberwachungsstelle **46** 12
- Legaldefinition **46** 8
- Organisationsstruktur **46** 13
- Träger **46** 11
- Zulassung **46** 14

Börseneinführung **47** 1 ff.
- Aufnahme des Handels **47** 169 f.
- Designated Sponsors **47** 173
- Kosten **47** 185 ff.
- Lock up Verpflichtungen **47** 171 f.

Börsenfähigkeit
- Aktien **2** 24

1754

magere Zahlen = Randnummern

Sachverzeichnis

Börsengang 47
- Hauptversammlung **41** 18
- KGaA **3** 38

Börsengeschäftsführung
- Klage gegen Entscheidungen **50** 24 ff.
- Verwaltungsrechtsweg **50** 24

Börsengesetz **46** 7 f.

Börsenhandel
- amtlicher Markt **46** 16 f.
- Börsenprospekt **46** 20
- Freiverkehr **46** 17
- geregelter Markt **46** 16 f.
- regulierter Markt **46** 17

Börsenhandel, liquider
- Bezugsrechtsausschluss **33** 108

Börsenkurs
- Stückelung der Aktien **47** 54
- Verkehrswert **20** 70

Börsennotierte Gesellschaft **1** 9
- Abschrift auszulegender Unterlagen **26** 121
- Ad-hoc-Mitteilung **32** 103
- Aktienoptionen **32** 18, 118, 123
- Aktionärsvertreter **27** 21
- Aufsichtsratsmitglied **23** 128
- Aussetzung der Notierung **47** 182
- Basispreisbestimmung **32** 58
- Bekanntmachung Pflichtverstoß **47** 183
- Besteuerung **32** 118, 123, 168
- Bezugsrechtsausschluss **33** 104
- Clearstream Banking **32** 33
- DCGK **2** 17
- director's dealing **32** 103
- Erklärung Unternehmensführung **17** 23
- Erwerb eigener Aktien **31** 62
- Hauptaktionär **44** 53
- Hauptversammlungseinberufung **26** 61
- Internetveröffentlichung **26** 63
- Kapitalerhöhungsbericht **33** 170
- Klagezulassungsverfahren **41** 71
- Mitteilungspflichten **28** 9; **32** 102
- Nachweisstichtag **27** 8
- Optionsanleihe **32** 168
- Ordnungsgeld **47** 180
- Poolvereinbarung **11** 46
- Publizitätspflicht **52** 13
- Quartalsbericht **17** 83
- Überwachungssystem **17** 2
- Veröffentlichungspflichten **48** 42 ff.
- Vorstandsvergütung **22** 175 ff.; **23** 3; **32** 19
- Zulassungsfolgepflichten **47** 174 ff.
- Zulassungswiderruf **47** 183
- Zwischenberichtsverpflichtung **17** 84

Börsenordnung **46** 7

Börsenpflichtblätter
- Bekanntmachung Einberufung **26** 58

Börsenplatz
- Going Public **47** 30

Börsenpreis
- Being Public **46** 23
- Bezugsrechtsausschluss **33** 105 ff., 109

Börsenrat
- Börse **46** 12

Börsenreife
- Going Public **47** 16 ff.

Börsenzulassung
- Aktienurkunde **10** 85
- Erledigung **50** 30
- Mitteilungspflicht **48** 184
- Stimmrechtsanteilsveränderungen **48** 184
- Zulassungsfolgepflichten **47** 174 ff.

Börsenzulassungsverfahren **47** 79 ff.
- öffentlich-rechtliches **47** 79
- privatrechtliches **47** 79
- Zulassungsantrag **47** 85 f.
- Zulassungsbeschluss **47** 87 ff.
- Zulassungsvoraussetzungen **47** 82 ff.

Brexit **5** 36

Briefkopf
- Firma **8** 66

Bruttomethode
- steuerliche Organschaft **54** 144

Buchführungspflicht
- Aufsichtsratsmitglied **24** 196
- Vorstandspflichten **22** 107 ff.

Buchsanierung
- Kapitalherabsetzung, vereinfachte **36** 73

Bürgschaftsübernahme
- Sacheinlage **13** 48

Business Corporation
- USA **5** 151, 154 f.

Business judgement rule **18** 18
- Aufsichtsratsmitglied **24** 153, 211
- Beurteilungszeitpunkt **22** 90 f.
- Darlegungslast **22** 89
- Legalitätsprinzip **22** 92 ff.; **24** 122
- Organpflichten **22** 85 ff.
- Vorstandshaftung **24** 119
- Vorstandsmitglied **24** 18 ff.
- Vorstandspflichten **22** 85 ff.

Business Trust
- USA **5** 152, 157

Call-Option
- Belegschaftsaktien **32** 173

Call-short-Position
- Aktienoptionen **32** 81

Capital Asset Pricing Model
- Unternehmensbewertung **20** 37 ff.

Cartesio-Entscheidung **15** 71 f.

Cash-Management
- absteigende Darlehen **52** 98
- aufsteigende Darlehen **52** 98
- Nachteil **52** 98 f.
- Sicherheiten **52** 98
- Zinsen **52** 98 f.

Cash-Pooling
- Einlagenrückgewähr **21** 34 ff.
- Konzern **21** 34 ff.

Centros-Entscheidung **15** 64

Change-of-control-Klausel
- Kündigung, fristlose **22** 247

Clearstream Banking
- börsennotierte Gesellschaften **32** 33
- Intermediär **10** 158

Sachverzeichnis

fette Zahlen = Paragrafen

Closed Periods
- Ausnahmegenehmigung 48 123
- Handelsverbot 48 119 ff.

Comfort Letter
- Abschlussprüfer 47 76 ff.
- Emissionsbank 47 129

Commanditaire Vennotschap
- Niederlande 5 94

Comparative Company-Ansatz
- Auswahl Vergleichsunternehmen 20 62
- Initial Public Offering-Ansatz 20 63
- Recent Acquisitions-Ansatz 20 63
- Similar Public Company-Ansatz 20 63
- Vergleichsverfahren 20 62 ff.

Compliance
- Aufsichtsratsmitglied 24 152
- Checkliste 22 81 ff.
- Compliance-Management 22 75 ff.
- Gemeinnützige Aktiengesellschaft 55 41 ff.
- Organpflichten 22 74 ff.
- Vorstandsmitglied 24 29 ff.
- Vorstandspflichten 22 74 ff.

Compliance-Management
- Compliance 22 75 ff.

Convertible Bond
- Wandelanleihe 32 146

Corporate Governance 2 16; 22; 23; 24

Corporate Governance Codex
- s. a. Deutscher Corporate Governance Codex
- Anstellungsvertrag Vorstand 22 153
- Aufsichtsratsmitglied 24 172
- Vorstandsmitglied 24 26 ff.

Coupon
- Dividendenanspruch 30 30

Culpa in contrahendo
- Expertenhaftung 47 144
- Prospektverantwortlicher 47 139

Daily-Mail-Entscheidung 15 63

Dänemark
- Aktieselskab 5 53
- Anpartsselskab 5 52
- Ausländische juristische Personen 5 50 ff.
- Interesstskab 5 50
- Kommanditselskab 5 51
- Öffentliche Urkunde 5 186

Darlehen
- Bargründung 12 3
- Gesellschafterdarlehen 2 30
- Kapitalerhaltung 2 30

Darlehen, absteigendes
- Cash-Management 52 98

Darlehen, aufsteigendes
- Cash-Management 52 98

Darlehen, partiarisches
- Genussrechte 21 68
- Mitarbeiterdarlehen 32 180
- Stille Beteiligung 21 108

Darlehensforderung
- Sacheinlage 13 49

Datenfernübertragung 48 215 ff.

Deckungsgebot
- Einlagenrückgewähr 21 24

Delegation
- Geschäftsführung 22 43 ff.
- Leitung 22 43 ff.

Delegationsverbote
- Aufsichtsratsausschuss 23 197 ff.

Delisting
- Erheblichkeitsschwelle 25 73
- Girosammelverwahrung 7 28
- Going Private 50 4 ff.
- Hauptversammlung 25 73
- Inhaberaktien 7 28
- Spruchverfahren 40 22
- Umfang 50 6
- Zulassungswiderruf 50 8

Delisting, kaltes
- Eingliederung 50 9
- Formwechsel 50 9, 31
- kaltes 50 9
- Squeeze out 50 9
- übertragende Auflösung 50 9, 26 ff.
- Umwandlung 50 31 ff.
- Verschmelzung 50 31 ff.

Delisting, reguläres 50 8, 14 ff.
- Eigentumsgrundrecht 50 16
- Frosta-Entscheidung 50 18
- Hauptversammlungsbeschluss 50 15
- Holzmüller-Entscheidung 50 16
- kapitalmarktrechtliche Voraussetzungen 50 20
- Macroton-Entscheidung 50 15
- Rechtsschutz 50 24 ff.
- Teil-Delisting 50 21
- Widerruf der Börsenzulassung 50 20 ff.

Designated Sponsors
- Börseneinführung 47 173

Deutscher Corporate Governance Codex 1 21; 17 18 ff.
- Aufsichtsratsmitglied 23 128
- Berichtspflichten Vorstand 11 53
- Bezugsrechtsausschluss 33 94
- börsennotierte Gesellschaft 2 17
- Geltungsbereich 2 16
- Repricing 32 62
- Risikomanagement 18 1

Dienstbarkeit
- Sacheinlage 13 28

Dienstleistungen
- Nachgründungsvertrag 14 152
- Unternehmensgegenstand 8 89

Dienstleistungen Interferent
- Sacheinlage 13 50

Dienstverpflichtungen Dritter
- Sacheinlage 13 29

Dienstvertrag
- Anstellungsvertrag 22 121
- Vorstandsmitglied 22 121

Differenzhaftung
- Unterbilanzhaftung 12 114 ff.

Director's Dealing 48 100 ff.
- Aufsichtsrat 23 40

magere Zahlen = Randnummern

Sachverzeichnis

- auslösende Emittenten **48** 102
- börsennotierte Gesellschaften **32** 103
- Erwerb eigener Aktien **31** 61
- Kapitalerhöhung **33** 177

Disagio
- Besteuerung **32** 1557
- Wandelanleihe **32** 157

Disclosure Opinion
- Emissionsbank **47** 129
- Konsortium **47** 73 ff.

Discounted Cash Flow-Verfahren 20 43 ff.
- Adjusted-Present-Value-Ansatz **20** 52 ff.
- Bewertungsverfahren **20** 20
- Diskontierung zukünftige Zahlungsströme **20** 45
- Equity-Ansatz **20** 47, 48 ff.
- Unternehmensbewertung **20** 24

Dispositionsfreiheit
- Vorstandshaftung **24** 46

Disquotale Ausschüttungen 4 337 ff.

Dissens
- Gründungsmängel **14** 109
- Gründungsvertrag **14** 3

Dividende
- Aktionär **30** 2
- Auszahlungsanspruch **30** 27
- Besteuerung **4** 227 ff.
- Coupon **30** 30
- Durchsetzung **30** 39
- Körperschaftsteuer **4** 33 ff.
- Mitgliedschaftsrecht **10** 125
- Satzungsbestimmungen **30** 39
- steuerliche Zurechnung **30** 28

Dividendenberechtigung
- Aktienoptionen **32** 89

Dividendenfreistellung 54 143

Dividendenrecht
- Sacheinlage **13** 50

Dividendenschein
- Zahlungsanspruch **30** 34

Dividendenverzicht 30 25
- Gewinnverteilung **30** 23 ff.

Dokumentation
- Aufsichtsratshaftung **24** 154
- Vorstandshaftung **24** 41 f.

Doppelbesteuerungsabkommen
- Körperschaftsteuer **4** 10

Doppelmandate
- faktischer Konzern **52** 213

Doppelsitz
- Anfechtungsklage **38** 3 f.
- Ausland **9** 8
- Fusion **9** 7
- Rechtsfolge **9** 9 ff.
- Sitz **9** 5 ff.
- Zulassung **9** 5
- Zweigniederlassung **9** 6

D & O-Versicherung
- Aufsichtsratsmitglied **24** 228 ff.
- Fremdhaftpflichtversicherung **24** 142, 229
- obligatorischer Selbstbehalt **24** 143

- Selbstbehalt **24** 230
- Vorstandsmitglied **24** 141 ff.

Downstream merger
- Verschmelzung **16** 48

DPR
- Rechnungslegung **17** 17

Drag-along-Klausel
- Mitveräußerungspflicht **11** 18 ff.

Drittanstellung
- Vorstand **22** 137 ff.

DrittelbG
- Anwendungsvoraussetzungen **23** 92
- Arbeitnehmer **23** 93
- Aufsichtsrat **23** 91 ff.
- Aufsichtsratszusammensetzung **23** 101 f.
- Gemeinschaftsunternehmen **23** 100
- Konzern **23** 96 ff.
- Konzern im Konzern **23** 99
- Tendenzunternehmen **23** 95
- Zurechnung von Arbeitnehmern **23** 98

Drittvergleich
- Einlagenrückgewähr **21** 24
- Nachteil **52** 85, 87

DRSC
- Rechnungslegung **17** 15 ff.

Dual Track 47 20

Due-Diligence-Prüfung
- Kapitalerhöhung **33** 178 ff.
- Verschwiegenheitspflicht **22** 67 f.

Durchführungsfrist
- Kapitalerhöhung **33** 33

Durchgriffshaftung 2 7

DVFA/SG-Ergebnis
- Wachstumsstarke Unternehmen **20** 78

EBITDA-Vortrag 4 111

Ehrenamtliche Tätigkeit
- Gemeinnützige Aktiengesellschaft **55** 51

Eigene Aktien
- s. a. Erwerb eigener Aktien
- Aktienoptionen **32** 137, 201
- Aufsichtsratsmitglied **32** 201
- Ausgabepflicht **31** 42
- Belegschaftsaktien **32** 172
- Bilanzierung **17** 154 ff., 155 ff.; **32** 137
- Einziehung **17** 160
- Gewinnabführungsvertrag **31** 50
- Informationspflicht **31** 41
- Kleinstkapitalgesellschaft **17** 158
- Suspension **31** 44
- Veräußerungsgrenze **31** 43

Eigenkapital 10 3 f.
- Genussrechte **21** 80, 82 ff.
- Grundkapital **10** 2, 32
- Quote **10** 33 ff.
- Rating **10** 37
- Stückelung **1** 14
- Unterkapitalisierung **10** 38

Eigenkapitalersatz 21 10 ff.
- Abwicklung **15** 143
- Gesellschafterdarlehen **21** 8 ff.
- MoMiG **10** 39

1757

Sachverzeichnis

fette Zahlen = Paragrafen

Eigenkapitalfinanzierung
- Gewinnverwendung 30 2

Eigenkapitalgenussrechte
- Körperschaftsteuer 4 70

Eigenkapitalquote
- Betrieb 4 127 ff.
- Konzernabschluss 4 126

Eigenkapitalspiegel 17 27
- Zwischenabschluss 17 87

Eigenschaden 41 48 ff.
- Beispiele 41 49
- Schadensersatzklage 41 46

Eigentumsgarantie 1 19
- Verkehrsfähigkeit 2 24

Eigentumsgrundrecht
- Minderheitsaktionär 40 3
- Squeeze out 40 3
- Verkehrsfähigkeit des Aktienanteils 50 16

Einberufung
- Hauptversammlung
  - Aktieninhaber 26 48
  - durch Aktionäre 25 7
  - durch Aufsichtsrat 26 54
  - Bekanntmachung 26 56 ff.
  - Einberufungsermächtigung 26 53
  - fehlerhafte 26 86
  - Form 26 49
  - Frist 26 56
  - Gesellschaftswohl 26 45
  - gesetzliche Gründe 26 43
  - Gründe 26 43 ff.
  - Inhalt 26 61
  - Minderheitsverlangen 26 46 ff.
  - Mitteilung Bundesanzeiger 26 74 ff.
  - Rechtsmissbrauch 26 51
  - Rücknahme 26 55
  - Satzungsgründe 26 44
  - Tagesordnung 26 65 ff.
  - Verpflichtung zur Einberufung 26 52
  - Verzicht auf Formalitäten 26 84
  - durch Vorstand 26 54

Einberufungsermächtigung
- durch Amtsgericht 26 53

Einberufungsfehler
- Nichtigkeitsgrund 39 12

Einberufungsklage
- Hauptversammlung 25 79

Einbringungsgeborene Anteile
- Anwendungsbereich 4 284 f.
- Besteuerung 4 291 ff.
- Einkommensteuer 4 291 f.
- Körperschaftsteuer 4 87
- Veräußerung 4 286 ff.
- Veräußerungsgewinn 4 284 ff.
- Veräußerungsverlust 4 294

Einflussnahme durch Hauptversammlung
- direkte 25 21
- indirekte 25 22 ff.
- Vertrauensentzug 25 23

Eingliederung 50 39 ff.
- Abfindung 45 28 ff.; 50 40
- Anfechtungsklage 45 33

- Aufhebung Vermögensverbindung 45 21
- Auslegung 45 9, 11 f.
- Auslegungspflicht 26 115
- Ausscheiden 45 26 ff.
- Bericht Hauptaktionär 45 12 f.
- Beteiligungsquote 45 5
- Dauer 45 4
- Enkelgesellschaft 45 17, 30
- finanzielle 53 4
- Gläubigerschutz 45 21 ff.
- Haftung Hauptgesellschaft 45 23
- Handelsregisteranmeldung 45 18
- Handelsregistereintragung 45 20 ff.
- Hauptgesellschaft abhängige Gesellschaft 45 29
- Hauptversammlungsbeschluss 50 39 ff.
- Jahresabschluss 45 11
- Leitungsmacht Hauptgesellschaft 45 20
- Mehrheitseingliederung 50 39
- Mehrheitserfordernis 50 39
- mehrstufige 45 17
- Minderheitsaktionär 45 26 ff.
- Optionsrecht 45 32
- Planung 45 3
- Prüfung 45 14
- Rechtsform Hauptgesellschaft 45 7
- Sicherheitsleistung 45 22
- Sonderrechte 45 32
- Spruchverfahren 40 17; 45 35 f.
- steuerliche Organschaft 53 4
- Übergang der Aktien 45 26 ff.
- Umtauschrecht 45 32
- Unbedenklichkeitsverfahren 45 34
- Unternehmensbewertung 20 67
- Verlustübernahmepflicht 45 24
- Vertragskonzern 52 1
- Verzinsung 45 31
- Voraussetzungen 45 5 ff.
- Vorbereitung Hauptversammlung 45 8 ff.
- Wahlrecht 45 29
- Widerruf der Börsenzulassung 50 41
- Zurechnung 45 6
- Zustimmung Hauptversammlung 25 40
- Zustimmungsbeschluss 45 16

Eingliederungsbeschluss 45 15
- Auslegung 45 9
- Entwurf 45 9

Eingriff in Gewerbebetrieb
- Vorstandshaftung 24 93

Einkaufskommission
- Erwerb eigener Aktien 31 22

Einkommen
- Ermittlung 4 24
- zu versteuerndes 4 24 f.

Einkommensteuer
- Stundung 4 300 f.
- Veräußerung einbringungsgeborene Anteile 4 291 f.

Einkünfte aus Kapitalvermögen
- Aktienoptionen 32 114
- Anteile an Kapitalgesellschaft 4 94
- Besteuerung 32 114

Sachverzeichnis

Einlage 10 148 ff.
– Aufforderung zur Leistung 10 150
– Befreiung 10 148
– gemischte 13 5
– Kaduzierung 10 151
– Kapitalaufbringung 10 9
– Stille Beteiligung 21 107
– Stimmrechtsentstehung 10 149
– Verzinsung 10 151

Einlage bei Auflösung
– Vorgesellschaft 14 14

Einlage, rückständige
– Kapitalherabsetzung 36 47
– Zwangseinziehung 43 16

Einlage, verdeckte 4 9
– Besserungsversprechen, mit 4 330
– Besserungsversprechen, ohne 4 327 ff.
– Besteuerung 4 320 ff.
– Bilanzierung 54 159
– Forderungsverzicht 4 326 ff.
– Konzern 4 334 ff.
– Organgesellschaft 54 159
– Schuldübernahme 4 334 ff.
– Verzichtender 4 331 ff.
– Wirtschaftsgüter 4 320 ff.

Einlageleistung
– Mitgliedschaftspflichten 10 146, 148 ff.
– Stimmrecht 27 101

Einlagenfälligkeit
– Kapitalerhöhung 33 41
– Kapitalerhöhungsbeschluss 33 55

Einlagenkonto
– Ausschüttungen 4 207
– Beteiligungsprivileg 4 39, 53 ff.
– Zahlungen aus 4 39, 53 ff.

Einlagenrückgewähr 2 28
– Aktionärsdarlehen 21 20 ff., 27 ff.
– Beherrschungsvertrag 21 20 ff.
– Cash-Pooling 21 34 ff.
– Deckungsgebot 21 24
– Drittvergleich 21 24
– Einziehungsentgelt 43 26
– Gesellschafterdarlehen 21 4
– Gewinnabführungsvertrag 21 20 ff.
– Haftung 21 25
– Insolvenz 21 38
– MoMiG 21 20 ff.
– Personenkreis 21 30 ff.
– Stehenlassen von Darlehen 21 33
– Übergangsvorschriften 21 38 ff.
– verdeckte 21 4 ff.
– verdeckte Sacheinlage 10 20
– Vollwertigkeit 21 23

Einlagenrückgewährverbot 10 16
– Ausnahmen 21 20 ff.
– MoMiG 21 6

Einlagepflicht
– Entstehung 42 2
– verdeckte Sacheinlage 35 88

Einlasskontrolle
– Hauptversammlung 26 38

Ein-Mann-Gesellschaft
– ordentliche Kapitalerhöhung 33 130

Ein-Mann-Gründung 12 10
– GmbH 2 23

Einsichtsrecht
– Aufsichtsrat 23 22

Einstweilige Verfügung
– Aktionärsklagen, allgemeine 41 77 ff.
– Freigabeverfahren 38 184
– Hauptversammlungsbeschluss 38 185; 41 6
– Holzmüller-Fälle 41 35
– Schadensersatzpflicht 41 77
– Sicherung Bezugsrecht 41 80 ff.
– Unzulässigkeit 41 78

Eintragung
– Bestandsschutzwirkung 14 84
– Einwendung 14 85
– Teilnichtigkeit 14 84

Eintragungsantrag
– Fehlen 14 67

Eintragungsverfahren
– funktionelle Zuständigkeit 14 61
– Gründungsmängel 14 52 ff.
– Handelsregister 14 93
– zuständiges Gericht 14 61

Eintragungsverfügung
– Registerverfahren 6 40

Einzelausgleich
– Nachteilszufügung, qualifizierte 52 26

Einzelbewertungsverfahren
– Bewertungsverfahren 20 22

Einzelentlastung
– Hauptversammlung 25 16

Einzelkaufmann
– Organgesellschaft 54 33

Einzelverbriefung
– Mitgliedschaftsrecht 10 80
– Satzungsregelungen 10 80
– Umstellung auf Globalverbriefung 10 83

Einzelvertretung
– Vorstand 22 22

Einziehung
– Abwicklung 43 65 ff.
– Anmeldung Kapitalherabsetzung 43 65 f.
– Auslosung von Aktien 43 4
– Auszahlungssperre 43 48 f.
– Checkliste 43 79
– eigene Aktien 17 160
– Einziehungshandlung 43 67 ff.
– Ermächtigung 43 37
– Erwerb eigener Aktien 31 24; 43 4, 32 ff.
– fehlerhafte 43 77 ff.
– Gläubigerschutz 43 48 ff.
– Hauptversammlung 43 30
– Kaduzierung 43 4
– Kapitalherabsetzung 36 4, 6; 43
– Kraftloserklärung 43 4
– Mindestnennbetrag 43 3
– Mitgliedschaftsrecht 10 108
– nach Erwerb eigener Aktien 43 30 ff.
– Sicherheitsleistung 43 48
– vereinfachtes Verfahren 43 51 ff.

1759

Sachverzeichnis

fette Zahlen = Paragrafen

- Veröffentlichungspflichten **43** 76
- Zwangseinziehung **43** 7 ff.

Einziehung, angeordnete
- Einziehungsbeschluss **43** 41
- Kapitalherabsetzung **43** 73
- Registeranmeldung **43** 74
- Zwangseinziehung **43** 13 ff.

Einziehung, gestattete
- Einziehungsbeschluss **43** 59 ff.
- Zwangseinziehung **43** 18 ff., 22

Einziehung, vereinfachte
- Bilanzgewinn **43** 55
- Checkliste **43** 80
- Einziehungsbeschluss **43** 59 ff.
- Erwerb eigener Aktien **43** 54
- Gewinnrücklage **43** 55
- Gläubigerschutz **43** 62 ff.
- Kapitalherabsetzung **43** 57 ff.
- Rücklagendotierung **43** 62 ff.
- Stückaktien **43** 57
- unentgeltlich **43** 54
- unentgeltliche Aktien **43** 53
- Volleinzahlung **43** 52
- Voraussetzungen **43** 52 ff.

Einziehungsbeschluss
- angeordnete Einziehung **43** 41
- Einziehung, vereinfachte **43** 59 ff.
- Einziehungsverfahren **43** 40 ff.
- gestattete Einziehung **43** 59 ff.
- Hauptversammlung **43** 40
- Inhalt **43** 42
- Satzungsänderung **43** 47
- Schranken **43** 45 f.

Einziehungsentgelt
- Angemessenheit **43** 23 f.
- Einlagenrückgewähr **43** 26
- Form **43** 27
- Gläubigerschutz **43** 25 f.
- Zwangseinziehung **43** 21 ff.

Einziehungserklärung
- Muster **43** 69

Einziehungsgründe
- Zwangseinziehung **43** 15

Einziehungshandlung
- Einziehung **43** 67 ff.

Einziehungsverfahren
- Einziehungsbeschluss **43** 40 ff.

Elektronische Informationsübermittlung 48 218

Emission
- Änderung des Angebots **47** 162
- Plazierung **47** 147 ff.

Emissionsbank
- Comfort Letter **47** 129
- Disclosure Opinion **47** 129
- Legal Opinion **47** 129
- Prospekthaftung **47** 129

Emissionsbegleiter
- Konsortium **47** 41

Emissionsberater
- Going Public **47** 47

Emissionskonsortium
- s. Konsortium

Emissionspreis 47 156
- Auktionsverfahren **47** 161
- Bookbuilding-Verfahren **47** 158 ff.
- Festpreisverfahren **47** 157

Emissionsteam 47 39 ff.
- Emittent **47** 40
- Konsortium **47** 41 ff.

Emissionsverfahren
- Bookbuilding-Verfahren **47** 158 ff.

Emittent
- Closed Periods **48** 119 ff.
- Emissionsteam **47** 40
- meldepflichtige Wertpapiergeschäfte **48** 114
- Prospekthaftung **47** 66
- Schadensersatzpflicht **47** 66
- gegenüber Wertpapierinhabern **48** 208 ff.

– **Going Public**
- Aufsichtsratsbeschluss **47** 48 f.
- genehmigtes Kapital **47** 56
- Hauptversammlungsbeschluss **47** 50 ff.
- Kapitalerhöhung **47** 53 ff.
- Mitarbeiterbeteiligung **47** 57
- Vorstandsbeschluss **47** 48 f.

Empfehlungsverbot
- Insidergeschäft **48** 22 ff.

Endbesteuerung
- Aktienoptionen **32** 116
- Optionsanleihe **32** 168
- Wandelanleihe **32** 166

Enforcement
- Bilanzkontrolle **19** 61 ff.
- Verfahren **19** 61 ff.

Enforcement-Verfahren
- Änderung Jahresabschluss **17** 103

England
- Ausländische juristische Personen **5** 55 ff.
- Limited Liability Partnership **5** 57
- Limited Partnership **5** 56
- Partnership **5** 55
- Registered Company **5** 58

Enkelgesellschaft
- Eingliederung **45** 17

Entgeltfortzahlung im Krankheitsfall
- Vorstand **22** 222

Entlastung
- Hauptversammlung **25** 14 ff., 16 f.
- Präklusionswirkung **15** 180
- Vorstandshaftung **24** 43

Entry Standard 47 35

Entscheidungsverlangen
- Geschäftsführungsmaßnahme **25** 25 ff.
- Haftungsfreistellung **25** 26
- Hauptversammlung **25** 25 ff.
- Informationspflicht **25** 30
- Tagesordnungspunkt **25** 28
- Verbindlichkeit **25** 25
- Verfahren **25** 28 ff.

Entsenderecht
- Abberufung Aufsichtsrat **11** 27
- Aktionär **23** 133
- Poolvereinbarung **11** 27

Entsprechenserklärung 17 24

magere Zahlen = Randnummern

Sachverzeichnis

- Abschlussprüfung **19** 36
- Aufsichtsratsausschuss **23** 198
- Aufsichtsratshaftung **24** 172 ff.

Entstrickungsgewinn
- Körperschaftsteuer **4** 52
- Steuerpflicht **4** 298 f.
- Wegzug **4** 295

Equity-Ansatz
- Discounted Cash Flow-Verfahren **20** 47, 48 ff.

Erbbaurecht
- Sacheinlage **13** 29

Erfindungen
- Vorstand **22** 219

Erfolgsverhinderungsverbot
- feindliche Übernahme **41** 23

Erfolgsziele
- absolute **32** 66
- bedingtes Kapital **32** 65 ff.
- Premiummodell **32** 68
- relative **32** 66
- windfall profits **32** 67

Ergänzungsbilanz
- Anteilserwerb Personengesellschaft **4** 96

Ergebnisverwendung
- steuerliche **4** 205 ff.

Erheblichkeitsschwelle
- Ausgliederung **25** 71
- Delisting **25** 73
- Fallgruppen **25** 69 ff.
- Hauptversammlung **25** 65
- Quantitatives Element **25** 65
- Strukturmaßnahme **25** 66
- Tochtergesellschaft **25** 72

Erhöhung, wertgleiche
- Kapitalerhöhung **33** 131

Ermächtigung
- Einziehung **43** 37
- Erwerb eigener Aktien **43** 32
- zeitliche Begrenzung **25** 93 ff.

Ermächtigungsbeschluss
- Aktienrückerwerb **32** 101
- Ausgabebetrag **34** 62
- bedingtes Kapital **32** 27
- Befristung **32** 48
- Ermächtigungsdauer **31** 27
- Erwerb eigener Aktien **31** 26 ff., 82; **32** 38, 41 ff.
- Erwerbsgrenze **31** 29
- Gegenwert **31** 28
- Geltungsdauer **32** 148
- genehmigtes Kapital **34** 62
- Gültigkeitszeit **32** 41 f.
- Hauptversammlung **31** 33 ff.
- Hauptversammlungsbeschluss **25** 93 ff.
- Informationspflicht **25** 94
- Kapitalerhöhung **32** 46
- Wandelanleihe **32** 148
- Zulässigkeit **25** 95
- Zuständigkeit **31** 33 ff.
- Zweckangabe **31** 30

Ermächtigungsdauer
- Ermächtigungsbeschluss **31** 27
- Erwerb eigener Aktien **31** 27

Ermessen
- feindliche Übernahme **41** 23
- Feststellungsklage, allgemeine **41** 32
- Kaduzierung **42** 9
- Reduzierung auf Null **41** 32
- Vorstand **41** 23, 32; **42** 9

Erneuerungsschein
- Gewinnanteilschein **10** 104
- Talon **10** 104

Eröffnungsbilanz
- Prüfpflicht **15** 134

Ersatzbestellung, gerichtliche
- Aufsichtsratsvorsitzender **23** 174

Ersatzmitglied
- Aufsichtsratsmitglied **23** 138, 151

Ersetzungsbefugnis
- Sacheinlage **13** 16

Erstellungsbericht
- Bescheinigung **17** 47

Ertragskennziffer
- Gewinn **30** 4

Ertragsschwache Unternehmen
- Fortführung **20** 84
- tatsächliche wirtschaftliche Lage **20** 83
- verbundene Unternehmen **20** 82
- Zerschlagungskonzept **20** 84

Ertragsteuern
- Ertragswertverfahren **20** 40 ff.
- steuerliche Organschaft **54** 6

Ertragswertverfahren 20 32 ff.
- Abzinsung Zukunftserfolge **20** 37 f.
- Bewertungsverfahren **20** 20
- Bruttokapitalwert **20** 32
- Capital Asset Pricing Model **20** 37 ff.
- Ertragsteuern **20** 40 ff.
- Prognose **20** 36
- Risikoprämie **20** 39
- Sondereinflussfaktoren **20** 35
- Unternehmensbewertung **20** 24
- Unternehmerrisiko **20** 39
- vereinfachtes **20** 55
- Verlustvortrag **20** 42

Erwerb eigener Aktien 31
- Abfindung von Aktionären **31** 20 f.
- Ad-hoc-Mitteilung **31** 61
- Aktienoptionen **32** 15, 36 ff.
- Anzeigepflicht **31** 62
- BaFin **32** 45
- Belegschaftsaktien **31** 17 ff.
- Bestandsgrenze **31** 39; **32** 41
- Bezugsrechtsausschluss **32** 43
- börsennotierte Gesellschaft **31** 62
- Checkliste **31** 68 ff., 76 ff.
- derivativer Erwerb **31** 9 ff.
- director's dealing **31** 61
- Dritterwerb **31** 53
- Einkaufskommission **31** 22
- Einziehung **31** 24; **43** 4, 30 ff.
- Einziehung, vereinfachte **43** 54

1761

Sachverzeichnis

fette Zahlen = Paragrafen

- Erlaubnistatbestände **31** 14 ff.
- Ermächtigung **43** 32
- Ermächtigungsbeschluss **31** 26 ff., 82; **32** 38, 41 ff.
- Ermächtigungsdauer **31** 27
- Erwerbsgrenze **31** 29; **32** 41
- Erwerbsgrund **43** 36
- Erwerbspreis **43** 34
- Erwerbsschranken **31** 39 ff.
- Erwerbszweck **31** 31 f.
- Gegenwert **31** 28
- Gesamtrechtsnachfolge **31** 23
- Handelsbestand **31** 25
- Inpfandnahme **31** 54
- Insidergeschäft **48** 35 ff.
- Internationales Privatrecht **31** 55
- Kapitalerhaltung **10** 17
- Kapitalerhöhung, ordentliche **33** 3
- Kapitalgrenze, hypothetische **31** 40
- Kapitalmarktrecht **31** 57 ff.
- Kapitalschutz **31** 49 ff.
- Nichtigkeit **31** 52
- Rückkaufprogramme **31** 60
- Schadensabwehr **31** 15 f.
- Squeeze out **32** 104 ff.
- Stabilisierungsmaßnahme **31** 60
- Übernahme **31** 3 ff.
- Umgehungsgeschäfte **31** 49 ff.
- unentgeltlicher **31** 22
- Unionsrecht **31** 57
- unzulässiger **31** 46 ff.
- Verbot **31** 10 ff.
- Veröffentlichung **31** 63 f.
- WpHG **31** 59 ff.
- WpÜG **31** 58; **51** 7
- Zeichnungsverbot **31** 3 ff.
- zur Einziehung **43** 32 ff.
- Zweckangabe **31** 30

Erwerber
- schädlicher Beteiligungserwerb **4** 167 ff.

Erwerbsangebot
- Klage auf angemessenes **50** 25

Erwerbsgrenze
- Ermächtigungsbeschluss **31** 29
- Erwerb eigener Aktien **31** 29; **32** 41

Erwerbsgrund
- Erwerb eigener Aktien **43** 36

Erwerbspreis
- Erwerb eigener Aktien **43** 34

Erwerbsschranken
- Erwerb eigener Aktien **31** 39 ff.

Erwerbs-/Veräußerungsverbot
- Personenkreis **48** 16
- Primärinsider **48** 18 ff.

Erwerbsvorgänge
- Nachgründung **14** 149

Erwerbszeitraum
- Aktienoptionen **32** 69

Erwerbszweck
- Erwerb eigener Aktien **31** 31 f.

Escape-Klausel
- Anwendungsvoraussetzungen **4** 133 f.
- Eigenkapitalquote **4** 125 f.
- Eigenkapitalvergleich Konzernbetriebe **4** 124 f.
- Rechnungslegungsstandards **4** 131
- Vergleichszeitpunkt **4** 132

Essentialia Negotii
- Gründungsmängel **14** 113

Europäische Aktiengesellschaft 1 7; **5** 200 ff.; **15** 75
- Anwendungsbereich **5** 212
- Auflösung **5** 211
- Aufsichtsratshaftung **24** 212
- dualistische **24** 213
- Finanzverfassung **5** 210
- Firmierung **8** 18 ff.
- Gründung durch Verschmelzung **40** 20
- Gründungsarten **5** 204 ff.
- Liquidation **5** 211
- Organisationsverfassung **5** 209
- Rechtsformzusatz Aktiengesellschaft **8** 18 ff.
- Rechtsgrundlage **5** 201
- Sitzverlegung **40** 20
- Vorstandshaftung **24** 140
- Zahlungseinstellung **5** 211
- Zahlungsunfähigkeit **5** 211

Europäische Durchbruchsregel
- Übernahme **51** 121

Europäischer Pass
- Angebotsunterlage **51** 89

Europäisches Verhinderungsverbot
- Übernahme **51** 120

Euroumstellung
- Grundkapital **10** 22

Exchangeable Bond
- Anleihe **49** 41

Existenzvernichtender Eingriff
- Nachteilszufügung, qualifizierte **52** 30
- Schadensersatzansprüche **52** 31
- Vorstandshaftung **24** 65 f.

Exkulpation
- Vorstandshaftung **24** 12 ff.

Expertenhaftung
- culpa in contrahendo **47** 144
- deliktische Haftung **47** 145
- Prospekthaftung **47** 142
- Vertrag mit Schutzwirkung für Dritte **47** 143
- Vertrauenshaftung **47** 144

Fairness Opinion
- Unternehmensbewertung **20** 17

Faktischer Konzern 52
- Abhängigkeitsverhältnis **52** 1
- Aufsichtsratspflichten **52** 210 f.
- Außenseiterschutz **52** 1
- Doppelmandate **52** 213
- Gläubigerschutz **52** 1
- Konzernbildungskontrolle **52** 2 ff.
- Konzernherrschaft **52** 207 ff.
- Konzernleitungsmacht **52** 209
- Minderheitenschutz **52** 1
- passive Konzerneffekte **52** 103
- System des Einzelausgleichs **52** 1

magere Zahlen = Randnummern **Sachverzeichnis**

- Treuepflicht 52 212 ff.
- Vorstandspflichten 52 207 ff.
- Weisungsrecht 52 207

Fälligkeit
- Bareinlage 42 3
- Sacheinlage 13 110
- Verlustausgleichsanspruch 53 61

Familiengesellschaft
- Poolvereinbarung 11 45

Fassungsänderung
- Entscheidung Aufsichtrat 29 11 ff.

Feindliche Übernahme
- Abwehrmaßnahme 41 23; 52 51 ff.
- Erfolgsverhinderungsverbot 41 23
- Ermessen des Vorstands 41 23
- Geschäftsführungsmaßnahme 41 23
- Unterlassungsklage 41 23

Festpreismethode
- Basispreisbestimmung 32 55
- Emissionspreis 47 157

Feststellung Jahresabschluss 17 51 ff., 59
- durch Hauptversammlung 17 123 ff.
- Heilung 17 118
- Mitwirkung Aufsichtsrat 17 121 f.
- Mitwirkung Vorstand 17 119 f.

Feststellungsantrag
- Feststellungsklage, allgemeine 41 28 ff.

Feststellungsbeschluss
- Jahresabschluss 17 140 f.

Feststellungsinteresse
- Feststellungsklage, allgemeine 41 27
- Holzmüller-Fälle 41 27

Feststellungsklage 41 25 ff.
- Aktionärsklagen, allgemeine 41 25 ff.
- Aktivlegitimation 41 31
- Anstellungsverhältnis 22 275
- Antrag 41 45
- Aufsichtsratssitzungen 23 191
- Bezugsrechtsausschluss 34 49, 53, 57
- Bezugsrechtsausschluss, rechtswidriger 41 38 ff.
- Ermessen des Vorstands 41 32
- Feststellungsantrag 41 28 ff.
- Feststellungsinteresse 41 27
- Feststellungsurteil 41 26
- Geschäftsführungsmaßnahme 25 100 ff.
- Handelssache 41 26
- Holzmüller-Fälle 41 25 ff.
- Klagebefugnis 39 45 f.
- Klagefrist 41 28, 42
- Nichtigkeitsklage 39 8, 44
- Schlüssigkeit 41 32
- Vorstandsstreitigkeiten 22 258
- Zuständigkeit 41 26

Feststellungsurteil 41 26

FGG-Verfahrensgrundsätze
- Spruchverfahren 40 37

Finanzamt
- Sitzverlegung 9 16

Finanzdienstleister
- Körperschaftsteuer 4 79 f.

Finanzielle Eingliederung
- Umstellung Wirtschaftsjahr 54 58

- Körperschaftsteuer 54 43 ff.
- Additionsmethode 54 51
- Durchrechnungsmethode 54 51
- eigene Anteile 54 49
- Gewinnabführungsvertrag 54 62
- mittelbare Beteiligung 54 50 ff.
- Personengesellschaft 54 54 ff.
- Rückwirkung 54 59 ff.
- Sonderbetriebsvermögen 54 54
- Stimmbindungsvertrag 54 48
- Stimmrechtsmehrheit 54 46 ff.
- Umwandlung 54 59 ff.
- unmittelbare Beteiligung 54 44
- unterjährige Veräußerung 54 63 f.
- unterjähriger Erwerb 54 57
- ununterbrochene 54 56
- wirtschaftliches Eigentum 54 45
- zeitliche Voraussetzungen 54 56 ff.

Finanzverfassung
- Europäische Aktiengesellschaft 5 210

Finnland
- Ausländische juristische Personen 5 61 ff.
- Avoin yhtiö 5 61
- Kommandittiyhtiö 5 62
- osakeyhtiö 5 63 f.

Firm Underwriting
- Aktienübernahme 47 153
- Konsortium 47 153

Firma
- Abstimmung IHK 8 46
- Alt-Gesellschaften 8 58 ff.
- Änderung 8 63
- Auslandsbezug 8 61
- Begriff 8 1
- Berichtigung 8 12
- Briefkopf 8 66
- eintragungsfähige 7 15
- Eintragungshindernis 8 62
- Falscheintragung 8 12
- Firmeneinheit 8 44
- Firmenwahrheit 8 33 ff.
- Formwechsel 16 18
- Fortführung 8 47
- Gebrauchspflicht 8 65
- Gemeinnützige Aktiengesellschaft 55 20 ff.
- Gerichtsverfahren 8 4 f.
- graphische Gestaltung 8 13
- Gründungsmängel 14 114
- HGB 8 14
- Individualisierung 8 22, 25 ff.
- Insolvenz 8 7
- Irreführungsverbot 7 14; 8 33 ff.
- Kennzeichnungsfähigkeit 8 23
- Liquidation 8 53
- Mängel 8 62 f.
- nachträgliche Änderung 15 26
- Nichtigkeit 15 26
- Ortsbezeichnung 8 28
- Personenfirma 8 27
- Phantasiefirma 8 29
- Rechtsformkennzeichnung 7 15
- Rechtsformzusatz 8 17

1763

Sachverzeichnis

fette Zahlen = Paragrafen

- Rechtsscheinhaftung **8** 21
- Satzung **7** 14 f.; **8** 2
- Umwandlung **8** 57
- Unterscheidungskraft **8** 25 ff.
- Veräußerungsverbot **8** 6
- Vorgesellschaft **8** 52
- Werbeschriften **8** 69
- Zweigniederlassung **8** 2, 54 f.

Firmenbeständigkeit 8 45

Firmeneinheit
- Firma **8** 44

Firmenfähigkeit
- Gründungsstadium **8** 3

Firmenfortführung 8 47 ff.

Firmenrecht
- Sacheinlage **13** 29

Firmenschutz
- Handelsrecht **8** 10 f.
- Immaterialgüterrecht **8** 8 ff.

Firmenwahrheit 8 33 ff.

Force Majeure
- Übernahmevertrag **47** 69

Forderung
- Bewertung **13** 30
- Sacheinlage **13** 30 ff., 51 f.

Forderungsabtretung
- Sacheinlage **13** 30 ff.

Formwechsel 14 182 ff.; **50** 35 ff.
- Abschlussprüfer **16** 25
- Anfechtungsverzicht **16** 26
- Aufdeckung stiller Reserven **16** 20
- Barabfindungsangebot **16** 34; **50** 37
- Bargründung **12** 5
- Beteiligung Anteilsinhaber **16** 19 ff.
- Bewertungswahlrecht **16** 20
- Checkliste **16** 115
- Eintragung **14** 63
- Eintragungswirkung **16** 40 ff.
- erster Aufsichtsrat **16** 25
- externe Prüfung **16** 30
- Feststellungsklage **16** 44
- Firma **16** 18
- Formfehler **16** 41
- gerichtliche Bestellung Aufsichtsrat **16** 25
- Gläubigerschutz **16** 42
- GmbH & Co. KG **16** 22
- Grundkapital **16** 20
- Gründungsbericht **16** 28, 29
- Gründungsprüfung durch Organe **16** 29
- Heilung durch Eintragung **16** 41
- Kapitalerhöhung **16** 20
- Klagefrist **16** 44
- Mitteilungspflichten **16** 32
- Nachgründung **14** 182 ff.; **16** 33
- nicht verhältniswahrende **16** 21
- Nichtigkeitsklage **16** 44
- Personenidentität **16** 19
- Prokura **16** 25
- Prüfung **16** 34
- Rechtsform **16** 18
- Registersperre **16** 45
- Sicherheitsleistung **16** 42
- Sonderrechte **16** 23
- Squeeze out **44** 38
- Umwandlung **16** 4 ff.
- Umwandlungsbeschluss **50** 36
- Verfahrensfehler **16** 45
- Vorstand **16** 25
- Haftung **16** 43
  - Differenzhaftung **16** 31
  - Gründer **16** 31
  - Gründungsprüfung **16** 31
  - Handelndenhaftung **16** 31
  - Verwaltungsmitglieder **16** 31
- Handelsregisteranmeldung **16** 35 ff.
  - Anmeldepflichtige **16** 36
  - Checkliste **16** 38
  - Klage gegen Umwandlungsbeschluss **16** 37
  - Muster **16** 119
- Informationspflicht
  - Anteilsinhaber **16** 10
  - Betriebsrat **16** 13
- Spruchverfahren
  - Barabfindungsangebot **16** 46
  - Frist **16** 46
- Umwandlungsbericht
  - Auslegung **16** 14
  - Barabfindungsangebot **16** 12
  - Entwurf Umwandlungsbeschluss **16** 8
  - Erforderlichkeit **16** 5
  - Mindestinhalt **16** 7 f.
  - Muster **16** 117
  - Übersendung **16** 12
  - verbundene Unternehmen **16** 10
  - Vermögensaufstellung **16** 9
  - Verzicht **16** 34
  - Zuständigkeit **16** 6
- Umwandlungsbeschluss
  - Form **16** 14
  - Formalia **16** 14
  - Gesellschafterversammlung **16** 11
  - Inhalt **16** 18 ff.
  - Kapitalgesellschaft **16** 15
  - Klage gegen **16** 44 ff.
  - Mehrheitserfordernis **16** 15
  - Muster **16** 118
  - Personengesellschaft **16** 14, 16
  - Satzungsfeststellung **16** 24
  - Widerspruch **16** 34
  - Zustimmung Gesellschafterversammlung **16** 14
  - Zustimmungserfordernis **16** 17

Formzwang
- ausländische Ortsform **5** 173
- Auslandsbeurkundung **5** 174
- Gleichwertigkeit **5** 175 ff.
- Gründung **12** 9 ff.
- Gründungsprotokoll **12** 9
- Satzung **7** 4
- übertragende Auflösung **50** 27

Fortbestehensprognose
- Insolvenzverschleppung **24** 103

Fortentrichtung der Gehälter
- Aufsichtsratshaftung **24** 204

magere Zahlen = Randnummern

Sachverzeichnis

Fortsetzung der Gesellschaft
– Ablehnung mangels Masse 15 213
– Auflösung durch Insolvenzverfahren 15 209
– behördliche Untersagung 15 212
– Gemeinwohlgefährdung 15 213
– Handelsregisteranmeldung 15 216
– Handelsregistereintragung 15 218
– Hauptversammlungsbeschluss 15 214
– Insolvenzreife 15 213
– Nachtragsabwicklung 15 213
– Nichtigkeitsfälle 15 211
– Unzulässigkeit 15 212
– Verfahren 15 214 ff.
– Vermögenslosigkeit 15 213
– Vermögensverteilung 15 213
– vor Vollbeendigung 15 208
Fortsetzungsbeschluss
– aufgelöste Gesellschaft 15 207 ff.
Fragerecht
– Auskunftsverweigerungsrecht 27 94 ff.
– Inhalt 27 94
– Missbrauch 27 65
– Protokollierung 27 97
– stimmrechtslose Vorzugsaktien 27 93
Frankfurter Wertpapierbörse 47 37
– Zulassung 47 104
Frankreich
– Ausländische juristische Personen 5 66 ff.
– Öffentliche Urkunde 5 187
– Société à responsabilité limitée 5 73
– Société anonyme 5 69 ff.
– Société civile immobilière 5 66
– Société en commandite simple 5 68
– Société en nom collectif 5 67
– Société par Actions Simplifiée 5 72
Fraud-on-the-market-Theorie
– Vorstandshaftung 24 34 ff., 71
Frauenquote
– Aufsichtsratsmitglied 24 195
– Überwachungspflicht 24 195
Freigabeantrag
– Beschluss 38 175 ff.
– Zuständigkeit 38 181
Freigabebeschluss
– Mindestbeteiligungsnachweis 38 176 ff.
– Unbegründetheit der Klage 38 176 ff.
Freigabeverfahren
– Anfechtung 38 172 ff.
– Eilverfahren 38 174, 181 ff.
– Einstweilige Verfügung 38 184
– Interessenabwägungsklausel 38 179 f.
– Registersperre 44 46
– Schadensersatzpflicht 38 183
– Schadensersatz 44 47
– Verfahren 38 174 ff.
Freihändiger Verkauf
– Plazierung 47 151
Freistellung
– Vorstand 22 223 f.
Freiverkehr 47 35
– Börsenhandel 46 17
– Prüfungspflicht 19 5

Fremdhaftpflichtversicherung
– D & O-Versicherung 24 142, 229
Fremdkapital 10 3 f.
Friends and Family
– Aktienzuteilung 47 166
Fungibilität
– Aktien 1 14; 2 23 ff.
Fusion
– Doppelsitz 9 8

Garantiegeber
– Squeeze out 44 16
Gebietskörperschaften
– Veranlassung 52 79
Gebot wertgleicher Deckung
– Handelsregistereintragung 12 108 ff.
– Kapitalerhöhung 12 108 ff.
Gebrauchsmuster
– Sacheinlage 13 34
Gegenantrag
– Frist 26 78
– TransPuG 26 76
– Voraussetzungen 26 77
– Zugänglichmachen 26 78 ff.
Gegengeschäft
– Drittforderung 13 246
– Gewinnausschüttungsanspruch 13 247
Gegenleistung
– Abhängigkeitsbericht 52 160
– Sacheinlage 13 56 ff., 93
– Sachübernahme 13 140 f.
– Teilgewinnabführungsvertrag 53 118 ff.
– **Öffentliches Übernahmeangebot 51 83 ff.**
– Angemessenheit 51 84 ff.
– Börsenkurs 51 87
– Mindestwert 51 86 ff.
– Tauschangebot 51 88
– Vorerwerb 51 88
Gegenseitigkeitsvorbehalt
– Übernahme 51 124
Geheimnis
– Verschwiegenheitspflicht 22 66
Geheimnisschutz
– Straftat 24 244
Gemeinnützige Aktiengesellschaft 55
– Altvermögen 55 32
– Aufsichtsrat 55 49 ff.
– Beendigung 55 33
– Berufsfreiheit 55 13
– Compliance 55 41 ff.
– ehrenamtliche Tätigkeit 55 51
– Firma 55 20 ff.
– Gewinnverwendung 55 48
– Gleichheitssatz 55 11
– grenzüberschreitende Tätigkeit 55 5
– Grundrechte 55 11 ff.
– Hauptversammlung 55 47 ff.
– Herabsetzung Vergütung 55 52
– Konkurrenzverbot 55 37
– Mittelverwendung 55 27 ff.
– Mustersatzung 55 19
– Rücklage 55 28 ff.

1765

Sachverzeichnis

fette Zahlen = Paragrafen

- Satzung **55** 14 ff.
- Satzungsinhalt **55** 17 ff.
- Spenden **55** 42, 44
- Steuerrecht **55** 6 ff.
- Stiftungs-AG **55** 22
- Unternehmensgegenstand **55** 23 ff.
- Vermögensbindung **55** 26 ff.
- Verwaltungskosten **55** 47
- Vorstand **55** 39 ff.
- Vorstandshaftung **55** 46
- Vorstandsvergütung **55** 50
- wirtschaftlicher Geschäftsbetrieb **55** 38
- Zuwendungsbestätigung **55** 43
- Zweckbetrieb **55** 34 ff., 45

Gemeinnützigkeit 55 2 ff.

Gemeinsamer Vertreter
- Bekanntmachung **40** 33
- Bestellung **40** 33
- Spruchverfahren **40** 33 f.

Gemeinschaftsprüfung 19 12

Gemeinschaftsunternehmen
- DrittelbG **23** 100
- Nachteilsausgleich **52** 69
- paritätische Beteiligung **23** 74
- Veranlassung **52** 78
- Zurechnung Arbeitnehmer **23** 73

Gemeinwohlgefährdung
- Auflösung **15** 54
- Fortsetzung der Gesellschaft **15** 213

Genehmigtes Kapital 34; 34 1 ff., 66 ff.
- Aktien **2** 25
- Aktienoptionen **32** 14, 46 ff.
- Angemessenheit **34** 62
- Ausgabebetrag **34** 62, 62 ff.
- Belegschaftsaktien **32** 172; **34** 74 ff.
- Berichtspflicht **34** 58 ff.
- Bezugsrechtsausschluss **34** 38 ff.
- Checkliste **34** 83
- Ermächtigungsbeschluss **34** 62
- Geschäftsführungsbefugnis **34** 31 f.
- Greenshoe **34** 64
- Handelsregistereintragung **34** 68 ff.
- Heilung **37** 33 ff.
- Kapitalerhöhung **32** 46 ff.
- Kapitalerhöhungsermächtigung **34** 16
- Prüfung durch Registergericht **34** 69
- Sacheinlage **34** 70
- Unterlassungsklage **41** 20 f.
- Vorstandsmitglieder **32** 49
- Zeichnung **34** 66 f.

General Partnership
- USA **5** 149

General Standard 47 33
- WpÜG **51** 8
- Zwischenberichtsverpflichtung **17** 84

Generalquittung
- Aufhebungsvertrag **22** 251
- nachvertragliches Wettbewerbsverbot **22** 253

Genussrechte
- aktiengleiche **21** 79
- Änderungsvorbehalt **21** 92

- Aufsichtsrecht **21** 101 ff.
- Ausgabebeschluss **21** 97 ff.
- Ausgestaltung **32** 183 f.
- Bedingungen **21** 78
- Begriff **21** 66
- Besteuerung **32** 185
- Bezugsrecht **21** 99
- Bilanzierung **21** 65
- Darlehenrecht **21** 86 ff.
- Eigenkapital, handelsrechtliches **21** 80
- Eigenkapital, steuerliches **21** 82 ff.
- Erfolgsabhängigkeit **21** 80
- Ermächtigung Vorstand **21** 98
- Gestaltungsmöglichkeiten **21** 65, 89 ff.
- Gewinnschuldverschreibung **21** 75
- Handelsregistereintragung **21** 100
- Hauptversammlungsbeschluss **32** 184
- Inhaltskontrolle **21** 89
- Kapitalerhöhung **21** 93
- Kapitalherabsetzung **21** 94
- Längerfristigkeit **21** 80
- Mitarbeiterbeteiligung **32** 183 ff.
- Mitgliedschaftsrechte **21** 65
- Muster **21** 81
- Nachrangigkeit **21** 80
- Nachrangvorbehalt **21** 92
- Optionsrechte **21** 84 ff.
- partiarisches Darlehen **21** 68
- Private Debt **21** 101
- Rechtsnatur **21** 67
- SchVerschrG **21** 89
- Sorgfaltspflichtverstoß der Geschäftsführung **21** 96
- stille Beteiligung **21** 71 f.
- Teilgewinnabführungsvertrag **21** 100
- Verbriefung **21** 76 f.
- Verlustbeteiligung **21** 80
- verschleierter Umtauschzwang **21** 92
- Verschmelzung **21** 95
- Verwässerungsschutz **21** 93
- Verzinsung **21** 67
- Vorzugsaktien **21** 74
- Wandelschuldverschreibung **35** 7
- Wandlungsrechte **21** 84 ff.

Genussschein
- Anleihe **49** 38, 39

Geregelter Markt
- Börsenhandel **46** 16 f.
- Prüfungspflicht **19** 5
- WpÜG **51** 8

Gerichtliche Ergänzung
- Aufsichtsrat **23** 139 ff.

Gerichtliche Feststellung
- Antragsfrist **23** 118
- anzuwendende Vorschriften **23** 123
- Aufsichtsratszusammensetzung **23** 16 ff.

Gerichtsgebühren
- Spruchverfahren **40** 54 ff.

Gerichtssachverständiger
- Spruchverfahren **40** 43 f.

Gesamtbewertungsverfahren
- Bewertungsverfahren **20** 20

magere Zahlen = Randnummern **Sachverzeichnis**

Gesamtgeschäftsführung
– Vorstand 22 49 ff.
Gesamtrechtsnachfolge
– Erwerb eigener Aktien 31 23
– Verschmelzung 16 48, 78
Gesamtschuldnerregress
– Aufsichtsratshaftung 24 186
– Verjährung 24 8
– Vorstandshaftung 24 116
Gesamtschuldverhältnis
– Aufsichtsratshaftung 24 148
– Geschäftsordnung 24 39
– Vorstandshaftung 24 36
Gesamtvertretung
– Vorstand 22 1 ff., 3
Gesamtvertretung, unechte
– Satzung 22 20
– Vertretungsmacht 22 20
– Vorstand 22 20
Gesamtvorstand
– Aktienrückerwerb 32 16
Geschäftsbetrieb
– Begriff 4 191 ff.
– Veränderung 4 193
Geschäftsbrief
– Angaben auf 8 67
– Vorstand 22 1
Geschäftsergebnis
– Veröffentlichungspflicht 48 46
Geschäftsführung
– Anstellungsvertrag 22 145 ff.
– Delegation 22 43 ff.
– Einflussnahme durch Hauptversammlung 25 21, 22 ff.
– genehmigtes Kapital 34 31 f.
– KGaA 3 17, 20
– Stille Beteiligung 21 117
– Unternehmensgegenstand 8 73
– Vorstand 2 17; 22 28 ff.
Geschäftsführungsmaßnahme
– Anfechtungsklage 38 46
– Billigung durch Hauptversammlung 25 25
– Entscheidungsverlangen 25 25 ff.
– feindliche Übernahme 41 23
– Feststellungsklage 25 100 ff.
– nachträgliche Billigung 25 25
– Unterlassungsklage 25 100; 41 8 f.
Geschäftsführungsvertrag
– Bilanzierung 53 40
– Gewinnabführungsvertrag 53 40
– Rücklagenauffüllung 53 47
Geschäftsordnung
– Anfechtungsgrund 38 55
– Aufsichtsrat 23 167 ff., 207
– Gesamtschuldverhältnis 24 39
– Hauptversammlung 27 72
– Vorstand 22 54
– Vorstandshaftung 24 39
Geschäftsunfähigkeit
– Gründungsmängel 14 117
– Gründungsvertrag 14 3

Geschäftsverteilung
– Straftat 24 255
– Vorstand 22 52 ff.
Geschlossene Gesellschaft
– Poolvereinbarung 11 45
Gesellschaft bürgerlichen Rechts
– Gewinngemeinschaft 53 107
– Hauptaktionär 44 37
Gesellschaft mit beschränkter Haftung
– Liechtenstein 5 89
– Österreich 5 100
– Schweiz 5 122
Gesellschafterdarlehen 21
– Beteiligungsgrenze 21 12
– eigenkapitalersetzendes 21 8 ff.
– Finanzierungsverantwortung 21 12
– Kapitalbindungsumfang 21 15
– Krise 21 13
– MoMiG 21 20 ff.
– Rückzahlung 21 15
– Sanierungsprivileg 21 14
– Stehenlassen von Krediten 21 10
– Umqualifizierung in Eigenkapital 21 11
– verdeckte Einlagenrückgewähr 21 4
– Zinsschranke 4 104 ff.
Gesellschafterfremdfinanzierung
– Zinsschranke 4 120 ff.
Gesellschafterversammlung
– Weisungsrecht 2 21
Gesellschafterverträge 4 9
Gesellschaftsanteile
– mangelhafte Kapitalerhöhung 33 140
– Sacheinlage 13 34
Gesellschaftsblätter
– Bekanntmachung 15 112
– Bekanntmachung Einberufung 26 58
Gestaltungswirkung
– Rückwirkung 38 151
Gestattungsfiktion
– Angebotsunterlage 51 96
Gewährleistungsanspruch
– Aktienkauf 47 136
– Prospektverantwortlicher 47 136
Gewährleistungserklärung
– Squeeze out 44 16
– Übernahmevertrag 47 65
Gewerbebetrieb 4 19
Gewerbeertrag
– Ermittlung 4 27
– Gewerbesteuer 4 27
Gewerbesteuer 4 19 ff.
– Aufhebung Organschaft 54 253
– Befreiung 4 23
– Beginn 4 21
– Beteiligungsprivileg 4 46 ff.
– Betriebsausgabe 4 28
– Bezüge 4 46
– Dividenden 4 46
– Ende 4 22
– Ermittlung Gewerbeertrag 54 240 ff.
– Gewerbeertrag 4 27
– Hebesatz 4 29; 54 255

1767

Sachverzeichnis

fette Zahlen = Paragrafen

- Hinzurechnung Mitunternehmerschaften 4 97 ff.
- Hinzurechnungsverzicht 54 244
- Messbetrag 54 254
- Organträger 54 257
- Steuerbefreiung 4 46
- steuerliche Organschaft 54 3
- Steuermesszahl 4 29
- Steuerpflicht 4 21 f.
- Steuersatz 4 29
- Steuerschuldner 4 29; 54 257
- Veräußerung Beteiligung 54 245 f.
- Veräußerungsgewinn 4 65; 54 245 f.
- Verlustvortrag 54 230, 253
- Wertpapierleihe 4 78
- Zerlegung des Messbetrages 54 256
- Zusammenrechnung 54 240
- **Organgesellschaft**
  - Betriebsstätte 54 239
  - Dividendeneinnahmen 54 247 f.
  - Gewerbeverlust 54 251 ff.
  - Haftungsschuldner 54 257
  - Teilwertabschreibung Organbeteiligung 54 249 f.
  - vorvertraglicher Verlust 54 251 f.
- **Gewerbliche Schutzrechte**
  - Sacheinlage 13 34, 40
- **Gewinn 30 1**
  - s. a. Dividende
  - Ausschüttungen 4 207
  - Begriff 30 4
  - Ertragskennziffer 30 4
  - Gewinnabführungsvertrag 53 35 f.
  - Gewinngemeinschaft 53 109
- **Gewinn, ausschüttbarer**
  - Ermittlung 4 210 ff.
  - Verwendungsreihenfolge 4 214 f.
- **Gewinnabführungsvertrag 30 43 f.; 53 33 ff.**
  - Anfechtungsausschluss 38 76
  - angemessener Ausgleich 53 75 ff.
  - aufstrebende Sicherheit 21 54
  - Ausgleichszahlung 53 72
  - außenstehende Aktionäre 53 74 ff.
  - Besteuerung 53 4
  - Eigene Aktien 31 50
  - Einlagenrückgewähr 21 20 ff.
  - Europarecht 54 39
  - Gewinn 53 35 f.
  - Gläubigerschutz 53 42 ff.
  - Handelsbilanzfehler 54 115 ff.
  - Heilung 54 115 ff.
  - isolierter 53 48
  - Muster 53 175; 54 291
  - Nachteilsausgleich 52 63
  - Rücklagenauffüllung 53 43 ff.
  - Rückwirkung 53 152; 54 62
  - steuerliche Organschaft 54 291, 292
  - Teilgewinnabführung 53 37
  - Unternehmensbewertung 20 67
  - Verlustübernahmepflicht 53 52 ff., 58 ff.; 54 106 ff.
  - Verlustvortrag 53 35

- Vertragsinhalt 53 34
- Wirkung 53 39
- **Ausgleichsanspruch**
  - Anfechtbarkeit 53 85
  - Anpassung 53 86 ff.
  - fehlender 53 85
  - fester 53 79
  - Kapitalveränderungen 53 88
  - Nichtigkeit 53 85
  - unangemessener 53 85
  - variabler 53 81 f.
- **Beendigung**
  - Eintragung 53 68 f.
  - Insolvenzeröffnung 53 168
  - Sicherheitsleistung 53 70
  - Verzicht auf Anspruch 53 68
- **Körperschaftsteuer 54 65 ff.**
  - Abschlusszeitpunkt 54 76
  - Auflösungsgewinn 54 100
  - Ausschüttungssperre 54 99
  - Einkommensermittlung 54 120
  - Formwechsel 54 90
  - Fünf-Jahres-Frist 54 80 ff.
  - Gewinnrücklagen 54 98
  - handelsrechtliche Höchstgrenze 54 94
  - handelsrechtlicher Wirkungszeitpunkt 54 79
  - Handelsregistereintragung 54 77
  - Kündigung aus wichtigem Grund 54 88 ff.
  - Leg-ein-Hol-zurück-Verfahren 54 103
  - Mindestvertragsdauer 54 80 ff.
  - Rücklagen für eigene Anteile 54 98
  - rückwirkende Nichtanerkennung 54 86
  - Rückwirkung 54 76 f.
  - steuerliche Behandlung 54 119 ff.
  - steuerlicher Wirkungszeitpunkt 54 77
  - tatsächliche Durchführung 54 111 ff.
  - Teilgewinnabführung 54 93
  - Teilveräußerung 54 89
  - auf unbestimmte Zeit 54 80
  - Veräußerungsgewinn 54 100
  - verdeckte Gewinnausschüttung 54 79
  - Verlängerung 54 85
  - Verlustübernahmepflicht 54 106 ff.
  - Verlustverrechnung 54 123
  - Voraussetzungen 54 66 ff.
  - vorvertragliche Rücklage 54 102 ff.
  - vorzeitige Beendigung 54 86 ff.
  - zivilrechtliche Wirksamkeit 54 66 ff.
  - Zurechnungszeitraum 54 124 ff.
  - Zusammenrechnung 54 120 ff.
- **Gewinnanspruch**
  - Bezugsrecht 35 15
- **Gewinnanteile**
  - Besteuerung 4 227
  - Kürzung 4 100
- **Gewinnanteilschein**
  - Aktienurkunde 10 103 f.
  - Erneuerungsschein 10 104
- **Gewinnaufteilung**
  - Gewinngemeinschaft 53 110 ff.
- **Gewinnausschüttung**
  - Besteuerung 4 31 f., 227 ff.

magere Zahlen = Randnummern

Sachverzeichnis

– Insolvenz 30 45
– Kapitalgesellschaft 4 31 f.
– Kapitalherabsetzung, vereinfachte 36 100 ff.
– Rechtswidrigkeit 30 37 f.
– Streubesitz 4 34 f.
– zu hohe 30 37
Gewinnausschüttungsverbot
– Kapitalherabsetzung, vereinfachte 36 100 ff.
Gewinnberechtigung
– Kapitalerhöhung 33 32
– Verschmelzung 16 55
Gewinnbeteiligung
– Aktienoptionen 32 89
Gewinngemeinschaft 53 106 ff.
– Begriff 53 108
– Gesellschaft bürgerlichen Rechts 53 107
– Gewinn 53 109
– Kündigung 53 162
– unangemessene Gewinnaufteilung 53 110 ff.
– Unternehmensvertrag 53 105
Gewinnrücklage
– Auflösungskompetenz 30 18
– Einziehung, vereinfachte 43 55
– Gewinnverwendung 30 16, 34
– Hauptversammlung 17 56
– Kapitalherabsetzung, vereinfachte 36 84
Gewinnschuldverschreibung
– Anleihe 49 38
– Genussrechte 21 75
– Wandelschuldverschreibung 35 7
Gewinntantiemen
– Vorstandsvergütung 22 179
Gewinnverteilung
– Dividendenverzicht 30 23 f.
– Satzungsdurchbrechung 30 24
– Satzungsermächtigung 30 24
– unterjährige Aktien 30 22
Gewinnverwendung 30
– Eigenkapitalfinanzierung 30 2
– Gemeinnützige Aktiengesellschaft 55 48
– gesetzliche Rücklage 30 15
– Gewinnrücklage 30 16, 34
– Liquidität 30 2
– Nachgründungsvertrag 14 154
– Rücklage im Konzern 30 36
– Thesaurierung 30 2
– Verlustvortrag 30 15
Gewinnverwendungsbeschluss 2 28
– Anfechtung 30 31 f.
– Anspruch auf Herbeiführung 30 29
– Ausführungspflicht 30 45 f.
– Rechtswidrigkeit 30 37
– verbundene Unternehmen 30 29 a
Gewinnverwendungskompetenz
– Hauptversammlung 30 19
– Satzungsregelungen 30 16
– Vorstand 30 16
Gewinnverwendungsvorschlag
– Auslegungspflicht 26 113
– Gliederung 19 52; 30 14
– Prüfung durch Aufsichtsrat 19 48, 52 ff.

– Satzungskonformität 19 54
– Vorlage an Aufsichtrat 19 48
Gewinnvortrag
– Jahresabschluss 30 7
– Kapitalherabsetzung, vereinfachte 36 84
Gewinnzurechnung 4 230
Girosammelverwahrung
– Aktienurkunde 10 99
– Delisting 7 28
– Kapitalherabsetzung 36 49
– Kraftloserklärung 36 59, 65
– Verwertung 36 65
– Zusammenlegung Aktien 36 57, 59
Gläubiger
– Verlustausgleichsanspruch 53 67
Gläubigeraufruf
– Abwickler 15 109 ff.
– Bekanntmachung 15 109 ff.
– Inhalt 15 111
Gläubigerbefriedigung
– Abwickler 15 118
– Abwicklung 15 141 ff.
Gläubigerrechte
– Mitgliedschaftsrecht 10 112
Gläubigerschutz
– Beherrschungsvertrag 53 42 ff.
– Einziehung 43 48 ff.
– Einziehung, vereinfachte 43 62 ff.
– Einziehungsentgelt 43 25 f.
– faktischer Konzern 52 1
– Formwechsel 16 42
– Gewinnabführungsvertrag 53 42 ff.
– Kapitalaufbringung 2 26
– Kapitalerhaltung 2 26
– Kapitalherabsetzung 36 37 ff.
– Nichtigkeitsgrund 39 14
– Schadensersatzklage 41 54
– Teilgewinnabführungsvertrag 53 123
Gleichbehandlungsgrundsatz 2 11
– Being Public 46 22
– Bezugsrechtsausschluss 33 98
– GmbH 2 11
– Kapitalerhöhung 2 11
– Unterlassungsklage 41 22
– Zahlungsaufforderung 42 4
– Zwangseinziehung 43 17
Gleichheitssatz
– Gemeinnützige Aktiengesellschaft 55 11
Globalverbriefung
– Mitgliedschaftsrecht 10 81
GmbH
– Ein-Mann-Gründung 2 23
– Gleichbehandlungsgrundsatz 2 11
– Kapitalerhaltung 2 29
– Satzungsautonomie 2 12
– Vinkulierung 2 23
GmbH & Co. KG
– Formwechsel 16 22
Going Private 46 24 f.; 50
– Begriff 50 2
– Delisting 50 4 ff.
– Totalrückzug 50 2

1769

Sachverzeichnis

fette Zahlen = Paragrafen

Going Public **46** 15 ff.; **47**
- Aktienoptionen **32** 98
- Anteilsveräußerung **47** 4
- Börsenplatz **47** 30
- Börsenreife **47** 16 ff.
- Emissionsberater **47** 47
- Fungibilität **47** 2
- Investor Relations **47** 46
- Kapitalaufnahme **47** 3
- Kapitalmarktkommunikation **47** 46
- Konzern **47** 51 f.
- Kosten **47** 15, 184 ff., 190 f.
- Liquidität **47** 2
- Öffentlichkeit **47** 14
- Organisationsanpassung **47** 26
- Rechnungslegung **47** 13
- Rechtsanwalt **47** 45
- Satzungsanpassung **47** 26
- Voraussetzungen **47** 24
- Wagniskapital **47** 27
- Werbekosten **47** 188
- Wirtschaftsprüfer **47** 45
- Zulassungsfolgepflichten **47** 12
- Emittent
  - Aufsichtsratsbeschluss **47** 48 f.
  - genehmigtes Kapital **47** 56
  - Hauptversammlungsbeschluss **47** 50 ff.
  - Kapitalerhöhung **47** 53 ff.
  - Mitarbeiterbeteiligung **47** 57
  - Vorstandsbeschluss **47** 48 f.

Goodwill
- Sacheinlage **13** 34

Greenshoe
- Aktienzuteilung **47** 167 f.
- Ausgabebetrag **34** 64
- genehmigtes Kapital **34** 64

Griechenland
- Öffentliche Urkunde **5** 188

Große AG **17** 28
- Abschlussprüfung **17** 48
- Änderung Jahresabschluss **17** 112 f.
- Offenlegung Jahresabschluss **17** 61
- Prüfungspflicht Jahresabschluss **17** 112 f.

Größenklassen **17** 28
- Prüfungspflicht **19** 4
- Rechnungslegung **17** 7

Gründer
- Definition **12** 15
- Gründung **12** 15
- Handelsregisteranmeldung **6** 25 f.

Gründererklärung
- Nichtigkeit aller **14** 65

Gründerhaftung **2** 8

Grunderwerbsteuer
- steuerliche Organschaft **54** 280 ff.
- Verschmelzung **16** 83

Grundkapital **10**
- Amtslöschung **14** 71
- Berechnung **10** 23
- Bezugsrechtsausschluss **10** 24
- Bilanzierung **10** 2
- Definition **10** 1

- Denomination **10** 21 f.
- Eigenkapital **10** 2, 32
- Eintragung **10** 175 f.
- erhöhte Grundkapitalziffer **10** 22
- Erwerb eigener Aktien **10** 24
- Euroumstellung **10** 22
- fehlerhafte Festsetzung **10** 174 ff.
- Finanzierungsfunktion **10** 6
- Formwechsel **16** 20
- Gründungsmängel **14** 70 f., 120
- Haftungsfunktion **10** 5
- Heilung **14** 71
- Höhe **10** 21 ff., 31
- Kapitalaufbringung **10** 9 ff.
- Kapitalerhöhung **10** 26
- Kapitalherabsetzung **10** 28
- Kapitalmaßnahme **10** 24
- Minderheitsrechte **10** 24
- Mindesteigenkapital **10** 2
- Mindestnennbetrag **7** 22; **10** 21 f.
- Nichtigerklärung **14** 71
- Satzung **7** 22
- Satzungsänderung **10** 29
- Sperrfunktion **10** 6
- Unter-Pari-Emission **10** 10
- verdeckte Sacheinlage **10** 11
- Zahl Vorstandsmitglieder **7** 33

Grundkapitalhöhe
- Nachgründung **14** 145

Grundkapitalziffer
- Herabsetzung **36** 8
- Kapitalherabsetzung **43** 71
- Stückaktien **36** 8

Grundlagenentscheidung
- Hauptversammlung **26** 8; **29** 16 ff.

Grundlagengeschäfte
- Hauptversammlungskompetenz **22** 34 ff.

Grundlagen-/Strukturänderung
- Holzmüller-Entscheidung **29** 16

Grundpfandrechte
- Sacheinlage **13** 34

Grundrechte
- Gemeinnützige Aktiengesellschaft **55** 11 ff.

Grundsätze ordnungsmäßiger Buchführung
- Rechnungslegung **17** 5

Grundsätze ordnungsgemäßer Prüfung
- Jahresabschluss **17** 44

Grundschuld
- Sacheinlage **13** 34

Gründung
- Auslandsbeurkundung **12** 12 ff.
- Bareinlage **2** 27
- Ein-Mann-Gründung **12** 10
- erster Abschlussprüfer **12** 23, 27 ff.
- erster Aufsichtsrat **12** 23 ff.
- erster Vorstand **12** 30
- Gründer **12** 15
- Gründungsaufwand **12** 17
- Gründungsbericht **12** 31 ff.
- Mitteilungspflichten **12** 75
- notarielle Beurkundung **12** 9 ff.
- Satzung **12** 16 ff.

1770

magere Zahlen = Randnummern

- Satzungsänderung **12** 19
- Sondervorteile **12** 18
- Straftat Vorstand **24** 238
- Übernahme der Aktien **12** 20 ff.
- Vertreter **12** 10
- Vorstandspflichten **22** 96

Gründungsaufwand
- Gründung **12** 17
- Gründungsmängel **14** 118

Gründungsbericht
- Formwechsel **16** 28, 29
- Gründung **12** 31 ff.
- Sachgründung **13** 173
- Verschmelzung **16** 69
- **Bargründung**
  - Aufstellung **12** 32
  - fehlender **12** 34
  - Inhalt **12** 33
  - Sachgründung **12** 33
  - Vertretung **12** 32
- **Sachgründung**
  - Checkliste **13** 175, 191
  - Form **13** 173
  - Inhalt **13** 173

Gründungsgesellschafter
- Haftung **12** 91 ff.

Gründungshaftung 12 77 ff.
- Gesellschaftsorgane **12** 78 ff.
- Haftungstatbestand **12** 81 ff.

Gründungsmängel 14
- abweichende Satzungsbestimmungen **14** 95
- Aktienanzahl **14** 97
- Aktienform **14** 97
- Aktiengattung **14** 97
- Anfechtung **14** 98
- Aufsichtsratregelungen **14** 100
- Auslandsbeurkundung **14** 107
- außerordentliche Kündigung **14** 48
- Bareinlage **14** 101
- Begriff **14** 6
- Beitritt mit Mangel an Ernstlichkeit **14** 123
- Beitritt unter Bedingung **14** 102
- Beitritt unter Befristung **14** 103
- Beitritt unter Irrtum **14** 122
- Beitrittserklärung **14** 36 ff., 104
- Beitrittserklärung als Scheingeschäft **14** 131
- Beitrittserklärung des vollmachtlosen Vertreters **14** 141
- Beitrittserklärung infolge Täuschung **14** 135
- Beitrittserklärung unter geheimem Vorbehalt **14** 115
- Beurkundung **14** 106
- Bevollmächtigte **14** 108
- Dissens **14** 109
- Drohung **14** 110
- Einheitlichkeit der Gründung **14** 111
- Eintragung trotz **14** 83 ff.
- Eintragungsverfahren **14** 52 ff.
- Erklärungen der Gründer **14** 112
- erster Aufsichtsrat **14** 99
- erster Vorstand **14** 143

Sachverzeichnis

- Essentialia Negotii **14** 113
- Firma **14** 114
- Genehmigungserfordernisse **14** 116
- Geschäftsunfähigkeit **14** 117
- grobe **14** 39 ff.
- Grundkapital **14** 70 f., 120
- Gründungsaufwand **14** 118
- Gründungsprüfung **14** 119
- Heilung **14** 83 ff.
- Mantelgründung **14** 124
- Minderjähriger **14** 125
- nicht rechtsgeschäftliche **14** 6
- Nicht-Gründung **14** 39
- rechtsgeschäftliche **14** 6
- Sacheinlage **14** 128
- Sachübernahme **14** 128
- satzungsergänzende Nebenabreden **14** 129
- Satzungsfeststellung **14** 130
- Satzungsregelungen **14** 144
- Sittenwidrigkeit **14** 132
- Sitz **14** 133
- Sondervorteile **14** 134
- Teilnichtigkeit **14** 136
- treuwidrige Berufung auf **14** 49
- Unternehmensgegenstand **14** 70, 137
- Verbotsgesetz **14** 138
- verdeckte Sacheinlage **14** 139
- Vollzug **14** 35
- Vorgesellschaft **14** 36 ff.
- Vorratsgründung **14** 124
- Vorstand **14** 144
- **Beachtlichkeit nach Eintragung 14** 68 ff.
  - Amtslöschung **14** 69
  - Entstehung der AG **14** 68
  - Heilung **14** 69
  - Nichtigerklärung **14** 70 ff.
  - Nichtigkeitsklage **14** 68
  - notwendige Satzungsbestandteile **14** 69
  - Scheingründung **14** 69
  - Zurechenbarkeitsmängel **14** 69
- **Beseitigung**
  - nach Eintragung **14** 94
  - vor Eintragung **14** 89 ff.
  - objektiver **14** 91
  - Satzungsänderung **14** 91
  - subjektiver **14** 92
  - Treupflicht **14** 89 ff., 94
- **rechtsgeschäftliche**
  - Abschlussmängel **14** 19 ff.
  - Anfechtung **14** 26 f.
  - Bedingung **14** 25, 26
  - Dissens **14** 26
  - Einigungsmängel **14** 25, 28
  - Eintragung **14** 26
  - Erklärungsmängel **14** 19 ff.
  - fehlendes Gründungsgeschäft **14** 19
  - Form **14** 27
  - Formmängel **14** 26
  - Gesamtnichtigkeit **14** 34
  - Heilung **14** 26
  - Nichtigkeitsmängel **14** 31 ff.
  - Satzungsmängel **14** 31 ff.

1771

Sachverzeichnis

fette Zahlen = Paragrafen

- subjektive Teilnichtigkeit **14** 21
- vollmachtloser Vertreter **14** 24
- Vollzug **14** 26
- Vorgesellschaft **14** 15 ff.
- Wirksamkeitsmängel **14** 26 ff.
- Zurechenbarkeitsmängel **14** 21 ff.

Gründungsmitglied
- Nachgründungsvertrag **14** 156

Gründungsphase
- Aufrechnungsverbot **2** 27
- Aufsichtsratshaftung **24** 198 ff.
- Haftung **2** 8, 27
- Vorstandshaftung **24** 89

Gründungsprotokoll
- Bargründung **12** 7 ff.
- notarielle Beurkundung **12** 9

Gründungsprüfer
- Nachgründungsverfahren **14** 166

Gründungsprüfung 2 27
- ARUG **14** 181
- Formwechsel **16** 29
- Gründungsmängel **14** 119
- Handelsregisteranmeldung **14** 55
- Kapitalaufbringung **10** 15
- Verschmelzung **16** 69
- **Bargründung 12** 35 ff.
  - Aufsichtrat **12** 36
  - Bericht **12** 39
  - Gegenstand **12** 37
  - Vorstand **12** 36
- **Sachgründung 13** 176 ff.
  - Aufsichtsratsmitglieder **13** 176
  - Berichtspflicht **13** 185 ff.
  - Checkliste **13** 190
  - Entbehrlichkeit externer **13** 178 ff.
  - Umfang **13** 185
  - Vorstandsmitglieder **13** 176

Gründungsprüfung, externe
- **Bargründung 12** 40 ff.
  - Antrag **12** 42 f.
  - Bericht **12** 45
  - beurkundenden Notar **12** 44
  - gerichtliche Bestellung **12** 42
  - Pflicht **12** 40
  - Prüfer **12** 42
  - Umfang **12** 45
  - Vergütung **12** 46 f.

Gründungsrecht
- Unterpariemission **2** 27

Gründungssatzung
- Bezugsrechtsausschluss **34** 40
- Ermächtigung zur Kapitalerhöhung **34** 3

Gründungsstadium
- Firmenfähigkeit **8** 3
- Vorstand **12** 106

Gründungstatbestand
- objektiver **14** 20
- subjektiver **14** 21 ff.

Gründungstheorie
- Ausländische juristische Personen **5** 14 ff.
- Niederlassungsfreiheit **5** 27 ff.
- Rechtsfähigkeit **5** 14 ff.
- Sitzverlegung **4** 11
- Zuzugstaat **15** 60, 61

Gründungsvertrag
- Anfechtung **14** 3
- Dissens **14** 3
- Geschäftsunfähigkeit **14** 3
- Rechtsgeschäft **14** 1
- rechtsgeschäftliche Erklärung **14** 2

Gründungsvorschriften
- Anwendungsbereich **12** 130
- Mantelerwerb **12** 127 ff.
- Mantelverwertung **12** 129
- Registerrecht **12** 130
- Verschmelzung **16** 70
- Vorratserwerb **12** 127
- Vorratsverwertung **12** 128

Gutgläubiger Erwerb
- Kaduzierung **42** 16

Haftung
- Abschlussprüfer **19** 46
- Anstellungsverhältnis, fehlerhaftes **22** 274
- Aufsichtspflichten **23** 31
- Eingliederung **45** 23
- Einlagenrückgewähr **21** 25
- Expertenhaftung **47** 145
- Gründungsgesellschafter **12** 91 ff.
- Gründungshaftung **12** 81 ff.
- Gründungsphase **2** 8, 27
- Kaduzierung **42** 18 f., 22 ff.
- KGaA **3** 11
- Nachgründung **14** 191 f.
- Prospektverantwortlicher **47** 138
- Steuerliche Organschaft **54** 5
- Vorgründungsgesellschaft **12** 91 ff.
- Vorstand **22** 150
- Zustimmungsvorbehalt **25** 103
- **Formwechsel 16** 43
  - Differenzhaftung **16** 31
  - Gründer **16** 31
  - Gründungsprüfung **16** 31
  - Handelndenhaftung **16** 31
  - Verwaltungsmitglieder **16** 31

Haftungsausschluss
- Vorstandshaftung **24** 43 ff.

Haftungsbeschränkung 2 6
- Durchbrechung **2** 7

Haftungsfreistellung
- Entscheidungsverlangen **25** 26

Halbeinkünfteverfahren 4 3

Halbjahresfinanzbericht 17 87 ff.; **48** 230 ff.
- Bekanntmachungsmitteilung **17** 92
- Inhalt **17** 87; **48** 231 ff.
- Konzern **48** 235
- prüferische Durchsicht **48** 234
- Prüfung **17** 90
- Veröffentlichung **17** 91

Haltefrist
- Aktienoptionen **32** 75 f., 117, 120, 131 ff.

Halten von Instrumenten
- Mitteilungspflicht **48** 192 ff.

magere Zahlen = Randnummern   **Sachverzeichnis**

Handelndenhaftung 2 8; 12 112 f.
– Akzessorietät 12 112
– vor Eintragung 12 112
– Fortbestehen trotz Eintragung 12 113
– Vorstandsmitglieder 12 112
– Wegfall 12 113
Handelsbestand
– Erwerb eigener Aktien 31 25
Handelsbilanz
– Maßgeblichkeit für die Steuerbilanz 17 31
Handelsbolat
– Schweden 5 116
Handelsbücher 17 3
Handelsregister
– Ablehnung der Eintragung 14 52
– Ablehnungspflicht 14 60
– Amtslöschung 14 64
– Anfechtungsklage 38 143 ff.
– Antrag auf Eintragungsaussetzung 38 146
– Auflösungsverfügung 14 64
– Beschwerde 6 44
– Einstweilige Verfügung 38 146
– Eintragung von Amts wegen 6 3
– Eintragungsverfahren 14 93
– elektronisches 17
– formelle Prüfung 14 54
– Jahresabschluss 17 64; 28 3 ff.
– materielle Prüfung 14 55
– Prüfungsumfang 14 52
– Registersperre 38 143 ff.
– Spanien 5 129
Handelsregisteranmeldung 6
– Ablehnung 6 43 f.
– Abwickler 6 28; 15 127 f.
– Anfechtung 6 5
– Angaben zur Vertretungsbefugnis 12 70
– Anlagen 12 71 ff.
– Anmeldepflichtige 12 61; 16 36
– anmeldepflichtige Personen 6 22 f.
– anmeldepflichtige Tatsachen 6 15, 18
– Anmeldungstatbestände 6
– Antrag 6 1
– Auflösung 15 77 ff.
– Aufsichtsrat 6 29 f.
– Ausländische juristische Personen 5 198 f.
– Bargründung 12 1
– bedrigtes Kapital 32 26
– Bedingtes Kapital 35 49, 80
– bedingungsfeindlich 6 9
– Befristung 6 10
– Begriff 6 4
– behördliche Genehmigung 12 59
– Belehrung über Auskunftspflicht 12 67 ff.
– Berechtigte 16 105
– Bezugsaktie 35 76 ff.
– Checkliste 16 38
– Eingliederung 45 18
– Einlagenleistung 12 63 ff.
– Eintragung Handelsregister 12 60 ff.
– eintragungsfähige Tatsachen 6 12 ff.
– Erklärungen 16 106
– Form der Vollmacht 6 21

– Formwechsel 16 35 ff., 119
– Fortsetzung der Gesellschaft 15 216
– Gebühren 12 65
– gerichtliche Prüfung 13 198 f.
– Gründer 6 25 f.
– Gründungsprüfung 14 55
– Hauptversammlungsbeschluss 28 2, 5
– höchstpersönliche Erklärungen 6 38
– Inhalt 6 7 f.; 13 195 ff.
– Kapitalerhöhung 34 112
– Kapitalerhöhung, gescheiterte 33 162
– Kapitalerhöhungsbeschluss 35 44 ff.
– Kapitalherabsetzung 36 30 ff., 69 ff.
– Klage gegen Umwandlungsbeschluss 16 37
– Kosten 6 45 ff.
– künftige Tatsachen 6 11
– Leistung der Einlage 13 193
– Muster 16 119
– Nachgründung 14 171
– nicht eintragungsfähige Tatsachen 6 20
– öffentlich beglaubigt 6 21
– ordnungsgemäße 14 54
– Prokurist 6 31 f.
– Rücknahme 6 22 f.
– Sachgründung 13 192 ff., 193 ff.
– Satzungsmängel 14 56 ff.
– Steuern 12 65
– Unterlagen 16 107
– Unter-Pari-Emission 13 194
– Verfahrenshandlung 6 5
– verfrühte 6 10
– Verschmelzung 16 71 ff., 104 ff.
– Verschmelzungsbescheinigung 16 104 ff.
– Versicherungen 16 106
– Vertretung 6 33 ff.
– Vollbeendigung 15 181 f.
– Vorratsgesellschaft 12 131
– Vorstand 6 27; 12 67 f.; 22 1
– zuständiges Gericht 12 62
– Zweigniederlassung 9 21 f.
Handelsregistereintragung 6 3; 12 72 ff.
– Anspruch 12 73
– ausdrücklich einzutragende 29 68
– Bekanntmachung 12 73
– bezugnehmende 29 68
– Eingliederung 45 20 ff.
– Entstehung 14 7, 63
– Formwechsel 14 63
– Fortsetzung der Gesellschaft 15 218
– Gebot wertgleicher Deckung 12 108 ff.
– genehmigtes Kapital 34 68 ff.
– Genussrechte 21 100
– gerichtliche Prüfung 12 72 f.
– Grundkapital 10 175 f.
– Gründungsmängel 14 83 ff.
– Kapitalerhöhung, ordentliche 33 142 ff.
– Kapitalerhöhungsbeschluss 33 144 ff.
– Kapitalherabsetzung 36 18
– Laufzeit 15 5 f.
– Mitgliedschaftsrecht 10 106
– Nachgründung 14 174
– Nachgründungsvertrag 14 162

1773

Sachverzeichnis

fette Zahlen = Paragrafen

- Nichtigkeitsmangel **14** 64
- Rechtsfähigkeit **2** 2
- Satzungsmängel **14** 83 ff.
- Spaltung **14** 63
- Squeeze out **50** 43
- Stille Beteiligung **21** 110
- übertragende Auflösung **50** 27
- Vermögensübertragung **25** 44
- Vorbelastungsverbot **12** 105 ff.
- Vorgesellschaft **12** 99; **14** 43
- Wirksamkeitsmangel **14** 64
- Wirkung **16** 108
- Wirtschaftsjahr, abweichendes **54** 58
- Zeichnung **33** 122
- Zweigniederlassung **9** 20
- **Auflösung 15** 77
  - deklaratorische Wirkung **15** 80
  - Eintragung von Amts wegen **15** 81
  - Entbehrlichkeit **15** 82
  - Form **15** 78
  - Frist **15** 78
  - Insolvenzverfahren **15** 81
  - Satzungsänderung **15** 79
  - zuständiges Gericht **15** 80
- **Handelsregisterverfahren**
  - Bezugsrechtsausschluss **34** 52
- **Hauptaktionär**
  - Beschluss Übertragung Aktien **44** 1
  - börsennotierte Gesellschaft **44** 53
  - Bündelung der Aktien **44** 37
  - Gesellschaft bürgerlichen Rechts **44** 37
  - Wertpapieranleihe **44** 40
- **Hauptaktionärsbericht**
  - Angemessenheit der Barabfindung **44** 22, 24
  - Darlegung der Voraussetzungen **44** 24
  - wirtschaftliche Gründe **44** 23
- **Hauptversammlung 25**
  - Abberufung Aufsichtsratsmitglieder **25** 15
  - Ablaufplan **26** 25
  - Abschlussprüfer, Wahl **2** 22
  - Abstimmungsmethode **27** 86 ff.
  - Abwicklungsgesellschaft **15** 97
  - Aktienbuchverwaltung **26** 20
  - Aktiengattung **10** 74 f.
  - Aufsichtsrat **23** 3
  - Aufsichtsratsvergütung **25** 15
  - Ausgabe Genussrechte **21** 97 ff.
  - Ausgabebetrag **33** 22 ff.
  - Auskunftpflicht **22** 109 ff.
  - Auslegungspflicht **26** 112 ff.
  - außerordentliche **26** 6
  - Backoffice **26** 24
  - Beendigung **27** 67
  - Berichtspflicht des Vorstands **26** 89 ff.
  - Beschlussvorschlag **25** 85
  - Bestellung Abschlussprüfer **25** 18
  - Bestellung Aufsichtsratsmitglieder **25** 15
  - Bestellung Sonderprüfer **26** 4
  - Bezugsrechtsausschluss **34** 39
  - Bilanzbüro **26** 23
  - Bild-/Tonübertragung **27** 125; **38** 32
  - Börsengang Tochtergesellschaft **41** 18
- Durchführung **27**
- EDV **26** 21
- Einberufungsklage **25** 79
- Einfluss auf Geschäftsführung **25** 20 ff.
- Einlasskontrolle **26** 38
- Einzelentlastung **25** 16
- Einziehung **43** 30
- Einziehungsbeschluss **43** 40
- Entlastung Aufsichtsratsmitglieder **25** 14 ff.
- Entlastung Vorstandsmitglieder **25** 16 f.
- Entscheidungskompetenz Vorstand **25** 25 ff.
- Enumerationsprinzip **25** 12
- Ermächtigungsbeschluss **31** 33 ff.
- Eröffnung **27** 66
- Feststellung Jahresabschluss **17** 53, 54, 125; **26** 108 ff.
- Gegenanträge **26** 77
- Gemeinnützige Aktiengesellschaft **55** 47 ff.
- Geschäftsordnung **27** 72
- Gesellschaftsorgan **25** 1 ff.
- gesetzliche Zuständigkeit **26** 10
- Gewinnrücklagen **17** 56
- Gewinnverwendungskompetenz **30** 19
- Grundlagenentscheidung **26** 8; **29** 16 ff.
- Handelsregister **28** 1
- Kapitalerhöhung **33** 169
- Kapitalerhöhungsbeschluss **33** 8
- Kapitalherabsetzung **17** 125
- KGaA **3** 17, 28, 29
- Konzeptbeschluss **25** 84
- Minderheitsverlangen **26** 46 ff.
- Mitteilungspflichten **28** 8 f.
- Nachbereitung **28**
- notarielle Beurkundung **5** 175 ff.; **26** 40
- Öffentlichkeitsarbeit **26** 18
- online **26** 21; **38** 32
- ordentliche **26** 6
- Ort **26** 27 ff.
- Personalentscheidungen **25** 14 ff.
- Rechtsabteilung **26** 17
- Satzung **7** 54 ff.
- Satzungsänderungen **29**
- Satzungsdurchbrechung **29** 19 ff.
- Satzungshoheit **26** 8
- satzungsmäßige Zuständigkeit **26** 11
- Sicherheit **26** 39
- Sprache **26** 42
- Stimmrechtsvollmacht **11** 36 ff.
- Stimmverbot **25** 15
- Strukturentscheidungen **25** 13; **29** 16 ff.
- Tagungslokal **26** 33 f.
- Technik **26** 37
- Teilnehmerverzeichnis **27** 42 ff.
- Teilnehmerzahl **26** 35 f.
- Termin **26** 26
- Umschreibestopp **27** 18
- ungeschriebene Berichtspflicht **26** 98 ff.
- ungeschriebene Zuständigkeit **26** 12 f., 98 ff.
- Veröffentlichungspflichten **33** 169
- Versammlungsleiter **25** 6
- Vertagung **27** 71
- Vertrauensentzug **25** 23

1774

magere Zahlen = Randnummern **Sachverzeichnis**

- Vertretungsbefugnis 26 4
- Videoübertragung 27 124
- voluntative Beteiligung 22 38
- Vorbereitung 25 5 ff.; 26 4
- Vorbereitungspflicht des Vorstandes 25 33
- Vorstandsbüro 26 22
- Vorstandspflichten 22 109 ff.
- Vorstandsvergütung 22 178
- Werbung 26 19
- Wiedereröffnung 27 70
- Zeitplan 26 14
- Zugänglichmachung 26 112
- Zustimmung 26 4
- Zustimmungserfordernis 3 29
- Zustimmungsvorbehalt 3 17
- Zwangseinziehung 43 18
- **Aktionär**
  - Einberufungsfehler 38 40
  - Einsichtnahmerecht 27 98 f.
  - Fragerecht 27 93
  - Rederecht 27 92
  - Stimmrecht 27 100 ff.
  - unberechtigte Nichtzulassung 38 39
  - Widerspruchsrecht 27 109
- **Einberufung**
  - Aktieninhaber 26 48
  - durch Aktionäre 25 7
  - durch Aufsichtsrat 26 54
  - Bekanntmachung 26 56 ff.
  - börsennotierte Gesellschaft 26 61
  - Einberufungsermächtigung 26 53
  - erweiterte Angaben 26 61
  - fehlerhafte 26 86
  - Form 26 49
  - Frist 26 56
  - Gesellschaftswohl 26 45
  - gesetzliche Gründe 26 43
  - Gründe 26 43 ff.
  - Inhalt 26 61
  - Minderheitsverlangen 26 46 ff.
  - Mitteilung Bundesanzeiger 26 74 ff.
  - Rechtsmissbrauch 26 51
  - Rücknahme 26 55
  - Satzungsgründe 26 44
  - Tagesordnung 26 65 ff.
  - Verpflichtung zur Einberufung 26 52
  - Verzicht auf Formalitäten 26 84
  - durch Vorstand 26 54
  - Weiterleitungspflicht 26 60
- **Mehrheitserfordernis**
  - einfache Stimmenmehrheit 27 79
  - Kapitalmehrheit 27 79, 84
  - qualifizierte Stimmenmehrheit 27 83
  - Sonderbeschluss 27 85
- **Teilnahmepflicht**
  - Abschlussprüfer 27 40 f.
  - Aufsichtsratsmitglied 27 38 f.
  - Vorstandsmitglied 27 36 f.
- **Teilnahmerecht** 27 1 ff.
  - Abschlussprüfer 27 28 f.
  - Aktionär 27 3 ff.
  - Aktionärsvertreter 27 19 ff.

- Anmeldefrist 27 6
- Anmeldung 27 5, 11
- Aufsichtsratsmitglied 27 27
- Behördenvertreter 27 30 f.
- Gäste 27 34
- gemeinschaftlicher Vertreter 27 13
- Hinterlegung der Aktien 27 5 f.
- Hinterlegungsfrist 27 10
- Medien 27 33
- Nachweis Aktionärseigenschaft 27 16
- Nachweisfrist 27 9
- Notar 27 32
- Prüfung Personenidentität 27 17
- Redezeitbegrenzung 27 12
- Saalverweis 27 12
- sicherungsübereignete Aktie 27 15
- Stimmberechtigung 27 3
- verpfändete Aktie 27 14
- Voraussetzungen 27 4 ff.
- Vorstandsmitglied 27 27
- Vorzugsaktien 27 3
- **Teilnehmerverzeichnis** 27 42 ff.
  - Änderungen bei 27 48
  - Aufstellung 27 46
  - Einsichtnahmerecht 27 47
  - NaStraG 27 49
- **Versammlungsleiter** 27 51 ff.
  - Anträge 27 58
  - Aufgaben 27 51 ff.
  - Ordnungsmaßnahmen 27 56
  - Redezeitbegrenzung 27 63 f.
  - Reihenfolge Tagesordnungspunkte 27 57
  - Wortmeldungen 27 59
- **Zustimmung, nachträgliche** 25 96 ff.
  - Einzelentlastung 25 96
  - Geschäfte unter aufschiebender Bedingung 25 97
  - Rückgängigmachung 25 99
  - Rücktrittsvorbehalt 25 97
- **Zustimmungsvorbehalt**
  - Aktienoptionspläne 25 63
  - Anfechtung Beschluss 25 102
  - Anfechtungsklage 25 80 f.
  - Arbeitnehmerinformation 25 89
  - Ausgliederung 25 71
  - Auslegung von Unterlagen 25 91
  - Bargründung Tochtergesellschaft 25 62
  - Begründung der Maßnahme 25 89
  - Bekanntmachung der Zustimmung 25 88
  - Beschlussvorschlag 25 85
  - bestätigender Beschluss 25 98
  - Betriebsrat 25 89
  - Bildung Aktionärsausschüsse 25 63
  - Delisting 25 63, 73
  - Eingliederung 25 40
  - Erheblichkeitsschwelle 25 62
  - Erläuterungspflicht 25 91
  - Ermächtigungsbeschluss 25 75
  - fehlende Zustimmung 25 78
  - Holzmüller-Entscheidung 25 56 ff.
  - Kapitalmaßnahmen 25 36 f.
  - Konzernumbildung 25 62

1775

Sachverzeichnis

fette Zahlen = Paragrafen

- Listing **25** 63
- Maßnahmen in Tochtergesellschaften **25** 72
- Protokollanlage **25** 91
- Quantitatives Element **25** 65
- rechtliche Durchsetzung **25** 78
- Satzungsänderungen **25** 36
- Satzungsbestimmung **25** 75
- Squeeze out **25** 35
- Teilfusion **25** 62
- Übertragung vinkulierte Namensaktien **25** 63
- Umwandlungen **25** 38 f.
- Unternehmensvertrag **25** 41 f.
- Veräußerung Beteiligung **25** 70
- Veräußerung Unternehmensteil **25** 70
- Vergabe von Ehrenämtern **25** 63
- Vermögensübertragung **25** 43
- verweigerte Zustimmung **25** 79
- Verzicht **25** 75
- Vorstandsbericht **25** 89
- Zusammenrechnung von Maßnahmen **25** 74

Hauptversammlungsbeschluss
- Amtslöschung **38** 186 ff.
- Anfechtung **44** 44
- Anfechtungsklage **25** 80 f.; **27** 77; **38** 19 ff.
- Ausführung **25** 32; **28** 5
- Ausführungspflicht **25** 32
- bedingtes Kapital **32** 26 f., 50
- Beschlussfähigkeit **27** 78
- Beurkundung **27** 115
- Beurkundungsfehler **27** 111
- Eingliederung **50** 39
- Einstweilige Verfügung **38** 185; **41** 6
- formelle Kontrolle **27** 77
- Fortsetzung der Gesellschaft **15** 214
- Genussrechte **32** 184
- Handelsregisteranmeldung **28** 2; **44** 42
- Handelsregisteranmeldung Reihenfolge **28** 6
- Holzmüller-Doktrin **52** 42
- Inhaltssittenwidrigkeit **39** 16 ff.
- Kapitalerhöhung **34** 4
- Kapitalherabsetzung **36** 20
- konstitutive Eintragungswirkung **44** 42
- materielle Kontrolle **27** 77
- Mehrheitserfordernis **25** 92; **27** 79 ff.
- Minderheitsverlangen **26** 67
- Mitteilungspflichten **28** 8
- Nachgründungsvertrag **14** 167 ff.
- Nichtigerklärung **39** 19
- Nichtigkeit **38** 151
- notarielle Beurkundung **25** 92
- Rücklagenauflösung **36** 85
- sachliche Rechtfertigung **44** 36
- Squeeze out **44** 34, 36, 42, 44; **50** 42
- übertragende Auflösung **50** 27
- Unterlassungsklage **41** 6
- unzulässiger Ort **26** 31
- Veranlassung **52** 73 f.
- Verfahrensfehler **38** 58 ff.
- Veröffentlichung auf home page **28** 8
- Vorbereitung **25** 31 ff.
- Vorstandsweisungen **28** 6
- Zustimmungsvorbehalt **25** 92

Hauptversammlungskompetenz
- Grundlagengeschäfte **22** 34 ff.
- Holzmüller-Entscheidung **22** 34 ff.

Hauptversammlungsort 26 125 ff.
- Abweichung **26** 29
- Änderung **26** 132 f.
- Ausland **26** 30
- im Ausland **26** 129
- Börsensitz **26** 27, 126
- Gesellschaftssitz **26** 27, 125
- mehrere Orte **26** 32
- Satzung **26** 28
- Satzungsbestimmung **26** 127 ff.
- unzulässiger **26** 31, 134
- Versammlungsraum **26** 131
- Zulässigkeit **26** 27 ff.

Hauptversammlungsprotokoll 27 110 ff.
- Abstimmung **27** 117
- Anfechtungsklage **38** 20
- Aufnahme Minderheitsverlangen **38** 21
- Beurkundungsfehler **27** 111
- börsennotierte Gesellschaft **27** 112
- einfache Niederschrift **27** 120 f.
- Fragerecht **27** 97
- Handelsregister **28** 1
- Inhalt **27** 116 ff.
- notarielle Niederschrift **27** 112 ff.
- Protokollanlagen **27** 119
- Prüfungspflicht des Notars **27** 112
- stenografisches **27** 122
- Tonbandprotokoll **27** 123
- Urkundssprache **27** 119
- Widerspruch Aktionär **38** 33 ff.

Hebesatz
- Gewerbesteuer **4** 29

Heilung
- Amtslöschung **39** 29
- Beschlussmängel **14** 88
- Bezugserklärung **35** 63
- Einberufungsfehler **39** 28
- Eintragung **39** 22 ff.
- Eintritt **39** 26
- Fristablauf **39** 23 ff.
- Genehmigung **39** 28
- Gründungsmängel **14** 83 ff.
- Kapitalerhöhungsbeschluss **35** 42
- Kapitalmaßnahmen **37**
- Nachgründungsvertrag **14** 159
- Nichtigkeit **39** 21 ff.
- Rückwirkung **39** 29
- Sachübernahme **13** 243
- Satzungsmängel **14** 83 ff., 87
- Scheingründung **14** 88
- verdeckte Sacheinlage **13** 234 ff.
- Verschmelzung **16** 78
- Wirksamkeitsmangel **14** 64
- Zeichnung **33** 122

Herabsetzung
- Grundkapitalziffer **36** 8
- Nennbetrag **36** 7 ff.

Herabsetzungsbetrag
- Kapitalherabsetzungsbeschluss **36** 24

1776

magere Zahlen = Randnummern

Sachverzeichnis

Herrschendes Unternehmen
- Ausgliederung **52** 41
- Beherrschungsvertrag **53** 7
- Hauptversammlungsbeschluss **52** 41
- Holzmüller-Entscheidung **52** 42
- Konzernklausel **52** 39
- Satzung **52** 38
- Verlustübernahmepflicht **53** 54 ff., 58 ff.
- **Beherrschungsvertrag**
  - Haftung **53** 28
  - Haftung gesetzliche Vertreter **53** 27
- **Faktischer Konzern**
  - Konzernleitungsmacht **52** 209
  - Treuepflicht **52** 212 ff.
  - Weisungsrecht **52** 207
- **Nachteilsausgleich 52** 53
  - Inlandsgesellschaften **52** 61 f.
  - Kompensationspflicht **52** 110
  - mehrstufige Abhängigkeit **52** 70
  - Schadensersatzpflicht **52** 119 ff.
  - Veranlassung **52** 64 ff.
- **Nachteilsausgleichsanspruch 52** 106 ff.
  - Höhe **52** 112
  - Inhalt **52** 111
  - Mithaftung gesetzlicher Vertreter **52** 134 f.
  - Rechtsanspruch **52** 109
  - Schadensersatz **52** 109
- **Qualifiziert faktischer Konzern 52** 37 ff.
  - Unternehmensgegenstand **52** 38, 40
- **Sicherheitsleistung**
  - Anspruch auf vorzugsweise Befriedigung **53** 71
  - Beendigung Unternehmensvertrag **53** 70

High-Yield-Bonds
- Anleihe **49** 43 ff.
- Nachrang **49** 44

Hin-/Herzahlen
- Anmeldung **13** 258
- Heilung **13** 260
- Rückzahlungsanspruch **13** 257
- Subsidiarität **13** 252 ff.
- Voraussetzungen **13** 252 ff.

Hinterlegung
- Abwicklung **15** 146 ff.
- Aktien **27** 5 ff.
- Fähigkeit **15** 148
- Frist **27** 10
- Grund **15** 147
- Rücknahmeverzicht **15** 150
- Vermögensverteilung **15** 160 ff.

Hinterlegungsstelle
- Being Public **46** 22

Hinweisbekanntmachung
- Angebotsunterlage **51** 100 ff.

Hinzuerwerb
- Beteiligungsquote **44** 10

Höchstgrenze
- Bedingtes Kapital **35** 20

Höchststimmrecht
- Aktien **10** 70
- Stimmrecht **27** 102

Holding-AG
- Unternehmensgegenstand **8** 76, 102

Holding-Gesellschaft
- Organträger, vermögensverwaltender **54** 27

Holzmüller-Entscheidung
- Aktionärsklagen, allgemeine **41** 1
- Anforderungen **25** 82 ff.
- Asset Deal **52** 44
- Ausgliederung **52** 44
- Ausgliederung auf Tochtergesellschaft **41** 17
- Auslegung **25** 91
- Auslegungspflicht **26** 116
- Beseitigungsklage **41** 37
- Checkliste **25** 90
- Eingriff in Mitgliedschaftsrechte **52** 42
- Einstweilige Verfügung **41** 35
- Ermessen des Vorstands **41** 17
- Feststellungsinteresse **41** 27
- Feststellungsklage, allgemeine **41** 25 ff.
- Grundlagen-/Strukturänderung **29** 16
- Hauptversammlungsbeschluss **52** 42
- Hauptversammlungskompetenz **22** 34 ff.
- Mehrheitserfordernis **41** 17; **52** 42, 45
- Share Deal **52** 44
- Strukturänderung **41** 17
- Übertragung auf Tochtergesellschaft **25** 59 ff.
- Unterlassungsklage **41** 33 ff.
- Verfahren **25** 82 ff.

IAS-Verordnung
- Europarecht **1** 20

IDW
- Bewertungsgrundsätze **20** 23 ff.

IFRS
- Rechnungslegung **17** 10 ff.
- Wahlrecht **17** 12

Immaterialgüter
- Sacheinlage **13** 35

Immaterialgüterrecht
- Firmenschutz **8** 8 ff.

Indossament
- Namensaktien **10** 46 f.

Informationen, notwendige
- Wahrnehmung von Rechten **48** 207 ff.

Informationsbeschaffungspflicht
- Vorstandspflichten **22** 73

Informationsmangel
- Anfechtungsgrund **38** 82
- Relevanztheorie **38** 82

Informationspflicht
- Anteilsinhaber **16** 10
- Betriebsrat **16** 13
- Eigene Aktien **31** 41
- Entscheidungsverlangen **25** 30
- Ermächtigungsbeschluss **25** 94
- Formwechsel **16** 10, 13
- Öffentliches Übernahmeangebot **51** 42, 49, 50
- Verschmelzung **16** 64

Informationsrecht
- Abschlussprüfer **19** 40 f.
- Aufsichtsrat **23** 22
- Stille Beteiligung **21** 120

Sachverzeichnis

fette Zahlen = Paragrafen

Inhaberaktien
- Abtretung **10** 159
- Aktien **7** 25 f.
- Aktienurkunde **10** 84
- American Despositary Shares **10** 55
- Ausschlussfrist **15** 174
- Börsennotierung **7** 27
- Clearstream Banking Frankfurt **10** 158
- Delisting **7** 28
- Gesamtrechtsnachfolge **10** 160
- gutgläubiger Erwerb **10** 159
- Sonderverwahrung **10** 157
- Squeeze out **10** 161
- Übertragung **10** 156 ff.
- Umstellung **10** 56 ff.
- Verjährung **15** 175

Inhaltsmängel
- Anfechtungsgrund **38** 60
- Nichtigkeitsgrund **39** 14

Inhaltssittenwidrigkeit
- Hauptversammlungsbeschluss **39** 16 ff.
- Nichtigkeitsgrund **39** 16 ff.

Initial Public Offering-Ansatz
- Comparative Company-Ansatz **20** 63

Inkompatibilität
- Aufsichtsrat **3** 27
- KGaA **3** 27

Innenhaftung
- Aufsichtsratsmitglied **24** 147, 185 ff.
- Vorstandsmitglied **24** 6 ff., 115 ff.

Innerer Wert
- Aktienoptionen **32** 143

Inpfandnahme
- Erwerb eigener Aktien **31** 54

Insidergeschäft
- Aktienoptionen **32** 99
- Anstiftung **48** 22
- Being Public **46** 22
- Closed Periods **48** 119 ff.
- Empfehlungsverbot **48** 22 ff.
- Erwerb eigener Aktien **48** 35 ff.
- Erwerbs-/Veräußerungsverbot **48** 18 ff.
- Insidertatsache **48** 6 ff.
- Kursstabilisierungsmaßnahme **48** 37
- legitime Handlungen **48** 38
- Marktsondierung **48** 33
- Medien **48** 32
- Nichtigkeit **48** 40
- Primärinsider **48** 17 ff., 18 ff.
- Schadensersatzpflicht **48** 41
- Strafbarkeit **48** 39
- Straftat **24** 243
- Unternehmensübernahme **48** 38
- Unternehmenszusammenschluss **48** 38
- Verbot **32** 100
- Verleitungsverbot **48** 25
- Vorstandshaftung **24** 88

Insiderinformation
- Ad-hoc-Mitteilung **48** 48
- genehmigtes Kapital **34** 73
- Kapitalerhöhung **33** 166; **34** 73
- Publizitätspflicht **48** 48 ff.
- Vertraulichkeit **48** 60

Insiderpapier 48 10

Insiderpapiere
- Aufsichtsratspflichten **23** 40

Insiderrecht
- Kapitalerhöhung **33** 178 ff.

Insidertatsache 48 26 ff.
- bestimmter Bezug **48** 10
- Emittentenbezug **48** 12
- Geschäftsergebnis **48** 46
- Hauptversammlung **48** 31
- Insidergeschäft **48** 6 ff.
- Kursbeeinflussungspotential **48** 13
- Mitteilung **48** 27
- negative **32** 100
- öffentlich bekannt **48** 9
- positive **32** 100
- Regelbeispiele **48** –
- Squeeze out **44** 52
- Tatsachen **48** 7
- zugänglich gemacht **48** 28
- zulässige Weitergabe **48** 30 ff.

Insiderverstoss
- Aktienoptionen **32** 70

Insiderverzeichnis
- Aktualisierung **48** 136
- Aufbau **48** 133 ff.
- Aufbewahrungsfrist **48** 140
- Aufklärungspflichten **48** 137
- Auftrag des Emittenten **48** 129
- aufzunehmende Personen **48** 130 ff.
- Emittent **48** 128
- Form **48** 138
- Führungspflicht **48** 126 ff.
- Pflichtige **48** 127 ff.
- Sanktionen **48** 141 f.

Insolvenz
- Einlagenrückgewähr **21** 38
- Firma **8** 7
- durch Gewinnausschüttung **30** 46
- steuerliche Organschaft **54** 207 ff., 270 ff.
- Vorsteuerberichtigungsanspruch **54** 277

Insolvenzantrag
- Steuerberater **22** 102
- Vorstand **22** 25
- Vorstandspflichten **22** 99 ff.

Insolvenzeröffnung
- Kapitalerhöhung **33** 6 f.

Insolvenzmasse
- Sacheinlage **13** 36

Insolvenzreife
- Fortsetzung der Gesellschaft **15** 213

Insolvenzstrafbestände
- Vorstandsmitglied **24** 248

Insolvenzverfahren
- Ablehnung mangels Masse **15** 21 ff.
- Abwicklung **15** 84 f.
- Auflösung **15** 17 ff.
- Eröffnung **15** 17 ff., 84 f.
- Fortsetzung der Gesellschaft **15** 213
- Organgesellschaft **54** 274
- Vorgesellschaft **12** 102

magere Zahlen = Randnummern **Sachverzeichnis**

- vorläufiges 54 274
- Insolvenzverschleppung
  - Aufsichtsratshaftung 24 181
  - Fortbestehensprognose 24 103
  - Vorstand 24 247
  - Vorstandshaftung 24 98
- Insolvenzverwalter
  - Aufsichtsratshaftung 24 223
  - Parteiwechsel bei Anfechtungsklage 38 12
- Inspire Art-Entscheidung 15 68 ff.
  - Sitztheorie 15 68 ff.
- Interessenabwägung
  - Abberufung Aufsichtsratsmitglied 23 153
- Interessenkollision
  - Aufsichtsratpflichten 23 33
- Interesstskab
  - Dänemark 5 50
- Internationales Privatrecht
  - Erwerb eigener Aktien 31 55
- Internet
  - Veröffentlichungspflichten 51 99 ff.
  - Virtuelle Wertpapierdienstleister 47 152
- Internetveröffentlichung
  - Auslegungspflicht 26 121
  - börsennotierte Gesellschaft 26 63
  - technische Störung 26 124
  - Zugänglichmachung 26 116
- Interorganstreit mit Vorstand
  - Aufsichtsratsmitglieder 23 47
- Invaliditätsrente
  - Versorgungsansprüche 22 183
- Investmentaktiengesellschaft 8 94
  - Rechtsformzusatz 8 17
- Investmentanteile
  - Körperschaftsteuer 4 70
- Investor Relations
  - Going Public 47 46
  - Namensaktien 10 52
- Invitatio ad offerendum
  - Öffentliches Übernahmeangebot 51 72
- Irreführungsverbot
  - Ersichtlichkeitsschwelle 8 38
  - Firma 7 14; 8 33 ff.
  - Personenfirma 8 35
  - Phantasiefirma 8 43
  - Sachfirma 8 38
- Italien
  - Ausländische juristische Personen 5 75 ff.
  - Öffentliche Urkunde 5 189
  - Società a responsabilità limitata 5 79
  - Società in accomandita per azioni 5 81
  - Società in accomandità semplice 5 77
  - Società in nome collettivo 5 75 f.
  - Società per azioni 5 78

- Jahresabschluss 17 94 ff.
  - Abwicklung 15 137 ff.
  - Änderung nach Prüfung 17 57, 112 f.
  - Anfechtung 17 140 f.
  - Anhang 17 22; 19 92
  - Ansatzwahlrecht 30 9
  - Aufstellung 17 33; 26 104
  - Aufstellungsfrist 17 33
  - Auslegungspflicht 26 113
  - ausschüttungsgesperrte Beträge 30 12
  - Bestandteile 17 33
  - Bewertungswahlrecht 30 9
  - Bewertungswahlrechte 17 38
  - Billigungsbeschluss 17 53
  - Einbeziehung Hauptversammlung 26 106 ff.
  - Eingliederung 45 11
  - Erstellung 17 39
  - Erstellungsbericht 17 46
  - Feststellung 26 106 ff.
  - Feststellung durch Hauptversammlung 26 108 f.
  - Feststellungsbeschluss 17 140 f.
  - Gestaltungsspielraum 17 38
  - Gewinnvortrag 30 7
  - Grundsätze ordnungsgemäßer Prüfung 17 44
  - Handelsregister 17 64; 28 3 ff.
  - Kapitalherabsetzung, vereinfachte 36 74
  - Klagefrist 17 141
  - Kleine AG 17 66
  - Konzern 17 32, 67 ff.
  - Nachtragsprüfung 17 57
  - Nichtigkeitsklage 17 135
  - Offenlegung 17 61 ff., 61, 66, 67 ff.
  - Offenlegungsfrist 17 65
  - Plausibilitätsbeurteilung 17 43
  - Prüfpflicht 17 45, 48 ff.
  - Prüfung 19 36; 26 105
  - Prüfung durch Aufsichtsrat 19 48, 50
  - mit Prüfungshandlungen 17 44
  - ohne Prüfungshandlungen 17 42
  - Prüfungspflicht 17 112 f.
  - Publizität 28 3 ff.
  - Sonderprüfung Unterbewertung 17 135
  - Überbewertung 17 132
  - Unterbewertung 17 133
  - Unterzeichnung 17 34
  - Verlauf 17 60
  - Verlustvortrag 30 7
  - Vorlage an Aufsichtrat 19 48
  - Vorstand 17 34, 37
  - Vorstandspflichten 22 107
  - Zahlungsbemessungsfunktion 17 21
  - Zuständigkeit für Feststellung 17 51 ff.
  - Änderung
  - Bestätigungsvermerk 17 124
  - Bilanzänderung 17 95
  - Bilanzberichtigung 17 95
  - Enforcement-Verfahren 17 103
  - falscher Jahresabschluss 17 101 f.
  - Gewinnansprüche 17 98
  - nach Hauptversammlungseinberufung 17 97
  - vor Hauptversammlungseinberufung 17 97
  - Verpflichtung 17 100
  - Willküränderungen 17 96 f.
  - **Feststellung 17 51 ff., 59**
  - durch Hauptversammlung 17 123 ff.
  - Heilung 17 118
  - Mitwirkung Aufsichtsrat 17 121 f.
  - Mitwirkung Vorstand 17 119 f.

1779

Sachverzeichnis

fette Zahlen = Paragrafen

- Nichtigkeit 17 104 ff.
  - Beseitigung 17 139
  - Bewertungsfehler 17 109, 131 ff.
  - fehlender Anhang 17 110
  - Feststellungsfehler 17 118 ff.
  - Gliederungsfehler 17 109, 129
  - Gründe 17 106 ff.
  - Grundsätze ordnungsmäßiger Buchführung 17 108
  - Hauptversammlungsbeschluss 17 127
  - Heilung 17 126, 136 f.
  - Inhaltsmängel 17 108 ff.
  - Prüfungsmängel 17 112 ff.
  - Rücklagen 17 111
- Jahresfehlbetrag
  - Verlustübernahmepflicht 53 54 ff., 58 ff.
- Jahresfinanzbericht
  - Hinweisbekanntmachung 48 229
  - Konzern 48 229
  - Verbreitung 48 229
- Jahresüberschuss
  - Ausschüttungsbemessung 30 5
  - Belegschaftsaktien 34 78
  - Bilanzgewinnanteil 30 7
- Japan
  - Aktiengesellschaft 5 84
  - Ausländische juristische Personen 5 83 ff.
- Joint-Venture-Gesellschaften
  - Poolvereinbarung 11 47
- Juristische Person 2 1 ff.

- Kaduzierung 42
  - Ausfallhaftung 42 19
  - Ausschlusserklärung 42 13
  - ausstehende Einlagen 42 2 ff., 7
  - Bekanntmachung Ausschlusserklärung 42 14
  - Bekanntmachung der Nachfristsetzung 42 11
  - Checkliste 42 28
  - Einlage 10 151
  - Einziehung 43 4
  - Ermessensspielraum 42 9
  - fehlerhafte 42 20 ff.
  - Forderungsabtretung 42 8
  - gutgläubiger Erwerb 42 16
  - Haftung ausgeschlossener Aktionär 42 18 f.
  - Haftung Vormänner 42 22 f.
  - Haftungshöhe 42 25
  - Mitgliedschaftsrecht 10 108
  - Nachfrist 42 6, 10
  - Rechtsfolge 42 16 ff.
  - Übergang Gesellschaftsanteil 42 16
  - Verlust Mitgliedschaftsrechte 42 16
  - Verwertung 42 21
  - Verwertung der Aktie 42 16 ff., 26
  - Vormänner Einforderungsfrist 42 24
  - Vorstandsentscheidung 42 9
  - Zahlungsaufforderung 42 8
  - Zahlungsaufforderung Vormänner 42 22
- Kapitalaufbringung 2 27
  - Einlage 10 9
  - Gläubigerschutz 2 26
  - Grundkapital 10 9 ff.

- Gründungsprüfung 10 15
- Konzern 10 18 f.
- Nachgründung 10 15
- Kapitalaufnahme
  - Going Public 47 3
- Kapitalbindung
  - Gesellschafterdarlehen 21 15
  - strenge 21 3 f.
- Kapitalerhaltung 2 27, 28
  - Darlehen 2 30
  - Einlagenrückgewährsverbot 10 16
  - Erwerb eigener Aktien 10 17
  - Gläubigerschutz 2 26
  - GmbH 2 29
  - Kapitalherabsetzung 10 17
  - Konzern 10 18 f.
  - Liquidation 10 17
  - Nichtigkeitsgrund 39 14
  - Vorstandspflichten 22 97
- Kapitalerhöhung 2 27
  - Ad-hoc-Mitteilung 34 73
  - Anpassung an Börsenkurs 47 54
  - Aufsichtsratshaftung 24 163 ff.
  - Aufteilung in Tranchen 33 37 f.
  - Bedingtes Kapital 35 75
  - Bestandskraft 37 7
  - Bezugsfrist 33 36
  - Bezugsrecht 10 127 ff.; 33 39 f., 72 ff.
  - Bezugsrechtsausschluss 33 72 ff.
  - Bis-zu-Beschlüsse 33 43 ff.
  - director's dealing 33 177
  - Due-Diligence-Prüfung 33 178 ff.
  - Durchführungsfrist 33 33
  - Einlagenfälligkeit 33 41
  - Ermächtigungsbeschluss 32 46
  - Formwechsel 16 20
  - Gebot wertgleicher Deckung 12 108 ff.
  - gemischte 33 58 f.
  - genehmigtes Kapital 32 46 ff.
  - Genussrechte 21 93
  - aus Gesellschaftsmitteln 37 39
  - Gewinnberechtigung 33 32
  - Gleichbehandlungsgrundsatz 2 11
  - Handelsregisteranmeldung 33 162
  - Insiderinformation 33 166; 34 73
  - Insiderrecht 33 178 ff.
  - Kapitalherabsetzung, vereinfachte 36 72
  - mangelhafte Gesellschaftsanteile 33 140
  - Mitgliedschaftsrecht 10 106
  - mittelbares Bezugsrecht 33 39 f.
  - Nennbetragsaktien 33 21
  - Rückwirkung 17 125
  - Sacheinlage 33 48 ff.
  - Satzungsänderung 33 42
  - schädlicher Beteiligungserwerb 4 163
  - Schaffung von Aktien 47 55
  - Straftat 24 238
  - Stückaktien 33 20
  - Veröffentlichungspflichten 33 165 ff., 171; 34 72 ff.
  - Verschmelzung 16 71
  - Vorbereitung 25 37

magere Zahlen = Randnummern **Sachverzeichnis**

- Zahl der Aktien 33 20
- Zeichnungsfrist 33 36
- Zeichnungsmängel 33 125 f.

Kapitalerhöhung, bedingte
- Ablauf 35 4
- ausstehende Einlagen 35 21
- Berichtspflicht 35 39 ff.
- Bezugsrecht 35 14 ff.
- sachliche Rechtfertigung 35 39 ff.
- Unternehmenszusammenschlüsse 35 13
- Wandelschuldverschreibung 35 7 ff.
- Zweck 35 6 ff.

Kapitalerhöhung, fehlerhafte
- Abfindung 37 24
- Anfechtbarkeit 37 24 f.
- Handelsregisteranmeldung 37 21 f.
- Heilung durch Eintragung 37 3 ff.
- Rückabwicklung für Zukunft 37 24
- Unwirksamkeit 37 26 ff.
- Verstoß gegen Mindesteinlagepflicht 37 23
- Zeichnung 37 14 ff.

Kapitalerhöhung, ordentliche
- Agio 33 130
- Anlagen zur Anmeldung 33 151 ff.
- ausstehende Einlagen 33 2 ff.
- Bareinlage 33 130 f.
- gegen Einlagen 33 1
- Ein-Mann-Gesellschaft 33 130
- Erwerb eigener Aktien 33 3
- Handelsregistereintragung 33 142 ff.
- Insolvenzeröffnung 33 6 f.
- Kostenberechnung 33 155
- Mängel der Einlageleistung 33 138 ff.
- Nachweis der Einlagenleistung 33 146
- Prüfung durch Registergericht 33 159 ff.
- Sacheinlage 33 135
- Sanierung 33 134
- Schütt-Aus-Hol-Zurück-Verfahren 33 139
- Sicherung von Rückzahlungsansprüchen 33 137
- Unterbilanzhaftung 33 131
- verdeckte Sacheinlage 33 139
- Voreinzahlung 33 132 f.
- wertgleiche Erhöhung 33 131
- Werthaltigkeit der Sacheinlage 33 138
- Zeichnung 33 117 ff.
- Zulässigkeit 33 1 ff.

Kapitalerhöhungsbericht
- börsennotierte Gesellschaften 33 170

Kapitalerhöhungsbeschluss
- Aktienart 33 13 ff.
- Aktiengattungen 33 11, 15
- Änderung 33 70 f.
- Anfechtbarkeit 37 5
- Anfechtung 33 60 ff.
- Art der Aktien 33 18
- Aufhebung 33 64 ff.
- Ausgabebetrag 33 22 ff.
- Bareinlage 33 12 ff.
- Bestätigungsbeschluss 37 6
- fehlender 37 13 ff.

- fehlerhafter Organisationsakt 37 11 f.
- Freigabeverfahren 37 7
- Gattung der Aktien 33 18
- Gestaltungswirkung Anfechtungsurteil 37 7
- Handelsregistereintragung 33 144 ff.
- Hauptversammlung 33 8
- Heilung 37 6
- Heilung durch Eintragung 37 8, 9
- Mindestangaben 33 12 ff.
- Nennbetragsaktien 33 18
- Neuvornahme 37 13
- nichtiger 37 8 ff.
- Nichtigkeit 33 60 ff.
- Rückabwicklung für Zukunft 37 7
- Sonderbeschluss 33 11
- stimmrechtslose Vorzugsaktien 33 11
- Tagesordnung 33 8
- Tochtergesellschaft 33 10
- Vorzugsaktie, stimmrechtslose 33 11
- **Bedingtes Kapital**
  - Aktiengattungen 35 26
  - Aktienoptionen 35 37
  - Ausgabebetrag 35 31
  - bedingtes Kapital 35 16, 22 ff.
  - Bezugsrecht 35 30
  - Handelsregisteranmeldung 35 44 ff.
  - Heilung 35 42
  - Inhalt 35 27 ff.
  - Mehrheitserfordernis 35 25
  - Nichtigkeit 35 42
  - Umtauschverhältnis 35 32
  - Unternehmenszusammenschlüsse 35 35
  - Wandelanleihe 35 32
  - Wandelschuldverschreibung 35 34
  - Zweck 35 29
- **Sacheinlage**
  - Ausgabebetrag 33 54
  - Einlagenfälligkeit 33 55
  - Gegenstand 33 49 ff.
  - Nachgründungsvorschriften 33 56
  - Nennbetragsaktien 33 53
  - Person 33 52
  - Zahl der Aktien 33 53

Kapitalerhöhungsbetrag
- Sachkapitalerhöhung 33 17

Kapitalerhöhungsermächtigung 34 2 ff.
- Aktienoptionen 34 16
- Änderung 34 30
- Art der Aktien 34 18
- Aufhebung 34 30
- Aufsichtsratsbeschluss 34 35
- Aufsichtsratszustimmung 34 23
- Aufteilung in Tranchen 34 24
- bedingtes Kapital 34 15 f.
- Bookbuilding 34 36 f.
- Dauer 34 8
- genehmigtes Kapital 34 16
- Gründungsatzung 34 3
- Handelsregisteranmeldung 34 112
- Hauptversammlungsbeschluss 34 4
- Inhalt 34 8 ff.
- Mängel 34 28

1781

Sachverzeichnis

fette Zahlen = Paragrafen

- Mehrheiten **34** 5
- mittelbares Bezugsrecht **34** 19
- Sacheinlage **34** 21
- Sonderbeschluss **34** 6
- Subsidiarität **34** 26 f.
- Volumen **34** 10
- Vorstandsbeschluss **34** 31 ff.
- Vorzugsaktionäre **34** 6

Kapitalertragsteuer
- Ausschüttungen **4** 216 ff.
- beschränkt steuerpflichtige Kapitalgesellschaft **4** 219
- unbeschränkt steuerpflichtige Kapitalgesellschaft **4** 218

Kapitalflussrechnung 17 27
- Zwischenabschluss **17** 87

Kapitalgesellschaft 2 1 ff.
- Anteilsveräußerung **4** 31 f.
- Ausschüttungen **4** 219
- beschränkte Steuerpflicht **4** 219
- über Einkünfte **4** 94
- Gewinnausschüttungen **4** 31 f.
- Sitzverlegung **4** 142 f., 144
- Trennungsprinzip **4** 3
- Verschmelzung **16** 81

Kapitalgrenze, hypothetische
- Erwerb eigener Aktien **31** 40
- Kapitalschutz **31** 49 ff.

Kapitalherabsetzung 36; 43
- Aktienurkunde **36** 49
- Aktienzahl **43** 71
- angeordnete Einziehung **43** 73
- Anmeldung **36** 30 ff.
- auf Null **36** 16 ff.
- Auszahlungsverbot **36** 46
- Durchführung **36** 48 ff.
- Einziehung **36** 4, 6; **43**
- Einziehung, vereinfachte **43** 57 ff.
- fehlerhafte **37** 48
- Feststellung Jahresabschluss **17** 59, 125
- Genussrechte **21** 94
- Girosammelverwahrung **36** 49
- Gläubigerschutz **36** 37 ff.
- Grundkapitalziffer **43** 71
- Handelsregisteranmeldung **36** 69 ff.
- Handelsregistereintragung **36** 18
- Hauptversammlungsbeschluss **36** 20
- Kapitalerhaltung **10** 17
- Liquidation **36** 19
- Nennbetragsaktien **36** 5, 48 f.
- ordentliche **36** 4
- Registeranmeldung **43** 65, 72 ff.
- rückständige Einlagen **36** 47
- Rückwirkung **17** 125
- Satzungsanpassung **36** 26
- Sicherheitsleistung **36** 38
- Stückaktien **36** 5, 50
- Verbindung mit Kapitalerhöhung **36** 15
- vereinfachte **36** 4
- Wirksamkeit **43** 70 f.
- Wirksamwerden **36** 33 ff.
- Zusammenlegung **36** 5, 10 ff., 51 ff.
- Zusammenlegungsverfahren **36** 52 ff.
- Zwecke **43** 2

Kapitalherabsetzung, fehlerhafte 37 40 ff.
- Anfechtbarkeit **37** 44 ff.
- Bestätigungsbeschluss **37** 44
- Grundkapitalziffer **37** 45
- Handelsregisteranmeldung **37** 43
- Rückabwicklung für Zukunft **37** 45

Kapitalherabsetzung, vereinfachte 36 72 ff.
- Auflösung von Reserven **36** 82 ff.
- Auflösungsverfahren **36** 85
- Auszahlungsverbot **36** 90 ff.
- Buchsanierung **36** 73
- Checkliste **36** 111
- Durchführung **36** 89
- Gewinnausschüttungen **36** 100 ff.
- Gewinnausschüttungsverbot **36** 100 ff.
- Gewinnrücklage **36** 84
- Gewinnvortrag **36** 84
- Jahresabschluss **36** 74
- Kapitalrücklage **36** 81, 83, 87, 94
- Rücklage **36** 83
- Rückwirkung **36** 72, 105 ff.
- Umfang **36** 86 ff.
- Verbindung mit Kapitalerhöhung **36** 72
- Verlustdeckung **36** 77 ff., 86, 95, 97 f.
- Verwendungsgebot **36** 93 ff.
- Voraussetzungen **36** 75 ff.
- Zweck **36** 76 ff.
- Zweckangabe **36** 76

Kapitalherabsetzungsbeschluss
- Akteingattungen **36** 22
- Änderung **36** 27 ff.
- Anfechtbarkeit **36** 88; **37** 41
- Bedingung **36** 21
- Durchführungsart **36** 25
- formelle Anforderungen **36** 20 ff.
- Herabsetzungsbetrag **36** 24
- Inhalt **36** 23 ff.
- Kraftloserklärung **37** 46
- Muster **36** 29
- Neuvornahme **37** 46
- Nichtigkeit **37** 41, 46
- Rückabwicklung für Zukunft **37** 47
- Rücklagenauflösungsbeschluss **36** 85
- Sachmittel **36** 21, 23
- Sonderbeschluss **36** 22
- stimmrechtslose Vorzugsaktie **36** 22
- Zweckangabe **36** 23

Kapitalisierungszins
- Ertragswertverfahren **20** 37 ff.
- gewogener Kapitalkostensatz **20** 50

Kapitalmarktkommunikation
- Going Public **47** 46

Kapitalmarktorientierung 17 12

Kapitalmarktrecht 1 34, 41; **46**
- Erwerb eigener Aktien **31** 57 ff.

Kapitalmarktrückzug 46 24 f.

Kapitalmarktzulassung
- s. Going Public

magere Zahlen = Randnummern

Sachverzeichnis

Kapitalmaßnahmen
- Checkliste 37 49
- Heilung 37
- Schwellenquote 48 182

Kapitalnutzungsrecht
- Sacheinlage 13 36

Kapitalrücklage
- Kapitalherabsetzung, vereinfachte 36 81, 83, 87, 94
- Nachgründungsvertrag 14 154
- Wandelanleihe 32 155

Kapitalschutz
- Erwerb eigener Aktien 31 49 ff.
- Kapitalgrenze, hypothetische 31 49 ff.

Kapitalwertverfahren
- Bewertungsverfahren 20 18 ff.

Kartellvorbehalt
- Schwellenquote 48 169

Kausalität
- Kursdifferenzschaden 48 81
- Straftat 24 256
- Veranlassung 52 81 ff.
- Vertragsabschlussschaden 48 77
- Vorstandshaftung 24 125

Kein-Mann-AG
- Auflösung 15 54

Kennzeichenrechte
- Sacheinlage 13 37

KGaA 1 6; 3
- Aktienübernahme 3 10
- Aufsichtsrat 3 17, 23 ff.
- Besteuerung 3 34
- Börsengang 3 38
- doppelstöckige 3 5
- Geschäftsführung 3 20, 20 ff.
- Geschäftsführungsbefugnis 3 17
- Gesellschafterbesteuerung 3 34
- Gestaltungsspielraum 3 13 ff., 16
- Haftung 3 11
- Hauptversammlung 3 17, 28, 29
- Informationsrechte 3 24
- Inkompatibilität 3 27
- juristische Person 3 37
- kapitalistische 3 5
- Kompetenzen 3 23 ff.
- Komplementär 3 1, 10 f., 20 ff., 37
- Körperschaftsteuer 3 33
- Mischform 3 2
- Mitbestimmung 3 25, 32
- Nachfolgesicherung 3 37
- Normen 3 3
- Organe 3 16 ff.
- personalistische 3 6
- Publikums-KGaA 3 6
- Satzungsstrenge 3 13 ff., 16
- Stimmrecht 3 28
- Unternehmer-Komplementär-KGaA 3 4
- Vertretung 3 20
- Vertretung der Gesellschaft 3 26
- Vertretungsorgan 3 17, 20
- Vorstands-Komplementär-KGaA 3 4
- Zulassung 3 8

- Zustimmungserfordernis 3 29
- Zustimmungsvorbehalt 3 17

Klageänderung
- Nichtigkeitsklage 39 8

Klageantrag
- Anfechtungsklage 38 23
- Nichtigkeitsklage 39 4

Klagebefugnis
- Aufsichtsratsmitglied 39 7
- Feststellungsklage, allgemeine 39 45 f.
- Nichtigkeitsklage 39 7, 7 f.
- Unterlassungsklage 41 13
- Vorstand 39 7
- Vorstandsmitglied 39 7

Klagebegründung
- Anfechtungsfrist 38 115
- Anfechtungsklage 38 115

Klageerhebung
- Anfechtungsfrist 38 112 ff.

Klagefrist
- Feststellungsklage, allgemeine 41 28, 42
- Jahresabschluss 17 141
- Nichtigkeitsklage 39 23 ff., 33

Klageverbindung
- Nichtigkeitsklage 39 36 f.

Klagezulassungsverfahren
- Antrag 41 61
- Aufsichtsratshaftung 24 226
- Beschluss 41 66
- Beschwerde 41 66
- börsennotierte Gesellschaft 41 71
- Fristsetzung 41 64
- Gemeinschaftswohl, entgegenstehendes 41 64
- Klagebefugnis 41 63
- Klageerhebungsfrist 41 68
- Kosten 41 67
- Pflichtverletzung 41 64
- Quorum 41 62
- Unredlichkeitsverdacht 41 64
- Vereinbarung zur Verfahrensbeendigung 41 71
- Veröffentlichungspflicht 41 71

Klagezurückweisung
- Anfechtungsurteil 38 155

Kleine AG 1 8; 17 29
- Bezugsrechtsausschluss 33 103
- Offenlegung 17 66

Kleinstkapitalgesellschaft
- Anhang 17 33

Knebelungsverbot
- Poolvereinbarung 11 4

Know-how
- Sacheinlage 13 38

Kodices 1 40

Kollektif sirket
- Türkei 5 136

Kollektivgesellschaft
- Liechtenstein 5 87
- Schweiz 5 120

Komandit irket
- Türkei 5 137

1783

Sachverzeichnis

fette Zahlen = Paragrafen

Komanditní spolecnost
- Slowakische Republik 5 132
- Tschechische Republik 5 132

Kommanditbolag
- Schweden 5 117

Kommanditgesellschaft
- Liechtenstein 5 88
- Österreich 5 99
- Schweiz 5 121

Kommanditselskab
- Dänemark 5 51

Kommandittiyhtiö
- Finnland 5 62

Kompetenzüberschreitung
- Nichtigkeitsgrund 39 14

Kompetenzverteilung
- Satzung 7 44

Komplementär
- Aktienübernahme 3 10
- Geschäftsführung 3 20 ff.
- Haftung 3 11
- juristische Person 3 5, 37
- KGaA 3 1, 5, 10 f., 20 ff., 28, 37
- Stimmrecht 3 28
- Vertretungsorgan 3 20
- Zurechnung 23 66
- Zurechnung Arbeitnehmer 23 66

Konkurrenzverbot
- Gemeinnützige Aktiengesellschaft 55 37

Konsortialbank
- Legal Opinion 47 70

Konsortialführer 47 59 ff.
- Konsortium 47 42 f.
- Leistungsumfang 47 60
- Provision 47 61
- Vertraulichkeitsklausel 47 62

Konsortium 47
- Aktienübernahme 47 153 ff.
- Aktienzuteilung 47 163 ff.
- Beauty Contest 47 44
- Bedingungen 47 68
- Disclosure Opinion 47 73 ff.
- Emissionsbegleiter 47 41
- Emissionsteam 47 41 ff.
- Firm Underwriting 47 153
- Konsortialführer 47 42 f.
- Lead Manager 47 42 f.
- Übernahmevertrag 47 63 ff.
- Underwriter 47 41

KonTraG
- Entstehung 18 3 ff.
- Risikomanagement 18 1, 7 ff.

Konzeptbeschluss
- Hauptversammlungsbeschluss 25 84
- Zustimmungsvorbehalt 25 84

Konzern
- Aktienoptionen 32 94 ff.
- Aufsichtsrat 23 20
- Besteuerung 54 1
- Cash-Pooling 21 34 ff.
- Europarecht 52 216
- Going Public 47 51 f.
- Jahresabschluss 17 32
- Kapitalaufbringung 10 18 f.
- Kapitalerhaltung 10 18 f.
- Konzernabschluss 17 32
- Konzernlagebericht 17 32
- Nachgründungsvorschriften 14 190
- Nachteilszufügung, qualifizierte 52 33
- Offenlegung 17 67 ff.
- Tendenzunternehmen 23 77 ff.
- Unterkapitalisierung 52 34
- Unterlassungsklage 41 17 ff.
- verdeckte Sacheinlage 10 19
- Vermögensvermischung 52 36
- Verschmelzung 16 48
- Zurechnung Arbeitnehmer 23 67 ff.
- **herrschendes Unternehmen**
  - Ausgliederung 52 41
  - Hauptversammlungsbeschluss 52 41
  - Konzernklausel 52 39
  - Satzung 52 38

Konzern im Konzern
- Auslandsbezug 23 72
- DrittelbG 23 99
- Zurechnung Arbeitnehmer 23 70 ff.
- Zwischenobergesellschaft 23 92

Konzernabschluss
- Billigung 17 52
- Konzern 17 32
- Veröffentlichungsfrist 17 19

Konzernabschlussprüfung
- Aufsichtsrat 23 29

Konzernbildung
- **Öffentliches Übernahmeangebot 52 20 ff.**
  - Eingangskontrolle 52 21

Konzernbildungskontrolle 25 72
- faktischer Konzern 52 2 ff.
- Mitteilungspflicht 52 4 ff.
- Offenlegungspflicht 52 12
- Publizitätspflicht 52 4 ff.
- Zurechnung 52 7
- **Schwellenquote 52 7 ff.**
  - Frist für Meldung 52 18
  - Meldepflicht 52 17
  - Nichtberücksichtigung von Stimmrechten 52 16
  - Stimmzurechnung 52 15
  - Veröffentlichung 52 19

Konzerneingangskontrolle 1 41

Konzerneingangsschutz
- **beherrschtes Unternehmen 52 48 ff.**
  - Abwehrmaßnahme 52 50
  - Leitungsmacht Vorstand 52 49
  - Neutralitätspflicht 52 49
  - Treuepflicht 52 48
  - Vorratsbeschluss 52 50
  - Vorstand 52 49 ff.

Konzernherrschaft
- faktischer Konzern 52 207 ff.

Konzernklausel
- schädlicher Beteiligungserwerb 4 172 f.

Konzernlagebericht
- Konzern 17 32

magere Zahlen = Randnummern

Sachverzeichnis

Konzernleitungskontrolle 25 72
Konzernspitze
– Tendenzunternehmen 23 78
Konzerntatbestand
– Prüfungsschema 52 52
Konzernumlage
– Nachteil 52 94 f.
Konzernzugehörigkeit
– Gesellschafterfremdfinanzierung 4 120 ff.
– Prüfung 4 117 ff.
– Zinsschranke 4 116 ff.
Koppelungsklausel
– Vorstand 22 231
Korlátolt felelősségű társaság
– Ungarn 5 146
Körperschaft 2 4 f.
Körperschaftsteuer
– Anteilsveräußerung 4 50 ff.
– Ausgleichszahlung 54 175 ff.
– Befreiung 4 18
– Beherrschungsvertrag 54 65
– Bemessungsgrundlage 4 24
– Beteiligungen an Personengesellschaften 4 88 ff.
– Beteiligungsprivileg 4 31 ff.
– DBA-Schachtelprivileg 4 37
– Doppelbesteuerungsabkommen 4 10
– einbringungsgeborene Anteile 4 87
– Einschränkung der Befreiung 4 79 ff.
– Ende 4 15
– Entstrickungsgewinn 4 52
– Finanzdienstleister 4 79 f.
– Guthaben 54 103
– KGaA 3 33
– Krankenversicherungsunternehmen 4 84 ff.
– Kreditinstitute 4 79 f.
– Lebensversicherungsunternehmen 4 84 ff.
– Liquidation 4 15 f.
– Mehrabführung 54 185 ff.
– Minderabführung 54 185 ff.
– Minderheitsgesellschafter 54 175 ff.
– nachträglicher Wegfall 54 215 ff.
– Pensionsfonds 4 84 ff.
– Steuerliche Organschaft 54 3, 9 ff.
– Steuerpflicht 4 10 ff., 12, 14, 15
– Steuersatz 4 26
– Steuerschuldner 4 26
– Streubesitzdividende 4 34 f.
– Typenvergleich 4 13
– übertragende Umwandlung 4 15
– unbeschränkte Steuerpflicht 4 10 ff.
– Veräußerungsgewinn 4 56
– verdeckte Einlage 54 212
– verdeckte Gewinnausschüttung 54 212
– Verlustverwendung 4 202 ff.
– zu versteuerndes Einkommen 4 24 f.
– verunglückte Organschaft 54 211 ff.
– vorangegangene Teilwertabschreibung 4 57
– Wertpapierleihe 4 66 ff.
– **Beteiligungsprivileg**
– Betriebsausgabe 4
– Bezüge 4 37

– Dividenden 4 33 ff.
– Einlagenkontozahlungen 4 39
– Steuerbefreiung 4 33 ff.
– Übertragungsgewinn 4 55
– verdeckte Gewinnausschüttungen 4 37
– **finanzielle Eingliederung 54** 43 ff.
– Additionsmethode 54 51
– Durchrechnungsmethode 54 51
– eigene Anteile 54 49
– Gewinnabführungsvertrag 54 62
– mittelbare Beteiligung 54 50 ff.
– Personengesellschaft 54 54 ff.
– Rückwirkung 54 59 ff.
– Stimmbindungsvertrag 54 48
– Stimmrechtsmehrheit 54 46 ff.
– Umwandlung 54 59 ff.
– unmittelbare Beteiligung 54 44
– unterjährige Veräußerung 54 63 f.
– unterjähriger Erwerb 54 57
– ununterbrochene 54 56
– wirtschaftliches Eigentum 54 45
– zeitliche Voraussetzungen 54 56 ff.
– **Gewinnabführungsvertrag 54** 65 ff.
– Abschlusszeitpunkt 54 76
– Auflösungsgewinn 54 100
– Einkommensermittlung 54 120
– Formwechsel 54 90
– Fünf-Jahres-Frist 54 80 ff.
– Gewinnrücklagen 54 98
– handelsrechtliche Höchstgrenze 54 94
– handelsrechtlicher Wirkungszeitpunkt 54 79
– Handelsregistereintragung 54 77
– Körperschaftsteuerguthaben 54 103
– Kündigung aus wichtigem Grund 54 88 ff.
– Leg-ein-Hol-zurück-Verfahren 54 103
– Mindestvertragsdauer 54 80 ff.
– Rücklagen für eigene Anteile 54 98
– rückwirkende Nichtanerkennung 54 86
– Rückwirkung 54 76 ff.
– steuerliche Behandlung 54 119 ff.
– steuerlicher Wirkungszeitpunkt 54 77
– tatsächliche Durchführung 54 111 ff.
– Teilgewinnabführung 54 93
– Teilveräußerung 54 89
– auf unbestimmte Zeit 54 80
– Veräußerungsgewinn 54 100
– verdeckte Gewinnausschüttung 54 79
– Verlängerung 54 85
– Verlustübernahmepflicht 54 106 ff.
– Verlustverrechnung 54 123
– Voraussetzungen 54 66 ff.
– vorvertragliche Rücklage 54 102 ff.
– vorzeitige Beendigung 54 86 ff.
– zivilrechtliche Wirksamkeit 54 66 ff.
– Zurechnungszeitraum 54 124 ff.
– Zusammenrechnung 54 120 ff.
– **Organgesellschaft**
– ausländische Beteiligungen 54 148 f.
– ausländische Betriebsstätte 54 150 f.
– DBA-Schachtelprivileg 54 148 ff.
– Einkommen 54 130
– Einkünfte aus Beteiligungen 54 143 ff.

1785

Sachverzeichnis

fette Zahlen = Paragrafen

- gewerbliche Tätigkeit **54** 41 f.
- Gewinnabführung **54** 132
- GmbH & Co. KG **54** 42
- Haftungsschuldner **54** 129
- Inlandsanbindung **54** 36 f.
- Kapitalgesellschaft **54** 32
- Mehrabführung **54** 190
- Rechtsform **54** 32 ff.
- Verlustabzug **54** 134
- Verluste **54** 172
- Verlustrücktrag **54** 140 ff.
- Verlustübernahme **54** 132
- Verlustvortrag **54** 135 ff.
- Versicherungsunternehmen **54** 42
- Vorgesellschaft **54** 35
- Vorgründungsgesellschaft **54** 34
- vorvertragliche Verluste **54** 174
- Organträger
  - Auslandsbezug **54** 16
  - Beteiligung an Organgesellschaft **54** 166 ff.
  - Einkommen des **54** 161 ff.
  - Einschränkung der Verlustausnutzung **54** 200 ff.
  - Ergebnisabführung **54** 163
  - Finanzierungskosten Beteiligungserwerb **54** 171
  - Gewerbebetrieb **54** 22 ff.
  - gewerblich geprägte Personengesellschaft **54** 24 f.
  - Inlandsanbindung **54** 16 ff.
  - Jahresfehlergebnis **54** 164
  - Kapitalgesellschaft **54** 23
  - Komplementär-GmbH **54** 13
  - Körperschaft **54** 12
  - Mehrabführung **54** 191
  - Personengesellschaft **54** 14, 91
  - Rechtsform **54** 11
  - Rückstellungen **54** 165
  - Steuerschuldner **54** 128
  - Teilwertabschreibung Organbeteiligung **54** 166 ff.
  - Veräußerung Beteiligung **54** 166 ff.
  - verdeckte Gewinnausschüttung **54** 154 ff.
  - Verlustübernahme **54** 163
  - Vorgesellschaft **54** 12
  - Vorgründungsgesellschaft **54** 12

Korruptionsdelikte
- Vorstandsmitglied **24** 252

Kostenaufschlagsmethode
- Nachteil **52** 88

Közüs vúllalat
- Ungarn **5** 144

Kraftloserklärung
- Aktienurkunde **10** 90 ff.
- Antrag **10** 91
- Aufgebotsverfahren **10** 90 ff.
- Einziehung **43** 4
- durch Gesellschaft **10** 94 f.
- Girosammelverwahrung **36** 59, 65
- Kapitalherabsetzungsbeschluss **37** 46
- Muster **36** 68
- Verwertung **36** 65 ff.

- Wirkung **36** 62 ff.
- Zusammenlegung Aktien **36** 59 ff.

Krankenversicherungsunternehmen
- Körperschaftsteuer **4** 84 ff.

Kreditinstitut
- Aktionärsvertreter **27** 23 f.
- Depotstimmrecht **27** 23 ff.

Kreditwesengesetz 46 7

Krise
- Gesellschafterdarlehen **21** 13
- Vorstandspflichten **22** 98 ff.

Kundenstamm
- Sacheinlage **13** 38

Kündigung 22 244 ff.
- Adressat **22** 246
- Äquivalenzstörung **13** 77
- Betriebsführungsvertrag **53** 162
- Betriebspacht **53** 162
- Betriebsüberlassung **53** 162
- Form **22** 252
- Gewinngemeinschaft **53** 162
- Prüfungsauftrag **19** 29
- Unternehmensvertrag **53** 166 ff.
- Versorgungsansprüche **22** 204
- wichtiger Grund **53** 166 ff.

Kündigung, außerordentliche 53 166 ff.
- Abmahnung **22** 238 f.
- Ausspruchsfrist **22** 240 ff.
- Change-of-control-Klausel **22** 247
- Vorstand **22** 233 ff.
- wichtiger Grund **22** 234 ff.

Kündigung, ordentliche
- Frist **53** 164
- Sonderbeschluss außenstehende Aktionäre **53** 163
- Termin **53** 165
- Unternehmensvertrag **53** 160, 163, 165
- Vorstand **22** 231

Kündigungsklauseln
- Aktienoptionen **32** 78, 85 ff.

Kursbeeinflussungspotential
- Insidertatsache **48** 13

Kursdifferenzschaden
- Berechnung **48** 79
- Berechnungszeitpunkt **48** 79
- hypothetischer Wert **48** 80
- Kausalität **48** 81

Kurs-Gewinn-Verhältnis
- Wachstumsstarke Unternehmen **20** 77

Kursmanipulation
- Straftat **24** 243

Kursmanipulationsverbot 48 143 ff.
- Betrug **48** 148
- erfasste Vermögenswerte **48** 144
- Ordnungswidrigkeit **48** 152
- Straftat **48** 153
- Täuschungshandlung **48** 148
- unrichtige Angaben **48** 145

Kurzfristig gehaltene Anteile
- Anschaffung **4** 278 ff.
- Anwendungsbereich **4** 277
- Besteuerung **4** 283

magere Zahlen = Randnummern

Sachverzeichnis

- Frist 4 283
- Veräußerung 4 281, 281 ff.
- Veräußerungsgewinn 4 270 ff.

Küzkereseti társaság
- Ungarn 5 142

Lagebericht 17 22
- Abhängigkeitsbericht 52 164
- Auslegungspflicht 26 113
- Prüfung durch Aufsichtsrat 19 48, 51 f.

Länderüberblick
- Ausländische juristische Personen 5 44 ff.

Laufzeit
- Änderung 15 6 f.
- Auflösungsbeschluss 15 11
- Handelsregistereintragung 15 5 f.

Lead Manager
- Konsortium 47 42 f.

Lebensversicherungsunternehmen
- Körperschaftsteuer 4 84 ff.

Legal Opinion
- Aufbau 47 71
- Emissionsbank 47 129
- Inhalt 47 70
- Konsortialbank 47 70
- Prospekthaftung 47 72

Legalitätsprinzip
- Business Judgement Rule 22 92 ff.; 24 122
- Organpflichten 22 70 ff.
- Vorstandspflichten 22 70 ff.

Legitimationsaktionär
- Aktionärsvertreter 27 22

Leistungsfähigkeitsprinzip
- Aktienoptionen 32 121
- Besteuerung 32 121

Leistungsstörungsrecht
- Zeichnungsmängel 33 127

Leitung 22 39 ff.
- Aktionärsinteressen 22 41
- Arbeitnehmerinteressen 22 42
- Delegation 22 43 ff.
- Rentabilitätsmaxime 22 40
- shareholders value 22 41
- Vorstand 22 30 ff.

Liechtenstein
- Aktiengesellschaft 5 90
- Anstalt 5 91
- Ausländische juristische Personen 5 87 ff.
- Gesellschaft mit beschränkter Haftung 5 89
- Kollektivgesellschaft 5 87
- Kommanditgesellschaft 5 88

Limited irekti
- Türkei 5 140

Limited Liability Partnership
- England 5 57

Limited Partnership
- England 5 56
- USA 5 150

Liquidation 15
- Europäische Aktiengesellschaft 5 211
- Firma 8 53
- Kapitalerhaltung 10 17

- Kapitalherabsetzung 36 19
- Körperschaftsteuer 4 15 f.
- Mitgliedschaftsrecht 10 144
- steuerliche Organschaft 54 207 ff.
- übertragende Auflösung 50 28

Liquidationsbeschluss
- übertragende Auflösung 50 28

Liquidationseröffnungsbilanz
- Abwicklung 15 133 ff.

Liquidationswerte
- Substanzwertverfahren 20 56 ff.
- Zerschlagungskonzept 20 59

Liquidität
- Gewinnverwendung 30 2
- Going Public 47 2

Lizenzrechte
- Sacheinlage 13 38

Lock up Verpflichtungen
- Börseneinführung 47 171 f.

Lohnsteuer
- Abführung 32 129
- Einbehaltung 32 129

Löschung
- Aktivprozesse 15 188
- fehlende Beitrittserklärung 14 65
- Gesellschaftsschulden 15 187
- Passivprozesse 15 189
- Rechtsfolgen 15 187 ff.
- Vermögenslosigkeit 15 86 f.
- von Amts wegen 14 65

Mannesmann-Urteil
- Untreue 24 250

Mantelgesellschaft 12 118
- Änderung Unternehmensgegenstand 12 126
- GmbH 12 128
- Gründungsmängel 14 124
- Mantelerwerb 12 125 ff.
- wirtschaftliche Neugründung 8 82 f.; 12 129

Mantelkauf
- Gründungsvorschriften 12 127 ff., 129
- schädlicher Beteiligungserwerb 4 152 f.
- Verlustabzug 4 151 ff.
- wirtschaftliche Neugründung 12 129

Markenrechte
- Sacheinlage 13 38

Marktmanipulationsverbot 48 143 ff.
- Betrug 48 148
- erfasste Vermögenswerte 48 144
- Ordnungswidrigkeit 48 152
- Straftat 48 153
- Täuschungshandlung 48 148
- unrichtige Angaben 48 145
- Verschweigen 48 147

Marktmissbrauchsverordnung (MMVO) 48
48 143 ff.

Matching-Aktien
- Mitarbeiterbeteiligung 32 195 f.

Material Adverse Change
- Übernahmevertrag 47 69

Mehrabführung
- steuerliche Ausgleichsposten 54 199

1787

Sachverzeichnis

fette Zahlen = Paragrafen

Mehrbezug
- Bezugsrecht **33** 87

Mehrheitsbeschluss
- Aufsichtsratssitzungen **23** 185

Mehrheitseingliederung
- Eingliederung **50** 39

Mehrheitserfordernis
- Auflösungsbeschluss **15** 12
- einfache Stimmenmehrheit **27** 79
- Eingliederung **50** 39
- Hauptversammlung **27** 79, 83 ff.
- Hauptversammlungsbeschluss **27** 79 ff.
- Holzmüller-Doktrin **52** 42, 45
- Holzmüller-Fälle **41** 17
- Kapitalerhöhungsbeschluss **35** 25
- Kapitalmehrheit **27** 79, 84
- qualifizierte Stimmenmehrheit **27** 83
- Satzung **7** 41
- Satzungsänderung **14** 91
- Sonderbeschluss **27** 85
- Squeeze out **44** 34
- übertragende Auflösung **50** 27
- Vermögensübertragung **25** 48

Mehrmütterorganschaft 53 8; **54** 218 ff.
- Betriebsüberlassungsvertrag **54** 236
- Formwechsel **54** 237
- GbR **54** 226 ff.
- Gewerbesteuer **54** 223
- Gewinnabführungsvertrag **54** 227 ff.
- GmbH & Co. KG **54** 232 ff.
- Körperschaftsteuer **54** 221
- OHG **54** 235
- Personengesellschaft **54** 54
- Sonderbetriebsvermögen **54** 231
- steuerliche Anerkennung **54** 222
- steuerliche Organschaft **54** 4
- verdeckte Einlage **54** 228
- verdeckte Gewinnausschüttung **54** 228
- Verlustvortrag **54** 230
- Voraussetzungen **54** 219 f., 226

Mehrstimmrecht
- Aktien **10** 69
- Beseitigung **40** 21
- Stimmrecht **27** 102

Meistbegünstigungsverpflichtung
- Öffentliches Übernahmeangebot **51** 27

Meldepflichtige Eigengeschäfte 48 108

Meldepflichtige Wertpapiergeschäfte
- Bagatellgrenze **48** 109
- Bußgeld **48** 117
- Emittent **48** 114
- Mitteilungsfrist **48** 110
- Mitteilungsinhalt **48** 110
- Mitteilungspflicht **48** 114
- nahe Angehörige **48** 105
- Schadensersatzpflicht **48** 118
- Veröffentlichung **48** 114
- verpflichteter Personenkreis **48** 104 ff.

MgVG
- Anwendungsvoraussetzungen **23** 105

Minderabführung
- steuerliche Ausgleichsposten **54** 191

Minderheitenschutz
- faktischer Konzern **52** 1
- Squeeze out **44** 44 ff.

Minderheitsgesellschafter
- Auflösungsbeschluss **15** 10
- Ausscheiden **45** 26 ff.
- Eigentumsgrundrecht **40** 3
- Eingliederung **45** 26 ff.
- Rechtsschutz **44** 44 ff.
- Spruchverfahren **40** 9
- Übergang der Aktien **45** 26 f.
- Verschmelzung **16** 109

Minderheitsrechte
- Satzung **7** 44

Minderheitsverlangen
- Hauptversammlung **26** 46 ff.
- Hauptversammlungsbeschluss **26** 67
- Quorum **26** 46 ff.

Minderjähriger
- Beitrittserklärung **14** 41
- Gründungsmängel **14** 125

Minderwert
- nach Eintragung **13** 78 ff.
- vor Sacheinlage **13** 74 ff.

Mindestausgabebetrag
- Wandelschuldverschreibung **35** 34

Mindestnennbetrag
- Einziehung **43** 3

Mischverfahren 20 65 ff.

Missbrauch
- Anfechtungsrecht **38** 165 ff.
- Fragerecht **27** 65
- Nichtigkeitsklage **39** 39

Missbrauch des Einflusses
- Aufsichtsratshaftung **24** 170 f.
- Vorstandshaftung **24** 75

Mitarbeiterbeteiligung 32; **34** 82 f.
- Aktienkapital **32** 170 ff.
- Aktienoptionen **32** 11 ff.
- Belegschaftsaktien **32** 171 ff.
- Bilanzierung **17** 142 ff.
- Boni **32** 186 ff.
- Bonus-Aktien **32** 195 f.
- Checkliste **32** 220
- Deutscher Corporate Governance Codex **17** 144
- erfolgsorientierte **32** 179 ff.
- Genussrechte **32** 183 ff.
- Gewinne **32** 115
- IFRS **17** 146
- Matching-Aktien **32** 195 f.
- Mitarbeiterdarlehen **32** 180 ff.
- Stille Beteiligung **32** 176 ff.
- Tantieme **32** 186 ff.
- Unterbeteiligung **32** 177
- Verluste **32** 115
- virtuelle Aktienoptionen **32** 190 ff.

Mitarbeiterdarlehen
- Ausgestaltung **32** 180
- Besteuerung **32** 182
- Mitarbeiterbeteiligung **32** 180 ff.
- partiarisches Darlehen **32** 180

magere Zahlen = Randnummern

Sachverzeichnis

Mitarbeiterkapitalbeteiligungsfonds 32 197 f.
Mitarbeiterkapitalbeteiligungsgesetz
– Besteuerung Aktienoptionen 32 126
MitbestG
– Anwendungsvoraussetzungen 23 55
– Arbeitnehmeranzahl 23 60 ff.
– Arbeitnehmervertreter 23 83
– Aufsichtsrat 23 83 ff.
– Aufsichtsratsmitglied 23 135
– Aushilfen 23 61
– Beschlussfähigkeit 23 87
– Gesellschaftsform 23 57
– Teilzeitkräfte 23 61
– Tendenzunternehmen 23 62 ff.
– Territorialprinzip 23 58
– Vorsitzender 23 86
– Vorstandsbestellung 23 89
– Zurechnung 23 65
– Zurechnung von Arbeitnehmern 23 65
– Zusammensetzung 23 84 f.
– Zusammensetzung Aufsichtsrat 23 92 ff.
Mitbestimmung 1 32 f.
– herrschendes Unternehmen 23 69
– KGaA 3 25, 32
– Konzern 23 69
– Nichtigkeitsgrund 39 14
– Teilkonzern 23 75
Mitbestimmungsvereinbarungen
– Anpassung 23 113
– Aufsichtsrat 23 107 ff.
– freiwillige Zuwahl 23 110
– Rationalisierung 23 113
– statusändernde 23 108 ff.
– Stimmbindungsverträge 23 111
– zusätzliche Organe 23 112
Miterbenanteil
– Sacheinlage 13 38
Mitgliederanzahl
– Aufsichtsrat 23 51
– Aufsichtsratsausschüsse 23 200
Mitgliedschaftspflichten 10 146 ff.
– Einlageleistung 10 146, 148 ff.
– Mitteilungspflichten 10 147
– Nebenleistungspflichten 10 146
– Treuepflicht 10 153 ff.
Mitgliedschaftsrecht
– Aktien 10 42
– Auskunftsrecht 10 116 ff.
– Beendigung 10 107 ff.
– Bezugsrecht 10 127 ff.
– Dividendenrecht 10 125
– Einschränkung 10 110
– Eintragung der Gesellschaft 10 106
– Einzelverbriefung 10 80
– Einziehung 10 108
– Entstehung 10 105 ff.
– Genussrechte 21 65
– gerichtliche Geltendmachung 10 111
– Gläubigerrechte 10 112
– Globalverbriefung 10 81
– Kaduzierung 10 108
– Kapitalerhöhung 10 106

– Liquidation 10 144
– Sacheinlage 13 39
– Sammelverbriefung 10 81
– Satzung 10 110
– Stimmrecht 10 118 ff.
– Stimmrechtsbeschränkungen 10 120 ff.
– Teilnahme Hauptversammlung 10 114 f.
– Übertragung 10 107
– Verwaltungsrechte 10 113
– Verzicht 10 109
– Vollbeendigung der Gesellschaft 10 108
Mitteilungspflicht
– Aufsichtsrat 23 40
– börsennotierte Gesellschaft 28 9; 32 102
– Formwechsel 16 32
– Gründung 12 75
– Halten von Instrumenten 48 192 ff.
– Hauptversammlung 28 9
– Hauptversammlungsbeschluss 28 8
– Konzernbildungskontrolle 52 4 ff.
– meldepflichtige Wertpapiergeschäfte 48 114
– Mitgliedschaftspflichten 10 147
– wesentliche Beteiligung 48 194 ff.
– **Stimmrechtsanteilsveränderungen** 48 157 f.
– Adressat 48 153
– Börsenzulassung 48 184
– Form 48 188
– Frist 48 185 f.
– Inhalt 48 151
– Nichterfüllung 48 181 f.
– Personenkreis 48 162
– Sanktionen 48 159, 181
– Schadensersatz 48 182
– Schadensersatzpflicht 48 155
– Schwellenquote 48 163 ff.
– Stimmrechtseinschränkung 48 143
Mittelverwendung
– Gemeinnützige Aktiengesellschaft 55 27 ff.
Mittelwertverfahren 20 65
Mitunternehmeranteil
– Veräußerung 4 102
Mitunternehmerinitiative
– Stille Beteiligung 21 115
Mitunternehmerschaft
– Gewerbesteuer 4 97 ff.
Mitveräußerungspflicht
– drag-along-Klausel 11 18 ff.
Mitveräußerungsrecht
– take-along-Klausel 11 18 ff.
Mitveräußerungsregelungen
– Poolvereinbarung 11 18 ff.
– Venture-Capital 11 54
MMVO 48
Mobbing
– Vorstandspflichten 24 91
MobilCom-Entscheidung
– Aktienoptionen 32 202 ff.
– Aufsichtsratsmitglied 32 202 ff.
– Wandelanleihe 32 208
MoMiG
– Sitztheorie 5 8 ff.; 15 75

1789

Sachverzeichnis

fette Zahlen = Paragrafen

Multiplikatorverfahren
- Client Contribution Approach **20** 60
- Vergleichsverfahren **20** 60 f.
- Wachstumsstarke Unternehmen **20** 77

Naamloze Vennootschap
- Niederlande **5** 95

Nachbesserung
- Sacheinlage **13** 129

Nachfrist
- Kaduzierung **42** 6, 10

Nachfristsetzung
- Muster **42** 12

Nachgründung 14 145 ff.
- Anmeldung **14** 188
- Ausnahmen **14** 174 ff.
- Bekanntmachung **14** 173
- Checkliste **14** 193
- Eintragung **14** 174
- Erforderlichkeit **14** 145
- Ersatzansprüche **14** 191 f.
- Erwerb an der Börse **14** 179
- Erwerbsvorgänge **14** 149
- Formwechsel **14** 182 ff.; **16** 33
- Grundkapitalhöhe **14** 145
- Haftung Vorstand **14** 191 f.
- Handelsregisteranmeldung **14** 171
- Kapitalaufbringung **10** 15
- laufende Geschäfte **8** 76; **14** 175 f.
- Sachkapitalerhöhung **14** 149, 185 ff.
- Umwandlung **14** 183 ff.
- Verschmelzung **14** 149, 184
- Vertrag mit Gesellschaftern **14** 145
- Vorratsgesellschaft **14** 149, 189
- Zwangsvollstreckung **14** 178

Nachgründungsbericht
- Nachgründungsverfahren **14** 165

Nachgründungsverfahren 14 163 ff.
- Gründungsprüfer **14** 166
- Nachgründungsbericht **14** 165
- Prüfung durch Aufsichtsrat **14** 165
- Registerverfahren **14** 171 ff.

Nachgründungsvertrag
- Auslegung **14** 167
- Dienstleistungen **14** 152
- Eintragung **14** 162
- Gegenstand **14** 151 ff.
- Gewinnverwendung **14** 154
- Gründungsmitglied **14** 156
- Hauptversammlungsbeschluss **14** 167 ff.
- Heilung durch Eintragung **14** 159
- Kapitalrücklage **14** 154
- nahestehende Person **14** 157
- Nichtigkeit **14** 159
- Publizität **14** 164
- Schriftform **14** 159, 164
- schwebende Unwirksamkeit **14** 159 f.
- Vergütungshöhe **14** 151, 153 ff.
- Vertrag mit Gesellschaftern **14** 156 ff.
- Zeitpunkt **14** 151
- Zustimmung Hauptversammlung **14** 159, 162

Nachgründungsvorschriften
- ARUG **14** 180 ff.
- entsprechende Anwendung **14** 149
- Formwechsel **14** 149
- Frist **14** 160
- Gegenstand **14** 147
- Kapitalerhöhungsbeschluss **33** 56
- Konzern **14** 190
- Sacheinlage **33** 56
- Unternehmensgegenstand **8** 76
- Vorgesellschaft **14** 158

Nachlass
- Sacheinlage **13** 39

Nachrangigkeit
- Genussrechte **21** 80
- Rangrücktritt **21** 103

Nachrangvorbehalt
- Genussrechte **21** 92

Nachteil
- Absatzpreismethode **52** 88
- Beurteilungszeitpunkt **52** 104
- Bewertung **52** 83
- Cash-Management **52** 98 f.
- Drittvergleich **52** 85, 87
- Ertragslagenbeeinträchtigung **52** 84
- Konzernumlage **52** 94 f.
- Kostenaufschlagsmethode **52** 88
- Sicherheitsleistung **52** 100
- Sorgfaltswidrigkeit **52** 85
- Steuerumlage **52** 96 f.
- ungünstige Rechtsgeschäfte **52** 89
- unternehmerisches Ermessen **52** 85
- verdeckte Gewinnausschüttung **52** 86
- Vermögensbeeinträchtigung **52** 84, 92

Nachteilsausgleich
- Abhängigkeitsverhältnis **52** 52 ff.
- Beherrschungsvertrag **52** 63
- Beweiserleichterungen **52** 72
- Gemeinschaftsunternehmen **52** 69
- gesetzlicher Vertreter **52** 119 ff.
- Gewinnabführungsvertrag **52** 63
- mehrfache Abhängigkeit **52** 69
- mehrstufige Abhängigkeit **52** 59 ff.
- Nachteilsausgleich **52** 52 ff.
- nicht ausgleichsfähig **52** 117 ff.
- Saldierung **52** 114
- Schadensersatzpflicht **52** 117 ff.
- Veranlassungsadressat **52** 71
- Veranlassungsvermutung **52** 72
- **beherrschtes Unternehmen**
- Abhängigkeitsverhältnis **52** 54 ff.
- Abhängigkeitsvermutung **52** 56 ff.
- Mehrheitsbeteiligung **52** 56
- Sperrminorität **52** 55
- **herrschendes Unternehmen 52** 53
- Inlandsgesellschaften **52** 61 f.
- Kompensationspflicht **52** 110
- mehrstufige Abhängigkeit **52** 70
- Schadensersatzpflicht **52** 119 ff.
- Veranlassung **52** 64 ff.

Nachteilsausgleichsanspruch
- Aktionär **52** 120, 123 ff.

magere Zahlen = Randnummern

Sachverzeichnis

- Ausgleichsvereinbarung **52** 115 ff.
- Beweislast **52** 121
- Geltendmachung **52** 123 ff.
- Gesamtschuldnerschaft **52** 119
- der Gesellschaft **52** 120
- Gesellschaftspflichten **52** 122
- Gläubiger **52** 126
- Klageerzwingung **52** 125
- Leistung an Gesellschaft **52** 123
- Nachteil **52** 129
- Schaden **52** 128 ff.
- Schadensersatz **52** 127
- Verjährung **52** 140
- **beherrschtes Unternehmen**
  - Haftung Aufsichtsrat **52** 138
  - Haftung Vorstand **52** 136
  - Unterlassungsbegehren **52** 131 ff.
  - Vergleich **52** 139
  - Verzicht **52** 139
- **herrschendes Unternehmen 52** 106 ff.
  - Höhe **52** 112
  - Inhalt **52** 111
  - Mithaftung gesetzlicher Vertreter **52** 134 f.
  - Rechtsanspruch **52** 109
  - Schadensersatz **52** 109

Nachteilszufügung, qualifizierte
- Abhängigkeitsverhältnis **52** 24
- Ausgleich **52** 25
- Außenhaftung **52** 29
- Darlegungslast **52** 27
- Einzelausgleich **52** 26
- existenzvernichtender Eingriff **52** 30
- Konzern **52** 33
- qualifizierter faktischer Konzern **52** 22 ff.
- Rechtsfolge **52** 28 ff.
- Verbot **52** 22 ff.

Nachtragsabwicklung
- Abwicklung **15** 86
- Fortsetzung der Gesellschaft **15** 213

Nachtragsgesellschaft 15 195

Nachtragsliquidation
- Abwickler **15** 199 ff.
- Notwendigkeit **15** 191 ff.
- Rechtsnatur der Gesellschaft **15** 193 ff.
- Wiedereintragung **15** 198

Nachtragsliquidation, unechte
- Handelsregistereintragung **15** 204
- Parteifähigkeit **15** 205
- vermögenslose Gesellschaft **15** 203

Nachtragsprüfung
- Abschlussprüfung **19** 38
- Aufsichtsrat **19** 57
- Jahresabschluss **17** 57

Nachweisfrist
- Hauptversammlung **27** 9

Nachweisstichtag
- Hauptversammlung **27** 8

Nahestehende
- Deutscher Corporate Governance Codex **17** 19
- Verträge mit **4** 9

Namensaktien
- Abtretung **10** 164
- Abwicklungsüberschuss **15** 177
- Aktien **2** 23; **7** 25 f.; **10** 47
- Aktienregister **10** 59 ff.
- amerikanische Börse **10** 55
- Aufsichtsrat entsenden **10** 54
- Blankoindossament **10** 47, 163
- Gesamtrechtsnachfolge **10** 165
- Indossament **10** 46 f., 162
- Investor Relations **10** 52
- Squeeze out **10** 166
- Standardverbriefung **7** 26 ff.
- Teileinzahlung **10** 53
- Übertragung **10** 46 ff.
- Umschreibestopp **27** 18
- Verbriefung **10** 49
- vinkulierte **10** 51
- Vinkulierung **2** 23; **7** 30
- Vorteile **10** 50 f.

Namensaktien, vinkulierte 10 51
- Bezugsrecht **10** 135
- Nebenleistungspflichten **10** 152
- Schwellenquote **48** 169
- Stimmrechtsanteilsveränderungen **48** 169
- Übertragung **10** 167 ff.
- Zustimmung zur Übertragung **10** 168

Natürliche Person
- Aktionär **4** 222 ff.

Nebenintervenient
- Aktionäre **38** 132
- Aufsichtsratsmitglied **38** 132
- rechtliches Interesse **38** 129
- streitgenössischer **38** 132
- Vorstandsmitglied **38** 132

Nebenintervention
- Anfechtungsklage **38** 128 ff.
- Nichtigkeitsklage **39** 38

Negativbericht
- Abhängigkeitsbericht **52** 160

Negativbescheid
- steuerliche Organschaft **54** 210

Nennbetrag
- Herabsetzung **36** 7 ff.
- Stimmrecht **27** 102

Nennbetragsaktien
- Aktien **7** 23; **10** 76 f.
- Kapitalerhöhung **33** 21
- Kapitalerhöhungsbeschluss **33** 18, 53
- Kapitalherabsetzung **36** 5, 48 f.
- Sacheinlage **33** 53
- Übernahme der Aktien **12** 21
- Zusammenlegung Aktien **36** 13

Nennkapital
- Auflösung **4** 54
- Herabsetzung **4** 54
- Rückzahlung **4** 207

Neugründung
- Prüfungspflicht **19** 5
- wirtschaftliche **8** 82 f.

Nichtentstehung
- trotz Eintragung **14** 65 ff.

1791

Sachverzeichnis

fette Zahlen = Paragrafen

Nichtgründung
- Amtslöschung **14** 66
- Gründungsmängel **14** 39

Nichtigerklärung
- Amtslöschung **39** 20
- Hauptversammlungsbeschluss **39** 19
- Nichtigkeitsklage **14** 70
- Satzungsmängel **14** 70 ff.

Nichtigkeit
- Abschlussprüfer **19** 25
- Amtslöschung **14** 80; **39** 29
- Auflösungsbeschluss **15** 14
- Aufsichtsratssitzungen **23** 190
- Aufsichtsratsvergütung **32** 218
- Ausschluss **39** 30 f.
- Beurkundungsmängel **39** 13
- Bezugsaktie **35** 68 f.
- Einberufungsfehler **39** 12, 28
- Eintragung **39** 22 ff.
- Eintritt **39** 26
- Erwerb eigener Aktien **31** 52
- Firma **15** 26
- Fortsetzung der Gesellschaft **15** 211
- Fristablauf **39** 23 ff.
- Genehmigung **39** 28
- Gläubigerschutz **39** 14
- Hauptversammlungsbeschuss **38** 151
- Heilung **39** 21 ff.
- Heilung durch Eintragung **37** 8 f.
- Inhaltsmängel **39** 14
- Inhaltssittenwidrigkeit **39** 16 ff.
- Insidergeschäft **48** 40
- Kapitalerhaltungsvorschriften **39** 14
- Kapitalerhöhungsbeschluss **33** 60 ff.; **35** 42; **37** 8 f., 46
- Kompetenzüberschreitung **39** 14
- Mitbestimmungsrechte **39** 14
- Nachgründungsvertrag **14** 159
- Neuvornahme **37** 46
- Nichtigkeitsgrund **39** 9 ff.
- Rückwirkung **39** 29
- Satzungsänderung **39** 14
- Satzungsmängel **14** 58
- Sitzverlegung **9** 19
- Stille Beteiligung **21** 111
- Stimmbindungsvertrag **10** 123
- Übertragungsbeschluss **44** 41
- Umwandlung **39** 30 f.
- Unternehmensgegenstand **14** 73 ff.
- Jahresabschluss **17** 104 ff.
  - Beseitigung **17** 139
  - Bewertungsfehler **17** 109, 131 ff.
  - fehlender Anhang **17** 110
  - Feststellungsfehler **17** 118 ff.
  - Gliederungsfehler **17** 109, 129
  - Gründe **17** 106 ff.
  - Grundsätze ordnungsgemäßiger Buchführung **17** 108
  - Hauptversammlungsbeschluss **17** 127
  - Heilung **17** 126, 136 f.
  - Inhaltsmängel **17** 108 ff.
  - Prüfungsmängel **17** 112 ff.
  - Rücklagen **17** 111

Nichtigkeitsklage 39
- allgemeine Feststellungsklage **39** 8, 44
- Aufsichtsratsmitglied **39** 7
- Bestätigungsbeschluss **38** 88, 93 ff.
- Feststellungsurteil **39** 41
- Jahresabschluss **17** 135
- Klageänderung **39** 8
- Klageantrag **39** 4
- Klagebefugnis **39** 7, 7 f.
- Klagefrist **39** 23 ff., 33
- Klageverbindung **39** 36 f.
- Missbrauch **39** 39
- Nebenintervention **39** 38
- Nichtigerklärung **14** 70
- Parteien **39** 3
- Rechtsschutzbedürfnis **39** 6
- Sitzverlegung **9** 19
- Streitwert **39** 42
- Strukturmaßnahmen **39** 30 f., 34
- Teilnichtigkeit **39** 32
- Umwandlung **39** 34
- Unternehmensgegenstand **8** 115
- Verhältnis zur Anfechtungsklage **39** 43
- Vorstand **39** 7
- Vorstandsmitglied **39** 7
- Zuständigkeit **39** 2

Nichtigkeitsmangel
- Ausschlussfrist **14** 70, 86
- Bestandsschutzwirkung **14** 84
- Eintragung **14** 64, 84 f.
- Einwendung **14** 85
- Teilnichtigkeit **14** 84

Niederlande
- Ausländische juristische Personen **5** 93 ff.
- Besloten Vennootschap **5** 96
- Commanditaire Vennootschap **5** 94
- Naamloze Vennootschap **5** 95
- Vennootschap onder firma **5** 93

Niederlassung
- örtliche Zuständigkeit **8** 5

Niederlassungsfreiheit 5 27 ff.
- Brexit **5** 36
- Deutschland **5** 34
- Drittland **5** 35 f.
- Grenzen **5** 33
- Rechtsformwechsel, grenzüberschreitender **5** 32
- Wegzugsfälle **5** 29
- Zuzugsfälle **5** 28

Niederschrift
- notarielle **27** 115

Nießbrauch
- Sacheinlage **13** 41
- Schwellenquote **48** 173
- Stimmrechtsanteilsveränderungen **48** 173

Nordirland
- Öffentliche Urkunde **5** 193

Notar
- örtliche Zuständigkeit **12** 11

magere Zahlen = Randnummern

Sachverzeichnis

Notarielle Beurkundung
- Gründung 12 9 ff.
- Gründungsprotokoll 12 9
- Hauptversammlung 5 175 ff.; 26 40
- Satzung 7 4
- übertragende Auflösung 50 27
- Vermögensübertragung 25 44

Notarieller Formzwang
- ausländische Ortsform 5 173
- Auslandsbeurkundung 5 174
- Gleichwertigkeit 5 175 ff.

Notwendige Informationen
- Wahrnehmung von Rechten 48 207 ff.

Nutzungsrechte
- Sacheinlage 13 42, 47, 53

Offene Handelsgesellschaft
- Österreich 5 98

Offenlegung
- Amtsverfahren 17 68
- Einwendungen 17 79
- IFRS-Einzelabschluss 17 68
- Jahresabschluss 17 61 ff.
- Ordnungsgeld 17 71 ff.
- Sanktionen 17 71 ff.

Offenlegungsfrist
- Jahresabschluss 17 65

Offenlegungspflicht
- Konzernbildungskontrolle 52 12
- Stimmrechtsanteilsveränderungen 48 139

Öffentliche Urkunde
- Apostille 5 194 ff.
- ausländische 5 178 ff.
- Belgien 5 185
- bilaterale Verträge 5 184 ff.
- Dänemark 5 186
- Frankreich 5 187
- Griechenland 5 188
- Italien 5 189
- Legalisation 5 179 ff.
- Nordirland 5 193
- Österreich 5 190
- Schweiz 5 191
- Spanien 5 192
- Vereinigtes Königreich 5 193

Öffentliches Angebot
- Plazierung 47 148 f.
- WpÜG 51 3

Öffentliches Übernahmeangebot 51; 51 8 ff.
- Abwicklung 51 136
- Aktientausch 51 29, 33
- Amtshaftung 51 148
- Änderungen 51 73 ff.
- Angebotsunterlage 51 20 f., 53 ff.
- Annahmeerklärung 51 24
- Annahmefrist 51 22, 63 ff.
- BaFin 51 16 f.
- Barzahlung 51 29
- Bieter 51 4
- Eingangskontrolle 52 21
- Entscheidung 51 38 ff.
- ergänzende Angaben 51 60 ff.
- Finanzierung des Angebots 51 29
- Finanzierungsbestätigung 51 29 f.
- Information Arbeitnehmer 51 49
- Information Aufsichtsrat 51 50
- Information Betriebsrat 51 49
- Information Börse 51 42
- Informationspflichten Zielgesellschaft 51 49
- invitation ad offerendum 51 72
- Konzernbildung 52 20 ff.
- Meistbegünstigungsverpflichtung 51 27
- Prospekthaftung 51 148
- Rechtsschutz 51 137 ff.
- Rücknahme der Entscheidung 51 51
- Schadensersatzansprüche 51 148
- Sperrjahr 51 51
- Stellungnahme Aufsichtsrat 51 25
- Stellungnahme Vorstand 51 25
- Tauschangebot 51 71
- Teilangebot 51 67 ff.
- Unternehmenskauf 51 1
- Verlängerung Annahmefrist 51 64
- Veröffentlichung 51 19, 34 ff.
- Vorabmitteilung 51 41 ff.
- Wasserstandsmeldung 51 23
- Widerrufsvorbehalt 51 72 ff.
- Widerspruchsverfahren 51 143
- WpÜG 51 1
- Zivilrechtsstreitigkeiten 51 147 f.
- **Bedingungen** 51 76 ff.
  - Abwehrmaßnahme 51 81
  - Finanzierungsvorbehalt 51 79
  - Force-majeure-Klausel 51 82
  - Kartellrecht 51 77
  - MAC-Klausel 51 82
  - Mindestannahmequote 51 78
  - Tauschangebot 51 79
- **Beschwerde** 51 137 ff.
  - Amtsermittlungsgrundsatz 51 146
  - Anfechtungsbeschwerde 51 138
  - aufschiebende Wirkung 51 144
  - BaFin 51 141
  - Beschwerdebefugnis 51 139
  - Popularbeschwerde 51 139
  - vorläufiges Verfahren 51 144
- **Bieter**
  - BaFin 51 130
  - Beteiligungsquote 51 130
  - Ergebnisbekanntmachung 51 134
  - Meistbegünstigungsverpflichtung 51 126 ff.
  - Nachzahlungsverpflichtung 51 128
  - Parallelerwerb 51 126 f.
  - Wasserstandsmeldung 51 129
- **Gegenleistung** 51 83 ff.
  - Angemessenheit 51 84 ff.
  - Börsenkurs 51 87
  - Mindestwert 51 86 ff.
  - Tauschangebot 51 88
  - Vorerwerb 51 88
- **Veröffentlichungspflicht** 51 43 ff.
  - Adressat 51 49
  - Inhalt 51 44 ff.

1793

Sachverzeichnis

fette Zahlen = Paragrafen

- Preis **51** 45
- Verbindlichkeit des Angebots **51** 46
- Zielgesellschaft
  - Abwehrmaßnahme **51** 111 ff.
  - Angebotsbeurteilung **51** 106
  - Betriebsrat **51** 109
  - Ermächtigungsbeschluss Abwehr **51** 118
  - Europäische Durchbruchsregel **51** 121
  - Europäisches Verhinderungsverbot **51** 120
  - Gegenseitigkeitsvorbehalt **51** 124
  - Hauptversammlung **51** 65
  - Information **51** 103 ff.
  - Stellungnahme Aufsichtsrat **51** 103, 105 ff.
  - Stellungnahme Vorstand **51** 103, 105 ff.
  - Veröffentlichung Stellungnahmen **51** 107 ff.

Online-Hauptversammlung **26** 21; **27** 126; **38** 32

Optionsanleihe **32** 145 ff.
- Aktienoptionen **17** 151
- Anleihe **49** 38, 39
- Aufsichtsratsmitglied **32** 208 ff.
- Begriff **32** 145, 147
- Besteuerung **32** 164 f., 168
- börsennotierte **32** 168
- Endbesteuerung **32** 168
- Körperschaftsteuer **4** 70
- Unternehmen **32** 164 f.
- Wandelschuldverschreibung **35** 7
- Warrant Bond **32** 147

Optionsrecht
- Aktie **35** 11
- Eingliederung **45** 32
- Genussrechte **21** 84 ff.

Ordnungsgeld
- Beschwerde **17** 76 ff.
- Einspruch **17** 74

Organgesellschaft
- einheitliche und gesonderte Feststellung **54** 210
- Insolvenz **54** 274 f.
- Körperschaftsteuererklärung **54** 210
- verdeckte Einlage **54** 159
- Gewerbesteuer
  - Betriebsstätte **54** 239
  - Dividendeneinnahmen **54** 247 f.
  - Gewerbeverlust **54** 251 ff.
  - Haftungsschuldner **54** 257
  - Teilwertabschreibung Organbeteiligung **54** 249 f.
  - vorvertraglicher Verlust **54** 251 f.
- Körperschaftsteuer
  - atypisch stille Gesellschaft **54** 33
  - ausländische Beteiligungen **54** 148 f.
  - ausländische Betriebsstätte **54** 150 f.
  - DBA-Schachtelprivileg **54** 148 ff.
  - Einkommen **54** 130
  - Einkünfte aus Beteiligungen **54** 143 ff.
  - Einzelkaufleute **54** 33
  - gewerbliche Tätigkeit **54** 41 f.
  - Gewinnabführung **54** 132
  - GmbH & Co. KG **54** 42
  - Haftungsschuldner **54** 129
  - Inlandsanbindung **54** 36 f.

- Kapitalgesellschaft **54** 32
- Mehrabführung **54** 190
- Personengesellschaft **54** 33
- Rechtsform **54** 32 ff.
- typisch stille Gesellschaft **54** 33
- Umwandlung **54** 61
- Verlustabzug **54** 134
- Verluste **54** 172
- Verlustrücktrag **54** 140 ff.
- Verlustübernahme **54** 132
- Verlustvortrag **54** 135 ff.
- Versicherungsunternehmen **54** 42
- Vorgesellschaft **54** 35
- Vorgründungsgesellschaft **54** 34
- vorvertragliche Verluste **54** 174
- Umsatzsteuer
  - Personengesellschaft **54** 262
  - Rechtsform **54** 261 ff.

Organhaftungsklage **41** 56 ff.
- besonderer Vertreter **41** 57 ff.
- Hauptversammlungsbeschluss **41** 56
- Klagezulassungsverfahren **41** 60 ff.

Organisationsakt
- fehlerhafter **37** 11 f.

Organisationspflichten
- Mobbing **24** 91

Organisationsstruktur **2** 16

Organisationsverschulden
- Vorstandshaftung **24** 90 f.

Organisierter Markt **1** 9
- Prüfungspflicht **19** 5
- WpÜG **51** 8

Organmitglieder
- Ad-hoc-Mitteilung **48** 54
- persönliche Haftung **2** 10
- Strafbarkeit **24** 233 ff.

Organpflichten
- Aufsichtsratsmitglieder **23** 45 f.
- Beginn **22** 56
- Business Judgement Rule **22** 85 ff.
- Compliance **22** 74 ff.
- Ende **22** 56
- Informationsbeschaffungspflicht **22** 73
- Klagerecht **23** 45 f.
- Legalitätsprinzip **22** 70 ff.
- Sorgfaltspflicht **22** 69
- Treuepflicht **22** 62 ff.
- Verschwiegenheitspflicht **22** 95 ff.
- Vorstand **22** 56 ff.

Organschaft, steuerliche
- Anerkennung **54** 111 ff.
- finanzielle Eingliederung **53** 4
- tatsächliche Durchführung **54** 111 ff.

Organschaft, verunglückte
- Körperschaftsteuer **54** 211 ff.
- nachträglicher Wegfall **54** 215 ff.
- verdeckte Einlage **54** 212
- verdeckte Gewinnausschüttung **54** 212

Organschaftliche Treuebindung
- Aufsichtsratspflichten **23** 31

Organschaftlicher Vertreter
- Vorstand **22** 1

magere Zahlen = Randnummern

Sachverzeichnis

Organträger
- Insolvenz 54 275
- Körperschaftsteuererklärung 54 210
- **Gewerbesteuer**
- Steuerschuldner 54 257
- **Körperschaftsteuer**
- atypisch stille Gesellschaft 54 29
- Beteiligung an Organgesellschaft 54 166 ff.
- Betriebsstätte, inländische 54 17
- Einkommen des 54 161 ff.
- Einschränkung der Verlustausnutzung 54 200 ff.
- Ergebnisabführung 54 163
- Finanzierungskosten Beteiligungserwerb 54 171
- Geschäftsinhaber 54 30
- Gewerbebetrieb 54 22 ff.
- gewerblich geprägte Personengesellschaft 54 24 f.
- Holding-Kapitalgesellschaft 54 27
- Holding-Personengesellschaft 54 27
- Inlandsanbindung 54 16 ff.
- Jahresfehlergebnis 54 164
- Kapitalgesellschaft 54 23
- Komplementär-GmbH 54 13
- Körperschaft 54 12
- Mehrabführung 54 191
- Personengesellschaft 54 14, 54, 91
- Rechtsform 54 11
- Rückstellungen 54 165
- Steuerschuldner 54 128
- Teilwertabschreibung Organbeteiligung 54 166 ff.
- typisch stille Gesellschaft 54 31
- Umwandlung 54 60
- Veräußerung Beteiligung 54 166 ff.
- verdeckte Gewinnausschüttung 54 154 ff.
- Verlustübernahme 54 163
- Vorgesellschaft 54 12
- Vorgründungsgesellschaft 54 12
- **Personengesellschaft**
- Anteile an Organgesellschaft 54 54
- **Umsatzsteuer**
- Holding 54 264
- Unternehmer 54 264

Osakeyhtiö
- Finnland 5 63 f.

Österreich
- Aktiengesellschaft 5 101
- Ausländische juristische Personen 5 98 ff.
- Gesellschaft mit beschränkter Haftung 5 100
- Kommanditgesellschaft 5 99
- Offene Handelsgesellschaft 5 98
- Öffentliche Urkunde 5 190

Paritätische Beteiligung
- Gemeinschaftsunternehmen 23 74

Partnership
- England 5 55
- USA 5 156

Patentrechte
- Sacheinlage 13 42

Patentrechtsverletzung
- Vorstandshaftung 24 114

Pensionsfonds
- Körperschaftsteuer 4 84 ff.

Personalausschuss
- Aufsichtsrat 22 228 ff.; 23 204
- Bildung 22 127
- fehlerhaftes Anstellungsverhältnis 22 264 ff.
- Zusammensetzung 22 128 ff.

Personalentscheidungen
- Hauptversammlung 25 14 ff.

Personalstatut
- Ausländische juristische Personen 5 3

Personenfirma
- Firma 8 27
- Irreführungsverbot 8 35

Personengesellschaft
- Anteile an Organgesellschaft 54 54
- Anteilsveräußerung 4 95
- ausländische Mitunternehmer 54 20
- Durchgriffsprinzip 4 4
- Einkünfte aus Beteiligung 4 88 ff.
- gewerblich geprägt 54 26
- Gewinnanteile 4 100
- Körperschaftsteuer 4 88 ff.
- laufende Einkünfte 4 90 ff.
- Mehrmütterorganschaft 54 54
- Organgesellschaft 54 33
- Steuerliche Organschaft 54 20 f.
- Verluste 4 90 ff.
- vermögensverwaltende Tätigkeit 54 26

Pflichtangebot 51 11 ff.

Pflichtverletzung
- Aufsichtsratshaftung 24 150 ff.
- Vorstandshaftung 24 118 ff.

Pflichtwandelanleihe
- Bedingtes Kapital 35 9

Phantasiefirma
- Irreführungsverbot 8 43

Phantom Stock
- Besteuerung 32 193
- Bilanzierung 32 194
- virtuelle Aktienoptionen 32 190 ff.

Plausibilitätskontrolle
- Vorstandshaftung 24 15

Plazierung
- Emission 47 147 ff.
- freihändiger Verkauf 47 151
- Internet 47 152
- öffentliches Angebot 47 148 f.
- Privatplazierung 47 148

Plazierungspreis
- Bezugsrecht 33 88

Polen
- Ausländische juristische Personen 5 103 ff.
- Spółka akcyjna 5 108
- Spółka jawna 5 104
- Spółka komandytowa 5 105
- Spółka komandytowo akcyjna 5 107
- Spółka partnerska 5 106
- Spółka z organiczona odpowiedzialnóscia 5 109

1795

Sachverzeichnis

fette Zahlen = Paragrafen

Poolvereinbarung 11
- Änderung 11 1
- Andienungspflicht 11 15
- Aufsichtsratsbenennungsrecht 11 25
- Aufsichtsratsbestellung 11 25 f.
- Bemühensklausel 11 30
- börsennotierte Gesellschaft 11 46
- Einfluss auf Gesellschaft 11 24 ff.
- Entsenderecht Aufsichtsrat 11 27
- Familiengesellschaft 11 45
- Form 11 2
- geschlossenen Gesellschaft 11 45
- indifferente Satzungsbestimmungen 11 8
- indirekte Weisungsrechte 11 30
- Joint-Venture-Gesellschaften 11 47
- Kapitalmaßnahme 11 32 f.
- Knebelungsverbot 11 4
- Laufzeit 11 40
- Mitveräußerungsregelungen 11 18 ff.
- notwendig echte Satzungsbestandteile 11 7, 10
- notwendig unechte Satzungsbestandteile 11 8
- Poolversammlung 11 34 ff.
- Publizitätsfreiheit 11 3
- Rechtsnatur 11 1
- Regelungsgegenstand 11 1
- Schiedsverfahren 11 43
- Stimmbindungsvertrag 11 23
- Stimmrechtsbindung 11 1
- Venture-Capital 11 48 ff.
- Veräußerungsverbot 11 13 f.
- Verfügung über Aktien 11 9 ff.
- Verfügung über gebundene Aktien 11 1
- Verfügungsbeschränkungen 11 12 ff.
- Verstoß gegen gute Sitten 11 4
- Vertragsstrafe 11 39, 41 ff.
- Verwässerungsschutz 11 32
- Vinkulierung 11 10
- Vorkaufsrecht 11 15 ff.
- Vorstand 11 29
- Wahlabsprachen 11 25
- Zulässigkeitsschranken 11 4
- Zurechnung von Stimmrechten 11 46
- Zustimmung zur Übertragung 11 10
- zwingende Satzungsbestandteile 11 6 ff.
- zwingendes Aktienrecht 11 5 ff.

Poolversammlung
- Poolvereinbarung 11 34 ff.
- Stimmrechtsvollmacht 11 36 ff.

Portugal
- Ausländische juristische Personen 5 111 ff.
- Sociedade anónima 5 114
- Sociedade em comandita simples 5 112
- Sociedade em nome colectivo 5 111
- Sociedade por quotas 5 113

Positive Vertragsverletzung
- Vorstandsmitglied 24 130

Präklusionswirkung
- Entlastung 15 180

Premiummodell
- Erfolgsziele 32 68

Primärinsider
- Insidergeschäft 48 17 ff.

Prime Standard 47 33, 37
- WpÜG 51 8

Private Debt
- Genussrechte 21 101

Privatplazierung 47 22
- Bezugsrecht 33 87
- Plazierung 47 148

Produkthaftung
- Vorstandsmitglied 24 94 ff.

Produktionsanlagen
- Sacheinlage 13 42

Prognose
- Veröffentlichungspflicht 48 47

Progressionsmilderung
- Aktienoptionen 32 125

Prokura
- Formwechsel 16 25

Prokurist
- Aufsichtsratsmitglied 23 82
- Handelsregisteranmeldung 6 31 f.
- Vorstand 22 23
- Widerruf 22 24

Prospekt
- Aktualitätsgebot 47 122
- Anleihe 49 31 f.
- Berichtigungspflicht 47 124 f.
- Börsenhandel 46 20
- Form 47 95
- Inhalt 47 95 ff.
- Prospektaktualisierung 47 124
- Veröffentlichung 47 90, 103

Prospektaktualisierung
- Prospekt 47 124

Prospektangaben, unrichtige
- Beurteilungsmaßstab 47 119
- Beweislastumkehr 47 126
- Kausalität 47 126 f.
- Prognosen 47 121
- Tatbestand 47 121
- Tatsachen 47 121
- Verschulden 47 128 ff.
- Werturteile 47 121
- Wesentlichkeit 47 125

Prospektbilligungsverfahren 47 84, 100 ff.
- Gebühren 47 187

Prospekthaftung 33 141
- Angebotsunterlage 51 54
- Aufsichtsratsmitglied 24 168
- Emissionsbank 47 129
- Emittent 47 66
- Expertenhaftung 47 142
- Kenntnis der Unrichtigkeit 47 132
- Legal Opinion 47 72
- Mitverschulden 47 132
- Öffentliches Übernahmeangebot 51 148
- Prospektverantwortlicher 47 140
- Schadensminderungspflicht 47 133
- spezielle 24 86
- Umfang 47 131 ff.

magere Zahlen = Randnummern

Sachverzeichnis

- Verjährung **47** 134
- Vorstandshaftung **24** 82 ff.

Prospekthaftung, börsengesetzliche 47 104 ff.
- Anspruchsberechtigte **47** 113 f.
- Erwerbsfrist **47** 113
- Folgezulassung **47** 113 ff.
- Haftungsadressat **47** 109
- Prospektveranlasser **47** 109, 112
- Prospektverantwortliche **47** 109 ff.
- unrichtige Angaben **47** 118 ff.
- Wertpapier-Kenn-Nummer **47** 115 f.

Prospektpflicht 47 87 ff.
- Ausnahmen **47** 91 ff.
- öffentliches Angebot **47** 91 f.
- Zulassung **47** 93

Prospektprüfung 47 102

Prospektverantwortlicher
- allgemeine Prospekthaftung **47** 140
- culpa in contrahendo **47** 139
- deliktische Haftung **47** 138
- Gewährleistungsanspruch **47** 136
- vertragliche Haftung **47** 136

Protokollierung
- Hauptversammlung **27** 110 ff.

Prozesskostenhilfeantrag
- Anfechtungsfrist **38** 114

Prozesspartei
- Vorstand **38** 45

Prüfpflicht
- Eröffnungsbilanz **15** 134
- Jahresabschluss **17** 45, 48 ff.

Prüfung 19
- Abhängigkeitsbericht **19** 48
- Abwicklung **15** 134, 135
- Angebotsunterlage **51** 93 ff.
- Aufsichtsrat **17** 50
- Eingliederung **45** 14
- Formwechsel **16** 30, 34
- Gewinnverwendungsvorschlag **19** 48, 52 ff.
- Jahresabschluss **19** 36, 48, 50; **26** 105
- Konzerntatbestand **52** 52
- Lagebericht **19** 48, 51 f.
- Nachgründungsverfahren **14** 165
- Registerverfahren **6** 39
- Risikofrüherkennungssystem **18** 37 ff.

Prüfungsauftrag
- Ablehnung **19** 29
- Annahme **19** 26
- Auftragserteilung **23** 27
- Inhalt **19** 27
- Kündigung **19** 29
- Vergütung **19** 27
- Werkvertrag **23** 27

Prüfungsausschuss
- Aufsichtsrat **23** 206

Prüfungsbericht 19 43
- Aufsichtsrat **19** 59
- Squeeze out **44** 33

Prüfungsfrist
- Angebotsunterlage **51** 95

Prüfungspflicht 19 4 ff.
- Abhängigkeitsbericht **52** 174 ff.

- amtlicher Handel **19** 5
- Freiverkehr **19** 5
- geregelter Markt **19** 5
- große Kapitalgesellschaft **52** 175
- Größenklassen **19** 4
- kleine Kapitalgesellschaft **52** 175
- Neugründung **19** 5
- organisierter Markt **19** 5
- Umwandlung **19** 5
- Unternehmen öffentlichen Interesses **19** 3, 10

Prüfungsstandard
- Abschlussprüfung **19** 37
- Risikomanagement **18** 22 ff.

Publikumsfonds
- Stille Beteiligung **21** 110

Publikums-KGaA 3 6

Publizität
- Jahresabschluss **28** 3 ff.
- Nachgründungsvertrag **14** 164

Publizitätsfreiheit
- Poolvereinbarung **11** 3

Publizitätspflicht 48
- s. a. Ad-hoc-Mitteilung, Veröffentlichungspflicht
- börsennotierte Gesellschaft **52** 13
- Eigengeschäfte **48** 108
- Haftung **48** 85 ff.
- Konzernbildungskontrolle **52** 4 ff.
- Prognosen **48** 47
- Verstoß **48** 64 ff.

- **Schadensersatzanspruch 48** 64 ff.
- Beweislastumkehr **48** 69
- Kapitalanlagebetrug **48** 89
- Kursdifferenzschaden **48** 73 f.
- Schaden **48** 73
- Schutzgesetzverletzung **48** 86 ff.
- Sittenwidrigkeit **48** 91 ff.
- Verjährung **48** 84
- Verschulden **48** 69
- Vertragsabschlussschaden **48** 73 ff.

Qualifiziert faktischer Konzern
- Begriff **52** 22
- Fallgruppen **52** 44 ff.
- Nachteilszufügung, qualifizierte **52** 22 ff.
- Unzulässigkeit **52** 23
- Verbot **52** 22 ff.
- Voraussetzungen **52** 23 ff.
- **beherrschtes Unternehmen 52** 48 ff.
- **herrschendes Unternehmen 52** 37 ff.
- Holzmüller-Entscheidung **52** 42
- Unternehmensgegenstand **52** 38, 40

Quartalsbericht
- börsennotierte Gesellschaft **17** 83
- Transparenzrichtlinie **17** 83

Quartalsfinanzbericht 17 –

Quiet hedging
- Aktienoptionen **32** 81

Rangrücktritt
- Nachrangigkeit **21** 103

Sachverzeichnis

fette Zahlen = Paragrafen

Rating
- Eigenkapital **10** 37

Rationalisierung
- Mitbestimmungsvereinbarungen **23** 113

Realisationsbesteuerung
- Aktienoptionen **32** 122

Recent Acquisitions-Ansatz
- Comparative Company-Ansatz **20** 63

Rechnungslegung 17
- Abwicklung **15** 130 ff.
- Aufbewahrungspflicht **17** 8
- Bilanzrichtliniengesetz **1** 29 f.
- BilMoG **17** 4
- DPR **17** 17
- DRSC **17** 15 ff.
- Going Public **47** 13
- Größenklassen **17** 7
- Grundsätze ordnunmäßiger Buchführung **17** 5
- IFRS **17** 10 ff.
- internationale Vorschriften **17** 10 ff.
- Steuerrecht **17** 6
- Straftat **24** 240 ff.
- Veröffentlichung **48** 224
- Wahlrecht **17** 12

Rechnungswesen
- externes **17** 1
- internes **17** 1

Rechtsbeschwerde
- Handelsregister **6** 44

Rechtsfähigkeit
- ausländische juristische Personen **5** 2 ff.
- Eintragung **2** 2
- Gründungstheorie **5** 14 ff.
- Sitztheorie **4** 11
- USA **4** 11
- Vorgesellschaft **14** 8

Rechtsform
- Firma **7** 15

Rechtsformverfehlung
- ausländische juristische Personen **5** 20

Rechtsformwahl 1 11

Rechtsformzusatz
- Firma **8** 17

Rechtsgesamtheiten
- Sacheinlage **13** 42

Rechtsschutzbedürfnis
- Aktionärsklagen, allgemeine **41** 4
- Anfechtungsklage **38** 105 f.
- Nichtigkeitsklage **39** 6

Rederecht
- Aktionär **27** 92
- Beschränkung **27** 92
- zeitliche Begrenzung **27** 97

Redezeit 27 97

Reflexschaden
- Beispiele **41** 49
- Leistung an Gesellschaft **41** 52
- Leistung an Gesellschafter **41** 53
- Schadensersatzklage **41** 46 ff.

Regelbericht
- Berichtspflicht **22** 104

Registeranmeldung
- Einziehung **43** 65 f.
- Einziehung, angeordnete **43** 74
- Kapitalherabsetzung **43** 65, 72 ff.

Registered Company
- England **5** 58

Registered shares
- Amerikanische Börse **10** 55

Registergericht
- Aktien **15** 33 ff.
- Auflösung **15** 38 f.
- Firma **15** 25
- Grundkapitalhöhe **15** 24, 29
- Gründungsvorschriften **12** 130
- Satzungsmängel **15** 24 ff.
- Sitz **15** 28
- Unternehmensgegenstand **15** 24
- Zahl der Vorstandsmitglieder **15** 36 f.
- Zeitpunkt **15** 38

Registersperre
- Formwechsel **16** 45
- Freigabeverfahren **44** 46
- Klage gegen Umwandlungsbeschluss **16** 45
- Übertragungsbeschluss **44** 46

Registerverfahren
- Ablehnung **6** 43 f.
- Aussetzung des Verfahrens **6** 41
- Eintragungsverfügung **6** 40
- Gerichtssprache **5** 198 f.
- Nachgründungsverfahren **14** 171 ff.
- Prüfung **6** 39
- Sitzverlegung **9** 15
- Zwischenverfügung **6** 42

Regress
- Aufsichtsratsmitglied **24** 148

Regulierter Markt 47 33
- Börsenhandel **46** 17
- Zulassung **46** 17

REIT-AG 8 95
- Rechtsformzusatz **8** 20

Relevanztheorie
- Anfechtungsgrund **38** 58

Repricing
- Aktienoptionen **32** 59
- Deutscher Corporate Governance Codex **32** 62
- Zulässigkeit **32** 60

Reservenauflösung
- Kapitalherabsetzung, vereinfachte **36** 82 ff.

Ressortzuständigkeit
- Haftung Vorstandsmitglied **24** 39

Restricted Stock
- Belegschaftsaktien **32** 173

Részvénytár társaság
- Ungarn **5** 145

Risikoanalyse
- Risikomanagement **18** 25 ff.

Risikobericht 18 34 ff.

Risikobewältigung
- Vorstand **18** 18

Risikoerkennung
- Risikomanagement **18** 25 ff.

magere Zahlen = Randnummern **Sachverzeichnis**

Risikofrüherkennungssystem
 – Abgrenzung Risikomanagement 18 11 ff.
 – Abschlussprüfung 19 36
 – Prüfung 18 37 ff.
 – Vorstand 18 20
Risikoidentifizierung
 – Vorstand 18 18
Risikomanagement 18
 – Abgrenzung Risikofrüherkennungssystem 18 11 ff.
 – Abschlussprüfung 19 39
 – Ad-hoc-Berichterstattung 18 28
 – Charakteristika 18 17
 – DCGK 18 1
 – Dokumentation 18 33
 – Festlegung der Risikofelder 18 24
 – KonTraG 18 1, 7 ff.
 – Prüfungsstandard 18 22 ff.
 – Risikoanalyse 18 25 ff.
 – Risikoerkennung 18 25 ff.
 – TransPuG 18 1
 – Überwachungssystem 18 31
 – Verantwortlichkeit 18 30 f.
 – Zustimmung des Aufsichtsrats 18 31
Risikomanagementsystem
 – Implementierungspflicht 18 19
Rückabwicklung
 – Kapitalherabsetzungsbeschluss 37 47
Rückfluss
 – Bareinlage 13 211
Rückkaufprogramm
 – Erwerb eigener Aktien 31 60
Rückkaufsrecht
 – Belegschaftsaktien 32 173
Rücklage
 – Gemeinnützige Aktiengesellschaft 55 28 ff.
 – Gewinnverwendung 30 36
 – Kapitalherabsetzung, vereinfachte 36 83
Rücklagenauffüllung
 – Beherrschungsvertrag 53 49 ff.
 – Gewinnabführungsvertrag 53 43 ff.
Rücklagenauflösung
 – Hauptversammlungsbeschluss 36 85
Rücklagenauflösungsbeschluss
 – Kapitalherabsetzungsbeschluss 36 85
Rücklagenbildung
 – Unterlassungsklage 41 19
Rücklagendotierung
 – Einziehung, vereinfachte 43 62 ff.
Rücktritt
 – Äquivalenzstörung 13 77
 – Verzug 13 128
Rückübertragungsklausel
 – Aktienoptionen 32 110
Rückwirkung
 – Gestaltungswirkung 38 151
 – Gewinnabführungsvertrag 53 152; 54 62
 – Kapitalerhöhung 17 125
 – Kapitalherabsetzung 17 125
 – Kapitalherabsetzung, vereinfachte 36 72
Ruhestandsbezüge 22 206

Sachdividende
 – Bewertung 30 40
Sacheinlage
 – anfängliche Unmöglichkeit 13 124
 – Aussonderung 13 25
 – Begleitschäden 13 124
 – beschränkt dingliche Rechte 13 27
 – bewegliche Sachen 13 28
 – Bewertbarkeit 13 23 f.
 – Bilanzierbarkeit 13 23 f.
 – Bürgschaftsübernahme 13 48
 – Darlehensforderung 13 49
 – Dienstbarkeit 13 28
 – Dienstleistungen Interferent 13 50
 – Dienstverpflichtungen Dritter 13 29
 – Dividendenrecht 13 50
 – nach Eintragung 13 74 ff., 78 ff.
 – Erbbaurecht 13 29
 – Ersetzungsbefugnis 13 65
 – Firmenrecht 13 29
 – Forderung 13 30 ff.
 – Forderungen 13 51 f., 87
 – Forderungsabtretung 13 30 ff.
 – Gebrauchsmuster 13 34
 – gemischte Sacheinlage 13 91
 – Gesellschaftsanteile 13 34
 – gewerbliche Schutzrechte 13 34, 40
 – Goodwill 13 34
 – Grundpfandrechte 13 34
 – Grundschuld 13 34
 – Grundstücke 13 86
 – grundstücksgleiche Rechte 13 34
 – Immaterialgüterrecht 13 34
 – Individualisierung 13 58 f., 83, 83 ff.
 – Insolvenzmasse 13 36
 – Kapitalnutzungsrecht 13 36
 – Kennzeichenrechte 13 37, 88
 – Know-how 13 38
 – Kundenstamm 13 38
 – Leistungsstörungen 13 62 f.
 – Leistungszeitpunkt 13 116
 – Lizenzrechte 13 38
 – Markenrechte 13 38
 – vor Minderwert 13 74 ff., 78 ff.
 – Miterbenanteile 13 34
 – Mitgliedschaftsrecht 13 39
 – Nachlass 13 39
 – Nießbrauch 13 41
 – Nutzungsrechte 13 47
 – obligatorische Nutzungsrechte 13 42, 53
 – Patentrechte 13 42
 – Produktionsanlagen 13 42
 – Rechtsgesamtheiten 13 42
 – Rückabwicklungsschäden 13 124
 – Sachgesamtheiten 13 43, 59, 89
 – Schuldbeitritt 13 53
 – statt der Leistung 13 125
 – Tilgung Gesellschaftsschuld 13 44
 – Übernahme Gesellschaftsschuld 13 44
 – unbewegliche Sachen 13 44
 – Unternehmen 13 45

1799

Sachverzeichnis

fette Zahlen = Paragrafen

- Unternehmensbeteiligungen **13** 85
- unvertretbare Vermögensgegenstände **13** 84
- Urheberrechte **13** 46
- Verbindlichkeit **13** 26
- Verkehrsfähigkeit **13** 25
- Verlagsrechte **13** 46
- Vermögen **13** 46
- Verpflichtungen Dritter **13** 47
- vertragliche Verpflichtung **13** 55
- vertretbare Vermögensgegenstände **13** 83
- Vertreterorganisationen **13** 47
- Wahlrecht **13** 65
- Warenlager **13** 47
- Wechsel **13** 52
- Werkerstellungsverpflichtung **13** 46, 54
- Wertpapierdepot **13** 47
- Zeichnung **33** 128
- Bedingtes Kapital
  - Gewinnberechtigung Arbeitnehmer **35** 84
  - Kapitalerhöhungsbeschluss **35** 85
  - Prüfungspflicht **35** 86
  - Unternehmenszusammenschlüsse **35** 84
- Bewertung **13** 68 f.
  - Anlagevermögen **13** 71
  - Äquivalenzstörung **13** 76 f.
  - gemischte **13** 69
  - Maßstab **13** 71
  - obligatorische Nutzungsrechte **13** 73
  - Sekundärleistungspflicht **13** 76
  - Überbewertung **13** 76
  - Umlaufvermögen **13** 71
  - Zeitpunkt **13** 70, 74
- Ermächtigung
  - Kapitalerhöhung **34** 21
- fehlerhafte Festsetzung
  - Änderung **13** 106 f.
  - Beseitigung **13** 108
  - Frist **13** 107
  - Heilung **13** 105

Sacheinlage, verdeckte **2** 27; **13** 22 ff., 204 ff.; **35** 88
  - s. Verdeckte Sacheinlage
  - Abgrenzung Sachgründung **13** 3
  - Abrede bei Gründung **13** 211
  - Aktien **13** 56
  - anfängliche Unmöglichkeit **13** 123
  - Anrechnungsverträge **13** 221 ff.
  - ARUG **13** 219 ff.
  - Aufspaltung **13** 210
  - Auslegung **13** 10
  - Ausschüttungsanspruch **13** 247
  - Austauschvertrag **13** 239 f.
  - Bardeckungsverpflichtung **13** 78
  - Bareinlageverpflichtung **13** 220
  - Bargründung **12** 3
  - Bedingung **13** 60
  - Begriff **13** 2
  - Bereicherungsanspruch **13** 229 ff.
  - Drittforderung **13** 246
  - Einlagenrückgewähr **10** 20
  - Errichtungsurkunde **13** 19
  - Ersetzungsbefugnis **13** 16

- Fälligkeit **13** 110
- fehlerhafte Festsetzung **13** 94 ff.
- fehlerhafte Sacheinlagevereinbarung **13** 94 ff.
- fingierte **13** 7, 222
- Forderungen gegen Gesellschaft **13** 217, 217 ff.
- Form **13** 19
- Formerfordernis **13** 68 f.
- Gegenleistung **13** 56 f., 93
- gemischt mit Bareinlage **13** 5
- gemischte **13** 4, 57
- genehmigtes Kapital **34** 70
- Gesellschafterdarlehen **13** 239 ff.
- Grundkapital **10** 11
- Gründungsmängel **14** 128, 139
- Heilung **13** 234 ff.
- Heilung vor Eintragung **13** 223 f.
- Hin- und Herzahlen **13** 248 ff.
- Höchstfristen **13** 111 ff.
- Kapitalerhöhung **33** 139
- Kapitalerhöhung, ordentliche **33** 135, 138
- Konzern **10** 19
- Leistung **13** 15
- Leistung an Erfüllungs Statt **13** 17
- Leistungsstörungen **13** 121 ff.
- Minderung **13** 129
- Nachbesserung **13** 129
- organisationsrechtliche Satzungsbestandteile **13** 8 ff.
- Parteien **13** 19 ff.
- Pflichten gegenüber Mitgründern **13** 21
- Rechtsfolgen **13** 219 ff.
- Rücktritt **13** 126
- Sachgründung **12** 3
- Satzung **13** 19
- Satzungsfestsetzung **13** 81 ff.
- Sekundärleistungspflicht **13** 16
- Tatbestand **13** 210
- Übergangsvorschriften **13** 261 ff.
- Übernahmeerklärung **13** 13
- Umgehungsverbot **13** 204 ff.
- Unterbewertung **13** 79 f.
- Unter-Pari-Emission **13** 117 f.
- unwirksame Vereinbarung **13** 240 ff.
- Unwirksamkeit **10** 11
- verdeckte **13** 6
- Verschmelzung **16** 70
- Verzug **13** 127 ff.
- Vorgesellschaft **13** 20
- Zeitpunkt **13** 111 f.
- Sacheinlagevereinbarung, fehlerhafte
  - Änderung Unternehmensgegenstand **13** 103
  - Beitrittserklärung **13** 97, 102
  - bis Eintragung **13** 94 ff.
  - nach Eintragung **13** 100 ff.
  - Geschäftsunfähigkeit **13** 101
- Sacheinlageverpflichtung
  - Closing **13** 109
  - Erfüllung **13** 109
  - Verhältnis zur Bareinlage **13** 13 ff.
  - Vollzug **13** 109 f.

magere Zahlen = Randnummern

Sachverzeichnis

Sachfirma
- Irreführungsverbot 8 38

Sachgesamtheiten
- Sacheinlage 13 43

Sachgründung 2 27; 13
- Ablaufplan 13 200
- erster Aufsichtsrat 13 148 ff.
- Gründungsbericht 13 173
- Handelsregisteranmeldung 13 192 ff.
- modifizierte Prüfung 14 60
- Sacheinlage 12 3
- Sachübernahme 12 4
- Übernahme Unternehmen 13 148
- Unternehmenseinlage 13 148
- verdeckte 13 201
- Anmeldung
  - Bestandteile 13 197
  - gerichtliche Prüfung 13 198 f.
  - Inhalt 13 195 ff.
  - Leistung der Einlage 13 193
  - Unter-Pari-Emission 13 194
- Gründungsbericht
  - Checkliste 13 175, 191
  - Form 13 173
  - Inhalt 13 173
- Gründungsprüfung 13 176 ff.
  - Aufsichtsratsmitglieder 13 176
  - Berichtspflicht 13 185 ff.
  - Checkliste 13 190
  - Entbehrlichkeit externer 13 178 ff.
  - Umfang 13 185
  - Vorstandsmitglieder 13 176
- Zusammensetzung
  - Aufsichtsrat 23 115

Sachkapitalerhöhung 16 113
- Checkliste 14 193
- Kapitalerhöhungsbetrag 33 17
- Nachgründung 14 185 ff., 188
- Verschmelzung 16 70

Sachliche Rechtfertigung
- Anfechtungsklage 38 1
- Bezugsrechtsausschluss 33 99 ff.; 34 41 ff.

Sachlicher Zusammenhang
- verdeckte Sacheinlage 13 213

Sachmittel
- Kapitalherabsetzungsbeschluss 36 21, 23

Sachübernahme
- Aufrechnung 13 241, 245
- Bareinlage 13 241
- Begriff 13 130
- Bewertung 13 142
- Festsetzung in Satzung 13 143
- fingierte Sacheinlage 13 136
- Gegenleistung 13 140 f.
- Gegenstand 13 138 ff.
- Gründungsmängel 14 128
- Heilung 13 243
- Leistungsstörungen 13 147
- Sachgründung 12 4
- unterbliebene Festsetzung 13 145 f.
- Wert 13 142
- Wirksamkeit 13 243

Sachübernahmevereinbarung
- Form 13 132
- Rechtsnatur 13 137
- Satzung 13 133 f.
- Verrechnungsabrede 13 136
- Vorgesellschaft 13 134 f.

Sachverstand
- Aufsichtsratsmitglied 23 129 ff.

Sachverständigenkosten
- Spruchverfahren 40 48

Saldierung
- Nachteilsausgleich 52 114

Sammelverbriefung
- Mitgliedschaftsrecht 10 81
- Verwahrung 10 101

Sammelverwahrung
- Aktienurkunde 10 99 ff.

Sanierung
- Gesellschafterdarlehen 21 14
- Kapitalerhöhung 33 134

Sanierungskapitalerhöhung 33 44

Sanierungsklausel
- Beobachtungszeitraum 4 198
- Erhalt wesentlicher Betriebsstrukturen 4 186
- Erwerb zum Zweck der Sanierung 4 185
- Geschäftsbetrieb 4 191 ff.
- Rückausnahme 4 189 ff.
- schädliche Ereignisse 4 195 ff.
- schädlicher Beteiligungserwerb 4 182 ff., 190
- zeitliche Anwendung 4 199 f.

Sanierungszweck
- Bedingtes Kapital 35 18

Satzung
- Abweichungen 7 42 ff.
- Abweichungen Unternehmensgegenstand 8 110 ff.
- Aufsichtsrat 7 49 ff.
- Auslegung 13 10 ff.
- Beirat 7 57
- Bekanntmachungsform 7 36
- Ergänzungen 7 41, 46 ff.
- fakultativer Inhalt 7; 7 37 ff.; 10 172 f.
- Feststellung 12 16
- Firma 7 14 f.; 8 2
- Form 7 4
- formelle Bestimmungen 7 5 ff.
- Gemeinnützige Aktiengesellschaft 55 14 ff.
- Gestaltungsfreiheit 7 37 ff.
- Grundkapital 7 22
- Gründung 12 16 ff.
- Hauptversammlung 7 54 ff.
- indifferente Bestimmungen 7 5 ff.
- Kompetenzverteilung 7 44
- materielle Bestimmungen 7 5 ff.
- Minderheitsrechte 7 44
- Mindestinhalt 7 11 ff.
- Mitgliedschaftsrecht 10 110
- Muster 7 3
- notarielle Beurkundung 7 4
- obligatorischer Inhalt 7; 7 11 ff.; 10 171 f.
- Organisationsvertrag 7 1
- Sachübernahmevereinbarung 13 133 f.

1801

Sachverzeichnis

fette Zahlen = Paragrafen

- Satzungsstrenge **7** 37
- Schiedsklausel **7** 45
- schuldrechtliche Zusatzvereinbarung **11** 1
- Schuldvertrag **7** 1
- Sitz **7** 17
- Stimmrechtsbeschränkungen **7** 56
- unechte Gesamtvertretung **22** 20
- Unternehmensgegenstand **7** 18 f.; **8** 71, 79 ff.
- Vertretungsmacht **22** 20
- Vorstand **7** 47
- Zahl Aufsichtsratsmitglieder **7** 51
- Zahl Vorstandsmitglieder **7** 32 ff.
- Zwangseinziehung **43** 7 f., 14 ff., 19
- **Auslegung**
  - nach Eintragung **7** 61 ff.
  - vor Eintragung **7** 60
  - formelle Bestandteile **7** 65
  - materielle Bestandteile **7** 62 ff.
- **Mängel**
  - nach Eintragung **7** 72 f.
  - vor Eintragung **7** 67 ff.
  - Heilung **7** 72
  - nach Invollzugsetzung **7** 68 f.
  - vor Invollzugsetzung **7** 68 f.
  - Nichtigkeit **7** 73

Satzungsänderung
- Aktiengattungen **29** 48 ff.
- anfechtbarer Beschluss **29** 67
- Anlagen zur Anmeldung **29** 60
- Aufhebungsbeschluss **29** 54
- Aussetzung der Eintragung **29** 66
- Bedingung, echte **29** 29
- Bedingung, unechte **29** 28
- Befristung, echte **29** 25
- Befristung, unechte **29** 27
- Beschlussmangel **29** 71
- Eintragungsinhalt **29** 68 ff.
- Einziehungsbeschluss **43** 47
- faktische **29** 23 f.
- fehlerhafte Anmeldung **29** 72
- Form der Anmeldung **29** 57
- Grundkapital **10** 29
- Gründung **12** 19
- Hauptversammlung **29**
- Handelsregisteranmeldung **29** 56
- Handelsregistereintragung **29** 55 ff.
- Hauptversammlungsbeschluss **29** 36 ff.
- Heilung durch Eintragung **29** 70 ff.
- Kapitalerhöhung **33** 42
- Kapitalmehrheit **29** 41, 46
- Mehrheitserfordernis **14** 91, **29** 45 ff.
- Nichtigkeitsgrund **39** 14
- Nichtigkeitsklage **29** 66
- Prüfung durch Registergericht **29** 62 ff.
- qualifizierte Stimmenmehrheit **29** 41, 46
- Rückwirkung **29** 30
- Satzungsstrenge **29** 33 ff.
- Sitzverlegung **9** 11 f.
- Sonderbeschluss **29** 48 ff.
- Stimmenmehrheit **29** 41, 46
- Tag der Eintragung **29** 69
- Vorgesellschaft **12** 97, **29** 31 f.
- Vorstand **29** 56
- Zuständigkeit **29** 36 ff.
- Zwangseinziehung **43** 8, 12

Satzungsanpassung
- Going Public **47** 26
- Kapitalherabsetzung **36** 26

Satzungsautonomie
- GmbH **2** 12

Satzungsbestandteile
- Abgrenzung **29** 10
- Änderung **29** 8
- Fassungsänderung **29** 11 ff.
- Handelsregistereintragung **29** 9
- indifferente Satzungsbestimmungen **29** 3 ff., 6 ff.
- Inhaltsänderung **29** 11
- notwendig echte Bestandteile **29** 3 ff.
- notwendig unechte **29** 6 ff.
- notwendig unechte Bestandteile **29** 3 ff.

Satzungsbestimmung
- Anfechtungsfrist **38** 110
- Dividende **30** 39
- Einzelverbriefung **10** 80
- Gewinnverwendungskompetenz **30** 16
- Gründungsmängel **14** 144
- Laufzeit **15** 5 ff.

Satzungsdurchbrechung
- Gewinnverteilung **30** 24
- Hauptversammlung **29** 19 ff.
- punktuelle **29** 20 f.
- Unternehmensgegenstand **8** 113
- zustandsbegründende **29** 22

Satzungsermächtigung
- Gewinnverteilung **30** 24

Satzungsfestsetzung
- Sacheinlage **13** 81 ff.

Satzungsfeststellung
- Gründungsmängel **14** 130
- Verschmelzung **16** 57

Satzungshoheit
- Hauptversammlung **26** 8

Satzungsinhalt
- Gemeinnützige Aktiengesellschaft **55** 17 ff.

Satzungskonformität
- Gewinnverwendungsvorschlag **19** 54

Satzungsmängel
- Ausschlussfrist **14** 86
- Eintragung trotz **14** 83 ff.
- Einwendung **14** 85
- einzelne Bestimmung **14** 85
- Feststellung der Nichtigkeit **14** 85
- Handelsregisteranmeldung **14** 56 ff.
- Heilung **14** 83 ff.
- inhaltliche **14** 57 ff.
- Nichtigerklärung **14** 70 ff.
- Nichtigkeitsmängel **14** 58

Satzungssitz 9 1
- Trennungsverbot **4** 11

Satzungsstrenge 2 12 ff.
- KGaA **3** 13 ff., 16
- Satzung **7** 37

magere Zahlen = Randnummern

Sachverzeichnis

Satzungsverletzung
- Anfechtungsgrund 38 55

Schaden
- Vorstandshaftung 24 126

Schadensabwehr
- Erwerb eigener Aktien 31 15 f.

Schadensersatz
- anfängliche Unmöglichkeit 13 124
- Einstweilige Verfügung 41 77
- Emittent 47 66
- Existenzvernichtungshaftung 52 31
- Insidergeschäft 48 41
- Minderheitsaktionär 44 47
- Öffentliches Übernahmeangebot 51 148
- Rückabwicklungsschäden 13 124
- Sacheinlage 13 124
- Squeeze out 44 47
- statt der Leistung 13 125
- Unternehmenserwerb 25 103
- Versorgungsansprüche 22 204
- Verzug 13 128
- Vorstandsmitglied 23 20 ff.
- Publizitätspflichtverstoß 48 64 ff.
- Beweislastumkehr 48 69
- Kapitalanlagebetrug 48 89
- Kursdifferenzschaden 48 73 f.
- Schaden 48 73
- Schutzgesetzverletzung 48 86 ff.
- Sittenwidrigkeit 48 91 ff.
- Verjährung 48 84
- Verschulden 48 69
- Vertragsabschlussschaden 48 73 ff.

Schadensersatzklage
- Aktionärsklagen, allgemeine 41 46 ff.
- Bezugsrechtsausschluss, rechtswidriger 41 73 ff.
- Eigenschaden 41 46
- Frist 41 55
- Gläubigerschutz 41 54
- Reflexschaden 41 46 ff.

Schadensminderungspflicht
- Prospekthaftung 47 133

Scheingründung
- Heilung durch Eintragung 14 88
- Nichtentstehung 14 65 f.

Schiedsgerichtsbarkeit
- Anfechtungsklage 38 7 f.

Schiedsgutachten
- Unternehmensbewertung 20 16

Schiedsklausel
- Satzung 7 45

Schiedsverfahren
- Poolvereinbarung 11 43

Schlussbilanz
- Abwicklung 15 130 ff.
- Verschmelzung 16 75

Schlussrechnung
- Abwickler 15 179 f.
- Vollbeendigung 15 179 f.

Schuldbeitritt
- Sacheinlage 13 53

Schuldübernahme
- Sacheinlage 13 44

Schütt-Aus-Hol-Zurück-Verfahren
- ordentliche Kapitalerhöhung 33 139

Schutzgesetz
- Aufsichtsratshaftung 24 183
- Vorstandshaftung 24 59 ff.

Schweden
- Aktiebolag 5 118
- Ausländische juristische Personen 5 116 ff.
- Handelsbolat 5 116
- Kommanditbolag 5 117

Schweiz
- Aktiengesellschaft 5 123
- Ausländische juristische Personen 5 120 ff.
- Gesellschaft mit beschränkter Haftung 5 122
- Kollektivgesellschaft 5 120
- Kommanditgesellschaft 5 121
- Öffentliche Urkunde 5 191

Schwellenquote
- Konzernbildungskontrolle 52 7 ff.
- Stimmrecht 51 15
- Zurechnung 51 15
- **Konzernbildungskontrolle**
- Frist für Meldung 52 18
- Meldepflicht 52 17
- Nichtberücksichtigung von Stimmrechten 52 16
- Stimmzurechnung 52 15
- Veröffentlichung 52 19
- **Stimmrechtsanteilsveränderungen**
- Einschränkung Stimmrecht 48 166 f.
- Erreichen 48 144
- Kapitalmaßnahme 48 182
- Kartellvorbehalt 48 169
- Mitteilungspflicht 48 163 ff.
- Nießbrauch 48 173
- stimmrechtslose Vorzugsaktie 48 165
- Tochterunternehmen 48 171
- Überwachung 48 144
- Unterschreitung 48 144
- vinkulierte Namensaktien 48 145, 169
- Zurechnung Stimmrechte 48 170 ff.

SE 1 7, 40
- **Sitzverlegung**
- Drittland 4 144
- Entstrickung 4 140
- innerhalb EU/EWR 4 138 ff.
- Steuerpflicht 4 139
- Verlustvortrag 4 141

Sekundärleistungspflicht
- Sacheinlage 13 16

Selbständige Optionsrechte
- Bedingtes Kapital 35 10

Selbstbehalt
- D & O-Versicherung 24 230

Selbstbehalt, obligatorischer
- D & O-Versicherung 24 143

Selbstkontraktion
- Ausländische juristische Personen 5 41 ff.

Selbstorganisation
- Aufsichtsratsmitglied 24 153

1803

Sachverzeichnis

fette Zahlen = Paragrafen

Sermayesi paylara bölünmü kommandit irket
- Türkei 5 138

Share Deal
- Holzmüller-Doktrin 52 44

Shareholder Value
- Leitung 22 41

Sicherheit
- Cash-Management 52 98
- Hauptversammlung 26 39

Sicherheit, aufstrebende
- Beherrschungsvertrag 21 52, 64
- Gewinnabführungsvertrag 21 54
- Haftung 21 59
- MoMiG 21 50
- Upstream-Bereicherung 21 55
- Vollwertigkeit 21 51

Sicherheitenbestellung 21 24 ff.
- Beherrschungsvertrag 21 64
- Down-stream-merger 21 64
- Finanzierung Anteilserwerb 21 33 ff.
- Kapitalerhaltung 21 26 ff.
- Nichtigkeit 21 63
- Up-stream-merger 21 64
- Verschmelzung 21 39 f.
- Vertragskonzern 21 62

Sicherheitsleistung
- Abwicklung 15 151 f.
- Anspruch auf vorzugsweise Befriedigung 53 71
- Art 36 45
- Beendigung Unternehmensvertrag 53 70
- begründete Forderungen 36 39 f.
- Eingliederung 45 22
- Einziehung 43 48
- Erfüllung 36 41 f.
- Formwechsel 16 42
- Frist 36 43
- Kapitalherabsetzung 36 38
- Nachteil 52 100

Sicherung von Rückzahlungsansprüchen
- ordentliche Kapitalerhöhung 33 137

Sidestream merger
- Verschmelzung 16 48

Siemens-Nold-Entscheidung
- Bezugsrechtsausschluss 34 42

Similar Public Company-Ansatz
- Comparative Company-Ansatz 20 63

Sittenwidrigkeit
- Gründungsmängel 14 132

Sitz 9 1 ff.
- Amtsgerichtsbezirk 9 3
- Auflösungsverfahren 9 18
- Doppelsitz 9 5 ff.
- Gemeinde 9 3
- Gründungsmängel 14 133
- innerhalb Deutschland 9 3
- Satzung 7 17
- Satzungssitz 9 1
- ursprüngliche Unzulässigkeit 9 18
- Verlegung 9 10 ff.
- WpÜG 51 4

Sitztheorie
- Cartesio-Entscheidung 15 71 f.
- Centros-Entscheidung 15 64
- Daily-Mail-Entscheidung 15 63
- EU-Recht 15 63 ff.
- Inspire-Art-Entscheidung 15 68 ff.
- modifizierte 5 22
- MoMiG 5 8 ff.; 15 75
- Niederlassungsfreiheit 5 27 ff.
- Sitzverlegung 4 11
- Überseering-Entscheidung 15 65 f.
- Verwaltungssitz im Inland 5 8 ff.
- Zuzugstaat 15 60, 61

Sitzungsniederschrift
- Aufsichtsratssitzungen 23 193 ff.

Sitzungsteilnahme
- Aufsichtsratssitzungen 23 179

Sitzverlegung 4 136 ff.
- Amtslöschungsverfahren 9 19
- Beschluss 9 13
- Checkliste 9 10
- nach Deutschland 4 145
- Entstrickung 4 140
- Finanzamt 9 16
- grenzüberschreitende 1 40
- Gründungstheorie 4 11
- innerhalb EU/EWR 4 138 ff.
- Kapitalgesellschaft 4 142 ff.
- Nichtigkeitsklage 9 19
- Registerverfahren 9 15
- Satzungsänderung 9 11 f.
- SE 4 138 ff.
- Sitztheorie 4 11
- Steuerpflicht 4 139
- unzulässige 9 19

Sitzverlegung, grenzüberschreitende 15 56 ff.
- in anderen Mitgliedsstaat 15 58
- Auflösungsbeschluss 15 58
- Rechtsfolgen 15 57 ff.
- Satzungsänderung 15 59
- Verwaltungssitz 15 60 ff.
- Zuzugstaat 15 60

Slowakische Republik
- Akeiová spolecnost 5 133
- Ausländische juristische Personen 5 130 ff.
- Komanditní spolecnost 5 132
- Spolecnost s rucením omezeným 5 134
- Verenjaá obchidní spolecnost 5 131

Sociedad anónima
- Spanien 5 128

Sociedad colectiva
- Spanien 5 125

Sociedad en comandita
- Spanien 5 126

Sociedade anónima
- Portugal 5 114

Sociedade em comandita simples
- Portugal 5 112

Sociedade em nome colectivo
- Portugal 5 111

Sociedade por quotas
- Portugal 5 113

1804

magere Zahlen = Randnummern

Sachverzeichnis

Società a responsabilità limitata
– Italien 5 79
Società in accomandita per azioni
– Italien 5 81
Società in accommandità semplice
– Italien 5 77
Società in nome collettivo
– Italien 5 75 f.
Società per azioni
– Italien 5 78
Societas Europea
– s. SE
Société à responsabilité limitée
– Frankreich 5 73
Société anonyme
– Belgien 5 46
– Frankreich 5 69 ff.
Société civile immobilière
– Frankreich 5 66
Société en commandite simple
– Belgien 5 45
– Frankreich 5 68
Société en nom collectif
– Belgien 5 44
– Frankreich 5 67
Société par Actions Simplifiée
– Frankreich 5 72
Société privée à responsabilité limitée
– Belgien 5 48
Sonderbericht
– Berichtspflicht 22 104
Sonderbeschluss
– Aktiengattung 10 72
– Anfechtungsklage 38 22
– außenstehender Aktionär 53 163
– Kapitalerhöhung 34 6
– Kapitalerhöhungsbeschluss 33 11
– Kapitalherabsetzungsbeschluss 36 22
Sonderbetriebsausgaben
– Gewerbeertrag 4 99
Sonderbetriebseinnahmen
– Gewerbeertrag 4 99
Sondereinflussfaktoren
– Ertragswertverfahren 20 35
Sonderprüfer
– Auswahl 19 75
– Bestellung 19 71
– Bestellung eines anderen 19 73
– Bestellungsverfahren 19 74
– gerichtliche Bestellung 19 71
– Informationsrechte 19 76
– Minderheitsaktionär 19 71
– qualifizierte Minderheit 19 73
– Vergütung 19 79
Sonderprüfung 19 65 ff.
– Abhängigkeitsbericht 52 166
– Antrag auf 19 82, 87
– Antragsfrist 19 87
– Bekanntmachung 19 93
– Bericht 19 77 f.
– Durchführung 19 76 ff.
– Gegenstand 19 68 ff.

– gerichtliches Nachverfahren 19 94
– Jahresabschluss 17 135; 19 68 ff.
– Kosten 19 81
– Nichtigkeitsklage 19 86
– Prüfungsbericht 19 91
– qualifizierte Minderheit 19 87
– Schadensersatzanspruch 19 68 ff.
– sofortige Beschwerde 19 88
– unzulässige Unterbewertung 19 82 ff.
– Zweck 19 68 ff.
– **Abhängigkeitsbericht**
– Antrag 52 195
– Antragsbefugnis 52 196
– Berichtspflicht 52 206
– Durchführung 52 203 f.
– gerichtliche Bestellung 52 184, 200 ff.
– Kosten 52 206
– qualifizierte Minderheit 52 196
– Schadensersatzanspruch 52 194
– Verdacht pflichtwidrige Nachteilszufügung 52 198
Sonderprüfungsbericht
– Offenlegung 19 79
Sonderrechte
– Aktien 10 71
– Eingliederung 45 32
– Formwechsel 16 23
– Verschmelzung 16 56
Sonderverwahrung
– Aktien 10 88
Sondervorteil
– Anfechtungsgrund 38 62 ff.
– angemessener Ausgleich 38 67 ff.
– Begriff 38 62
– Gründung 12 18
– Gründungsmängel 14 134
– Stimmrechtsausübung 38 63
– Treuepflicht 10 155
– Zurechnungszusammenhang 38 65 f.
Sonderzahlung
– Vorstandsvergütung 22 –
Sorgfaltsmaßstab
– Haftung Vorstandsmitglied 24 13
Sorgfaltspflicht
– Aufsichtsratspflichten 23 30 ff.
– Genussrechte 21 96
– Nachteil 52 85
– Organpflichten 22 69
– Vorstandspflichten 22 69
Sozialversicherungsbeiträge
– Aktienoptionen 32 134
– Vorstandshaftung 24 109 ff.
– Wandelanleihe 32 169
Sozialversicherungspflicht
– Anstellungsvertrag 22 125
– Vorstandsmitglied 22 125
Sozietätsklausel
– Abschlussprüfer 19 16
Spaltung 16 110 ff.
– Besteuerung 16 112
– Bezugsrechtsausschluss 33 89
– Eintragung 14 63

1805

Sachverzeichnis

fette Zahlen = Paragrafen

Spanien
- Ausländische juristische Personen 5 125 ff.
- Handelsregister 5 129
- Öffentliche Urkunde 5 192
- online-Register 5 129
- Sociedad anónima 5 128
- Sociedad colectiva 5 125
- Sociedad en comandita 5 126

Spenden
- Gemeinnützige Aktiengesellschaft 55 42, 44

Sperrfrist
- Besteuerung Aktienoptionen 32 117

Sperrfunktion
- Grundkapital 10 6

Sperrjahr
- Abwicklung 15 141 ff.
- Folgen des Ablaufs 15 145
- Öffentliches Übernahmeangebot 51 51

Spitzenausgleich
- Verschmelzung 16 52

Spitzenregulierung
- Zusammenlegung Aktien 36 55 f.

Spolecnost s rucením omezeným
- Slowakische Republik 5 134
- Tschechische Republik 5 134

Spólka akcyjna
- Polen 5 108

Spólka jawna
- Polen 5 104

Spólka komandytowa
- Polen 5 105

Spólka komandytowo akcyjna
- Polen 5 107

Spólka partnerska
- Polen 5 106

Spólka z organiczona odpowiedzialnóscia
- Polen 5 109

Spruchverfahren 40
- Anfechtungsklage 40 14
- Antrag 40 26 ff.
- Antragsberechtigung 40 15 ff., 24; 44 49
- Antragsfrist 40 29 ff.; 44 49
- Antragsrücknahme 40 46
- Anwaltskosten 40 58 ff.
- Anwendungsbereich 40 11 ff.
- Barabfindungsangebot 16 46
- Begründung 40 29
- Begründungsfrist 40 29
- Bekanntmachung 40 33
- Beschluss 40 45
- Beschwerde 40 42 ff.
- Bestellung 40 33
- Delisting 40 22
- Eingliederung 40 17; 45 35 f.
- FGG-Verfahrensgrundsätze 40 37
- Formwechsel 16 46
- Frist 16 46
- gemeinsamer Vertreter 40 33 f.
- Gerichtsgebühren 40 54 ff.
- Gerichtssachverständiger 40 43 f.
- materielles Recht 40 7 f.
- Mehrheitsstimmrechtsbeseitigung 40 21

- Minderheitsaktionär 40 9
- mündliche Verhandlung 40 36 f.
- Muster 40 32
- Sachverständigenkosten 40 57
- sachverständiger Prüfer 40 40 ff.
- Squeeze out 40 18; 44 44 ff.
- übertragende Auflösung 50 29
- Umstrukturierung 40 25
- Umwandlung 40 19
- Unternehmensvertrag 40 16
- Verfahrensrecht 40 4 ff.
- Vergleich 40 47
- Veröffentlichung der Entscheidung 40 47
- Vorlage von Unterlagen 40 39
- Wirkung der Entscheidung 40 51 f.
- zuständiges Gericht 40 27
- Zustellung 40 47

Squeeze out 44; 50 42
- Abzug von Ausgleichszahlungen 44 20
- Abzug von Dividenden 44 20
- Ad-hoc-Mitteilung 44 51 f.
- Aktienbezugsrecht 44 43
- Anfechtung 44 45
- Ausschluss von Aktionären 44
- Auszulegende Jahresabschlüsse 44 21
- Barabfindung 44 16; 50 44
- Barabfindung, Angemessenheit 44 26
- Barabfindungsanspruch 32 104
- Bericht Hauptaktionär 44 22 ff.
- Beteiligungsquote 44 7 ff.
- Checkliste 44 4
- Eigentumsgrundrecht 40 3
- Erwerb eigener Aktien 32 104 ff.
- Formwechsel 44 38
- Garantiegeber 44 16
- gerichtlich bestellter Prüfer 44 31 ff.
- Gewährleistungserklärung 44 16
- Handelsregistereintragung 50 43
- Hauptversammlungsbeschluss 44 34; 50 42
- Insidertatsache 44 52
- Mehrheitserfordernis 44 34
- Minderheitenschutz 44 44 ff.
- Prüfer 44 25
- Prüfungsbericht 44 33
- Rechtsmissbrauch 44 39
- Rechtsschutz 44 44 ff.
- sachverständiger Prüfer 44 31 ff.
- Schadensersatzanspruch 44 47
- Spruchverfahren 40 18; 44 44 ff.
- Übertragungsbeschluss 44; 44 18 ff.
- Unternehmensbewertung 20 73
- Verfahrensdauer 44 4
- Verlangen des Hauptaktionärs 44 13 ff.
- Voraussetzungen 44 7 ff.
- Widerruf der Börsenzulassung 50 45
- **Barabfindung**
- Bewertung 44 27
- Börsenkurs 44 29
- Discounted-Cash-Flow-Verfahren 44 27
- Ertragswertmethode 44 27
- **Übertragungsbeschluss**
- Anfechtung 44 44

Sachverzeichnis

magere Zahlen = Randnummern

- Handelsregisteranmeldung 44 42
- konstitutive Eintragungswirkung 44 42
- sachliche Rechtfertigung 44 36

Squeeze out, übernahmerechtlicher 44 54 ff.
- Andienungsrecht 44 61
- irrevocable undertaking 44 60
- Verfahren 44 55 ff.
- Vermutungsregel 44 58 f.

Squeeze out, verschmelzungsrechtlicher 44 62 ff.
- Verfahren 44 63 ff.
- Voraussetzungen 44 63
- Zwischenholding 44 67

Stabilisierungsmaßnahme
- Erwerb eigener Aktien 31 60

Stammaktien 7 31; 10 65

Statusverfahren
- Aufsichtsratsmitglied 23 165
- Aufsichtsratszusammensetzung 23 115 ff.

Stehenlassen von Darlehen
- Einlagenrückgewähr 21 33

Stellvertreter
- Aufsichtsratsvorsitzender 23 173 f.

Steuerberater
- Insolvenzantragspflicht 22 102

Steuerliche Organschaft 54
- Aktienverkauf 54 7
- Anteilsvereinigung 54 284 ff.
- Beendigung 54 276
- Bruttomethode 54 144
- Dividendenfreistellung 54 143
- Ertragsteuer 54 6
- Finanzunternehmen 54 145
- Gewerbesteuer 54 3
- Gewinnabführungsvertrag 54 291
- Grunderwerbsteuer 54 280 ff.
- Haftung 54 5
- Mehrmütterorganschaft 54 4
- Negativbescheid 54 210
- Organschaftsverhältnis 54 282 f.
- Personengesellschaft 54 20 f.
- Steuererklärung 54 210
- Umstrukturierung 54 7
- Veräußerungsgewinnfreistellung 54 143
- Voraussetzungen 54 282 f.
- **Körperschaftsteuer 54 3**
  - Auslandsbezug 54 16, 19
  - Geschäftsinhaber 54 30
  - Inlandsfälle 54 18
  - Insolvenz 54 207 ff.
  - Liquidation 54 207 ff.
  - mittelbare Beteiligung 54 17
  - Voraussetzungen 54 9 ff.
  - Zinsschranke 54 160
- **Umsatzsteuer 54 258 ff.**
  - finanzielle Eingliederung 54 266
  - Insolvenz 54 270 ff., 274 ff.
  - Organgesellschaft 54 261 ff.
  - organisatorische Eingliederung 54 258 f.
  - Rechtsfolgen 54 270 ff.
  - Voraussetzungen 54 265 ff.
  - wirtschaftliche Eingliederung 54 267

Steuermesszahl
- Gewerbesteuer 4 29

Steuerpflicht
- beschränkte 4 12, 224 f.
- Körperschaftsteuer 4 10 ff.
- Sitzverlegung 4 139
- unbeschränkte 4 10 ff., 223

Steuerrecht
- Gemeinnützige Aktiengesellschaft 55 6 ff.

Steuersatz
- Gewerbesteuer 4 29
- Körperschaftsteuer 4 26

Steuerschulden
- Aussetzung der Vollziehung 24 106
- Haftung Vorstandsmitglied 24 105 ff.

Steuerumlage
- Nachteil 52 96 f.

Stichtag
- Verschmelzung 16 53, 54, 80

Stichtagsprinzip
- Unternehmensbewertung 20 29

Stiftungs-AG
- Gemeinnützige Aktiengesellschaft 55 22

Stille Beteiligung
- atypisch 32 176
- atypisch still 21 116
- Begründung 21 110 ff.
- Besteuerung 32 178
- Einlage 21 107
- fehlerhafte Gesellschaft 21 112
- Form 21 110 f.
- Genussrechte 21 71 f.
- Geschäftsführungsbeteiligung 21 117
- Gestaltungsmöglichkeiten 21 113
- Handelsregistereintragung 21 110
- Informationsrechte 21 120
- Mitarbeiterbeteiligung 32 176 ff.
- Mitunternehmerinitiative 21 115
- Nichtigkeit 21 111
- partiarisches Darlehen 21 108
- Publikumsfonds 21 110
- stille Reserven 21 122
- strukturverändernde Maßnahmen 21 119
- Teilbetrieb 21 123
- Teilgewinnabführungsvertrag 21 110
- typisch 32 176
- typisch still 21 115, 122
- Unterbeteiligung 21 109
- Vermögensbeteiligung 21 122
- Vertretungsmacht 21 117
- Zustimmung Hauptversammlung 21 110, 119
- Zustimmungsvorbehalt 21 117

Stille Gesellschaft
- Vertretungsmacht 21 118

Stille Reserven
- Formwechsel 16 20
- schädlicher Beteiligungserwerb 4 177 f.
- Stille Beteiligung 21 122
- Verschmelzung 16 81
- Wegzug 4 6

1807

Sachverzeichnis

fette Zahlen = Paragrafen

Stimmauswertung
- Checkliste **27** 90

Stimmbindungsvertrag
- Absicherung durch Vertragsstrafe **11** 39
- Außenwirkung **11** 23
- Mitbestimmungsvereinbarungen **23** 111
- Nichtigkeit **10** 123
- Poolvereinbarung **11** 1, 23
- Stimmrecht **10** 122 f.

Stimmpoolvereinbarung
- Mehrheitsverhältnisse **11** 6

Stimmrecht
- Aktiennennbetrag **27** 102
- Ausübung **10** 119
- Beschränkung durch Gesetz **10** 124
- Beschränkung durch Satzung **10** 120 ff.
- Einlageleistung **27** 101
- Entstehung **10** 118
- Höchststimmrecht **27** 102
- Interessenkollision **27** 105 ff.
- Mehrstimmrecht **27** 102
- Mitgliedschaftsrecht **10** 118 ff.
- Schwellenquote **51** 15
- Stimmbindungsvertrag **10** 122 f.
- stimmrechtslose Vorzugsaktien **27** 103
- Stimmverbot **27** 105 ff.
- Stückaktien **27** 102
- Vorzugsaktien **10** 121

Stimmrechtsanteilsveränderungen
- Ad-hoc-Mitteilung **48** 159
- Meldepflichtiger **48** 140
- Offenlegungspflicht **48** 139
- stimmrechtslose Vorzugsaktien **48** 142
- Mitteilungspflicht **48** 157 f.
  - Form **48** 188
  - Frist **48** 185 f.
  - Inhalt **48** 151
  - Schadensersatzpflicht **48** 155
  - Stimmrechtseinschränkung **48** 143
- Schwellenquote
  - Erreichen **48** 144
  - Überwachung **48** 144
  - Unterschreitung **48** 144
  - vinkulierte Namensaktien **48** 145
- Veröffentlichungspflicht **48** 197 ff.
  - eigene Aktien **48** 158
  - EU-Gesellschaften **48** 160
  - Form **48** 162
  - Frist **48** 159
  - Inlandsgesellschaften **48** 160
  - Mitteilung **48** 157
  - Pflichtiger **48** 156

Stimmrechtsausübung
- Sondervorteil **38** 63

Stimmrechtsbeschränkungen
- Mitgliedschaftsrecht **10** 120 ff.
- Satzung **7** 56

Stimmrechtseinschränkung
- Schwellenquote **48** 166 f.

Stimmrechtsermächtigung
- Form **27** 23

Stimmrechtsvollmacht
- Abspaltungsverbot **11** 39
- Hauptversammlung **11** 36 ff.
- Poolversammlung **11** 36 ff.

Stimmrechtszurechnung
- Schwellenquote **48** 170 ff.

Stimmverbot
- Hauptversammlung **25** 15
- Stimmrecht **27** 105 ff.
- übertragende Auflösung **50** 27

Strafbarkeit
- Aufsichtsratshaftung **24** 158 ff.
- Organmitglieder **24** 233 ff.

Straftat
- Aufsichtsratsmitglied **24** 258 ff.
- Beihilfe **24** 259
- Unterlassen **24** 260
- **Vorstandsmitglied**
  - Aktienrecht **24** 238
  - Bilanzeid **24** 242
  - Geheimnisschutz **24** 244
  - Geschäftsverteilung **24** 255
  - Gründung **24** 238
  - Insidergeschäft **24** 243
  - Insolvenzstrafbestände **24** 248
  - Insolvenzverschleppung **24** 247
  - Kapitalerhöhung **24** 238
  - Kausalität **24** 256
  - Korruptionsdelikte **24** 252
  - Kursmanipulation **24** 243
  - öffentliche Finanzinteressen **24** 245 f.
  - Rechnungslegung **24** 240 ff.
  - Untreue **24** 249
  - Vermögensinteressen von Tochtergesellschaften **24** 251
  - Zurechnung **24** 254

Streitverkündung
- Vorstandshaftung **24** 8

Streitwertspaltung
- Anfechtungsklage **38** 162 ff.

Streubesitzdividende
- Steuerbefreiung **4** 34 f.

Strukturmaßnahmen
- Bezugsrecht **35** 56
- Nichtigkeitsklage **39** 30 f., 34

Stückaktien
- Aktien **7** 24; **10** 76, 78
- bedingtes Kapital **32** 34; **35** 19
- Einziehung, vereinfachte **43** 57
- Grundkapitalziffer **36** 8
- Kapitalerhöhung **33** 20
- Kapitalherabsetzung **36** 5, 50
- Stimmrecht **27** 102
- Übernahme der Aktien **12** 21
- Zusammenlegung Aktien **36** 14

Stückelung
- Aktien **2** 23
- Börsenkurs **47** 54
- Eigenkapital **1** 14

Stufengründung **12** 9

Stuttgarter Verfahren **20** 65

magere Zahlen = Randnummern

Sachverzeichnis

Substanzwertverfahren
- Bewertungsverfahren 20 22
- Liquidationswerte 20 56 ff.
- Unternehmensfortführung 20 56

Subtraktionsmethode
- Abstimmungsmethode 27 88

Suspension
- Eigene Aktien 31 44

Tagesordnung
- Aufnahmeverlangen zusätzliche Punkte 25 7
- Entscheidungsverlangen 25 28
- Ergänzungsverlangen 26 66
- Gegenanträge 25 8; 26 77 ff.
- Kapitalerhöhungsbeschluss 33 8

Tagesordnungsbekanntmachung 26 65 ff.
- Beschlussvorschlag 26 68
- fehlerhafte 26 71 ff.
- Minderheitsverlangen 26 66
- Satzungsänderungen 26 69
- Vorstandsbericht 26 70
- Wahl Aufsichtsratsmitglied 26 69
- Wahl Prüfer 26 69

Take-along-Klausel
- Mitveräußerungsrecht 11 18 ff.

Talon
- Erneuerungsschein 10 104

Tantieme 32 186 ff.
- Aufsichtsratsmitglied 32 211 ff.
- Mitarbeiterbeteiligung 32 186 ff.
- Teilgewinnabführungsvertrag 53 121
- Aufsichtsratsmitglied
  - dividendenorientierte 32 213
  - jahresgewinnorientierte 32 211 f.
  - konzernergebnisorientierte 32 214
  - unternehmenserfolgsorientierte 32 215 ff.

Tarifvertrag
- Aktienoptionen 32 108

Tauschangebot
- Öffentliches Übernahmeangebot 51 71

Technik
- Hauptversammlung 26 37

Teilanfechtung
- Anfechtungsklage 38 107 ff.
- Beschlussmehrheit 38 107 ff.

Teilangebot
- Öffentliches Übernahmeangebot 51 67 ff.

Teilbetrieb
- Stille Beteiligung 21 123

Teileinkünfteverfahren
- Betriebsvermögen 4 236
- Günstigerprüfung 4 233
- pauschaler Steuersatz 4 232
- Veranlagungsoption 4 234
- Veräußerungsgewinn 4 263 ff.

Teileinzahlung
- Namensaktien 10 53

Teilgewinnabführungsvertrag 53 37, 115 ff.
- Abführung Teilgewinn 53 117 f.
- abhängige Gesellschaft 53 119
- mit Arbeitnehmer 53 121

- mit Aufsichtsratsmitglied 53 121
- Genussrechte 21 100
- Gesellschaftsschutz 53 123
- Gläubigerschutz 53 123
- laufender Geschäftsverkehr 53 122
- stille Beteiligung 21 110
- Tantiemen 53 121
- unangemessene Gegenleistung 53 118 ff.
- Unternehmensvertrag 53 105
- mit Vorstandsmitglied 53 121

Teilkonzern
- Mitbestimmung 23 75
- Zurechnung Arbeitnehmer 23 70 ff.

Teilnahmepflicht
- Hauptversammlung
  - Abschlussprüfer 27 40 f.
  - Aufsichtsratsmitglied 27 38 f.
  - Vorstandsmitglied 27 36 ff.

Teilnahmerecht
- Aufsichtsratsausschuss 23 202
- Hauptversammlung 27 1 ff.
  - Abschlussprüfer 27 28 f.
  - Aktionär 27 3 ff.
  - Aktionärsvertreter 27 19 ff.
  - Anmeldung 27 5, 11
  - Aufsichtsratsmitglied 27 27
  - Behördenvertreter 27 30 f.
  - Gäste 27 34
  - gemeinschaftlicher Vertreter 27 13
  - Hinterlegung der Aktien 27 5 f.
  - Hinterlegungsfrist 27 10
  - Medien 27 33
  - Nachweis Aktionärseigenschaft 27 16
  - Notar 27 32
  - Prüfung Personenidentität 27 17
  - Redezeitbegrenzung 27 12
  - Saalverweis 27 12
  - sicherungsübereignete Aktie 27 15
  - Stimmberechtigung 27 3
  - verpfändete Aktie 27 14
  - Voraussetzungen 27 4 ff.
  - Vorstandsmitglied 27 27
  - Vorzugsaktien 27 3

Teilnehmerverzeichnis
- Hauptversammlung 27 42 ff.
  - Änderungen bei 27 48
  - Aufstellung 27 46
  - Einsichtnahmerecht 27 47
  - NaStraG 27 49

Teilnichtigkeit
- Gründungsmängel 14 136
- Nichtigkeitsklage 39 32

Teilwertabschreibung
- Körperschaftsteuer 4 57

Teilzeitkräfte
- MitbestG 23 61

Tendenzunternehmen
- DrittelbG 23 95
- Konzern 23 77 ff.
- Konzernspitze 23 78
- MitbestG 23 62 ff.

1809

Sachverzeichnis

fette Zahlen = Paragrafen

- Tochterunternehmen **23** 79 f.
- überwiegende Tätigkeit **23** 63
- unmittelbare Verfolgung **23** 63

Territorialprinzip
- MitbestG **23** 58

Thesaurierung
- Gewinnverwendung **30** 2

Tilgungswahlrecht
- Wandelschuldverschreibung **35** 8

Tochtergesellschaft
- Ausfüllung Unternehmensgegenstand **25** 55
- Erheblichkeitsschwelle **25** 72
- Gewinnabführungsvertrag **54** 292
- Kapitalerhöhungsbeschluss **33** 10
- Schwellenquote **48** 171
- Stimmrechtsanteilsveränderungen **48** 171
- Tendenzunternehmen **23** 79 f.
- Wandelschuldverschreibung **35** 12

Totalrückzug
- Going Private **50** 2

Tracking Stocks
- disquotale Ausschüttung **4** 341

Trade Sale 47 20

TransPuG
- Risikomanagement **18** 1

Trennungsprinzip 2 6
- Kapitalgesellschaft **4** 3
- Management Gesellschafter **1** 15 f.

Trennungsverbot
- MoMiG **4** 11
- Satzungs-/Verwaltungssitz **4** 11

Treuepflicht
- Aufsichtsrat **22** 62 ff.
- Aufsichtsratshaftung **24** 187
- Einfluss auf Gesellschaft **10** 154
- gesellschaftsrechtliche **2** 5
- gegenüber Minderheitsaktionären **52** 212
- Mitgliedschaftspflichten **10** 153 ff.
- Organpflichten **22** 62 ff.
- Sondervorteil **10** 155
- Vorstandspflichten **22** 62 ff.

Treuhänder
- Aktionärsvertreter **27** 26

Tschechische Republik
- Akeiová spolecnost **5** 133
- Ausländische juristische Personen **5** 130 ff.
- Komanditní spolecnost **5** 132
- Spolecnost s rucením omezeným **5** 134
- Verenjaá obchidní spolecnost **5** 131

Türkei
- Anonim irket **5** 139
- Ausländische juristische Personen **5** 136 ff.
- Kollektif sirket **5** 136
- Komandit irket **5** 137
- Limited irekti **5** 140
- Sermayesi paylara bölünmü kommandit irket **5** 138

Typenvergleich
- Körperschaftsteuer **4** 13

Typisch stille Gesellschaft
- Organgesellschaft **54** 33
- Organträger **54** 31

Überbewertung
- Jahresabschluss **17** 132

Übergangsgeld
- Versorgungsansprüche **22** 186

Überleitungsverfahren
- Aufsichtsratszusammensetzung **23** 115 ff.

Übermittlungspflicht
- Pflichtige **48** 197 ff.
- Tatbestand **48** 198

Übernahme der Aktien
- Ausgabebetrag **12** 21
- Erwerb eigener Aktien **31** 3 ff.
- Nennbetragsaktien **12** 21
- Stückaktien **12** 21

Übernahmeangebot 51 11 ff.
- Abwehrmaßnahmen **25** 51 f.
- Ad-hoc-Mitteilung **51** 36
- Zustimmung Aufsichtsrat **25** 51
- Zustimmung Hauptversammlung **25** 51

Übernahmeerklärung
- unter Bedingung **13** 60
- Inhalt **13** 13 f.
- Sacheinlage **13** 13
- Unterzeichnung **13** 13

Übernahmevertrag
- Force Majeure **47** 69
- Gewährleistungserklärungen **47** 65
- Konsortium **47** 63 ff.
- Material Adverse Change **47** 69

Überschuldung 15 19
- Begriff **22** 101
- Vorstandspflichten **22** 99, 101

Überseering-Entscheidung 15 65 f.
- Sitztheorie **15** 65 f.

Übersendungspflicht
- Abschrift auszulegender Unterlagen **26** 120
- Internetveröffentlichung **26** 120
- Zugänglichmachung **26** 120

Übertragende Auflösung 40 23
- Asset Deal **50** 26
- Entschädigung Minderheitsaktionär **50** 29
- Erledigung Börsenzulassung **50** 30
- Handelsregistereintragung **50** 27
- Hauptversammlungsbeschluss **50** 27
- Liquidation **50** 28
- Liquidationsbeschluss **50** 28
- Mehrheitserfordernis **50** 27
- notarielle Beurkundung **50** 27
- Spruchverfahren **50** 29
- Stimmverbot **50** 27

Übertragung
- Aktien **10** 156 ff.
- Bezugsrecht **10** 134 ff.
- Holzmüller-Entscheidung **25** 59 ff.
- Mitgliedschaftsrecht **10** 107
- Namensaktien **10** 46 ff.
- Verlustausgleichsanspruch **53** 64

Übertragungsbeschluss
- Anfechtung **44** 45
- Nichtigkeit **44** 41, 48
- Registersperre **44** 46
- Schadensersatz **44** 47

magere Zahlen = Randnummern   **Sachverzeichnis**

- Squeeze out **44**; **44** 18 ff.
- Widerspruch zu Protokoll **40** 23

Übertragungsgewinn
- Beteiligungsprivileg **4** 55

Überwachungspflicht
- Aufsichtsrat **23** 19 ff.
- Aufsichtsratshaftung **24** 158
- Aufsichtsratsmitglied **24** 194
- Frauenquote **24** 195

Überwachungssystem
- börsennotierte Gesellschaft **17** 2

Überzeichnung
- Zeichnung **47** 150

Umgehungsgeschäft
- über Dritte **13** 214 ff.
- Erwerb eigener Aktien **31** 49 ff.
- Forderungen gegen Gesellschaft **13** 217 ff.
- unternehmensbezogene Geschäfte **13** 216
- verbundene Unternehmen **13** 214
- Vermutung **13** 215
- Zeichnungsverbot **31** 5 f.

Umqualifizierung in Eigenkapital
- Voraussetzungen **21** 19

Umsatzsteuer
- steuerliche Organschaft **54** 258 ff.

Umtausch
- Wandelanleihe **35** 70 ff.

Umtausch Wandelanleihe
- Zuzahlung **35** 72 f.

Umtauschrecht
- Bezugsaktie **35** 70 ff.
- Eingliederung **45** 32
- Verschmelzung **50** 32
- Wandelschuldverschreibung **35** 8

Umtauschverhältnis
- Bedingtes Kapital **35** 32
- Bewertungsmethode **16** 59
- Kapitalerhöhungsbeschluss **35** 32
- Unternehmensbewertung **16** 59
- Verschmelzung **16** 52
- Wandelanleihe **35** 32

Umtauschzwang
- Genussrechte **21** 92

Umwandlung 16
- Abwicklung **15** 88
- Anfechtungsklage **38** 13
- Aufsichtsratszusammensetzung **23** 115
- Ausgliederung **16** 113 f.
- Bargründung **12** 5
- Bezugsrecht **10** 130
- Firma **8** 57
- Formwechsel **14** 182 ff.; **16** 115
- Körperschaftsteuer **4** 15
- Nachgründung **14** 182 ff., 183 ff.
- Nichtigkeit **39** 30 f.
- Nichtigkeitsklage **39** 34
- Organgesellschaft **54** 61
- Organträger **54** 60
- Prüfungspflicht **19** 5
- schwebend unwirksam **25** 38
- Spaltung **16** 110 ff.
- Spruchverfahren **40** 19
- Verschmelzung **14** 184; **16** 48 ff., 116
- Zustimmung Hauptversammlung **25** 38 f.

Umwandlungsbericht
- Verzicht **16** 34
- **Formwechsel**
  - Auslegung **16** 14
  - Barabfindungsangebot **16** 12
  - Entwurf Umwandlungsbeschluss **16** 8
  - Erforderlichkeit **16** 5
  - Mindestinhalt **16** 7 f.
  - Muster **16** 117
  - Übersendung **16** 12
  - verbundene Unternehmen **16** 10
  - Vermögensaufstellung **16** 9
  - Verzicht **16** 34
  - Zuständigkeit **16** 6

Umwandlungsbeschluss
- Anfechtungsklage **38** 13
- Formwechsel **50** 36
- Verschmelzung **50** 33
- **Formwechsel**
  - Form **16** 14
  - Formalia **16** 14
  - Gesellschafterversammlung **16** 11
  - Inhalt **16** 18 ff.
  - Kapitalgesellschaft **16** 15
  - Klage gegen **16** 44 ff.
  - Mehrheitserfordernis **16** 15
  - Muster **16** 118
  - Personengesellschaft **16** 14, 16
  - Satzungsfeststellung **16** 24
  - Widerspruch **16** 34
  - Zustimmung Gesellschafterversammlung **16** 14
  - Zustimmungserfordernis **16** 17

Umwandlungsrecht 1 31

Unbedenklichkeitsverfahren
- Eingliederung **45** 34

Unbekanntheitspflegschaft
- Vermögensverteilung **15** 164 ff.

Underwriter
- Konsortium **47** 41

Ungarn
- Ausländische juristische Personen **5** 142 ff.
- Betéti társaság **5** 143
- Korlátolt felelősségű társaság **5** 146
- Közös vállalat **5** 144
- Küzkereseti társaság **5** 142
- Részvény társaság **5** 145

Unlauterer Wettbewerb
- Vorstandshaftung **24** 113

Unterbeteiligung
- Mitarbeiterbeteiligung **32** 177
- Stille Beteiligung **21** 109

Unterbewertung
- Antrag auf Sonderprüfung **19** 82, 87
- Bekanntmachung **19** 93
- gerichtliches Nachverfahren **19** 94
- Jahresabschluss **17** 133
- Nichtigkeitsklage **19** 86
- Prüfungsbericht **19** 91
- Sacheinlage **13** 79 f.

1811

Sachverzeichnis

fette Zahlen = Paragrafen

- sofortige Beschwerde **19** 88
- Sonderprüfung **19** 82 ff.
- unzulässige **19** 82 ff.

Unterbewertung, unzulässige
- qualifizierte Minderheit **19** 87

Unterbilanzhaftung
- Differenzhaftung **12** 114 ff.
- Kapitalerhöhung **33** 131
- Verlustdeckungspflicht **12** 116
- wirtschaftliche Neugründung **12** 130

Unterjähriger Erwerb
- finanzielle Eingliederung **54** 58
- Umstellung Wirtschaftsjahr **54** 58

Unterkapitalisierung
- Eigenkapital **10** 38
- Konzern **52** 34

Unterlassen
- Straftat **24** 205

Unterlassungsklage
- actio pro socio **41** 11 f.
- Bezugsrechtsausschluss **34** 50
- feindliche Übernahme **41** 23
- genehmigtes Kapital **41** 20 f.
- Geschäftsführungsmaßnahme **25** 100; **41** 8 f.
- Gleichbehandlungsgrundsatz **41** 22
- Hauptversammlungsbeschluss **41** 6
- Holzmüller-Fälle **41** 33 ff.
- Klagebefugnis **41** 13
- Konzernsachverhalte **41** 17 ff.
- Passivlegitimation **41** 15
- Rechtsgrundlagen **41** 13 f.
- Übergehung Hauptversammlungszuständigkeit **41** 17 ff.
- übersteigerte Rücklagenbildung **41** 19
- Vorstand **22** 260

Unternehmen
- Sacheinlage **13** 45

Unternehmen öffentlichen Interesses
- Abschlussprüfer **19** 20 f.
- Prüfungspflicht **19** 3, 10

Unternehmensbewertung 20
- Abfindungsermittlung **20** 67
- Anlass **20** 5 ff.
- Beherrschungsvertrag **20** 67
- anhand Börsenkursen **20** 67 ff.
- Discounted Cash Flow-Verfahren **20** 24
- Eigentümerwechsel **20** 6
- Eingliederung **20** 67
- entscheidungsabhängige **20** 10
- entscheidungsunabhängige **20** 10
- ertragsschwache Unternehmen **20** 80 ff.
- Ertragswertverfahren **20** 24
- Fairness Opinion **20** 17
- Fortführung **20** 13
- gesetzlicher Anlass **20** 7
- Gewinnabführungsvertrag **20** 67
- künftige finanzielle Überschüsse **20** 28
- Maßgeblichkeit des Bewertungszwecks **20** 25
- Nutzwert **20** 27
- objektiver Unternehmenswert **20** 14
- objektivierter Unternehmenswert **20** 13
- Schiedsgutachten **20** 16

- Squeeze out **20** 73
- Stichtagsprinzip **20** 29
- subjektiver Entscheidungswert **20** 15
- Unterschreitung Börsenkurs **20** 70
- Verfahren **20** 8
- Verschmelzung **20** 72
- Vorsichtsprinzip **20** 31
- wachstumsstarke Unternehmen **20** 75 ff.
- wirtschaftliche Unternehmenseinheit **20** 26
- zulässige Verfahren **20** 24
- Zweck **20** 11 ff.

Unternehmenseinbringung
- Bekanntmachung Aufsichtsrat **13** 160 ff.
- nachträgliche **13** 170
- Zeitpunkt **13** 162

Unternehmenseinheit
- Unternehmensbewertung **20** 26

Unternehmenseinlage
- Sachgründung **13** 148

Unternehmensführung
- Erklärung zur **17** 23

Unternehmensgegenstand 8 71 ff.
- Abweichungen **8** 110 ff.
- Amtslöschung **14** 72
- Änderung **25** 53 ff.
- Ausfüllung durch Tochtergesellschaft **25** 55
- Begriff **8** 71
- behördliche Genehmigung **7** 19
- Beteiligungserwerb **8** 76, 99 ff.
- Dienstleistungen **8** 89
- Einschränkung **8** 106
- Falschangabe **14** 76
- fehlende Bestimmung **14** 72
- Formulierung **8** 96 f.
- Funktion **8** 72
- Gegenstandsdurchbrechung **8** 113
- Gemeinnützige Aktiengesellschaft **55** 23 ff.
- Geschäftsführungsbefugnis **8** 73 ff.
- Gesetzeswidrigkeit **14** 73 f.
- Gründungsmängel **14** 70, 137
- Holding-AG **8** 76, 102
- Individualisierung **8** 85 ff.
- Lizenzrechtserwerb **8** 105
- Nachgründungsvorschriften **8** 76
- Nichtigkeit **14** 72, 73 f., 75
- Nichtigkeitsklage **8** 115
- offene Vorratsgründung **14** 78
- Satzung **7** 18 f.; **8** 71, 80, 110 ff.
- Satzungsdurchbrechung **8** 113
- Scheingegenstand **8** 80
- Überkonkretisierung **8** 91
- Unternehmenszweck **8** 78
- unzulässiger **8** 114 f.
- verdeckte Vorratsgründung **14** 79
- Verstoß gegen gute Sitten **14** 73
- Verwaltung eigenen Vermögens **14** 78
- Verwandtschaftsklausel **8** 97
- Vorratsgründung **8** 81 ff.; **12** 120 f.
- Wettbewerbsverbot **8** 77
- Zustimmung Hauptversammlung **25** 53 ff.

Unternehmensgewinn
- Doppelbesteuerungsabkommen **54** 21

1812

magere Zahlen = Randnummern

Sachverzeichnis

Unternehmenskauf
– Öffentliches Übernahmeangebot 51 1
Unternehmensregister
– elektronisches 17 61
– Veröffentlichung 48 220 ff.
Unternehmensvertrag
– Befristung 53 160
– Berichtspflicht 53 142
– Betriebspacht 53 105
– Betriebsüberlassungsvertrag 53 105
– Checkliste 53 174
– Gewinngemeinschaft 53 105
– Spruchverfahren 40 16
– Teilgewinnabführungsvertrag 53 105
– **Beendigung 53** 155 ff.
– Aufhebung 53 156 ff.
– Kündigung 53 159 ff.
– **Kündigung, außerordentlich**
– wichtiger Grund 53 166 ff.
– **Kündigung, ordentlich 53** 160
– Frist 53 164
– Sonderbeschluss außenstehende Aktionäre 53 163
– Termin 53 165
– **Vertragsschluss 53** 131 ff.
– Bericht an Hauptversammlung 53 141
– Form 53 134
– Handelsregisteranmeldung 53 148
– Hauptversammlung 53 144 f.
– Heilung durch Eintragung 53 149
– Informationspflicht 53 140 ff.
– Wirkung der Eintragung 53 149
– Zuständigkeit des Vorstands 53 132 f.
– Zustimmung Aufsichtsrat 53 147
– Zustimmung Hauptversammlung 53 135 ff.
Unternehmenszusammenschluss
– Kapitalerhöhung, bedingte 35 13
– Kapitalerhöhungsbeschluss 35 35
Unternehmenszweck
– Unternehmensgegenstand 8 78
Unternehmerisches Ermessen
– Nachteil 52 85
Unternehmer-Komplementär-KGaA 3 4
Unternehmensübernahme
– Insidergeschäft 48 38
Unternehmenszusammenschluss
– Insidergeschäft 48 38
Unter-Pari-Emission 33 28
– Aktien 10 10, 89
– Grundkapital 10 10
– Gründungsrecht 2 27
– Sacheinlage 13 117 f.
Unterzeichnung
– Jahresabschluss 17 34
– Übernahmeerklärung 13 13
Untreue
– Mannesmann-Urteil 24 250
– Straftat 24 249
– Vorstandsmitglied 24 249 f.
Upstream merger
– Verschmelzung 16 48

Upstream-Bereicherung
– MoMiG 21 55
Urheberrechte
– Sacheinlage 13 46
Urheberrechtsverletzung
– Vorstandshaftung 24 114
Urkundenprozess
– fehlerhaftes Anstellungsverhältnis 22 275
– Rechtsstreitigkeiten mit Vorstand 22 261
Urlaub
– Vorstand 22 221
USA
– Ausländische juristische Personen 5 7, 148 ff.
– Business Corporation 5 151, 154 f.
– Business Trust 5 152, 157
– General Partnership 5 149
– Limited Partnership 5 150
– Partnership 5 156
– Rechtsfähigkeit 4 11

Vennootschap onder firma
– Niederlande 5 93
Venture-Capital
– Bezugsrechtsausschluss 11 33
– Einfluss auf Gesellschaft 11 50 ff.
– Mitveräußerungsregelungen 11 54
– Poolvereinbarung 11 33, 48 ff.
– Veräußerungsbeschränkungen 11 48
– Verwässerungsschutz 11 49
Veranlagungsoption 4 232 ff.
– Teileinkünfteverfahren 4 234
Veranlassung
– Aufsichtsratsverflechtung 52 77
– Gebietskörperschaften 52 79
– Gemeinschaftsunternehmen 52 78
– Hauptversammlungsbeschluss 52 73 f.
– Kausalität 52 81 ff.
– mehrstufige Abhängigkeit 52 80
– Nachteil 52 83 ff.
– nachteiliges Rechtsgeschäft 52 81 f.
– personelle Verflechtung 52 75 ff.
– Vorstandsdoppelmandate 52 75
Veranlassungsvermutung
– mehrstufige Abhängigkeit 52 72
Veräußerung
– Aktienoptionen 32 133
– Besteuerung 32 133
– Erheblichkeitsschwelle 25 70
– **wesentliche Beteiligung 4** 244 ff.
– Fünfjahreszeitraum 4 254
– gleichgestellte Tatbestände 4 255
– persönlicher Anwendungsbereich 4 246
– sachlicher Anwendungsbereich 4 250 ff.
Veräußerungsgewinn
– Abgeltungssteuer 4 241
– Besteuerung 4 237 ff.
– Beteiligungsprivileg 4 31 ff.
– Ermittlung 4 240
– Freistellung 54 143
– Gewerbesteuer 4 65
– Körperschaftsteuer 4 50 ff., 56
– kurzfristig gehaltene Anteile 4 270 ff.

1813

Sachverzeichnis

fette Zahlen = Paragrafen

- steuerliche Organschaft 54 143
- vorangegangene Teilwertabschreibung 4 57
- wesentliche Beteiligung
  - Anschaffungskosten 4 259 f.
  - Besteuerung 4 257 ff.
  - Besteuerungszeitpunkt 4 267 f.
  - Freibetrag 4 266
  - Steuersatz 4 269
  - Teileinkünfteverfahren 4 263 ff.

Veräußerungsgrenze
- Eigene Aktien 31 43

Veräußerungsverbot
- Absicherung 11 14

Veräußerungsverlust
- Besteuerung 4 242
- Verrechnung 4 242

Verbindlichkeit
- Sacheinlage 13 26

Verbriefung
- Aktien 10 79 ff.
- Bezugsaktie 35 65
- Börsennotierung 10 82
- Genussrechte 21 76 f.
- Namensaktien 10 49
- Zusammenlegung Aktien 36 53

Verbundene Unternehmen
- Ertragsschwache Unternehmen 20 82
- Gewinnverwendungsbeschluss 30 29 a
- Umgehungsgeschäft 13 214

Verdeckte Gewinnausschüttung 4 9, 306 ff.
- Anwendungsbereich 4 308
- außenstehender Aktionär 54 158
- Begriff 4 308
- Besteuerung 4 228
- Beteiligungsprivileg 4 37
- Betriebsvermögen 4 318
- Kapitalgesellschaft 4 319
- Kongruenz 4 307
- Leistungsvergütungen 4 309
- Nachteil 52 86
- Privatvermögen 4 317
- Rechtsgeschäfte mit Nahestehenden 4 310
- Rückgängigmachung 4 316
- Vermögensminderung durch 4 315

Verdeckte Sacheinlage
- s. Sacheinlage, verdeckte

Vereinfachtes Ertragswertverfahren 20 55

Vereinigtes Königsreich
- Öffentliche Urkunde 5 193

Vereinsrecht 2 4 f.

Verenjaá obchidní spolecnost
- Slowakische Republik 5 131
- Tschechische Republik 5 131

Verfahrensfehler
- Kausalität für Beschlussergebnis 38 58
- Relevanztheorie 38 58 ff.

Verfall
- Vorstandsvergütung 22 182

Verfallsklausel
- Aktienoptionen 32 78, 85 ff., 110, 117
- Besteuerung 32 117

Verflechtung, personelle
- Abschlussprüfer 19 16
- Veranlassung 52 75 ff.

Vergleich
- Anfechtungsklage 38 139
- Spruchverfahren 40 47

Vergleichsverfahren 20 60 ff.
- Comparative Company-Ansatz 20 62 ff.
- Multiplikatorverfahren 20 60 f.

Vergütung
- Aktienoptionen 32 107
- Aufsichtsratsmitglied 32 199
- Aufsichtsratsmitglieder 23 11 f.
- Gemeinnützige Aktiengesellschaft 55 52
- Herabsetzung 22 196 f.
- Vorstand 22 167

Verjährung
- Prospekthaftung 47 134
- Vermögensverteilung 15 173 ff.
- Wettbewerbsverbot 22 212

Verkehrsfähigkeit
- Eigentumsgarantie 2 24
- Verfassungsschutz 1 19

Verkehrswert
- Basispreisbestimmung 32 58
- Börsenkurs 20 70

Verlagsrechte
- Sacheinlage 13 46

Verlängerung
- Vorstand 22 154

Verlust
- fortführungsgebundener 4 203
- Gewerbesteuer 4 149 f.
- Körperschaftsteuer 4 146 f.
- Mitarbeiteraktien 32 115
- schädlicher Beteiligungserwerb 4 204
- Steuerstundungsmodell 4 92
- Untergang 4 203
- Verlustausgleich 4 90 ff.
- Verlustnachtrag 4 90 ff.
- Verlustvortrag 4 90 ff.
- Verlustzuweisung 4 90 ff.
- Verwendungsreihenfolge 4 202

Verlustabzug
- Mantelkauf 4 151 ff.

Verlustabzugsbeschränkung
- schädlicher Beteiligungserwerb 4 152 ff.

Verlustausgleichsanspruch
- Abschlagszahlungen 53 62
- Aktionär 53 66
- Berechtigter 53 63
- Entstehung 53 61
- Fälligkeit 53 61
- Frist 53 66
- Geltendmachung 53 65 ff.
- Gesellschaftsgläubiger 53 67
- Übertragung 53 64
- Verzicht 53 68

Verlustausgleichspflicht
- s. Verlustübernahmepflicht

Verlustbeteiligung
- Genussrechte 21 80

Sachverzeichnis

magere Zahlen = Randnummern

Verlustdeckung
- Kapitalherabsetzung, vereinfachte **36** 77 ff., 86, 95, 97 f.

Verlustdeckungshaftung 2 8

Verlustdeckungspflicht
- Unterbilanzhaftung **12** 116

Verlustübernahmepflicht
- Beherrschungsvertrag **53** 52 ff., 58 ff.
- Eingliederung **45** 24
- Gewinnabführungsvertrag **53** 52 ff., 58 ff.; **54** 106 ff.
- herrschendes Unternehmen **53** 54 ff., 58 ff.
- Jahresfehlbetrag **53** 54 ff., 58 ff.

Verlustverwendung 4 188 ff.
- Verlustrücktrag **4** 146 ff.
- Verlustvortrag **4** 146 ff.
- wirtschaftliche Identität **4** 188

Verlustvortrag 4 177
- Ertragswertverfahren **20** 42
- Gewerbesteuer **54** 253
- Gewinnabführungsvertrag **53** 35
- Gewinnverwendung **30** 15
- Jahresabschluss **30** 7
- Verschmelzung **16** 82

Vermittlungsausschuss
- Aufsichtsrat **23** 203

Vermögen
- Sacheinlage **13** 46

Vermögensbeeinträchtigung
- Nachteil **52** 84, 92

Vermögensbeteiligung
- Stille Beteiligung **21** 122

Vermögensbindung
- Gemeinnützige Aktiengesellschaft **55** 26 ff.

Vermögenslosigkeit
- Fortsetzung der Gesellschaft **15** 213
- Löschung **15** 86 f.

Vermögensübertragung
- Beschlussgegenstand **25** 46
- Einsichtnahmerecht **25** 45
- Handelsregistereintragung **25** 44
- Mehrheitserfordernis **25** 48
- notarielle Beurkundung **25** 44
- schwebend unwirksam **25** 43

Vermögensvermischung
- Konzern **52** 36

Vermögensverteilung
- abwesende Aktionäre **15** 160 ff.
- Abwesenheitspflegschaft **15** 167 f.
- Abwicklung **15** 157 ff.
- Anspruch **15** 157 ff.
- fehlerhafte **15** 172
- Fortsetzung der Gesellschaft **15** 213
- Hinterlegung **15** 160 ff.
- Maßstab **15** 169
- Unbekanntheitspflegschaft **15** 164 ff.
- Verjährung **15** 173 ff.
- Vorgesellschaft **12** 104
- Vorzugsrechte **15** 171

Vermögensverteilung, verbotswidrige
- Gläubigerschutz **15** 153
- Rückgewähranspruch **15** 154
- Schadensersatzanspruch **15** 155

Veröffentlichung
- Angebotsunterlage **51** 99 ff., 100
- Being Public **46** 22
- Bezugsangebot **33** 76 ff.
- börsennotierte Gesellschaft **48** 42 ff.
- Datenfernübertragung **48** 215 ff.
- Erwerb eigener Aktien **31** 63 f.
- Hauptversammlungsbeschluss **28** 8
- Internet **51** 99 ff.
- meldepflichtige Wertpapiergeschäfte **48** 114
- Öffentliches Übernahmeangebot **51** 34 ff.
- Prospekt **47** 90
- Unternehmensregister **48** 220 ff.

Veröffentlichungspflicht 48; 48 43
- s. a. Publizitätspflicht, Ad-hoc-Mitteilung
- Director's Dealing **48** 102
- Einziehung **43** 76
- Erwerb eigener Aktien **31** 62
- genehmigtes Kapital **34** 72 ff.
- Halbjahresfinanzbericht **48** 230 ff.
- Jahresfinanzbericht **48** 227 ff.
- Kapitalerhöhung **34** 72 ff.
- Pflichtige **48** 197 ff.
- Rechnungslegung **48** 224
- Sanktionen **48** 201
- Selbstbefreiung **48** 56 ff.
- Stimmrechtsgesamtheit **48** 204 ff.
- Tatbestand **48** 100 ff., 198
- verzögerte **48** 58
- Wasserstandsmeldung **48** 161
- **Kapitalerhöhung 33** 165 ff., 171
  - Ad-hoc-Mitteilung **33** 166 ff., 171
  - Aktionäre **33** 175 f.
  - BaFin **33** 174
  - Bezugsangebot **33** 173
  - Hauptversammlung **33** 169
- **öffentliches Übernahmeangebot 51** 43 ff.
  - Adressat **51** 49
  - Inhalt **51** 44 ff.
  - Preis **51** 45
  - Verbindlichkeit des Angebots **51** 46
- **Stimmrechtsanteilsveränderungen 48** 197 ff.
  - eigene Aktien **48** 158
  - EU-Gesellschaften **48** 160
  - Frist **48** 159
  - Inlandsgesellschaften **48** 160
  - Mitteilung **48** 157
  - Pflichtiger **48** 156

Veröffentlichungsverfahren
- Ad-hoc-Mitteilung **48** 61

Verrechnungsabrede
- Bareinlage **13** 241, 243
- Sachübernahmevereinbarung **13** 136

Versammlungsleiter
- Anträge **27** 58
- Aufgaben **27** 51 ff.
- Hauptversammlung **25** 6; **27** 51 ff.
- Ordnungsmaßnahmen **27** 56
- Redezeitbegrenzung **27** 63 f.
- Reihenfolge Tagesordnungspunkte **27** 57
- Wortmeldungen **27** 59

1815

Sachverzeichnis

fette Zahlen = Paragrafen

Verschmelzung
- Aktiengattung **10** 73
- Anteilsinhaber **16** 64
- Aufdeckung stiller Reserven **16** 81
- durch Aufnahme **16** 48, 70
- Auslegung **16** 67
- Barabfindungsangebot **50** 32
- Betriebsübergang **16** 78
- Bewertungswahlrecht **16** 81
- Bezugsrechtsausschluss **33** 89
- Checkliste **16** 75, 116
- downstream merger **16** 48
- Erledigung Börsenzulassung **50** 34
- erste Organe **16** 58
- Folgen für Arbeitnehmer **16** 56
- Genussrechte **21** 95
- Gesamtrechtsnachfolge **16** 48, 78
- Gesellschafterklagen **16** 79
- Gewinnberechtigung **16** 55
- Grunderwerbsteuer **16** 83
- Gründungsbericht **16** 69
- Gründungsprüfung **16** 69
- Gründungsvorschriften **16** 70
- Handelsregisteranmeldung **16** 71 ff.
- Heilung durch Eintragung **16** 78
- Informationspflicht **16** 64
- Kapitalerhöhung **16** 71
- ohne Kapitalerhöhung **25** 39
- Kapitalgesellschaft **16** 81
- Konzern **16** 48
- Körperschaften **16** 82
- Kosten **16** 57
- Nachgründung **14** 184
- Nachgründungsprüfung **16** 63
- durch Neugründung **16** 48, 57, 70
- Rechtsschutz **16** 79
- Sacheinlage **16** 70
- Sachkapitalerhöhung **16** 70
- Satzungsfeststellung **16** 57
- Schlussbilanz **16** 75
- sidestream merger **16** 48
- Sonderrechte **16** 56
- Spitzenausgleich **16** 52
- steuerlicher Übertragungsstichtag **16** 54, 80
- Stichtag **16** 53
- Umtauschrecht auf Aktien **50** 32
- Umtauschverhältnis **16** 52, 59
- Umwandlung **16** 48 ff.
- Umwandlungsbeschluss **50** 33
- Unternehmensbewertung **20** 72
- upstream merger **16** 48
- Verlustvortrag **16** 82
- Verschmelzungsbericht **50** 33
- Wirkung Eintragung **16** 78
- Zustimmung Gesellschafterversammlung **16** 64

Verschmelzung, grenzüberschreitende **16** 85 ff.
- Aufsichtsrat **23** 103
- Gründungsvorschriften **16** 103
- Handelsregisteranmeldung **16** 104 ff.
- Informationspflichten **16** 99 ff.
- MgVG **23** 103

- Minderheitsgesellschafter **16** 109
- Rechtsschutz **16** 109
- Verschmelzungsbericht **16** 95 ff.
- Verschmelzungsbeschluss **16** 101 f.
- Verschmelzungsplan **16** 86 ff.
- Verschmelzungsprüfung **16** 96 ff.

Verschmelzungsbericht **16** 95 ff.; **50** 33
- Anteilsinhaber **16** 100
- Arbeitnehmer **16** 100
- Entbehrlichkeit **16** 59
- Informationspflichten **16** 99 ff.
- Inhalt **16** 59
- Verzicht **16** 59
- Zuständigkeit **16** 59

Verschmelzungsbeschluss **16** 101 f.
- Anfechtungsausschluss **38** 78
- Form **16** 67
- Inhalt **16** 69
- Mehrheitserfordernis **16** 67
- Zustimmungserfordernis **16** 67 f.

Verschmelzungsplan
- Arbeitnehmermitbestimmung **16** 91
- Beschäftigte **16** 89
- Bilanzstichtag **16** 93
- Formalia **16** 86
- Geschäftsanteilsübertragung **16** 88
- Informationspflichten **16** 99
- Mindestinhalt **16** 87 ff.
- Satzung **16** 90
- Umtauschverhältnis **16** 87
- Vermögensbewertung **16** 92

Verschmelzungsprüfung
- Barabfindungsangebot **16** 60
- Bericht **16** 62
- Bestellung **16** 61
- Erforderlichkeit **16** 60, 96
- Gegenstand **16** 62
- Prüfer **16** 97
- Prüfungsbericht **16** 98
- Prüfungsgegenstand **16** 96

Verschmelzungsvertrag
- Auslegung **16** 65
- Bekanntmachung **16** 65
- Betriebsrat **16** 66
- Formalia **16** 49, 49 ff.
- Mindestinhalt **16** 52
- notarielle Beurkundung **16** 49
- Vertretung **16** 49
- Zustimmung Gesellschafterversammlung **16** 49

Verschulden bei Vertragsschluss
- Vorstandshaftung **24** 98

Verschwiegenheitpflicht
- Aufsichtsratshaftung **24** 193
- Aufsichtsratspflichten **23** 34 ff.
- Due Diligence **22** 67 f.
- Geheimnis **22** 66
- Organpflichten **22** 95 ff.
- Vorstand **22** 220
- Vorstandspflichten **22** 95 ff.

Versorgungsansprüche
- Altersrente **22** 183

magere Zahlen = Randnummern **Sachverzeichnis**

- nach Ausscheiden **22** 208
- Betriebliche Altersversorgung **22** 190
- Formerfordernis **22** 188
- Herabsetzung **22** 206 f
- Invaliditätsrente **22** 183
- Kündigung **22** 204
- Schadenersatz **22** 204
- Übergangsgeld **22** 186
- Vorstandsvergütung **22** 183 ff.
- Widerruf **22** 191

Vertagung
- Hauptversammlung **27** 71

Verteilungsverbot
- Abwicklung **15** 141 ff.

Vertragsabschlussschaden
- Berechnung **48** 76
- Kausalität **48** 77

Vertragskonzern
- Beherrschungsvertrag **52** 1
- Eingliederung **52** 1

Vertrauensentzug
- Hauptversammlung **25** 23

Vertreterorganisationen
- Sacheinlage **13** 47

Vertretungsbefugnis
- Beschränkung **22** 26
- Mißbrauch **22** 13
- Vorstand **22** 13

Vertretungsmacht
- Anstellungsvertrag **22** 149
- Aufsichtsrat **23** 24 ff.
- Beschränkung, gesetzliche **22** 26
- gegenüber Vorstand **22** 256
- Mitwirkung Gesellschaftsorgane **22** 27
- Satzung **22** 20
- unechte Gesamtvertretung **22** 20

Vertretungsmangel
- Aufsichtsrat **23** 26

Verwahrung
- Sammelverbriefung **10** 101

Verwaltung eigenen Vermögens
- Unternehmensgegenstand **14** 78

Verwaltungskosten
- Gemeinnützige Aktiengesellschaft **55** 47

Verwaltungssitz
- Sitztheorie **5** 8 ff.
- Trennungsverbot **4** 11
- Verlegung **4** 11

Verwandtschaftsklausel
- Unternehmensgegenstand **8** 97

Verwässerungsschutz
- anti-dilusion-Klausel **11** 32
- Bedingtes Kapital **35** 55
- Bezugsrecht **35** 55
- Genussrechte **21** 93
- Poolvereinbarung **11** 32
- quotale Verwässerung **11** 32
- Venture-Capital **11** 49

Verwendungsabrede
- Bareinlage **13** 211

Verwendungsgebot
- Kapitalherabsetzung, vereinfachte **36** 93 ff.

Verwertung
- Abwickler **15** 117
- Girosammelverwahrung **36** 65
- Kaduzierung **42** 16 ff., 21, 26
- Kraftloserklärung **36** 65 ff.

Verzinsung
- Einlage **10** 151
- Genussrechte **21** 67

Verzögerungsschaden
- Verzug **13** 128

Verzug
- Rücktritt **13** 128
- Sacheinlage **13** 127 ff.
- Schadensersatz statt Leistung **13** 128
- Verzögerungsschaden **13** 128

Vetorecht
- Aufsichtsrat **23** 6

Vinkulierung
- GmbH **2** 23
- Namensaktien **2** 23; **7** 30
- Poolvereinbarung **11** 10

Virtuelle Wertpapierdienstleister
- Internet **47** 152

Vollbeendigung
- Handelsregisteranmeldung **15** 181 f.
- Schlussrechnung **15** 179 f.
- Zeitpunkt **15** 183 ff.

Volleinzahlung
- Einziehung, vereinfachte **43** 52

Vollmacht
- Aktionär **27** 21

Vollwertigkeit
- Einlagenrückgewähranspruch **21** 23

Vorbelastungsverbot
- Handelsregistereintragung **12** 105 ff.
- Vertretungsverbot Vorstand **12** 106

Voreinzahlung
- Kapitalerhöhung **33** 132 f.

Vorgesellschaft 2 2
- Abwickler **15** 99
- Abwicklung **12** 103; **14** 13 f., 51
- Aufgabe Eintragungsabsicht **14** 12
- Auflösung **14** 10 ff.
- Auflösungsbeschluss **12** 101; **14** 11
- Aufsichtsrat **12** 96
- Beendigung **12** 99 ff.
- Einlage bei Auflösung **14** 14
- Eintragung **12** 99; **14** 43
- Entstehung **12** 94
- Firma **8** 52
- Firmenfähigkeit **8** 3
- Fortführung als Personengesellschaft **14** 12
- Gesamthandsgesellschaft **14** 9
- Insolvenzverfahren **12** 102
- Nachgründungsvorschriften **14** 158
- Nichtentstehung **14** 15 ff.
- Rechtscharakter **14** 7
- Rechtsfähigkeit **14** 8
- Rechtsnatur **12** 95 ff.
- Sacheinlage **13** 20
- Sachübernahmevereinbarung **13** 134 f.
- Satzungsänderung **12** 97

1817

Sachverzeichnis

fette Zahlen = Paragrafen

- Scheitern der Eintragung **12** 100
- Vermögensverteilung **12** 104
- Vollzug **14** 42 ff.
- Vorstand **12** 96

Vorgesellschaft, fehlerhafte
- Auflösung **14** 48
- Entstehung **14** 36
- Gründungsvertrag **14** 35
- Vollzug **14** 35

Vorgründungsgesellschaft 12 87 ff.
- Entstehung **12** 88 f.
- Haftung **12** 91 ff.
- Rechtsnatur **12** 90

Vorkaufsrecht
- Poolvereinbarung **11** 15 ff.

Vormänner
- Kaduzierung **42** 24

Vorratsbeschluss
- Abwehrmaßnahme **52** 50
- Bezugsrechtsausschluss **34** 44

Vorratserwerb
- Gründungsvorschriften **12** 127
- Vorratsgesellschaft **12** 123 ff.

Vorratsgesellschaft 12 118
- Änderung Unternehmensgegenstand **12** 126
- Handelsregisteranmeldung **12** 131
- Nachgründung **14** 189
- Vorratserwerb **12** 124 f.
- wirtschaftliche Neugründung **12** 128

Vorratsgründung
- Gründungsmängel **14** 124
- offene **12** 120
- Unternehmensgegenstand **8** 81 ff.; **12** 120 f.
- verdeckte **8** 84; **12** 122; **14** 79

Vorratsverwertung
- Gründungsvorschriften **12** 128
- wirtschaftliche Neugründung **12** 128

Vorsatz
- Insidergeschäft **48** –

Vorsichtsprinzip
- Unternehmensbewertung **20** 31

VorstAG
- Aufsichtsratshaftung **24** 203 ff.

Vorstand 22
- Anfechtungsbefugnis **38** 44 ff.
- Anfechtungsklage **38** 15
- Annahmeverzug **22** 223 f.
- Arbeitsdirektor **22** 45
- Arbeitsverhältnis **22** 254
- Aufhebungsvertrag **22** 249 ff.
- Aufsichtsrat **23** 5 ff., 89
- Ausgabebetrag **33** 25 ff.
- Beschlüsse **22** 49; **34** 31 ff.
- Bestellung **12** 30; **23** 89
- Beteiligung **32**
- business judgement rule **18** 18
- Doppelmandate **52** 75
- Drittanstellung **22** 137 ff.
- Einzelvertretung **22** 22
- Ende des Mandats **22** 225 f.
- Entgegennahme von Willenserklärungen **22** 18
- Entgeltfortzahlung im Krankheitsfall **22** 222
- Entscheidungsverlangen **25** 25 ff.
- Erfindungen **22** 219
- Fehlverhalten **22** 19
- Formwechsel **16** 25
- Freistellung **22** 223 f.
- Gemeinnützige Aktiengesellschaft **55** 39 ff.
- gerichtliche Vertretung **22** 10 ff.
- Gesamtgeschäftsführung **22** 49 ff.
- Geschäftsführung **22** 28 ff.
- Geschäftsführungsorgan **2** 17
- Geschäftsordnung **22** 54
- Geschäftsverteilung **22** 52 ff.
- Gewinnverwendungskompetenz **30** 16
- Grundlagengeschäft **22** 34 ff.
- Gründungsmängel **14** 144
- Gründungsstadium **12** 106
- Haftung **55** 46
- Handelsbücher **22** –
- Handelsregisteranmeldung **6** 27
- Hauptversammlungsbeteiligung **22** 38
- Insolvenzantrag **22** 25
- Jahresabschluss **17** 34
- Kapitalerhöhung **34** 31 ff.
- kommissarisches Vorstandsmitglied **22** 48
- Leitung **22** 30 ff.
- Leitungsaufgabe **18** 18
- MitbestG **23** 89
- Poolvereinbarung **11** 29
- Prokurist **22** 23
- Prozesspartei **38** 45
- Risikobewältigung **18** 18
- Risikofrüherkennungssystem **18** 20
- Risikoidentifizierung **18** 18
- Satzung **7** 47
- stellvertretendes Vorstandsmitglied **22** 47
- Unabhängigkeit **2** 17 f.
- unechte Gesamtvertretung **22** 20
- Urlaub **22** 221
- Verschwiegenheitpflicht **22** 220
- Vertragsform **22** 136
- Vertretungsbefugnis **22** 13
- Vertretungsorgan **2** 17
- Vorbelastungsverbot **12** 106
- Vorbereitungspflicht für Hauptversammlung **25** 33
- Vorgesellschaft **12** 96
- Vorlageentscheidung **25** 76
- Vorstandsvorsitzender **22** 46
- Weisungsunabhängigkeit **22** 22, 33
- Wettbewerbsverbot **22** 210 ff.
- Zeichnung **8** 70
- Zustimmung Hauptversammlung **25** 10

- **Abhängigkeitsbericht**
- Gesamtverantwortung **52** 145
- mehrfache Abhängigkeit **52** 150
- mehrstufige Abhängigkeit **52** 150
- Negativbericht **52** 149
- Pflicht **52** 143
- Schlusserklärung **52** 160

magere Zahlen = Randnummern   **Sachverzeichnis**

- Unterjährige 52 147 ff.
- Vorlage Hauptversammlung 52 145
- Wegfall der Berichtspflicht 52 148
- Anstellungsvertrag
  - Aufgaben 22 145 ff.
  - Aufsichtsrat 23 6
  - Change of Control Klausel 22 164
  - Corporate Governance Codex 22 153
  - Fortsetzung Arbeitsverhältnis 22 156
  - Geschäftsführung 22 145 ff.
  - Haftung 22 150
  - Höchstdauer 22 154
  - Inhalt 22 144 ff.
  - Koppelungsklausel 22 163
  - Kündbarkeit 22 159, 165
  - Laufzeit 22 154
  - Mindestdauer 22 155
  - Organfunktion in anderen Gesellschaften 22 152
  - Vergütung 22 167
  - Verlängerung 22 154, 161
  - Vertretungsbefugnis 22 149
  - Vorsitzender 22 151
- Ausländische natürliche Personen
  - Arbeitserlaubnis 5 168
  - Aufenthaltserlaubnis 5 167
  - Belehrung 5 169 ff.
  - Registeranmeldung 5 169 ff.
  - Staatsangehörigkeit 5 166
- Außenverhältnis 22 1 ff.
  - Bevollmächtigung Dritter 22 9
  - Einzelermächtigung 22 –
  - Einzelvorstand 22 4
  - Gesamtvertretung 22 3, 7
  - Geschäftsbriefe 22 1
  - Handelsregisteranmeldung 22 2
  - organschaftlicher Vertreter 22 1
  - Verhinderung 22 6
  - Vertretungsbefugnis 22 13
  - Vertretungsmacht 22 1 ff.
  - Willensmängel 22 16
- Berichtspflicht
  - gegenüber Aktionären 26 89 ff.
  - Beschlussanfechtung 26 101 ff.
  - Bezugsrechtsausschluss 33 112
  - DCGK 26 95
  - Eingliederung 26 91
  - Heilung 26 102
  - Kapitalerhöhung 26 91
  - Mängel 26 101
  - Squeeze out 26 95
  - Umwandlungen 26 92
  - Unternehmensvertrag 26 91
  - Wandelanleihe 32 154
- Rechtsstreitigkeiten mit
  - Bestandsstreitigkeiten 22 257
  - Feststellungsklage 22 258
  - Leistungsklage 22 259
  - Unterlassungsklage 22 260
  - Urkundenprozess 22 162
  - Vertretung der Gesellschaft 22 256
  - Zuständigkeit 22 255

- Vertragsbeendigung 22 228 ff.
  - Aufsichtsrat 22 228 ff.
  - Form 22 230
  - fristlose Kündigung 22 233 ff.
  - Koppelungsklausel 22 232
  - ordentliche Kündigung 22 232
- Vorstands-Doppelmandate
  - Veranlassung 52 75
- Vorstandshaftung 24 1 ff.
  - Abgeltungsklausel 24 47
  - gegenüber Aktionären 24 57 ff.
  - Anfechtungsbefugnis 38 48 ff.
  - Arbeitnehmerhaftung 24 49 ff.
  - Außenhaftung 24 6, 56
  - Belehrung über Auskunftspflicht 12 67 ff.
  - Berater 24 12 ff.
  - Bestellungshindernis 12 66
  - Bezugsaktie 35 69
  - Billigung des Aufsichtsrates 24 45
  - business judgement rule 24 18 ff., 119
  - Compliance 24 29 ff.
  - Corporate Governance Codex 24 26 ff.
  - Dispositionsfreiheit 24 46
  - Dokumentation 24 41 f.
  - D & O-Versicherung 24 141 ff.
  - Eingriff in Gewerbebetrieb 24 93
  - Entlastung durch Hauptversammlung 24 43
  - Europäische Aktiengesellschaft 24 140
  - existenzvernichtender Eingriff 24 65 f.
  - Exkulpation 24 12 ff.
  - falscher Bilanzeid 24 78 ff.
  - Fraud-on-the-market-Theorie 24 34 ff., 71
  - Gemeinnützige Aktiengesellschaft 55 46
  - genehmigtes Kapital 32 49
  - Gesamtschuldnerregress 24 116
  - Gesamtschuldverhältnis 24 36
  - Geschäftsordnung 24 39
  - gegenüber Gesellschaftsgläubigern 24 89 ff.
  - gleichzeitiges Aufsichtsratsmitglied 2 21
  - Gründungsphase 24 89
  - Haftungsausschluss 24 43 ff.
  - Handelndenhaftung 12 112
  - Innenhaftung 24 6 ff., 115 ff.
  - Insiderhandel 24 88
  - Insolvenzverschleppung 24 100 ff.
  - Kausalität 24 125
  - kommissarisches 22 48
  - Missbrauch des Einflusses 24 75
  - Nebenintervenient 38 132
  - Organisationsverschulden 24 90 f.
  - Parteieinvernahme 22 11
  - Patentrechtsverletzung 24 114
  - Pflichtverletzung 24 118 ff.
  - Plausibilitätskontrolle 24 15
  - positive Vertragsverletzung 24 130
  - Produkthaftung 24 94 ff.
  - Prospekthaftung 24 82 ff.
  - Ressortzuständigkeit 24 39
  - Schaden 24 126
  - Schutzgesetz 24 59 ff.
  - Sorgfaltsmaßstab 24 13

1819

Sachverzeichnis

fette Zahlen = Paragrafen

- Sozialversicherungsbeiträge 24 109 ff.
- stellvertretendes 22 47
- Steuerschulden 24 105 ff.
- Streitverkündung 24 8
- unlauterer Wettbewerb 24 113
- unrichtige Ad-hoc-Mitteilung 24 68 ff.
- Unternehmenserwerb 25 103
- Urheberrechtsverletzung 24 114
- Verjährung 24 124
- Verschulden 24 128 f.
- Verschulden bei Vertragsschluss 24 98
- Vertragsabschluss 22 26, 126 ff.
- Verzicht 24 47
- Wandelanleihe 32 151
- Zustimmungsvorbehalt 25 103

Vorstandshandeln
- Anfechtung 25 103
- fehlende Zustimmung 25 78

Vorstands-Komplementär-KGaA 3 4

Vorstandsmitglied
- Anstellungsvertrag 22 120 ff., 122
- Dienstvertrag 22 121
- Sozialversicherungspflicht 22 125
- Wegfall 22 6

Vorstandspflichten 22 56 ff.
- Aufsichtsrat 22 108
- Auskunftspflicht 22 109 ff.
- Auskunftsverweigerungsrecht 22 117
- Berichtspflichten 22 103 ff.
- Bezugsaktie 35 76 ff.
- Buchführungspflicht 22 107 ff.
- Business Judgement Rule 22 85 ff.
- Compliance 22 74 ff.
- Gründung 22 96
- Hauptversammlung 22 109 ff.
- Informationsbeschaffungspflicht 22 73
- Insolvenzantrag 22 99 ff.
- Jahresabschluss 22 107
- Kapitalerhaltung 22 97
- Krise 22 98 ff.
- Legalitätsprinzip 22 70 ff.
- Sorgfaltspflicht 22 69
- Treuepflicht 22 62 ff.
- Überschuldung 22 99, 101
- Verschwiegenheitspflicht 22 95 ff.
- Zahlungsunfähigkeit 22 99 f.

Vorstandsvergütung
- Aktienoptionen 32 23
- Angemessenheit 22 168 ff.
- Bemessungsgrundlage 32 20
- Bonus-Malus-System 32 20
- börsennotierte Gesellschaft 23 3
- börsennotierte Gesellschaften 22 175 ff.; 32 20
- Gemeinnützige Aktiengesellschaft 55 50
- Gewinntantiemen 22 179
- Hauptversammlung 22 178
- Herabsetzung 22 192 ff.
- Lage der Gesellschaft 22 172
- Mannesmann-Urteil 22 –
- Sonderzahlung 22 –
- übliche 22 173

- variable 22 179
- Verfall 22 182
- Versorgungsansprüche 22 183 ff.

Vorzugsaktie
- Aktien 7 31; 10 66
- Ausgabe neuer 10 75
- Stimmrecht 10 121
- ohne Stimmrecht 10 67
- Wiederaufleben des Stimmrechts 27 103

Vorzugsaktie, stimmrechtslose
- Ausgabevoraussetzungen 10 68
- Fragerecht 27 93
- Gewinnverteilung 10 68
- Kapitalerhöhungsbeschluss 33 11
- Kapitalherabsetzungsbeschluss 36 22
- Schwellenquote 48 165
- Stimmrecht 27 103
- Stimmrechtsanteilsveränderungen 48 142, 165
- Vorzugsdividende 10 68

Vorzugsaktionäre
- Kapitalerhöhung 34 6

Vorzugspreis
- Belegschaftsaktien 32 171

Wachstumsstarke Unternehmen
- DVFA/SG-Ergebnis 20 78
- Kurs-Gewinn-Verhältnis 20 77
- Multiplikator 20 77
- Vergleichsunternehmen 20 77

Wahldividende 30 40 a

Wandelanleihe 32 145 ff.
- Aktienoptionen 17 151
- Anleihe 49 38, 39
- Aufsichtsratsmitglied 32 208 ff.
- Ausgestaltung 32 152 ff.
- Bedingtes Kapital 35 32
- Begriff 32 145 f.
- Bezugsrecht 32 154
- Convertible Bond 32 146
- Ermächtigungsbeschluss 32 148
- Kapitalerhöhungsbeschluss 35 32
- Körperschaftsteuer 4 70
- MobilCom-Entscheidung 32 208
- Sozialversicherungsbeiträge 32 169
- Umtausch 35 70 ff.
- Umtauschverhältnis 35 32
- Vorstandsbericht 32 154
- Vorstandsmitglieder 32 151
- Wandelschuldverschreibung 35 7
- Zinsen 32 169
- **Besteuerung**
- Agio 32 155, 161
- Disagio 32 157
- Endbesteuerung 32 166
- Kapitalrücklage 32 155
- Kosten der Ausgabe 32 157
- Mitarbeiter 32 166 ff.
- Unternehmen 32 155 ff.
- Zinsen 32 162

Wandelschuldverschreibung
- Bedingtes Kapital 35 34

magere Zahlen = Randnummern

Sachverzeichnis

- Genussrechte 35 7
- Gewinnschuldverschreibung 35 7
- Kapitalerhöhung, bedingte 35 7 ff.
- Kapitalerhöhungsbeschluss 35 34
- Mindestausgabebetrag 35 34
- Muster 35 43
- Optionsanleihe 35 7
- sachliche Rechtfertigung 35 40
- Tilgungswahlrecht 35 8
- Tochtergesellschaft 35 12
- Umtauschrecht 35 8
- Wandelanleihe 35 7

Wandlungsrechte
- Genussrechte 21 84 ff.

Warenlager
- Sacheinlage 13 47

Warrant Bond
- Optionsanleihe 32 147

Wartefrist
- Aktienoptionen 32 77 ff.

Wasserstandsmeldung
- Muster 51 133
- Veröffentlichung 48 161

Wechsel
- Sacheinlage 13 52

Wegzug
- Aufdeckung stille Reserven 4 6
- Besteuerung 4 295
- natürliche Person 4 296

Wegzugsbesteuerung
- Anwendungsbereich 4 296 f.
- Rückkehr 4 302

Wegzugsfälle
- Niederlassungsfreiheit 5 29

Weisungsfreiheit
- Aufsichtsratsmitglieder 23 8

Weisungsrecht
- Beherrschungsvertrag 53 11 ff., 24 ff.
- Berechtigter 53 19
- Delegation 53 20 ff.
- existenzgefährdende 53 18
- Folgepflicht 53 24
- Gesellschafterversammlung GmbH 2 21
- Grenzen durch Gesetz 53 16 f.
- Grenzen durch Satzung 53 13
- Grenzen durch Vertrag 53 14
- Übertragung 53 20, 23
- vollständiges 53 15
- gegenüber Vorstand 53 24
- Weisungsempfänger 53 24 ff.

Weisungsunabhängigkeit
- Vorstand 22 33

Weitergabe, unbefugte
- Hauptversammlung 48 31
- Insidertatsache 48 26 ff.
- Mitteilung 48 27
- zugänglich gemacht 48 28
- zulässige Weitergabe 48 30 ff.

Weiterleitungspflicht
- Bekanntmachung Einberufung 26 60

Weiterveräußerung
- Aktienrückerwerb 32 39

Werbekosten
- Going Public 47 188

Werkerstellungsverpflichtung
- Sacheinlage 13 46, 54

Werthaltigkeit
- Aktien 33 140

Wertpapier
- Begriff 46 16
- Einführungsgebühren 47 187
- Handel zugelassene 48 208 ff.
- notwendige Informationen 48 208 ff.
- organisierter Markt 48 207

Wertpapierdepot
- Sacheinlage 13 47

Wertpapiererwerbsangebot
- einfaches 51 11 ff.

Wertpapierhandelsgesetz 48

Wertpapierleihe
- Begriff 4 68
- Gewerbesteuer 4 78
- Körperschaftsteuer 4 66 ff.
- nachgeschaltete Personengesellschaft 4 75
- Personenkreis 4 71
- Überlassung gegen Entgelt 4 72
- Überlassung gegen Wirtschaftsgüter 4 73

Wertpapierpensionsgeschäft
- Begriff 4 66
- Körperschaftsteuer 4 66 ff.

Wesentliche Beteiligung 4 250 ff.
- Anschaffungskosten 4 259 f.
- Fünfjahreszeitraum 4 254
- gleichgestellte Tatbestände 4 255
- Veräußerung 4 244 ff.
- Veräußerungsverlust 4 270 ff.
- Veräußerungsgewinn
  - Besteuerung 4 257 ff.
  - Besteuerungszeitpunkt 4 267 f.
  - Freibetrag 4 266
  - Steuersatz 4 269
  - Teileinkünfteverfahren 4 263 ff.

Wettbewerbsverbot
- Einwilligung Aufsichtsrat 22 211
- Ende 22 213
- Unternehmensgegenstand 8 77
- Verjährung 22 212
- vertragliches 22 215
- Vorstand 22 210 ff.

Wettbewerbsverbot, nachvertragliches 22 216
- Generalquittung 22 253

Widerruf
- Börsenzulassung 50 41, 45
- Versorgungsansprüche 22 191

Widerrufsvorbehalt
- Öffentliches Übernahmeangebot 51 72 ff.

Widerspruchsverfahren
- aufschiebende Wirkung 51 144
- BaFin 51 143

Wiederbestellung
- Aufsichtsratsmitglied 23 147

Wiedererhöhung Kapital
- Null 36 17

1821

Sachverzeichnis

fette Zahlen = Paragrafen

Windfall profits
- Erfolgsziele **32** 67

Wirtschaftliche Gründe
- Hauptaktionärsbericht **44** 23

Wirtschaftliche Identität
- Begriff **4** 189 ff.
- Verlustverwendung **4** 189 ff.

Wirtschaftliche Neugründung
- Haftung **12** 130
- Handelsregisteranmeldung **12** 131
- Mantelgesellschaft **12** 129
- Mantelverwertung **12** 129
- Offenlegung **12** 130
- Vorratsgesellschaft **12** 128
- Vorratsverwertung **12** 128

Wirtschaftlicher Geschäftsbetrieb
- Gemeinnützige Aktiengesellschaft **55** 38

Wirtschaftsjahr, abweichendes
- Handelsregistereintragung **54** 58

Wirtschaftsprüfer
- Going Public **47** 45

WpHG 48
- Erwerb eigener Aktien **31** 59 ff.

WpÜG
- amtlicher Markt **51** 8
- Anwendungsbereich **51** 1 ff.
- Erwerb eigener Aktien **31** 58; **51** 7
- General Standard **51** 8
- geregelter Markt **51** 8
- öffentliches Angebot **51** 3
- öffentliches Übernahmeangebot **51** 1
- organisierter Markt **51** 8
- Prime Standard **51** 8
- Rechtsform Zielgesellschaft **51** 4
- Sitz Zielgesellschaft **51** 4
- Verfahrensablauf **51** 18 ff.
- Wertpapier **51** 6

Zahlungsaufforderung
- Bareinlage **42** 3 ff.
- Gleichbehandlungsgrundsatz **42** 4
- Kaduzierung **42** 8, 22

Zahlungsbemessungsfunktion
- Jahresabschluss **17** 21

Zahlungseinstellung
- Europäische Aktiengesellschaft **5** 211

Zahlungsunfähigkeit 15 18
- Begriff **22** 100
- Europäische Aktiengesellschaft **5** 211
- Vorstandspflichten **22** 99 f.

Zeichnung
- Annahmeerklärung **33** 118
- genehmigtes Kapital **34** 66 f.
- Kapitalerhöhung **33** 117 ff.
- Schein **33** 117, 119
- Überzeichnung **47** 150
- Vertrag **33** 117 ff.
- Vorstand **8** 70
- Zeichnungsschein **33** 117
- Zeichnungsvertrag **33** 117

Zeichnung, fehlerhafte
- Eintragung trotz Verbot **37** 17
- gerichtliches Eintragungsverbot **37** 19
- Handelsregistereintragung **33** 122
- Heilung **33** 122; **37** 16 ff.
- Inhaltsmängel **33** 121
- Kapitalerhöhung **33** 125 f.
- Leistungsstörungsrecht **33** 127
- Nichtigkeit **37** 15
- notarielle Beurkundung **37** 20
- Sacheinlage **33** 128
- Schriftformerfordernis **33** 124; **37** 20
- Unverbindlichkeit **37** 14 ff.
- Unwirksamkeit **37** 14 ff.
- Willensmängel **37** 19

Zeichnungsfrist
- Aktienoptionen **32** 70 f.
- Kapitalerhöhung **33** 36

Zeichnungsschein
- Zeichnung **33** 117

Zeichnungsverbot
- Erwerb eigener Aktien **31** 3 ff.
- Umgehungsgeschäfte **31** 5 f.

Zeichnungsvertrag 33 119
- Bezugserklärung **35** 61
- Zeichnung **33** 117

Zero-Bonds 49 36
- Anleihe **49** 36

Zielgesellschaft
- Öffentliches Übernahmeangebot
- Abwehrmaßnahme **51** 111 ff.
- Angebotsbeurteilung **51** 106
- Betriebsrat **51** 109
- Ermächtigungsbeschluss Abwehr **51** 118
- Hauptversammlung **51** 65
- Information **51** 103 ff.
- Stellungnahme Aufsichtsrat **51** 103, 105 ff.
- Stellungnahme Vorstand **51** 103, 105 ff.
- Veröffentlichung Stellungnahmen **51** 107 ff.

Zinsaufwendungen
- abzugsfähige **4** 110
- Vergütung für Fremdkapital **4** 108

Zinsen
- Besteuerung **32** 162
- Cash-Management **52** 98 f.
- Wandelanleihe **32** 162, 169

Zinsschranke
- Anwendungsbereich **4** 106
- Ausnahmen **4** 114 ff.
- Escape-Klausel **4** 124 ff.
- Freigrenze **4** 115
- Gesellschafterdarlehen **4** 104 ff.
- Konzernzugehörigkeit **4** 116 ff.
- steuerliche Organschaft **54** 160
- Zinsaufwendungen **4** 108 ff.

Zinsvortrag 4 111

Zuflussprinzip
- Aktienoptionen **32** 116
- Besteuerung **32** 116

Zugänglichmachung
- Auslegungspflicht **26** 112

magere Zahlen = Randnummern

Sachverzeichnis

- Hauptversammlung 26 112
- Internetveröffentlichung 26 116, 121

Zulassungsanspruch
- regulierter Markt 47 85

Zulassungsantrag
- Börsenzulassungsverfahren 47 85 f.
- Prime Standard 47 84
- regulierter Markt 47 85 f.

Zulassungsbeschluss
- Börsenzulassungsverfahren 47 87 ff.

Zulassungsfolgepflichten
- Being Public 46 22 f.
- Berichterstattung 47 175 f.
- börsennotierte Gesellschaft 47 174 ff.
- Börsenzulassung 47 174 ff.
- Going Public 47 12
- neue Aktien 47 177
- Sanktionen 47 179

Zulassungsverfahren 47 79 ff.
- Gebühren 47 187

Zulassungsvoraussetzungen
- amtlicher Markt 47 82
- Börsenzulassungsverfahren 47 82 ff.

Zulassungswiderruf 50 20 ff.
- Antrag 50 8
- börsennotierte Gesellschaft 47 183
- Delisting 50 8

Zurechnung
- Beteiligungsquote 44 8
- Dividende 30 28
- Eingliederung 45 6
- Konzernbildungskontrolle 52 7
- MitbestG 23 65
- Poolvereinbarung 11 46
- Schwellenquote 51 15
- Straftat 24 254
- Arbeitnehmer
- DrittelbG 23 98
- Gemeinschaftsunternehmen 23 73
- Komplementär 23 66
- Konzern 23 67 ff.
- Konzern im Konzern 23 70 ff.
- MitbestG 23 65
- Teilkonzern 23 70 ff.

Zusammenlegung Aktien
- Girosammelverwahrung 36 57, 59
- Kapitalherabsetzung 36 5, 10 ff., 51 ff.
- Kraftloserklärung 36 59 ff.
- Muster 36 58
- Nennbetragsaktien 36 13
- Spitzenregulierung 36 55 f.
- Stückaktien 36 14
- Subsidiarität 36 11 f.
- verbriefte Aktien 36 53
- Verfahren 36 52 ff.
- Zuständigkeit 36 52

Zustellung
- Anfechtungsklage 38 116 ff.

Zustimmung, nachträgliche
- Einzelentlastung 25 96
- Geschäfte unter aufschiebender Bedingung 25 97

- Hauptversammlung 25 96 ff.
- Rückgängigmachung 25 99
- Rücktrittsvorbehalt 25 97

Zustimmungsvorbehalt
- Aktienoptionspläne 25 63
- Anfechtung Beschluss 25 102
- Anfechtungsklage 25 80 f.
- Arbeitnehmerinformation 25 89
- Aufschiebende Bedingung 25 83
- Aufsichtsrat 23 22
- Ausgliederung 25 71
- Auslegung von Unterlagen 25 91
- Bargründung Tochtergesellschaft 25 62
- Begründung der Maßnahme 25 89
- Bekanntmachung der Zustimmung 25 88
- Beschlussvorschlag 25 85
- bestätigender Beschluss 25 98
- Betriebsrat 25 89
- Bildung Aktionärsausschüsse 25 63
- Delisting 25 63
- Eingliederung 25 40
- Erheblichkeitsschwelle 25 62
- Erläuterungspflicht 25 91
- Ermächtigungsbeschluss 25 75
- fehlende Zustimmung 25 78
- Hauptversammlung 25 36 f., 40, 56 ff., 62 f., 71, 75, 78, 80 f., 85, 88 f., 91, 98
- Holzmüller-Entscheidung 25 56 ff.
- Kapitalmaßnahmen 25 36 f.
- Konzeptbeschluss 25 84
- Konzernumbildung 25 62
- Listing 25 63
- Maßnahmen in Tochtergesellschaften 25 72
- Mehrheitserfordernis 25 92
- notarielle Beurkundung 25 92
- Protokollanlage 25 91
- Quantitatives Element 25 65
- rechtliche Durchsetzung 25 78
- Satzungsänderungen 25 36
- Satzungsbestimmung 25 75
- Squeeze out 25 35
- Teilfusion 25 62
- Übertragung vinkulierte Namensaktien 25 63
- Umwandlungen 25 38 f.
- Unternehmensvertrag 25 41 f.
- Veräußerung Beteiligung 25 70
- Veräußerung Unternehmensteil 25 70
- Vergabe von Ehrenämtern 25 63
- Vermögensübertragung 25 43
- verweigerte Zustimmung 25 79
- Verzicht 25 75
- Vorstandsbericht 25 89
- Zusammenrechnung von Maßnahmen 25 74

Zuwendungsbestätigung
- Gemeinnützige Aktiengesellschaft 55 43

Zuzahlung
- Ausgabebetrag 33 31
- Umtausch Wandelanleihe 35 72 f.

Zuzugsfälle
- Ausländische juristische Personen 5 23
- Niederlassungsfreiheit 5 28

Sachverzeichnis

fette Zahlen = Paragrafen

Zuzugstaat
- Anerkennung Rechtspersönlichkeit **15** 60, 61
- Gründungstheorie **15** 60, 61
- Sitztheorie **15** 60, 61

Zwangseinziehung
- angeordnete Einziehung **43** 13 ff., 22
- Einziehung **43** 7 ff.
- Einziehungsentgelt **43** 21 ff.
- Einziehungsgründe **43** 15
- fehlerhafte **37** 48
- gestattete Einziehung **43** 18 ff., 22
- Gleichbehandlungsgrundsatz **43** 17
- Hauptversammlung **43** 18
- nachträgliche Zulassung **43** 11
- Nichtleistung Einlage **43** 16
- Satzung **43** 7 f., 14 ff., 19
- Satzungsänderung **43** 8, 12
- Zulassung **43** 7 ff.

Zweckangabe
- Ermächtigungsbeschluss **31** 30
- Erwerb eigener Aktien **31** 30
- Kapitalherabsetzung, vereinfachte **36** 76
- Kapitalherabsetzungsbeschluss **36** 23

Zweckbetrieb
- Gemeinnützige Aktiengesellschaft **55** 34 ff., 45

Zweigniederlassung
- Adressat **9** 22
- Anmeldung **9** 21 f.
- Aufhebung **9** 25
- ausländische **8** 17
- ausländisches Unternehmen **9** 20, 24
- Doppelsitz **9** 6
- Eintragung **9** 20
- Errichtung **9** 20 ff.
- Firma **8** 2, 54 f.
- Vertretung **9** 23

Zwischenberichterstattung 17 80 ff.
- unterjährige Erfolgsermittlung **17** 81
- Verpflichtung **17** 83 ff.

Zwischenberichtsverpflichtung
- börsennotierte Gesellschaft **17** 83 ff.

Zwischenberichtszahlen
- eigenständiger Ansatz **17** 81 f.
- integrativer Ansatz **17** 81 f.
- kombinierter Ansatz **17** 82

Zwischendividende 30 41 f.

Zwischenlagebericht 17 89

Zwischenmitteilung 48
- BaFin **48** 236
- Geschäftsführung **17** –
- Hinweisbekanntmachung **48** 236
- Verbreitung **48** 236

Zwischenobergesellschaft
- Konzern im Konzern **23** 92

Zwischenschein
- Aktienurkunde **10** 102

Zwischenverfügung
- Registerverfahren **6** 42